V. K. MÜLLER



# ENGLISH-RUSSIAN DICTIONARY

53 000 entries

Twentieth Stereotype
Edition, 1985

MOSCOW. RUSSKY YAZYK PUBLISHERS
LONDON & WELLINGBOROUGH. COLLETS
1985

В. К. МЮЛЛЕР

# АНГЛО-РУССКИЙ СЛОВАРЬ

53 000 слов

Издание 20-е,
стереотипное

МОСКВА. «РУССКИЙ ЯЗЫК»
ЛОНДОН И ВЕЛЛИНГБОРО. «КОЛЛЕТС»
1985

ББК 81.2 Англ
М 98

Семнадцатое издание словаря переработали:
канд. филол. наук, доцент В. Л. ДАШЕВСКАЯ,
В. А. КАПЛАН, С. П. РОМАНОВА,
профессор Е. Б. ЧЕРКАССКАЯ.



Twentieth Stereotype Edition, 1985

ISBN 569—08362—1

U. K. Collets.
Denington Estate,
Wellingborough, NN8 2QT
Northants
Printed in the USSR

М $\frac{4602020000-095}{015(01)-85}$ 154—85

## ПРЕДИСЛОВИЕ К СЕМНАДЦАТОМУ ИЗДАНИЮ

Словарь профессора В. К. Мюллера хорошо известен читателю. Он неоднократно переиздавался и успешно оказывает помощь в работе с английским языком.

Словарь подвергся существенной переработке в седьмом издании 1960 года, когда словарь был значительно увеличен в объеме, была пересмотрена по сравнению с предыдущими изданиями вся система подачи материала, был изменен порядок следования частей речи. В подавляющем большинстве случаев на первом месте были даны именные части речи: существительное и прилагательное. Исключение составило лишь незначительное число глаголов типа to be, to get, to give, to go, to make, to take и т. п., которые всюду даны до именных частей речи. Как правило, существительное давалось раньше прилагательного, за исключением случаев с прилагательными, имеющими характерные для прилагательных суффиксы. Эти прилагательные давались перед существительными. При расположении значений слова внутри словарной статьи вместо прежнего исторического принципа был принят принцип расположения значений от более общего и употребительного значения к более частному и специальному. Были существенно переработаны и приведены в систему словарные статьи многозначных глаголов, местоимений, числительных и предлогов. У существительных были выделены атрибутивные значения.

Более широко, чем прежде, были использованы иллюстрации и пояснения для дифференциации значений и употреблений слов. Шире были представлены сложные слова, независимо от слитного или раздельного написания. Пополнены группы глаголов с наречиями и предлогами. Были уточнены и пересмотрены списки географических названий и личных имен. Использован был список наиболее употребительных английских и американских сокращений, составленный В. О. Блувштейном. В проверке и пополнении терминологической части словаря принимал участие С. Н. Тагер.

Переработка и пополнение седьмого издания словаря была проведена авторским коллективом в составе: доцента В. Л. Дашевской, доцента М. Н. Клаза, старшего преподавателя В. А. Каплана и профессора Е. Б. Черкасской. Ответственное редактирование было проведено профессором Е. Б. Черкасской.

При переработке настоящего, семнадцатого, издания авторский коллектив руководствовался, в основном, принципами, выработанными при переработке седьмого издания. Учтены были имеющиеся в Издательстве отзывы и рецензии на предыдущие издания.

За это время словарный состав современного английского языка пополнился значительным количеством новых слов и выражений, в основном, в области общественно-политической и бытовой лексики, что нашло отражение в настоящем издании. Были внесены дополнения как в виде новых словарных статей, так и путем переработки имеющихся словарных статей. Основными источниками пополнения словаря, как и в предыдущем издании, послужили художественные произведения современных английских, американских, австралийских и канадских писателей, вышедшие за последние 10—15 лет, а также современная периодика. Использованы также приложения к новейшим изданиям толковых словарей, вышедшие в Англии и США, и некоторые материалы из диссертаций Л. А. Хахам „Основные типы новообразований в современном английском языке и способы их перевода на русский язык“ М., 1970 и Ю. К. Волошина „Новообразования и собственно неологизмы в современном английском языке“ М., 1972.

Пополнить словарь современной лексикой стало возможным за счет изъятия ряда устаревших слов или устаревших значений отдельных слов, а также за счет изъятия сугубо специальных терминов и терминологических значений. Последнее стало возможным в связи с изданием в 1972 году двухтомного Большого англо-русского словаря под редакцией профессора И. Р. Гальперина, в котором достаточно полно представлены и специальная терминология и архаизмы, а также в связи с наличием в настоящее время большого количества англо-русских отраслевых терминологических словарей.

В настоящем издании проведена дальнейшая работа по усовершенствованию ряда словарных статей, по уточнению отдельных значений слов и порядка их следования. Уточнен и пополнен состав даваемой за ромбом фразеологии. Проведена большая работа по уточнению переводов. Пересмотрены стилистические пометы. Проведена работа по проверке фонетической транскрипции по новому, 13-му изданию словаря Даниеля Джоунза. Орфография выверена по 5-му изданию словаря “The Concise Oxford Dictionary”.

Список наиболее употребительных английских и американских сокращений пересмотрен и пополнен В. А. Капланом.

Пополнение и усовершенствование словаря в данном издании проведено авторским коллективом в составе: доцента В. Л. Дашевской, старшего преподавателя В. А. Каплана, старшего преподавателя С. П. Романовой и профессора Е. Б. Черкасской.

К словарю добавлены: Метрическая система измерений (таблица), Таблицы перевода англо-американских единиц измерений в метрическую систему и Соотношение температурной шкалы Фаренгейта и Цельсия. В семнадцатом издании была изменена система подсчета слов: так как считали только заглавные слова и не принимали в расчет словосочетания и фразеологизмы, приводимые в словарной статье, то вместо 70 тысяч слов и выражений на титульном листе стоит 53 тысячи слов.

О всех замеченных недостатках и желательных изменениях просьба сообщать по адресу: 103012, Москва, Старопанский пер., д. 1/5, издательство «Русский язык».

*Авторы*

1978 г.

## ЛЕКСИКОГРАФИЧЕСКИЕ ИСТОЧНИКИ


Murray J. A. H., Bradley H., Craigie W. A., Onions C. T. The Oxford English Dictionary, vols. I—XII with Supplement and Bibliography. Oxford, 1933.

The Shorter Oxford English Dictionary on Historical Principles. 3d ed. Oxford, 1962.

The Concise Oxford Dictionary of Current English. 5th ed. Oxford, 1972.

Chambers's Twentieth Century Dictionary. Edinburgh, 1972.

Wyld H. C. The Universal Dictionary of the English Language. London, 1956.

Webster's Third New International Dictionary of the English Language. Springfield. Mass., USA, 1961.

Webster's Seventh New Collegiate Dictionary. Springfield. Mass., USA, 1967.

Horwill H. W. A Dictionary of Modern American Usage. Oxford. 1952.

Partridge E. A Dictionary of Slang and Unconventional English. 5th ed. London, 1974.

Smith W. G. The Oxford Dictionary of English Proverbs. 2nd ed. Oxford, 1957.

Jones D. An Everyman's English Pronouncing Dictionary. 13th ed. edited by A. C. Gimson. London, 1972.

Henderson I. F. A Dictionary of Scientific Terms. Fifth edition by J. H. Kenneth. New York, 1953.

Hornby A. S., Gatenby E. V., Wakefield H. The Advanced Learner's Dictionary of Current English. 2nd ed. London, Oxford University Press, 1963.

Hornby A. S. Oxford Advanced Learner's Dictionary of Current English. 3d ed. London, Oxford University Press, 1974.

The Penguin English Dictionary. Compiled by G. N. Garmonsway with Jacqueline Simpson. 2nd ed. Middlesex, England, 1972.

Random House Dictionary of the English Language. The Unabridged Edition. Random House. N. Y., 1973.

Reifer M. Dictionary of New Words in English. Owen, 1957.

American Pocket Medical Dictionary. 19th ed. Philadelphia and London, 1953.

Berg P. C. A Dictionary of New Words in English. 2nd ed. London, 1953.

Большой англо-русский словарь. В 2-х т. Под общ. рук. И. Р. Гальперина. М., „Сов. Энциклопедия", 1972.

Ожегов С. И. Словарь русского языка. Под ред. Н. Ю. Шведовой. Изд. 9-е, испр. и доп. М., „Сов. Энциклопедия", 1972.

Орфографический словарь русского языка. Изд. 13-е, испр. и доп. М., „Русский язык", 1974. (АН СССР. Ин-т рус. яз.).

Отраслевые словари, вышедшие в СССР за последние годы.

# О ПОЛЬЗОВАНИИ СЛОВАРЕМ

Все английские слова расположены в алфавитном порядке.

Каждое слово (в том числе и сложное слово, пишущееся через дефис или раздельно) со всем относящимся к нему материалом образует самостоятельную словарную статью.

При словах иностранного происхождения, сохранивших свое написание и иногда произношение, как, например, **fiancée**, **sou** и т. п., дается указание на происхождение слова (*фр.*, *нем.*, *лат.* и т. п.).

**Светлой римской цифрой** отмечаются омонимы, **черной арабской цифрой с точкой** — различные части речи. Каждая часть речи подается с новой строки. Отдельные значения слова отмечаются **светлой арабской цифрой со скобкой.** В тех случаях, когда фразеологический оборот, идиома или сочетание глагола с предлогом имеют несколько значений, переводы этих значений отмечаются русскими буквами со скобкой: а), б) и т. д.

Каждое заглавное английское слово снабжается грамматической характеристикой в виде аббревиатуры *n*, *a*, *v* и т. п. (*см.* список сокращений, стр. 12), а также фонетической транскрипцией.

Дополнительные грамматические сведения (например, *refl.*, *pass.* и т. п.) даются после указания части речи или после цифры, если они относятся лишь к данному значению.

Специальные термины, когда это необходимо, снабжаются условными сокращениями (*тех.*, *воен.* и т. п.). Разговорные выражения, американизмы и т. п. во всех случаях помечаются условными сокращениями (*разг.*, *амер.* и т. п.).

После знака ◇ (ромб) приводятся идиомы, устойчивые сочетания, поговорки и пословицы.

Неправильно образующиеся формы глаголов, степеней сравнения прилагательных или наречий и множественного числа имен существительных приводятся в скобках непосредственно после грамматической аббревиатуры, например:

**go** [gəu] *v* (went; gone)
**bad** [bæd] *a* (worse; worst)
**mouse** [maus] *n* (*pl* mice)

В приведенных примерах точкой с запятой разделены: в первом случае формы past и past participle, во втором случае — сравнительная и превосходная степени.

Если даны две формы глагола, разделенные запятой, это значит, что они обе употребляются и как past и как past participle, например:

**dream** [dri:m] *v* (dreamt, dreamed)

Если дана лишь одна форма, это значит, что past и past participle совпадают.

Каждая из подобных форм, кроме того, приводится как самостоятельное слово на своем месте по алфавиту со ссылкой на основное слово.

Производные, правильно образованные формы наречий, оканчивающиеся на **-ly**, существительных — на **-ness**, обычно даются в том случае, когда они имеют иные значения или оттенки значений или если они являются формами очень употребительными. В последнем случае все значения не приводятся, а даются только важнейшие из них со ссылкой на основное слово.

В примерах и фразеологии знак ~ (тильда) заменяет заглавное слово. Сложные слова, пишутся ли они через дефис или раздельно, также заменяются тильдой. Множественное число заглавных слов в примерах обозначается тильдой с наращением s или es, например, вместо hands — ~s, вместо glasses — ~es. Если слово оканчивается буквой **y**, переходящей во множественном числе в **ie**, то форма множественного числа дается полностью, например, sky — skies.

Если слово в каком-нибудь значении пишется с прописной буквы, то перед этим значением дается в скобках начальная прописная буква с точкой, например:

**bull** [bul] **1.** *n* 1) бык... 3) (B.) *астр.* Теле́ц

Прописная буква с точкой заменяет также заглавное слово, пишущееся с прописной буквы в данном сочетании или сложном термине, например:

**council** [ˈkaunsl] *n* 1) сове́т; World Peace C. Всеми́рный Сове́т Ми́ра;...

Знак ~ (тильда) в примерах заменяет заглавное слово и в тех случаях, когда дается производная форма, например:

**find...** ~ing, ~s следует читать finding, finds

Знак ≅ показывает, что данный русский эквивалент лишь приблизительно передает значение английского выражения.

В словарных статьях существительного последним значением дается атрибутивное, к которому отнесены соответствующие примеры и фразеология.

В глагольных статьях указывается управление английского глагола. Управление дается после перевода в скобках. В трудных для перевода случаях указываются также соответствующие русские предлоги или падежные формы.

Сочетания глаголов с предлогами и наречиями даются после всех значений глагола отдельной группой, отделяемой знаком ▭ (параллелограмм). Предлоги и наречия в этих случаях выделяются полужирным шрифтом.

Сочетания наречий и предлогов с другими наречиями и предлогами приводятся в соответствующих статьях после всех значений и также отделяются знаком ▭.

Все слова даны в английском написании. Американский вариант приводится самостоятельным словом по алфавиту, со ссылкой на английский вариант.

Все заглавные слова снабжены фонетической транскрипцией, которая ставится в квадратных скобках непосредственно после самого слова. Произношение дается по системе Муждународной фонетической транскрипции.

Ударение в транскрипции ставится перед ударным слогом. Главное ударение обозначается знаком ударения сверху [ˈ...], второстепенное — знаком ударения снизу [ˌ...].

Вся фонетическая часть выверена по словарю Даниеля Джоунза с учетом изменений, принятых в 13-ом издании словаря под редакцией А. С. Гимсона, профессора фонетики Лондонского университета.

За основу произносительной нормы берется первый вариант слова, поскольку он обычно является наиболее употребительным. Однако наиболее характерные случаи равноправных вариантов в Словаре отмечаются следующим образом:

**action** [ˈækʃ(ə)n], *т. е.* [ˈækʃən] *или* [ækʃn]
**duel** [ˈdju(:)əl], *т. е.* [ˈdju:əl] *или* [ˈdjuəl]
**change** [ʧeɪn(d)ʒ], *т. е.* [ʧeɪndʒ] *или* [ʧeɪnʒ]
**layer** [ˈleiə], *т. е.* [ˈleɪə] *или* [ˈleə]

Особое внимание следует обратить на изменение в подаче дифтонга ou:

[əu] в ударном положении, например: **post** [pəust], **stone** [stəun], **goer** [ˈgəuə].

[ə*u*] в предударном или безударном положении, например: **November** [nə*u*ˈvembə], **autocrat** [ˈɔ:tə*u*kræt]

Отдельным приложением даны:

Список личных имен
Список географических названий
Список наиболее употребительных английских сокращений.

# ФОНЕТИКО-ОРФОГРАФИЧЕСКИЕ ЗАМЕЧАНИЯ

Ниже даются основные сведения о звуках английского языка и их буквенном изображении.

## I

### а) гласные

i: — долгий **и**
ɪ — краткий, открытый **и**
e — э в словах э́тот, э́кий
æ — более открытый, чем э
a: — долгий, глубокий **а**
ɔ — краткий, открытый **о**
ɔ: — долгий **о**
o — закрытый, близкий к **у** звук **о**
u — краткий **у** со слабым округлением губ
u: — долгий **у** без сильного округления губ
ʌ — краткий гласный, приближающийся к русскому **а** в словах: вари́ть, брани́ть.

Английский гласный ʌ почти всегда стоит под ударением
ə: — долгий гласный, напоминающий русский ё в словах: Фёкла, свёкла
ə — безударный гласный, напоминающий русский безударный гласный в словах: ну́жен, водяно́й, молото́к, ко́мната

### б) двугласные

eɪ — э$^{й}$ ɔɪ — о$^{й}$
əu — э$^{у}$ ɪə — и$^{а}$
aɪ — а$^{й}$ ɛə — э$^{а}$
au — а$^{у}$ uə — у$^{а}$

### в) от звука к букве

Ниже рассматриваются случаи, когда один и тот же звук имеет несколько способов буквенного выражения

**[ i:]**

| e | ee | ea | ie | ei |
|---|---|---|---|---|
| he<br>she<br>we | green<br>tree<br>keep | read<br>speak<br>teach | field<br>chief<br>thief | receive<br>perceive<br>conceive |

**[ɑ:]**

| a + r | a + ss | a + st | a + sk | a + sp | a + lf | a + lm | a + nt | ea + r |
|---|---|---|---|---|---|---|---|---|
| car<br>farm<br>dark | class<br>pass<br>grass | past<br>cast<br>mast | ask<br>bask<br>task | grasp<br>clasp | half<br>calf | calm<br>palm | plant<br>can't | heart<br>hearth |

**[ɔ:]**

| o + r | a + ll | au | aw | augh | ough | wa + r |
|---|---|---|---|---|---|---|
| short<br>horse | all<br>call<br>fall | sauce<br>autumn | draw<br>claw | taught<br>caught<br>daughter | thought<br>brought<br>fought | war<br>warm |

**[u:]**

| o | oo | ou |
|---|---|---|
| do<br>who<br>move | spoon<br>too<br>fool | soup<br>group<br>rouble |

**[ə:]**

| i + r | e + r | u + r | ea + r |
|---|---|---|---|
| shirt<br>dirt<br>birth | berth<br>her | fur<br>turn<br>burn | learn<br>earn<br>year |

**[ʌ]**

| u | o | ou | oo |
|---|---|---|---|
| but<br>gun<br>must | son<br>love<br>some | young<br>trouble<br>country | blood<br>flood |

**[au]**

| ou | ow |
|---|---|
| found<br>round<br>count | how<br>now<br>down |

**[əu]**

| o | oa | ow | o + ll, ld |
|---|---|---|---|
| phone<br>tone<br>stone | boat<br>moan<br>road | know<br>slow<br>flow | roll<br>bold<br>cold |

**[ɔɪ]**

| oi | oy |
|---|---|
| boil<br>coin | boy<br>toy |

**[aɪ]**

| i | y | igh | i + gn | i + ld | i + nd |
|---|---|---|---|---|---|
| nice<br>write<br>kite | sky<br>fly<br>my | high<br>light<br>right | sign | child<br>wild<br>mild | mind<br>kind<br>bind |

**[eɪ]**

| a | ai | ay | ey | eigh |
|---|---|---|---|---|
| take<br>sake<br>lame | rain<br>plain<br>pain | day<br>say<br>may | they<br>grey | eight<br>freight<br>neighbour |

**[ɪə]**

| e + re | ea + r |
|---|---|
| here<br>mere | ear<br>hear<br>fear |

**[ɛə]**

| a + re | e + re |
|---|---|
| care<br>dare<br>fare | there<br>where |

**[uə]**

| oo + r | our |
|---|---|
| poor | tour |

г) от буквы к звуку

Ниже рассматриваются случаи, когда данная буква выражает несколько звуков

**Aa**

| [eɪ] | [æ] | [ɑ:] | [ɔ:] | [ɔ] | [ə] |
|---|---|---|---|---|---|
| make<br>plate<br>same | cat<br>bag<br>catch | farm<br>past<br>grass<br>ask | tall<br>salt<br>walk | watch<br>wash<br>what | about<br>around |

**Ee**

| [i:] | [ɪ] | [ə:] | [ɪə] | [ɑ:] |
|---|---|---|---|---|
| he<br>meet | begin<br>behind | her<br>berth<br>serve | mere<br>here | clerk<br>sergeant |

**Ii**

| [aɪ] | [ɪ] | [i:] | [ə:] |
|---|---|---|---|
| fine<br>bind<br>sign | is<br>pick<br>ink | machine<br>ravine | fir<br>bird |

**Oo**

| [əu] | [ɔ] | [u:] | [ʌ] | [ɔ:] |
|---|---|---|---|---|
| bone<br>home | not<br>got<br>long | do<br>who<br>move | son<br>come<br>above | more<br>for<br>store |

## Yy

| [aɪ] | [ɪ] | [j] |
|---|---|---|
| sky<br>my<br>by | shaky<br>fully<br>kitty | yes<br>yeast<br>yawn |

## Uu

| [ju:] | [ʌ] | [u] |
|---|---|---|
| tune<br>fume<br>mute | cut<br>fuss<br>plum | put<br>pull<br>full |

## II

### согласные

p — п
b — б
m — м
w — звук, образующийся с положением губ, как при б, но с маленьким отверстием между губами, как при свисте
f — ф
v — в
θ (*без голоса*) } оба звука образуются при помощи языка, кончик которого помещается между передними зубами
ð (*с голосом*) }
s — с
z — з
t — т, произнесенное не у зубов, а у десен
d — д » » »
n — н » » »
l — л » » »
r — звук, несколько похожий на очень твердый русский ж; произносится без вибрации кончика языка в отличие от русского р
ʃ — мягкий русский ш
ʒ — мягкий русский ж в слове вожжи
tʃ — ч
dʒ — озвонченный ч
k — к
g — г
ŋ — заднеязычный н, произнесенный задней частью спинки языка
h — простой выдох
j — й

Некоторые звуки, например: ə, d, h, i, k, p, t, u, v в транскрипции могут быть даны курсивом *ə*, *d*, *h*, *i*, *k*, *p*, *t*, *u*, *v* для указания факультативности их произнесения.

# СПИСОК СОКРАЩЕНИЙ

### *Английские*

*a* — adjective — имя прилагательное
*adv* — adverb — наречие
*attr.* — attributive — атрибутивное употребление (в качестве определения)

*cj* — conjunction — союз
*conj.* — (pronoun) conjunctive — союзное (местоимение)

*demonstr.* — demonstrative (pronoun) — указательное (местоимение)

*emph.* — emphatic (pronoun) — усилительное (местоимение)
*etc.* — et cetera — и так далее

*imp.* — imperative — повелительное (наклонение)
*impers.* — impersonal — безличный
*indef.* — indefinite (pronoun) — неопределенное (местоимение)
*inf.* — infinitive — неопределенная форма глагола
*int* — interjection — междометие
*inter.* — interrogative (pronoun) — вопросительное (местоимение)

*n* — noun — имя существительное
*num. card.* — numeral cardinal — количественное числительное
*num. ord.* — numeral ordinal — порядковое числительное

*part* — particle — частица
*pass.* — passive — страдательный (залог)
*perf.* — perfect — перфект
*pers.* — personal (pronoun) — личное (местоимение)
*pl* — plural — множественное число
*poss.* — possessive (pronoun) — притяжательное (местоимение)
*p. p.* — past participle — причастие прошедшего времени
*predic.* — predicative — предикативное употребление
*pref* — prefix — приставка
*prep* — preposition — предлог
*pres. p.* — present participle — причастие настоящего времени
*pres. perf.* — present perfect — настоящее совершенное время
*pron* — pronoun — местоимение
*pron neg* — pronoun negative — отрицательное местоимение

*recipr.* — reciprocal (pronoun) — взаимное (местоимение)
*refl.* — reflexive — употребляется с возвратным местоимением
*rel.* — relative (pronoun) — относительное (местоимение)

*sing* — singular — единственное число
*sl.* — slang — сленг, жаргон

*v* — verb — глагол
*vi* — verb intransitive — непереходные значения глагола
*vt* — verb transitive — переходные значения глагола

### *Русские*

*ав.* — авиация
*австрал.* — употребительно в Австралии
*авто* — автомобильное дело
*ак.* — акустика
*амер.* — американизм
*анат.* — анатомия
*антроп.* — антропология
*араб.* — арабский (язык)
*арт.* — артиллерия
*археол.* — археология
*архит.* — архитектура
*астр.* — астрономия

*бакт.* — бактериология
*банк.* — банковский термин
*библ.* — библеизм
*биол.* — биология
*бирж.* — биржевой термин
*бот.* — ботаника
*букв.* — буквально
*бухг.* — бухгалтерия
*б. ч.* — большей частью

*венг.* — венгерский (язык)
*вет.* — ветеринария
*вм.* — вместо
*воен.* — военное дело
*возвыш.* — возвышенно
*вр.* — время
*вульг.* — вульгарное слово, выражение

*г.* — 1) год 2) город
*геогр.* — география
*геод.* — геодезия
*геол.* — геология
*геом.* — геометрия
*геральд.* — геральдика
*гидр.* — гидротехника
*гл.* — глагол
*гл. обр.* — главным образом
*голл.* — голландский
*горн.* — горное дело
*грам.* — грамматика
*греч.* — греческий (язык)
*груб.* — грубое слово, выражение

*д.* — дюйм
*детск.* — детская речь
*диал.* — диалектизм
*дип.* — дипломатия
*дор.* — дорожное дело
*др.-греч.* (*ист*). — древнегреческий (-ая история)
*др.-евр.* — древнееврейский (язык)
*др.-рим* (*ист.*) — древнеримский (-ая история)

*егип.* — египетский
*ед. ч.* — единственное число

*ж.* — женский род
*жарг.* — жаргон, жаргонизм
*ж.-д.* — железнодорожный транспорт
*жив.* — живопись

*зоол.* — зоология

*инд.* — индийские языки; употребительно в Индии
*и пр.* — и прочее
*ирл.* — ирландский (язык)
*ирон.* — в ироническом смысле, иронический
*иск.* — искусство
*исп.* — испанский (язык)
*ист.* — история
*ит.* — итальянский (язык)

*канад* — употребительно в Канаде
*канц.* — канцелярское слово, выражение
*карт.* — термин карточной игры
*кино* — кинематография
*кит.* — китайский (язык)
*книжн.* — книжный стиль
*ком.* — коммерческий термин
*кул.* — кулинария

*л.* — лицо
*-л.* — -либо
*ласк.* — ласкательная форма
*лат.* — латинский (язык)
*лес.* — лесное дело
*лингв.* — лингвистика

*лит.* — литература, литературоведение
*лог.* — логика

*малайск.* — малайский (язык)
*мат.* — математика
*мед.* — медицина
*метал.* — металлургия
*метео* — метеорология
*мех.* — механика
*мин.* — минералогия
*миф.* — мифология
*мн. ч.* — множественное число
*мор.* — морской термин
*муз.* — музыка

*нареч.* — наречие
*нем.* — немецкий (язык)
*неодобр.* — неодобрительно
*неол.* — неологизм
*неправ.* — неправильно
*норв.* — норвежский (язык)

*обыкн.* — обыкновенно
*о-в(а)* — остров(а)
*оз.* — озеро
*ок.* — около
*опт.* — оптика
*особ.* — особенно
*отриц.* — отрицательный
*охот.* — охота

*п.* — падеж
*палеонт.* — палеонтология
*парл.* — парламентское выражение
*перен.* — в переносном значении
*перс.* — персидский (язык)
*п-ов* — полуостров
*полигр.* — полиграфия
*полит.* — политический термин
*полит.-эк.* — политическая экономия
*польск.* — польский (язык)
*португ.* — португальский (язык)
*посл.* — пословица
*поэт.* — поэтическое слово, выражение
*превосх. ст.* — превосходная степень
*предл.* — предложение
*презр.* — презрительно
*преим.* — преимущественно
*пренебр.* — пренебрежительно
*прибл.* — приблизительно
*прил.* — имя прилагательное
*прос.* — просодия
*противоп.* — противоположное значение
*психол.* — психология

*р.* — 1) река 2) род
*радио* — радиотехника
*разг.* — разговорное слово, выражение
*распр.* — в распространенном, неточном значении
*реакт.* — реактивная техника
*редк.* — редко
*рез.* — резиновая промышленность
*рел.* — религия
*римск. миф.* — римская мифология
*ритор.* — риторический
*русск.* — русский (язык)

*санскр.* — санскрит
*сев.* — употребительно на севере Англии и в Шотландии
*сканд.* — скандинавский
*см.* — смотри
*собир.* — собирательно
*собств.* — имя собственное
*сокр.* — сокращение, сокращенно
*спец.* — специальный термин
*спорт.* — физкультура и спорт
*ср.* — сравни
*сравн. ст.* — сравнительная степень
*ср.-век.* — в средние века, средневековый
*стат.* — статистика
*стил.* — стилистика
*стих.* — стихосложение
*стр.* — строительное дело
*страх.* — страховой термин
*студ.* — студенческое слово, выражение
*сущ.* — имя существительное
*с.-х.* — сельское хозяйство

*театр.* — театральный термин
*текст.* — текстильное дело
*тех.* — техника
*тж.* — также
*тк.* — только
*тлв.* — телевидение
*тлг.* — телеграфия
*тлф.* — телефония
*топ.* — топография
*тур.* — турецкий (язык)

*уменьш.* — уменьшительная форма
*унив.* — университетское выражение
*употр.* — употребляется
*уст.* — устаревшее слово, выражение
*утв.* — утвердительная частица

*фарм.* — фармакология
*физ.* — физика
*физиол.* — физиология
*филос.* — философия
*фин.* — финансовый термин
*финск.* — финский (язык)
*фон.* — фонетика
*фото* — фотография
*фр.* — французский (язык)

*хим.* — химия
*хир.* — хирургия

*церк.* — церковное слово, выражение

*шахм.* — шахматы
*школ.* — школьное слово, выражение
*шотл.* — употребительно в Шотландии
*шутл.* — шутливое слово, выражение

*эвф.* — эвфемизм
*эк.* — экономика
*эл.* — электротехника
*эллипт.* — эллиптический
*элн.* — электроника
*этн.* — этнография

*южно-амер.* — употребительно в Южной Америке
*южно-афр.* — употребительно в Южной Африке
*юр.* — юридический термин

*яп.* — японский (язык)

## АНГЛИЙСКИЙ АЛФАВИТ

| Печатные буквы | Рукописные буквы | Транскрипция | Печатные буквы | Рукописные буквы | Транскрипция |
|---|---|---|---|---|---|
| Aa | *Aa* | eɪ | Nn | *Nn* | en |
| Bb | *Bb* | bi: | Oo | *Oo* | əu |
| Cc | *Cc* | si: | Pp | *Pp* | pi: |
| Dd | *Dd* | di: | Qq | *Qq* | kju: |
| Ee | *Ee* | i: | Rr | *Rr* | ɑ: |
| Ff | *Ff* | ef | Ss | *Ss* | es |
| Gg | *Gg* | dʒi: | Tt | *Tt* | ti: |
| Hh | *Hh* | eɪtʃ | Uu | *Uu* | ju: |
| Ii | *Ii* | aɪ | Vv | *Vv* | vi: |
| Jj | *Jj* | dʒeɪ | Ww | *Ww* | ′dʌblju(:) |
| Kk | *Kk* | keɪ | Xx | *Xx* | eks |
| Ll | *Ll* | el | Yy | *Yy* | waɪ |
| Mm | *Mm* | em | Zz | *Zz* | zed |

# A

**A, a** I [eɪ] (*pl* As, A's, Aes [eɪz]) 1) *1-я буква англ. алфавита* 2) *условное обозначение чего-л. первого по порядку, сортности и т. п.* 3) *амер.* высшая отме́тка за кла́ссную рабо́ту; straight A «кру́глое отли́чно» 4) *муз.* ля ◇ from A to Z а) с нача́ла и до конца́; б) в соверше́нстве; по́лностью; A1 [ˈeɪˈwʌn] а) 1-й класс в судово́м реги́стре Лло́йда; б) *разг.* перво-кла́ссный, превосхо́дный; прекра́сно, превосхо́дно (*амер.* A No. 1 [ˈeɪˈnʌmbəˈwʌn])

**a** II [eɪ (*полная форма*); ə (*редуцированная форма*)] 1) *грам. неопределённый артикль* (a — *перед согласными, перед* eu *и перед* u, *когда* u *произносится как* [juː]; an — *перед гласными и перед немым* h; *напр.*: a horse, *но* an hour; a European, a union, *но* an umbrella; *тж.* a one) 2) оди́н; it costs a penny э́то сто́ит одно́ пе́нни 3) *употр. перед* little, few; good (*или* great) many *и перед счётными существительными* a dozen дю́жина, a score два деся́тка, *напр.*: a little water (time, happiness) немно́го воды́ (вре́мени, сча́стья); a few days (books) не́сколько дней (книг); a good (*или* great) many days (books) о́чень мно́го дней (книг) 4) (*обыкн. после* all of, many of) тако́й же, одина́ковый; all of a size все одно́й и той же величины́ 5) ка́ждый; twice a day два ра́за в день 6) не́кий; a Mr. Henry Green не́кий ми́стер Ге́нри Грин

**a-** [ə-] *pref* (*из первоначального предлога* on) 1) *в предикативных прилагательных и в наречиях*; *напр.*: abed в посте́ли; alive живо́й; afoot пешко́м; ashore на бе́рег *и т. п.* 2) *в выражениях типа* to go abegging ни́щенствовать; to go a-hunting идти́ на охо́ту

**aard-wolf** [ˈɑːdwulf] *n зоол.* земляно́й волк

**ab-** [æb-] *pref с отриц. значением* не-, а-; *напр.*: abnormal ненорма́льный, анорма́льный

**abaca** [ˈæbəkə] *n* аба́ка, мани́льская пенька́

**abaci** [ˈæbəsɪ] *pl от* abacus

**aback** [əˈbæk] *adv уст.* наза́д; сза́ди; за́дом ◇ to stand ~ from держа́ться на расстоя́нии, в стороне́ от; избега́ть; taken ~ ошеломлённый, захва́ченный врасплóх

**abaction** [æbˈækʃən] *n юр.* кру́пная кра́жа *или* уго́н скота́

**abacus** [ˈæbəkəs] *n* (*pl* -es [-ɪz], -ci) 1) *ист.* счёты 2) *архит.* аба́к(а), ве́рхняя часть капите́ли

**Abaddon** [əˈbædən] *n* 1) *библ.* Аваддо́н (*ангел бездны*) 2) *книжн.* ад, преиспо́дняя

**abaft** [əˈbɑːft] *мор.* **1.** *adv* на корме́, в сто́рону кормы́, с кормы́

**2.** *prep* сза́ди, позади́; ~ the beam позади́ тра́верза

**abandon** [əˈbændən] **1.** *v* 1) покида́ть, оставля́ть 2) отка́зываться от 3) *refl.* предава́ться (*страсти, отчаянию и т. п.*; to); to ~ oneself to the idea склоня́ться к мы́сли

**2.** *n книжн.* развя́зность, несде́ржанность

**abandoned** [əˈbændənd] **1.** *p. p. от* abandon 1; ~ to despair преда́вшийся отча́янию

**2.** *a* 1) забро́шенный, поки́нутый 2) распу́тный ◇ ~ call несостоя́вшийся разгово́р по телефо́ну

**abandonee** [əˌbændəˈniː] *n* страхо́вщик, в по́льзу кото́рого остаётся застрахо́ванный груз *или* застрахо́ванное су́дно в слу́чае ава́рии

**abandonment** [əˈbændənmənt] *n* 1) оставле́ние 2) забро́шенность 3) = abandon 2; 4) *юр.* отка́з (от и́ска)

**abase** [əˈbeɪs] *v* 1) унижа́ть; to ~ oneself so far as to do smth. докати́ться до чего́-л. 2) понижа́ть (*в чине и т. п.*)

**abasement** [əˈbeɪsmənt] *n* 1) униже́ние 2) пониже́ние (*в чине и т. п.*)

**abash** [əˈbæʃ] *v* (*обыкн. pass.*) смуща́ть, конфу́зить; приводи́ть в замеша́тельство

**abashment** [əˈbæʃmənt] *n* смуще́ние, замеша́тельство

**abate** [əˈbeɪt] *v* 1) ослабля́ть, уменьша́ть, умеря́ть 2) снижа́ть (*цену, налог и т. п.*) 3) де́лать ски́дку 4) уменьша́ться; ослабева́ть; успока́иваться; утиха́ть (*о буре, эпидемии и т. п.*) 5) притупля́ть (*остриё*); стёсывать (*камень*) 6) *юр.* аннули́ровать, отменя́ть, прекраща́ть 7) *метал.* отпуска́ть (*сталь*)

**abatement** [əˈbeɪtmənt] *n* 1) уменьше́ние; ослабле́ние; смягче́ние 2) сниже́ние (*цены, налога и т. п.*) 3) ски́дка 4) *юр.* аннули́рование, прекраще́ние

**abatis** [ˈæbətɪs] *n* (*pl* abatis [ˈæbətiːz] засе́ка, зава́л

**abattoir** [ˈæbətwɑː] *фр. n* скотобо́йня

**abb** [æb] *n текст.* уто́к

**abbacy** [ˈæbəsɪ] *n* абба́тство

**abbess** [ˈæbɪs] *n* аббати́сса; настоя́тельница монастыря́

**abbey** [ˈæbɪ] *n* абба́тство; монасты́рь; the A. Вестми́нстерское абба́тство

**abbot** [ˈæbət] *n* абба́т; настоя́тель монастыря́

**abbreviate** [əˈbriːvɪeɪt] *v* сокраща́ть (*текст и т. п.*)

**abbreviation** [əˌbriːvɪˈeɪʃən] *n* 1) сокраще́ние (*текста и т. п.*) 2) аббревиату́ра, сокраще́ние

**ABC** [ˈeɪbiːˈsiː] *n* 1) алфави́т, а́збука 2) осно́вы, нача́тки; ABC of chemistry осно́вы хи́мии 3) железнодоро́жный алфави́тный указа́тель 4) *attr.* просто́й, простейший

**ABC-book** [ˈeɪbiːˈsiːbuk] *n* буква́рь

**abdicate** [ˈæbdɪkeɪt] *v* отрека́ться; слага́ть полномо́чия; отка́зываться (*от прав на что-л. и т. п.*)

**abdication** [ˌæbdɪˈkeɪʃən] *n* отрече́ние (*от престола*); сложе́ние полномо́чий; отка́з (*от должности и т. п.*)

**abdomen** [ˈæbdəmen] *n* 1) *анат.* брюшна́я по́лость; живо́т 2) *зоол.* брюшко́ (*насекомого и т. п.*)

**abdominal** [æbˈdɔmɪnl] *a* 1) абдомина́льный, брюшно́й; ~ cavity брюшна́я по́лость 2) брюхопёрый (*о рыбах*)

**abdominous** [æbˈdɔmɪnəs] *a* то́лстый, пуза́тый

**abducent** [æbˈdjuːsənt] *a анат.* отводя́щий (*о мышце*)

**abduct** [æbˈdʌkt] *v* похища́ть, наси́льно *или* обма́ном увози́ть (*особ. женщину, ребёнка*)

**abduction** [æbˈdʌkʃən] 1) похище́ние (*особ. женщины, ребёнка*) 2) *физиол.* абду́кция, отведе́ние (*мышцы*)

**abductor** [æbˈdʌktə] *n* 1) похити́тель (*особ. женщины, ребёнка*) 2) *анат.* абду́ктор, отводя́щая мы́шца

**abeam** [əˈbiːm] *adv мор.* на тра́верзе

**abecedarian** [ˌeɪbi(ː)si(ː)ˈdɛərɪən] **1.** *a* 1) располо́женный в алфави́тном поря́дке 2) а́збучный, элемента́рный

**2.** *n* обуча́ющийся гра́моте

**abed** [əˈbed] *adv* в посте́ли

**Abel** [ˈeɪbəl] *n библ.* Авель

**aberdevine** [ˌæbədəˈvaɪn] *n* чечётка (*птица*)

**aberrance, -cy** [æˈberəns, -sɪ] *n* 1) отклонéние от прáвильного пути́ 2) *биол.* отклонéние от нóрмы

**aberrant** [æˈberənt] *a* 1) заблуждáющийся; сби́вшийся с пути́ 2) *биол.* отклоня́ющийся от нóрмы

**aberration** [ˌæbəˈreɪʃən] *n* 1) заблуждéние, отклонéние от прáвильного пути́ 2) помрачéние умá 3) аберрáция; отклонéние; ~ of the needle отклонéние магни́тной стрéлки 4) *тех.* отклонéние от стандáрта

**abet** [əˈbet] *v* подстрекáть; поощря́ть, содéйствовать (*чему-л. дурному*)

**abetment** [əˈbetmənt] *n* подстрекáтельство, поощрéние, содéйствие (*чему-л. дурному*)

**abettor** [əˈbetə] *n* 1) подстрекáтель 2) соучáстник

**abeyance** [əˈbeɪəns] *n* 1) состоя́ние неопределённости, неизвéстности 2) врéменное бездéйствие 3) *юр.* врéменная отмéна (*закона, права*) ◇ in ~ а) в состоя́нии неизвéстности, ожидáния; б) без владéльца (*о наследстве*); без претендéнта (*о наследственном титуле*); в) врéменно отменённый (*о законе*)

**abhor** [əbˈhɔː] *v* питáть отвращéние; ненави́деть

**abhorrence** [əbˈhɔrəns] *n* 1) отвращéние; нéнависть 2) то, что вызывáет отвращéние *или* нéнависть

**abhorrent** [əbˈhɔrənt] *a* 1) вызывáющий отвращéние, отврати́тельный; ненави́стный; претя́щий (*кому-л., чему-л.*; to) 2) несовмести́мый (to — c)

**abidance** [əˈbaɪdəns] *n* соблюдéние (*чего-л.*); ~ by rules соблюдéние прáвил

**abide** [əˈbaɪd] *v* (abode, *уст.* abided [-ɪd]) 1) оставáться вéрным (*кому-л., чему-л.*); придéрживаться; выполня́ть (*обещания*); to ~ by smth. твёрдо держáться чегó-л. 2) ждать 3) выноси́ть, терпéть; he cannot ~ her он её не выно́сит; to ~ by the circumstances мири́ться с обстоя́тельствами

**abiding** [əˈbaɪdɪŋ] 1. *pres. p. от* abide

2. *a книжн.* постоя́нный

**ability** [əˈbɪlɪtɪ] *n* 1) спосóбность; умéние; to the best of one's abilities по мéре сил и спосóбностей 2) лóвкость 3) даровáние; a man of great abilities высокоодарённый человéк 4): ~ to pay *ком.* платёжеспосóбность 5) *юр.* компетéнция

**abject** [ˈæbdʒekt] *a* 1) жáлкий, презрéнный; ни́зкий; ~ fear малоду́шный страх 2) уни́женный, несчáстный; in ~ poverty в крáйней нищетé; he offered an ~ apology он умоля́л прости́ть его́ великоду́шно

**abjection** [æbˈdʒekʃən] *n* 1) ни́зость 2) прини́женность; унижéние

**abjure** [əbˈdʒuə] *v* 1) отрекáться 2) откáзываться (*от требования и т. п.*); to ~ a claim откáзываться от претéнзии, и́ска

**ablactation** [ˌæblækˈteɪʃən] *n* отня́тие (*ребёнка*) от груди́

**ablation** [æbˈleɪʃən] *n* 1) *хир.* удалéние 2) *геол.* снос, размывáние порóд; тáяние ледникóв

**ablative** [ˈæblətɪv] *n грам.* абляти́в, твори́тельный падéж

**ablaut** [ˈæblaut] *n лингв.* абля́ут

**ablaze** [əˈbleɪz] *a predic.* 1) в огнé, в плáмени; to be ~ пылáть 2) сверкáющий; the streets were ~ with lights у́лицы бы́ли я́рко освещены́ 3) возбуждённый; ~ with anger пылáющий гнéвом

**able** [ˈeɪbl] *a* 1) умéлый, умéющий; знáющий; to be ~ (*с inf.*) умéть, мочь, быть в состоя́нии, в си́лах; to be ~ to swim умéть плáвать 2) спосóбный, талáнтливый

**able-bodied** [ˈeɪblˈbɔdɪd] *a* крéпкий, здорóвый; гóдный (*к военной службе*); ~ seaman матрóс (*звание*)

**ablet** [ˈæblɪt] *n* уклéйка (*рыба*)

**abloom** [əˈbluːm] *a predic.* в цвету́

**ablush** [əˈblʌʃ] *a predic.* смущённый, покраснéвший

**ablution** [əˈbluːʃən] *n* 1) (*обыкн. pl*) омовéние; to perform one's ~s *разг.* умы́ться 2) *тех.* промы́вка

**ably** [ˈeɪblɪ] *adv* умéло

**abnegate** [ˈæbnɪgeɪt] *v книжн.* 1) откáзывать себé в 2) откáзываться от 3) отрицáть

**abnormal** [æbˈnɔːməl] *a* ненормáльный, непрáвильный; аномáльный; ~ psychology психопатолóгия

**abnormality** [ˌæbnɔːˈmælɪtɪ] *n* 1) непрáвильность, ненормáльность 2) урóдство 3) аномáлия

**abnormity** [æbˈnɔːmɪtɪ] = abnormality

**aboard** [əˈbɔːd] *adv, prep* 1) на кораблé, на бортý; в вагóне; welcome ~! привéтствуем вас на бортý самолёта! (*обращение стюардессы к пассажирам*) 2) на корáбль, на борт; в вагóн; to go ~ a ship сесть на корáбль 3) вдоль; to keep the land ~ идти́ вдоль бéрега (*о судне и т. п.*) ◇ all ~! а) посáдка закáнчивается! (*предупреждение об отправлении корабля, вагона и т. п.*); б) посáдка закóнчена! (*сигнал к отправлению*); to fall ~ а) столкну́ться (*с другим судном*); б) *уст.* поссóриться (with, of)

**abode** I [əˈbəud] *n книжн.* жили́ще, местопребывáние; to take up one's ~ посели́ться; to make one's ~ жить (*где-л.*); with (*или* of) no fixed ~ *юр.* без постоя́нного местожи́тельства

**abode** II [əˈbəud] *past и p. p. от* abide

**abolish** [əˈbɔlɪʃ] *v* отменя́ть, уничтожáть, упраздня́ть (*обычаи, учреждения*)

**abolishment** [əˈbɔlɪʃmənt] *n* отмéна, уничтожéние, упразднéние

**abolition** [ˌæbəuˈlɪʃən] *n* 1) отмéна, аннули́рование (*договора, закона и т. п.*) 2) *амер. ист.* отмéна, уничтожéние (*рабства, торговли рабами*)

**abolitionism** [ˌæbeuˈlɪʃənɪzm] *n амер. ист.* аболициони́зм

**A-bomb** [ˈeɪbɔm] *n* áтомная бóмба

**abominable** [əˈbɔmɪnəbl] *a* отврати́тельный, проти́вный

**abominate** [əˈbɔmɪneɪt] *v* 1) питáть отвращéние, ненави́деть 2) *разг.* не люби́ть

**abomination** [əˈbɔmɪˈneɪʃən] *n* 1) отвращéние; to hold smth. in ~ питáть отвращéние к чемý-л. 2) что-л. отврати́тельное; мéрзость

**aboriginal** [ˌæbəˈrɪdʒənl] 1. *a* 1) искóнный, коренно́й; тузéмный 2) первобы́тный; мéстный (*о флоре, фауне*); ~ forests первобы́тные лесá

2. *n* тузéмец; коренно́й жи́тель, аборигéн

**aborigines** [ˌæbəˈrɪdʒɪniːz] *n pl* тузéмцы; коренны́е жи́тели, аборигéны

**abort** [əˈbɔːt] *v* 1) выки́дывать, преждеврéменно разрешáться от брéмени 2) потерпéть неудáчу 3) *биол.* остáться недорáзвитым; стать бесплóдным

**aborted** [əˈbɔːtɪd] *v* 1. *p. p. от* abort

2. *a* 1) недонóшенный 2) *биол.* недорáзвитый; рудиментáрный

**abortion** [əˈbɔːʃən] 1) преждеврéменное прекращéние beréменности, абóрт, вы́кидыш (*искусственный*) 2) урóдец 3) *биол.* недоразви́тие óргана

**abortive** [əˈbɔːtɪv] *a* 1) преждеврéменный (*о родах*) 2) неудáвшийся, бесплóдный; ~ scheme мертворождённый план; to render ~ сорвáть (*попытку и т. п.*) 3) *биол.* недорáзвитый

**abortively** [əˈbɔːtɪvlɪ] *adv* неудáчно, бесплóдно

**abound** [əˈbaund] *v* 1) быть в большóм коли́честве 2) имéть в большóм коли́честве, изоби́ловать (in, with); to ~ in courage быть óчень смéлым; the museum ~s with old pictures в музéе мнóжество стáрых карти́н

**about** I [əˈbaut] 1. *adv* 1) кругóм, вокрýг; вездé, повсю́ду; to look ~ огляну́ться вокрýг; don't leave the papers ~ не разбрáсывай бумáги!; rumours are ~ хóдят слýхи 2) неподалёку, недалекó; he is somewhere ~ он гдé-то здесь 3) приблизи́тельно, óколо, почти́; you are ~ right вы почти́ прáвы; it is ~ two o'clock сейчáс óколо двух часóв 4) в обрáтном направлéнии; to face ~ оберну́ться; ~ face (*или* turn)! *воен.* кругóм! ◇ Mr. Jones is not ~ господи́н Джóунз вы́шел; ~ right а) прáвильно; б) здóрово, основáтельно; to be ~ to go (to speak *etc.*) собирáться уходи́ть (говори́ть *и т. п.*); what are you ~? а) что вам нýжно?; б) *редк.* что вы дéлаете?

2. *prep* 1) *в пространственном значении указывает на*: а) *расположение или движение вокруг чего-л.* вокрýг, кругóм; б) *нахождение вблизи чего-л.* óколо, близ; у; the forests ~ Tomsk лесá под Тóмском; в) *место совершения действия* по; to walk ~ the room ходи́ть по кóмнате 2) *во временном значении указывает на приблизительность* óколо; ~ nightfall к вéчеру

3) о, об, насчёт; I'll see ~ it я позабочусь об этом; he went ~ his business он пошёл по своим делам 4): to have smth. ~ one иметь что-л. при себе, с собой; I had all the documents ~ me все документы были у меня с собой (*или* при мне, под рукой)

**about** II [əˈbaut] *v мор.* менять курс, поворачивать на другой галс

**about-face** 1. *n* [əˈbautfeɪs] 1) поворот кругом 2) резкое изменение (*отношения, политики и т. п.*)

2. *v* [əˈbautˈfeɪs] 1) повернуть(ся) кругом 2) резко изменить (*отношение, политику и т. п.*)

**about-sledge** [əˈbautsledʒ] *n* кувалда; кузнечный молот

**above** [əˈbʌv] 1. *adv* 1) наверху; выше 2) выше, раньше; as stated ~ как сказано выше 3) наверх; a staircase leading ~ лестница (ведущая) наверх; from ~ сверху

2. *prep* 1) над; ~ my head над моей головой; ~ board = above-board 2; ~ ground = above-ground 2; 2) свыше, больше 3) выше; ~ suspicion вне подозрений; it is ~ me это выше моего понимания; ~ measure сверх меры 4) раньше, до (*в книге, документе и т. п.*) ◇ ~ all прежде всего, главным образом, в основном; больше всего

3. *a* упомянутый выше; the ~ facts вышеупомянутые факты

4. *n* (the ~) вышеупомянутое

**above-board** [əˈbʌvˈbɔːd] 1. *a predic.* честный, открытый, прямой

2. *adv* честно, открыто

**above-ground** [əˈbʌvgraund] 1. *a* 1) живущий 2) наземный

2. *adv* в живых

**above-mentioned** [əˈbʌvˈmenʃənd] *a* вышеупомянутый

**abracadabra** [ˌæbrəkəˈdæbrə] *n* 1) заклинание 2) абракадабра, бессмыслица

**abradant** [əˈbreɪdənt] *n тех.* абразив, абразивный материал

**abrade** [əˈbreɪd] *v* 1) стирать; снашивать трением 2) сдирать (*кожу*) 3) *тех.* обдирать

**abranchial** [əˈbræŋkɪəl] = abranchiate

**abranchiate** [əˈbræŋkɪɪt] *a зоол.* безжаберный

**abrasion** [əˈbreɪʒən] *n* 1) истирание 2) ссадина 3) *геол.* абразия; смыв материка морской водой 4) *тех.* стирание, снашивание 5) *attr.*: ~ marks *фото* царапины (*на слое эмульсии*) 6) *attr.*: ~ testing испытание на износ

**abrasive** [əˈbreɪsɪv] 1. *a* 1) обдирающий; размывающий 2) абразивный, шлифующий; ~ wear износ, вызываемый трением

2. *n* абразивы; наждак, металлическая мочалка *и т. п.*

**abreast** [əˈbrest] *adv* 1) в ряд, рядом, на одной линии; four ~ по четыре в ряд; to keep ~ of, to be ~ with не отставать от, идти в ногу с 2) на уровне; to keep ~ of (*или* with) the times идти в ногу с веком 3) *мор.* на траверзе

**abridge** [əˈbrɪdʒ] *v* 1) сокращать 2) ограничивать, урезывать (*права*) 3) лишать (*чего-л.*; of)

**abridg(e)ment** [əˈbrɪdʒmənt] *n* 1) сокращение 2) ограничение (*прав*) 3) сокращённый текст *или* издание; краткое изложение, конспект

**abroad** [əˈbrɔːd] *adv* 1) за границей; за границу; from ~ из-за границы 2) широко; повсюду; there is a rumour ~ ходит слух; to get ~ распространяться (*о слухах*) 3) *разг.* в заблуждении; to be all ~ а) заблуждаться; б) растеряться; смешаться, смутиться 4) *уст.* вне дома, вне своего жилища

**abrogate** [ˈæbrəugeɪt] *v* отменять, аннулировать (*закон и т. п.*)

**abrogation** [ˌæbrəuˈgeɪʃən] *n* отмена, аннулирование (*закона и т. п.*)

**abrupt** [əˈbrʌpt] *a* 1) обрывистый, крутой 2) внезапный; ~ discharge *эл.* мгновенный разряд 3) резкий (*о движении, манере*) 4) неровный (*о стиле*)

**abruption** [əˈbrʌpʃən] *n* 1) разрыв, разъединение; отторжение 2) *геол.* выход на поверхность (*пласта*)

**abruptness** [əˈbrʌptnɪs] *n* 1) крутизна, обрывистость 2) внезапность 3) резкость (*движений*) 4) неровность (*стиля*)

**abscess** [ˈæbsɪs] *n* 1) абсцесс, нарыв, гнойник 2) *тех.* раковина (*в металле*)

**abscissa** [æbˈsɪsə] *n* (*pl* -s [-z], -ae) *мат.* абсцисса

**abscissae** [æbˈsɪsiː] *pl от* abscissa

**abscission** [æbˈsɪʒən] *n* отнятие, ампутация

**abscond** [əbˈskɔnd] *v* скрываться (*обыкн. с чужими деньгами*); скрываться (*от суда*)

**absence** [ˈæbsəns] *n* 1) отсутствие; отлучка; ~ without leave *воен.* самовольная отлучка; leave of ~ отпуск 2) недостаток, отсутствие (of — *чего-либо*) 3): ~ of mind рассеянность; отсутствие внимания

**absent** 1. *a* [ˈæbsənt] 1) отсутствующий 2) рассеянный

2. *v* [æbˈsent] *refl.* отлучиться; отсутствовать; to ~ oneself from smth. уклоняться от чего-л.

**absentee** [ˌæbsənˈtiː] *n* 1) отсутствующий 2) уклоняющийся (*от чего-либо*); не участвующий (*в чём-л.*) 3) *attr.*: ~ ballot открепительный талон

**absenteeism** [ˌæbsənˈtiːɪzm] *n* 1) абсентеизм (*уклонение от посещения собраний и т. п.*) 2) прогул, невыход на работу без уважительной причины

**absentia** [æbˈsenʃɪə] *лат. n*: in ~ в отсутствии; заочно; to be tried in ~ *юр.* быть судимым заочно

**absently** [ˈæbsəntlɪ] *adv* рассеянно

**absent-minded** [ˈæbsəntˈmaɪndɪd] *a* рассеянный

**absent-mindedness** [ˈæbsəntˈmaɪndɪdnɪs] *n* рассеянность

**absinth(e)** [ˈæbsɪnθ] *n* абсент, полынная водка

**absolute** [ˈæbsəluːt] *a* 1) полный; безусловный, неограниченный 2) чистый, беспримесный; ~ alcohol чистый, неразбавленный спирт 3) самовластный; абсолютный; ~ monarchy абсолютная монархия 4) *грам.* абсолютный; ~ construction абсолютная конструкция

**absolutely** [ˈæbsəluːtlɪ] *adv* 1) совершенно 2) безусловно 3) самостоятельно, независимо; transitive verb used ~ переходный глагол без прямого дополнения 4) *разг.* да, конечно

**absoluteness** [ˈæbsəluːtnɪs] *n* 1) безусловность 2) неограниченность, полнота власти

**absolution** [ˌæbsəˈluːʃən] *n* 1) прощение 2) *церк.* отпущение грехов 3) *юр.* оправдание; освобождение от наказания, обязательств *и т. п.*

**absolutism** [ˈæbsəluːtɪzm] *n* абсолютизм

**absolutist** [ˈæbsəluːtɪst] *n* сторонник абсолютизма

**absolve** [əbˈzɔlv] *v* 1) прощать (from — *что-л.*) 2) *церк.* отпускать (*грехи*; of) 3) освобождать (from — от *обязательств и т. п.*)

**absorb** [əbˈsɔːb] *v* 1) всасывать, впитывать; абсорбировать; поглощать 2) поглощать (*внимание*); впитывать (*знания*) 3) амортизировать (*толчки*)

**absorbent** [əbˈsɔːbənt] 1. *a* всасывающий; ~ cotton wool гигроскопическая вата; ~ carbon активированный уголь

2. *n* всасывающее вещество, поглотитель, абсорбент

**absorber** [əbˈsɔːbə] *n тех.* 1) поглотитель, абсорбер 2) амортизатор

**absorbing** [əbˈsɔːbɪŋ] 1. *pres. p. от* absorb

2. *a* 1) всасывающий, впитывающий; ~ capacity поглощающая способность 2) захватывающий, всепоглощающий

3. *n* всасывание; поглощение

**absorption** [əbˈsɔːpʃən] *n* 1) всасывание, впитывание; поглощение, абсорбция 2) погружённость (*в мысли и т. п.*) 3) *attr.*: ~ circuit *радио* поглощающий контур; ~ factor коэффициент поглощения

**absorptive** [əbˈsɔːptɪv] *a* впитывающий, всасывающий; поглощающий; ~ power поглотительная (*или* абсорбирующая) способность

**absorptivity** [ˌæbsɔːpˈtɪvɪtɪ] *n* поглотительная (*или* абсорбирующая) способность

**abstain** [əbˈsteɪn] *v* воздерживаться (from); to ~ from force воздерживаться от применения силы; to ~ from drinking не употреблять спиртных напитков

**abstainer** [əbˈsteɪnə] *n* 1) непьющий, трезвенник (*часто* total ~) 2) воздержавшийся (*при голосовании*)

**abstemious** [æbˈstiːmjəs] *a* 1) воздержанный, умеренный (*особ. в пище, питье*) 2) бережливый

**abstention** [əbˈstenʃən] *n* 1) воздержание (from) 2) неучастие в голосовании (*тж.* ~ from voting)

**abstergent** [əb'stə:dʒənt] **1.** *a* мо́ющий
**2.** *n* мо́ющее сре́дство
**abstersion** [əb'stə:ʃən] *n* очище́ние, промыва́ние
**abstinence** ['æbstɪnəns] *n* воздержа́ние (from); уме́ренность; total ~ по́лный отка́з от употребле́ния спиртны́х напи́тков
**abstinent** ['æbstɪnənt] *a* 1) уме́ренный, возде́ржанный 2) тре́звый, непью́щий
**abstract 1.** *n* ['æbstrækt] 1) абстра́кция, отвлечённое поня́тие; in the ~ отвлечённо, абстра́ктно; теорети́чески 2) конспе́кт; резюме́; извлече́ние (*из книги и т. п.*)
**2.** *a* ['æbstrækt] 1) абстра́ктный, отвлечённый; ~ art абстра́ктное иску́сство 2) тру́дный для понима́ния 3) *разг.* теорети́ческий
**3.** *v* [æb'strækt] 1) отнима́ть 2) резюми́ровать; сумми́ровать 3) *разг.* красть, прикарма́нивать
**abstracted** [æb'stræktɪd] **1.** *p. p. от* abstract 3
**2.** *a* 1) погружённый в мы́сли; рассе́янный 2) отделённый; удалённый
**abstractedly** [æb'stræktɪdlɪ] *adv* 1) рассе́янно 2) абстра́ктно, отвлечённо, отде́льно (from)
**abstractedness** [æb'stræktɪdnɪs] *n* 1) абстра́ктность, отвлечённость 2) рассе́янность
**abstraction** [æb'strækʃən] *n* 1) абстра́кция; отвлече́ние 2) рассе́янность 3) *разг.* кра́жа
**abstractive** [æb'stræktɪv] *a* абстра́ктный, отвлечённый
**abstractiveness** [æb'stræktɪvnɪs] *n* абстра́ктность, отвлечённость
**abstruse** [æb'stru:s] *a* 1) глубокомы́сленный 2) тру́дный для понима́ния 3) скры́тый
**absurd** [əb'sə:d] *a* неле́пый, абсу́рдный; смешно́й, глу́пый
**absurdity** [əb'sə:dɪtɪ] *n* неле́пость; неле́пое утвержде́ние; глу́пость, смехотво́рность
**absurdly** [əb'sə:dlɪ] *adv* неле́по, абсу́рдно, глу́по
**abundance** [ə'bʌndəns] *n* 1) изоби́лие, избы́ток (of); бога́тство; ~ of the heart избы́ток чувств 2) мно́жество 3) *хим.* относи́тельное содержа́ние 4) *физ.* распространённость; isotope ~ распространённость изото́па
**abundant** [ə'bʌndənt] *a* оби́льный, изоби́лующий; бога́тый (in — *чем-л.*); to be ~ име́ть(ся) в изоби́лии, кише́ть
**abuse 1.** *n* [ə'bju:s] 1) оскорбле́ние; брань 2) плохо́е обраще́ние 3) злоупотребле́ние 4) непра́вильное употребле́ние
**2.** *v* [ə'bju:z] 1) оскорбля́ть; руга́ть; поноси́ть, бесче́стить 2) пло́хо обраща́ться (*с кем-л.*, *чем-л.*) 3) злоупотребля́ть
**abusive** [ə'bju:sɪv] *a* оскорби́тельный, бра́нный; ~ language брань, руга́тельства
**abut** [ə'bʌt] *v* примыка́ть, грани́чить (*обыкн.* ~ upon); упира́ться (against)
**abutment** [ə'bʌtmənt] *n* 1) межа́, грани́ца 2) *стр.* контрфо́рс; пята́ сво́да; берегово́й усто́й (*моста*) 3) *attr.* опо́рный; ~ stone *стр.* опо́рный, пято́вый ка́мень
**abuzz** [ə'bʌz] *a predic.* 1) гудя́щий, жужжа́щий 2) де́ятельный
**abysm** [ə'bɪzm] *n поэт.* бе́здна, про́пасть; пучи́на
**abysmal** [ə'bɪzməl] *a* 1) бездо́нный; глубо́кий 2) ужа́сный; по́лный, кра́йний; ~ ignorance кра́йнее неве́жество
**abyss** [ə'bɪs] *n* 1) бе́здна, про́пасть; пучи́на 2) первичный ха́ос ◇ ~ of despair глубо́кое отча́яние
**abyssal** [ə'bɪsəl] *a геол.* глуби́нный; глубоково́дный; ~ depth наибо́лее глубо́кая часть мо́ря
**acacia** [ə'keɪʃə] *n* ака́ция
**academic** [ˌækə'demɪk] **1.** *a* 1) академи́ческий, академи́чный 2) уче́бный; ~ year уче́бный год в университе́те
**2.** *n* 1) учёный 2) *pl* чи́сто теорети́ческие, академи́ческие аргуме́нты *и т. п.*
**academical** [ˌækə'demɪkəl] **1.** *a* академи́ческий; университе́тский
**2.** *n pl* университе́тское одея́ние (*плащ и берет*)
**academician** [əˌkædə'mɪʃən] *n* акаде́мик
**academy** [ə'kædəmɪ] *n* 1) акаде́мия; Royal A. Ло́ндонская Акаде́мия худо́жеств; the A. ежего́дная вы́ставка Ло́ндонской Акаде́мии худо́жеств 2) вы́сшее уче́бное заведе́ние; (*распр. тж.*) сре́днее (ча́стное) уче́бное заведе́ние 3) специа́льное уче́бное заведе́ние, шко́ла; Military A. вое́нное учи́лище; riding ~ шко́ла верхово́й езды́; ~ of music музыка́льная шко́ла
**academy-figure** [ə'kædəmɪ ˌfɪgə] *n жив.* акт (*рисунок*)
**acanthi** [ə'kænθaɪ] *pl от* acanthus
**acanthus** [ə'kænθəs] *a* (*pl* -ses [-sɪz], -thi) 1) *бот.* ака́нт, медве́жья ла́па 2) *архит.* ака́нт (*орнамент*)
**acarpous** [ə'kɑ:pəs] *a бот.* не име́ющий пло́дов
**accede** [æk'si:d] *v* 1) соглаша́ться (to — с *чем-л.*) 2) примыка́ть, присоединя́ться; to ~ to an alliance примкну́ть, присоедини́ться к сою́зу 3) принима́ть (*должность и т. п.*; to)
**accelerant** [ək'selərənt] *n хим.* катализа́тор
**accelerate** [ək'seləreɪt] *v* ускоря́ть (-ся)
**accelerating** [ək'seləreɪtɪŋ] **1.** *pres. p. от* accelerate
**2.** *a* ускоря́ющий; ~ force *физ.* ускоря́ющая си́ла
**acceleration** [əkˌselə'reɪʃən] *n* ускоре́ние; акселера́ция; ~ of gravity ускоре́ние си́лы тя́жести
**accelerator** [ək'seləreɪtə] *n* 1) *тех.* ускори́тель; акселера́тор 2) *хим.* катализа́тор 3) *воен.* многока́морное ору́дие
**accent 1.** *n* ['æksənt] 1) ударе́ние 2) произноше́ние; акце́нт 3) *pl поэт.* речь, язык
**2.** *v* [ək'sent] 1) де́лать, ста́вить ударе́ние 2) подчёркивать, акценти́ровать 3) произноси́ть
**accentual** [æk'sentjuəl] *a* относя́щийся к ударе́нию, тони́ческий; ~ prosody тони́ческое стихосложе́ние
**accentuate** [æk'sentjueɪt] *v* 1) де́лать ударе́ние 2) подчёркивать, выделя́ть 3) ста́вить ударе́ние
**accentuation** [ækˌsentju'eɪʃən] *n* 1) постано́вка ударе́ния 2) подчёркивание, выделе́ние 3) мане́ра произноше́ния
**accept** [ək'sept] *v* 1) принима́ть; to ~ an offer приня́ть предложе́ние 2) допуска́ть; соглаша́ться; признава́ть; I ~ the correctness of your statement признаю́ пра́вильность ва́шего утвержде́ния 3) относи́ться благоскло́нно 4) *ком.* акцептова́ть (*вексель*) ◇ to ~ persons проявля́ть лицеприя́тие; to ~ the fact примири́ться с фа́ктом
**acceptability** [əkˌseptə'bɪlɪtɪ] *n* прие́млемость
**acceptable** [ək'septəbl] *a* 1) прие́млемый 2) прия́тный, жела́нный
**acceptance** [ək'septəns] *n* 1) приня́тие, приём 2) одобре́ние 3) при́нятое значе́ние сло́ва 4) *ком.* акце́пт; ~ general акцептова́ние ве́кселя без каки́х-л. огово́рок; ~ qualified (*или* special) акцептова́ние ве́кселя с огово́рками в отноше́нии усло́вий 5) *attr.*: ~ flight *ав.* лётное приёмное испыта́ние ◇ ~ of persons лицеприя́тие
**acceptation** [ˌæksep'teɪʃən] *n* при́нятое значе́ние сло́ва *или* выраже́ния
**accepted** [ək'septɪd] **1.** *p. p. от* accept
**2.** *a* общепри́нятый, распространённый; the ~ truth общеизве́стная и́стина
**accepter** [ək'septə] *n* тот, кто принима́ет, приёмщик ◇ ~ of persons проявля́ющий пристра́стие
**acceptor** [ək'septə] *n ком.* акцепта́нт
**access** ['ækses] *n* 1) до́ступ 2) прохо́д; подхо́д 3) при́ступ (*гнева, болезни*)
**accessary** [ək'sesərɪ] **1.** *a predic. юр.* соуча́ствующий
**2.** *n юр.* соуча́стник; ~ after the fact ко́свенный соуча́стник, укрыва́тель; ~ before the fact прямо́й соуча́стник
**accessibility** [əkˌsesɪ'bɪlɪtɪ] *n* 1) досту́пность 2) лёгкость осмо́тра *или* ремо́нта 3) *воен.* удо́бство подхо́да
**accessible** [ək'sesəbl] *a* 1) досту́пный (to); достижи́мый 2) поддаю́щийся; пода́тливый; ~ to bribery прода́жный; взя́точник
**accession** [æk'seʃən] **1.** *n* 1) приро́ст; прибавле́ние; пополне́ние 2) до́ступ 3) вступле́ние (*на престол*) 4) *attr.*: ~ catalogue катало́г но́вых поступле́ний
**2.** *v амер.* вноси́ть кни́ги в катало́г
**accessorial** [ˌæksə'sɔ:rɪəl] *a* вспомога́тельный, дополни́тельный
**accessory** [ək'sesərɪ] **1.** *a* 1) доба́вочный; вспомога́тельный; второстепе́нный 2) = accessary 1

2. *n* 1) = accessary 2; 2) (the accessories) *pl* принадлежности; арматура

**accidence** ['æksɪdəns] *n* 1) *грам.* морфология 2) элементы, основы какого-л. предмета

**accident** ['æksɪdənt] *n* 1) несчастный случай; катастрофа; авария; to meet with an ~ потерпеть аварию, крушение; fatal ~ несчастный случай со смертельным исходом; industrial ~ несчастный случай на производстве 2) случай; случайность; by ~ случайно, нечаянно; by a lucky ~ по счастливой случайности 3) *астр., геол.* неровность поверхности, складка 4) *лог.* случайное свойство 5) *attr.*: ~ insurance страхование от несчастных случаев; ~ prevention предупреждение несчастных случаев; техника безопасности; ~ rate *амер.* коэффициент промышленного травматизма ◊ ~s will happen (in the best regulated families) ≅ в семье не без урода; скандал в благородном семействе

**accidental** [ˌæksɪ'dentl] **1.** *a* 1) случайный 2) второстепенный 3) несущественный

2. *n* 1) случайность 2) несущественная черта; случайный элемент

**accidentally** [ˌæksɪ'dentəlɪ] *adv* случайно; непредумышленно

**acclaim** [ə'kleɪm] **1.** *v* шумно, бурно аплодировать; приветствовать 2) провозглашать

2. *n* шумное приветствие

**acclamation** [ˌæklə'meɪʃən] *n* 1) шумное одобрение; carried (*или* voted) by ~ принято без голосования на основании единодушного шумного одобрения 2) (*обыкн. pl*) приветственные возгласы

**acclimate** [ə'klaɪmeɪt] = acclimatize

**acclimation** [ˌæklaɪ'meɪʃən] = acclimatization

**acclimatization** [əˌklaɪmətaɪ'zeɪʃən] *n* акклиматизация

**acclimatize** [ə'klaɪmətaɪz] *v* 1) акклиматизировать 2) *refl.* акклиматизироваться (*тж. перен.*); he couldn't ~ himself to the life in that new place он не мог привыкнуть к жизни на этом новом месте

**acclivity** [ə'klɪvɪtɪ] *n* подъём

**acclivous** [ə'klaɪvəs] *a* пологий

**accolade** ['ækəuleɪd] *n ист.* акколада (*обряд посвящения в рыцари*)

**accommodate** [ə'kɔmədeɪt] *v* 1) приспосабливать 2) снабжать; to ~ smb. with a loan дать кому-л. деньги взаймы 3) давать пристанище; предоставлять жильё, помещение; расквартировывать (*войска*) 4) оказывать услугу 5) примирять; улаживать (*ссору*); согласовывать

**accommodating** [ə'kɔmədeɪtɪŋ] **1.** *pres. p. от* accommodate

2. *a* 1) услужливый; любезный 2) уживчивый; уступчивый, сговорчивый; in an ~ spirit примирительно 3) приспосабливающийся 4) вмещающий; a hall ~ 500 people зал на 500 человек

**accommodation** [əˌkɔmə'deɪʃən] *n* 1) помещение; жильё; стол и ночлег; ~ with every convenience квартира со всеми удобствами 2) приют, убежище 3) *воен.* расквартирование войск 4) приспособление 5) согласование; соглашение; компромисс 6) ссуда 7) *физиол.* аккомодация

**accommodation-bill** [əˌkɔmə'deɪʃənbɪl] *n ком.* дружеский вексель

**accommodation-ladder** [əˌkɔmə'deɪʃənˌlædə] *n мор.* забортный трап

**accommodation train** [əˌkɔmə'deɪʃəntreɪn] *n амер.* местный пассажирский поезд со всеми остановками

**accompaniment** [ə'kʌmpənɪmənt] *n* 1) сопровождение 2) *муз.* аккомпанемент

**accompanist** [ə'kʌmpənɪst] *n* аккомпаниатор

**accompany** [ə'kʌmpənɪ] *v* 1) сопровождать, сопутствовать 2) *муз.* аккомпанировать

**accomplice** [ə'kɔmplɪs] *n* сообщник, соучастник (*преступления*)

**accomplish** [ə'kɔmplɪʃ] *v* 1) совершать, выполнять; достигать; доводить до конца, завершать 2) делать совершенным; совершенствовать 3) достигать совершенства

**accomplished** [ə'kɔmplɪʃt] **1.** *p. p. от* accomplish

2. *a* 1) совершённый, завершённый; ~ fact совершившийся факт 2) законченный, совершенный; ~ violinist превосходный скрипач 3) получивший хорошее образование; воспитанный; культурный 4) изысканный (*о манерах и т. п.*)

**accomplishment** [ə'kɔmplɪʃmənt] *n* 1) выполнение; завершение 2) достижение 3) *pl* образованность; воспитание; достоинства; внешний лоск 4) благоустройство

**accord** [ə'kɔ:d] **1.** *n* 1) согласие; with one ~ единодушно 2) соглашение 3) соответствие, гармония 4) *муз.* аккорд, созвучие ◊ of one's own ~ добровольно; of its own ~ самотёком

2. *v* 1) согласовывать(ся); соответствовать, гармонировать 2) предоставлять, жаловать; оказывать; to ~ a hearty welcome оказать радушный приём

**accordance** [ə'kɔ:dəns] *n* согласие, соответствие; in ~ with smth. в соответствии с чем-л., согласно чему-л.

**accordant** [ə'kɔ:dənt] *a* 1) согласный; созвучный 2) соответственный

**according** [ə'kɔ:dɪŋ] *adv* 1) = accordingly 2): ~ as (*употр. как cj*) соответственно; соразмерно; смотря по тому, как; you will be paid ~ as you work вам заплатят столько, сколько будет стоить ваша работа; ~ to (*употр. как prep*) а) согласно, в соответствии с; he came ~ to his promise он пришёл, как и обещал; б) по утверждению, по словам, по мнению; ~ to him по его словам; ~ to TASS по сообщению ТАСС

**accordingly** [ə'kɔ:dɪŋlɪ] *adv* 1) соответственно; в соответствии 2) таким образом; следовательно; поэтому

**accordion** [ə'kɔ:djən] *n муз.* аккордеон; гармоника

**accost** [ə'kɔst] **1.** *n* приветствие; обращение

2. *v* 1) приветствовать; обращаться (*к кому-л.*); подойти и заговорить (*с кем-л.*) 2) приставать (*к кому-л.; особ. о проститутках*)

**accouchement** [ə'ku:ʃmɑ:ŋ] *фр. n* разрешение от бремени, роды

**accoucheur** [ˌæku:'ʃə:] *фр. n* акушёр

**accoucheuse** [ˌæku:'ʃə:z] *фр. n* акушерка

**account** [ə'kaunt] **1.** *n* 1) счёт, расчёт; подсчёт; for ~ of smb. за счёт кого-л.; on ~ в счёт (*чего-л.*) [*ср. тж.* 5) *и* ◊]; ~ current текущий счёт; joint ~ общий счёт; to keep ~s *бухг.* вести книги; to lay (one's) ~ with smth. а) рассчитывать на что-л.; б) принимать что-л. в расчёт; to settle (*или* to square) ~s with smb. а) рассчитываться с кем-л.; б) сводить счёты с кем-л. 2) отчёт; to give an ~ of smth. давать отчёт в чём-л.; to call to ~ призвать к ответу, потребовать объяснения, отчёта 3) доклад; сообщение; отчёт 4) мнение, оценка; by all ~s по общим отзывам; to give a good ~ of oneself хорошо себя зарекомендовать; to leave out of ~ не принимать во внимание; not to hold of much ~ быть невысокого мнения; to take into ~ принимать во внимание, в расчёт 5) основание, причина; on ~ of из-за, вследствие [*ср. тж.* 1)]; on no ~ ни в коем случае 6) значение, важность; of no ~, of small ~, *амер.* по ~ незначительный; to make ~ of придавать значение 7) выгода, польза; to turn to ~ использовать; извлекать выгоду; to turn a thing to ~ использовать что-л. в своих интересах 8) торговый баланс 9) *attr.*: ~ book конторская книга ◊ to be called to one's ~, to go to one's ~, *амер.* to hand in one's ~ умереть; the great ~ *рел.* день страшного суда, судный день; on one's own ~ на свой страх и риск; самостоятельно; on smb.'s ~ ради кого-л. [*ср. тж.* 1) *и* 5)]

2. *v* 1) считать за; рассматривать как; I ~ myself happy я считаю себя счастливым 2) отчитываться (for — в *чём-л.*); отвечать (for — за *что-л.*) 3) объяснять (for — *что-л.*); this ~s for his behaviour вот чем объясняется его поведение

**accountability** [əˌkauntə'bɪlɪtɪ] *n* 1) ответственность 2) подотчётность

**accountable** [ə'kauntəbl] *a* 1) ответственный (to — перед *кем-л.*, for — за *что-л.*) 2) подотчётный (*о лице*) 3) объяснимый

**accountancy** [ə'kauntənsɪ] *n* бухгалтерское дело, счетоводство

**accountant** [ə'kauntənt] *n* 1) бухгалтер 2) *юр.* ответчик

**accountant-general** [ə'kauntəntˌdʒenərəl] *n* главный бухгалтер

**accounting** [ə'kauntɪŋ] **1.** *pres. p. от* account 2

2. *n* 1) учёт; отчётность 2) расчёт, баланси́рование 3) *attr.*: ~ cost калькуля́ция

**accoutre** [ə'ku:tə] *v* одева́ть, снаряжа́ть, экипирова́ть

**accoutrements** [ə'ku:təmənts] *n pl воен.* ли́чное снаряже́ние (*гл. обр. кожаное*)

**accredit** [ə'kredɪt] *v* 1) уполномо́чивать; аккредитова́ть (*дипломатического представителя*) 2) припи́сывать (to, with) 3) доверя́ть; (по)ве́рить

**accredited** [ə'kredɪtɪd] **1.** *p. p.* от accredit

2. *a* 1) аккредито́ванный, облечённый полномо́чиями 2) общепри́нятый 3): ~ milk све́жее молоко́

**accrete** [ə'kri:t] **1.** *a бот.* сро́сшийся

2. *v* 1) сраста́ться 2) обраста́ть

**accretion** [æ'kri:ʃən] *n* 1) разраста́ние; приро́ст; прираще́ние 2) сраста́ние; сраще́ние 3) нараще́ние; увеличе́ние 4) *геол.* нано́с земли́

**accrue** [ə'kru:] *v* 1) увели́чиваться, накопля́ться; нараста́ть; ~d interest наро́сшие проце́нты 2) выпада́ть на до́лю, достава́ться (to — *кому-л.*) 3) происходи́ть (from)

**accumulate** [ə'kju:mjuleɪt] *v* 1) аккумули́ровать, нака́пливать; ску́чивать; скла́дывать 2) скопля́ться

**accumulation** [ə,kju:mju'leɪʃən] *n* 1) собира́ние; аккумуля́ция 2) накопле́ние; primitive ~ *полит.-эк.* первонача́льное накопле́ние 3) скопле́ние; ма́сса, гру́да

**accumulative** [ə'kju:mjulətɪv] *a* 1) нака́пливающийся; ~ formation *геол.* аккумуляти́вные образова́ния 2) = cumulative

**accumulator** [ə'kju:mjuleɪtə] *n* 1) *эл.* аккумуля́тор 2) *тех.* собира́ющее устро́йство

**accuracy** ['ækjurəsɪ] *n* 1) то́чность, пра́вильность; ~ of fire *воен.* ку́чность огня́ 2) тща́тельность

**accurate** ['ækjurɪt] *a* 1) то́чный, пра́вильный 2) тща́тельный; ~ within 0.001 mm с то́чностью до 0,001 мм 3) ме́ткий (*о стрельбе*) 4) калибро́ванный

**accurately** ['ækjurɪtlɪ] *adv* то́чно

**accursed** [ə'kə:sɪd] *a* 1) прокля́тый 2) ненави́стный, отврати́тельный

**accurst** [ə'kə:st] = accursed

**accusation** [,ækju(:)'zeɪʃən] *n* 1) обвине́ние 2) *юр.* обвини́тельный акт

**accusative** [ə'kju:zətɪv] *грам.* **1.** *a* вини́тельный

2. *n* аккузати́в, вини́тельный паде́ж

**accusatorial** [ə,kju:zə'tɔ:rɪəl] *a юр.* обвини́тельный

**accusatory** [ə'kju:zətərɪ] *a* 1) = accusatorial 2) обличи́тельный; разоблача́ющий

**accuse** [ə'kju:z] *v* обвиня́ть, предъявля́ть обвине́ние (of — в *чём-л.*)

**accuser** [ə'kju:zə] *n* обвини́тель

**accustom** [ə'kʌstəm] *v* приуча́ть; to ~ oneself to smth. привыка́ть, приуча́ться к чему́-л.

**accustomed** [ə'kʌstəmd] **1.** *p. p.* от accustom

2. *a* 1) привы́кший, приу́ченный 2) привы́чный, обы́чный

**ace** [eɪs] *n* 1) очко́ 2) *карт.* туз; the ~ of trumps а) гла́вный ко́зырь; б) са́мый ве́ский до́вод 3) первокла́ссный лётчик, ас; выдающийся спортсме́н *и т. п.*; the ~ of ~s *ав.* лу́чший ас; *перен.* лу́чший из лу́чших ◇ within an ~ of на волосо́к от, чуть не

**acephalous** [ə'sefələs] *a* 1) *зоол.* безголо́вый 2) лишённый главы́, без руководи́теля 3) без пе́рвой строки́ (*о стихотворении*)

**acerbate 1.** *a* [ə'sə:bɪt] *книжн.* озло́бленный, ожесточённый

2. *v* ['æsəbeɪt] 1) окисля́ть, придава́ть те́рпкость 2) озлобля́ть, ожесточа́ть

**acerbity** [ə'sə:bɪtɪ] *n книжн.* 1) те́рпкость 2) ре́зкость, жёсткость

**acetate** ['æsɪtɪt] *n хим.* 1) соль у́ксусной кислоты́, ацета́т 2) *attr.* ацета́тный; ~ silk ацета́тный, иску́сственный шёлк

**acetic** [ə'si:tɪk] *a* у́ксусный

**acetify** [ə'setɪfaɪ] *v хим.* окисля́ть (-ся); обраща́ть(ся) в у́ксус

**acetous** ['æsɪtəs] *a* у́ксусный; ки́слый

**acetylene** [ə'setɪli:n] *n* 1) ацетиле́н 2) *attr.* ацетиле́новый; ~ welding ацетиле́новая сва́рка

**ache** [eɪk] **1.** *n* боль (*особ. продолжительная, тупая*)

2. *v* 1) боле́ть; my head ~s у меня́ боли́т голова́ 2) жа́ждать, стра́стно стреми́ться (*к чему-л.*)

**acheless** ['eɪklɪs] *a* безболе́зненный

**achievable** [ə'tʃi:vəbl] *a* достижи́мый

**achieve** [ə'tʃi:v] *v* 1) достига́ть, добива́ться; to ~ one's purpose (*или* aim) дости́чь це́ли 2) успе́шно выполня́ть; доводи́ть до конца́

**achievement** [ə'tʃi:vmənt] *n* 1) достиже́ние 2) выполне́ние 3) по́двиг

**Achilles** [ə'kɪli:z] *n греч. миф.* Ахилле́с

**achromatic** [,ækrəu'mætɪk] *a* 1) ахромати́ческий, бесцве́тный, лишённый окра́ски 2) *мед.* страда́ющий дальтони́змом

**achromatism** [ə'krəumətɪzm] ахромати́зм, бесцве́тность

**acid** ['æsɪd] **1.** *n* кислота́

2. *a* 1) ки́слый; ~ looks ки́слая ми́на 2) е́дкий, язви́тельный 3) *хим.* кисло́тный, ки́слый; ~ dye кисло́тный краси́тель; ~ radical кисло́тный радика́л; ~ salt ки́слая соль; ~ test про́ба на ки́слую реа́кцию; *перен.* серьёзное испыта́ние; ~ value коэффицие́нт кисло́тности

**acidic** [ə'sɪdɪk] *a* кисло́тный, ки́слый

**acidify** [ə'sɪdɪfaɪ] *v* 1) подкисля́ть 2) окисля́ть(ся)

**acidity** [ə'sɪdɪtɪ] *n* 1) кисло́тность 2) е́дкость

**acidize** ['æsɪdaɪz] *v* окисля́ть

**acidly** ['æsɪdlɪ] *adv* 1) е́дко, с раздраже́нием 2) хо́лодно, ледяны́м то́ном

**acid-proof** ['æsɪdpru:f] *a* кислотоупо́рный

**acid-resisting** ['æsɪdrɪ,zɪstɪŋ] = acid-proof

**acidulated** [ə'sɪdjuleɪtɪd] *a* 1) кислова́тый 2) недово́льный, брюзгли́вый

**acidulous** [ə'sɪdjuləs] *a* кислова́тый, подки́сленный

**ack-ack** ['æk'æk] *n воен. жарг.* 1) зени́тные ору́дия 2) ого́нь зени́тной артилле́рии 3) *attr.* зени́тный

**acknowledge** [ək'nɔlɪdʒ] *v* 1) сознава́ть; признава́ть, допуска́ть 2) подтвержда́ть; to ~ the receipt подтвержда́ть получе́ние 3) быть призна́тельным (*за что-л.*); награжда́ть (*за услугу*)

**acknowledgement** [ək'nɔlɪdʒmənt] *n* 1) призна́ние 2) подтвержде́ние; уведомле́ние о получе́нии; распи́ска 3) благода́рность; призна́тельность 4) официа́льное заявле́ние

**aclinic** [ə'klɪnɪk] *a* горизонта́льный, без укло́на; ~ line магни́тный эква́тор, аклини́ческая крива́я

**acme** ['ækmɪ] *n* 1) вы́сшая то́чка (*чего-л.*); кульминацио́нный пункт; ~ of perfection верх соверше́нства 2) *мед.* кри́зис (*болезни*)

**acne** ['æknɪ] *n* прыщи́; воспале́ние са́льной железы́

**acock** [ə'kɔk] *adv* 1) набекре́нь 2) вызыва́юще

**acolyte** ['ækəulaɪt] *n* 1) *церк.* прислу́жник; псало́мщик 2) служи́тель; помо́щник

**aconite** ['ækənaɪt] *n бот.* акони́т

**acorn** ['eɪkɔ:n] *n* 1) жёлудь 2) *attr.* желудёвый

**acoustic** [ə'ku:stɪk] *a* 1) акусти́ческий, звуково́й; ~ mine акусти́ческая ми́на 2) *анат.* слухово́й; ~ duct нару́жный слухово́й прохо́д

**acoustics** [ə'ku:stɪks] *n pl* (*употр. как sing*) аку́стика

**acquaint** [ə'kweɪnt] *v* 1) знако́мить; to ~ oneself with smth. знако́миться с чем-л.; to get (*или* to become) ~ed with smth. познако́миться, ознако́миться с чем-л.; to be ~ed with быть знако́мым с 2) сообща́ть, извеща́ть

**acquaintance** [ə'kweɪntəns] *n* 1) знако́мство; nodding (*или* bowing) ~ ша́почное знако́мство; to make the ~ of smb., to make smb.'s ~ познако́миться с кем-л.; to cultivate the ~ подде́рживать знако́мство (of — с) 2) знако́мый

**acquainted** [ə'kweɪntɪd] **1.** *p. p.* от acquaint

2. *a* 1) знако́мый (*с чем-л., с кем-либо*) 2) зна́ющий (*что-л., кого-л.*)

**acquest** [æ'kwest] *n* приобрете́ние

**acquiesce** [,ækwɪ'es] *v* уступа́ть (in)

**acquiescence** [,ækwɪ'esns] *n* усту́пки, согла́сие; усту́пчивость

**acquiescent** [,ækwɪ'esnt] **1.** *a* усту́пчивый

2. *n редк.* челове́к, иду́щий на усту́пки

**acquire** [ə'kwaɪə] *v* 1) приобрета́ть 2) достига́ть; овладева́ть (*каким-л. навыком и т. п.*); to ~ knowledge приобрести́ зна́ния

**acquired** [ə'kwaɪəd] 1. *p. p. от* acquire
2. *a* благоприобретённый
**acquirement** [ə'kwaɪəmənt] *n* 1) приобрете́ние; овладе́ние 2) *pl* приобретённые зна́ния, на́выки
**acquisition** [ˌækwɪ'zɪʃən] *n* 1) приобрете́ние (*процесс*); ~ of knowledge приобрете́ние зна́ний 2) приобрете́ние (*часто ценное, существенное*); recent ~s of the library но́вые поступле́ния библиоте́ки
**acquisitive** [ə'kwɪzɪtɪv] *a* 1) стяжа́тельский 2) восприи́мчивый
**acquit** [ə'kwɪt] *v* 1) опра́вдывать (of — в *чём-л.*) 2) освобожда́ть (of, from — от *обязательства и т. п.*) 3) вы́полнить (*обязанность, обязательство*); вы́платить долг; to ~ oneself of a promise испо́лнить обеща́ние 4) *refl.* вести́ себя́; to ~ oneself well (ill) вести́ себя́ хорошо́ (пло́хо)
**acquittal** [ə'kwɪtl] *n* 1) *юр.* оправда́ние 2) освобожде́ние (от до́лга) 3) выполне́ние (*обязанностей и т. п.*)
**acquittance** [ə'kwɪtəns] *n* 1) освобожде́ние от обяза́тельства, до́лга; погаше́ние до́лга 2) распи́ска об упла́те до́лга *и т. п.*
**acre** ['eɪkə] *n* 1) акр (≅ *0,4 га*) 2) *pl* зе́мли, владе́ния; broad ~s обши́рное поме́стье ◇ God's A. кла́дбище
**acreage** ['eɪkərɪdʒ] *n* пло́щадь земли́ в а́крах
**acrid** ['ækrɪd] *a* 1) о́стрый, е́дкий (*на вкус и т. п.*); раздража́ющий 2) ре́зкий (*о характере*); язви́тельный
**acridity** [æ'krɪdɪtɪ] *n* острота́ *и пр.* [*см.* acrid]
**acrimonious** [ˌækrɪ'məunjəs] *a* жёлчный (*о характере*); язви́тельный, саркасти́ческий
**acrimony** ['ækrɪmənɪ] *n* жёлчность (*характера*)
**acrobat** ['ækrəbæt] *n* акроба́т
**acrobatic** [ˌækrəu'bætɪk] *a* акробати́ческий
**acrobatics** [ˌækrəu'bætɪks] *n pl* (*употр. как sing*) акроба́тика
**acropoleis** [ə'krɔpəlaɪs] *pl от* acropolis
**acropolis** [ə'krɔpəlɪs] *n* (*pl* -ses [-sɪz], -leis) акро́поль
**across** [ə'krɔs] 1. *adv* 1) попере́к; в ширину́ 2) на ту сто́рону; на той стороне́; to put ~ перевози́ть (*на лодке, пароме*) 3) крест-на́крест; with arms ~ скрести́в ру́ки
2. *prep* 1) сквозь, че́рез; to run ~ the street перебежа́ть у́лицу; ~ country напрями́к; по пересечённой ме́стности; ~ lots *амер.* напрями́к 2) попере́к; a tree lay ~ the road попере́к доро́ги лежа́ло де́рево ◇ to put it ~ smb. а) нака́зывать кого́-л.; б) своди́ть счёты с кем-л.; в) вводи́ть в заблужде́ние
**acrostic** [ə'krɔstɪk] 1. *n* акро́стих
2. *a* име́ющий фо́рму акро́стиха
**act** [ækt] 1. *n* 1) де́ло, посту́пок; акт; ~ of bravery по́двиг; ~ of God стихи́йное бе́дствие; caught in the (very) ~ (of committing a crime) захва́чен на ме́сте преступле́ния; ~ of mutiny вое́нный мяте́ж 2) зако́н, постановле́ние (*парламента, суда*) 3) акт, де́йствие (*часть пьесы*) 4) миниатю́ра, но́мер (*программы варьете или представления в цирке*) ◇ to put on an ~ *разг.* притворя́ться, разыгра́ть сце́ну
2. *v* 1) де́йствовать, поступа́ть; вести́ себя́; to ~ up to a promise сдержа́ть обеща́ние 2) рабо́тать, де́йствовать; the brake refused to ~ то́рмоз отказа́л 3) влия́ть, де́йствовать (on, upon) 4) *театр.* игра́ть; to ~ the part of Othello игра́ть роль Оте́лло
**acting** ['æktɪŋ] 1. *pres. p. от* act 2
2. *n театр.* 1) игра́ 2) *attr.* приспосо́бленный для постано́вки; ~ copy текст пье́сы с режиссёрскими указа́ниями и купю́рами
3. *a* 1) исполня́ющий обя́занности 2) де́йствующий
**actinia** [æk'tɪnɪə] *n* (*pl* -ae, -s [-z]) *зоол.* акти́ния
**actiniae** [æk'tɪnɪi:] *pl от* actinia
**actinic** [æk'tɪnɪk] *a физ., хим.* актини́ческий; ~ rays *физ.* актини́ческие лучи́ (*фиолетовые и ультрафиолетовые*)
**actinism** ['æktɪnɪzm] *n физ., хим.* актини́зм, актини́чность
**actinium** [æk'tɪnɪəm] *n хим.* акти́ний
**action** ['ækʃən] *n* 1) де́йствие, посту́пок; *полит.* а́кция, выступле́ние; overt ~ against откры́тое выступле́ние про́тив; to take prompt ~ приня́ть сро́чные ме́ры 2) *pl* поведе́ние 3) де́йствие, возде́йствие 4) де́ятельность; ~ of the heart де́ятельность се́рдца; to put out of ~ выводи́ть из стро́я 5) обвине́ние, иск; суде́бный проце́сс; to bring (*или* to enter, to lay) an ~ against smb. возбуди́ть де́ло про́тив кого́-л. 6) бой; in ~ в бою́ [*см. тж.* 7)]; to be killed (*или* to fall) in ~ пасть в бою́ 7) де́йствие механи́зма; in ~ на ходу́, де́йствующий [*см. тж.* 6)] 8) *attr.*: ~ radius ра́диус де́йствия (*самолёта и т. п.*) 9) *attr.* боево́й; ~ spring боева́я пружи́на; ~ station боево́й пост 10) *attr.*: ~ painting фо́рма абстра́ктной жи́вописи (*разбрызгивание краски по холсту*) ◇ ~s speak louder than words *посл.* ≅ не по слова́м су́дят, а по дела́м
**actionable** ['ækʃnəbl] *a юр.* даю́щий основа́ние для суде́бного пресле́дования
**activate** ['æktɪveɪt] *a* 1) *хим., биол.* активи́ровать 2) де́лать радиоакти́вным 3) *амер. воен.* формирова́ть и укомплекто́вывать
**activated** ['æktɪveɪtɪd] 1. *p. p. от* activate
2. *a* активи́рованный
**active** ['æktɪv] 1. *a* 1) акти́вный; живо́й; энерги́чный, де́ятельный; to become ~ активизи́роваться 2) де́йствующий 3) *эк.* оживлённый; the market is ~ на ры́нке цари́т оживле́ние 4) *воен.*: ~ forces постоя́нная а́рмия; ~ list спи́сок ка́дрового соста́ва; ~ service боева́я слу́жба; *амер.* действи́тельная вое́нная слу́жба 5) *грам.* действи́тельный (*о залоге*); ~ voice действи́тельный зало́г 6) *фин.* проце́нтный, принося́щий проце́нты
2. *n* = ~ voice [*см.* 1, 5)]
**activity** [æk'tɪvɪtɪ] *n* 1) де́ятельность; social activities культу́рно-просвети́тельные мероприя́тия 2) акти́вность; эне́ргия
**actor** ['æktə] *n* 1) актёр 2) де́ятель ◇ a bad ~ *амер.* ненадёжный челове́к
**actress** ['æktrɪs] *n* актри́са
**actual** ['æktʃuəl] *a* 1) факти́чески существу́ющий; действи́тельный; по́длинный; ~ speed действи́тельная ско́рость; *ав.* и́стинная ско́рость; ~ capital действи́тельный капита́л; ~ load поле́зная нагру́зка; in ~ fact в действи́тельности; the ~ position факти́ческое, существу́ющее положе́ние (дел) 2) теку́щий, совреме́нный
**actuality** [ˌæktʃu'ælɪtɪ] *n* 1) действи́тельность; реа́льность 2) *pl* существу́ющие усло́вия; фа́кты 3) реали́зм (*в искусстве*)
**actualize** ['æktʃuəlaɪz] *v* 1) реализова́ть; осуществля́ть 2) воссоздава́ть реалисти́чески (*в искусстве*)
**actually** ['æktʃuəlɪ] *adv* 1) факти́чески, на са́мом де́ле 2) в настоя́щее вре́мя
**actuary** ['æktjuərɪ] *n* стати́стик страхово́го о́бщества, актуа́рий
**actuate** ['æktjueɪt] *v* 1) приводи́ть в де́йствие 2) побужда́ть 3) *эл.* возбужда́ть
**actuator** ['æktjueɪtə] *n* 1) *тех.* силово́й приво́д; рукоя́тка приво́да 2) *эл.* солено́ид
**acuity** [ə'kju(:)ɪtɪ] *n* 1) острота́ 2) о́стрый хара́ктер (*болезни*)
**acumen** [ə'kju:men] *n* проница́тельность, сообрази́тельность
**acuminate** 1. *a* [ə'kju:mɪnɪt] *биол.* остроконе́чный, заострённый
2. *v* [ə'kju:mɪneɪt] 1) заостря́ть 2) придава́ть остроту́
**acute** [ə'kju:t] *a* 1) о́стрый; ~ angle о́стрый у́гол 2) о́стрый, си́льный; ~ eyesight о́строе зре́ние; ~ pain о́страя боль 3) проница́тельный, сообрази́тельный 4) пронзи́тельный, высо́кий (*о звуке*)
**ad** [æd] *сокр. разг. от* advertisement
**adage** ['ædɪdʒ] *n* посло́вица, погово́рка, изрече́ние
**adagio** [ə'dɑ:dʒɪəu] *n* (*pl* -os [-əuz]) *муз.* ада́жио
**adamant** ['ædəmənt] 1. *n* 1) твёрдый минера́л *или* мета́лл 2) что-л. твёрдое, несокруши́мое; will of ~ желе́зная во́ля
2. *a* непреклонный; твёрдый, несгиба́емый; ~ to entreaties непреклонный к мольба́м
**adamantine** [ˌædə'mæntaɪn] 1. *n* закалённая стальна́я дробь (*для бурения*)
2. *a* 1) о́чень твёрдый 2) несокруши́мый
**Adam's apple** ['ædəmzˌæpl] *n* кады́к
**adapt** [ə'dæpt] *v* 1) приспоса́бливать, пригоня́ть, прила́живать (to,

for) 2) *refl* приспоса́бливаться, применя́ться 3) адапти́ровать, сокраща́ть и упроща́ть 4) переде́лывать; to ~ a novel инсцени́ровать рома́н

**adaptability** [əˌdæptə'bɪlɪtɪ] *n* приспособля́емость, примени́мость

**adaptable** [ə'dæptəbl] *n* легко́ приспоса́бливаемый

**adaptation** [ˌædæp'teɪʃən] *n* 1) адапта́ция, приспособле́ние; light ~ адапта́ция к све́ту; ~ to the terrain *воен.* примене́ние к ме́стности 2) переде́лка; ~ of a musical composition аранжиро́вка музыка́льного произведе́ния 3) *биол.* адапта́ция

**adapter** [ə'dæptə] *n* 1) тот, кто переде́лывает, адапти́рует литерату́рное произведе́ние 2) *тех.* ада́птер, звукоснима́тель; соедини́тельное устро́йство; держа́тель

**add** [æd] *v* 1) прибавля́ть, присоединя́ть; this ~s to the expense э́то увели́чивает расхо́д; ~ed to everything else к тому́ же; в дополне́ние ко всему́ 2) *мат.* скла́дывать □ ~ **in** включа́ть; ~ **to** добавля́ть, увели́чивать; ~ **together**, ~ **up** скла́дывать, подсчи́тывать, подыто́живать; находи́ть су́мму ◇ to ~ fuel (*или* oil) to the fire (*или* to the flame) подлива́ть ма́сла в ого́нь; to ~ insult to injury наноси́ть но́вые оскорбле́ния

**addenda** [ə'dendə] *pl от* addendum

**addendum** [ə'dendəm] *n* (*pl* -da) приложе́ние, дополне́ние (*в книге*), адде́нда

**adder** I ['ædə] *n* 1) гадю́ка 2) *амер.* уж

**adder** II ['ædə] *n* сумми́рующее устро́йство

**addict** 1. *n* ['ædɪkt] наркома́н (*тж.* drug ~) ◇ he is a TV ~ его́ не оторвёшь от телеви́зора

2. *v* [ə'dɪkt] увлека́ться (*обыкн. дурным*); to ~ oneself предава́ться (to — *чему-л.*); he is much ~ed to drink он си́льно пьёт

**addiction** [ə'dɪkʃən] *n* скло́нность (*к чему-л.*), па́губная привы́чка

**adding machine** ['ædɪŋməˌʃiːn] *n* арифмо́метр; счётная маши́на

**addition** [ə'dɪʃən] *n* 1) прибавле́ние, увеличе́ние, дополне́ние; in ~ to вдоба́вок, в дополне́ние к, кро́ме того́, к тому́ же 2) *мат.* сложе́ние 3) *хим.* при́месь

**additional** [ə'dɪʃənl] *a* доба́вочный, дополни́тельный; ~ charges накладны́е расхо́ды

**additive** ['ædɪtɪv] *n* *тех.* приса́дка (*к маслу*); доба́вка (*к топливу*)

**addle** ['ædl] 1. *a* 1) ту́хлый, испо́рченный; ~ egg ту́хлое яйцо́; болту́н (*яйцо*) 2) пусто́й, взба́лмошный; пу́таный

2. *v* 1) ту́хнуть, по́ртиться (*о яйце*) 2) пу́тать; to ~ one's head (*или* one's brain) забива́ть себе́ го́лову (*чем-л.*); лома́ть го́лову (*над чем-л.*)

**addle-brained** ['ædlbreɪnd] *a* 1) пустоголо́вый, безмо́зглый 2) поме́шанный

**addled** ['ædld] *a* испо́рченный, проту́хший (*о яйце*)

**addle-head** ['ædlhed] *n* пустоголо́вый челове́к, пуста́я башка́

**addlement** ['ædlmənt] *n* пу́таница

**addle-pate** ['ædlpeɪt] = addle-head

**address** [ə'dres] 1. *n* 1) а́дрес 2) обраще́ние; речь; выступле́ние 3) такт; ло́вкость; (уме́лое) обхожде́ние 4) *pl* уха́живание; to pay one's ~es to a lady уха́живать за да́мой

2. *v* 1) адресова́ть; направля́ть 2) обраща́ться (*к кому-л.*); выступа́ть; to ~ a meeting выступа́ть с ре́чью на собра́нии; to ~ oneself to the audience обраща́ться к аудито́рии 3): to ~ oneself to smth. бра́ться, принима́ться за что-л.

**addressee** [ˌædre'siː] *n* адреса́т

**adduce** [ə'djuːs] *v* представля́ть, приводи́ть (*в качестве доказательства*)

**adducent** [ə'djuːsənt] *a* *анат.* приводя́щий (*о мышце*)

**adduction** [ə'dʌkʃən] *n* 1) приведе́ние (*фактов, доказательств*) 2) *анат.* адду́кция, приведе́ние (*мышцы*)

**adductor** [ə'dʌktə] *n* *анат.* аддуктор, приводя́щая мы́шца

**adenoids** ['ædɪnɔɪdz] *n* *pl* адено́иды

**adept** ['ædept] 1. *n* знато́к, экспе́рт

2. *a* све́дущий

**adequacy** ['ædɪkwəsɪ] *n* 1) соотве́тствие, адеква́тность 2) доста́точность 3) соразме́рность 4) компете́нтность

**adequate** ['ædɪkwɪt] *a* 1) соотве́тствующий, адеква́тный; ~ definition то́чное определе́ние 2) доста́точный 3) компете́нтный; отвеча́ющий тре́бованиям

**adequation** [ˌædɪ'kweɪʃən] *n* 1) выра́внивание 2) эквивале́нт

**adhere** [əd'hɪə] *v* 1) прилипа́ть, пристава́ть (to) 2) твёрдо держа́ться, приде́рживаться (*чего-л.*; to); остава́ться ве́рным (*принципам и т. п.*; to)

**adherence** [əd'hɪərəns] *n* 1) приве́рженность; ве́рность 2) стро́гое соблюде́ние (*правил, принципов и т. п.*); ~ to specification соблюде́ние техни́ческих усло́вий 3) *тех.* сцепле́ние

**adherent** [əd'hɪərənt] 1. *n* приве́рженец; сторо́нник

2. *a* 1) вя́зкий, кле́йкий 2) пло́тно прилега́ющий

**adherer** [əd'hɪərə] = adherent 1

**adhesion** [əd'hiːʒən] *n* 1) прилипа́ние; слипа́ние 2) ве́рность (*принципам, партии и т. п.*) 3) согла́сие 4) *тех.* сцепле́ние (*напр., колёс локомотива с рельсами*); тре́ние 5) *физ.* молекуля́рное притяже́ние 6) *мед.* спа́йка 7) *attr.* *тех.* сцепно́й; ~ weight сцепно́й вес; ~ wheel фрикцио́нное колесо́

**adhesive** [əd'hiːsɪv] *a* ли́пкий, кле́йкий; свя́зывающий; ~ power *тех.* си́ла сцепле́ния

**adhesiveness** [əd'hiːsɪvnɪs] *n* 1) кле́йкость, ли́пкость 2) *психол.* спосо́бность к ассоции́рованию

**ad hoc** ['æd'hɔk] *лат.* *a* специа́льный, устро́енный для да́нной це́ли; ~ committee специа́льный комите́т

**adieu** [ə'djuː] *фр.* 1. *int* проща́й(те)!

2. *n* проща́ние; to bid smb. ~, to make (*или* to take) one's ~ проща́ться

**adipose** ['ædɪpəus] 1. *n* живо́тный жир

2. *a* жи́рный; жирово́й; са́льный

**adiposity** [ˌædɪ'pɔsɪtɪ] *n* ожире́ние, ту́чность

**adit** ['ædɪt] *n* 1) вход, прохо́д 2) приближе́ние 3) *горн.* што́льня, галере́я

**adjacency** [ə'dʒeɪsənsɪ] *n* сосе́дство; сме́жность

**adjacent** [ə'dʒeɪsənt] *a* 1) примыка́ющий, сме́жный, сосе́дний (to); ~ villages близлежа́щие дере́вни 2) *мат.* сме́жный; ~ angle сме́жный у́гол

**adjectival** [ˌædʒek'taɪvəl] *a* *грам.* употреблённый в ка́честве прилага́тельного, адъективи́рованный

**adjective** ['ædʒɪktɪv] 1. *n* *грам.* и́мя прилага́тельное

2. *a* 1) *грам.* име́ющий сво́йства прилага́тельного; относя́щийся к прилага́тельному 2) несамостоя́тельный, зави́симый; ~ colours дополни́тельные цвета́

**adjoin** [ə'dʒɔɪn] *v* примыка́ть, прилега́ть, грани́чить

**adjoining** [ə'dʒɔɪnɪŋ] 1. *pres. p. от* adjoin

2. *a* прилега́ющий, примыка́ющий, сосе́дний, грани́чащий

**adjourn** [ə'dʒəːn] *v* 1) отсро́чивать, откла́дывать 2) де́лать, объявля́ть переры́в (*в работе сессии и т. п.*) 3) закрыва́ть (*заседание*); расходи́ться 4) переходи́ть в друго́е ме́сто; переноси́ть заседа́ние в друго́е помеще́ние; to ~ to the drawing-room *разг.* перейти́ в гости́ную

**adjournment** [ə'dʒəːnmənt] *n* 1) отсро́чка 2) переры́в

**adjudge** [ə'dʒʌdʒ] *v* 1) выноси́ть пригово́р; пригова́ривать (to — к); to ~ smb. guilty признава́ть кого́-л. вино́вным (of — в *чём-л.*) 2) присужда́ть (*премию и т. п.*; to)

**adjudg(e)ment** [ə'dʒʌdʒmənt] *n* 1) суде́бное реше́ние; вынесе́ние пригово́ра 2) присужде́ние (*премии и т. п.*)

**adjudicate** [ə'dʒuːdɪkeɪt] *v* суди́ть; выноси́ть реше́ние (*на конкурсе и т. п.*; on, upon)

**adjunct** ['ædʒʌŋkt] *n* 1) приложе́ние, дополне́ние (to); прида́ток, случа́йное сво́йство 2) *грам.* определе́ние, обстоя́тельственное сло́во 3) *редк.* помо́щник; адъю́нкт

**adjunct professor** ['ædʒʌŋktprəˌfesə] *n* *амер.* адъю́нкт-профе́ссор

**adjuration** [ˌædʒuə'reɪʃən] *n* 1) мольба́, заклина́ние 2) кля́тва 3) *юр.* приведе́ние к прися́ге

**adjure** [ə'dʒuə] *v* 1) моли́ть, заклина́ть 2) *юр.* приводи́ть к прися́ге

**adjust** [ə'dʒʌst] *v* 1) приводи́ть в поря́док 2) ула́живать (*спор и т. п.*) 3) приспоса́бливать, пригоня́ть, прила́живать 4) регули́ровать; устана́вливать; выверя́ть

**adjustable** [ə'dʒʌstəbl] *a* регули́руемый, приспособля́емый; передвижно́й; ~ bookshelf подвижна́я по́лка в кни́жном шкафу́; ~ screw-wrench (*или* spanner) раздвижной гаечный ключ

**adjusted** [ə'dʒʌstɪd] **1.** *p. p. от* adjust

**2.** *a* урегулированный, установленный; выверенный; ~ fire *воен.* прицельный огонь

**adjuster** [ə'dʒʌstə] *n* 1) монтажник, сборщик; установщик 2) регулировщик 3) *тех.* натяжное приспособление; натяжной болт (*тж.* ~ bolt)

**adjusting** [ə'dʒʌstɪŋ] **1.** *pres. p. от* adjust

**2.** *a* 1) регулирующий; установочный; ~ device установочное (*или* регулирующее) приспособление; ~ tool отвес для выверки 2) сборочный; ~ shop сборочная мастерская; сборочный, монтажный цех

**adjustment** [ə'dʒʌstmənt] *n* 1) регулирование, приспособление; to make ~ приспособиться 2) установка, сборка; регулировка, пригонка 3) *воен.* корректирование; ~ in direction корректирование направления; ~ in range корректирование дальности; ~ of sight установка прицела 4) *attr.*: ~ fire *воен.* пристрелка

**adjutancy** ['ædʒutənsɪ] *n* звание *или* должность адъютанта

**adjutant** ['ædʒutənt] *n* 1) адъютант; начальник отделения личного состава 2) подручный 3) *зоол.* индийский зобатый аист

**adjutant-bird** ['ædʒutəntbə:d] = adjutant 3)

**adjuvant** ['ædʒuvənt] **1.** *n* помощник; вспомогательное средство

**2.** *a* вспомогательный, полезный

**ad lib** ['æd'lɪb] *лат.* **1.** *n* экспромт, импровизация

**2.** *adv* сколько угодно, свободно

**ad-lib** ['æd'lɪb] *a разг.* импровизированный, неподготовленный

**adman** ['ædmæn] *n* (*pl* admen) сотрудник рекламного агентства

**admeasure** [æd'meʒə] *v* отмерять, устанавливать пределы, границы

**administer** [əd'mɪnɪstə] *v* 1) управлять; вести (*дела*) 2) снабжать; оказывать помощь 3) отправлять (*правосудие*); налагать (*взыскание*) 4): to ~ an oath to smb., to ~ smb. to an oath приводить кого-л. к присяге 5) назначать, давать (*лекарство*) ◇ to ~ a shock наносить удар

**administrate** [əd'mɪnɪstreɪt] *v амер.* управлять; контролировать

**administration** [əd,mɪnɪs'treɪʃən] *n* 1) управление (*делами*) 2) администрация 3) министерство 4) правительство 5) отправление (*правосудия*) 6) назначение *или* приём (*лекарств*)

**administrative** [əd'mɪnɪstrətɪv] *a* 1) административный; административно-хозяйственный; ~ troops *воен.* части и подразделения служб тыла 2) исполнительный (*о власти*)

**administrator** [əd'mɪnɪstreɪtə] *n* 1) управляющий, администратор 2) лицо, выполняющее официальные обязанности (*судья и т. п.*) 3) *юр.* опекун

**administratrices** [əd'mɪnɪstreɪtrɪsi:z] *pl от* administratrix

**administratrix** [əd'mɪnɪstreɪtrɪks] *n* (*pl* -es [-ɪz], -ices) женщина-администратор

**admirable** ['ædmərəbl] *a* замечательный, восхитительный, превосходный

**admiral** ['ædmərəl] *n* 1) адмирал; A. of the Fleet, *амер.* A. of the Navy адмирал флота 2) флагманский корабль

**admiralty** ['ædmərəltɪ] *n* 1) (A.) адмиралтейство, морское министерство (*в Англии*); First Lord of the A. первый лорд адмиралтейства (*в Англии*) 2) адмиральское звание 3) *attr.*: ~ mile (*или* knot) английская миля (= *1853,248 м*)

**admiration** [,ædmə'reɪʃən] *n* 1) восхищение; восторг; note of ~ восклицательный знак; lost in ~ в полном восторге 2) предмет восхищения

**admire** [əd'maɪə] *v* 1) любоваться; восхищаться; выражать восторг 2) *амер. разг.* хотеть, желать (*сделать что-л.*); I should ~ to know я очень хотел бы знать

**admirer** [əd'maɪərə] *n* поклонник, обожатель

**admissible** [əd'mɪsəbl] *a* 1) допустимый, приемлемый 2) *юр.* имеющий право быть принятым

**admission** [əd'mɪʃən] *n* 1) доступ 2) входная плата; вход; ~ by ticket вход по билетам 3) принятие, допущение 4) признание; ~ of one's guilt признание своей вины 5) *тех.* впуск, подвод (*пара в цилиндр*); подача (*воды, воздуха*) 6) *attr.* вступительный; ~ fee вступительный взнос 7) *attr. тех.*: ~ space объём наполнения; ~ stroke ход всасывания; ~ valve впускной клапан

**admit** [əd'mɪt] *v* 1) допускать; принимать; to be ~ted to the bar получить право адвокатской практики в суде 2) впускать 3) позволять (of); the question ~s of no delay вопрос не терпит отлагательства 4) допускать, соглашаться; this, I ~, is true допускаю, что это верно 5) вмещать (*о помещении*)

**admittance** [əd'mɪtəns] *n* 1) доступ, вход 2) разрешение на вход; no ~! вход воспрещён! 3) *эл.* полная проводимость

**admittedly** [əd'mɪtɪdlɪ] *adv* 1) по общему признанию *или* согласию 2) предположительно

**admix** [əd'mɪks] *v* примешивать (-ся); смешивать(ся)

**admixture** [əd'mɪkstʃə] *n* примесь

**admonish** [əd'mɔnɪʃ] *v* 1) предостерегать (of) 2) убеждать, увещевать, советовать 3) делать замечание, указание, выговор 4) напоминать (of)

**admonishment** [əd'mɔnɪʃmənt] = admonition

**admonition** [,ædməu'nɪʃən] *n* 1) предостережение 2) увещевание 3) замечание, указание

**admonitory** [əd'mɔnɪtərɪ] *a* 1) увещевающий 2) предостерегающий

**ado** [ə'du:] *n* 1) суета, хлопоты; without more (*или* further) ~ без дальнейших церемоний; сразу 2) затруднение; with much ~ с большими затруднениями ◇ much ~ about nothing много шума из ничего

**adobe** [ə'dəubɪ] *n* 1) кирпич воздушной сушки, необожжённый кирпич, саман 2) саманная *или* глинобитная постройка

**adolescence** [,ædəu'lesns] *n* юность

**adolescent** [,ædəu'lesnt] **1.** *a* 1) юношеский; юный; подростковый 2) *геол.*: ~ river молодая река

**2.** *n* юноша; девушка; подросток

**Adonis** [ə'dəunɪs] *n* 1) *греч. миф.* Адонис 2) красавец

**adopt** [ə'dɔpt] *v* 1) усыновлять; удочерять 2) принимать; to ~ a decision принять решение; to ~ another course of action переменить тактику; to ~ the attitude занять определённую позицию (*в чём-л.*) 3) усваивать, перенимать; to ~ smb.'s methods перенять чьи-л. методы 4) *лингв.* заимствовать 5) выбирать, брать по выбору

**adoptee** [,ædɔp'ti:] *n* усыновлённый, приёмыш

**adoption** [ə'dɔpʃən] *n* 1) усыновление 2) принятие; усвоение 3) выбор 4) *лингв.* заимствование

**adoptive** [ə'dɔptɪv] *a* 1) приёмный, усыновлённый 2) восприимчивый, легко усваивающий

**adorable** [ə'dɔ:rəbl] *a* 1) обожаемый 2) *разг.* прелестный, восхитительный

**adoration** [,ædɔ:'reɪʃən] *n* обожание; поклонение

**adore** [ə'dɔ:] *v* обожать; поклоняться

**adorer** [ə'dɔ:rə] *n* поклонник, обожатель

**adorn** [ə'dɔ:n] *v* украшать

**adornment** [ə'dɔ:nmənt] *n* украшение

**adrenal** [əd'ri:nl] *анат.* **1.** *a* надпочечный

**2.** *n* надпочечная железа, надпочечник

**adrenalin** [ə'drenəlɪn] *n* адреналин

**adrift** [ə'drɪft] *a predic.* по течению; по воле волн; по воле случая; to cut ~ пустить по течению; he cut himself ~ from his relatives он порвал со своими родными; to go ~ дрейфовать; to turn ~ а) выгнать из дому; оставить на произвол судьбы; б) уволить со службы; a ship ~ дрейфующий корабль; a man ~ морально неустойчивый человек ◇ to be all ~ быть в растерянности

**adroit** [ə'drɔɪt] *a* ловкий, проворный; искусный; находчивый

**adroitness** [ə'drɔɪtnɪs] *n* ловкость, проворство; искусность; находчивость

**adsorb** [æd'sɔ:b] *v хим.* адсорбировать

**adsorbent** [æd'sɔ:bənt] *n хим.* адсорбент, адсорбирующее вещество

**adsorption** [æd'sɔ:pʃən] *n хим.* адсорбция

**adulation** [,ædju'leɪʃən] *n* низкопоклонство; лесть

**adulatory** [ˈædjuleıtərı] *a* льсти́вый; уго́дливый

**adult** [ˈædʌlt] **1.** *n* взро́слый, совершенноле́тний, зре́лый челове́к

2. *a* взро́слый, совершенноле́тний, зре́лый

**adulterant** [əˈdʌltərənt] *n* при́месь

**adulterate** [əˈdʌltəreıt] **1.** *v* фальсифици́ровать; подме́шивать; ~d milk разба́вленное молоко́; ~d facts подтасо́ванные фа́кты

2. *a* 1) фальсифици́рованный 2) вино́вный в прелюбодея́нии 3) внебра́чный, незаконнорождённый

**adulteration** [əˌdʌltəˈreıʃən] *n* фальсифика́ция, подде́лка; подме́шивание

**adulterer** [əˈdʌltərə] *n* наруша́ющий супру́жескую ве́рность

**adulteress** [əˈdʌltərıs] *n* наруша́ющая супру́жескую ве́рность

**adultery** [əˈdʌltərı] *n* адюльте́р, наруше́ние супру́жеской ве́рности, прелюбодея́ние

**adumbrate** [ˈædʌmbreıt] *v* 1) бе́гло наброса́ть; дать о́бщее представле́ние; описа́ть в о́бщих черта́х 2) предвеща́ть, предзнаменова́ть 3) затемня́ть, броса́ть тень

**adust** [əˈdʌst] *a* 1) вы́жженный, сожжённый со́лнцем; ссо́хшийся от со́лнца 2) загоре́лый 3) *уст.* жёлчный; мра́чный, угрю́мый

**ad valorem** [ˈædvəˈlɔːrem] *лат.* **1.** *a* соотве́тствующий сто́имости; ~ duties по́шлины, взима́емые соотве́тственно сто́имости това́ра

2. *adv* соотве́тственно сто́имости

**advance** [ədˈvɑːns] **1.** *n* 1) продвиже́ние вперёд 2) *воен.* наступле́ние 3) успе́х, прогре́сс; улучше́ние 4) предваре́ние; упрежде́ние (*тж. тех.*); in ~ вперёд, зара́нее; in ~ of smth. а) впереди́ чего́-л.; б) ра́ньше чего́-л.; to be in ~ а) опереди́ть, обогна́ть; б) идти́ вперёд, спеши́ть (*о часах*) 5) продвиже́ние (*по службе*) 6) повыше́ние (*цен и т. п.*) 7) ссу́да; ава́нс 8) *эл.* опереже́ние по фа́зе 9) *attr.* ава́нсовый; ~ notes *ком.* ава́нсовые тра́тты ◇ to make ~s де́лать ава́нсы, предложе́ния; идти́ навстре́чу (*в чём-либо*)

2. *v* 1) продвига́ться вперёд 2) *воен.* наступа́ть 3) де́лать успе́хи, развива́ться 4) продвига́ть(ся) (*по службе*) 5) переноси́ть на бо́лее ра́нний срок, ускоря́ть; they ~d the date of their arrival они́ перенесли́ да́ту своего́ прие́зда на бо́лее ра́нний срок 6) повыша́ть(ся) (*в цене*); the bank has ~d the rate of discount to 5% банк повы́сил проце́нт учёта до пяти́ 7) выдвига́ть (*предложение, возражение*) 8) плати́ть ава́нсом 9) ссужа́ть де́ньги

**advanced** [ədˈvɑːnst] **1.** *p. p. от* advance 2

2. *a* 1) вы́двинутый вперёд 2) передово́й; ~ ideas передовы́е иде́и 3) успева́ющий (*об ученике*) 4) продви́нутый; повы́шенного ти́па; ~ studies заня́тия, курс повы́шенного ти́па для продолжа́ющих обуче́ние; ~ Learner's Dictionary Слова́рь для продви́нутых уча́щихся ◇ ~ in years престаре́лый

**advance-guard** [ədˈvɑːnsgɑːd] *n* аванга́рд

**advancement** [ədˈvɑːnsmənt] *n* 1) продвиже́ние, распростране́ние (*образования и т. п.*) 2) успе́х, прогре́сс

**advantage** [ədˈvɑːntıdʒ] **1.** *n* 1) преиму́щество (of, over — над); благоприя́тное положе́ние; to have the ~ of smb. име́ть преиму́щество пе́ред кем-л.; to take ~ of smb. обману́ть, перехитри́ть кого́-л.; to take ~ of smth. воспо́льзоваться чем-л.; to take smb. at ~ захвати́ть кого́-л. врасплóх 2) вы́года, по́льза; to ~ вы́годно, хорошо́; в вы́годном све́те; to turn smth. to ~ испо́льзовать что-л. в свои́х интере́сах

2. *v книжн.* помога́ть

**advantageous** [ˌædvənˈteıdʒəs] *a* благоприя́тный; вы́годный; поле́зный

**advent** [ˈædvənt] *n* 1) прихо́д, прибы́тие 2) (A.) *рел.* прише́ствие 3) (A.) *церк.* рожде́ственский пост

**adventitious** [ˌædvenˈtıʃəs] *a* 1) случа́йный, побо́чный 2) доба́вочный

**adventure** [ədˈventʃə] **1.** *n* 1) приключе́ние 2) риско́ванное предприя́тие; риск; авантю́ра 3) собы́тие, пережива́ние 4) *attr.* приключе́нческий; an ~ story приключе́нческий расска́з

2. *v* 1) рискова́ть; to ~ one's life рискова́ть жи́знью 2) отва́живаться; рискну́ть сказа́ть *или* сде́лать (*что-л.*)

**adventurer** [ədˈventʃərə] *n* 1) иска́тель приключе́ний 2) авантюри́ст

**adventuress** [ədˈventʃərəs] *n* 1) иска́тельница приключе́ний 2) авантюри́стка

**adventurous** [ədˈventʃərəs] *a* 1) безрассу́дно сме́лый 2) предприи́мчивый 3) опа́сный, риско́ванный

**adverb** [ˈædvəːb] *n грам.* наре́чие

**adverbial** [ədˈvəːbjəl] *a грам.* наре́чный

**adversary** [ˈædvəsərı] *n* проти́вник, враг; сопе́рник

**adversative** [ədˈvəːsətıv] *a* 1) *лингв.* выража́ющий противополо́жное поня́тие 2) *грам.* противи́тельный

**adverse** [ˈædvəːs] *a* 1) вражде́бный 2) неблагоприя́тный; вре́дный; ~ winds проти́вные ве́тры; it is ~ to their interests э́то противоре́чит их интере́сам 3) лежа́щий (на)про́тив

**adversity** [ədˈvəːsıtı] *n* 1) напа́сти, несча́стья, бе́дствия 2) неблагоприя́тная обстано́вка

**advert** [ədˈvəːt] *v* ссыла́ться; упомина́ть; обраща́ться (*к чему-л.*); каса́ться; to ~ to other matters косну́ться други́х вопро́сов

**advertence, -cy** [ədˈvəːtəns, -sı] *n* внима́тельное отноше́ние, чу́ткость

**advertise** [ˈædvətaız] *v* 1) помеща́ть объявле́ние; реклами́ровать; to ~ for smth. дава́ть объявле́ние о чём-л. 2) иска́ть по объявле́нию 3) *уст.* извеща́ть, объявля́ть

**advertisement** [ədˈvəːtısmənt] *n* 1) объявле́ние; рекла́ма; ано́нс 2) *attr.* рекла́мный; ~ column столбе́ц *или* отде́л объявле́ний в газе́те

**advertiser** [ˈædvətaızə] *n* 1) лицо́, помеща́ющее объявле́ние 2) газе́та с объявле́ниями

**advertize** [ˈædvətaız] = advertise

**advice** [ədˈvaıs] *n* 1) сове́т; to give ~ сове́товать; to follow the doctor's ~ сле́довать сове́ту врача́ 2) консульта́ция (*юриста, врача*) 3) (*обыкн. pl*) сообще́ние 4) *ком.* ави́зо (*тж.* letter of ~)

**advisable** [ədˈvaızəbl] *a* 1) благоразу́мный 2) рекоменду́емый; целесообра́зный; жела́тельный

**advise** [ədˈvaız] *v* 1) сове́товать; to ~ with smb. on (*или* about) smth. сове́товаться с кем-л. о чём-л. 2) консульти́ровать 3) извеща́ть, сообща́ть

**advised** [ədˈvaızd] **1.** *p. p. от* advise

2. *a уст.* 1) осведомлённый 2) обду́манный, наме́ренный 3) осторо́жный; рассуди́тельный

**advisedly** [ədˈvaızıdlı] *adv* наме́ренно; обду́манно

**adviser** [ədˈvaızə] *n* сове́тник; консульта́нт; legal ~ юриско́нсульт; medical ~ врач

**advisory** [ədˈvaızərı] *a* совеща́тельный; консультати́вный

**advocacy** [ˈædvəkəsı] *n* 1) защи́та 2) адвокату́ра, де́ятельность адвока́та 3) пропага́нда (*взглядов и т. п.*)

**advocate** **1.** *n* [ˈædvəkıt] 1) защи́тник; сторо́нник (*мнения*) 2) адвока́т, защи́тник (*особ. в Шотландии*); Lord A. генера́льный прокуро́р Шотла́ндии ◇ the devil's ~ а) приди́ра; б) завзя́тый спо́рщик

2. *v* [ˈædvəkeıt] отста́ивать; подде́рживать, пропаганди́ровать (*взгляды и т. п.*); to ~ peace вы́ступить в защи́ту ми́ра

**adynamia** [ˌædaıˈneımıə] *n мед.* сла́бость, поте́ря сил; простра́ция

**adz(e)** [ædz] **1.** *n тех.* тесло́; струг

2. *v* теса́ть, строга́ть; обтёсывать

**aegis** [ˈiːdʒıs] *n* 1) эги́да 2) защи́та; under the ~ of под защи́той, под покрови́тельством

**aegrotat** [i(ː)ˈgrəutæt] *n* спра́вка о боле́зни у отсу́тствовавшего на экза́мене студе́нта (*в англ. университетах*)

**Aeneas** [i(ː)ˈniːæs] *n греч. миф.* Эне́й

**Aeolian** [i(ː)ˈəuljən] *a*: ~ harp Эо́лова а́рфа

**aeon** [ˈiːən] *n* 1) ве́чность 2) *геол.* э́ра

**aerate** [ˈeiəreıt] *v* 1) прове́тривать, вентили́ровать 2) гази́ровать

**aerated water** [ˈeiəreıtıd, wɔːtə] *n* гази́рованная вода́

**aeration** [ˌeiəˈreıʃən] *n* 1) прове́тривание, вентили́рование; ~ of the soil аэра́ция по́чвы 2) гази́рование

**aerial** [ˈεərıəl] **1.** *a* 1) возду́шный, эфи́рный; ~ acrobatics вы́сший пилота́ж; ~ ambulance санита́рный самолёт; ~ camera = aerocamera; ~ mapping топографи́ческая аэрофотосъёмка; ~ mine авиацио́нная ми́на; ~ navigation аэронавига́ция; ~ reconnaissance возду́шная разве́дка; ~

sickness воздушная болезнь; ~ system радиосеть; ~ wire антенна 2) надземный; ~ railway (*или* ropeway) подвесная канатная дорога 3) нереальный

2. *n* антенна

**aerie** [ˈɛərɪ] *n* 1) гнездо хищной птицы; *особ.* орлиное гнездо 2) дом на возвышенном уединённом месте 3) выводок (*хищной птицы*)

**aeriform** [ˈɛərɪfɔːm] *a* 1) воздушный, газообразный; ~ body газообразное тело 2) нереальный

**aerify** [ˈɛərɪfaɪ] *v* 1) превращать в газообразное состояние 2) газировать

**aerobatics** [ˈɛərəuˈbætɪks] *n pl* (*употр. как sing*) высший пилотаж, фигурные полёты

**aerobiology** [ˈɛərəubaɪˈɔlədʒɪ] *n* аэробиология

**aerobomb** [ˈɛərəubɔm] *n* авиабомба

**aerocamera** [ˌɛərəuˈkæmərə] *n фото* аэрокамера

**aerocarrier** [ˌɛərəuˈkærɪə] *n* авианосец

**aerodrome** [ˈɛərədrəum] *n* аэродром

**aerodynamic(al)** [ˈɛərəudaɪˈnæmɪk(əl)] *a* аэродинамический

**aerodynamics** [ˈɛərəudaɪˈnæmɪks] *n pl* (*употр. как sing*) аэродинамика

**aerodyne** [ˈɛərəudaɪn] *n* летательный аппарат тяжелее воздуха

**aeroembolism** [ˌɛərəuˈembəlɪzm] *n* кессонная болезнь

**aero-engine** [ˌɛərəuˈendʒɪn] *n* авиационный двигатель

**aerofoil** [ˈɛərəfɔɪl] *n ав.* аэродинамическая поверхность; профиль (крыла); крыло

**aerogram** [ˈɛərəugræm] *n* радиограмма

**aerogun** [ˈɛərəugʌn] *n* авиапушка; авиапулемёт

**aerojet** [ˈɛərəuˈdʒet] *a* воздушно-реактивный

**aerolite** [ˈɛərəulaɪt] *n геол.* аэролит, каменный метеорит

**aerology** [ɛəˈrɔlədʒɪ] *n* аэрология

**aeromechanics** [ˌɛərəumɪˈkænɪks] *n pl* (*употр. как sing*) аэромеханика

**aerometer** [ɛəˈrɔmɪtə] *n* аэрометр

**aeronaut** [ˈɛərənɔːt] *n* воздухоплаватель, аэронавт

**aeronautic(al)** [ˌɛərəˈnɔːtɪk(əl)] *a* воздухоплавательный; авиационный

**aeronautics** [ˌɛərəˈnɔːtɪks] *n pl* (*употр. как sing*) аэронавтика

**aeronavigation** [ˈɛərəˌnævɪˈgeɪʃən] *n* аэронавигация

**aerophone** [ˈɛərəfəun] *n* 1) звукоусилитель; усилитель звуковых волн 2) слуховой аппарат, аудиофон 3) переговорное устройство на самолёте

**aeroplane** [ˈɛərəpleɪn] *n* 1) самолёт, аэроплан 2) *attr.*: ~ carrier авианосец; ~ shed ангар

**aerosol** [ˈɛərəusɔl] *n хим.* аэрозоль

**aerostat** [ˈɛərəustæt] *n* аэростат; воздушный шар

**aerostatics** [ˌɛərəuˈstætɪks] *n pl* (*употр. как sing*) 1) аэростатика 2) воздухоплавание

**aerostation** [ˌɛərəuˈsteɪʃən] *n* воздухоплавание

**aerotechnics** [ˌɛərəuˈteknɪks] *n pl* (*употр. как sing*) авиатехника

**aery** [ˈɛərɪ] = aerie

**Aesop** [ˈiːsɔp] *n* Эзоп

**aesthete** [ˈiːsθiːt] *n* эстет

**aesthetic** [iːsˈθetɪk] *a* эстетический

**aesthetics** [iːsˈθetɪks] *n pl* (*употр. как sing*) эстетика

**aestho-physiology** [ˈiːsθəuˌfɪzɪˈɔlədʒɪ] *n* физиология органов чувств

**aetiology** [ˌiːtɪˈɔlədʒɪ] *n* этиология

**afar** [əˈfɑː] *adv* 1) вдалеке (*обыкн.* ~ off) 2) издали, издалека (*тж.* from ~)

**affability** [ˌæfəˈbɪlɪtɪ] *n* приветливость; любезность, вежливость

**affable** [ˈæfəbl] *a* приветливый; любезный, вежливый

**affair** [əˈfɛə] *n* 1) дело; it is an ~ of a few days это вопрос нескольких дней; it is my ~ это моё дело; mind your own ~s *разг.* не суйтесь не в своё дело; an ~ of honour а) дело чести; б) дуэль 2) *pl* дела, занятия; a man of ~s деловой человек; business ~ коммерческие дела 3) *разг.* «история», «вещь», «штука»; a complicated ~ сложная штука 4) любовная связь; to have an ~ with smb. быть в связи с кем-л. 5) *воен.* дело, стычка

**affect** I [əˈfekt] **1.** *n психол.* аффект

**2.** *v* 1) действовать (*на кого-л.*); воздействовать, влиять 2) трогать, волновать; the news ~ed him известие взволновало его 3) задевать, затрагивать; to ~ the interest затрагивать интересы; to ~ the character порочить репутацию 4) поражать (*о болезни*); ~ed by cold простуженный

**affect** II [əˈfekt] *v* 1) притворяться, делать вид, прикидываться; to ~ ignorance прикидываться незнающим 2) любить, предпочитать (*что-л.*)

**affectation** [ˌæfekˈteɪʃən] *n* 1) притворство, аффектация, жеманство 2) искусственность (*языка, стиля*)

**affected** I [əˈfektɪd] **1.** *p. p. от* affect I, 2

**2.** *a* 1) тронутый; задетый 2) находящийся под влиянием (by — *чего-л.*) 3) поражённый болезнью

**affected** II [əˈfektɪd] **1.** *p. p. от* affect II

**2.** *a* неестественный, показной, притворный; жеманный

**affection** [əˈfekʃən] *n* 1) (*часто pl*) привязанность, любовь (towards, for); the object of his ~s предмет его любви 2) болезнь; mental ~ психическое заболевание, душевная болезнь

**affectionate** [əˈfekʃnɪt] *a* любящий; нежный; ~ farewell нежное прощание

**affective** [əˈfektɪv] *a* эмоциональный

**afferent** [ˈæfərənt] *a физиол.* центростремительный; ~ nerves центростремительные, чувствительные нервы

**affiance** [əˈfaɪəns] **1.** *n* 1) доверие (in on — к) 2) обручение 3) обещание верности (*при обручении*)

**2.** *v* (*обыкн. pass.*) давать обещание (*при обручении*); they were ~d они были обручены

**affiant** [əˈfaɪənt] *n юр.* свидетель, дающий показание под присягой

**affidavit** [ˌæfɪˈdeɪvɪt] *n юр.* письменное показание под присягой; to swear (*или* to make) an ~ давать показания под присягой; to take an ~ а) снимать показания; б) *распр.* давать показания

**affiliate** [əˈfɪlɪeɪt] *v* 1) принимать в члены 2) присоединять как филиал (to, with) 3) присоединяться (with — к) 4) устанавливать связи (*культурные и т. п.*) 5) *юр.* устанавливать отцовство 6) проследить источник, устанавливать авторство

**affiliated societies** [əˈfɪlɪeɪtɪdsəˈsaɪətɪz] *n pl* филиалы

**affiliation** [əˌfɪlɪˈeɪʃən] *n* 1) приём в члены *и пр.* [*см.* affiliate] 2) *attr.*: ~ fee вступительный взнос; ~ order судебное предписание об алиментах на содержание ребёнка

**affined** [əˈfaɪnd] *a* родственный (*в каком-л. отношении*); сродный

**affinity** [əˈfɪnɪtɪ] *n* 1) свойство 2) родственность, близость; родовое сходство (with, between); linguistic ~ языковое родство 3) привлекательность 4) влечение 5) *хим.* сродство

**affirm** [əˈfəːm] *v* 1) утверждать 2) подтверждать; I ~ that it is true я подтверждаю, что это правда 3) *юр.* торжественно заявлять

**affirmation** [ˌæfəːˈmeɪʃən] *n* 1) утверждение 2) подтверждение 3) *юр.* торжественное заявление (*вместо присяги*)

**affirmative** [əˈfəːmətɪv] **1.** *a* утвердительный

**2.** *n*: to answer in the ~ отвечать утвердительно

**affix** **1.** *n* [ˈæfɪks] 1) прибавление, придаток 2) *грам.* аффикс

**2.** *v* [əˈfɪks] 1) прикреплять (to, on, upon) 2) присоединять 3) поставить (*подпись*); приложить (*печать*); to ~ a stamp приклеить марку

**affixation** [ˌæfɪkˈseɪʃən] *n лингв.* аффиксация

**afflatus** [əˈfleɪtəs] *n* 1) вдохновение 2) божественное откровение

**afflict** [əˈflɪkt] *v* огорчать; причинять боль, страдание; беспокоить, тревожить; to be ~ed with the gout страдать подагрой

**afflicted** [əˈflɪktɪd] **1.** *p. p. от* afflict

**2.** *a* огорчённый; страдающий (*от болезни*)

**affliction** [əˈflɪkʃən] *n* 1) горе, несчастье; бедствие; the bread of ~ горький хлеб 2) огорчение, печаль

**affluence** [ˈæfluəns] *n* 1) изобилие 2) богатство 3) наплыв, стечение; приток

**affluent** [ˈæfluənt] **1.** *n* 1) приток (*реки*) 2) *гидр.* подпор (*реки*)

**2.** *a* 1) изобильный 2) богатый 3) приливающий; притекающий 4) полноводный

**afflux** [ˈæflʌks] *n* 1) прилив, приток 2) *мед.* прилив (*крови*)

**afford** [əˈfɔːd] *v* 1) (быть в состоя́нии) позво́лить себе́ (*часто* can ~ *или* be able to ~); I can't ~ it э́то мне не по карма́ну; she can ~ to buy a motor-car она́ мо́жет купи́ть себе́ автомоби́ль; I cannot ~ the time мне не́когда 2) дава́ть, предоставля́ть; приноси́ть; the district ~s minerals в э́том райо́не име́ются поле́зные ископа́емые; to ~ a basis служи́ть опо́рой; to ~ cover дава́ть укры́тие; to ~ ground for дава́ть основа́ния для; предоставля́ть возмо́жность 3) доставля́ть большо́е удово́льствие

**afforest** [æˈfɔrɪst] *v* засади́ть ле́сом, облеси́ть

**afforestation** [æˌfɔrɪsˈteɪʃən] *n* лесонасажде́ние; облесе́ние

**affranchise** [əˈfræntʃaɪz] *v* отпуска́ть на во́лю

**affray** [əˈfreɪ] *n* наруше́ние обще́ственного споко́йствия, сканда́л, дра́ка

**affreightment** [əˈfreɪtmənt] *n мор.* фрахтова́ние

**affricate** [ˈæfrɪkɪt] *n фон.* аффрика́та

**affright** [əˈfraɪt] *поэт.* **1.** *n* испу́г

**2.** *v* пуга́ть

**affront** [əˈfrʌnt] **1.** *n* (публи́чное) оскорбле́ние; to put an ~ upon smb., to offer an ~ to smb. нанести́ оскорбле́ние кому́-л.

**2.** *v* 1) оскорбля́ть 2) смотре́ть в лицо́ (*опасности, смерти*); броса́ть вы́зов

**affusion** [əˈfjuːʒən] *n* 1) облива́ние 2) опуска́ние в купе́ль

**Afghan** [ˈæfgæn] **1.** *a* афга́нский

**2.** *n* 1) афга́нец; афга́нка 2) афга́нский язы́к, пушту́ 3) (a.) *амер.* вя́заный шерстяно́й плато́к

**afghani** [æfˈgænɪ] *n* афгани́ (*денежная единица Афганистана*)

**afield** [əˈfiːld] *adv* 1) в по́ле; на по́ле 2) на войне́; на войну́ ◇ far ~ вдалеке́; to go too far ~ сби́ться с пути́

**afire** [əˈfaɪə] **1.** *a predic.* в огне́

**2.** *adv* в ого́нь; в огне́; to set ~ поджига́ть, зажига́ть; with heart ~ с огнём в груди́

**aflame** [əˈfleɪm] *a predic., adv* в огне́, пыла́ющий

**aflat** [əˈflæt] *adv* горизонта́льно; пло́ско

**afloat** [əˈfləut] *a predic., adv* 1) на воде́; на плаву́ 2) в мо́ре 3) на слу́жбе в вое́нном фло́те 4) в (по́лном) разга́ре (*деятельности*) 5) в ходу́; various rumours were ~ ходи́ли ра́зные слу́хи

**afoot** [əˈfut] *a predic.* в движе́нии; to be ~ гото́виться, затева́ться

**afore** [əˈfɔː] *диал. см.* before

**afore-** [əˈfɔː-] *pref* пре́жде-, выше-; aforesaid, aforementioned вышеупомя́нутый, вышеизло́женный, вышеска́занный

**aforecited** [əˈfɔːˌsaɪtɪd] *a* вышеприведённый, вышеука́занный, вышеупомя́нутый

**aforegoing** [əˈfɔːˌgəuɪŋ] *a* предше́ствующий

**aforenamed** [əˈfɔːneɪmd] *a* вышена́званный

**aforethought** [əˈfɔːθɔːt] *a* преднаме́ренный, умы́шленный

**aforetime** [əˈfɔːtaɪm] *adv* пре́жде, встарь, в было́е вре́мя

**afraid** [əˈfreɪd] *a predic.* испу́ганный; to be ~ of smth. боя́ться чего́-л.; I am ~ to wake him, I am ~ of waking him я не реша́юсь его́ буди́ть; I am ~ that I shall wake him бою́сь, как бы я его́ не разбуди́л; to make ~ пуга́ть; I'm ~ I'm late *разг.* я, ка́жется, опозда́л

**afreet** [ˈæfriːt] *n миф.* афри́т (*могучий злой дух, демон*)

**afresh** [əˈfreʃ] *adv* сно́ва, сы́знова

**African** [ˈæfrɪkən] **1.** *a* африка́нский

**2.** *n* африка́нец; африка́нка

**African(d)er** [ˌæfrɪˈkæn(d)ə] = Afrikan(d)er

**Afrikaans** [ˌæfrɪˈkɑːns] *n* африка́анс

**Afrikan(d)er** [ˌæfrɪˈkæn(d)ə] *n* уроже́нец Ю́жной А́фрики европе́йского происхожде́ния (*особ.* голла́ндец), африка́ндер

**afrit** [ˈæfriːt] = afreet

**aft** [ɑːft] *adv мор.* в кормово́й ча́сти; в корме́, на корме́; по направле́нию к корме́; за кормо́й; fore and ~ во всю длину́, от но́са к корме́

**after** [ˈɑːftə] **1.** *prep* 1) *указывает на местонахождение позади данного предмета или движение вдогонку* за, позади́; my name comes ~ yours моя́ фами́лия стои́т за ва́шей; she entered ~ her sister она́ вошла́ вслед за свое́й сестро́й 2) *указывает на последовательную смену явлений или промежуток времени, после которого произошло или произойдёт действие* по́сле, за, че́рез, спустя́; day ~ day день за днём; she will come ~ supper она́ придёт по́сле у́жина; they met ~ ten years они́ встре́тились че́рез де́сять лет; ~ his arrival по́сле его́ прие́зда 3) *указывает на сходство с чем-л. или подражание чему-л.* по, с, согла́сно; ~ the same pattern по тому́ же образцу́; an etching ~ Gainsborough гравю́ра с (карти́ны *или* рису́нка) Ге́йнсборо; ~ the latest fashion по после́дней мо́де; the boy takes ~ his father сын во всём похо́ж на отца́; each acted ~ his kind ка́ждый де́йствовал по-сво́ему 4) *указывает на внимание, заботу о ком-л.* о, за; to look ~ smb. смотре́ть за кем-л.; to ask (*или* to inquire) ~ smb. спра́шивать, справля́ться о ком-л. 5) *выражает уступительность* несмотря́ на; ~ all my trouble he has learnt nothing несмотря́ на все мои́ стара́ния, он ничему́ не научи́лся ◇ ~ all в конце́ концо́в; ~ a manner не о́чень хорошо́, нева́жно; what is he ~? что ему́ ну́жно?; куда́ он гнёт?; who is he ~? кто ему́ ну́жен?

**2.** *cj* по́сле того́ как; soon ~ he arrived he began to work at school по прие́зде он стал рабо́тать в шко́ле

**3.** *adv* 1) сза́ди, позади́ 2) поздне́е; пото́м, зате́м; впосле́дствии; soon ~ вскоре по́сле э́того

**4.** *a* 1) за́дний; the ~ part of the ship кормова́я часть корабля́ 2) после́дующий; in ~ years в бу́дущем

**afterbirth** [ˈɑːftəbəːθ] *n анат.* после́д, де́тское ме́сто

**afterburning** [ˈɑːftəˌbəːnɪŋ] *n тех.* дogора́ние то́плива

**after-care** [ˈɑːftəkɛə] *n* ухо́д за выздора́вливающим

**aftercrop** [ˈɑːftəkrɔp] *n с.-х.* второ́й урожа́й; второ́й уко́с

**afterdamp** [ˈɑːftədæmp] *n горн.* ядови́тая га́зовая смесь, образу́ющаяся по́сле взры́ва рудни́чного га́за

**after-effect** [ˈɑːftərɪˌfekt] *n* после́дствие; результа́т, вы́явившийся поздне́е

**after-game** [ˈɑːftəgeɪm] *n* 1) попы́тка отыгра́ться 2) сре́дства, пу́щенные в ход поздне́е

**afterglow** [ˈɑːftəgləu] *n* 1) вече́рняя заря́ 2) прия́тное чу́вство, оста́вшееся по́сле чего́-л.

**after-grass** [ˈɑːftəgrɑːs] *n* ота́ва, второ́й уко́с

**afterimage** [ˈɑːftərˌɪmɪdʒ] *n* 1) *тлв.* оста́точное изображе́ние 2) *психол.* после́довательный о́браз

**after-life** [ˈɑːftəlaɪf] *n* 1) загро́бная жизнь 2) втора́я полови́на жи́зни; го́ды зре́лости; после́дующие го́ды жи́зни

**afterlight** [ˈɑːftəlaɪt] *n* 1) *театр.* за́дний свет 2) прозре́ние

**aftermath** [ˈɑːftəmæθ] *n* 1) = after-grass 2) после́дствия; the ~ of the earthquake после́дствия землетрясе́ния

**aftermost** [ˈɑːftəməust] *a мор.* ближа́йший к корме́

**afternoon** [ˈɑːftəˈnuːn] *n* вре́мя по́сле полу́дня; послеобе́денное вре́мя; in the ~ по́сле полу́дня, днём; this ~ сего́дня днём; good ~! до́брый день!, здра́вствуйте (*при встрече во второй половине дня*); до свида́ния! (*при расставании во второй половине дня*) ◇ in the ~ of one's life на скло́не лет

**afterpiece** [ˈɑːftəpiːs] *n* дивертисме́нт, пье́ска, дава́емая в заключе́ние представле́ния *или* конце́рта

**afters** [ˈɑːftəz] *n pl разг.* второ́е и тре́тье блю́да

**aftershock** [ˈɑːftəʃɔk] *n геол.* толчо́к по́сле основно́го землетрясе́ния

**aftertaste** [ˈɑːftəteɪst] *n* вкус, остаю́щийся во рту по́сле еды́, куре́ния *и т. п.*

**afterthought** [ˈɑːftəθɔːt] *n* 1) мысль, пришéдшая в го́лову сли́шком по́здно; he had the ~ ему́ э́то то́лько пото́м пришло́ в го́лову 2) разду́мье

**afterwards** [ˈɑːftəwədz] *adv* впосле́дствии, пото́м, по́зже

**again** [əˈgen] *adv* 1) сно́ва, опя́ть; to be oneself ~ опра́виться по́сле боле́зни; ~ and ~ сно́ва и сно́ва, то и де́ло; now and ~ иногда́; вре́мя от вре́мени; time and ~ неоднокра́тно, то и де́ло, ча́сто 2) с друго́й стороны́; же; these ~ are more expensive но э́ти, с друго́й стороны́, доро́же 3) кро́ме того́, к тому́ же ◊ as much ~ ещё сто́лько же; half as high ~ as smb., half ~ smb.'s height в полтора́ ра́за вы́ше, чем кто-л.; half ~ his size гора́здо крупне́е его́

**against** [ə'genst] *prep указывает на* 1) *противоположное направление или положение* про́тив; he went ~ the wind он шёл про́тив ве́тра; ~ the hair (*или* the grain) про́тив волокна́ *или* ше́рсти; *перен.* про́тив ше́рсти 2) *опору, фон, препятствие* о, об, по, на, к; ~ a dark background на тёмном фо́не; she leaned ~ the fence она́ прислони́лась к забо́ру; a ladder standing ~ the wall ле́стница, прислонённая к стене́; to knock ~ a stone споткну́ться о ка́мень 3) *непосредственное соседство* ря́дом, у; the house ~ the cinema дом ря́дом с кинотеа́тром 4) *столкновение или соприкосновение* на, с; to run ~ a rock наскочи́ть на скалу́; he ran ~ his brother он столкну́лся со свои́м бра́том 5) *определённый срок* к, на; ~ the end of the month к концу́ ме́сяца 6) *противодействие, несогласие с чем-л.* про́тив; she did it ~ my will она́ сде́лала э́то про́тив мое́й во́ли; to struggle ~ difficulties боро́ться с тру́дностями 7) *подготовку к чему-л.* на, про; ~ a rainy day про чёрный день; to store up food ~ winter запасти́сь едо́й на́ зиму; they took insurance policy ~ their children's education они́ застрахова́лись, что́бы обеспе́чить свои́м де́тям образова́ние ◊ to be up ~ (it) стоя́ть пе́ред зада́чей; встре́тить тру́дности; to work ~ time стара́ться ко́нчить рабо́ту к определённому вре́мени; to tell a story ~ smb. наговори́ть на кого́-л.; those ~? кто про́тив?

**agamic** [ə'gæmɪk] *a биол.* беспо́лый

**agape** [ə'geɪp] *a predic. разг.* рази́нув рот

**agaric** ['ægərɪk] *n бот.* пласти́нчатый гриб

**agate** ['ægət] *n* 1) *мин.* ага́т 2) *амер. полигр.* ага́т (*шрифт размером в* $5^1/_2$ *пунктов*)

**agave** [ə'geɪvɪ] *n бот.* ага́ва

**agaze** [ə'geɪz] *a predic.* в изумле́нии

**age** [eɪdʒ] **1.** *n* 1) во́зраст; ~ of discretion во́зраст, с кото́рого челове́к счита́ется отве́тственным за свои́ посту́пки (*14 лет*); awkward ~ перехо́дный во́зраст; tender ~ ра́нний во́зраст; middle ~ сре́дний во́зраст; to be (*или* to act) one's ~ вести́ себя́ соотве́тственно во́зрасту; this wine lacks ~ э́то вино́ недоста́точно вы́держано; ~ of stand *лес.* во́зраст насажде́ния 2) совершенноле́тие; to be of ~ быть совершенноле́тним; to be under ~ быть несовершенноле́тним; to come of ~ дости́чь совершенноле́тия 3) ста́рость; the infirmities of ~ ста́рческие не́мощи 4) поколе́ние 5) век; пери́од, эпо́ха (*тж. геол.*); the Middle Ages сре́дние века́; Ice A. ледниковый пери́од 6) (*часто pl*) *разг.* до́лгий срок; I have not seen you for ~s я не ви́дел вас це́лую ве́чность ◊ to bear one's ~ well хорошо́ вы́глядеть для своего́ во́зраста; каза́ться моло́же свои́х лет

**2.** *v* 1) старе́ть 2) ста́рить 3) *тех.* подверга́ть старе́нию

**aged** **1.** [eɪdʒd] *p. p. от* age 2

**2.** *a* 1) ['eɪdʒɪd] ста́рый; пожило́й; соста́рившийся 2) [eɪdʒd] дости́гший *такого-то* во́зраста; ~ ten десяти́ лет 3) [eɪdʒd] ста́рческий ◊ carefully ~ steaks хорошо́ поджа́ренные отбивны́е

**3.** *n* (the ~) *pl собир.* старики́

**ageing** ['eɪdʒɪŋ] **1.** *pres. p. от* age 2

**2.** *n* 1) старе́ние 2) вызрева́ние, созрева́ние 3) *тех.* дисперсио́нное тверде́ние

**ageless** ['eɪdʒlɪs] *a* нестаре́ющий; ве́чный

**agelong** ['eɪdʒlɔŋ] *a* о́чень до́лгий, ве́чный

**agency** ['eɪdʒənsɪ] *n* 1) аге́нтство 2) о́рган (*учреждение, организация*) 3) си́ла, фа́ктор 4) сре́дство, посре́дство; соде́йствие, посре́дничество; by (*или* through) the ~ посре́дством 5) де́йствие, де́ятельность ◊ free ~ свобо́да во́ли

**agenda** [ə'dʒendə] *n pl* (*иногда употр. как sing*) 1) пове́стка дня 2) после́довательность опера́ций в ЭВМ

**agent** ['eɪdʒənt] *n* 1) де́ятель 2) аге́нт, представи́тель, посре́дник, дове́ренное лицо́; forwarding ~ экспеди́тор; station ~ *амер.* нача́льник ста́нции; ticket ~ *амер.* касси́р биле́тной ка́ссы 3) *pl* агенту́ра 4) де́йствующая си́ла; фа́ктор; вещество́; chemical ~ хими́ческое вещество́, реакти́в; physical ~ физи́ческое те́ло ◊ road ~ *амер.* разбо́йник с большо́й доро́ги

**agential** [ə'dʒenʃəl] *a* относя́щийся к аге́нту *или* к аге́нтству

**age-old** ['eɪdʒ'əuld] *a* веково́й; о́чень да́вний

**agglomerate** **1.** *n* [ə'glɔmərɪt] агломера́т

**2.** *v* [ə'glɔməreɪt] собира́ть(ся); скопля́ть(ся) (*в кучу, в массу*)

**agglomeration** [əˌglɔmə'reɪʃən] *n* 1) нака́пливание; скопле́ние 2) *тех.* агломера́ция; спека́ние

**agglutinate** **1.** *v* [ə'glu:tɪneɪt] 1) скле́ивать 2) превраща́ть(ся) в клей

**2.** *a* [ə'glu:tɪnɪt] 1) скле́енный 2) *лингв.* агглютинати́вный

**agglutination** [əˌglu:tɪ'neɪʃən] *n* 1) скле́ивание 2) *лингв.* агглютина́ция

**agglutinative** [ə'glu:tɪnətɪv] *a* 1) скле́ивающий 2) *лингв.* агглютинати́вный

**aggrandize** [ə'grændaɪz] *v* 1) увели́чивать (*мощь, благосостояние*) 2) возвели́чивать 3) повыша́ть (*в ранге*)

**aggrandizement** [ə'grændɪzmənt] *n* 1) увеличе́ние; расшире́ние 2) повыше́ние

**aggravate** ['ægrəveɪt] *v* 1) отягча́ть, усугубля́ть; ухудша́ть; обостря́ть 2) *разг.* раздража́ть, надоеда́ть; огорча́ть

**aggravating** ['ægrəveɪtɪŋ] **1.** *pres. p. от* aggravate

**2.** *a* 1) ухудша́ющий; ~ circumstances *юр.* отягча́ющие вину́ обстоя́тельства 2) доса́дный; надое́дливый

**aggravation** [ˌægrə'veɪʃən] *n* ухудше́ние *и пр.* [*см.* aggravate]

**aggregate** **1.** *n* ['ægrɪgɪt] 1) совоку́пность; in the ~ в совоку́пности 2) агрега́т

**2.** *a* ['ægrɪgɪt] 1) со́бранный вме́сте; о́бщий; весь; ~ membership о́бщее число́ чле́нов; the ~ forces совоку́пные си́лы; ~ capacity *тех.* о́бщая мо́щность 2) *биол., бот.* сгруппиро́ванный, сло́жный 3) *геол.* агрега́тный, сло́жный

**3.** *v* ['ægrɪgeɪt] 1) собира́ть в одно́ це́лое; собира́ться 2) приобща́ть (to — к *организации*) 3) *разг.* равня́ться, составля́ть в су́мме

**aggregation** [ˌægrɪ'geɪʃən] *n* 1) собира́ние 2) агрега́т 3) скопле́ние; ма́сса; конгломера́т

**aggression** [ə'greʃən] *n* 1) нападе́ние, агре́ссия; war of ~ агресси́вная война́ 2) агресси́вность; вызыва́ющее поведе́ние

**aggressive** [ə'gresɪv] *a* 1) напада́ющий; агресси́вный 2) энерги́чный, насто́йчивый

**aggressiveness** [ə'gresɪvnɪs] *n* 1) агресси́вность 2) вызыва́ющий о́браз де́йствий, вызыва́ющее поведе́ние

**aggressor** [ə'gresə] *n* 1) агре́ссор 2) напада́ющая сторона́; зачи́нщик

**aggrieve** [ə'gri:v] *v* (*обыкн. pass.*) 1) обижа́ть; огорча́ть; удруча́ть; to be (*или* to feel) ~d обижа́ться 2) *юр.* наноси́ть уще́рб

**aghast** [ə'gɑ:st] *a predic.* поражённый у́жасом; ошеломлённый

**agile** ['ædʒaɪl] *a* прово́рный; бы́стрый, живо́й, подвижно́й; ~ mind живо́й ум

**agility** [ə'dʒɪlɪtɪ] *n* прово́рство, быстрота́, жи́вость, ло́вкость

**agin** [ə'gɪn] *prep шутл.* про́тив

**aging** ['eɪdʒɪŋ] = ageing

**agio** ['ædʒɪəu] *n* (*pl* -os [-əuz]) *фин.* 1) а́жио, лаж 2) биржева́я игра́ 3) ажиота́ж

**agiotage** ['ædʒətɪdʒ] *n* 1) ажиота́ж 2) биржева́я игра́, спекуля́ция

**agitate I** ['ædʒɪteɪt] *v* агити́ровать

**agitate II** ['ædʒɪteɪt] *v* 1) волнова́ть, возбужда́ть; to be ~d волнова́ться 2) трясти́; взба́лтывать 3) переме́шивать

**agitated** ['ædʒɪteɪtɪd] **1.** *p. p. от* agitate II

**2.** *a* взволно́ванный, возбуждённый

**agitation I** [ˌædʒɪ'teɪʃən] *n* агита́ция; outdoor ~ агита́ция вне парла́мента

**agitation II** [ˌædʒɪ'teɪʃən] *n* 1) волне́ние, возбужде́ние, трево́га 2) взба́лтывание; переме́шивание

**agitator I** ['ædʒɪteɪtə] *n* агита́тор

**agitator II** ['ædʒɪteɪtə] *n тех.* меша́лка

**aglet** [ˈæglɪt] *n* 1) аксельба́нт 2) металли́ческий наконе́чник шнурка́ 3) *бот.* серёжка (*форма соцветия*)

**aglow** [əˈgləu] *a predic.* 1) пыла́ющий; раскалённый до́красна́ 2) возбуждённый; all ~ with delight (exercise) раскрасне́вшись от удово́льствия (упражне́ний)

**agnail** [ˈægneɪl] *n* заусе́ница; ногтое́да, панари́ций

**agnate** [ˈægneɪt] **1.** *n* ро́дственник по мужско́й ли́нии

2. *a* 1) ро́дственный по отцу́; име́ющий о́бщих пре́дков по мужско́й ли́нии 2) бли́зкий, ро́дственный

**agnation** [ægˈneɪʃən] *n* родство́ по отцу́

**agnostic** [ægˈnɔstɪk] **1.** *n* агно́стик **2.** *a* агности́ческий

**agnosticism** [ægˈnɔstɪsɪzm] *n* агностици́зм

**ago** [əˈgəu] *adv* тому́ наза́д; long ~ давно́; not long ~, a while ~ неда́вно

**agog** [əˈgɔg] *a predic., adv* в напряжённом ожида́нии, в возбужде́нии; to be ~ for news жа́дно ожида́ть новосте́й; to set smb. ~ возбужда́ть чьё-л. любопы́тство

**a-going** [əˈgəuɪŋ] *a predic., adv* в движе́нии; to set ~ пусти́ть в ход, в де́йствие

**agonic** [əˈgɔnɪk] *a* не образу́ющий угла́; ~ line ли́ния нулево́го магни́тного склоне́ния

**agonistic** [ˌægəuˈnɪstɪk] *a* 1) атлети́ческий 2) уча́ствующий в спорти́вном состяза́нии 3) полеми́ческий

**agonize** [ˈægənaɪz] *v* 1) агонизи́ровать, быть в аго́нии, си́льно му́читься 2) му́чить 3) прилага́ть отча́янные уси́лия, стра́стно боро́ться (after)

**agonized** [ˈægənaɪzd] **1.** *p. p. от* agonize

2. *a*: ~ shrieks отча́янные кри́ки; ~ moment мучи́тельный моме́нт

**agonizing** [ˈægənaɪzɪŋ] **1.** *pres. p. от* agonize

2. *a* мучи́тельный, стра́шный; ~ suspense мучи́тельная неизве́стность

**agony** [ˈægənɪ] *n* 1) аго́ния; ~ of death предсме́ртная аго́ния 2) му́ка, муче́ние, страда́ние (*душевное или физическое*) 3) взрыв, внеза́пное проявле́ние (*чувства*) 4) си́льная борьба́ 5) *attr.*: ~ wagon *разг.* санита́рная пово́зка, санита́рная маши́на ◇ ~ column газе́тный столбе́ц с объявле́ниями о ро́зыске пропа́вших родны́х *и т. п.*

**agoraphobia** [ˌægərəˈfəubɪə] *n мед.* боя́знь простра́нства, откры́той пло́щади *или* толпы́

**agrarian** [əˈgrɛərɪən] **1.** *a* 1) агра́рный, земе́льный; ~ laws агра́рные зако́ны 2) *бот.* дикорасту́щий

2. *n* 1) кру́пный землевладе́лец, агра́рий 2) сторо́нник агра́рных рефо́рм

**agree** [əˈgriː] *v* 1) соглаша́ться (with — *с кем-л.*; to — *с чем-л.*, on — на *что-л.*) 2) усла́вливаться (on, upon — *о чём-л.*); догова́риваться (about); ~d! решено́!, по рука́м! 3) соотве́тствовать, гармони́ровать, быть схо́дным; быть по душе́ 4) сходи́ться во взгля́дах; ужива́ться (*тж.* ~ together, ~ with); they ~ well они́ хорошо́ ла́дят 5) быть поле́зным *или* прия́тным; быть подходя́щим; wine doesn't ~ with me вино́ мне вре́дно 6) согласо́вывать, приводи́ть в поря́док (*счета и т. п.*) 7) *грам.* согласова́ться ◇ we ~ to differ мы отказа́лись от попы́ток убеди́ть друг дру́га

**agreeable** [əˈgrɪəbl] **1.** *a* 1) прия́тный; ми́лый; to make oneself ~ стара́ться понра́виться, угоди́ть 2) *разг.* выража́ющий согла́сие, охо́тно гото́вый (*сделать что-л.*) 3) соотве́тствующий (to) 4) прие́млемый

2. *adv* = agreeably

**agreeably** [əˈgrɪəblɪ] *adv* 1) прия́тно; ~ surprised прия́тно удивлён (-ный) 2) соотве́тственно

**agreement** [əˈgriːmənt] *n* 1) (взаи́мное) согла́сие; ~ of opinion единомы́слие; to come to an ~ прийти́ к соглаше́нию 2) догово́р, соглаше́ние; ~ by piece сде́льная пла́та 3) *грам.* согласова́ние

**agricultural** [ˌægrɪˈkʌltʃərəl] *a* сельскохозя́йственный, земледе́льческий; ~ engineering агроте́хника; ~ chemistry агрохи́мия

**agriculturalist** [ˌægrɪˈkʌltʃərəlɪst] = agriculturist

**agriculture** [ˈægrɪkʌltʃə] *n* се́льское хозя́йство; земледе́лие; агроно́мия; Board of A. министе́рство земледе́лия (*в Англии*)

**agriculturist** [ˌægrɪˈkʌltʃərɪst] *n* 1) агроно́м 2) земледе́лец

**agrimony** [ˈægrɪmənɪ] *n бот.* репе́йник

**agrimotor** [ˈægrɪˌməutə] *n с.-х.* тра́ктор

**agrobiological** [ˈægrəuˌbaɪəuˈlɔdʒɪkəl] *a* агробиологи́ческий

**agrobiologist** [ˌægrəubaɪˈɔlədʒɪst] *n* агробио́лог

**agrobiology** [ˌægrəubaɪˈɔlədʒɪ] *n* агробиоло́гия

**agronomic(al)** [ˌægrəuˈnɔmɪk(əl)] *a* агрономи́ческий

**agronomics** [ˌægrəuˈnɔmɪks] *n pl* (*употр. как sing*) агроно́мия

**agronomist** [əgˈrɔnəmɪst] *n* агроно́м

**agronomy** [əˈgrɔnəmɪ] *n* 1) = agronomics 2) се́льское хозя́йство, земледе́лие

**agrostology** [ˌægrəsˈtɔlədʒɪ] *n* уче́ние о тра́вах

**aground** [əˈgraund] **1.** *a predic.* 1) *мор.* сидя́щий на мели́ 2) в затрудне́нии 3) без средств

2. *adv мор.* на мели́; to go (*или* to run, to strike) ~ сесть на мель

**ague** [ˈeɪgjuː] *n* маляри́я, лихора́дка; лихора́дочный озно́б

**ague-cake** [ˈeɪgjuːkeɪk] *n* увеличе́ние селезёнки при хрони́ческой маляри́и

**ague-spleen** [ˈeɪgjuːspliːn] *n мед.* маляри́йная (увели́ченная) селезёнка

**aguish** [ˈeɪgjuːɪʃ] *a* 1) маляри́йный; подве́рженный маляри́и 2) перемежа́ющийся

**ah** [ɑː] *int* ах!, а!

**aha** [a(ː)ˈhɑː] *int* ага́!

**ahead** [əˈhed] **1.** *a predic.* вперёд, впереди́; to be (*или* to get) ~ of smb. опереди́ть кого́-л.

2. *adv* вперёд; впереди́; full speed ~! по́лный (ход) вперёд!; to go ~ устремля́ться вперёд; идти́ впереди́ (*на состязании*); go ~! а) вперёд!; б) продолжа́йте!

**aheap** [əˈhiːp] *adv* в ку́че

**ahem** [əˈhem] *int* гм!

**ahorse(back)** [əˈhɔːs(bæk)] *a predic.* верхо́м

**ahoy** [əˈhɔɪ] *int мор.*: ship ~! на корабле́!, на су́дне! (*оклик*); all hands ~! авра́л!

**ahull** [əˈhʌl] *adv мор.* с у́бранными паруса́ми и рулём на наве́тренном борту́

**aid** [eɪd] **1.** *n* 1) по́мощь, подде́ржка 2) помо́щник 3) *pl ист.* сбо́ры, нало́ги 4) *pl воен.* вспомога́тельные войска́ 5) *pl* вспомога́тельные сре́дства; посо́бия; training ~s уче́бные посо́бия; (audio-)visual ~s нагля́дные посо́бия; ~s and appliances приспособле́ния, материа́льные сре́дства

2. *v* помога́ть; спосо́бствовать

**aide-de-camp** [ˈeɪddəˈkɑːŋ] *фр. n* (*pl* aides-de-camp) адъюта́нт

**aide-memoire** [ˌeɪdmeˈmwɑː] *фр. n* па́мятная запи́ска

**aides-de-camp** [ˈeɪdzdəˈkɑːŋ] *pl от* aide-de-camp

**aiglet** [ˈæglɪt] = aglet

**aigrette** [ˈeɪgret] *n* 1) султа́н, плюма́ж; эгре́т 2) бе́лая ца́пля 3) *тех.* пучо́к луче́й 4) *астр.* сноп луче́й в со́лнечной коро́не

**aiguille** [ˈeɪgwiːl] *фр. n* 1) го́рный пик, остроконе́чная верши́на 2) игла́

**ail** [eɪl] *v* 1) боле́ть, беспоко́ить; причиня́ть страда́ние; what ~s you? что вас беспоко́ит? 2) чу́вствовать недомога́ние

**aileron** [ˈeɪlərɔn] *n* (*обыкн. pl*) *ав.* 1) элеро́н 2) *attr.*: ~ angle у́гол отклоне́ния элеро́на

**ailing** [ˈeɪlɪŋ] **1.** *pres. p. от* ail

2. *a* больно́й, нездоро́вый, хво́рый

**ailment** [ˈeɪlmənt] *n* нездоро́вье

**aim** [eɪm] **1.** *n* 1) цель, наме́рение 2) прице́л; мише́нь; to take ~ прице́ливаться 3) прице́ливание

2. *v* 1) домога́ться, стреми́ться (at) 2) це́лить(ся), прице́ливаться (at) 3) име́ть в виду́; to ~ high ме́тить высоко́

**aiming** [ˈeɪmɪŋ] **1.** *pres. p. от* aim 2

2. *n* прице́ливание, наво́дка

3. *a* прице́льный; ~ circle *воен.* буссо́ль; ~ fire прице́льный ого́нь

**aimless** [ˈeɪmlɪs] *a* бесце́льный

**ain't** [eɪnt] *сокр.* 1) *разг.* = are not 2) *диал.* = am not, is not; have not

**air** [ɛə] **1.** *n* 1) во́здух; атмосфе́ра; dead (*или* stale) ~ спёртый, за́тхлый во́здух; to take the ~ прогуля́ться [*ср. тж.* ◇]; by ~ самолётом 2) дунове́ние, ветеро́к 3) вне́шний вид; выраже́ние лица́; with a triumphant ~ с торжеству́ющим ви́дом 4) *pl* аффекта́ция, ва́жничанье; to give oneself ~s, to put on ~s ва́жничать, держа́ться высокоме́рно 5) пе́сня; а́рия;

мело́дия ◇ to be in the ~ а) «висе́ть в во́здухе», находи́ться в неопределённом положе́нии; б) носи́ться в во́здухе; rumours are in the ~ хо́дят слу́хи; в) *воен.* быть незащищённым с фла́нгов; to melt (*или* to vanish) into thin ~ скры́ться из виду, бессле́дно исче́знуть; to be on the ~ передава́ться по ра́дио; выступа́ть по ра́дио, вести́ переда́чи; they were off the ~ они́ ко́нчили радиопереда́чу; to give a person the ~ *амер.* уво́лить кого́-л. со слу́жбы; to take ~ получи́ть огла́ску [*ср. тж.* 1)]; to tread (*или* to walk) upon ~ ≅ ног под собо́й не чу́ять; ликова́ть, ра́доваться

2. *a* 1) возду́шный; авиацио́нный; самолётный; ~ fleet возду́шный флот; ~ superiority (*или* supremacy) превосхо́дство в во́здухе; ~ warfare война́ в во́здухе; ~ fight возду́шный бой 2) пневмати́ческий

3. *v* 1) прове́тривать; вентили́ровать 2) суши́ть, просу́шивать 3) выставля́ть напока́з; обнаро́довать

**air-balloon** [ˈɛəbəˌlu:n] *n* возду́шный шар; аэроста́т

**air-barrage** [ˈɛəˌbærɑ:ʒ] *n* 1) возду́шное загражде́ние (*аэростатами*) 2) зени́тный заградительный ого́нь

**air-base** [ˈɛəbeɪs] *n* авиаба́за

**air-bed** [ˈɛəbed] *n* надувно́й матра́ц

**air-bladder** [ˈɛəˌblædə] *n* 1) пла́вательный пузы́рь 2) возду́шный пузырёк (*в стекле*) 3) = air cell

**air-blast** [ˈɛəblɑ:st] 1. *n* 1) поры́в во́здуха; возду́шная струя́ 2) дутьё

2. *v* нагнета́ть во́здух

**airborne** [ˈɛəbɔ:n] *a* 1) переноси́мый *или* перевози́мый по во́здуху 2) *воен.* возду́шно-деса́нтный 3) *predic.* оторва́вшийся от земли́; находя́щийся в во́здухе; to become ~ оторва́ться от земли́; all planes are ~ все самолёты в во́здухе

**air-brake** [ˈɛəbreɪk] *n тех.* пневмати́ческий то́рмоз

**air-brick** [ˈɛəbrɪk] *n* 1) кирпи́ч возду́шной су́шки, сама́н 2) пустоте́лый кирпи́ч

**air-brush** [ˈɛəbrʌʃ] *n* распыли́тель кра́ски *и т. п.*, краскопу́льт

**air-cell** [ˈɛəsel] *n анат.* лёгочная альвео́ла

**air-chamber** [ˈɛəˌtʃeɪmbə] *n* 1) возду́шная ка́мера 2) *мор.* возду́шный я́щик (*шлюпки*)

**Air Chief Marshal** [ˈɛəˈtʃi:fˌmɑ:ʃəl] *n* гла́вный ма́ршал авиа́ции

**air command** [ˈɛəkəˈmɑ:nd] *n* авиацио́нное кома́ндование (*высшее организационное объединение ВВС*)

**Air Commodore** [ˈɛəˈkɔmədɔ:] *n* коммодо́р авиа́ции (*в Англии*)

**air-condition** [ˈɛəkənˌdɪʃən] *v* 1) кондициони́ровать (*воздух*) 2) снабжа́ть кондиционе́ром

**air-conditioned** [ˈɛəkənˌdɪʃənd] 1. *p. p. от* air-condition

2. *a* с кондициони́рованным во́здухом

**air-conditioning** [ˈɛəkənˌdɪʃənɪŋ] 1. *pres. p. от* air-condition

2. *n* кондициони́рование во́здуха

**air-cooled** [ˈɛəku:ld] *a* с возду́шным охлажде́нием

**air-cooling** [ˈɛəˌku:lɪŋ] *n* возду́шное охлажде́ние

**aircraft** [ˈɛəkrɑ:ft] *n* 1) самолёт 2) *собир.* самолёты; авиа́ция 3) *attr.* авиацио́нный, авиа-; ~ carrier авиано́сец

**aircraft(s)man** [ˈɛəkrɑ:ft(s)mən] *n* рядово́й авиа́ции (*в Англии*)

**air crew** [ˈɛəkru:] *n* экипа́ж самолёта *или* дирижа́бля

**air-cushion** [ˈɛəˌkuʃən] *n* 1) надувна́я поду́шка 2) *тех.* де́мпфер

**air-driven** [ˈɛəˌdrɪvn] *a* пневмати́ческий

**airdrome** [ˈɛədrəum] *n* аэродро́м

**Airedale** [ˈɛədeɪl] *n* эрдельтерье́р (*порода собак*)

**air-engine** [ˈɛərˌendʒɪn] *n* авиамото́р

**air-exhauster** [ˈɛərɪgˌzɔ:stə] *n* вытяжно́й вентиля́тор

**airfield** [ˈɛəfi:ld] *n* аэродро́м

**airfoil** [ˈɛəfɔɪl] = aerofoil

**Air Force** [ˈɛəˈfɔ:s] *n* вое́нно-возду́шные си́лы

**air-frame** [ˈɛəfreɪm] *n* о́стов, карка́с самолёта

**air-freighter** [ˈɛəˌfreɪtə] *n* грузово́й самолёт

**air-furnace** [ˈɛəˌfə:nɪs] *n* то́пка с есте́ственной тя́гой

**air-gap** [ˈɛəgæp] *n* 1) зазо́р, просве́т 2) *эл.* возду́шный зазо́р 3) *радио* искрово́й промежу́ток

**air-gas** [ˈɛəgæs] *n* карбюри́рованный во́здух, горю́чая смесь

**air-gauge** [ˈɛəgeɪdʒ] *n* мано́метр

**air-gun** [ˈɛəgʌn] *n* 1) духово́е ружьё 2) *тех.* пульвериза́тор

**air-hammer** [ˈɛəˌhæmə] *n* пневмати́ческий мо́лот

**air hardening** [ˈɛəˌhɑ:dnɪŋ] *n метал.* возду́шная зака́лка

**air-highway** [ˈɛəˌhaɪweɪ] *n* возду́шная тра́сса

**airhoist** [ˈɛəhɔɪst] *n* пневмати́ческий подъёмник

**air-hole** [ˈɛəhəul] *n* 1) отду́шина 2) полынья́ (*на реке*) 3) *ав.* возду́шная я́ма

**air-hostess** [ˈɛəˌhəustɪs] *n* стюарде́сса на самолёте, бортпроводни́ца

**airily** [ˈɛərɪlɪ] *adv* 1) возду́шно, легко́, грацио́зно 2) легкомы́сленно, беззабо́тно

**airing** [ˈɛərɪŋ] 1. *pres. p. от* air 3

2. *n* 1) прове́тривание и просу́шивание 2) вентиля́ция; аэра́ция 3) прогу́лка

**air-jacket** [ˈɛəˌdʒækɪt] *n* надувно́й спаса́тельный жиле́т

**airless** [ˈɛəlɪs] *a* 1) безве́тренный; ду́шный 2) безвозду́шный

**air-lift** [ˈɛəlɪft] *n воен.* перебро́ска по во́здуху; «возду́шный мост»

**airline** [ˈɛəlaɪn] *n* авиали́ния

**air liner** [ˈɛəˌlaɪnə] *n* ре́йсовый самолёт; пассажи́рский самолёт; возду́шный ла́йнер

**air-lock** [ˈɛəlɔk] *n* 1) *тех.* возду́шная про́бка 2) та́мбур газоубе́жища

**air mail** [ˈɛəmeɪl] *n* возду́шная по́чта, авиапо́чта

**airman** [ˈɛəmən] *n* 1) лётчик 2) авиаспециали́ст

**airmanship** [ˈɛəmənʃɪp] *n* лётное мастерство́

**air-map** [ˈɛəmæp] *n* аэронавигацио́нная ка́рта

**Air Marshal** [ˈɛəˌmɑ:ʃəl] *n* ма́ршал авиа́ции

**air-minded** [ˈɛəˌmaɪndɪd] *a* разбира́ющийся в вопро́сах авиа́ции

**air-monger** [ˈɛəˌmʌŋgə] *n* фантазёр

**airphoto** [ˈɛəˌfəutəu] *n* аэрофотосни́мок

**air-photography** [ˈɛəfəˈtɔgrəfɪ] *n* аэрофотосъёмка

**airplane** [ˈɛəpleɪn] *n амер.* 1) самолёт, аэропла́н 2) *attr.*: ~ observer лётчик-наблюда́тель

**air-pocket** [ˈɛəˌpɔkɪt] *n* 1) *ав.* возду́шная я́ма 2) *метал.* ра́ковина, га́зовый пузы́рь

**airport** [ˈɛəpɔ:t] *n* аэропо́рт

**air power** [ˈɛəˌpauə] *n* могу́щество в во́здухе, возду́шная мощь

**air-powered** [ˈɛəˌpauəd] *a* пневмати́ческий

**air-proof** [ˈɛəpru:f] = air-tight

**air-quenching** [ˈɛəˌkwentʃɪŋ] = air hardening

**air-raid** [ˈɛəreɪd] *n* 1) возду́шный налёт 2) *attr.*: ~ warning возду́шная трево́га; ~ relief по́мощь населе́нию, пострада́вшему от возду́шной бомбардиро́вки; ~ shelter бомбоубе́жище

**air-route** [ˈɛəru:t] *n* авиали́ния, возду́шная тра́сса

**air scout** [ˈɛəskaut] *n воен.* возду́шный разве́дчик

**airscrew** [ˈɛəskru:] *n* возду́шный винт, пропе́ллер

**air sentry** [ˈɛəˌsentrɪ] *n воен.* наблюда́тель за во́здухом

**air-shaft** [ˈɛəʃɑ:ft] *n* вентиляцио́нная ша́хта

**airshed** [ˈɛəʃed] *n* анга́р

**airship** [ˈɛəʃɪp] *n* дирижа́бль, возду́шный кора́бль

**air show** [ˈɛəʃəu] *n* 1) авиацио́нная вы́ставка 2) демонстрацио́нные полёты 3) радиопостано́вка

**airsick** [ˈɛəsɪk] *a* страда́ющий возду́шной боле́знью

**airsickness** [ˈɛəˌsɪknɪs] *n* возду́шная боле́знь

**air speed** [ˈɛəspi:d] *n ав.* возду́шная ско́рость, ско́рость самолёта

**air spraying** [ˈɛəˌspreɪɪŋ] *n* опры́скивание с во́здуха

**Air Staff** [ˈɛəstɑ:f] *n* штаб вое́нно-возду́шных сил

**air-stop** [ˈɛəstɔp] *n* ста́нция *или* поса́дочная площа́дка для пассажи́рских вертолётов

**air strip** [ˈɛəstrɪp] *n* взлётно-поса́дочная площа́дка; полево́й аэродро́м

**air target** [ˈɛəˌtɑ:gɪt] *n* возду́шная цель

**air-tight** [ˈɛətaɪt] *a* непроница́емый для во́здуха, гермети́ческий

**air-to-air** [ˈɛətuˈɛə] *n* 1) переса́дка с одного́ самолёта на друго́й 2) *attr.*: ~ missile реакти́вный снаря́д кла́сса «во́здух — во́здух»

**air-to-ground** [ˈɛətəˈgraund] *a*: ~ missile реакти́вный снаря́д кла́сса «во́здух — земля́»

**air-track** [ˈɛətræk] = airway 1)

**air-unit** [ˈɛəˌjuːnɪt] *n* авиацио́нная часть

**airway** [ˈɛəweɪ] *n* 1) возду́шная ли́ния, возду́шная тра́сса, авиали́ния 2) *горн.* вентиляцио́нная вы́работка, вентиляцио́нный штрек

**airwoman** [ˈɛəˌwumən] *n* же́нщина-лётчик

**airworthiness** [ˈɛəˌwəːðɪnɪs] *n* приго́дность самолёта к полёту

**airworthy** [ˈɛəˌwəːðɪ] *a* го́дный к полёту (*о самолёте*)

**airy** [ˈɛərɪ] *a* 1) возду́шный, лёгкий; грацио́зный 2) весёлый 3) пусто́й, легкомы́сленный 4) *амер. разг.* зано́счивый

**aisle** [aɪl] *n* 1) боково́й неф хра́ма; приде́л 2) прохо́д (*между рядами в церкви*) 3) *амер.* прохо́д (*между рядами в театре, вагоне и т. п.*) 4) пролёт це́ха

**ait** [eɪt] *n* острово́к (*особ. на реке*)

**aitchbone** [ˈeɪtʃbəun] *n* 1) крестцо́вая кость 2) огу́зок

**ajar I** [əˈdʒɑː] *a predic.* приоткры́тый

**ajar II** [əˈdʒɑː] *adv* в разла́де

**a-kimbo** [əˈkɪmbəu] **1.** *a predic.* подбоче́нившийся

**2.** *adv* подбоче́нясь; with arms ~ ру́ки в бо́ки

**akin** [əˈkɪn] *a predic.* сродни́; сро́дный, бли́зкий, ро́дственный; похо́жий, тако́й же как; pity is ~ to love жа́лость сродни́ любви́

**alabaster** [ˈæləbɑːstə] *n* алеба́стр, гипс

**alack** [əˈlæk] *int поэт.* увы́!

**alacrity** [əˈlækrɪtɪ] *n* жи́вость, гото́вность; рве́ние

**alar** [ˈeɪlə] *a* 1) крыла́тый 2) крылови́дный

**alarm** [əˈlɑːm] **1.** *n* 1) боева́я трево́га, сигна́л трево́ги; false ~ ло́жная трево́га; ~ for instruction уче́бная трево́га; ~ of gas хими́ческая трево́га; to give the ~ подня́ть трево́гу 2) смяте́ние, страх; to take ~ встрево́житься 3) *attr.* сигна́льный, трево́жный; ~ bell наба́т, наба́тный ко́локол; сигна́льный звоно́к; ~ blast трево́жный свисто́к, гудо́к

**2.** *v* 1) подня́ть трево́гу 2) встрево́жить, взволнова́ть

**alarm-clock** [əˈlɑːmklɔk] *n* буди́льник

**alarmist** [əˈlɑːmɪst] *n* паникёр; распространи́тель трево́жных слу́хов

**alarm-post** [əˈlɑːmpəust] *n* ме́сто сбо́ра войск по трево́ге

**alarum** [əˈlɛərəm] *n* 1) *поэт. см.* alarm 1; 2) звон буди́льника 3) механи́зм бо́я в часа́х ◇ ~s and excursions волне́ние, движе́ние и шум (*театральная ремарка*); сты́чки; беспоря́док

**alas** [əˈlæs] *int* увы́!

**alb** [ælb] *n церк.* стиха́рь

**Albanian** [ælˈbeɪnjən] **1.** *a* алба́нский

**2.** *n* 1) алба́нец; алба́нка 2) алба́нский язы́к

**albatross** [ˈælbətrɔs] *n* альбатро́с

**albeit** [ɔːlˈbiːɪt] *cj поэт.* хотя́; he tried, ~ without success он пыта́лся, хотя́ и безуспе́шно

**albert** [ˈælbət] *n* цепо́чка для мужски́х часо́в

**albescent** [ælˈbesənt] *a* становя́щийся бе́лым, беле́ющий

**albinism** [ˈælbɪnɪzm] *n* отсу́тствие пигме́нта в ко́же, волоса́х *и т. п.*; альбини́зм

**albino** [ælˈbiːnəu] *n* (*pl* -os [-əuz]) альбино́с

**Albion** [ˈælbjən] *n поэт.* Альбио́н, А́нглия

**albugo** [ælˈbjuːgəu] *n мед.* бельмо́

**album** [ˈælbəm] *n* 1) альбо́м 2) кни́га авто́графов изве́стных актёров, спортсме́нов *и т. п.* 3) альбо́м пласти́нок

**albumen** [ˈælbjumɪn] *n* 1) (я́ичный) бело́к 2) *биол.* альбуми́н, бело́к; белко́вое вещество́ 3) *attr.*: ~ test про́ба на бело́к

**albumin** [ˈælbjumɪn] *n хим.* альбуми́н

**albuminoid** [ælˈbjuːmɪnɔɪd] **1.** *a* белкови́дный

**2.** *n pl* альбумино́иды

**albuminous** [ælˈbjuːmɪnəs] *a* белко́вый

**alburnum** [ælˈbəːnəm] *n* за́болонь

**alchemic(al)** [ælˈkemɪk(əl)] *a* алхими́ческий

**alchemist** [ˈælkɪmɪst] *n* алхи́мик

**alchemy** [ˈælkɪmɪ] *n* алхи́мия

**alcohol** [ˈælkəhɔl] *n* 1) алкого́ль, спирт; wood ~ древе́сный спирт 2) спиртны́е напи́тки; he does not touch ~ он спиртно́го в рот не берёт 3) *attr.* спиртово́й; ~ thermometer спиртово́й термо́метр

**alcoholic** [ˌælkəˈhɔlɪk] **1.** *a* алкого́льный, спиртово́й; ~ lamp спирто́вка

**2.** *n* алкого́лик

**alcoholism** [ˈælkəhɔlɪzm] *n* алкоголи́зм

**alcoholometer** [ˌælkəhɔˈlɔmɪtə] *n* спиртоме́р

**Alcoran** [ˌælkɔˈrɑːn] *n* кора́н

**alcove** [ˈælkəuv] *n* 1) алько́в, ни́ша 2) бесе́дка

**alder** [ˈɔːldə] *n* ольха́

**alderman** [ˈɔːldəmən] *n* о́л(ь)дермен, член городско́го управле́ния, член сове́та гра́фства

**aldermanry** [ˈɔːldəmənrɪ] *n* 1) зва́ние о́льдермена 2) райо́н городско́го управле́ния

**ale** [eɪl] *n* эль, пи́во; Adam's ~ *шутл.* вода́

**aleak** [əˈliːk] *a predic.*: the vessel is ~ су́дно име́ет течь

**aleatory** [ˈeɪlɪətərɪ] *a* случа́йный

**alee** [əˈliː] *adv, a predic. мор.* 1) под ве́тром 2) в подве́тренную сто́рону

**ale-house** [ˈeɪlhaus] *n* пивна́я

**alembic** [əˈlembɪk] *n* 1) *уст.* перего́нный куб 2): through the ~ of fancy сквозь при́зму воображе́ния

**alert** [əˈləːt] **1.** *n* 1) трево́га, сигна́л трево́ги 2) *воен.* состоя́ние боево́й гото́вности; (to be) on the ~ (быть) настороже́, наготове; to keep on the ~ трево́жить, не дава́ть поко́я

**2.** *a* 1) бди́тельный, насторожённый 2) живо́й, прово́рный

**3.** *v* 1) привести́ в состоя́ние гото́вности 2) предупрежда́ть об опа́сности 3) *воен.* объявля́ть трево́гу, поднима́ть по трево́ге

**ale-wife** [ˈeɪlwaɪf] *n* содержа́тельница пивно́й

**Alexandrine** [ˌælɪgˈzændraɪn] **1.** *n* александри́йский стих

**2.** *a* александри́йский

**alexandrite** [ˌæleɡˈzændraɪt] *n мин.* александри́т

**alfalfa** [ælˈfælfə] *n бот.* люце́рна

**alfresco** [ælˈfreskəu] **1.** *a* происходя́щий на откры́том во́здухе; ~ lunch за́втрак на откры́том во́здухе

**2.** *adv* на откры́том во́здухе

**alga** [ˈælgə] *n* (*pl* -ae) морска́я во́доросль

**algae** [ˈældʒiː] *pl от* alga

**algebra** [ˈældʒɪbrə] *n* а́лгебра

**algebraic(al)** [ˌældʒɪˈbreɪɪk(əl)] *a* алгебраи́ческий

**algebraist** [ˌældʒɪˈbreɪɪst] *n* алгебраи́ст, специали́ст по а́лгебре

**Algerian** [ælˈdʒɪərɪən] **1.** *a* алжи́рский

**2.** *n* алжи́рец; алжи́рка

**algid** [ˈældʒɪd] *a мед.* холо́дный, ледяно́й

**algorithm** [ˈælgərɪðm] *n мат.* алгори́тм

**alias** [ˈeɪlɪæs] **1.** *n* вы́мышленное и́мя, про́звище, кли́чка

**2.** *adv* ина́че (называ́емый); Lewis ~ Smith Лью́ис, он же Смит

**alibi** [ˈælɪbaɪ] **1.** *n* 1) *юр.* а́либи 2) *разг.* оправда́ние, отгово́рка

**2.** *v юр.* предста́вить а́либи

**alidad, alidade** [ˈælɪdæd, -deɪd] *n тех.* алида́да, угломе́р

**alien** [ˈeɪljən] **1.** *n* чужестра́нец; иностра́нец; прожива́ющий в да́нной стране́ по́дданный друго́го госуда́рства

**2.** *a* 1) иностра́нный 2) чу́ждый, несво́йственный (to, from); it's ~ to my thoughts э́то чу́ждо мне

**alienable** [ˈeɪljənəbl] *a юр.* отчужда́емый

**alienate** [ˈeɪljəneɪt] *v* 1) отчужда́ть (*тж. юр.*) 2) отвраща́ть (from); заставля́ть отверну́ться; my sister ~d me by her behaviour поведе́ние сестры́ оттолкну́ло меня́ от неё

**alienation** [ˌeɪljəˈneɪʃən] *n* 1) отдале́ние, отчужде́ние; ~ of affections охлажде́ние (чувств) 2) *юр.* отчужде́ние 3) *мед.* умопомеша́тельство (*обыкн.* mental ~)

**alienee** [ˌeɪljəˈniː] *n юр.* тот, в чью по́льзу отчужда́ется иму́щество

**alien-enemy** [ˈeɪljənˌenɪmɪ] *n юр.* прожива́ющий в стране́ по́дданный вражде́бного госуда́рства

**alien-friend** [ˈeɪljənˈfrend] *n юр.* прожива́ющий в стране́ по́дданный дру́жественной страны́

**alienism** [ˈeɪljənɪzm] *n* 1) положе́ние иностра́нца в чужо́й стране́ 2) психиатри́я

**alienist** [ˈeɪljənɪst] *n* психиа́тр

**aliform** [ˈeɪlɪfɔːm] *a* крылообра́зный

**alight** I [əˈlaɪt] *v* 1) сходи́ть, выса́живаться (out of, from — из, с; at — у); спе́шиваться (from) 2) спуска́ться, сади́ться (*о птицах, насекомых*; on, upon) 3) *ав.* приземля́ться

**alight** II [əˈlaɪt] *a predic.* 1) зажжённый; в огне́ 2) освещённый

**alighting** [əˈlaɪtɪŋ] **1.** *pres. p. от* alight I

**2.** *n ав.* 1) поса́дка, приземле́ние, спуск 2) *attr.* поса́дочный; ~ gear поса́дочное устро́йство самолёта

**align** [əˈlaɪn] *v* 1) выстра́ивать в ли́нию, ста́вить в ряд; выра́внивать; to ~ the sights (of rifle) and bull's-eye прице́ливаться в я́блоко мише́ни; to ~ the track *ж.-д.* рихтова́ть путь 2) равня́ться; стро́иться 3) *тех.* спрямля́ть ◇ to ~ oneself with де́йствовать заодно́

**aligning** [əˈlaɪnɪŋ] **1.** *pres. p. от* align

**2.** *n* = alignment

**alignment** [əˈlaɪnmənt] *n* 1) выра́внивание, регулиро́вка, вы́верка; ~ of forces расстано́вка сил 2) *топ.* визи́рование че́рез не́сколько то́чек 3) *воен.* равне́ние, ли́ния стро́я 4) *мор.* створ

**alike** [əˈlaɪk] **1.** *a predic.* одина́ковый; похо́жий, подо́бный

**2.** *adv* то́чно так же, подо́бно, одина́ково

**aliment** [ˈælɪmənt] **1.** *n* 1) пи́ща 2) материа́льная и мора́льная подде́ржка

**2.** *v* содержа́ть (*кого-л.*); подде́рживать

**alimentary** [ˌælɪˈmentərɪ] *a*: ~ canal (*или* tract) пищевари́тельный тракт

**alimentation** [ˌælɪmenˈteɪʃən] *n* 1) пита́ние, кормле́ние 2) содержа́ние (*кого-л.*)

**alimony** [ˈælɪmənɪ] *n* 1) алиме́нты 2) пита́ние 3) содержа́ние

**aline** [əˈlaɪn] = align

**aliped** [ˈælɪped] **1.** *a* крылоно́гий

**2.** *n* крылоно́гое живо́тное (*напр., летучая мышь*)

**aliquant** [ˈælɪkwənt] *a мат.* некра́тный

**aliquot** [ˈælɪkwɔt] *a мат.* кра́тный

**alive** [əˈlaɪv] *a predic.* 1) живо́й; в живы́х; no man ~ никто́ на све́те; any man ~ любо́й челове́к, кто́-нибудь 2) живо́й, бо́дрый 3) чу́ткий (*к чему-л.*), я́сно понима́ющий (*что-л.*); to be fully ~ to smth. я́сно понима́ть что-л.; are you ~ to what is going on? вы осознаёте, что происхо́дит? 4) киша́щий (with); the river was ~ with boats река́ была́ запру́жена ло́дками 5) де́йствующий, рабо́тающий, на ходу́; to keep ~ подде́рживать (*огонь, интерес и т. п.*) 6) *эл.* (находя́щийся) под напряже́нием ◇ ~ and kicking жив и здоро́в; по́лон жи́зни; look ~! живе́й!; man ~! *выражение удивления*: man ~! I am glad to see you! бо́же мой, как я рад вас ви́деть!

**alizarin(e)** [əˈlɪzərɪn] *n хим.* ализари́н

**alkalescence** [ˌælkəˈlesns] *n хим.* сла́бая щёлочность

**alkalescent** [ˌælkəˈlesnt] *a хим.* слабощелочно́й

**alkali** [ˈælkəlaɪ] *n* (*pl* -s, -es [-z]) 1) *хим.* щёлочь 2) *attr.*: ~ soils солончаки́

**alkalimetry** [ˌælkəˈlɪmɪtrɪ] *n хим.* алкалиме́трия

**alkaline** [ˈælkəlaɪn] *a хим.* щелочно́й

**alkaloid** [ˈælkəlɔɪd] *n хим.* алкало́ид

**all** [ɔːl] *pron. indef.* **1.** *как прил.* 1) весь, вся, всё, все; ~ day весь день; ~ the time всё вре́мя 2) вся́кий, всевозмо́жный; in ~ respects во всех отноше́ниях; beyond ~ doubt вне вся́кого сомне́ния

**2.** *как нареч.* всецéло, вполне́; соверше́нно; the pin was ~ gold була́вка была́ целико́м из зо́лота; ~ alone а) в по́лном одино́честве; б) без вся́кой по́мощи, самостоя́тельно; ~ over а) повсю́ду, круго́м; ~ over the world по всему́ све́ту; б) соверше́нно, по́лностью; she is her mother ~ over она́ вы́литая мать; ~ around круго́м, со всех сторо́н; ~ round а) = ~ around; б) = all-round; ~ along всё вре́мя; ~ at once вдруг, внеза́пно; ~ the more so тем бо́лее

**3.** *как сущ.* 1) все, всё; ~ agree все согла́сны 2) це́лое 3) всё иму́щество; they lost their ~ in the fire при пожа́ре поги́бло всё их иму́щество ◇ ~ told все без исключе́ния; in ~ по́лностью, всего́; a dozen in ~ всего́ дю́жина; ~ but почти́, едва́ не; at ~ вообще́, совсе́м; this plant will only grow in summer if at ~ э́то расте́ние, е́сли и вы́растет, то то́лько ле́том; that's ~ there is to it вот и всё; не́ о чем бо́льше говори́ть; once for ~ навсегда́; ~ one to (соверше́нно) безразли́чно; it is ~ over with him он челове́к ко́нченый; he is not quite ~ there он не в своём уме́; у него́ не все до́ма; ~ and sundry а) ка́ждый и вся́кий; б) все вме́сте и ка́ждый в отде́льности

**Allah** [ˈælə] *n* алла́х

**all-around** [ˈɔːləˈraund] **1.** *n спорт.* многобо́рье

**2.** *a* = all-round

**allay** [əˈleɪ] *v* 1) успока́ивать (*волнение, подозрение, боль*) 2) уменьша́ть, ослабля́ть

**all-clear** [ˈɔːlklɪə] *n* сигна́л отбо́я возду́шной трево́ги, отбо́й

**allegation** [ˌælɪˈgeɪʃən] *n* 1) голосло́вное утвержде́ние 2) заявле́ние (*особ. перед судом, трибуналом*)

**allege** [əˈledʒ] *v* 1) ссыла́ться (*в оправдание, в доказательство*); to ~ illness ссыла́ться на боле́знь 2) утвержда́ть (*особ. без основания*); ~d deserter подозрева́емый в дезерти́рстве 3) припи́сывать; delays ~d to be due to... заде́ржки, я́кобы вы́званные...

**allegiance** [əˈliːdʒəns] *n* 1) ве́рность, пре́данность; лоя́льность 2) *ист.* васса́льная зави́симость

**allegoric(al)** [ˌælɪˈgɔrɪk(əl)] *a* аллегори́ческий, иносказа́тельный

**allegorize** [ˈælɪgəraɪz] *v* 1) изобража́ть, выска́зываться *или* толкова́ть аллегори́чески 2) изъясня́ться иносказа́тельно

**allegory** [ˈælɪgərɪ] *n* аллего́рия; эмбле́ма

**alleluia** [ˌælɪˈluːjə] = halleluiah

**all-embracing** [ˈɔːlɪmˈbreɪsɪŋ] *a* всеобъе́млющий

**allergic** [əˈləːdʒɪk] *a* 1) *мед.* аллерги́ческий 2) *predic. разг.* не перенося́щий (*вида, присутствия*); не выноси́щий, пита́ющий отвраще́ние

**allergy** [ˈælədʒɪ] *n* 1) *мед.* аллерги́я; повы́шенная чувстви́тельность 2) *разг.* отвраще́ние

**alleviate** [əˈliːvɪeɪt] *v* облегча́ть (*боль, страдания*); смягча́ть

**alleviation** [əˌliːvɪˈeɪʃən] *n* облегче́ние; смягче́ние

**alley** I [ˈælɪ] *n* 1) у́зкая у́лица *или* переу́лок 2) прохо́д ме́жду ряда́ми домо́в 3) алле́я 4) кегельба́н ◇ it is up your ~ э́то по ва́шей ли́нии

**alley** II [ˈælɪ] = ally II

**alleyway** [ˈælɪweɪ] = alley I, 1) *и* 2)

**All Fools' Day** [ˈɔːlˈfuːlzdeɪ] *n* день шутли́вых обма́нов (*1 апреля*)

**all-honoured** [ˈɔːlˌɔnəd] *a* все́ми почита́емый

**alliance** [əˈlaɪəns] *n* 1) сою́з; алья́нс; Holy A. *ист.* Свяще́нный сою́з (*1815 г.*) 2) бра́чный сою́з 3) родство́, о́бщность 4) федера́ция, объедине́ние

**allied** [əˈlaɪd] **1.** *p. p. от* ally I, 2

**2.** *a* 1) ро́дственный, бли́зкий; ~ sciences сме́жные нау́ки 2) сою́зный 3) сою́знический

**alligation** [ˌælɪˈgeɪʃən] *n* сплав; смеше́ние

**alligator** [ˈælɪgeɪtə] *n* 1) *зоол.* аллига́тор 2) *тех.* щёковая камнедроби́лка 3) *attr.* из крокоди́ловой ко́жи; под крокоди́ла; ~ bag портфе́ль из крокоди́ловой ко́жи 4) *attr.*: ~ shears *тех.* механи́ческие но́жницы; ~ wrench га́зовый ключ

**all-in** [ˈɔːlˈɪn] *разг.* **1.** *a* уста́вший, изму́ченный

**2.** *adv* включа́я всё

**all-in-all** [ˈɔːlɪnˈɔːl] **1.** *n* всё (*для кого-л.*), предме́т любви́, обожа́ния

**2.** *a* о́чень ва́жный, реша́ющий

**3.** *adv* 1) целико́м, по́лностью 2) в це́лом, в о́бщем

**all-in-one** [ˈɔːlɪnˈwʌn] *a тех.* це́льный, неразъёмный

**alliteration** [əˌlɪtəˈreɪʃən] *n* аллитера́ция

**all-metal** [ˈɔːlˈmetl] *a* цельнометалли́ческий

**all-night** [ˈɔːlnaɪt] *a* ночно́й (*о ресторане, кафе и т. п.*)

**allocate** [ˈæləukeɪt] *v* 1) размеща́ть, распределя́ть, назнача́ть (to); ассигнова́ть; *амер.* резерви́ровать, брони́ровать (*кредиты, снабжение и т. п.*) 2) локализова́ть

**allocation** [ˌæləuˈkeɪʃən] *n* 1) размеще́ние, распределе́ние 2) назначе́ние;

ассигнова́ние 3) локализа́ция, установле́ние ме́ста

**allocution** [ˌæleu'kju:ʃən] *n* речь, обраще́ние (*в торже́ственных слу́чаях*)

**allodial** [ə'ləudjəl] *a ист.* аллодиа́льный, свобо́дный от ле́нных повинностей

**allodium** [ə'ləudjəm] *n ист.* алло́д, земля́, находя́щаяся в по́лной со́бственности и свобо́дная от ле́нных пови́нностей

**allogamy** [ə'lɔgəmı] *n бот.* аллога́мия, перекрёстное оплодотворе́ние

**allopath** ['æləupæθ] *n* аллопа́т

**allopathy** [ə'lɔpəθı] *n* аллопа́тия

**allot** [ə'lɔt] *v* 1) распределя́ть (по жре́бию); раздава́ть, наделя́ть; предназнача́ть; to ~ a task возлага́ть зада́чу; to ~ credits предоставля́ть креди́ты 2) *воен.* вводи́ть в соста́в; придава́ть

**allotment** [ə'lɔtmənt] *n* 1) распределе́ние; перечисле́ние (фо́ндов); ~ of billets отведе́ние кварти́р 2) до́ля, часть 3) небольшо́й уча́сток, отведённый под огоро́д; наде́л 4) *воен.* введе́ние в соста́в; прида́ча 5) *воен.* вы́плата (*ча́сти зарпла́ты*) по аттеста́ту (*семье*)

**allottee** [əˌlɔ'ti:] *n* 1) тот, кто получа́ет (*уча́сток земли́, де́ньги по аттеста́ту и т. п.*) 2) ме́лкий аренда́тор

**all-out** ['ɔ:l'aut] *разг.* 1. *a* 1) по́лный; тота́льный; с примене́нием всех сил и ресу́рсов 2) иду́щий напроло́м; реши́тельный; ~ attack реши́тельное наступле́ние 3) уста́вший, измученный

2. *adv* 1) изо всех сил; все́ми сре́дствами; to go ~ боро́ться изо всех сил 2) сполна́, вполне́, по́лностью

**all-outer** ['ɔ:l'autə] *n амер.* сторо́нник кра́йних мер

**all-overish** ['ɔ:l'əuvərıʃ] *a разг.* чу́вствующий недомога́ние

**all-overishness** ['ɔ:l'əuvərıʃnıs] *n разг.* о́бщее недомога́ние

**allow** [ə'lau] *v* 1) позволя́ть, разреша́ть; smoking is not ~ed кури́ть воспреща́ется 2) предоставля́ть, де́лать возмо́жным; this gate ~s access to the garden че́рез э́ти воро́та мо́жно пройти́ в сад 3) допуска́ть; признава́ть; I ~ that I was wrong признаю́, что был непра́в 4) принима́ть во внима́ние, учи́тывать, де́лать ски́дку, де́лать попра́вку (for — на *что-л.*); you must ~ for some mistakes вы должны́ уче́сть не́которые оши́бки; I cannot ~ of such an excuse не могу́ приня́ть тако́го извине́ния 5) дава́ть, регуля́рно выпла́чивать; I ~ him £ 100 a year я даю́ ему́ по 100 фу́нтов сте́рлингов в год 6) *амер. диал.* заявля́ть, утвержда́ть ◇ ~ me! разреши́те!; we have ~ed for twenty people мы бы́ли гото́вы встре́тить, приня́ть два́дцать челове́к

**allowable** [ə'lauəbl] *a* 1) допусти́мый 2) дозво́ленный 3) зако́нный

**allowance** [ə'lauəns] 1. *n* 1) (годово́е, ме́сячное *и т. п.*) содержа́ние; карма́нные де́ньги; family ~ посо́бие многосеме́йным 2) но́рма вы́дачи; паёк; at no ~ неограни́ченно; ~ of ammunition боекомпле́кт 3) ски́дка 4) допуще́ние; приня́тие; приня́тие в расчёт, во внима́ние; make ~ for his age приме́те во внима́ние его́ во́зраст 5) *pl* дово́льствие 6) разреше́ние, позволе́ние 7) *тех.* при́пуск; до́пуск 8) *спорт.* фо́ра

2. *v* назнача́ть, выдава́ть стро́го ограни́ченный паёк, содержа́ние

**allowedly** [ə'lauıdlı] *adv* 1) дозво́ленным о́бразом 2) по о́бщему призна́нию

**alloy** 1. *n* ['ælɔı] 1) сплав 2) при́месь, лигату́ра 3) про́ба (*драгоце́нного мета́лла*) 4) [ə'lɔı] при́месь (*чего́-л. дурно́го к хоро́шему*); happiness without ~ ниче́м не омрачённое сча́стье 5) *attr.* леги́рованный; ~ steel леги́рованная сталь

2. *v* [ə'lɔı] 1) сплавля́ть (*мета́ллы*) 2) подме́шивать 3) омрача́ть (*ра́дость, удово́льствие и т. п.*)

**all-powerful** ['ɔ:l'pauəful] *a* всемогу́щий

**all-purpose** ['ɔ:l'pə:pəs] *a* универса́льный, многоцелево́й

**all right** ['ɔ:l'raıt] 1. *a predic.* 1) в поря́дке; вполне́ удовлетвори́тельный; he is ~ он чу́вствует себя́ хорошо́; everything is ~ with your plan с ва́шим пла́ном всё в поря́дке 2) подходя́щий, устра́ивающий (*кого́-л.*); is it ~ with you? вас э́то устра́ивает?

2. *adv* вполне́ удовлетвори́тельно, приемлемо; как ну́жно

3. *int* хорошо́!, ла́дно!, согла́сен!

**all-round** ['ɔ:l'raund] *a* многосторо́нний, всесторо́нний; кругово́й; ~ man разносторо́нний челове́к; ~ price цена́, включа́ющая накладны́е расхо́ды ◇ ~ champion абсолю́тный чемпио́н

**all-rounder** ['ɔ:l'raundə] *n* 1) разносторо́нний челове́к 2) *спорт.* десятибо́рец

**All-Russian** ['ɔ:l'rʌʃən] *a* всеросси́йский

**allseed** ['ɔ:lsi:d] *n бот.* многосемя́нное расте́ние

**allspice** ['ɔ:lspaıs] *n* 1) *бот.* гвозди́чное де́рево 2) яма́йский пе́рец, души́стый пе́рец

**all-star** ['ɔ:lsta:] *a театр., кино* состоя́щий то́лько из звёзд; ~ cast спекта́кль, в кото́ром уча́ствуют то́лько звёзды

**all-steel** ['ɔ:l'sti:l] *a* цельностально́й

**all-time** ['ɔ:ltaım] *a* небыва́лый, непревзойдённый; са́мый лу́чший, высо́кий *и т. п.*; ~ high prices небыва́ло высо́кие це́ны

**allude** [ə'lu:d] *v* 1) упомина́ть; ссыла́ться (to — на) 2) намека́ть (to — на)

**All-Union** ['ɔ:l'ju:njən] *a* всесою́зный

**all-up** ['ɔ:l'ʌp] *n ав.* о́бщий вес (самолёта, экипа́жа, пассажи́ров, гру́за *и т. п.*) в во́здухе, по́лный полётный вес

**allure** [ə'ljuə] *v* 1. 1) зама́нивать, завлека́ть, привлека́ть 2) очаро́вывать, пленя́ть

2. *n* очарова́ние, привлека́тельность

**allurement** [ə'ljuəmənt] *n книжн.* 1) обольще́ние 2) прима́нка, привлека́тельность

**alluring** [ə'ljuərıŋ] 1. *pres. p. от* allure

2. *a* 1) соблазни́тельный; ~ prospects зама́нчивые перспекти́вы 2) очарова́тельный

**allusion** [ə'lu:ʒən] *n* 1) упомина́ние; ссы́лка (to) 2) намёк (to)

**allusive** [ə'lu:sıv] *a* 1) заключа́ющий в себе́ ссы́лку (to — на) 2) заключа́ющий в себе́ намёк (to — на); иносказа́тельный 3) *гера́льд.*: ~ arms символи́ческий герб

**alluvia** [ə'lu:vjə] *pl от* alluvium

**alluvial** [ə'lu:vjəl] *a геол.* нано́сный, аллювиа́льный; ~ deposit *горн.* ро́ссыпь; ~ gold *горн.* ро́ссыпное зо́лото

**alluvion** [ə'lu:vjən] *n* 1) нано́с, нано́сная земля́, намы́в 2) = alluvium

**alluvium** [ə'lu:vjəm] *n* (*pl* -via, -s [-z]) *геол.* 1) аллю́вий, аллювиа́льные форма́ции; нано́сные образова́ния 2) *attr.*: ~ period четверти́чный пери́од, четверти́чная систе́ма

**all-white** ['ɔ:l'waıt] *a* то́лько для бе́лых; ~ school шко́ла, в кото́рую не принима́ют не́гров

**all-wool** ['ɔ:l'wul] *a* чистошерстяно́й

**ally** I 1. *n* ['ælaı] сою́зник; ~ of moment вре́менный сою́зник

2. *v* [ə'laı] соединя́ть; to ~ oneself вступа́ть в сою́з, соединя́ться (*догово́ром, бра́ком*; to, with); to be allied to быть те́сно свя́занным с; име́ть о́бщие черты́ с; Norwegian is nearly allied to Danish норве́жский язы́к бли́зок к да́тскому

**ally** II ['ælı] *n* мра́морный ша́рик (*для де́тской игры́*) ◇ to give smb. a fair show for an ~ че́стно поступа́ть по отноше́нию к кому́-л.; дать кому́-л. возмо́жность отыгра́ться

**almanac** ['ɔ:lmənæk] *n* календа́рь; альмана́х

**almighty** [ɔ:l'maıtı] 1. *a* 1) всемогу́щий 2) *разг.* о́чень си́льный; ужа́сный; we had an ~ row у нас произошёл ужа́сный сканда́л

2. *n*: the A. (всемогу́щий) бог

3. *adv разг.* ужа́сно

**almond** ['a:mənd] *n* 1) минда́ль 2) *attr.* минда́льный

**almond-eyed** ['a:mənd'aıd] *a* с миндалеви́дным разре́зом глаз

**almond-oil** ['a:mənd'ɔıl] *n* минда́льное ма́сло

**almond-shaped** ['a:məndʃeıpt] *a* миндалеви́дный

**almoner** ['a:mənə] *n* 1) чино́вник в больни́це, ве́дающий опла́той лече́ния и обслу́живанием больны́х 2) *уст.* раздаю́щий ми́лостыню; Hereditary Grand A., Lord High A. ве́дающий разда́чей ми́лостыни при англи́йском дворе́

**almost** ['ɔ:lməust] *adv* почти́; едва́ не

**alms** [a:mz] *n* (*pl без измен.*; *обыкн. употр. как sing*) ми́лостыня

**alms-deed** ['a:mzdi:d] *n* благотвори́тельность; акт благотвори́тельности

**alms-house** ['a:mzhaus] *n* богаде́льня

**almsman** [ˈɑːmzmən] *n* живу́щий пода́янием, ни́щий
**alodial** [əˈləudjəl] = allodial
**alodium** [əˈləudjəm] = allodium
**aloe** [ˈæləu] *n* 1) *бот.* ало́э; American ~ столе́тник 2) *pl* сабу́р (*слаби́тельное*)
**aloft** [əˈlɔft] *adv* 1) наверху́; на высоте́; наве́рх 2) *мор.* на ма́рсе, на ре́ях ◇ to go ~ *разг.* умере́ть
**alone** [əˈləun] **1.** *a predic.* 1) оди́н, одино́кий 2) сам, без посторо́нней по́мощи; he can do it ~ он мо́жет э́то сде́лать сам, без посторо́нней по́мощи ◇ to let (*или* to leave) smb. ~ оста́вить кого́-л. в поко́е; to let smth. ~ не тро́гать чего́-л., не прикаса́ться к чему́-л.; let ~ не говоря́ уже́ о
**2.** *adv* то́лько, исключи́тельно; he ~ can do it то́лько он мо́жет э́то сде́лать
**along** [əˈlɔŋ] **1.** *adv* 1) вперёд 2) по всей ли́нии 3) с собо́й; come ~! идём (вме́сте)!; he brought his instruments ~ он принёс с собо́й инструме́нты □ ~ with вме́сте ◇ all ~ всё вре́мя; I knew it all ~ я э́то знал с са́мого нача́ла; (all) ~ of *разг.* вследствие, из-за; it happened all ~ of your carelessness э́то произошло́ по ва́шей небре́жности; right ~ *амер.* всегда́; непреры́вно; постоя́нно
**2.** *prep* вдоль, по; ~ the river вдоль реки́; ~ the road по доро́ге; ~ the strike *геол.* по простира́нию
**along-shore** [əˈlɔŋˈʃɔ] *adv* вдоль бе́рега
**alongside** [əˈlɔŋˈsaɪd] *adv* 1) бок о́ бок; ря́дом 2) *мор.* борт о́ борт; у бо́рта; у сте́нки 3): ~ of (*употр. как prep*) сбо́ку от, ря́дом с
**aloof** [əˈluːf] **1.** *a predic.* 1) сторо́нящийся 2) отчуждённый; равноду́шный 3) надме́нный
**2.** *adv* по́одаль, в стороне́; to hold (*или* to keep) (oneself) ~ (from), to stand ~ (from) держа́ться в стороне́ (от); чужда́ться
**aloofness** [əˈluːfnɪs] *n* отчуждённость; равноду́шие
**aloud** [əˈlaud] *adv* 1) гро́мко, вслух 2) *разг.* си́льно, заме́тно; ощути́мо; it reeks ~ ужа́сно воня́ет
**alp** [ælp] *n* 1) го́рная верши́на 2) го́рное па́стбище в Швейца́рии
**alpaca** [ælˈpækə] *n* 1) *зоол.* альпака́ 2) шерсть альпаки́ 3) ткань из ше́рсти альпаки́
**alpenstock** [ˈælpɪnstɔk] *n спорт.* альпешто́к
**alpha** [ˈælfə] *n* 1) а́льфа (*пе́рвая бу́ква гре́ческого алфави́та*) 2) *астр.* гла́вная звезда́ созве́здия ◇ A. and Omega а́льфа и оме́га, нача́ло и коне́ц; основно́е, гла́вное; ~ plus *разг.* превосхо́дный, отме́нный, первокла́ссный
**alphabet** [ˈælfəbɪt] *n* алфави́т; а́збука
**alphabetic** [ˌælfəˈbetɪk] *a* 1) = alphabetical 2) а́збучный
**alphabetical** [ˌælfəˈbetɪkəl] *a* алфави́тный
**alphabetically** [ˌælfəˈbetɪkəlɪ] *adv* в алфави́тном поря́дке
**alphabetize** [ˈælfəbetaɪz] *v* располага́ть в алфави́тном поря́дке
**alpha rays** [ˈælfəˈreɪz] *n pl физ.* а́льфа-лучи́
**alpine** [ˈælpaɪn] *a* альпи́йский
**alpinist** [ˈælpɪnɪst] *n* альпини́ст
**already** [ɔːlˈredɪ] *adv* уже́
**Alsatian** [ælˈseɪʃjən] **1.** *a* эльза́сский
**2.** *n* 1) эльза́сец 2) *ист.* должни́к (*от Alsatia — назва́ние райо́на в кварта́ле White Friars в Ло́ндоне, где в XVI—XVII вв. находи́ли себе́ убе́жище должники́ и престу́пники*) 3) восточноевропе́йская овча́рка
**also** [ˈɔːlsəu] *adv* то́же, та́кже, к тому́ же ◇ ~ ran *разг.* неуда́чливый уча́стник состяза́ния, неуда́чник
**alt** [ælt] *n*: in ~ *муз.* на окта́ву вы́ше; *перен.* в припо́днятом настрое́нии
**altar** [ˈɔːltə] *n* 1) престо́л, алта́рь (*в христиа́нских це́рквах*); же́ртвенник; to lead to the ~ вести́ к алтарю́, жени́ться 2) (A.) *астр.* Алта́рь, Же́ртвенник (*созве́здие ю́жного не́ба*) 3) *тех.* пла́менный поро́г (*печи́*)
**altar-cloth** [ˈɔːltəklɔθ] *n церк.* напресто́льная пелена́
**altar-piece** [ˈɔːltəpiːs] *n церк.* запресто́льный о́браз
**alter** [ˈɔːltə] *v* 1) изменя́ть(ся); меня́ть(ся); вноси́ть измене́ния, переде́лывать; to ~ one's mind переду́мать, перереши́ть; приня́ть друго́е реше́ние 2) *амер.* холости́ть, кастри́ровать (*скот*)
**alterable** [ˈɔːltərəbl] *a* изменя́емый
**alterant** [ˈɔːltərənt] **1.** *a* спосо́бный вызыва́ть измене́ния
**2.** *n что-л.* вызыва́ющее измене́ния
**alteration** [ˌɔːltəˈreɪʃən] *n* 1) измене́ние; переме́на; переде́лка, перестро́йка 2) деформа́ция 3) *геол.* измене́ние поро́д по сложе́нию и соста́ву; метаморфи́ческое вытесне́ние
**alterative** [ˈɔːltərətɪv] **1.** *a* вызыва́ющий измене́ние, переме́ну
**2.** *n мед.* сре́дство, повыша́ющее обме́н веще́ств
**altercate** [ˈɔːltəkeɪt] *v книжн.* препира́ться, ссо́риться (with)
**altercation** [ˌɔːltəˈkeɪʃən] *n книжн.* перебра́нка, ссо́ра
**alter ego** [ˈæltərˈegəu] *лат. n* второ́е я: бли́зкий друг и единомы́шленник
**alternate 1.** *n* [ɔːlˈtəːnɪt] *амер.* замести́тель; дублёр
**2.** *a* [ɔːlˈtəːnɪt] 1) переме́нный, перемежа́ющийся, чередую́щийся; they worked ~ shifts они́ рабо́тали попереме́нно; on ~ days че́рез день 2) запасно́й; дополни́тельный; ~ design вариа́нт прое́кта; ~ materials замени́тели 3): ~ angles *мат.* противолежа́щие углы́
**3.** *v* [ˈɔːltəneɪt] чередова́ть(ся); сменя́ть друг дру́га
**alternating** [ˈɔːltəneɪtɪŋ] **1.** *pres. p. от* alternate 3
**2.** *a* переме́нный, перемежа́ющийся; ~ current *эл.* переме́нный ток; ~ motion *тех.* возвра́тно-поступа́тельное движе́ние
**alternation** [ˌɔːltəˈneɪʃən] *n* чередова́ние; ~ of day and night сме́на дня и но́чи
**alternative** [ɔːlˈtəːnətɪv] **1.** *n* альтернати́ва, вы́бор; there is no other ~ but... нет друго́го вы́бора, кро́ме...
**2.** *a* 1) взаимоисключа́ющий, альтернати́вный; these two plans are not necessarily ~ э́ти два пла́на отню́дь не исключа́ют друг дру́га 2) переме́нно де́йствующий, переме́нный
**alternator** [ˈɔːltəneɪtə] *n эл.* генера́тор переме́нного то́ка
**although** [ɔːlˈðəu] *cj* хотя́, е́сли бы да́же; несмотря́ на то, что
**altigraph** [ˈæltɪgrɑːf] *n ав.* альтигра́ф, прибо́р, регистри́рующий высоту́
**altimeter** [ˈæltɪmiːtə] *n* альтиме́тр, высотоме́р
**altisonant** [ælˈtɪsənənt] *a* гро́мкий, высокопа́рный
**altitude** [ˈæltɪtjuːd] *n* 1) высота́; высота́ над у́ровнем мо́ря; to grab for ~ *ав.* стара́ться набра́ть высоту́; *перен. разг.* си́льно рассерди́ться, рассвирепе́ть; to lose ~ *ав.* теря́ть высоту́ 2) *pl* высо́кие места́, высо́ты; in those ~s the air is thin на э́тих высо́тах во́здух разрежён 3) (*обыкн. pl*) возвы́шенность; *перен.* высо́кое положе́ние 4) *attr. ав.* высо́тный; ~ control высо́тное управле́ние, высо́тный корре́ктор; руль высоты́; ~ correction попра́вка на высоту́; ~ flight высо́тный полёт; ~ gauge (*или* measurer) альтиме́тр, высотоме́р
**alto** [ˈæltəu] *n* (*pl* -os [-əuz]) 1) альт (*го́лос и стру́нный инструме́нт*) 2) контра́льто
**alto-cumulus** [ˈæltəuˈkjuːmjuləs] *n метео* высококучевы́е облака́
**altogether** [ˌɔːltəˈgeðə] **1.** *adv* 1) вполне́, всецело́; ~ bad соверше́нно него́дный 2) в о́бщем, в це́лом 3) всего́ ◇ for ~ навсегда́
**2.** *n* 1): an ~ це́лое; the ~ *разг.* обнажённая моде́ль; in the ~ *разг.* в обнажённом ви́де (*о моде́ли худо́жника*) 2) *attr.*: ~ coal *горн.* несортиро́ванный, рядово́й у́голь
**alto-relievo** [ˈæltəurɪˈliːvəu] *n* (*pl* -os [-əuz]) *иск.* горелье́ф
**alto-stratus** [ˈæltəuˈstreɪtəs] *n метео* высокослои́стые облака́
**altruism** [ˈæltruɪzm] *n* альтруи́зм
**altruist** [ˈæltruɪst] *n* альтруи́ст
**altruistic** [ˌæltruˈɪstɪk] *a* альтруисти́ческий
**alum** [ˈæləm] *n* 1) квасцы́ 2) *attr.*: ~ earth = alumina
**alumina** [əˈljuːmɪnə] *n* о́кись алюми́ния; глинозём
**aluminium** [ˌæljuˈmɪnjəm] *n* алюми́ний
**aluminium sulphate** [ˌæljuːˈmɪnjəmˈsʌlfeɪt] *n* серноки́слый алюми́ний
**aluminous** [əˈljuːmɪnəs] *a* глинозёмный; квасцо́вый
**aluminum** [əˈljumɪnəm] *амер.* = aluminium

**alumna** [ə'lʌmnə] *лат.* (*pl* -nae) *ж.* *к* alumnus
**alumnae** [ə'lʌmni:] *pl от* alumna
**alumni** [ə'lʌmnaɪ] *pl от* alumnus
**alumnus** [ə'lʌmnəs] *лат. n* (*pl* -ni) бывший питомец (*школы или университета*)
**alveolar** [æl'vɪələ] *a анат., фон.* альвеолярный; ~ abscess *мед.* флюс
**alveolate** [æl'vi:əlɪt] *a* альвеолярный (*имеющий ячеистое строение*)
**alveoli** [æl'vɪəlaɪ] *pl от* alveolus
**alveolus** [æl'vɪələs] *n* (*pl* -li) *анат.* альвеола, ячейка
**always** ['ɔ:lwəz] *adv* всегда́
**am** [æm (*полная форма*), əm, m (*редуцированные формы*)] *1 л. ед. ч. настоящего времени гл.* to be
**amadou** ['æmədu:] *n* трут
**amain** [ə'meɪn] *adv уст., поэт.* 1) быстро; сломя́ го́лову 2) с разго́на, по ине́рции 3) си́льно, изо все́х сил
**amalgam** [ə'mælgəm] *n* 1) амальга́ма 2) смесь
**amalgamate** [ə'mælgəmeɪt] *v* 1) соединя́ть(ся); объединя́ть(ся); слива́ться (*об учреждениях, организациях и т. п.*) 2) соединя́ть(ся) со рту́тью; амальгами́ровать
**amalgamated** [ə'mælgəmeɪtɪd] 1. *p. p. от* amalgamate
2. *a* соединённый, объединённый; ~ trade union объединённый профсою́з
**amalgamation** [ə,mælgə'meɪʃən] *n* 1) смеше́ние 2) слия́ние, объедине́ние (*учреждений, организаций и т. п.*) 3) амальгами́рование
**amanuenses** [ə,mænju'ensi:z] *pl от* amanuensis
**amanuensis** [ə,mænju'ensɪs] *лат. n* (*pl* -ses) ли́чный секрета́рь, пи́шущий под дикто́вку
**amaranth** ['æmərænθ] *n* 1) *бот.* щири́ца, амара́нт 2) пурпу́рный цвет
**amaranthine** [,æmə'rænθaɪn] *a* 1) неувяда́ющий 2) пурпу́рный
**amass** [ə'mæs] *v* собира́ть; накопля́ть, копи́ть
**amateur** ['æmətə(:)] *n* 1) люби́тель, дилета́нт 2) спортсме́н-люби́тель 3) *attr.* люби́тельский; ~ theatricals люби́тельский спекта́кль; ~ talent groups худо́жественная самоде́ятельность
**amateurish** [,æmə'tə:rɪʃ] *a* 1) непрофессиона́льный, дилета́нтский 2) неуме́лый; an ~ attempt нело́вкая попы́тка
**amative** ['æmətɪv] *a* 1) влю́бчивый 2) любо́вный
**amatol** ['æmətɔl] *n* амато́л (*взрывчатое вещество*)
**amatory** ['æmətərɪ] *a* 1) любо́вный 2) любя́щий
**amaze** [ə'meɪz] 1. *v* изумля́ть, поража́ть
2. *n поэт. см.* amazement
**amazement** [ə'meɪzmənt] *n* изумле́ние, удивле́ние
**amazing** [ə'meɪzɪŋ] 1. *pres. p. от* amaze 1
2. *a* удиви́тельный, изуми́тельный, порази́тельный
**Amazon** ['æməzən] *n* 1) *греч. миф.* амазо́нка 2) мужеподо́бная же́нщина
**ambages** [æm'beɪdʒi:z] *n pl* 1) обиняки́, околи́чности 2) оття́жки, проволо́чки
**ambassador** [æm'bæsədə] *n* 1) посо́л; ~ extraordinary and plenipotentiary чрезвыча́йный и полномо́чный посо́л; ~ at large посо́л, полномо́чия кото́рого не ограни́чены террито́рией определённого госуда́рства 2) посла́нец, ве́стник; представи́тель; to act as smb.'s ~ представля́ть кого́-л.; he acted as director's ~ at the negotiations на перегово́рах он представля́л дире́ктора
**ambassadorial** [æm,bæsə'dɔ:rɪəl] *a* посо́льский
**ambassadress** [æm'bæsədrɪs] *n* 1) жена́ посла́ 2) же́нщина-посо́л 3) посла́нница, ве́стница; представи́тельница
**amber** ['æmbə] *n* 1) янта́рь; окамене́лая смола́ 2) *attr.* янта́рный; жёлтый (*о сигнале уличного движения*)
**ambergris** ['æmbəgri(:)s] *n* се́рая а́мбра
**ambidext(e)rous** ['æmbɪ'dekstrəs] *a* владе́ющий одина́ково свобо́дно обе́ими рука́ми
**ambience** ['æmbɪəns] *n* окруже́ние
**ambient** ['æmbɪənt] *a* окружа́ющий, обтека́ющий
**ambiguity** [,æmbɪ'gju(:)ɪtɪ] *n* 1) двусмы́сленность 2) неопределённость, нея́сность
**ambiguous** [æm'bɪgjuəs] *a* 1) двусмы́сленный 2) сомни́тельный; неопределённый, нея́сный
**ambit** ['æmbɪt] *n* 1) окруже́ние, окре́стность 2) грани́цы; *перен.* сфе́ра; within the ~ of в преде́лах 3) *архит.* откры́тое простра́нство вокру́г зда́ния
**ambition** [æm'bɪʃən] *n* 1) честолю́бие, амби́ция 2) стремле́ние, цель, предме́т жела́ний; it is his ~ to become a writer его́ мечта́ — стать писа́телем
**ambitious** [æm'bɪʃəs] *a* 1) честолюби́вый 2) стремя́щийся, жа́ждущий (of); ~ of power властолюби́вый 3) претенцио́зный
**ambivalent** [æm'bɪvələnt] *a* противополо́жный, противоречи́вый (*о чувстве и т. п.*)
**amble** ['æmbl] 1. *n* 1) и́ноходь 2) лёгкая похо́дка, лёгкий шаг
2. *v* 1) идти́ и́ноходью 2) е́хать на инохо́дце 3) идти́ лёгким ша́гом
**ambler** ['æmblə] *n* инохо́дец
**ambrosia** [æm'brəuzjə] *n* 1) *греч. миф.* амбро́зия; *перен. тж.* пи́ща бого́в 2) перга́
**ambulance** ['æmbjuləns] *n* 1) полево́й го́спиталь 2) сре́дство санита́рного тра́нспорта 3) маши́на ско́рой по́мощи, ско́рая по́мощь 4) *attr.* санита́рный; ~ airplane санита́рный самолёт; ~ airdrome *амер.* эвакуацио́нный аэродро́м; ~ box похо́дная апте́чка; ~ car маши́на ско́рой по́мощи; ~ train санита́рный по́езд; ~ transport *мор.* санита́рный тра́нспорт
**ambulance-chaser** ['æmbjuləns,tʃeɪsə] *n амер. разг.* юри́ст, веду́щий дела́ лиц, пострада́вших от у́личного *или* железнодоро́жного тра́нспорта
**ambulant** ['æmbjulənt] *a* 1) перемеща́ющийся (*о боли*); блужда́ющий (*о болезни*); ~ erysipelas блужда́ющая ро́жа 2) амбулато́рный (*о больном*) 3) не тре́бующий посте́льного режи́ма (*о болезни*)
**ambulatory** ['æmbjulətərɪ] 1. *a* 1) амбулато́рный, ходя́чий (*о больном*) 2) передвижно́й; вре́менный; ~ court выездно́й суд 3) стра́нствующий 4) приспосо́бленный для ходьбы́
2. *n* 1) галере́я для прогу́лок; кры́тая вну́тренняя галере́я монастыря́ 2) стра́нствующий челове́к 3) амбулато́рный больно́й
**ambuscade** [,æmbəs'keɪd] = ambush 2, 1) *и* 2)
**ambush** ['æmbuʃ] 1. *n* заса́да; to make (*или* to lay) an ~ устра́ивать заса́ду; to lie in ~ сиде́ть в заса́де
2. *v* 1) находи́ться, сиде́ть в заса́де 2) устра́ивать заса́ду 3) напада́ть из заса́ды
**ameer** [ə'mɪə] *n* эми́р
**ameliorate** [ə'mi:ljəreɪt] *v* улучша́ть(-ся)
**amelioration** [ə,mi:ljə'reɪʃən] *n* 1) улучше́ние 2) мелиора́ция
**ameliorative** [ə'mi:ljərətɪv] *a* 1) мелиорати́вный 2) улучша́ющий(ся)
**amen** ['ɑ:'men] *int* ами́нь!; да бу́дет так! ◇ to say ~ to smth. соглаша́ться с чем-л.; одобря́ть что-л.
**amenability** [ə,mi:nə'bɪlɪtɪ] *n* 1) отве́тственность; подсу́дность 2) подве́рженность (*заболеваниям*) 3) пода́тливость
**amenable** [ə'mi:nəbl] *a* 1) отве́тственный; подсу́дный; ~ to law отве́тственный пе́ред зако́ном 2) послу́шный, сгово́рчивый; пода́тливый; ~ to discipline подчиня́ющийся дисципли́не 3) поддаю́щийся; ~ to flattery па́дкий на лесть; ~ to persuasion поддаю́щийся убежде́нию 4) подве́рженный (*заболеваниям*)
**amenably** [ə'mi:nəblɪ] *adv* согла́сно, в соотве́тствии; ~ to the rules согла́сно пра́вилам
**amend** [ə'mend] *v* 1) улучша́ть, исправля́ть 2) вноси́ть попра́вки (*в законопроект, предложение и т. п.*)
**amendable** [ə'mendəbl] *a* исправи́мый
**amendment** [ə'mendmənt] *n* 1) попра́вка (*к резолюции, законопроекту*); to move an ~ внести́ попра́вку (*в резолюцию и т. п.*) 2) исправле́ние, попра́вка
**amends** [ə'mendz] *n pl* (*употр. как sing*) компенса́ция, возмеще́ние; to make ~ to smb. for smth. предоста́вить кому́-л. компенса́цию за что-л., возмеща́ть кому́-л. убы́тки
**amenity** [ə'mi:nɪtɪ] *n* 1) прия́тность; мя́гкость; любе́зность; ве́жливое обхожде́ние 2) *pl* всё, что спосо́бствует хоро́шему настрое́нию, о́тдыху *и т. п.*; the amenities of the famous resort

благоприя́тные усло́вия для о́тдыха на знамени́том куро́рте 3) *pl* удово́льствия; amenities of home life пре́лести семе́йной жи́зни

**amenta** [ə'mentə] *pl от* amentum

**amentia** [eı'menʃıə] *n* слабоу́мие

**amentum** [ə'mentəm] *лат. n* (*pl* -ta) = catkin

**amerce** [ə'mə:s] *v* 1) штрафова́ть 2) нака́зывать (with — *чем-л.*)

**amercement** [ə'mə:smənt] *n* 1) наложе́ние штра́фа (*особ. по усмотрению штрафующего*) 2) де́нежный штраф 3) наказа́ние

**American** [ə'merıkən] **1.** *a* америка́нский

**2.** *n* америка́нец; америка́нка ◇ all ~ *ирон.* стопроце́нтный америка́нец, америка́нец с головы́ до ног

**Americanism** [ə'merıkənızm] *n* американи́зм

**Americanize** [ə'merıkənaız] *v* 1) американизи́ровать 2) употребля́ть американи́змы 3) дава́ть гражда́нство США

**American tiger** [ə'merıkən'taıgə] *n* ягуа́р

**amethyst** ['æmıθıst] *n* амети́ст

**amethystine** [ˌæmı'θıstaın] *a* амети́стовый

**amiability** [ˌeımjə'bılıtı] *n* 1) дружелю́бие; любе́зность 2) доброду́шие

**amiable** ['eımjəbl] *a* 1) дружелю́бный; любе́зный 2) доброду́шный

**amianthus** [ˌæmı'ænθəs] *n мин.* го́рный лён

**amicable** ['æmıkəbl] *a* 1) дру́жеский, дружелю́бный 2) полюбо́вный

**amid** [ə'mıd] *prep* среди́, посреди́, ме́жду; ~ cries of welcome среди́ приве́тственных во́згласов

**amides** ['æmaıdz] *n pl хим.* ами́ды, амидогру́ппа, аминогру́ппа

**amidol** ['æmıdɔl] *n хим., фото* амидо́л

**amidships** [ə'mıdʃıps] *adv* 1) *мор.* посреди́не корабля́ 2) *ав.* у ми́деля

**amidst** [ə'mıdst] = amid

**amildar** ['œməldɑ:] *инд. n* податно́й инспе́ктор

**amines** ['æmaınz] = amides

**amir** [ə'mıə] = ameer

**amiss** [ə'mıs] **1.** *a predic.* 1) плохо́й; непра́вильный, неве́рный; not ~ неду́рно 2) несвоевре́менный ◇ there is something ~ with him с ним что́-то нела́дно; what's ~? в чём де́ло?

**2.** *adv* 1) пло́хо; непра́вильно, неве́рно; нела́дно; to do (*или* to deal) ~ ошиба́ться; поступа́ть ду́рно; to take ~ непра́вильно истолко́вывать; обижа́ться 2) некста́ти; несвоевре́менно; to come ~ а) прийти́ не во́время, некста́ти; б) не получи́ться ◇ nothing comes ~ to him *разг.* ему́ всё сгоди́тся, он со всем спра́вится

**amity** ['æmıtı] *n* дру́жеские *или* ми́рные отноше́ния

**ammeter** ['æmıtə] *n эл.* амперме́тр

**ammonal** ['æmənəl] *n* аммона́л

**ammonia** [ə'məunjə] *n* 1) *хим.* аммиа́к; liquid ~ жи́дкий аммиа́к 2) *разг.* нашаты́рный спирт

**ammoniac** [ə'məunıæk] *a хим.* аммиа́чный

**ammonite** ['æmənaıt] *n геол.* аммони́т

**ammonium** [ə'məunjəm] *n хим.* 1) аммо́ний 2) *attr.*: ~ chloride нашаты́рный спирт, хло́ристый аммо́ний

**ammunition** [ˌæmju'nıʃən] **1.** *n* 1) боеприпа́сы; снаря́ды, патро́ны; подрывны́е сре́дства; *мор.* боезапа́с 2) *attr.* артиллери́йский, снаря́дный; ~ belt патро́нная ле́нта, патронта́ш; ~ box а) патро́нный я́щик; б) коро́бка для патро́нной ле́нты; в) ни́ша для боеприпа́сов (*в окопе и т. п.*); ~ depot (*или* establishment) артиллери́йский склад, склад боеприпа́сов; ~ factory снаря́дный, патро́нный заво́д; ~ hoist *мор.* элева́тор, подъёмник для снаря́дов ◇ ~ boots солда́тские похо́дные боти́нки; ~ leg *разг.* деревя́нная нога́, проте́з

**2.** *v* снабжа́ть боеприпа́сами

**amnesia** [æm'ni:zjə] *n мед.* поте́ря па́мяти, амнези́я

**amnesty** ['æmnıstı] **1.** *n* 1) амни́стия 2) созна́тельное попусти́тельство

**2.** *v* амнисти́ровать

**amoeba** [ə'mi:bə] *n* (*pl* -ae) *зоол.* амёба

**amoebae** [ə'mi:bi:] *pl от* amoeba

**amok** [ə'mɔk] = amuck

**among** [ə'mʌŋ] *prep* 1) посреди́, среди́, ме́жду; a village ~ the hills дере́вня в гора́х; they quarrelled ~ themselves они́ перессо́рились 2) из числа́, в числе́; I rate him ~ my friends я счита́ю его́ свои́м дру́гом; he is numbered ~ the dead его́ счита́ют уби́тым 3) из; one ~ a thousand оди́н из ты́сячи 4) у, среди́; ~ the ancient Greeks у дре́вних гре́ков

**amoral** [ˌeı'mɔrəl] *a* амора́льный

**amorous** ['æmərəs] *a* 1) влю́бчивый 2) влюблённый (of) 3) любо́вный; аму́рный; she gave him an ~ look она́ посмотре́ла на него́ влюблённо; ~ songs любо́вные пе́сни

**amorousness** ['æmərəsnıs] *n* 1) влю́бчивость 2) влюблённость

**amorphous** [ə'mɔ:fəs] *a* 1) бесфо́рменный, амо́рфный 2) некристалли́ческий

**amortization** [əˌmɔ:tı'zeıʃən] *n* 1) погаше́ние (до́лга); амортиза́ция 2) отчужде́ние недви́жимости

**amortize** [ə'mɔ:taız] *v* 1) погаша́ть (долг); амортизи́ровать 2) отчужда́ть недви́жимость

**amount** [ə'maunt] **1.** *n* 1) коли́чество; a large ~ of work мно́го рабо́ты 2) су́мма, ито́г; what is the ~ of this? ско́лько э́то составля́ет? 3) значи́тельность, ва́жность

**2.** *v* 1) доходи́ть (*до какого-л. количества*), составля́ть (*сумму*); равня́ться; the bill ~s to £ 40 счёт составля́ет су́мму в 40 фу́нтов сте́рлингов 2) быть ра́вным, равнозна́чащим; this ~s to a refusal э́то равноси́льно отка́зу; to ~ to very little, not to ~ to much быть незначи́тельным, не име́ть большо́го значе́ния; what, after all, does it ~ to? что, в конце́ концо́в, э́то означа́ет?

**amour** [ə'muə] *n* любо́вь; любо́вная связь, интри́га

**amourette** [ˌæmu'ret] *n* любо́вная интри́жка

**amour-propre** ['æmuə'prɔpr] *фр. n* самолю́бие

**amperage** [æm'pɛərıdʒ] *n эл.* си́ла то́ка (в ампе́рах)

**ampere** ['æmpɛə] *n физ.* ампе́р

**amperemeter** ['æmpɛəˌmi:tə] *n* амперме́тр

**ampere turn** ['æmpɛə'tə:n] *n* ампе́р-вито́к

**ampersand** ['æmpəsænd] *n* знак & (= and)

**Amphibia** [æm'fıbıə] *n pl зоол.* амфи́бии, земново́дные

**amphibian** [æm'fıbıən] **1.** *a* 1) земново́дный 2): ~ tank пла́вающий танк

**2.** *n* 1) *зоол.* амфи́бия 2) *ав.* самолёт-амфи́бия 3) *воен.* танк-амфи́бия

**amphibious** [æm'fıbıəs] *a* 1) земново́дный 2) *воен.* деса́нтный; ~ operation (комбини́рованная) деса́нтная опера́ция

**amphibology** [ˌæmfı'bɔlədʒı] *n* двусмы́сленное выраже́ние

**amphitheatre** ['æmfıˌθıətə] *n* амфитеа́тр

**amphora** ['æmfərə] *греч. n* (*pl* -ae) а́мфора

**amphorae** ['æmfəri:] *pl* от amphora

**ample** ['æmpl] *a* 1) оби́льный 2) доста́точный; will that be ~ for your needs? э́того вам бу́дет доста́точно? 3) просто́рный; обши́рный 4) простра́нный

**amplification** [ˌæmplıfı'keıʃən] *n* 1) увеличе́ние; расшире́ние; the subject requires ~ вопро́с тре́бует разрабо́тки 2) преувеличе́ние 3) распростране́ние (*мысли или выражения*) 4) *эл., радио* усиле́ние 5) *attr.*: ~ factor *радио* коэффицие́нт усиле́ния

**amplifier** ['æmplıfaıə] *n* 1) *эл., радио* усили́тель 2) ли́нза позади́ объекти́ва микроско́па

**amplify** ['æmplıfaı] *v* 1) расширя́ть (-ся) 2) развива́ть (*мысль*) 3) вдава́ться в подро́бности, распространя́ться; to ~ on smth. распространя́ться о чём-л. 4) преувели́чивать 5) *радио* уси́ливать

**amplitude** ['æmplıtju:d] *n* 1) *физ., астр.* амплиту́да 2) полнота́; оби́лие 3) широта́, разма́х (*мысли*) 4) широта́, просто́р 5) да́льность де́йствия, ра́диус де́йствия

**amplitude modulation** ['æmplıtju:dˌmɔdju'leıʃən] *n радио* амплиту́дная модуля́ция

**amply** ['æmplı] *adv* 1) оби́льно; по́лно, доста́точно 2) простра́нно

**ampoule, ampule** ['æmpu:l, 'æmpju:l] *n* а́мпула

**amputate** ['æmpjuteıt] *v* отнима́ть, ампути́ровать

**amputation** [ˌæmpju'teıʃən] *n* ампута́ция

**amputee** [ˌæmpju'ti:] *n* челове́к с ампути́рованной ного́й *или* руко́й

**amuck** [ə'mʌk] *малайск. adv*: to run ~ а) обезу́меть; быть вне себя́, не-

и́стовствовать; б) в я́рости набра́сываться на вся́кого встре́чного
**amulet** ['æmjulɪt] *n* амуле́т
**amuse** [ə'mju:z] *v* забавля́ть; развлека́ть; you ~ me вы меня́ смеши́те; to ~ oneself корота́ть вре́мя, занима́ться (*чем-л.*); the children ~d themselves by drawing pictures де́ти занима́лись рисова́нием
**amusement** [ə'mju:zmənt] *n* 1) развлече́ние, увеселе́ние, заба́ва, весе́лье; to find ~ in smth. находи́ть удово́льствие в чём-л. 2) времяпрепровожде́ние 3) *attr.*: ~ park парк с аттракцио́нами
**amusing** [ə'mju:zɪŋ] **1.** *pres. p. от* amuse
**2.** *a* заба́вный, смешно́й; занима́тельный, заня́тный
**amyloid** ['æmɪlɔɪd] **1.** *n* амило́ид
**2.** *a* крахма́листый, крахма́льный
**an** I [æn (*полная форма*); ən, n (*редуцированные формы*)] *грам. неопределённый артикль см.* a II
**an** II [æn] *cj уст.* е́сли
**ana** ['ɑ:nə] *n* 1) сбо́рник воспомина́ний, выска́зываний, изрече́ний 2) *pl* анекдо́ты, расска́зы о како́м-л. лице́
**anabaptist** [ˌænə'bæptɪst] *n* анабапти́ст
**anabranch** ['ænəbrɑ:ntʃ] *n* прото́к реки́, возвраща́ющийся в её же ру́сло
**anachronism** [ə'nækrənɪzm] *n* анахрони́зм
**anaconda** [ˌænə'kɔndə] *n* 1) анако́нда (*змея*) 2) (кру́пный) уда́в
**anacreontic** [əˌnækrɪ'ɔntɪk] *a лит.* анакреонти́ческий
**anaemia** [ə'ni:mjə] *n мед.* анеми́я, малокро́вие
**anaemic** [ə'ni:mɪk] *a* 1) *мед.* анеми́чный, малокро́вный 2) сла́бый, безжи́зненный
**anaerobe** ['ænərəub] *n биол.* анаэро́б
**anaesthesia** [ˌænɪs'θi:zjə] *n* анестези́я, обезбо́ливание
**anaesthetic** [ˌænɪs'θetɪk] **1.** *a* анестези́рующий, обезбо́ливающий
**2.** *n* анестези́рующее, обезбо́ливающее сре́дство
**anaesthetize** [æ'ni:sθɪtaɪz] *v* анестези́ровать, обезбо́ливать
**anagram** ['ænəgræm] *n* анагра́мма
**anal** ['eɪnəl] *a анат.* заднепрохо́дный
**analects** ['ænəlekts] *n pl* литерату́рный сбо́рник
**analgesic** [ˌænæl'dʒesɪk] **1.** *a* болеутоля́ющий
**2.** *n* болеутоля́ющее сре́дство
**analog** ['ænəlɔg] *n* 1) ана́лог 2) моделиру́ющее устро́йство *или* систе́ма
**analogical** [ˌænə'lɔdʒɪkəl] *a редк.* 1) аналоги́ческий, осно́ванный на анало́гии 2) фигура́льный, метоними́ческий
**analogous** [ə'næləgəs] *a* аналоги́чный; схо́дный
**analogy** [ə'nælədʒɪ] *n* анало́гия; схо́дство; by ~ with, on the ~ of по анало́гии с
**analyse** ['ænəlaɪz] *v* 1) анализи́ровать 2) *хим.* разлага́ть 3) *грам.* разбира́ть (*предложение*)
**analyses** [ə'næləsi:z] *pl от* analysis
**analysis** [ə'næləsɪs] *n* (*pl* -ses) 1) ана́лиз 2) *хим.* разложе́ние 3) *грам.* разбо́р; sentence ~ синтакси́ческий разбо́р 4) психоана́лиз ◇ in the last (*или* final) ~ в коне́чном счёте
**analyst** ['ænəlɪst] *n* 1) анали́тик 2) лабора́нт-хи́мик 3) специали́ст по психоана́лизу; психиа́тр, по́льзующийся ме́тодом психоана́лиза 4) коммента́тор
**analytic(al)** [ˌænə'lɪtɪk(əl)] *a* аналити́ческий
**analytics** [ˌænə'lɪtɪks] *n pl* (*употр. как sing*) 1) испо́льзование ме́тода ана́лиза 2) анали́тика
**anamnesis** [ˌænæm'ni:sɪs] *n* 1) припомина́ние 2) *мед.* ана́мнез
**anamorphosis** [ˌænə'mɔ:fəsɪs] *n* 1) искажённое изображе́ние предме́та 2) измене́ние фо́рмы путём эволю́ции, анаморфо́з
**ananas** [ə'nɑ:nəs] *n* анана́с
**anapaest** ['ænəpi:st] *n лит.* ана́пест
**anaplasty** ['ænəplæstɪ] *n мед.* пласти́ческая хирурги́я
**anarchic(al)** [æ'nɑ:kɪk(əl)] *a* анархи́ческий
**anarchism** ['ænəkɪzm] *n* анархи́зм
**anarchist** ['ænəkɪst] *n* анархи́ст
**anarchy** ['ænəkɪ] *n* ана́рхия
**anastomoses** [ˌænəstə'məusi:z] *pl от* anastomosis
**anastomosis** [ˌænəstə'məusɪs] *n* (*pl* -ses) *анат., бот.* анастомо́з
**anathema** [ə'næθɪmə] *n* 1) ана́фема, отлуче́ние от це́ркви 2) прокля́тие
**anathematize** [ə'næθɪmətaɪz] *v* 1) предава́ть ана́феме 2) проклина́ть
**anatomic** [ˌænə'tɔmɪk] = anatomical
**anatomical** [ˌænə'tɔmɪkəl] *a* анатоми́ческий
**anatomist** [ə'nætəmɪst] *n* 1) ана́том 2) кри́тик, анали́тик
**anatomize** [ə'nætəmaɪz] *v* 1) анатоми́ровать 2) анализи́ровать; подверга́ть тща́тельному разбо́ру
**anatomy** [ə'nætəmɪ] *n* 1) анато́мия 2) анатоми́рование 3) ана́лиз, тща́тельный разбо́р 4) *разг.* скеле́т, «ко́жа да ко́сти»
**anbury** ['ænbərɪ] *n* 1) *вет.* фуру́нкул, чи́рей, ве́ред 2) кила́ (*болезнь капусты*)
**ancestor** ['ænsɪstə] *n* 1) пре́док, прароди́тель 2) *юр.* предше́ствующий владе́лец ◇ to be one's own ~ быть всем обя́занным самому́ себе́
**ancestral** [æn'sestrəl] *a* насле́дственный, родово́й
**ancestry** ['ænsɪstrɪ] *n* 1) пре́дки 2) происхожде́ние; родосло́вная
**anchor** ['æŋkə] **1.** *n* 1) я́корь; at ~ на я́коре; to be (*или* to lie, to ride) at ~ стоя́ть на я́коре; to cast (*или* to drop) ~ бро́сить я́корь; to come to (an) ~ бро́сить я́корь, стать на я́корь; *перен.* остепени́ться, найти́ ти́хую при́стань; to let go the ~ отда́ть я́корь; to weigh ~ снима́ться с я́коря; *перен.* возобновля́ть пре́рванную рабо́ту; the ~ comes home я́корь не де́ржит, су́дно дрейфу́ет; *перен.* предприя́тие те́рпит неуда́чу; 2) я́корь спасе́ния, си́мвол наде́жды; one's sheet ~ ве́рное прибе́жище, гла́вная наде́жда 3) *тех.* желе́зная связь, а́нкер 4) *attr.*: ~ ice до́нный лёд ◇ to lay an ~ to windward принима́ть необходи́мые ме́ры предосторо́жности
**2.** *v* 1) ста́вить на я́корь 2) бро́сить я́корь, стать на я́корь 3) скрепля́ть, закрепля́ть, to ~ a tent to the ground закрепи́ть пала́тку 4) осе́сть, остепени́ться ◇ to ~ one's hope (in, on) возлага́ть наде́жды (на)
**anchorage** ['æŋkərɪdʒ] *n* 1) я́корная стоя́нка 2) стоя́нка на я́коре 3) *мор.* я́корный сбор 4) *тех.* закрепле́ние, жёсткая заде́лка 5) опо́ра, я́корь спасе́ния; не́что надёжное
**anchored** ['æŋkəd] **1.** *p. p. от* anchor 2
**2.** *a* 1) стоя́щий на я́коре 2) ве́рный, надёжный
**anchoress** ['æŋkərɪs] *n* отше́льница, затво́рница
**anchoret, anchorite** ['æŋkərət, -raɪt] *n* затво́рник, отше́льник, анахоре́т
**anchovy** ['æntʃəvɪ] *n* анчо́ус, хамса́ (*рыба*)
**anchylosis** [ˌæŋkaɪ'ləusɪs] *n мед., вет.* анкило́з
**ancient** ['eɪnʃənt] **1.** *a* 1) дре́вний; стари́нный, ста́рый; ~ monuments па́мятники старины́ 2) анти́чный; ~ literature анти́чная литерату́ра
**2.** *n* 1) (the ~s) *pl* а) дре́вние наро́ды; б) анти́чные писа́тели 2) ста́рец, старе́йшина
**ancillary** [æn'sɪlərɪ] *a* подчинённый, служе́бный, вспомога́тельный; ~ industries вспомога́тельные о́трасли промы́шленности
**ancle** ['æŋkl] = ankle
**and** [ænd (*полная форма*); ənd, ən, nd, n (*редуцированные формы*)] *cj* 1) *соединительный союз* и; boys ~ girls ма́льчики и де́вочки 2) *в сложных словах*: four ~ twenty два́дцать четы́ре; a hundred ~ twenty сто два́дцать; give-and-take policy поли́тика взаи́мных усту́пок 3) *противительный союз* а, но; I shall go ~ you stay here я пойду́, а ты остава́йся здесь; there are books ~ books есть кни́ги и кни́ги 4) *присоединяет инфинитив к сказуемому*: try ~ do it постара́йтесь э́то сде́лать; come ~ see приходи́те посмотре́ть; wait ~ see поживём — уви́дим ◇ for miles ~ miles бесконе́чно; о́чень далеко́; for hours ~ hours часа́ми, о́чень до́лго; ~ yet и всё же
**andante** [æn'dæntɪ] *ит. adv, n муз.* анда́нте
**andiron** ['ændaɪən] *n* желе́зная подста́вка для дров в ками́не
**androgyne** [æn'drɔdʒɪn] *n* гермафроди́т
**androgynous** [æn'drɔdʒɪnəs] *a* 1) двупо́лый 2) соединя́ющий в себе́ противополо́жные сво́йства
**anecdote** ['ænɪkdəut] *n* 1) коро́ткий расска́з; эпизо́д 2) анекдо́т 3) *pl* под-

ро́бности ча́стной жи́зни (*обыкн. како́го-л. истори́ческого лица́*)

**anecdotic** [ˌænekˈdɔtɪk] *a* 1) анекдоти́чный 2) невероя́тный, неправдоподо́бный

**anemograph** [əˈneməgrɑːf] *n метео* анемо́граф, самопи́шущий ветроме́р

**anemometer** [ˌænɪˈmɔmɪtə] *n метео* анемо́метр

**anemone** [əˈnemənɪ] *n бот.* анемо́н, ве́треница

**anemoscope** [əˈneməskəup] *n метео* анемоско́п (*прибо́р для указа́ния направле́ния ве́тра*)

**aneroid** [ˈænərɔɪd] *n* баро́метр-анеро́ид

**anesthesia** [ˌænɪsˈθiːzjə] = anaesthesia

**anesthetic** [ˌænɪsˈθetɪk] = anaesthetic

**aneurism** [ˈænjuərɪzm] *n мед.* аневри́зм(а)

**anew** [əˈnjuː] *adv* 1) сно́ва 2) за́ново; по-но́вому

**anfractuous** [ænˈfræktjuəs] *a* 1) изви́листый; криво́й; спира́льный 2) запу́танный, сло́жный

**angary** [ˈæŋgərɪ] *n* пра́во вою́ющей стороны́ на захва́т, испо́льзование *или* разруше́ние (с компенса́цией) иму́щества нейтра́льного госуда́рства

**angel** [ˈeɪndʒəl] **1.** *n* 1) а́нгел 2) *ист.* золота́я моне́та 3) *разг.* театра́льный мецена́т 4) *разг.* лицо́, ока́зывающее кому́-л. фина́нсовую и́ли полити́ческую подде́ржку ◇ to rush in where ~s fear to tread глу́по и самонаде́янно пуска́ться в риско́ванное предприя́тие; ~'s visits ре́дкие, но прия́тные визи́ты

2. *v разг.* подде́рживать (*како́е-л. предприя́тие*)

**angelic** [ænˈdʒelɪk] *a* а́нгельский ◇ ~ patience долготерпе́ние, а́нгельское терпе́ние

**angelica** [ænˈdʒelɪkə] *n бот.* ду́дник, дя́гиль

**anger** [ˈæŋgə] **1.** *n* гнев; раздраже́ние ◇ ~ is a short madness *посл.* гнев — недо́лгое безу́мие

2. *v* вызыва́ть гнев; серди́ть, раздража́ть

**Angevin** [ˈændʒɪvɪn] *a ист.* анжу́йский

**angina** [ænˈdʒaɪnə] *n* 1) анги́на 2) = angina pectoris

**angina pectoris** [ænˈdʒaɪnəˈpektərɪs] *n* грудна́я жа́ба

**angle** I [ˈæŋgl] **1.** *n* 1) у́гол; ~ of bank *ав.* у́гол кре́на; ~ of dip у́гол магни́тного наклоне́ния, магни́тная широта́; ~ of dive *ав.* у́гол пики́рования; ~ of drift *ав.* у́гол сно́са; ~ of roll *ав., мор.* у́гол кре́на; ~ of sight *воен.* у́гол прице́ливания; ~ of slope у́гол отко́са, у́гол накло́на; ~ of view у́гол изображе́ния; ~ of lag у́гол отстава́ния; у́гол запа́здывания, у́гол замедле́ния; solid ~ простра́нственный у́гол 2) то́чка зре́ния; to look at the question from all ~s рассма́тривать вопро́с со всех то́чек зре́ния; to get (*или* to use) a new ~ on smth. *разг.* усво́ить но́вую то́чку зре́ния на что-л. 3) положе́ние, ситуа́ция; сторона́ (*вопро́са, де́ла и т. п.*) 4) уго́льник 5) *attr.* углово́й; ~ bar (*или* iron) углова́я сталь; ~ brace углова́я связь; ~ bracket консо́ль; кроншт́ейн из уголка́

2. *v* искажа́ть (*расска́з, собы́тия*)

**angle** II [ˈæŋgl] **1.** *n* рыболо́вный крючо́к

2. *v* уди́ть ры́бу; *перен.* заки́дывать у́дочку ◇ to ~ for a compliment напра́шиваться на комплиме́нт; to ~ with silver hook де́йствовать по́дкупом

**angler** [ˈæŋglə] *n* 1) рыболо́в 2) *зоол.* морско́й чёрт

**angleworm** [ˈæŋglwəːm] *n* червя́к, наса́живаемый на рыболо́вный крючо́к как прима́нка

**Anglican** [ˈæŋglɪkən] **1.** *a* 1) англика́нский 2) *амер.* англи́йский

2. *n* лицо́ англика́нского вероиспове́дания

**Anglicism** [ˈæŋglɪsɪzm] *n* 1) англици́зм 2) англи́йский обы́чай, англи́йская привы́чка *и т. п.*

**Anglicist** [ˈæŋglɪsɪst] *n* англи́ст

**Anglicize** [ˈæŋglɪsaɪz] *v* англизи́ровать

**Anglistics** [æŋˈglɪstɪks] *n pl* (*употр. как sing*) англи́стика

**Anglomania** [ˈæŋgləuˈmeɪnjə] *n* англома́ния

**Anglophobia** [ˌæŋgləuˈfəubjə] *n* англофо́бия

**Anglo-Saxon** [ˈæŋgləuˈsæksən] **1.** *a* англосаксо́нский; ~ alphabet а́збука из 23 букв (*без* j, q, w, *существова́вшая в А́нглии до середи́ны XVII в.*)

2. *n* 1) англоса́кс 2) англосаксо́нский, древнеангли́йский язы́к

**angola** [æŋˈgəulə] = angora

**angora** [æŋˈgɔːrə] *n* 1) анго́рская ко́шка (*тж.* ~ cat) 2) анго́рская коза́ (*тж.* ~ goat) 3) ткань из ше́рсти анго́рской козы́

**angrily** [ˈæŋgrɪlɪ] *adv* гне́вно, серди́то

**angry** [ˈæŋgrɪ] *a* 1) серди́тый, раздражённый; разгне́ванный; to be ~ with smb. серди́ться на кого́-л.; to get ~ at smth. рассерди́ться из-за чего́-л.; to make smb. ~ рассерди́ть кого́-л. 2) воспалённый, боле́зненный (*о ра́не, язве и т. п.*)

**Ångström unit** [ˈæŋstrəmˌjuːnɪt] *n физ.* а́нгстрем

**anguine** [ˈæŋgwɪn] *a* змееви́дный

**anguish** [ˈæŋgwɪʃ] **1.** *n* му́ка, боль; ~ of body and mind физи́ческие и душе́вные страда́ния

2. *v* испы́тывать о́струю тоску́

**angular** [ˈæŋgjulə] *a* 1) уго́льный; углово́й; ~ point верши́на угла́; ~ motion углово́е движе́ние; ~ velocity углова́я ско́рость 2) углова́тый, нело́вкий 3) худо́й, костля́вый 4) чо́порный

**angularity** [ˌæŋgjuˈlærɪtɪ] *n* 1) углова́тость 2) худоба́, костля́вость 3) чо́порность

**anhydride** [ænˈhaɪdraɪd] *n хим.* ангидри́д

**anhydrite** [ænˈhaɪdraɪt] *n мин.* ангидри́т

**anhydrous** [ænˈhaɪdrəs] *a хим.* безво́дный

**anil** [ˈænɪl] *n* инди́го (*расте́ние и кра́ска*)

**anile** [ˈeɪnaɪl] *a* 1) стару́шечий 2) слабоу́мный

**aniline** [ˈænɪliːn] *n хим.* 1) анили́н 2) *attr.* анили́новый; ~ dye анили́новый краси́тель

**anility** [æˈnɪlɪtɪ] *n* 1) ста́рость, дря́хлость 2) ста́рческое слабоу́мие

**animadversion** [ˌænɪmædˈvəːʃən] *n* порица́ние, кри́тика

**animadvert** [ˌænɪmædˈvəːt] *v* критикова́ть, порица́ть (on, upon)

**animal** [ˈænɪməl] **1.** *n* 1) живо́тное 2) *разг.* скоти́на

2. *a* живо́тный; ско́тский; ~ bones костяна́я мука́ (*удобре́ние*); ~ breeding (*или* husbandry) *амер.* животново́дство; ~ traction ко́нная тя́га; вью́чные перево́зки ◇ ~ spirits жизнера́достность, бо́дрость

**animalcule** [ˌænɪˈmælkjuːl] *n* микроскопи́ческое живо́тное

**animalism** [ˈænɪməlɪzm] *n* 1) чу́вственность 2) *филос.* анимали́зм

**animate** **1.** *a* [ˈænɪmɪt] 1) живо́й 2) оживлённый; воодушевлённый

2. *v* [ˈænɪmeɪt] 1) оживи́ть, вдохну́ть жизнь 2) оживля́ть; воодушевля́ть; вдохновля́ть

**animated** [ˈænɪmeɪtɪd] **1.** *p. p. от* animate 2

2. *a* оживлённый; воодушевлённый; an ~ discussion оживлённая диску́ссия ◇ ~ cartoon мультиплика́ция

**animation** [ˌænɪˈmeɪʃən] *n* воодушевле́ние; жи́вость; оживле́ние

**animism** [ˈænɪmɪzm] *n филос.* ани-ми́зм

**animosity** [ˌænɪˈmɔsɪtɪ] *n* вражде́бность, зло́ба

**animus** [ˈænɪməs] *лат. n* предубежде́ние; вражде́бность

**anise** [ˈænɪs] *n* ани́с (*расте́ние*)

**aniseed** [ˈænɪsiːd] *n* ани́с (*се́мя; семена́*)

**anker** [ˈæŋkə] *n* а́нкер (*ме́ра жи́дкости*)

**ankle** [ˈæŋkl] *n* лоды́жка

**ankle-joint** [ˈæŋklˈdʒɔɪnt] *n* голеносто́пный суста́в

**anklet** [ˈæŋklɪt] *n* ножно́й брасле́т

**anna** [ænə] *n* а́нна (*инди́йская моне́та* = $^1/_{16}$ *ру́пии*)

**annalist** [ˈænəlɪst] *n* 1) историо́граф 2) летопи́сец

**annals** [ˈænlz] *n pl* анна́лы, ле́тописи

**anneal** [əˈniːl] *v* 1) *тех.* отжига́ть; прока́ливать 2) обжига́ть (*стекло́, керами́ческие изде́лия*)

**annealing** [əˈniːlɪŋ] **1.** *pres. p. от* anneal

2. *n тех.* о́тжиг

**Annelida** [əˈnelɪdə] *n pl зоол.* кольча́тые че́рви

**annex** I [ˈæneks] *n* 1) прибавле́ние, приложе́ние, дополне́ние 2) пристро́йка, крыло́, фли́гель

**annex** II [ə'neks] *v* 1) присоедини́ть; аннекси́ровать 2) прилага́ть; де́лать приложе́ние (*к книге и т. п.*)

**annexation** [ˌænek'seɪʃən] *n* присоедине́ние; анне́ксия

**annexe** ['æneks] = annex I

**annihilate** [ə'naɪəleɪt] *v* 1) уничтожа́ть, истребля́ть 2) отменя́ть; упраздня́ть

**annihilation** [əˌnaɪə'leɪʃən] *n* 1) уничтоже́ние, истребле́ние 2) отме́на; упраздне́ние

**anniversary** [ˌænɪ'vəːsərɪ] **1.** *n* годовщи́на; юбиле́й

2. *a* ежего́дный; годово́й

**Anno Domini** ['ænəu'dɔmɪnaɪ] *лат.* **1.** *adv* христиа́нской э́ры, но́вой э́ры; 1972 AD 1972 год на́шей э́ры

2. *n разг.* ста́рость; ~ is the trouble ста́рость — вот беда́

**annotate** ['ænəuteɪt] *v* 1) анноти́ровать 2) снабжа́ть примеча́ниями

**annotation** [ˌænəu'teɪʃən] *n* 1) аннота́ция 2) анноти́рование 3) примеча́ние

**announce** [ə'nauns] *v* 1) объявля́ть, дава́ть знать; заявля́ть; извеща́ть 2) публикова́ть 3) докла́дывать (*о прибытии посетителей, гостей*)

**announcement** [ə'naunsmənt] *n* объявле́ние, сообще́ние; извеще́ние, уведомле́ние

**announcer** [ə'naunsə] *n* 1) объявля́ющий програ́мму 2) ди́ктор

**annoy** [ə'nɔɪ] *v* досажда́ть; докуча́ть, надоеда́ть, раздража́ть

**annoyance** [ə'nɔɪəns] *n* 1) доса́да; раздраже́ние; неприя́тность 2) надоеда́ние, пристава́ние

**annoyed** [ə'nɔɪd] **1.** *p. p. от* annoy

2. *a* раздражённый, раздоса́дованный

**annoying** [ə'nɔɪɪŋ] **1.** *pres. p. от* annoy

2. *a* раздража́ющий; доса́дный; надое́дливый; how ~! кака́я доса́да!

**annual** ['ænjuəl] **1.** *a* ежего́дный; годово́й; ~ income годово́й дохо́д; ~ ring (*или* zone) годи́чный слой (*в древесине*)

2. *n* 1) ежего́дник (*книга*) 2) иллюстри́рованный рожде́ственский сбо́рник (*подарок к рождеству*) 3) одноле́тнее расте́ние

**annually** ['ænjuəlɪ] *adv* ежего́дно

**annuitant** [ə'nju(ː)ɪtənt] *n* получа́ющий ежего́дную ре́нту

**annuity** [ə'nju(ː)ɪtɪ] *n* ежего́дная ре́нта; life ~ пожи́зненная ре́нта; government ~ госуда́рственная ре́нта

**annul** [ə'nʌl] *v* аннули́ровать, отменя́ть; уничтожа́ть; to ~ a judgement касси́ровать реше́ние суда́

**annular** ['ænjulə] *a* кольцеобра́зный

**annulary** ['ænjulərɪ] *n* безымя́нный па́лец

**annulate** ['ænjuleɪt] *a* ко́льчатый, состоя́щий из коле́ц

**annulet** ['ænjulɪt] *n* 1) коле́чко 2) *архит.* поясо́к коло́нны

**annulment** [ə'nʌlmənt] *n* аннули́рование, отме́на; уничтоже́ние

**annunciate** [ə'nʌnʃɪeɪt] *v* возвеща́ть

**annunciation** [əˌnʌnsɪ'eɪʃən] *n* 1) возвеще́ние 2) (the A.) *рел.* благове́щение

**annunciator** [ə'nʌnʃɪeɪtə] *n* сигнализа́тор; светово́й нумера́тор

**anode** ['ænəud] *n эл.* ано́д

**anodyne** ['ænəudaɪn] **1.** *n* болеутоля́ющее сре́дство; *перен.* успока́ивающее сре́дство

2. *a* болеутоля́ющий; *перен.* успока́ивающий

**anoint** [ə'nɔɪnt] *v* 1) нама́зывать, сма́зывать (*кожу маслом и т. п.*) 2) *рел.* пома́зывать

**anointment** [ə'nɔɪntmənt] *n* 1) сма́зывание (*кожи маслом и т. п.*) 2) *рел.* пома́зание

**anomalistic** [əˌnɔmə'lɪstɪk] *a* 1) анома́льный, непра́вильный 2) *астр.* аномалисти́ческий

**anomalous** [ə'nɔmələs] *a* непра́вильный, анома́льный, ненорма́льный

**anomaly** [ə'nɔməlɪ] *n* 1) анома́лия 2) непосле́довательность

**anon** I [ə'nɔn] *adv* 1) ско́ро, вско́ре; see you ~! *шутл.* пока́! 2) *уст.* то́тчас; сейча́с; ever and ~ вре́мя от вре́мени; то и де́ло

**anon** II [ə'nɔn] *сокр. от* anonymous

**anonym** ['ænənɪm] *n* 1) анони́м 2) псевдони́м

**anonymity** [ˌænə'nɪmɪtɪ] *n* анони́мность

**anonymous** [ə'nɔnɪməs] *a* анони́мный, безымя́нный

**anopheles** [ə'nɔfɪliːz] *n* ано́фелес, маляри́йный кома́р (*тж.* ~ mosquito)

**anorak** ['ænəræk] *n* анора́к, ку́ртка с капюшо́ном

**anorexia** [ˌænə'reksɪə] *n мед.* поте́ря аппети́та

**anorganic** [ˌænɔː'gænɪk] *a* неоргани́ческий

**anosmia** [æ'nɔsmɪə] *n мед.* поте́ря обоня́ния

**another** [ə'nʌðə] *pron indef.* 1) ещё оди́н; ~ cup of tea? хоти́те ещё ча́шку ча́ю? 2) друго́й, отли́чный; I don't like this bag, give me ~ one мне не нра́вится э́та су́мка, да́йте мне другу́ю 3) но́вый, ещё оди́н похо́жий; ~ Shakespeare но́вый, новоя́вленный Шекспи́р ◊ ~ world загро́бный, потусторо́нний мир; ~ pair of shoes совсе́м друго́е де́ло; taken one with ~ а) вме́сте взя́тые; б) в сре́днем; ~ place *парл.* друга́я пала́та

**anourous** [ə'nuərəs] *a зоол.* бесхво́стый

**anoxaemia, anoxia** [ˌænɔk'siːmɪə, ə'nɔksɪə] *n* недоста́ток кислоро́да в крови́; кислоро́дное голода́ние

**anserine** ['ænsəraɪn] *a* 1) гуси́ный 2) глу́пый

**answer** ['ɑːnsə] **1.** *n* 1) отве́т; in ~ to в отве́т на; to know all the ~s име́ть на всё гото́вый отве́т; бы́стро реаги́ровать; to have a ready ~ име́ть гото́вый отве́т 2) реше́ние (*вопроса и т. п.*) 3) возраже́ние 4) *мат.* реше́ние (*задачи*) 5) *юр.* возраже́ние отве́тчика

2. *v* 1) отвеча́ть, отклика́ться; to ~ the door (*или* the bell) откры́ть дверь (*на звонок, на стук и т. п.*); to ~ the phone подойти́ к телефо́ну; to ~ a call а) отве́тить по телефо́ну; б) откли́кнуться на зов; to ~ to the name of... отклика́ться на *какое-л.* и́мя 2) соотве́тствовать; подходи́ть; to ~ the description (purpose) соотве́тствовать описа́нию (це́ли) 3) исполня́ть, удовлетворя́ть; to ~ the helm *мор.* слу́шаться руля́ 4) руча́ться (for — за *кого-л.*); быть отве́тственным; to ~ for the consequences отвеча́ть за после́дствия 5) возража́ть (to — на *обвинение*) 6) удава́ться; име́ть успе́х; the experiment has not ~ed at all о́пыт не уда́лся 7) реаги́ровать (to) 8) служи́ть (*в качестве или взамен чего-л.*); a piece of paper on the table ~ed for a table-cloth вме́сто ска́терти на столе́ лежа́л лист бума́ги □ ~ back дерзи́ть

**answerable** ['ɑːnsərəbl] *a* 1): such a question is not ~ на тако́й вопро́с невозмо́жно отве́тить 2) отве́тственный; you are ~ to him for it вы отвеча́ете пе́ред ним за э́то 3) *уст.* соотве́тственный; to be not ~ to smth. не соотве́тствовать чему́-л.; the results were not ~ to our hopes результа́ты не оправда́ли на́ших наде́жд

**ant** [ænt] *n* мураве́й; white ~ терми́т

**antacid** ['ænt'æsɪd] *мед.* **1.** *n* нейтрализу́ющее кислоту́ сре́дство

2. *a* нейтрализу́ющий кислоту́

**Antaeus** [æn'tiː(ː)əs] *n греч. миф.* Анте́й

**antagonism** [æn'tægənɪzm] *n* 1) антагони́зм, вражда́ 2) сопротивле́ние (to, against)

**antagonist** [æn'tægənɪst] *n* 1) антагони́ст; сопе́рник; проти́вник 2) *attr.* антагонисти́ческий

**antagonistic** [ænˌtægə'nɪstɪk] *a* 1) антагонисти́ческий; вражде́бный 2) противоде́йствующий

**antagonize** [æn'tægənaɪz] *v* 1) противоде́йствовать 2) вызыва́ть антагони́зм, вражду́ 3) *амер.* боро́ться, сопротивля́ться

**antarctic** [ænt'ɑːktɪk] *a* антаркти́ческий; A. Circle Ю́жный поля́рный круг

**ant-bear** ['ænt'bɛə] *n* муравье́д

**ante-** ['æntɪ-] *pref служит для выражения предшествования во времени или пространстве* до-; перед-; antediluvian допото́пный; anteprandial предобе́денный

**ant-eater** ['æntˌiːtə] = ant-bear

**ante-bellum** ['æntɪ'beləm] *лат.* *a* 1) довое́нный 2) *амер. ист.* до гражда́нской войны́ в США

**antecedent** [ˌæntɪ'siːdənt] **1.** *n* 1) предше́ствующее 2) *pl* про́шлая жизнь, про́шлое; his ~s его́ про́шлое 3) *мат.* предыду́щий член отноше́ния 4) *грам.* антецеде́нт

2. *a* 1) предше́ствующий (to), предыду́щий 2) априо́рный

**antechamber** ['æntɪˌtʃeɪmbə] *n* пере́дняя, прихо́жая, вестибю́ль

**antedate** ['æntɪ'deɪt] **1.** *n* да́та, поста́вленная за́дним число́м (*особ. в письме*)

2. *v* 1) дати́ровать бо́лее ра́нним (*или* за́дним) число́м 2) предвосхища́ть 3) предше́ствовать

**antediluvian** [ˈæntɪdɪˈlu:vjən] **1.** *a* допото́пный

**2.** *n* 1) глубо́кий стари́к 2) старомо́дный челове́к

**antelope** [ˈæntɪləup] *n* антило́па

**antemeridian** [ˈæntɪməˈrɪdɪən] *a* дополу́денный, у́тренний

**ante meridiem** [ˈæntɪməˈrɪdɪəm] *adv* до полу́дня

**antenatal** [ˈæntɪˈneɪtl] *a* относя́щийся к утро́бной жи́зни; до рожде́ния

**antenna** [æn'tenə] *n* (*pl* -nae) 1) *зоол.* щу́пальце, у́сик 2) *радио* анте́нна

**antennae** [æn'teni:] *pl от* antenna

**antenuptial** [ˈæntɪˈnʌpʃəl] *a* добра́чный

**antepenult(imate)** [ˈæntɪpɪˈnʌlt(ɪmɪt)] *a* тре́тий от конца́ (*о слоге*)

**anteprandial** [ˈæntɪˈprændjəl] *a* предобе́денный

**anterior** [æn'tɪərɪə] *a* 1) пере́дний 2) предше́ствующий

**anteriority** [ˌæntɪərɪˈɔrɪtɪ] *n* пе́рвенство; старшинство́

**anteriorly** [æn'tɪərɪəlɪ] *adv* ра́ньше

**ante-room** [ˈæntɪrum] *n* пере́дняя, приёмная

**ant-fly** [ˈæntflaɪ] *n* лету́чий мураве́й (*обыкн. употр. как наживка*)

**ant-heap** [ˈænthi:p] = ant-hill

**anthem** [ˈænθəm] **1.** *n* 1) гимн; торже́ственная песнь; national ~ госуда́рственный гимн 2) *церк.* пе́ние

**2.** *v поэт.* петь ги́мны; воспева́ть

**anther** [ˈænθə] *n бот.* пы́льник

**ant-hill** [ˈænthɪl] *n* мураве́йник

**anthologist** [æn'θɔlədʒɪst] *n* составитель антоло́гии

**anthology** [æn'θɔlədʒɪ] *n* антоло́гия

**anthracene** [ˈænθrəsi:n] *n хим.* антраце́н

**anthracite** [ˈænθrəsaɪt] *n* антраци́т

**anthrax** [ˈænθræks] *n мед.* 1) карбу́нкул 2) сиби́рская я́зва

**anthropoid** [ˈænθrəuрɔɪd] **1.** *n* антропо́ид, человекообра́зная обезья́на

2. *a* человекообра́зный

**anthropologist** [ˌænθrəˈpɔlədʒɪst] *n* антропо́лог

**anthropology** [ˌænθrəˈpɔlədʒɪ] *n* антрополо́гия

**anthropometry** [ˌænθrəˈpɔmɪtrɪ] *n* антропоме́трия

**anthropomorphism** [ˈænθrəpəuˈmɔ:fɪzm] *n* антропоморфи́зм

**anthropophagi** [ˌænθrəuˈpɔfəgaɪ] *n pl* людое́ды

**anthropophagy** [ˌænθrəuˈpɔfədʒɪ] *n* людое́дство

**anti-** [ˈæntɪ-] *pref* противо-, анти-

**anti-aircraft** [ˈæntɪˈɛəkrɑ:ft] *воен.* **1.** *n* зени́тная артилле́рия, зени́тные сре́дства

2. *a* противовозду́шный, зени́тный

**antiaircrafter** [ˈæntɪˈɛəkrɑ:ftə] *n воен. разг.* зени́тчик

**antibiosis** [ˌæntɪbaɪˈəusɪs] *n биол.* антибио́з

**antibiotic** [ˈæntɪbaɪˈɔtɪk] **1.** *n* антибио́тик

2. *a* антибиоти́ческий; ~ treatment лече́ние антибио́тиком

**antiblackout suit** [ˈæntɪˈblækautsju:t] *n ав.* противоперегру́зочный костю́м

**antibody** [ˈæntɪˌbɔdɪ] *n физол.* антите́ло

**antic** [ˈæntɪk] *n* 1) *pl* фигля́рство, ужи́мки, ша́лости 2) *уст.* гроте́ск

**anticentre** [ˈæntɪˈsentə] *n геол.* антипо́д эпице́нтра (*землетрясения*)

**antichrist** [ˈæntɪkraɪst] *n* анти́христ

**anticipant** [æn'tɪsɪpənt] **1.** *n* тот, кто ожида́ет *и пр.* [*см.* anticipate]

2. *a* ожида́ющий, предчу́вствующий; предвкуша́ющий

**anticipate** [æn'tɪsɪpeɪt] *v* 1) ожида́ть, предви́деть; предчу́вствовать, предвкуша́ть 2) ускоря́ть, приближа́ть (*наступление чего-л.*); to ~ a disaster ускори́ть катастро́фу 3) предупрежда́ть, предвосхища́ть; to ~ smb.'s wishes предупрежда́ть чьи-л. жела́ния 4) де́лать (*что-л.*), говори́ть (*о чём-л.*) *и т. п.* ра́ньше вре́мени; забега́ть вперёд; to ~ payment *ком.* уплати́ть ра́ньше сро́ка 5) испо́льзовать, истра́тить зара́нее

**anticipation** [ænˌtɪsɪˈpeɪʃən] *n* 1) ожида́ние *и пр.* [*см.* anticipate]; in ~ of smth. в ожида́нии чего́-л.; в предви́дении чего́-л.; thanking you in ~ зара́нее благода́рный (*в письме*) 2) *муз.* предъём

**anticipatory** [æn'tɪsɪpeɪtərɪ] *a* 1) предвари́тельный; предупрежда́ющий 2) *грам.* антиципи́рующий

**anticlerical** [ˈæntɪˈklerɪkl] *a* антиклерика́льный

**anticlimax** [ˈæntɪˈklaɪmæks] *n* 1) разря́дка напряже́ния; реа́кция, упа́док 2) *прос.* антиклима́кс, спад

**anticlinal** [ˈæntɪˈklaɪnl] *a геол.* антиклина́льный

**anticline** [ˈæntɪklaɪn] *n геол.* антиклина́ль, антиклина́льная скла́дка

**anticlockwise** [ˈæntɪˈklɔkwaɪz] *adv* про́тив часово́й стре́лки

**anticyclone** [ˈæntɪˈsaɪkləun] *n* антицикло́н

**antidazzle** [ˈæntɪˈdæzl] *a* неослепля́ющий (*о свете фар*)

**antidemocratic** [ˈæntɪˌdeməˈkrætɪk] *a* антидемократи́ческий

**antidotal** [ˈæntɪdəutl] *a* противоя́дный; ~ treatment *мед.* примене́ние противоя́дия

**antidote** [ˈæntɪdəut] *n* противоя́дие (*тж. перен.*)

**anti-fascist** [ˈæntɪˈfæʃɪst] **1.** *n* антифаши́ст

2. *a* антифаши́стский

**antifebrile** [ˈæntɪˈfi:braɪl] *a* противолихора́дочный

**antifreeze** [ˈæntɪfri:z] *n тех.* антифри́з

**antifriction** [ˈæntɪˈfrɪkʃən] *a тех.* антифрикцио́нный

**antigen** [ˈæntɪdʒən] *n физиол.* антиге́н

**anti-icer** [ˈæntɪˈaɪsə] *n ав.* антиобледени́тель

**anti-imperialistic** [ˈæntɪɪmˌpɪərɪəˈlɪstɪk] *a* антиимпериалисти́ческий

**antijamming** [ˈæntɪˈdʒæmɪŋ] *радио* **1.** *n* устране́ние поме́х

2. *a* помехоусто́йчивый

**antiknock** [ˈæntɪˈnɔk] *n авто, ав.* антидетона́тор

**antilogy** [æn'tɪlədʒɪ] *n* противоре́чие

**antimacassar** [ˈæntɪməˈkæsə] *n* салфе́точка (*на спинке мягкой мебели, на столе*)

**antimech(anized)** [ˈæntɪˈmek(ənaɪzd)] *a амер.* противота́нковый

**antimilitaristic** [ˈæntɪˌmɪlɪtəˈrɪstɪk] *a* антимилитари́стский

**anti-missile** [ˈæntɪˈmɪsaɪl] *a* противораке́тный

**antimony** [ˈæntɪmənɪ] *n хим.* сурьма́

**antinomy** [æn'tɪnəmɪ] *n* 1) противоре́чие в зако́не, законода́тельстве; антино́мия 2) парадо́кс

**antipathetic** [ˌæntɪpəˈθetɪk] *a* антипати́чный, внуша́ющий отвраще́ние

**antipathetical** [ˌæntɪpəˈθetɪkəl] = antipathetic

**antipathic** [ˌæntɪˈpæθɪk] *a* 1) противополо́жный, обра́тный (*чему-л.*) 2) *мед.* характеризу́ющийся противополо́жными симпто́мами

**antipathy** [æn'tɪpəθɪ] *n* 1) антипа́тия, отвраще́ние 2) несовмести́мость

**antipersonnel** [ˈæntɪˌpə:səˈnel] *a воен.* противопехо́тный; оско́лочный

**antiphlogistic** [ˈæntɪfləuˈdʒɪstɪk] *a* противовоспали́тельный

**antipodal** [æn'tɪpədl] *a* 1) относя́щийся к антипо́дам, живу́щий *или* располо́женный в противополо́жном полуша́рии 2) диаметра́льно противополо́жный

**antipodes** [æn'tɪpədi:z] *n pl* 1) антипо́ды, жи́тели *или* стра́ны противополо́жных полуша́рий 2) противополо́жности, антипо́ды

**antipoison** [ˈæntɪˈpɔɪzn] *n* 1) противоя́дие 2) *attr.* противоя́дный

**antipole** [ˈæntɪpəul] *n* 1) противополо́жный по́люс 2) диаметра́льная противополо́жность

**antipyretic** [ˈæntɪpaɪˈretɪk] **1.** *a* жаропонижа́ющий

2. *n* жаропонижа́ющее сре́дство

**antiquarian** [ˌæntɪˈkwɛərɪən] **1.** *a* антиква́рный

2. *n* собира́тель, люби́тель дре́вностей, антиква́р

**antiquary** [ˈæntɪkwərɪ] *n* 1) собира́тель дре́вностей, антиква́р 2) торго́вец антиква́рными веща́ми

**antiquated** [ˈæntɪkweɪtɪd] *a* 1) устаре́лый 2) старомо́дный

**antique** [æn'ti:k] **1.** *n* 1) дре́вняя *или* стари́нная вещь; антиква́рная вещь 2) произведе́ние дре́внего (*особ.* анти́чного) иску́сства 3) (the ~) дре́внее (*особ.* анти́чное) иску́сство; анти́чный стиль; drawing from the ~ рисова́ние с анти́чных моде́лей; lover of the ~ люби́тель старины́ 4) *полигр.* анти́ква (*шрифт*)

2. *a* 1) дре́вний; стари́нный 2) анти́чный 3) старомо́дный

**antiquity** [æn'tɪkwɪtɪ] *n* 1) дре́вность; старина́; high ~ глубо́кая дре́вность 2) класси́ческая дре́вность, анти́чность; the nations of ~ наро́ды дре́внего ми́ра 3) *pl* дре́вности

**antirrhinum** [ˌæntɪ'raɪnəm] *n бот.* льви́ный зев
**antiscorbutic** ['æntɪskɔ:'bju:tɪk] **1.** *a* противоцинго́тный
2. *n* противоцинго́тное сре́дство
**anti-Semite** [ˌæntɪ'si:maɪt] *n* антисеми́т
**anti-Semitic** [ˌæntɪsɪ'mɪtɪk] *a* антисеми́тский
**anti-Semitism** [ˌæntɪ'semɪtɪzm] *n* антисемити́зм
**antiseptic** [ˌæntɪ'septɪk] **1.** *a* антисепти́ческий, противогни́лостный
2. *n* антисепти́ческое сре́дство
**antiskid** ['æntɪ'skɪd] *a тех.* нескользя́щий
**antisocial** ['æntɪ'səuʃəl] *a* 1) антиобще́ственный 2) необщи́тельный; недружелю́бный
**anti-submarine** ['æntɪˌsʌbmə'ri:n] *a мор.* противоло́дочный; ~ bomb (*сокр.* a. s. bomb) глуби́нная бо́мба
**anti-tank** ['æntɪ'tæŋk] *a* противота́нковый
**antitheses** [æn'tɪθɪsi:z] *pl от* antithesis
**antithesis** [æn'tɪθɪsɪs] *n* (*pl* -ses) 1) антите́за, противопоставле́ние противополо́жностей 2) контра́ст, по́лная противополо́жность
**antithetic** [ˌæntɪ'θetɪk] *a* 1) антитети́ческий 2) пря́мо противополо́жный
**antithetical** [ˌæntɪ'θetɪkəl] = antithetic
**antitoxic** ['æntɪ'tɔksɪk] *a* противоя́дный, антитокси́ческий
**antitoxin** ['æntɪ'tɔksɪn] *n* противоя́дие, антитокси́н
**anti-trade** ['æntɪ'treɪd] *n* антипасса́т (*ветер*)
**antitrust** [ˌæntɪ'trʌst] *a* напра́вленный про́тив тре́стов, монопо́лий *и т. п.*, антитре́стовский
**antitype** ['æntɪtaɪp] *n* антити́п; антигеро́й
**antityphoid** ['æntɪ'taɪfɔɪd] *a* противотифо́зный
**antiviral** ['æntɪ'vaɪrəl] а противови́русный
**antiwar** [ˌæntɪ'wɔ:] *a* антивое́нный
**antler** ['æntlə] *n* оле́ний рог; отро́сток оле́ньего ро́га
**ant-lion** ['æntˌlaɪən] *n зоол.* мурави́ный лев
**antonym** ['æntəunɪm] *n* анто́ним
**anurous** [ə'nu:rəs] = anourous
**anus** ['eɪnəs] *n анат.* за́дний прохо́д
**anvil** ['ænvɪl] *n* накова́льня ◇ on (*или* upon) the ~ в рабо́те; в проце́ссе рассмотре́ния, обсужде́ния; ~ chorus *амер.* хор недово́льных, протесту́ющих, зло́бствующих; a good ~ does not fear the hammer *посл.* хоро́шую накова́льню мо́лотом не разобьёшь
**anxiety** [æŋ'zaɪətɪ] *n* 1) беспоко́йство, трево́га 2) опасе́ние, забо́та 3) стра́стное жела́ние (for — *чего-л.*; *тж. с inf.*)
**anxious** ['æŋkʃəs] *a* 1) озабо́ченный, беспоко́ящийся (for, about — о); to be (*или* to feel) ~ about беспоко́иться о 2) трево́жный, беспоко́йный (*о деле, времени*) 3) си́льно жела́ющий (for — *чего-л.*; *тж. с inf.*); to be ~ for success стреми́ться к успе́ху; I am ~ to see him мне о́чень хо́чется повида́ть его́ ◇ to be on the ~ seat (*или* bench) *амер.* сиде́ть как на иго́лках, му́читься неизве́стностью
**anxiously** ['æŋkʃəslɪ] *adv* 1) с трево́гой, с волне́нием 2) о́чень, си́льно
**any** ['enɪ] **1.** *pron indef.* 1) како́й-нибудь, ско́лько-нибудь (*в вопр. предл.*); никако́й (*в отриц. предл.*); can you find ~ excuse? мо́жете ли вы найти́ како́е-л. извине́ние, оправда́ние?; have you ~ money? есть ли у вас де́ньги?; I did not find ~ mistakes я не нашёл никаки́х оши́бок 2) вся́кий, любо́й (*в утверд. предл.*); you can get it in ~ shop э́то мо́жно доста́ть в любо́м магази́не; in ~ case во вся́ком слу́чае; at ~ time в любо́е вре́мя 3): he had little money if ~ е́сли у него́ и бы́ли де́ньги, то о́чень немно́го, у него́ почти́ не́ было де́нег
2. *adv* 1) ниско́лько; ско́лько-нибудь (*при сравн. ст.*); they are not ~ the worse for it они́ ниско́лько от э́того не пострада́ли 2) вообще́; во́все; совсе́м; it did not matter ~ э́то не име́ло никако́го значе́ния
**anybody** ['enɪˌbɔdɪ] **1.** *pron indef.* 1) что-нибудь (*в вопр. предл.*); никто́ (*в отриц. предл.*); I haven't seen ~ я никого́ не ви́дел 2) любо́й (*в утверд. предл.*); ~ will do вся́кому по плечу́
2. *n разг.* ва́жное, значи́тельное лицо́; is he ~? он како́е-нибудь ва́жное лицо́? ◇ ~'s guess мо́жет быть и так, кто зна́ет
**anyhow** ['enɪhau] *adv* 1) каки́м бы то ни было о́бразом; так и́ли ина́че (*в утверд. предл.*); ника́к (*в отриц. предл.*); I could not get in ~ я ника́к не мог войти́ 2) во вся́ком слу́чае; что бы то ни́ было; you won't be late ~ во вся́ком слу́чае, вы не опозда́ете 3) ка́к-нибудь; ко́е-ка́к; to do one's work ~ рабо́тать ко́е-ка́к ◇ to feel ~ чу́вствовать себя́ расстро́енным, больны́м; things are all ~ дела́ та́к себе
**anyone** ['enɪwʌn] *pron indef.* 1) кто́-нибудь (*в вопр. предл.*); никто́ (*в отриц. предл.*) 2) любо́й, вся́кий (*в утверд. предл.*)
**anything** ['enɪθɪŋ] *pron indef.* 1) что́-нибудь (*в вопр. предл.*); ничто́ (*в отриц. предл.*); have you lost ~? вы что́-нибудь потеря́ли?; he hasn't found ~ он ничего́ не нашёл; is he ~ like his father? есть у него́ что́-нибудь о́бщее с отцо́м?, он хоть че́м-нибудь похо́ж на отца́? 2) что уго́дно, всё (*в утверд. предл.*); take ~ you like возьми́те всё, что вам нра́вится; ~ but а) всё что уго́дно, то́лько не; he is ~ but a coward он всё что уго́дно, то́лько не трус; б) далеко́ не; it is ~ but clear э́то далеко́ не я́сно ◇ like ~ *разг.* а) си́льно, стреми́тельно, изо всех сил; he ran like ~ он бежа́л изо всех сил; б) чрезвыча́йно, о́чень, ужа́сно; if ~ пожа́луй, е́сли хоти́те; if ~ he has little changed пожа́луй, он совсе́м не измени́лся
**anyway** ['enɪweɪ] = anyhow
**anywhere** ['enɪwεə] *adv* 1) где́-нибудь, куда́-нибудь (*в вопр. предл.*); никуда́ (*в отриц. предл.*); I don't want to go ~ мне никуда́ не хо́чется идти́ 2) где уго́дно, везде́, куда́ уго́дно (*в утверд. предл.*); you can get it ~ вы мо́жете всю́ду э́то доста́ть ◇ ~ from... to... *амер.* в преде́лах, от... до...; the paper's circulation is ~ from 50 to 100 thousand тира́ж газе́ты коле́блется от 50 до 100 ты́сяч
**anywise** ['enɪwaɪz] *adv* каки́м-нибудь о́бразом; в како́й-либо сте́пени
**aorta** [eɪ'ɔ:tə] *n анат.* ао́рта
**aortic** [eɪ'ɔ:tɪk] *a анат.* аорта́льный; ~ arches ду́ги ао́рты
**apace** [ə'peɪs] *adv* бы́стро ◇ ill news comes ~ *посл.* худы́е ве́сти не лежа́т на ме́сте
**apanage** ['æpənɪdʒ] *n* 1) циви́льный лист 2) уде́л; апана́ж 3) атрибу́т, сво́йство
**apart** [ə'pɑ:t] *adv* 1) в стороне́, отде́льно; to stand ~ стоя́ть в стороне́; особняко́м 2) врозь, по́рознь; в отде́льности □ ~ from не говоря́ уже́ о, кро́ме, не счита́я ◇ to take ~ разбира́ть на ча́сти; to grow ~ отдаля́ться друг от дру́га
**apartheid** [ə'pɑ:theɪt] *n* апарте́йд, апа́ртхейд, ра́совая изоля́ция
**apartment** [ə'pɑ:tmənt] *n* 1) ко́мната; *pl* меблиро́ванные ко́мнаты 2) *амер.* кварти́ра; walk-up ~ кварти́ра в до́ме без ли́фта 3) *attr.*: ~ house *амер.* многокварти́рный дом
**apartness** [ə'pɑ:tnɪs] *n* обосо́бленность
**apathetic** [ˌæpə'θetɪk] *a* равноду́шный, безразли́чный, апати́чный
**apathy** ['æpəθɪ] *n* апа́тия, безразли́чие; вя́лость
**apatite** ['æpətaɪt] *n мин.* апати́т
**ape** [eɪp] **1.** *n* 1) (человекообра́зная) обезья́на 2) *перен.* обезья́на, кривля́ка; to act (*или* to play) the ~ а) обезья́нничать, передра́знивать; б) глу́по вести́ себя́, валя́ть дурака́; кривля́ться
2. *v* подража́ть, обезья́нничать; передра́знивать
**apeak** [ə'pi:k] *adv* 1) *мор.* вертика́льно, отве́сно, (о)пане́р 2) торчко́м, «на попа́»
**ape-man** ['eɪpmən] *n* 1) обезьяноподо́бный челове́к 2) прима́т
**aperient** [ə'pɪərɪənt] *мед.* **1.** *n* слаби́тельное
2. *a* слаби́тельный, послабля́ющий
**aperitif** [ə'perɪtɪf] *n* аперити́в
**aperitive** [ə'perɪtɪv] = aperient
**aperture** ['æpətjuə] *n* 1) отве́рстие; сква́жина; щель 2) *стр.* проём; пролёт; ~ of a door дверно́й проём 3) *опт.* аперту́ра
**apery** ['eɪpərɪ] *n* 1) обезья́нничание, кривля́нье 2) обезья́ний пито́мник
**apex** ['eɪpeks] *n* (*pl* -xes [-ksɪz], apices) 1) верху́шка, верши́на 2) *стр.* конёк кры́ши 3) *горн.* приёмная площа́дка укло́на; брёмсберг 4) *attr.*: ~ stone ключево́й, замыка́ющий ка́мень

**aphasia** [æ'feɪzjə] *n мед.* афа́зия
**aphelion** [æ'fi:ljən] *n астр.* афе́лий
**aphides** ['eɪfɪdi:z] *pl от* aphis
**aphis** ['eɪfɪs] *n* (*pl* aphides) тля
**aphonia** [æ'fəunjə] *n мед.* афони́я
**aphony** ['æfənɪ] = aphonia
**aphorism** ['æfərɪzm] *n* афори́зм
**aphoristic** [ˌæfə'rɪstɪk] *a* афористи́чный
**aphrodisiac** [ˌæfrəu'dɪzɪæk] **1.** *a* 1) сладостра́стный 2) возбужда́ющий; обольсти́тельный
**2.** *n* сре́дство, уси́ливающее полово́е чу́вство
**Aphrodite** [ˌæfrəu'daɪtɪ] *n греч. миф.* Афроди́та
**aphtha** ['æfθə] *n* (*pl* -ae) 1) моло́чница (*детская болезнь*) 2) я́щур (*болезнь скота*) 3) *pl мед.* а́фты
**aphthae** ['æfθi:] *pl от* aphtha
**aphyllous** [ə'fɪləs] *a бот.* не име́ющий ли́стьев, безли́ст(вен)ный
**apian** ['eɪpjən] *a* пчели́ный
**apiarian** [ˌeɪpɪ'ɛərɪən] **1.** *a* пчелово́дческий
**2.** *n* = apiarist
**apiarist** ['eɪpjərɪst] *n* пчелово́д
**apiary** ['eɪpjərɪ] *n* пле́льник, па́сека
**apical** ['æpɪkəl] *a* 1) верху́шечный, верши́нный 2) *геол.* апика́льный, верху́шечный, верши́нный
**apices** ['eɪpɪsi:z] *pl от* apex
**apiculture** ['eɪpɪkʌltʃə] *n* пчелово́дство
**apiece** [ə'pi:s] *adv* 1) за шту́ку; поштучно 2) за ка́ждого, с головы́; на ка́ждого; they had five roubles ~ у ка́ждого из них бы́ло по пяти́ рубле́й
**aping** ['eɪpɪŋ] = apery 1)
**apis** ['eɪpɪs] *n* пчела́
**apish** ['eɪpɪʃ] *a* 1) обезья́ний 2) обезья́нничающий 3) глу́пый
**a-plenty** [ə'plentɪ] *adv амер.* в изоби́лии, в избы́тке
**aplomb** [ə'plɔm] *фр. n* апло́мб
**apocalypse** [ə'pɔkəlɪps] *n* апока́липсис
**apocarpous** [ˌæpəu'kɑ:pəs] *a бот.* апока́рпный, разде́льный
**apocope** [ə'pɔkəupɪ] *n лингв.* апо́копа, отпаде́ние после́днего сло́га *или* зву́ка в сло́ве
**apocrypha** [ə'pɔkrɪfə] *n pl* апокрифи́ческие кни́ги
**apocryphal** [ə'pɔkrɪfəl] *a* 1) апокрифи́ческий 2) недостове́рный
**apodal** ['æpədəl] *a зоол.* безно́гий, голобрю́хий (*о рыбах, пресмыкающихся и т. п.*)
**apogee** [ə'pəudʒi:] *n* апоге́й (*тж. астр.*)
**Apollo** [ə'pɔləu] *n* 1) *греч. миф.* Аполло́н 2) краса́вец
**apologetic** [əˌpɔlə'dʒetɪk] *a* 1) извиня́ющийся; he was very ~ он о́чень извиня́лся 2) примири́тельный; he spoke in an ~ tone он говори́л примири́тельным то́ном 3) защити́тельный, апологети́ческий
**apologetics** [əˌpɔlə'dʒetɪks] *n pl* (*употр. как sing*) апологе́тика
**apologize** [ə'pɔlədʒaɪz] *v* извиня́ться (for — в *чём-л.*, to — пе́ред *кем-л.*); приноси́ть официа́льные извине́ния
**apologue** ['æpəlɔg] *n* нравоучи́тельная ба́сня
**apology** [ə'pɔlədʒɪ] *n* 1) извине́ние; to make (*или* to offer) an (*или* one's) ~ принести́ извине́ние, извини́ться 2) защи́та, оправда́ние 3) *разг.* не́что второразря́дное, второсо́ртное; an ~ for a painting! карти́на, с позволе́ния сказа́ть!; a mere ~ for a dinner отврати́тельный обе́д; како́й же э́то обе́д?
**apophthegm** ['æpəuθem] *n ритор.* апоф(т)е́гма (*краткое изречение*)
**apoplectic** [ˌæpəu'plektɪk] **1.** *a* 1) апоплекси́ческий 2) *перен.* раздражи́тельный
**2.** *n* 1) челове́к, скло́нный к апопле́ксии 2) больно́й, перене́сший инсу́льт
**apoplexy** ['æpəupleksɪ] *n* уда́р, парали́ч
**apostasy** [ə'pɔstəsɪ] *n* отсту́пничество (*от своих принципов и т. п.*); изме́на (*делу, партии*)
**apostate** [ə'pɔstɪt] **1.** *n* отсту́пник; изме́нник
**2.** *a* отсту́пнический
**apostatize** [ə'pɔstətaɪz] *v* отступа́ться (*от своих принципов и т. п.*)
**a posteriori** ['eɪpɔsˌterɪ'ɔ:raɪ] *лат.* **1.** *a* апостерио́рный, осно́ванный на о́пыте
**2.** *adv* апостерио́ри, из о́пыта, по о́пыту
**apostle** [ə'pɔsl] *n* 1) апо́стол 2) побо́рник
**apostolic** [ˌæpəs'tɔlɪk] *a* 1) апо́стольский 2) па́пский
**apostolical** [ˌæpəs'tɔlɪkəl] = apostolic
**apostrophe** I [ə'pɔstrəfɪ] *n ритор.* апостро́фа, обраще́ние (*в речи, поэме и т. п.*)
**apostrophe** II [ə'pɔstrəfɪ] *n* апостро́ф (*знак* ')
**apostrophize** I [ə'pɔstrəfaɪz] *v ритор.* обраща́ться (*к кому-л. или чему-л. в речи, поэме и т. п.*)
**apostrophize** II [ə'pɔstrəfaɪz] *v* ста́вить знак апостро́фа
**apothecary** [ə'pɔθɪkərɪ] *n* 1) *уст.* апте́карь 2) *амер.* апте́ка
**apothegm** ['æpəuθem] = apophthegm
**apotheoses** [əˌpɔθɪ'əusi:z] *pl от* apotheosis
**apotheosis** [əˌpɔθɪ'əusɪs] *n* (*pl* -oses) 1) прославле́ние; апофео́з 2) обожествле́ние 3) *церк.* канониза́ция
**appal** [ə'pɔ:l] *v* пуга́ть; устраша́ть
**appalling** [ə'pɔ:lɪŋ] **1.** *pres. p. от* appal
**2.** *a* ужа́сный; потряса́ющий, отта́лкивающий
**appallingly** [ə'pɔ:lɪŋlɪ] *adv* ужаса́юще; потряса́юще
**appanage** ['æpənɪdʒ] = apanage
**apparatus** [ˌæpə'reɪtəs] *n* (*pl* -uses [-əsɪz], *тж. без измен.*) 1) прибо́р, инструме́нт; аппара́т, аппарату́ра; маши́на 2) гимнасти́ческий снаря́д 3) *собир.* о́рганы; the digestive ~ о́рганы пищеваре́ния
**apparel** [ə'pærəl] **1.** *n* 1) *поэт.* одея́ние 2) *церк.* украше́ние на облаче́нии
**2.** *v поэт.* облача́ть; украша́ть
**apparent** [ə'pærənt] *a* 1) ви́димый; ~ to the naked eye ви́димый невооружённым гла́зом; to become ~ обнару́живаться, выявля́ться 2) я́вный, очеви́дный, несомне́нный; ~ noon *астр.* и́стинный по́лдень; ~ time *астр.* и́стинное вре́мя 3) ка́жущийся 4) *юр.* бесспо́рный
**apparently** [ə'pærəntlɪ] *adv* 1) я́вно, очеви́дно 2) по-ви́димому, ви́димо, вероя́тно
**apparition** [ˌæpə'rɪʃən] *n* 1) появле́ние (*особ.* неожи́данное) 2) виде́ние; при́зрак, привиде́ние 3) *астр.* ви́димость
**apparitor** [ə'pærɪtɔ:] *n* 1) чино́вник в гражда́нском *или* церко́вном суде́; ≅ суде́бный при́став 2) университе́тский пе́дель
**appeal** [ə'pi:l] **1.** *n* 1) призы́в, обраще́ние (to — к) 2) воззва́ние; World Peace Council's A. Обраще́ние Всеми́рного Сове́та Ми́ра 3) про́сьба, мольба́ (for — о); ~ for pardon про́сьба о поми́ловании 4) привлека́тельность; to make an ~ to smb. привлека́ть кого́-л., де́йствовать притяга́тельно на кого́-л.; to have ~ быть привлека́тельным, нра́виться 5) влече́ние 6) *юр.* апелля́ция; пра́во апелля́ции
**2.** *v* 1) апелли́ровать, обраща́ться, прибега́ть, взыва́ть (to — к); to ~ to the fact ссыла́ться на факт; to ~ to reason апелли́ровать к здра́вому смы́слу; to ~ to arms прибега́ть к ору́жию 2) взыва́ть, умоля́ть 3) привлека́ть, притя́гивать; нра́виться; these pictures do not ~ to me э́ти карти́ны не тро́гают меня́ 4) *юр.* подава́ть апелляцио́нную жа́лобу ◇ to ~ to the country распусти́ть парла́мент и назна́чить но́вые вы́боры; to ~ from Philip drunk to Philip sober ≅ угова́ривать отказа́ться от необду́манного реше́ния
**appealable** [ə'pi:ləbl] *a* могу́щий быть обжа́лованным, подлежа́щий обжа́лованию
**appealing** [ə'pi:lɪŋ] **1.** *pres. p. от* appeal 2
**2.** *a* 1) тро́гательный 2) привлека́тельный
**appear** [ə'pɪə] *v* 1) пока́зываться; появля́ться 2) проявля́ться 3) выступа́ть на сце́не; to ~ in the character of Othello игра́ть роль Оте́лло 4) выступа́ть (официа́льно, публи́чно); to ~ for the defendant выступа́ть в суде́ в ка́честве защи́тника обвиня́емого 5) предста́ть (*перед судом*) 6) выходи́ть, издава́ться; появля́ться (*в печати*) 7) производи́ть впечатле́ние; каза́ться; strange as it may ~ как бы стра́нно ни показа́лось; you ~ to forget вы, по-ви́димому, забыва́ете 8) я́вствовать; it ~s from this из э́того я́вствует
**appearance** [ə'pɪərəns] *n* 1) появле́ние; to put in an ~ появи́ться ненадо́лго (*на собрании, вечере и т. п.*); to make an (*или* one's) ~ пока́зы-

ваться, появля́ться 2) (вне́шний) вид, нару́жность 3) ви́димость; to all ~(s) су́дя по всему́; по-ви́димому 4) выступле́ние; her first ~ was a success её дебю́т прошёл с успе́хом 5) вы́ход из печа́ти 6) явле́ние (*обыкн. загадочное*); фено́мен 7) при́зрак ◇ to keep up ~s соблюда́ть прили́чия

**appeasable** [ə'pi:zəbl] *a* покла́дистый, сгово́рчивый

**appease** [ə'pi:z] *v* 1) успока́ивать; умиротворя́ть 2) ублажа́ть, потака́ть 3) облегча́ть (*боль, горе*) 4) утоля́ть

**appeasement** [ə'pi:zmənt] *n* умиротворе́ние *и пр.* [*см.* appease]; a policy of ~ поли́тика попусти́тельства агре́ссору

**appellant** [ə'pelənt] **1.** *n* апелля́нт; жа́лобщик

**2.** *a* 1) апелли́рующий, жа́лующийся 2) *юр.* апелляцио́нный

**appellate** [ə'pelɪt] *a* апелляцио́нный; ~ court *амер.* апелляцио́нный суд

**appellation** [,æpə'leɪʃən] *n* и́мя, назва́ние

**appellative** [ə'pelətɪv] **1.** *n* 1) и́мя, назва́ние 2) *грам.* и́мя (существи́тельное) нарица́тельное

**2.** *a грам.* нарица́тельный

**appellee** [,æpe'li:] *n юр.* отве́тчик по апелля́ции

**append** [ə'pend] *v* 1) приве́шивать; присоединя́ть 2) прибавля́ть; прилага́ть (*что-л. к письму, книге и т. п.*)

**appendage** [ə'pendɪdʒ] *n* 1) прида́ток; приве́сок 2) приложе́ние

**appendices** [ə'pendɪsi:z] *pl от* appendix

**appendicitis** [ə,pendɪ'saɪtɪs] *n мед.* аппендици́т

**appendix** [ə'pendɪks] *n* (*pl* -ices) 1) добавле́ние 2) приложе́ние (*содержащее библиографию, примечания и т. п.*) 3) *анат.* червеобра́зный отро́сток, аппе́ндикс 4) аппе́ндикс (*аэростата*)

**apperception** [,æpə(:)'sepʃən] *n психол.* апперце́пция

**appertain** [,æpə'teɪn] *v* принадлежа́ть; относи́ться (to — к *чему-л.*)

**appetence, -cy** ['æpɪtəns, -sɪ] *n* 1) жела́ние (of, for, after) 2) влече́ние (*особ. половое*; for)

**appetite** ['æpɪtaɪt] *n* 1) аппети́т 2) инстинкти́вная потре́бность (*в пище, питье и т. п.*); sexual ~ полово́е влече́ние 3) охо́та, скло́нность; an ~ for reading скло́нность к чте́нию ◇ ~ comes with eating *посл.* аппети́т прихо́дит во вре́мя еды́

**appetizer** ['æpɪtaɪzə] *n* 1) то, что возбужда́ет аппети́т, придаёт вкус 2) *амер.* заку́ска

**appetizing** ['æpɪtaɪzɪŋ] *a* аппети́тный, вызыва́ющий аппети́т; вку́сный; привлека́тельный

**applaud** [ə'plɔ:d] *v* 1) аплоди́ровать, рукоплеска́ть 2) одобря́ть; he ~ed my decision он одо́брил моё реше́ние

**applause** [ə'plɔ:z] *n* 1) аплодисме́нты, рукоплеска́ния; there was loud ~ for the actor актёру гро́мко аплоди́ровали 2) одобре́ние

**apple** ['æpl] *n* 1) я́блоко 2) я́блоня ◇ ~ of discord я́блоко раздо́ра; ~ of one's eye а) зрачо́к; б) зени́ца о́ка; the rotten ~ injures its neighbours *посл.* ≅ парши́вая овца́ всё ста́до по́ртит

**apple-brandy** ['æpl,brændɪ] *n* я́блочная во́дка

**apple-cart** ['æplkɑ:t] *n* теле́жка с я́блоками ◇ to upset smb.'s ~ расстра́ивать чьи-л. пла́ны

**apple dumpling** ['æpl,dʌmplɪŋ] *n* я́блоко, запечённое в те́сте

**apple-grub** ['æplgrʌb] *n* 1) червь 2) червото́чина

**apple-jack** ['æpl'dʒæk] *амер.* = apple-brandy

**apple-pie** ['æpl'paɪ] *n* я́блочный пиро́г ◇ ~ order образцо́вый, по́лный поря́док; ~ bed крова́ть, засте́ленная таки́м о́бразом, что невозмо́жно вы́тянуть но́ги (*проделка, распространённая в английских школьных интернатах*)

**apple-quince** ['æplkwɪns] = quince

**apple sauce** ['æpl'sɔ:s] *n* 1) я́блочное пюре́ 2) *амер. разг.* лесть 3) чепуха́, ерунда́

**apple-tree** ['æpltri:] *n* я́блоня

**appliance** [ə'plaɪəns] *n* 1) приспособле́ние, прибо́р; domestic electric ~s бытовы́е электроприбо́ры 2) *редк.* примене́ние 3) *attr.*: ~ load *эл.* бытова́я нагру́зка

**applicable** ['æplɪkəbl] *a* примени́мый, приго́дный, подходя́щий (to)

**applicant** ['æplɪkənt] *n* 1) претенде́нт, кандида́т 2) проси́тель

**application** [,æplɪ'keɪʃən] *n* 1) заявле́ние; проше́ние; to put in an ~ пода́ть заявле́ние 2) примене́ние; примени́мость 3) прикла́дывание (*горчичника, пластыря и т. п.*) 4) употребле́ние (*лекарства*) 5) прилежа́ние, рве́ние, стара́ние (*тж.* ~ to work)

**application blank** [,æplɪ'keɪʃən-'blæŋk] = application form

**application form** [,æplɪ'keɪʃən'fɔ:m] *n* анке́та поступа́ющего на рабо́ту

**applied** [ə'plaɪd] **1.** *p. p. от* apply

**2.** *a* прикладно́й

**appliqué** [æ'pli:keɪ] *фр. n* апплика́ция

**apply** [ə'plaɪ] *v* 1) обраща́ться (for — за *работой, помощью, справкой, разрешением и т. п.*; to — к *кому-л.*) 2) прилага́ть 3) применя́ть; употребля́ть; to ~ brakes тормози́ть 4) прикла́дывать 5) *refl.* занима́ться (*чем-л.*), направля́ть своё внима́ние (*на что-л.*) 6) каса́ться, относи́ться; быть прие́млемым; this rule applies to all э́то пра́вило отно́сится ко всем ◇ to ~ the undertakings выполня́ть обяза́тельства

**appoint** [ə'pɔɪnt] *v* 1) назнача́ть, определя́ть; they found it necessary to ~ the exact time and place of their meeting они́ посчита́ли необходи́мым назна́чить то́чное вре́мя и ме́сто встре́чи; he was ~ed manager его́ назна́чили управля́ющим 2) предпи́сывать 3) устра́ивать, приводи́ть в поря́док 4) снаряжа́ть; обору́довать

**appointed** [ə'pɔɪntɪd] **1.** *p. p. от* appoint

**2.** *a* 1) назна́ченный, определённый; to come at the ~ time прийти́ в назна́ченное вре́мя 2) обору́дованный; well (badly) ~ хорошо́ (пло́хо) обору́дованный

**appointee** [əpɔɪn'ti:] *n* получи́вший назначе́ние, назна́ченный

**appointive** [ə'pɔɪntɪv] *a амер.* замеща́емый по назначе́нию, а не по вы́борам (*о должности*)

**appointment** [ə'pɔɪntmənt] *n* 1) назначе́ние, определе́ние (*на должность*) 2) ме́сто, до́лжность; to hold an ~ занима́ть до́лжность 3) свида́ние, усло́вленная встре́ча; we made an ~ for tomorrow мы усло́вились встре́титься за́втра; to keep (to break) an ~ прийти́ (не прийти́) в назна́ченное вре́мя *или* ме́сто; by (previous) ~ по (предвари́тельной) за́писи (*у врача и т. п.*) 4) *юр.* распределе́ние насле́дственного иму́щества по дове́ренности 5) *pl* обору́дование; обстано́вка, ме́бель

**apportion** [ə'pɔ:ʃən] *v* распределя́ть, разделя́ть, дели́ть (*соразмерно, пропорционально*); to ~ one's time распределя́ть своё вре́мя

**apportionment** [ə'pɔ:ʃənmənt] *n* пропорциона́льное распределе́ние

**apposite** ['æpəuzɪt] *a* подходя́щий уме́стный; уда́чный; an ~ remark уме́стное замеча́ние

**appositely** ['æpəuzɪtlɪ] *adv* кста́ти

**apposition** [,æpəu'zɪʃən] *n* 1) присоедине́ние, прикла́дывание; ~ of seal приложе́ние печа́ти 2) *грам.* приложе́ние (*тж.* a noun in ~)

**appraisal** [ə'preɪzəl] *n* оце́нка (*тж. перен.*)

**appraise** [ə'preɪz] *v* оце́нивать, расце́нивать

**appraisement** [ə'preɪzmənt] *n* оце́нка

**appraiser** [ə'preɪzə] *n* оце́нщик; такса́тор

**appreciable** [ə'pri:ʃəbl] *a* 1) заме́тный, ощути́мый 2) поддаю́щийся оце́нке

**appreciate** [ə'pri:ʃɪeɪt] *v* 1) оце́нивать 2) (высоко́) цени́ть; I ~ your kindness я ценю́ ва́шу доброту́ 3) понима́ть; I ~ your difficulty я понима́ю, как вам тру́дно; я понима́ю, в чём для вас тру́дность 4) принима́ть во внима́ние; to ~ the necessity учи́тывать, принима́ть во внима́ние необходи́мость 5) ощуща́ть; различа́ть; to ~ colours различа́ть цвета́ 6) повыша́ть(ся) в це́нности

**appreciation** [ə,pri:ʃɪ'eɪʃən] *n* 1) оце́нка 2) высо́кая оце́нка 3) понима́ние; she has an ~ of art она́ (хорошо́) понима́ет иску́сство 4) призна́тельность 5) определе́ние, различе́ние 6) благоприя́тный о́тзыв; положи́тельная реце́нзия 7) повыше́ние це́нности; вздорожа́ние; ~ of capital повыше́ние сто́имости капита́ла

**appreciative** [ə'pri:ʃjətɪv] *a* восприи́мчивый; уме́ющий цени́ть, благода́рный

**apprehend** [ˌæprɪˈhend] *v* 1) понима́ть, схва́тывать 2) предчу́вствовать (*что-л. дурное*), ожида́ть (*несчастья*), опаса́ться; to ~ danger чу́ять опа́сность 3) заде́рживать, аресто́вывать

**apprehensible** [ˌæprɪˈhensəbl] *a* поня́тный, постижи́мый

**apprehension** [ˌæprɪˈhenʃən] *n* 1) (*часто pl*) опасе́ние; мра́чное предчу́вствие; to be under ~ of one's life опаса́ться за свою́ жизнь 2) понима́ние; спосо́бность схва́тывать; quick of ~ бы́стро схва́тывающий; dull of ~ ту́го сообража́ющий 3) представле́ние, мне́ние 4) задержа́ние, аре́ст

**apprehensive** [ˌæprɪˈhensɪv] *a* 1) по́лный стра́ха, трево́ги, предчу́вствий 2) поня́тливый, сообрази́тельный

**apprentice** [əˈprentɪs] **1.** *n* 1) учени́к, подмасте́рье; to bind smb. ~ отда́ть кого́-л. в уче́ние (ремеслу́) 2) новичо́к; начина́ющий

**2.** *v* отдава́ть в уче́ние; to ~ smb. (to a tailor, a shoemaker, *etc.*) отда́ть кого́-л. в уче́ние (к портно́му, сапо́жнику *и т. п.*)

**apprenticeship** [əˈprentɪʃɪp] *n* 1) уче́ние, учени́чество; articles of ~ усло́вия догово́ра ме́жду ученико́м и хозя́ином 2) срок уче́ния (*в старину 7 лет*)

**apprise** I [əˈpraɪz] *v* извеща́ть, информи́ровать; to ~ smb. of smth. информи́ровать кого́-л. о чём-л.

**apprise** II [əˈpraɪz] *v уст.* оце́нивать, расце́нивать

**apprize** I, II [əˈpraɪz] = apprise I *и* II

**appro** [æˈprəu] *n* (*сокр. от* approbation, approval): on ~ *эк.* на про́бу (*с правом возвращения товара обратно*)

**approach** [əˈprəutʃ] **1.** *n* 1) приближе́ние; the ~ of summer наступле́ние ле́та 2) по́дступ, подхо́д (*тж. перен.*); easy of ~ легкодосту́пный; difficult of ~ труднодосту́пный; to make ~es to smb. стара́ться привле́чь внима́ние кого́-л., *разг.* подъезжа́ть к кому́-л.; he's rather difficult to ~ ≅ к нему́ не подойдёшь 3) *pl* ава́нсы; попы́тки 4) (*обыкн. pl*) *воен.* по́дступ 5) *ав.* захо́д на поса́дку; instrument ~ захо́д на поса́дку по прибо́рам 6) *attr.*: ~ road подъездно́й путь

**2.** *v* 1) приближа́ться, подходи́ть 2) приближа́ться, быть почти́ ра́вным, похо́жим 3) де́лать предложе́ния, начина́ть перегово́ры; I ~ed him on the matter я обрати́лся к нему́ по э́тому вопро́су; he ~ed me for information он обрати́лся ко мне за све́дениями 4) пыта́ться повлия́ть (*на кого-л.*)

**approachable** [əˈprəutʃəbl] *a* 1) досту́пный; достижи́мый 2) охо́тно иду́щий навстре́чу (*предложениям и т. п.*)

**approbate** [ˈæprəubeɪt] *v амер.* 1) одобря́ть 2) санкциони́ровать

**approbation** [ˌæprəuˈbeɪʃən] *n* 1) одобре́ние; on ~ *см.* appro 2) са́нкция, согла́сие; by ~ с согла́сия

**approbatory** [ˈæprəubeɪtərɪ] *a* одобри́тельный

**appropriate** **1.** *a* [əˈprəuprɪɪt] 1) подходя́щий, соотве́тствующий (to, for) 2) сво́йственный, прису́щий (to)

**2.** *v* [əˈprəuprɪeɪt] 1) присва́ивать 2) предназнача́ть 3) ассигнова́ть

**appropriation** [əˌprəuprɪˈeɪʃən] *n* 1) присвое́ние 2) назначе́ние, ассигнова́ние (*на определённую цель*) ◇ A. Bill фина́нсовый законопрое́кт

**appropriation-in-aid** [əˌprəuprɪˈeɪʃənɪnˈeɪd] *n* дота́ция, субси́дия

**approval** [əˈpruːvəl] *n* 1) одобре́ние; благоприя́тное мне́ние; he gave his ~ to our plan он одо́брил наш план; to meet with ~ получи́ть одобре́ние; on ~ *см.* appro 2) утвержде́ние; са́нкция 3) рассмотре́ние; to submit for ~ предста́вить на рассмотре́ние, для оце́нки

**approve** [əˈpruːv] *v* 1) одобря́ть (of) 2) утвержда́ть (*особ. постановление*); санкциони́ровать 3) *refl.* пока́зывать; проявля́ть себя́; he ~d himself a good pianist он показа́л себя́ хоро́шим пиани́стом

**approved** [əˈpruːvd] **1.** *p. p. от* approve

**2.** *a*: ~ school исправи́тельная шко́ла для малоле́тних правонаруши́телей

**approvingly** [əˈpruːvɪŋlɪ] *adv* одобри́тельно

**approximate** **1.** *a* [əˈprɔksɪmɪt] 1) находя́щийся бли́зко; бли́зкий (to — к) 2) приблизи́тельный; ~ value *мат.* приближённое значе́ние

**2.** *v* [əˈprɔksɪmeɪt] 1) приближа́ть(ся); почти́ соотве́тствовать 2) приблизи́тельно равня́ться

**approximately** [əˈprɔksɪmɪtlɪ] *adv* приблизи́тельно, приближённо, почти́; highly ~ весьма́ приблизи́тельно

**approximation** [əˌprɔksɪˈmeɪʃən] *n* 1) приближе́ние 2) приблизи́тельная *или* о́чень бли́зкая су́мма, ци́фра *и т. п.*; приближённое значе́ние

**appurtenance** [əˈpəːtɪnəns] *n* 1) принадле́жность 2) прида́ток

**appurtenant** [əˈpəːtɪnənt] **1.** *n* 1) принадле́жность 2) прида́ток

**2.** *a* принадлежа́щий; относя́щийся

**apricot** [ˈeɪprɪkɔt] *n* 1) абрико́с 2) абрико́совое де́рево 3) абрико́совый цвет

**April** [ˈeɪprəl] *n* 1) апре́ль 2) *attr.* апре́льский; ~ weather то дождь, то со́лнце; *перен.* то смех, то слёзы ◇ ~ fish первоапре́льская шу́тка

**April-fool** [ˈeɪprəlfuːl] *n* челове́к, одура́ченный 1-го апре́ля

**April-fool-day** [ˈeɪprəlˈfuːldeɪ] *n* день весёлых обма́нов (*1 апреля*)

**a priori** [ˈeɪpraɪˈɔːraɪ] *лат.* **1.** *a* априо́рный

**2.** *adv* априо́ри

**apriority** [ˌeɪpraɪˈɔrɪtɪ] *n* априо́рность

**apron** [ˈeɪprən] *n* 1) пере́дник, фа́ртук 2) по́лость (*в экипаже*) 3) *театр.* авансце́на 4) *ав.* бетони́рованная площа́дка пе́ред анга́ром 5) *гидр.* поро́г, водобо́й 6) *тех.* фа́ртук (*суппорта станка*)

**apron-strings** [ˈeɪprənˈstrɪŋz] *n pl* завя́зки пере́дника ◇ to be tied (*или* to be pinned) to one's wife's ~ ≅ быть под каблуко́м у жены́, держа́ться за же́нину ю́бку

**apropos** [ˈæprəpəu] *фр.* **1.** *a* своевре́менный, подходя́щий, уме́стный

**2.** *adv* 1) кста́ти, ме́жду про́чим 2) относи́тельно, по по́воду; ~ of this по по́воду э́того

**apse** [æps] *n архит.* апси́да

**apsides** [æpˈsaɪdiːz] *pl от* apsis

**apsis** [ˈæpsɪs] *n* (*pl* apsides) *астр.* апси́да

**apt** [æpt] *a* 1) подходя́щий; an ~ quotation уда́чная цита́та 2) скло́нный, подве́рженный (*с inf.*); ~ to take fire легковоспламеня́ющийся 3) спосо́бный (at — к) 4) *predic.* вероя́тный, возмо́жный; скло́нный; he is ~ to succeed он, вероя́тно, бу́дет име́ть успе́х

**apterous** [ˈæptərəs] *a зоол.* бескры́лый

**aptitude** [ˈæptɪtjuːd] *n* 1) приго́дность; уме́стность 2) скло́нность (for) 3) спосо́бности

**apyrous** [eɪˈpaɪrəs] *a* несгора́емый; огнеупо́рный

**aquafortis** [ˈækwəˈfɔːtɪs] *n* концентри́рованная азо́тная кислота́

**aquafortist** [ˈækwəˈfɔːtɪst] *n* офорти́ст

**aqualung** [ˈækwəlʌŋ] *n* аквала́нг

**aquamarine** [ˌækwəməˈriːn] **1.** *n* 1) *мин.* аквамари́н 2) зеленова́то-голубо́й цвет

**2.** *a* 1) аквамари́новый 2) зеленова́то-голубо́й

**aquaplane** [ˈækwəpleɪn] **1.** *n спорт.* аквапла́н

**2.** *v* скользи́ть на аквапла́не

**aqua regia** [ˈækwəˈriːdʒjə] *n хим.* ца́рская во́дка

**aquarelle** [ˌækwəˈrel] *n* акваре́ль

**aquarellist** [ˌækwəˈrelɪst] *n* акварели́ст

**aquarium** [əˈkwɛərɪəm] *n* аква́риум

**Aquarius** [əˈkwɛərɪəs] *n* Водоле́й (*созвездие и знак зодиака*)

**aquatic** [əˈkwætɪk] *a* 1) водяно́й 2) во́дный

**aquatics** [əˈkwætɪks] *n pl* во́дные ви́ды спо́рта

**aquatint** [ˈækwətɪnt] *n иск.* аквати́нта

**aquation** [əˈkweɪʃən] *n хим.* гидрата́ция

**aqua-vitae** [ˈækwəˈvaɪtiː] *n* во́дка, кре́пкий спиртно́й напи́ток

**aqueduct** [ˈækwɪdʌkt] *n* 1) акведу́к, водопрово́д 2) *анат.* кана́л, труба́, прохо́д

**aqueous** [ˈeɪkwɪəs] *a* 1) водяно́й; водяни́стый; ~ solution во́дный раство́р; ~ chamber *анат.* пере́дняя ка́мера гла́за 2) *геол.* оса́дочный

**aquifer** [ˈækwɪfə] *n геол.* водоно́сный слой *или* горизо́нт

**aquiferous** [əˈkwɪfərəs] *a геол.* водоно́сный

**aquiline** [ˈækwɪlaɪn] *a* орли́ный

**Arab** [ˈærəb] **1.** *n* 1) ара́б; ара́бка 2) ара́бская ло́шадь ◇ street ~ беспризо́рник, у́личный мальчи́шка

**2.** *a* ара́бский

**arabesque** [ˌærəˈbesk] **1.** *n* арабе́ска

2. *a* 1) ара́бский, маврита́нский 2) фантасти́ческий, причу́дливый, прихотли́вый

**Arabian** [ə'reɪbjən] **1.** *a* ара́бский ◇ ~ Nights' Entertainments, ~ Nights ара́бские ска́зки, «Ты́сяча и одна́ ночь»; ~ bird ска́зочная пти́ца Фе́никс

2. *n* арави́ец; арави́йка

**Arabic** ['ærəbɪk] **1.** *a* ара́бский; арави́йский; ~ numerals ара́бские ци́фры

2. *n* ара́бский язы́к

**arable** ['ærəbl] **1.** *a* па́хотный

2. *n* па́хота; па́шня

**arachnid** [ə'ræknɪd] *n* паукообра́зное насеко́мое

**arachnitis** [ˌæræk'naɪtəs] = arachnoiditis

**arachnoid** [ə'ræknɔɪd] **1.** *n анат.* паути́нная оболо́чка (*мозга*)

2. *a бот.* паутинообра́зный

**arachnoiditis** [əˌræknɔɪ'daɪtəs] *n мед.* арахноиди́т

**araeometer** [ˌærɪ'ɔmɪtə] = areometer

**Aramaic** [ˌærə'meɪɪk] *n* араме́йский язы́к

**arbalest** ['ɑ:bəlɪst] *n ист.* арбале́т, самостре́л

**arbalester** ['ɑ:bəlɪstə] *n ист.* арбале́тчик

**arbiter** ['ɑ:bɪtə] *n* 1) арби́тр; трете́йский судья́ 2) верши́тель су́деб

**arbitrage** ['ɑ:bɪtrɪdʒ] *n фин.* ску́пка це́нных бума́г *и т. п.* для перепрода́жи

**arbitral** ['ɑ:bɪtrəl] *a* арбитра́жный, трете́йский

**arbitrament** [ɑ:'bɪtrəmənt] *n* 1) арбитра́ж 2) реше́ние, при́нятое арби́тром; авторите́тное реше́ние

**arbitrary** ['ɑ:bɪtrərɪ] *a* 1) произво́льный 2) капри́зный 3) деспоти́ческий 4) *мат.*: ~ constant произво́льная постоя́нная ◇ ~ signs and symbols усло́вные зна́ки и обозначе́ния

**arbitrate** ['ɑ:bɪtreɪt] *v* 1) выноси́ть трете́йское реше́ние, быть трете́йским судьёй 2) передава́ть вопро́с трете́йскому суду́

**arbitration** [ˌɑ:bɪ'treɪʃən] *n* трете́йский суд, арбитра́ж; ~ of exchange *фин.* валю́тный арбитра́ж

**arbitrator** ['ɑ:bɪtreɪtə] *n* трете́йский судья́, арби́тр

**arbor** I ['ɑ:bɔ:] *n амер.* 1) де́рево 2) *attr.*: A. Day весе́нний пра́здник древонасажде́ния

**arbor** II ['ɑ:bə] *n тех.* вал; ось; шпи́ндель, опра́вка

**arboraceous** [ˌɑ:bə'reɪʃəs] *a* древови́дный; древе́сный

**arboreal** [ɑ:'bɔ:rɪəl] *a* 1) древе́сный; относя́щийся к де́реву 2) *зоол.* древе́сный, живу́щий на дере́вьях

**arboreous** [ɑ:'bɔ:rɪəs] *a* 1) леси́стый 2) древови́дный 3) = arboreal 2)

**arborescent** [ˌɑ:bə'resnt] *a* древови́дный

**arboreta** [ˌɑ:bə'ri:tə] *pl от* arboretum

**arboretum** [ˌɑ:bə'ri:təm] *лат. n* (*pl* -ta) древе́сный пито́мник

**arboriculture** ['ɑ:bərɪkʌltʃə] *n* лесово́дство; разведе́ние, выра́щивание дере́вьев

**arboriculturist** [ˌɑ:bərɪ'kʌltʃərɪst] *n* лесово́д

**arborization** [ˌɑ:bərɪ'zeɪʃən] *n* 1) *мин.* древови́дное образова́ние в криста́ллах, го́рных поро́дах 2) *анат.* древови́дное разветвле́ние не́рвных кле́ток *или* кровено́сных сосу́дов

**arbour** ['ɑ:bə] *n* бесе́дка (*из зелени*)

**arbutus** [ɑ:'bju:təs] *n* земляни́чное де́рево

**arc** [ɑ:k] **1.** *n* 1) *мат.* дуга́; ~ of fire *воен.* се́ктор обстре́ла 2) ра́дуга 3) электри́ческая дуга́ 4) *attr.* дугово́й; ~ lamp дугова́я ла́мпа; ~ welding электродугова́я сва́рка

2. *v эл.* образова́ть дугу́

**arcade** [ɑ:'keɪd] *n* 1) пасса́ж с магази́нами 2) *архит.* арка́да; сво́дчатая галере́я

**arcadian** [ɑ:'keɪdjən] **1.** *a* арка́дский; идилли́ческий; се́льский

2. *n* обита́тель Арка́дии, обита́тель счастли́вой, идилли́ческой страны́

**arcana** [ɑ:'keɪnə] *pl от* arcanum

**arcanum** [ɑ:'keɪnəm] *n* (*pl* -na) 1) та́йна 2) *уст.* колдовско́й напи́ток, сна́добье

**arc-boutant** [ˌɑ:bu(:)'tɑ:ŋ] *фр. n* (*pl* arcs-boutants) *стр.* подпо́рная а́рка, а́рочный контрфо́рс

**arch** I [ɑ:tʃ] **1.** *n* 1) а́рка; свод 2) дуга́; проги́б 3) ра́дуга 4) *attr.* а́рочный; сво́дчатый; ~ bridge а́рочный мост; ~ dam а́рочная плоти́на

2. *v* 1) перекрыва́ть сво́дом; придава́ть фо́рму а́рки 2) изгиба́ть(ся) дуго́й

**arch** II [ɑ:tʃ] *a* игри́вый, лука́вый

**arch-** [ɑ:tʃ-] *pref* архи-: а) гла́вный, ста́рший; archbishop архиепи́скоп; б) отъя́вленный, са́мый большо́й; ~-liar отъя́вленный лжец; ~-rogue архиплу́т; в) *редк.* пе́рвый, первонача́льный; ~-founder основа́тель

**Archaean** [ɑ:'ki(:)ən] *a геол.* архе́йский

**archaeological** [ˌɑ:kɪə'lɔdʒɪkəl] *a* археологи́ческий

**archaeologist** [ˌɑ:kɪ'ɔlədʒɪst] *n* архео́лог

**archaeology** [ˌɑ:kɪ'ɔlədʒɪ] *n* археоло́гия

**archaic** [ɑ:'keɪɪk] *a* архаи́ческий, устаре́лый

**archaism** ['ɑ:keɪɪzm] *n* архаи́зм, устаре́вшее сло́во *или* выраже́ние

**archaize** ['ɑ:keɪaɪz] *v* 1) подража́ть архаи́ческим фо́рмам 2) употребля́ть архаи́змы

**archangel** ['ɑ:kˌeɪndʒəl] *n* 1) арха́нгел 2) *бот.* ду́дник тёмно-пурпу́ровый; white ~ глуха́я крапи́ва

**archbishop** ['ɑ:tʃ'bɪʃəp] *n* архиепи́скоп

**archbishopric** [ɑ:tʃ'bɪʃəprɪk] *n* архиепи́скопство

**archdeacon** ['ɑ:tʃ'di:kən] *n* архидиа́кон

**archdiocese** ['ɑ:tʃ'daɪəsɪs] *n* епа́рхия архиепи́скопа

**arched** [ɑ:tʃt] **1.** *p. p. от* arch I, 2

2. *a* 1) изо́гнутый 2) сво́дчатый; куполови́дный 3) а́рочный; ~ girder *стр.* а́рочная ба́лка, фе́рма

**arch-enemy** ['ɑ:tʃ'enɪmɪ] *n* 1) закля́тый враг 2) сатана́

**Archeozoic** [ˌɑ:kɪ'zəuɪk] *a геол.* археозо́йский

**archer** ['ɑ:tʃə] *n* 1) стрело́к из лу́ка, лу́чник 2) (A.) Стреле́ц (*созвездие и знак зодиака*)

**archery** ['ɑ:tʃərɪ] *n* 1) стрельба́ из лу́ка 2) *собир. разг.* гру́ппа стрелко́в из лу́ка

**archetype** ['ɑ:kɪtaɪp] *n* оригина́л, образе́ц; прототи́п

**arch-fiend** ['ɑ:tʃ'fi:nd] *n* сатана́

**archil** ['ɑ:kɪl] *n бот.* лекано́ра, рокце́лла (*лишайники*)

**Archimedean** [ˌɑ:kɪ'mi:djən] *a* архиме́дов; ~ screw архиме́дов винт

**archipelago** [ˌɑ:kɪ'pelɪgəu] *n* (*pl* -os, -oes [-əuz]) 1) архипела́г; гру́ппа острово́в 2) (A.) Эге́йское мо́ре

**architect** ['ɑ:kɪtekt] *n* 1) архите́ктор, зо́дчий; civil ~ гражда́нский архите́ктор; naval ~ корабе́льный инжене́р 2) *перен.* творе́ц, созда́тель; ~ of one's own fortunes кузне́ц своего́ сча́стья

**architectonic** [ˌɑ:kɪtek'tɔnɪk] *a* 1) архитекту́рный 2) конструкти́вный 3) относя́щийся к систематиза́ции нау́ки

**architectonics** [ˌɑ:kɪtek'tɔnɪks] *n pl* (*употр. как sing*) 1) архитекто́ника 2) зо́дчество

**architectural** [ˌɑ:kɪ'tektʃərəl] *a* архитекту́рный; ~ engineering строи́тельная те́хника

**architecture** ['ɑ:kɪtektʃə] *n* 1) архитекту́ра, зо́дчество 2) архитекту́рный стиль 3) построе́ние; the ~ of a speech построе́ние ре́чи

**architrave** ['ɑ:kɪtreɪv] *n архит.* архитра́в

**archival** [ɑ:'kaɪvəl] *a* архи́вный

**archives** ['ɑ:kaɪvz] *n pl* архи́в

**archivist** ['ɑ:kɪvɪst] *n* архива́риус

**archly** ['ɑ:tʃlɪ] *adv* лука́во

**archness** ['ɑ:tʃnɪs] *n* лука́вство

**archway** ['ɑ:tʃweɪ] *n* 1) а́рка 2) прохо́д под а́ркой; сво́дчатый прохо́д

**archwise** ['ɑ:tʃwaɪz] *adv* в ви́де а́рки, дугообра́зно

**arcing** ['ɑ:kɪŋ] **1.** *pres. p. от* arc 2

2. *n эл.* искре́ние; образова́ние *или* горе́ние дуги́

**arcs-boutants** [ˌɑ:bu(:)'tɑ:ŋ] *pl от* arc-boutant

**arctic** ['ɑ:ktɪk] **1.** *a* 1) аркти́ческий, поля́рный, се́верный 2) холо́дный

2. *n* 1) (the A.) А́рктика 2) *pl амер.* тёплые бо́ты

**Arctic Circle** ['ɑ:ktɪk'sə:kl] *n* Се́верный поля́рный круг

**arctic fox** ['ɑ:ktɪkfɔks] *n* песе́ц

**arcticize** ['ɑ:ktɪsaɪz] *v* приспоса́бливать к рабо́те в аркти́ческих усло́виях; ~d vehicle автомаши́на, обору́дованная для рабо́ты в аркти́ческих усло́виях

**arcuate, arcuated** ['ɑ:kjuɪt, -ɪd] *a* аркообра́зный, дугови́дный, со́гнутый

**ardent** ['ɑ:dənt] *a* 1) горя́чий, пы́лкий, стра́стный, ре́вностный; ~ love горя́чая любо́вь; ~ desire стра́стное желáние 2) горя́щий, пылáющий; ~ heat зной ◇ ~ spirits спиртны́е напи́тки

**ardently** [ˈɑːdəntlɪ] *adv* горячó, пы́лко

**ardour** [ˈɑːdə] *n* 1) жар, рвéние, пыл; to damp smb.'s ~ умеря́ть чей-л. пыл 2) зной

**arduous** [ˈɑːdjuəs] *a* 1) трýдный 2) крутóй, труднодостýпный 3) энерги́чный; рéвностный

**are** I [ɑː (*полная форма*); ə, ər *перед гласными* (*редуцированные формы*)] *мн. ч. настоящего времени гл.* to be

**are** II [ɑː] *фр. n* ар (*мера земельной площади* = *100 кв. м*)

**area** [ˈɛərɪə] *n* 1) плóщадь, простра́нство; ~ under crop посевна́я плóщадь; ~ of bearing *тех.* опóрная повéрхность 2) *мат.* плóщадь; ~ of a triangle плóщадь треугóльника 3) райóн; зóна; край; óбласть; residential ~ жилóй райóн 4) *радио, тлв.* зóна; mush ~ óбласть плохóго радиоприёма; service ~ óбласть увéренного радиоприёма; picture ~ кадр изображéния 5) размáх, сфéра; wide ~ of thought ширóкий кругозóр 6) двóрик ни́же ýровня ýлицы, чéрез котóрый прохóдят в полуподвáл

**area sketch** [ˈɛərɪəˈsketʃ] *n топ.* крóки́

**arena** [əˈriːnə] *n* 1) арéна 2) мéсто дéйствия; пóле сражéния

**arenaceous** [ˌærɪˈneɪʃəs] *a* 1) песчáнистый; песчáный 2) содержáщий песóк 3) *геол.* рассы́пчатый

**aren't** [ɑːnt] *сокр. разг.* = are not

**areometer** [ˌærɪˈɔmɪtə] *n* ареóметр

**Areopagus** [ˌærɪˈɔpəgəs] *греч. n* ареопáг

**arête** [æˈreɪt] *фр. n* óстрый грéбень горы́

**argent** [ˈɑːdʒənt] **1.** *a* серебри́стый

2. *n уст., поэт., геральд.* 1) серебрó 2) серебри́стость, белизнá

**argentic** [ɑːˈdʒentɪk] *a хим.* содержáщий серебрó; ~ chloride хлóристое серебрó

**argentiferous** [ˌɑːdʒənˈtɪfərəs] *a* сереброснóсный, содержáщий серебрó (*о руде*)

**Argentine** [ˈɑːdʒəntaɪn] **1.** *a* аргенти́нский

2. *n* аргенти́нец; аргенти́нка

**argentine** [ˈɑːdʒəntaɪn] *a* серéбряный; серебри́стый

**Argentinean** [ˌɑːdʒənˈtɪnjən] *n* аргенти́нец; аргенти́нка

**argil** [ˈɑːdʒɪl] *n* гончáрная *или* бéлая гли́на

**argillaceous** [ˌɑːdʒɪˈleɪʃəs] *a* гли́нистый, содержáщий гли́ну

**argilliferous** [ˌɑːdʒɪˈlɪfərəs] *a* содержáщий гли́ну

**argon** [ˈɑːgən] *n хим.* аргóн

**Argonaut** [ˈɑːgənɔːt] *n* 1) *греч. миф.* аргонáвт 2) (a.) *амер.* золотоискáтель [*ср.* forty-niner] 3) (a.) *зоол.* корáблик (*моллюск*)

**argosy** [ˈɑːgəsɪ] *n* 1) *ист.* большóе торгóвое сýдно 2) *поэт.* корáбль

**argot** [ˈɑːgəu] *фр. n* аргó, жаргóн

**argue** [ˈɑːgjuː] *v* 1) спóрить (with, against — с *кем-л.*; about — о *чём-л.*); аргументи́ровать; to ~ against выступáть прóтив; to ~ smth. away отдéлаться, отговори́ться от чегó-л.; to ~ in favour of smth. приводи́ть дóводы в пóльзу чегó-л.; to ~ smth. out with smb. договори́ться с кем-л. о чём-л. 2) обсуждáть 3) убеждáть (into); разубеждáть (out of); to ~ a man out of an opinion разубеди́ть когó-л. 4) докáзывать; it ~s him (to be) an honest man э́то докáзывает, что он чéстный человéк

**argufy** [ˈɑːgjufaɪ] *v разг.* спóрить рáди спóра

**argument** [ˈɑːgjumənt] *n* 1) дóвод, аргумéнт (for — в *пользу чего-л.*; against — прóтив *чего-л.*); a strong ~ убеди́тельный дóвод; a weak ~ слáбый дóвод 2) аргументáция 3) дискýссия, спор; a matter of ~ спóрный вопрóс 4) крáткое содержáние (*книги*) 5) *мат.* аргумéнт, незави́симая перемéнная

**argumentation** [ˌɑːgjumenˈteɪʃən] *n* 1) аргументáция 2) спор

**argumentative** [ˌɑːgjuˈmentətɪv] *a* 1) лю́бящий спóрить; приводя́щий аргументáцию 2) дискуссиóнный, спóрный 3) изоби́лующий аргументáцией 4) логи́чный 5) покáзывающий, свидéтельствующий (of — о)

**Argus** [ˈɑːgəs] *n* 1) *греч. миф.* Áргус 2) бди́тельный, неусы́пный страж

**Argus-eyed** [ˈɑːgəsˈaɪd] *a* бди́тельный; зóркий

**argute** [ɑːˈgjuːt] *a* 1) óстрый, проницáтельный 2) пронзи́тельный (*о звуке*)

**aria** [ˈɑːrɪə] *n* áрия

**arid** [ˈærɪd] *a* 1) сухóй, засýшливый; безвóдный; ари́дный (*о почве*); ~ region засýшливый райóн; ари́дная *или* пусты́нная óбласть 2) сухóй, скýчный, неинтерéсный

**aridity** [æˈrɪdɪtɪ] *n* сýхость *и пр.* [*см.* arid]

**Aries** [ˈɛəriːz] *n* Овéн (*созвездие и знак зодиака*)

**aright** [əˈraɪt] *adv* прáвильно, вéрно; if I hear you ~ éсли я вас прáвильно понимáю

**aril** [ˈærɪl] *n бот.* шелухá, кожурá

**arioso** [ˌɑːrɪˈəuzəu] *ит. n., adv муз.* ариóзо

**arise** [əˈraɪz] *v* (arose; arisen) 1) возникáть, появля́ться 2) проистекáть, явля́ться результáтом (from, out of — *чего-л.*) 3) *поэт.* поднимáться, вставáть 4) *поэт.* восставáть; воскресáть

**arisen** [əˈrɪzn] *p. p. от* arise

**arista** [əˈrɪstə] *лат. n* (*pl* -ae) *бот.* ость

**aristae** [əˈrɪstiː] *pl от* arista

**aristocracy** [ˌærɪsˈtɔkrəsɪ] *n* аристокрáтия

**aristocrat** [ˈærɪstəkræt] *n* аристокрáт

**aristocratic** [ˌærɪstəˈkrætɪk] *a* аристократи́ческий

**Aristotelian** [ˌærɪstɔˈtiːljən] **1.** *a* аристóтелевский

2. *n* послéдователь Аристóтеля

**arithmetic** **1.** *n* [əˈrɪθmətɪk] арифмéтика; счёт

2. *a* [ˌærɪθˈmetɪk] = arithmetical

**arithmetical** [ˌærɪθˈmetɪkəl] *a* арифмети́ческий; ~ mean срéднее арифмети́ческое; ~ progression арифмети́ческая прогрéссия

**arithmetician** [əˌrɪθməˈtɪʃən] *n* арифмéтик

**arithmometer** [ˌærɪθˈmɔmɪtə] *n* арифмóметр

**ark** [ɑːk] *n* 1) я́щик, ковчéг 2) *разг.* корáбль; *амер.* бáржá ◇ Noah's ~ Нóев ковчéг (*тж. как название детской игрушки*); to lay hands on (*или* to touch) the ~ осквернúть; ~ of refuge убéжище

**arm** I [ɑːm] *n* 1) рукá (*от кисти до плеча*); to fold in one's ~s заключи́ть в объя́тия; under one's ~ под мы́шкой; with open ~s с распростёртыми объя́тиями; a child in ~s младéнец; take smb. by the ~ брать когó-л. пóд руку 2) перéдняя лáпа (*животного*) 3) рукáв; ~ of a river рукáв реки́ 4) рýчка, подлокóтник (*кресла*) 5) (большáя) ветвь 6) си́ла, власть; the ~ of the law си́ла закóна 7) *тех.* плечó (*рычага*); рýчка, рукоя́тка; спи́ца (*колеса*); стрелá (*крана*); ~s of a balance коромы́сло весóв

**arm** II [ɑːm] **1.** *n* 1) (*обыкн. pl*) орýжие; small ~s стрелкóвое орýжие; in ~s вооружённый; up in ~s а) готóвый к борьбé, сопротивлéнию; б) охвáченный восстáнием; to be up in ~s against smb. нападáть, жáловаться на когó-л.; to take up ~s, to appeal to ~s взя́ться за орýжие; to lay down ~s сложи́ть орýжие; to ~s! к орýжию!; under ~s вооружённый, под ружьём 2) род войск 3) *pl* войнá 4) воéнная профéссия 5) *pl* герб (*обыкн.* coat of ~s) 6) *pl attr.*: ~s race гóнка вооружéний; ~s cut сокращéние вооружéний

2. *v* 1) вооружáть(ся) (*тж. перен.*); to be ~ed with information располагáть исчéрпывающей информáцией 2) заряжáть, взводи́ть

**armache** [ˈɑːmeɪk] *n* боль в рукé (*особ. ревматическая*)

**armada** [ɑːˈmɑːdə] *n* армáда; the Invincible A. *ист.* Непобеди́мая армáда

**armadillo** [ˌɑːməˈdɪləu] *n* (*pl* -os [-əuz]) *зоол.* армади́лл, броненóсец

**Armageddon** [ˌɑːməˈgedn] *n* 1) *библ.* армагеддóн 2) *перен.* вели́кое побóище

**armament** [ˈɑːməmənt] *n* 1) вооружéние 2) вооружённая си́ла 3) орýжие; боеприпáсы 4) *attr.*: ~ factory (*или* works) воéнный завóд 5) *pl attr.*: ~s drive (*или* race) гóнка вооружéний

**armature** [ˈɑːmətjuə] *n* 1) вооружéние; броня́ 2) *тех.* арматýра 3) *эл.* я́корь 4) *эл.* броня́ (*кабеля*) 5) *зоол., бот.* пáнцирь

**armband** [ˈɑːmbænd] *n* нарукáвная повя́зка

**arm-chair** ['ɑ:m'ʧɛə] **1.** *n* крéсло (*с подлокотниками*)

2. *a* кабинéтный; доктринёрский; ~ critic крúтик, слéпо слéдующий какóй-либо доктрúне, дóгме

**arme blanche** ['ɑ:rm'blɑ:nʧ] *фр.* *n* 1) холóдное орýжие 2) кавалéрия

**armed** [ɑ:md] **1.** *p. p. от* arm II, 2

2. *a* вооружённый; укреплённый; ~ forces вооружённые сúлы; ~ attack вооружённое нападéние; ~ insurrection вооружённое восстáние

**-armed** [-ɑ:md] *в сложных словах означает* а) имéющий *столько-то* рук; one-~ однорýкий; б) имéющий *такие-то* рýки; *напр.*: long-~ длиннорýкий; cross-~ со скрещёнными рукáми

**Armenian** [ɑ:'mi:njən] **1.** *a* армя́нский

2. *n* 1) армянúн; армя́нка 2) армя́нский язы́к

**armful** ['ɑ:mful] *n* охáпка

**arm-hole** ['ɑ:mhəul] *n* прóйма

**arm-in-arm** ['ɑ:mın'ɑ:m] *adv* пóд руку

**arming** ['ɑ:mıŋ] **1.** *pres. p. от* arm II, 2

2. *n* вооружéние; боевóе снаряжéние

**armistice** ['ɑ:mıstıs] *n* прекращéние воéнных дéйствий; корóткое перемúрие, прекращéние огня́

**armless** I ['ɑ:mlıs] *a* 1) безрýкий 2) не имéющий ветвéй

**armless** II ['ɑ:mlıs] *a* безорýжный

**armlet** ['ɑ:mlıt] *n* 1) нарукáвная повя́зка 2) браслéт 3) небольшóй морскóй залúв, рукáв рекú

**armor** ['ɑ:mə] *амер.* = armour

**armored** ['ɑ:məd] *амер.* = armoured

**armorial** [ɑ:'mɔ:rıəl] **1.** *a* геральдúческий, гéрбовый

2. *n* гербóвник

**armory** ['ɑ:mərı] *n* 1) герáльдика 2) *амер.* = armoury 3) *амер.* воéнный завóд (*обыкн. государственный*) 4) *амер.* учéбный манéж

**armour** ['ɑ:mə] **1.** *n* 1) вооружéние; доспéхи; лáты; пáнцирь 2) броня́ (*корабля, танка и т. п.*) 3) бронесúлы 4) скафáндр (*водолаза*) 5) *зоол., бот.* пáнцирь 6) *attr.* бронев**ó**й; бронирóванный

2. *v* покрывáть бронёй

**armour-bearer** ['ɑ:mə,bɛərə] *n ист.* оруженóсец

**armour-clad** ['ɑ:məklæd] **1.** *a* броненóсный, бронирóванный

2. *n* броненóсец

**armoured** ['ɑ:məd] **1.** *p. p. от* armour 2

2. *a* бронирóванный, броненóсный; (броне)тáнковый; ~ car бронеавтомобúль; ~ forces бронетáнковые сúлы; ~ train бронепóезд ◇ ~ concrete железобетóн; ~ cow *амер. воен. жарг.* сгущённое молокó

**armourer** ['ɑ:mərə] *n* 1) оружéйный мáстер, оружéйник 2) владéлец оружéйного завóда 3) завéдующий оружéйным склáдом (*полка и т. п.*)

**armour-piercer** ['ɑ:mə,pıəsə] *n* бронебóйный снаря́д

**armour-piercing** ['ɑ:mə,pıəsıŋ] *a* бронебóйный; ~ shell бронебóйный снаря́д

**armour-plate** ['ɑ:məpleıt] *n* бронев**ó**й лист, броневáя плитá

**armour-plated** ['ɑ:mə'pleıtıd] *a* бронирóванный, броненóсный

**armoury** ['ɑ:mərı] *n* склад орýжия, арсенáл

**armpit** ['ɑ:mpıt] *n* подмы́шка

**arm-saw** ['ɑ:msɔ:] *n* 1) ручнáя пилá 2) ножóвка

**arm-twisting** ['ɑ:m,twıstıŋ] *n* 1) выворáчивание рук 2) *полит.* полúтика грýбого нажúма

**army** ['ɑ:mı] *n* 1) áрмия; the Soviet A. Совéтская Áрмия; A. in the Field дéйствующая áрмия; standing ~ постоя́нная áрмия; A. at Home áрмия метропóлии; to enter (*или* to go into, to join) the ~ поступúть на воéнную слýжбу 2) мнóжество; мáсса 3) *attr.* армéйский, относя́щийся к áрмии *или* принадлежáщий áрмии; ~ command комáндование áрмией; ~ commander комáндующий áрмией; ~ headquarters штаб áрмии; ~ cloth сукнó армéйского образцá; ~ post exchange (*сокр. P. X.*) *амер.* воéнный магазúн; ~ agent (*или* broker, contractor) поставщúк на áрмию

**army-beef** ['ɑ:mıbi:f] *n* мясны́е консéрвы (*для армии*)

**army-list** ['ɑ:mı'lıst] *n* спúсок офицéрского состáва áрмии

**army-rank** ['ɑ:mıræŋk] *n* действúтельный вóинский чин (*в отличие от временного или почётного*)

**army register** ['ɑ:mı'redʒıstə] *n амер.* спúсок офицéрского состáва áрмии

**arnica** ['ɑ:nıkə] *n бот., фарм.* áрника

**aroma** [ə'rəumə] *n* ароматá, прия́тный зáпах

**aromatic** [,ærəu'mætık] *a* ароматúческий; благовóнный; ~ compound *хим.* соединéние ароматúческого ря́да; ~ series *хим.* ароматúческий ряд

**arose** [ə'rəuz] *past от* arise

**around** [ə'raund] **1.** *adv* 1) всю́ду, кругóм 2) в окрýжности; в обхвáте; the tree measures four feet ~ дéрево имéет четы́ре фýта в обхвáте 3) вблизú; поблúзости; ~ here в э́том райóне; неподалёку; to hang ~ быть поблúзости; to get (*или* to come) ~ подойтú, прибли́зиться ◇ to get ~ to doing smth. собрáться сдéлать что-л., собрáться осуществúть намéрение

2. *prep* 1) вокрýг; to walk ~ the house обойтú вокрýг дóма 2) по; за; óколо; to walk ~ the town гуля́ть по гóроду; ~ corner за углóм 3) óколо, приблизúтельно; he paid ~ a hundred roubles он заплатúл óколо ста рублéй ◇ ~ the bend а) до тóчки, до предéла; б) на послéднем этáпе

**around-the-clock** [ə'raundðə'klɔk] = round-the-clock

**arouse** [ə'rauz] *v* 1) будúть 2) просыпáться, пробуждáться (*тж. о чувствах, страсти и т. п.*) 3) пробуждáть; вызывáть, возбуждáть (*чувства, страсти, энергию*); to ~ one's interest вы́звать чей-л. интерéс 4) раздражáть (*кого-л.*)

**arquebus** ['ɑ:kwıbəs] = harquebus

**arrack** ['ærək] *n* арáк (*спиртной напиток из риса*)

**arraign** [ə'reın] *v* 1) привлекáть к судý; обвиня́ть; to ~ before the bar of public opinion привлéчь к судý общéственного мнéния 2) придирáться

**arraignment** [ə'reınmənt] *n* 1) привлечéние к судý; обвинéние 2) придúрки

**arrange** [ə'reındʒ] *v* 1) приводúть в поря́док, располагáть, классифицúровать 2) устрáивать(ся) 3) сговáриваться, услáвливаться, договáриваться; to ~ with smb. about smth. договорúться с кем-л. о чём-л.; we ~d to meet at six мы услóвились встрéтиться в шесть 4) улáживать (*спор*); приходúть к соглашéнию 5) принимáть мéры, подготáвливать (for) 6) приспосáбливать, передéлывать (*напр., инсценировать роман для сцены*) 7) *муз.* аранжúровать 8) *тех.* монтúровать

**arrangement** [ə'reındʒmənt] *n* 1) приведéние в поря́док, расположéние, классификáция 2) устрóйство 3) соглашéние, договорённость; to come to an ~ прийтú к соглашéнию; to make ~s договáриваться (*о чём-л.*); организóвывать (*что-л.*); to make ~s (with smb.) услáвливаться (с кем-л.); вступáть в соглашéние (с кем-л.) 4) (*обыкн. pl*) приготовлéние, мéра, мероприя́тие; план 5) приспособлéние, передéлка (*для сцены и т. п.*) 6) *распр.* приспособлéние, механúзм 7) *муз.* аранжирóвка 8) *тех.* монтáж

**arranger** [ə'reındʒə] *n муз.* аранжирóвщик

**arrant** ['ærənt] *a* настоя́щий; сýщий; отъя́вленный; ~ nonsense сýщий вздор; ~ knave отъя́вленный негодя́й

**arras** ['ærəs] *n* гобелéны; шпалéры, зáтканные фигýрами

**array** [ə'reı] **1.** *n* 1) боевóй поря́док (*тж.* battle ~) 2) войскá 3) мáсса, мнóжество 4) *поэт.* наря́д, одея́ние, пы́шное облачéние 5) *юр.* спúсок прися́жных заседáтелей 6) *радио* многовибрáторная слóжная антéнна

2. *v* 1) выстрáивать в боевóй поря́док 2) *поэт.* одевáть (in — во *что-л.*); украшáть (in — *чем-л.*); to ~ oneself in all one's finery *шутл.* разодéться в пух и прах 3) *юр.* составля́ть спúсок прися́жных заседáтелей

**arrearage** [ə'rıərıdʒ] *n* 1) задóлженность, отставáние 2) *pl* долгú 3) запáс

**arrears** [ə'rıəz] *n pl* 1) задóлженность, недоúмка, долгú; ~ of rent (of wages) задóлженность по квартплáте (зарплáте) 2) отставáние; ~ of housing отставáние в жилúщном строúтельстве; ~ of work недодéланная рабóта ◇ to be in ~ а) имéть задóлженность; б) отставáть (*в чём-л.*)

**arrest** [ə'rest] **1.** *n* 1) задержáние, арéст; under ~ под арéстом; ~ to the room домáшний арéст; ~ in quarters каза́рменный аре́ст 2) наложе́ние аре́ста (*на имущество*) 3) заде́ржка, остано́вка; приостано́вка; ~ of judg(e)ment отсро́чка пригово́ра 4) *тех.* сто́порный механи́зм

2. *v* 1) аресто́вывать, заде́рживать 2) остана́вливать; приостана́вливать 3) прико́вывать (*взоры, внимание*) 4) выключа́ть (*машину, прибор*); тормози́ть

**arrester** [ə'restə] *n* 1) *эл.* разря́дник; громоотво́д; lightning ~ грозово́й разря́дник 2) *тех.* заде́рживающее приспособле́ние, остано́в

**arresting** [ə'restɪŋ] 1. *pres. p. от* arrest 2

2. *a* 1) привлека́ющий внима́ние; поража́ющий; захва́тывающий; ~ speech захва́тывающая речь 2) заде́рживающий; остана́вливающий; ~ device *тех.* остана́вливающий механи́зм; защёлка, упо́р, соба́чка

**arrière-ban** ['ærɪεə'bæn] *фр. n ист.* 1) призы́в васса́лов на войну́ 2) ополче́ние васса́лов

**arrière-pensée** [ˌærɪεəpɑːŋ'seɪ] *фр. n* за́дняя мысль

**arris** ['ærɪs] *n тех.* 1) ребро́ 2) о́стрый у́гол

**arrival** [ə'raɪvəl] *n* 1) прибы́тие 2) вновь прибы́вший 3) приня́тие, достиже́ние (*соглашения и т. п.*); ~ at a decision приня́тие реше́ния 4) *шутл.* новорождённый

**arrive** [ə'raɪv] *v* 1) прибыва́ть (at, in, upon) 2) достига́ть (at); to ~ at a conclusion приходи́ть к заключе́нию; to ~ at an idea прийти́ к мы́сли 3) наступа́ть (*о времени, событии*) 4) доби́ться успе́ха; an actor who has ~d актёр, кото́рый доби́лся успе́ха, просла́вился

**arrogance** ['ærəgəns] *n* 1) высокоме́рие, надме́нность 2) самонаде́янность

**arrogant** ['ærəugənt] *a* 1) высокоме́рный, надме́нный 2) самонаде́янный

**arrogate** ['ærəugeɪt] *v* 1) де́рзко *или* самонаде́янно претендова́ть, тре́бовать 2) без основа́ния припи́сывать (to — *что-л. кому-л.*) 3) присва́ивать

**arrow** ['ærəu] *n* 1) стрела́ 2) стре́лка (*на схемах или чертежах*) 3) стре́лка-указа́тель ◇ an ~ left in one's quiver неиспо́льзованное сре́дство, оста́вшееся про запа́с

**arrow-head** ['ærəuhed] *n* 1) наконе́чник, остриё стрелы́ 2) = arrow 3)

**arrow-headed** ['ærəu'hedɪd] *a* заострённый; клинообра́зный

**arrowroot** ['ærəuruːt] *n* арроуру́т (*крахмал из подземных побегов или корневищ растения*)

**arrowy** ['ærəuɪ] *a* 1) стрелови́дный 2) о́стрый; язви́тельный, ко́лкий; ~ tongue о́стрый язы́к

**arse** [ɑːs] *n груб.* зад

**arsenal** ['ɑːsɪnl] *n* 1) арсена́л; цейхга́уз 2) *перен.* ору́жие

**arsenic** 1. *n* ['ɑːsnɪk] мышья́к

2. *a* [ɑː'senɪk] мышьяко́вый

**arsenical** [ɑː'senɪkəl] = arsenic 2

**arson** ['ɑːsn] *n юр.* поджо́г

**art** I [ɑːt] *n* 1) иску́сство; Faculty of Arts отделе́ние гуманита́рных и математи́ческих нау́к 2) мастерство́; industrial (*или* mechanical, useful) ~s ремёсла 3) уме́ние, мастерство́, иску́сство; military ~ вое́нное иску́сство 4) (*обыкн. pl*) хи́трость; he gained his ends by ~s он хи́тростью дости́г свое́й це́ли 5) *attr.* худо́жественный; ~ school худо́жественное учи́лище ◇ manly ~ бокс; to have (*или* to be) ~ and part in быть прича́стным к *чему-либо*, быть соуча́стником *чего-л.*; ~ is long, life is short *посл.* жизнь коротка́, иску́сство ве́чно

**art** II [ɑːt] *уст. 2 л. ед. ч. настоящего времени гл.* to be

**Artemis** ['ɑːtɪmɪs] *n греч. миф.* Артеми́да

**arterial** [ɑː'tɪərɪəl] *a* 1) *анат.* артериа́льный 2) разветвля́ющийся; ~ drainage систе́ма дрена́жа с разветвля́ющимися кана́лами 3) магистра́льный; ~ road магистра́ль, гла́вная доро́га; ~ traffic движе́ние по гла́вным у́лицам *или* доро́гам

**arteriosclerosis** [ɑː'tɪərɪəusklɪə'rəusɪs] *n мед.* артериосклеро́з

**artery** ['ɑːtərɪ] *n* 1) *анат.* арте́рия 2) магистра́ль, гла́вный путь

**artesian** [ɑː'tiːzjən] *a* артезиа́нский

**artful** ['ɑːtful] *a* 1) ло́вкий 2) хи́трый

**artfulness** ['ɑːtfulnɪs] *n* 1) ло́вкость 2) хи́трость

**arthritis** [ɑː'θraɪtɪs] *n мед.* артри́т

**Arthurian** [ɑː'θjuərɪən] *a*: ~ romances *лит.* рома́ны Арту́рова ци́кла

**artichoke** ['ɑːtɪtʃəuk] *n бот.* артишо́к

**article** ['ɑːtɪkl] 1. *n* 1) статья́; leading ~ передова́я статья́ 2) пункт, пара́граф; the Articles of War вое́нный ко́декс (*сухопутных войск Англии и США*); the Thirty-nine Articles 39 до́гматов англика́нского вероиспове́дания; ~ of the Constitution статья́ конститу́ции; main ~s of trade основны́е статьи́ торго́вли; to be under ~s быть свя́занным контра́ктом 3) предме́т, изде́лие, вещь; an ~ of clothing предме́т оде́жды; an ~ of food проду́кт пита́ния 4) предме́т торго́вли, това́р; ~s of daily necessity предме́ты пе́рвой необходи́мости 5) *грам.* арти́кль ◇ in the ~ of death в моме́нт сме́рти

2. *v* 1) предъявля́ть пу́нкты обвине́ния (against — про́тив *кого-л.*) 2) отдава́ть по контра́кту в уче́ние

**articular** [ɑː'tɪkjulə] *a анат.* сустavно́й

**articulate** 1. *a* [ɑː'tɪkjulɪt] 1) членоразде́льный 2) я́сный, отчётливый; чётко сформули́рованный, чётко выража́ющий свои́ мы́сли 3) *зоол., анат., бот.* колéнчатый, суста́вчатый; чле́нистый 4) *тех.* шарни́рный

2. *v* [ɑː'tɪkjuleɪt] 1) отчётливо произноси́ть 2) *фон.* артикули́ровать 3) (*обыкн. p. p.*) *анат.* свя́зывать; соединя́ть(ся)

**articulation** [ɑːˌtɪkju'leɪʃən] *n* 1) *фон.* артикуля́ция 2) *анат.* сочлене́ние 3) *тех.* сочлене́ние

**artifice** ['ɑːtɪfɪs] *n* 1) изобрете́ние, вы́думка 2) иску́сная проде́лка; хи́трость

**artificer** [ɑː'tɪfɪsə] *n* 1) реме́сленник 2) сле́сарь, меха́ник 3) изобрета́тель 4) *воен.* те́хник (*оружейный*)

**artificial** [ˌɑːtɪ'fɪʃəl] 1. *a* 1) иску́сственный; ~ butter маргари́н; ~ respiration иску́сственное дыха́ние; ~ atmosphere кондициони́рованный во́здух; ~ numbers *мат.* логари́фмы 2) притво́рный ◇ ~ year гражда́нский *или* календа́рный год (*в отличие от астрономического*)

2. *n pl* 1) иску́сственное удобре́ние 2) *амер.* иску́сственные цветы́

**artillerist** [ɑː'tɪlərɪst] *n* артиллери́ст

**artillery** [ɑː'tɪlərɪ] *n* 1) артилле́рия; accompanying ~ артилле́рия сопровожде́ния, артилле́рия подде́ржки пехо́ты; ~ with the army *амер.* артилле́рия а́рмии 2) *attr.* артиллери́йский; ору́ди́йный; ~ board батаре́йный огнево́й планше́т; ~ emplacement *амер.* ору́ди́йный око́п; ~ engagement артиллери́йский бой; ~ mount ору́ди́йная устано́вка; ~ range артиллери́йский полиго́н

**artilleryman** [ɑː'tɪlərɪmən] *n* артиллери́ст

**artisan** [ˌɑːtɪ'zæn] *n* реме́сленник, мастерово́й

**artist** ['ɑːtɪst] *n* 1) худо́жник 2) арти́ст 3) ма́стер своего́ де́ла

**artiste** [ɑː'tiːst] *n* 1) эстра́дный арти́ст 2) арти́ст (*лицо, искусное в своей профессии; тж. шутл.*)

**artistic** [ɑː'tɪstɪk] *a* 1) артисти́ческий 2) худо́жественный

**artless** ['ɑːtlɪs] a 1) просто́й, безыску́сственный 2) простоду́шный 3) неиску́сный, неуме́лый

**arty** ['ɑːtɪ] *a разг.* 1) с прете́нзией на худо́жественность (*о вещах*) 2) претенду́ющий на то́нкий (худо́жественный) вкус (*о людях*)

**arum** ['εərəm] *n бот.* а́рум, аро́нник

**Aryan** ['εərɪən] 1. *a* ари́йский

2. *n* ари́ец; ари́йка

**as** [æz (*полная форма*); əz, z (*редуцированные формы*)] 1. *pron rel.* 1) како́й, кото́рый; this is the same book as I lost э́то така́я же кни́га, как та, что я потеря́л 2) что; he was a foreigner as they perceived from his accent акце́нт выдава́л в нём иностра́нца

2. *adv* 1) как; do as you are told де́лайте, как (вам) ска́зано; as per order *ком.* согла́сно зака́зу 2) как наприме́р; some animals, as the fox and the wolf не́которые живо́тные, как наприме́р лиса́ и волк 3) в ка́честве (*кого-л.*); to appear as Hamlet вы́ступить в ро́ли Га́млета; to work as a teacher рабо́тать преподава́телем □ as... as... так же..., как; he is as tall as you are он тако́го же ро́ста, как и вы; as far as а) так далеко́; до; I will go as far as the station with you я провожу́ вас до ста́нции; б) наско́лько; as far as I know наско́лько мне из-

ве́стно; as far back as 1920 ещё в 1920 году́; as far back as two years ago ещё два го́да тому́ наза́д; as for что каса́ется, что до; as for me, you may rely upon me что каса́ется меня́, то мо́жете на меня́ положи́ться; as much as ско́лько; as much as you like ско́лько хоти́те; I thought as much я так и ду́мал ◇ as good as всё равно́ что; факти́чески; the work is as good as done рабо́та факти́чески зако́нчена; as well а) та́кже; I can do it as well я та́кже могу́ э́то сде́лать; б) с таки́м же успе́хом; as yet пока́ ещё, до сих по́р; there have been no letters from him as yet от него́ ещё пока́ нет пи́сем

3. *cj* 1) когда́, в то вре́мя как (*тж.* just as); he came in as I was speaking он вошёл, когда́ я говори́л; just as I reached the door как то́лько я подошёл к две́ри 2) так как; I could not stay, as it was late я не мог остава́ться, так как бы́ло уже́ по́здно 3) хотя́: как ни; cunning as he is he won't deceive me как он ни хитёр, меня́ он не проведёт; I was glad of his help, slight as it was я был рад его́ по́мощи, хотя́ она́ была́ и незначи́тельна 4) (*с inf.*): be so good as to come бу́дьте любе́зны, приходи́те ◇ as if как бу́дто; as it were так сказа́ть; as though = as if; as to, as concerning, as concerns относи́тельно, что каса́ется; they inquired as to the actual reason они́ осве́домились об и́стинной причи́не; as you were! *воен.* отста́вить!

**asbestine** [æz'bestɪn] *a* асбе́стовый

**asbestos** [æz'bestɔs] *n мин.* асбе́ст

**ascend** [ə'send] *v* 1) поднима́ться, всходи́ть; to ~ a mountain взойти́, подня́ться на́ гору 2) восходи́ть; вести́ происхожде́ние (*от чего-л.*) 3) *ав.* набира́ть высоту́

**ascendancy** [ə'sendənsɪ] *n* власть, доминиру́ющее влия́ние (over)

**ascendant** [ə'sendənt] **1.** *n*: his star is in the ~ его́ звезда́ восхо́дит

2. *a* 1) восходя́щий 2) госпо́дствующий

**ascendency** [ə'sendənsɪ] = ascendancy

**ascendent** [ə'sendənt] = ascendant

**ascension** [ə'senʃən] *n* восхожде́ние, подъём; balloon ~ подъём на возду́шном ша́ре

**ascensional** [ə'senʃənl] *a* 1) восходя́щий; ~ ventilation *горн.* восходя́щая вентиля́ция 2) подъёмный; ~ power *ав.* подъёмная си́ла; ~ rate *ав.* ско́рость набо́ра высоты́, ско́рость подъёма

**Ascension-day** [ə'senʃəndeɪ] *n церк.* пра́здник вознесе́ния

**Ascensiontide** [ə'senʃəntaɪd] *n церк.* вре́мя от вознесе́ния до тро́ицына дня

**ascent** [ə'sent] *n* 1) восхожде́ние, подъём 2) крутизна́, круто́й склон; rapid ~ круто́й подъём 3) марш ле́стницы

**ascertain** [ˌæsə'teɪn] *v* устана́вливать, удостоверя́ться, выясня́ть, убежда́ться; to ~ the situation вы́яснить обстано́вку

**ascertainment** [ˌæsə'teɪnmənt] *n* выясне́ние, установле́ние; ~ of facts выясне́ние фа́ктов

**ascetic** [ə'setɪk] **1.** *a* аскети́ческий; возде́ржанный

2. *n* аске́т; отше́льник

**asceticism** [ə'setɪsɪzm] *n* аскети́зм

**ascorbic** [əs'kɔ:bɪk] *a*: ~ acid аскорби́новая кислота́

**Ascot** ['æskət] *n* Эскот (*место скачек и самые скачки близ Виндзора*)

**ascribe** [əs'kraɪb] *v* припи́сывать (to — *кому-л.*); this poem is ~d to Lermontov э́то стихотворе́ние припи́сывается Ле́рмонтову

**ascription** [əs'krɪpʃən] *n* припи́сывание

**asepsis** [æ'sepsɪs] *n* асе́птика

**aseptic** [æ'septɪk] **1.** *n* асепти́ческое сре́дство

2. *a* асепти́ческий

**asexual** [æ'seksjuəl] *a* беспо́лый

**ash** I [æʃ] **1.** *n* 1) (*обыкн. pl*) зола́, пе́пел; to burn to ~es сжига́ть дотла́; to lay in ~es разруша́ть, сжига́ть дотла́ 2) *pl* прах, оста́нки ◇ to turn to dust and ~es разлете́ться в прах (*о надеждах*)

2. *v* посыпа́ть пе́плом

**ash** II [æʃ] *n бот.* я́сень; mountain ~, wild ~ ряби́на

**ashamed** [ə'ʃeɪmd] *a predic.* пристыжённый; to be ~ of smth. стыди́ться чего́-л.; to be (*или* to feel) ~ for smb. стыди́ться за кого́-л.; I am ~ of myself мне сты́дно за себя́; he was ~ to tell the truth ему́ бы́ло сты́дно сказа́ть пра́вду

**ash-bin** ['æʃbɪn] *n* 1) я́щик, у́рна для му́сора 2) *тех.* зо́льник

**ash-box** ['æʃbɔks] *n тех.* зо́льник; поддува́ло

**ash can** ['æʃkæn] *n амер.* 1) = ash-bin 2) *мор. жарг.* глуби́нная бо́мба

**ashen** I ['æʃn] *a* 1) пе́пельный, из пе́пла 2) пе́пельный, пе́пельного цве́та 3) мёртвенно-бле́дный

**ashen** II ['æʃn] *a* я́сеневый

**ash-key** ['æʃki:] *n бот.* крыла́тка (*плод ясеня*)

**ashlar, ashler** ['æʃlə] *n стр.* 1) тёсаный ка́мень (*для облицовки*) 2) *attr.*: ~ facing облицо́вка из тёсаного ка́мня

**ashore** [ə'ʃɔ:] *adv* 1) к бе́регу, на бе́рег; to come ~, to go ~ сходи́ть на бе́рег; to run ~, to be driven ~ наскочи́ть на мель 2) на берегу́, на су́ше

**ash-pan** ['æʃpæn] = ash-box

**ash-pit** ['æʃpɪt] = ash-box

**ash-pot** ['æʃpɔt] *n* пе́пельница

**ash-stand** ['æʃstænd] = ash-tray

**ash-tray** ['æʃtreɪ] *n* 1) пе́пельница 2) *тех.* зо́льник

**Ash Wednesday** ['æʃ'wenzdɪ] *n* среда́ на пе́рвой неде́ле вели́кого поста́

**ashy** ['æʃɪ] *a* 1) пе́пельный 2) бле́дный

**ashy-gray** ['æʃɪgreɪ] = ashy

**Asian** ['eɪʃən] = Asiatic; ~ flu азиа́тский грипп

**Asiatic** [ˌeɪʃɪ'ætɪk] **1.** *n* азиа́т; азиа́тка

2. *a* азиа́тский

**aside** [ə'saɪd] **1.** *adv* 1) в сто́рону; в стороне́; to speak ~ говори́ть в сто́рону (*об актёрах*); to take (smb.) ~ отвести́ (кого́-л.) в сто́рону; to turn ~ for a moment отвле́чься на мину́ту 2) отде́льно; в резе́рве; to put ~ отложи́ть □ ~ from а) поми́мо; б) *амер.* за исключе́нием

2. *n* слова́, произноси́мые актёром в сто́рону

**asinine** ['æsɪnaɪn] *a* 1) осли́ный 2) глу́пый, упря́мый

**ask** [ɑ:sk] *v* 1) спра́шивать; to ~ a question задава́ть вопро́с 2) осведомля́ться (about, after, for); to ~ after a person's health осве́домиться о чьём-л. здоро́вье 3) спра́шивать, хоте́ть ви́деть (for); a boy is ~ing for you тебя́ како́й-то ма́льчик спра́шивает 4) (по)проси́ть; to ~ a favour (for help) проси́ть об одолже́нии (о по́мощи) 5) (за)проси́ть; to ~ 250 pounds for a horse запроси́ть 250 фу́нтов за ло́шадь 6) приглаша́ть (*разг. тж.* ~ out) 7) тре́бовать; it ~s (for) attention э́то тре́бует внима́ния ◇ ~ me another! *разг.* не зна́ю, не спра́шивай(те) меня́!; to ~ for (trouble) *разг.* напра́шиваться на неприя́тность, лезть на рожо́н

**askance** [əs'kæns] *adv* 1) кри́во, ко́со 2) и́скоса; с подозре́нием; to look (*или* to view, to glance) ~ at smb. смотре́ть на кого́-л. подозри́тельно, с неодобре́нием

**askant** [əs'kænt] = askance

**askew** [əs'kju:] *adv* 1) кри́во, ко́со: to hang a picture ~ повеси́ть карти́ну ко́со 2) и́скоса; he looked at them ~ он покоси́лся на них

**asking** ['ɑ:skɪŋ] **1.** *pres. p. от* ask

2. *n* 1): it's yours for the ~ (вам) сто́ит то́лько попроси́ть 2) *attr.*: the ~ price запра́шиваемая цена́

**aslant** [ə'slɑ:nt] **1.** *adv* ко́со, на́искось

2. *prep* поперёк

**asleep** [ə'sli:p] *a predic.* 1) спя́щий; to be ~ спать; to fall ~ засну́ть 2) тупо́й, вя́лый 3) затёкший (*о руке, ноге*)

**aslope** [ə'sləup] *adv* ко́со, пока́то; на скло́не; на ска́те

**a-smoke** [ə'sməuk] *adv* в дыму́

**asocial** [ə'səuʃəl] а необще́ственный, наруша́ющий интере́сы о́бщества

**asp** I [æsp] *n бот.* оси́на

**asp** II [æsp] *n* 1) *зоол.* випе́ра; а́спид 2) *разг.* змея́

**asparagus** [əs'pærəgəs] *n бот.* спа́ржа

**aspect** ['æspekt] *n* 1) (вне́шний) вид, выраже́ние; he has a gentle ~ у него́ доброду́шный вид 2) сторона́; my house has a southern ~ мой дом выхо́дит на юг 3) аспе́кт, сторона́; to consider a question in all its ~s рассма́тривать вопро́с со всех то́чек зре́ния 4) *pl* перспекти́вы; economic ~s экономи́ческие перспекти́вы 5) *грам.* вид

**aspen** [ˈæspən] **1.** *n* = asp I

**2.** *a* оси́новый; to tremble like an ~ leaf дрожа́ть как оси́новый лист

**asperity** [æsˈperɪtɪ] *n* 1) шерохова́тость, неро́вность 2) суро́вость (*климата*) 3) (*обыкн. pl*) тру́дности, лише́ния; the asperities of a cold winter тру́дности холо́дной зимы́ 4) ре́зкость; стро́гость; to speak with ~ говори́ть ре́зко

**asperse** [əsˈpəːs] *v* позо́рить, черни́ть, клевета́ть

**aspersion** [əsˈpəːʃən] *n* клевета́; to cast ~s on smb. клевета́ть на кого́-л.

**asphalt** [ˈæsfælt] **1.** *n* 1) асфа́льт 2) би́тум

**2.** *v* покрыва́ть асфа́льтом, асфальти́ровать

**asphodel** [ˈæsfədel] *n бот.* асфоде́ль

**asphyxia** [æsˈfɪksɪə] *n мед.* уду́шье, асфи́ксия

**asphyxiant** [æsˈfɪksɪənt] **1.** *n* удуша́ющее отравля́ющее вещество́

**2.** *a* отравля́ющий; ~ gas удуша́ющий газ

**asphyxiate** [æsˈfɪksɪeɪt] *v* 1) вызыва́ть уду́шье; души́ть 2) задыха́ться

**asphyxy** [æsˈfɪksɪ] = asphyxia

**aspic** [ˈæspɪk] *n* заливно́е (блю́до)

**aspidistra** [ˌæspɪˈdɪstrə] *n бот.* азиа́тский ла́ндыш

**aspirant** [əsˈpaɪərənt] **1.** *n* честолю́бец, претенде́нт (to, for, after)

**2.** *a* честолюби́вый, домога́ющийся

**aspirate 1.** *n* [ˈæspərɪt] *фон.* 1) придыха́тельный звук 2) знак придыха́ния

**2.** *v* [ˈæspəreɪt] 1) *фон.* произноси́ть с придыха́нием 2) *мед.* удаля́ть (*жидкость*) из како́й-л. по́лости

**aspiration** [ˌæspəˈreɪʃən] *n* 1) стремле́ние; си́льное жела́ние (*достичь чего-л.*) 2) *фон.* придыха́ние 3) *мед.* удале́ние (*жидкости*) из по́лости

**aspirator** [ˈæspəreɪtə] *n* 1) аспира́тор 2) отса́сывающее устро́йство

**aspire** [əsˈpaɪə] *v* стреми́ться, домога́ться (to, after, at; *тж. с inf.*)

**aspirin** [ˈæspərɪn] *n* аспири́н

**ass** [æs] *n* осёл ◇ to be an ~ for one's pains не получи́ть благода́рности за свои́ стара́ния; оста́ться в дурака́х; to make an ~ of oneself а) ста́вить себя́ в глу́пое положе́ние; б) валя́ть дурака́; to make an ~ of smb. поста́вить кого́-л. в глу́пое положе́ние; подшути́ть над кем-л.; to play (*или* to act) the ~ валя́ть дурака́

**assagai** [ˈæsəgaɪ] *n* ассага́й, дро́тик (*у африканских племён*)

**assail** [əˈseɪl] *v* 1) напада́ть, атакова́ть; соверша́ть наси́лие; наступа́ть; I was ~ed with questions меня́ закида́ли вопро́сами; I was ~ed by doubts на меня́ напа́ли сомне́ния, я был охва́чен сомне́ниями 2) ре́зко критикова́ть 3) с жа́ром набра́сываться (*на работу и т. п.*); реши́тельно, энерги́чно бра́ться за тру́дное де́ло

**assailable** [əˈseɪləbl] *a* откры́тый для нападе́ния, уязви́мый

**assailant** [əˈseɪlənt] *n* проти́вник, напада́ющая сторона́

**assassin** [əˈsæsɪn] *n* 1) уби́йца (*обыкн. наёмный, нападающий из-за угла*); hired ~ наёмный уби́йца 2) террори́ст

**assassinate** [əˈsæsɪneɪt] *v* 1) (преда́тельски) убива́ть 2) соверша́ть террористи́ческий акт

**assassination** [əˌsæsɪˈneɪʃən] *n* 1) (преда́тельское) уби́йство 2) террористи́ческий акт

**assassinator** [əˈsæsɪneɪtə] = assassin

**assault** [əˈsɔːlt] **1.** *n* 1) нападе́ние, ата́ка; штурм, при́ступ; ~ at (*или* of) arms во́инские упражне́ния (*рубка, фехтование и т. п.*); to take (*или* to carry) a fortress by ~ брать кре́пость шту́рмом, при́ступом 2) напа́дки 3) *эвф.* изнаси́лование 4) *юр.* слове́сное оскорбле́ние и угро́за физи́ческим наси́лием; ~ and battery оскорбле́ние де́йствием 5) *воен.* вы́садка деса́нта с бо́ем 6) *attr. воен.* штурмово́й; ~ party штурмово́й отря́д; ~ team штурмова́я гру́ппа; ~ gun штурмово́е ору́дие

**2.** *v* 1) атакова́ть; штурмова́ть, идти́ на при́ступ 2) напада́ть; набра́сываться (*с угрозами и т. п.*) 3) *эвф.* изнаси́ловать 4) *юр.* грози́ть физи́ческим наси́лием

**assaulter** [əˈsɔːltə] *n* 1) напада́ющий, атаку́ющий 2) *юр.* напада́ющая сторона́

**assay** [əˈseɪ] **1.** *n* 1) испыта́ние, ана́лиз 2) опро́бование; про́ба мета́ллов; коли́чественный ана́лиз (*руд и металлов*); mark of ~ проби́рное клеймо́ 3) образе́ц для ана́лиза

**2.** *v* про́бовать, испы́тывать, производи́ть коли́чественный ана́лиз (*руд и металлов*)

**assaying** [əˈseɪɪŋ] **1.** *pres. p. от* assay 2

**2.** *n* опро́бование; определе́ние мета́лла в руде́

**assegai** [ˈæsəgaɪ] = assagai

**assemblage** [əˈsemblɪdʒ] *n* 1) собра́ние, сбор 2) скопле́ние; гру́ппа 3) колле́кция 4) *тех.* монта́ж, сбо́рка, соедине́ние 5): ~ of curves *мат.* семе́йство кривы́х

**assemble** [əˈsembl] *v* 1) созыва́ть 2) собира́ть(ся) 3) *тех.* монти́ровать; to ~ a watch собра́ть часы́

**assembly** [əˈsemblɪ] *n* 1) собра́ние, сбор 2) ассамбле́я; United Nations General A. Генера́льная Ассамбле́я Организа́ции Объединённых На́ций 3) (A.) законода́тельное собра́ние; законода́тельный о́рган (*в некоторых штатах США*) 4) *тех.* монта́ж, сбо́рка 5) агрега́т 6) *воен.* сигна́л сбо́ра; сбор, сосредото́чение 7) *attr.* сбо́рочный; ~ line сбо́рочный конве́йер; ~ shop сбо́рочный цех

**assemblyman** [əˈsemblɪmən] *n амер.* член ме́стного законода́тельного о́ргана

**assembly-room** [əˈsemblɪrum] *n* 1) зал для конце́ртов, собра́ний *и т. п.* 2) сбо́рочный цех

**assent** [əˈsent] **1.** *n* 1) согла́сие 2) разреше́ние, са́нкция; Royal ~ короле́вская са́нкция (*парламентского законопроекта*)

**2.** *v* соглаша́ться (to — на *что-л.*, с *чем-л.*); изъявля́ть согла́сие (to); he ~ed to our proposal он согласи́лся на на́ше предложе́ние; he ~ed to receive the visitor он согласи́лся приня́ть посети́теля

**assentation** [ˌæsenˈteɪʃən] *n* уго́дливость, подобостра́стие

**assert** [əˈsəːt] *v* 1) утвержда́ть, заявля́ть 2) дока́зывать; отста́ивать; защища́ть (*свои права и т. п.*); to ~ oneself а) отста́ивать свои́ права́; быть напо́ристым; б) предъявля́ть чрезме́рные прете́нзии; to ~ one's rights отста́ивать свои́ права́

**assertion** [əˈsəːʃən] *n* 1) утвержде́ние; a mere ~ голосло́вное утвержде́ние 2) притяза́ние 3) *лог.* сужде́ние

**assertive** [əˈsəːtɪv] *a* 1) утверди́тельный; in an ~ form в утверди́тельной фо́рме 2) чрезме́рно насто́йчивый, самоуве́ренный; напо́ристый

**assess** [əˈses] *v* 1) определя́ть су́мму нало́га, штра́фа *и т. п.* 2) облага́ть нало́гом; штрафова́ть 3) оце́нивать иму́щество для обложе́ния нало́гом

**assessable** [əˈsesəbl] *a* подлежа́щий обложе́нию (*налогом*)

**assessment** [əˈsesmənt] *n* 1) обложе́ние; су́мма обложе́ния (*налогом*) 2) оце́нка

**assessor** [əˈsesə] *n* 1) *юр.* économ эксперт(-консульта́нт) 2) податно́й чино́вник

**asset** [ˈæset] *n* 1) *pl юр.* иму́щество несостоя́тельного должника́, иму́щество обанкро́тившейся фи́рмы 2) *pl фин.* акти́в(ы); авуа́ры; ~s and liabilities акти́в и пасси́в 3) иму́щество (*часто об одном предмете*) 4) *разг.* це́нное ка́чество; це́нный вклад; good health is a great ~ хоро́шее здоро́вье — большо́е бла́го

**asseverate** [əˈsevəreɪt] *v* 1) категори́чески *или* кля́твенно утвержда́ть 2) торже́ственно заявля́ть

**asseveration** [əˌsevəˈreɪʃən] *n* 1) категори́ческое утвержде́ние 2) торже́ственное заявле́ние

**assiduity** [ˌæsɪˈdju(ː)ɪtɪ] *n* 1) усе́рдие, прилежа́ние, стара́ние 2) *pl* уха́живание

**assiduous** [əˈsɪdjuəs] *a* усе́рдный, приле́жный; неутоми́мый

**assiduousness** [əˈsɪdjuəsnɪs] *n* усе́рдие, прилежа́ние

**assign** [əˈsaɪn] **1.** *v* 1) назнача́ть, определя́ть (*срок, границы*) 2) поруча́ть (*задание, работу*) 3) назнача́ть, определя́ть на до́лжность 4) предназнача́ть; ассигнова́ть 5) закрепля́ть (*за кем-л.*), передава́ть (*имущество*) 6) припи́сывать; this song is sometimes ~ed to Schubert э́ту пе́сню иногда́ припи́сывают Шу́берту

**2.** *n юр.* правопрее́мник

**assignation** [ˌæsɪgˈneɪʃən] *n* 1) назначе́ние 2) *юр.* переда́ча, переусту́пка пра́ва *или* со́бственности 3) усло́вленная встре́ча; та́йная встре́ча; любо́вное свида́ние 4) ассигна́ция

**assignee** [ˌæsɪ'niː] *n* 1) уполномо́ченный; представи́тель 2) *юр.* правопрее́мник; ~ in bankruptcy кура́тор ко́нкурсного управле́ния по дела́м несостоя́тельного должника́

**assignment** [ə'saɪnmənt] *n* 1) назначе́ние; ~ to a position назначе́ние на до́лжность 2) ассигнова́ние 3) распределе́ние; (пред)назначе́ние 4) зада́ние 5) командиро́вка 6) *юр.* переда́ча иму́щества *или* прав 7) докуме́нт о переда́че иму́щества *или* прав 8) *attr.*: ~ clause усло́вие переда́чи (*имущества, прав*)

**assimilate** [ə'sɪmɪleɪt] *v* 1) уподобля́ть, прира́внивать (to, with) 2) сра́внивать (to, with) 3) *биол.* ассимили́ровать(ся); поглоща́ть, усва́ивать

**assimilation** [əˌsɪmɪ'leɪʃən] *n* 1) уподобле́ние 2) *биол.* ассимиля́ция; усвое́ние

**assist** [ə'sɪst] *v* 1) помога́ть, соде́йствовать 2) принима́ть уча́стие (in) 3) прису́тствовать (at)

**assistance** [ə'sɪstəns] *n* по́мощь, соде́йствие; to render ~ ока́зывать по́мощь

**assistant** [ə'sɪstənt] *n* 1) помо́щник; ассисте́нт 2) *юр.* замести́тель судьи́

**assize** [ə'saɪz] *n* 1) суде́бное разбира́тельство 2) *pl* выездна́я се́ссия суда́ прися́жных 3) *ист.* твёрдо устано́вленная цена́, ме́ра *и т. п.*

**associate** 1. *n* [ə'səuʃɪɪt] 1) това́рищ, колле́га; партнёр, компаньо́н 2) сою́зник 3) мла́дший член университе́тской корпора́ции, акаде́мии худо́жеств (*противоп.* fellow); член-корреспонде́нт (*научного общества*) 4) *юр.* соуча́стник, соо́бщник

2. *a* [ə'səuʃɪɪt] объединённый; свя́занный; присоединённый; ~ societies объединённые о́бщества; ~ editor *амер.* помо́щник реда́ктора; ~ professor *амер.* адъю́нкт-профе́ссор

3. *v* [ə'səuʃɪeɪt] 1) соединя́ть, свя́зывать 2) свя́зываться, ассоции́роваться 3) обща́ться (with) [*ср. тж.* 4)] 4) *refl.* присоединя́ться, вступа́ть; станови́ться партнёром (in); to ~ oneself with присоединя́ться к *чему-либо*, солидаризи́роваться с *чем-л.* [*ср. тж.* 3)]

**associated** [ə'səuʃɪeɪtɪd] 1. *p. p. от* associate 3

2. *a* 1) свя́занный; объединённый 2) де́йствующий совме́стно; взаимоде́йствующий; ~ arms *воен.* взаимоде́йствующие роды́ войск

**association** [əˌsəusɪ'eɪʃən] *n* 1) соедине́ние 2) о́бщество, ассоциа́ция, сою́з 3) ассоциа́ция, связь (*идей*) 4) обще́ние, дру́жба, бли́зость 5) *биол.* ассоциа́ция, жи́зненное соо́бщество 6) *attr.*: ~ football футбо́л

**associative** [ə'səuʃjətɪv] *a* 1) ассоциати́вный 2) общи́тельный

**assonance** ['æsəunəns] *n* 1) созву́чие 2) ассона́нс, непо́лная ри́фма (*одних гласных*)

**assonant** ['æsəunənt] 1. *n лат.* ассона́нт

2. *a* созву́чный

**assorted** [ə'sɔːtɪd] *a* 1) сме́шанный; a pound of ~ sweets фунт ра́зных конфе́т 2) подходя́щий

**assortment** [ə'sɔːtmənt] *n* 1) ассортиме́нт 2) сортиро́вка

**assuage** [ə'sweɪdʒ] *v* 1) успока́ивать (*гнев и т. п.*); смягча́ть (*горе, боль*) 2) утоля́ть (*голод*)

**assuagement** [ə'sweɪdʒmənt] *n* 1) успокое́ние; смягче́ние 2) болеутоля́ющее сре́дство

**assume** [ə'sjuːm] *v* 1) принима́ть на себя́; присва́ивать себе́; to ~ responsibility брать на себя́ отве́тственность; to ~ command принима́ть кома́ндование; to ~ control взять на себя́ управле́ние (*чем-л.*); to ~ office вступи́ть в до́лжность 2) принима́ть (*характер, форму*); his illness ~d a very grave character его́ боле́знь приняла́ о́чень серьёзный хара́ктер 3) напуска́ть на себя́; притворя́ться; симули́ровать; to ~ airs напуска́ть на себя́ ва́жность, ва́жничать 4) предполага́ть, допуска́ть; let us ~ that... допу́стим, что... 5) быть самонаде́янным, высокоме́рным ◇ to ~ measures принима́ть ме́ры; to ~ the offensive *воен.* перейти́ в наступле́ние

**assumed** [ə'sjuːmd] 1. *p. p. от* assume

2. *a* 1) вы́мышленный; an ~ name вы́мышленное и́мя 2) притво́рный 3) допуска́емый, предполага́емый

**assuming** [ə'sjuːmɪŋ] 1. *pres. p. от* assume

2. *a* самонаде́янный; высокоме́рный

**assumption** [ə'sʌmpʃən] *n* 1) присвое́ние, приня́тие на себя́; ~ of power присвое́ние вла́сти 2) вступле́ние (*в должность*) 3) притво́рство 4) предположе́ние, допуще́ние 5) высокоме́рие 6) *церк.* успе́ние

**assumptive** [ə'sʌmptɪv] *a* 1) предположи́тельный, допуска́емый 2) самонаде́янный; высокоме́рный

**assurance** [ə'ʃuərəns] *n* 1) увере́ние; завере́ние, гара́нтия 2) уве́ренность, убеждённость; to make ~ double (*или* doubly) sure а) для бо́льшей ве́рности; б) вдвойне́ застрахова́ться 3) уве́ренность в себе́ 4) самоуве́ренность, самонаде́янность; на́глость; he had the ~ to claim he had done it himself у него́ хвати́ло на́глости заяви́ть, что он э́то сде́лал сам 5) страхова́ние 6) *attr.*: ~ factor *тех.* коэффицие́нт запа́са про́чности

**assure** [ə'ʃuə] *v* 1) уверя́ть, заверя́ть (*кого-л.*); убежда́ть 2) *refl.* убежда́ться 3) гаранти́ровать, обеспе́чивать 4) страхова́ть; to ~ one's life with (*или* in) a company застрахова́ть жизнь в страхово́м о́бществе

**assured** [ə'ʃuəd] 1. *p. p. от* assure

2. *a* 1) уве́ренный 2) гаранти́рованный, обеспе́ченный; success is ~ успе́х обеспе́чен 3) застрахо́ванный 4) самоуве́ренный; на́глый

**assuredly** [ə'ʃuərɪdlɪ] *adv* коне́чно, несомне́нно

**assuredness** [ə'ʃuədnɪs] *n* 1) уве́ренность 2) самоуве́ренность; на́глость

**assurer** [ə'ʃuərə] *n* страхо́вщик

**assy** ['æsɪ] *n сокр. от* assembly

**Assyrian** [ə'sɪrɪən] 1. *a* ассири́йский

2. *n* 1) ассири́янин, ассири́ец; ассири́янка 2) ассири́йский язы́к

**astatic** [əs'tætɪk] *a физ.* астати́ческий; ~ needle астати́ческая магни́тная стре́лка

**aster** ['æstə] *n* а́стра

**asterisk** ['æstərɪsk] 1. *n* 1) звёздочка 2) *полигр.* звёздочка, знак сно́ски

2. *v полигр.* отмеча́ть звёздочкой

**astern** [əs'təːn] *adv мор.* 1) на корме́; за кормо́й; позади́ 2) наза́д; full speed ~ по́лный (ход) наза́д

**asteroid** ['æstərɔɪd] 1. *n* 1) *астр.* астеро́ид; ма́лая плане́та 2) *зоол.* морска́я звезда́

2. *a* звездообра́зный

**asthenia** [æs'θiːnjə] *n мед.* астени́я, сла́бость

**asthma** ['æsmə] *n мед.* а́стма, при́ступы уду́шья

**asthmatic** [æs'mætɪk] 1. *a* 1) астмати́ческий 2) страда́ющий а́стмой

2. *n* астма́тик

**astigmatism** [æs'tɪgmətɪzm] *n мед.* астигмати́зм

**astir** [ə'stəː] 1. *a predic.* 1) находя́щийся в движе́нии 2) возбуждённый, взволно́ванный; the whole town was ~ with the news весь го́род был взволно́ван но́востью 3) на нога́х, вста́вший с посте́ли; to be early ~ быть с утра́ на нога́х

2. *adv* 1) в движе́нии 2) в возбужде́нии 3) на нога́х

**astonish** [əs'tɔnɪʃ] *v* удивля́ть, изумля́ть

**astonishing** [əs'tɔnɪʃɪŋ] 1. *pres. p. от* astonish

2. *a* удиви́тельный, изуми́тельный

**astonishment** [əs'tɔnɪʃmənt] *n* удивле́ние, изумле́ние

**astound** [əs'taund] *v* поража́ть, изумля́ть

**astounding** [əs'taundɪŋ] 1. *pres. p. от* astound

2. *a* порази́тельный

**astraddle** [ə'strædl] *adv, a predic.* широко́ расста́вив но́ги; верхо́м (*тж. на стуле*)

**astragal** ['æstrəgəl] *n архит.* астрага́л, ободо́к вокру́г коло́нны

**astragali** [əs'trægəlaɪ] *pl от* astragalus

**astragalus** [əs'trægələs] *n* (*pl* -li) 1) *анат.* тара́нная кость 2) *бот.* астрага́л

**astrakhan** [ˌæstrə'kæn] *русск.* *n* 1) кара́куль 2) *attr.* кара́кулевый

**astral** ['æstrəl] *a* звёздный, астра́льный

**astray** [əs'treɪ] *adv*: to go ~ заблуди́ться; *перен.* сби́ться с пути́; to lead ~ сбить с пути́ (*тж. перен.*)

**astride** [əs'traɪd] 1. *adv* 1) верхо́м; to ride ~ е́хать верхо́м 2) расста́вив но́ги

2. *prep* верхо́м (*на чём-л.*); to sit ~ a horse (a chair) сиде́ть верхо́м на ло́шади (на сту́ле)

**astringent** [əs'trɪndʒənt] 1. *a* вя́жущий

2. *n* вя́жущее сре́дство

**astrolabe** ['æstrəuleɪb] *n геод.* астроля́бия

**astrologer** [əs'trɔlədʒə] *n* астро́лог, звездочёт

**astrology** [əs'trɔlədʒɪ] *n* астроло́гия

**astronaut** ['æstrənɔ:t] *n* астрона́вт, космона́вт

**astronautics** [ˌæstrə'nɔ:tɪks] *n pl* (*употр. как sing*) астрона́втика, космона́втика

**astronomer** [əs'trɔnəmə] *n* астроно́м

**astronomic** [ˌæstrə'nɔmɪk] = astronomical

**astronomical** [ˌæstrə'nɔmɪkəl] *a* 1) астрономи́ческий 2) *разг.* о́чень большо́й

**astronomy** [əs'trɔnəmɪ] *n* астроно́мия

**astute** [əs'tju:t] *a* 1) хи́трый 2) проница́тельный

**asunder** [ə'sʌndə] *adv* 1) по́рознь, отде́льно; далеко́ друг от дру́га; to rush ~ бро́ситься в ра́зные сто́роны 2) попола́м, в куски́, на ча́сти; to tear ~ разорва́ть на ча́сти

**asylum** [ə'saɪləm] *n* 1) прию́т; убе́жище 2) психиатри́ческая лече́бница (*тж.* lunatic ~)

**asymmertic(al)** [ˌæsɪ'metrɪkəl] *a* асимметри́чный

**asymmetry** [æ'sɪmɪtrɪ] *n* асимметри́я, наруше́ние симметри́и

**asynchronous** [ə'sɪŋkrənəs] *a* асинхро́нный, не совпада́ющий по вре́мени

**asyndetic** [ˌæsɪn'detɪk] *a грам.* бессою́зный

**asyndeton** [æ'sɪndɪtən] *n грам.* аси́ндетон, бессою́зие

**at** [æt (*полная форма*); ət (*редуцированная форма*)] *prep* 1) *в пространств. значении указывает на* а) *местонахождение* в, на, у, при; at Naples в Неа́поле; at a meeting на собра́нии; at a depth of six feet на глубине́ шести́ фу́тов; at the window у окна́; at the hospital при больни́це; at home до́ма; б) *движение в определённом направлении* в, к, на; to throw a stone at smb. бро́сить ка́мнем в кого́-л.; в) *достижение места назначения* к, в, на, до; trains arrive at the terminus every half-hour поезда́ прихо́дят на коне́чную ста́нцию ка́ждые полчаса́ 2) *во временном значении указывает на* а) *момент или период времени* в, на; at six o'clock в шесть часо́в; at dinner-time в обе́денное вре́мя; во вре́мя обе́да; at the end of the lesson в конце́ уро́ка; at dawn на заре́; at night но́чью; at present в настоя́щее вре́мя, тепе́рь; б) *возраст* в; at the age of 25, at 25 years of age в во́зрасте 25 лет; at an early age в ра́нНем во́зрасте 3) *указывает на действие, занятие* за; at work а) за рабо́той; б) в де́йствии; at breakfast за за́втраком; at school в шко́ле; at court в суде́; at the piano за роя́лем; at the wheel за рулём; at one's studies за заня́тиями; what are you at now? а) чем вы за́няты тепе́рь?, над чем вы рабо́таете тепе́рь?; б) что вы затева́ете?; he is at it again он сно́ва взя́лся за э́то 4) *указывает на состояние, положение* в, на; at anchor на я́коре; at war в состоя́нии войны́; at peace в ми́ре; at watch на посту́; at leisure на досу́ге 5) *указывает на характер, способ действия* в, с, на; *передаётся тж. твор. падежом*; at a run бего́м; at a gulp одни́м глотко́м; at a snail's pace черепа́шьим ша́гом 6) *указывает на источник* из, в; to get information at the fountain-head получа́ть све́дения из первоисто́чника; to find out the address at the information-bureau узна́ть а́дрес в спра́вочном бюро́ 7) *указывает на причину* при, по, на; *передаётся тж. твор. падежом*; at smb.'s request по чьей-л. про́сьбе; to be surprised at smth. удивля́ться чему́-л.; we were sad at hearing such news мы огорчи́лись, услы́шав таки́е но́вости; he was shocked at what he saw он был потрясён тем, что уви́дел 8) *употр. в словосочетаниях, содержащих указание на количество, меру, цену* при, на, по, с, в, за; at a speed of 70 km со ско́ростью 70 км; at high remuneration за большо́е вознагражде́ние; at three shillings a pound по три ши́ллинга за фунт; at a high price по высо́кой цене́ 9) *указывает на сферу проявления способностей* к; clever at physics спосо́бный к фи́зике; good at languages спосо́бный к языка́м ◇ at that а) прито́м, к тому́ же; she lost her handbag and a new one at that она́ потеря́ла су́мочку, да ещё но́вую к тому́ же; б) на том; let it go at that на том мы и поко́нчили

**at-a-boy** ['ætəbɔɪ] *int амер. разг.* молоде́ц!

**atavistic** [ˌætə'vɪstɪk] *a* атависти́ческий

**ataxy** [ə'tæksɪ] *n мед.* атакси́я; расстро́йство координа́ции движе́ний

**ate** [et] *past от* eat

**atelier** ['ætəlɪeɪ] *фр. n* 1) ателье́ 2) сту́дия (*особ. художника*)

**atheism** ['eɪθɪɪzm] *n* атеи́зм

**atheist** ['eɪθɪɪst] *n* атеи́ст

**atheistic(al)** [ˌeɪθɪ'ɪstɪk(əl)] *a* атеисти́ческий

**Athena** [ə'θi:nə] *n греч. миф.* Афи́на

**athenaeum** [ˌæθɪ'ni(:)əm] *n* 1) Атене́ум (*название литературных и научных обществ*); the A. литерату́рный клуб в Ло́ндоне 2) библиоте́ка, чита́льня

**Athene** [ə'θi:ni(:)] = Athena

**Athenian** [ə'θi:njən] **1.** *a* афи́нский **2.** *n* афиня́нин; афиня́нка

**athlete** ['æθli:t] *n* 1) спортсме́н 2) атле́т

**athletic** [æθ'letɪk] *a* атлети́ческий; ~ field стадио́н; спорти́вная площа́дка

**athletics** [æθ'letɪks] *n pl* (*употр. тж. как sing*) атле́тика; заня́тия спо́ртом; track-and-field ~ лёгкая атле́тика

**at home** [ət'həum] *n разг.* приём госте́й в определённые дни и часы́

**athwart** [ə'θwɔ:t] **1.** *adv* 1) ко́со; попере́к; перпендикуля́рно 2) про́тив; напереко́р

**2.** *prep* 1) попере́к; че́рез; to run ~ a ship вре́заться в борт друго́го су́дна; to throw a bridge ~ a river перебро́сить мост че́рез ре́ку 2) про́тив; вопреки́; ~ his plans вопреки́ его́ пла́нам

**Atlantic** [ət'læntɪk] *a* атланти́ческий

**Atlas** ['ætləs] *n греч. миф.* Атла́нт, Атла́с

**atlas I** ['ætləs] *n* 1) географи́ческий а́тлас 2) *анат.* атла́нт (*первый шейный позвонок*) 3) *архит.* атла́нт (*мужская фигура, служащая для поддержания карниза, балкона и т. п.*) 4) форма́т бума́ги (*писчей 26 д.* × *33 д., чертёжной 26 д.* × *36 д.*)

**atlas II** ['ætləs] *n текст.* атла́с

**atmosphere** ['ætməsfɪə] *n* 1) атмосфе́ра 2) обстано́вка, атмосфе́ра; tense ~ напряжённая атмосфе́ра 3) *attr.* атмосфе́рный; ~ pressure атмосфе́рное давле́ние

**atmospheric** [ˌætməs'ferɪk] *a* атмосфе́рный, атмосфери́ческий; метеорологи́ческий; ~ condensation атмосфе́рные оса́дки; ~ pressure атмосфе́рное давле́ние; ~ density пло́тность во́здуха; ~ temperature температу́ра во́здуха

**atmospherical** [ˌætməs'ferɪkəl] = atmospheric

**atmospherics** [ˌætməs'ferɪks] *n pl радио* атмосфе́рные поме́хи

**atoll** ['ætɔl] *n* ато́лл, кора́лловый о́стров

**atom** ['ætəm] *n* 1) а́том 2) мельча́йшая части́ца; to break (*или* to smash) to ~s разби́ть вдре́безги; not an ~ of evidence ни те́ни доказа́тельности 3) *attr.*: ~ fission (*или* splitting, smashing) расщепле́ние а́тома

**atomaniac** [ˌætəu'meɪnɪæk] *n* пропове́дник а́томной войны́

**atom bomb** ['ætəmbɔm] *n* а́томная бо́мба

**atom-bomb** ['ætəmbɔm] *v* сбра́сывать а́томные бо́мбы

**atomic** [ə'tɔmɪk] *a* а́томный; ~ bomb а́томная бо́мба; ~ energy а́томная эне́ргия; ~ heat а́томная теплоёмкость; ~ number а́томное число́; ~ rocket раке́та с я́дерным боевы́м заря́дом; ~ weight а́томный вес; ~ pile а́томный котёл, я́дерный реа́ктор; ~ control контро́ль над произво́дством а́томной эне́ргии; ~ warfare а́томная война́

**atomicity** [ˌætəu'mɪsɪtɪ] *n хим.* а́томность, вале́нтность

**atomism** ['ætəmɪzm] *n* атоми́зм, атомисти́ческая тео́рия

**atomistic** [ˌæteu'mɪstɪk] *a* 1) атомисти́ческий 2) раздро́бленный; состоя́щий из мно́жества ме́лких часте́й, элеме́нтов

**atomize** ['ætəumaɪz] *v* 1) распыля́ть 2) дроби́ть

**atomizer** ['ætəumaɪzə] *n* 1) пульвериза́тор 2) *тех.* форсу́нка, распыли́тель 3) гидропу́льт

**atom-smasher** ['ætəm'smæʃə] *n* ускори́тель я́дерных части́ц

**atomy** I ['ætəmɪ] *n* 1) а́том 2) ма́ленькое существо́

**atomy** II ['ætəmɪ] *n* (*сокр. от* anatomy) 1) скеле́т (*анатомический препарат*) 2) *разг.* скеле́т, «ко́жа да ко́сти»

**atone** [ə'təun] *v* 1) загла́живать, искупа́ть (*вину; обыкн.* ~ for) 2) возмеща́ть (*обыкн.* ~ for)

**atonement** [ə'təunmənt] *n* 1) искупле́ние (*вины*) 2) возмеще́ние

**atonic** [æ'tɔnɪk] *a* 1) *фон.* безуда́рный; ~ syllable безуда́рный слог 2) *мед.* ослабе́вший; вя́лый, атони́ческий

**atony** ['ætənɪ] *n мед.* атони́я

**atop** [ə'tɔp] *adv* 1) наверху́ 2): ~ of наверху́, на верши́не; ~ of the cliff на верши́не утёса

**at par** [ət'pɑ:] *adv* по номина́лу

**atrabilious** [,ætrə'bɪljəs] *a* 1) страда́ющий разли́тием жёлчи 2) меланхоли́ческий; жёлчный

**atrip** [ə'trɪp] *a predic., adv*: to be ~ *мор.* отдели́ться от гру́нта (*о якоре*)

**atrocious** [ə'trəuʃəs] *a* 1) жесто́кий, зве́рский 2) *разг.* ужа́сный, отврати́тельный; ~ weather отврати́тельная пого́да

**atrocity** [ə'trɔsɪtɪ] *n* 1) жесто́кость, зве́рство 2) *разг.* гру́бый про́мах, гру́бая беста́ктность 3) *разг.* что-л. ужа́сное, отврати́тельное; that film is an ~ э́то про́сто ужа́сный фильм

**atrophied** ['ætrəfɪd] **1.** *p. p. от* atrophy 2

**2.** *a* 1) атрофи́рованный 2) истощённый; ча́хлый

**atrophy** ['ætrəfɪ] **1.** *n* 1) *мед.* атрофи́я 2) притупле́ние, ослабле́ние, истоще́ние

**2.** *v* 1) атрофи́роваться 2) изнуря́ть

**attaboy** ['ætə'bɔɪ] = at-a-boy

**attach** [ə'tætʃ] *v* 1) прикрепля́ть, прикла́дывать; to ~ a seal to a document ста́вить печа́ть на докуме́нте; скрепля́ть докуме́нт печа́тью; to ~ a stamp приклеи́вать ма́рку; the responsibility that ~es to that position отве́тственность, свя́занная с э́тим положе́нием 2): to ~ oneself to присоединя́ться; he ~ed himself to the new arrivals он присоедини́лся к вновь прибы́вшим 3) прикомандиро́вывать; назнача́ть; to ~ a teacher to a class прикрепи́ть преподава́теля к кла́ссу 4) привя́зывать, располага́ть к себе́; they are deeply ~ed to her они́ о́чень к ней привя́заны 5) припи́сывать, придава́ть; he ~ed the blame to me он свали́л вину́ на меня́ 6) *юр.* аресто́вывать, заде́рживать; опи́сывать (*имущество*), накла́дывать аре́ст (*на имущество*)

**attaché** [ə'tæʃeɪ] *фр. n* атташе́ посо́льства; air (military, naval) ~ вое́нно-возду́шный (вое́нный, морско́й) атташе́

**attaché case** [ə'tæʃɪkeɪs] *n* ко́жаный ручно́й пло́ский чемода́нчик (*для книг, документов*)

**attached** [ə'tætʃt] **1.** *p. p. от* attach

**2.** *a* 1) привя́занный; пре́данный (*кому-л.*) 2) прикомандиро́ванный 3) прикреплённый 4) опи́санный (*об имуществе*)

**attachedly** [ə'tætʃɪdlɪ] *adv* пре́данно; yours ~ пре́данный вам (*в конце письма*)

**attachment** [ə'tætʃmənt] *n* 1) привя́занность, пре́данность 2) прикрепле́ние 3) *юр.* наложе́ние аре́ста 4) *тех.* приспособле́ние, принадле́жность

**attack** [ə'tæk] **1.** *n* 1) ата́ка, наступле́ние; наступа́тельный бой; нападе́ние 2) *pl* напа́дки 3) при́ступ боле́зни, припа́док 4) *attr. воен.* штурмово́й; ~ plane *ав.* штурмови́к

**2.** *v* 1) атакова́ть, напада́ть 2) напада́ть, критикова́ть 3) предпринима́ть; бра́ться энерги́чно (*за что-л.*), набра́сываться (*на работу и т. п.*); to ~ a problem подходи́ть к реше́нию зада́чи 4) поража́ть (*о болезни*) 5) разруша́ть, разъеда́ть; acid ~s metals кислота́ разъеда́ет мета́ллы

**attackable** [ə'tækəbl] *a* 1) уязви́мый 2) спо́рный

**attain** [ə'teɪn] *v* дости́гнуть, доби́ться

**attainability** [ə,teɪnə'bɪlɪtɪ] *n* достижи́мость

**attainable** [ə'teɪnəbl] *a* достижи́мый

**attainder** [ə'teɪndə] *n юр.* лише́ние гражда́нских и иму́щественных прав за госуда́рственную изме́ну; Act (*или* Bill) of A. парла́ментское осужде́ние вино́вного в госуда́рственной изме́не

**attainment** [ə'teɪnmənt] *n* 1) достиже́ние; приобрете́ние 2) *pl* зна́ния, на́выки; a man of varied ~s разносторо́нний челове́к

**attaint** [ə'teɪnt] **1.** *n* пятно́, позо́р

**2.** *v* 1) лиша́ть иму́щественных и гражда́нских прав [*см.* attainder] 2) бесче́стить, позо́рить

**attar** ['ætə] *n* эфи́рное ма́сло (*из цветов*); ~ of roses ро́зовое ма́сло

**attemper** [ə'tempə] *v* 1) сме́шивать в соотве́тствующих пропо́рциях 2) регули́ровать, приспособля́ть (to) 3) умеря́ть, успока́ивать

**attempt** [ə'tempt] **1.** *n* 1) попы́тка; про́ба; о́пыт 2) покуше́ние; an ~ on smb.'s life покуше́ние на чью-л. жизнь

**2.** *v* пыта́ться, про́бовать, де́лать попы́тку

**attend** [ə'tend] *v* 1) уделя́ть внима́ние; быть внима́тельным (*к кому-л., чему-л.*; to); to ~ to smb.'s needs быть внима́тельным к чьим-л. ну́ждам; please, ~! слу́шайте!, бу́дьте внима́тельны! 2) забо́титься, следи́ть (to — за *чем-л.*); выполня́ть; to ~ to the education of one's children следи́ть за воспита́нием свои́х дете́й; your orders will be ~ed to ва́ши приказа́ния, зака́зы бу́дут вы́полнены 3) ходи́ть, уха́живать (*за больным*); the patient was ~ed by Dr X больно́го лечи́л до́ктор X 4) прислу́живать, обслу́живать (on, upon) 5) сопровожда́ть; сопу́тствовать; I will ~ you to the theatre я провожу́ ва́с до теа́тра; success ~s hard work успе́х сопу́тствует упо́рной рабо́те 6) посеща́ть; прису́тствовать (*на лекциях, собраниях и т. п.*); I have to ~ a meeting мне на́до быть на собра́нии; to ~ school посеща́ть шко́лу

**attendance** [ə'tendəns] *n* 1) прису́тствие (at); посеще́ние; your ~ is requested ва́ше прису́тствие жела́тельно; hours of ~ служе́бные, прису́тственные часы́ 2) посеща́емость; poor ~ плоха́я посеща́емость 3) аудито́рия, пу́блика; there was a large ~ at the meeting на собра́нии бы́ло мно́го наро́ду 4) ухо́д, обслу́живание (upon); услу́ги; medical ~ враче́бный ухо́д

**attendant** [ə'tendənt] **1.** *n* 1) сопровожда́ющее, обслу́живающее *или* прису́тствующее лицо́ 2) спу́тник 3) слуга́, служи́тель

**2.** *a* 1) сопровожда́ющий, сопу́тствующий; ~ circumstances сопу́тствующие обстоя́тельства 2) прису́тствующий 3) обслу́живающий (upon)

**attention** [ə'tenʃən] *n* 1) внима́ние; внима́тельность; to attract (*или* to draw, to call) smb.'s ~ to smth. обраща́ть чьё-л. внима́ние на что-л.; to pay ~ (to) обраща́ть внима́ние (на); to compel ~ прико́вывать внима́ние; to slip smb.s' ~ ускользну́ть от чьего́-либо внима́ния; I am all ~ я весь внима́ние; ~! сми́рно!; to stand at ~ стоя́ть в положе́нии «сми́рно» 2) забо́та, забо́тливость; to show much ~ (to smb.) проявля́ть забо́ту (*о ком-л.*) 3) ухо́д (*за больным и т. п.*) 4) *pl* уха́живание; to pay ~s (to) уха́живать (за) 5) *тех.* ухо́д (*за машиной*)

**attentive** [ə'tentɪv] *a* 1) внима́тельный 2) забо́тливый 3) ве́жливый, предупреди́тельный

**attenuate** **1.** *a* [ə'tenjuɪt] 1) исхуда́вший, худо́й, истощённый 2) разжижённый; ~ substance разжижённое вещество́

**2.** *v* [ə'tenjueɪt] 1) истоща́ть 2) разжижа́ть 3) ослабля́ть; смягча́ть

**attenuation** [ə,tenju'eɪʃən] *n* 1) истоще́ние; ослабле́ние 2) разжиже́ние 3) *физ., тех.* затуха́ние 4) *attr.*: ~ constant *радио* коэффицие́нт затуха́ния

**attest** [ə'test] *v* 1) удостоверя́ть; подтвержда́ть; to ~ a signature засвиде́тельствовать по́дпись 2) свиде́тельствовать, дава́ть свиде́тельские показа́ния 3) приводи́ть к прися́ге

**attestation** [,ætes'teɪʃən] *n* 1) свиде́тельское показа́ние, подтвержде́ние 2) засвиде́тельствование (*документа*) 3) приведе́ние к прися́ге

**attestor** [ə'testə] *n юр.* свиде́тель

**Attic** ['ætɪk] *a* 1) атти́ческий 2) класси́ческий (*о стиле*) ◇ ~ salt то́нкое остроу́мие

**attic** ['ætɪk] *n* 1) манса́рда; черда́к 2) (the ~s) *pl* ве́рхний черда́чный эта́ж 3) *архит.* фронто́н 4) *шутл.* голова́, «черда́к» ◇ to have rats in the ~ *жарг.* ≅ ви́нтиков не хвата́ет

**atticism** ['ætɪsɪzm] *n* изя́щество выраже́ния; краси́вый слог, изя́щный стиль

**attic-stor(e)y** ['ætɪk,stɔ:rɪ] *n* чердачный этаж

**attire** [ə'taɪə] **1.** *n* 1) наряд, платье; украшение 2) *охот.* оленьи рога

2. *v* (*обыкн. pass.*) одевать, наряжать; simply ~d просто одетый

**attitude** ['ætɪtju:d] *n* 1) позиция; отношение (*к чему-л.*); friendly ~ towards smb. дружеское отношение к кому-л. 2): ~ of mind склад ума 3) поза; осанка 4) *ав.* положение самолёта в воздухе

**attitudinize** [,ætɪ'tju:dɪnaɪz] *v* принимать (театральные) позы

**attorney** [ə'tə:nɪ] *n юр.* поверенный; адвокат; юрист; прокурор; A. General генеральный атторней (*в Англии*); министр юстиции (*в США*); district (*или* circuit) ~ прокурор округа (*в США*); by ~ по доверенности, через поверенного (*не лично*)

**attract** [ə'trækt] *v* 1) привлекать, притягивать 2) пленять, прельщать

**attractable** [ə'træktəbl] *a* притягиваемый

**attraction** [ə'trækʃən] *n* 1) притяжение, тяготение 2) привлекательность; прелесть 3) (*обыкн. pl*) приманка 4) аттракцион

**attractive** [ə'træktɪv] *a* 1) привлекательный, притягательный, заманчивый; ~ smile очаровательная, чарующая улыбка 2): ~ power *физ.* сила притяжения

**attribute** **1.** *n* ['ætrɪbju:t] 1) свойство; характерный признак, характерная черта, атрибут 2) *грам.* атрибут, определение

2. *v* [ə'trɪbju:t] приписывать (*чему-либо, кому-л.*; to); относить (*за счёт чего-л., кого-л.*; to)

**attribution** [,ætrɪ'bju:ʃən] *n* 1) приписывание 2) власть, компетенция

**attributive** [ə'trɪbjutɪv] **1.** *n грам.* атрибут, определение

2. *a грам* атрибутивный, определительный

**attrition** [ə'trɪʃən] *n* 1) трение 2) изнашивание от трения, истирание; истёртость 3) истощение, изнурение

**attune** [ə'tju:n] *v* 1) делать созвучным, гармоничным 2) настраивать (*музыкальный инструмент*)

**aubergine** ['əubədʒi:n] *фр. n* баклажан

**auburn** ['ɔ:bən] *a* золотисто-каштановый, тёмно-рыжий, красновато-коричневый (*обыкн. о волосах*)

**auction** ['ɔ:kʃən] **1.** *n* аукцион, торг; to put up to (*амер.* at) ~, to sell by (*амер.* at) ~ продавать с аукциона

2. *v* продавать с аукциона

**auctioneer** [,ɔ:kʃə'nɪə] **1.** *n* аукционист

2. *v* продавать с аукциона, с молотка

**audacious** [ɔ:'deɪʃəs] *a* 1) смелый, дерзкий 2) наглый

**audaciousness** [ɔ:'deɪʃəsnɪs] = audacity

**audacity** [ɔ:'dæsɪtɪ] *n* 1) смелость 2) наглость

**audibility** [,ɔ:dɪ'bɪlɪtɪ] *n* слышимость, внятность

**audible** ['ɔ:dəbl] *a* слышный; внятный; слышимый

**audibly** ['ɔ:dəblɪ] *adv* громко, внятно; вслух; *перен.* явно

**audience** ['ɔ:djəns] *n* 1) публика; зрители 2) радиослушатели, телезрители 3) аудиенция (of, with — у *кого-л.*); to give an ~ дать аудиенцию; выслушать

**audio frequency** ['ɔ:dɪəu'fri:kwənsɪ] *n радио* звуковая частота

**audiograph** ['ɔ:dɪəugrɑ:f] *n ак.* аудиограф

**audiometer** [,ɔ:dɪ'ɔmɪtə] *n ак.* аудиометр

**audit** [ɔ:dɪt] **1.** *n* проверка, ревизия бухгалтерских книг, документов и отчётности

2. *v* проверять отчётность, ревизовать

**audition** [ɔ:'dɪʃən] **1.** *n* 1) слушание, выслушивание 2) слух, чувство слуха 3) *театр.*, *кино*, *тлв.* проба, прослушивание

2. *v* 1) слушать, выслушивать 2) *театр.*, *кино*, *тлв.* прослушивать

**auditor** ['ɔ:dɪtə] *n* 1) ревизор, (финансовый) контролёр 2) *юр.* аудитор

**auditorial** [,ɔ:dɪ'tɔ:rɪəl] *a* ревизионный, контрольный

**auditorium** [,ɔ:dɪ'tɔ:rɪəm] *n* зрительный зал, аудитория

**auditory** ['ɔ:dɪtərɪ] *a анат.* слуховой; ~ nerve слуховой нерв

**Augean** [ɔ:'dʒi(:)ən] *a*: ~ stables авгиевы конюшни

**auger** ['ɔ:gə] *n тех.* 1) сверло, бурав 2) шнек (*транспортёра*)

**aught** [ɔ:t] **1.** *n* нечто, кое-что; что-нибудь

2. *adv* в каком-л. отношении; в какой-л. степени; for ~ I know насколько мне известно

**augment** **1.** *n* ['ɔ:gmənt] 1) увеличение, прибавление 2) *грам.* приращение, аугмент

2. *v* [ɔ:g'ment] увеличивать, прибавлять

**augmentation** [,ɔ:gmen'teɪʃən] *n* увеличение, прирост, приращение

**augmentative** [ɔ:g'mentətɪv] *a* 1) увеличивающийся 2) *грам.* увеличительный (*о суффиксе*)

**augur** ['ɔ:gə] **1.** *n* 1) *ист.* авгур 2) прорицатель

2. *v* предсказывать, предвещать; предвидеть; to ~ well служить хорошим предзнаменованием

**augural** ['ɔ:gjurəl] *a* предвещающий; ~ sign зловещий знак

**augury** ['ɔ:gjurɪ] *n* 1) гадание, предсказание 2) предзнаменование 3) предчувствие

**August** ['ɔ:gəst] *n* 1) август 2) *attr.* августовский

**august** [ɔ:'gʌst] *a* 1) величественный 2) августейший

**Augustan** [ɔ:'gʌstən] *a*: ~ age век (*или* эпоха) Августа; *перен.* классический век литературы и искусства

**auk** [ɔ:k] *n* гагарка (*птица*)

**aunt** [ɑ:nt] *n* тётя; тётка ◇ my ~! ≅ вот те на!, вот так штука!, ну и ну!

**auntie** ['ɑ:ntɪ] *n ласк.* тётушка

**Aunt Sally** ['ɑ:nt'sælɪ] *n* 1) *народная игра, состоящая в том, чтобы с известного расстояния выбить трубку изо рта деревянной куклы* 2) мишень для нападок *или* оскорблений

**aura** ['ɔ:rə] *n* 1) дуновение 2) атмосфера (*чего-л.*) 3) *мед.* аура, предвестник эпилептического припадка

**aural** ['ɔ:rəl] *a* 1) ушной 2) слуховой; ~ impression слуховое восприятие

**aurally** ['ɔ:rəlɪ] *adv* устно, на слух

**aureate** ['ɔ:rɪɪt] *a* 1) золотистый 2) позолоченный

**aureola, aureole** [ɔ:'rɪəulə, 'ɔ:rɪəul] *n* ореол, сияние, венчик

**auric** ['ɔ:rɪk] *a* 1) содержащий золото 2) *горн.* золотоносный

**auricle** ['ɔ:rɪkl] *n анат.* 1) ушная раковина 2) предсердие

**auricula** [ə'rɪkjulə] *n* (*pl* -las [-ləz], -lae) *бот.* аврикула

**auriculae** [ə'rɪkjuli:] *pl от* auricula

**auricular** [ɔ:'rɪkjulə] *a* 1) ушной, слуховой 2) сказанный на ухо; тайный 3) *анат.* относящийся к предсердию

**auriferous** [ɔ:'rɪfərəs] *a* золотоносный, золотосодержащий

**auriform** ['ɔ:rɪfɔ:m] *a* имеющий форму уха

**Auriga** [ɔ:'raɪgə] *n астр.* Возничий (*созвездие*)

**aurochs** ['ɔ:rɔks] *n зоол.* зубр

**Aurora** [ɔ:'rɔ:rə] *n* 1) *римск. миф.* Аврора 2) (a.) *поэт.* аврора, утренняя заря

**aurora australis** [ɔ:'rɔ:rəɔ:s'treɪlɪs] *n* южное полярное сияние

**aurora borealis** [ɔ:'rɔ:rə,bɔ:rɪ'eɪlɪs] *n* северное полярное сияние

**auroral** [ɔ:'rɔ:rəl] *a* 1) *поэт.* утренний 2) *поэт.* сияющий; румяный 3) вызванный северным *или* южным сиянием

**aurora polaris** [ɔ:'rɔ:rəpəu'lærɪs] *n* полярное сияние

**auscultate** ['ɔ:skəlteɪt] *v мед.* выслушивать (*больного*)

**auscultation** [,ɔ:skəl'teɪʃən] *n мед.* выслушивание (*больного*)

**auspices** ['ɔ:spɪsi:z] *pl* 1) доброе предзнаменование 2) покровительство; under the ~ of smb. под чьим-л. покровительством

**auspicious** [ɔ:s'pɪʃəs] *a* благоприятный

**Aussie** ['ɔ:zɪ] *разг. см.* Australian 2

**austere** [ɔs'tɪə] *a* 1) строгий 2) суровый, аскетический 3) строгий, чистый, простой (*о стиле*)

**austerity** [ɔs'terɪtɪ] *n* 1) строгость 2) суровость, аскетизм 3) простота

**austral** ['ɔ:strəl] *a* южный

**Australian** [ɔs'treɪljən] **1.** *a* австралийский

2. *n* австралиец; австралийка

**authentic** [ɔ:'θentɪk] *a* 1) подлинный, аутентичный 2) достоверный, верный

**authentically** [ɔ:'θentɪkəlɪ] *adv* подлинно; достоверно

**authenticate** [ɔ:'θentɪkeɪt] *v* 1) удостоверя́ть 2) устана́вливать по́длинность

**authentication** [ɔ:ˌθentɪ'keɪʃən] *n* идентифика́ция

**authenticity** [ˌɔ:θen'tɪsɪtɪ] *n* по́длинность, достове́рность

**author** ['ɔ:θə] *n* 1) а́втор; писа́тель 2) творе́ц, созда́тель 3) вино́вник; инициа́тор

**authoress** ['ɔ:θərɪs] *n* писа́тельница

**authoritarian** [ɔ:ˌθɔrɪ'tɛərɪən] **1.** *a* авторита́рный

2. *n* сторо́нник авторита́рной вла́сти

**authoritative** [ɔ:'θɔrɪtətɪv] *a* 1) авторите́тный; надёжный 2) внуши́тельный

**authority** [ɔ:'θɔrɪtɪ] *n* 1) власть: the ~ of Parliament власть парла́мента; a man set in ~ челове́к, облечённый вла́стью 2) (*обыкн. pl* the authorities) вла́сти; to apply to the authorities обрати́ться к властя́м 3) полномо́чие (for; *тж. с inf.*); who gave you the ~ to do this? кто уполномо́чил вас сде́лать э́то? 4) авторите́т, вес, влия́ние, значе́ние; to carry ~ име́ть влия́ние 5) авторите́т, кру́пный специали́ст 6) авторите́тный исто́чник (*книга, документ*) 7) основа́ние; on the ~ of the press на основа́нии газе́тных сообще́ний, по утвержде́нию газе́т

**authorization** [ˌɔ:θəraɪ'zeɪʃən] *n* 1) уполномо́чивание 2) са́нкция, разреше́ние

**authorize** ['ɔ:θəraɪz] *v* 1) уполномо́чивать; поруча́ть 2) санкциони́ровать, разреша́ть 3) опра́вдывать; объясня́ть; his conduct was ~d by the situation его́ поведе́ние опра́вдывалось ситуа́цией

**authorized** ['ɔ:θəraɪzd] **1.** *p. p. от* authorize

2. *a* авторизо́ванный; ~ translation авторизо́ванный перево́д; Authorized Version англи́йский перево́д би́блии изд. 1611 г., при́нятый в англика́нской це́ркви

**authorship** ['ɔ:θəʃɪp] *n* а́вторство; a book of doubtful ~ кни́га, а́втор кото́рой то́чно не устано́влен

**auto** ['ɔ:təu] *n сокр. разг.* 1) = automatic pistol [*см.* automatic 1, 1)] 2) *см.* automobile 1

**auto-** ['ɔ:təu-] *pref* авто-, само-

**autobahn** ['ɔ:təuba:n] *нем. n* (*pl* -en [-ən]) автостра́да

**autobiographic(al)** ['ɔ:təuˌbaɪəu'græfɪk(əl)] *a* автобиографи́ческий

**autobiography** [ˌɔ:təubaɪ'ɔgrəfɪ] *n* автобиогра́фия

**autobus** ['ɔ:təubʌs] *n амер.* авто́бус

**autocar** ['ɔ:təuka:] *n* автомоби́ль

**autochthon** [ɔ:'tɔkθən] *n* (*pl* -s [-z], -es [i:z]) коренно́й жи́тель, обита́тель

**autochthonal** [ɔ:'tɔkθənəl] *a* коренно́й (*о населении страны*)

**autocracy** [ɔ:'tɔkrəsɪ] *n* самодержа́вие, автокра́тия

**autocrat** ['ɔ:təukræt] *n* 1) самоде́ржец, автокра́т 2) вла́стный челове́к, де́спот

**autocratic** [ˌɔ:təu'krætɪk] *a* 1) самодержа́вный 2) вла́стный, деспоти́ческий

**auto-da-fé** ['ɔ:təuda:'feɪ] *португ. n* (*pl* autos-da-fé) *ист.* аутодафе́

**autogamous** [ɔ:'tɔgəməs] *a бот.* автога́мный, самоопыля́ющийся

**autogenesis** [ˌɔ:təu'dʒenɪsɪs] *n* автогене́з, самозарожде́ние

**autogenous** [ɔ:'tɔdʒɪnəs] *a тех.* автоге́нный; ~ welding автоге́нная сва́рка

**autograph** ['ɔ:təgra:f] **1.** *n* 1) авто́граф 2) оригина́л ру́кописи

2. *v* надпи́сывать, дава́ть авто́граф

**autographic** [ˌɔ:tə'græfɪk] *a* собственнору́чно напи́санный; собственнору́чный

**autointoxication** ['ɔ:təuɪnˌtɔksɪ'keɪʃən] *n мед.* аутоинтоксика́ция

**automanipulation** ['ɔ:təuməˌnɪpju'leɪʃən] *n* онани́зм

**automat** ['ɔ:təmət] *n амер.* 1) кафе́-автома́т 2) торго́вый автома́т

**automata** [ɔ:'tɔmətə] *pl от* automaton

**automatic** [ˌɔ:tə'mætɪk] **1.** *a* 1) автомати́ческий; ~ pilot автопило́т; ~ pistol автомати́ческий пистоле́т; ~ rifle автомати́ческая винто́вка; ручно́й пулемёт; ~ rifleman пулемётчик; ~ stoker механи́ческая то́пка; ~ coupling *ж.-д.* автосце́пка; ~ fire автомати́ческий ого́нь; ~ telephone system автомати́ческая телефо́нная ста́нция; ~ train stop *ж.-д.* автосто́п; ~ transmitter автомати́ческий переда́тчик 2) машина́льный, непроизво́льный

2. *n* 1) автомати́ческий механи́зм; автома́т 2) автомати́ческое ору́жие 3) *амер.* автомати́ческий пистоле́т

**automatical** [ˌɔ:tə'mætɪkəl] = automatic 1

**automation** [ˌɔ:tə'meɪʃən] *n* автоматиза́ция

**automatism** [ɔ:'tɔmətɪzm] *n* автомати́зм; непроизво́льное движе́ние

**automaton** [ɔ:'tɔmətən] *n* (*pl* -ta, -tons [-tənz]) автома́т

**automobile** ['ɔ:təməubi:l] **1.** *n* автомоби́ль

2. *a* 1) автомоби́льный; ~ railway car *ж.-д.* автомотри́са; ~ transportation автотра́нспорт; ~ wagon грузово́й автомоби́ль, грузови́к 2) самодви́жущийся

**automotive** [ˌɔ:tə'məutɪv] *a* 1) самодви́жущийся 2) автомоби́льный; ~ industry автомоби́льная промы́шленность

**autonomist** [ɔ:'tɔnəmɪst] *n* автономи́ст, сторо́нник автоно́мии

**autonomous** [ɔ:'tɔnəməs] *a* автоно́мный, самоуправля́ющийся

**autonomy** [ɔ:'tɔnəmɪ] *n* 1) автоно́мия, самоуправле́ние 2) пра́во на самоуправле́ние 3) автоно́мное госуда́рство; автоно́мная о́бласть

**autopilot** ['ɔ:təuˌpaɪlət] *n* автопило́т

**autopsy** ['ɔ:təpsɪ] *n* вскры́тие (*трупа*)

**autorifle** ['ɔ:təuˌraɪfl] *n амер.* ручно́й пулемёт

**autos-da-fé** ['ɔ:təuzda:'feɪ] *pl от* auto-da-fé

**autostrada** ['ɔ:təuˌstra:də] *n* автостра́да

**autosuggestion** ['ɔ:təusə'dʒestʃən] *n* самовнуше́ние

**auto-training** ['ɔ:təuˌtreɪnɪŋ] *n* (*сокр.* A. T.) аутоге́нная трениро́вка, ауторе́нинг; психорегули́рующая трениро́вка

**autotruck** ['ɔ:təutrʌk] *n амер.* грузови́к

**autotype** ['ɔ:təutaɪp] **1.** *n* автоти́пия; факси́мильный отпеча́ток

2. *v* де́лать автоти́пный сни́мок

**autumn** ['ɔ:təm] *n* 1) о́сень 2) *перен.* наступле́ние ста́рости 3) *attr.* осе́нний

**autumnal** [ɔ:'tʌmnəl] *a* 1) осе́нний 2) цвету́щий *или* созрева́ющий о́сенью

**auxiliary** [ɔ:g'zɪljərɪ] **1.** *a* 1) вспомога́тельный 2) доба́вочный; запасно́й

2. *n* 1) помо́щник 2) *грам.* вспомога́тельный глаго́л 3) *pl* иностра́нные наёмные *или* сою́зные войска́; 4) *тех.* вспомога́тельное устро́йство, вспомога́тельный механи́зм

**auxins** ['ɔ:ksɪnz] *n pl биол.* гормо́ны ро́ста расте́ний, аукси́ны

**avail** [ə'veɪl] **1.** *n* по́льза, вы́года; of ~ поле́зный; of no ~ бесполе́зный; of little ~ малоприго́дный; of what ~ is it? кака́я в э́том по́льза?, како́й в э́том смысл?

2. *v* 1) быть поле́зным, вы́годным; his efforts did not ~ him его́ уси́лия не помогли́ ему́ 2) *refl.*: to ~ oneself of по́льзоваться, воспо́льзоваться (*случаем, предложением*)

**availability** [əˌveɪlə'bɪlɪtɪ] *n* 1) (при)го́дность 2) нали́чие

**available** [ə'veɪləbl] *a* 1) досту́пный; име́ющийся в распоряже́нии, нали́чный; ~ surface свобо́дное простра́нство; by all ~ means все́ми досту́пными сре́дствами; all ~ funds все нали́чные сре́дства; this book is not ~ э́ту кни́гу нельзя́ доста́ть; to make ~ предоставля́ть 2) (при)го́дный, поле́зный 3) действи́тельный; tickets ~ for one day only биле́ты, действи́тельные то́лько на оди́н день

**avalanche** ['ævəla:nʃ] *n* 1) лави́на, сне́жный обва́л 2) град (*пуль, ударов*); пото́к (*писем и т. п.*)

**avant-corps** [a:ˌva:ŋ'kɔ:] *фр. n архит.* выступа́ющий фаса́д

**avarice** ['ævərɪs] *n* а́лчность; жа́дность

**avaricious** [ˌævə'rɪʃəs] *a* а́лчный; жа́дный

**avast** [ə'va:st] *int мор.* стой!, стоп!

**avatar** [ˌævə'ta:] *n инд. миф.* реа́льное воплоще́ние божества́ (*преим. Вишну*)

**avenge** [ə'vendʒ] *v* мстить; to ~ oneself отомсти́ть, отплати́ть за себя́ (on — *кому-л.*, for — за *что-л.*)

**avengeful** [ə'vendʒful] *a* мсти́тельный

**avenger** [ə'vendʒə] *n* мсти́тель

**avenue** ['ævɪnju:] *n* 1) доро́га, алле́я к до́му (*через парк, усадьбу и т. п.*) 2) доро́га, обса́женная дере́вьями 3) широ́кая у́лица, проспе́кт (*особ. в США*) 4) путь, сре́дство; an ~ to wealth (to fame) путь к бога́тству (сла́ве); to explore every ~, to leave no ~ unexplored испо́льзовать все возмо́жности 5): ~ of approach *воен.* по́дступ

**aver** [ə'və:] *v* 1) утвержда́ть 2) *юр.* дока́зывать

**average** ['ævərɪdʒ] **1.** *n* 1) сре́днее число́; сре́дняя величина́; on the (*или* an) ~ в сре́днем; to strike an ~ выводи́ть сре́днее число́; below (above) the ~ ни́же (вы́ше) сре́днего 2) *страх.* убы́ток от ава́рии су́дна 3) распределе́ние убы́тка от ава́рии ме́жду владе́льцами (*груза, судна*)

**2.** *a* 1) сре́дний; ~ output сре́дний вы́пуск (*продукции*); ~ rate of profit *полит.-эк.* сре́дняя но́рма при́были 2) сре́дний, обы́чный, норма́льный; ~ height сре́дний, норма́льный рост

**3.** *v* 1) выводи́ть сре́днее число́ 2) в сре́днем равня́ться, составля́ть □ ~ **out** вы́числить сре́днюю величину́; соста́вить сре́днюю величину́

**average adjuster** ['ævərɪdʒə,dʒʌstə] *n страх.* диспаше́р

**average statement** ['ævərɪdʒ,steɪtmənt] *n страх.* диспа́ша

**averment** [ə'və:mənt] *n* 1) утвержде́ние 2) *юр.* доказа́тельство

**averruncator** [,ævə'rʌŋkeɪtə] *n* садо́вые но́жницы, сека́тор

**averse** [ə'və:s] *a* нерасполо́женный, неохо́тный; пита́ющий отвраще́ние (to — к *чему-л.*); not ~ to a good dinner непро́чь хорошо́ пообе́дать

**aversion** [ə'və:ʃən] *n* 1) отвраще́ние, антипа́тия (to) 2) неохо́та 3) предме́т отвраще́ния; one's pet ~ *шутл.* са́мая си́льная антипа́тия

**avert** [ə'və:t] *v* 1) отводи́ть (*взгляд*; from); he ~ed his face он отверну́лся 2) отвлека́ть (*мысли*; from) 3) отвраща́ть, предотвраща́ть (*удар, опасность и т. п.*)

**avertable** [ə'və:təbl] = avertible

**avertible** [ə'və:təbl] *a* предотврати́мый

**aviary** ['eɪvjərɪ] *n* пти́чник; волье́р(а)

**aviate** ['eɪvɪeɪt] *v* 1) лета́ть на самолёте, дирижа́бле *и т. п.* 2) управля́ть самолётом, дирижа́блем *и т. п.*

**aviation** [,eɪvɪ'eɪʃən] *n* 1) авиа́ция 2) *attr.* авиацио́нный; ~ engine авиацио́нный мото́р

**aviator** ['eɪvɪeɪtə] *n* лётчик, авиа́тор, пило́т

**aviculture** ['eɪvɪkʌltʃə] *n* птицево́дство

**avid** ['ævɪd] *a* жа́дный; а́лчный (of, for)

**avidity** [ə'vɪdɪtɪ] *n* жа́дность; а́лчность

**avifauna** [,eɪvɪ'fɔ:nə] *n зоол.* пти́чья фа́уна, пти́цы (*данной местности, данного района*)

**aviso** [ə'vaɪzəu] *n* (*pl* -os [-əuz]) 1) *банк.* ави́зо 2) *мор.* посы́льное су́дно

**avocado** [,ævəu'kɑ:dəu] *n бот.* авока́до

**avocation** [,ævəu'keɪʃən] *n* 1) основно́е заня́тие; призва́ние 2) (*тж. pl*) побо́чное заня́тие; заня́тия в часы́ досу́га, развлече́ния

**avoid** [ə'vɔɪd] *v* 1) избега́ть, сторони́ться 2) уклоня́ться 3) *юр.* отменя́ть, аннули́ровать

**avoidable** [ə'vɔɪdəbl] *a* тако́й, кото́рого мо́жно избежа́ть

**avoidance** [ə'vɔɪdəns] *n* 1) избежа́ние 2) упраздне́ние, отме́на, аннули́рование 3) вака́нсия

**avoirdupois** [,ævədə'pɔɪz] *n* 1) *ист.* «эвердьюпо́йс» (*английская система мер веса для всех товаров, кроме благородных металлов, драгоценных камней и лекарств*); *1 фунт = 454 г*; *тж.* ~ weight) 2) *разг.* ту́чность; тя́жесть, вес

**avouch** [ə'vautʃ] *v* 1) уверя́ть, утвержда́ть; дока́зывать 2) руча́ться, гаранти́ровать 3) признава́ться, сознава́ться

**avow** [ə'vau] *v* 1) откры́то признава́ть 2) *refl.* признава́ться 3) *юр.* признава́ть факт

**avowal** [ə'vauəl] *n* призна́ние

**avowed** [ə'vaud] **1.** *p. p. от* avow

**2.** *a* общепри́знанный

**avowedly** [ə'vauɪdlɪ] *adv* пря́мо, откры́то

**avulsion** [ə'vʌlʃən] *n* 1) отры́в, наси́льственное разъедине́ние 2) *юр.* перемеще́ние уча́стка земли́ к чужо́му владе́нию вследствие наводне́ния *или* измене́ния ру́сла реки́

**avuncular** [ə'vʌŋkjulə] *a* 1) дя́дин 2) фамилья́рный; доброду́шный ◇ ~ relation *шутл.* ростовщи́к

**await** [ə'weɪt] *v* 1) ждать, ожида́ть 2) предстоя́ть

**awake** [ə'weɪk] **1.** *v* (awoke; awoke, awoken, awaked [-t]) 1) буди́ть; *перен. тж.* пробужда́ть (*интерес, сознание*); to ~ smb. to the sense of duty пробуди́ть в ком-л. созна́ние до́лга 2) просыпа́ться; *перен.* насторожи́ться; to ~ to one's danger осозна́ть опа́сность

**2.** *a predic.* 1) бо́дрствующий; to be ~ бо́дрствовать, не спать 2) бди́тельный, насторожённый; to be ~ to smth. я́сно понима́ть что-л. ◇ wide ~ а) вполне́ очну́вшись от сна; б) начеку́, настороже́; в) осмотри́тельный; в ку́рсе всего́ происходя́щего; зна́ющий, как сле́дует поступа́ть

**awaken** [ə'weɪkən] = awake 1, *особ.* пробужда́ть (*талант, чувство и т. п.*)

**awakening** [ə'weɪknɪŋ] **1.** *pres. p. от* awaken

**2.** *n* пробужде́ние (*тж. перен.*); rude ~ го́рькое разочарова́ние

**award** [ə'wɔ:d] **1.** *n* 1) присужде́ние (*награды, премии*); ~ of pension назначе́ние пе́нсии 2) присуждённое наказа́ние *или* пре́мия 3) реше́ние (*судей, арбитров*)

**2.** *v* присужда́ть (*что-л.*); награжда́ть (*чем-л.*) ◇ to ~ a contract сдать подря́д на поста́вку това́ров *или* на произво́дство рабо́т

**aware** [ə'wɛə] *a predic.* сознаю́щий, зна́ющий, осведомлённый; to be ~ of (*или* that) знать, сознава́ть, отдава́ть себе́ по́лный отчёт в (*или* в том, что); he is ~ of danger, he is ~ that there is danger он сознаёт грозя́щую ему́ опа́сность

**awash** [ə'wɔʃ] *a predic.* 1) в у́ровень с пове́рхностью воды́ 2) смы́тый водо́й 3) кача́ющийся на волна́х 4) *разг.* навеселе́, «под му́хой»

**away** [ə'weɪ] *adv* 1) *обозначает отдаление от данного места* далеко́ *и т. п.*; ~ from home вдали́ от до́ма; he is ~ его́ нет до́ма 2) *обозначает движение, удаление* прочь; to go ~ уходи́ть; to run ~ убега́ть; to throw ~ отбра́сывать; ~ with you! убира́йся!, прочь!; ~ with it! убери́(те) э́то прочь! 3) *обозначает исчезновение, разрушение*: to boil ~ выкипа́ть; to waste (*или* to pine) ~ ча́хнуть; to make ~ with уничтожа́ть; убива́ть; устраня́ть; to pass ~ прекрати́ться; умере́ть 4) *обозначает непрерывное действие*: he worked ~ он продолжа́л рабо́тать 5) *обозначает передачу другому лицу*: to give ~ подари́ть □ ~ off *амер.* далеко́; ~ back *амер.* давно́, тому́ наза́д; давны́м-давно́ ◇ far and ~ а) несравне́нно, намно́го, гора́здо; б) несомне́нно; out and ~ несравне́нно, намно́го, гора́здо; right ~ неме́дленно, то́тчас

**away match** [ə'weɪmætʃ] *n* матч, игра́ на чужо́м по́ле

**away-team** [ə'weɪti:m] *n спорт.* кома́нда госте́й

**awe** [ɔ:] **1.** *n* (благогове́йный) страх, тре́пет, благогове́ние; to stand in ~ of smb. боя́ться кого́-л.; испы́тывать благогове́йный тре́пет пе́ред кем-л.; to strike with ~ внуша́ть благогове́йный страх, благогове́ние; to keep (*или* to hold) in ~ держа́ть в стра́хе

**2.** *v* внуша́ть страх, благогове́ние

**aweary** [ə'wɪərɪ] *a поэт.* уста́лый, утомлённый

**awesome** ['ɔ:səm] *a* 1) устраша́ющий; an ~ sight ужа́сное *или* внуши́тельное зре́лище 2) испы́тывающий страх; испу́ганный

**awestruck** ['ɔ:strʌk] *a* прони́кнутый, охва́ченный благогове́нием, благогове́йным стра́хом

**awful** ['ɔ:ful] *a* 1) ужа́сный 2) внуша́ющий страх, благогове́ние 3) *уст.* внуша́ющий глубо́кое уваже́ние; вели́чественный

**awfully** *adv* 1) ['ɔ:fulɪ] ужа́сно 2) ['ɔ:flɪ] *разг.* о́чень; кра́йне; чрезвыча́йно; ~ good of you о́чень ми́ло с ва́шей стороны́

**awheel** [ə'wi:l] *adv* на колёсах, на велосипе́де

**awhile** [ə'waɪl] *adv поэт.* на не́которое вре́мя, ненадо́лго; wait ~ подожди́те немно́го

**awkward** ['ɔ:kwəd] *a* 1) неуклю́жий, нело́вкий (*о людях, движениях и т. п.*); an ~ gait неуклю́жая похо́дка; ~ age перехо́дный во́зраст 2) неудо́бный; нело́вкий, затрудни́тельный; an ~ situation нело́вкое, щекотли́вое положе́ние 3) *разг.* тру́дный (*о человеке*) 4) труднопреодоли́мый

**awkwardness** [ˈɔːkwədnɪs] *n* неуклю́жесть, нело́вкость
**awl** [ɔːl] *n* ши́ло
**awn** [ɔːn] *n* ость (*колоса*)
**awning** [ˈɔːnɪŋ] *n* 1) наве́с, тент 2) *attr.*: ~ deck *мор.* те́нтовая па́луба
**awoke** [əˈwəuk] *past и p. p. от* awake 1
**awoken** [əˈwəukən] *p. p. от* awake 1
**awry** [əˈraɪ] **1.** *a predic.* 1) криво́й 2) искажённый; a face ~ with pain лицо́, искажённое бо́лью 3) непра́вильный
2. *adv* 1) ко́со, на́бок; to look ~ смотре́ть ко́со, с недове́рием 2) непра́вильно, нехорошо́; неуда́чно; to take ~ толкова́ть в дурну́ю сто́рону; things went ~ дела́ пошли́ скве́рно
**ax** [aks] *диал. см.* ask
**ax(e)** [æks] **1.** *n* 1) топо́р; колу́н 2) топо́р (*палача*) 3) (the ~) казнь, отсече́ние головы́ 4) *жарг.* ре́зкое сокраще́ние бюдже́та; уре́зывание, сниже́ние ассигнова́ний 5) *ист.* секи́ра ◇ to fit (*или* to put) the ~ in (*или* on) the helve преодоле́ть тру́дность; дости́гнуть це́ли; разреши́ть сомне́ния; to hang up one's ~ а) отойти́ от дел; б) отказа́ться от беспло́дной зате́и; to have an ~ to grind пресле́довать ли́чные коры́стные це́ли; to send the ~ after the helve рискова́ть после́дним; to set the ~ to smth., to lay the ~ to the root of smth. приступи́ть к уничтоже́нию, разруше́нию чего́-л.
2. *v* 1) рабо́тать топоро́м 2) *жарг.* сокраща́ть (*штаты*); уре́зывать (*бюджет, ассигнования*)
**axes I** [ˈæksɪz] *pl от* ax(e) 1
**axes II** [ˈæksiːz] *pl от* axis
**axe-stone** [ˈæksstəun] *n мин.* нефри́т
**axial** [ˈæksɪəl] *a* осево́й; по направле́нию о́си; ~ angle у́гол опти́ческих осе́й
**axil** [ˈæksɪl] *n бот.* влага́лище (*листа*); па́зуха
**axilla** [ækˈsɪlə] *n* (*pl* -ae) 1) *анат.* подмы́шка 2) = axil
**axillae** [ækˈsɪliː] *pl от* axilla
**axillary** [ækˈsɪlərɪ] *a* 1) *анат.* подмы́шечный 2) *бот.* па́зушный
**axiom** [ˈæksɪəm] *n* аксио́ма
**axiomatic** [ˌæksɪəuˈmætɪk] *a* самоочеви́дный, не тре́бующий доказа́тельства
**axiomatical** [ˌæksɪəuˈmætɪkəl] = = axiomatic
**axis** [ˈæksɪs] *n* (*pl* axes) ось
**axle** [ˈæksl] *n тех.* ось
**axle-bearing** [ˈækslˌbeərɪŋ] *n тех.* бу́кса
**axle-box** [ˈækslbɔks] *n тех.* бу́кса
**axled** [ˈæksld] *a* осево́й
**axle grease** [ˈækslgriːs] *n* таво́т, колёсная мазь
**axle-pin** [ˈækslpɪn] *n тех.* чека́
**axle-tree** [ˈæksltriː] *n* колёсный вал, ось
**axunge** [ˈæksʌndʒ] *n уст.* са́ло (*обыкн.* гуси́ное)
**ay** [aɪ] **1.** *int* да; ~, ~! *мор.* есть!
2. *n* (*pl* ayes [aɪz]): the ayes чле́ны парла́мента, голосу́ющие «за»; the ayes have it большинство́ «за»
**ayah** [ˈaɪə] *инд. n* ня́ня-тузе́мка
**Azerbaijanese** [ˌɑːzə(ː)ˌbaɪdʒəˈniːz] = Azerbaijani
**Azerbaijani** [ˌɑːzə(ː)baɪˈdʒɑːniː] *n* 1) азербайджа́нец; азербайджа́нка 2) азербайджа́нский язы́к
**Azerbaijanian** [ˌɑːzə(ː)baɪˈdʒɑːnjən] = Azerbaijani
**azimuth** [ˈæzɪməθ] *n* 1) а́зимут; true ~ и́стинный а́зимут 2) *attr.* азимута́льный; ~ circle буссо́ль, угломе́рный круг; ~ deviation *воен.* боково́е отклоне́ние; ~ finder авиацио́нный пеленга́тор
**azoic** [əˈzəuɪk] *a* 1) безжи́зненный 2) *геол.* не содержа́щий органи́ческих оста́тков
**azote** [əˈzəut] *n* азо́т
**azotic** [əˈzɔtɪk] *a* азо́тный; азо́тистый; ~ acid азо́тная кислота́
**azure** [ˈæʒə] **1.** *n поэт.* (небе́сная) лазу́рь, не́бо
2. *a* голубо́й, лазу́рный; ~ stone *мин.* ля́пис-лазу́рь

# B

**B, b** [biː] *n* (*pl* Bs, B's [biːz]) 1) *2-я буква англ. алфавита* 2) *условное обозначение чего-л., следующего за первым по порядку, сортности и т. п.* 3) *муз.* си ◇ not to know B from a bull's foot не знать ни аза́; B flat *шутл.* клоп
**baa** [bɑː] **1.** *n* бле́яние овцы́
2. *v* бле́ять
**Baal** [ˈbeɪəl] *n* (*pl* Baalim) 1) *миф.* Ваа́л 2) и́дол
**baa-lamb** [ˈbɑːlæm] *n детск.* бара́шек
**Baalim** [ˈbeɪəlɪm] *pl от* Baal
**babbie** [ˈbæbɪ] *диал. см.* baby 1
**babbit** [ˈbæbɪt] = babbitt
**Babbitry** [ˈbæbɪtrɪ] *n* обыва́тельщина, меща́нство
**babbitt** [ˈbæbɪt] *тех.* **1.** *n* бабби́т
2. *v* залива́ть бабби́том
**babble** [ˈbæbl] **1.** *n* 1) ле́пет 2) бормота́ние 3) болтовня́ 4) журча́ние
2. *v* 1) лепета́ть; бормота́ть; болта́ть 2) вы́болтать, проболта́ться 3) журча́ть
**babblement** [ˈbæblmənt] = babble 1
**babbler** [ˈbæblə] *n* болту́н; говору́н
**babe** [beɪb] *n* 1) *поэт. см.* baby 1, 1); 2) непракти́чный челове́к 3) *амер. разг.* красо́тка ◇ ~s and sucklings новички́, соверше́нно нео́пытные лю́ди; ~s in the wood наи́вные, дове́рчивые лю́ди; простаки́
**babel** [ˈbeɪbəl] *n* 1) (B.) *библ.* вавило́нская ба́шня (*тж.* the tower of B.) 2) галдёж; смеше́ние языко́в; вавило́нское столпотворе́ние
**baboo** [ˈbɑːbuː] *инд. n* 1) господи́н (*как обращение*) 2) чино́вник-инду́с, пи́шущий по-англи́йски 3) *attr.*: B. English *пренебр.* напы́щенная англи́йская речь
**baboon** [bəˈbuːn] *n* бабуи́н (*обезьяна*)
**baby** [ˈbeɪbɪ] **1.** *n* 1) ребёнок, младе́нец; малю́тка; ~'s formula де́тская пита́тельная смесь 2) детёныш (*особ. об обезьянах*) ◇ to carry (*или* to hold) the ~ а) нести́ неприя́тную отве́тственность; б) быть свя́занным по рука́м и нога́м; to plead the ~ act уклоня́ться от отве́тственности, ссыла́ясь на нео́пытность; to play the ~ ребя́читься; to send a ~ on an errand зара́нее обрека́ть на неуда́чу
2. *a* 1) де́тский, младе́нческий 2) ребя́ческий, инфанти́льный 3) небольшо́й, ма́лый; ~ elephant слонёнок; ~ grand (piano) кабине́тный роя́ль; ~ plane *ав.* авие́тка; ~ car малолитра́жный автомоби́ль
**baby-farmer** [ˈbeɪbɪˌfɑːmə] *n* же́нщина, беру́щая (за пла́ту) дете́й на воспита́ние
**babyhood** [ˈbeɪbɪhud] *n* младе́нчество
**babyish** [ˈbeɪbɪɪʃ] *a* де́тский, ребя́ческий
**baby-minding** [ˈbeɪbɪˌmaɪndɪŋ] *n* ухо́д за ребёнком
**baby moon** [ˈbeɪbɪmuːn] *n разг.* иску́сственный спу́тник Земли́
**baby-sit** [ˈbeɪbɪsɪt] *v разг.* быть приходя́щей ня́ней
**baby-sitter** [ˈbeɪbɪˌsɪtə] *n разг.* приходя́щая ня́ня
**baby talk** [ˈbeɪbɪtɔːk] *n* де́тский ле́пет (*тж. перен.*)
**baccalaureate** [ˌbækəˈlɔːrɪɪt] *n* сте́пень бакала́вра
**baccara(t)** [ˈbækərɑː] *n* баккара́ (*азартная карточная игра*)
**Bacchanal** [ˈbækənl] **1.** *a* вакхи́ческий; разгу́льный
2. *n* 1) песнопе́ния и пля́ски в честь Ва́кха 2) весе́лье 3) гуля́ка, кути́ла
**Bacchanalia** [ˌbækəˈneɪljə] *n* вакхана́лия; пья́ный разгу́л
**Bacchant(e)** [ˈbækənt(ɪ)] *n* вакха́нка
**Bacchic** [ˈbækɪk] *a* вакхи́ческий
**Bacchus** [ˈbækəs] *n миф.* Ба́хус, Вакх
**baccy** [ˈbækɪ] *n* (*сокр. от* tobacco) *разг.* табачо́к
**bach** [bætʃ] **1.** *n сокр. от* bachelor I
2. *v*: to ~ it а) *амер. sl.* жить самостоя́тельно; б) вести́ холостя́цкий о́браз жи́зни
**bachelor I** [ˈbætʃələ] *n* холостя́к ◇ ~ girl одино́кая де́вушка, живу́щая самостоя́тельно; ~'s wife *шутл.* идеа́льная же́нщина, «мечта́ холостяка́»
**bachelor II** [ˈbætʃələ] *n* бакала́вр
**bachelorhood** [ˈbætʃələhud] *n* холоста́я жизнь
**bachelorship I** [ˈbætʃələʃɪp] = bachelorhood
**bachelorship II** [ˈbætʃələʃɪp] *n* сте́пень бакала́вра
**bacilli** [bəˈsɪlaɪ] *pl от* bacillus
**bacillus** [bəˈsɪləs] *n* (*pl* -li) баци́лла
**back I** [bæk] *n* большо́й чан
**back II** [bæk] **1.** *n* 1) спина́; to turn one's ~ upon smb. отверну́ться от кого́-л.; поки́нуть кого́-л.; to be on one's ~ лежа́ть (*больным*) в посте́ли 2) спи́нка (*стула; в одежде, выкрой-*

*ке*) 3) гре́бень (*волны, холма*) 4) за́дняя *или* оборо́тная сторона́; изна́нка, подкла́дка; ~ of the head заты́лок; ~ of the hand ты́льная сторона́ руки́ 5) *мор.*: ~ of a ship киль су́дна 6) корешо́к (*книги*) 7) о́бу́х 8) *горн., геол.* вися́чий бок (*пласта*); кро́вля (*забоя*); потоло́к (*выработки*) 9) *спорт.* защи́тник (*в футболе*) ◇ with one's ~ to the wall прижа́тый к сте́нке; в безвы́ходном положе́нии; at the ~ of one's mind подсозна́тельно; to be at the ~ of smth. быть та́йной причи́ной чего́-л.; behind one's ~ без ве́дома, за спино́й; to turn one's ~ обрати́ться в бе́гство; to put one's ~ (into) рабо́тать с энтузиа́змом (над); to break the ~ of зако́нчить са́мую трудоёмкую часть (*работы*); to get (*или* to put, to set) smb.'s ~ up рассерди́ть кого́-л.; раздража́ть кого́-л.; to know the way one knows the ~ of one's hand ≅ знать как свои́ пять па́льцев

**2.** *a* 1) за́дний; отдалённый; ~ entrance чёрный ход; ~ street отдалённая у́лица, у́лочка; to take a ~ seat стушева́ться, отойти́ на за́дний план; заня́ть скро́мное положе́ние; ~ vowel *фон.* гла́сный за́днего ря́да; ~ areas *воен.* тылы́, тылов́ые райо́ны; ~ elevation *стр., тех.* вид сза́ди, за́дний фаса́д; ~ filling *стр.* засы́пка, забу́тка 2) запозда́лый; просро́ченный (*о платеже*); ~ payment расчёты за́дним число́м; просро́ченный платёж 3) ста́рый; ~ number а) ста́рый но́мер (*газеты, журнала*; *тж.* ~ issue); б) отста́лый челове́к; ретрогра́д; в) что-л. устаре́вшее, утра́тившее новизну́ 4) отста́лый; a ~ view of things отста́лые взгля́ды 5) обра́тный

**3.** *v* 1) подде́рживать; подкрепля́ть; субсиди́ровать 2) служи́ть спи́нкой 3) служи́ть фо́ном 4) служи́ть подкла́дкой 5) ста́вить на подкла́дку 6) *амер. разг.* носи́ть на спине́ 7) дви́гать(ся) в обра́тном направле́нии, пя́тить(ся); оса́живать; отступа́ть; идти́ за́дним хо́дом; to ~ water (*или* the oars) *мор.* таба́нить 8) переплета́ть (*книгу*) 9) держа́ть пари́, ста́вить (*на лошадь и т. п.*) 10) индосси́ровать (*вексель*) 11) *амер.* грани́чить, примыка́ть (on upon) 12) е́здить верхо́м; приуча́ть (*лошадь*) к седлу́; сади́ться в седло́ □ ~ **down** отступа́ться, отка́зываться от *чего-л.*; ~ **out** отказа́ться от уча́стия; уклони́ться (of — от *чего-л.*); ~ **up** а) подде́рживать; б) дава́ть за́дний ход ◇ to ~ the wrong horse сде́лать плохо́й вы́бор, просчита́ться, ошиби́ться в расчётах

**4.** *adv* 1) наза́д, обра́тно; ~ home сно́ва до́ма, на ро́дине; ~ and forth взад и вперёд; ~ from the door! прочь от две́ри! 2) тому́ наза́д 3) *указывает на ответное действие*; to talk (*или* to answer) ~ возража́ть; to pay ~ отпла́чивать; to love ~ отвеча́ть взаи́мностью □ ~ from а) в стороне́, вдалеке́ от; ~ from the road в стороне́ от доро́ги; б) *амер.* сза́ди, позади́; за (*тж.* ~ of) ◇ to go ~ from (*или* upon) one's word отказа́ться от обеща́ния

**backache** [ˈbækeɪk] *n* боль в спине́, в поясни́це

**back-bencher** [ˈbækˈbentʃə] *n* рядово́й член парла́мента, «заднескаме́ечник»

**backbit** [ˈbækbɪt] *past от* backbite

**backbite** [ˈbækbaɪt] *v* (backbit; backbitten) злосло́вить за спино́й, клевета́ть

**backbitten** [ˈbækˌbɪtn] *p. p. от* backbite

**back-blocks** [ˈbækblɔks] *n pl австрал. разг.* 1) ме́стность, удалённая от путе́й сообще́ния 2) райо́н трущо́б

**back-blow** [ˈbækbləu] *n* 1) неожи́данный уда́р 2) *воен.* отда́ча; отка́т ору́дия

**backboard** [ˈbækbɔːd] *n* 1) деревя́нная спи́нка (*в лодке или повозке*) 2) спинодержа́тель

**backbone** [ˈbækbəun] *n* 1) спинно́й хребе́т, позвоно́чник 2) твёрдость хара́ктера 3) гла́вная опо́ра; осно́ва; суть 4) корешо́к (*книги*) ◇ to the ~ до мо́зга косте́й, наскво́зь

**back-breaking** [ˈbækˌbreɪkɪŋ] *a* изнури́тельный, непоси́льный; ~ labour тя́жкий труд

**back-chat** [ˈbæktʃæt] *n разг.* де́рзкий отве́т

**back-cloth** [ˈbækklɔθ] *n театр.* за́дник

**back country** [ˈbækˌkʌntrɪ] *n* отдалённые от це́нтра райо́ны; глушь

**back-country** [ˈbækˌkʌntrɪ] *a* отдалённый; ~ district отдалённый се́льский райо́н

**backdoor** [ˈbækˈdɔː] **1.** *n* 1) чёрный ход; запа́сный вы́ход 2) закули́сные интри́ги

**2.** *a* та́йный, закули́сный

**backdown** [ˈbækdaun] *n* отступле́ние, отка́з от притяза́ний

**back-draught** [ˈbækdrɑːft] *n* 1) обра́тная тя́га 2) за́дний ход (*двигателя*)

**backdrop** [ˈbækdrɔp] *n театр.* за́дник

**backed** [bækt] **1.** *p. p. от* back II, 3

**2.** *a* име́ющий спи́нку, со спи́нкой

**back-end** [ˈbækˈend] *n* 1) за́дняя часть, коне́ц; the ~ of a car зад маши́ны 2) коне́ц сезо́на; по́здняя о́сень

**backer** [ˈbækə] *n* 1) тот, кто подде́рживает *и пр.* [см. back II, 3] 2) сто́ронник

**backfall** [ˈbækˈfɔːl] *n спорт.* паде́ние на́ спину (*в борьбе*)

**backfiller** [ˈbækˌfɪlə] *n дор.* маши́на для засы́пки (*траншей после укладки труб*)

**back-fire** [ˈbækˈfaɪə] **1.** *n* 1) *амер.* встре́чный пожа́р (*для прекращения лесного пожара*) 2) разры́в патро́на в казённой ча́сти огнестре́льного ору́жия 3) *тех.* обра́тная вспы́шка

**2.** *v* неожи́данно привести́ к обра́тным результа́там

**backfisch** [ˈbækfɪʃ] *нем. n* де́вочка-подро́сток

**back-formation** [ˈbækfɔːˌmeɪʃən] *n лингв.* обра́тное словообразова́ние

**backgammon** [bækˈgæmən] *n* трикт-ра́к (*игра*)

**background** [ˈbækgraund] *n* 1) за́дний план, фон; against the ~ на фо́не; to keep (*или* to stay) in the ~ держа́ться, остава́ться в тени́ 2) подоплёка; подного́тная 3) предпосы́лка; да́нные, объясне́ние 4) исто́ки; происхожде́ние; биографи́ческие да́нные; what's his ~ что он собо́й представля́ет? 5) подгото́вка, квалифика́ция 6) музыка́льное *или* шумово́е сопровожде́ние 7) *attr.*: ~ papers вспомога́тельные материа́лы, докуме́нты

**backhand** [ˈbækhænd] *n* уда́р сле́ва (*в теннисе*)

**backhanded** [ˈbækˈhændɪd] *a* 1) нанесённый ты́льной стороно́й руки́ (*об ударе*) 2) нейскренний, двусмы́сленный; ~ compliment сомни́тельный комплиме́нт 3) косо́й, с укло́ном вле́во (*о почерке*) 4) обра́тный, противополо́жный обы́чному направле́нию

**back-haul** [ˈbækhɔːl] *n* обра́тный транзи́т; обра́тный груз

**backing** [ˈbækɪŋ] **1.** *pres. p. от* back II, 3

**2.** *n* 1) подде́ржка *и пр.* [*см.* back II, 3] 2) *собир.* сторо́нники 3) за́дний ход; враще́ние про́тив часово́й стре́лки 4) подкла́дка (*книги*) 5) *стр.* прокла́дка; засы́пка ◇ ~ and filling *амер.* колеба́ние, нереши́тельность

**backlash** [ˈbæklæʃ] *n* 1) *тех.* мёртвый ход 2) *тех.* зазо́р, люфт 3) *ав.* скольже́ние винта́ 4) неблагоприя́тная реа́кция (*на политическое событие и т. п.*)

**backless** [ˈbæklɪs] *a* 1) с ни́зким вы́резом на спине́ (*о платье*) 2) без спи́нки; ~ stool табуре́тка

**backlog** [ˈbæklɔg] *n эк.* 1) задо́лженность 2) невы́полненные зака́зы 3) резе́рвы (*товаров, материалов и т. п.*)

**backmost** [ˈbækməust] *a* са́мый за́дний

**backpage** [ˈbækpeɪdʒ] *n* ле́вая страни́ца (*книги*)

**back pay** [ˈbækpeɪ] *n амер.* 1) заде́ржка вы́дачи зарпла́ты 2) опла́та за вы́нужденный прогу́л

**backrest** [ˈbækrest] *n* спи́нка (*скамьи и т. п.*)

**backroom** [ˈbækˈruːm] *n разг.* 1) секре́тный отде́л, секре́тная лаборато́рия 2) *attr.* секре́тный, засекре́ченный; ~ boys *разг.* сотру́дники, за́нятые секре́тной нау́чно-иссле́довательской рабо́той 3) *attr.* незако́нный, та́йный, негла́сный

**back settlement** [ˈbækˈsetlmənt] *n амер.* отдалённое поселе́ние

**backside** [ˈbækˈsaɪd] *n* зад; за́дняя, ты́льная сторона́

**back-sight** [ˈbæksaɪt] *n геод.* обра́тное визи́рование

**back slang** [ˈbækslæŋ] *n* жарго́н, в кото́ром слова́ произно́сятся в обра́тном поря́дке (*напр.*, gip *вм.* pig)

**back-slapping** [ˈbækˌslæpɪŋ] *n* (покрови́тельственное) похло́пывание по спине́

**backslide** [ˈbækˈslaɪd] *v* 1) отпада́ть (*от веры*) 2) сно́ва впада́ть (*в ересь, порок и т. п.*) 3) отка́зываться от пре́жних убежде́ний

**backstage** [ˈbækˈsteɪdʒ] **1.** *a* закули́сный; кулуа́рный; ~ talks закули́сные перегово́ры
**2.** *adv* за кули́сами

**backstairs** [ˈbækˈstɛəz] *n pl* 1) чёрная ле́стница 2) закули́сные интри́ги 3) *attr.* та́йный, закули́сный; ~ influence та́йное влия́ние 4) *attr.* сканда́льный

**backstay** [ˈbæksteɪ] *n* (*обыкн. pl*) *мор.* ба́кштаг

**backstitch** [ˈbækstɪtʃ] *n* стро́чка (*в шитье*)

**backstop** [ˈbækstɔp] *n* засло́н; сте́нка; *перен. тж.* опло́т

**backstroke** [ˈbækstrəuk] *n* 1) отве́тный уда́р 2) пла́вание на спине́

**backsword** [ˈbæksɔːd] *n ист.* теса́к

**back-talk** [ˈbæktɔːk] *n разг.* де́рзкий отве́т, ре́зкое возраже́ние

**backtrack** [ˈbæktræk] *v* отступа́ться, отка́зываться, отрека́ться; to ~ on one's views отре́чься от свои́х взгля́дов

**back-up** [ˈbækˈʌp] *n* 1) дубли́рование (*в космонавтике*) 2) космона́вт-дублёр

**backward** [ˈbækwəd] **1.** *a* 1) обра́тный (*о движении*) 2) отста́лый; ~ children у́мственно *или* физи́чески отста́лые де́ти 3) заскору́злый, замше́лый 4) запозда́лый; *редк.* про́шлый 5) ме́длящий; неохо́тно де́лающий 6) ро́бкий, застéнчивый
**2.** *adv* 1) наза́д; за́дом 2) наоборо́т; за́дом наперёд 3) в обра́тном направле́нии, обра́тно

**backwardness** [ˈbækwədnɪs] *n* отста́лость *и пр.* [*см.* backward 1]

**backwards** [ˈbækwədz] = backward 2

**backwash** [ˈbækwɔʃ] *n* 1) вода́, отбра́сываемая колёсами *или* винто́м парохо́да 2) обра́тный пото́к 3) возмущённый пото́к (*воздуха за самолётом*) 4) отголо́сок, после́дствия

**backwater** [ˈbækˌwɔːtə] *n* 1) за́водь; запру́женная вода́; *перен.* ти́хая за́водь; боло́то, засто́й 2) прили́в 3) = backwash 1); 4) *attr.* захолу́стный, глухо́й; ~ district медве́жий у́гол

**backwoods** [ˈbækwudz] *n pl* 1) лесна́я глушь; лесны́е пограни́чные райо́ны 2) *attr. разг.* провинциа́льный; неотёсанный

**backwoodsman** [ˈbækwudzmən] *n* 1) обита́тель лесно́й глуши́; *перен. разг.* пэр, кото́рый о́чень ре́дко *или* во́все не посеща́ет пала́ту ло́рдов 2) провинциа́л

**bacon** [ˈbeɪkən] *n* 1) копчёная свина́я груди́нка, бeко́н; ~ and eggs яи́чница с беко́ном 2) *разг.* чи́стый вы́игрыш, чи́стая при́быль ◊ to save one's ~ *разг.* спасти́ свою́ шку́ру; убра́ться подобру́-поздоро́ву; to bring home the ~ *разг.* доби́ться успе́ха

**bacteria** [bækˈtɪərɪə] *pl от* bacterium

**bacteriological** [bækˌtɪərɪəˈlɔdʒɪkəl] *a* бактериологи́ческий

**bacteriologist** [bækˌtɪərɪˈɔlədʒɪst] *n* бактерио́лог

**bacteriology** [bækˌtɪərɪˈɔlədʒɪ] *n* бактериоло́гия

**bacteriolysis** [bækˌtɪərɪˈɔlɪsɪs] *n* бактерио́лиз

**bacterium** [bækˈtɪərɪəm] *n* (*pl* -ria) бакте́рия

**bad** [bæd] **1.** *a* (worse; worst) 1) плохо́й, дурно́й, скве́рный; she feels ~ она́ пло́хо себя́ чу́вствует; ~ name (for) дурна́я репута́ция; ~ coin фальши́вая *или* неполноце́нная моне́та; ~ language скверносло́вие; ~ luck невезе́ние; it is too ~! вот беда́! 2) испо́рченный; недоброка́чественный; to go ~ испо́ртиться; сгнить 3) развращённый, безнра́вственный 4) вре́дный; beer is ~ for you пи́во вам вре́дно 5) больно́й; ~ leg больна́я нога́; to be taken ~ заболе́ть 6) си́льный (*о боли, холоде и т. п.*); гру́бый (*об ошибке*) 7) *юр.* недействи́тельный ◊ ~ blood ссо́ра; неприя́знь; ~ debt безнадёжный долг; ~ egg (*или* hat, lot) *разг.* моше́нник; непутёвый, никуды́шный челове́к; ~ fairy злой ге́ний; ~ form дурны́е мане́ры; ~ man *амер.* отча́янный челове́к, головоре́з; with a ~ grace неохо́тно
**2.** *n* 1) неуда́ча, несча́стье; to take the ~ with the good сто́йко переноси́ть превра́тности судьбы́ 2) убы́ток; to the ~ в убы́тке, в убы́ток 3) ги́бель; разоре́ние; to go to the ~ пропа́сть, поги́бнуть; сби́ться с пути́ и́стинного

**bad(e)** [bæd (beɪd)] *past от* bid 2

**badge** [bædʒ] *n* 1) значо́к; кока́рда 2) си́мвол; при́знак; знак

**badger** [ˈbædʒə] **1.** *n* 1) барсу́к; to draw the ~ *охот.* вы́курить барсука́ из норы́; *перен.* заста́вить кого́-л. проговори́ться, вы́дать себя́ 2) кисть из во́лоса барсука́ 3) *амер. разг.* жи́тель шта́та Виско́нсин
**2.** *v* 1) трави́ть, изводи́ть 2) дразни́ть

**badger-baiting** [ˈbædʒəˌbeɪtɪŋ] *n* тра́вля барсуко́в соба́ками

**badger-dog** [ˈbædʒədɔg] *n* та́кса (*порода собак*)

**badger-drawing** [ˈbædʒəˌdrɔːɪŋ] = badger-baiting

**badger-fly** [ˈbædʒəflaɪ] *n* иску́сственная му́ха (*наживка*)

**Badger State** [ˈbædʒəˈsteɪt] *n амер. разг.* штат Виско́нсин

**badinage** [ˈbædɪnɑːʒ] *фр. n* подшу́чивание

**badlands** [ˈbædlændz] *n pl амер.* беспло́дные зе́мли

**badly** [ˈbædlɪ] *adv* (worse; worst) 1) пло́хо, ду́рно 2) о́чень си́льно; ~ wounded тяжело́ ра́нен; I want it ~ мне э́то о́чень ну́жно; to react ~ to smth. боле́зненно реаги́ровать на что-либо ◊ to be ~ off быть в тру́дном положе́нии, нужда́ться

**badminton** [ˈbædmɪntən] *n* 1) бадминто́н 2) крюшо́н из кра́сного вина́

**Baedeker** [ˈbeɪdɪkə] *n* путеводи́тель по истори́ческим места́м, беде́кер

**badness** [ˈbædnɪs] *n* негo̍дность *и пр.* [*см.* bad 1]

**bad-tempered** [ˈbædˈtempəd] *a* злой, раздражи́тельный

**baffle** [ˈbæfl] **1.** *n тех.* 1) (раздели́тельная) перегоро́дка; экра́н; щит; глуши́тель 2) дефле́ктор
**2.** *v* 1) расстра́ивать, опроки́дывать (*расчёты, планы*); препя́тствовать, меша́ть; to ~ pursuit ускольза́ть от пресле́дования 2) ста́вить в тупи́к; сбива́ть с то́лку 3) тще́тно боро́ться 4) отводи́ть *или* изменя́ть тече́ние ◊ to ~ all description не поддава́ться описа́нию

**baffle-board** [ˈbæflbɔːd] *n* 1) раздели́тельная перегоро́дка 2) *радио* отража́тельная доска́

**baffle-plate** [ˈbæflpleɪt] = baffle 1

**baffler** [ˈbæflə] *n тех.* 1) отража́тель; перегоро́дка 2) глуши́тель

**baffle-wall** [ˈbæflwɔːl] = baffle-board

**baffling** [ˈbæflɪŋ] **1.** *pres. p. от* baffle 2
**2.** *a* 1) тру́дный; a ~ problem тру́дная зада́ча; ~ complexity чрезвыча́йная сло́жность 2) неблагоприя́тный; ~ winds переме́нные, неблагоприя́тные ве́тры

**bag** I [bæg] **1.** *n* 1) мешо́к; су́мка; чемода́н; to empty the ~ опорожни́ть мешо́к, су́мку; *перен.* рассказа́ть, вы́ложить всё 2) ягдта́ш; добы́ча (*охотника*); to make the ~ уби́ть ди́чи бо́льше, чем други́е уча́стники охо́ты 3) балло́н 4) по́лость (*в горной породе*), карма́н 5) *pl* мешки́ (под глаза́ми) 6) вы́мя 7) *pl* мно́жество, у́йма 8) *pl разг.* штаны́ (*тж.* pair of ~s) 9) дипломати́ческая по́чта ◊ in the ~ ≅ де́ло в шля́пе; де́ло ве́рное; to set one's ~ (for) *амер.* заи́грывать (*с кем-л.*); ~ and baggage а) со все́ми пожи́тками; б) соверше́нно; в) в о́бщем, в совоку́пности; ~ of wind *амер. разг.* болту́н, пустозво́н, хвасту́н [*ср.* windbag]; late ~ почто́вый мешо́к для пи́сем, полу́ченных по́сле устано́вленного сро́ка приёма по́чты; whole ~ of tricks а) вся́ческие ухищре́ния; б) всё без оста́тка; in the bottom of the ~ в ка́честве кра́йнего сре́дства; to give smb. the ~ to hold поки́нуть кого́-л. в беде́; улизну́ть от кого́-л.; to put smb. in a ~ взять верх над кем-л., одоле́ть кого́-л.; to bear (*или* to carry) the ~ а) распоряжа́ться деньга́ми; б) быть хозя́ином положе́ния; to make a (good) ~ of smth. захвати́ть, уничто́жить что-л.
**2.** *v* 1) класть в мешо́к 2) уби́ть (*столько-то дичи*) 3) сбить (*самолёт*) 4) собира́ть (*коллекцию и т. п.*) 5) оттопы́риваться; висе́ть мешко́м; надува́ться (*о парусах*) 6) *разг.*, *часто шутл.* присва́ивать, брать без спро́са 7) *школ. sl.* заявля́ть права́, крича́ть «чур»; I ~!, ~s I! чур я!

**bag** II [bæg] *v* жать серпо́м

**bagasse** [bəˈgæs] *n* вы́жимки, жом (*отходы сахарной свёклы при производстве сахара*)

**bagatelle** [ˌbægəˈtel] *n* 1) пустя́к; безделу́шка 2) род билья́рда 3) багате́ль, небольша́я музыка́льная пье́са
**bagful** [ˈbægful] *n* (по́лный) мешо́к (*мера*)
**baggage** [ˈbægɪdʒ] *n* 1) *амер.* бага́ж 2) *воен.* вози́мое иму́щество, обо́з 3) *шутл., пренебр.* девчо́нка; impudent ~ наха́лка 4) *шутл.* озорни́ца, плуто́вка 5) *груб.* проститу́тка 6) *attr.*: ~ animal вью́чное живо́тное; ~ tram *воен.* вещево́й обо́з
**baggage car** [ˈbægɪdʒˈkɑː] *n* *амер.* бага́жный ваго́н
**baggage-check** [ˈbægɪdʒˈtʃek] *n* *амер.* бага́жная квита́нция
**baggage-man** [ˈbægɪdʒmæn] *n* *амер.* носи́льщик
**baggage room** [ˈbægɪdʒˈruːm] *n* *амер.* ка́мера хране́ния (багажа́)
**bagged** [bægd] **1.** *p. p.* *от* bag I, 2
**2.** *a* 1) помещённый в мешо́к; (как) в мешке́; инкапсули́рованный 2) вися́щий мешко́м
**bagger** [ˈbægə] *n* землечерпа́лка; ковш, черпа́к
**bagging** [ˈbægɪŋ] **1.** *pres. p.* *от* bag I, 2
**2.** *n* мешкови́на
**baggy** [ˈbægɪ] *a* мешкова́тый (*об одежде*); ~ skin below the eyes мешки́ под глаза́ми
**bagman** [ˈbægmən] *n* 1) стра́нствующий торго́вец 2) *разг.* коммивояжёр
**bagnio** [ˈbɑːnjəu] *ит. n* 1) *уст.* тюрьма́ для рабо́в (*на Востоке*) 2) *редк.* публи́чный дом
**bagpiper** [ˈbægˌpaɪpə] *n* волы́нщик
**bagpipes** [ˈbægpaɪps] *n pl* волы́нка (*музыкальный инструмент*)
**bag-sleeve** [ˈbægsliːv] *n* широ́кий рука́в, схва́ченный у запя́стья
**bah** [bɑː] *int* ба! (*выражает пренебрежение*)
**baignoire** [ˈbeɪnwɑː] *фр. n* *театр.* бенуа́р
**bail** I [beɪl] **1.** *n* 1) зало́г, поручи́тельство; to save (*или* to surrender to) one's ~ яви́ться в суд в назна́ченный срок (*о выпущенном на поруки*); to forfeit one's ~ не яви́ться в суд 2) поручи́тель; to accept (*или* to allow, to take) ~, to admit (*или* to hold, to let) to ~ вы́пустить на пору́ки; to give (*или* to offer) ~ найти́ себе́ поручи́теля; to go (*или* to be, to become, to stand) ~ for smb. поручи́ться за кого́-л.; to justify (as) ~ под прися́гой подтверди́ть кредитоспосо́бность поручи́теля ◇ to give leg ~ *разг.* удра́ть
**2.** *v* брать на пору́ки (*кого-л.; часто* ~ out)
**bail** II [beɪl] *n* 1) перегоро́дка ме́жду сто́йлами (*в конюшне*) 2) ве́рхняя перекла́дина (*в крикете*)
**bail** III [beɪl] *v* вычёрпывать во́ду (*из лодки; тж.* ~ water out); to ~ out a boat вычёрпывать во́ду из ло́дки □ ~ **out** a) *ав. разг.* выбра́сываться, пры́гать с парашю́том; б): ~ out of the difficulties выходи́ть из затрудни́тельного положе́ния
**bail** IV [beɪl] *n* ру́чка (*ведра или чайника*)
**bailable** [ˈbeɪləbl] *a* допуска́ющий вы́пуск на пору́ки (*о составе преступления*)
**bailee** [beɪˈliː] *n* отве́тственное лицо́, кото́рому пе́реданы това́ры на хране́ние
**bailer** [ˈbeɪlə] *n* 1) ковш, черпа́к; *мор.* ле́йка 2) челове́к, вычёрпывающий во́ду из ло́дки
**bailey** [ˈbeɪlɪ] *n* *ист.* двор за́мка ◇ Old B. Центра́льный уголо́вный суд (*в Лондоне*)
**bailiff** [ˈbeɪlɪf] *n* 1) суде́бный при́став, бе́йлиф 2) управля́ющий име́нием
**bailing** I [ˈbeɪlɪŋ] **1.** *pres. p.* *от* bail III
**2.** *n* *горн.* 1) тарта́ние (*нефти*) 2) отка́чка воды́ (*из шахты*)
**bailing** II [ˈbeɪlɪŋ] *pres. p.* *от* bail I, 2
**bailiwick** [ˈbeɪlɪwɪk] *n* *ист.* о́круг *или* юрисди́кция бе́йлифа
**bailment** [ˈbeɪlmənt] *n* 1) освобожде́ние на пору́ки 2) взя́тие на пору́ки 3) депони́рование, переда́ча това́ра друго́му лицу́ (*на определённых условиях*)
**bailor** [ˈbeɪlə] *n* депоне́нт, лицо́, передаю́щее това́р друго́му лицу́ (*на определённых условиях*)
**bailsman** [ˈbeɪlzmən] *n* поручи́тель
**bairn** [bɛən] *n* *шотл.* ребёнок
**bait** [beɪt] **1.** *n* 1) прима́нка; нажи́вка 2) искуше́ние 3) о́тдых и кормле́ние лошаде́й в пути́ ◇ to jump at (*или* to rise to, to swallow) the ~ попа́сться на у́дочку
**2.** *v* 1) наса́живать нажи́вку на крючо́к 2) прима́нивать, завлека́ть, искуша́ть 3) корми́ть (*лошадь, особ. в пути*) 4) получа́ть корм (*о лошади*) 5) остана́вливаться в пути́ для о́тдыха и еды́ 6) трави́ть (*соба́ками*) 7) пресле́довать насме́шками, изводи́ть, не дава́ть поко́я
**baize** [beɪz] *n* ба́йка; green ~ зелёное сукно́
**bake** [beɪk] *v* 1) пе́чь(ся) 2) суши́ть на со́лнце; обжига́ть (*кирпичи*) 3) запека́ться; затвердева́ть 4) загора́ть на со́лнце
**bakehouse** [ˈbeɪkhaus] *n* пека́рня
**baker** [ˈbeɪkə] *n* пе́карь, бу́лочник
**baker-legged** [ˈbeɪkəˈlegd] *a* кривоно́гий
**bakery** [ˈbeɪkərɪ] *n* пека́рня, бу́лочная
**bakestone** [ˈbeɪkstəun] *n* под (*печи*)
**bakhshish** [ˈbækʃiːʃ] = baksheesh
**baking** [ˈbeɪkɪŋ] **1.** *pres. p.* *от* bake
**2.** *n* 1) вы́печка; коли́чество хле́ба, выпека́емого за оди́н раз 2) о́бжиг
**3.** *a* паля́щий; ~ sun паля́щее со́лнце, паля́щий зной
**baking-powder** [ˈbeɪkɪŋˌpaudə] *n* пека́рный порошо́к (*заменяющий дрожжи*)
**baksheesh** [ˈbækʃiːʃ] *перс. n* бакши́ш, взя́тка, чаевы́е
**Balaam** [ˈbeɪlæm] *n* 1) *библ.* Валаа́м 2) ненадёжный, неве́рный сою́зник 3) запасно́й материа́л для заполне́ния свобо́дного ме́ста в газе́те
**Balaam-basket** [ˈbeɪlæmˌbɑːskɪt] = Balaam-box
**Balaam-box** [ˈbeɪlæmbɔks] *n* я́щик для запасно́го материа́ла (*в редакции газеты*)
**balance** [ˈbæləns] **1.** *n* 1) весы́; quick (*или* Roman) ~ безме́н, пружи́нные весы́ 2) равнове́сие; ~ of forces равнове́сие сил; ~ of power полити́ческое равнове́сие (*между государствами*); to keep one's ~ сохраня́ть равнове́сие; *перен.* остава́ться споко́йным; to lose one's ~ упа́сть, потеря́ть равнове́сие; *перен.* вы́йти из себя́; to be off one's ~ потеря́ть душе́вное равнове́сие 3) (B.) Весы́ (*созвездие и знак зодиака*) 4) противове́с 5) ма́ятник; баланси́р, бала́нс (*в часовом механизме*) 6) *ком.* бала́нс, са́льдо (*тж.* ~ in hand); ~ of payments платёжный бала́нс; ~ of trade акти́вный бала́нс (*внешней торговли*); to strike a ~ подводи́ть бала́нс; *перен.* подводи́ть ито́ги 7) *разг.* оста́ток ◇ to be (*или* to tremble, to swing, to hang) in the ~ висе́ть на волоске́, быть в крити́ческом положе́нии; the ~ of advantage lies with him на его́ стороне́ значи́тельные преиму́щества; to be weighed in the ~ and found wanting не оправда́ть наде́жд; to hold the ~ распоряжа́ться; upon a fair ~ по зре́лом размышле́нии
**2.** *v* 1) баланси́ровать; сохраня́ть равнове́сие, быть в равнове́сии; уравнове́шивать 2) взве́шивать, обду́мывать; сопоставля́ть (with, against) 3) колеба́ться (between) 4) *ком.* подводи́ть бала́нс; to ~ one's accounts подыто́живать счета́; the accounts don't ~ счета́ не схо́дятся
**balance-beam** [ˈbælənsbiːm] *n* 1) коромы́сло (*весов*) 2) баланси́р 3) *спорт.* гимнасти́ческое бревно́
**balance-bridge** [ˈbælənsˈbrɪdʒ] *n* подъёмный мост
**balanced** [ˈbælənst] **1.** *p. p.* *от* balance 2
**2.** *a* уравнове́шенный; гармони́чный; пропорциона́льный
**balance-master** [ˈbælənsˌmɑːstə] *n* эквилибри́ст
**balancer** [ˈbælənsə] *n* 1) эквилибри́ст, балансёр 2) *тех.* уравни́тель, стабилиза́тор
**balance-sheet** [ˈbælənsʃiːt] *n* *фин.* бала́нс
**balance-step** [ˈbælənsstep] *n* *воен.* уче́бный шаг
**balance weight** [ˈbælənsweɪt] *n* противове́с, контргру́з
**balance-wheel** [ˈbælənswiːl] *n* ма́ятник (*в часовом механизме*)
**balconied** [ˈbælkənɪd] *a* с балко́ном, с балко́нами
**balcony** [ˈbælkənɪ] *n* 1) балко́н 2) *театр.* балко́н пе́рвого я́руса
**bald** [bɔːld] *a* 1) лы́сый; плеши́вый; as ~ as an egg (*или* as a billiard ball, as a coot) го́лый как коле́но, соверше́нно лы́сый 2) оголённый; лишённый расти́тельности, пе́рьев, ме́ха

3) с бéлой отмéтиной на головé (*о животных*) 4) неприкры́тый (*о недостатках*) 5) неприкрáшенный, простóй, прямóй 6) убóгий, бесцвéтный (*о стиле и т. п.*)

**baldachin, baldaquin** [ˈbɔːldəkɪn] *n* балдахи́н

**bald-coot** [ˈbɔːldkuːt] *n* 1) лысýха (*птица*) 2) *разг.* лы́сый, плеши́вый человéк

**balderdash** [ˈbɔːldədæʃ] *n* 1) вздор, галиматья́ 2) сквернослóвие

**bald-headed** [ˈbɔːldˈhedɪd] **1.** *a* 1) лы́сый; плеши́вый 2) с бéлой отмéтиной на головé (*о животных*)

**2.** *adv*: to go ~ at (*или* into, for) smth. *разг.* идти́ напролóм, дéйствовать очертя́ гóлову, безрассýдно; рисковáть всем

**baldicoot** [ˈbɔːldɪkuːt] = bald-coot

**baldly** [ˈbɔːldlɪ] *adv* 1) откры́то; to put it ~ сказáть напрями́к, без обинякóв 2) скýдно, убóго

**baldness** [ˈbɔːldnɪs] *n* плеши́вость *и пр.* [*см.* bald]

**baldric** [ˈbɔːldrɪk] *n* пéревязь (*для меча, рога*)

**bale** I [beɪl] **1.** *n* 1) ки́па (*товара*), тюк; cotton ~ ки́па хлóпка 2) *pl* товáр

**2.** *v* уклáдывать в тюки́, увя́зывать в ки́пы

**bale** II [beɪl] *n уст., поэт.* бéдствие, зло

**bale** III [beɪl] = bail III

**baleen** [bəˈliːn] *n* китóвый ус

**balefire** [ˈbeɪlˌfaɪə] *n* 1) сигнáльный огóнь 2) костёр

**baleful** [ˈbeɪlful] *a* 1) ги́бельный; зловéщий 2) злóбный, злой; ~ look недóбрый взгляд

**balk** [bɔːk] **1.** *n* 1) окантóванное бревнó, бáлка; брус 2) (the ~s) *pl* чердáчное помещéние 3) невспáханная полосá земли́ 4) препя́тствие; задéржка; to meet with a ~ потерпéть поражéние 5) *мор.* бимс ◇ to make a ~ of good ground упусти́ть удóбный слýчай

**2.** *v* 1) препя́тствовать, мешáть, задéрживать 2) не оправдáть (*надежд*); he was ~ed in (*или* of) his desires егó надéжды не оправдáлись 3) пропускáть, обходи́ть; оставля́ть без внимáния, игнори́ровать 4) откáзываться (*от пищи и т. п.*) 5) уклоня́ться (*от исполнения долга*) 6) упускáть (*случай*) 7) артáчиться; упирáться; the horse ~ed at a leap лóшадь заартáчилась пéред прыжкóм

**Balkan** [ˈbɔːlkən] *a* балкáнский

**balky** [ˈbɔːkɪ] *a* упря́мый (*о животном*)

**ball** I [bɔːl] **1.** *n* 1) шар; клубóк (*шерсти*) 2) мяч 3) удáр (*мячом*); a good ~ тóчный удáр 4) бейсбóл 5) пýля; *ист.* ядрó 6) подýшечка пáльца 7) *вет.* пилюля 8) *pl разг.* чепухá; to make ~s of smth. натвори́ть дел, напýтать, привести́ что-л. в беспоря́док ◇ ~-and-socket joint шаровóй шарни́р; ~ of the eye глазнóе я́блоко; ~ of the knee колéнная чáшка; ~ of fortune игрýшка судьбы́; three (golden) ~s вы́веска ростовщикá, дающего дéньги под заклáд; to have the ~ at one's feet быть господи́ном положéния; имéть шáнсы на успéх; to strike the ~ under the line потерпéть неудáчу; to take up the ~ а) вступáть в разговóр; б) приступáть к чемý-л.; to keep the ~ rolling, to keep up the ~ а) поддéрживать разговóр; б) продолжáть дéлать что-л.: to catch (*или* to take) the ~ before the bound дéйствовать сли́шком поспéшно; the ~ is with you óчередь за вáми; to carry the ~ *амер. разг.* дéйствовать акти́вно; get on the ~! *амер. разг.* скорéй!, живéй!, пошевéливайся!; on the ~ *амер. разг.* расторóпный; толкóвый

**2.** *v* собирáть(ся) в клубóк; свивáть(ся) □ ~ **up** *sl.* а) приводи́ть в смущéние; пýтать; б) провали́ться на экзáмене

**ball** II [bɔːl] *n* бал, танцевáльный вéчер; to open (*или* to lead up) the ~ открывáть бал; *перен.* начинáть дéйствовать, брать на себя́ инициати́ву

**ballad** [ˈbæləd] *n лит.* баллáда (*лирико-эпическая поэма народного характера, преим. относящаяся к англ. и нем. романтизму*)

**ballade** [bæˈlɑːd] *n стих.* баллáда (*лирическое стихотворение из трёх строф с рефреном и посылкой*)

**ballad-monger** [ˈbæləd͵mʌŋgə] *n* 1) *ист.* áвтор *или* продавéц баллáд 2) *пренебр.* рифмоплёт

**balladry** [ˈbælədrɪ] *n уст.* нарóдные баллáды и их стиль

**ballast** [ˈbæləst] **1.** *n* 1) баллáст; the ship is in ~ сýдно грýжено баллáстом 2) то, что придаёт устóйчивость; mental ~ уравновéшенность, устóйчивость (*характера*); to lack ~, to have no ~ быть неуравновéшенным (человéком)

**2.** *v* 1) грузи́ть баллáстом 2) *ж.-д.* засыпáть баллáстом 3) придавáть устóйчивость (*тж. перен.*)

**ball-bearing** [ˈbɔːlˈbɛərɪŋ] *n тех.* шарикоподши́пник

**ball-cartridge** [ˈbɔːlˈkɑːtrɪdʒ] *n воен.* боевóй патрóн

**ballerina** [͵bæləˈriːnə] *n* балери́на, соли́стка балéта

**ballet** [ˈbæleɪ] *фр. n* балéт

**ballet-dancer** [ˈbælɪ͵dɑːnsə] *n* арти́ст(ка) балéта; балери́на

**ballet-master** [ˈbælɪ͵mɑːstə] *n* балетмéйстер

**balletomane** [ˈbælɪtəumeɪn] *n* балетомáн

**ballistic** [bəˈlɪstɪk] *a* баллисти́ческий; ~ rocket баллисти́ческая ракéта; intermediate-range ~ missile ракéта срéдней дáльности; ~ guided missile баллисти́ческий управля́емый реакти́вный снаря́д

**ballistics** [bəˈlɪstɪks] *n pl* (*употр. как sing*) балли́стика

**ballon d'essai** [bɑːˈlɔːŋdeˈseɪ] *фр. n* прóбный шар

**balloon** [bəˈluːn] **1.** *n* 1) воздýшный шар; неуправля́емый аэростáт; ~ on bearings, observation ~ привязнóй аэростáт наблюдéния; trial ~ прóбный шар 2) кружóк, в котóрый заключены́ словá изображённого на карикатýре персонáжа 3) *attr.*: ~ observation наблюдéние с привязны́х аэростáтов

**2.** *v* 1) поднимáться на воздýшном шáре 2) раздувáться

**balloon-car** [bəˈluːnkɑː] *n* гондóла аэростáта

**balloon fabric** [bəˈluːn͵fæbrɪk] *n* бодрю́ш, бодрю́шная матéрия (*для оболочки аэростата*)

**balloonist** [bəˈluːnɪst] *a* аэронáвт, воздухоплáватель

**balloon tire** [bəˈluːn͵taɪə] *n* баллóн (*шина*)

**ballot** I [ˈbælət] **1.** *n* 1) баллотирóвочный шар; избирáтельный бюллетéнь; tissue ~ *амер.* избирáтельный бюллетéнь на папирóсной бумáге 2) баллотирóвка; голосовáние (*преим. тайное*); to elect (*или* to vote) by ~, to take a ~ голосовáть 3) результáты голосовáния 4) жеребьёвка ◇ Australian ~ тáйное голосовáние; to cast a single ~ *амер.* создáть ви́димость единодýшного голосовáния

**2.** *v* 1) голосовáть (for — за; against — прóтив) 2) тянýть жрéбий

**ballot** II [ˈbælət] *n* небольшáя ки́па (*весом 70—120 фунтов*)

**ballot-box** [ˈbælətbɔks] *n* 1) избирáтельная ýрна, баллотирóвочный я́щик; to stuff the ~ *амер.* заполня́ть избирáтельную ýрну поддéльными бюллетéнями 2) *attr.*: ~ stuffing *амер. sl.* фальсификáция вы́боров

**ballot-paper** [ˈbælət͵peɪpə] *n* избирáтельный бюллетéнь

**ball-point pen** [ˈbɔːlpɔɪntˈpen] *n* шáриковая рýчка

**ball-room** [ˈbɔːlrum] *n* 1) танцевáльный зал 2) *attr.* бáльный

**bally** [ˈbælɪ] *sl.* **1.** *a выражает раздражение, нетерпение, радость*: stung by a ~ wasp укýшен проклятóй осóй; whose ~ fault is that? кто виновáт в э́том, чёрт возьми́?

**2.** *adv* ужáсно, стрáшно; too ~ tired чертóвски устáл

**ballyhoo** [ˈbælɪhuː] *n* 1) шуми́ха 2) чепухá

**ballyrag** [ˈbælɪræg] *v* 1) грýбо подшýчивать 2) брани́ть

**balm** [bɑːm] *n* 1) бальзáм, болеутоля́ющее срéдство 2) утешéние

**balm-cricket** [ˈbɑːm͵krɪkɪt] *n* цикáда

**balmy** [ˈbɑːmɪ] *a* 1) аромáтный 2) благоухáнный, прия́тный (*о воздухе*); нéжный (*о ветерке*) 3) бальзами́ческий; бальзáмовый, дающий бальзáм (*о дереве*) 4) цели́тельный; успокои́тельный 5) *sl.* глýпый; he's ~ у негó ви́нтика в головé не хватáет [*непр. вм.* barmy 2)]

**balneology** [͵bælnɪˈɔlədʒɪ] *n мед.* бальнеолóгия

**baloney** [bəˈləunɪ] = boloney 2)

**balsa** [ˈbɔːlsə] *n* 1) бáльза (*дерево*) 2) *мор.* плóтик

**balsam** [ˈbɔːlsəm] *n* 1) бальзáм 2) *бот.* бальзами́н (садóвый) 3) *attr.*: ~ fir пи́хта бальзами́ческая

**balsamic** [bɔːlˈsæmɪk] = balmy 1) *и* 4)

**baluster** [ˈbæləstə] *n* 1) баля́сина 2) *pl* балюстра́да

**balustrade** [ˌbæləsˈtreɪd] *n* балюстра́да

**bam** [bæm] *sl. сокр. от* bamboozle

**bamboo** [bæmˈbuː] *n* (*pl* -boos [-ˈbuːz]) 1) бамбу́к 2) *attr.* бамбу́ковый

**bamboozle** [bæmˈbuːzl] *v sl.* обма́нывать, мистифици́ровать; to ~ smb. out of smth. обма́ном взять что-л. у кого́-л.

**ban** [bæn] **1.** *n* 1) запреще́ние; under a ~ под запре́том 2) церко́вное прокля́тие, ана́фема 3) пригово́р об изгна́нии; объявле́ние вне зако́на 4) *pl* = banns

**2.** *v* 1) налага́ть запре́т; запреща́ть 2) *уст.* проклина́ть

**banal** [bəˈnɑːl] *a* бана́льный

**banality** [bəˈnælɪtɪ] *n* бана́льность

**banalize** [ˈbænəlaɪz] *v* опошля́ть

**banana** [bəˈnɑːnə] *n* бана́н

**band** I [bænd] **1.** *n* 1) *то, что служит связью, скрепой*: тесьма́, ле́нта; о́бод, о́бруч; поясо́к; око́лыш; faggot ~ вяза́нка хво́роста 2) ва́лик, сте́ржень 3) *pl* две бе́лые поло́ски, спуска́ющиеся с воротника́ (*судьи, англиканского священника*) 4) *эл.* полоса́ часто́т 5) *attr.* ле́нточный; ~ conveyer ле́нточный транспорте́р; ~ filter ле́нточный фильтр; ~ brake ле́нточный то́рмоз

**2.** *v* 1) свя́зывать 2) *уст.* перевя́зывать

**band** II [bænd] **1.** *n* 1) отря́д, гру́ппа люде́й 2) орке́стр; string ~ стру́нный орке́стр 3) отря́д солда́т 4) ба́нда 5) ста́я ◇ when the ~ begins to play *разг.* когда́ положе́ние стано́вится серьёзным

**2.** *v* объединя́ть(ся); собира́ться (*часто* ~ together)

**bandage** [ˈbændɪdʒ] **1.** *n* 1) бинт; перевя́зочный материа́л 2) банда́ж 3) повя́зка (*на глаза*)

**2.** *v* перевя́зывать, бинтова́ть

**bandana** [bænˈdɑːnə] = bandanna

**bandanna** [bænˈdænə] *n* цветно́й (носово́й) плато́к

**bandar** [ˈbʌndə] *n зоол.* ре́зус

**bandar-log** [ˈbʌndəlɔːg] *инд. n* весь обезья́ний род; *перен. разг.* балабо́лки

**bandbox** [ˈbændbɔks] *n* карто́нка (*для шляп, лент и т. п.*) ◇ to look as if one had just come out of a ~ быть оде́тым с иго́лочки

**bandeau** [ˈbændəu] *фр. n* (*pl* -x) 1) ле́нта для воло́с; 2) ко́жаный *или* шёлковый ободо́к, подшива́емый изнутри́ к тулье́ же́нской шля́пы

**bandeaux** [ˈbændəuz] *pl от* bandeau

**banded** [ˈbændɪd] *a* окаймлённый, име́ющий каймý

**banderol(e)** [ˈbændərəul] *n* 1) вы́мпел 2) *иск.* леге́нда (*на гравюре*) 3) *архит.* скульпту́рное украше́ние в ви́де ле́нты с на́дписью

**bandicoot** [ˈbændɪkuːt] *n зоол.* бандику́т

**band-iron** [ˈbændˌaɪən] *n тех.* полосово́е, ши́нное *или* о́бручное желе́зо

**bandit** [ˈbændɪt] *n* (*pl* -its [ɪts], -itti) разбо́йник, банди́т

**banditti** [bænˈdɪti(ː)] *n* 1) *pl от* bandit 2) ша́йка, ба́нда

**bandmaster** [ˈbændˌmɑːstə] *n* капельме́йстер

**bandog** [ˈbændɔg] *n* 1) цепна́я соба́ка 2) англи́йский дог; ище́йка

**bandoleer** [ˌbændəuˈlɪə] *n воен.* патронта́ш

**bandolero** [ˌbændəˈleɪrəu] *исп. n* (*pl* -os [-əuz]) разбо́йник

**bandolier** [ˌbændəuˈlɪə] = bandoleer

**bandoline** [ˈbændəuliːn] *n* фиксатуа́р

**band-saw** [ˈbændsɔː] *n* ле́нточная пила́

**bandsman** [ˈbændzmən] *n* оркестра́нт

**bandstand** [ˈbændstænd] *n* эстра́да для орке́стра

**band-wagon** [ˈbændˌwægən] *n амер.* 1) фурго́н *или* грузови́к с орке́стром (*напр., передвижного цирка*) 2) сторона́, одержа́вшая побе́ду (*на выборах*); to climb on (*или* to get into) the ~ примкну́ть к движе́нию, име́ющему ша́нсы на успе́х; примáзаться к победи́вшей па́ртии *или* популя́рному движе́нию 3) ви́дное положе́ние

**bandy** I [ˈbændɪ] *v* 1) переки́дываться, обме́ниваться (*мячом; словами, комплиментами и т. п.*); to ~ words перебра́ниваться 2) обсужда́ть (*тж.* ~ about); to have one's name bandied about быть предме́том то́лков 3) распространя́ть (*слух*)

**bandy** II [ˈbændɪ] *n* 1) хокке́й с мячо́м, бе́нди 2) клю́шка для игры́ в хокке́й с мячо́м

**bandy** III [ˈbændɪ] *n* ба́нди (*индийская повозка*)

**bandy** IV [ˈbændɪ] *a* криво́й, изо́гнутый (*о ногах*)

**bandy-legged** [ˈbændɪlegd] *a* кривоно́гий

**bane** [beɪn] *n* 1) отра́ва, яд 2) *поэт.* прокля́тие; the ~ of one's life несча́стье чьей-л. жи́зни

**baneful** [ˈbeɪnful] *a* ги́бельный, губи́тельный

**banewort** [ˈbeɪnwəːt] *n* 1) *бот.* лю́тик жгу́чий, прыщене́ц 2) *диал.* ядови́тое расте́ние

**bang** I [bæŋ] **1.** *n* уда́р, стук; звук вы́стрела, взры́ва *и т. п.*; to shut the door with a ~ гро́мко хло́пнуть две́рью ◇ to go over with a ~ проходи́ть блестя́ще, с огро́мным успе́хом (*о представлении, приёме, вечере*); to come up with a ~ вспы́хнуть с но́вой си́лой

**2.** *v* 1) уда́рить(ся); сту́кнуть(ся) 2) хло́пнуть (*дверью*) 3) с шу́мом захло́пнуться (*о двери*; *часто* ~ to) 4) гро́хнуть, ба́хнуть; the gun ~ed разда́лся вы́стрел 5) *разг.* бить, тузи́ть 6) *разг.* превосходи́ть; перегоня́ть □ ~ **down** а) с шу́мом захло́пнуть; б) заби́ть, заколоти́ть; ~ **off** (зря) расстре́ливать (*патроны*); ~ **up** изби́ть

**3.** *adv разг.* 1) вдруг; to go ~ вы́стрелить (*о ружье*) 2) как раз, пря́мо; the ball hit him ~ in the eye мяч попа́л ему́ пря́мо в глаз

**4.** *int* бац!

**bang** II [bæŋ] **1.** *n* чёлка

**2.** *v* подстрига́ть во́лосы чёлкой

**bang** III [bæŋ] *n* вы́сушенные ли́стья и сте́бли инди́йской конопли́; гаши́ш

**bangle** [ˈbæŋgl] *n* брасле́т, надева́емый на запя́стье *или* щи́колотку

**bang-up** [ˈbæŋˈʌp] *a* первокла́ссный, превосхо́дный

**banian** [ˈbænɪən] *n* 1) инду́с-торго́вец 2) ма́клер; секрета́рь, управля́ющий 3) широ́кая, свобо́дная руба́шка; хала́т 4) = banian-tree ◇ ~ days по́стные дни; ~ hospital ветерина́рная лече́бница

**banian-tree** [ˈbænɪəntriː] *n* инди́йская смоко́вница

**banish** [ˈbænɪʃ] *v* 1) изгоня́ть, высыла́ть 2) прогоня́ть 3) отгоня́ть (*мысли*)

**banishment** [ˈbænɪʃmənt] *n* изгна́ние, вы́сылка

**banister** [ˈbænɪstə] *n* 1) = baluster 1); 2) *pl* пери́ла (*лестницы*)

**banjo** [ˈbændʒəu] *n* (*pl* -os, -oes [-əuz]) 1) *муз.* ба́нджо 2) *тех.* коро́бка, кожу́х, ка́ртер

**bank** I [bæŋk] **1.** *n* 1) вал, на́сыпь 2) бе́рег (*особ. реки*) 3) о́тмель, ба́нка 4) нано́с; зано́с; ~ of snow сне́жный зано́с; сугро́б; ~ of clouds гряда́ облако́в 5) *ав.* крен 6) *горн.* за́лежь, пласт (*руды, угля в открытых разработках*) 7) *тех.* гру́ппа (*баллонов, трансформаторов и т. п.*)

**2.** *v* 1) де́лать на́сыпь 2) образова́ть нано́сы (*о песке, снеге*; *часто* ~ up) 3) сгреба́ть (в ку́чу), нава́ливать; окружа́ть ва́лом 4) запру́живать 5) *ав.* де́лать вира́ж; накреня́ться 6) игра́ть шара́ от бо́рта, борто́в (*на бильярде*)

**bank** II [bæŋk] **1.** *n* 1) банк; ~ of issue эмиссио́нный банк; to open an account in (*или* with) a ~ откры́ть счёт в ба́нке 2) *карт.* банк; to break the ~ сорва́ть банк 3) ме́сто хране́ния запа́сов; blood ~ а) до́норский пункт; б) запа́сы консерви́рованной кро́ви для перелива́ния 4) *attr.* ба́нковый, ба́нковский; ~ account счёт в ба́нке; ~ currency банкно́ты, вы́пущенные в обраще́ние национа́льными ба́нками; ~ holiday устано́вленные *или* дополни́тельные непрису́тственные дни для англи́йских слу́жащих ◇ you can't put it in the ~ *амер. разг.* э́то ни к чему́, от э́того то́лку ма́ло

**2.** *v* 1) класть (*деньги*) в банк; держа́ть (*деньги*) в ба́нке; откла́дывать 2) быть банки́ром 3) *карт.* мета́ть банк ◇ to ~ (up) on smb. полага́ться на кого́-л.

**bank** III [bæŋk] *n ист.* 1) скамья́ (*на галере*) 2) ряд вёсел (*на галере*) 3) клавиату́ра (*органа*); ~ of keys *полигр.* клавиату́ра лноти́па 4) верста́к (*в некоторых ремёслах*)

**bankable** [ˈbæŋkəbl] *a фин.* принима́емый ба́нком к учёту, приго́дный к учёту

**bank-bill** ['bæŋkbɪl] *n* 1) тра́тта, вы́ставленная на банк (*или* ба́нком) 2) ба́нковый биле́т, банкно́т

**bank-book** ['bæŋkbuk] *n фин.* ба́нковская кни́жка, лицево́й счёт

**bank draft** ['bæŋkdrɑːft] *n* тра́тта, вы́ставленная ба́нком на друго́й банк

**banker** I ['bæŋkə] *n* 1) банки́р 2) *pl* банк 3) *карт.* банкомёт

**banker** II ['bæŋkə] *n* 1) су́дно, занима́ющееся ло́вом трески́ у берего́в Ньюфаундле́нда 2) рыба́к, занима́ющийся ло́вом трески́ 3) *диал.* землеко́п

**banket** [bæŋ'ket] *n горн.* банке́т (*золотоносный конгломерат*)

**banking** I ['bæŋkɪŋ] **1.** *pres. p. от* bank II, 2

**2.** *n* ба́нковское де́ло

**banking** II ['bæŋkɪŋ] **1.** *pres. p. от* bank I, 2

**2.** *n ав., авто* крен, вира́ж

**banking-house** ['bæŋkɪŋhaus] *n* банк, банки́рский дом

**bank locomotive** ['bæŋk'ləukə,məutɪv] *n ж.-д.* толка́ч

**bank-note** ['bæŋknəut] *n* креди́тный биле́т, банкно́т

**bank-rate** ['bæŋkreɪt] *n* учётная ста́вка ба́нка

**bankrupt** ['bæŋkrʌpt] **1.** *n* банкро́т; *распр.* несостоя́тельный должни́к; ~ in reputation челове́к с дурно́й репута́цией

**2.** *a* 1) несостоя́тельный; to go ~ обанкро́титься 2) лишённый (of, in — *чего-л.*)

**3.** *v* сде́лать банкро́том; довести́ до банкро́тства

**bankruptcy** ['bæŋkrəptsɪ] *n* банкро́тство; несостоя́тельность; court of ~ отде́л по дела́м о несостоя́тельности

**bankseat** ['bæŋksiːt] *n* усто́й (*моста*)

**banksman** ['bæŋksmən] *n горн.* рукоя́тчик (ста́рший) рабо́чий у у́стья ша́хты

**banner** ['bænə] **1.** *n* 1) зна́мя; флаг; стяг; *перен. тж.* си́мвол; under the ~ of Marx, Engels, Lenin под зна́менем Ма́ркса, Э́нгельса, Ле́нина; to join (*или* to follow) the ~ of... стать под знамёна...; *перен.* стать на чью-л. сто́рону; to unfurl one's ~ *перен.* заяви́ть о свое́й програ́мме 2) заголо́вок кру́пными бу́квами на всю полосу́, «ша́пка» ◇ to carry the ~ *амер. ирон.* скита́ться всю ночь, не име́я приста́нища

**2.** *a* (наи)лу́чший; образцо́вый; гла́вный; ~ year реко́рдный год

**banner-bearer** ['bænə,bɛərə] *n* знамено́сец

**banner-cry** ['bænəkraɪ] *n* боево́й клич

**bannerette** [,bænə'ret] *n* флажо́к

**bannock** ['bænək] *n сев.* пре́сная лепёшка

**banns** [bænz] *n pl* оглаше́ние в це́ркви имён вступа́ющих в брак; to ask (*или* to call, to publish) the ~ оглаша́ть имена́ вступа́ющих в брак; to forbid the ~ заяви́ть проте́ст про́тив заключе́ния бра́ка

**banquet** ['bæŋkwɪt] **1.** *n* банке́т; пир; зва́ный обе́д ◇ ~ of brine го́рькие слёзы

**2.** *v* 1) дава́ть банке́т (*в честь кого-л.*) 2) пирова́ть

**banqueter** ['bæŋkwɪtə] *n* уча́стник банке́та

**banquette** [bæŋ'ket] *n* 1) на́сыпь 2) *воен.* стрелко́вая ступе́нь; банке́т

**banshee** [bæn'ʃiː] *n* 1) *ирл., шотл. миф.* дух, сто́ны кото́рого предвеща́ют смерть 2) *разг.* сире́на возду́шной трево́ги

**bantam** ['bæntəm] *n* 1) бента́мка (*мелкая порода кур*) 2) *разг.* «пету́х», задира, забия́ка; ≅ мал да уда́л 3) *attr.*: ~ car малолитра́жка

**bantam-weight** ['bæntəmweɪt] *n спорт.* легча́йший вес, «вес петуха́»

**banter** ['bæntə] **1.** *n* доброду́шное подшу́чивание

**2.** *v* доброду́шно подшу́чивать, подтру́нивать, поддра́знивать

**ban-the-bomb** ['bænðəbɔm] *a* ра́тующий за я́дерное разоруже́ние

**banting** ['bæntɪŋ] *n* лече́ние ожире́ния дие́той

**bantling** ['bæntlɪŋ] *n презр.* отро́дье, вы́родок (*о ребёнке*)

**banyan** ['bænɪən] = banian

**baobab** ['beɪəubæb] *n* баоба́б (*дерево*)

**bap** [bæp] *n шотл.* бу́лочка

**baptism** ['bæptɪzm] *n* креще́ние; ~ of blood му́ченичество; *воен.* пе́рвое ране́ние; ~ of fire боево́е креще́ние

**baptismal** [bæp'tɪzməl] *a* относя́щийся к креще́нию; ~ certificate свиде́тельство о креще́нии; ~ name и́мя, да́нное при креще́нии

**baptist** ['bæptɪst] *n* бапти́ст

**baptist(e)ry** ['bæptɪstərɪ] *n* 1) баптисте́рий 2) купе́ль (*у баптистов*)

**baptize** [bæp'taɪz] *v* крести́ть; дава́ть и́мя

**bar** I [bɑː] **1.** *n* 1) полоса́ (*металла*); брусо́к; ~ of gold сли́ток зо́лота; ~ of chocolate пли́тка шокола́да; ~ of soap кусо́к мы́ла 2) болва́нка (*металла*), чу́шка (*свинца*), штык (*меди*) 3) лом (*сокр. от* crow-bar) 4) засо́в; ва́га; behind bolt and ~ под надёжным запо́ром; за решёткой 5) заста́ва 6) *pl* решётка 7) прегра́да, препя́тствие; to let down the ~s устрани́ть препя́тствия, отмени́ть ограниче́ния 8) *спорт.* пла́нка; to clear the ~ перейти́ че́рез пла́нку, взять высоту́; horizontal ~ перекла́дина; parallel ~s (паралле́льные) бру́сья 9) бар, нано́с песка́ (*в устье реки*); мелково́дье, о́тмель 10) пря́жка на орденско́й ле́нте 11) *муз.* та́ктовая черта́; такт 12) полоса́ (*света, краски*)

**2.** *v* 1) запира́ть на засо́в 2) преграждáть; all exits are ~red все вы́ходы закры́ты 3) исключа́ть; отстраня́ть; запреща́ть 4) *разг.* име́ть что-л. про́тив *кого-л., чего-л.*, не люби́ть ▭ ~ **in** запере́ть; не выпуска́ть; ~ **out** не впуска́ть

**3.** *prep.* исключа́я, не счита́я; ~ none без исключе́ния

**bar** II [bɑː] *n* 1) прила́вок, сто́йка 2) бар, буфе́т, заку́сочная; небольшо́й рестора́н

**bar** III [bɑː] *n юр.* 1) барье́р, отделя́ющий суде́й от подсуди́мых; prisoner at the ~ обвиня́емый на скамье́ подсуди́мых 2) (the ~, the B.) адвокату́ра; to be called (*или* to go) to the B. получи́ть пра́во адвока́тской пра́ктики; to be at the B. быть адвока́том; to be called within the B. получи́ть назначе́ние на до́лжность короле́вского адвока́та; to pitch smb. over the ~ *разг.* лиша́ть кого́-л. зва́ния адвока́та *или* пра́ва адвока́тской пра́ктики 3) суд, сужде́ние; the ~ of conscience суд со́вести; the ~ of public opinion суд обще́ственного мне́ния

**bar** IV [bɑː] *n физ.* бар (*единица атмосферного или акустического давления*)

**barathea** [,bærə'θiːə] *n* 1) бараге́я (*шерстяная материя, иногда с примесью шёлка или бумаги*) 2) *воен.* ки́тель

**barb** [bɑːb] **1.** *n* 1) *бот.* ость; ус; шип 2) *зоол.* у́сики (*некоторых рыб*); колю́чка 3) боро́дка (*птичьего пера*) 4) зубе́ц, зазу́брина (*стрелы, копья, рыболовного крючка*) 5) ко́лкость, ко́лкое замеча́ние

**2.** *v* оснасти́ть *или* снабди́ть колю́чками *и т. п.*

**barbarian** [bɑː'bɛərɪən] **1.** *n* ва́рвар

**2.** *a* ва́рварский

**barbaric** [bɑː'bærɪk] *a* гру́бый, ва́рварский; первобы́тный

**barbarism** ['bɑːbərɪzm] *n* 1) ва́рварство 2) *лингв.* варвари́зм

**barbarity** [bɑː'bærɪtɪ] *n* 1) ва́рварство; жесто́кость; бесчелове́чность 2) гру́бость (*стиля, вкуса*)

**barbarize** ['bɑːbəraɪz] *v* 1) *лингв.* засоря́ть (*речь*) варвари́змами 2) поверга́ть в состоя́ние ва́рварства

**barbarous** ['bɑːbərəs] *a* 1) ва́рварский, ди́кий 2) гру́бый, жесто́кий

**barbate** ['bɑːbeɪt] *a* 1) *бот.* ости́стый 2) *зоол.* борода́тый, уса́тый

**barbecue** ['bɑːbɪkjuː] **1.** *n* 1) целико́м зажа́ренная ту́ша 2) больша́я ра́ма с решёткой для жа́ренья *или* копче́ния мя́са больши́ми куска́ми 3) *амер.* пикни́к с традицио́нным блю́дом из мя́са, зажа́ренного на решётке над у́глями 4) площа́дка для су́шки кофе́йных бобо́в

**2.** *v* 1) жа́рить мя́со над решёткой на ве́ртеле 2) жа́рить (*тушу*) целико́м

**barbed** [bɑːbd] **1.** *p. p. от* barb 2

**2.** *a* 1) име́ющий колю́чки; колю́чий; ~ wire колю́чая про́волока 2) ко́лкий, ядови́тый; ~ remark ко́лкое замеча́ние

**barbel** ['bɑːbəl] *n* 1) *зоол.* уса́ч 2) у́сик (*некоторых рыб*) 3) *вет.* я́щур

**bar-bell** ['bɑːbel] *n pl спорт.* шта́нга

**barber** I ['bɑːbə] *n* парикма́хер, цирю́льник ◇ every ~ knows that ≅ э́то всем изве́стно, все э́то зна́ют; ~'s block коло́дка для парико́в; ~'s pole шест, окра́шенный в кра́сный и бе́лый цветá по спирáли, слýжащий вы́веской парикмáхера; ~'s itch *мед.* паразитáрный сикóз

**barber** II [ˈbɑːbə] *n* 1) пар над водóй в морóзный день 2) си́льный вéтер при морóзе

**barber(r)y** [ˈbɑːbərɪ] *n бот.* барбари́с

**barbette** [bɑːˈbet] *n воен. уст.* барбéт

**barbican** [ˈbɑːbɪkən] *n воен. ист.* барбакáн, навеснáя бáшня

**barbiturate** [bɑːˈbɪtjuːrɪt] *n хим.* барбитурáт

**babituric** [ˌbɑːbɪˈtjuərɪk] *a хим.* барбитýровый

**Barbizon School** [ˈbɑːbɪzɔnskuːl] *n* барбизóнская шкóла жи́вописи (*по названию деревушки близ Парижа*), барбизóнцы

**barcarol(l)e** [ˈbɑːkərəul] *n* баркарóла

**bard** [bɑːd] *n* 1) *ист.* бард 2) *поэт.* бард, певéц 3) лауреáт традициóнных состязáний поэ́тов в Уэ́льсе ◇ the B. of Avon Шекспи́р

**bardic** [ˈbɑːdɪk] *a ист.* относя́щийся к бáрдам; ~ poetry поэ́зия бáрдов

**bare** [bɛə] **1.** *a* 1) гóлый, обнажённый; ~ feet босы́е нóги; to lay ~ раскры́ть, обнарýжить; разоблачи́ть 2) пустóй; лишённый (of — *чего-л.*); бéдный 3) понóшенный 4) неприкрáшенный, простóй 5) едвá достáточный; a ~ majority незначи́тельное большинствó; at the ~ mention of при однóм упоминáнии о; in ~ outlines в óбщих чертáх; to believe smth. on smb.'s ~ word вéрить комý-л. нá слово 6) малéйший; ~ possibility малéйшая возмóжность 7) *эл.* неизоли́рованный ◇ (as) ~ as the palm of one's hand ≅ хоть шарóм покати́, совершéнно пустóй; in one's ~ skin гóлый

**2.** *v* обнажáть; раскрывáть; to ~ one's head снимáть шля́пу

**bareback** [ˈbɛəbæk] **1.** *a* неосёдланный

**2.** *adv* без седлá; на неосёдланной лóшади

**barebacked** [ˈbɛəbækt] = bareback 1

**barefaced** [ˈbɛəfeɪst] *a* 1) с откры́тым лицóм (*без маски, без бороды*) 2) *перен.* нескрывáемый; неприкры́тый 3) бессты́дный

**barefoot** [ˈbɛəfut] **1.** *a* босóй

**2.** *adv* босикóм

**barefooted** [ˈbɛəˈfutɪd] *a* босóй, босонóгий

**bare-headed** [ˈbɛəˈhedɪd] *a* с непокры́той головóй

**barelegged** [ˈbɛəˈlegd] *a* с гóлыми ногáми

**barely** [ˈbɛəlɪ] *adv* 1) тóлько, прóсто 2) едвá, лишь 3) *редк.* прямо, открыто

**barenecked** [ˈbɛəˈnekt] *a* с откры́той шéей; декольтирóванный

**bareness** [ˈbɛənɪs] *n* 1) неприкры́тость, наготá 2) бéдность, скýдность

**baresark** [ˈbɛəsɑːk] = berserk(er)

**bar-fly** [ˈbɑːflaɪ] *n разг.* завсегдáтай бáров

**bargain** [ˈbɑːgɪn] **1.** *n* 1) (торгóвая) сдéлка; to make (*или* to strike, to close) a ~ заключи́ть сдéлку; прийти́ к соглашéнию; a good (bad, hard, losing) ~ вы́годная (невы́годная) сдéлка; to drive a hard ~ мнóго запрáшивать; торговáться; to keep one's part of the ~ вести́ торг; to bind a ~ дать задáток; to be off (with) one's ~ аннули́ровать сдéлку 2) (a ~) вы́годная покýпка; дёшево кýпленная вещь; to buy at a ~ покупáть по дешёвке 3) *attr.*: ~ basement отдéл продáжи товáров по сни́женным цéнам (*обыкн. в подвале магазина*); ~ basement rates дешёвка, сни́женные цéны ◇ into the ~ в придáчу, к томý же; to make the best of a bad ~ не пáдать дýхом в бедé; that's a ~! по рукáм!; дéло решённое; договори́лись?; a ~ is a ~ уговóр дорóже дéнег; wet (*или* Dutch) ~ сдéлка, сопровождáемая вы́пивкой

**2.** *v* торговáться □ ~ **away** уступи́ть за вознаграждéние; ~ **for** ожидáть; быть готóвым к *чему-л.*; this is more than I ~ed for э́того я не ожидáл, э́то неприя́тный сюрпри́з

**bargain-basement** [ˈbɑːgɪnˌbeɪsmənt] *n* ни́жний этáж универмáга, где торгýют удешевлёнными товáрами

**bargainer** [ˈbɑːgɪnə] *n* 1) торгóвец 2) торгýющийся

**bargain-sale** [ˈbɑːgɪnseɪl] *n* 1) дешёвка 2) распродáжа

**barge** [bɑːdʒ] **1.** *n* 1) бáржá; бáрка 2) двухпáлубная бáржа для экскýрсий 3) *мор.* адмирáльский кáтер 4) *амер.* óмнибус, автóбус для экскýрсий 5) *архит.* вы́ступ дымовóй трубы́ над фронтóнной стенóй

**2.** *v* 1) перевози́ть (грýзы) на бáржé 2) *разг.*: to ~ into (*или* about, against) smth., smb. натолкнýться на что-л., на когó-л., □ ~ in вторгáться

**bargee** [bɑːˈdʒiː] *n* 1) бáрочник 2) грубия́н ◇ lucky ~ *разг.* счастли́вчик; to swear like a ~ ругáться как извóзчик

**bargeman** [ˈbɑːdʒmən] = bargee 1)

**barge-pole** [ˈbɑːdʒpəul] *n* шест для оттáлкивания бáржи́ ◇ not fit to be touched with a ~ ≅ такóй (гря́зный, проти́вный *и т. п.*), что стрáшно прикоснýться

**baric** I [ˈbɛərɪk] *a хим.* бáриевый

**baric** II [ˈbærɪk] *a* барометри́ческий

**baring** [ˈbɛərɪŋ] **1.** *pres. p. от* bare 2

**2.** *n горн.* обнажéние *или* вскры́тие плáстá

**baritone** [ˈbærɪtəun] = barytone

**barium** [ˈbɛərɪəm] *n хим.* бáрий

**bark** I [bɑːk] **1.** *n* 1) корá (*дерева*) 2) хи́на (*тж.* Jesuit's ~, Peruvian ~, China ~) 3) *sl.* кóжа 4) *attr.*: ~ grafting *бот.* приви́вка под корý; ~ mill дроби́лка для коры́ ◇ a man with the ~ on *амер.* неотёсанный человéк; to come (*или* to go) between the ~ and the tree ≅ вмéшиваться в чужи́е (*особ.* семéйные) делá; станови́ться мéжду мýжем и женóй *и т. п.*; to take the ~ off smth. обесцéнивать что-л., лишáть что-л. привлекáтельности, покáзывать что-л. без прикрáс

**2.** *v* 1) дуби́ть 2) сдирáть корý (*с дерева*) 3) *разг.* сдирáть кóжу

**bark** II [bɑːk] **1.** *n* 1) лай 2) звук вы́стрела 3) *разг.* кáшель ◇ his ~ is worse than his bite он бóльше брани́тся, чем на сáмом дéле сéрдится

**2.** *v* 1) лáять (at — на) 2) *разг.* ря́вкать 3) *разг.* кáшлять ◇ to ~ up the wrong tree опростоволóситься; напáсть на лóжный след

**bark** III [bɑːk] *n* 1) барк (*большое парусное судно*) 2) *поэт.* корáбль

**barkeeper** [ˈbɑːˌkiːpə] *n амер.* хозя́ин бáра; бáрмен

**barken** [ˈbɑːkən] *v* дуби́ть

**barker** I [ˈbɑːkə] *n* окóрщик

**barker** II [ˈbɑːkə] *n* 1) крикýн 2) аукциони́ст 3) зазывáла 4) *разг.* огнестрéльное орýжие, *особ.* револьвéр ◇ great ~s are no biters ≅ не бóйся собáки, котóрая лáет

**barkery** [ˈbɑːkərɪ] *n* дуби́льный завóд

**barking** I [ˈbɑːkɪŋ] **1.** *pres. p. от* bark I, 2

**2.** *n* 1) окóрка 2) дублéние корóй

**barking** II [ˈbɑːkɪŋ] **1.** *pres. p. от* bark II, 2

**2.** *n* лай

**3.** *a* лáющий ◇ ~ iron *жарг.* револьвéр

**bark-pit** [ˈbɑːkpɪt] *n* дуби́льный чан

**barley** [ˈbɑːlɪ] *n* 1) ячмéнь 2) *attr.* ячмéнный ◇ to cry ~ проси́ть пощáды *или* переми́рия

**barley-break** [ˈbɑːlɪbreɪk] *n* пятнáшки (*игра*)

**barleycorn** [ˈbɑːlɪkɔːn] *n* 1) ячмéнное зернó 2) *уст.* треть дю́йма ◇ John B. Джон Ячмéнное Зернó, олицетворéние ви́ски, пи́ва и други́х спиртны́х и солодóвых напи́тков

**barley sugar** [ˈbɑːlɪˈʃugə] *n* леденéц

**barley-water** [ˈbɑːlɪˌwɔːtə] *n* ячмéнный отвáр

**barling** [ˈbɑːlɪŋ] *n* жердь, шест

**barlow** [ˈbɑːləu] *n амер.* большóй складнóй кармáнный нож (*тж.* ~ knife)

**barm** [bɑːm] *n* (пивны́е) дрóжжи; заквáска

**barmaid** [ˈbɑːmeɪd] *n* дéвушка за стóйкой, бáрменша

**barman** [ˈbɑːmən] *n* бáрмен

**barmy** [ˈbɑːmɪ] *a* 1) пéнистый; броди́льный 2) *разг.* спя́тивший (*тж.* ~ on the crumpet); to go ~ спя́тить

**barn** [bɑːn] *n* 1) амбáр; (сеннóй) сарáй; гумнó 2) некраси́вое здáние, сарáй 3) *амер.* конюшня, корóвник 4) *амер.* трамвáйный парк

**barnacle** I [ˈbɑːnəkl] *n* (*обыкн. pl*) 1) кляп; кля́пцы (*на морду неспокойной лошади*) 2) *pl разг.* очки́

**barnacle** II [ˈbɑːnəkl] *n* 1) казáрка белощёкая (*птица*) 2) морскáя ýточка (*ракообразное*) 3) *разг.* неотвя́зный человéк 4) *разг.* стáрый моря́к

**barn-door** [ˈbɑːnˈdɔː] **1.** *n* ворóта амбáра ◇ as big as a ~ óчень больши́х размéров; not to be able to hit a ~ быть óчень плохи́м стрелкóм

2. *a*: ~ fowl домашняя птица
**barn-owl** ['bɑ:naul] *n* сипуха (*птица*)
**barnstorm** ['bɑ:nstɔ:m] *v амер. разг.* 1) играть в сарае, в случайном помещении (*о странствующем актёре*) 2) выступать с речами во время предвыборной кампании (*в маленьких городках*)
**barnstormer** ['bɑ:nˌstɔ:mə] *n амер.* посредственный актёр
**barodynamics** [ˌbærəudaɪ'næmɪks] *n pl* (*употр. как sing*) бародинамика
**barograph** ['bærəugrɑ:f] *n* барограф, самопишущий барометр
**barometer** [bə'rɔmɪtə] *n* барометр
**barometric(al)** [ˌbɑ:rəu'metrɪk(əl)] *a* барометрический
**baron** ['bærən] *n* 1) барон 2) магнат ◇ ~ of beef толстый филей
**baronage** ['bærənɪdʒ] *n* 1) бароны, сословие баронов *или* пэров 2) титул барона
**baroness** ['bærənɪs] *n* баронесса
**baronet** ['bærənɪt] **1.** *n* баронет (*титул*)
2. *v* давать титул баронета
**baronetcy** ['bærənɪtsɪ] *n* титул баронета
**baronial** [bə'rəunjəl] *a* баронский
**barony** ['bærənɪ] *n* 1) владения барона 2) титул барона 3) вотчина, владение
**baroque** [bə'rɔk] **1.** *n* (the ~) барокко
2. *a* 1) барочный, в стиле барокко 2) причудливый
**baroscope** ['bærəskəup] *n* бароскоп
**barouche** [bə'ru:ʃ] *n* ландо, четырёхместная коляска
**barque** [bɑ:k] = bark III
**barrack** I ['bærək] **1.** *n* 1) барак 2) *pl* казармы
2. *v* 1) размещать в бараках, казармах
**barrack** II ['bærək] *v* громко высмеивать, освистывать неудачливого игрока (*в крикет и др.*)
**barracking** ['bærəkɪŋ] **1.** *pres. p. от* barrack I, 2 *и* II
2. *n* возгласы неодобрения по адресу неудачливого игрока (*в крикет и др.*)
**barracoota** [ˌbærə'ku:tə] = barracuda
**barracuda** ['bærə'ku:de] *n зоол.* барракуда, морская щука
**barrage** ['bærɑ:ʒ] *n* 1) заграждение 2) плотина; запруда 3) *воен.* заградительный огонь, огневой вал (*тж.* ~ fire) 4) *ав., мор.* заграждение, барраж 5) *attr.*: ~ balloon аэростат заграждения
**barrator** ['bærətə] *n* 1) сутяга, кляузник 2) *мор. юр.* капитан *или* команда судна, причинившие судну умышленный вред [*см.* barratry 2)]
**barratry** ['bærətrɪ] *n* 1) сутяжничество, кляузничество 2) *мор. юр.* баратрия (*вред, причинённый судну или грузу капитаном или командой умышленно или по преступной небрежности*)
**barrel** ['bærəl] **1.** *n* 1) бочка, бочонок 2) баррель (*мера жидких, сыпучих и некоторых твёрдых материалов*) 3) ствол, дуло (*оружия*) 4) брюхо (*лошади, коровы*) 5) *амер. разг.* деньги для финансирования какой-л. кампании 6) *тех.* цилиндр, барабан, вал 7) *анат.* барабанная полость (*уха*) ◇ ~ house, ~ shop *амер. sl.* трактир, кабак; пивная; to have smb. over the ~ *амер.* застать кого-л. врасплох; to holler down a rain ~ «кричать в пустую бочку», заниматься пустозвонством; to sit on a ~ of gunpowder сидеть на бочке с порохом; ≅ ходить по краю пропасти
2. *v* разливать по бочонкам
**barrel-bulk** ['bærəlbʌlk] *n* объёмный баррель (≅ *142* л)
**barrel-head** ['bærəlhed] *n* дно бочки
**barrel-organ** ['bærəlˌɔ:gən] *n* шарманка
**barrel-roll** ['bærəl'rəul] *n ав.* бочка
**barrel-scraping** ['bærəl'skreɪpɪŋ] *n разг.* собирание последних ресурсов; ≅ «под метёлку»
**barren** ['bærən] **1.** *a* 1) бесплодный; неплодородный; тощий (*о земле*) 2) бессодержательный; бедный, скучный; ~ of interest (of ideas) лишённый интереса (мыслей)
2. *n* (*обыкн. pl*) бесплодная земля, пустошь
**barrenness** ['bærənnɪs] *n* бесплодие *и пр.* [*см.* barren 1]
**barret** ['bærət] *n* берет
**barricade** [ˌbærɪ'keɪd] **1.** *n* 1) баррикада 2) преграда
2. *v* баррикадировать
**barrier** ['bærɪə] **1.** *n* 1) барьер; застава; шлагбаум 2) преграда, препятствие, помеха
2. *v* ограждать, заграждать (*обыкн.* ~ off, ~ in)
**barring** I ['bɑ:rɪŋ] *prep* за исключением
**barring** II ['bɑ:rɪŋ] *n* 1) *тех.* пуск в ход (*машины*) 2) *горн.* крепление кровли, шахтная крепь
**barring** III ['bɑ:rɪŋ] *pres. p. от* bar I, 2
**barrister** ['bærɪstə] *n* адвокат, барристер; revising ~ *парл.* барристер, проверяющий избирательные списки
**barrister-at-law** ['bærɪstərət'lɔ:] (*pl* barristers-) = barrister
**barrow** I ['bærəu] *n* курган, (могильный) холм
**barrow** II ['bærəu] *n* 1) тачка; ручная тележка 2) носилки 3) полная тачка, носилки *и т. п.* чего-л. 4) *attr.*: ~ truck двухколёсная тележка
**barrow-boy** ['bærəubɔɪ] *n* уличный торговец
**bartender** ['bɑ:ˌtendə] *n амер.* бармен
**barter** ['bɑ:tə] **1.** *n* товарообмен, меновая торговля
2. *v* 1) менять, обменивать; вести меновую торговлю 2) торговаться □ **~ away** продать по очень низкой цене; *перен.* променять (*свободу, положение и т. п.*) на что-л. менее ценное
**bartizan** ['bɑ:tɪzæn] *n ист.* сторожевая башенка
**barton** ['bɑ:tən] *n* 1) усадьба 2) двор усадьбы *или* фермы 3) часть сданной в аренду усадьбы, остающаяся в распоряжении владельца
**baryta** [bə'raɪtə] *n хим.* окись бария
**barytone** ['bærɪtəun] *n* баритон
**basal** ['beɪsl] *a* лежащий в основе, основной
**basalt** ['bæsɔ:lt] *n мин.* базальт
**basaltic** [bə'sɔ:ltɪk] *a мин.* базальтовый
**bascule** ['bæskju:l] *n* подъёмное крыло *или* ферма (*моста*)
**bascule-bridge** ['bæskju:l'brɪdʒ] *n* подъёмный мост
**bascule-door** ['bæskju:l'dɔ:] *n* подъёмные ворота
**base** I [beɪs] **1.** *n* 1) основа, основание; базис 2) база; опорный пункт 3) *спорт.* место старта 4) «дом» (*в играх*); игра в бары (*тж.* prisoner's ~) 5) подножие (*горы*) 6) *архит.* пьедестал, цоколь; фундамент 7) *хим.* основание 8) *грам.* корень (*слова*) 9) *полигр.* ножка литеры; колодка для клише; фацетная доска ◇ to be off one's ~ *амер. разг.* а) быть не в своём уме; б) нелепо заблуждаться (about — в *чём-л.*); to change one's ~ *амер. разг.* отступать, удирать; to get to first ~ *амер. разг.* сделать первые шаги (*в каком-л. деле*)
2. *v* 1) закладывать основание 2) базировать, основывать; to ~ oneself upon smth. опираться на что-л.
**base** II [beɪs] *a* 1) низкий; низменный, подлый 2) неблагородный, простой, окисляющийся (*о металлах*); of ~ alloy низкопробный 3) *юр.* условный, неокончательно установленный 4) исходный; ~ period (year) исходный период (год) ◇ ~ coin неполноценная *или* фальшивая монета; ~ Latin вульгарная латынь
**base** III [beɪs] *уст.* = bass III
**baseball** ['beɪsbɔ:l] *n спорт.* бейсбол
**baseboard** ['beɪsbɔ:d] *n стр.* плинтус
**base frequency** ['beɪs'fri:kwənsɪ] *n физ.* основная частота
**baseless** ['beɪslɪs] *a* 1) необоснованный 2) не обеспеченный базой
**basely** ['beɪslɪ] *adv.* низко, бесчестно
**basement** ['beɪsmənt] *n* 1) основание, фундамент 2) подвал; (полу)-подвальный этаж; цокольный этаж
**bases** ['beɪsi:z] *pl от* basis
**bash** [bæʃ] *разг.* **1.** *n* удар; to have a ~ at it пытаться, покушаться
2. *v* бить; сильно ударять; to ~ one's head against a tree удариться головой о дерево
**bashaw** [bə'ʃɔ:] *тур. n* паша
**basher** ['bæʃə] *n амер. sl.* убийца
**bashful** ['bæʃful] *a* застенчивый, робкий
**bashing** ['bæʃɪŋ] **1.** *pres. p. от* bash 2
2. *n разг.* порка; to give a ~ задать трёпку
**basic** ['beɪsɪk] *a* 1) основной; ~ principles основные принципы; ~ industry а) основная отрасль промышленности; б) тяжёлая промышлен-

ность; ~ stock *эк.* основно́й капита́л 2) *хим.* осно́вный

**basically** [ˈbeɪsɪkəlɪ] *adv* в свое́й осно́ве; по существу́, в основно́м

**Basic English** [ˈbeɪsɪkˈɪŋglɪʃ] *n лингв.* бе́йсик и́нглиш (*упрощённый английский язык из 850 слов, предложенный Ч. Огденом; система обучения этому языку*)

**basicity** [beɪˈsɪsɪtɪ] *n хим.* вале́нтность, осно́вность

**basic slag** [ˈbeɪsɪkslæg] *n* то́мас-шлак (*удобрение*)

**basil** I [ˈbæzl] *n бот.* базили́к

**basil** II [ˈbæzl] *n* дублёная овчи́на

**basil** III [ˈbæzl] **1.** *n* грань; ско́шенный край

2. *v* точи́ть; грани́ть

**basilica** [bəˈzɪlɪkə] *n* базили́ка

**basilisk** [ˈbæzɪlɪsk] **1.** *n* 1) *миф.* васили́ск 2) *зоол.* ма́ленькая америка́нская я́щерица 3) *ист.* васили́ск (*название пушки XVI—XVII вв.*)

2. *a* ядови́тый, смерте́льный

**basin** [ˈbeɪsn] *n* 1) таз, ча́шка, ми́ска 2) бассе́йн, резервуа́р; водоём 3) бассе́йн (*реки; каменноугольный*) 4) ма́ленькая бу́хта

**basinet** [ˈbæsɪnət] *n ист.* стально́й шлем

**basis** [ˈbeɪsɪs] *n* (*pl* bases) 1) основа́ние, ба́зис; on this ~ исходя́ из э́того; on a good and neighbourly ~ на осно́ве добрососе́дских отноше́ний 2) ба́за

**bask** [bɑːsk] *v* 1) гре́ться (*на солнце, у огня*; in) 2) наслажда́ться (*покоем, счастьем*; in)

**basket** [ˈbɑːskɪt] **1.** *n* 1) корзи́на 2) ку́зов 3) *ист.* нару́жные места́ (*в почтовом дилижансе*) 4) *attr.*: ~ dinner, ~ lunch, ~ picnic *амер.* пикни́к ◇ to be left in the ~ оста́ться за бо́ртом; to give the ~ отказа́ть (*сватающемуся*); to have (*или* to put) all one's eggs in one ~ рискова́ть всем, поста́вить всё на ка́рту; the pick of the ~ са́мое отбо́рное; like a ~ of chips *амер. шутл.* о́чень ми́ло, прия́тно

2. *v* 1) броса́ть в корзи́ну для нену́жных бума́г 2) оплета́ть про́волокой

**basket-ball** [ˈbɑːskɪtbɔːl] *ж спорт.* баскетбо́л

**basketful** [ˈbɑːskɪtful] *n* по́лная корзи́на чего́-л.

**basket-hilt** [ˈbɑːskɪthɪlt] *n* эфе́с с ча́шкой

**basketry** [ˈbɑːskɪtrɪ] *n* плетёные изде́лия

**basket-work** [ˈbɑːskɪtwəːk] = basketry

**basnet** [ˈbæsnɪt] = basinet

**bason** [ˈbeɪsn] **1.** *n* верста́к для обрабо́тки фе́тра

2. *v* обраба́тывать фетр

**Basque** [bæsk] **1.** *n* 1) баск 2) ба́скский язы́к

2. *a* ба́скский

**basque** [bæsk] *n* 1) ба́ска (*род лифа*) 2) облицо́вка

**bas-relief** [ˈbæsrɪˌliːf] *n* барелье́ф

**bass** I [bæs] *n* о́кунь

**bass** II [bæs] *n* 1) америка́нская ли́па 2) = bast

**bass** III [beɪs] **1.** *n* бас

2. *a* басо́вый, ни́зкий; ~ clef басо́вый ключ; ~ drum туре́цкий бараба́н

**basset** I [ˈbæsɪt] *n* та́кса (*порода собак*)

**basset** II [ˈbæsɪt] *n геол.* вы́ход пласто́в

**bassinet(te)** [ˌbæsɪˈnet] *n* плетёная колыбе́ль с ве́рхом

**basso** [ˈbæsəu] *n* (*pl* -os [-əuz]) *муз.* бас

**bassoon** [bəˈsuːn] *n* фаго́т

**basso-relievo** [ˈbæsəurɪˌliːvəu] = bas-relief

**bass-relief** [ˈbæsrɪˌliːf] = bas-relief

**bass-viol** [ˈbeɪsˌvaɪəl] *n* виолонче́ль

**bass-wood** [ˈbæswud] *n* америка́нская ли́па

**bast** [bæst] *n* 1) лы́ко, луб; моча́ло; лубяно́е волокно́; рого́жа 2) *attr.* лубяно́й; ~ mat цино́вка из лу́ба, рого́жа

**bastard** [ˈbæstəd] **1.** *n* 1) внебра́чный, побо́чный ребёнок 2) *груб.* ублю́док 3) по́месь, мети́с, гибри́д 4) бастр (*сахар низкого качества*)

2. *a* 1) внебра́чный, незаконнорождённый; ~ slip а) побо́чный ребёнок; б) отро́сток от ко́рня де́рева 2) подде́льный, притво́рный; ~ good nature ка́жущееся доброду́шие 3) ху́дшего ка́чества; непра́вильной фо́рмы; необы́чного разме́ра; ~ French ло́маный францу́зский язы́к

**bastardize** [ˈbæstədaɪz] *v* объявля́ть незаконнорождённым

**bastardy** [ˈbæstədɪ] *n* 1) рожде́ние ребёнка вне бра́ка 2) *attr.*: ~ order *юр.* судéбное распоряже́ние об алиме́нтах

**baste** I [beɪst] *v* сшива́ть на живу́ю ни́тку, смётывать

**baste** II [beɪst] *v* полива́ть жи́ром (*жаркое*) во вре́мя жа́ренья

**baste** III [beɪst] *v* 1) бить, колоти́ть 2) заки́дывать вопро́сами, крити́ческими замеча́ниями

**bastille** [bæsˈtiːl] *фр. n* тюрьма́, кре́пость; the B. *ист.* Басти́лия

**bastinado** [ˌbæstɪˈneɪdəu] **1.** *n* (*pl* -oes [-əuz]) па́лочные уда́ры (*особ.* по пя́ткам; *наказание на Востоке*)

2. *v* бить па́лками (*особ.* по пя́ткам)

**basting** [ˈbeɪstɪŋ] **1.** *pres. p. от* baste I, II, III

2. *n* 1) намётка 2) *attr.*: ~ thread ни́тка для намётки

**bastion** [ˈbæstɪən] *n воен.* бастио́н

**bat** I [bæt] *n* лету́чая мышь ◇ to have ~s in one's belfry *разг.* быть ненорма́льным; to go ~s сходи́ть с ума́; like a ~ out of hell о́чень бы́стро, со всех ног; blind as a ~ соверше́нно слепо́й

**bat** II [bæt] **1.** *n* 1) дуби́на; би́ло (*для льна*); бита́ (*в крикете*); лапта́; *редк.* раке́тка (*для тенниса*) 2) = batsman; a good ~ хоро́ший крике́ти́ст 3) *sl.* ре́зкий уда́р 4) *разг.* шаг, темп; to go full ~ идти́ бы́стро ◇ off one's own ~ без посторо́нней по́мощи, самостоя́тельно; to come to ~ *амер. разг.* столкну́ться с тру́дной зада́чей, тяжёлым испыта́нием

2. *v* бить па́лкой, бито́й

**bat** III [bæt] *v*: to ~ one's eyes мига́ть, морга́ть; not to ~ an eyelid и гла́зом не моргну́ть; never ~ted an eyelid не сомкну́л глаз

**bat** IV [bæt] *n амер. sl.* гуля́нка, кутёж; to go on a ~ гуля́ть, кути́ть

**bat** V [bæt] *n* (the ~) *разг.* язы́к, у́стная речь; to sling the ~ объясня́ться на ло́маном языке́

**bat** VI [bæt] *n воен.* батальо́нное безотка́тное ору́дие «Бэт»

**bat** VII [bæt] *n* вати́н; ва́тная подкла́дка

**batata** [bæˈtɑːtə] *n бот.* бата́т, сла́дкий карто́фель

**bat-blind** [ˈbætblaɪnd] *a* соверше́нно слепо́й

**batch** [bætʃ] *n* 1) коли́чество хле́ба, выпека́емого за оди́н раз 2) па́чка, ку́чка 3) па́ртия, гру́ппа 4) *стр.* заме́с бето́на ◇ of the same ~ того́ же со́рта

**batcher** [ˈbætʃə] *n тех.* бу́нкер; пита́тель, доза́тор

**bate** I [beɪt] *v* (*сокр. от* abate) 1) убавля́ть, уменьша́ть; with ~d breath затаи́в дыха́ние 2) слабе́ть; his energy has not ~d его́ эне́ргия не осла́бла 3) притупля́ть; to ~ one's curiosity удовлетвори́ть любопы́тство

**bate** II [beɪt] **1.** *n* раство́р для смягче́ния ко́жи по́сле дубле́ния

2. *v* погружа́ть (*кожу*) в раство́р для смягче́ния

**bate** III [beɪt] *n разг.* я́рость, гнев, бе́шенство; to get in a ~ приходи́ть в я́рость

**bat-eyed** [ˈbætaɪd] *a* 1) тупова́тый 2) ненаблюда́тельный

**batfowl** [ˈbætfaul] *v* лови́ть птиц но́чью, ослепля́я их огнём и сбива́я па́лкой

**bath** [bɑːθ] (*pl* baths [bɑːðz]) **1.** *n* 1) ва́нна 2) купа́ние (*в ванне*); to take (*или* to have) a ~ приня́ть ва́нну 3) (*обыкн. pl*) ба́ня; купа́льное заведе́ние; swimming ~s бассе́йн для пла́вания 4) *тех.* ва́нна; hypo ~ *фото* гипосульфи́тная ва́нна ◇ Order of the B. о́рден Ба́ни

2. *v* мыть, купа́ть

**Bath brick** [ˈbɑːθbrɪk] *n* соста́в для чи́стки металли́ческих изде́лий

**Bath chair** [ˈbɑːθˈtʃɛə] *n* кре́сло на колёсах для больны́х

**bathe** [beɪð] **1.** *n* купа́ние; to have a ~ вы́купаться, искупа́ться

2. *v* 1) купа́ть(ся); окуна́ть(ся); to ~ one's hands in blood обагри́ть ру́ки кро́вью 2) мыть, обмыва́ть (*тело*); промыва́ть (*глаза*) 3) омыва́ть (*берега — о реке, озере*) 4) залива́ть (*о свете*)

**bather** [ˈbeɪðə] *n* купа́льщик; купа́льщица

**bath-house** [ˈbɑːθhaus] *n* 1) ба́ня 2) купа́льня

**bathing** [ˈbeɪðɪŋ] **1.** *pres. p. от* bathe 2

2. *n* купа́ние

**bathing-box** [ˈbeɪðɪŋbɔks] *n* каби́на для купа́ющихся

**bathing-dress** [ˈbeɪðɪŋdres] *n* купа́льный костю́м

**bathing-machine** [ˈbeɪðɪŋməˌʃi:n] *n* каби́на на колёсах для раздева́ния купа́ющихся

**bathometer** [bəˈθɔmɪtə] *n* бато́метр

**bathos** [ˈbeɪθɔs] *n* 1) глубина́; бе́здна; the ~ of stupidity верх глу́пости 2) *лит.* перехо́д от высо́кого к коми́ческому (*о стиле*)

**bathrobe** [ˈbɑ:θrəub] *n* купа́льный хала́т

**bath-room** [ˈbɑ:θrum] *n* ва́нная (ко́мната)

**bath-tub** [ˈbɑ:θtʌb] *n* ва́нна

**bathwater** [ˈbɑ:θˌwɔ:tə] *n* вода́ в ва́нне ◇ to throw the baby out with the ~ вме́сте с водо́й вы́плеснуть и ребёнка

**bathymetry** [bəˈθɪmɪtrɪ] *n* измере́ние глубины́ (*моря*)

**bathyscaphe** [ˈbæθɪskæf] *n* батиска́ф (*глубоководная камера с механизмами для передвижения под водой*)

**bathysphere** [ˈbæθɪsfɪə] *n* батисфе́ра (*глубоководная камера, опускаемая на тросе*)

**bating** [ˈbeɪtɪŋ] *prep* за исключе́нием

**batiste** [bæˈti:st] *n* бати́ст

**batman** [ˈbætmən] *n* *воен.* денщи́к, вестово́й, ордина́рец

**baton** [ˈbætən] **1.** *n* 1) жезл 2) дирижёрская па́лочка 3) *спорт.* эстафе́тная па́лочка; to pass the ~ переда́ть эстафе́ту 4) полице́йская дуби́нка

2. *v* бить дуби́нкой (*о полицейском*)

**batsman** [ˈbætsmən] *n* отбива́ющий мяч (*в крикете, бейсболе*)

**battalion** [bəˈtæljən] *n* батальо́н; *амер. тж.* артиллери́йский дивизио́н

**battels** [ˈbætlz] *n pl* отчёт о су́ммах, израсхо́дованных на содержа́ние колле́джа (*в Оксфорде*)

**batten** I [ˈbætn] **1.** *n* 1) полова́я доска́ 2) дра́нка 3) деревя́нная *или* металли́ческая ре́йка 4) *attr.* доща́тый; ~ wall доща́тая перегоро́дка

2. *v* 1) скрепля́ть (попере́чными) ре́йками; забола́чивать доска́ми 2) *мор.* задра́ивать (*обыкн.* ~ down)

**batten** II [ˈbætn] *v* 1) отка́рмливаться, жире́ть 2) преуспева́ть за счёт други́х 3) *перен.* жить в ро́скоши и безде́лье 4) тучне́ть (*о почве*)

**batter** I [ˈbætə] **1.** *n* 1) взби́тое те́сто 2) мя́тая гли́на; густа́я ли́пкая грязь 3) *воен.* си́льный артиллери́йский обстре́л; урага́нный ого́нь 4) *полигр.* сби́тый шрифт

2. *v* 1) си́льно бить, колоти́ть, дуба́сить; долби́ть (*тж.* ~ about, ~ down); to ~ at the door си́льно стуча́ть в дверь 2) подверга́ть суро́вой кри́тике; громи́ть 3) плю́щить (*металл*); меси́ть, мять (*глину*) 4) разруша́ть; пробива́ть бре́ши (*артиллерийским огнём*) 5) *полигр.* сбива́ть шрифт

**batter** II [ˈbætə] *архит.* **1.** *n* усту́п, укло́н (*стены*)

2. *v* отклоня́ться

**batter** III [ˈbætə] = batsman

**battered** [ˈbætəd] **1.** *p. p. от* batter I, 2

2. *a* 1) изби́тый, разби́тый 2) изно́шенный, потрёпанный 3) мя́тый

**battering-ram** [ˈbætərɪŋræm] *n* *ист.* тара́н, стенобитное ору́дие

**battery** [ˈbætərɪ] *n* 1) *воен.* батаре́я; дивизио́н (лёгкой артилле́рии); *мор.* артилле́рия корабля́ 2) *эл.* батаре́я; гальвани́ческий элеме́нт; аккумуля́тор (*особ. в автомашине*) 3) *юр.* побо́и, оскорбле́ние де́йствием ◇ cooking ~ ку́хонная посу́да; to turn a man's ~ against himself бить проти́вника его́ же ору́жием; to mask one's batteries скрыва́ть свои́ наме́рения

**battery locomotive** [ˈbætərɪˈləukəˈməutɪv] *n* электрово́з

**batting** [ˈbætɪŋ] *n* вати́н

**battle** [ˈbætl] **1.** *n* 1) би́тва, сраже́ние, бой; pitched ~ тща́тельно подгото́вленное сраже́ние 2) борьба́; to fight a losing ~ вести́ борьбу́, обречённую на неуда́чу 3) *attr.* боево́й; ~ alarm боева́я трево́га; ~ honour боево́е отли́чие ◇ ~ royal дра́ка, о́бщая сва́лка; шу́мная ссо́ра; half the ~ зало́г успе́ха, побе́ды; the ~ of the books учёная диску́ссия; to fight one's ~s over again сно́ва пережива́ть про́шлое; to come unscathed out of the ~ ≅ вы́йти сухи́м из воды́; general's (soldier's) ~ бой, исхо́д кото́рого реша́ет уме́лое кома́ндование (солда́тская до́блесть); above the ~ беспристра́стный, стоя́щий в стороне́ от схва́тки; to fight smb.'s ~s for him лезть в дра́ку за кого́-л.

2. *v* сража́ться, боро́ться (for — за *кого-л., что-л.*; with, against — с *кем-либо, чем-л.*)

**battle-array** [ˈbætləˈreɪ] *n* боево́й поря́док

**battle-axe** [ˈbætlæks] *n* *ист.* 1) боево́й топо́р 2) алеба́рда

**battlecraft** [ˈbætlkrɑ:ft] *n* боево́е мастерство́

**battle-cruiser** [ˈbætlˌkru:zə] *n* лине́йный кре́йсер

**battle-cry** [ˈbætlkraɪ] *n* 1) боево́й клич 2) ло́зунг

**battledore** [ˈbætldɔ:] *n* 1) валёк; ска́лка 2) раке́тка (*для игры в волан*); ~ and shuttlecock игра́ в вола́н

**battle dress** [ˈbætldres] *n* *воен.* похо́дная фо́рма

**battle-field** [ˈbætlfi:ld] *n* по́ле сраже́ния, по́ле бо́я

**battle-fleet** [ˈbætlfli:t] *n* лине́йный флот

**battle-grey** [ˈbætlˈgreɪ] *a* защи́тного цве́та

**battle-ground** [ˈbætlgraund] *n* 1) райо́н бо́я, сраже́ния; теа́тр вое́нных де́йствий 2) предме́т спо́ра

**battlement** [ˈbætlmənt] *n* (*часто pl*) 1) зубча́тая стена́; зу́бцы (*стен, башен*) 2) зубча́тые верши́ны гор

**battle-order** [ˈbætlˈɔ:də] *n* *воен.* 1) боево́й поря́док 2) боево́й прика́з 3) похо́дная фо́рма

**battle-piece** [ˈbætlpi:s] *n* *жив.* бата́льная карти́на

**battle-plane** [ˈbætlpleɪn] *n* *ав.* штурмово́й самолёт, истреби́тель

**battler** [ˈbætlə] *n* 1) бое́ц 2) выно́сливый боксёр

**battle-seasoned** [ˈbætlˈsi:znd] *a* 1) закалённый в боя́х 2) боеспосо́бный

**battleship** [ˈbætlʃɪp] *n* лине́йный кора́бль, линко́р

**battle-tried** [ˈbætltraɪd] *a* име́ющий боево́й о́пыт; обстре́лянный

**battle-wagon** [ˈbætlˌwægən] *n* *амер. мор. разг.* линко́р

**battue** [bæˈtu:] *фр. n* 1) обла́ва (*на охоте*) 2) тща́тельные по́иски 3) резня́, бо́йня

**batty** [ˈbætɪ] *a* *разг.* сумасше́дший, тро́нутый

**bauble** [ˈbɔ:bl] *n* 1) игру́шка, безделу́шка; пустя́к 2): fools' ~ жезл шута́ (*с ослиными ушами*)

**baubling** [ˈbɔ:blɪŋ] *a* пустя́чный

**baulk** [bɔ:k] = balk

**baulky** [ˈbɔ:kɪ] = balky

**bauxite** [ˈbɔ:ksaɪt] *n* *мин.* бокси́т, алюми́ниевая руда́

**bawbee** [bɔ:ˈbi:] *n* *шотл. разг.* полпе́нни

**bawd** [bɔ:d] *n* *уст.* 1) сво́дня; содержа́тельница публи́чного до́ма 2) проститу́тка 3) непристо́йности

**bawdry** [ˈbɔ:drɪ] *n* сквернosло́вие, ру́гань

**bawdy** [ˈbɔ:dɪ] **1.** *a* непристо́йный

2. *n* сквернoсло́вие

**bawdy-house** [ˈbɔ:dɪhaus] *n* дом терпи́мости, публи́чный дом

**bawl** [bɔ:l] **1.** *n* крик; рёв

2. *v* крича́ть, ора́ть (at — на *кого-либо*); to ~ and squall горла́нить □ ~ **out** крича́ть, выкри́кивать; to ~ out abuse руга́ться; to ~ smb. out накрича́ть, наора́ть на кого́-л.

**bay** I [beɪ] *n* зали́в, бу́хта, губа́

**bay** II [beɪ] *n* 1) *стр.* пролёт (*между колоннами*); пролёт моста́ 2) ни́ша; глубо́кий вы́ступ ко́мнаты с окно́м, «фона́рь» 3) сто́йло 4) железнодоро́жная платфо́рма 5) *ж.-д.* тупи́к 6) судово́й лазаре́т

**bay** III [beɪ] **1.** *n* лай ◇ at ~ в безвы́ходном положе́нии; to bring (*или* to drive) to ~ а) *охот.* загна́ть (*зверя*); б) припере́ть к стене́; в) *воен.* заста́вить (*противника*) приня́ть бой; to hold (*или* to keep) smb. at ~ держа́ть кого́-л. в стра́хе, не подпуска́ть; to stand at ~, to turn to ~ отча́янно защища́ться

2. *v* 1) ла́ять 2) пресле́довать, трави́ть; загоня́ть (*зверя*)

**bay** IV [beɪ] **1.** *a* гнедо́й

2. *n* гнеда́я ло́шадь

**bay** V [beɪ] *n* 1) лавр, ла́вровое де́рево 2) *pl* ла́вры, лавро́вый вено́к 3) *attr.*: ~ rum лавровишне́вая вода́ (*лосьон для волос*)

**bay** VI [beɪ] **1.** *n* запру́да

2. *v* запру́живать

**bayadère** [ˌbɑ:jəˈdɛə] *фр. n* 1) баяде́ра 2) полоса́тая мате́рия

**bayonet** [ˈbeɪənɪt] **1.** *n* 1) штык; to charge with the ~ бро́ситься в штыки́; at the point of the ~ си́лой оружия; на шты́ках 2) *attr.* штыково́й; ~ fighting штыково́й бой

2. *v* коло́ть штыко́м □ ~ into заста́вить си́лой, принуди́ть

**bayou** [ˈbaɪuː] *n* заболо́ченный рука́в реки́, о́зера *или* морско́го зали́ва (*на юге США*)

**bay-salt** [ˈbeɪˈsɔːlt] *n* оса́дочная морска́я *или* озёрная соль

**bay window** [ˈbeɪˈwɪndəu] *n архит.* э́ркер, фона́рь

**baza(a)r** [bəˈzɑː] *n* 1) восто́чный база́р 2) благотвори́тельный база́р 3) большо́й магази́н; большо́й торго́вый зал; Christmas ~ база́р ёлочных украше́ний

**bazooka** [bəˈzuːkə] *n амер. воен.* реакти́вный противота́нковый гранатомёт «базу́ка»

**be** [biː] *v* (*sing* was, *pl* were; been) 1) быть, существова́ть 2) находи́ться; быва́ть, where are my books? где мои́ кни́ги?; are you often in town? ча́сто ли вы быва́ете в го́роде?; I have never been to the Caucasus я никогда́ не был на Кавка́зе 3) происходи́ть, случа́ться; admission exams are once a year in autumn приёмные испыта́ния прово́дятся оди́н раз в год о́сенью 4) сто́ить; how much is it? ско́лько э́то сто́ит? 5) *в составном именном сказуемом является глаголом-связкой*: he is a teacher он учи́тель; I am cold мне хо́лодно 6) *как вспомогательный глагол служит* а) *для образования длительной формы*: I am reading я чита́ю; б) *для образования пассива*: such questions are settled by the committee подо́бные вопро́сы разреша́ются комите́том 7) *как модальный глагол с последующим инфинитивом означает долженствование, возможность, намерение*: I am to inform you я до́лжен вас извести́ть; he is to be there now он до́лжен быть там сейча́с □ be **about** а) собира́ться (*с inf.*); he is about to go он собира́ется уходи́ть; б) быть за́нятым *чем-л.*; в) быть на нога́х, встать; be **at** намерева́ться; what would you be at? каковы́ ва́ши наме́рения?; be **away** а) отсу́тствовать; б) = be off; be **back** верну́ться; be **for** а) стоя́ть за *кого-л., что-л.*; б) отправля́ться в; be **in** а) прийти́; прибы́ть (*о поезде, пароходе и т. п.*); наступи́ть (*о времени года*); б) поспе́ть (*о фруктах*); в) быть до́ма; г) прийти́ к вла́сти (*о политической партии*); the labour candidate is in кандида́т лейбори́стской па́ртии прошёл на вы́борах; д): be in on smth. уча́ствовать в чём-л.; be **off** уходи́ть; the train is off по́езд ушёл; be **on** а) происходи́ть; б) идти́ (*о спектакле*); what is on at the Bolshoi Theatre today? что идёт в Большо́м теа́тре сего́дня?; be **out** не быть до́ма, в ко́мнате *и т. п.*; be **up** а) зако́нчиться; б) встать, подня́ться; в) повы́ситься в цене́; г) произойти́; д): be up to smth. замышля́ть что-л. ◇ how are you? здра́вствуйте!, как вы пожива́ете?; to be going собира́ться (*с inf. часто придаёт значение будущего времени*); the clock is going to strike часы́ сейча́с бу́дут бить; to let be оставля́ть в поко́е; to be oneself а) прийти́ в себя́; б) быть сами́м собо́й; to be of (a group, class, *etc.*) быть одни́м из (гру́ппы, кла́сса *и т. п.*); they knew he was not of them они́ распозна́ли в нём чужо́го; to be in smb. быть сво́йственным, характе́рным для кого́-л.; it is not in him to do such a thing э́то не в его́ нату́ре, на него́ э́то непохо́же; I've been there *разг.* всё э́то уже́ изве́стно; you've been (and gone) and done it *разг.* ≅ ну и наде́лали вы дел

**be-** [biː-] *pref* 1) *присоединяется к переходным глаголам со значением*: а) круго́м, вокру́г; *напр.*: beset, besiege окружи́ть, осади́ть, обложи́ть (*город, крепость*); б) по́лностью, целико́м; *напр.*: besmear запа́чкать, замара́ть, заса́лить; bescorch опаля́ть, обжига́ть 2) *в сочетании с прилагательным и существительным образует переходные глаголы с соответствующим значением*; *напр.*: belittle умаля́ть, уменьша́ть, принижа́ть; bedim затемня́ть, затума́нивать 3) *образует переходные глаголы со значением подвергнуть действию, покрыть, обработать так, как указывает значение существительного или прилагательного*; *напр.*: becloud заволáкивать, покрыва́ть ту́чами; beguile обману́ть; bespangle осыпа́ть блёстками

**beach** [biːtʃ] **1.** *n* пляж, отло́гий морско́й бе́рег, взмо́рье; о́тмель; бе́рег мо́ря ме́жду ли́ниями прили́ва и отли́ва; to hit the ~ приста́ть к бе́регу, вы́садиться ◇ to be on the ~ а) разори́ться; оказа́ться в тяжёлом положе́нии, на мели́; б) *мор. sl.* быть в отста́вке

2. *v* 1) посади́ть на мель 2) выта́скивать на бе́рег

**beach-comber** [ˈbiːtʃˌkəumə] *n* 1) океа́нская волна́, набега́ющая на бе́рег 2) (бе́лый) обита́тель острово́в Ти́хого океа́на, перебива́ющийся случа́йной рабо́той 3) *разг.* лицо́ без определённых заня́тий; безде́льник; бродя́га

**beach-head** [ˈbiːtʃhed] *n воен.* берегово́й плацда́рм (при вы́садке деса́нта)

**beach-la-mar** [ˈbiːtʃləˈmɑː] *n лингв.* бичлама́р (*английский жаргон на островах Полинезии*)

**beach-master** [ˈbiːtʃˌmɑːstə] *n воен.* коменда́нт пу́нкта вы́садки морско́го деса́нта

**beacon** [ˈbiːkən] **1.** *n* 1) мая́к (*тж. перен.*); ба́кен; буй 2) сигна́льный ого́нь 3) сигна́льная ба́шня 4) предостереже́ние 5) радиомая́к 6) доро́жный знак «перехо́д» (*в Великобритании*) 7) *attr.*: ~ fire, ~ light сигна́льный ого́нь

2. *v* 1) освеща́ть сигна́льными огня́ми 2) свети́ть, ука́зывать путь; служи́ть мая́ком

**beaconage** [ˈbiːkənɪdʒ] *n* сбор за содержа́ние ба́кенов и мая́ков

**bead** [biːd] *n* 1) ша́рик, бу́сина; би́серина 2) *pl* бу́сы; би́сер 3) *pl церк.* чётки; to tell one's ~s чита́ть моли́твы (перебира́я чётки) 4) ка́пля 5) пузырёк (во́здуха) 6) *воен.* прице́л, му́шка; to draw a ~ on прице́ливаться 7) *тех.* борт, ото́гнутый край, запле́чик, ребо́рда, бу́ртик 8) *архит.* ка́пельки (*украшение по краю фронтона*) ◇ to pray without one's ~s просчита́ться

2. *v* 1) нани́зывать (бу́сы); the houses are ~ed along the river дома́ те́сно стоя́т (*букв.* нани́заны как бу́сы) вдоль реки́ 2) украша́ть бу́сами 3) вышива́ть би́сером 4) *уст.* чита́ть моли́твы 5) *тех.* отгиба́ть борт; расчека́нивать

**beaded** [ˈbiːdɪd] **1.** *p. p. от* bead 2

2. *a* 1) нани́занный (*о бусах или перен.* как бу́сы) 2) похо́жий на бу́сы, би́сер, ка́пельки

**beadle** [ˈbiːdl] *n* 1) университе́тский пе́дель 2) *уст.* церко́вный сто́рож 3) курье́р при суде́

**beadledom** [ˈbiːdldəm] *n* 1) формали́зм 2) канцеля́рщина; бюрократи́зм

**beadleship** [ˈbiːdlʃɪp] *n* до́лжность университе́тского пе́деля, церко́вного сто́рожа, курье́ра при суде́

**bead-roll** [ˈbiːdrəul] *n* 1) спи́сок, пе́речень 2) родосло́вная 3) чётки 4) *церк. уст.* помина́льный спи́сок

**beadsman** [ˈbiːdzmən] *n* 1) призрева́емый в богаде́льне 2) *уст.* моля́щийся (за благоде́теля)

**beady** [ˈbiːdɪ] *a* 1) похо́жий на бу́синку, ма́ленький и блестя́щий (*о глазах*); ~ eyes глаза́-бу́синки 2) покры́тый ка́пельками

**beagle** [ˈbiːgl] **1.** *n* 1) го́нчая (*собака*); a pack of ~s стая́ го́нчих 2) сы́щик

2. *v* охо́титься с го́нчими

**beak** [biːk] *n* 1) клюв 2) что-л., напомина́ющее клюв (крючкова́тый нос, но́сик сосу́да, вы́ступ на носу́ стари́нного корабля́ *и т. п.*) 3) *разг.* судья́ 4) *sl., уст.* учи́тель, дире́ктор (*школы*) 5) *архит* слезни́к

**beaked** [biːkt] *a* 1) име́ющий клюв 2) выступа́ющий (*о мысе, скале*)

**beaker** [ˈbiːkə] *n* 1) лаборато́рный стака́н; мензу́рка 2) *уст.* ку́бок, ча́ша

**beam** [biːm] **1.** *n* 1) луч, пучо́к луче́й 2) сия́ние; сия́ющий вид; сия́ющая улы́бка 3) ба́лка; брус, перекла́дина 4) тка́цкий наво́й 5) *уст.* дышло 6) *тех.* баланси́р (*тж.* walking ~, working ~); коромы́сло (*весов*); to kick (*или* to strike) the ~ оказа́ться ле́гче, подня́ться до преде́ла (*о чаше весов*); *перен.* потерпе́ть пораже́ние 7) *мор.* бимс, ширина́ (*судна*); to be on one's ~ ends лежа́ть на боку́ (*о судне*); *перен.* быть в опа́сности, в безвы́ходном положе́нии 8) *мор.* тра́верз; on the ~ на тра́верзе 9) *с.-х.* гря́диль (*плуга*) 10) радиосигна́л (*для самолёта*) 11) ра́диус де́йствия (*микрофона, громкоговорителя*) 12) *attr.*: ~ sea бокова́я волна́; ~ aerial *радио* лучева́я анте́нна ◇ ~ in one's eye «бревно́ в со́бственном глазу́», со́бственный недоста́ток; to be on the ~ быть на пра́вильном пути́; to be off the ~ сбиться с пути; to be off one's ~ *амер. груб.* рехнуться; to tip (*или* to turn) the ~ решить исход дела

2. *v* 1) сиять; светить 2) сиять, лучезарно улыбаться; to ~ with joy просиять от радости 3) испускать лучи, излучать 4) определять местонахождение самолёта с помощью радара 5) *радио* вести направленную передачу

**beam thread** ['bi:mθred] *n текст.* основная нить

**beam wireless** ['bi:m,waɪəlɪs] *n радио* лучевая *или* прожекторная радиосвязь

**bean** [bi:n] *n* 1) боб; kidney (*или* French) ~ фасоль; horse ~s конские бобы 2) *sl.* голова, башка 3) *разг.* монета (*особ.* золотая); not to have a ~ не иметь ни гроша; not worth a ~ ≅ гроша ломаного не стоит ◇ full of ~s а) горячий (*о лошади*); б) живой, энергичный; в приподнятом настроении; like ~s во всю прыть; to give smb. ~s *разг.* а) вздуть, наказать кого-л.; б) побить кого-л. (*в состязании*); to get ~s *разг.* быть наказанным, избитым; a hill of ~s *амер.* пустяки; old ~ *sl.* старина, дружище; to spill the ~s а) выдать секрет, проболтаться; б) расстроить (*чьи-л.*) планы; в) попасть в глупое положение, в беду; every ~ has its black *посл.* ≅ и на солнце есть пятна; he found the ~ in the cake ему посчастливилось, повезло; to know ~s, to know how many ~s make five знать что к чему, знать своё дело; быть себе на уме

**bean-feast** ['bi:nfi:st] *n* 1) традиционный обед, устраиваемый хозяином для служащих раз в год 2) пирушка, гулянка

**beano** ['bi:nəu] *n* (*pl* -os [-əuz]) *sl. см.* bean-feast

**bean-pod** ['bi:npɔd] *n* бобовый стручок

**bear** I [bɛə] **1.** *n* 1) медведь 2) грубый, невоспитанный человек; to play the ~ вести себя грубо 3) *бирж.* спекулянт, играющий на понижение 4) *астр.*: Great (Little, Lesser) B. Большая (Малая) Медведица 5) дыропробивной пресс, медведка 6) *метал.* козёл 7) *мор. разг.* швабра (*для мытья палубы*) 8) *attr.*: ~ pool *бирж.* объединение спекулянтов, играющих на понижение; ~ market *бирж.* рынок с понижательной тенденцией ◇ cross (*или* sulky, surly) as a ~ ≅ зол как чёрт; bridled ~ юнец, путешествующий с гувернёром; to take a ~ by the tooth без нужды подвергать себя опасности, лезть на рожон; to sell the ~'s skin before one has caught the ~ делить шкуру неубитого медведя; had it been a ~ it would have bitten you ≅ вы ошиблись, обознались; (оказалось) не так страшно, как вы думали

2. *v бирж.* играть на понижение

**bear** II [bɛə] *v* (bore; borne) 1) носить; нести; переносить; перевозить 2) выдерживать; нести груз, тяжесть; поддерживать, подпирать; will the ice ~ today? достаточно ли крепок лёд сегодня? 3) (*p. p.* born) рождать, производить; to ~ children рожать детей; to ~ fruit приносить плоды; born in 1919 рождения 1919 года 4) питать, иметь (*чувство и т. п.*) 5) терпеть, выносить; I can't ~ him я его не выношу 6) *refl.* держаться; вести себя 7) опираться (on) 8) простираться □ **~ away** а) выиграть (*приз, кубок и т. п.*); выйти победителем; б): to be borne away быть захваченным, увлечённым; **~ down** а) преодолевать; б) *мор.* подходить по ветру; в) устремляться (upon — к); набрасываться, нападать (upon — на *кого-л.*); г) влиять; **~ in:** to be borne in on smb. становиться ясным, понятным кому-л.; **~ off** отклоняться; **~ on** касаться, иметь отношение к *чему-л.*; **~ out** подтверждать; подкреплять; поддерживать; **~ up** а) поддерживать; подбадривать; б) держаться стойко; в) *мор.* спускаться (*по ветру*); г): to ~ up for взять направление на; **~ upon** = ~ on; **~ with** относиться терпеливо к *чему-л.*; мириться с *чем-л.* ◇ to ~ arms а) носить оружие; служить в армии; to ~ arms against smb. поднять оружие на кого-л., восстать против кого-л.; б) иметь *или* носить герб; to ~ company а) составлять компанию, сопровождать; б) ухаживать; to ~ comparison выдерживать сравнение; to ~ a hand участвовать; помогать; to ~ hard on smb. подавлять кого-л.; to ~ in mind помнить; иметь в виду; to ~ a part принимать участие; to ~ a resemblance быть похожим, иметь сходство; to ~ to the right *etc.* принять вправо *и т. п.*; to ~ the signature иметь подпись, быть подписанным; to ~ testimony, to ~ witness свидетельствовать, показывать, давать показания

**bearable** ['bɛərəbl] *a* сносный, терпимый

**bear-baiting** ['bɛə,beɪtɪŋ] *n* травля медведя

**beard** [bɪəd] **1.** *n* 1) борода 2) растительность на лице 3) ость (*колоса*) 4) кончик вязального крючка 5) зубец; зазубрина ◇ to laugh in one's ~ смеяться исподтишка; ухмыляться; to speak in one's ~ бормотать; to laugh at smb.'s ~ а) смеяться в лицо кому-л.; б) пытаться одурачить кого-либо; to pluck (*или* to take) by the ~ решительно нападать

2. *v* 1) смело выступать против; to ~ the lion in his den смело подходить к опасному *или* страшному человеку 2) отёсывать края доски *или* бруса

**bearded** ['bɪədɪd] **1.** *p. p. от* beard 2

2. *a* 1) бородатый 2) *бот.* остистый

**beardless** ['bɪədlɪs] *a* безбородый; *перен.* юношеский

**bearer** ['bɛərə] *n* 1) тот, кто носит *и пр.* [*см.* bear II] 2) санитар 3) носильщик 4) податель (*письма*); предъявитель (*чека*) 5) плодоносящее растение; this tree is a good (poor) ~ это дерево приносит хороший (плохой) урожай 6) *тех.* опора; подушка

**bearer company** ['bɛərə,kʌmpənɪ] *n воен.* носилочная рота

**beargarden** ['bɛə,gɑ:dn] *n* 1) *уст.* медвежий садок 2) шумное сборище, «базар»

**bearing** I ['bɛərɪŋ] **1.** *pres. p. от* bear II

2. *n* 1) ношение 2) рождение, произведение на свет 3) плодоношение 4) поведение; осанка; манера держать себя 5) терпение; beyond (*или* past) all ~ нестерпимый; нестерпимо 6) отношение; to consider a question in all its ~s рассматривать вопрос со всех сторон; this has no ~ on the question это не имеет никакого отношения к делу, вопросу 7) значение; the precise ~ of the word точное значение слова 8) девиз (*на гербе*) 9) *тех.* подшипник; roller ~ роликовый подшипник 10) *тех.* опора; точка опоры 11) *pl мор., ав., воен.* пеленг, румб; азимут; to lose one's ~s потерять ориентировку; заблудиться; *перен.* растеряться; to take one's ~s ориентироваться, определять положение

3. *a* 1) несущий 2) рождающий, порождающий ◇ ~ finder пеленгатор; ~ capacity грузоподъёмность; допустимая нагрузка

**bearing** II ['bɛərɪŋ] *pres. p. от* bear I, 2

**bearish** ['bɛərɪʃ] *a* 1) медвежий 2) грубый 3) *бирж.* понижательный

**bearleader** ['bɛə,li:də] *n* 1) вожак (медведя) 2) *разг.* гувернёр, путешествующий с богатым молодым человеком

**bear-pit** ['bɛəpɪt] *n* медвежья яма

**bearskin** ['bɛəskɪn] *n* 1) медвежья шкура 2) меховой кивер (*английских гвардейцев*)

**beast** [bi:st] *n* 1) зверь, животное; скотина; тварь; ~ of burden вьючное животное; ~ of prey хищный зверь; to make a ~ of oneself безобразно вести себя 2) *шутл.* упрямец; неприятный человек 3) *собир.* отгульный скот ◇ a ~ of a job неприятная, трудная задача

**beastliness** ['bi:stlɪnɪs] *n* 1) свинство, скотство 2) гадость

**beastly** ['bi:stlɪ] **1.** *a* 1) животный, грубый; зверский; непристойный 2) *разг.* ужасный, противный; ~ weather отвратительная погода 3) *разг.* грязный, гадкий

2. *adv разг.* (*служит для усиления отрицательного признака*) отвратительно, ужасно; it is ~ wet ужасно сыро, мокро

**beat** [bi:t] **1.** *n* 1) удар; бой (*барабана*); биение (*сердца*) 2) колебание (*маятника*) 3) такт; отбивание такта 4) ритм, размер; the measured ~ of the waves размеренный плеск волн 5) дозор, обход; район (*обхода*); to be on the ~ совершать обход; обходить дозором; to be off (*или* out of) one's ~ быть вне привычной сферы деятельности *или* компетенции 6) *амер.*

*sl.* газе́тная сенса́ция 7) *амер. sl.* безде́льник 8) *разг.* что-л. превосходя́щее; I've never seen his ~ он бесподо́бен 9) = beatnik 10) *физ.* бие́ние, пульса́ция (*звуковых или световых волн*) 11) *охот.* ме́сто обла́вы 12) *attr.*: ~ generation би́тники

2. *v* (beat; beat, beaten) 1) бить, ударя́ть, колоти́ть 2) выбива́ть (*дробь на барабане*); отбива́ть (*котлету*); взбива́ть (*тесто, яйца*); отбива́ть (*часы*); толо́чь (*в порошок; тж* ~ small); выкола́чивать (*ковёр, одежду, мебель и т. п.*) 3) би́ться (*о сердце*); разбива́ться (*как волны о скалы*); хлеста́ть, стуча́ться (*как дождь в окна*) 4) побива́ть, побежда́ть; the team was ~en for the second time кома́нда втори́чно потерпе́ла пораже́ние; to ~ smb. at his own game бить кого́-л. его́ же ору́жием 5) превосходи́ть; it ~s everything I ever heard э́то превосхо́дит всё, когда́-л. слы́шанное мно́ю; to ~ smth. hollow превзойти́, затми́ть что-л.; it ~s the band (*или* all, anything, creation, my grandmother, the devil, hell, the world) э́то превосхо́дит всё; э́то невероя́тно; ну, э́то уж сли́шком! 6) *амер. разг.* надува́ть; моше́нничать; обходи́ть (*закон и т. п.*); to ~ a bill избежа́ть упла́ты по счё́ту 7) *охот.* обры́скать (*лес*) 8) *мор.* лави́ровать, боро́ться с встре́чным ве́тром, тече́нием □ ~ **about:** to ~ about the bush ходи́ть вокру́г да о́коло; подходи́ть к де́лу осторо́жно, издалека́; tell me straight what you want without ~ing about the bush говори́те пря́мо, без обиняко́в, что вы хоти́те; ~ **back** отбива́ть, отража́ть; ~ **down** а) сбива́ть (*цену*); б) сломи́ть (*сопротивление, оппозицию*); ~ **in** пролом́ить; раздави́ть; ~ **into** вбива́ть, вкола́чивать; ~ **off** = ~ back; ~ **out** выбива́ть, кова́ть (*металл*); to ~ out the meaning разъясня́ть значе́ние; to be ~en out *амер.* быть в изнеможе́нии; ~ **up** а) взбива́ть (*яйца и т. п.*); б) вербова́ть (*рекрутов*); в) избива́ть; обходи́ться со зве́рской жесто́костью; г): ~ up the quarters of посеща́ть; д) *мор.* продвига́ться про́тив ве́тра, про́тив тече́ния ◇ to ~ smb. hollow (*или* all to pieces, to nothing, to ribbands, to smithereens, to sticks) разби́ть кого́-л. на́голову; to ~ it *разг.* удира́ть; ~ it! *разг.* прочь!, вон!; to ~ goose хло́пать себя́ по бока́м, что́бы согре́ться; to ~ the air (*или* the wind) занима́ться бесполе́зным де́лом, по́пусту стара́ться; to ~ one's head with (*или* about) a thing лома́ть себе́ над чем-л. го́лову; to ~ one's way пробира́ться; that ~s me не могу́ э́того пости́чь; э́то вы́ше моего́ понима́ния; can you ~ it? мо́жете ли вы себе́ предста́вить что-л. подо́бное?

**beaten** [ˈbiːtn] 1. *p. p. от* beat 2

2. *a* 1) би́тый, побеждё́нный, разби́тый 2) изби́тый, бана́льный 3) утомлё́нный, изму́ченный 4) проторё́нный; ~ path (*или* track) а) прое́зжая доро́га; б) проторё́нная доро́жка; рути́на; off the ~ track в стороне́ от большо́й доро́ги; *перен.* в малоизве́стных, малоизу́ченных областя́х 5) ко́ваный 6) *воен.* поража́емый; ~ area обстре́ливаемый райо́н

**beater** [ˈbiːtə] *n* 1) тот, кто бьёт 2) *охот.* заго́нщик 3) колоту́шка; пе́ст(ик) 4) *текст.* трепа́ло; би́ло 5) *с.-х.* цеп; би́тер (*комбайна*) ◇ he is no ~ about the bush он челове́к прямолине́йный

**beatific(al)** [ˌbiːəˈtɪfɪk(əl)] *a* блаже́нный; даю́щий блаже́нство

**beatify** [bi(ː)ˈætɪfaɪ] *v* 1) де́лать счастли́вым 2) *церк.* канонизи́ровать

**beating** [ˈbiːtɪŋ] 1. *pres. p. от* beat 2

2. *n* 1) битьё; по́рка 2) пораже́ние 3) бие́ние (*сердца*) 4) взма́хивание (*крыльями*)

**beatitude** [bi(ː)ˈætɪtjuːd] *n* блаже́нство

**beatnik** [ˈbiːtnɪk] *n* би́тник

**beau** [bəu] *фр. n* (*pl* beaux) 1) щё́голь, франт 2) кавале́р; покло́нник

**beau ideal** [ˈbəuaɪˈdɪəl] *фр. n* идеа́л, образе́ц соверше́нства

**beauteous** [ˈbjuːtjəs] *a поэт.* прекра́сный, краси́вый

**beautician** [bjuːˈtɪʃən] *n* космето́лог; космети́чка

**beautiful** [ˈbjuːtəful] *a* 1) краси́вый, прекра́сный 2) превосхо́дный

**beautify** [ˈbjuːtɪfaɪ] *v* украша́ть

**beauty** [ˈbjuːtɪ] *n* 1) красота́ 2) краса́вица 3) пре́лесть (*часто ирон.*); that's the ~ of it в э́том-то вся пре́лесть; you are a ~! хоро́ш ты, не́чего сказа́ть! ◇ ~ is in the eye of the gazer (*или* of the beholder) ≅ не по́ хорошу мил, а по́ милу хоро́ш; ~ is but skin deep нару́жность обма́нчива; нельзя́ суди́ть по нару́жности

**beauty parlour** [ˈbjuːtɪˌpɑːlə] *n* космети́ческий кабине́т; институ́т красоты́

**beauty-sleep** [ˈbjuːtɪsliːp] *n* 1) сон днём (*особ. перед балом и т. п.*) 2) ра́нний сон (*до полуночи*)

**beauty-spot** [ˈbjuːtɪspɔt] *n* му́шка (*на лице*)

**beaux** [bəuz] *pl от* beau

**beaver I** [ˈbiːvə] *n* 1) бобр 2) бобё́р, бобро́вый мех 3) касто́ровая шля́па 4) *sl.* борода́ 5) *sl.* борода́ч

**beaver II** [ˈbiːvə] *n ист.* забра́ло

**becalm** [bɪˈkɑːm] *v* 1) успока́ивать 2) заштиле́ть (*о судне*)

**became** [bɪˈkeɪm] *past от* become

**because** [bɪˈkɔz] *cj* 1) потому́ что; так как 2): ~ of (*употр. как предлог*) из-за, всле́дствие

**bechamel** [ˌbeɪʃɑːˈmel] *n* со́ус бешаме́ль

**beck I** [bek] 1. *n* киво́к; приве́тствие руко́й ◇ to be at smb.'s ~ and call быть всецело в чьём-л. распоряже́нии

2. *v* мани́ть; кива́ть; де́лать зна́ки руко́й

**beck II** [bek] *n сев.* руче́й

**beckon** [ˈbekən] *v* мани́ть, кива́ть; де́лать знак (*рукой, пальцем*)

**becloud** [bɪˈklaud] *v* затемня́ть; завола́кивать; затума́нивать (*зрение, рассудок*)

**become** [bɪˈkʌm] *v* (became; become) 1) *употр. как глагол-связка* де́латься, станови́ться; he became a doctor он стал врачо́м; it became cold ста́ло хо́лодно 2) случа́ться (of); what has ~ of him? что с ним ста́лось?; куда́ он дева́лся? 3) годи́ться, приличествова́ть 4) быть к лицу́; this dress ~s you well э́то пла́тье вам о́чень идё́т

**becoming** [bɪˈkʌmɪŋ] 1. *pres. p. от* become

2. *a* 1) прили́чествующий, подоба́ющий 2) (иду́щий) к лицу́ (*о платье*)

3. *n филос.* становле́ние

**bed** [bed] 1. *n* 1) посте́ль, крова́ть, ло́же; ~ of straw соло́менный тюфя́к; to make the ~ стлать посте́ль; to go to ~ ложи́ться спать; to take to one's ~ слечь в посте́ль; to keep to (one's) ~ хвора́ть, лежа́ть в посте́ли; to leave one's ~ вы́здороветь, встать с посте́ли 2) бра́чное ло́же 3) клу́мба; гряда́, гря́дка 4) дно (*моря, реки*) 5) *поэт.* моги́ла; the ~ of honour моги́ла па́вшего в бою́; бра́тская моги́ла; to put to ~ with a shovel похорони́ть 6) *геол.* пласт, слой; залега́ние 7) *ж.-д.* балла́стный слой; полотно́ 8) *стр.* основа́ние (*для фундамента*) 9) *тех.* стани́на ◇ as you make your ~, so you must lie upon it *посл.* ≅ что посе́ешь, то и пожнё́шь; ~ of roses (*или* flowers) лё́гкая жизнь; ~ of thorns терни́стый путь; неприя́тное, тру́дное положе́ние; to go to ~ in one's boots *груб.* быть мертве́цки пья́ным; to die in one's ~ умере́ть со́бственной сме́ртью; to be brought to ~ (of a boy) разреши́ться от бре́мени (ма́льчиком); to go to ~ with the lamb and rise with the lark ≅ ложи́ться спозара́нку и встава́ть с петуха́ми; to get out of ~ on the wrong side ≅ встать с ле́вой ноги́, быть в плохо́м настрое́нии; ~ and board кварти́ра и стол, пансио́н

2. *v* 1) класть в посте́ль 2) ложи́ться в посте́ль 3) стлать подсти́лку (*для лошади*) 4) сажа́ть, выса́живать в грунт (*обыкн.* ~ out) 5) класть на надлежа́щее основа́ние (*кирпич на слой извёстки и т. п.*); настила́ть

**bedabble** [bɪˈdæbl] *v* замочи́ть; забры́згать

**bedaub** [bɪˈdɔːb] *v* запа́чкать, замаза́ть

**bedazzle** [bɪˈdæzl] *v* ослепля́ть бле́ском

**bed-bug** [ˈbedbʌg] *n* клоп

**bed-clothes** [ˈbedkləuðz] *n pl* посте́льное бельё

**bedding** [ˈbedɪŋ] 1. *pres. p. от* bed 2

2. *n* 1) посте́льные принадле́жности 2) подсти́лка для скота́ 3) основа́ние, ло́же; фунда́мент 4) *геол.* напластова́ние; наслое́ние; залега́ние 5) выса́живание в грунт

**bedeck** [bɪˈdek] *v* украша́ть

**bedel(l)** [beˈdel] = beadle 1)

**bedesman** [ˈbiːdzmən] = beadsman

**bedevil** [bɪˈdevl] *v* 1) терза́ть, му́чить 2) сбива́ть с то́лку 3) околдова́ть; «навести́ по́рчу»

**bedew** [bɪ'dju:] *v* покрывать росой; обрызгивать

**bedfast** ['bedfɑ:st] *a амер.* прикованный к постели (*болезнью*)

**bedfellow** ['bed,feləu] *n* 1) муж; жена 2) спящий (*с кем-л.*) в одной постели 3) партнёр ◇ a strange ~ случайный знакомый

**bedgown** ['bedgaun] *n* женская ночная сорочка

**bedim** [bɪ'dɪm] *v* затемнять; затуманивать

**bedizen** [bɪ'daɪzn] *v* ярко, пёстро украшать, наряжать

**bedlam** ['bedləm] *n* дом умалишённых; *перен.* бедлам, сумасшедший дом

**bedlamite** ['bedləmaɪt] 1. *n* сумасшедший (человек)

2. *a* сумасшедший

**bedouin** ['beduɪn] *n* (*pl* -s [-z] *или без измен.*) бедуин

**bedpan** ['bedpæn] *n* подкладное судно

**bedpost** ['bedpəust] *n* столбик кровати ◇ between you and me and the ~ строго конфиденциально, между нами

**bedraggle** [bɪ'drægl] *v* запачкать, замарать

**bedrid(den)** ['bed,rɪd(n)] *a* 1) прикованный к постели болезнью 2) бессильный; bedrid argument слабый довод

**bed-rock** ['bed'rɔk] *n* 1) *геол.* коренная подстилающая порода, бедрок; почва (*залежи*) 2) основные принципы; to get down to ~ добраться до сути дела

**bedroom** ['bedru(:)m] *n* спальня; single (double) ~ комната с одной (двумя) кроватью (кроватями)

**bed-side** ['bedsaɪd] *n*: to sit (*или* to watch) at (*или* by) a person's ~ ухаживать за больным; to have a good ~ manner уметь подойти к больному (*о враче*); to keep books at one's ~ держать книги у изголовья кровати

**bed-side table** ['bedsaɪd,teɪbl] *n* ночной столик, (прикроватная) тумбочка

**bed-sitter** ['bed,sɪtə] *разг. см.* bed-sitting-room

**bed-sitting-room** ['bed'sɪtɪŋrum] *n* жилая комната (*спальня и гостиная*)

**bedsore** ['bedsɔ:] *n* пролежень

**bed-spread** ['bedspred] *n* постельное покрывало

**bedstead** ['bedsted] *n* остов кровати

**bedtime** ['bedtaɪm] *n* время ложиться спать

**bee** [bi:] *n* 1) пчела; *перен.* трудолюбивый человек 2) встреча соседей, друзей *и т. п.* для совместной работы и взаимопомощи (*тж.* для спортивных соревнований и гулянья) ◇ to have a ~ in one's bonnet *разг.* а) быть с причудами; б) быть помешанным на чём-л.

**beech** [bi:tʃ] 1. *n* бук, буковое дерево

2. *a* буковый

**beef** [bi:f] 1. *n* (*pl* beeves, *амер.* ~s [-s]) 1) говядина; horse ~ конина 2) бык *или* корова (*откормленные на убой*); мясной скот 3) туша 4) *разг.* туша (*о человеке*) 5) сила, энергия 6) *жарг.* жалоба

2. *v жарг.* жаловаться

**beefeater** ['bi:f,i:tə] *n* 1) лейб-гвардеец (*при английском дворе*) 2) служитель охраны лондонского Тауэра

**beefsteak** ['bi:f'steɪk] *n* бифштекс

**beef tea** ['bi:f'ti:] *n* крепкий бульон

**beef-witted** ['bi:f'wɪtɪd] *a* глупый, тупоумный

**beefy** ['bi:fɪ] *a* мясистый; крепкий, мускулистый

**beehive** ['bi:haɪv] *n* улей

**bee-keeper** ['bi:,ki:pə] *n* пчеловод

**bee-line** ['bi:laɪn] *n* прямая (воздушная) линия

**Beelzebub** [bi(:)'elzɪbʌb] *n* Вельзевул

**bee-master** ['bi:,mɑ:stə] = bee-keeper

**been** [bi:n (*полная форма*); bɪn (*редуцированная форма*)] *p. p. от* be

**beep** [bi:p] *n* телеметрический сигнал

**beer** I [bɪə] *n* пиво; small ~ а) слабое пиво; б) *перен.* пустяки; в) *перен.* ничтожный человек; to think no small ~ of oneself быть о себе высокого мнения ◇ ~ and skittles праздные развлечения; to be in ~ *разг.* быть выпивши; ~ chaser *разг.* «прицеп» (*стакан пива вслед за виски*)

**beer** II [bɪə] *n текст.* ход (*основы*)

**beerhouse** ['bɪəhaus] *n* пивная

**beery** ['bɪərɪ] *a* 1) пивной; отдающий пивом 2) подвыпивший

**beestings** ['bi:stɪŋz] *n pl* молоко новотельной коровы, молозиво

**beeswax** ['bi:zwæks] 1. *n* воск

2. *v* натирать воском

**beeswing** ['bi:zwɪŋ] *n* 1) налёт на старом, выдержанном вине (*особ. на портвейне*) 2) выдержанное вино

**beet** [bi:t] *n* свёкла; white ~ сахарная свёкла

**beetle** I ['bi:tl] *n* 1) жук; Colorado ~ колорадский жук 2) *разг.* таракан ◇ blind as a ~, ~ blind совершенно слепой

**beetle** II ['bi:tl] 1. *n тех.* трамбовка; баба; кувалда; three-man ~ трамбовка, обслуживаемая тремя рабочими ◇ between the ~ and the block ≅ между молотом и наковальней; в безвыходном положении

2. *v* 1) трамбовать 2) дробить (*камни*)

**beetle** III ['bi:tl] 1. *a* нависший; выступающий

2. *v* выступать; нависать ▭ ~ **off** *разг.* уходить, отправляться

**beetle-browed** ['bi:tlbraud] *a* 1) с нависшими бровями 2) угрюмый; мрачный; насупленный

**beetle-crusher** ['bi:tl,krʌʃə] *n шутл.* 1) сапожище 2) ножища

**beetle-head** ['bi:tlhed] *n* болван

**beetling** I ['bi:tlɪŋ] 1. *pres. p. от* beetle III, 2

2. *a* нависший; ~ cliffs (brows) нависшие скалы (брови)

**beetling** II ['bi:tlɪŋ] *pres. p. от* beetle II, 2

**beetroot** ['bi:tru:t] *n* свекловица

**beeves** [bi:vz] *pl от* beef

**befall** [bɪ'fɔ:l] *v* (befell; befallen) случаться, приключаться, происходить; a strange fate befell him странная судьба его постигла

**befallen** [bɪ'fɔ:lən] *p. p. от* befall

**befell** [bɪ'fel] *past от* befall

**befit** [bɪ'fɪt] *v* подходить, приличествовать (*кому-л.*)

**befog** [bɪ'fɔg] *v* затуманивать

**befogged** [bɪ'fɔgd] *a* 1) затуманенный 2) озадаченный

**befool** [bɪ'fu:l] *v* одурачивать, обманывать

**before** [bɪ'fɔ:] 1. *adv* 1) впереди; вперёд 2) раньше, прежде, уже; I have heard it ~ я это уже слышал; long ~ задолго до

2. *prep.* 1) перед; he stood ~ us он стоял перед нами 2) перед лицом, в присутствии; to appear ~ the Court предстать перед судом 3) до; the day ~ yesterday позавчера, третьего дня; Chaucer lived ~ Shakespeare Чосер жил до Шекспира; ~ long скоро, вскоре; ~ now раньше, до сих пор 4) впереди; your whole life is ~ you у вас вся жизнь впереди 5) выше; больше; to be ~ others in class быть (по успехам) впереди своих одноклассников; I love him ~ myself я люблю его больше самого себя 6) скорее... чем; he would die ~ lying он скорее умрёт, чем солжёт

3. *cj* прежде чем; he arrived ~ I expected him он приехал раньше, чем я ожидал

**beforehand** [bɪ'fɔ:hænd] *adv* 1) заранее, вперёд; заблаговременно; to be ~ with smb. предупредить, опередить кого-л. 2) (*часто как прил.*) преждевременно; you are rather ~ in your conclusions вы делаете слишком поспешные выводы

**befoul** [bɪ'faul] *v* пачкать; осквернять

**befriend** [bɪ'frend] *v* относиться дружески; помогать

**befringe** [bɪ'frɪndʒ] *v* отделывать бахромой, окаймлять

**befuddle** [bɪ'fʌdl] *v* одурманивать

**beg** [beg] *v* 1) просить, умолять (of — *кого-л.*; for — *о чём-л.*); to ~ leave просить разрешения; to ~ pardon просить извинения, прощения 2) нищенствовать; просить подаяния 3) служить, стоять на задних лапах (*о собаке*) 4) (*в официальном обращении, в письме*): to ~ to do smth. взять на себя смелость, позволить себе что-л. сделать; I ~ to differ позволю себе не согласиться; I ~ to enclose при сём прилагаю; we ~ to inform you извещаем вас ▭ ~ **off** отпроситься; to ~ smb. off добиться чьего-л. прощения, смягчения наказания ◇ to ~ the question считать спорный вопрос решённым, не требующим доказательств

**begad** [bɪ'gæd] *int разг.* клянусь небом!

**began** [bɪ'gæn] *past от* begin

**beget** [bɪˈget] *v* (begot; begotten) 1) рождáть, производи́ть 2) порождáть

**begetter** [bɪˈgetə] *n* 1) *редк.* отéц 2) породи́вший; винóвник; вдохнови́тель

**beggar** [ˈbegə] **1.** *n* 1) ни́щий 2) *шутл.* пáрень, мáлый; плути́шка; insolent ~ нахáл; poor ~ бедня́га; dull ~ скýчный, нýдный человéк; занýда; stubborn ~ упря́мец; little ~s малыши́ (*о детях и животных*) ◊ ~s must (*или* should) be no choosers *посл.* беднякáм не прихóдится выбирáть; the ~ may sing before the thief *посл.* ≅ гóлый разбóя не бои́тся; a ~ on horseback вы́скочка; set a ~ on horseback and he'll ride to the devil *посл.* ≅ посади́ свинью за стол, онá и нóги на стол; to know smth., smb. as well as a ~ knows his bag ≅ знать что-л., когó-л. как свои́ пять пáльцев

**2.** *v* 1) доводи́ть до нищеты́, разоря́ть; to ~ oneself разори́ться 2) превосходи́ть; it ~s all description э́то не поддаётся описáнию

**beggarly** [ˈbegəlɪ] **1.** *a* бéдный; ни́щенский; жáлкий; ~ hovel жáлкая лачýга

**2.** *adv* 1) ни́щенски 2) умоля́юще

**beggary** [ˈbegərɪ] *n* 1) крáйняя нуждá; нищетá 2) ни́щенство 3) *собир.* ни́щие

**begging** [ˈbegɪŋ] **1.** *pres. p. от* beg

**2.** *n* ни́щенство; to go (a) ~ а) ни́щенствовать; б) не имéть спрóса, ры́нка; в) быть вакáнтным (*о должности*)

**3.** *a* ни́щенствующий; вымáливающий подая́ние; to proffer a ~ bowl ≅ пускáть шáпку по крýгу

**begin** [bɪˈgɪn] *v* (began; begun) начинáть(ся); she began weeping (*или* to weep) онá заплáкала; to ~ at the beginning начинáть с сáмого начáла; to ~ at the wrong end начинáть не с тогó концá; to ~ on (*или* upon) smth. а) брáться за что-л.; б) брать начáло от чегó-л.; to ~ over начинáть сы́знова ◊ well begun is half done *посл.* ≅ хорóшее начáло полдéла откачáло; to ~ with прéжде всегó, во-пéрвых

**beginner** [bɪˈgɪnə] *n* 1) тот, кто начинáет 2) новичóк; начинáющий

**beginning** [bɪˈgɪnɪŋ] **1.** *pres. p. от* begin

**2.** *n* 1) начáло; since the ~ of time с незапáмятных времён 2) тóчка отправлéния 3) истóчник; происхождéние 4) *pl* истóки, начáльная стáдия ◊ a good ~ is half the battle, a good ~ makes a good ending *посл.* ≅ хорóшее начáло полдéла откачáло; a bad ~ makes a bad eding *посл.* ≅ что посéешь, то и пожнёшь; in every ~ think of the end *посл.* начинáя дéло, ду́май о концé

**begird** [bɪˈgə:d] *v* (begirt) опоя́сывать; окружáть

**begirt** [bɪˈgə:t] *past и p. p. от* begird

**begone** [bɪˈgɔn] *int* убирáйся!, прочь!

**begot** [bɪˈgɔt] *past от* beget

**begotten** [bɪˈgɔtn] *p. p. от* beget

**begrime** [bɪˈgraɪm] *v* пáчкать, покрывáть сáжей, кóпотью; ~d with dust запылённый

**begrudge** [bɪˈgrʌdʒ] *v* 1) зави́довать 2) жалéть (*что-л.*), скупи́ться

**beguile** [bɪˈgaɪl] *v* 1) обмáнывать; to ~ a man into doing smth. обмáном застáвить когó-л. сдéлать что-л. 2) занимáть, развлекáть 3) отвлекáть *чьё-л.* внимáние 4) коротáть, проводи́ть врéмя

**begum** [ˈbeɪgəm] *n* бегýма (*знатная дама в Индии*)

**begun** [bɪˈgʌn] *p. p. от* begin

**behalf** [bɪˈhɑ:f] *n*: on (*или* in) ~ of в интерéсах когó-л.; от и́мени когó-л.; on my (his, her) ~ в мои́х (егó, её) интерéсах; от моегó (егó, её) и́мени; on ~ of my friends от и́мени мои́х друзéй

**behave** [bɪˈheɪv] *v* 1) поступáть, вести́ себя́; to ~ oneself вести́ себя́ как слéдует; ~ yourself! веди́те себя́ прили́чно! 2) рабóтать (*о машине*)

**behaviour** [bɪˈheɪvjə] *n* 1) поведéние, манéры; to be on one's best ~ старáться вести́ себя́ как мóжно лýчше; to put smb. on his good ~ дать человéку возмóжность испрáвиться 2) *тех.* режи́м (*работы*)

**behaviourism** [bɪˈheɪvjərɪzm] *n* *психол.* бихевиори́зм

**behead** [bɪˈhed] *v* отрубáть гóлову, обезглáвливать

**beheading** [bɪˈhedɪŋ] **1.** *pres. p. от* behead

**2.** *n* отсечéние головы́

**beheld** [bɪˈheld] *past и p. p. от* behold 1

**behemoth** [bɪˈhi:mɔθ] *n* *библ.* бегемóт; *перен.* чýдище

**behest** [bɪˈhest] *n* *поэт.* приказáние, повелéние; завéт

**behind** [bɪˈhaɪnd] **1.** *adv* сзáди, позади́; пóсле; to leave ~ а) остáвить пóсле себя́; б) остáвить позади́, превзойти́; в) оставля́ть, забывáть; I've left the magazines ~ я забы́л (принести́) журнáлы; to be ~ запáздывать; to fall ~ отставáть

**2.** *prep* 1) за, сзáди, позади́; пóсле; ~ the house за дóмом, позади́ дóма; ~ the back за спинóй, тайкóм; ~ the scenes за кули́сами; ~ time с опоздáнием; ~ the times отстáлый; устарéлый; there is more ~ it тут чтó-то ещё крóется 2) ни́же (*по качеству и т. п.*); he is ~ other boys of his class он отстаёт от свои́х одноклáссников (*по успехам, развитию*)

**3.** *n* *разг.* зад

**behindhand** [bɪˈhaɪndhænd] **1.** *a* *predic.* 1) отстáлый; запоздáвший; he is ~ in his schoolwork он отстаёт в заня́тиях 2) задолжáвший, в долгý; he is ~ with his rent он задолжáл за кварти́ру

**2.** *adv* зáдним числóм

**behold** [bɪˈhəuld] **1.** *v* (beheld) 1) ви́деть, замечáть 2) смотрéть, созерцáть

**2.** *int* смотри́!, вот!

**beholden** [bɪˈhəuldən] *a* *predic.* обя́занный, признáтельный (to — *кому-л.*, for — за *что-л.*)

**beholder** [bɪˈhəuldə] *n* зри́тель; очеви́дец

**behoof** [bɪˈhu:f] *n* пóльза, вы́года, интерéс (*употр. тк. в выражении*: in, on *или* for my, your, his *etc.* ~)

**behoove, behove** [bɪˈhu:v, bɪˈhəuv] *v* слéдовать, надлежáть; it ~s you to go вам слéдует пойти́

**beige** [beɪʒ] *фр.* *n* 1) цвет беж 2) *уст.* матéрия из некрáшеной шéрсти

**be-in** [ˈbi:ˈɪn] *n* прáздник с гуля́ньем; сбóрище (*обычно у хиппи*)

**being** [ˈbi:ɪŋ] **1.** *pres. p. от* be; ~ that так как

**2.** *n* 1) бытиé, существовáние, жизнь; social ~ determines consciousness *филос.* бытиé определя́ет сознáние; in ~ живýщий; существýющий; to call into ~ вы́звать к жи́зни, создáть 2) существó, человéк; human ~s лю́ди 3) существó, суть; плоть и кровь; to the very roots of one's ~ до мóзга костéй

**3.** *a* существýющий, настоя́щий; for the time ~ а) в дáнное врéмя; б) на нéкоторое врéмя

**belabour** [bɪˈleɪbə] *v* *разг.* бить, колоти́ть; мордовáть

**belaid** [bɪˈleɪd] *past и p. p. от* belay 1

**belated** [bɪˈleɪtɪd] *a* 1) запоздáлый, пóздний 2) засти́гнутый нóчью, темнотóй

**belaud** [bɪˈlɔ:d] *v* восхваля́ть, превозноси́ть

**belay** [bɪˈleɪ] **1.** *v* (belayed [-d], belaid) *мор.* заводи́ть (*снасть, швартов на кнехт*)

**2.** *int* *разг.* стоп!, довóльно!

**belch** [beltʃ] **1.** *n* 1) отры́жка 2) столб (*огня, дыма*)

**2.** *v* 1) ры́гать 2) изрыгáть (*ругательства*; *тж.* ~ forth, ~ out) 3) извергáть (*лаву*); выбрáсывать (*огонь, дым*)

**belcher** [ˈbeltʃə] *n* пёстрый платóк *или* шарф

**beldam(e)** [ˈbeldəm] *n* стáрая каргá, вéдьма

**beleaguer** [bɪˈli:gə] *v* осаждáть

**belfry** [ˈbelfrɪ] *n* колокóльня; бáшня

**Belgian** [ˈbeldʒən] **1.** *a* бельги́йский

**2.** *n* бельги́ец; бельги́йка

**Belial** [ˈbi:ljəl] *n* дья́вол; дух зла; a man of ~ нечести́вец; негодя́й

**belie** [bɪˈlaɪ] *v* 1) оболгáть, оклеветáть 2) давáть невéрное представлéние (*о чём-л.*) 3) изобличáть 4) опровергáть; противорéчить; his acts ~ his words делá егó расхóдятся со словáми 5) не оправдывать (*надежд*)

**belief** [bɪˈli:f] *n* 1) вéра; довéрие (in); beyond ~ невероя́тно; it staggers ~ э́тому трýдно повéрить 2) убеждéние, мнéние; to the best of my ~ наскóлько мне извéстно 3) вéрование

**believable** [bɪ'li:vəbl] *a* вероя́тный, правдоподо́бный

**believe** [bɪ'li:v] *v* 1) ве́рить; we soon ~ what we desire мы охо́тно принима́ем жела́емое за действи́тельное; ~ it or not хоти́те ве́рьте, хоти́те нет 2) доверя́ть; I ~ you я вам ве́рю, доверя́ю; I ~ in you я в вас ве́рю 3) придава́ть большо́е значе́ние; I ~ in early rising я счита́ю о́чень поле́зным вstава́ть ра́но 4) ду́мать, полага́ть; I ~ so ка́жется, так; по-мо́ему, так; да (*в ответе*); I ~ not ду́маю, что нет; едва́ ли ◇ you'd better ~ it *амер. разг.* мо́жете быть уве́рены; to make ~ де́лать вид, притворя́ться

**believer** [bɪ'li:və] *n* 1) ве́рующий; true ~ правове́рный 2) сторо́нник, защи́тник; a firm ~ in smth. твёрдый сторо́нник чего́-л.

**belike** [bɪ'laɪk] *adv уст.* вероя́тно, быть мо́жет

**belittle** [bɪ'lɪtl] *v* умаля́ть, преуменьша́ть, принижа́ть

**bell** I [bel] 1. *n* 1) ко́локол; колоко́льчик 2) звоно́к; бубе́нчик 3) растру́б, расшире́ние 4) *бот.* ча́шечка цветка́; колоко́льчик (*форма цветка*) 5) *мор.* ры́нда (*колокол*); скля́нка; to strike the ~s бить скля́нки 6) *геол.* ку́пол; нави́сшая поро́да 7) ко́нус (*домны*) ◇ to bear the ~ быть вожако́м, пе́рвенствовать; to bear (*или* to carry) away the ~ получи́ть на состяза́нии приз; to lose the ~ потерпе́ть пораже́ние в состяза́нии; to bear the cap and ~s разы́грывать роль шута́; ~, book and candle *ист.* отлуче́ние от це́ркви; by (*или* with) ~, book and candle *разг.* оконча́тельно, бесповоро́тно; to ring the ~ *разг.* име́ть успе́х; торжествова́ть побе́ду; to ring one's own ~ занима́ться саморекла́мой

2. *v* снабжа́ть колокола́ми, колоко́льчиками ◇ to ~ the cat брать на себя́ отве́тственность в риско́ванном предприя́тии

**bell** II [bel] 1. *n* крик, рёв оле́ня (*во время течки у самок*)

2. *v* крича́ть, мыча́ть

**belladonna** [,belə'dɔnə] *n бот., фарм.* краса́вка, белладо́нна

**bell-bottomed** ['bel'bɔtəmd] *a* расклешённый; ~ trousers брю́ки клёш

**bell-boy** ['belbɔɪ] *n* коридо́рный, посы́льный (*в гостинице*)

**bell-buoy** ['belbɔɪ] *n мор.* ба́кен с ко́локолом

**belle** [bel] *n* краса́вица; the ~ of the ball цари́ца ба́ла

**belled** I [beld] 1. *p. p. от* bell I, 2

2. *a* 1) снабжённый *или* уве́шанный колокола́ми 2) расши́ренный, име́ющий растру́б, с растру́бом 3) име́ющий фо́рму колоко́льчика (*о цветке*)

**belled** II [beld] *p. p. от* bell II, 2

**belles-lettres** ['bel'letr] *фр. n pl* худо́жественная литерату́ра, беллетри́стика

**bell-flower** ['bel,flauə] *n бот.* колоко́льчик

**bell-glass** ['belglɑ:s] *n* стекля́нный колпа́к

**bell-hop** ['belhɔp] *амер.* = bell-boy

**bellicose** ['belɪkəus] *a* 1) вои́нственный; агресси́вный 2) драчли́вый

**bellicosity** [,belɪ'kɔsɪtɪ] *n* 1) вои́нственность; агресси́вность 2) драчли́вость

**belligerency** [bɪ'lɪdʒərənsɪ] *n* состоя́ние войны́

**belligerent** [bɪ'lɪdʒərənt] 1. *n* вою́ющая сторона́

2. *a* 1) находя́щийся в состоя́нии войны́; ~ powers вою́ющие держа́вы 2) вои́нственный

**bellman** ['belmən] *n ист.* глаша́тай

**bellow** ['beləu] 1. *n* 1) мыча́ние, рёв (*животных*) 2) рёв, вопль

2 *v* 1) мыча́ть, реве́ть (*о животных*); ора́ть 2) бушева́ть, рыча́ть (*от боли*)

**bellows** ['beləuz] *n pl* воздуходу́вные мехи́, кузне́чные мехи́; a pair of ~ ручны́е мехи́

**bell-punch** ['belpʌntʃ] *n* компо́стер (*кондуктора автобусов и трамваев*)

**bell-push** ['belpuʃ] *n* кно́пка звонка́

**bell-ringer** ['bel,rɪŋə] *n* 1) звона́рь 2) *амер. разг.* ме́лкий политика́н

**bell-tent** ['beltent] *n* кру́глая пала́тка

**bell-wether** ['bel,weðə] *n* бара́н-вожа́к с бубе́нчиком (*в стаде*); *перен.* вожа́к

**belly** ['belɪ] 1. *n* 1) живо́т, брю́хо 2) желу́док 3) ве́рхняя де́ка стру́нного инструме́нта 4) *геол.* утолще́ние пласта́ 5) *мор.* «пу́зо» па́руса ◇ the ~ has no ears, hungry bellies have no ears *посл.* ≅ соловья́ ба́снями не ко́рмят; when the ~ is full, the bones would be at rest *посл.* ≅ по сы́тому брю́ху хоть о́бухом

2. *v* надува́ть(ся) (*обыкн.* ~ out); sails ~ out паруса́ напо́лнены ве́тром

**belly-ache** ['belɪeɪk] 1. *n разг.* боль в животе́

2. *v sl.* ворча́ть, жа́ловаться, хны́кать

**belly-band** ['belɪbænd] *n* подпру́га

**belly-button** ['belɪ,bʌtn] *n разг.* пупо́к

**bellyful** ['belɪful] *n разг.* доста́точное коли́чество (*чего-л.*); сы́тость; пресыще́ние; to get (*или* to have) a ~ of smth. пресы́титься чем-л.

**belly-land** ['belɪlænd] *v ав. разг.* производи́ть поса́дку на фюзеля́ж

**belly-landing** ['belɪ,lændɪŋ] 1. *pres. p. от* belly-land

2. *n ав. разг.* поса́дка с у́бранным шасси́, поса́дка на фюзеля́ж

**belly-pinched** ['belɪpɪntʃt] *a* изголода́вшийся

**belong** [bɪ'lɔŋ] *v* 1) принадлежа́ть (to) 2) относи́ться (to — к *чему-л.*); быть свя́занным (to, with, among — с *кем-л., чем-л.*) 3) быть ро́дом из; происходи́ть; I ~ here а) я ро́дом из э́тих мест; б) моё ме́сто здесь 4) *разг.* быть ча́стью гру́ппы, быть «свои́м»; he felt he did not ~ он чу́вствовал себя́ посторо́нним 5) находи́ться, помеща́ться; the book ~s on that shelf э́та кни́га с той по́лки □ ~ **together** гармони́ровать, подходи́ть друг к дру́гу

**belonging** [bɪ'lɔŋɪŋ] *n* 1) прича́стность, принадле́жность 2) *pl* принадле́жности; ве́щи, пожи́тки 3) *pl* пристро́йки, слу́жбы

**beloved** [bɪ'lʌvd] 1. *a* возлю́бленный, люби́мый

2. *n* возлю́бленный, люби́мый (*человек*); возлю́бленная, люби́мая

**below** [bɪ'ləu] 1. *adv* ни́же, внизу́; as it will be said ~ как бу́дет ска́зано ни́же

2. *prep* 1) ни́же, под; ~ zero ни́же нуля́ 2) ни́же (*о качестве, положении и т. п.*); to be ~ smb. in intelligence быть ни́же кого́-л. по у́мственному разви́тию; ~ the average ни́же сре́днего; ~ par *фин.* ни́же номина́ла; *перен.* нева́жно; I feel ~ par я себя́ пло́хо чу́вствую

**belt** [belt] 1. *n* 1) по́яс, реме́нь; портупе́я 2) по́яс, зо́на; shelter ~ полезащи́тная лесна́я полоса́ 3) у́зкий проли́в 4) *тех.* ле́нта конве́йера 5) *тех.* приводно́й реме́нь (*тж.* driving ~) 6) *воен.* патро́нная ле́нта 7) *мор.* бронево́й по́яс 8) *архит.* обло́м ◇ ~ of fire *воен.* огнева́я заве́са; to hit (*или* to strike, to tackle) below the ~ а) *спорт.* нанести́ уда́р ни́же по́яса; б) нанести́ преда́тельский уда́р; to hold the ~ быть чемпио́ном по бо́ксу

2. *v* 1) подпоя́сывать; опоя́сывать 2) поро́ть ремнём 3) *sl.* гнать, шпа́рить вовсю́ (*обыкн.* ~ out); the ensemble ~ed the music out in dance tempo музыка́нты вовсю́ шпа́рили танцева́льную му́зыку

**beltane** ['belteɪn] *n ист.* ке́льтский пра́здник костро́в (*1-го мая старого стиля*)

**belted** ['beltɪd] 1. *p. p. от* belt 2

2. *a* 1) опоя́санный 2) име́ющий ремённый приво́д

**belting** ['beltɪŋ] 1. *pres. p. от* belt 2

2. *n* 1) ремённая переда́ча, приводно́й реме́нь 2) по́рка (ремнём) 3) материа́л для изготовле́ния ремне́й

**belt-line** ['beltlaɪn] *n амер.* кольцева́я ли́ния метро́, трамва́я *и т. п.*

**belt-saw** ['beltsɔ:] *n* ле́нточная пила́

**belvedere** ['belvɪdɪə] *n архит.* бельведе́р

**bemoan** [bɪ'məun] *v* опла́кивать

**bemuse** [bɪ'mju:z] *v* ошеломля́ть; смуща́ть

**ben** [ben] *n шотл.* втора́я ко́мната в небольшо́м двухко́мнатном до́ме; far ~ во вну́тренних поко́ях; but and ~ пе́рвая и втора́я ко́мнаты, *т. е.* весь дом [*ср.* but II] ◇ to be far ~ with smb. быть в бли́зких отноше́ниях с кем-л.

**bench** [bentʃ] 1. *n* 1) скамья́ 2) ме́сто (*в парламенте*) 3) ме́сто судьи́; суд; *собир.* су́дьи; to be raised to the ~ получи́ть ме́сто судьи́ 4) верста́к; стано́к 5) *геол.* терра́са, усту́п 6) *стр.* карни́з 7) *мор.* ба́нка 8) вы́ставка (*собак*)

2. *v* демонстри́ровать на вы́ставке (*преим. собак*)

**bencher** [ˈbentʃə] *n* 1) старшина́ юриди́ческой корпора́ции 2) *уст.* судья́; о́л(ь)дермен

**bench-mark** [ˈbentʃmɑ:k] *n* 1) отме́тка у́ровня, отме́тка высоты́ 2) исхо́дный пункт 3) *attr.*: ~ data исхо́дные да́нные

**bench-show** [ˈbentʃʃəu] *n* вы́ставка живо́тных (*преим. собак*)

**bench-vice** [ˈbentʃvaɪs] *n* *тех.* верста́чные тиски́

**bench-warmer** [ˈbentʃ,wɔ:mə] *n* *разг.* 1) бездо́мный безрабо́тный 2) запасно́й игро́к

**bench-warrant** [ˈbentʃ,wɔ:rənt] *n* *юр.* распоряже́ние суда́

**bend** [bend] **1.** *n* 1) сгиб, изги́б 2) изги́б доро́ги; излу́чина реки́ 3) *мор.* у́зел; *pl* шпанго́уты 4) *тех.* коле́но; отво́д 5) (the ~s) *pl* *разг.* кессо́нная боле́знь ◇ above one's ~ *амер.* не по си́лам, не по спосо́бностям; on the ~ нече́стным путём

2. *v* (bent) 1) сгиба́ть(ся); гну́ть(-ся), изгиба́ть(ся); trees ~ before the wind дере́вья гну́тся от ве́тра; to ~ the knee преклоня́ть коле́на; моли́ться; to ~ one's neck гнуть ше́ю, покоря́ться 2) напряга́ть (*мысли, внимание и т. п.*; to) 3) направля́ть (*взоры, шаги и т. п.*) 4) покоря́ть(ся); to ~ to submission подчиня́ть, покоря́ть 5) вяза́ть, привя́зывать (*трос, паруса*) ◇ to ~ one's brows хму́рить бро́ви; to be bent on smth. устремля́ть свои́ по́мыслы на что-л.; стреми́ться к чему́-л.

**bended** [ˈbendɪd] *a* со́гнутый; on one's ~ knees коленопреклонённо

**bender** [ˈbendə] *n* 1) клёщи 2) кутёж, попо́йка; to go on a ~ кути́ть, загуля́ть; to be on a ~ быть пья́ным 3) *разг.* шестипе́нсовик

**beneath** [bɪˈni:θ] **1.** *adv* внизу́

2. *prep* под, ни́же; ~ our (very) eyes (пря́мо) на на́ших глаза́х; ~ criticism ни́же вся́кой кри́тики; to be ~ notice (contempt) не заслу́живать внима́ния (да́же презре́ния); to marry ~ one вступи́ть в нера́вный брак

**benedick, benedict** [ˈbenɪdɪk, -t] *n* новобра́чный, измени́вший своему́ наме́рению никогда́ не жени́ться (*по имени героя комедии Шекспира «Много шума из ничего»*)

**Benedictine** *n* 1) [,benɪˈdɪktɪn] бенедикти́нец (*монах*) 2) [,benɪˈdɪkti:n] ликёр бенедикти́н

**benediction** [,benɪˈdɪkʃən] *n* благослове́ние

**benedictory** [,benɪˈdɪktərɪ] *a* благословля́ющий

**benefaction** [,benɪˈfækʃən] *n* 1) благодея́ние, ми́лость 2) поже́ртвование

**benefactor** [ˈbenɪfæktə] *n* 1) благоде́тель 2) же́ртвователь

**benefactress** [ˈbenɪfæktrɪs] *n* 1) благоде́тельница 2) же́ртвовательница

**benefication** [,benɪfɪˈkeɪʃən] *n* *горн.* обогаще́ние

**benefice** [ˈbenɪfɪs] *n* бенефи́ция, прихо́д

**beneficence** [bɪˈnefɪsəns] *n* 1) благотвори́тельность 2) благодея́ние

**beneficent** [bɪˈnefɪsənt] *a* благоде́тельный; благотво́рный

**beneficial** [,benɪˈfɪʃəl] *a* 1) благотво́рный 2) целе́бный 3) вы́годный, поле́зный; mutually ~ взаимовы́годный

**beneficiary** [,benɪˈfɪʃərɪ] *n* 1) *ист.* владе́лец бенефи́ции *или* фео́да 2) лицо́, по́льзующееся поже́ртвованиями *или* благодея́ниями 3) лицо́, получа́ющее пе́нсию, страхову́ю пре́мию *или* посо́бие, ре́нту *и т. п.* 4) глава́ церко́вного прихо́да

**benefit** [ˈbenɪfɪt] **1.** *n* 1) вы́года; по́льза; при́быль; to the ~ на бла́го; to be denied the ~s не по́льзоваться преиму́ществами; for your special ~ ра́ди вас; to give smb. the ~ of one's experience (knowledge, *etc.*) подели́ться с кем-л. свои́м о́пытом (зна́ниями *и т. п.*); to reap the ~ of smth. пожина́ть плоды́ чего́-л. 2) *театр.* бенефи́с (*тж.* ~ performance) 3) пе́нсия, (страхово́е) посо́бие; cash ~ де́нежное посо́бие; ~ in kind нату́ральное посо́бие; unemployment ~ посо́бие по безрабо́тице; sickness ~ посо́бие по боле́зни ◇ to give smb. the ~ of the doubt оправда́ть кого́-л. за недоста́точностью ули́к; ~ of clergy *ист.* неподсу́дность духове́нства све́тскому суду́; with ~ of clergy освящённый це́рковью; to take the ~ *амер.* объяви́ть себя́ банкро́том (*эллиптически вм.* to take the ~ of the bankruptcy laws)

2. *v* 1) помога́ть, приноси́ть по́льзу 2) извлека́ть по́льзу, вы́году (by — из *чего-л.*)

**benefit-society** [ˈbenɪfɪtsəˈsaɪətɪ] *n* о́бщество *или* ка́сса взаимопо́мощи

**benevolence** [bɪˈnevələns] *n* 1) благожела́тельность 2) ще́дрость, благотвори́тельность 3) *ист.* побо́ры с населе́ния под ви́дом доброво́льного приноше́ния

**benevolent** [bɪˈnevələnt] *a* 1) благожела́тельный 2) благотвори́тельный 3) великоду́шный

**Bengal** [beŋˈgɔ:l] *a* бенга́льский; ~ tiger бенга́льский тигр

**Bengalee** [beŋˈgɔ:lɪ] = Bengali

**Bengali** [beŋˈgɔ:lɪ] **1.** *n* 1) бенга́лец; бенга́лка 2) бенга́льский язы́к

2. *a* бенга́льский

**Bengal light** [ˈbeŋgɔ:lˈlaɪt] *n* бенга́льский ого́нь

**benighted** [bɪˈnaɪtɪd] *a* 1) засти́гнутый но́чью 2) погружённый во мрак (*невежества и т. п.*)

**benign** [bɪˈnaɪn] *a* 1) до́брый, ми́лостивый 2) мя́гкий (*о климате*); плодоно́сный (*о почве*) 3) *мед.* в лёгкой фо́рме (*о болезни*); доброка́чественный (*об опухоли*)

**benignant** [bɪˈnɪgnənt] = benign

**benignity** [bɪˈnɪgnɪtɪ] *n* доброта́

**Benjamin** [ˈbendʒəmɪn] *n* мла́дший сын, люби́мый ребёнок, ба́ловень; ~'s mess изря́дная до́ля

**bent** I [bent] **1.** *n* 1) скло́нность, накло́нность; to follow one's ~ сле́довать своему́ влече́нию, свои́м вку́сам; to the top of one's ~ вво́лю, вдо́воль 2) *редк.* изги́б; склон холма́ 3) *стр.* ра́мный усто́й

2. *a* 1) изо́гнутый; ~ lever коле́нчатый рыча́г 2) *разг.* бесче́стный

**bent** II [bent] *n* 1) *бот.* полеви́ца (*тж.* ~ grass) 2) луг, по́ле ◇ to flee (*или* to go, to take) to the ~ удра́ть (*спасаясь от опасности, кредиторов*)

**bent** III [bent] *past и p. p. от* bend 2

**Benthamism** [ˈbentəmɪzm] *n* уче́ние Бента́ма, утилитари́зм

**Benthamite** [ˈbentəmaɪt] *n* утилитари́ст

**benthos** [ˈbenθɔs] *n* бе́нтос (*флора и фауна морского дна*)

**benumb** [bɪˈnʌm] *в* 1) приводи́ть в оцепене́ние 2) притупля́ть (*чувства*); парализова́ть (*энергию*)

**benumbed** [bɪˈnʌmd] **1.** *p. p. от* benumb

2. *a* 1) окочене́вший от хо́лода 2) притупле́нный (*о чувствах*); оцепене́лый

**benzedrine** [ˈbenzədri:n] *n* бензедри́н, фенами́н (*стимулирующее средство*)

**benzene** [ˈbenzi:n] *n* бензо́л

**benzine** [ˈbenzi:n] **1.** *n* бензи́н

2. *v* чи́стить бензи́ном

**benzol(e)** [ˈbenzɔl] *n* бензо́л

**benzyl** [ˈbenzɪl] *n* *хим.* бензи́л

**bepuzzle** [bɪˈpʌzl] *v* озада́чивать, вызыва́ть замеша́тельство

**bequeath** [bɪˈkwi:ð] *v* 1) завеща́ть (*движимость*) 2) передава́ть пото́мству

**bequest** [bɪˈkwest] *n* 1) насле́дство; посме́ртный дар 2) оставле́ние насле́дства

**berate** [bɪˈreɪt] *v* руга́ть, брани́ть

**Berber** [ˈbə:bə] **1.** *n* бербе́р

2. *a* бербе́рский

**berber(r)y** [ˈbə:bərɪ] *n* *бот.* барбари́с

**bereave** [bɪˈri:v] *v* (bereaved [-d], bereft) лиша́ть, отнима́ть (of); an accident bereft the father of his child в результа́те несча́стного слу́чая оте́ц лиши́лся ребёнка

**bereavement** [bɪˈri:vmənt] *n* тяжёлая утра́та

**bereft** [bɪˈreft] *past и p. p. от* bereave

**beret** [ˈbereɪ] *n* бере́т

**berg** [bə:g] *n* а́йсберг, ледяна́я гора́

**berhyme** [bɪˈraɪm] *v* воспева́ть в стиха́х

**beriberi** [ˈberɪˈberɪ] *n* бе́ри-бе́ри, авитамино́з

**berime** [bɪˈraɪm] = berhyme

**Berlin** [bə:ˈlɪn] **1.** *n* 1) стари́нная доро́жная каре́та 2) *авто* берли́н (*тип кузова*); [*см. тж.* *Список географических названий*]

2. *a*: ~ iron ко́вкое желе́зо; ~ wool вяза́льная шерсть

**bernicle goose** [ˈbə:nɪklgu:s] = barnacle II, 1

**berry** [ˈberɪ] **1.** *n* 1) я́года 2) икри́нка, зёрнышко икры́ 3) зерно́ (*кофе,*

*пшени́цы и т. п.*) 4) мяси́стый плод (*помидо́р, бана́н и т. п.*)
2. *v* 1) приноси́ть я́годы 2) собира́ть я́годы

**berserk(er)** [bə(:)'sə:k(ə)] **1.** *n* 1) *ист.* берсе́ркер, древнескандина́вский ви́тязь; неустраши́мый, неи́стовый во́ин 2) неи́стовый челове́к
2. *a* бе́шеный, неи́стовый; to go ~ сходи́ть с ума́; ~ fury бе́шенство, я́рость

**berth** I [bə:θ] **1.** *n* 1) ко́йка (*на пароходе и т. п.*); спа́льное ме́сто (*в ж.-д. вагоне, самолёте*); ме́сто (*в дилижансе и т. п.*) 2) *мор.* я́корное ме́сто; прича́л; ме́сто у прича́ла; building ~ ста́пель; covered ~ э́ллинг 3) ме́сто, до́лжность; a good ~ вы́годная до́лжность ◇ to give a wide ~ to обходи́ть (*что-л.*), избега́ть (*кого-л., что-л.*)
2. *v* 1) ста́вить (*судно*) на я́корь 2) предоставля́ть спа́льное ме́сто, ко́йку 3) предоставля́ть ме́сто, до́лжность

**berth** II [bə:θ] *v* покрыва́ть *или* обшива́ть доска́ми

**bertha** ['bə:θə] *n* бе́рта, кружевно́й воротни́к

**berthing** ['bə:θɪŋ] **1.** *pres. p. от* berth I, 2
2. *n мор.* 1) постано́вка к прича́лу 2) ме́сто стоя́нки су́дна

**beryl** ['berɪl] *n мин.* бери́лл

**beryllium** [be'rɪljəm] *n хим.* бери́ллий

**beseech** [bɪ'si:tʃ] *v* (besought) проси́ть, умоля́ть, упра́шивать

**beseeching** [bɪ'si:tʃɪŋ] **1.** *pres. p. от* beseech
2. *a* моля́щий (*о взгляде, тоне*)

**beseem** [bɪ'si:m] *v книжн.* прили́чествовать, подоба́ть; it ill ~s you to complain вам не подоба́ет жа́ловаться

**beset** [bɪ'set] *v* (beset) 1) окружа́ть; осажда́ть (*тж. перен.*); to ~ with questions осажда́ть вопро́сами 2) занима́ть, прегражда́ть (*дорогу*) 3) украша́ть (*орнаментом*)

**besetting** [bɪ'setɪŋ] **1.** *pres. p. от* beset
2. *a* постоя́нно пресле́дующий; ~ sin преоблада́ющий поро́к, гла́вное искуше́ние

**beside** [bɪ'saɪd] *prep* 1) ря́дом с; о́коло, близ; ~ the river у реки́ 2) по сравне́нию с; she seems dull ~ her sister по сравне́нию со свое́й сестро́й она́ ка́жется неинтере́сной 3) ми́мо; ~ the mark, ~ the question ми́мо це́ли, некста́ти, не по существу́; ~ the purpose нецелесообра́зно 4) *редк.* кро́ме, поми́мо ◇ ~ oneself вне себя́

**besides** [bɪ'saɪdz] **1.** *adv* кро́ме того́, сверх того́
2. *prep* кро́ме

**besiege** [bɪ'si:dʒ] *v* 1) *воен.* осажда́ть; обложи́ть, окружи́ть 2) осажда́ть (*просьбами, вопросами*)

**besieger** [bɪ'si:dʒə] *n* осажда́ющая сторона́

**beslaver** [bɪ'slævə] *v* 1) заслюня́вить, замусо́лить 2) чрезме́рно льстить

**beslobber** [bɪ'slɔbə] = beslaver

**besmear** [bɪ'smɪə] *v* 1) па́чкать, мара́ть; заса́ливать 2) поро́чить

**besmirch** [bɪ'smə:tʃ] *v* 1) па́чкать 2) черни́ть, поро́чить; пятна́ть

**besom** ['bi:zəm] **1.** *n* 1) метла́, ве́ник 2) *шотл. разг.* черто́вка, карга́ ◇ to jump the ~ пожени́ться без бра́чного обря́да [*см. тж.* to marry over the broom-stick]
2. *v* мести́ (*тж.* ~ away, ~out)

**besot** [bɪ'sɔt] *v* 1) опьяня́ть, кружи́ть го́лову 2) одурма́нивать, оглупля́ть

**besotted** [bɪ'sɔtɪd] **1.** *p. p. от* besot
2. *a* одурма́ненный (*спиртными напитками, наркотиками и т. п.*)

**besought** [bɪ'sɔ:t] *past и p. p. от* beseech

**bespangle** [bɪ'spæŋgl] *v* осыпа́ть блёстками; the ~d sky усе́янное звёздами не́бо

**bespatter** [bɪ'spætə] *v* 1) забры́згивать гря́зью 2) черни́ть, поро́чить

**bespeak** [bɪ'spi:k] *v* (bespoke; bespoke, bespoken) 1) зака́зывать зара́нее; заруча́ться (*чем-л.*) 2) огова́ривать, обусло́вливать 3) обнару́живать, пока́зывать 4) *поэт.* обраща́ться (*к кому-л.*)

**bespectacled** [bɪ'spektəkld] *a* нося́щий очки́, в очка́х

**bespoke** [bɪ'spəuk] **1.** *past и p. p. от* bespeak
2. *a* сде́ланный на зака́з

**bespoken** [bɪ'spəukən] *p. p. от* bespeak

**bespread** [bɪ'spred] *v* (bespread) устила́ть, покрыва́ть

**besprent** [bɪ'sprent] *a поэт.* 1) обры́зганный 2) усы́панный

**besprinkle** [bɪ'sprɪŋkl] *v* кропи́ть, обры́згивать; осыпа́ть

**Bessemer** ['besɪmə] *a*: ~ process *метал.* бессеме́ровский проце́сс

**best** [best] **1.** *a* (*превосх. ст. от* good 1) 1) лу́чший 2) бо́льший; the ~ part of the week бо́льшая часть неде́ли 3) *усиливает значение существительного*: ~ liar отъя́вленный лжец; ~ thrashing здоро́вая по́рка
2. *n* что-л. са́мое лу́чшее, вы́сшая сте́пень (*чего-л.*); at ~ в лу́чшем слу́чае; to do one's ~ (*или* one's level ~) а) сде́лать всё от себя́ зави́сящее; б) прояви́ть ма́ксимум эне́ргии; if the ~ happened в лу́чшем слу́чае ◇ Sunday ~ пра́здничное пла́тье; *шутл.* лу́чшее пла́тье *или* костю́м; bad is the ~ впереди́ ничего́ хоро́шего не бу́дет; to be at one's ~ быть на высоте́; быть в уда́ре; to get (*или* to have) the ~ of it победи́ть, взять верх (*в споре и т. п.*); to give ~ призна́ть превосхо́дство (*кого-л.*), быть побеждённым; to have the ~ of the bargain быть в наибо́лее вы́годном положе́нии; to make the ~ of smth. а) испо́льзовать что-л. наилу́чшим о́бразом; б) мири́ться с чем-л.; to make the ~ of it (*или* of a bad bargain, business, job) му́жественно переноси́ть затрудне́ния, несча́стье; не унывать в беде́; to make the ~ of one's way идти́ как мо́жно скоре́е, спеши́ть; to send one's ~ передава́ть, посыла́ть приве́т; all the ~ всего́ хоро́шего; to the ~ of one's ability по ме́ре сил, спосо́бностей; to the ~ of my belief наско́лько мне изве́стно; the ~ is the enemy of the good *посл.* лу́чшее — враг хоро́шего; if you cannot have the ~, make the ~ of what you have *посл.* е́сли не име́ешь лу́чшего, испо́льзуй наилу́чшим о́бразом то, что име́ешь
3. *adv* (*превосх. ст. от* well II, 1) лу́чше всего́; бо́льше всего́; the ~ hated man са́мый ненави́стный челове́к; you had ~ confess вам лу́чше всего́ созна́ться; he is ~ forgotten о нём лу́чше не вспомина́ть
4. *v разг.* взять верх (*над кем-л.*); провести́, перехитри́ть

**bestead** I [bɪ'sted] *v книжн.* (besteaded [-ɪd]; bested, bestead) помога́ть; быть поле́зным

**bestead** II [bɪ'sted] *a уст.* окружённый; ~ by enemies (with dangers) окружённый врага́ми (опа́сностями); ill (well) ~ в тяжёлом (хоро́шем) положе́нии

**bested** I [bɪ'sted] = bestead II

**bested** II [bɪ'sted] *p. p. от* bestead I

**best girl** ['best'gə:l] *n разг.* возлю́бленная; неве́ста

**bestial** ['bestjəl] *a* ско́тский, живо́тный; гру́бый; чу́вственный; развра́тный

**bestiality** [ˌbestɪ'ælɪtɪ] *n* ско́тство *и пр.* [*см.* bestial]

**bestir** [bɪ'stə:] *v* встряхну́ться; энерги́чно взя́ться; ~ yourself! пошеве́ливайся!

**best man** ['best'mæn] *n* ша́фер

**bestow** [bɪ'stəu] *v* 1) дава́ть, дарова́ть, награжда́ть (on, upon); to ~ honours воздава́ть по́чести 2) *разг.* приюти́ть 3) помеща́ть

**bestowal** [bɪ'stəuəl] *n* дар; награжде́ние

**bestrew** [bɪ'stru:] *v* (bestrewed [-d]; bestrewed, bestrewn) 1) усыпа́ть 2) разбра́сывать

**bestrewn** [bɪ'stru:n] *p. p. от* bestrew

**bestridden** [bɪ'strɪdn] *p. p. от* bestride

**bestride** [bɪ'straɪd] *v* (bestrode; bestridden) 1) сади́ться *или* сиде́ть верхо́м 2) стоя́ть, расста́вив но́ги 3) переки́нуться (*о мосте, радуге*) 4) защища́ть

**bestrode** [bɪ'strəud] *past от* bestride

**best seller** ['best'selə] *n* 1) хо́дкая кни́га; бестсе́ллер 2) а́втор хо́дкой кни́ги

**bet** [bet] **1.** *n* 1) пари́; even ~ пари́ с ра́вными ша́нсами; to make a ~ заключи́ть пари́; to win a ~ вы́играть пари́; to lay a ~ on smth. держа́ть пари́ на что-л. 2) челове́к, предме́т *и т. п.*, по по́воду кото́рого заключа́ется пари́ 3) ста́вка (*в пари*) ◇ one's best ~ ≅ де́ло ве́рное, вы́игрышное
2. *v* (bet, betted [-ɪd]) держа́ть пари́, би́ться об закла́д; to ~ on (against) держа́ть пари́ за (про́тив) ◇ you ~! коне́чно!; ещё бы!; бу́дьте уве́рены!; to ~ one's shirt рискова́ть

всем; I'll ~ my life (*или* my bottom dollar, a cookie, my boots, my hat) ≅ даю́ го́лову на отсече́ние

**beta** [ˈbiːtə] *n* бе́та (*вторая буква греческого алфавита*) ◇ ~ plus немно́го лу́чше второ́го со́рта

**betake** [bɪˈteɪk] *v* (betook; betaken) *refl.* 1) прибега́ть (to — к *чему-л.*) 2) отправля́ться (to) ◇ to ~ oneself to one's heels удира́ть, улепётывать

**betaken** [bɪˈteɪkən] *p. p. от* betake

**beta-particle** [ˈbiːtəˈpɑːtɪkl] *n физ.* бе́та-части́ца

**beta rays** [ˈbiːtəreɪz] *n pl физ.* бе́та-лучи́; бе́та-излуче́ние

**betatron** [ˈbiːtətrɔn] *n физ.* бетатро́н

**betel** [ˈbiːtəl] *n бот.* бе́тель

**bethel** [ˈbeθəl] *n* секта́нтская моле́льня (*в Англии*)

**bethink** [bɪˈθɪŋk] *v* (bethought) *refl.* вспо́мнить, поду́мать (of); заду́мать (to)

**bethought** [bɪˈθɔːt] *past и p. p. от* bethink

**betid** [bɪˈtɪd] *past и p. p. от* betide

**betide** [bɪˈtaɪd] *v* (betid) (*тк. сосл. накл. 3 л. ед. ч.*) постига́ть, случа́ться; whatever ~ что бы ни случи́лось; woe ~ him who... го́ре тому́, кто...

**betimes** [bɪˈtaɪmz] *adv* 1) своевре́менно 2) ра́но 3) бы́стро

**betoken** [bɪˈtəukən] *v* 1) означа́ть 2) предвеща́ть

**betook** [bɪˈtuk] *past от* betake

**betray** [bɪˈtreɪ] *v* 1) предава́ть, изменя́ть 2) выдава́ть; his voice ~ed him го́лос его́ вы́дал 3) не опра́вдывать (*надежд, доверия*); подводи́ть 4) обма́нывать, соблазня́ть

**betrayal** [bɪˈtreɪəl] *n* преда́тельство, изме́на; ~ of trust злоупотребле́ние дове́рием

**betrayer** [bɪˈtreɪə] *n* преда́тель, изме́нник

**betroth** [bɪˈtrəuð] *v* обручи́ть, помо́лвить

**betrothal** [bɪˈtrəuðəl] *n* помо́лвка, обруче́ние

**betrothed** [bɪˈtrəuðd] 1. *p. p. от* betroth

2. *a* обручённый, помо́лвленный

**better** I [ˈbetə] *n* держа́щий пари́ [*см.* bet 2]

**better** II [ˈbetə] 1. *a* (*сравн. ст. от* good 1) 1) лу́чший 2) *predic.* чу́вствующий себя́ лу́чше; I am ~ я чу́вствую себя́ лу́чше; мне лу́чше ◇ the ~ part большинство́; the ~ half *разг.* дража́йшая полови́на, жена́; to be ~ off быть бога́че; to be ~ than one's word сде́лать бо́льше обе́щанного; for ~ for worse что́ бы ни случи́лось; на го́ре и ра́дость; the ~ hand преиму́щество, переве́с, превосхо́дство; no ~ than a fool про́сто дура́к

2. *n*: one's ~s а) вышестоя́щие ли́ца; б) бо́лее компете́нтные *или* осведомлённые лю́ди ◇ to get the ~ of smb. получи́ть преиму́щество над кем-л., взять верх, победи́ть

3. *adv* (*сравн. ст. от* well II, 1) лу́чше; бо́льше; to think ~ of smth. перемени́ть мне́ние о чём-л.; переду́мать ◇ all the ~, so much the ~ тем лу́чше; never ~ *разг.* как нельзя́ лу́чше; you'd be all the ~ (for) вам не меша́ло бы...; none the ~ (for) ничу́ть не лу́чше; you had ~ go вам бы лу́чше пойти́; you'd ~ believe it *амер. разг.* мо́жете быть уве́рены; twice as long and ~ бо́лее чем вдвое́ длинне́е; I know ~ меня́ не проведёшь

4. *v* 1) улучша́ть(ся); поправля́ть(-ся); исправля́ть(ся); to ~ oneself получи́ть повыше́ние (по слу́жбе) 2) превзойти́, превы́сить

**betterment** [ˈbetəmənt] *n* 1) улучше́ние, исправле́ние 2) мелиора́ция

**betting** [ˈbetɪŋ] 1. *pres. p. от* bet 2

2. *n* пари́

**bettor** [ˈbetə] = better I

**between** [bɪˈtwiːn] 1. *prep* ме́жду ◇ ~ the cup and the lip a morsel may slip *посл.* ≅ не ра́дуйся ра́ньше вре́мени; ~ the devil and the deep sea в безвы́ходном положе́нии; ме́жду двух огне́й; ~ hay and grass ни то ни сё; ни ры́ба ни мя́со; ~ ourselves, ~ you and me (and the bedpost) ме́жду на́ми, конфиденциа́льно; ~ times, ~ whiles в промежу́тках; ~ this and then на досу́ге; ме́жду де́лом; ~ wind and water в наибо́лее уязви́мом ме́сте

2. *adv* ме́жду ◇ visits are few and far ~ посеще́ния ре́дки

**betwixt** [bɪˈtwɪkst] *уст., поэт. см.* between; ~ and between ни то ни сё

**bevel** [ˈbevəl] 1. *n тех.* 1) скос; заостре́ние; накло́н, обре́з; фа́ска 2) ко́нус

2. *a* 1) косо́й; косоуго́льный 2) кони́ческий

3. *v* 1) ска́шивать; обтёсывать; снима́ть фа́ску 2) криви́ться, коси́ться

**bevel-gear** [ˈbevəlgɪə] *n тех.* кони́ческая зубча́тая *или* фрикцио́нная переда́ча

**bevel pinion** [ˈbevəlpɪnjən] *n тех.* кони́ческая шестерня́

**beverage** [ˈbevərɪdʒ] *n* напи́ток

**bevy** [ˈbevɪ] *n* 1) ста́я (*птиц*); ста́до (*косуль*) 2) о́бщество, собра́ние (*преим. женщин*)

**bewail** [bɪˈweɪl] *v* опла́кивать, скорбе́ть

**beware** [bɪˈwɛə] *v* бере́чься, остерега́ться (*обыкн. в imp. с* of); ~ of dogs! остерега́йтесь соба́к!; ~ lest you provoke him смотри́те, не раздража́йте его́

**bewilder** [bɪˈwɪldə] *v* смуща́ть, ста́вить в тупи́к; сбива́ть с то́лку

**bewilderment** [bɪˈwɪldəmənt] *n* 1) смуще́ние; замеша́тельство; недоуме́ние 2) пу́таница

**bewitch** [bɪˈwɪtʃ] *v* 1) заколдо́вывать 2) очаро́вывать

**bewitching** [bɪˈwɪtʃɪŋ] 1. *pres. p. от* bewitch

2. *a* очарова́тельный, чару́ющий

**bewitchment** [bɪˈwɪtʃmənt] *n* 1) колдовство́ 2) очарова́ние, ча́ры

**bewray** [bɪˈreɪ] *v уст.* нево́льно выдава́ть

**bey** [beɪ] *тур. n* бей

**beyond** [bɪˈjɔnd] 1. *adv* вдали́; на расстоя́нии

2. *prep* 1) за; по ту сто́рону 2) по́зже; по́сле; ~ the appointed hour по́зже назна́ченного ча́са 3) вне; сверх, вы́ше; ~ reach вне досяга́емости; ~ belief невероя́тно; ~ compare вне вся́кого сравне́ния; ~ doubt бесспо́рно; ~ hope безнадёжно; ~ measure чрезме́рно; ~ one's depth сли́шком тру́дно; it is ~ me э́то вы́ше моего́ понима́ния

3. *n* (the ~) загро́бная жизнь ◇ the back of ~ са́мый отдалённый уголо́к ми́ра, глушь

**bezant** [ˈbezənt] *n* 1) византи́н (*золотая византийская монета*) 2) *архит.* орна́мент в ви́де ря́да ди́сков

**bezel** [ˈbezl] *n* 1) ско́шенное ле́звие стаме́ски 2) гнездо́ (*камня в перстне или в часах*) 3) фасе́т 4) желобо́к, в кото́рый вправля́ется стекло́ часо́в

**bhang** [bæŋ] = bang III

**bi-** [baɪ-] *pref* дву(х)-; *напр.*: bicameral двухпала́тный; bi-monthly а) выходя́щий раз в два ме́сяца; б) выходя́щий два ра́за в ме́сяц

**bias** [ˈbaɪəs] 1. *n* 1) укло́н, накло́н, скло́н, пока́тость 2) коса́я ли́ния в тка́ни; to cut on the ~ кро́ить по косо́й ли́нии 3) предубежде́ние (against — про́тив *кого-л.*); пристра́стие (in favour of, towards — в по́льзу *кого-л.*); предвзя́тость, необъекти́вность 4) *радио* смеще́ние

2. *v* склоня́ть; ока́зывать влия́ние (*обыкн. плохое*); настра́ивать

3. *adv* ко́со, по диагона́ли

**bias(s)ed** [ˈbaɪəst] 1. *p. p. от* bias 2

2. *a* пристра́стный, лицеприя́тный, тенденцио́зный; to be ~ against smb. име́ть предубежде́ние про́тив кого́-л.

**bib** I [bɪb] *n* 1) де́тский нагру́дник 2) ве́рхняя часть фа́ртука ◇ best ~ and tucker лу́чшее пла́тье

**bib** II [bɪb] *v разг.* пья́нствовать

**bibb** [bɪb] *n* затво́р; заты́чка, про́бка, кран

**bibber** [ˈbɪbə] *n* пья́ница

**bibcock, bib-cock** [ˈbɪbkɔk] *n* кран

**bibelot** [ˈbɪbləu] *фр. n* 1) брело́к, безделу́шка 2) кни́га миниатю́рного форма́та

**Bible** [ˈbaɪbl] *n* би́блия

**biblical** [ˈbɪblɪkəl] *a* библе́йский

**bibliofilm** [ˈbɪblɪəufɪlm] *n* микрофи́льм

**bibliographer** [ˌbɪblɪˈɔgrəfə] *n* библио́граф

**bibliographic(al)** [ˌbɪblɪəuˈgræfɪk(əl)] *a* библиографи́ческий

**bibliography** [ˌbɪblɪˈɔgrəfɪ] *n* библиогра́фия

**bibliolater** [ˌbɪblɪˈɔlətə] *n* 1) книголю́б 2) буквали́ст в истолкова́нии би́блии

**bibliomania** [ˌbɪblɪəuˈmeɪnjə] *n* библиома́ния

**bibliomaniac** [ˌbɪblɪəuˈmeɪnɪæk] *n* библиома́н

**bibliophile** [ˈbɪblɪəufaɪl] *n* библиофи́л, книголю́б

**bibliopole** [ˈbɪblɪəupəul] *n* букини́ст

**bibulous** [ˈbɪbjuləs] *a* 1) впи́тывающий вла́гу 2) пья́нствующий
**bicameral** [baɪˈkæmərəl] *a* двухпала́тный
**bicarbonate** [baɪˈkɑːbənɪt] *a* *хим.* двууглеки́слый
**bice** [baɪs] *n* бле́дно-си́няя кра́ска *или* -ний цвет
**bicentenary** [ˌbaɪsenˈtiːnərɪ] **1.** *n* двухсотле́тняя годовщи́на, двухсотле́тие
2. *a* двухсотле́тний
**bicentennial** [ˌbaɪsenˈtenjəl] **1.** *a* двухсотле́тний; повторя́ющийся ка́ждые 200 лет
2. *n* двухсотле́тняя годовщи́на, двухсотле́тие
**bicephalous** [baɪˈsefələs] *a* двугла́вый
**biceps** [ˈbaɪseps] *n* *анат.* би́цепс, двугла́вая мы́шца
**bichloride** [ˈbaɪˈklɔːraɪd] *n* *хим.* двухло́ристое соедине́ние; ~ of mercury сулема́
**bichromate** [ˈbaɪˈkrəumɪt] *n* *хим.* соль двухро́мовой кислоты́
**bicker** [ˈbɪkə] **1.** *n* 1) перебра́нка 2) потасо́вка 3) журча́ние, лёгкий шум
2. *v* 1) спо́рить, препира́ться 2) дра́ться 3) журча́ть (*о воде*); стуча́ть (*о дожде*) 4) колыха́ться (*о пламени*)
**biconcave** [baɪˈkɔnkeɪv] *a* *опт.* двояково́гнутый
**biconvex** [baɪˈkɔnveks] *a* *опт.* двояковы́пуклый
**bicuspid** [baɪˈkʌspɪd] *анат.* **1.** *n* оди́н из ма́лых коренны́х зубо́в
2. *a* 1) двузу́бчатый 2) двуство́рчатый (*клапан*)
**bicycle** [ˈbaɪsɪkl] **1.** *n* велосипе́д
2. *v* е́здить на велосипе́де
**bicycler** [ˈbaɪsɪklə] *амер.* = bicyclist
**bicycling** [ˈbaɪsɪklɪŋ] **1.** *pres. p. от* bicycle 2
2. *n* езда́ на велосипе́де
**bicyclist** [ˈbaɪsɪklɪst] *n* велосипеди́ст
**bid** [bɪd] **1.** *n* 1) предложе́ние цены́ (*обыкн. на аукционе*); зая́вка (*на торгах*) 2) предлага́емая цена́ 3) *разг.* приглаше́ние 4) прете́нзия, домога́тельство; to make ~s for smth. претендова́ть на что-л., домога́ться чего́-л.
2. *v* (bad(e), bid; bidden, bid) 1) предлага́ть це́ну (*обыкн. на аукционе*; for) 2) *уст.* прика́зывать; do as you are ~den де́лай(те), как веля́т, как прика́зано 3) *уст.* проси́ть 4) *уст.* приглаша́ть (*гостей*) □ ~ **against,** ~ **up** набавля́ть це́ну ◇ to ~ fair сули́ть, обеща́ть, каза́ться вероя́тным, предвеща́ть; to ~ farewell (*или* good-bye) проща́ться; to ~ welcome приве́тствовать
**biddable** [ˈbɪdəbl] *a* послу́шный
**bidden** [ˈbɪdn] *p. p. от* bid 2
**bidder** [ˈbɪdə] *n* выступа́ющий на торга́х покупа́тель; покупщи́к; the highest (*или* the best) ~ лицо́, предложи́вшее наивы́сшую це́ну (*на торгах*)
**bidding** [ˈbɪdɪŋ] **1.** *pres. p. от* bid 2
2. *n* 1) предложе́ние цены́ 2) торги́ 3) приказа́ние; at smb.'s ~ по чьему́-либо тре́бованию, приказа́нию *и т. п.* 4) приглаше́ние, призы́в
**bide** [baɪd] *v* (bode, bided) *уст.* = abide; to ~ one's time ждать благоприя́тного слу́чая, выжида́ть
**biennial** [baɪˈenɪəl] **1.** *a* 1) двухле́тний, двухгоди́чный 2) случа́ющийся раз в два го́да
2. *n* двухле́тнее расте́ние
**bier** [bɪə] *n* 1) похоро́нные дро́ги *или* носи́лки 2) *перен.* моги́ла, смерть 3) гроб
**biff** [bɪf] *разг.* **1.** *n* си́льный уда́р
2. *v* ударя́ть
**biffin** [ˈbɪfɪn] *n* тёмно-кра́сное я́блоко для пече́ния *или* ва́рки
**bifid** [ˈbaɪfɪd] *a* разделённый на́двое; расщеплённый
**bifocal** [ˈbaɪfəukəl] **1.** *a* бифока́льный, двухфо́кусный
2. *n pl* бифока́льные очки́
**bifoliate** [ˈbaɪˈfəulɪɪt] *a* двули́стный
**bifurcate** **1.** *a* [ˈbaɪfəːkɪt] раздвоенный
2. *v* [ˈbaɪfəːkeɪt] раздва́ивать(ся), разветвля́ть(ся)
**bifurcation** [ˌbaɪfəːˈkeɪʃən] *n* раздвое́ние, разветвле́ние; бифурка́ция
**big** I [bɪg] **1.** *a* 1) большо́й, кру́пный; ~ repair капита́льный ремо́нт 2) высо́кий; широ́кий 3) гро́мкий; ~ noise а) си́льный шум; *перен.* хвастовство́; б) *амер. sl.* хозя́ин, шеф 4) взро́слый 5) бере́менная (*тж.* ~ with child) 6) разду́тый; напо́лненный (with); ~ with news по́лный новосте́й 7) ва́жный, значи́тельный; to look ~ принима́ть ва́жный вид 8) хвастли́вый; ~ talk хвастовство́; ~ mouth *амер.* хвастли́вый болту́н 9) великоду́шный; that's ~ of you э́то великоду́шно с ва́шей стороны́ ◇ ~ business кру́пный капита́л; *собир.* промы́шленные и ба́нковые магна́ты; ~ money де́нежные тузы́; ~ head *амер.* самомне́ние, ва́жничанье; ~ stick «больша́я дуби́нка»; ~ brass вы́сшие офице́ры, большо́е нача́льство; ~ bug (*или* shot) ва́жная персо́на, «ши́шка»; too ~ for one's boots *разг.* самонаде́янный
2. *adv* *разг.* хвастли́во, с ва́жным ви́дом
**big** II [bɪg] = bigg
**bigamist** [ˈbɪgəmɪst] *n* двоежёнец; двуму́жница
**bigamy** [ˈbɪgəmɪ] *n* бига́мия; двоеже́нство; двоему́жие
**Big Ben** [ˈbɪgˈben] *n* Большо́й Бен (*часы на здании английского парламента*)
**bigg** [bɪg] *n* *с.-х.* четырёхря́дный ячме́нь
**biggin** [ˈbɪgɪn] *n* капюшо́н
**big-horn** [ˈbɪghɔːn] *n* сне́жный бара́н, чубу́к
**bight** [baɪt] *n* 1) бу́хта 2) излу́чина (*реки*) 3) *мор.* шлаг (тро́са), бу́хта тро́са
**bigness** [ˈbɪgnɪs] *n* величина́, высота́ *и пр.* [*см.* big I, 1]
**bigot** [ˈbɪgət] *n* 1) слепо́й приве́рженец 2) изуве́р, фана́тик
**bigoted** [ˈbɪgətɪd] *a* фанати́ческий; нетерпи́мый
**bigotry** [ˈbɪgətrɪ] *n* слепа́я приве́рженность (*чему-л.*); фанати́зм
**big time** [ˈbɪgˈtaɪm] *n* *разг.* успе́х
**big-time** [ˈbɪgtaɪm] *a* *разг.* 1) по́льзующийся шу́мным успе́хом; ~ comedian знамени́тый коми́ческий актёр 2) выдаю́щийся, из ря́да вон выходя́щий; ~ operator матёрый жу́лик
**big top** [ˈbɪgˈtɔp] *n* *разг.* 1) ку́пол ци́рка 2) цирк
**big tree** [ˈbɪgtriː] *n* *амер. бот.* секво́йя
**bigwig** [ˈbɪgwɪg] *n* *sl.* ва́жная персо́на, «ши́шка»
**bijou** [ˈbiːʒuː] *фр.* **1.** *n* (*pl* -oux) безделу́шка; драгоце́нная вещь
2. *a* ма́ленький и изя́щный
**bijouterie** [bɪˈʒuːtəriː] *фр.* *n* 1) ювели́рные изде́лия 2) бижуте́рия
**bijoux** [ˈbiːʒuːz] *pl от* bijou
**bike** [baɪk] *сокр. разг. от* bicycle
**bikini** [bɪˈkiːnɪ] *n* бики́ни (*женский купальный костюм*)
**bilabial** [baɪˈleɪbjəl] *a* *фон.* билабиа́льный
**bilabiate** [baɪˈleɪbɪɪt] *a* *бот.* двугу́бый
**bilateral** [baɪˈlætərəl] *a* двусторо́нний
**bilberry** [ˈbɪlbərɪ] *n* черни́ка
**bilbo** [ˈbɪlbəu] *n* 1) (bilboes) *pl* ножны́е кандалы́ 2) (*pl* -os [-əuz]) *ист.* испа́нский клино́к
**bile** [baɪl] *n* 1) жёлчь 2) раздражи́тельность; жёлчность
**bile-duct** [ˈbaɪldʌkt] *n* *анат.* жёлчный прото́к
**bilge** [bɪldʒ] **1.** *n* 1) дни́ще (*судна*); скула́ 2) трю́мная вода́ (*тж.* ~ water) 3) сре́дняя, наибо́лее широ́кая часть бо́чки 4) *разг.* ерунда́, чепуха́ 5) *тех.* стрела́ проги́ба 6) *attr.* трю́мный; ~ pump трю́мная по́мпа
2. *v* проби́ть дни́ще
**biliary** [ˈbɪljərɪ] *a* 1) относя́щийся к пе́чени 2) = bilious 2)
**bilingual** [baɪˈlɪŋgwəl] *a* 1) двуязы́чный 2) говоря́щий на двух языка́х
**bilious** [ˈbɪljəs] *a* 1) жёлчный 2) страда́ющий от разли́тия жёлчи 3) раздражи́тельный
**bilk** [bɪlk] **1.** *n* = bilker
2. *v* обма́нывать; уклоня́ться от упла́ты (*долгов*)
**bilker** [ˈbɪlkə] *n* жу́лик, моше́нник
**bill** I [bɪl] **1.** *n* 1) клюв 2) у́зкий мыс 3) козырёк (фура́жки) 4) носо́к я́коря
2. *v* 1) целова́ться клю́виками (*о голубях*) 2) не́жничать, ласка́ться (*особ.* to ~ and coo)
**bill** II [bɪl] **1.** *n* 1) законопрое́кт, билль; to pass (to throw out) the ~ приня́ть (отклони́ть) законопрое́кт 2) спи́сок; инвента́рь; докуме́нт; ~ of credit аккредити́в; ~ of entry тамо́женная деклара́ция; ~ of fare меню́; ~ of health каранти́нное свиде́тельство; ~ of lading накладна́я, коносаме́нт; ~ of parcels факту́ра; накладна́я; ~ of sale ку́пчая, заклад-

ная 3) програ́мма (*концерта и т. п.*) 4) счёт; padded ~s разду́тые счета́; ~ of costs счёт адвока́та (*или* пове́ренного) клие́нту за веде́ние де́ла; omnibus ~ счёт по ра́зным статья́м; to run up a ~ име́ть счёт (*у портного, в магазине и т. п.*) 5) ве́ксель, тра́тта (*тж.* ~ of exchange); short ~ краткосро́чная тра́тта 6) афи́ша; рекла́ма, рекла́мный листо́к 7) *амер.* банкно́т; a five dollar ~ биле́т в пять до́лларов 8) *юр.* иск; to find a true ~ передава́ть де́ло в суд; to ignore the ~ прекраща́ть де́ло ◇ B. of Rights а) *ист.* «Билль о права́х» (*в Англии*); б) пе́рвые де́сять попра́вок в конститу́ции США; G. I. Bill (of Rights) *амер.* льго́та для демобилизо́ванных; butcher's ~ *sl.* спи́сок уби́тых на войне́; to fill the ~ *амер.* удовлетворя́ть тре́бованиям; соотве́тствовать своему́ назначе́нию

2. *v* 1) объявля́ть в афи́шах 2) раскле́ивать афи́ши 3) *амер.* объявля́ть, обеща́ть 4) выпи́сывать накладну́ю, выдава́ть накладну́ю (to, for)

**bill** III [bɪl] *n* 1) *уст.* але6а́рда 2) садо́вые но́жницы 3) топо́р(ик), сека́ч

**billboard** ['bɪlbɔ:d] *n* доска́ для объявле́ний, афи́ш; рекла́мный щит

**bill-broker** ['bɪl,brəukə] *n* биржево́й ма́клер (*по векселям*)

**bill-discounter** ['bɪldɪs,kauntə] *n* дисконтёр

**billet** I ['bɪlɪt] 1. *n* 1) о́рдер на посто́й 2) помеще́ние для посто́я; to go into ~s расположи́ться на кварти́рах 3) размеще́ние по кварти́рам 4) *разг.* назначе́ние, ме́сто, до́лжность

2. *v* расквартиро́вывать (*войска*)

**billet** II ['bɪlɪt] *n* 1) поле́но, чурба́н; пла́шка 2) то́лстая па́лка 3) *метал.* загото́вка, би́ллет, суту́нка

**billet-doux** ['bɪleɪ'du:] *фр. n* любо́вное письмо́

**billfold** ['bɪlfəuld] *n* бума́жник

**billhead** ['bɪlhed] *n* бланк для факту́р, накладны́х *и т. п.*

**billhook** ['bɪlhuk] = bill III, 2)

**billiard** ['bɪljəd] *a* бильярдный; ~ cue кий; ~ room билья́рдная

**billiard-ball** ['bɪljədbɔ:l] *n* билья́рдный шар

**billiard-marker** ['bɪljəd,mɑ:kə] *n* маркёр

**billiards** ['bɪljədz] *n pl* билья́рд; to play ~ игра́ть в билья́рд

**billingsgate** ['bɪlɪŋzgɪt] *n* площадна́я брань (*по названию большого рыбного рынка в Лондоне*); to talk ~ руга́ться, как торго́вка на база́ре

**billion** ['bɪljən] *num. card., n* 1) биллио́н 2) *амер.* миллиа́рд

**billionaire** [,bɪljə'nɛə] *n амер.* миллиарде́р

**Bill Jim** ['bɪldʒɪm] *n* Билл Джим (*прозвище австралийского солдата*)

**billon** ['bɪlən] *n* биллон, низкопро́бное зо́лото *или* серебро́

**billot** ['bɪlət] *n* 1) сли́ток зо́лота *или* серебра́ (*предназначенный для чеканки монеты*) 2) брусо́к, полоса́

**billow** ['bɪləu] 1. *n* 1) больша́я волна́, вал 2) *перен.* лави́на 3) *поэт.* мо́ре

2. *v* вздыма́ться, волнова́ться

**billowy** ['bɪləuɪ] *a* 1) вздыма́ющийся (*о волнах*) 2) волни́стый, пересечённый (*о местности*)

**bill-poster** ['bɪl,pəustə] *n* раскле́йщик афи́ш

**bill-sticker** ['bɪl,stɪkə] = bill-poster

**billy** ['bɪlɪ] *n* 1) (полице́йская) дуби́нка 2) *диал.* това́рищ, прия́тель 3) *австрал.* похо́дный котело́к

**billyboy** ['bɪlɪbɔɪ] *n мор.* биллибо́й, кабота́жное па́русное су́дно

**billycock** ['bɪlɪkɔk] *n разг.* котело́к (*шляпа*)

**billy-goat** ['bɪlɪgəut] *n* козёл

**billy-(h)o** ['bɪlɪəu] *n*: like ~ кре́пко, си́льно, интенси́вно; it is raining like ~ идёт си́льный дождь

**biltong** ['bɪltɔŋ] *n* провя́ленное мя́со, наре́занное у́зкими поло́сками

**bimestrial** [baɪ'mestrɪəl] *a* 1) двухме́сячный 2) = bi-monthly 1

**bimetallic** [,baɪmɪ'tælɪk] *a* биметалли́ческий

**bimetallism** [baɪ'metəlɪzm] *n эк.* биметалли́зм

**bi-monthly** ['baɪ'mʌnθlɪ] 1. *a* 1) выходя́щий раз в два ме́сяца 2) выходя́щий два ра́за в ме́сяц

2. *adv* 1) раз в два ме́сяца 2) два ра́за в ме́сяц

3. *n* журна́л, выходя́щий раз в два ме́сяца

**bin** [bɪn] 1. *n* 1) за́кром, ларь; бу́нкер 2) му́сорное ведро́ 3) мешо́к *или* корзи́на для сбо́ра хме́ля

2. *v* храни́ть в закрома́х *и т. п.*

**binary** ['baɪnərɪ] *a* двойно́й, сдвоенный; бина́рный; ~ mixture *хим.* бина́рная смесь

**bind** [baɪnd] *v* (bound) 1) вяза́ть; свя́зывать 2) обшива́ть, обвя́зывать (*края*) 3) зажима́ть 4) привя́зывать 5) заде́рживать, ограни́чивать 6) переплета́ть (*книгу*) 7) обя́зывать; to ~ oneself взять на себя́ обяза́тельство, обяза́ться; to be bound to take an action быть вы́нужденным что-л предприня́ть *или* вы́ступить; to be bound to be defeated быть обречённым на пораже́ние 8) затвердева́ть (*о снеге, грязи, глине и т. п.*) 9) скрепля́ть; to ~ the loose sand закрепля́ть пески́ 10) вызыва́ть запо́р □ ~ **over** (*с inf.*) обя́зывать, свя́зывать обяза́тельством; to ~ over to appear обя́зывать яви́ться в суд; to ~ over to keep the peace обя́зывать соблюда́ть обще́ственное споко́йствие; ~ **up** а) перевя́зывать (*раны*); б) переплета́ть в о́бщий переплёт; в) свя́зывать; this problem is bound up with many others э́та пробле́ма свя́зана со мно́гими други́ми ◇ to be bound apprentice быть о́тданным в уче́ние (*ремеслу*)

**binder** ['baɪndə] *n* 1) переплётчик 2) свя́зующее вещество́ (*клей, цемент и т. п.*) 3) сноповяза́лка

**bindery** ['baɪndərɪ] *n* переплётная мастерска́я

**binding** ['baɪndɪŋ] 1. *pres. p. от* bind

2. *n* 1) переплёт 2) обши́вка; око́вка; связь 3) *эл.* сра́щивание (*проводов*) 4) *спорт.* крепле́ние (*лыжное*)

3. *a* 1) связу́ющий; вя́жущий; ~ power вя́жущая спосо́бность 2) ограничи́тельный, сде́рживающий 3) обя́зывающий; обяза́тельный; in a ~ form в фо́рме обяза́тельства

**bindweed** ['baɪndwi:d] *n бот.* вьюно́к

**bine** [baɪn] *n бот.* побе́г; сте́бель ползу́чего расте́ния (*особ. хмеля*)

**binge** [bɪndʒ] *n разг.* кутёж, вы́пивка; to have a ~, to go on the ~ кути́ть, пья́нствовать

**bingo** ['bɪŋgəu] *n* 1) би́нго (*игра типа лото*) 2) *sl.* бре́нди

**binnacle** ['bɪnəkl] *n мор.* накто́уз (*ящик для судового компаса*)

**binocular** [bɪ'nɔkjulə] *a* бинокуля́рный

**binoculars** [bɪ'nɔkjuləz] *n pl* бино́кль

**binomial** [baɪ'nəumjəl] 1. *n мат.* бино́м, двучле́н; B. theorem бино́м Нью́тона

2. *a мат* биномиа́льный, двучле́нный

**binominal** ['baɪ'nɔmɪnəl] *a* име́ющий два назва́ния; ~ nomenclature *зоол., бот.* систе́ма классифика́ции по ро́ду и ви́ду

**bint** [bɪnt] *n sl.* де́вушка

**biochemist** ['baɪəu'kemɪst] *n* биохи́мик

**biochemistry** ['baɪəu'kemɪstrɪ] *n* биохи́мия

**biogenesis** ['baɪəu'dʒenɪsɪs] *n* биогене́з

**biographer** [baɪ'ɔgrəfə] *n* био́граф

**biographic(al)** [,baɪəu'græfɪk(əl)] *a* биографи́ческий

**biography** [baɪ'ɔgrəfɪ] *n* биогра́фия

**biologic** [,baɪəu'lɔdʒɪk] = biological

**biological** [,baɪəu'lɔdʒɪkəl] *a* биологи́ческий; ~ warfare бактериологи́ческая война́

**biologist** [baɪ'ɔlədʒɪst] *n* био́лог

**biology** [baɪ'ɔlədʒɪ] *n* биоло́гия

**biolysis** [baɪ'ɔlɪsɪs] *n биол.* био́лизис, разруше́ние живы́х тка́ней под де́йствием органи́змов

**biometrics** [,baɪəu'metrɪks] *n pl* (*употр. как sing*) биоме́трия

**biometry** [baɪ'ɔmɪtrɪ] *n* = biometrics

**bionics** [baɪ'ɔnɪks] *n pl* (*употр. как sing*) био́ника

**bionomics** ['baɪəu'nɔmɪks] *n pl* (*употр как sing*) эколо́гия

**biophysics** ['baɪəu'fɪzɪks] *n pl* (*употр. как sing*) биофи́зика

**bioplasm, bioplast** ['baɪəuplæzm, 'baɪəuplæst] *n* биопла́зма, протопла́зма

**biopsy** ['baɪɔpsɪ] *n мед.* биопси́я

**biosphere** ['baɪəsfɪə] *n* биосфе́ра

**biosynthesis** [,baɪəu'sɪnθɪsɪs] *n* биоси́нтез

**biota** [baɪ'əutə] *n* фло́ра и фа́уна да́нного райо́на

**bipartisan** [baɪ,pɑ:tɪ'zæn] *a* двухпарти́йный

**bipartite** [baɪ'pɑ:taɪt] *a* 1) двусторо́нний (*о соглашении и т. п.*) 2) состоя́щий из двух часте́й 3) *бот.* разделённый на две ча́сти, двураздéльный

**biped** ['baɪped] **1.** *n* двуно́гое (живо́тное)

2. *a* = bipedal

**bipedal** ['baɪ,pedl] *a* двуно́гий

**biplane** ['baɪpleɪn] *n* бипла́н

**bipod** ['baɪpɔd] *n воен.* со́шка; двуно́га

**bipolar** ['baɪ'pəulə] *a эл.* двухпо́люсный

**biquadratic** [,baɪkwɔ'drætɪk] *мат.* **1.** *a* биквадра́тный

2. *n* биквадра́т; биквадра́тное уравне́ние

**birch** [bə:tʃ] **1.** *n* 1) берёза 2) ро́зга 3) *attr.* берёзовый

2. *v* сечь ро́згой

**birchen** ['bə:tʃən] *a* берёзовый; сде́ланный из берёзы

**birch-rod** ['bə:tʃrɔd] = birch 1, 2)

**bird** [bə:d] *n* 1) пти́ца; пта́шка 2) *разг.* па́рень, челове́к; a gay (queer) ~ весельча́к (чуда́к) ◇ ~ of Jove орёл; ~ of Juno павли́н; to do smth. like a ~ де́лать что-л. охо́тно; to get the ~ а) быть уво́ленным; б) быть осви́станным; a ~ in the bush не́что нереа́льное; a ~ in the hand не́что реа́льное; a ~ in the hand is worth two in the bush *посл.* ≅ не сули́ журавля́ в не́бе, дай сини́цу в ру́ки; ~s of a feather ≅ одного́ по́ля я́года; оди́н друго́го сто́ит; ~s of a feather flock together *посл.* ≅ рыба́к рыбака́ ви́дит издалека́; an old ~ ≅ стре́ляный воробе́й; an old ~ is not caught with chaff *посл.* ста́рого воробья́ на мяки́не не проведёшь; (it is) the early ~ (that) catches the worm *посл.* ≅ кто ра́но встаёт, того́ уда́ча ждёт; to kill two ~s with one stone ≅ одни́м уда́ром уби́ть двух за́йцев; a little ~ told me ≅ слу́хом земля́ по́лнится; кто́-то мне сказа́л; to make a ~ (of) попа́сть (*в цель*), порази́ть; strictly for the ~s то́лько для несмышлёнышей; никуда́ не годи́тся

**bird-cage** ['bə:dkeɪdʒ] *n* кле́тка (*для птиц*)

**bird-call** ['bə:dkɔ:l] *n* 1) звук, издава́емый пти́цей 2) *охот.* ва́бик

**bird-dog** ['bə:ddɔg] *n* 1) соба́ка для охо́ты на пти́цу 2) *жарг.* аге́нт (*фирмы*), выполня́ющий зака́зы по поста́вке тех и́ли ины́х това́ров 3) *разг.* отбива́ющий (*возлю́бленную*)

**birder** ['bə:də] *n* птицело́в

**bird-fancier** ['bə:d,fænsɪə] *n* 1) люби́тель птиц, птицево́д 2) продаве́ц птиц

**birdie** ['bə:dɪ] *n* (*уменьш. от* bird) пти́чка, пта́шка

**bird-lime** ['bə:dlaɪm] *n* пти́чий клей

**bird-nest** ['bə:dnest] = bird's nest

**bird-nesting** ['bə:d,nestɪŋ] = bird's-nesting

**bird of paradise** ['bə:dəv'pærədaɪs] *n зоол.* ра́йская пти́ца

**bird of passage** ['bə:dəv'pæsɪdʒ] *n* перелётная пти́ца

**bird of prey** ['bə:dəv'preɪ] *n* хи́щная пти́ца

**bird-seed** ['bə:dsi:d] *n* пти́чий корм

**bird's-eye** ['bə:dzaɪ] *n бот.* первоцве́т (мучни́стый)

**bird's-eye view** ['bə:dzaɪ'vju:] *n* 1) вид с пти́чьего полёта 2) о́бщая перспекти́ва

**bird's nest** ['bə:dznest] *n* 1) пти́чье гнездо́ 2) ла́сточкино гнездо́ (*китайское ла́комство*)

**bird's-nesting** ['bə:dz,nestɪŋ] *n* охо́та за пти́чьими гнёздами

**Biro(pen)** ['baɪərəu(pen)] *n* ша́риковая ру́чка (*торговая марка*)

**birth** [bə:θ] *n* 1) рожде́ние; an artist by ~ худо́жник по призва́нию; to give ~ to роди́ть, произвести́ на свет [*ср. тж.* 3)]; new (*или* second) ~ второ́е рожде́ние; возрожде́ние 2) ро́ды; two at a ~ двойня 3) нача́ло, исто́чник; происхожде́ние; to give ~ to дать нача́ло (*чему-л.*) [*ср. тж.* 1)]

**birth-control** ['bə:θkən,trəul] *n* 1) регули́рование рожда́емости 2) противозача́точные ме́ры

**birthday** ['bə:θdeɪ] *n* 1) день рожде́ния 2) *attr.*: ~ cake торт ко дню рожде́ния; ~ party пра́зднование дня рожде́ния ◇ in one's ~ suit *шутл.* го́лый, в чём мать родила́

**birth-mark** ['bə:θmɑ:k] *n* ро́динка, роди́мое пятно́

**birth-pill** ['bə:θpɪl] *n* противозача́точная табле́тка (*тж.* the Pill)

**birth-place** ['bə:θpleɪs] *n* ме́сто рожде́ния, ро́дина

**birth-rate** ['bə:θreɪt] *n* рожда́емость; коэффицие́нт рожда́емости

**birthright** ['bə:θraɪt] *n* 1) пра́во перворо́дства 2) пра́во по рожде́нию (*в определённой семье и т. п.*)

**bis** [bɪs] *adv* ещё раз, втори́чно, бис

**biscuit** ['bɪskɪt] *n* 1) сухо́е пече́нье; ship's ~ суха́рь 2) бискви́тный, неглазиро́ванный фарфо́р 3) све́тло-кори́чневый цвет 4) *attr.* све́тло-кори́чневый

**bisect** [baɪ'sekt] *v* разреза́ть, дели́ть попола́м

**bisection** [baɪ'sekʃən] *n* деле́ние попола́м

**bisector** [baɪ'sektə] *n мат.* биссектри́са

**bisectrices** [,baɪsək'traɪsi:z] *pl от* bisectrix

**bisectrix** [baɪ'sektrɪks] *n* (*pl* -trices) = bisector

**bisexual** ['baɪ'seksjuəl] *a* двупо́лый

**bishop** ['bɪʃəp] *n* 1) епи́скоп 2) *шахм.* слон 3) би́шоп (*напиток из вина и фруктового сока*) ◇ the ~ has played the cook *букв.* епи́скоп был тут по́варом (*говорится о подгоревшем блюде*)

**bishopric** ['bɪʃəprɪk] *n* 1) сан епи́скопа 2) епа́рхия

**bisk** [bɪsk] = bisque II

**bismuth** ['bɪzməθ] *n хим.* ви́смут

**bison** ['baɪsn] *n* бизо́н

**bisque** I [bɪsk] = biscuit 2)

**bisque** II [bɪsk] *n* 1) ра́ковый суп 2) суп из пти́цы *или* кро́лика 3) тома́тный суп-пюре́

**bisque** III [bɪsk] *n* фо́ра (*в игре*)

**bissextile** [bɪ'sekstaɪl] **1.** *a* високо́сный; the ~ day 29-е февраля́

2. *n* високо́сный год

**bistort** ['bɪstɔ:t] *n бот.* горле́ц

**bistoury** ['bɪsturɪ] *n* бистури́ (*хирургический нож*)

**bistre** ['bɪstə] *n* бистр (*тёмно-коричневая краска*)

**bistro** ['bi:strəu] *фр. n* бистро́, заку́сочная

**bit** I [bɪt] *n* 1) кусо́чек; части́ца, небольшо́е коли́чество; a ~ немно́го; not a ~ ничу́ть; ~ by ~ постепе́нно; wait a ~ подожди́те мину́ту; he is a ~ of a coward он трусова́т 2) ме́лкая моне́та; short ~ *амер.* моне́та в 10 це́нтов; long ~ моне́та в 15 це́нтов; two ~s *амер.* моне́та в 25 це́нтов 3) *attr.*: ~ part эпизоди́ческая роль ◇ to give smb. a ~ of one's mind вы́сказаться напрями́к, открове́нно; to do one's ~ внести́ свою́ ле́пту; де́лать своё де́ло, исполня́ть свой долг; ~s and pieces оста́тки, обре́зки, хлам; to get a ~ on *разг.* быть навеселе́; he (she) is a ~ long in the tooth он (она́) уже́ не ребёнок; to take a ~ of doing тре́бовать затра́ты уси́лий

**bit** II [bɪt] **1.** *n* 1) удила́; мундшту́к; to draw ~ натяну́ть пово́дья, во́жжи; to take the ~ between one's teeth закуси́ть удила́ 2) ре́жущий край инструме́нта; ле́звие 3) бур; бура́в; зуби́ло 4) боро́дка (*ключа*)

2. *v* 1) взну́здывать 2) обу́здывать, сде́рживать

**bit** III [bɪt] *past и p. p. от* bite 2

**bit** IV [bɪt] *n* двои́чный знак (*в вычислительных машинах*)

**bitbrace** ['bɪtbreɪs] *n тех.* коловоро́т

**bitch** [bɪtʃ] **1.** *n* 1) су́ка 2) *в названиях животных означает самку*: ~ wolf волчи́ца 3) *груб.* су́ка

2. *v разг.* 1) жа́ловаться, скули́ть 2) по́ртить, па́костить 3) обма́нывать, обводи́ть вокру́г па́льца, облапо́шивать

**bitchy** ['bɪtʃɪ] *a разг.* 1) зло́бный 2) раздражи́тельный, озло́бленный 3) цини́чный, разну́зданный

**bite** [baɪt] **1.** *n* 1) уку́с 2) след уку́са 3) клёв (*рыбы*) 4) кусо́к (*пищи*); without ~ or sup не е́вши не пи́вши 5) за́втрак, лёгкая заку́ска; to have a ~ перекуси́ть, закуси́ть 6) острота́, е́дкость 7) травле́ние (*при гравировке*) 8) *мед.* при́ку́с 9) *тех.* зажа́тие, сцепле́ние

2. *v* (bit; bit, bitten) 1) куса́ть(ся); жа́лить 2) клева́ть (*о рыбе*) 3) коло́ть, руби́ть (*саблей*) 4) жечь (*о перце, горчице и т. п.*) 5) щипа́ть, куса́ть (*о морозе*) 6) трави́ть, разъеда́ть (*о кислотах*; *обыкн.* ~ in) 7) язви́ть, коло́ть 8) приня́ть, ухвати́ться (*за предложение*) 9) (*pass.*) попада́ться, поддава́ться обма́ну 10) *тех.* сцепля́ться; the wheels will not ~ колёса скользя́т; the brake will not ~ то́рмоз не берёт □ ~ **off** отку́сывать ◇

to ~ off more than one can chew взя́ться за непоси́льное де́ло; переоцени́ть свои́ си́лы; to ~ the dust (*или* the ground, the sand) а) быть уби́тым; б) па́дать ниц; быть пове́рженным во прах; быть побеждённым; to ~ one's thumb at smb. *уст.* вы́сказать своё презре́ние кому́-л.

**biter** [ˈbaɪtə] *n* 1) тот, кто куса́ет 2) куса́ющееся живо́тное ◇ the ~ bit ≅ попа́лся, кото́рый куса́лся

**biting** [ˈbaɪtɪŋ] 1. *pres. p. от* bite 2

2. *a* 1) о́стрый, е́дкий 2) язви́тельный, ре́зкий

**bitten** [ˈbɪtn] *p. p. от* bite 2; ◇ to be ~ with заже́чься (*чем-л.*); once ~ twice shy *посл.* ≅ обже́гшись на молоке́, бу́дешь дуть и на́ воду; пу́ганая воро́на (и) куста́ бои́тся

**bitter** [ˈbɪtə] 1. *a* 1) го́рький; ~ as gall (*или* wormwood) го́рький как полы́нь 2) го́рький, мучи́тельный 3) ре́зкий (*о словах*); е́дкий (*о замечании*) 4) ре́зкий, си́льный (*о ветре*) 5) ожесточённый; ~ enemy злейший враг ◇ that which is ~ to endure may be sweet to remember ≅ иногда́ быва́ет прия́тно вспо́мнить то, что бы́ло тяжело́ пережива́ть

2. *adv* 1) го́рько 2) ре́зко, жесто́ко 3) *употребляется для усиления прилагательного* о́чень, ужа́сно; it was ~ cold бы́ло о́чень хо́лодно

3. *n* 1) го́речь 2) го́рькое пи́во

**bitter earth** [ˈbɪtərə:θ] *n хим.* магне́зия

**bitter-ender** [ˈbɪtərˈendə] *n* не иду́щий на компроми́сс, сто́йкий, принципиа́льный челове́к

**bitterish** [ˈbɪtərɪʃ] *a* горькова́тый

**bitterly** [ˈbɪtəlɪ] *adv* го́рько *и пр.* [*см.* bitter 1]

**bittern** I [ˈbɪtə(:)n] *n зоол.* выпь

**bittern** II [ˈbɪtə(:)n] *n* ма́точный раство́р (*в солеварнях*)

**bitterness** [ˈbɪtənɪs] *n* го́речь *и пр.* [*см.* bitter 1]

**bitters** [ˈbɪtəz] *n pl* 1) го́рькая насто́йка 2) го́рькое лека́рство ◇ to get one's ~ *амер. ирон.* получи́ть по заслу́гам

**bitter salt** [ˈbɪtəsɔ:lt] *n мед.* го́рькая соль

**bitter-sweet** [ˈbɪtəswi:t] *a* горькова́то-сла́дкий

**bitumen** [ˈbɪtjumɪn] *n* биту́м; асфа́льт

**bituminous** [bɪˈtju:mɪnəs] *a* биту́мный, битумино́зный; ~ concrete биту́мный бето́н, асфальтобето́н

**bivalent** [ˈbaɪˌveɪlənt] *a* двухвале́нтный

**bivalve** [ˈbaɪvælv] *зоол.* 1. *n* двуство́рчатый моллю́ск

2. *a* двуство́рчатый

**bivouac** [ˈbɪvuæk] 1. *n* бива́к; to go into ~ располага́ться бива́ком

2. *v* располага́ться, стоя́ть бива́ком

**bivvy** [ˈbɪvɪ] *n* (*сокр. от* bivouac) *sl.* 1) бива́к 2) пала́тка

**bi-weekly** [ˈbaɪˈwi:klɪ] 1. *a* 1) выходя́щий раз в две неде́ли 2) выходя́щий два ра́за в неде́лю

2. *adv* 1) раз в две неде́ли 2) два ра́за в неде́лю

3. *n* журна́л (изда́ние), выходя́щий (-ее) раз в две неде́ли

**biz** [bɪz] *разг. см.* business

**bizarre** [bɪˈzɑ:] *фр. a* стра́нный, причу́дливый, эксцентри́чный

**blab** [blæb] 1. *n* 1) болту́н 2) болтовня́

2. *v* болта́ть (*о чём-л.*); разба́лтывать

**blabber** [ˈblæbə] *n* болту́н; сплётник

**black** [blæk] 1. *a* 1) чёрный; ~ character = black letter 2) тёмный 3) темноко́жий; сму́глый 4) мра́чный, уны́лый; безнадёжный; things look ~ положе́ние ка́жется безнадёжным 5) серди́тый злой; ~ looks злы́е взгля́ды; to look ~ вы́глядеть мра́чным, хму́риться 6) дурно́й; he is not so ~ as he is painted он не так плох, как его́ изобража́ют 7) гря́зный (*о руках, белье*) 8) злове́щий ◇ ~ as ink а) чёрный как са́жа; б) мра́чный, безра́достный; ~ art чёрная ма́гия; B. Belt чёрный по́яс, ю́жные райо́ны США, где преоблада́ет негритя́нское населе́ние; the B. Country чёрная страна́, каменноуго́льный и железообраба́тывающий райо́н Ста́ффордшира и Уо́рикшира; ~ as hell (*или* night, pitch, my hat) тьма кроме́шная; ~ as sin (*или* thunder, thundercloud) мрачне́е ту́чи; ~ and blue в синяка́х; to beat ~ and blue изби́ть до синяко́в, живо́го ме́ста не оста́вить; ~ and tan чёрный с ры́жими подпа́линами; B. and Tans *ист.* англи́йские кара́тельные отря́ды в Ирла́ндии по́сле пе́рвой миров́ой войны́, уча́ствовавшие в подавле́нии восста́ния шинфе́йнеров; ~ dog ≅ тоска́ зелёная; дурно́е настрое́ние, уны́ние; ~ gang *мор. жарг.* кочега́ры; ~ hand *sl.* ша́йка банди́тов; ~ in the face багро́вый (*от раздражения или напряжения*); to know ~ from white понима́ть что к чему́, быть себе́ на уме́; ~ hole ка́рцер

2. *n* 1) чёрный цвет, чернота́; to swear ~ is white называ́ть чёрное бе́лым, заве́домо говори́ть непра́вду 2) чёрная кра́ска, чернь; Berlin ~ чёрный лак для мета́лла 3) негр 4) чёрное пятно́ 5) пла́тье чёрного цве́та; тра́урное пла́тье

3. *v* 1) окра́шивать чёрной кра́ской 2) ва́ксить; to ~ boots чи́стить сапоги́ ва́ксой 3) *перен.* черни́ть □ **~ out** а) вым́арывать, зама́зывать текст чёрной кра́ской; не пропуска́ть, запреща́ть; б) маскирова́ть; затемня́ть; выключа́ть свет; в) *амер.* засекре́чивать; г) на мгнове́ние теря́ть созна́ние; д) заглуша́ть (*радиопередачу*)

**blackamoor** [ˈblækəmuə] *n презр.* 1) негр 2) темноко́жий; ара́п

**black and white** [ˈblækən(d)ˈwaɪt] *n* 1) рису́нок перо́м 2): in ~ в пи́сьменной фо́рме; to put down in ~ написа́ть чёрным по бе́лому; напеча́тать 3) чёрно-бе́лое изображе́ние (*в кино, телевидении, фото*)

**black ball** [ˈblækbɔ:l] *n* 1) чёрный шар (*при баллотировке*)

**black-ball** [ˈblækbɔ:l] *v* забаллоти́ровать

**black-beetle** [ˈblækˈbi:tl] *n* чёрный тарака́н

**blackberry** [ˈblækbərɪ] *n* 1) ежеви́ка 2) *диал.* чёрная сморо́дина

**blackbird** [ˈblækbə:d] *n* чёрный дрозд

**black-board** [ˈblækbɔ:d] *n* кла́ссная доска́

**black body** [ˈblækˈbɔdɪ] *n физ.* абсолю́тно чёрное те́ло

**black book** [ˈblækbuk] = black-list ◇ to be in smb.'s ~ быть у кого́-л. в неми́лости

**black cap** [ˈblækkæp] *n* 1) суде́йская ша́почка, надева́емая при произнесе́нии сме́ртного пригово́ра 2) чёрная мали́на

**blackcap** [ˈblækkæp] *n* сла́вка-черноголо́вка (*птица*)

**black-chalk** [ˈblæktʃɔ:k] *n мин.* графи́т

**black-cock** [ˈblækkɔk] *n* те́терев

**black-currant** [ˈblækˈkʌrənt] *n* чёрная сморо́дина

**Black Death** [ˈblækˈdeθ] *n ист.* «чёрная смерть» (*чума в Европе в 1348—49 гг.*)

**black draught** [ˈblækˈdrɑ:ft] *n* слаби́тельное (*из александрийского листа*)

**black earth** [ˈblækˈə:θ] *n* чернозём

**blacken** [ˈblækən] *v* 1) черни́ть; па́чкать; клевета́ть 2) черне́ть; загора́ть

**black-face** [ˈblækfeɪs] *n амер.* актёр, выступа́ющий в ро́ли не́гра; to appear in ~ выступа́ть в ро́ли не́гра

**black friar** [ˈblækˈfraɪə] *n* доминика́нец (*монах*)

**blackguard** [ˈblægɑ:d] 1. *n* подле́ц, мерза́вец

2. *a* ме́рзкий

3. *v* руга́ться, сквернослов́ить

**blackguardism** [ˈblægɑ:dɪzm] *n* 1) по́длое поведе́ние 2) сквернословие; брань

**blackguardly** [ˈblægɑ:dlɪ] 1. *a* = blackguard 2

2. *adv* ме́рзко

**black-head** [ˈblækhed] *n* 1) у́горь (*на лице*) 2) чернеть морска́я (*птица*)

**black-hearted** [ˈblækˈhɑ:tɪd] *n* дурно́й; злой

**blacking** [ˈblækɪŋ] 1. *pres. p.* от black 3

2. *n* ва́кса

**blacking-out** [ˈblækɪŋˈaut] *n* 1) = black-out 1; 2) вым́арывание (це́нзором) те́кста

**blackish** [ˈblækɪʃ] *a* черновáтый

**black jack** [ˈblækˈdʒæk] *n* 1) кувши́н для пи́ва *и т. п.* 2) пира́тский флаг 3) *амер. разг.* дуби́нка 4) *мин.* сфалери́т, ци́нковая обма́нка

**black-jack** [ˈblækdʒæk] *v амер. разг.* избива́ть дуби́нкой

**black-lead** [ˈblækˈled] *n мин.* графи́т

**blackleg** [ˈblækleg] *n* 1) штрейкбре́хер 2) шу́лер, плут

**black letter** [ˈblækˈletə] *n* стари́нный англи́йский готи́ческий шрифт

**black-letter** [ˈblækˈletə] *a* старопечатный, со старинным готическим шрифтом; ~ book старопечатная книга ◇ ~ day будний день

**black-list** [ˈblæklɪst] **1.** *n* чёрный список

**2.** *v* вносить в чёрный список

**black-listing** [ˈblækˌlɪstɪŋ] **1.** *pres. p. от* black-list 2

**2.** *n* занесение в чёрный список

**blackmail** [ˈblækmeɪl] **1.** *n* шантаж; вымогательство

**2.** *v* шантажировать; вымогать деньги

**blackmailer** [ˈblækˌmeɪlə] *n* шантажист

**Black Maria** [ˈblækməˈraɪə] *n* тюремная карета, «чёрный ворон»

**black market** [ˈblækˈmɑːkɪt] *n* чёрный рынок

**black marketeer** [ˈblækˌmɑːkɪˈtɪə] *n* торгующий на чёрном рынке, спекулянт

**black monk** [ˈblækmʌŋk] *n* бенедиктинец (*монах*)

**blackness** [ˈblæknɪs] *n* чернота; темнота; мрачность

**black-out** [ˈblækaut] **1.** *n* 1) *театр.* выключение света в зрительном зале и на сцене 2) затемнение (*в связи с противовоздушной обороной*) 3) временное отсутствие электрического освещения (*вследствие аварии и т. п.*) 4) затемнение сознания; провал памяти; временная слепота 5) *амер.* засекреченность

**2.** *a* 1) затемнённый 2) *амер.* засекреченный

**Black Power** [ˈblækˈpauə] *n амер.* «Власть чёрных» (*лозунг негритянского движения в США, требующий большего участия негров в политической и культурной жизни страны*)

**black pudding** [ˈblækˈpudɪŋ] *n* кровяная колбаса

**black-shirt** [ˈblækʃəːt] *n* фашист, чернорубашечник

**blacksmith** [ˈblæksmɪθ] *n* кузнец

**blackstrap** [ˈblækstræp] *n* дешёвый портвейн *или* ром, смешанный с патокой

**blackthorn** [ˈblækθɔːn] *n бот.* слива колючая, тёрн

**blacky** [ˈblækɪ] *a* 1) черноватый 2) *разг.* чернокожий, негр

**bladder** [ˈblædə] *n* 1) *анат.* пузырь 2) пузырь; football ~ футбольная камера 3) пустомеля

**bladdery** [ˈblædərɪ] *a* 1) пузырчатый 2) пустой, полый

**blade** [bleɪd] *n* 1) лезвие; клинок; полотнище (*пилы*) 2) лопасть (*винта, весла*) 3) лист, былинка 4) *ж.-д.* крыло (*семафора*); перо (*руля*) 5) *разг.* парень; a jolly old ~ весельчак

**blaeberry** [ˈbleɪbərɪ] *n диал.* черника

**blague** [blɑːg] *фр. n* хвастовство, пускание пыли в глаза

**blah** [ˈblɑː] *n разг.* чепуха, вздор

**blame** [bleɪm] **1.** *n* 1) порицание; упрёк 2) ответственность; to bear the ~, to take the ~ upon oneself принять на себя вину; to lay the ~ on (*или* upon) smb., to lay the ~ at smb.'s door возложить вину на кого-л.; to lay the ~ at the right door (*или* on the right shoulders) обвинять того, кого следует; to shift the ~ on smb. свалить вину на кого-л.

**2.** *v* порицать; считать виновным; he is to ~ for it он виноват в этом; she ~d it on him она считала его виновным (в этом)

**blameful** [ˈbleɪmful] *a* 1) = blameworthy 2) *редк.* склонный осуждать других

**blameless** [ˈbleɪmlɪs] *a* безупречный

**blameworthy** [ˈbleɪmˌwəːðɪ] *a* заслуживающий порицания

**blanch** [blɑːntʃ] *v* 1) белить, отбеливать 2) бледнеть (*от страха и т. п.*) 3) обесцвечивать (*растения*) 4) обваривать и снимать шелуху 5) бланшировать 6) лудить 7) чистить до блеска (*металл*) □ ~ **over** обелять, выгораживать

**blancmange** [bləˈmɔnʒ] *фр. n* бланманже

**bland** [blænd] *a* 1) вежливый; ласковый; вкрадчивый 2) мягкий (*тж. о климате*) 3) слабый; успокаивающий (*о лекарстве*)

**blandish** [ˈblændɪʃ] *v* 1) задабривать, упрашивать, уговаривать 2) льстить

**blandishment** [ˈblændɪʃmənt] *n* (*обыкн. pl*) 1) уговаривание, упрашивание 2) льстивая речь

**blandly** [ˈblændlɪ] *adv* вежливо, ласково, мягко

**blank** [blæŋk] **1.** *a* 1) пустой; чистый, неисписанный (*о бумаге*); незаполненный (*о бланке, документе*); ~ check чек на предъявителя без обозначения суммы оплаты 2) незастроенный (*о месте*) 3) лишённый содержания; бессодержательный; his memory is ~ on the subject он ничего не помнит об этом; ~ look бессмысленный взгляд 4) озадаченный, смущённый; to look ~ казаться озадаченным 5) полный; чистейший; ~ silence абсолютное молчание; ~ despair полное отчаяние 6) сплошной; ~ wall глухая стена ~ window ложное, слепое окно 7) *амер.* NN, Н-ский, Х *и т. п.* (*о чём-л., не подлежащем оглашению*); the B. Pursuit Squadron Н-ская истребительная эскадрилья ◇ ~ verse белый стих; ~ cartridge холостой патрон; to give a ~ cheque предоставить свободу действий, дать карт-бланш

**2.** *n* 1) пустое, свободное место 2) *амер.* бланк 3) тире (*вместо пропущенного или нецензурного слова*) 4) пустой лотерейный билет; to draw a ~ вынуть пустой билет; *перен.* потерпеть неудачу 5) пробел; пустота (*душевная*); my mind is a complete ~ я ничего не помню 6) *воен.* белый круг мишени; цель 7) *тех.* заготовка; болванка

**3.** *v амер.* наносить крупное поражение; обыгрывать «всухую»

**blanket** [ˈblæŋkɪt] **1.** *n* 1) шерстяное одеяло 2) попона, чепрак 3) тяжёлое облако 4) густой туман 5) *геол.* нанос; поверхностный слой; отложение; покров ◇ born on the wrong side of the ~ рождённый вне брака, незаконнорождённый; to put a wet ~ on smb., to throw a wet ~ over smb. охлаждать чей-л пыл; to play the wet ~ расхолаживать

**2.** *a* 1) общий, полный, всеобъемлющий, всеохватывающий; без особых оговорок *или* указаний; огульный 2): ~ sheet *амер.* газетный лист большого формата

**3.** *v* 1) покрывать (одеялом) 2) *уст.* подбрасывать на одеяле 3) охватывать, включать в себя 4) заглушать (*шум, радиопередачу — о мощной радиостанции*) 5) забрасывать (*бомбами*); задымлять 6) *мор.* отнять ветер

**blanketing** [ˈblæŋkɪtɪŋ] *n* материал для одеял

**blankly** [ˈblæŋklɪ] *adv* 1) безучастно; тупо, невыразительно 2) беспомощно 3) прямо, решительно 4) крайне

**blare** [blɛə] **1.** *n* звуки труб; рёв

**2.** *v* громко трубить

**blarney** [ˈblɑːnɪ] *разг.* **1.** *n* лесть

**2.** *v* обманывать лестью; льстить

**blasé** [ˈblɑːzeɪ] *фр. a* пресыщенный

**blaspheme** [blæsˈfiːm] *v* поносить; богохульствовать

**blasphemous** [ˈblæsfɪməs] *a* богохульный

**blasphemy** [ˈblæsfɪmɪ] *n* богохульство

**blast** [blɑːst] **1.** *n* 1) сильный порыв ветра 2) поток воздуха 3) звук (*духового инструмента*) 4) взрыв 5) заряд (*для взрыва*) 6) взрывная волна 7) пагубное влияние 8) вредитель, болезнь (*растений*) 9) *тех.* форсированная тяга; дутьё; to be in (out of) ~ работать полным ходом (стоять) (*о доменной печи*) 10) воздуходувка ◇ at (*или* in) full ~ в полном разгаре (*о работе и т. п.*)

**2.** *v* 1) взрывать 2) вредить (*растениям и т. п.*) 3) разрушать (*планы, надежды*) 4) *тех.* дуть, продувать 5) проклинать

**blasted** [ˈblɑːstɪd] **1.** *p. p. от* blast 2

**2.** *a* 1) разрушенный 2) проклятый

**blastema** [blæsˈtiːmə] *n биол.* бластема

**blast-furnace** [ˈblɑːstˈfəːnɪs] *n* домна, доменная печь

**blasting** [ˈblɑːstɪŋ] **1.** *pres. p. от* blast 2

**2.** *a* 1) губительный 2) взрывчатый, подрывной; ~ cartridge подрывная шашка; ~ oil нитроглицерин (*взрывчатое вещество*)

**3.** *n* 1) порча, гибель 2) подрывные работы; палéние шпуров 3) дутьё 4) *радио* дребезжание (*громкоговорителя*)

**blastoderm** [ˈblæstəudəːm] *n биол.* бластодерма

**blast-off** [ˈblɑːstˈɔf] *n* взлёт (*ракеты*); старт (*космического корабля*)

**blatant** [ˈbleɪtənt] *a* 1) крикли́вый, вульга́рный 2) ужа́сный, вопию́щий 3) очеви́дный, я́вный; a ~ lie я́вная ложь

**blather** [ˈblæðə] = blether

**blatherskite** [ˈblæðəskaɪt] = blether-skate

**blaze** I [bleɪz] **1.** *n* 1) пла́мя; in a ~ в огне́ 2) я́ркий свет *или* цвет 3) блеск, великоле́пие 4) вспы́шка (*огня, страсти*) 5) *pl* ад; go to ~s! убира́йтесь к чёрту!; like ~s с я́ростью; неи́стово; what the ~s! како́го чёрта! ◇ ~ of publicity по́лная гла́сность

**2.** *v* 1) горе́ть я́рким пла́менем 2) сия́ть, сверка́ть 3) *перен.* кипе́ть; he was blazing with fury он кипе́л от гне́ва □ ~ **away** а) *воен.* подде́рживать беспреры́вный ого́нь (at); б) бы́стро *или* горячо́ говори́ть, выпа́ливать; в) рабо́тать с увлече́нием (at); ~ away! валя́й!, жарь!; ~ **up** вспы́хнуть

**blaze** II [bleɪz] **1.** *n* 1) бе́лая звёздочка (*на лбу животного*) 2) ме́тка, клеймо́ (*на дереве*)

**2.** *v* клейми́ть (*деревья*); де́лать значки́ (*на чём-л.*); отмеча́ть (*дорогу*) зару́бками; to ~ the trail прокла́дывать путь в лесу́, де́лая зару́бки на дере́вьях; *перен.* прокла́дывать путь

**blaze** III [bleɪz] *v* разглаша́ть (*часто* ~ abroad)

**blazer** [ˈbleɪzə] *n* 1) я́ркая (*обыкн.* флане́левая) спорти́вная ку́ртка 2) *sl.* возмути́тельная ложь

**blazing** I [ˈbleɪzɪŋ] **1.** *pres. p от* blaze I, 2

**2.** *a* 1) я́рко горя́щий 2) я́вный, заве́домый; ~ scent *охот.* горя́чий след

**blazing** II, III [ˈbleɪzɪŋ] *pres. p. от* blaze II, 2 *и* III

**blazon** [ˈbleɪzn] **1.** *n* 1) герб; эмбле́ма 2) прославле́ние

**2.** *v* 1) украша́ть геральди́ческими зна́ками 2) = blaze III

**blazonry** [ˈbleɪznrɪ] *n* 1) гербы́ 2) гера́льдика 3) великоле́пие, блеск; блестя́щее представле́ние

**bleach** [bliːtʃ] **1.** *n* 1) отбе́ливающее вещество́; хло́рная и́звесть 2) отбе́ливание

**2.** *v* 1) бели́ть; отбе́ливать(ся); обесцве́чивать 2) побеле́ть

**bleacher** [ˈbliːtʃə] *n* 1) отбе́льщик 2) бели́льный бак 3) (*обыкн. pl*) *амер. спорт.* места́ на откры́той трибу́не

**bleaching powder** [ˈbliːtʃɪŋˌpaudə] *n* бели́льная (*или* хло́рная) и́звесть

**bleak** I [bliːk] *a* 1) откры́тый, незащищённый от ве́тра 2) холо́дный; суро́вый по кли́мату 3) лишённый расти́тельности 4) уны́лый; мра́чный (*о выражении лица*) 5) бесцве́тный, бле́дный

**bleak** II [bliːk] *n* укле́йка (*рыба*)

**bleakness** [ˈbliːknɪs] *n* оголённость (*местности*) *и пр.* [*см.* bleak I]

**blear** [blɪə] **1.** *a* затума́ненный; нея́сный; сму́тный

**2.** *v* затума́нивать (*взор, полированную поверхность и т. п.*); to ~ the eyes тума́нить взор; *перен.* сбива́ть с то́лку

**blear-eyed** [ˈblɪəraɪd] *a* 1) с затума́ненными глаза́ми 2) непроница́тельный, недальнови́дный 3) тупова́тый

**bleary** [ˈblɪərɪ] *a* 1) затума́ненный (*о зрении, особ. от усталости*) 2) нея́сный, сму́тный 3) изнеможённый

**bleat** [bliːt] **1.** *n* бле́яние; мыча́ние (*телёнка*)

**2.** *v* 1) бле́ять; мыча́ть (*о телёнке*) 2) говори́ть глу́пости 3) ныть, скули́ть, жа́ловаться

**bleb** [bleb] *n* 1) волды́рь 2) пузырёк во́здуха (*в воде, стекле*); ра́ковина (*в металле*)

**bled** [bled] *past и p. p. от* bleed 1

**bleed** [bliːd] **1.** *v* (bled) 1) кровоточи́ть; истека́ть кро́вью; my heart ~s се́рдце кро́вью облива́ется 2) пролива́ть кровь 3) пуска́ть кровь 4) сочи́ться (*о деревьях*); подса́чивать (*деревья*) 5) продува́ть; спуска́ть (*воду*); опора́жнивать (*бак и т. п.*) 6) вымога́ть де́ньги 7) подверга́ться вымога́тельству 8) *полигр.* обреза́ть страни́цу в край (*не оставляя полей*) (*тж.* ~ off) ◇ to ~ white а) обескро́вить; б) обобра́ть до ни́тки; вы́качать де́ньги

**2.** *a полигр.* напеча́танный в край страни́цы, без поле́й

**bleeder** [ˈbliːdə] *n* 1) тот, кто произво́дит кровопуска́ние 2) вымога́тель 3) *мед.* страда́ющий гемофили́ей 4) *тех.* предохрани́тельный кла́пан (*на трубопроводе*); кран для спу́ска воды́

**bleeding** [ˈbliːdɪŋ] **1.** *pres. p от* bleed 1

**2.** *n* 1) кровотече́ние 2) кровопуска́ние

**3.** *a* 1) облива́ющийся, истека́ющий кро́вью 2) обескро́вленный, обесси́ленный 3) по́лный жа́лости, сострада́ния

**bleep** [bliːp] *n* сигна́л спу́тника Земли́

**blemish** [ˈblemɪʃ] **1.** *n* 1) недоста́ток 2) пятно́, позо́р

**2.** *v* 1) по́ртить, вреди́ть 2) пятна́ть; позо́рить

**blench** I [blentʃ] *v* 1) уклоня́ться; отступа́ть (*перед чем-л.*) 2) закрыва́ть глаза́ на *что-л.*

**blench** II [blentʃ] *v* бели́ть, отбе́ливать

**blend** [blend] **1.** *n* 1) смесь 2) перехо́д одного́ цве́та *или* одного́ отте́нка в друго́й

**2.** *v* (blended [-ɪd], blent) 1) сме́шивать(ся); изготовля́ть смесь; oil and water will never ~ ма́сло с водо́й не сме́шивается 2) сочета́ться, гармони́ровать 3) незаме́тно переходи́ть из отте́нка в отте́нок (*о красках*) 4) стира́ться (*о различиях*)

**blende** [blend] *n мин.* сфалери́т, ци́нковая обма́нка

**Blenheim** [ˈblenɪm] *n* 1) разнови́дность спание́ля 2): ~ Orange бле́ним (*сорт золотистых яблок*)

**blent** [blent] *past и p. p. от* blend 2

**bless** [bles] *v* (blessed [-t], blest) 1) благословля́ть; освяща́ть; to ~ oneself *уст.* перекрести́ться; to ~ one's stars благодари́ть судьбу́ 2) славосло́вить 3) де́лать счастли́вым, осчастли́вливать 4) *ирон.* проклина́ть ◇ to ~ the mark а) с позволе́ния сказа́ть; б) бо́же сохрани́ (что́бы); ~ me (*или* my soul), ~ my (*или* your) heart, God ~ me (*или* you), ~ you, I'm blest *выражение удивления, негодования*; I haven't a penny to ~ myself with у меня́ нет ни гроша́ за душо́й

**blessed** **1.** [blest] *p. p. от* bless

**2.** *a* [ˈblesɪd] 1) счастли́вый, блаже́нный 2) *ирон.* прокля́тый

**blessedness** [ˈblesɪdnɪs] *n* сча́стье, блаже́нство; single ~ *шутл.* безбра́чие, холоста́я жизнь

**blessing** [ˈblesɪŋ] **1.** *pres. p. от* bless

**2.** *n* 1) благослове́ние 2) бла́го, благодея́ние 3) блаже́нство, сча́стье 4) моли́тва (*до или после еды*) ◇ a ~ in disguise ≅ не́ было бы сча́стья, да несча́стье помогло́; нет ху́да без добра́; неприя́тность, оказа́вшаяся благодея́нием

**blest** [blest] **1.** *past и p. p. от* bless

**2.** *a поэт. см.* blessed

**blether** [ˈbleðə] **1.** *n* болтовня́, вздор

**2.** *v* болта́ть вздор; треща́ть

**bletherskate** [ˈbleðəskeɪt] *n разг.* болту́н

**blew** I, II [bluː] *past от* blow II, 2 *и* III, 2

**blewits** [ˈblu(ː)ɪts] *n* шля́почный гриб

**blight** [blaɪt] **1.** *n* 1) боле́знь расте́ний (*выражающаяся в увядании и опадании листьев без гниения*) 2) насеко́мые-парази́ты на расте́ниях 3) ду́шная атмосфе́ра 4) вре́дное, па́губное влия́ние 5) упа́док; ги́бель 6) уны́ние; разочарова́ние; пода́вленность, мра́чность

**2.** *v* 1) приноси́ть вред (*растениям*) 2) разбива́ть (*надежды и т. п.*); отравля́ть (*удовольствие*)

**blighter** [ˈblaɪtə] *n* 1) губи́тель 2) *разг.* неприя́тный, ну́дный челове́к

**Blighty** [ˈblaɪtɪ] *воен. sl.* **1.** *n* А́нглия, ро́дина ◇ a ~ one ране́ние, обеспе́чивающее отпра́вку на ро́дину

**2.** *adv* в А́нглию, на ро́дину

**blimey** [ˈblaɪmɪ] *int разг.* чтоб мне провали́ться!, иди́ ты!

**blimp** [blɪmp] *n разг.* 1) ма́лый дирижа́бль мя́гкой систе́мы 2) то́лстый, неуклю́жий челове́к, у́валень 3): (Colonel) B. (полко́вник) Блимп, кра́йний консерва́тор, «твердоло́бый»

**blind** [blaɪnd] **1.** *a* 1) слепо́й; ~ of an eye слепо́й на оди́н глаз; ~ flying *ав.* слепо́й полёт, полёт по прибо́рам; to be ~ to smth. не быть в состоя́нии оцени́ть что-л. 2) сле́по напеча́танный; нея́сный; ~ hand нечёткий по́черк; ~ path е́ле заме́тная тропи́нка; ~ letter письмо́ без а́дреса *или* с непо́лным, нечётким а́дресом

3) де́йствующий вслепу́ю, безрассу́дно; to go it ~ игра́ть втёмную; де́йствовать вслепу́ю, безрассу́дно 4) непрове́ренный, не осно́ванный на зна́нии, фа́ктах 5) слепо́й, не выходя́щий на пове́рхность (*о шахте, жиле*) 6) глухо́й, сплошно́й (*о стене и т. п.*) 7) *sl.* пья́ный (*тж.* ~ drunk); ~ to the world вдре́безги пья́ный ◇ ~ date *амер. разг.* а) свида́ние с незнако́мым челове́ком; б) незнако́мец (-ка), с кото́рым (-ой) назна́чено свида́ние; ~ lantern потайно́й фона́рь; ~ pig (*или* tiger) *амер. sl.* бар, где незако́нно торгу́ют спиртны́ми напи́тками; ~ shell неразорва́вшийся *или* незаря́женный снаря́д; the ~ side (of a person) (чья-л.) сла́бая стру́нка, (чьё-л.) сла́бое ме́сто; ~ Tom жму́рки; to apply (*или* to turn) the ~ eye закрыва́ть глаза́ (*на что-л.*)

2. *n* 1) (the ~) *pl собир* слепы́е 2) што́ра; марки́за; жалюзи́ (*тж.* Venetian ~); ста́вень 3) предло́г, отгово́рка; уло́вка, обма́н 4) *опт.* диафра́гма, бле́нда

3. *v* 1) ослепля́ть; слепи́ть 2) затемня́ть; затмева́ть 3) *воен.* ослепля́ть 4) *опт.* диафрагми́ровать 5) *разг.* вести́ маши́ну, пренебрега́я пра́вилами движе́ния

**blindage** [ˈblaɪndɪdʒ] *n* блинда́ж

**blind-alley** [ˈblaɪndˈælɪ] **1.** *n* тупи́к; *перен.* безвы́ходное положе́ние

2. *a* бесперспекти́вный; безвы́ходный; ~ employment (*или* occupation) бесперспекти́вная рабо́та

**blind coal** [ˈblaɪndkəul] *n* антраци́т

**blinders** [ˈblaɪndəz] *n pl* шо́ры

**blindfold** [ˈblaɪndfəuld] **1.** *a* 1) с завя́занными глаза́ми 2) де́йствующий вслепу́ю; безрассу́дный; не ду́мающий

2. *adv* с завя́занными глаза́ми; to know one's way ~ хорошо́ знать доро́гу, быть в состоя́нии найти́ хоть с завя́занными глаза́ми

3. *v* завя́зывать глаза́

**blind gut** [ˈblaɪndgʌt] *n анат.* слепа́я кишка́

**blindly** [ˈblaɪndlɪ] *adv* 1) сле́по, безрассу́дно 2) как слепо́й

**blind-man's-buff** [ˈblaɪndmænzˈbʌf] *n* жму́рки

**blind man's holiday** [ˈblaɪndmænzˈhɔlədɪ] *n* су́мерки

**blindness** [ˈblaɪndnɪs] *n* 1) слепота́ 2) ослепле́ние; безрассу́дство

**blink** [blɪŋk] **1.** *n* 1) мерца́ние 2) миг; in a ~ в оди́н миг 3) о́тблеск льда (*на горизонте*) ◇ on the ~ *амер. sl.* а) в плохо́м состоя́нии, не в поря́дке; б) при после́днем издыха́нии

2. *v* 1) мига́ть; щу́риться 2) мерца́ть 3) закрыва́ть глаза́ (at — на *что-л.*)

**blinker** [ˈblɪŋkə] *n* 1) *pl* нагла́зники, шо́ры; to be (*или* to run) in ~s *перен.* име́ть шо́ры на глаза́х 2) *pl sl.* глаза́ 3) *воен.* светосигна́льный аппара́т

**blinking** [ˈblɪŋkɪŋ] **1.** *pres. p. от* blink 2

2. *a разг.* черто́вский, дья́вольский

**blip** [blɪp] *n* изображе́ние на экра́не рада́ра

**bliss** [blɪs] *n* блаже́нство, сча́стье

**blissful** [ˈblɪsful] *a* блаже́нный, счастли́вый

**blister** [ˈblɪstə] **1.** *n* 1) волды́рь, водяно́й пузы́рь 2) вытяжно́й пла́стырь 3) *тех.* ра́ковина (*в металле*); плена́ (*в листовом железе*) 4) *ав.* блі́стерная устано́вка

2. *v* 1) вызыва́ть пузыри́ 2) покрыва́ться волдыря́ми, пузыря́ми 3) *разг.* му́чить, надоеда́ть 4) *разг.* поколоти́ть

**blister-beetle** [ˈblɪstəˌbiːtl] = blister-fly

**blister-fly** [ˈblɪstəflaɪ] *n* шпа́нская му́шка

**blithe** [blaɪð] *a* (*обыкн. поэт.*) весёлый, жизнера́достный; счастли́вый

**blither** [ˈblɪðə] *диал.* = blether

**blithering** [ˈblɪðərɪŋ] **1.** *pres. p. от* blither

2. *a разг.* 1) болтли́вый 2) соверше́нный, зако́нченный 3) презре́нный

**blithesome** [ˈblaɪðsəm] = blithe

**blitz** [blɪts] *нем. разг.* **1.** *n* 1) = blitzkrieg 2) внеза́пное нападе́ние, *особ.* масси́рованная бомбардиро́вка, бомбёжка

2. *v* разгроми́ть, разбомби́ть

**blitzkrieg** [ˈblɪtskriːg] *нем. n* молниено́сная война́, блицкри́г

**blizzard** [ˈblɪzəd] *n* сне́жная бу́ря, бура́н

**bloat** I [bləut] *v* раздува́ться, пу́хнуть (*обыкн.* ~ out)

**bloat** II [bləut] *v* копти́ть (*рыбу*)

**bloated** I [ˈbləutɪd] **1.** *p. p. от* bloat I

2. *a* жи́рный, обрю́згший; разду́тый (*тж. перен.*); ~ aristocrat «ду́тый аристокра́т», надме́нный, наду́тый челове́к; ~ armaments непоме́рно разду́тые вооруже́ния

**bloated** II [ˈbləutɪd] **1.** *p. p. от* bloat II

2. *a* копчёный

**bloater** [ˈbləutə] *n* копчёная ры́ба, *особ.* сельдь

**blob** [blɔb] **1.** *n* 1) ка́пля 2) ма́ленький ша́рик (*земли, глины и т. п.*) 3) *разг.* нуль (*при счёте в крикете*) ◇ on the ~ *sl.* у́стно, на слова́х

2. *v* де́лать кля́ксы

**blobber-lipped** [ˈblɔbəˈlɪpt] *a* толсто-гу́бый

**bloc** [blɔk] *фр. n* блок, объедине́ние

**block** [blɔk] **1.** *n* 1) чурба́н, коло́да 2) глы́ба (*камня*); блок (*для стройки*) 3) кварта́л (*города*); жили́щный масси́в 4) гру́ппа, ма́сса одноро́дных предме́тов; ~ of shares *фин.* паке́т а́кций; in ~ всё вме́сте, целико́м 5) пла́ха; the ~ казнь на пла́хе 6) деревя́нная печа́тная фо́рма 7) болва́н, фо́рма (*для шляп*) 8) блокно́т 9) ку́бик (*концентрата*) 10) *pl* ку́бики; «строи́тель» (*игрушка*) 11) ша́шка (*подрывная, дымовая*) 12) прегра́да; зато́р (*движения*) 13) *ж.-д.* блокиро́вка; блокпо́ст 14) *тех.* блок, шкив 15) *горн.* цели́к 16) *мед.* блока́да 17) *attr.*: ~ grant единовре́менная субси́дия

2. *v* 1) прегражда́ть; заде́рживать; блоки́ровать (*обыкн.* ~ up); to ~ the access закры́ть до́ступ 2) препя́тствовать, создава́ть препя́тствия; to ~ progress стоя́ть на пути́ прогре́сса 3) *парл.* заде́рживать (*прохождение законопроекта*) 4) набра́сывать вчерне́ (*обыкн.* ~ in, ~ out) 5) *фин.* блоки́ровать, заде́рживать, замора́живать 6) засоря́ть(ся)

**blockade** [blɔˈkeɪd] **1.** *n* 1) блока́да; to raise (to run) the ~ снять (прорва́ть) блока́ду 2) *амер.* зато́р (*движения*)

2. *v* блоки́ровать

**block booking** [ˈblɔkˌbukɪŋ] *n амер.* принуди́тельный ассортиме́нт кинофи́льмов, навя́зываемый кинотеа́трам кинопромы́шленниками

**block-buster** [ˈblɔkˌbʌstə] *n разг.* 1) сверхмо́щная фуга́сная бо́мба 2) супербоеви́к (*о фильме*)

**blocked** [blɔkt] **1.** *p. p. от* block 2

2. *a фин.* заморо́женный; блоки́рованный; ~ accounts блоки́рованные счета́

**blockhead** [ˈblɔkhed] *n* болва́н

**blockhouse** [ˈblɔkhaus] *n* 1) *стр.* сруб 2) *уст.* блокга́уз

**blocking** [ˈblɔkɪŋ] **1.** *pres. p. от* block 2

2. *n* 1) *ж.-д.* блокиро́вочная систе́ма, блокиро́вка 2) *эл.* запира́ние, блокиро́вка

**blockish** [ˈblɔkɪʃ] *a* тупо́й, глу́пый

**block letter** [ˈblɔkˈletə] *n* прописна́я печа́тная бу́ква

**block printing** [ˈblɔkˌprɪntɪŋ] *n* ксилогра́фия

**block-signal** [ˈblɔkˌsɪgnl] *n ж.-д.* блок-сигна́л

**block system** [ˈblɔkˌsɪstɪm] = blocking 2, 1)

**bloke** [bləuk] *n разг.* па́рень, ма́лый

**blond(e)** [blɔnd] **1.** *n* блонди́н

2. *a* белоку́рый, све́тлый

**blonde** [blɔnd] *n* 1) блонди́нка 2) шёлковая кружевна́я ткань

**blood** [blʌd] **1.** *n* 1) кровь; to let one's ~ пусти́ть кровь 2) род, происхожде́ние 3) родство́; родови́тость; full ~ чистокро́вная ло́шадь; blue (*или* high) ~ аристократи́ческое происхожде́ние, «голуба́я кровь»; it runs in his ~ э́то у него́ в крови́, в роду́ 4) темпера́мент, стра́стность; состоя́ние, настрое́ние; bad ~ вражде́бность; cold ~ хладнокро́вие; in cold ~ хладнокро́вно; hot ~ горя́чность, вспы́льчивость; to make smb.'s ~ boil (creep) приводи́ть кого́-л. в бе́шенство (в содрога́ние); his ~ is up он раздражён 5) уби́йство, кровопроли́тие 6) *уст.* де́нди, све́тский челове́к 7) сок (*плодов, растений*) 8) сенса́ция; сенсацио́нный рома́н ◇ ~ and iron гру́бая си́ла; милитари́зм; ~ is thicker than water ≅ кровь не вода́; you cannot take (*или* get) ~ from (*или* out of) a stone ≅ его́, её не разжа́лобишь

2. *v* 1) пуска́ть кровь 2) *охот.* приуча́ть соба́ку к кро́ви

**blood bank** [ˈblʌdbæŋk] *n* 1) храни́лище консерви́рованной кро́ви и пла́змы 2) запа́с консерви́рованной кро́ви и пла́змы для перелива́ния

**blood brother** [ˈblʌdˌbrʌðə] *n* 1) родно́й брат 2) побрати́м

**bloodcurdling** [ˈblʌdˌkə:dlɪŋ] *a* чудо́вищный; вызыва́ющий у́жас; ~ sight зре́лище, от кото́рого кровь сты́нет в жи́лах

**blooded** [ˈblʌdɪd] **1.** *p. p. от* blood 2

**2.** *a* 1) чистокро́вный (*о лошади*) 2) окрова́вленный 3) *воен.* понёсший поте́ри, осла́бленный потеря́ми

**blood feud** [ˈblʌdfju:d] *n* родова́я вражда́; кро́вная месть

**blood group** [ˈblʌdgru:p] *n мед.* гру́ппа кро́ви

**blood-guilty** [ˈblʌdˌgɪltɪ] *a юр.* вино́вный в уби́йстве *или* в чьей-л. сме́рти

**blood-heat** [ˈblʌdhi:t] *n* норма́льная температу́ра те́ла

**blood-horse** [ˈblʌdhɔ:s] *n* чистокро́вная ло́шадь

**bloodhound** [ˈblʌdhaund] *n* 1) ище́йка (*порода собак*) 2) сы́щик

**bloodiness** [ˈblʌdɪnɪs] *n* кровожа́дность

**bloodless** [ˈblʌdlɪs] *a* 1) бескро́вный 2) истощённый; бле́дный 3) безжи́зненный, вя́лый

**blood-letting** [ˈblʌdˌletɪŋ] *n* кровопуска́ние

**blood orange** [ˈblʌdˌɔrɪndʒ] *n* королёк (*сорт апельсина*)

**blood-poisoning** [ˈblʌdˌpɔɪznɪŋ] *n* зараже́ние кро́ви

**blood pressure** [ˈblʌdˌpreʃə] *n* кровяно́е давле́ние

**blood-pudding** [ˈblʌdˌpudɪŋ] = black pudding

**bloodshed** [ˈblʌdʃed] *n* кровопроли́тие

**bloodshot** [ˈblʌdʃɔt] *a* нали́тый кро́вью (*о глазах*)

**blood-stained** [ˈblʌdsteɪnd] *a* 1) запа́чканный кро́вью 2) запя́тнанный кро́вью, вино́вный в уби́йстве

**bloodstone** [ˈblʌdstəun] *n мин.* гелиотро́п, крова́вик

**blood-sucker** [ˈblʌdˌsʌkə] *n* 1) пия́вка 2) кровопи́йца, парази́т, эксплуата́тор

**blood test** [ˈblʌdˈtest] *n* ана́лиз кро́ви, иссле́дование кро́ви

**blood-thirsty** [ˈblʌdˌθə:stɪ] *a* кровожа́дный

**blood transfusion** [ˈblʌdtrænsˈfju:ʒən] *n мед.* перелива́ние кро́ви

**blood-vessel** [ˈblʌdˌvesl] *n* кровено́сный сосу́д

**bloodworm** [ˈblʌdwə:m] *n* 1) кра́сный дождево́й червь 2) моты́ль, личи́нка комаро́в-дергуно́в

**bloody** [ˈblʌdɪ] **1.** *a* 1) окрова́вленный; крова́вый; ~ flux дизентери́я 2) уби́йственный; кровожа́дный 3) *груб.* прокля́тый ◇ to wave a ~ shirt *амер.* натра́вливать одного́ на друго́го; разжига́ть стра́сти; B. Mary во́дка с тома́тным со́ком

**2.** *adv вульг.* черто́вски, о́чень

**3.** *v* окрова́вить

**bloody-minded** [ˈblʌdɪˈmaɪndɪd] *a* жесто́кий; кровожа́дный

**bloom I** [blu:m] **1.** *n* 1) цвет, цвете́ние; in ~ в цвету́ 2) цвету́щая часть расте́ния 3) расцве́т; to take the ~ off smth. испо́ртить, загуби́ть что-л. в са́мом расцве́те 4) румя́нец 5) пушо́к (*на плодах*)

**2.** *v* цвести́; расцвета́ть (*тж. перен.*)

**bloom II** [blu:m] *n тех.* кри́ца, стальна́я загото́вка, блюм

**bloomer** [ˈblu:mə] *n разг.* гру́бая оши́бка; про́мах

**bloomers** [ˈblu:məz] *n pl уст.* же́нские спорти́вные брю́ки; шарова́ры

**blooming I** [ˈblu:mɪŋ] **1.** *pres. p. от* bloom I, 2

**2.** *a* 1) цвету́щий 2) *эвф. см.* bloody 1, 3); a ~ fool наби́тый дура́к

**blooming II** [ˈblu:mɪŋ] *n тех.* блю́минг

**blooming III** [ˈblu:mɪŋ] *n тлв.* расплыва́ние изображе́ния

**bloomy** [ˈblu:mɪ] *a* цвету́щий

**blossom** [ˈblɔsəm] **1.** *n* 1) цвет, цвете́ние (*преим. плодовых деревьев*) 2) расцве́т

**2.** *v* 1) цвести́; распуска́ться; расцвета́ть 2) преуспе́ть, доби́ться успе́ха (*обыкн.* ~ forth, ~ out)

**blot** [blɔt] **1.** *n* 1) пятно́ 2) кля́кса, помарка 3) пятно́; позор, бесче́стье ◇ a ~ on the landscape ≅ ло́жка дёгтя в бо́чке мёда

**2.** *v* 1) па́чкать 2) пятна́ть; бесче́стить; to ~ one's copy-book *разг.* замара́ть свою́ репута́цию, соверши́ть бесче́стный посту́пок 3) промока́ть (*промокательной бумагой*) 4) грунтова́ть, окра́шивать □ ~ **out** а) вы́чёркивать; стира́ть; б) *перен.* загла́живать; в) уничтожа́ть; a cloud has ~ted out the moon ту́ча закры́ла луну́

**blotch** [blɔtʃ] **1.** *n* 1) прыщ 2) пятно́, кля́кса

**2.** *v* покрыва́ть пя́тнами, кля́ксами

**blotchy** [ˈblɔtʃɪ] *a* покры́тый пя́тнами, кля́ксами

**blotter** [ˈblɔtə] *n* 1) писа́ка 2) промока́тельная бума́га 3) кни́га за́писей 4) мемориа́л; торго́вая кни́га

**blottesque** [blɔˈtesk] *a* напи́санный густы́ми мазка́ми, гру́быми штриха́ми (*о картине, описании*)

**blotting-pad** [ˈblɔtɪŋpæd] *n* блокно́т с промока́тельной бума́гой

**blotting-paper** [ˈblɔtɪŋˌpeɪpə] *n* промока́тельная бума́га

**blotto** [ˈblɔtəu] *a sl.* пья́ный, одурма́ненный

**blouse** [blauz] *n* 1) рабо́чая блу́за 2) блу́зка 3) гимнастёрка

**blow I** [bləu] *n* 1) уда́р; at a ~, at one ~ одни́м уда́ром; сра́зу; to come to ~s вступи́ть в бой, в дра́ку, дойти́ до рукопа́шной; to deal (*или* to strike, to deliver) a ~ наноси́ть уда́р; to aim a ~ (at) замахну́ться; to strike a ~ for помога́ть; to strike a ~ against противоде́йствовать 2) несча́стье, уда́р (*судьбы*)

**blow II** [bləu] **1.** *n* 1) дунове́ние; to get a ~ подыша́ть све́жим во́здухом 2) хвастовство́ 3) *тех.* дутьё; бессемерова́ние 4) кла́дка яи́ц (*мухами*)

**2.** *v* (blew; blown) 1) дуть, ве́ять 2) развева́ть; гнать (*о ветре*) 3) раздува́ть (*огонь, мехи; тж. перен.*); выдува́ть (*стеклянные изделия*); продува́ть (*трубку и т. п.*); пуска́ть (*пузыри*); to ~ bubbles пуска́ть мы́льные пузыри́; to ~ one's nose сморка́ться 4) взрыва́ть (*обыкн.* ~ up); to ~ open взрыва́ть, взла́мывать (*с помощью взрывчатки*); to ~ open a safe взлома́ть сейф 5) пыхте́ть, тяжело́ дыша́ть 6) игра́ть (*на духовом инструменте*) 7) звуча́ть (*о трубе*) 8) свисте́ть, гуде́ть 9) *разг.* хва́стать 10) класть я́йца (*о мухах*) 11) транжи́рить (*деньги; тж.* ~ off); расще́дриться 12) (*p. p.* blowed) *разг.* проклина́ть; I'll be ~ed if I know провали́ться мне на ме́сте, е́сли я зна́ю □ ~ **about,** ~ **abroad** распространя́ть (*слух, известие*); ~ **in** а) заду́ть, пусти́ть (*доменную печь*); б) *разг.* (внеза́пно) появи́ться; влете́ть; в) взорва́ть и ворва́ться (*в крепость и т. п.*); ~ **off** а) *тех.* продува́ть; to ~ off steam вы́пустить пар; *перен.* дать вы́ход избы́тку эне́ргии; разряди́ться; б) *разг.* мота́ть, транжи́рить (*деньги*); ~ **out** а) задува́ть, гаси́ть, туши́ть (*свечу, керосиновую лампу и т. п.*); га́снуть (*от движения воздуха*); б) вы́дуть (*доменную печь*); в) ло́пнуть (*о шине и т. п.*); ~ **over** минова́ть, проходи́ть (*о грозе, кризисе и т. п.*); ~ **up** а) раздува́ть б) взрыва́ть; to ~ up the hell переверну́ть всё вверх дном; в) взлета́ть на во́здух (*при взрыве*); г) *фото* увели́чивать; д) *разг.* брани́ть, руга́ть; е) *разг.* выходи́ть из себя́; ~ **upon** а) лиша́ть све́жести, интере́са; б) роня́ть во мне́нии; в) нагова́ривать; доноси́ть ◇ to ~ out one's brains пусти́ть пу́лю в лоб; ~ high, ~ low что бы ни случи́лось, во что бы то ни ста́ло; to ~ hot and cold колеба́ться, постоя́нно меня́ть то́чку зре́ния; to ~ the gaff (*или* the gab) *sl.* вы́дать секре́т; проболта́ться

**blow III** [bləu] **1.** *n* цвет, цвете́ние

**2.** *v* (blew; blown) цвести́

**blowball** [ˈbləubɔ:l] *n* одува́нчик

**blow-by-blow** [ˈbləubaɪˈbləu] *a* методи́чный, вы́полненный во всех дета́лях; a ~ account дета́льнейший отчёт

**blower** [ˈbləuə] *n* 1) тот, кто ду́ет; тот, кто раздува́ет (*мехи и т. п.*) 2) труба́ч 3) *амер.* хвасту́н 4) *тех.* воздуходу́вка; вентиля́тор 5) *горн.* щель, че́рез кото́рую выделя́ется газ 6) кит 7) *разг.* телефо́н 8) *разг.* громкоговори́тель

**blowfly** [ˈbləuflaɪ] *n* мясна́я му́ха

**blowhole** [ˈbləuhəul] *n* 1) пузы́рь, ра́ковина (*в металле*) 2) ды́хало (*у кита*) 3) вентиля́тор (*в туннеле*)

**blowing I** [ˈbləuɪŋ] **1.** *pres. p. от* blow II, 2

**2.** *n* 1) дутьё 2) проса́чивание, уте́чка (*газа, пара*)

**blowing** II [ˈbləuɪŋ] *pres. p. от* blow III, 2

**blowing engine** [ˈbləuɪŋˈendʒɪn] *n* воздуходу́вная маши́на

**blowing machine** [ˈbləuɪŋməˈʃiːn] = blowing engine

**blowing-up** [ˈbləuɪŋˈʌp] *n* 1) взрыв 2) *sl.* нагоня́й

**blowlamp** [ˈbləulæmp] *n* пая́льная ла́мпа

**blown** I [bləun] *p. p. от* blow III, 2

**blown** II [bləun] **1.** *p. p. от* blow II, 2

**2.** *a* запыха́вшийся, е́ле переводя́щий дыха́ние

**blow-off** [ˈbləuˈɔf] *n* 1) вы́пуск (*пара и т. п.*) 2) *разг.* хвасту́н

**blow-out** [ˈbləuˈaut] *n* 1) разры́в (*шины и т. п.*) 2) проры́в (*плотины, дамбы и т. п.*) 3) *разг.* кутёж, шу́мное весе́лье 4) *амер.* вспы́шка гне́ва; ссо́ра

**blowpipe** [ˈbləupaɪp] *n* пая́льная тру́бка

**blowtorch** [ˈbləutɔːtʃ] = blowlamp

**blow-up** [ˈbləuˈʌp] *n* 1) = blow-out 4); 2) взрыв 3) *разг.* нагоня́й, вы́говор 4) *фото* увели́ченный фотосни́мок

**blowy** [ˈbləuɪ] *a* ве́треный (*о погоде*)

**blowzy** [ˈblauzɪ] *a* 1) то́лстый и краснощёкий 2) растрёпанный, неря́шливый (*обыкн. о женщине*)

**blub** [blʌb] *школ. sl. сокр. от* blubber II, 2

**blubber** I [ˈblʌbə] *n* 1) во́рвань 2) меду́за (*разновидность*)

**blubber** II [ˈblʌbə] **1.** *n* плач, рёв

**2.** *v разг.* гро́мко пла́кать, рыда́ть; реве́ть

**blubber** III [ˈblʌbə] *a* то́лстый, выпя́чивающийся (*о губах*)

**blubbered** [ˈblʌbəd] **1.** *p. p. от* blubber II, 2

**2.** *a* зарёванный; ~ face запла́канное лицо́

**bluchers** [ˈbluːtʃəz] *n pl* 1) коро́ткие сапоги́ 2) старомо́дные мужски́е боти́нки на шнурка́х

**bludgeon** [ˈblʌdʒən] **1.** *n* дуби́нка

**2.** *v* бить дуби́нкой

**blue** [bluː] **1.** *a* 1) голубо́й; лазу́рный; си́ний; dark (*или* Navy) ~ си́ний 2) посине́вший; с кровоподтёками 3) испу́ганный; уны́лый, пода́вленный; to look ~ име́ть уны́лый вид; things look ~ дела́ пло́хи; ~ study (мра́чное) разду́мье, размышле́ние; ~ fear (*или* funk) *разг.* испу́г, па́ника, замеша́тельство; be ~ хандри́ть 4) непристо́йный, скабрёзный; to make (*или* to turn) the air ~ сквернosло́вить, руга́ться 5) относя́щийся к па́ртии то́ри, консервати́вный; to vote ~ голосова́ть за консерва́торов 6) *ирон.* учёный (*о женщине*) ◇ ~ blood а) аристократи́ческое происхожде́ние, «голуба́я кровь»; б) вено́зная кровь; ~ devils уны́ние; ~ laws *амер.* курита́нские зако́ны (*закрытие театров по воскресеньям, запрещение продажи спиртных напитков*); ~ sky law *амер.* зако́н, регули́рующий вы́пуск и прода́жу а́кций и це́нных бума́г; ~ chip, ~ chip share (*или* paper) *бирж.* надёжная а́кция, опира́ющаяся на усто́йчивый курс; ~ water откры́тое мо́ре; to drink till all's ~ допи́ться до бе́лой горя́чки; once in a ~ moon о́чень ре́дко

**2.** *n* 1) си́ний цвет; Oxford ~ тёмно-си́ний цвет; Cambridge ~ све́тло-голубо́й цвет 2) си́няя кра́ска; голуба́я кра́ска; си́нька; Paris ~ пари́жская лазу́рь; Berlin ~ берли́нская лазу́рь 3) (the ~) не́бо; out of the ~ соверше́нно неожи́данно; как гром среди́ я́сного не́ба 4) (the ~) мо́ре; океа́н 5) си́няя фо́рменная оде́жда; the men (*или* the gentlemen, the boys) in ~ а) полице́йские; б) матро́сы; в) америка́нские федера́льные войска́ 6) *разг. см.* bluestocking 7) (the ~s) *pl* меланхо́лия, хандра́; to have (*или* to get) the ~s, to be in the ~s быть в плохо́м настрое́нии, хандри́ть; to give smb. the ~s наводи́ть тоску́ на кого́-л. ◇ to cry the ~s *амер. разг.* прибедня́ться; the B. and the Grey «си́ние и се́рые» (*северная и южная армии в американской гражданской войне 1861—1865 гг.*); Dark (*или* Oxford) Blues кома́нда Оксфо́рда; Light (*или* Cambridge) Blues кома́нда Ке́мбриджа

**3.** *v* 1) окра́шивать в си́ний цвет; подси́нивать (*бельё*) 2) ворони́ть (*сталь*) 3) *разг.* транжи́рить

**Bluebeard** [ˈbluːbɪəd] *n* 1) Си́няя Борода́ (*сказочный персонаж*) 2) *перен.* женоуби́йца

**bluebell** [ˈbluːbel] *n бот.* 1) колоко́льчик 2) проле́ска (*в Англии*)

**blue-berry** [ˈbluːbərɪ] *n* черни́ка; брусни́ка; голуби́ка

**bluebird** [ˈbluːbəːd] *n* 1) *амер. зоол.* ма́ленькая пе́вчая пти́ца с си́ней окра́ской, спины́ 2) дару́ющий сча́стье, си́няя пти́ца сча́стья

**blue-book** [ˈbluːbuk] *n* 1) си́няя кни́га (*сборник официальных документов, парламентские стенограммы и т. п.*) 2) *амер.* спи́сок лиц, занима́ющих госуда́рственные до́лжности 3) *амер.* путеводи́тель для автомобили́стов 4) *амер.* тетра́дь (*в синей обложке*) для экзаменацио́нных рабо́т

**bluebottle** [ˈbluːˌbɔtl] *n* 1) *бот.* василёк (си́ний) 2) *зоол.* му́ха тру́пная 3) *разг.* полице́йский

**blue coat** [ˈbluːkəut] *n* 1) солда́т 2) матро́с 3) полице́йский

**blue-collar worker** [ˈbluːˌkɔləˈwəːkə] *n* рабо́чий

**blue disease** [ˈbluːdɪˌziːz] *n мед.* 1) синю́ха, циано́з 2) лихора́дка Скали́стых гор

**blueing** [ˈbluːɪŋ] **1.** *pres. p. от* blue 3

**2.** *n* 1) вороне́ние (*стали*) 2) си́нька 3) расточи́тельность

**bluejacket** [ˈbluːˌdʒækɪt] *n разг.* матро́с вое́нно-морско́го фло́та

**blue-pencil** [ˈbluːˈpensl] *v* редакти́ровать; сокраща́ть, вычёркивать

**Blue Peter** [ˈbluːˈpiːtə] *n мор.* флаг отплы́тия

**blue print** [ˈbluːprɪnt] *n* 1) светоко́пия, «си́нька» 2) намётка, прое́кт, план

**blueprint** [ˈbluːprɪnt] *v* 1) де́лать светоко́пию 2) плани́ровать, намеча́ть

**blue ribbon** [ˈbluːˈrɪbən] *n* 1) о́рденская ле́нта (*особ. ордена Подвязки*) 2) отли́чие; высо́кая награ́да 3) значо́к чле́на о́бщества тре́звенников 4) *attr.*: B. R. Army о́бщество тре́звенников

**blues** [bluːz] *n муз.* блюз

**bluestocking** [ˈbluːˌstɔkɪŋ] *n ирон.* учёная же́нщина, «си́ний чуло́к»; педа́нтка

**blue-stone** [ˈbluːstəun] *n* ме́дный купоро́с

**blue streak** [ˈbluːstriːk] *n* 1) бы́стро дви́жущийся предме́т 2) пото́к слов; to talk ~ говори́ть без у́молку

**bluet** [ˈbluːɪt] *n бот.* василёк

**blue tit** [ˈbluːtɪt] *n* лазо́ревка (*птица*)

**bluett** [ˈbluːɪt] = bluet

**blue vitriol** [ˈbluːˈvɪtrɪəl] *n* ме́дный купоро́с

**bluff** I [blʌf] **1.** *a* 1) отве́сный, круто́й; обры́вистый 2) ре́зкий, прямо́й; грубова́то-доброду́шный

**2.** *n* отве́сный бе́рег; обры́в, утёс

**bluff** II [blʌf] **1.** *n* 1) обма́н, запу́гивание, блеф; to call smb.'s ~ провоци́ровать, подбива́ть (*на что-л.*) 2) обма́нщик

**2.** *v* обма́нывать, запу́гивать, брать на пу́шку

**bluffy** [ˈblʌfɪ] *a* 1) ре́зкий, прямо́й; грубова́то-доброду́шный 2) отве́сный, круто́й; обры́вистый

**bluing** [ˈbluːɪŋ] = blueing 2

**bluish** [ˈbluːɪʃ] *a* голубова́тый, синева́тый

**blunder** [ˈblʌndə] **1.** *n* 1) гру́бая оши́бка 2) про́мах, просчёт

**2.** *v* 1) дви́гаться о́щупью; спотыка́ться (about, along, against, into) 2) гру́бо ошиба́ться 3) пло́хо справля́ться (*с чем-л.*); испо́ртить; напу́тать □ ~ **away** упусти́ть; to ~ away one's chance пропусти́ть удо́бный слу́чай; ~ **on** = ~ upon; ~ **out** сболтну́ть, сказа́ть глу́пость; ~ **upon** случа́йно натолкну́ться на *что-л.*

**blunderbuss** [ˈblʌndəbʌs] *n ист.* мушкето́н (*короткоствольное ружьё с раструбом*)

**blunderhead** [ˈblʌndəhed] *n* болва́н, дура́к

**blundering** [ˈblʌndərɪŋ] **1.** *pres. p. от* blunder 2

**2.** *a* 1) нело́вкий, неуме́лый 2) оши́бочный

**blunge** [blʌndʒ] *v* мять гли́ну; переме́шивать гли́ну с водо́й

**blunt** [blʌnt] **1.** *a* 1) тупо́й; ~ angle тупо́й у́гол; срезанный у́гол 2) непоня́тливый, тупова́тый 3) грубова́тый 4) прямо́й, ре́зкий

**2.** *v* притупля́ть

**blur** [bləː] **1.** *n* 1) пятно́, кля́кса 2) расплы́вшееся пятно́; нея́сные очерта́ния 3) пятно́, поро́к

2. *v* 1) замара́ть, запа́чкать; наде́лать клякс 2) сде́лать нея́сным; затума́нить; затемни́ть (*сознание и т. п.*) 3) запятна́ть (*репутацию*) □ ~ **out** стере́ть, изгла́дить; ~ **over** зама́зывать, затушёвывать (*ошибки, недостатки и т. п.*)

**blurb** [blə:b] *n* изда́тельское рекла́мное объявле́ние; рекла́ма (*обыкн. на обложке или суперобложке книги*)

**blurt** [blə:t] *v* сболтну́ть, вы́палить (*обыкн.* ~ out)

**blush** [blʌʃ] **1.** *n* 1) румя́нец; кра́ска стыда́, смуще́ния; to put to the ~ заста́вить покрасне́ть; to spare smb.'s ~es щади́ть чью-л. скро́мность, стыдли́вость 2) розова́тый отте́нок 3) *уст.* взгляд; at (the) first ~ на пе́рвый взгляд; с пе́рвого взгля́да

2. *v* красне́ть, залива́ться румя́нцем от смуще́ния, стыда́ (at, for); to ~ like a rose зарде́ться как ма́ков цвет; to ~ like a black (*или* blue) dog отлича́ться бессты́дством

**blushful** [ˈblʌʃful] *a* 1) засте́нчивый; стыдли́вый 2) румя́ный, кра́сный

**blushing** [ˈblʌʃɪŋ] **1.** *pres. p. от* blush 2

2. *a* = blushful

**bluster** [ˈblʌstə] **1.** *n* 1) рёв бу́ри 2) шум, пусты́е угро́зы, хвастовство́

2. *v* 1) бушева́ть; реве́ть (*о буре*) 2) шуме́ть, хва́статься, грози́ться (at) 3) неистовствовать

**blusterer** [ˈblʌstərə] *n* забия́ка; хвасту́н

**blusterous, blustery** [ˈblʌstərəs, -rɪ] *a* 1) бу́рный, бу́йный 2) шумли́вый, хвастли́вый 3) задири́стый

**bo** [bəu] = boo

**boa** [ˈbəuə] *n* 1) *зоол.* боа́; уда́в 2) боа́, горже́тка

**Boanerges** [ˌbəuəˈnə:dʒi:z] *n* крикли́вый пропове́дник *или* ора́тор

**boar** [bɔ:] *n* хряк; wild ~ каба́н, вепрь

**board** I [bɔ:d] **1.** *n* 1) доска́; bed of ~s на́ры 2) *уст.* стол, *особ.* обе́денный; groaning ~ стол, уста́вленный я́ствами 3) пита́ние, харчи́, стол; ~ and lodging кварти́ра и стол; пансио́н 4) по́лка 5) *pl* подмо́стки, сце́на; to go on the ~s стать актёром; to tread the ~s быть актёром 6) кры́шка переплёта 7) борт (*судна*); on ~ на корабле́, на пароходе́, на борту́; *амер. тж.* в ваго́не (*железнодорожном, трамвайном*); to come (*или* to go) on ~ сесть на кора́бль; to go by the ~ па́дать за́ борт; *перен.* быть вы́брошенным за́ борт 8) *горн.* широ́кая вы́работка в у́гольном пласте́ 9) *мор.* галс; to make ~s лави́ровать ◇ to sweep the ~ а) *карт.* забра́ть все ста́вки; б) завладе́ть всем

2. *v* 1) настила́ть пол; обшива́ть доска́ми 2) столова́ться (with — у *кого-л.*) 3) предоставля́ть пита́ние (*жильцу и т. п.*) 4) сесть на кора́бль; *амер. тж.* сесть в по́езд, в трамва́й, на самолёт 5) *ист.* брать на аборда́ж 6) *мор.* лави́ровать

**board** II [bɔ:d] *n* правле́ние; сове́т; колле́гия; департа́мент; министе́рство; B. of Directors правле́ние; ~ of trustees сове́т попечи́телей; B. of Education а) *уст.* министе́рство просвеще́ния; б) *амер.* (ме́стный) отде́л наро́дного образова́ния; B. of Health отде́л здравоохране́ния; B. of Trade а) министе́рство торго́вли (*в Англии*); б) торго́вая пала́та (*в США*)

**boarder** [ˈbɔ:də] *n* 1) пансионе́р; нахле́бник 3) пансионе́р (*в школе*)

**boarding-house** [ˈbɔ:dɪŋhaus] *n* пансио́н; меблиро́ванные ко́мнаты со столо́м

**boarding-school** [ˈbɔ:dɪŋsku:l] *n* 1) пансио́н, закры́тое уче́бное заведе́ние 2) шко́ла-интерна́т

**board-wages** [ˈbɔ:dˈweɪdʒɪz] *n* столо́вые и кварти́рные де́ньги (*выплачиваемые прислуге и т. п.*)

**board-walk** [ˈbɔ:dwɔ:k] *n* доща́тый насти́л для прогу́лок на пля́же

**boast** I [bəust] **1.** *n* 1) хвастовство́ 2) предме́т го́рдости; to make ~ of smth. хва́стать(ся) чем-л. ◇ great ~, small roast *посл.* ≅ похвальбы́ мно́го, то́лку ма́ло

2. *v* 1) хва́стать(ся) (of, about; that); not much to ~ of не́чем похва́стать(ся) 2) горди́ться; to ~ smth. быть счастли́вым облада́телем чего́-л.

**boast** II [bəust] *v* гру́бо обтёсывать ка́мень

**boaster** I [ˈbəustə] *n* хвасту́н

**boaster** II [ˈbəustə] *n* пазови́к, зуби́ло (*каменщика*); ска́рпель

**boastful** [ˈbəustful] *a* хвастли́вый

**boat** [bəut] **1.** *n* 1) ло́дка; шлю́пка; кора́бль; су́дно; подво́дная ло́дка; to take the ~ сесть на су́дно; to go by ~ е́хать мо́рем, плыть на пароходе́ 2) коры́тце; gravy ~ со́усник ◇ to be in the same ~ быть в одина́ковых усло́виях, в одина́ковом положе́нии с *кем-л.*; to sail in the same ~ де́йствовать сообща́; to sail one's own ~ де́йствовать самостоя́тельно, идти́ свои́м путём

2. *v* 1) ката́ться на ло́дке 2) перевози́ть в ло́дке

**boater** [ˈbəutə] *n* 1) ло́дочник; гребе́ц 2) канотье́ (*шляпа*)

**boat-fly** [ˈbəutflaɪ] *n* водяно́й клоп

**boatful** [ˈbəutful] *n* 1) пассажи́ры и кома́нда су́дна 2) ло́дка, напо́лненная до отка́за

**boat-hook** [ˈbəuthuk] *n* баго́р; *мор.* отпо́рный крюк

**boat-house** [ˈbəuthaus] *n* наве́с, сара́й для ло́док

**boating** [ˈbəutɪŋ] **1.** *pres. p. от* boat 2

2. *n* ло́дочный спорт; гребля

**boatman** [ˈbəutmən] *n* ло́дочник

**boat-race** [ˈbəutreɪs] *n* состяза́ние по гре́бле

**boatswain** [ˈbəusn] *n* бо́цман

**boat-tailed** [ˈbəutˈteɪld] *a* обтека́емой фо́рмы

**boat train** [ˈbəutˈtreɪn] *n* по́езд, согласо́ванный с пароходны́м расписа́нием

**bob** I [bɔb] **1.** *n* 1) подве́ска, вису́лька 2) ма́ятник; ги́ря *или* ча́шка (*маятника*); отве́с; груз отве́са 3) хвост (*игрушечного змея*) 4) попла́вок 5) = bob-sleigh 6) завито́к (*волос*) 7) пари́к с коро́ткими завитка́ми 8) коро́ткая стри́жка (*у женщин*) 9) подстри́женный хвост (*лошади или собаки*) 10) шарообра́зный предме́т (*дверная ручка, набалдашник трости и т. п.*); помпо́н (*на шапочке*) 11) припе́в, рефре́н; to bear a ~ хо́ром подхвати́ть припе́в 12) ре́зкое движе́ние, толчо́к 13) приседа́ние, кни́ксен 14) *мор.* баланси́р

2. *v* 1) кача́ться 2) подска́кивать, подпры́гивать (*тж.* ~ up and down); to ~ up like a cork воспря́нуть ду́хом 3) сту́кать(ся) 4) неуклю́же приседа́ть 5) ко́ротко стри́чься (*о женщине*) 6) лови́ть угре́й на нажи́вку □ ~ **in,** ~ **into** входи́ть; ~ **up** появля́ться на пове́рхности, всплыва́ть

**bob** II [bɔb] *n* (*pl без измен.*) *разг.* ши́ллинг

**bobbed** [bɔbd] *a* ко́ротко подстри́женный (*о женской прическе*)

**bobber** [ˈbɔbə] *n* поплаво́к

**bobbery** [ˈbɔbərɪ] **1.** *n* шум, гам

2. *a*: ~ pack сме́шанная сво́ра соба́к

**bobbin** [ˈbɔbɪn] *n* 1) кату́шка 2) коклю́шка 3) це́вка; шпу́лька 4) *эл.* бобы́на, кату́шка зажига́ния

**bobbish** [ˈbɔbɪʃ] *a разг., диал.* оживлённый, весёлый (*особ.* pretty ~)

**bobby** [ˈbɔbɪ] *n разг.* полисме́н

**bobby pin** [ˈbɔbɪpɪn] *n* зако́лка

**bobby-sox** [ˈbɔbɪsɔks] *n pl амер. разг.* коро́тенькие носо́чки

**bobby-soxer** [ˈbɔbɪˌsɔksə] *n разг.* де́вочка-подро́сток

**bobcat** [ˈbɔbkæt] *n зоол.* рысь ры́жая

**bobolink** [ˈbɔbəlɪŋk] *n* ри́совый трупиа́л (*птица*)

**bob-sled** [ˈbɔbsled] = bob-sleigh

**bob-sleigh** [ˈbɔbsleɪ] *n* 1) бо́бслей (*сани с рулём для катания с гор*) 2) са́нки для перево́зки ле́са, подвя́зываемые под концы́ брёвен

**bobtail** [ˈbɔbteɪl] *n* 1) обре́занный хвост 2) ло́шадь *или* соба́ка с обре́занным хвосто́м

**bock** [bɔk] *n* 1) кре́пкое тёмное пи́во (*немецкое*) 2) *разг.* стака́н пи́ва

**bode** I [bəud] *v* предвеща́ть; сули́ть

**bode** II [bəud] *past и p. p. от* bide

**bodeful** [ˈbəudful] *a* гро́зный, злове́щий; предвеща́ющий несча́стье

**bodega** [bəuˈdi:gə] *исп. n* ви́нный погребо́к

**bodice** [ˈbɔdɪs] *n* корса́ж; лиф (*платья*)

**bodiless** [ˈbɔdɪlɪs] *a* бестеле́сный

**bodily** [ˈbɔdɪlɪ] **1.** *a* теле́сный, физи́ческий; ~ fear физи́ческий страх; ~ injury теле́сное поврежде́ние

2. *adv* 1) ли́чно, со́бственной персо́ной; he came ~ он яви́лся сам, ли́чно 2) цели́ко́м; *тех.* в со́бранном ви́де

**bodkin** [ˈbɔdkɪn] *n* 1) ши́ло 2) длинная шпи́лька для воло́с 3) *уст.* кинжа́л ◇ **to sit** (**to travel**) ~ сиде́ть (éхать) вти́снутым мéжду двумя́ сосéдями

**Bodleian** [bɔd'li(:)ən] *a*: the ~ (library) Библиотéка и́мени Бодлéя (*при Оксфордском университете*)

**body** ['bɔdɪ] **1.** *n* 1) тéло; celestial (*или* heavenly) ~ небéсное тéло, небéсное свети́ло; to keep ~ and soul together поддéрживать существовáние 2) *разг.* человéк; a poor ~ бедня́к [*ср.* somebody, nobody *и др.*] 3) труп 4) тýловище 5) глáвная, основнáя часть (*чего-л.*); кóрпус, óстов, кýзов; фюзеля́ж (*самолёта*); глáвный корáбль (*церкви*); ствол (*дерева*); ствóльная корóбка (*винтовки*); стакáн (*снаряда*); стани́на (*станка*); корсáж, лиф (*тж.* ~ of a dress); ~ of a book глáвная часть кни́ги (*без предисловия, примечаний и т. п.*); ~ of the order текст прикáза; the main ~ *воен.* глáвные си́лы (*войск*); ядрó (*отряда и т. п.*) 6) грýппа людéй; ~ of electors избирáтели 7) вóинская часть; ~ of cavalry кавалери́йский отря́д; ~ of troops войсковóе соединéние 8) юриди́ческое лицó 9) корporáция; организáция; the ~ politic госудáрство; autonomous bodies óрганы самоуправлéния; legislative ~ законодáтельный óрган; learned ~ учёное óбщество; in a ~ в пóлном состáве 10) мáсса; большинствó; a great ~ of facts мáсса фáктов 11) консистéнция, сравни́тельная плóтность (*жидкости*); крóющая спосóбность (*краски*) 12) крéпость (*вина*) 13) перегóнный куб, ретóрта 14) *attr.*: ~ count подсчёт уби́тых; to deal a ~ blow ошарáшить

2. *v редк.* придавáть фóрму; воплощáть (*обыкн.* ~ forth)

**body-check(ing)** ['bɔdɪtʃek(ɪŋ)] *n спорт.* си́ловой приём; блокирóвка

**body-cloth** ['bɔdɪklɔθ] *n* попóна

**body-colour** ['bɔdɪˌkʌlə] *n жив.* кóрпусная крáска; телéсный цвет

**body-guard** ['bɔdɪgɑ:d] *n* 1) ли́чная охрáна; эскóрт 2) телохрани́тель

**body-snatcher** ['bɔdɪˌsnætʃə] *n ист.* 1) похити́тель трýпов 2) *воен. жарг.* снáйпер 3) *амер.* репортёр, освещáющий дéятельность выдаю́щихся лиц

**bodywork** ['bɔdɪwə:k] *n* кузовостроéние

**Boeotian** [bɪ'əuʃjən] **1.** *a* грýбый, тупóй

2. *n* тупи́ца, невéжда

**Boer** ['bəuə] *n ист.* бур (*голландский поселенец в Южной Африке*)

**boffin** ['bɔfɪn] *n разг.* учёный, исслéдователь

**bog** [bɔg] **1.** *n* болóто, тряси́на

2. *v*: to be (*или* to get) ~ged down увя́знуть (*в болоте*)

**bog-berry** ['bɔgˌberɪ] *n* клю́ква

**bogey** ['bəugɪ] = bogie

**boggard, boggart** ['bɔgəd, 'bɔgət] *n диал.* 1) привидéние, при́зрак 2) пýгало

**boggle** ['bɔgl] *v* 1) пугáться 2) колебáться, остана́вливаться (at, about, over — пéред *чем-л.*) 3) · дéлать (*что-л.*) неумéло, пóртить 4) лукáвить, лицемéрить; уви́ливать

**boggy** ['bɔgɪ] *a* болóтистый

**boghead** ['bɔghed] *n* битуминóзный кáменный ýголь

**bogie** ['bəugɪ] *n* 1) телéжка; карéтка 2) *ж.-д.* двухóсная телéжка (*паровоза*) 3) = bogy 1), 2) *и* 3)

**bogle** ['bɔgl] *n* 1) привидéние 2) пýгало

**bog oak** ['bɔg'əuk] *n* морёный дуб

**bog-trotter** ['bɔgˌtrɔtə] *n* 1) обитáтель болóт 2) *шутл.* ирлáндец

**bogus** ['bəugəs] *a амер.* поддéльный, фикти́вный; ~ prisoner мни́мый заключённый, осведоми́тель

**bogy** ['bəugɪ] *n* 1) домовóй 2) привидéние 3) пýгало, жýпел 4) = bogle 1) *и* 2)

**boh** [bəu] = boo

**Bohemia** [bəu'hi:mjə] *n собир.* богéма

**Bohemian** [bəu'hi:mjən] **1.** *a* 1) богéмский 2) богéмный

2. *n* 1) богéмец 2) представи́тель богéмы 3) цыгáн

**boil** I [bɔɪl] **1.** *n* кипéние, тóчка кипéния; to bring to the ~ доводи́ть до кипéния; to keep on (*или* at) the ~ поддéрживать кипéние

2. *v* 1) кипяти́ть(ся), вари́ть(ся) 2) кипéть; бурли́ть; to make smb.'s blood ~ довести́ когó-л. до бéшенства 3) серди́ться; кипяти́ться □ ~ **away** выкипáть; ~ **down** а) увáривать(ся), выпáривать(ся), сгущáть (-ся); б) сокращáть(ся), сжимáть(ся); в) своди́ться (*к чему-л.*); ~ **over** а) перекипáть, уходи́ть чéрез край; б) кипéть, негодовáть, возмущáться

**boil** II [bɔɪl] *n* фурýнкул, нары́в

**boiled** [bɔɪld] **1.** *p. p. от* boil I, 2

2. *a* варёный, кипячёный; hard ~ egg яйцó вкрутýю; ~ dinner *амер.* блю́до из мя́са и овощéй; ~ linseed oil оли́фа; ~ shirt а) *разг.* крахмáльная рубáшка; б) *амер.* надýтый, чóпорный человéк

**boiler** ['bɔɪlə] *n* 1) (паровóй) котёл, бóйлер 2) кипяти́льник; куб *или* бак для кипячéния 3) пти́ца, óвощи, гóдные для вáрки ◇ to burst one's ~ *амер.* дожи́ть (*или* дойти́) до беды́, плóхо кóнчить; to burst smb.'s ~ довести́ когó-л. до беды́

**boiler-house** ['bɔɪləhaus] *n* котéльная

**boiler-plate** ['bɔɪləpleɪt] *n* котéльное желéзо; котéльный лист

**boiler-room** ['bɔɪlərum] *n* котéльное отделéние, котéльная

**boilersuit** ['bɔɪləsju:t] *n* рóба, спецóвка

**boiling** ['bɔɪlɪŋ] **1.** *pres. p. от* boil I, 2

2. *n* 1) кипéние 2) кипячéние ◇ the whole ~ *sl.* вся компáния

3. *a* кипя́щий

**boiling heat** ['bɔɪlɪŋhi:t] *n* удéльная (*или* скры́тая) теплотá испарéния (*при температуре кипения*)

**boiling-point** ['bɔɪlɪŋpɔɪnt] *n* тóчка кипéния (*тж. перен.*)

**boisterous** ['bɔɪstərəs] *a* 1) нейстóвый, бýрный 2) шумли́вый

**boko** ['bəukəu] *n sl.* нос

**bold** [bəuld] *a* 1) смéлый; I make ~ to say осмéлюсь сказáть 2) нáглый, бессты́дный; as ~ as brass нáглый, дéрзкий; to make ~ with позволя́ть себé вóльности с 3) самоувéренный 4) отчётливый (*о почерке, шрифте*); подчёркнутый, рельéфный 5) крутóй, обры́вистый

**bold-faced** ['bəuldfeɪst] *a* 1) нáглый 2) жи́рный (*о шрифте*)

**boldly** ['bəuldlɪ] *adv* 1) смéло 2) нáгло

**bole** I [bəul] *n* ствол

**bole** II [bəul] *n* бóлюс, бол, желéзистая известкóвая гли́на

**bolero** *n* 1) [bə'lɛərəu] болерó (*испанский танец*) 2) ['bɔlərəu] корóткая кýрточка с рукавáми *или* без рукавóв, болерó

**boletus** [bəu'li:təs] *n* гриб

**bolide** ['bəulɪd] *n астр.* боли́д

**bolivar** ['bɔlɪvɑ:] *n* боли́вар (*денежная единица Венесуэлы*)

**Bolivian** [bə'lɪvɪən] **1.** *a* боливи́йский

2. *n* боливи́ец; боливи́йка

**boliviano** [bəˌli:'vjɑ:nəu] *n* (*pl* -s [-əuz]) боливиáно (*денежная единица Боливии*)

**boll** [bəul] *n бот.* семеннáя корóбочка

**bollard** ['bɔləd] *n мор.* швартóвная тýмба

**bologna** [bə'ləunjə] = Bologna-sausage

**Bologna-sausage** [bə'ləunjəˌsɔsɪdʒ] *n* болóнская (копчёная) колбасá

**bolometer** [beu'lɔmɪtə] *n физ.* болóметр

**boloney** [bə'ləunɪ] *n* 1) = Bologna-sausage 2) *sl.* чепухá, вздор, ерундá

**Bolshevik** ['bɔlʃɪvɪk] **1.** *n* большеви́к

2. *a* большеви́стский

**Bolshevism** ['bɔlʃɪvɪzm] *n* большеви́зм

**Bolshevist** ['bɔlʃɪvɪst] **1.** *n* большеви́к

2. *a* большеви́стский

**bolster** ['bəulstə] **1.** *n* 1) вáлик под подýшкой 2) брус, поперéчина 3) *тех.* подклáдка; втýлка, шéйка 4) вáга 5) бýфер

2. *v* 1) подпирáть (*подушку*) вáликом 2) поддéрживать (*тж.* ~ up); to ~ up smb.'s courage приободри́ть, оказáть морáльную поддéржку комý-либо 3) подстрекáть 4) *школ.* бросáться подýшками

**bolt** I [bəult] **1.** *n* 1) засóв; задви́жка; шквóрень; язы́к (*замкá*); *воен.* (цилиндри́ческий) затвóр (*оружия*); behind ~ and bar под надёжным запóром; за решёткой 2) болт 3) *уст.* стрелá арбалéта 4) удáр грóма; a ~ from the blue гром среди́ я́сного нéба; пóлная неожи́данность 5) бéгство; to make (*или* to do) a ~ брóситься, помчáться (for); удрáть (to) 6) *амер. разг.* отхóд от своéй пáртии, при́нципов *и т. п.* 7) вязáнка (*хвороста*) 8) кусóк, рулóн (*холста, шёлковой материи*) ◇ my ~ is shot я сделал всё, что мог; he has shot his last ~ он сделал последнее усилие

2. *v* 1) запирать на засов 2) скреплять болтами 3) нестись стрелой, убегать; удирать 4) понести (*о лошади*) 5) глотать не разжёвывая 6) *амер. разг.* отходить от своей партии *или* не поддерживать её кандидата

3. *adv*: ~ upright прямо; как стрела

**bolt** II [bəult] *v* 1) просеивать сквозь сито; грохотить 2) *уст.* отсеивать (*тж.* ~ out); to ~ to the bran *перен.* внимательно расследовать, рассматривать

**bolter** I ['bəultə] *n* 1) *амер. разг.* отщепенец, отколовшийся от партии 2) норовистая лошадь

**bolter** II ['bəultə] *n* сито, решето

**bolt-hole** ['bəulthəul] *n* убежище

**bolting** I ['bəultɪŋ] 1. *pres. p. от* bolt I, 2

2. *n* 1) запирание засовом 2) крепление болтами

**bolting** II ['bəultɪŋ] 1. *pres. p. от* bolt II

2. *n* просеивание; отсеивание

**bolus** ['bəuləs] *n* 1) большая пилюля 2) шарик

**bomb** [bɔm] 1. *n* 1) бомба; мина (*миномёта*); ручная граната 2) баллон (*для сжатого воздуха, сжиженного газа*) 3) контейнер для радиоактивных материалов 4) *геол.* вулканическая бомба ◇ to throw a ~ into вызвать сенсацию, наделать переполох

2. *v* бомбить, сбрасывать бомбы □ ~ **out** разбомбить; ~ **up** *ав.* грузить(-ся) бомбами

**bombard** 1. *n* ['bɔmbɑ:d] *ист.* бомбарда

2. *v* [bɔm'bɑ:d] 1) бомбардировать 2) *разг.* засыпать, донимать (*вопросами*) 3) *физ.* бомбардировать, облучать частицами

**bombardier** [,bɔmbə'dɪə] *n* бомбардир; капрал артиллерии

**bombardment** [bɔm'bɑ:dmənt] *n* бомбардировка; артиллерийский *или* миномётный обстрел; preliminary ~ артиллерийская подготовка

**bombardon** [bɔm'bɑ:dn] *n* бомбардон (*муз. духовой инструмент*)

**bombasine** ['bɔmbəsi:n] *n текст.* бомбазин (*шёлковая ткань, обыкн. чёрного цвета*)

**bombast** ['bɔmbæst] *n* напыщенность (*в речи, письме*)

**bombastic** [bɔm'bæstɪk] *a* напыщенный

**bombazine** ['bɔmbəzi:n] = bombasine

**bomb-destroy** ['bɔmdɪ,strɔɪ] *v* бомбить, уничтожать бомбами

**bomb-disposal** ['bɔmdɪs,pəuzəl] *n* обезвреживание неразорвавшихся бомб, мин, артиллерийских снарядов

**bomb dropper** ['bɔm,drɔpə] *n ав.* бомбосбрасыватель

**bombed-out** ['bɔmd'aut] *a* разбомблённый

**bomber** ['bɔmə] *n* 1) *воен.* бомбометатель; гранатомётчик 2) *ав.* бомбардировщик

**bombing** ['bɔmɪŋ] 1. *pres. p. от* bomb 2

2. *n* бомбометание; бомбёжка

**bomb-load** ['bɔmləud] *n* бомбовая нагрузка

**bomb-proof** ['bɔmpru:f] *воен.* 1. *a* непробиваемый бомбами

2. *n* бомбоубежище

**bombshell** ['bɔmʃel] *n* 1) бомба 2) потрясающая новость; ≅ гром среди ясного неба

**bombshelter** ['bɔm,ʃeltə] *n* бомбоубежище

**bomb-sight** ['bɔmsaɪt] *n ав.* прицел для бомбометания

**bona fide** ['bəunə'faɪdɪ] *лат.* 1. *a* добросовестный; настоящий

2. *adv* добросовестно

**bona fides** ['bəunə'faɪdɪz] *лат. n* честное намерение; добросовестность

**bonanza** [bəu'nænzə] 1. *n* 1) *амер.* процветание; (неожиданная) удача; доходное предприятие, «золотое дно» 2) *горн.* бонанца (*скопление богатой руды в жиле или залежи*)

2. *a* процветающий; ~ farm доходное, процветающее хозяйство

**bon-bon** ['bɔnbɔn, bɔ:ŋ'bɔ:ŋ] *фр. n* конфета

**bond** I [bɔnd] 1. *n* 1) связь, узы 2) *pl* оковы; *перен.* тюремное заключение; in ~s в тюрьме 3) соединение 4) сдерживающая сила 5) долговое обязательство; to stand ~ for smb. поручиться за кого-л. 6) (*обыкн. pl*) *фин.* облигации; боны 7) таможенная закладная 8) *шотл.* закладная 9) *стр.* перевязка (*кирпичной кладки*)

2. *v* 1) связывать 2) закладывать имущество 3) подписывать обязательства 4) *фин.* выпускать облигации, боны 5) оставлять товары на таможне до уплаты пошлины 6) *стр.* скреплять, связывать (*кирпичную кладку*)

**bond** II [bɔnd] *уст.* 1. *n* крепостной (крестьянин)

2. *a* крепостной

**bondage** ['bɔndɪdʒ] *n* 1) рабство; крепостное состояние 2) зависимость

**bonded** ['bɔndɪd] 1. *p. p. от* bond I, 2

2. *a* 1) обеспеченный бонами (*о долге*) 2) хранящийся на таможенных складах 3): ~ warehouse таможенный склад для хранения не оплаченных пошлиной товаров

**bonder** ['bɔndə] = bond-stone

**bondholder** ['bɔnd,həuldə] *n* держатель облигаций, бон

**bondmaid** ['bɔndmeɪd] *n* крепостная женщина; раба

**bondman** ['bɔndmən] *n* крепостной, виллан; раб

**bondservant** ['bɔnd,sə:vənt] *n* раб

**bondservice** ['bɔnd,sə:vɪs] *n* рабство; крепостная зависимость

**bondslave** ['bɔndsleɪv] *n* раб

**bondsman** ['bɔndzmən] *n* 1) = bondman 2) поручитель

**bond-stone** ['bɔndstəun] *n стр.* тычок, связующий камень

**bond(s)woman** ['bɔnd(z),wumən] = bondmaid

**bone** [bəun] 1. *n* 1) кость; to the ~ насквозь; drenched to the ~ насквозь промокший; frozen to the ~ продрогший до костей 2) *pl* скелет; костяк 3) *pl шутл.* человек; тело; останки 4) что-л., сделанное из кости 5) *pl* (игральные) кости; кастаньеты 6) *pl* домино 7) *pl* коклюшки 8) китовый ус 9) *амер. sl.* доллар ◇ the ~ of contention яблоко раздора; to cast (in) a ~ between сеять рознь, вражду; to cut (costs, *etc.*) to the ~ снизить (цены *и т. п.*) до минимума; to feel in one's ~s интуитивно чувствовать; to make no ~s about (*или* of) не колебаться, не сомневаться; не церемониться; to make old ~s *разг.* дожить до глубокой старости; on one's ~s *sl.* в тяжёлом положении, на мели; to have a ~ to pick with smb. иметь счёты с кем-л.; a bag of ~s ≅ кожа да кости; to have a ~ in one's (*или* the) arm (*или* leg) *шутл.* быть усталым, быть не в состоянии шевельнуть пальцем, подняться, идти дальше; to have a ~ in one's (*или* the) throat *шутл.* быть не в состоянии сказать ни слова; to keep the ~s green сохранять хорошее здоровье; the nearer the ~ the sweeter the flesh (*или* the meat) *посл.* ≅ остатки сладки; what is bred in the ~ will not go out of the flesh *посл.* ≅ горбатого могила исправит

2. *v* 1) снимать мясо с костей 2) удобрять костяной мукой 3) *sl.* красть □ ~ **up** (on a subject) зубрить, долбить (предмет); to ~ up on (one's) Latin зубрить (свою) латынь

**bone-black** ['bəunblæk] *n* животный *или* костный уголь

**bone china** ['bəun,tʃaɪnə] *n* сорт тонкостенного, просвечивающегося фарфора

**bone-coal** ['bəunkəul] *n* сланцеватый *или* глинистый уголь

**boned** [bəund] *a* очищенный от костей

**bone-dry** ['bəundraɪ] *a* 1) совершенно высохший 2) *амер.* сухой, запрещающий продажу спиртных напитков (*о законе*)

**bone-dust** ['bəundʌst] *n* костяная мука (*удобрение*)

**bone-head** ['bəunhed] *n sl.* дурак, тупица

**boneless** ['bəunlɪs] *a* бесхарактерный

**bone-meal** ['bəunmi:l] = bone-dust

**boner** ['bəunə] *n sl.* промах; глупая ошибка

**bone-setter** ['bəun,setə] *n* костоправ

**bone-shaker** ['bəun,ʃeɪkə] *n разг.* старая расшатанная машина *или* старый велосипед; драндулет

**bone-spavin** ['bəun,spævɪn] *n* костный шпат (*болезнь лошадей*)

**bonfire** ['bɔn,faɪə] *n* костёр; to make a ~ of сжигать (на костре), уничтожать; разрушать

**Boniface** ['bɔnɪfeɪs] *n* трактирщик

**bon mot** [bɔŋ'məu] *фр. n* (*pl* bons mots) остроумное выражение, острота

**bonne** [bɔn] *фр. n* бонна

**bonnet** [ˈbɔnɪt] **1.** *n* 1) да́мская шля́па (*без поле́й*); ка́пор; де́тский че́пчик; мужска́я шотла́ндская ша́почка; to vail the ~ почти́тельно снима́ть шля́пу 2) *разг.* соо́бщник (*моше́нника и т. п.*) 3) *тех.* капо́т (*дви́гателя*); кожу́х, (по)кры́шка; се́тка ◇ to fill smb.'s ~ заня́ть чьё-л. ме́сто; быть ра́вным кому́-л. во всех отноше́ниях

**2.** *v* 1) наде́ть *или* нахлобу́чить (*кому́-л.*) шля́пу 2) туши́ть (*ого́нь*)

**bonny** [ˈbɔnɪ] *a сев.* 1) краси́вый (*гл. обр. о де́вушке*) 2) здоро́вый, цвету́щий 3) хоро́ший

**bonny-clabber** [ˈbɔnɪˌklæbə] *n ирл.* простоква́ша

**bons mots** [bɔŋˈməuz] *pl от* bon mot

**bonus** [ˈbəunəs] *n* 1) пре́мия; танътье́ма 2) *attr.*: ~ job сде́льная рабо́та

**bony** [ˈbəunɪ] *a* 1) кости́стый 2) костля́вый

**bonze** [bɔnz] *n* бо́нза

**boo** [bu:] **1.** *int* *восклица́ние* а) *неодобре́ния*; б) *употребля́ющееся что́бы испуга́ть и́ли удиви́ть*

**2.** *v* 1) произноси́ть неодобри́тельное восклица́ние; осви́стывать; шика́ть 2) прогоня́ть; to ~ a dog out вы́гнать соба́ку

**boob** [bu:b] *n амер.* проста́к

**booby** [ˈbu:bɪ] *n* 1) болва́н, дура́к 2) отстаю́щий учени́к 3) спортсме́н *и́ли* кома́нда, пло́хо вы́ступивший (-ая) в соревнова́нии 4) о́луша (*морска́я пти́ца*)

**booby prize** [ˈbu:bɪpraɪz] *n* утеши́тельный приз (*даю́щийся в шу́тку прише́дшему после́дним в состяза́нии*)

**booby trap** [ˈbu:bɪtræp] *n* 1) ловýшка 2) *воен.* ми́на-сюрпри́з, ми́на-ловýшка

**booby-trap** [ˈbu:bɪtræp] *v воен.* ста́вить подрывны́е ми́ны-ловýшки

**boodle** [ˈbu:dl] *n* 1) толпа́, сбо́рище 2) во́рох 3) *амер.* взя́тка 4) ка́рточная игра́

**booh** [bu:] = boo

**book** [buk] **1.** *n* 1) кни́га, литерату́рное произведе́ние 2) (the B.) би́блия 3) том, кни́га, часть 4) либре́тто; текст (*о́перы и т. п.*); сцена́рий 5) конто́рская кни́га 6) сбо́рник отчётов (*комме́рческого предприя́тия, нау́чного о́бщества и т. п.*; *тж.* ~s) 7) букме́керская кни́га за́писи ста́вок пари́ (*на ска́чках*); за́пись заключа́емых пари́ 8) кни́жечка (*биле́тов на авто́бус и т. п.*); a ~ of matches кни́жечка карто́нных спи́чек 9): a ~ of stamps а) альбо́м ма́рок; б) кни́жечка почто́вых ма́рок 10) *карт.* (пе́рвые) шесть взя́ток одно́й из сторо́н (*в ви́сте*) 11) *attr.* кни́жный; ~ learning кни́жные (*и́ли* теорети́ческие) зна́ния ◇ to read smb. like a ~ прекра́сно понима́ть кого́-л., ви́деть насквозь; to speak by the ~ говори́ть (*о чём-л.*) на основа́нии то́чной информа́ции; to be on the ~s зна́читься в спи́ске; to be in smb.'s good (bad, black) ~s быть у кого́-л. на хоро́шем (плохо́м) счету́; one for the ~ досто́йный серьёзного внима́ния, значи́тельный; to bring to ~ призва́ть к отве́ту; to know a thing like a ~ ≅ знать что-л. как свой пять па́льцев; without ~ по па́мяти; to suit smb.'s ~ совпада́ть с чьи́ми-л. пла́нами, отвеча́ть чьим-л. интере́сам

**2.** *v* 1) заноси́ть в кни́гу, (за)регистри́ровать 2) зака́зывать, брать биле́т (*железнодоро́жный и т. п.*) 3) принима́ть зака́зы на биле́ты; all the seats are ~ed (up) все места́ про́даны 4) заручи́ться согла́сием; приглаша́ть; ангажи́ровать (*актёра, ора́тора*); I shall ~ you for Friday evening жду вас в пя́тницу ве́чером ◇ I'm ~ed я попа́лся

**bookbinder** [ˈbukˌbaɪndə] *n* переплётчик

**bookbinding** [ˈbukˌbaɪndɪŋ] *n* переплётное де́ло

**bookcase** [ˈbukkeɪs] *n* кни́жный шкаф; кни́жная по́лка; этаже́рка

**book-club** [ˈbukklʌb] *n* клуб люби́телей кни́ги

**booked** [bukt] **1.** *p. p. от* book 2

**2.** *a* 1) зака́занный 2) за́нятый

**book-hunter** [ˈbukˌhʌntə] *n* коллекционе́р ре́дких книг

**bookie** [ˈbukɪ] *n разг.* букме́кер (*на ска́чках*)

**booking-clerk** [ˈbukɪŋklɑ:k] *n* касси́р биле́тной, бага́жной *и́ли* театра́льной ка́ссы

**booking-office** [ˈbukɪŋˌɔfɪs] *n* 1) биле́тная ка́сса (*железнодоро́жная, театра́льная*) 2) конто́ра (*гости́ницы*)

**bookish** [ˈbukɪʃ] *a* 1) кни́жный 2) учёный 3) педанти́чный ◇ the ~ литерату́рные круги́

**book-keeper** [ˈbukˌki:pə] *n* бухга́лтер; счетово́д

**book-keeping** [ˈbukˌki:pɪŋ] *n* бухгалте́рия; счетово́дство

**book-learning** [ˈbukˌlə:nɪŋ] *n* кни́жные зна́ния, зна́ния, ото́рванные от жи́зни; кни́жность

**bookless** [ˈbuklɪs] *a* 1) необразо́ванный 2) не име́ющий книг

**booklet** [ˈbuklɪt] *n* брошю́ра, букле́т

**book-maker** [ˈbukˌmeɪkə] *n* букме́кер (*на ска́чках*)

**bookman** [ˈbukmən] *n* 1) учёный 2) *разг.* продаве́ц книг

**book-mark(er)** [ˈbukˌmɑ:k(ə)] *n* закла́дка (*в кни́ге*)

**bookmobile** [ˈbukˌməubaɪl] *n* передвижна́я библиоте́ка на грузовике́

**book-plate** [ˈbukpleɪt] *n* экслибрис

**bookseller** [ˈbukˌselə] *n* продаве́ц книг; second-hand ~ букини́ст

**bookselling** [ˈbukˌselɪŋ] *n* кни́жная торго́вля

**bookshelf** [ˈbukʃelf] *n* кни́жная по́лка

**bookshop** [ˈbukʃɔp] *n* кни́жный магази́н

**bookstall** [ˈbukstɔ:l] *n* кни́жный кио́ск

**bookstand** [ˈbukstænd] *n* кни́жный стенд

**bookstore** [ˈbukstɔ:] *n амер.* кни́жный магази́н

**bookworm** [ˈbukwə:m] *n* кни́жный червь, люби́тель книг, библиофи́л

**boom** I [bu:m] *n* 1) *мор.* плаву́чий бон, загражде́ние (*в ви́де брёвен и́ли цепи́*) 2) *тех.* стрела́, вы́лет (*кра́на*); уко́сина 3) *кино, тлв.* микрофо́нный жура́вль 4) *ав.* лонжеро́н хвостово́й фе́рмы 5) *стр.* по́яс (*а́рки*) 6) *спорт.* бревно́, бум

**boom** II [bu:m] **1.** *n* 1) гул (*гро́ма, вы́стрела и т. п.*) 2) жужжа́ние, гуде́ние 3) крик вы́пи 4) бум, ре́зкий подъём делово́й акти́вности 5) шуми́ха, шу́мная рекла́ма

**2.** *v* 1) греме́ть 2) жужжа́ть, гуде́ть 3) ора́ть, реве́ть; крича́ть (*о вы́пи*) 4) производи́ть шум, сенса́цию; станови́ться изве́стным 5) бы́стро расти́ (*о цене́, спро́се*) 6) реклами́ровать, создава́ть шуми́ху (*вокру́г челове́ка, това́ра и т. п.*)

**boomer** I [ˈbu:mə] *n* саме́ц кенгуру́

**boomer** II [ˈbu:mə] *n разг.* челове́к, реклами́рующий что-л. *и́ли* создаю́щий шуми́ху вокру́г чего́-л.

**boomerang** [ˈbu:məræŋ] *n* бумера́нг

**boon** I [bu:n] *n* 1) бла́го, благодея́ние; дар; преиму́щество, удо́бство 2) *книжн.* про́сьба

**boon** II [bu:n] *a* 1) *уст., поэт.* ще́дрый (*о приро́де*); прия́тный, благотво́рный (*о кли́мате и т. п.*) 2) доброжела́тельный, прия́тный; ~ companion весёлый собуты́льник

**boon** III [bu:n] *n* 1) сердцеви́на (*де́рева*) 2) *с.-х.* костра́, костри́ка

**boor** [buə] *n* гру́бый, невоспи́танный челове́к

**boorish** [ˈbuərɪʃ] *a* невоспи́танный, гру́бый

**boose** [bu:z] = booze

**boost** [bu:st] **1.** *n* 1) *разг.* реклами́рование, подде́ржка; созда́ние популя́рности 2) повыше́ние (*в цене́*) 3) *эл.* доба́вочное напряже́ние

**2.** *v* 1) поднима́ть, подпи́хивать, помога́ть подня́ться 2) реклами́ровать, горячо́ подде́рживать; спосо́бствовать ро́сту популя́рности 3) повыша́ть (*це́ну*) 4) = boom II, 2, 5); 5) *эл.* повыша́ть напряже́ние 6) *тех.* повыша́ть давле́ние; форси́ровать (*дви́гатель и т. п.*)

**booster** [ˈbu:stə] *n* 1) помо́щник; горя́чий сторо́нник 2) *тех.* побуди́тель; усили́тель 3) *ж.-д.* бу́стер 4) *воен.* раке́та-носи́тель; стартово́й дви́гатель

**boot** I [bu:t] **1.** *n* 1) боти́нок; high (*и́ли* riding) ~ сапо́г 2) *pl спорт.* бу́тсы 3) *ист.* коло́дки (*ору́дие пы́тки*) 4) фа́ртук (*экипа́жа*) 5) отделе́ние для багажа́ (*в автомоби́ле, в каре́те*) 6) обёртка (*поча́тка кукуру́зы*) ◇ ~ and saddle! *уст.* «сади́сь!» (*сигна́л в кавале́рии*); *амер.* «седла́й!»; the ~ is on the other leg отве́тственность лежи́т на друго́м; to die in one's ~s а) умере́ть скоропости́жной *и́ли* наси́льственной сме́ртью; б) умере́ть на своём посту́; to get the (order of the) ~ быть уво́ленным; to have one's heart in one's ~s стру́сить; ≅ «душа́ в пя́тки ушла́»; to be in smb.'s ~s быть на чьём-л. ме́сте, быть в чьей-л.

шку́ре; like old ~s *sl.* энерги́чно, стреми́тельно, изо всех сил; to move (*или* to start) one's ~s *разг.* уходи́ть, отправля́ться; seven-league ~s сапоги́-скорохо́ды, семими́льные сапоги́
2. *v* 1) надева́ть боти́нки 2) уда́рить сапого́м 3) *разг.* увольня́ть □ ~ out, ~ round выгоня́ть

**boot** II [bu:t] *уст.* 1. *n* вы́года, по́льза ◇ to ~ *разг.* в прида́чу
2. *v* помога́ть; what ~s it? кака́я от э́того по́льза?; it ~s not э́то бесполе́зно

**boot** III [bu:t] *n амер. воен. разг.* 1) новичо́к 2) *attr.*: ~ camp уче́бный ла́герь новобра́нцев

**bootblack** [ˈbu:tblæk] *n преим. амер.* чи́стильщик сапо́г

**bootee** [ˈbu:ti:] *n* 1) (тёплый) да́мский боти́нок 2) де́тский вя́заный башмачо́к

**Boötes** [bəuˈəuti:z] *n* Волопа́с (*созвездие*)

**booth** [bu:ð] *n* бу́дка; кио́ск; пала́тка; каби́на; бала́ган (*на ярмарке*)

**bootjack** [ˈbu:tdʒæk] *n* 1) приспособле́ние для снима́ния сапо́г 2) *горн.* лови́льный крюк

**bootlace** [ˈbu:tleɪs] *n* шнуро́к для боти́нок

**bootleg** [ˈbu:tleg] 1. *n* 1) голени́ще 2) *горн.* невзорва́вшийся шпур 3) спиртны́е напи́тки, продава́емые та́йно 4) *attr. амер.* контраба́ндный
2. *v амер. разг.* 1) та́йно торгова́ть контраба́ндными *или* самого́нными спиртны́ми напи́тками 2) та́йно продава́ть

**bootlegger** [ˈbu:tˌlegə] *n* 1) торго́вец контраба́ндными *или* самого́нными спиртны́ми напи́тками 2) *sl.* торго́вец запрещёнными това́рами

**bootless** I [ˈbu:tlɪs] *a* без башмако́в, без сапо́г; босоно́гий

**bootless** II [ˈbu:tlɪs] *a* бесполе́зный; ~ effort бесполе́зное уси́лие

**bootlicker** [ˈbu:tˌlɪkə] *n* подхали́м

**bootmaker** [ˈbu:tˌmeɪkə] *n* сапо́жник

**boots** [bu:ts] *n* коридо́рный, слуга́ (*в гостинице*)

**boot-top** [ˈbu:ttɔp] *n* голени́ще

**boot-tree** [ˈbu:ttri:] *n* сапо́жная коло́дка

**booty** [ˈbu:tɪ] *n* награ́бленное добро́, добы́ча ◇ to play ~ наме́ренно прои́грывать, завлека́я нео́пытного игрока́; помога́ть вы́игрышу сообщника

**booze** [bu:z] *разг.* 1. *n* 1) спиртно́й напи́ток 2) попо́йка, пья́нка; запо́й; to be on the ~ пья́нствовать
2. *v* пья́нствовать

**boozy** [ˈbu:zɪ] *a разг.* 1) пья́ный 2) лю́бящий вы́пить

**bo-peep** [bəuˈpi:p] *n* игра́ в пря́тки (*с ребёнком*); to play ~ игра́ть в пря́тки (*тж. перен.*)

**bora** [ˈbəurə] *n* бо́ра́, холо́дный се́веро-восто́чный ве́тер (*в Адриатике*)

**boracic acid** [bəˈræsɪkˈæsɪd] *n* бо́рная кислота́

**borage** [ˈbɔrɪdʒ] *n бот.* огуре́чник апте́чный

**borax** [ˈbɔ:ræks] *n* 1) *хим.* бура́ 2) *attr.*: ~ soap бо́рное мы́ло

**Bordeaux** [bɔ:ˈdəu] *фр. n* бордо́ (*вино*)

**border** [ˈbɔ:də] 1. *n* 1) грани́ца; the B. грани́ца ме́жду А́нглией и Шотла́ндией 2) край; кайма́, бордю́р; фриз
2. *v* 1) грани́чить (on, upon — с) 2) походи́ть, быть похо́жим (upon — на) 3) обшива́ть, окаймля́ть

**borderer** [ˈbɔ:dərə] *n* жи́тель пограни́чной полосы́

**borderland** [ˈbɔ:dəlænd] *n* 1) пограни́чная о́бласть; пограни́чная полоса́ 2) промежу́точная о́бласть (*в науке*) 3) что-л. неопределённое, промежу́точное; не́что сре́днее

**borderless** [ˈbɔ:dəlɪs] *a* не име́ющий грани́ц; бесконе́чный

**border line** [ˈbɔ:dəlaɪn] *n* грани́ца, демаркацио́нная ли́ния

**border-line** [ˈbɔ:dəlaɪn] *n* пограни́чный; *перен.* находя́щийся на гра́ни

**bore** I [bɔ:] 1. *n* 1) вы́сверленное отве́рстие, дыра́ 2) *воен., тех.* кана́л ствола́ 3) диа́метр отве́рстия, кали́бр 4) ску́чное заня́тие, ску́ка; what a ~! кака́я ску́ка! 5) ску́чный челове́к
2. *v* 1) сверли́ть; раста́чивать; бури́ть 2) с трудо́м пробива́ть себе́ путь 3) надоеда́ть; he ~s me to death он мне до́ смерти надое́л

**bore** II [bɔ:] *n* си́льное прили́вное тече́ние (*в узких устьях рек*)

**bore** III [bɔ:] *past от* bear II

**boreal** [ˈbɔ:rɪəl] *a* се́верный

**Boreas** [ˈbɔrɪæs] *n поэт.* Боре́й, се́верный ве́тер

**borecole** [ˈbɔ:kəul] *n* капу́ста кормова́я, бра́унколь

**bored** [bɔ:d] 1. *p. p. от* bore I, 2
2. *a* скуча́ющий; I am ~ мне надое́ло, мне ску́чно

**boredom** [ˈbɔ:dəm] *n* ску́ка

**bore hole** [ˈbɔ:həul] *n* бурова́я сква́жина; шпур

**borer** [ˈbɔ:rə] *n* 1) бура́в, бур; сверло́ 2) бури́льщик; сверло́вщик 3) сверли́льщик (*червь*)

**boric** [ˈbɔ:rɪk] *a хим.* бо́рный

**boring** [ˈbɔ:rɪŋ] 1. *pres. p. от* bore I, 2
2. *n* 1) буре́ние; сверле́ние 2) бурова́я сква́жина; (просверлённое) отве́рстие 3) доку́чливость, надое́дливость 4) *pl* стру́жка
3. *a* 1) сверля́щий 2) надое́дливый, ску́чный

**boring machine** [ˈbɔ:rɪŋməˌʃi:n] *n горн.* бури́льная маши́на; бури́льный молото́к

**boring mill** [ˈbɔ:rɪŋmɪl] *n* сверли́льный стано́к

**boring rig** [ˈbɔ:rɪŋrɪg] *n горн.* бурово́й стано́к

**born** [bɔ:n] 1. *p. p. от* bear II, 3)
2. *a* прирождённый; a poet ~ прирождённый поэ́т ◇ in all one's ~ days за всю свою́ жизнь

**borne** [bɔ:n] *p. p. от* bear II

**borné** [ˈbɔ:neɪ] *фр. a* ограни́ченный, с у́зким кругозо́ром

**boron** [ˈbɔ:rɔn] *n хим.* бор

**borough** [ˈbʌrə] *n* 1) (небольшо́й) го́род; municipal ~ го́род, име́ющий самоуправле́ние [*ср. тж.* 2)]; Parliamentary ~ го́род, предста́вленный в англи́йском парла́менте; close (*или* pocket) ~ го́род *или* о́круг, в кото́ром вы́боры факти́чески нахо́дятся под контро́лем одного́ лица́; rotten ~ *ист.* гнило́е местечко 2) *амер.* оди́н из пяти́ райо́нов Нью-Йо́рка (*тж.* municipal ~) 3): the B. Са́утуорк (*название округа Лондона*)

**borough-English** [ˈbʌrəˈɪŋglɪʃ] *n юр. ист.* перехо́д недви́жимости к мла́дшему, а не к ста́ршему сы́ну

**borrow** [ˈbɔrəu] *v* 1) занима́ть, брать на вре́мя (of, from — у *кого-л.*) 2) заи́мствовать

**borrowing** [ˈbɔrəuɪŋ] 1. *pres. p. от* borrow
2. *n* 1) ода́лживание; he who likes ~ dislikes paying тот, кто лю́бит брать взаймы́, не лю́бит отдава́ть 2) заи́мствование

**borsch** [bɔ:ʃ(t)] *русск. n* борщ

**Borstal** [ˈbɔ:stl] *a*: ~ system систе́ма наказа́ния несовершенноле́тних престу́пников, по кото́рой срок заключе́ния зави́сит от их поведе́ния при отбыва́нии наказа́ния; ~ institution коло́ния для несовершенноле́тних престу́пников; ~ boy подро́сток, отбыва́ющий срок в коло́нии

**borzoi** [ˈbɔ:zɔɪ] *русск. n* борза́я (*порода собак*)

**boscage** [ˈbɔskɪdʒ] *n поэт.* ро́ща; подле́сок; куста́рник

**bosh** I [bɔʃ] 1. *n sl.* вздор; (глу́пая) болтовня́
2. *int* вздор!, глу́пости!
3. *v школ. жарг.* дразни́ть; дура́чить

**bosh** II [bɔʃ] *n тех.* 1) ва́нна для охлажде́ния инструме́нта 2) *pl* заплечики до́менной пе́чи

**bosk** [bɔsk] *n поэт.* ро́щица

**boskage** [ˈbɔskɪdʒ] = boscage

**bosket** [ˈbɔskɪt] = bosk

**bosky** [ˈbɔskɪ] *a* поро́сший ле́сом *или* куста́рником

**bosom** [ˈbuzəm] 1. *n* 1) грудь; па́зуха; to put in one's ~ положи́ть за па́зуху 2) ло́но; не́дра; in the ~ of one's family в кругу́ семьи́; the ~ of the sea морски́е глуби́ны 3) се́рдце, душа́ 4) корса́ж, грудь соро́чки *и т. п.*; *амер.* мани́шка ◇ to take to one's ~ а) жени́ться; взять в жёны; б) прибли́зить к себе́, сде́лать свои́м дру́гом
2. *v уст.* 1) храни́ть в та́йне 2) пря́тать (за па́зуху); a house ~ed in trees дом, скры́тый дере́вьями

**bosom-friend** [ˈbuzəmfrend] *n* закады́чный друг

**bosquet** [ˈbɔskɪt] = bosk

**boss** I [bɔs] *разг.* 1. *n* 1) хозя́ин; предпринима́тель; босс; *разг.* шеф; he's the ~ here он здесь хозя́ин 2) *амер.* руководи́тель ме́стной полити́ческой организа́ции 3) деся́тник 4) *горн.* ште́йгер
2. *v* быть хозя́ином; распоряжа́ться ◇ to ~ the show хозя́йничать, распоряжа́ться всем

**boss** II [bɔs] **1.** *n* 1) ши́шка, вы́пуклость 2) *тех.* бобы́шка, утолще́ние, вы́ступ, прили́в; упо́р 3) *геол.* ку́пол, шток 4) *архит.* релье́фное украше́ние 5) вту́лка колеса́

2. *v* 1) де́лать вы́пуклый орна́мент 2) обта́чивать ступи́цу 3) *sl.* промахну́ться, испо́ртить де́ло

**boss** III [bɔs] **1.** *n разг.* 1) про́мах 2) пу́таница

2. *v разг.* 1) соверши́ть оши́бку, промахну́ться; напорта́чить 2) напу́тать

**bossy** [ˈbɔsɪ] *a* 1) вы́пуклый 2) шишкова́тый

**Boston, boston** [ˈbɔstən] *n* 1) вальс-босто́н 2) *карт.* босто́н

**botanical** [bəˈtænɪkəl] *a* ботани́ческий

**botanist** [ˈbɔtənɪst] *n* бота́ник

**botanize** [ˈbɔtənaɪz] *v* ботанизи́ровать

**botany** [ˈbɔtənɪ] *n* бота́ника

**Botany Bay** [ˈbɔtənɪˈbeɪ] *n* ссы́лка, ка́торга (*от названия бухты в Новом Южном Уэльсе, служившей местом ссылки*)

**botch** [bɔtʃ] **1.** *n* 1) запла́та 2) пло́хо сде́ланная рабо́та

2. *v* 1) неуме́ло лата́ть 2) де́лать небре́жно; по́ртить

**botcher** [ˈbɔtʃə] *n* плохо́й рабо́тник

**bot-fly** [ˈbɔtflaɪ] *n* о́вод

**both** [bəuθ] **1.** *pron indef.* о́ба; they are ~ doctors, ~ of them are doctors о́ба они́ врачи́; ~ are busy о́ба они́ за́няты

2. *adv, cj*: ~... and... как..., так и...; и... и...; и к тому́ же; he speaks ~ English and French он говори́т и по-англи́йски и по-францу́зски; he is ~ tired and hungry он уста́л и к тому́ же го́лоден

**bother** [ˈbɔðə] **1.** *n* беспоко́йство, хло́поты; исто́чник беспоко́йства

2. *v* 1) надоеда́ть; беспоко́ить 2) беспоко́иться, волнова́ться (about) 3) суети́ться; хлопота́ть; don't ~! не сто́ит беспоко́иться ◇ oh, ~ it! *разг.* чёрт возьми́!

**botheration** [ˌbɔðəˈreɪʃən] **1.** *n* = bother 1

2. *int* кака́я доса́да!

**bothersome** [ˈbɔðəsəm] *a* надое́дливый, доку́чливый; беспоко́йный

**bothy** [ˈbɔθɪ] *n шотл.* 1) хиба́рка 2) (бара́чное) помеще́ние для рабо́чих (*на ферме, на стройке*)

**bo-tree** [ˈbəutriː] *n* свяще́нное де́рево (*у буддистов Индии*)

**bottle** I [ˈbɔtl] **1.** *n* 1) буты́лка, буты́ль; флако́н 2) рожо́к (*для грудных детей*); to bring up on the ~ вска́рмливать ребёнка на рожке́, иску́сственно вска́рмливать ребёнка 3) вино́; to be fond of the ~ люби́ть вы́пить; to pass the ~ round передава́ть буты́лку вкругову́ю; to flee from the ~ избега́ть спиртны́х напи́тков; to have a ~ вы́пить, пропусти́ть рю́мочку; over a ~ за буты́лкой вина́; to take to the ~ запи́ть, пристрасти́ться к вину́; to hit (*или* to give up) the ~ стать тре́звенником 4) *тех.* опо́ка ◇ to know smb. from his ~ up знать кого́-л. с пелёнок; black ~ *амер.* яд

**2.** *v* 1) храни́ть в буты́лках 2) разлива́ть по буты́лкам (*тж.* ~ off) 3) *sl.* пойма́ть (на ме́сте преступле́ния) □ ~ **up** сде́рживать, скрыва́ть (*обиду и т. п.*)

**bottle** II [ˈbɔtl] *n редк.* сноп; оха́пка се́на

**bottle-baby** [ˈbɔtlˌbeɪbɪ] *n* вско́рмленный на рожке́ ребёнок, иску́сственник

**bottle-feeding** [ˈbɔtlˌfiːdɪŋ] *n* иску́сственное вска́рмливание

**bottle-glass** [ˈbɔtlglɑːs] *n* буты́лочное стекло́

**bottle-green** [ˈbɔtlgriːn] *a* тёмно-зелёный, буты́лочного цве́та

**bottle-holder** [ˈbɔtlˌhəuldə] *n* 1) секунда́нт боксёра 2) помо́щник, сторо́нник

**bottle neck** [ˈbɔtlnek] *n* го́рлышко буты́лки

**bottle-neck** [ˈbɔtlnek] **1.** *n* 1) у́зкий прохо́д 2) про́бка (*в уличном движении*) 3) *перен.* у́зкое ме́сто 4) *воен.* дефиле́

2. *v* создава́ть зато́р, про́бку

**bottle-screw** [ˈbɔtlskruː] *n* што́пор

**bottle-washer** [ˈbɔtlˌwɔʃə] *n* 1) мо́йщик буты́лок 2) *шутл.* ма́льчик на побегу́шках ◇ head cook and ~ *ирон.* и ста́рший по́вар и судомо́йка; ≅ и швец, и жнец, и в дуду́ игре́ц

**bottom** [ˈbɔtəm] **1.** *n* 1) дно, дни́ще; ~ up вверх дном; to have no ~ быть без дна, не име́ть дна; *перен.* быть неистощи́мым, неисчерпа́емым 2) дно (*моря, реки и т. п.*); to go to the ~ пойти́ ко дну; to send to the ~ потопи́ть; to touch ~ а) косну́ться дна; б) дойти́ до преде́льно ни́зкого у́ровня (*о ценах*); в) *перен.* опусти́ться; г) добра́ться до су́ти де́ла 3) низ, ни́жняя часть; коне́ц; at the ~ of a mountain у подно́жия горы́; at the ~ of the steps на ни́жней ступе́ньке; to be at the ~ of the class занима́ть после́днее ме́сто по успева́емости; at the ~ of the table в конце́ стола́ 4) грунт; по́чва; подстила́ющая поро́да 5) основа́ние, фунда́мент 6) *груб.* зад, за́дняя часть 7) осно́ва, суть; to get (down) to (*или* at) the ~ of добра́ться до су́ти де́ла; good at (the) ~ по существу́ хоро́ший 8) причи́на; to be at the ~ of smth. быть причи́ной *или* зачи́нщиком чего́-л. 9) сиде́нье (*стула*) 10) под (*печи*) 11) подво́дная часть корабля́ 12) су́дно (*торговое*) 13) (*обыкн. pl*) ни́зменность, доли́на (*реки*) 14) запа́с жи́зненных сил, вы́носливость 15) оса́док, подо́нки ◇ there's no ~ to it э́тому конца́ не ви́дно; to knock the ~ out of an argument опрове́ргнуть аргуме́нт; вы́бить по́чву из-под ног; to stand on one's own ~ быть незави́симым, стоя́ть на свои́х нога́х; ~s up! пей до дна!; to be at rock ~ впасть в уны́ние

2. *a* 1) ни́жний; ни́зкий; после́дний; ~ price кра́йняя цена́; ~ rung ни́жняя ступе́нька (*приставной лестницы*); one's ~ dollar после́дний до́ллар 2) основно́й

3. *v* 1) (*обыкн. pass.*) стро́ить, осно́вывать (on, upon — на) 2) осно́вываться 3) приде́лывать дно 4) каса́ться дна; измеря́ть глубину́ 5) дока́ться причи́ны; добра́ться до су́ти, вни́кнуть

**bottom drawer** [ˈbɔtəmdrɔː] *n* я́щик в комо́де, в кото́ром храни́тся прида́ное неве́сты

**bottom-land** [ˈbɔtəmlænd] *n амер.* по́йма; доли́на

**bottomless** [ˈbɔtəmlɪs] *a* 1) бездо́нный 2) непостижи́мый 3) не име́ющий сиде́нья (*о стуле*) 4) необосно́ванный

**bottommost** [ˈbɔtəmməust] *a* са́мый ни́жний

**botulism** [ˈbɔtjulɪzm] *n мед.* ботули́зм

**boudoir** [ˈbuːdwɑː] *фр. n* будуа́р

**bough** [bau] *n* сук

**bought** [bɔːt] *past и p. p. от* buy 1

**bougie** [ˈbuːʒiː] *n* 1) восковая свеча́ 2) *мед.* буж, расшири́тель

**bouillon** [buːˈjɔːŋ] *фр. n* 1) бульо́н, суп 2) пы́шные скла́дки

**boulder** [ˈbəuldə] *n* 1) валу́н 2) га́лька

**boulevard** [ˈbuːlvɑː] *фр. n* 1) бульва́р 2) *амер.* проспе́кт

**boulter** [ˈbəultə] *n* дли́нная ле́са́ с не́сколькими крючка́ми

**bounce** [bauns] **1.** *n* 1) прыжо́к; отско́к; with a ~ одни́м скачко́м 2) глухо́й, внеза́пный уда́р 3) упру́гость 4) хвастовство́; преувеличе́ния 5) *sl.* увольне́ние 6) прыжо́к самолёта при поса́дке

2. *v* 1) подпры́гивать; отска́кивать; to ~ into (out of) the room влета́ть в ко́мнату (выска́кивать из ко́мнаты) 2) обма́ном *или* запу́гиванием заста́вить (*сделать что-л.*) 3) хва́стать 4) *sl.* увольня́ть 5) *ав.* подпры́гивать при поса́дке, «козли́ть» 6) *фин.* быть возвращённым ба́нком ремите́нту (*ввиду отсутствия средств на счету плательщика — о чеке*)

3. *adv* вдруг; внеза́пно и шу́мно

**bouncer** [ˈbaunsə] *n* 1) тот, кто подпры́гивает, подска́кивает 2) *разг.* хвасту́н; лгун 3) *разг.* хвастовство́; ложь, фальшь 4) челове́к *или* вещь кру́пных разме́ров 5) *амер. sl.* вышиба́ла

**bouncing** [ˈbaunsɪŋ] **1.** *pres. p. от* bounce 2

2. *a* 1) здоро́вый, ро́слый, кру́пный, по́лный 2) хвастли́вый, чва́нный

3. *n* 1) подпры́гивание автомоби́ля 2) прыжо́к самолёта при поса́дке, «козёл»

**bound** I [baund] **1.** *n* 1) грани́ца, преде́л 2) (*обыкн. pl*) ограниче́ние; to put (*или* to set) ~s ограни́чивать (to — *что-л.*) ◇ out of ~s вход запрещён (*обыкн. для школьников*); beyond the ~s of decency в ра́мках прили́чия

2. *v* 1) ограни́чивать 2) сде́рживать 3) грани́чить; служи́ть грани́цей

**bound** II [baund] **1.** *n* 1) прыжо́к, скачо́к; a ~ forward бы́строе движе́-

ние вперёд 2) отско́к (*мяча*) 3) *поэт.* си́льный уда́р се́рдца

2. *v* 1) пры́гать, скака́ть; бы́стро бежа́ть 2) отска́кивать (*о мяче и т. п.*)

**bound** III [baund] **1.** *past u p. p. от* bind

**2.** *a* 1) свя́занный; ~ up with smb., smth. те́сно свя́занный с кем-л., чем-л. 2) обя́занный; вы́нужденный; ~ to military service военнообя́занный 3) непреме́нный, обяза́тельный; he is ~ to succeed ему́ обеспе́чен успе́х 4) уве́ренный; реши́вшийся (*на что--либо*) 5) переплетённый, в переплёте 6) страда́ющий запо́ром

**bound** IV [baund] *a* гото́вый (*особ. к отправлению*); направля́ющийся (for); the ship is ~ for Leningrad су́дно направля́ется в Ленингра́д; outward ~ гото́вый к вы́ходу в мо́ре, отправля́ющийся за грани́цу (*о судне*)

**boundary** [ˈbaundərɪ] *n* 1) грани́ца, межа́ 2) *attr.* пограни́чный; ~ lights *ав.* пограни́чные огни́ (*аэродрома*)

**bounden** [ˈbaundən] *уст. p. p. от* bind ◇ in ~ duty по до́лгу, по чу́вству до́лга

**bounder** [ˈbaundə] *n разг.* развя́зный, шумли́вый челове́к

**boundless** [ˈbaundlɪs] *a* безграни́чный, беспреде́льный

**bounteous** [ˈbauntɪəs] *a книжн.* 1) ще́дрый (*о человеке*) 2) доста́точный, оби́льный

**bountiful** [ˈbauntɪful] = bounteous

**bounty** [ˈbauntɪ] *n* 1) ще́дрость 2) ще́дрый пода́рок 3) прави́тельственная пре́мия для поощре́ния промы́шленности, торго́вли и се́льского хозя́йства 4) *воен.* пре́мия при доброво́льном поступле́нии на слу́жбу

**bouquet** [bu(:)ˈkeɪ] *n* 1) буке́т; to hand smb. a ~ for, to throw ~s at smb. *амер. разг.* восхваля́ть кого́-л., расточа́ть комплиме́нты кому́-л. 2) буке́т, арома́т (*вина*)

**bourbon** [ˈbuəbən] *n* 1) реакционе́р 2) сорт ви́ски (*тж.* ~ whisky)

**bourdon** [ˈbuədn] *n* басо́вый реги́стр орга́на *или* фисгармо́нии; басо́вая тру́бка волы́нки *или* её звуча́ние

**bourgeois** I [ˈbuəʒwɑ:] *фр.* **1.** *n* 1) буржуа́ 2) *ист.* горожа́нин

2. *a* буржуа́зный

**bourgeois** II [bə:ˈdʒɔɪs] *n полигр.* бо́ргес

**bourgeoisie** [ˌbuəʒwɑ:ˈzi:] *фр. n.* буржуази́я

**bourgeon** [ˈbɔ:dʒən] — burgeon

**bourn** I [buən] *n уст.* руче́й

**bourn** II [buən] = bourne

**bourne** [buən] *n уст., поэт.* 1) грани́ца, преде́л 2) цель

**bourse** [buəs] *фр. n* пари́жская фо́ндовая би́ржа

**bouse** [bauz] *v* выбира́ть, тяну́ть (*снасти*)

**bout** [baut] *n* 1) раз, черёд; круг; что-л., вы́полненное за оди́н раз, в оди́н присе́ст; кругооборо́т; заёзд; this ~ на э́тот раз 2) *спорт.* схва́тка; встре́ча; ~ with the gloves бокс 3) припа́док, при́ступ (*болезни, кашля*) 4) запо́й

**boutique** [bu:ˈti:k] *фр. n* небольшо́й магази́н, небольша́я ла́вка (*торгующие предметами дамского туалета*)

**bovine** [ˈbəuvaɪn] *a* 1) быча́чий, бы́чий 2) тяжелове́сный, медли́тельный; тупо́й

**bow** I [bau] **1.** *n* покло́н; to make one's ~ откла́няться; удали́ться; to take a ~ раскла́ниваться (*в ответ на аплодисменты*)

2. *v* 1) гну́ть(ся), сгиба́ть(ся) (*часто* ~ down); ~ed down by care согну́вшийся под бре́менем забо́т 2) кла́няться; to ~ and scrape раболе́пствовать; to ~ one's thanks поклони́ться в знак благода́рности; to ~ out откла́няться, распроща́ться; удали́ться; he was ~ed out of the room его́ с покло́нами проводи́ли из ко́мнаты 3) наклони́ть, склони́ть го́лову 4) подчиня́ться; to ~ to the inevitable покоря́ться неизбе́жному 5) преклоня́ться; to ~ before authority преклоня́ться пе́ред авторите́том

**bow** II [bəu] **1.** *n* 1) лук, самостре́л 2) дуга́ 3) ра́дуга 4) смычо́к 5) бант 6) *стр.* а́рка 7) *эл.* токоприёмник, бу́гель (*трамвая*) ◇ to draw a (*или* the) long ~ преувели́чивать, расска́зывать небыли́цы; draw not your ~ till your arrow is fixed *посл.* ≅ семь раз отме́рь, оди́н раз отре́жь; не сле́дует поступа́ть поспе́шно, не подгото́вившись

2. *v* владе́ть смычко́м

**bow** III [bau] *n* (*часто pl*) нос (*корабля*)

**bow-backed** [ˈbaubækt] *a* сго́рбленный, согбе́нный

**bow-compass(es)** [ˈbəuˌkʌmpəs(ɪz)] *n* (*pl*) кронци́ркуль

**bowdlerize** [ˈbaudləraɪz] *v* выбра́сывать (*из книги и т. п.*) всё нежела́тельное, одио́зное

**bowel** [ˈbauəl] *n* (*обыкн. pl*) 1) кишка́ (*мед. тж. sing*); to have the ~s open *мед.* име́ть стул; to evacuate the ~s *мед.* очища́ть желу́док 2) *pl* вну́тренности 3) не́дра 4) сострада́ние; to have no ~s быть безжа́лостным; the ~s of mercy (*или* pity) чу́вство сострада́ния 5) *attr.*: ~ movement *мед.* стул ◇ to get one's ~s in an uproar раздража́ться, поднима́ть шум

**bower** I [ˈbauə] *n* 1) да́ча, котте́дж 2) бесе́дка 3) *поэт.* жили́ще 4) *уст., поэт.* будуа́р

**bower** II [ˈbauə] *n мор.* станово́й я́корь

**bower** III [ˈbauə] *к карт.*: right ~ козырно́й вале́т; left ~ вале́т одноцве́тной с ко́зырем ма́сти

**bower-anchor** [ˈbauəˌæŋkə] = bower II

**bowery** I [ˈbauərɪ] *a* обса́женный дере́вьями, куста́ми; тени́стый

**bowery** II [ˈbauərɪ] *n амер.* 1) *ист.* ху́тор, фе́рма 2) у́лица *или* кварта́л дешёвых ба́ров, прито́нов

**bowie-knife** [ˈbəuɪnaɪf] *n амер.* дли́нный охо́тничий нож

**bowing** [ˈbəuɪŋ] *n* те́хника владе́ния смычко́м; игра́ на скрипи́чных инструме́нтах

**bowk** [bauk] *n горн.* бадья́

**bow-knot** [ˈbəunɔt] = bow II, 1, 5)

**bowl** I [bəul] *n* 1) ку́бок, ча́ша; the ~ пир, весе́лье; the flowing ~ спиртны́е напи́тки 2) ча́шка 3) ва́за (*для цветов*) 4) чашеобра́зная часть (*чего-л.*); углубле́ние (*ложки, подсвечника, чашки весов, резервуара фонтана*) 5) *тех.* ти́гель; резервуа́р

**bowl** II [bəul] **1.** *n.* 1) шар 2) *pl* игра́ в шары́ 3) *pl диал.* ке́гли 4) *тех.* ро́лик, блок

2. *v* 1) игра́ть в шары́ 2) кати́ть (*шар, обруч*) 3) кати́ться 4) *спорт.* подава́ть мяч (*в крикете*); мета́ть мяч (*в бейсболе*) □ ~ **along** идти́, е́хать *или* кати́ться бы́стро; ~ **off** вы́йти из игры́; ~ **out** вы́бить из стро́я; ~ **over** сбить; *перен.* привести́ в замеша́тельство

**bowlder** [ˈbəuldə] = boulder

**bow-legged** [ˈbəulegd] *a* кривоно́гий

**bowler** I [ˈbəulə] *n* котело́к (*мужская шляпа*); battle ~ *воен. жарг.* стально́й шлем

**bowler** II [ˈbəulə] *n* игро́к, подаю́щий мяч (*в крикете*) *или* ме́чущий мяч (*в бейсболе*)

**bowler hat** [ˈbəuləhæt] *n* шля́па-котело́к ◇ to get the ~ быть уво́ленным с вое́нной слу́жбы

**bowline** [ˈbəulɪn] *n мор.* були́нь; бесе́дочный у́зел

**bowling** [ˈbəulɪŋ] **1.** *pres. p. от* bowl II, 2

2. *n* игра́ в шары́

**bowling-alley** [ˈbəulɪŋˈælɪ] *n* 1) = bowling-green 2) кегельба́н

**bowling-green** [ˈbəulɪŋgri:n] *n* лужа́йка для игры́ в шары́

**bowman** I [ˈbəumən] *n* стрело́к (*из лука*), лу́чник

**bowman** II [ˈbaumən] *n мор* ба́ковый гребе́ц (*ближайший к носу*)

**bow-saw** [ˈbəusɔ:] *n* лучко́вая пила́

**bowse** [bauz] = bouse

**bowshot** [ˈbəuʃɔt] *n* да́льность полёта стрелы́

**bowsprit** [ˈbəusprɪt] *n мор.* бушпри́т

**bow-string** [ˈbəustrɪŋ] *n* тетива́

**bow-tie** [ˈbəutaɪ] *n* га́лстук-ба́бочка

**bow window** [ˈbəuˈwɪndəu] *n* 1) *архит.* окно́ с вы́ступом, э́ркер 2) *разг.* брю́хо, пу́зо

**bow-wow** [ˈbauˈwau] **1.** *n* 1) соба́чий лай 2) *детск.* соба́ка ◇ the (big) ~ style (*или* strain) высокопа́рный стиль; категори́ческая мане́ра выраже́ния

2. *int* гав-га́в!

**box** I [bɔks] **1.** *n* 1) коро́бка, я́щик, сунду́к (*тж. эллиптически* = letter--~, sentry-~ *и др.*); ~ of dominoes а) рот; б) пиани́но, роя́ль; the eternity ~ *разг.* гроб 2) рожде́ственский пода́рок (*обычно в ящике*) 3) (the ~) *разг.* телеви́зор 4) я́щик под сиде́ньем ку́чера; ко́злы 5) *театр.* ло́жа 6) сто́йло 7) ма́ленькое отделе́ние с перегоро́дкой (*в харчевне*) 8) до́мик (*особ.* охо́тничий) 9) рудни́чная у́гольная вагоне́тка 10) *тех.* бу́кса; вту́лка; вкла́дыш (*подшипника*) ◇ to be in the wrong ~ быть в нело́вком положе́нии; to be in a (tight) ~ быть в тру́дном положе́нии; to be in the same ~ быть в одина́ковом положе́нии (*с кем-л.*); to be in one's thinking ~ серьёзно ду́мать

2. *v* 1) запира́ть, класть в я́щик *или* коро́бку 2) подава́ть (*документ*) в суд 3) *лес.* подса́чивать (*дерево*) ▭ ~ **off** отделя́ть перегоро́дкой; ~ **up** а) вти́скивать, запи́хивать; б) неуме́лыми де́йствиями по́ртить, пу́тать де́ло; вноси́ть беспоря́док ◇ to ~ the compass а) *мор.* называ́ть все ру́мбы ко́мпаса б) соверши́ть по́лный круг; ко́нчить, где на́чал

**box** II [bɔks] **1.** *n* 1) уда́р; ~ on the ear пощёчина 2) бокс

2. *v* 1) бить кулако́м; I ~ed his ear я ему́ дал пощёчину 2) бокси́ровать

**box** III [bɔks] *n бот.* самши́т вечнозелёный

**boxcalf** [ˈbɔksˈkɑːf] *n* бокс, хро́мовая теля́чья ко́жа

**boxcar** [ˈbɔkskɑː] *n амер.* това́рный ваго́н

**box-couch** [ˈbɔkskautʃ] *n* тахта́ с я́щиком (*для постели*)

**boxen** [ˈbɔksn] *a уст.* из бу́кса, самши́товый

**Boxer** [ˈbɔksə] *n ист. участник так наз. боксёрского восстания в Китае в 1900—1901 гг.*

**boxer** [ˈbɔksə] *n* 1) *спорт.* боксёр 2) боксёр (*порода собак*)

**boxing** I [ˈbɔksɪŋ] **1.** *pres. p. от* box II, 2

2. *n* бокс

**boxing** II [ˈbɔksɪŋ] **1.** *pres. p. от* box I, 2

2. *n* 1) упако́вка (*в ящик*) 2) фане́ра, материа́л для я́щиков, футля́ров 3) та́ра, футля́р

**Boxing-day** [ˈbɔksɪŋdeɪ] *n* день на свя́тках, когда́, по англи́йскому обы́чаю, слу́ги, письмоно́сцы, посы́льные получа́ют пода́рки

**boxing-gloves** [ˈbɔksɪŋglʌvz] *n pl* боксёрские перча́тки

**box-keeper** [ˈbɔksˌkiːpə] *n* капельди́нер при ло́жах

**box-office** [ˈbɔksˈɔfɪs] *n* театра́льная ка́сса

**box-pleat** [ˈbɔksˈpliːt] *n* бантова́я скла́дка

**box-seat** [ˈbɔksˈsiːt] *n* 1) сиде́нье на ко́злах 2) ме́сто в ло́же

**box-up** [ˈbɔksˈʌp] *n sl.* пу́таница, неразбери́ха, беспоря́док

**boxwood** [ˈbɔkswud] *n* самши́т; древеси́на самши́та

**boy** [bɔɪ] *n* 1) ма́льчик 2) па́рень; молодо́й челове́к; my ~ *разг.* бра́тец, дружи́ще, старина́ 3) сын 4) бой (*слуга-туземец на Востоке*) 5) *мор.* ю́нга 6) (the ~) *sl.* а) шампа́нское; б) *sl.* геро́ин ◇ big ~ а) *амер. разг.* заправи́ла; б) *воен. жарг.* тяжёлое ору́дие; pansy ~ *разг.* педера́ст; fly ~ *разг.* лётчик

**boycott** [ˈbɔɪkət] **1.** *n* бойко́т

2. *v* бойкоти́ровать

**boy-friend** [ˈbɔɪfrend] *n разг.* возлю́бленный, дружо́к

**boyhood** [ˈbɔɪhud] *n* о́трочество

**boyish** [ˈbɔɪɪʃ] *a* о́троческий; мальчи́шеский; живо́й

**boyishness** [ˈbɔɪɪʃnɪs] *n* ребя́чество

**boy scout** [ˈbɔɪˈskaut] *n* бойска́ут

**bozo** [ˈbəuzəu] *n амер. sl.* субъе́кт, «тип»

**bra** [brɑː] *n разг.* бюстга́льтер

**brabble** [ˈbræbl] *уст.* **1.** *n* пререка́ния, ссо́ра

2. *v* пререка́ться, ссо́риться из-за пустяко́в

**brace** [breɪs] **1.** *n* 1) связь; скоба́, скре́па; подпо́рка; распо́рка 2) (*pl без измен.*) па́ра (*особ. о дичи*); twenty ~ of hares два́дцать пар за́йцев; they are a ~ ≅ (они́) два сапога́ па́ра 3) сво́ра (*ремень*) 4) *pl* подтя́жки 5) фигу́рная ско́бка 6) *тех.* коловоро́т; ~ and bit пёрка 7) *мор.* брас

2. *v* 1) свя́зывать, скрепля́ть; подпира́ть, подкрепля́ть; обхва́тывать 2) укрепля́ть (*нервы*); to ~ one's energies взять себя́ в ру́ки 3) *мор.* брасо́пить (*реи*) ▭ ~ **up** подба́дривать

**bracelet** [ˈbreɪslɪt] *n* 1) брасле́т 2) *pl разг.* нару́чники

**bracer** [ˈbreɪsə] *n* 1) скрепле́ние, связь; скоба́ 2) нарука́вник 3) укрепля́ющее сре́дство 4) *разг.* живи́тельная вла́га, алкого́льный напи́ток

**bracing** [ˈbreɪsɪŋ] **1.** *pres. p. от* brace 2

2. *a* бодря́щий (*о воздухе*); укрепля́ющий

3. *n* крепле́ние, связь; расча́лка

**bracken** [ˈbrækən] *n* па́поротник-орля́к

**bracket** [ˈbrækɪt] **1.** *n* 1) ско́бка; round (square) ~s кру́глые (квадра́тные) ско́бки 2) кронште́йн, консо́ль; бра 3) гру́ппа, ру́брика; age ~ возрастна́я гру́ппа 4) га́зовый рожо́к 5) *воен.* ви́лка (*при стрельбе*)

2. *v* 1) заключа́ть в ско́бки 2) упомина́ть, ста́вить наряду́ (*с кем-л., с чем-л.*); don't ~ me with him не ста́вьте меня́ на одну́ до́ску с ним 3) *воен.* захва́тывать в ви́лку

**brackish** [ˈbrækɪʃ] *a* 1) солонова́тый (*о воде*) 2) проти́вный (*на вкус*)

**bract** [brækt] *n бот.* прицве́тник

**brad** [bræd] *n* гвоздь, без шля́пки, шти́фтик

**bradawl** [ˈbrædɔːl] *n* ши́ло

**brae** [breɪ] *n диал.* круто́й бе́рег реки́; склон холма́

**brag** [bræg] **1.** *n* 1) хвастовство́ 2) хвасту́н

2. *v* хва́статься, бахва́литься, кичи́ться

**braggadocio** [ˌbrægəˈdəutʃɪəu] *n* 1) бахва́льство 2) хвасту́н

**braggart** [ˈbrægət] **1.** *n* хвасту́н

2. *a* хвастли́вый

**braggery** [ˈbrægərɪ] *n* хвастовство́

**Brahma** [ˈbrɑːmə] *n инд. рел.* Бра́ма

**brahma(pootra)** [ˈbrɑːmə(ˈpuːtrə)] *n* бра́ма(пу́тра) (*порода кур*)

**brahmin** [ˈbrɑːmɪn] *n* брами́н

**braid** [breɪd] **1.** *n* 1) шнуро́к; тесьма́; галу́н 2) коса́ (*волос*)

2. *v* 1) плести́ 2) обшива́ть тесьмо́й, шнурко́м 3) заплета́ть; завя́зывать ле́нтой (*волосы*) 4) *тех.* оплета́ть, обма́тывать (*провод*)

**brail** [breɪl] *n* 1) *мор.* ги́тов (*снасть для уборки парусов*) 2) пу́ты для со́кола

**braille** [breɪl] *n* 1) шрифт Бра́йля (*для слепых*) 2) систе́ма чте́ния и письма́ (*по выпуклым точкам*) для слепы́х

**brain** [breɪn] **1.** *n* 1) мозг; disease of the ~ боле́знь мо́зга; dish of ~s мозги́ (*блюдо*) 2) рассу́док, ум 3) *pl разг.* у́мственные спосо́бности 4) *разг.* у́мница, «голова́» 5) *разг.* электро́нная вычисли́тельная маши́на ◇ to beat (*или* to puzzle, to rack) one's ~s about (*или* with) smth. лома́ть себе́ го́лову над чем-л.; to crack one's ~(s) спя́тить, свихну́ться; to have one's ~s on ice *разг.* сохраня́ть ледяно́е споко́йствие; smth. on the ~ неотвя́зная мысль; to have (got) smb., smth. on the ~ неотсту́пно ду́мать о ком-л., чём-л.; an idle ~ is the devil's workshop *посл.* ≅ пра́здность ума́ — мать всех поро́ков; to make smb.'s ~ reel порази́ть кого́-л.; to pick (*или* to suck) smb.'s ~s испо́льзовать чужи́е мы́сли; to turn smb.'s ~ а) вскружи́ть кому́-л. го́лову; б) сбить кого́-л. с то́лку

2. *v* размозжи́ть го́лову

**brain-child** [ˈbreɪntʃaɪld] *n* (*pl* -children) порожде́ние ума́, иде́я, вы́думка

**brain-drain** [ˈbreɪndreɪn] **1.** *n* «уте́чка мозго́в», перема́нивание специали́стов за грани́цу

2. *v* перема́нивать специали́стов за грани́цу

**brain-fag** [ˈbreɪnfæg] *n* не́рвное истоще́ние

**brain fever** [ˈbreɪnˌfiːvə] *n* 1) воспале́ние мо́зга 2) боле́знь, осложнённая мозговы́ми явле́ниями

**brain-growth** [ˈbreɪngrəuθ] *n* о́пухоль головно́го мо́зга

**brainless** [ˈbreɪnlɪs] *a* глу́пый, безмо́зглый

**brain-pan** [ˈbreɪnpæn] *n* черепна́я коро́бка, че́реп

**brain-power** [ˈbreɪnˌpauə] *n* нау́чные ка́дры; нау́чно-техни́ческая интеллиге́нция

**brain-sick** [ˈbreɪnsɪk] *a* поме́шанный, сумасше́дший

**brain-storm** [ˈbreɪnstɔːm] *n разг.* 1) бу́йный припа́док; душе́вное потрясе́ние 2) внеза́пная иде́я; плодотво́рная мысль

**Brains Trust** [ˈbreɪnztrʌst] *n* мозгово́й трест

**brain-tunic** [ˈbreɪnˈtjuːnɪk] *n* мозгова́я оболо́чка

**brainwash** [ˈbreɪnwɔʃ] **1.** *n* = brainwashing

2. *v разг.* «промыва́ть мозги́», подверга́ть идеологи́ческой обрабо́тке

**brainwashing** [ˈbreɪnˌwɔʃɪŋ] *n разг.* «промыва́ние мозго́в», идеологи́ческая обрабо́тка

**brain wave** [ˈbreɪnweɪv] *n разг.* счастли́вая мысль, блестя́щая иде́я

**brainy** [ˈbreɪnɪ] *a* мозгови́тый, у́мный, спосо́бный; остроу́мный

**braird** [ˈbrɛəd] *шотл.* **1.** *n* пе́рвый росто́к

**2.** *v* дава́ть пе́рвые ростки́; всходи́ть (*о траве, посевах*)

**braise** [breɪz] **1.** *n* тушёное мя́со

**2.** *v* туши́ть (*мясо*)

**brake** I [breɪk] **1.** *n* то́рмоз

**2.** *v* тормози́ть

**brake** II [breɪk] **1.** *n* 1) трепа́ло (*для льна, пеньки*) 2) тестомеша́лка 3) больша́я борона́

**2.** *v* 1) мять, трепа́ть (*лён, пеньку*) 2) меси́ть (*тесто*) 3) разбива́ть ко́мья (*бороной*)

**brake** III [breɪk] *n* ча́ща, куста́рник

**brakeband** [ˈbreɪkbænd] *n тех.* тормозна́я ле́нта

**brakesman** [ˈbreɪksmən] *n* 1) тормозно́й конду́ктор 2) *горн.* машини́ст ша́хтной подъёмной маши́ны

**brake-van** [ˈbreɪkvæn] *n* тормозно́й ваго́н

**braky** [ˈbreɪkɪ] *a* заро́сший куста́рником *или* па́поротником

**bramble** [ˈbræmbl] *n бот.* ежеви́ка

**bran** [bræn] *n* о́труби; вы́севки

**brancard** [ˈbræŋkəd] *n* подсти́лка для ло́шади

**branch** [brɑ:ntʃ] **1.** *n* 1) ветвь; ве́тка 2) о́трасль; *воен.* род войск, слу́жба 3) филиа́л, отделе́ние 4) ли́ния (*родства*) 5) рука́в (*реки*); ручеёк 6) отро́г (*горной цепи*) 7) ответвле́ние (*дороги*) 8) *тех.* тройни́к, отво́д 9) *attr.* вспомога́тельный; ~ establishment (*или* office) филиа́л 10) *attr.* ответвля́ющийся, бокову́й; ~ line железнодоро́жная ве́тка; ~ track *ж.-д.* маневро́вый путь, боково́й путь; ~ pipe *тех.* па́трубок

**2.** *v* 1) раски́дывать ве́тви 2) разветвля́ться; расширя́ться; отходи́ть (*обыкн.* ~ out, ~ off, ~ forth)

**branchiae** [ˈbræŋkii:] *n pl зоол.* жа́бры

**branchial, branchiate** [ˈbræŋkɪəl, ˈbræŋkɪeɪt] *a* жа́берный; жаброви́дный

**branchless** [ˈbrɑ:ntʃlɪs] *a* 1) без су́чьев 2) без ответвле́ний (*о дороге, трубопроводе и т. п.*)

**branchy** [ˈbrɑ:ntʃɪ] *a* 1) ветви́стый 2) разветвлённый

**brand** [brænd] **1.** *n* 1) головня́; голове́шка 2) раскалённое желе́зо 3) вы́жженное клеймо́; тавро́ 4) фабри́чное клеймо́, фабри́чная ма́рка 5) клеймо́, печа́ть позо́ра 6) сорт, ка́чество; of the best ~ вы́сшей ма́рки 7) *поэт.* фа́кел 8) *поэт.* меч 9) *бот.* головня́ ◇ a ~ from the burning (*или* the fire) челове́к, спасённый от грози́вшей ему́ опа́сности

**2.** *v* 1) выжига́ть клеймо́ 2) отпеча́тываться в па́мяти, оставля́ть неизглади́мое впечатле́ние; it is ~ed on my memory э́то вре́залось мне в па́мять 3) клейми́ть, позо́рить

**brandish** [ˈbrændɪʃ] *v* маха́ть, разма́хивать (*мечом, палкой*)

**brandling** [ˈbrændlɪŋ] *n* дождево́й червь

**brand-new** [ˈbrændˈnju:] *a* соверше́нно но́вый; «с иго́лочки»

**brandy** [ˈbrændɪ] *n* конья́к, бре́нди

**bran-new** [ˈbrænˈnju:] = brand-new

**brant(-goose)** [ˈbrænt(ˈgu:s)] *n зоол.* каза́рка

**brash** I [bræʃ] **1.** *n* гру́да обло́мков

**2.** *a разг.* 1) хру́пкий, ло́мкий 2) де́рзкий, наха́льный, на́глый

**brash** II [bræʃ] *n* 1) изжо́га, ки́слая отры́жка 2) лёгкий при́ступ тошноты́ 3) внеза́пный ли́вень

**brass** [brɑ:s] **1.** *n* 1) лату́нь, жёлтая медь; red ~ томпа́к 2) ме́дная мемориа́льная доска́ 3) (the ~) духовы́е инструме́нты, «медь»; double in ~ *амер. sl.* а) игра́ющий на двух духовы́х инструме́нтах; б) зараба́тывающий в двух места́х; в) спосо́бный, разносторо́нний 4) *разг.* медяки́, де́ньги 5) *разг.* бессты́дство 6) *воен. жарг.* нача́льство; вы́сший вое́нный чин, ста́рший офице́р 7) *разг.* вое́нщина 8) *тех.* вкла́дыш

**2.** *a* ме́дный, лату́нный; ~ plate доще́чка на две́ри ◇ to come (*или* to get) down to (the) ~ tacks (*или* nails) добра́ться до су́ти де́ла; to part ~ rags with smb. *мор. sl.* порва́ть дру́жбу с кем л.

**brassard** [ˈbræsɑ:d] *n* нарука́вная повя́зка

**brass band** [ˈbrɑ:sˈbænd] *n* духово́й орке́стр

**brass hat** [ˈbrɑ:sˈhæt] *n воен. жарг.* штабно́й офице́р; высо́кий чин

**brassière** [ˈbræsɪə] *фр. n* бюстга́льтер, ли́фчик

**brass knuckles** [ˈbrɑ:sˌnʌklz] *n pl* касте́т

**brass works** [ˈbrɑ:swə:ks] *n* медеплави́льный заво́д

**brassy** [ˈbrɑ:sɪ] **1.** *a* 1) лату́нный, ме́дный 2) металли́ческий (*о звуке*) 3) бессты́дный

**2.** *n* клю́шка с ме́дным наконе́чником (*для игры в гольф*)

**brat** [bræt] *n* 1) *пренебр.* ребёнок; отро́дье 2) *горн.* то́нкий пласт у́гля с пири́том

**brattice** [ˈbrætɪs] *n горн.* перемы́чка, па́рус

**brattle** [ˈbrætl] *преим. шотл.* **1.** *n* гро́хот; то́пот

**2.** *v* грохота́ть; топота́ть

**bravado** [brəˈvɑ:dəu] *n* (*pl* -oes, -os [-əuz]) хвастовство́, брава́да, напускна́я хра́брость

**brave** [breɪv] **1.** *a* 1) хра́брый, сме́лый 2) превосхо́дный, прекра́сный 3) *уст., книжн.* наря́дный ◇ none but the ~ deserve the fair *посл.* ≅ сме́лость города́ берёт

**2.** *n* инде́йский во́ин

**3.** *v* хра́бро встреча́ть (*опасность и т. п.*) ◇ to ~ it out вести́ себя́ вызыва́юще

**bravery** [ˈbreɪvərɪ] *n* 1) хра́брость, му́жество 2) великоле́пие, наря́дность; показна́я ро́скошь

**bravo** [ˈbrɑ:ˈvəu] *int* бра́во!

**brawl** [brɔ:l] **1.** *n* 1) шу́мная ссо́ра; у́личный сканда́л 2) журча́ние

**2.** *v* 1) ссо́риться, крича́ть, сканда́лить 2) журча́ть

**brawler** [ˈbrɔ:lə] *n* скандали́ст; крику́н

**brawn** [brɔ:n] *n* 1) му́скулы; му́скульная си́ла 2) засо́ленная *или* консерви́рованная свини́на 3) сту́день из свино́й головы́ и говя́жьих но́жек

**brawny** [ˈbrɔ:nɪ] *a* си́льный, мускули́стый

**bray** I [breɪ] *v уст.* толо́чь

**bray** II [breɪ] **1.** *n* 1) крик осла́ 2) неприя́тный, ре́зкий звук

**2.** *v* 1) крича́ть (*об осле*) 2) издава́ть неприя́тный звук

**braze** [breɪz] *v* 1) пая́ть твёрдым припо́ем из ме́ди и ци́нка 2) де́лать твёрдым

**brazen** [ˈbreɪzn] **1.** *a* 1) ме́дный; бро́нзовый 2) бессты́дный

**2.** *v*: to ~ it out на́гло вести́ себя́; держа́ться вызыва́юще; на́гло выкру́чиваться, извора́чиваться

**brazen-faced** [ˈbreɪznfeɪst] *a* на́глый, бессты́дный

**brazier** I [ˈbreɪzjə] *n* ме́дник

**brazier** II [ˈbreɪzjə] *n* жаро́вня

**brazil** [ˈbræzɪl] *n мин.* се́рный колчеда́н, пири́т

**Brazilian** [brəˈzɪljən] **1.** *a* брази́льский

**2.** *n* брази́лец; бразилья́нка

**brazil-nut** [brəˈzɪlˈnʌt] *n* америка́нский (*или* брази́льский) оре́х

**brazil-wood** [brəˈzɪlˈwud] *n* брази́льское де́рево, цезальпи́ния; древеси́на цезальпи́нии

**brazing** [ˈbreɪzɪŋ] **1.** *pres. p. от* braze

**2.** *n* 1) па́йка твёрдым припо́ем 2) *attr.*: ~ spelter твёрдый припо́й; ~ torch пая́льная ла́мпа

**breach** [bri:tʃ] **1.** *n* 1) проло́м, отве́рстие; брешь 2) разры́в (*отношений*) 3) наруше́ние (*закона, обязательства*); ~ of faith злоупотребле́ние дове́рием, вероло́мство; супру́жеская изме́на; ~ of justice несправедли́вость; ~ of order наруше́ние регла́мента; ~ of prison бе́гство из тюрьмы́; ~ of privilege наруше́ние прав парла́мента; ~ of the peace наруше́ние обще́ственного поря́дка; ~ of promise наруше́ние обеща́ния (*особ.* жени́ться) 4) интерва́л 5) *мор.* во́лны, разбива́ющиеся о кора́бль; clean ~ волна́, снося́щая ма́чты *и т. п.* с корабля́; clear ~ волна́, перекати́вшаяся че́рез су́дно не разби́вшись ◇ to heal the ~ положи́ть коне́ц до́лгой ссо́ре; to stand in the ~ приня́ть на себя́ гла́вный уда́р; without a ~ of continuity непреры́вно

**2.** *v* 1) пробива́ть брешь, пролáмывать 2) вы́скочить из воды́ (*о ките*)

**bread** [bred] **1.** *n* 1) хлеб; *перен.* кусо́к хле́ба, сре́дства к существова́нию; daily ~ хлеб насу́щный; to make one's ~ зараба́тывать на жизнь; to take the ~ out of smb.'s mouth отбива́ть хлеб у кого́-л.; ~ and butter а) хлеб с ма́слом, бутербро́д; б) сре́дства к существова́нию; to have one's ~ buttered for life быть материа́льно обеспе́ченным на всю жизнь; ~ buttered on both sides благополу́чие, обеспе́ченность 2) пи́ща; ~ and cheese проста́я *или* ску́дная пи́ща ◇ all ~ is not baked in one oven ≅ лю́ди ра́зные быва́ют; to eat smb.'s ~ and salt быть чьим-л. го́стем; to break ~ with smb. по́льзоваться чьим-л. гостеприи́мством; to eat the ~ of affliction ≅ хлебну́ть го́ря; to know which side one's ~ is buttered ≅ быть себе́ на уме́

2. *v* обва́ливать в сухаря́х, панирова́ть

**bread-and-butter** ['bredən(d)'bʌtə] *a* 1) де́тский, ю́ный, ю́ношеский; ~ miss шко́льница, де́вочка шко́льного во́зраста 2) повседне́вный, прозаи́ческий ◇ ~ letter письмо́, в кото́ром выража́ется благода́рность за гостеприи́мство

**bread-basket** ['bred,bɑ:skɪt] *n* 1) корзи́на для хле́ба 2) гла́вный зерново́й райо́н 3) *sl.* желу́док

**bread-crumb** ['bredkrʌm] *n* 1) хле́бный мя́киш 2) *pl* кро́шки хле́ба

**bread-fruit** ['bredfru:t] *n* 1) хле́бное де́рево 2) плод хле́бного де́рева

**bread-line** ['bredlaɪn] *n амер.* о́чередь безрабо́тных за беспла́тным пита́нием

**bread-stuffs** ['bredstʌfs] *n pl* 1) зерно́ 2) мука́

**breadth** [bredθ] *n* 1) ширина́ 2) поло́тнище 3) широта́ (*кругозора, взглядов*); широ́кий разма́х ◇ to a hair's ~ точь-в-то́чь; то́чно; by (within) a hair's ~ of smth. на волоске́ от чего́-л.

**breadthways** ['bredθweɪz] *adv* в ширину́

**breadthwise** ['bredθwaɪz] = breadthways

**bread-ticket** ['bred,tɪkɪt] *n* хле́бная ка́рточка

**bread-winner** ['bred,wɪnə] *n* 1) корми́лец (семьи́) 2) исто́чник существова́ния

**break** I [breɪk] **1.** *n* 1) отве́рстие; тре́щина; проло́м 2) проры́в 3) переры́в, па́уза; переме́на (*в школе*); coffee ~ переры́в на ча́шку ко́фе 4): ~ of day рассве́т; by the ~ of day на рассве́те 5) *тел.* тире́-многото́чие 6) раско́л; разры́в (*отношений*); to make a ~ with smb. порва́ть с кем-л. 7) обмо́лвка; оши́бка; to make a bad ~ а) сде́лать оши́бку, ло́жный шаг; б) проговори́ться, обмо́лвиться; в) обанкро́титься 8) *амер.* внеза́пное паде́ние цен 9) *диал.* большо́е коли́чество (*чего-л.*) 10) *разг.* шанс, возмо́жность; to get the ~s испо́льзовать благоприя́тные обстоя́тельства; име́ть успе́х; a lucky ~ уда́ча 11) *хим.* расслое́ние жи́дкости 12) *геол.* разры́в; ма́лый сброс 13) *спорт.* прекраще́ние бо́я при захва́те (*в боксе*) ◇ ~ in the clouds луч наде́жды, просве́т

2. *v* (broke; broken) 1) лома́ть(ся), разбива́ть(ся); разруша́ть(ся); рва́ть (-ся), разрыва́ть(ся); взла́мывать 2) рассе́иваться, расходи́ться, расступа́ться 3) прерыва́ть (*сон, молчание, путешествие*); to ~ monotony нару́шить однообра́зие 4) распеча́тывать (*письмо*); отку́поривать (*бутылку, бочку*) 5) прокла́дывать (*дорогу*) 6) разме́нивать (*деньги*) 7) разоря́ть (-ся) 8) разро́знивать (*коллекцию и т. п.*) 9) сломи́ть (*сопротивление, волю*); подорва́ть (*силы, здоровье, могущество*); осла́бить; to ~ a fall осла́бить си́лу паде́ния 10) ослабе́ть 11) порыва́ть (*отношения*; with — с *кем-л., с чем-л.*) 12) наруша́ть (*обещание, закон, правило*); to ~ the peace нару́шить поко́й, мир 13): day is ~ing, day ~s (рас)света́ет 14) (*о голосе*) лома́ться; прерыва́ться (*от волнения*) 15) приуча́ть (*лошадь к поводьям*; to); дрессирова́ть, обуча́ть 16) избавля́ть(ся), отуча́ть (of — от *привычки и т. п.*) 17) разжа́ловать 18) вскрыва́ться (*о реке; о нарыве*) 19) вы́рваться, сорва́ться; a cry broke from his lips крик сорва́лся с его́ уст 20) поби́ть (*рекорд*) 21) *эл.* прерыва́ть (*ток*); размыка́ть (*цепь*) 22) *текст.* мять, трепа́ть 23) сепари́ровать (*масло от обрата, мёд от воска*) 24) *хим.* осветля́ть (*жидкость*) □ ~ **away** а) убежа́ть, вы́рваться (*из тюрьмы и т. п.*); б) поко́нчить (from — с); в) отдели́ться, отпа́сть; ~ **down** а) разбива́ть, толо́чь; б) разруша́ть(ся); в) сломи́ть (*сопротивление*); г) ухудша́ться, сдава́ть (*о здоровье*); д) разбира́ть (*на части*); дели́ть, подразделя́ть, расчленя́ть; классифици́ровать; е) распада́ться (*на части*); ж) анализи́ровать; з) провали́ться; потерпе́ть неуда́чу; и) не вы́держать, потеря́ть самооблада́ние; ~ **forth** а) вы́рваться; прорва́ться; б) разрази́ться; to ~ forth into tears распла́каться; ~ **in** а) вла́мываться, врыва́ться; б) вмеша́ться (*в разговор и т. п.*; *тж.* on, upon); прерва́ть (*разговор*); в) дрессирова́ть; укроща́ть; объезжа́ть (*лошадей*); дисциплини́ровать; ~ **into** а) вла́мываться; б) разрази́ться (*смехом, слезами*); в): to ~ into smb.'s time отня́ть у кого́-л. вре́мя; г) прерва́ть (*разговор*); д): to ~ into a run побежа́ть; ~ **off** а) отла́мывать; б) внеза́пно прекраща́ть, обрыва́ть (*разговор, дружбу, знакомство и т. п.*); to ~ off action (*или* combat, the fight) *воен.* вы́йти из бо́я; ~ **out** а) выла́мывать; б) (у)бежа́ть (*из тюрьмы*); в) вспы́хивать (*о пожаре, войне, эпидемии и т. п.*); г) разрази́ться; he broke out laughing он расхохота́лся; д) появля́ться; a rash broke out on his body у него́ вы́ступила сыпь; ~ **through** прорва́ться; ~ **up** а) разбива́ть (*на мелкие куски*); to ~ up into groups, categories дели́ть на гру́ппы, катего́рии; классифици́ровать; б) слабе́ть; в) расходи́ться (*о собрании, компании и т. п.*); г) закрыва́ться на кани́кулы; д) распуска́ть (*учеников на каникулы*); е) расформиро́вывать; ж) меня́ться (*о погоде*) ◇ to ~ the back (*или* the neck) of smth. а) уничто́жить, погуби́ть что-л.; б) сломи́ть сопротивле́ние чего́-л.; одоле́ть са́мую тру́дную часть чего́-л. [*см. тж.* neck 1 ◇]; to ~ a butterfly on the wheel *см.* wheel 1 ◇; to ~ the ice *см.* ice 1, ◇); to ~ the ground, to ~ fresh (*или* new) ground а) распа́хивать целину́; б) прокла́дывать но́вые пути́; начина́ть но́вое де́ло; де́лать пе́рвые шаги́ в чём-л.; в) *воен.* нача́ть рытьё око́пов; г) расчища́ть площа́дку (*при строительстве*); рыть котлова́н; to ~ camp снима́ться с ла́геря; to ~ a lance with smb. «лома́ть ко́пья», спо́рить с кем-л.; to ~ the news осторо́жно сообща́ть (неприя́тную) но́вость; to ~ a story опубликова́ть (*в газете*) отчёт, сообще́ние, информа́цию; to ~ cover а) вы́браться, вы́йти из укры́тия; б) вы́йти нару́жу; вы́ступить на пове́рхность; to ~ surface всплыть (*о подводной лодке и т. п.*); to ~ bank *карт.* сорва́ть банк; to ~ loose а) вы́рваться на свобо́ду; б) сорва́ться с це́пи; to ~ open взла́мывать; to ~ wind освободи́ться от га́зов; to ~ even оста́ться при свои́х (*в игре*); who ~s, pays *посл.* ≅ сам завари́л ка́шу, сам и расхлёбывай; to ~ a secret вы́дать та́йну

**break** II [breɪk] *n* откры́тый экипа́ж с двумя́ продо́льными скамья́ми

**breakable** ['breɪkəbl] **1.** *a* ло́мкий, хру́пкий

2. *n pl* хру́пкие предме́ты (*посуда и т. п.*)

**breakage** ['breɪkɪdʒ] *n* 1) ло́мка; поло́мка; ава́рия 2) поло́манные предме́ты; бой 3) компенса́ция за поло́мку 4) *горн.* отбо́йка (*породы, руды*); измельче́ние, дробле́ние 5) *текст.* обры́вность ни́тей

**breakaway** ['breɪkəweɪ] *n* 1) отхо́д (*от традиций и т. п.*) 2) *спорт.* отры́в (*от группы в беге, эстафете и т. п.*); ухо́д от защи́ты (*в футболе и т. п.*) 3) *спорт.* фальшста́рт 4) *спорт.* прекраще́ние бо́я при захва́те (*в боксе*)

**break-down** ['breɪkdaun] *n* 1) по́лный упа́док сил, здоро́вья; nervous ~ не́рвное расстро́йство 2) распа́д; разва́л 3) поло́мка механи́зма, маши́ны; ава́рия 4) шу́мный, стреми́тельный негритя́нский та́нец 5) разбо́рка (*на части*); распределе́ние; расчлене́ние; деле́ние на катего́рии; классифика́ция 6) ана́лиз 7) схе́ма организа́ции 8) *эл.* пробо́й (*диэлектрика*); 9) *attr.*: ~ gang авари́йная кома́нда

**breaker** I ['breɪkə] *n* 1) дроби́льщик 2) наруши́тель (*закона и т. п.*) 3) отбо́йщик 4) буру́н 5) *тех.* дроби́лка 6) *эл.* выключа́тель; прерыва́тель 7) *текст.* мя́ло, трепа́лка 8) *гидр.* ледоре́з; бык (*моста*) ◇ ~s ahead! впереди́ опа́сность!, береги́сь!

**breaker** II ['breɪkə] *n* небольшо́й бочо́нок

**breakfast** ['brekfəst] **1.** *n* у́тренний за́втрак ◇ laugh before ~ you'll cry before supper *посл.* ≅ ра́но пта́шечка запе́ла, как бы ко́шечка не съе́ла

**2.** *v* за́втракать

**breaking** ['breɪkɪŋ] **1.** *pres. p. от* break I, 2

**2.** *n* 1) ло́мка, поло́мка 2) дробле́ние 3) *амер.* подъём целины́, взмёт земли́ 4) разруше́ние волн 5) проры́в плоти́ны 6) нача́ло, наступле́ние; ~ of September нача́ло сентября́ 7) *эл.* прерыва́ние 8) *горн.* отбо́йка 9) *текст.* трепа́ние 10) *attr.*: ~ point *мех.* преде́л про́чности; ~ strength *тех.* про́чность на разры́в; ~ test про́ба на изло́м

**breakneck** ['breɪknek] *a*: at (a) ~ pace (*или* speed) сломя́ го́лову, с головокружи́тельной быстрото́й

**breakstone** ['breɪkstəun] *n* щёбень

**break-through** ['breɪk'θru:] *n* 1) кру́пное достиже́ние, откры́тие; шаг вперёд в како́й-л. о́бласти 2) *воен.* проры́в

**break-up** ['breɪk'ʌp] *n* 1) разва́л; разру́ха; распа́д 2) закры́тие шко́лы (*на каникулы*)

**breakwater** ['breɪk,wɔ:tə] *n* волноло́м, волноре́з; мол

**bream** I [bri:m] *n* лещ

**bream** II [bri:m] *v* очища́ть (*подводную часть корабля*)

**breast** [brest] **1.** *n* 1) грудь 2) грудна́я железа́ 3) со́весть, душа́ 4) *стр.* часть стены́ от подоко́нника до по́ла 5) отва́л (*плуга*) 6) *горн.* грудь забо́я ◇ to make a clean ~ of it чистосерде́чно созна́ться в чём-л.

**2.** *v* стать гру́дью (*против чего-л.*); проти́виться, восстава́ть

**breast-band** ['brestbænd] *n* шле́йка (*в упряжи*)

**breastbone** ['brestbəun] *n* грудна́я кость; груди́на

**breast-feeding** ['brest,fi:dɪŋ] *n* вска́рмливание (*младенца*) гру́дью

**breast-high** ['brest'haɪ] *a* 1) доходя́щий до груди́ 2) погружённый по грудь

**breast-pin** ['brestpɪn] *n* була́вка для га́лстука

**breastplate** ['brestpleɪt] *n* 1) нагру́дник (*кирасы*) 2) нагру́дный знак 3) грудно́й реме́нь, подпе́рсье (*в сбруе*) 4) ни́жняя часть щита́ (*черепахи*)

**breast-pocket** ['brest,pɔkɪt] *n* нагру́дный карма́н

**breast-stroke** ['breststrəuk] *n спорт.* брасс

**breastwork** ['brestwə:k] *n* 1) *воен.* повы́шенный бру́ствер 2) *мор.* по́ручни

**breath** [breθ] *n* 1) дыха́ние; вздох; to be out of ~ запыха́ться, задыха́ться; to bate (*или* to hold) one's ~ затаи́ть дыха́ние; to take ~ передохну́ть; перевести́ дух; to draw ~ дыша́ть; жить; to draw the first ~ роди́ться, появи́ться на свет; to draw one's last ~ испусти́ть дух, умере́ть; short of ~ страда́ющий оды́шкой; all in a (*или* one) ~, all in the same ~ еди́ным ду́хом; below (*или* under) one's ~ ти́хо, шёпотом; second ~ *спорт.* второ́е дыха́ние; *перен.* но́вый прили́в эне́ргии 2) жизнь 3) дунове́ние 4) *attr. фон.*: ~ consonant глухо́й согла́сный ◇ to take smb.'s ~ away удиви́ть, порази́ть кого́-л.; to waste (*или* to spend) ~ говори́ть на ве́тер, по́пусту тра́тить слова́

**breathalyser, breathalyzer** ['breθə,laɪzə] *n* аппара́т для получе́ния про́бы на алкого́ль (*у водителя автомашины*)

**breathe** [bri:ð] *v* 1) дыша́ть; вздохну́ть, перевести́ дух; to ~ again, to ~ freely свобо́дно вздохну́ть, вздохну́ть с облегче́нием 2) жить, существова́ть; a better fellow does not ~ лу́чше него́ нет челове́ка 3) дать передохну́ть 4) издава́ть прия́тный за́пах 5) дуть слегка́ (*о ветре*) 6) говори́ть (ти́хо); not to ~ a word не пророни́ть ни зву́ка, держа́ть в секре́те 7) выража́ть *что-л.*, дыша́ть *чем-л.* (*о лице, наружности*) ▭ ~ **again** почу́вствовать облегче́ние ◇ to ~ (a) new life into вдохну́ть но́вую жизнь (в *кого-л.*, во *что-л.*); to ~ upon мара́ть репута́цию; to ~ a vein *уст.* пусти́ть кровь

**breather** ['bri:ðə] *n* 1) живо́е существо́ 2) дыха́тельное упражне́ние 3) коро́ткая переды́шка 4) респира́тор 5) *тех.* сапу́н

**breathing** ['bri:ðɪŋ] **1.** *pres. p. от* breathe

**2.** *n* 1) дыха́ние 2) лёгкое дунове́ние 3) *фон.* придыха́ние

**3.** *a* (сло́вно) живо́й, ды́шащий жи́знью (*о статуе и т. п.*)

**breathing-space** ['bri:ðɪŋspeɪs] *n* переды́шка

**breathless** ['breθlɪs] *a* 1) запыха́вшийся; задыха́ющийся 2) затаи́вший дыха́ние; ~ attention напряжённое внима́ние 3) бездыха́нный 4) безве́тренный; неподви́жный (*о воздухе, воде и т. п.*)

**breath-taking** ['breθ,teɪkɪŋ] *a* захва́тывающий, порази́тельный, потряса́ющий

**breath-test** ['breθtest] *n* прове́рка на алкого́ль (*водителей автомашин и т. п.*)

**breccia** ['bretʃɪə] *n геол.* бре́кчия

**bred** [bred] **1.** *past и p. p. от* breed 2

**2.** *a*: ~ in the bone врождённый

**breech** [bri:tʃ] *n* 1) я́годица, зад 2) *воен.* казённая часть (*орудия*; *тж.* ~ end)

**breech-block** ['bri:tʃblɔk] *n воен.* затво́р

**breeches** ['brɪtʃɪz] *n pl* 1) бри́джи 2) *разг.* брю́ки ◇ ~ part мужска́я роль, исполня́емая же́нщиной

**breeches-buoy** ['brɪtʃɪz'bɔɪ] *n* спаса́тельная лю́лька (*для снятия людей с аварийного судна*)

**breech-loader** ['bri:tʃ,ləudə] *n воен.* ору́дие, заряжа́ющееся с казённой ча́сти

**breech-sight** ['bri:tʃsaɪt] *n воен.* прице́л

**breed** [bri:d] **1.** *n* 1) поро́да, пле́мя 2) пото́мство, поколе́ние

**2.** *v* (bred) 1) выводи́ть, разводи́ть (*животных*); вска́рмливать 2) выси́живать (*птенцов*) 3) воспи́тывать, обуча́ть 4) размножа́ться; to ~ true дава́ть поро́дистый припло́д 5) порожда́ть; вызыва́ть ◇ to ~ in and in заключа́ть бра́ки ме́жду ро́дственниками

**breeder** ['bri:də] *n* 1) тот, кто разво́дит живо́тных; cattle ~ скотово́д; sheep ~ овцево́д 2) производи́тель (*о животном*) 3) *тех.* аппарату́ра для (расши́ренного) воспроизво́дства я́дерного то́плива

**breeding** ['bri:dɪŋ] **1.** *pres. p. от* breed 2

**2.** *n* 1) разведе́ние (*животных*); cattle ~ скотово́дство; sheep ~ овцево́дство 2) размноже́ние 3) хоро́шие мане́ры, воспи́танность 4) *тех.* расши́ренное воспроизво́дство я́дерного то́плива

**breeze** I [bri:z] **1.** *n* 1) лёгкий ветеро́к, бриз; *мор.* ве́тер 2) *разг.* шум, ссо́ра, перебра́нка 3) но́вость; слух ◇ to fan the ~s ≅ занима́ться беспло́дным де́лом

**2.** *v* 1) ве́ять, продува́ть 2) *амер. разг.* промча́ться ▭ ~ **in** вбежа́ть, влете́ть; ~ **up** крепча́ть (*о ветре*)

**breeze** II [bri:z] *n* о́вод, слепе́нь

**breeze** III [bri:z] *n* каменноуго́льный му́сор; у́гольная пыль; штыб

**breeze block** ['bri:zblɔk] *n стр.* шлакобето́нный блок

**breezy** ['bri:zɪ] *a* 1) све́жий, прохла́дный 2) живо́й, весёлый

**brekker** ['brekə] *n унив. жарг.* за́втрак

**brent(-goose)** ['brent('gu:s)] *n зоол.* каза́рка чёрная

**brer** [brə:] *n диал.* (*сокр. от* brother) бра́тец; B. Rabbit Бра́тец Кро́лик (*сказочный персонаж*)

**brethren** ['breðrɪn] *n* (*pl от* brother) *уст.* собра́тья; бра́тия

**breve** [bri:v] *n* 1) *полигр.* значо́к кра́ткости над гла́сными (ă) 2) *ист.* па́пское бре́ве (*послание*)

**brevet** ['brevɪt] **1.** *n* 1) *воен.* пате́нт на сле́дующий чин без измене́ния окла́да 2) *ав.* пило́тское свиде́тельство

**2.** *v* присва́ивать сле́дующее зва́ние без измене́ния окла́да

**breviary** ['bri:vjərɪ] *n* 1) сокраще́ние; сокращённое изложе́ние, конспе́кт 2) *церк.* католи́ческий тре́бник

**brevier** [brə'vɪə] *n полигр.* пети́т

**brevity** ['brevɪtɪ] *n* кра́ткость

**brew** [bru:] **1.** *v* 1) вари́ть (*пиво*) 2) сме́шивать; приготовля́ть (*пунш*); зава́ривать (*чай*) 3) замышля́ть (*мятеж, восстание*); затева́ть (*ссору и т. п.*) 4) назрева́ть, надвига́ться; a storm is ~ing гроза́ собира́ется ◇ drink as you have ~ed ≅ что посе́ешь, то и пожнёшь

**2.** *n* 1) ва́рка (*напитка*) 2) ва́рево; напи́ток (*сваренный и настоянный*)

**brewer** [ˈbru(:)ə] *n* пивова́р

**brewery** [ˈbruərɪ] *n* пивова́ренный заво́д

**brewing** [ˈbru:ɪŋ] **1.** *pres. p. от* brew 1

**2.** *n* 1) пивоваре́ние 2) коли́чество пи́ва, кото́рое ва́рится за оди́н раз 3) *мор.* скопле́ние грозовы́х туч

**Brewster Sessions** [ˈbru:stəˈseʃənz] *n название инстанции в Англии, выдающей патенты на право торговли спиртными напитками*

**briar** I, II [ˈbraɪə] = brier I *и* II

**bribable** [ˈbraɪbəbl] *a* подкупно́й, прода́жный

**bribe** [braɪb] **1.** *n* взя́тка, по́дкуп

**2.** *v* подкупа́ть; дава́ть, предлага́ть взя́тку

**briber** [ˈbraɪbə] *n* тот, кто даёт взя́тку, взяткода́тель

**bribery** [ˈbraɪbərɪ] *n* взя́точничество

**bribetaker** [ˈbraɪbˌteɪkə] *n* взя́точник; взяткополуча́тель

**bric-à-brac** [ˈbrɪkəbræk] *фр. n* безделу́шки; стари́нные ве́щи

**brick** [brɪk] **1.** *n* 1) кирпи́ч; кли́нкер 2) бруçóк (*мыла, чая и т. п.*); box of ~s де́тские ку́бики 3) *разг.* сла́вный па́рень, молодчи́на ◇ to drop a ~ сде́лать ля́псус, допусти́ть беста́ктность; to have a ~ in one's hat *sl.* быть пья́ным; like a hundred (*или* a thousand) of ~s *разг.* с огро́мной си́лой; like a cat on hot ~s ≅ как на горя́чих у́гольях; to make ~s without straw *библ.* рабо́тать, не имея́ ну́жного материа́ла; затева́ть безнадёжное де́ло

**2.** *a* кирпи́чный ◇ to run one's head against a ~ wall прошиба́ть лбом сте́ну, добива́ться невозмо́жного

**3.** *v* класть кирпичи́; облицо́вывать *или* мости́ть кирпичо́м □ ~ **in,** ~ **up** закла́дывать кирпича́ми

**brick-bat** [ˈbrɪkbæt] *n* 1) обло́мок кирпича́ 2) неле́стный о́тзыв; ре́зкое замеча́ние

**brick-field** [ˈbrɪkfi:ld] *n* кирпи́чный заво́д

**brick-kiln** [ˈbrɪkkɪln] *n* печь для о́бжига кирпича́

**bricklayer** [ˈbrɪkˌleɪə] *n* ка́менщик

**bricklaying** [ˈbrɪkˌleɪɪŋ] *n* кла́дка кирпича́

**brickwork** [ˈbrɪkwə:k] *n* кирпи́чная кла́дка

**brickyard** [ˈbrɪkjɑ:d] *n* кирпи́чный заво́д

**bridal** [ˈbraɪdl] **1.** *n* сва́дебный пир, сва́дьба

**2.** *a* сва́дебный

**bride** [braɪd] *n* неве́ста; новобра́чная ◇ the B. of the Sea «неве́ста мо́ря», Вене́ция

**bridecake** [ˈbraɪdkeɪk] *n* сва́дебный пиро́г

**bridegroom** [ˈbraɪdgrum] *n* жени́х; новобра́чный

**bridesmaid** [ˈbraɪdzmeɪd] *n* подру́жка неве́сты

**bridesman** [ˈbraɪdzmən] *n* ша́фер, дру́жка (*на свадьбе*)

**bridewell** [ˈbraɪdwəl] *n* исправи́тельный дом, тюрьма́

**bridge** I [brɪdʒ] **1.** *n* 1) мост; мо́стик, перемы́чка; ~ of boats понто́нный, плашко́утный мост; raft ~ наплавно́й мост; gold (*или* silver) ~ *перен.* путь к почётному отступле́нию 2) капита́нский мо́стик 3) перено́сица 4) кобы́лка (*скрипки, гитары и т. п.*) 5) мост (*для искусственных зубов*) 6) поро́г то́пки 7) *эл.* паралле́льное соедине́ние, шунт

**2.** *v* 1) соединя́ть мосто́м; наводи́ть мост, стро́ить мост; перекрыва́ть 2) преодолева́ть препя́тствия, выходи́ть из затрудне́ния; to ~ over the difficulties преодоле́ть тру́дности 3) *эл.* шунти́ровать ◇ to ~ a gap ликвиди́ровать разры́в

**bridge** II [brɪdʒ] *n* бридж (*карточная игра*)

**bridge crane** [ˈbrɪdʒkreɪn] *n* порта́льный кран

**bridge-head** [ˈbrɪdʒhed] *n воен.* (предмо́стный) плацда́рм; предмо́стная пози́ция; предмо́стное укрепле́ние; плацда́рм на террито́рии проти́вника, уде́рживаемый до подхо́да основны́х сил

**bridle** [ˈbraɪdl] **1.** *n* 1) узда́, узде́чка; to give a horse the ~ отпусти́ть пово́дья; *перен.* предоста́вить по́лную свобо́ду; to put a ~ on сде́рживать, обу́здывать; to turn ~ поверну́ть наза́д 2) узде́чка (*аэростата*) 3) *мор.* бри́дель

**2.** *v* 1) взну́здывать 2) обу́здывать, сде́рживать □ ~ **up** а) задира́ть нос, ва́жничать; б) выража́ть негодова́ние

**bridle-hand** [ˈbraɪdlhænd] *n* ле́вая рука́ вса́дника

**bridle-path** [ˈbraɪdlpɑ:θ] *n* (го́рная) вью́чная, верхова́я тропа́

**bridle-rein** [ˈbraɪdlreɪn] *n* по́вод

**brief** [bri:f] **1.** *a* 1) коро́ткий, недо́лгий 2) кра́ткий, сжа́тый; лакони́чный 3) отры́вистый, гру́бый

**2.** *n* 1) сво́дка, резюме́ 2) *юр.* кра́ткое пи́сьменное изложе́ние де́ла с привлече́нием фа́ктов и докуме́нтов, с кото́рым сторона́ выступа́ет в суде́; to have plenty of ~s име́ть большу́ю пра́ктику (*об адвокате*); to take a ~ принима́ть на себя́ веде́ние де́ла в суде́; to hold a ~ вести́ де́ло в суде́ в ка́честве адвока́та; *перен.* выступа́ть в защи́ту (*кого-л.*); to throw down one's ~ отка́зываться от дальне́йшего веде́ния де́ла 3) *ав.* инстру́кция, дава́емая лётчику пе́ред боевы́м вы́летом 4) па́пское бре́ве ◇ in ~ вкра́тце, в немно́гих слова́х

**3.** *v* 1) резюми́ровать, составля́ть кра́ткое изложе́ние 2) поруча́ть (адвока́ту) веде́ние де́ла в суде́ 3) *ав.* инструкти́ровать (лётчиков пе́ред боевы́м вы́летом)

**brief-case** [ˈbri:fkeɪs] *n* портфе́ль

**briefing** [ˈbri:fɪŋ] **1.** *pres. p. от* brief 3

**2.** *n* 1) инструкти́вное *или* информацио́нное совеща́ние (*часто для журналистов*), бри́финг 2) инстру́кта́ж, указа́ние

**briefless** [ˈbri:flɪs] *a* не име́ющий пра́ктики (*об адвокате*)

**briefly** [ˈbri:flɪ] *adv* кра́тко, сжа́то

**briefness** [ˈbri:fnɪs] *n* кра́ткость, сжа́тость

**brier** I [ˈbraɪə] *n* 1) *бот.* э́рика (*род вереска*) 2) кури́тельная тру́бка, сде́ланная из ко́рня э́рики

**brier** II [ˈbraɪə] *n* шипо́вник

**briery** [ˈbraɪərɪ] *a* колю́чий

**brig** [brɪg] *n* 1) бриг, двухма́чтовое су́дно 2) *амер.* помеще́ние для аресто́ванных на вое́нном корабле́

**brigade** [brɪˈgeɪd] **1.** *n* 1) брига́да 2) кома́нда, отря́д 3) *attr.* брига́дный; ~ major нача́льник операти́вно-разве́дывательного отделе́ния шта́ба брига́ды

**2.** *v* формирова́ть брига́ду

**brigadier** [ˌbrɪgəˈdɪə] *n воен.* 1) бригади́р 2) брига́дный генера́л

**brigand** [ˈbrɪgənd] *n* разбо́йник, банди́т

**brigandage** [ˈbrɪgəndɪdʒ] *n* разбо́й, банди́ти́зм

**bright** [braɪt] **1.** *a* 1) я́ркий; блестя́щий; све́тлый 2) я́сный (*о звуке*) 3) све́тлый, прозра́чный (*о жидкости*) 4) полиро́ванный 5) блестя́щий; великоле́пный 6) спосо́бный, смышлёный; живо́й, расторо́пный 7) весёлый ◇ to look on the ~ side (of things) оптимисти́чески смотре́ть на ве́щи

**2.** *adv* я́рко; блестя́ще

**brighten** [ˈbraɪtn] *v* 1) очища́ть, полирова́ть (*металл*); придава́ть блеск 2) проясня́ться 3) улучша́ть(ся) (*о перспективах и т. п.*)

**brightness** [ˈbraɪtnɪs] *n* я́ркость *и т. д.* [*см.* bright 1]

**Bright's disease** [ˈbraɪtsdɪˈzi:z] *n мед.* бра́йтова боле́знь, хрони́ческий нефри́т

**brill** [brɪl] *n зоол.* ка́мбала-ромб

**brilliance, -cy** [ˈbrɪljəns, -sɪ] *n* 1) я́ркость, блеск 2) великоле́пие, блеск

**brilliant** [ˈbrɪljənt] **1.** *n* 1) бриллиа́нт 2) *полигр.* диама́нт

**2.** *a* 1) блестя́щий, сверка́ющий 2) блестя́щий, выдаю́щийся

**brim** [brɪm] **1.** *n* 1) край (*сосуда*) 2) поля́ (*шляпы*)

**2.** *v* наполня́ться до краёв □ ~ **over** перелива́ться че́рез край (*тж. перен.*); he ~s over with health он пы́шет здоро́вьем

**brimful** [ˈbrɪmˈful] *a* по́лный до краёв

**brimmer** [ˈbrɪmə] *n* по́лный бока́л, ку́бок

**brimstone** [ˈbrɪmstən] *n уст., разг.* се́ра

**brindled** [ˈbrɪndld] *a* пёстрый, пятни́стый, полоса́тый

**brine** [braɪn] **1.** *n* 1) морска́я вода́ 2) рассо́л; тузлу́к 3) рапа́, соляно́й раство́р 4) *поэт.* мо́ре, океа́н 5) *поэт.* слёзы

**2.** *v* соли́ть, заса́ливать

**Brinell hardness** [brɪˈnelˈhɑ:dnɪs] *n тех.* твёрдость по Брине́ллю

**brine pit** [ˈbraɪnpɪt] *n* солева́рня

**bring** [brɪŋ] *v* (brought) 1) приноси́ть, доставля́ть, приводи́ть, привози́ть 2) влечь за собо́й, причиня́ть; доводи́ть (to — до); to ~ to an end довести́ до конца́, заверши́ть; to ~ water to the boil довести́ во́ду до кипе́ния; to ~ to a fixed proportion установи́ть определённое соотноше́ние 3) заставля́ть, убежда́ть; to ~ oneself to do smth. заста́вить себя́ сде́лать что-л. 4) возбужда́ть (*дело*); to ~ an action against smb. возбуди́ть де́ло про́тив кого́-л.; to ~ charges against smb. выдвига́ть обвине́ния про́тив кого́-л. ▭ ~ **about** а) осуществля́ть; б) вызыва́ть; ~ **back** а) приноси́ть обра́тно; б) вызыва́ть, воскреша́ть в па́мяти, напомина́ть; ~ **down** а) снижа́ть (*цены*); б) сбива́ть (*самолёт*); в) подстрели́ть (*птицу*); ~ **forth** производи́ть, порожда́ть; ~ **forward** а) выдвига́ть (*предложение*); б) де́лать перено́с (*счёта*) на сле́дующую страни́цу; ~ **in** а) вводи́ть; б) приноси́ть (*доход*); в) вноси́ть (*законопроект, предложение*); г) выноси́ть (*приговор*); to ~ in guilty выноси́ть обвини́тельный пригово́р; д) ввози́ть, импорти́ровать; ~ **into**: to ~ into action а) вводи́ть в бой, в де́ло; б) приводи́ть в де́йствие; to ~ into being вводи́ть в де́йствие; to ~ into play приводи́ть в де́йствие; to ~ into step синхронизи́ровать; ~ **off** а) спаса́ть; б) (успе́шно) заверша́ть; ~ **on** навлека́ть, вызыва́ть; ~ **out** а) выска́зывать (*мнение и т. п.*); выявля́ть; б) опублико́вывать; ста́вить (*пьесу*); в) вывози́ть (*девушку в свет*); г) *воен.* снять с фро́нта, отвести́ в тыл; ~ **over** а) переубеди́ть; привле́чь на свою́ сто́рону; б) приводи́ть с собо́й; ~ **round** а) приводи́ть в себя́, в созна́ние; б) переубежда́ть; в) доставля́ть; ~ **through** а) провести́ че́рез (*какие-л. трудности*); б) вы́лечить; в) подгото́вить к экза́менам; ~ **to** а) приводи́ть в созна́ние, б) *мор.* останови́ть(ся) (*о судне*); ~ **together** свести́ вме́сте (*спорящих, враждующих*); ~ **under** а) подчини́ть; б) включа́ть, заноси́ть (*в графу, категорию и т. п.*); в) осва́ивать; to ~ under cultivation *с.-х.* вводи́ть в культу́ру; ~ **up** а) приводи́ть, приноси́ть наве́рх; б) вска́рмливать, воспи́тывать; в) поднима́ть (*вопрос*); заводи́ть (*разговор*); г) де́лать изве́стным; д) привлека́ть к суду́; е) *разг.* вы́рвать, стошни́ть; ж) увели́чивать; to ~ up the score *спорт.* увели́чивать счёт; з) *мор.* поста́вить *или* стать на я́корь ◇ to ~ down fire *воен.* откры́ть ого́нь, накры́ть огнём; to ~ to a head обостря́ть; to ~ to bear influence употребля́ть власть, ока́зывать влия́ние; to ~ up to date а) ста́вить в изве́стность; вводи́ть в курс де́ла; б) модернизи́ровать

**brink** [brɪŋk] *n* 1) край (*обрыва, пропасти*); on the ~ of the grave на краю́ моги́лы; on the ~ of ruin на гра́ни разоре́ния 2) бе́рег (*обыкн.* обры́вистый, круто́й)

**brinkmanship** [ˈbrɪŋkmənʃɪp] *n* баланси́рование на гра́ни войны́

**briny** [ˈbraɪnɪ] **1.** *a* солёный

**2.** *n sl.* мо́ре

**briquette** [brɪˈket] *n* брике́т

**brise-bise** [ˈbri:zˈbi:z] *фр. n* занаве́ска (*на нижней части окна*)

**brisk** [brɪsk] **1.** *a* 1) живо́й, оживлённый; прово́рный 2) отры́вистый (*о тоне, манере говорить*) 3) све́жий (*о ветре*) 4) шипу́чий (*о напитках*)

**2.** *v* оживля́ть(ся) (*обыкн.* ~ up); ▭ ~ **about** бы́стро дви́гаться

**brisket** [ˈbrɪskɪt] *n* груди́нка

**bristle** [ˈbrɪsl] **1.** *n* щети́на ◇ to set up one's ~s ощети́ниться, рассерди́ться

**2.** *v* 1) ощети́ниться 2) поднима́ться ды́бом 3) рассерди́ться; рассвирепе́ть 4) изоби́ловать (with); to ~ with difficulties (quotations) изоби́ловать тру́дностями (цита́тами)

**bristly** [ˈbrɪslɪ] *a* щети́нистый; жёсткий; колю́чий

**Bristol board** [ˈbrɪstlbɔ:d] *n* бристо́льский карто́н

**Bristol fashion** [ˈbrɪstlˌfæʃən] *a мор.* (находя́щийся) в образцо́вом поря́дке

**Britannia** [brɪˈtænjə] *n поэт.* Великобрита́ния (*тж. олицетворение Великобритании в виде женской фигуры на монетах и т. п.*)

**Britannia metal** [brɪˈtænjəˌmetl] *n* брита́нский мета́лл (*сплав олова, меди, сурьмы, иногда цинка*)

**Britannic** [brɪˈtænɪk] *a* брита́нский (*в дипломатическом титуле короля или царствующей королевы*)

**Briticism** [ˈbrɪtɪsɪzm] *n* англици́зм; идио́ма, типи́чная для англича́н, но не употребля́емая в США

**British** [ˈbrɪtɪʃ] **1.** *a* (велико)брита́нский; англи́йский; ~ thermal unit *тех.* брита́нская теплова́я едини́ца ◇ ~ warm коро́ткая тёплая шине́ль (*для офицеров*)

**2.** *n* (the ~) *pl собир.* англича́не, брита́нцы

**Britisher** [ˈbrɪtɪʃə] *n амер. разг.* брита́нец, англича́нин

**Britishism** [ˈbrɪtɪʃɪzm] = Briticism

**Briton** [ˈbrɪtn] *n* 1) *ист.* бритт 2) брита́нец, англича́нин; North ~ шотла́ндец

**brittle** [ˈbrɪtl] *a* хру́пкий, ло́мкий

**broach** [brəutʃ] **1.** *n* 1) ве́ртел 2) шпиль це́ркви (*тж.* ~ spire) 3) *тех.* развёртка; протя́жка

**2.** *v* 1) де́лать проко́л, отве́рстие; поча́ть (*бочку вина*); откры́ть (*бутылку вина*) 2) огласи́ть; нача́ть обсужда́ть (*вопрос*); to ~ a subject подня́ть разгово́р о чём-л.; откры́ть диску́ссию 3) *тех.* развёртывать, протя́гивать, прошива́ть отве́рстие 4) обтёсывать (*камень*) 5) *горн.* нача́ть разрабо́тку (*шахты и т. п.*)

**broad** [brɔ:d] **1.** *a* 1) широ́кий 2) обши́рный; просто́рный 3) широ́кий, свобо́дный, терпи́мый 4) о́бщий, да́нный в о́бщих черта́х 5) гла́вный, основно́й 6) я́сный, я́вный, я́сно вы́раженный; in ~ daylight средь бе́ла дня; ~ hint я́сный намёк; ~ Scotch ре́зкий шотла́ндский акце́нт 7) гру́бый, неприли́чный; ~ joke гру́бая шу́тка 8) *фон.* откры́тый (*о звуке*) ◇ it is as ~ as it is long ≅ то же на то же выхо́дит; что в лоб, что по́ лбу

**2.** *adv* 1) широко́ 2) свобо́дно, откры́то 3) вполне́; ~ awake вполне́ очну́вшись от сна *или* просну́вшись 4) с ре́зким акце́нтом

**3.** *n* 1) широ́кая часть (*спины, спинки*) 2) *груб.* де́вка, ба́ба

**broad arrow** [ˈbrɔ:dˈærəu] *n* англи́йское прави́тельственное клеймо́

**broad-brim** [ˈbrɔ:dbrɪm] *n* 1) широкопо́лая шля́па 2) *разг.*ква́кер

**broadcast** [ˈbrɔ:dkɑ:st] **1.** *n* 1) радиовеща́ние; TV ~ телеви́дение, телевизио́нное веща́ние 2) радиопереда́ча; телепереда́ча

**2.** *a* 1) радиовеща́тельный; ~ appeal обраще́ние по ра́дио 2) посе́янный вразбро́с, разбро́санный, рассе́янный

**3.** *v* 1) передава́ть по ра́дио; вести́ радиопереда́чу; веща́ть 2) передава́ть по телеви́дению 3) распространя́ть 4) разбра́сывать (*семена и т. п.*)

**broadcaster** [ˈbrɔ:dkɑ:stə] *n* ди́ктор

**broadcasting** [ˈbrɔ:dkɑ:stɪŋ] *n* радиовеща́ние, трансля́ция; радиопереда́ча

**broadcloth** [ˈbrɔ:dklɔθ] *n* 1) то́нкое чёрное сукно́ с шелкови́стой отде́лкой двойно́й ширины́ 2) бума́жная *или* шёлковая ткань в ру́бчик

**broaden** [ˈbrɔ:dn] *v* расширя́ть(ся)

**broad-gauge** [ˈbrɔ:dgeɪdʒ] *a* 1) *ж.-д.* ширококоле́йный 2) широ́ких взгля́дов; либера́льный

**broadly** [ˈbrɔ:dlɪ] *adv* широ́ко́ *и т. д.* [*см.* broad 2]; ~ speaking вообще́ говоря́; в о́бщих черта́х

**broadminded** [ˈbrɔ:dˈmaɪndɪd] *a* с широ́кими взгля́дами, с широ́ким кругозо́ром; терпи́мый; либера́льный

**broadness** [ˈbrɔ:dnɪs] *n* гру́бость (*речи, шутки*)

**broadsheet** [ˈbrɔ:dʃi:t] *n* большо́й лист бума́ги с печа́тным те́кстом на одно́й стороне́; листо́вка; плака́т

**broadside** [ˈbrɔ:dsaɪd] *n* 1) борт (*корабля*) 2) ору́дия одного́ бо́рта; бортово́й залп; to give a ~ *мор.* дать бортово́й залп 3) град бра́ни, упрёков *и т. п.*; to give smb. a ~ обру́шиться на кого́-л. 4) = broadsheet

**broadsword** [ˈbrɔ:dsɔ:d] *n* пала́ш

**broadtail** [ˈbrɔ:dteɪl] *n* каракульча́

**broadways** [ˈbrɔ:dweɪz] *adv* вширь, в ширину́, поперёк

**broadwise** [ˈbrɔ:dwaɪz] = broadways

**brocade** [brəuˈkeɪd] *n* парча́

**brocaded** [brəuˈkeɪdɪd] *a* парчо́вый

**brochure** [ˈbrəuʃjuə] *n* брошю́ра

**brock** [brɔk] *n* 1) барсу́к 2) *разг.* гря́зный тип, подо́нок

**brocket** [ˈbrɔkɪt] *n* двухгодова́лый оле́нь

**brogue I** [brəug] *n* гру́бый башма́к

**brogue II** [brəug] *n* провинциа́льный (*особ.* ирла́ндский) акце́нт

**broidery** [ˈbrɔɪdərɪ] = embroidery

**broil** I [brɔɪl] *n* шум, ссо́ра

**broil** II [brɔɪl] **1.** *n* 1) жар 2) жа́реное мя́со

2. *v* 1) жа́рить(ся) на огне́ 2) *разг.* жа́риться на со́лнце 3) горе́ть, бу́рно пережива́ть; to ~ with impatience горе́ть нетерпе́нием

**broiler** I [ˈbrɔɪlə] *n* 1) бро́йлер, потрошёный мясно́й цыплёнок (*вес до 1 кг*) 2) *разг.* о́чень жа́ркий день

**broiler** II [ˈbrɔɪlə] *n разг.* зачи́нщик ссор, зади́ра, забия́ка

**broke** [brəuk] **1.** *past от* break I, 2

2. *уст. p. p. от* break I, 2

3. *a* 1) разорённый; to go ~ разори́ться 2) *уст.* распа́ханный

**broken** [ˈbrəukən] **1.** *p. p. от* break I, 2

2. *a* 1) сло́манный, разби́тый; ~ stone щё́бень 2) нару́шенный (*о законе, обещании*) 3) разорённый, разори́вшийся 4) ло́маный (*о языке*) 5) преры́вистый (*о голосе, сне*) 6) вы́езженный (*о лошади*) 7) неусто́йчивый, переме́нчивый (*о погоде*) 8) осла́бленный, подо́рванный (*о здоровье*) 9) сло́мленный, сокрушённый; ~ spirits уны́ние ◇ ~ bread (*или* meat) оста́тки пи́щи; ~ tea спито́й чай; ~ ground а) пересечённая ме́стность; б) вспа́ханная земля́; ~ money ме́лкие де́ньги: ме́лочь; ~ numbers дро́би; ~ water неспоко́йное мо́ре

**broken-bellied** [ˈbrəukənˈbelɪd] *a* страда́ющий гры́жей

**broken-down** [ˈbrəukənˈdaun] *a* 1) надло́мленный, сло́мленный; разби́тый 2) поло́манный; вы́шедший из стро́я

**broken-hearted** [ˈbrəukənˈhɑ:tɪd] *a* уби́тый го́рем; с разби́тым се́рдцем

**brokenly** [ˈbrəukənlɪ] *adv* 1) уры́вками 2) су́дорожно; отры́висто

**broken wind** [ˈbrəukənwɪnd] *n вет.* оды́шка, запа́л (*у лошади*)

**broker** [ˈbrəukə] *n* 1) ма́клер, комиссионе́р; посре́дник; insurance ~ страхово́й аге́нт 2) торго́вец поде́ржанными веща́ми 3) оце́нщик 4) лицо́, производя́щее прода́жу опи́санного иму́щества

**brokerage** [ˈbrəukərɪdʒ] *n* 1) ма́клерство 2) комиссио́нное вознагражде́ние

**broking** [ˈbrəukɪŋ] *n* ма́клерство, посре́дничество

**brolly** [ˈbrɔlɪ] *n sl.* 1) (*сокр. от* umbrella) зо́нтик 2) парашю́т 3) *attr.*: ~ hop прыжо́к с парашю́том

**bromide** [ˈbrəumaɪd] *n* 1) *хим.* броми́д, бро́мистое соедине́ние 2) снотво́рное 3) зауря́дный, бана́льный челове́к 4) изби́тая, стереоти́пная фра́за, бана́льность

**bromine** [ˈbrəumi:n] *n хим.* бром

**bronchi, bronchia** [ˈbrɔŋkaɪ, ˈbrɔŋkɪə] *n pl анат.* бро́нхи

**bronchial** [ˈbrɔŋkjəl] *a* бронхиа́льный

**bronchitis** [brɔŋˈkaɪtɪs] *n* бронхи́т

**broncho** [ˈbrɔŋkəu] = bronco

**bronco** [ˈbrɔŋkəu] *n* (*pl* -os [-əuz]) *амер.* полуди́кая ло́шадь

**bronze** [brɔnz] **1.** *n* 1) бро́нза 2) изде́лия из бро́нзы 3) порошо́к для бронзиро́вки 4) *спорт.* бро́нзовая меда́ль

2. *a* бро́нзовый

3. *v* 1) бронзирова́ть 2) загора́ть на со́лнце

**bronzed** [brɔnzd] **1.** *p. p. от* bronze 3

2. *a* 1) бро́нзовый, цве́та бро́нзы 2) загоре́лый

**brooch** [brəutʃ] *n* брошь

**brood** I [bru:d] **1.** *n* 1) вы́водок; *пренебр.* семья́; де́ти 2) ста́я; толпа́; ку́ча

2. *v* 1) сиде́ть на я́йцах 2) размышля́ть (*особ. грустно*; on, over — над); вына́шивать (*в уме, в душе*) 3) нависа́ть (*об облаках, тьме и т. п.*) 4) тяготи́ть (*о заботах*)

**brood** II [bru:d] *n геол.* пуста́я поро́да

**brooder** [ˈbru:də] *n* 1) челове́к, постоя́нно погружённый в разду́мье (*обыкн. мрачное*) 2) бру́дер (*аппарат для выращивания цыплят, выведенных в инкубаторе*)

**brood-hen** [ˈbru:dhen] *n* насе́дка, клу́ша

**brood-mare** [ˈbru:dmɛə] *n* племенна́я кобы́ла, конема́тка

**broody** [ˈbru:dɪ] **1.** *n* клу́ша, насе́дка

2. *a* 1) выси́живающая я́йца (*о наседке*) 2) заду́мчивый; пода́вленный

**brook** I [bruk] *v* терпе́ть, выноси́ть (*в отриц. предложениях*); the matter ~s no delay де́ло не те́рпит отлага́тельства

**brook** II [bruk] *n* руче́й

**brooklet** [ˈbruklɪt] *n* ручеёк

**broom** **1.** *n* 1) [brum] метла́, ве́ник 2) [bru:m] *бот.* раки́тник ◇ a new ~ «но́вая метла́», но́вое нача́льство; a new ~ sweeps clean *посл.* но́вая метла́ чи́сто метёт

2. *v* [brum] мести́, подмета́ть

**broom-stick** [ˈbrumstɪk] *n* метлови́ще ◇ to marry over the ~ повенча́ть(-ся) вокру́г раки́тового куста́

**broth** [brɔθ] *n* суп, похлёбка, мясно́й отва́р, бульо́н; Scotch ~ перло́вый суп ◇ a ~ of a boy сла́вный па́рень, молоде́ц

**brothel** [ˈbrɔθl] *n* публи́чный дом

**brother** [ˈbrʌðə] *n* (*pl* brothers [-z]; *см. тж.* brethren) 1) брат; ~ german родно́й брат; ~s uterine единоутро́бные бра́тья; sworn ~s назва́ные бра́тья, побрати́мы 2) собра́т; колле́га; ~ in arms собра́т по ору́жию; ~ of the brush собра́т по ки́сти (*художник*); ~ of the quill собра́т по перу́ (*писатель*) 3) земля́к ◇ B. Jonathan *шутл.* я́нки (*прозвище американцев*)

**brotherhood** [ˈbrʌðəhud] *n* 1) бра́тство 2) бра́тские, дру́жеские отноше́ния; the ~ of nations бра́тство наро́дов 3) лю́ди одно́й профе́ссии 4) *амер.* профсою́з железнодоро́жников

**brother-in-law** [ˈbrʌðərɪnlɔ:] *n* (*pl* brothers-in-law) зять (*муж сестры*); шу́рин (*брат жены*); своя́к (*муж свояченицы*); де́верь (*брат мужа*)

**brotherly** [ˈbrʌðəlɪ] **1.** *a* бра́тский

2. *adv* по-бра́тски

**brothers-in-law** [ˈbrʌðəzɪnlɔ:] *pl от* brother-in-law

**brougham** [ˈbru(:)əm] *n* 1) одноко́нная двухме́стная каре́та 2) *авто* брога́м (*тип кузова*)

**brought** [brɔ:t] *past и p. p. от* bring

**brow** I [brau] *n* 1) бровь; to knit (*или* to bend) the (*или* one's) ~s хму́рить бро́ви, (на)хму́риться; насу́питься 2) *поэт.* лоб, чело́ 3) выраже́ние лица́; вид, нару́жность 4) вы́ступ (*скалы и т. п.*) 5) *горн.* кро́мка усту́па, бро́вка

**brow** II [brau] *n мор. уст.* мостки́, схо́дни

**brow-ague** [ˈbrauˈeɪgju:] *n* мигре́нь

**browbeat** [ˈbraubi:t] *v* запу́гивать, застраща́ть

**brown** [braun] **1.** *a* 1) кори́чневый; бу́рый; ~ bread хлеб из непросе́янной муки́; ~ paper гру́бая обёрточная бума́га; ~ powder бу́рый ды́мный по́рох 2) сму́глый; загоре́лый 3) ка́рий (*о глазах*) 4) *текст.* суро́вый, небелёный ◇ ~ study глубо́кое разду́мье; мра́чное настрое́ние; ~ sugar бастр, жёлтый са́харный песо́к; ~ ware гли́няная посу́да; to do ~ *разг.* обману́ть, наду́ть, обжу́лить

2. *n* 1) кори́чневый цвет; кори́чневая кра́ска 2) *sl.* медя́к

3. *v* 1) де́лать(ся) тёмным, кори́чневым; загора́ть 2) поджа́ривать, подрумя́нивать 3) ворони́ть (*металл*)

**brown coal** [ˈbraunkəul] *n* лигни́т, бу́рый у́голь

**browned off** [ˈbraundˈɔf] *a sl.* раздражённый; I'm ~ with it мне э́то осточерте́ло

**brownie** I [ˈbraunɪ] *n* тип фотографи́ческого аппара́та

**brownie** II [ˈbraunɪ] *n* домово́й

**brownie** III [ˈbraunɪ] *n* де́вочка-скау́т мла́дшего во́зраста

**brownie** IV [ˈbraunɪ] *n* шокола́дное пиро́жное с оре́хами

**browning** I [ˈbraunɪŋ] *n* бра́унинг

**browning** II [ˈbraunɪŋ] **1.** *pres. p. от* brown 3

2. *n* 1) поджа́ривание 2) припра́ва (*для соуса*) 3) глазуро́вка (*гончарных изделий*)

**brownout** [ˈbraunˈaut] *n* 1) *амер.* уменьше́ние освеще́ния у́лиц и витри́н (*для экономии электроэнергии*) 2) части́чное затемне́ние

**browse** [brauz] **1.** *n* 1) молоды́е побе́ги 2) ощи́пывание молоды́х побе́гов

2. *v* 1) объеда́ть, ощи́пывать ли́стья, молоды́е побе́ги (on) 2) *распр.* пасти́сь (on) 3) чита́ть, занима́ться беспоря́дочно; пролиста́ть, прогляде́ть; небре́жно рассма́тривать (*товары и т. п.*)

**Bruin** [ˈbru(:)ɪn] *n* Ми́шка (*прозвище медведя в фольклоре*)

**bruise** [bru:z] **1.** *n* 1) синя́к, кровоподтёк; уши́б; конту́зия 2) поврежде́ние (*растений, фруктов*)

2. *v* 1) подставля́ть синяки́; ушиба́ть; конту́зить 2) повреди́ть, помя́ть

(*растения, фрукты*) 3) толо́чь 4) нести́сь сломя́ го́лову (*тж.* ~ along)

**bruiser** [ˈbruːzə] *n* 1) боксёр-профессиона́л; боре́ц 2) *тех.* прибо́р для шлифо́вки опти́ческих стёкол

**bruit** [bruːt] *уст.* **1.** *n* молва́, слух

**2.** *v* распуска́ть слух; it is ~ed about (*или* abroad) that хо́дят слу́хи, что

**brumal** [ˈbruːməl] *a* зи́мний

**brumby** [ˈbrʌmbɪ] *n австрал. разг.* необъе́зженная ло́шадь

**brume** [bruːm] *n* тума́н, мгла; ды́мка; испаре́ние

**Brummagem** [ˈbrʌmədʒəm] **1.** *n* дешёвое, низкопро́бное *или* подде́льное изде́лие; *тж.* фальши́вая моне́та (*от диал. и презр. названия г. Бирмингема, где в XVII в. чеканились фальшивые деньги*)

**2.** *a* 1) дешёвый; подде́льный 2) сде́ланный в Би́рмингеме

**brumous** [ˈbruːməs] *a* мгли́стый, тума́нный

**brunch** [brʌntʃ] *n разг.* по́здний за́втрак (*заменяющий первый и второй завтрак*)

**brunette** [bruːˈnet] *n* брюне́тка

**Brunswick line** [ˈbrʌnzwɪkˈlaɪn] *n ист.* Ганно́верская дина́стия (*1714—1901 гг.*)

**brunt** [brʌnt] *n* 1) гла́вный уда́р, ата́ка; to bear the ~ приня́ть на себя́, вы́держать гла́вный уда́р (*неприятеля*) 2) кри́зис

**brush** [brʌʃ] **1.** *n* 1) щётка 2) кисть; the ~ иску́сство худо́жника; to give it another ~ порабо́тать над чем-л. ещё, оконча́тельно отде́лать что-л. 3) хвост (*особ.* ли́сий) 4) чи́стка щёткой; to have a ~ почи́стить щёткой 5) сса́дина 6) сты́чка, столкнове́ние 7) лёгкое прикоснове́ние 8) *австрал.* ни́зкий куста́рник 9) *эл.* щётка

**2.** *v* 1) чи́стить щёткой 2) причёсывать (*волосы*) 3) легко́ каса́ться, задева́ть 4) обса́живать куста́рником □ ~ **against** слегка́ задева́ть; ~ **aside** а) сма́хивать; б) отде́лываться, отстраня́ть от себя́; отма́хиваться; ~ **away** отчища́ть, счища́ть; отмета́ть; ~ **by** прошмыгну́ть ми́мо; ~ **off** а) удаля́ть, устраня́ть; б) бы́стро убежа́ть; в) отма́хиваться; ~ **up** а) чи́стить(ся); приводи́ть (себя́) в поря́док; б) освежа́ть (*знания*); I must ~ up my French мне ну́жно освежи́ть в па́мяти францу́зский язы́к

**brush-fire war** [ˈbrʌʃˌfaɪəˈwɔː] *n разг.* лока́льная война́

**brush-off** [ˈbrʌʃˈɔf] *n амер. разг.* отка́з, неприня́тие уха́живания

**brush-up** [ˈbrʌʃʌp] *n* повторе́ние, восстановле́ние в па́мяти; I must give my French a ~ мне ну́жно освежи́ть свои́ зна́ния францу́зского языка́, мне на́до подзаня́ться францу́зским (языко́м)

**brushwood** [ˈbrʌʃwud] *n* 1) за́росль, куста́рник 2) хво́рост, вале́жник

**brush-work** [ˈbrʌʃwəːk] *n* мане́ра письма́ (*живописца*)

**brushy** I [ˈbrʌʃɪ] *a* 1) похо́жий на щётку; щети́нистый 2) гру́бый, шерохова́тый

**brushy** II [ˈbrʌʃɪ] *a* покры́тый куста́рником

**brusque** [brusk] **1.** *a* отры́вистый, ре́зкий; бесцеремо́нный

**2.** *v* обходи́ться гру́бо, бесцеремо́нно (*с кем-л.*)

**brut** [bruːt] *a* сухо́й (*о вине*)

**brutal** [ˈbruːtl] *a* 1) жесто́кий, зве́рский 2) *разг.* отврати́тельный

**brutality** [bruːˈtælɪtɪ] *n* жесто́кость, зве́рство

**brutalize** [ˈbruːtəlaɪz] *v* 1) доводи́ть до зверопод́обного состоя́ния 2) доходи́ть до зверопод́обного состоя́ния 3) обходи́ться гру́бо и жесто́ко

**brute** [bruːt] **1.** *n* 1) живо́тное 2) жесто́кий, гру́бый *или* глу́пый и тупо́й челове́к; «скоти́на» 3) (the ~) (*употр. как pl*) гру́бые, живо́тные инсти́нкты

**2.** *a* 1) гру́бый; живо́тный, чу́вственный 2) жесто́кий 3) неразу́мный, бессмы́сленный

**brutish** [ˈbruːtɪʃ] *a* 1) гру́бый; зве́рский; зверопод́обный 2) тупо́й

**bryology** [braɪˈɔlədʒɪ] *n* бриоло́гия, нау́ка о мхах

**bubal** [ˈbjuːbəl] *n* североафрика́нская антило́па

**bubble** [ˈbʌbl] **1.** *n* 1) пузы́рь 2) пузырёк во́здуха *или* га́за (*в жидкости*); пузырёк во́здуха (*в стекле*) 3) ду́тое предприя́тие, «мы́льный пузы́рь»

**2.** *v* 1) пузы́риться; кипе́ть 2) бить ключо́м (*тж.* ~ over, ~ up); he ~d over with fun он был неистощи́м на шу́тки 3) журча́ть (*о речи*) 4) *уст.* обма́нывать, дура́чить

**bubble-and-squeak** [ˈbʌblənˈskwiːk] *n* жарко́е из холо́дного варёного мя́са с овоща́ми

**bubble car** [ˈbʌblˈkɑː] *n* ми́ни-кар с прозра́чной кры́шей

**bubble gum** [ˈbʌblˌgʌm] *n амер.* надувна́я жева́тельная рези́нка

**bubbler** [ˈbʌblə] *n амер.* фонта́нчик для питья́

**bubbly** [ˈbʌblɪ] **1.** *a* 1) пе́нящийся (*о вине*) 2) пузы́рчатый (*о стекле*)

**2.** *n разг.* шампа́нское

**bubbly-jock** [ˈbʌblɪdʒɔk] *n* индю́к

**bubo** [ˈbjuːbəu] *n* (*pl* -oes [-əuz]) *мед.* бубо́н

**bubonic** [bju(ː)ˈbɔnɪk] *a мед.* бубо́нный

**bubonocele** [bju(ː)ˈbɔnəsiːl] *n мед.* пахова́я гры́жа

**bubs** [bʌbz] *n pl груб.* бюст

**buccaneer** [ˌbʌkəˈnɪə] **1.** *n* пира́т

**2.** *v* занима́ться морски́м разбо́ем

**buccinator** [ˈbʌksɪneɪtə] *n* щёчный му́скул, му́скул трубаче́й

**buck I** [bʌk] **1.** *n* 1) саме́ц (*оленя, антилопы, зайца, кролика*) 2) *уст.* де́нди, щёголь; old ~ дружи́ще, стари́на 3) *презр.* южноамерика́нский инде́ец 4) *амер. разг.* до́ллар 5) ма́рка в по́кере, ука́зывающая, чья сда́ча 6) брыка́ние ◇ to pass the ~ to *амер.* сва́ливать отве́тственность на *другого*

**2.** *v* 1) станови́ться на дыбы́; брыка́ться 2) *амер. разг.* выслу́живаться □ ~ **against** *амер.* проти́виться, выступа́ть про́тив; ~ **along** трясти́сь в экипа́же; ~ **off** сбра́сывать (*с седла*); ~ **up** (*особ. в imp.*) *разг.* а) встряхну́ться, оживи́ться, прояви́ть эне́ргию; б) спеши́ть ◇ much ~ed дово́льный, оживлённый

**buck** II [bʌk] **1.** *n амер.* 1) ко́злы для пи́лки дров 2) козёл (*гимнастический снаряд*)

**2.** *v* 1) распи́ливать (*деревья*) на брёвна 2) дроби́ть (*руду*)

**buck** III [bʌk] **1.** *n* щёлок

**2.** *v* бу́чить; стира́ть в щёлоке

**bucket** [ˈbʌkɪt] **1.** *n* 1) ведро́; бадья́ 2) черпа́к, ковш (*землечерпалки и т. п.*); гре́йфер 3) по́ршень насо́са 4) подъёмная клеть, лю́лька 5) большо́е коли́чество ◇ to give the ~ увольня́ть со слу́жбы; to kick the ~ протяну́ть но́ги, умере́ть

**2.** *v* 1) че́рпать 2) гнать ло́шадь изо всех сил; скака́ть сломя́ го́лову; спеши́ть 3) нава́ливаться (*на вёсла при гребле*)

**bucket seat** [ˈbʌkɪtsiːt] *n* одноме́стное сиде́нье (*в самолёте или автомобиле*)

**bucket-shop** [ˈbʌkɪtʃɔp] *n* биржева́я конто́ра, в кото́рой нелега́льно ведётся спекуляти́вная игра́

**buck-eye** [ˈbʌkaɪ] *n* 1) ко́нский кашта́н 2) *амер. разг.* жи́тель шта́та Ога́йо

**buck-horn** [ˈbʌkhɔːn] *n* оле́ний рог (*материал*)

**bucking** I [ˈbʌkɪŋ] **1.** *pres. p. от* buck III, 2

**2.** *n* щелоче́ние; бу́чение (*белья*)

**bucking** II [ˈbʌkɪŋ] **1.** *pres. p. от* buck II, 2

**2.** *n* дробле́ние *или* измельче́ние руды́

**bucking** III [ˈbʌkɪŋ] *pres. p. от* buck I, 2

**Buckingham Palace** [ˈbʌkɪŋəmˈpælɪs] *n* Букинге́мский дворе́ц (*лондонская резиденция короля*)

**buckish** [ˈbʌkɪʃ] *a* щегольско́й, фатова́тый

**buckle** [ˈbʌkl] **1.** *n* 1) пря́жка 2) изги́б, проги́б (*вертикальный*) 3) *тех.* хому́тик, скоба́, стя́жка ◇ to cut the ~ подпры́гивать, присту́кивать каблука́ми (*в танце*)

**2.** *v* 1) застёгивать пря́жку 2) *шутл. разг.* жени́ться 3) пригото́виться (for); принима́ться энерги́чно за де́ло 4) сгиба́ть; гнуть, выгиба́ть 5) сгиба́ться (*от давления*) □ ~ **up** коро́биться

**buckler** [ˈbʌklə] **1.** *n* 1) небольшо́й кру́глый щит 2) *мор.* кру́глый ста́вень 3) защи́та, прикры́тие

**2.** *v* защища́ть; заслоня́ть

**bucko** [ˈbʌkəu] *мор. sl.* **1.** *n* (*pl* -oes [-əuz]) хвасту́н

**2.** *a* хвастли́вый, чванли́вый

**buckram** [ˈbʌkrəm] **1.** *n* 1) клеёнка; клеёный холст 2) чо́порность

**2.** *a* чо́порный

**bucksaw** [ˈbʌksɔː] *n* лучко́вая пила́

**buck-shot** [ˈbʌkʃɔt] *n* кру́пная дробь, карте́чь

**buckskin** [ˈbʌkskɪn] *n* 1) оле́нья ко́жа 2) *pl* штаны́ из оле́ньей ко́жи

**buckthorn** [ˈbʌkθɔːn] *n* *бот.* круши́на

**buck-tooth** [ˈbʌktuːθ] *n* торча́щий зуб

**buckwheat** [ˈbʌkwiːt] *n* 1) гречи́ха 2) *attr.* гре́чневый; ~ cakes *амер.* гречи́шные блины́ *или* ола́дьи

**bucolic** [bju(ː)ˈkɔlɪk] **1.** *a* 1) букол́ический 2) *шутл.* се́льский

2. *n* 1) (*обыкн. pl*) буко́лика 2) букол́ический поэ́т 3) *шутл.* се́льский жи́тель

**bud** [bʌd] **1.** *n* 1) по́чка; in ~ в пери́оде почкова́ния 2) буто́н 3) *разг.* де́вушка-подро́сток 4) *ласк.* кро́шка *и т. п.* 5) = buddy ◇ to nip (*или* to check, to crush) in the ~ пресе́чь в ко́рне, подави́ть в заро́дыше; ~ of promise *амер.* подаю́щая наде́жды дебюта́нтка

2. *v* 1) дава́ть по́чки, пуска́ть ростки́ 2) *с.-х.* привива́ть глазко́м 3) развива́ться

**Buddha** [ˈbudə] *n* Бу́дда

**buddhism** [ˈbudɪzm] *n* будди́зм

**buddhistic** [buˈdɪstɪk] *a* будди́йский

**budding** [ˈbʌdɪŋ] **1.** *pres. p. от* bud 2

2. *a* подаю́щий наде́жды; многообеща́ющий

3. *n* *с.-х.* окулиро́вка; приви́вка глазко́м

**buddy** [ˈbʌdɪ] *n* *амер. разг.* дружи́ще, прия́тель ◇ ~ seat коля́ска мотоци́кла

**budge** I [bʌdʒ] *v* (*в отриц. предложениях*) 1) шевели́ться 2) пошевельну́ть, сдви́нуть с ме́ста

**budge** II [bʌdʒ] *n* овчи́на

**budget** [ˈbʌdʒɪt] **1.** *n* 1) бюдже́т; фина́нсовая сме́та 2) запа́с; a ~ of news ку́ча новосте́й; 3) *уст.* су́мка и её содержи́мое

2. *v* 1) предусма́тривать в бюдже́те, ассигнова́ть (for) 2) составля́ть бюдже́т

**budgetary** [ˈbʌdʒɪtərɪ] *a* бюдже́тный

**buff** [bʌf] **1.** *n* 1) бу́йволовая ко́жа; то́лстая быча́чья ко́жа 2) *разг. уст.* ко́жа челове́ка; in ~ нагишо́м, в чём мать родила́; to strip to the ~ разде́ть догола́; 3) цвет бу́йволовой ко́жи, тёмно-жёлтый цвет 4) *амер. разг.* боле́льщик, люби́тель

2. *a* 1) из бу́йволовой ко́жи 2) цве́та бу́йволовой ко́жи

3. *v* 1) полирова́ть (*кожаным кругом*) 2) поглоща́ть уда́ры, смягча́ть толчки́

**buffalo** [ˈbʌfələu] *n* (*pl* -oes [-əuz]) 1) бу́йвол; бизо́н 2) танк-амфи́бия ◇ ~ bug ковро́вая моль

**buffer** [ˈbʌfə] *n* 1) *тех.* бу́фер; амортиза́тор, де́мпфер, глуши́тель 2) бу́фер, бу́ферное госуда́рство (*тж.* ~ State) 3) *воен.* то́рмоз отка́та 4) *мор. sl.* помо́щник бо́цмана 5) *attr.* бу́ферный; ~ disk *ж.-д.* бу́ферная таре́лка; ~ stock *эк.* резе́рвный запа́с ◇ old ~ *пренебр.* старика́шка, ста́рый хрыч

**buffet** I [ˈbʌfɪt] **1.** *n* уда́р (*рукой; тж. перен.*)

2. *v* 1) наноси́ть уда́ры; ударя́ть 2) боро́ться (*особ. с волнами*) 3) проти́скиваться, прота́лкиваться

**buffet** II *n* 1) [ˈbʌfɪt] буфе́т (*для посуды*); го́рка (*для серебра, фарфора*) 2) [ˈbufeɪ] буфе́т, буфе́тная сто́йка ◇ ~ car a) ваго́н-буфе́т, ваго́н-рестора́н; ~ luncheon лёгкий за́втрак

**buffi** [ˈbufiː] *pl от* buffo

**buffo** [ˈbufəu] **1.** *n* (*pl* buffi) коми́ческий актёр (*в опере, на эстраде*)

2. *a* коми́ческий

**buffoon** [bəˈfuːn] **1.** *n* шут, фигля́р, буффо́н

2. *a* шутовско́й

3. *v* пая́сничать, фигля́рничать

**buffoonery** [bəˈfuːnərɪ] *n* шутовство́; буффона́да

**bug** [bʌg] **1.** *n* 1) клоп 2) насеко́мое; жук 3) *разг.* ви́рус; ви́русное заболева́ние 4) *амер. разг.* безу́мная иде́я, помеша́тельство; to go ~s сойти́ с ума́ 5) *разг.* диктофо́н; аппара́т для подслу́шивания, та́йного наблюде́ния 6) *амер. разг.* техни́ческий дефе́кт

2. *v* *разг.* устана́вливать аппарату́ру для подслу́шивания, та́йного наблюде́ния; подслу́шивать, вести́ та́йное наблюде́ние (*с помощью специальной аппаратуры*)

**bugaboo** [ˈbʌgəbuː] *n* пу́гало, бу́ка

**bugbear** [ˈbʌgbeə] = bugaboo

**bugger** [ˈbʌgə] *n* 1) *юр.* содоми́т, мужело́жец 2) педера́ст (*тж. груб. как бранное слово*)

**buggery** [ˈbʌgərɪ] *n* *юр.* содоми́я

**buggy** I [ˈbʌgɪ] *n* 1) лёгкая двухме́стная коля́ска с откидны́м ве́рхом; кабриоле́т 2) ма́ленькая ваготне́тка

**buggy** II [ˈbʌgɪ] *a* кишáщий клопа́ми

**bughouse** [ˈbʌghaus] *амер. sl.* **1.** *n* сумасше́дший дом

2. *a* ненорма́льный, сумасше́дший; to go ~ сойти́ с ума́

**bug-hunter** [ˈbʌgˌhʌntə] *n* *разг.* охо́тник за жучка́ми (*шутл. об энтомологе*)

**bugle** I [ˈbjuːgl] **1.** *n* 1) охо́тничий рог; рожо́к; горн, сигна́льная труба́ 2) *attr.*: ~ call сигна́л на го́рне

2. *v* труби́ть в рог

**bugle** II [ˈbjuːgl] *n* стекля́рус; би́сер

**bugle** III [ˈbjuːgl] *n* *бот.* дубро́вка ползу́чая

**bugler** [ˈbjuːglə] *n* *воен.* горни́ст, сигнали́ст

**buglet** [ˈbjuːglɪt] *n* *уст.* велосипе́дный рожо́к

**buhl** [buːl] *n* ме́бель сти́ля «буль» (*с инкрустацией из бронзы, черепахи и т. п.*)

**build** [bɪld] **1.** *n* 1) констру́кция; фо́рма; стиль 2) телосложе́ние 3) *текст.* образова́ние (початка)

2. *v* (built) 1) стро́ить, сооружа́ть; to ~ a fire разводи́ть ого́нь *или* костёр 2) создава́ть; to ~ plans стро́ить пла́ны 3) вить (*гнёзда*) 4) осно́вываться, полага́ться (on) □ ~ **in**, ~ **into** вде́лывать, вмуро́вывать (*в стену*); ~ **up** а) воздвига́ть; постепе́нно создава́ть, стро́ить; б) укрепля́ть (*здоровье*); в) закла́дывать кирпичо́м (*окно, дверь*); г) застра́ивать; to ~ up a district застро́ить райо́н; to ~ up with new blocks of flats застро́ить но́выми дома́ми; д) монти́ровать (*машину*); е) нара́щивать, накопля́ть; ж) широко́ реклами́ровать; ~ **upon** осно́вывать на *чём-л.*; рассчи́тывать на *что-л.*

**builder** [ˈbɪldə] *n* 1) строи́тель 2) подря́дчик 3) пло́тник; ка́менщик

**building** [ˈbɪldɪŋ] **1.** *pres. p. от* build 2

2. *n* 1) зда́ние, постро́йка; строе́ние, сооруже́ние 2) *pl* надво́рные постро́йки, слу́жбы 3) строи́тельство 4) *attr.* строи́тельный; ~ engineer инжене́р-строи́тель; ~ yard стройплоща́дка; ~ and loan association *амер.* креди́тно-строи́тельное о́бщество

**building-lease** [ˈbɪldɪŋˈliːs] *n* аре́нда земе́льного уча́стка для застро́йки

**building-paper** [ˈbɪldɪŋˌpeɪpə] *n* *стр.* облицо́вочный карто́н

**building-society** [ˈbɪldɪŋsəˈsaɪətɪ] *n* жили́щно-строи́тельный кооп́ера́ция, жили́щно-строи́тельный кооперати́в

**build-up** [ˈbɪldʌp] *n* 1) *разг.* рекла́ма; хвалёбные коммента́рии, предваря́ющие выступле́ние (*по радио, телевидению и т. п.*) 2) *воен.* сосредото́чение; нара́щивание (*сил, средств*)

**built** [bɪlt] *past и p. p. от* build 2

**built-in** [ˈbɪltˈɪn] *a* 1) встро́енный; стенно́й; ~ wardrobe стенно́й шкаф 2) сво́йственный, прису́щий (*чему-л.*); неотъе́млемый

**bulb** [bʌlb] **1.** *n* 1) *бот., анат.* лу́ковица 2) ша́рик (*термометра*); ко́лба электри́ческой ла́мпы; электри́ческая ла́мпа, ла́мпочка 3) балло́н, сосу́д 4) пузырёк 5) вы́пуклость

2. *v* расширя́ться в фо́рме лу́ковицы □ ~ **up** завива́ться (*о кочане капусты*)

**bulbaceous** [bʌlˈbeɪʃəs] = bulbous

**bulbil** [ˈbʌlbɪl] *n* *бот.* возду́шная лу́ковка, па́зушная лу́ковка

**bulbous** [ˈbʌlbəs] *a* 1) лу́ковичный; луковицеобра́зный 2) вы́пуклый

**Bulgarian** [bʌlˈgɛərɪən] **1.** *a* болга́рский

2. *n* 1) болга́рин; болга́рка 2) болга́рский язы́к

**bulge** [bʌldʒ] **1.** *n* 1) вы́пуклость; ~ of a curve горб криво́й (ли́нии) 2) (the ~) *амер. sl.* преиму́щество; to have the ~ on smb. име́ть преиму́щество пе́ред кем-л. 3) *разг.* взду́тие цен; вре́менное увеличе́ние в объёме *или* в коли́честве 4) *воен.* вы́ступ, клин 5) = bilge 1, 1); 6) *мор.* противоми́нная наде́лка 7) *горн.* разду́в (*жилы*) 8) *attr.*: ~ ship кора́бль, снабжённый противоми́нными наде́лками

2. *v* 1) выпя́чиваться; выдава́ться 2) деформи́роваться; to ~ at the seams треща́ть по швам 3) разда-

ва́ться, быть напо́лненным до отка́за (*о кошельке, рюкзаке и т. п.*)

**bulging** [ˈbʌldʒɪŋ] **1.** *pres. p. от* bulge 2

**2.** *a* 1) разбу́хший; вы́пуклый; ~ eyes глаза́ навы́кате 2) вы́пяченный, оттопы́ривающийся

**bulgy** [ˈbʌldʒɪ] = bulging 2

**bulimia** [bju(:)ˈlɪmɪə] *n мед.* (ненорма́льно) повы́шенное чу́вство го́лода, *перен.* жа́дность (*к чему-л.*)

**bulimy** [ˈbjuːlɪmɪ] = bulimia

**bulk** [bʌlk] **1.** *n* 1) объём; вмести́мость 2) больши́е разме́ры; большо́е коли́чество; to sell in ~ продава́ть гурто́м 3) основна́я ма́сса, бо́льшая часть (*чего-л.*); great ~ огро́мное большинство́ 4) ко́рпус (*здания и т. п.*) 5) груз (*судна*); to break ~ начина́ть разгру́зку; to load in ~ грузи́ть нава́лом 6) *attr.*: ~ cargo *мор.* насыпно́й *или* наливно́й груз; ~ buying опто́вые заку́пки

**2.** *v* 1) каза́ться больши́м, ва́жным 2) устана́вливать вес (*груза*) 3) ссыпа́ть, сва́ливать в ку́чу; нагроможда́ть □ ~ up составля́ть изря́дную су́мму; доходи́ть (to — до)

**bulkhead** [ˈbʌlkhed] *n* 1) перебо́рка (*на судне*); перемы́чка (*в руднике и т. п.*) 2) кры́ша над пристро́йкой; наве́с 3) надстро́йка

**bulky** [ˈbʌlkɪ] *a* 1) большо́й, объёмистый; громо́здкий 2) гру́зный

**bull I** [bul] **1.** *n* 1) бык; бу́йвол; *тж. самец кита, слона, аллигатора и др. крупных животных* 2) *бирж.* спекуля́нт, игра́ющий на повыше́ние 3) (B.) Теле́ц (*созвездие и знак зодиака*) 4) *sl.* шпик; полице́йский ◇ a ~ in a china shop ≅ слон в посу́дной ла́вке; to take the ~ by the horns взять быка́ за рога́

**2.** *a* 1) быча́чий, бы́чий 2) *бирж.* повыша́тельный, игра́ющий на повыше́ние

**3.** *v* 1) *бирж.* спекули́ровать на повыше́ние 2) повыша́ться в цене́ 3) преуспева́ть; приобрета́ть влия́ние, значе́ние

**bull II** [bul] *n* (па́пская) бу́лла

**bull III** [bul] *n* я́вная неле́пость, противоре́чие; вздор, вра́ки, to shoot the ~ нести́ околёсицу; моло́ть вздор

**bull-calf** [ˈbulˈkɑːf] *n* 1) бычо́к 2) проста́к

**bulldog** [ˈbuldɔg] *n* 1) бульдо́г 2) *перен.* упо́рный, це́пкий челове́к 3) *разг.* пе́дель (*в старых англ. университетах*) 4) *разг.* револьве́р 5) *разг.* кури́тельная тру́бка

**bulldoze** [ˈbuldəuz] *v* 1) разбива́ть кру́пные куски́ (*руды, породы*) 2) выра́внивать грунт, расчища́ть при по́мощи бульдо́зеров 3) *амер. разг.* шантажи́ровать, запу́гивать; грози́ть наси́лием; принужда́ть

**bulldozer** [ˈbulˌdəuzə] *n* 1) бульдо́зер 2) бульдозери́ст

**bullet** [ˈbulɪt] *n* 1) пу́ля; ядро́ 2) грузи́ло 3) *pl воен. sl.* горо́х ◇ every ~ has its billet *посл.* ≅ от судьбы́ не уйдёшь; пу́ля винова́того найдёт

**bullet-head** [ˈbulɪthed] *n* 1) челове́к с кру́глой голово́й 2) *амер.* упря́мец

**bulletin** [ˈbulɪtɪn] **1.** *n* 1) бюллете́нь 2) сво́дка 3) *attr.*: ~ board доска́ объявле́ний

**2.** *v* выпуска́ть бюллете́ни

**bullet-proof** [ˈbulɪtpruːf] *a* не пробива́емый пу́лями, пуленепробива́емый

**bullfight** [ˈbulfaɪt] *n* бой быко́в

**bullfinch** [ˈbulfɪntʃ] *n* 1) снеги́рь 2) густа́я жива́я и́згородь со рвом

**bullhead** [ˈbulhed] *n* 1) подка́менщик (*рыба*) 2) болва́н, тупи́ца

**bullion** [ˈbuljən] *n* 1) сли́ток зо́лота *или* серебра́ 2) кру́жево с золото́й *или* сере́бряной ни́тью ◇ ~ dealer меня́ла

**bullish** [ˈbulɪʃ] *a бирж.* игра́ющий на повыше́ние

**bullock** [ˈbulək] *n* вол

**bull-pen** [ˈbulpen] *n* 1) сто́йло для быка́ 2) *амер.* ка́мера предвари́тельного заключе́ния

**bull session** [ˈbulˈseʃən] *n разг.* разгово́ры, бесе́да в мужско́й компа́нии

**bull's-eye** [ˈbulzaɪ] *n* 1) кру́глое (слухово́е) окно́ 2) увеличи́тельное стекло́ 3) фона́рь с увеличи́тельным стекло́м 4) *мор.* иллюмина́тор 5) чёрный круг, я́блоко мише́ни; to hit (*или* to make, to score) the ~ попада́ть в цель 6) стари́нные карма́нные часы́, «лу́ковица» 7) конфе́ты драже́

**bulltrout** [ˈbultraut] *n зоол.* ку́мжа, лосо́сь тайме́нь

**bully I** [ˈbulɪ] **1.** *n* 1) зади́ра, забия́ка; хвасту́н 2) хулига́н 3) сутенёр ◇ a ~ is always a coward *посл.* зади́ра всегда́ трус

**2.** *v* задира́ть; запу́гивать

**bully II** [ˈbulɪ] *a амер. разг.* первокла́ссный, великоле́пный ◇ ~ for you! молоде́ц! бра́во!

**bully III** [ˈbulɪ] *n* мясны́е консе́рвы (*тж.* ~ beef)

**bullyrag** [ˈbulɪræg] *v разг.* 1) запу́гивать 2) брани́ть, поноси́ть

**bulrush** [ˈbulrʌʃ] *n бот.* камы́ш (озёрный); си́тник

**bulwark** [ˈbulwək] **1.** *n* 1) вал; бастио́н 2) опло́т; защи́та 3) мол 4) (*обыкн. pl*) *мор.* фальшбо́рт

**2.** *v* 1) укрепля́ть ва́лом 2) служи́ть опло́том

**bum** [bʌm] **1.** *n* 1) *груб.* зад, за́дница 2) *разг.* ло́дырь, безде́льник, лентя́й; to go on the ~ жить на чужо́й счёт 3) (*сокр. от* bum-bailiff) суде́бный при́став

**2.** *a* 1) плохо́й, ни́зкого ка́чества 2) нече́стный; досто́йный порица́ния

**3.** *v* ло́дырничать, шата́ться без де́ла; жить на чужо́й счёт

**bum-bailiff** [ˈbʌmˌbeɪlɪf] *n* суде́бный при́став

**bumble** [ˈbʌmbl] *v* 1) пу́тать 2) запина́ться, заика́ться

**bumble-bee** [ˈbʌmblbiː] *n* шмель

**bumbledom** [ˈbʌmbldəm] *n разг.* бюрократи́зм, мелкочино́вное чва́нство (*по имени приходского сторожа в романе Диккенса «Оливер Твист»*)

**bumble-puppy** [ˈbʌmblˌpʌpɪ] *n* плоха́я игра́ (*в карты, в теннис*)

**bumbling** [ˈbʌmblɪŋ] *a* неуклю́жий, неуме́лый

**bumbo** [ˈbʌmbəu] *n* холо́дный пунш

**bum-boat** [ˈbʌmbəut] *n* ло́дка, доставля́ющая прови́зию на суда́

**bumf** [bʌmf] *n sl.* 1) туале́тная бума́га 2) *презр.* бума́ги, докуме́нты

**bummer** [ˈbʌmə] *n амер.* лентя́й, ло́дырь

**bump I** [bʌmp] **1.** *n* 1) столкнове́ние; глухо́й уда́р 2) о́пухоль; ши́шка 3) вы́гиб, вы́пуклость 4) ши́шка (*в френологии*); *разг.* спосо́бность; the ~ of locality спосо́бность ориенти́роваться на ме́стности 5) уха́б 6) *pl ав.* возду́шные возмуще́ния; возду́шные я́мы

**2.** *v* 1) ударя́ть(ся) 2) толка́ть, подта́лкивать 3) *спорт.* победи́ть в па́русных го́нках 4) *амер. воен. sl.* обстре́ливать □ ~ off *амер. sl.* устрани́ть си́лой; уби́ть

**3.** *adv* вдруг, внеза́пно; to come ~ on the floor шлёпнуться об пол

**bump II** [bʌmp] **1.** *n* крик вы́пи

**2.** *v* крича́ть (*о выпи*)

**bumper** [ˈbʌmpə] *n* 1) бока́л, по́лный до краёв 2) *тех.* ба́мпер; амортиза́тор 3) *attr.* о́чень большо́й; ~ crop (*или* harvest) небыва́лый урожа́й

**bumpkin** [ˈbʌmpkɪn] *n* неотёсанный па́рень, мужла́н

**bumptious** [ˈbʌmpʃəs] *a разг.* самоуве́ренный, надме́нный; наха́льный

**bumpy** [ˈbʌmpɪ] *a* уха́бистый, тря́ский (*о дороге*)

**bun I** [bʌn] *n* 1) сдо́бная бу́лочка с изю́мом 2) пучо́к, у́зел (*волос*) 3) *с.-х.* костра́ конопли́ ◇ to get a ~ on *разг.* опроки́нуть рю́мочку, другу́ю; вы́пить; to take the ~ *разг.* получи́ть приз, заня́ть пе́рвое ме́сто, быть лу́чше всех; it takes the ~ *разг.* э́то превосхо́дит всё; э́то невероя́тно

**bun II** [bʌn] *n ласк. название белки в сказках*

**buna** [ˈbuːnə] *n хим.* бу́на (*вид синтетического каучука*)

**bunch** [bʌntʃ] **1.** *n* 1) свя́зка, пучо́к, па́чка (*чего-л. однородного*); ~ of keys свя́зка ключе́й; ~ of grapes кисть, гроздь виногра́да; ~ of fives *sl.* пятерня́, рука́, кула́к 2) *разг.* гру́ппа, компа́ния; he is the best of the ~ он лу́чший из них 3) *амер.* ста́до 4) *физ.* сгу́сток (электро́нов)

**2.** *v* 1) образо́вывать пучки́, гро́здья 2) сбива́ть(ся) в ку́чу 3) собира́ть в сбо́рки (*платье*)

**bunchy** [ˈbʌntʃɪ] *a* 1) вы́пуклый 2) горба́тый 3) расту́щий пучка́ми *или* гро́здьями 4) *горн.* неравноме́рно залега́ющий

**bunco** [ˈbʌŋkəu] *амер.* **1.** *n* (*pl* -os [-əuz]) обма́н, жу́льничество

**2.** *v* 1) получа́ть с по́мощью обма́на 2) плутова́ть в ка́ртах

**buncombe** [ˈbʌŋkəm] = bunkum

**bunco-steerer** [ˈbʌŋkəuˌstɪərə] *n амер. sl.* моше́нник; шу́лер

**bund** [bʌnd] **1.** *n* 1) на́бережная (*в Японии и в Китае*) 2) да́мба, плоти́на (*в Индии*)

**2.** *v* защища́ть бе́рег реки́ на́сыпью, да́мбой

**bunder** [ˈbʌndə] *n* при́стань; на́бережная; порт, га́вань (*в странах Востока*)

**bundle** [ˈbʌndl] **1.** *n* 1) у́зел, свя́зка; вяза́нка 2) пучо́к 3) паке́т; свёрток 4) *амер.* две стопы́ бума́ги 5) два́дцать мотко́в льняно́й пря́жи ◇ ~ of nerves комо́к не́рвов

**2.** *v* 1) свя́зывать в у́зел (*часто* ~ up); собира́ть ве́щи (пе́ред отъе́здом) 2) отсыла́ть, спрова́живать (*обыкн.* ~ away, ~ off, ~ out); I ~d him off я спрова́дил его́, отде́лался от него́ 3) бы́стро уйти́, «вы́катиться» (*обыкн.* ~ out, ~ off)

**bung** [bʌŋ] **1.** *n* 1) (больша́я) про́бка, заты́чка, вту́лка 2) тракти́рщик 3) *sl.* ложь, обма́н

**2.** *v* 1) затыка́ть, заку́поривать (*обыкн.* ~ up); ~ed up nose зало́женный нос (*при насморке*) 2) подби́ть (*глаз в драке*) 3) *sl.* швыря́ть (*камни и т. п.*) □ ~ **off** *sl.* удира́ть

**3.** *a австрал. sl.* 1) мёртвый, уме́рший 2) обанкро́тившийся ◇ to go ~ а) умере́ть; б) обанкро́титься

**bungalow** [ˈbʌŋgələu] *n* одноэта́жная да́ча, дом с вера́ндой, бу́нгало

**bungle** [ˈbʌŋgl] **1.** *n* 1) плоха́я рабо́та; to make a ~ of it напо́ртить; запоро́ть 2) оши́бка; пу́таница

**2.** *v* рабо́тать неуме́ло, по́ртить рабо́ту; де́лать ко́е-ка́к

**bungler** [ˈbʌŋglə] *n* плохо́й рабо́тник, «сапо́жник»; растя́па

**bunion** [ˈbʌnjən] *n мед.* су́мка на нару́жной стороне́ большо́го па́льца ноги́

**bunk** I [bʌŋk] **1.** *n* ко́йка

**2.** *v амер.* спать на ко́йке; ложи́ться спать

**bunk** II [bʌŋk] *sl.* **1.** *n* бе́гство; to do a ~ сбежа́ть

**2.** *v* исче́знуть, убежа́ть

**bunk** III [bʌŋk] = bunkum

**bunker** [ˈbʌŋkə] **1.** *n* 1) *мор.* у́гольная я́ма, бу́нкер; ash ~ зо́льник 2) *спорт.* неро́вность, препя́тствие (*на поле для гольфа*) 3) си́лосная я́ма 4) бу́нкер, убе́жище 5) *воен.* блинда́ж с кре́пким покры́тием 6) *attr.* бу́нкерный; ~ coal бу́нкерный у́голь

**2.** *v* 1) грузи́ть(ся) у́глем, то́пливом 2) *спорт.* загна́ть (*мяч*) в лу́нку 3) попа́сть в лу́нку (*о мяче*) 4) (*обыкн. p. p.*) попа́сть в затрудни́тельное положе́ние

**bunko** [ˈbʌŋkəu] = bunco

**bunkum** [ˈbʌŋkəm] *n* трескучие фра́зы; болтовня́; to talk ~ поро́ть чушь, нести́ ахине́ю

**bunny** [ˈbʌnɪ] *n ласк.* кро́лик

**bunt** I [bʌnt] *n* 1) *мор.* пу́зо (*паруса*) 2) мотня́ (*невода*)

**bunt** II [bʌnt] **1.** *n* уда́р (*головой, рогами*); пино́к, толчо́к

**2.** *v* ударя́ть; пиха́ть; бода́ть

**bunt** III [bʌnt] *n бот.* мо́края головня́

**bunting** I [ˈbʌntɪŋ] *n* 1) мате́рия для фла́гов 2) *собир.* фла́ги 3) *мор.* фла́гдук 4) *ав.* обра́тный иммельма́н

**bunting** II [ˈbʌntɪŋ] *n зоол.* овся́нка

**bunting** III [ˈbʌntɪŋ] *pres. p. от* bunt II, 2

**buoy** [bɔɪ] **1.** *n* буй, ба́кен, буёк; ве́ха

**2.** *v* 1) ста́вить ба́кены 2) подде́рживать на пове́рхности (*обыкн.* ~ up) 3) поднима́ть на пове́рхность 4) подде́рживать (*энергию, надежду и т. п.*); he was ~ed up by the news изве́стие подбодри́ло его́

**buoyage** [ˈbɔɪɪdʒ] *n* устано́вка ба́кенов

**buoyancy** [ˈbɔɪənsɪ] *n* 1) плаву́честь; спосо́бность держа́ться на пове́рхности воды́ 2) жизнера́достность, душе́вная эне́ргия; he lacks ~ ему́ не хвата́ет эне́ргии 3) повыша́тельная тенде́нция (*на бирже*)

**buoyant** [ˈbɔɪənt] *a* 1) плаву́чий; спосо́бный держа́ться на пове́рхности 2) жизнера́достный, бо́дрый 3) *бирж.* повыша́тельный 4) *эк., бирж.* оживлённый; ~ demand оживлённый, огро́мный спрос

**bur** [bə:] *n* 1) шип, колю́чка (*растения*) 2) репе́йник, репе́й; to stick like a ~ ≅ приста́ть как ба́нный лист 3) назо́йливый челове́к 4) *текст.* ворсова́льная ши́шка

**burberry** [ˈbə:bərɪ] *n* 1) (B.) «Ба́рберри» (*торговый знак*) 2) непромока́емая ткань «ба́рберри»

**burble** [ˈbə:bl] **1.** *n* 1) бормота́ние; болтовня́

**2.** *v* бормота́ть; болта́ть

**burbot** [ˈbə:bət] *n* нали́м

**burden** I [ˈbə:dn] **1.** *n* 1) но́ша, тя́жесть; груз 2) бре́мя; a ~ of care бре́мя забо́т; ~ of proof *юр.* бре́мя доказа́тельства 3) *мор.* тонна́ж (*судна*) 4) накладны́е расхо́ды 5) *горн.* пуста́я поро́да, покрыва́ющая руду́ ◇ a ~ of one's choice is not felt *посл.* ≅ своя́ но́ша не тя́нет

**2.** *v* 1) нагружа́ть 2) обременя́ть, отягоща́ть

**burden** II [ˈbə:dn] *n* 1) припе́в, рефре́н 2) те́ма; основна́я мысль, суть; the ~ of the remarks суть э́тих замеча́ний

**burdensome** [ˈbə:dnsəm] *a* обремени́тельный, тя́гостный

**burdock** [ˈbə:dɔk] *n бот.* лопу́х большо́й

**bureau** [bjuəˈrəu] *n* (*pl* -eaux [-əuz]) 1) бюро́, отде́л, управле́ние, комите́т 2) бюро́, конто́рка, пи́сьменный стол 3) *амер.* комо́д (с зе́ркалом)

**bureaucracy** [bjuəˈrɔkrəsɪ] *n* 1) *собир.* бюрокра́тия 2) бюрократи́зм

**bureaucrat** [ˈbjuərəukræt] *n* бюрокра́т

**bureaucratic** [ˌbjuərəuˈkrætɪk] *a* бюрократи́ческий

**bureaux** [bjuəˈrəuz] *pl от* bureau

**burette** [bjuəˈret] *n хим.* бюре́тка

**burg** [bə:g] *n амер. разг.* го́род

**burgee** [ˈbə:dʒi:] *n мор.* треуго́льный флажо́к

**burgeon** [ˈbə:dʒən] *поэт.* **1.** *n* буто́н; по́чка; росто́к

**2.** *v* дава́ть по́чки, ростки́; распуска́ться

**burgess** [ˈbə:dʒɪs] *n* 1) граждани́н *или* жи́тель го́рода, име́ющего самоуправле́ние 2) *ист.* член парла́мента от го́рода с самоуправле́нием *или* от университе́та

**burgh** [ˈbʌrə] *n шотл.* го́род с самоуправле́нием

**burgher** [ˈbə:gə] *n ист.* горожа́нин, бю́ргер

**burglar** [ˈbə:glə] *n* вор-взло́мщик; ночно́й граби́тель

**burglarious** [bəˈglɛərɪəs] *a* воровско́й, граби́тельский

**burglarize** [ˈbə:gləraɪz] *v амер.* соверша́ть кра́жу со взло́мом

**burglary** [ˈbə:glərɪ] *n* ночна́я кра́жа со взло́мом

**burgle** [ˈbə:gl] = burglarize

**burgomaster** [ˈbə:gəuˌmɑ:stə] *n* 1) бургоми́стр (*в голландских, фламандских и германских городах*) 2) *зоол.* поля́рная ча́йка, бургоми́стр

**burgoo** [bə:ˈgu:] *n* 1) *мор. разг.* густа́я овся́нка 2) *амер.* сухари́, сва́ренные в па́токе 3) *амер.* тушёные о́вощи с мя́сом в густо́й подли́ве

**burgundy** [ˈbə:gəndɪ] *n* кра́сное бургу́ндское вино́

**burial** [ˈberɪəl] *n* по́хороны

**burial-ground** [ˈberɪəlgraund] *n* кла́дбище

**burial-mound** [ˈberɪəlmaund] *n* моги́льный холм, курга́н

**burial-place** [ˈberɪəlpleɪs] *n* ме́сто погребе́ния

**burial-service** [ˈberɪəlˌsə:vɪs] *n* заупоко́йная слу́жба

**burin** [ˈbjuərɪn] *n* резе́ц гравёра, грабшти́хель

**burke** [bə:k] *v* 1) замя́ть (*дело и т. п.*); запрети́ть (*книгу*) до вы́хода в свет; сорва́ть (*прения, предложение*) 2) *уст.* задуши́ть

**burl** [bə:l] **1.** *n* 1) *текст.* у́зел на ни́тке в тка́ни 2) наплы́в на де́реве

**2.** *v текст.* очища́ть суровьё от посторо́нних включе́ний и узло́в

**burlap** [ˈbə:læp] *n* джу́товая *или* пенько́вая мешо́чная ткань

**burlesque** [bə:ˈlesk] **1.** *n* бурле́ск; паро́дия; карикату́ра; *амер.* эстра́дное представле́ние с элеме́нтами фа́рса

**2.** *a* шу́точный

**3.** *v* пароди́ровать

**burly** [ˈbə:lɪ] *a* 1) доро́дный, пло́тный 2) большо́й и си́льный

**Burmese** [bə:ˈmi:z] **1.** *a* бирма́нский

**2.** *n* 1) бирма́нец; бирма́нка; the ~ *pl собир.* бирма́нцы 2) бирма́нский язы́к

**burn** I [bə:n] *n шотл.* руче́й

**burn** II [bə:n] **1.** *n* 1) ожо́г 2) клеймо́ 3) выжига́ние расти́тельности на земле́, предназна́ченной к обрабо́тке ◇ to give smb. a ~ оки́нуть кого́-л. уничтожа́ющим взгля́дом

**2.** *v* (burnt, burned) 1) жечь, пали́ть, сжига́ть; прожига́ть; выжига́ть;

to ~ to a crisp сжигáть дотлá 2) сгорáть, горéть, пылáть (*тж. перен.*); to ~ with fever быть (как) в жарý; пылáть, как в огнé 3) обжигáть, получáть ожóг 4) вызывáть загáр (*о солнце*) 5) загорáть (*о коже*) 6) подгорáть (*о пище*) 7) обжигáть (*кирпичи*) 8) *мед.* прижигáть 9) сжигáть в я́дерном реáкторе 10) рéзать (*металл*) автогéном □ ~ **away** а) сгорáть; б) сжигáть; the sun ~s away the mist сóлнце рассéивает тумáн; ~ **down** а) сжигáть дотлá; б) догорáть; ~ **into** врезáться; the spectacle of injustice burnt into his soul зрéлище несправедли́вости глубокó рáнило егó дýшу; ~ **out** а) вы́жечь; б) вы́гореть; ~ **up** а) зажигáть; сжигáть; б) *sl.* вспыли́ть; рассвирепéть ◇ she has money to ~ ≅ у неё дéнег кýры не клюю́т; to ~ the candle at both ends безрассýдно трáтить си́лы, энéргию; to ~ daylight а) жечь свет днём; б) трáтить си́лы зря; to ~ the midnight oil заси́живаться за рабóтой до глубóкой нóчи; to ~ one's bridges (boats) сжигáть свои́ мосты́ (корабли́); to ~ one's fingers обжéчься (*на чём-л.*); to ~ the water лучи́ть ры́бу; to ~ the wind (*или* the earth), *амер.* to ~ up the road нести́сь (во весь опóр); his money ~s a hole in his pocket дéньги у негó дóлго не дéржатся, дéньги емý жгут кармáн

**burner** [ˈbəːnə] *n* 1) тóпка 2) горéлка 3) форсýнка

**burning** [ˈbəːnɪŋ] 1 *pres. p. от* burn II, 2

2 *n* 1) горéние 2) óбжиг, обжигáние; прокáливание 3) *горн.* расширéние (*шпуров*) взры́вами

3 *a* горя́щий; жгýчий (*тж. перен.*); ~ bush *библ.* неопали́мая купинá; ~ oil кероси́н; ~ question жгýчий вопрóс; ~ shame жгýчий стыд

**burning-glass** [ˈbəːnɪŋglɑːs] *n* зажигáтельное стеклó

**burnish** [ˈbəːnɪʃ] **1.** *n* 1) полирóвка 2) блеск

**2.** *v* 1) чи́стить, полировáть; ворони́ть (*сталь*) 2) блестéть

**burnisher** [ˈbəːnɪʃə] *n* 1) полирóвщик 2) инструмéнт для полирóвки

**burnous** [bəːˈnuːs] *n* бурнýс

**burnouse** [bəːˈnuːz] = burnous

**burn-out** [ˈbəːnˈaut] *n* прекращéние горéния (*в ракетном двигателе*)

**burnt** [bəːnt] **1.** *past и p. p. от* burn II, 2

**2.** *a* жжёный, горéлый; ~ gas отрабóтанный газ; ~ offering *библ.* всесожжéние ◇ ~ child dreads the fire *посл.* ≅ обжёгшись на молокé, бýдешь дуть и нá воду; пýганая ворóна и кустá бои́тся

**burr** I [bəː] **1.** *n* 1) шум, грóхот (*машин и т. п.*) 2) *фон.* заднеязы́чное произношéние звýка [r] (*на севере Англии*); картáвость

**2.** *v фон.* произноси́ть [r] спи́нкой языкá; картáвить

**burr** II [bəː] = bur

**burr** III [bəː] *n* 1) заусéнец; грат (*на металле*) 2) треугóльное долотó 3) жерновóй кáмень 4) оселóк, точи́льный кáмень

**burr** IV [bəː] *n астр.* ореóл (*луны или звезды*)

**burro** [ˈbəːrəu] *исп. n* (*pl* -os [-əuz]) *разг.* óслик

**burrock** [ˈbəːrɔk] *n* небольшáя запрýда на рекé

**burrow** [ˈbəːrəu] **1.** *n* 1) норá 2) червотóчина 3) *горн.* отбрóсы, пустáя порóда; отвáлы

**2.** *v* 1) рыть норý, ход 2) пря́таться в норé; жить в норé 3) ры́ться (*в книгах, архивах; часто* ~ into)

**bursar** [ˈbəːsə] *n* 1) казначéй (*особ. в университетах*) 2) стипендиáт

**bursary** [ˈbəːsərɪ] *n* 1) канцеля́рия казначéя (*в университетах*) 2) стипéндия

**burse** [bəːs] *n* 1) = bursary 2); 2) *уст.* кошéль 3) *уст.* би́ржа

**burst** [bəːst] **1.** *n* 1) взрыв; ~ of applause (of laughter) взрыв аплодисмéнтов (смéха) 2) разры́в (*снаряда*); пулемётная óчередь 3) вспы́шка (*пламени и т. п.*) 4) поры́в; ~ of energy прили́в энéргии; *спорт.* бросóк, рывóк 5) кутёж; to go on the ~ загуля́ть, закути́ть

**2.** *v* (burst) 1) лóпаться; разрывáться, взрывáться (*о снаряде, котле*); прорывáться (*о плотине; о нарыве*); to ~ open а) распахнýться; б) взломáть 2) разражáться 3) взрывáть, разрывáть, разрушáть; разламывать; вскрывáть; rivers ~ their banks рéки размывáют свои́ берегá; to ~ a blood-vessel получи́ть *или* вы́звать разры́в кровенóсного сосýда; □ ~ **in** ворвáться, вломи́ться; ~ **into**: to ~ into blossom расцвести́; to ~ into flame вспы́хнуть плáменем; to ~ into tears (into laughter) зали́ться слезáми (смéхом); to ~ into the room ворвáться в кóмнату; to ~ into (*или* upon) the view внезáпно появи́ться (*в поле зрения*); ~ **out** вспы́хивать (*о войне, эпидемии*); to ~ out crying (laughing) = to ~ into tears (into laughter); ~ **up** а) взорвáться; б) *разг.* потерпéть неудáчу, крушéние; ~ **with** лóпаться; to ~ with envy лóпнуть от зáвисти; to ~ with plenty ломи́ться от избы́тка ◇ I am simply ~ing to tell you я горю́ нетерпéнием рассказáть вам; to ~ one's sides надорвáть живóтики от смéха

**burster** [ˈbəːstə] *n* разрывнóй заря́д

**bursting** [ˈbəːstɪŋ] **1.** *pres. p. от* burst 2

**2.** *n* 1) взрыв, разры́в 2) растрéскивание

**3.** *a* разрывнóй; ~ charge = burster

**burthen** [ˈbəːðən] *поэт. см.* burden I *и* II

**bury** [ˈberɪ] *v* 1) хорони́ть, зарывáть в зéмлю; to have buried one's relatives потеря́ть, похорони́ть бли́зких 2) пря́тать; to ~ one's face in one's hands закры́ть лицó рукáми; to ~ one's hands in one's pockets засýнуть рýки в кармáны; to ~ oneself in books зары́ться в кни́ги 3) похорони́ть, предáть забвéнию; to ~ the past предáть забвéнию прóшлое 4) погружáться; to be buried in thought погрузи́ться в раздýмье

**bus** [bʌs] **1.** *n* 1) автóбус; óмнибус 2) *эл.* ши́на 3) *разг.* пассажи́рский самолёт; автомоби́ль ◇ ~ boy, ~ girl *амер.* помóщник, помóщница официáнта, убирáющий, -ая гря́зную посýду со столá в ресторáне

**2.** *v*: to ~ it éхать в автóбусе, óмнибусе

**busby** [ˈbʌzbɪ] *n* гусáрский ки́вер, гусáрская шáпка

**bush** I [buʃ] **1.** *n* 1) куст, кустáрник 2) больши́е прострáнства некультиви́рованной земли́, покры́тые кустáрником (*в Австралии и Южной Африке*), буш 3) чáща, чащóба 4) густы́е вóлосы; ~ of hair копнá волóс 5) *уст.* вéтка плющá (*в старой Англии служила вывеской таверны*); тавéрна ◇ to take to the ~ стать бродя́гой

**2.** *v* 1) обсáживать кустáрником 2) гýсто разрастáться 3) боронова́ть (*землю*)

**bush** II [buʃ] **1.** *n тех.* втýлка, вклáдыш; ги́льза, бýкса

**2.** *v* вставля́ть втýлку

**bushel** I [ˈbuʃl] *n* бýшель (*мера ёмкости* ≅ *36,3 л*) ◇ to hide one's light under a ~ *библ.* держáть свет под спýдом; зарывáть свой талáнт (в зéмлю); to measure others' corn by one's own ~ ≅ мéрить на свой арши́н

**bushel** II [ˈbuʃl] *v амер.* чини́ть, латáть мужскóе плáтье

**bushing** I [ˈbuʃɪŋ] **1.** *pres. p. от* bush II, 2

**2.** *n тех.* (изоли́рующая) втýлка, вклáдыш

**bushing** II [ˈbuʃɪŋ] *pres. p. от* bush I, 2

**Bushman** [ˈbuʃmən] *n* 1) бушмéн (*народность в Африке*) 2) *австрал.* жи́тель сéльской мéстности 3) *презр.* деревéнщина

**bush-ranger** [ˈbuʃˌreɪndʒə] *n австрал.* бéглый престýпник, скрывáющийся в зáрослях и живýщий грабежóм

**bush-telegraph** [ˈbuʃˈtelɪgrɑːf] *n* бы́строе распространéние свéдений, слýхов *и т. п.*

**bushwhack** [ˈbuʃwæk] *v* 1) расчищáть зáросли; пробивáть тропý в зáрослях 2) скрывáться в чáще 3) совершáть нападéние, скрывáясь в чáще

**bush-whacker** [ˈbuʃˌwækə] *n* 1) *амер.* жи́тель леснóй глуши́ 2) *амер.* бродя́га 3) *воен. ист.* партизáн 4) резáк для расчи́стки зáрослей кустáрника

**bushy** [ˈbuʃɪ] *a* 1) покры́тый кустáрником 2) густóй (*о бровях, бороде и т. п.*) 3) пуши́стый (*о хвосте лисицы и др. животных*)

**busily** [ˈbɪzɪlɪ] *adv* 1) делови́то 2) назóйливо, навя́зчиво; с изли́шним любопы́тством

**business** I [ˈbɪznɪs] *n* 1) дéло, заня́тие; the ~ of the day (*или* meeting) повéстка дня; on ~ по дéлу; to be out of ~ обанкрóтиться; man of ~ а) деловóй человéк; б) агéнт, поверéнный 2) профéссия 3) бизнес; коммéрческая дéятельность; to set up in ~ начáть торгóвое дéло 4) торгóвое предприятие, фирма 5) (выгодная) сдéлка 6) обязанность; прáво; to make it one's ~ считáть своéй обязанностью; you had no ~ to do it вы не имéли основáния, прáва это дéлать 7) *пренебр.* дéло, истóрия; I am sick of the whole ~ мне вся эта истóрия надоéла 8) *театр.* дéйствие, игрá, мимика, жéсты (*не диалог*) 9) *attr.* практический, деловóй; the ~ end практическая, наибóлее вáжная сторонá дéла; ~ hours часы торгóвли *или* приёма; ~ executives руководящий административный персонáл; «капитáны» промышленности; ~ interests деловóй мир, деловые круги; ~ index индекс деловóй активности ◇ big ~ крýпный капитáл, большóй бизнес; to mean ~ говорить всерьёз; имéть серьёзные намéрения; брáться (*за что-л.*) серьёзно, решительно; everybody's ~ is nobody's ~ ≅ у семи нянек дитя без глáзу; mind you own ~! не вáше дéло!; занимáйтесь своим дéлом!; to send smb. about his ~ прогонять, выпровáживать когó-л.; what is your ~ here? что вам здесь нáдо?; it has done his ~ это егó доконáло

**business** II [ˈbɪzɪnɪs] = busyness

**business-like** [ˈbɪznɪslaɪk] *a* деловóй, практичный ~ air деловитость

**business man** [ˈbɪznɪsmən] *n* 1) деловóй человéк, коммерсáнт 2) делéц, бизнесмéн; big business men крýпные капиталисты, бизнесмéны

**business manager** [ˈbɪznɪsˌmænɪdʒə] *n* управляющий делáми; коммéрческий дирéктор, завéдующий коммéрческой чáстью

**busk** I [bʌsk] *n* планшéтка (*в корсете*)

**busk** II [bʌsk] *v шотл.* 1) готóвиться 2) одевáться 3) торопиться, спешить

**busk** III [bʌsk] *v мор.* бороздить, рыскать

**buskin** [ˈbʌskɪn] *n* котýрн; *перен.* трагéдия; to put on the ~s а) писáть в стиле высóкой трагéдии; б) игрáть в трагéдии

**busman** [ˈbʌsmən] *n* водитель автóбуса ◇ ~'s holiday а) день óтдыха, проведённый за обычной рабóтой; б) испóрченный óтпуск

**buss** [bʌs] *уст.* 1. *n* звóнкий поцелýй

2. *v* целовáть

**bust** I [bʌst] *n* 1) бюст 2) жéнская грудь

**bust** II [bʌst] 1. *n* 1) *разг.* банкрóтство, разорéние 2) *диал.* кутёж [*см. тж.* burst 1, 5)]

2. *v* 1) обанкрóтиться (*тж.* to go ~) 2) запить (*тж.* to go on the ~) 3) *амер. разг.* разжáловать, снизить в чине 4) *sl.* схватить с поличным; арестовáть

**bustard** [ˈbʌstəd] *n зоол.* дрофá

**buster** [ˈbʌstə] *n амер. sl.* 1) что-л. необыкновéнное 2) пирýшка, кутёж, попóйка

**bustle** I [ˈbʌsl] 1. *n* суматóха, суетá

2. *v* 1) торопить(ся); to ~ through a crowd пробивáться сквозь толпý 2) суетиться (*тж.* ~ about)

3. *int* живéе!

**bustle** II [ˈbʌsl] *n* турнюр

**bustling** [ˈbʌslɪŋ] 1. *pres. p. от* bustle I, 2

2. *n* суетá, суетливость

3. *a* суетливый, шýмный

**busy** I [ˈbɪzɪ] 1. *a* 1) дéятельный; занятóй (at, in, with); ~ as a bee (*или* a beaver) óчень занятóй 2) зáнятый; the line is ~ нóмер (телефóна) зáнят; линия занятá; ~ signal сигнáл «зáнято» (*по телефону*) 3) оживлённый (*об улице*) 4) беспокóйный, суетливый; ~ idleness трáта энéргии на пустяки

2. *v* 1) давáть рабóту, засадить за рабóту, занять рабóтой; I have busied him for the whole day я дал емý рабóту на весь день; to ~ one's brains ломáть себé гóлову 2) *refl.* занимáться

**busy** II [ˈbɪzɪ] *n sl.* сыщик

**busy-body** [ˈbɪzɪˌbɔdɪ] *n* 1) хлопотýн 2) человéк, любящий вмéшиваться в чужие делá

**busyness** [ˈbɪzɪnɪs] *n* зáнятость, деловитость

**but** I [bʌt (*полная форма*); bət (*редуцированная форма*)] 1. *adv* тóлько, лишь; I saw him ~ a moment я видел егó лишь мéльком; she is ~ nine years old ей тóлько дéвять лет ◇ ~ just тóлько что; all ~ почти; едвá не; he all ~ died of his wound он едвá не ýмер от своéй рáны

2. *prep* крóме, за исключéнием; all ~ one passenger were drowned утонýли все, крóме одногó пассажира ◇ the last ~ one предпослéдний; anything ~ далекó не; всё что угóдно, тóлько не; he is anything ~ a coward трýсом егó не назовёшь

3. *cj* 1) но, а, однáко, тем не мéнее; ~ then но с другóй стороны 2) éсли (бы) не; как не; чтóбы не; I cannot ~... не могý не...; I cannot ~ agree with you не могý не согласиться с вáми; what could he do ~ confess? что емý оставáлось, как не сознáться?; he would have fallen ~ that I caught him он упáл бы, éсли бы я егó не подхватил; he would have fallen ~ for me он упáл бы, éсли бы не я

4. *pron rel.* кто бы не; there is no one ~ knows it нет никогó, кто бы этого не знал; there are few men ~ would risk all for such a prize мáло найдётся таких, кто не рискнýл бы всем рáди подóбной нагрáды

5. *n*: ~ me no ~s пожáлуйста, без «но», без возражéний

**but** II [bʌt] *n шотл.* пéрвая *или* рабóчая кóмната в небольшóм двухкóмнатном дóме

**butadiene** [ˌbjuːtəˈdaɪiːn] *n хим.* бутадиéн

**butane** [ˈbjuːteɪn] *n хим.* бутáн

**butcher** [ˈbutʃə] 1. *n* 1) мясник; ~'s meat мясо; ~'s knife нож мясникá 2) убийца, палáч 3) *амер.* разнóсчик в пóезде 4) искýсственная мýха (*для ловли лососей*) ◇ ~'s bill списóк убитых на войнé

2. *v* 1) бить (*скот*) 2) безжáлостно убивáть 3) пóртить, искажáть

**butcher-bird** [ˈbutʃəbəːd] *n зоол.* сéрый сорокопýт

**butcherly** [ˈbutʃəlɪ] *a* жестóкий, кровожáдный; вáрварский

**butchery** [ˈbutʃərɪ] *n* 1) (ското)бóйня 2) бóйня, резня ◇ ~ business торгóвля мясом

**butler** [ˈbʌtlə] *n* дворéцкий, стáрший лакéй

**butt** I [bʌt] *n* 1) большáя бóчка (*для вина, пива*) 2) бóчка (*как мера ёмкости ≅ 490,96 л*)

**butt** II [bʌt] *n* 1) стрéльбищный вал 2) *pl* стрéльбище, полигóн 3) цель, мишéнь 4) предмéт насмéшек

**butt** III [bʌt] *n* 1) тóлстый конéц (*чего-л.*); торéц, кóмель (*дерева*); приклáд (*ружья; тж.* the ~ of the rifle) 2) *разг.* окýрок 3) *разг.* сигарéта

**butt** IV [bʌt] 1. *n* 1) удáр (*головой, рогами*) 2) притык; стык 3) пéтля, навéс (*двери*)

2. *v* 1) ударять головóй 2) натыкáться (against, into — на) 3) бодáться 4) высóвываться, выдавáться 5) *разг.* натыкáться 6) соединять впритык □ ~ in вмéшиваться

**butter** [ˈbʌtə] 1. *n* 1) мáсло 2) *разг.* грýбая лесть ◇ he looks as if ~ would not melt in his mouth ≅ слóвно и воды не замутит; он тóлько кáжется тихóней

2. *v* 1) намáзывать мáслом 2) грýбо льстить (*часто* ~ up) ◇ fine (*или* kind, soft) words ~ no parsnips *посл.* ≅ соловья бáснями не кóрмят

**butter-boat** [ˈbʌtəbəut] *n* сóусник

**buttercup** [ˈbʌtəkʌp] *n бот.* лютик

**butter-dish** [ˈbʌtədɪʃ] *n* маслёнка

**butter-fingers** [ˈbʌtəˌfɪŋgəz] *n pl разг.* растяпа

**butterfly** [ˈbʌtəflaɪ] *n* 1) бáбочка 2) *спорт.* баттерфляй (*стиль плавания; тж.* ~ stroke)

**butterfly-nut** [ˈbʌtəflaɪˈnʌt] *n тех.* гáйка-барáшек

**butterfly-screw** [ˈbʌtəflaɪˈskruː] *n тех.* винт-барáшек

**butterfly table** [ˈbʌtəflaɪˈteɪbl] *n* стол с откидными боковыми доскáми

**buttermilk** [ˈbʌtəmɪlk] *n* пáхта

**butter-nut** [ˈbʌtənʌt] *n* орéх сéрый (*дерево и плод*)

**butter-scotch** [ˈbʌtəskɔtʃ] *n* 1) ириски 2) *attr.*: ~ colour цвет жжёного сáхара, свéтло-коричневый цвет

**buttery** I [ˈbʌtərɪ] *n* кладовáя (*для хранения провизии и напитков*)

**buttery** II [ˈbʌtərɪ] *a* 1) мáсляный; маслянистый 2) льстивый

**buttery-hatch** [ˈbʌtərɪˈhætʃ] *n* раздáточное окнó для выдачи продýктов из кладовóй

**butting** I [ˈbʌtɪŋ] *n* предéл, границá

**butting** II [ˈbʌtɪŋ] *pres. p. от* butt IV, 2

**butt-joint** [ˈbʌtdʒɔɪnt] *n тех.* стык, стыковóе соединéние

**buttocks** [ˈbʌtəks] *n pl* ягóдицы

**button** [ˈbʌtn] **1.** *n* 1) пýговица 2) кнóпка; to press the ~ нажáть кнóпку; *перен.* нажáть все кнóпки, пустúть в ход свя́зи 3) *спорт.* шúшечка (*на острие рапиры*) 4) бутóн 5) молодóй, неразвúвшийся гриб 6) *attr.* кнóпочный; ~ switch кнóпочный выключáтель ◇ not to care a (brass) ~ относúться с пóлным равнодýшием; наплевáть; he has not all his ~s *разг.* у негó вúнтика не хватáет

**2.** *v* 1) пришивáть пýговицы 2) застёгивать(ся) на пýговицы □ ~ **up** а) застегнýть(ся) на все пýговицы; б) *воен.* приводúть в поря́док войскá; в) закры́ть(ся), заперéть(ся) (*внутри помещения*); to ~ up one's mouth *разг.* хранúть молчáние; to ~ up one's purse (*или* pockets) *разг.* скупúться

**button-hold** [ˈbʌtnhəuld] = buttonhole 2, 2)

**buttonhole** [ˈbʌtnhəul] **1.** *n* 1) пéтля 2) цветóк в петлúце; бутоньéрка

**2.** *v* 1) промётывать пéтли 2) задéрживать (*когó-л.*) для дóлгого и нýдного разговóра

**buttonhook** [ˈbʌtnhuk] *n* крючóк для застёгивания башмакóв, перчáток

**button-on** [ˈbʌtnɔn] *a* пристёгивающийся (*о воротнике и т. п.*)

**buttons** [ˈbʌtnz] *n* мáльчик-посы́льный (*в гостинице*)

**buttress** [ˈbʌtrɪs] **1.** *n* 1) *стр.* контрфóрс; подпóра, устóй; бык 2) опóра, поддéржка

**2.** *v* поддéрживать, служúть опóрой (*часто* ~ up); to ~ up by facts подкрепля́ть фáктами

**butty** [ˈbʌtɪ] *n разг.* 1) товáрищ 2) компаньóн; пáйщик по подря́дной рабóте (*обычно в шахте*)

**butyl** [ˈbju:tɪl] *n хим.* бутúл

**butyric** [bju:ˈtɪrɪk] *a хим.* мáсляный

**buxom** [ˈbʌksəm] *a* 1) пóлная, полногрýдая; пы́шущая здорóвьем, крéпкая 2) добродýшная, сердéчная, весёлая

**buy** [baɪ] **1.** *v* (bought) 1) покупáть; приобретáть; to ~ on tick *разг.* покупáть в кредúт 2) подкупáть □ ~ **in** а) закупáть; б) выкупáть (*собственные вещи на аукционе*); ~ **off** откупáться; ~ **out** выкупáть; ~ **over** подкупáть, перемáнивать на свою́ стóрону; ~ **up** скупáть ◇ to ~ over smb.'s head перехватúть у когó-л. покýпку за бóлее дорогýю цéну; to ~ a white horse *разг.* транжúрить дéньги; to ~ time оттянýть врéмя; I will not ~ that ≅ э́то со мной не пройдёт, я э́того не допущý

**2.** *n разг.* покýпка; a good (bad) ~ удáчная (неудáчная) покýпка; to be on the ~ производúть значúтельные покýпки

**buyer** [ˈbaɪə] *n* покупáтель ◇ ~s over *ком.* спрос превышáет предложéние; ~s' market *ком.* конъюнктýра ры́нка, вы́годная для покупáтелей

**buz(z)** [bʌz] *int* старó!, слыхáли!

**buzz** I [bʌz] **1.** *n* 1) жужжáние; гул (*голосов*) 2) слýхи, молвá 3) *разг.* телефóнный звонóк; I'll give you a ~ tomorrow я звя́кну тебé зáвтра 4) *амер.* крýглая пилá

**2.** *v* 1) жужжáть, гудéть 2) летéть на брéющем полёте (*о самолёте*) 3) бросáть, швыря́ть 4) распространя́ть слýхи 5) носúться (*о слухах*) 6) *разг.* звонúть по телефóну □ ~ **about** вúться, увивáться; ~ **off** уходúть, удаля́ться; улизнýть

**buzz** II [bʌz] *v* осушáть, выпивáть (буты́лку, стакáн) до послéдней кáпли

**buzzard** [ˈbʌzəd] *n зоол.* каню́к

**buzz-bomb** [ˈbʌzbɔm] *n воен. ист.* самолёт-снаря́д

**buzzer** [ˈbʌzə] *n* 1) гудóк; сирéна 2) *разг.* звонóк 3) *эл.* зýммер, пúщик; автоматúческий прерывáтель 4) *воен. жарг.* связúст

**buzz-saw** [ˈbʌzsɔ:] *n амер.* крýглая пилá ◇ to monkey with a ~ ≅ шутúть *или* игрáть с огнём

**by** [baɪ] **1.** *prep* 1) *в пространственном значении указывает на*: а) *близость* у, при, óколо; a house by the river дом у рекú; a path by the river тропúнка вдоль бéрега рекú; б) *прохождение мимо предмета или через определённое место* мúмо; we went by the house мы прошлú мúмо дóма; we travelled by a village мы проéхали чéрез дерéвню 2) *во временном значении указывает на приближение к определённому моменту, сроку и т. п.* к; by tomorrow к зáвтрашнему дню; by five o'clock к пятú часáм; by then к томý врéмени 3) *указывает на автора; передаётся тв. или род. падежом*; a book by Tolstoy кнúга, напúсанная Толсты́м, произведéние Толстóго; the book was written by a famous writer кнúга былá напúсана знаменúтым писáтелем 4) *указывает на средство передвижения; передаётся тв. падежом*: by plane самолётом; by air mail воздýшной пóчтой; авиапóчтой 5) *указывает на причину, источник* чéрез, посрéдством, от, по; to know by experience знать по óпыту; to perish by starvation погúбнуть от гóлода 6) *указывает на меры веса, длины и т. п.* в, на, по; *передаётся тж. тв. падежом*; by the yard в я́рдах, я́рдами; by the pound в фýнтах, фýнтами 7) *указывает на характер действия*: by chance случáйно; by the law по закóну; by chute, by gravity самотёком 8) *указывает на соответствие, согласованность* по; соглáсно; by agreement по договóру; by your leave с вáшего разрешéния 9) *указывает на соотношение между сравниваемыми величинами* на; by two years older стáрше на два гóда ◇ by George ≅ ей-бóгу; by the way кстáти, мéжду прóчим; by and large в óбщем и цéлом, в óбщем

**2.** *adv* 1) бли́зко, ря́дом 2) мúмо; she passed by онá прошлá мúмо ◇ by and by вскóре

**by-blow** [ˈbaɪbləu] *n* 1) случáйный удáр; *перен.* непредвúденный слýчай 2) внебрáчный ребёнок

**bye** [baɪ] *n* 1) что-л. второстепéнное 2): to draw (*или* to have) the ~ *спорт.* быть свобóдным от соревновáний

**bye-bye** I [ˈbaɪbaɪ] *n разг.* бай-бáй; сон; врéмя спать

**bye-bye** II [ˈbaɪˈbaɪ] *разг. см.* good-bye 2

**by-effect** [ˈbaɪɪˌfekt] *n тех.* побóчное явлéние

**by-election** [ˈbaɪɪˌlekʃən] *n* дополнúтельные вы́боры

**Byelorussian** [ˌbjeləˈrʌʃən] **1.** *a* белорýсский

**2.** *n* 1) белорýс; белорýска 2) белорýсский язы́к

**by-end** [ˈbaɪend] *n* побóчная *или* тáйная цель

**bygone** [ˈbaɪgɔn] **1.** *a* прóшлый

**2.** *n pl* прóшлое; прóшлые обúды ◇ let ~s be ~s *посл.* ≅ кто стáрое помя́нет, томý глаз вон

**by-law** [ˈbaɪlɔ:] *n* 1) постановлéние óрганов мéстной влáсти 2) устáвные нóрмы (*организации*)

**by-line** [ˈbaɪlaɪn] *n* 1) побóчная рабóта 2) строкá (*в газете, журнале*), на котóрой помещáется фамúлия áвтора

**by-name** [ˈbaɪneɪm] *n* прóзвище

**bypass** [ˈbaɪpɑ:s] **1.** *n* 1) обхóд 2) обвóдный канáл 3) обхóдный путь 4) *эл.* шунт

**2.** *v* 1) обходúть 2) окружáть, окаймля́ть 3) пренебрегáть; не принимáть во внимáние 4) *воен.* обтекáть (*опорные пункты противника*)

**bypath** [ˈbaɪpɑ:θ] *n* уединённая боковáя тропá *или* дорóга

**by-pit** [ˈbaɪpɪt] *n горн.* вентиляциóнная шáхта

**byplay** [ˈbaɪpleɪ] *n* побóчная (*часто* немáя) сцéна; эпизóд (*в пьесе*)

**by-plot** [ˈbaɪplɔt] *n* второстепéнная интрúга (*в пьесе*)

**by-product** [ˈbaɪˌprɔdʌkt] *n* побóчный продýкт

**byre** [ˈbaɪə] *n* корóвник

**by-road** [ˈbaɪrəud] = by-way

**bystander** [ˈbaɪˌstændə] *n* свидéтель; наблюдáтель

**bystreet** [ˈbaɪstri:t] *n* переýлок; ýлочка

**by-way** [ˈbaɪweɪ] *n* 1) дорóга второстепéнного значéния; мéнее лю́дная дорóга 2) кратчáйший путь 3) неглáвная, малоизýченная óбласть (*науки и т. п.*); ~s of learning мéнее изýченные и сравнúтельно второстепéнные óбласти знáния

**byword** [ˈbaɪwə:d] *n* 1) поговóрка 2) любúмое, чáсто повторя́емое словéчко 3) прúтча во язы́цех; олицетворéние, сúмвол; a ~ for iniquity олицетворéние вся́ческой несправедлúвости

**by-work** [ˈbaɪwəːk] *n* побочная работа

**Byzantine** [bɪˈzæntaɪn] **1.** *a* византийский

**2.** *n* византиец

**Byzantinesque** [bɪˌzæntɪˈnesk] *a* византийский (*о стиле*)

# C

**C, c** [siː] *n* (*pl* Cs C's [siːz]) 1) *3-я буква англ. алфавита* 2) *муз.* до 3) *амер.* сто долларов

**Caaba** [ˈkɑːəbə] *араб.* *n* кааба

**cab** I [kæb] (*сокр. от* cabriolet) **1.** *n* 1) такси; to take a ~ взять такси; ехать в такси 2) наёмный экипаж, кеб, извозчик

**2.** *v разг.* ехать в такси, на извозчике *и т. п.* (*тж.* ~ it)

**cab** II [kæb] *n* (*сокр. от* cabin) будка (*на паровозе*); кабина водителя (*автомобиля*)

**cab** III [kæb] *сокр. от* cabbage III

**cabal** [kəˈbæl] **1.** *n* 1) интрига; политический манёвр 2) политическая клика; группа заговорщиков 3) (the C.) *ист.* «кабальный» совет (*при Карле II*)

**2.** *v* интриговать; вступать в заговор

**cabala** [kəˈbɑːlə] = cabbala

**cabalistic** [ˌkæbəˈlɪstɪk] = cabbalistic

**cabana** [kəˈbɑːnə] *исп.* *n* 1) маленький домик; коттедж 2) *амер.* кабинка для переодевания (*на пляже*)

**cabaret** [ˈkæbəreɪ] *фр.* *n* 1) кабаре 2) эстрадное выступление в кабаре

**cabas** [ˈkæbɑː] *n амер.* 1) рабочая корзинка 2) сумочка

**cabbage** I [ˈkæbɪdʒ] **1.** *n* 1) (кочанная) капуста 2) *attr.* капустный

**2.** *v* завиваться кочаном

**cabbage** II [ˈkæbɪdʒ] **1.** *n* обрезки материи заказчика, остающиеся у портного

**2.** *v* 1) утаивать обрезки материи (*о портном*) 2) воровать, прикарманивать

**cabbage** III [ˈkæbɪdʒ] *школ. разг.* **1.** *n* шпаргалка

**2.** *v* пользоваться шпаргалкой

**cabbage butterfly** [ˈkæbɪdʒˈbʌtəflaɪ] *n зоол.* капустница

**cabbage-head** [ˈkæbɪdʒhed] *n* 1) кочан капусты 2) *разг.* тупица

**cabbage-rose** [ˈkæbɪdʒrəuz] *n бот.* роза столистная, роза центифольная

**cabbala** [kəˈbɑːlə] *n* каб(б)ала

**cabbalistic** [ˌkæbəˈlɪstɪk] *n* каб(б)алистический; таинственный, мистический

**cabby** [ˈkæbɪ] *n разг.* 1) таксист 2) извозчик

**cabin** [ˈkæbɪn] **1.** *n* 1) хижина 2) домик, коттедж 3) кабина, кабинка, будка 4) каюта, салон 5) *ав.* закрытая кабина 6) прицепная кабина (*трейлера*) 7) *ж.-д.* блокпост 8) *attr.*: ~ class *мор.* класс пассажирских судов без I класса; ~ plane самолёт с закрытой кабиной

**2.** *v* 1) помещать в тесную комнату, кабину *и т. п.* 2) жить в хижине 3) ютиться

**cabin-boy** [ˈkæbɪnbɔɪ] *n* юнга

**cabined** [ˈkæbɪnd] **1.** *p. p. от* cabin 2

**2.** *a* стеснённый, сжатый

**cabinet** [ˈkæbɪnɪt] *n* 1) кабинет министров, правительство; inner ~ английский кабинет министров в узком составе 2) шкаф с выдвижными ящиками; застеклённый шкафчик, горка 3) ящик (*радиоприёмника*) 4) *уст.* кабинет 5) *attr.* правительственный, министерский; ~ council совет министров; ~ crisis правительственный кризис; C. Minister член совета министров 6) *attr.* кабинетный; ~ photograph кабинетная фотографическая карточка; ~ size кабинетный формат

**cabinet-maker** [ˈkæbɪnɪtˌmeɪkə] *n* 1) столяр-краснодеревщик 2) *шутл.* премьер-министр

**cabinet-work** [ˈkæbɪnɪtwəːk] *n* тонкая столярная работа

**cable** [ˈkeɪbl] **1.** *n* 1) кабель 2) канат, трос; якорная цепь; to slip the ~ *мор.* вытравить цепь 3) *мор.* кабельтов 4) телеграмма; каблограмма 5) *архит.* витой орнамент 6) *attr.* канатный; ~ way канатная дорога, фуникулёр ◊ to cut (*или* to slip) one's ~ *sl.* умереть, отдать концы

**2.** *v* 1) закреплять канатом, привязывать тросом 2) телеграфировать (по подводному кабелю) 3) *архит.* украшать витым орнаментом

**cablegram** [ˈkeɪblgræm] = cable 1, 4)

**cablese** [keɪbˈliːz] *n разг.* лаконичный «телеграфный» язык (*с пропусками вспомогательных слов; употр. корреспондентами*)

**cablet** [ˈkeɪblɪt] *n мор.* перлинь

**cabling** [ˈkeɪblɪŋ] **1.** *pres. p. от* cable 2

**2.** *n* 1) укладка кабеля 2) кручение, свивание (*тросов, канатов*) 3) *архит.* заполнение каннелюр колонн выпуклым профилем

**cabman** [ˈkæbmən] *n* 1) шофёр такси 2) извозчик

**caboodle** [kəˈbuːdl] *n амер. разг.*: the whole ~ а) вся компания, вся орава; б) вся куча, всё хозяйство

**caboose** [kəˈbuːs] *n* 1) *мор.* камбуз 2) *амер.* служебный вагон в товарном поезде; тормозной вагон 3) *амер.* печь на открытом воздухе

**cabotage** [ˈkæbətɑːʒ] *n мор.* каботаж

**cab-rank** [ˈkæbræŋk] = cabstand

**cabriole** [ˈkæbrɪəul] *a* гнутый (*о ножке мебели*)

**cabriolet** [ˌkæbrɪəuˈleɪ] *n* 1) наёмный экипаж, кабриолет, кеб 2) автомобиль; такси

**cabstand** [ˈkæbstænd] *n* стоянка такси, извозчиков

**ca'canny** [kɑˈkænɪ] *см.* canny ◊

**cacao** [kəˈkɑːəu] *n* 1) какаовое дерево 2) какао (*боб и напиток*)

**cacao-tree** [kəˈkɑːəutriː] = cacao 1)

**cachalot** [ˈkæʃəlɔt] *n* кашалот

**cache** [kæʃ] **1.** *n* 1) тайник; тайный склад оружия 2) запас провианта, оставленный научной экспедицией в скрытом месте для обратного пути *или* для других экспедиций 3) запас зерна *или* мёда, сделанный животным на зиму

**2.** *v* 1) прятать провиант в условленных, скрытых местах для нужд экспедиций 2) прятать про запас в потайном месте

**cachectic** [kəˈkektɪk] *a* болезненный, истощённый, худосочный

**cachet** [ˈkæʃeɪ] *фр.* *n* 1) печать; отпечаток 2) отличительный знак (*подлинности происхождения и т. п.*); courtesy is the ~ of good breeding вежливость свидетельствует о хорошем воспитании 3) *мед.* облатка, капсула для приёма лекарств

**cachexy** [kəˈkeksɪ] *n мед.* кахексия, истощение, худосочие

**cacique** [kæˈsiːk] *исп.* *n* 1) кацик (*вождь, царёк американских индейцев и племён Вест-Индии*) 2) *амер.* политический заправила

**cackle** [ˈkækl] **1.** *n* 1) кудахтанье; гоготанье 2) хихиканье 3) болтовня; cut the ~! *разг.* замолчите!

**2.** *v* 1) кудахтать; гоготать 2) хихикать 3) болтать

**cacology** [kæˈkɔlədʒɪ] *n* плохая речь (*с ошибками, плохим произношением и т. п.*)

**cacophony** [kæˈkɔfənɪ] *n* какофония

**cactaceous** [kækˈteɪʃəs] *a бот.* принадлежащий к семейству кактусовых; кактусовый

**cacti** [ˈkæktaɪ] *pl от* cactus

**cactus** [ˈkæktəs] *n* (*pl* -es [-ɪz], cacti) кактус

**cacuminal** [kæˈkjuːmɪnl] *a фон.* какуминальный, ретрофлексный

**cad** [kæd] *n* 1) невоспитанный, грубый человек; хам 2) = caddy I

**cadastral** [kəˈdæstrəl] *a юр.* кадастровый

**cadastre** [kəˈdæstə] *n юр.* кадастр

**cadaver** [kəˈdeɪvə] *n* труп

**cadaveric** [kəˈdævərɪk] *a* трупный

**cadaverous** [kəˈdævərəs] *a* 1) трупный 2) смертельно бледный; he had a ~ face у него было мертвенно-бледное лицо

**caddie** [ˈkædɪ] = caddy I

**caddis** [ˈkædɪs] *n* 1) саржа 2) гарусная тесьма

**caddis fly** [ˈkædɪsflaɪ] *n* веснянка, майская муха

**caddish** [ˈkædɪʃ] *a* грубый, вульгарный

**caddy** I [ˈkædɪ] *n* мальчик, подносящий клюшки, мячи при игре в гольф

**caddy** II [ˈkædɪ] *n* чайница

**cade** I [keɪd] *n бот.* можжевельник

**cade** II [keɪd] *n* бочонок

**cade** III [keɪd] *n* ягнёнок *или* жеребёнок, выкормленный искусственно

**cadence** [ˈkeɪdəns] *n* 1) модуляция; понижение голоса 2) *муз.* каденция 3) ритм 4) *воен.* мерный шаг; движение в ногу

**cadency** [ˈkeɪdənsɪ] *n* 1) = cadence 2) младшая линия (*в генеалогии*)

**cadet** [kə'det] *n* 1) курса́нт вое́нного учи́лища; *ист.* каде́т 2) мла́дший сын; мла́дший брат 3) *амер. жарг.* сутенёр; сво́дник 4) каде́т (*член русской конституционно-демократической партии нач. XX в.*) 5) *attr.* каде́тский; ~ corps каде́тский ко́рпус

**cadge** [kædʒ] *v* попроша́йничать; жить на чужо́й счёт

**cadger** I ['kædʒə] *n* 1) разно́счик; у́личный торго́вец 2) попроша́йка; прихлеба́тель

**cadger** II ['kædʒə] *n тех.* карма́нная маслёнка

**cadi** ['kɑ:dɪ] *араб. n* ка́ди(й) (*духовное лицо у мусульман, несущее обязанности судьи*)

**cadmium** ['kædmɪəm] *n хим.* ка́дмий

**cadre** ['kɑ:də] *n* 1) о́стов; схе́ма 2) *воен.* ка́др(ы), ка́дровый соста́в

**caducity** [kə'dju:sɪtɪ] *n* 1) бре́нность 2) дря́хлость

**caducous** [kə'dju:kəs] *a бот.* ра́но опада́ющий (*о листьях*)

**caeca** ['si:kə] *pl от* caecum

**caecum** ['si:kəm] *n* (*pl* caeca) *анат.* слепа́я кишка́

**Caesar** ['si:zə] *n* 1) *ист.* Це́зарь 2) самоде́ржец; ке́сарь ◇ render to ~ the things that are ~'s ке́сарево ке́сарю

**Caesarian** [ˌsi:zə'rɪən] *a* самодержа́вный, автократи́ческий

**Caesarian operation** [ˌsi:zə'rɪənˌɔpə'reɪʃən] *n мед.* ке́сарево сече́ние

**caesium** ['si:zjəm] *n хим.* це́зий

**caesura** [si(:)'zjuərə] *n стих.* цезу́ра

**café** ['kæfeɪ] *фр. n* 1) кафе́ 2) кофе́йня

**cafeteria** [ˌkæfɪ'tɪərɪə] *n* кафете́рий, кафе́-заку́сочная

**caffeine** ['kæfi:n] *n фарм.* кофеи́н

**caftan** ['kæftən] *перс. n* 1) кафта́н 2) дли́нный восто́чный хала́т

**cage** [keɪdʒ] **1.** *n* 1) кле́тка 2) *перен.* тюрьма́ 3) каби́на ли́фта 4) *горн.* клеть (*в шахтах*) 5) *тех.* обо́йма (*подшипника*) 6) садо́к (*для насекомых или рыб*)

**2.** *v* 1) сажа́ть в кле́тку 2) *разг.* заключа́ть в тюрьму́

**cagey** ['keɪdʒɪ] *a разг.* укло́нчивый в отве́тах; don't be so ~ отвеча́йте пря́мо, не виля́йте

**cahoot** [kə'hu:t] *n амер. разг.* соуча́стие, соо́бщничество; to go ~s дели́ть по́ровну расхо́ды и дохо́ды

**caiman** ['keɪmən] = cayman

**Cain** [keɪn] *n* 1) *библ.* Ка́ин 2) братоуби́йца, преда́тель ◇ to raise ~ подня́ть шум, устро́ить сканда́л

**caique** [kaɪ'i:k] *n* каи́к, туре́цкая шлю́пка

**cairn** [keən] *n* пирами́да из камне́й (*памятник, межевой или какой-л. условный знак*) ◇ to add a stone to smb.'s ~ превозноси́ть кого́-л. по́сле сме́рти

**cairngorm** ['keən'gɔ:m] *n мин.* ды́мчатый топа́з, жёлтая *или* ды́мчато-бу́рая разнови́дность ква́рца

**caisson** [kə'su:n] *n* 1) *тех.* кессо́н 2) *воен.* заря́дный я́щик 3) *мор.* батопо́рт

**caitiff** ['keɪtɪf] *поэт.* **1.** *n* трус, негодя́й

**2.** *a* трусли́вый; презре́нный

**cajole** [kə'dʒəul] *v* льсти́ть, обха́живать; обма́нывать □ ~ **into** склони́ть ле́стью к *чему-л.*; ~ **out:** to ~ smth. out of smb. вы́клянчить, вы́просить что-л. у кого́-л.

**cajolement** [kə'dʒəulmənt] *n* 1) лесть 2) выма́нивание, обма́н (*с помощью лести*)

**cajolery** [kə'dʒəulərɪ] = cajolement

**cake** [keɪk] **1.** *n* 1) торт, кекс, пиро́жное, лепёшка 2) лепёшка гря́зи *или* гли́ны (*приставшая к платью*) 3) пли́тка (*табака*); кусо́к, брусо́к; брике́т; ~ of soap кусо́к мы́ла 4) жмых, маку́ха ◇ ~s and ale весе́лье; you cannot eat your ~ and have it too *посл.* ≅ оди́н пиро́г два ра́за не съешь; нельзя́ совмести́ть несовмести́мое; to go (*или* to sell) like hot ~s раскупа́ться (*или* продава́ться) нарасхва́т; to take the ~ получи́ть приз, заня́ть пе́рвое ме́сто; быть лу́чше всех; that takes the ~ э́то превосхо́дит всё; вот э́то да!

2. *v* (*обыкн. refl. или pass.*) затвердева́ть, спека́ться

**cake ice** ['keɪkaɪs] *n* са́ло (*на реке*)

**cake-walk** ['keɪkwɔ:k] *n* кекуо́к (*танец*)

**caking coal** ['keɪkɪŋkəul] *n горн.* спека́ющийся у́голь

**calabar** [ˌkælə'bɑ:] = calaber

**calabash** ['kæləbæʃ] *n* 1) *бот.* горля́нка, буты́лочная ты́ква 2) буты́лка *или* кури́тельная тру́бка из горля́нки; кальян

**calaber** [ˌkælə'bɑ:] *n* се́рый бе́личий мех

**calaboose** [ˌkælə'bu:s] *n амер. разг.* тюрьма́, куту́зка

**calamanco** [ˌkælə'mæŋkəu] *n текст.* каламя́нка

**calamitous** [kə'læmɪtəs] *a* 1) па́губный 2) бе́дственный

**calamity** [kə'læmɪtɪ] *n* 1) бе́дствие 2) *attr.*: ~ howler *амер.* челове́к, постоя́нно предска́зывающий како́е-л. бе́дствие; ны́тик; пессими́ст

**calamus** ['kæləməs] *n бот.* 1) а́ир тростнико́вый *или* и́рный 2) па́льма кала́мус

**calash** [kə'læʃ] *n* 1) коля́ска 2) верх коля́ски

**calcareous** [kæl'keərɪəs] *a* известко́вый, содержа́щий и́звесть

**calceolaria** [ˌkælsɪə'leərɪə] *n бот.* кальцеоля́рия, кошельки́

**calces** ['kælsi:z] *pl от* calx

**calciferol** [kæl'sɪfərəl] *n* витами́н D

**calcification** [ˌkælsɪfɪ'keɪʃən] *n* 1) обызвествле́ние 2) отверде́ние, окамене́ние; окостене́ние

**calcify** ['kælsɪfaɪ] *v* превраща́ть(ся) в и́звесть; отвердева́ть

**calcimine** ['kælsɪmaɪn] *n* известко́вый раство́р (*для побелки*)

**calcinate** ['kælsɪneɪt] = calcine

**calcination** [ˌkælsɪ'neɪʃən] *n тех.* кальцини́рование, прока́ливание, о́бжиг

**calcine** ['kælsaɪn] *v* 1) *тех.* кальцини́ровать; пережига́ть *или* превраща́ть в и́звесть 2) сжига́ть дотла́

**calcitrant** ['kælsɪtrənt] *a тех.* огнесто́йкий, тугопла́вкий

**calcium** ['kælsɪəm] *n хим.* ка́льций

**calculable** ['kælkjuləbl] *a* 1) поддаю́щийся исчисле́нию, измере́нию 2) надёжный

**calculate** ['kælkjuleɪt] *v* 1) вычисля́ть; подсчи́тывать; калькули́ровать 2) рассчи́тывать 3) *амер.* ду́мать, полага́ть

**calculated** ['kælkjuleɪtɪd] **1.** *p. p. от* calculate

**2.** *a* 1) вы́численный 2) рассчи́танный; го́дный (for) 3) преднаме́ренный, (пред)умы́шленный

**calculating** ['kælkjuleɪtɪŋ] **1.** *pres. p. от* calculate

2. *a* 1) счётный 2) расчётливый

**calculating-machine** ['kælkjuleɪtɪŋmeˌʃi:n] *n* счётная, вычисли́тельная маши́на

**calculation** [ˌkælkju'leɪʃən] *n* 1) вычисле́ние; калькуля́ция 2) расчёт 3) обду́мывание 4) *амер.* предположе́ние; предви́дение

**calculator** ['kælkjuleɪtə] *n* 1) вычисли́тель, калькуля́тор 2) счётно-реша́ющее устро́йство; вычисли́тельный прибо́р, арифмо́метр; счётчик (*прибор*)

**calculi** ['kælkjulaɪ] *pl от* calculus I

**calculus** I ['kælkjuləs] *n* (*pl* -li) *мед.* ка́мень

**calculus** II ['kælkjuləs] *n* (*pl* -es [-ɪz]) *мат.* исчисле́ние; differential ~ дифференциа́льное исчисле́ние; integral ~ интегра́льное исчисле́ние

**caldron** ['kɔ:ldrən] = cauldron

**Caledonia** [ˌkælɪ'dəunjə] *n поэт.* Шотла́ндия

**Caledonian** [ˌkælɪ'dəunjən] *поэт.* **1.** *a* шотла́ндский

**2.** *n* шотла́ндец; шотла́ндка

**calefactory** [ˌkælɪ'fæktərɪ] *a* нагрева́тельный, согрева́ющий

**calendar** ['kælɪndə] **1.** *n* 1) календа́рь, летосчисле́ние 2) свя́тцы 3) о́пись; указа́тель; рее́стр; спи́сок 4) *юр.* спи́сок дел, назна́ченных к слу́шанию 5) *амер.* пове́стка дня

**2.** *v* 1) регистри́ровать, вноси́ть в спи́сок 2) составля́ть и́ндекс 3) инвентаризи́ровать

**calender** I ['kælɪndə] *тех* **1.** *n* кала́ндр, като́к, лощи́льный пресс

**2.** *v* каландри́ровать, лощи́ть, гла́дить, ката́ть

**calender** II ['kælɪndə] *перс. n* ни́щенствующий де́рвиш

**calends** ['kælɪndz] *n pl* кале́нды, пе́рвое число́ ме́сяца (*у древних римлян*) ◇ on (*или* at) the Greek ~ *шутл.* никогда́ (*у греков календ не было*)

**calendula** [kə'lendjulə] *n* 1) *бот.* ноготки́ 2) *фарм.* кале́ндула

**calenture** ['kæləntjuə] *n мед.* тропи́ческая лихора́дка, сопровожда́ющаяся бре́дом

**calf** I [kɑ:f] *n* (*pl* calves) 1) телёнок; cow in (*или* with) ~ сте́льная коро́ва 2) детёныш (*оленя, слона, кита, тюленя и т. п.*) 3) теля́чья ко́жа, опо́ек; bound in ~ переплетённый в теля́чью ко́жу 4) придуркова́тый па́рень; «телёнок» (*употр. тж. в ласк. смысле*) 5) небольша́я плаву́чая льди́на ◇ to kill the fatted ~ *библ.* закла́ть упи́танного тельца́, ра́достно встре́тить (*как блудного сына*); golden ~ золото́й теле́ц

**calf** II [kɑ:f] *n* (*pl* calves) икра́ (*ноги*)

**calf-knee** [ˈkɑ:fni:] *n анат.* во́гнутое коле́но

**calflove** [ˈkɑ:flʌv] *n* ребя́ческая любо́вь; ю́ношеское увлече́ние

**calfskin** [ˈkɑ:fskɪn] = calf I, 3)

**calf's teeth** [ˈkɑ:vzti:θ] *n pl* моло́чные зу́бы

**Caliban** [ˈkælɪbæn] *n* калиба́н; гру́бый, зло́бный челове́к (*по имени персонажа «Бури» Шекспира*)

**caliber** [ˈkælɪbə] *амер.* = calibre

**calibrate** [ˈkælɪbreɪt] *n* 1) калиброва́ть; градуи́ровать; тари́ровать 2) проверя́ть, выверя́ть 3) *воен.* определя́ть нача́льную ско́рость

**calibration** [ˌkælɪˈbreɪʃən] *n* 1) калиброва́ние; градуиро́вка; тари́рование 2) *воен.* определе́ние нача́льной ско́рости

**calibre** [ˈkælɪbə] *n* 1) кали́бр; диа́метр 2) широта́ ума́; мора́льные ка́чества; значи́тельность (*человека*)

**caliche** [kɑ:ˈli:tʃeɪ] *n* саморо́дная чили́йская сели́тра

**calico** [ˈkælɪkəu] *n* (*pl* -os, -oes [-əuz]) 1) коленко́р, митка́ль 2) *амер.* набивно́й си́тец

**calico-printer** [ˈkælɪkəuˌprɪntə] *n* набо́йщик (*в текст. промышленности*)

**calico-printing** [ˈkælɪkəuˌprɪntɪŋ] *n* ситценабивно́е де́ло

**calif** [ˈkælɪf] = caliph

**californium** [ˌkælɪˈfɔ:njəm] *n хим.* калифо́рний

**calipash** [ˈkælɪpæʃ] *n* филе́й под спинны́м щитко́м черепа́хи

**calipee** [ˈkælɪpi:] *n* филе́й над брюшны́м щитко́м черепа́хи

**calipers** [ˈkælɪpəz] = callipers

**caliph** [ˈkælɪf] *n* хали́ф, кали́ф

**caliphate** [ˈkælɪfeɪt] *n* халифа́т

**calisthenics** [ˌkælɪsˈθenɪks] = callisthenics

**calk** I [kɔ:k] **1.** *n* 1) шип (подко́вы) 2) *амер.* подко́вка (*на каблуке*)

**2.** *v* 1) подко́вывать на шипа́х 2) *амер.* набива́ть подко́вки (*на каблуки*)

**calk** II [kɔ:k] = caulk

**calk** III [kɔ:k] *n* негашёная и́звесть

**calk** IV [kɔ:k] *v* кальки́ровать

**calkin** [ˈkælkɪn] = calk I, 1

**call** [kɔ:l] **1.** *n* 1) зов, о́клик 2) крик (*животного, птицы*) 3) призы́в; сигна́л 4) вы́зов; телефо́нный вы́зов; one ~ was for me оди́н раз вызыва́ли меня́ 5) перекли́чка 6) призва́ние, влече́ние 7) визи́т, посеще́ние; to pay a ~ нанести́ визи́т 8) захо́д (*парохода*) в порт; остано́вка (*поезда*) на ста́нции 9) приглаше́ние; предложе́ние (*места, кафедры и т. п.*) 10) тре́бование; спрос; тре́бование упла́ты до́лга 11) нужда́, необходи́мость; you have no ~ to blush вам не́чего красне́ть 12) мано́к, ду́дка (*птицелова*) ◇ ~ of duty чу́вство до́лга; at ~ нагото́ве, к услу́гам; on ~ а) по тре́бованию, по вы́зову; б) *ком.* на онко́льном счёте; within ~ поблизости

**2.** *v* 1) звать; оклика́ть; to ~ to one another перeклика́ться (друг с дру́гом) 2) называ́ть; дава́ть и́мя 3) вызыва́ть, призыва́ть; созыва́ть; to ~ smb.'s attention to smth. обраща́ть чьё-л. внима́ние на что-л.; to ~ to mind (*или* memory, remembrance) припо́мнить, вспо́мнить 4) буди́ть 5) заходи́ть, навеща́ть; to ~ at a house зайти́ в дом; to ~ (up)on a person навести́ть кого́-л. 6) счита́ть; I ~ this a good house я нахожу́, что э́то хоро́ший дом □ **~ at** остана́вливаться (*где-л.*); **~ away** отзыва́ть; **~ back** а) звать обра́тно; б) брать наза́д; **~ down** а) навлека́ть; б) порица́ть, де́лать вы́говор; в) оспа́ривать, отводи́ть (*довод и т. п.*); **~ for** а) тре́бовать; the situation ~ed for drastic measures положе́ние тре́бовало приня́тия реши́тельных мер; letters to be ~ed for пи́сьма до востре́бования; б) заходи́ть за *кем-л.*; в) предусма́тривать; **~ forth** вызыва́ть, тре́бовать; this affair ~s forth all his energy э́то де́ло потре́бует всей его́ эне́ргии; **~ in** а) потре́бовать наза́д (*долг*); б) изыма́ть из обраще́ния (*денежные знаки*); в) приглаша́ть; г) призыва́ть на вое́нную слу́жбу; **~ into**: to ~ into existence (*или* being) вызыва́ть к жи́зни, создава́ть; осуществля́ть; приводи́ть в де́йствие; **~ off** а) отзыва́ть; отменя́ть; прекраща́ть; откла́дывать, переноси́ть; the game was ~ed off игру́ отложи́ли; б) отвлека́ть (*внимание*); **~ on** а) взыва́ть, апелли́ровать; б) приглаша́ть вы́сказаться; the chairman ~ed on the next speaker председа́тель предоста́вил сло́во сле́дующему ора́тору; в) звони́ть по телефо́ну *кому-л.*; **~ out** а) вызыва́ть; to ~ out for training призыва́ть на уче́бный сбор; б) вызыва́ть на дуэ́ль; в) выкри́кивать; крича́ть; **~ over** де́лать перекли́чку; **~ to**: to ~ to account призва́ть к отве́ту; потре́бовать объясне́ния; to ~ to attention *воен.* скома́ндовать «сми́рно»; to ~ to order а) призва́ть к поря́дку; б) *амер.* откры́ть собра́ние; **~ together** созыва́ть; **~ up** а) звать наве́рх; б) призыва́ть (*на военную службу*); в) вызыва́ть (*по телефону*); г) вызыва́ть в па́мяти; д) представля́ть на рассмотре́ние (*законопроект и т. п.*); **~ upon** а) = **~ on**; б): to be ~ed upon быть вы́нужденным ◇ to ~ in question подверга́ть сомне́нию; to ~ names руга́ть(-ся); to ~ it a day прекрати́ть (*что-либо*); I'm tired, let's ~ it a day я уста́л, пора́ конча́ть; to ~ it square удовлетворя́ться, примиря́ться; to ~ smb. over the coals руга́ть кого́-л., де́лать кому́-л. вы́говор; to have nothing to ~ one's own ничего́ не име́ть, быть без средств; ≅ ни кола́ ни двора́

**call-box** [ˈkɔ:lbɔks] *n* телефо́нная бу́дка

**call-boy** [ˈkɔ:lbɔɪ] *n* 1) ма́льчик-рассы́льный; коридо́рный (*в гостинице и т. п.*) 2) *театр.* ма́льчик, приглаша́ющий актёра на сце́ну

**caller** I [ˈkɔ:lə] *n* 1) гость; посети́тель 2) выклика́ющий имена́ во вре́мя перекли́чки 3) тот, кто звони́т по телефо́ну

**caller** II [ˈkælə] *a диал.* 1) све́жий; ~ herring све́жая селёдка 2) прохла́дный (*о ветре, погоде*)

**call-girl** [ˈkɔ:lgə:l] *n* проститу́тка, вызыва́емая по телефо́ну

**calligraphy** [kəˈlɪgrəfɪ] *n* 1) каллигра́фия; чистописа́ние 2) по́черк

**calling** [ˈkɔ:lɪŋ] **1.** *pres. p. от* call 2

**2.** *n* 1) призва́ние 2) профе́ссия; заня́тие

**calliper** [ˈkælɪpə] *n* (*обыкн. pl*) 1) кронци́ркуль; inside ~ нутроме́р 2) кали́бр

**callisthenics** [ˌkælɪsˈθenɪks] *n pl* (*употр. как sing*) пла́стика, ритми́ческая гимна́стика; физи́ческая подгото́вка; free ~ а) во́льные движе́ния; б) худо́жественная гимна́стика

**callosity** [kæˈlɔsɪtɪ] *n* 1) затверде́ние (*на коже*); мозо́ль 2) = callousness

**callous** [ˈkæləs] *a* 1) огрубе́лый, мозо́листый 2) бессерде́чный, чёрствый

**callousness** [ˈkæləsnɪs] *n* гру́бость, бессерде́чность

**callow** [ˈkæləu] **1.** *n диал.* низи́на; затопля́емый, боло́тистый луг

**2.** *a* 1) неопери́вшийся 2) нео́пытный; ~ youth зелёный юне́ц

**call slot** [ˈkɔ:lslɔt] *n* щель, в кото́рую вставля́ют ключ для вы́зова ли́фта

**call-up** [ˈkɔ:lˈʌp] *n* 1) призы́в на вое́нную слу́жбу 2) *attr.*: ~ paper пове́стка о я́вке на призывно́й пункт

**callus** [ˈkæləs] *n* 1) *мед.* мозо́ль (*гл. обр. костная*) 2) *бот.* наплы́в

**calm** [kɑ:m] **1.** *a* 1) споко́йный; ти́хий; ми́рный 2) безве́тренный 3) *разг.* беззасте́нчивый

**2.** *n* 1) тишина́; споко́йствие 2) штиль, зати́шье

**3.** *v* успока́ивать; умиротворя́ть □ **~ down** успока́ивать(ся), смягча́ть(-ся)

**calmative** [ˈkælmətɪv] *мед.* **1.** *a* успокои́тельный

**2.** *n* успока́ивающее сре́дство

**calmly** [ˈkɑ:mlɪ] *adv* споко́йно, хладнокро́вно

**calmness** [ˈkɑ:mnɪs] *n* 1) тишина́, споко́йствие 2) невозмути́мость, хладнокро́вие

**calomel** [ˈkæləumel] *n хим.* ка́ломель; хло́ристая ртуть

**caloric** [kəˈlɔrɪk] **1.** *n* теплота́

**2.** *a* теплово́й

**calorie** [ˈkælərɪ] *n* кало́рия

**calorific** [ˌkæləˈrɪfɪk] *a* теплово́й; теплотво́рный, калори́ческий; ~ саpacity (*или* effect, value) теплотво́рная спосо́бность, калори́йность

**calorification** [kəˌlɔrɪfɪˈkeɪʃən] *n* выделе́ние теплоты́

**calorifics** [ˌkæləˈrɪfɪks] *n pl* (*употр. как sing*) теплоте́хника

**calorimeter** [ˌkæləˈrɪmɪtə] *n физ.* калори́метр

**calory** [ˈkælərɪ] = calorie

**calotte** [kəˈlɔt] *n* 1) скуфе́йка 2) *архит.* кру́глый свод; верх сфероида́льного ку́пола

**caltrop** [ˈkæltrəp] *n* 1) *воен.* про́волочные ежи́ 2) (*обыкн. pl*) *бот.* василёк колючеголо́вый

**calumet** [ˈkæljumet] *n* тру́бка ми́ра (*у североамериканских индейцев*)

**calumniate** [kəˈlʌmnɪeɪt] *v* клевета́ть; огова́ривать; поро́чить

**calumniation** [kəˌlʌmnɪˈeɪʃən] *n* огово́р; клевета́

**calumniator** [kəˈlʌmnɪeɪtə] *n* клеветни́к

**calumniatory** [kəˈlʌmnɪətərɪ] *a* клеветни́ческий

**calumnious** [kəˈlʌmnɪəs] = calumniatory

**calumny** [ˈkæləmnɪ] *n* клевета́, клеветни́ческие измышле́ния

**Calvados** [ˈkælvədəs] *n* кальвадо́с, я́блочная во́дка

**Calvary** [ˈkælvərɪ] *n* 1) *библ.* Голго́фа 2) (c.) изображе́ние распя́тия

**calve** [kɑːv] *v* 1) отели́ться; роди́ть детёныша (*о слонах, китах, тюленях и т. п.*) 2) отрыва́ться от ледников *или* а́йсбергов (*о льдинах*) 3) *горн.* обру́шиваться при подко́пе

**calves** I, II [kɑːvz] *pl от* calf I *и* II

**Calvinism** [ˈkælvɪnɪzm] *n* кальвини́зм

**calvish** [ˈkɑːvɪʃ] *a* 1) теля́чий 2) глу́пый

**calx** [kælks] *n* (*pl* -lces) 1) ока́лина 2) зола́ 3) и́звесть

**calyces** [ˈkeɪlɪsiːz] *pl от* calyx

**calyx** [ˈkeɪlɪks] *n* (*pl* -es [-ɪz], calyces) 1) *бот.* ча́шечка (*цветка*) 2) *анат.* чашеви́дная по́лость

**cam** [kæm] **1.** *n* 1) *тех.* копи́р; кула́чо́к; эксце́нтрик; шабло́н 2) поводко́вый патро́н 3) *горн.* рудоразбо́рный стол

**2.** *v тех.* отводи́ть, поднима́ть (*кулачком*)

**camaraderie** [ˌkæməˈrɑːdəri(ː)] *фр. n* това́рищество

**camarilla** [ˌkæməˈrɪlə] *исп. n* камари́лья

**camber** [ˈkæmbə] **1.** *n* 1) выпу́клость; изо́гнутость, кривизна́ 2) *стр.* подъём (*в мостах*); ~ of arch прове́с *или* стрела́ а́рки, подъёма, проги́ба 3) *тех.* бомбиро́вка (*вала*) 4) *ав.* кривизна́; изо́гнутость; ду́жка крыла́

**2.** *v* выгиба́ть; дава́ть подъём

**cambist** [ˈkæmbɪst] *n* биржево́й ма́клер

**cambium** [ˈkæmbɪəm] *n бот.* ка́мбий

**cambrel** [ˈkæmbrəl] *n* распо́рка для туш (*у мясников*)

**Cambria** [ˈkæmbrɪə] *n поэт.* Уэ́льс

**Cambrian** [ˈkæmbrɪən] **1.** *a* 1) *поэт.* уэ́льский 2) *геол.* кембри́йский

**2.** *n* уроже́нец Уэ́льса

**cambric** [ˈkeɪmbrɪk] *n* бати́ст

**came** [keɪm] *past от* come

**camel** [ˈkæməl] *n* 1) верблю́д, Arabian ~ одного́рбый верблю́д; Bactrian ~ двуго́рбый верблю́д 2) *мор.* каме́ль (*приспособление для подъёма судов*) ◊ the last straw to break the ~'s back ≅ после́дняя ка́пля, переполня́ющая ча́шу (*терпения*)

**camelcade** [ˈkæm(ə)lkeɪd] *n* карава́н верблю́дов

**cameleer** [ˌkæmɪˈlɪə] *n* пого́нщик верблю́дов

**camellia** [kəˈmiːljə] *n* каме́лия

**camelry** [ˈkæməlrɪ] *n воен.* отря́д на верблю́дах

**cameo** [ˈkæmɪəu] *n* (*pl* -os [-əuz]) каме́я

**camera** [ˈkæmərə] *n* 1) фотографи́ческий аппара́т 2) киноаппара́т, кинока́мера 3) *тлв.* ка́мера 4) *стр.* сво́дчатое покры́тие *или* помеще́ние 6) *юр.* кабине́т судьи́; in ~ а) в кабине́те судьи́ (*не в открытом судебном заседании*); б) без посторо́нних ◊ ~ eye *амер.* хоро́шая зри́тельная па́мять

**camera-man** [ˈkæmərəmæn] *n* 1) фото́граф, фоторепортёр 2) кинооперáтор

**camion** [ˈkæmɪən] *n* 1) фурго́н 2) грузови́к (*особ. для перевозки орудий*)

**camisole** [ˈkæmɪsəul] *n* 1) ли́фчик 2) *уст.* камзо́л

**camlet** [ˈkæmlɪt] *n текст.* камло́т

**camomile** [ˈkæməumaɪl] *n* 1) рома́шка 2) *attr.*: ~ tea насто́й рома́шки

**camouflage** [ˈkæmuflɑːʒ] **1.** *n* 1) маскиро́вка, камуфля́ж 2) хи́трость, уло́вка для отво́да глаз; очковтира́тельство

**2.** *v* маскирова́ть(ся), применя́ть маскиро́вку, дымову́ю заве́су *и т. п.*

**camp** [kæmp] **1.** *n* 1) ла́герь; стан; ~ of instruction *воен.* уче́бный ла́герь 2) стоя́нка; бива́к, ме́сто прива́ла, ночёвка на откры́том во́здухе (*экскурсантов и т. п.*) 3) ла́герь, стан, сторона́; Peter and Jack belong to different ~s Пи́тер и Джек принадлежа́т к ра́зным лагеря́м; in the same ~ одного́ о́браза мы́слей 4) *амер.* за́городный до́мик, да́ча (*в лесу*) ◊ to take into ~ уби́ть

**2.** *v* 1) располага́ться ла́герем 2) жить (*где-л.*) вре́менно без вся́ких удо́бств □ ~ **out** ночева́ть в пала́тках *или* на откры́том во́здухе

**campaign** [kæmˈpeɪn] **1.** *n* 1) кампа́ния; похо́д; political ~ полити́ческая кампа́ния; press ~ кампа́ния в печа́ти 2) *с.-х.* страда́ 3) *attr.*: ~ biography *амер.* биогра́фия кандида́та (*особ. на пост президента*), публику́емая незадо́лго до вы́боров с агитацио́нной це́лью

**2.** *v* 1) уча́ствовать в похо́де 2) проводи́ть кампа́нию

**campaigner** [kæmˈpeɪnə] *n* уча́стник кампа́нии; old ~ ста́рый служа́ка, ветера́н; быва́лый челове́к; peace ~ боре́ц за мир, сторо́нник ми́ра

**campanile** [ˌkæmpəˈniːlɪ] *n архит.* колоко́льня (*отдельно стоящая*)

**campanula** [kəmˈpænjulə] *n бот.* колоко́льчик

**camp-bed** [ˈkæmpˈbed] *n* похо́дная *или* складна́я крова́ть

**camp-chair** [ˈkæmpˈtʃɛə] *n* складно́й стул

**camp-cot** [ˈkæmpˈkɔt] *n* раскладу́шка

**camper** [ˈkæmpə] *n* 1) отдыха́ющий, экскурса́нт, тури́ст 2) до́мик на колёсах

**campestral** [kæmˈpestrəl] *a* полево́й

**camp-fever** [ˈkæmpˌfiːvə] *n* тиф

**camp-fire** [ˈkæmpˌfaɪə] *n* бива́чный костёр

**camp-follower** [ˈkæmpˌfɔləuə] *n* 1) гражда́нское лицо́, сопровожда́ющее а́рмию 2) прима́завшийся, подпева́ла

**camphor** [ˈkæmfə] *n* камфара́

**camphorated** [ˈkæmfəreɪtɪd] *a* пропи́танный камфаро́й; ~ oil камфа́рное ма́сло

**camphor balls** [ˈkæmfəbɔːlz] *n* нафтали́н

**camphoric** [kæmˈfɔrɪk] *a* камфа́рный

**camping** [ˈkæmpɪŋ] *n* ке́мпинг, ла́герь для автотури́стов

**campion** [ˈkæmpjən] *n бот.* лихнис

**camp-stool** [ˈkæmpstuːl] = camp-chair

**campus** [ˈkæmpəs] *n амер.* ка́мпус, террито́рия университе́та, колле́джа *или* шко́лы (*двор, городок и т. п.*)

**cam-shaft** [ˈkæmʃɑːft] *n тех.* распредели́тельный вал, кулачко́вый вал

**camwood** [ˈkæmwud] *n* 1) *бот.* ба́фия я́ркая 2) древеси́на ба́фии я́ркой (*используемая как краситель*)

**can** I [kæn (*полная форма*); kən, kn (*редуцированные формы*)] *v* (could) *модальный недостаточный глагол* 1) мочь, быть в состоя́нии, име́ть возмо́жность; уме́ть; I will do all I ~ я сде́лаю всё, что могу́; I ~ speak French я говорю́ (уме́ю говори́ть) по-францу́зски; I ~not я не могу́; I ~not away with this терпе́ть э́того не могу́; I ~not but я не могу́ не 2) мочь, име́ть пра́во; you ~ go вы свобо́дны, мо́жете идти́ 3) *выражает сомнение, неуверенность, недоверие*: it can't be true! не мо́жет быть!; ~ it be true? неуже́ли?; she can't have done it! не мо́жет быть, что́бы она́ э́то сде́лала! ◊ what ~not be cured must be endured что нельзя испра́вить, то сле́дует терпе́ть

**can** II [kæn] **1.** *n* 1) бидо́н 2) жестяна́я коро́бка *или* ба́нка; garbage ~ а) помо́йное ведро́; я́щик для му́сора; б) *жарг.* лачу́га в рабо́чем посёлке 3) ба́нка консе́рвов 4) *амер.* стульча́к, сиде́нье в убо́рной 5) *амер. жарг.* тюрьма́ ◊ to be in the ~ быть зако́нченным и гото́вым к употребле́нию

**2.** *v* 1) консерви́ровать (*мясо, овощи, фрукты*) 2) *амер. жарг.* отдела́ться (*от кого-л.*); уво́лить 3) *амер. жарг.* посади́ть в тюрьму́ 4) *амер. жарг.* останови́ть(ся)

**Canaan** [ˈkeɪnən] *n библ.* Ханаа́н, земля́ обетова́нная

**Canadian** [kəˈneɪdjən] **1.** *a* кана́дский

2. *n* кана́дец; кана́дка

**canaille** [kæˈneɪl] *фр. n* сброд, чернь

**canal** [kəˈnæl] *n* 1) кана́л (*искусственный*) 2) *анат.* кана́л, прохо́д

**canalization** [ˌkænəlaɪˈzeɪʃən] *n* устро́йство кана́лов; систе́ма кана́лов

**canalize** [ˈkænəlaɪz] *v* 1) проводи́ть кана́лы 2) направля́ть че́рез определённые кана́лы

**canard** [kæˈnɑːd] *фр. n* «у́тка», ло́жный слух

**canary** [kəˈnɛərɪ] **1.** *n* 1) канаре́йка 2) *уст.* сорт вина́

2. *a* я́рко-жёлтый, канаре́ечный

**canary-bird** [kəˈnɛərɪbəːd] = canary 1, 1)

**Canasta** [kəˈnæstə] *n* кана́ста (*карточная игра*)

**canaster** [kəˈnæstə] *n* кна́стер (*сорт табака*)

**can-buoy** [ˈkænbɔɪ] *n мор.* тупоконе́чный буй

**cancan** [ˈkænkæn] *фр. n* канка́н (*танец*)

**cancel** [ˈkænsəl] **1.** *n* 1) зачёркивание 2) отме́на, аннули́рование 3) *полигр* вычёркивание (*в гранках*) 4) *полигр.* перепеча́тка (*листа*) 5) (*обыкн. pl*) компо́стер (*тж.* pair of ~s)

2. *v* 1) аннули́ровать; отменя́ть, to ~ debts аннули́ровать долги́; to ~ leave отменя́ть о́тпуск; ~! *воен.* отста́вить! (*команда*) 2) вычёркивать 3) погаша́ть (*марки*) 4) *мат.* сокраща́ть дробь *или* уравне́ние (*тж.* ~ out) 5) своди́ть на нет

**cancellated** [ˈkænsəleɪtɪd] *a* решётчатый, сётчатый

**cancellation** [ˌkænsəˈleɪʃən] *n* 1) аннули́рование; отме́на 2) вычёркивание 3) погаше́ние (*марок*) 4) *мат.* сокраще́ние

**cancer** [ˈkænsə] *n* 1) *мед.* рак 2) бич, бе́дствие 3) (C.) Рак (*созвездие и знак зодиака*); tropic of C. тро́пик Ра́ка

**cancerous** [ˈkænsərəs] *a мед.* ра́ковый

**cancroid** [ˈkæŋkrɔɪd] **1.** *n мед.* 1) ракообра́зная о́пухоль; канкро́ид 2) рак ко́жи

2. *a зоол., мед.* ракообра́зный

**candelabra** [ˌkændɪˈlɑːbrə] *pl от* candelabrum

**candelabrum** [ˌkændɪˈlɑːbrəm] *n* (*pl* -ra) канделя́бр

**candescence** [kænˈdesns] *n* бе́лое кале́ние, нака́ливание добела́

**candescent** [kænˈdesnt] *a* раскалённый добела́; светя́щийся, ослепи́тельный

**candid** [ˈkændɪd] *a* 1) и́скренний; прямо́й; чистосерде́чный 2) беспристра́стный ◇ ~ friend челове́к, с удово́льствием говоря́щий неприя́тные ве́щи с ви́дом дру́га; ~ camera а) *амер. тлв.* скры́тая ка́мера; б) детекти́вный фотоаппара́т

**candidacy** [ˈkændɪdəsɪ] *n* кандидату́ра

**candidate** [ˈkændɪdɪt] *n* кандида́т

**candidature** [ˈkændɪdɪtʃə] = candidacy

**candied** [ˈkændɪd] **1.** *p. p. от* candy 2

2. *a* 1) заса́харенный; сва́ренный в са́харе; ~ fruit, ~ peel цука́ты 2) заса́харившийся (*о мёде и т. п.*) 3) медоточи́вый, льсти́вый

**candle** [ˈkændl] **1.** *n* 1) свеча́ 2) междунаро́дная свеча́ (*единица силы света*) 3) га́зовая горе́лка ◇ to hold a ~ *t* o the devil сверну́ть с пути́ и́стинного; потво́рствовать, соде́йствовать заве́домо дурно́му; not fit to hold a ~ to, cannot hold (*или* show) a ~ to ≅ в подмётки не годи́ться (*кому-л.*)

2. *v* проверя́ть све́жесть яи́ц на свет

**candlebomb** [ˈkændlbɔm] *n ав.* светя́щаяся авиацио́нная бо́мба

**candle-end** [ˈkændlend] *n* ога́рок ◇ to save ~s наводи́ть грошо́вую эконо́мию

**candlelight** [ˈkændllaɪt] *n* 1) свет горя́щей свечи́ *или* свече́й; иску́сственное освеще́ние 2) су́мерки

**candle-power** [ˈkændlˌpauə] *n эл.* си́ла све́та (*в свечах*); a burner of 25 ~ ла́мпочка в 25 свече́й

**candlestick** [ˈkændlstɪk] *n* подсве́чник

**candle-wick** [ˈkændlwɪk] *n* фити́ль

**can-dock** [ˈkændɔk] *n бот.* жёлтая кувши́нка

**candour** [ˈkændə] *n* 1) и́скренность, прямота́ 2) беспристра́стие

**candy** [ˈkændɪ] **1.** *n* 1) ледене́ц 2) *амер.* конфе́та; конфе́ты, сла́сти

2. *v* 1) вари́ть в са́харе 2) заса́харивать(ся)

**candytuft** [ˈkændɪtʌft] *n бот.* ибери́йка (зо́нтичная)

**cane** [keɪn] **1.** *n* 1) камы́ш; тростни́к 2) трость; па́лка; прут; ~ of wax па́лочка сургуча́ 3) са́харный тростни́к

2. *v* 1) бить па́лкой 2) *разг.* вда́лбливать уро́к (into)

**cane-brake** [ˈkeɪnbreɪk] *n* за́росли (са́харного) тростника́

**cane chair** [ˈkeɪntʃɛə] *n* плетёное кре́сло (*из камыша*)

**cane-sugar** [ˈkeɪnˌʃugə] *n* тростнико́вый са́хар, сахаро́за

**canicular** [kəˈnɪkjulə] *a*: ~ days зно́йные дни (*в июле и августе*)

**canine** **1.** *a* [ˈkeɪnaɪn] соба́чий; ~ madness водобоя́знь, бе́шенство ◇ ~ appetite (*или* hunger) во́лчий аппети́т

2. *n* [ˈkænaɪn] клык (*тж.* ~ tooth)

**canister** [ˈkænɪstə] *n* 1) небольша́я жестяна́я коро́бка (*для чая, кофе и т. п.*) 2) коро́бка противога́за 3) = canister-shot

**canister-shot** [ˈkænɪstəʃɔt] *n* карте́чь

**canker** [ˈkæŋkə] **1.** *n* 1) я́зва; червото́чина 2) *мед.* гангрено́зный стомати́т 3) *вет.* боле́знь стре́лки (*у лошадей*) 4) = canker-worm

2. *v* 1) разъеда́ть 2) заража́ть; губи́ть

**cankerous** [ˈkæŋkərəs] *a* 1) разъеда́ющий 2) губи́тельный

**canker-worm** [ˈkæŋkəwəːm] *n зоол.* плодо́вый червь

**cannabic** [ˈkænəbɪk] *a* конопля́ный; пенько́вый

**canned** [kænd] **1.** *p. p. от* can II, 2

2. *a* 1) консерви́рованный (*о продуктах*); ~ goods консе́рвы 2) *жарг.* пья́ный 3): ~ music (lecture) *амер. разг.* му́зыка (ле́кция), запи́санная на граммофо́нную пласти́нку *или* на магнитофо́нную плёнку

**cannelure** [ˈkænəljuə] *n тех.* канне-лю́ра; желобо́к; вы́емка; кольцева́я кана́вка; продо́льный паз

**cannery** [ˈkænərɪ] *n* консе́рвный заво́д

**cannibal** [ˈkænɪbəl] **1.** *n* 1) людое́д, каннiба́л 2) живо́тное, пожира́ющее себе́ подо́бных

2. *a* людое́дский, каннiба́льский

**cannibalism** [ˈkænɪbəlɪzm] *n* людое́дство

**cannikin** [ˈkænɪkɪn] *n* 1) жестя́нка 2) кру́жечка

**canning** [ˈkænɪŋ] *n* консерви́рование

**cannon** I [ˈkænən] *n* 1) (*pl* -s [-z] *и без измен.*) пу́шка, ору́дие 2) артиллери́йские ору́дия 3) = cannon-bone

**cannon** II [ˈkænən] **1.** *n* карамбо́ль (*в бильярде*)

2. *v* 1) сде́лать карамбо́ль 2) отскочи́ть при столкнове́нии 3) столкну́ться (into, against, with)

**cannonade** [ˌkænəˈneɪd] **1.** *n* канона́да, оруди́йный ого́нь, пу́шечная стрельба́

2. *v* обстре́ливать артиллери́йским огнём

**cannon-ball** [ˈkænənbɔːl] *n* пу́шечное ядро́

**cannon-bit** [ˈkænənbɪt] *n* мундшту́к (*для лошади*)

**cannon-bone** [ˈkænənbəun] *n* берцо́вая кость (*у копытных*)

**cannoneer** [ˌkænəˈnɪə] *n* канони́р, артиллери́ст

**cannon-fodder** [ˈkænənˌfɔdə] *n* пу́шечное мя́со

**cannon-shot** [ˈkænənʃɔt] *n* 1) пу́шечный вы́стрел; пу́шечный снаря́д 2) да́льность пу́шечного вы́стрела

**cannot** [ˈkænɔt] *отриц. форма гл.* can I

**canny** [ˈkænɪ] *a* хи́трый; осторо́жный; себе́ на уме́ ◇ ca'canny (*сокр. от* call ~) *диал.* рабо́тать ме́дленно, без напряже́ния; проводи́ть италья́нскую забасто́вку

**canoe** [kəˈnuː] **1.** *n* кано́э; челно́к; байда́рка

2. *v* плыть в челноке́, на байда́рке

**canon** I [ˈkænən] *n* 1) пра́вило; крите́рий 2) *церк.* кано́н 3) спи́сок произведе́ний како́го-л. а́втора, по́длинность кото́рых устано́влена 4) католи́ческие свя́тцы 5) *полигр.* кано́н (*шрифт в 48 пунктов*) 6) у́хо, кольцо́ ко́локола 7) *attr.* канони́ческий; ~ law канони́ческое пра́во

**canon** II [ˈkænən] *n церк.* кано́ник

**cañon** [ˈkænjən] = canyon

**canonical** [kəˈnɔnɪkəl] **1.** *a* канони́ческий

2. *n pl* церко́вное облаче́ние

**canonization** [ˌkænənaɪˈzeɪʃən] *n* канониза́ция; причисле́ние к ли́ку святы́х

**canonize** [ˈkænənaɪz] *v* канонизи́ровать

**canoodle** [kəˈnuːdl] *v разг.* ласка́ть, не́жить

**can-opener** [ˈkænˌəupnə] *n* консе́рвный нож

**canopy** [ˈkænəpɪ] **1.** *n* 1) балдахи́н; по́лог, наве́с; тент 2) ку́пол (парашю́та) 3) *тех.* нескла́дывающийся верх над откры́той каби́ной (тра́ктора) 4) *эл.* ве́рхняя розе́тка лю́стры ◊ ~ of heaven *поэт.* небе́сный свод; under the ~ на земле́; what under the ~ does he want? что ему́ в конце́ концо́в на́до?

2. *v* покрыва́ть балдахи́ном, наве́сом

**canorous** [kəˈnɔːrəs] *a* мелоди́чный

**cant** I [kænt] **1.** *n* 1) кося́к 2) ско́шенный, сре́занный край 3) накло́н; накло́нное положе́ние; отклоне́ние от прямо́й 4) *амер.* обтёсанное бревно́, брус 5) толчо́к, уда́р

2. *v* 1) ска́шивать 2) наклоня́ть 3) опроки́дывать(ся); переве́ртывать (-ся); ста́вить под угло́м 4) кантова́ть

**cant** II [kænt] **1.** *n* 1) жарго́н; арго́, та́йный язы́к 2) плакси́вый тон (*ни́щего*) 3) лицеме́рие, ха́нжество́

2. *a* 1) име́ющий хара́ктер жарго́на, принадлежа́щий жарго́ну; ~ phrase ходя́чее словцо́, выраже́ние 2) лицеме́рный, ха́нжеский

3. *v* 1) употребля́ть жарго́н 2) говори́ть нараспе́в (*о ни́щем*); кля́нчить; попроша́йничать 3) лицеме́рить; быть ханжо́й 4) спле́тничать, клевета́ть; руга́ть

**can't** [kɑːnt] *сокр. разг.* = cannot

**Cantab** [ˈkæntæb] *сокр. от* Cantabrigian 2

**Cantabrigian** [ˌkæntəˈbrɪdʒɪən] **1.** *a* ке́мбриджский

2. *n* студе́нт (*тж.* бы́вший) Ке́мбриджского университе́та

**cantaloup** [ˈkæntəluːp] *n* канталу́па, му́скусная ды́ня

**cantankerous** [kənˈtæŋkərəs] *a* сварли́вый, приди́рчивый

**cantata** [kænˈtɑːtə] *n* канта́та

**canteen** [kænˈtiːn] *n* 1) войскова́я ла́вка; dry (wet) ~ войскова́я ла́вка без прода́жи (с прода́жей) спиртны́х напи́тков 2) буфе́т, столо́вая (*при заво́де, учрежде́нии и т. п.*) 3) (солда́тская) фля́га 4) похо́дный я́щик с ку́хонными и столо́выми принадле́жностями

**canter** I [ˈkæntə] *n* 1) говоря́щий на жарго́не 2) попроша́йка 3) лицеме́р

**canter** II [ˈkæntə] **1.** *n* лёгкий гало́п; preliminary ~ а) прое́здка лошаде́й пе́ред бега́ми; б) предвари́тельный набро́сок; предвари́тельная намётка ◊ to win in a ~ легко́ дости́гнуть побе́ды (успе́ха)

2. *v* е́хать *или* пуска́ть ло́шадь лёгким гало́пом

**canterbury** [ˈkæntəbərɪ] *n* резна́я этаже́рка (*для нот, па́пок, газе́т и т. п.*)

**canticle** [ˈkæntɪkl] *n* 1) песнь, гимн 2) (Canticles) *библ.* Песнь пе́сней

**cantilever** [ˈkæntɪliːvə] *n* 1) *стр.* консо́ль, кронште́йн; уко́сина 2) *attr.*: ~ wing *ав.* свободнонесу́щее крыло́

**canting** I [ˈkæntɪŋ] **1.** *pres. p. от* cant II, 3

2. *a* лицеме́рный, неи́скренний, ха́нжеский

**canting** II [ˈkæntɪŋ] *pres. p. от* cant I, 2

**canto** [ˈkæntəu] *n* (*pl* -os [-əuz]) 1) песнь (*часть поэ́мы*) 2) *муз.* ве́рхний го́лос; сопра́но

**canton** [ˈkæntɔn] *n* канто́н, о́круг (*в Швейца́рии*)

**cantonal** [ˈkæntənl] *a* кантона́льный

**cantonment** [kənˈtuːnmənt] *n* 1) расквартирова́ние (*во́йск*) 2) вое́нный городо́к; бара́чный городо́к; winter ~ зи́мние кварти́ры

**cantrip** [ˈkæntrɪp] *n шотл.* 1) колдовство́ 2) шу́тка; мистифика́ция

**canty** [ˈkæntɪ] *a шотл.* весёлый

**Canuck** [kəˈnʌk] *n амер.* кана́дец (*особ. францу́зского происхожде́ния*)

**canvas** [ˈkænwəs] *n* 1) холст, паруси́на; брезе́нт 2) па́рус; *собир.* паруса́, суда́ 3) полотно́, холст, карти́на 4) канва́ ◊ under ~ а) *воен.* в пала́тках; б) *мор.* под паруса́ми

**canvass** [ˈkænvəs] *v* 1) обсужда́ть, дебати́ровать 2) собира́ть голоса́ пе́ред вы́борами, вербова́ть сторо́нников пе́ред вы́борами 3) собира́ть (*зака́зы, поже́ртвования, взно́сы*); the book-agent ~ed the town for subscriptions аге́нт кни́жной фи́рмы рабо́тал по распростране́нию подпи́ски в го́роде

**canvasser** [ˈkænvəsə] *n* 1) вербу́ющий сторо́нников кандида́та пе́ред вы́борами 2) представи́тель фи́рмы; сбо́рщик поже́ртвований

**cany** [ˈkeɪnɪ] *a* камышо́вый

**canyon** [ˈkænjən] *n* каньо́н, глубо́кое уще́лье

**caoutchouc** [ˈkautʃuk] *n* каучу́к

**cap** [kæp] **1.** *n* 1) ке́пка; фура́жка; ша́пка 2) чепе́ц; колпа́к 3) шля́пка (*гриба́*) 4) верху́шка, кры́шка 5) *тех.* колпачо́к; голо́вка; наконе́чник; наса́дка (*сва́и*) 6) писто́н, ка́псюль 7) *эл.* цо́коль (*электрола́мпы*) 8) пи́счая бума́га большо́го форма́та ◊ ~ and bells шутовско́й колпа́к; ~ and gown бере́т и плащ (*оде́жда англ. студе́нтов и профессоро́в*); ~ in hand поко́рно, смире́нно; уни́женно; the ~ fits ≅ не в бровь, а в глаз; if the ~ fits, wear it ≅ е́сли э́то замеча́ние вы принима́ете на свой счёт, что ж, на здоро́вье; to put on one's thinking (*или* considering) ~ серьёзно поду́мать; to set one's ~ (at, *амер.* for) заи́грывать (с *кем-л.*); завлека́ть (*кого́-л.*)

2. *v* 1) надева́ть ша́пку; покрыва́ть го́лову 2) покрыва́ть, крыть 3) присужда́ть учёную сте́пень (*в шотла́ндских университе́тах*) 4) *спорт.* приня́ть в соста́в кома́нды 5) вставля́ть ка́псюль, писто́н, запа́л 6) перекры́ть, перещеголя́ть; to ~ the climax перещеголя́ть всех, перейти́ все грани́цы; превзойти́ всё (*о посту́пках, выраже́ниях*); to ~ a quotation отвеча́ть на цита́ту ещё лу́чшей цита́той; to ~ verses цити́ровать стихи́, начина́ющиеся с после́дней бу́квы предыду́щего стиха́ (*в игре́*) ◊ to ~ the misery a fast rain began в доверше́ние всех бед пошёл ещё проливно́й дождь

**capability** [ˌkeɪpəˈbɪlɪtɪ] *n* 1) спосо́бность 2) *pl* (потенциа́льные) возмо́жности

**capable** [ˈkeɪpəbl] *a* 1) спосо́бный; одарённый 2) уме́лый 3) поддаю́щийся (*чему́-л.*), допуска́ющий (*что-л.*); ~ of improvement поддаю́щийся улучше́нию, усоверше́нствованию; ~ of explanation объясни́мый 4) спосо́бный (of — на *что-л. дурно́е*)

**capacious** [kəˈpeɪʃəs] *a* 1) просто́рный, вмести́тельный 2) широ́кий; ~ mind восприи́мчивый ум

**capacitance** [kəˈpæsɪtəns] *n эл.* ёмкость; ёмкостное сопротивле́ние

**capacitate** [kəˈpæsɪteɪt] *v* 1) де́лать спосо́бным 2) *юр.* де́лать правомо́чным

**capacity** [kəˈpæsɪtɪ] *n* 1) вмести́мость; to fill to ~ наполня́ть до отка́за; seating ~ коли́чество сидя́чих мест; to play to ~ *театр.* де́лать по́лные сбо́ры 2) ёмкость; объём; measure of ~ ме́ра объёма 3) спосо́бность (for — к *чему́-л.*); *особ.* у́мственные спосо́бности; a mind of great ~ глубо́кий ум 4) компете́нция; in (out of) my ~ в (вне) мое́й компете́нции 5) возмо́жность; ~ for adjustments приспособля́емость; export ~ э́кспортные возмо́жности; 6) положе́ние; ка́чество; in the ~ of an engineer в ка́честве инжене́ра; in a civil ~ на гражда́нском положе́нии; I've come in the ~ of a friend я пришёл как друг; in his ~ as legal adviser he must... он как юриско́нсульт до́лжен... 7) *юр.* правоспосо́бность 8) *тех.* мо́щность, производи́тельность, нагру́зка; labour ~ производи́тельность труда́; carrying ~ пропускна́я спосо́бность 9) электри́ческая ёмкость 10) *attr.*: ~ house перепо́лненный теа́тр; ~ production норма́льная производи́тельность 11) *attr.*: ~ reactance *эл.* ёмкостное сопротивле́ние

**cap-à-pie** [ˌkæpəˈpiː] *adv* с головы́ до ног; armed ~ вооружённый до зубо́в

**caparison** [kəˈpærɪsn] **1.** *n* 1) попо́на, чепра́к 2) убо́р; украше́ние

2. *v* 1) покрыва́ть попо́ной, чепрако́м 2) разукра́шивать

**cape** I [keɪp] *n* наки́дка (*с капюшо́ном*); пелери́на

**cape** II [keɪp] *n геогр.* мыс; the C. (*сокр. от* the C. of Good Hope) Мыс До́брой Наде́жды

**caper** I [ˈkeɪpə] *n* 1) ка́персовый куст 2) *pl* ка́персы

**caper** II [ˈkeɪpə] **1.** *n* прыжо́к; ша́лость, прока́за; to cut a ~, to cut ~s пры́гать, выде́лывать антраша́; дура́читься

2. *v* де́лать прыжки́, выде́лывать антраша́; дура́читься; шали́ть

**caper** III [ˈkeɪpə] *n ист.* ка́пер

**capercailye, capercailzie** [ˌkæpəˈkeɪlʃɪ, ˌkæpəˈkeɪlzɪ] *n* глуха́рь

**capful** [ˈkæpful] *n* по́лная ша́пка (*чего-л.*) ◇ ~ of wind лёгкий поры́в ве́тра

**capias** [ˈkeɪpɪæs] *лат. n юр.* о́рдер на аре́ст

**capillarity** [ˌkæpɪˈlærɪtɪ] *n физ.* капилля́рность, воло́сность

**capillary** [kəˈpɪlərɪ] **1.** *n* капилля́р

2. *a* волосно́й, капилля́рный

**capita** [ˈkæpɪtə] *лат. n pl*: per ~ на челове́ка, на ду́шу населе́ния

**capital** I [ˈkæpɪtl] *n* 1) капита́л; состоя́ние; circulating ~ оборо́тный капита́л; industrial ~ промы́шленный капита́л; to make ~ (out of smth.) нажи́ть капита́л (на чём-л.) 2) класс капитали́стов 3) *attr.*: ~ goods а) сре́дства произво́дства; б) капита́льное иму́щество; ~ flow движе́ние капита́ла; ~ gains дохо́ды с капита́ла; ~ issue вы́пуск це́нных бума́г

**capital** II [ˈkæpɪtl] **1.** *n* 1) столи́ца 2) прописна́я бу́ква

2. *a* 1) гла́вный, основно́й, капита́льный; важне́йший; ~ stock основно́й капита́л 2): ~ letter прописна́я бу́ква 3) *разг.* превосхо́дный; ~ speech прекра́сная речь; ~ fellow чуде́сный па́рень 4) *юр.* уголо́вный; кара́емый сме́ртью; ~ crime преступле́ние, наказу́емое сме́ртной ка́знью; ~ sentence сме́ртный пригово́р; ~ punishment сме́ртная казнь, вы́сшая ме́ра наказа́ния ◇ ~ ship кру́пный боево́й кора́бль

**capital** III [ˈkæpɪtl] *n архит.* капите́ль

**capitalism** [ˈkæpɪtəlɪzm] *n* капитали́зм

**capitalistic** [ˌkæpɪtəˈlɪscɪk] *a* капитали́ст

2. *a* капиталисти́ческий; ~ class класс капитали́стов

**capitalistic** [ˌkæpɪtəˈlɪstɪk] *a* капиталисти́ческий

**capitalization** [kəˌpɪtəlaɪˈzeɪʃən] *n* капитализа́ция; превраще́ние в капита́л

**capitalize** I [kəˈpɪtəlaɪz] *v* капитализи́ровать; превраща́ть в капита́л □ ~ **upon** извлека́ть вы́году из *чего-л.*; нажива́ть капита́л на *чём-л.*

**capitalize** II [kəˈpɪtəlaɪz] *v* печа́тать *или* писа́ть прописны́ми бу́квами

**capitally** [ˈkæpɪtlɪ] *adv* 1) превосхо́дно, великоле́пно 2) чрезвыча́йно; основа́тельно ◇ to punish ~ подве́ргнуть сме́ртной ка́зни

**capitate(d)** [ˈkæpɪteɪt(ɪd)] *a* 1) име́ющий фо́рму головы́ 2) *бот.* голо́вчатый

**capitation** [ˌkæpɪˈteɪʃən] *n* 1) исчисле́ние, производи́мое «с головы́» 2) *attr.* взима́емый *или* исчисля́емый «с головы́»; ~ tax поду́шная по́дать; ~ grant дота́ция, исчи́сленная в определённой су́мме на челове́ка

**Capitol** [ˈkæpɪtl] *n* 1) *др.-рим.* Капито́лий 2) зда́ние конгре́сса США; зда́ние, в кото́ром помеща́ются о́рганы госуда́рственной вла́сти како́го-л. шта́та

**capitulate** [kəˈpɪtjuleɪt] *v* капитули́ровать, сдава́ться

**capitulation** [kəˌpɪtjuˈleɪʃən] *n* капитуля́ция

**capon** [ˈkeɪpən] *n* 1) каплу́н 2) трус ◇ Norfolk ~ копчёная селёдка

**caponier** [ˌkæpəˈnɪə] *воен.* капони́р

**capote** [kəˈpəut] *n* 1) плащ с капюшо́ном 2) дли́нная шине́ль 3) же́нская шля́пка с завя́зками 4) откидно́й верх экипа́жа 5) *авто* капо́т дви́гателя

**caprice** [kəˈpriːs] *n* 1) капри́з; причу́да 2) изме́нчивость; непостоя́нство

**capricious** [kəˈprɪʃəs] *a* капри́зный; непостоя́нный

**Capricorn** [ˈkæprɪkɔːn] *n* Козеро́г (*созвездие и знак зодиака*); tropic of ~ тро́пик Козеро́га

**caprine** [ˈkæpraɪn] *a* козли́ный

**capriole** [ˈkæprɪəul] **1.** *n* прыжо́к (*манежной лошади на месте*); каприо́ль

2. *v* де́лать прыжо́к на ме́сте (*о лошади*); выполня́ть каприо́ль

**capsicum** [ˈkæpsɪkəm] *n* стручко́вый пе́рец

**capsize** [kæpˈsaɪz] *v* опроки́дывать(-ся) (*о лодке, судне, телеге и т. п.*)

**capstan** [ˈkæpstən] *n* кабеста́н, во́рот; *мор.* шпиль

**cap-stone** [ˈkæpstəun] *n* 1) *стр.* замко́вый ка́мень 2) кульминацио́нный пункт

**capsule** [ˈkæpsjuːl] **1.** *n* 1) ка́псюль 2) *биол.* ка́псула, оболо́чка 3) *мед.* обла́тка 4) *бот.* семенна́я коро́бочка 5) *тех.* мембра́на 6) отделя́емая (*от космического корабля*) каби́на 7) резюме́ 8) *attr.* кра́ткий, конспекти́вный; ~ version сокращённый вариа́нт

2. *v* сумми́ровать, де́лать резюме́; to ~ the discussion подвести́ ито́ги обсужде́ния

**captain** [ˈkæptɪn] **1.** *n* 1) *воен.* капита́н; *амер. тж.* команди́р ро́ты, эскадро́на, батаре́и; ~ of the day дежу́рный офице́р 2) *мор.* капита́н 1 ра́нга; команди́р вое́нного корабля́; капита́н торго́вого су́дна; C. of the Fleet нача́льник снабже́ния фло́та (*в штабе флагмана*) 3) полково́дец 4) руководи́тель; магна́т; ~s of industry промы́шленные магна́ты 5) *спорт.* капита́н кома́нды 6) брандме́йстер, нача́льник пожа́рной кома́нды 7) *амер.* метрдоте́ль 8) старшина́ клу́ба 9) *горн.* заве́дующий ша́хтой; ште́йгер

2. *v* 1) руководи́ть, вести́ 2) быть капита́ном корабля́ 3) быть капита́ном спорти́вной кома́нды

**captaincy** [ˈkæptɪnsɪ] *n* зва́ние капита́на

**captainship** [ˈkæptɪnʃɪp] *n* 1) = captaincy 2) иску́сство полково́дца

**captation** [kæpˈteɪʃən] *n* 1) зайскива́ние 2) *горн.* капта́ж (*скважины*)

**caption** [ˈkæpʃən] *n* 1) заголо́вок (*статьи, главы*) 2) *кино* титр, на́дпись на экра́не 3) *юр.* аре́ст 4) *юр.* сопроводи́тельная на́дпись *или* бума́га к докуме́нту

**captious** [ˈkæpʃəs] *a* придирчивый; ка́верзный

**captivate** [ˈkæptɪveɪt] *v* пленя́ть, очаро́вывать, увлека́ть

**captivating** [ˈkæptɪveɪtɪŋ] **1.** *pres. p. от* captivate

2. *a* плени́тельный, очарова́тельный

**captive** [ˈkæptɪv] **1.** *a* взя́тый в плен; to take ~ взять в плен; to hold ~ держа́ть в плену́

2. *n* пле́нник; пле́нный

**captive balloon** [ˈkæptɪvbəˌluːn] *n* привязно́й аэроста́т

**captivity** [kæpˈtɪvɪtɪ] *n* плен; плене́ние

**captor** [ˈkæptə] *n* взя́вший, захвати́вший в плен

**capture** [ˈkæptʃə] **1.** *n* 1) пои́мка; захва́т 2) добы́ча 3) *мор.* приз 4) *физ.* захва́т, поглоще́ние (*элементарных частиц*)

2. *v* 1) захва́тывать си́лой; брать в плен; ~d material трофе́и, трофе́йное иму́щество 2) захвати́ть, увле́чь; to ~ the attention привле́чь внима́ние, увле́чь; to ~ the headlines завоева́ть популя́рность; получи́ть широ́кую огла́ску (*в печати*)

**Capuchin** [ˈkæpjuʃɪn] *n* 1) капуци́н (*монах*) 2) плащ с капюшо́ном 3) капуци́н (*обезьяна*)

**car** [kɑː] *n* 1) автомоби́ль, маши́на 2) ваго́н (*трамвая, амер. тж. железнодорожный*); parlor ~ *амер.* сало́н-ваго́н; hand ~ дрези́на 3) теле́жка; пово́зка; ваго́нетка 4) гондо́ла дирижа́бля 5) *амер.* каби́на ли́фта 6) *поэт.* колесни́ца

**carabine** [ˈkærəbɪn] = carbine

**carabineer** [ˌkærəbɪˈnɪə] *n воен.* карабине́р

**caracal** [ˈkærəkæl] *n зоол.* карака́л, рысь степна́я

**caracole** [ˈkærəkəul] *n* 1) карако́ль 2) винтова́я ле́стница

**caracul** [ˈkærəkəl] *n* 1) кара́куль 2) кара́кулевая овца́

**carafe** [kəˈræf] *n* графи́н

**caramel** [ˈkærəmel] *n* 1) караме́ль 2) жжёный са́хар (*для подкрашивания кондитерских изделий*)

**carapace** [ˈkærəpeɪs] *n зоол.* щито́к черепа́хи и ракообра́зных

**carat** [ˈkærət] *n* кара́т (*единица веса драгоценных камней = 0,2 г*)

**caravan** [ˈkærəvæn] **1.** *n* 1) карава́н 2) фурго́н; кры́тая цыга́нская теле́га 3) передвижно́й дом на колёсах; дом-автоприце́п, дом-фурго́н

2. *v*: to go ~ning проводи́ть о́тпуск, свобо́дное вре́мя *и т. п.*, путеше́ствуя в до́ме-автоприце́пе, до́ме-фурго́не

**caravanserai** [ˌkærəˈvænsəraɪ] *n* 1) карава́н-сара́й 2) больша́я гости́ница

**caravel** [ˈkærəvel] = carvel

**caraway** [ˈkærəweɪ] *n* тмин

**carbarn** [ˈkɑːbɑːn] *n амер.* трамва́йный парк

**carbide** [ˈkɑːbaɪd] *n хим.* карби́д

**carbine** [ˈkɑːbaɪn] *n* караби́н

**carbineer** [ˌkɑːbɪˈnɪə] = carabineer

**carbo-hydrate** [ˌkɑːbəuˈhaɪdreɪt] *n хим.* углево́д

**carbolic** [kɑːˈbɔlɪk] **1.** *a* карбо́ловый; ~ acid карбо́ловая кислота́

**2.** *n разг.* карбо́лка

**carbon** [ˈkɑːbən] *n* 1) *хим.* углеро́д 2) *эл.* у́голь, у́гольный электро́д 3) хими́чески чи́стый у́голь 4) листо́к копирова́льной бума́ги, копи́рка 5) *attr.* у́гольный; углеро́дистый; ~ black са́жа; ~ dioxide углекислота́, углеки́слый газ; ~ oil бензо́л; ~ steel углеро́дистая сталь

**carbonaceous** [ˌkɑːbəuˈneɪʃəs] *a хим.* у́глистый; содержа́щий углеро́д

**carbonari** [ˌkɑːbəˈnɑːrɪ] *ит. n собир. ист.* карбона́рии

**carbonate** [ˈkɑːbənɪt] *n* 1) *хим.* углеки́слая соль, соль у́гольной кислоты́ 2) *геол.* карбона́т, чёрный алма́з

**carbon-copy** [ˈkɑːbənˌkɔpɪ] *n* 1) ко́пия, полу́ченная че́рез копи́рку 2) *разг.* то́чная ко́пия (*чего-л., кого-либо*)

**carbonic** [kɑːˈbɔnɪk] *a* у́гольный, углеро́дный, углеро́дистый; ~ acid у́гольная кислота́; ~ oxide о́кись углеро́да

**carboniferous** [ˌkɑːbəˈnɪfərəs] *a* 1) угленосный 2) каменноуго́льный (*о периоде, системе, формации*); ~ limestone известня́к каменноуго́льного пери́ода

**carbonization** [ˌkɑːbənaɪˈzeɪʃən] *n тех.* 1) обу́гливание; карбониза́ция 2) науглеро́живание; цемента́ция 3) коксова́ние

**carbonize** [ˈkɑːbənaɪz] *v тех.* обу́гливать; науглеро́живать

**carbon monoxide** [ˈkɑːbənmɔˈnɔksaɪd] *n* уга́рный газ

**carbon-paper** [ˈkɑːbənˌpeɪpə] *n* копирова́льная бума́га, копи́рка

**carborundum** [ˌkɑːbəˈrʌndəm] *n* карбору́нд

**carboy** [ˈkɑːbɔɪ] *n* оплетённая буты́ль (*для кислот*)

**carbuncle** [ˈkɑːbʌŋkl] *n мед., мин.* карбу́нкул

**carburet** [ˈkɑːbjuret] *v хим.* карбюри́ровать, соединя́ть с углеро́дом

**carburetter, carburet(t)or** [ˈkɑːbjuretə] *n тех.* карбюра́тор

**carcajou** [ˈkɑːkəʤuː] *n зоол.* росома́ха

**carcase** [ˈkɑːkəs] = carcass

**carcass** [ˈkɑːkəs] *n* 1) ту́ша 2) те́ло, труп (*пренебр. о мёртвом человеке, пренебр. и шутл. о живом человеке*); to save one's ~ спаса́ть свою́ шку́ру 3) карка́с, о́стов; ко́рпус; ку́зов (*корабля*) 4) *стр.* армату́ра, констру́кция 5) разва́лины, обло́мки 6) *воен. ист.* зажига́тельное ядро́, зажига́тельный снаря́д 7) *attr.*: ~ meat парное мя́со (*в отличие от консервированного или солонины*)

**carcinoma** [ˌkɑːsɪˈnəumə] *n мед.* ра́ковое новообразова́ние, карцино́ма

**card I** [kɑːd] *n* 1) ка́рта (*игральная*); *pl* ка́рты; игра́ в ка́рты 2) ка́рточка; откры́тка; visiting ~, *амер.* calling ~ визи́тная ка́рточка 3) биле́т; Party ~ парти́йный биле́т; invitation ~ пригласи́тельный биле́т 4) карту́шка (*компаса*) 5) *амер.* объявле́ние в газе́те, публика́ция 6) *разг.* челове́к; «тип»; a cool ~ хладнокро́вный челове́к; an odd ~, a queer ~ чуда́к 7) *attr.*: ~ man, ~ holder *амер. разг.* член профсою́за; ~ vote голосова́ние манда́том ◇ on the ~s возмо́жно, вероя́тно; one's best (*или* trump) ~ са́мый ве́ский до́вод; «ко́зырь»; to play the wrong ~ сде́лать непра́вильную ста́вку, просчита́ться; to have a ~ up one's sleeve име́ть ко́зырь про запа́с; to hold the ~s име́ть преиму́щество; to speak by the ~ выража́ться то́чно; that's the ~ вот э́то и́менно то, что ну́жно; house of ~s ка́рточный до́мик; to throw up one's ~s (с)пасова́ть; сда́ться, призна́ть себя́ побеждённым

**card II** [kɑːd] *текст.* **1.** *n* ка́рда, ка́рдная ле́нта; чеса́льный аппара́т

**2.** *v* чеса́ть, прочёсывать, кардова́ть

**cardamom** [ˈkɑːdəməm] *n* кардамо́н

**cardan** [ˈkɑːdən] *тех.* **1.** *n* карда́н

**2.** *a*: ~ joint карда́нный, универса́льный шарни́р

**cardboard** [ˈkɑːdbɔːd] *n* карто́н

**carder** [ˈkɑːdə] *n текст.* 1) чеса́льщик; чеса́льщица; ворси́льщик; ворси́льщица 2) ка́рдная маши́на

**cardiac** [ˈkɑːdɪæk] **1.** *n* сре́дство, возбужда́ющее серде́чную де́ятельность

**2.** *a анат.* серде́чный

**cardigan** [ˈkɑːdɪgən] *n* шерстяна́я ко́фта на пу́говицах без воротника́, кардиган

**cardinal** [ˈkɑːdɪnl] **1.** *a* 1) гла́вный, основно́й, кардина́льный 2) *грам.* коли́чественный; ~ numbers коли́чественные числи́тельные 3) я́рко-кра́сный ◇ ~ point страна́ све́та; гла́вный румб; ~ winds ве́тры, ду́ющие с се́вера, за́пада *и т. д.*

**2.** *n* 1) *церк.* кардина́л 2) *грам.* коли́чественное числи́тельное 3) кардина́л (*птица из семейства дубоносов*)

**card index** [ˈkɑːdˈɪndeks] *n* картоте́ка

**cardiology** [ˌkɑːdɪˈɔləʤɪ] *n мед.* кардиоло́гия

**care** [kɛə] **1.** *n* 1) забо́та; попече́ние, ухо́д; medical ~ медици́нская по́мощь; to take ~ of smb. смотре́ть за кем-л., забо́титься о ком-л.; in ~ of на попече́нии; under the ~ of a physician под наблюде́нием врача́ 2) внима́ние, осторо́жность; the work needs great ~ рабо́та тре́бует осо́бой тща́тельности; have a ~!, take ~! береги́(те)сь! 3) *тж. pl* забо́та, забо́ты, трево́га ◇ c/o (*читается* care of) че́рез; по а́дресу; Mr White c/o Mr Jones г-ну Джо́унзу для переда́чи г-ну Уа́йту; ~ killed the cat *посл.* ≅ не рабо́та ста́рит, а забо́та

**2.** *v* 1) забо́титься (for, of, about); the children are well ~d for за детьми́ прекра́сный ухо́д 2) пита́ть интере́с, любо́вь (for); she really ~s for him она́ его́ действи́тельно лю́бит; to ~ for music интересова́ться му́зыкой; not to ~ for meat не люби́ть мя́са 3) беспоко́иться, трево́житься 4) име́ть жела́ние (to); I don't ~ мне всё равно́; I don't ~ to go мне не хо́чется идти́ ◇ I don't ~ a straw (*или* a damn, a button, a brass farthing, a fig, a feather, a whoop) мне безразли́чно, наплева́ть; I don't ~ if I do *разг.* я не прочь; ничего́ не име́ю про́тив

**careen** [kəˈriːn] *v мор.* 1) кренгова́ть, килева́ть 2) крени́ться

**careenage** [kəˈriːnɪʤ] *n мор.* 1) кренгова́ние 2) ме́сто для кренгова́ния 3) сто́имость кренгова́ния

**career** [kəˈrɪə] **1.** *n* 1) карье́ра; успе́х 2) род де́ятельности, профе́ссия 3) бы́строе движе́ние; карье́р; in full ~ во весь опо́р 4) *attr.*: ~ diplomatist, ~ man профессиона́льный диплома́т

**2.** *v* бы́стро дви́гаться; нести́сь

**career-guidance** [kəˈrɪəˌgaɪdəns] *n* профориента́ция

**careerist** [kəˈrɪərɪst] *n* карьери́ст

**carefree** [ˈkɛəfriː] *a* беззабо́тный, беспе́чный

**careful** [ˈkɛəful] *a* 1) забо́тливый, проявля́ющий забо́ту (for, of) 2) стара́тельный, аккура́тный; внима́тельный; ~ examination of the question тща́тельное обсужде́ние, рассле́дование вопро́са 3) то́чный, аккура́тный 4) осторо́жный

**carefully** [ˈkɛəflɪ] *adv* 1) бе́режно, внима́тельно, забо́тливо 2) осторо́жно, с осторо́жностью

**careless** [ˈkɛəlɪs] *a* 1) небре́жный; неосторо́жный 2) легкомы́сленный 3) беззабо́тный; ~ of danger не ду́мающий об опа́сности

**caress** [kəˈres] **1.** *n* ла́ска

**2.** *v* ласка́ть, гла́дить

**caret** [ˈkærət] *n полигр.* знак (ʌ) вста́вки (*буквы или слова*)

**care-taker** [ˈkɛəˌteɪkə] *n* 1) лицо́, присма́тривающее за до́мом, кварти́рой *и т. п.* 2) смотри́тель (*здания*) 3) *attr.*: ~ government прави́тельство, вре́менно руководя́щее страно́й до но́вых вы́боров

**care-worn** [ˈkɛəwɔːn] *a* изму́ченный забо́тами

**carfare** [ˈkɑːfɛə] *n* сто́имость прое́зда на трамва́е

**carfax** [ˈkɑːfæks] *n* 1) перекрёсток четырёх у́лиц, доро́г; распу́тье

**cargo** [ˈkɑːgəu] *n* (*pl* -oes [-əuz]) 1) груз 2) *attr.* грузово́й; ~ ship (*или* boat) грузово́е су́дно; ~ tank та́нкер, нефтеналивно́е су́дно

**carhop** [ˈkɑːhɔp] *n амер.* официа́нт рестора́на для автомобили́стов, обслу́живающий клие́нтов пря́мо в маши́не

**cariboo, caribou** [ˈkærɪbuː] *n* кари́бу (*северный канадский олень*)

**caricature** [ˌkærɪkəˈtjuə] **1.** *n* карикату́ра

**2.** *v* изобража́ть в карикату́рном ви́де

**caricaturist** [ˌkærɪkəˈtjuərɪst] *n* карикатури́ст

**carillon** [kəˈrɪljən] *фр. n* 1) подбо́р колоколо́в 2) мелоди́чный перезво́н (*колоколов*)

**cariosity** [ˌkærɪ'ɔsɪtɪ] *n мед.* карио́зный проце́сс
**carious** ['kɛərɪəs] *a мед.* карио́зный, разруша́ющий кость; име́ющий по́лость (*о зубе*)
**car-load** ['kɑːləud] *n* па́ртия гру́за на оди́н ваго́н
**Carmagnole** ['kɑːmənjəul] *фр. n* карманьо́ла
**carman** ['kɑːmən] *n* 1) во́зчик 2) *амер.* вагоновожа́тый
**Carmelite** ['kɑːmɪlaɪt] *n* кармели́т (*монах*)
**carminative** ['kɑːmɪnətɪv] *мед.* 1. *a* ветрого́нный
2. *n* ветрого́нное сре́дство
**carmine** ['kɑːmaɪn] 1. *n* карми́н
2. *a* карми́нного цве́та
**carnage** ['kɑːnɪdʒ] *n* резня́, крова́вая бо́йня
**carnal** ['kɑːnl] *a* пло́тский, чу́вственный; ~ knowledge половы́е сноше́ния
**carnality** [kɑː'nælɪtɪ] *n* чу́вственность, по́хоть
**carnation** [kɑː'neɪʃən] 1. *n* 1) гвозди́ка 2) ра́зные отте́нки краснова́тых тоно́в (*от бледно-розового до тёмно-красного*) 3) *уст.* теле́сный цвет 4) *pl жив.* ча́сти карти́ны, изобража́ющие наго́е те́ло
2. *a* а́лый
**carnival** ['kɑːnɪvəl] *n* 1) карнава́л 2) ма́сленица (*в католических странах*)
**carnivore** ['kɑːnɪvɔː] *n* 1) *зоол.* плото́ядное живо́тное 2) *бот.* насекомо́ядное расте́ние
**carnivorous** [kɑː'nɪvərəs] *a* плото́ядный
**carol** ['kærəl] 1. *n* весёлая песнь; гимн (*обыкн. рождественский*)
2. *v* воспева́ть; сла́вить
**Caroline** ['kærəlaɪn] *a* 1) кароли́нгский 2) относя́щийся к эпохе Ка́рла I *или* Ка́рла II в А́нглии
**carom** ['kærəm] *амер.* 1. *n* карамбо́ль (*бильярд*)
2. *v* отска́кивать
**carotene** ['kærətiːn] = carotin
**carotid** [kə'rɔtɪd] *n анат.* со́нная арте́рия
**carotin** ['kærətɪn] *n* кароти́н
**carousal** [kə'rauzəl] *n* 1) пиру́шка, попо́йка 2) *амер. непр. вм.* carrousel 2)
**carouse** [kə'rauz] 1. *n* = carousal 1)
2. *v* пирова́ть; кути́ть
**carp** I [kɑːp] *n* карп; саза́н
**carp** II [kɑːp] *v* придира́ться, находи́ть недоста́тки, критикова́ть
**carpal** ['kɑːpəl] *a анат.* кистево́й, запя́стный
**carpel** ['kɑːpel] *n бот.* плодоли́стик
**carpenter** ['kɑːpɪntə] 1. *n* пло́тник; ~'s bench верста́к
2. *v* пло́тничать
**carpenter-ant** ['kɑːpɪntə'ɑːnt] *n* мураве́й-древото́чец
**carpenter-bee** ['kɑːpɪntəbiː] *n* шмель-пло́тник
**carpentry** ['kɑːpɪntrɪ] *n* пло́тничные рабо́ты; пло́тничное де́ло
**carper** ['kɑːpə] *n* приди́ра
**carpet** ['kɑːpɪt] 1. *n* 1) ковёр; ~ of flowers ковёр цвето́в 2) *стр.* покры́тие; оде́жда (*дороги*) 3) *тех.* защи́тный слой ◊ on the ~ а) на обсужде́нии (*о вопросе*); б): to have smb. on the ~ дава́ть нагоня́й кому́-л.
2. *v* 1) устила́ть, покрыва́ть ковра́ми 2) устила́ть (*цветами*) 3) *разг.* вызыва́ть для замеча́ния, вы́говора
**carpet-bag** ['kɑːpɪtbæg] *n* саквоя́ж (*первоначально* ковро́вый) ◊ ~ government *амер. жарг.* прави́тельство полити́ческих проходи́мцев
**carpet-bagger** ['kɑːpɪtˌbægə] *n* 1) *амер. ист.* «саквоя́жник», северя́нин, доби́вшийся влия́ния и бога́тства на ю́ге (*после войны 1861—65 гг.*) 2) *амер.* полити́ческий авантюри́ст 3) полити́ческий де́ятель (*в Англии*), не свя́занный происхожде́нием *или* местожи́тельством со свои́м избира́тельным о́кругом
**carpet-knight** ['kɑːpɪtnaɪt] *n* 1) солда́т, отси́живающийся в тылу́ 2) сало́нный шарку́н 3) *ист.* ры́царь, получи́вший своё зва́ние не на по́ле би́твы, а во дворце́, преклони́в коле́на на ковре́
**carpet-rod** ['kɑːpɪtrɔd] *n* металли́ческий прут для укрепле́ния ковра́ на ле́стнице
**carpet-sweeper** ['kɑːpɪtˌswiːpə] *n* щётка для чи́стки ковро́в
**carpi** ['kɑːpaɪ] *pl от* carpus
**carping** ['kɑːpɪŋ] 1. *pres. p. от* carp II
2. *a* приди́рчивый, находя́щий недоста́тки; ~ tongue злой язы́к
**carpus** ['kɑːpəs] *n* (*pl* -pi) *анат.* запя́стье
**carrag(h)een** ['kærəgiːn] *n* ирла́ндский *или* жемчу́жный мох (*съедобные водоросли*)
**carrel** ['kærəl] *n* каби́на для индивидуа́льной нау́чной рабо́ты (*в библиотеке и т. п.*)
**carriage** ['kærɪdʒ] *n* 1) экипа́ж, коля́ска; ~ and pair (four) экипа́ж, запряжённый па́рой (четвёркой) лошаде́й 2) *ж.-д.* пассажи́рский ваго́н; to change ~s де́лать переса́дку 3) ваго́нетка 4) каре́тка (*пишущей машинки, станка*); су́ппорт 5) шасси́; ра́ма; несу́щее устро́йство 6) лафе́т, стано́к (*орудия*) 7) перево́зка, тра́нспорт 8) сто́имость перево́зки, пересы́лки; ~ paid за перево́зку упла́чено 9) выполне́ние, проведе́ние (*законопроекта, предложения*) 10) оса́нка; мане́ра себя́ держа́ть; поса́дка (*головы*)
**carriageable** ['kærɪdʒəbl] *a* удо́бный, прое́зжий (*о дороге*)
**carriage-company** ['kærɪdʒˌkʌmpənɪ] *n* «и́збранное о́бщество» (*имеющее своих лошадей*)
**carriage-dog** ['kærɪdʒdɔg] *n* далма́тский пятни́стый дог
**carriage-forward** ['kærɪdʒ'fɔːwəd] *n* сто́имость пересы́лки за счёт получа́теля
**carriage-free** ['kærɪdʒ'friː] *n* пересы́лка беспла́тно; фра́нко-ме́сто назначе́ния
**carriage-way** ['kærɪdʒweɪ] *n* прое́зжая часть доро́ги
**carrier** ['kærɪə] *n* 1) носи́льщик; во́зчик; перево́зчик 2) тра́нспортная конто́ра, тра́нспортное аге́нтство 3) посы́льный, курье́р 4) = carrier-pigeon 5) *амер.* почтальо́н 6) *мор.* авиано́сец 7) тра́нспортный самолёт 8) транспортёр 9) бага́жник (*на мотоцикле*) 10) *мед.* бациллоноси́тель 11) *тех.* держа́тель; кронште́йн; поддержи́вающее *или* несу́щее приспособле́ние 12) *тех.* сала́зки; ходово́й механи́зм *или* ходова́я часть 13) *воен.* ра́ма затво́ра 14) *attr. эл.* несу́щий (*о токе, частоте*)
**carrier-borne** ['kærɪə'bɔːn] *a*: ~ aircraft самолёты, де́йствующие с авиано́сца; ~ attack возду́шная ата́ка с авиано́сца; ~ squadron авиаотря́д авиано́сца
**carrier-nation** ['kærɪəˌneɪʃən] *n* госуда́рство, широко́ испо́льзующее свой флот для перево́зки това́ров други́х стран
**carrier-pigeon** ['kærɪəˌpɪdʒɪn] *n* почто́вый го́лубь
**carrier-plane** ['kærɪəpleɪn] *n* бортово́й самолёт
**carrier rocket** ['kærɪəˌrɔkɪt] *n* раке́та-носи́тель
**carriole** ['kærɪəul] *n* 1) кана́дские са́ни 2) одноко́лка; лёгкий кры́тый одноко́нный экипа́ж
**carrion** ['kærɪən] 1. *n* 1) па́даль; мертвечи́на 2) мя́со, него́дное к употребле́нию
2. *a* гнию́щий; отврати́тельный
**carrion-crow** ['kærɪən'krəu] *n* чёрная воро́на
**carrot** ['kærət] *n* 1) морко́вь 2) *pl разг.* ры́жие во́лосы; рыжеволо́сый челове́к; ры́жий (*разг.*) 3) прима́нка, сти́мул ◊ the stick and the ~ policy ≅ поли́тика кнута́ и пря́ника
**carroty** ['kærətɪ] *a* морко́вного цве́та; рыжеволо́сый, ры́жий
**carrousel** [ˌkæru'zel] *n* 1) балага́н 2) карусе́ль
**carry** ['kærɪ] 1. *v* 1) везти́, перевози́ть; to ~ hay (corn) убира́ть се́но (хлеб); the wine will not ~ well э́то вино́ по́ртится от перево́зки 2) нести́, носи́ть, переноси́ть; to ~ the war into the enemy's country а) переноси́ть войну́ на террито́рию проти́вника; б) предъявля́ть встре́чное обвине́ние 3) нести́ на себе́ тя́жесть, подде́рживать (*о колоннах и т. п.*) 4) *refl.* держа́ться; вести́ себя́; to ~ oneself with dignity держа́ться с досто́инством 5) передава́ть 6) приноси́ть (*доход, процент*) 7) доводи́ть; to ~ to extremes доводи́ть до кра́йности; to ~ into effect приводи́ть в исполне́ние, осуществля́ть 8) брать при́ступом (*крепость и т. п.*) 9) увлека́ть за собо́й; he carried his audience with him он увлёк слу́шателей 10) доби́ться; to ~ one's point отстоя́ть свою́ пози́цию; доби́ться своего́ 11) проводи́ть; принима́ть; the bill was carried законопрое́кт был при́нят 12) влечь за собо́й; to ~ penalty влечь за собо́й нака́зание 13) достига́ть; доходи́ть, до-

носи́ться; долете́ть (*о снаряде, звуке*); попада́ть в цель 14) продолжа́ть, удлиня́ть 15) торгова́ть, продава́ть; держа́ть; the store also carries hardware магази́н торгу́ет та́кже скобяны́ми изде́лиями 16) содержа́ть; заключа́ть; the book carries many tables в кни́ге мно́го табли́ц; the hospital carries a good staff в больни́це хоро́ший персона́л; to ~ conviction убежда́ть, быть убеди́тельным □ **~ away** а) уноси́ть; б) увлека́ть; **~ back:** to ~ smb. back напомина́ть кому́-л. про́шлое; **~ forward** а) продвига́ть (*дело*); б) = ~ over б); **~ off** а) уноси́ть, уводи́ть; похища́ть; захва́тывать; to ~ off a sentry *воен.* «снять», захвати́ть часово́го; б) вы́игрывать (*приз*); в) скра́шивать; г) выде́рживать; though frightened he carried it off very well хотя́ он и испуга́лся, но не показа́л ви́да; **~ on** а) продолжа́ть; вести́ (*дело*); ~ on! так держа́ть!, продолжа́йте в том же ду́хе!; to ~ on hostile acts соверша́ть вражде́бные де́йствия; б) *разг.* флиртова́ть (with); в) вести́ себя́ запа́льчиво; don't ~ on so! веди́ себя́ споко́йно!, не злись так!; **~ out** а) доводи́ть до конца́; выполня́ть, проводи́ть; to ~ out in(to) practice осуществля́ть, проводи́ть в жизнь; б) выноси́ть (*покойника*); **~ over** а) перевози́ть; б) *бухг.* переноси́ть в другу́ю графу́, на другу́ю страни́цу, в другу́ю кни́гу; **~ through** а) доводи́ть до конца́; б) помога́ть, подде́рживать ◇ to ~ all (или everything) before one а) преодолева́ть все препя́тствия; б) име́ть большо́й успе́х; преуспева́ть; вы́йти победи́телем; взять верх; to ~ weight име́ть вес, влия́ние; to ~ the day одержа́ть побе́ду; to ~ one *мат.* (держа́ть) оди́н в уме́; to ~ too many guns for one оказа́ться не по си́лам кому́-л.

2. *n* 1) перено́ска; перево́зка 2) дальнобо́йность (*орудия*); да́льность полёта (*снаряда; мяча в гольфе*) 3) *воен.* положе́ние «на плечо́» 4) во́лок (*лодки*)

**carryall** [ˈkærɪɔ:l] *n* 1) вещево́й мешо́к; больша́я су́мка 2) просто́рный кры́тый экипа́ж; большо́й закры́тый автомоби́ль с двумя́ продо́льными скаме́йками по бока́м

**carrying capacity** [ˈkærɪɪŋkəˈpæsɪtɪ] 1) пропускна́я спосо́бность 2) грузоподъёмность

**carryings-on** [ˈkærɪɪŋzˈɔn] *n pl разг.* фриво́льное, легкомы́сленное поведе́ние

**carrying trade** [ˈkærɪɪŋˈtreɪd] *n* перево́зка това́ров во́дным путём, фрахто́вое де́ло

**carry-over** [ˈkærɪˌəuvə] *n* 1) изли́шек, переходя́щий оста́ток 2) пережи́ток 3) перено́с (*слова на другую строку*) 4) *бирж.* репо́рт (*отсрочка сделки*)

**carsick** [ˈka:sɪk] *a* не перенося́щий езды́ в автотра́нспорте

**cart** [ka:t] **1.** *n* 1) теле́га; пово́зка; подво́да; теле́жка; двуко́лка; Whitechapel ~ лёгкая рессо́рная двуко́лка 2) *attr.:* ~ house экипа́жный сара́й ◇ to put the ~ before the horse начина́ть не с того́ конца́; де́лать что-л. ши́ворот-навы́ворот; принима́ть сле́дствие за причи́ну; in the ~ *разг.* в затрудни́тельном положе́нии

2. *v* е́хать, везти́ в теле́ге

**cartage** [ˈka:tɪdʒ] *n* 1) гужева́я перево́зка 2) сто́имость гужево́й перево́зки

**carte** [ka:t] *фр. n* меню́; ка́рта вин

**carte blanche** [ˈka:tˈbla:nʃ] *фр. n* карт-бла́нш; to give ~ предоста́вить (*или* дать) по́лную свобо́ду де́йствий

**cartel** [ka:ˈtel] *n* 1) *эк.* карте́ль 2) соглаше́ние ме́жду вою́ющими сторона́ми (*об обмене пленными, почтой и т. п.*); обме́н пле́нными 3) карте́ль, пи́сьменный вы́зов на дуэ́ль

**carter** [ˈka:tə] *n* во́зчик; ломово́й изво́зчик

**Cartesian** [ka:ˈti:zjən] **1.** *a* картезиа́нский, дека́ртовский

2. *n* после́дователь Дека́рта

**cartful** [ˈka:tful] *n* воз (*мера груза*)

**Carthaginian** [ˌka:θəˈdʒɪnɪən] **1.** *a* карфаге́нский; пуни́ческий

2. *n* карфаге́нянин

**cart-horse** [ˈka:thɔ:s] *n* ломова́я ло́шадь

**Carthusian** [ka:ˈθju:zjən] *n* картезиа́нец (*монах*)

**cartilage** [ˈka:tɪlɪdʒ] *n* хрящ

**cartilaginous** [ˌka:tɪˈlædʒɪnəs] *a* хрящево́й; ~ **fish** *собир.* бе́лая ры́ба

**cart-load** [ˈka:tləud] = cartful

**cartographer** [ka:ˈtɔgrəfə] *n* карто́граф

**cartographic(al)** [ˌka:təuˈgræfɪk(əl)] *a* картографи́ческий

**cartography** [ka:ˈtɔgrəfɪ] *n* картогра́фия, составле́ние карт

**cartomancy** [ˈka:təumænsɪ] *n* гада́ние на ка́ртах

**carton** [ˈka:tən] *n* 1) (больша́я) карто́нная коро́бка, карто́нка 2) карто́н 3) бе́лый кружо́к в це́нтре мише́ни

**cartoon** [ka:ˈtu:n] **1.** *n* 1) карикату́ра (*преим. политическая*) 2) *иск.* карто́н (*этюд для фрески и т. п.*) 3) мультипликáция (*тж.* animated ~)

2. *v* 1) рисова́ть карикату́ры 2) изобража́ть в карикату́рном ви́де

**cartoonist** [ka:ˈtu:nɪst] *n* карикату́рист

**cartouche** [ka:ˈtu:ʃ] *фр. n* 1) карту́ш, орнамента́льный завито́к (*на капители, на титуле книги*) 2) *воен.* ляду́нка; патро́нная су́мка

**cartridge** [ˈka:trɪdʒ] *n* 1) патро́н; заря́д (*в картузе*); blank ~ холосто́й патро́н 2) кату́шка с фотографи́ческими плёнками

**cartridge-belt** [ˈka:trɪdʒbelt] *n* 1) патронта́ш 2) патро́нная ле́нта

**cartridge-box** [ˈka:trɪdʒbɔks] *n* патро́нный я́щик

**cartridge-case** [ˈka:trɪdʒkeɪs] *n* патро́нная ги́льза

**cartridge-clip** [ˈka:trɪdʒklɪp] *n* патро́нная обо́йма

**cartridge-paper** [ˈka:trɪdʒˌpeɪpə] *n* пло́тная бума́га (*для рисования и патронных гильз*)

**cartridge-pouch** [ˈka:trɪdʒpautʃ] *n* патро́нная су́мка

**cart-road, cart-track** [ˈka:trəud, ˈka:ttræk] *n* просёлочная, гужева́я доро́га

**cartulary** [ˈka:tjulərɪ] *n* журна́л за́писей, рее́стр

**cart-wheel** [ˈka:twi:l] *n* 1) колесо́ теле́ги 2) кувырка́нье «колесо́м»; to turn (*или* to throw) ~s кувырка́ться «колесо́м» 3) *ав.* переворо́т че́рез крыло́ 4) *разг.* больша́я моне́та (*напр. крона, серебряный доллар и т. п.*)

**cart-wright** [ˈka:traɪt] *n* экипа́жный ма́стер, каре́тник

**caruncle** [ˈkærəŋkl] *n* мяси́стый наро́ст (*напр. у индюка*)

**carve** [ka:v] *v* (carved [-d]; carved, carven) 1) ре́зать, выреза́ть (*по дереву или кости*; out, of, in, on); гравирова́ть; высека́ть (*из камня*) 2) ре́зать (*мясо за столом*) 3) дели́ть, дроби́ть (*обыкн.* ~ up) 4) разде́лывать (*тушу*) ◇ to ~ one's way пробива́ть себе́ доро́гу; to ~ out a career for oneself сде́лать карье́ру

**carvel** [ˈka:vəl] *n ист.* каравéлла (*испанский корабль XV—XVII вв.*)

**carvel-built** [ˈka:vəlbɪlt] *a мор.* с обши́вкой вгладь (*противоп.* clinker-built)

**carven** [ˈka:vən] *поэт. и ритор. p. p. от* carve

**carver** [ˈka:və] *n* 1) ре́зчик (*по дереву*); гравёр 2) нож для нареза́ния мя́са (*за столом*); a pair of ~s большо́й нож и ви́лка

**carving** [ˈka:vɪŋ] **1.** *pres. p. от* carve

2. *n* 1) резьба́ по де́реву 2) резна́я рабо́та

**carving chisel** [ˈka:vɪŋˌtʃɪzl] *n* долбёжная стаме́ска

**carving-knife** [ˈka:vɪŋnaɪf] = carver 2)

**car-wash** [ˈka:wɔʃ] *n* мо́йка (*автомобилей*)

**caryatid** [ˌkærɪˈætɪd] *n* (*pl* -s [-z], -es [-i:z]) *архит.* кариати́да

**cascade** [kæsˈkeɪd] **1.** *n* 1) каска́д, водопа́д 2) *эл.* каска́д

2. *v* ниспада́ть каска́дом

**case** I [keɪs] *n* 1) слу́чай; обстоя́тельство; положе́ние; де́ло; as the ~ stands при да́нном положе́нии дел; in ~ в слу́чае; just in ~ на вся́кий слу́чай; in any ~ во вся́ком слу́чае; in that ~ в тако́м слу́чае; it is not the ~ э́то не так; to put the ~ that предположи́м, что... 2) *юр.* суде́бное де́ло; слу́чай в суде́бной пра́ктике, прецеде́нт; *pl* суде́бная пра́ктика; the ~ for the defendant фа́кты в по́льзу отве́тчика, подсуди́мого 3) фа́кты, доказа́тельства, до́воды; to state one's ~ изложи́ть свои́ до́воды; to make out one's ~ доказа́ть свою́ правоту́ 4) *мед.* заболева́ние, слу́чай; исто́рия боле́зни 5) *мед.* больно́й, пацие́нт; ра́неный 6) *грам.* паде́ж 7) *жарг.* «тип», чуда́к

**case** II [keɪs] **1.** *n* 1) коро́бка, ла́рец; я́щик; конте́йнер; cigarette ~

портсига́р 2) су́мка; чемода́н 3) футля́р, чехо́л 4) кры́шка (*переплёта*); ко́рпус (*часов*) 5) кассе́та 6) *тех.* кожу́х 7) *полигр.* набо́рная ка́сса; lower ~ отделе́ние со стро́чными ли́терами, ци́фрами и зна́ками препина́ния; upper ~ отделе́ние с пропи́сными бу́квами 8) витри́на (*в музеях*), застеклённый стенд 9) *стр.* коро́бка (*оконная, дверная*)

2. *v* 1) класть, упако́вывать в я́щик 2) вставля́ть в опра́ву 3) обшива́ть, покрыва́ть; ~d in armour оде́тый в броню́

**case-harden** [ˈkeɪsˌhɑ:dn] *v* 1) *тех.* цементи́ровать (*сталь*) 2) де́лать нечувстви́тельным, ожесточа́ть

**case-hardened** [ˈkeɪsˌhɑ:dnd] 1. *p. p. от* case-harden

2. *a* 1) *тех.* закалённый, цементи́рованный 2) нечувстви́тельный; загрубе́лый; закорене́лый

**case-hardening** [ˈkeɪsˌhɑ:dnɪŋ] 1. *pres. p. от* case-harden

2. *n тех.* цемента́ция, пове́рхностная зака́лка

**case-history** [ˈkeɪsˌhɪstərɪ] *n* исто́рия боле́зни

**casein** [ˈkeɪsi:ɪn] *n хим.* казеи́н

**case-knife** [ˈkeɪsnaɪf] *n* нож в футля́ре

**case-law** [ˈkeɪslɔ:] *n юр.* прецеде́нтное пра́во

**casemate** [ˈkeɪsmeɪt] *n воен.* казема́т; эска́рповая галере́я

**casement** [ˈkeɪsmənt] *n* 1) створ́ный око́нный переплёт 2) око́нная ство́рка 3) *поэт.* окно́ 4) *attr.*: ~ stay ветрово́й крючо́к

**caseous** [ˈkeɪsɪəs] *a* творо́жистый; сы́рный

**case-record** [ˈkeɪsˌrekɔ:d] *n* исто́рия боле́зни; ка́рточка (*амбулаторная, диспансерная*)

**casern(e)** [kəˈzə:n] *фр. n* (*обыкн. pl*) каза́рма; бара́к

**case-shot** [ˈkeɪsʃɔt] *n* карте́чь

**case-worm** [ˈkeɪswə:m] *n зоол.* ку́колка, ко́кон

**cash** [kæʃ] 1. *n* 1) де́ньги; in ~ при деньга́х; out of (*или* short of) ~ не при деньга́х 2) нали́чные де́ньги, нали́чный расчёт; зво́нкая моне́та; ready ~ нали́чные (*деньги*); sold for ~ про́дан за нали́чный расчёт; to pay ~ расплати́ться нали́чными; ~ on delivery нало́женным платежо́м; с упла́той при доста́вке 3) *attr.*: ~ crop това́рная культу́ра; ~ payment нали́чный расчёт; ~ price цена́ при упла́те нали́чными ◇ ~ down!, ~ on the nail! ≅ де́ньги на бо́чку!

2. *v* получа́ть *или* плати́ть де́ньги по че́ку ◇ to ~ in on smth. *разг.* нажи́ться на чём-л.; to ~ in one's checks *см.* check 1 ◇

**cash-book** [ˈkæʃbuk] *n* ка́ссовая кни́га

**cashew** [kæˈʃu:] *n* 1) *бот.* анака́рд (*вид дерева, растущего в Южной Америке*) 2) оре́х ке́шью

**cashier** I [kæˈʃɪə] *n* касси́р

**cashier** II [kəˈʃɪə] *v* 1) увольня́ть со слу́жбы 2) *воен.* увольня́ть со слу́жбы (*за недостойное поведение*)

**cashmere** [kæʃˈmɪə] *n* 1) кашеми́р 2) кашеми́ровая шаль

**casing** [ˈkeɪsɪŋ] 1. *pres. p. от* case II, 2

2. *n* 1) обши́вка; оболо́чка, оби́вка; опа́лубка; покры́шка 2) *тех.* ка́ртер; футля́р; руба́шка; ра́ма; опра́ва 3) *горн.* обса́дные тру́бы

**casino** [kəˈsi:nəu] *n* (*pl* -os [-əuz]) иго́рный дом, казино́

**cask** [kɑ:sk] *n* бочо́нок, бо́чка

**casket** [ˈkɑ:skɪt] *n* 1) шкату́лка 2) *амер.* гроб 3) конте́йнер (*для радиоактивных материалов*)

**cassation** [kæˈseɪʃən] *n юр.* касса́ция

**cassava** [kəˈsɑ:və] *n бот.* манио́ка

**casserole** [ˈkæsərəul] *фр. n.* 1) кастрю́ля (*из жаропрочного материала*) 2) запека́нка (*из риса, овощей и мяса*)

**cassia** [ˈkæsɪə] *n бот.* ка́ссия

**cassiopeium** [ˌkæsɪəuˈpi(:)jəm] *n хим.* кассио́пий

**cassock** [ˈkæsək] *n* 1) ря́са; сута́на 2) *разг.* свяще́нник, поп

**cassowary** [ˈkæsəwɛərɪ] *n зоол.* казуа́р

**cast** [kɑ:st] 1. *n* 1) бросо́к 2) броса́ние, мета́ние; забра́сывание (*сети, удочки, лота*) 3) расстоя́ние, про́йденное бро́шенным предме́том 4) риск; to stake (*или* to set, to put) on a ~ поста́вить на ка́рту, рискну́ть; the last ~ после́дний шанс 5) фо́рма для отли́вки 6) ги́псовый сле́пок 7) ги́псовая повя́зка 8) подсчёт 9) *театр.* распределе́ние роле́й; соста́в исполни́телей (*в данном спектакле*) 10) отте́нок 11) образе́ц, обра́зчик 12) склад (*ума, характера*); тип; a mind of philosophic ~ филосо́фский склад ума́ 13) выраже́ние (*лица*) 14) поворо́т, отклоне́ние; ~ in the eye лёгкое косогла́зие

2. *v* (cast) 1) броса́ть, кида́ть, швыря́ть; мета́ть; отбра́сывать; to ~ anchor броса́ть я́корь; to ~ ashore выбра́сывать на бе́рег; to ~ a look (*или* a glance, an eye) (at) бро́сить взгляд (на); to ~ light (upon) пролива́ть свет (на); вноси́ть я́сность (в); to ~ a net заки́дывать сеть 2) теря́ть (*зубы*); меня́ть (*рога*); сбра́сывать (*кожу*); роня́ть (*листья*); to ~ the coat линя́ть (*о животных*) 3) вы́кинуть, роди́ть ра́ньше вре́мени (*о животных*) 4) подсчи́тывать (*обыкн.* ~ up) 5) распределя́ть (*роли*); to ~ actors for parts назнача́ть актёров на определённые ро́ли; to ~ parts to actors распределя́ть ро́ли ме́жду актёрами 6) бракова́ть (*лошадей и т. п.*) 7) *тех.* отлива́ть, лить (*металлы*) 8) *юр.* присужда́ть к упла́те убы́тков □ ~ **about** а) обду́мывать; б) изы́скивать сре́дства; в) *мор.* меня́ть курс; ~ **away** отбра́сывать; отверга́ть; to be ~ away потерпе́ть круше́ние; ~ **down** а) сверга́ть; разруша́ть; перевёртывать; б) опуска́ть (*глаза*); в) поверга́ть в уны́ние, угнета́ть; to be ~ down быть в уны́нии; ~ **off** а) броса́ть, покида́ть; сбра́сывать (*оковы*); б) зака́нчивать рабо́ту; в) *мор.* отдава́ть (*швартовы*); отва́ливать; г) спуска́ть (*собаку*); ~ **out** а) выгоня́ть; б) изверга́ть (*пищу*); в) *воен.* выбрако́вывать (*лошадей*); ~ **up** а) изверга́ть; б) вски́дывать (*глаза, голову*); в) подсчи́тывать ◇ to ~ a vote подава́ть го́лос (*на выборах*); to ~ the blame on smb. взва́ливать вину́ на кого́-л.; to ~ smth. in smb.'s teeth брани́ть кого́-л. за что-л.; броса́ть кому́-л. упрёк в чём-л.; to ~ lots бро́сить жре́бий; to ~ in one's lot with smb., smth. связа́ть судьбу́ с кем-л., чем-л.; to ~ a spell upon smb. очарова́ть, околдова́ть кого́-л.

**castanets** [ˌkæstəˈnets] *n pl* кастанье́ты

**castaway** [ˈkɑ:stəweɪ] 1. *n* 1) потерпе́вший кораблекруше́ние 2) па́рия; отве́рженный

2. *a* отве́рженный

**caste** [kɑ:st] *n* 1) ка́ста 2) ка́ста, привилегиро́ванный класс; to lose ~ а) потеря́ть привилегиро́ванное положе́ние; б) лиши́ться уваже́ния

**castellan** [ˈkɑ:stɪlən] *n* кастеля́н, смотри́тель за́мка

**castellated** [ˈkæsteleɪtɪd] *a* 1) постро́енный в ви́де за́мка 2) изоби́лующий за́мками 3) *тех.* зазу́бренный

**caster** I [ˈkɑ:stə] 1) лите́йщик 2) *воен.* вы́бракованная ло́шадь

**caster** II [ˈkɑ:stə] = castor II

**castigate** [ˈkæstɪgeɪt] *v* 1) нака́зывать; бить 2) брани́ть; жесто́ко критикова́ть 3) исправля́ть (*лит. произведение*)

**casting** [ˈkɑ:stɪŋ] 1. *pres. p. от* cast 2

2. *n* 1) броса́ние, мета́ние 2) *тех.* литьё, отли́вка (*процесс и изделие*) 3) коро́бление (*древесины*) 4) удале́ние вы́копанного гру́нта 5) *театр.* подбо́р актёров; распределе́ние роле́й

3. *a* лите́йный; ~ bed лите́йный двор; ~ box опо́ка; ~ form изло́жница

**casting-voice** [ˈkɑ:stɪŋˈvɔɪs] = casting-vote

**casting-vote** [ˈkɑ:stɪŋˈvəut] *n* го́лос; даю́щий переве́с, реша́ющий го́лос председа́теля при ра́венстве голосо́в

**cast iron** [ˈkɑ:stˈaɪən] *n* чугу́н

**cast-iron** [ˈkɑ:stˈaɪən] *a* 1) чугу́нный 2) непреклóнный, твёрдый; ~ discipline желе́зная дисципли́на

**castle** [ˈkɑ:sl] 1. *n* 1) за́мок; дворе́ц 2) тверды́ня; убе́жище 3) *шахм.* ладья́ ◇ ~s in the air (*или* in the sky, in Spain) возду́шные за́мки

2. *v шахм.* рокирова́ть(ся)

**castle-builder** [ˈkɑ:slˌbɪldə] *n* фантазёр

**cast-off** [ˈkɑ:stˈɔf] 1. *n* 1) отве́рженный; изгна́нник 2) вы́брошенная вещь 3) *pl* обно́ски, объе́дки

2. *a* него́дный; поно́шенный; ненужный, бро́совый

**castor** I [ˈkɑ:stə] *n* 1) бобро́вый мех 2) касто́р 3) шля́па из бобро́вого *или* кро́личьего ме́ха 4) *мед.* бобро́вая струя́

**castor** II [ˈkɑːstə] *n* 1) ро́лик, колёсико (*на ножках мебели*) 2) соло́нка; пе́речница (*с перфорированной крышкой*); a set of ~s судо́чек (*для приправ*)

**castor oil** [ˈkɑːstərˈɔɪl] *a* касто́ровое ма́сло

**castor sugar** [ˈkɑːstəˌʃugə] *n* са́харная пу́дра

**castrate** [kæsˈtreɪt] **1.** *n* 1) кастра́т, е́внух 2) кастри́рованное живо́тное

**2.** *v* 1) кастри́ровать, холости́ть 2) уре́зывать (*текст*)

**castration** [kæsˈtreɪʃən] *n* кастра́ция

**casual** [ˈkæʒjuəl] **1.** *a* 1) случа́йный 2) непреднаме́ренный 3) небре́жный 4) случа́йный, нерегуля́рный; ~ labourer (*или* worker) рабо́чий, не име́ющий постоя́нной рабо́ты; ~ poor лю́ди, вре́менно *или* периоди́чески получа́ющие посо́бие по бе́дности

**2.** *n* 1) вре́менный рабо́чий 2) случа́йный посети́тель, клие́нт, покупа́тель *и т. п.* 3) бродя́га

**casualize** [ˈkæʒjuəlaɪz] *v* переводи́ть на непостоя́нную рабо́ту

**casualty** [ˈkæʒjuəltɪ] *n* 1) несча́стный слу́чай; ава́рия 2) челове́к, пострада́вший от несча́стного слу́чая 3) *воен.* ра́неный; уби́тый 4) *воен.* подби́тая маши́на; the tank became a ~ танк был подби́т, вы́веден из стро́я 5) *pl* поте́ри (*на войне*); to sustain casualties понести́ поте́ри 6) *attr.*: ~ rate коли́чество уби́тых и ра́неных

**casualty clearing station** [ˈkæʒjuəltɪˌklɪərɪŋˈsteɪʃən] *n* эвакуацио́нный пункт

**casualty list** [ˈkæʒjuəltɪˈlɪst] *n* спи́сок уби́тых, ра́неных и пропа́вших без вести (*на войне*)

**casualty ward** [ˈkæʒjuəltɪˈwɔːd] *n* пала́та (в больни́це) для пострада́вших от несча́стных слу́чаев

**casuist** [ˈkæzjuɪst] *n* казуи́ст

**casuistic(al)** [ˌkæzjuˈɪstɪk(əl)] *a* казуисти́ческий

**casuistry** [ˈkæzjuɪstrɪ] *n* казуи́стика; игра́ слова́ми; софи́стика

**casus belli** [ˈkɑːsusˈbeliː] *лат. n* по́вод для объявле́ния войны́, ка́зус бе́лли

**cat** I [kæt] **1.** *n* 1) кот; ко́шка; tom ~ кот; pussy ~ ко́шка, ко́шечка 2) *зоол.* живо́тное семе́йства коша́чьих 3) ко́шка (*плеть*) 4) *разг.* сварли́вая же́нщина 5) двойно́й трено́жник 6) *мор.* кат ◇ barber's ~ *разг.* болту́н, трепло́; to fight like Kilkenny ~s дра́ться до взаи́много уничтоже́ния; to lead a ~ and dog life жить как ко́шка с соба́кой (*особ. о супругах*); постоя́нно ссо́риться, враждова́ть; enough to make a ~ laugh ≅ и мёртвого мо́жет рассмеши́ть; о́чень смешно́; to grin like a Cheshire ~ (постоя́нно) бессмы́сленно улыба́ться во весь рот, ухмыля́ться; оскла́биться; to let the ~ out of the bag ≅ вы́болтать секре́т; to see which way the ~ jumps, to wait for the ~ to jump ≅ выжида́ть, куда́ ве́тер поду́ет; that ~ won't jump *разг.* ≅ э́тот но́мер не пройдёт; to turn ~ in the pan стать перебе́жчиком

**2.** *v* 1) бить плётью 2) *мор.* брать я́корь на кат 3) *жарг.* изрыга́ть; блева́ть

**cat** II [kæt] *n* (*сокр. от* caterpillar tractor) *амер. разг.* 1) гу́сеничный тра́ктор 2) *attr.*: ~ skinner *жарг.* трактори́ст

**cataclysm** [ˈkætəklɪzm] *n* 1) катаклӣзм; полити́ческий *или* социа́льный переворо́т 2) пото́п

**catacomb** [ˈkætəkuːm] *n* (*часто pl*) подземе́лье; катако́мба; the Catacombs ри́мские катако́мбы

**catafalque** [ˈkætəfælk] *n* 1) катафа́лк, погреба́льная колесни́ца 2) катафа́лк, помо́ст под балдахи́ном для гро́ба

**Catalan** [ˈkætələn] **1.** *a* катало́нский; катала́нский (*о языке*)

**2.** *n* 1) катало́нец 2) катала́нский язы́к

**catalepsy** [ˈkætəlepsɪ] *n мед.* катале́псия; столбня́к; оцепене́ние

**cataleptic** [ˌkætəˈleptɪk] *a мед.* каталепти́ческий

**catalog** [ˈkætəlɔg] = catalogue

**catalogue** [ˈkætəlɔg] **1.** *n* 1) катало́г; card ~ ка́рточный катало́г 2) прейскура́нт 3) *амер.* рее́стр, спи́сок; проспе́кт, програ́мма, уче́бный план

**2.** *v* каталогизи́ровать, вноси́ть в катало́г

**cataloguer** [ˈkætəlɔgə] *n* каталогиза́тор, состави́тель катало́га

**catalogue raisonné** [ˌkɑːtɑːˈlɔːgrezɔːˈneɪ] *фр. n* системати́ческий катало́г с кра́ткими объясне́ниями

**catalysis** [kəˈtælɪsɪs] *n хим.* ката́лиз

**catalyst** [ˈkætəlɪst] *n хим.* катализа́тор

**catalyzer** [ˈkætəlaɪzə] = catalyst

**catamaran** [ˌkætəməˈræn] *n* 1) *мор.* катамара́н 2) *разг.* сварли́вая же́нщина, меге́ра

**catamount** [ˈkætəmaunt] *n зоол.* 1) европе́йская ди́кая ко́шка 2) североамерика́нская рысь

**cat-and-mouse** [ˈkætəndˈmaus] *n*: to behave in a ~ way ≅ игра́ть в ко́шки-мы́шки

**cataplasm** [ˈkætəplæzm] *n* припа́рка

**catapult** [ˈkætəpʌlt] **1.** *n* 1) *ист.* мета́тельная маши́на; катапу́льта 2) *ав.* катапу́льта 3) рога́тка 4) *attr.*: ~ launching *ав.* пуск с катапу́льты

**2.** *v* 1) *ист.* мета́ть 2) *ав.* катапульти́ровать; выбра́сывать катапу́льтой 3) стреля́ть из рога́тки

**cataract** [ˈkætərækt] *n* 1) большо́й водопа́д 2) си́льный ли́вень 3) пото́к (*красноречия*) 4) *мед.* катара́кта 5) *тех.* катара́кт, гидравли́ческий регуля́тор, то́рмоз, де́мпфер

**catarrh** [kəˈtɑː] *n* ката́р; просту́да

**catastrophe** [kəˈtæstrəfɪ] *n* 1) катастро́фа; ги́бель; несча́стье 2) развя́зка (*в драме*) 3) *геол.* катастро́фа

**catastrophic** [ˌkætəˈstrɔfɪk] *a* катастрофи́ческий

**catbird** [ˈkætbəːd] *n амер.* дрозд

**catcall** [ˈkætkɔːl] **1.** *n* 1) свист, осви́стывание 2) свисто́к

**2.** *v* осви́стывать

**catch** [kætʃ] **1.** *n* 1) по́имка; захва́т 2) уло́в; добы́ча 3) вы́года; вы́годное приобрете́ние; that is not much of a ~ бары́ш невели́к 4) хи́трость; лову́шка 5) приостано́вка (*дыхания, голоса*) 6) *тех.* захва́тывающее, запира́ющее приспособле́ние; щеко́лда, задви́жка, защёлка; шпингале́т; стяжно́й болт 7) *тех.* то́рмоз, сто́пор; арети́р ◇ that's the ~ в э́том-то всё де́ло

**2.** *v* (caught) 1) лови́ть; пойма́ть; схва́тывать; to ~ hold of smth. ухвати́ться за что-л.; to ~ a glimpse of smth. уви́деть что-л. на мгнове́ние; to ~ in a web опу́тать паути́ной 2) улови́ть; to ~ a person's meaning улови́ть, поня́ть чью-л. мысль; to ~ the eye а) пойма́ть взгляд; б) попа́сться на глаза́; to ~ a likeness улови́ть (и переда́ть) схо́дство 3) схвати́ть; зарази́ться; to ~ (a) cold простуди́ться; to ~ measles зарази́ться ко́рью; paper ~es fire easily бума́га легко́ воспламеня́ется 4) успе́ть, заста́ть; to ~ the train поспе́ть к по́езду; to ~ a person in the act заста́ть кого́-л. на ме́сте преступле́ния; to be caught in the rain попа́сть под дождь 5) догна́ть 6) зацепи́ть(ся); заде́ть; защеми́ть; завязи́ть; to ~ one's finger in a door прищеми́ть себе́ па́лец две́рью; the boat was caught in the reeds ло́дка застря́ла в камыша́х 7) заде́рживать 8) уда́рить; попа́сть; I caught him one in the eye я подста́вил ему́ синя́к под гла́зом 9) прерыва́ть, перебива́ть 10) покрыва́ться льдом (*тж.* ~ over); the river ~es река́ ста́ла □ ~ **at** а) ухвати́ться за *что-л.*; б) обра́доваться *чему-л.*; ~ **away** утащи́ть; ~ **off** *амер. жарг.* засну́ть; ~ **on** а) ухвати́ться за *что-л.*; б) понима́ть; в) станови́ться мо́дным; ~ **up** а) подня́ть; подхвати́ть (*тж. перен., напр. новое слово*); б) догна́ть; we had caught up on sleep нам удало́сь отоспа́ться; в) прерва́ть; г) *амер.* пригото́вить лошаде́й (*для путешественников*) ◇ to ~ it *разг.* получи́ть нагоня́й; I caught it мне доста́лось, попа́ло; ~ me (doing that)! чтоб я э́то сде́лал? Никогда́!; to ~ one's foot споткну́ться; to ~ one's breath а) затаи́ть дыха́ние; б) перевести́ дух; to ~ the Speaker's eye *парл.* получи́ть сло́во в пала́те о́бщин

**catching** [ˈkætʃɪŋ] **1.** *pres. p. от* catch 2

**2.** *a* 1) зарази́тельный 2) привлека́тельный 3) неусто́йчивый (*о погоде*) 4) захва́тывающий, остана́вливающий, зацепля́ющий

**catchment** [ˈkætʃmənt] *n* дрена́ж

**catchment-area** [ˈkætʃməntˌɛərɪə] *n* бассе́йн (*реки*), водосбо́рная пло́щадь

**catchment-basin** [ˈkætʃməntˌbeɪsn] = catchment-area

**catchpenny** [ˈkætʃˌpenɪ] **1.** *n* нéчто показнóе, рассчи́танное на дешёвый успéх и привлечéние покупáтелей (*гл. обр. об издáниях*)

**2.** *a* показнóй, рассчи́танный на дешёвый успéх

**catchpoll** [ˈkætʃpəul] *n* судéбный при́став, судéбный исполни́тель

**catchup** [ˈkætʃəp] = ketchup

**catchword** [ˈkætʃwɔːd] *n* 1) мóдное словéчко 2) слóво *или* фрáза, испóльзуемые как лóзунг 3) *полигр.* колонти́тул в словаря́х и энциклопéдиях 4) заглáвное слóво (*словарной статьи*) 5) *театр.* рéплика 6) рифмóванное слóво 7) парóль

**catchy** [ˈkætʃɪ] *a* 1) привлекáтельный 2) легкó запоминáющийся (*о мелодии*) 3) хитроýмный, заковы́ристый; трýдный 4) поры́вистый (*о ветре*)

**catechism** [ˈkætɪkɪzm] *n* 1) *церк.* катехи́зис 2) ряд вопрóсов и отвéтов; допрóс

**catechize** [ˈkætɪkaɪz] *v* 1) излагáть в фóрме вопрóсов и отвéтов 2) допрáшивать 3) *церк.* преподавáть катехи́зис, наставля́ть

**catechu** [ˈkætɪtʃuː] *n* дуби́льный экстрáкт

**catechumen** [ˌkætɪˈkjuːmen] *n* 1) *церк.* новообращённый 2) начинáющий, новичóк

**categorical** [ˌkætɪˈgɔrɪkəl] *a* 1) безуслóвный, категори́ческий 2) реши́тельный; я́сный, недвусмы́сленный 3) *филос.* категори́ческий, безуслóвный; категориáльный

**categorize** [ˈkætɪgəraɪz] *v* распределя́ть по категóриям

**category** [ˈkætɪgərɪ] *n* 1) категóрия; разря́д; класс 2) *attr.*: ~ man *воен.* при́знанный гóдным к этáпной (гарнизóнной) слýжбе

**catena** [kəˈtiːnə] *n* (*pl* -nae) цепь, связь, ряд

**catenae** [kəˈtiːniː] *pl от* catena

**catenarian** [ˌkætɪˈnɛərɪən] *a* цепнóй

**catenary** [kəˈtiːnərɪ] **1.** *n мат.* цепнáя ли́ния

**2.** *a* цепнóй; ~ suspension цепнáя подвéска (*электрической железной дороги*)

**catenate** [ˈkætɪneɪt] *v* сцепля́ть; свя́зывать; образовáть цепь

**catenation** [ˌkætɪˈneɪʃən] *n* сцеплéние

**cater** [ˈkeɪtə] *v* 1) поставля́ть прови́зию (for) 2) обслýживать зри́теля, посети́теля (*о театрах и т. п.*) 3) старáться доставля́ть удовóльствие, угождáть (to, for)

**cater-cousin** [ˈkeɪtəˌkʌzn] *n* 1) дáльний рóдственник 2) закады́чный друг

**caterer** [ˈkeɪtərə] *n* поставщи́к прови́зии

**catering** [ˈkeɪtərɪŋ] **1.** *pres. p. от* cater

**2.** *n* 1) общéственное питáние 2) *attr.*: the ~ trade ресторáнное дéло

**caterpillar** [ˈkætəpɪlə] *n* 1) *зоол.* гýсеница 2) *тех.* гýсеница; гýсеничный ход 3) *attr. тех.* гýсеничный; ~ tractor гýсеничный трáктор; ~ ordnance гýсеничная самохóдная артиллéрия

**caterwaul** [ˈkætəwɔːl] **1.** *n* кошáчий концéрт

**2.** *v* 1) кричáть по-кошáчьи 2) задавáть кошáчий концéрт, терзáть слух 3) ссóриться как коты́ на кры́ше

**catgut** [ˈkætgʌt] *n* 1) стрýнá (*для музыкальных инструментов и ракеток*) 2) *хир.* кетгýт

**catharsis** [kəˈθɑːsɪs] *n* 1) *мед.* очищéние желýдка 2) *филос.*, *психол.* кáтарсис

**cathartic** [kəˈθɑːtɪk] **1.** *a* слаби́тельный

**2.** *n* слаби́тельное (срéдство)

**Cathay** [kæˈθeɪ] *n уст.*, *поэт.* Китáй

**cathead** [ˈkæthed] *n мор.* кат-бáлка; *ист.* крáмбол, кран-бáлка

**cathedral** [kəˈθiːdrəl] **1.** *n* кафедрáльный собóр

**2.** *a* собóрный

**Catherine-wheel** [ˈkæθərɪnwiːl] *n* 1) óгненное колесó (*фейерверк*) 2) *архит.* крýглое окнó, «рóза» 3) кувыркáнье «колесóм»

**catheter** [ˈkæθɪtə] *n мед.* катéтер

**cathode** [ˈkæθəud] *n физ.* катóд

**catholic** [ˈkæθəlɪk] **1.** *a* 1) (C.) католи́ческий (*обыкн.* Roman C.) 2) (C.) *церк.* вселéнский 3) ширóкий, всеобъéмлющий

**2.** *n* катóлик

**Catholicism** [kəˈθɔlɪsɪzm] *n* католи́чество, католици́зм

**catholicity** [ˌkæθəuˈlɪsɪtɪ] *n* 1) (C.) католи́чество 2) ширротá; всеóбщность; универсáльность

**catholicize** [kəˈθɔlɪsaɪz] *v* обращáть в католи́чество

**cat-ice** [ˈkætaɪs] *n* тóнкий ледóк

**cation** [ˈkætaɪən] *n хим.* катиóн

**catkin** [ˈkætkɪn] *n* серёжка (*на деревьях*)

**cat-lap** [ˈkætlæp] *n разг.* óчень слáбый чай; безалкогóльные напи́тки

**cat-like** [ˈkætlaɪk] *a* кошáчий

**catling** [ˈkætlɪŋ] *n* 1) *хир.* ампутациóнный нож 2) *хир.* тóнкий кетгýт 3) *редк.* кóшечка

**cat-mint** [ˈkætmɪnt] *n бот.* котови́к кошáчий, кошáчья мя́та

**catnap** [ˈkætnæp] **1.** *n* сон уры́вками

**2.** *v* вздремнýть, подремáть; спать уры́вками

**catnip** [ˈkætnɪp] *амер.* = cat-mint

**cat-o'-mountain** [ˌkætəˈmauntɪn] = catamount

**cat-o'-nine-tails** [ˈkætəˈnaɪnteɪlz] *n* кóшка (*плеть*)

**catoptric** [kəˈtɔptrɪk] *a физ. уст.* катоптри́ческий, отражáтельный

**catoptrics** [kəˈtɔptrɪks] *n pl* (*употр. как sing*) *физ. уст.* катóптрика

**cat-sleep** [ˈkætsliːp] = catnap 1

**cat's-meat** [ˈkætsmiːt] *n* кони́на, покупáемая для кóшек

**cat's-paw** [ˈkætspɔː] *n* 1) орýдие в чьих-л. рукáх; to make a ~ of a person сдéлать когó-л. своим орýдием 2) лёгкий бриз, рябь на водé

**catsup** [ˈkætsəp] = ketchup

**cat's-whisker** [ˈkætsˌwɪskə] *n радио* контáктная пружи́на, «ýсик»

**cattily** [ˈkætɪlɪ] *adv* нáзлó

**cattish** [ˈkætɪʃ] *a* 1) кошáчий 2) хи́трый; злой

**cattle** [ˈkætl] *n* 1) крýпный рогáтый скот 3) *презр.* скоты́ (*о людях*)

**cattle-dealer** [ˈkætlˌdiːlə] *n* торгóвец скотóм, скотопромы́шленник

**cattle-feeder** [ˈkætlˌfiːdə] *n* маши́на для автомати́ческого распределéния и подáчи кóрма

**cattle-grid** [ˈkætlgrɪd] *n* приспособлéние, препя́тствующее вы́ходу скотá с пáстбища на дорóгу

**cattle-leader** [ˈkætlˌliːdə] *n* кольцó, продéтое чéрез нос живóтного

**cattle-lifter** [ˈkætlˌlɪftə] *n* вор, угоня́ющий скот

**cattleman** [ˈkætlmən] *n* 1) пастýх; скóтник 2) *амер.* скотовóд

**cattle-pen** [ˈkætlpen] *n* загóн для скотá

**cattle-ranch** [ˈkætlrænʧ] *n* скотовóдческая фéрма, животновóдческое хозя́йство

**cattle-rustler** [ˈkætlˌrʌslə] *амер.* = cattle-lifter

**cattle-truck** [ˈkætltrʌk] *n ж.-д.* платфóрма для перевóзки скотá

**catty** I [ˈkætɪ] = cattish

**catty** II [ˈkætɪ] *n* кáтти (*мера веса в Китае, Индии* = *604,8 г*)

**Caucasian** [kɔːˈkeɪzjən] **1.** *a* кавкáзский

**2.** *n* кавкáзец

**caucus** [ˈkɔːkəs] *n* 1) *амер.* предвы́борное фракциóнное *или* парти́йное совещáние 2) (*в Англии презр.*) поли́тика подтасóвки вы́боров, давлéния на избирáтелей *и т. п.*

**caudal** [ˈkɔːdl] *a анат.* хвостовóй; ~ appendage хвостови́дный придáток

**caudate** [ˈkɔːdeɪt] *a* хвостáтый, имéющий хвост

**caudle** [ˈkɔːdl] *n* горя́чий пря́ный напи́ток для больны́х (*смесь вина с яйцами и сахаром*)

**caught** [kɔːt] *past и p. p. от* catch 2

**caul** [kɔːl] *n* 1) *анат.* вóдная оболóчка плодá; «сорóчка» (*у новорождённого*) 2) *анат.* большóй сáльник 3) *ист.* чéпчик

**cauldron** [ˈkɔːldrən] *n* 1) котёл; котелóк 2) *геол.* котлообрáзный провáл

**caulescent** [kɔːˈlesənt] *a бот.* имéющий стéбель (*о травянистых растениях*)

**cauliflower** [ˈkɔlɪflauə] *n* цветнáя капýста

**caulk** [kɔːk] *v* 1) конопáтить и смоли́ть (*суда*) 2) затыкáть, замáзывать (*щели в окнах*)

**caulker** [ˈkɔːkə] *n* 1) конопáтчик 2) чекáнщик 3) *жарг.* глотóк спиртнóго 4) нéчто удиви́тельное, невероя́тное, *особ.* ложь, враньё

**causal** [ˈkɔːzəl] *a* 1) *филос.* причи́нный; каузáльный 2) *грам.* причи́нный; ~ clause придáточное предложéние причи́ны

**causality** [kɔːˈzælɪtɪ] *n филос.* причи́нность, причи́нная связь

**causation** [kɔːˈzeɪʃən] *n* 1) причинéние 2) = causality

**causative** [ˈkɔːzətɪv] *a* 1) причи́нный 2) *грам.* каузати́вный

**cause** [kɔːz] **1.** *n* 1) причи́на 2) основа́ние; моти́в, по́вод (for) 3) де́ло; to support the ~ of the workers защища́ть де́ло рабо́чего кла́сса; the ~ of peace де́ло ми́ра; to make common ~ with smb. объединя́ться с кем-л. ра́ди о́бщего де́ла; in the ~ of science ра́ди (*или* во и́мя) нау́ки; in a good ~ что́бы сде́лать добро́ 4) *юр.* де́ло, проце́сс; to plead a ~ защища́ть де́ло в суде́ 5) *attr.*: ~ célèbre знамени́тый суде́бный проце́сс

**2.** *v* 1) быть причи́ной, причиня́ть, вызыва́ть; to ~ smb. to be informed поста́вить кого́-л. в изве́стность 2) заставля́ть; to ~ a thing to be done веле́ть что-л. вы́полнить

**'cause** [kɔz] *уст.* = because

**causeless** [ˈkɔːzlɪs] *a* беспричи́нный; необосно́ванный

**cause-list** [ˈkɔːzlɪst] *n юр.* спи́сок дел к слу́шанию

**causer** [ˈkɔːzə] *n* вино́вник

**causeway** [ˈkɔːzweɪ] **1.** *n* 1) мостова́я; мощёная доро́жка; тротуа́р 2) да́мба; гать

**2.** *v* 1) стро́ить плоти́ну, да́мбу 2) мости́ть

**causey** [ˈkɔːz(e)ɪ] = causeway

**caustic** [ˈkɔːstɪk] **1.** *n хим.* е́дкое вещество́; каусти́ческое сре́дство; lunar ~ ля́пис

**2.** *a* 1) *хим.* е́дкий; каусти́ческий; ~ lime негашёная и́звесть; ~ silver ля́пис; ~ soda е́дкий натр 2) е́дкий, язви́тельный, ко́лкий; ~ tongue злой язы́к; ~ remarks язви́тельные замеча́ния

**causticity** [kɔːsˈtɪsɪtɪ] *n* 1) е́дкость 2) язви́тельность

**cauterization** [ˌkɔːtəraɪˈzeɪʃən] *n мед.* прижига́ние

**cauterize** [ˈkɔːtəraɪz] *v* 1) *мед.* прижига́ть 2) де́лать бессерде́чным, чёрствым, нечувстви́тельным

**cautery** [ˈkɔːtərɪ] *n мед.* 1) прижига́ние 2) прижига́ющее сре́дство 3) термока́утер (*инструмент для прижигания*)

**caution** [ˈkɔːʃən] **1.** *n* 1) осторо́жность; предусмотри́тельность; предосторо́жность 2) предостереже́ние, предупрежде́ние; ~! береги́(те)сь! 3) *жарг.* необыкнове́нный челове́к, челове́к с больши́ми стра́нностями; стра́нная вещь

**2.** *v* предостерега́ть (against)

**cautionary** [ˈkɔːʃnərɪ] *a* предостерега́ющий, предупрежда́ющий

**caution board** [ˈkɔːʃənbɔːd] *n* предупрежда́ющая (об опа́сности) на́дпись

**caution money** [ˈkɔːʃənˌmʌnɪ] *n* зало́г (*вносимый, напр., студентами Оксфорда и Кембриджа в обеспечение возможных долгов*)

**cautious** [ˈkɔːʃəs] *a* осторо́жный; предусмотри́тельный

**cavalcade** [ˌkævəlˈkeɪd] *n* кавалька́да, гру́ппа вса́дников

**cavalier** [ˌkævəˈlɪə] **1.** *n* 1) вса́дник; кавалери́ст 2) *ист.* ры́царь 3) *уст.* кавале́р 4) (C.) *ист.* роялист (*времён Карла I*)

**2.** *a* 1) бесцеремо́нный 2) непринуждённый 3) надме́нный 4) *ист.* (C.) роялистский

**cavalry** [ˈkævəlrɪ] *n* кавале́рия, ко́нница

**cavalryman** [ˈkævəlrɪmən] *n* кавалери́ст

**cave** [keɪv] **1.** *n* 1) пеще́ра 2) по́лость, впа́дина 3) *полит.* фра́кция; оппозицио́нная *или* отколо́вшаяся от па́ртии гру́ппа 4) *геол.* ка́рстовое образова́ние

**2.** *v* 1) выда́лбливать 2) *горн.* обру́шивать кро́влю □ ~ **in** а) оседа́ть, опуска́ться; б) *разг.* уступа́ть, отступа́ть, сдава́ться

**caveat** [ˈkeɪvɪæt] *n* 1) предостереже́ние, проте́ст 2) *юр.* хода́тайство о приостано́вке суде́бного разбира́тельства; to enter (*или* to put in) a ~ пода́ть заявле́ние о приостано́вке суде́бного разбира́тельства

**cave-dweller** [ˈkeɪvˌdwelə] = cave-man

**cave-man** [ˈkeɪvmæn] *n* троглоди́т, пеще́рный челове́к (*тж. перен.*)

**cavendish** [ˈkævəndɪʃ] *n* пли́точный таба́к (*сдобренный патокой*)

**cavern** [ˈkævən] *n* пеще́ра

**cavernous** [ˈkævənəs] *a* 1) изоби́лующий пеще́рами 2) *мед.* пеще́ристый; полостно́й; каверно́зный 3) похо́жий на пеще́ру 4) впа́лый 5) глубо́кий и глухо́й (*о звучании*)

**caviar(e)** [ˈkævɪɑː] *n* икра́ (*употребляемая в пищу*) ◊ ~ to the general сли́шком то́нкое блю́до для гру́бого вку́са

**cavil** [ˈkævɪl] **1.** *n* приди́рка

**2.** *v* придира́ться, находи́ть недоста́тки

**caviller** [ˈkævɪlə] *n* приди́рчивый челове́к, приди́ра

**cavity** [ˈkævɪtɪ] *n* 1) впа́дина; по́лость 2) *мед.* каве́рна 3) тре́щина в поро́де

**cavity magnetron** [ˈkævɪtɪˈmægnɪtrən] *n физ.* магнетро́н, обеспе́чивающий большо́й вы́ход эне́ргии

**cavort** [kəˈvɔːt] *v разг.* пры́гать, скака́ть

**caw** [kɔː] **1.** *n* ка́рканье

**2.** *v* ка́ркать

**cay** [keɪ] *n* 1) кора́лловый риф 2) песча́ная о́тмель

**cayenne** [keɪˈen] *n* кра́сный стручко́вый пе́рец

**cayman** [ˈkeɪmən] *n зоол.* кайма́н

**cease** [siːs] **1.** *v* 1) перестава́ть, прекраща́ть(ся) 2) приостана́вливать (*часто с герундием*); to ~ talking замолча́ть; ~ fire! прекрати́ть стрельбу́!; to ~ payment прекрати́ть платежи́, обанкро́титься

**2.** *n*: without ~ непреста́нно, to work without ~ рабо́тать не покладая́ рук

**cease-fire** [ˈsiːsˌfaɪə] *n* прекраще́ние огня́

**ceaseless** [ˈsiːslɪs] *a* непреры́вный, непреста́нный

**cecils** [ˈseslz] *n pl* мясны́е фрикаде́льки

**cecity** [ˈsiːsɪtɪ] *n* слепота́

**cedar** [ˈsiːdə] *n* кедр

**cede** [siːd] *v* 1) сдава́ть (*территорию*); уступа́ть, передава́ть (*территорию, права*) 2) уступа́ть (*в споре*)

**cedilla** [sɪˈdɪlə] *n* седи́ль (*орфографический знак*)

**ceil** [siːl] *v стр.* покрыва́ть, перекрыва́ть; штукату́рить, отде́лывать потоло́к

**ceiling** [ˈsiːlɪŋ] *n* 1) потоло́к 2) перекры́тие, обши́вка; доска́ для обши́вки 3) *ав.* потоло́к, преде́льная высота́ 4) *эк.* максима́льная цена́; максима́льный вы́пуск проду́кции *и т. п.*

**celadon** [ˈselədɒn] *n* све́тлый серова́то-зелёный цвет *или* цвет морско́й волны́

**celandine** [ˈseləndaɪn] *n бот.* чистоте́л

**celebrant** [ˈselɪbrənt] *n* свяще́нник, отправля́ющий церко́вную слу́жбу

**celebrate** [ˈselɪbreɪt] *v* 1) (от)пра́здновать 2) прославля́ть 3) отправля́ть церко́вную слу́жбу 4) *разг.* весели́ться, отмеча́ть прия́тное собы́тие

**celebrated** [ˈselɪbreɪtɪd] **1.** *p. p. от* celebrate

**2.** *a* знамени́тый; просла́вленный

**celebration** [ˌselɪˈbreɪʃən] *n* 1) пра́зднование; торжества́ 2) церко́вная слу́жба

**celebrity** [sɪˈlebrɪtɪ] *n* 1) изве́стность 2) знамени́тый челове́к; знамени́тость

**celerity** [sɪˈlerɪtɪ] *n* быстрота́

**celery** [ˈselərɪ] *n бот.* сельдере́й

**celestial** [sɪˈlestjəl] **1.** *a* 1) небе́сный; астрономи́ческий; ~ map ка́рта звёздного не́ба; ~ pole *астр.* по́люс ми́ра; ~ blue небе́сно-голубо́й 2) великоле́пный; боже́ственный

**2.** *n* небожи́тель

**celibacy** [ˈselɪbəsɪ] *n* 1) целиба́т, обе́т безбра́чия 2) безбра́чие

**celibatarian** [ˌselɪbəˈtɛərɪən] **1.** *a* безбра́чный

**2.** *n* холостя́к

**celibate** [ˈselɪbɪt] **1.** *n* 1) холостя́к 2) челове́к, да́вший обе́т безбра́чия

**2.** *a* 1) холосто́й 2) да́вший обе́т безбра́чия

**cell** [sel] **1.** *n* 1) яче́йка; яче́я; *полит.* яче́йка 2) тюре́мная ка́мера; condemned ~ ка́мера сме́ртников 3) ке́лья 4) небольшо́й монасты́рь; оби́тель; скит 5) *поэт.* моги́ла 6) *биол.* кле́тка; кле́точка 7) *тех.* отсе́к, ка́мера 8) *эл.* элеме́нт 9) *ав.* се́кция крыла́

**2.** *v* 1) помеща́ть в кле́тку 2) находи́ться в кле́тке 3) сиде́ть за решёткой (*в тюрьме*)

**cellar** [ˈselə] **1.** *n* 1) подва́л; по́греб 2) ви́нный по́греб; to keep a good ~ име́ть хоро́ший запа́с вин

**2.** *v* храни́ть в подва́ле, в по́гребе

**cellarage** [ˈselərɪdʒ] *n* 1) подва́лы, погреба́ 2) хране́ние в подва́лах 3) пла́та за хране́ние в подва́лах

**cellarer** [ˈselərə] *n* ке́ларь (*эконом в монастыре*)

**cellaret** [ˌseləˈret] *n* погребе́ц

**'cellist** [ˈtʃelɪst] *n* (*сокр. от* violoncellist) виолончели́ст

**'cello** ['tʃeləu] *n* (*pl* -os [-əuz]; *сокр. от* violoncello) виолонче́ль

**cellophane** ['seləufeɪn] *n* целлофа́н ◇ wrapped in ~ непристу́пный, надме́нный

**cellular** ['seljulə] *a* кле́точный, кле́точного строе́ния; яче́истый; ~ tissue *анат.* клетча́тка

**cellulate** ['seljuleɪt] *a* состоя́щий из кле́ток; яче́истый

**cellule** ['selju:l] *n* 1) *биол.* кле́точка 2) *ав.* коро́бка кры́льев

**celluloid** ['seljulɔɪd] *n* 1) целлуло́ид 2) киноплёнка 3) *разг.* кино́; to put smb. on ~ снима́ть в кино́

**cellulose** ['seljuləus] *n* 1) целлюло́за; клетча́тка 2) *attr.*: ~ nitrate нитроцеллюло́за

**Celsius** ['selsjəs] *n* термо́метр Це́льсия; шкала́ термо́метра Це́льсия

**Celt** [kelt] *n* кельт

**celt** [selt] *n археол.* ка́менное *или* бро́нзовое долото́

**Celtic** ['keltɪk] **1.** *a* ке́льтский

**2.** *n* ке́льтский язы́к

**celticism** ['keltɪsɪzm] *n* 1) ке́льтский обы́чай 2) *лингв.* ке́льтское выраже́ние; кельтици́зм

**celtuce** ['seltəs] *n* гибри́д сельдере́я и сала́та

**cembalo** ['tʃembələu] *n* (*pl* -os [-euz]) цимба́лы

**cement** [sɪ'ment] **1.** *n* 1) цеме́нт 2) вся́кое вещество́, скрепля́ющее подо́бно цеме́нту; вя́жущее вещество́ 3) связь, сою́з

**2.** *v* 1) скрепля́ть цеме́нтом; цементи́ровать 2) цементи́роваться 3) соединя́ть кре́пко; to ~ a friendship скрепля́ть дру́жбу

**cementation** [ˌsi:men'teɪʃən] *n* 1) цементи́рование 2) цемента́ция

**cemetery** ['semɪtrɪ] *n* кла́дбище

**cenotaph** ['senəutɑ:f] *n* 1) кенота́фий (*пустая гробница*) 2) па́мятник неизве́стному солда́ту; the C. па́мятник, воздви́гнутый в честь поги́бших во вре́мя пе́рвой мирово́й войны́ (*в Лондоне*)

**cense** [sens] *v церк.* кади́ть ла́даном

**censer** ['sensə] *n* кади́ло; кури́льница

**censor** ['sensə] **1.** *n* 1) це́нзор 2) надзира́тель (*в английских колледжах*) 3) критика́н; блюсти́тель нра́вов

**2.** *v* подверга́ть цензу́ре; просма́тривать

**censorial** [sen'sɔ:rɪəl] *a* це́нзорский; цензу́рный

**censorious** [sen'sɔ:rɪəs] *a* стро́гий; скло́нный осужда́ть; ~ remarks крити́ческие замеча́ния

**censorship** ['sensəʃɪp] *n* 1) цензу́ра 2) до́лжность це́нзора

**censurable** ['senʃərəbl] *a* досто́йный порица́ния

**censure** ['senʃə] **1.** *n* осужде́ние, порица́ние; vote of ~ во́тум недове́рия

**2.** *v* порица́ть, осужда́ть

**census** ['sensəs] *n* 1) пе́репись; population ~ пе́репись населе́ния 2) *attr.*: ~ returns результа́ты пе́реписи

**census-paper** ['sensəsˌpeɪpə] *n* бланк, заполня́емый при пе́реписи

**cent** [sent] *n* 1) цент (*0,01 доллара, гульдена, рупии*) 2) сто, со́тня (*обыкн. в выражении* per ~ проце́нт); ten per ~ де́сять проце́нтов; ~ per ~ сто на́ сто (*ростовщический процент*) 3) *физ.* цент (*одна сотая единицы радиоактивности*)

**cental** ['sentl] *n* англи́йский квинта́л (*мера сыпучих тел, равная 100 англ. фунтам или 45,36 кг*)

**centaur** ['sentɔ:] *n* 1) *миф.* кента́вр 2) (C.) созве́здие Кента́вра

**centenarian** [ˌsentɪ'neərɪən] **1.** *a* столе́тний

**2.** *n* челове́к ста (и бо́лее) лет

**centenary** [sen'ti:nərɪ] **1.** *n* 1) столе́тие 2) столе́тняя годовщи́на 3) день пра́зднования столе́тней годовщи́ны

**2.** *a* столе́тний

**centennial** [sen'tenjəl] **1.** *a* 1) столе́тний 2) происходя́щий раз в сто лет

**2.** *n* = centenary 1, 2)

**center** ['sentə] *амер.* = centre

**centering** ['sentərɪŋ] **1.** *pres. p. от* centre 2

**2.** *n* 1) *тех.* центри́рование 2) *стр.* кружа́ло, опа́лубка

**centesimal** [sen'tesɪməl] *a* со́тый; разделённый на сто часте́й; со́тенный; ~ balance со́тенные весы́

**centigrade** ['sentɪgreɪd] *a* стогра́дусный; разделённый на сто гра́дусов; ~ thermometer термо́метр Це́льсия, термо́метр со стогра́дусной шкало́й

**centigram(me)** ['sentɪgræm] *n* сантигра́мм

**centime** ['sɑ:nti:m] *фр. n* санти́м (*0,01 франка*)

**centimeter** ['sentɪˌmi:tə] *амер.* = centimetre

**centimetre** ['sentɪˌmi:tə] *n* сантиме́тр

**centipede** ['sentɪpi:d] *n зоол.* многоно́жка, сороконо́жка

**centner** ['sentnə] *n* це́нтнер (*50 кг; в Англии = 100 фунтам или 45,36 кг*); metric (*или* double) ~ метри́ческий це́нтнер (= *100 кг или 220,46 англ. фунта*)

**central** ['sentrəl] **1.** *a* 1) центра́льный; гла́вный; ~ idea основна́я иде́я 2) располо́женный в це́нтре *или* недалеко́ от це́нтра; C. Asia а) Сре́дняя А́зия; б) Центра́льная А́зия

**2.** *n амер.* центра́льная телефо́нная ста́нция

**centralization** [ˌsentrəlaɪ'zeɪʃən] *n* централиза́ция; сосредото́чение

**centralize** ['sentrəlaɪz] *v* централизова́ть

**centre** ['sentə] **1.** *n* 1) центр; средото́чие; середи́на (*чего-л.*); in the ~ посереди́не; at the ~ of events в са́мой гу́ще собы́тий; where's the shopping ~? где здесь торго́вый центр?; ~ of attraction центр притяже́ния; центр внима́ния; ~ of buoyancy а) *мор.* центр величины́; б) центр подъёмной си́лы аэроста́та; ~ of gravity центр тя́жести; ~ of impact *воен.* сре́дняя то́чка попада́ния; ~ of a wheel ступи́ца колеса́ 2) *тех.* шабло́н, уго́льник 3) *спорт.* центра́льный игро́к (*нападающий, защитник и т. д.*); центрово́й 4) *attr.* центра́льный; ~ boss ступи́ца колеса́

**2.** *v* 1) помеща́ть(ся) в це́нтре; концентри́ровать(ся); сосредото́чивать(ся) (in, on, at, round, about); to ~ one's hopes on (*или* in) smb. возлага́ть все наде́жды на кого́-л.; the interest ~s in интере́с сосредото́чен на; the discussion ~d round one point в це́нтре обсужде́ния находи́лся оди́н пункт 2) *тех.* центри́ровать; отмеча́ть ке́рнером

**centre-board** ['sentəbɔ:d] *n мор.* выдвижно́й киль

**centreing** ['sentərɪŋ] = centering

**centre-piece** ['sentəpi:s] *n* 1) украше́ние из серебра́, хрусталя́ *и т. п.* на середи́не стола́ 2) орна́мент на середи́не потолка́

**centre-section** ['sentəˌsekʃən] *n ав.* центропла́н

**centric(al)** ['sentrɪk(əl)] *a* центра́льный

**centrifugal** [sen'trɪfiugəl] **1.** *a* центробе́жный; ~ machine (*или* wringer) центрифу́га; ~ force центробе́жная си́ла

**2.** *n* = centrifuge

**centrifuge** ['sentrɪfju:dʒ] *n* центрифу́га

**centring** ['sentərɪŋ] = centering

**centripetal** [sen'trɪpɪtl] *a* центростреми́тельный; ~ force центростреми́тельная си́ла

**centuple** ['sentjupl] **1.** *a* стокра́тный

**2.** *v* увели́чивать во сто раз; умножа́ть на́ сто

**centuplicate** **1.** *n* [sen'tju:plɪkɪt] сто экземпля́ров; in ~ в ста экземпля́рах

**2.** *a* [sen'tju:plɪkɪt] = centuple 1

**3.** *v* [sen'tju:plɪkeɪt] = centuple 2

**century** ['sentʃurɪ] *n* 1) столе́тие; век 2) *ист.* центу́рия 3) со́тня (*чего-либо*); *разг.* сто фу́нтов сте́рлингов; *амер.* сто до́лларов

**century plant** ['sentʃurɪplɑ:nt] *n бот.* ага́ва америка́нская, столе́тник

**cephalic** [ke'fælɪk] *a анат.* головно́й; ~ index *антр.* черепно́й и́ндекс

**cephalitis** [ˌsefə'laɪtɪs] *n мед.* энцефали́т, воспале́ние головно́го мо́зга

**cephalopoda** [ˌsefə'lɔpədə] *n pl зоол.* головоно́гие

**ceramet** ['serəmet] = cermet

**ceramic** [sɪ'ræmɪk] *a* гонча́рный; керами́ческий

**ceramics** [sɪ'ræmɪks] *n pl* 1) (*употр. как sing*) кера́мика; гонча́рное произво́дство 2) (*употр. с гл. во мн. ч.*) керами́ческие изде́лия

**ceramist** ['serəmɪst] *n* гонча́р

**cerastes** [sɪ'ræsti:z] *n зоол.* гадю́ка рога́тая

**cerate** ['sɪərɪt] *n* вощано́й спуск (*мазь из воска и масла*)

**cere** [sɪə] *n зоол.* восковина (*покрывающая птичий клюв*)

**cereal** ['sɪərɪəl] **1.** *n* 1) (*обыкн. pl*) хле́бный злак 2) *амер.* ка́ша (*кушанье из круп*)

**2.** *a* хле́бный, зерново́й

**cerebellum** [ˌserɪˈbeləm] *n анат.* мозжечо́к

**cerebral** [ˈserɪbrəl] 1. *a* 1) *анат., мед.* мозгово́й; ~ hemispheres полуша́рия головно́го мо́зга; ~ haemorrhage кровоизлия́ние в мозг 2) *фон.* церебра́льный (*звук*)

2. *n фон.* церебра́льный звук

**cerebration** [ˌserɪˈbreɪʃən] *n* мозгова́я де́ятельность, рабо́та мо́зга

**cerebrum** [ˈserɪbrəm] *n анат.* головно́й мозг

**cerecloth** [ˈsɪəklɔθ] = cerement 1)

**cerement** [ˈsɪəmənt] *n* 1) навощённая холсти́на, са́ван 2) *pl* погреба́льные оде́жды

**ceremonial** [ˌserɪˈməunjəl] 1. *a* форма́льный; официа́льный; обря́довый

2. *n* 1) церемониа́л; распоря́док 2) обря́д

**ceremonious** [ˌserɪˈməunjəs] *a* 1) церемониа́льный 2) церемо́нный 3) мане́рный, чо́порный

**ceremony** [ˈserɪmənɪ] *n* 1) обря́д 2) церемо́ния; to stand on ~ церемо́ниться; держа́ться форма́льно, чо́порно; without ~ за́просто; без церемо́ний 3) церемо́нность; форма́льность ◇ Master of Ceremonies а) веду́щий (*концерт, телепередачу и т. п.*); б) распоряди́тель (*бала, вечера и т. п.*); в) церемонийме́йстер

**Ceres** [ˈsɪəri:z] *n миф., астр.* Цере́ра

**cerise** [səˈri:z] 1. *n* све́тло-вишнёвый цвет

2. *a* све́тло-вишнёвый

**cerium** [ˈsɪərɪəm] *n хим.* це́рий

**cermet** [ˈsə:met] *n тех.* металлокера́мика

**ceroplastics** [ˈsɪərəuˈplæstɪks] *n pl* (*употр. как sing*) церопла́стика (*художественная лепка из воска*)

**certain** [ˈsə:tn] 1. *a* 1) *attr.* определённый; I have no ~ abode у меня́ нет определённого приста́нища 2) *attr.* оди́н, не́кий, не́который; I felt a ~ joy я почу́вствовал не́которую ра́дость; there was a ~ Mr Jones был не́кий ми́стер Джо́унз; under ~ conditions при изве́стных (*или* при не́которых) усло́виях 3) *predic.* уве́ренный; to feel ~ быть уве́ренным 4): to make ~ of удостове́риться в; make ~ of your facts before you argue прове́рьте свои́ да́нные, пре́жде чем спо́рить 5) *predic.* надёжный, ве́рный, несомне́нный; the fact is ~ факт несомне́нен ◇ of a ~ age пожило́го во́зраста

2. *n*: not to know for ~ не знать наверняка́

**certainly** [ˈsə:tnlɪ] *adv* коне́чно, непреме́нно; несомне́нно; he is ~ better today ему́, несомне́нно, лу́чше сего́дня; may I visit him? — Yes, ~ мо́жно его́ навести́ть? — Да, коне́чно

**certainty** [ˈsə:tntɪ] *n* 1) несомне́нный факт 2) уве́ренность; I know for a ~ я зна́ю наверняка́; with ~ с уве́ренностью

**certificate** 1. *n* [səˈtɪfɪkɪt] 1) пи́сьменное удостовере́ние; свиде́тельство; сертифика́т; ~ of birth свиде́тельство о рожде́нии; ме́трика; ~ of health медици́нское свиде́тельство 2) па́спорт (*оборудования*) 3) *амер.* свиде́тельство об оконча́нии сре́днего уче́бного заведе́ния; аттеста́т

2. *v* [səˈtɪfɪkeɪt] выдава́ть пи́сьменное удостовере́ние; удостоверя́ть

**certificated** [səˈtɪfɪkeɪtɪd] 1. *p. p. от* certificate 2

2. *a* дипломи́рованный; ~ teacher учи́тель, име́ющий дипло́м

**certification** [ˌsə:tɪfɪˈkeɪʃən] *n* 1) удостовере́ние 2) вы́дача свиде́тельства

**certify** [ˈsə:tɪfaɪ] *v* 1) удостоверя́ть, заверя́ть 2) руча́ться 3) уверя́ть 4) выдава́ть удостовере́ние о заболева́нии (*особ. о психическом расстройстве*)

**certitude** [ˈsə:tɪtju:d] *n* уве́ренность, несомне́нность

**cerulean** [sɪˈru:ljən] *a* небе́сно-голубо́го цве́та; лазу́рный

**cerumen** [sɪˈru:men] *n* ушна́я се́ра

**ceruse** [ˈsɪəru:s] *n* 1) (свинцо́вые) бели́ла 2) бели́ла (*косметические*)

**cervical** [sə(:)ˈvaɪkəl] *a анат.* заты́лочный, ше́йный; ~ vertebrae ше́йные позвонки́

**cervices** [sə:ˈvaɪsi:z] *pl от* cervix

**cervine** [ˈsə:vaɪn] *a* оле́ний

**cervix** [ˈsə:vɪks] *n* (*pl* -vices, -es [-ɪz]) *анат.* ше́я; ~ uteri ше́йка ма́тки

**cesium** [ˈsi:zɪəm] = caesium

**cess** [ses] *n* 1) нало́г, по́дать 2) *ирл.* ме́стный нало́г 3) *шотл.* поземе́льный нало́г ◇ bad ~ to you! чтоб тебе́ пу́сто бы́ло!

**cessation** [seˈseɪʃən] *n* 1) прекраще́ние 2) остано́вка; переры́в; ~ of arms (*или* of hostilities) прекраще́ние вое́нных де́йствий, переми́рие

**cession** [ˈseʃən] *n* усту́пка, переда́ча; ~ of rights переда́ча прав

**cesspit** [ˈsespɪt] *n* помо́йная я́ма; выгребна́я я́ма

**cesspool** [ˈsespu:l] *n* выгребна́я я́ма; сто́чный коло́дец

**cestoid** [ˈsestɔɪd] *n зоол.* ле́нточный червь

**cetacean** [sɪˈteɪʃjən] 1. *a* кито́вый

2. *n* живо́тное из семе́йства кито́вых

**cetaceous** [sɪˈteɪʃjəs] *a* китообра́зный

**cevitamic acid** [ˈsi:vaɪtæmɪkˈæsɪd] *n фарм.* кристалли́ческий витами́н С

**chafe** [ʧeɪf] 1. *n* 1) ссади́на 2) раздраже́ние; in a ~ в состоя́нии раздраже́ния

2. *v* 1) тере́ть, растира́ть; втира́ть; согрева́ть растира́нием (*руки и т. п.*) 2) натира́ть 3) тере́ться (*обо что-л.— о животных*) 4) раздража́ться, горячи́ться, не́рвничать

**chafer** [ˈʧeɪfə] *n* ма́йский жук

**chaff** [ʧɑ:f] 1. *n* 1) мяки́на 2) ме́лко наре́занная соло́ма, се́чка 3) отбро́сы 4) вы́севки 5) костри́ка (*отходы трепания и чесания*) 6) подшу́чивание, поддра́знивание; болтовня́ 7) *attr.* соло́менный; ~ bed соло́менный тюфя́к ◇ a grain of wheat in a bushel of ~ ≅ ничто́жные результа́ты, несмотря́ на больши́е уси́лия; an old bird is not caught with ~ *посл.* ста́рого воробья́ на мяки́не не проведёшь

2. *v* 1) руби́ть, ре́зать (*солому и т. п.*) 2) подшу́чивать, поддра́знивать

**chaff-cutter** [ˈʧɑ:fˌkʌtə] *n с.-х.* соломоре́зка

**chaffer** [ˈʧæfə] 1. *n* спор (*из-за цены*), торг

2. *v* торгова́ться, выторго́вывать

**chaffinch** [ˈʧæfɪnʧ] *n* зя́блик

**chaffy** [ˈʧɑ:fɪ] *a* 1) покры́тый мяки́ной 2) пусто́й, него́дный

**chafing-dish** [ˈʧeɪfɪŋdɪʃ] *n* 1) жаро́вня 2) электри́ческая кастрю́ля; электри́ческий те́рмос

**chafing-gear** [ˈʧeɪfɪŋgɪə] *n мор.* обмо́тка тро́са для предохране́ния от тре́ния

**chagrin** [ˈʃægrɪn] 1. *n* доса́да; огорче́ние; разочарова́ние

2. *v* (*часто pass.*) досажда́ть; огорча́ть; to feel ~ed (at, by) быть огорчённым *чем-л.*

**chain** [ʧeɪn] 1. *n* 1) цепь; цепо́чка; a ~ of mountains го́рная цепь; a ~ of happenings цепь собы́тий; ~ and buckets *тех.* но́рия 2) (*обыкн. pl*) око́вы, у́зы 3) ме́рная цепь (*тж.* Gunter's ~ = *66 фут.* ≅ *20 м*) 4) одноти́пные магази́ны, теа́тры *и т. п.*, принадлежа́щие одно́й компа́нии; систе́ма, сеть; newspaper ~s газе́тные тре́сты, объедине́ния 5) *attr.* цепно́й; ~ reaction цепна́я реа́кция; ~ armour (*или* mail) кольчу́га; ~ belt а) *тех.* цепна́я переда́ча, цепно́й приво́д; б) по́яс из металли́ческих коле́ц; ~ bridge цепно́й мост; ~ broadcasting *радио* одновре́ме́нная переда́ча одно́й програ́ммы не́сколькими ста́нциями; ~ cable я́корная цепь

2. *v* 1) скрепля́ть це́пью 2) ско́вывать; держа́ть в цепя́х; to ~ up a dog посади́ть соба́ку на цепь 3) привя́зывать; ~ed to the desk прико́ванный к пи́сьменному столу́

**chain-gang** [ˈʧeɪngæŋ] *n* гру́ппа ка́торжников в кандала́х, ско́ванных о́бщей це́пью

**chainlet** [ˈʧeɪnlɪt] *n* цепо́чка

**chain-rule** [ˈʧeɪnru:l] *n мат.* цепно́е пра́вило

**chainsmoke** [ˈʧeɪnsməuk] *v* заку́ривать от папиро́сы, непреры́вно кури́ть

**chain-smoker** [ˈʧeɪnˌsməukə] *n* зая́длый кури́льщик

**chain-stitch** [ˈʧeɪnstɪʧ] *n* та́мбурная стро́чка

**chain-stores** [ˈʧeɪnstɔ:z] *n pl амер.* одноти́пные магази́ны одно́й фи́рмы

**chair** [ʧɛə] 1. *n* 1) стул; to take a ~ сади́ться 2) ка́федра; профессу́ра 3) председа́тельское ме́сто; *амер.* председа́тель (*собрания*); to address the ~ обраща́ться к председа́телю собра́ния; ~!, ~! к поря́дку!; to take the ~ стать председа́телем собра́ния; откры́ть собра́ние *или* заседа́ние; to be (*или* to sit) in the ~ председа́тельствовать; to leave the ~ закры́ть собра́ние 4) *амер.* электри́ческий стул; to go to the ~ быть казнённым на электри́ческом сту́ле 5) *амер.* ме́сто свиде́теля в суде́ 6) *ж.-д.* ре́льсовая поду́шка ◇ ~ days ста́рость

2. *v* 1) возглавля́ть, стоя́ть во главе́; ста́вить во главе́ 2) председа́тель-

ствовать 3) поднимáть и нести́ на сту́ле (*в знак одержанной победы*)

**chair-bed** [ˈtʃɛəˈbed] *n* крéсло-кровáть

**chair-car** [ˈtʃɛəˈkɑː] *n амер. ж.-д.* салóн-вагóн

**chairman** [ˈtʃɛəmən] *n* председáтель

**chairmanship** [ˈtʃɛəmənʃɪp] *n* обязанности председáтеля

**chair warmer** [ˈtʃɛəˈwɔːmə] *n амер. жарг.* лени́вец, бездéльник

**chairwoman** [ˈtʃɛəˌwumən] *n* председáтельница

**chaise** [ʃeɪz] *фр. n* 1) фаэтóн 2) почтóвая карéта

**chaise-longue** [ˌʃeɪzˈlɔːŋ] *n* шезлóнг

**chalcedony** [kælˈsedənɪ] *n мин.* халцедóн

**chalcography** [kælˈkɔgrəfɪ] *n* гравировáние на мéди

**Chaldean** [kælˈdi(ː)ən] **1.** *a* халдéйский, древневавилóнский

**2.** *n* 1) халдéй 2) халдéйский язы́к

**chaldron** [ˈtʃɔːldrən] *n* мéра угля́ (= *1,66 м³*)

**chalet** [ˈʃæleɪ] *фр. n* 1) шалé, сéльский дóмик (*в Швейцарии*) 2) дáча в швейцáрском сти́ле 3) у́личная убóрная

**chalk** [tʃɔːk] **1.** *n* 1) мел 2) мелóк (*для рисования, записи*) 3) креди́т, долг 4) счёт (*в игре*) 5) *жарг.* шрам; цaрáпина ◇ as like as ~ and cheese ≅ похóже, как гвоздь на панихи́ду; ничегó óбщего; not to know ~ from cheese не разбирáться в простых вещáх; абсолю́тно ничегó не понимáть в какóм-л. вопрóсе; ~s away, by a long ~, by long ~s (на)мнóго, значи́тельно, горáздо; not by a long ~ отню́дь нет; далекó не; ни в кóем слу́чае; to walk the ~ а) пройти́ прямо по проведённой мéлом чертé (*в доказательство своей трезвости*); б) вести́ себя́ безупрéчно; to walk (*или* to stump) one's ~s *жарг.* убрáться, удрáть

**2.** *v* 1) писáть, рисовáть *или* натирáть мéлом 2) удобря́ть и́звестью □ **~ out** а) набрáсывать; б) намечáть (*для выполнения*); в) запи́сывать (*долг*); **~ up** вести́ счёт (*в игре*)

**chalk-stone** [ˈtʃɔːkstoun] *n* 1) известня́к 2) *pl мед.* подагри́ческие утолщéния на сустáвах

**chalky** [ˈtʃɔːkɪ] *a* 1) меловóй; известкóвый 2) *мед.* подагри́ческий

**challenge** [ˈtʃælɪndʒ] **1.** *n* 1) вы́зов (*на состязание, дуэль и т. п.*) 2) óклик (*часового*) 3) слóжная задáча, проблéма 4) *мор.* опознавáтельные (*сигнал*) 5) *юр.* отвóд (*присяжных*); peremptory ~ отвóд без укáзания причи́ны (*в уголовных делах*)

**2.** *v* 1) вызывáть, бросáть вы́зов; to ~ to socialist emulation вызывáть на социалисти́ческое соревновáние 2) сомневáться, отрицáть; the teacher ~d my knowledge учи́тель усомни́лся в мои́х знáниях 3) оспáривать; подвергáть сомнéнию; to ~ the accuracy of a statement оспáривать прáвильность утверждéния 4) трéбовать (*внимания, уважения и т. п.*) 5) окликáть (*о часовом*); спрáшивать парóль, прóпуск 6) *мор.* покáзывать опознавáтельные 7) *юр.* давáть отвóд присяжным

**challenger** [ˈtʃælɪndʒə] *n* 1) посылáющий вы́зов 2) претендéнт 3) возражáющий прóтив чегó-л., оспáривающий что-л.

**chalybeate** [kəˈlɪbɪɪt] *a* желéзистый (*об источнике*)

**chamber** [ˈtʃeɪmbə] **1.** *n* 1) кóмната (*гл. обр.* спáльня) 2) *pl* холостáя меблирóванная кварти́ра 3) *pl* контóра адвокáта; кабинéт судьи́ 4) палáта (*парламента*); Lower C. ни́жняя палáта; Star C. *ист.* Звёздная палáта; C. of Commerce торгóвая палáта 5) *тех.* кáмера 6) *воен.* патрóнник; кáмора 7) *горн.* прострéл 8) = chamber-pot

**2.** *a* 1) кáмерный; ~ concert кáмерный концéрт; ~ music кáмерная му́зыка 2) *юр.*: ~ counsel юри́ст, дающий совéты в своéй контóре, но не выступáющий в судé; ~ practice юриди́ческая консультáция

**3.** *v* 1) заключáть в кáмеру 2) рассвéрливать, высвéрливать 3) *горн.* расширя́ть дно сквáжины

**chamberlain** [ˈtʃeɪmbəlɪn] *n* 1) управля́ющий дворóм короля́ 2) камергéр

**chamber-maid** [ˈtʃeɪmbəmeɪd] *n* гóрничная в гости́нице

**chamber-pot** [ˈtʃeɪmbəpɔt] *n* ночнóй горшóк

**chameleon** [kəˈmiːljən] *n* хамелеóн

**chamfer** [ˈtʃæmfə] **1.** *n* 1) жёлоб; вы́емка; hollow ~ *стр.* гáлтель 2) *тех.* скос, фáска

**2.** *v* 1) вынимáть пазы́ 2) скáшивать, стёсывать óстрые углы́ (*ребра, кромки и т. п.*)

**chamois** [ˈʃæmwɑː] *фр.* **1.** *n* 1) *зоол.* сéрна 2) [ˈʃæmɪ] зáмша

**2.** *v* протирáть зáмшей

**champ** [tʃæmp] **1.** *n* чáвканье

**2.** *v* 1) чáвкать; жевáть 2) гры́зть удилá

**champagne** [ʃæmˈpeɪn] *фр. n* шампáнское

**champaign** [ˈtʃæmpeɪn] *n* равни́на, откры́тое пóле

**champerty** [ˈtʃæmpə(ː)tɪ] *n юр.* «чéмперти», незакóнная поку́пка *или* финанси́рование чужóго процéсса

**champignon** [tʃæmˈpɪnjən] *фр. n* шампиньóн (*гриб*)

**champion** [ˈtʃæmpjən] **1.** *n* 1) борéц 2) побóрник, защи́тник; ~s of peace борцы́ за мир 3) чемпиóн, победи́тель 4) получи́вший приз (*о людях, животных, растениях*)

**2.** *a разг.* первоклáссный; ~ chess-player первоклáссный шахмати́ст

**3.** *v* защищáть; борóться за что-л.; to ~ a cause борóться за какóе-л. дéло

**championship** [ˈtʃæmpjənʃɪp] *n* 1) *спорт.* пéрвенство, чемпионáт; world ~ пéрвенство ми́ра 2) звáние чемпиóна 3) побóрничество; защи́та (*кого-л. или чего-л.*)

**chance** [tʃɑːns] **1.** *n* 1) слу́чай; случáйность; by ~ случáйно; on the ~ в слу́чае 2) риск; games of ~ азáртные и́гры 3) судьбá; удáча, счáстье 4) возмóжность; вероя́тность; шанс; theory of ~s *мат.* теóрия вероя́тностей; give me a (*или* another) ~! отпусти́те, прости́те меня́ на э́тот раз!; to stand a good ~ имéть хорóшие шáнсы; to take one's (*или* a) ~ (of) реши́ться (*на что-л.*); рискну́ть ◇ to have an eye to the main ~ преслéдовать ли́чные (*особ.* коры́стные) цéли

**2.** *a* случáйный

**3.** *v* 1) случáться; I ~d to be at home я случáйно был дóма 2) рискну́ть; let's ~ it рискнём □ **~ upon** случáйно наткну́ться, найти́

**chance-comer** [ˈtʃɑːnsˌkʌmə] *n* случáйный *или* неожи́данный посети́тель

**chanceful** [ˈtʃɑːnsful] *a* рискóванный, опáсный

**chancel** [ˈtʃɑːnsəl] *n* алтáрь

**chancellery** [ˈtʃɑːnsələrɪ] *n* 1) звáние кáнцлера 2) канцеля́рия (*посольства, консульства*)

**chancellor** [ˈtʃɑːnsələ] *n* 1) кáнцлер; C. of the Exchequer кáнцлер казначéйства (*министр финансов Англии*); Lord (High) C. лорд-кáнцлер (*глава судебного ведомства и верховный судья Англии, председатель палаты лордов и одного из отделений верховного суда*) 2) пéрвый секретáрь посóльства 3) номинáльный президéнт университéта (*в США действительный*) 4) *шотл.* старшинá присяжных заседáтелей

**chancellory** [ˈtʃɑːnsələrɪ] = chancellery

**chance-medley** [ˈtʃɑːnsˌmedlɪ] *n юр.* непредумы́шленное уби́йство, несчáстная случáйность

**chancery** [ˈtʃɑːnsərɪ] *n* 1) (C.) суд лóрда-кáнцлера; in ~ а) *юр.* на рассмотрéнии в судé лóрда-кáнцлера; б) в безвы́ходном положéнии; в пéтле 2) *амер.* суд сóвести 3) архи́в, канцеля́рия 4) *спорт.* захвáт головы́

**chancre** [ˈʃæŋkə] *n мед.* твёрдый шанкр, я́зва (*тж.* indurated ~)

**chancroid** [ˈʃæŋkrɔɪd] *n мед.* мя́гкий шанкр

**chancy** [ˈtʃɑːnsɪ] *a* 1) *разг.* рискóванный 2) *разг.* неопределённый 3) счастли́вый, удáчный

**chandelier** [ˌʃændɪˈlɪə] *n* канделя́бр; лю́стра

**chandler** [ˈtʃɑːndlə] *n* 1) свечнóй фабрикáнт 2) торгóвец свечáми; лáвочник, мелочнóй торгóвец

**chandlery** [ˈtʃɑːndlərɪ] *n* 1) склад свечéй 2) мелочнóй товáр

**change** [tʃeɪndʒ] **1.** *n* 1) перемéна; изменéние; сдвиг; social ~ общéственные (*или* социáльные) сдви́ги; ~ of air а) перемéна обстанóвки; б) *тех.* обмéн вóздуха; ~ of life *мед.* климактéрий 2) замéна 3) разнообрáзие; for a ~ для разнообрáзия 4) смéна (*белья, платья*) 5) сдáча; мéлкие дéньги, мéлочь; small ~ а) мéлкие дéньги, мéлочь; б) что-л. мéлкое, незначи́тельное 6) пересáдка (*на железной дороге, трамвае*); по ~

for Oxford в Оксфорд без пересадки 7) новая фаза Луны, новолуние 8) (*обыкн. pl*) трезвон, перезвон колоколов 9): 'Change (*сокр. от* Exchange) лондонская биржа 10) *attr.*: ~ gear *тех.* механизм перемены направления движения ◇ to get no ~ out of smb. *разг.* ничего не добиться от кого-л.; to ring the ~s (on) повторять, твердить на все лады одно и то же; to take the ~ on smb. *разг.* обмануть кого-л.; to take the ~ out of a person *разг.* отомстить кому-л.

**2.** *v* 1) обменивать(ся) 2) менять (-ся), изменять(ся); сменять, заменять; times ~ времена меняются; to ~ colour покраснеть *или* побледнеть; to ~ countenance измениться в лице; to ~ one's mind передумать, изменить решение; to ~ hands переходить из рук в руки; переходить к другому владельцу; to ~ sides перейти на другую сторону (*в политике, в споре и т. п.*) 3) разменять (*деньги*) 4) переодеваться 5) делать пересадку, пересаживаться (to — на *другой поезд, трамвай и т. п.*); all ~! пересадка! 6) скисать, прокисать; портиться 7): to ~ up (down) *авто* переходить на бо́льшую (ме́ньшую) скорость ▭ ~ **over** а) меняться местами; б) переходить (to — на *что-л.*) ◇ to ~ horses in the midstream производить крупные перемены в критический *или* опасный момент

**changeability** [ˌtʃeɪndʒə'bɪlɪtɪ] *n* переменчивость, изменчивость; непостоянство

**changeable** ['tʃeɪndʒəbl] *a* 1) непостоянный, изменчивый; неустойчивый 2) поддающийся изменениям

**changeful** ['tʃeɪndʒful] *a* 1) полный перемен 2) = changeable 1)

**changeless** ['tʃeɪndʒlɪs] *a* неизменный, постоянный

**changeling** ['tʃeɪndʒlɪŋ] *n* какая-л. вещь *или* ребёнок, оставляемые эльфами взамен похищенного (*в сказках*)

**change-over** ['tʃeɪndʒˌəuvə] *n* 1) переключение; перенастройка 2) изменение; перестройка; ~ in editors смена редакторов

**channel** ['tʃænl] **1.** *n* 1) пролив; the (English) C. Ла-Манш 2) канал; русло; фарватер; проток 3) сток; сточная канава 4) путь, источник; the information was received through the usual ~s информация была получена обычным путём 5) *тех.* жёлоб; выемка; паз, шпунт; швеллер 6) *радио* звуковой тракт

**2.** *v* 1) проводить канал; рыть канаву; the river has ~led its way through the rocks река проложила себе путь в скалах 2) пускать по каналу; *перен.* направлять в определённое русло 3) *стр.* делать выемки *или* пазы ▭ ~ **off** расходиться (*в разных направлениях*); растекаться

**chanson** [ʃɑ:ŋ'sɔ:ŋ] *фр. n* песня

**chant** [tʃɑ:nt] **1.** *n* 1) *поэт.* песнь 2) *церк.* монотонное песнопение; пение псалма

**2.** *v* 1) *поэт.* петь 2) воспевать; to ~ the praises of smb. восхвалять *или* расхваливать кого-л. 3) рассказывать *или* петь монотонно; говорить нараспев; скандировать (*лозунги и т. п.*) 4) *жарг.* расхваливать при продаже лошадь, скрывая её недостатки; барышничать

**chantage** ['tʃɑ:ntɪʒ] *фр. n* шантаж

**chanter** ['tʃɑ:ntə] *n* 1) хорист, певчий 2) регент церковного хора 3) трубка волынки, исполняющая мелодию 4) *жарг.* лошадиный барышник 5) завирушка (*лесная птица*)

**chanterelle** [ˌtʃæntə'rel] *фр. n* лисичка (*гриб*)

**chantey** ['tʃɑ:ntɪ] *амер.* = chanty

**chanticleer** [ˌtʃæntɪ'klɪə] *фр. n* шантеклер (*петух*)

**chantry** ['tʃɑ:ntrɪ] *n церк.* 1) вклад, оставленный на отправление заупокойных месс (*по завещателе*) 2) часовня

**chanty** ['tʃɑ:ntɪ] *n* хоровая матросская песня (*которую поют при подъёме тяжестей и т. п.*)

**chaos** ['keɪɔs] *n* хаос; полный беспорядок

**chaotic** [keɪ'ɔtɪk] *a* хаотический

**chap I** [tʃæp] *n разг.* малый, парень; merry ~ весельчак; nice ~ славный малый; old ~ старина, приятель

**chap II** [tʃæp] **1.** *n* 1) щель, трещина 2) *мед.* ссадина

**2.** *v* 1) образовывать трещину; cold weather ~s the skin кожа трескается от холода 2) трескаться (*особ. о руках на морозе*) 3) *шотл.* толочь, измельчать

**chap III** [tʃæp] *n* (*обыкн. pl*) 1) челюсть (*преим. у животных*) 2) пасть (*обыкн. у животных, шутл. у человека*) 3) щека

**chaparral** [ˌtʃæpə'ræl] *n амер.* 1) чапарель, заросль вечнозелёного карликового дуба 2) колючий кустарник

**chap-book** ['tʃæpbuk] *n* дешёвое издание народных сказок, преданий, баллад

**chape** [tʃeɪp] *n* оковка ножен

**chapel** ['tʃæpəl] *n* 1) часовня; церковь (*тюремная, полковая, домовая и т. п.*) 2) *уст.* капелла; неангликанская церковь; молельня 3) богослужение, служба в часовне 4) певческая капелла (*обыкн. придворная*) 5) типография; коллектив *или* собрание типографских рабочих; to call a ~ созвать коллектив типографии на собрание 6) *attr.*: ~ folk нонконформисты

**chaperon** ['ʃæpərəun] **1.** *n* пожилая дама, сопровождающая молодую девушку на балы *и пр.*; компаньонка

**2.** *v* сопровождать (*молодую девушку*)

**chap-fallen** ['tʃæpˌfɔ:lən] *a* 1) с отвислой челюстью 2) унылый, удручённый

**chapiter** ['tʃæpɪtə] *n архит.* капитель колонны

**chaplain** ['tʃæplɪn] *n* 1) капеллан 2) священник

**chaplet** ['tʃæplɪt] *n* 1) венок, гирлянда, лента (*на голове*) 2) чётки 3) бусы; ожерелье 4) *метал.* жеребейка

**chapman** ['tʃæpmən] *n* странствующий торговец; коробейник

**chappie** ['tʃæpɪ] *n разг.* паренёк, парнишка

**chappy I** ['tʃæpɪ] *a* потрескавшийся

**chappy II** ['tʃæpɪ] = chappie

**chapter** ['tʃæptə] **1.** *n* 1) глава (*книги*); to the end of the ~ до конца главы; *перен.* до самого конца; ~ and verse глава и стих библии; *перен.* точная ссылка на источник 2) тема, сюжет; enough on that ~ довольно об этом 3) собрание каноников *или* членов монашеского *или* рыцарского ордена ◇ the ~ of accidents непредвиденное стечение обстоятельств; the ~ of possibilities возможный ход событий

**2.** *v* разбивать книгу на главы

**char I** [tʃɑ:] **1.** *n* 1) (*обыкн. pl*) случайная, подённая работа 2) *pl* домашняя работа 3) *разг. сокр. от* charwoman

**2.** *v* 1) выполнять подённую работу 2) чистить, убирать (*дом*)

**char II** [tʃɑ:] **1.** *n* 1) что-л. обуглившееся 2) древесный уголь

**2.** *v* обжигать; обугливать(ся)

**char III** [tʃɑ:] *n* 1) голец (*рыба*) 2) *амер.* ручьевая форель, пеструшка

**char IV** [tʃɑ:] *n разг.* чай; a cup of ~ стакан чаю

**char-à-banc(s)** ['ʃærəbæŋ(z)] *фр. n* 1) шарабан 2) автобус (*для экскурсий*)

**character** ['kærɪktə] **1.** *n* 1) характер; a man of ~ человек с (сильным) характером; a man of no ~ слабый, бесхарактерный человек 2) репутация 3) письменная рекомендация, характеристика 4) фигура, личность; a public ~ общественный деятель; a bad ~ тёмная личность 5) *лит.* образ, герой; тип; роль, действующее лицо (*в драме*) 6) *разг.* оригинал, чудак; quite a ~ оригинальный человек 7) характерная особенность; отличительный признак; innate ~s *биол.* наследственные признаки; acquired ~ *биол.* благоприобретённый отличительный признак организма (*в отличие от наследственого*) 8) качество, свойство 9) буква; литера; иероглиф; цифра; алфавит; письмо; Chinese ~s китайские иероглифы; Runic ~ руническое письмо 10) *attr.* характерный; ~ actor актёр на характерных ролях ◇ to be in ~ (with) соответствовать; to be out of ~ не соответствовать

**2.** *v* 1) запечатлевать 2) *уст.* характеризовать

**characteristic** [ˌkærɪktə'rɪstɪk] **1.** *a* характерный; типичный (of)

**2.** *n* 1) характерная черта; особенность, свойство 2) *мат.* характеристика (*логарифма*)

**characteristically** [ˌkærɪktə'rɪstɪkəlɪ] *adv* типично, характерно; Peter ~ discovers truths Пётр, как это ему свойственно, открывает истины

**characterization** [ˌkærɪktəraɪ'zeɪʃən] *n* 1) характери́стика; описа́ние хара́ктера 2) *лит.* иску́сство созда́ния о́бразов

**characterize** ['kærɪktəraɪz] *v* 1) характеризова́ть, изобража́ть 2) отлича́ть; служи́ть отличи́тельным при́знаком

**characterless** ['kærɪktəlɪs] *a* 1) сла́бый, бесхара́ктерный 2) не име́ющий рекоменда́ции

**charade** [ʃə'rɑ:d] *n* шара́да

**charcoal** ['tʃɑ:kəul] **1.** *n* 1) древе́сный у́голь 2) ра́шкуль, у́гольный каранда́ш 3) рису́нок углём

2. *v* отмеча́ть, рисова́ть углём

**charcoal-burner** ['tʃɑ:kəulˌbə:nə] *n* у́гольщик

**chare** [tʃɛə] = char I

**charge** [tʃɑ:dʒ] **1.** *n* 1) заря́д 2) нагру́зка, загру́зка; бре́мя 3) забо́та, попече́ние; надзо́р; хране́ние; children in ~ of a nurse де́ти, пору́ченные ня́не; a nurse in ~ of children ня́ня, кото́рой пору́чена забо́та о де́тях; this is left in my ~ and is not my own э́то оста́влено мне на хране́ние, э́то не моё; to give smb. in ~ переда́ть кого́-л. в ру́ки поли́ции 4) лицо́, состо́ящее на попече́нии; her little ~s её ма́ленькие пито́мцы; young ~s де́ти, находя́щиеся на чьём-л. попече́нии 5) обя́занности; отве́тственность; I am in ~ of this department э́тот отде́л подчинён мне, я заве́дую э́тим отде́лом; to be in ~ *воен.* быть за ста́ршего, кома́ндовать 6) предписа́ние; поруче́ние; тре́бование 7) цена́; *pl* расхо́ды, изде́ржки; at his own ~ на его́ со́бственный счёт; free of ~ беспла́тно; ~s forward доста́вка за счёт покупа́теля 8) занесе́ние на счёт 9) нало́г 10) обвине́ние; to lay to smb.'s ~ обвини́ть кого́-л. 11) *юр.* заключи́тельная речь судьи́ к прися́жным 12) *воен.* нападе́ние, ата́ка (*тж. перен.* — *в разговоре, споре*); сигна́л к ата́ке; to return to the ~ возобнови́ть ата́ку 13) *церк.* посла́ние епи́скопа к па́стве 14) *церк.* па́ства 15) *метал.* ши́хта; коло́ша

2. *v* 1) заряжа́ть (*оружие; аккумулятор*) 2) нагружа́ть; загружа́ть; обременя́ть (*память*); насыща́ть; наполня́ть (*стакан вином при тосте*) 3) поруча́ть, вверя́ть; to ~ with an important mission дава́ть ва́жное поруче́ние; to ~ oneself with smth. взять на себя́ забо́ту о чём-л., отве́тственность за что-л. 4) назнача́ть це́ну, проси́ть (for — за *что-л.*); they ~d us ten dollars for it они́ взя́ли с нас за э́то де́сять до́лларов; what do you ~ for it? ско́лько вы про́сите за э́то?, ско́лько э́то сто́ит? 5) запи́сывать в долг 6) обвиня́ть; to ~ with murder обвиня́ть в уби́йстве 7) предпи́сывать; тре́бовать (*особ. о судье, епископе*); I ~ you to obey я тре́бую, что́бы вы повинова́лись 8) *юр.* напу́тствовать прися́жных (*о судье*) 9) *воен.* атакова́ть (*особ. в конном строю*)

**chargeable** ['tʃɑ:dʒəbl] *a* 1) заслу́живающий упрёка, обвине́ния (with — в *чём-л.*) 2) отве́тственный 3) относи́мый за чей-л. счёт; this is ~ to the account of... э́то сле́дует отнести́ на счёт... 4) подлежа́щий обложе́нию, опла́те

**chargé d'affaires** ['ʃɑ:ʒeɪdæ'fɛə] *фр. n дип.* (*pl* chargés d'affaires [-dæ'fɛəz] пове́ренный в дела́х

**charger** ['tʃɑ:dʒə] *n* 1) тот, кто нагружа́ет 2) заряжа́ющий 3) обвини́тель 4) *воен.* патро́нная обо́йма 5) *воен.* строева́я ло́шадь, боево́й конь 6) *метал.* са́дочная маши́на, шаржирмаши́на

**charge-sheet** ['tʃɑ:dʒʃi:t] *n юр.* спи́сок аресто́ванных с указа́нием их просту́пков, находя́щийся в полице́йском уча́стке

**chariness** ['tʃɛərɪnɪs] *n* 1) осторо́жность 2) забо́тливость 3) бережли́вость

**chariot** ['tʃærɪət] *поэт.* **1.** *n* колесни́ца

2. *v* 1) везти́ в колесни́це 2) е́хать в колесни́це

**charioteer** [ˌtʃærɪə'tɪə] **1.** *n* 1) *уст.* возни́ца 2) (C.) Возни́чий (*созвездие*)

2. *v* везти́ в колесни́це

**charisma** ['kærɪzmə] *n* (*pl* -mata) 1) *рел.* бо́жий дар 2) и́скра бо́жья, обая́ние; уме́ние (*вести за собой, управлять и т. п.*) 3) гениа́льность (*о художественном даре или исполнении*)

**charitable** ['tʃærɪtəbl] *a* 1) благотвори́тельный 2) милосе́рдный; ще́дрый

**charity** ['tʃærɪtɪ] *n* 1) милосе́рдие 2) благотвори́тельность, ми́лостыня 3) *pl* благотвори́тельные учрежде́ния или дела́ ◇ ~ begins at home ≅ своя́ руба́шка бли́же к те́лу

**charity-school** ['tʃærɪtɪsku:l] *n* прию́т

**charivari** ['ʃɑ:rɪ'vɑ:rɪ] *фр. n* шум, гам, коша́чий конце́рт

**charlatan** ['ʃɑ:lətən] *n* шарлата́н, обма́нщик; зна́харь

**Charle's Wain** ['tʃɑ:lzɪz'weɪn] *n* Больша́я Медве́дица (*созвездие*)

**Charleston** ['tʃɑ:lstən] *n* чарльсто́н (*танец*)

**Charley** I ['tʃɑ:lɪ] *n* 1) Ча́рли (*прозвище лисы в фольклоре*) 2) *амер. воен.* бу́ква «С», тре́тий

**Charley** II ['tʃɑ:lɪ] *n разг.* 1) ночно́й сто́рож 2) боро́дка кли́нышком

**Charlie** I, II ['tʃɑ:lɪ] = Charley I, II

**charlock** ['tʃɑ:lɔk] *n бот.* ди́кая горчи́ца

**charlotte** ['ʃɑ:lət] *фр. n* шарло́тка (*сладкое блюдо*)

**charm** [tʃɑ:m] **1.** *n* 1) обая́ние, очарова́ние 2) (*обыкн. pl*) ча́ры; to act like a ~ де́йствовать сло́вно чу́до (*о лекарстве*) 3) амуле́т 4) брело́к

2. *v* 1) очаро́вывать; прельща́ть; I shall be ~ed to see you я бу́ду о́чень рад вас ви́деть 2) заколдо́вывать; заклина́ть; to ~ a secret out of smb. вы́ведать та́йну у кого́-л. 3) успока́ивать (*боль*) 4) прируча́ть (*или* заклина́ть) (*змею*)

**charmer** ['tʃɑ:mə] *n* 1) *шутл.* очарова́тельный, обая́тельный челове́к (*особ. о женщине*); чаро́дейка, чаровни́ца 2) волше́бник 3) заклина́тель змей

**charming** ['tʃɑ:mɪŋ] **1.** *pres. p. от* charm 2

2. *a* очарова́тельный, преле́стный

**charnel-house** ['tʃɑ:nlhaus] *n* склеп

**chart** [tʃɑ:t] **1.** *n* 1) морска́я ка́рта 2) ка́рта; мерка́торская ка́рта 3) диагра́мма, схе́ма, чертёж, табли́ца; barometric ~ метеорологи́ческая табли́ца 4) *attr.*: ~ room *мор.* шту́рманская ру́бка

2. *v* наноси́ть на ка́рту; составля́ть ка́рту

**charter** ['tʃɑ:tə] **1.** *n* 1) ха́ртия, гра́мота; The Great C. *ист.* Вели́кая ха́ртия во́льностей (*1215 г.*); The People's C. програ́ммаharти́стов (*1838 г.*); United Nations C. Уста́в ООН 2) пра́во, привиле́гия 3) уста́в 4) = charter-party; time ~ тайм-ча́ртер, догово́р на фрахтова́ние су́дна на определённый рейс 5) сда́ча напрока́т (*автомобиля и т. п.*) 6) *attr.*: ~ member *амер.* оди́н из основа́телей како́й-л. организа́ции

2. *v* 1) дарова́ть привиле́гию 2) фрахтова́ть (*судно*) 3) *разг.* зака́зывать, нанима́ть

**chartered** ['tʃɑ:təd] **1.** *p. p. от* charter 2

2. *a* 1) привилегиро́ванный; ~ accountant обще́ственный бухга́лтер 2) зафрахто́ванный 3) *разг.* зака́занный

**charterer** ['tʃɑ:tərə] *n* 1) фрахтова́тель 2) зака́зчик (*самолёта, автобуса*)

**Charterhouse** ['tʃɑ:təhaus] *n* дом для преста́релых пенсионе́ров (*в Лондоне*)

**charter-party** ['tʃɑ:təˌpɑ:tɪ] *n мор., ком.* фра́хтовый контра́кт, ча́ртер-па́ртия

**chartism** [tʃɑ:tɪzm] *n ист.* харти́зм

**chartist** ['tʃɑ:tɪst] *n ист.* харти́ст

**chartreuse** [ʃɑ:'trə:z] *фр. n* 1) ликёр шартре́з 2) *ист.* картезиа́нский монасты́рь

**charwoman** ['tʃɑ:ˌwumən] *n* подёнщица для дома́шней рабо́ты; убо́рщица

**chary** ['tʃɛərɪ] *a* 1) осторо́жный; to be ~ of giving offence стара́ться не оби́деть 2) сде́ржанный, скупо́й (of — на *слова и т. п.*)

**chase** I [tʃeɪs] **1.** *n* 1) охо́та; ме́сто охо́ты; уча́стники охо́ты 2) пресле́дование, пого́ня; *разг.* сле́жка, тра́вля; to give ~ гна́ться, пресле́довать; in ~ of в пого́не за 3) живо́тное, пресле́дуемое охо́тником 4) *мор.* пресле́дуемый кора́бль 5) террито́рия для охо́ты

2. *v* 1) охо́титься 2) гна́ться; пресле́довать 3) прогоня́ть; рассе́ивать, разгоня́ть; to ~ all fear отбро́сить вся́кий страх ◇ go ~ yourself! *амер.* убира́йтесь вон!

**chase** II [tʃeɪs] **1.** *n* 1) *воен.* ду́льная часть ствола́ ору́дия 2) *тех.* фальц 3) *полигр.* ра́ма 4) опра́ва (*драгоценного камня*)

2. *v* 1) нарезáть (*винт*) 2) гравировáть (*орнамент*) 3) запечатлевáть; the sight is ~d on my memory э́то зрéлище запечатлéлось в моéй пáмяти

**chaser** I [ˈʧeɪsə] *n* 1) преслéдователь 2) *ав.* истреби́тель 3) *мор.* морскóй охóтник 4) судовóе орýдие 5) *разг.* глотóк воды́ пóсле спиртнóго; рю́мка ликёра пóсле кóфе

**chaser** II [ˈʧeɪsə] *n* 1) гравёр (*по металлу*); чекáнщик 2) *тех.* винторéзная гребёнка; винторéзная плáшка, резьбовóй резéц 3) *горн.* бегýн

**chasing** I [ˈʧeɪsɪŋ] **1.** *pres. p. от* chase I, 2

2. *n* преслéдование, погóня

**chasing** II [ˈʧeɪsɪŋ] **1.** *pres. p. от* chase II, 2

2. *n* резнáя рабóта

**chasm** [kæzm] *n* 1) глубóкая рассéлина; глубóкое ущéлье 2) бéздна, прóпасть 3) пробéл, разры́в 4) глубóкое расхождéние в мнéниях, вкýсах и взгля́дах

**chassis** [ˈʃæsɪ] *n* (*pl* chassis [ˈʃæsɪz]) *тех.* шасси́; рáма; ходовáя часть

**chaste** [ʧeɪst] *a* 1) целомýдренный; дéвственный 2) стрóгий, чи́стый (*о стиле*); простóй

**chasten** [ˈʧeɪsn] *v* 1) карáть 2) сдéрживать, дисциплини́ровать 3) очищáть (*литературный стиль*)

**chastise** [ʧæsˈtaɪz] *v* 1) подвергáть наказáнию (*особ.* телéсному) 2) = chasten 1)

**chastisement** [ˈʧæstɪzmənt] *n* дисциплинáрное взыскáние; наказáние

**chastity** [ˈʧæstɪtɪ] *n* 1) целомýдрие, дéвственность 2) воздéржанность 3) стрóгость, чистотá (*стиля*)

**chasuble** [ˈʧæzjubl] *n церк.* ри́за

**chat** I [ʧæt] **1.** *n* дрýжеский разговóр; бесéда; болтовня́; let's have a ~ поболтáем

2. *v* непринуждённо болтáть

**chat** II [ʧæt] *n* чекáн (*птица*)

**château** [ˈʃætəu] *фр. n* (*pl* châteaux) зáмок, дворéц

**châteaux** [ˈʃætəuz] *pl от* château

**châtelaine** [ˈʃætəleɪn] *фр. n* 1) хозя́йка зáмка; хозя́йка дóма 2) цепóчка на пóясе для ключéй, кошелькá, брелóков *и т. п.*

**chatoyant** [ʃəˈtɔɪənt] *фр. a* перели́вчатый

**chattel** [ˈʧætl] *n* (*обыкн. pl*) 1) дви́жимое имýщество (*тж.* ~s personal); ~s real недви́жимое имýщество 2) *attr.*: ~ slavery system систéма рáбского трудá

**chatter** [ˈʧætə] **1.** *n* 1) болтовня́ 2) щебетáние 3) журчáние 4) дребезжáние

2. *v* 1) болтáть 2) разбáлтывать (*секрет*) 3) щебетáть; стрекотáть (*особ. о сороках*); to ~ like a magpie трещáть как сорóка 4) журчáть 5) дребезжáть 6) стучáть (*зубами*) 7) дрожáть, вибри́ровать

**chatterbox** [ˈʧætəbɔks] *n* 1) болтýн(ья), пустомéля 2) *амер. воен. жарг.* пулемёт

**chatterer** [ˈʧætərə] *n* болтýн(ья)

**chatty** I [ˈʧætɪ] *a* 1) болтли́вый 2) *воен. жарг.* вши́вый 3) *мор. жарг.* гря́зный и неря́шливый

**chatty** II [ˈʧætɪ] *инд. n* гли́няный кувши́н

**Chaucerian** [ʧɔːˈsɪərɪən] *a* чóсеровский

**chauffer** [ˈʧɔːfə] *n* небольшáя перенóсная желéзная печь

**chauffeur** [ˈʃəufə] *фр. n* шофёр

**chauvinism** [ˈʃəuvɪnɪzm] *n* шовини́зм

**chauvinist** [ˈʃəuvɪnɪst] *n* шовини́ст

**chaw** [ʧɔː] **1.** *n груб.* 1) чáвканье 2) жвáчка

2. *v груб.* жевáть; чáвкать □ **~ up** разби́ть нáголову (*врага, противника в игре*); разби́ть вдрéбезги

**chaw-bacon** [ˈʧɔːˌbeɪkən] *n* неотёсанный, неуклю́жий пáрень, рази́ня

**cheap** [ʧiːp] **1.** *a* 1) дешёвый; ~ trip экскýрсия, путешéствие по льгóтному тари́фу; dirt ~ óчень дешёвый; ~ money *фин.* дешёвый креди́т; ~ loan заём на вы́годных услóвиях 2) обесцéненный (*о валюте*) 3) плохóй; ни́зкий, пóдлый 4) *predic.*: to feel ~ плóхо себя́ чýвствовать; быть не в дýхе; чýвствовать себя́ нелóвко, не в своéй тарéлке; to hold smth. ~ ни в грош не стáвить; to make oneself ~ вести́ себя́ недостóйно; позволя́ть вóльности по отношéнию к себé ◇ to appear on the ~ side прибедня́ться

2. *adv* дёшево; to get off ~ (*или* cheaply) дёшево отдéлаться; ~ and nasty дёшево да гни́ло

3. *n*: on the ~ *разг.* по недорогóй ценé, по дешёвке

**cheapen** [ˈʧiːpən] *v* 1) дешевéть, 2) снижáть цéну 3) унижáть

**Cheap Jack** [ˈʧiːpdʒæk] *n* стрáнствующий разнóсчик, торгýющий дешёвыми товáрами (*тж.* Cheap John)

**cheaply** [ˈʧiːplɪ] *adv* 1) дёшево 2) легкó

**cheat** [ʧiːt] **1.** *n* 1) мошéнничество; обмáн 2) обмáнщик, плут ◇ topping ~ ви́селица

2. *v* 1) мошéнничать; обмáнывать; he ~ed me (out) of five dollars он надýл меня́ на пять дóлларов; to ~ on smb. вести́ себя́ нечéстно по отношéнию к комý-л. (*другу, партнёру, мужу и т. п.*) 2) избежáть (*чего-л.*); to ~ the gallows избежáть ви́селицы 3) занимáть (*чем-л.*); to ~ time коротáть врéмя; to ~ the journey коротáть врéмя в пути́

**check** [ʧek] **1.** *n* 1) препя́тствие; остáновка; задéржка; without ~ без задéржки, безостанóвочно 2) *шахм.* шах (*употр. тж. как int*); the king is in ~ королю́ объя́влен шах 3) потéря охóтничьей собáкой слéда 4) контрóль, провéрка; loyalty ~ *амер.* провéрка лоя́льности (*государственных служащих*) 5) контрóльный штéмпель; гáлочка (*знак проверки*) 6) ярлы́к; багáжная квитáнция 7) номерóк (*в гардеробе*) 8) контрамáрка; корешóк (*билета и т. п.*) 9) *амер.* чек [*см. тж.* cheque] 10) *амер.* фи́шка, мáрка (*в карт. игре*) 11) клéтка (*на материи*); клéтчатая ткань 12) трéщина, щель (*в дереве*) 13) *attr.* контрóльный; ~ experiment контрóльный óпыт; ~ ballot провéрочное голосовáние 14) *attr.* клéтчатый ◇ to keep (*или* to hold) in ~ сдéрживать; to cash (*или* to hand, to pass) in one's ~s умерéть

2. *v* 1) остáнавливать(ся); сдéрживать; препя́тствовать 2) *шахм.* объявля́ть шах 3) располагáть в шáхматном поря́дке 4) проверя́ть, контроли́ровать 5) дéлать вы́говор; давáть нагоня́й 6) *амер.* сдавáть (*в гардероб, в камеру хранения, в багаж и т. п.*) □ **~ in** сдавáть под распи́ску; регистри́ровать(ся), запи́сывать(ся); **~ out** а) *амер.* отмéтиться при ухóде с рабóты по окончáнии рабóчего дня; б) *амер.* уйти́ в отстáвку; в) освободи́ть нóмер в гости́нице; г) *радио* отстрóиться; **~ up** проверя́ть; **~ with** совпадáть, соотвéтствовать

**checker** I [ˈʧekə] = chequer

**checker** II [ˈʧekə] *n амер.* шáшка (*в игре в шашки*)

**checkerboard** [ˈʧekəbɔːd] *n* шáхматная доскá

**checkered** [ˈʧekəd] = chequered 2

**checking-room** [ˈʧekɪŋrum] = check-room

**checkmate** [ˈʧekmeɪt] **1.** *n* 1) шах и мат (*употр. тж. как int*) 2) пóлное поражéние

2. *v* 1) сдéлать мат 2) нанести́ пóлное поражéние; расстрóить плáны; парализовáть проти́вника

**check-nut** [ˈʧeknʌt] *n тех.* контргáйка

**check-off** [ˈʧekˈɔf] *n амер.* 1) удержáние профсою́зных члéнских взнóсов непосрéдственно из зáработной плáты 2) удержáние из зáработной плáты стóимости покýпок, сдéланных в лáвке компáнии, квартплáты *и т. п.* 3) *attr.*: ~ agreement соглашéние мéжду профсою́зом и предпринимáтелем об удержáнии профсою́зных взнóсов из зáработной плáты

**check-out** [ˈʧəkˈaut] *n* 1) контрóль, испытáние 2) контрóль (*у выхода в библиотеке или в магазине самообслуживания*)

**check-point** [ˈʧekpɔɪnt] *n* контрóльно-пропускнóй пункт

**check-room** [ˈʧekrum] *n* 1) гардерóб, раздевáлка 2) кáмера хранéния

**checkrow** [ˈʧekrəu] *n с.-х.* квадрáтно-гнездовóй посéв

**check-taker** [ˈʧekˌteɪkə] *n* 1) *театр.* билетёр 2) *ж.-д.* кондýктор

**check-up** [ˈʧekˈʌp] *n* 1) провéрка; реви́зия, контрóль 2) *attr.* провéрочный, ревизиóнный; ~ committee ревизиóнная коми́ссия

**check-weigher** [ˈʧekˌweɪə] *n горн.* учётчик добы́чи; контрóльный весовщи́к

**Cheddar** [ˈʧedə] *n* чéддер (*сорт сыра*)

**cheek** [ʧiːk] **1.** *n* 1) щекá 2) *разг.* нáглость, самоувéренность; to have the ~ to say smth. имéть нáглость сказáть что-л. 3) *тех.* боковáя стóйка;

косяк; *pl* щёки тисков 4) *геол.* бок жилы 5) *pl мор.* чиксы (*на мачте*) ◇ ~ by jowl рядом, бок о бок; to one's own ~ всё для себя одного; ~ brings success *посл.* ≅ смелость города берёт

2. *v разг.* нахальничать, говорить дерзости

**cheek-bone** [ˈtʃi:kbəun] *n* скула

**cheek-tooth** [ˈtʃi:ktu:θ] *n* коренной зуб, моляр

**cheeky** [ˈtʃi:kɪ] *a разг.* нахальный

**cheep** [tʃi:p] **1.** *n* писк (*птенцов, мышей*)

2. *v* пищать

**cheeper** [ˈtʃi:pə] *n* 1) птенец (*особ.* куропатки *или* тетерева) 2) пискун; младенец

**cheer** [tʃɪə] **1.** *n* 1) одобрительное *или* приветственное восклицание; ~s ура!; three ~s for our visitors! да здравствуют наши гости!; words of ~ ободряющие слова 2) *pl* аплодисменты, одобрительные возгласы 3) настроение; to be of good (bad) ~ быть в хорошем (плохом) настроении 4) веселье 5) хорошее угощение; to make good ~ пировать, угощаться

2. *v* 1) приветствовать громкими возгласами 2) ободрять; поощрять одобрительными восклицаниями 3) аплодировать □ ~ up утешить (-ся); ободрить(ся); ~ up! не унывай(те)!, не падайте духом!

**cheerful** [ˈtʃɪəful] *a* 1) бодрый, весёлый 2) яркий, светлый (*о дне*)

**cheerio** [ˈtʃɪərɪˈəu] *int разг.* 1) за ваше здоровье!; 2) всего хорошего! 3) здорово!, привет!

**cheerless** [ˈtʃɪəlɪs] *a* унылый, мрачный, угрюмый

**cheery** [ˈtʃɪərɪ] *a* весёлый, живой; радостный

**cheese** I [tʃi:z] *n* 1) сыр; a ~ головка *или* круг сыра; Cheshire ~ честер (*сыр*); green ~ молодой сыр; ripe ~ выдержанный сыр 2) *амер. жарг.* болван, тупица ◇ big ~ *амер. разг.* важная персона, «шишка»; to get the ~ потерпеть неудачу; quite the ~, that's the ~ *разг.* как раз то, что надо

**cheese** II [tʃi:z] *v*: ~ it! *жарг.* а) замолчи, перестань!, брось!; б) беги!, удирай!

**cheese-cake** [ˈtʃi:zkeɪk] *n* 1) сдобная ватрушка 2) *амер. жарг.* фотография обнажённой женщины

**cheese-cloth** [ˈtʃi:zklɔθ] *n* марля

**cheesemonger** [ˈtʃi:zˌmʌŋgə] *n* торговец сыром

**cheese-paring** [ˈtʃi:zˌpɛərɪŋ] **1.** *n* 1) корка сыра 2) скупость 3) *pl* отбросы, отходы

2. *a* скупой

**cheesy** [ˈtʃi:zɪ] *a* 1) сырный 2) *жарг.* модный, стильный

**cheetah** [ˈtʃi:tə] *n зоол.* гепард

**chef** [ʃef] *фр. n* шеф-повар, главный повар

**chef-d'oeuvre** [ʃeɪˈdə:vr] *фр. n* (*pl* chefs-d'oeuvre) шедевр

**chefs-d'oeuvre** [ʃeɪˈdə:vr] *pl от* chef-d'oeuvre

**cheiromancy** [ˈkaɪərəumænsɪ] = chiromancy

**cheiroptera** [kaɪəˈrɔptərə] *n pl зоол.* рукокрылые

**chela** [ˈki:lə] *n* (*pl* -lae) *зоол.* клешня

**chelae** [ˈki:li:] *pl от* chela

**chemical** [ˈkemɪkəl] **1.** *a* химический; ~ fertilizers минеральные удобрения; ~ war gases боевые отравляющие вещества; ~ warfare химическая война; ~ defence противохимическая оборона

2. *n pl* химикалии; химические препараты

**chemise** [ʃɪˈmi:z] *n* женская сорочка

**chemisette** [ˌʃemi(:)ˈzet] *n* шемизетка, манишка (*женская*)

**chemist** [ˈkemɪst] *n* 1) химик 2) аптекарь; ~'s shop аптека

**chemistry** [ˈkemɪstrɪ] *n* химия; agricultural ~ агрохимия; applied ~ прикладная химия

**chemotherapy** [ˌkeməuˈθerəpɪ] *n мед.* химиотерапия

**chenille** [ʃəˈni:l] *n* синель

**cheque** [tʃek] **1.** *n* банковый чек [*см. тж.* check 1, 9)]; to cash a ~ получить деньги по чеку; to draw a ~ выписать чек

2. *v*: to ~ out получить по чеку

**cheque-book** [ˈtʃekbuk] *n* чековая книжка

**chequer** [ˈtʃekə] **1.** *n* 1) *pl* шахматная доска (*как вывеска гостиницы*) 2) *pl амер.* шашки (*игра*) 3) (*обыкн. pl*) клетчатая материя

2. *v* 1) графить в клетку 2) размещать в шахматном порядке 3) пестрить, разнообразить

**chequered** [ˈtʃekəd] **1.** *p. p. от* chequer 2

2. *a* 1) клетчатый 2) пёстрый 3) разнообразный, изменчивый; ~ fortune изменчивое счастье; ~ light and shade светотень

**chequer-wise** [ˈtʃekəwaɪz] *adv* в шахматном порядке

**cherish** [ˈtʃerɪʃ] *v* 1) лелеять (*надежду, мысль*) 2) хранить (*в памяти*) 3) заботливо выращивать (*растения*) 4) нежно любить (*детей*)

**cheroot** [ʃəˈru:t] *n* сорт сигар с обрезанными концами

**cherry** [ˈtʃerɪ] **1.** *n* 1) вишня (*плод*) 2) = cherry-tree ◇ to make two bites of a ~ прилагать излишние старания к очень лёгкому делу

2. *a* 1) вишнёвого цвета 2) вишнёвый; ~ brandy вишнёвая наливка, вишнёвый ликёр

**cherry-pie** [ˈtʃerɪˈpaɪ] *n* 1) пирог с вишнями 2) гелиотроп

**cherry-stone** [ˈtʃerɪstəun] *n* 1) вишнёвая косточка 2) *зоол.* жёсткая ракушка

**cherry-tree** [ˈtʃerɪtri:] *n* вишня, вишнёвое дерево

**chert** [tʃə:t] *n мин.* черт, кремнистый известняк, сланец

**cherub** [ˈtʃerəb] *n* (*pl* -s [-z], -bim) херувим

**cherubic** [tʃeˈru:bɪk] *a* 1) невинный как херувим; ангелоподобный 2) розовощёкий; пухлый (*о ребёнке*)

**cherubim** [ˈtʃerəbɪm] *pl от* cherub

**chervil** [ˈtʃə:vɪl] *n бот.* кервель

**chess** I [tʃes] *n* шахматы

**chess** II [tʃes] *n* оконная рама

**chess-board** [ˈtʃesbɔ:d] *n* шахматная доска

**chess-man** [ˈtʃesmæn] *n* шахматная фигура

**chess-player** [ˈtʃesˌpleɪə] *n* шахматист

**chest** [tʃest] *n* 1) ящик; сундук; ~ of drawers комод; medicine ~ домашняя аптечка 2) казначейство; казна; фонд 3) грудная клетка; weak ~ слабые лёгкие ◇ to get smth. off one's ~ чистосердечно признаться в чём-л.; облегчить душу

**chesterfield** [ˈtʃestəfi:ld] *n* 1) длинное пальто в талию 2) длинный мягкий диван

**chest-note** [ˈtʃestnəut] *n* низкая грудная нота

**chestnut** [ˈtʃesnʌt] **1.** *n* 1) каштан (*тж.* Spanish *или* Sweet ~) 2) бабка (*у лошади*) 3) *разг.* гнедая лошадь 4) *разг.* избитый анекдот 5) *pl жарг.* пули ◇ to put the ~s in the fire ≅ заварить кашу; to pull the ~s out of the fire for smb. таскать для кого-л. каштаны из огня

2. *a* 1) каштанового цвета 2) гнедой

**chest-trouble** [ˈtʃestˌtrʌbl] *n* хроническая болезнь лёгких

**chest-voice** [ˈtʃestvɔɪs] *n* грудной, низкий голос

**cheval-glass** [ʃəˈvælglɑ:s] *n* высокое зеркало на подвижной раме, псише

**chevalier** [ˌʃevəˈlɪə] *n* 1) *ист.* рыцарь 2) кавалер ордена 3) кавалер ◇ ~ of fortune (*или* of industry) авантюрист, мошенник

**chevaux de frise** [ʃəˈvəudəˈfri:z] *фр. n pl* 1) *воен.* рогатка 2) торчащие гвозди *или* куски битого стекла наверху стены

**cheviot** [ˈtʃevɪət] *n* шевиот

**chevron** [ˈʃevrən] *n* 1) шеврон 2) *стр.* стропило

**chevy** [ˈtʃevɪ] **1.** *n* 1) охота; погоня 2) охотничий крик при погоне за лисицей

2. *v* 1) гнаться 2) удирать

**chew** [tʃu:] **1.** *n* 1) жвачка 2) жевательный табак

2. *v* 1) жевать; to ~ the cud жевать жвачку 2) обдумывать, размышлять (*часто* ~ on, ~ upon) ◇ to ~ the fat (*или* the rag) ворчать, придираться, «пилить»

**chewing-gum** [ˈtʃu(:)ɪŋgʌm] *n* жевательная резинка

**chiaroscuro** [kɪˌɑ:rəsˈkuərəu] *и т. п.* 1) *жив.* распределение светотени 2) контрастное сопоставление (*в поэзии*)

**chiasmus** [kaɪˈæzməs] *n стил.* хиазм (*инверсия во второй половине фразы; напр.: he rose up and down sat she*)

**chibouk, chibouque** [tʃɪˈbu:k] *тур. n* чубук

**chic** [ʃi:k] *фр.* **1.** *n* шик

2. *a* шика́рный, мо́дный, наря́дный ◇ ~ sale *амер. эвф.* убо́рная

**chicane** [ʃɪ'keɪn] **1.** *n* 1) приди́рка 2) крючкотво́рство

2. *v* 1) придира́ться 2) занима́ться крючкотво́рством

**chicanery** [ʃɪ'keɪnərɪ] *n* 1) = chicane 1; 2) софи́стика

**chick** [ʧɪk] *n* 1) цыплёнок; птене́ц 2) *ласк.* ребёнок

**chickabiddy** ['ʧɪkəˌbɪdɪ] *n ласк.* пте́нчик, цыплёночек

**chickadee** [ˌʧɪkə'diː] *n зоол.* га́ичка (*вид синицы*)

**chickaree** [ˌʧɪkə'riː] *n* североамерика́нская бе́лка

**chicken** ['ʧɪkɪn] *n* 1) цыплёнок, птене́ц; *амер. тж.* ку́рица, пету́х 2) ку́рица (*кушанье*); ~ soup кури́ный бульо́н 3) *ласк.* ребёнок; (нео́пытный) юне́ц; she is no ~ она́ уже́ не ребёнок; она́ уже́ не пе́рвой мо́лодости; spring ~ желторо́тый юне́ц 4) *attr.* новоиспечённый ◇ don't count your ~s before they are hatched *посл.* цыпля́т по о́сени счита́ют; Mother Car(e)y's ~ буреве́стник

**chicken-breasted** ['ʧɪkɪnˌbrestɪd] *a мед.* с кури́ной гру́дью

**chicken-hearted** ['ʧɪkɪnˌhɑːtɪd] *a* трусли́вый, малоду́шный

**chicken-liver** ['ʧɪkɪnˌlɪvə] *n* трус

**chicken-pox** ['ʧɪkɪnpɔks] *n мед.* ве́тряная о́спа, ветря́нка

**chickling** ['ʧɪklɪŋ] *n* 1) цыплёнок 2) *бот.* чи́на посевна́я (*тж.* ~ vetch)

**chick-pea** ['ʧɪkpiː] *n бот.* нут, горо́х туре́цкий

**chick-weed** ['ʧɪkwiːd] *n бот.* песча́нка; мокри́чник

**chicle** ['ʧɪkl] *n* 1) чикл (*натуральный каучук*) 2) жва́чка, жева́тельная рези́нка

**chicory** ['ʧɪkərɪ] *n* 1) цико́рий 2) *attr.*: ~ salad сала́т из ли́стьев цико́рия

**chid** [ʧɪd] *past и p. p. от* chide

**chidden** ['ʧɪdn] *p. p. от* chide

**chide** [ʧaɪd] *v* (chid; chid, chidden) 1) брани́ть, упрека́ть; ворча́ть 2) шуме́ть, реве́ть (*о ветре*)

**chief** [ʧiːf] **1.** *n* 1) глава́, руководи́тель; ли́дер; нача́льник; шеф; ~ of police нача́льник поли́ции 2) вождь (*племени, клана*)

2. *a* 1) гла́вный, руководя́щий 2) основно́й; важне́йший; ~ problem основна́я пробле́ма; ~ wall капита́льная стена́

**chiefly** ['ʧiːflɪ] *adv* гла́вным о́бразом, осо́бенно

**chieftain** ['ʧiːftən] *n* 1) вождь (*клана, племени*) 2) *поэт.* вое́нный вождь 3) атама́н разбо́йников

**chieftaincy, chieftainship** ['ʧiːftənsɪ, 'ʧiːftənʃɪp] *n* положе́ние *или* власть атама́на, вождя́ кла́на

**chiff-chaff** ['ʧɪfʧæf] *n* пе́ночка-кузне́чик (*птица*)

**chiffonier** [ˌʃɪfə'nɪə] *n* шифонье́р(-ка)

**chigoe** ['ʧɪgəu] *n* чигу́ (*тропическая песчаная блоха, откладывающая яйца под кожу человека*)

**chilblain** ['ʧɪlbleɪn] *n* 1) обморо́жение 2) обморо́женное ме́сто

**child** [ʧaɪld] *n* (*pl* children) 1) ребёнок; дитя́; ча́до; сын; дочь; from a ~ с де́тства; the ~ unborn неви́нный младе́нец; to be with ~ быть бере́менной 2) о́тпрыск, пото́мок 3) де́тище 4) порожде́ние; fancy's ~ порожде́ние мечты́ 5) *attr.*: ~ welfare охра́на младе́нчества (*или* де́тства) ◇ to throw out the ~ along with the bath вме́сте с водо́й вы́плеснуть и ребёнка; a (*или* the) burnt ~ dreads the fire *посл.* ≅ пу́ганая воро́на куста́ бои́тся

**child-bearing** ['ʧaɪldˌbeərɪŋ] *n* деторожде́ние, ро́ды

**childbed** ['ʧaɪldbed] *n* ро́ды; to die in ~ умере́ть от ро́дов

**child-birth** ['ʧaɪldbəːθ] *n* 1) ро́ды 2) рожда́емость

**Childermas** ['ʧɪldəmæs] *n церк.* день избие́ния младе́нцев (*28 декабря*)

**childhood** ['ʧaɪldhud] *n* 1) де́тство; to be in second ~ впасть в де́тство 2) *attr.* де́тский; ~ disease де́тская боле́знь

**childish** ['ʧaɪldɪʃ] *a* 1) де́тский; ~ sports де́тские и́гры, заба́вы 2) ребя́ческий, несерьёзный

**childless** ['ʧaɪldlɪs] *a* безде́тный

**childlike** ['ʧaɪldlaɪk] *a* просто́й, неви́нный, и́скренний, непосре́дственный как ребёнок

**childly** ['ʧaɪldlɪ] *поэт.* **1.** *a* де́тский; ребя́чливый

2. *adv* по-де́тски

**child-minder** ['ʧaɪldˌmaɪndə] *n* ня́ня, присма́тривающая за детьми́, пока́ роди́тели нахо́дятся на рабо́те

**childness** ['ʧaɪldnɪs] *n редк.* де́тскость; ребя́чливость

**children** ['ʧɪldrən] *pl от* child

**child's-play** ['ʧaɪldzpleɪ] *n* лёгкая зада́ча, пустяко́вое де́ло

**Chilean** ['ʧɪlɪən] **1.** *a* чили́йский

2. *n* чили́ец

**chiliad** ['kɪlɪæd] *n* 1) ты́сяча 2) тысячеле́тие

**Chilian** ['ʧɪlɪən] = Chilean

**chill** [ʧɪl] **1.** *n* 1) хо́лод; to take the ~ off подогре́ть 2) просту́да, озно́б; дрожь; ~s and fever маляри́я; to catch a ~ простуди́ться 3) прохла́да; хо́лодность (*в обращении*); to cast a ~ расхола́живать 4) *тех.* зака́лка 5) *тех.* изло́жница

2. *a* 1) неприя́тно холо́дный 2) прохла́дный; расхола́живающий 3) холо́дный; бесчу́вственный 4) *тех.* закалённый; ~ cast iron закалённый чугу́н; ~ mould чугу́нная изло́жница, коки́ль

3. *v* 1) охлажда́ть; студи́ть; ~ed to the bone продро́гший до косте́й 2) холоде́ть 3) чу́вствовать озно́б 4) приводи́ть в уны́ние; расхола́живать 5) *разг.* слегка́ подогрева́ть (*жидкость*) 6) *тех.* зака́ливать, отлива́ть в изло́жницы

**chilli** ['ʧɪlɪ] *исп. n бот.* (кра́сный) стручко́вый пе́рец

**chilly** I ['ʧɪlɪ] = chilli

**chilly** II ['ʧɪlɪ] **1.** *a* 1) холо́дный; прохла́дный (*о погоде*) 2) зя́бкий 3) сухо́й, чо́порный

2. *adv* 1) зя́бко, хо́лодно 2) су́хо, чо́порно

**Chiltern Hundreds** ['ʧɪltə(ː)n'hʌndrədz] *n pl*: to accept (*или* to apply for) the ~ слага́ть с себя́ полномо́чия чле́на парла́мента

**chimb** [ʧaɪm] = chime II

**chime** I [ʧaɪm] **1.** *n* 1) (*часто pl*) подбо́р колоколо́в; кура́нты 2) перезво́н, выбива́емая колокола́ми мело́дия; звон кура́нтов 3) гармо́ния, му́зыка (*стиха*) 4) согла́сие, гармони́чное сочета́ние; in ~ в гармо́нии; в согла́сии

2. *v* 1) выбива́ть (*мелодию*); отбива́ть (*часы*) 2) звуча́ть согла́сно 3) соотве́тствовать, гармони́ровать (in, with) 4) однообра́зно повторя́ть (-ся) (*часто* ~ over) ▭ ~ **in** вступа́ть в о́бщий разгово́р

**chime** II [ʧaɪm] *n* 1) уто́р (*бочки*) 2) *attr.*: ~ hoop кра́йний о́бруч (*бочки*)

**chimera** [kaɪ'mɪərə] *n* химе́ра, фанта́зия, несбы́точная мечта́

**chimerical** [kaɪ'merɪkəl] *a* химери́ческий, несбы́точный

**chimney** ['ʧɪmnɪ] *n* 1) труба́ (*дымовая или вытяжная*); дымохо́д 2) *диал.* ками́н 3) ла́мповое стекло́ 4) отве́рстие вулка́на, кра́тер 5) расще́лина, по кото́рой мо́жно взобра́ться на отве́сную скалу́ 6) *геол.* крутопа́дающий ру́дный столб; эо́ловый столб

**chimney-cap** ['ʧɪmnɪkæp] *n* колпа́к дымово́й трубы́

**chimney-corner** ['ʧɪmnɪˌkɔːnə] *n* ме́сто у ками́на

**chimney-piece** ['ʧɪmnɪpiːs] *n* по́лка над ками́ном; ками́нная доска́

**chimney-pot** ['ʧɪmnɪpɔt] *n* 1) = chimney-cap 2) *attr.*: ~ hat *разг.* цили́ндр (*шляпа*)

**chimney-stack** ['ʧɪmnɪstæk] *n* о́бщий вы́ход не́скольких дымовы́х труб; дымова́я труба́

**chimney-stalk** ['ʧɪmnɪstɔːk] *n* заводска́я труба́; дымова́я труба́

**chimney-sweep, chimney-sweeper** ['ʧɪmnɪswiːp, 'ʧɪmnɪˌswiːpə] *n* трубочи́ст

**chimpanzee** [ˌʧɪmpən'ziː] *n* шимпанзе́

**chin** [ʧɪn] **1.** *n* подборо́док ◇ up to the ~ ≅ по го́рло; to take things on the ~ не па́дать ду́хом, держа́ться бо́дро; ~s up! не унывай́(те)!, вы́ше нос!

2. *v* 1) *амер. жарг.* болта́ть, разгова́ривать 2) *refl. спорт.* подтяну́ться на рука́х (up)

**China** ['ʧaɪnə] *a* кита́йский

**china** ['ʧaɪnə] **1.** *n* фарфо́р, фарфо́ровые изде́лия; egg-shell ~ то́нкий фарфо́р ◇ to break ~ взбудора́жить, вы́звать переполо́х

2. *a* фарфо́ровый; ~ shop магази́н фарфо́ровых изде́лий

**china-clay** ['ʧaɪnə'kleɪ] *n* фарфо́ровая гли́на, каоли́н

**china-closet** [ˈʧaɪnəˌklɔzɪt] *n* буфе́т

**China ink** [ˈʧaɪnəˈɪŋk] *n* (кита́йская) тушь

**Chinaman** [ˈʧaɪnəmən] *n пренебр.* кита́ец

**chinaman** [ˈʧaɪnəmən] *n* торго́вец фарфо́ровыми изде́лиями

**Chinatown** [ˈʧaɪnətaun] *n* кита́йский кварта́л (*в некитайском городе*)

**china-ware** [ˈʧaɪnəwɛə] *n* фарфо́ровые изде́лия

**Chinawoman** [ˈʧaɪnəˌwumən] *n пренебр.* китая́нка

**chinch** [ʧɪnʧ] *n* клоп посте́льный; клоп-черепа́шка

**chinchilla** [ʧɪnˈʧɪlə] *n* 1) *зоол.* шинши́лла 2) шинши́лловый мех

**chin-chin** [ˈʧɪnˈʧɪn] *int разг.* ≅ а) приве́т! (*восклицание при встрече и прощании*); б) за Ва́ше здоро́вье! (*шутливый тост*)

**chine** I [ʧaɪn] *n* 1) спинно́й хребе́т живо́тного 2) филе́й 3) го́рная гряда́

**chine** II [ʧaɪn] *n* уще́лье

**Chinee** [ʧaɪˈniː] *n разг.* кита́ец

**Chinese** [ˈʧaɪˈniːz] **1.** *a* кита́йский; ~ white кита́йские бели́ла

**2.** *n* 1) кита́ец; китая́нка; the ~ *pl собир.* кита́йцы 2) кита́йский язы́к

**Chink** [ʧɪŋk] *n* чинк (*презрительная кличка китайца в США*)

**chink** I [ʧɪŋk] **1.** *n* 1) звон, звя́канье (*стаканов, монет*) 2) трескотня́ (*кузнечиков*) 3) *разг.* моне́ты, де́ньги

**2.** *v* звене́ть, звя́кать

**chink** II [ʧɪŋk] *n* щель, тре́щина, расще́лина, сква́жина

**chink** III [ʧɪŋk] *n* припа́док су́дорожного сме́ха *или* ка́шля

**chinkapin, chinquapin** [ˈʧɪŋkəpɪn] *n амер. бот.* ка́рликовое кашта́новое де́рево, кашта́н низкоро́слый

**chintz** [ʧɪnts] *n* (вощёный) си́тец

**chip** [ʧɪp] **1.** *n* 1) ще́пка, лучи́на; стру́жка 2) обло́мок (*камня*); оско́лок (*стекла*); отби́тый кусо́к (*посуды*) 3) ме́сто, где отби́т кусо́к; изъя́н 4) то́нкий кусо́чек (*сушёного яблока, поджаренного картофеля и т. п.*); fish and ~s ры́ба с жа́реным карто́фелем 5) *pl разг.* чи́псы, жа́реный хрустя́щий карто́фель 6) фи́шка, ма́рка (*в играх*) 7) *pl разг.* де́ньги, моне́ты; to buy ~s помеща́ть, вкла́дывать де́ньги 8) ничего́ не сто́ящая вещь 9) *pl* щё́бень ◇ to hand (*или* to pass) in one's ~s а) рассчита́ться; б) умере́ть; a ~ of the old block хара́ктером весь в отца́; I don't care a ~ мне наплева́ть; to have (*или* to wear) a ~ on one's shoulder быть гото́вым к дра́ке; иска́ть по́вода к ссо́ре; держа́ться вызыва́юще; dry as a ~ неинтере́сный; such carpenters, such ~s ≅ ви́дно ма́стера по рабо́те

**2.** *v* 1) струга́ть, обтёсывать; отка́лывать 2) отбива́ть края́ (*посуды и т. п.*) 3) отка́лываться, отла́мываться; би́ться; this china ~s easily э́тот фарфо́р легко́ бьётся 4) пробива́ть яи́чную скорлупу́ (*о цыплятах*) 5) жа́рить сыро́й карто́фель ло́мтиками □ ~ in *разг.* вме́шиваться; принима́ть уча́стие (*в разговоре, складчине и т. п.*)

**chip basket** [ˈʧɪpˌbaːskɪt] *n* лёгкая корзи́на из стру́жек (*для цветов, фруктов*)

**chipboard** [ˈʧɪpbɔːd] *n* доска́ из прессо́ванных опи́лок

**chipmuck, chipmunk** [ˈʧɪpmʌk, ˈʧɪpmʌŋk] *n зоол.* бурунду́к

**Chippendale** [ˈʧɪpəndeɪl] *n* чи́ппендейл (*стиль англ. мебели XVIII в.*)

**chippie** [ˈʧɪpɪ] = chippy 2

**chippy** [ˈʧɪpɪ] **1.** *a* 1) зазу́бренный (*о ноже*); обло́манный (*о краях посуды*) 2) сухо́й (как ще́пка) 3) *жарг.* раздражи́тельный; испы́тывающий недомога́ние *или* тошноту́ (*с похмелья*)

**2.** *n амер. жарг.* потаску́шка

**chirk** [ʧəːk] *амер. разг.* **1.** *a* оживлённый, весёлый

**2.** *v* 1) развесели́ть 2) оживля́ться (*часто* ~ up)

**chirm** [ʧəːm] *n* шум (*голосов*); пти́чий щё́бет

**chiromancy** [ˈkaɪərəumænsɪ] *n* хирома́нтия, гада́ние по руке́

**chiropodist** [kɪˈrɔpədɪst] *n* лицо́, де́лающее педикю́р, мозо́льный опера́тор

**chiropody** [kɪˈrɔpədɪ] *n* педикю́р; ухо́д за нога́ми

**chirp** [ʧəːp] **1.** *n* чири́канье; щебета́ние

**2.** *a амер.* = chirpy

**3.** *v* чири́кать, щебета́ть

**chirpy** [ˈʧəːpɪ] *a* живо́й, весёлый

**chirr** [ʧəː] **1.** *n* стрекота́ние, трескотня́

**2.** *v* 1) стрекота́ть, треща́ть (*о кузнечиках, сверчках*) 2) шурша́ть (*о сухом тростнике*)

**chirrup** [ˈʧɪrəp] **1.** *n* щё́бет, щебета́ние

**2.** *v* 1) щебета́ть; чири́кать 2) *жарг.* аплоди́ровать (*о клакёрах*)

**chirruper** [ˈʧɪrəpə] *n жарг.* клакёр

**chisel** [ˈʧɪzl] **1.** *n тех.* резе́ц; долото́, стаме́ска, зуби́ло; чека́н ◇ full ~ *амер. разг.* во весь опо́р

**2.** *v* 1) ва́ять; высека́ть (*из мрамора и т. п.*) 2) *тех.* рабо́тать зуби́лом, долото́м, стаме́ской, чека́ном 3) отде́лывать (*литературное произведение*) 4) *разг.* надува́ть, обма́нывать □ ~ in *разг.* вме́шиваться; навя́зываться

**chiselled** [ˈʧɪzld] **1.** *p. p. от* chisel 2

**2.** *a* точёный; отде́ланный; ~ features точёные черты́ лица́

**chit** I [ʧɪt] *n* ребёнок, кро́шка; a ~ of a girl девчу́шка

**chit** II [ʧɪt] **1.** *n* росто́к

**2.** *v* пуска́ть ростки́

**chit** III [ʧɪt] *n* 1) коро́ткое письмо́; запи́ска 2) счёт 3) рекоменда́ция, о́тзыв, аттеста́т 4) распи́ска ◇ farewell ~ *воен. жарг.* увольни́тельный биле́т

**chit-chat** [ˈʧɪtʧæt] *n* 1) болтовня́ 2) пересу́ды

**chiton** [ˈkaɪtən] *n* хито́н

**chitterlings** [ˈʧɪtəlɪŋz] *n pl* требуха́

**chivalrous** [ˈʃɪvəlrəs] *a* ры́царский, ры́царственный

**chivalry** [ˈʃɪvəlrɪ] *n* ры́царство

**chive** [ʧaɪv] *n* 1) (*обыкн. pl*) лук-ре́занец, лук-скорода́ 2) зубо́к чеснока́; лу́ковичка

**chivied** [ˈʧɪvɪd] *a* изму́ченный, замота́вшийся

**chivy** [ˈʧɪvɪ] = chevy

**chloral** [ˈklɔːrəl] *n хим.* хлора́л

**chlorate** [ˈklɔːrɪt] *n хим.* хлора́т, соль хлорнова́той кислоты́

**chloric** [ˈklɔːrɪk] *a хим.* хлорнова́тый; ~ acid хлорнова́тая кислота́

**chloride** [ˈklɔːraɪd] *хим.* **1.** *n* хлори́д, соль хлористоводоро́дной кислоты́; sodium ~ пова́ренная соль

**2.** *a* хло́ристый

**chlorine** [ˈklɔːriːn] **1.** *n хим.* хлор

**2.** *a* све́тло-зелёный

**chloroform** [ˈklɔrəfɔːm] **1.** *n* хлорофо́рм

**2.** *v* хлороформи́ровать

**chlorophyll** [ˈklɔrəfɪl] *n бот.* хлорофи́лл

**chlorosis** [kləˈrəusɪs] *n* 1) *мед.* хлоро́з, бле́дная не́мочь 2) *бот.* хлоро́з, желтова́тая окра́ска (*листьев*)

**chlorous** [ˈklɔːrəs] *a хим.* хло́ристый; ~ acid хло́ристая кислота́

**chock** [ʧɔk] **1.** *n* 1) клин 2) подста́вка; подпо́рка; распо́рка 3) тормозна́я коло́дка (*под колёса*); башма́к 4) *горн.* костро́вая крепь 5) *тех.* поду́шка, подши́пник; вкла́дыш, чека́, клин 6) *мор.* полуклю́з

**2.** *v* 1) подпира́ть (*тж.* ~ off); подкла́дывать подпо́рку 2) *горн.* крепи́ть костро́вой кре́пью □ ~ up заби́ть, загромозди́ть, заста́вить

**chock-a-block** [ˈʧɔkəˈblɔk] *a* 1) *мор.* до упо́ра, до отка́за 2) *разг.* по́лный; битко́м наби́тый

**chock-full** [ˈʧɔkful] *a* битко́м наби́тый; перепо́лненный

**chocolate** [ˈʧɔkəlɪt] **1.** *n* 1) шокола́д; a bar of ~ пли́тка шокола́да 2) *pl* шокола́дные конфе́ты

**2.** *a* 1) шокола́дный 2) шокола́дного цве́та

**choice** [ʧɔɪs] **1.** *n* 1) вы́бор, отбо́р; альтернати́ва; a wide (a poor) ~ большо́й (бе́дный) вы́бор; to make ~ of smth. выбира́ть, отбира́ть что-л.; to make (*или* to take) one's ~ сде́лать вы́бор; take your ~ выбира́йте; I have no ~ but y меня́ нет ино́го вы́хода, кро́ме; я принуждён 2) не́что отбо́рное; here is the ~ of the whole garden э́то лу́чшее, что есть в саду́ 3) избра́нник; избра́нница ◇ Hobson's ~ отсу́тствие вы́бора, нали́чие то́лько одного́ предложе́ния, «э́то и́ли ничего́»; for ~ преиму́щественно

**2.** *a* 1) отбо́рный, лу́чший 2) разбо́рчивый, осторо́жный; to be ~ of one's company быть осторо́жным в знако́мствах

**choicely** [ˈʧɔɪslɪ] *adv* осторо́жно, с вы́бором

**choir** [ˈkwaɪə] **1.** *n* 1) церко́вный хор 2) хорово́й анса́мбль 3) ме́сто хо́ра (*в соборе*)

**2.** *v* петь хо́ром

**choir-master** [ˈkwaɪəˌmaːstə] *n* хорме́йстер

**choke** I [ʧəuk] **1.** *n* 1) припа́док уду́шья 2) удуше́ние 3) завя́занный коне́ц (*мешка*) 4) *тех.* возду́шная засло́нка; дро́ссель 5) *эл.* дро́ссельная кату́шка

**2.** *v* 1) души́ть 2) дави́ться (*от кашля*); задыха́ться (*от волнения, гнева*); tears ~d him слёзы души́ли его́ 3) заглуша́ть (*тж.* ~ up); to ~ a fire потуши́ть ого́нь (*или* костёр); to ~ a plant заглуша́ть расте́ние 4) засоря́ть, забива́ть 5) *тех.* дроссели́ровать; заглуша́ть □ ~ **down** а) с трудо́м прогла́тывать (*пищу*); б) с трудо́м подавля́ть (*слёзы, волнение и т. п.*); he ~d down his anger он поборо́л свой гнев; ~ **in** *амер. разг.* возде́рживаться от разгово́ра; держа́ть язы́к за зуба́ми; ~ **off** а) заста́вить отказа́ться (*от попытки, намерения*); б) устрани́ть *кого-л.*, отде́латься *от кого-л.*; ~ **up** а) засоря́ть; заглуша́ть (*сорными травами*); б) заноси́ть (*реку песком*); запружа́ть; в) загроможда́ть; г) *амер.* = ~ in

**choke** II [ʧəuk] *n* сердцеви́на артишо́ка

**choke-bore** [ˈʧəukbɔ:] *n* 1) чокбо́р (*канал ружейного ствола, суживающийся у дула*) 2) ружьё чокбо́р

**choke-coil** [ˈʧəukkɔɪl] *n эл.* дро́ссельная кату́шка

**choke-damp** [ˈʧəukdæmp] *n* уду́шливый газ

**choke-full** [ˈʧəukful] *a* битко́м наби́тый, перепо́лненный

**choker** [ˈʧəukə] *n* 1) души́тель 2) *разг.* стоя́чий воротни́к (*преим. у духовных лиц*) 3) бе́лый га́лстук (*тж.* white ~) 4) *тех.* дро́ссельная засло́нка

**chokidar** [ˈʧəukɪdɑ:] *инд. n* сто́рож

**choky** I [ˈʧəukɪ] *a* 1) задыха́ющийся (*особ. от волнения*) 2) уду́шливый

**choky** II [ˈʧəukɪ] *инд. n* 1) полице́йское отделе́ние 2) тамо́жня 3) *жарг.* тюрьма́

**cholera** [ˈkɔlərə] *n* холе́ра; Asiatic ~, malignant ~ азиа́тская холе́ра; summer ~ ле́тний поно́с, холери́на

**choleraic** [ˌkɔləˈreɪɪk] *a* холе́рный

**choleric** [ˈkɔlərɪk] *a* раздражи́тельный, жёлчный; холери́ческий

**cholerine** [ˈkɔlərɪn] *n* холери́на

**choose** [ʧu:z] *v* (chose; chosen) 1) выбира́ть 2) избира́ть 3) реши́ть, реша́ться; предпочита́ть (*часто* ~ rather) 4) *разг.* хоте́ть; he did not ~ to see her он не захоте́л её ви́деть ◊ I cannot ~ but go мне необходи́мо пойти́; not much (*или* nothing) to ~ between them оди́н друго́го сто́ит

**chooser** [ˈʧu:zə] *n* тот, кто выбира́ет

**choos(e)y** [ˈʧu:zɪ] *a разг.* привере́дливый, разбо́рчивый

**chop** I [ʧɔp] **1.** *n* 1) (ру́бящий) уда́р 2) отбивна́я (котле́та); mutton (pork) ~ бара́нья (свина́я) отбивна́я 3) се́чка (*корм*)

**2.** *v* 1) руби́ть 2) нареза́ть; кроши́ть 3) отчека́нивать (*слова*) □ ~ **about** обруба́ть [*см. тж.* chop III, 2]; ~ **down** сруба́ть; ~ **off** отруба́ть; ~ **up** нареза́ть, кроши́ть

**chop** II [ʧɔp] *n* (*обыкн. pl*) че́люсть [*см. тж.* chap III, 1)] ◊ to lick one's ~s предвкуша́ть (*особ.* удово́льствие от еды́); ~s of the Channel вход в Ла-Ма́нш из Атланти́ческого океа́на

**chop** III [ʧɔp] **1.** *n* 1) переме́на; колеба́ние; ~s and changes измене́ния; постоя́нные переме́ны 2) обме́н 3) лёгкое волне́ние, зыбь (*на море*) 4) *геол.* сброс

**2.** *v* 1) обме́нивать, меня́ть 2) меня́ться (*о ветре*) 3) колеба́ться; to ~ and change проявля́ть нереши́тельность, колеба́ться; меня́ть свои́ пла́ны, взгля́ды *и т. п.* 4) обме́ниваться слова́ми; to ~ logic спо́рить, резонёрствовать □ ~ **about** внеза́пно меня́ть направле́ние (*о ветре*) [*см. тж.* chop I, 2]; ~ **in** вме́шиваться в разгово́р; ~ **round** = ~ about

**chop** IV [ʧɔp] *n* клеймо́, фабри́чная ма́рка; first- (second-) ~ пе́рвый (второ́й) сорт

**chop-chop** [ˈʧɔpˈʧɔp] *adv диал.* бы́стро-бы́стро

**chop-house** [ˈʧɔphaus] *n* дешёвый рестора́н

**chopper** I [ˈʧɔpə] *n* 1) нож (мясника́); коса́рь 2) колу́н 3) *амер.* лесору́б 4) *амер.* билетёр, биле́тный контролёр 5) *эл.* ти́ккер; прерыва́тель

**chopper** II [ˈʧɔpə] *инд. n* соло́менная кры́ша

**chopper switch** [ˈʧɔpəswɪʧ] *n эл.* руби́льник

**choppy** [ˈʧɔpɪ] *a* 1) ча́сто меня́ющийся, поры́вистый (*о ветре*); неспоко́йный (*о море*) 2) потре́скавшийся

**chopsticks** [ˈʧɔpstɪks] *n pl* па́лочки для еды́ (*у китайцев, корейцев и японцев*)

**chop-suey** [ˈʧɔpˈsu:ɪ] *n* кита́йское рагу́

**choral** [ˈkɔ:rəl] *a* хорово́й; ~ speaking хорова́я деклама́ция

**choral(e)** [kɔˈrɑ:l] *n* хора́л

**chord** I [kɔ:d] *n* 1) струна́ (*тж. перен.*): to strike (*или* to touch) the right ~ заде́ть чувстви́тельную стру́нку; сыгра́ть на како́м-л. чу́встве 2) *анат.* свя́зка; vocal ~s голосовы́е свя́зки; spinal ~ спинно́й мозг 3) *мат.* хо́рда 4) *стр.* по́яс (*фермы*)

**chord** II [kɔ:d] *n* 1) акко́рд 2) га́мма кра́сок

**chorda** [ˈkɔ:də] *n* (*pl* -dae) *анат.* 1) = chord I, 2); 2) спинна́я струна́, хо́рда

**chordae** [ˈkɔ:di:] *pl от* chorda

**chore** [ʧɔ:] = char I

**chorea** [kɔˈrɪə] *n мед.* хоре́я

**choree** [kɔˈri:] *n стих.* хоре́й, трохе́й

**choreographer** [ˌkɔrɪˈɔgrəfə] *n* балетме́йстер, хорео́граф

**choreographic** [ˌkɔrɪəˈgræfɪk] *a* хореографи́ческий

**choreography** [ˌkɔrɪˈɔgrəfɪ] *n* хореогра́фия

**choriamb** [ˈkɔrɪæmb] *n стих.* хория́мб

**chorine** [ˈkəurɪn] *n амер.* хори́стка

**chorister** [ˈkɔrɪstə] *n* 1) хори́ст; пе́вчий 2) *амер.* ре́гент (*хора*)

**chortle** [ˈʧɔ:tl] **1.** *n* 1) сда́вленный смех; хихи́канье 2) ликова́ние

**2.** *v* 1) смея́ться сда́вленным сме́хом; хихи́кать 2) гро́мко ликова́ть, торжествова́ть

**chorus** [ˈkɔ:rəs] **1.** *n* 1) хор; хорова́я гру́ппа; in ~ хо́ром; to swell the ~ присоедини́ть и свой го́лос, присоедини́ться к мне́нию большинства́ 2) кордебале́т 3) хорово́й анса́мбль 4) припе́в, подхва́тываемый всем хо́ром; рефре́н 5) музыка́льное произведе́ние для хо́ра

**2.** *v* петь, повторя́ть хо́ром

**chose** [ʧəuz] *past от* choose

**chosen** [ˈʧəuzn] **1.** *p. p. от* choose

**2.** *a* и́збранный

**chough** [ʧʌf] *n* клуши́ца (*птица*)

**choultry** [ˈʧaultrɪ] *инд. n* 1) карава́н-сара́й 2) колонна́да хра́ма

**chouse** [ʧaus] *разг.* **1.** *n* моше́нничество; мистифика́ция

**2.** *v* обма́нывать; выма́нивать

**chow** [ʧau] *n* 1) ча́у (*название китайской породы собак*) 2) *амер. жарг.* еда́

**chow-chow** [ˈʧauˈʧau] *кит. n* 1) смесь 2) пи́кули, овощно́й марина́д

**chowder** [ˈʧaudə] *n амер.* густа́я похлёбка из ры́бы, моллю́сков, свини́ны, овоще́й *и т. п.*

**chrism** [ˈkrɪzm] *n церк.* 1) еле́й 2) пома́зание

**Christ** [kraɪst] *n* Христо́с: месси́я

**christen** [ˈkrɪsn] *v* 1) крести́ть 2) дава́ть и́мя при креще́нии 3) дава́ть и́мя, про́звище

**Christendom** [ˈkrɪsndəm] *n* христиа́нский мир

**christening** [ˈkrɪsnɪŋ] **1.** *pres. p. от* christen

**2.** *n* креще́ние

**Christian** [ˈkrɪstjən] **1.** *a* христиа́нский; ~ name и́мя (*в отличие от фамилии*)

**2.** *n* христиани́н, христиа́нка

**Christianity** [ˌkrɪstɪˈænɪtɪ] *n* христиа́нство

**christianize** [ˈkrɪstjənaɪz] *v* обраща́ть в христиа́нство

**Christmas** [ˈkrɪsməs] *n* 1) рождество́ (*сокр. тж.* Xmas); Father ~ дед-моро́з 2) *attr.* рожде́ственский

**Christmas-box** [ˈkrɪsməsbɔks] *n* коро́бка с рожде́ственскими пода́рками, рожде́ственский пода́рок

**Christmassy** [ˈkrɪsməsɪ] *a разг.* рожде́ственский, пра́здничный

**Christmas-tide** [ˈkrɪsməstaɪd] *n* свя́тки

**Christmas-tree** [ˈkrɪsməstri:] *n* рожде́ственская ёлка

**Christy minstrels** [ˈkrɪstɪˈmɪnstrəlz] *n pl* тру́ппа загримиро́ванных не́грами исполни́телей негритя́нских пе́сен

**chromatic** [krəuˈmætɪk] *a* 1) цветно́й; ~ printing цветна́я печа́ть 2) *муз.* хромати́ческий; ~ scale хромати́ческая га́мма

**chromatics** [krəuˈmætɪks] *n pl* (*употр. как sing*) нау́ка о цвета́х *или* кра́сках

**chrome** [krəum] *n* 1) = chromium 2) жёлтая кра́ска; жёлтый цвет

**chromic** [ˈkrəumɪk] *a хим.* хро́мовый; ~ acid хро́мовая кислота́

**chromium** [ˈkrəumjən] *n хим.* хром

**chromolithograph** [ˈkrəuməuˈlıθəugrɑ:f] *n* хромолитогра́фия

**chromosome** [ˈkrəuməsəum] *n биол.* хромосо́ма

**chromosphere** [ˈkrəuməsfıə] *n* хромосфе́ра

**chromotype** [ˈkrəuməutaıp] *n полигр.* хромоти́пия

**chronic** [ˈkrɔnık] **1.** *a* 1) хрони́ческий; застаре́лый (*о болезни*) 2) постоя́нный; привы́чный; ~ doubts ве́чные сомне́ния; ~ complaints ве́чные жа́лобы 3) *разг.* ужа́сный; something ~ не́что ужа́сное

2. *n* хро́ник

**chronicle** [ˈkrɔnıkl] **1.** *n* хро́ника; ле́топись

2. *v* 1) заноси́ть (*в дневник, летопись*) 2) отмеча́ть (*в прессе*); вести́ хро́нику

**chronicler** [ˈkrɔnıklə] *n* 1) хроникёр 2) летопи́сец

**chronograph** [ˈkrɔnəugrɑ:f] *n* хроно́граф

**chronologic** [ˌkrɔnəˈlɔdʒık] = chronological

**chronological** [ˌkrɔnəˈlɔdʒıkəl] *a* хронологи́ческий

**chronology** [krəˈnɔlədʒı] *n* 1) хроноло́гия 2) хронологи́ческая табли́ца

**chronometer** [krəˈnɔmıtə] *n* хроно́метр

**chronopher** [ˈkrɔnəfə] *n радио* аппара́т, автомати́чески передаю́щий сигна́лы вре́мени

**chrysalides** [krıˈsælıdi:z] *pl от* chrysalis

**chrysalis** [ˈkrısəlıs] *n* (*pl* -es [-ız], -ides) *зоол.* ку́колка (*насекомых*)

**chrysanthemum** [krıˈsænθəməm] *n* хризанте́ма

**chryselephantine** [ˌkrıselıˈfæntaın] *a* из зо́лота и слоно́вой ко́сти; покры́тый зо́лотом и слоно́вой ко́стью (*о статуе*)

**chrysolite** [ˈkrısəulaıt] *n мин.* хризоли́т

**chub** [ʧʌb] *n* голa'вль (*рыба*)

**chubby** [ˈʧʌbı] *a* круглоли́цый, полнощёкий

**chuck I** [ʧʌk] **1.** *n* 1) *тех.* зажи́мный патро́н 2) *attr. тех.*: ~ jaw кулачо́к зажи́много патро́на

2. *v тех.* зажима́ть, обраба́тывать в патро́не

**chuck II** [ʧʌk] **1.** *n* 1) подёргивание (*головой*) 2) = chuck-farthing 3) *разг.* увольне́ние; to give smb. the ~ уво́лить кого́-л.; порва́ть отноше́ния с кем-л.

2. *v* 1) броса́ть, швыря́ть 2) ла́сково похло́пывать, трепа́ть (under); to ~ under the chin потрепа́ть по подборо́дку □ ~ **away** а) тра́тить понапра́сну, теря́ть; б) упуска́ть (*возможность*); ~ **out** выгоня́ть; выводи́ть, выставля́ть (*беспокойного посетителя из комнаты, общественного места*); ~ **up** броса́ть (*дело, службу и т. п.*) ◇ ~ it! *разг.* молчи́!; переста́нь!; to ~ one's hand in сда́ться; призна́ть себя́ побеждённым; to ~ one's weight about держа́ться надме́нно

**chuck III** [ʧʌk] **1.** *n* 1) цыплёнок 2) *ласк.* цы́почка 3) куда́хтанье

2. *v* 1) куда́хтать 2) склика́ть дома́шнюю пти́цу 3) понука́ть ло́шадь

3. *int*: ~!, ~! цып-цып!

**chuck IV** [ʧʌk] *n жарг.* пи́ща, еда́; hard ~ *мор.* сухари́

**chuck-farthing** [ˈʧʌkˌfɑ:ðıŋ] *n* игра́ в орля́нку

**chuck-hole** [ˈʧʌkhəul] *n амер.* вы́боина

**chuckle I** [ˈʧʌkl] **1.** *n* 1) дово́льный смех; хихи́канье 2) ра́дость 3) куда́хтанье

2. *v* 1) посме́иваться; хихи́кать 2) ра́доваться; he is chuckling at (*или* over) his success он ра́дуется своему́ успе́ху 3) куда́хтать

**chuckle II** [ˈʧʌkl] *a* 1) большо́й (*обыкн. о голове*) 2) неуклю́жий

**chuckle-head** [ˈʧʌklhed] *n* болва́н

**chuddar** [ˈʧʌdə] *инд. n* 1) шерстяна́я шаль 2) покрыва́ло на мусульма́нской гробни́це

**chuff** [ʧʌf] *n* грубия́н

**chug** [ʧʌg] **1.** *n* пыхте́ние (*паровоза, машины*)

2. *v* дви́гаться с пыхте́нием (*о паровозе и т. п.*)

**chum** [ʧʌm] *разг.* **1.** *n* това́рищ, прия́тель; закады́чный друг

2. *v* 1) быть в дру́жбе 2) жить вме́сте в одно́й ко́мнате (together, with) □ ~ **in,** ~ **up** сбли́зиться (with — с *кем-л.*)

**chummage** [ˈʧʌmıdʒ] *n* 1) помеще́ние двух и бо́лее челове́к в одно́й ко́мнате (*в общежитии, тюрьме*) 2) угоще́ние, кото́рое по ста́рому тюре́мному обы́чаю устра́ивал но́вый ареста́нт това́рищам по ка́мере

**chummery** [ˈʧʌmərı] *n* 1) сожи́тельство в одно́й ко́мнате 2) ко́мната, занима́емая не́сколькими това́рищами

**chummy** [ˈʧʌmı] *a разг.* общи́тельный

**chump** [ʧʌmp] *n* 1) коло́да, чурба́н 2) то́лстый коне́ц (*чего-л.*) 3) филе́йная часть (*мяса*) 4) *разг.* голова́, «башка́»; to go off one's ~ а) быть о́чень взволно́ванным; б) сойти́ с ума́, «тро́нуться»; 5) *разг.* болва́н, дура́к

**chunk** [ʧʌŋk] **1.** *n* 1) = chump 1) *и* 2); 2) *разг.* то́лстый кусо́к; ломо́ть 3) корена́стый и по́лный челове́к 4) корена́стая ло́шадь

2. *v амер. разг.* 1) метну́ть, швырну́ть, запусти́ть 2) вы́бить, вы́колотить □ ~ **up** а) подбро́сить то́плива (*в огонь*); б) набра́ть то́плива

**chunking** [ˈʧʌŋkıŋ] **1.** *n* лязг; шум от движе́ния большо́й маши́ны

2. *a* большо́й, неуклю́жий; ~ piece of beef огро́мный кусо́к мя́са

**church** [ʧə:ʧ] *n* 1) це́рковь; C. of England, Anglican C. англика́нская це́рковь; to go to ~ а) ходи́ть в це́рковь; быть на́божным; б) жени́ться; выходи́ть за́муж; to go into (*или* to enter) the C. принима́ть духо́вный сан 2) *attr.* церко́вный

**church-goer** [ˈʧə:ʧˌgəuə] *n* (челове́к) регуля́рно посеща́ющий це́рковь

**churchman** [ˈʧə:ʧmən] *n* 1) церко́вник 2) ве́рующий

**church-owl** [ˈʧə:ʧaul] = barn owl

**church-rate** [ˈʧə:ʧreıt] *n* ме́стный нало́г на содержа́ние це́ркви

**church service** [ˈʧə:ʧˌsə:vıs] *n* церко́вная слу́жба, богослуже́ние

**church-text** [ˈʧə:ʧtekst] *n полигр.* англи́йский чёрный готи́ческий шрифт

**churchwarden** [ˈʧə:ʧˈwɔ:dn] *n* 1) церко́вный ста́роста 2) *разг.* дли́нная кури́тельная тру́бка

**churchy** [ˈʧə:ʧı] *a разг.* 1) пре́данный це́ркви 2) еле́йный, ха́нжеский

**churchyard** [ˈʧə:ʧˈjɑ:d] *n* 1) кла́дбище, пого́ст 2) *уст.* церко́вный двор

**churl** [ʧə:l] *n* 1) гру́бый, ду́рно воспи́танный челове́к 2) скря́га 3) дереве́нщина

**churlish** [ˈʧə:lıʃ] *a* 1) гру́бый 2) скупо́й 3) упо́рный, непода́тливый 4) неблагода́рный (*о труде*); труднообраба́тываемый (*о почве*) 5) тугопла́вкий (*о металле*)

**churn** [ʧə:n] **1.** *n* 1) маслобо́йка 2) меша́лка

2. *v* 1) сбива́ть (*масло*) 2) взба́лтывать; вспе́нивать; the wind ~ed the river to foam ве́тер вспе́нил ре́ку

**churn-staff** [ˈʧə:nstɑ:f] *n* муто́вка

**chut** [ʧt, ʃ:t, ʧʌt] *int выражает нетерпение* (≅ да ну́ же!)

**chute** [ʃu:t] *n* 1) стремни́на; круто́й скат 2) пока́тый насти́л; го́рка (*ледяная, деревянная*) 3) *тех.* спуск; лото́к, жёлоб, спускно́й жёлоб 4) мусоропрово́д 5) *горн.* скат

**'chute** [ʃu:t] *n* (*сокр. от* parachute) *ав. разг.* парашю́т

**'chutist** [ˈʃu:tıst] *n* (*сокр. от* parachutist) *ав. разг.* парашюти́ст

**chyle** [kaıl] *n физиол.* мле́чный сок, хи́лус

**chyme** [kaım] *n физиол.* пищева́я каши́ца, хи́мус

**cicada** [sıˈkɑ:də] *n* цика́да

**cicatrice** [ˈsıkətrıs] *n* шрам, рубе́ц

**cicatrization** [ˌsıkətraıˈzeıʃən] *n* заживле́ние, рубцева́ние

**cicatrize** [ˈsıkətraız] *v* 1) заживля́ть 2) зажива́ть, зарубцо́вываться 3) покрыва́ть(ся) рубца́ми

**cicely** [ˈsısılı] = chervil

**Cicero** [ˈsısərəu] *n* Цицеро́н

**cicerone** [ˌʧıʧəˈrəunı] *ит. n* (*pl* -ni) проводни́к, гид, чичеро́не

**ciceroni** [ˌʧıʧəˈrəuni:] *pl от* cicerone

**Ciceronian** [ˌsısəˈrəunjən] *a* цицеро́новский, красноречи́вый

**cider** [ˈsaıdə] *n* сидр ◇ all talk and no ~ *амер.* ≅ шу́ма мно́го, а то́лку ма́ло

**ci-devant** [ˌsi:dəˈvɑ:ŋ] *фр. a* пре́жний; ~ chairman бы́вший председа́тель

**cigar** [sıˈgɑ:] *n* сига́ра

**cigarette** [ˌsıgəˈret] *n* сигаре́та; папиро́са; have a ~! заку́ривайте!; filter-tipped ~ сигаре́та с фи́льтром

**cigarette-case** [ˌsıgəˈretkeıs] *n* портсига́р

**cigarette-end** [ˈsıgəˈretend] *n* оку́рок

**cigarette-holder** [ˌsıgəˈretˌhəuldə] *n* мундшту́к

**cigarette-lighter** [ˌsɪgəˈretˌlaɪtə] *n* зажига́лка

**cigarette-paper** [ˌsɪgəˈretˌpeɪpə] *n* папиро́сная бума́га

**cigarette-stub** [ˌsɪgəˈretstʌb] = cigarette-end

**cigar-holder** [sɪˈgɑːˌhəuldə] *n* мундшту́к для сига́р

**cilery** [ˈsɪlərɪ] = cillery

**cilia** [ˈsɪlɪə] *n pl* 1) *анат.* ресни́цы 2) *бот., зоол.* ресни́чки

**ciliary** [ˈsɪlɪərɪ] *a анат., бот.* ресни́чный, мерца́тельный

**ciliated** [ˈsɪlɪeɪtɪd] *a* 1) опушённый ресни́цами 2) *бот., зоол.* снабжённый ресни́чками, ресни́тчатый

**cilice** [ˈsɪlɪs] *n* ткань из во́лоса

**cillery** [ˈsɪlərɪ] *n архит.* украше́ние в ви́де листвы́ (*на капители колонны*)

**Cimmerian** [sɪˈmɪərɪən] *a миф.* 1) кимме́рийский 2) тёмный, непрогля́дный (*о ночи*)

**cinch** [sɪntʃ] *амер.* **1.** *n* 1) подпру́га 2) *разг.* не́что надёжное, ве́рное 3) предрешённое де́ло 4) влия́ние; контро́ль; to have a ~ on smb. держа́ть кого́-л. в узде́

**2.** *v* 1) подтя́гивать подпру́гу (*тж.* ~ up) 2) *жарг.* нажима́ть (*на кого-л.*), «загна́ть в у́гол» 3) обеспе́чить (*успех дела*)

**cinchona** [sɪŋˈkəunə] *n* 1) хи́нная кора́; хини́н 2) хи́нное де́рево

**cincture** [ˈsɪŋktʃə] **1.** *n* 1) *поэт.* по́яс 2) опоя́сывание 3) *архит.* пояско́ (*колонны*)

**2.** *v* опоя́сывать, окружа́ть

**cinder** [ˈsɪndə] **1.** *n* 1) тле́ющие у́гли 2) шлак, ока́лина 3) (*часто pl*) зола́; у́гольный му́сор; пе́пел; to burn to a ~ дать подгоре́ть; пережа́рить (*пищу*)

**2.** *v* сжига́ть, обраща́ть в пе́пел

**cinder-box** [ˈsɪndəbɔks] *n тех.* зо́льник

**Cinderella** [ˌsɪndəˈrelə] *n* Зо́лушка

**cinder-path** [ˈsɪndəpɑːθ] *n спорт.* бегова́я, га́ревая доро́жка

**cinder-sifter** [ˈsɪndəˌsɪftə] *n* гро́хот для отсе́ивания золы́ от шла́ка

**cinder track** [ˈsɪndətræk] = cinder-path

**sine-camera** [ˈsɪnɪˌkæmərə] *n* киноаппара́т (*съёмочный*)

**cine-film** [ˈsɪnɪfɪlm] *n* киноплёнка

**cinema** [ˈsɪnəmə] *n* 1) кино́, кинематогра́фия, кинемато́граф (*тж.* the ~) 2) кинотеа́тр 3) кинофи́льм

**cinema-circuit** [ˈsɪnəməˌsəːkɪt] *n* кинотеа́тры, принадлежа́щие одному́ владе́льцу

**cinemactor** [ˈsɪnəmˌæktə] *n амер.* киноактёр

**cinemactress** [ˈsɪnəmˌæktrɪs] *n амер.* киноактри́са

**cinemaddict** [ˈsɪnəmˌædɪkt] *n амер. жарг.* стра́стный люби́тель кино́, кинома́н

**cinema-goer** [ˈsɪnəməˌgəuə] *n* кинозри́тель

**cinemascope** [ˈsɪnəməskəup] *n* синемаско́п (*система широкоэкранного кино*)

**cinematics** [ˌsɪnəˈmætɪks] *n pl* (*употр. как sing*) *физ.* кинема́тика

**cinematograph** [ˌsɪnəˈmætəgrɑːf] *n* кинемато́граф

**cinematographic** [ˌsɪnəˌmætəˈgræfɪk] *a* кинематографи́ческий

**cinematography** [ˌsɪnəməˈtɔgrəfɪ] *n* кинематогра́фия

**cine-projector** [ˌsɪnəprəˈdʒektə] *n* проекцио́нный аппара́т

**cinerama** [ˌsɪnəˈrɑːmə] *кино* синера́ма

**cineraria I** [ˌsɪnəˈrɛərɪə] *pl от* cinerarium

**cineraria II** [ˌsɪnəˈrɛərɪə] *n бот.* цинера́рия, пе́пельник

**cinerarium** [ˌsɪnəˈrɛərɪəm] *лат. n* (*pl* -ria) ни́ша для у́рны с пра́хом

**cinerary** [ˈsɪnərərɪ] *a* пе́пельный; ~ urn у́рна с пра́хом

**cinereous** [sɪˈnɪərɪəs] *a* пе́пельного цве́та

**Cingalese** [ˌsɪŋgəˈliːz] **1.** *a* 1) синга́льский, сингале́зский 2) *уст.* цейло́нский

**2.** *n* 1) сингале́з, синга́лец; the ~ сингале́зцы, синга́льцы 2) сингале́зский, синга́льский язы́к

**cinnabar** [ˈsɪnəbɑː] *n* ки́новарь

**cinnamon** [ˈsɪnəmən] *n* 1) кори́ца 2) све́тло-кори́чневый цвет

**cinq(ue)** [sɪŋk] *n* пятёрка, пять очко́в (*в картах, домино, игральных костях*)

**Cinque Ports** [ˈsɪŋkˈpɔːts] *n pl ист. название группы портовых городов* (*первоначально пять — Dover, Sandwich, Romney, Hastings, Hythe*) *в юго-восточной Англии, пользовавшихся особыми привилегиями*

**cipher** [ˈsaɪfə] **1.** *n* 1) шифр; in ~ зашифро́ванный 2) ара́бская ци́фра; a number of three ~s трёхзна́чное число́ 3) нуль; ничто́жество; to stand for ~ быть по́лным ничто́жеством 4) моногра́мма 5) *attr.*: ~ officer шифрова́льщик (*в посольстве*)

**2.** *v* 1) высчи́тывать, вычисля́ть (*часто* ~ out) 2) шифрова́ть, зашифро́вывать 3) клейми́ть усло́вным зна́ком

**circa** [ˈsəːkə] *лат. prep* приблизи́тельно, о́коло (*сокр.* c.); died ~ (*или* c.) 1183 у́мер приме́рно в 1183 г.

**Circassian** [səːˈkæsɪən] **1.** *a* черке́сский

**2.** *n* 1) черке́с; черке́шенка 2) черке́сский язы́к

**Circe** [ˈsəːsɪ] *n греч. миф.* Цирце́я

**circle** [ˈsəːkl] **1.** *n* 1) круг; окру́жность 2) гру́ппа, круг (*людей*); ruling ~s пра́вящие круги́ 3) кружо́к 4) сфе́ра, о́бласть; a wide ~ of interests широ́кий круг интере́сов 5) кругооборо́т; цикл; ~ of the seasons сме́на всех четырёх времён го́да; to come full ~ заверши́ть цикл; зако́нчиться у исхо́дной то́чки 6) о́круг 7) *театр.* я́рус; dress ~ бельэта́ж; upper ~ балко́н; parquet ~ амфитеа́тр 8) *астр.* орби́та 9) *астр.* круг (*вокруг Луны и т. п.*) 10) *геогр.* круг

**2.** *v* 1) дви́гаться по кру́гу; враща́ться; the Earth ~s the Sun Земля́ враща́ется вокру́г Со́лнца 2) *поэт.* окружа́ть 3) передава́ть по кру́гу (*вино, закуску и т. п.*)

**circlet** [ˈsəːklɪt] *n* 1) кружо́к 2) кольцо́, брасле́т; ~ of flowers вено́к

**circs** [səːks] *n pl* (*сокр. от* circumstances) *разг.* 1) обстоя́тельства, усло́вия 2) материа́льное положе́ние

**circuit** [ˈsəːkɪt] **1.** *n* 1) кругооборо́т 2) длина́ окру́жности; ~ of the globe окру́жность земно́го ша́ра 3) объе́зд, кругова́я пое́здка; to make (*или* to take) a ~ пойти́ обхо́дным путём 4) *юр.* выездна́я се́ссия суда́ (*тж.* ~ court) 5) о́круг (*судебный, церковный и т. п.*); уча́сток, райо́н; ~ of action райо́н де́йствия 6) цикл, совоку́пность опера́ций 7) ряд зре́лищных предприя́тий под одни́м управле́нием 8) *эл.* цепь, ко́нтур; схе́ма; broken (*или* open) ~ разо́мкнутая цепь; detector ~ детекто́рная схе́ма 9) *attr.*: ~ rider *амер. ист.* свяще́нник

**2.** *v* обходи́ть вокру́г; соверша́ть круг; враща́ться

**circuit breaker** [ˈsəːkɪtˌbreɪkə] *n эл.* автомати́ческий выключа́тель; преры́ватель

**circuitous** [sə(ː)ˈkju(ː)ɪtəs] *a* кру́жный, око́льный (*путь*)

**circular** [ˈsəːkjulə] **1.** *a* 1) кру́глый; ~ saw кру́глая (*или* ци́ркульная) пила́; ~ staircase винтова́я ле́стница 2) кругово́й; ~ motion кругово́е движе́ние; ~ railway окружна́я желе́зная доро́га 3) дугово́й; ~ arc дуга́, дугово́й сегме́нт 4) циркуля́рный; ~ letter а) циркуля́р(ное письмо́); б) = ~ note; ~ note циркуля́рное аккредити́вное письмо́

**2.** *n* 1) циркуля́р 2) рекла́ма; проспе́кт

**circularity** [ˌsəːkjuˈlærɪtɪ] *n* кругообра́зность, округлость

**circularize** [ˈsəːkjuləraɪz] *v* рассыла́ть циркуля́ры, рекла́мы

**circulate** [ˈsəːkjuleɪt] *v* 1) циркули́ровать; име́ть кругово́е движе́ние 2) распространя́ть(ся) 3) передава́ть 4) быть в обраще́нии, обраща́ться (*о деньгах*) 5) повторя́ться (*о цифре в периодической дроби*) 6) *амер.* = circularize

**circulating** [ˈsəːkjuleɪtɪŋ] **1.** *pres. p. от* circulate

**2.** *a* обраща́ющийся; переходя́щий; ~ capital оборо́тный капита́л; ~ decimal (*или* fraction) периоди́ческая дробь; ~ library библиоте́ка с вы́дачей книг на́ дом; ~ medium *фин.* платёжное сре́дство

**circulation** [ˌsəːkjuˈleɪʃən] *n* 1) кругооборо́т, циркуля́ция; кругово́е движе́ние 2) кровообраще́ние (*тж.* ~ of the blood) 3) де́нежное обраще́ние 4) тира́ж (*газет, журналов*) 5) распростране́ние (*слухов и т. п.*) 6) обраще́ние; to put into ~ пусти́ть в обраще́ние; withdrawn from ~ изъя́тый из обраще́ния; ~ of commodities обраще́ние това́ров 7) *attr.* свя́занный с распростране́нием; ~ department отде́л распростране́ния (*в газете, журнале и т. п.*); ~ manager нача́льник отде́ла распростране́ния (*газеты, журнала и т. п.*)

**circulator** [ˈsəːkjuleɪtə] *n* 1) распространи́тель; ~ of infection распространи́тель зара́зы 2) *мат.* периоди́ческая дробь

**circulatory** [ˈsəːkjulətərɪ] *a* циркули́рующий

**circum-** [ˈsəːkəm-] *в сложных словах означает* вокру́г, круго́м

**circumambient** [ˌsəːkəmˈæmbɪənt] *a* окружа́ющий (*о воздухе, среде*); омыва́ющий

**circumambulate** [ˌsəːkəmˈæmbjuleɪt] *v* 1) (об)ходи́ть вокру́г 2) ходи́ть вокру́г да о́коло

**circumaviate** [ˌsəːkəmˈeɪvɪeɪt] *v* лета́ть вокру́г; to ~ the earth соверша́ть кругосве́тный перелёт

**circumbendibus** [ˌsəːkəmˈbendɪbəs] *n шутл.* 1) око́льный путь 2) = circumlocution

**circumcise** [ˈsəːkəmsaɪz] *v* 1) *церк.* соверша́ть обре́зание 2) *мед.* соверша́ть кругово́е сече́ние 3) очища́ть духо́вно

**circumcision** [ˌsəːkəmˈsɪʒən] *n* 1) *церк.* обре́зание 2) *мед.* кругово́е сече́ние 3) духо́вное очище́ние

**circumference** [səˈkʌmfərəns] *n* 1) *мат.* окру́жность; перифери́я 2) окру́га

**circumferential** [səˌkʌmfəˈrenʃəl] *a* относя́щийся к окру́жности; перифери́ческий

**circumflex** [ˈsəːkəmfleks] *n* циркумфле́кс, диакрити́ческий знак над гла́сной (*в др.-греч. языке означает ударение; во франц. языке — удлинение звука вследствие исчезновения другого звука, напр.* fête *вместо прежнего* feste)

**circumfluent** [səˈkʌmfluənt] *a* омыва́ющий со всех сторо́н, обтека́ющий

**circumfluous** [səˈkʌmfluəs] *a* 1) = circumfluent 2) омыва́емый, окружённый водо́й

**circumgyration** [ˈsəːkəmˌdʒaɪəˈreɪʃən] *n* враще́ние (вокру́г свое́й о́си); круже́ние

**circumjacent** [ˌsəːkəmˈdʒeɪsənt] *a* окружа́ющий, располо́женный вокру́г

**circumlittoral** [ˌsəːkəmˈlɪtərəl] *a* прибре́жный

**circumlocution** [ˌsəːkəmləˈkjuːʃən] *n* 1) многоречи́вость 2) укло́нчивые ре́чи; околи́чности 3) *лингв.* иносказа́ние, парафра́з(а) ◇ C. Office учрежде́ние, где процвета́ет волоки́та, бюрократи́зм, формали́зм (*по названию бюрократического учреждения в романе Диккенса «Крошка Доррит»*)

**circumlocutional** [ˌsəːkəmləˈkjuːʃənl] *a* 1) многоречи́вый 2) укло́нчивый

**circumlocutory** [ˌsəːkəmˈlɔkjutərɪ] *a* 1) многосло́вный 2) *лингв.* описа́тельный, перифрасти́ческий

**circum-meridian** [ˌsəːkəmməˈrɪdɪən] *a астр.* бли́зкий к меридиа́ну (*о звезде и т. п.*)

**circumnavigate** [ˌsəːkəmˈnævɪgeɪt] *v* пла́вать вокру́г; to ~ the globe (*или* the earth, the world) соверша́ть кругосве́тное пла́вание

**circumnavigation** [ˈsəːkəmˌnævɪˈgeɪʃən] *n* кругосве́тное пла́вание

**circumnavigator** [ˌsəːkəmˈnævɪgeɪtə] *n* 1) кругосве́тный морепла́ватель 2) *мор.* прибо́р Ке́рби

**circumscribe** [ˈsəːkəmskraɪb] *v* 1) ограни́чивать; обознача́ть преде́лы; to ~ smb.'s power of action ограни́чивать чьи-л. права́ 2) *геом.* опи́сывать

**circumscription** [ˌsəːkəmˈskrɪpʃən] *n* 1) ограниче́ние, преде́л 2) райо́н; о́круг 3) на́дпись (*по окружности монеты, по краям марки и т. п.*)

**circumsolar** [ˌsəːkəmˈsəulə] *a астр.* враща́ющийся вокру́г Со́лнца; бли́зкий к Со́лнцу

**circumspect** [ˈsəːkəmspekt] *a* 1) осторо́жный, осмотри́тельный (*о человеке*) 2) проду́манный (*о плане, решении и т. п.*)

**circumspection** [ˌsəːkəmˈspekʃən] *n* осторо́жность, осмотри́тельность; насторожённость

**circumspective** [ˌsəːkəmˈspektɪv] *a* 1) = circumspect 2) осма́тривающий, замеча́ющий всё круго́м

**circumstance** [ˈsəːkəmstəns] *n* 1) обстоя́тельство; слу́чай; the ~ that тот факт, что; lucky ~ счастли́вый слу́чай; unforeseen ~ непредви́денное обстоя́тельство 2) *pl* обстоя́тельства, усло́вия; under (*или* in) no ~s ни при каки́х усло́виях, никогда́; under the ~s при да́нных обстоя́тельствах, в э́тих усло́виях 3) *pl* материа́льное положе́ние; in easy (reduced) ~s в хоро́шем (стеснённом) материа́льном положе́нии 4) подро́бность, дета́ль; to omit no essential ~ не пропусти́ть ни одно́й суще́ственной дета́ли 5) церемо́ния; he was received with great ~ ему́ устро́или пы́шную встре́чу ◇ not a ~ to *амер.* ничто́ по сравне́нию с, не идёт ни в како́е сравне́ние с

**circumstanced** [ˈsəːkəmstənst] *a* поста́вленный в (*такие-то*) усло́вия

**circumstantial** [ˌsəːkəmˈstænʃəl] **1.** *a* 1) подро́бный, обстоя́тельный 2) случа́йный, привходя́щий (*об обстоятельствах*); ~ evidence ко́свенные, дополни́тельные ули́ки

**2.** *n* 1) дета́ль; подро́бность 2) *pl* привходя́щий моме́нт; difference between substantials and ~s ра́зница ме́жду суще́ственным и несуще́ственным

**circumstantiality** [ˈsəːkəmˌstænʃɪˈælɪtɪ] *n* обстоя́тельность

**circunmstautially** [ˌsəːkəmˈstænʃəlɪ] *adv* 1) подро́бно, обстоя́тельно 2) не пря́мо, с по́мощью ко́свенных доказа́тельств

**circumvent** [ˌsəːkəmˈvent] *v* 1) обману́ть, обойти́, перехитри́ть 2) расстра́ивать, опроки́дывать (*планы*)

**circumvention** [ˌsəːkəmˈvenʃən] *n* обма́н, хи́трость

**circumvolution** [ˌsəːkəmvəˈljuːʃən] *n* 1) враще́ние (*вокруг общего центра*) 2) изви́лина, изги́б

**circus** [ˈsəːkəs] *n* 1) цирк 2) кру́глая пло́щадь с радиа́льно расходя́щимися у́лицами 3) *геол.* го́рный амфитеа́тр; цирк 4) *attr.*: ~ floor *геол.* дно ци́рка

**cirque** [səːk] *n* 1) *поэт.* амфитеа́тр; аре́на; 2) = circus 3)

**cirrhosis** [sɪˈrəusɪs] *n мед.* цирро́з пе́чени

**cirri** [ˈsɪraɪ] *pl от* cirrus

**cirro-cumulus** [ˈsɪrəuˈkuːmjuləs] *n* пе́ристо-кучевы́е облака́, «бара́шки»

**cirro-stratus** [ˈsɪrəuˈstrɑːtəs] *n* пе́ристо-слои́стые облака́

**cirrous** [ˈsɪrəs] *a* пе́ристый

**cirrus** [ˈsɪrəs] *n* (*pl* cirri) 1) пе́ристые облака́ 2) *бот., зоол.* у́сик

**cisalpine** [sɪsˈælpaɪn] *a* цизальпи́нский (*находящийся по южную сторону Альп*)

**cisatlantic** [ˌsɪsətˈlæntɪk] *a* на европе́йской стороне́ Атланти́ческого океа́на

**cissy** [ˈsɪsɪ] *n разг.* 1) де́вочка, девчу́шка 2) изне́женный ма́льчик *или* мужчи́на; не́женка, ма́менькин сыно́к

**cist** [sɪst] *n археол.* гробни́ца

**Cistercian** [sɪsˈtəːʃjən] *n* цистерциа́нец (*монах примыкавшего к бенедиктинцам ордена*)

**cistern** [ˈsɪstən] *n* 1) цисте́рна, бак; резервуа́р 2) водоём

**citadel** [ˈsɪtədl] *n* 1) кре́пость, цитаде́ль 2) тверды́ня; опло́т; убе́жище

**citation** [saɪˈteɪʃən] *n* 1) цити́рование; ссы́лка, упомина́ние; цита́та 2) перечисле́ние; ~ of facts перечисле́ние фа́ктов 3) *юр.* вы́зов (*в суд*) 4) *воен.* упомина́ние в спи́сках отличи́вшихся; to get a ~ быть отме́ченным в прика́зе

**cite** [saɪt] *v* 1) ссыла́ться; цити́ровать 2) вызыва́ть (*в суд, преим. церковный*) 3) *воен.* упомина́ть в спи́сках отличи́вшихся

**cither(n)** [ˈsɪθə(n)] *n поэт., ист.* кифа́ра, ли́ра

**citify** [ˈsɪtɪfaɪ] *v* придава́ть городско́й вид

**citizen** [ˈsɪtɪzn] *n* 1) граждани́н; гражда́нка 2) горожа́нин; горожа́нка 3) *амер.* шта́тский (челове́к)

**citizenry** [ˈsɪtɪznrɪ] *n* гражда́нское населе́ние, гра́ждане

**citizenship** [ˈsɪtɪznʃɪp] *n* гражда́нство

**citrate** [ˈsɪtrɪt] *n хим.* соль лимо́нной кислоты́

**citric** [ˈsɪtrɪk] *a* лимо́нный

**citrine** [sɪˈtriːn] **1.** *n мин.* цитри́н, фальши́вый топа́з

**2.** *a* лимо́нного цве́та

**citron** [ˈsɪtrən] *n* 1) цитро́н, сла́дкий лимо́н 2) лимо́нный цвет (*тж.* ~ colour)

**citrus** [ˈsɪtrəs] *n бот.* ци́трус

**cits** [sɪts] *n pl амер. разг.* шта́тская оде́жда

**cittern** [ˈsɪtəːn] = cither(n)

**city** [ˈsɪtɪ] *n* 1) большо́й, стари́нный го́род (*в Англии*); вся́кий бо́лее и́ли ме́нее значи́тельный го́род с ме́стным самоуправле́нием (*в США*) 2): the C. Си́ти, делово́й кварта́л в це́нтре Ло́ндона; фина́нсовые и комме́рческие круги́ Ло́ндона 3) *attr.* городско́й, муниципа́льный; ~ council муниципа́льный сове́т; ~ hall *амер.* зда́ние муниципалите́та, ра́туша; ~ planning планиро́вка городо́в; ~ water вода́ из (городско́го) водопрово́да 4) (C.) *attr.*: C. man финанси́ст, коммерса́нт, деле́ц; C. article статья́ в газе́те по фина́нсовым и комме́рческим вопро́сам; C. editor а) реда́ктор фина́нсового отде́ла газе́ты; б) *амер.* заве́дующий репорта́жем

**city-state** [ˈsɪtɪsteɪt] *n ист.* по́лис, го́род-госуда́рство

**civet** [ˈsɪvɪt] *n* 1) *зоол.* виве́рра, циве́тта 2) цибети́н (*ароматическое вещество из желёз виверры или циветты; употр. в парфюмерии*)

**civet-cat** [ˈsɪvɪtkæt] = civet 1)

**civic** [ˈsɪvɪk] *a* гражда́нский; ~ consciousness гражда́нственность

**civic-minded** [ˈsɪvɪkˈmaɪndɪd] *a* с ра́звитым чу́вством гражда́нского до́лга

**civics** [ˈsɪvɪks] *n pl* (*употр. как sing*) 1) осно́вы гражда́нственности; гражда́нское пра́во 2) *юр.* гражда́нские дела́

**civil** [ˈsɪvl] *a* 1) гражда́нский; ~ rights гражда́нские права́; ~ strife междоусо́бица 2) шта́тский (*противоп.* вое́нный); ~ engineer инжене́р-строи́тель; ~ servant госуда́рственный гражда́нский слу́жащий, чино́вник; C. Service госуда́рственная гражда́нская слу́жба; C. Defence организа́ция противовозду́шной оборо́ны 3) *юр.* гражда́нский (*противоп.* уголо́вный); ~ case гражда́нское де́ло; C. Law гражда́нское пра́во 4) ве́жливый; воспи́танный; to keep a ~ tongue (in one's head) держа́ться в ра́мках прили́чия, быть ве́жливым, учти́вым ◇ ~ list циви́льный лист (*сумма на содержание лиц королевской семьи*)

**civilian** [sɪˈvɪljən] **1.** *n* 1) шта́тский (челове́к) 2) *pl* гражда́нское населе́ние 3) лицо́, состоя́щее на гражда́нской слу́жбе 4) *юр.* цивили́ст, специали́ст по гражда́нскому пра́ву

**2.** *a* шта́тский; ~ clothes шта́тская оде́жда; ~ population гражда́нское населе́ние

**civility** [sɪˈvɪlɪtɪ] *n* любе́зность, ве́жливость; to exchange civilities обменя́ться любе́зностями

**civilization** [ˌsɪvɪlaɪˈzeɪʃən] *n* 1) цивилиза́ция 2) цивилизо́ванный мир

**civilize** [ˈsɪvɪlaɪz] *v* цивилизова́ть

**civilized** [ˈsɪvɪlaɪzd] **1.** *p. p. от* civilize

**2.** *a* 1) цивилизо́ванный 2) воспи́танный, культу́рный

**civilly** [ˈsɪvɪlɪ] *adv* ве́жливо, учти́во, любе́зно

**civil-spoken** [ˈsɪvlˈspəukn] *a* учти́вый в разгово́ре

**civ(v)y** [ˈsɪvɪ] *n разг.* 1) шта́тский (челове́к) 2) *pl воен.* шта́тская оде́жда 3) *attr.*: C. Street *воен. разг.* «гражда́нка», гражда́нская жизнь

**clabber** [ˈklæbə] **1.** *n* простоква́ша

**2.** *v* скиса́ть, свёртываться (*о молоке*)

**clack** [klæk] **1.** *n* 1) треск; щёлканье 2) шум голосо́в; болтовня́ 3) погрему́шка 4) = clack-valve

**2.** *v* 1) треща́ть; щёлкать 2) гро́мко болта́ть 3) куда́хтать, гогота́ть

**clack-valve** [ˈklækˈvælv] *n тех.* откидно́й *или* ство́рчатый кла́пан

**clad** [klæd] *past u p. p. от* clothe

**cladmetal** [ˈklædˌmetl] *n* плакиро́ванный мета́лл

**claim** [kleɪm] **1.** *n* 1) тре́бование; прете́нзия; притяза́ние; утвержде́ние, заявле́ние; to raise a ~ предъяви́ть прете́нзию; to lay ~ to smth., to put smth. in a ~ предъявля́ть права́ на что-л. 2) иск; реклама́ция 3) *преим. амер. и австрал.* уча́сток земли́, отведённый под разрабо́тку недр; зая́вка на отво́д уча́стка; to jump a ~ а) незако́нно захвати́ть уча́сток, отведённый друго́му; б) незако́нно захвати́ть что-л., принадлежа́щее друго́му; to stake out a ~ а) отмеча́ть грани́цы отведённого уча́стка; б) закрепля́ть своё пра́во на что-л.

**2.** *v* 1) тре́бовать; to ~ damages тре́бовать возмеще́ния убы́тков; to ~ attention тре́бовать к себе́ внима́ния; to ~ one's right тре́бовать своего́ 2) претендова́ть, предъявля́ть прете́нзию, заявля́ть права́ (*на что-л.*); to ~ the victory наста́ивать на свое́й побе́де 3) утвержда́ть, заявля́ть 4) *юр.* возбужда́ть иск о возмеще́нии убы́тков

**claimant** [ˈkleɪmənt] *n* 1) предъявля́ющий права́; претенде́нт 2) исте́ц

**claim check** [ˈkleɪmˈtʃek] *n* квита́нция на получе́ние зака́за, веще́й по́сле ремо́нта *и т. п.*

**claiming race** [ˈkleɪmɪŋˈreɪs] *n* ска́чки, по́сле кото́рых люба́я из лошаде́й мо́жет быть ку́плена

**clairvoyance** [klɛəˈvɔɪəns] *n* 1) ясновиде́ние 2) проница́тельность; предви́дение

**clairvoyant** [klɛəˈvɔɪənt] **1.** *n* 1) ясновидец; ясновидица 2) прови́дец

**2.** *a* 1) ясновидящий 2) дальнови́дный, прозорли́вый

**clam** [clæm] **1.** *n* 1) съедо́бный морско́й моллю́ск (разиˊнька, вене́рка *и пр.*) 2) *амер. разг.* скры́тный, необщи́тельный челове́к ◇ as happy as a ~ (at high tide) ≅ рад-радёшенек; счастли́вый, дово́льный

**2.** *v* 1) собира́ть моллю́сков 2) ли́пнуть, прилипа́ть 3) *амер. разг.* быть *или* стать молчали́вым, необщи́тельным; замолча́ть

**clamant** [ˈkleɪmənt] *a* 1) шумли́вый 2) вопию́щий; настоя́тельный; a ~ need for changes настоя́тельная необходи́мость в переме́нах

**clamber** [ˈklæmbə] **1.** *n* кара́бканье; тру́дный подъём

**2.** *v* кара́бкаться, цепля́ться (*часто* ~ up)

**clambering plant** [ˈklæmbərɪŋˈplɑːnt] *n* вью́щееся расте́ние

**clamminess** [ˈklæmɪnɪs] *n* кле́йкость, ли́пкость

**clammy** [ˈklæmɪ] *a* 1) кле́йкий, ли́пкий 2) холо́дный и вла́жный на о́щупь

**clamorous** [ˈklæmərəs] *a* 1) шу́мный, крикли́вый 2) настоя́тельный, неотло́жный

**clamour** [ˈklæmə] **1.** *n* 1) шум, кри́ки 2) шу́мные проте́сты 3) возмуще́ние, ро́пот

**2.** *v* шу́мно тре́бовать; крича́ть ▭ ~ **against** выступа́ть, восстава́ть про́тив *чего-л.*; ~ **down** заста́вить замолча́ть (*криками*); ~ **for** тре́бовать; to ~ for peace тре́бовать ми́ра; ~ **out** шу́мно протестова́ть

**clamp** I [klæmp] *тех.* **1.** *n* зажи́м; хому́т, струбци́на; скоба́

**2.** *v* скрепля́ть, зажима́ть; смыка́ть ▭ ~ **down (on)** *разг.* подавля́ть; прекраща́ть; стать тре́бовательнее (*к кому-л.*)

**clamp** II [klæmp] **1.** *n* ку́ча (*картофеля, прикрытого на зиму соломой и землёй*); клётка (*кирпича, сложенного для обжига*); шта́бель (*сухого торфа*)

**2.** *v* скла́дывать в ку́чу (*обыкн.* ~ up)

**clamp** III [klæmp] **1.** *n* тяжёлая по́ступь

**2.** *v* тяжело́ ступа́ть

**clam-shell** [ˈklæmʃel] *n* 1) ра́ковина моллю́ска 2) *тех.* гре́йфер

**clan** [klæn] *n* 1) клан, род (*в Шотландии*) 2) кли́ка

**clandestine** [klænˈdestɪn] *a* та́йный, скры́тый; нелега́льный

**clang** [klæŋ] **1.** *n* лязг, звон, ре́зкий металли́ческий звук (*оружия, молота, колоколов; в поэзии — труб*)

**2.** *v* производи́ть лязг, звон, ре́зкий звук; to ~ glasses together чо́каться, звене́ть стака́нами

**clangour** [ˈklæŋgə] *n* ре́зкий металли́ческий звук, лязг металли́ческих предме́тов

**clank** [klæŋk] **1.** *n* звон, лязг (*цепей, железа*); бряца́ние

**2.** *v* греме́ть (*цепью*); бряца́ть

**clannish** [ˈklænɪʃ] *a* 1) родово́й, кла́новый 2) приве́рженный к своему́ ро́ду, кла́ну 3) ограни́ченный, обосо́бленный, за́мкнутый в своём кругу́, гру́ппе *и т. п.*

**clanship** [ˈklænʃɪp] *n* 1) принадле́жность *или* пре́данность своему́ кла́ну, ро́ду 2) разделе́ние на вражде́бные гру́ппы, кружковщи́на, обосо́бленность

**clansman** [ˈklænzmən] *n* член кла́на

**clap** I [klæp] **1.** *n* 1) хло́панье; хлопо́к 2) уда́р (*грома*) 3) = clapper

**2.** *v* 1) хло́пать, аплоди́ровать; the audience ~ped the singer пу́блика аплоди́ровала певцу́ 2) хло́пать (*дверями, крыльями и т. п.*); to ~ the lid of a box to захло́пнуть кры́шку сундука́ 3) похло́пать; to ~ smb on the back похло́пывать кого́-л. по плечу́ 4) *разг.* упря́тать, упе́чь (in); to ~ in prison упе́чь в тюрьму́ 5) надвига́ть (бы́стро *или* энерги́чно); налагáть; to ~ duties on goods облагáть товáры пóшлиной; to ~ a hat on one's head нахлобýчить шля́пу □ ~ **on:** to ~ on sails подня́ть парусá; to ~ on to smb. подсýнуть комý-л. (*что-л.*); ~ **up:** to ~ up (a bargain, match, peace) поспéшно, нáспех заключи́ть (сдéлку, брак, мир) ◇ to ~ eyes on smb. *разг.* уви́деть, замéтить когó-л.

**clap** II [klæp] *груб.* **1.** *n* три́ппер
**2.** *v* зарази́ть три́ппером

**clapboard** [ˈklæpbɔːd] *n* 1) клёпка (*бочарная*); кóлотый лесоматериáл для клёпки 2) *амер.* доскá клинообрáзного сечéния

**clap-net** [ˈklæpnet] *n* силóк для птиц

**clapper** [ˈklæpə] *n* 1) язы́к (*колокола и шутл. — человека*) 2) трещóтка (*для отпугивания птиц*) 3) клакёр

**clapperclaw** [ˈklæpəklɔː] *v* 1) царáпать, рвать когтя́ми 2) брани́ть, рéзко критиковáть

**claptrap** [ˈklæptræp] **1.** *n* трескýчая фрáза; что-л. рассчи́танное на дешёвый эффéкт
**2.** *a* рассчи́танный на дешёвый эффéкт, показнóй

**claque** [klæk] *фр. n* клáка, грýппа клакёров

**claqueur** [ˈklækə] *фр. n* клакёр

**clarence** [ˈklærəns] *n* закры́тая четырёхмéстная карéта

**clarendon** [ˈklærəndən] *n полигр.* полужи́рный шрифт

**claret** [ˈklærət] *n* 1) крáсное винó, кларéт 2) цвет бордó 3) *жарг.* кровь; to tap smb.'s ~ разби́ть комý-л. нос в кровь

**claret-cup** [ˈklærətkʌp] *n* крюшóн из крáсного винá

**clarification** [ˌklærɪfɪˈkeɪʃən] *n* 1) прояснéние 2) очищéние 3) очи́стка

**clarify** [ˈklærɪfaɪ] *v* 1) дéлать(ся) прозрáчным (*о воздухе, жидкости*) 2) дéлать(ся) я́сным (*о стиле, мысли и т. п.*) 3) вноси́ть я́сность; to ~ the disputes улáживать спóры

**clarinet** [ˌklærɪˈnet] *n муз.* кларнéт

**clarinettist** [ˌklærɪˈnetɪst] *n* кларнети́ст

**clarion** [ˈklærɪən] **1.** *n* 1) *поэт.* рожóк, горн 2) звук рожкá; призы́вный звук
**2.** *a* грóмкий, чи́стый (*о звуке*); ~ call грóмкий призы́в

**clarionet** [ˌklærɪəˈnet] = clarinet

**clarity** [ˈklærɪtɪ] *n* 1) чистотá, прозрáчность 2) я́сность

**clary** [ˈklɛərɪ] *n бот.* шалфéй мускáтный

**clash** [klæʃ] **1.** *n* 1) лязг (*оружия*); гул (*колоколов*) 2) столкновéние; ~ of interests столкновéние интерéсов; ~ of opinions расхождéние во взгля́дах 3) конфли́кт
**2.** *v* 1) стáлкиваться, стýкаться, ударя́ться друг о дрýга (*особ. об оружии*) 2) ударя́ть с грóхотом; производи́ть гул, шум, звон; звони́ть во все колоколá 3) расходи́ться (*о взглядах*) 4) стáлкиваться (*об интересах*); приходи́ть в столкновéние 5) дисгармони́ровать; these colours ~ э́ти цветá не гармони́руют 6) совпадáть во врéмени; our lectures ~ нáши лéкции совпадáют

**clasp** [klɑːsp] **1.** *n* 1) пря́жка, застёжка 2) пожáтие; объя́тие, объя́тия; he gave my hand a warm ~ он теплó пожáл мне рýку 3) *тех.* зажи́м
**2.** *v* 1) застёгивать 2) сжимáть, обнимáть; to ~ in one's arms заключáть в объя́тия; to ~ smb.'s hand пожимáть комý-л. рýку; to ~ (one's own) hands ломáть рýки в отчáянии 3) обвивáться (*о вьющемся растении*)

**clasp-knife** [ˈklɑːspnaɪf] *n* складнóй нож

**clasp-pin** [ˈklɑːsppɪn] *n* 1) безопáсная (англи́йская) булáвка 2) закóлка

**class** I [klɑːs] **1.** *n* (общéственный) класс; the working ~ рабóчий класс; the middle ~ срéдняя буржуази́я; the upper ~ крýпная буржуази́я; аристокрáтия; the ~es имýщие клáссы
**2.** *a* клáссовый; ~ alien клáссово чýждый элемéнт

**class** II [klɑːs] **1.** *n* 1) класс; разря́д; грýппа; категóрия; ~ of problems круг вопрóсов 2) сорт, кáчество; in a ~ by itself первоклáссный; it is no ~ *разг.* э́то никудá не годи́тся 3) *биол.* класс 4) класс (*в школе*); the top of the ~ пéрвый учени́к (*в классе*) 5) врéмя начáла заня́тий (*в школе*); when is ~? когдá начинáются заня́тия? 6) курс (*обучения*); to take ~es (in) проходи́ть курс обучéния (*где-л.*) 7) *амер.* вы́пуск (*студентов или учащихся такого-то года*) 8) отли́чие; to get (*или* to obtain) a ~ окóнчить курс с отли́чием 9) класс (*на железной дороге, пароходе*); to travel third ~ éздить в трéтьем клáссе 10) *воен.* призывники́ одногó и тогó же гóда рождéния; the 1957 ~ призывники́ 1957 гóда (рождéния) 11) *мор.* тип корабля́
**2.** *a* клáссный
**3.** *v* 1) классифици́ровать 2) распределя́ть отли́чия (*в результате экзаменов*); Tompkins obtained a degree, but was not ~ed Тóмпкинс получи́л стéпень, но без отли́чия 3) состáвить себé мнéние, оцени́ть □ ~ **with** стáвить нарядý с

**class-book** [ˈklɑːsbuk] *n* учéбник

**class-consciousness** [ˈklɑːsˈkɔnʃəsnɪs] *n* клáссовое сознáние

**class-fellow** [ˈklɑːsˌfeləu] *n* одноклáссник, шкóльный товáрищ

**classic** [ˈklæsɪk] **1.** *a* 1) класси́ческий 2) образцóвый
**2.** *n* 1) клáссик 2) специали́ст по анти́чной филолóгии 3) класси́ческое произведéние 4) *pl* класси́ческие языки́; класси́ческая литератýра

**classical** [ˈklæsɪkəl] *a* класси́ческий; ~ scholar = classic 2, 2)

**classicism** [ˈklæsɪsɪzm] *n* 1) классици́зм; слéдование класси́ческим образцáм 2) изучéние класси́ческих языкóв и класси́ческой литератýры 3) *лингв.* лати́нская *или* грéческая идиóма

**classicize** [ˈklæsɪsaɪz] *v* 1) подражáть класси́ческому сти́лю 2) возводи́ть в образéц

**classification** [ˌklæsɪfɪˈkeɪʃən] *n* классификáция

**classified** [ˈklæsɪfaɪd] **1.** *p. p. от* classify
**2.** *a амер. воен.* секрéтный, засекрéченный (*о документе и т. п.*)

**classify** [ˈklæsɪfaɪ] *v* классифици́ровать

**classless** [ˈklɑːslɪs] *a* бесклáссовый; ~ society бесклáссовое óбщество

**classman** [ˈklɑːsmæn] *n* студéнт, вы́державший экзáмен с отли́чием

**class-mate** [ˈklɑːsmeɪt] = class-fellow

**class-room** [ˈklɑːsrum] *n* класс, клáссная кóмната; аудитóрия (*в учебном заведении*)

**classy** [ˈklɑːsɪ] *a разг.* 1) первоклáссный, отли́чный 2) шикáрный

**clastic** [ˈklæstɪk] *a геол.* облóмочный

**clatter** [ˈklætə] **1.** *n* 1) стук; звон (*посуды*) 2) грóхот (*машин*) 3) болтовня́, трескотня́; гул (*голосов*) 4) тóпот
**2.** *v* 1) стучáть; гремéть 2) болтáть □ ~ **along** тóпать; стучáть копы́тами (*о лошади*); ~ **down** с грóхотом свали́ться вниз; «загремéть» (*вниз по лестнице*)

**clause** [klɔːz] *n* 1) *грам.* предложéние (*являющееся частью сложного предложения*); principal (subordinate) ~ глáвное (придáточное) предложéние 2) статья́, пункт; клáузула (*в договоре*); escape ~ *дип.* пункт договóра, предусмáтривающий откáз от взя́того обязáтельства; saving ~ *дип.* статья́, содержáщая оговóрку

**clave** [kleɪv] *past от* cleave II

**clavecin** [ˈklævɪsɪn] *n муз.* клавеси́н

**clavichord** [ˈklævɪkɔːd] *n муз.* клавикóрды

**clavicle** [ˈklævɪkl] *n анат.* ключи́ца

**clavicular** [kləˈvɪkjulə] *a анат.* ключи́чный

**clavier** *n* 1) [ˈklævɪə] клавиатýра 2) [kləˈvɪə] клави́р (*старинное название фортепиано*)

**claw** [klɔː] **1.** *n* 1) кóготь 2) лáпа с когтя́ми 3) клешня́ 4) *презр.* рукá, лáпа 5) *тех.* кулáк, пáлец, вы́ступ, зубéц; лáпа; клéщи ◇ to put out a ~ покáзывать кóгти; to draw in one's ~s присмирéть; to cut (*или* to clip, to pare) smb.'s ~s ≅ подрéзать комý-л. кры́лышки; обезорýжить когó-л.
**2.** *v* 1) царáпать, рвать когтя́ми; когти́ть 2) хватáть; to ~ hold of smth. вцепи́ться во что-л. 3) *мор.* лави́ровать; to ~ off the land *мор.* держáться дáльше от бéрега ◇ ~ me and I'll ~ thee *посл.* ≅ услýга за услýгу

**claw-hammer** [ˈklɔːˌhæmə] *n* молотóк с расщéпом для вытáскивания гвоздéй ◇ ~ coat *шутл.* фрак

**clay** [kleɪ] **1.** *n* 1) гли́на, глинозём 2) ил, ти́на 3) тéло, плоть 4) *поэт.* прах 5) гли́няная трýбка (*тж.* ~

pipe) 6) *attr.*: ~ mill глиномя́лка ◇ to moisten one's ~ вы́пить, промочи́ть го́рло; ~ pigeon мише́нь (*в тире*)

2. *v* обма́зывать гли́ной

**clayey** [ˈkleɪɪ] *a* 1) гли́нистый; ~ soil сугли́нок 2) ли́пкий как гли́на; запа́чканный гли́ной

**claymore** [ˈkleɪmɔː] *n* стари́нный пала́ш (*шотл. горцев*)

**clean** [kliːn] **1.** *a* 1) чи́стый; опря́тный; ~ room чи́стая ко́мната; ~ copy беловик 2) чи́стый, без при́меси; без поро́ков; ~ wheat пшени́ца без при́меси; ~ timber чистосо́ртный лесно́й материа́л (*без сучков и др. дефектов*) 3) неиспи́санный (*о листе бумаги, странице*) 4) незапя́тнанный, непоро́чный; to have a ~ record име́ть хоро́шую репута́цию 5) хорошо́ сложённый (*о человеке*) 6) ло́вкий, иску́сный; ~ stroke ло́вкий уда́р 7) гла́дкий, ро́вный; to make a ~ cut ре́зать ро́вно ◇ to have ~ hands in the matter не быть заме́шанным в како́м-л. де́ле; to make a ~ sweep of smth. соверше́нно отде́латься, изба́виться от чего́-л.; подчи́стить под метлу́

2. *n* чи́стка, убо́рка; to give it a ~ почи́стить, убра́ть

3. *adv* 1) по́лностью, соверше́нно; I ~ forgot to ask я соверше́нно забы́л спроси́ть 2) на́чисто 3) пря́мо; как раз; to hit ~ in the eye попа́сть пря́мо в глаз

4. *v* 1) чи́стить 2) очища́ть; протира́ть; сгла́живать; полирова́ть (*металл*); промыва́ть (*золото*) □ ~ **down** а) смета́ть (*пыль со стен и т. п.*); б) чи́стить (*лошадь*); ~ **out** а) очи́стить; б) *разг.* обворова́ть, «обчи́стить»; ~ **up** а) прибира́ть, приводи́ть в поря́док; б) зака́нчивать на́чатую рабо́ту; в) *жарг.* сорва́ть большо́й куш

**clean-cut** [ˈkliːnˈkʌt] *a* 1) ре́зко очёрченный; ~ features ре́зко вы́раженные черты́ 2) я́сный, определённый; то́чный

**cleaner** [ˈkliːnə] *n* 1) убо́рщик, чисти́льщик 2) сре́дство для чи́стки

**cleaner(s)** [ˈkliːnə(z)] *n разг.* химчи́стка

**clean-fingered** [ˈkliːnˈfɪŋgəd] *a* неподку́пный

**clean-handed** [ˈkliːnˈhændɪd] *a* че́стный, неви́нный

**cleaning** [ˈkliːnɪŋ] **1.** *pres. p. от* clean 4

2. *n* 1) чи́стка, убо́рка; очи́стка 2) *горн.* обогаще́ние 3) *attr.*: ~ woman убо́рщица, убира́ющая гря́зную посу́ду в рестора́не

**clean-limbed** [ˈkliːnˈlɪmd] *a* стро́йный (*о фигуре*)

**cleanliness** [ˈklenlɪnɪs] *n* чистота́; чистопло́тность; опря́тность

**cleanly 1.** *a* [ˈklenlɪ] чистопло́тный

2. *adv* [ˈkliːnlɪ] чи́сто; целому́дренно

**cleanness** [ˈkliːnnɪs] *n* чистота́

**cleanse** [klenz] *v* 1) чи́стить, очища́ть 2) дезинфици́ровать 3) очища́ть желу́док (*слабительным*)

**clean-shaven** [ˈkliːnˈʃeɪvn] *a* чи́сто вы́бритый

**clean-up** [ˈkliːnˈʌp] *n разг.* 1) убо́рка; чи́стка 2) (мора́льное) очище́ние (*от порока, преступления и т. п.*)

**clear** [klɪə] **1.** *a* 1) я́сный, све́тлый; ~ sky безо́блачное не́бо 2) прозра́чный 3) чи́стый (*о весе, доходе; о совести*) 4) свобо́дный; ~ passage свобо́дный прохо́д; all ~ а) путь свобо́ден; б) *воен.* проти́вник не обнару́жен; в) отбо́й (*после тревоги*); all ~ signal сигна́л отбо́я; ~ from suspicion вне подозре́ний; ~ of debts свобо́дный от долго́в; ~ line *ж.-д.* свобо́дный перего́н (*между станциями*) 5) це́лый, по́лный; a ~ month це́лый ме́сяц 6) я́сно слы́шный, отчётливый 7) поня́тный, я́сный, недвусмы́сленный 8) я́сный (*об уме*) ◇ to get away ~ отде́латься; in ~ а) откры́тым те́кстом, в незашифро́ванном ви́де; б) *тех.* в свету́; to keep ~ of smb. остерега́ться, избега́ть кого́-л.

2. *adv* 1) я́сно; to see one's way ~ не име́ть затрудне́ний 2) совсе́м, целико́м (*тж. несколько усиливает знач. наречий* away, off, through *при глаголах*); three feet ~ це́лых три фу́та

3. *v* 1) очища́ть(ся); расчища́ть; to ~ the air разряди́ть атмосфе́ру; положи́ть коне́ц недоразуме́ниям; to ~ the dishes убира́ть посу́ду со стола́; to ~ the table убира́ть со стола́ 2) освобожда́ть, очища́ть 3) станови́ться прозра́чным (*о вине*) 4) проясня́ться 5) рассе́ивать (*сомнения, подозрения*) 6) опра́вдывать 7) эваку́ировать 8) распродава́ть (*товар*); great reductions in order to ~ больша́я ски́дка с це́лью распрода́жи 9) проходи́ть ми́мо, минова́ть 10) не заде́ть, прое́хать *или* перескочи́ть че́рез барье́р, не заде́в его́; to ~ an obstacle взять препя́тствие; this horse can ~ 5 feet э́та ло́шадь берёт барье́р в 5 фу́тов 11) получа́ть чи́стую при́быль 12) упла́чивать по́шлины, очища́ть от по́шлин □ ~ **away** а) убира́ть со стола́; б) рассе́ивать (*сомнения*); в) рассе́иваться (*о тумане, облаках*); ~ **off** а) отде́лываться от *чего-л.*; б) проясня́ться (*о погоде*); в) *разг.* убира́ться; just ~ off at once! убира́йтесь неме́дленно!; ~ **out** а) очища́ть; б) *разг.* разоря́ть; в) внеза́пно уе́хать, уйти́; ~ **up** а) прибира́ть, убира́ть; б) выясня́ть; распу́тывать (*дело*); в) проясня́ться (*о погоде*) ◇ to ~ the skirts of smb. смыть позо́рное пятно́ с кого́-л.; восстанови́ть чью-л. репута́цию; to ~ the decks (for action) *мор.* пригото́виться к бо́ю (*перен.* к де́йствиям); to ~ the way подгото́вить по́чву; to ~ one's expenses покры́ть свои́ расхо́ды

**clearance** [ˈklɪərəns] *n* 1) очи́стка; security ~ прове́рка благонадёжности 2) вы́рубка (*леса*); расчи́стка под па́шню 3) *ком.* очи́стка от тамо́женных по́шлин 4) устране́ние препя́тствий 5) разреше́ние (*напр., оставить государственную должность*) 6) произво́дство расчётов че́рез расчётную пала́ту 7) холосто́й ход 8) *тех.* зазо́р; вре́дное простра́нство (*в цилиндре; тж.* ~ space) 9) кли́ренс (*автомобиля, танка*) 10) *attr.*: ~ sale (дешёвая) распрода́жа 11) *attr.*: ~ papers *ком.* докуме́нты, удостоверя́ющие очи́стку от по́шлин

**clearcole** [ˈklɪəkəul] *n стр.* грунто́вка

**clear-cut** [ˈklɪəˈkʌt] *a* я́сно очёрченный; чёткий, я́сный

**clear-headed** [ˈklɪəˈhedɪd] *a* здравомы́слящий, с я́сным умо́м

**clearing** [ˈklɪərɪŋ] **1.** *pres. p. от* clear 3

2. *n* 1) проясне́ние *и пр.* [*см.* clear 3]; ~ of signal отме́на сигна́ла 2) уча́сток (*леса*), расчи́щенный под па́шню, ро́счисть 3) *фин.* кли́ринг (*система взаимных расчётов между банками*) 4) вскры́тие реки́

**clearing bank** [ˈklɪərɪŋˈbæŋk] *n* кли́ринговый банк

**clearing-house** [ˈklɪərɪŋhaus] *n ком.* расчётная пала́та [*см.* clearing 2, 3)]

**clearing-off** [ˈklɪərɪŋˈɔf] *n* расчёт, распла́та

**clearing station** [ˈklɪərɪŋˌsteɪʃən] *n* эвакуацио́нный пункт

**clearly** [ˈklɪəlɪ] *adv* я́сно; очеви́дно; несомне́нно; коне́чно (*в ответе*)

**clear-sighted** [ˈklɪəˈsaɪtɪd] *a* проница́тельный, дальнови́дный

**clear-starch** [ˈklɪəstɑːtʃ] *v* крахма́лить

**clearstory** [ˈklɪəstərɪ] = clerestory

**clear-way** [ˈklɪəweɪ] *n* фарва́тер

**cleat** [kliːt] *n* 1) *тех.* кле́мма, зажи́м; клин 2) *тех.* волочи́льная доска́ 3) *тех.* шпунт, соедине́ние в шпунт 4) пла́нка 5) *мор.* крепи́тельная у́тка; крепи́тельная пла́нка 6) *геол.* вертика́льный клива́ж

**cleavage** [ˈkliːvɪdʒ] *n* 1) расщепле́ние; раска́лывание 2) расхожде́ние, раско́л; ~ in regard to views расхожде́ние во взгля́дах; ~ of society into classes разделе́ние о́бщества на кла́ссы 3) *геол., горн.* слои́стость; спа́йность

**cleave I** [kliːv] *v* (clove, cleft; cloven, cleft) 1) раска́лывать(ся) (*часто* ~ asunder, ~ in two) 2) прокла́дывать себе́ путь, пробива́ться (*через что-л.*) 3) разреза́ть

**cleave II** [kliːv] *v* (clave, cleaved [-d]; cleaved) 1) остава́ться ве́рным, пре́данным (to) 2) *уст.* прилипа́ть

**cleaver** [ˈkliːvə] *n* 1) дровоко́л 2) большо́й нож мясника́

**cleavers** [ˈkliːvəz] *n бот.* подмаре́нник це́пкий

**clef** [klef] *n муз.* ключ

**cleft I** [kleft] *n* тре́щина, рассе́лина

**cleft II** [kleft] **1.** *past и p. p. от* cleave I

2. *a* расщеплённый; ~ palate *мед.* во́лчья пасть ◇ in a ~ stick в безвы́ходном положе́нии

**cleg** [kleg] *n* о́вод, слепе́нь

**clem** [klem] *v* *диал.* 1) голодать 2) морить голодом
**clematis** [ˈklemətɪs] *n* *бот.* ломонос
**clemency** [ˈklemənsɪ] *n* 1) милосердие; снисходительность 2) мягкость (*климата*)
**clement** [ˈklemənt] *a* 1) милосердный, милостивый 2) мягкий (*о климате*)
**clench** [klentʃ] **1.** *n* 1) сжимание (*кулаков*); стискивание (*зубов*) 2) заклёпывание 3) убедительный аргумент 4) = clinch 1
**2.** *v* 1) захватывать, зажимать 2) сжимать (*кулаки*); стискивать (*зубы*) 3) утверждать, окончательно решать 4) = clinch 2
**clepsydra** [ˈklepsɪdrə] *n* *ист.* клепсидра, водяные часы
**clerestory** [ˈklɪəstərɪ] *n* *архит.* верхний ряд окон, освещающий хоры; зенитный фонарь
**clergy** [ˈklə:dʒɪ] *n* 1) духовенство, клир 2) *собир.* *разг.* священники; twenty ~ were present присутствовало двадцать духовных лиц
**clergyman** [ˈklə:dʒɪmən] *n* священник ◇ ~'s week (fortnight) отпуск, включающий два (три) воскресенья
**cleric** [ˈklerɪk] *n* духовное лицо, церковник
**clerical** [ˈklerɪkəl] **1.** *a* 1) клерикальный 2) канцелярский; ~ work канцелярская, конторская работа; ~ error канцелярская ошибка, описка переписчика
**2.** *n* клерикал
**clericalism** [ˈklerɪkəlɪzm] *n* клерикализм
**clericalist** [ˈklerɪkəlɪst] = clerical 2
**clerihew** [ˈklerɪhju:] *n* комическое четверостишие
**clerk** [klɑ:k] **1.** *n* 1) клерк, письмоводитель; конторский служащий; correspondence ~ *ком.* корреспондент 2) *воен.* писарь 3) чиновник; секретарь; Chief C. управляющий делами, секретарь городского управления 4) приказчик, торговый служащий; ~ of the works производитель работ (*на стройке*) 5) *уст.* духовное лицо; образованный *или* грамотный человек ◇ C. of the Weather *шутл.* ≅ «хозяин погоды»; метеоролог; *амер.* *шутл.* начальник метеорологического отдела управления связи
**2.** *v* *амер.* служить, быть чиновником
**clerkly** [ˈklɑ:klɪ] *a* 1) обладающий хорошим почерком; ~ hand хороший почерк 2) *уст.* духовный, церковный 3) *уст.* грамотный, учёный
**clerkship** [ˈklɑ:kʃɪp] *n* должность секретаря, клерка *и т. п.* [*см.* clerk 1]
**clever** [ˈklevə] *a* 1) умный 2) ловкий; искусный; ~ piece of work искусная работа 3) способный, даровитый; he is ~ at biology у него способности к биологии 4) *амер.* *разг.* добродушный
**cleverness** [ˈklevənɪs] *n* 1) одарённость 2) ловкость; искусность, умение
**clevis** [ˈklevɪs] *n* 1) вага (*дышла*) 2) *тех.* скоба; тяговая серьга; карабин
**clew** [klu:] **1.** *n* 1) клубок 2) *мор.* шкотовый угол паруса
**2.** *v* (*обыкн.* ~ up) 1) сматывать в клубок 2) *мор.* брать (паруса) на гитовы 3) *мор.* *разг.* заканчивать какую-л. работу
**clewline** [ˈklu:laɪn] *n* *мор.* гитов
**cliché** [ˈkli:ʃeɪ] *фр.* *n* 1) *полигр.* клише; пластинка стереотипа 2) штамп; избитая фраза
**click** [klɪk] **1.** *n* 1) щёлканье (*затвора, щеколды*); щелчок (*в механизме*) 2) *фон.* щёлкающий звук (*в некоторых южноафриканских языках*) 3) засечка (*у лошади*) 4) *тех.* защёлка, собачка; трещотка
**2.** *v* 1) щёлкать; to ~ the door защёлкнуть за собой дверь; to ~ one's tongue прищёлкнуть языком; to ~ one's heels together щёлкнуть каблуками 2) *разг.* точно соответствовать, подходить (*по характеру*); ладить 3) *разг.* отличаться чёткостью, слаженностью 4) *разг.* иметь успех
**click beetle** [ˈklɪkˌbi:tl] *n* *зоол.* жук-щелкун
**clicker** [ˈklɪkə] *n* 1) заготовщик (*обуви*) 2) *полигр.* метранпаж 3) *разг.* зазывала (*в магазин*)
**client** [ˈklaɪənt] *n* 1) клиент 2) постоянный покупатель, заказчик
**clientage** [ˈklaɪəntɪdʒ] *n* 1) клиенты, клиентура 2) отношения патрона и клиентов
**clientèle** [ˌkli:ɑ:nˈtel] *фр.* *n* 1) = clientage 1); 2) постоянные покупатели, заказчики; постоянные посетители (*театра и т. п.*)
**cliff** [klɪf] *n* 1) отвесная скала; утёс 2) крутой обрыв
**cliff-hanger** [ˈklɪfˌhæŋə] *n* *амер.* *разг.* 1) увлекательный роман *или* рассказ, частями передающийся по радио 2) захватывающий приключенческий фильм 3) событие (состязание *и т. п.*), исход которого волнующе неизвестен до последнего момента
**climacteric** [klaɪˈmæktərɪk] **1.** *n* 1) климактерий, критический возраст 2) критический период
**2.** *a* 1) климактерический 2) критический, опасный
**climate** [ˈklaɪmɪt] *n* 1) климат 2) атмосфера; настроение; состояние общественного мнения (*часто* ~ of opinion); international ~ международная обстановка; in a friendly ~ в атмосфере дружбы
**climatic** [klaɪˈmætɪk] *a* климатический
**climatology** [ˌklaɪməˈtɔlədʒɪ] *n* климатология
**climax** [ˈklaɪmæks] **1.** *n* 1) высшая точка, кульминационный пункт 2) *ритор.* нарастание
**2.** *v* дойти *или* довести до кульминационного пункта
**climb** [klaɪm] **1.** *n* 1) подъём, восхождение 2) *ав.* набор высоты; rate of ~ скорость подъёма 3) *attr.*: ~ indicator *ав.* указатель вертикальной скорости
**2.** *v* 1) подниматься, карабкаться, влезать; to ~ (up) a tree влезать на дерево; to ~ to power стремиться к власти 2) *ав.* набирать высоту 3) лазить 4) виться (*о растениях*) □ ~ down а) слезать; б) отступать, уступать (*в споре*)
**climb-down** [ˈklaɪmˈdaun] *n* 1) спуск 2) уступка (*в споре*)
**climber** [ˈklaɪmə] *n* 1) альпинист 2) *pl.* монтёрские когти 3) вьющееся растение 4) честолюбец, карьерист
**climbing-irons** [ˈklaɪmɪŋˈaɪənz] *n* *pl* 1) = climber 2); 2) шипы на обуви альпинистов
**clime** [klaɪm] *n* *поэт.* 1) климат 2) страна, край
**clinch** [klɪntʃ] **1.** *n* 1) зажим; скоба; заклёпка 2) игра слов, каламбур 3) клинч, захват (*в боксе*)
**2.** *v* 1) прибивать гвоздём, загибая его шляпку; заклёпывать 2) окончательно решать, договариваться; to ~ a bargain заключить, закрепить сделку; to ~ an argument решить спор; to ~ the matter решить вопрос 3) войти в клинч (*в боксе*)
**clincher** [ˈklɪntʃə] *n* 1) заклёпка, болт; скоба 2) клепальщик 3) *разг.* решающий довод 4) *авто* клинчер
**cling** [klɪŋ] *v* (clung) (*часто* ~ to) 1) цепляться; прилипать 2) держаться (*берега, дома и т. п.*); to ~ together держаться вместе 3) оставаться верным (*взглядам, друзьям*) 4) льнуть 5) облегать (*о платье*)
**clingstone** [ˈklɪŋstəun] *n* плохо отделяемая косточка (*персика, абрикоса и т. п.*)
**clingy** [ˈklɪŋɪ] *a* липкий, цепкий
**clinic** [ˈklɪnɪk] *n* 1) клиника, лечебница 2) амбулатория, медпункт (*при больнице*) 3) практические занятия студентов-медиков в клинике
**clinical** [ˈklɪnɪkəl] *a* клинический; ~ record история болезни
**clink** I [klɪŋk] **1.** *n* 1) звон (*тонкого металла, стекла*) 2) *шотл.* *разг.* звонкая монета
**2.** *v* звенеть; звучать; to ~ glasses звенеть бокалами, чокаться
**clink** II [klɪŋk] *n* *жарг.* тюрьма; *воен.* «губа»
**clinker** I [ˈklɪŋkə] *n* 1) клинкер, голландский кирпич 2) шлак 3) застывшая лава 4) штукатурный гвоздь
**clinker** II [ˈklɪŋkə] *n* *жарг.* прекрасный экземпляр *или* образец чего-л. (*напр., прекрасная лошадь, меткий выстрел, удар и т. п.*)
**clinker-built** [ˈklɪŋkəbɪlt] *a* *мор.* обшитый внакрой (*противоп.* carvel-built)
**clinking** [ˈklɪŋkɪŋ] **1.** *pres. p.* от clink I, 2
**2.** *a* 1) звенящий 2) *разг.* превосходный, первоклассный
**3.** *adv* *разг.* очень; ~ good очень хороший
**clinkstone** [ˈklɪŋkstəun] *n* *мин.* фенолит, звенящий камень, порфирный сланец
**clinometer** [klaɪˈnɔmɪtə] *n* 1) клинометр 2) орудийный квадрант

**clip** I [klɪp] **1.** *n* 1) *тех.* зажи́мные кле́щи; зажи́мная скоба́ 2) скре́пка; зажи́м; хому́тик; ~ of cartridges патро́нная обо́йма 3) клипс (*брошь, серьга*)

**2.** *v* 1) зажима́ть, сжима́ть, кре́пко обхва́тывать 2) скрепля́ть (*бумаги*)

**clip** II [klɪp] **1.** *n* 1) стри́жка 2) настри́г ше́рсти 3) *pl шотл.* но́жницы (*для стрижки овец*) 4) *разг.* си́льный уда́р

**2.** *v* 1) стричь (*особ. овец*) 2) обреза́ть; отреза́ть; отсека́ть; обрыва́ть; to ~ the coin обреза́ть край моне́ты 3) надрыва́ть (*билет в трамвае и т. п.*); компости́ровать 4) де́лать вы́резки (*из газет и т. п.*) 5) глота́ть, сокраща́ть (*слова*)

**clip** III [klɪp] **1.** *n* 1) *разг.* бы́страя похо́дка; at a fast ~ о́чень бы́стро 2) *амер.* де́рзкая, наха́льная девчо́нка

**2.** *v разг.* бы́стро идти́, бежа́ть

**clipper** I [ˈklɪpə] *n* 1) тот, кто стрижёт 2) *pl* но́жницы 3) *тех.* куса́чки

**clipper** II [ˈklɪpə] *n* 1) кли́пер (*быстроходное парусное судно*; *тж.* *тяжёлая летающая лодка*) 2) скоростно́й самолёт для да́льних (*особ. трансокеанских перелётов*) 3) кле́ппер (*лошадь*) 4) *жарг.* что-л. первосо́ртное

**clippie** [ˈklɪpɪ] *n разг.* же́нщина-конду́ктор (*в автобусе и т. п.*)

**clipping** [ˈklɪpɪŋ] **1.** *pres. p. от* clip II, 2

**2.** *n* 1) газе́тная вы́резка 2) обре́зок 3) обре́зывание, сре́зывание

**3.** *a* 1) ре́жущий; ре́зкий 2) *жарг.* первокла́ссный

**clipping room** [ˈklɪpɪŋrum] *n кино* монта́жная

**clique** [kliːk] *фр.* *n* кли́ка, группиро́вка

**cliqu(e)y** [ˈkliːkɪ] *фр.* *a* 1) име́ющий хара́ктер кли́ки 2) за́мкнутый

**clitoris** [ˈklɪtərɪs] *n анат.* кли́тор, похотни́к

**clivers** [ˈklɪvəz] = cleavers

**cloaca** [kləuˈeɪkə] *n* 1) клоа́ка, выводно́е отве́рстие для экскреме́нтов (*у рыб и т. п.*) 2) канализацио́нная сто́чная труба́; кана́л для сто́ка нечисто́т 3) клоа́ка, атмосфе́ра безнра́вственности

**cloak** [kləuk] **1.** *n* 1) плащ; ма́нтия 2) покро́в; ~ of snow покро́в сне́га 3) предло́г; ма́ска, личи́на; under the ~ of loyalty под ма́ской лоя́льности

**2.** *v* 1) покрыва́ть плащо́м; надева́ть плащ 2) скрыва́ть, прикрыва́ть, маскирова́ть

**cloak-and-dagger** [ˈkləukən(d)ˈdægə] *a* 1) приключе́нческий; романти́ческий; ~ comedy коме́дия «плаща́ и шпа́ги» 2) шпио́нский; ~ agents шпио́ны

**cloak-and-sword** [ˈkləukən(d)ˈsɔːd] = cloak-and-dagger

**cloak-room** [ˈkləukrum] *n* 1) гардеро́б, раздева́льня 2) *ж.-д.* ка́мера хране́ния 3) убо́рная

**clobber** [ˈklɔbə] *v разг.* 1) избива́ть, колошма́тить 2) по́лностью разби́ть, разгроми́ть

**cloche** [kləuʃ] *фр.* *n* 1) вид тепли́чной ра́мы 2) стекля́нная гермети́чески закрыва́ющаяся кры́шка скорова́рки (*в форме колокола*) 3) да́мская шля́па «ко́локол»

**clock** I [klɔk] **1.** *n* 1) часы́ (*стенные, настольные, башенные*); like a ~ пунктуа́льно; he worked the ~ round он прорабо́тал кру́глые су́тки 2): what o'clock is it? кото́рый час? ◇ the ~ strikes for him наста́л его́ час; to put (*или* to set) back the ~ ≅ (пыта́ться) поверну́ть наза́д колесо́ исто́рии; заде́рживать разви́тие

**2.** *v* 1) отмеча́ть вре́мя прихо́да на рабо́ту (in, on) *или* ухо́да с рабо́ты (out, off) (*на специальных часах*) 2) *спорт.* показа́ть вре́мя; he ~ed 11.6 seconds for the 80 metres hurdles он показа́л вре́мя 11,6 секу́нды в барье́рном бе́ге на 80 ме́тров 3) хронометри́ровать

**clock** II [klɔk] *n* стре́лка (*чулка*)

**clock-case** [ˈklɔkkeɪs] *n* футля́р для часо́в

**clock-face** [ˈklɔkfeɪs] *n* цифербла́т

**clock-glass** [ˈklɔkglɑːs] *n* стекля́нный колпа́к для часо́в

**clock-house** [ˈklɔkhaus] *n амер.* проходна́я (*завода, фабрики и т. п.*)

**clocking** [ˈklɔkɪŋ] *a*: ~ hen насе́дка, клу́ша

**clockwatcher** [ˈklɔkˌwɔtʃə] *n* челове́к, рабо́тающий «от и до», челове́к, форма́льно относя́щийся к свое́й рабо́те

**clockwise** [ˈklɔkwaɪz] **1.** *a* движу́щийся по часово́й стре́лке

**2.** *adv* по часово́й стре́лке

**clock-work** [ˈklɔkwəːk] **1.** *n* часово́й механи́зм; like ~ с то́чностью часово́го механи́зма

**2.** *a* 1) то́чный 2) заводно́й; ~ toys заводны́е игру́шки

**clod** [klɔd] **1.** *n* 1) ком, глы́ба 2) прах, мёртвое те́ло 3) ду́рень, о́лух

**2.** *v* 1) слёживаться ко́мьями 2) швыря́ть ко́мьями

**cloddish** [ˈklɔdɪʃ] *a* 1) глу́пый 2) неуклю́жий

**clodhopper** [ˈklɔdˌhɔpə] *n* неповоро́тливый, грубова́тый, неотёсанный па́рень

**clod-poll** [ˈklɔdpəul] = clod 1, 3)

**clog** [klɔg] **1.** *n* 1) препя́тствие 2) засоре́ние 3) башма́к на деревя́нной подо́шве

**2.** *v* 1) обременя́ть, меша́ть, препя́тствовать 2) засоря́ть(ся); засто́поривать(ся) 3) надева́ть пу́ты, спу́тывать (*лошадь*) 4) надева́ть башмаки́ на деревя́нной подо́шве

**cloggy** [ˈklɔgɪ] *a* 1) комкова́тый; сбива́ющийся в ко́мья 2) густо́й, вя́зкий 3) легко́ засоря́ющийся

**cloisonné** [ˌklɔɪzəˈneɪ] *фр.* *n* клуазоне́

**cloister** [ˈklɔɪstə] **1.** *n* 1) монасты́рь 2) *архит.* кры́тая арка́да 3) *attr.*: ~ vault *архит.* монасты́рский свод

**2.** *v* 1) заточа́ть в монасты́рь 2) уединя́ться (*часто* ~ oneself)

**cloistered** [ˈklɔɪstəd] **1.** *p. p. от* cloister 2

**2.** *a* 1) заточённый 2) уединённый 3) окружённый арка́дами

**cloisterer** [klɔɪstərə] *n* мона́х

**cloistral** [ˈklɔɪstrəl] *a* 1) монасты́рский; мона́шеский 2) уединённый

**cloistress** [ˈklɔɪstrɪs] *n* мона́хиня

**cloning** [ˈkləunɪŋ] *n биол.* вегетати́вное размноже́ние

**clonus** [ˈkləunəs] *n мед.* мы́шечное сокраще́ние, кло́нус

**clop** [klɔp] *n* стук (*копыт*)

**close** I [kləus] **1.** *a* 1) закры́тый 2) уединённый; скры́тый; to keep a thing ~ держа́ть что-л. в секре́те; to keep (*или* to lie) ~ пря́таться 3) за́мкнутый, молчали́вый, скры́тный; to keep oneself ~ держа́ться за́мкнуто 4) стро́гий (*об аресте, изоляции*) 5) спёртый, ду́шный 6) бли́зкий (*о времени и месте*); те́сный; ~ contact те́сный конта́кт; to get to ~ quarters сбли́зиться, подойти́ на бли́зкую диста́нцию; ~ attack *воен.* наступле́ние с бли́жней диста́нции; ~ column со́мкнутая коло́нна; ~ order со́мкнутый строй; ~ defence непосре́дственное охране́ние 7) бли́зкий, инти́мный; ~ friend бли́зкий друг 8) внима́тельный; тща́тельный; подро́бный; ~ investigation подро́бное обсле́дование; ~ reading внима́тельное, ме́дленное чте́ние 9) то́чный; ~ translation то́чный перево́д 10) сжа́тый (*о почерке, стиле*); ~ print убо́ристая печа́ть 11) без про́пусков, пробе́лов; свя́зный 12) пло́тный; густо́й (*о лесе*); ~ texture пло́тная ткань 13) облега́ющий (*об одежде*); хорошо́ при́гнанный; то́чно соотве́тствующий 14) почти́ ра́вный (*о шансах*) 15) скупо́й; he is ~ with his money он скупова́т ◇ (by) a ~ shave а) на волосо́к от; б) с минима́льным преиму́ществом; ~ call *амер.* на волосо́к от; ~ contest упо́рная борьба́ на вы́борах; ~ vote почти́ ра́вное деле́ние голосо́в; ~ district *амер.* избира́тельный о́круг, где побе́да на вы́борах оде́ржана незначи́тельным большинство́м; ~ season вре́мя, когда́ запрещена́ охо́та *или* ры́бная ло́вля

**2.** *adv* 1) бли́зко; ~ up побли́зости; ~ on почти́, приблизи́тельно; there were ~ on a hundred people present прису́тствовало почти́ сто челове́к 2) почти́; he ran me very ~ он почти́ догна́л меня́ 3) ко́ротко; ~ cropped ко́ротко остри́женный; to cut one's hair ~ ко́ротко постри́чься

**close** II [kləuz] **1.** *n* 1) коне́ц, заверше́ние, оконча́ние; to bring to a ~ довести́ до конца́, заверши́ть, зако́нчить 2) закры́тие 3) *муз.* каде́нция; када́нс

**2.** *v* 1) закрыва́ть(ся); конча́ть (*торговлю, занятия*) 2) зака́нчивать (-ся); заключа́ть (*речь и т. п.*); to ~ a discussion прекрати́ть обсужде́ние 3) подходи́ть бли́зко; сближа́ться вплотну́ю 4) *эл.* замыка́ть (*цепь*) □ ~ **about** оку́тывать; окружа́ть; ~ **down** а) закрыва́ть (*предприятие*); прекраща́ть рабо́ту; б) применя́ть репре́ссии; подавля́ть; в) *мор.* задра́ивать; ~ **in** а) приближа́ться; наступа́ть; б) окружа́ть, огора́живать; в) сокраща́ться (*о днях*); ~ **on** приходи́ть к соглаше́нию; ~ **round** окружа́ть; ~ **up** а) закрыва́ть; б) ликвиди́ровать; в) закрыва́ться (*о ране*); г) зака́нчивать; д) сомкну́ть ряды́; ~ **upon** = ~ on; ~ **with** а) вступа́ть в борьбу́; б) принима́ть предложе́ние, заключа́ть сде́лку ◊ to ~ one's days умере́ть; to ~ the door on smth. положи́ть коне́ц обсужде́нию чего́-л.; сде́лать что-л. невозмо́жным

**close** III [kləus] *n* 1) огоро́женное ме́сто (*часто вокруг собора*) 2) шко́льная площа́дка

**closed** [kləuzd] **1.** *p. p. от* close II, 2

**2.** *a* 1) за́пертый, закры́тый, ~ sea вну́треннее мо́ре (*все берега которого принадлежат одному государству*); ~ work *горн.* подзе́мные рабо́ты; ~ shop *амер.* предприя́тие, принима́ющее на рабо́ту то́лько чле́нов профсою́за (*на основании договора с профсоюзом*); ~ economy автарки́ческая эконо́мия, авта́ркия; ~ season вре́мя, когда́ запрещена́ охо́та 2) зако́нченный 3) *фон.* закры́тый; ~ syllable закры́тый слог 4) *эл.* под то́ком ◊ ~ mind ограни́ченность

**close-down** ['kləuz'daun] *n* остано́вка рабо́ты в связи́ с закры́тием предприя́тия

**close-fisted** ['kləus'fɪstɪd] *a* скупо́й

**close-grained** ['kləus'greɪnd] *a* мелкозерни́стый, мелковолокни́стый

**close-hauled** ['kləus'hɔ:ld] *a мор.* иду́щий в круто́й бейдеви́нд

**close-in** ['kləus'ɪn] *a*: ~ fighting бли́жний бой; рукопа́шная схва́тка

**closely** ['kləuslɪ] *adv* 1) бли́зко, те́сно 2) внима́тельно; to look ~ at smth. при́стально смотре́ть на что-л. ◊ ~ confind в стро́гой изоля́ции

**closely-knit** ['kləuslɪ'nɪt] *a* сплочённый

**closeness** ['kləusnɪs] *n* 1) бли́зость 2) пло́тность 3) духота́ 4) ску́пость 5) уедине́ние

**close-out** ['kləus'aut] *n* распрода́жа

**close-stool** ['kləusstu:l] *a* стульча́к; пара́ша

**closet** ['klɔzɪt] **1.** *n* 1) чула́н 2) (стенно́й) шкаф; jam ~ буфе́т; bed ~ ни́ша для крова́ти; ма́ленькая спа́льня 3) *уст.* кабине́т 4) убо́рная 5) *attr.* кабине́тный; ~ strategist кабине́тный страте́г

**2.** *v* запира́ть; to be ~ed with smb. совеща́ться с кем-л. наедине́

**close-up** ['kləus'ʌp] *n* 1) *кино, тлв.* кру́пный план 2) *амер.* тща́тельный осмо́тр 3) *attr.*: ~ pictures *кино* ка́дры, сня́тые кру́пным пла́ном

**closing** ['kləuzɪŋ] **1.** *pres. p. от* close II, 2

**2.** *n* 1) заключе́ние, коне́ц 2) закры́тие; запира́ние 3) смыка́ние 4) *эл.* замыка́ние

**3.** *a* заключи́тельный; ~ speech заключи́тельное сло́во

**closing-time** ['kləuzɪŋtaɪm] *n* вре́мя закры́тия (*магазинов, учреждений и т. п.*)

**closure** ['kləuʒə] **1.** *n* 1) закры́тие; *фон.* смыка́ние 2) *парл.* прекраще́ние пре́ний

**2.** *v* закрыва́ть пре́ния

**clot** [klɔt] **1.** *n* 1) комо́к, сгу́сток 2) *геол.* уча́сток (поро́ды) 3) сверну́вшаяся кровь 4) *мед.* тромб 5) *разг.* идио́т, болва́н

**2.** *v* 1) свёртываться, запека́ться (*о крови*) 2) сгуща́ться; створа́живаться (*о молоке*)

**cloth** [klɔθ] *n* 1) ткань; сукно́; полотно́; холст; бума́жная мате́рия; ~ of gold (silver) золота́я (сере́бряная) парча́; bound in ~ в переплёте из мате́рии 2) *pl* куски́ мате́рии; сорта́ су́кон, мате́рий 3) пы́льная тря́пка 4) ска́терть; to lay the ~ накрыва́ть на стол 5) духо́вный сан; gentlemen of the ~ духове́нство

**clothe** [kləuð] *v* (clothed [-d], clad) 1) одева́ть; to ~ one's children обеспе́чивать дете́й оде́ждой; to ~ oneself одева́ться 2) облека́ть; ~d with authority облечённый вла́стью; to ~ one's thoughts in words облека́ть мы́сли в слова́ 3) покрыва́ть; spring ~s the land with verdure весна́ покрыва́ет зе́млю зе́ленью

**clothes** [kləuðz] *n pl* 1) пла́тье, оде́жда 2) (посте́льное) бельё

**clothes-bag** ['kləuðzbæg] = clothes-basket

**clothes-basket** ['kləuðz,bɑ:skɪt] *n* бельева́я корзи́на

**clothes-brush** ['kləuðzbrʌʃ] п платяна́я щётка

**clothes-horse** ['kləuðzhɔ:s] *n* ра́ма для су́шки белья́

**clothes-line** ['kləuðzlaɪn] *n* верёвка для разве́шивания и су́шки белья́

**clothes-man** ['kləuðzmæn] *n* старьёвщик

**clothes-pin** ['kləuðzpɪn] *n* защи́пка для разве́шанного белья́

**clothes-press** ['kləuðzpres] *n* 1) комо́д для белья́ 2) приспособле́ние для гла́жения оде́жды

**clothier** ['kləuðɪə] *n* 1) торго́вец мануфакту́рой и мужско́й оде́ждой 2) портно́й 3) фабрика́нт су́кон

**clothing** ['kləuðɪŋ] **1.** *pres. p. от* clothe

**2.** *n* 1) оде́жда, пла́тье 2) *воен.* обмундирова́ние 3) *тех.* обши́вка 4) *мор.* паруса́

**clotted** ['klɔtɪd] **1.** *p. p. от* clot 2

**2.** *a* сверну́вшийся, запёкшийся; ~ hair сли́пшиеся, сваля́вшиеся во́лосы ◊ ~ nonsense су́щий вздор

**clou** [klu:] *фр. n* 1) основна́я мысль 2) то, что нахо́дится в це́нтре внима́ния; гвоздь програ́ммы

**cloud** [klaud] **1.** *n* 1) о́блако; ту́ча; mushroom ~ грибови́дное о́блако (*при атомном взрыве*); ~s of smoke клубы́ ды́ма; ~s of dust клубы́ пы́ли; a ~ on one's happiness о́блачко, омрача́ющее чьё-л. сча́стье 2) мно́жество, тьма, ту́ча (*птиц, стрел и т. п.*) 3) пятно́; a ~ on one's reputation пятно́ на чьей-л. репута́ции; to be under a ~ of suspicion быть под подозре́нием 4) покро́в; under ~ of night под покро́вом но́чи 5) шерстяна́я шаль ◊ to be (*или* to have one's head) in the ~s вита́ть в облака́х; in the ~s нереа́льный, вообража́емый; under a ~ а) в тяжёлом положе́нии; б) в неми́лости, в опа́ле; в) под подозре́нием; every ~ has a (*или* its) silver lining *посл.* ≅ нет ху́да без добра́

**2.** *v* 1) покрыва́ть(ся) облака́ми, ту́чами 2) омрача́ть(ся); затемня́ть; мути́ть 3) очерни́ть; запятна́ть (*репутацию*) □ ~ **over,** ~ **up** залока́киваться

**cloudberry** ['klaud,berɪ] *n бот.* моро́шка

**cloud-burst** ['klaudbə:st] *n* ли́вень

**cloud-capped** ['klaudkæpt] *a* закры́тый облака́ми, ту́чами (*о горных вершинах*)

**cloud-castle** ['klaud,kɑ:sl] *n* возду́шные за́мки, мечты́, фанта́зии

**cloud-drift** ['klauddrɪft] *n* плыву́щие облака́

**cloud-land** ['klaudlænd] *n* ска́зочная страна́, мир грёз

**cloudless** ['klaudlɪs] *a* безо́блачный, я́сный

**cloudlet** ['klaudlɪt] *n* о́блачко, ту́чка

**cloud-world** ['klaudwə:ld] = cloud-land

**cloudy** ['klaudɪ] *a* 1) о́блачный 2) непрозра́чный, му́тный (*о жидкости*) 3) пу́таный; тума́нный (*о мысли*) 4) затума́ненный, нея́сный (*о зрении, о видимости*) 5) хму́рый, мра́чный 6) с пя́тнами, прожи́лками (*о мраморе и т. п.*)

**clout** [klaut] **1.** *n* 1) лоску́т, тря́пка 2) *разг.* затре́щина 3) = clout-nail

**2.** *v* 1) *уст., диал.* гру́бо чини́ть *или* лата́ть 2) *разг.* дава́ть затре́щину

**clout-nail** ['klautneɪl] *n* гвоздь с пло́ской шля́пкой; штукату́рный гвоздь

**clove** I [kləuv] *n* 1) гвозди́ка (*пряность*; oil of ~s гвозди́чное ма́сло 2) гвозди́чное де́рево

**clove** II [kləuv] *n* зубо́к чесно́чной голо́вки; лу́ковичка

**clove** III [kləuv] *past от* cleave I

**clove-gillyflower** ['kləuv'dʒɪlɪ,flauə] *n бот.* гвозди́чное де́рево

**clove hitch** ['kləuvhɪtʃ] *n мор.* вы́бленочный у́зел

**cloven** ['kləuvn] **1.** *p. p. от* cleave I

**2.** *a* раздво́енный, расщеплённый; ~ hoof раздво́енное копы́то (*у парнокопытных*) ◊ to show the ~ hoof (*или* foot) обнару́живать дья́вольский хара́ктер (*дьявола обычно изображали с раздвоенным копытом*)

**clover** ['kləuvə] *n* кле́вер ◊ he is in ~, he lives in ~ ≅ он как сыр в ма́сле ката́ется; он живёт припева́ючи

**clow** [klau] *n* шлю́зные воро́та

**clown** [klaun] **1.** *n* 1) кло́ун 2) шут 3) неотёсанный па́рень

**2.** *v* дура́читься, изобража́ть из себя́ кло́уна

**clownery** ['klaunərɪ] *n* клоуна́да

**clownish** [ˈklaunɪʃ] *a* 1) шутовско́й 2) гру́бый; неотёсанный

**cloy** [klɔɪ] *v* пресыща́ть ◇ too many sweets ∼ the palate избы́ток сла́достей вызыва́ет отвраще́ние

**club** I [klʌb] **1.** *n* 1) дуби́нка 2) *спорт.* клю́шка; бита́; булава́ 3) прикла́д (*ружья*)

2. *v* бить (*дубиной, прикладом*)

**club** II [klʌb] *n pl карт.* тре́фы, тре́фовая масть

**club** III [klʌb] **1.** *n* клуб

2. *v* 1) собира́ться вме́сте 2) устра́ивать скла́дчину (together, with)

**clubbable** [ˈklʌbəbl] *a* 1) досто́йный быть чле́ном клу́ба 2) общи́тельный; лю́бящий (клу́бное) о́бщество

**clubbing** I [ˈklʌbɪŋ] **1.** *pres. p. от* club I, 2

2. *n* избие́ние дуби́нкой

**clubbing** II [ˈklʌbɪŋ] *pres. p. от* club III, 2

**club-foot** [ˈklʌbˈfut] **1.** *n* косола́пость; изуро́дованная ступня́

2. *a* = club-footed

**club-footed** [ˈklʌbˈfutɪd] *a* косола́пый, с изуро́дованной ступнёй

**club-law** I [ˈklʌbˈlɔː] *n* кула́чное пра́во

**club law** II [ˈklʌbˈlɔː] *n* уста́в клу́ба

**clubman** [ˈklʌbmən] *n* 1) член клу́ба 2) *амер.* све́тский челове́к; прожига́тель жи́зни

**club-shaped** [ˈklʌbʃeɪpt] *a* утолщённый на одно́м конце́, булавови́дный

**clubwoman** [ˈklʌbˌwumən] *n* же́нщина — член *или* завсегда́тай клу́ба

**cluck** [klʌk] **1.** *n* куда́хтанье, клохта́нье

2. *v* куда́хтать, клохта́ть

**clue** [kluː] *n* 1) ключ (*к разгадке чего-л.*); ули́ка 2) нить (*рассказа и т. п.*); ход мы́слей

**clump** [klʌmp] **1.** *n* 1) гру́ппа (*деревьев*) 2) звук тяжёлых шаго́в 3) двойна́я подо́шва

2. *v* 1) тяжело́ ступа́ть (*обыкн.* ∼ about) 2) сажа́ть гру́ппами 3) ста́вить двойну́ю подо́шву

**clumsy** [ˈklʌmzɪ] *a* 1) неуклю́жий, нело́вкий; неповоро́тливый 2) гру́бый, топо́рный 3) беста́ктный

**clung** [klʌŋ] *past и p. p. от* cling

**cluster** [ˈklʌstə] **1.** *n* 1) кисть, пучо́к, гроздь; куст; ∼ of grapes гроздь виногра́да 2) гру́ппа; ∼ of spectators ку́чка зри́телей 3) рой (*пчёл*) 4) скопле́ние, концентра́ция 5) *attr.:* ∼ sampling вы́борочное обсле́дование 6) *attr.:* ∼ switch *эл.* группово́й выключа́тель

2. *v* 1) расти́ пучка́ми, гро́здьями; roses ∼ed round the house вокру́г до́ма росли́ кусты́ роз 2) собира́ться гру́ппами, толпи́ться, тесни́ться; the children ∼ed round their teacher де́ти окружи́ли учи́тельницу; memories of the past ∼ round this spot с э́тим ме́стом свя́заны воспомина́ния про́шлого

**clutch** I [klʌtʃ] **1.** *n* 1) сжа́тие; захва́т; to make a ∼ at smth. схвати́ть что-л. 2) *pl* ко́гти, ла́пы 3) власть, тиски́; to get into the ∼es of money-lenders попа́сть во власть (*или* в ла́пы) ростовщико́в 4) *тех.* зажи́мное устро́йство; му́фта, сцепле́ние; to throw in (out) the ∼ сцепи́ть (разобщи́ть) му́фту

2. *v* схвати́ть; зажа́ть; ухвати́ть(ся) ◇ to ∼ at a straw хвата́ться за соло́минку

**clutch** II [klʌtʃ] **1.** *n* 1) я́йца, на кото́рых сиди́т ку́рица 2) вы́водок

2. *v* выси́живать (*цыплят*)

**clutter** [ˈklʌtə] **1.** *n* 1) сумато́ха 2) беспоря́док; хао́с 3) шум, гам

2. *v* 1) создава́ть сумато́ху 2) приводи́ть в беспоря́док, загроможда́ть веща́ми (*часто* ∼ up); her desk was ∼ed up with old papers её стол был зава́лен ста́рыми бума́гами 3) создава́ть поме́хи, меша́ть; to ∼ traffic затрудня́ть (у́личное) движе́ние 4) шуме́ть

**Clydesdale** [ˈklaɪdzdeɪl] *n* клейдесда́льская поро́да лошаде́й-тяжелово́зов

**clyster** [ˈklɪstə] *n мед.* 1) кли́зма; клисти́р 2) *attr.:* ∼ pipe клисти́рная тру́бка

**co-** [kəu-] *в сложных словах означает общность, совместность действий, сотрудничество, взаимность и т. п.; напр.*, co-ordinate координи́ровать; согласо́вывать; co-education совме́стное обуче́ние лиц мужско́го и же́нского по́ла

**coach** I [kəutʃ] **1.** *n* 1) каре́та, экипа́ж; ∼ and four (six) каре́та, запряжённая четвёркой (шестёркой) 2) *ж.-д.* пассажи́рский ваго́н 3) авто́бус (междугоро́дного сообще́ния) 4) *ист.* почто́вая каре́та ◇ to drive a ∼ and four (*или* six) through свести́ на не́т, аннули́ровать, обойти́ зако́н (юриди́ческое постановле́ние *и т. п.*), ссыла́ясь на нето́чность *или* нея́сность в те́ксте; найти́ лазе́йку

2. *v* 1) е́хать в каре́те 2) перевози́ть в каре́те

**coach** II [kəutʃ] **1.** *n* 1) репети́тор (*подготавливающий к экзаменам*) 2) тре́нер; инстру́ктор

2. *v* 1) подгота́вливать *или* ната́скивать к экза́мену 2) занима́ться с репети́тором 3) тренирова́ть, подгота́вливать к состяза́ниям 4) *ав.* инструкти́ровать пило́та по ра́дио во вре́мя ночны́х полётов

**coach-box** [ˈkəutʃbɔks] *n* ко́злы

**coach-house** [ˈkəutʃhaus] *n* каре́тный сара́й

**coachman** [ˈkəutʃmən] *n* 1) ку́чер 2) иску́сственная му́ха (*употр. при рыбной ловле*)

**coadjutor** [kəuˈædʒutə] *n* коадъю́тор, помо́щник, замести́тель (*особ. духовного лица*)

**coagulant** [kəuˈægjulənt] *n хим.* сгуща́ющее веществó, коагуля́нт

**coagulate** [kəuˈægjuleɪt] *v* сгуща́ть(-ся), свёртывать(ся); коагули́ровать

**coagulation** [kəuˌægjuˈleɪʃən] *n* коагуля́ция, свёртывание

**coal** [kəul] **1.** *n* 1) (ка́менный) у́голь 2) уголёк ◇ to call (*или* to haul) over the ∼s де́лать вы́говор; дава́ть нагоня́й; to carry ∼s to Newcastle вози́ть това́р туда́, где его́ и без того́ мно́го; ≅ е́хать в Ту́лу со свои́м самова́ром; занима́ться бессмы́сленным де́лом (*г. Ньюкасл — центр угольной промышленности*); to heap ∼s of fire on smb.'s head *библ.* ≅ пристыди́ть кого́-л., возда́в добро́м за зло

2. *v* 1) грузи́ть(ся) у́глем 2) обу́гливаться

**coal-bed** [ˈkəulbed] *n* у́гольный пласт

**coal-black** [ˈkəulˈblæk] *a* чёрный как смоль

**coal-burner** [ˈkəulˌbəːnə] *n* кора́бль, рабо́тающий на у́гле́

**coal-cutter** [ˈkəulˌkʌtə] *n* вру́бовая маши́на

**coal-dust** [ˈkəuldʌst] *n* ме́лкий у́голь, у́гольная пыль

**coaler** [ˈkəulə] *n* 1) у́гольщик (*пароход*) 2) гру́зчик у́гля́

**coalesce** [ˌkəuəˈles] *v* 1) сраста́ться 2) объединя́ться (*о людях*)

**coalescence** [ˌkəuəˈlesns] *n* 1) сраще́ние, соедине́ние 2) объедине́ние (*в группы и т. п.*); смесь ◇ ∼ of councils единоду́шие, единогла́сие

**coal-field** [ˈkəulfiːld] *n* каменноу́го́льный бассе́йн; месторожде́ние ка́менного у́гля́

**coal-flap** [ˈkəulflæp] *n* кры́шка находя́щегося на тротуа́ре лю́ка у́гольного подва́ла

**coal-gas** [ˈkəulgæs] *n* каменноуго́льный газ, свети́льный газ

**coal-heaver** [ˈkəulˌhiːvə] *n* во́зчик у́гля́

**coal-hole** [ˈkəulhəul] *n* 1) подва́л для хране́ния у́гля́ 2) люк для спу́ска у́гля́ в подва́л

**coaling** [ˈkəulɪŋ] **1.** *pres. p. от* coal 2

2. *n* нагру́зка у́гля́, бункеро́вка

**coaling-station** [ˈkəulɪŋˌsteɪʃən] *n* у́гольная ста́нция, у́гольная ба́за

**coalite** [ˈkəulaɪt] *n хим.* коали́т

**coalition** [ˌkəuəˈlɪʃən] *n* 1) коали́ция; сою́з (*временный*) 2) *attr.* коалицио́нный; a ∼ government коалицио́нное прави́тельство

**coalitionist** [ˌkəuəˈlɪʃənɪst] *n* уча́стник коали́ции

**co-ally** [kəuˈælaɪ] *n* сою́зник

**coalman** [ˈkəulmæn] *n* 1) углеко́п 2) у́гольщик (*пароход*)

**coal-measures** [ˈkəulˌmeʒəz] *n pl геол.* каменноу́го́льные пласты́; каменноу́го́льная сви́та; каменноу́го́льные отложе́ния

**coal-mine** [ˈkəulmaɪn] *n* у́гольная ша́хта, копь

**coal-pit** [ˈkəulpɪt] = coal-mine

**coal-plough machine** [ˈkəulplaumәʃiːn] *n* у́гольный комба́йн

**coal-scuttle** [ˈkəulˌskʌtl] *n* ведёрко для у́гля́

**coal-seam** [ˈkəulsiːm] = coal-bed

**coal-tar** [ˈkəulˈtɑː] *n* каменноу́го́льная смола́, каменноу́го́льный дёготь

**coaly** [ˈkəulɪ] *a* 1) у́гольный, содержа́щий у́голь 2) чёрный как у́голь 3) покры́тый у́гольной пы́лью; чума́зый

**coaming** [ˈkəumɪŋ] *n мор.* ко́мингс

**coarse** [kɔ:s] *a* 1) грубый (*о пище, одежде и т. п.*); ~ thread суровые нитки 2) крупный; ~ sand крупный песок 3) необработанный; шероховатый (*о материале*) 4) низкого сорта 5) грубый, невежливый 6) непристойный, вульгарный

**coarse-grained** [ˈkɔ:sgreɪnd] *a* 1) крупнозернистый; ~ wood широкослойная древесина 2) неотёсанный, грубый (*о человеке*)

**coarsen** [ˈkɔ:sn] *v* 1) делать грубым 2) грубеть

**coast** [kəust] **1.** *n* 1) морской берег, побережье 2) *амер.* снежная горка 3) *амер.* спуск с горы на санках 4) спуск под уклон с выключенным мотором *или* без педалей ◇ the ~ is clear путь свободен, препятствий нет

**2.** *v* 1) плавать вдоль побережья 2) *амер.* кататься с горы 3) спускаться под уклон с выключенным мотором *или* без педалей

**coastal** [ˈkəustəl] **1.** *a* береговой; ~ traffic каботажное плавание; ~ command береговая охрана; ~ submarine подводная лодка прибрежного действия

**2.** *n* судно береговой охраны

**coaster** [ˈkəustə] *n* 1) каботажное судно 2) житель берегового района 3) подставка для стакана (*и т. п.*); серебряный поднос (*часто на колёсиках*) для графина

**coastguard** [ˈkəustgɑ:d] *n* береговая охрана; *амер.* морская пограничная служба

**coasting** [ˈkəustɪŋ] **1.** *pres. p. от* coast 2

**2.** *n* 1) каботажное судоходство 2) *амер.* спуск с горы; катанье с гор 3) *attr.* каботажный; ~ trade каботажная торговля

**coastline** [ˈkəustlaɪn] *n* береговая линия

**coast waiter** [ˈkəustˌweɪtə] *n* таможенный чиновник, надзирающий за каботажными судами

**coast warning** [ˈkəustˌwɔ:nɪŋ] *n мор.* штормовой сигнал

**coastwise** [ˈkəustwaɪz] **1.** *a* каботажный

**2.** *adv* вдоль побережья

**coat** [kəut] **1.** *n* 1) пиджак; мундир; френч; китель; Eton ~ короткая чёрная куртка; tail (*или* claw-hammer) ~ фрак; morning ~ визитка; ~ and skirt женский костюм 2) верхнее платье, пальто; to take off one's ~ снять пальто [*ср. тж.* ◇] 3) мех, шерсть; *редк.* шубка (*животного*); оперение (*птицы*) 4) слой, покров; ~ of snow снеговой покров; ~ of paint слой краски; ~ of dust слой пыли 5) *анат.* оболочка, плева 6) *тех.* облицовка, обшивка; обкладка; грунт ◇ ~ of arms гербовый щит, герб; ~ of mail кольчуга; to dust a man's ~ (for him) вздуть, отколотить кого-л.; to take off one's ~ приготовиться к драке [*ср. тж.* 2)]; to take off one's ~ to (the) work горячо взяться за работу; to turn one's ~ менять свои убеждения, взгляды; переходить на сторону противника

**2.** *v* 1) покрывать (*краской и т. п.*); his tongue is ~ed у него язык обложен 2) облицовывать

**coatee** [ˈkəuti:] *n* короткая куртка

**coating** [ˈkəutɪŋ] **1.** *pres. p. от* coat 2

**2.** *n* 1) слой (*краски и т. п.*); шпаклёвка, грунт 2) *тех.* обшивка; покрытие 3) материал для пальто

**co-author** [kəuˈɔ:θə] *n* соавтор

**co-ax** [kəuks] *n воен.* пулемёт комплексной установки

**coax** [kəuks] **1.** *v* 1) упрашивать (*лаской, терпеливо и т. п.*), уговаривать; задабривать; she ~ed the child to take the medicine она уговорила ребёнка принять лекарство 2) добиться чего-л. с помощью уговоров, лести (into, out of); he was ~ed into coming here его упросили прийти сюда; to ~ smth. out of smb. добиться лаской *и т. п.* чего-л. от кого-л.; to ~ the fire into burning терпеливо разжигать огонь

**2.** *n* человек, который умеет упросить, убедить

**coaxal** [ˈkəuˈæksəl] *a* коаксальный, имеющий общую ось

**coaxial** [ˈkəuˈæksɪəl] = coaxal

**coaxing** [ˈkəuksɪŋ] **1.** *pres. p. от* coax 1

**2.** *n* задабривание, уговаривание

**cob** I [kɔb] **1.** *n* 1) глыба, ком 2) = cob swan 3) *название породы невысоких, коренастых верховых лошадей* 4) кочерыжка кукурузного початка 5) крупный орех

**2.** *v* 1) бросать, швырять 2) бить 3) *горн.* дробить руду вручную молотком

**cob** II [kɔb] *n* 1) смесь глины с соломой (*для обмазки стен*) 2) *attr.*: ~ wall глинобитная стена

**cobalt** [kəuˈbɔ:lt] *n* 1) *хим.* кобальт 2) кобальтовая синяя краска

**cobber** [ˈkɔbə] *n австрал. разг.* приятель

**cobble** I [ˈkɔbl] **1.** *n* 1) булыжник 2) *pl* крупный уголь

**2.** *v* мостить (*булыжником*)

**cobble** II [ˈkɔbl] **1.** *n* плохо сделанная работа

**2.** *v* чинить, латать (*обувь*)

**cobbler** [ˈkɔblə] *n* 1) сапожник, занимающийся починкой обуви; ~'s wax воск (*для вощения ниток*) 2) плохой работник 3) напиток из вина с сахаром, лимоном и льдом

**cobble-stone** [ˈkɔblstəun] = cobble I, 1, 1)

**cobby** [ˈkɔbɪ] *a* низкорослый, коренастый

**coble** [ˈkəubl] *n* плоскодонная рыбачья лодка

**cob-nut** [ˈkɔbnʌt] *n* род волошского ореха, фундук

**cobra** [ˈkəubrə] *n* кобра, очковая змея

**cob-swan** [ˈkɔbswɔn] *n* лебедь-самец

**cobweb** [ˈkɔbweb] *n* 1) паутина 2) лёгкая прозрачная ткань 3) *pl* хитросплетения, тонкости ◇ ~ morning туманное утро; to blow away the ~s проветриться; прогуляться; he has a ~ in his throat у него горло пересохло

**cobwebby** [ˈkɔbˌwebɪ] *a* затянутый паутиной

**coca** [ˈkəukə] *n бот.* кока (*южноамер. кустарник и его листья*)

**coca-cola** [ˈkəukəˈkəulə] *n* кока-кола

**cocaine** [kəˈkeɪn] *n* кокаин

**cocainize** [kəˈkeɪnaɪz] *v* впрыскивать кокаин

**cocci** [ˈkɔksaɪ] *pl от* coccus

**coccus** [ˈkɔkəs] *n* (*pl* cocci) *мед.* кокк

**coccyx** [ˈkɔksɪks] *n анат.* копчик

**cochin(-china)** [ˈkɔtʃɪn(ˈtʃaɪnə)] *n* кохинхинка (*порода кур*)

**cochineal** [ˈkɔtʃɪni:l] *n* кошениль (*краска*)

**cochlea** [ˈkɔklɪə] *n* (*pl* -leae) *анат.* улитка (*уха*)

**cochleae** [ˈkɔklɪi:] *pl от* cochlea

**cochleare** [ˌkɔklɪˈɛəri:] *n мед.* ложка (*мера лекарства; в рецептах сокр.* cochl.)

**cock** I [kɔk] **1.** *n* 1) петух; ~ of the wood глухарь 2) самец (*птицы*) 3) петушиный крик (*на заре*); we sat till the second ~ мы сидели до вторых петухов 4) кран 5) флюгер 6) курок; at full ~ на полном взводе 7) сторожок (*весов*); стрелка (*солнечных часов*) 8) *ав.* сиденье лётчика 9) вожак, коновод; ~ of the school первый коновод и драчун в школе 10) *груб.* половой член ◇ ~ of the walk *разг.* а) хозяин положения; б) важная персона, местный заправила; to live like a fighting ~ жить припеваючи; old ~ дружище; that ~ won't fight ≅ этот номер не пройдёт

**2.** *v* поднимать; to ~ (up) one's ears настораживать уши (*о животном*); навострить уши, насторожиться; to ~ one's hat заламывать шляпу набекрень; to ~ one's pistol взводить курок пистолета ◇ to ~ one's eye подмигнуть; взглянуть многозначительно; to ~ one's nose задирать нос, важничать

**cock** II [kɔk] **1.** *n* стог

**2.** *v* складывать сено в стога

**-cock** [-kɔk] *в сложных словах означает самца птиц*

**cockade** [kɔˈkeɪd] *n* кокарда

**cock-a-doodle-doo** [ˈkɔkəduːdlˈdu:] *n* 1) кукареку 2) петух, петушок

**cock-a-hoop** [ˈkɔkəˈhu:p] *a* 1) *predic.* ликующий; торжествующий 2) самодовольный; хвастливо-задорный; высокомерный

**Cockaigne** [kɔˈkeɪn] *n* сказочная страна изобилия и праздности; the land of ~ *ирон.* Лондон и его окрестности

**cockalorum** [ˌkɔkəˈlɔ:rəm] *n разг.* «петушок», самоуверенный молодой человек небольшого роста

**cock-and-bull** [ˈkɔkən(d)ˈbul] *a*: ~ story неправдоподобная история; небылицы

**cockatoo** [ˌkɔkəˈtu:] *n* 1) какаду (*попугай*) 2) *австрал. разг.* мелкий фермер

**cockatrice** [ˈkɔkətraɪs] n василиск
**Cockayne** [kɔˈkeɪn] = Cockaigne
**cockboat** [ˈkɔkbəut] n судовая шлюпка
**cockchafer** [ˈkɔkˌtʃeɪfə] n зоол. майский жук, хрущ
**cock-crow** [ˈkɔkkrəu] n время, когда начинают петь петухи, рассвет
**cocked** [kɔkt] 1. p. p. от cock I, 2
2. a 1) поднятый 2) задранный кверху
**cocked hat** [ˈkɔkthæt] n 1) треуголка 2) письмо, сложенное треугольником
**Cocker** [ˈkɔkə] n: according to ~ как по Кокеру (Кокер — автор учебника арифметики в XVII в.), точно, совершенно правильно
**cocker** I [ˈkɔkə] v ласкать, баловать (детей) □ ~ **up** потворствовать (in); закармливать сладостями
**cocker** II [ˈkɔkə] n кокер-спаниель (охотничья собака)
**cockerel** [ˈkɔkərəl] n 1) петушок 2) драчун, задира
**cock-eye** [ˈkɔkaɪ] 1. n разг. косящий глаз
2. a косой
**cock-eyed** [ˈkɔkaɪd] a разг. 1) косоглазый 2) косой 3) пьяный 4) бестолковый, дурацкий
**cock-fight(ing)** [ˈkɔkˌfaɪt(ɪŋ)] n петушиный бой
**cock-horse** [ˈkɔkˈhɔːs] 1. n палочка-лошадка (детская игрушка)
2. adv верхом на палочке
**cockiness** [ˈkɔkɪnɪs] n самонадеянность; дерзость
**cockle** I [ˈkɔkl] n бот. 1) куколь посевной 2) плевел опьяняющий
**cockle** II [ˈkɔkl] n зоол. съедобный моллюск ◇ to warm (или to rejoice) the ~s of one's heart радовать, согревать сердце
**cockle** III [ˈkɔkl] 1. n морщина, изъян (в бумаге, материи)
2. v 1) морщиниться 2) покрываться барашками (о море) 3) завёртывать(ся) винтом или спиралью
**cockle** IV [ˈkɔkl] n печь для сушки хмеля
**cockle-boat** [ˈkɔklbəut] = cockle-shell 2)
**cockle-shell** [ˈkɔklʃel] n 1) раковина 2) «скорлупка», утлое судёнышко, утлая лодчонка
**cock-loft** [ˈkɔklɔft] n 1) мансарда 2) чердак
**cockney** [ˈkɔknɪ] n 1) кокни, лондонец из низов (особ. уроженец Ист-Энда) 2) кокни (лондонское просторечие, преимущественно Ист-Энда) 3) пренебр. горожанин 4) attr. свойственный кокни; ~ pronunciation произношение кокни
**cockpit** [ˈkɔkpɪt] n 1) арена для петушиных боёв 2) арена борьбы; ~ of Europe уст. Бельгия 3) мор. кубрик; кокпит 4) ав. кабина в самолёте
**cockroach** [ˈkɔkrəutʃ] n таракан
**cockscomb** [ˈkɔkskəum] n 1) петушиный гребень 2) дурацкий, шутовской колпак 3) бот. петуший гребешок
**cocksfoot** [ˈkɔksfut] n бот. ёжа сборная
**cockshead** [ˈkɔkshed] n бот. эспарцет
**cock-shot** [ˈkɔkʃɔt] = cock-shy 2)
**cock-shy** [ˈkɔkʃaɪ] n 1) народная игра (в которой участвующий, попадая в мишень палкой, получает приз) 2) мишень
**cock sparrow** [ˈkɔkˌspærəu] n 1) воробей-самец 2) забияка, задира
**cock-sure** [ˈkɔkˈʃuə] a 1) вполне уверенный; I was ~ of (или about) his horse я был уверен, что его лошадь выиграет 2) самоуверенный 3) неизбежный (о событии)
**cockswain** [ˈkɔksweɪn, ˈkɔksn] = coxswain
**cocksy** [ˈkɔksɪ] = cocky
**cocktail** [ˈkɔkteɪl] n 1) коктейль 2) лошадь с подрезанным хвостом; скаковая полукровка 3) выскочка
**cocky** [ˈkɔkɪ] a самоуверенный; дерзкий; нахальный
**cocky-leeky** [ˈkɔkɪˈliːkɪ] n шотл. куриный бульон, заправленный луком
**coco** [ˈkəukəu] n 1) кокосовая пальма 2) = coconut 1)
**cocoa** [ˈkəukəu] n 1) какао (порошок и напиток) 2) attr. какаовый; ~ bean боб какао; ~ nibs зёрна какао, очищенные от шелухи 3) attr.: ~ powder бурый порох
**cocoa-husks** [ˈkəukəhʌsks] = cocoa-shells
**cocoa-nut** [ˈkəukənʌt] = coconut
**cocoa-shells** [ˈkəukəʃəlz] n pl какавелла
**coconut** [ˈkəukənʌt] n 1) кокос 2) разг. башка 3) разг. доллар 4) attr. кокосовый; ~ fibre кокосовая мочалка; ~ milk млечный сок в кокосовом орехе ◇ that accounts for the milk in the ~ шутл. вот теперь всё понятно
**coconut-tree** [ˈkəukənʌtˈtriː] n кокосовая пальма
**cocoon** [kəˈkuːn] n кокон
**cocoonery** [kəˈkuːnərɪ] n амер. червоводня; станция для выводки целлюлярной грены
**coco-palm** [ˈkəukəpaːm] n кокосовая пальма
**cod** I [kɔd] n (pl без измен.) треска
**cod** II [kɔd] v разг. надувать, обманывать
**cod** III [kɔd] n стручок, шелуха
**coda** [ˈkəudə] n муз. кода
**coddle** I [ˈkɔdl] 1. n неженка
2. v 1) ухаживать (как за больным); кутать; изнеживать 2) баловать
**coddle** II [ˈkɔdl] v 1) обваривать кипятком, варить на медленном огне 2) диал. печь (яблоки)
**code** [kəud] 1. n 1) юр. кодекс, свод законов; civil ~ гражданский кодекс; criminal ~ уголовный кодекс 2) код; Morse ~ азбука (или код) Морзе 3) законы чести, морали; моральные нормы; ~(s) of conduct нормы поведения
2. v шифровать по коду, кодировать
**codeine** [ˈkəudiːn] n фарм. кодеин
**codex** [ˈkəudeks] лат. n (pl codices) 1) старинная рукопись или сборник старинных рукописей 2) редк. кодекс
**cod-fish** [ˈkɔdfɪʃ] = cod I
**codger** [ˈkɔdʒə] n разг. чудак; эксцентричный старикашка
**codices** [ˈkəudɪsiːz] pl от codex
**codicil** [ˈkɔdɪsɪl] n юр. дополнительное распоряжение; приписка (к духовному завещанию)
**codification** [ˌkɔdɪfɪˈkeɪʃən] n кодификация, сведение в кодекс
**codify** [ˈkɔdɪfaɪ] v 1) составлять кодекс, кодифицировать 2) приводить в систему (условные знаки, сигналы и т. п.) 3) шифровать
**cod-liver oil** [ˈkɔdlɪvərˈɔɪl] n рыбий жир
**co-ed, coed** [ˈkəuˈed] n разг. (сокр. от co-educated) студентка учебного заведения для лиц обоего пола
**co-education** [ˈkəuˌedjuːˈkeɪʃən] n совместное обучение лиц обоего пола
**coefficient** [ˌkəuɪˈfɪʃənt] 1. n 1) коэффициент; ~ of efficiency тех. коэффициент полезного действия 2) содействующий фактор
2. a содействующий
**coemption** [kəuˈempʃən] n эк. скупка всего имеющегося товара
**coenobite** [ˈsiːnəubaɪt] n церк. монах, инок
**coequal** [kəuˈiːkwəl] a равный другому (по чину, званию и т. п.)
**coerce** [kəuˈəːs] v 1) принуждать; to ~ into silence заставить замолчать, умолкнуть 2) сообщить движение
**coercible** [kəuˈəːsɪbl] a 1) поддающийся принуждению, насилию 2) сжимающийся (о газах)
**coercion** [kəuˈəːʃən] n принуждение, насилие ◇ C. Act., C. Bill закон о приостановке конституционных гарантий
**coercive** [kəuˈəːsɪv] a принудительный; ~ force физ. коэрцитивная сила
**coeval** [ˌkəuˈiːvəl] 1. n 1) сверстник 2) современник
2. a 1) одного возраста 2) современный (with)
**coexist** [ˈkəuɪgˈzɪst] v сосуществовать
**coexistence** [ˈkəuɪgˈzɪstəns] n сосуществование; совместное существование
**coexistent** [ˈkəuɪgˈzɪstənt] a сосуществующий
**coextensive** [ˈkəuɪksˈtensɪv] a одинакового протяжения во времени или пространстве
**coffee** [ˈkɔfɪ] n кофе; white ~ кофе с молоком
**coffee-bean** [ˈkɔfɪbiːn] n кофейный боб
**coffee-berry** [ˈkɔfɪˈberɪ] = coffee-bean
**coffee-cup** [ˈkɔfɪkʌp] n маленькая (кофейная) чашка
**coffee-grinder** [ˈkɔfɪˌgraɪndə] n 1) кофейная мельница 2) воен. жарг. пулемёт

**coffee-grounds** [ˈkɔfɪgraundz] *n pl* кофе́йная гу́ща
**coffee-house** [ˈkɔfɪhaus] *n* кафе́
**coffee-mill** [ˈkɔfɪmɪl] *n* кофе́йная ме́льница
**coffee-palace** [ˈkɔfɪˌpælɪs] = coffee-house
**coffee-pot** [ˈkɔfɪpɔt] *n* кофе́йник
**coffee-room** [ˈkɔfɪrum] *n* кафе́, столо́вая в гости́нице
**coffee-table** [ˈkɔfɪˌteɪbl] кофе́йный сто́лик ◇ ~ books «чти́во»
**coffer** [ˈkɔfə] **1.** *n* 1) металли́ческий (*особ.* де́нежный) сунду́к 2) *pl* казна́ 3) *архит.* кессо́н (*потолка*) 4) *гидр.*, *стр.* кессо́н; ка́мера; шлюз; опускно́й коло́дец
**2.** *v* запира́ть в сунду́к
**coffer-dam** [ˈkɔfədæm] *n гидр.* кессо́н для подво́дных рабо́т, коферда́м; перемы́чка; водонепроница́емая крепь
**coffin** [ˈkɔfɪn] **1.** *n* 1) гроб 2) фу́нтик, бума́жный паке́тик 3) = coffin-bone 4) *мор. жарг.* «ста́рая кало́ша» (*негодное к плаванию судно*) 5) забро́шенная ша́хта
**2.** *v* 1) класть в гроб 2) упря́тать пода́льше (*что-л.*)
**coffin-bone** [ˈkɔfɪnbəun] *n* копы́тная кость
**cog** I [kɔg] *n* 1) зубе́ц; вы́ступ 2) *разг.* ме́лкая со́шка 3) *горн.* костро́вая крепь ◇ to slip a ~ допусти́ть просчёт, сде́лать оши́бку
**cog** II [kɔg] **1.** *n* обма́н, жу́льничество
**2.** *v* обма́нывать, жу́льничать
**cog** III [kɔg] *n* небольша́я рыба́чья ло́дка
**cogence, -cy** [ˈkəudʒəns, -sɪ] *n* убеди́тельность, неоспори́мость, неопровержи́мость
**cogent** [ˈkəudʒənt] *a* убеди́тельный; неоспори́мый; обосно́ванный
**cogged** [kɔgd] *a* зубча́тый
**cogitable** [ˈkɔdʒɪtəbl] *a* мы́слимый, досту́пный понима́нию
**cogitate** [ˈkɔdʒɪteɪt] *v* обду́мывать; размышля́ть
**cogitation** [ˌkɔdʒɪˈteɪʃən] *n* обду́мывание; размышле́ние
**cogitative** [ˈkɔdʒɪtətɪv] *a* 1) мысли́тельный 2) мы́слящий, размышля́ющий
**cognac** [ˈkɔnjæk] *n* конья́к
**cognate** [ˈkɔgneɪt] **1.** *n* 1) *pl лингв.* слова́ и́ли языки́ о́бщего происхожде́ния 2) *юр.* ро́дственник (*по материнской линии*)
**2.** *a* ро́дственный; схо́дный; бли́зкий; одного́ происхожде́ния; похо́жий; ~ words слова́ одного́ ко́рня
**cognation** [kɔgˈneɪʃən] *n* 1) *лингв.* родство́ (*слов, языков*) 2) *шотл. юр.* кро́вное родство́ (*по материнской линии*)
**cognition** [kɔgˈnɪʃən] *n* 1) познава́тельная спосо́бность 2) зна́ние; позна́ние
**cognitive** [ˈkɔgnɪtɪv] *a* познава́тельный
**cognizable** [ˈkɔgnɪzəbl] *a* 1) познава́емый 2) *юр.* подсу́дный
**cognizance** [ˈkɔgnɪzəns] *n* 1) зна́ние; узнава́ние; to have ~ of smth. знать о чём-л.; to take ~ of smth. заме́тить что-л., обрати́ть внима́ние на что-л. 2) компете́нция; within one's ~ в преде́лах чьей-л. компете́нции 3) юрисди́кция, подсу́дность 4) отличи́тельный знак; герб
**cognizant** [ˈkɔgnɪzənt] *a* зна́ющий, осведомлённый (of — о *чём-л.*); осозна́вший; позна́вший
**cognize** [kɔgˈnaɪz] *v* 1) узнава́ть; замеча́ть, обраща́ть внима́ние 2) *филос.* познава́ть
**cognomen** [kɔgˈnəumen] *n* 1) фами́лия 2) про́звище
**cognoscente** [ˌkɔnjəuˈʃentɪ] *ит. n* (*pl* -nti) знато́к (*искусства, литературы и т. п.*)
**cognoscenti** [ˌkɔnjəuˈʃentiː] *pl от* cognoscente
**cognovit** [kɔgˈnəuvɪt] *лат. n юр.* призна́ние отве́тчиком свое́й неправоты́
**cog-wheel** [ˈkɔgwiːl] *n тех.* зубча́тое колесо́
**cohabit** [kəuˈhæbɪt] *v* сожи́тельствовать (*в браке или вне брака*)
**cohabitant** [kəuˈhæbɪtənt] *n* сожи́тель, сожи́тельница [*см.* cohabit]
**cohabitation** [ˌkəuhæbɪˈteɪʃən] *n* сожи́тельство [*см.* cohabit]
**coheir** [ˈkəuˈɛə] *n* сонасле́дник
**coheiress** [ˈkəuˈɛərɪs] *n* сонасле́дница
**cohere** [kəuˈhɪə] *v* 1) быть сцепленным, свя́занным, быть объединённым 2) быть свя́зным, членоразде́льным 3) согласова́ться
**coherence, -cy** [kəuˈhɪərəns, -sɪ] *n* 1) связь, сцепле́ние 2) свя́зность 3) согласо́ванность
**coherent** [kəuˈhɪərənt] *a* 1) сце́пленный 2) свя́зный 3) согласо́ванный 4) после́довательный 5) поня́тный; я́сный; разбо́рчивый
**coherer** [kəuˈhɪərə] *n радио* коге́рер
**cohesion** [kəuˈhiːʒən] *n* 1) сцепле́ние; связь 2) *физ.* си́ла сцепле́ния 3) сплочённость
**cohesive** [kəuˈhiːsɪv] *a* 1) спосо́бный к сцепле́нию 2) связу́ющий
**cohort** [ˈkəuhɔːt] *n* 1) *др.-рим.* кого́рта 2) (*обыкн. pl*) отря́д, во́йско 3) гру́ппа, компа́ния 4) после́дователь, сторо́нник
**coif** [kɔɪf] *фр.* **1.** *n уст.* ша́почка, чепе́ц
**2.** *v* завива́ть, причёсывать
**coiffeur** [kwɑːˈfəː] *фр. n* парикма́хер
**coiffure** [kwɑːˈfjuə] *фр. n* причёска
**coign** [kɔɪn] *n архит.* вне́шний у́гол (*здания*) ◇ ~ of vantage вы́годная пози́ция, удо́бный наблюда́тельный пункт
**coil** I [kɔɪl] **1.** *n* 1) верёвка, сло́женная витка́ми в круг 2) вито́к, кольцо́ (*верёвки, змеи и т. п.*) 3) про́волочная спира́ль 4) *мор.* бу́хта (*троса*) 5) *тех.* змееви́к 6) *эл.* кату́шка 7) *attr.*: ~ antenna *радио* ра́мочная анте́нна
**2.** *v* 1) свёртываться кольцо́м, спира́лью (*часто* ~ up); извива́ться 2) нама́тывать, обма́тывать 3) *мор.* укла́дывать в бу́хту (*трос*)
**coil** II [kɔɪl] *n уст.* суета́, шум, сумато́ха
**coil pipe** [ˈkɔɪlpaɪp] *n тех.* змееви́к
**coin** [kɔɪn] **1.** *n* 1) моне́та; *разг.* де́ньги; false ~ фальши́вая моне́та; *перен.* подде́лка; small ~ разме́нная моне́та; to spin (*или* to toss up) a ~ а) игра́ть в орля́нку; б) реша́ть пари́ подбра́сыванием моне́ты 2) *тех.* ште́мпель, чека́н, пуансо́н 3) = coign 4) *attr.*: ~ slot отве́рстие для опуска́ния моне́т (*напр., в телефоне-автомате*) ◇ to pay a man back in his own ~ отпла́чивать той же моне́той, отпла́чивать тем же
**2.** *v* 1) чека́нить; выбива́ть (*медаль*); штампова́ть; to ~ money *разг.* де́лать де́ньги 2) фабрикова́ть, измышля́ть 3) создава́ть (*новые слова, выражения*)
**coinage** [ˈkɔɪnɪdʒ] *n* 1) чека́нка моне́ты 2) моне́тная систе́ма 3) созда́ние (*новых слов, выражений*); word of modern ~ неологи́зм 4) вы́думка, вы́мысел
**coincide** [ˌkəuɪnˈsaɪd] *v* 1) совпада́ть 2) соотве́тствовать; равня́ться
**coincidence** [kəuˈɪnsɪdəns] *n* 1) совпаде́ние 2) случа́йное стече́ние обстоя́тельств
**coincident** [kəuˈɪnsɪdənt] *a* 1) совпада́ющий 2) соотве́тствующий
**coincidental** [kəuˌɪnsɪˈdentl] *a* 1) случа́йный 2) = coincident 1)
**coiner** [ˈkɔɪnə] *n* 1) чека́нщик (*монеты*) 2) фальшивомоне́тчик 3) вы́думщик
**coir** [ˈkɔɪə] *n* коко́совые воло́кна, охло́пья
**coition** [kəuˈɪʃən] *n* совокупле́ние, со́итие
**coke** I [kəuk] **1.** *n* кокс
**2.** *v* коксова́ть
**coke** II [kəuk] *n разг.* ко́ка-ко́ла (*напиток*)
**coke-oven** [ˈkəukˈʌvn] *n* ко́ксовая печь
**coking** [ˈkəukɪŋ] **1.** *pres. p. от* coke I, 2
**2.** *n* коксова́ние
**col** [kɔl] *n* седло́, седлови́на (*в горах*)
**col-** [kɔl-] *pref см.* com-
**cola** [ˈkəulə] *n* ко́ла (*тропическое дерево, семена которого употребляются как тонизирующее средство*)
**colander** [ˈkʌləndə] *n* дуршла́г
**cold** [kəuld] **1.** *a* 1) холо́дный; to be (*или* to feel) ~ зя́бнуть, мёрзнуть; I am ~ мне хо́лодно; as ~ as ice (*или* as a stone, as a key) холо́дный как лёд (*или ка́мень*); ~ steel (*или* iron) arms холо́дное ору́жие; it makes one's blood run ~ от э́того кровь сты́нет в жи́лах; ~ brittleness *тех.* хладноло́мкость 2) безуча́стный, равноду́шный; music leaves him ~ му́зыка его́ не волну́ет; in ~ blood хладнокро́вно, обду́манно 3) неприве́тливый; ~ greeting холо́дный приём; сде́ржанное приве́тствие; ~ look холо́дный, надме́нный взгляд 4) сла́бый ~ scent едва́ заме́тный след; ~ comfort сла́бое утеше́ние; ~ colours

холо́дные тона́ (*голубой, серый*) 5) *тех.* недействующий ◇ ~ war холо́дная война́; ~ feet тру́сость; ~ deck краплёные ка́рты; ~ truth жесто́кая пра́вда; to throw ~ water (on a plan, proposal, *etc.*) охлажда́ть пыл, отрезвля́ть, обескура́живать (*кого-л.*); as ~ as charity а) холо́дный как лёд; б) бессерде́чный, чёрствый, бесчу́вственный

2. *n* 1) хо́лод; to be dead with ~ промёрзнуть до косте́й; to leave out in the ~ а) выставля́ть на хо́лод; б) трети́ровать, ока́зывать холо́дный приём; в) оставля́ть в дурака́х 2) просту́да; to catch (*или* to take) ~ простуди́ться; ~ in the head на́сморк; ~ in the chest гриппо́зное состоя́ние; common ~ просту́да ◇ to be in the ~ остава́ться в одино́честве

**cold-blooded** [ˈkəuldˈblʌdɪd] *a* 1) хладнокро́вный; бесчу́вственный, равноду́шный; невозмути́мый; ~ murder преднаме́ренное уби́йство 2) зя́бкий 3) *зоол.* холоднокро́вный

**cold chisel** [ˈkəuldˈtʃɪzl] *n тех.* сле́са́рное *или* ручно́е зуби́ло

**cold cream** [ˈkəuldˈkriːm] *n* кольдкре́м

**cold-frame** [ˈkəuldfreɪm] *n* тепли́ца

**cold-hammer** [ˈkəuldˌhæmə] *v* кова́ть вхоло́дную

**cold-hardening** [ˈkəuldˌhɑːdnɪŋ] *n тех.* наклёп

**cold-hearted** [ˈkəuldˈhɑːtɪd] *a* бессерде́чный, чёрствый

**coldish** [ˈkəuldɪʃ] *a* холоднова́тый; дово́льно холо́дный

**cold-livered** [ˈkəuldˈlɪvəd] *a* бесстра́стный, невозмути́мый

**coldly** [ˈkəuldlɪ] *adv* 1) хо́лодно 2) неприве́тливо; с холодко́м

**coldness** [ˈkəuldnɪs] *n* 1) хо́лод 2) хо́лодность

**cold-short** [ˈkəuldˈʃɔːt] *a* хладноло́мкий (*о стали*)

**cold shoulder** [ˈkəuldˈʃəuldə] *n* холо́дный приём; to give smb. the ~ оказа́ть кому́-л. холо́дный приём, приня́ть кого́-л. хо́лодно, неприве́тливо

**cold-shoulder** [ˈkəuldˈʃəuldə] *v* ока́зывать холо́дный приём

**cold-slaw** [kəuldslɔː] = cole-slaw

**cold-storage** [ˈkəuldˌstɔːrɪdʒ] *n* 1) холоди́льник 2) хране́ние в холоди́льнике

**cole** [kəul] *n* капу́ста (огоро́дная)

**coleopterous** [ˌkɔlɪˈɔptərəs] *a* жесткокры́лый (*о насекомых*)

**cole-rape** [ˈkəulreɪp] *n* кольра́би

**cole-seed** [ˈkəulsiːd] *n бот.* суре́пица

**cole-slaw** [ˈkəulslɔː] *n амер.* сала́т из шинко́ванной капу́сты

**colic** [ˈkɔlɪk] *n* ко́лика, ре́зкая боль

**colicky** [ˈkɔlɪkɪ] *a* 1) име́ющий хара́ктер ко́лик 2) вызыва́ющий ко́лики

**Coliseum** [ˌkɔlɪˈsɪəm] *n* Колизе́й (*в Риме*)

**colitis** [kɔˈlaɪtɪs] *n мед.* коли́т

**collaborate** [kəˈlæbəreɪt] *v* 1) сотру́дничать 2) преда́тельски сотру́дничать (*с врагом*)

**collaboration** [kəˌlæbəˈreɪʃən] *n* 1) сотру́дничество; совме́стная рабо́та 2) преда́тельское сотру́дничество; to work in ~ with the enemy сотру́дничать с враго́м

**collaborationist** [kəˌlæbəˈreɪʃənɪst] *n* коллаборациони́ст

**collaborator** [kəˈlæbəreɪtə] *n* 1) сотру́дник 2) = collaborationist

**collapsable** [kəˈlæpsəbl] = collapsible 1

**collapse** [kəˈlæps] **1.** *n* 1) обва́л, разруше́ние; оса́дка 2) круше́ние; ги́бель; паде́ние; крах, прова́л 3) ре́зкий упа́док сил, изнеможе́ние 4) *мед.* колла́пс 5) продо́льный изги́б

2. *v* 1) ру́шиться, обва́ливаться 2) терпе́ть крах (*о предприятии, планах и т. п.*) 3) си́льно ослабе́ть; свали́ться от боле́зни, сла́бости; to ~ in mind and body по́лностью лиши́ться мора́льных и физи́ческих сил 4) па́дать ду́хом 5) сплю́щиваться; сжима́ться

**collapsible** [kəˈlæpsəbl] *a* 1) разбо́рный; складно́й 2) откидно́й

**collar** [ˈkɔlə] **1.** *n* 1) воротни́к; воротничо́к 2) ожере́лье 3) оше́йник; to slip the ~ сбро́сить оше́йник; *перен.* сбро́сить ярмо́ 4) хому́т; to wear the ~ *перен.* наде́ть на себя́ хому́т; быть в подчине́нии 5) *бот.* корнево́й че́хлик 6) *тех.* вту́лка, са́льник; кольцо́; о́бруч; ша́йба; фла́нец; петля́ 7) *горн.* отве́рстие бурово́й сква́жины; у́стье ша́хты 8) *мор.* краг (*у штага*) ◇ against the ~ с больши́м напряже́нием; to be in ~ име́ть рабо́ту; out of ~ без рабо́ты, без слу́жбы; to work up to the ~ рабо́тать не покла́дая рук; to get hot under the ~ рассерди́ться, вы́йти из себя́

2. *v* 1) схвати́ть за во́рот 2) наде́ть хому́т (*тж. перен.*) 3) *разг.* завладе́ть; захвати́ть 4) свёртывать в руле́т (*мясо и т. п.*)

**collar-bone** [ˈkɔləbəun] *n анат.* ключи́ца

**collaret(te)** [ˌkɔləˈret] *n* кружевно́й *или* мехово́й воротничо́к

**collate** [kɔˈleɪt] *v* 1) дета́льно слича́ть, сра́внивать; сопоставля́ть; to ~ with the original слича́ть с оригина́лом 2) *полигр.* проверя́ть листы́ брошю́руемой кни́ги 3) *церк.* жа́ловать бенефи́ций

**collateral** [kɔˈlætərəl] **1.** *a* 1) побо́чный, второстепе́нный; ~ reading дополни́тельное, факультати́вное чте́ние 2) ко́свенный; ~ relationship бокова́я ли́ния (*о родстве*); ~ security дополни́тельное обеспе́чение 3) паралле́льный

2. *n* 1) родство́ *или* ро́дственник по боково́й ли́нии 2) дополни́тельное обеспе́чение

**collation** [kɔˈleɪʃən] *n* 1) сличе́ние, сра́внивание 2) заку́ска, лёгкий у́жин

**colleague** [ˈkɔliːg] *n* сослужи́вец, колле́га

**collect 1.** *v* [kəˈlekt] 1) собира́ть 2) коллекциони́ровать 3) получа́ть (*деньги в уплату долга, налога и т. п.*); I'll have to ~ from you вам придётся расплати́ться со мной 4) *ком.* инкасси́ровать 5) востре́бовать (*письма, товары и т. п.*) 6) комплектова́ть 7) *разг.* заходи́ть за *кем-л.*, *чем-л.*; he went to ~ his suitcase он пошёл за свои́м чемода́ном 8) собира́ться, скопля́ться 9) овладева́ть собо́й; сосредото́чиваться; to ~ one's faculties взять себя́ в ру́ки 10) заключа́ть, де́лать вы́вод

2. *n* [ˈkɔlekt] кра́ткая моли́тва (*в англиканской и католической церкви*)

3. *a* [kəˈlekt]: the telegram is sent ~ телегра́мма должна́ быть опла́чена получа́телем

**collectanea** [ˌkɔlekˈtɑːnjə] *лат. n pl* собра́ние заме́ток, вы́писок; смесь

**collected** [kəˈlektɪd] **1.** *p. p. от* collect 1

2. *a* 1) со́бранный; сосредото́ченный 2) хладнокро́вный, споко́йный

**collection** [kəˈlekʃən] *n* 1) собира́ние 2) колле́кция, собра́ние 3) скопле́ние; толпа́ 4) де́нежный сбор; *ком.* инка́ссо 5) *pl* экза́мены в конце́ семе́стра (*в Оксфорде*)

**collective** [kəˈlektɪv] **1.** *a* 1) коллекти́вный; совме́стный; совоку́пный; ~ agreement коллекти́вный догово́р; ~ bargaining перегово́ры ме́жду предпринима́телями и профсою́зами о заключе́нии коллекти́вного догово́ра; ~ opinion о́бщее мне́ние; ~ consumption совоку́пное потребле́ние 2): ~ noun *грам.* и́мя существи́тельное собира́тельное

2. *n* 1) коллекти́в 2) колхо́з

**collective farm** [kəˈlektɪvˈfɑːm] *n* колхо́з

**collective farmer** [kəˈlektɪvˌfɑːmə] *n* колхо́зник; колхо́зница

**colectivism** [kəˈlektɪvɪzm] *n* коллективи́зм

**collectivity** [ˌkɔlekˈtɪvɪtɪ] *n* 1) коллекти́в, коллекти́вная организа́ция 2) коллективи́зм

**collectivization** [kəˌlektɪvaɪˈzeɪʃən] *n* коллективиза́ция

**collector** [kəˈlektə] *n* 1) сбо́рщик (*налогов и т. п.*); ticket ~ контролёр, проверя́ющий биле́ты 2) коллекционе́р, собира́тель 3) *ком.* инкасса́тор 4) *эл.* токосъёмник; щётки 5) *тех.* колле́ктор

**colleen** [ˈkɔliːn] *n ирл.* де́вушка (*тж.* ~ bawn)

**college** [ˈkɔlɪdʒ] *n* 1) университе́тский колле́дж 2) *амер.* университе́т 3) специа́льное вы́сшее уче́бное заведе́ние (*педагогическое, военное, морское и т. п.*) 4) сре́дняя шко́ла с интерна́том 5) корпора́ция; колле́гия 6) *жарг.* тюрьма́

**colleger** [ˈkɔlɪdʒə] = collegian

**collegian** [kəˈliːdʒjən] *n* 1) студе́нт колле́джа 2) лицо́, око́нчившее колле́дж 3) *жарг.* заключённый (*в тюрьме*)

**collegiate** [kəˈliːdʒɪɪt] *a* 1) университе́тский, академи́ческий 2) коллегиа́льный

**collet** [ˈkɔlɪt] *n* 1) коро́нка, в кото́рой закрепля́ется драгоце́нный ка́мень; гнездо́ для руби́на в часово́м механи́зме 2) *тех.* ца́нга; зажи́мная вту́лка, ца́нговый патро́н

**collide** [kəˈlaɪd] *v* 1) ста́лкиваться 2) вступи́ть в противоре́чие; the interests of the two countries ~d интере́сы э́тих двух стран столкну́лись

**collie** [ˈkɔlɪ] *n* ко́лли, шотла́ндская овча́рка

**collier** [ˈkɔlɪə] *n* 1) углеко́п, шахтёр 2) у́гольщик (*судно*) 3) матро́с на у́гольщике

**colliery** [ˈkɔljərɪ] *n* каменноуго́льная копь

**colligate** [ˈkɔlɪgeɪt] *v* свя́зывать, обобща́ть (*факты*)

**collision** [kəˈlɪʒən] *n* 1) столкнове́ние 2) колли́зия, противоре́чие (*интересов*); to be in ~ (with) находи́ться в противоре́чии (с); to come into ~ (with) вступа́ть в противоре́чие (с)

**collocate** [ˈkɔləukeɪt] *v* располага́ть; расстана́вливать

**collocation** [ˌkɔləuˈkeɪʃən] *n* 1) расположе́ние, расстано́вка 2) *лингв.* сочета́ние слов в предложе́нии; словосочета́ние

**collocutor** [kəˈlɔkjutə] *n* собесе́дник

**collodion** [kəˈləudjən] *n* колло́дий

**collogue** [kəˈləug] *v разг.* бесе́довать инти́мно, наедине́

**colloid** [ˈkɔlɔɪd] **1.** *n* колло́ид

2. *a* колло́идный

**colloidal** [kəˈlɔɪdəl] *a* колло́идный

**colloquial** [kəˈləukwɪəl] *a* разгово́рный; нелитерату́рный (*о речи, слове, стиле*)

**colloquialism** [kəˈləukwɪəlɪzm] *n* разгово́рное сло́во *или* выраже́ние, коллоквиали́зм

**colloquy** [ˈkɔləkwɪ] **1.** *n* 1) разгово́р, собесе́дование 2) литерату́рное произведе́ние в фо́рме диало́га

2. *v* говори́ть, перебра́сываться ре́пликами

**collude** [kəˈluːd] *v уст.* та́йно сгова́риваться (*в ущерб третьей стороне*)

**collusion** [kəˈluːʒən] *n* сго́вор, та́йное соглаше́ние (*в ущерб третьей стороне*)

**collusive** [kəˈluːsɪv] *a* ула́женный та́йным сго́вором

**colly** [ˈkɔlɪ] = collie

**collywobbles** [ˈkɔlɪˌwɔblz] *n pl разг.* урча́ние в животе́

**Colombian** [kəˈlɔmbɪən] **1.** *a* колумби́йский

2. *n* колумби́ец; колумби́йка

**colon** I [ˈkəulən] *n* двоето́чие

**colon** II [ˈkəulən] *n анат.* ободо́чная кишка́, то́лстая кишка́

**colon** III [kɔˈlɔn] *n* коло́н (*денежная единица Коста-Рики и Сальвадора*)

**colonel** [ˈkəːnl] *n* полко́вник

**colonelcy** [ˈkəːnlsɪ] *n* чин, зва́ние полко́вника

**colonial** [kəˈləunjəl] **1.** *a* колониа́льный; C. Office *ист.* министе́рство коло́ний (*в Англии*); ~ architecture (furniture) *амер.* архитекту́ра (ме́бель) пери́ода, предше́ствовавшего войне́ за незави́симость

**2.** *n* 1) жи́тель коло́ний 2) *амер. ист.* солда́т америка́нской а́рмии в эпо́ху борьбы́ за незави́симость

**colonialism** [kəˈləunjəlɪzm] *n* 1) колониали́зм; колониа́льный режи́м 2) колониа́льный налёт (*выражающийся в манерах, речи и т. п.*)

**colonialist** [kəˈləunjəlɪst] *n* колониза́тор

**colonist** [ˈkɔlənɪst] *n* колони́ст, поселе́нец

**colonization** [ˌkɔlənaɪˈzeɪʃən] *n* колониза́ция

**colonize** [ˈkɔlənaɪz] *v* 1) колонизи́ровать, заселя́ть (*чужую страну*) 2) поселя́ть(ся) 3) *амер.* вре́менно переселя́ть избира́телей в друго́й избира́тельный о́круг с це́лью незако́нного втори́чного голосова́ния

**colonizer** [ˈkɔlənaɪzə] *n* 1) колониза́тор 2) поселе́нец; колони́ст 3) *амер.* избира́тель, вре́менно пересели́вшийся в друго́й избира́тельный о́круг с це́лью незако́нного втори́чного голосова́ния

**colonnade** [kɔləˈneɪd] *n* 1) колонна́да 2) (двойно́й) ряд дере́вьев

**colony** [ˈkɔlənɪ] *n* 1) коло́ния 2) поселе́ние; summer ~ *амер.* да́чный посёлок 3) *биол.* семья́ (*пчёл, муравьёв и т. п.*)

**colophon** [ˈkɔləfən] *n полигр.* 1) конце́вка 2) выходны́е све́дения (*в конце старинных книг*)

**colophony** [kəˈlɔfənɪ] *n* канифо́ль

**color** [ˈkʌlə] *амер.* = colour

**Colorado beetle** [ˌkɔləˈrɑːdəuˈbiːtl] *n* колора́дский жук

**coloration** [ˌkʌləˈreɪʃən] *n* 1) окра́ска, раскра́ска, расцве́тка 2) окра́шивание

**coloratura** [ˌkɔlərəˈtuərə] *ит. муз.* **1.** *n* 1) колорату́ра 2) = ~ soprano

2. *a* колорату́рный; ~ soprano колорату́рное сопра́но

**colorific** [ˌkɔləˈrɪfɪk] *a* 1) кра́сящий 2) кра́сочный 3) цвети́стый (*о стиле*)

**colossal** [kəˈlɔsl] *a* 1) колосса́льный, грандио́зный, грома́дный 2) *разг.* великоле́пный, замеча́тельный

**Colosseum** [ˌkɔləˈsɪəm] = Coliseum

**colossi** [kəˈlɔsaɪ] *pl от* colossus

**colossus** [kəˈlɔsəs] *n* (*pl* colossi) коло́сс

**colour** [ˈkʌlə] **1.** *n* 1) цвет; отте́нок; тон; primary (*или* simple, fundamental) ~s основны́е цвета́; all the ~s of the rainbow все цвета́ ра́дуги; out of ~ вы́цветший; вы́горевший; without ~ бесцве́тный; *перен.* лишённый индивидуа́льных черт 2) кра́ска; кра́сящее вещество́, пигме́нт; ко́лер; to paint in bright (dark) ~s рисова́ть я́ркими (мра́чными) кра́сками 3) свет, вид; отте́нок; to cast (*или* to put) a false ~ on smth. искажа́ть, представля́ть что-л. в ло́жном све́те; to come out in one's true ~s предста́ть в своём настоя́щем ви́де; to give some ~ of truth to smth. придава́ть не́которое правдоподо́бие чему́-л.; to paint in true (false) ~s изобража́ть правди́во (лжи́во); to lay on the ~s too thickly *разг.* сгуща́ть кра́ски; си́льно преувели́чивать; хвати́ть че́рез край 4) румя́нец (*тж.* high ~); to gain ~ порозове́ть; to lose ~ побледне́ть; поблёкнуть 5) колори́т; local ~ ме́стный колори́т 6) предло́г; under ~ of smth. а) под предло́гом чего́-л.; б) под ви́дом чего́-л. 7) индивидуа́льность, я́ркая ли́чность 8) (*обыкн. pl*) зна́мя; regimental ~ полково́е зна́мя; King's (Queen's) ~ штанда́рт короля́ (короле́вы); to call to the ~s *воен.* призва́ть, мобилизова́ть; to come off with flying ~s а) верну́ться с развева́ющимися знамёнами; б) доби́ться успе́ха, одержа́ть побе́ду; to desert the ~s *воен.* измени́ть своему́ зна́мени; дезерти́ровать; to join the ~s вступи́ть в а́рмию; to lower (*или* to strike) one's ~s сдава́ться, покоря́ться; with the ~s в де́йствующей а́рмии 9) *pl* цветна́я ле́нта; цветно́й значо́к; цветно́е пла́тье; to dress in ~s одева́ться в я́ркие цвета́ 10) *муз.* отте́нок, тембр 11) *attr.* цветно́й; ~ bar, ~ line «цветно́й барье́р», ра́совая дискримина́ция ◇ to see the ~ of smb.'s money получи́ть де́ньги от кого́-л.; to take one's ~ from smb. подража́ть кому́-л.; to stick to one's ~s остава́ться до конца́ ве́рным свои́м убежде́ниям; to nail one's ~s to the mast откры́то отста́ивать свои́ убежде́ния; проявля́ть насто́йчивость; не отступа́ть; to sail under false ~s обма́нывать, лицеме́рить

**2.** *v* 1) кра́сить, раскра́шивать; окра́шивать 2) прикра́шивать; искажа́ть; an account ~ed by prejudice тенденцио́зный о́тзыв; the facts were improperly ~ed фа́кты бы́ли искаже́ны 3) принима́ть окра́ску, окра́шиваться 4) красне́ть, рдеть (*о лице, о плоде*; *часто* ~ up)

**colourable** [ˈkʌlərəbl] *a* 1) поддаю́щийся окра́ске 2) благови́дный; правдоподо́бный; ~ imitation уда́чная имита́ция

**colouration** [ˌkʌləˈreɪʃən] = coloration

**colour-blind** [ˈkʌləblaɪnd] *a* страда́ющий дальтони́змом, не различа́ющий цвето́в

**colour-blindness** [ˈkʌləˌblaɪndnɪs] *n* дальтони́зм, неспосо́бность различа́ть цвета́

**colour-box** [ˈkʌləbɔks] *n* я́щик с кра́сками

**colourcast** [ˈkʌləkɑːst] *n* цветно́е телеви́дение

**coloured** [ˈkʌləd] **1.** *p. p. от* colour 2

2. *a* 1) цветно́й; ~ print цветна́я гравю́ра 2) раскра́шенный, окра́шенный 3) кра́сочный 4) цветно́й (*о неграх, мулатах*)

**colour film** [ˈkʌləˈfɪlm] *n* 1) цветно́й фильм 2) цветна́я плёнка

**colour filter** [ˈkʌləfɪltə] *n фото* светофи́льтр

**colourful** [ˈkʌləful] *a* кра́сочный, я́ркий

**colouring** [ˈkʌlərɪŋ] **1.** *pres. p. от* colour 2

2. *n* 1) кра́сящее вещество́ (*тж.* ~ matter) 2) колори́т 3) окра́ска, раскра́ска; protective ~ *зоол., бот.* по-

кровительственная (*или* защитная) окраска 4) чувство цвета (*у художника*) 5) цвет (*лица, волос и т. п.*)

**colourless** [ˈkʌləlɪs] *a* бесцветный, бледный (*тж. перен.*)

**colour-man** [ˈkʌləmən] *n* торговец красками

**colour-printing** [ˈkʌləˌprɪntɪŋ] *n* хромотипия, многокрасочная печать

**colour-process** [ˈkʌləˌprəuses] *n* цветной способ фотографии

**colour-wash** [ˈkʌləˈwɔʃ] **1.** *n* клеевая краска

**2.** *v* красить клеевой краской

**colporteur** [ˈkɔlˌpɔːtə] *n* разносчик книг (*особ. религиозных*)

**Colt** [kəult] *n* 1) кольт (*револьвер или пистолет*) 2) *attr.*: ~ machine-gun станковый пулемёт Кольта

**colt** [kəult] *n* 1) жеребёнок; *тж.* ослёнок, верблюжонок 2) *разг.* новичок 3) *мор.* линёк ◇ to cast one's ~'s teeth остепениться

**colter** [ˈkəultə] *n с.-х.* предплужник

**coltish** [ˈkəultɪʃ] *a* жеребячий, игривый

**coltsfoot** [ˈkəultsfut] *n бот.* мать-и-мачеха

**coluber** [ˈkɔljubə] *n зоол.* полоз

**columbaria** [ˌkɔləmˈbɛərɪə] *pl от* columbarium

**columbarium** [ˌkɔləmˈbɛərɪəm] *n* (*pl* -ria) 1) колумбарий 2) голубятня

**Columbian** [kəˈlʌmbɪən] **1.** *a* 1) колумбийский 2) относящийся к Колумбу 3) относящийся к Америке

**2.** *n полигр.* кегель в 16 пунктов

**Culumbine** [ˈkɔləmbaɪn] *n* коломбина

**columbine** [ˈkɔləmbaɪn] **1.** *n бот.* водосбор

**2.** *a* голубиный; ~ simplicity голубиная кротость, невинность

**column** [ˈkɔləm] *n* 1) *архит.* колонна 2) *воен.* колонна; *амер. мор.* строй кильватера; close ~ сомкнутая колонна; in ~ в колонне, в затылок; *амер. мор.* в строю кильватера 3) столб(ик); ~ of mercury столбик ртути (*в термометре*); ~ of smoke столб дыма 4) столбец (*напр., цифр*); графа; newspaper ~ газетный столбец; in our ~s на страницах нашей газеты 5) столп, поддержка, опора 6) *attr.*: ~ foot *архит.* база колонны

**columnar** [kəˈlʌmnə] *a* 1) колоннообразный 2) напечатанный столбцами 3) поддерживаемый на столбах 4) стебельчатый 5) *геол.* столбчатый

**columned** [ˈkɔləmd] = columnar

**columnist** [ˈkɔləmnɪst] *n амер.* 1) обозреватель; gossip ~ сотрудник редакции, ведущий отдел светской хроники 2) фельетонист

**colza** [ˈkɔlzə] *n бот.* 1) рапс 2) сурепица

**colza-oil** [ˈkɔlzəˈɔɪl] *n* сурепное масло

**com-** [kɔm-] (*тж.* col-, con-, cor- — *в зависимости от последующего звука*) *pref* 1) *означает совместимость или взаимность действия*; *напр.*: collaborate сотрудничать 2) *означает завершённость или полноту действия*; *напр.*: conclude завершать; compete соревноваться; corrupt портить

**coma** I [ˈkəumə] *n мед.* 1) кома 2) *attr.*: ~ vigil бред тифозных больных в бессознательном состоянии, но с открытыми глазами

**coma** II [ˈkəumə] *n* (*pl* -mae) 1) *бот.* волосяные семенные придатки (*некоторых растений*) 2) *астр.* оболочка кометы 3) *фото* кома, несимметрическая аберрация

**comae** [ˈkəumiː] *pl от* coma II

**comatose** [ˈkəumətəus] *a мед.* коматозный

**comb** I [kəum] **1.** *n* 1) гребень; расчёска; large- (small-)toothed ~ редкий (частый) гребень 2) скребница 3) *текст.* бёрдо; рядок; чесалка 4) конёк (*крыши*) 5) пчелиные соты ◇ to cut the ~ of smb. сбить спесь с кого-л.; to set up one's ~ важничать, хорохориться

**2.** *v* 1) расчёсывать 2) *воен.* «прочёсывать» (*разведкой, огнём*) 3) *текст.* чесать; мять; трепать 4) чистить скребницей 5) разбиваться (*о волнах*) □ ~ **out** а) вычёсывать; б) производить переосвидетельствование ранее освобождённых от военной службы; в) разыскивать ◇ to ~ smb.'s hair for him «намылить голову» кому-л.; дать кому-л. нагоняй; to ~ smb.'s hair the wrong way ≅ гладить кого-л. против шерстки

**comb** II [kəum] = coomb

**combat** [ˈkɔmbət] **1.** *n* 1) бой; single ~ единоборство; поединок 2) *attr.* боевой; походный; строевой; ~ arm род войск; ~ company а) боевая рота; б) сапёрная рота; ~ liaison связь взаимодействия в бою; ~ suit *воен.* боевая форма одежды

**2.** *v* сражаться, бороться (against — против *чего-л.*; for — за *что-л.*)

**combatant** [ˈkɔmbətənt] **1.** *n* 1) боец; участник сражения 2) воюющая сторона 3) поборник

**2.** *a* 1) боевой, строевой; ~ forces строевые части; боевые силы; ~ officer строевой офицер; ~ value боеспособность; ~ zone фронтовая полоса, полоса боевых действий; ~ arms *амер. воен.* роды войск (*в отличие от служб*) 2) воинственный

**combative** [ˈkɔmbətɪv] *a* боевой; воинственный; драчливый

**combe** [kuːm] = coomb

**comber** [ˈkəumə] *n* 1) *текст.* чесальщик 2) *текст.* гребнечесальная машина 3) большая волна

**combination** [ˌkɔmbɪˈneɪʃən] *n* 1) соединение; комбинация; сочетание; in ~ в сочетании, во взаимодействии; ~ of forces *мех.* сложение сил 2) *pl* комбинация (*бельё*) 3) комбинезон 4) союз, объединение (*синдикат, трест и т. п.*) 5) мотоцикл с прицепной коляской 6) *attr.*: ~ gas богатый нефтью естественный газ; ~ lock секретный замок; ~ laws законы, направленные против союзов (*в Англии*)

**combination-room** [ˌkɔmbɪˈneɪʃənrum] = common-room

**combinative** [ˈkɔmbɪnətɪv] *a* 1) комбинационный; ~ sound change комбинаторное изменение звука 2) склонный к комбинациям

**combinatorial** [kəmˌbaɪnəˈtɔːrɪəl] *a мат.* комбинаторный, основанный на комбинировании

**combine** **1.** *n* [ˈkɔmbaɪn] 1) *с.-х.* комбайн 2) картель, синдикат, комбинат 3) объединение

**2.** *v* [kəmˈbaɪn] 1) объединять(ся) 2) комбинировать, сочетать(ся); смешивать(ся) 3) убирать комбайном

**combined** [kəmˈbaɪnd] *a* комбинированный, объединённый; ~ operations (exercises) *воен.* общевойсковые операции (манёвры), совместные действия сухопутных, воздушных и морских сил

**combing machine** [ˈkəumɪŋməˌʃiːn] *n текст.* гребнечесальная машина

**combings** [ˈkəumɪŋz] *n* 1) расчёсывание 2) *pl* волосы, остающиеся на гребне после расчёсывания 3) *pl текст.* гребенные очёски

**comb-out** [ˈkəumˈaut] *n* 1) вычёсывание 2) чистка (*служащих, членов союза и т. п.*) 3) переосвидетельствование (*ранее освобождённых от военной службы*)

**combustibility** [kəmˌbʌstəˈbɪlɪtɪ] *n* горючесть, воспламеняемость

**combustible** [kəmˈbʌstəbl] **1.** *a* горючий, воспламеняемый

**2.** *n pl* горючее; топливо

**combustion** [kəmˈbʌstʃən] *n* 1) горение, сгорание; сожжение; spontaneous ~ самовоспламенение, самовозгорание 2) *хим.* окисление (*органич. веществ*) 3) волнение; смятение, беспорядок 4) *attr.*: ~ chamber *тех.* камера сгорания; ~ engine двигатель внутреннего сгорания

**come** [kʌm] *v* (came; come) 1) приходить, подходить; help came in the middle of the battle в разгар боя подошла помощь; one shot came after another выстрелы следовали один за другим; to ~ before the Court предстать перед судом 2) прибывать; приезжать; she has just ~ from London она только что приехала из Лондона 3) делаться, становиться; things will ~ right всё обойдётся, всё будет хорошо; my dreams came true мои мечты сбылись; butter will not ~ масло никак не сбивается; the knot has ~ undone узел развязался; to ~ short а) не хватить; б) не достигнуть цели; в) не оправдать ожиданий 4) доходить, достигать; равняться; the bill ~s to 500 roubles счёт составляет 500 рублей 5) вести своё происхождение; происходить; he ~s from London он уроженец Лондона; he ~s of a working family он из рабочей семьи; that ~s from your carelessness всё это от твоей небрежности 6) случаться, происходить, бывать; how did it ~ that..? как это случилось, что..?; how ~s it? почему это получается?, как это выходит?; ~ what may будь, что бу́дет 7) выпада́ть (*на чью-л. долю*); достава́ться (*кому-л.*); it came on my head э́то свали́лось мне на го́лову; ill luck came to me меня́ пости́гла неуда́ча; this work ~s to me э́та рабо́та прихо́дится на мою́ до́лю 8) *в повелительном наклонении восклицание, означающее приглашение, побуждение или лёгкий упрёк*: ~, tell me all you know about it ну, расскажи́те же всё, что вы об э́том зна́ете; ~, ~, be not so hasty! подожди́те, подожди́те, не торопи́тесь! 9) *в сочетании с причастием настоящего времени передаёт возникновение действия, выраженного причастием*: the boy came running into the room ма́льчик вбежа́л в ко́мнату; the moonshine came streaming in through the open window в откры́тое окно́ ли́лся лу́нный свет □ ~ **about** а) происходи́ть, случа́ться; б) меня́ть направле́ние (*о ветре*); ~ **across** (случа́йно) встре́титься с *кем-л.*; натолкну́ться на *что-л.*; ~ across! *разг.* а) признава́йся!; б) раскоше́ливайся!; ~ **after** а) иска́ть, домога́ться; б) сле́довать; в) насле́довать; ~ **again** возвраща́ться; ~ **along** а) идти́; сопровожда́ть; ~ along! идём!; торопи́тесь!; б) соглаша́ться; ~ **apart**, ~ **asunder** распада́ться на ча́сти; ~ **at** а) напада́ть, набра́сываться; добра́ться до *кого-л.*: just let me ~ at him да́йте мне то́лько добра́ться до него́; б) получи́ть до́ступ к *чему-л.*, доби́ться *чего-л.*; how did you ~ at the information? как вы э́то узна́ли?; ~ **away** а) уходи́ть; б) отла́мываться; the handle came away in my hand ру́чка отломи́лась и оста́лась у меня́ в рука́х; ~ **back** а) возвраща́ться; б) вспомина́ться; в) очну́ться, прийти́ в себя́; г) *спорт.* обрести́ пре́жнюю фо́рму; д) *спорт.* отстава́ть; е) *разг.* отвеча́ть тем же са́мым, отплати́ть той же моне́той; ~ **before** а) предше́ствовать; б) превосходи́ть; ~ **by** а) проходи́ть ми́мо; б) достава́ть, достига́ть; в) *амер.* заходи́ть; ~ **down** а) па́дать (*о снеге, дожде*); б) спуска́ться; опуска́ться; в) спада́ть, ниспада́ть; г) переходи́ть по тради́ции; д) приходи́ть, приезжа́ть; е) быть пова́ленным (*о дереве*); ж) быть разру́шенным (*о постройке*); з) деградировать; to ~ down in the world потеря́ть состоя́ние, положе́ние; опусти́ться; и) набра́сываться (upon, on — на); брани́ть, нака́зывать (upon, on — *кого-л.*); к) *разг.* раскоше́литься; ~ down with your money! раскоше́ливайтесь!; л) *амер. разг.* заболе́ть (with — *чем-л.*); ~ **for** а) заходи́ть за; б) напада́ть на; ~ **forward** а) выходи́ть вперёд; выдвига́ться; б) отклика́ться; в) предлага́ть свои́ услу́ги; ~ **in** а) входи́ть; б) прибыва́ть (*о поезде, пароходе*); в) вступа́ть (*в должность*); приходи́ть к вла́сти; г) входи́ть в мо́ду; д) созрева́ть; е) *амер.* жереби́ться, тели́ться; ж) оказа́ться поле́зным, пригоди́ться (*тж.* ~ in useful); where do I ~ in? *разг.* чем я могу́ быть поле́зен?; како́е э́то име́ет ко мне отноше́ние?; з) *спорт.* прийти́ к фи́нишу; to ~ in first победи́ть, прийти́ пе́рвым; ~ **in for** получи́ть *что-л.* (*напр., свою долю и т. п.*); he came in for a lot of trouble ему́ здо́рово доста́лось; ~ **into** а) вступа́ть в; б) получа́ть в насле́дство; в): to ~ into being (*или* existence) возника́ть; to ~ into the world роди́ться; to ~ into force вступа́ть в си́лу; to ~ into notice привле́чь внима́ние; to ~ into play нача́ть де́йствовать; to ~ into position *воен.* заня́ть пози́цию; to ~ into sight появи́ться; ~ **off** а) сходи́ть, слеза́ть; б) удаля́ться; в) отрыва́ться (*напр., о пуговице*); г) име́ть успе́х; удава́ться, проходи́ть с успе́хом; all came off satisfactorily всё сошло́ благополу́чно; to ~ off with honour вы́йти с че́стью; д) отде́лываться; he came off a loser он оста́лся в про́игрыше; he came off clear он вы́шел сухи́м из воды́; е) происходи́ть, име́ть ме́сто; ж) *амер.* замолча́ть; oh, ~ off it! да переста́нь же!; ~ **on** а) приближа́ться; налете́ть, разрази́ться (*о ветре, шквале*); a storm is coming on приближа́ется гроза́; б) появля́ться (*на сцене*); в) натыка́ться, наска́кивать; поража́ть (*о болезни*); г) расти́; д) преуспева́ть; де́лать успе́хи; е) наступа́ть, напада́ть; ж) рассма́триваться (*в суде*); з) возника́ть (*о вопросе*); и): ~ on! живе́й!; продолжа́йте!; идём (*тж. как формула вызова*); ~ **out** а) выходи́ть; to ~ out of oneself стать ме́нее за́мкнутым; б) появля́ться (*в печати*); в) дебюти́ровать (*на сцене, в обществе*); г) обнару́живаться; проявля́ться; the secret came out секре́т раскры́лся; д) распуска́ться (*о листьях, цветах*); е) забастова́ть; ж) выводи́ться, своди́ться (*о пятнах*); з) вы́ступить (with — с *заявлением, разоблачением*), и) вы́палить (with); ~ **over** а) переезжа́ть; приезжа́ть; б) переходи́ть на другу́ю сто́рону; в) получа́ть преиму́щество; г) охвати́ть, овладе́ть; a fear came over me мной овладе́л страх; ~ **round** а) объе́хать, обойти́ круго́м; б) заходи́ть ненадо́лго; загляну́ть; a friend came round last night вчера́ ве́чером заходи́л прия́тель; в) приходи́ть в себя́ (*после обморока, болезни*); г) изменя́ться к лу́чшему; I hope things will ~ round наде́юсь, всё образу́ется; д) меня́ть своё мне́ние, соглаша́ться с *чьей-л.* то́чкой зре́ния; е) хитри́ть, обма́нывать; ~ **through** а) проходи́ть внутрь, проника́ть; б) оста́ться в живы́х; в) вы́путаться из неприя́тного положе́ния; ~ **to** а) прийти́ в себя́, очну́ться (*тж.* to ~ to oneself) б) доходи́ть до; to ~ to blows дойти́ до рукопа́шной; it came to my knowledge я узна́л; to ~ to find out случа́йно обнару́жить, узна́ть, вы́яснить; to ~ to good име́ть хоро́ший результа́т; to ~ to no good испо́ртиться; в) сто́ить, равня́ться; ~ **together** а) объедини́ться, собра́ться вме́сте; б) сойти́сь (*о мужчине и женщине*); ~ **up** а) поднима́ться, выраста́ть, возника́ть; to ~ up for discussion стать предме́том обсужде́ния; б) всходи́ть (*о растении*); в) приезжа́ть (*из провинции в большой город, университет и т. п.*); г) предста́ть пе́ред судо́м; д) подходи́ть (to); е) достига́ть у́ровня, сра́вниваться (to); ж) нагоня́ть (with — *кого-л.*); ~ **upon** а) натолкну́ться, напа́сть неожи́данно; б) предъяви́ть тре́бование; в) лечь бре́менем на *чьи-либо* пле́чи ◇ to ~ to bat *амер.* столкну́ться с тру́дной пробле́мой, тяжёлым испыта́нием; to ~ easy to smb. не представля́ть тру́дностей для кого́-л.; to ~ to harm пострада́ть; to ~ out with one's life оста́ться в живы́х, уцеле́ть (*после боя и т. п.*); to ~ in useful прийти́сь кста́ти; to ~ to stay утверди́ться, укорени́ться; it has come to stay э́то надо́лго; to ~ natural быть есте́ственным; (which is) to ~ гряду́щий; бу́дущий; things to ~ гряду́щее; in days to ~ в бу́дущем; pleasure to ~ предвкуша́емое удово́льствие; let'em all ~! *разг.* будь что бу́дет!; to ~ to pass случа́ться, происходи́ть; to ~ to the book приноси́ть прися́гу пе́ред исполне́нием обя́занностей судьи́; light ~ light go что доста́лось легко́, бы́стро исчеза́ет; to ~ it strong *разг.* де́йствовать энерги́чно; to ~ it too strong *разг.* перестара́ться; to ~ clean *разг.* говори́ть пра́вду

**come-and-go** [ˈkʌmənd'gəu] *n* 1) движе́ние взад и вперёд 2) *attr.*: ~ people случа́йные лю́ди, сменя́ющие оди́н друго́го

**come-at-able** [kʌmˈætəbl] *a разг.* легкодосту́пный

**come-back** [ˈkʌmbæk] *n* 1) *разг.* возвраще́ние (*к власти, популярности и т. п.*); to make a sharp ~ возника́ть с ново́й си́лой 2) выздоровле́ние; возвраще́ние в норма́льное состоя́ние; to make a complete ~ оконча́тельно попра́виться 3) *разг.* возраже́ние; остроу́мный отве́т, ехи́дная ре́плика 4) возме́здие; возда́ние по заслу́гам

**come-between** [ˈkʌmbɪˈtwiːn] *n* посре́дник; посре́дница

**come-by-chance** [ˈkʌmbaɪˈtʃɑːns] *n разг.* 1) не́что случа́йное; случа́йная нахо́дка 2) незаконнорождённый ребёнок

**comedian** [kəˈmiːdjən] *n* 1) а́втор коме́дий 2) ко́мик, комеди́йный актёр; low ~ ко́мик-буфф

**comédienne** [kəˌmeɪdɪˈen] *фр. n* комеди́йная актри́са

**comedietta** [kəˌmiːdɪˈetə] *ит. n* одноа́ктная коме́дия

**comedo** [ˈkɔmiːdəu] *n* (*pl* -ones, -os [-əuz]) *мед.* у́горь

**comedones** [ˌkɔmɪˈdəuniːz] *pl от* comedo

**come-down** [ˈkʌmdaun] *n* 1) паде́ние; спуск 2) ухудше́ние 3) упа́док

**comedy** [ˈkɔmɪdɪ] *n* 1) коме́дия 2) заба́вное собы́тие, коми́чный слу́чай

**comeliness** [ˈkʌmlɪnɪs] *n* minовидность

**comely** [ˈkʌmlɪ] *a* миловидный; хорошенький
**come-off** [ˈkʌmˈɔf] *n* 1) завершение 2) уловка, отговорка, отписка
**comer** [ˈkʌmə] *n* тот, кто приходит; приходящий; пришелец; посетитель; who is the ~? кто пришёл?; first ~ первый пришедший ◇ against all ~s против кого бы то ни было; for all ~s для всех желающих
**comestible** [kəˈmestɪbl] **1.** *n* (*обыкн. pl*) съестные припасы
**2.** *a* съедобный
**comet** [ˈkɔmɪt] *n* комета
**comeuppance** [ˌkʌmˈʌpəns] *n амер. разг.* отповедь, взбучка
**comfit** [ˈkʌmfɪt] *n* 1) конфета 2) *pl* засахаренные фрукты
**comfort** [ˈkʌmfət] **1.** *n* 1) утешение; успокоение, ободрение; поддержка 2) отдых, покой 3) комфорт; *pl* удобства
**2.** *v* утешать; успокаивать
**comfortable** [ˈkʌmfətəbl] **1.** *a* 1) удобный; комфортабельный; уютный 2) спокойный; довольный 3) *разг.* достаточный, приличный (*напр., о заработке*)
**2.** *n* = comforter 4)
**comforter** [ˈkʌmfətə] *n* 1) утешитель 2) соска, пустышка 3) шерстяной шарф; тёплое кашне 4) *амер.* стёганое ватное одеяло
**comforting** [ˈkʌmfətɪŋ] *a* утешительный
**comfortless** [ˈkʌmfətlɪs] *a* 1) неуютный 2) печальный, безутешный
**comfort station** [ˈkʌmfətˈsteɪʃən] *n амер.* общественная уборная
**comfy** [ˈkʌmfɪ] *разг. см.* comfortable 1
**comic** [ˈkɔmɪk] **1.** *a* 1) комический, юмористический; смешной; ~ strip комикс 2) комедийный
**2.** *n* 1) *разг.* актёр-комик 2) (the ~) комизм
**comical** [ˈkɔmɪkəl] *a* смешной, забавный, потешный; чудной
**comicality** [ˌkɔmɪˈkælɪtɪ] *n* 1) комичность; чудачество 2) что-л. смешное
**comics** [ˈkɔmɪks] *n pl* комиксы; бульварная литература
**coming** [ˈkʌmɪŋ] **1.** *pres. p. от* come
**2.** *n* приезд, приход, прибытие
**3.** *a* 1) будущий; наступающий; предстоящий; ожидаемый 2) многообещающий, подающий надежды (*писатель, поэт и т. п.*)
**coming-in** [ˈkʌmɪŋˈɪn] *n* ввоз (*товаров*)
**coming-out** [ˈkʌmɪŋˈaut] *n* вывоз (*товаров*)
**comity** [ˈkɔmɪtɪ] *n* вежливость; ~ of nations взаимное признание законов и обычаев разными нациями
**comma** [ˈkɔmə] *n* запятая; inverted ~s кавычки
**command** [kəˈmɑːnd] **1.** *n* 1) команда, приказ 2) командование; to be in ~ of a regiment командовать полком; under ~ of smb. под чьим-л. начальством; at ~ в распоряжении 3) войска, находящиеся под (*чьим-л.*) командованием; Fighter C. командование истребительной авиации 4) военный округ (*в Англии*) 5) господство, власть; ~ of the air господство в воздухе 6) владение; ~ of one's emotions умение владеть собой; he has good (*или* complete, great) ~ of the language он свободно владеет языком 7) *топ.* превышение 8) *attr.* командный; находящийся в распоряжении командования; ~ post а) командный пункт; б) *амер.* штаб военного подразделения; ~ car штабной автомобиль; ~ airplane самолёт командования
**2.** *v* 1) приказывать 2) командовать, управлять 3) господствовать; to ~ the seas господствовать на морях 4) владеть; располагать, иметь в своём распоряжении; to ~ a large vocabulary иметь большой запас слов; to ~ the services of smb. пользоваться чьими-л. услугами; yours to ~ к вашим услугам 5) внушать (*напр., уважение*) 6) стоить; приносить, давать; this article ~s a good price за этот товар можно взять хорошую цену 7) господствовать, возвышаться; the window ~ed a lovely view из окна открывался прекрасный вид 8) *воен.* держать под обстрелом
**commandant** [ˌkɔmənˈdænt] *n* 1) начальник, командир 2) комендант
**commandeer** [ˌkɔmənˈdɪə] *v* 1) принудительно набирать (*в армию*) 2) реквизировать 3) *разг.* присваивать
**commander** [kəˈmɑːndə] *n* 1) командир; начальник; командующий; ~ of the guard начальник караула 2) *мор.* капитан 3 ранга; старший помощник командира 3) *тех.* трамбовка
**Commander-in-Chief** [kəˈmɑːndərɪnˈtʃiːf] *n* 1) главнокомандующий; командующий войсками округа 2) *мор.* командующий флотом *или* отдельной эскадрой
**command-in-chief** [kəˈmɑːndɪnˈtʃiːf] *n* главное командование
**commanding** [kəˈmɑːndɪŋ] **1.** *pres. p. от* command 2
**2.** *a* 1) командующий 2) доминирующий; ~ eminence доминирующая высота 3) внушительный; ~ speech внушительная речь
**commandment** [kəˈmɑːndmənt] *n* 1) приказ 2) заповедь
**command-module** [kəˈmɑːndˈmɔdjuːl] *n* основной блок, командный отсек (*космического корабля*)
**commando** [kəˈmɑːndəu] *n* (*pl* -os, -oes [-əuz]) *воен.* 1) диверсионно-десантный отряд 2) боец диверсионно-десантного отряда
**commemorate** [kəˈmeməreɪt] *v* 1) праздновать (*годовщину*); отмечать (*событие*) 2) чтить память 3) служить напоминанием
**commemoration** [kəˌmeməˈreɪʃən] *n* 1) празднование *или* ознаменование (*годовщины*); in ~ of в память о; C. (Day) акт Оксфордского университета с поминанием основателей, присуждением почётных степеней *и пр.* 2) *церк.* поминовение
**commemorative** [kəˈmemərətɪv] *a* памятный, мемориальный
**commence** [kəˈmens] *v* начинать(ся)
**commencement** [kəˈmensmənt] *n* 1) начало 2) день присуждения университетских степеней в Кембридже, Дублине *и др.* 3) акт; актовый день (*в амер. учебных заведениях*); at ~ на выпускном акте
**commend** [kəˈmend] *v* 1) хвалить; рекомендовать 2) *refl.* привлекать, прельщать
**commendable** [kəˈmendəbl] *a* похвальный, достойный похвалы
**commendation** [ˌkɔmenˈdeɪʃən] *n* 1) похвала 2) *амер. воен.* объявление благодарности в приказе 3) рекомендация
**commensal** [kəˈmensəl] *n* 1) сотрапезник 2) *биол.* комменсал
**commensurable** [kəˈmenʃərəbl] *a* 1) соизмеримый 2) пропорциональный
**commensurate** [kəˈmenʃərɪt] *a* соответственный; соразмерный
**comment** [ˈkɔment] **1.** *n* 1) замечание, отзыв 2) *собир.* толки, суждения
**2.** *v* делать (критические) замечания; высказывать мнение (on — о); комментировать; to ~ on the book а) рецензировать книгу; б) комментировать книгу; it ~s itself это само за себя говорит
**commentary** [ˈkɔməntərɪ] *n* 1) комментарий; running ~ а) (радио)репортаж; б) подстрочный комментарий 2) *кино* дикторский текст
**commentation** [ˌkɔmənˈteɪʃən] *n* 1) комментирование; толкование (*текста*) 2) аннотация
**commentator** [ˈkɔmenteɪtə] *n* 1) (радио)комментатор 2) толкователь
**commerce** [ˈkɔmə(ː)s] *n* 1) (оптовая) торговля, коммерция; home ~ внутренняя торговля; Chamber of C. Торговая палата 2) общение; to have no ~ with smb. не иметь ничего общего с кем-л.
**commercial** [kəˈməːʃəl] **1.** *a* торговый, коммерческий; ~ aviation гражданская авиация; ~ interests торговцы, коммерсанты; ~ law торговое право; ~ traveller коммивояжёр; ~ treaty торговый договор; ~ vehicle грузовик, фургон; ~ driver водитель грузового автотранспорта; ~ broad- *или* telecast коммерческая радио- *или* телепередача (*оплаченная рекламодателем*)
**2.** *n разг.* 1) = ~ traveller 2) = ~ broadcast
**commercialese** [kəˌməːʃəˈliːz] *n* стиль коммерческих документов
**commercialism** [kəˈməːʃəlɪzm] *n* 1) торгашеский дух 2) слово *или* выражение, используемое в коммерческом языке
**commercialize** [kəˈməːʃəlaɪz] *v* превращать в источник прибыли; ставить на коммерческую ногу
**commingle** [kɔˈmɪŋgl] *v* смешивать(-ся)
**comminute** [ˈkɔmɪnjuːt] *v* 1) толочь, превращать в порошок 2) дробить,

дели́ть на ме́лкие ча́сти (*имущество*)

**comminuted** ['kɔmɪnju:tɪd] **1.** *p. p. от* comminute

**2.** *a*: ~ fracture *мед.* оско́лочный перело́м

**comminution** [ˌkɔmɪ'nju:ʃən] *n* размельче́ние, раздробле́ние

**commiserate** [kə'mɪzəreɪt] *v* сочу́вствовать, выража́ть соболе́знование (with); to ~ a misfortune выража́ть соболе́знование по по́воду несча́стья

**commiseration** [kəˌmɪzə'reɪʃən] *n* сочу́вствие; соболе́знование

**commiserative** [kə'mɪzərətɪv] *a* сочу́вствующий, соболе́знующий

**commissar** [ˌkɔmɪ'sɑ:] *n русск.* комисса́р

**commissariat** [ˌkɔmɪ'sɛərɪət] *n* 1) *русск.* комиссариа́т 2) интенда́нтство 3) продово́льственное снабже́ние

**commissary** ['kɔmɪsərɪ] *n* 1) *русск.* комисса́р; уполномо́ченный 2) интенда́нт 3) вое́нный продово́льственный магази́н; вое́нный магази́н

**commission** [kə'mɪʃən] **1.** *n* 1) дове́ренность; полномо́чие; in ~ име́ющий полномо́чия; I cannot go beyond my ~ я не могу́ превы́сить свои́ полномо́чия 2) коми́ссия; standing ~ постоя́нная коми́ссия; interim ~ вре́менная коми́ссия 3) пате́нт на офице́рский чин *или* на зва́ние мирово́го судьи́; to get a ~ получи́ть офице́рский чин; to resign one's ~ пода́ть в отста́вку с вое́нной слу́жбы 4) поруче́ние; зака́з (*особ. художнику*) 5) комиссио́нная прода́жа; to have goods on ~ име́ть това́ры на коми́ссии 6) комиссио́нное вознагражде́ние 7) соверше́ние (*преступления и т. п.*); the ~ of murder соверше́ние уби́йства 8) *мор.* вооруже́ние; введе́ние в строй су́дна; to come into ~ вступа́ть в строй по́сле постро́йки *или* ремо́нта (*о корабле*); in ~ в испра́вности; в по́лной гото́вности; out of ~ в неиспра́вности; a ship in ~ су́дно, гото́вое к пла́ванию ◊ sins of ~ and omission сде́лаешь — пло́хо, а не сде́лаешь — то́же пло́хо

**2.** *v* 1) назнача́ть на до́лжность; to ~ an officer присво́ить пе́рвое офице́рское зва́ние 2) уполномо́чивать 3) поруча́ть; дава́ть зака́з (*особ. художнику*) 4) *мор.* подгота́вливать кора́бль к пла́ванию; укомплекто́вывать ли́чным соста́вом; назнача́ть команди́ра корабля́

**commissionaire** [kəˌmɪʃə'nɛə] *n* 1) комиссионе́р (*при гостинице*) 2) посы́льный; швейца́р; the Corps of Commissionaires арте́ль бы́вших военнослу́жащих (*основанная в Лондоне в 1859 г.*), поставля́ющая швейца́ров, курье́ров *и т. п.*

**commissioned** [kə'mɪʃənd] **1.** *p. p. от* commission 2

**2.** *a* 1) облечённый полномо́чиями; получи́вший поруче́ние 2) получи́вший офице́рское зва́ние; ~ officer офице́р 3) укомплекто́ванный ли́чным соста́вом и гото́вый к пла́ванию (*о корабле*)

**commissioner** [kə'mɪʃnə] *n* 1) специа́льный уполномо́ченный, комисса́р; High C. верхо́вный комисса́р (*представитель одной из стран Содружества Наций в другой стране Содружества; представитель колонии или британского доминиона в Англии*) 2) член коми́ссии

**commit** [kə'mɪt] *v* 1) соверша́ть (*преступление и т. п.*); to ~ suicide поко́нчить жизнь самоуби́йством; to ~ an error соверши́ть оши́бку; to ~ a crime соверши́ть преступле́ние 2) предава́ть; to ~ to flames предава́ть огню́; to ~ a body to the ground преда́ть те́ло земле́; to ~ smb. for trial предава́ть кого́-л. суду́; to ~ to prison заключа́ть в тюрьму́ 3) поруча́ть, вверя́ть 4) передава́ть законопрое́кт в коми́ссию (*парламента*) 5) фикси́ровать; to ~ to memory зау́чивать, запомина́ть; to ~ to paper, to ~ to writing запи́сывать 6): to ~ oneself а) принима́ть на себя́ обяза́тельство (*особ. рискованное, опасное*); свя́зывать себя́; б) компромети́ровать себя́ 7) *воен.* вводи́ть в де́ло; to ~ to attack бро́сить в ата́ку; to ~ to battle вводи́ть в бой ◊ to ~ the command *воен.* свя́зывать свобо́ду де́йствий кома́ндования

**commitment** [kə'mɪtmənt] *n* 1) вруче́ние, переда́ча 2) переда́ча законопрое́кта в коми́ссию 3) заключе́ние под стра́жу 4) обяза́тельство 5) соверше́ние (*преступления и т. п.*)

**committal** [kə'mɪtl] *n* 1) = commitment 2) погребе́ние

**committee I** [kə'mɪtɪ] *n* 1) комите́т; Soviet Peace C. Сове́тский комите́т защи́ты ми́ра; ~ of action *полит.* комите́т де́йствия; strike ~ ста́чечный комите́т; steering ~ организацио́нный, подготови́тельный комите́т 2) коми́ссия; credentials ~ манда́тная коми́ссия; C. of the whole House заседа́ние парла́мента на права́х комите́та для обсужде́ния законопрое́кта; the House goes into C., the House resolves itself into C. *парл.* пала́та объявля́ет себя́ коми́ссией для обсужде́ния како́го-л. вопро́са; to go into ~ пойти́ на рассмотре́ние коми́ссии (*о законопроекте*); a check-up ~ *амер.* ревизио́нная коми́ссия 3) *attr.*: ~ English канцеля́рский англи́йский язы́к

**committee II** [ˌkɔmɪ'ti:] *n юр.* опеку́н

**committee-man** [kə'mɪtɪmən] *n* член коми́ссии *или* комите́та

**commixture** [kɔ'mɪkstʃə] *n* смеше́ние; смесь

**commode** [kə'məud] *n* 1) комо́д 2) стульча́к (*для ночного горшка*)

**commodious** [kə'məudjəs] *a* 1) просто́рный 2) *редк.* удо́бный

**commodity** [kə'mɔdɪtɪ] *n* 1) предме́т потребле́ния; staple commodities гла́вные предме́ты торго́вли 2) (*часто pl*) това́р; value of ~ това́рная сто́имость 3) *редк.* удо́бство 4) *attr. эк.* това́рный; ~ composition (*или* pattern) това́рная структу́ра; ~ exchange това́рная би́ржа; ~ capital това́рный капита́л; ~ production това́рное произво́дство

**commodore** ['kɔmədɔ:] *n* 1) *мор.* коммодо́р, капита́н 1-го ра́нга; кома́ндующий соедине́нием корабле́й 2) нача́льник конво́я 3) командо́р яхт-клу́ба

**common** ['kɔmən] **1.** *a* 1) о́бщий; ~ lot о́бщий уде́л; ~ interests о́бщие интере́сы; by ~ consent с о́бщего согла́сия; to make ~ cause де́йствовать сообща́ 2) обще́ственный, публи́чный; ~ land обще́ственный вы́гон; ~ membership коллекти́вное чле́нство; C. Market «О́бщий Ры́нок» 3) просто́й, обыкнове́нный; ~ honesty элемента́рная че́стность; the ~ man обыкнове́нный челове́к; ~ soldier *воен.* рядово́й; ~ labour неквалифици́рованный труд; чёрная рабо́та; a man of no ~ abilities челове́к незауря́дных спосо́бностей; ~ fraction *мат.* проста́я дробь 4) просто́й, гру́бый; ду́рно сде́ланный (*об одежде*) 5) общепри́нятый, распространённый; it is ~ knowledge э́то общеизве́стно, э́то всем изве́стно 6) вульга́рный, бана́льный; ~ manners гру́бые мане́ры 7) *грам.* о́бщий; ~ gender о́бщий род; ~ case о́бщий паде́ж; ~ noun и́мя нарица́тельное 8) *мат.* о́бщий; ~ factor о́бщий дели́тель; ~ multiple о́бщий мно́житель ◊ ~ or garden *разг.* обы́чный, изве́стный; шабло́нный, изби́тый; ~ sense здра́вый смысл; ~ woman а) вульга́рная же́нщина; б) проститу́тка

**2.** *n* 1) о́бщее; обы́чное; in ~ совме́стно; to have nothing in ~ with smb. не име́ть ничего́ о́бщего с кем-л.; out of the ~ незауря́дный, из ря́да вон выходя́щий; nothing out of the ~ ничего́ осо́бенного, та́к себе 2) о́бщинная земля́; вы́гон; пусты́рь 3) пра́во на обще́ственное по́льзование землёй; ~ of pasturage пра́во на обще́ственный вы́гон

**commonage** ['kɔmənɪdʒ] *n* 1) пра́во на обще́ственный вы́гон 2) = commonalty

**commonalty** ['kɔmənltɪ] *n ист.* о́бщины; наро́д (*т. е. третье сословие без высших сословий*)

**common council** ['kɔmənˌkaunsɪl] *n* муниципа́льный сове́т

**commoner** ['kɔmənə] *n* 1) челове́к из наро́да, просто́й челове́к 2) *редк.* член пала́ты о́бщин 3) име́ющий о́бщинные права́ 4) студе́нт, не получа́ющий стипе́ндии (*в Оксфордском университете*)

**common law** ['kɔmənlɔ:] *юр.* 1) о́бщее пра́во; обы́чное пра́во; некодифици́рованное пра́во 2) непи́саный зако́н

**commonly** ['kɔmənlɪ] *adv* 1) обы́чно, обыкнове́нно; ~ held view широко́ распространённый взгляд 2) дёшево, пло́хо

**commonness** ['kɔmənnɪs] *n* 1) обы́чность, обы́денность 2) бана́льность

**commonplace** ['kɔmənpleɪs] **1.** *n* о́бщее ме́сто, бана́льность

2. *a* бана́льный, изби́тый

3. *v* 1) повторя́ть о́бщие места́ 2) запи́сывать в о́бщую тетра́дь

**commonplace-book** ['kɔmənpleɪs'buk] *n* тетра́дь для заме́ток, о́бщая тетра́дь

**common-room** ['kɔmənrum] *n* 1) о́бщая ко́мната (*в общественных учреждениях*) 2) профе́ссорская (*в Оксфордском университете*; *тж.* senior ~); junior ~ зал для студе́нтов

**commons** ['kɔmənz] *n pl* 1) (the C.) пала́та о́бщин (*тж.* House of C.) 2) просто́й наро́д; *ист.* тре́тье сосло́вие 3) по́рция, рацио́н; short ~ ску́дный стол, ску́дное пита́ние ◇ Doctors' C. ассоциа́ция юри́стов по гражда́нским дела́м

**commonweal** ['kɔmən'wi:l] *n* 1) о́бщее бла́го 2) *уст.* = commonwealth

**commonwealth** ['kɔmənwelθ] *n* 1) госуда́рство, респу́блика; содру́жество, федера́ция; the (British) ~ (of Nations) (Брита́нское) Содру́жество (На́ций); the C. of England *ист.* Англи́йская респу́блика (*1649—60 гг.*) 2) (все)о́бщее благосостоя́ние; for the good of the ~ для о́бщего бла́га

**commotion** [kə'məuʃən] *n* 1) волне́ние (*моря*) 2) смяте́ние; потрясе́ние (*нервное, душевное*) 3) сумато́ха, суета́

**communal** ['kɔmjunl] *a* 1) общи́нный; ~ ownership of land общи́нное землевладе́ние 2) коллекти́вный, комму́на́льный, обще́ственный; ~ kitchen обще́ственная столо́вая; фа́брика-ку́хня 3) относя́щийся к религио́зной о́бщи́не (*в Индии*)

**communard** ['kɔmjunα:d] *фр. n* коммуна́р, уча́стник Пари́жской Комму́ны

**commune** 1. *n* ['kɔmju:n] 1) общи́на 2) комму́на; the C. (of Paris) Пари́жская Комму́на

2. *v* [kə'mju:n] обща́ться, бесе́довать

**communicable** [kə'mju:nɪkəbl] *a* 1) поддаю́щийся переда́че 2) передаю́щийся, сообща́ющийся; ~ desease зара́зная боле́знь 3) приве́тливый, общи́тельный

**communicant** [kə'mju:nɪkənt] 1. *n* 1) сообща́ющий но́вости 2) *церк.* прича́стник; прича́стница

2. *a анат.* сообща́ющийся

**communicate** [kə'mju:nɪkeɪt] *v* 1) сообща́ть; передава́ть (to) 2) сообща́ться (with); сноси́ться (by) 3) *церк.* причаща́ть(ся)

**communicating** [kə'mju:nɪkeɪtɪŋ] 1. *pres. p. от* communicate

2. *a* сме́жный (*о комнате*)

**communication** [kə,mju:nɪ'keɪʃən] *n* 1) переда́ча, сообще́ние (*мыслей, сведений и т. п.*); информа́ция; vocal ~ у́стное сообще́ние; privileged ~ све́дения, не подлежа́щие оглаше́нию; lines of ~ пути́ сообще́ния 2) коммуника́ция; связь; сре́дство сообще́ния (*железная дорога, телеграф, телефон и т. п.*) 3) *pl* коммуника́ции; коммуникацио́нные ли́нии 4) обще́ние, сре́дство обще́ния; *pl* свя́зи, конта́кты ; to be in ~ with smb. перепи́сываться с кем-л. 5) *attr.* слу́жащий для сообще́ния, свя́зи; ~ trench *воен.* ход сообще́ния; ~ service слу́жба свя́зи; ~ satellite спу́тник свя́зи

**communicative** [kə'mju:nɪkətɪv] *a* общи́тельный, разгово́рчивый

**communicator** [kə'mju:nɪkeɪtə] *n тех.* коммуника́тор, передаю́щий механи́зм

**communicatory** [kə'mju:nɪkeɪtərɪ] *a* информацио́нный

**communion** [kə'mju:njən] *n* 1) обще́ние; о́бщность 2) вероисповеда́ние 3) гру́ппа люде́й одина́кового вероисповеда́ния 4) *церк.* прича́стие

**communion-table** [kə'mju:njən'teɪbl] *n церк.* престо́л

**communiqué** [kə'mju:nɪkeɪ] *фр. n* официа́льное сообще́ние; коммюнике́

**communism** ['kɔmjunɪzm] *n* коммуни́зм

**communist** ['kɔmjunɪst] 1. *n* коммуни́ст

2. *a* коммунисти́ческий; C. Party of the Soviet Union Коммунисти́ческая па́ртия Сове́тского Сою́за; All-Union Lenin Young C. League Всесою́зный Ле́нинский коммунисти́ческий сою́з молодёжи; Young C. League Комсомо́л

**communistic** [,kɔmju'nɪstɪk] *a* коммунисти́ческий

**communitarian** [,kɔmju:nɪ'tɛərɪən] *n* член комму́ны

**community** [kə'mju:nɪtɪ] *n* 1) общи́на 2) гру́ппа лиц, объединённых каки́ми-л. при́знаками; объедине́ние, со́общество; national communities национа́льные образова́ния; world ~ мирово́е соо́бщество; children's ~ де́тский дом, шко́ла-интерна́т; де́тский городо́к; business ~ делов́ые круги́ 3) (the ~) о́бщество; the interests of the ~ интере́сы о́бщества 4) о́бщность; ~ of goods о́бщность владе́ния иму́ществом 5) ме́стность, населённый пункт, окру́га; микрорайо́н; жи́тели микрорайо́на 6) *attr.* обще́ственный; ~ centre зда́ние *или* помеще́ние для проведе́ния культу́рных и обще́ственных мероприя́тий; ~ theatre *амер.* непрофессиона́льный (люби́тельский) теа́тр

**commutation** [,kɔmju(:)'teɪʃən] *n* 1) заме́на; ~ of rations *воен.* заме́на натура́льного дово́льствия де́нежным 2) *юр.* смягче́ние наказа́ния 3) *амер.* пое́здки по желе́зной доро́ге из при́города на рабо́ту 4) *эл.* коммута́ция, коммути́рование, переключе́ние 5) *attr.*: ~ ticket *амер.* сезо́нный железнодоро́жный биле́т

**commutator** ['kɔmju(:)teɪtə] *n эл.* преобразова́тель то́ка; колле́ктор; коммута́тор; переключа́тель

**commute** [kə'mju:t] *v* 1) заменя́ть 2) *юр.* смягча́ть наказа́ние 3) *эл.* переключа́ть (*ток*) 4) по́льзоваться сезо́нным биле́том 5) соверша́ть регуля́рные пое́здки на рабо́ту в го́род из при́города

**commuter** [kə'mju:tə] *n* 1) *амер.* пассажи́р, по́льзующийся сезо́нным биле́том 2) *attr.*: ~ station *ж.-д.* ста́нция при́городного сообще́ния

**compact** I ['kɔmpækt] *n* соглаше́ние, догово́р

**compact** II 1. *a* [kəm'pækt] 1) компа́ктный; пло́тный 2) сжа́тый (*напр., о стиле*) 3) сплошно́й, масси́вный

2. *n* ['kɔmpækt] пу́дреница с пу́дрой и румя́нами

3. *v* [kəm'pækt] сжима́ть, уплотня́ть

**compacted** [kəm'pæktɪd] 1. *p. p. от* compact II, 3

2. *a* компа́ктный; пло́тно упако́ванный *или* уло́женный

**companion** [kəm'pænjən] 1. *n* 1) това́рищ; faithful ~ ве́рный друг; ~ in misfortune това́рищ по несча́стью 2) спу́тник; попу́тчик, случа́йный сосе́д (*по вагону и т. п.*) 3) компаньо́н; компаньо́нка; ~ in crime соуча́стник преступле́ния 4) собесе́дник; poor ~ неинтере́сный собесе́дник 5) кавале́р о́рдена (*низшей степени*) 6) предме́т, составля́ющий па́ру 7) спра́вочник; gardener's ~ спра́вочник садово́да 8) = companion-ladder 9) *attr.* па́рный; ~ portrait па́рный портре́т

2. *v* сопровожда́ть; быть компаньо́ном, спу́тником

**companionable** [kəm'pænjənəbl] *a* общи́тельный

**companion-in-arms** [kəm'pænjənɪn'α:mz] *n* това́рищ (*или* собра́т) по ору́жию, сора́тник

**companion-ladder** [kəm'pænjən,lædə] *n мор.* сходно́й трап

**companionship** [kəm'pænjənʃɪp] *n* 1) обще́ние, това́рищеские отноше́ния 2) брига́да набо́рщиков, рабо́тающих под наблюде́нием метранпа́жа

**companion-way** [kəm'pænjənweɪ] = companion-ladder

**company** ['kʌmpənɪ] *n* 1) о́бщество; компа́ния; to bear (*или* to keep) smb. ~ составля́ть кому́-л. компа́нию, сопровожда́ть кого́-л.; to keep ~ *разг.* уха́живать; to keep ~ with smb. обща́ться, встреча́ться с кем-л.; to keep good ~ встреча́ться с хоро́шими людьми́, быва́ть в хоро́шем о́бществе; to keep bad ~ води́ться с плохи́ми людьми́; to part ~ with smb. прекрати́ть связь, знако́мство с кем-л. 2) *ком.* това́рищество, компа́ния 3) го́сти; to receive a great deal of ~ ча́сто принима́ть госте́й 4) собесе́дник; he is poor (good) ~ он ску́чный (интере́сный) собесе́дник 5) тру́ппа, анса́мбль арти́стов; stock ~ постоя́нная тру́ппа 6) экипа́ж (*судни*) 7) *воен.* ро́та 8) *attr. воен.* ро́тный 9) *attr.*: ~ store фабри́чная ла́вка; ~ union *амер.* «компане́йский» профсою́з (*организуемый предпринимателем для борьбы с независимыми профсоюзами*) ◇ present ~ excepted о прису́тствующих не говоря́т; for ~ за компа́нию; a man is known by the ~ he keeps *посл.* ≅ скажи́ мне, кто твой друг, и я скажу́, кто ты

**company checkers** ['kʌmpənɪ,tʃekəz] *n pl амер.* шпики́, доно́счики

**company spotters** ['kʌmpənɪ,spɔtəz] = company checkers

**comparable** ['kɔmpərəbl] *a* 1) сравни́мый; заслу́живающий сравне́ния

2) сопостави́мый; in ~ prices в сопостави́мых це́нах; on ~ terms на аналоги́чных усло́виях

**comparative** [kəm'pærətɪv] **1.** *a* 1) сравни́тельный; the ~ method сравни́тельный ме́тод; ~ anatomy сравни́тельная анато́мия 2) сравни́тельный; относи́тельный 3) *грам.* сравни́тельный

**2.** *n грам.* сравни́тельная сте́пень

**comparatively** [kəm'pærətɪvlɪ] *adv* сравни́тельно; относи́тельно

**compare** [kəm'pɛə] **1.** *v* 1) сра́внивать, слича́ть (with) 2) сра́внивать, ста́вить наравне́ 3) сравни́ться; выде́рживать сравне́ние; not to be ~d with (*или* to) не мо́жет сравни́ться с; to ~ favourably with smth. вы́годно отлича́ться от чего́-л.; as ~d with по сравне́нию с 4) уподобля́ть (to) ◇ to ~ notes обме́ниваться мне́ниями, впечатле́ниями

**2.** *n*: beyond (*или* past, without) ~ вне вся́кого сравне́ния

**comparison** [kəm'pærɪsn] *n* сравне́ние; to make a ~ проводи́ть сравне́ние; beyond (all) ~ вне (вся́кого) сравне́ния; in ~ with в сравне́нии с; to bear (*или* to stand) ~ with вы́держать сравне́ние с; there is no ~ between them невозмо́жно их сра́внивать; degrees of ~ *грам.* сте́пени сравне́ния

**compartment** [kəm'pɑːtmənt] *n* отделе́ние; купе́; water-tight ~ *мор.* водонепроница́емый отсе́к ◇ to live in water-tight ~s *разг.* жить соверше́нно изоли́рованно от люде́й

**compass** ['kʌmpəs] **1.** *n* 1) ко́мпас (*тж.* mariner's ~); буссо́ль; wireless ~ радиоко́мпас 2) окру́жность; круг; to fetch (*или* to go) a ~ идти́ обхо́дным путём; де́лать крюк 3) объём, обхва́т; диапазо́н; voice of great ~ го́лос обши́рного диапазо́на 4) грани́ца; преде́л(ы); within the ~ of a lifetime в преде́лах челове́ческой жи́зни; beyond one's ~ за преде́лами чьих-л. возмо́жностей, чьего́-л. понима́ния; to keep one's desires within ~ сде́рживать свои́ жела́ния 5) (*часто pl*) ци́ркуль

**2.** *a* 1) ко́мпасный; ~ bearing ко́мпасный пе́ленг 2) полукру́глый; ~ window *архит.* полукру́глое окно́

**3.** *v* 1) достига́ть, осуществля́ть; to ~ one's purpose дости́чь це́ли 2) понима́ть, схва́тывать 3) замышля́ть (*что-л. дурное*) 4) обходи́ть круго́м; окружа́ть; осажда́ть

**compassion** [kəm'pæʃən] *n* жа́лость, сострада́ние; сочу́вствие; to have (*или* to take ~ (up)on smb. жале́ть кого́-л.; относи́ться с сострада́нием к кому́-л.

**compassionate** **1.** *a* [kəm'pæʃənɪt] 1) жа́лостливый, сострада́тельный; сочу́вствующий 2) благотвори́тельный; ~ allowance благотвори́тельное посо́бие; discharge on ~ grounds *воен.* увольне́ние по семе́йным обстоя́тельствам

**2.** *v* [kəm'pæʃəneɪt] относи́ться с сострада́нием; сочу́вствовать

**compatibility** [kəm,pætə'bɪlɪtɪ] *n* совмести́мость

**compatible** [kəm'pætəbl] *a* совмести́мый (with)

**compatriot** [kəm'pætrɪət] *n* соотече́ственник

**compeer** [kɔm'pɪə] *n* ро́вня́; това́рищ

**compel** [kəm'pel] *v* 1) заставля́ть, принужда́ть; to ~ silence заста́вить замолча́ть 2) подчиня́ть; to ~ attention прико́вывать внима́ние

**compelling** [kəm'pelɪŋ] **1.** *pres. p. от* compel

**2.** *a* неотрази́мый, непреодоли́мый; ~ force непреодоли́мая си́ла; ~ smile неотрази́мая улы́бка

**compendia** [kəm'pendɪə] *pl от* compendium

**compendious** [kəm'pendɪəs] *a* кра́ткий, сжа́тый

**compendium** [kəm'pendɪəm] *лат. n* (*pl* -dia) 1) компе́ндиум, кра́ткое руково́дство (*учебник*) 2) конспе́кт; резюме́

**compensate** ['kɔmpenseɪt] *v* 1) вознагражда́ть 2) возмеща́ть (*убытки*); компенси́ровать (for) 3) *эк.* подде́рживать усто́йчивость валю́ты 4) *тех.* баланси́ровать; ура́внивать

**compensation** [,kɔmpen'seɪʃən] *n* 1) вознагражде́ние 2) возмеще́ние, компенса́ция; to make ~ for smth. компенси́ровать что-л. 3) *тех.* уравнове́шивание; ура́внивание; компенса́ция

**compensative** [kəm'pensətɪv] *a* 1) вознагражда́ющий 2) компенси́рующий, возмеща́ющий 3) *тех.* ура́внивающий

**compensator** ['kɔmpenseɪtə] *n эл.* трансформа́тор

**compensatory** [kəm'pensətərɪ] = compensative

**compère** ['kɔmpɛə] *фр.* **1.** *n* конферансье́, веду́щий (програ́мму)

**2.** *v* конфери́ровать, вести́ програ́мму

**compete** [kəm'piːt] *v* 1) состяза́ться, соревнова́ться 2) конкури́ровать (with — с *кем-л.*; for — из-за *чего-л.*, ра́ди *чего-л.*) 3) принима́ть уча́стие в спорти́вном соревнова́нии

**competence** ['kɔmpɪtəns] *n* 1) спосо́бность; уме́ние; I doubt his ~ for such work (*или* to do such work) я сомнева́юсь, что у него́ есть да́нные для э́той рабо́ты 2) компете́нтность 3) доста́ток, хоро́шее материа́льное положе́ние 4) *юр.* компете́нция, правомо́чность

**competency** ['kɔmpɪtənsɪ] = competence

**competent** ['kɔmpɪtənt] *a* 1) компете́нтный, зна́ющий 2) *юр.* полнопра́вный; правомо́чный 3) доста́точный 4) устано́вленный, зако́нный; ~ majority тре́буемое зако́ном большинство́

**competition** [,kɔmpɪ'tɪʃən] *n* 1) соревнова́ние; to be in ~ with smb. соревнова́ться с кем-л. 2) соревнова́ние, состяза́ние, встре́ча; chess ~ ша́хматный поеди́нок, ша́хматный турни́р 3) конкуре́нция; cut-throat ~ жесто́кая конкуре́нция 4) ко́нкурс; ко́нкурсный экза́мен

**competitioner** [,kɔmpɪ'tɪʃənə] *n* 1) уча́стник соревнова́ния 2) лицо́, поступа́ющее на слу́жбу по ко́нкурсу

**competitive** [kəm'petɪtɪv] *a* 1) сопе́рничающий, конкури́рующий; конкуре́нтный, конкурентоспосо́бный; ~ ability конкурентоспосо́бность 2) соревну́ющийся 3) ко́нкурсный; ~ examination ко́нкурсный экза́мен

**competitor** [kəm'petɪtə] *n* конкуре́нт; сопе́рник

**compilation** [,kɔmpɪ'leɪʃən] *n* 1) компиля́ция; компили́рование 2) собира́ние (*материала, фактов и т. п.*)

**compile** [kəm'paɪl] *v* 1) компили́ровать 2) составля́ть; to ~ a dictionary составля́ть слова́рь 3) собира́ть (*материал, факты и т. п.*) 4) *разг.* нака́пливать

**compiler** [kəm'paɪlə] *n* 1) состави́тель 2) компиля́тор

**complacence, -cy** [kəm'pleɪsns, -sɪ] *n* 1) благоду́шие; удовлетворённость 2) самодово́льство

**complacent** [kəm'pleɪsnt] *a* 1) благоду́шный; удовлетворённый 2) самодово́льный

**complain** [kəm'pleɪn] *v* 1) выража́ть недово́льство (of — *чем-л.*) 2) подава́ть жа́лобу, жа́ловаться (to — *кому-л.*; of — на *что-л.*) 3) жа́ловаться (of — на *боль и т. п.*)

**complainant** [kəm'pleɪnənt] *n* 1) жа́лобщик 2) *юр.* исте́ц

**complaint** [kəm'pleɪnt] *n* 1) недово́льство 2) жа́лоба; to lodge (*или* to make) a ~ against smb. подава́ть жа́лобу на кого́-л.; I have no ~ to make мне не́ на что жа́ловаться; without ~ безро́потно 3) боле́знь, неду́г

**complaisance** [kəm'pleɪzəns] *n* услу́жливость; почти́тельность; обходи́тельность; любе́зность

**complaisant** [kəm'pleɪzənt] *a* услу́жливый; почти́тельный; обходи́тельный; любе́зный

**complement** **1.** *n* ['kɔmplɪmənt] 1) дополне́ние (*тж. грам.*); ~ of an angle *мат.* дополне́ние угла́ до 90° 2) компле́кт 3) *воен.* (шта́тный) ли́чный соста́в вое́нной ча́сти *или* корабля́

**2.** *v* ['kɔmplɪment] 1) дополня́ть, служи́ть дополне́нием до це́лого 2) укомплекто́вывать

**complementary** [,kɔmplɪ'mentərɪ] *a* дополни́тельный, доба́вочный; ~ angles *мат.* два угла́, взаи́мно дополня́ющие друг дру́га до 90°

**complete** [kəm'pliːt] **1.** *a* 1) по́лный; зако́нченный; ~ set of works по́лное собра́ние сочине́ний 2) соверше́нный; he is a ~ failure он соверше́нный неуда́чник

**2.** *adv разг. см.* completely

**3.** *v* 1) зака́нчивать, заверша́ть; to ~ an agreement заключи́ть соглаше́ние 2) комплектова́ть, укомплекто́вывать

**completely** [kəm'pliːtlɪ] *adv* соверше́нно, по́лностью, вполне́, всеце́ло

**completeness** [kəm'pli:tnɪs] *n* полнота́; зако́нченность, завершённость

**completion** [kəm'pli:ʃən] *n* заверше́ние, оконча́ние; заключе́ние

**completive** [kəm'pli:tɪv] *a* заверша́ющий, зака́нчивающий

**complex** ['kɔmpleks] **1.** *n* ко́мплекс, совоку́пность

**2.** *a* 1) сло́жный, ко́мплексный, составно́й; ~ machinery сло́жные маши́ны 2) сло́жный, тру́дный; запу́танный 3) *мат.* ко́мплексный; ~ number ко́мплексное число́ 4) *грам.*: ~ sentence сложноподчинённое предложе́ние

**complexion** [kəm'plekʃən] *n* 1) цвет лица́ (*иногда тж.* воло́с и глаз) 2) вид; аспе́кт; to put a different ~ on the matter предста́вить де́ло в друго́м све́те

**-complexioned** [-kəm'plekʃənd] *в сложных словах означает* име́ющий *такой-то* цвет лица́; *напр.*: dark-~ сму́глый; pale-~ бледноли́цый

**complexity** [kəm'pleksɪtɪ] *n* 1) сло́жность; запу́танность 2) запу́танное де́ло

**compliance** [kəm'plaɪəns] *n* 1) согла́сие; in ~ with your wish в соотве́тствии с ва́шим жела́нием 2) пода́тливость, усту́пчивость

**compliant** [kəm'plaɪənt] *a* пода́тливый, усту́пчивый

**complicacy** ['kɔmplɪkəsɪ] = complexity

**complicate** ['kɔmplɪkeɪt] *v* усложня́ть; to ~ matters запу́тать де́ло

**complicated** ['kɔmplɪkeɪtɪd] **1.** *p. p. от* complicate

**2.** *a* 1) запу́танный; сло́жный; ~ machine сло́жная маши́на 2) осложнённый; ~ disease боле́знь с осложне́ниями

**complication** [ˌkɔmplɪ'keɪʃən] *n* 1) сло́жность, запу́танность 2) осложне́ние

**complicative** ['kɔmplɪkeɪtɪv] *a* усложня́ющий

**complice** ['kɔmplɪs] *уст.* = accomplice

**complicity** [kəm'plɪsɪtɪ] *n* соуча́стие (*в преступлении и т. п.*)

**compliment** **1.** *n* ['kɔmplɪmənt] 1) комплиме́нт, похвала́; любе́зность; to pay (*или* to make) a ~ сде́лать комплиме́нт; it is no ~ to him э́то не де́лает ему́ че́сти 2) *pl* поздравле́ние; приве́т, покло́н; ~s of the season поздрави́тельные приве́тствия, пожела́ния (*соответственно праздникам*); give him my ~s переда́йте ему́ приве́т (от меня́); with ~s с приве́том (*в конце письма*) ◇ Bristol ~ пода́рок, нену́жный самому́ даря́щему

**2.** *v* ['kɔmplɪment] 1) говори́ть комплиме́нты, хвали́ть; льстить 2) приве́тствовать, поздравля́ть; to ~ smb. on smth. поздравля́ть кого́-л. с чем-л. 3) подари́ть (with — *что-л.*)

**complimentary** [ˌkɔmplɪ'mentərɪ] *a* 1) поздрави́тельный 2) ле́стный; to be ~ about smb.'s work ле́стно отзыва́ться о чьей-л. рабо́те ◇ ~ ticket пригласи́тельный биле́т

**complin(e)** ['kɔmplɪn] *n* повече́рие (*в христианской церкви*)

**comply** [kəm'plaɪ] *v* 1) уступа́ть; соглаша́ться 2) исполня́ть (*просьбу, требование и т. п.*; with) 3) подчиня́ться (*правилам*; with)

**component** [kəm'pəunənt] **1.** *n* 1) компоне́нт; составна́я часть, составно́й элеме́нт 2) *pl* дета́ли

**2.** *a* составно́й; составля́ющий, слага́ющий; ~ parts *тех.* комплекту́ющие ча́сти

**comport** [kəm'pɔ:t] *v* 1) согласова́ться (with — с *чем-л.*); соотве́тствовать 2) *refl.* вести́ себя́ (хорошо́)

**compose** [kəm'pəuz] *v* 1) составля́ть; to ~ a delegation формирова́ть делега́цию 2) сочиня́ть, создава́ть, писа́ть (*музыкальное или литературное произведение*); to ~ a picture заду́мать и вы́работать план карти́ны 3) ула́живать (*ссору*); успока́ивать; to ~ oneself успока́иваться; to ~ differences ула́живать разногла́сия 4) *обыкн. pass.* состоя́ть (*из*); our group was ~d of teachers and doctors на́ша гру́ппа состоя́ла из учителе́й и враче́й 5) *полигр.* набира́ть

**composed** [kəm'pəuzd] **1.** *p. p. от* compose

**2.** *a* споко́йный, сде́ржанный

**composer** [kəm'pəuzə] *n* компози́тор

**composing** [kəm'pəuzɪŋ] **1.** *pres. p. от* compose

**2.** *a* 1) составля́ющий 2) успока́ивающий; ~ medicine успока́ивающее сре́дство

**composing-machine** [kəm'pəuzɪŋmə'ʃi:n] *n полигр.* набо́рная маши́на

**composing-room** [kəm'pəuzɪŋrum] *n полигр.* набо́рный цех

**composing-stick** [kəm'pəuzɪŋstɪk] *n полигр.* верста́тка

**composite** ['kɔmpəzɪt] **1.** *n* 1) смесь; что-л. составно́е 2) *бот.* расте́ние семе́йства сложноцве́тных

**2.** *a* 1) составно́й; сло́жный; ~ carriage *ж.-д.* комбини́рованный ваго́н; ~ style *иск.* сме́шанный стиль; ~ index сво́дный и́ндекс (*в статистике*) 2) *бот.* сложноцве́тный

**composition** [ˌkɔmpə'zɪʃən] *n* 1) литерату́рное *или* музыка́льное произведе́ние 2) шко́льное сочине́ние 3) структу́ра, соста́в 4) составле́ние, образова́ние, построе́ние; *лингв.* словосложе́ние 5) компози́ция, компоно́вка 6) соста́в (*химический*); составны́е ча́сти 7) соедине́ние, смесь, сплав; ~ of forces *физ.* сложе́ние сил 8) склад ума́, хара́ктер; he has a touch of madness in his ~ он «тро́нулся», он не в своём уме́ 9) соглаше́ние; компроми́сс 10) *юр.* компроми́ссное соглаше́ние должника́ с кредито́рами 11) *воен.* соглаше́ние о пereми́рии, о прекраще́нии вое́нных де́йствий 12) *полигр.* набо́р 13) *attr.*: ~ book *амер.* тетра́дь для упражне́ний

**composition-metal** [ˌkɔmpə'zɪʃənˌmetl] *n* сплав ме́ди с ци́нком; лату́нь

**compositive** [kəm'pɔzɪtɪv] *a* синтети́ческий

**compositor** [kəm'pɔzɪtə] *n* набо́рщик

**compos (mentis)** ['kɔmpɔs ('mentɪs)] *лат. a юр.* находя́щийся в здра́вом уме́ и твёрдой па́мяти; вменя́емый

**compost** ['kɔmpɔst] **1.** *n* компо́ст, составно́е удобре́ние

**2.** *v* 1) удобря́ть компо́стом 2) гото́вить компо́ст

**composure** [kəm'pəuʒə] *n* 1) споко́йствие 2) хладнокро́вие; самооблада́ние

**compote** ['kɔmpɔt] *фр. n* компо́т

**compound** I **1.** *n* ['kɔmpaund] 1) смесь; соста́в, соедине́ние 2) *лингв.* сло́жное сло́во 3) *тех.* компа́унд (*тж.* ~ engine)

**2.** *a* ['kɔmpaund] составно́й; сло́жный; *грам.* сложносочинённый; ~ addition (subtraction *etc.*) сложе́ние (вычита́ние *и т. д.*) имено́ванных чи́сел ◇ ~ householder аренда́тор до́ма, в аре́ндную пла́ту кото́рого включа́ются нало́ги, вноси́мые владе́льцем; ~ wound *мед.* ушибленная ра́на

**3.** *v* [kəm'paund] 1) сме́шивать, соединя́ть; составля́ть 2) ула́живать; примиря́ть (*интересы*) 3) приходи́ть к компроми́ссу (*с кредитором*); части́чно погаша́ть долг 4) *юр.*: to ~ a felony отка́зываться от суде́бного пресле́дования за материа́льное вознагражде́ние

**compound** II ['kɔmpaund] *n* 1) огоро́женная террито́рия вокру́г фа́брики, конто́ры *и т. п.* европе́йцев (*на Востоке*) 2) огоро́женное ме́сто (*напр.*, для военнопле́нных) 3) посёлок не́гров-рабо́чих фи́рмы (*в Африке*)

**comprador** [ˌkɔmprə'dɔ:] *португ n* компрадо́р (*туземец на службе европ. фирмы, являющийся посредником между ней и туземными покупателями*)

**comprehend** [ˌkɔmprɪ'hend] *v* 1) понима́ть, постига́ть 2) охва́тывать, включа́ть

**comprehensible** [ˌkɔmprɪ'hensəbl] *a* поня́тный, постижи́мый

**comprehension** [ˌkɔmprɪ'henʃən] *n* 1) понима́ние; поня́тливость 2) охва́т, включе́ние

**comprehensive** [ˌkɔmprɪ'hensɪv] *a* 1) объе́млющий; исче́рпывающий, обстоя́тельный; ~ arrangement всеобъе́млющее соглаше́ние; ~ mechanization ко́мплексная механиза́ция 2) обши́рный 3) всесторо́нний; ~ school общеобразова́тельная шко́ла; еди́ная, ко́мплексная шко́ла 4) поня́тливый, легко́ схва́тывающий

**compress** **1.** *n* ['kɔmpres] 1) компре́сс 2) *хир.* мя́гкая, да́вящая повя́зка

**2.** *v* [kəm'pres] сжима́ть; сда́вливать

**compressed** [kəm'prest] **1.** *p. p. от* compress 2

**2.** *a* сжа́тый

**compressibility** [kəmˌpresɪ'bɪlɪtɪ] *n* сжима́емость

**compressible** [kəm'presəbl] *a* сжимающийся

**compression** [kəm'preʃən] *n* 1) сжатие; сдавливание 2) *тех.* компрессия 3) *тех.* набивка, уплотнение, прокладка 4) *attr.*: ~ member *тех.* элемент (*конструкции*), работающий на сжатие; ~ chamber *авто* камера сжатия *или* сгорания

**compressor** [kəm'presə] *n* *тех.* компрессор

**comprise** [kəm'praɪz] *v* 1) включать, заключать в себе, охватывать; this dictionary ~s about 60 000 words в этом словаре около 60 000 слов 2) содержать; вмещать 3) входить в состав

**compromise** ['kɔmprəmaɪz] **1.** *n* компромисс

**2.** *v* 1) пойти на компромисс 2) компрометировать; подвергать риску, опасности (*репутацию и т. п.*)

**compromiser** ['kɔmprəmaɪzə] *n* примиренец, соглашатель

**comprovincial** [ˌkɔmprə'vɪnʃəl] *a* того же округа

**comptometer** [kɔmp'tɔmɪtə] *n* арифмометр, комптометр

**comptroller** [kəm'trəulə] = controller

**compulsion** [kəm'pʌlʃən] *n* принуждение; under (*или* upon) ~ вынужденный

**compulsive** [kəm'pʌlsɪv] *a* 1) принудительный 2) способный заставить ◇ she is a ~ smoker она заядлый курильщик

**compulsory** [kəm'pʌlsərɪ] *a* принудительный; обязательный; ~ education обязательное обучение; ~ measures принудительные меры; ~ (military) service воинская повинность

**compunction** [kəm'pʌŋkʃən] *n* 1) угрызения совести; раскаяние 2) сожаление; without ~ без сожаления

**compunctious** [kəm'pʌŋkʃəs] *a* испытывающий угрызения совести

**computable** [kəm'pju:təbl] *a* исчислимый

**computation** [ˌkɔmpju(:)'teɪʃən] *n* вычисление, выкладка; расчёт

**compute** [kəm'pju:t] **1.** *v* считать, подсчитывать; вычислять, делать выкладки

**2.** *n* *редк.* вычисление; beyond ~ неисчислимый

**computer** [kəm'pju:tə] *n* 1) компьютер; счётно-решающее устройство; (электронно-)вычислительная машина, ЭВМ; счётчик 2) тот, кто вычисляет

**computerisation** [kəmˌpju:təraɪ'zeɪʃ(ə)n] *n* использование счётных машин

**comrade** ['kɔmrɪd] *n* товарищ

**comrade-in-arms** ['kɔmrɪdɪn'ɑ:mz] *n* (*pl* comrades-) соратник, товарищ по оружию, боевой товарищ

**comradely** ['kɔmrɪdlɪ] *a* товарищеский

**comradeship** ['kɔmrɪdʃɪp] *n* товарищеские отношения

**con I** [kɔn] *v* заучивать наизусть; зубрить, долбить

**con II** [kɔn] **1.** *n* *мор.* подача команд рулевому

**2.** *v* 1) вести судно, управлять кораблём 2) направлять мысль, действия (*человека*)

**con III** [kɔn] *n* (*сокр. от лат.* contra): the pros and ~s доводы за и против

**con IV** [kɔn] *n* стук

**con V** [kɔn] *sl.* **1.** *n* 1) жульничество 2) жулик

**2.** *a* жульнический

**3.** *v* жульничать, надувать

**con-** [kɔn-] *см.* com-

**conacre** ['kɔnˌeɪkə] *n* сдача в аренду небольшого участка вспаханной земли на один сезон (*в Ирландии*)

**conation** [kəu'neɪʃən] *n* *психол.* способность к волевому движению

**concatenate** [kɔn'kætɪneɪt] *v* сцеплять, связывать

**concatenation** [kɔnˌkætɪ'neɪʃən] *n* 1) сцепление (*событий, идей*); взаимная связь (*причинная*); ~ of circumstances стечение обстоятельств 2) *тех.* каскадное соединение; цепь

**concave** ['kɔn'keɪv] **1.** *a* вогнутый; впалый

**2.** *n* 1) впадина 2) *архит.* свод 3) небесный свод

**3.** *v* делать вогнутым

**concavity** [kɔn'kævɪtɪ] *n* вогнутая поверхность, вогнутость

**concavo-concave** [kɔn'keɪvəu'kɔnkeɪv] *a* двояковогнутый (*о линзе*)

**concavo-convex** [kɔn'keɪvəu'kɔnveks] *a* вогнуто-выпуклый (*о линзе*)

**conceal** [kən'si:l] *v* 1) скрывать; утаивать, умалчивать 2) маскировать; прятать

**concealer** [kən'si:lə] *n* укрыватель

**concealment** [kən'si:lmənt] *n* 1) скрывание, утаивание, сокрытие; укрывательство 2) тайное убежище 3) маскировка

**concede** [kən'si:d] *v* 1) уступать 2) допускать (*возможность, правильность чего-л.*); признавать 3) *спорт. разг.* проигрывать

**conceit** [kən'si:t] *n* 1) самонадеянность; самомнение; тщеславие; чванство; he is full of ~ он о себе высокого мнения; он полон самодовольства 2) причудливый образ (*преим. в поэзии XVI—XVII вв.*) ◇ to be out of ~ with smb. разочароваться в ком-л.

**conceited** [kən'si:tɪd] *a* самодовольный; тщеславный

**conceivable** [kən'si:vəbl] *a* мыслимый, постижимый; возможный

**conceivably** [kən'si:vəblɪ] *adv* предположительно

**conceive** [kən'si:v] *v* 1) постигать, понимать; представлять себе 2) задумывать; a well ~d scheme хорошо задуманный план 3) почувствовать, возыметь; to ~ an affection for smb. привязаться к кому-л.; to ~ a dislike for smb. невзлюбить кого-л. 4) зачать, забеременеть

**conceiving** [kən'si:vɪŋ] **1.** *pres. p. от* conceive

**2.** *n* зачатие, зарождение

**concentrate** ['kɔnsəntreɪt] **1.** *n* 1) концентрат 2) обогащённый продукт

**2.** *v* 1) сосредоточивать(ся); концентрировать(ся) (on, upon) 2) *хим.* сгущать, выпаривать 3) *горн.* обогащать руду

**concentrated** ['kɔnsəntreɪtɪd] **1.** *p. p. от* concentrate 2

**2.** *a* 1) сосредоточенный; концентрированный 2) *хим.* сгущённый

**concentration** [ˌkɔnsən'treɪʃən] *n* 1) концентрация; сосредоточение; сосредоточенность; крепость (*раствора*) 2) сгущение 3) обогащение руды 4) *attr.*: ~ camp концентрационный лагерь

**concentre** [kɔn'sentə] *v* 1) концентрировать(ся); сосредоточивать (*мысли и т. п.*) 2) сходиться в центре, иметь общий центр

**concentric** [kɔn'sentrɪk] *a* концентрический

**concentrically** [kɔn'sentrɪkəlɪ] *adv* концентрически

**concentricity** [ˌkɔnsən'trɪsɪtɪ] *n* концентричность

**concept** ['kɔnsept] *n* понятие, идея; общее представление; концепция

**conception** [kən'sepʃən] *n* 1) понимание; it is beyond my ~ это выше моего понимания 2) понятие 3) концепция 4) замысел 5) *физиол.* зачатие; оплодотворение

**conceptual** [kən'septjuəl] *a* 1) умозрительный 2) понятийный

**concern** [kən'sə:n] **1.** *n* 1) забота, беспокойство; огорчение; to feel ~ about smth. беспокоиться о чём-л., быть озабоченным чем-л.; with deep ~ с большим огорчением 2) участие, интерес; to have a ~ in a business быть участником какого-л. предприятия 3) дело, отношение, касательство; it is no ~ of mine это не моё дело, это меня не касается 4) значение, важность; a matter of great ~ очень важное дело 5) предприятие, фирма

**2.** *v* 1) касаться, иметь отношение; as ~s что касается; as far as his conduct is ~ed что касается его поведения; his life is ~ed речь идёт о его жизни 2) заботиться, беспокоиться; to be ~ed about the future беспокоиться о будущем 3) *refl.* заниматься, интересоваться (*чем-л.*)

**concerned** [kən'sə:nd] **1.** *p. p. от* concern 2

**2.** *a* 1) занятый (*чем-л.*); связанный (*с чем-л.*); имеющий отношение (*к чему-л.*); ~ parties заинтересованные стороны 2) озабоченный; ~ air озабоченный вид

**concernment** [kən'sə:nmənt] *n* concern 2

**2.** *prep* относительно, касательно

**concernment** [kən'sə:nmənt] *n* 1) важность; a matter of ~ важное дело 2) участие, заинтересованность 3) озабоченность

**concert** 1. *n* [ˈkɔnsə(:)t] 1) концéрт 2) соглáсие, соглашéние; in ~ во взаимодéйствии, дрýжно; to act in ~ дéйствовать сообщá, по уговóру 3) *attr.* концéртный; ~ grand концéртный роя́ль

2. *v* [kənˈsə:t] сговáриваться, договáриваться; сообщá принимáть мéры; to ~ action согласóвывать дéйствия

**concerted** [kənˈsə:tɪd] 1. *p. p. от* concert 2

2. *a* согласóванный; to take ~ action дéйствовать согласóванно, по уговóру

**concertina** [ˌkɔnsəˈti:nə] *n* концерти́но (*шестигранная гармоника*)

**concerto** [kənˈtʃə:təu] *ит. n* (*pl* -os [-əuz]) концéрт (*музыкальная форма*)

**concession** [kənˈseʃən] *n* 1) устýпка; a ~ to public opinion устýпка общéственному мнéнию 2) концéссия

**concessionaire** [kənˌseʃəˈnɛə] *фр. n* концессионéр

**concessioner** [kənˈseʃənə] *амер.* = concessionaire

**concessive** [kənˈsesɪv] *a* 1) устýпчивый 2) *грам.* уступи́тельный

**concetti** [kənˈtʃetɪ] *pl от* concetto

**concetto** [kənˈtʃetəu] *ит. n* (*pl* -tti) = conceit 2)

**conch** [kɔŋk] *n* 1) рáковина 2) *архит.* абси́да, полукрýглый вы́ступ

**concha** [ˈkɔŋkə] *n* 1) *анат.* ушнáя рáковина 2) = conch 2)

**conchoid** [ˈkɔŋkɔɪd] *n мат.* конхóида

**conchy** [ˈkɔntʃɪ] *n разг.* = conscientious objector [*см.* conscientious]

**concierge** [ˌkɔ:nsɪˈɛəʒ] *фр. n* консьéрж; консьéржка

**concilia** [kənˈsɪlɪə] *pl от* concilium

**conciliate** [kənˈsɪlɪeɪt] *v* 1) успокáивать, умиротворя́ть 2) расположи́ть к себé; снискáть довéрие, любóвь

**conciliation** [kənˌsɪlɪˈeɪʃən] *n* 1) примирéние; умиротворéние 2) *юр.* согласи́тельная процедýра; court of ~ суд примири́тельного произвóдства

**conciliator** [kənˈsɪlɪeɪtə] *n* 1) миротвóрец; примири́тель 2) *юр.* мировóй посрéдник 3) *полит.* примирéнец

**conciliatory** [kənˈsɪlɪətərɪ] *a* 1) примири́тельный 2) *полит.* примирéнческий

**concilium** [kənˈsɪlɪəm] *n* (*pl* -lia) конси́лиум

**concise** [kənˈsaɪs] *a* 1) крáткий; сжáтый; немногослóвный 2) чёткий; вырази́тельный

**conciseness** [kənˈsaɪsnɪs] *n* 1) крáткость, сжáтость 2) вырази́тельность

**concision** [kənˈsɪʒən] = conciseness

**conclave** [ˈkɔnkleɪv] *n* 1) тáйное совещáние; to sit in ~ учáствовать в тáйном совещáнии 2) *церк.* конклáв

**conclude** [kənˈklu:d] *v* 1) закáнчивать(ся); he ~d his speech with the following remark (*или* by making the following remark) он закóнчил речь слéдующими словáми; to ~ итáк (*в конце речи*) 2) заключáть; to ~ a treaty заключáть договóр 3) выводи́ть заключéние; дéлать вы́вод; заключáть 4) (*б. ч. амер.*) решáть, принимáть решéние

**conclusion** [kənˈklu:ʒən] *n* 1) окончáние; завершéние; in ~ в заключéние; to bring to a ~ завершáть, доводи́ть до концá 2) заключéние; ~ of a treaty заключéние договóра 3) умозаключéние, вы́вод; to draw a ~ дéлать вы́вод; to arrive at a ~ прийти́ к заключéнию; to jump to (*или* at) a ~ дéлать поспéшный вы́вод; foregone ~ предрешённое дéло; предвзя́тое мнéние 4) исхóд, результáт ◇ to try ~s прóбовать; to try ~s with smb. вступáть в состязáние с кем-л.

**conclusive** [kənˈklu:sɪv] *a* 1) заключи́тельный 2) окончáтельный, решáющий 3) убеди́тельный; ~ evidence убеди́тельное доказáтельство

**concoct** [kənˈkɔkt] *v* 1) стря́пать 2) придýмать, состря́пать (*небылицу, сюжет рассказа и т. п.*) 3) *тех.* концентри́ровать, сгущáть

**concoction** [kənˈkɔkʃən] *n* 1) вáрево; стряпня́ 2) «бáсни», вы́мысел, небыли́цы 3) составлéние, придýмывание 4) *тех.* концентрáт; сгущéние

**concomitance** [kənˈkɔmɪtəns] *n* сопýтствование

**concomitant** [kənˈkɔmɪtənt] 1. *a* сопýтствующий

2. *n* сопýтствующее обстоя́тельство

**concord** [ˈkɔŋkɔ:d] *n* 1) соглáсие 2) соглашéние; договóр, конвéнция 3) согласовáние (*тж. грам.*) 4) *муз.* гармóния, созвýчие

**concordance** [kənˈkɔ:dəns] *n* 1) соглáсие; соотвéтствие; in ~ with smth. в соотвéтствии с чем-л., соглáсно чемý-л. 2) алфави́тный указáтель слов *или* изречéний, встречáющихся в какóй-л. кни́ге *или* у какóго-л. класси́ческого писáтеля

**concordant** [kənˈkɔ:dənt] *a* 1) соглáсный; согласýющийся (with) 2) гармони́чный

**concordat** [kɔnˈkɔ:dæt] *n* конкордáт, договóр

**concourse** [ˈkɔŋkɔ:s] *n* 1) стечéние нарóда, толпá 2) скоплéние (*чего-л.*); ~ of circumstances стечéние обстоя́тельств 3) откры́тое мéсто, где собирáется пýблика 4) *амер.* глáвный вести́бюль вокзáла

**concrescence** [kɔnˈkresəns] *n биол.* сращéние

**concrete** [ˈkɔnkri:t] 1. *n* 1) бетóн; reinforced (*или* armoured) ~ железобетóн; prestressed ~ предвари́тельно напряжённый бетóн 2) нéчто конкрéтное, реáльное; in the ~ реáльно, практи́чески

2. *a* 1) конкрéтный; ~ number имено́ванное числó 2) бетóнный

3. *v* 1) бетони́ровать 2) [kənˈkri:t] сгущáть(ся); твердéть; срастáться; срáщивать

**concrete-mixer** [ˈkɔnkri:tˈmɪksə] *n* бетономешáлка

**concretion** [kənˈkri:ʃən] *n* 1) сращéние; срáщивание 2) сгущéние, оседáние, осаждéние, коагуля́ция 3) твёрдая срóсшаяся мáсса 4) *геол.* конкрéция 5) *мед.* кáмень, конкремéнт

**concretionary** [kɔ:nˈkri:ʃənərɪ] *a геол.* конкрециóнный; стремя́щийся к срастáнию

**concretize** [ˈkɔnkri(:)taɪz] *v* конкретизи́ровать

**concubinage** [kɔnˈkju:bɪnɪdʒ] *n* внебрáчное сожи́тельство

**concubine** [ˈkɔŋkjubaɪn] *n* 1) налóжница, любóвница 2) млáдшая женá (*у народов, где распространено многожёнство*)

**concupiscence** [kənˈkju:pɪsəns] *n* 1) похотли́вость 2) стрáстное желáние

**concupiscent** [kənˈkju:pɪsənt] *a* похотли́вый, сладострáстный

**concur** [kənˈkə:] *v* 1) совпадáть 2) соглашáться; сходи́ться в мнéниях 3) дéйствовать сообщá, совмéстно

**concurrence** [kənˈkʌrəns] *n* 1) совпадéние (*мнений и т. п.*); стечéние (*обстоятельств*) 2) соглáсие; согласóванность (*действий*)

**concurrent** [kənˈkʌrənt] 1. *n* 1) неотъéмлемая часть; фáктор 2) сопýтствующее обстоя́тельство

2. *a* 1) совпадáющий 2) дéйствующий совмéстно *или* одноврéменно

**concuss** [kənˈkʌs] *v* 1) сотрясáть, потрясáть 2) *мед.* вызывáть сотрясéние (*мозга*) 3) запýгивать; принуждáть (*к чему-л.*); to ~ into smth., to ~ to do smth. понуждáть к чемý-л.

**concussion** [kənˈkʌʃən] *n* 1) сотрясéние; толчóк 2) контýзия; ~ of the brain сотрясéние мóзга 3) *юр.* принуждéние путём запýгивания *или* наси́лия

**condemn** [kənˈdem] *v* 1) осуждáть, порицáть 2) приговáривать, выноси́ть приговóр 3) бракoвáть; признавáть негóдным 4) конфисковáть (*судно, груз*) 5) уличáть; his looks ~ him лицó выдаёт егó 6) нáглухо забивáть

**condemnation** [ˌkɔndemˈneɪʃən] *n* 1) осуждéние, приговóр 2) конфискáция, наложéние арéста

**condemnatory** [kənˈdemnətərɪ] *a* осуждáющий; обвини́тельный

**condemned** [kənˈdemd] 1. *p. p. от* condemn

2. *a* 1) осуждённый; приговорённый 2): ~ cell кáмера смéртника

**condensable** [kənˈdensəbl] *a* 1) поддающийся сжимáнию *или* сгущéнию 2) преврати́мый в жи́дкое состоя́ние (*о газе*)

**condensation** [ˌkɔndenˈseɪʃən] *n* 1) сгущéние, уплотнéние, конденсáция 2) сжáтость (*стиля*)

**condense** [kənˈdens] *v* 1) сгущáть (-ся); конденси́ровать 2) сжáто выражáть (*мысль*)

**condensed** [kənˈdenst] 1. *p. p. от* condense

2. *a* конденси́рованный; сгущённый; ~ milk сгущённое молокó

**condenser** [kənˈdensə] *n* 1) конденсáтор 2) *тех.* холоди́льник 3) *эл.* конденсáтор 4) *опт.* кондéнсор

**condescend** [ˌkɔndɪ'send] *v* 1) снисходи́ть; удоста́ивать 2) унижа́ться (to — до *чего-л.*), роня́ть своё досто́инство

**condescension** [ˌkɔndɪ'senʃən] *n* 1) снисхожде́ние 2) снисходи́тельность

**condign** [kən'daɪn] *a* заслу́женный (*о наказании*)

**condiment** ['kɔndɪmənt] *n* припра́ва

**condition** [kən'dɪʃən] **1.** *n* 1) усло́вие, on (*или* upon) ~ при усло́вии 2) состоя́ние, положе́ние; in (out of) ~ в хоро́шем (плохо́м) состоя́нии (*тж. о здоровье*); in good ~ го́дный к употребле́нию (*о пище*) 3) *pl* обстоя́тельства; обстано́вка; under such ~s при таки́х обстоя́тельствах; international ~s междунаро́дная обстано́вка 4) обще́ственное положе́ние; humble ~ of life скро́мное положе́ние; men of all ~s лю́ди вся́кого зва́ния; to change one's ~ вы́йти за́муж, жени́ться 5) *амер.* переэкзамено́вка; зачёт *или* экза́мен, не сда́нный в срок, «хвост»

**2.** *v* 1) ста́вить усло́вия, обусло́вливать; choice is ~ed by supply вы́бор обусло́влен предложе́нием 2) испы́тывать (*напр., степень влажности шёлка, шерсти и т. п.*) 3) улучша́ть состоя́ние; to ~ the team *спорт.* подгота́вливать, тренирова́ть кома́нду 4) улучша́ть (*породу скота*) 5) кондициони́ровать (*воздух*) 6) принима́ть ме́ры к сохране́нию (*чего-л.*) в све́жем состоя́нии 7) *амер.* сдава́ть переэкзамено́вку 8) *амер* принима́ть *или* переводи́ть с переэкзамено́вкой

**conditional** [kən'dɪʃənl] *a* 1) усло́вный, обусло́вленный; ~ sale *ком.* прода́жа с принуди́тельным ассортиме́нтом 2) *грам.* усло́вный; ~ sentence усло́вное предложе́ние; ~ mood усло́вное наклоне́ние

**conditioned** [kən'dɪʃənd] **1.** *p. p. от* condition 2

**2.** *a* 1) обусло́вленный; ~ reflex усло́вный рефле́кс 2) кондицио́нный, отвеча́ющий станда́рту; well ~ cattle кондицио́нный скот 3) кондициони́рованный

**conditioning** [kən'dɪʃnɪŋ] **1.** *pres. p. от* condition 2

**2.** *n* 1) ме́ры к улучше́нию физи́ческого состоя́ния; physical ~ физи́ческая зака́лка 2) ме́ры к сохране́нию (*чего-л.*) в све́жем состоя́нии 3) кондициони́рование (*воздуха*)

**3.** *a* трениро́вочный

**condolatory** [kən'dəulətrɪ] *a* сочу́вствующий, соболе́знующий

**condole** [kən'dəul] *v* сочу́вствовать, соболе́зновать; выража́ть соболе́знование

**condolence** [kən'dəuləns] *n* (*обыкн. pl*) соболе́знование; to present one's ~s to smb. выража́ть своё соболе́знование кому́-л.

**condominium** ['kɔndə'mɪnɪəm] *n* кондоми́ниум, совладе́ние

**condonation** [ˌkɔndəu'neɪʃən] *n* терпи́мость (*особ. к супружеской неверности*)

**condone** [kən'dəun] *v* мири́ться, смотре́ть сквозь па́льцы

**condor** ['kɔndɔ:] *n зоол.* ко́ндор

**conduce** [kən'dju:s] *v* спосо́бствовать, вести́ (*к чему-л.*)

**conducive** [kən'dju:sɪv] *a* благоприя́тный; спосо́бствующий; ~ to smth. веду́щий к чему́-л.

**conduct** **1.** *n* ['kɔndʌkt] 1) поведе́ние; о́браз де́йствий 2) руково́дство, веде́ние; ~ of operations *воен.* веде́ние опера́ций 3) *attr.*: ~ sheet кондуи́т, лист для за́писи взыска́ний

**2.** *v* [kən'dʌkt] 1) вести́; ~ oneself вести́ себя́ 2) сопровожда́ть; эскорти́ровать 3) руководи́ть (*делом*) 4) дирижи́ровать (*оркестром, хором*) 5) *физ.* проводи́ть; служи́ть проводнико́м

**conductance** [kən'dʌktəns] = conduction

**conduction** [kən'dʌkʃən] *n физ.* проводи́мость

**conductive** [kən'dʌktɪv] *a физ.* проводя́щий

**conductivity** [ˌkɔndʌk'tɪvɪtɪ] *n физ.* уде́льная проводи́мость; электропрово́дность

**conduct-money** ['kɔndʌktˌmʌnɪ] *n* опла́та расхо́дов по доста́вке свиде́теля в суд

**conductor** [kən'dʌktə] *n* 1) конду́ктор (*трамвая, автобуса — в Англии*) 2) *амер. ж.-д.* проводни́к 3) гид 4) руководи́тель 5) дирижёр 6) *физ.* проводни́к 7) *эл.* провод; жи́ла 8) громоотво́д

**conductress** [kən'dʌktrɪs] *n* 1) конду́кторша 2) руководи́тельница

**conduit** ['kɔndɪt] *n* 1) трубопрово́д; водопрово́дная труба́; акведу́к 2) подзе́мный потайно́й ход; *перен.* кана́л 3) [*тж.* 'kɔndjuɪt] *эл.* изоляцио́нная тру́бка 4) *attr.*: ~ head резервуа́р

**cone** [kəun] **1.** *n* 1) ко́нус; ~ of paper фу́нтик, бума́жный кулёк; ice-cream ~ моро́женое в ва́фельном *или* бума́жном стака́нчике; ~ of rays *физ.* пучо́к луче́й 2) *бот.* ши́шка

**2.** *v* 1) придава́ть фо́рму ко́нуса 2) (*обыкн. pass.*): to be ~d быть обнару́женным вра́жескими прожекто́рами (*о самолёте*)

**coney** ['kəunɪ] = cony

**confab** ['kɔnfæb] *разг.* **1.** *n сокр. от* confabulation

**2.** *v сокр. от* confabulate

**confabulate** [kən'fæbjuleɪt] *v* разгова́ривать, бесе́довать, болта́ть

**confabulation** [kənˌfæbju'leɪʃən] *n* болтовня́, дру́жеский разгово́р

**confection** [kən'fekʃən] **1.** *n* 1) сла́сти 2) изготовле́ние сласте́й 3) конфекцио́н; гото́вые принадле́жности же́нского туале́та

**2.** *v* 1) приготовля́ть конфе́ты, сла́сти 2) изготовля́ть предме́ты же́нского туале́та

**confectioner** [kən'fekʃnə] *n* конди́тер

**confectionery** [kən'fekʃnərɪ] *n* 1) конди́терская 2) конди́терские изде́лия

**confederacy** [kən'fedərəsɪ] *n* 1) конфедера́ция; ли́га; сою́з госуда́рств 2) за́говор

**confederate** **1.** *n* [kən'fedərɪt] 1) член конфедера́ции, сою́зник 2) соо́бщник, соуча́стник (*преступления*) 3) *амер. ист.* конфедера́т, сторо́нник ю́жных шта́тов (*в 1860—65 гг.*)

**2.** *a* [kən'fedərɪt] сою́зный, федерати́вный; the C. States of America *ист.* конфедера́ция 11 ю́жных шта́тов, отоше́дших от США в 1860—1861 гг.

**3.** *v* [kən'fedəreɪt] объединя́ть(ся) в сою́з, составля́ть федера́цию

**confederation** [kənˌfedə'reɪʃən] *n* конфедера́ция, федера́ция, сою́з

**confer** [kən'fə:] *v* 1) дарова́ть; присва́ивать (*звание*); присужда́ть (*степень*); to ~ powers наделя́ть вла́стью; to ~ a title on smb. дава́ть ти́тул кому́-л. 2) обсужда́ть, совеща́ться (together, with) 3) (*imp.*) сопоста́вь, сравни́; ~ remark on the next page сравни́ замеча́ние на сле́дующей страни́це

**conferee** [ˌkɔnfə'ri:] *n* уча́стник перегово́ров, конфере́нции

**conference** ['kɔnfərəns] *n* 1) конфере́нция; совеща́ние; съезд; to be in ~ быть на совеща́нии; заседа́ть 2) *амер.* ассоциа́ция (университе́тов, спорти́вных кома́нд, церкве́й *и т. п.*) 3) *attr.*: ~ circuit диспе́тчерская связь; ~ rate *ком.* карте́льная фра́хтовая ста́вка

**conferment** [kən'fə:mənt] *n* присвое́ние (*звания*); присужде́ние (*степени*)

**conferva** [kɔn'fə:və] *n бот.* конфе́рва, нитча́тка; водяно́й мох; ря́ска

**confess** [kən'fes] *v* 1) признава́ть(-ся); сознава́ться 2) испове́довать(-ся)

**confessedly** [kən'fesɪdlɪ] *adv* по ли́чному *или* о́бщему призна́нию

**confession** [kən'feʃən] *n* 1) призна́ние (*вины, ошибки*) 2) и́споведь 3) вероисповеда́ние

**confessional** [kən'feʃənl] *n* испове́дальня

**confessor** [kən'fesə, 'kɔnfesə] *n* духовни́к; испове́дник

**confetti** [kən'feti(:)] *ит. n* конфетти́

**confidant** [ˌkɔnfɪ'dænt] *n* напе́рсник

**confidante** [ˌkɔnfɪ'dænt] *n* напе́рсница

**confide** [kən'faɪd] *v* 1) доверя́ть, поверя́ть (in — *кому-л.*); полага́ться (in — на *кого-л.*) 2) вверя́ть; поруча́ть (to) 3) признава́ться, сообща́ть по секре́ту (to)

**confidence** ['kɔnfɪdəns] *n* 1) дове́рие; to enjoy smb.'s ~ по́льзоваться чьим-л. дове́рием; to take a person into one's ~ дове́рить кому́-л. свои́ та́йны; to place ~ in a person доверя́ть кому́-л. 2) конфиденциа́льное сообще́ние; in strict ~ стро́го конфиденциа́льно; to tell smth. in ~ сказа́ть что-л. по секре́ту 3) уве́ренность 4) самонаде́янность, самоуве́ренность ◇ ~ game (*или* trick) получе́ние де́нег обма́нным путём (посре́дством внуше́ния же́ртве дове́рия); ~ man моше́нник, получи́вший де́ньги обма́нным путём

**confident** [ˈkɔnfɪdənt] 1. *a* 1) уве́ренный (of — в *успехе и т. п.*) 2) самоуве́ренный, самонаде́янный
2. *n* = confidant
**confidential** [ˌkɔnfɪˈdenʃəl] *a* 1) конфиденциа́льный; секре́тный 2) доверя́ющий; довери́тельный 3) по́льзующийся дове́рием
**confidentially** [ˌkɔnfɪˈdenʃəlɪ] *adv* по секре́ту, конфиденциа́льно
**configuration** [kənˌfɪgjuˈreɪʃən] *n* конфигура́ция; очерта́ние; фо́рма
**confine** [kənˈfaɪn] *v* 1) ограни́чивать 2) заключа́ть в тюрьму́ 3) заточа́ть, держа́ть взаперти́; to ~ to barracks *воен.* держа́ть на каза́рменном положе́нии 4): to be ~d рожа́ть; to be ~d to bed (to one's room) быть прико́ванным к посте́ли (не выходи́ть по боле́зни из ко́мнаты) 5) *refl.* приде́рживаться (*чего-л.*); to ~ oneself strictly to the subject стро́го приде́рживаться те́мы
**confined** [kənˈfaɪnd] 1. *p. p. от* confine
2. *a* 1) ограни́ченный 2) те́сный; у́зкий 3) заключённый 4) рожа́ющая 5) *мед.* страда́ющий запо́ром
**confinement** [kənˈfaɪnmənt] *n* 1) ограниче́ние 2) тюре́мное заключе́ние 3) ро́ды
**confines** [ˈkɔnfaɪnz] *n pl* грани́цы; рубе́ж; within the ~ of smth. в преде́лах, ра́мках чего́-л.
**confirm** [kənˈfə:m] *v* 1) подтвержда́ть 2) утвержда́ть; закрепля́ть 3) ратифици́ровать 4) подкрепля́ть, подде́рживать 5) *церк.* конфирмова́ть
**confirmation** [ˌkɔnfəˈmeɪʃən] *n* 1) подтвержде́ние 2) утвержде́ние; ~ to a post утвержде́ние в до́лжности 3) подкрепле́ние 4) *церк.* конфирма́ция
**confirmative, confirmatory** [kənˈfə:mətɪv, -tərɪ] *a* подтвержда́ющий; подкрепля́ющий
**confirmed** [kənˈfə:md] 1. *p. p. от* confirm
2. *a* 1) хрони́ческий 2) закорене́лый, убеждённый
**confirmee** [ˌkɔnfəˈmi:] *n церк.* конфирма́нт
**confiscate** [ˈkɔnfɪskeɪt] *v* конфискова́ть, реквизи́ровать
**confiscation** [ˌkɔnfɪsˈkeɪʃən] *n* конфиска́ция, реквизи́ция
**confiture** [ˈkɔnfɪtʃə] *n* конфитю́р, варе́нье
**conflagration** [ˌkɔnfləˈgreɪʃən] *n* 1) большо́й пожа́р, пожа́рище 2) сожже́ние
**conflate** [kənˈfleɪt] *v* объединя́ть два вариа́нта те́кста
**conflation** [kənˈfleɪʃən] *n* объедине́ние двух вариа́нтов те́кста в оди́н
**conflict** 1. *n* [ˈkɔnflɪkt] 1) конфли́кт, столкнове́ние; ~ of laws *юр.* а) колли́зио́нное пра́во; ча́стное междунаро́дное пра́во; б) конфли́кт правовы́х норм 2) противоре́чие; internal ~s вну́тренние противоре́чия
2. *v* [kənˈflɪkt] 1) быть в конфли́кте 2) противоре́чить (with — *чему-л.*); to ~ with reality противоре́чить (реа́льной) действи́тельности
**conflicting** [kənˈflɪktɪŋ] 1. *pres. p. от* conflict 2
2. *a* противоречи́вый; ~ opinions противоречи́вые мне́ния
**confluence** [ˈkɔnfluəns] *n* 1) слия́ние (*рек*); пересече́ние (*дорог*); ме́сто слия́ния 2) стече́ние наро́да, толпа́
**confluent** [ˈkɔnfluənt] 1. *a* 1) слива́ющийся 2) *мед.* сливно́й; ~ smallpox сливна́я о́спа
2. *n* одна́ из слива́ющихся рек; прито́к реки́
**conflux** [ˈkɔnflʌks] = confluence
**conform** [kənˈfɔ:m] *v* 1) сообразова́ть(ся); согласова́ться (to — с); соотве́тствовать (to — *чему-л.*) 2) приспособля́ть(ся) 3) подчиня́ться (*правилам*)
**conformable** [kənˈfɔ:məbl] *a* 1) подчиня́ющийся, послу́шный 2) подо́бный
**conformation** [ˌkɔnfɔ:ˈmeɪʃən] *n* 1) устро́йство, фо́рма; структу́ра 2) приспособле́ние (to) 3) подчине́ние
**conformist** [kənˈfɔ:mɪst] *n* конформи́ст
**conformity** [kənˈfɔ:mɪtɪ] *n* 1) соотве́тствие; согласо́ванность 2) схо́дство 3) подчине́ние 4) ортодокса́льность; сле́дование до́гмам англика́нской це́ркви
**confound** [kənˈfaund] *v* 1) сме́шивать, спу́тывать 2) поража́ть, приводи́ть в смуще́ние; ста́вить в тупи́к 3) разруша́ть (*планы, надежды*) ◇ ~ it! к чёрту!; будь оно́ про́клято!
**confounded** [kənˈfaundɪd] 1. *p. p. от* confound
2. *a разг.* отъя́вленный; he is a ~ bore он а́дски ску́чен
**confoundedly** [kənˈfaundɪdlɪ] *adv разг.* чрезвыча́йно, ужа́сно, стра́шно
**confraternity** [ˌkɔnfrəˈtə:nɪtɪ] *n* бра́тство
**confrère** [ˈkɔnfrɛə] *фр. n* собра́т, колле́га
**confront** [kənˈfrʌnt] *v* 1) стоя́ть лицо́м к лицу́; стоя́ть про́тив 2) противостоя́ть; смотре́ть в лицо́ (*смерти, опасности*) 3) (*pass.*) быть поста́вленным пе́ред (with); he was ~ed with demands ему́ бы́ли предъя́влены тре́бования 4) де́лать о́чную ста́вку (with) 5) сопоставля́ть, слича́ть
**confrontation** [ˌkɔnfrʌnˈteɪʃən] *n* 1) конфронта́ция, противобо́рство 2) о́чная ста́вка 3) сличе́ние, сопоставле́ние
**Confucianism** [kənˈfju:ʃjənɪzm] *n* уче́ние Конфу́ция
**confuse** [kənˈfju:z] *v* 1) сме́шивать, спу́тывать; he must have ~d me with somebody else он, должно́ быть, при́нял меня́ за друго́го 2) производи́ть беспоря́док, приводи́ть в беспоря́док; создава́ть пу́таницу 3) приводи́ть в замеша́тельство, смуща́ть; сбива́ть с то́лку 4) помрача́ть созна́ние
**confused** [kənˈfju:zd] 1. *p. p. от* confuse
2. *a* 1) смущённый; to become ~ смути́ться, спу́таться 2) спу́танный; ~ mass беспоря́дочная ма́сса; ~ tale бессвя́зный расска́з; ~ answer тума́нный отве́т
**confusedly** [kənˈfju:zɪdlɪ] *adv* 1) смущённо; в смуще́нии, в замеша́тельстве 2) беспоря́дочно; в беспоря́дке
**confusion** [kənˈfju:ʒən] *n* 1) смуще́ние 2) смяте́ние, замеша́тельство 3) беспоря́док 4) пу́таница, неразбери́ха
**confutation** [ˌkɔnfju:ˈteɪʃən] *n* опроверже́ние
**confute** [kənˈfju:t] *v* опроверга́ть
**cong** [kɔŋ] *амер. сокр. от* congress
**congé** [ˈkɔ:nʒeɪ] *фр. n* о́тпуск
**congeal** [kənˈdʒi:l] *v* 1) замора́живать 2) замерза́ть, застыва́ть 3) сгуща́ть(ся); свёртываться
**congee** [ˈkɔndʒi:] = conjee
**congelation** [ˌkɔndʒɪˈleɪʃən] *n* 1) замора́живание 2) застыва́ние; point of ~ то́чка, температу́ра замерза́ния 3) затверде́ние
**congener** [ˈkɔndʒɪnə] 1. *n* 1) собра́т, соро́дич 2) ро́дственная вещь
2. *a* ро́дственный
**congeneric(al)** [ˌkɔndʒɪˈnerɪk(əl)] *a* одноро́дный
**congenerous** [kənˈdʒenərəs] *a* ро́дственный; одноро́дный; несу́щий одина́ковые фу́нкции (*с другим*)
**congenial** [kənˈdʒi:njəl] *a* 1) бли́зкий по ду́ху; конгениа́льный 2) благоприя́тный; подходя́щий 3) врождённый, сво́йственный
**congeniality** [kənˌdʒi:nɪˈælɪtɪ] *n* конгениа́льность, сродство́, схо́дство, бли́зость
**congenital** [kənˈdʒenɪtl] *a* прирождённый, врождённый
**conger** [ˈkɔŋgə] *n зоол.* морско́й у́горь (*тж.* ~ eel)
**congeries** [kənˈdʒɪəri:z] *n* (*pl без измен.*) ма́сса; ку́ча; скопле́ние
**congest** [kənˈdʒest] *v* 1) перегружа́ть; перенолня́ть 2) скопля́ть(ся), накопля́ть(ся)
**congested** [kənˈdʒestɪd] 1. *p. p. от* congest
2. *a* 1) перенаселённый (*о районе и т. п.*); ~ streets киша́щие людьми́ у́лицы 2) *мед.* перепо́лненный кро́вью (*об органах*); засто́йный
**congestion** [kənˈdʒestʃən] *n* 1) перенаселённость 2) ку́ча, гру́да; скопле́ние 3) перегру́женность, зато́р (*уличного движения*) 4) *мед.* заку́порка; засто́й; venous ~ заку́порка вен
**conglobate** [ˈkɔngləubeɪt] 1. *a* шарообра́зный, сфери́ческий
2. *v* придава́ть *или* принима́ть сфери́ческую фо́рму
**conglomerate** 1. *n* [kənˈglɔmərɪt] 1) конгломера́т 2) *геол.* обло́мочная го́рная поро́да
2. *v* [kənˈglɔməreɪt] 1) собира́ть (-ся); скопля́ться 2) превраща́ться в сли́тную ма́ссу
**conglomeration** [kənˌglɔməˈreɪʃən] *n* конгломера́ция; накопле́ние, скопле́ние; сгу́сток

**conglutination** [kənˌgluːtɪ'neɪʃən] *n* 1) склéивание, слипáние 2) *мед.* спáйка

**congou** ['kɔŋgəu] *n* сорт чёрного китáйского чáя

**congratulate** [kən'grætjuleɪt] *v* поздравля́ть (on, upon)

**congratulation** [kənˌgrætju'leɪʃən] *n* (*обыкн. pl*) поздравлéние; a letter of ~s поздрави́тельное письмó

**congratulatory** [kən'grætjulətərɪ] *a* поздрави́тельный

**congregate** ['kɔŋgrɪgeɪt] *v* собирáть (-ся); скопля́ться, сходи́ться

**congregation** [ˌkɔŋgrɪ'geɪʃən] *n* 1) скоплéние, собрáние; схóдка 2) университéтский совéт 3) *церк.* прихожáне; моля́щиеся (*в церкви*); пáства 4) *церк.* конгрегáция; религиóзное брáтство

**Congregationalism** [ˌkɔŋgrɪ'geɪʃnəlɪzm] *n* индепендéнтство; конгрегационали́зм (*требование церковного самоуправления для каждого прихода*)

**congress** ['kɔŋgres] *n* 1) конгрéсс; съезд; The World Peace C. Всеми́рный конгрéсс сторóнников ми́ра; to go into ~ заседáть 2) (the C.) конгрéсс США 3): (Indian National) C. пáртия «Индúйский национáльный конгрéсс»

**congressional** [kɔŋ'greʃənl] *a* относя́щийся к конгрéссу; C. district *амер.* избирáтельный óкруг для вы́боров в конгрéсс; C. records *амер.* отчёты конгрéсса США

**Congressman** ['kɔŋgresmən] *n амер.* член конгрéсса

**congruence** ['kɔŋgruəns] *n* 1) соглáсованность; соотвéтствие; to be in ~ with соотвéтствовать чемý-л. 2) совпадéние 3) *мат.* конгруэ́нтность

**congruent** ['kɔŋgruənt] = congruous

**congruous** ['kɔŋgruəs] *a* 1) соотвéтствующий; гармони́рующий; подходя́щий 2) *мат.* конгруэ́нтный; совпадáющий

**conic** ['kɔnɪk] = conical 1)

**conical** ['kɔnɪkəl] *a* 1) кони́ческий 2) кóнусный, конусообрáзный

**conifer** ['kəunɪfə] *n* хвóйное дéрево

**coniferous** [kəu'nɪfərəs] *a* хвóйный, шишконóсный

**coniform** ['kəunɪfɔːm] = conical

**conjectural** [kən'dʒektʃərəl] *a* предположи́тельный

**conjecture** [kən'dʒektʃə] **1.** *n* 1) догáдка, предположéние; to hazard a ~ вы́сказать догáдку, сдéлать предположéние 2) *лингв.* конъектýра

**2.** *v* 1) предполагáть, гадáть 2) предлагáть исправлéние тéкста, конъектýру

**conjee** ['kɔndʒiː] *n* ри́совый отвáр

**conjoin** [kən'dʒɔɪn] *v* соединя́ть(ся); сочетáть(ся)

**conjoint** ['kɔndʒɔɪnt] *a* соединённый, объединённый; óбщий, совмéстный; ~ action объединённые дéйствия

**conjugal** ['kɔndʒugəl] *a* супрýжеский; брáчный

**conjugality** [ˌkɔndʒu'gælɪtɪ] *n* супрýжество, состоя́ние в брáке

**conjugate 1.** *a* ['kɔndʒugɪt] 1) соединённый 2) *мат.* сопряжённый; ~ angles сопряжённые углы́ 3) *бот.* пáрный (*о листьях*) 4) *лингв.* рóдственный по кóрню и по значéнию (*о слове*)

**2.** *n* ['kɔndʒugɪt] *лингв.* слóво, рóдственное по кóрню *или* значéнию

**3.** *v* ['kɔndʒugeɪt] 1) *грам.* спрягáть 2) *биол.* соединя́ться

**conjugation** [ˌkɔndʒu'geɪʃən] *n* 1) соединéние 2) *грам.* спряжéние 3) *биол.* конъюгáция

**conjunct** [kən'dʒʌŋkt] *a* соединённый; свя́занный; объединённый

**conjunction** [kən'dʒʌŋkʃən] *n* 1) соединéние, связь; in ~ вмéсте, сообщá 2) совпадéние; стечéние; сочетáние 3) пересечéние дорóг, перекрёсток 4) *грам.* сою́з

**conjunctiva** [ˌkɔndʒʌŋk'taɪvə] *n анат.* конъюнкти́ва (*слизистая оболочка глаза*)

**conjunctive** [kən'dʒʌŋktɪv] **1.** *a* 1) свя́зывающий; ~ tissue *физиол.* соедини́тельная ткань 2) *грам.*: ~ mood сослагáтельное наклонéние; ~ adverb соедини́тельное нарéчие; ~ pronoun соедини́тельное местоимéние

**2.** *n* = ~ mood

**conjunctivitis** [kənˌdʒʌŋktɪ'vaɪtɪs] *n мед.* коньюнктиви́т

**conjuncture** [kən'dʒʌŋktʃə] *n* 1) стечéние обстоя́тельств; at this ~ в сложи́вшихся услóвиях 2) конъюнктýра

**conjuration** [ˌkɔndʒuə'reɪʃən] *n* заклинáние; колдовствó

**conjure** ['kʌndʒə] *v* 1) занимáться мáгией; колдовáть 2) вызывáть, заклинáть (дýхов) (*тж.* ~ up) 3) изгоня́ть дýхов (*тж.* ~ away, ~ out of); to ~ out of a person изгоня́ть дýхов из когó-л. 4) вызывáть в воображéнии (*обыкн.* ~ up) 5) покáзывать фóкусы 6) [kən'dʒuə] умоля́ть, заклинáть ◇ a name to ~ with влия́тельное лицó; большóе влия́ние

**conjurer, conjuror** ['kʌndʒərə] *n* 1) волшéбник, чарoдéй 2) фóкусник ◇ he is no ~ ≅ он пóроха не вы́думает

**conk** [kɔŋk] *sl.* **1.** *n* 1) нос, носи́ще 2) *амер. жарг.* головá 3) удáр пó носу (*амер.* по головé) 4) неиспрáвная рабóта двигателя (*перебои, стуки*)

**2.** *v* 1) дать в нос 2) умерéть ▭ ~ **out** испóртиться, сломáться, заглóхнуть (*о двигателе*)

**conker** ['kɔŋkə] *n pl разг.* кóнские каштáны с продéтой бечёвкой (*детская игра*)

**conn** [kɔn] = con II

**connate** ['kɔneɪt] *a* 1) врождённый, прирождённый 2) рождённый *или* возни́кший одноврéменно 3) рóдственный, конгениáльный 4) *геол.* рели́ктовый; ~ water рели́ктовая водá (*в пустотах пород*)

**connatural** [kə'nætʃrəl] *a* 1) врождённый 2) однорóдный

**connect** [kə'nekt] *v* 1) соединя́ть (-ся); свя́зывать(ся); сочетáть(ся); ~ed to earth *эл.* заземлённый 2) ассоции́ровать; стáвить в причи́нную связь 3) быть согласóванным 4) *воен.* устанáвливать непосрéдственную связь

**connected** [kə'nektɪd] **1.** *p. p. от* connect

**2.** *a* 1) свя́занный (with — с) 2) имéющий большúе (рóдственные) свя́зи 3) свя́зный (*о рассказе и т. п.*) 4) соединённый

**connecting-link** [kə'nektɪŋlɪŋk] *n* 1) связýющее звенó 2) *тех.* кули́са, серьгá

**connecting-rod** [kə'nektɪŋrɔd] *n тех.* шатýн, тя́га

**connection** [kə'nekʃən] = connexion

**connective** [kə'nektɪv] **1.** *a* соедини́тельный; связýющий; ~ tissue *анат.* соедини́тельная ткань; ~ word *грам.* сою́зное слóво; ~ pronoun *грам.* соедини́тельное местоимéние; ~ adverb *грам.* соедини́тельное нарéчие

**2.** *n грам.* соедини́тельное слóво, соедини́тельная части́ца

**connexion** [kə'nekʃən] *n* 1) связь; соединéние; присоединéние; in this ~ а) в э́той свя́зи; б) в такóм контéксте; in ~ with this в свя́зи с э́тим; to cut the ~ порвáть вся́кую связь, порвáть отношéния 2) (*обыкн. pl*) свя́зи, знакóмства 3) родствó; свойствó 4) (*часто pl*) рóдственник, свóйственник 5) половáя связь; criminal ~ *юр.* внебрáчная связь; to form a ~ вступи́ть в связь 6) сочленéние 7) (*обыкн. pl*) соглáсованность расписáния (*поездов, пароходов*); to miss a ~ опоздáть на пересáдку 8) клиентýра; покупáтели

**conning tower** ['kɔnɪŋˌtauə] *n мор.* боевáя рýбка

**conniption** [kə'nɪpʃən] *n разг.* припáдок истери́и; при́ступ гнéва (*тж.* ~ fit)

**connivance** [kə'naɪvəns] *n* 1) потвóрство; попусти́тельство 2) молчали́вое соглáсие

**connive** [kə'naɪv] *v* потвóрствовать; смотрéть сквозь пáльцы

**connoisseur** [ˌkɔnə'səː] *фр. n* знатóк

**connotate** ['kɔnəuteɪt] = connote

**connotation** [ˌkɔnəu'teɪʃən] *n* 1) дополни́тельное, сопýтствующее значéние; то, что подразумевáется 2) *лингв.* коннотáция

**connote** [kɔ'nəut] *v* 1) имéть дополни́тельное, второстепéнное значéние (*о слове*) 2) имéть дополни́тельное слéдствие (*о факте и т. п.*) 3) *разг.* означáть

**connubial** [kə'njuːbjəl] *a* супрýжеский, брáчный

**conoid** ['kəunɔɪd] **1.** *n мат.* конóид; усечённый кóнус

**2.** *a* конусообрáзный

**conquer** ['kɔŋkə] *v* 1) завоёвывать, покоря́ть, подчиня́ть; подавля́ть 2) побеждáть; преодолевáть; превозмогáть

**conqueror** ['kɔŋkərə] *n* 1) завоевáтель; победи́тель; The C. *ист.* Вильгéльм Завоевáтель 2) *спорт.* решáющая пáртия

**conquest** ['kɔŋkwest] *n* 1) завоевáние, покорéние; побéда; to make a ~ of smb. а) одержáть побéду над кем-

-либо; б) завоева́ть чью-л. привя́занность; The (Norman) C. *ист.* завоева́ние А́нглии норма́ннами (*1066 г.*) 2) завоёванная террито́рия; захва́ченное иму́щество *и т. п.* 3) тот, чью привя́занность удало́сь завоева́ть, покорённое се́рдце

**consanguine** [kɔn'sæŋgwɪn] = consanguineous

**consanguineous** [ˌkɔnsæŋ'gwɪnɪəs] *a* единокро́вный, ро́дственный, бли́зкий

**consanguinity** [ˌkɔnsæŋ'gwɪnɪtɪ] *n* родство́, единокро́вность, бли́зость

**conscience** ['kɔnʃəns] *n* со́весть; good (*или* clear) ~ чи́стая со́весть; bad (*или* evil) ~ нечи́стая со́весть; for ~(') sake для успокое́ния со́вести; to have smth. on one's ~ име́ть что-л. на со́вести, чу́вствовать себя́ винова́тым в чём-л.; to get smth. off one's ~ успоко́ить свою́ со́весть в отноше́нии чего́-л.; in all ~, upon one's ~ по со́вести говоря́; коне́чно, пои́стине; to make a matter of ~ поступа́ть по со́вести; the freedom of ~ свобо́да со́вести; свобо́да вероиспове́дания ◇ to have the ~ име́ть на́глость (*сказать, сделать что-л.*)

**conscienceless** ['kɔnʃənslɪs] *a* бессо́вестный

**conscience-smitten** ['kɔnʃənsˌsmɪtn] *a* испы́тывающий угрызе́ния со́вести

**conscientious** [ˌkɔnʃɪ'enʃəs] *a* добросо́вестный; созна́тельный, че́стный (*об отношении к чему-л.*); ~ attitude созна́тельное отноше́ние ◇ ~ objector челове́к, отка́зывающийся от вое́нной слу́жбы по полити́ческим *или* религио́зно-эти́ческим убежде́ниям

**conscious** ['kɔnʃəs] *a* 1) сознаю́щий; he was ~ of his guilt он сознава́л свою́ вину́ 2) ощуща́ющий; ~ of pain (cold) чу́вствующий боль (хо́лод) 3) созна́тельный, здра́вый; with ~ superiority с созна́нием своего́ превосхо́дства 4) *predic.* находя́щийся в созна́нии; she was ~ to the last она́ была́ в созна́нии до после́дней мину́ты ◇ with a ~ air засте́нчиво

**-conscious** [-'kɔnʃəs] *в сложных словах означает* сознаю́щий, понима́ющий; *напр.*: class-~ worker созна́тельный рабо́чий

**consciousness** ['kɔnʃəsnɪs] *n* 1) созна́ние; to lose ~ потеря́ть созна́ние; to recover (*или* to regain) ~ прийти́ в себя́ 2) созна́тельность; самосозна́ние

**conscript** 1. *n* ['kɔnskrɪpt] при́званный на вое́нную слу́жбу, призывни́к, новобра́нец

2. *a* ['kɔnskrɪpt] при́званный на вое́нную слу́жбу

3. *v* [kən'skrɪpt] призыва́ть на вое́нную слу́жбу; мобилизова́ть

**conscription** [kən'skrɪpʃən] *n* 1) во́инская пови́нность 2) набо́р (в а́рмию) ◇ ~ of wealth вое́нный нало́г (*на освобождённых во время войны от военной службы*)

**consecrate** ['kɔnsɪkreɪt] 1. *a* 1) посвящённый 2) освящённый

2. *v* 1) посвяща́ть 2) освяща́ть

**consecration** [ˌkɔnsɪ'kreɪʃən] *n* 1) посвяще́ние 2) освяще́ние

**consecution** [ˌkɔnsɪ'kju:ʃən] *n* 1) после́довательность 2) сле́дование (*событий и т. п.*)

**consecutive** [kən'sekjutɪv] *a* 1) после́довательный; for the fifth ~ time пя́тый раз подря́д; ~ reaction *хим.* после́довательная ступе́нчатая реа́кция 2) *грам.* сле́дственный; ~ clause предложе́ние сле́дствия

**consenescence** [ˌkɔnsɪ'nesns] *n* старе́ние, одрябле́ние

**consensus** [kən'sensəs] *n* 1) согла́сие, единоду́шие 2) *полит.* консе́нсус, согласо́ванное мне́ние 3) *физиол.* согласо́ванность де́йствий разли́чных о́рганов те́ла

**consent** [kən'sent] 1. *n* 1) согла́сие; half-hearted ~ вы́нужденное согла́сие; to withhold one's ~ не дава́ть согла́сия; by common (*или* with one) ~ с о́бщего согла́сия; to carry the ~ of smb. быть одо́бренным кем-л.; получи́ть чьё-л. согла́сие 2) разреше́ние ◇ age of ~ совершенноле́тие; silence gives ~ *посл.* молча́ние — знак согла́сия

2. *v* 1) соглаша́ться, дава́ть согла́сие, уступа́ть 2) позволя́ть, разреша́ть

**consentaneity** [kənˌsentə'ni:ɪtɪ] *n* 1) согласо́ванность 2) единоду́шие

**consentaneous** [ˌkɔnsen'teɪnɪəs] *a* 1) согласо́ванный, совпада́ющий, соотве́тственный 2) единоду́шный

**consentient** [kən'senʃənt] *a* 1) единоду́шный; соглаша́ющийся (to) 2) согласо́ванный

**consequence** ['kɔnsɪkwəns] *n* 1) (по-)сле́дствие; in ~ of вследствие; в результа́те; to take the ~s of отвеча́ть, нести́ отве́тственность за после́дствия 2) вы́вод, заключе́ние 3) значе́ние, ва́жность; of no ~ несуще́ственный, нева́жный 4) влия́тельность, влия́тельное положе́ние; person of ~ ва́жное, влия́тельное лицо́

**consequent** ['kɔnsɪkwənt] 1. *a* 1) (логи́чески) после́довательный 2) явля́ющийся результа́том (*чего-л.*)

2. *n* 1) результа́т, после́дствие 2) *грам.* второ́й член усло́вного предложе́ния, сле́дствие 3) *мат.* второ́й член пропо́рции

**consequential** [ˌkɔnsɪ'kwenʃəl] *a* 1) логи́чески вытека́ющий 2) ва́жный 3) ва́жничающий, по́лный самомне́ния

**consequently** ['kɔnsɪkwəntlɪ] *adv* сле́довательно; поэ́тому; в результа́те

**conservable** [kən'sə:vəbl] *a* сохраня́емый

**conservancy** [kən'sə:vənsɪ] *n* 1) охра́на рек и лесо́в; охра́на приро́ды 2) комите́т по охра́не рек и лесо́в 3) *attr.*: ~ area запове́дник

**conservation** [ˌkɔnsə(:)'veɪʃən] *n* 1) сохране́ние; ~ of energy *физ.* сохране́ние эне́ргии; faculty of ~ *психол.* па́мять 2) = conservancy 1); 3) консерви́рование (*плодов*) 4) *амер.* запове́дник

**conservatism** [kən'sə:vətɪzm] *n* консервати́зм

**conservative** [kən'sə:vətɪv] 1. *a* 1) консервати́вный, реакцио́нный 2) охрани́тельный 3) уме́ренный; осторо́жный; ~ estimate скро́мный подсчёт

2. *n* 1) консерва́тор, реакционе́р; to go ~ стать консерва́тором 2) (C.) член консервати́вной па́ртии

**conservatoire** [kən'sə:vətwɑ:] *фр. n* консервато́рия

**conservator** ['kɔnsə(:)veɪtə] *n* 1) храни́тель (*музея и т. п.*) 2) слу́жащий управле́ния охра́ны рек и лесо́в 3) [kən'sə:vətə] охрани́тель; опеку́н

**conservatory** [kən'sə:vətrɪ] *n* 1) оранжере́я, тепли́ца 2) *амер.* = conservatoire

**conserve** [kən'sə:v] 1. *v* 1) сохраня́ть, сберега́ть; to ~ one's strength бере́чь си́лы 2) консерви́ровать

2. *n* (*часто pl*) консерви́рованные заса́харенные фру́кты; варе́нье, джем

**consider** [kən'sɪdə] *v* 1) рассма́тривать, обсужда́ть 2) обду́мывать 3) полага́ть, счита́ть; he is ~ed a rich man он счита́ется богачо́м 4) принима́ть во внима́ние, учи́тывать; all things ~ed приня́в всё во внима́ние 5) счита́ться с *кем-л.*; проявля́ть уваже́ние к *кому-л.*; to ~ others счита́ться с други́ми

**considerable** [kən'sɪdərəbl] 1. *a* 1) значи́тельный; ва́жный 2) большо́й; a ~ amount of time нема́ло вре́мени

2. *n амер. разг.* мно́жество, мно́го

**considerate** [kən'sɪdərɪt] *a* внима́тельный к други́м; делика́тный, такти́чный

**consideration** [kənˌsɪdə'reɪʃən] *n* 1) рассмотре́ние, обсужде́ние; under ~ на рассмотре́нии, рассма́триваемый, обсужда́емый; to give a problem one's careful ~ тща́тельно обсуди́ть вопро́с 2) соображе́ние; to take into ~ принима́ть во внима́ние; that's a ~ э́то ва́жное соображе́ние *или* обстоя́тельство; in ~ of принима́я во внима́ние; on (*или* under) no ~ ни под каки́м ви́дом; overriding ~s соображе́ния, име́ющие важне́йшее значе́ние; budgetary ~s *фин.* бюдже́тные предположе́ния 3) внима́ние, предупреди́тельность; уваже́ние; to show great ~ for smb. быть о́чень предупреди́тельным к кому́-л.; accept the assurance of my highest ~ прими́те увере́ние в моём соверше́нном (к Вам) уваже́нии (*в официальных письмах*) 4) возмеще́ние, компенса́ция; for a ~ за вознагражде́ние

**considering** [kən'sɪdərɪŋ] 1. *pres. p. от* consider

2. *prep* 1) учи́тывая, принима́я во внима́ние; he ran very well ~ his age он бежа́л о́чень хорошо́, е́сли учесть его́ во́зраст 2): you acted properly ~ *разг.* вы де́йствовали пра́вильно (*учитывая все обстоятельства*)

**consign** [kən'saɪn] *v* 1) передава́ть; поруча́ть 2) (пред)назнача́ть 3) предава́ть (*земле*) 4) *ком.* отправля́ть, посыла́ть на консигна́цию (*груз, товар*) 5) *фин.* вноси́ть в депози́т ба́нка

**consignation** [ˌkɔnsaɪ'neɪʃən] *n* 1) *ком.* отпрáвка товáров на консигнáцию 2) *фин.* внесéние сýммы в депозит бáнка

**consignee** [ˌkɔnsaɪ'ni:] *n* грузополучáтель

**consigner** [kən'saɪnə] = consignor

**consignment** [kən'saɪnmənt] *n* 1) груз; пáртия товáров 2) *ком.* консигнациóнная отпрáвка товáров; country of ~ странá назначéния (*при экспорте*); странá происхождéния (*при импорте*) 3) накладнáя, коносамéнт

**consignor** [kən'saɪnə] *n* грузоотправитель

**consilience** [kən'sɪlɪəns] *n* совпадéние

**consilient** [kən'sɪlɪənt] *a* совпадáющий, соглáсный

**consist** [kən'sɪst] **1.** *v* 1) состоять (of — из); заключáться (in — в) 2) совмещáться, совпадáть (with)

**2.** *n* *разг.* состáв (*особ. поезда*)

**consistence** [kən'sɪstəns] *n* 1) консистéнция; плóтность 2) стéпень плóтности, густоты́

**consistency** [kən'sɪstənsɪ] *n* 1) = consistence 2) послéдовательность, логи́чность 3) постоя́нство 4) согласóванность

**consistent** [kən'sɪstənt] *a* 1) послéдовательный, стóйкий 2) совмести́мый, согласýющийся; ~ pattern закономéрность; it is not ~ with what you said before э́то противорéчит вáшим прéжним словáм 3) твёрдый, плóтный

**consistory** [kən'sɪstərɪ] *n* *церк.* 1) консистóрия 2) церкóвный суд

**consolation** [ˌkɔnsə'leɪʃən] *n* 1) утешéние 2) *attr.* *спорт.* утеши́тельный; ~ prize утеши́тельный приз; ~ race бегá для лошадéй, проигрáвших в предыдýщих заéздах

**consolatory** [kən'sɔlətərɪ] *a* утеши́тельный

**console** I [kən'səul] *v* утешáть

**console** II ['kɔnsəul] *n* *архит.*, *тех.* 1) консóль, кронштéйн 2) кóрпус *или* шкáфчик радиоприёмника, телеви́зора *и т. п.* (*стоящий на полу*)

**console-mirror** ['kɔnsəul'mɪrə] *n* трюмó

**consolidate** [kən'sɔlɪdeɪt] *v* 1) укреплять(ся) 2) объединять(ся) (*о территориях, обществах*); to ~ two offices слить два учреждéния 3) твердéть; затвердевáть 4) *воен.* закреплять(ся) 5) *фин.* консолиди́ровать (*займы*)

**consolidated** [kən'sɔlɪdeɪtɪd] **1.** *p. p.* *от* consolidate

**2.** *a* 1) консолиди́рованный; ~ annuities = consols; C. Fund консолиди́рованный фонд (*из которого оплачиваются проценты по государственному долгу и некоторые другие расходы*) 2) объединённый; свóдный; ~ return свóдка, свóдные дáнные; свóдное донесéние 3) затвердéвший; ~ mud засóхшая грязь

**consolidation** [kənˌsɔlɪ'deɪʃən] *n* 1) консолидáция; укреплéние 2) затвердевáние, отвердéние

**consols** [kən'sɔlz] *n pl* *фин.* консóли, 2½% (первоначáльно 3%) англи́йская консолиди́рованная рéнта

**consonance** ['kɔnsənəns] *n* 1) созвýчие, ассонáнс 2) соглáсие, гармóния 3) *муз.* консонáнс

**consonant** ['kɔnsənənt] **1.** *n* 1) *фон.* соглáсный звук 2) бýква, обозначáющая соглáсный звук

**2.** *a* 1) соглáсный (to — c); совмести́мый (with) 2) созвýчный; гармони́чный

**consonantal** [ˌkɔnsə'næntl] *a* *фон.* соглáсный

**consort** **1.** *n* ['kɔnsɔ:t] 1) супрýг(а) (*особ. о королевской семье*); Prince C. принц-консóрт, супрýг цáрствующей королéвы (*не являющийся сам королём*) 2) *мор.* корáбль сопровождéния

**2.** *v* [kən'sɔ:t] 1) общáться 2) гармони́ровать, соответ́ствовать

**consortium** [kən'sɔ:tjəm] *n* *фин.* консóрциум

**conspectus** [kən'spektəs] *лат.* *n* 1) обзóр 2) конспéкт

**conspicuous** [kən'spɪkjuəs] *a* ви́дный, замéтный, бросáющийся в глазá; to make oneself ~ обращáть на себя́ внимáние; to be ~ by one's absence блистáть свои́м отсýтствием; ~ failure я́вная неудáча

**conspiracy** [kən'spɪrəsɪ] *n* 1) конспирáция 2) зáговор; тáйный сгóвор 3) тáйная, подпóльная организáция

**conspirator** [kən'spɪrətə] *n* заговóрщик

**conspiratorial** [kənˌspɪrə'tɔ:rɪəl] *a* заговóрщический; законспири́рованный

**conspire** [kən'spaɪə] *v* устрáивать зáговор, тáйно замышля́ть; сговáриваться (against — прóтив *кого-л.*); all things ~ed to please him всё бы́ло для негó слóвно по закáзу, всё емý благоприя́тствовало

**conspirer** [kən'spaɪərə] = conspirator

**constable** ['kʌnstəbl] *n* 1) констéбль, полицéйский (чин); полисмéн; Chief C. начáльник поли́ции (*в городе, графстве*) 2) *ист.* коннетáбль ◇ to outrun the ~ жить не по срéдствам, влезть в долги́

**constabulary** [kən'stæbjulərɪ] **1.** *n* полицéйские си́лы, поли́ция; mounted ~ кóнная поли́ция

**2.** *a* полицéйский

**constancy** ['kɔnstənsɪ] *n* 1) постоя́нство 2) вéрность; твёрдость

**constant** ['kɔnstənt] **1.** *n* *физ.*, *мат.* постоя́нная (величинá), констáнта; ~ of friction коэффициéнт трéния

**2.** *a* 1) постоя́нный; in terms of ~ prizes в неизмéнных цéнах 2) твёрдый; вéрный (*идее и т. п.*) 3) неизмéнный, неослáбный

**constantly** ['kɔnstəntlɪ] *adv* 1) постоя́нно 2) чáсто, то и дéло

**constellate** ['kɔnstəleɪt] *v* *астр.* образóвывать созвéздие

**constellation** [ˌkɔnstə'leɪʃən] *n* *астр.* созвéздие (*тж. перен.*)

**consternation** [ˌkɔnstə(:)'neɪʃən] *n* ýжас; испýг; оцепенéние (*от страха*)

**constipate** ['kɔnstɪpeɪt] *v* *мед.* вызывáть запóр

**constipation** [ˌkɔnstɪ'peɪʃən] *n* *мед.* запóр

**constituency** [kən'stɪtjuənsɪ] *n* 1) *собир.* избирáтели; to sweep a ~ получи́ть подавля́ющее большинствó голосóв 2) избирáтельный óкруг 3) *амер.* *разг.* клиентýра (*покупатели, подписчики на газету и т. п.*)

**constituent** [kən'stɪtjuənt] **1.** *n* 1) составнáя часть 2) избирáтель 3) *лингв.* составля́ющая; immediate ~s непосрéдственно составля́ющие

**2.** *a* 1) составля́ющий часть цéлого; ~ element компонéнт 2) избирáющий 3) обладáющий законодáтельной влáстью; правомóчный вырабáтывать конститýцию; ~ assembly учреди́тельное собрáние

**constitute** ['kɔnstɪtju:t] *v* 1) составля́ть; socialism ~s the first phase of communism социали́зм — пéрвая фáза коммуни́зма; to ~ justification служи́ть оправдáнием; to ~ a menace представля́ть угрóзу 2) оснóвывать; учреждáть 3) назначáть (*комиссию, должностное лицо*) 4) издавáть *или* вводи́ть в си́лу (*закон*)

**constituted** ['kɔnstɪtju:tɪd] **1.** *p. p.* *от* constitute

**2.** *a*: ~ authorities закóнные влáсти

**constitution** [ˌkɔnstɪ'tju:ʃən] *n* 1) конститýция, оснóвнóй закóн 2) учреждéние, устрóйство, составлéние 3) конститýция, телосложéние; склад; the ~ of one's mind склад умá; strong ~ си́льный органи́зм 4) состáв 5) *ист.* установлéние, указ (*особ. церк.*)

**constitutional** [ˌkɔnstɪ'tju:ʃənl] **1.** *a* 1) конституциóнный; ~ government конституциóнный óбраз правлéния 2) *мед.* органи́ческий; конституциóнальный 3) *тех.*: ~ formula фóрмула строéния, структýрная фóрмула

**2.** *n* моциóн, прогýлка

**constitutionalism** [ˌkɔnstɪ'tju:ʃnəlɪzm] *n* 1) конституциóнная систéма правлéния 2) конституционали́зм

**constitutive** ['kɔnstɪtju:tɪv] *a* 1) учреди́тельный 2) устанáвливающий, образýющий; конструкти́вный 3) сущéственный 4) составнóй

**constitutor** ['kɔnstɪtju:tə] *n* учреди́тель, основáтель

**constrain** [kən'streɪn] *v* 1) принуждáть, вынуждáть 2) сдéрживать; сжимáть; стесня́ть 3) заключáть в тюрьмý

**constrained** [kən'streɪnd] **1.** *p. p.* *от* constrain

**2.** *a* 1) вы́нужденный, принуждённый 2) скóванный, несвобóдный (*о движениях*) 3) стеснённый 4) напряжённый; смущённый; натя́нутый (*о тоне, манерах*); сдáвленный (*о голосе*) 5) *тех.* с принуди́тельным движéнием

**constrainedly** [kən'streɪnɪdlɪ] *adv* 1) поневóле, по принуждéнию 2) стеснённо 3) напряжённо, с уси́лием

**constraint** [kən'streınt] *n* 1) принуждение; under ~ по принуждению; под давлением 2) принуждённость; стеснение 3) напряжённость; скованность 4) тюремное заключение

**constrict** [kən'strıkt] *v* стягивать, сжимать, сокращать, сужать

**constriction** [kən'strıkʃən] *n* стягивание, сжатие, сокращение, сужение

**constrictor** [kən'strıktə] *n* 1) *анат.* констриктор; мышца, сжимающая орган 2) *зоол.* обыкновенный удав

**constringency** [kən'strındʒənsı] *n физиол.* сжатие; стягивание

**constringent** [kən'strındʒənt] *a анат.* сжимающий; стягивающий

**construct** [kən'strʌkt] *v* 1) строить, сооружать; воздвигать; конструировать 2) создавать; сочинять; придумывать; to ~ the plot of a novel придумать сюжет романа 3) *грам.* составлять (*предложение*)

**construction** [kən'strʌkʃən] *n* 1) строительство, стройка; under ~ в процессе строительства; строящийся 2) строение, здание 3) истолкование; he puts the best (worst) ~ on everything он всё перетолковывает в лучшую (худшую) сторону 4) *грам.* конструкция (предложения *и т. п.*) 5) *мат.* построение 6) *иск.* произведение в конструктивистском стиле 7) *attr.* строительный; ~ engineering строительная техника; ~ plant строительная площадка; ~ timber строительный лесоматериал

**constructional** [kən'strʌkʃənl] *a* строительный, конструктивный; структурный

**constructionism** [kən'strʌkʃənızm] *n иск.* конструктивизм

**constructive** [kən'strʌktıv] *a* 1) конструктивный; строительный 2) творческий; созидательный; a ~ suggestion конструктивное предложение 3) подразумеваемый; не выраженный прямо, а выведенный путём умозаключения; ~ denial косвенный отказ; ~ crime *юр.* поступок, сам по себе не заключающий состава преступления, но могущий быть истолкованным как таковой 4) конструктивный (*о критике*)

**constructor** [kən'strʌktə] *n* 1) конструктор; строитель 2) *мор.* инженер-кораблестроитель

**construe** [kən'stru:] *v* 1) толковать, истолковывать 2) делать синтаксический разбор 3) поддаваться грамматическому разбору 4) *грам.* управлять, требовать (*падежа и т. п.*); "to depend" is ~d with "upon" глагол depend требует после себя upon

**consuetude** ['kɔnswıtju:d] *n* 1) обычай; неписаный закон 2) дружеское общение

**consuetudinary** [ˌkɔnswı'tju:dınərı] 1. *n церк.* устав (*особ.* монастырский)

2. *a* обычный; ~ law *юр.* обычное право

**consul** ['kɔnsəl] *n* консул

**consular** ['kɔnsjulə] *a* консульский

**consulate** ['kɔnsjulıt] *n* 1) консульство 2) консульское звание 3) срок пребывания консула в своей должности

**consul-general** ['kɔnsəl'dʒenərəl] *n* генеральный консул

**consulship** ['kɔnsəlʃıp] *n* должность консула

**consult** [kən'sʌlt] *v* 1) советоваться; консультироваться; to ~ a doctor посоветоваться с врачом; обратиться к врачу 2) совещаться 3) справляться; to ~ a dictionary справляться в словаре, искать нужное слово в словаре; to ~ a watch посмотреть на часы 4) принимать во внимание; I shall ~ your interests я учту ваши интересы

**consultant** [kən'sʌltənt] *n* консультант

**consultation** [ˌkɔnsəl'teıʃən] *n* 1) консультация 2) совещание; to hold a ~ совещаться 3) опрос; popular ~ (все-) народный опрос 4) консилиум (врачей)

**consultative** [kən'sʌltətıv] *a* совещательный; консультативный

**consulting** [kən'sʌltıŋ] 1. *pres. p. от* consult

2. *a* 1) консультирующий; ~ physician врач-консультант 2) для консультаций; ~ hours приёмные часы (*врача и т. п.*); ~ room кабинет врача

**consume** [kən'sju:m] *v* 1) потреблять, расходовать 2) съедать; поглощать 3) (*pass.*) быть снедаемым (with); he is ~d with envy его гложет зависть 4) истреблять (*об огне*) 5) расточать (*состояние, время*) 6) чахнуть (*часто* ~ away)

**consumer** [kən'sju:mə] *n* 1) потребитель 2) *attr.* потребительский; ~ commodities потребительские товары

**consummate** 1. *a* [kən'sʌmıt] совершенный, законченный; a ~ master of his craft непревзойдённый мастер своего дела

2. *v* ['kɔnsʌmeıt] 1) доводить до конца, завершать 2) осуществить брачные отношения 3) *уст.* совершенствовать

**consummately** [kən'sʌmıtlı] *adv* 1) полностью, совершенно 2) в совершенстве

**consummation** [ˌkɔnsə'meıʃən] *n* 1) завершение (*работы*) 2) конец, смерть 3) достижение, осуществление (*цели*) 4) осуществление брачных отношений 5) *уст.* совершенство

**consumption** [kən'sʌmpʃən] *n* 1) потребление; расход 2) *эк.* сфера потребления 3) чахотка, туберкулёз лёгких 4) увядание (*от болезни*)

**consumptive** [kən'sʌmptıv] 1. *a* 1) туберкулёзный, чахоточный 2) истощающий

2. *n* больной туберкулёзом

**contact** 1. *n* ['kɔntækt] 1) соприкосновение; контакт; to come into ~ а) прийти в соприкосновение; б) прийти к столкновению; to make ~ установить контакт; to make (to break) ~ *эл.* включать (выключать) ток 2) *pl* отношения, знакомства, связи 3) знакомый (*обыкн. деловой*) 4) связной 5) сцепление, связь 6) *мат.* касание 7) бациллоноситель 8) *хим.* катализатор 9) *attr.* контактный, связывающий; ~ lenses контактные линзы (*очки*); ~ man агент, посредник 10) *attr.*: ~ print *фото* контактная печать; ~ flight *ав.* полёт с визуальной ориентацией

2. *v* [kən'tækt] 1) быть в соприкосновении; (со)прикасаться (with) 2) приводить в соприкосновение 3) устанавливать связь (*с кем-л. по телефону, по почте и т. п.*); связаться; where can I ~ Mr. B.? где я могу найти мистера Б.? 4) *эл.* включать

**contact-breaker** ['kɔntæktˌbreıkə] *n эл.* рубильник

**contactor** ['kɔntæktə] *n эл.* контактор, замыкатель

**contagion** [kən'teıdʒən] *n* 1) зараза, инфекция 2) инфекционное заболевание, заразная болезнь 3) распространение вредных настроений, мыслей *и т. п.* 4) вредное влияние; моральное разложение

**contagious** [kən'teıdʒəs] *a* 1) заразный, инфекционный, контагиозный; передающийся непосредственно и через третьих лиц 2) заразительный (*смех и т. п.*)

**contain** [kən'teın] *v* 1) содержать в себе, вмещать 2) сдерживать; ~ your anger укроти свой гнев; to ~ the enemy сдерживать противника 3) *refl.* сдержаться; he could not ~ himself for joy он не мог сдержать себя от радости 4) *мат.* делиться без остатка

**container** [kən'teınə] *n* 1) вместилище; сосуд 2) стандартная тара, контейнер 3) резервуар; приёмник

**contaminate** [kən'tæmıneıt] *v* 1) загрязнять 2) портить; разлагать, оказывать пагубное влияние 3) осквернять 4) заражать, делать радиоактивным (*в результате атомного взрыва*)

**contaminated** [kən'tæmıneıtıd] 1. *p. p. от* contaminate

2. *a*: ~ ground (*или* area) *воен.* участок заражения

**contamination** [kənˌtæmı'neıʃən] *n* 1) загрязнение; порча 2) осквернение 3) заражение 4) *лингв.* контаминация 5) *attr.*: ~ meter прибор для определения наличия радиоактивных веществ

**contango** [kən'tæŋgəu] *n* (*pl* -os [-əuz]) *бирж.* надбавка к цене, взимаемая продавцом за отсрочку расчёта по фондовой сделке

**contango-day** [kən'tæŋgəudeı] *n бирж.* день, предшествующий кануну платежа; дата отсрочки платежа по биржевой сделке

**contemn** [kən'tem] *v книжн.* презирать, относиться с пренебрежением, пренебрегать

**contemplate** ['kɔntempleıt] *v* 1) созерцать 2) обдумывать, размышлять 3) рассматривать 4) предполагать, намереваться 5) ожидать; I do not ~

any opposition from him я не ожида́ю с его́ стороны́ противоде́йствия

**contemplation** [ˌkɔntemˈpleɪʃən] *n* 1) созерца́ние 2) размышле́ние 3) рассмотре́ние, изуче́ние 4) предположе́ние 5) ожида́ние

**contemplative** [ˈkɔntempleɪtɪv] *a* 1) созерца́тельный 2) заду́мчивый; ~ look заду́мчивый вид

**contemporaneity** [kənˌtempərəˈniːɪtɪ] *n* 1) совреме́нность 2) одновре́ме́нность, совпаде́ние (*во времени*)

**contemporaneous** [kənˌtempəˈreɪnjəs] *a* 1) совреме́нный 2) одновре́ме́нный

**contemporary** [kənˈtempərərɪ] **1.** *n* 1) совреме́нник 2) све́рстник 3) изда́ние, произведе́ние, вы́шедшее в тот же пери́од, что и друго́е

**2.** *a* 1) совреме́нный 2) одновре́ме́нный 3) одного́ во́зраста; одно́й эпо́хи

**contemporize** [kənˈtempəraɪz] *v* 1) приуро́чивать к тому́ же вре́мени 2) существова́ть одновре́ме́нно; совпада́ть во вре́мени

**contempt** [kənˈtempt] *n* 1) презре́ние (for — к); to fall into ~ вызыва́ть к себе́ презре́ние; to have (*или* to hold) in ~ презира́ть 2) *юр.* неуваже́ние (*к власти и т. п.*); ~ of court оскорбле́ние суда́, неуваже́ние к суду́ ◇ in ~ of вопреки́, невзира́я на

**contemptible** [kənˈtemptəbl] *a* презре́нный

**contemptuous** [kənˈtemptjuəs] *a* презри́тельный; пренебрежи́тельный; высокоме́рный

**contemptuously** [kənˈtemptjuəslɪ] *adv* презри́тельно; с презре́нием

**contend** [kənˈtend] *v* 1) боро́ться 2) сопе́рничать, состяза́ться (with — с *кем-л.*; for — в *чём-л.*) 3) спо́рить 4) утвержда́ть, заявля́ть (that)

**contender** [kənˈtendə] *n* 1) сопе́рник (*на состязании, на выборах*) 2) претенде́нт; кандида́т (*на пост*)

**content** I [ˈkɔntent] *n* 1) (*обыкн. pl*) содержа́ние; the ~s of a book содержа́ние кни́ги; table of ~s оглавле́ние; form and ~ фо́рма и содержа́ние 2) (*обыкн. pl*) содержи́мое 3) суть, су́щность; the ~ of proposition, of a statement суть предложе́ния, заявле́ния 4) объём; вмести́мость, ёмкость 5) до́ля, содержа́ние (*вещества*)

**content** II [kənˈtent] **1.** *n* 1) дово́льство; чу́вство удовлетворе́ния; to one's heart's ~ вво́лю, вдо́воль 2) член пала́ты ло́рдов, голосу́ющий за предложе́ние *или* законопрое́кт; го́лос «за»

**2.** *a* 1) *predic.* дово́льный (with) 2) согла́сный; голосу́ющий за (*в палате лордов*)

**3.** *v* 1) удовлетворя́ть 2) *refl.* дово́льствоваться (with — *чем-л.*)

**contented** [kənˈtentɪd] **1.** *p. p.* от content II, 3

**2.** *a* дово́льный, удовлетворённый

**contention** [kənˈtenʃən] *n* 1) борьба́, спор, ссо́ра; раздо́р 2) соревнова́ние 3) предме́т спо́ра, ссо́ры 4) утвержде́ние, заявле́ние ◇ bone of ~ я́блоко раздо́ра

**contentious** [kənˈtenʃəs] *a* 1) спо́рный 2) вздо́рный; приди́рчивый; сварли́вый

**contentment** [kənˈtentmənt] *n* удовлетворённость, дово́льство

**conterminal** [kɔnˈtəːmɪnl] *a* име́ющий о́бщую грани́цу, сме́жный, погрaни́чный (to, with)

**conterminous** [kɔnˈtəːmɪnəs] *a* 1) = conterminal 2) совпада́ющий

**contest** **1.** *n* [ˈkɔntest] 1) спор 2) сопе́рничество 3) соревнова́ние; состяза́ние; ко́нкурс

**2.** *v* [kənˈtest] 1) оспа́ривать, опроверга́ть 2) спо́рить, боро́ться (with); выступа́ть про́тив (against) 3) отста́ивать; to ~ every inch of ground боро́ться за ка́ждую пядь земли́ 4) добива́ться (*премии, места в парламенте и т. п.*); уча́ствовать, конкури́ровать (*в выборах — о кандидатах*)

**contestant** [kənˈtestənt] *n* 1) конкуре́нт, сопе́рник, проти́вник 2) уча́стник соревнова́ния, состяза́ния

**contestation** [ˌkɔntesˈteɪʃən] *n* 1) борьба́ 2) соревнова́ние

**contested** [kənˈtestɪd] **1.** *p. p.* от contest 2

**2.** *a*: ~ election вы́боры, пра́вильность кото́рых оспа́ривается

**context** [ˈkɔntekst] *n* 1) конте́кст 2) ситуа́ция, связь, фон; обстано́вка

**contextual** [kɔnˈtekstjuəl] *a* контексту́альный, вытека́ющий из конте́кста

**contexture** [kɔnˈtekstʃə] *n* 1) сплете́ние; ткань 2) компози́ция (*литературного произведения*)

**contiguity** [ˌkɔntɪˈgju(ː)ɪtɪ] *n* 1) сме́жность; соприкоснове́ние, бли́зость 2) *психол.* ассоциа́ция иде́й

**contiguous** [kənˈtɪgjuəs] *n* соприкаса́ющийся, сме́жный, прилега́ющий; бли́зкий

**continence** [ˈkɔntɪnəns] *n* 1) сде́ржанность 2) воздержа́ние (*особ. половое*)

**continent** I [ˈkɔntɪnənt] *a* 1) сде́ржанный 2) возде́ржанный; целому́дренный

**continent** II [ˈkɔntɪnənt] *n* 1) матери́к, контине́нт 2) (the C.) Европе́йский матери́к (*в противоп. Британским островам*) 3) (the C.) *амер. ист.* коло́нии (*в эпоху борьбы за независимость*), впосле́дствии образова́вшие Соединённые Шта́ты

**continental** [ˌkɔntɪˈnentl] **1.** *a* 1) континента́льный 2) иностра́нный, небрита́нский 3) *амер. ист.* относя́щийся к америка́нским коло́ниям в эпо́ху борьбы́ за незави́симость ◇ ~ breakfast лёгкий за́втрак (*кофе с булочкой*)

**2.** *n* 1) жи́тель европе́йского контине́нта; иностра́нец, неангличáнин 2) *амер. ист.* солда́т эпо́хи борьбы́ за незави́симость 3) *амер. ист.* обесце́ненные бума́жные де́ньги (*эпохи борьбы за независимость*) ◇ I don't care a ~ *амер.* мне наплева́ть; not worth a ~ *амер.* гроша́ ло́маного не сто́ит

**contingency** [kənˈtɪndʒənsɪ] *n* случа́йность, слу́чай; непредви́денное обстоя́тельство

**contingent** [kənˈtɪndʒənt] **1.** *n* 1) пропорциона́льное коли́чество (*участников*) 2) *воен.* континге́нт, ли́чный соста́в

**2.** *a* случа́йный; возмо́жный, усло́вный; непредви́денный; зави́сящий от обстоя́тельств; ~ fee on cure пла́та врачу́ по излече́нии

**continual** [kənˈtɪnjuəl] *a* постоя́нный, непреры́вный; то и де́ло повторя́ющийся

**continuance** [kənˈtɪnjuəns] *n* 1) продолжи́тельность, дли́тельность; дли́тельный пери́од; ~ in office дли́тельное пребыва́ние в до́лжности 2) продолже́ние 3) *юр.* отсро́чка (*в разборе судебного дела*)

**continuant** [kənˈtɪnjuənt] *n* *фон.* фрикати́вный согла́сный звук

**continuation** [kənˌtɪnjuˈeɪʃən] *n* 1) продолже́ние 2) возобновле́ние 3) *attr.*: ~ school (*или* classes) дополни́тельная шко́ла (*для пополнения образования по выходе из начальной школы*)

**continue** [kənˈtɪnju(ː)] *v* 1) продолжа́ть(ся); остава́ться; сохраня́ть(ся); пребыва́ть; to be ~d продолже́ние сле́дует; to ~ smb. in office оставля́ть кого́-л. в до́лжности 2) тяну́ться, простира́ться 3) служи́ть продолже́нием 4) *юр.* отсро́чить разбо́р суде́бного де́ла

**continued** [kənˈtɪnju(ː)d] **1.** *p. p.* от continue

**2.** *a* непреры́вный; продолжа́ющийся; ~ fraction *мат.* непреры́вная дробь

**continuity** [ˌkɔntɪˈnju(ː)ɪtɪ] *n* 1) непреры́вность; неразры́вность; це́лостность 2) после́довательная сме́на (*напр., кадров в кинофильме*) 3) преéмственность 4) *театр.* представле́ние, передава́емое частя́ми по ра́дио *или* телеви́дению 5) сцена́рий 6) электропрово́дность (*цепи*) 7) *attr.*: ~ title *кино* соедини́тельная на́дпись

**continuous** [kənˈtɪnjuəs] **1.** *a* 1) непреры́вный; постоя́нного де́йствия; дли́тельный; ~ flight *ав.* беспоса́дочный перелёт 2) сплошно́й; ~ stretch of water сплошно́е во́дное простра́нство 3) *эл.* постоя́нный (*о токе*); ~ waves *радио* незатуха́ющие колеба́ния 4) *грам.* дли́тельный; ~ form дли́тельная фо́рма глаго́ла

**2.** *n* = ~ form [*см.* 1, 4)]

**contort** [kənˈtɔːt] *v* 1) искривля́ть 2) искажа́ть

**contortion** [kənˈtɔːʃən] *n* 1) искривле́ние 2) искаже́ние 3) *мед.* вы́вих, искривле́ние

**contortionist** [kənˈtɔːʃnɪst] *n* акроба́т, «челове́к-змея́»

**contour** [ˈkɔntuə] **1.** *n* 1) ко́нтур, очерта́ние; а́брис 2) *топ.* горизонта́ль (*тж.* ~ line) 3) *амер.* положе́ние дел, разви́тие собы́тий; he is jubilant over the ~ of things он дово́лен положе́нием веще́й 4): ~ fighter штурмово́й самолёт (*для бреющих полётов*) 5) *attr.* ко́нтурный; ~ map *топ.* ка́рта, вычерченная в горизонталях, контурная карта

2. *v* наносить контур; вычерчивать в горизонталях

**contra** [ˈkɔntrə] *лат.* 1. *n* нечто противоположное; (all) pro and ~ (все) за и против

2. *adv* напротив, наоборот

3. *prep* против

**contra-** [ˈkɔntrə-] *в сложных словах означает* противо-; *напр.*: contradistinction противоположность; противопоставление

**contraband** [ˈkɔntrəbænd] 1. *n* 1) контрабанда; ~ of war а) военная контрабанда; б) = 2); 2) *амер. ист.* беглый негр, попавший в расположение северян (*во время гражданской войны 1861—65 гг.*)

2. *a* контрабандный

**contrabandist** [ˈkɔntrəbændɪst] *n* контрабандист

**contrabass** [ˈkɔntrəˈbeɪs] *n муз.* контрабас

**contraception** [ˌkɔntrəˈsepʃən] *n* применение противозачаточных средств; предупреждение беременности

**contraceptive** [ˌkɔntrəˈseptɪv] 1. *a* противозачаточный

2. *n* противозачаточное средство

**contract** 1. *n* [ˈkɔntrækt] 1) контракт, договор; соглашение 2) брачный договор; помолвка, обручение 3) *разг.* предприятие (*особ. строительное*) 4) *attr.* договорный; ~ price договорная цена; ~ law *юр.* договорное право

2. *v* [kənˈtrækt] 1) сжимать(ся); сокращать(ся); to ~ expenses сокращать расходы; to ~ efforts уменьшать усилия; to ~ muscles сокращать мышцы 2) хмурить; морщить; to ~ the brow (*или* the forehead) морщить лоб 3) заключать договор, соглашение; принимать на себя обязательство 4) вступать (*в брак, в союз*) 5) заводить (*дружбу*); завязать (*знакомство*) 6) приобретать (*привычку*); получать, подхватывать; to ~ a disease заболеть 7) делать (*долги*) 8) *тех.* давать усадку; спекаться 9) *лингв.* стягивать [*см.* contracted 2, 5)]

**contracted** [kənˈtræktɪd] 1. *p. p. от* contract 2

2. *a* 1) обусловленный договором, договорный; ~ worker законтрактованный рабочий 2) помолвленный 3) сморщенный; нахмуренный 4) узкий, ограниченный (*о взглядах*); суженный 5) *лингв.* сокращённый; стяжённый (*о слове*; *напр.*: can't *вм.* cannot, o'er *вм.* over); ~ sentence слитное предложение

**contractile** [kənˈtræktaɪl] *a* сжимающий(ся); сокращающийся

**contractility** [ˌkɔntrækˈtɪlɪtɪ] *n* сжимаемость; сокращаемость

**contracting parties** [kənˈtræktɪŋˈpɑːtɪz] *n pl* договаривающиеся стороны; контрактанты, контрагенты

**contraction** [kənˈtrækʃən] *n* 1) сжатие; сужение; стягивание, уплотнение; уменьшение; укорочение, сокращение 2) заключение (*брака и т. п.*) 3) приобретение (*привычки*) 4) *тех.* усадка (*при твердении*) 5) *лингв.* стяжение, стяжённая форма; сокращение, контрактура

**contractive** [kənˈtræktɪv] *a* сжимающийся, сокращающийся; способный к сжатию, сокращению

**contractor** [kənˈtræktə] *n* 1) подрядчик; builder and ~ подрядчик-строитель 2) поставщик; контрагент 3) *анат.* стягивающая мышца

**contractual** [kənˈtræktjuəl] *a* договорный

**contradict** [ˌkɔntrəˈdɪkt] *v* 1) противоречить; возражать 2) опровергать, отрицать

**contradiction** [ˌkɔntrəˈdɪkʃən] *n* 1) противоречие, расхождение; ~ in terms явное противоречие 2) опровержение; an official ~ of the recent rumours официальное опровержение недавних слухов 3) противоположность; контраст

**contradictious** [ˌkɔntrəˈdɪkʃəs] *a* 1) отрицающий, опровергающий 2) любящий возражать, противоречить, спорить

**contradictor** [ˌkɔntrəˈdɪktə] *n* 1) оппонент; противник 2) спорщик

**contradictory** [ˌkɔntrəˈdɪktərɪ] 1. *a* противоречащий; несовместимый; внутренне противоречивый

2. *n* положение, противоречащее другому

**contradistinction** [ˌkɔntrədɪsˈtɪŋkʃən] *n* противопоставление; различение; in ~ to (*реже* from) в отличие от

**contradistinguish** [ˌkɔntrədɪsˈtɪŋgwɪʃ] *v* противопоставлять; различать

**contrail** [kənˈtreɪl] *n ав.* след инверсии самолёта

**contraindication** [ˌkɔntrəˌɪndɪˈkeɪʃən] *n мед.* противопоказание

**contralto** [kənˈtræltəu] *ит. n* (*pl* -os [-əuz]) *муз.* контральто

**contraposition** [ˌkɔntrəpəˈzɪʃən] *n* противоположение, антитеза

**contraption** [kənˈtræpʃən] *n разг.* новоизобретённое хитроумное приспособление

**contrapuntal** [ˌkɔntrəˈpʌntl] *a муз.* контрапунктический

**contrapuntist** [ˈkɔntrəpʌntɪst] *n муз.* контрапунктист

**contrariety** [ˌkɔntrəˈraɪətɪ] *n* 1) противоречие, расхождение, разногласие 2) препятствие; противодействие

**contrariness** [ˈkɔntrərɪnɪs] *n* упрямство, своеволие

**contrariwise** [ˈkɔntrərɪwaɪz] *adv* 1) наоборот 2) в противоположном направлении 3) с другой стороны

**contrary** [ˈkɔntrərɪ] 1. *n* нечто обратное, противоположное; противоположность; on the ~ наоборот; to the ~ в обратном смысле, иначе; unless I hear to the ~ если я не услышу чего-нибудь иного, противоположного; there is no evidence to the ~ нет доказательств противного, обратного; to interpret by contraries толковать, понимать в обратном смысле

2. *a* 1) противоположный 2) противный (*о ветре*); неблагоприятный; ~ weather неблагоприятная погода 3) [kənˈtrɛərɪ] упрямый; своевольный; капризный; ~ disposition сварливый нрав

3. *adv* вопреки, против (to); to act ~ to common sense поступать вопреки здравому смыслу

**contrast** 1. *n* [ˈkɔntrɑːst] 1) противоположность; контраст 2) противоположение; сопоставление; in ~ with smth. а) в противоположность чему-либо; б) по сравнению с чем-л. 3) оттенок

2. *v* [kənˈtrɑːst] 1) противополагать 2) сопоставлять 3) контрастировать; these two colours ~ very well эти два цвета хорошо контрастируют

**contravene** [ˌkɔntrəˈviːn] *v* 1) нарушать, преступать (*закон и т. п.*) 2) противоречить (*правилу, закону и т. п.*); идти вразрез (*с чем-л.*) 3) оспаривать, возражать

**contravention** [ˌkɔntrəˈvenʃən] *n* нарушение (*закона и т. п.*)

**contretemps** [ˈkɔːŋtrətɑːŋ] *фр. n* непредвиденное осложнение, затруднение, несчастье

**contribute** [kənˈtrɪbju(ː)t] *v* 1) содействовать, способствовать 2) жертвовать (*деньги*; to) 3) делать вклад (*в науку и т. п.*; to) 4) отдавать (*время*) 5) сотрудничать (*в газете, журнале*; to)

**contribution** [ˌkɔntrɪˈbjuːʃən] *n* 1) содействие 2) вклад (*денежный, научный и т. п.*) 3) пожертвование; взнос 4) статья (*для газеты, журнала*) 5) сотрудничество (*в газете и т. п.*) 6) налог; контрибуция; to lay under ~ налагать контрибуцию

**contributor** [kənˈtrɪbjutə] *n* 1) содействующий; помощник 2) жертвователь 3) (постоянный) сотрудник газеты, журнала

**contributory** [kənˈtrɪbjutərɪ] *a* 1) содействующий; способствующий; ~ negligence неосторожность пострадавшего, вызвавшая несчастный случай 2) делающий взнос, пожертвование; ~ scheme порядок уплаты взносов 3) сотрудничающий

**contrite** [ˈkɔntraɪt] *a* сокрушающийся, кающийся

**contritely** [ˈkɔntraɪtlɪ] *adv* покаянно, с раскаянием; сокрушённо

**contrition** [kənˈtrɪʃən] *n* раскаяние

**contrivance** [kənˈtraɪvəns] *n* 1) изобретательность 2) выдумка, затея; план 3) изобретение 4) приспособление (*механическое*)

**contrive** [kənˈtraɪv] *v* 1) придумывать; изобретать 2) затевать; замышлять 3) ухитряться, умудряться 4) справляться, устраивать свои дела ◇ to cut and ~ ухитряться сводить концы с концами

**contriver** [kənˈtraɪvə] *n* 1) изобретатель 2): good ~ хороший, экономный хозяин

**control** [kənˈtrəul] 1. *n* 1) управление, руководство 2) власть 3) надзор; сдерживание; контроль, проверка; регулирование; birth ~ регулирование рождаемости; social ~ общественный контро́ль; to be in ~, to have ~ over управля́ть, контроли́ровать; to be beyond (*или* out of) ~ вы́йти из подчине́ния; to bring under ~ подчини́ть; to pass under the ~ of smb. перейти́ в чьё-л. ве́дение; ~ of epidemics борьба́ с эпидеми́ческими заболева́ниями 4) сде́ржанность, самооблада́ние 5) регулиро́вка 6) *радио* модуля́ция 7) *pl тех.* рычаги́ управле́ния 8) (*обыкн. pl*) *радио* ру́чки настро́йки радиоприёмника 9) контро́льный пацие́нт (*в эксперименте*); контро́льное подо́пытное живо́тное 10) *attr.* контро́льный; ~ experiment контро́льный о́пыт

2. *v* 1) управля́ть, распоряжа́ться 2) регули́ровать; контроли́ровать; проверя́ть 3) руководи́ть; госпо́дствовать; заправля́ть; име́ть большинство́ (*в парламенте и т. п.*) 4) *тех.* настра́ивать 5) обусло́вливать; нормирова́ть (*потребление*) 6) сде́рживать (*чувства, слёзы*); to ~ oneself сде́рживаться, сохраня́ть самооблада́ние

**control-gear** [kən'trəulgɪə] *n тех.* механи́зм управле́ния

**controllable** [kən'trəuləbl] *a* 1) управля́емый, регули́руемый 2) поддаю́щийся прове́рке, контро́лю 3) поддаю́щийся обузда́нию

**controller** [kən'trəulə] *n* 1) контролёр; ревизо́р; инспе́ктор 2) *тех.* контро́ллер; регуля́тор

**controversial** [ˌkɔntrə'vəːʃəl] *a* 1) спо́рный, дискуссио́нный 2) любя́щий поле́мику

**controversialist** [ˌkɔntrə'vəːʃəlɪst] *n* спо́рщик; полеми́ст

**controversy** ['kɔntrəvəːsɪ] *n* 1) спор, диску́ссия, поле́мика; without (*или* beyond) ~ неоспори́мо, бесспо́рно 2) спор, ссо́ра

**controvert** ['kɔntrəvəːt] *v* 1) оспа́ривать, полемизи́ровать 2) возража́ть, отрица́ть

**contumacious** [ˌkɔntju(ː)'meɪʃəs] *a* 1) непоко́рный, неподчиня́ющийся 2) упо́рный; упря́мый 3) *юр.* не явля́ющийся на вы́зов суда́ *или* не подчиня́ющийся распоряже́нию суда́

**contumacy** ['kɔntjuməsɪ] *n* 1) неповинове́ние, неподчине́ние 2) упо́рство; упря́мство 3) *юр.* нея́вка в суд; неподчине́ние постановле́нию суда́

**contumelious** [ˌkɔntju(ː)'miːljəs] *a* оскорби́тельный; де́рзкий

**contumely** ['kɔntju(ː)mlɪ] *n* 1) оскорбле́ние; де́рзость 2) бесче́стье

**contuse** [kən'tjuːz] *v* конту́зить; ушиби́ть

**contusion** [kən'tjuːʒən] *n* уши́б, конту́зия

**conundrum** [kə'nʌndrəm] *n* зага́дка; головоло́мка

**conurbation** [ˌkɔnəː'beɪʃən] *n* большо́й го́род со всеми при́городами

**convalesce** [ˌkɔnvə'les] *v* выздора́вливать

**convalescence** [ˌkɔnvə'lesns] *n* выздора́вливание; выздоровле́ние

**convalescent** [ˌkɔnvə'lesnt] 1. *n* выздора́вливающий

2. *a* выздора́вливающий; поправля́ющийся

**convection** [kən'vekʃən] *n физ.* конве́кция

**convenances** [ˌkɔnvɪ'nɑːnsɪz] *фр. n pl* прили́чия; благопристо́йность, благоприли́чие

**convene** [kən'viːn] *v* 1) созыва́ть (*собрание, съезд*) 2) вызыва́ть (*в суд*) 3) собира́ть(ся)

**convener** [kən'viːnə] *n* член (*комитета, комиссии*), кото́рому пору́чено созыва́ть собра́ния

**convenience** [kən'viːnjəns] *n* 1) удо́бство; at your ~ как *или* когда́ вам бу́дет удо́бно; to await (*или* to suit) smb.'s ~ счита́ться с чьи́ми-л. удо́бствами; for ~' sake для удо́бства 2) *pl* комфо́рт; удо́бства; a house with modern ~s дом со все́ми (совреме́нными) удо́бствами 3) убо́рная 4) приго́дность 5) вы́года; for the ~ of... в интере́сах..; to make a ~ of smb. беззасте́нчиво испо́льзовать кого́-л. в свои́х интере́сах; злоупотребля́ть чьим-л. внима́нием, дру́жбой; marriage of ~ брак по расчёту 6) *attr.*: ~ food проду́кты, гото́вые к употребле́нию

**convenient** [kən'viːnjənt] *a* удо́бный, подходя́щий; приго́дный; ~ time удо́бное вре́мя

**convent** ['kɔnvənt] *n* монасты́рь (*преим. женский*)

**conventicle** [kən'ventɪkl] *n пренебр., ритор.* 1) секта́нтская моле́льня (*в Англии*) 2) *ист.* та́йное собра́ние *или* моле́ние англи́йских пурита́н (*при Карле II и Иакове II*)

**convention** [kən'venʃən] *n* 1) собра́ние, съезд; *ист.* конве́нт 2) догово́р, соглаше́ние, конве́нция 3) о́бщее согла́сие 4) обы́чай 5) усло́вность

**conventional** [kən'venʃənl] *a* 1) обусло́вленный; договорённый; ~ tariff конвенцио́нные по́шлины 2) усло́вный; ~ sign усло́вный знак 3) обы́чный, общепри́нятый; традицио́нный; шабло́нный; he made a very ~ speech в свое́й ре́чи он ничего́ но́вого не сказа́л 4) *воен.* обы́чный (*о вооружении — в отличие от атомного*); ~ weapons обы́чные ви́ды ору́жия; ~ bombs бо́мбы обы́чного ти́па; ~ attack (*или* aggression) нападе́ние с примене́нием обы́чных ви́дов ору́жия 5) *тех.* станда́ртный; удовлетворя́ющий техни́ческим усло́виям

**conventionalism** [kən'venʃnəlɪzm] *n* усло́вность; рути́нность

**conventionality** [kənˌvenʃə'nælɪtɪ] *n* 1) усло́вность 2) (the conventionalities) *pl* усло́вности (*принятые в обществе*)

**conventionalize** [kən'venʃnəlaɪz] *v* 1) де́лать усло́вным 2) *иск.* изобража́ть усло́вно, в традицио́нном сти́ле

**conventual** [kən'ventjuəl] 1. *a* монасты́рский

2. *n* мона́х; мона́хиня

**converge** [kən'vəːdʒ] *v* 1) сходи́ться (*о линиях, дорогах и т. п.*) 2) своди́ть в одну́ то́чку 3) *мат.* приближа́ться (*к пределу*)

**convergence** [kən'vəːdʒəns] *n* 1) схожде́ние в одно́й то́чке 2) *мат.* сходи́мость (*бесконечного ряда*), конверге́нция 3) *биол., мед.* конверге́нция

**convergent** [kən'vəːdʒənt] *a* сходя́щийся в одно́й то́чке; ~ angle *мат.* у́гол конверге́нции

**converging** [kən'vəːdʒɪŋ] 1. *pres. p. от* converge

2. *a* сходя́щийся; сосредото́ченный; дви́гающийся по сходя́щимся направле́ниям; ~ fire *воен.* перекрёстный ого́нь

**conversable** [kən'vəːsəbl] *a* 1) общи́тельный; разгово́рчивый 2) интере́сный как собесе́дник 3) подходя́щий для разгово́ра (*о теме*)

**conversance** [kən'vəːsəns] *n* осведомлённость (with)

**conversant** [kən'vəːsənt] *a* 1) хорошо́ знако́мый; ~ with a subject (with a person) знако́мый с предме́том (с челове́ком) 2) све́дущий

**conversation** [ˌkɔnvə'seɪʃən] *n* 1) разгово́р, бесе́да; to make ~ вести́ пусто́й разгово́р 2) *pl* перегово́ры 3) *жив.* жа́нровая карти́на (*тж.* ~ piece)

**conversational** [ˌkɔnvə'seɪʃənl] *a* 1) разгово́рный 2) разгово́рчивый

**conversationalist** [ˌkɔnvə'seɪʃnəlɪst] *n* 1) ма́стер поговори́ть 2) интере́сный собесе́дник

**conversazione** ['kɔnvəˌsætsɪ'əunɪ] *ит. n* (*pl* -ni) ве́чер, устра́иваемый нау́чным *или* литерату́рным о́бществом

**conversazioni** ['kɔnvəˌsætsɪ'əuniː] *pl от* conversazione

**converse** I 1. *v* [kən'vəːs] 1) разгова́ривать, бесе́довать 2) обща́ться, подде́рживать отноше́ния (*с кем-л.*)

2. *n* ['kɔnvəːs] 1) разгово́р, бесе́да 2) обще́ние

**converse** II ['kɔnvəːs] 1. *n* 1) обра́тное утвержде́ние, положе́ние *или* отноше́ние 2) *мат.* обра́тная теоре́ма

2. *a* обра́тный; перевёрнутый

**conversely** ['kɔnvəːslɪ] *adv* обра́тно; наоборо́т

**conversion** [kən'vəːʃən] *n* 1) превраще́ние (to, into); перехо́д (*из одного состояния в другое*); измене́ние; ~ of a solid into a liquid превраще́ние твёрдой ма́ссы в жи́дкую 2) обраще́ние (*в какую-л. веру*); перехо́д (*в другую веру*) 3) переме́на фро́нта (*переход из одной партии в другую и т. п.*) 4) перево́д (*одних единиц в другие*); пересчёт 5) *фин.* конве́рсия 6) *юр.* присвое́ние, обраще́ние в свою́ по́льзу (*об имуществе*) 7) *лингв.* конве́рсия 8) *мат.* превраще́ние (*простой дроби в десятичную*) 9) *тех.* превраще́ние, перерабо́тка; трансформи́рование 10) *метал.* переде́л чугуна́ в сталь

**convert** 1. *n* ['kɔnvəːt] 1) *рел.* новообращённый 2) переше́дший из одно́й па́ртии в другу́ю

2. *v* [kən'vəːt] 1) превраща́ть; переде́лывать 2) обраща́ть (*на путь истины, в другую веру и т. п.*) 3) *юр.* присва́ивать, обраща́ть в свою́ по́льзу (*имущество*) 4) *фин.* конверти́ровать

**converter** [kən'vəːtə] *n* 1) *эл.* конве́ртер, преобразова́тель то́ка 2) *тех.*

конве́ртер, рето́рта 3) *амер.* шифрова́льный прибо́р

**convertibility** [kən͵və:tə'bılıtı] *n* 1) обрати́мость, изменя́емость 2) *фин.* обрати́мость, свобо́дный междунаро́дный обме́н валю́ты

**convertible** [kən'və:təbl] **1.** *a* 1) обрати́мый, изменя́емый; замени́мый; heat is ~ into electricity теплота́ мо́жет быть превращена́ в электри́чество; ~ terms сино́нимы; ~ husbandry *с.-х.* плодопереме́нное хозя́йство 2) откидно́й; ~ seat откидно́е сиде́нье 3) *фин.* обрати́мый, конверти́руемый

**2.** *n* 1) автомоби́ль с откидны́м ве́рхом 2) дива́н-крова́ть

**converting** [kən'və:tıŋ] **1.** *pres. p. от* convert 2

**2.** *n* 1) преобразова́ние; превраще́ние; обраще́ние 2) *метал.* бессемерова́ние

**convex** ['kɔn'veks] *a* вы́пуклый

**convexity** [kɔn'veksıtı] *n* вы́пуклость

**convexo-concave** [kɔn'veksəu'kɔnkeıv] *a* вы́пукло-во́гнутый

**convexo-convex** [kɔn'veksəu'kɔnveks] *a* двояковы́пуклый

**convey** [kən'veı] *v* 1) перевози́ть, переправля́ть (*пассажиров, товары*); транспорти́ровать 2) передава́ть (*запах, звук, благодарность и т. п.*) 3) сообща́ть (*известия*) 4) выража́ть (*идею и т. п.*); it does not ~ anything to my mind э́то мне ничего́ не говори́т 5) *юр.* передава́ть (*имущество или право на владение имуществом*)

**conveyance** [kən'veıəns] *n* 1) перево́зка, транспортиро́вка 2) перево́зочные сре́дства 3) наёмный экипа́ж 4) сообще́ние (*идей и т. п.*) 5) *юр.* переда́ча (*имущества*) 6) *юр.* докуме́нт (*о передаче имущества*) 7) *горн.* транспортёр, конве́йер

**conveyancer** [kən'veıənsə] *n юр.* юри́ст, веду́щий дела́ по переда́че иму́щества

**conveyancing** [kən'veıənsıŋ] *n юр.* составле́ние нотариа́льных а́ктов о переда́че иму́щества

**conveyer** [kən'veıə] *n тех.* 1) конве́йер; транспортёр 2) *attr.*: ~ screw винтово́й (*или* шне́ковый) транспортёр

**convict** **1.** *n* ['kɔnvıkt] осуждённый, заключённый; ка́торжник

**2.** *v* [kən'vıkt] 1) *юр.* признава́ть вино́вным; выноси́ть пригово́р 2) привести́ к созна́нию (*проступка, вины и т. п.*)

**conviction** [kən'vıkʃən] *n* 1) *юр.* осужде́ние, призна́ние вино́вным; summary ~ пригово́р, вы́несенный без уча́стия прися́жных 2) убежде́ние; to carry ~ убежда́ть, быть убеди́тельным 3) уве́ренность, убеждённость (of — в; that) 4) *церк.* созна́ние грехо́вности

**convince** [kən'vıns] *v* 1) убежда́ть, уверя́ть 2) доводи́ть до созна́ния (*ошибку, проступок и т. п.*)

**convinced** [kən'vınst] **1.** *p. p. от* convince

**2.** *a* убеждённый (of — в)

**convincing** [kən'vınsıŋ] **1.** *pres. p. от* convince

**2.** *a* убеди́тельный

**convive** ['kɔnvaıv] *n* собуты́льник

**convivial** [kən'vıvıəl] *a* 1) пра́здничный; пи́ршественный 2) весёлый; общи́тельный, компане́йский

**conviviality** [kən͵vıvı'ælıtı] *n* весёлость; пра́здничное настрое́ние *и пр.* [*см.* convivial]

**convocation** [͵kɔnvəu'keıʃən] *n* 1) созы́в 2) собра́ние 3) (C.) сове́т (*Оксфордского или Даремского университета*) 4) *церк.* сино́д (*в Кентербери и Йорке*)

**convoke** [kən'vəuk] *v* собира́ть, созыва́ть (*парламент, собрание*)

**convolute** ['kɔnvəlu:t] *a бот.* свёрнутый, сви́тый

**convoluted** ['kɔnvəlu:tıd] *a* 1) свёрнутый спира́лью; име́ющий изви́лины 2) зави́тый, изо́гнутый (*о бараньих рогах и т. п.*)

**convolution** [͵kɔnvə'lu:ʃən] *n* 1) свёрнутость; изо́гнутость 2) оборо́т (*спирали*); вито́к 3) *анат.* изви́лина (*мозговая*)

**convolve** [kən'vɔlv] *v* свёртывать (-ся); скру́чивать(ся); сплета́ть(ся)

**convolvulus** [kən'vɔlvjuləs] *лат. n бот.* вьюно́к

**convoy** ['kɔnvɔı] **1.** *n* 1) сопровожде́ние 2) *воен.* коло́нна автотра́нспорта; *мор.* конво́й (*караван судов с конвоирами*) 3) погреба́льная проце́ссия 4) *attr.* сопровожда́ющий; конво́йный

**2.** *v* сопровожда́ть; конвои́ровать

**convulse** [kən'vʌls] *v* 1) потряса́ть; the ground was ~d земля́ дрожа́ла 2) (*обыкн. pass.*) вызыва́ть су́дороги, конву́льсии; to be ~d ко́рчиться в конву́льсиях 3) (*обыкн. pass.*) заста́вить задрожа́ть (*от смеха, горя и т. п.*) 4) волнова́ть

**convulsion** [kən'vʌlʃən] *n* 1) колеба́ние (*почвы*); ~ of nature землетрясе́ние, изверже́ние вулка́на *и т. п.* 2) (*обыкн. pl*) су́дорога, конву́льсия; he went into ~s с ним сде́лался припа́док 3) *pl* су́дорожный смех 4) потрясе́ние (*тж. общественное*)

**convulsive** [kən'vʌlsıv] *a* су́дорожный, конвульси́вный

**cony** ['kəunı] *n* 1) кро́лик 2) кра́шеная кро́личья шку́рка (*промышленное название*)

**coo** [ku:] **1.** *n* воркова́ние

**2.** *v* воркова́ть; говори́ть воркую́щим го́лосом

**cook** [kuk] **1.** *n* куха́рка, по́вар; *мор.* кок ◊ too many ~s spoil the broth *посл.* ≅ у семи́ ня́нек дитя́ без гла́зу

**2.** *v* 1) стря́пать, приготовля́ть пи́щу, жа́рить(ся); вари́ть(ся) 2) жа́риться на со́лнце 3) подде́лывать, фабрикова́ть (*документ*); состря́пать (*историю*), приду́мать (*что-л. в извинение*) ◊ to ~ smb.'s goose распра́виться с кем-л.; погуби́ть кого́-л.; to ~ one's (own) goose погуби́ть себя́

**cookbook** ['kukbuk] *амер.* = cookery-book

**cooker** ['kukə] *n* 1) плита́; печь 2) кастрю́ля 3) сорт фру́ктов, го́дный для ва́рки 4) тот, кто подде́лывает, сочиня́ет *и т. п.* [*см.* cook 2, 3)]

**cookery** ['kukərı] *n* кулина́рия; стряпня́

**cookery-book** ['kukərıbuk] *n* пова́ренная кни́га

**cook-galley** ['kuk'gælı] *n мор.* ка́мбуз

**cook-general** ['kuk͵dʒenərəl] *n* прислу́га, выполня́ющая обя́занности куха́рки и го́рничной, прислу́га «за всё»

**cook-house** ['kukhaus] *n* похо́дная *или* судова́я ку́хня

**cook-housemaid** ['kuk'hausmeıd] = cook-general

**cookie** ['kukı] *n шотл., амер.* дома́шнее пече́нье; бу́лочка

**cook-room** ['kukrum] *n* ку́хня; *мор.* ка́мбуз

**cook-shop** ['kukʃɔp] *n* столо́вая; харче́вня

**cook-table** ['kuk͵teıbl] *n* ку́хонный стол

**cooky** ['kukı] *n* 1) = cookie 2) куха́рка

**cool** [ku:l] **1.** *a* 1) прохла́дный, све́жий; нежа́ркий; to get ~ стать прохла́дным; осты́ть 2) споко́йный, невозмути́мый; хладнокро́вный; to keep ~ (one's head) сохраня́ть споко́йствие, хладнокро́вие; не теря́ть го́лову 3) равноду́шный, безуча́стный; сухо́й, нела́сковый, неприве́тливый 4) де́рзкий, беззасте́нчивый, наха́льный; a ~ hand (*или* customer) беззасте́нчивый челове́к; ~ cheek наха́льство 5) *разг.* кру́глый (*о сумме*); a ~ thousand dollars кру́гленькая су́мма в ты́сячу до́лларов; a ~ twenty kilometres до́брых два́дцать киломе́тров

**2.** *n* 1) прохла́да 2) хладнокро́вие

**3.** *v* охлажда́ть(ся); остыва́ть (*часто* ~ down, ~ off)

**coolant** ['ku:lənt] *n тех.* сма́зочно-охлажда́ющая эму́льсия

**cooler** ['ku:lə] *n* 1) холоди́льник 2) ведёрко для охлажде́ния буты́лки вина́ 3) бачо́к с водо́й 4) прохлади́тельный напи́ток 5) *воен. жарг.* гауптва́хта 6) *жарг.* ареста́нтская ка́мера; тюрьма́; «холо́дная» 7) *тех.* гради́рня; *спорт. жарг.* скамья́ штрафнико́в

**cool-headed** ['ku:l'hedıd] *a* хладнокро́вный, споко́йный

**coolie** ['ku:lı] *n* ку́ли

**cooling** ['ku:lıŋ] **1.** *pres. p. от* cool 3

**2.** *n* охлажде́ние

**coolness** ['ku:lnıs] *n* 1) прохла́да, све́жесть 2) ощуще́ние прохла́ды 3) хладнокро́вие; споко́йствие 4) холодо́к (*в тоне и т. п.*); охлажде́ние (*в отношениях*)

**coomb** [ku:m] *n* ложби́на, овра́г; у́зкая доли́на, уще́лье

**coon** [ku:n] *n* 1) (*сокр. от* racoon) ено́т 2) *разг.* хи́трый па́рень (*тж.* an old ~); a gone ~ пропа́щий челове́к 3) *амер. презр.* негр

**co-op** [kəu'ɔp] *n* (*сокр. от* co-operative) кооперати́в, кооперати́вное общество; on the ~ на кооперати́вных нача́лах

**coop** [ku:p] **1.** *n* куря́тник; кле́тка для дома́шней пти́цы

2. *v* сажа́ть в куря́тник, в кле́тку □ ~ **in**, ~ **up** а) держа́ть взаперти́; б) (*обыкн. p. p.*) набива́ть битко́м

**cooper** ['ku:pə] **1.** *n* 1) бо́ндарь, боча́р 2) спиртно́й напи́ток

2. *v* бонда́рить, боча́рничать

**cooperage** ['ku:pərɪdʒ] *n* 1) бонда́рное ремесло́ 2) бонда́рня 3) пла́та за бонда́рную рабо́ту

**co-operate** [kəu'ɔpəreɪt] *v* 1) сотру́дничать 2) соде́йствовать; спосо́бствовать 3) коопери́роваться; объединя́ться 4) *воен.* взаимоде́йствовать (with, in, for)

**co-operation** [kəu,ɔpə'reɪʃən] *n* 1) сотру́дничество; совме́стные де́йствия 2) коопера́ция 3) *воен.* взаимоде́йствие

**co-operative** [kəu'ɔpərətɪv] **1.** *a* 1) совме́стный, объединённый, согласо́ванно де́йствующий; in a ~ spirit в ду́хе сотру́дничества 2) кооперати́вный

2. *n* кооперати́в; кооперати́вное о́бщество; кооперати́вный магази́н (*тж.* ~ shop); consumers' ~ потреби́тельский кооперати́в; producers' ~ произво́дственный кооперати́в

**co-operator** [kəu'ɔpəreɪtə] *n* 1) сотру́дник 2) коопера́тор

**co-opt** [kəu'ɔpt] *v* коопти́ровать

**co-optation** [,kəuɔp'teɪʃən] *n* коопта́ция

**co-ordinate** **1.** *a* [kəu'ɔ:dnɪt] 1) одного́ разря́да, той же сте́пени, ра́вный 2) одного́ ра́нга, не подчинённый 3) *грам.* сочинённый (*о предложении*); ~ conjunction сочини́тельный сою́з

2. *n* [kəu'ɔ:dnɪt] 1) что-л. координи́рованное 2) *pl мат.* координа́ты; систе́ма координа́т

3. *v* [kəu'ɔ:dɪneɪt] координи́ровать, устана́вливать пра́вильное соотноше́ние; согласо́вывать

**co-ordination** [kəu,ɔ:dɪ'neɪʃən] *n* 1) координа́ция; согласова́ние 2) *грам.* сочине́ние

**coot** [ku:t] *n* 1) лысу́ха (*птица*) 2) *разг.* проста́к ◇ bald as a ~ лы́сый, плеши́вый

**cootie** ['ku:tɪ] *n воен. жарг.* платяна́я вошь

**co-ownership** ['kəu'əunəʃɪp] *n* совме́стное владе́ние

**cop** I [kɔp] *разг.* **1.** *n* 1) полице́йский; полисме́н, «фарао́н» 2) по́имка; fair ~ по́имка на ме́сте преступле́ния

2. *v* пойма́ть, заста́ть (at — на *месте преступления*); to ~ it *разг.* а) пойма́ть, сца́пать; б) попа́сться, попа́сть в беду́; you will ~ it тебе́ попадёт

**cop** II [kɔp] *n* 1) верху́шка (*чего-либо*) 2) хохоло́к (*птицы*) 3) *текст.* поча́ток

**copaiba** [kɔ'paɪbə] *n* копа́йский бальза́м

**copal** ['kəupəl] *n* копа́л (*современная или ископаемая смола деревьев*); каме́дь

**coparcenary** ['kəu'pɑ:sɪnərɪ] *n юр.* совме́стное насле́дование; неразделённое насле́дство

**coparcener** ['kəu'pɑ:sɪnə] *n юр.* сонасле́дник

**copartner** ['kəu'pɑ:tnə] *n* член това́рищества; уча́стник в при́былях

**cope** I [kəup] *v* спра́виться; совлада́ть (with)

**cope** II [kəup] **1.** *n* 1) *церк.* ри́за 2): the ~ of heaven небе́сный свод; the ~ of night покро́в но́чи 3) бу́дка; каби́на 4) *тех.* колпа́к, кожу́х, кры́шка лите́йной фо́рмы

2. *v* 1) крыть, покрыва́ть 2) обхва́тывать 3) покупа́ть, обме́нивать

**copeck** ['kəupek] *русск. n* копе́йка

**coper** I ['kəupə] *n* торго́вец лошадьми́, ко́нский бары́шник

**coper** II ['kəupə] *n* су́дно, та́йно снабжа́ющее рыбако́в спиртны́ми напи́тками в откры́том мо́ре

**cope-stone** ['kəupstəun] *n* 1) карни́зный ка́мень; леща́дная плита́ 2) заверше́ние; после́днее сло́во (*науки и т. п.*); it was the ~ of his misfortunes э́то бы́ло для него́ после́дним уда́ром

**co-pilot** ['kəu'paɪlət] *n* второ́й пило́т

**coping** I ['kəupɪŋ] *pres. p. от* cope I

**coping** II ['kəupɪŋ] **1.** *pres. p. от* cope II, 2

2. *n* 1) *стр.* перекрыва́ющий ряд кла́дки стены́; парапе́тная плита́ 2) гре́бень плоти́ны

**coping-stone** ['kəupɪŋstəun] = cope-stone

**copious** ['kəupjəs] *a* оби́льный; обши́рный; ~ writer плодови́тый писа́тель; ~ vocabulary бога́тый слова́рный запа́с

**copper** I ['kɔpə] **1.** *n* 1) медь 2) ме́дная *или* бро́нзовая моне́та 3) ме́дный котёл 4) пая́льник ◇ hot ~s су́хость го́рла с похме́лья; to cool one's ~s опохмели́ться

2. *a* 1) ме́дный 2) ме́дно-кра́сный (*о цвете*)

3. *v* покрыва́ть ме́дью

**copper** II ['kɔpə] *n разг.* полице́йский, полисме́н

**copperas** ['kɔpərəs] *n* (желе́зный) купоро́с

**copper-bottomed** ['kɔpə'bɔtəmd] *a* 1) *мор.* обши́тый ме́дью (*о дне корабля*) 2) кре́пкий, надёжный; платёжеспосо́бный

**copper-butterfly** ['kɔpə,bʌtəflaɪ] *n* голубя́нка, а́ргус щаве́левый (*бабочка*)

**copperhead** ['kɔpəhed] *n* 1) мокаси́новая змея́ 2) (C.) та́йный сторо́нник южа́н (*среди северян в эпоху американской гражданской войны 1861—65 гг.*)

**copperplate** ['kɔpəpleɪt] *n* 1) ме́дная гравирова́льная доска́ 2) о́ттиск с тако́й доски́ 3) *attr.*: ~ hand каллиграфи́ческий по́черк

**copper-smith** ['kɔpəsmɪθ] *n* ме́дник; коте́льщик

**coppery** ['kɔpərɪ] *a* 1) цве́та ме́ди 2) содержа́щий медь

**coppice** ['kɔpɪs] *n* 1) ро́щица; подле́сок 2) лесно́й уча́сток (*для периодической вырубки*)

**copra** ['kɔprə] *n* ко́пра, сушёное ядро́ коко́сового оре́ха

**copse** [kɔps] = coppice

**Copt** [kɔpt] *n* копт

**copter, 'copter** ['kɔptə] *сокр. от* helicopter

**Coptic** ['kɔptɪk] **1.** *a* ко́птский

2. *n* ко́птский язы́к

**copula** ['kɔpjulə] *n грам., анат.* свя́зка

**copulate** ['kɔpjuleɪt] *v биол.* спа́риваться

**copulation** [,kɔpju'leɪʃən] *n* 1) *биол.* копуля́ция; спа́ривание; слу́чка 2) соедине́ние

**copulative** ['kɔpjulətɪv] **1.** *a* 1) *биол.* детоpо́дный 2) *грам.* соедини́тельный 3) связу́ющий

2. *n грам.* соедини́тельный сою́з

**copy** ['kɔpɪ] **1.** *n* 1) экземпля́р; advance ~ сигна́льный экземпля́р 2) ру́копись; fair (*или* clean) ~ перепи́санная на́чисто ру́копись; rough (*или* foul) ~ чернови́к, оригина́л 3) ко́пия 4) репроду́кция 5) материа́л для стате́й, кни́ги; this makes good ~ э́то хоро́ший материа́л (*для печати*) 6) образе́ц 7) *ист. юр.* ко́пия протоко́ла манориа́льного (поме́стного) суда́, формули́рующего усло́вия аре́нды земе́льного уча́стка

2. *v* 1) снима́ть ко́пию; копи́ровать; воспроизводи́ть; де́лать по шабло́ну 2) спи́сывать; перепи́сывать 3) подража́ть, брать за образе́ц

**copy-book** ['kɔpɪbuk] *n* 1) тетра́дь с про́писями 2) тетра́дь *или* па́пка, содержа́щая ко́пии пи́сем *или* други́х докуме́нтов ◇ ~ maxims прописны́е и́стины; ~ morality ходя́чая мора́ль; a ~ performance нехи́трое де́ло, несло́жная зада́ча

**copyhold** ['kɔpɪhəuld] *n ист.* 1) аре́ндные права́ 2) аре́ндная земля́, копиго́льд

**copyholder** ['kɔpɪ,həuldə] *n* 1) *ист.* насле́дственный *или* пожи́зненный аренда́тор поме́щичьей земли́, копиго́льдер 2) корре́ктор-подчи́тчик 3) *полигр.* тена́кль

**copying pencil** ['kɔpɪɪŋ'pensl] *n* хими́ческий каранда́ш

**copyist** ['kɔpɪɪst] *n* 1) перепи́счик 2) копиро́вщик 3) имита́тор, подража́тель

**copy-reader** ['kɔpɪ,ri:də] *n амер.* 1) = copyholder 2); 2) помо́щник реда́ктора (*газеты*)

**copyright** ['kɔpɪraɪt] **1.** *n* а́вторское пра́во; ~ reserved а́вторское пра́во сохранено́ (*перепечатка воспрещается*)

2. *a predic.* охраня́емый а́вторским пра́вом; this book is ~ на э́ту кни́гу распространя́ется а́вторское пра́во

3. *v* обеспе́чивать а́вторское пра́во

**coquet** [kɔ'ket] *фр. v* коке́тничать

**coquetry** ['kɔkɪtrɪ] *фр. n* коке́тство

**coquette** [kɔ'ket] *фр. n* коке́тка

**cor-** [kɔ:-] *см.* com-

**coracle** ['kɔrəkl] *n* рыба́чья ло́дка, сплетённая из ивняка́ и обтя́нутая кожей *или* брезе́нтом (*в Ирландии и Уэльсе*)

**coral** [ˈkɔrəl] **1.** *n* кора́лл

**2.** *a* 1) кора́лловый 2) кора́ллового цве́та

**coral-island** [ˈkɔrəlˌaɪlənd] *n* кора́лловый о́стров

**coralline** [ˈkɔrəlaɪn] **1.** *n* кора́лловый мох

**2.** *a* кора́лловый

**coral-reef** [ˈkɔrəlri:f] *n* кора́лловый риф

**corbel** [ˈkɔ:bəl] **1.** *n* 1) *архит.* пояс́ок, вы́ступ 2) *тех.* кроншт́ейн

**2.** *v тех.* расположи́ть на кроншт́ейне; подде́рживать кроншт́ейном

**corbie** [ˈkɔ:bɪ] *n шотл.* во́рон

**corbie-steps** [ˈkɔ:bɪsteps] *n pl архит.* ступе́нчатый фронто́н

**cord** [kɔ:d] **1.** *n* 1) верёвка, шнур(о́к) 2) то́лстая струна́ 3) *анат.* свя́зка; vocal ~s голосовы́е свя́зки; 4) ру́бчик (*на материи*) 5) *pl* брю́ки из ру́бчатого пли́са [*см. тж.* corduroy 1, 2)] 6) корд (*мера дров* = *128 куб. фут. или 3,63 м³*)

**2.** *v* 1) свя́зывать верёвкой (*часто* ~ up) 2) скла́дывать дрова́ в ко́рды

**cordage** [ˈkɔ:dɪdʒ] *n* верёвки; сна́сти, такела́ж

**cordate** [ˈkɔ:deɪt] *a бот.* сердцеви́дный

**corded** [ˈkɔ:dɪd] **1.** *p. p. от* cord 2

**2.** *a* 1) перевя́занный верёвкой 2) ру́бчатый (*о материи*)

**cordelier** [ˌkɔ:dɪˈlɪə] *n ист.* 1) кордельéр (*монах-францисканец*) 2) кордельéр (*член клуба «Друзей прав человека и гражданина» эпохи Французской буржуазной революции 1789 г.*)

**cordial** [ˈkɔ:djəl] **1.** *a* серде́чный; и́скренний; раду́шный, тёплый (*о приёме*); ~ dislike си́льная антипа́тия, неприя́знь

**2.** *n* (стимули́рующее) серде́чное сре́дство; кре́пкий (стимули́рующий) напи́ток

**cordiality** [ˌkɔ:dɪˈælɪtɪ] *n* серде́чность, раду́шие

**cordially** [ˈkɔ:djəlɪ] *adv* 1) серде́чно; по душа́м; раду́шно 2) *амер.* с соверше́нным почте́нием (*форма заключения письма*)

**cordite** [ˈkɔ:daɪt] *n* корди́т (*бездымный порох*)

**cordon** [ˈkɔ:dn] *n* 1) кордо́н; охране́ние 2) о́рденская ле́нта (*преим. иностранная*) 3) *архит.* кордо́н (*верхний край цоколя*)

**cordon bleu** [ˈkɔ:dənˈblə:] *фр.* *n* 1) ва́жная персо́на 2) *шутл.* первокла́ссный по́вар

**cordovan** [ˈkɔ:dəvən] *n* 1) *ист.* кордо́вская цветна́я дублёная козли́ная *или* ко́нская ко́жа (*тж.* ~ leather) 2) (C.) жи́тель г. Кордо́вы

**corduroy** [ˈkɔ:dərɔɪ] **1.** *n* 1) ру́бчатый плис; вельве́т 2) *pl* пли́совые *или* вельве́товые штаны́; бри́джи 3) бреве́нчатая мостова́я *или* доро́га (*тж.* ~ road)

**2.** *v* стро́ить бреве́нчатую мостову́ю *или* доро́гу

**core** [kɔ:] **1.** *n* 1) сердцеви́на; вну́тренность; ядро́; to the ~ наскво́зь 2) центр, се́рдце (*чего-л.*) 3) суть; the very ~ of the subject са́мая суть де́ла 4) *тех.* серде́чник; сте́ржень 5) *эл.* жи́ла ка́беля

**2.** *v* выреза́ть сердцеви́ну

**cored** [kɔ:d] **1.** *p. p. от* core 2

**2.** *a* по́лый

**co-religionist** [ˈkəurɪˈlɪdʒənɪst] *n* испове́дующий ту же ве́ру, единове́рец

**coreopsis** [ˌkɔrɪˈɔpsɪs] *n бот.* корео́псис

**co-respondent** [ˈkəurɪsˌpɔndənt] *n юр.* соотве́тчик (*в бракоразводном процессе*)

**corf** [kɔ:f] *n* 1) садо́к; корзи́на (*для живой рыбы*) 2) *ист.* рудни́чная ваго́нетка

**coriaceous** [ˌkɔrɪˈeɪʃəs] *a* ко́жистый; твёрдый, как ко́жа

**Corinthian** [kəˈrɪnθɪən] **1.** *a* кори́нфский; ~ order *архит.* кори́нфский о́рдер

**2.** *n* 1) коринфя́нин 2) *уст.* све́тский челове́к 3) состоя́тельный челове́к, увлека́ющийся спо́ртом

**cork** [kɔ:k] **1.** *n* 1) про́бка 2) кора́ про́бкового ду́ба 3) поплаво́к; like a ~ плаву́чий, держа́щийся на воде́; *перен.* бо́дрый, жизнера́достный 4) луб

**2.** *a* про́бковый; ~ jacket (*или* vest) про́бковый спаса́тельный жиле́т

**3.** *v* 1) затыка́ть про́бкой 2) ма́зать жжёной про́бкой 3) сде́рживать(ся); зата́ивать, пря́тать (*часто* ~ up)

**corkage** [ˈkɔ:kɪdʒ] *n* 1) заку́поривание и отку́поривание буты́лок 2) дополни́тельная опла́та за отку́поривание и пода́чу принесённого с собо́й вина́ (*в гостинице и т. п.*)

**corked** [kɔ:kt] **1.** *p. p. от* cork 3

**2.** *a* 1) заку́поренный 2) нама́занный жжёной про́бкой 3) отдаю́щий про́бкой (*о вине*)

**corker** [ˈkɔ:kə] *n* 1) маши́на для заку́поривания буты́лок 2) *разг.* реша́ющий до́вод, неопровержи́мое доказа́тельство

**corking** [ˈkɔ:kɪŋ] **1.** *pres. p. от* cork 3

**2.** *a разг.* потряса́ющий, замеча́тельный

**cork-screw** [ˈkɔ:kskru:] **1.** *n* што́пор

**2.** *a* спира́льный, винтообра́зный; ~ spin *ав.* спуск што́пором

**3.** *v* 1) дви́гаться (как) по спира́ли 2) проти́скиваться, пробира́ться 3) *ав.* вводи́ть самолёт в што́пор

**cork-tree** [ˈkɔ:ktri:] *n бот.* дуб про́бковый

**corkwood** [ˈkɔ:kwud] *n* про́бковое де́рево

**corky** [ˈkɔ:kɪ] *a* 1) про́бковый 2) *разг.* живо́й, весёлый, подви́жный; ве́треный

**cormorant** [ˈkɔ:mərənt] *n* 1) *зоол.* большо́й бакла́н 2) жа́дина; обжо́ра

**corn** I [kɔ:n] **1.** *n* 1) зерно́; зёрнышко 2) *собир.* хлеба́; *особ.* пшени́ца 3) *амер.* кукуру́за, маи́с (*тж.* Indian ~) 4) *амер. разг.* кукуру́зная во́дка 5) зёрнышко; крупи́нка, песчи́нка 6) *амер. разг.* шу́тки, развлече́ния; бана́льные *или* сентимента́льные мы́сли 7) *attr.* зерново́й; *амер.* кукуру́зный; ~ bread *амер.* хлеб из кукуру́зы, маи́совый хлеб; ~ failure неурожа́й

**2.** *v* 1) налива́ться зерно́м (*часто* ~ up) 2) се́ять пшени́цу (*амер.* кукуру́зу) 3) соли́ть, заса́ливать (*мясо*) 4) *тех.* зерни́ть, гранули́ровать

**corn** II [kɔ:n] *n* мозо́ль (*обыкн. на ноге*)

**corn-chandler** [ˈkɔ:nˌtʃɑ:ndlə] *n* ро́зничный торго́вец хле́бом и фура́жом

**corn-cob** [ˈkɔ:nkɔb] *n* кочеры́жка кукуру́зного поча́тка

**corn-cockle** [ˈkɔ:nˌkɔkl] *n бот.* ку́коль обыкнове́нный

**corn-crake** [ˈkɔ:nkreɪk] *n* коросте́ль (*птица*)

**corndodger** [ˈkɔ:nˌdɔdʒə] = dodger 3)

**cornea** [ˈkɔ:nɪə] *a анат.* рогова́я оболо́чка гла́за

**corned** I [kɔ:nd] *a* солёный; ~ beef солони́на

**corned** II [kɔ:nd] *p. p. от* corn I, 2

**cornel** [ˈkɔ:nəl] *n бот.* кизи́л настоя́щий

**cornelian** [kɔ:ˈni:ljən] *n мин.* сердоли́к

**corneous** [ˈkɔ:nɪəs] *a* рогово́й; рогови́дный

**corner** [ˈkɔ:nə] **1.** *n* 1) у́гол, уголо́к; to cut off a ~ сре́зать у́гол, пойти́ напрями́к; round the ~ за угло́м; *перен.* совсе́м бли́зко, ря́дом; to turn the ~ а) заверну́ть за́ угол; б) вы́йти из тру́дного положе́ния; в) благополу́чно перенести́ кри́зис (*болезни*); г) *воен. sl.* дезерти́ровать 2) кант 3) закоу́лок, потайно́й уголо́к; done in a ~ сде́лано исподтишка́, потихо́ньку 4) часть, райо́н; the four ~s of the earth четы́ре страны́ све́та 5) нело́вкое положе́ние; затрудне́ние; to drive into a ~ загна́ть в у́гол, припере́ть к стене́ 6) *эк.* ску́пка монополи́стами това́ра со спекуляти́вными це́лями 7) *спорт.* ко́рнер, углово́й уда́р ◇ hole and ~ transactions та́йные махина́ции

**2.** *v* 1) (*обыкн. p. p.*) снабжа́ть угла́ми 2) загоня́ть в у́гол, в тупи́к; припере́ть к стене́ 3) заверну́ть за́ угол 4) скупа́ть това́ры со спекуляти́вными це́лями; to ~ the market овладе́ть ры́нком, скупа́я това́ры

**corner-boy** [ˈkɔ:nəbɔɪ] *ирл.* = corner-man 2)

**cornered** [ˈkɔ:nəd] **1.** *p. p. от* corner 2

**2.** *a* 1) с угла́ми, име́ющий углы́ 2) в тру́дном положе́нии; припёртый к стене́

**corner-man** [ˈkɔ:nəmən] *n* 1) исполня́ющий коми́ческую роль в негритя́нском анса́мбле 2) у́личный зева́ка 3) кру́пный (биржево́й) спекуля́нт [*см.* corner 2, 4)]

**corner-stone** [ˈkɔ:nəstəun] *n* 1) *архит.* углово́й ка́мень 2) краеуго́льный ка́мень

**cornet** [ˈkɔ:nɪt] *n* 1) *муз.* корне́т, корне́т-а-писто́н 2) корнети́ст 3) фунтик (*из бумаги*); ва́фля с моро́женым

**cornet-à-pistons** [ˈkɔːnɪtəˈpɪstənz] *фр. n* (*pl* cornets-à-pistons) *муз.* корне́т, корне́т-а-писто́н

**cornets-à-pistons** [ˈkɔːnɪtsəˈpɪstənz] *pl от* cornet-à-pistons

**corn-exchange** [ˈkɔːnɪksˈtʃeɪndʒ] *n* хле́бная би́ржа

**corn-field** [ˈkɔːnfiːld] *n* по́ле, ни́ва; *амер.* кукуру́зное по́ле

**corn-flakes** [ˈkɔːnfleɪks] *n pl* корнфле́кс, кукуру́зные хло́пья

**corn-floor** [ˈkɔːnflɔː] *n* гумно́; ток

**corn-flour** [ˈkɔːnflauə] *n* кукуру́зная, ри́совая (*в Шотландии* — овся́ная) мука́

**corn-flower** [ˈkɔːnflauə] *n* василёк (си́ний)

**cornice** [ˈkɔːnɪs] *n* 1) *архит.* карни́з; свес 2) нави́сшая глы́ба (*снега*)

**cornicle** [ˈkɔːnɪkl] *n* рожо́к, рогови́дный вы́рост

**Cornish** [ˈkɔːnɪʃ] **1.** *a* корнуо́ллский

2. *n ист.* корнуо́ллский, корни́йский язы́к

**cornopean** [kəˈnəupjən] = cornet 1)

**corn-pone** [ˈkɔːnpəun] *n амер.* кукуру́зная лепёшка

**corn-rent** [ˈkɔːnrent] *n* земе́льная аре́нда, упла́чиваемая зерно́м

**corn-stalk** [ˈkɔːnstɔːk] *n* 1) *амер.* сте́бель кукуру́зы 2) *разг.* ды́лда

**cornucopia** [ˌkɔːnjuˈkəupjə] *n* рог изоби́лия

**corny** I [ˈkɔːnɪ] *a* хле́бный, зерново́й; хлеборо́дный

**corny** II [ˈkɔːnɪ] *a* 1) мозо́листый 2) *разг.* жёсткий; шерохова́тый 3) *разг.* бана́льный; ~ joke изби́тая шу́тка 4) *амер.* заскору́злый, ко́сный

**corolla** [kəˈrɔlə] *n бот.* ве́нчик

**corollary** [kəˈrɔlərɪ] *n* 1) *лог.* вы́вод; заключе́ние 2) есте́ственное сле́дствие, результа́т

**corona** [kəˈrəunə] *n* 1) со́лнечная коро́на (*видимая при полном затмении*); кольцо́ (*вокруг Луны или Солнца*) 2) *архит.* вене́ц, отли́вина 3) ве́нчик цветка́ 4) *эл.* коро́на, свече́ние на провода́х 5) *анат.* коро́нка зу́ба 6) *амер.* чепра́к под вью́чное седло́

**coronach** [ˈkɔrənək] *n* 1) похоро́нная песнь, похоро́нная му́зыка (*в горной Шотландии*) 2) похоро́нный плач, причита́ния (*в Ирландии*)

**coronal** **1.** *n* [ˈkɔrənl] 1) коро́на, вене́ц 2) вено́к

2. *a* [kəˈrəunl] вене́чный; корона́рный; ~ suture *анат.* вене́чный шов

**coronary** [ˈkɔrənərɪ] *a мед.* корона́рный; ~ thrombosis тромбо́з вене́чных сосу́дов

**coronate** [ˈkɔrəneɪt] *v* коронова́ть

**coronation** [ˌkɔrəˈneɪʃən] *n* 1) корона́ция, коронова́ние 2) (успе́шное) заверше́ние

**coroner** [ˈkɔrənə] *n* ко́ронер, сле́дователь, веду́щий дела́ о наси́льственной *или* скоропости́жной сме́рти

**coronet** [ˈkɔrənɪt] *n* 1) коро́на (*пэров*) 2) диаде́ма 3) *поэт.* вено́к 4) ни́жняя часть ба́бки (*у лошади*), во́лосень

**corpora** [ˈkɔːpərə] *pl от* corpus

**corporal** I [ˈkɔːpərəl] *a* теле́сный; ~ defects физи́ческие недоста́тки; ~ punishment теле́сное наказа́ние, по́рка

**corporal** II [ˈkɔːpərəl] *n* капра́л; ship's ~ капра́л корабе́льной поли́ции

**corporal** III [ˈkɔːpərəl] *n церк.* антими́нс

**corporate** [ˈkɔːpərɪt] *a* корпорати́вный, о́бщий; ~ body корпорати́вная организа́ция, ~ responsibility отве́тственность ка́ждого чле́на корпора́ции; ~ town го́род, име́ющий самоуправле́ние

**corporation** [ˌkɔːpəˈreɪʃən] *n* 1) корпора́ция; municipal ~ муниципалите́т 2) *амер.* акционе́рное о́бщество; banking ~ акционе́рный банк 3) *разг.* большо́й живо́т

**corporator** [ˈkɔːpəreɪtə] *n* член корпора́ции

**corporeal** [kɔːˈpɔːrɪəl] *a* 1) теле́сный 2) веще́ственный, материа́льный

**corporeality** [kɔːˌpɔːrɪˈælɪtɪ] *n* веще́ственность, материа́льность

**corporeity** [ˌkɔːpɔːˈriːɪtɪ] = corporeality

**corposant** [ˈkɔːpɔzænt] *n* явле́ние атмосфе́рного электри́чества; *особ.* свече́ние на конца́х мачт (*так наз. огни св. Эльма*)

**corps** [kɔː] *фр. n* (*pl* corps [kɔːz]) 1) ко́рпус; C. diplomatique дипломати́ческий ко́рпус 2) *воен.* ко́рпус; род во́йск, слу́жба

**corps-de-ballet** [ˌkɔːdəbæˈleɪ] *фр. n* кордебале́т

**corpse** [kɔːps] *n* труп

**corpulence** [ˈkɔːpjuləns] *n* доро́дность; ту́чность

**corpulent** [ˈkɔːpjulənt] *a* доро́дный, по́лный, ту́чный, жи́рный

**corpus** [ˈkɔːpəs] *лат. n* (*pl* -pora) 1) свод (*законов*), ко́декс; собра́ние; the ~ of American poetry антоло́гия америка́нской поэ́зии; ~ juris [-ˈdʒuərɪs] свод зако́нов; ~ delicti [-diːˈlɪktaɪ] *юр.* соста́в преступле́ния 2) основно́й капита́л 3) *шутл.* ту́ловище, те́ло (*человека или животного*)

**Corpus Christi** [ˈkɔːpəsˈkrɪstɪ] *n церк.* пра́здник те́ла Христо́ва

**corpuscle** [ˈkɔːpʌsl] *n* 1) части́ца, те́льце; корпу́скула; red (white) ~s *физиол.* кра́сные (бе́лые) кровяны́е ша́рики 2) *физ.* а́том; электро́н; корпу́скула

**corpuscular** [kɔːˈpʌskjulə] *a физ.* корпускуля́рный; а́томный

**corral** [kɔˈrɑːl] **1.** *n* 1) заго́н (*для скота*) 2) ла́герь, окружённый обо́зными пово́зками (*для заслона*)

2. *v* 1) загоня́ть в заго́н 2) окружа́ть ла́герь пово́зками 3) *разг.* присва́ивать

**correct** [kəˈrekt] **1.** *a* 1) пра́вильный, ве́рный, то́чный 2) соотве́тствующий, подходя́щий (*о поведении, одежде*) ◊ the ~ card програ́мма спорти́вного состяза́ния

2. *v* 1) исправля́ть, поправля́ть, корректи́ровать; to ~ barometer reading to sea level вноси́ть в показа́ния баро́метра попра́вку на высоту́ да́нного ме́ста 2) де́лать замеча́ние, вы́говор; нака́зывать 3) нейтрализова́ть (*вредное влияние*) 4) регули́ровать 5) пра́вить (*корректуру*)

**correction** [kəˈrekʃən] *n* 1) исправле́ние, (по)пра́вка; to speak under ~ говори́ть, допуска́я возмо́жность оши́бки 2) наказа́ние 3) *эл.* корре́кция 4) *attr.*: ~ factor попра́вочный коэффицие́нт

**correctional** [kəˈrekʃənl] *a* исправи́тельный; C. Institutions исправи́тельные заведе́ния, тю́рьмы

**corrective** [kəˈrektɪv] **1.** *a* 1) исправи́тельный 2) нейтрализу́ющий (*о лекарстве*)

2. *n* 1) корректи́в; попра́вка, измене́ние 2) *мед.* нейтрализу́ющее сре́дство

**correctly** [kəˈrektlɪ] *adv* 1) пра́вильно, ве́рно 2) корре́ктно, ве́жливо; to behave ~ вести́ себя́ корре́ктно

**corrector** [kəˈrektə] *n* 1) исправля́ющий; ~ of the press корре́ктор 2) кри́тик 3) нака́зывающий

**correlate** [ˈkɔrɪleɪt] **1.** *n* корреля́т, соотноси́тельное поня́тие

2. *v* находи́ться в свя́зи, в определённом соотноше́нии; устана́вливать соотноше́ние (to, with)

**correlation** [ˌkɔrɪˈleɪʃən] *n* взаимосвя́зь, соотноше́ние; корреля́ция; взаимозави́симость

**correlative** [kɔˈrelətɪv] **1.** *a* 1) соотноси́тельный 2) корреляти́вный, па́рный

2. *n* 1) корреля́т 2) *лингв.* корреляти́вное сло́во; сло́во, обы́чно употребля́емое в па́ре с други́м (*напр.*, so — as, either — or)

**correspond** [ˌkɔrɪsˈpɔnd] *v* 1) соотве́тствовать (with, to); согласо́вываться 2) быть аналоги́чным (to) 3) перепи́сываться (with)

**correspondence** [ˌkɔrɪsˈpɔndəns] *n* 1) соотве́тствие 2) соотноше́ние; анало́гия 3) корреспонде́нция, перепи́ска; пи́сьма 4) *attr.*: ~ column столбе́ц в газе́те для пи́сем в реда́кцию; ~ courses зао́чные ку́рсы

**correspondent** [ˌkɔrɪsˈpɔndənt] **1.** *n* корреспонде́нт

2. *a редк.* согла́сный, в согла́сии, соотве́тственный (to, with)

**corresponding** [ˌkɔrɪsˈpɔndɪŋ] **1.** *pres. p. от* correspond

2. *a* 1) соотве́тственный 2) веду́щий перепи́ску

**corresponding member** [ˌkɔrɪsˈpɔndɪŋˈmembə] *n* член-корреспонде́нт (*академии наук и т. п.*)

**corridor** [ˈkɔrɪdɔː] *n* коридо́р

**corrigenda** [ˈkɔrɪˈdʒendə] *pl от* corrigendum

**corrigendum** [ˈkɔrɪˈdʒendəm] *лат. n* (*pl* -da) 1) опеча́тка 2) *pl* спи́сок опеча́ток

**corrigible** [ˈkɔrɪdʒəbl] *a* исправи́мый, поправи́мый

**corroborant** [kəˈrɔbərənt] **1.** *a* подтвержда́ющий; подкрепля́ющий

2. *n* 1) подтверждающий факт 2) *мед.* тонизирующее, укрепляющее средство

**corroborate** [kəˈrɔbəreɪt] *v* подтверждать; подкреплять (*теорию и т. п.*)

**corroborative** [kəˈrɔbərətɪv] 1. *a* укрепляющий; подтверждающий

2. *n мед.* укрепляющее средство

**corroboratory** [kəˈrɔbərətərɪ] = corroborative 1

**corrode** [kəˈrəud] *v* 1) разъедать (*тж. перен.*); вытравлять (*кислотой*) 2) ржаветь; подвергаться действию коррозии

**corrodent** [kəˈrəudənt] 1. *n* разъедающее вещество

2. *a* разъедающий; коррозийный

**corrosion** [kəˈrəuʒən] *n* коррозия; ржавление; разъедание; окисление

**corrosive** [kəˈrəusɪv] 1. *a* едкий, разъедающий; коррозийный; ~ sublimate *хим.* сулема

2. *n* едкое, разъедающее вещество

**corrugate** [ˈkɔrugeɪt] *v* 1) сморщивать(ся) 2) *тех.* делать волнистым, гофрированным, рифлёным

**corrugated** [ˈkɔrugeɪtɪd] 1. *p. p. от* corrugate

2. *a* гофрированный, рифлёный; ~ iron волнистое *или* рифлёное железо

**corrugation** [ˌkɔruˈgeɪʃən] *n* 1) складка, морщинка (*на лбу*) 2) выбоина (*дороги*) 3) *тех.* сморщивание; рифление; волнистость

**corrupt** [kəˈrʌpt] 1. *a* 1) испорченный; развращённый 2) испорченный (*о воздухе и т. п.*) 3) искажённый, недостоверный (*о тексте*) 4) продажный; ~ practices взяточничество, бесчестные приёмы

2. *v* 1) портить(ся), развращать (-ся) 2) подкупать 3) портить, гноить 4) гнить, разлагаться 5) искажать (*текст*) 6) *юр.* лишать гражданских прав

**corruptibility** [kəˌrʌptəˈbɪlɪtɪ] *n* 1) продажность, подкупность 2) подверженность порче

**corruptible** [kəˈrʌptəbl] *a* 1) портящийся 2) подкупный

**corruption** [kəˈrʌpʃən] *n* 1) порча; гниение; ~ of the body разложение трупа 2) извращение; искажение (*слова, текста*) 3) развращение 4) разложение (*моральное*); продажность, коррупция

**corsage** [kɔːˈsɑːʒ] *фр. n* 1) корсаж 2) *разг.* букет, приколотый к корсажу

**corsair** [ˈkɔːsɛə] *n ист.* 1) пират, корсар 2) капер (*судно*)

**corse** [kɔːs] *n поэт. см.* corpse

**corselet** [ˈkɔːslɪt] *n* 1) *ист.* латы 2) корсет

**corset** [ˈkɔːsɪt] *n* 1) корсет 2) (*часто pl*) грация; пояс

**corslet** [ˈkɔːslɪt] = corselet

**cortège** [kɔːˈteɪʒ] *фр. n* кортеж, торжественное шествие

**Cortes** [ˈkɔːtes] *n pl* кортесы (*парламент в Испании, Португалии*)

**cortex** [ˈkɔːteks] *n* (*pl* -tices) 1) *бот.* кора 2) *анат.* кора головного мозга

**cortical** [ˈkɔːtɪkəl] *a* корковый

**corticate** [ˈkɔːtɪkɪt] *a* покрытый корой; корковый; корковидный

**corticated** [ˈkɔːtɪkeɪtɪd] = corticate

**cortices** [ˈkɔːtɪsiːz] *pl от* cortex

**coruscate** [ˈkɔrəskeɪt] *v* сверкать; блистать

**coruscation** [ˌkɔrəsˈkeɪʃən] *n* сверкание, блеск

**corvée** [ˈkɔːveɪ] *фр. n* 1) *ист.* барщина 2) тяжёлая, подневольная работа

**corvette** [kɔːˈvet] *n мор.* корвет; сторожевой корабль

**corvine** [ˈkɔːvaɪn] *a* вороний

**corymb** [ˈkɔrɪmb] *n бот.* щиток

**corymbose** [kəˈrɪmbəus] *a бот.* щитковидный

**coryphaei** [ˌkɔrɪˈfiːaɪ] *pl от* coryphaeus

**coryphaeus** [ˌkɔrɪˈfiːəs] *греч. n* (*pl* -phaei) корифей

**coryphée** [ˌkɔrɪˈfeɪ] *фр. n* корифейка (*в балете*)

**cos** [kɔs] *n бот.* салат ромэн (*тж.* C. lettuce)

**cosaque** [kɔˈzɑːk] *фр. n* хлопушка с конфетой

**cose** [kəuz] *v* удобно, уютно расположиться, устроиться

**cosecant** [ˈkəuˈsiːkənt] *n мат.* косеканс

**coseismal** [kəuˈsaɪzməl] *n геол.* сейсмическая кривая (*тж.* ~ line, ~ curve)

**cosh** [kɔʃ] *n разг.* тяжёлая (полицейская) дубинка, налитая свинцом

**cosher** I [ˈkɔʃə] *v* баловать, нежить

**cosher** II [ˈkɔʃə] *v ирл.* пировать; жить на чужой счёт

**cosher** III [ˈkɔʃə] *v разг.* болтать, разговаривать запросто

**co-signatory** [ˈkəuˈsɪgnətərɪ] *n юр.* лицо *или* государство, подписывающее соглашение вместе с другими лицами *или* государствами

**cosily** [ˈkəuzɪlɪ] *adv* уютно

**cosine** [ˈkəusaɪn] *n мат.* косинус

**cosiness** [ˈkəuzɪnɪs] *n* уют, уютность

**cosmetic** [kɔzˈmetɪk] 1. *a* косметический

2. *n* косметика; косметическое средство

**cosmetologist** [ˌkɔzmɪˈtɔlədʒɪst] *n* косметолог; косметичка

**cosmetology** [ˌkɔzmɪˈtɔlədʒɪ] *n* косметика

**cosmic** [ˈkɔzmɪk] *a* 1) космический 2) огромный, всеобъемлющий; ~ sadness мировая скорбь 3) *редк.* упорядоченный, организованный

**cosmodrome** [ˈkɔzmədrəum] *n* космодром

**cosmogony** [kɔzˈmɔgənɪ] *n* космогония

**cosmography** [kɔzˈmɔgrəfɪ] *n* космография

**cosmology** [kɔzˈmɔlədʒɪ] *n* космология

**cosmonaut** [ˈkɔzmənɔːt] *n* космонавт

**cosmonautics** [ˌkɔzməˈnɔːtɪks] *n* космонавтика

**cosmopolitan** [ˌkɔzməuˈpɔlɪtən] 1. *n* космополит

2. *a* космополитический

**cosmopolitanism** [ˌkɔzməˈpɔlɪtənɪzm] *n* космополитизм

**cosmopolite** [kɔzˈmɔpəlaɪt] = cosmopolitan 1

**cosmopolitism** [ˌkɔzməˈpɔlɪtɪzm] = cosmopolitanism

**cosmos** [ˈkɔzmɔs] *греч. n* 1) космос, вселенная 2) упорядоченная система

**Cossack** [ˈkɔsæk] *русск. n* 1) казак 2) *attr.* казацкий

**cosset** [ˈkɔsɪt] 1. *n* 1) любимый ягнёнок 2) любимец; баловень

2. *v* баловать, ласкать, нежить

**cost** [kɔst] 1. *n* 1) цена, стоимость (*тж. перен.*); prime ~ фабричная себестоимость; ~s of production издержки производства; ~ of living прожиточный минимум; ~ and freight *ком.* стоимость и фрахт; ~, insurance and freight (*сокр.* c. i. f.) *ком.* стоимость, страхование, фрахт 2) расход (*времени*); расходование 3) *pl* судебные издержки 4) *attr.*: ~ price себестоимость; ~ accounting ведение отчётности; калькуляция стоимости ◇ at any ~, at all ~s любой ценой; во что бы то ни стало; at the ~ of smth. ценою чего-л.; at one's ~ за чей-л. счёт; to count the ~ взвесить все обстоятельства; to know (to learn) to one's own ~ знать (узнать) по горькому опыту

2. *v* (cost) 1) стоить; обходиться; it ~ him infinite labour это стоило ему огромного труда; it may ~ you your life это может стоить вам жизни 2) назначать цену, расценивать (*товар*)

**costal** [ˈkɔstl] *a* рёберный

**co-star** [ˈkəuˈstɑː] *v* 1) играть главную роль (*в фильме или пьесе*) в паре (*с кем-л.*) 2) (*о фильме*) иметь в главных ролях двух «звёзд»

**costard** [ˈkʌstəd] *n название сорта крупных английских яблок*

**coster (monger)** [ˈkɔstə(ˌmʌŋgə)] *n* уличный торговец фруктами, овощами, рыбой *и т. п.*

**costive** [ˈkɔstɪv] *a* 1) страдающий запором 2) медлительный; не умеющий выразить словами свои мысли и чувства 3) скуповатый

**costless** [ˈkɔstlɪs] *a* даровой, ничего не стоящий

**costliness** [ˈkɔstlɪnɪs] *n* дорогая цена; дороговизна

**costly** [ˈkɔstlɪ] *a* 1) дорогой, ценный 2) пышный, роскошный

**costume** [ˈkɔstjuːm] 1. *n* 1) одежда, платье, костюм 2) стиль в одежде, костюм; English ~ of the XVIII century одежда англичан XVIII века 3) костюм (*дамский, для верховой езды и т. п.*) 4) *attr.*: ~ ball костюмированный бал, бал-маскарад

2. *v* одевать; снабжать одеждой

**costume piece** [ˈkɔstjuːmˈpiːs] *n театр.* историческая пьеса

**costumier** [kɔsˈtjuːmɪə] *n* костюмер; торговец театральными и маскарадными костюмами

**cosy** [ˈkəuzɪ] 1. *a* уютный, удобный

2. *n* стёганый чехол (*для чайника*)

**cot** I [kɔt] *n* 1) де́тская крова́тка 2) ко́йка 3) лёгкая похо́дная крова́ть, раскладу́шка 4) *attr.*: ~ case *мед.* лежа́чий больно́й

**cot** II [kɔt] *n* 1) заго́н, хлев 2) *поэт.* хи́жина

**cot** III [kɔt] *сокр. от* cotangent

**cotangent** [ˈkəuˈtændʒənt] *n мат.* кота́нгенс

**cote** [kəut] *n* заго́н, хлев, овча́рня

**co-tenant** [ˈkəuˈtenənt] *n* соаренда́тор

**coterie** [ˈkəutərɪ] *n* 1) кружо́к (*литературный, артистический и т. п.*) 2) и́збранный, за́мкнутый круг

**cothurni** [kəuˈθə:naɪ] *pl от* cothurnus

**cothurnus** [kəuˈθə:nəs] *n* (*pl* -ni) 1) *др.-греч.* коту́рн 2) траге́дия 3) высокопа́рный стиль

**co-tidal** [kəuˈtaɪdl] *a*: ~ line котида́льная ли́ния (*соединяющая пункты одновременного прилива*)

**cotill(i)on** [kəˈtɪljən] *n* котильо́н (*танец*)

**cottage** [ˈkɔtɪdʒ] *n* 1) котте́дж; *амер.* ле́тняя да́ча 2) изба́; хи́жина 3) *австрал.* одноэта́жный дом 4) *attr.*: ~ cheese прессо́ванный тво́ро́г; ~ hospital небольша́я се́льская больни́ца (*без живущих при ней врачей*); больни́ца, состоя́щая из не́скольких разбро́санных котте́джей; ~ piano небольшо́е пиани́но

**cottager** [ˈkɔtɪdʒə] *n* 1) живу́щий в хи́жине, котте́дже 2) батра́к; крестья́нин [*см. тж.* cottar] 3) *амер.* да́чник

**cottar** [ˈkɔtə] *n* 1) *шотл.* батра́к (*живущий при ферме*) 2) *ирл. уст.* бедня́к-аренда́тор (*плативший ренту, установленную на публичных торгах*)

**cotter** I [ˈkɔtə] = cottar

**cotter** II [ˈkɔtə] *n тех.* 1) клин, чека́, шпо́нка 2) *attr.*: ~ bolt болт с чеко́й

**cottier** [ˈkɔtɪə] = cottar 2)

**cotton** I [ˈkɔtn] **1.** *n* 1) хло́пок; хлопча́тник 2) хлопча́тая бума́га; бума́жная ткань 3) *pl* оде́жда из бума́жной тка́ни 4) ни́тка; a needle and ~ иго́лка с ни́ткой 5) ва́та (*тж.* ~ wool)

**2.** *a* 1) хло́пковый 2) хлопчатобума́жный

**cotton** II [ˈkɔtn] *v* 1) согласова́ться; ужива́ться (together, with) 2) полюби́ть, привяза́ться (to); I don't ~ to him at all он мне совсе́м не по душе́ □ ~ **on** а) сдружи́ться (to — с); б) *разг.* понима́ть; ~ **up (to)** стара́ться расположи́ть к себе́

**cotton-cake** [ˈkɔtnkeɪk] *n* хло́пковый жмых

**cotton-gin** [ˈkɔtndʒɪn] *n текст.* волокноотдели́тель

**cotton-grass** [ˈkɔtngrɑ:s] *n бот.* пуши́ца

**cotton-grower** [ˈkɔtnˌgrəuə] *n* хлопково́д

**cotton-lord** [ˈkɔtnlɔ:d] *n* тексти́льный магна́т

**cotton-machine** [ˈkɔtnməˌʃi:n] *n* бумагопряди́льная маши́на

**cotton mill** [ˈkɔtnmɪl] *n* хлопкопряди́льная фа́брика

**cottonocracy** [ˌkɔtəˈnɔkrəsɪ] *n шутл.* магна́ты хло́пковой торго́вли и хлопчатобума́жной промы́шленности

**Cottonopolis** [ˌkɔtəˈnɔpəlɪs] *n шутл.* г. Манче́стер (*как центр хлопчатобумажной промышленности*)

**cotton-picker** [ˈkɔtnˌpɪkə] *n* 1) сбо́рщик хло́пка 2) хлопкоубо́рочная маши́на

**cotton-plant** [ˈkɔ:tnplɑ:nt] *n* хлопча́тник

**cotton-planter** [ˈkɔ:tnˌplɑ:ntə] *n* хлопково́д

**cotton-spinner** [ˈkɔ:tnˌspɪnə] *n* 1) хлопкопряди́льщик 2) владе́лец бумагопряди́льни

**cotton-tail** [ˈkɔtnteɪl] *n* америка́нский кро́лик

**cotton waste** [ˈkɔtnweɪst] *n текст.* 1) обти́рочный материа́л 2) уга́р

**cotton weed** [ˈkɔtnwi:d] = cudweed

**cotton wool** [ˈkɔtnˈwul] *n* 1) хло́пок-сыре́ц 2) ва́та

**cottony** [ˈkɔtnɪ] *a* 1) хло́пковый 2) пуши́стый, мя́гкий

**cotton yarn** [ˈkɔtnjɑ:n] *n* хлопчатобума́жная пря́жа

**cotyledon** [ˌkɔtɪˈli:dən] *n бот.* семядо́ля

**couch** I [kautʃ] **1.** *n* 1) куше́тка; тахта́ 2) *поэт.* ло́же 3) ло́говище, берло́га; нора́ 4) *жив.* грунт, предвари́тельный слой (*краски, лака на холсте*)

**2.** *v* 1) (*тк. в р. р.*) ложи́ться 2) лежа́ть, прита́иться (*о зверях*) 3) излага́ть, выража́ть, формули́ровать; the refusal was ~ed in polite terms отка́з был облечён в ве́жливую фо́рму 4) *мед.* удаля́ть катара́кту 5) взять наперевéс, на́ руку (*копьё, пику*) 6) *с.-х.* прора́щивать (*семена и т. п.*)

**couch** II [kautʃ] = couch-grass

**couchette** [ku:ˈʃet] *n* спа́льное ме́сто (*в вагоне*)

**couch-grass** [ˈkautʃgrɑ:s] *n бот.* пыре́й ползу́чий

**cougar** [ˈku:gə] *n зоол.* пу́ма, кугуа́р

**cough** [kɔf] **1.** *n* ка́шель

**2.** *v* ка́шлять □ ~ **down** ка́шлем заста́вить замолча́ть (*говорящего*); ~ **out** отха́ркивать; ~ **up** *разг.* а) = ~ out; б) сболтну́ть, проболта́ться, вы́дать (*что-л.*); в) вы́жать из себя́

**cough-drop** [ˈkɔfdrɔp] *n* сре́дство от ка́шля

**cough-lozenge** [ˈkɔfˌlɔzɪndʒ] *n* табле́тки от ка́шля

**could** [kud (*полная форма*); kəd (*редуцированная форма*)] *past от* can I

**coulee** [ˈku:leɪ] *n* 1) *геол.* отверде́вший пото́к ла́вы 2) *амер.* глубо́кий овра́г; сухо́е ру́сло

**coulisse** [ku:ˈli:s] *фр. n* 1) *театр.* кули́са 2) *тех.* вы́емка, паз 3) *attr.*: ~ gossip закули́сные спле́тни

**couloir** [ˈku:lwɑ:] *фр. n* уще́лье

**coulomb** [ˈku:lɔm] *n эл.* куло́н

**coulter** [ˈkəultə] *n*реза́к, нож плу́га

**council** [ˈkaunsl] *n* 1) сове́т; World Peace C. Всеми́рный Сове́т Ми́ра; Security C. Сове́т Безопа́сности; town ~ муниципалите́т, городско́й сове́т; ~ of war вое́нный сове́т (*тж. перен.*) 2) совеща́ние; ~ of physicians конси́лиум враче́й 3) церко́вный собо́р 4) *библ.* синедрио́н

**council-board** [ˈkaunslbɔ:d] *n* 1) заседа́ние сове́та 2) стол, за кото́рым происхо́дит заседа́ние сове́та

**councillor** [ˈkaunsɪlə] *n* член сове́та; сове́тник

**councilman** [ˈkaunslmən] *n амер.* член сове́та (*особ. муниципального*)

**counsel** [ˈkaunsəl] **1.** *n* 1) обсужде́ние, совеща́ние; to take ~ with совеща́ться с 2) сове́т; to give good ~ дать хоро́ший сове́т 3) наме́рение; пла́ны; to keep one's own ~ пома́лкивать; держа́ть в секре́те 4) адвока́т; юриско́нсульт; гру́ппа адвока́тов (*в каком-л. деле, процессе*); King's (*или* Queen's) C. короле́вский адвока́т (*по назначению правительства*)

**2.** *v* дава́ть сове́т; рекомендова́ть

**counsellor** [ˈkaunslə] *n* 1) сове́тник 2) *амер., ирл.* адвока́т

**count** I [kaunt] **1.** *n* 1) счёт, подсчёт; to keep ~ вести́ счёт, учёт, подсчёт; to lose ~ потеря́ть счёт 2) сосчи́танное число́; ито́г 3) *юр.* любо́й пункт обвини́тельного а́кта, доста́точный для возбужде́ния де́ла 4) *физ.* одино́чный и́мпульс 5) *текст.* но́мер пря́жи (*тж.* ~ of yarn)

**2.** *v* 1) счита́ть, подсчи́тывать, пересчи́тывать; it can be ~ed on one hand по па́льцам мо́жно сосчита́ть 2) принима́ть во внима́ние, счита́ть; there are ten of us ~ing the children вме́сте с детьми́ нас де́сять (челове́к) 3) полага́ть, счита́ть 4) име́ть значе́ние; идти́ в расчёт; that does not ~ э́то не счита́ется, не идёт в расчёт; every little ~s вся́кий пустя́к име́ет значе́ние; he does not ~ с ним не сто́ит счита́ться □ ~ **for** сто́ить; име́ть значе́ние; to ~ for much (little) име́ть большо́е (ма́лое) значе́ние; to ~ for nothing не идти́ в счёт; не име́ть никако́го значе́ния; ~ **in** включа́ть; ~ **on** рассчи́тывать на *что-л.*, на *кого-л.*; ~ **out** а) опуска́ть, пропуска́ть; б) исключи́ть, не счита́ть, не принима́ть во внима́ние; в) *парл.* отложи́ть заседа́ние из-за отсу́тствия кво́рума; г) *амер.* производи́ть неве́рный подсчёт избира́телей; д) *спорт.* объяви́ть боксёра нокаути́рованным; ~ **upon** = ~ on

**count** II [kaunt] *n* граф (*не английский*)

**countable** [ˈkauntəbl] *a* исчисли́мый, исчисля́емый

**countdown** [ˈkuntdaun] *n* 1) отсчёт вре́мени в обра́тном поря́дке 2) (от-) счёт вре́мени пе́ред за́пуском (*ракеты и т. п.*); счёт вре́мени гото́вности (*ракеты и т. п.*)

**countenance** [ˈkauntɪnəns] **1.** *n* 1) выраже́ние лица́; лицо́; to change one's ~ измени́ться в лице́; to keep one's ~ а) не пока́зывать ви́да; б) уде́рживаться от сме́ха 2) споко́йствие, самооблада́ние; to lose ~ потеря́ть самооблада́ние; to put smb. out of ~ смути́ть кого́-л.; привести́ кого́-либо в замеша́тельство 3) сочувственный взгляд; проявле́ние сочу́вствия; мора́льная подде́ржка, поощре́ние; to lend (*или* to give) one's ~ оказа́ть мора́льную подде́ржку; подбодри́ть

**2.** *v* 1) одобря́ть, санкциони́ровать, разреша́ть 2) мора́льно подде́рживать, поощря́ть; относи́ться сочу́вственно

**counter I** [ˈkauntə] *v* прила́вок; сто́йка; to serve behind the ~ служи́ть в магази́не

**counter II** [ˈkauntə] *n* 1) фи́шка, ма́рка (*для счёта в играх*) 2) ша́шка (*в игре*) 3) *тех.* счётчик; тахо́метр

**counter III** [ˈkauntə] **1.** *n* 1) проти́вное, обра́тное; as a ~ to smth. в противове́с чему́-л. 2) отраже́ние уда́ра; встре́чный уда́р, нанесённый одновреме́нно с пари́рованием уда́ра проти́вника 3) за́дник (*сапога*) 4) восьмёрка (*конькобежная фигура*) 5) хо́лка; загри́вок 6) *мор.* кормово́й подзо́р

**2.** *a* противополо́жный; обра́тный; встре́чный

**3.** *adv* обра́тно; в обра́тном направле́нии; напро́тив; to run ~ идти́ про́тив

**4.** *v* 1) противостоя́ть; проти́виться; противоре́чить; to ~ a claim опроверга́ть утвержде́ние 2) *спорт.* нанести́ встре́чный уда́р (*в боксе*)

**counter-** [ˈkauntə-] *pref* противо-, контр-

**counteract** [ˌkauntəˈrækt] *v* 1) противоде́йствовать 2) нейтрализова́ть

**counteraction** [ˌkauntəˈrækʃən] *n* 1) противоде́йствие 2) нейтрализа́ция 3) *юр.* встре́чный иск

**counteractive** [ˌkauntəˈræktɪv] *a* 1) противоде́йствующий 2) нейтрализу́ющий

**counter-attack** [ˈkauntərəˌtæk] **1.** *n* контрата́ка, контрнаступле́ние

**2.** *v* контратакова́ть

**counter-attraction** [ˈkauntərəˌtrækʃən] *n* 1) обра́тное притяже́ние 2) отвлека́ющее сре́дство

**counterbalance 1.** *n* [ˈkauntəˌbæləns] противове́с

**2.** *v* [ˌkauntəˈbæləns] уравнове́шивать, служи́ть противове́сом

**counterblast** [ˈkauntəblɑːst] *n* 1) встре́чный поры́в ве́тра 2) контрме́ра; энерги́чный проте́ст (*против чего-л.*) 3) контробвине́ние

**counterblow** [ˈkauntəbləu] *n* встре́чный уда́р, контруда́р

**countercharge** [ˈkauntətʃɑːdʒ] **1.** *n* встре́чное обвине́ние

**2.** *v* предъявля́ть встре́чное обвине́ние

**countercheck** [ˈkauntətʃek] *n* противоде́йствие; препя́тствие

**counter-claim** [ˈkauntəkleɪm] **1.** *n* встре́чный иск, контрпрете́нзия

**2.** *v* предъявля́ть встре́чный иск

**counter-clockwise** [ˈkauntəˈklɔkwaɪz] *adv* про́тив (движе́ния) часово́й стре́лки

**counter-espionage** [ˈkauntərˌespɪəˈnɑːʒ] *n* контрразве́дка

**counterfeit** [ˈkauntəfɪt] **1.** *n* 1) подде́лка 2) обма́нщик; подставно́е лицо́

**2.** *a* 1) подде́льный, подло́жный; фальши́вый 2) притво́рный; ~ grief притво́рное го́ре

**3.** *v* 1) подде́лывать 2) притворя́ться; обма́нывать 3) подража́ть; быть похо́жим

**counterfoil** [ˈkauntəfɔɪl] *n* корешо́к че́ка, квита́нции, биле́та *и т. п.*

**counterfort** [ˈkauntəfɔːt] *n стр.* контрфо́рс, подпо́рка

**counter-intelligence** [ˈkauntərɪnˌtelɪdʒəns] *n* контрразве́дка

**counter-irritant** [ˈkauntəˌɪrɪtənt] *n мед.* оття́гивающее *или* отвлека́ющее сре́дство

**counter-jumper** [ˈkauntəˈdʒʌmpə] *разг. пренебр. см.* counterman

**counterman** [ˈkauntəmən] *n* продаве́ц, прика́зчик

**countermand** [ˌkauntəˈmɑːnd] **1.** *n* контрприка́з; прика́з в отме́ну пре́жнего прика́за

**2.** *v* 1) отменя́ть прика́з(а́ние) *или* зака́з 2) отзыва́ть (*лицо, воинскую часть*)

**countermarch** [ˈkauntəmɑːtʃ] **1.** *n воен.* контрма́рш

**2.** *v* возвраща́ться обра́тно *или* в обра́тном поря́дке

**countermark** [ˈkauntəmɑːk] *n* контро́льное *или* проби́рное клеймо́

**counter-measure** [ˈkauntəˌmeʒə] *n* контрме́ра

**countermine 1.** *n* [ˈkauntəmaɪn] контрми́на

**2.** *v* [ˌkauntəˈmaɪn] 1) закла́дывать контрми́ны 2) расстра́ивать про́иски

**counter-offensive** [ˈkauntərəˌfensɪv] *n воен.* контрнаступле́ние

**counterpane** [ˈkauntəpeɪn] *n* стёганое покрыва́ло (*на кровати*)

**counterpart** [ˈkauntəpɑːt] *n* 1) ко́пия; дублика́т 2) двойни́к 3) что-л. (*человек или вещь*), дополня́ющее друго́е, хорошо́ сочета́ющееся с други́м 4) *юр.* проти́вная сторона́ (*в процессе*)

**counterplot** [ˈkauntəplɔt] **1.** *n* контрза́говор

**2.** *v* организова́ть контрза́говор

**counterpoint** [ˈkauntəpɔɪnt] *n муз.* контрапу́нкт

**counterpoise** [ˈkauntəpɔɪz] **1.** *n* 1) противове́с 2) равнове́сие

**2.** *v* уравнове́шивать

**counter-revolution** [ˈkauntəˌrevəˈluːʃən] *n* контрреволю́ция

**counter-revolutionary** [ˈkauntəˌrevəˈluːʃnərɪ] **1.** *n* контрреволюционе́р

**2.** *a* контрреволюцио́нный

**counterscarp** [ˈkauntəskɑːp] *n воен* контрэска́рп

**countershaft** [ˈkauntəʃɑːft] *n тех.* контрприво́д, промежу́точный вал

**countersign** [ˈkauntəsaɪn] **1.** *n* 1) *воен.* паро́ль 2) скре́па, контрасигна́ция

**2.** *v* скрепля́ть (*документ*) по́дписью, ста́вить втору́ю по́дпись

**countersink** [ˈkauntəsɪŋk] *тех.* **1.** *n* зенко́вка, кони́ческий зе́нкер

**2.** *v* зенкова́ть

**countervail** [ˈkauntəveɪl] *v* компенси́ровать; уравнове́шивать

**countervailing duty** [ˈkauntəˌveɪlɪŋˈdjuːtɪ] *n эк.* компенсацио́нная по́шлина

**counterweigh** [ˌkauntəˈweɪ] *v* уравнове́шивать

**counterweight** [ˈkauntəweɪt] *n* противове́с, контргру́з

**counterwork 1.** *n* [ˈkauntəwəːk] противоде́йствие

**2.** *v* [ˌkauntəˈwəːk] противоде́йствовать; расстра́ивать (*планы*)

**countess** [ˈkauntɪs] *n* графи́ня

**counting-house** [ˈkauntɪŋhaus] *n* 1) конто́ра 2) бухгалте́рия

**counting-room** [ˈkauntɪŋrum] *амер.* = counting-house

**countless** [ˈkauntlɪs] *a* несчётный, бесчи́сленный, неисчисли́мый

**countrified** [ˈkʌntrɪfaɪd] *a* име́ющий дереве́нский вид

**country** [ˈkʌntrɪ] *n* 1) страна́ 2) ро́дина, оте́чество (*тж.* old ~); to leave the ~ уе́хать за грани́цу 3) дере́вня (*в противоположность городу*); се́льская ме́стность; in the ~ за́ городом; в дере́вне; на да́че; in the open ~ на ло́не приро́ды 4) перифери́я, прови́нция 5) ме́стность; террито́рия 6) ландша́фт 7) о́бласть, сфе́ра; this subject is quite unknown ~ to me э́тот вопро́с — чу́ждая мне о́бласть 8) жи́тели страны́, населе́ние 9) *attr.* се́льский; дереве́нский ◇ to appeal (*или* to go) to the ~ распусти́ть парла́мент и назна́чить но́вые вы́боры

**country cousin** [ˈkʌntrɪˌkʌzn] *n* 1) ро́дственник из прови́нции 2) провинциа́л, впервы́е уви́девший го́род

**country dance** [ˈkʌntrɪdɑːns] *n* контрда́нс (*танец*)

**countryfolk** [ˈkʌntrɪfəuk] *n pl* се́льские жи́тели

**country-house** [ˈkʌntrɪˈhaus] *n* 1) поме́щичий дом 2) за́городный дом, да́ча

**countryman** [ˈkʌntrɪmən] *n* 1) сооте́чественник, земля́к 2) крестья́нин, се́льский жи́тель

**country party** [ˈkʌntrɪˈpɑːtɪ] *n* агра́рная па́ртия

**country-seat** [ˈkʌntrɪˈsiːt] *n* поме́стье; име́ние

**country-side** [ˈkʌntrɪsaɪd] *n* 1) се́льская ме́стность; окру́га 2) ме́стное се́льское населе́ние

**country town** [ˈkʌntrɪˈtaun] *n* провинциа́льный го́род

**countrywoman** [ˈkʌntrɪˌwumən] *n* 1) сооте́чественница, земля́чка 2) крестья́нка, се́льская жи́тельница

**county** [ˈkauntɪ] *n* 1) гра́фство (*административная единица в Англии*); о́круг (*в США*) 2) жи́тели гра́фства *или* о́круга 3) *attr.* относя́щийся к гра́фству *или* о́кругу; окружно́й; ~ borough го́род с населе́нием свы́ше 50 ты́сяч, администрати́вно вы́деленный в самостоя́тельную едини́цу; ~ council сове́т гра́фства *или* о́круга; ~ court ме́стный суд гра́фства *или* о́круга; ~ town (*или* seat) гла́вный го́род гра́фства *или* о́круга

**coup** [ku:] *фр. n* уда́чный ход; уда́ча в дела́х

**coup de grâce** [ˈku:dəˈgrɑ:s] *фр. n* заверша́ющий смерте́льный уда́р

**coup d'état** [ˈku:deɪˈtɑ:] *фр. n* госуда́рственный переворо́т

**coupé** [ˈku:peɪ] *фр. n* 1) двухме́стная каре́та 2) двухме́стный закры́тый автомоби́ль 3) *ж.-д.* двухме́стное купе́

**couple** [ˈkʌpl] **1.** *n* 1) два, па́ра; lend me a ~ of pencils дай мне па́ру карандаше́й 2) чета́, па́ра 3) сво́ра 4) па́ра борзы́х на сво́ре *или* го́нчих на смы́чке 5) *тех.* па́ра сил 6) *эл.* элеме́нт ◇ to hunt in ~s быть неразлу́чными

**2.** *v* 1) соединя́ть 2) свя́зывать, ассоции́ровать 3) пожени́ться 4) спа́риваться 5) *ж.-д.* сцепля́ть

**coupler** [ˈkʌplə] *n* 1) сце́пщик 2) *тех.* сце́пка; соедини́тельный прибо́р; сцепля́ющая му́фта 3) *радио* устро́йство свя́зи

**couplet** [ˈkʌplɪt] *n* рифмо́ванное двусти́шие

**coupling** [ˈkʌplɪŋ] **1.** *pres. p. от* couple 2

**2.** *n* 1) соедине́ние; стыко́вка (*космических кораблей*) 2) совокупле́ние; спа́ривание 3) *тех.* му́фта; сцепле́ние; сопряже́ние 4) *радио* связь

**coupon** [ˈku:pɔn] *n* 1) купо́н; тало́н (*продовольственной или промтоварной карточки*) 2) *полит.* са́нкция ли́дера па́ртии кандида́ту от па́ртии на вы́борах

**courage** [ˈkʌrɪdʒ] *n* хра́брость, сме́лость, отва́га, му́жество; to muster (*или* to pluck) (up) ~ отва́житься, набра́ться хра́брости; to lose ~ испуга́ться; to have the ~ of one's convictions (*или* opinions) име́ть му́жество поступа́ть согла́сно свои́м убежде́ниям ◇ Dutch ~ сме́лость во хмелю́

**courageous** [kəˈreɪdʒəs] *a* сме́лый, отва́жный, хра́брый

**courier** [ˈkurɪə] *n* 1) курье́р, на́рочный, посы́льный 2) аге́нт

**course** [kɔ:s] **1.** *n* 1) курс, направле́ние 2) ход; тече́ние; ~ of events ход собы́тий; in the ~ of a year в тече́ние го́да; the ~ of nature есте́ственный, норма́льный поря́док веще́й 3) тече́ние (*реки*) 4) поря́док; о́чередь, постепе́нность; in ~ по о́череди, по поря́дку; in due ~ а) своевре́менно; б) до́лжным о́бразом 5) ли́ния поведе́ния, де́йствия 6) курс (*лекций, обучения, лечения*) 7) блю́до; a dinner of three ~s обе́д из трёх блюд 8): ~ of exchange валю́тный курс 9) скаково́й круг 10) *стр.* горизонта́льный ряд кла́дки 11) *мор.* ни́жний прямо́й па́рус 12) *геол.* простира́ние за́лежи; пласт (*угля*), жи́ла 13) *pl физиол.* менструа́ция ◇ a matter of ~ не́что само́ собо́й разуме́ющееся; of ~ коне́чно

**2.** *v* 1) пресле́довать, гна́ться по пята́м 2) гна́ться за дичью (*о гончих*); охо́титься с го́нчими 3) бежа́ть, течь 4) *горн.* прове́тривать

**courser** [ˈkɔ:sə] *n* 1) рыса́к 2) *поэт.* (боево́й) конь

**court** [kɔ:t] **1.** *n* 1) двор 2) двор (*короля и т. п.*); to hold a ~ устра́ивать приём при дворе́ 3) суд; *амер. тж.* судья́, су́дьи; Supreme C. Верхо́вный суд; ~ of justice суд; C. of Appeal апелляцио́нный суд; to be out of ~ потеря́ть пра́во на иск; *перен.* потеря́ть си́лу; this book is now out of ~ э́та кни́га тепе́рь устаре́ла 4) *амер.* правле́ние (*предприятия*) 5) площа́дка для игр; корт 6) уха́живание; to make (*или* to pay) ~ to smb. уха́живать за кем-л.

**2.** *v* 1) уха́живать; иска́ть расположе́ния, популя́рности 2) льстить 3) добива́ться; to ~ applause стреми́ться сорва́ть аплодисме́нты 4) соблазня́ть (into, to, from) ◇ to ~ disaster накли́кать несча́стье

**court-card** [ˈkɔ:tkɑ:d] *n* фигу́рная ка́рта в коло́де

**courteous** [ˈkə:tjəs] *a* ве́жливый, учти́вый, обходи́тельный

**courtesan** [ˌkɔ:tɪˈzæn] *n* куртиза́нка

**courtesy** [ˈkə:tɪsɪ] *n* учти́вость, обходи́тельность, ве́жливость; пра́вила ве́жливости, этике́т; by (the) ~ of... благодаря́ любе́зности...; as a matter of ~ в поря́дке любе́зности ◇ ~ title ти́тул, носи́мый по обы́чаю, а не по зако́ну (*напр.*, honourable); ~ of the port освобожде́ние от тамо́женного осмо́тра багажа́

**courtezan** [ˌkɔ:tɪˈzæn] = courtesan

**court-house** [ˈkɔ:tˈhaus] *n* 1) зда́ние суда́ 2) зда́ние, в кото́ром помеща́ются ме́стные о́рганы управле́ния (*в графстве или округе*)

**courtier** [ˈkɔ:tjə] *n* 1) придво́рный 2) льстец

**courtliness** [ˈkɔ:tlɪnɪs] *n* 1) ве́жливость, учти́вость 2) изы́сканность 3) льсти́вость

**courtly** [ˈkɔ:tlɪ] *a* 1) ве́жливый 2) изы́сканный 3) льсти́вый

**court martial** [ˈkɔ:tˈmɑ:ʃəl] *n* (*pl* courts martial) вое́нный суд, трибуна́л

**court-martial** [ˈkɔ:tˈmɑ:ʃəl] *v* суди́ть вое́нным судо́м

**court plaster** [ˈkɔ:tˈplɑ:stə] *n* лейкопла́стырь

**courtship** [ˈkɔ:tʃɪp] *n* уха́живание

**courts martial** [ˈkɔ:tsˈmɑ:ʃəl] *pl от* court martial

**courtyard** [ˈkɔ:tjɑ:d] *n* вну́тренний двор

**cousin** [ˈkʌzn] *n* 1) двою́родный брат, кузе́н; двою́родная сестра́, кузи́на (*тж.* first ~, ~ german); second ~ трою́родный брат; трою́родная сестра́; first ~ once removed ребёнок двою́родного бра́та *или* двою́родной сестры́ 2) ро́дственник; to call ~ (*или* ~s) with smb. счита́ть кого́-л. роднёй, претендова́ть на родство́ с кем-л. 3) ти́тул, применя́емый лицо́м короле́вского ро́да в обраще́нии к друго́му лицу́ короле́вского ро́да в свое́й стране́ ◇ forty-second ~ да́льний ро́дственник; ~ Betty слабоу́мный (челове́к)

**cove** I [kəuv] **1.** *n* 1) бу́хточка; убе́жище среди́ скал 2) *стр.* свод; вы́кружка

**2.** *v стр.* сооружа́ть свод

**cove** II [kəuv] *n разг.* па́рень, ма́лый

**coven** [ˈkʌvən] *n шотл.* сбо́рище; ша́баш ведьм

**covenant** [ˈkʌvənənt] **1.** *n* 1) соглаше́ние, договорённость 2) *юр.* догово́р; отде́льная статья́ догово́ра; C. of the League of Nations *ист.* статья́ Верса́льского догово́ра об учрежде́нии Ли́ги на́ций 3) *библ.* заве́т; the books of the Old and the New C. кни́ги Ве́тхого и Но́вого заве́та; land of the C. «земля́ обетова́нная»

**2.** *v* заключа́ть соглаше́ние

**covenanted** [ˈkʌvənəntɪd] **1.** *p. p. от* covenant 2

**2.** *a* свя́занный догово́ром

**coventrate** [ˈkɔvəntreɪt] *v* подверга́ть разруши́тельной бомбардиро́вке с во́здуха

**coventrize** [ˈkɔvəntraɪz] = coventrate

**cover** [ˈkʌvə] **1.** *n* 1) (по)кры́шка; обёртка; чехо́л; покрыва́ло; футля́р, колпа́к 2) конве́рт; under the same ~ в том же конве́рте 3) обло́жка, переплёт, кры́шка переплёта; to read from ~ to ~ проче́сть от ко́рки до ко́рки (*о книге*) 4) убе́жище, укры́тие; прикры́тие; засло́н; under ~ в укры́тии, под защи́той [*ср. тж.* 5) *и* 7)]; to take ~ укры́ться 5) ши́рма; предло́г; отгово́рка; личи́на, ма́ска; under ~ of friendship под личи́ной дру́жбы [*ср. тж.* 4) *и* 7)] 6) общи́вка 7) покро́в; under ~ of darkness под покро́вом темноты́ [*ср. тж.* 4) *и* 5)] 8) *ком.* гаранти́йный фонд 9) прибо́р (*обеденный*) 10) = cover-point

**2.** *v* 1) закрыва́ть; покрыва́ть; накрыва́ть; прикрыва́ть; перекрыва́ть; to ~ a wall with paper окле́ивать сте́ну обо́ями; to ~ one's face with one's hands закры́ть лицо́ рука́ми; to ~ the retreat прикрыва́ть отступле́ние; to ~ one's tracks замета́ть свои́ следы́ 2) укрыва́ть, огражда́ть, защища́ть; he ~ed his friend from the blow with his own body он свои́м те́лом закры́л дру́га от уда́ра 3) скрыва́ть; to ~ one's confusion (annoyance) что́бы скрыть (*или* не показа́ть) своё смуще́ние (доса́ду) 4) охва́тывать; относи́ться (*к чему-л.*); the book ~s the whole subject кни́га даёт исче́рпывающие сведе́ния по всему́ предме́ту 5) расстила́ться; распространя́ться; the city ~s ten square miles го́род занима́ет де́сять квадра́тных миль 6) преодолева́ть, проходи́ть (*какое-л. расстояние*); *спорт.* пройти́ (*дистанцию*) 7) дава́ть материа́л, отчёт (*для прессы*) 8) разреша́ть, предусма́тривать; the circumstances are ~ed by this clause обстоя́тельства предусмо́трены э́тим пу́нктом 9) покрыва́ть (*кобылу и т. п.*) 10) сиде́ть (*на яйцах*) 11) це́литься (*из ружья и т. п.*); держа́ть под угро́зой □ ~ **in** а) закры́ть;

б) забросáть землёй (*могилу*); ~ **over** скрыть, прикры́ть; ~ **up** спря́тать, тщáтельно прикры́ть

**coverage** [ˈkʌvərɪdʒ] *n* 1) охвáт 2) зóна дéйствия 3) освещéние в печáти, по рáдио *и т. п.*

**coverall(s)** [ˈkʌvərɔːl(z)] *n* (*pl*) рабóчий комбинезóн, спецодéжда

**cover-crop** [ˈkʌvəkrɔp] *n с.-х.* покрóвная культýра

**covered** [ˈkʌvəd] **1.** *p. p. от* cover 2

**2.** *a* 1) (за)кры́тый; укры́тый, защищённый 2) в шля́пе; pray be ~ пожáлуйста, надéнь(те) шля́пу; to remain ~ не снимáть шля́пы

**cover girl** [ˈkʌvəˈgəːl] *n* хорóшенькая дéвушка, изображéние котóрой помещáют на облóжке журнáла; журнáльная красóтка

**covering** [ˈkʌvərɪŋ] **1.** *pres. p. от* cover 2

**2.** *n* 1) покры́шка, чехóл; оболóчка; покрóв 2) обши́вка; облицóвка 3) насти́л, покры́тие 4) засы́пка

**3.** *a* 1) сопроводи́тельный; ~ letter сопроводи́тельное письмó; ~ note сопроводи́тельная запи́ска 2) *воен.*: ~ party прикры́тие; ~ sergeant замыкáющий сержáнт

**coverlet** [ˈkʌvəlɪt] *n* покрывáло; одея́ло

**coverlid** [ˈkʌvəlɪd] = coverlet

**cover-point** [ˈkʌvəˈpɔɪnt] *n спорт.* 1) защи́тник (*в крикете*) 2) мéсто защи́тника (*в крикете*)

**covert** **1.** *n* [ˈkʌvə] 1) убéжище для ди́чи (*лес, чаща*) 2) *текст.* коверкóт (*тж.* ~ cloth) 3) *pl* оперéние

**2.** *a* [ˈkʌvət] скры́тый, завуали́рованный, тáйный; ~ glance взгляд укрáдкой

**coverture** [ˈkʌvətjuə] *n* 1) укры́тие, убéжище 2) *юр.* стáтус замýжней жéнщины

**cover-up** [ˈkʌvərˈʌp] *n* 1) прикры́тие; «дымовáя завéса» 2) предлóг

**covet** [ˈkʌvɪt] *v* жáждать, домогáться (*чужого, недоступного*)

**covetous** [ˈkʌvɪtəs] *a* 1) жáдный, áлчный (of) 2) скупóй 3) зави́стливый

**covey** I [ˈkʌvɪ] *n* 1) вы́водок, стáя (*особ. куропаток*); to spring a ~ вспугнýть стáю 2) *шутл.* стáйка, грýппа (*особ. детей, женщин*)

**covey** II [ˈkəuvɪ] = cove II

**cow** I [kau] *n* 1) (*pl* -s [-z], *уст. тж.* kine) корóва 2) сáмка слонá, носорóга, китá, тюлéня *и т. д.* ◇ till the ~s come home ≅ пóсле дóждичка в четвéрг

**cow** II [kau] *v* запýгивать, терроризи́ровать; усмиря́ть

**coward** [ˈkauəd] **1.** *n* трус

**2.** *a* 1) трусли́вый 2) рóбкий; малодýшный

**cowardice** [ˈkauədɪs] *n* 1) трýсость 2) малодýшие; рóбость

**cowardly** [ˈkauədlɪ] **1.** *a* трусли́вый; малодýшный

**2.** *adv редк.* трусли́во

**cowberry** [ˈkaubərɪ] *n* брусни́ка

**cow-boy** [ˈkaubɔɪ] *n амер.* ковбóй

**cow-catcher** [ˈkauˌkætʃə] *n амер. ж.-д.* скотосбрáсыватель (*на паровозе*)

**cower** [ˈkauə] *v* сжимáться, съёживаться (*от страха, холода*)

**cow-fish** [ˈkaufɪʃ] *n* 1) морскáя корóва 2) сéрый дельфи́н

**cow-heel** [ˈkauhiːl] *n* говя́жий стýдень (*из ножек*)

**cowherd** [ˈkauhəːd] *n* 1) пастýх 2) скóтник

**cow-hide** [ˈkauhaɪd] **1.** *n* 1) волóвья кóжа 2) *амер.* плеть из волóвьей кóжи

**2.** *v* стегáть ремнём

**cow-house** [ˈkauhaus] *n* хлев

**cowl** [kaul] *n* 1) ря́са, сутáна с капюшóном; капюшóн 2) зонт над дымовóй трубóй 3) капóт дви́гателя 4) *ав.* обтекáтель

**cow-leech** [ˈkauliːtʃ] *n разг.* ветеринáр

**cowlick** [ˈkaulɪk] *n* вихóр, чуб

**cowling** [ˈkaulɪŋ] *n ав.* капóт дви́гателя, обтекáтель

**cowman** [ˈkaumən] *n* 1) рабóчий на фéрме 2) *амер.* скотопромы́шленник

**cow-pox** [ˈkaupɔks] *n мед.* корóвья óспа

**cow-puncher** [ˈkauˌpʌntʃə] *n амер. разг.* ковбóй

**cowrie, cowry** [ˈkaurɪ] *n* кáури (*раковина, заменяющая деньги в некоторых частях Азии и Африки*)

**cowshed** [ˈkauʃed] *n* хлев, корóвник

**cowslip** [ˈkauslɪp] *n бот.* 1) первоцвéт и́стинный *или* аптéчный 2) *амер.* калýжница болóтная

**cox** [kɔks] *сокр. разг. от* coxswain

**coxcomb** [ˈkɔkskəum] *n* самодовóльный хлыщ, фат

**coxcombical** [ˌkɔksˈkəumɪkl] *a* фатовáтый, самодовóльный

**coxcombry** [ˈkɔksˌkəumrɪ] *n* самодовóльство, фатовствó

**coxswain** [ˈkɔkswein, ˈkɔksn] *n* 1) старшинá шлю́пки 2) рулевóй

**coxy** [ˈkɔksɪ] = cocksy

**coy** [kɔɪ] *a* 1) застéнчивый, скрóмный 2) уединённый

**coyote** [ˈkɔɪəut] *n зоол.* луговóй волк, койóт

**coyoting** [ˈkɔɪəutɪŋ] *n разг.* хи́щническая разрабóтка недр

**cozen** [ˈkʌzn] *v* надувáть, морóчить

**cozenage** [ˈkʌznɪdʒ] *n* обмáн, надувáтельство

**cozy** [ˈkəuzɪ] = cosy

**crab** I [kræb] *n* 1) ди́кое я́блоко 2) ди́кая я́блоня

**crab** II [kræb] **1.** *n* 1) *зоол.* краб 2) (C.) Рак (*созвездие и знак зодиака*) 3) *тех.* лебёдка, вóрот ◇ to catch a ~ ≅ «поймáть лещá»

**2.** *v* 1) царáпать когтя́ми (*о хищной птице*) 2) *разг.* находи́ть недостáтки, придирчиво критиковáть 3) *мор., ав.* сноси́ться вéтром

**crab** III [kræb] *n разг.* 1) неудóбство; неудáча 2) раздражи́тельный, ворчли́вый человéк

**crabbed** **1.** [kræbd] *p. p. от* crab II, 2

**2.** [ˈkræbɪd] *a* 1) раздражи́тельный, ворчли́вый 2) трýдно понимáемый; неразбóрчивый (*о почерке*)

**crabber** [ˈkræbə] *n мор.* краболóв

**crabby** [ˈkræbɪ] *a* раздражи́тельный

**crack** [kræk] **1.** *n* 1) треск; щёлканье (*хлыста*) 2) трéщина; щель, рассéлина; свищ 3) удáр; затрéщина 4) ктó-л. *или* чтó-л. замечáтельное 5) ломáющийся гóлос (*у мальчика*) 6) *амер. разг.* острóта, шýтка; саркасти́ческое замечáние

**2.** *a разг.* великолéпный, первоклáссный; знамени́тый

**3.** *v* 1) производи́ть треск, шум, вы́стрел; щёлкать (*хлыстом*) 2) давáть трéщину, трéскаться; раскáлывать(ся); колóть, расщепля́ть 3) ломáться (*о голосе*) 4) *тех.* подвергáть (*нефть*) крéкингу □ ~ **down** сломи́ть (*сопротивление*); ~ **up** *разг.* а) превозноси́ть; реклами́ровать; б) разбивáться (вдрéбезги); разрушáться; потерпéть авáрию (*о самолёте*); вы́звать авáрию (*самолёта*); в) старéть; слабéть (*от старости*) ◇ to ~ a bottle распи́ть, «раздави́ть» буты́лку (винá); to ~ a joke отпусти́ть шýтку; to ~ a smile улыбнýться; to ~ a record *амер.* постáвить *или* поби́ть рекóрд; to ~ a window распахнýть окнó

**crackajack** [ˈkrækədʒæk] *разг.* **1.** *n* замечáтельный, талáнтливый человéк

**2.** *a* замечáтельный, талáнтливый

**crack-brained** [ˈkrækbreɪnd] *a* 1) слабоýмный, помéшанный 2) бессмы́сленный, неразýмный (*о поведении, поступке*)

**crackdown** [ˈkrækdaun] *n* применéние сурóвых мер, наступлéние на демокрáтию, жестóкое преслéдование

**cracked** [krækt] **1.** *p. p. от* crack 3

**2.** *a* 1) трéснувший 2) пошатнýвшийся (*о репутации, кредите*) 3) вы́живший из умá; his brains are ~ он ненормáльный 4) рéзкий; надтрéснутый (*о голосе*)

**cracker** [ˈkrækə] *n* 1) шути́ха, хлопýшка-конфéта 2) *амер.* тóнкое сухóе печéнье, крéкер 3) *pl* щипцы́ для орéхов 4) *амер. прозвище белых бедняков в южных штатах США* 5) *жарг.* ложь 6) *тех.* дроби́лка

**cracking** [ˈkrækɪŋ] **1.** *pres. p. от* crack 3

**2.** *n тех.* крéкинг

**crackjack** [ˈkrækdʒæk] *n жарг.* мáстер своегó дéла

**crack-jaw** [ˈkrækdʒɔː] *a разг.* с трудóм выговáриваемый (*о слове*)

**crackle** [ˈkrækl] **1.** *n* потрéскивание; треск; хруст

**2.** *v* потрéскивать; хрустéть

**crackling** [ˈkræklɪŋ] **1.** *pres. p. от* crackle 2

**2.** *n* 1) треск; хруст 2) поджáристая кóрочка (*свинины*) 3) *pl* шквáрки

**cracknel** [ˈkræknl] *n* 1) сухóе печéнье 2) поджáристая свини́на 3) *pl* шквáрки

**crackpot** [ˈkrækpɔt] *n разг.* ненормальный, чокнутый

**cracksman** [ˈkræksmən] *n* взломщик

**cracky** [ˈkrækɪ] *a* 1) потрескавшийся 2) легко трескающийся 3) *разг.* помешанный

**cradle** [ˈkreɪdl] **1.** *n* 1) колыбель, люлька; from the ~ с колыбели, прирождённый; from the ~ to the grave всю жизнь 2) начало; истоки; младенчество; the ~ of civilization истоки цивилизации 3) рычаг (*телефона*); he dropped the receiver into its ~ он положил трубку 4) *тех.* рама, опора 5) *воен.* люлька (*орудия*) 6) *горн.* лоток для промывки золотоносного песка 7) *мор.* спусковые салазки

**2.** *v* 1) качать в люльке; убаюкивать 2) воспитывать с самого раннего детства 3) *горн.* промывать (*золотой песок*)

**cradling** [ˈkreɪdlɪŋ] **1.** *pres. p. от* cradle 2

**2.** *n* 1) качание в люльке 2) *стр.* рама; кружало

**craft** [krɑːft] *n* 1) ремесло 2) ловкость, умение, искусство; сноровка 3) хитрость, обман 4) (the C.) масонское братство 5) судно; *собир.* суда всякого наименования 6) самолёт(ы) 7) *attr.* цеховой; ~ union а) профсоюз, организованный по цеховому принципу, цеховой профсоюз; б) *ист.* гильдия

**craft-brother** [ˈkrɑːftˌbrʌðə] *n* товарищ по ремеслу

**craftily** [ˈkrɑːftɪlɪ] *adv* 1) хитро 2) обманным путём

**craftiness** [ˈkrɑːftɪnɪs] *n* хитрость, лукавство

**craftsman** [ˈkrɑːftsmən] *n* 1) мастер, ремесленник 2) художник, мастер

**craftsmanship** [ˈkrɑːftsmənʃɪp] *n* мастерство

**crafty** [ˈkrɑːftɪ] *a* хитрый, коварный

**crag** [kræg] *n* скала, утёс

**craggy** [ˈkrægɪ] *a* 1) скалистый, изобилующий скалами 2) крутой, отвесный

**cragsman** [ˈkrægzmən] *n* альпинист

**crake** [kreɪk] *n зоол.* коростель, дергач

**cram** [kræm] **1.** *n* 1) давка, толкотня 2) нахватанные знания 3) зубрёжка 4) *разг.* обман, мистификация

**2.** *v* 1) впихивать, втискивать (into) 2) переполнять; the theatre was ~med театр был набит битком 3) пичкать, откармливать 4) наедаться 5) вбивать в голову; втолковывать; натаскивать к экзамену 6) наспех зазубривать (*часто* ~ up) 7) *разг.* лгать

**crambo** [ˈkræmbəu] *n* 1) игра в подыскание рифм 2) *пренебр.* рифмоплётство 3) рифма ◊ dumb ~ шарада-пантомима

**cram-full** [ˈkræmˈful] *a* набитый до отказа

**crammer** [ˈkræmə] *n* 1) репетитор, натаскивающий к экзамену 2) *разг.* ложь

**cramp** [kræmp] **1.** *n* 1) судорога, спазм 2) *pl амер.* колики 3) *тех.* зажим, скоба 4) *горн.* целик

**2.** *v* 1) вызывать судорогу, спазмы 2) связывать, стеснять (*движение*); мешать (*развитию*); суживать 3) *тех.* скреплять скобой

**cramped** [kræmpt] **1.** *p. p. от* cramp 2

**2.** *a* 1) страдающий от судорог 2) стиснутый; стеснённый (*в пространстве*) 3) чрезмерно сжатый (*о стиле*) 4) неразборчивый (*о почерке*) 5) ограниченный (*об умственных способностях*)

**cramp-fish** [ˈkræmpfɪʃ] *n зоол.* электрический скат

**cramp-iron** [ˈkræmpˌaɪən] = crampon 1)

**crampon** [ˈkræmpən] *n* 1) *тех.* железный захват 2) *pl* шипы на подошвах обуви *или* на подковах

**cranage** [ˈkreɪnɪdʒ] *n* 1) пользование подъёмным краном 2) плата за пользование краном

**cranberry** [ˈkrænbərɪ] *n* клюква

**crane** [kreɪn] **1.** *n* 1) журавль 2) *тех.* (грузо)подъёмный кран 3) сифон

**2.** *v* 1) вытягивать шею, чтобы лучше разглядеть (*часто* ~ out, ~ over, ~ down) 2) поднимать краном 3) *разг.* останавливаться, колебаться перед трудностями, опасностью (at)

**crane-fly** [ˈkreɪnflaɪ] *n зоол.* долгоножка

**crane's-bill** [ˈkreɪnzbɪl] *n бот.* герань, журавельник

**crania** [ˈkreɪnjə] *pl от* cranium

**cranial** [ˈkreɪnjəl] *a* черепной

**craniometry** [ˌkreɪnɪˈɔmɪtrɪ] *n* измерение черепа, краниометрия

**cranium** [ˈkreɪnjəm] *n* (*pl* -nia) череп

**crank I** [kræŋk] **1.** *n тех.* кривошип; колено; коленчатый рычаг; заводная ручка, рукоятка

**2.** *v* 1) сгибать 2) заводить рукоятью

**crank II** [kræŋk] **1.** *n* 1) причудливый оборот (*речи*) 2) прихоть, причуда 3) человек с причудами

**2.** *a* 1) *см.* cranky 2) *мор.* валкий (*о судне*)

**crank case** [ˈkræŋkkeɪs] *n тех.* картер двигателя

**cranked** [kræŋkt] **1.** *p. p. от* crank I, 2

**2.** *a* коленчатый, изогнутый

**crankshaft** [ˈkræŋkʃɑːft] *n тех.* коленчатый вал

**crankweb** [ˈkræŋkweb] *n тех.* плечо кривошипа

**cranky** [ˈkræŋkɪ] *a* 1) расшатанный, неисправный (*о механизме*) 2) *разг.* слабый (*о здоровье*) 3) раздражённый, всем недовольный; капризный; с причудами 4) эксцентричный 5) извилистый, полный закоулков

**crannied** [ˈkrænɪd] *a* потрескавшийся

**cranny** [ˈkrænɪ] *n* щель, трещина

**crap** [kræp] *n* 1) *диал.* гречиха 2) *разг.* чепуха 3) *диал.* деньги ◊ to do (*или* to take) a ~ оправляться (*в уборной*)

**crape** [kreɪp] *n* 1) креп; *перен.* траур 2) траурная повязка, повязка из крепа

**craped** [kreɪpt] *a* 1) завитой 2) одетый в траур 3) отделанный крепом

**craps** [kræps] *n амер.* азартная игра в кости ◊ ~! чёрт побери!

**crapulence** [ˈkræpjuləns] *n* 1) похмелье 2) пьяный разгул

**crapulent** [ˈkræpjulənt] *a* 1) в состоянии похмелья 2) предающийся какому-л. пороку (*распутству, пьянству, обжорству*)

**crapulous** [ˈkræpjuləs] = crapulent

**crapy** [ˈkreɪpɪ] *a* креповый

**crash I** [kræʃ] **1.** *n* 1) грохот; треск 2) сильный удар при падении, столкновении 3) авария, поломка, крушение 4) крах, банкротство

**2.** *adv* с грохотом, с треском

**3.** *v* 1) падать, рушиться с треском, грохотом (*часто* ~ through, ~ down); грохотать; to ~ into smth. наскочить на что-л. с треском 2) разбить, разрушить; вызвать аварию; to ~ a plane сбить самолёт 3) потерпеть аварию, крушение; разбиться при падении 4) потерпеть крах 5) *амер. разг.* проникнуть «зайцем», без билета *или* без приглашения; to ~ a party явиться без приглашения; to ~ the gate пройти в театр (на концерт *и т. п.*) без билета □ ~ in вторгаться

**crash II** [kræʃ] *n* суровое полотно, холст

**crash-helmet** [ˈkræʃˌhelmɪt] *n* защитный шлем лётчика, космонавта, водителя автомашины *или* мотоциклиста

**crash-land** [ˈkræʃlænd] *v ав.* разбиться при посадке

**crash-landing** [ˈkræʃˌlændɪŋ] *n ав.* вынужденная аварийная посадка

**crashproof** [ˈkræʃpruːf] *a тех.* неломающийся

**crash-test** [ˈkræʃtest] **1.** *n* аварийное испытание

**2.** *v* проводить аварийное испытание

**crass** [kræs] *a* 1) грубый 2) полнейший (*о невежестве и т. п.*)

**crassitude** [ˈkræsɪtjuːd] *n* крайняя тупость, глупость

**cratch** [krætʃ] *n* кормушка (*для кормления животных на открытом воздухе*)

**crate** [kreɪt] **1.** *n* 1) (деревянный) ящик; упаковочная клеть *или* корзина 2) рама стекольщика 3) *ав. жарг.* самолёт

**2.** *v* упаковывать в клети, корзины

**crater** [ˈkreɪtə] *n* 1) кратер (*вулкана*) 2) воронка (*от снаряда*) 3) *археол.* кратер (*сосуд*)

**cravat** [krəˈvæt] *фр. n* галстук; шарф

**crave** [kreɪv] *v* 1) страстно желать, жаждать (for) 2) просить, умолять 3) требовать (*об обстоятельствах*)

**craven** [ˈkreɪvən] **1.** *a* малодушный; трусливый; to cry ~ сдаться; струсить

**2.** *n* трус

**craving** [ˈkreɪvɪŋ] **1.** *pres. p. от* crave

2. *n* стра́стное жела́ние, стремле́ние (for)

**craw** [krɔ:] *n* зоб (*у птицы*)

**crawfish** ['krɔ:fɪʃ] **1.** *n* = crayfish

**2.** *v амер. разг.* идти́ на попя́тный

**crawl** [krɔ:l] **1.** *v* 1) по́лзать; ползти́; to ~ about е́ле передвига́ть но́ги (*о больном*) 2) пресмыка́ться 3) кише́ть (*насекомыми*; with) 4) чу́вствовать мура́шки по те́лу

**2.** *n* 1) по́лзание, ме́дленное движе́ние; to go at a ~ ходи́ть, дви́гаться ме́дленно 2) пресмыка́тельство 3) *спорт.* кроль (*стиль плавания*; *тж.* ~ stroke) 4) *гидр.* зато́н, то́ня

**crawler** ['krɔ:lə] *n* 1) пресмыка́ющееся живо́тное 2) низкопоклóнник 3) ме́дленно е́дущий изво́зчик 4) *тех.* гу́сеничный ход 5) *pl* ползунки́ (*одежда для детей*) 6) *attr. тех.* гу́сеничный

**crawly** ['krɔ:lɪ] *a разг.* испы́тывающий ощуще́ние мура́шек по те́лу

**crayfish** ['kreɪfɪʃ] *n* 1) речно́й рак 2) лангу́ст(а), десятино́гий морско́й рак

**crayon** ['kreɪən] **1.** *n* 1) цветно́й каранда́ш; цветно́й мело́к; пасте́ль 2) рису́нок цветны́м карандашо́м *или* мелко́м; рису́нок пасте́лью 3) каранда́ш для брове́й 4) *эл.* у́голь в дугово́й ла́мпе 5) *attr.* рисова́льный, для рисова́ния; ~ paper рисова́льная бума́га

**2.** *v* рисова́ть цветны́м карандашо́м *или* мелко́м

**craze** [kreɪz] **1.** *n* 1) ма́ния; пункт помеша́тельства 2) *разг.* мо́да, пова́льное увлече́ние (for); to be the ~ быть в мо́де, производи́ть фуро́р 3) тре́щина в глазу́ри

**2.** *v* (*обыкн. p. p.*) 1) своди́ть с ума́ 2) сходи́ть с ума́ 3) де́лать воло́сные тре́щины на глазу́ри

**crazy** ['kreɪzɪ] *a* 1) сумасше́дший, безу́мный 2) *разг.* поме́шанный (*на чём-л.*); си́льно увлечённый (about) 3) ша́ткий; разва́ливающийся 4) покры́тый тре́щинами (*о глазури*) 5) сде́ланный из куско́в разли́чной фо́рмы; ~ quilt лоску́тное одея́ло; ~ bone = funny-bone

**creak** [kri:k] **1.** *n* скрип

**2.** *v* скрипе́ть

**creaky** ['kri:kɪ] *a* скрипу́чий

**cream** [kri:m] **1.** *n* 1) сли́вки; крем 2) что-л. отбо́рное, са́мое лу́чшее; цвет (*чего-л.*); the ~ of the joke (*или* of the story) соль шу́тки (*или* расска́за); the ~ of society «сли́вки о́бщества» 3) крем (*косметическое средство*) 4) пе́на 5) *attr.* = cream-coloured 6) *attr.*: ~ freezer моро́женица

**2.** *v* 1) отста́иваться 2) пе́ниться 3) снима́ть сли́вки (*тж. перен.*) 4) прибавля́ть сли́вки (*в чай и т. п.*) 5) *кул.* сме́шивать; to ~ butter and sugar till soft смеша́ть ма́сло с са́харом до одноро́дной ма́ссы

**cream cheese** ['kri:m'tʃi:z] *n* сли́вочный сыр

**cream-coloured** ['kri:m,kʌləd] *a* кре́мового цве́та

**creamery** ['kri:mərɪ] *n* 1) маслобо́йня; сырова́рня 2) моло́чная

**cream-laid paper** ['kri:mleɪd,peɪpə] *n* бума́га верже́ кре́мового цве́та

**cream of tartar** ['kri:məv'tɑ:tə:] *n* ви́нный ка́мень

**cream-wove paper** ['kri:mwəuv,peɪpə] *n* веле́невая бума́га кре́мового цве́та

**creamy** ['kri:mɪ] *a* 1) сли́вочный; жи́рный 2) кре́мовый

**crease** [kri:s] **1.** *n* 1) скла́дка; сгиб; заги́б; отутю́женная скла́дка брюк 2) черта́, грани́ца (*в играх*) 3) конёк (*крыши*) 4) ста́рое ру́сло реки́

**2.** *v* 1) мя́ть(ся); this material ~s easily э́та мате́рия легко́ мнётся 2) утю́жить скла́дки 3) загиба́ть, фальцева́ть

**creasy** ['kri:sɪ] *a* смя́тый, морщи́нистый, лежа́щий скла́дками

**create** [kri(:)'eɪt] *v* 1) твори́ть, создава́ть 2) возводи́ть в зва́ние; he was ~d a baronet он получи́л ти́тул баронéта 3) вызыва́ть (*какое-л. чувство и т. п.*); производи́ть (*впечатление и т. п.*) 4) *разг.* суети́ться, волнова́ться; he is always creating about nothing он всегда́ суети́тся без то́лку

**creation** [kri(:)'eɪʃən] *n* 1) созда́ние; (со)творе́ние, созида́ние 2) произведе́ние (*науки, искусства*) 3) мирозда́ние 4) возведе́ние в зва́ние

**creative** [kri(:)'eɪtɪv] *a* тво́рческий, созида́тельный; ~ personality тво́рческая ли́чность

**creator** [kri(:)'eɪtə] *n* 1) творе́ц, созда́тель; а́втор 2) (the C.) бог

**creature** ['kri:tʃə] *n* 1) созда́ние, творе́ние 2) живо́е существо́ 3) тварь 4) креату́ра, ста́вленник 5) *шутл.* «зе́лье», спиртны́е напи́тки ◇ ~ comforts а) земны́е бла́га; б) *воен.* ме́лкие предме́ты ли́чного потребле́ния (*папиросы и т. п.*)

**crèche** [kreɪʃ] *фр. n* де́тские я́сли

**credence** ['kri:dəns] *n* 1) ве́ра, дове́рие; to give ~ to smb. пове́рить кому́-л.; letter of ~ рекоменда́тельное письмо́ 2) же́ртвенник (*в алтаре*; *тж.* ~ table)

**credent** ['kri:dənt] *a* дове́рчивый

**credential** [krɪ'denʃəl] *n* 1) манда́т; удостовере́ние ли́чности; рекоменда́ция 2) *pl* вери́тельные гра́моты (*посла*) 3) *pl attr.* манда́тный

**credibility** [,kredɪ'bɪlɪtɪ] *n* 1) вероя́тность, правдоподо́бие 2) дове́рие

**credible** ['kredəbl] *a* вероя́тный; заслу́живающий дове́рия

**credit** ['kredɪt] **1.** *n* 1) дове́рие; ве́ра; to give ~ to smth. пове́рить чему́-л. 2) хоро́шая репута́ция 3) похвала́, честь; to one's ~ к чьей-л. че́сти; the boy is a ~ to his family ма́льчик де́лает честь свое́й семье́; to do smb. ~ де́лать честь кому́-л. 4) влия́ние; значе́ние; уваже́ние (of, for) 5) *амер.* зачёт; удостовере́ние о прохожде́нии како́го-л. ку́рса в уче́бном заведе́нии 6) *фин.* креди́т; долг; су́мма, запи́санная на прихо́д; пра́вая сторона́ бухга́лтерской кни́ги; on ~ в долг; в креди́т; to allow ~ предоста́вить креди́т 7) *attr.*: ~ card креди́тная ка́рточка (*форма безналичного расчёта*); ~ worthiness кредитоспосо́бность

**2.** *v* 1) доверя́ть; ве́рить 2) припи́сывать; to ~ smb. with good intentions припи́сывать кому́-л. до́брые наме́рения 3) *фин.* кредитова́ть

**creditable** ['kredɪtəbl] *a* похва́льный, де́лающий честь (*кому-л.*)

**creditor** ['kredɪtə] *n* 1) кредито́р 2) пра́вая сторона́ бухга́лтерской кни́ги

**credo** ['kri:dəu] *лат. n* (*pl* -os [-əuz]) 1) убежде́ния, кре́до 2) *церк.* си́мвол ве́ры

**credulity** [krɪ'dju:lɪtɪ] *n* легкове́рие, дове́рчивость

**credulous** ['kredjuləs] *a* легкове́рный, дове́рчивый

**creed** [kri:d] *n* 1) кре́до, убежде́ния 2) вероуче́ние; си́мвол ве́ры

**creek** [kri:k] *n* 1) бу́хта, зали́в; у́стье реки́ 2) *амер.* прито́к; небольша́я река́; руче́й

**creel** [kri:l] *n* 1) корзи́на для ры́бы 2) *текст.* ра́ма для кату́шек

**creep** [kri:p] **1.** *v* (crept) 1) по́лзать; пресмыка́ться 2) е́ле передвига́ть но́ги (*о больном*) 3) стла́ться, ви́ться (*о ползучих растениях*) 4) пресмыка́ться, раболе́пствовать 5) кра́сться, подкра́дываться (*часто* ~ in, ~ into, ~ up); to ~ about on tiptoe ходи́ть на цы́почках; to ~ into smb.'s favour втира́ться к кому́-л. в дове́рие 6) содрога́ться; чу́вствовать мура́шки по те́лу; it makes my flesh (*или* blood) ~ меня́ моро́з по ко́же подира́ет от э́того 7) *мор.* тра́лить 8) *тех.* набега́ть по ине́рции (*о ремне и т. п.*)

**2.** *n* 1) *pl разг.* содрога́ние; мура́шки 2) лазе́йка для скота́ (*в изгороди*) 3) *геол.* дви́жущийся о́ползень; обва́л 4) *тех.* крип, ползу́честь мета́лла 5) *мор.* до́нный трал, дра́га 6) *тех.* набега́ние ремня́

**creeper** ['kri:pə] *n* 1) ползу́чее расте́ние 2) пресмыка́ющееся живо́тное; репти́лия 3) *pl* ползунки́ (*одежда для детей*) 4) *pl* шипы́ на подо́швах 5) *тех.* дра́га

**creeping** ['kri:pɪŋ] **1.** *pres. p. от* creep 1

**2.** *a* раболе́пный, уго́дливый, пресмыка́ющийся; ~ sycophant подхали́м

**creepy** ['kri:pɪ] *a* 1) вызыва́ющий мура́шки, броса́ющий в дрожь 2) ползу́чий 3) пресмыка́ющийся

**creese** [kri:s] *n* мала́йский кинжа́л

**cremate** [krɪ'meɪt] *v* креми́ровать, сжига́ть тру́пы

**cremation** [krɪ'meɪʃən] *n* крема́ция

**cremator** [krɪ'meɪtə] *n* 1) тот, кто сжига́ет 2) кремацио́нная печь 3) печь для сжига́ния му́сора

**crematoria** [,kremə'tɔ:rɪə] *pl от* crematorium

**crematorium** [,kremə'tɔ:rɪəm] *n* (*pl* -s [-z], -ria) кремато́рий

**crematory** ['kremətərɪ] = crematorium

**crenel** ['krenəl] = crenelle

**crenel(l)ated** [ˈkrenɪleɪtɪd] *a* зубча́тый
**crenelle** [krɪˈnel] *n архит.* амбразу́ра
**Creole** [ˈkri:əul] *n* крео́л; крео́лка
**creosote** [ˈkrɪəsəut] *n хим.* креозо́т
**crêpe** [kreɪp] *фр. n* 1) креп (*ткань*); ~ de Chine крепдеши́н 2) *attr.*: ~ paper гофриро́ванная бума́га; ~ shoes боти́нки на рези́новой подо́шве
**crepitate** [ˈkrepɪteɪt] *v* 1) хрусте́ть, потре́скивать 2) хрипе́ть
**crepitation** [ˌkrepɪˈteɪʃən] *n* 1) хруст, потре́скивание 2) хри́пы (*при пневмонии*)
**crept** [krept] *past и p. p. от* creep 1
**crepuscular** [krɪˈpʌskjulə] *a* 1) су́меречный; ту́склый 2) *зоол.* су́меречный
**crescendo** [krɪˈʃendəu] *ит.* **1.** *n муз.* креще́ндо
**2.** *adv* в бу́рном те́мпе, нараста́я
**crescent** [ˈkresnt] **1.** *n* 1) полуме́сяц; серп луны́; пе́рвая *или* после́дняя че́тверть луны́ 2) полукру́г ◇ C. City *амер. г.* Но́вый Орлеа́н
**2.** *a* 1) име́ющий фо́рму полуме́сяца, серпови́дный 2) расту́щий, возраста́ющий
**cress** [kres] *n* кресс (*салат*)
**cresset** [ˈkresɪt] *n* фа́кел, све́точ
**crest** [krest] **1.** *n* 1) гребешо́к (*петуха*); хохоло́к (*птицы*) 2) гри́ва; хо́лка 3) гре́бень шле́ма; *поэт.* шлем 4) гре́бень (*волны, горы, крыши*); on the ~ of the wave на гре́бне волны́; *перен.* на верши́не сла́вы 5) конёк (*крыши*) 6) *геральд.* украше́ние наверху́ ге́рбового щита́ 7) герб (*на флагах и т. п.*) 8) *тех.* пик (*нагрузки*)
**2.** *v* 1) служи́ть гре́бнем; уве́нчивать 2) достига́ть верши́ны 3) *поэт.* вздыма́ться (*о волнах*)
**crested** [ˈkrestɪd] **1.** *p. p. от* crest 2
**2.** *a* снабжённый, укра́шенный гре́бнем, хохолко́м
**crest-fallen** [ˈkrestˌfɔ:lən] *a* упа́вший ду́хом, уны́лый; удручённый
**cretaceous** [krɪˈteɪʃəs] *a геол.* мелово́й
**Cretan** [ˈkri:tən] **1.** *a* кри́тский
**2.** *n* критя́нин
**cretin** [ˈkretɪn] *n* крети́н
**cretinism** [ˈkretɪnɪzm] *n* кретини́зм
**cretonne** [kreˈtɔn] *n текст.* крето́н
**crevasse** [krɪˈvæs] *n* рассе́лина в леднике́
**crevice** [ˈkrevɪs] *n* 1) щель, расще́лина 2) тре́щина, содержа́щая жи́лу
**crew** I [kru:] *n* 1) судова́я кома́нда; экипа́ж (*судна*) 2) *воен.* ору́дийный *или* пулемётный расчёт 3) брига́да *или* арте́ль рабо́чих; engine ~ парово́зная брига́да 4) компа́ния, ша́йка; a noisy, disreputable ~ шу́мная, непристо́йная компа́ния
**crew** II [kru:] *past от* crow 2
**crew-cut** [ˈkru:kʌt] *n* мужска́я стри́жка «ёжик»
**crewel** [ˈkru:ɪl] *n* 1) то́нкая шерсть (*для вышивания*) 2) вышива́ние ше́рстью
**crib** [krɪb] **1.** *n* 1) я́сли, корму́шка; сто́йло 2) де́тская крова́тка (*с боковыми стенками*) 3) хи́жина; небольша́я ко́мната 4) ларь, за́кром 5) ве́рша для ло́вли лосо́сей 6) *школ.* шпарга́лка 7) *разг.* подстро́чник 8) *разг.* плагиа́т (from) 9) *жарг.* кварти́ра, дом; магази́н; to crack a ~ соверши́ть кра́жу со взло́мом 10) *горн.* сруб кре́пи; костро́вая крепь
**2.** *v* 1) запира́ть, заключа́ть в те́сное помеще́ние 2) *школ.* спи́сывать тайко́м, по́льзоваться шпарга́лкой 3) *разг.* соверша́ть плагиа́т (from) 4) *разг.* красть, ворова́ть
**cribble** [ˈkrɪbl] *n* гро́хот; решето́; си́то
**cribriform** [ˈkrɪbrɪfɔ:m] *a* 1) *анат.* решётчатый 2) *бот.* ситови́дный
**crick** [krɪk] **1.** *n* растяже́ние мы́шц
**2.** *v* растяну́ть мы́шцу
**cricket** I [ˈkrɪkɪt] *n* сверчо́к ◇ lively (*или* merry) as a ~ жизнера́достный
**cricket** II [ˈkrɪkɪt] *спорт.* **1.** *n* кри́кет ◇ it is not ~ *разг.* не по пра́вилам; нече́стно, ни́зко
**2.** *v* игра́ть в кри́кет
**cricket** III [ˈkrɪkɪt] *n диал.* ни́зкий стул *или* табуре́т; скаме́ечка для ног
**cried** [kraɪd] *past и p. p. от* cry 2
**crier** [ˈkraɪə] *n* 1) крику́н 2) чино́вник в суде́, де́лающий публи́чные объявле́ния 3) глаша́тай (*тж.* street ~)
**cries** [kraɪz] *pl от* cry 1
**crikey** [ˈkraɪkɪ] *int разг.* ≅ бо́же мой! (*восклицание удивления*)
**crime** [kraɪm] **1.** *n* 1) преступле́ние; злоде́яние; ~s against humanity преступле́ние про́тив челове́чности 2) престу́пность
**2.** *v воен.* кара́ть за наруше́ние уста́ва
**Crimean** [kraɪˈmɪən] *a* кры́мский
**crime-sheet** [ˈkraɪmʃi:t] *n воен.* обвини́тельное заключе́ние
**criminal** [ˈkrɪmɪnl] **1.** *a* престу́пный; кримина́льный; уголо́вный; ~ law уголо́вное пра́во; ~ action уголо́вное де́ло
**2.** *n* престу́пник; war ~ вое́нный престу́пник
**criminalist** [ˈkrɪmɪnəlɪst] *n* криминали́ст, специали́ст по уголо́вному пра́ву
**criminality** [ˌkrɪmɪˈnælɪtɪ] *n* престу́пность; вино́вность
**criminally** [ˈkrɪmɪnəlɪ] *adv* 1) престу́пно 2) согла́сно уголо́вному пра́ву
**criminate** [ˈkrɪmɪneɪt] *v* 1) обвиня́ть в преступле́нии; инкримини́ровать 2) осужда́ть, порица́ть
**crimination** [ˌkrɪmɪˈneɪʃən] *n* 1) обвине́ние в преступле́нии 2) ре́зкое порица́ние
**criminative** [ˈkrɪmɪnətɪv] *a* обвини́тельный, обличи́тельный
**criminatory** [ˈkrɪmɪnətrɪ] *a* облича́ющий, обвиня́ющий
**criminology** [ˌkrɪmɪˈnɔlədʒɪ] *n* криминоло́гия
**crimp** I [krɪmp] **1.** *n* аге́нт, вербу́ющий матро́сов и солда́т обма́нным путём
**2.** *v* вербова́ть обма́нным путём
**crimp** II [krɪmp] **1.** *n* 1) *pl* зави́тые во́лосы 2) завито́к 3) поме́ха, препя́тствие; to put a ~ in (*или* into) (по)меша́ть (*в чём-л.*)
**2.** *a* 1) ло́мкий, хрустя́щий 2) гофриро́ванный (*о материи*) 3) волни́стый (*о волосах*)
**3.** *v* 1) завива́ть; гофрирова́ть 2) надреза́ть мя́со *или* ры́бу пе́ред гото́вкой
**crimped** [krɪmpt] *a* завито́й
**crimper** [ˈkrɪmpə] *n* 1) обжима́ние 2) щипцы́ (*для завивки*) 3) *метал.* обжи́мные щипцы́
**crimpy** I [ˈkrɪmpɪ] *a* курча́вый; вью́щийся; волни́стый
**crimpy** II [ˈkrɪmpɪ] *a разг.* о́чень холо́дный; to expect ~ weather ожида́ть больши́х моро́зов
**crimson** [ˈkrɪmzn] **1.** *a* тёмно-кра́сный, мали́новый
**2.** *n* 1) мали́новый цвет 2) густо́й румя́нец
**3.** *v* 1) окра́шивать(ся) в мали́новый цвет 2) красне́ть, покрыва́ться румя́нцем
**cringe** [krɪndʒ] *v* 1) раболе́пствовать (to) 2) проявля́ть раболе́пный страх; съёживаться (*от страха*)
**cringing** [ˈkrɪndʒɪŋ] *n* раболе́пие, низкопокло́нство
**cringle** [ˈkrɪŋgl] *n мор.* лю́верс; кре́нгельс
**crinkle** [ˈkrɪŋkl] **1.** *n* 1) изги́б, изви́лина 2) скла́дка, морщи́на
**2.** *v* 1) извива́ться 2) мо́рщить(ся) 3) завива́ть (*волосы*); ~d paper гофриро́ванная бума́га
**crinoline** [ˈkrɪnəli:n] *n* 1) ткань из ко́нского во́лоса; борто́вка 2) кринoли́н
**cripple** [ˈkrɪpl] **1.** *n* кале́ка, инвали́д
**2.** *v* 1) кале́чить, уро́довать; лиша́ть трудоспосо́бности 2) хрома́ть 3) приводи́ть в него́дность; наноси́ть вред, уро́н 4) *воен.* поврежда́ть (*технику*)
**crippling** [ˈkrɪplɪŋ] **1.** *pres. p. от* cripple 2
**2.** *n тех.* деформа́ция
**crises** [ˈkraɪsi:z] *pl от* crisis
**crisis** [ˈkraɪsɪs] *n* (*pl* crises) 1) кри́зис; economic ~ экономи́ческий кри́зис; the general ~ of capitalism о́бщий кри́зис капитали́зма 2) перело́м (*в ходе болезни*)
**crisis-ridden** [ˈkraɪsɪsˌrɪdn] *a* охва́ченный кри́зисом
**crisp** [krɪsp] **1.** *a* 1) рассы́пчатый, хрустя́щий 2) твёрдый, жёсткий 3) све́жий, бодря́щий, живи́тельный (*о воздухе*) 4) я́сно очёрченный, чёткий (*о чертах лица*) 5) живо́й (*о стиле и т. п.*) 6) реши́тельный (*об ответе, нраве*) 7) кудря́вый, завито́й 8) покры́тый ря́бью
**2.** *v* 1) хрусте́ть 2) де́лать све́жим, освежа́ть (*хлеб и т. п.*) 3) завива́ть (-ся) 4) покрыва́ться ря́бью 5) *текст.* ворси́ть
**3.** *n* 1) хрустя́щий карто́фель 2) хрустя́щая ко́рочка
**criss-cross** [ˈkrɪskrɔs] **1.** *a* 1) перекре́щивающийся; перекрёстный 2) раздражи́тельный; ворчли́вый

2. *n* 1) крест (*вместо подписи неграмотного*) 2) детская игра в крестики

3. *adv* 1) крест-накрест 2) вкось

4. *v* перекрещивать; оплетать (крест-накрест)

**cristate** ['krısteıt] *a* хохлатый, гребенчатый

**criteria** [kraı'tıərıə] *pl от* criterion

**criterion** [kraı'tıərıən] *n* (*pl* -ia) критерий, мерило

**critic** ['krıtık] *n* 1) критик 2) критикан

**critical** ['krıtıkəl] *a* 1) критический 2) разборчивый 3) переломный, решающий 4) *амер.* дефицитный; крайне необходимый; нормируемый 5) рискованный, опасный; критический, угрожающий

**criticaster** ['krıtı,kæstə] *n* придира, критикан

**criticism** ['krıtısızm] *n* 1) критика; beneath ~ ниже всякой критики; destructive ~ уничтожающая критика 2) критический разбор, критическая статья

**criticize** ['krıtısaız] *v* 1) критиковать; well ~d получивший благоприятный отзыв 2) осуждать

**critique** [krı'ti:k] *фр. n* 1) критика 2) рецензия; критическая статья

**croak** [krəuk] 1. *n* карканье; кваканье

2. *v* 1) каркать; квакать 2) ворчать, брюзжать 3) накликать, напророчить беду 4) *разг.* умереть 5) *разг.* убить

**croaker** ['krəukə] *n* 1) каркающая птица; квакающее животное 2) ворчун 3) прорицатель дурного

**Croat** ['krəuət] *n* хорват

**Croatian** [krəu'eıʃjən] *a* хорватский

**crochet** ['krəuʃeı] *фр.* 1. *n* 1) вышивание тамбуром 2) вязальный крючок

2. *v* вышивать тамбуром

**crock** I [krɔk] *n* 1) глиняный кувшин *или* горшок 2) глиняный черепок

**crock** II [krɔk] 1. *n* кляча (*тж. перен.*)

2. *v* (*обыкн.* ~ up) 1) заездить (*лошадь*) 2) *разг.* вымотать силы (*у человека*) 3) *разг.* вымотаться (*о человеке*)

**crocked** [krɔkt] 1. *p. p. от* crock II, 2

2. *a* замотанный, заезженный, загнанный

**crockery** ['krɔkərı] *n* посуда (*глиняная, фаянсовая*)

**crocket** ['krɔkıt] *n архит.* лиственный орнамент

**crocodile** ['krɔkədaıl] *n* 1) крокодил 2) *шутл.* гуляющие парами (*о школьницах*) 3) *attr.* крокодиловый ◇ ~ shears *тех.* рычажные ножницы

**crocodilian** [,krɔkə'dılıən] *a* крокодиловый

**crocus** ['krəukəs] *n* 1) *бот.* крокус, шафран 2) *тех.* крокус (*окись железа в порошке*)

**Croesus** ['kri:səs] *n* 1) *миф.* Крез 2) обладатель несметных богатств

**croft** [krɔft] *n* 1) приусадебный участок (*в Англии*) 2) небольшая ферма (*в Шотландии*)

**crofter** ['krɔftə] *n* арендатор небольшой фермы (*в Шотландии*)

**crone** [krəun] *n* старуха, старая карга

**crony** ['krəunı] *n* близкий, закадычный друг

**crook** [kruk] 1. *n* 1) крюк 2) посох 3) поворот, изгиб (*реки, дороги*); a ~ in the back горб на спине; a ~ in the nose горбинка на носу 4) *разг.* обманщик, плут ◇ a ~ in the lot тяжёлое испытание; удар судьбы; on the ~ обманным путём

2. *v* 1) сгибать(ся); изгибать, искривлять; скрючивать(ся); горбиться 2) вылавливать, ловить крючком 3) *жарг.* украсть, спереть

**crook-back(ed)** ['krukbæk(t)] *a* горбатый

**crooked** 1. [krukt] *p. p. от* crook 2

2. *a* ['krukıd] 1) изогнутый, кривой; ~ nail *тех.* костыль 2) искривлённый; сгорбленный; согбенный 3) непрямой, нечестный; извращённый 4) добытый нечестным путём

**croon** [kru:n] 1. *n* тихое проникновенное пение (*особ. перед микрофоном*)

2. *v* напевать вполголоса

**crooner** ['kru:nə] *n* эстрадный певец

**crop** [krɔp] 1. *n* 1) урожай; жатва; посев; heavy ~ богатый урожай 2) хлеб на корню; land under ~ засеянная земля; land out of ~ незасеянная *или* невозделанная земля 3) *с.-х.* культура; technical (*или* industrial) ~s технические культуры 4) зоб (*у птиц*) 5) кнутовище 6) коротко остриженные волосы; Eton ~ дамская стрижка «под мальчика» 7) обилие; масса 8) дублёная шкура 9) *горн.* добыча (*руды*) 10) *attr.*: ~ rotation севооборот; ~ failure неурожай, недород

2. *v* 1) собирать урожай 2) давать урожай 3) подстригать, обрезать 4) щипать, объедать (*траву и т. п.*) ▭ ~ **out** *геол.* обнажаться, выходить на поверхность (*о пласте*); ~ **up** а) неожиданно обнаруживаться; возникать; б) = ~ out

**crop-eared** ['krɔpıəd] *a* 1) корноухий, с обрезанными ушами 2) коротко подстриженный (*о пуританах*)

**cropper** ['krɔpə] *n* 1) косец, жнец 2) издольщик (*в хлопковых районах США*); испольщик 3) косилка, жнейка 4): a good (*или* heavy) ~ растение, дающее хороший урожай; a light ~ растение, дающее небольшой урожай 5) зобастый голубь ◇ to come a ~ а) упасть с лошади вниз головой; б) потерпеть крах

**crop plants** ['krɔppla:nts] *n pl* хлебные злаки

**croppy** ['krɔpı] *n ист.* круглоголовый

**croquet** ['krəukeı] *фр.* 1. *n* крокет

2. *v* крокировать

**croquette** [krɔ'ket] *фр. n* крокеты (*кушанье*)

**crosier** ['krəuʒə] *n* епископский посох

**cross** [krɔs] 1. *n* 1) крест; Red C. Красный Крест 2) распятие 3) (the C.) христианство 4) черта, перечёркивающая буквы t, f 5) страдания, испытания; to bear one's ~ нести свой крест 6) *тех.* крестовина, крест 7) *биол.* гибридизация, скрещивание (*пород*) 8) помесь, гибрид (between) 9) *топ.* эккер

2. *a* 1) поперечный; пересекающийся; перекрёстный 2) противный (*о ветре*); противоположный; неблагоприятный 3) *разг.* раздражённый, злой, сердитый; he is ~ with you он сердит на вас ◇ as ~ as two sticks очень не в духе; зол как чёрт

3. *v* 1) скрещивать (*шпаги, руки и т. п.*) 2) пересекать; переходить (*через улицу и т. п.*); переправляться; to ~ the Channel пересечь Ла-Манш, поехать на континент *или* с континента в Англию; to ~ smb.'s path а) встретиться с кем-л.; б) стать кому-л. поперёк дороги 3): to ~ oneself (пере)креститься 4) перечёркивать; to ~ a cheque *ком.* перечёркивать (*или* кроссировать) чек 5) разминуться, разойтись (*о людях, письмах*) 6) противодействовать, противоречить; препятствовать 7) *биол., с.-х.* скрещиваться 8) *воен.* форсировать ▭ ~ **off**, ~ **out** вычёркивать; ~ **over** переходить, пересекать, переезжать, переправляться ◇ to ~ one's mind прийти в голову; to ~ one's t's and dot one's i's ≅ ставить точки над i; to ~ the Rubicon перейти Рубикон, принять бесповоротное решение; to ~ the floor of the House *парл.* перейти из одной партии в другую

**cross-arm** ['krɔsa:m] *n тех.* поперечина, траверса

**cross-armed** ['krɔs'a:md] *a predic.* скрестив руки

**cross-bar** ['krɔsba:] *n* 1) *тех.* поперечина, распорка 2) *спорт.* планка (*для прыжков в высоту*); перекладина (*ворот в футболе и т. п.*)

**cross-beam** ['krɔsbi:m] *n тех.* поперечная балка, коромысло

**cross-bench** ['krɔsbentʃ] *n* скамья в английском парламенте для независимых депутатов

**cross-bencher** ['krɔs,bentʃə] *n* независимый член парламента

**crossbill** ['krɔsbıl] *n* клёст (*птица*)

**cross-bones** ['krɔsbəunz] *n pl* изображение двух скрещённых костей, эмблема смерти

**cross-bow** ['krɔsbəu] *n ист.* самострел; арбалет

**cross-bred** ['krɔsbred] *a* смешанный, гибридный

**cross-breed** ['krɔsbri:d] 1. *n* помесь, гибрид

2. *v* скрещивать

**cross-country** ['krɔs'kʌntrı] 1. *n* пересечённая местность

2. *a* 1) проходящий прямиком, без дороги; ~ race *спорт.* гонка, кросс, бег по пересечённой местности; ~ flight *ав.* маршрутный полёт 2) вездеходный; ~ vehicle вездеход

**cross-cut** [ˈkrɔskʌt] **1.** *n* 1) кратча́йший путь 2) *горн.* квершла́г

2. *a* попере́чный

**cross-examination** [ˈkrɔsɪɡˌzæmɪˈneɪʃən] *n юр.* перекрёстный допро́с

**cross-examine** [ˈkrɔsɪɡˈzæmɪn] *v юр.* подверга́ть перекрёстному допро́су

**cross-eyed** [ˈkrɔsaɪd] *a* косо́й, косогла́зый

**cross-fertilize** [ˈkrɔsˈfəːtɪlaɪz] *v* перекрёстно опыля́ть (*растения*)

**cross-fire** [ˈkrɔsˌfaɪə] *n воен.* перекрёстный ого́нь

**cross-grained** [ˈkrɔsɡreɪnd] *a* 1) свилева́тый (*о древесине*) 2) упря́мый, несгово́рчивый

**cross-hatch** [ˈkrɔshætʃ] *v* гравирова́ть *или* штрихова́ть перекрёстными штриха́ми

**cross head** [ˈkrɔshed] *n* 1) = cross heading 2) *тех.* кре́йцкопф, ползу́н

**cross heading** [ˈkrɔsˌhedɪŋ] *n* подзаголо́вок (*в газетной статье*)

**crossing** [ˈkrɔsɪŋ] **1.** *pres. p. от* cross 3

2. *n* 1) пересече́ние; скре́щивание; скреще́ние 2) перекрёсток; перехо́д (*через улицу*) 3) перее́зд по воде́, перепра́ва 4) перечёркивание, зачёркивание 5) *ж.-д.* перее́зд; пересече́ние двух ж.-д. ли́ний; разъе́зд 6) *биол.* скре́щивание

**cross-legged** [ˈkrɔslegd] *a* сидя́щий, положи́в но́гу на́ ногу *или* поджа́в но́ги «по-туре́цки»

**cross-light** [ˈkrɔslaɪt] *n* 1) *pl* пересека́ющиеся лучи́; перекрёстное освеще́ние 2) освеще́ние вопро́са с разли́чных то́чек зре́ния

**crossly** [ˈkrɔslɪ] *adv* раздражённо, сварли́во; серди́то

**crossness** [ˈkrɔsnɪs] *n* раздражи́тельность, сварли́вость

**cross-patch** [ˈkrɔspætʃ] *n разг.* сварли́вый челове́к

**cross-piece** [ˈkrɔspiːs] *n* 1) попере́чина; *тех.* крестови́на 2) *мор.* кра́спица

**cross purpose** [ˈkrɔsˈpəːpəs] *n* 1) (*обыкн. pl*) противополо́жное наме́рение; to be at cross purposes спо́рить, де́йствовать напереко́р друг дру́гу 2) недоразуме́ние, осно́ванное на взаи́мном непонима́нии 3) *pl* игра́-зага́дка

**cross question** [ˈkrɔsˈkwestʃən] *n* вопро́с, поста́вленный при перекрёстном допро́се

**cross reference** [ˈkrɔsˈrefrəns] *n* перекрёстная ссы́лка

**cross-road** [ˈkrɔsrəud] *n* пересека́ющая доро́га; перекрёсток ◇ at the ~s на распу́тье

**cross section** [ˈkrɔsˈsekʃən] *n* попере́чное сече́ние, попере́чный разре́з, про́филь

**cross-stitch** [ˈkrɔsstɪtʃ] *n* вы́шивка кре́стиками; кре́стик

**cross-trees** [ˈkrɔstriːz] *n pl мор.* са́линг

**cross-wind** [ˈkrɔswɪnd] *n* встре́чный, проти́вный ве́тер

**crosswise** [ˈkrɔswaɪz] *adv* крестообра́зно; крест-на́крест

**cross-word** [ˈkrɔswəːd] *n* кроссво́рд (*тж.* ~ puzzle)

**crotch** [krɔtʃ] *n* 1) разви́лина; разветвле́ние 2) ви́лы; крюк 3) проме́жность

**crotchet** [ˈkrɔtʃɪt] *n* 1) крючо́к; крюк 2) *муз.* четвертна́я но́та 3) *разг.* фанта́зия, причу́да, капри́з

**crotcheteer** [ˌkrɔtʃəˈtɪə] *n* фантазёр, челове́к с причу́дами

**crotchety** [ˈkrɔtʃɪtɪ] *a* своенра́вный; капри́зный

**croton-bug** [ˈkrəutənbʌɡ] *n зоол.* тарака́н-прусა́к

**crouch** [krautʃ] *v* 1) припа́сть к земле́ (*от страха или для нападения — о животных*) 2) раболе́пствовать, пресмыка́ться; to ~ one's back гнуть спи́ну (*перед кем-л.*)

**croup** I [kruːp] *n* круп (*болезнь*)

**croup** II [kruːp] *n* зад, круп (*лошади*)

**croupe** [kruːp] = croup II

**croupier** [ˈkruːpɪə] *фр. n* 1) крупье́, банкомёт 2) замести́тель председа́теля на официа́льном банке́те

**crow** [krəu] **1.** *n* 1) воро́на 2) пе́ние петуха́ 3) ра́достный крик (*младенца*) 4) *сокр. от* crow-bar ◇ as the ~ flies, in a ~ line по прямо́й ли́нии; to have a ~ to pick (*или* to pluck) with smb. име́ть счёты с кем-л.

2. *v* (crowed, crew; crowed) 1) крича́ть кукареку́ 2) издава́ть ра́достные зву́ки (*о детях*); ликова́ть □ ~ **over** восторжествова́ть над *кем-л.*

**crow-bar** [ˈkrəubɑː] *n тех.* лом, ва́га, а́ншпуг

**crow-bill** [ˈkrəubɪl] *n* хирурги́ческие щипцы́

**crowd** [kraud] **1.** *n* 1) толпа́ 2) толкотня́; да́вка 3) мно́жество, ма́сса (*чего-л.*) 4) *разг.* компа́ния, гру́ппа люде́й 5) *театр.* стати́сты ◇ he might pass in the ~ он не ху́же други́х

2. *v* 1) собира́ться толпо́й, толпи́ться; тесни́ться; набива́ться битко́м 2) тесни́ть, вытесня́ть 3) *амер.* ока́зывать давле́ние; торопи́ть, пристава́ть (*с чем-л.*) 4): to ~ (on) sail *мор.* спеши́ть, идти́ на всех паруса́х □ ~ **into** проти́скиваться, вти́скиваться; ~ **out** вытесня́ть; ~ **through** = ~ into

**crowded** [ˈkraudɪd] **1.** *p. p. от* crowd 2

2. *a* 1) перепо́лненный, битко́м наби́тый; ~ streets у́лицы, перепо́лненные наро́дом 2) по́лный, напо́лненный; life ~ with great events жизнь, по́лная вели́ких собы́тий 3) *амер.* прижа́тый, прити́снутый ◇ to be ~ for time име́ть вре́мени в обре́з

**crowfoot** [ˈkrəufut] *n* 1) (*pl* -foots [-s]) лю́тик 2) (*pl* -feet) = crow's-foot 2); 3) (*pl* -feet) *горн.* лови́льный крюк

**crown** [kraun] **1.** *n* 1) вене́ц, коро́на 2) (C.) коро́на, престо́л; короле́вская власть; коро́ль; короле́ва; to succeed to the ~ насле́довать престо́л 3) (C.) госуда́рство; верхо́вная власть (*в Англии*) 4) вено́к (*цветов*) 5) вене́ц, заверше́ние 6) кро́на, верху́шка де́рева 7) маку́шка, те́мя; голова́ 8) тулья́ (*шляпы*) 9) коро́нка (*зуба*) 10) кро́на (*монета достоинством в 5 шиллингов*) 11) форма́т бума́ги (*амер.* 15 *д.*×19 *д.* — *писчей*; *англ.* 16½ *д.*×21 *д.* — *печатной*, 15 *д.*×19 *д.* — *чертёжной*) 12) *архит.* шелы́га а́рки *или* сво́да 13) *мор.* пя́тка я́коря 14) *тех.* коро́нка, вене́ц

2. *v* 1) венча́ть; короно́вать 2) вознагражда́ть 3) возглавля́ть 4) заверша́ть, уве́нчивать; зака́нчивать 5) провести́ в да́мки (*шашку*) 6) поста́вить коро́нку (*на зуб*) ◇ the end ~s the work *посл.* коне́ц венча́ет де́ло

**Crown Colony** [ˈkraunˈkɔlənɪ] *n* брита́нская коло́ния, не име́ющая самоуправле́ния

**crowned** [kraund] **1.** *p. p. от* crown 2

2. *a* 1) коронова́нный 2) уве́нчанный (with) 3) зако́нченный, завершённый 4): high (low) ~ с высо́кой (ни́зкой) тулье́й 5): ~ tooth зуб с коро́нкой

**crown-glass** [ˈkraunˈɡlɑːs] *n* кронгла́с (*сорт стекла*)

**crown law** [ˈkraunlɔː] *n* уголо́вное пра́во

**Crown prince** [ˈkraunˈprɪns] *n* насле́дный принц, насле́дник престо́ла, кронпри́нц

**crown-wheel** [ˈkraunwiːl] *n тех.* коро́нная шестерня́

**crow-quill** [ˈkrəukwɪl] *n* 1) воро́нье перо́ 2) то́нкое стально́е перо́

**crow's-foot** [ˈkrəuzfut] *n* (*pl* -feet) 1) *pl* морщи́нки в уголка́х глаз 2) *воен.* про́волочные силки́ 3) *pl ав.* гуси́ные ла́пы

**crow's-nest** [ˈkrəuznest] *n* 1) воро́нье гнездо́ 2) *мор.* наблюда́тельный пост (*на мачте*), «воро́нье гнездо́»

**croze** [krəuz] *n* уто́р (*в бочке*)

**crucial** [ˈkruːʃəl] *a* 1) реша́ющий (*о моменте, опыте*); крити́ческий (*о периоде*) 2) *мед.* крестообра́зный

**crucian** [ˈkruːʃən] *n* кара́сь

**cruciate** [ˈkruːʃɪeɪt] *a* крестообра́зный

**crucible** [ˈkruːsɪbl] *n* ти́гель; *перен.* суро́вое испыта́ние

**cruciferous** [kruːˈsɪfərəs] *a бот.* крестоцве́тный

**crucifix** [ˈkruːsɪfɪks] *n* распя́тие

**crucifixion** [ˌkruːsɪˈfɪkʃən] *n* 1) распя́тие на кресте́ 2) му́ки, страда́ния

**cruciform** [ˈkruːsɪfɔːm] *a* крестообра́зный

**crucify** [ˈkruːsɪfaɪ] *v* 1) распина́ть 2) умерщвля́ть (*плоть*) 3) му́чить

**crude** [kruːd] *a* 1) сыро́й, незре́лый 2) необрабо́танный; неочи́щенный; ~ oil неочи́щенная нефть 3) гру́бый 4) незре́лый, непроду́манный 5) го́лый (*о фактах*) 6) крича́щий (*о красках*)

**crude iron** [ˈkruːdˌaɪən] *n* чугу́н

**crudity** [ˈkruːdɪtɪ] *n* незре́лость, необрабо́танность, гру́бость *и пр.* [*см.* crude]

**cruel** [kruəl] *a* 1) жесто́кий; безжа́лостный, бессерде́чный 2) мучи́тельный; ужа́сный; ~ suffering ужа́сные страда́ния; ~ war суро́вая, жесто́кая война́; ~ fate го́рькая судьби́на; ~ disease тяжёлая, мучи́тельная боле́знь

**cruelly** [ˈkruəlɪ] *adv* 1) жесто́ко; безжа́лостно 2) мучи́тельно

**cruelty** [ˈkruəltɪ] *n* жесто́кость; безжа́лостность, бессерде́чие

**cruet** [ˈkru(:)ɪt] *n* буты́лочка, графи́нчик для у́ксуса *или* ма́сла

**cruet-stand** [ˈkru(:)ɪtstænd] *n* судо́к

**cruise** [kru:z] **1.** *n* 1) кре́йсерство 2) морско́е путеше́ствие, пла́вание; круи́з

**2.** *v мор.* крейси́ровать; соверша́ть ре́йсы

**cruiser** [ˈkru:zə] *n мор.* кре́йсер; armoured (belted, protected) ~ *ист.* броне́но́сный (бронепа́лубный) кре́йсер

**cruiser-carrier** [ˈkru:zəˌkærɪə] *n мор.* кре́йсер-авиано́сец

**cruiser-weight** [ˈkru:zəweɪt] *n разг.* 1) полутяжёлый вес 2) боксёр полутяжёлого ве́са

**cruising speed** [ˈkru:zɪŋspi:d] *n мор.* кре́йсерская ско́рость

**cruising submarine** [ˈkru:zɪŋˌsʌbməˈri:n] *n мор.* кре́йсерская подво́дная ло́дка

**cruller** [ˈkrʌlə] *n амер.* жа́реный пирожо́к

**crumb** [krʌm] **1.** *n* 1) (*обыкн. pl*) кро́шка (*особ. хлеба*) 2) мя́киш (*хлеба*) 3) *pl* кро́хи, крупи́цы; ~s of information обры́вки све́дений

**2.** *v* 1) кроши́ть 2) обсыпа́ть кро́шками; обва́ливать в сухаря́х 3) смета́ть кро́шки (*со стола*)

**crumb-brush** [ˈkrʌmbrʌʃ] *n* щётка для смета́ния кро́шек (*со стола*)

**crumble** [ˈkrʌmbl] *v* 1) кроши́ться; осыпа́ться; обва́ливаться 2) кроши́ть, раздробля́ть, толо́чь, растира́ть (*в порошок*) 3) распада́ться, разруша́ться, ги́бнуть (*часто* ~ away); his hopes have ~d to nothing его́ наде́жды ру́хнули

**crumbly** [ˈkrʌmblɪ] *a* крошáщийся, рассы́пчатый, ры́хлый

**crumby** [ˈkrʌmɪ] *a* 1) усы́панный кро́шками 2) мя́гкий (*как мякиш*)

**crummy** [ˈkrʌmɪ] *a* 1) = crumby 2) *разг.* пу́хленькая, по́лная (*о женщине*)

**crump** [krʌmp] **1.** *n* 1) си́льный уда́р; тяжёлое паде́ние 2) *воен. жарг.* тяжёлый фуга́сный снаря́д 3) звук от разры́ва тяжёлого снаря́да

**2.** *v* 1) си́льно ударя́ть 2) *воен. жарг.* обстре́ливать

**crumpet** [ˈkrʌmpɪt] *n* 1) сдо́бная пы́шка 2) *разг.* башка́; barmy on the ~ сумасбро́дный, взба́лмошный

**crumple** [ˈkrʌmpl] *v* 1) мять(ся); ко́мкать; мо́рщиться; съёживаться; this cloth ~s very easily э́та мате́рия о́чень мнётся 2) сгиба́ть, закру́чивать 3) свали́ться, ру́хнуть 4) па́дать ду́хом

**crunch** [krʌnʧ] **1.** *n* 1) хруст 2) скрип; треск

**2.** *v* 1) грызть; хрусте́ть 2) скрипе́ть под нога́ми; треща́ть

**crupper** [ˈkrʌpə] *n* 1) подхво́стник (*часть сбруи*) 2) круп (*лошади*)

**crural** [ˈkrurəl] *a анат.* бе́дренный

**crusade** [kru:ˈseɪd] **1.** *n* 1) *ист.* кресто́вый похо́д 2) похо́д, кампа́ния (*против чего-л. или за что-л.*)

**2.** *v* вы́ступить похо́дом; боро́ться (*против чего-л. или в защиту чего-л., кого-л.*)

**crusader** [kru:ˈseɪdə] *n* 1) *ист.* кресто-но́сец 2) уча́стник обще́ственной кампа́нии

**crush** [krʌʃ] **1.** *n* 1) разда́вливание, дробле́ние *и пр.* [*см.* 2] 2) фрукто́вый сок 3) да́вка; толкотня́ 4) *разг.* шу́мное собра́ние, большо́е сбо́рище 5) приём (*гостей*) 6) *разг.* увлече́ние, пы́лкая любо́вь; to have (got) a ~ on smb. си́льно увле́чься кем-л.

**2.** *v* 1) (раз)дави́ть 2) выжима́ть, дави́ть (*виноград*) 3) дроби́ть, толо́чь, размельча́ть 4) вти́скивать 5) мять (-ся) 6) уничтожа́ть, подавля́ть, сокруша́ть □ ~ **down** а) смять; придави́ть; б) раздроби́ть; в) подави́ть (*восстание, оппозицию*); ~ **out** подави́ть; ~ **up** размельчи́ть, растоло́чь, смять ◇ to ~ a bottle of wine вы́пить, «раздави́ть» буты́лку (*вина*)

**crusher** [ˈkrʌʃə] *n* 1) тот, кто *или* то, что сокруша́ет 2) *разг.* потряса́ющее собы́тие, но́вость 3) *жарг.* полисме́н 4) *тех.* дроби́лка

**crush-hat** [ˈkrʌʃˈhæt] *n* 1) мя́гкая (фе́тровая) шля́па 2) шапокля́к (*складной цилиндр*)

**crushing** [ˈkrʌʃɪŋ] **1.** *pres. p. от* crush 2

**2.** *a* сокруши́тельный; a ~ defeat сокруши́тельный разгро́м, тяжёлое пораже́ние; a ~ reply уничтожа́ющий отве́т

**crush-room** [ˈkrʌʃrum] *n театр.* фойе́

**crust** [krʌst] **1.** *n* 1) ко́рка (*хлеба*); *перен.* сре́дства к существова́нию; to earn one's ~ зараба́тывать на кусо́к хле́ба 2) твёрдый пове́рхностный слой, ко́рка; ко́рка на ра́не, затверде́вший слой сне́га 3) оса́док (*вина на стенках бутылки*) 4) *геол.* земна́я кора́; пове́рхностные отложе́ния 5) *метал.* на́стыль

**2.** *v* 1) покрыва́ть(ся) коро́й, ко́ркой 2) дава́ть оса́док (*о вине*)

**Crustacea** [krʌsˈteɪʃjə] *n pl зоол.* ракообра́зные

**crusted** [ˈkrʌstɪd] **1.** *p. p. от* crust 2

**2.** *a* 1) покры́тый ко́ркой 2) с образова́вшимся оса́дком (*о вине*) 3) дре́вний; укорени́вшийся

**crustily** [ˈkrʌstɪlɪ] *adv* сварли́во; с раздраже́нием

**crustiness** [ˈkrʌstɪnɪs] *n* сварли́вость; раздражи́тельность

**crusty** [ˈkrʌstɪ] *a* 1) покры́тый коро́й, ко́ркой; твёрдый, жёсткий 2) сварли́вый; раздражи́тельный; ре́зкий

**crutch** [krʌʧ] *n* 1) косты́ль (*обыкн. pl, тж.* a pair of ~es); *перен.* опо́ра, подде́ржка 2) раздвое́нная подпо́рка; ви́лка 3) сто́йка (*мотоцикла и т. п.*) 4) *мор.* кормово́й бре́штук; уклю́чина

**crux** [krʌks] *n* 1) затрудне́ние; тру́дный вопро́с; недоуме́ние; the ~ of the matter суть де́ла 2) (C.) созве́здие Ю́жного Креста́ ◇ to put one's finger on the ~ попа́сть в са́мую то́чку

**cruzeiro** [kruˈzeɪrəu] *n* крузе́йро (*денежная единица Бразилии*)

**cry** [kraɪ] **1.** *n* 1) крик 2) вопль; мольба́ 3) плач; she had a good ~ она́ вы́плакалась 4) (боево́й) клич; ло́зунг 5) крик у́личных разно́счиков 6) молва́; on the ~ по слу́хам; the popular ~ о́бщее мне́ние, «глас наро́да» 7) звук, издава́емый живо́тным 8) соба́чий лай 9) сво́ра соба́к ◇ much ~ and little wool ≅ мно́го шу́ма из ничего́; шу́ма мно́го, то́лку ма́ло; far ~ а) далёкое расстоя́ние; б) больша́я ра́зница; in full ~ а) в бе́шеной пого́не; б) в по́лном разга́ре

**2.** *v* 1) крича́ть; вопи́ть 2) восклица́ть; взыва́ть; to ~ poverty прибедня́ться 3) пла́кать; to ~ bitter tears пла́кать го́рькими слеза́ми 4) оглаша́ть; объявля́ть 5) предлага́ть для прода́жи (*об уличном разносчике*) 6) издава́ть зву́ки (*о животных*) □ ~ **away** го́рько рыда́ть, облива́ться слеза́ми; ~ **down** а) осужда́ть; б) умаля́ть, принижа́ть; в) сбива́ть це́ну; г) раскритикова́ть; д) заглуша́ть кри́ками; ~ **for** проси́ть, тре́бовать себе́ *чего-л.*; to ~ for the moon жела́ть невозмо́жного; ~ **off** отка́зываться от сде́лки, наме́рения *и т. п.*, идти́ на попя́тный; ~ **out** а) объявля́ть во всеуслы́шание, выклика́ть; б): to ~ one's heart out α) го́рько рыда́ть; β) ча́хнуть от тоски́; ~ **up** превозноси́ть, прославля́ть ◇ there's no use to ~ (*или* crying) over spilt milk *посл.* ≅ сде́ланного, потерянного не воро́тишь; to ~ shame upon smb. порица́ть, стыди́ть, поноси́ть кого́-л.; to ~ stinking fish а) хули́ть то, в чём сам заинтересо́ван; б) выноси́ть сор из избы́

**cry-baby** [ˈkraɪˌbeɪbɪ] *n* пла́кса, рёва

**crying** [ˈkraɪɪŋ] **1.** *pres. p. от* cry 2

**2.** *a* 1) крича́щий, пла́чущий 2) вопию́щий, возмути́тельный; a ~ need насу́щная необходи́мость

**cryochemistry** [ˌkraɪəuˈkemɪstrɪ] *n* хи́мия ни́зких температу́р

**cryogenics** [ˌkraɪəuˈdʒenɪks] *n* фи́зика ни́зких температу́р

**cryolite** [ˈkraɪəlaɪt] *n мин.* криоли́т

**cryology** [kraɪˈɔlədʒɪ] *n* криоло́гия, нау́ка о возде́йствии хо́лода на физи́ческие тела́

**crypt** [krɪpt] *n* 1) *ист.* кри́пта 2) склеп, подзе́мная часо́вня 3) пота́йно́е ме́сто, тайни́к

**cryptic** [ˈkrɪptɪk] *a* 1) зага́дочный, таи́нственный; сокрове́нный 2) *биол., мед.* скры́тый, лате́нтный

**cryptogam** [ˈkrɪptəugæm] *n бот.* тайнобра́чное (*или* спо́ровое) расте́ние

**cryptogram** [ˈkrɪptəugræm] *n* криптогра́мма, та́йнопись; шифро́ванный докуме́нт

**cryptograph** [ˈkrɪptəugrɑ:f] = cryptogram

**cryptographer** [krɪpˈtɔgrəfə] *n* шифрова́льщик

**crystal** [ˈkrɪstl] **1.** *n* 1) криста́лл 2) прозра́чный предме́т (*особ. поэт.* вода́, лёд, слеза́, глаз) 3) хруста́ль 4) хруста́льная посу́да 5) *амер.* стекло́ для карма́нных и ручны́х часо́в 6) *радио* дете́кторный криста́лл

**2.** *a* 1) кристалли́ческий 2) чи́стый, прозра́чный, криста́льный 3) хруста́льный

**crystal-gazing** [ˈkrɪstlˌgeɪzɪŋ] *n* гада́ние с зе́ркалом *или* посре́дством «маги́ческого криста́лла»

**crystalline** [ˈkrɪstəlaɪn] = crystal 2; ~ lens *анат.* хруста́лик (*глаза*)

**crystallite** [ˈkrɪstəlaɪt] *n* кристалли́т

**crystallization** [ˌkrɪstəlaɪˈzeɪʃən] *n* кристаллиза́ция

**crystallize** [ˈkrɪstəlaɪz] *v* 1) кристаллизова́ть(ся) 2) вылива́ться в определённую фо́рму 3) заса́харивать(ся) (*о фруктах*)

**crystallography** [ˌkrɪstəˈlɔgrəfɪ] *n* кристаллогра́фия

**crystalloid** [ˈkrɪstəlɔɪd] **1.** *n* кристалло́ид

**2.** *a* кристаллови́дный

**crystalware** [ˈkrɪstlwεə] *n* хруста́льные изде́лия

**ctenoid** [ˈti:nɔɪd] *a зоол.* гребневи́дный

**cub** [kʌb] **1.** *n* 1) *зоол.* детёныш 2) *шутл. пренебр.* молокосо́с, юне́ц; невоспи́танный ма́льчик; unlicked ~ зелёный юне́ц 3) *амер. разг.* новичо́к

**2.** *v* 1) щени́ться 2) охо́титься на лися́т

**cubage** [ˈkju:bɪdʒ] *n* кубату́ра

**Cuban** [ˈkju:bən] **1.** *a* куби́нский

**2.** *n* куби́нец

**cubbing** [ˈkʌbɪŋ] **1.** *pres. p. от* cub 2

**2.** *n* охо́та на лися́т

**cubbish** [ˈkʌbɪʃ] *a* 1) неуклю́жий 2) ду́рно воспи́танный

**cubby** [ˈkʌbɪ] *n* ую́тное месте́чко *или* жили́ще (*обыкн.* ~-hole)

**cube** [kju:b] **1.** *n* 1) *мат.* куб; the ~ of 4 is 64 4 в ку́бе равня́ется 64 2) *дор.* брусча́тка 3) *attr.* куби́ческий; the ~ root of 64 is 4 ко́рень куби́ческий из 64 равня́ется 4 ◇ ~ sugar пилёный са́хар

**2.** *v* 1) *мат.* возводи́ть в куб 2) вычисля́ть кубату́ру, куби́ческий объём 3) мости́ть брусча́ткой 4): to ~ ice коло́ть лёд на ку́бики

**cubic(al)** [ˈkju:bɪk(əl)] *a* куби́ческий

**cubicle** [ˈkju:bɪkl] *n* 1) небольша́я отгоро́женная спа́льня в шко́льном общежи́тии 2) одноме́стная больни́чная пала́та

**cubiform** [ˈkju:bɪfɔ:m] *a* кубови́дный

**cubism** [ˈkju:bɪzm] *n иск.* куби́зм

**cubit** [ˈkju:bɪt] *n* 1) *анат.* локтева́я кость 2) *ист.* ло́коть (*мера длины* = *45 см*)

**cubital** [ˈkju:bɪtl] *a* локтево́й

**cuboid** [ˈkju:bɔɪd] **1.** *n* 1) *мат.* кубо́ид 2) *анат.* кубови́дная кость (*плюсны ноги*)

**2.** *a* име́ющий фо́рму ку́ба

**cucking-stool** [ˈkʌkɪŋstu:l] *n ист.* позо́рный стул, к кото́рому привя́зывали же́нщин дурно́го поведе́ния и торго́вцев-моше́нников

**cuckold** [ˈkʌkəuld] **1.** *n* рогоно́сец, обма́нутый муж

**2.** *v* наставля́ть рога́, изменя́ть своему́ му́жу

**cuckoo** **1.** *n* [ˈkuku:] 1) куку́шка 2) кукова́ние 3) *разг.* глупе́ц, рази́ня, «воро́на»

**2.** *a* [ˈkuku:] *разг.* не в своём уме́, сумасше́дший

**3.** *int* [ˈkuˈku:] ку́-ку́!

**4.** *v* кукова́ть

**cuckoo-clock** [ˈkuku:klɔk] *n* часы́ с куку́шкой

**cuckoo-flower** [ˈkuku:ˌflauə] *n бот.* 1) серде́чник лугово́й 2) горицве́т, куку́шкин цвет

**cucumber** [ˈkju:kʌmbə] *n* огуре́ц ◇ as cool as a ~ невозмути́мый, споко́йный, хладнокро́вный

**cucurbit** [kjuˈkə:bɪt] *n хим.* перего́нный куб, рето́рта

**cud** [kʌd] *n* жва́чка; to chew the ~ жева́ть жва́чку; *перен.* пережёвывать ста́рое, размышля́ть

**cudbear** [ˈkʌdbεə] *n* ла́кмусовый я́гель (*краситель*)

**cuddle** [ˈkʌdl] **1.** *n* объя́тия

**2.** *v* 1) прижима́ть к себе́; обнима́ть 2) прижима́ться (*друг к другу*; *часто* ~ up, ~ together) 3) сверну́ться калачи́ком

**cuddy** I [ˈkʌdɪ] *n* 1) небольша́я каю́та 2) чула́н; буфе́т

**cuddy** II [ˈkʌdɪ] *n шотл.* 1) осёл 2) дура́к

**cudgel** [ˈkʌdʒəl] **1.** *n* дуби́на; to take up the ~s for а) заступа́ться за *кого-л.*; б) отста́ивать *что-л.*

**2.** *v* бить па́лкой

**cudweed** [ˈkʌdwi:d] *n бот.* сушени́ца

**cue** I [kju:] *n* 1) *театр.* ре́плика 2) намёк; to give smb. the ~ намекну́ть, подсказа́ть кому́-л.; to take one's ~ from smb. воспо́льзоваться чьим-л. намёком, указа́нием 3) *тлф.*, *радио* сигна́л 4) *attr.*: ~ card *тлв.*, *кино* текст ро́ли, лежа́щий пе́ред глаза́ми ди́ктора *или* исполни́теля

**cue** II [kju:] *n* кий

**cueist** [ˈkju:ɪst] *n* игро́к на билья́рде

**cuff** I [kʌf] *n* манже́та; обшла́г

**cuff** II [kʌf] **1.** *n* лёгкий уда́р руко́й *или* кулако́м

**2.** *v* слегка́ ударя́ть руко́й; шлёпать

**cuff-link** [ˈkʌflɪŋk] *n* за́понка для манже́т

**cuirass** [kwɪˈræs] *n* кира́са, па́нцирь

**cuirassier** [ˌkwɪrəˈsɪə] *n ист.* кираси́р

**cuisine** [kwi(:)ˈzi:n] *фр. n* ку́хня, стол (*питание*; *поваренное искусство*)

**cuke** [kju:k] *n разг.* огу́рчик, корнишо́н

**cul-de-sac** [ˈkuldəˈsæk] *фр. n* 1) тупи́к; глухо́й переу́лок 2) *воен.* мешо́к 3) тупи́к, безвы́ходное положе́ние 4) *анат.* слепо́й мешо́к 5) *attr.* тупико́вый; ~ station *ж.-д.* тупико́вая ста́нция

**culinary** [ˈkʌlɪnərɪ] *a* 1) кулина́рный; ку́хонный 2) го́дный для ва́рки (*об овощах*)

**cull** [kʌl] **1.** *n* (*обыкн. pl*) 1) отбрако́ванный нагу́льный скот 2) *амер.* забрако́ванные материа́лы, отбро́сы

**2.** *v* 1) собира́ть (*цветы*) 2) отбира́ть; бракова́ть

**cullender** [ˈkʌlɪndə] = colander

**cully** [ˈkʌlɪ] *n* 1) *редк.* же́ртва обма́на; проста́к 2) *разг.* друг, това́рищ

**culm** I [kʌlm] *n бот.* сте́бель (*трав, злаков*); соло́мина

**culm** II [kʌlm] *n геол.* кульм, верши́на

**culm** III [kʌlm] *n* у́гольная ме́лочь; антраци́товый штыб

**culminate** [ˈkʌlmɪneɪt] *v* 1) достига́ть вы́сшей то́чки *или* сте́пени 2) *астр.* кульмини́ровать

**culmination** [ˌkʌlmɪˈneɪʃən] *n* 1) наивы́сшая то́чка; кульминацио́нный пункт 2) *астр.* кульмина́ция; зени́т

**culpability** [ˌkʌlpəˈbɪlɪtɪ] *n юр.* вино́вность

**culpable** [ˈkʌlpəbl] *a* заслу́живающий порица́ния; вино́вный, престу́пный

**culprit** [ˈkʌlprɪt] *n* 1) обвиня́емый 2) престу́пник; вино́вный

**cult** [kʌlt] *n* 1) вероиспове́дание 2) культ, преклоне́ние; ~ of the individual культ ли́чности

**cultivate** [ˈkʌltɪveɪt] *v* 1) обраба́тывать, возде́лывать 2) *с.-х.* культиви́ровать (*почву, растения*) 3) развива́ть, культиви́ровать; to ~ the acquaintance of smb. цени́ть, стара́ться подде́рживать знако́мство с кем-л.

**cultivated** [ˈkʌltɪveɪtɪd] **1.** *p. p. от* cultivate

**2.** *a* 1) обраба́тываемый; обрабо́танный; ~ area посевна́я пло́щадь 2) культу́рный, развито́й; утончённый

**cultivation** [ˌkʌltɪˈveɪʃən] *n* 1) возде́лывание (*земли*) 2) разведе́ние, культу́ра (*растений, бактерий и т. п.*) 3) разви́тие (*путём упражнения*); культиви́рование

**cultivator** [ˈkʌltɪveɪtə] *n* 1) тот, кто культиви́рует (*что-л.*) 2) земледе́лец 3) культива́тор (*с.-х. орудие*)

**cultural** [ˈkʌltʃərəl] *a* 1) культу́рный 2) *с.-х.* обраба́тываемый; иску́сственно выра́щиваемый

**culture** [ˈkʌltʃə] *n* 1) культу́ра 2) сельскохозя́йственная культу́ра 3) разведе́ние, возде́лывание; ~ of vine (oysters, *etc.*) разведе́ние виногра́дной лозы́ (у́стриц *и т. п.*) 4) *бакт.* культу́ра, выра́щивание бакте́рий 5) отме́тки и назва́ния на топографи́ческих ка́ртах

**cultured** [ˈkʌltʃəd] *a* 1) культу́рный, развито́й 2) культиви́рованный; ~ pearls культиви́рованный же́мчуг

**culver** [ˈkʌlvə] *n* ди́кий го́лубь

**culvert** [ˈkʌlvət] *n* 1) кульве́рт; водопропускна́я труба́ 2) *горн.* дрена́жная што́льня

**cum** [kʌm] *лат. prep* с; ~ dividend включа́я дивиде́нд

**cumber** [ˈkʌmbə] **1.** *n* затрудне́ние, стесне́ние; препя́тствие

2. *v* затрудня́ть, стесня́ть; препя́тствовать

**cumbersome** [ˈkʌmbəsəm] *a* 1) нескла́дный; громо́здкий 2) обремени́тельный

**Cumbrian** [ˈkʌmbrɪən] **1.** *n* жи́тель Ка́мберленда

2. *a* ка́мберлендский

**cumbrous** [ˈkʌmbrəs] = cumbersome

**cumin** [ˈkʌmɪn] *n* тмин

**cummer** [ˈkʌmə] *n шотл.* 1) крёстная мать 2) прия́тельница 3) сплётница, ку́мушка

**cummin** [ˈkʌmɪn] = cumin

**cumulate** **1.** *a* [ˈkju:mjulɪt] нако́пленный; со́бранный в ку́чу

2. *v* [ˈkju:mjuleɪt] нака́пливать; аккумули́ровать; собира́ть в ку́чу

**cumulation** [ˌkju:mjuˈleɪʃən] *n* накопле́ние; скопле́ние

**cumulative** [ˈkju:mjulətɪv] *a* совоку́пный, нако́пленный; кумуляти́вный; ~ changes о́бщие сдви́ги; ~ vote систе́ма вы́боров, при кото́рой ка́ждый избира́тель име́ет сто́лько голосо́в, ско́лько вы́ставлено кандида́тов, и мо́жет отда́ть все свои́ голоса́ одному́ кандида́ту *или* распредели́ть их по своему́ жела́нию

**cumuli** [ˈkju:mjulaɪ] *pl от* cumulus

**cumulo-nimbus** [ˈkju:mjuləˈnɪmbəs] *n* ку́чево-дождевы́е облака́

**cumulus** [ˈkju:mjuləs] *n* (*pl* -li) 1) кучевы́е облака́ 2) мно́жество, скопле́ние

**cuneiform** [ˈkju:nɪɪfɔ:m] **1.** *a* клинообра́зный

2. *n* клинообра́зный знак (*в ассирийских надписях*)

**cunning** [ˈkʌnɪŋ] **1.** *n* 1) хи́трость, кова́рство 2) *уст.* ло́вкость, уме́ние

2. *a* 1) хи́трый, кова́рный 2) *уст.* иску́сный, спосо́бный, ло́вкий; изобрета́тельный 3) *амер. разг.* преле́стный, изя́щный, интере́сный, пика́нтный; ~ smile очарова́тельная улы́бка

**cup** [kʌp] **1.** *n* 1) ча́ш(к)а; ку́бок 2) до́ля, судьба́; his ~ of happiness was full он был сча́стлив; a bitter ~ го́рькая ча́ша; the ~ of life ча́ша жи́зни 3) *бот.* ча́шечка (*цветка*) 4) *эл.* ю́бка (*изолятора*) 5) *тех.* манже́та 6) = cupping-glass ◇ one's ~ of tea увлече́ние; то, что нра́вится; it's not quite English ~ of tea э́то не совсе́м то, что нра́вится (*или* сво́йственно) англича́нам; to be in one's ~s быть навеселе́; to be a ~ too low быть в пода́вленном настрое́нии; to fill up the ~ переполни́ть ча́шу терпе́ния

2. *v* 1) *бот.* придава́ть чашеви́дную фо́рму 2) *мед.* ста́вить ба́нки

**cup and ball** [ˈkʌpənˈbɔ:l] *n* бильбоке́ (*игра*)

**cup-bearer** [ˈkʌpˌbeərə] *n ист.* виноче́рпий

**cupboard** [ˈkʌbəd] *n* 1) шкаф, буфе́т 2) стенно́й шкаф; чула́н ◇ ~ love коры́стная любо́вь

**cupel** [ˈkju:pel] **1.** *n* пробі́рная ча́шка

2. *v* определя́ть про́бу (*драгоценных металлов*)

**cupful** [ˈkʌpful] *n* по́лная ча́шка (*чего-л.*)

**Cupid** [ˈkju:pɪd] *n римск. миф.* Купидо́н

**cupidity** [kju(:)ˈpɪdɪtɪ] *n* а́лчность, жа́дность; ска́редность

**cupola** [ˈkju:pələ] *n* 1) ку́пол 2) *тех.* вагра́нка 3) *воен., мор.* враща́ющийся бронево́й ку́пол (*для тяжёлых орудий*)

**cuppa** [ˈkʌpə] *n разг.* ча́шка ча́ю

**cupping** [ˈkʌpɪŋ] **1.** *pres. p. от* cup 2

2. *n* примене́ние ба́нок

**cupping-glass** [ˈkʌpɪŋglɑ:s] *n мед.* ба́нка

**cupreous** [ˈkju:prɪəs] *a* ме́дный; содержа́щий медь

**cupriferous** [kju(:)ˈprɪfərəs] *a* ме́дистый, содержа́щий медь

**cuprite** [ˈkju:praɪt] *n* купри́т, кра́сная ме́дная руда́

**cuprous** [ˈkju:prəs] *a хим.*: ~ chloride хло́ристая медь

**cuprum** [ˈkju:prəm] *n хим.* медь

**cur** [kə:] *n* 1) дворня́жка (*особ. злая, кусающаяся*); ша́вка 2) ду́рно воспи́танный, гру́бый *или* трусли́вый челове́к

**curability** [ˌkjuərəˈbɪlɪtɪ] *n* излечи́мость

**curable** [ˈkjuərəbl] *a* излечи́мый

**curaçao** [ˌkjuərəˈsəu] *n* ликёр кюрасо́

**curacy** [ˈkjuərəsɪ] *n* 1) сан свяще́нника 2) прихо́д (*церковный*)

**curare** [kjuˈrɑ:rɪ] *n* кура́ре

**curate** [ˈkjuərɪt] *n* вика́рий, исправля́ющий до́лжность свяще́нника

**curative** [ˈkjuərətɪv] **1.** *a* цели́тельный, целе́бный

2. *n* целе́бное сре́дство

**curator** [kjuəˈreɪtə] *n* 1) храни́тель (*музея, библиотеки*) 2) кура́тор, член правле́ния (*в университете*) 3) *шотл. юр.* опеку́н

**curb** [kə:b] **1.** *n* 1) подгу́бный реме́нь *или* цепо́чка, «це́пка» (*уздечки*) 2) узда́; обузда́ние 3) твёрдая опу́холь на ноге́ у ло́шади 4) бордю́рный ка́мень; обо́чина (*тротуара; см. тж.* kerb) 5) нару́жный сруб коло́дца 6) *attr.* мундшту́чный; ~ bit мундшту́чное удила́; ~ bridle мундшту́чная узде́чка

2. *v* 1) надева́ть узду́ (*на лошадь*) 2) обу́здывать; сде́рживать

**curb roof** [ˈkə:bru:f] *n* манса́рдная кры́ша

**curbstone** [ˈkə:bstəun] = kerb-stone [*см. тж.* kerb *и* curb 1, 4)]

**curcuma** [ˈkə:kjumə] = turmeric

**curd** [kə:d] *n* 1) сверну́вшееся молоко́ 2) (*обыкн. pl*) тво́ро́г

**curdle** [ˈkə:dl] *v* 1) свёртывать(ся) (*о крови, молоке*) 2) засты́ть (*от ужаса*), оцепене́ть 3): to ~ the blood леденить кровь

**curdy** [ˈkə:dɪ] *a* сверну́вшийся, створо́жившийся

**cure** I [kjuə] **1.** *n* 1) лека́рство; сре́дство 2) лече́ние; курс лече́ния 3) излече́ние 4) *церк.* попече́ние (о па́стве) 5) *тех.* вулканиза́ция (*резины*)

2. *v* 1) выле́чивать, исцеля́ть 2) исправля́ть (*вред, зло*) 3) заготовля́ть, консерви́ровать 4) вулканизи́ровать (*резину*) ◇ what cannot be ~d must be endured *посл.* ≅ что нельзя́ испра́вить, то сле́дует терпе́ть

**cure** II [kjuə] *n жарг.* чуда́к

**cure-all** [ˈkjuərˈɔ:l] *n* панаце́я, лека́рство от всех боле́зней

**cureless** [ˈkjuəlɪs] *a* неизлечи́мый

**curette** [kjuəˈret] *хир.* **1.** *n* кюре́тка

2. *v* выска́бливать кюре́ткой

**curfew** [ˈkə:fju:] *n* 1) коменда́нтский час 2) *ист.* вече́рний звон (*сигнал для гашения огней*) 3) колпачо́к (*для тушения огня*)

**curie** [ˈkjuərɪ] *n физ.* кюри́ (*единица радиоактивности*)

**curing** [ˈkjuərɪŋ] *n* 1) лече́ние 2) исцеле́ние 3) консерви́рование, загото́вка

**curio** [ˈkjuərɪəu] *n* (*pl* -os [-əuz]) ре́дкая, антиква́рная вещь

**curiosity** [ˌkjuərɪˈɔsɪtɪ] *n* 1) любопы́тство 2) любозна́тельность 3) (a ~) дико́вина, ре́дкость 4) стра́нность 5) антиква́рная, ре́дкая вещь 6) *attr.* антиква́рный; ~ shop антиква́рный магази́н; «ла́вка древносте́й»

**curious** [ˈkjuərɪəs] *a* 1) любопы́тный 2) любозна́тельный, пытли́вый 3) стра́нный, курьёзный; возбужда́ющий любопы́тство 4) тща́тельный; иску́сный; a ~ inquiry тща́тельное иссле́дование

**curiously** [ˈkjuərɪəslɪ] *adv* стра́нно; необыча́йно; ~ enough любопы́тно, как ни стра́нно

**curium** [ˈkjuərɪəm] *n хим.* кю́рий

**curl** [kə:l] **1.** *n* 1) ло́кон; завито́к; *pl* вью́щиеся во́лосы 2) зави́вка 3) завито́к; спира́ль; кольцо́ (*дыма*) 4) вихрь, завихре́ние 5): ~ of the lips крива́я, презри́тельная улы́бка, усме́шка

2. *v* 1) завива́ть(ся); ви́ться (*о волосах*); крути́ть 2) ви́ться, клуби́ться (*о дыме, облаках*) 3) ряби́ть (*водную поверхность*) 4): to ~ one's lips презри́тельно криви́ть гу́бы □ ~ **up** а) скру́чивать(ся), смо́рщивать(ся); б) *разг.* скрути́ть (*о несчастье, горе и т. п.*); в) испыта́ть потрясе́ние

**curler** [ˈkə:lə] *n* 1) тот, кто завива́ет, скру́чивает 2) бигуди́, папильо́тка

**curlew** [ˈkə:lju:] *n* кроншне́п (*птица*)

**curlicue** [ˈkə:lɪkju:] *n* причу́дливый узо́р, причу́дливая завиту́шка

**curling** [ˈkə:lɪŋ] **1.** *pres. p. от* curl 2

2. *n* 1) завива́ние; скру́чивание 2) кэ́рлинг (*шотландская игра*)

3. *a* вью́щийся

**curling-irons** [ˈkə:lɪŋˌaɪənz] *n pl* щипцы́ для зави́вки

**curling-tongs** [ˈkə:lɪŋtɔŋz] = curling-irons

**curl-paper** [ˈkə:lˌpeɪpə] *n* папильо́тка

**curly** [ˈkə:lɪ] *a* 1) кудря́вый, курча́вый; вью́щийся; волни́стый 2) изогнутый ◇ ~ grain свилева́тость, кососло́й (*в древесине*)

**curmudgeon** [kə:ˈmʌdʒən] *n разг.* 1) грубия́н 2) скупе́ц, скря́га

**curmudgeonly** [kə:ˈmʌdʒənlɪ] *a* 1) гру́бый 2) скупо́й

**currant** [ˈkʌrənt] *n* 1) кори́нка 2) сморо́дина

**currency** [ˈkʌrənsɪ] *n* 1) де́нежное обраще́ние 2) валю́та, де́ньги 3) употреби́тельность; this word (this game) is in common ~ э́то о́чень распространённое сло́во (распространённая игра́); to give ~ to smth. пуска́ть что-л. в обраще́ние

**current** [ˈkʌrənt] **1.** *n* 1) струя́; пото́к 2) тече́ние; ход (*событий и т. п.*) 3) *эл.* ток 4) *гидр.* тече́ние, пото́к ◇ against the ~ про́тив тече́ния; to breast the ~ идти́ про́тив тече́ния

**2.** *a* 1) ходя́чий; находя́щийся в обраще́нии; ~ coin ходя́чая моне́та; *перен.* общераспространённое мне́ние; to go (*или* to pass, to run) ~ быть общеприня́тым 2) теку́щий, тепе́решний; совреме́нный; ~ week, ~ month, *etc.* теку́щая неде́ля, теку́щий ме́сяц *и т. д.*; ~ issue теку́щий но́мер (*журнала*); of ~ interest злободне́вный, актуа́льный

**curricle** [ˈkʌrɪkl] *n* па́рный двухколёсный экипа́ж

**curricula** [kəˈrɪkjulə] *pl от* curriculum

**curriculum** [kəˈrɪkjuləm] *n* (*pl* -la) курс обуче́ния, уче́бный план (*школы, института, университета*)

**currish** [ˈkə:rɪʃ] *a* ду́рно воспи́танный; гру́бый; сварли́вый

**curry** I [ˈkʌrɪ] **1.** *n* 1) кэ́рри (*приправа из куркумового корня, чеснока и разных пряностей*) 2) блю́до, припра́вленное кэ́рри

**2.** *v* приготовля́ть блю́да с кэ́рри, приправля́ть кэ́рри

**curry** II [ˈkʌrɪ] *v* 1) чи́стить скребни́цей 2) выде́лывать ко́жу ◇ to ~ favour зау́скивать, подли́зываться

**curry-comb** [ˈkʌrɪkəum] *n* скребни́ца

**curse** [kə:s] **1.** *n* 1) прокля́тие; руга́тельство 2) бич, бе́дствие; the ~ of drink па́губа, прокля́тие пья́нства 3) отлуче́ние от це́ркви ◇ don't care a ~ наплева́ть; wouldn't give a ~ гроша́ бы не дал (*за что-л.*); not worth a ~ никуда́ не го́дный, гроша́ не сто́ит; ~s come home to roost прокля́тия обру́шиваются на го́лову проклина́ющего; ≅ не рой друго́му я́му, сам в неё попадёшь

**2.** *v* 1) проклина́ть; руга́ться 2) кощу́нствовать 3) отлуча́ть от це́ркви 4) (*обыкн. pass.*) му́чить, причиня́ть страда́ния

**cursed** **1.** [kə:st] *p. p. от* curse 2

**2.** *a* [ˈkə:sɪd] 1) про́клятый 2) проклятый, окая́нный 3) *разг.* отврати́тельный

**3.** *adv* [ˈkə:sɪd] 1) черто́вски 2) = cursedly

**cursedly** [ˈkə:sɪdlɪ] *adv.* ме́рзко, отврати́тельно

**cursive** [ˈkə:sɪv] **1.** *n* 1) ско́ропись 2) рукопи́сный шрифт

**2.** *a* 1) скорописный 2) рукопи́сный

**cursor** [ˈkə:sə] *n тех.* стре́лка, указа́тель, движо́к (*на шкале*)

**cursorial** [kə:ˈsɔ:rɪəl] *a* бе́гающий (*о птицах*)

**cursory** [ˈkə:sərɪ] *a* бе́глый, пове́рхностный, курсо́рный; to give a ~ glance бро́сить бе́глый взгляд

**curst** [kə:st] = cursed 2

**curt** [kə:t] *a* 1) кра́ткий; сжа́тый (*о стиле*) 2) отры́висто-гру́бый (*об ответе*)

**curtail** [kə:ˈteɪl] *v* 1) сокраща́ть, укора́чивать, уре́зывать 2) лиша́ть

**curtailment** [kə:ˈteɪlmənt] *n* 1) сокраще́ние, уре́зывание 2) лише́ние

**curtain** [ˈkə:tn] **1.** *n* 1) занаве́ска; to draw the ~ задёрнуть занаве́ску 2) за́навес; to drop the ~ опусти́ть за́навес; the ~ falls (*или* drops, is dropped) за́навес па́дает, представле́ние око́нчено; the ~ rises (*или* is raised) за́навес поднима́ется, представле́ние начина́ется; to lift the ~ подня́ть за́навес; *перен.* приподня́ть заве́су (*над чем-л.*) 3) *воен.* заве́са 4) *воен.* курти́на 5) *pl разг.* коне́ц, кры́шка ◇ ~ lecture вы́говор, получа́емый му́жем от жены́ наедине́; behind the ~ за кули́сами, не публи́чно; to take the ~ выходи́ть на аплодисме́нты

**2.** *v* занаве́шивать □ ~ **off** отделя́ть за́навесом

**curtain-call** [ˈkə:tnkɔ:l] *n* вы́зов актёра (*на аплодисменты*)

**curtain-fire** [ˈkə:tnˌfaɪə] *n воен.* огнева́я заве́са

**curtain-raiser** [ˈkə:tnˌreɪzə] *n* одноа́ктная пье́са, исполня́емая пе́ред нача́лом спекта́кля

**curtilage** [ˈkə:tɪlɪdʒ] *n юр.* уча́сток, прилега́ющий к до́му

**curtsey** [ˈkə:tsɪ] **1.** *n* ревера́нс, приседа́ние; to make (*или* to drop) a ~ присе́сть, сде́лать ревера́нс

**2.** *v* приседа́ть, де́лать ревера́нс

**curtsy** [ˈkə:tsɪ] = curtsey

**curvature** [ˈkə:vətʃə] *n* кривизна́, изги́б, искривле́ние

**curve** [kə:v] **1.** *n* 1) крива́я (*линия*); дуга́ 2) крива́я (*диаграмма*) 3) изги́б, кривизна́, закругле́ние 4) лека́ло

**2.** *v* гнуть, сгиба́ть; изгиба́ть(ся)

**curve piece** [ˈkə:vpi:s] *n стр.* кружа́ло

**curvet** [kə:ˈvet] **1.** *n* курбе́т

**2.** *v* де́лать курбе́т

**curvilinear** [ˌkə:vɪˈlɪnɪə] *a* криволине́йный

**cushat** [ˈkʌʃət] *n диал.* лесно́й го́лубь, вя́хирь

**cushion** [ˈkuʃən] **1.** *n* 1) (дива́нная) поду́шка 2) борт (*бильярда*) 3) поду́шка (*для плетения кружев*) 4) *тех.* упру́гая прокла́дка, поду́шка

**2.** *v* 1) снабжа́ть поду́шками; подкла́дывать поду́шку 2) зама́лчивать, обходи́ть молча́нием 3) ста́вить шар к бо́рту (*бильярда*) ◇ to ~ a shock смягчи́ть уда́р

**cushioncraft** [ˈkuʃənkra:ft] *n* су́дно на возду́шной поду́шке

**cushiony** [ˈkuʃənɪ] *a* похо́жий на поду́шку; мя́гкий, как поду́шка

**cushy** [ˈkuʃɪ] *a жарг.* лёгкий и хорошо́ опла́чиваемый; a ~ job «тёпленькое месте́чко»; ~ wound лёгкая ра́на

**cusp** [kʌsp] *n* 1) рог луны́ 2) (го́рный) пик; вы́ступ; мыс 3) о́стрый ко́нчик зу́ба 4) то́чка пересече́ния (*двух кривых*)

**cuspid** [ˈkʌspɪd] *n анат.* клык

**cuspidal** [ˈkʌspɪdl] *a* остроконе́чный

**cuspidate(d)** [ˈkʌspɪdeɪt(ɪd)] *a* остроконе́чный

**cuspidor** [ˈkʌspɪdɔ:] *n амер.* плева́тельница

**cuss** [kʌs] *разг.* **1.** *n* 1) прокля́тие 2) па́рень 3) него́дный ма́лый, «наказа́ние» ◇ not to care a ~ относи́ться наплева́тельски

**2.** *v* руга́ться

**cussed** [ˈkʌsɪd] *a разг.* упря́мый

**custard** [ˈkʌstəd] *n* сла́дкий крем (*из яиц и молока*)

**custodian** [kʌsˈtəudjən] *n* 1) сто́рож 2) храни́тель (*музея и т. п.*) 3) опеку́н

**custody** [ˈkʌstədɪ] *n* 1) опе́ка, попече́ние; охра́на, хране́ние 2) заключе́ние; заточе́ние; to take into ~ арестова́ть, взять под стра́жу

**custom** [ˈkʌstəm] **1.** *n* 1) обы́чай; привы́чка 2) клиенту́ра; покупа́тели 3) зака́зы 4) *pl* тамо́женные по́шлины 5) *attr.*: ~s clearance тамо́женная очи́стка; ~s duties тамо́женные по́шлины и сбо́ры; ~s policy тамо́женная поли́тика; ~s union тамо́женный сою́з

**2.** *a амер.* изгото́вленный, сде́ланный на зака́з; ~ clothes пла́тье, сши́тое на зака́з

**customable** [ˈkʌstəməbl] *a* подлежа́щий тамо́женному обложе́нию

**customary** [ˈkʌstəmərɪ] *a* обы́чный, привы́чный; осно́ванный на о́пыте, обы́чае; ~ law *юр.* обы́чное пра́во

**custom-built** [ˈkʌstəmˈbɪlt] *a амер.* 1) постро́енный по специа́льному зака́зу 2) изгото́вленный на зака́з

**customer** [ˈkʌstəmə] *n* зака́зчик, покупа́тель; клие́нт; *перен.* завсегда́тай ◇ rum (*или* queer) ~ чуда́к, стра́нный челове́к

**custom-house** [ˈkʌstəmhaus] *n* тамо́жня

**custom-made** [ˈkʌstəmˈmeɪd] = custom-built 2)

**cut** I [kʌt] **1.** *v* (cut) 1) ре́зать; среза́ть, отреза́ть, разреза́ть; стричь; to ~ oneself поре́заться; ~ loose отделя́ть, освобожда́ть; to ~ oneself loose from one's family порва́ть с семьёй 2) коси́ть, жать; убира́ть урожа́й 3) руби́ть, вали́ть (*лес*) 4) крои́ть 5) высека́ть (*из камня*); ре́зать (*по дереву*); теса́ть, стёсывать; шлифова́ть, грани́ть (*драгоценные камни*) 6) бури́ть; копа́ть; рыть 7) ре́заться, проре́зываться (*о зубах*) 8) кастри́ровать (*животное*) 9) уре́зывать; сокраща́ть (*статью, книгу, продукцию, расходы*) 10) снижа́ть (*цены, налоги*) 11) пересека́ть(ся) (*о линиях, дорогах*) 12) прерыва́ть знако́мство (*с кем-л.*); не кла́няться, де́лать вид, что не замеча́ешь (*кого-л.*); to ~ smb. dead соверше́нно игнори́ровать кого́-л. 13) пропуска́ть, не прису́тствовать; to ~ a lecture пропусти́ть ле́кцию 14) *разг.* перестава́ть, прекраща́ть 15) *разг.* удира́ть 16) *карт.* снима́ть коло́ду; to ~ for partners вынима́нием карт определи́ть партнёров □ ~ **at** наноси́ть уда́р (*мечом, кнутом; тж. перен.*); ~ **away** а) среза́ть; б) *разг.* убега́ть; ~ **back** *кино* повтори́ть да́нный ра́нее кадр (*обычно в воспоминаниях и т. п.*); ~ **down** а) сокраща́ть (*расходы, статью и т. п.*); б) руби́ть (*деревья*); в) (*обыкн. pass.*) сража́ть (*о болезни, смерти*); ~ **in** а) вме́шиваться; б) *эл.* включа́ть; в) вкли́ниваться ме́жду маши́нами; ~ **off** а) обреза́ть, отсека́ть; прерыва́ть; operator, I have been ~ off послу́шайте, ста́нция, нас разъедини́ли; б) приводи́ть к ра́нней сме́рти; в) отре́зать (*отступление*); г) выключа́ть (*электричество, воду, газ и т. п.*); ~ **out** а) выреза́ть; кро́ить; б) вытесня́ть; в) *мор.* отреза́ть су́дно от бе́рега; г) *эл.* выключа́ть; д) *карт.* выходи́ть из игры́; ~ **over** выруба́ть лес; ~ **under** продава́ть деше́вле (*конкурирующих фирм*); ~ **up** а) разруба́ть, разреза́ть на куски́; б) раскритикова́ть; в) подрыва́ть (*силы, здоровье*); причиня́ть страда́ния; be ~ up му́читься, страда́ть ◇ ~ the coat according to the cloth ≅ по одёжке протя́гивай но́жки; to ~ and come again есть с аппети́том; to ~ and run убега́ть, удира́ть; to ~ both ways быть обоюдоо́стрым; to ~ a joke отпусти́ть, отколо́ть шу́тку; to be ~ out for smth. быть сло́вно со́зданным для чего́-л.; ~ it out! *разг.* переста́ньте!, бро́сьте!; to ~ up well оста́вить по́сле свое́й сме́рти большо́е состоя́ние; to ~ up rough негодова́ть, возмуща́ться; to ~ to the heart (*или* to the quick) заде́ть за живо́е, глубоко́ уязви́ть, глубоко́ заде́ть (*чьи-л. чувства*); to ~ to pieces разби́ть на́голову; раскритикова́ть; to ~ a feather *уст.* а) вдава́ться в изли́шние то́нкости; б) *разг.* щеголя́ть, красова́ться, выставля́ть напока́з; to ~ short прерыва́ть, обрыва́ть

**2.** *n* 1) разре́з, поре́з; ра́на; зару́бка, засе́чка 2) отре́зок 3) покро́й 4) вы́резка (*тж. из книги, статьи*); a ~ from the joint вы́резка, филе́й 5) *кино* монта́ж; rough ~ предвари́тельный монта́ж 6) *кино* бы́страя сме́на ка́дров 7) сниже́ние (*цен, количества*) 8) гравю́ра на де́реве (*доска или оттиск*) 9) прекраще́ние (*знакомства*); to give smb. the ~ direct прекрати́ть знако́мство с кем-л. 10) кратча́йший путь (*тж.* a short ~) 11) *карт.* сня́тие (*колоды*) 12) кана́л; вы́емка 13) про́филь, сече́ние; пролёт (*моста*) ◇ the ~ of one's rig (*или* jib) *разг.* вне́шний вид челове́ка

**cut** II [kʌt] **1.** *p. p. от* cut I, 1

**2.** *a* 1) отре́занный, подре́занный, сре́занный 2) поре́занный 3) скро́енный 4) сни́женный, уме́ньшенный 5) кастри́рованный ◇ ~ and dried (*или* dry) а) зара́нее подгото́вленный; в зако́нченном ви́де; б) трафаре́тный, тривиа́льный, бана́льный

**cutaneous** [kju(:)ˈteɪnjəs] *a мед.* ко́жный

**cut-away** [ˈkʌtəweɪ] *n* визи́тка

**cutback** [ˈkʌtbæk] *n* сокраще́ние, сниже́ние; ~ of economic activity экономи́ческий спад

**cute** [kjuːt] *a разг.* 1) у́мный, сообрази́тельный; остроу́мный, нахо́дчивый 2) привлека́тельный, милови́дный

**cut-glass** [ˈkʌtglɑːs] *n* гранёное стекло́

**cuticle** [ˈkjuːtɪkl] *n анат., бот.* кути́кула

**cutlass** [ˈkʌtləs] *n* 1) *мор. ист.* аборда́жная са́бля 2) заострённая моты́га

**cutler** [ˈkʌtlə] *n* ножо́вщик; торго́вец ножевы́ми изде́лиями

**cutlery** [ˈkʌtlərɪ] *n* 1) ножевы́е изде́лия; ножево́й това́р 2) ремесло́ ножо́вщика

**cutlet** [ˈkʌtlɪt] *n* отбивна́я котле́та

**cut-off** [ˈkʌtɔf] *n* 1) *тех.* отсе́чка па́ра 2) *воен.* пласти́нка-замыка́тель магази́на (*в винтовке*) 3) *гидр.* спрямле́ние ру́сла 4) *амер.* сокраще́ние пути́, обхо́д, обхо́дная доро́га

**cut-off date** [ˈkʌtɔfˈdeɪt] *n* коне́чный, после́дний срок

**cut-out** [ˈkʌtaut] *n* 1) очерта́ние, а́брис, про́филь, ко́нтур 2) *эл.* предохрани́тель; автомати́ческий выключа́тель; руби́льник 3) апплика́ция

**cut sugar** [ˈkʌtˌʃugə] *n* пилёный са́хар

**cutter** [ˈkʌtə] *n* 1) ре́зчик (*по дереву, камню*) 2) закро́йщик; закро́йщица 3) *кино* монтажёр 4) ре́жущий инструме́нт *или* стано́к; резе́ц; реза́к; фреза́; бур *и т. п.* 5) *мор.* ка́тер; те́ндер (*одномачтовая парусная яхта*) 6) *горн.* вру́бовая маши́на 7) забо́йщик 8) *амер.* двухме́стные са́ни

**cutthroat** [ˈkʌtθrəut] *n* 1) головоре́з, уби́йца 2) *attr.* беспоща́дный, ожесточённый; ~ competition конкуре́нция не на жизнь, а на смерть

**cutting** [ˈkʌtɪŋ] **1.** *pres. p. от* cut I, 1

**2.** *n* 1) ре́зание; ру́бка; теса́ние; гране́ние; фрезерова́ние 2) закро́йка 3) вы́резка (*газетная, журнальная*) 4) *pl* обре́зки, опи́лки, стру́жки ◇ railway ~ вы́емка железнодоро́жного пути́

**3.** *a* 1) о́стрый, ре́зкий; язви́тельный (*о замечании*) 2) пронзи́тельный (*о ветре*) 3) ре́жущий; для ре́зания; ~ speed ско́рость ре́зания; ~ tool резе́ц; ре́жущий инструме́нт

**cutting area** [ˈkʌtɪŋˈɛəɪrɪə] *n* лесосе́ка

**cutting room** [ˈkʌtɪŋrum] *n* монта́жная

**cuttle** [ˈkʌtl] = cuttle-fish

**cuttle-fish** [ˈkʌtlfɪʃ] *n зоол.* карака́тица

**cutty** [ˈkʌtɪ] *n* 1) коро́тенькая гли́няная тру́бка 2) коро́ткая ло́жка 3) *разг.* безнра́вственная же́нщина

**cutty-stool** [ˈkʌtɪstuːl] *n* 1) ни́зкий табуре́т 2) *ист.* позо́рный стул в шотла́ндских церква́х

**cutwater** [ˈkʌtˌwɔːtə] *n* 1) *мор.* водоре́з 2) *стр.* волноло́м (*быка*)

**cutworm** [ˈkʌtwəːm] *n зоол.* гу́сеница ози́мой со́вки, ози́мый червь

**cuvette** [kjuːˈvet] *фр. n фото* кюве́тка

**cyanic** [saɪˈænɪk] *a хим.* циа́новый; ~ acid циа́новая кислота́

**cyanide** [ˈsaɪənaɪd] *n хим.* циани́д, соль цианистоводоро́дной кислоты́; ~ of potassium циа́нистый ка́лий

**cyanogen** [saɪˈænədʒɪn] *n хим.* циа́н

**cyanosis** [ˌsaɪəˈnəusɪs] *n мед.* циано́з, синю́ха

**cybernated** [ˈsaɪbəneɪtɪd] *a* кибернетизи́рованный; оснащённый компьютерами

**cybernation** [ˌsaɪbəˈneɪʃən] *n* кибернетиза́ция; внедре́ние компьютеров

**cybernetics** [ˌsaɪbəːˈnetɪks] *n pl* (*употр. как sing*) киберне́тика

**cyclamen** [ˈsɪkləmən] *n бот.* цикла́мен

**cycle** [ˈsaɪkl] **1.** *n* 1) цикл; круг; круговоро́т 2) *разг.* (*сокр. от* bicycle) велосипе́д 3) *тех.* (кругово́й) проце́сс, такт

**2.** *v* 1) соверша́ть цикл разви́тия 2) де́лать оборо́ты (*о колесе и т. п.*) 3) е́здить на велосипе́де

**cycle-car** [ˈsaɪklkɑː] *n* 1) малолитра́жный автомоби́ль с мотоциклѐтным дви́гателем 2) коля́ска мотоци́кла

**cycler** [ˈsaɪklə] *амер.* = cyclist

**cyclic(al)** [ˈsaɪklɪk(əl)] *a* цикли́ческий

**cycling** [ˈsaɪklɪŋ] **1.** *pres. p. от* cycle 2

**2.** *n* езда́ на велосипе́де

**cyclist** [ˈsaɪklɪst] *n* велосипеди́ст

**cycloid** [ˈsaɪklɔɪd] *n геом.* цикло́ида

**cyclometer** [saɪˈklɔmɪtə] *n* цикло́метр (*инструмент*)

**cyclone** [ˈsaɪkləun] *n* цикло́н

**cyclonic** [saɪˈklɔnɪk] *a* циклони́ческий

**cyclop(a)edia** [ˌsaɪkləuˈpiːdjə] *n* (*сокр. от* encyclop(a)edia) энциклопе́дия

**cyclop(a)edic** [ˌsaɪkləuˈpiːdɪk] *a* энциклопеди́ческий

**Cyclopean** [saɪˈkləupjən] *a* циклопи́ческий; грома́дный, гига́нтский

**Cyclopes** [saɪˈkləupiːz] *pl от* Cyclops

**Cyclops** [ˈsaɪklɔps] *n* (*pl* -opes) 1) *миф.* цикло́п 2) *pl зоол.* цикло́пы (*сем. низших раков с одним глазом*)

**cyclotron** [ˈsaɪklətrɔn] *n физ.* циклотро́н

**cyder** [ˈsaɪdə] = cider

**cygnet** [ˈsɪgnɪt] *n* молодо́й ле́бедь

**cylinder** [ˈsɪlɪndə] *n* 1) *геом.* цили́ндр 2) *тех.* цили́ндр; ва́лик, вало́к; бараба́н; gas ~ балло́н 3) бараба́н револьве́ра 4) *attr.* цили́ндровый; ~ bore диа́метр цили́ндра в свету́; ~ head кры́шка цили́ндра

**cylindrical** [sɪ'lɪndrɪkəl] *a* цилиндри́ческий; ~ spiral spring винтова́я пружи́на

**cymbal** ['sɪmbəl] *n* 1) *библ.* кимва́л 2) *pl муз.* таре́лки

**cyme** [saɪm] *n бот.* сло́жный зо́нтик

**cymograph** ['saɪməugrɑ:f] *n* кимо́граф

**cymometer** [saɪ'mɔmɪtə] *n радио* волноме́р; частотоме́р

**cymoscope** ['saɪməskəup] *n эл.* индика́тор колеба́ний

**Cymric** ['kɪmrɪk] *a* уэ́льский

**cynic** ['sɪnɪk] *n* ци́ник

**cynical** ['sɪnɪkəl] *a* цини́чный; бессты́дный

**cynicism** ['sɪnɪsɪzm] *n* цини́зм

**cynosure** ['sɪnəzjuə] *n* 1) созве́здие Ма́лой Медве́дицы 2) Поля́рная звезда́ 3) путево́дная звезда́ 4) центр внима́ния

**Cynthia** ['sɪnθɪə] *n миф.* Диа́на, Артеми́да

**cypher** ['saɪfə] = cipher

**cypress** ['saɪprɪs] *n бот.* кипари́с

**Cyprian** ['sɪprɪən] **1.** *a* 1) ки́прский 2) *уст.* распу́тный

**2.** *n* 1) уроже́нец Ки́пра, киприо́т 2) *уст.* распу́тник; распу́тница

**Cypriote** ['sɪprɪəut] *n* уроже́нец Ки́пра, киприо́т

**Cyrillic** [sɪ'rɪlɪk] *a*: ~ alphabet кири́ллица (*древнеславянская азбука*)

**Cyrus** ['saɪərəs] *n* Са́йрес; *ист.* Кир

**cyst** [sɪst] *n* 1) *анат.* пузы́рь; *бот.* ци́ста 2) *мед.* киста́

**cystic** ['sɪstɪk] *a* пузы́рный

**cystitis** [sɪs'taɪtɪs] *n мед.* воспале́ние мочево́го пузыря́, цисти́т

**cytology** [saɪ'tɔlədʒɪ] *n* уче́ние о кле́тке, цитоло́гия

**cytoplasm** ['saɪtəplæzm] *n биол.* протопла́зма кле́тки, цитопла́зма

**czar** [zɑ:] *русск. n* 1) царь 2) де́спот; самоде́ржец

**czardas** ['tʃɑ:dæʃ] *венгр. n* ча́рдаш

**czarevitch** ['zɑ:rɪvɪtʃ] *русск. n* царе́вич

**czarina** [zɑ:'ri:nə] *русск. n* цари́ца

**Czech** [tʃek] **1.** *a* че́шский

**2.** *n* 1) чех; че́шка 2) че́шский язы́к

**Czechoslovak** ['tʃekəu'sləuvæk] **1.** *a* чехослова́цкий

**2.** *n* жи́тель Чехослова́кии

**Czekh** [tʃek] = Czech

# D

**D, d** [di:] *n* (*pl* Ds, D's [di:z]) 1) *4-я буква англ. алфавита* 2) *муз.* ре 3) *тех.* что-л., име́ющее фо́рму Д [*см.* dee 2)]

**d** [di:] *эвф. см.* damn

**'d** [-d] *сокр. разг. от* had, should, would; he'd go он пошёл бы

**da** [dɑ:] *разг. см.* dad

**dab** I [dæb] **1.** *n* 1) лёгкий уда́р 2) прикоснове́ние 3) мазо́к 4) пятно́ (*краски*)

**2.** *v* 1) слегка́ прикаса́ться 2) ты́кать; ударя́ть (at); to ~ with one's finger ты́кать па́льцем 3) клева́ть 4) прикла́дывать что-л. мя́гкое *или* мо́крое; to ~ one's forehead with a handkerchief прикла́дывать ко лбу плато́к 5) нама́зывать 6) покрыва́ть (*краской, штукатуркой*); де́лать лёгкие мазки́ (*тряпкой, кистью*; on) 7) *тех.* отмеча́ть ке́рнером

**dab** II [dæb] *n зоол.* ершова́тка, лима́нда

**dab** III [dæb] *n разг.* знато́к; ма́стер своего́ де́ла

**dabble** ['dæbl] *v* 1) плеска́ть(ся), бры́згать(ся); бара́хтаться (*в воде, грязи*) 2) опры́скивать, ороша́ть 3) занима́ться (*чем-л.*) пове́рхностно, по-люби́тельски; to ~ in politics политика́нствовать

**dabbler** ['dæblə] *n пренебр.* люби́тель, дилета́нт

**dabby** ['dæbɪ] *a* сыро́й; мо́крый и ли́пнущий к те́лу (*о платье*)

**dabster** ['dæbstə] *n* 1) (*преим. диал.*) знато́к, специали́ст [*см.* dab III] 2) *разг.* неуме́лый рабо́тник

**dace** [deɪs] *n* еле́ц (*рыба*); плотва́

**dachshund** ['dækshund] *нем. n* та́кса (*порода собак*)

**dactyl** ['dæktɪl] *n* 1) *прос.* да́ктиль 2) *зоол.* па́лец (*животного*)

**dactylic** [dæk'tɪlɪk] **1.** *a* дактили́ческий

**2.** *n* (*обыкн. pl*) дактили́ческий стих

**dactyliography** [ˌdæktɪlɪ'ɔgrəfɪ] *n* исто́рия иску́сства гравирова́ния (*на драгоценных камнях и кольцах*)

**dactylogram** [dæk'tɪləugræm] *n* отпеча́ток па́льца

**dactylography** [ˌdæktɪ'lɔgrəfɪ] *n* дактилоскопи́я

**dactylology** [ˌdæktɪ'lɔlədʒɪ] *n* разгово́р при по́мощи па́льцев, дактилоло́гия

**dad, daddy** [dæd, 'dædɪ] *n разг.* па́па, па́почка

**daddylonglegs** ['dædɪ'lɔŋlegz] *n* 1) долгоно́жка (*насекомое*) 2) паук-сеноко́сец

**dado** ['deɪdəu] **1.** *n* (*pl* -os [-əuz]) *архит.* 1) цо́коль 2) пане́ль (*стены*)

**2.** *v* 1) обшива́ть пане́лью; расписывать пане́ль 2) *тех.* выбира́ть пазы́

**daedal** ['di:dəl] *a поэт.* 1) иску́сный 2) зате́йливый, сло́жный

**Daedalian** [di(:)'deɪlɪən] *a* сло́жный; запу́танный, как лабири́нт, хитроу́мный

**daemon** ['di:mən] = demon

**daemonic** [di:'mɔnɪk] = demonic

**daffadowndilly** ['dæfədaun'dɪlɪ] = daffodil 1, 1)

**daffodil** ['dæfədɪl] **1.** *n* 1) *бот.* бле́дно-жёлтый нарци́сс (*является национальной эмблемой валлийцев*) 2) бле́дно-жёлтый цвет

**2.** *a* бле́дно-жёлтый

**daffodilly** ['dæfədɪlɪ] = daffodil 1, 1)

**daffy** ['dɑ:fɪ] *n разг.* взба́лмошный, сумасбро́дный; сумасше́дший

**daft** [dɑ:ft] *a разг.* 1) слабоу́мный; сумасше́дший; to go ~ рехну́ться; потеря́ть го́лову 2) безрассу́дный, глу́пый, идио́тский 3) легкомы́сленный; бесшаба́шный

**dag** I [dæg] *n* клок сби́вшейся ше́рсти

**dag** II [dæg] *n ист.* большо́й пистоле́т

**dagger** ['dægə] **1.** *n* 1) кинжа́л; to be at ~s drawn with smb. быть на ножа́х с кем-л. 2) *полигр.* кре́стик ◇ to look ~s зло́бно смотре́ть, броса́ть гне́вные взгля́ды; to speak ~s говори́ть озло́бленно, с раздраже́нием

**2.** *v* 1) пронза́ть кинжа́лом 2) *полигр.* отмеча́ть кре́стиком

**daggle** ['dægl] *v* тащи́ть, волочи́ть по грязи́

**dago** ['deɪgəu] *n* (*pl* -os, -oes [-əuz]) *амер. презр.* да́го (*прозвище итальянца, испанца, португальца*)

**daguerreotype** [də'gerəutaɪp] *n* дагерроти́п

**dahlia** ['deɪljə] *n бот.* георги́н

**Dail (Eireann)** ['daɪl('eərən)] *n* ни́жняя пала́та парла́мента Ирла́ндии

**daily** ['deɪlɪ] **1.** *a* ежедне́вный; повседне́вный; су́точный; it is of ~ occurrence э́то происхо́дит ежедне́вно; э́то повседне́вное явле́ние; ~ living needs, ~ wants насу́щные потре́бности, бытовы́е ну́жды; ~ allowance *воен.* су́точное дово́льствие; ~ duty дежу́рство ◇ ~ dozen *спорт. разг.* заря́дка

**2.** *n* 1) ежедне́вная газе́та 2) *разг.* приходя́щая рабо́тница (*тж.* ~ woman)

**3.** *adv* ежедне́вно

**daintiness** ['deɪntɪnɪs] *n* утончённость, изы́сканность

**dainty** ['deɪntɪ] **1.** *n* ла́комство, делика́те́с

**2.** *a* 1) утончённый; изя́щный, элега́нтный 2) ла́комый; вку́сный 3) разбо́рчивый, привере́дливый

**dairy** ['deərɪ] *n* 1) маслоде́льня; сырова́рня 2) моло́чная 3) = dairy-farm 4) *attr.* моло́чный; ~ produce моло́чные проду́кты; ~ cattle моло́чный скот

**dairy-farm** ['deərɪfɑ:m] *n* моло́чная фе́рма

**dairying** ['deərɪɪŋ] *n* моло́чное хозя́йство

**dairymaid** ['deərɪmeɪd] *n* рабо́тница на моло́чной фе́рме; доя́рка

**dairyman** ['deərɪmən] *n* 1) владе́лец *или* рабо́тник моло́чной фе́рмы 2) продаве́ц моло́чных проду́ктов; торго́вец моло́чными проду́ктами

**dais** ['deɪɪs] *n* помо́ст, возвыше́ние (*особ. в конце зала для трона, кафедры*)

**daisied** ['deɪzɪd] *a* покры́тый маргари́тками

**daisy** ['deɪzɪ] *n* 1) маргари́тка 2) *амер. бот.* попо́вник, нивя́ник обыкнове́нный 3) *жарг.* что-л. первокла́ссное, первосо́ртное

**daisy-cutter** ['deɪzɪˌkʌtə] *n* 1) ло́шадь, едва́ поднима́ющая но́ги во вре́мя бе́га 2) мяч, скользя́щий по земле́ (*в крикете*)

**dak** [dɑ:k] *инд. n* 1) сме́нные носи́льщики *или* ло́шади 2) по́чта на перекладны́х *или* на сме́нных носи́льщиках

**dak bungalow** [ˈdɑ:kˈbʌŋgələu] *n* гости́ница при почто́вой ста́нции (*в Индии и Пакистане*)

**Dalai Lama** [ˈdælaɪˈlɑ:mə] *n* дала́й-ла́ма

**dale** [deɪl] *n поэт.* доли́на, дол ◇ up hill and down ~ по гора́м, по дола́м; не разбира́я доро́ги; to curse up hill and down ~ ≅ руга́ть на чём свет стои́т

**-dale** [-deɪl] *в сложных словах означает* доли́на; *напр.*, Clydesdale

**dalesman** [ˈdeɪlzmən] *n* жи́тель доли́н (*на севере Англии*)

**dalle** [dæl] *n* 1) ка́фель; пли́тка (*для настилки полов*) 2) *pl амер.* стремни́ны, быстри́ны (*в ущелье*)

**dalliance** [ˈdælɪəns] *n* 1) пра́здное времяпрепровожде́ние 2) развлече́ние 3) несерьёзное отноше́ние (*к чему-л.*) 4) флирт

**dally** [ˈdælɪ] *v* 1) занима́ться пустяка́ми; болта́ться без де́ла; to ~ with an idea носи́ться с мы́слью (*ничего не предпринимая*) 2) оття́гивать, откла́дывать 3) развлека́ться 4) коке́тничать, флиртова́ть □ ~ **away** а) зря теря́ть вре́мя; б) упуска́ть возмо́жность; ~ **off** откла́дывать в до́лгий я́щик; уклоня́ться от *чего-л.*

**Dalmation** [dælˈmeɪʃjən] **1.** *a* далма́тский

**2.** *n* далма́тский дог

**dalmatic** [dælˈmætɪk] *n церк.* далма́тик (*облачение католических священнослужителей*)

**daltonism** [ˈdɔ:ltənɪzm] *n мед.* дальтони́зм

**dam** I [dæm] **1.** *n* 1) да́мба, плоти́на, запру́да; гать; перемы́чка; мол 2) запру́женная вода́

**2.** *v* запру́живать во́ду (*часто* ~ up) □ ~ **back** сде́рживать, уде́рживать; ~ **out** заде́рживать, отводи́ть плоти́ной (*воду*)

**dam** II [dæm] *n* ма́тка (*о животном*)

**damage** [ˈdæmɪdʒ] **1.** *n* 1) вред; поврежде́ние 2) убы́ток; уще́рб 3) *pl юр.* убы́тки; компенса́ция за убы́тки; to bring an action of ~s against smb. предъяви́ть кому́-л. иск за убы́тки 4) (*тж. pl*) *разг.* сто́имость; what's the ~? ско́лько э́то сто́ит?; I will stand the ~s я заплачу́

**2.** *v* 1) поврежда́ть, по́ртить 2) наноси́ть уще́рб, убы́ток 3) *разг.* ушиби́ть, повреди́ть (*о частях тела*) 4) позо́рить, дискредити́ровать

**damageable** [ˈdæmɪdʒəbl] *a* легко́ поврежда́емый *или* по́ртящийся

**damage control** [ˈdæmɪdʒkənˌtrəul] *n* ремо́нтно-восстанови́тельные рабо́ты

**daman** [ˈdæmən] *n зоол.* дама́н

**damascene** [ˈdæməsi:n] *v* украша́ть насе́чкой из зо́лота *или* серебра́ (*металл*); ворони́ть (*сталь*)

**damask** [ˈdæməsk] **1.** *n* 1) дама́ст, камка́ (*узорчатая шёлковая или полотняная ткань*) 2) камча́тное полотно́ (*для скатертей*) 3) дама́ская сталь; була́т 4) а́лый цвет

**2.** *a* 1) камча́тный 2) сде́ланный из дама́сской ста́ли, була́тный; ~ steel була́т 3) а́лый

**3.** *v* 1) ткать с узо́рами 2) украша́ть насе́чкой из зо́лота *или* серебра́; ворони́ть (*сталь*)

**dame** [deɪm] *n* 1) кавале́рственная да́ма (*титул жены баронета или женщины, имеющей орден Британской Империи*) 2) *шутл.* пожила́я же́нщина 3) *уст.* госпожа́, да́ма 4) *уст.* нача́льница шко́лы 5) *амер. разг.* же́нщина ◇ D. Nature мать-приро́да; D. Fortune госпожа́ форту́на

**dame-school** [ˈdeɪmsku:l] *n* шко́ла для ма́леньких дете́й (*возглавляемая женщиной*)

**dammar** [ˈdæmə] *n* дамма́ра, дамма́ровая смола́

**damme** [ˈdæmɪ] *int* (*сокр. от* damn me) будь я про́клят!

**damn** [dæm] **1.** *n* 1) прокля́тие 2) руга́тельство ◇ not to care a ~ соверше́нно не интересова́ться, наплева́ть; not worth a ~ ≅ вы́еденного яйца́ не сто́ит

**2.** *v* 1) проклина́ть; ~ it all! тьфу, про́пасть!; I'll be ~ed if будь я про́клят, е́сли 2) осужда́ть; порица́ть, критикова́ть 3) провали́ть, освиста́ть; to ~ a play хо́лодно приня́ть, провали́ть пье́су; to ~ with faint praise ≅ похвали́ть так, что не поздоро́вится 4) руга́ться

**damnable** [ˈdæmnəbl] *a* 1) заслу́живающий осужде́ния 2) *разг.* ужа́сный, отврати́тельный

**damnably** [ˈdæmnəblɪ] *adv* 1) отврати́тельно 2) *разг.* ужа́сно, о́чень, чрезвыча́йно

**damnation** [dæmˈneɪʃən] **1.** *n* 1) прокля́тие; may ~ take him! будь он про́клят! 2) *церк.* ве́чные му́ки (*в аду*) 3) осужде́ние, стро́гая кри́тика 4) освиста́ние (*пьесы*)

**2.** *int* прокля́тие!

**damnatory** [ˈdæmnətərɪ] *a* 1) осужда́ющий 2) вызыва́ющий осужде́ние; па́губный 3) *юр.* веду́щий к осужде́нию (*о показании*)

**damned** [dæmd] **1.** *p. p. от* damn 2

**2.** *a* 1) осуждённый, про́клятый 2) прокля́тый, трекля́тый; отврати́тельный, черто́вский (*часто употр. для усиления*); none of your ~ nonsense! не валя́йте дурака́!; it is ~ hot черто́вски жа́рко

**damnific** [dæmˈnɪfɪk] *a* вредоно́сный, па́губный

**damnification** [ˌdæmnɪfɪˈkeɪʃən] *n юр.* причине́ние вреда́, уще́рба

**damnify** [ˈdæmnɪfaɪ] *v* причиня́ть вред, уще́рб 2) наноси́ть оби́ду

**damning** [ˈdæmɪŋ] **1.** *pres. p. от* damn 2

**2.** *a* 1) *юр.* вызыва́ющий осужде́ние; ~ evidence изоблича́ющие ули́ки 2) *разг.* уби́йственный

**Damocles** [ˈdæməkli:z] *n греч. миф.* Дамо́кл; sword of ~ дамо́клов меч

**damp** [dæmp] **1.** *n* 1) сы́рость, вла́жность; испаре́ния 2) уны́ние, угнетённое состоя́ние ду́ха; to cast a ~ over smb. огорча́ть, разочаро́вывать кого́-л.; приводи́ть в уны́ние, угнета́ть кого́-л. 3) *горн.* рудни́чный газ

**2.** *a* вла́жный, сыро́й; ~ summer сыро́е ле́то

**3.** *v* 1) сма́чивать, увлажня́ть 2) спусти́ть жар в пе́чи, затуши́ть (*топку; часто* ~ down) 3) обескура́живать, угнета́ть (*о мысли и т. п.*); to ~ smb.'s ardour охлади́ть чей-л. пыл; to ~ smb.'s spirits испо́ртить кому́-л. настрое́ние 4) *физ.* уменьша́ть амплиту́ду колеба́ний; заглуша́ть (*звук*) 5) *тех.* тормози́ть; амортизи́ровать; демпфи́ровать □ ~ **off** ги́бнуть от ми́лдью (*о растениях*)

**damp course** [ˈdæmpkɔ:s] *n стр.* изоли́рующий от сы́рости слой в стене́; гидроизоля́ция

**dampen** [ˈdæmpən] *v* 1) = damp 3; 2) отсырева́ть

**damper** [ˈdæmpə] *n* 1) увлажни́тель; гу́бка *или* ро́лик для сма́чивания ма́рок 2) *тех.* глуши́тель; амортиза́тор 3) регуля́тор тя́ги; дымова́я заслонка; вью́шка (*в печах*) 4) де́мпфер (*в фортепиано*); surди́на 5) кто-либо, что-л. де́йствующее угнета́юще; to put (*или* to cast) a ~ on обескура́живать *кого-л.*, расхола́живать 6) *австрал.* пре́сная лепёшка (*испечённая в золе*)

**damping** [ˈdæmpɪŋ] **1.** *pres. p. от* damp 3

**2.** *n* 1) увлажне́ние, сма́чивание 2) глуше́ние; торможе́ние 3) *радио* затуха́ние

**dampish** [ˈdæmpɪʃ] *a* сырова́тый, слегка́ вла́жный

**damp-proof** [ˈdæmpprU:f] *a* влагонепроница́емый

**dampy** [ˈdæmpɪ] *a* 1) сырова́тый 2) *горн.* га́зовый, содержа́щий рудни́чный газ

**damsel** [ˈdæmzəl] *n шутл.* деви́ца

**damson** [ˈdæmzən] *n* тернosли́в, ме́лкая чёрная сли́ва

**damson cheese** [ˈdæmzənˈtʃi:z] *n* пласто́вой мармела́д из сли́вы

**damson-coloured** [ˈdæmzənˌkʌləd] *a* краснова́то-си́ний (*цвета сливы*)

**Dan** [dæn] *n уст., поэт.* господи́н, су́дарь

**dan** [dæn] *n мор.* буёк

**dance** [dɑ:ns] **1.** *n* 1) та́нец 2) тур (*в танцах*) 3) бал, танцева́льный ве́чер 4) му́зыка для та́нцев ◇ to lead smb. a (pretty) ~ води́ть кого́-л. за́ нос, заста́вить кого́-л. пому́читься; St. Vitus's ~ пля́ска св. Ви́тта (*болезнь*)

**2.** *v* 1) танцева́ть, пляса́ть 2) пры́гать, скака́ть; to ~ for joy пляса́ть от ра́дости 3) кружи́ться (*о листьях*); дви́гаться (*о тени*); скользи́ть (*о лучах*); кача́ться (*о лодке*) 4) кача́ть (*ребёнка*) ◇ to ~ attendance upon smb. ходи́ть пе́ред кем-л. на за́дних ла́пках; to ~ to smb.'s tune (*или* whistle, piping) пляса́ть под чью-л.

ду́дку; to ~ to another (*или* to a different) tune запе́ть друго́е; to ~ upon nothing *ирон.* быть пове́шенным

**dancer** [ˈdɑːnsə] *n* 1) танцо́р, танцо́вщик; танцо́вщица; балери́на; арти́ст(ка) бале́та; ~ at shows балага́нный шут, пая́ц 2) танцу́ющий ◇ merry ~s се́верное сия́ние

**dancing** [ˈdɑːnsɪŋ] **1.** *pres. p. от* dance 2

**2.** *n* 1) та́нцы, пля́ска 2) *attr.* танцева́льный; ~ master учи́тель та́нцев; ~ party танцева́льный ве́чер

**dancing-hall** [ˈdɑːnsɪŋhɔːl] *n* да́нсинг

**dandelion** [ˈdændɪlaɪən] *n* одува́нчик

**dander** I [ˈdændə] *n разг.* раздраже́ние; зло́сть; негодова́ние; to get one's ~ up рассерди́ть(ся); вы́вести *или* вы́йти из терпе́ния

**dander** II [ˈdændə] = dandruff

**dandiacal** [dænˈdaɪəkəl] *a редк.* щегольски́ оде́тый

**dandified** [ˈdændɪfaɪd] **1.** *past и p. p. от* dandify

**2.** *a* щегольско́й; ~ appearance фатова́тая вне́шность

**dandify** [ˈdændɪfaɪ] *v* одева́ть щёголем; принаряжа́ть

**dandle** [ˈdændl] *v* 1) кача́ть на рука́х *или* на коле́нях (*ребёнка*) 2) ласка́ть; балова́ть

**dandruff** [ˈdændrʌf] *n* пе́рхоть

**dandy** I [ˈdændɪ] **1.** *n* 1) де́нди, щёголь, франт 2) (the ~) *разг.* что-л. первокла́ссное

**2.** *a* 1) щегольско́й 2) *разг.* превосхо́дный, первокла́ссный

**dandy** II [ˈdændɪ] *n* 1) *мор.* шлюп *или* те́ндер с выносно́й биза́нью 2) *мор.* выносна́я биза́нь 3) *тех.* двухколёсная та́чка

**dandy** III [ˈdændɪ] *инд. n* 1) ло́дочник (*на р. Ганг*) 2) паланки́н

**dandy** IV [ˈdændɪ] *n непр. вм.* dengue

**dandy-brush** [ˈdændɪbrʌʃ] *n* скребни́ца, жёсткая щётка (*из китового уса для чистки лошадей*)

**dandyism** [ˈdændɪɪzm] *n* денди́зм, франтовство́, щегольство́

**Dane** [deɪn] *n* 1) датча́нин 2) да́тский дог (*тж.* Great ~)

**Danelagh** [ˈdeɪnlɔː] = Danelaw

**Danelaw** [ˈdeɪnlɔː] *n ист.* 1) да́тские зако́ны (*установленные в сев.-восточной Британии в X в.*) 2) о́бласть, где де́йствовали э́ти зако́ны [*см.* 1)]

**dang** [dæŋ] *v*: ~ it! чёрт побери́!

**danger** [ˈdeɪndʒə] *n* 1) опа́сность; out of ~ вне опа́сности; in ~ в опа́сном положе́нии; in ~ of one's life с опа́сностью для жи́зни; to keep out of ~ избега́ть опа́сности 2) угро́за; a ~ to peace угро́за ми́ру

**danger arrow** [ˈdeɪndʒərˌærəu] *n* зигзагообра́зная стрела́, знак мо́лнии (*обозначение токов высокого напряжения*)

**dangerous** [ˈdeɪndʒrəs] *a* опа́сный; риско́ванный; to look ~ быть в раздражённом состоя́нии

**danger-signal** [ˈdeɪndʒəˌsɪgnl] *n* 1) сигна́л опа́сности 2) *ж.-д.* сигна́л «путь закры́т»

**dangle** [ˈdæŋgl] *v* 1) свобо́дно свиса́ть, кача́ться 2) пока́чивать 3) мани́ть, соблазня́ть, дразни́ть □ ~ **after** бе́гать за *кем-л.*, волочи́ться; ~ **around** слоня́ться, болта́ться

**dangle-dolly** [ˈdæŋglˌdɔlɪ] *n* игру́шка, кото́рая подве́шивается в автомаши́не

**dangler** [ˈdæŋglə] *n* 1) безде́льник 2) волоки́та

**dangling** [ˈdæŋglɪŋ] *a* 1) вися́щий, свиса́ющий 2) *грам.* обосо́бленный

**Danish** [ˈdeɪnɪʃ] **1.** *a* да́тский ◇ ~ balance безме́н

**2.** *n* да́тский язы́к

**dank** [dæŋk] *a* вла́жный; сыро́й; промо́зглый

**dap** [dæp] **1.** *n* 1) подпры́гивание (*мяча*) 2) зару́бка; зазу́брина

**2.** *v* 1) уди́ть ры́бу (*слегка погружая приманку в воду*) 2) ударя́ть(-ся) о зе́млю (*о мяче*)

**daphne** [ˈdæfnɪ] *n бот.* волчея́годник

**dapper** [ˈdæpə] *a* 1) опря́тно *или* щегольски́ оде́тый 2) подви́жный, энерги́чный

**dapple** [ˈdæpl] *v* покрыва́ть(ся) (кру́глыми) пя́тнами

**dapple-bay** [ˈdæplbeɪ] *n* гнедо́й в я́блоках конь

**dappled** [ˈdæpld] **1.** *p. p. от* dapple

**2.** *a* пёстрый, пятни́стый; испещрённый; ~ deer пятни́стый оле́нь

**dapple-grey** [ˈdæplˈgreɪ] **1.** *a* се́рый в я́блоках

**2.** *n* се́рый в я́блоках конь

**darby** [ˈdɑːbɪ] *n стр.* пра́вило штукату́ра; лопа́тка ка́менщика; мастеро́к для зати́рки

**dare** [dɛə] **1.** *v* (dared [-d], durst; dared; *3 л. ед. ч. настоящего времени* dares *и* dare) 1) *модальный глагол* сметь, отва́живаться; he won't ~ to deny it он не осме́лится отрица́ть э́то; I ~ swear я уве́рен в э́том; I ~ say полага́ю, осме́люсь сказа́ть (*иногда ирон.*) 2) пренебрега́ть опа́сностью, рискова́ть; to ~ the perils of arctic travel пренебре́чь все́ми опа́сностями поля́рного путеше́ствия 3) вызыва́ть (to — на *что-л.*); подзадо́ривать; I ~ you to jump the stream! а ну, перепры́гните че́рез э́тот руче́й!

**2.** *n* 1) вы́зов; to take a ~ приня́ть вы́зов 2) подзадо́ривание

**dare-devil** [ˈdɛəˌdevl] **1.** *n* смельча́к, бесшаба́шный челове́к, сорвиголова́

**2.** *a* отва́жный; безрассу́дный, опроме́тчивый

**daresay** [ˈdɛəˈseɪ] = dare say [*см.* dare 1, 1)]

**daring** [ˈdɛərɪŋ] **1.** *pres. p. от* dare 1

**2.** *n* сме́лость; отва́га; бесстра́шие

**3.** *a* 1) сме́лый, отва́жный, бесстра́шный 2) де́рзкий

**dark** [dɑːk] **1.** *a* 1) тёмный; it is getting ~ стано́вится темно́, темне́ет; ~ closet (*или* room) *фото* тёмная ко́мната 2) сму́глый; темноволо́сый; ~ complexion сму́глый цвет лица́ 3) необразо́ванный, тёмный 4) та́йный, секре́тный; непоня́тный; нея́сный; to keep ~ скрыва́ться; to keep a thing ~ держа́ть что-л. в секре́те 5) дурно́й, нечи́стый (*о поступке*) 6) мра́чный, угрю́мый; безнадёжный, печа́льный; ~ humour мра́чный ю́мор; to look on the ~ side of things быть пессими́стом ◇ the ~ ages средневеко́вье; the D. and Bloody Ground *амер.* штат Кенту́кки; the D. Continent А́фрика

**2.** *n* 1) темнота́, тьма; after ~ по́сле наступле́ния темноты́; at ~ в темноте́; before ~ до наступле́ния темноты́ 2) неве́жество 3) неве́дение; to be in the ~ быть в неве́дении, не знать (about); to keep smb. in the ~ держа́ть кого́-л. в неве́дении; скрыва́ть (*что-л.*) от кого́-л. 4) *жив.* тень; the lights and ~s of a picture свет и те́ни в карти́не ◇ in the ~ of the moon а) в новолу́ние; б) в кроме́шной тьме

**darken** [ˈdɑːkən] *v* 1) затемня́ть, де́лать тёмным; ослепля́ть 2) темне́ть; станови́ться тёмным 3) затемня́ть (*смысл*); to ~ counsel запу́тать вопро́с 4) омрача́ть 5) *жив.* дать бо́лее насы́щенный тон (*в красках*) ◇ not to ~ smb.'s door again не переступи́ть бо́льше чьего́-л. поро́га

**darkey** [ˈdɑːkɪ] *n презр.* негр, «черномя́зый»

**dark lantern** [ˈdɑːkˈlæntən] *n* потайно́й фона́рь

**darkle** [ˈdɑːkl] *v* 1) темне́ть, ме́ркнуть 2) хму́риться

**darkling** [ˈdɑːklɪŋ] **1.** *pres. p. от* darkle

**2.** *a* темне́ющий; находя́щийся в темноте́, во мра́ке; тёмный

**3.** *adv* в темноте́, во мра́ке; to sit ~ су́мерничать

**darkly** [ˈdɑːklɪ] *adv* 1) мра́чно; зло́бно 2) зага́дочно; нея́сно

**darkness** [ˈdɑːknɪs] *n* темнота́, мрак *и пр.* [*см.* dark I]

**darksome** [ˈdɑːksəm] *a поэт.* 1) тёмный 2) мра́чный, хму́рый

**darky** [ˈdɑːkɪ] = darkey

**darling** [ˈdɑːlɪŋ] **1.** *n* 1) люби́мый; люби́мая; my ~! мой дорого́й!, голу́бчик! 2) люби́мец, ба́ловень; the ~ of fortune ба́ловень судьбы́

**2.** *a* 1) люби́мый; ми́лый; дорого́й 2) преле́стный 3) горя́чий, заве́тный (*о желании*)

**darn** I [dɑːn] **1.** *n* заштопанное ме́сто; што́пка

**2.** *v* што́пать; чини́ть

**darn** II [dɑːn] **1.** *a* прокля́тый, ужа́сный

**2.** *v* (*эвф. вм.* damn) проклина́ть, руга́ться

**darnel** [ˈdɑːnl] *n бот.* пле́вел

**darner** [ˈdɑːnə] *n* 1) што́пальщик; што́пальщица 2) = darning-needle 1); 3) «гриб» (*для штопки*)

**darning** I [ˈdɑːnɪŋ] **1.** *pres. p. от* darn I, 2

**2.** *n* 1) што́панье, што́пка 2) ве́щи, нужда́ющиеся в што́панье

**darning** II [ˈdɑːnɪŋ] *pres. p. от* darn II, 2

**darning-needle** [ˈdɑːnɪŋˌniːdl] *n* 1) што́пальная игла́ 2) *амер.* стрекоза́

**dart** [dɑːt] **1.** *n* 1) о́строе мета́тельное ору́жие; дро́тик, стрела́ 2) жа́ло 3) вы́тачка, шов 4) бы́строе, как мо́лния, движе́ние; бросо́к, рыво́к 5) мета́ние (*дротика, стрелы*)

**2.** *v* 1) мета́ть (*стрелы; тж. перен.*); his eyes ~ed flashes of anger его́ глаза́ мета́ли мо́лнии 2) помча́ться стрело́й; устреми́ться □ ~ **away** умча́ться; ~ **down(wards)** ри́нуться вниз; *ав.* пики́ровать

**darter** [ˈdɑːtə] *n* 1) мета́тель дро́тика 2) *зоол.* змееше́йка, змеиная пти́ца

**darting** [ˈdɑːtɪŋ] **1.** *pres. p. от* dart 2

**2.** *a* стреми́тельный

**dartre** [ˈdɑːtə] *n мед.* лиша́й

**Darwinian** [dɑːˈwɪnɪən] **1.** *n* дарвини́ст

**2.** *a* дарвини́стский

**Darwinism** [ˈdɑːwɪnɪzm] *n* дарвини́зм, уче́ние Да́рвина

**Darwinist** [ˈdɑːwɪnɪst] = Darwinian 1

**dash** [dæʃ] **1.** *n* 1) стреми́тельное движе́ние; поры́в; на́тиск; to make a ~ against the enemy стреми́тельно бро́ситься на проти́вника; to make a ~ for smth. ки́нуться к чему́-л. 2) эне́ргия, реши́тельность; a man of skill and ~ уме́лый и реши́тельный челове́к 3) уда́р, взмах; at one ~ с одного́ ра́за 4) *спорт.* рыво́к, бросо́к (*в беге, игре*); забе́г 5) плеск 6) при́месь (*чего-л.*); чу́точка; there is a romantic ~ about it в э́том есть что-то романти́ческое 7) бы́стрый набро́сок; мазо́к; штрих; ро́счерк 8) черта́; тире́ 9) рисо́вка; to cut a ~ рисова́ться, выставля́ть что-л. напока́з 10) *тех.* рукоя́тка мо́лота ◇ ~ (and ~) line пункти́рная ли́ния

**2.** *v* 1) бро́сить, швырну́ть 2) бро́ситься, ри́нуться; мча́ться, нести́сь; to ~ up to the door бро́ситься к две́ри 3) *спорт.* сде́лать рыво́к в бе́ге 4) разбива́ть(ся); the waves ~ed against the cliff во́лны разбива́лись о скалу́ 5) бры́згать, плеска́ть; to ~ colours on the canvas набра́сывать пя́тна кра́сок на холст 6) обескура́живать; смуща́ть 7) разруша́ть (*планы, надежды и т. п.*) 8) разбавля́ть, сме́шивать; подме́шивать 9) подчёркивать 10) *разг. см.* damn 2; ~ it!, ~ you! к чёрту! □ ~ **off** бы́стро наброса́ть (*письмо, записку и т. п.*)

**dash-board** [ˈdæʃbɔːd] *n* 1) крыло́ (*экипажа*) 2) *авто, ав.* щито́к; прибо́рная доска́ 3) *стр.* отливна́я доска́

**dasher** [ˈdæʃə] *n* 1) челове́к, производя́щий фуро́р 2) муто́вка, би́ло (*в маслобойке*) 3) *амер.* крыло́ (*экипажа*)

**dashing** [ˈdæʃɪŋ] **1.** *pres. p. от* dash 2

**2.** *a* 1) лихо́й 2) стреми́тельный 3) живо́й, энерги́чный 4) франтова́тый

**dash-pot** [ˈdæʃpɔt] *n тех.* возду́шный *или* ма́сляный бу́фер, амортиза́тор

**dastard** [ˈdæstəd] *n* трус; негодя́й, де́йствующий исподтишка́

**dastardly** [ˈdæstədlɪ] *a* трусли́вый; по́длый

**data** [ˈdeɪtə] *n pl* 1) *pl от* datum 2) (*часто употр. как sing*) да́нные; фа́кты; све́дения 3) (*часто употр. как sing*) информа́ция

**datable** [ˈdeɪtəbl] *a* поддаю́щийся дати́ровке

**dataller** [ˈdeɪtələ] = daytaler

**data-sheet** [ˈdeɪtəʃiːt] *n* 1) специфика́ция 2) *attr.*: ~ computer а) счётно-реша́ющее устро́йство; б) *воен.* прибо́р управле́ния зени́тным огнём

**date** I [deɪt] **1.** *n* 1) да́та, число́ (*месяца*); ~ of birth день рожде́ния 2) срок, пери́од; out of ~ устаре́лый; up to ~ стоя́щий на у́ровне совреме́нных тре́бований; совреме́нный; нове́йший; at that ~ в то вре́мя, в тот пери́од 3) *разг.* свида́ние, I have got a ~ у меня́ свида́ние; to make a ~ назна́чить свида́ние 4) *разг.* тот, кому́ назнача́ют свида́ние

**2.** *v* 1) дати́ровать 2) вести́ нача́ло (*от чего-л.*); восходи́ть (*к определённой эпохе; тж.* ~ back); this manuscript ~s from the XIVth century э́та ру́копись отно́сится к XIV ве́ку 3) вести́ исчисле́ние (*от какой-л. даты*) 4) *амер. разг.* назнача́ть свида́ние; to ~ a girl назна́чить свида́ние де́вушке 5) вы́йти из употребле́ния, устаре́ть

**date** II [deɪt] *n* 1) фи́ник 2) фи́никовая па́льма

**dated** [ˈdeɪtɪd] **1.** *p. p. от* date I, 2

**2.** *a* 1) дати́рованный 2) вы́шедший из употребле́ния; устаре́вший

**dateless** [ˈdeɪtlɪs] *a* 1) недати́рованный 2) *поэт.* бесконе́чный; незапа́мятный 3) *амер. разг.* неприглашённый, не получи́вший приглаше́ния

**date-line** [ˈdeɪtlaɪn] *n* 1) *астр., мор.* демаркацио́нная ли́ния су́точного вре́мени 2) указа́ние ме́ста и да́ты корреспонде́нции, статьи́ *и т. п.* 3) *полигр.* выходны́е да́нные

**date-palm** [ˈdeɪtpɑːm] *n* фи́никовая па́льма

**dative** [ˈdeɪtɪv] **1.** *a* 1) *грам.* да́тельный 2) сменя́емый (*о должности судьи, чиновника и т. п.*)

**2.** *n грам.* да́тельный паде́ж

**datum** [ˈdeɪtəm] *n* (*pl* data) 1) да́нная величина́, исхо́дный факт 2) характери́стика

**datum-level** [ˈdeɪtəmˈlevl] *n спец.* пло́скость *или* у́ровень, при́нятые за нуль (*для измерения высоты*); нуль высоты́

**datum line** [ˈdeɪtəmlaɪn] *n спец.* ба́зовая ли́ния; ба́зис, нуль высо́т

**datura** [dəˈtjuːrə] *n бот.* дурма́н

**daub** [dɔːb] **1.** *n* 1) штукату́рка из строи́тельного раство́ра с соло́мой, обма́зка 2) мазо́к 3) плоха́я карти́на; мазня́; пачкотня́

**2.** *v* 1) обма́зывать, ма́зать (*глиной, извёсткой и т. п.*) 2) малева́ть 3) па́чкать, грязни́ть

**dauber** [ˈdɔːbə] *n* 1) плохо́й худо́жник, мази́лка 2) поду́шечка, пропи́танная кра́ской (*употр. при гравировании*)

**daubster** [ˈdɔːbstə] = dauber 1)

**dauby** [ˈdɔːbɪ] *a* 1) пло́хо напи́санный (*о картине*) 2) ли́пкий

**daughter** [ˈdɔːtə] *n* 1) дочь 2) *attr.* доче́рний; ро́дственный

**daughter-in-law** [ˈdɔːtərɪnlɔː] *n* (*pl* daughters-in-law) жена́ сы́на, неве́стка, сноха́

**daughterly** [ˈdɔːtəlɪ] *a* доче́рний

**daughters-in-law** [ˈdɔːtəzɪnlɔː] *pl от* daughter-in-law

**daunt** [dɔːnt] *v* 1) укроща́ть 2) устраша́ть, запу́гивать; nothing ~ed нима́ло не смуща́ясь, неустраши́мо 3) обескура́живать

**dauntless** [ˈdɔːntlɪs] *a* неустраши́мый; бесстра́шный

**dauphin** [ˈdɔːfɪn] *n ист.* дофи́н

**davenport** [ˈdævnpɔːt] *n* 1) небольшо́й сти́льный пи́сьменный стол 2) *амер.* тахта́, дива́н-крова́ть

**davit** [ˈdævɪt] *n мор.* шлюпба́лка; fish ~ фишба́лка, бока́нец

**daw** [dɔː] *n* га́лка

**dawdle** [ˈdɔːdl] *v* зря тра́тить вре́мя, безде́льничать (*часто* ~ away)

**dawdler** [ˈdɔːdlə] *n* 1) ло́дырь 2) копу́ша

**dawn** [dɔːn] **1.** *n* 1) рассве́т, у́тренняя заря́; at ~ на рассве́те, на заре́ 2) зача́тки, нача́ло, про́блески; the ~ of brighter days заря́ лу́чшей жи́зни

**2.** *v* 1) (рас)света́ть 2) начина́ться; проявля́ться; пробужда́ться (*о таланте и т. п.*); впервы́е появля́ться, пробива́ться (*об усиках*) 3) станови́ться я́сным, проясня́ться; it has just ~ed upon me меня́ вдруг осени́ло, мне пришло́ в го́лову

**day** [deɪ] *n* 1) день; су́тки; on that ~ в тот день; all (the) ~ весь день; all ~ long день-деньско́й; by the ~ подённо; solar (*или* astronomical, nautical) ~ астрономи́ческие су́тки (*исчисляются от 12 ч. дня*); civil ~ гражда́нские су́тки (*исчисляются от 12 ч. ночи*); the ~ теку́щий день; every other ~, ~ about че́рез день; the present ~ сего́дня; теку́щий день; the ~ after tomorrow послеза́втра; the ~ before накану́не; the ~ before yesterday тре́тьего дня, позавчера́; one ~ одна́жды; the other ~ на днях; some ~ когда́-нибудь; ка́к-нибудь на днях; one of these ~s в оди́н из ближа́йших дней; ~ in, ~ out изо дня́ в де́нь; ~ by (*или* after) ~, from ~ to ~ день за днём; изо дня́ в де́нь; со дня́ на́ день; first ~ (of the week) воскресе́нье; ~ off выходно́й день; ~ out а) день, проведённый вне до́ма; б) свобо́дный день для прислу́ги; far in the ~ к концу́ дня; this ~ week, month, *etc.* ро́вно че́рез неде́лю, ме́сяц *и т. п.*, спустя́ неде́лю, ме́сяц *и т. п.*; three times a ~ три ра́за в день 2) знамена́тельный день; May D. Пе́рвое ма́я; Victory D. День Побе́ды; Inauguration D. день вступле́ния в до́лжность вновь и́збранного президе́нта США; high (*или* banner) ~ пра́здник

3) дневно́е вре́мя; by ~ днём; at ~ на заре́, на рассве́те; before ~ до рассве́та; between two ~s *амер.* но́чью 4) (*часто pl*) пери́од, отре́зок вре́мени; эпо́ха; in the ~s of yore (*или* old) в старину́, в былы́е времена́; in these latter ~s в после́днее вре́мя; in ~s to come в бу́дущем, в гряду́щие времена́; men of the ~ ви́дные лю́ди (*эпохи*) 5) пора́, вре́мя (*расцвета, упадка и т. п.*); вся жизнь челове́ка; to have had (*или* to have seen) one's ~ устаре́ть, отслужи́ть своё, вы́йти из употребле́ния; he will see his better ~s yet он ещё опра́вится, насту́пят и для него́ лу́чшие времена́; one's early ~s ю́ность; his ~ is gone его́ вре́мя прошло́, око́нчилась его́ счастли́вая пора́; his ~s are numbered дни его́ сочтены́; to close (*или* to end) one's ~s око́нчить дни свои́; сконча́ться; поко́нчить счёты с жи́знью 6) побе́да; to carry (*или* to win) the ~ одержа́ть побе́ду; the ~ is ours мы одержа́ли побе́ду, мы вы́играли сраже́ние; to lose the ~ проигра́ть сраже́ние 7) *геол.* дневна́я пове́рхность; пласт, ближа́йший к земно́й пове́рхности ◇ good ~ а) до́брый день; б) до свида́ния; to a ~ день в день; early in the ~ во́время; rather late in the ~ позднова́то; увы́, сли́шком по́здно; a ~ after the fair сли́шком по́здно; a ~ before the fair сли́шком ра́но, преждевре́менно; if a ~ ни бо́льше ни ме́ньше; как раз; she is fifty if she is a ~ ей все пятьдеся́т (лет), никак не ме́ньше; to be on one's ~ быть в уда́ре; to make a ~ of it ве́село провести́ день; a creature of a ~ а) *зоол.* эфемери́да; б) недолгове́чное существо́ *или* явле́ние; to save the ~ спасти́ положе́ние; every ~ is not Sunday *посл.* ≅ не всё коту́ ма́сленица; to name on (*или* in) the same ~ with ≅ поста́вить на одну́ до́ску с; to call it a ~ а) счита́ть де́ло зако́нченным; let us call it a ~ на сего́дня хва́тит; б) быть дово́льным дости́гнутыми результа́тами; the ~ of doom (*или* of judgement) *библ.* день стра́шного суда́; коне́ц све́та, светопреставле́ние

**day-and-night** [ˈdeɪən(d)ˈnaɪt] *a* круглосу́точный

**day-bed** [ˈdeɪbed] *n* куше́тка; тахта́

**day-blindness** [ˈdeɪˈblaɪndnɪs] *n мед.* гемерало́пия, дневна́я слепота́

**day-boarder** [ˈdeɪˌbɔːdə] *n* полупансионе́р (*о школьнике*)

**day-book** [ˈdeɪbuk] *n* 1) дневни́к; 2) *бухг.* журна́л

**day-boy** [ˈdeɪbɔɪ] *n* учени́к, не живу́щий при шко́ле, приходя́щий учени́к

**daybreak** [ˈdeɪbreɪk] *n* рассве́т

**day-dream** [ˈdeɪdriːm] **1.** *n* грёзы, мечты́; фанта́зия

**2.** *v* гре́зить наяву́; фантази́ровать, мечта́ть

**day-dreamer** [ˈdeɪˌdriːmə] *n* мечта́тель; фантазёр

**day-fly** [ˈdeɪflaɪ] *n зоол.* подёнка

**day-girl** [ˈdeɪgəːl] *n* приходя́щая учени́ца; учени́ца, не живу́щая при шко́ле

**day-labour** [ˈdeɪˌleɪbə] *n* подённая рабо́та

**day-labourer** [ˈdeɪˌleɪbərə] *n* подёнщик

**daylight** [ˈdeɪlaɪt] *n* 1) дневно́й свет; есте́ственное освеще́ние 2) рассве́т 3) гла́сность; in broad (*или* open) ~ средь бе́ла дня; публи́чно; to let ~ into преда́ть гла́сности 4) *pl жарг.* «гляде́лки», глаза́ ◇ to see ~ ви́деть просве́т, находи́ть вы́ход из положе́ния

**daylight-saving** [ˈdeɪlaɪtˌseɪvɪŋ] *n* перево́д ле́том часово́й стре́лки (на час) вперёд (*с целью экономии электроэнергии*)

**day-lily** [ˈdeɪˌlɪlɪ] *n бот.* красодне́в, лиле́йник

**day-long** [ˈdeɪlɔŋ] **1.** *adv* весь день

**2.** *a* для́щийся це́лый день

**day nursery** [ˈdeɪˌnəːsərɪ] *n* (дневны́е) я́сли для дете́й

**day-school** [ˈdeɪskuːl] *n* 1) шко́ла для приходя́щих ученико́в, шко́ла без пансио́на 2) шко́ла с дневны́ми заня́тий 3) обы́чная шко́ла (*в противоп. воскресной*)

**day-shift** [ˈdeɪʃɪft] *n* дневна́я сме́на

**daysman** [ˈdeɪzmən] *n* подённый рабо́чий, подёнщик

**day-spring** [ˈdeɪsprɪŋ] *n поэт.* заря́, рассве́т

**day-star** [ˈdeɪstɑː] *n* 1) у́тренняя звезда́ 2) *поэт.* со́лнце

**daytaler** [ˈdeɪˌteɪlə] *n* подённый рабо́чий (*особ. в угольных копях*)

**day-time** [ˈdeɪtaɪm] *n* день; дневно́е вре́мя; in the ~ днём

**day-to-day** [ˈdeɪtəˈdeɪ] *a* повседне́вный

**day-work** [ˈdeɪwəːk] *n* 1) подённая рабо́та 2) дневна́я рабо́та 3) дневна́я вы́работка 4) *горн.* рабо́та на пове́рхности земли́

**daze I** [deɪz] **1.** *n* изумле́ние

**2.** *v* изуми́ть; удиви́ть, ошеломи́ть

**daze II** [deɪz] *n мин.* слюда́

**dazedly** [ˈdeɪzɪdlɪ] *adv* изумлённо; с изумле́нием

**dazzle** [ˈdæzl] **1.** *n* 1) ослепле́ние 2) ослепи́тельный блеск 3) *attr.*: ~ paint *мор.* защи́тная окра́ска (*военных судов*); камуфля́ж

**2.** *v* 1) ослепля́ть я́рким све́том, бле́ском, великоле́пием; поража́ть, прельща́ть 2) *мор.* маскирова́ть окра́ской (*суда*)

**d—d** [d—d] *сокр. эвф. от* damned 2

**D-day** [ˈdiːdeɪ] *n* 1) *воен.* день нача́ла опера́ции 2) *ист.* день вы́садки сою́зных войск в Евро́пе (*6 июня 1944 г.*)

**de-** [diː-, dɪ-, de-] *pref* 1) *указывает на*: а) *отделение, лишение*: defrock лиша́ть духо́вного са́на; degas дегази́ровать; б) *плохое качество, недостаточность и т. п.*: degenerate вырожда́ться; derange приводи́ть в беспоря́док 2) *придаёт слову противоположное значение*; *напр.*: naturalize натурализова́ть — denaturalize денатурализова́ть; merit заслу́га — demerit недоста́ток; mobilize мобилизова́ть — demobilize демобилизова́ть

**deacon** [ˈdiːkən] **1.** *n* дья́кон

**2.** *v амер.* 1) чита́ть вслух псалмы́ 2) *разг.* подкра́шивать фру́кты при прода́же; выставля́ть лу́чшие экземпля́ры све́рху; фальсифици́ровать това́ры

**deaconess** [ˈdiːkənɪs] *n* 1) диакони́са 2) дья́коница

**dead** [ded] **1.** *a* 1) мёртвый, уме́рший; до́хлый 2) неодушевлённый, неживо́й 3) неподви́жный 4) утра́тивший, потеря́вший основно́е сво́йство; ~ lime гашёная и́звесть; ~ steam отрабо́танный пар; ~ volcano поту́хший вулка́н 5) загло́хший, не рабо́тающий; the motor is ~ мото́р загло́х 6) сухо́й, увя́дший (*о растениях*) 7) неплодоро́дный (*о почве*) 8) онеме́вший, нечувстви́тельный; my fingers are ~ у меня́ онеме́ли па́льцы 9) безжи́зненный, вя́лый; безразли́чный (to — к *чему-л.*) 10) однообра́зный; уны́лый; неинтере́сный; ~ season мёртвый сезо́н; *эк.* засто́й (*в делах*), спад делово́й акти́вности; ~ time просто́й (*на работе*) 11) вы́шедший из употребле́ния (*о законе, обычае*) 12) вы́шедший из игры́; ~ ball шар, кото́рый не счита́ется 13) по́лный, соверше́нный; ~ certainty по́лная уве́ренность; ~ failure по́лная неуда́ча; ~ earnest твёрдая реши́мость; ~ faint по́лная поте́ря созна́ния; to come to a ~ stop останови́ться как вко́панный 14) *употр. для усиления*: to be ~ with cold промёрзнуть насквозь; to be ~ with hunger умира́ть с го́лоду 15) *полигр.* него́дный 16) *горн.* непрове́триваемый (*о выработке*); засто́йный (*о воздухе*) 17) *горн.* пусто́й, не содержа́щий поле́зного ископа́емого 18) *эл.* не находя́щийся под напряже́нием; ~ wire про́вод не под то́ком ◇ ~ above the ears *амер. разг.* тупо́й, глу́пый; ~ and gone давно́ проше́дший; ~ gold ма́товое зо́лото; ~ horse рабо́та, за кото́рую бы́ло запла́чено вперёд; ~ hours глухи́е часы́ но́чи; ~ leaf *ав.* паде́ние листо́м; ~ marines (*или* men) *разг.* пусты́е ви́нные буты́лки; more ~ than alive ужа́сно уста́лый; as ~ as a doornail (*или* as mutton, as a nit) без каки́х-л. при́знаков жи́зни

**2.** *n* 1) (the ~) *pl собир.* уме́ршие, поко́йники 2) глуха́я пора́; in the ~ of night глубо́кой но́чью, в глуху́ю по́лночь; in the ~ of winter глубо́кой зимо́й

**3.** *adv* 1) по́лностью, соверше́нно; ~ against а) как раз в лицо́ (*о ветре*); б) реши́тельно про́тив 2) *употр. для усиления*: ~ asleep засну́вший мёртвым сном; ~ drunk мертве́цки пья́ный; ~ tired до́ смерти уста́лый; ~ calm соверше́нно споко́йный

**dead-alive** [ˈdedəˈlaɪv] *a* 1) безжи́зненный, вя́лый; моното́нный; ску́чный; удруча́ющий 2) удручённый

**dead-beat** [ˈdedˈbiːt] 1. *a* 1) *разг.* смерте́льно уста́лый; измо́танный; за́гнанный (*о лошади*) 2) успоко́енный (*о магнитной стрелке*) 3) апериоди́ческий (*об измерительном приборе*)
2. *n амер. жарг.* безде́льник, парази́т; авантюри́ст
**dead centre** [ˈdedˈsentə] *n* мёртвая то́чка
**dead colour** [ˈdedˌkʌlə] *n жив.* грунто́вка
**dead earth** [ˈdedˈəːθ] *n эл.* по́лное заземле́ние
**deaden** [ˈdedn] *v* 1) лиша́ть(ся) жи́зненной эне́ргии, си́лы, ра́дости; де́лать(ся) нечувстви́тельным (*к чему-л.*) 2) заглуша́ть, ослабля́ть 3) лиша́ть бле́ска, арома́та 4) *амер.* губи́ть дере́вья кольцева́нием
**dead(-)end** [ˈdedˈend] 1. *n* тупи́к (*тж. перен.*)
2. *a* 1) безвы́ходный, бесперспекти́вный 2) *тех.* заглушённый 3): ~ kid у́личный мальчи́шка
**dead-eye** [ˈdedaɪ] *n мор.* ю́ферс
**deadfall** [ˈdedfɔːl] *n амер.* 1) западня́, капка́н 2) ку́ча пова́ленных дере́вьев, бурело́м
**dead ground** [ˈdedˈgraund] *n воен.*, *ав.* мёртвое простра́нство
**dead-hand** [ˈdedhænd] = mortmain
**deadhead** [ˈdedhed] *n* 1) беспла́тный посети́тель теа́тров; беспла́тный пассажи́р 2) нереши́тельный, неэнерги́чный челове́к, «пусто́е ме́сто»
**dead heat** [ˈdedˈhiːt] *n спорт.* одновреме́нный фи́ниш; фи́ниш грудь в грудь
**dead-house** [ˈdedhaus] *n* мертве́цкая, морг
**dead letter** [ˈdedˈletə] *n* 1) не применя́ющийся, но и не отменённый зако́н 2) письмо́, не востре́бованное адреса́том *или* не доста́вленное ему́
**dead-level** [ˈdedˈlevl] *n* 1) соверше́нно гла́дкая пове́рхность; равни́на 2) моното́нность, однообра́зие
**dead lift** [ˈdedˈlɪft] *n* 1) напра́сное уси́лие (*при подъёме тяжести*) 2) геодези́ческая высота́ подъёма
**deadlight** [ˈdedlaɪt] *n мор.* глухо́й иллюмина́тор; глухо́е окно́
**dead-line** [ˈdedlaɪn] *n* 1) черта́, за кото́рую нельзя́ переходи́ть 2) кра́йний срок, к кото́рому до́лжен быть гото́в материа́л для очередно́го но́мера (*газеты, журнала*)
**dead load** [ˈdedˈləud] *n тех.* мёртвый груз; со́бственный вес, вес констру́кции, постоя́нная нагру́зка
**deadlock** [ˈdedlɔk] 1. *n* мёртвая то́чка; тупи́к; безвы́ходное положе́ние; засто́й
2. *v* зайти́ в тупи́к
**deadly** [ˈdedlɪ] 1. *a* 1) смерте́льный; смертоно́сный; ~ poison смерте́льный яд 2) сме́ртный; ~ sin сме́ртный грех 3) неумоли́мый, беспоща́дный; уби́йственный; ~ struggle борьба́ не на жизнь, а на смерть 4) *разг.* ужа́сный, чрезвыча́йный; ~ paleness смерте́льная бле́дность; ~ gloom стра́шный мрак; in ~ haste в стра́шной спе́шке
2. *adv* 1) смерте́льно 2) *разг.* ужа́сно, чрезвыча́йно
**deadly nightshade** [ˈdedlɪˈnaɪtʃeɪd] *n бот.* краса́вка, беллadóнна, со́нная о́дурь
**dead man's handle** [ˈdedmənzˈhændl] *n* автомати́ческий то́рмоз в электропоезда́х (*останавливающий поезд в случае внезапного заболевания или смерти водителя*)
**dead march** [ˈdedˈmaːtʃ] *n* похоро́нный марш
**dead-nettle** [ˈdedˈnetl] *n бот.* ясно́тка
**dead-office** [ˈdedˌɔfɪs] *n* панихи́да
**dead-pan** [ˈdedpæn] *n разг.* невозмути́мый вид; бесстра́стное, неподви́жное лицо́
**dead-point** [ˈdedˈpɔɪnt] = dead centre
**dead reckoning** [ˈdedˈreknɪŋ] *n мор.*, *ав.* навигацио́нное счисле́ние (*пути*)
**dead set** [ˈdedˈset] 1. *n* 1) *охот.* (мёртвая) сто́йка 2) реши́мость
2. *a predic.* по́лный реши́мости; he is ~ on going to Moscow он реши́л во что бы то ни ста́ло пое́хать в Москву́
**dead short** [ˈdedʃɔːt] *n эл.* по́лное коро́ткое замыка́ние
**dead shot** [ˈdedʃɔt] *n* стрело́к, не даю́щий про́маха
**dead-spot** [ˈdedˈspɔt] *n радио* зо́на молча́ния
**dead wall** [ˈdedˈwɔːl] *n стр.* глуха́я стена́
**dead-water** [ˈdedˌwɔːtə] *n* 1) стоя́чая вода́ 2) *мор.* кильва́тер
**dead weight** [ˈdedweɪt] *n* 1) *мор.* по́лная грузоподъёмность (*судна*), дедве́йт 2) *стр.* мёртвый груз; вес констру́кции
**dead-wind** [ˈdedˈwɪnd] *n* встре́чный лобово́й ве́тер
**dead window** [ˈdedˈwɪndəu] *n архит.* фальши́вое окно́, глухо́е окно́
**dead-wood** [ˈdedwud] *n* 1) сухосто́йное де́рево; сухосто́й; сухосто́йная древеси́на 2) *мор.* де́йдвуд 3) *ж.-д.* бу́ферный брус (упо́ра)
**deaf** [def] *a* 1) глухо́й, глухова́тый, туго́й на́ ухо; ~ of an ear, ~ in one ear глухо́й на одно́ у́хо 2) глухо́й, отка́зывающийся слу́шать; he was ~ to our advice он не послу́шался на́шего сове́та ◇ to turn a ~ ear to smb., smth. не слу́шать кого́-л., пропуска́ть ми́мо уше́й; не обраща́ть внима́ния на что-л.; ~ as an adder (*или* a beetle, a stone, a post) ≅ глуха́я тетеря
**deaf-and-dumb** [ˈdefən(d)ˈdʌm] *a* глухонемо́й
**deafen** [ˈdefn] *v* 1) оглуша́ть 2) заглуша́ть 3) де́лать звуконепроница́емым
**deafening** [ˈdefnɪŋ] 1. *pres. p. от* deafen
2. *a* 1) оглуши́тельный 2) заглуша́ющий
3. *n* звукоизоли́рующий материа́л
**deaf-mute** [ˈdefˈmjuːt] *n* глухонемо́й
**deafness** [ˈdefnɪs] *n* глухота́
**deal** I [diːl] 1. *n* 1) не́которое коли́чество; there is a ~ of truth in it в э́том есть до́ля пра́вды; a great ~ of мно́го; a great ~ better гора́здо лу́чше 2) сде́лка; соглаше́ние; to do (*или* to make) a ~ with smb. заключи́ть сде́лку с кем-л. 3) обхожде́ние, обраще́ние 4) *карт.* сда́ча 5) прави́тельственный курс, систе́ма мероприя́тий; New D. *амер. ист.* «но́вый курс» (*система экономических мероприятий президента Ф. Рузвельта*)
2. *v* (dealt) 1) раздава́ть, распределя́ть (*обыкн.* ~ out) 2) *карт.* сдава́ть 3) наноси́ть (*удар*); причиня́ть (*обиду*) 4) торгова́ть (in — *чем-л.*); вести́ торго́вые дела́ (with — с *кем-л.*) 5) быть клие́нтом, покупа́ть в определённой ла́вке (at, with) 6) обща́ться, име́ть де́ло (*с кем-л.*); to refuse to ~ with smb. отка́зываться име́ть де́ло с кем-л. 7) вести́ де́ло, ве́дать, рассма́тривать вопро́с (with); to ~ with a problem разреша́ть вопро́с; to ~ with an attack отража́ть ата́ку 8) обходи́ться, поступа́ть; to ~ honourably поступа́ть благоро́дно; to ~ generously (cruelly) with (*или* by) smb. обраща́ться великоду́шно (жесто́ко) с кем-л. 9) принима́ть ме́ры (*к чему-либо*); боро́ться; to ~ with fires боро́ться с пожа́рами
**deal** II [diːl] 1. *n* 1) ело́вая *или* сосно́вая доска́ определённого разме́ра, дильс 2) хво́йная древеси́на
2. *a* сосно́вый *или* ело́вый (*о древесине*); из ди́льса
**dealer** [ˈdiːlə] *n* 1) торго́вец; retail ~ ро́зничный торго́вец; ~ in old clothes старьёвщик 2) *карт.* сдаю́щий ка́рты 3) аге́нт по прода́же (*особ. автомобилей*) ◇ a plain ~ прямо́й открове́нный челове́к; a double ~ двуру́шник, двули́чный челове́к
**dealing** [ˈdiːlɪŋ] 1. *pres. p. от* deal I, 2
2. *n* 1) распределе́ние 2) поведе́ние 3) *pl* дру́жеские отноше́ния 4) *pl* торго́вые дела́; сде́лки; to have ~s with smb. вести́ дела́, име́ть торго́вые свя́зи с кем-л. ◇ plain ~ прямота́; открове́нность; straight ~ че́стность; double ~ двуру́шничество; лицеме́рие
**dealt** [delt] *past. и p. p. от* deal I, 2
**dean** I [diːn] *n* 1) *церк.* дека́н (*титул старшего после епископа духовного лица в католической и англиканской церкви*) 2) *церк.* настоя́тель собо́ра; ста́рший свяще́нник; rural ~ благочи́нный 3) дека́н (*факультета*) 4) старшина́ дипломати́ческого ко́рпуса, дуайе́н
**dean** II [diːn] *n* ба́лка, глубо́кая и у́зкая доли́на
**deanery** [ˈdiːnərɪ] *n* 1) дека́нство 2) декана́т 3) дом дека́на *или* настоя́теля 4) церко́вный о́круг (*подчинённый благочинному*)
**dear** [dɪə] 1. *a* 1) дорого́й, ми́лый 2) сла́вный, преле́стный; he is a ~ fellow он прекра́сный па́рень 3) *вежливая или иногда ироническая форма обращения*; my ~ Jones любе́зный (*или* любе́знейший) Джо́унз; D. Sir ми́лостивый госуда́рь (*офиц. обращение в письме*) 4) дорого́й, дорогосто́ящий; ~ shop магази́н, в кото́ром

товары продаются по более дорогой цене

2. *n* 1) возлюбленный, милый; возлюбленная, милая 2) *разг.* прелесть; what ~s they are! как они прелестны!

3. *adv* дорого (*тж. перен.*)

4. *int выражает симпатию, сожаление, огорчение, нетерпение, удивление, презрение*: ~ me! is it so? неужели?; oh ~, my head aches! ох, как болит голова!

**dearborn** [ˈdɪəbɔ:n] *n амер.* лёгкий четырёхколёсный экипаж

**dear-bought** [ˈdɪəbɔ:t] *a* дорого доставшийся

**dearly** [ˈdɪəlɪ] *adv* 1) нежно; ~ beloved нежно любимый 2) дорогой ценой, дорого (*особ. перен.*); he would ~ love to see his mother again он дорого бы дал, чтобы увидеть снова мать

**dearth** [dɜ:θ] *n* 1) нехватка продуктов; голод; in time of ~ во время голода 2) нехватка, недостаток; ~ of workmen недостаток рабочих рук

**deary** [ˈdɪərɪ] *n разг.* (*обыкн. в обращении*) дорогой; дорогая; милочка, душечка; голубчик, голубушка

**death** [deθ] *n* 1) смерть; natural (violent) ~ естественная (насильственная) смерть; civil ~ гражданская смерть; поражение в правах гражданства; to meet one's ~ найти свою смерть; at ~'s door при смерти; на краю гибели; to be in the jaws of ~ быть в когтях смерти, в крайней опасности; to put (*или* to do) to ~ казнить, убивать; wounded to ~ смертельно раненый; war to the ~ война на истребление 2) конец, гибель; the ~ of one's hopes конец чьим-л. надеждам 3): the Black D. *ист.* чума в Европе в XIV в., «чёрная смерть» 4) *употр. для усиления*: tired to ~ смертельно усталый; to work smb. to ~ не давать кому-л. передышки, загнать кого-л. до полусмерти; this will be the ~ of me это сведёт меня в могилу; это меня ужасно огорчит 5) *attr.* смертный, смертельный ◇ to be in at the ~ а) *охот.* присутствовать при том, как на охоте убивают затравленную лисицу; б) быть свидетелем завершения каких-л. событий; like grim ~ отчаянно, изо всех сил; worse than ~ очень плохой

**death-adder** [ˈdeθˌædə] *n зоол.* шипохвост австралийский

**death-agony** [ˈdeθˌægənɪ] *n* предсмертная агония

**deathbed** [ˈdeθbed] *n* 1) смертное ложе; on one's ~ на смертном одре 2) предсмертные минуты 3) *attr.* предсмертный; ~ repentance запоздалое раскаяние

**death-bell** [ˈdeθbel] *n* похоронный звон

**death-blow** [ˈdeθbləu] *n* смертельный *или* роковой удар

**death-cup** [ˈdeθkʌp] *n* бледная поганка (*гриб*)

**death-damp** [ˈdeθdæmp] *n* холодный пот (*у умирающего*)

**death-duties** [ˈdeθˌdju:tɪz] *n pl* налог на наследство

**death-feud** [ˈdeθfju:d] *n* смертельная вражда

**death-hunter** [ˈdeθˌhʌntə] *n* мародёр, обирающий убитых на поле сражения

**deathless** [ˈdeθlɪs] *a* бессмертный

**deathlike** [ˈdeθlaɪk] *a* подобный смерти

**deathly** [ˈdeθlɪ] 1. *a* смертельный, роковой; подобный смерти; ~ silence гробовое молчание

2. *adv* смертельно

**death-mask** [ˈdeθmɑ:sk] *n* посмертная маска

**death-rate** [ˈdeθreɪt] *n* смертность; показатель смертности

**death-rattle** [ˈdeθˌrætl] *n* предсмертный хрип

**death-roll** [ˈdeθrəul] *n* список убитых *или* погибших

**death's-head** [ˈdeθshed] *n* 1) череп (*как эмблема смерти*); to look like a ~ on a mopstick быть похожим на мертвеца 2) мёртвая (*или* адамова) голова (*бабочка*)

**death-struggle** [ˈdeθˌstrʌgl] *n* агония

**death-toll** [ˈdeθtəul] = death-roll

**death-trap** [ˈdeθtræp] *n* опасное, гиблое место

**death-warrant** [ˈdeθˌwɔrənt] *n* 1) распоряжение о приведении в исполнение смертного приговора 2) что-л., равносильное смертному приговору (*напр.*, прогноз врача)

**death-watch** [ˈdeθwɔtʃ] *n* 1) бодрствование у постели умирающего *или* умершего 2) часовой, приставленный к приговорённому к смертной казни 3) *зоол.* жук-могильщик

**deb** [deb] *n* (*сокр. от* débutante) *разг.* дебютантка

**débâcle** [deɪˈbɑ:kl] *фр. n* 1) вскрытие реки; ледоход 2) стихийный прорыв вод 3) разгром; паническое бегство 4) ниспровержение, падение (*правительства*)

**debar** [dɪˈbɑ:] *v* воспрещать, не допускать; отказывать; лишать права; to ~ smb. from voting лишить кого-л. права голоса; to ~ smb. from holding public offices лишать кого-л. права занимать общественные должности; to ~ passage не давать пройти

**debark** [dɪˈbɑ:k] *v* высаживать(ся); выгружать(ся) (*на берег*)

**debarkation** [ˌdi:bɑ:ˈkeɪʃən] *n* высадка (*людей*); выгрузка (*товара*)

**debarkment** [dɪˈbɑ:kmənt] = debarkation

**debase** [dɪˈbeɪs] *v* 1) унижать достоинство 2) понижать качество, ценность; портить; to ~ the coinage *фин.* снизить курс валюты

**debasement** [dɪˈbeɪsmənt] *n* 1) унижение 2) снижение ценности, качества

**debatable** [dɪˈbeɪtəbl] *a* 1) спорный, дискуссионный 2) оспариваемый; ~ ground территория, оспариваемая двумя странами; *перен.* предмет спора

**debate** [dɪˈbeɪt] 1. *n* 1) дискуссия, прения, дебаты; to open a ~ открыть дискуссию 2) спор, полемика; beyond ~ бесспорно 3) (the ~s) *pl* официальный отчёт о парламентских заседаниях

2. *v* 1) обсуждать, дебатировать; спорить; оспаривать 2) обдумывать; рассматривать; to ~ a matter in one's mind взвешивать, обдумывать что-л.

**debater** [dɪˈbeɪtə] *n* участник дебатов, прений; skilful ~ искусный спорщик

**debating-society** [dɪˈbeɪtɪŋsəˈsaɪətɪ] *n* дискуссионный клуб

**debauch** [dɪˈbɔ:tʃ] 1. *n* 1) попойка, дебош, оргия 2) разврат, распутство

2. *v* 1) совращать, развращать; обольщать (*женщину*) 2) портить, искажать (*вкус, суждение*)

**debauchee** [ˌdebɔ:ˈtʃi:] *n* развратник, распутник

**debauchery** [dɪˈbɔ:tʃərɪ] *n* 1) пьянство, обжорство, невоздержанность 2) разврат, распущенность 3) *pl* оргии, кутёж

**debenture** [dɪˈbentʃə] *n фин.* 1) долговое обязательство, долговая расписка 2) облигация акционерного общества, компании 3) сертификат таможни на возврат пошлин 4) *attr.*: ~ bond облигация акционерного общества; ~ stock облигации

**debilitate** [dɪˈbɪlɪteɪt] *v мед.* ослаблять, расслаблять; истощать

**debilitation** [dɪˌbɪlɪˈteɪʃən] *n мед.* ослабление, слабость; истощение

**debility** [dɪˈbɪlɪtɪ] *n* 1) слабость, бессилие 2) болезненность; слабость здоровья

**debit** [ˈdebɪt] *бухг.* 1. *n* дебет; to put to the ~ of smb. записать в дебет кому-л.

2. *v* дебетовать, вносить в дебет

**debonair** [ˌdebəˈnɛə] *a* 1) добродушный, любезный 2) весёлый, жизнерадостный

**debouch** [dɪˈbautʃ] *v* 1) выходить из ущелья на открытую местность (*о реке*) 2) *воен.* дебушировать

**debouchment** [dɪˈbautʃmənt] *n* 1) выход из ущелья 2) устье реки 3) *воен.* дебуширование, выход из теснины *или* укрытия

**debris** [ˈdeɪbri:] *фр. n* 1) осколки, обломки; обрезки; лом 2) развалины 3) строительный мусор 4) *геол.* обломки пород; наносная порода, покрывающая месторождение; пустая порода

**debt** [det] *n* долг; to contract ~s наделать долгов; to incur a ~, to get (*или* to run) into ~ влезть в долги; a bad ~ безнадёжный долг; ~ of gratitude долг благодарности; ~ of honour долг чести; he is heavily in ~ ≅ он в долгу как в шелку; to be in smb.'s ~ быть у кого-л. в долгу; I am very much in your ~ я вам очень обязан

**debtor** [ˈdetə] *n* 1) должник, дебитор; ~'s prison долговая тюрьма; 2) *бухг.* дебет, приход

**debt service** [ˈdetˌsəːvɪs] *n* упла́та капита́льного до́лга и проце́нтов по госуда́рственному до́лгу

**debunk** [ˈdiːˈbʌŋk] *v разг.* 1) разоблача́ть обма́н 2) разве́нчивать, лиша́ть прести́жа

**debus** [diːˈbʌs] *v* выса́живать(ся), выгружа́ть(ся) из автомаши́н

**debussing-point** [diːˈbʌsɪŋˈpɔɪnt] *n* ме́сто вы́садки из автомаши́н

**début** [ˈdeɪbuː] *фр. n* дебю́т; to make one's ~ дебюти́ровать

**débutant** [ˈdebju(ː)tɑːŋ] *фр. n* дебюта́нт

**débutante** [ˈdebju(ː)tɑːnt] *фр. n* дебюта́нтка

**deca-** [ˈdekə-] *pref* дека-, десяти-

**decachord** [ˈdekəkɔːd] *n* десятистру́нная а́рфа (*древнегреческая*)

**decadal** [ˈdekədəl] *a* происходя́щий ка́ждые де́сять лет

**decade** [ˈdekeɪd] *n* 1) гру́ппа из десяти́, деся́ток 2) десятиле́тие

**decadence, -cy** [ˈdekədəns, -sɪ] *n* 1) упа́док, ухудше́ние 2) декаде́нтство, упа́дочничество́, декада́нс (*в иску́сстве*)

**decadent** [ˈdekədənt] **1.** *n* декаде́нт

2. *a* упа́дочный, декаде́нтский

**decagon** [ˈdekəgən] *n* десятиуго́льник

**decagonal** [deˈkægənəl] *a* десятиуго́льный

**decagram(me)** [ˈdekəgræm] *n* декагра́мм

**decahedral** [ˌdekəˈhiːdrəl] *a* десятигра́нный

**decalcify** [diːˈkælsɪfaɪ] *v* удаля́ть известко́вое вещество́, декальцини́ровать

**decalitre** [ˈdekəˌliːtə] *n* декали́тр

**decalogue** [ˈdekəlɔg] *n библ.* де́сять за́поведей, декало́г

**decametre** [ˈdekəˌmiːtə] *n* декаме́тр

**decamp** [dɪˈkæmp] *v* 1) снима́ться с ла́геря, выступа́ть из ла́геря 2) удира́ть, скрыва́ться

**decampment** [dɪˈkæmpmənt] *n* 1) выступле́ние из ла́геря 2) бы́стрый ухо́д; побе́г, бе́гство

**decanal** [dɪˈkeɪnl] *n* дека́нский

**decandrous** [dɪˈkændrəs] *a бот.* с десятью́ тычи́нками

**decangular** [deˈkæŋgjulə] *n* десятиуго́льный

**decant** [dɪˈkænt] *v* 1) фильтрова́ть; деканти́ровать; отму́чивать 2) сце́живать; перелива́ть из буты́лки в графи́н (*вино*)

**decanter** [dɪˈkæntə] *n* графи́н

**decaphyllous** [ˌdekəˈfɪləs] *a бот.* десятили́стный

**decapitate** [dɪˈkæpɪteɪt] *v* обезглавливать, отруба́ть го́лову

**decapitation** [dɪˌkæpɪˈteɪʃən] *n* обезгла́вливание

**decapod** [ˈdekəpɔd] *зоол.* **1.** *n* десятино́гий рак

2. *a* десятино́гий

**decarbonate, decarbonize** [diːˈkɑːbəneɪt, -naɪz] *v* 1) *хим.* обезуглеро́живать 2) очища́ть от нага́ра, ко́поти

**decasualize** [diːˈkæʒjuəlaɪz] *v эк.* ликвиди́ровать *или* сократи́ть теку́честь рабо́чей си́лы

**decasyllabic** [ˈdekəsɪˈlæbɪk] **1.** *a* десятисло́жный

2. *n* десятисло́жный стих

**decathlon** [dɪˈkæθlɔn] *n спорт.* десяти́бо́рье

**decay** [dɪˈkeɪ] **1.** *n* 1) гние́ние, распа́д 2) сгни́вшая часть (*я́блока и т. п.*) 3) разложе́ние, упа́док, загнива́ние; распа́д (*госуда́рства, семьи́ и т. п.*); to fall into ~ приходи́ть в упа́док, разруша́ться 4) расстро́йство (*здоро́вья*) 5) разруше́ние (*зда́ния*) 6) *физ.* распа́д

2. *v* 1) гнить, разлага́ться 2) по́ртиться; ухудша́ться; хире́ть, слабе́ть, уга́сать 3) приходи́ть в упа́док; распада́ться (*о госуда́рстве, семье́ и т. п.*) 4) опусти́ться (*о челове́ке*)

**decease** [dɪˈsiːs] **1.** *n* смерть, кончи́на

2. *v* сконча́ться

**deceased** [dɪˈsiːst] **1.** *p. p. от* decease 2

2. *a* поко́йный, уме́рший

3. *n* (the ~) поко́йник, поко́йный, уме́рший

**decedent** [dɪˈsiːdənt] *n юр.* поко́йный

**deceit** [dɪˈsiːt] *n* 1) обма́н; to practise ~ хитри́ть, обма́нывать 2) хи́трость 3) лжи́вость

**deceitful** [dɪˈsiːtful] *a* 1) вводя́щий в заблужде́ние; обма́нчивый 2) лжи́вый, преда́тельский

**deceive** [dɪˈsiːv] *v* обма́нывать; вводи́ть в заблужде́ние; to ~ oneself обма́нываться

**decelerate** [diːˈseləreɪt] *v* уменьша́ть ско́рость, ход, число́ оборо́тов; замедля́ть

**deceleration** [ˈdiːˌseləˈreɪʃən] *n* замедле́ние; торможе́ние

**December** [dɪˈsembə] *n* 1) дека́брь 2) *attr.* дека́брьский

**Decembrist** [dɪˈsembrɪst] *n ист.* декабри́ст

**decemvir** [dɪˈsemvə] *лат. n* (*pl* -rs [-əz], -iri) *ист.* децемви́р

**decemviri** [dɪˈsemvəraɪ] *pl от* decemvir

**decenary** [dɪˈsenərɪ] = decennary

**decency** [ˈdiːsnsɪ] *n* 1) прили́чие, благопристо́йность; a breach of ~ наруше́ние прили́чий, деко́рума; in common ~ из уваже́ния к прили́чиям; have the ~ to confess име́йте со́весть призна́ться; to serve the decencies соблюда́ть прили́чия 2) ве́жливость; любе́зность; поря́дочность 3) *pl* (the ~s) соблюде́ние прили́чий, пра́вила хоро́шего то́на

**decennary** [dɪˈsenərɪ] *n* десятиле́тие

**decenniad** [dɪˈsenɪæd] = decennary

**decennial** [dɪˈsenjəl] *a* 1) десятиле́тний; продолжа́ющийся де́сять лет 2) повторя́ющийся ка́ждые де́сять лет

**decent** [ˈdiːsnt] *a* 1) прили́чный, поря́дочный; подходя́щий; a pretty ~ house дово́льно прили́чный дом 2) скро́мный; сде́ржанный 3) *разг.* сла́вный, хоро́ший; that's very ~ of you э́то о́чень ми́ло с ва́шей стороны́ 4) *школ.* нестро́гий, до́брый

**decently** [ˈdiːsntlɪ] *adv* 1) поря́дочно, прили́чно, хорошо́ 2) скро́мно 3) любе́зно, ми́ло

**decentralize** [diːˈsentrəlaɪz] *v* децентрализова́ть

**deception** [dɪˈsepʃən] *n* обма́н, жу́льничество; ложь; хи́трость; to practise ~ обма́нывать

**deceptive** [dɪˈseptɪv] *a* обма́нчивый, вводя́щий в заблужде́ние; appearances are often ~ нару́жность ча́сто обма́нчива; ~ gas *воен.* маскиру́ющий газ

**deci-** [desɪ-] *pref* деци- (*обознача́ет деся́тую часть, особ. в метри́ческой систе́ме*)

**decide** [dɪˈsaɪd] *v* реша́ть(ся), принима́ть реше́ние; to ~ against (in favour of) smb. выноси́ть реше́ние про́тив (в по́льзу) кого́-л.; that ~s me! решено́!; to ~ between two things сде́лать вы́бор □ ~ **on** вы́брать; she ~d on the green hat она́ вы́брала зелёную шля́пу

**decided** [dɪˈsaɪdɪd] **1.** *p. p. от* decide

2. *a* 1) реши́тельный 2) определённый, решённый; бесспо́рный; ~ superiority я́вное превосхо́дство

**decidedly** [dɪˈsaɪdɪdlɪ] *adv* 1) реши́тельно 2) несомне́нно, я́вно, бесспо́рно

**deciduous** [dɪˈsɪdjuəs] *a* 1) *бот.* листопа́дный (*о дере́вьях*); ли́ственный 2) периоди́чески сбра́сываемый (*о рога́х*) 3) моло́чный (*о зуба́х*) 4) быстроте́чный, преходя́щий

**decigram(me)** [ˈdesɪgræm] *n* децигра́мм

**decilitre** [ˈdesɪˌliːtə] *n* децили́тр

**decimal** [ˈdesɪməl] **1.** *a* десяти́чный; ~ fraction десяти́чная дробь; ~ notation обозначе́ние ара́бскими ци́фрами; ~ numeration десяти́чная систе́ма счисле́ния; ~ coinage десяти́чная моне́тная систе́ма; ~ point то́чка в десяти́чной дро́би, отделя́ющая це́лое от дро́би

2. *n* десяти́чная дробь; recurring ~ периоди́ческая десяти́чная дробь

**decimalism** [ˈdesɪməlɪzm] *n* примене́ние десяти́чной систе́мы

**decimalize** [ˈdesɪməlaɪz] *v* 1) обраща́ть в десяти́чную дробь 2) переводи́ть на метри́ческую систе́му мер

**decimally** [ˈdesɪməlɪ] *adv* по десяти́чной систе́ме

**decimate** [ˈdesɪmeɪt] *v* 1) казни́ть ка́ждого деся́того 2) уничтожа́ть, коси́ть; cholera ~d the population холе́ра коси́ла населе́ние 3) *ист.* взима́ть десяти́ну

**decimation** [ˌdesɪˈmeɪʃən] *n* 1) казнь, расстре́л ка́ждого деся́того 2) опустоше́ние, мор 3) *ист.* взима́ние десяти́ны

**decimetre** [ˈdesɪˌmiːtə] *n* дециме́тр

**decimosexto** [ˌdesɪməuˈsekstəu] *n полигр.* форма́т кни́ги в $^1/_{16}$ листа́

**decipher** [dɪˈsaɪfə] *v* 1) расшифро́вывать 2) разбира́ть (*нея́сный по́черк, дре́вние пи́сьмена и т. п.*)

**decipherable** [dɪˈsaɪfərəbl] *a* поддаю́щийся расшифро́вке, чте́нию

**decision** [dɪˈsɪʒən] *n* 1) реше́ние; to arrive at (*или* to come to) a ~ приня́ть реше́ние 2) *юр.* заключе́ние, пригово́р 3) реши́мость, реши́тельность; a man of ~ реши́тельный челове́к; to lack ~ быть нереши́тельным; with ~ уве́ренно, реши́тельно

**decisive** [dɪ'saɪsɪv] *a* 1) реша́ющий, име́ющий реша́ющее значе́ние 2) реши́тельный (*о характере, человеке*) 3) убеди́тельный (*о фактах, уликах*)

**deck** [dek] **1.** *n* 1) па́луба; on ~ а) на па́лубе; б) *амер. разг.* под руко́й; в) *амер.* гото́вый к де́йствиям; to clear the ~s (for action) *мор.* пригото́виться к бо́ю; *перен.* пригото́виться к де́йствиям 2) кры́ша ваго́на; складно́й *или* съёмный верх (автомоби́ля) 3) пол в ваго́не трамва́я *или* авто́буса 4) *амер.* коло́да (*карт*) 5) *мор. жарг.* земля́

2. *v* 1) настила́ть па́лубу 2) украша́ть, убира́ть (*цветами, флагами; часто* ~ out)

**deck alighting** ['dekə,laɪtɪŋ] = deck landing

**deck-bridge** ['dekbrɪdʒ] *n* мост с ездо́й по́верху

**deck-cabin** ['dek'kæbɪn] *n* каю́та на па́лубе

**deck-cargo** ['dek'kɑːgəu] *n* па́лубный груз

**deck-chair** ['dektʃɛə] *n* шезло́нг, лонгшёз (*для пассажиров на палубе*)

**-decker** [-dekə] *в сложных словах означает*: име́ющий *столько-то* па́луб; one- ~ (two- ~) однопа́лубное (двухпа́лубное) су́дно

**deck-hand** ['dekhænd] *n* 1) матро́с 2) *pl* па́лубная кома́нда

**deck-house** ['dekhaus] *n мор.* 1) ру́бка 2) сало́н на ве́рхней па́лубе

**decking** ['dekɪŋ] **1.** *pres. p. от* deck 2

2. *n* 1) украше́ние 2) па́лубный материа́л 3) опа́лубка, насти́л

**deck landing** ['dek,lændɪŋ] *n мор. ав.* поса́дка на па́лубу

**deckle** ['dekl] **1.** *n тех.* де́кель

2. *v* 1) обреза́ть края́ бума́ги 2) трепа́ть, обрыва́ть (*край бумаги*)

**deckle-edged** ['dekl'edʒd] *a* с неро́вными края́ми (*о бумаге*)

**deck-light** ['deklaɪt] *n мор.* па́лубный иллюмина́тор

**deck-passage** ['dek,pæsɪdʒ] *n* прое́зд на па́лубе (*без права пользования каютой*)

**deck-passenger** ['dek,pæsɪndʒə] *n* па́лубный пассажи́р

**deck start** ['dekstɑːt] *n мор. ав.* взлёт с па́лубы

**declaim** [dɪ'kleɪm] *v* 1) произноси́ть с па́фосом (*речь*) 2) осужда́ть (*в выступлении*), выступа́ть про́тив (against) 3) деклами́ровать, чита́ть (*стихи*)

**declamation** [,deklə'meɪʃən] *n* 1) деклама́ция; худо́жественное чте́ние 2) торже́ственная речь 3) красноре́чие 4) хоро́шая фразиро́вка (*при пении*)

**declamatory** [dɪ'klæmətərɪ] *a* 1) декламацио́нный 2) ора́торский 3) напы́щенный

**declarable** [dɪ'klɛərəbl] *a* облага́емый по́шлиной на тамо́жне

**declarant** [dɪ'klɛərənt] *n юр.* 1) тот, кто подаёт заявле́ние, деклара́цию 2) *амер.* иностра́нец, пода́вший заявле́ние о приня́тии его́ в америка́нское гражда́нство

**declaration** [,deklə'reɪʃən] *n* 1) заявле́ние, деклара́ция; to make a ~ сде́лать заявле́ние 2) объявле́ние (*войны и т. п.*); ~ of the poll объявле́ние результа́тов голосова́ния 3) *юр.* исково́е заявле́ние истца́; торже́ственное заявле́ние (*свидетеля без присяги*) 4) тамо́женная деклара́ция 5) объясне́ние в любви́

**declarative** [dɪ'klærətɪv] *a* 1) декларати́вный 2) *грам.* повествова́тельный (*о предложении*)

**declaratory** [dɪ'klærətərɪ] *a* 1) = declarative 1); 2) объясни́тельный, поясни́тельный

**declare** [dɪ'klɛə] *v* 1) объявля́ть; to ~ one's love объясня́ться в любви́ 2) признава́ть, объявля́ть (*кого-л. кем-л.*); he was ~d an invalid он был при́знан инвали́дом 3) заявля́ть, провозглаша́ть, объявля́ть публи́чно; well, I ~! *разг.* одна́ко, скажу́ я вам! 4) выска́зываться (for—за; against—про́тив); to ~ oneself а) вы́сказаться; б) показа́ть себя́ 5) называ́ть, предъявля́ть ве́щи, облага́емые по́шлиной (*в таможне*); have you anything to ~? предъяви́те ве́щи, подлежа́щие обложе́нию по́шлиной 6) *карт.* объявля́ть ко́зырь □ ~ **in** заяви́ть о своём согла́сии баллоти́роваться; ~ **off** отказа́ться от (*сделки и т. п.*)

**declared** [dɪ'klɛəd] **1.** *p. p. от* declare

2. *a* 1) объя́вленный, зая́вленный; ~ value *ком.* объя́вленная це́нность (*товаров*) 2) я́вный, при́знанный

**déclassé** [,deɪklɑː'seɪ] *фр.* = declassed

**declassed** ['diː'klɑːst] *a* деклассиро́ванный

**declassify** [diː'klæsɪfaɪ] *v* рассекре́чивать (*документы, материалы*)

**declension** [dɪ'klenʃən] *n* 1) отклоне́ние (*от образца*); ухудше́ние 2) *грам.* склоне́ние; кла́ссы склоне́ний ◊ in the ~ of years на скло́не лет

**declensional** [dɪ'klenʃənl] *a грам.* относя́щийся к склоне́нию; ~ endings паде́жные оконча́ния

**declinable** [dɪ'klaɪnəbl] *a грам.* склоня́емый

**declination** [,deklɪ'neɪʃən] *n* 1) отклоне́ние 2) магни́тное склоне́ние 3) накло́н, наклоне́ние 4) *грам.* склоне́ние

**declinator** ['deklɪneɪtə] = declinometer

**declinatory** [dɪ'klaɪnətərɪ] *a* 1) отклоня́ющий(ся) 2) отка́зывающий(ся)

**decline** [dɪ'klaɪn] **1.** *n* 1) склон, укло́н 2) паде́ние, упа́док, спад; business ~ спад делово́й акти́вности; on the ~ а) в состоя́нии упа́дка; б) на уще́рбе, на скло́не; the ~ of the moon луна́ на уще́рбе 3) сниже́ние (*цены*) 4) ухудше́ние (*здоровья, жизненного уровня и т. п.*) 5) коне́ц, зака́т (*жизни, дня*) 6) изнури́тельная боле́знь, *особ.* туберкулёз

2. *v* 1) клони́ться, наклоня́ться; заходи́ть (*о солнце*) 2) идти́ к концу́ 3) приходи́ть в упа́док; ухудша́ться (*о здоровье, жизненном уровне и т. п.*) 4) уменьша́ться, идти́ на у́быль; спада́ть (*о температуре*) 5) отклоня́ть (*предложения и т. п.*); отка́зывать(ся) 6) наклоня́ть, склоня́ть; to ~ one's head on one's breast склони́ть (*или* урони́ть) го́лову на грудь 7) *грам.* склоня́ть

**declining** [dɪ'klaɪnɪŋ] **1.** *pres. p. от* decline 2

2. *a* преклó́нный; ~ years прекло́нные го́ды; зака́т дней

**declinometer** [,deklɪ'nɔmɪtə] *n* уклономе́р; деклино́метр; деклина́тор

**declivitous** [dɪ'klɪvɪtəs] *a* дово́льно круто́й (*о спуске*)

**declivity** [dɪ'klɪvɪtɪ] *n* пока́тость; спуск; склон; отко́с; укло́н (*пути*)

**declivous** [dɪ'klaɪvəs] *a* пока́тый; отло́гий

**declutch** ['diː'klʌtʃ] *v тех.* расцепля́ть

**decoct** [dɪ'kɔkt] *v* приготовля́ть отва́р; отва́ривать; наста́ивать

**decoction** [dɪ'kɔkʃən] *n* 1) вывари́вание 2) (лече́бный) отва́р, деко́кт

**decode** ['diː'kəud] *v* расшифро́вывать; декоди́ровать

**decohere** [,diːkəu'hɪə] *v радио* декогери́ровать

**decollate** [dɪ'kɔleɪt] *v уст.* обезгла́вливать

**decollation** [,diːkə'leɪʃən] *n уст.* обезгла́вливание

**décolleté** [deɪ'kɔlteɪ] (*ж.* -tée [-te]) *фр. a* декольтиро́ванный

**decolonization** [diː,kɔlənaɪ'zeɪʃən] *n* деколониза́ция

**decolo(u)r** [diː'kʌlə] = decolo(u)rize

**decolo(u)rant** [diː'kʌlərənt] *n* обесцве́чивающее вещество́

**decolo(u)ration** [diː,kʌlə'reɪʃən] *n* обесцве́чивание

**decolo(u)rize** [diː'kʌləraɪz] *v* обесцве́чивать

**decompensation** [diː,kɔmpen'seɪʃən] *n мед.* декомпенса́ция

**decomplex** [,diːkəm'pleks] *a* вдвойне́ сло́жный, име́ющий сло́жные ча́сти

**decompose** [,diːkəm'pəuz] *v* 1) разлага́ть на составны́е ча́сти; to ~ a force *физ.* разложи́ть си́лу 2) разлага́ться, гнить 3) растворя́ть(ся) 4) анализи́ровать (*причины, мотивы и т. п.*)

**decomposite** [diː'kɔmpəzɪt] **1.** *a* соста́вленный из сло́жных часте́й; составно́й

2. *n что-л.* соста́вленное из сло́жных часте́й (*вещество, слово и т. п.*)

**decomposition** [,diːkɔmpə'zɪʃən] *n* 1) *физ., хим.* разложе́ние 2) распа́д, гние́ние

**decompound** [,diːkəm'paund] **1.** *a* = decomposite 1; ~ leaf *бот.* перистосло́жный лист

2. *v* 1) составля́ть из сло́жных часте́й 2) разлага́ть на составны́е ча́сти

**decompress** [,diːkəm'pres] *v* уменьша́ть давле́ние

**deconsecrate** [di:'kɔnsɪkreɪt] *v* секуляризи́ровать (*церковные земли, имущество*)

**decontaminate** ['di:kən'tæmɪneɪt] *v* обеззара́живать; дегази́ровать

**decontrol** ['di:kən'trəul] *n* освобожде́ние от госуда́рственного контро́ля

**décor** ['deɪkɔ:] *фр. n* 1) оформле́ние (*выставки и т. п.*); *театр.* декора́ции 2) орна́мент

**decora** [dɪ'kɔ:rə] *pl от* decorum

**decorate** ['dekəreɪt] *v* 1) украша́ть, декори́ровать 2) отде́лывать (*дом, помеще́ние*) 3) награжда́ть зна́ками отли́чия, ордена́ми

**decorated** ['dekəreɪtɪd] 1. *p. p. от* decorate

2. *a* 1) укра́шенный, декори́рованный; ~ style англи́йская го́тика XIV ве́ка 2) награждённый

**decoration** [,dekə'reɪʃən] *n* 1) украше́ние; убра́нство 2) *архит.* нару́жная и вну́тренняя отде́лка, украше́ние до́ма 3) *pl* пра́здничные фла́ги, гирля́нды 4) о́рден, знак отли́чия; to confer a ~ on smb. награди́ть кого́-л. о́рденом, зна́ком отли́чия 5) *attr.*: D. Day *амер.* = Memorial Day [*см.* memorial 2]

**decorative** ['dekərətɪv] *a* декорати́вный

**decorator** ['dekəreɪtə] *n* 1) архите́ктор-декора́тор 2) маля́р; обо́йщик

**decorous** ['dekərəs] *a* прили́чный, присто́йный

**decorticate** [dɪ'kɔ:tɪkeɪt] *v* сдира́ть (*кору, шелуху и т. п.*)

**decorum** [dɪ'kɔ:rəm] *лат. n* (*pl* -s [-z], -ra) вне́шнее прили́чие, деко́рум; этике́т

**decoy** 1. *n* ['di:kɔɪ] 1) прима́нка; мано́к 2) западня́, лову́шка 3) пруд, затя́нутый се́ткой (*для зама́нивания ди́ких птиц с помощью манков*) 4) *воен.* маке́т

2. *v* [dɪ'kɔɪ] 1) прима́нивать, зама́нивать в лову́шку 2) завлека́ть

**decoy-duck** [dɪ'kɔɪdʌk] *n* 1) мано́к для зама́нивания ди́ких у́ток 2) прима́нка

**decoy ship** [dɪ'kɔɪʃɪp] *n мор. уст.* су́дно-прима́нка, су́дно-лову́шка

**decrease** 1. *n* ['di:kri:s] уменьше́ние, убыва́ние, пониже́ние; убавле́ние; спад; to be on the ~ идти́ на у́быль

2. *v* [di:'kri:s] уменьша́ть(ся), убыва́ть

**decree** [dɪ'kri:] 1. *n* 1) ука́з, декре́т, прика́з 2) постановле́ние, реше́ние (*суда по гражданским делам*) 3) постановле́ние церко́вного сове́та 4) *pl церк. ист.* декрета́лии ◇ ~ of nature зако́н приро́ды

2. *v* 1) издава́ть декре́т, декрети́ровать 2) отдава́ть распоряже́ние

**decree nisi** [dɪ'kri:'naɪsaɪ] *лат. n юр.* постановле́ние о разво́де, вступа́ющее в си́лу че́рез шесть ме́сяцев, е́сли оно́ не бу́дет отменено́ до э́того

**decrement** ['dekrɪmənt] *n* 1) уменьше́ние, сте́пень у́были 2) *физ.* декреме́нт 3) *тех.* успокое́ние, демпфи́рование

**decrepit** [dɪ'krepɪt] *a* 1) дря́хлый 2) ве́тхий, изно́шенный

**decrepitate** [dɪ'krepɪteɪt] *v* 1) *тех.* обжига́ть, прока́ливать до растре́скивания 2) потре́скивать на огне́

**decrepitation** [dɪ,krepɪ'teɪʃən] *n* 1) *тех.* обжига́ние, прока́ливание 2) потре́скивание при нака́ливании

**decrepitude** [dɪ'krepɪtju:d] *n* 1) дря́хлость 2) ве́тхость

**decrescent** [dɪ'kresnt] *a* убыва́ющий

**decretal** [dɪ'kri:təl] *n церк.* 1) декре́т, постановле́ние 2) *pl ист.* декрета́лии

**decretive** [dɪ'kri:tɪv] *a* декре́тный

**decretory** [dɪ'kri:tərɪ] = decretive

**decrial** [dɪ'kraɪəl] *n* откры́тое осужде́ние, порица́ние

**decry** [dɪ'kraɪ] *v* 1) порица́ть, хули́ть 2) принижа́ть, преуменьша́ть значе́ние (*чего-л.*)

**decuman** ['dekjumən] *a книжн.* могу́чий, мо́щный (*о волне*); ~ wave девя́тый вал

**decumbent** [dɪ'kʌmbənt] *a* 1) лежа́щий 2) *бот.* сте́лющийся по земле́

**decuple** ['dekjupl] 1. *n* удесятерённое число́

2. *a* удесятерённый

3. *v* удесятеря́ть

**decussate** ['dekəseɪt] 1. *a* 1) пересека́ющийся под прямы́м угло́м 2) *бот.* располо́женный крестообра́зно

2. *v* пересека́ть(ся) под прямы́м угло́м, крест-на́крест

**dedans** [de'dɑ:ŋ] *фр. n спорт.* 1) по́ле пода́чи (*в теннисе*) 2) (the ~) *собир.* зри́тели на те́ннисном ма́тче

**dedicate** ['dedɪkeɪt] *v* 1) посвяща́ть 2) предназнача́ть 3) надпи́сывать (*книгу*) 4) *амер.* открыва́ть (*торжественно*)

**dedicated** ['dedɪkeɪtɪd] 1. *p. p. от* dedicate

2. *a* пре́данный; посвяти́вший себя́ (*долгу, делу*); убеждённый (*о стороннике чего-л.*)

**dedicatee** [,dedɪkə'ti:] *n* лицо́, кото́рому что-л. посвящено́

**dedication** [,dedɪ'keɪʃən] *n* 1) посвяще́ние 2) пре́данность, самоотве́рженность

**dedicator** ['dedɪkeɪtə] *n* тот, кто посвяща́ет, посвяща́ющий

**dedicatory** ['dedɪkətərɪ] *a* посвяти́тельный; посвяща́ющий

**deduce** [dɪ'dju:s] *v* 1) выводи́ть (*заключение, следствие, формулу*) 2) проследи́ть, установи́ть происхожде́ние

**deduct** [dɪ'dʌkt] *v* вычита́ть, отнима́ть; уде́рживать; сбавля́ть

**deduction** [dɪ'dʌkʃən] *n* 1) вычита́ние, вы́чет; удержа́ние; ~ in pay вы́четы, удержа́ния из жа́лованья 2) вычита́емое 3) ски́дка 4) вы́вод, заключе́ние; *лог.* деду́кция

**deductive** [dɪ'dʌktɪv] *a лог.* дедукти́вный

**dee** [di:] *n* 1) *название буквы* D 2) *тех.* D-обра́зное кольцо́, рым

**deed** [di:d] 1. *n* 1) де́йствие, посту́пок 2) де́ло, факт; in word and ~ сло́вом и де́лом; in ~ and not in name на де́ле, а не на слова́х (то́лько); in very ~ в са́мом де́ле, в действи́тельности 3) по́двиг 4) *юр.* докуме́нт, акт; to draw up a ~ составля́ть докуме́нт

2. *v амер.* передава́ть по а́кту

**deed-poll** ['di:dpəul] *n юр.* односторо́ннее обяза́тельство

**deem** [di:m] *v* полага́ть, ду́мать, счита́ть

**deemster** ['di:mstə] *n* оди́н из двух суде́й на о-ве Мэн

**deep** [di:p] 1. *a* 1) глубо́кий; ~ water больша́я глубина́; ~ sleep глубо́кий сон; to my ~ regret к моему́ глубо́кому сожале́нию; to keep smth. a ~ secret храни́ть что-л. в стро́гой та́йне; ~ in debt по́ уши в долгу́ 2) серьёзный, не пове́рхностный; ~ knowledge серьёзные, глубо́кие зна́ния 3) погружённый (*во что-л.*); поглощённый (*чем-л.*); за́нятый (*чем-либо*); ~ in a book (in a map) погружённый, ушёдший с голово́й в кни́гу (в изуче́ние ка́рты); ~ in thought, ~ in meditation (глубоко́) заду́мавшийся, погружённый в размышле́ния 4) си́льный, глубо́кий; ~ feelings глубо́кие чу́вства; ~ delight огро́мное наслажде́ние 5) та́инственный, труднопостига́емый 6) насы́щенный, тёмный, густо́й (*о краске, цвете*) 7) ни́зкий (*о звуке*) ◇ a ~ one то́нкая бе́стия; to draw up five (six) ~ *воен.* стро́ить(ся) в пять (шесть) рядо́в; ~ pocket бога́тство, состоя́тельность

2. *n* 1) глубо́кое ме́сто 2) (the ~) *поэт.* мо́ре, океа́н 3) бе́здна, про́пасть 4) са́мое сокрове́нное

3. *adv* глубоко́; ~ in one's mind в глубине́ души́; to dig ~ рыть глубоко́; *перен.* дока́пываться; ~ into the night до глубо́кой но́чи ◇ still waters run ~ *посл.* ≅ в ти́хом о́муте че́рти во́дятся

**deep-brown** ['di:p'braun] *a* тёмно-кори́чневый

**deep-draft** ['di:p'drɑ:ft] *n* глубо́кая оса́дка су́дна

**deep-drawing** ['di:p,drɔ:ɪŋ] *n тех.* глубо́кая вы́тяжка

**deep-drawn** ['di:p'drɔ:n] *a* вы́рвавшийся из глубины́ (*о вздохе*)

**deepen** ['di:pən] *v* 1) углубля́ть(ся) 2) уси́ливать(ся) 3) де́лать(ся) темне́е; сгуща́ть(ся) (*о красках, тенях*) 4) понижа́ть(ся) (*о звуке, голосе*)

**deep-felt** ['di:p'felt] *a* глубо́ко́ прочу́вствованный

**deepfreeze** ['di:pfri:z] 1. *n* морози́льник

2. *v* замора́живать (проду́кты)

**deep-frozen** ['di:p,frəuzn] *a* 1) свежезаморо́женный 2): ~ soil ве́чная мерзлота́

**deep-laid** ['di:p'leɪd] *a* 1) глубоко́ зало́женный 2) дета́льно разрабо́танный и секре́тный (*о плане*)

**deeply** ['di:plɪ] *adv* глубоко́; he is ~ in debt он круго́м в долгу́; to feel (to regret) smth. ~ глубоко́ пережива́ть что-л. (сожале́ть о чём-л.); to drink ~ пить запо́ем

**deep mining** ['di:p,maɪnɪŋ] *n горн.* подзе́мная добы́ча у́гля

**deep-mouthed** [ˈdiːpˈmauðd] *a* 1) зы́чный 2) гро́мко ла́ющий

**deepness** [ˈdiːpnɪs] *n* глубина́ *и пр.* [*см.* deep 1]

**deep-piled** [ˈdiːpˈpaɪld] *a*: a ~ carpet ковёр с дли́нным во́рсом

**deep-rooted** [ˈdiːpˈruːtɪd] *a* глубоко́ укорени́вшийся

**deep-sea** [ˈdiːpˈsiː] *a* глубоково́дный; ~ fishing ло́вля ры́бы в глубо́ких во́дах

**deep-seated** [ˈdiːpˈsiːtɪd] *a* 1) глубоко́ сидя́щий; вкорени́вшийся; ~ abscess глубо́кий навы́в; ~ disease скры́тая боле́знь 2) затаённый (*о чувстве*) 3) твёрдый (*об убеждении*)

**deer** [dɪə] *n* (*pl без измен.*) оле́нь; лань; *собир.* кра́сный зверь; red ~ благоро́дный оле́нь; to run like ~ бежа́ть быстре́е ла́ни, нести́сь стрело́й

**deer-forest** [ˈdɪəˌfɔrɪst] *n* оле́ний запове́дник

**deer-hound** [ˈdɪəhaund] *n* шотла́ндская борза́я

**deer-lick** [ˈdɪəlɪk] *n* уча́сток солонча́ковой по́чвы, где оле́ни ли́жут соль, лизуне́ц

**deer-neck** [ˈdɪənek] *n* то́нкая ше́я (*лошади*)

**deer-park** [ˈdɪəpɑːk] = deer-forest

**deerskin** [ˈdɪəskɪn] *n* оле́нья ко́жа, лоси́на, за́мша

**deerstalker** [ˈdɪəˌstɔːkə] *n* 1) охо́тник на оле́ней 2) во́йлочная шля́па

**deerstalking** [ˈdɪəˌstɔːkɪŋ] *n* охо́та на оле́ней

**deface** [dɪˈfeɪs] *v* 1) по́ртить; искажа́ть 2) стира́ть, де́лать неудобочита́емым 3) дискредити́ровать

**defacement** [dɪˈfeɪsmənt] *n* 1) по́рча; искаже́ние 2) стира́ние 3) то, что по́ртит

**de facto** [ˈdiːˈfæktəu] *лат. adv* на де́ле, факти́чески, де-фа́кто (*противоп.* de jure); the government ~ находя́щееся у вла́сти прави́тельство

**defalcate** [ˈdiːfælkeɪt] *v* 1) обману́ть дове́рие 2) нару́шить долг 3) произвести́ растра́ту; присво́ить чужи́е де́ньги

**defamation** [ˌdefəˈmeɪʃən] *n* клевета́; диффама́ция

**defamatory** [dɪˈfæmətərɪ] *a* бесче́стящий, клеветни́ческий, дискредити́рующий

**defame** [dɪˈfeɪm] *v* поноси́ть, клевета́ть, поро́чить; позо́рить

**defatted** [diːˈfætɪd] *a* обезжи́ренный

**default** [dɪˈfɔːlt] **1.** *n* 1) невыполне́ние обяза́тельств (*особ. денежных*) 2) упуще́ние; недосмо́тр 3) прови́нность, просту́пок 4) нея́вка в суд; judgement by ~ зао́чное реше́ние суда́ в по́льзу истца́ (*вследствие неявки ответчика*) 5) *спорт.* вы́ход из состяза́ния ◇ in ~ of за неиме́нием, за отсу́тствием

**2.** *v* 1) не вы́полнить свои́х обяза́тельств; прекрати́ть платежи́ 2) не яви́ться по вы́зову суда́ 3) вы́нести зао́чное реше́ние (*в пользу истца*) 4) *спорт.* вы́йти из состяза́ния до его́ оконча́ния

**defaulter** [dɪˈfɔːltə] *n* 1) лицо́, не выполня́ющее свои́х обяза́тельств; банкро́т 2) растра́тчик 3) уклони́вшийся от я́вки (*в суд*) 4) *воен.* провини́вшийся; получи́вший взыска́ние 5) *спорт.* уча́стник, вы́бывший из соревнова́ний до оконча́ния ма́тча, встре́чи *и т. п.* 6) *attr.*: ~ book *воен.* журна́л взыска́ний

**defeasance** [dɪˈfiːzəns] *n* 1) аннули́рование, отме́на 2) *юр.* огово́рка в докуме́нте (*могущая аннулировать его*); усло́вие отме́ны

**defeasible** [dɪˈfiːzəbl] *a* могу́щий быть отменённым, аннули́рованным

**defeat** [dɪˈfiːt] **1.** *n* 1) пораже́ние; to sustain (*или* to suffer) a ~ потерпе́ть пораже́ние 2) расстро́йство (планов); круше́ние (*надежд*) 3) *юр.* аннули́рование

**2.** *v* 1) наноси́ть пораже́ние 2) расстра́ивать (*планы*); разруша́ть (*надежды и т. п.*); прова́ливать (*законопроект*) 3) *юр.* отменя́ть, аннули́ровать

**defeatism** [dɪˈfiːtɪzm] *n* пораже́нчество

**defeatist** [dɪˈfiːtɪst] *n* пораже́нец, капитуля́нт

**defeature** [dɪˈfiːtʃə] *v* де́лать неузнава́емым; искажа́ть

**defecate** [ˈdefɪkeɪt] *v* 1) очища́ть (-ся); отста́ивать, осветля́ть (*жидкость*) 2) испражня́ться

**defecation** [ˌdefɪˈkeɪʃən] *n* 1) очище́ние, осветле́ние (*жидкости*) 2) испражне́ние

**defect** [dɪˈfekt] **1.** *n* 1) недоста́ток, неиспра́вность, дефе́кт, недочёт; поро́к, изъя́н 2) поврежде́ние

**2.** *v* нару́шить свой долг; отступи́ться (*от своей партии и т. п.*)

**defection** [dɪˈfekʃən] *n* 1) наруше́ние (*долга, верности*); дезерти́рство; отсту́пничество (from) 2) прова́л, неуда́ча

**defective** [dɪˈfektɪv] **1.** *a* 1) несоверше́нный 2) недоста́точный; непо́лный 3) неиспра́вный; повреждённый; дефе́ктный 4) плохо́й (*о памяти*) 5) дефекти́вный, у́мственно отста́лый 6) *грам.* недоста́точный (*о глаголе*)

**2.** *n* 1) *мед.* дефекти́вный субъе́кт 2) *грам.* недоста́точный глаго́л

**defence** [dɪˈfens] *n* 1) оборо́на; защи́та 2) *pl воен.* укрепле́ния, оборони́тельные сооруже́ния 3) *юр.* защи́та (*на суде*); оправда́ние, реабилита́ция; counsel for the ~ защи́тник обвиня́емого 4) *спорт.* защи́та 5) запреще́ние (*рыбной ловли*) ◇ best ~ is offence нападе́ние — лу́чший вид защи́ты

**defenceless** [dɪˈfenslɪs] *a* 1) беззащи́тный 2) незащищённый, уязви́мый 3) необороня́емый

**defend** [dɪˈfend] *v* 1) обороня́ть(ся), защища́ть(ся) 2) отста́ивать, подде́рживать (*мнение*); опра́вдывать (*меры и т. п.*) 3) *юр.* защища́ть в суде́, выступа́ть защи́тником; to ~ the case защища́ться (*на суде*)

**defendant** [dɪˈfendənt] *n юр.* отве́тчик; подсуди́мый, обвиня́емый

**defender** [dɪˈfendə] *n* 1) защи́тник; ~s of peace сторо́нники ми́ра 2) *спорт.* чемпио́н, защища́ющий своё зва́ние

**defense** [dɪˈfens] *амер.* = defence

**defensible** [dɪˈfensəbl] *a* 1) *воен.* удо́бный для оборо́ны; защити́мый 2) опра́вдываемый

**defensive** [dɪˈfensɪv] **1.** *n* оборо́на; оборони́тельная пози́ция; to act (*или* to be, to stand) on the ~ обороня́ться, защища́ться

**2.** *a* оборони́тельный; оборо́нный

**defer** I [dɪˈfəː] *v* 1) откла́дывать, отсро́чивать 2) *воен.* предоставля́ть отсро́чку от призы́ва

**defer** II [dɪˈfəː] *v* счита́ться с чьим-либо мне́нием; уступа́ть, поступа́ть по сове́ту *или* жела́нию друго́го; to ~ to smb.'s experience полага́ться на чей-л. о́пыт

**deference** [ˈdefərəns] *n* уваже́ние, почти́тельное отноше́ние; to pay (*или* to show) ~ to smb. относи́ться почти́тельно к кому́-л.; in (*или* out of) ~ to smb., smth. из уваже́ния к кому́-л., чему́-л.; with all due ~ to smb., smth. при всём уваже́нии к кому́-л., чему́-л.

**deferent** [ˈdefərənt] *a* 1) *анат.* выводя́щий, выводя́щий (*о протоках, артериях*) 2) отводя́щий (*о каналах*)

**deferential** [ˌdefəˈrenʃəl] *a* почти́тельный

**deferment** [dɪˈfəːmənt] *n* отсро́чка, откла́дывание

**deferred** I [dɪˈfəːd] **1.** *p. p. от* defer I

**2.** *a* 1) заме́дленный 2) отсро́ченный; ~ annuity отсро́ченный платёж по ежего́дной ре́нте; ~ pass *амер.* усло́вный перево́д на сле́дующий курс с обяза́тельством сда́чи академи́ческой задо́лженности

**deferred** II [dɪˈfəːd] *p. p. от* defer II

**defervescence** [ˌdiːfə(ː)ˈvesns] *n мед.* паде́ние температу́ры; сниже́ние температу́ры до норма́льной

**defiance** [dɪˈfaɪəns] *n* 1) вы́зов (*на бой, спор*) 2) вызыва́ющее поведе́ние; откры́тое неповинове́ние; по́лное пренебреже́ние; to bid ~ to, to set at ~ пренебрега́ть, броса́ть вы́зов, не счита́ться с; ни во что не ста́вить ◇ in ~ of а) вопреки́; б) с я́вным пренебреже́нием к

**defiant** [dɪˈfaɪənt] *a* вызыва́ющий; откры́то неповину́ющийся, де́рзкий

**deficiency** [dɪˈfɪʃənsɪ] *n* 1) отсу́тствие (*чего-л.*), нехва́тка, дефици́т 2) недоста́ток, неполноце́нность 3) *attr.*: ~ disease авитамино́з

**deficient** [dɪˈfɪʃənt] *a* 1) недоста́точный; недостаю́щий; непо́лный 2) несоверше́нный; лишённый (*чего-л.*; in); mentally ~ слабоу́мный

**deficit** [ˈdefɪsɪt] *n* дефици́т; нехва́тка; недочёт; to meet a ~ покры́ть дефици́т

**defilade** [ˌdefɪˈleɪd] *воен.* **1.** *n* есте́ственное укры́тие

**2.** *v* укрыва́ть релье́фом (от наблюде́ния и огня́ прямо́й наво́дкой)

**defile** I [dɪˈfaɪl] *v* 1) загрязня́ть, па́чкать 2) оскверня́ть, профани́ровать 3) развраща́ть, растлева́ть

**defile** II **1.** *n* [ˈdiːfaɪl] дефиле́, тесни́на; уще́лье

2. *v* [dɪˈfaɪl] дефили́ровать, проходи́ть у́зкой коло́нной (*о войска́х*)

**defilement** [dɪˈfaɪlmənt] *n* 1) загрязне́ние 2) оскверне́ние, профана́ция 3) растле́ние

**definable** [dɪˈfaɪnəbl] *a* поддаю́щийся определе́нию, определи́мый

**define** [dɪˈfaɪn] *v* 1) определя́ть, дава́ть определе́ние 2) дава́ть характери́стику 3) устана́вливать значе́ние (*сло́ва и т. п.*) 4) оче́рчивать, обознача́ть (*грани́цы*)

**definite** [ˈdefɪnɪt] *a* 1) определённый (*тж. грам.*); for a ~ period на определённый срок; ~ article *грам.* определённый арти́кль (*в англ. языке* the) 2) то́чный, я́сный

**definition** [ˌdefɪˈnɪʃən] *n* 1) определе́ние 2) я́сность, чёткость 3) *ра́дио, тлв.* ре́зкость, чёткость

**definitive** [dɪˈfɪnɪtɪv] *a* 1) оконча́тельный, реши́тельный; безусло́вный 2) *биол.* вполне́ развито́й, дефинити́вный

**deflagrate** [ˈdefləgreɪt] *v* бы́стро сжига́ть *или* сгора́ть

**deflagration** [ˌdefləˈgreɪʃən] *n* 1) сгора́ние взры́вчатых веще́ств без взры́ва 2) вспы́шка

**deflate** [dɪˈfleɪt] *v* 1) спуска́ть (*ши́ну и т. п.*); выка́чивать, выпуска́ть во́здух, газ 2) сплю́щиваться 3) *фин.* сокраща́ть вы́пуск де́нежных зна́ков 4) снижа́ть це́ны 5) опроверга́ть (*до́вод и т. п.*)

**deflation** [dɪˈfleɪʃən] *n* 1) выка́чивание, выпуска́ние во́здуха, га́за 2) *фин.* дефля́ция

**deflect** [dɪˈflekt] *v* 1) отклоня́ть(ся) от прямо́го направле́ния 2) преломля́ть(ся)

**deflected** [dɪˈflektɪd] *a* ото́гнутый, отклонённый; искривлённый

**deflection** [dɪˈflekʃən] 1) отклоне́ние от прямо́го направле́ния 2) склоне́ние магни́тной стре́лки; отклоне́ние стре́лки (*прибо́ров*) 3) *воен.* у́гол горизонта́льной наво́дки; угломе́р основно́го ору́дия; попра́вка; упрежде́ние 4) *тех.* проги́б, прове́с; 5) *опт.* преломле́ние

**deflective** [dɪˈflektɪv] *a* вызыва́ющий отклоне́ние

**deflector** [dɪˈflektə] *n* *тех.* дефле́ктор, отража́тель; отклоня́ющее устро́йство

**deflexion** [dɪˈflekʃən] = deflection

**deflorate** [dɪˈflɔːrɪt] *a* *бот.* отцве́тший

**defloration** [ˌdiːflɔːˈreɪʃən] *n* 1) лише́ние де́вственности 2) обрыва́ние цвето́в

**deflower** [diːˈflauə] *v* 1) лиша́ть де́вственности; изнаси́ловать 2) обрыва́ть цветы́ 3) по́ртить

**defoliate** [dɪˈfəulɪɪt] **1.** *a* лишённый ли́стьев

2. *v* 1) лиша́ть листвы́ 2) уничтожа́ть расти́тельность

**defoliation** [dɪˌfəulɪˈeɪʃən] *n* 1) *бот.* опаде́ние ли́стьев; листопа́д 2) удале́ние листвы́

**deforest** [dɪˈfɔrɪst] *v* вы́рубить леса́; обезле́сить (*ме́стность*)

**deform** [dɪˈfɔːm] *v* 1) уро́довать 2) искажа́ть (*мысль*) 3) *тех.* деформи́ровать

**deformation** [ˌdiːfɔːˈmeɪʃən] *n* 1) уро́дование 2) искаже́ние 3) *тех.* деформа́ция

**deformity** [dɪˈfɔːmɪtɪ] *n* 1) уро́дливость; уро́дство (*физи́ческое или нра́вственное*) 2) уро́д 3) изуро́дованная вещь

**defraud** [dɪˈfrɔːd] *v* 1) обма́нывать 2) обма́ном лиша́ть (*чего́-л.*); выма́нивать; to ~ smb. of his rights обма́ном лиша́ть кого́-л. прав

**defray** [dɪˈfreɪ] *v* опла́чивать; to ~ the expenses (of) брать на себя́ расхо́ды (по)

**defrayal** [dɪˈfreɪəl] *n* опла́та (*изде́ржек*)

**defrayment** [dɪˈfreɪmənt] = defrayal

**defreeze** [diːˈfriːz] *v* размора́живать (*проду́кты*)

**defrock** [ˈdiːˈfrɔk] *v* расстри́чь (*мона́ха*); лиши́ть духо́вного са́на

**defrost** [diːˈfrɔst] *v* 1) размора́живать (*холоди́льник и т. п.*) 2) = defreeze 3) *эк.* размора́живать (*фо́нды иностра́нного госуда́рства*)

**defroster** [diːˈfrɔstə] *n* *тех.* 1) антиобледени́тель 2) дефро́стер, размора́живатель (*в холоди́льнике*)

**deft** [deft] *a* ло́вкий, иску́сный; прово́рный

**defunct** [dɪˈfʌŋkt] **1.** *a* 1) уме́рший, усо́пший 2) несуществу́ющий, исче́знувший, вы́мерший

2. *n* (the ~) поко́йный, поко́йник

**defy** [dɪˈfaɪ] *v* 1) вызыва́ть, броса́ть вы́зов; I ~ you to do it! ну́-ка, сде́лайте э́то! 2) ока́зывать откры́тое неповинове́ние; игнори́ровать, пренебрега́ть; to ~ the law игнори́ровать зако́н; to ~ public opinion пренебрега́ть обще́ственным мне́нием 3) попира́ть (*при́нципы и т. п.*) 4) не поддава́ться, представля́ть непреодоли́мые тру́дности; it defies description э́то не поддаётся описа́нию; the problem defies solution э́то неразреши́мая пробле́ма

**degas** [dɪˈgæs] *v* дегази́ровать

**degeneracy** [dɪˈdʒenərəsɪ] *n* 1) вырожде́ние, дегенерати́вность 2) упа́док

**degenerate** **1.** *n* [dɪˈdʒenərɪt] дегенера́т, вы́родок

2. *a* [dɪˈdʒenərɪt] вырожда́ющийся

3. *v* [dɪˈdʒenəreɪt] вырожда́ться; ухудша́ться

**degeneration** [dɪˌdʒenəˈreɪʃən] *n* 1) вырожде́ние; дегенера́ция 2) *мед.* перерожде́ние

**degenerative** [dɪˈdʒenərətɪv] *a* вырожда́ющийся; дегенерати́вный

**degradation** [ˌdegrəˈdeɪʃən] *n* 1) упа́док; деграда́ция; ухудше́ние 2) пониже́ние; разжа́лование 3) уменьше́ние масшта́ба 4) *биол.* вырожде́ние 5) *жив.* ослабле́ние интенси́вности то́на 6) *геол.* размы́тие, подмы́в; пониже́ние земно́й пове́рхности 7) *хим.*, *физ.* деграда́ция

**degrade** [dɪˈgreɪd] *v* 1) приходи́ть в упа́док; дегради́ровать 2) снижа́ть, убавля́ть, уменьша́ть (*си́лу, це́нность и т. п.*) 3) понижа́ть (*в чи́не, зва́нии и т. п.*); разжа́ловать; низводи́ть на ни́зшую ступе́нь 4) унижа́ть 5) *жив.* ослабля́ть интенси́вность то́на 6) *геол.* размыва́ть; разруша́ть

**degraded** [dɪˈgreɪdɪd] **1.** *p. p. от* degrade

2. *a* 1) находя́щийся в состоя́нии упа́дка, деградаи́ровавший 2) разжа́лованный; пони́женный в чи́не, зва́нии 3) уни́женный 4) *жив.* деградаи́рованный (*о то́не*) 5) *биол.* вырожда́ющийся 6) *геол.* размы́тый; пони́зившийся

**degree** [dɪˈgriː] *n* 1) сте́пень; ступе́нь; by ~s постепе́нно; not in the least (*или* slightest) ~ ничу́ть, ниско́лько; ни в како́й сте́пени; in some ~ в не́которой сте́пени; in a varying ~ в той и́ли ино́й сте́пени; to a ~ *разг.* о́чень, значи́тельно; to a certain ~ до изве́стной сте́пени; to the last ~ до после́дней сте́пени; to a lesser ~ в ме́ньшей сте́пени; to what ~? в како́й сте́пени?, до како́й сте́пени?; a ~ better (warmer, *etc.*) чуть лу́чше (тепле́е *и т. п.*) 2) у́ровень 3) сте́пень родства́, коле́но; prohibited ~s *юр.* сте́пени родства́, при кото́рых запреща́ется брак 4) положе́ние, ранг 5) зва́ние, учёная сте́пень; to take one's ~ получи́ть сте́пень; honorary ~ почётное зва́ние 6) гра́дус; we had ten ~s of frost last night вчера́ ве́чером бы́ло де́сять гра́дусов моро́за; an angle of ninety ~s у́гол в 90° 7) ка́чество, досто́инство, сорт 8) *грам.* сте́пень; ~s of comparison сте́пени сравне́ния 9) *мат.* сте́пень ◇ third ~ допро́с с примене́нием пы́ток

**degression** [dɪˈgreʃən] *n* 1) уменьше́ние; спад 2) сниже́ние нало́гов

**degressive** [dɪˈgresɪv] *a* 1) нисходя́щий 2) пропорциона́льно уменьша́ющийся (*о нало́ге*)

**dehisce** [dɪˈhɪs] *v* раскрыва́ться, растре́скиваться (*о семенны́х коро́бочках*)

**dehiscent** [dɪˈhɪsnt] *a* раскрыва́ющийся, растре́скивающийся (*о семенны́х коро́бочках*)

**dehorn** [diːˈhɔːn] *v* спи́ливать рога́

**dehumanize** [diːˈhjuːmənaɪz] *v* де́лать гру́бым, бесчелове́чным

**dehydration** [ˌdiːhaɪˈdreɪʃən] *n* *хим.* обезво́живание

**dehydrogenize** [ˈdiːˈhaɪdrədʒɪnaɪz] *v* *хим.* удаля́ть водоро́д

**de-ice** [ˈdiːˈaɪs] *v* *ав.* предотвраща́ть обледене́ние

**de-icer** [ˈdiːˈaɪsə] *n* *ав.* антиобледени́тель

**deictic** [ˈdaɪktɪk] *a* *лог.* непосре́дственно дока́зывающий

**deification** [ˌdiːɪfɪˈkeɪʃən] *n* обожествле́ние

**deify** [ˈdiːɪfaɪ] *v* 1) обожествля́ть 2) обоготворя́ть; боготвори́ть

**deign** [deɪn] *v* соизво́лить; снизойти́; соблаговоли́ть; удосто́ить; he did not ~ to speak он не соизво́лил заговори́ть; he did not ~ an answer он не удосто́ил нас отве́том

**deism** [ˈdi:ɪzm] *n* деи́зм

**deist** [ˈdi:ɪst] *n* деи́ст

**deity** [ˈdi:ɪtɪ] *n* 1) божество́ 2) боже́ственность

**deject** [dɪˈdʒekt] *v* удруча́ть, угнета́ть; to ~ smb.'s spirit по́ртить кому́-л. настрое́ние

**dejecta** [dɪˈdʒektə] *n pl* испражне́ния

**dejection** [dɪˈdʒekʃən] *n* 1) пода́вленное настрое́ние, уны́ние 2) *физиол.* дефека́ция 3) *геол.* ла́ва, пе́пел, выбра́сываемые вулка́ном

**déjeuner** [ˈdeɪʒəneɪ] *фр. n* пара́дный *или* официа́льный за́втрак

**de jure** [di:ˈdʒuərɪ] *лат. adv* юриди́чески, де-ю́ре (*противоп.* de facto)

**delaine** [dəˈleɪn] *n* лёгкая пла́тельная ткань

**delate** [dɪˈleɪt] *v* 1) обвиня́ть; доноси́ть 2) оглаша́ть, распространя́ть

**delation** [dɪˈleɪʃən] *n* доно́с

**delator** [dɪˈleɪtə] *n* доно́счик

**delay** [dɪˈleɪ] **1.** *n* 1) отлага́тельство, отсро́чка 2) заде́ржка, приостано́вка, препя́тствие 3) замедле́ние, промедле́ние; проволо́чка; without ~ безотлага́тельно

**2.** *v* 1) откла́дывать; отсро́чивать 2) заде́рживать; препя́тствовать 3) ме́длить; ме́шкать; опа́здывать

**delayed-action mine** [dɪˈleɪdˌækʃənˈmaɪn] *n воен.* ми́на заме́дленного де́йствия

**delayed drop** [dɪˈleɪddrɔp] *n* затяжно́й парашю́тный прыжо́к

**dele** [ˈdi:li(:)] **1.** *n* корректу́рный знак вы́броски

**2.** *v* вычёркивать знак *или* гру́ппу зна́ков (*в корректуре*)

**delectable** [dɪˈlektəbl] *a ирон.* восхити́тельный, преле́стный

**delectation** [ˌdi:lekˈteɪʃən] *n* наслажде́ние, удово́льствие; for ~ of smb. на потéху кому́-л.

**delectus** [dɪˈlektəs] *лат. n школ.* лати́нская *или* гре́ческая хрестома́тия

**delegacy** [ˈdelɪgəsɪ] *n* 1) делега́ция 2) делеги́рование 3) полномо́чия делега́та

**delegate** **1.** *n* [ˈdelɪgɪt] 1) делега́т; представи́тель 2) *амер.* депута́т террито́рии [*см.* territory 2)] в конгре́ссе

**2.** *v* [ˈdelɪgeɪt] 1) делеги́ровать; уполномо́чивать; передава́ть полномо́чия 2) поруча́ть

**delegated legislation** [ˈdelɪgeɪtɪdˌledʒɪsˈleɪʃən] пра́во мини́стров издава́ть прика́зы, име́ющие си́лу зако́нов

**delegation** [ˌdelɪˈgeɪʃən] *n* 1) делега́ция, депута́ция 2) посы́лка делега́ции

**delete** [dɪˈli:t] *v* 1) вычёркивать, стира́ть 2) изгла́живать (из па́мяти), не оставля́ть следо́в

**deleterious** [ˌdelɪˈtɪərɪəs] *a* вре́дный, вредоно́сный

**deletion** [dɪˈli:ʃən] *n* 1) вычёркивание, стира́ние 2) то, что вы́черкнуто, стёрто

**delft** [delft] *n* (де́льфтский) фая́нс

**deliberate** **1.** *a* [dɪˈlɪbərɪt] 1) преднаме́ренный, умы́шленный, нарочи́тый; ~ lie преднаме́ренная ложь 2) обду́манный 3) осторо́жный, осмотри́тельный 4) неторопли́вый (*о движениях, речи и т. п.*)

**2.** *v* [dɪˈlɪbəreɪt] 1) обду́мывать, взве́шивать 2) совеща́ться; обсужда́ть; to ~ on (*или* upon, over, about) a matter обсужда́ть вопро́с

**deliberately** [dɪˈlɪbərɪtlɪ] *adv* 1) умы́шленно, наро́чно 2) обду́манно 3) осторо́жно, осмотри́тельно 4) ме́дленно, не спеша́

**deliberation** [dɪˌlɪbəˈreɪʃən] *n* 1) обду́мывание, взве́шивание; after long ~ по зре́лом размышле́нии 2) (*часто pl*) обсужде́ние, диску́ссия 3) осмотри́тельность, осторо́жность 4) медли́тельность; неторопли́вость; he spoke with ~ он говори́л ме́дленно, тща́тельно подбира́я слова́

**deliberative** [dɪˈlɪbərətɪv] *a* совеща́тельный; ~ body совеща́тельный о́рган

**delicacy** [ˈdelɪkəsɪ] *n* 1) утончённость, изы́сканность, то́нкость 2) делика́тность, учти́вость, такт 3) не́жность (*красок, оттенков; кожи*) 4) сло́жность, щекотли́вость (*положения*); a position of extreme ~ о́чень щекотли́вое положе́ние 5) хру́пкость, боле́зненность 6) чувстви́тельность (*приборов*) 7) деликате́с, ла́комство; the delicacies of the season ра́нние фру́кты, о́вощи *и т. п.*

**delicate** [ˈdelɪkɪt] *a* 1) утончённый, изы́сканный, то́нкий 2) иску́сный (*о работе*); изя́щный, то́нкий 3) делика́тный, учти́вый, ве́жливый 4) не́жный; блёклый (*о красках и т. п.*) 5) то́нкий, о́стрый (*о слухе*) 6) щекотли́вый, затрудни́тельный (*о положении*) 7) хру́пкий, боле́зненный; сла́бый (*о здоровье*) 8) чувстви́тельный (*о приборе*)

**delicatessen** [ˌdelɪkəˈtesn] *нем. n pl* 1) деликате́сы; кулина́рия 2) гастроно́мический магази́н

**delicious** [dɪˈlɪʃəs] *a* 1) восхити́тельный, преле́стный 2) о́чень вку́сный, прия́тный

**delict** [ˈdi:lɪkt] *n юр.* дели́кт, наруше́ние зако́на, правонаруше́ние; in flagrant ~ на ме́сте преступле́ния

**delight** [dɪˈlaɪt] **1.** *n* 1) удово́льствие, наслажде́ние; to take (a) ~ in smth. находи́ть удово́льствие в чём-л., наслажда́ться чем-л. 2) восхище́ние, восто́рг

**2.** *v* 1) восхища́ть(ся) 2) доставля́ть наслажде́ние 3) наслажда́ться; to ~ in music наслажда́ться му́зыкой; (I am) ~ed (to meet you) о́чень рад (познако́миться с ва́ми)

**delightful** [dɪˈlaɪtful] *a* восхити́тельный, очарова́тельный

**delightsome** [dɪˈlaɪtsəm] *a поэт.* восхити́тельный

**delimit** [di:ˈlɪmɪt] *v* определя́ть грани́цы; размежёвывать

**delimitate** [di:ˈlɪmɪteɪt] = delimit

**delimitation** [dɪˌlɪmɪˈteɪʃən] *n* определе́ние грани́ц; размежева́ние

**delineate** [dɪˈlɪnɪeɪt] *v* 1) очерчива́ть, обрисо́вывать; устана́вливать очерта́ния *или* разме́ры 2) изобража́ть; опи́сывать

**delineation** [dɪˌlɪnɪˈeɪʃən] *n* 1) оче́рчивание 2) чертёж, план; очерта́ние, а́брис 3) изображе́ние; описа́ние

**delineator** [dɪˈlɪnɪeɪtə] *n* 1) тот, кто устана́вливает разме́ры, очерта́ния *и пр.* [*см.* delineate] 2) вы́кройка, приго́дная для ра́зных разме́ров оде́жды; патро́нка

**delinquency** [dɪˈlɪŋkwənsɪ] *n* 1) просту́пок; упуще́ние; прови́нность 2) правонаруше́ние (*особ. несовершеннолетних*) 3) *attr.*: ~ list *воен.* сведе́ния о провини́вшихся

**delinquent** [dɪˈlɪŋkwənt] **1.** *n* правонаруши́тель, престу́пник

**2.** *a* 1) вино́вный 2) *амер.* неупла́ченный (*о налоге и т. п.*)

**deliquesce** [ˌdelɪˈkwes] *v хим.* переходи́ть в жи́дкое состоя́ние; растворя́ться

**deliquescence** [ˌdelɪˈkwesns] *n хим.* сво́йство вещества́ растворя́ться, притя́гивая вла́гу из во́здуха; раствори́мость

**deliquescent** [ˌdelɪˈkwesnt] *a* растворя́ющийся (в поглощённой из во́здуха вла́ге)

**delirious** [dɪˈlɪrɪəs] *a* 1) (находя́щийся) в бреду́ 2) безу́мный, исступлённый; горя́чечный; ~ with delight вне себя́ от ра́дости 3) бредово́й; бессвя́зный (*о речи*)

**delirium** [dɪˈlɪrɪəm] *n* 1) бред, бредово́е состоя́ние 2) исступле́ние

**delirium tremens** [dɪˈlɪrɪəmˈtri:menz] *n* бе́лая горя́чка

**delitescence** [ˌdelɪˈtesns] *n мед.* скры́тое, лате́нтное состоя́ние; инкубацио́нный пери́од

**delitescent** [ˌdelɪˈtesnt] *a мед.* скры́тый, лате́нтный (*о симптомах болезни*)

**deliver** [dɪˈlɪvə] *v* 1) доставля́ть, разноси́ть (*письма, товары*) 2) передава́ть; официа́льно вруча́ть; to ~ an order отдава́ть прика́з; to ~ a message вруча́ть донесе́ние (*или* распоряже́ние) 3) представля́ть (*отчёт и т. п.*) 4) освобожда́ть, избавля́ть (from) 5) сдава́ть (*город, крепость; тж.* ~ up); уступа́ть; to ~ oneself up отда́ться в ру́ки (*властей и т. п.*) 6) произноси́ть; to ~ a lecture чита́ть ле́кцию; to ~ oneself of a speech произнести́ речь; to ~ oneself of an opinion торже́ственно вы́сказать мне́ние 7) (*обыкн. pass.*) *мед.* принима́ть (*младенца*); to be ~ed (of) разреши́ться (*от бремени; тж. перен. чем-либо*) 8) снабжа́ть, пита́ть 9) поставля́ть 10) выраба́тывать, производи́ть; выпуска́ть (*с завода*) 11) нагнета́ть (*о насосе*) 12) *воен.* наноси́ть (*удар, поражение и т. п.*); to ~ an attack произвести́ ата́ку; to ~ a battle дать бой; to ~ fire вести́ ого́нь; to ~ the bombs сбро́сить бо́мбы □ ~ **over** передава́ть; ~ **up** сдава́ть (*крепость и т. п.*) ◊ to ~ the goods вы́полнить взя́тые на себя́ обяза́тельства

**deliverance** [dɪ'lɪvərəns] *n* 1) освобождение, избавление 2) официальное заявление; мнение, высказанное публично 3) *юр.* вердикт

**delivery** [dɪ'lɪvərɪ] *n* 1) поставка; доставка; разноска (*писем, газет*); the early (*или* the first) ~ первая разноска писем (*утром*); special ~ а) срочная доставка; б) спешная почта; ~ at door доставка заказов на дом 2) передача, вручение 3) *юр.* формальная передача (*собственности*); ввод во владение 4) сдача; выдача 5) произнесение (*речи и т. п.*); манера произнесения; a good ~ хорошая дикция 6) роды 7) питание, снабжение (*током, водой*); подача (*угля*) 8) *тех.* нагнетание; нагнетательный насос 9) *спорт.* подача (*особ. в крикете*) 10) *attr.*: ~ desk стол выдачи книг на дом; абонемент (*в библиотеке*) 11) *attr. тех.* питающий, нагнетательный; ~ pipe подающая труба; напорная труба

**delivery note** [dɪ'lɪvərɪnəut] *n ком.* накладная

**delivery van** [dɪ'lɪvərɪvæn] *n* фургон для доставки покупок и заказов на дом

**dell** [del] *n* лесистая долина, лощина

**Delphian** ['delfɪən] *a* 1) *др.-греч.* дельфийский; ~ oracle дельфийский оракул 2) непонятный, загадочный; двусмысленный

**Delphic** ['delfɪk] = Delphian

**delphinium** [del'fɪnɪəm] *n бот.* дельфиниум, живокость, шпорник

**delta** ['deltə] *n* 1) дельта (*греческая буква*) 2) дельта (*реки*); the D. дельта Нила 3) *attr.*: ~ connection *эл.* соединение треугольником

**deltaic** [del'teɪɪk] *a* образующий дельту

**deltoid** ['deltɔɪd] **1.** *a* дельтовидный; треугольный

**2.** *n анат.* дельтовидная мышца

**delude** [dɪ'lu:d] *v* вводить в заблуждение, обманывать; to ~ oneself заблуждаться; обманывать себя

**deluge** ['delju:dʒ] **1.** *n* 1) потоп; the D. *библ.* всемирный потоп 2) ливень (*тж.* ~s of rain) 3) поток (*слов*); град (*вопросов*); толпы (*посетителей*)

**2.** *v* затоплять, наводнять (*тж. перен.*); to ~ with invitations засыпать приглашениями

**delusion** [dɪ'lu:ʒən] *n* 1) заблуждение, иллюзия; to be (*или* to labour) under a ~ заблуждаться, ошибаться 2) обман 3) *мед.* галлюцинация; мания; ~ of grandeur мания величия; ~ of persecution мания преследования

**delusive, delusory** [dɪ'lu:sɪv, -sərɪ] *a* обманчивый, иллюзорный, нереальный; ~ hopes несбыточные надежды

**de luxe** [də'luks] *фр. a* роскошный; an edition ~, a ~ edition роскошное издание; ~ suite номер люкс (*в гостинице*)

**delve** [delv] **1.** *n* впадина; рытвина

**2.** *v* 1) делать изыскания; рыться (*в документах*); копаться (*в книгах*) 2) *уст.* копать, рыть; to dig and ~ копать

**demagnetization** ['di:ˌmægnɪtaɪ'zeɪʃən] *n* размагничивание

**demagnetize** ['di:'mægnɪtaɪz] *v* размагничивать

**demagog** ['deməgɔg] = demagogue

**demagogic** [ˌdemə'gɔgɪk] *a* демагогический

**demagogue** ['deməgɔg] *n* демагог

**demagogy** ['deməgɔgɪ] *n* демагогия

**demand** [dɪ'mɑ:nd] **1.** *n* 1) требование; payable on ~ подлежащий оплате по предъявлении 2) запрос 3) потребность 4) *эк.* спрос; a ~ for labour спрос на рабочую силу; to be in great ~ быть в большом спросе 5) *attr.*: ~ bill счёт, оплачиваемый по предъявлении; вексель, срочный по предъявлении; ~ deposit бессрочный вклад; ~ loan заём *или* ссуда до востребования; ~ factor коэффициент спроса ◊ I have many ~s on my purse у меня много расходов; I have many ~s on my time у меня очень много дел

**2.** *v* 1) требовать (of, from — с *кого-л.*, от *кого-л.*); предъявлять требование 2) нуждаться; this problem ~s attention этот вопрос требует внимания 3) спрашивать, задавать вопрос; he ~ed my business он спросил, что мне нужно

**demandant** [dɪ'mɑ:ndənt] *n юр.* истец

**demarcate** ['di:mɑ:keɪt] *v* 1) разграничивать 2) проводить демаркационную линию

**demarcation** [ˌdi:mɑ:'keɪʃən] *n* 1) разграничение 2) демаркация; line of ~ демаркационная линия

**démarche** ['deɪmɑ:ʃ] *фр. n дип.* демарш

**demean I** [dɪ'mi:n] *v refl.* вести себя

**demean II** [dɪ'mi:n] *v* унижать; to ~ oneself ронять своё достоинство; поступать низко

**demeanour** [dɪ'mi:nə] *n* поведение, манера вести себя

**dement** [dɪ'ment] *v* сводить с ума

**demented** [dɪ'mentɪd] **1.** *p. p. от* dement

**2.** *a* сумасшедший; to be (*или* to become) ~ сходить с ума; it will drive me ~ *разг.* это меня с ума сведёт

**démenti** [ˌdeɪmɑ:ŋ'ti:] *фр. n дип.* официальное опровержение (*слухов и т. п.*)

**dementia** [dɪ'menʃɪə] *n мед.* слабоумие

**demerit** [di:'merɪt] *n* 1) недостаток, дефект, дурная черта 2) *школ.* плохая отметка (*особ. за поведение*; *тж.* ~ mark)

**demeritorious** [dɪˌmerɪ'tɔ:rɪəs] *a редк.* заслуживающий порицания

**demesne** [dɪ'meɪn] *n* 1) владение (*недвижимостью*); to hold in ~ владеть 2) владения (*земли*) 3) *уст.* поместье, не сдаваемое владельцем в аренду; Royal ~ земельная собственность королевской семьи 4) сфера, поле деятельности

**demi-** ['demɪ-] *pref* 1) *обозначает половинную часть чего-л.* полу-, наполовину, частично 2) *указывает на недостаточно хорошее качество, небольшой размер и т. п.*: ~-tasse маленькая чашечка (*чёрного кофе*)

**demigod** ['demɪgɔd] *n* полубог

**demijohn** ['demɪdʒɔn] *n* большая оплетённая бутыль

**demilitarize** ['di:'mɪlɪtəraɪz] *v* демилитаризировать

**demilune** ['demɪlju:n] *n* 1) *уст.* полумесяц 2) *воен. ист.* равелин, люнет

**demi-monde** ['demɪ'mɔ(:)nd] *фр. n* полусвет

**demi-rep** ['demɪrep] *n* женщина сомнительного поведения

**demisable** [dɪ'maɪzəbl] *a* могущий быть отданным в аренду, переданным по наследству (*об имуществе*)

**demise** [dɪ'maɪz] **1.** *n* 1) передача имущества по наследству 2) сдача имущества в аренду 3) отречение от престола; переход короны *или* прав наследнику 4) смерть, кончина

**2.** *v* 1) сдавать в аренду 2) оставлять по духовному завещанию (*имущество*); передавать по наследству 3) отрекаться (of — от *престола*)

**demission** [dɪ'mɪʃən] *n редк.* сложение звания; отставка; отречение

**demit** [dɪ'mɪt] *v редк.* уходить в отставку; отказываться от должности

**demiurge** ['di:mɪə:dʒ] *n* 1) демиург, творец, создатель мира (*в платоновской философии*) 2) *ист.* демиург

**demo** ['deməu] *n разг. сокр. от* demonstration 4)

**demob** ['di:'mɔb] *v разг. сокр. от* demobilize

**demobee** [ˌdi:mə'bi:] *n разг.* демобилизованный

**demobilization** ['di:ˌməubɪlaɪ'zeɪʃən] *n* демобилизация

**demobilize** [di:'məubɪlaɪz] *v* демобилизовать

**democracy** [dɪ'mɔkrəsɪ] *n* 1) демократия 2) демократическое государство 3) демократизм 4) (D.) *амер.* демократическая партия

**democrat** ['deməkræt] *n* 1) демократ 2) (D.) *амер.* член демократической партии 3) *амер.* лёгкий открытый экипаж (*тж.* ~ wagon)

**democratic** [ˌdemə'krætɪk] *a* демократический; демократичный

**democratize** [dɪ'mɔkrətaɪz] *v* демократизировать

**démodé** [ˌdeɪməu'deɪ] *фр. a* вышедший из моды, устаревший

**demoded** [di:'məudɪd] = démodé

**demographic** [ˌdi:mə'græfɪk] *a* демографический; ~ explosion (*или* outburst) демографический взрыв

**demography** [di:'mɔgrəfɪ] *n* демография

**demoiselle** [ˌdemwɑ:'zel] *фр. n* 1) *шутл.* девушка 2) журавль-красавка 3) хвостовка, стрекоза-лютка

**demolish** [dɪ'mɔlɪʃ] *v* 1) разрушать; сносить (*здание*) 2) разбивать, опровергать (*теорию, довод*) 3) *разг.* съедать

**demolition** [ˌdeməˈlɪʃən] *n* 1) разруше́ние; снос, разбо́рка 2) ло́мка, уничтоже́ние 3) *attr.*: ~ bomb фуга́сная бо́мба; ~ work подрывны́е рабо́ты

**demon** [ˈdiːmən] *n* 1) де́мон, дья́вол, сатана́; злой дух-искуси́тель; a regular ~ *разг.* су́щий дья́вол 2) *разг.* энерги́чный челове́к; he is a ~ for work *разг.* он рабо́тает как чёрт

**demonetize** [diːˈmʌnɪtaɪz] *v* 1) лиша́ть станда́ртной сто́имости (*монету*) 2) изыма́ть из обраще́ния (*монету*)

**demoniac, demoniacal** [dɪˈməunɪæk, ˌdɪməuˈnaɪəkəl] *a* 1) беснова́тый, одержи́мый 2) дья́вольский, демони́ческий

**demonic** [diːˈmɔnɪk] *a* 1) демони́ческий, дья́вольский 2) необыча́йно одарённый

**demonstrable** [ˈdemənstrəbl] *a* доказу́емый

**demonstrate** [ˈdemənstreɪt] *v* 1) демонстри́ровать; нагля́дно пока́зывать 2) дока́зывать; служи́ть доказа́тельством 3) проявля́ть (*чувства и т. п.*) 4) уча́ствовать в демонстра́ции 5) *воен.* производи́ть демонстра́цию, наноси́ть отвлека́ющий уда́р

**demonstration** [ˌdemənsˈtreɪʃən] *n* 1) демонстри́рование нагля́дными приме́рами 2) доказа́тельство 3) проявле́ние (*симпатии и т. п.*) 4) демонстра́ция 5) *воен.* демонстра́ция сил; показно́е уче́ние

**demonstrationist** [ˌdemənsˈtreɪʃənɪst] = demonstrator 1)

**demonstrative** [dɪˈmɔnstrətɪv] 1. *a* 1) нагля́дный, доказа́тельный, убеди́тельный 2) экспанси́вный, несде́ржанный 3) демонстрати́вный 4) *грам.* указа́тельный

2. *n* указа́тельное местоиме́ние

**demonstrator** [ˈdemənstreɪtə] *n* 1) демонстра́нт; уча́стник демонстра́ции 2) демонстра́тор, лабора́нт; ассисте́нт профе́ссора

**demoralization** [dɪˌmɔrəlaɪˈzeɪʃən] *n* деморализа́ция

**demoralize** [dɪˈmɔrəlaɪz] *v* 1) деморализова́ть 2) подрыва́ть дисципли́ну, вноси́ть дезорганиза́цию

**Demos** [ˈdiːmɔs] *др.-греч.* *n* де́мос, наро́д

**Demosthenic** [ˌdemɔsˈθenɪk] *a* демосфе́новский, красноречи́вый

**demote** [dɪˈməut] *v амер.* понижа́ть в до́лжности, в зва́нии

**demotic** [di(ː)ˈmɔtɪk] *a* 1) наро́дный; простонаро́дный 2) демоти́ческий (*о египетском письме*)

**demount** [dɪˈmaunt] *v* разбира́ть, демонти́ровать

**demountable** [dɪˈmauntəbl] *a* разбо́рный, съёмный

**demulcent** [dɪˈmʌlsənt] *мед.* 1. *n* успокои́тельное сре́дство

2. *a* мягчи́тельный, успокои́тельный

**demur** [dɪˈməː] 1. *n* 1) колеба́ние 2) возраже́ние; without ~ без возраже́ний; no ~ возраже́ний нет

2. *v* 1) сомнева́ться, колеба́ться 2) представля́ть возраже́ния; to ~ to a proposal возража́ть про́тив предложе́ния; he ~red at working so late он возража́л про́тив того́, что́бы рабо́тать так по́здно 3) *юр.* заявля́ть процессуа́льный отво́д

**demure** [dɪˈmjuə] *a* 1) скро́мный, сде́ржанный; серьёзный 2) притво́рно засте́нчивый

**demurrage** [dɪˈmʌrɪdʒ] *n ком.* 1) просто́й (*судна, вагона*) 2) де́мередж, пла́та за просто́й (*судна, вагона*) 3) пла́та за хране́ние гру́зов сверх сро́ка

**demurrer** I [dɪˈmʌrə] *n юр.* 1) процессуа́льный отво́д 2) возраже́ние

**demurrer** II [dɪˈməːrə] *n* тот, кто коле́блется, сомнева́ется *и пр.* [*см.* demur 2]

**demy** [dɪˈmaɪ] *n* 1) форма́т бума́ги 2) стипендиа́т колле́джа Магдали́ны в Оксфорде

**den** [den] 1. *n* 1) ло́гово, берло́га, нора́; пеще́ра 2) кле́тка для ди́ких звере́й (*в зоологическом саду*) 3) *разг.* небольшо́й обосо́бленный рабо́чий кабине́т 4) камо́рка 5) прибе́жище 6) прито́н

2. *v* жить в пеще́ре, кле́тке *и т. п.*; забира́ться в берло́гу

**denarius** [dɪˈnɛəriəs] *n* дена́рий (*древнеримская серебряная монета; сокр.* d. *означает* пе́нни)

**denary** [ˈdiːnərɪ] *a* десятери́чный

**denationalize** [diːˈnæʃnəlaɪz] *v* 1) лиша́ть национа́льных прав *или* черт 2) передава́ть госуда́рственные предприя́тия в ча́стные ру́ки, денационализи́ровать

**denaturalize** [diːˈnætʃrəlaɪz] *v* 1) лиша́ть приро́дных свойств 2) денатурализова́ть, лиша́ть по́дданства, прав гражда́нства

**denature** [diːˈneɪtʃə] *v* 1) изменя́ть есте́ственные сво́йства 2) денатури́ровать (*спирт*)

**denatured alcohol** [diːˈneɪtʃədˈælkəhɔl] *n* денатура́т

**denazification** [diːˌnɑːtsɪfɪˈkeɪʃən] *n* денацифика́ция

**denazify** [diːˈnɑːtsɪfaɪ] *v* денацифици́ровать

**dendriform** [ˈdendrɪfɔːm] *a* древови́дный

**dendritic** [denˈdrɪtɪk] *a* древови́дный, дендрити́ческий; ветвя́щийся

**dendroid(al)** [denˈdrɔɪd(əl)] = dendritic

**dendrology** [denˈdrɔlədʒɪ] *n* дендроло́гия

**dene** I [diːn] *n* доли́на

**dene** II [diːn] *n* прибре́жные пески́, дю́ны

**dengue** [ˈdeŋgɪ] *n* тропи́ческая лихора́дка

**denial** [dɪˈnaɪəl] *n* 1) отрица́ние 2) опроверже́ние; flat ~ категори́ческое опроверже́ние 3) отка́з; to take no ~ не принима́ть отка́за 4) отрече́ние

**denigrate** [ˈdenɪgreɪt] *v редк.* черни́ть, клевета́ть, поро́чить

**denigration** [ˌdenɪˈgreɪʃən] *n редк.* клевета́, диффама́ция

**denim** [ˈdenɪm] *n* гру́бая хлопчатобума́жная ткань

**denitrify** [diːˈnaɪtrɪfaɪ] *v хим.* удаля́ть азо́т из соедине́ний; денитрифици́ровать

**denizen** [ˈdenɪzn] 1. *n* 1) жи́тель, обита́тель 2) натурализова́вшийся иностра́нец 3) акклиматизи́ровавшееся живо́тное *или* расте́ние 4) заи́мствованное сло́во, воше́дшее в употребле́ние

2. *v* 1) принима́ть в число́ гра́ждан; натурализова́ть 2) акклиматизи́ровать (*животное, растение*) 3) вводи́ть иностра́нное сло́во в употребле́ние

**denominate** [dɪˈnɔmɪneɪt] *v* называ́ть; обознача́ть

**denomination** [dɪˌnɔmɪˈneɪʃən] *n* 1) назва́ние 2) обозначе́ние, называ́ние 3) наименова́ние; to reduce feet and inches to the same ~ свести́ фу́ты и дю́ймы к одному́ наименова́нию 4) досто́инство, сто́имость; coins of small ~s моне́ты ма́лого досто́инства 5) вероисповеда́ние

**denominational** [dɪˌnɔmɪˈneɪʃənl] *a* 1) относя́щийся к како́му-л. вероиспове́данию 2) секта́нтский

**denominative** [dɪˈnɔmɪnətɪv] 1. *a* 1) нарица́тельный 2) *грам.* образо́ванный от существи́тельного *или* прилага́тельного

2. *n грам.* произво́дное от существи́тельного *или* прилага́тельного

**denominator** [dɪˈnɔmɪneɪtə] *n мат.* знамена́тель; to reduce to a common ~ приводи́ть к о́бщему знамена́телю

**denotata** [ˌdiːnəuˈteɪtə] *pl от* denotatum

**denotation** [ˌdiːnəuˈteɪʃən] *n* 1) обозначе́ние; 2) знак; указа́ние 3) (то́чное) значе́ние; смысл 4) *лог.* объём поня́тия 5) *лингв.* предме́тная отнесённость

**denotative** [dɪˈnəutətɪv] *a* 1) означа́ющий 2) ука́зывающий (of — на)

**denotatum** [ˌdiːnəuˈteɪtəm] *лат.* *n pl* (-ta) *лингв.* обознача́емое

**denote** [dɪˈnəut] *v* 1) означа́ть, обознача́ть, зна́чить 2) ука́зывать на (*что-л.*), пока́зывать

**denotement** [dɪˈnəutmənt] *n* 1) обозначе́ние 2) знак 3) указа́ние

**dénouement** [deɪˈnuːmɑːŋ] *фр.* *n* 1) развя́зка (*в романе, драме*) 2) заверше́ние, исхо́д

**denounce** [dɪˈnauns] *v* 1) обвиня́ть, осужда́ть; поноси́ть 2) доноси́ть 3) угрожа́ть 4) денонси́ровать, расторга́ть (*договор*); to ~ a truce *воен.* заяви́ть о досро́чном прекраще́нии переми́рия 5) предрека́ть, предска́зывать (*плохое*)

**denouncement** [dɪˈnaunsmənt] = denunciation

**dense** [dens] *a* 1) пло́тный; компа́ктный; ~ texture пло́тная ткань; ~ ignorance глубо́кое неве́жество; ~ population высо́кая пло́тность населе́ния 2) ча́стый; густо́й; ~ forest густо́й лес 3) тупо́й, глу́пый 4) *фото* пло́тный, непрозра́чный

**densely** [ˈdenslɪ] *adv* гу́сто, пло́тно; a ~ populated area густонаселённая ме́стность

**densimeter** [denˈsɪmɪtə] *n* денсиме́тр, пикно́метр, арео́метр

**density** [ˈdensɪtɪ] *n* 1) густота́, пло́тность; компа́ктность 2) глу́пость, ту́пость 3) *физ.* уде́льный вес; пло́тность

**dent** I [dent] **1.** *n* вы́боина, впа́дина, во́гнутое *или* вда́вленное ме́сто; вмя́тина

**2.** *v* вда́вливать, оставля́ть след, вы́боину; вмина́ть

**dent** II [dent] **1.** *n тех.* зуб, зубе́ц; насе́чка, зару́бка; наре́зка

**2.** *v* нареза́ть, насека́ть

**dental** [ˈdentl] **1.** *a* 1) зубно́й 2) зубовраче́бный 3) *фон.* зубно́й, дента́льный

**2.** *n* зубно́й *или* дента́льный согла́сный

**dentate** [ˈdenteɪt] *a бот.* зубча́тый

**dentation** [denˈteɪʃən] *n бот.* зубча́тость

**denticle** [ˈdentɪkl] *n* 1) зу́бчик 2) *архит.* денти́кула

**denticular** [denˈtɪkjulə] = denticulate

**denticulate, denticulated** [denˈtɪkjuleɪt, -ɪd] *a* 1) зазу́бренный 2) *архит.* снабжённый денти́кулами

**dentiform** [ˈdentɪfɔːm] *a* име́ющий фо́рму зу́ба

**dentifrice** [ˈdentɪfrɪs] *n* зубно́й поро́шо́к *или* зубна́я па́ста

**dentil** [ˈdentɪl] = denticle 2)

**dentilingual** [ˈdentɪˈlɪŋgwəl] *a фон.* межзу́бный

**dentine** [ˈdentiːn] *n* денти́н

**dentist** [ˈdentɪst] *n* зубно́й врач, данти́ст

**dentistry** [ˈdentɪstrɪ] *n* 1) лече́ние зубо́в 2) профе́ссия зубно́го врача́

**dentition** [denˈtɪʃən] *n* 1) проре́зывание *или* рост зубо́в 2) расположе́ние зубо́в

**denture** [ˈdentʃə] *n* ряд зубо́в (*особ. искусственных*); зубно́й проте́з

**denuclearization** [ˈdiːˌnjuːklɪəraɪˈzeɪʃən] *n* созда́ние зо́ны, свобо́дной от я́дерного ору́жия

**denuclearized** [diːˈnjuːklɪəraɪzd] *a* безъя́дерный; ~ zone безъя́дерная зо́на; зо́на, свобо́дная от я́дерного ору́жия

**denudation** [ˌdiːnju(ː)ˈdeɪʃən] *n* 1) оголе́ние, обнаже́ние 2) *геол.* денуда́ция, эро́зия

**denudative** [dɪˈnjuːdətɪv] *a* обнажа́ющий, оголя́ющий

**denude** [dɪˈnjuːd] *v* 1) обнажа́ть, оголя́ть 2) лиша́ть (*чего-л.*); отбира́ть; to ~ of hope лиша́ть наде́жды; to ~ of money отобра́ть де́ньги 3) *геол.* обнажа́ть смы́вом

**denunciation** [dɪˌnʌnsɪˈeɪʃən] *n* 1) откры́тое обличе́ние, обвине́ние; осужде́ние 2) угро́за 3) денонси́рование, расторже́ние (*договора*)

**denunciative** [dɪˈnʌnsɪətɪv] *a* 1) обвини́тельный 2) угрожа́ющий

**denunciator** [dɪˈnʌnsɪeɪtə] *n* 1) обвини́тель 2) доно́счик

**denunciatory** [dɪˈnʌnsɪətərɪ] = denunciative

**deny** [dɪˈnaɪ] *v* 1) отрица́ть; to ~ the charge отверга́ть обвине́ние 2) отка́зывать(ся); to ~ a request отказа́ть в про́сьбе; to ~ oneself every luxury не позволя́ть себе́ ничего́ ли́шнего 3) не допуска́ть; отка́зывать в приёме (*гостей*); she denied herself to visitors она́ не приняла́ госте́й; he was denied admission его́ не впусти́ли 4) отрека́ться 5) отпира́ться, отка́зываться, брать наза́д; to ~ one's signature отка́зываться от свое́й по́дписи; to ~ one's words отка́зываться от свои́х слов

**deodar** [ˈdɪəudɑː] *n* гимала́йский кедр

**deodorant** [diːˈəudərənt] **1.** *n* дезодора́тор, деодора́нт

**2.** *a* уничтожа́ющий (дурно́й) за́пах

**deodorize** [diːˈəudəraɪz] *v* уничтожа́ть, отбива́ть (дурно́й) за́пах, дезодори́ровать

**deodorizer** [diːˈəudəraɪzə] = deodorant 1

**deontology** [ˌdiːɔnˈtɔlədʒɪ] *n* э́тика

**deoxidate** [diːˈɔksɪdeɪt] = deoxidize

**deoxidize** [diːˈɔksɪdaɪz] *v хим.* раскисля́ть, отнима́ть кислоро́д; восстана́вливать

**depart** [dɪˈpɑːt] *v* 1) уходи́ть; уезжа́ть; отбыва́ть, отправля́ться 2) отклоня́ться, уклоня́ться, отступа́ть (from); to ~ from tradition отступа́ть от тради́ции; to ~ from one's word (promise) нару́шить своё сло́во (обеща́ние); to ~ from one's plans измени́ть свои́ пла́ны 3) умира́ть; сконча́ться

**departed** [dɪˈpɑːtɪd] **1.** *p. p. от* depart

**2.** *a* 1) поко́йный, уме́рший 2) *поэт.* было́й, мину́вший; ~ joys былы́е ра́дости

**3.** *n* (the ~) поко́йник(и)

**department** [dɪˈpɑːtmənt] *n* 1) отде́л; отделе́ние; the men's clothing ~ отде́л мужско́го гото́вого пла́тья (*в магазине*) 2) о́бласть, о́трасль (*науки, знания*) 3) ве́домство; департа́мент 4) *амер.* министе́рство; State D. госуда́рственный департа́мент (*министерство иностранных дел США*); D. of the Navy вое́нно-морско́е министе́рство США 5) войсково́й о́круг 6) цех, отделе́ние 7) факульте́т 8) *attr.* ве́домственный; относя́щийся к ве́домству; ~ hospital райо́нный го́спиталь

**departmental** [ˌdiːpɑːtˈmentl] *a* 1) ве́домственный 2): ~ teaching систе́ма обуче́ния, при кото́рой преподаётся то́лько оди́н предме́т *или* не́сколько ро́дственных предме́тов

**departmentalism** [ˌdiːpɑːtˈmentəlɪzm] *n* бюрократи́зм

**department store** [dɪˈpɑːtməntˈstɔː] *n* универса́льный магази́н, универма́г

**departure** [dɪˈpɑːtʃə] *n* 1) отправле́ние, отбы́тие, отъе́зд; ухо́д; to take one's ~ уходи́ть; уезжа́ть 2) исхо́дный моме́нт, отправна́я то́чка; a new ~ но́вая отправна́я то́чка, но́вая ли́ния поведе́ния (*в политике и т. п.*) 3) отклоне́ние, уклоне́ние 4) *уст.* конч́ина, смерть 5) *мор.* отше́ствие; отше́дший пункт 6) *attr.* исхо́дный, отправно́й; ~ position исхо́дное положе́ние; the ~ platform платфо́рма отправле́ния поездо́в

**depasture** [diːˈpɑːstʃə] *v* 1) пасти́(сь) 2) выгоня́ть на па́стбище (*скот*)

**depauperate** [diːˈpɔːpəreɪt] *v* 1) доводи́ть до нищеты́ 2) истоща́ть, лиша́ть сил

**depauperize** [diːˈpɔːpəraɪz] *v* избавля́ть от нищеты́; изжива́ть нищету́

**depend** [dɪˈpend] *v* 1) зави́сеть (on, upon — от) 2) находи́ться на иждиве́нии; to ~ upon one's parents находи́ться на иждиве́нии роди́телей; 3) полага́ться, рассчи́тывать; you may ~ upon him мо́жете на него́ положи́ться; ~ upon it бу́дьте уве́рены; I ~ on you to do it я рассчи́тываю, что вы э́то сде́лаете 4) находи́ться на рассмотре́нии суда́, парла́мента ◇ it (all) ~s как сказа́ть!, поживём — уви́дим

**dependability** [dɪˌpendəˈbɪlɪtɪ] *n* надёжность

**dependable** [dɪˈpendəbl] *a* надёжный; заслу́живающий дове́рия; ~ news достове́рные све́дения

**dependant** [dɪˈpendənt] = dependent 2, 1)

**dependence** [dɪˈpendəns] *n* 1) зави́симость (upon); подчинённое положе́ние; to live in ~ находи́ться в зави́симости (*от кого-л.*); жить на иждиве́нии (*кого-л.*); he was her sole ~ он был её еди́нственной опо́рой 2) дове́рие; to place (*или* to put) ~ in smb. пита́ть к кому́-л. дове́рие 3) *юр.* неразрешённость (*дела*); ожида́ние реше́ния

**dependency** [dɪˈpendənsɪ] *n* 1) зави́симость; подчинённое положе́ние 2) зави́симая страна́ 3) *attr.*: ~ allowance посо́бие на иждиве́нцев

**dependent** [dɪˈpendənt] **1.** *a* 1) подчинённый, подвла́стный 2) зави́симый; зави́сящий (on — от); ~ variable *мат.* зави́симая переме́нная, фу́нкция 3) находя́щийся на иждиве́нии (on) 4) *грам.* подчинённый (*о предложении*)

**2.** *n* 1) иждиве́нец 2) подчинённый 3) *ист.* васса́л

**dephosphorize** [diːˈfɔsfəraɪz] *v хим.* удаля́ть, отнима́ть фо́сфор

**depict** [dɪˈpɪkt] *v* 1) рисова́ть, изобража́ть 2) опи́сывать, обрисо́вывать

**depicture** [dɪˈpɪktʃə] *v книжн.* 1) = depict 2) представля́ть себе́, вообража́ть

**depilate** [ˈdepɪleɪt] *v* удаля́ть во́лосы

**depilatory** [dɪˈpɪlətərɪ] **1.** *a* спосо́бствующий удале́нию воло́с

**2.** *n* сре́дство для удале́ния воло́с

**deplane** [diːˈpleɪn] *v* выса́живать(ся) из самолёта

**deplenish** [dɪˈplenɪʃ] *v* опорожня́ть, опустоша́ть

**deplete** [dɪˈpliːt] *v* 1) истоща́ть, исче́рпывать (*запас, силы и т. п.*); опорожня́ть; *перен.* обескро́вливать; ~d strength *воен.* уме́ньшившийся соста́в (*вследствие потерь*) 2) *мед.* очища́ть кише́чник 3) *мед.* производи́ть кровопуска́ние

**depletion** [dɪˈpli:ʃən] *n* 1) истоще́ние, исче́рпывание (*запасов, сил и т. п.*); опорожне́ние 2) *мед.* очище́ние, опорожне́ние кише́чника 3) *мед.* кровопуска́ние

**depletive** [dɪˈpli:tɪv] **1.** *a* слаби́тельный

**2.** *n* слаби́тельное сре́дство

**depletory** [dɪˈpli:tərɪ] = depletive 1

**deplorable** [dɪˈplɔ:rəbl] *a* приско́рбный, плаче́вный

**deplore** [dɪˈplɔ:] *v* 1) опла́кивать, сожале́ть 2) счита́ть предосуди́тельным, порица́ть

**deploy** [dɪˈplɔɪ] **1.** *n воен.* развёртывание

**2.** *v* 1) *воен.* развёртывать(ся) 2) *эк.* разблоки́ровать; to ~ resources испо́льзовать ресу́рсы

**deployment** [dɪˈplɔɪmənt] *n* развёртывание

**deplume** [dɪˈplu:m] *v* ощи́пывать пе́рья; *перен.* лиша́ть (*власти, состояния и т. п.*)

**depolarise** [di:ˈpəuləraɪz] *v* 1) *физ.* деполяризова́ть 2) расша́тывать, разбива́ть (*убеждения и т. п.*)

**depone** [dɪˈpəun] *v юр.* дава́ть показа́ние под прися́гой

**deponent** [dɪˈpəunənt] **1.** *n* 1) *юр.* свиде́тель, даю́щий показа́ние под прися́гой 2) *грам.* отложи́тельный глаго́л (*в греч. и лат. языках*)

**2.** *a грам.* отложи́тельный (*о греч. и лат. глаголе*)

**depopulate** [di:ˈpɔpjuleɪt] *v* 1) уменьша́ть *или* истребля́ть населе́ние; обезлю́дить 2) уменьша́ться, сокраща́ться (*о населении*)

**depopulation** [di:ˌpɔpjuˈleɪʃən] *n* 1) истребле́ние населе́ния 2) уменьше́ние населе́ния

**deport** I [dɪˈpɔ:t] *v* высыла́ть, ссыла́ть; выдворя́ть

**deport** II [dɪˈpɔ:t] *v refl.* вести́ себя́

**deportation** [ˌdi:pɔ:ˈteɪʃən] *n* вы́сылка, ссы́лка, изгна́ние

**deportee** [ˌdi:pɔ:ˈti:] *n* со́сланный; высыла́емый

**deportment** [dɪˈpɔ:tmənt] *n* 1) мане́ры, уме́ние держа́ть себя́; поведе́ние 2) оса́нка, вы́правка

**depose** [dɪˈpəuz] *v* 1) смеща́ть (*с должности*); сверга́ть (*с престола*) 2) *юр.* свиде́тельствовать, дава́ть показа́ния под прися́гой

**deposit** [dɪˈpɔzɪt] **1.** *n* 1) вклад (*в банк*) 2) зада́ток, зало́г; депози́т; to place money on ~ вноси́ть де́ньги в депози́т 3) храни́лище 4) отложе́ние; отсто́й; оса́док 5) *геол.* ро́ссыпь, за́лежь, месторожде́ние

**2.** *v* 1) класть 2) класть в банк; депони́ровать 3) дава́ть зада́ток, обеспе́чение 4) сдава́ть на хране́ние 5) отлага́ть, осажда́ть, дава́ть оса́док 6) класть я́йца (*о птицах*)

**depositary** [dɪˈpɔzɪtərɪ] *n* 1) лицо́, кото́рому вве́рены вкла́ды, взно́сы 2) = depository

**deposition** [ˌdepəˈzɪʃən] *n* 1) сверже́ние (*с престола*); лише́ние (*власти*) 2) *библ.* сня́тие с креста́ 3) *юр.* показа́ние под прися́гой 4) взнос, вклад (*денег в банк*) 5) отложе́ние, на́кипь, оса́док

**depositor** [dɪˈpɔzɪtə] *n* вкла́дчик; вкла́дчица; депози́тор

**depository** [dɪˈpɔzɪtərɪ] *n* склад, храни́лище; *перен.* кла́дезь, сокро́вищница; he is a ~ of learninq он кла́дезь учёности, прему́дрости

**depot** [ˈdepəu] *n* 1) склад; храни́лище; амба́р, сара́й 2) *воен.* ба́зовый склад 3) *воен.* уче́бная часть 4) [ˈdi:pəu] *амер.* железнодоро́жная ста́нция 5) *attr.* запасно́й, запа́сный; ~ battery запа́сная (уче́бная) батаре́я 6) *attr.*: ~ ship су́дно-ба́за, плаву́чая ба́за; ~ aerodrome аэродро́м-ба́за

**depravation** [ˌdeprəˈveɪʃən] *n* 1) развраще́ние; развращённость 2) ухудше́ние, по́рча

**deprave** [dɪˈpreɪv] *v* 1) развраща́ть; по́ртить 2) ухудша́ть, искажа́ть

**depraved** [dɪˈpreɪvd] **1.** *p. p. от* deprave

**2.** *a* испо́рченный; развращённый

**depravity** [dɪˈprævɪtɪ] *n* 1) поро́чность; развращённость 2) *церк.* грехо́вность

**deprecate** [ˈdeprɪkeɪt] *v* ре́зко осужда́ть, возража́ть, протестова́ть, выступа́ть про́тив; to ~ war энерги́чно выступа́ть про́тив войны́; to ~ hasty action выска́зываться про́тив поспе́шных де́йствий

**deprecation** [ˌdeprɪˈkeɪʃən] *n* осужде́ние, неодобре́ние; возраже́ние; проте́ст

**deprecative** [ˈdeprɪkeɪtɪv] *a* 1) неодобри́тельный 2) = deprecatory 1)

**deprecatory** [ˈdeprɪkətərɪ] *a* 1) моля́щий об отвраще́нии како́й-л. беды́ 2) стара́ющийся умило́стивить; заде́бривающий, проси́тельный

**depreciate** [dɪˈpri:ʃɪeɪt] *v* 1) обесце́нивать(ся), па́дать в цене́ 2) унижа́ть, умаля́ть, недооце́нивать

**depreciatingly** [dɪˈpri:ʃɪeɪtɪŋlɪ] *adv* пренебрежи́тельно, неуважи́тельно

**depreciation** [dɪˌpri:ʃɪˈeɪʃən] *n* 1) обесце́нивание, обесце́нение; сниже́ние сто́имости 2) умале́ние; пренебреже́ние 3) ски́дка на по́рчу това́ра (*при расчётах*) 4) *тех.* амортиза́ция, изна́шивание

**depreciatory** [dɪˈpri:ʃjətərɪ] *a* 1) обесце́нивающий 2) умаля́ющий

**depredate** [ˈdeprɪdeɪt] *v* 1) гра́бить 2) опустоша́ть

**depredation** [ˌdeprɪˈdeɪʃən] *n* (*обыкн. pl*) 1) грабёж, расхище́ние 2) опустоше́ние; разруши́тельное де́йствие

**depredator** [ˈdeprɪdeɪtə] *n* 1) граби́тель 2) разруши́тель

**depress** [dɪˈpres] *v* 1) подавля́ть, угнета́ть, приводи́ть в уны́ние; огорча́ть 2) понижа́ть; ослабля́ть; to ~ the action of the heart ослабля́ть де́ятельность се́рдца; the trade is ~ed в торго́вле засто́й 3) опуска́ть; to ~ eyes опуска́ть глаза́; to ~ the voice понижа́ть го́лос 4) понижа́ть це́ну, сто́имость (*чего-л.*)

**depressant** [dɪˈpresənt] *мед.* **1.** *n* успокои́тельное сре́дство

**2.** *a* понижа́ющий де́ятельность како́го-л. о́ргана

**depressed** [dɪˈprest] **1.** *p. p. от* depress

**2.** *a* 1) пода́вленный, уны́лый 2) пони́женный, сни́женный 3) во́гнутый, сплю́щенный ◇ ~ areas райо́ны хрони́ческой безрабо́тицы

**depressing** [dɪˈpresɪŋ] **1.** *pres. p. от* depress

**2.** *a* гнету́щий, тя́гостный; уны́лый; наводя́щий тоску́

**depression** [dɪˈpreʃən] *n* 1) угнетённое состоя́ние, уны́ние; депре́ссия 2) сниже́ние, паде́ние (*давления и т. п.*) 3) *эк.* депре́ссия; ~ of trade засто́й в торго́вле 4) пониже́ние ме́стности, низи́на, впа́дина, углубле́ние; ~ in the ground ложби́нка 5) *астр.* углово́е склоне́ние (*звезды*) 6) *воен.* склоне́ние (*орудия*) 7) *физ.* разреже́ние, ва́куум

**depressor** [dɪˈpresə] *n анат.* депре́ссор (*тж.* ~ muscle)

**deprivation** [ˌdeprɪˈveɪʃən] *n* 1) поте́ря; лише́ние 2) *церк.* лише́ние бенефи́ции

**deprive** [dɪˈpraɪv] *v* 1) лиша́ть (of — *чего-л.*) 2) *церк.* отреша́ть от до́лжности; отбира́ть бенефи́цию

**depth** [depθ] *n* 1) глубина́, глубь; in the ~ of one's heart в глубине́ души́ 2) *pl поэт.* глуби́ны, пучи́на 3) си́ла, глубина́; the ~ of one's feelings глубина́ чувств; in ~ глубоко́, тща́тельно; in the ~ of despair в по́лном отча́янии 4) густота́ (*цвета, краски*); глубина́ (*звука*) 5) разга́р, середи́на; in the ~ of night глубо́кой но́чью; in the ~ of winter в разга́р зимы́; the ~s of a forest ча́ща ле́са ◇ to be out of (*или* beyond) one's ~ а) попа́сть на глубо́кое ме́сто (*в реке, море*); б) быть недосту́пным понима́нию; быть не по зуба́м; в) растеря́ться, не поня́ть; to get (*или* to go) out of one's ~ потеря́ть по́чву под нога́ми

**depth-bomb** [ˈdepθbɔm] *n* глуби́нная бо́мба

**depth-charge** [ˈdepθtʃɑ:dʒ] = depth-bomb

**depth-gauge** [ˈdepθgeɪdʒ] *n* водоме́рная ре́йка; глубиноме́р

**depurate** [ˈdepjureɪt] *v* очища́ть(ся)

**depuration** [ˌdepjuˈreɪʃən] *n* очище́ние

**deputation** [ˌdepju(:)ˈteɪʃən] *n* 1) делега́ция, депута́ция 2) делеги́рование

**depute** [dɪˈpju:t] *v* 1) делеги́ровать 2) передава́ть полномо́чия 3) назнача́ть замести́телем

**deputize** [ˈdepjutaɪz] *v* 1) представля́ть (*кого-л.*; for) 2) назнача́ть депута́том 3) замеща́ть 4) дубли́ровать (*об актёре, музыканте*)

**deputy** [ˈdepjutɪ] *n* 1) депута́т, делега́т; представи́тель; Chamber of Deputies пала́та депута́тов (*во Франции*) 2) замести́тель; by ~ по дове́ренности, по уполномо́чию 3) *амер. сокр. от* deputy sheriff 4) *горн.* деся́тник по безопа́сности; крепи́льщик

**deputy sheriff** [ˈdepjutɪˈʃerɪf] *n амер.* лицо́, облечённое права́ми шери́фа

**deracinate** [dɪˈræsɪneɪt] *v* вырыва́ть с ко́рнем; искореня́ть

**derail** [dɪˈreɪl] *v* 1) вызыва́ть круше́ние (*по́езда*); the car was ~ed ваго́н сошёл с ре́льсов 2) сходи́ть с ре́льсов

**derailment** [dɪˈreɪlmənt] *n* сход с ре́льсов; круше́ние

**derange** [dɪˈreɪndʒ] *v* 1) приводи́ть в беспоря́док; расстра́ивать (*мы́сли, пла́ны*) 2) выводи́ть из стро́я (*маши́ну и т. п.*) 3) своди́ть с ума́; доводи́ть до сумасше́ствия

**deranged** [dɪˈreɪndʒd] **1.** *p. p.* от derange

**2.** 1) ненорма́льный, сумасше́дший; to be (mentally) ~ сойти́ с ума́, быть сумасше́дшим 2) перепу́танный, находя́щийся в беспоря́дке

**derangement** [dɪˈreɪndʒmənt] *n* 1) приведе́ние в беспоря́док, расстро́йство 2) психи́ческое расстро́йство

**derate** [diːˈreɪt] *v* уменьша́ть разме́ры ме́стных нало́гов

**deration** [ˈdiːˈræʃən] *v* отменя́ть норми́рование, ка́рточную систе́му

**Derby** [ˈdɑːbɪ] *n* 1) де́рби 2) (d.) [ˈdəːbɪ] *амер.* котело́к (*мужска́я шля́па*) 3) *attr.*: ~ day день ежего́дных ска́чек в Эпсоме (*близ Ло́ндона*)

**derelict** [ˈderɪlɪkt] **1.** *a* 1) поки́нутый, бро́шенный; бесхо́зный; беспризо́рный 2) поки́нутый владе́льцем 3) *амер.* наруша́ющий (*долг, обя́занности*)

**2.** *n* 1) что-л. бро́шенное за негодностью 2) су́дно, бро́шенное кома́ндой 3) все́ми поки́нутый, избега́емый челове́к, отщепе́нец; отве́рженный 4) *амер.* челове́к, уклоня́ющийся от исполне́ния до́лга 5) су́ша, образова́вшаяся благодаря́ отступле́нию мо́ря *или* реки́

**dereliction** [ˌderɪˈlɪkʃən] *n* 1) забро́шенность 2) оставле́ние 3) наруше́ние до́лга (*тж.* ~ of duty); упуще́ние 4) отступле́ние мо́ря от бе́рега; морско́й нано́с

**derequisition** [ˈdiːˌrekwɪˈzɪʃən] *v* прекраща́ть реквизи́цию со́бственности (*в по́льзу госуда́рства*)

**derestrict** [ˈdiːrɪsˈtrɪkt] *v* снима́ть ограниче́ния

**deride** [dɪˈraɪd] *v* осме́ивать, высме́ивать

**derision** [dɪˈrɪʒən] *n* 1) высме́ивание, осмея́ние; to hold (*или* to have) in ~ насмеха́ться; to be in ~ быть посме́шищем; to bring into ~ де́лать посме́шищем 2) *редк.* посме́шище

**derisive** [dɪˈraɪsɪv] *a* 1) насме́шливый, ирони́ческий 2) смехотво́рный; ~ attempts смехотво́рные, я́вно неуда́чные попы́тки

**derivable** [dɪˈraɪvəbl] *a* получа́емый, извлека́емый

**derivation** [ˌderɪˈveɪʃən] *n* 1) происхожде́ние; исто́чник; нача́ло 2) *лингв.* дерива́ция, словопроизво́дство 3) установле́ние происхожде́ния 4) *мат.* взя́тие произво́дной; реше́ние; вы́вод 5) *гидр.* дерива́ция; отво́д (*воды́*) 6) *эл.* ответвле́ние, шунт 7) *мед.* отвлече́ние

**derivative** [dɪˈrɪvətɪv] **1.** *n* 1) *лингв.* произво́дное сло́во 2) *мат.* произво́дная (фу́нкция); дерива́т

**2.** *a* произво́дный; to be logically ~ from smth. логи́чески вытека́ть из чего́-л.

**derive** [dɪˈraɪv] *v* 1) получа́ть, извлека́ть; to ~ an income извлека́ть дохо́ды; to ~ pleasure получа́ть удово́льствие (from—от) 2) происходи́ть; the word "evolution" is ~d from Latin сло́во «эволю́ция» лати́нского происхожде́ния 3) устана́вливать происхожде́ние; производи́ть (*от чего́-л.*), выводи́ть; to ~ religion from myths устана́вливать происхожде́ние рели́гии от ми́фов 4) насле́довать; he ~s his character from his father он унасле́довал хара́ктер отца́ 5) отводи́ть (*во́ду*) 6) *эл.* ответвля́ть, шунтова́ть

**derm(a)** [ˈdəːm(ə)] *n анат.* ко́жа

**dermal** [ˈdəːməl] *a анат.* ко́жный

**dermatic** [dəːˈmætɪk] = dermal

**dermatitis** [ˌdəːməˈtaɪtɪs] *n мед.* воспале́ние ко́жи, дермати́т

**dermatologist** [ˌdəːməˈtɔlədʒɪst] *n* дермато́лог, врач по ко́жным боле́зням

**dermatology** [ˌdəːməˈtɔlədʒɪ] *n* дерматоло́гия

**dernier** [ˈdəːnɪə] *фр. a* после́дний; ~ cri после́дний крик мо́ды; ~ ressort после́днее сре́дство

**derogate** [ˈderəugeɪt] *v* 1) умаля́ть (*заслу́ги, досто́инство*); отнима́ть (*часть прав и т. п.*); to ~ from smb.'s reputation задева́ть чью-л. репута́цию 2) унижа́ть себя́, роня́ть своё досто́инство

**derogation** [ˌderəuˈgeɪʃən] *n* 1) умале́ние (*прав, заслу́г*); подры́в (*репута́ции*); it is said on ~ of his character э́то ска́зано, что́бы подорва́ть его́ репута́цию 2) униже́ние

**derogatory** [dɪˈrɔgətərɪ] *a* 1) умаля́ющий; наруша́ющий (*пра́ва и т. п.*) 2) унизи́тельный

**derrick** [ˈderɪk] *n* 1) *тех.* де́ррик-кра́н; во́рот для подъёма тя́жестей; *мор.* подъёмная стрела́ 2) бурова́я вы́шка 3) *ист.* ви́селица (*по и́мени ло́ндонского палача́ XVII в.*)

**derring-do** [ˈderɪŋˈduː] *n* отча́янная хра́брость; безрассу́дство

**derringer** [ˈderɪndʒə] *n амер.* небольшо́й крупнокали́берный пистоле́т

**dervish** [ˈdəːvɪʃ] *тур. n* де́рвиш

**desalt** [diːˈsɔːlt] *v* опресня́ть

**descale** [ˈdiːskeɪl] *v* снима́ть ока́лину, на́кипь

**descant 1.** *n* [ˈdeskænt] 1) пе́сня, мело́дия, напе́в 2) ди́скант; сопра́но 3) дли́нное рассужде́ние

**2.** *v* [dɪsˈkænt] 1) подро́бно обсужда́ть, распространя́ться (upon) 2) петь, распева́ть

**descend** [dɪˈsend] *v* 1) спуска́ться, сходи́ть; to ~ a hill спусти́ться с холма́ 2) опуска́ться, снижа́ться 3) происходи́ть; to ~ from a peasant family происходи́ть из крестья́нской семьи́ 4) передава́ться по насле́дству, переходи́ть (from); to ~ from father to son переходи́ть от отца́ к сы́ну 5) пасть; опусти́ться (*мора́льно*); уни́зиться 6) обру́шиться; налете́ть, нагря́нуть (upon) 7) переходи́ть (*от про́шлого к настоя́щему, от о́бщего к ча́стному и т. п.*) 8) *астр.* склоня́ться к горизо́нту

**descendable** [dɪˈsendəbl] *редк.* = descendible

**descendant** [dɪˈsendənt] *n* пото́мок; direct (*или* lineal) ~ пото́мок по прямо́й ли́нии

**descendible** [dɪˈsendəbl] *a* передава́емый по насле́дству

**descent** [dɪˈsent] *n* 1) спуск; сниже́ние; to make a parachute ~ спусти́ться с парашю́том 2) склон, скат 3) пониже́ние (*зву́ка, температу́ры и т. п.*) 4) происхожде́ние 5) поколе́ние (*по определённой ли́нии*) 6) переда́ча по насле́дству, насле́дование (*иму́щества, черт хара́ктера*) 7) паде́ние (*мора́льное*) 8) внеза́пное нападе́ние (*осо́б. с мо́ря*); деса́нт

**describe** [dɪsˈkraɪb] *v* 1) опи́сывать, изобража́ть; характеризова́ть(ся); to ~ one's purposes изложи́ть свои́ наме́рения 2) описа́ть (*круг, крива́ю*); начерти́ть

**description** [dɪsˈkrɪpʃən] *n* 1) описа́ние, изображе́ние; to answer (to) the ~ соотве́тствовать описа́нию; совпада́ть с приме́тами; to beggar (*или* to baffle, to defy) ~ не поддава́ться описа́нию; beyond ~ не поддаю́щийся описа́нию 2) вид, род, сорт; books of every ~ всевозмо́жные кни́ги; of the worst ~ ху́дшего ти́па; са́мого ху́дшего со́рта 3) выче́рчивание, описа́ние

**descriptive** [dɪsˈkrɪptɪv] *a* описа́тельный; изобрази́тельный; нагля́дный; ~ attribute *грам.* описа́тельное определе́ние; ~ geometry начерта́тельная геоме́трия; ~ style стиль, бога́тый описа́ниями

**descry** [dɪsˈkraɪ] *v* 1) рассмотре́ть, заме́тить, уви́деть (*осо́б. издали*) 2) обнару́жить 3) *поэт.* ви́деть

**desecrate** [ˈdesɪkreɪt] *v* оскорбля́ть; осквернят́ь (*святы́ню*)

**desecration** [ˌdesɪˈkreɪʃən] *n* оскверне́ние, профана́ция

**desegregation** [diːˌsegrɪˈgeɪʃən] *n* десегрега́ция, ликвида́ция сегрега́ции

**desensitize** [ˈdiːˈsensɪtaɪz] *v* 1) уменьша́ть восприи́мчивость; сде́лать безразли́чным 2) *мед.* возвраща́ть в норма́льное психи́ческое состоя́ние 3) *фото* десенсибилизи́ровать

**desert** I **1.** *n* [ˈdezət] 1) пусты́ня 2) необита́емое пусты́нное ме́сто 3) ску́чная те́ма, рабо́та *и т. п.*

**2.** *a* [ˈdezət] 1) пусты́нный; ~ island необита́емый о́стров 2) го́лый, беспло́дный

**3.** *v* [dɪˈzəːt] 1) покида́ть, оставля́ть; броса́ть (*семью́*); his courage ~ed him сме́лость поки́нула его́ 2) *воен.* дезерти́ровать

**desert** II [dɪˈzəːt] *n* 1) заслу́га 2) (*обыкн. pl*) заслу́женное (*в хоро́шем или дурно́м смы́сле*); награ́да; to treat people according to their ~s поступа́ть с людьми́ по заслу́гам; to obtain (*или* to meet with) one's ~s получи́ть по заслу́гам

**deserter** [dɪ'zə:tə] *n* 1) дезерти́р 2) перебе́жчик

**desertion** [dɪ'zə:ʃən] *n* 1) оставле́ние (*семьи и т. п.*) 2) дезерти́рство 3) забро́шенность; in utter ~ поки́нутый все́ми

**deserve** [dɪ'zə:v] *v* заслу́живать, быть досто́йным (*чего-л.*); to ~ attention заслу́живать внима́ния; to ~ well (ill) заслу́живать награ́ды (наказа́ния); to ~ well of one's country име́ть больши́е заслу́ги пе́ред ро́диной.

**deserved** [dɪ'zə:vd] **1.** *p. p. от* deserve

**2.** *a* заслу́женный

**deservedly** [dɪ'zə:vɪdlɪ] *adv* заслу́женно, по заслу́гам, по досто́инству

**deserving** [dɪ'zə:vɪŋ] **1.** *pres. p. от* deserve

**2.** *a* заслу́живающий; досто́йный

**déshabillé** [ˌdeɪzæ'bi:eɪ] *фр.* = dishabille

**desiccate** ['desɪkeɪt] *v* 1) высу́шивать; ~d milk сухо́е молоко́; ~d fruit сушёные фру́кты 2) высыха́ть, теря́ть вла́жность

**desiccation** [ˌdesɪ'keɪʃən] *n* высу́шивание; су́шка; десика́ция

**desiccator** ['desɪkeɪtə] *n* суши́льная печь, суши́льный шкаф; эксика́тор, десика́тор; испари́тель

**desiderata** [dɪˌzɪdə'reɪtə] *pl от* desideratum

**desiderate** [dɪ'zɪdəreɪt] *v книжн.* чу́вствовать отсу́тствие (*чего-л.*), ощуща́ть недоста́ток (*в чём-л.*); жела́ть (*чего-л.*)

**desideratum** [dɪˌzɪdə'reɪtəm] *лат. n* (*pl* -ta) что-л. недостаю́щее, жела́емое; пробе́л, кото́рый жела́тельно воспо́лнить

**design** [dɪ'zaɪn] **1.** *n* 1) за́мысел, план 2) наме́рение, цель; by ~ (пред)наме́ренно 3) прое́кт; план; чертёж; констру́кция, расчёт; a ~ for a building прое́кт зда́ния 4) рису́нок, эски́з; узо́р 5) компози́ция (*карти́ны и т. п.*) 6) (*тж. pl*) (злой) у́мысел; to have (*или* to harbour) ~s on (*или* against) smb. вына́шивать кова́рные за́мыслы про́тив кого́-л.

**2.** *v* 1) предназнача́ть; this room is ~ed as a study э́та ко́мната предназнача́ется для кабине́та 2) заду́мывать, замышля́ть, намерева́ться, предполага́ть; we did not ~ this result мы не ожида́ли тако́го результа́та; we ~ed for his good мы де́лали всё для его́ бла́га 3) составля́ть план, проекти́ровать; конструи́ровать 4) рисова́ть, изобража́ть; де́лать эски́зы (*костюмов и т. п.*)

**designate** **1.** *a* ['dezɪgnɪt] (*обыкн. после сущ.*) назна́ченный, но ещё не вступи́вший в до́лжность

**2.** *v* ['dezɪgneɪt] 1) определя́ть, обознача́ть; ука́зывать 2) называ́ть, характеризова́ть 3) предназнача́ть 4) назнача́ть на до́лжность

**designation** [ˌdezɪg'neɪʃən] *n* 1) обозначе́ние; называ́ние 2) указа́ние 3) (пред)назначе́ние, цель 4) указа́ние профе́ссии и а́дреса (*при фами́лии*) 5) назначе́ние на до́лжность

**designed** [dɪ'zaɪnd] **1.** *p. p. от* design 2

**2.** *a* 1) соотве́тствующий пла́ну, прое́кту *и т. п.* 2) предназна́ченный 3) предумы́шленный

**designedly** [dɪ'zaɪnɪdlɪ] *adv* умы́шленно, с наме́рением

**designer** [dɪ'zaɪnə] *n* 1) констру́ктор; проектиро́вщик 2) чертёжник 3) рисова́льщик 4) моделье́р, констру́ктор оде́жды 5) интрига́н

**designing** [dɪ'zaɪnɪŋ] **1.** *pres. p. от* design 2

**2.** *n* 1) проекти́рование, конструи́рование 2) интрига́нство

**3.** *a* 1) плани́рующий, проекти́рующий 2) интригу́ющий; хи́трый, кова́рный

**desirability** [dɪˌzaɪərə'bɪlɪtɪ] *n* жела́тельность

**desirable** [dɪ'zaɪərəbl] *a* 1) жела́тельный, жела́нный 2) подходя́щий, хоро́ший

**desire** [dɪ'zaɪə] **1.** *n* 1) (си́льное) жела́ние (for) 2) про́сьба; пожела́ние; at your ~ по ва́шей про́сьбе 3) страсть, вожделе́ние 4) предме́т жела́ния; мечта́

**2.** *v* 1) жела́ть; хоте́ть; to leave much to be ~d оставля́ть жела́ть мно́го лу́чшего 2) проси́ть, тре́бовать; I ~ you to go at once я тре́бую (прошу́), что́бы вы пошли́ неме́дленно

**desirous** [dɪ'zaɪərəs] *a* жела́ющий, жа́ждущий (*чего-л.*); to be ~ to succeed (*или* of success) стреми́ться к успе́ху

**desist** [dɪ'zɪst] *v* перестава́ть, прекраща́ть; возде́рживаться; to ~ from attempts отказа́ться от попы́ток

**desk** [desk] *n* 1) пи́сьменный стол; рабо́чий стол 2) householdконто́рка 3) па́рта 4) *муз.* пюпи́тр 5) пульт управле́ния 6) *церк.* анало́й; ка́федра пропове́дника 7) па́сторское зва́ние 8) канцеля́рская рабо́та 9) *амер.* реда́кция (*газеты*) 10) *attr.* насто́льный; ~ set насто́льный телефо́н

**desk book** ['deskbuk] *n* насто́льная кни́га; спра́вочник

**desman** ['desmən] *n зоол.* вы́хухоль

**desolate** **1.** *a* ['desəlɪt] 1) забро́шенный, запу́щенный, разру́шенный 2) необита́емый, безлю́дный 3) поки́нутый, одино́кий 4) несча́стный; неуте́шный

**2.** *v* ['desəleɪt] 1) опустоша́ть; разоря́ть; обезлю́дить 2) де́лать несча́стным; приводи́ть в отча́яние

**desolation** [ˌdesə'leɪʃən] *n* 1) опустоше́ние, разоре́ние, запусте́ние 2) одино́чество, забро́шенность 3) го́ре, отча́яние

**despair** [dɪs'peə] **1.** *n* 1) отча́яние; безысхо́дность; to fall into ~ впасть в отча́яние; out of ~ с отча́яния 2) исто́чник огорче́ния; he is the ~ of his mother он причиня́ет свое́й ма́тери одни́ лишь огорче́ния

**2.** *v* отча́иваться, теря́ть наде́жду (of); his life is ~ed of его́ состоя́ние безнадёжно (*о больном*)

**despairingly** [dɪs'peərɪŋlɪ] *adv* в отча́янии; безнадёжно

**despatch** [dɪs'pætʃ] = dispatch

**desperado** [ˌdespə'rɑ:dəu] *исп. n* (*pl* -oes [-əuz]) отча́янный челове́к; головоре́з; сорвиголова́

**desperate** ['despərɪt] *a* 1) отча́янный, безнадёжный; in ~ condition в отча́янном положе́нии 2) доведённый до отча́яния; безрассу́дный; ~ daring а) безу́мная отва́га; б) хра́брость отча́яния 3) ужа́сный; отъя́вленный; ~ storm ужа́сная бу́ря; ~ fool отъя́вленный дура́к

**desperation** [ˌdespə'reɪʃən] *n* 1) безрассу́дство, безу́мство; to drive smb. to ~ *разг.* доводи́ть кого́-л. до кра́йности, до бе́шенства 2) отча́яние

**despicable** ['despɪkəbl] *a* презре́нный

**despise** [dɪs'paɪz] *v* презира́ть

**despite** [dɪs'paɪt] **1.** *n* 1) зло́ба; презре́ние 2): in ~ of (*употр. как prep*) вопреки́; несмотря́ на; in his ~ ему́ на́зло́

**2.** *prep* несмотря́ на; ~ our efforts несмотря́ на на́ши уси́лия

**despiteful** [dɪs'paɪtful] *a поэт.* зло́бный, жесто́кий

**despoil** [dɪs'pɔɪl] *v* гра́бить, обира́ть; лиша́ть (of — *чего-л.*)

**despoilment** [dɪs'pɔɪlmənt] *n* ограбле́ние; грабёж; расхище́ние

**despoliation** [dɪˌspəulɪ'eɪʃən] = despoilment

**despond** [dɪs'pɔnd] **1.** *v* па́дать ду́хом, унывать́, теря́ть наде́жду

**2.** *n уст.* = despondency

**despondency** [dɪs'pɔndənsɪ] *n* отча́яние, уны́ние, упа́док ду́ха

**despondent** [dɪs'pɔndənt] *a* уны́лый, пода́вленный

**despot** ['despɔt] *n* де́спот

**despotic** [des'pɔtɪk] *a* деспоти́ческий

**despotism** ['despətɪzm] *n* 1) деспоти́зм 2) деспоти́я

**desquamate** ['deskwəmeɪt] *v мед.* шелуши́ться, лупи́ться

**dessert** [dɪ'zə:t] *n* десе́рт, сла́дкое (*блюдо*)

**dessert-spoon** [dɪ'zə:tspu:n] *n* десе́ртная ло́жка

**destination** [ˌdestɪ'neɪʃən] *n* 1) назначе́ние, предназначе́ние 2) ме́сто назначе́ния (*тж.* place of ~); цель (*путешествия, похода и т. п.*)

**destine** ['destɪn] *v* 1) назнача́ть, предназнача́ть 2) предопределя́ть; the plan was ~d to fail э́тому пла́ну не суждено́ бы́ло осуществи́ться 3) направля́ться; we are ~d for Moscow мы направля́емся в Москву́

**destined** ['destɪnd] **1.** *p. p. от* destine

**2.** *a* предназна́ченный

**destiny** ['destɪnɪ] *n* 1) судьба́, уде́л 2) неизбе́жный ход собы́тий; неизбе́жность 3) (D.) *миф.* боги́ня судьбы́; *pl* Па́рки

**destitute** ['destitju:t] **1.** *a* 1) лишённый (of — *чего-л.*) 2) си́льно нужда́ющийся; to be left ~ оста́ться без средств

2. *n* (the ~) нужда́ющиеся, бе́дные

**destitution** [ˌdestɪ'tjuːʃən] *n* лише́ния; нужда́; нищета́

**destrier** ['destrɪə] *n ист.* боево́й конь

**destroy** [dɪs'trɔɪ] *v* 1) разруша́ть; уничтожа́ть 2) де́лать бесполе́зным, своди́ть к нулю́ 3) истребля́ть

**destroyer** [dɪs'trɔɪə] *n* 1) разруши́тель 2) *мор.* эска́дренный минonóсец, эсми́нец 3) *ав.* истреби́тель

**destruction** [dɪs'trʌkʃən] *n* 1) разруше́ние; уничтоже́ние 2) разоре́ние 3) причи́на ги́бели *или* разоре́ния; overconfidence was his ~ чрезме́рная самоуве́ренность погуби́ла его́

**destructive** [dɪs'trʌktɪv] 1. *a* 1) разруши́тельный; ~ agency сре́дство разруше́ния 2) па́губный, вре́дный; ~ to health вре́дный для здоро́вья 3): ~ distillation *хим.* суха́я перего́нка

2. *n* 1) разруши́тель 2) сре́дство разруше́ния

**destructor** [dɪs'trʌktə] *n* мусоросжига́тельная печь

**desuetude** [dɪ'sju(ː)ɪtjuːd] *n* неупотреби́тельность; устаре́лость; to fall into ~ выходи́ть из употребле́ния

**desulphurise** [diː'sʌlfəraɪz] *v хим.* удаля́ть се́ру, обессе́ривать

**desultory** ['desəltərɪ] *a* несвя́зный, отры́вочный; несистемати́ческий; ~ conversation бессвя́зный разгово́р; ~ reading бессисте́мное чте́ние; ~ remark случа́йное замеча́ние; ~ fighting *воен.* отде́льные сты́чки и перестре́лка; ~ fire *воен.* беспоря́дочная стрельба́

**detach** [dɪ'tætʃ] *v* 1) отделя́ть(ся); отвя́зывать; разъединя́ть; отцепля́ть; прерыва́ть соедине́ние (from) 2) *воен., мор.* отряжа́ть, посыла́ть (*отряд, судно*)

**detachable** [dɪ'tætʃəbl] *a* 1) съёмный 2) отрывно́й; отрезно́й

**detached** [dɪ'tætʃt] 1. *p. p. от* detach

2. *a* 1) отде́льный, обосо́бленный; отделённый; ~ house особня́к; 2) беспристра́стный; незави́симый; ~ opinion (*или* view) незави́симое мне́ние 3) бесстра́стный; in a ~ way невозмути́мо 4) *воен.* (от)командиро́ванный; ~ duty командиро́вка; ~ service *амер.* откомандирова́ние из ча́сти; to place on ~ service прикомандиро́вывать (*для службы, учёбы и т. п.*)

**detachment** [dɪ'tætʃmənt] *n* 1) отделе́ние; выделе́ние; разъедине́ние 2) отчуждённость, отрешённость; обосо́бленность; an air of ~ отрешённый вид 3) беспристра́стность; незави́симость (*суждений и т. п.*) 4) *воен., мор.* отря́д войск *или* корабле́й; оруди́йный *или* миномётный расчёт 5) *воен.* (от)командирова́ние

**detail** ['diːteɪl] 1. *n* 1) подро́бность; дета́ль; to go (*или* to enter) into ~s вдава́ться в подро́бности; in ~ обстоя́тельно; подро́бно 2) *pl* дета́ли (*здания или машины*); ча́сти, элеме́нты 3) *воен.* наря́д; кома́нда 4) *attr.* дета́льный, подро́бный; ~ drawing дета́льный чертёж

2. *v* 1) подро́бно расска́зывать, входи́ть в подро́бности 2) *воен.* выделя́ть; наряжа́ть, назнача́ть в наря́д

**detailed** ['diːteɪld] 1. *p. p. от* detail 2

2. *a* 1) подро́бный, дета́льный 2) *воен.* назна́ченный; вы́деленный

**detailing** ['diːteɪlɪŋ] 1. *pres. p. от* detail 2

2. *n воен.* выделе́ние, назначе́ние в наря́д; ~ for guard наря́д в карау́л

**detain** [dɪ'teɪn] *v* 1) заде́рживать; заставля́ть ждать 2) уде́рживать (*деньги и т. п.*) 3) аресто́вывать; содержа́ть под стра́жей 4) замедля́ть; меша́ть (*движению и т. п.*)

**detainee** [ˌdiːteɪ'niː] *n юр.* заде́ржанный, находя́щийся под аре́стом

**detainer** [dɪ'teɪnə] *n юр.* 1) незако́нное задержа́ние иму́щества 2) предписа́ние о дальне́йшем содержа́нии аресто́ванного под стра́жей

**detank** [diː'tæŋk] *v воен.* выса́живать(ся) из та́нка

**detect** [dɪ'tekt] *v* 1) открыва́ть, обнару́живать 2) *радио* детекти́ровать, выпрямля́ть

**detection** [dɪ'tekʃən] *n* 1) откры́тие, обнару́жение 2) *радио* детекти́рование

**detective** [dɪ'tektɪv] 1. *n* аге́нт сыскно́й поли́ции, сы́щик; детекти́в

2. *a* сыскно́й; детекти́вный; ~ novel детекти́вный рома́н

**detector** [dɪ'tektə] *n* 1) прибо́р для обнару́жения; lie ~ индика́тор лжи 2) *радио* дете́ктор 3) *хим.* индика́тор

**detent** [dɪ'tent] *n тех.* сто́пор, защёлка, соба́чка; армети́р

**détente** [de'tɑːŋt] *фр. n* разря́дка, ослабле́ние напряже́ния (*особ. в отношениях между государствами*)

**detention** [dɪ'tenʃən] *n* 1) задержа́ние 2) аре́ст; содержа́ние под аре́стом 3) вы́нужденная заде́ржка 4) удержа́ние 5) *школ.* оставле́ние по́сле уро́ков 6) *attr.*: ~ camp ла́герь для интерни́рованных

**détenu** [ˌdetə'njuː] *фр. n* аресто́ванный, заключённый

**deter** [dɪ'təː] *v* уде́рживать (from — от *чего-л.*); отпу́гивать (from)

**deterge** [dɪ'təːdʒ] *v мед.* очища́ть

**detergent** [dɪ'təːdʒənt] 1. *n* очища́ющее, мо́ющее сре́дство; детерге́нт

2. *a* очища́ющий, мо́ющий

**deteriorate** [dɪ'tɪərɪəreɪt] *v* 1) уху́дша́ть(ся); по́ртить(ся) 2) разруша́ться 3) вырожда́ться

**deterioration** [dɪˌtɪərɪə'reɪʃən] *n* 1) ухудше́ние; по́рча 2) изна́шивание, изно́с

**deteriorative** [dɪ'tɪərɪəreɪtɪv] *a* уху́дша́ющий

**determinant** [dɪ'təːmɪnənt] 1. *n* 1) реша́ющий, определя́ющий фа́ктор 2) *мат.* детермина́нт, определи́тель

2. *a* определя́ющий, реша́ющий, обусло́вливающий

**determinate** 1. *a* [dɪ'təːmɪnɪt] 1) определённый, устано́вленный 2) решённый, оконча́тельный 3) реши́тельный

2. *v* [dɪ'təːmɪneɪt] определя́ть

**determination** [dɪˌtəːmɪ'neɪʃən] *n* 1) определе́ние; установле́ние (*границ и т. п.*); ~ of price калькуля́ция 2) реше́ние; пригово́р 3) реши́тельность; реши́мость 4) *мед.* прили́в (кро́ви)

**determinative** [dɪ'təːmɪnətɪv] 1. *a* 1) определя́ющий; реша́ющий 2) ограни́чивающий

2. *n* 1) реша́ющий фа́ктор 2) *грам.* определя́ющее сло́во

**determine** [dɪ'təːmɪn] *v* 1) определя́ть; устана́вливать 2) реша́ть(ся); to ~ upon a course of action реши́ть, как де́йствовать; определи́ть ли́нию поведе́ния 3) обусло́вливать, детермини́ровать 4) побужда́ть, заставля́ть 5) *юр.* конча́ться, истека́ть (*о сроке, аренде и т. п.*) 6) ограни́чивать; определя́ть грани́цы

**determined** [dɪ'təːmɪnd] 1. *p. p. от* determine

2. *a* 1) приня́вший реше́ние, реши́вшийся 2) реши́тельный; по́лный реши́мости; непрекло́нный; ~ character твёрдый хара́ктер

**determinism** [dɪ'təːmɪnɪzm] *n филос.* детермини́зм

**deterrence** [dɪ'terəns] *n* 1) удержа́ние (*от враждебных действий*) 2) устраше́ние, отпу́гивание

**deterrent** [dɪ'terənt] 1. *n* сре́дство устраше́ния; сде́рживающее сре́дство

2. *a* 1) отпу́гивающий, устраша́ющий; уде́рживающий 2) предохрани́тельный

**detersive** [dɪ'təːsɪv] = detergent

**detest** [dɪ'test] *v* ненави́деть, пита́ть отвраще́ние

**detestable** [dɪ'testəbl] *a* отврати́тельный, ме́рзкий; ~ act ме́рзкий посту́пок

**detestation** [ˌdiːtes'teɪʃən] *n* 1) си́льное отвраще́ние 2) предме́т *или* челове́к, вызыва́ющий отвраще́ние, не́нависть

**dethrone** [dɪ'θrəun] *v* 1) сверга́ть с престо́ла 2) разве́нчивать

**dethronement** [dɪ'θrəunmənt] *n* 1) сверже́ние с престо́ла 2) развенча́ние

**detinue** ['detɪnjuː] *n юр.* незако́нный захва́т чужо́го иму́щества; action of ~ иск о возвраще́нии незако́нно захва́ченного иму́щества

**detonate** ['detəuneɪt] *v* детони́ровать, взрыва́ть(ся)

**detonating** ['detəuneɪtɪŋ] 1. *pres. p. от* detonate

2. *a* детони́рующий; ~ fuse детони́рующий запа́л, уда́рная тру́бка; взрыва́тель; ~ gas грему́чий газ

**detonation** [ˌdetəu'neɪʃən] *n* детона́ция; взрыв

**detonator** ['detəuneɪtə] *n* 1) детона́тор; ка́псюль 2) *ж.-д.* пета́рда

**detour** ['diːtuə] *n* око́льный путь, обхо́д; объе́зд; to make a ~ сде́лать крюк

**detract** [dɪ'trækt] *v* 1) отнима́ть; уменьша́ть 2) умаля́ть, принижа́ть; that does not ~ from his merit э́то не умаля́ет его́ заслу́ги

**detraction** [dɪ'trækʃən] *n* 1) умале́ние, приниже́ние 2) клевета́; злосло́вие

**detractive** [dɪ'træktɪv] *a* 1) умаля́ющий досто́инства 2) поро́чащий

**detractor** [dɪ'træktə] *n* клеветни́к

**detractory** [dɪ'træktərɪ] = detractive

**detrain** [di:'treɪn] *v* 1) выса́живать (-ся) из по́езда (*обыкн. о войсках*) 2) разгружа́ть, выгружа́ть (ваго́ны)

**detriment** ['detrɪmənt] *n* ущё́рб, вред; without ~ to без ущё́рба для; I know nothing to his ~ я не зна́ю за ним ничего́ предосуди́тельного; to the ~ of one's health в ущё́рб своему́ здоро́вью

**detrimental** [,detrɪ'mentl] **1.** *a* 1) принося́щий убы́ток; ущё́рб 2) вре́дный; ~ to one's health вре́дный для здоро́вья

**2.** *n разг.* незави́дная па́ртия (*о женихе*)

**detrition** [dɪ'trɪʃən] *n преим. геол.* стира́ние, изна́шивание от тре́ния

**detritus** [dɪ'traɪtəs] *n* 1) *геол.* детри́т 2) *attr.*: ~ mineral обло́мочный минера́л

**de trop** [də'trəu] *фр. a predic.* изли́шний, нену́жный, нежела́тельный; ни к чему́

**detruck** [di:'trʌk] *v амер.* 1) выса́живать(ся) из грузовико́в 2) разгружа́ть грузови́к

**detrude** [dɪ'tru:d] *v* сбра́сывать, выта́лкивать

**detruncate** [di:'trʌŋkeɪt] *v* среза́ть, укора́чивать

**detune** [di:'tju:n] *v радио* расстра́ивать

**deuce** I [dju:s] *n* 1) дво́йка, два очка́ 2) ра́вный счёт (*в теннисе*)

**deuce** II [dju:s] *n* чёрт (*в ругательствах, восклицаниях*); (the) ~ take it! чёрт побери́!; (the) ~ a bit ничу́ть!; (the) ~ a man! никто́!; to play the ~ with smb. причиня́ть вред кому́-л.; where the ~ did I put the book? чёрт его́ зна́ет, куда́ я положи́л кни́гу!

**deuced** [dju:st] **1.** *a разг.* черто́вский; ужа́сный; I'm in a ~ hurry я ужа́сно спешу́

**2.** *adv* черто́вски, ужа́сно

**deuterium** [dju(:)'tɪərɪəm] *n хим., физ.* дейте́рий, тяжё́лый водоро́д

**Deuteronomy** [,dju:tə'rɔnəmɪ] *n библ.* Второзако́ние

**devaluate** ['di:'væljueɪt] *v* 1) обесце́нивать 2) *фин.* проводи́ть девальва́цию

**devaluation** [,di:vælju'eɪʃən] *n* 1) обесце́нение 2) *фин.* девальва́ция

**devalue** ['di:'vælju:] = divaluate

**devastate** ['devəsteɪt] *v* опустоша́ть, разоря́ть

**devastated** ['devəsteɪtɪd] *a* опустошё́нный, разорё́нный; ~ areas пострада́вшие (*от какого-л. бедствия*) райо́ны, райо́ны бе́дствия

**devastating** ['devəsteɪtɪŋ] **1.** *pres. p. от* devastate

**2.** *a* 1) опустоши́тельный, разруши́тельный 2) огро́мный; ~ contrast рази́тельный контра́ст

**devastation** [,devəs'teɪʃən] *n* 1) опустоше́ние, разоре́ние 2) *юр.* растра́та иму́щества (*душеприказчиками*)

**develop** [dɪ'veləp] *v* 1) развива́ть (-ся) 2) соверше́нствовать 3) распространя́ться, развива́ться (*о болезни, эпидемии*) 4) разраба́тывать; to ~ a mine разраба́тывать копь; to ~ the plot of a story разраба́тывать сюже́т расска́за 5) конструи́ровать, разраба́тывать 6) излага́ть, раскрыва́ть (*аргументы, мотивы и т. п.*) 7) проявля́ть(ся); he has ~ed a tendency to brood у него́ появи́лась привы́чка размышля́ть; он стал ча́сто заду́мываться 8) выясня́ть(ся), обнару́живать (-ся), станови́ться очеви́дным; it ~ed that he had made a mistake вы́яснилось, что он оши́бся; to ~ the enemy разве́дать проти́вника 9) *фото* проявля́ть 10) *амер. воен.* развё́ртывать (-ся); to ~ an attack развё́ртываться для наступле́ния

**developer** [dɪ'veləpə] *n* 1) застро́йщик 2) *фото* прояви́тель

**development** [dɪ'veləpmənt] *n* 1) разви́тие; эволю́ция; рост; расшире́ние 2) развё́ртывание 3) улучше́ние, усоверше́нствование (*механизмов*) 4) разрабо́тка, созда́ние 5) (*часто pl*) обстоя́тельство; собы́тие; to meet unexpected ~s столкну́ться с непредви́денными обстоя́тельствами 6) вы́вод, заключе́ние 7) но́вое строи́тельство, застро́йка; предприя́тие 8) *фото* проявле́ние 9) *горн.* подготови́тельные рабо́ты, подгото́вка месторожде́ния 10) *attr.*: ~ theory эволюцио́нная тео́рия ◇ ~ battalion уче́бный батальо́н; ~ type о́пытный образе́ц

**developmental** [dɪ,veləp'mentl] *a* 1) свя́занный с разви́тием; ~ diseases боле́зни ро́ста; ~ resources ресу́рсы, необходи́мые для экономи́ческого разви́тия 2) эволюцио́нный

**deviate** ['di:vɪeɪt] *v* отклоня́ться; отступа́ть; уклоня́ться; to ~ from the truth отклони́ться от и́стины; to ~ ships вынужда́ть суда́ уклоня́ться от ку́рса

**deviation** [,di:vɪ'eɪʃən] *n* 1) отклоне́ние 2) *полит.* укло́н 3) девиа́ция (*магнитной стрелки*) 4) *мор. ком.* девиа́ция, отклоне́ние от договорё́нного ре́йса 5) *attr.*: ~ clause *мор.* пункт во фрахто́вом контра́кте, предусма́тривающий захо́д су́дна в друго́й порт, поми́мо по́рта назначе́ния

**device** [dɪ'vaɪs] *n* 1) устро́йство; приспособле́ние; механи́зм; аппара́т, прибо́р 2) спо́соб, сре́дство, приё́м 3) план; схе́ма; прое́кт 4) зате́я; зло́й у́мысел 5) деви́з, эмбле́ма ◇ to leave smb. to his own ~s предоста́вить кого́-л. самому́ себе́

**devil** ['devl] **1.** *n* 1) дья́вол, чёрт, бес 2) *разг.* энерги́чный, напо́ристый челове́к; a ~ to work рабо́тает как чёрт; a ~ to eat ест за четверы́х 3) *употр. для усиления или придания иронического или отрицательного оттенка:* what the ~ do you mean? что вы э́тим хоти́те сказа́ть, чёрт возьми́?; как бы не так!; ~ a bit of money did he give! дал он де́нег, чё́рта с два! [*ср.* deuce II] 4) литера́тор, журнали́ст, выполня́ющий рабо́ту для друго́го, «негр» 5) ма́льчик на побегу́шках; учени́к в типогра́фии (*тж.* printer's ~) 6) *разг.* челове́к, па́рень; lucky ~ счастли́вец; poor ~ бедня́га; a ~ of a fellow хра́брый ма́лый; little (*или* young) ~ *шутл.* чертё́нок; *ирон.* су́щий дья́вол, отча́янный ма́лый 7) жа́реное мясно́е *или* ры́бное блю́до с пря́ностями и спе́циями 8) *зоол.* су́мчатый волк (*в Тасмании*); су́мчатый дья́вол 9) *тех.* волк-маши́на ◇ talk of the ~ (and he is sure to appear) ≅ лё́гок на поми́не!; ~ among the tailors а) о́бщая дра́ка, сва́лка; б) род фейерве́рка; the ~ (and all) to pay грозя́щая неприя́тность, беда́; затрудни́тельное положе́ние; the ~ is not so bad as he is painted *посл.* не так стра́шен чёрт, как его́ малю́ют; to paint the ~ blacker than he is сгуща́ть кра́ски; between the ~ and the deep sea ≅ ме́жду двух огне́й; ~'s own luck ≅ черто́вски везё́т; необыкнове́нное сча́стье; ~ take the hindmost ≅ го́ре неуда́чникам; к чё́рту неуда́чников; всяк за себя́; to give the ~ his due отдава́ть до́лжное проти́внику; to play the ~ with причини́ть вред; испо́ртить; to raise the ~ шуме́ть, буя́нить; поднима́ть сканда́л

**2.** *v* 1) рабо́тать (for — на); исполня́ть черновую рабо́ту для литера́тора, журнали́ста 2) гото́вить о́строе мясно́е *или* ры́бное блю́до 3) надоеда́ть; дразни́ть 4) разрыва́ть в клочки́

**devildom** ['devldəm] *n* дья́вольщина, чертовщи́на

**devil-fish** ['devlfɪʃ] *n зоол.* 1) скат — морско́й дья́вол 2) осьмино́г 3) карака́тица

**devilish** ['devlɪʃ] **1.** *a* дья́вольский, а́дский

**2.** *adv разг.* черто́вски, ужа́сно; ~ funny (nice, cold, *etc.*) черто́вски смешно́ (хорошо́, хо́лодно *и т. п.*)

**devil-may-care** ['devlmeɪ'keə] *a* беззабо́тный; безрассу́дный; бесшаба́шный; ~ attitude наплева́тельское отноше́ние, всё трын-трава́

**devilment** ['devlmənt] = devilry 1), 2) *и* 3)

**devilry** ['devlrɪ] *n* 1) чё́рная ма́гия; чертовщи́на 2) жесто́кость, зло́ба 3) прока́зы, ша́лости 4) *собир.* дья́волы, нечи́стая си́ла

**devil's bones** ['devlzbəunz] *n pl разг.* игра́льные ко́сти

**devil's books** ['devlzbuks] *n pl разг.* ка́рты

**devil's coach-horse** ['devlz'kəutʃhɔ:s] *n* большо́й чё́рный жук

**devil's darning-needle** ['devlz'dɑ:nɪŋ,ni:dl] *n амер.* стрекоза́

**deviltry** ['devltrɪ] = devilry

**devil-worship** ['devl,wə:ʃɪp] *n* культ сатаны́

**devious** ['di:vjəs] *a* 1) отклоня́ющийся от прямо́го пути́; блужда́ющий 2) око́льный, кру́жный; изви́листый;

~ paths око́льные пути́ 3) хи́трый; нейскренний, нече́стный 4) отдалённый, уединённый

**devisable** [dɪ'vaɪzəbl] *a* 1) могу́щий быть приду́манным, изобретённым 2) *юр.* могу́щий быть заве́щанным, пе́реданным по насле́дству

**devise** [dɪ'vaɪz] 1. *n юр.* завеща́ние; заве́щанное иму́щество (*недвижимое*)

2. *v* 1) заду́мывать, приду́мывать; изобрета́ть 2) *юр.* завеща́ть (*недвижимость*)

**devisee** [ˌdevɪ'zi:] *n юр.* насле́дник (*недвижимого имущества*)

**deviser** [dɪ'vaɪzə] *n* 1) изобрета́тель 2) *юр.* завеща́тель

**devisor** [ˌdevɪ'zɔ:] = deviser 2)

**devitalize** [di:'vaɪtəlaɪz] *v* лиша́ть жи́зненной си́лы; де́лать безжи́зненным

**devitrification** ['di:ˌvɪtrɪfɪ'keɪʃən] *n геол., хим.* расстеклова́ние

**devocalize** [di:'vəukəlaɪz] *v фон.* лиша́ть зво́нкости, оглуша́ть

**devoid** [dɪ'vɔɪd] *a* лишённый (of — *чего-л.*); свобо́дный (of — от); ~ of sense лишённый смы́сла; ~ of substance лишённый основа́ния; ~ of fear бесстра́шный

**devoir** ['devwɑ:] *фр. n* 1) долг, обя́занность 2) *pl* акт ве́жливости; to pay one's ~s to smb. засвиде́тельствовать кому́-л. своё почте́ние; нанести́ визи́т

**devolution** [ˌdi:və'lu:ʃən] *n* 1) переда́ча (*власти, обязанностей и т. п.*) 2) перехо́д (*имущества*) по насле́дству 3) *биол.* вырожде́ние, регре́сс

**devolve** [dɪ'vɔlv] *v* 1) передава́ть (*полномочия, обязанности и т. п.*) 2) переходи́ть к друго́му лицу́ (*о должности, работе и т. п.*; upon) 3) переходи́ть по насле́дству (*об имуществе*) 4) обва́ливаться, осыпа́ться (*о земле*); ска́тываться

**Devonian** [de'vəunjən] 1. *a* 1) девонши́рский 2) *геол.* дево́нский

2. *n* 1) уроже́нец Девонши́ра 2) *геол.* дево́н, дево́нский пери́од

**devote** [dɪ'vəut] *v* 1) посвяща́ть, уделя́ть; to ~ much time to studies уделя́ть мно́го вре́мени заня́тиям 2) предава́ться (*чему-л.*)

**devoted** [dɪ'vəutɪd] 1. *p. p. от* devote

2. *a* 1) пре́данный; не́жный 2) посвящённый 3) увлека́ющийся (*чем-л.*); he is ~ to sports он увлека́ется спо́ртом

**devotedly** [dɪ'vəutɪdlɪ] *adv* пре́данно

**devotee** [ˌdevəu'ti:] *n* 1) челове́к, всеце́ло пре́данный како́му-л. де́лу; приве́рженец; энтузиа́ст своего́ де́ла 2) на́божный челове́к; свято́ша, фана́тик

**devotion** [dɪ'vəuʃən] *n* 1) пре́данность; си́льная привя́занность 2) посвяще́ние себя́ (*чему-л.*) 3) увлече́ние; ~ to tennis увлече́ние те́ннисом 4) на́божность 5) *pl* религио́зные обря́ды; моли́твы

**devotional** [dɪ'vəuʃənl] *a* на́божный, благочести́вый

**devour** [dɪ'vauə] *v* 1) пожира́ть; есть жа́дно 2) *перен.* поглоща́ть; уничтожа́ть; ~ed by curiosity (anxiety) снеда́емый любопы́тством (беспоко́йством); to ~ novel after novel поглоща́ть рома́н за рома́ном; to ~ the way бы́стро дви́гаться; he ~ed every word он жа́дно лови́л ка́ждое сло́во

**devouringly** [dɪ'vauərɪŋlɪ] *adv* жа́дно; to gaze ~ at с жа́дностью смотре́ть на

**devout** [dɪ'vaut] *a* 1) благогове́йный; на́божный, благочести́вый 2) и́скренний; пре́данный

**dew** [dju:] 1. *n* 1) роса́ 2) *поэт.* све́жесть; the ~ of youth све́жесть ю́ности 3) ка́пля по́та; слеза́ ◊ mountain ~ ви́ски

2. *v* 1) ороша́ть, сма́чивать; обры́згивать 2) *поэт.* покрыва́ть росо́й; it is beginning to dew, it ~s появля́ется роса́

**dewberry** ['dju:berɪ] *ж* ежеви́ка

**dew-claw** ['dju:klɔ:] *n* рудимента́рный отро́сток в ви́де па́льца на ла́пе *или* копы́те (*у некоторых пород собак и парнокопытных*)

**dew-drop** ['dju:drɔp] *n* ка́пля росы́, роси́нка

**dew-fall** ['dju:fɔ:l] *n* 1) выпаде́ние росы́ 2) вре́мя выпаде́ния росы́, ве́чер

**dewiness** ['dju:ɪnɪs] *n* роси́стость

**dewlap** ['dju:læp] *n* 1) подгру́док (*у крупного рогатого скота*) 2) серёжка (*у индюка*) 3) *разг.* второ́й подборо́док

**dew-point** ['dju:pɔɪnt] *n метео* то́чка росы́; температу́ра та́яния, температу́ра конденса́ции

**dewy** ['dju:ɪ] *a* 1) покры́тый росо́й; роси́стый 2) вла́жный, увлажнённый 3) *поэт.* све́жий; освежа́ющий

**dexter** ['dekstə] *a* 1) пра́вый 2) *геральд.* находя́щийся на ле́вой (*от смотрящего*) стороне́ герба́

**dexterity** [deks'terɪtɪ] *n* 1) прово́рство; ло́вкость; сноро́вка 2) хоро́шие спосо́бности

**dexterous** ['dekstərəs] *a* 1) ло́вкий, прово́рный 2) проявля́ющий хоро́шие спосо́бности, спосо́бный

**dextrin(e)** ['dekstrɪn] *n хим.* декстри́н

**dextrogyrate** [ˌdekstrəu'dʒaɪəreɪt] *a хим.* правовраща́ющий, враща́ющий пло́скость поляриза́ции впра́во

**dextro-rotatory** [ˌdekstrəu'rəutətərɪ] = dextrogyrate

**dextrorse** [deks'trɔ:s] *a бот.* вью́щийся сле́ва напра́во

**dextrose** ['dekstrəus] *n хим.* декстро́за

**dextrous** ['dekstrəs] = dexterous

**dhole** [dəul] *инд. n* ди́кая соба́ка

**dhoti** ['dəutɪ] *инд. n* набе́дренная повя́зка инду́сов

**dhow** [dau] *n* одномачтовое ара́бское кабота́жное су́дно

**dhurrie, dhurry** ['dʌrɪ] *n* инди́йская бума́жная ткань с бахромо́й, употребля́емая для занаве́сок, оби́вки дива́нов *и т. п.*

**di-** [dɪ, daɪ-] *pref* 1) = dis-; diatomic двуа́томный 2) = dia-

**dia-** ['daɪə-] *pref* чрез-, между-

**diabase** ['daɪəbeɪs] *n мин.* диаба́з

**diabetes** [ˌdaɪə'bi:ti:z] *n мед.* диабе́т, са́харная боле́знь

**diabetic** [ˌdaɪə'betɪk] 1. *n* диабе́тик

2. *a* диабети́ческий

**diablerie** [dɪ'ɑ:blərɪ] *фр. n* чертовщи́на; чёрная ма́гия

**diabolic(al)** [ˌdaɪə'bɔlɪk(əl)] *a* 1) дья́вольский 2) (*обыкн.* diabolical) злой, жесто́кий

**diabolism** [daɪ'æbəlɪzm] *n* 1) культ сатаны́ 2) чёрная ма́гия, колдовство́ 3) дья́вольская зло́ба; жесто́кость 4) бесова́тость, одержи́мость

**diachylon, diachylum** [daɪ'ækɪlən, -ləm] *n мед.* свинцо́вый пла́стырь

**diacritic** [ˌdaɪə'krɪtɪk] *грам.* 1. *a* диакрити́ческий

2. *n* диакрити́ческий знак

**diacritical** [ˌdaɪə'krɪtɪkəl] = diacritic 1

**diadem** ['daɪədəm] 1. *n* 1) диаде́ма, вене́ц; коро́на; вено́к на голове́ 2) власть мона́рха

2. *v* венча́ть коро́ной, короновáть

**diaeresis** [daɪ'ɪərɪsɪs] *лат. n* (*pl* -eses) *лингв.* трема́ (*знак ¨ над гласной для произнесения её отдельно от предшествующей гласной; напр.,* naïve)

**diagnose** ['daɪəgnəuz] *v* ста́вить диа́гноз

**diagnoses** [ˌdaɪəg'nəusi:z] *pl от* diagnosis

**diagnosis** [ˌdaɪəg'nəusɪs] *лат. n* (*pl* -oses) 1) диа́гноз; to make a ~ поста́вить диа́гноз 2) то́чное определе́ние, оце́нка

**diagnostic** [ˌdaɪəg'nɔstɪk] 1. *a* диагности́ческий

2. *n* 1) симпто́м (*болезни*) 2) = diagnosis

**diagnosticate** [ˌdaɪəg'nɔstɪkeɪt] = diagnose

**diagnostician** [ˌdaɪəgnɔs'tɪʃən] *n* диагно́ст

**diagnostics** [ˌdaɪəg'nɔstɪks] *n pl* (*употр. как sing*) диагно́стика

**diagonal** [daɪ'ægənl] 1. *a* диагона́льный, иду́щий на́искось; ~ cloth диагона́ль, ткань с косы́ми ру́бчиками

2. *n* диагона́ль

**diagram** ['daɪəgræm] 1. *n* 1) диагра́мма; гра́фик; assembled ~ сво́дная диагра́мма 2) схе́ма; (объясни́тельный) чертёж 3) *attr.* графи́ческий; in ~ form графи́чески

2. *v* 1) составля́ть диагра́мму 2) изобража́ть схемати́чески

**diagrammatic(al)** [ˌdaɪəgrə'mætɪk(əl)] *a* схемати́ческий

**diagrammatize** [ˌdaɪə'græmətaɪz] = diagram 2

**dial** ['daɪəl] 1. *n* 1) цифербла́т; кругова́я шкала́ 2) *тлф.* диск набо́ра 3) со́лнечные часы́ 4) *разг.* кру́глое лицо́, «луна́» 5) угломе́рный круг, лимб 6) го́рный ко́мпас (*тж.* miner's ~)

2. *v* 1) измеря́ть по шкале́, цифербла́ту 2) набира́ть но́мер (*по автоматическому телефону*) 3) настра́ивать (*приёмник, телевизор*)

**dialect** [ˈdaɪəlekt] *n лингв.* 1) диале́кт, наре́чие; го́вор 2) *attr.* диалекта́льный

**dialectal** [ˌdaɪəˈlektl] *a лингв.* диалекта́льный

**dialectical** [ˌdaɪəˈlektɪkəl] *a* 1) *филос.* диалекти́ческий; ~ materialism диалекти́ческий материали́зм; ~ method диалекти́ческий ме́тод 2) = dialectal

**dialectician** [ˌdaɪəlekˈtɪʃən] *n филос.* диале́ктик

**dialectics** [ˌdaɪəˈlektɪks] *n pl* (*употр. как sing*) диале́ктика

**dialectology** [ˌdaɪəlekˈtɔlədʒɪ] *n* диалектоло́гия

**dialogic** [ˌdaɪəˈlɔdʒɪk] *a* диалоги́ческий

**dialogue** [ˈdaɪəlɔg] *n* 1) диало́г (*в драме, романе*) 2) разгово́р

**dialysis** [daɪˈælɪsɪs] *n хим.* диа́лиз

**diameter** [daɪˈæmɪtə] *n* диа́метр

**diametral** [daɪˈæmɪtrəl] *a* диаметра́льный; попере́чный

**diametric(al)** [ˌdaɪəˈmetrɪk(əl)] *a* диаметра́льный (*тж. перен.*)

**diametrically** [ˌdaɪəˈmetrɪkəlɪ] *adv* диаметра́льно

**diamond** [ˈdaɪəmənd] **1.** *n* 1) алма́з; бриллиа́нт; black ~ чёрный алма́з; ~ of the first water бриллиа́нт чи́стой воды́; *перен.* замеча́тельный челове́к; rough ~ неотшлифо́ванный алма́з; *перен.* челове́к, облада́ющий вну́тренними досто́инствами, но не име́ющий вне́шнего ло́ска; false ~ фальши́вый бриллиа́нт 2) алма́з для ре́зки стекла́ 3) *геом.* ромб 4) *pl карт.* бу́бны 5) *амер.* площа́дка для игры́ в бейсбо́л 6) *полигр.* диама́нт (*мелкий шрифт в* $4^1/_2$ *пункта*) ◇ ~ cut ~ ≅ оди́н друго́му не усту́пит (*в хитрости, остроумии и т. п.*)

**2.** *a* 1) алма́зный; бриллиа́нтовый; ~ mine алма́зная копь; the D. State *амер.* штат Де́лавэр 2) ромбоида́льный ◇ ~ anniversary шестидесятиле́тний, *амер. тж.* семидесятипятиле́тний юбиле́й

**3.** *v* украша́ть бриллиа́нтами

**diamond-field** [ˈdaɪəməndfiːld] *n* алма́зная копь

**diamond-point** [ˈdaɪəməndpɔɪnt] *n* 1) игла́ для гравирова́ния с алма́зным наконе́чником 2) *pl ж.-д.* ме́сто косо́го пересече́ния двух ре́льсовых путе́й

**Diana** [daɪˈænə] *n римск. миф.* Диа́на

**diapason** [ˌdaɪəˈpeɪsn] *n* 1) диапазо́н 2) основно́й реги́стр орга́на 3) камерто́н

**diaper** [ˈdaɪəpə] **1.** *n* 1) узо́рчатое полотно́ 2) полоте́нце, салфе́тка из узо́рчатого полотна́ 3) пелёнка 4) ромбови́дный узо́р

**2.** *v* 1) украша́ть ромбови́дным узо́ром 2) завёртывать в пелёнки, пелена́ть

**diaphanous** [daɪˈæfənəs] *a* прозра́чный, просве́чивающий

**diaphoretic** [ˌdaɪəfəuˈretɪk] **1.** *a* потого́нный

**2.** *n* потого́нное сре́дство

**diaphragm** [ˈdaɪəfræm] *n* 1) *анат.* диафра́гма 2) перегоро́дка, перемы́чка 3) *тех.* мембра́на 4) *бот., зоол.* перепо́нка

**diaphragmatic** [ˌdaɪəfrægˈmætɪk] *a* относя́щийся к диафра́гме

**diarchy** [ˈdaɪɑːkɪ] *n* двоевла́стие

**diarist** [ˈdaɪərɪst] *n* челове́к, веду́щий дневни́к

**diarize** [ˈdaɪəraɪz] *v* вести́ дневни́к

**diarrhoea** [ˌdaɪəˈrɪə] *n мед.* поно́с

**diary** [ˈdaɪərɪ] *n* 1) дневни́к 2) записна́я кни́жка-календа́рь

**diastole** [daɪˈæstəlɪ] *n физиол.* диа́стола

**diathermancy** [ˌdaɪəˈθəːmənsɪ] *n физ.* диатерми́чность, теплопрозра́чность

**diathermic** [ˌdaɪəˈθəːmɪk] *a физ.* диатерми́ческий; теплопрозра́чный

**diathermy** [ˈdaɪəθəːmɪ] *n мед.* диатерми́я

**diathesis** [daɪˈæθɪsɪs] *n мед.* диате́з

**diatom** [ˈdaɪətəm] *n бот.* диато́мовая (кремнёвая) во́доросль

**diatomic** [ˌdaɪəˈtɔmɪk] *a хим.* двуха́томный

**diatonic** [ˌdaɪəˈtɔnɪk] *a муз.* диатони́ческий

**diatribe** [ˈdaɪətraɪb] *n книжн.* диатри́ба, ре́зкая обличи́тельная речь

**dibasic** [daɪˈbeɪsɪk] *хим.* **1.** *a* двухосно́вный

**2.** *n* двухосно́вная кислота́

**dibble** [ˈdɪbl] *с.-х.* **1.** *n* ямкоде́латель, сажа́льный кол

**2.** *v* сажа́ть под кол, де́лать я́мки в земле́

**dibhole** [ˈdɪbhəul] *n горн.* зумпф

**dibs** [dɪbz] *n pl* 1) ба́бки (*игра*) 2) фи́шки

**dice** [daɪs] **1.** *n pl* 1) *pl от* die I, 1, 1); 2) игра́ в ко́сти

**2.** *v* 1) игра́ть в ко́сти 2) нареза́ть в фо́рме ку́биков (*в кулинарии*) 3) вышива́ть узо́р квадра́тиками 4) графи́ть в клётку ◻ ~ away прои́грывать в ко́сти

**dice-box** [ˈdaɪsbɔks] *n* стака́нчик, из кото́рого броса́ют игра́льные ко́сти

**dicer** [ˈdaɪsə] *n* игро́к в ко́сти

**dichogamy** [daɪˈkɔgəmɪ] *n бот.* дихога́мия, разновреме́нное созрева́ние тычи́нок и пе́стиков расте́ния

**dichotomy** [daɪˈkɔtəmɪ] *n* 1) *спец.* после́довательное деле́ние це́лого на две ча́сти; дихотоми́я 2) *лог.* деле́ние кла́сса на два противопоставля́емых друг дру́гу подкла́сса 3) *бот.* вилообра́зное разветвле́ние 4) *астр.* фа́за луны́ *или* плане́ты, при кото́рой то́лько полови́на ди́ска освещена́

**dichromatic** [ˌdaɪkrəuˈmætɪk] *a* двухцве́тный

**dichromic** [daɪˈkrəumɪk] *a мед.* уме́ющий различа́ть то́лько два основны́х цве́та

**dickens** [ˈdɪkɪnz] *n разг.* чёрт; what the ~ do you want? како́го чёрта вам ну́жно?

**dicker** [ˈdɪkə] **1.** *n* 1) *ком.* дю́жина (*прежде* деся́ток, *особ. шкур, кож*) 2) ме́лкая сде́лка 3) ве́щи *или* това́ры, слу́жащие для обме́на *или* распла́ты

**2.** *v* торгова́ться по мелоча́м

**dickey, dicky** [ˈdɪkɪ] **1.** *n* 1) мани́шка; вста́вка 2) фа́ртук; де́тский нагру́дник 3) *разг.* пти́чка, пта́шка 4) сиде́нье для ку́чера *или* лаке́я позади́ экипа́жа 5) за́днее складно́е сиде́нье в двухме́стном автомоби́ле

**2.** *a разг.* 1) сла́бый, нездоро́вый; нетвёрдый на нога́х 2) ненадёжный (*о торговом предприятии и т. п.*)

**dicotyledon** [ˈdaɪˌkɔtɪˈliːdən] *n бот.* двудо́льное расте́ние

**dicotyledonous** [ˈdaɪˌkɔtɪˈliːdənəs] *a бот.* двудо́льный

**dicta** [ˈdɪktə] *pl от* dictum

**dictagraph** [ˈdɪktəgrɑːf] = dictograph

**dictaphone** [ˈdɪktəfəun] *n* диктофо́н

**dictate 1.** *n* [ˈdɪkteɪt] 1) (*часто pl*) предписа́ние, веле́ние; the ~s of reason (of conscience) веле́ние ра́зума (со́вести) 2) *полит.* дикта́т

**2.** *v* [dɪkˈteɪt] 1) диктова́ть (*письмо и т. п.*) 2) предпи́сывать; диктова́ть (*условия и т. п.*)

**dictation** [dɪkˈteɪʃən] *n* 1) дикто́вка; дикта́нт; to write at smb.'s ~ писа́ть под чью-л. дикто́вку; to take ~ писа́ть под дикто́вку; *перен.* подчиня́ться прика́зу 2) предписа́ние; to do smth. at smb.'s ~ де́лать что-л. по чьему́-л. предписа́нию, прика́зу 3) = dictate 1, 2)

**dictator** [dɪkˈteɪtə] *n* дикта́тор

**dictatorial** [ˌdɪktəˈtɔːrɪəl] *a* 1) дикта́торский 2) вла́стный, повели́тельный

**dictatorship** [dɪkˈteɪtəʃɪp] *n* диктату́ра; the ~ of the proletariat диктату́ра пролетариа́та

**diction** [ˈdɪkʃən] *n* 1) стиль, мане́ра выраже́ния мы́слей; вы́бор слов; poetic ~ язы́к поэ́зии 2) ди́кция

**dictionary** [ˈdɪkʃənrɪ] *n* слова́рь

**dictograph** [ˈdɪktəgrɑːf] *n* дикто́граф

**dictum** [ˈdɪktəm] *n* (*pl* dicta) 1) изрече́ние, афори́зм 2) официа́льное, авторите́тное заявле́ние 3) *юр.* выска́зывание судьи́, не име́ющее си́лы пригово́ра

**did** [dɪd] *past от* do I

**didactic** [dɪˈdæktɪk] *a* 1) дидакти́ческий; поучи́тельный 2) лю́бящий поуча́ть

**didacticism** [dɪˈdæktɪsɪzm] *n* дидакти́зм; скло́нность к поуче́нию

**didactics** [dɪˈdæktɪks] *n pl* (*употр. как sing*) дида́ктика

**didder** [ˈdɪdə] = dither 2, 1)

**diddle** [ˈdɪdl] *v* 1) *разг.* обма́нывать, надува́ть; to ~ smb. out of his money вы́манить у кого́-л. де́ньги 2) тра́тить вре́мя зря

**dido** [ˈdaɪdəu] *n* (*pl* -oes [-əuz]) *амер. разг.* ша́лость, прока́за; to cut ~es валя́ть дурака́

**didst** [dɪdst] *уст. 2-е л. ед. ч. прошедшего времени гл.* to do

**die** I [daɪ] **1.** *n* 1) (*pl* dice) игра́льная кость; to play with loaded dice жу́льничать 2) штамп, пуансо́н;

штéмпель; мáтрица 3) *тех.* винторéзная голóвка; клупп 4) *архит.* цóколь (*колонны*) 5) *тех.* волочи́льная доскá; фильéра ◇ the ~ is cast (*или* thrown) жрéбий брóшен, вы́бор сдéлан; to be upon the ~ быть постáвленным на кáрту

2. *v* штамповáть, чекáнить

**die** II [daɪ] *v* 1) умерéть, скончáться (of, from — от *чего-л.*; for — за *что-л.*); to ~ in one's bed умерéть естéственной смéртью 2) *разг.* томи́ться желáнием (for); I am dying for a glass of water мне дó смерти хóчется пить; I am dying to see him я ужáсно хочý егó ви́деть 3) кончáться, исчезáть; быть забы́тым 4) станови́ться безучáстным, безразли́чным 5) затихáть (*о ветре*) 6) испаря́ться (*о жидкости*) 7) заглóхнуть (*о моторе*; *тж.* ~ out) □ ~ **away** а) увядáть; б) пáдать в óбморок; в) замирáть (*о звуке*); ~ **down** = ~ away; ~ **off** а) отмирáть; б) умирáть оди́н за други́м; ~ **out** а) вымирáть; б) заглóхнуть (*о моторе*); в) *воен.* захлебнýться (*об атаке*) ◇ to ~ game умерéть мýжественно, пасть смéртью хрáбрых; to ~ hard а) сопротивля́ться до концá; б) быть живýчим; to ~ in the last ditch стоя́ть нáсмерть; to ~ in harness умерéть за рабóтой; умерéть на своём постý; to ~ in one's boots умерéть скоропости́жной *или* наси́льственной смéртью; a man can ~ but once *посл.* ≅ двум смертя́м не бывáть, а однóй не миновáть; never say ~ *посл.* ≅ никогдá не слéдует отчáиваться

**die-away** [ˈdaɪəˌweɪ] *a* тóмный; страдáльческий

**die-hard** [ˈdaɪhɑːd] *n* 1) консервати́вный человéк 2) *полит.* твердолóбый, консервáтор

**dielectric** [ˌdaɪɪˈlektrɪk] *эл.* **1.** *n* диэлéктрик, непроводни́к

2. *a* диэлектри́ческий

**Diesel** [ˈdiːzəl] *n тех.* двигатель Ди́зеля, ди́зель (*тж.* ~ engine, ~ motor)

**dieses** [ˈdaɪɪsɪz] *pl* от diesis

**die-sinker** [ˈdaɪˌsɪŋkə] *n* рéзчик печáтей, штемпелéй

**dies irae** [ˈdiːeɪzˈɪəraɪ] *лат. n рел.* сýдный день

**diesis** [ˈdaɪɪsɪs] *n* (*pl* -eses) *полигр.* знак снóски в ви́де двойнóго крéстика

**dies non** [ˈdaɪiːzˈnɔn] *лат. n* неприсýтственный день

**die-stock** [ˈdaɪstɔk] *n тех.* клупп

**diet** I [ˈdaɪət] **1.** *n* 1) пи́ща, питáние, стол; simple ~ простóй стол 2) диéта; to be on ~ быть на диéте; a milk-free ~ диéта с исключéнием молокá

2. *v* держáть на диéте; to ~ oneself соблюдáть диéту

**diet** II [ˈdaɪət] *n* 1) парлáмент (*неанглийский*) 2) международная конферéнция 3) *шотл.* однодневное заседáние

**dietary** [ˈdaɪətərɪ] **1.** *n* 1) паёк 2) диéта

2. *a* дие(те)ти́ческий

**dietetic** [ˌdaɪɪˈtetɪk] *a* дие(те)ти́ческий

**dietetics** [ˌdaɪɪˈtetɪks] *n pl* (*употр. как sing*) диетéтика

**dietitian** [ˌdaɪɪˈtɪʃən] *n* диетврáч; диетсестрá

**dif-** [dɪf-] = dis-

**differ** [ˈdɪfə] *v* 1) различáться; отличáться (*часто* ~ from) 2) не соглашáться, расходи́ться (from, with); ссóриться; to ~ in opinion расходи́ться во мнéниях; I beg to ~ извини́те, но я с вáми не соглáсен; let's agree to ~ пусть кáждый остáнется при своём мнéнии

**difference** [ˈdɪfrəns] **1.** *n* 1) рáзница; разли́чие; it makes no ~ нет никакóй рáзницы; э́то не имéет значéния; it makes all the ~ in the world э́то сущéственно меня́ет дéло; э́то óчень вáжно 2) отличи́тельный при́знак 3) разноглáсие, расхождéние во мнéниях; ссóра; to settle the ~s улáдить спор; to iron out the ~s сглáдить, устрани́ть разноглáсия; to have ~s ссóриться, расходи́ться во мнéниях 4) *мат.* рáзность ◇ to split the ~ а) раздели́ть пóровну остáток; б) идти́ на компроми́сс

2. *v* 1) отличáть; служи́ть отличи́тельным при́знаком 2) *мат.* вычисля́ть рáзность

**different** [ˈdɪfrənt] *a* 1) другóй, не такóй; несхóдный; непохóжий; отли́чный (from, to); this is ~ from what he said э́то не соотвéтствует томý, что он говори́л; that is quite ~ э́то совсéм другóе дéло 2) разли́чный, рáзный; a lot of ~ things мнóго рáзных вещéй 3) необы́чный

**differentia** [ˌdɪfəˈrenʃɪə] *n* (*pl* -ae) отличи́тельное свóйство ви́да *или* клáсса

**differentiae** [ˌdɪfəˈrenʃɪiː] *pl от* differentia

**differential** [ˌdɪfəˈrenʃəl] **1.** *n* 1) *мат.*, *тех.* дифференциáл 2) рáзница в оплáте трудá квалифици́рованных и неквалифици́рованных рабóчих однóй óтрасли *или* рабóчих рáзных óтраслей промы́шленности 3) *ж.-д.* рáзница в стóимости проéзда в однó и то же мéсто рáзными маршрýтами

2. *a* 1) отличи́тельный 2) *мат.* дифференциáльный; ~ gear *тех.* дифференциáльная передáча, дифференциáл 3) *эк.* дифференциáльный; ~ rent дифференциáльная рéнта; ~ rate бóлее ни́зкая оплáта проéзда; ~ tariff дифференциáльный тари́ф

**differentiate** [ˌdɪfəˈrenʃɪeɪt] *v* 1) различáть(ся), отличáть(ся); to ~ one from another отличáть однó от другóго 2) дифференци́ровать(ся) 3) видоизменя́ться

**differentiation** [ˌdɪfərenʃɪˈeɪʃən] *n* 1) дифференциáция 2) дифференци́рование, различéние 3) видоизменéние

**differently** [ˈdɪfrəntlɪ] *adv* разли́чно, по-рáзному; по-инóму; и́начe; now he thinks quite ~ about it тепéрь он совсéм другóго мнéния об э́том

**difficile** [ˈdɪfɪsiːl] *фр. a* тяжёлый, несговóрчивый, капри́зный

**difficult** [ˈdɪfɪkəlt] *a* 1) трýдный; тяжёлый 2) затрудни́тельный, неприя́тный 3) трéбовательный; оби́дчивый; неужи́вчивый; ~ person тяжёлый человéк; трýдный субъéкт

**difficulty** [ˈdɪfɪkəltɪ] *n* 1) трýдность; the difficulties of English трýдности в изучéнии англи́йского языкá; to find ~ in doing smth. столкнýться с трýдностями в чём-л. 2) препя́тствие, затруднéние; to put difficulties in the way стáвить препя́тствия на пути́; to overcome difficulties преодолевáть трýдности, препя́тствия; to make (*или* to raise) difficulties чини́ть препя́тствия 3) *pl* затруднéния (*материальные*); I am in difficulties for money я испы́тываю дéнежные затруднéния

**diffidence** [ˈdɪfɪdəns] *n* 1) неувéренность в себé 2) скрóмность, застéнчивость, рóбость

**diffident** [ˈdɪfɪdənt] *a* 1) неувéренный в себé 2) скрóмный, застéнчивый, рóбкий

**diffluent** [ˈdɪfluənt] *a* 1) растекáющийся; расплывáющийся 2) переходя́щий в жи́дкое состоя́ние

**diffract** [dɪˈfrækt] *v опт.* дифраги́ровать, преломля́ть (*лучи*)

**diffraction** [dɪˈfrækʃən] *n опт.* дифрáкция, преломлéние (*лучей*)

**diffuse** **1.** *a* [dɪˈfjuːs] 1) рассéянный (*о свете и т. п.*) 2) распространённый, разбрóсанный 3) многослóвный, расплы́вчатый

2. *v* [dɪˈfjuːz] 1) рассéивать (*свет, тепло и т. п.*) 2) распространя́ть; to ~ learning (*или* knowledge) распространя́ть знáния 3) распыля́ть; рассыпáть, разбрáсывать 4) *физ.* диффунди́ровать (*о газах и жидкостях*)

**diffused light** [dɪˈfjuːzdlaɪt] *n* рассéянный свет

**diffusible** [dɪˈfjuːzəbl] *a физ.* спосóбный к распространéнию *или* к диффýзии

**diffusion** [dɪˈfjuːʒən] *n* 1) распространéние 2) многослóвие 3) *физ.* рассéивание, диффýзия

**diffusive** [dɪˈfjuːsɪv] *a* 1) распространя́ющийся 2) многослóвный 3) *физ.* диффýзный

**dig** [dɪg] **1.** *v* (dug, *уст.* digged [-d]) 1) копáть, рыть; выкáпывать, раскáпывать (*тж.* ~ out) 2) *перен.* откáпывать, разы́скивать; to ~ the truth out of smb. вы́удить и́стину у когó-л.; to ~ for information откáпывать свéдения 3) вонзáть, ты́кать, толкáть (*обыкн.* ~ in); to ~ smb. in the ribs толкнýть когó-л. в бок 4) *амер. разг.* усéрдно долби́ть, зубри́ть □ ~ **for** искáть; ~ **from** выкáпывать; ~ **in,** ~ **into** а) зарывáть; to ~ oneself in окáпываться; б) вонзáть (*шпоры, нож и т. п.*); ~ **out** а) выкáпывать, раскáпывать (of); б) *амер. разг.* внезáпно покидáть; поспéшно уходи́ть, уезжáть; ~ **through** прокопáть, проры́ть; ~ **up** а) вы́рыть; *перен.* вы́копать, разыскáть б) подня́ть целинý; в) *амер. разг.* сдéлать взнос;

наскрести́ определённую су́мму; г) *амер. разг.* получи́ть (*деньги*)

2. *n* 1) толчо́к, тычо́к 2) насме́шка; to have a ~ at smb. зло посмея́ться над кем-л. 3) *pl разг.* берло́га, нора́ (*о своей комнате или квартире*) 4) *амер. разг.* приле́жный студе́нт ◇ I am going to have a ~ at Spanish я собира́юсь взя́ться за испа́нский язы́к

**digamist** [ˈdɪgəmɪst] *n* челове́к, вто-ри́чно вступи́вший в брак

**digamy** [ˈdɪgəmɪ] *n* второ́й брак; двоебра́чие

**digastric** [daɪˈgæstrɪk] *анат.* **1.** *a* двубрю́шный (*о мышцах*)

**2.** *n* двубрю́шная мы́шца (*челюсти*)

**digest 1.** *n* [ˈdaɪdʒest] 1) сбо́рник (*материалов*); спра́вочник; резюме́; компе́ндиум, кра́ткое изложе́ние (*законов*); кра́ткий сбо́рник реше́ний суда́; кра́ткий обзо́р периоди́ческой литерату́ры 2) (the D.) Юстиниа́новы диге́сты, панде́кты

2. *v* [dɪˈdʒest] 1) перева́ривать(ся) (*о пище*); this food ~s well э́та пи́ща хорошо́ перева́ривается, легко́ усва́ивается 2) усва́ивать; to read, mark and inwardly ~ хорошо́ усва́ивать прочи́танное; to ~ the events разобра́ться в собы́тиях 3) осва́ивать (*территорию*) 4) терпе́ть, переноси́ть 5) приводи́ть в систе́му, классифици́ровать; составля́ть и́ндекс 6) выва́ривать(ся); выпа́ривать(ся); настаи́вать(ся) 7) *с.-х.* приготовля́ть компо́ст

**digester** [dɪˈdʒestə] *n* 1) сре́дство, спосо́бствующее пищеваре́нию 2) гермети́чески закрыва́ющийся сосу́д для ва́рки; кастрю́ля-скорова́рка 3) *тех.* автокла́в

**digestibility** [dɪˌdʒestəˈbɪlɪtɪ] *n* удобовари́мость

**digestible** [dɪˈdʒestəbl] *a* удобовари́мый, легко́ усва́иваемый

**digestion** [dɪˈdʒestʃən] *n* 1) пищеваре́ние 2) усвое́ние (*знаний и т. п.*)

**digestive** [dɪˈdʒestɪv] **1.** *n* сре́дство, спосо́бствующее пищеваре́нию

2. *a* 1) пищевари́тельный 2) спосо́бствующий пищеваре́нию

**digger** [ˈdɪgə] *n* 1) землеко́п 2) горнорабо́чий; углеко́п, отбо́йщик; золотоиска́тель 3) *разг.* австрали́ец *или* новозела́ндец; австрали́йский *или* новозела́ндский солда́т 4) (Diggers) *pl* инде́йское пле́мя, пита́ющееся коре́ньями (*в Сев. Калифорнии*) 5) приспособле́ние для копа́ния; копа́тель, копа́лка; potato ~ картофелекопа́лка 6) (Diggers) *pl ист.* ди́ггеры (*участники аграрного движения в эпоху англ. буржуазной революции XVII в.*) 7) *pl* земляны́е о́сы

**digger-wasp** [ˈdɪgəwɔsp] *n* землянáя оса́

**digging** [ˈdɪgɪŋ] **1.** *pres. p. от* dig 1

**2.** *n* 1) копа́ние, рытьё; земляны́е рабо́ты 2) *pl* рудни́к, копь; золоты́е при́иски 3) добы́ча (*полезных ископаемых*) 4) раско́пки 5) *pl разг.* жили́ще, жильё; «нора́» 6) *pl амер. разг.* райо́н, ме́стность

**digit** [ˈdɪdʒɪt] *n* 1) па́лец 2) ширина́ па́льца (*как мера*; = $^3/_4$ *дюйма*) 3) *мат.* однозна́чное число́ (*от 0 до 9*)

**digital** [ˈdɪdʒɪtl] **1.** *a* 1) пальцеви́дный, пальцеобра́зный 2) цифрово́й; ~ computer цифрова́я вычисли́тельная маши́на

**2.** *n* 1) па́лец 2) кла́виша

**digitalis** [ˌdɪdʒɪˈteɪlɪs] *n бот., мед.* дигита́лис, наперстя́нка

**digitate** [ˈdɪdʒɪtɪt] *a* 1) *зоол.* име́ющий развиты́е па́льцы 2) *бот.* па́льчатый

**digitated** [ˈdɪdʒɪteɪtɪd] = digitate

**dignified** [ˈdɪgnɪfaɪd] **1.** *p. p. от* dignify

**2.** *a* 1) облада́ющий чу́вством со́бственного досто́инства 2) вели́чественный; велича́вый 3) досто́йный (*о человеке*)

**dignify** [ˈdɪgnɪfaɪ] *v* 1) придава́ть досто́инство; облагора́живать 2) удоста́ивать 3) велича́ть; удоста́ивать и́мени; he dignifies his few books by the name of library он имену́ет свои́ не́сколько книг библиоте́кой

**dignitary** [ˈdɪgnɪtərɪ] *n* сано́вник, лицо́, занима́ющее высо́кий пост (*особ. церковный*)

**dignity** [ˈdɪgnɪtɪ] *n* 1) досто́инство; чу́вство со́бственного досто́инства; to stand on one's ~ держа́ть себя́ с больши́м досто́инством; beneath one's ~ ни́же своего́ досто́инства 2) зва́ние, сан, ти́тул; to confer the ~ of a peerage дать зва́ние пэ́ра 3) *собир.* ли́ца высо́кого зва́ния; знать

**digraph** [ˈdaɪgrɑ:f] *n* дигра́ф

**digress** [daɪˈgres] *v* отступа́ть; отвлека́ться, отклоня́ться (*от темы и т. п.*)

**digression** [daɪˈgreʃən] *n* 1) отступле́ние, отклоне́ние (*от темы*) 2) *астр.* углово́е расстоя́ние (плане́ты) от Со́лнца

**digressive** [daɪˈgresɪv] *a* отклоня́ющийся, отступа́ющий (*от темы и т. п.*)

**digue** [di:g] = dike

**dihedral** [daɪˈhi:drəl] *мат.* **1.** *a* образу́емый двумя́ пересека́ющимися пло́скостя́ми; ~ angle двугра́нный у́гол

**2.** *n* = dihedral angle [*см.* 1]

**dike** [daɪk] **1.** *n* 1) да́мба; плоти́на; гать 2) прегра́да, препя́тствие 3) сто́чная кана́ва, ров 4) дерно́вая *или* ка́менная огра́да 5) *геол.* да́йка

**2.** *v* 1) защища́ть да́мбой 2) ока́пывать рвом 3) осуша́ть (*местность*) кана́вами 4) мочи́ть (*лён, пеньку*) в кана́вах

**dike-reeve** [ˈdaɪkri:v] *n* заве́дующий шлю́зами, плоти́нами, дрена́жем (*в болотистых округах Англии*)

**dilapidate** [dɪˈlæpɪdeɪt] *v* 1) приходи́ть *или* приводи́ть в упа́док; разруша́ть(ся); лома́ть(ся); разва́ливаться 2) растра́тить, промота́ть

**dilapidated** [dɪˈlæpɪdeɪtɪd] **1.** *p. p. от* dilapidate

**2.** *a* 1) полуразру́шенный, полуразвали́вшийся; ве́тхий 2) разоре́нный 3) неопря́тный, неря́шливо оде́тый

**dilapidation** [dɪˌlæpɪˈdeɪʃən] *n* 1) полуразру́шенное состоя́ние; обветша́ние; упа́док 2) приведе́ние в полуразру́шенное состоя́ние 3) разоре́ние

**dilatable** [daɪˈleɪtəbl] *a* спосо́бный расширя́ться, растяжи́мый

**dilatation** [ˌdaɪleɪˈteɪʃən] *n* 1) расшире́ние 2) распростране́ние

**dilate** [daɪˈleɪt] *v* 1) расширя́ть(ся); with ~d eyes с широко́ раскры́тыми глаза́ми 2) распространя́ться; to ~ upon smth. простра́нно говори́ть о чём-л.

**dilation** [daɪˈleɪʃən] = dilatation

**dilative** [daɪˈleɪtɪv] *a* расширя́ющий(ся)

**dilator** [daɪˈleɪtə] *n* 1) *мед.* расшири́тель 2) расширя́ющая мы́шца

**dilatory** [ˈdɪlətərɪ] *a* 1) ме́дленный 2) медли́тельный; оття́гивающий (*время*) 3) запозда́лый

**dilemma** [dɪˈlemə] *n* диле́мма; затрудни́тельное положе́ние; to be put into a ~, to be in a ~ стоя́ть пе́ред диле́ммой ◇ to be on the horns of a ~ быть вы́нужденным выбира́ть из двух зол

**dilettante** [ˌdɪlɪˈtæntɪ] *ит.* **1.** *n* (*pl* -ti) дилета́нт, люби́тель

**2.** *a* дилета́нтский, люби́тельский

**dilettanti** [ˌdɪlɪˈtænti:] *pl от* dilettante

**dilettantism** [ˌdɪlɪˈtæntɪzm] *n* дилета́нтство, дилетанти́зм

**diligence I** [ˈdɪlɪdʒəns] *n* прилежа́ние, усе́рдие, стара́ние

**diligence II** [ˈdɪlɪʒɑ:ns] *фр. n* дилижа́нс

**diligent** [ˈdɪlɪdʒənt] *a* 1) приле́жный, усе́рдный, стара́тельный 2) *разг.* тща́тельно вы́полненный

**dill** [dɪl] *n* укро́п

**dilly-dally** [ˈdɪlɪdælɪ] *v* колеба́ться; ме́шкать, теря́ть вре́мя в нереши́тельности

**diluent** [ˈdɪljuənt] *мед.* **1.** *n* вещество́, разжижа́ющее кровь, разжижи́тель

**2.** *a* разжижа́ющий, растворя́ющий

**dilute** [daɪˈlju:t] **1.** *v* 1) разжижа́ть, разбавля́ть, разводи́ть; разрежа́ть 2) обескро́вливать, выхола́щивать (*теорию, программу и т. п.*) 3) слабе́ть, станови́ться слабе́е ◇ to ~ labour заменя́ть квалифици́рованных рабо́чих неквалифици́рованными

**2.** *a* разведённый, разба́вленный

**dilutee** [ˌdaɪljuˈti:] *n* малоквалифици́рованный рабо́чий, при́нятый на заво́д на квалифици́рованную рабо́ту в связи́ с расшире́нием произво́дства

**dilution** [daɪˈlu:ʃən] *n* 1) разжиже́ние, разведе́ние, растворе́ние 2) ослабле́ние ◇ ~ of labour заме́на квалифици́рованных рабо́чих неквалифици́рованными

**diluvial** [daɪˈlu:vjəl] *a геол.* дилювиа́льный

**diluvium** [daɪˈlu:vjəm] *n геол.* дилю́вий

**dim** [dɪm] **1.** *a* 1) ту́склый; нея́сный; ~ room тёмная ко́мната 2) ма́товый 3) сла́бый (*о зрении; об интел-*

*лекте*) 4) сму́тный, тума́нный; потускне́вший; the inscription is ~ на́дпись неразбо́рчива, стёрлась; ~ recollection сму́тное воспомина́ние; ~ idea сму́тное представле́ние 5) тупо́й, бестолко́вый 6) с нея́сным созна́нием ◇ to take a ~ view of smth. смотре́ть на что-л. скепти́чески *или* пессимисти́чески

**2.** *v* потускне́ть; де́лать(ся) ту́склым, затума́нивать(ся) □ ~ **out** затемня́ть

**dime** [daɪm] *n амер.* 1) моне́та в 10 це́нтов 2) *attr.* дешёвый; ~ novel дешёвый бульва́рный рома́н ◇ not to care a ~ ≅ ни в грош не ста́вить; наплева́ть

**dimension** [dɪˈmenʃən] **1.** *n* 1) измере́ние; of three ~s трёх измере́ний 2) *pl* разме́ры, величина́; объём; протяже́ние; scheme of vast ~s план огро́мной ва́жности, огро́много разма́ха

**2.** *v* проставля́ть разме́ры; придава́ть ну́жные разме́ры

**dimensional** [dɪˈmenʃənl] *a* име́ющий измере́ние; простра́нственный

**-dimensional** [-dɪˈmenʃənl] *в сложных словах означает* име́ющий *столько-то* измере́ний; *напр.*: one-~ одного́ измере́ния

**dimerous** [ˈdɪmərəs] *a бот., зоол.* состоя́щий из двух часте́й

**dimeter** [ˈdɪmɪtə] *n* четырёхсто́пный стих

**dimethyl** [daɪˈmeθɪl] *n хим.* эта́н

**dimidiate** **1.** *a* [dɪˈmɪdɪɪt] разделённый на две ра́вные ча́сти

**2.** *v* [dɪˈmɪdɪeɪt] дели́ть попола́м, дели́ть на две ча́сти

**diminish** [dɪˈmɪnɪʃ] *v* 1) уменьша́ть(-ся), убавля́ть(ся) 2) ослабля́ть 3) унижа́ть

**diminished** [dɪˈmɪnɪʃt] **1.** *p. p. от* diminish

**2.** *a* 1) уме́ньшенный; ~ arch *архит.* сжа́тая, пло́ская а́рка; ~ column су́живающаяся кве́рху коло́нна 2) уни́женный; to hide one's ~ head стыди́ться, смуща́ться

**diminuendo** [dɪˌminjuˈendəu] *ит. n, adv муз.* диминуэ́ндо

**diminution** [ˌdɪmɪˈnju:ʃən] *n* 1) уменьше́ние; сокраще́ние; убавле́ние 2) *архит.* суже́ние коло́нны 3) *муз.* повторе́ние те́мы но́тами полови́нной *или* четвертно́й дли́тельности

**diminutival** [dɪˌmɪnjuˈtaɪvəl] *грам.* **1.** *a* уменьши́тельный

**2.** *n* уменьши́тельный су́ффикс

**diminutive** [dɪˈmɪnjutɪv] **1.** *a* 1) ма́ленький, миниатю́рный 2) *грам.* уменьши́тельный

**2.** *n грам.* уменьши́тельное сло́во

**dimity** [ˈdɪmɪtɪ] *n* канифа́с, ткань для занаве́сок, покрыва́л *и т. п.*

**dimmer** [ˈdɪmə] *n эл.* реоста́т для регули́рования си́лы све́та ла́мпы

**dimmish** [ˈdɪmɪʃ] *a* тусклова́тый, нея́сный

**dimness** [ˈdɪmnɪs] *n* ту́склость *и пр.* [*см.* dim 1]

**dimorphic** [daɪˈmɔ:fɪk] *a* димо́рфный, могу́щий существова́ть в двух фо́рмах

**dimorphism** [daɪˈmɔ:fɪzm] *n* диморфи́зм

**dimorphous** [daɪˈmɔ:fəs] = dimorphic

**dim-out** [ˈdɪmaut] *n* части́чное затемне́ние, светомаскиро́вка

**dimple** [ˈdɪmpl] **1.** *n* 1) я́мочка (*на щеке, подбородке*) 2) рябь (*на воде*) 3) впа́дина

**2.** *v* покрыва́ться ря́бью

**dimply** [ˈdɪmplɪ] *a* 1) покры́тый я́мочками 2) подёрнутый ря́бью (*о воде*)

**dimwit** [ˈdɪmwɪt] *n разг.* неу́мный челове́к, дура́к

**dim-witted** [ˈdɪmˈwɪtɪd] *a* тупо́й, неу́мный

**din** [dɪn] **1.** *n* шум; гро́хот

**2.** *v* 1) шуме́ть, грохота́ть; оглуша́ть 2) гуде́ть, звене́ть в уша́х 3) назо́йливо повторя́ть; to ~ smth. into smb.'s ears (head) прожужжа́ть кому́-либо у́ши (вда́лбливать кому́-л. в го́лову)

**dinar** [ˈdi:nɑ:] *n* дина́р (*денежная единица Югославии, Ирака, Ирана и др. стран*)

**dine** [daɪn] *v* 1) обе́дать; to ~ out обе́дать не до́ма; to ~ on smth. пообе́дать чем-л. 2) угоща́ть обе́дом, дава́ть обе́д; he ~d me handsomely он угости́л меня́ прекра́сным обе́дом 3): this table (this room) ~s twelve comfortably за э́тим столо́м (в э́той ко́мнате) вполне́ мо́гут обе́дать двена́дцать челове́к ◇ to ~ with Duke Humphrey *шутл.* оста́ться без обе́да

**diner** [ˈdaɪnə] *n* 1) обе́дающий 2) ваго́н-рестора́н

**diner-out** [ˈdaɪnərˈaut] *n* челове́к, ча́сто обе́дающий вне до́ма

**dinette** [daɪˈnet] *n амер.* ни́ша, в кото́рой устро́ена столо́вая (*в маленькой квартире*)

**ding** [dɪŋ] **1.** *n* звон ко́локола

**2.** *v* (dinged [-d], dung) 1) звене́ть (*о металле и т. п.*) 2) назо́йливо повторя́ть

**ding-dong** [ˈdɪŋˈdɔŋ] **1.** *n* 1) динг-до́нг, динь-до́н (*о перезвоне колоколов*) 2) приспособле́ние в часа́х, выбива́ющее ка́ждую че́тверть 3) моното́нное повторе́ние

**2.** *a* 1) звеня́щий 2) череду́ющийся; ~ fight (упо́рный) бой с переме́нным успе́хом

**3.** *adv* с упо́рством, серьёзно

**dingey, dinghy** [ˈdɪŋgɪ] *n* 1) инди́йская ма́ленькая шлю́пка 2) я́лик 3) надувна́я рези́новая ло́дка

**dingle** [ˈdɪŋgl] *n* глубо́кая лощи́на

**dingle-dangle** [ˈdɪŋglˈdæŋgl] **1.** *n* кача́ние взад и вперёд

**2.** *adv* кача́ясь

**dingo** [ˈdɪŋgəu] *n* (*pl* -oes [-əuz]) *зоол.* ди́нго

**dingy** [ˈdɪndʒɪ] *a* 1) ту́склый, вы́цветший 2) тёмный, гря́зный (*от сажи, пыли*); закопте́лый 3) сомни́тельный (*о репутации*) 4) пло́хо оде́тый, обтрёпанный

**dining-car** [ˈdaɪnɪŋkɑ:] *n* ваго́н-рестора́н

**dining-room** [ˈdaɪnɪŋrum] *n* столо́вая

**dinkey** [ˈdɪŋkɪ] *n амер.* небольшо́й парово́з, «куку́шка»

**dinky** [ˈdɪŋkɪ] *a разг.* привлека́тельный; наря́дный, изя́щный

**dinner** [ˈdɪnə] *n* 1) обе́д; to have (*или* to take) ~ обе́дать; to give a ~ устра́ивать зва́ный обе́д 2) *attr.* обе́денный; ~ break обе́денный переры́в; ~ companion сотрапе́зник ◇ ~ without grace ≅ бра́чные отноше́ния до бра́ка; after ~ comes the reckoning *посл.* ≅ лю́бишь ката́ться, люби́ и са́ночки вози́ть

**dinner-bell** [ˈdɪnəbel] *n* звоно́к к обе́ду

**dinner-jacket** [ˈdɪnəˌdʒækɪt] *n* смо́кинг

**dinner-pail** [ˈdɪnəpeɪl] *n* су́дки

**dinner-party** [ˈdɪnəˌpɑ:tɪ] *n* зва́ный обе́д; го́сти к обе́ду

**dinner-service, dinner-set** [ˈdɪnəˌsə:vɪs, -set] *n* обе́денный серви́з, обе́денный прибо́р

**dinner-time** [ˈdɪnətaɪm] *n* вре́мя (*или* час) обе́да

**dinner-wagon** [ˈdɪnəˌwægən] *n* сто́лик (*на колёсиках*)

**dinosaur** [ˈdaɪnəusɔ:] *n* диноза́вр

**dint** [dɪnt] **1.** *n* 1) след от уда́ра; вмя́тина 2): by ~ of (*употр. как* prep) посре́дством, путём

**2.** *v* оставля́ть след, вмя́тину

**diocesan** [daɪˈɔsɪsən] **1.** *a* епархиа́льный

**2.** *n* епи́скоп (*иногда* свяще́нник *или* прихожа́нин) да́нной епа́рхии

**diocese** [ˈdaɪəsɪs] *n* епа́рхия

**diode** [ˈdaɪəud] *n радио* дио́д

**dioecious** [daɪˈi:ʃəs] *a бот.* двудо́мный

**Dionysiacs** [ˌdaɪəˈnɪzɪæks] *n pl* диони́сии, пра́зднества в честь бо́га Дио́ниса (*в древней Греции*)

**diopter, dioptre** [daɪˈɔptə] *n опт.* 1) диоптри́я 2) дио́птр (*визирный прибор*)

**dioptric** [daɪˈɔptrɪk] *a опт.* диоптри́ческий, преломля́ющий

**dioptrics** [daɪˈɔptrɪks] *n pl* (*употр. как* sing) дио́птрика

**diorama** [ˌdaɪəˈrɑ:mə] *n иск.* диора́ма

**dioxide** [daɪˈɔksaɪd] *n хим.* двуо́кись

**dip** [dɪp] **1.** *n* 1) погруже́ние (*в жидкость*); to take (*или* to have) a ~ (in the sea) окуну́ться (в мо́ре) 2) жи́дкость, раство́р (*для крашения, очистки металла, для уничтожения паразитов на овцах и т. п.*) 3) ма́каная свеча́ (*тж.* farthing ~, ~ candle) 4) приспу́щенное положе́ние фла́га 5) укло́н, отко́с 6) наклоне́ние ви́димого горизо́нта 7) *жарг.* вор-карма́нник 8) *геол.* паде́ние (*жилы, пласта*) 9) наклоне́ние магни́тной стре́лки 10) *ав.* ре́зкое паде́ние высоты́ (*самолёта*)

**2.** *v* (dipped [-t], dipt) 1) погружа́ть(-ся); окуна́ть(ся); ныря́ть; to ~ one's fingers in water обма́кивать па́льцы в во́ду; to ~ a pen into ink обмакну́ть перо́ в черни́ла 2) опуска́ть в осо́бый раство́р; to ~ candles де́лать ма́каные све́чи; to ~ a dress кра́сить, перекра́шивать пла́тье; to ~ sheep купа́ть ове́ц в дезинфици́рующем раство́ре 3) че́рпать (*тж.* ~ out) 4) наклоня́ть (*голову при приветствии*) 5) спуска́ться, опуска́ться; the sun ~s below the horizon со́лнце скрыва́ется за горизо́нт; the road ~s доро́га спуска́ется по́д гору 6) спуска́ть (*парус*); салютова́ть (*флагом*) 7) погружа́ться (*в изучение, исследование*); пыта́ться вы́яснить что-л.; to ~ (deep) into the future загляну́ть в бу́дущее 8) пове́рхностно, невнима́тельно просма́тривать (into); to ~ into a book просмотре́ть кни́гу 9) *разг.* запу́тывать (*в долгах*) 10) *геол.* па́дать, понижа́ться (*о пластах*) 11) *ав.* ре́зко теря́ть высоту́ (*о самолёте*) □ ~ **out**, ~ **up** вычёрпывать ◇ to ~ into one's pocket (*или* purse) раскоше́ливаться; to ~ in the gravy прикарма́нить обще́ственные де́ньги; to ~ one's pen in gall зло, жёлчно писа́ть (*о чём-л.*)

**diphasic** [daɪ'feɪzɪk] *a эл.* двухфа́зный

**diphtheria** [dɪf'θɪərɪə] *n мед.* дифтери́я, дифтери́т

**diphtheric, diphtheritic** [dɪf'θerɪk, ˌdɪfθə'rɪtɪk] *a* дифтери́тный

**diphthong** ['dɪfθɔŋ] *n фон.* дифто́нг

**diphthongal** [dɪf'θɔŋgəl] *a фон.* име́ющий хара́ктер дифто́нга

**diphthongize** ['dɪfθɔŋgaɪz] *v фон.* образо́вывать дифто́нг; обраща́ть в дифто́нг

**diploma** [dɪ'pləumə] **1.** *n* 1) дипло́м; свиде́тельство; ~ in architecture дипло́м архите́ктора 2) официа́льный докуме́нт

**2.** *v* (*обыкн. p. p.*) выдава́ть дипло́м

**diplomacy** [dɪ'pləuməsɪ] *n* диплома́тия

**diplomaed** [dɪ'pləuməd] **1.** *p. p. от* diploma 2

**2.** *a* име́ющий *или* получи́вший дипло́м, дипломи́рованный

**diplomat** ['dɪpləmæt] *n* диплома́т

**diplomatic** [ˌdɪplə'mætɪk] *a* 1) дипломати́ческий; ~ body (*или* corps) дипломати́ческий ко́рпус; ~ bag (*или* pouch) мешо́к с дипломати́ческой по́чтой, дипломати́ческая по́чта 2) дипломати́чный, такти́чный; be ~ диплома́тничать 3) нейскренний 4) текстуа́льный, буква́льный; ~ copy то́чная ко́пия

**diplomatics** [ˌdɪplə'mætɪks] *n pl* (*употр. как sing*) 1) дипломати́ческое иску́сство 2) диплома́тика (*отдел палеографии*)

**diplomatist** [dɪ'pləumətɪst] = diplomat

**diplomatize** [dɪ'pləumətaɪz] *v* де́йствовать дипломати́чно

**dip-needle** ['dɪpˌni:dl] *n* магни́тная стре́лка

**dip-net** ['dɪpnet] *n* небольша́я рыболо́вная сеть (*с длинной ручкой*)

**dipnoi** ['dɪpnɔɪ] *n pl зоол.* двояко-ды́шащие (ры́бы)

**dipolar** [daɪ'pəulə] *a физ.* име́ющий два по́люса

**dipper** ['dɪpə] *n* 1) ковш; черпа́к 2) краси́льщик 3) анабапти́ст; бапти́ст 4): the (Big) D. *амер.* Больша́я Медве́дица; the Little D. *амер.* Ма́лая Медве́дица 5) оля́пка (*птица*) 6) *геол.* нисходя́щий сброс

**dipping** ['dɪpɪŋ] **1.** *pres. p. от* dip 2

**2.** *n* погруже́ние, мака́ние; окуна́ние

**dipping-needle** ['dɪpɪŋˌni:dl] = dip-needle

**dippy** ['dɪpɪ] *a разг.* рехну́вшийся, сумасше́дший

**dipsomania** [ˌdɪpsəu'meɪnjə] *n мед.* алкоголи́зм

**dipsomaniac** [ˌdɪpsəu'meɪnɪæk] *n* алкого́лик, запо́йный пья́ница

**dipt** [dɪpt] *past и p. p. от* dip 2

**dipteral** ['dɪptərəl] **1.** *a* 1) *архит.* окружённый по́ртиком с двумя́ ряда́ми коло́нн 2) = dipterous

**2.** *n архит.* зда́ние с двумя́ кры́льями; гре́ческий храм, окружённый двумя́ ряда́ми коло́нн

**dipterous** ['dɪptərəs] *a зоол., бот.* двукры́лый

**diptych** ['dɪptɪk] *n* 1) *ист.* ди́птих (*вощёные дощечки для письма*) 2) *церк.* ди́птих; двуство́рчатый скла́день

**dire** ['daɪə] *a* 1) ужа́сный, стра́шный 2) по́лный, кра́йний; ~ necessity жесто́кая необходи́мость, нужда́; ~ plight ужа́сное положе́ние

**direct** ['dɪrekt] **1.** *a* 1) прямо́й; ~ road пряма́я доро́га 2) прямо́й, непосре́дственный, ли́чный; ~ descendant пото́мок по прямо́й ли́нии; ~ influence непосре́дственное влия́ние; ~ drive пряма́я переда́ча; ~ (laying) fire *воен.* ого́нь, стрельба́ прямо́й наво́дкой; ~ hit *воен.* прямо́е попада́ние; ~ pointing *амер. воен.* пряма́я наво́дка 3) по́лный, абсолю́тный; ~ opposite по́лная (диаметра́льная) противополо́жность 4) прямо́й, откры́тый; я́сный; правди́вый; ~ answer прямо́й, неукло́нчивый отве́т 5) *грам.* прямо́й; ~ speech пряма́я речь 6) *астр.* дви́жущийся с за́пада на восто́к 7) *эл.* постоя́нный; ~ current постоя́нный ток

**2.** *adv* пря́мо, непосре́дственно

**3.** *v* 1) руководи́ть; управля́ть; to ~ a business руководи́ть предприя́тием, фи́рмой 2) направля́ть; to ~ one's remarks (efforts, attention) (to) направля́ть свои́ замеча́ния (уси́лия, внима́ние) (на); to ~ one's eyes обрати́ть свой взор; to ~ one's steps направля́ться 3) адресова́ть; to ~ a parcel адресова́ть посы́лку 4) наце́ливать(ся) 5) ука́зывать доро́гу; can you ~ me to the post-office? не ска́жете ли вы мне, как пройти́ на по́чту? 6) прика́зывать; do as you are ~ed де́лайте, как вам прика́зано 7) дирижи́ровать (*оркестром, хором*) 8) *театр.* ста́вить (*о режиссёре*) 9) подска́зывать, побужда́ть, направля́ть; duty ~s my actions все́ми мои́ми посту́пками руководи́т чу́вство до́лга

**directing-post** [dɪ'rektɪŋpəust] *n* доро́жный указа́тельный столб

**direction** [dɪ'rekʃən] *n* 1) руково́дство, управле́ние; to work under the ~ of smb. рабо́тать под руково́дством кого́-л. 2) дире́кция; правле́ние 3) указа́ние; инстру́кция; распоряже́ние; at the ~ по указа́нию, по распоряже́нию; to give ~s отдава́ть распоряже́ния 4) *pl* директи́вы 5) направле́ние; in the ~ of по направле́нию к 6) а́дрес (*на письме и т. п.*) 7) сфе́ра, о́бласть; there is a marked improvement in many ~s произошло́ заме́тное улучше́ние во мно́гих областя́х; new ~s of research но́вые пути́ иссле́дования 8) *театр.* постано́вка (*спектакля, фильма*); режиссу́ра

**directional** [dɪ'rekʃənl] *a* напра́вленный, напра́вленного де́йствия; ~ radio напра́вленное ра́дио; радиопеленга́ция; ~ transmitter передаю́щая, радиопеленга́торная ста́нция

**direction-finder** [dɪ'rekʃənˌfaɪndə] *n* радиопеленга́тор

**direction sign** [dɪ'rekʃənsaɪn] *n* доро́жный (указа́тельный) знак

**directive** [dɪ'rektɪv] **1.** *n* директи́ва, указа́ние

**2.** *a* 1) направля́ющий; ука́зывающий 2) директи́вный

**directly** [dɪ'rektlɪ] **1.** *adv* 1) пря́мо 2) непосре́дственно 3) неме́дленно; то́тчас

**2.** *cj разг.* как то́лько; to get up ~ the bell rings встава́ть по звонку́

**director** [dɪ'rektə] *n* 1) член правле́ния; дире́ктор; managing ~ замести́тель дире́ктора по администрати́вно-хозя́йственной ча́сти, управля́ющий 2) руководи́тель 3) *воен.* нача́льник управле́ния 4) *церк.* духовни́к 5) (кино)режиссёр 6) дирижёр (*оркестра, хора*) 7) *воен.* буссо́ль; прибо́р управле́ния артиллери́йским огнём

**directorate** [dɪ'rektərɪt] *n* 1) дире́кция, (у)правле́ние 2) дире́кторство

**directorial** [ˌdɪrək'tɔurɪəl] *a* дире́кторский; ~ board правле́ние

**directorship** [dɪ'rektəʃɪp] *n* дире́кторство; руково́дство

**directory** [dɪ'rektərɪ] **1.** *n* 1) руково́дство, указа́тель 2) а́дресная кни́га; спра́вочник; telephone ~ телефо́нная кни́га 3) *амер.* дире́кция 4) (D.) *ист.* Директо́рия

**2.** *a* директи́вный, содержа́щий указа́ния, инстру́кции

**directress** [dɪ'rektrɪs] *n* директри́са, нача́льница уче́бного заведе́ния

**directrices** [dɪ'rektrɪsi:z] *pl от* directrix

**directrix** [dɪ'rektrɪks] *лат. n* (*pl* -rices) *геом.* директри́са, направля́ющая ли́ния

**direful** ['daɪəful] *a* ужа́сный; стра́шный; злове́щий

**dirge** [də:dʒ] *n* 1) погреба́льная песнь 2) панихи́да

**dirigible** ['dɪrɪdʒəbl] **1.** *n* дирижа́бль

**2.** *a* управля́емый (*особ. об аэростате*)

**diriment** ['dɪrɪmənt] *a юр.* аннули́рующий; ~ impediment of marriage обстоя́тельство, аннули́рующее брак

**dirk** [dɜ:k] **1.** *n* 1) кинжа́л 2) *мор.* ко́ртик

**2.** *v* вонза́ть кинжа́л

**dirndl** ['dɜ:ndl] *нем. n* 1) пла́тье с у́зким ли́фом и широ́кой ю́бкой 2) широ́кая ю́бка в сбо́рку (*тж.* ~ skirt)

**dirt** [dɜ:t] *n* 1) грязь, сор; нечисто́ты 2) земля́; по́чва; грунт 3) непоря́дочность; га́дость; to do smb. ~ сде́лать кому́-л. га́дость 4) непристо́йные ре́чи, брань, оскорбле́ние; to fling (*или* to throw, to cast) ~ at smb. осыпа́ть бра́нью, поро́чить кого́-л.; to fling ~ about злосло́вить 5) *геол.* нано́сы; пуста́я поро́да; включе́ния; золотосодержа́щий песо́к 6) *attr.* земляно́й; грунтово́й; ~ floor земляно́й пол; ~ road грунтова́я доро́га 7) *attr.* му́сорный; ~ wagon *амер.* фурго́н для вы́возки му́сора ◇ as cheap as ~ ≅ деше́вле па́реной ре́пы; ~ farmer *амер.* фе́рмер, ли́чно обраба́тывающий зе́млю; yellow ~ *разг.* зо́лото; to treat smb. like ~ пло́хо обраща́ться с кем-л., пренебрега́ть кем-л.

**dirt-cheap** ['dɜ:t'tʃi:p] *a* о́чень дешёвый; ≅ деше́вле па́реной ре́пы

**dirtily** ['dɜ:tɪlɪ] *adv* 1) гря́зно 2) ни́зко, бесче́стно

**dirtiness** ['dɜ:tɪnɪs] *n* 1) грязь; неопря́тность 2) ни́зость, га́дость, по́длость

**dirt track** ['dɜ:ttræk] *n* трек с га́ревым покры́тием для мотого́нок

**dirty** ['dɜ:tɪ] **1.** *a* 1) гря́зный 2) скабрёзный, неприли́чный; ~ conduct непристо́йное поведе́ние 3) нече́стный; ~ player нече́стный игро́к 4) *мор.* нена́стный; бу́рный; ~ weather нена́стная пого́да ◇ ~ work а) нече́стный посту́пок; б) тяжёлая, ну́дная рабо́та; to do smb.'s ~ work for him выполня́ть за кого́-л. тяжёлую рабо́ту

**2.** *n*: to do the ~ on smb. подложи́ть свинью́ кому́-л.

**3.** *v* загрязня́ть, па́чкать

**dis-** [dɪs-] *pref* 1) *придаёт слову отрицательное значение* не-, дез-; obedient послу́шный — disobedient непослу́шный; to organize организо́вывать — to disorganize дезорганизо́вывать 2) *указывает на лишение чего-л.*: to disinherit лиша́ть насле́дства; to disbar лиша́ть пра́ва адвока́тской пра́ктики; to disbranch обруба́ть су́чья; dismasted лишённый мачт 3) *указывает на разделение, отделение, рассеяние в разные стороны, разложение на составные части*: to distribute распределя́ть; to dismiss распуска́ть 4) *усиливает значение отрицательного по содержанию слова*: to disannul аннули́ровать

**disability** [ˌdɪsə'bɪlɪtɪ] *n* 1) неспосо́бность, бесси́лие; нетрудоспосо́бность 2) *юр.* неправоспосо́бность 3) неплатёжеспосо́бность 4) *attr.*: ~ pension пе́нсия по нетрудоспосо́бности

**disable** [dɪs'eɪbl] *v* 1) де́лать неспосо́бным, неприго́дным; кале́чить 2) *юр.* де́лать неправоспосо́бным, лиша́ть пра́ва 3) *воен.* вы́вести из стро́я

**disabled** [dɪs'eɪbld] **1.** *p. p. от* disable

**2.** *a* искале́ченный; вы́веденный из стро́я; ~ soldier (*или* veteran) инвали́д войны́; ~ worker инвали́д труда́

**disablement** [dɪs'eɪblmənt] *n* 1) выведе́ние из стро́я 2) лише́ние трудоспосо́бности 3) лише́ние прав

**disabuse** [ˌdɪsə'bju:z] *v*: ~ smb. of error выводи́ть кого́-л. из заблужде́ния ◇ to ~ one's mind переста́ть ду́мать; вы́бросить из головы́

**disaccord** [ˌdɪsə'kɔ:d] **1.** *n* разногла́сие, расхожде́ние

**2.** *v* расходи́ться во взгля́дах

**disadvantage** [ˌdɪsəd'vɑ:ntɪdʒ] *n* 1) невы́года, невы́годное положе́ние; to be at a ~ быть в невы́годном положе́нии; to take smb. at a ~ а) заста́ть кого́-л. врасплóх; б) быть в бо́лее вы́годном положе́нии, чем кто-л.; to put smb. at a ~ поста́вить кого́-л. в невы́годное положе́ние 2) вред, ущéрб; неудо́бство 3) поме́ха

**disadvantageous** [ˌdɪsædvɑ:n'teɪdʒəs] *a* невы́годный, неблагоприя́тный

**disaffected** [ˌdɪsə'fektɪd] *a* 1) недово́льный 2) нелоя́льный

**disaffirm** [ˌdɪsə'fɜ:m] *v* 1) отрица́ть 2) *юр.* отменя́ть (*решение*)

**disafforest** [ˌdɪsə'fɔrɪst] *v* 1) выруба́ть леса́ 2) *юр.* переводи́ть на положе́ние обы́чной земли́ (*о бывшей лесной площади*)

**disagree** [ˌdɪsə'gri:] *v* 1) не совпада́ть, не соотве́тствовать, противоре́чить оди́н друго́му 2) расходи́ться во мне́ниях; не соглаша́ться; I ~ with you я с ва́ми не согла́сен 3) не ла́дить, ссо́риться; they ~ они́ ссо́рятся 4) не подходи́ть, быть противопока́занным, быть вре́дным (*о климате, пище*; with)

**disagreeable** [ˌdɪsə'grɪəbl] **1.** *a* 1) неприя́тный 2) неприве́тливый; хму́рый

**2.** *n* (*обыкн. pl*) неприя́тности

**disagreement** [ˌdɪsə'gri:mənt] *n* 1) расхожде́ние во мне́ниях; разногла́сие 2) разла́д, ссо́ра

**disallow** ['dɪsə'lau] *v* 1) отверга́ть 2) отка́зывать; to ~ a claim отка́зывать в и́ске 3) запреща́ть

**disallowance** [ˌdɪsə'lauəns] *n* 1) отка́з 2) запреще́ние

**disannul** [ˌdɪsə'nʌl] *v* отменя́ть, аннули́ровать, по́лностью уничтожа́ть

**disappear** [ˌdɪsə'pɪə] *v* 1) исчеза́ть; скрыва́ться 2) пропада́ть

**disappearance** [ˌdɪsə'pɪərəns] *n* 1) исчезнове́ние 2) пропа́жа

**disappoint** [ˌdɪsə'pɔɪnt] *v* 1) разочаро́вывать; to be ~ed at smth. разочарова́ться в чём-л. 2) обма́нывать (*надежды*) 3) лиша́ть; he was ~ed of the prize его́ лиши́ли награ́ды

**disappointed** [ˌdɪsə'pɔɪntɪd] **1.** *p. p. от* disappoint

**2.** *a* разочаро́ванный, разочарова́вшийся; огорчённый

**disappointing** [ˌdɪsə'pɔɪntɪŋ] **1.** *pres. p. от* disappoint

**2.** *a* неутеши́тельный, разочаро́вывающий; печа́льный

**disappointment** [ˌdɪsə'pɔɪntmənt] *n* 1) разочарова́ние; обма́нутая наде́жда 2) неприя́тность, доса́да 3) что-л., не оправда́вшее ожида́ний

**disapprobation** [ˌdɪsæprəu'beɪʃən] *n* неодобре́ние; осужде́ние

**disapprobative, disapprobatory** [dɪs-'æprəubeɪtɪv, -beɪtərɪ] *a* неодобри́тельный, осужда́ющий

**disapproval** [ˌdɪsə'pru:vəl] *n* неодобре́ние; осужде́ние

**disapprove** ['dɪsə'pru:v] *v* не одобря́ть; неодобри́тельно относи́ться (of — к)

**disapprovingly** ['dɪsə'pru:vɪŋlɪ] *adv* неодобри́тельно

**disarm** [dɪs'ɑ:m] *v* 1) обезору́живать; умиротворя́ть 2) разоружа́ть (-ся)

**disarmament** [dɪs'ɑ:məmənt] *n* разоруже́ние

**disarming** [dɪs'ɑ:mɪŋ] **1.** *pres. p. от* disarm

**2.** *a* обезору́живающий

**disarrange** ['dɪsə'reɪndʒ] *v* 1) расстра́ивать, дезорганизова́ть 2) приводи́ть в беспоря́док

**disarrangement** [ˌdɪsə'reɪndʒmənt] *n* расстро́йство; дезорганиза́ция

**disarray** ['dɪsə'reɪ] **1.** *n* 1) беспоря́док, смяте́ние, замеша́тельство 2) беспоря́док в оде́жде; небре́жный костю́м

**2.** *v* 1) приводи́ть в беспоря́док, в смяте́ние 2) *поэт.* раздева́ть, снима́ть оде́жду

**disarticulate** ['dɪsɑ:'tɪkjuleɪt] *v* разъединя́ть, расчленя́ть

**disassemble** ['dɪsə'sembl] *v* разбира́ть (*на части*); демонти́ровать

**disaster** [dɪ'zɑ:stə] *n* бе́дствие, несча́стье; to invite ~ накли́кать беду́

**disastrous** [dɪ'zɑ:strəs] *a* бе́дственный, ги́бельный

**disavow** ['dɪsə'vau] *v* 1) отрица́ть 2) отрека́ться, отка́зываться; отмежёвываться; снима́ть с себя́ отве́тственность 3) *полит.* дезавуи́ровать

**disavowal** ['dɪsə'vauəl] *n* 1) отрица́ние 2) отрече́ние, отка́з 3) *полит.* дезавуи́рование

**disbalance** [dɪs'bæləns] *n* наруше́ние равнове́сия, дисбала́нс

**disband** [dɪs'bænd] *v* 1) распуска́ть 2) *воен.* расформиро́вывать 3) разбега́ться, рассе́иваться

**disbar** [dɪs'bɑ:] *v юр.* лиша́ть зва́ния адвока́та, лиша́ть пра́ва адвока́тской пра́ктики

**disbarment** [dɪs'bɑ:mənt] *n юр.* 1) лише́ние адвока́тского зва́ния 2) лише́ние пра́ва выступа́ть в суде́ в ка́честве адвока́та

**disbelief** ['dɪsbɪ'li:f] *n* неве́рие; недове́рие

**disbelieve** ['dɪsbɪ'li:v] *v* 1) не ве́рить; не доверя́ть (in) 2) быть ске́птиком

**disbeliever** [ˈdɪsbɪˈliːvə] *n* неве́рующий

**disboscation** [ˌdɪsbɔsˈkeɪʃən] *n с.-х.* обезле́сение, превраще́ние лесны́х площаде́й в па́шни

**disbosom** [dɪsˈbuzəm] *v* излива́ть ду́шу; признава́ться

**disbranch** [dɪsˈbrɑːntʃ] *v* обреза́ть ве́тви; подстрига́ть (*дерево*)

**disbud** [dɪsˈbʌd] *v* обреза́ть (*лишние*) молоды́е побе́ги, по́чки

**disburden** [dɪsˈbəːdn] *v* освобожда́ть(ся) от тя́жести, *перен.* от бре́мени; to ~ one's mind (of) вы́сказаться, отвести́ ду́шу

**disburse** [dɪsˈbəːs] *v* плати́ть; расплачиваться; опла́чивать

**disbursement** [dɪsˈbəːsmənt] *n* 1) опла́та, распла́та 2) вы́плаченная су́мма

**disc** [dɪsk] = disk

**discard** 1. *n* [ˈdɪskɑːd] 1) сбра́сывание карт 2) сбро́шенная ка́рта 3) что́-либо нену́жное, него́дное; брак; to throw into the ~ вы́бросить за нена́добностью

2. *v* [dɪsˈkɑːd] 1) сбра́сывать ка́рту 2) отбра́сывать, выбра́сывать (*за ненадобностью*) 3) отка́зываться (*от прежних взглядов, дружбы и т. п.*) 4) увольня́ть

**discern** [dɪˈsəːn] *v* 1) различа́ть, распознава́ть; разгляде́ть; we ~ed a sail in the distance вдали́ мы уви́дели па́рус; to ~ smb.'s intentions разгада́ть чьи-л. наме́рения 2) отлича́ть; проводи́ть разли́чие; to ~ no difference не ви́деть ра́зницы

**discernible** [dɪˈsəːnəbl] *a* ви́димый, различи́мый; заме́тный

**discerning** [dɪˈsəːnɪŋ] 1. *pres. p. от* discern

2. *a* 1) уме́ющий различа́ть, распознава́ть 2) проница́тельный

**discernment** [dɪˈsəːnmənt] *n* 1) уме́ние различа́ть, распознава́ть 2) проница́тельность

**discharge** [dɪsˈtʃɑːdʒ] 1. *n* 1) разгру́зка 2) вы́стрел; залп 3) увольне́ние 4) рекоменда́ция (*выдаваемая увольняемому*) 5) освобожде́ние (*заключённого*) 6) реабилита́ция; оправда́ние (*подсудимого*) 7) упла́та (*долга*) 8) исполне́ние (*обязанностей*) 9) вытека́ние; спуск, сток; слив 10) де́бит (*воды*) 11) выделе́ния (*гноя и т. п.*) 12) *эл.* разря́д 13) *текст., хим.* обесцве́чивание тка́ней; раство́р для обесцве́чивания тка́ней 14) *тех.* выпускно́е отве́рстие; вы́хлоп 15) *attr.*: ~ pipe выпускна́я, отво́дная труба́

2. *v* 1) разгружа́ть; to ~ cargo from a ship разгружа́ть кора́бль 2) вы́пустить заря́д, вы́стрелить 3) выпуска́ть; спуска́ть, вылива́ть; the chimney ~s smoke из трубы́ идёт дым; the wound ~s matter ра́на выделя́ет гной; to ~ oaths разрази́ться бра́нью 4) нести́ свои́ во́ды (*о реке*) 5) увольня́ть, дава́ть расчёт; *воен.* демобилизова́ть; увольня́ть в отста́вку *или* в запа́с 6) освобожда́ть (*заключённого*) 7) реабилити́ровать; восстана́вливать в права́х (*банкрота*) 8) выпи́сывать (*из больницы*) 9) выпла́чивать (*долги*) 10) выполня́ть (*обязанности*) 11) *эл.* разряжа́ть 12) *текст., хим.* удаля́ть кра́ску, обесцве́чивать 13) рассна́щивать (*судно*) 14) прорыва́ться (*о нарыве*)

**dischargee** [ˌdɪstʃɑːˈdʒiː] *n амер.* уво́ленный из а́рмии, демобилизо́ванный

**discharger** [dɪsˈtʃɑːdʒə] *n* 1) тот, кто освобожда́ет, разгружа́ет *и пр.* [*см.* discharge 2] 2) *эл.* разря́дник; lightning ~ молниеотво́д 3) пусково́е устро́йство раке́ты

**disci** [ˈdɪskaɪ] *pl от* discus

**disciple** [dɪˈsaɪpl] *n* 1) учени́к, после́дователь; сторо́нник 2) *церк.* апо́стол

**disciplinarian** [ˌdɪsɪplɪˈnɛərɪən] *n* 1) сторо́нник дисципли́ны 2) *ист.* приве́рженец пресвитериа́нства

**disciplinary** [ˈdɪsɪplɪnərɪ] *a* 1) дисциплина́рный, исправи́тельный 2) дисциплини́рующий

**discipline** [ˈdɪsɪplɪn] 1. *n* 1) дисципли́на, поря́док 2) дисциплини́рованность 3) дисципли́на (*отрасль знания*) 4) наказа́ние 5) *церк.* епитимья́; умерщвле́ние пло́ти 6) *перен.* па́лка; кнут

2. *v* 1) дисциплини́ровать 2) тренирова́ть 3) нака́зывать; подверга́ть дисциплина́рному взыска́нию

**discipular** [dɪˈsɪpjulə] *a книжн.* учени́ческий

**disc jockey** [ˈdɪskˌdʒɔkɪ] = disk jockey

**disclaim** [dɪsˈkleɪm] *v* 1) отрека́ться; to ~ responsibility снима́ть с себя́ отве́тственность 2) отрица́ть, не признава́ть 3) *юр.* отка́зываться (*от прав на что-л.*)

**disclaimer** [dɪsˈkleɪmə] *n* 1) отрече́ние, отка́з 2) *юр.* отка́з (*от права на что-л.*)

**disclamation** [ˌdɪskləˈmeɪʃən] = disclaimer

**disclose** [dɪsˈkləuz] *v* обнару́живать, разоблача́ть, раскрыва́ть

**disclosure** [dɪsˈkləuʒə] *n* откры́тие, обнару́жение, разоблаче́ние, раскры́тие

**discoboli** [dɪsˈkɔbəlaɪ] *pl от* discobolus

**discobolus** [dɪsˈkɔbələs] *греч. n* (*pl* -li) дискобо́л

**discoid** [ˈdɪskɔɪd] *a* име́ющий фо́рму ди́ска

**discolo(u)r** [dɪsˈkʌlə] *v* 1) изменя́ть цвет, окра́ску; обесцве́чивать(ся) 2) па́чкать(ся)

**discolo(u)ration** [dɪsˌkʌləˈreɪʃən] *n* 1) измене́ние цве́та, обесцве́чивание 2) пятно́

**discomfit** [dɪsˈkʌmfɪt] *v* 1) расстра́ивать (*планы и т. п.*) 2) приводи́ть в замеша́тельство 3) *книжн.* наноси́ть пораже́ние

**discomfiture** [dɪsˈkʌmfɪtʃə] *n* 1) расстро́йство пла́нов 2) смуще́ние, замеша́тельство 3) *книжн.* пораже́ние (*в бою*)

**discomfort** [dɪsˈkʌmfət] 1. *n* 1) неудо́бство; нело́вкость 2) стеснённое положе́ние; лише́ния 3) беспоко́йство

2. *v* беспоко́ить; причиня́ть неудо́бство; затрудня́ть

**discommend** [ˌdɪskəˈmend] *v* 1) не одобря́ть; порица́ть 2) не рекомендова́ть, отсове́товать

**discommode** [ˌdɪskəˈməud] = discomfort 2

**discommodity** [ˌdɪskəˈmɔdɪtɪ] *n* 1) неудо́бство 2) невы́годность; что-л. бесполе́зное

**discommon** [dɪsˈkɔmən] *v* 1) лиша́ть пра́ва по́льзования обще́ственной земле́й 2) *ист.* лиша́ть торго́вца *или* ремесленника пра́ва обслу́живания студе́нтов (*Оксфордского и Кембриджского университетов*)

**discompose** [ˌdɪskəmˈpəuz] *v* расстра́ивать; беспоко́ить; (вз)волнова́ть, (вс)трево́жить

**discomposedly** [ˌdɪskəmˈpəuzɪdlɪ] *adv* беспоко́йно; трево́жно; взволно́ванно

**discomposure** [ˌdɪskəmˈpəuʒə] *n* беспоко́йство, волне́ние, замеша́тельство

**disconcert** [ˌdɪskənˈsəːt] *v* 1) смуща́ть; приводи́ть в замеша́тельство 2) расстра́ивать (*планы*)

**disconcerted** [ˌdɪskənˈsəːtɪd] 1. *p. p. от* disconcert

2. *a* 1) смущённый 2) расстро́енный

**disconnect** [ˈdɪskəˈnekt] *v* 1) разъединя́ть, разобща́ть, расцепля́ть (with, from) 2) *эл.* разъединя́ть; отключа́ть

**disconnected** [ˈdɪskəˈnektɪd] 1. *p. p. от* disconnect

2. *a* 1) разъединённый 2) бессвя́зный, отры́вистый

**disconnectedly** [ˈdɪskəˈnektɪdlɪ] *adv* бессвя́зно, отры́висто

**disconnection, disconnexion** [ˌdɪskəˈnekʃən] *n* 1) разъедине́ние; разобще́ние 2) разобщённость 3) *эл.* отключе́ние

**disconsider** [ˌdɪskənˈsɪdə] *v* дискредити́ровать, испо́ртить репута́цию

**disconsolate** [dɪsˈkɔnsəlɪt] *a* неуте́шный, печа́льный, несча́стный

**discontent** [ˈdɪskənˈtent] 1. *n* недово́льство; неудовлетворённость, доса́да

2. *a* недово́льный; неудовлетворённый

3. *v* вызыва́ть недово́льство; to be ~ed быть недово́льным

**discontentedly** [ˈdɪskənˈtentɪdlɪ] *adv* недово́льно; неудовлетворённо; с доса́дой

**discontentment** [ˈdɪskənˈtentmənt] = discontent 1

**discontiguous** [ˌdɪskənˈtɪgjuəs] *a* несоприкаса́ющийся, несме́жный

**discontinuance** [ˌdɪskənˈtɪnjuəns] *n* 1) прекраще́ние, переры́в 2) *юр.* прекраще́ние (*дела*)

**discontinuation** [ˌdɪskəntɪnjuˈeɪʃən] = discontinuance

**discontinue** [ˈdɪskənˈtɪnju(ː)] *v* 1) прерыва́ть(ся), прекраща́ть(ся); упраздня́ть; publication will ~ изда́ние бу́дет прекращено́; to ~ a unit *амер. воен.* расформиро́вывать часть 2) *юр.* прекраща́ть (*дело*)

**discontinuity** [ˈdɪsˌkɔntɪˈnju(:)ɪtɪ] *n* 1) отсу́тствие непреры́вности, после́довательности 2) переры́в, разры́в

**discontinuous** [ˈdɪskənˈtɪnjuəs] *a* преры́вистый, прерыва́емый; прерыва́ющийся, перемежа́ющийся; ~ waves *радио* затуха́ющие во́лны; ~ function *мат.* преры́вная фу́нкция

**discord** 1. *n* [ˈdɪskɔ:d] 1) разногла́сие, разла́д; раздо́ры; to sow ~ се́ять вражду́ 2) шум; ре́зкие зву́ки 3) *муз.* диссона́нс

2. *v* [dɪsˈkɔ:d] 1) расходи́ться во взгля́дах, мне́ниях (with, from) 2) дисгармони́ровать; не соотве́тствовать 3) *муз.* звуча́ть диссона́нсом

**discordance** [dɪsˈkɔ:dəns] *n* 1) разногла́сие 2) *муз.* диссона́нс

**discordant** [dɪsˈkɔ:dənt] *a* 1) несогла́сный, противоречи́вый 2) нестро́йный, диссони́рующий (*о звуках*); ~ note диссона́нс

**discount** [ˈdɪskaunt] 1. *n* 1) ски́дка; at a ~ а) ни́же номина́льной цены́; обесце́ненный; б) *разг.* непопуля́рный; не в ходу́ 2) *фин.* диско́нт, учёт векселе́й 3) *фин.* проце́нт ски́дки, ста́вка учёта 4) (мы́сленная) попра́вка на преувеличе́ние (*рассказчика*)

2. *v* 1) *фин.* дисконти́ровать, учи́тывать векселя́ 2) *фин.* получа́ть проце́нты вперёд при да́че де́нег взаймы́ 3) де́лать ски́дку 4) обесце́нивать; уменьша́ть, снижа́ть (*доход и т. п.*) 5) не принима́ть в расчёт 6) де́лать попра́вку на преувеличе́ние, не доверя́ть всему́ слы́шанному

**discountenance** [dɪsˈkauntɪnəns] *v* 1) не одобря́ть; обескура́живать 2) отка́зывать в подде́ржке 3) смуща́ть, приводи́ть в замеша́тельство

**discourage** [dɪsˈkʌrɪdʒ] *v* 1) обескура́живать, расхола́живать, отбива́ть охо́ту 2) отгова́ривать, отсове́товать (from)

**discouragement** [dɪsˈkʌrɪdʒmənt] *n* 1) обескура́живание 2) упа́док ду́ха, обескура́женность 3) отгова́ривание

**discouraging** [dɪsˈkʌrɪdʒɪŋ] 1. *pres. p. от* discourage

2. *a* расхола́живающий, обескура́живающий

**discourse** [dɪsˈkɔ:s] 1. *n* рассужде́ние (*письменное или устное*); ле́кция, докла́д, речь

2. *v* ора́торствовать; рассужда́ть; излага́ть в фо́рме ре́чи, ле́кции, про́поведи

**discourteous** [dɪsˈkə:tjəs] *a* невоспи́танный, неве́жливый, неучти́вый

**discourtesy** [dɪsˈkə:tɪsɪ] *n* невоспи́танность, неве́жливость, неучти́вость

**discover** [dɪsˈkʌvə] *v* 1) узнава́ть, обнару́живать, раскрыва́ть; to ~ good reasons подыска́ть подходя́щие моти́вы 2) де́лать откры́тия, открыва́ть

**discovert** [dɪsˈkʌvət] *a юр.* незаму́жняя; вдо́вая

**discovery** [dɪsˈkʌvərɪ] *n* 1) откры́тие 2) раскры́тие, обнару́жение 3) развёртывание (*сюжета*) ◇ D. Day день откры́тия Аме́рики (*12 октября*)

**discredit** [dɪsˈkredɪt] 1. *n* 1) дискредита́ция; to bring ~ on oneself дискредити́ровать себя́; such behaviour is a ~ to him тако́е поведе́ние позо́рит, дискредити́рует его́; to bring into ~ навле́чь дурну́ю сла́ву, дискредити́ровать 2) недове́рие; to throw ~ upon smth. подве́ргнуть что-л. сомне́нию 3) *фин.* лише́ние комме́рческого креди́та

2. *v* 1) дискредити́ровать; позо́рить; his behaviour ~s him with the public его́ поведе́ние дискредити́рует его́ в глаза́х о́бщества 2) не доверя́ть; the report is ~ed э́тому сообще́нию не ве́рят

**discreditable** [dɪsˈkredɪtəbl] *a* дискредити́рующий, позо́рный

**discreet** [dɪsˈkri:t] *a* 1) осторо́жный, осмотри́тельный, благоразу́мный 2) сде́ржанный, неболтли́вый

**discrepancy** [dɪsˈkrepənsɪ] *n* 1) разли́чие, несхо́дство 2) разногла́сие, противоре́чие; расхожде́ние

**discrepant** [dɪsˈkrepənt] *a* отлича́ющийся (*от чего-л.*); несхо́дный; противоречи́вый; разноречи́вый; ~ rumours противоречи́вые слу́хи

**discrete** [dɪsˈkri:t] *a* 1) разде́льный, состоя́щий из разро́зненных часте́й; дискре́тный 2) *филос.* абстра́ктный

**discretion** [dɪsˈkreʃən] *n* 1) благоразу́мие, осторо́жность; the years of ~ во́зраст (*в Англии — 14 лет*), с кото́рого челове́к счита́ется отве́тственным за свои́ посту́пки; to act with ~ вести́ себя́ осторо́жно, благоразу́мно; to show ~ проявля́ть благоразу́мие 2) свобо́да де́йствий; усмотре́ние; the instructions leave me a wide ~ инстру́кции предоставля́ют мне большу́ю свобо́ду де́йствий; at the ~ of smb. на усмотре́ние кого́-л.; I leave it to your ~ де́лайте, как вы счита́ете ну́жным; to use one's ~ реша́ть, де́йствовать по своему́ усмотре́нию; at ~ по со́бственному усмотре́нию; to surrender at ~ безогово́рочно сда́ться на ми́лость победи́теля ◇ ~ is the better part of valour ≅ сле́дует избега́ть нену́жного ри́ска (*обыкн. как шутливое оправдание трусости*)

**discretionary** [dɪsˈkreʃnərɪ] *a* 1) предоста́вленный на со́бственное усмотре́ние 2) де́йствующий по со́бственному усмотре́нию, дискрецио́нный; ~ powers дискрецио́нная власть

**discriminate** 1. *a* [dɪsˈkrɪmɪnɪt] 1) отчётливый; име́ющий отличи́тельные при́знаки 2) различа́ющий(ся)

2. *v* [dɪsˈkrɪmɪneɪt] 1) отлича́ть, выделя́ть 2) (уме́ть) различа́ть, распознава́ть (between) 3) дискримини́ровать; относи́ться по-ра́зному; to ~ in favour of smb. ста́вить кого́-л. в благоприя́тные усло́вия; to ~ against smb. ста́вить кого́-л. в ху́дшие усло́вия

**discriminating** [dɪsˈkrɪmɪneɪtɪŋ] 1. *pres. p. от* discriminate 2

2. *a* 1) отличи́тельный (*о признаке и т. п.*) 2) уме́ющий различа́ть, разбира́ющийся; разбо́рчивый; проница́тельный; ~ taste то́нкий вкус 3) дифференциа́льный

**discrimination** [dɪsˌkrɪmɪˈneɪʃən] *n* 1) уме́ние разбира́ться, проница́тельность 2) дискримина́ция; разли́чный подхо́д, неодина́ковое отноше́ние; race ~ ра́совая дискримина́ция

**discriminative** [dɪsˈkrɪmɪnətɪv] = discriminating 2, 1) *и* 2)

**discriminatory** [dɪsˈkrɪmɪnətərɪ] *a* 1) отличи́тельный 2) пристра́стный

**discrown** [dɪsˈkraun] *v* лиша́ть коро́ны; *перен.* разве́нчивать

**discursive** [dɪsˈkə:sɪv] *a* 1) переска́кивающий с одного́ вопро́са на друго́й 2) *лог.* дискурси́вный

**discus** [ˈdɪskəs] *n* (*pl* disci) диск

**discuss** [dɪsˈkʌs] *v* 1) обсужда́ть, дискути́ровать 2) *шутл.* есть, пить с удово́льствием; смакова́ть

**discussion** [dɪsˈkʌʃən] *n* 1) обсужде́ние; the question is under ~ вопро́с обсужда́ется 2) пре́ния, диску́ссия 3) перегово́ры; direct ~ непосре́дственные, прямы́е перегово́ры 4) *шутл.* смакова́ние

**disdain** [dɪsˈdeɪn] 1. *n* 1) презре́ние, пренебреже́ние 2) надме́нность

2. *v* 1) презира́ть 2) счита́ть ни́же своего́ досто́инства; смотре́ть свысока́

**disdainful** [dɪsˈdeɪnful] *a* презри́тельный, пренебрежи́тельный

**disease** [dɪˈzi:z] 1. *n* боле́знь

2. *v* поража́ть (*о болезни*); вызыва́ть боле́знь

**diseased** [dɪˈzi:zd] 1. *p. p. от* disease 2

2. *a* 1) больно́й, заболе́вший 2) боле́зненный, нездоро́вый

**disembark** [ˈdɪsɪmˈbɑ:k] *v* 1) выса́живать(ся) (*с судов*) 2) выгружа́ть (*товары, груз с судов*)

**disembarkation** [ˌdɪsembɑ:ˈkeɪʃən] *n* вы́садка, вы́грузка (*на берег*)

**disembarrass** [ˈdɪsɪmˈbærəs] *v* 1) выводи́ть из затрудне́ния, замеша́тельства; освобожда́ть (of — от *стеснений, хлопот*) 2) распу́тывать (*что-л. сложное*; from)

**disembody** [ˈdɪsɪmˈbɔdɪ] *v* (*обыкн. p. p.*) 1) расформиро́вывать, распуска́ть (*войска*) 2) отделя́ть от конкре́тного воплоще́ния (*идею и т. п.*); *рел.* освобожда́ть от теле́сной оболо́чки

**disembogue** [ˌdɪsɪmˈbəug] *v* 1) впада́ть, влива́ться (*о реке*) 2) вылива́ться (*о толпе*) 3) излива́ться, выска́зываться

**disembosom** [ˌdɪsɪmˈbuzəm] *v* 1) поверя́ть (*тайну, чувство*) 2) *refl.* откры́ть ду́шу, откры́ться (*кому-л.*)

**disembowel** [ˌdɪsɪmˈbauəl] *v* потроши́ть

**disembroil** [ˌdɪsɪmˈbrɔɪl] *v* распу́тывать

**disenable** [ˌdɪsɪnˈeɪbl] *v* де́лать неспосо́бным; дисквалифици́ровать

**disenchant** [ˌdɪsɪnˈtʃɑ:nt] *v* освобожда́ть от чар, иллю́зий, разочаро́вывать

**disencumber** [ˈdɪsɪnˈkʌmbə] *v* освобожда́ть от затрудне́ний, препя́тствий, бре́мени

**disendow** ['dɪsɪn'dau] *v* лиша́ть поже́ртвований, заве́щанных вкла́дов *и т. п.* (*обыкн. о церкви*)

**disenfranchise** ['dɪsɪn'fræntʃaɪz] = disfranchise

**disengage** ['dɪsɪn'geɪdʒ] *v* 1) освобожда́ть(ся); отвя́зывать(ся) 2) разобща́ть; выключа́ть; разъединя́ть 3) *воен.* выходи́ть из бо́я; отрыва́ться от проти́вника

**disengaged** ['dɪsɪn'geɪdʒd] **1.** *p. p. от* disengage

**2.** *a* 1) вы́свобожденный 2) разобщённый 3) свобо́дный, неза́нятый; I am ~ this evening сего́дня ве́чером я свобо́ден

**disengagement** [ˌdɪsɪn'geɪdʒmənt] *n* 1) освобожде́ние; свобо́да (*от обязательств, дел и т. п.*) 2) расторже́ние помо́лвки 3) есте́ственность (*манер*); непринуждённость 4) *воен.* вы́ход из бо́я 5) *хим.* выделе́ние

**disentail** ['dɪsɪn'teɪl] *v юр.* снять ограниче́ние с насле́дника, предоста́вив ему́ пра́во завеща́ть иму́щество по своему́ усмотре́нию [*см.* tail II]

**disentangle** ['dɪsɪn'tæŋgl] *v* 1) распу́тывать(ся) 2) выпу́тывать(ся) из затрудне́ний (from)

**disenthral(l)** ['dɪsɪn'θrɔ:l] *v* отпуска́ть на во́лю; освобожда́ть от ра́бства

**disentitle** ['dɪsɪn'taɪtl] *v* 1) лиша́ть пра́ва (*на что-л.*) 2) лиша́ть ти́тула

**disentomb** ['dɪsɪn'tu:m] *v* выка́пывать из моги́лы; *перен.* отка́пывать, находи́ть

**disequilibrium** ['dɪsekwɪ'lɪbrɪəm] *n* отсу́тствие *или* поте́ря равнове́сия; неусто́йчивость

**disestablish** ['dɪsɪs'tæblɪʃ] *v* 1) разруша́ть, отменя́ть (*установленное*) 2) отделя́ть це́рковь от госуда́рства

**disfavour** ['dɪs'feɪvə] **1.** *n* 1) неми́лость; to fall into ~ впасть в неми́лость; to be in ~ быть в неми́лости 2) неодобре́ние; to regard with ~ относи́ться с неодобре́нием

**2.** *v* не одобря́ть

**disfeature** [dɪs'fi:tʃə] *v* обезобра́живать, уро́довать (*внешность*)

**disfiguration** [dɪsˌfɪgjuə'reɪʃən] = disfigurement

**disfigure** [dɪs'fɪgə] *n* обезобра́живать, уро́довать; по́ртить

**disfigurement** [dɪs'fɪgəmənt] *n* 1) обезобра́живание 2) физи́ческий недоста́ток, уро́дство

**disforest** [dɪs'fɔrɪst] *v* выруба́ть леса́; обезле́сить

**disfranchise** ['dɪs'fræntʃaɪz] *v* лиша́ть гражда́нских (*особ.* избира́тельных) прав

**disfrock** [dɪs'frɔk] *v* лиша́ть духо́вного зва́ния, са́на

**disgorge** [dɪs'gɔ:dʒ] *v* 1) изверга́ть (*лаву и т. п.*); выбра́сывать (*клубы дыма и т. п.*) 2) изрыга́ть (*пищу*) 3) разгружа́ть(ся), опорожня́ть(ся) 4) влива́ться, впада́ть; the river ~s into the sea река́ впада́ет в мо́ре 5) неохо́тно возвраща́ть (*особ. нечестно присвоенное, захваченное*)

**disgrace** [dɪs'greɪs] **1.** *n* 1) позо́р, бесче́стие; позо́рный посту́пок; to bring ~ upon smb. навле́чь позо́р на кого́-л. 2) неми́лость; to be in (deep) ~ быть в неми́лости, опа́ле; to fall into ~ впада́ть в неми́лость

**2.** *v* 1) позо́рить, бесче́стить 2) разжа́ловать; лиши́ть расположе́ния; подве́ргнуть неми́лости

**disgraceful** [dɪs'greɪsful] *a* позо́рный, посты́дный; ~ behaviour недосто́йное поведе́ние

**disgruntle** [dɪs'grʌntl] *v* серди́ть, приводи́ть в дурно́е настрое́ние, раздража́ть

**disgruntled** [dɪs'grʌntld] **1.** *p. p. от* disgruntle

**2.** *a* в плохо́м настрое́нии, раздражённый, рассе́рженный; to be ~ быть не в ду́хе

**disguise** [dɪs'gaɪz] **1.** *n* 1) маскиро́вка; переодева́ние; in ~ переоде́тый; замаскиро́ванный; скры́тый 2) обма́нчивая вне́шность, ма́ска, личи́на; to throw off one's ~ сбро́сить личи́ну, ма́ску

**2.** *v* 1) переодева́ть; маскирова́ть 2) де́лать неузнава́емым; a door ~d as a bookcase потайна́я дверь, замаскиро́ванная под кни́жный шкаф; to ~ one's voice меня́ть го́лос 3) скрыва́ть; to ~ one's intentions (feelings *etc.*) скрыва́ть свои́ наме́рения (чу́вства *и т. п.*) ◇ ~d with drink подвы́пивши(й)

**disgust** [dɪs'gʌst] **1.** *n* отвраще́ние, омерзе́ние

**2.** *v* внуша́ть отвраще́ние; быть проти́вным; to be ~ed чу́вствовать отвраще́ние; возмуща́ться

**disgustful** [dɪs'gʌstful] *a* отврати́тельный, проти́вный

**disgusting** [dɪs'gʌstɪŋ] **1.** *pres. p. от* disgust 2

**2.** *a* = disgustful

**dish** [dɪʃ] **1.** *n* 1) блю́до, таре́лка, ми́ска; *pl* посу́да 2) блю́до, ку́шанье 3) *разг.* де́вушка, красо́тка 4) ложби́на, впа́дина; котлова́н ◇ to have a hand in the ~ быть заме́шанным в чём-л.

**2.** *v* 1) класть на блю́до 2) выгиба́ть; придава́ть во́гнутую фо́рму 3) *разг.* провести́, перехитри́ть (*особ. своих политических противников*) □ ~ **out** раскла́дывать ку́шанье; ~ **up** а) подава́ть ку́шанье к столу́; сервирова́ть; *перен.* уме́ть преподнести́ (*анекдот и т. п.*); б) *разг.* мыть посу́ду ◇ to ~ it out to smb. дать жа́ру кому́-л.

**dishabille** [ˌdɪsæ'bi:l] *фр. n* дома́шнее пла́тье; дезабилье́

**dishabituate** [ˌdɪshə'bɪtjueɪt] *v* отуча́ть от привы́чки (for)

**dishallow** [dɪs'hæləu] *v* оскверня́ть (*святыню*); профани́ровать

**disharmonious** [ˌdɪshɑ:'məunjəs] *a* 1) дисгармони́чный 2) несоотве́тствующий

**disharmonize** [dɪs'hɑ:mənaɪz] *v* 1) дисгармони́ровать 2) вноси́ть разногла́сие, наруша́ть гармо́нию

**disharmony** ['dɪs'hɑ:mənɪ] *n* 1) дисгармо́ния 2) разногла́сие

**dish-cloth** ['dɪʃklɔθ] *n* 1) посу́дное, ку́хонное полоте́нце 2) тря́пка для мытья́ посу́ды

**dishearten** [dɪs'hɑ:tn] *v* приводи́ть в уны́ние, расхола́живать; don't be ~ed не уныва́й(те)

**disherison** [dɪs'herɪzn] *n* лише́ние насле́дства

**dishevel** [dɪ'ʃevəl] *v* растрепа́ть, взъеро́шить

**dishevelled** [dɪ'ʃevəld] **1.** *p. p. от* dishevel

**2.** *a* растрёпанный, всклоко́ченный, взъеро́шенный

**dish-gravy** ['dɪʃˌgreɪvɪ] *n* подли́вка (*из сока жаркого*)

**dishonest** [dɪs'ɔnɪst] *a* нече́стный; моше́ннический

**dishonesty** [dɪs'ɔnɪstɪ] *n* 1) нече́стность; обма́н 2) недобросо́вестность

**dishonour** [dɪs'ɔnə] **1.** *n* бесче́стье, позо́р

**2.** *v* 1) бесче́стить, позо́рить; оскорбля́ть; to ~ one's promise не сдержа́ть своего́ обеща́ния 2) *фин.*: to ~ a cheque отка́зывать в платеже́ по ве́кселю

**dishonourable** [dɪs'ɔnərəbl] *a* 1) бесче́стный, позо́рный; по́длый 2) позо́рящий, ни́зкий

**dishorn** [dɪs'hɔ:n] *v* удаля́ть рога́

**dish-rag** ['dɪʃræg] = dish-cloth

**dish-washer** ['dɪʃˌwɔʃə] *n* 1) судомо́йка 2) посудомо́ечная маши́на

**dish-water** ['dɪʃˌwɔ:tə] *n* помо́и

**disillusion** [ˌdɪsɪ'lu:ʒən] **1.** *n* утра́та иллю́зий; разочарова́ние

**2.** *v* разруша́ть иллю́зии; открыва́ть пра́вду; разочаро́вывать

**disillusionize** [ˌdɪsɪ'lu:ʒənaɪz] = disillusion 2

**disincentive** [ˌdɪsɪn'sentɪv] *n* сде́рживающее сре́дство, препя́тствие

**disinclination** [ˌdɪsɪnklɪ'neɪʃən] *n* нескло́нность (to); нерасположе́ние; нежела́ние, неохо́та (*что-л. сделать*; for; to do)

**disincline** ['dɪsɪn'klaɪn] *v* 1) лиша́ть жела́ния, отбива́ть охо́ту (for; to do) 2) не чу́вствовать скло́нности

**disincorporate** [ˌdɪsɪn'kɔ:pəreɪt] *v* распусти́ть, закры́ть (*общество, корпорацию*)

**disinfect** [ˌdɪsɪn'fekt] *v* дезинфици́ровать

**disinfectant** [ˌdɪsɪn'fektənt] **1.** *n* дезинфици́рующее сре́дство

**2.** *a* дезинфици́рующий

**disinfection** [ˌdɪsɪn'fekʃən] *n* 1) дезинфе́кция, обеззара́живание 2) *attr.* дезинфекцио́нный; ~ plant дезинфекцио́нная ка́мера

**disinflation** [ˌdɪsɪn'fleɪʃən] *n эк.* дефля́ция

**disingenuous** [ˌdɪsɪn'dʒenjuəs] *a* не́искренний, хи́трый; лицеме́рный

**disinherit** ['dɪsɪn'herɪt] *v* лиша́ть насле́дства

**disinheritance** [ˌdɪsɪn'herɪtəns] *n* лише́ние насле́дства

**disintegrate** [dɪs'ɪntɪgreɪt] *v* 1) разделя́ть(ся) на составны́е ча́сти; дезинтегри́ровать; раздробля́ть 2) распада́ться, разруша́ться 3) *хим., физ.* расщепля́ть

**disintegration** [dɪsˌɪntɪ'greɪʃən] *n* 1) разделе́ние на составны́е ча́сти; дезинтегра́ция; измельче́ние 2) распаде́ние, разруше́ние 3) *хим., физ.* расщепле́ние

**disintegrator** [dɪs'ɪntɪgreɪtə] *n тех.* дезинтегра́тор, дроби́лка; меша́лка; дефибре́р

**disinter** ['dɪsɪn'tə:] *v* выка́пывать (из моги́лы), отрыва́ть; *перен.* отка́пывать, оты́скивать

**disinterested** [dɪs'ɪntrɪstɪd] *a* 1) бескоры́стный, незаинтересо́ванный; ~ help бескоры́стная по́мощь 2) беспристра́стный; we are not ~ мы не отно́симся безуча́стно

**disinvestment** [ˌdɪsɪn'vestmənt] *n* сокраще́ние капиталовложе́ний; изъя́тие капиталовложе́ний

**disject** [dɪs'dʒekt] *v* разбра́сывать, рассе́ивать

**disjecta membra** [dɪs'dʒektə 'membrə] *лат. n pl* отры́вки, обры́вки (*цитат и т. п.*)

**disjoin** [dɪs'dʒɔɪn] *v* разъединя́ть; разобща́ть

**disjoint** [dɪs'dʒɔɪnt] *v* 1) расчленя́ть; разбира́ть на ча́сти 2) разделя́ть 3) вы́вихнуть

**disjointed** [dɪs'dʒɔɪntɪd] **1.** *p. p. от* disjoint

**2.** *a* 1) расчленённый 2) несвя́зный (*о речи*) 3) вы́вихнутый

**disjunct** [dɪs'dʒʌŋkt] *a* разобщённый; разъединённый

**disjunction** [dɪs'dʒʌŋkʃən] *n* 1) разделе́ние; разобще́ние; разъедине́ние 2) *эл.* размыка́ние (*цепи*)

**disjunctive** [dɪs'dʒʌŋktɪv] **1.** *n* 1) *грам.* раздели́тельный сою́з 2) *лог.* альтернати́ва

**2.** *a* 1) разъединя́ющий; ~ conjunction *грам.* раздели́тельный сою́з 2) *лог.* альтернати́вный

**disk** [dɪsk] **1.** *n* 1) диск; круг 2) патефо́нная пласти́нка 3) *attr.* ди́сковый, дискообра́зный; ~ coil *радио* пло́ская кату́шка; ~ harrow *с.-х.* ди́сковый культива́тор; ~ valve *тех.* таре́льчатый кла́пан

**2.** *v* 1) придава́ть фо́рму ди́ска 2) *с.-х.* обраба́тывать ди́сковым культива́тором 3) запи́сывать на пласти́нку

**disk jockey** ['dɪskˌdʒɔkɪ] *n* ди́ктор, веду́щий програ́мму, соста́вленную из звукоза́писей

**dislike** [dɪs'laɪk] **1.** *n* нелюбо́вь, непри́язнь, нерасположе́ние, антипа́тия (for, of, to)

**2.** *v* не люби́ть, испы́тывать непри́язнь, нерасположе́ние

**dislocate** ['dɪsləukeɪt] *v* 1) вы́вихнуть 2) наруша́ть; расстра́ивать (*планы и т. п.*); to ~ traffic наруша́ть движе́ние 3) сдвига́ть, перемеща́ть, смеща́ть

**dislocation** [ˌdɪsləu'keɪʃən] *n* 1) вы́вих 2) расстро́йство 3) неувя́зка, неуря́дица, непола́дка 4) *геол.* дислока́ция, наруше́ние, перемеще́ние (*пластов*)

**dislodge** [dɪs'lɔdʒ] *v* 1) удаля́ть; смеща́ть; вытесня́ть 2) выгоня́ть (*зверя из берлоги*) 3) выбива́ть с пози́ции (*противника*)

**disloyal** ['dɪs'lɔɪəl] *a* 1) нелоя́льный 2) вероло́мный, преда́тельский

**disloyalty** ['dɪs'lɔɪəltɪ] *n* 1) неве́рность, нелоя́льность 2) вероло́мство, преда́тельство

**dismal** ['dɪzməl] **1.** *a* 1) мра́чный; уны́лый; ~ prospects мра́чные перспекти́вы 2) печа́льный; угрю́мый; ~ mood пода́вленное настрое́ние 3) гнету́щий; ~ weather мра́чная, гнету́щая пого́да

**2.** *n* (the ~s) *pl* пода́вленное настрое́ние; печа́льные обстоя́тельства

**dismantle** [dɪs'mæntl] *v* 1) раздева́ть; снима́ть (*одежду, покров*) 2) разбира́ть (*машину*); демонти́ровать; лиша́ть обору́дования 3) разоружа́ть, расснаща́ть (*корабль*) 4) срыва́ть (*крепость*)

**dismantling** [dɪs'mæntlɪŋ] **1.** *pres. p. от* dismantle

**2.** *n* демонта́ж, разбо́рка

**dismast** ['dɪs'mɑ:st] *v мор.* снима́ть, сноси́ть ма́чты

**dismay** [dɪs'meɪ] **1.** *n* 1) страх, трево́га; испу́г; in ~ с трево́гой; we were struck with ~ мы бы́ли испу́ганы 2) уны́ние

**2.** *v* 1) ужаса́ть, пуга́ть 2) приводи́ть в уны́ние

**dismember** [dɪs'membə] *v* 1) расчленя́ть, разрыва́ть на ча́сти 2) *редк.* лиша́ть чле́нства

**dismemberment** [dɪs'membəmənt] *n* расчлене́ние, разделе́ние на ча́сти

**dismiss** [dɪs'mɪs] **1.** *v* 1) отпуска́ть (*класс и т. п.*); распуска́ть; to ~ a meeting закры́ть собра́ние 2) увольня́ть 3) *воен.* распуска́ть, подава́ть кома́нду «разойди́сь!» 4) освобожда́ть (*заключённого*) 5) прогоня́ть; *перен.* гнать от себя́ (*мысль, опасение*); to ~ smth. from one's mind вы́бросить что-л. из головы́ 6) отде́лываться (*от чего-л.*); to ~ the subject прекрати́ть обсужде́ние вопро́са 7) *юр.* прекраща́ть (*дело*); отклоня́ть (*заявление, иск*)

**2.** *n* (the ~) *воен.* кома́нда «разойди́сь!»

**dismissal** [dɪs'mɪsəl] *n* 1) предоставле́ние о́тпуска; ро́спуск (*на каникулы и т. п.*) 2) увольне́ние; отста́вка 3) освобожде́ние 4) отстране́ние от себя́ (*неприятной мысли и т. п.*) 5) *attr.*: ~ pay (*или* wage) выходно́е посо́бие

**dismission** [dɪs'mɪʃən] = dismissal

**dismount** ['dɪs'maunt] *v* 1) спе́шиваться, слеза́ть; ~! *воен.* слеза́й! (*команда*) 2) сбра́сывать с ло́шади 3) снима́ть (*с подставки, пьедестала*); вынима́ть (*из оправы*); to ~ a gun снима́ть ору́дие с лафе́та 4) разбира́ть (*машину*)

**disobedience** [ˌdɪsə'bi:djəns] *n* неповинове́ние, непослуша́ние; civil ~ гражда́нское неповинове́ние

**disobedient** [ˌdɪsə'bi:djənt] *a* непоко́рный, непослу́шный

**disobey** ['dɪsə'beɪ] *v* не повинова́ться, не подчиня́ться, ослу́шаться

**disoblige** ['dɪsə'blaɪdʒ] *v* 1) поступа́ть нелюбе́зно; досажда́ть; he did it to ~ me он сде́лал э́то в пи́ку мне 2) не счита́ться с (*чьим-л.*) жела́нием, удо́бством

**disobligingly** ['dɪsə'blaɪdʒɪŋlɪ] *adv* 1) не счита́ясь с други́ми 2) нелюбе́зно

**disorder** [dɪs'ɔ:də] **1.** *n* 1) беспоря́док 2) (*обыкн. pl*) беспоря́дки (*массовые волнения*); непола́дки 3) *мед.* расстро́йство

**2.** *v* (*обыкн. p. p.*) 1) расстра́ивать (*здоровье*) 2) приводи́ть в беспоря́док

**disorderly** [dɪs'ɔ:dəlɪ] **1.** *a* 1) беспоря́дочный 2) неаккура́тный, неопря́тный 3) расстро́енный (*о здоровье*) 4) необу́зданный, бу́йный, беспоко́йный; недисциплини́рованный 5) неприли́чный; распу́щенный; ~ conduct хулига́нство, наруше́ние обще́ственного поря́дка; ~ person *юр.* лицо́, вино́вное в наруше́нии обще́ственного поря́дка; ~ house а) дом терпи́мости; б) иго́рный дом

**2.** *adv* беспоря́дочно *и пр.* [*см.* 1]

**3.** *n* беспоря́дочный, неопря́тный *или* распу́щенный челове́к

**disorganization** [dɪsˌɔ:gənaɪ'zeɪʃən] *n* дезорганиза́ция, расстро́йство; беспоря́док

**disorganize** [dɪs'ɔ:gənaɪz] *v* дезорганизова́ть, расстра́ивать

**disorient** [dɪs'ɔ:rɪənt] = disorientate

**disorientate** [dɪs'ɔ:rɪenteɪt] *v* дезориенти́ровать; сбива́ть с то́лку, вводи́ть в заблужде́ние

**disown** [dɪs'əun] *v* не признава́ть, отрица́ть, отка́зываться, отрека́ться

**disparage** [dɪs'pærɪdʒ] *v* 1) говори́ть пренебрежи́тельно 2) относи́ться с пренебреже́нием; трети́ровать; унижа́ть

**disparagement** [dɪs'pærɪdʒmənt] *n* 1) недооце́нка, умале́ние 2) пренебрежи́тельное отноше́ние

**disparaging** [dɪs'pærɪdʒɪŋ] **1.** *pres. p. от* disparage

**2.** *a* унизи́тельный; пренебрежи́тельный; a ~ remark пренебрежи́тельное замеча́ние

**disparate** ['dɪspərɪt] *a* в ко́рне отли́чный, несравни́мый, несопостави́мый; несоизмери́мый

**disparity** [dɪs'pærɪtɪ] *n* нера́венство; несоотве́тствие; несоразме́рность; ~ in years ра́зница в года́х

**dispart** [dɪs'pɑ:t] *v* 1) *уст., поэт.* разделя́ть(ся) 2) расходи́ться 3) распределя́ть

**dispassionate** [dɪs'pæʃnɪt] *a* 1) беспристра́стный 2) бесстра́стный, хладнокро́вный; споко́йный

**dispatch** [dɪs'pætʃ] **1.** *n* 1) отпра́вка, отправле́ние (*курьера, почты*) 2) (дипломати́ческая) депе́ша; официа́льное донесе́ние 3) быстрота́, бы́строе выполне́ние (*работы*); to do smth. with ~ де́лать что-л. бы́стро; the matter requires ~ это срочное дело 4) предание смерти, казнь; убийство; happy ~ а) харакири; б) мгновенная смерть при казни

**2.** *v* 1) посылать; отсылать, отправлять по назначению 2) быстро выполнять, справляться (*с делом, работой*); to ~ one's dinner наскоро пообедать 3) *уст.* спешить 4) *книжн.* отправлять на тот свет, убивать

**dispatch-boat** [dɪs'pætʃbəut] *n* посыльное судно

**dispatch-box** [dɪs'pætʃbɔks] *n* сумка (курьера) для официальных бумаг

**dispatcher** [dɪs'pætʃə] *n* 1) экспедитор 2) диспетчер

**dispatch-station** [dɪs'pætʃ'steɪʃən] *n* *ж.-д.* станция отправления

**dispel** [dɪs'pel] *v* разгонять; рассеивать; to ~ apprehensions рассеять опасения

**dispensable** [dɪs'pensəbl] *a* 1) необязательный 2) несущественный

**dispensary** [dɪs'pensərɪ] *n* 1) аптека (*особ. бесплатная для бедняков*) 2) амбулатория (*часто бесплатная*)

**dispensation** [ˌdɪspen'seɪʃən] *n* 1) раздача, распределение 2) освобождение (*от обязательства, от обета*); разрешение брака (*между родственниками в католической церкви*) 3): ~ of justice отправление правосудия 4) особая милость, (особое) разрешение 5) *рел.* божий промысл

**dispensatory** [dɪs'pensətərɪ] *n* фармакопея

**dispense** [dɪs'pens] *v* 1) раздавать, распределять (*пищу и т. п.*) 2) отправлять (*правосудие*) 3) приготовлять и распределять (*лекарства*) 4) освобождать (from — от *обязательства*) □ ~ **with** обходиться без *чего-л.*; to ~ with smb.'s services обходиться без чьих-л. услуг; machinery ~s with much labour машины дают большую экономию человеческого труда

**dispenser** [dɪs'pensə] *n* 1) фармацевт 2) торговый автомат 3) *тех.* раздаточное устройство

**-dispenser** [-dɪs'pensə] *в сложных словах означает*: а) автомат для продажи чего-л.; *напр.*: gum-~ автомат для продажи жевательной резинки; б) ящичек *или* сосуд, содержащий предмет общего пользования; *напр.*: toilet-paper-~ ящик с туалетной бумагой

**dispeople** ['dɪs'pi:pl] *v* обезлюдить, уменьшить население

**dispersal** [dɪs'pə:səl] *n* 1) рассеивание; рассыпание; рассредоточение 2) *attr.*: ~ field *ав.* запасной аэродром

**disperse** [dɪs'pə:s] *v* 1) разгонять, рассеивать 2) рассеиваться, исчезать 3) расходиться 4) разбрасывать, рассыпать 5) распространять

**dispersion** [dɪs'pə:ʃən] *n* 1) разбрасывание; рассеивание 2) разбросанность 3) *физ.*, *хим.* дисперсия

**dispersive** [dɪs'pə:sɪv] *a* разбрасывающий; рассеивающий

**dispirit** [dɪ'spɪrɪt] *v* (*обыкн. p. p.*) приводить в уныние, удручать

**dispiteous** [dɪs'pɪtɪəs] *a* безжалостный

**displace** [dɪs'pleɪs] *v* 1) перемещать; переставлять, перекладывать 2) вытеснять, замещать 3) смещать, увольнять 4) иметь водоизмещение (*о судне*) 5) *хим.* замещать один элемент другим

**displaced person** [dɪs'pleɪstˌpə:sn] *n* перемещённое лицо

**displacement** [dɪs'pleɪsmənt] *n* 1) перемещение, перестановка; ~ of track *ж.-д.* угон пути 2) смещение, вытеснение 3) водоизмещение 4) *геол.* сдвиг (*пластов*) 5) *тех.* литраж (*цилиндра*); производительность (*насоса*) 6) *эл.* видимый разряд 7) *хим.* замещение 8) фильтрование

**display** [dɪs'pleɪ] **1.** *n* 1) показ, выставка; there was a great ~ of goods было выставлено много товаров 2) проявление (*смелости и т. п.*) 3) выставление напоказ; хвастовство; to make great ~ of generosity хвастаться своей щедростью 4) *полигр.* выделение особым шрифтом

**2.** *v* 1) выставлять, показывать; демонстрировать; to ~ the colours украсить флагами 2) проявлять, обнаруживать 3) хвастаться 4) *полигр.* выделять особым шрифтом

**displease** [dɪs'pli:z] *v* 1) не нравиться; быть неприятным, не по вкусу (*кому-л.*) 2) сердить, раздражать; ~d at (*или* with) smth. недовольный чем-л.

**displeasing** [dɪs'pli:zɪŋ] **1.** *pres. p. от* displease

**2.** *a* неприятный, противный

**displeasure** [dɪs'pleʒə] **1.** *n* неудовольствие, недовольство; досада; to incur smb.'s ~ навлечь на себя чей-л. гнев; to take ~ обидеться; to be in ~ with smb. быть у кого-л. в немилости

**2.** *v* вызывать неудовольствие, сердить

**displume** [dɪs'plu:m] *v* 1) *поэт.* ощипывать перья 2) *разг.* лишить знаков отличия; разжаловать

**disport** [dɪs'pɔ:t] *v* (*обыкн. refl.*) развлекаться, забавляться; резвиться

**disposable** [dɪs'pəuzəbl] *a* 1) находящийся (*или* имеющийся) в распоряжении; свободный; ~ income *фин.* чистый доход 2) устранимый; выбрасываемый; a ~ paper towel бумажное полотенце одноразового пользования

**disposal** [dɪs'pəuzəl] *n* 1) расположение, размещение 2) *воен.* диспозиция 3) возможность распорядиться (*чем-л.*); at one's ~ в чьём-л. распоряжении; at your ~ к вашим услугам; to place at smb.'s ~ предоставить в чьё-л. распоряжение 4) передача; продажа; ~ of property передача имущества 5) избавление (*от чего-л.*); устранение; удаление (*нечистот и т. п.*); ~ of bombs обезвреживание бомб

**dispose** [dɪs'pəuz] *v* 1) располагать, размещать, расставлять 2) располагать, склонять; I am ~d to think that я склонен думать, что; they are well (*или* kindly) ~d towards us они хорошо к нам относятся □ ~ **of** а) распорядиться; to ~ of property распорядиться имуществом (*путём продажи, дара, завещания*); б) отделаться, избавиться; ликвидировать; to ~ of an argument устранить, опровергнуть аргумент

**disposition** [ˌdɪspə'zɪʃən] *n* 1) расположение, размещение (*в определённом порядке и т. п.*) 2) (*обыкн. pl*) *воен.* диспозиция; дислокация; military ~s боевые порядки 3) распоряжение; возможность распорядиться (*чем-л.*); to have in one's ~ иметь в своём распоряжении 4) предрасположение, склонность (to — к *чему-л.*) 5) характер, нрав; he is of a cheerful (gentle) ~ у него весёлый (мягкий) характер; social ~ общительный характер; well-oiled ~ покладистый характер 6) избавление; продажа; the ~ of property продажа имущества 7) *pl* приготовления; to make ~s for a campaign готовиться к кампании

**dispossess** ['dɪspə'zes] *v* 1) лишать собственности, права владения (of) 2) выселять ◇ to ~ smb. of an error выводить кого-л. из заблуждения

**disproof** ['dɪs'pru:f] *n* опровержение

**disproportion** ['dɪsprə'pɔ:ʃən] *n* несоразмерность, непропорциональность, диспропорция

**disproportionate** [ˌdɪsprə'pɔ:ʃnɪt] *a* несоразмерный, непропорциональный

**disprove** ['dɪs'pru:v] *v* опровергать; доказывать ложность *или* ошибочность (*чего-л.*)

**disputable** [dɪs'pju:təbl] *a* спорный, сомнительный; находящийся под вопросом

**disputant** [dɪs'pju:tənt] **1.** *n* 1) участник диспута, дискуссии 2) спорщик

**2.** *a* принимающий участие в дискуссии; спорящий

**disputation** [ˌdɪspju(:)'teɪʃən] *n* 1) дебаты 2) диспут 3) спор

**disputatious** [ˌdɪspju(:)'teɪʃəs] *a* любящий спорить

**dispute** [dɪs'pju:t] **1.** *n* 1) диспут; дебаты, полемика; beyond (*или* past, without) ~ вне сомнения; бесспорно; the matter is in ~ дело находится в стадии обсуждения 2) спор, разногласия; пререкания; labour (*или* industrial, trade) ~ трудовой конфликт

**2.** *v* 1) спорить, дискутировать (with, against — с; on, about — о) 2) обсуждать 3) пререкаться, ссориться 4) оспаривать, подвергать сомнению (*право на что-л., достоверность чего-л. и т. п.*) 5) оспаривать (*первенство в состязании и т. п.*) 6) противиться; препятствовать; оказывать сопротивление; отстаивать; to ~ in arms every inch of ground отстаивать с оружием в руках каждую пядь земли; to ~ the enemy's advance сдерживать наступление, продвижение противника

**disqualification** [dɪsˌkwɔlɪfɪ'keɪʃən] *n* 1) дисквалифика́ция (*тж. спорт.*); лише́ние пра́ва (*на что-л.*) 2) него́дность (for — к) 3) *юр.* неправоспосо́бность

**disqualify** [dɪs'kwɔlɪfaɪ] *v* 1) де́лать него́дным, неспосо́бным 2) дисквалифици́ровать (*тж. спорт.*); лиша́ть пра́ва, признава́ть неспосо́бным, него́дным

**disquiet** [dɪs'kwaɪət] **1.** *n* беспоко́йство, волне́ние, трево́га
2. *a* беспоко́йный, трево́жный
3. *v* беспоко́ить, трево́жить

**disquieting** [dɪs'kwaɪətɪŋ] **1.** *pres. p. от* disquiet 3
2. *a* беспоко́йный, трево́жный

**disquietude** [dɪs'kwaɪɪtju:d] *n* беспоко́йство, трево́га

**disquisition** [ˌdɪskwɪ'zɪʃən] *n* иссле́дование, изыска́ние

**disquisitional** [ˌdɪskwɪ'zɪʃənl] *a* иссле́довательский, нося́щий хара́ктер иссле́дования

**disrate** [dɪs'reɪt] *v амер. воен.* понижа́ть в разря́де, ра́нге, зва́нии

**disregard** ['dɪsrɪ'gɑ:d] **1.** *n* 1) равноду́шие, невнима́ние; ~ of self самозабве́ние, самоотве́рженность 2) пренебреже́ние, игнори́рование (of, for)
2. *v* 1) не обраща́ть внима́ния, не придава́ть значе́ния 2) пренебрега́ть, игнори́ровать

**disrelish** [dɪs'relɪʃ] **1.** *n* нерасположе́ние, отвраще́ние; to regard a person with ~ чу́вствовать нерасположе́ние к кому́-л.
2. *v* не люби́ть, испы́тывать отвраще́ние

**disrepair** ['dɪsrɪ'pɛə] *n* ве́тхость; плохо́е состоя́ние, неиспра́вность (*зда́ния и т. п.*)

**disreputable** [dɪs'repjutəbl] **1.** *a* 1) по́льзующийся дурно́й репута́цией 2) дискредити́рующий; позо́рный
2. *n* челове́к с сомни́тельной репута́цией

**disreputation** [dɪsˌrepju(:)'teɪʃən] = disrepute

**disrepute** ['dɪsrɪ'pju:t] *n* дурна́я сла́ва, плоха́я репута́ция; to fall (to bring) into ~ получи́ть (навле́чь) дурну́ю сла́ву; to be in ~ име́ть плоху́ю репута́цию

**disrespect** ['dɪsrɪs'pekt] **1.** *n* неуваже́ние, непочти́тельность; to treat with ~, to show ~ относи́ться без уваже́ния
2. *v* относи́ться непочти́тельно

**disrespectful** [ˌdɪsrɪs'pektful] *a* непочти́тельный, неве́жливый

**disrobe** ['dɪs'rəub] *v* 1) раздева́ть; разоблача́ть (*тж. перен.*) 2) раздева́ться, разоблача́ться

**disroot** [dɪs'ru:t] *v редк.* вырыва́ть с ко́рнем; *перен.* искореня́ть

**disrupt** [dɪs'rʌpt] *v* 1) разрыва́ть, разруша́ть (*употр. тж. как p. p. вм.* disrupted); срыва́ть 2) *перен.* подрыва́ть

**disruption** [dɪs'rʌpʃən] *n* 1) разруше́ние 2) разры́в; раско́л; подры́в, срыв 3) *геол.* распа́д, дезинтегра́ция (*пород*) 4) *эл.* пробо́й

**disruptive** [dɪs'rʌptɪv] *a* 1) разруши́тельный 2) *перен.* подрывно́й 3) *эл.* пробивно́й, разря́дный

**dissatisfaction** ['dɪsˌsætɪs'fækʃən] *n* неудовлетворённость, недово́льство

**dissatisfactory** ['dɪsˌsætɪs'fæktərɪ] *a* неудовлетвори́тельный

**dissatisfied** ['dɪs'sætɪsfaɪd] **1.** *p. p. от* dissatisfy
2. *a* неудовлетворённый, недово́льный, раздоса́дованный (with, at)

**dissatisfy** ['dɪs'sætɪsfaɪ] *v* (*обыкн. pass.*) не удовлетворя́ть; вызыва́ть недово́льство

**dissect** [dɪ'sekt] *v* 1) рассека́ть 2) вскрыва́ть, анатоми́ровать 3) анализи́ровать; разбира́ть крити́чески

**dissecting-room** [dɪ'sektɪŋrum] *n мед.* секцио́нный зал, прозе́кторская

**dissection** [dɪ'sekʃən] *n* 1) рассече́ние 2) вскры́тие, анатоми́рование 3) ана́лиз, разбо́р

**dissector** [dɪ'sektə] *n мед.* прозе́ктор

**dissector (-tube)** [dɪ'sektə(tju:b)] *n* диссе́ктор (*передающая телевизионная трубка*)

**disseise** ['dɪs'si:z] *v юр.* незако́нно лиша́ть пра́ва владе́ния недвижи́мостью

**disseisee** [ˌdɪssi:'zi:] *n юр.* лицо́, лишённое пра́ва владе́ния недвижи́мостью

**disseisin** ['dɪs'si:zɪn] *n юр.* незако́нное лише́ние пра́ва владе́ния недвижи́мостью

**disseize, disseizee, disseizin** ['dɪs'si:z, ˌdɪssi:'zi:, 'dɪs'si:zɪn] = disseise, disseisee, disseisin

**dissemblance** I [dɪ'sembləns] *n* разли́чие; отсу́тствие схо́дства; ра́зница

**dissemblance** II [dɪ'sembləns] *n* притво́рство, лицеме́рие

**dissemble** [dɪ'sembl] *v* 1) скрыва́ть; to ~ one's anger не пока́зывать своего́ гне́ва 2) притворя́ться, лицеме́рить 3) умы́шленно не замеча́ть (*оби́ды, оскорбления и т. п.*); ума́лчивать, не упомина́ть (*факт, деталь и т. п.*)

**dissembler** [dɪ'semblə] *n* лицеме́р, притво́рщик

**disseminate** [dɪ'semɪneɪt] *v* 1) рассе́ивать, разбра́сывать (*семена*) 2) распространя́ть (*учение, взгляды*) 3) се́ять (*недовольство*)

**disseminated** [dɪ'semɪneɪtɪd] **1.** *p. p. от* disseminate
2. *a* 1) рассе́янный; ~ sclerosis *мед.* рассе́янный склеро́з 2) *геол.* мелковкра́пленный

**dissension** [dɪ'senʃən] *n* 1) разногла́сие 2) разла́д, ра́спри, раздо́ры

**dissent** [dɪ'sent] **1.** *n* 1) разногла́сие, расхожде́ние во взгля́дах; несогла́сие 2) *церк.* секта́нтство, раско́л
2. *v* 1) расходи́ться во мне́ниях, взгля́дах (from) 2) *церк.* отступа́ть от взгля́дов госпо́дствующей це́ркви; принадлежа́ть к се́кте

**dissenter** [dɪ'sentə] *n* 1) секта́нт; раско́льник; диссиде́нт 2) *амер.* недово́льный, оппозицио́нно настро́енный челове́к

**dissentient** [dɪ'senʃɪənt] **1.** *n* 1) инакомы́слящий, приде́рживающийся други́х взгля́дов челове́к 2) го́лос про́тив; the motion was passed with only two ~s предложе́ние бы́ло при́нято при двух голоса́х про́тив
2. *a* не соглаша́ющийся, инакомы́слящий; раско́льнический; without a ~ voice единогла́сно

**dissenting vote** [dɪ'sentɪŋvəut] *n* голоса́ про́тив; without a ~ единогла́сно

**dissepiment** [dɪ'sepɪmənt] *n бот., зоол.* перегоро́дка

**dissert, dissertate** [dɪ'sə:t, 'dɪsə(:)teɪt] *v* 1) рассужда́ть (upon — о *чём-л.*) 2) писа́ть иссле́дование, диссерта́цию

**dissertation** [ˌdɪsə(:)'teɪʃən] *n* диссерта́ция; тракта́т

**disserve** [dɪs'sə:v] *v* оказа́ть плоху́ю услу́гу, напо́ртить, навреди́ть

**disservice** ['dɪs'sə:vɪs] *n* плоха́я услу́га; уще́рб, вред; to do smb. a ~ оказа́ть кому́-л. плоху́ю услу́гу; нанести́ кому́-л. уще́рб

**dissever** [dɪs'sevə] *v* разъединя́ть (-ся); отделя́ть(ся); дели́ть на ча́сти

**disseverance** [dɪs'sevərəns] *n* разъедине́ние, отделе́ние

**dissident** ['dɪsɪdənt] **1.** *n* диссиде́нт, раско́льник
2. *a* инакомы́слящий; приде́рживающийся други́х взгля́дов; раско́льнический

**dissimilar** ['dɪ'sɪmɪlə] *a* непохо́жий, несхо́дный (to), разноро́дный

**dissimilarity** [ˌdɪsɪmɪ'lærɪtɪ] *n* несхо́дство, разли́чие

**dissimilation** ['dɪsɪmɪ'leɪʃən] *n лингв.* диссимиля́ция

**dissimilitude** [ˌdɪsɪ'mɪlɪtju:d] *n* несхо́дство

**dissimulate** [dɪ'sɪmjuleɪt] *v* 1) скрыва́ть (*чувства и т. п.*) 2) симули́ровать; притворя́ться, лицеме́рить

**dissimulation** [dɪˌsɪmju'leɪʃən] *n* симуля́ция; притво́рство, обма́н, лицеме́рие

**dissimulator** [dɪ'sɪmjuleɪtə] *n* притво́рщик, лицеме́р

**dissipate** ['dɪsɪpeɪt] *v* 1) рассе́ивать, разгоня́ть (*облака, мрак, страх и т. п.*) 2) рассе́иваться 3) расточа́ть, растра́чивать (*время, силы*); прома́тывать (*деньги*) 4) *разг.* кути́ть, развлека́ться; вести́ распу́тный о́браз жи́зни

**dissipated** ['dɪsɪpeɪtɪd] **1.** *p. p. от* dissipate
2. *a* 1) рассе́янный 2) растра́ченный (*понапрасну*) 3) распу́щенный; беспу́тный, распу́тный

**dissipation** [ˌdɪsɪ'peɪʃən] *n* 1) рассе́яние 2) расточе́ние 3) легкомы́сленные развлече́ния; беспу́тный о́браз жи́зни 4) уте́чка

**dissociable** [dɪ'səuʃjəbl] *a* 1) раздели́мый, разъедини́мый 2) [dɪ'səuʃəbl] необщи́тельный 3) несоотве́тствующий

**dissocial** [dɪ'səuʃəl] *a* необщи́тельный

**dissociate** [dɪ'səuʃɪeɪt] *v* 1) разъединя́ть, отделя́ть (from); **разобща́ть**

2) *refl.* отмежёвываться 3) *хим.* диссоции́ровать; разлага́ть
**dissociation** [dɪˌsəusɪ'eɪʃən] *n* 1) разъедине́ние, отделе́ние; разобще́ние 2) отмежева́ние 3) *психол.* диссоциа́ция, расщепле́ние ли́чности 4) *хим.* распа́д, разложе́ние 5) *тех.* кре́кинг-проце́сс
**dissociative** [dɪ'səusɪətɪv] *a* 1) разъединя́ющий, разобща́ющий 2) диссоции́рующий
**dissolubility** [dɪˌsɔlju'bɪlɪtɪ] *n* 1) раствори́мость; разложи́мость 2) расторжи́мость
**dissoluble** [dɪ'sɔljubl] *a* 1) раствори́мый; разложи́мый 2) расторжи́мый (*о договоре, браке*)
**dissolute** ['dɪsəlu:t] *a* распу́щенный, беспу́тный, распу́тный
**dissolution** [ˌdɪsə'lu:ʃən] *n* 1) растворе́ние; разжиже́ние; разложе́ние (*на составные части*) 2) та́яние (*снега, льда*) 3) расторже́ние (*договора, брака*); отме́на 4) ро́спуск, закры́тие (*парламента и т. п.*) 5) расформирова́ние 6) распа́д (*государства*) 7) коне́ц, смерть; исчезнове́ние 8) *ком.* ликвида́ция
**dissolvable** [dɪ'zɔlvəbl] *a* 1) разложи́мый на составны́е ча́сти 2) расторжи́мый
**dissolve** [dɪ'zɔlv] **1.** *n кино* наплы́в
2. *v* 1) растворя́ть(ся); та́ять; разжижа́ть(ся); испаря́ть(ся); разлага́ть(-ся) (*на составные части*); ice ~s in the sun лёд та́ет на со́лнце; sun ~s ice со́лнце раста́пливает лёд; ~d in tears залива́ясь слеза́ми 2) распуска́ть (*парламент и т. п.*) 3) аннули́ровать, растopга́ть; to ~ a marriage расто́ргнуть брак 4) постепе́нно исчеза́ть 5) *кино* появля́ться, пока́зываться наплы́вом
**dissolvent** [dɪ'zɔlvənt] **1.** *n* раствори́тель
2. *a* растворя́ющий
**dissonance** ['dɪsənəns] *n* 1) *муз.* неблагозву́чие, диссона́нс 2) несоотве́тствие; несхо́дство (*характеров и т. п.*); разла́д
**dissonant** ['dɪsənənt] *a* 1) *муз.* нестро́йный, диссони́рующий 2) *редк.* противоречи́вый, ста́лкивающийся (*об интересах, взглядах*)
**dissuade** [dɪ'sweɪd] *v* 1) отгова́ривать, отсове́товать (from) 2) разубежда́ть
**dissuasion** [dɪ'sweɪʒən] *n* разубежде́ние, отгова́ривание
**dissuasive** [dɪ'sweɪsɪv] *a* разубежда́ющий
**dissyllabic** ['dɪsɪ'læbɪk] *a* двусло́жный
**dissyllable** [dɪ'sɪləbl] *n* двусло́жное сло́во
**dissymmetrical** ['dɪsɪ'metrɪkəl] *a* 1) несимметри́чный; асимметри́чный 2) зерка́льно симметри́чный
**dissymmetry** ['dɪ'sɪmɪtrɪ] *n* 1) отсу́тствие симметри́и; асимметри́я, несимметри́чность 2) зерка́льная симметри́я
**distaff** ['dɪstɑ:f] *n* пря́лка ◇ the ~ а) же́нское де́ло; б) же́нщины; the ~ side же́нская ли́ния (*в генеалогии*)
**distal** ['dɪstəl] *a анат.* отдалённый от це́нтра, перифери́ческий
**distance** ['dɪstəns] **1.** *n* 1) расстоя́ние; диста́нция; at a ~ на изве́стном расстоя́нии; out of ~, beyond striking (*или* listening) ~ вне досяга́емости; within striking (*или* listening) ~ в преде́лах досяга́емости; to hit the ~ *спорт.* пробежа́ть диста́нцию 2) отдалённость; да́льность; даль; in the ~ вдали́; from a ~ издалека́; it is quite a ~ from here э́то дово́льно далеко́ отсю́да; a good ~ off дово́льно далеко́; no ~ at all совсе́м недалеко́ 3) сде́ржанность, хо́лодность (*в обращении*); to keep one's ~ from smb. избега́ть кого́-л.; to keep a person at a ~ держа́ть кого́-л. на почти́тельном расстоя́нии, избега́ть сближе́ния с кем-л. 4) даль, перспекти́ва (*в живописи*); middle ~ сре́дний план 5) промежу́ток, пери́од (*времени*); отре́зок; the ~ between two events промежу́ток вре́мени ме́жду двумя́ собы́тиями; at this ~ of time сто́лько вре́мени спустя́ 6) *муз.* интерва́л ме́жду двумя́ но́тами 7) *attr.*: ~ control дистанцио́нное управле́ние, телеуправле́ние
2. *v* 1) оставля́ть далеко́ позади́ себя́ 2) размеща́ть на ра́вном расстоя́нии 3) отдаля́ть
**distance-piece** ['dɪstənspi:s] *n тех.* распо́рка
**distant** ['dɪstənt] *a* 1) да́льний; далёкий; отдалённый; five miles ~ отстоя́щий на 5 миль; ~ likeness отдалённое схо́дство; ~ relative да́льний ро́дственник 2) далёкий, да́вний, про́шлый; ~ centuries далёкие, давно проше́дшие века́ 3) сде́ржанный, сухо́й, холо́дный; ~ politeness холо́дная ве́жливость; to be on ~ terms быть в стро́го официа́льных отноше́ниях
**distaste** ['dɪs'teɪst] **1.** *n* отвраще́ние; неприя́знь (for); to have a ~ for smth. испы́тывать отвраще́ние к чему́-л.
**2.** *v* пита́ть отвраще́ние; испы́тывать неприя́знь
**distasteful** [dɪs'teɪstful] *a* проти́вный, неприя́тный (*особ. на вкус*; to)
**distemper** I [dɪs'tempə] **1.** *n* 1) соба́чья чума́ 2) беспоря́дки, волне́ния, сму́та 3) *амер.* душе́вное расстро́йство; хандра́
2. *v* 1) расстра́ивать здоро́вье 2) наруша́ть душе́вное равнове́сие
**distemper** II [dɪs'tempə] *жив.* **1.** *n* 1) те́мпера; жи́вопись те́мперой 2) клеева́я кра́ска
2. *v* 1) писа́ть те́мперой 2) кра́сить клеево́й кра́ской
**distempered** I [dɪs'tempəd] **1.** *p. p. от* distemper I, 2
2. *a* расстро́енный; a ~ fancy (*или* mind) расстро́енное воображе́ние
**distempered** II [dɪs'tempəd] *p. p. от* distemper II, 2
**distend** [dɪs'tend] *v* надува́ть(ся), раздува́ть(ся)
**distensible** [dɪs'tensəbl] *a* растяжи́мый, эласти́чный
**distension** [dɪs'tenʃən] *a* растяже́ние, расшире́ние
**distent** [dɪs'tent] *a* наду́тый, разду́тый
**distich** ['dɪstɪk] *n* двусти́шие, ди́стих
**distichous** ['dɪstɪkəs] *a бот.* располо́женный двумя́ ряда́ми, двуря́дный
**distil** [dɪs'tɪl] *v* 1) дистилли́ровать, очища́ть; опресня́ть (*воду*) 2) перегоня́ть, гнать (*спирт и т. п.*) 3) извлека́ть эссе́нцию (*из растений*); *перен.* извлека́ть су́щность 4) сочи́ться, ка́пать
**distillate** ['dɪstɪlɪt] *n* проду́кт перего́нки, дистилля́ции, дистилля́т
**distillation** [ˌdɪstɪ'leɪʃən] *n* 1) дистилля́ция, перего́нка; возго́нка; ректифика́ция; dry ~ суха́я перего́нка, возго́нка; fractional ~ дро́бная (*или* фракцио́нная) перего́нка 2) су́щность, квинтэссе́нция
**distillatory** [dɪs'tɪlətərɪ] *a* очища́ющий, дистилли́рующий; ~ vessel перего́нный куб
**distiller** [dɪs'tɪlə] *n* 1) виноку́р; дистилля́тор 2) дисти́ллер, перего́нный аппара́т
**distillery** [dɪs'tɪlərɪ] *n* 1) виноку́ренный заво́д; перего́нный заво́д 2) устано́вка для перего́нки
**distinct** [dɪs'tɪŋkt] *a* 1) отде́льный; осо́бый, индивидуа́льный; отли́чный (*от других*); ~ type of mind осо́бый склад ума́ 2) отчётливый; я́сный, вня́тный 3) определённый
**distinction** [dɪs'tɪŋkʃən] *n* 1) различе́ние; распознава́ние; разграниче́ние 2) разли́чие, отли́чие; ра́зница; nice ~ то́нкое разли́чие; a ~ without a difference иску́сственное (то́лько) ка́жущееся разли́чие; all without ~ все без разли́чия, без исключе́ния 3) отличи́тельная осо́бенность, оригина́льность, индивидуа́льность; his style lacks ~ в его́ сти́ле нет индивидуа́льности 4) отли́чие; знак отли́чия; mark of ~ знак отли́чия 5) высо́кие ка́чества; изве́стность; зна́тность; poet of ~ выдаю́щийся, знамени́тый поэ́т
**distinctive** [dɪs'tɪŋktɪv] *a* 1) отличи́тельный, характе́рный; ~ feature отличи́тельная черта́; ~ mark отличи́тельный знак 2) осо́бый; ~ mission осо́бая ми́ссия
**distinctly** [dɪs'tɪŋktlɪ] *adv* 1) я́сно, отчётливо 2) определённо, заме́тно; days are growing ~ shorter дни стано́вятся заме́тно коро́че
**distinctness** [dɪs'tɪŋktnɪs] *n* я́сность, отчётливость; определённость
**distingué** [dɪs'tæŋgeɪ] *фр. a* изы́сканный, изя́щный
**distinguish** [dɪs'tɪŋgwɪʃ] *v* 1) различи́ть; разгляде́ть 2) ви́деть *или* проводи́ть разли́чие, различа́ть, распознава́ть; I can hardly ~ between the two brothers, I can hardly ~ the two brothers one from the other я с трудо́м различа́ю э́тих двух бра́тьев 3) отмеча́ть 4) характеризова́ть, отлича́ть; with the geniality which ~es him со сво́йственным ему́ доброду́шием; to ~ oneself by smth. вы́делиться, отличи́ться чем-л.; стать изве́стным благодаря́ чему́-л.

**distinguishable** [dɪsˈtɪŋgwɪʃəbl] *a* различи́мый, отличи́мый

**distinguished** [dɪsˈtɪŋgwɪʃt] **1.** *p. p. от* distinguish

**2.** *a* 1) выдаю́щийся, изве́стный; ~ guest высо́кий гость; ~ appearance представи́тельная вне́шность; ~ service *воен.* отли́чная слу́жба 2) изы́сканный, утончённый; необы́чный; ~ style утончённый стиль

**distinguishing** [dɪsˈtɪŋgwɪʃɪŋ] **1.** *pres. p. от* distinguish

**2.** *a* отличи́тельный, характе́рный

**distort** [dɪsˈtɔːt] *v* 1) искажа́ть; искривля́ть; перека́шивать 2) извраща́ть (*факты и т. п.*)

**distortion** [dɪsˈtɔːʃən] *n* 1) искаже́ние; искривле́ние; перека́шивание 2) извраще́ние (*фактов и т. п.*)

**distortionist** [dɪsˈtɔːʃənɪst] *n* 1) акроба́т, «челове́к-змея́» 2) челове́к, искажа́ющий смысл (*чего-л.*) 3) карикатури́ст

**distract** [dɪsˈtrækt] *v* 1) отвлека́ть, рассе́ивать (*внимание и т. п.*; from) 2) сбива́ть с то́лку; смуща́ть; расстра́ивать; ~ed by (*или* with, at) smth. расстро́енный чем-л.

**distracted** [dɪsˈtræktɪd] **1.** *p. p. от* distract

**2.** *a* обезу́мевший; to drive a person ~ своди́ть кого́-л. с ума́

**distraction** [dɪsˈtrækʃən] *n* 1) отвлече́ние внима́ния 2) то, что отвлека́ет внима́ние, развлека́ет; noise is a ~ when one is working шум о́чень меша́ет, когда́ челове́к рабо́тает 3) развлече́ние 4) рассе́янность 5) раздраже́ние; си́льное возбужде́ние, отча́яние 6) безу́мие; to love to ~ люби́ть до безу́мия; to be driven to ~ быть доведённым до безу́мия

**distrain** [dɪsˈtreɪn] *v юр.* накла́дывать аре́ст на иму́щество в обеспе́чение до́лга

**distrainee** [ˌdɪstreɪˈniː] *n юр.* лицо́, у кото́рого опи́сано иму́щество (*за долги*)

**distrainment** [dɪsˈtreɪnmənt] *n юр.* о́пись иму́щества в обеспе́чение до́лга

**distraint** [dɪsˈtreɪnt] = distrainment

**distrait** [dɪsˈtreɪ] *м.*, **distraite** [dɪsˈtreɪt] *ж. фр. a* рассе́янный, невнима́тельный

**distraught** [dɪsˈtrɔːt] *a* потеря́вший рассу́док, обезу́мевший (*от горя*)

**distress** [dɪsˈtres] **1.** *n* 1) го́ре, страда́ние 2) несча́стье; беда́; бе́дствие; a ship in ~ су́дно, те́рпящее бе́дствие 3) недомога́ние; утомле́ние, истоще́ние 4) нужда́; нищета́; to relieve ~ помо́чь нужда́ющимся 5) = distrainment 6) *attr.*: ~ signal сигна́л бе́дствия (SOS)

**2.** *v* 1) причиня́ть страда́ние, го́ре, боль; to ~ oneself беспоко́иться, му́читься 2) доводи́ть до нищеты́ 3) = distrain

**distressed** [dɪsˈtrest] **1.** *p. p. от* distress 2

**2.** *a* 1) бе́дствующий; ~ areas райо́ны хрони́ческой безрабо́тицы 2) потерпе́вший ава́рию

**distressful** [dɪsˈtresfʊl] *a* многострада́льный; скорбный; го́рестный; ~ situation бе́дственное положе́ние

**distress-gun** [dɪsˈtresgʌn] *n* вы́стрел с корабля́ как сигна́л бе́дствия

**distressing** [dɪsˈtresɪŋ] **1.** *pres. p. от* distress 2

**2.** *a* огорчи́тельный, внуша́ющий беспоко́йство; most ~ news весьма́ печа́льная но́вость

**distributable** [dɪsˈtrɪbjutəbl] *a* подлежа́щий распределе́нию

**distributary** [dɪsˈtrɪbjutərɪ] *n* рука́в реки́

**distribute** [dɪsˈtrɪbju(ː)t] *v* 1) распределя́ть, раздава́ть (among, to); to ~ letters разноси́ть пи́сьма; to ~ profits выпла́чивать дивиде́нды (*акционерам и т. п.*) 2) (ро́вно) разма́зывать (*краску*); (равноме́рно) разбра́сывать; to ~ manure over a field разброса́ть удобре́ние по́ полю 3) распространя́ть 4) классифици́ровать; to ~ books into classes распределя́ть кни́ги по отде́лам 5) *полигр.* разобра́ть шрифт и разложи́ть его́ по ка́ссам 6) *лог.* испо́льзовать те́рмин в са́мом о́бщем и широ́ком смы́сле

**distributing** [dɪsˈtrɪbju(ː)tɪŋ] **1.** *pres. p. от* distribute

**2.** *a* распредели́тельный; ~ facilities торго́вая сеть

**distribution** [ˌdɪstrɪˈbjuːʃən] *n* 1) распределе́ние; разда́ча; commodity ~ това́рное обраще́ние 2) распростране́ние; age ~ возрастна́я структу́ра (*населения*) 3) *мат., лингв.* дистрибу́ция 4) *полигр.* разбо́р шри́фта и распределе́ние его́ по ка́ссам

**distributive** [dɪsˈtrɪbjutɪv] **1.** *a* 1) распредели́тельный 2): ~ trades железнодоро́жные и морски́е перево́зки; ро́зничная торго́вля 3) *грам.* раздели́тельный 4) *мат., лингв.* дистрибути́вный

**2.** *n грам.* раздели́тельное местоиме́ние; раздели́тельное прилага́тельное

**distributor** [dɪsˈtrɪbjutə] *n* 1) распредели́тель 2) *авто* распредели́тель зажига́ния 3) *дор.* гудрона́тор

**district** [ˈdɪstrɪkt] **1.** *n* 1) райо́н; о́круг; уча́сток; the lake ~ озёрный край (*на севере Англии*) 2) *амер.* избира́тельный о́круг 3) самостоя́тельный церко́вный прихо́д (*в Англии*) 4) *attr.* райо́нный; окружно́й; ~ council окружно́й сове́т; ~ court *амер.* окружно́й суд; ~ attorney *амер.* окружно́й прокуро́р; ~ heating теплофика́ция; централизо́ванное отопле́ние райо́на; D. Railway электри́ческая желе́зная доро́га, соединя́ющая Ло́ндон с при́городами

**2.** *v* дели́ть на райо́ны, округа́, райони́ровать

**distrust** [dɪsˈtrʌst] **1.** *n* недове́рие, сомне́ние; подозре́ние

**2.** *v* не доверя́ть, сомнева́ться (*в ком-л.*); подозрева́ть

**distrustful** [dɪsˈtrʌstfʊl] *a* недове́рчивый; подозри́тельный

**distune** [dɪsˈtjuːn] *v* расстра́ивать (*инструмент*)

**disturb** [dɪsˈtəːb] *v* 1) беспоко́ить, меша́ть 2) наруша́ть (*покой, молчание, душевное равновесие*); волнова́ть, смуща́ть; to ~ confidence подорва́ть дове́рие 3) расстра́ивать (*планы*) 4) приводи́ть в беспоря́док

**disturbance** [dɪsˈtəːbəns] *n* 1) наруше́ние (*тишины, покоя, порядка и т. п.*) 2) трево́га, беспоко́йство 3) (*тж. pl*) волне́ния; беспоря́дки 4) *юр.* наруше́ние (*прав*) 5) неспра́вность, поврежде́ние 6) *геол.* дислока́ция 7) переры́в (*геологического периода*) 8) *радио* атмосфе́рные поме́хи

**disturber** [dɪsˈtəːbə] *n* 1) наруши́тель (*тишины, прав и т. п.*) 2) поме́ха

**disunion** [ˈdɪsˈjuːnjən] *n* 1) разделе́ние; разъедине́ние; разобще́ние 2) разногла́сие, разла́д

**disunite** [ˈdɪsjuːˈnaɪt] *v* разделя́ть; разобща́ть(ся); разъединя́ть(ся)

**disunity** [ˈdɪsˈjuːnɪtɪ] *n* отсу́тствие еди́нства; разла́д; разобщённость, разъединённость

**disuse** **1.** *n* [ˈdɪsˈjuːs] неупотребле́ние; to come (*или* to fall) into ~ вы́йти из употребле́ния

**2.** *v* [ˈdɪsˈjuːz] переста́ть употребля́ть, переста́ть по́льзоваться (*чем-л.*)

**disyllabic** [ˈdɪsɪˈlæbɪk] = dissyllabic

**ditch** [dɪtʃ] **1.** *n* 1) кана́ва; ров; кюве́т 2) транше́я; вы́емка, котлова́н ◇ to die in the last ~, to fight up to the last ~ би́ться до конца́, до после́дней ка́пли кро́ви; стоя́ть на́смерть

**2.** *v* 1) ока́пывать (*рвом, канавой*) 2) чи́стить кана́ву, ров 3) осуша́ть по́чву с по́мощью кана́в 4) *амер.* сбра́сывать в кана́ву; пуска́ть под отко́с 5) *разг.* покида́ть в беде́ 6) *разг.* де́лать вы́нужденную поса́дку на́ воду

**ditcher** [ˈdɪtʃə] *n* 1) землеко́п 2) канавокопа́тель (*машина*)

**ditching** [ˈdɪtʃɪŋ] **1.** *pres. p. от* ditch 2

**2.** *n* рытьё кана́в (*часто* hedging and ~)

**ditch-water** [ˈdɪtʃˌwɔːtə] *n* стоя́чая, стоя́лая вода́ ◇ dull as ~ невыноси́мо ску́чный

**ditheism** [ˈdaɪθɪɪzm] *n* религио́зный дуали́зм, двоебо́жие

**dither** [ˈdɪðə] **1.** *n* 1) дрожь 2) озно́б 3) *разг.* си́льное возбужде́ние; to be all of a ~, have the ~s находи́ться в состоя́нии си́льного возбужде́ния 4) смуще́ние

**2.** *v* 1) дрожа́ть, трясти́сь 2) ёжиться 3) смуща́ть(ся) 4) *разг.* колеба́ться

**dithyramb** [ˈdɪθɪræmb] *n* дифира́мб

**dittany** [ˈdɪtənɪ] *n бот.* ясене́ц бе́лый

**ditto** [ˈdɪtəu] **1.** *n* (*pl* -os [-əuz]) 1) то же, сто́лько же, тако́й же (*употребляется в инвентарных списках, счетах и т. п. для избежания повторения*); paid to A 100 roubles, ~ to B упла́чено А 100 рубле́й и сто́лько же упла́чено В 2) *pl* костю́м из одного́ материа́ла (*тж.* **suit** of ~s) 3) *разг.*

то́чная ко́пия ◇ to say ~ to smb. *шутл.* подда́кивать кому́-л.

2. *v* де́лать повторе́ния

3. *adv* таки́м же о́бразом

**ditty** [ˈdɪtɪ] *n* пе́сенка

**ditty-bag, ditty-box** [ˈdɪtɪbæg, -bɔks] *n* мешо́чек, коро́бочка солда́та, матро́са для иго́лок, ни́ток *и др.* мелоче́й

**diuresis** [ˌdaɪjuəˈri:sɪs] *n мед.* диуре́з

**diuretic** [ˌdaɪjuəˈretɪk] **1.** *n* мочего́нное сре́дство

2. *a* мочего́нный

**diurnal** [daɪˈə:nl] *a* 1) дневно́й (*противоп.* nocturnal) 2) ежедне́вный 3) *астр.* су́точный

**diva** [ˈdi:və] *ит. n* примадо́нна

**divagate** [ˈdaɪvəgeɪt] *v* 1) отклоня́ться от те́мы 2) броди́ть, блужда́ть

**divagation** [ˌdaɪvəˈgeɪʃən] *n* 1) разгово́ры, рассужде́ния, отклоня́ющиеся от те́мы 2) бесце́льное хожде́ние

**divalent** [ˈdaɪˌveɪlənt] *a хим.* двухвале́нтный

**divan** [dɪˈvæn] *n* 1) тахта́ 2) кури́тельная ко́мната 3) *шутл.* таба́чная ла́вка 4) сбо́рник восто́чных стихо́в, антоло́гия 5) *ист.* дива́н (*государственный совет в Турции*); зал сове́та

**divan-bed** [dɪˈvænbed] *n* куше́тка

**divaricate** [daɪˈværɪkeɪt] **1.** *a бот., зоол.* разветвлённый

2. *v* 1) разветвля́ться 2) расходи́ться (*о дорогах*)

**divarication** [daɪˌværɪˈkeɪʃən] *n* 1) разветвле́ние 2) расхожде́ние 3) разви́лка (*дорог*)

**dive** [daɪv] **1.** *n* 1) ныря́ние, прыжо́к в во́ду 2) прыжо́к (вниз) 3) погруже́ние (*подводной лодки*) 4) *ав.* пики́рование 5) внеза́пное исчезнове́ние 6) *разг.* дешёвый рестора́н, «подва́льчик» 7) *амер.* ви́нный погребо́к; кабачо́к; прито́н

2. *v* 1) ныря́ть; броса́ться в во́ду 2) броса́ться вниз 3) погружа́ться (*о подводной лодке*) 4) *ав.* пики́ровать 5) углубля́ться (*в лес, работу и т. п.*) 6) внеза́пно скры́ться из виду, шмыгну́ть; to ~ into the bushes юркну́ть в кусты́ 7) су́нуть ру́ку (*в воду, в карман*)

**dive-bomb** [ˈdaɪvbɔm] *v воен. ав.* бомби́ть с пики́рования

**dive-bomber** [ˈdaɪvˌbɔmə] *n* пики́рующий бомбардиро́вщик

**diver** [ˈdaɪvə] *n* 1) прыгу́н в во́ду, ныря́льщик 2) водола́з 3) иска́тель же́мчуга; лове́ц гу́бок 4) гага́ра (*птица*) 5) *разг.* вор-карма́нник

**diverge** [daɪˈvə:dʒ] *v* 1) расходи́ться 2) отклоня́ться; уклоня́ться 3) отходи́ть от но́рмы *или* станда́рта

**divergence, -cy** [daɪˈvə:dʒəns, -sɪ] *n* 1) расхожде́ние 2) отклоне́ние 3) *мат., эк.* диверге́нция

**divergent** [daɪˈvə:dʒənt] *a* 1) расходя́щийся 2) отклоня́ющийся; диверге́нтный 3) *опт.* рассе́ивающий (*о линзе*)

**divers** [ˈdaɪvə(:)z] *a уст.* ра́зный; разли́чный; in ~ places в ра́зных места́х

**diverse** [daɪˈvə:s] *a* 1) ино́й, отли́чный (*от чего-л.*) 2) разнообра́зный, ра́зный

**diversified** [daɪˈvə:sɪfaɪd] *a* разнообра́зный, разносторо́нний, многосторо́нний; ~ agriculture многоотраслево́е се́льское хозя́йство

**diversiform** [daɪˈvə:sɪfɔ:m] *a* разнообра́зный; име́ющий разли́чные фо́рмы

**diversify** [daɪˈvə:sɪfaɪ] *v* 1) разнообра́зить 2) *амер.* вкла́дывать в разли́чные предприя́тия (*капитал*)

**diversion** [daɪˈvə:ʃən] *n* 1) отклоне́ние 2) отвлече́ние внима́ния 3) развлече́ние 4) *воен.* отвлека́ющий манёвр; демонстра́ция 5) обхо́д, отво́д 6) *attr.*: ~ dam отво́дная плоти́на

**diversity** [daɪˈvə:sɪtɪ] *n* 1) разнообра́зие; многообра́зие; разноро́дность 2) несхо́дство; разли́чие 3) разнови́дность

**divert** [daɪˈvə:t] *v* 1) отводи́ть; отклоня́ть 2) отвлека́ть (*внимание*) 3) забавля́ть, развлека́ть

**diverting** [daɪˈvə:tɪŋ] **1.** *pres. p. от* divert

2. *a* развлека́ющий, занима́тельный

**divertissement** [dɪˌvertɪsˈma:ŋ] *фр. n* 1) развлече́ние 2) дивертисме́нт

**Dives** [ˈdaɪvi:z] *n библ.* бога́ч

**divest** [daɪˈvest] *v* 1) раздева́ть, снима́ть (*одежду и т. п.*; of) 2) лиша́ть (of); to ~ smb. of his right лиши́ть кого́-л. пра́ва; I cannot ~ myself of the idea я не могу́ отде́латься от мы́сли

**divestiture** [daɪˈvestɪtʃə] *n* 1) раздева́ние 2) лише́ние (*прав и т. п.*)

**divestment** [daɪˈvestmənt] = divestiture

**divide** [dɪˈvaɪd] **1.** *n* 1) *разг.* разделе́ние; делёж 2) *амер.* водоразде́л ◇ the Great D. а) перева́л в Скали́стых гора́х; б) смерть; to cross the Great D. умере́ть

2. *v* 1) дели́ть(ся); разделя́ться; to ~ into several parts (among several persons) раздели́ть на не́сколько часте́й (ме́жду не́сколькими ли́цами) 2) подразделя́ть; дроби́ть 3) распределя́ть (among, between); дели́ться (with) 4) градуи́ровать, нанос́ить деле́ния (*на шкалу*) 5) *мат.* дели́ть; дели́ться без оста́тка; sixty ~d by twelve is five шестьдеся́т, делённое на двена́дцать, равня́ется пяти́ 6) отделя́ть(ся); разъединя́ть(ся) 7) вызыва́ть разногла́сия; расходи́ться (*во взглядах*); opinions are ~d on the point по э́тому вопро́су мне́ния расхо́дятся 8) *парл.* голосова́ть; ~!, ~! *возгласы, требующие прекращения прений и перехода к голосованию*; to ~ the House провести́ поимённое голосова́ние

**divided** [dɪˈvaɪdɪd] **1.** *p. p. от* divide 2

2. *a* 1) разделённый, отделённый; разде́льный; разъёмный, составно́й 2) рассечённый, резно́й (*о листьях*) 3) градуи́рованный

**dividend** [ˈdɪvɪdend] *n* 1) *мат.* дели́мое 2) *фин.* дивиде́нд

**dividend-warrant** [ˈdɪvɪdendˌwɔrənt] *n* сертифика́т на получе́ние дивиде́нда

**divider** [dɪˈvaɪdə] *n* 1) тот, кто *или* то, что де́лит 2) *pl* ци́ркуль

**dividing** [dɪˈvaɪdɪŋ] **1.** *pres. p. от* divide 2

2. *a* 1) разделя́ющий 2) *тех.* дели́тельный

**dividual** [dɪˈvɪdjuəl] *a* 1) отде́льный; разделённый 2) дели́мый

**divination** [ˌdɪvɪˈneɪʃən] *n* 1) гада́ние, ворожба́ 2) предсказа́ние; прорица́ние 3) уда́чный, пра́вильный прогно́з

**divine** [dɪˈvaɪn] **1.** *n* богосло́в; духо́вное лицо́

2. *a* 1) боже́ственный 2) проро́ческий 3) *разг.* боже́ственный, превосхо́дный

3. *v* 1) проро́чествовать; предска́зывать 2) (пред)уга́дывать 3) предполага́ть

**diving** [ˈdaɪvɪŋ] **1.** *pres. p. от* dive 2

2. *n* ныря́ние; *спорт.* прыжки́ в во́ду

3. *a* пики́рующий

**diving-bell** [ˈdaɪvɪŋbel] *n* водола́зный ко́локол

**diving board** [ˈdaɪvɪŋbɔ:d] *n* трампли́н для прыжко́в в во́ду

**diving-dress** [ˈdaɪvɪŋdres] *n* скафа́ндр

**diving-rudder** [ˈdaɪvɪŋˌrʌdə] *n ав.* руль глубины́

**divining-rod** [dɪˈvaɪnɪŋrɔd] *n* волше́бный (и́вовый) прут для отыска́ния подпо́чвенных вод *или* мета́ллов (*в поверьях*)

**divinity** [dɪˈvɪnɪtɪ] *n* 1) боже́ственность 2) божество́; небе́сное созда́ние 3) богосло́вие 4) богосло́вский факульте́т

**divinize** [ˈdɪvɪnaɪz] *v* обожествля́ть

**divisibility** [dɪˌvɪzɪˈbɪlɪtɪ] *n* дели́мость

**divisible** [dɪˈvɪzəbl] *a* 1) дели́мый 2) *мат.* деля́щийся без оста́тка

**division** [dɪˈvɪʒən] *n* 1) деле́ние 2) разделе́ние; ~ of labour разделе́ние труда́ 3) *мат.* деле́ние 4) перегоро́дка; межа́, грани́ца; барье́р 5) часть, разде́л 6) отде́л 7) администрати́вный *или* избира́тельный о́круг 8) расхожде́ние во взгля́дах, разногла́сия 9) *парл.* разделе́ние голосо́в во вре́мя голосова́ния; голосова́ние 10) *воен.* диви́зия 11) *мор.* дивизио́н

**divisional** [dɪˈvɪʒənl] *a* 1) относя́щийся к деле́нию; дро́бный 2) *воен.* дивизио́нный; ~ area (тылово́й) райо́н диви́зии

**divizor** [dɪˈvaɪzə] *n мат.* дели́тель

**divorce** [dɪˈvɔ:s] **1.** *n* 1) разво́д, расторже́ние бра́ка 2) отделе́ние, разъедине́ние, разры́в

2. *v* 1) разводи́ться, расторга́ть брак 2) отделя́ть, разъединя́ть; to ~ from the soil обезземе́ливать

**divorcé** [dɪˌvɔ:ˈsi:] *фр. n* разведённый (муж)

**divorcée** [di(:)ˌvɔ:ˈseɪ] *фр. n.* разведённая (жена́)

**divorcee** [dɪˌvɔːˈsiː] *n* разведённый муж *или* -ая жена

**divorcement** [dɪˈvɔːsmənt] *n* 1) развод, расторжение брака 2) разрыв, разъединение

**divot** [ˈdɪvət] *n шотл.* дёрн

**divulgation** [ˌdaɪvʌlˈgeɪʃən] *n* разглашение (*тайны*)

**divulge** [daɪˈvʌldʒ] *v* разглашать (*тайну*)

**divvy** [ˈdɪvɪ] *разг.* **1.** *n* пай, доля

**2.** *v* 1) делить(ся) 2) войти в пай (*тж.* ~ up)

**Dixie** [ˈdɪksɪ] *n общее название Южных штатов США* (*тж.* Dixie('s) Land)

**dixie, dixy** [ˈdɪksɪ] *n воен. разг.* 1) походный кухонный котёл 2) походный котелок

**dizain** [dɪˈzeɪn] *n прос.* десятистрочная строфа *или* -ое стихотворение

**dizzily** [ˈdɪzɪlɪ] *adv* головокружительно

**dizziness** [ˈdɪzɪnɪs] *n* головокружение

**dizzy** [ˈdɪzɪ] **1.** *a* 1) чувствующий головокружение; I am ~ у меня голова кружится 2) ошеломлённый 3) головокружительный

**2.** *v* 1) вызывать головокружение 2) ошеломлять

**do** I [duː (*полная форма*); du, də, d (*редуцированные формы*)] **1.** *v* (did; done) 1) делать, выполнять; to do one's lessons готовить уроки; to do one's work делать свою работу; to do lecturing читать лекции; to do one's correspondence писать письма, отвечать на письма; вести переписку; to do a sum решать арифметическую задачу; what can I do for you? *разг.* чем могу служить? 2) действовать, проявлять деятельность, быть активным; поступать; вести себя 3) исполнять (*роль*); действовать в качестве (*кого-л.*); to do Hamlet исполнять роль Гамлета 4) устраивать, приготовлять 5) прибирать, приводить в порядок; to do one's hair причёсываться; to do the room убирать комнату 6) причинять; to do smb. good быть (*или* оказаться) полезным кому-л.; it doesn't do to complain что пользы в жалобах; it'll only do you good это вам будет только на пользу; to do harm причинять вред 7) оказывать 8) готовить, жарить, тушить; I like my meat very well done я люблю, чтобы мясо было хорошо прожарено; done to a turn прожарено хорошо, в меру; the potatoes will be done in 10 minutes картошка будет готова через 10 минут; to do brown а) поджарить *или* испечь до появления румяной корочки; б) *разг.* одурачить 9) осматривать (*достопримечательности*); to do the British Museum осматривать Британский музей 10) подходить, годиться; удовлетворять требованиям; быть достаточным; he will do for us он нам подходит; this sort of work won't do for him эта работа ему не подойдёт; that will do достаточно, хорошо; it won't do to play all day нельзя целый день играть; this hat will do эта шляпа подходит 11) (*perf.*) кончать, заканчивать; покончить (*с чем-л.*); I have done with my work я кончил свою работу; let us have done with it оставим это, покончим с этим; have done! довольно!, хватит!; перестань(те)!; that's done it это довершило дело 12) процветать, преуспевать; чувствовать себя хорошо; flowers will not do in this soil цветы не будут расти на этой почве; to do well поправляться, чувствовать себя хорошо 13) поживать; how do you do? (*тж.* how d'ye do?) здравствуйте! 14) *разг.* отбывать срок (*в тюрьме*) 15) *разг.* обманывать, надувать; I think you've been done мне кажется, что вас провели 16) *употр. в качестве вспомогательного глагола в отриц. и вопр. формах в Present и Past Indefinite*: I do not speak French я не говорю по-французски; he did not see me он меня не видел; did you not see me? разве вы меня не видели?; do you smoke? вы курите? 17) *употр. для усиления*: do come пожалуйста, приходите; I did say so and I do say so now да, я это (действительно) сказал и ещё раз повторяю 18) *употр. вместо другого глагола в Present и Past Indefinite во избежание его повторения*: he works as much as you do (= work) он работает столько же, сколько и вы; he likes bathing and so do I он любит купаться и я тоже 19) *употр. при инверсии в Present и Past Indefinite*: well do I remember it я хорошо это помню ▭ do **away with** уничтожить; разделаться; отменять; this old custon is done away with с этим старым обычаем покончено; he did away with himself он покончил с собоой; do **by** обращаться; do as you would be done by поступай с другими так, как ты хотел бы, чтобы поступали с тобой; do **down** *разг.* а) надувать, обманывать; б) брать верх; в) *уст.* подавлять; преодолевать; do **for** *разг.* а) заботиться, присматривать; вести хозяйство (*кого-л.*); б) справляться; to do for oneself обходиться без посторонней помощи; в) (*обыкн. pass.*) губить, убивать; he is done for с ним покончено; г) (ис)портить; do **in** *разг.* а) погубить, убить; б) обмануть; в) разрушить; г) переутомить; д) одолеть; победить в состязании; do **into** переводить; done into English переведено на английский (язык); do **out** убирать, прибирать; do **over** а) покрывать (*краской и т. п.*), обмазывать; б) переделывать, делать вновь; do **to**, do **unto** = do by; do **up** а) приводить в порядок, прибирать; to do the suite up привести квартиру в порядок; to do one's dress up застегнуть платье; б) (*обыкн. p. p.*) крайне утомлять; he is quite done up after his journey он очень устал после поездки; в) завёртывать (*пакет*); do **with** а) терпеть, выносить; ладить с *кем-л.*; I can't do with him я его не выношу; б) быть довольным, удовлетворяться; I could do with a meal я бы что-нибудь съел; I can do with a cup of milk for my supper я могу обойтись чашкой молока на ужин; do **without** обходиться без; he can't do without his pair of crutches он не может ходить без костылей ◇ to do oneself well доставлять себе удовольствие; to do a beer выпить (кружку) пива; to do the business for smb. *разг.* погубить кого-л.; to do smb. out of smth. надуть кого-л.; to do in the eye *жарг.* нагло обманывать, дурачить; напакостить; to do to death *разг.* убить; to do or die, to do and die совершать героические подвиги; ≅ победить или умереть; what's to do? в чём дело?; what is done cannot be undone сделанного не воротишь; to do one's worst из кожи вон лезть; done!, done with you! ладно, по рукам!; well done! браво!, молодцом!

**2** *n* 1) *разг.* обман, мошенничество 2) *разг.* приём гостей, вечеринка; *шутл.* событие; we've got a do on tonight у нас сегодня вечер 3) *pl* участие, доля; fair do's! чур, пополам! 4) *разг.* приказание, распоряжение 5) *австрал. разг.* успех

**do** II [dəu] *n муз.* до

**do** III [duː] *сокр. от* ditto 1, 1)

**doable** [ˈduːəbl] *a* выполнимый

**do-all** [ˈduːɔːl] *n* 1) мастер на все руки 2) фактотум, посредник

**dobbin** [ˈdɔbɪn] *n* лошадь (*особ. спокойная, старая*)

**doc** [dɔk] *n разг.* доктор

**docile** [ˈdəusaɪl] *a* 1) послушный, покорный 2) понятливый

**docility** [dəuˈsɪlɪtɪ] *n* 1) послушание 2) понятливость

**dock** I [dɔk] *n* щавель

**dock** II [dɔk] **1.** *n* 1) док; floating ~ плавучий док; wet ~ мокрый док; dry ~ сухой док; to be in dry ~ *разг.* оказаться на мели; остаться без работы 2) (*обыкн. pl*) портовый бассейн 3) *воен. разг.* госпиталь 4) *амер.* пристань 5) *ж.-д.* тупик 6) *театр.* склад декораций

**2.** *v* 1) ставить судно в док 2) входить в док 3) оборудовать доками, строить доки 4) производить стыковку (*космических кораблей*)

**dock** III [dɔk] *n* скамья подсудимых

**dock** IV [dɔk] **1.** *n* 1) репица (*хвоста животного*) 2) обрубленный хвост

**2.** *v* 1) обрубать (*хвост*) 2) коротко стричь (*волосы*) 3) уменьшать, сокращать; лишать части (*чего-л.*); to ~ wages урезывать заработную плату; to ~ the entail *юр.* отменять ограничения в праве выбора наследника

**dockage** I [ˈdɔkɪdʒ] *n* 1) стоянка судов в доках 2) сбор за пользование доком

**dockage** II [ˈdɔkɪdʒ] *n* сокращение, урезка

**dock-dues** [ˈdɔkdjuːz] = dockage I, 2)

**docker** [ˈdɔkə] *n* докер, портовый рабочий

**docket** [ˈdɔkɪt] **1.** *n* 1) ярлы́к (*с адресом грузополучателя*) 2) этике́тка 3) квита́нция об упла́те тамо́женной по́шлины 4) на́дпись на докуме́нте *или* приложе́ние к докуме́нту с кра́тким изложе́нием его́ содержа́ния 5) *юр.* вы́писка из пригово́ра 6) *юр.* рее́стр суде́бных дел; trial ~ спи́сок дел, назна́ченных к слу́шанию; on the ~ *амер. разг.* в проце́ссе обсужде́ния, рассмотре́ния; to clear the ~ *амер.* исче́рпать спи́сок дел, назна́ченных к слу́шанию

**2.** *v* 1) де́лать на́дпись на докуме́нте, письме́ с кра́тким изложе́нием его́ содержа́ния 2) маркирова́ть, накле́ивать этике́тки 3) вноси́ть содержа́ние суде́бного де́ла в рее́стр

**docking** [ˈdɔkɪŋ] **1.** *pres. p. от* dock II, 2

**2.** *n косм.* стыко́вка

**dock-master** [ˈdɔkˌmɑːstə] *n* нача́льник до́ка

**dockyard** [ˈdɔkjɑːd] *n* 1) судоремо́нтный заво́д с до́ками, ве́рфями, э́ллингами и скла́дами 2) (*обыкн. pl*) судострои́тельная верфь

**doctor** [ˈdɔktə] **1.** *n* 1) врач, до́ктор 2) до́ктор (*учёная степень*) 3) иску́сственная му́ха (*употр. для уже́ния*) 4) *мор. жарг.* судово́й по́вар 5) вспомога́тельный механи́зм ◊ D. Fell *лицо, вызывающее невольную, необъяснимую антипатию*

**2.** *v* 1) занима́ться враче́бной пра́ктикой; лечи́ть; to ~ oneself лечи́ться 2) ремонти́ровать, чини́ть на ско́рую ру́ку 3) подде́лывать (*документы*); фальсифици́ровать (*пищу, вино*)

**doctoral** [ˈdɔktərəl] *a* до́кторский

**doctorate** [ˈdɔktərɪt] *n* до́кторская сте́пень

**Doctors' Commons** [ˈdɔktəzˈkɔmənz] *n pl ист.* колле́гия юри́стов гражда́нского пра́ва в Ло́ндоне

**doctrinaire** [ˌdɔktrɪˈnɛə] **1.** *n* доктринёр

**2.** *a* доктринёрский

**doctrinal** [dɔkˈtraɪnl] *a* относя́щийся к доктри́не; содержа́щий доктри́ну

**doctrinarian** [ˌdɔktrɪˈnɛərɪən] = doctrinaire

**doctrine** [ˈdɔktrɪn] *n* 1) уче́ние, доктри́на; ~ of descent *биол.* тео́рия происхожде́ния ви́дов 2) ве́ра, до́гма

**doctrinist** [ˈdɔktrɪnɪst] *n* слепо́й приве́рженец како́й-л. доктри́ны

**document** **1.** *n* [ˈdɔkjumənt] докуме́нт; свиде́тельство

**2.** *v* [ˈdɔkjument] 1) подтвержда́ть докуме́нтами, документи́ровать 2) снабжа́ть докуме́нтами (*особ. судовыми*)

**documentary** [ˌdɔkjuˈmentərɪ] **1.** *a* документа́льный

**2.** *n* документа́льный фильм

**documentation** [ˌdɔkjumenˈteɪʃən] *n* 1) документа́ция, подтвержде́ние докуме́нтами 2) *мор.* снабже́ние (*судна*) докуме́нтами

**dodder I** [ˈdɔdə] *n бот.* повили́ка

**dodder II** [ˈdɔdə] *v* 1) ковыля́ть (*тж.* ~ along) 2) дрожа́ть, трясти́сь (*от слабости, старости*) 3) мя́млить

**doddered** [ˈdɔdəd] *a* с поражённой верху́шкой (*о деревьях*)

**doddering** [ˈdɔdərɪŋ] **1.** *pres. p. от* dodder II

**2.** *a* = doddery

**doddery** [ˈdɔdərɪ] *a* 1) нетвёрдый на нога́х, дрожа́щий, трясу́щийся 2) глу́пый, слабоу́мный; ста́рчески болтли́вый

**dodecagon** [dəuˈdekəgən] *n* двенадцатиуго́льник

**dodecahedron** [ˈdəudɪkəˈhedrən] *n* додека́эдр, двенадцатигра́нник

**dodge** [dɔdʒ] **1.** *n* 1) увёртка, уклоне́ние 2) уло́вка, хи́трость 3) *спорт.* обма́нное движе́ние, финт 4) *разг.* хи́трое приспособле́ние *или* сре́дство; приём; a good ~ for remembering names хоро́ший спо́соб запомина́ть имена́

**2.** *v* 1) избега́ть, увёртываться, уклоня́ться (*от удара*) 2) пря́таться (behind, under) 3) увили́вать; хитри́ть; уклоня́ться

**dodger** [ˈdɔdʒə] *n* 1) увёртливый челове́к; хитре́ц 2) *амер.* рекла́мный листо́к 3) *амер.* кукуру́зная лепёшка

**dodgery** [ˈdɔdʒərɪ] *n* 1) увёртка 2) плутовство́

**dodgy** [ˈdɔdʒɪ] *a* 1) изворо́тливый, ло́вкий 2) хи́трый; нече́стный 3) хитроу́мный (*о приспособлении*)

**dodo** [ˈdəudəu] *n* (*pl* -oes, -os [-euz]) 1) дронт (*вымершая птица*) 2) ко́сный, неу́мный челове́к

**doe** [dəu] *n* са́мка оле́ня (*тж.* за́йца, кро́лика, кры́сы, мы́ши *и* хорька́)

**doer** [ˈdu(ː)ə] *n* 1) исполни́тель; he is a ~, not a talker он лю́бит де́йствовать, а не болта́ть 2) де́ятель, созида́тель 3) *шотл. юр.* дове́ренное лицо́, аге́нт 4): a good (bad) ~ расте́ние, кото́рое бу́йно (пло́хо) растёт *или* цветёт

**doeskin** [ˈdəuskɪn] *n* 1) оле́нья ко́жа; за́мша 2) ткань, имити́рующая за́мшу

**dog** [dɔg] **1.** *n* 1) соба́ка, пёс; Greater (Lesser) Dog созве́здие Большо́го (Ма́лого) Пса 2) кобе́ль; саме́ц во́лка, лисы́ (*тж.* ~-wolf, ~-fox) 3) *разг.* па́рень (*переводится по контексту*); gay (*или* jolly) ~ весельча́к; lucky ~ счастли́вец; lazy ~ лентя́й; dirty ~ дрянь-челове́к, «свинья́» 4) *pl разг.* состяза́ние борзы́х 5) = dogfish 6) = andiron 7) *тех.* соба́чка; гвоздодёр; остано́в 8) *мор.* задра́йка ◊ a ~'s life соба́чья жизнь; let sleeping ~s lie не каса́йтесь неприя́тных вопро́сов без необходи́мости; ≅ не тронь ли́хо, пока́ спит ти́хо; there is life in the old ~ yet ≅ есть ещё по́рох в пороховни́цах; ~s of war у́жасы войны́, спу́тники войны́; a ~'s age до́лгое вре́мя; a dead ~ челове́к *или* вещь, ни на что не го́дный, -ая; to go to the ~s ги́бнуть; разоря́ться; ≅ идти́ к чертя́м; to help a lame ~ over a stile помо́чь кому́-л. в беде́; every ~ has his day ≅ бу́дет и на на́шей у́лице пра́здник; hot ~! *амер. восклицание одобрения*; spotty ~ варёный пу́динг с кори́нкой; to put on ~ *разг.* ва́жничать; держа́ть себя́ высокоме́рно; to throw to the ~s вы́бросить за него́дностью; ~ on it! прокля́тие!; чёрт побери́!; top ~ а) соба́ка, победи́вшая в дра́ке; б) хозя́ин положе́ния; госпо́дствующая *или* победи́вшая сторона́; under ~ а) соба́ка, побежде́нная в дра́ке; б) подчиня́ющаяся *или* побеждённая сторона́; в) челове́к, кото́рому не повезло́ в жи́зни, неуда́чник

**2.** *v* 1) ходи́ть по пята́м, высле́живать (*тж.* ~ smb.'s footsteps) 2) *перен.* пресле́довать; ~ged by misfortune пресле́дуемый несча́стьями 3) трави́ть соба́ками 4) *мор.*: to ~ down задра́ивать

**dog-ape** [ˈdɔgeɪp] *n зоол.* бабуи́н

**dogate** [ˈdəugeɪt] *n* сан до́жа

**dog-bane** [ˈdɔgbeɪn] *n бот.* кенды́рь

**dog-bee** [ˈdɔgbiː] *n* тру́тень

**Dogberry** [ˈdɔgberɪ] *n прозвище безграмотного самоуверенного чиновника* (*по имени персонажа комедии Шекспира «Много шума из ничего»*)

**dogberry** [ˈdɔgberɪ] *n бот.* сви́дина крова́во-кра́сная (*растение с несъедобными ягодами*)

**dog-biscuit** [ˈdɔgˌbɪskɪt] *n* соба́чья гале́та (*корм*)

**dog-box** [ˈdɔgbɔks] *n* отделе́ние для соба́к в бага́жном ваго́не

**dogcart** [ˈdɔgkɑːt] *n* 1) высо́кий двухколёсный экипа́ж с попере́чными сиде́ньями и ме́стом для соба́к под сиде́ньями 2) лёгкая теле́жка, запряжённая соба́ками

**dog-cheap** [ˈdɔgtʃiːp] *амер. разг.* **1.** *a* о́чень дешёвый

**2.** *adv* о́чень дёшево; ≅ деше́вле па́реной ре́пы

**dog-collar** [ˈdɔgˌkɔlə] *n* 1) оше́йник 2) *разг.* высо́кий жёсткий воротни́к (*у лиц духовного звания*)

**dog-days** [ˈdɔgdeɪz] *n pl* са́мые жа́ркие ле́тние дни

**doge** [dəudʒ] *n ист.* дож

**dog-eared** [ˈdɔgɪəd] *a*: a ~ book кни́га с за́гнутыми уголка́ми страни́ц

**dogface** [ˈdɔgfeɪs] *n амер. разг.* 1) солда́т-пехоти́нец 2) ре́крут, новобра́нец

**dog-fancier** [ˈdɔgˌfænsɪə] *n* собаково́д

**dogfight** [ˈdɔgfaɪt] *n* 1) сва́лка, беспоря́дочная дра́ка 2) рукопа́шный бой 3) *ав. разг.* возду́шный бой

**dogfish** [ˈdɔgfɪʃ] *n* морска́я соба́ка (*акула*)

**dog-fox** [ˈdɔgfɔks] *n* саме́ц лиси́цы, лис

**dogged** [dɔgd] **1.** *p. p. от* dog 2

**2.** *a* [ˈdɔgɪd] упря́мый, упо́рный, насто́йчивый; it's ~ that does it ≅ терпе́ние и труд всё перетру́т

**3.** *adv разг.* чрезвыча́йно, о́чень

**dogger I** [ˈdɔgə] *n* двухма́чтовое голла́ндское рыболо́вное су́дно

**dogger II** [ˈdɔgə] *n геол.* сре́дняя ю́ра

**doggerel** [ˈdɔgərəl] **1.** *n* плохи́е стихи́, ви́рши

2. *a* бессмы́сленный, скве́рный (*о стихах*)
**doggery** [ˈdɔgərɪ] *n* 1) сво́ра 2) соба́чьи пова́дки 3) *амер. разг.* по́ртерная; кабачо́к
**doggie** [ˈdɔgɪ] = doggy 1
**doggish** [ˈdɔgɪʃ] *a* 1) соба́чий 2) жесто́кий; гру́бый 3) *редк.* раздражи́тельный; огрыза́ющийся 4) *разг.* крикли́во-мо́дный
**doggo** [ˈdɔgəu] *adv разг.*: to lie ~ притаи́ться; выжида́ть
**doggone** [ˈdɔgˈgɔn] *int* доса́да кака́я!; чёрт побери́! (*тж.* doggoned)
**doggy** [ˈdɔgɪ] **1.** *n* соба́чка, собачо́нка, пёсик
**2.** *a* 1) соба́чий 2) лю́бящий соба́к
**dog-hole** [ˈdɔghəul] *n* соба́чья конура́, камо́рка
**dog-house** [ˈdɔghaus] *n* соба́чья конура́ ◇ in the ~ опозо́ренный, в неми́лости
**dog-in-a-blanket** [ˈdɔgɪnəˈblæŋkɪt] *n* род пу́динга
**dog-in-the-manger** [ˈdɔgɪnðəˈmeɪndʒə] *n* соба́ка на се́не
**dog latin** [ˈdɔgˈlætɪn] *n* испо́рченная, «ку́хонная» латы́нь
**dog-lead** [ˈdɔgliːd] *n* соба́чий поводо́к
**dog-licence** [ˈdɔgˈlaɪsəns] *n* регистрацио́нное свиде́тельство на соба́ку
**dogma** [ˈdɔgmə] *n* (*pl* -as [-əz], -ata) 1) до́гма 2) до́гмат
**dogmata** [ˈdɔgmətə] *pl от* dogma
**dogmatic** [dɔgˈmætɪk] *a* 1) догмати́ческий 2) дикта́торский; категори́ческий, не допуска́ющий возраже́ний
**dogmatically** [dɔgˈmætɪkəlɪ] *adv* 1) догмати́чески 2) авторите́тным то́ном
**dogmatics** [dɔgˈmætɪks] *n pl* (*употр. как sing*) догма́тика; догмати́ческое богосло́вие
**dogmatize** [ˈdɔgmətaɪz] *v* 1) догматизи́ровать 2) говори́ть авторите́тным то́ном
**dog nail** [ˈdɔgneɪl] *n тех.* косты́ль
**dog-poor** [ˈdɔgpuə] *a predic.* ни́щий; ≅ гол как сокол
**dog-rose** [ˈdɔgrəuz] *n* ди́кая ро́за, шипо́вник
**dog-salmon** [ˈdɔgˌsæmən] *n зоол.* ке́та, горбу́ша
**dog's-eared** [ˈdɔgzɪəd] = dog-eared
**dog's-grass** [ˈdɔgzgrɑːs] *n бот.* пыре́й ползу́чий
**dogshores** [ˈdɔgʃɔːz] *n pl мор.* подпо́ры сала́зок для спу́ска су́дна на́ воду
**dog-sick** [ˈdɔgˈsɪk] *a predic. разг.*: he was ~ он себя́ отврати́тельно чу́вствовал
**dogskin** [ˈdɔgskɪn] *n* ла́йка (*кожа*)
**dog-sleep** [ˈdɔgsliːp] *n* чу́ткий сон; сон уры́вками
**dog's letter** [ˈdɔgzˌletə] *n старинное название буквы* R
**dog's-meat** [ˈdɔgzmiːt] *n* 1) мя́со для соба́к, *особ.* кони́на 2) па́даль
**Dog's Tail** [ˈdɔgzteɪl] *n астр.* Ма́лая Медве́дица
**dog's-tail** [ˈdɔgzteɪl] *n бот.* гребе́нник

**Dog-star** [ˈdɔgstɑː] *n разг.* Си́риус (*звезда*)
**dog tag** [ˈdɔgtæg] *n* 1) регистрацио́нный но́мер соба́ки 2) *амер. воен. разг.* ли́чный знак
**dog-tail** [ˈdɔgteɪl] = dog's-tail
**dog-tired** [ˈdɔgˈtaɪəd] *a* уста́лый как соба́ка
**dog-tooth** [ˈdɔgtuːθ] *n* 1) клык 2) *архит. название пирамидального орнамента английской готики*
**dog-tree** [ˈdɔgtriː] = dogwood
**dogtrot** [ˈdɔgtrɔt] *n* рысца́
**dog-violet** [ˈdɔgˌvaɪəlɪt] *n бот.* фиа́лка соба́чья; ди́кая фиа́лка
**dog-watch** [ˈdɔgwɔtʃ] *n мор.* полува́хта (*от 16 до 18 ч. или от 18 до 20 ч.*)
**dog-weary** [ˈdɔgˈwɪərɪ] = dog-tired
**dogwood** [ˈdɔgwud] *n бот.* кизи́л
**doily** [ˈdɔɪlɪ] *n* салфе́точка
**doing** [ˈdu(ː)ɪŋ] **1.** *pres. p. от* do I
**2.** *n* 1) *pl* дела́, де́йствия, поведе́ние, посту́пки; fine ~s these! хоро́шенькие дела́ творя́тся!; I have heard of your ~s *ирон.* слы́шал я о ва́ших по́двигах 2) *pl* собы́тия 3) *pl* возня́, шум 4) *разг.* нахлобу́чка 5) *pl амер. разг.* зате́йливые блю́да
**doit** [dɔɪt] *n* 1) *ист.* ме́лкая моне́та 2) ме́лочь, пустя́к; not to care a ~ ни во что не ста́вить; not worth a ~ гроша́ ло́маного не сто́ит
**doited** [ˈdɔɪtɪd] *a шотл.* вы́живший из ума́
**do-it-yourself** [ˈduːɪtjɔːˈself] **1.** *n разг.* ≅ «сде́лай сам» (*ремонт, изготовление чего-л.*)
**2.** *a разг.* предназна́ченный для самоде́ятельного заня́тия; a ~ kit for building a radio обору́дование для изготовле́ния самоде́льного радиоприёмника
**doldrums** [ˈdɔldrəmz] *n pl* 1) дурно́е настрое́ние; депре́ссия; to be in the ~ хандри́ть, быть в плохо́м настрое́нии 2) *мор., метео* экваториа́льная штилева́я полоса́
**dole** I [dəul] **1.** *n* 1) посо́бие по безрабо́тице; to be (*или* to go) on the ~ получа́ть посо́бие 2) небольшо́е вспомоществова́ние; пода́чка 3) *уст.* до́ля, судьба́
**2.** *v* 1) ску́по выдава́ть, раздава́ть в ску́дных разме́рах (*обыкн.* ~ out) 2) раскла́дывать (*на тарелки*) 3) ока́зывать благотвори́тельную по́мощь 4) расхо́довать де́ньги на вы́дачу посо́бий (*обыкн.* ~ out)
**dole** II [dəul] *n разг. поэт.* го́ре, скорбь
**doleful** [ˈdəulful] *a* ско́рбный, печа́льный; меланхоли́ческий
**dolichocephalic** [ˈdɔlɪkəukeˈfælɪk] *a мед.* длинноголо́вый, долихоцефа́льный
**doll** [dɔl] **1.** *n* 1) ку́кла; Paris ~ манеке́н 2) ку́колка, хоро́шенькая пустоголо́вая де́вушка *или* же́нщина
**2.** *v разг.* наряжа́ть(ся) (*обыкн.* ~ up); ~ed up разря́женный
**dollar** [ˈdɔlə] *n* 1) до́ллар (= *100 центам*); the ~s де́ньги, бога́тство 2) *разг.* кро́на (*монета в 5 шиллингов*) 3) *attr.* до́лларовый; ~ diplomacy диплома́тия до́ллара
**dollish** [ˈdɔlɪʃ] *a* ку́кольный, похо́жий на ку́клу
**doll-like** [ˈdɔllaɪk] *a* ку́кольный
**dollop** [ˈdɔləp] *n разг.* кусо́к, небольшо́е коли́чество
**dolly** [ˈdɔlɪ] **1.** *n* 1) ку́колка 2) бельево́й валёк 3) теле́жка на катка́х для перево́зки брёвен, досо́к *и т. п.* 4) локомоти́в узкоколе́йной желе́зной доро́ги, «куку́шка» 5) *горн.* пест для размельче́ния руды́ 6) *тех.* опра́вка; подде́ржка (*для заклёпок*)
**2.** *a разг.* 1) ку́кольный; де́тский 2) лёгкий, несло́жный
**3.** *v* 1) бить вальќо́м (*бельё*) 2) *горн.* переме́шивать (*руду*) во вре́мя её промы́вки; дроби́ть (*руду*) пе́стиком
**dolly-bag** [ˈdɔlɪbæg] *n* ма́ленькая да́мская су́мочка
**dolly-shop** [ˈdɔlɪʃɔp] *n* 1) ла́вка для матро́сов 2) та́йная ссу́дная ка́сса
**dolly-tub** [ˈdɔlɪtʌb] *n* 1) лоха́нь; коры́то 2) *горн.* отса́дочная маши́на
**dolman** [ˈdɔlmən] *n* 1) долома́н (*гусарский мундир*) 2) долома́н (*род женской одежды*)
**dolmen** [ˈdɔlmen] *n археол.* дольме́н, кро́млех
**dolomite** [ˈdɔləmaɪt] *n мин.* доломи́т
**dolorous** [ˈdɔlərəs] *a поэт.* печа́льный, гру́стный
**dolose** [dəuˈləus] *a юр.* злонаме́ренный, с престу́пной це́лью
**dolour** [ˈdəulə] *n поэт.* печа́ль, го́ре
**dolphin** [ˈdɔlfɪn] *n* 1) *зоол.* дельфи́н (настоя́щий); дельфи́н-белобо́чка 2) *мор.* швартовый пал; сва́йный куст; деревя́нный кра́нец
**dolt** [dəult] *n* ду́рень, болва́н
**doltish** [ˈdəultɪʃ] *a* тупо́й, придурко́ватый
**domain** [dəuˈmeɪn] *n* 1) владе́ние; име́ние; террито́рия; Eminent D. суве́ренное пра́во госуда́рства отчужда́ть ча́стную со́бственность (за компенса́цию) 2) о́бласть, сфе́ра
**dome** [dəum] **1.** *n* 1) ку́пол; свод; ~ of heaven *поэт.* небе́сный свод 2) *поэт.* вели́чественное зда́ние 3) *разг.* голова́, башка́ 4) *тех.* колпа́к; steam ~ сухопа́рник
**2.** *v* 1) венча́ть ку́полом 2) возвыша́ться в ви́де ку́пола
**domed** [dəumd] **1.** *p. p. от* dome 2
**2.** *a* 1) куполообра́зный 2) украшенный ку́полом
**Domesday Book** [ˈduːmzdeɪbuk] *n* (*букв.* кни́га стра́шного суда́) *ист.* када́стровая кни́га, земе́льная о́пись Англии, произведённая Вильге́льмом Завоева́телем (*в 1086 г.*)
**domestic** [dəuˈmestɪk] **1.** *a* 1) дома́шний; семе́йный; ~ science домово́дство; ~ appliances предме́ты дома́шнего обихо́да 2) домосе́дливый, лю́бящий семе́йную жизнь 3) вну́тренний; оте́чественный; ~ industry оте́чественная промы́шленность; ~ trade вну́тренняя торго́вля; ~ issue

внутриполити́ческий вопро́с 4) дома́шний, ручно́й (*о животных*)

2. *n* 1) прислу́га 2) *pl* това́ры оте́чественного произво́дства 3) *pl амер.* просты́е хлопчатобума́жные тка́ни

**domesticable** [dəu'mestıkəbl] *a* поддаю́щийся приручéнию (*о животных*)

**domesticate** [dəu'mestıkeıt] *v* 1) приручáть (*животных*); культиви́ровать (*растения*); акклиматизи́ровать 2) цивилизовáть 3) осва́ивать; to ~ space осва́ивать ко́смос 4) привя́зывать к до́му, к семе́йной жи́зни 5) обучáть ведéнию хозя́йства

**domestication** [dəu,mestı'keıʃən] *n* 1) привы́чка, любо́вь к до́му, к семе́йной жи́зни 2) приручéние (*животных*)

**domesticity** [,dəumes'tısıtı] *n* 1) семе́йная, дома́шняя жизнь 2) любо́вь к семе́йной жи́зни, к ую́ту 3) (the domesticities) *pl* дома́шние делá

**domett** [dəu'met] *n* полушерстяна́я ткань, доме́тт

**domic(al)** ['dəumık(əl)] *a* куполообра́зный, ку́польный

**domicile** ['dɔmısaıl] **1.** *n* 1) постоя́нное местожи́тельство 2) *юр.* юриди́ческий а́дрес лицá *или* фи́рмы 3) *ком.* мéсто платежá по вéкселю

2. *v* 1) посели́ться на постоя́нное жи́тельство 2) *ком.* обозна́чить мéсто платежá по вéкселю

**domiciliary** [,dɔmı'sıljərı] *a* дома́шний, по мéсту жи́тельства; ~ visit а) дома́шний о́быск; б) осмо́тр до́ма официа́льными о́рганами

**dominance** ['dɔmınəns] *n* госпо́дство; влия́ние; преоблада́ние

**dominant** ['dɔmınənt] **1.** *a* 1) госпо́дствующий; доминирующий, преоблада́ющий 2) возвыша́ющийся (*о скале и т. п.*) 3) наибо́лее влия́тельный

2. *n* 1) домина́нта, основно́й при́знак 2) *муз.* домина́нта, пя́тая ступе́нь диатони́ческой га́ммы

**dominate** ['dɔmıneıt] *v* 1) госпо́дствовать; вла́ствовать 2) домини́ровать, преоблада́ть 3) возвыша́ться (*над чем-л.*) 4) имéть влия́ние (*на кого-л.*) 5) сдéрживать, подавля́ть; овладевáть; to ~ one's emotions владéть свои́ми чу́вствами 6) занимáть, всецéло поглощáть

**domination** [,dɔmı'neıʃən] *n* 1) госпо́дство, власть 2) преоблада́ние

**domineer** [,dɔmı'nıə] *v* 1) дéйствовать деспоти́чески, вла́ствовать; повелевáть; запу́гивать 2) держáть себя́ высокомéрно 3) влады́чествовать

**domineering** [,dɔmı'nıərıŋ] **1.** *pres. p. от* domineer

2. *a* 1) деспоти́ческий, вла́стный, не допуска́ющий возражéний 2) высокомéрный 3) госпо́дствующий, возвыша́ющийся (*над местностью*)

**dominical** [də'mınıkəl] *a церк.* 1) госпо́дний, христо́в 2) воскрéсный; ~ day воскресéнье

**Dominican** [də'mınıkən] **1.** *a* доминика́нский

2. *n* 1) доминика́нец; доминика́нка 2) доминика́нец (*монах*)

**dominie** ['dɔmını] *n* 1) *шотл.* шко́льный учи́тель 2) *амер.* свящéнник

**dominion** [də'mınjən] *n* 1) доминио́н 2) (*часто pl*) владéние 3) влады́чество, власть 4) суверéнное прáво 5) *attr.*: D. Day прáздник 1 ию́ля в Канáде (*годовщина образования доминиона*)

**domino** ['dɔmınəu] *n* (*pl* -oes [-əuz]) 1) доминó (*маскарадный костюм*) 2) уча́стник маскара́да 3) кость (доминó) 4) *pl* доминó (*игра*) ◇ it's ~ with smb., smth. всё ко́нчено с кем-л., чем-л., нет надéжды

**dominoed** ['dɔmınəud] *a* одéтый в доминó

**don** I [dɔn] *n* 1) (D.) дон (*испанский титул*) 2) преподавáтель, член совéта коллéджа (*в Оксфорде и Кембридже*)

**don** II [dɔn] *v уст.* надевáть

**dona(h)** ['dəunə] *n разг.* 1) жéнщина 2) возлю́бленная

**donate** [dəu'neıt] *v* дари́ть, жéртвовать

**donation** [dəu'neıʃən] *n* 1) дар 2) дéнежное пожéртвование 3) *attr.*: ~ duty нало́г на дáрственную передáчу иму́щества

**donative** ['dəunətıv] **1.** *n* 1) дар, подáрок 2) *церк.* бенефи́ций, назнача́емый жéртвователем без обы́чных формáльностей

2. *a* дáрственный; пожéртвованный

**donatory** ['dəunətərı] *n* лицó, получа́ющее дар, подáрок

**do-naught** ['du:nɔ:t] = do-nothing

**done** [dʌn] **1.** *p. p. от* do I; ~ in English состáвлено на англи́йском языкé (*об официальном документе*); it isn't ~ так не поступа́ют; э́то не при́нято

**2.** *a* 1) сдéланный 2) соотвéтствующий обы́чаю, мóде 3) хорошó пригото́вленный; прожáренный 4) устáлый, в изнеможéнии (*часто* ~ up) 5) *разг.* обмáнутый (*тж.* ~ brown) ◇ ~ for а) разорённый; б) приговорённый, ко́нченый; в) уби́тый; ~ to the world (*или* to the wide) *разг.* разгро́мленный, побеждённый; потерпéвший по́лную неудáчу

**donee** [dəu'ni:] *n* получа́ющий дар, подáрок

**donga** ['dɔŋgə] *n южно-афр.* ущéлье

**donjon** ['dɔndʒən] *n архит.* глáвная бáшня (средневеко́вого зáмка)

**donkey** ['dɔŋkı] *n* 1) осёл 2) (D.) *амер. прозвище демократической партии* 3) *тех.* = donkey-engine ◇ to talk the hind leg off a ~ *разг.* заговори́ть, утоми́ть многосло́вием

**donkey-engine** ['dɔŋkı,endʒın] *n тех.* 1) небольшáя вспомогáтельная паровáя маши́на; небольшóй стационáрный дви́гатель 2) лебёдка, вóрот

**donnish** ['dɔnıʃ] *a* 1) педанти́чный 2) высокомéрный, вáжный, чвáнный

**Donnybrook Fair** ['dɔnıbruk'fɛə] *n* 1) *ист. название ежегодной ярмарки близ Дублина* 2) шу́мное сбо́рище; гвалт; свáлка

**donor** ['dəunə] *n* 1) жéртвователь 2) *мед.* до́нор

**do-nothing** ['du:,nʌθıŋ] *n* бездéльник, лентя́й

**don't** [dəunt] *разг.* 1) *сокр.* = do not 2) не нáдо, по́лно, перестáнь(те) 3) *употр. как сущ. в знач.* запрещéние; I am sick and tired of your don'ts мне надоéли вáши запрещéния

**doodle** ['du:dl] *разг.* **1.** *n* болвáн

2. *v* машинáльно черти́ть *или* рисовáть

**doodle-bug** ['du:dlbʌg] *n разг.* 1) самолёт-снаря́д 2) плаву́чая *или* передвижнáя золотомо́йка

**doolie** ['du:lı] *инд. n* носи́лки (*употребляемые в полевых госпиталях*)

**doom** [du:m] **1.** *n* 1) рок, судьбá 2) ги́бель; смерть; to go to one's ~ идти́ на вéрную смерть; to send a man to his ~ послáть человéка на вéрную смерть 3) *уст.* осуждéние; пригово́р 4) *ист.* стату́т, декрéт ◇ crack of ~ *рел.* тру́бный глас

2. *v* 1) осуждáть, обрекáть, предопределя́ть 2) *юр.* выноси́ть обвини́тельный пригово́р

**doomed** [du:md] **1.** *p. p. от* doom 2

2. *a* обречённый; осуждённый

**dooms** [du:mz] *adv шотл.* о́чень, крáйне; ужáсно

**doomsday** ['du:mzdeı] *n* 1) *рел.* день стрáшного судá; to wait till ~ ждать до второ́го пришéствия (*т. е.* бесконéчно) 2) светопреставлéние, конéц свéта 3) день пригово́ра

**door** [dɔ:] *n* 1) дверь; двéрца; двернóй проём; front ~ парáдный вход; to close the ~ (up)on smb. закры́ть за кем-л. дверь; to answer the ~ откры́ть дверь (*на стук или звонок*); behind closed ~s за закры́тыми дверя́ми, тайнó; to slam (*или* to shut) the ~ in smb.'s face захло́пнуть дверь пéред сáмым нóсом когó-л. 2) *перен.* путь, дорóга; a ~ to success путь к успéху; to close the ~ to (*или* upon) smth. отрéзать путь к чему́-л.; сдéлать что-л. невозмо́жным; to open a ~ to (*или* for) smth. откры́ть путь к чему́-л.; сдéлать что-л. возмо́жным; 3) *перен.* дом, кварти́ра, помещéние; out of ~s на откры́том во́здухе, на у́лице; within ~s = indoors; to turn smb. out of ~s вы́ставить за дверь, прогнáть когó-л.; next ~ сосéдний дом; he lives next ~ (four ~s off) он живёт в сосéднем дóме (чéрез 4 дóма отсю́да); next ~ to а) по сосéдству, ря́дом; б) на грани́це *чего-л.*; почти́; he is next ~ to bankruptcy он наканýне разорéния 4) *тех.* заслóнка 5) *attr.* двернóй ◇ to lay smth. at smb.'s ~ обвини́ть когó-либо в чём-л.

**doorbell** ['dɔ:bel] *n* двернóй звонóк

**door-case** ['dɔ:keıs] *n* двернáя корóбка

**door-frame** ['dɔ:freım] = door-case

**door-keeper** ['dɔ:,ki:pə] *n* швейцáр, привра́тник

**door-man** ['dɔ:mən] = door-keeper

**doormat** [ˈdɔːmæt] *n* 1) полови́к для вытира́ния ног 2) *разг.* сла́бый, бесхара́ктерный челове́к, «тря́пка»
**door-money** [ˈdɔːˌmʌnɪ] *n* пла́та за вход
**door-plate** [ˈdɔːpleɪt] *n* табли́чка на двеpя́х (*с фамилией*)
**door-post** [ˈdɔːpəust] *n* дверно́й кося́к ◊ deaf as a ~ ≅ глух как пень
**door's-man** [ˈdɔːzmən] = door-keeper
**doorstep** [ˈdɔːstep] *n* поро́г
**door-stone** [ˈdɔːstəun] *n* ка́менная плита́ (*крыльца*)
**doorway** [ˈdɔːweɪ] *n* 1) дверно́й проём, пролёт две́ри; вход в помеще́ние; in the ~ в двеpя́х 2) *перен.* путь, доро́га (*к чему-л.*)
**door-yard** [ˈdɔːˈjɑːd] *n амер.* дво́рик пе́ред до́мом
**dope** [dəup] **1.** *n* 1) густо́е сма́зывающее вещество́, па́ста 2) аэрола́к 3) *хим.* поглоти́тель 4) *разг.* нарко́тик, дурма́н 5) до́пинг 6) *жарг.* секре́тная информа́ция о ша́нсах на вы́игрыш той и́ли ино́й ло́шади (*на скачках, бегах*); (ло́жная *или* секре́тная) информа́ция, испо́льзуемая журнали́стами 7) *разг.* дура́к, остоло́п
**2.** *v* 1) дава́ть нарко́тики *или* до́пинг; to ~ oneself with cocaine ню́хать кокаи́н 2) одурма́нивать, убаю́кивать 3) покрыва́ть аэрола́ком 4) *тех.* залива́ть горю́чее; добавля́ть приса́дки 5) *жарг.* получа́ть секре́тную информа́цию; предска́зывать (*что-л.*) на основа́нии та́йной информа́ции
**dop(e)y** [ˈdəupɪ] *a разг.* 1) вя́лый, полусо́нный, одурма́ненный 2) одурма́нивающий; наркоти́ческий
**dor** [dɔː] *n* жук (*майский, навозный*)
**dorado** [dəˈrɑːdəu] *n* (*pl* -os [-əuz]) корифе́на (*рыба*)
**dor-beetle** [ˈdɔːbiːtl] = dor
**dor-bug** [ˈdɔːbʌg] *амер.* = dor
**Dorcas** [ˈdɔːkəs] *n название английского женского благотворительного общества для снабжения бедных одеждой* (*тж.* ~ Society)
**dorhawk** [ˈdɔːhɔːk] *диал.* = goatsucker
**Dorian** [ˈdɔːrɪən] **1.** *a* дори́ческий
**2.** *n* дори́ец
**Doric** [ˈdɔrɪk] **1.** *a* 1) дори́ческий; ~ order *архит.* дори́ческий о́рдер 2) провинциа́льный (*о диалекте*)
**2.** *n* 1) дори́ческое наре́чие 2) ме́стный диале́кт; to speak one's native ~ говори́ть на родно́м диале́кте
**Dorking** [ˈdɔːkɪŋ] *n* до́ркинг (*английская порода мясных кур*)
**dorm** [dɔːm] *разг. см.* dormitory 1)
**dormancy** [ˈdɔːmənsɪ] *n* 1) дремо́та 2) состоя́ние безде́йствия 3) спя́чка (*животных*) 4) состоя́ние поко́я (*семян, растений*)
**dormant** [ˈdɔːmənt] *a* 1) дре́млющий; спя́щий 2) безде́йствующий; ~ capital мёртвый капита́л 3) потенциа́льный, скры́тый (*о способностях, силах и т. п.*); to lie ~ безде́йствовать; находи́ться в скры́том состоя́нии; a ~ volcano потýхший вулка́н 4) находя́щийся в спя́чке (*о животных*); находя́щийся в состя́нии поко́я (*о растениях*) 5) *геральд.* спя́щий ◊ ~ partner *см.* partner 1, 2)
**dormer(-window)** [ˈdɔːmə(ˈwɪndəu)] *n* слухово́е, манса́рдное окно́
**dormice** [ˈdɔːmaɪs] *pl от* dormouse
**dormitory** [ˈdɔːmɪtrɪ] *n* 1) дортуа́р, о́бщая спа́льня 2) при́городный рабо́чий посёлок (*из стандартных домов*) (*тж.* ~ suburb)
**dormouse** [ˈdɔːmaus] *n* (*pl* dormice) *зоол.* со́ня
**dorothy bag** [ˈdɔrəθɪbæg] *n* да́мская су́мочка-мешо́чек
**dorp** [dɔːp] *n южно-афр.* дере́вня
**dorr** [dɔː] = dor
**dorsal** [ˈdɔːsəl] **1.** *a анат., зоол.* дорса́льный, спинно́й
**2.** *n* = dossal
**dorse** [dɔːs] *n* молода́я треска́
**dorter, dortour** [ˈdɔːtə] *n ист.* монасты́рский дортуа́р
**dory I** [ˈdɔːrɪ] *n* со́лнечник (обыкнове́нный) (*рыба*)
**dory II** [ˈdɔːrɪ] *n* рыба́чья плоскодо́нная ло́дка (*в Сев. Америке*)
**dosage** [ˈdəusɪdʒ] *n* 1) дозиро́вка 2) до́за
**dose** [dəus] **1.** *n* 1) до́за, приём; lethal ~ смерте́льная до́за 2) *разг.* по́рция, до́ля; to have a regular ~ of smth. приня́ть что-л. в большо́м коли́честве 3) ингредие́нт, прибавля́емый к вину́ 4) *sl.* венери́ческая боле́знь, *особ.* гоноре́я
**2.** *v* 1) дава́ть лека́рство до́зами; дози́ровать 2) прибавля́ть (*спирт к вину*)
**dosimeter** [dəuˈsɪmɪtə] *n физ.* дози́метр
**doss** [dɔs] *жарг.* **1.** *n* 1) крова́ть, ко́йка (*в ночлежном доме*) 2) сон
**2.** *v* 1) ночева́ть (*в ночлежном доме*) 2) спать
**dossal** [ˈdɔsəl] *n церк.* за́навес за алтарём
**doss-house** [ˈdɔshaus] *n* ночле́жка
**dossier** [ˈdɔsɪeɪ] *фр. n* досье́; де́ло
**dossil** [ˈdɔsɪl] *n* 1) *мед.* тампо́н 2) *полигр.* поду́шечка для стира́ния кра́ски
**dost** [dʌst] *уст. 2-е л. ед. ч. настоящего времени гл.* to do
**dot I** [dɔt] **1.** *n* 1) то́чка (*тж. в азбуке Морзе*) 2) пя́тнышко 3) кро́шечная вещь; a ~ of a child кро́шка, малю́тка 4) *муз.* то́чка для удлине́ния предше́ствующей но́ты ◊ to a ~ до мельча́йших подро́бностей; то́чно; to come on the ~ *разг.* (прийти́) мину́та в мину́ту; off one's ~ *жарг.* чо́кнутый
**2.** *v* 1) ста́вить то́чки 2) отмеча́ть пункти́ром 3) усе́ивать ◊ to ~ the i's and cross the t's ста́вить то́чки над i, уточня́ть все дета́ли; to ~ and carry one переноси́ть в сле́дующий разря́д (*при сложении*)
**dot II** [dɔt] *n* прида́ное
**dotage** [ˈdəutɪdʒ] *n* 1) ста́рческое слабоу́мие; to be in one's ~ впасть в де́тство 2) слепа́я любо́вь; обожа́ние
**dot and carry one** [ˈdɔtənˈkærɪwʌn] *n* 1) перено́с в сле́дующий разря́д (*при сложении*) 2) *шутл.* учи́тель арифме́тики
**dot-and-dash** [ˈdɔtənˈdæʃ] *a:* ~ code а́збука Мо́рзе
**dot and go one** [ˈdɔtənˈgəuwʌn] **1.** *n* 1) ковыля́ющая похо́дка 2) кале́ка на деревя́нной ноге́
**2.** *v* хрома́ть, ковыля́ть
**dotard** [ˈdəutəd] *n* вы́живший из ума́ стари́к; ста́рый дура́к
**dote** [dəut] *v* люби́ть до безу́мия (on, upon)
**doth** [dʌθ] *v уст. 3-е л. ед. ч. настоящего времени гл.* to do
**doting** [ˈdəutɪŋ] **1.** *pres. p. от* dote
**2.** *a* 1) страда́ющий ста́рческим слабоу́мием 2) си́льно лю́бящий, о́чень пре́данный
**dotted line** [ˈdɔtɪdlaɪn] *n* 1) пункти́рная ли́ния, пункти́р 2) предполага́емая ли́ния поведе́ния ◊ sign on the ~ сра́зу согласи́ться
**dotterel** [ˈdɔtrəl] *n* 1) ржа́нка (*птица*) 2) *диал.* простофи́ля
**dottle** [ˈdɔtl] *n* оста́ток недоку́ренного табака́ в тру́бке
**dottrel** [ˈdɔtrəl] = dotterel
**dotty** [ˈdɔtɪ] *a* 1) усе́янный то́чками; то́чечный; 2) *разг.* нетвёрдый на нога́х 3) *разг.* рехну́вшийся
**doty** [ˈdəutɪ] *a* поражённый гнилью (*о древесине*)
**double** [ˈdʌbl] **1.** *n* 1) двойни́к 2) дублика́т, дубле́т 3) прототи́п 4) *pl спорт.* па́рные и́гры (*напр., в теннисе*); mixed ~s игра́ сме́шанных пар (*каждая из мужчины и женщины*) 5) круто́й поворо́т (*преследуемого зверя*); пе́тля (*зайца*) 6) изги́б (*реки*) 7) хи́трость 8) двойно́е коли́чество 9) *театр.* актёр, исполня́ющий в пье́се две ро́ли 10) *театр.* дублёр 11) *воен.* бе́глый шаг; to advance at the ~ наступа́ть бего́м; at the ~ ми́гом, бего́м
**2.** *a* 1) двойно́й, сдво́енный; па́рный; ~ chin двойно́й подборо́док; ~ bed двуспа́льная крова́ть 2) удво́енный; уси́ленный; ~ whisky двойно́е ви́ски; ~ brush *перен. разг.* язви́тельное замеча́ние; ~ speed удво́енная ско́рость; ~ feature *амер. театр.* представле́ние по расши́ренной програ́мме 3) двоя́кий 4) двойственный, двули́чный; двусмы́сленный; ~ game двойна́я игра́; двули́чие, лицеме́рие; to go in for (*или* to engage in) ~ dealing вести́ двойну́ю игру́ 5) *бот.* махро́вый
**3.** *v* 1) удва́ивать(ся); сдва́ивать; to ~ the work сде́лать двойну́ю рабо́ту; to ~ for smth. одновре́ме́нно служи́ть для чего́-л. друго́го; the indoors basketball court ~d for dances on week-ends баскетбо́льный зал по суббо́там испо́льзовался для та́нцев 2) скла́дывать вдво́е 3) сжима́ть (*кулак*) 4) *мор.* огиба́ть (*мыс*) 5) де́лать изги́б (*о реке*) 6) запу́тывать след, де́лать пе́тли (*о преследуемом звере*) 7) замеща́ть 8) *театр.* дубли́ровать роль 9) *театр.* исполня́ть в пье́се две

ро́ли; he's doubling the parts of a servant and a country labourer он исполня́ет роль слуги́ и роль батрака́ 10) *воен.* дви́гаться бе́глым ша́гом □ ~ **back** а) запу́тывать след (*о преследуемом звере*); б) убега́ть обра́тно по со́бственным следа́м; ~ **in** подогну́ть; загну́ть внутрь; ~ **up** скрю́чить(ся); сгиба́ться; ~d up with pain скрю́чившийся от бо́ли; his knees ~d up under him коле́ни у него́ подгиба́лись; ~ **upon** *мор.* обойти́, окружи́ть (*неприятельский флот*)

4. *adv* 1) вдвойне́, вдвое 2) вдвоём; to ride~ е́хать вдвоём на одно́й ло́шади ◇ he sees ~ у него́ двои́тся в глаза́х (*о пьяном*)

**double-acting** [ˈdʌblˌæktɪŋ] *a* двойно́го де́йствия (*о механизме*)

**double-barrelled** [ˈdʌblˌbærəld] *a* 1) двуство́льный; ~ gun двуство́лка 2) двусмы́сленный

**double-bass** [ˈdʌblˈbeɪs] *n муз.* контраба́с

**double-bedded** [ˈdʌblˌbedɪd] *a* 1) име́ющий две крова́ти *или* двуспа́льную крова́ть (*о комнате*) 2) двойно́й (*о номере в гостинице*)

**double-breasted** [ˈdʌblˈbrestɪd] *a* двубо́ртный (*о пиджаке и т. п.*)

**double-charge** [ˈdʌblˈʧɑːdʒ] *v* заряжа́ть двойны́м заря́дом

**double-cross** [ˈdʌblˈkrɔs] *v разг.* наду́ть, перехитри́ть

**double-dealer** ]ˈdʌblˈdiːlə] *n* обма́нщик; двуру́шник

**double-dealing** [ˈdʌblˈdiːlɪŋ] **1.** *n* двуру́шничество

2. *a* двуру́шнический

**double-decker** [ˈdʌblˈdekə] *n* 1) двухпа́лубное су́дно 2) *разг.* двухэта́жный трамва́й, авто́бус, тролле́йбус 3) *ав. разг.* бипла́н

**double-dyed** [ˈdʌblˈdaɪd] *a* 1) два ра́за окра́шенный; пропи́танный кра́ской 2) закорене́лый, матёрый; ~ scoundrel закорене́лый негодя́й

**double eagle** [ˈdʌblˈiːgl] *n* 1) *геральд.* двугла́вый орёл 2) *амер.* стари́нная золота́я моне́та в 20 до́лларов

**double-edged** [ˈdʌblˈedʒd] *a* 1) обоюдоо́стрый 2) допуска́ющий двойно́е толкова́ние (*о доводе и т. п.*)

**double entendre** [ˈduːblɑːŋˈtɑːŋdr] *фр. n* двусмы́сленное выраже́ние, двусмы́сленность

**double entry** [ˈdʌblˈentrɪ] *n ком.* двойна́я бухгалте́рия

**double-event** [ˈdʌblɪˌvent] *n спорт.* двоебо́рье

**double-faced** [ˈdʌblfeɪst] *a* 1) двули́чный; нейскренний 2) двусторо́нний (*о материи*) 3): ~ hammer *тех.* двубойко́вый мо́лот

**double-first** [ˈdʌblˈfəːst] *n* 1) око́нчивший англи́йский университе́т с дипло́мом пе́рвой сте́пени по двум специа́льностям 2) дипло́м пе́рвой сте́пени по двум специа́льностям

**double-handed** [ˈdʌblˌhændɪd] *a* 1) име́ющий две руки́ 2) снабжённый двумя́ рукоя́тками

**double-header** [ˈdʌblˌhedə] *n амер.* 1) по́езд на двойно́й тя́ге 2) два ма́тча, сы́гранные подря́д в оди́н день те́ми же кома́ндами

**double-hearted** [ˈdʌblˌhɑːtɪd] *a* двоеду́шный; вероло́мный

**double-lock** [ˈdʌbllɔk] *v* запере́ть, поверну́в ключ в замке́ два ра́за

**double-manned** [ˈdʌblˈmænd] *a воен., мор.* с удво́енным ли́чным соста́вом

**double meaning** [ˈdʌblˌmiːnɪŋ] *n* 1) двоя́кое значе́ние 2) двусмы́сленность

**double-meaning** [ˈdʌblˌmiːnɪŋ] *a* обма́нчивый, вводя́щий в заблужде́ние

**double-minded** [ˈdʌblˈmaɪndɪd] *a* 1) нереши́тельный, колеблю́щийся 2) двоеду́шный, фальши́вый

**double-natured** [ˈdʌblˈneɪʧəd] *a* дво́йственный

**double-quick** [ˈdʌblˈkwɪk] **1.** *a* о́чень бы́стрый

2. *adv* о́чень бы́стро; уско́ренным ма́ршем

3. *v амер.* 1) дви́гаться бе́глым ша́гом 2) приказа́ть дви́гаться бе́глым ша́гом

**double-reef** [ˈdʌblˈriːf] *v мор.* брать два ри́фа на па́русе

**double standard** [ˈdʌblˈstændəd] *n* двойна́я мора́ль; ра́зный подхо́д

**double-stop** [ˈdʌblˈstɔp] *v* прижа́ть две струны́ одновреме́нно (*при игре на скрипке и т. п.*)

**doublet** [ˈdʌblɪt] *n* 1) дублика́т; па́рная вещь 2) *лингв.* дубле́т 3) *охот.* дупле́т (*две птицы, убитые дуплетом*) 4) дупле́т (*в бильярде*) 5) *pl* одина́ковое число́ очко́в на двух костя́х, бро́шенных одновре́менно 6) *ист.* род камзо́ла XIV—XVII вв. 7) *радио* вибра́тор; дипо́ль

**double-talk** [ˈdʌbltɔːk] *n* лицеме́рие; лицеме́рная болтовня́

**double time** [ˈdʌbltaɪm] *n* уско́ренный марш

**double-tongued** [ˈdʌblˈtʌŋd] *a* лжи́вый

**doubletree** [ˈdʌbltriː] *n* крестови́на (*плуга и т. п.*)

**doubling** [ˈdʌblɪŋ] **1.** *pres. p. от* double 3

2. *n* 1) удвое́ние, сдва́ивание 2) повторе́ние, дубли́рование 3) внеза́пный поворо́т (*в беге*) 4) укло́нчивость; уло́вка; увёртки 5) *текст.* круче́ние, суче́ние 6) *attr.*: ~ effect *радио* э́хо

**doubloon** [dʌbˈluːn] *n ист.* дубло́н (*испанская золотая монета*)

**doublure** [duːˈblɔː] *фр. n* вну́тренняя сторона́ переплёта (*из кожи, парчи и т. п.*)

**doubly** [ˈdʌblɪ] *adv* 1) вдвойне́, вдво́е; to be ~ careful быть осо́бенно осторо́жным 2) двоя́ко 3) дво́йственно; нече́стно; to deal ~ вести́ двойну́ю игру́

**doubt** [daut] **1.** *n* сомне́ние; I have my ~s about him у меня́ на его́ счёт есть сомне́ния; the final outcome of this affair is still in ~ исхо́д э́того де́ла всё ещё не я́сен; to make ~ сомнева́ться; to make no ~ а) не сомнева́ться; быть уве́ренным; б) прове́рить; make no ~ about it не сомнева́йтесь в э́том, бу́дьте уве́рены; no ~, without ~, beyond ~ несомне́нно, вне сомне́ния; there is not a shadow of ~ нет ни мале́йшего сомне́ния

2. *v* 1) сомнева́ться, име́ть сомне́ния; быть неуве́ренным, колеба́ться 2) не доверя́ть, подозрева́ть; you surely don't ~ me вы, наде́юсь, мне доверя́ете

**doubtful** [ˈdautful] *a* 1) по́лный сомне́ний; сомнева́ющийся, колеблю́щийся; I am ~ what I ought to do я не зна́ю, что мне де́лать 2) нея́сный, неопределённый 3) сомни́тельный, вызыва́ющий подозре́ния, подозри́тельный; ~ character (*или* reputation) сомни́тельная репута́ция

**doubting** [ˈdautɪŋ] **1.** *pres. p. от* doubt 2

2. *a* сомнева́ющийся, колеблю́щийся ◇ ~ Thomas Фома́ неве́рный, скéптик

**doubtless** [ˈdautlɪs] **1.** *adv* 1) несомне́нно 2) *разг.* вероя́тно

2. *a поэт.* несомне́нный

**douce** [duːs] *a шотл.* споко́йный, степе́нный

**douceur** [duːˈsəː] *фр. n* 1) чаевы́е 2) взя́тка

**douche** [duːʃ] **1.** *n* 1) душ, облива́ние 2) промыва́ние ◇ to throw a cold ~ upon smb. расхола́живать кого́-л., вы́лить на кого́-л. уша́т холо́дной воды́

2. *v* 1) полива́ть из ду́ша; принима́ть душ; облива́ть(ся) водо́й 2) промыва́ть

**dough** [dəu] *n* 1) те́сто 2) па́ста, густа́я ма́сса 3) *жарг.* де́ньги ◇ my (our) cake is ~ моё (на́ше) де́ло пло́хо

**doughboy** [ˈdəubɔɪ] *n* 1) клёцка; по́нчик 2) *амер. жарг.* солда́т-пехоти́нец

**doughface** [ˈdəufeɪs] *n амер.* мягкоте́лый, слабохара́ктерный челове́к

**doughnut** [ˈdəunʌt] *n* по́нчик; жа́реный пирожо́к ◇ it is dollars to ~s *амер.* несомне́нно, наверняка́

**doughtily** [ˈdautɪlɪ] *adv* до́блестно, отва́жно

**doughtiness** [ˈdautɪnɪs] *n* до́блесть, отва́га, му́жество

**doughty** [ˈdautɪ] *a книжн. шутл.* сме́лый, отва́жный, хра́брый, му́жественный, до́блестный

**doughy** [ˈdəuɪ] *a* 1) тестообра́зный; пло́хо пропечённый 2) бле́дный (*о цвете лица*); одутлова́тый 3) тупо́й (*о человеке*)

**dour** [ˈduə] *a* суро́вый, стро́гий, непрекло́нный

**douse** [daus] *v* 1) окуна́ть(ся), погружа́ть(ся) в во́ду 2) бы́стро спуска́ть па́рус 3) туши́ть, гаси́ть; to ~ the glim *разг.* гаси́ть свет

**dove** [dʌv] *n* 1) го́лубь; голу́бка; ~ of peace го́лубь ми́ра 2) *ласк.* голу́бчик; голу́бушка 3) *амер. разг.* сторо́нник поли́тики ми́ра

**dove-colour** [ˈdʌvˌkʌlə] *n* си́зый цвет

**dove-cot(e)** [ˈdʌvkɔt] *n* голубя́тня ◇ to flutter the dove-cotes подня́ть переполо́х, переполоши́ть весь «куря́тник»

**dove-eyed** [ˈdʌvˈaɪd] *a* с неви́нным выраже́нием лица́, с кро́тким взгля́дом

**dove-like** [ˈdʌvlaɪk] *a* голуби́ный, не́жный, кро́ткий

**dovetail** [ˈdʌvteɪl] **1.** *n тех., стр.* ла́сточкин хвост, ла́па, шип

**2.** *v* 1) *стр.* вяза́ть в ла́пу 2) подгоня́ть, пло́тно прила́живать 3) согласо́вывать, увя́зывать 4) подходи́ть; соотве́тствовать, совпада́ть

**dowager** [ˈdauədʒə] *n* 1) вдова́ (*высокопоставленного лица*); the Queen ~ (the ~ duchess) вдо́вствующая короле́ва (герцоги́ня) 2) *разг.* вели́чественная престаре́лая да́ма

**dowdy** [ˈdaudɪ] **1.** *n* неря́шливо и немо́дно оде́тая же́нщина

**2.** *a* 1) неря́шливо и немо́дно оде́тый (*о женщине*) 2) немо́дный, неэлега́нтный (*о платье*)

**dowdyish** [ˈdaudɪɪʃ] *a* немо́дный, неэлега́нтный

**dowel** [ˈdauəl] *тех.* **1.** *n* дю́бель; штырь; шпо́нка, чека́

**2.** *v* скрепля́ть шпо́нками

**dower** [ˈdauə] **1.** *n* 1) вдо́вья часть (насле́дства) 2) прида́ное 3) приро́дный дар, тала́нт

**2.** *v* 1) оставля́ть насле́дство (*вдове*) 2) дава́ть прида́ное 3) наделя́ть тала́нтом (with)

**dower-chest** [ˈdauətʃest] *n* сунду́к (с прида́ным)

**dowlas** [ˈdauləs] *n* «до́улас», сорт про́чного коленко́ра *или* полотна́

**down I** [daun] *n* пух, пушо́к

**down II** [daun] *n* (*обыкн. pl*) холм, безле́сная возвы́шенность; the Downs гряда́ мелов́ых холмо́в в Южной Англии

**down III** [daun] **1.** *adv* 1) вниз; to climb ~ слеза́ть; to come ~ спуска́ться; to flow ~ стека́ть 2) внизу́; the sun is ~ со́лнце зашло́, се́ло; the blinds are ~ што́ры спу́щены; to hit a man who is ~ бить лежа́чего 3) до конца́, вплоть до; to read ~ to the last page дочита́ть до после́дней страни́цы; ~ to the time of Shakespeare вплоть до вре́мени, до эпо́хи Шекспи́ра 4) *означает уменьшение количества, размера; ослабление, уменьшение силы; ухудшение*: to boil ~ выкипа́ть, ува́риваться; to bring ~ the price снижа́ть це́ну; to be ~ ослабева́ть, снижа́ться; the temperature (the death-rate) is very much ~ температу́ра (сме́ртность) значи́тельно пони́зилась; to calm ~ успока́иваться; the quality of ale has gone ~ ка́чество пи́ва уху́дшилось; worn ~ with use изно́шенный 5) *означает движение от центра к периферии, из столицы в провинцию и т. п.*: to go ~ to the country е́хать в дере́вню; to go ~ to Brighton е́хать (*из Лондона*) в Бра́йтон 6) *амер. означает движение к центру города, в столицу, к югу*: trains going ~ поезда́, иду́щие в ю́жном направле́нии 7) *придаёт глаголам значение совершенного вида*: to write ~ записа́ть; to fall ~ упа́сть ◇ ~ and out в беспо́мощном состоя́нии; разорённый; потерпе́вший круше́ние в жи́зни; ~ in the mouth в уны́нии, в плохо́м настрое́нии; ~ on the nail сра́зу, неме́дленно; cash ~ де́ньги на бо́чку; ~ with! доло́й!; to be ~ with fever лежа́ть в жару́, в лихора́дке; to be ~, to be ~ at (*или* in) health хвора́ть, быть сла́бого здоро́вья; to come (*или* to drop) ~ on smb. набра́сываться на кого́-л., брани́ть кого́-л.; to face smb. ~ нагна́ть стра́ху на кого́-л. свои́м взгля́дом

**2.** *prep* вниз; (вниз) по; вдоль по; ~ the river вниз по реке́; ~ wind по ве́тру; to go ~ the road идти́ по доро́ге

**3.** *n* 1) (*обыкн. pl*) спуск 2) *разг.* неудово́льствие; напа́дки; to have a ~ on smb. име́ть зуб про́тив кого́-л. 3) *амер. спорт.* мяч вне игры́ (*в футболе и т. п.*)

**4.** *a* 1) напра́вленный книзу́; ~ grade укло́н железнодоро́жного пути́; *перен.* ухудше́ние 2): ~ train по́езд, иду́щий из столи́цы, из большо́го го́рода; ~ platform перро́н для поездо́в, иду́щих из столи́цы *или* из большо́го го́рода 3): ~ payment пе́рвый взнос (*напр., при покупке товаров в кредит*) 4) *спорт.* отста́ющий от проти́вника; he is one ~ он отста́л на одно́ очко́ ◇ to be ~ on smb. серди́ться на кого́-л.

**5.** *v разг.* 1) опуска́ть, спуска́ть 2) сбива́ть (*самолёт, человека*) 3) оси́ливать, одолева́ть; подчиня́ть 4) конча́ть (*с чем-л.*), разде́лываться ◇ to ~ tools прекрати́ть рабо́ту, забастова́ть

**downcast I** [ˈdaunkɑːst] *a* 1) опу́щенный вниз; поту́пленный (*о взгляде*) 2) удручённый, пода́вленный 3) нисходя́щий, напра́вленный вниз

**downcast II** [ˈdaunkɑːst] *n горн.* вентиляцио́нная ша́хта

**down-draught** [ˈdaunˈdrɑːft] *n тех.* ни́жняя тя́га

**downfall** [ˈdaunfɔːl] *n* 1) паде́ние; ги́бель; разоре́ние 2) ниспроверже́ние 3) ли́вень; си́льный снегопа́д; оса́дки

**down-grade** [ˈdaungreɪd] **1.** *n* 1) укло́н 2) упа́док

**2.** *v* понижа́ть (*в должности и т. п.*)

**down-hearted** [ˈdaunˈhɑːtɪd] *a* упа́вший ду́хом, уны́лый

**downhill** [ˈdaunˈhɪl] **1.** *n* 1) склон; ~ of life зака́т дней, зака́т жи́зни 2) *спорт.* скоростно́й спуск

**2.** *a* пока́тый, накло́нный

**3.** *adv* 1) вниз; по́д гору; под укло́н 2) на зака́те, в упа́дке; на скло́не; to go ~ ухудша́ться (*о здоровье, материальном положении*); *перен.* кати́ться по накло́нной пло́скости

**downiness** [ˈdaunɪnɪs] *n* пуши́стость; пушо́к

**Downing Street** [ˈdaunɪŋˈstriːt] *n* 1) Да́унинг-стрит (*улица в Лондоне, на которой помещается министерство иностранных дел и официальная резиденция премьера*) 2) *перен.* англи́йское прави́тельство

**downlead** [ˈdaunliːd] *n радио* анте́нный спуск

**downpour** [ˈdaunpɔː] *n* ли́вень

**downright** [ˈdaunraɪt] **1.** *a* 1) прямо́й, открове́нный, че́стный 2) я́вный; очеви́дный 3) отъя́вленный

**2.** *adv* соверше́нно, я́вно

**downstage** [ˈdaunsteɪdʒ] **1.** *a* 1) относя́щийся к авансце́не 2) *разг.* дру́жеский

**2.** *adv* 1) на авансце́не 2) на авансце́ну

**downstair** [ˈdaunˈstɛə] = downstairs 1

**downstairs** [ˈdaunˈstɛəz] **1.** *a* располо́женный в ни́жнем этаже́

**2.** *adv* 1) вниз; to go ~ спусти́ться, сойти́ вниз 2) внизу́; в ни́жнем этаже́

**downstream** [ˈdaunˈstriːm] **1.** *adv* вниз по тече́нию

**2.** *n гидр.* низова́я сторона́ плоти́ны, ни́жний бьеф

**downthrow** [ˈdaunθrəu] *n геол.* сброс, ни́жнее крыло́ сбро́са

**downtime** [ˈdauntaɪm] *n амер.* просто́й, вы́нужденное безде́йствие

**downtown** [ˈdauntaun] *амер.* **1.** *n* делова́я часть го́рода

**2.** *a* располо́женный в делово́й ча́сти го́рода

**3.** *adv* 1) в делово́й центр 2) в делово́й ча́сти го́рода

**downtrend** [ˈdauntrend] *n* тенде́нция к пониже́нию

**downtrodden** [ˈdaunˌtrɔdn] *a* 1) раста́птанный, вто́птанный 2) по́пранный, угнетённый

**downturn** [ˈdauntəːn] *n* 1) заги́б 2) *эк.* уменьше́ние, спад

**downward** [ˈdaunwəd] **1.** *a* спуска́ющийся; ухудша́ющийся; ~ tendency *полит.-эк.* понижа́тельная тенде́нция

**2.** *adv* вниз, книзу́

**downwards** [ˈdaunwədz] = downward 2

**downy I** [ˈdaunɪ] *a* 1) пуши́стый, мя́гкий как пух 2) пухо́вый 3) мя́гкий, не́жный; ~ bed мя́гкая посте́ль

**downy II** [ˈdaunɪ] *a* холми́стый

**downy III** [ˈdaunɪ] *a sl.* хи́трый, продувно́й

**dowry** [ˈdauərɪ] *n* 1) прида́ное 2) приро́дный тала́нт

**dowse** [dauz] *v* определя́ть нали́чие подпо́чвенных вод *или* минера́лов при по́мощи и́вового прута́ [*ср.* divining-rod]

**dowser** [ˈdauzə] *n* челове́к, определя́ющий прису́тствие подпо́чвенной воды́ *или* минера́лов при по́мощи и́вового прута́ [*ср.* divining-rod]

**dowsing-rod** [ˈdauzɪŋrɔd] = divining-rod

**doxy I** [ˈdɔksɪ] *n* 1) доктри́на, тео́рия 2) ве́рование

**doxy II** [ˈdɔksɪ] *n уст. жарг.* 1) проститу́тка; шлю́ха 2) ни́щенка; бродя́га

**doyen** [ˈdɔɪən] *фр. n* 1) дуайе́н, старшина́ (*дипломатического корпуса*) 2) старе́йшина, старшина́ (*корпорации*)

**doze** [dəuz] **1.** *n* 1) дремо́та 2) дря́блость (*древесины*)
2. *v* дрема́ть

**dozen** [ˈdʌzn] *n* 1) дю́жина; by the ~ дю́жинами 2) *pl* мно́жество, ма́сса ◇ baker's (*или* printer's, devil's, long) ~ чёртова дю́жина; daily ~ заря́дка; to talk nineteen to the ~ говори́ть без у́молку

**dozer** [ˈdəuzə] *сокр. от* bulldozer

**dozy** [ˈdəuzɪ] *a* со́нный, дре́млющий

**drab** I [dræb] **1.** *n* 1) ту́скло-кори́чневый цвет 2) пло́тная шерстяна́я ткань ту́скло-кори́чневого цве́та 3) се́рость, однообра́зие
2. *a* 1) ту́скло-кори́чневый; желтова́то-се́рый 2) ску́чный, бесцве́тный, однообра́зный; a ~ existence се́рые бу́дни, однообра́зие

**drab** II [dræb] *n* 1) неря́шливая же́нщина 2) проститу́тка

**drabbet** [ˈdræbɪt] *n* сорт гру́бого небелёного полотна́

**drabble** [ˈdræbl] *v* забры́згать(ся), замочи́ть(ся), испа́чкать(ся)

**Dracaena** [drəˈsiːnə] *n бот.* драко́нник, драко́ново де́рево

**drachm** [dræm] *n* 1) дра́хма (*древнегреческая монета*) 2) = dram 1); 3) небольшо́е коли́чество (*чего-л.*)

**drachma** [ˈdrækmə] *n* (*pl* -mae, -mas [-məz]) дра́хма (*денежная единица Греции*)

**drachmae** [ˈdrækmiː] *pl от* drachma

**Draco** [ˈdreɪkəu] *n* 1) *астр.* Драко́н (*созвездие*) 2) *зоол.* лету́чий драко́н (*ящерица*)

**Draconian, Draconic** [dreɪˈkəunjən, dreɪˈkɔnɪk] *a* драко́новский, суро́вый

**draff** [dræf] *n* 1) помо́и; отбро́сы 2) по́йло 3) барда́ (*отходы винокурения и пивоварения*) 4) дрянь

**draft** [drɑːft] **1.** *n* 1) чертёж, план; эски́з, рису́нок 2) прое́кт, набро́сок; чернови́к (*документа и т. п.*) 3) чек; тра́тта; получе́ние по че́ку; to make a ~ on a fund взять часть вкла́да с теку́щего счёта; *перен.* извле́чь вы́году, воспо́льзоваться (*дружбой, хорошим отношением, доверием*) 4) *ком.* ски́дка на прове́с 5) *см.* draught 1, 1); 6) *тех.* тя́га, дутьё 7) отбо́р (*особ. солдат*) для специа́льной це́ли; отря́д; подкрепле́ние 8) оса́дка (*судна*) 9) *воен.* набо́р, призы́в, вербо́вка 10) *attr.*: ~ treaty прое́кт догово́ра 11) *attr.*: ~ dodger лицо́, уклоня́ющееся от призы́ва на вое́нную слу́жбу
2. *v* 1) де́лать чертёж 2) составля́ть план, законопрое́кт 3) набра́сывать чернови́к 4) производи́ть отбо́р; выделя́ть (*солдат для определённой цели*) 5) цеди́ть, отце́живать

**draftee** [ˌdrɑːfˈtiː] *n* призывни́к

**drafter** [ˈdrɑːftə] *n* ломова́я ло́шадь, упряжна́я ло́шадь

**drafting** [ˈdrɑːtɪŋ] **1.** *pres. p. от* draft 2
2. *n* 1) составле́ние (*документа, законопроекта*); the ~ of this clause is very obscure формулиро́вка э́того пу́нкта нея́сна́, о́чень нечётка 2) черче́ние 3) *attr.* чертёжный; ~ room *амер.* чертёжная; ~ paper чертёжная бума́га 4) *attr.*: ~ committee редакцио́нная коми́ссия

**draftsman** [ˈdrɑːftsmən] *n* 1) чертёжник 2) рисова́льщик 3) состави́тель докуме́нта, а́втор законопрое́кта

**draftsmanship** [ˈdrɑːftsmənʃɪp] *n* черче́ние, иску́сство черче́ния

**drag** [dræg] **1.** *n* 1) дра́га; ко́шка; землечерпа́лка 2) тяжёлая борона́ 3) то́рмоз, тормозно́й башма́к 4) торможе́ние, заде́ржка движе́ния; ме́дленное движе́ние 5) обу́за; бре́мя; to be a ~ on a person быть для кого́-л. обу́зой 6) экипа́ж, запряжённый четвёркой, с сиде́ньями внутри́ и наверху́ 7) бре́день, не́вод 8) *охот.* след (*зверя*); за́пах (*оставленный пахучей приманкой*) 9) *ав., авто* лобово́е сопротивле́ние 10) *амер.* проте́кция, блат 11) *разг.* затя́жка; she took a long ~ on (*или* to) her cigarette она́ затяну́лась папиро́сой
2. *v* 1) (с уси́лием) тащи́ть(ся), волочи́ть(ся); тяну́ть; to ~ one's feet а) волочи́ть но́ги; б) неохо́тно, лени́во де́лать что-л. 2) тяну́ться 3) отстава́ть 4) борони́ть (*поле*) 5) чи́стить дно (*реки, озера, пруда*) дра́гой 6) букси́ровать □ ~ **in** *разг.* а) втащи́ть; вовле́чь; б) притяну́ть; to ~ in by the head and shoulders ≅ притяну́ть за́ уши (*довод и т. п.*); ~ **on** продолжа́ть всё то же; ску́чно тяну́ться (*о времени, жизни*); ~ **out** а) выта́скивать; б) растя́гивать (*рассказ и т. п.*); тяну́ть, ме́длить; ~ **up** *разг.* пло́хо воспи́тывать

**dragée** [drɑːˈʒeɪ] *фр. n* драже́

**draggle** [ˈdrægl] *v* 1) волочи́ть(ся); тащи́ть(ся) по гря́зи 2) испа́чкать, выва́лять в грязи́ 3) тащи́ться в хвосте́ 4) ме́длить

**draggle-tail** [ˈdrægltеɪl] *n* 1) *pl* замы́зганный подо́л 2) неря́ха, замара́шка

**dragline** [ˈdræglaɪn] *n тех.* дра́глайн, скребко́вый экскава́тор

**drag-net** [ˈdrægnet] *n* 1) бре́день, не́вод 2) сеть для ло́вли птиц

**dragoman** [ˈdrægəumən] *n* (*pl* -mans [-mənz], -men) драгома́н, перево́дчик (*на Востоке*)

**dragon** [ˈdrægən] *n* 1) драко́н 2) о́чень стро́гий челове́к; дуэ́нья 3) (D.) *астр.* Драко́н (*созвездие*) 4) *зоол.* лету́чий драко́н (*ящерица*) 5) караби́н 6) караби́не́р 7) *воен.* артиллери́йский тра́ктор «Дрэ́гон»

**dragon-fly** [ˈdrægənflaɪ] *n* стрекоза́

**dragon's-blood** [ˈdrægənzblʌd] *n* драко́нова кровь (*красная смола драконова и некоторых других деревьев*)

**dragon's teeth** [ˈdrægənztiːθ] *n* 1) *воен.* противота́нковые на́долбы 2) *миф.* зу́бы драко́на

**dragon-tree** [ˈdrægəntriː] *n* драко́ново де́рево, драко́нник

**dragoon** [drəˈguːn] **1.** *n воен.* драгу́н
2. *v* 1) посыла́ть кара́тельную экспеди́цию 2) принужда́ть си́лой (*тж. шутл.*)

**drain** [dreɪn] **1.** *n* 1) дрена́ж; дрена́жная кана́ва 2) канализацио́нная труба́ 3) водосто́к, водоотво́д 4) *мед.* дрена́жная тру́бка 5) вытека́ние 6) постоя́нная уте́чка; расхо́д; истоще́ние; ~ of specie from a country уте́чка валю́ты из страны́; it is a great ~ on my health э́то о́чень истоща́ет моё здоро́вье 7) *разг.* глото́к 8) *attr.*: ~ cock (*или* valve) спускно́й кран
2. *v* 1) дрени́ровать, осуша́ть (*почву*) 2): the river ~s the whole region река́ собира́ет во́ды всей окру́ги 3) проводи́ть канализа́цию; this house is well (badly) ~ed в до́ме хоро́шая (плоха́я) канализа́ция 4) стека́ть (*в реку*); сочи́ться, проса́чиваться 5) суши́ть; to ~ dishes суши́ть посу́ду (*после мытья*) 6) дрени́ровать (*рану*) 7) фильтрова́ть 8) осуша́ть, пить до дна (*тж.* ~ dry, ~ to the dregs) 9) истоща́ть (*силы, средства*); to ~ smb. of money лиши́ть кого́-л. де́нег

**drainage** [ˈdreɪnɪdʒ] *n* 1) дрена́ж; осуше́ние; сток 2) канализа́ция 3) *мед.* дрени́рование (*раны*) 4) нечисто́ты

**drainage-basin** [ˈdreɪnɪdʒˌbeɪsn] *n* бассе́йн (*реки*)

**drainage-tube** [ˈdreɪnɪdʒtjuːb] *n мед.* дрена́жная тру́бка

**drain-away** [ˈdreɪnəˌweɪ] **1.** *n* «уте́чка мозго́в» (*о переманивании учёных, специалистов*)
2. *v* перема́нивать (*учёных, специалистов*)

**drain-ditch** [ˈdreɪndɪtʃ] *n* водосто́чная кана́ва

**drake** I [dreɪk] *n* се́лезень

**drake** II [dreɪk] *n* 1) му́ха-подёнка (*употр. как наживка при ужении*) 2) стари́нная небольша́я пу́шка 3) стари́нная скандина́вская гале́ра с изображе́нием драко́на на носу́

**dram** [dræm] *n* 1) дра́хма ($^1/_8$ *унции в аптекарском весе*, $^1/_{16}$ *унции в торговом весе*) 2) глото́к спиртно́го; he is fond of a ~ он лю́бит вы́пить

**drama** [ˈdrɑːmə] *n* дра́ма

**dramatic** [drəˈmætɪk] *a* 1) драмати́ческий 2) драмати́чный 3) мелодрамати́ческий; театра́льный; актёрский; де́ланный 4) волну́ющий, впечатля́ющий, эффе́ктный 5) рази́тельный, броса́ющийся в глаза́; a ~ change рази́тельная переме́на

**dramatics** [drəˈmætɪks] *n pl* (*употр. как sing и как pl*) 1) драмати́ческое иску́сство 2) драмати́ческое произведе́ние 3) представле́ние, спекта́кль (*особ. любительский*) 4) исте́рика; she goes in for ~ она́ зака́тывает исте́рики

**dramatis personae** [ˈdrɑːmətɪspəːˈsəunaɪ] *лат. n pl* (*часто употр. как sing*) де́йствующие ли́ца (*пьесы*); спи́сок де́йствующих лиц

**dramatist** [ˈdræmətɪst] *n* драмату́рг

**dramatization** [ˌdræmətaɪˈzeɪʃən] *n* драматиза́ция; инсцениро́вка

**dramatize** [ˈdræmətaɪz] *v* 1) драматизи́ровать; инсцени́ровать (*литературное произведение*) 2) годи́ться для переде́лки в дра́му 3) преувели́чивать; разы́грывать траге́дию; сгуща́ть кра́ски

**dramaturge** [ˈdræmətə:dʒ] = dramatist

**dramaturgic** [ˌdræməˈtə:dʒɪk] *a* драматурги́ческий

**dramaturgist** [ˈdræmətə:dʒɪst] = dramatist

**dramaturgy** [ˈdræmətə:dʒɪ] *n* драматурги́я

**dram-drinker** [ˈdræmˌdrɪŋkə] *n* пья́ница

**dram-shop** [ˈdræmʃɔp] *n* бар; пивна́я

**drank** [dræŋk] *past от* drink 2

**drape** [dreɪp] **1.** *n* 1) портье́ра, драпиро́вка 2) обо́йный материа́л

**2.** *v* 1) драпирова́ть, украша́ть тка́нями, за́навесями 2) надева́ть широ́кую оде́жду так, что́бы она́ ложи́лась изя́щными скла́дками

**draper** [ˈdreɪpə] *n* торго́вец мануфакту́рными това́рами

**drapery** [ˈdreɪpərɪ] *n* 1) драпиро́вка 2) тка́ни 3) магази́н тка́ней

**drastic** [ˈdræstɪk] *a* 1) сильноде́йствующий (*о лекарстве*) 2) реши́тельный, круто́й; радика́льный; ~ changes коренны́е измене́ния

**drat** [dræt] *int груб.* провали́сь ты!, пропади́ ты про́падом!

**D-ration** [ˈdi:ˈræʃən] *n амер.* авари́йный паёк

**dratted** [ˈdrætɪd] *a груб.* проклятый

**draught** [drɑ:ft] **1.** *n* 1) тя́га во́здуха; сквозня́к 2) наце́живание; beer on ~ пи́во из бо́чки 3) глото́к; to drink at a ~ вы́пить за́лпом 4) заки́дывание не́вода; одна́ заки́дка не́вода; уло́в 5) до́за жи́дкого лека́рства; black ~ слаби́тельное из александри́йского листа́ и магне́зии 6) *мор.* оса́дка, водоизмеще́ние (*судна*) 7) *pl* ша́шки (*игра*) 8) тя́га; у́пряжь; beasts of ~ живо́е тя́гло, рабо́чий скот 9) *attr.* тя́говый; ~ animal рабо́чий скот; ~ horse ломова́я ло́шадь 10) *attr.*: ~ beer бочково́е пи́во; [*см. тж.* draft 1] ◇ to feel the ~ *разг.* находи́ться в неблагоприя́тных усло́виях (*обыкн. о денежных затруднениях*)

**2.** *v редк.* = draft 2

**draughtboard** [ˈdrɑ:ftbɔ:d] *n* ша́шечная доска́

**draughtsman** [ˈdrɑ:ftsmən] *n* 1) = draftsman 2) ша́шка (*в игре*)

**draughtsmanship** [ˈdrɑ:ftsmənʃɪp] = draftsmanship

**draughty** [ˈdrɑ:ftɪ] *a* располо́женный на сквозняке́

**draw** [drɔ:] **1.** *n* 1) тя́га; вытя́гивание 2) жеребьёвка; лотере́я 3) жре́бий; вы́игрыш 4) то, что привлека́ет, нра́вится; прима́нка; the play is a ~ э́та пье́са име́ет успе́х 5) игра́ вничью́, ничья́ 6) замеча́ние, име́ющее це́лью вы́пытать что-л.; наводя́щий вопро́с; a sure ~ замеча́ние, кото́рое обяза́тельно заста́вит друго́го проговори́ться 7) *стр.* разводна́я часть мо́ста 8) *бот.* молодо́й побе́г 9) *амер.* выдвижно́й я́щик комо́да ◇ he is quick on the ~ он сра́зу хвата́ется за ору́жие

**2.** *v* (drew; drawn) 1) тащи́ть, волочи́ть; тяну́ть; натя́гивать; to ~ wire тяну́ть про́волоку; to ~ a parachute раскры́ть парашю́т; to ~ bridle (*или* rein) натя́гивать пово́дья, остана́вливать ло́шадь; *перен.* остана́вливаться; сде́рживаться; сокраща́ть расхо́ды 2) натя́гивать, надева́ть (*шапку; тж.* ~ on) 3) тяну́ть, броса́ть (*жребий*); they drew for places они́ бро́сили жре́бий, кому́ где сесть 4) выта́скивать, выдёргивать; вырыва́ть; to ~ the sword обнажи́ть шпа́гу; *перен.* нача́ть войну́; to ~ the knife угрожа́ть ножо́м 5) задёргивать; to ~ the curtain поднима́ть *или* опуска́ть за́навес; *перен.* скрыва́ть *или* выставля́ть напока́з (*что-л.*) 6) искажа́ть; a face drawn with pain лицо́, искажённое от бо́ли 7) получа́ть (*деньги и т. п.*); to ~ a prize получи́ть приз 8) добыва́ть (*сведения, информацию*); че́рпать (*вдохновение и т. п.*) 9) потроши́ть; to ~ a fowl потроши́ть пти́цу 10) име́ть тя́гу; the chimney ~s well в трубе́ хоро́шая тя́га 11) наста́ивать (-ся) (*о чае*) 12) привлека́ть (*внимание, интерес*); I felt drawn to him меня́ потяну́ло к нему́; the play still ~s пье́са всё ещё де́лает сбо́ры 13) навлека́ть; to ~ troubles upon oneself навлека́ть на себя́ беду́ 14) вызыва́ть (*на разговор, откровенность и т. п.*); to ~ no reply не получи́ть отве́та 15) вызыва́ть (*слёзы, аплодисменты*) 16) пуска́ть (*кровь*) 17) вдыха́ть, втя́гивать, вбира́ть; to ~ a sigh вздохну́ть; to ~ a breath передохну́ть; to ~ a deep breath сде́лать глубо́кий вздох 18) выводи́ть (*заключение*); to ~ conclusions де́лать вы́воды 19) проводи́ть (*различие*) 20) черти́ть, рисова́ть; проводи́ть ли́нию, черту́; to ~ the line (at) поста́вить (*себе или другому*) преде́л 21) составля́ть, оформля́ть (*документ*); выпи́сывать (*чек; часто* ~ out, ~ up) 22) приближа́ться, подходи́ть; to ~ to a close подходи́ть к концу́ 23) конча́ть (*игру*) вничью́ 24) сиде́ть в воде́ (*о судне*); this steamer ~s 12 feet э́тот парохо́д име́ет оса́дку в 12 фу́тов 25) *карт.* брать ка́рты из коло́ды 26) *тех.* отпуска́ть (*сталь*); зака́ливать 27) *тех.* вса́сывать, втя́гивать; □ ~ **aside** отводи́ть в сто́рону; ~ **away** а) уводи́ть; б) отвлека́ть; в) *спорт.* оторва́ться от проти́вника; ~ **back** отступа́ть; выходи́ть из де́ла, предприя́тия, игры́; ~ **down** а) спуска́ть (*штору, занавес*); б) навлека́ть (*гнев, неудовольствие и т. п.*); в) втяну́ть; затяну́ться (*папиросой и т. п.*): ~ **in** а) вовлека́ть, б) сокраща́ть (*расходы и т. п.*); в) бли́зиться к концу́ (*о дне*); сокраща́ться (*о днях*); г): to ~ in on a cigarette затяну́ться папиро́сой; ~ **off** а) отвлека́ть; б) отводи́ть (*воду*); в) оття́гивать (*войска*); г) отступа́ть (*о войсках*); д) снима́ть, стя́гивать (*сапоги, перчатки и т. п.*); ~ **on** а) натя́гивать, надева́ть (*перчатки и т. п.*); б) = ~ down б); в) наступа́ть, приближа́ться; autumn is ~ing on о́сень приближа́ется; г) че́рпать, заимствова́ть; ~ **out** а) вытя́гивать, выта́скивать; б) выводи́ть (*войска*); в) отряжа́ть, откомандиро́вывать; г) набра́сывать; to ~ out a scheme наброса́ть план; д) вызыва́ть на разгово́р, допы́тываться; е) затя́гиваться, продолжа́ться; the speech drew out interminably речь тяну́лась без конца́; ~ **over** перема́нивать на свою́ сто́рону; ~ **round** собира́ться вокру́г (*стола, огня, ёлки и т. п.*); ~ **up** а) составля́ть (*документ*); б) остана́вливаться; the carriage drew up before the door экипа́ж останови́лся у подъе́зда; в) *refl.* подтяну́ться; вы́прямиться; г) *воен.* выстра́ивать(ся); ~ **upon** че́рпать, брать (*из средств, фонда и т. п.*) ◇ to ~ amiss *охот.* идти́ по ло́жному сле́ду; to ~ a bow at a venture сде́лать *или* сказа́ть *что-л.* наута́д; случа́йным замеча́нием попа́сть в то́чку; to ~ the cloth убира́ть со стола́ (*особ. перед десертом*); to ~ the (enemy's) fire (upon oneself) вызвать ого́нь на себя́; ~ it mild! *разг.* не преувели́чивай(те)!; to ~ one's pen against smb. вы́ступить в печа́ти про́тив кого́-л.; to ~ the teeth off ≅ вы́рвать жа́ло у змей; обезвре́дить, to ~ to a head а) нарыва́ть (*о фурункуле*); б) назрева́ть; достига́ть апоге́я; to ~ the wool over smb.'s eyes вводи́ть кого́-л. в заблужде́ние; втира́ть очки́

**drawback** [ˈdrɔ:bæk] *n* 1) препя́тствие; поме́ха 2) недоста́ток, отрица́тельная сторона́ 3) *ком.* возвра́тная по́шлина 4) усту́пка (*в цене*)

**drawbar** [ˈdrɔ:bɑ:] *n* 1) *ж.-д.* тя́говый сте́ржень (*паровоза, вагона*) 2) упряжна́я тя́га

**drawbridge** [ˈdrɔ:brɪdʒ] *n* подъёмный мост, разводно́й мост

**drawee** [drɔ:ˈi:] *n фин.* трасса́т

**drawer** I [ˈdrɔ:ə] *n* 1) чертёжник; рисова́льщик 2) состави́тель (*документа*)

**drawer** II [ˈdrɔ:ə] *n фин.* трасса́нт

**drawer** III [ˈdrɔ:] *n* (выдвижно́й) я́щик (*стола, комода*)

**drawer** IV [ˈdrɔ:ə] *n* буфе́тчик

**drawers** [drɔ:z] *n pl* кальсо́ны, подшта́нники, трусы́ (*тж.* a pair of ~)

**drawing** [ˈdrɔ:ɪŋ] **1.** *pres. p. от* draw 2

**2.** *n* 1) рисова́ние; черче́ние (*тж.* mechanical ~); out of ~ нарисо́ванный с наруше́нием перспекти́вы 2) рису́нок 3) *тех.* волоче́ние (*проволоки*), вытя́гивание, протя́гивание; прока́тка 4) щепо́тка ча́я для зава́рки

**drawing-bench** [ˈdrɔ:ɪŋbentʃ] *n тех.* волочи́льный стано́к

**drawing-block** [ˈdrɔ:ɪŋblɔk] *n* тетра́дь, блокно́т для рисова́ния

**drawing-board** [ˈdrɔ:ɪŋbɔ:d] *n* чертёжная доска́

**drawing card** [ˈdrɔ:ɪŋkɑ:d] *n* гвоздь програ́ммы

**drawing-knife** [ˈdrɔ:ɪŋnaɪf] *n* струг, ско́бель

**drawing-machine** ['drɔːɪŋmə,ʃiːn] *n* *тех.* 1) волочи́льная маши́на 2) подъёмная лебёдка 3) чертёжные приспособле́ния

**drawing-pad** ['drɔːɪŋpæd] *n* блокно́т для рисова́ния

**drawing-paper** ['drɔːɪŋ,peɪpə] *n* рисова́льная бума́га; чертёжная бума́га

**drawing-pen** ['drɔːɪŋpen] *n* рейсфе́дер

**drawing-pin** ['drɔːɪŋpɪn] *n* чертёжная *или* канцеля́рская кно́пка

**drawing-room** I ['drɔːɪŋrum] *n* 1) гости́ная 2) *амер.* купе́ в сало́н-ваго́не 3) *attr.*: ~ comedy сало́нная пье́са

**drawing-room** II ['drɔːɪŋrum] *n* чертёжный зал, чертёжная

**drawing scale** ['drɔːɪŋskeɪl] *n* масшта́бная лине́йка

**drawl** [drɔːl] **1.** *n* протя́жное произноше́ние, медли́тельность ре́чи

**2.** *v* растя́гивать слова́, произноси́ть с подчёркнутой медли́тельностью

**drawn** [drɔːn] **1.** *p. p. от* draw 2

**2.** *a* 1) нерешённый, с нея́сным исхо́дом (*о сражении и т. п.*); зако́нчившийся вничью́ 2) оття́нутый наза́д; отведённый 3) обнажённый (*о шпаге и т. п.*) 4) расто́пленный; ~ butter топлёное ма́сло 5) искажённый; ~ face искажённое лицо́ 6) *горн.* вы́работанный

**drawn-out** ['drɔːnaut] *a* дли́тельный, продолжи́тельный

**draw-plate** ['drɔːpleɪt] *n* *тех.* волочи́льная доска́

**draw-tongs** ['drɔːtɔŋz] *n pl* (*иногда употр. как sing*) *тех.* клещи́ для натя́гивания проводо́в

**draw-vice** ['drɔːvaɪs] = draw-tongs

**draw-well** ['drɔːwel] *n* коло́дец (с ведро́м на верёвке)

**dray** [dreɪ] *n* подво́да, теле́га

**dray-horse** ['dreɪhɔːs] *n* ломова́я ло́шадь

**drayman** ['dreɪmən] *n* ломово́й изво́зчик

**dread** [dred] **1.** *n* 1) страх, боя́знь; опасе́ние; to have a ~ of smth. боя́ться чего́-л. 2) то, что порожда́ет страх; пу́гало

**2.** *v* страши́ться, боя́ться; опаса́ться

**3.** *a уст., поэт.* ужа́сный, стра́шный

**dreadful** ['dredful] **1.** *a* 1) ужа́сный, стра́шный 2) *разг.* о́чень плохо́й, отврати́тельный

**2.** *n ист.* сенсацио́нный рома́н у́жасов (*тж.* penny ~)

**dreadnought** ['drednɔːt] *n* 1) *мор.* дредно́ут 2) то́лстое сукно́ (*для пальто*); пальто́ из то́лстого сукна́

**dream** [driːm] **1.** *n* 1) сон, сновиде́ние; to go to one's ~s ложи́ться спать, засну́ть; to see a ~ ви́деть сон 2) мечта́; грёза; the land of ~s ца́рство грёз 3) виде́ние ◇ ~s go by opposites наяву́ всё наоборо́т

**2.** *v* (dreamt, dreamed [-d]) 1) ви́деть сны, ви́деть во сне 2) мечта́ть, гре́зить, вообража́ть (of) 3) ду́мать, помышля́ть (*в отрицательных предложениях*); I shouldn't ~ of doing such a thing я бы и не поду́мал сде́лать что-л. подо́бное □ ~ **away**: to ~ away one's life проводи́ть жизнь в мечта́х; ~ **up** *разг.* выду́мывать, фантази́ровать; приду́мывать

**dreamer** ['driːmə] *n* 1) мечта́тель 2) фантазёр

**dream-hole** ['driːmhəul] *n* отве́рстие для све́та (*в башне, колокольне и т. п.*)

**dreamily** ['driːmɪlɪ] *adv* мечта́тельно; как во сне

**dream-land** ['driːmlænd] *n* ска́зочная страна́, мир грёз

**dreamless** ['driːmlɪs] *a* без сновиде́ний

**dreamlike** ['driːmlaɪk] *a* 1) ска́зочный 2) при́зрачный

**dreamt** [dremt] *past и p. p. от* dream 2

**dream-world** ['driːmwəːld] = dream-land

**dreamy** ['driːmɪ] *a* 1) мечта́тельный, непракти́чный 2) ска́зочный, при́зрачный 3) нея́сный; сму́тный 4) *поэт.* по́лный сновиде́ний

**drear** [drɪə] *поэт. см.* dreary

**dreary** ['drɪərɪ] *a* 1) мра́чный, тосkли́вый; отча́янно ску́чный 2) печа́льный, гру́стный

**dredge** I [dredʒ] **1.** *n* 1) *тех.* землечерпа́лка, дра́га, экскава́тор 2) сеть для выла́вливания у́стриц 3) *хим.* взвесь 4) *горн.* ху́дшая часть руды́ (*после отборки*)

**2.** *v* 1) производи́ть дноуглуби́тельные рабо́ты, углубля́ть; драги́ровать 2) лови́ть у́стриц се́тью

**dredge** II [dredʒ] *v* посыпа́ть (*мукой, сахаром и т. п.*)

**dredger** I ['dredʒə] *n* 1) землечерпа́лка, экскава́тор 2) дра́гер; у́стричное су́дно

**dredger** II ['dredʒə] *n* сосу́д с ма́ленькими ды́рочками в кры́шке для посыпа́ния (*мукой, сахаром и т. п.*)

**dree** [driː] *v уст.* страда́ть, терпе́ть; to ~ one's weird покоря́ться судьбе́

**dreg** [dreg] *n* 1) *pl* оса́док; отбро́сы; to drink to the ~s вы́пить до дна; ~s of society подо́нки о́бщества 2) *хим.* отсто́й, муть

**dreggy** ['dregɪ] *a* содержа́щий оса́док *или* нечисто́ты; му́тный

**drench** [drentʃ] **1.** *n* 1) промока́ние 2) ли́вень 3) до́за лека́рства (*для животных*)

**2.** *v* 1) сма́чивать, мочи́ть, прома́чивать насквозь; ороша́ть 2) влива́ть лека́рство (*животным*)

**drencher** ['drentʃə] *n* 1) ли́вень 2) приспособле́ние для влива́ния лека́рства (*животным*)

**Dresden** ['drezdən] *n* дре́зденский фарфо́р (*тж.* ~ china)

**dress** [dres] **1.** *n* 1) пла́тье; оде́жда; evening ~ фрак; смо́кинг; вече́рнее пла́тье; ба́льный туале́т; morning ~ а) дома́шний костю́м; б) визи́тка; the (*или* a) ~ да́мское наря́дное пла́тье 2) вне́шний покро́в; одея́ние; опере́ние 3) *attr.* пара́дный (*об одежде*) 4) *attr.* пла́тельный; ~ goods тка́ни для пла́тьев, пла́тельные тка́ни

**2.** *v* 1) одева́ть(ся) 2) наряжа́ть(-ся); украша́ть(ся); to ~ a shop window убира́ть витри́ну; the ballet will be newly ~ed бале́т бу́дет поста́влен в но́вых костю́мах; to ~ for dinner (пере)одева́ться к обе́ду 3) причёсывать, де́лать причёску 4) чи́стить (*лошадь*) 5) перевя́зывать (*рану*) 6) приготовля́ть; приправля́ть (*кушанье*) 7) разде́лывать (*тушу*) 8) унаво́живать, удобря́ть (*почву*); обраба́тывать (*землю*) 9) выде́лывать (*кожу*) 10) выра́внивать; ровня́ть 11) шлифова́ть (*камень*) 12) обтёсывать, строга́ть (*доски*) 13) *мор.* расцве́чивать (*флагами*) 14) *воен.* равня́ться; выра́внивать(ся); ~! равня́йсь!; right (left) ~! напра́во (нале́во) равня́йсь! 15) *горн.* обогаща́ть (*руду*) 16) *текст.* аппрети́ровать 17) подреза́ть, подстрига́ть (*деревья, растения*) □ ~ **down** *разг.* зада́ть головомо́йку, отруга́ть; ~ **out** укра-ша́ть; наряжа́ть(ся) ~ **up** а) изы́сканно одева́ть(ся); б) надева́ть маскара́дный костю́м

**dressage** ['dresɑːʒ] *фр. n* 1) объе́здка лошаде́й 2) *attr.*: ~ tests про́бные испыта́ния, вы́водка лошаде́й

**dress cap** ['dreskæp] *n амер. воен.* фо́рменная фура́жка

**dress-circle** ['dres'səːkl] *n* *театр.* бельэта́ж

**dress coat** ['dres'kəut] *n* 1) фрак 2) *воен.* пара́дный мунди́р

**dresser** I ['dresə] *n* 1) оформи́тель витри́н 2) хирурги́ческая сестра́ 3) *театр.* костюме́р 4) коже́вник 5) *горн.* сортиро́вщик; обогати́тель 6) *амер.* челове́к одева́ющийся со вку́сом; франт (*тж.* smart ~)

**dresser** II ['dresə] *n* 1) ку́хонный стол с по́лками для посу́ды 2) ку́хонный шкаф для посу́ды 3) *амер.* туале́тный сто́лик, туале́т

**dress-guard** ['dresgɑːd] *n* предохрани́тельная се́тка (*на дамском велосипеде*)

**dressing** ['dresɪŋ] **1.** *pres. p. от* dress 2

**2.** *n* 1) одева́ние 2) украше́ние, убра́нство 3) отде́лка, очи́стка; шлифо́вка 4) перевя́зочный материа́л 5) припра́ва (*к рыбе, салату*) 6) удобре́ние 7) *воен.* равне́ние 8) *текст.* шлихтова́ние; аппрети́рование 9) *горн.* обогаще́ние (*руды*) 10) = dressing down

**dressing-bag** ['dresɪŋbæg] = dressing-case

**dressing-bell** ['dresɪŋbel] *n* звоно́к, приглаша́ющий переоде́ться к обе́ду

**dressing-case** ['dresɪŋkeɪs] *n* 1) несессе́р 2) я́щик для перевя́зочного материа́ла

**dressing down** ['dresɪŋ'daun] *n разг.* вы́говор, по́рка; to give a good ~ зада́ть хоро́шую головомо́йку

**dressing-gown** ['dresɪŋgaun] *n* хала́т, пеньюа́р

**dressing-room** ['dresɪŋrum] *n* туале́тная ко́мната; гардеро́бная

**dressing station** ['dresɪŋ,steɪʃən] *n воен.* перевя́зочный пункт

**dressing-table** ['dresɪŋ,teɪbl] *n* туале́тный сто́лик

**dressmaker** [ˈdresˌmeɪkə] *n* портни́ха

**dressmaking** [ˈdresˌmeɪkɪŋ] *n* шитьё да́мского пла́тья

**dress-preserver** [ˈdresprɪˈzɜːvə] *n* подмы́шник

**dress-rehearsal** [ˈdresrɪˈhɜːsəl] *n* генера́льная репети́ция

**dress-shield** [ˈdresʃiːld] = dress-preserver

**dressy** [ˈdresɪ] *a разг.* 1) лю́бящий, уме́ющий наря́дно и мо́дно одева́ться 2) изя́щный, шика́рный (*о пла́тье*)

**drew** [druː] *past от* draw 2

**drey** [dreɪ] *n* бе́личье гнездо́

**dribble** [ˈdrɪbl] **1.** *n* 1) ка́пля 2) моро́сящий дождь 3) веде́ние мяча́ (*в футбо́ле*)

**2.** *v* 1) ка́пать 2) пуска́ть слю́ни 3) вести́ мяч (*в футбо́ле и т. п.*) 4) гнать шар в лу́зу (*в билья́рде*) □ **~ along** тяну́ться (*о вре́мени*)

**dribbler** [ˈdrɪblə] *n* игро́к, веду́щий мяч (*в футбо́ле и т. п.*)

**dribblet** [ˈdrɪblɪt] *n* 1) небольша́я су́мма 2) чу́точка; ка́пелька; by (*или* in) ~s небольши́ми частя́ми, по ка́пельке

**dried** [draɪd] *a* сухо́й, вы́сушенный; ~ milk порошко́вое молоко́

**drier** [ˈdraɪə] **1.** *n* = dryer

**2.** *a сравн. ст. от* dry 1

**drift** [drɪft] **1.** *n* 1) ме́дленное тече́ние 2) направле́ние, тенде́нция 3) наме́рение, стремле́ние; the ~ of a speech смысл ре́чи; I don't understand your ~ я не понима́ю, куда́ вы кло́ните 4) пасси́вность; the policy of ~ поли́тика безде́йствия *или* самотёка 5) сугро́б (*сне́га*); ку́ча (*песка́, ли́стьев и т. п.*), нанесённая ве́тром 6) *мор.* дрейф; *ав.* девиа́ция, снос; ско́рость сно́са 7) *геол.* леднико́вый нано́с 8) дри́фтерная сеть 9) *горн.* штрек, горизонта́льная вы́работка 10) *воен.* дерива́ция

**2.** *v* 1) относи́ть ве́тром, тече́нием; относи́ться, перемеща́ться по ве́тру, тече́нию; дрейфова́ть 2) наноси́ть ве́тром, тече́нием 3) скопля́ться ку́чами (*о сне́ге, песке́ и т. п.*) 4) быть пасси́вным, предоставля́ть всё судьбе́; to ~ into war быть втя́нутым в войну́ 5) *тех.* расширя́ть, пробива́ть отве́рстия □ **~ apart** разойти́сь (*тж. перен.*); **~ together** сбли́зиться

**driftage** [ˈdrɪftɪdʒ] *n* 1) снос, дрейф (*су́дна в мо́ре*) 2) предме́ты, вы́брошенные на бе́рег мо́ря

**drifter** [ˈdrɪftə] *n* 1) дри́фтер (*су́дно для ло́ва ры́бы плавны́ми сетя́ми*) 2) рыба́к, пла́вающий на дри́фтере 3) *разг.* никчёмный челове́к 4) *амер. разг.* бродя́га

**drift-ice** [ˈdrɪftaɪs] *n* дрейфу́ющий лёд

**drift-net** [ˈdrɪftnet] *n* дри́фтерная сеть

**drift-wood** [ˈdrɪftwud] *n* 1) сплавно́й лес 2) лес, приби́тый к бе́регу мо́ря; плавни́к

**drill** I [drɪl] **1.** *n* 1) (физи́ческое) упражне́ние, трениро́вка 2) (строево́е) уче́ние; муштро́вка; муштра́ 3) *attr.*: ~ cartridge уче́бный патро́н

**2.** *v* 1) тренирова́ть; to ~ in grammarната́скивать по грамма́тике 2) обуча́ть (строю́); to ~ troops обуча́ть войска́ 3) проходи́ть строево́е обуче́ние

**drill** II [drɪl] *тех.* **1.** *n* 1) сверло́ 2) дрель, коловоро́т 3) бур; бура́в

**2.** *v* сверли́ть, бури́ть

**drill** III [drɪl] *с.-х.* **1.** *n* 1) борозда́ 2) (рядова́я) се́ялка

**2.** *v* се́ять, сажа́ть ряда́ми

**drill** IV [drɪl] *n* тик (*ткань*)

**drill** V [drɪl] *n* мандри́лл (*обезья́на*)

**driller** [ˈdrɪlə] *n* 1) бури́льщик 2) сверли́льный стано́к

**drill ground** [ˈdrɪlgraund] *n воен.* уче́бный плац

**drill-hall** [ˈdrɪlhɔːl] *n* мане́ж

**drillhole** [ˈdrɪlhoul] *n* бурова́я скважи́на

**drilling** I [ˈdrɪlɪŋ] **1.** *pres. p. от* drill I, 2

**2.** *n* обуче́ние (*войск*)

**drilling** II [ˈdrɪlɪŋ] **1.** *pres. p. от* drill II, 2

**2.** *n* 1) высве́рливание 2) буре́ние

**drilling** III [ˈdrɪlɪŋ] **1.** *pres. p. от* drill III, 2

**2.** *n* посе́в рядово́й се́ялкой

**Drill Regulations** [ˈdrɪlˌregjuˈleɪʃənz] *n воен.* строево́й уста́в

**drill-sergeant** [ˈdrɪlˌsaːdʒənt] *n воен.* сержа́нт-инстру́ктор по строю́

**drink** [drɪŋk] **1.** *n* 1) питьё; напи́ток; soft ~s безалкого́льные напи́тки 2) глото́к; стака́н (*вина́, воды́*); to have a ~ вы́пить; попи́ть, напи́ться 3) спиртно́й напи́ток (*тж.* ardent ~, strong ~) 4) скло́нность к спиртно́му, пья́нство; in ~ в пья́ном ви́де, пья́ный; to be on the ~ пить запо́ем; to take to ~ стать пья́ницей 5): the ~ *разг.* мо́ре; to fall into ~ па́дать за́ борт ◇ the big ~ *амер. шутл.* а) Атланти́ческий океа́н; б) река́ Миссиси́пи; long ~ of water *амер. разг.* челове́к о́чень высо́кого ро́ста

**2.** *v* (drank; drunk) 1) пить, вы́пить 2) пить, пья́нствовать; to ~ the health of smb. пить за чьё-л. здоро́вье; to ~ brotherhood вы́пить на брудерша́фт; to ~ hard, to ~ heavily, to ~ like a fish си́льно пья́нствовать; to ~ deep а) сде́лать большо́й глото́к; б) си́льно пья́нствовать 3) впи́тывать (*вла́гу; о расте́ниях*) 4) вдыха́ть (*во́здух*) □ **~ down** вы́пить за́лпом; **~ in** жа́дно впи́тывать; упива́ться (*красото́й и т. п.*); **~ off** = ~ down; **~ to** пить за здоро́вье, за процвета́ние; **~ up** а) = ~ down; б) вы́пить до дна ◇ I could ~ the sea dry меня́ му́чит жа́жда, я о́чень хочу́ пить

**drinkable** [ˈdrɪŋkəbl] **1.** *a* го́дный для питья́

**2.** *n pl* напи́тки

**drinker** [ˈdrɪŋkə] *n* 1) пью́щий, тот, кто пьёт 2) пья́ница

**drinking-bout** [ˈdrɪŋkɪŋbaut] *n* запо́й

**drinking fountain** [ˈdrɪŋkɪŋˌfauntɪn] *n* питьево́й фонта́нчик

**drinking-horn** [ˈdrɪŋkɪŋhɔːn] *n* рог (*для вина́*)

**drinking-song** [ˈdrɪŋkɪŋsɔŋ] *n* засто́льная пе́сня

**drinking-water** [ˈdrɪŋkɪŋˌwɔːtə] *n* питьева́я вода́

**drink-offering** [ˈdrɪŋkˌɔfərɪŋ] *n* возлия́ние вина́ (*же́ртвоприноше́ние*)

**drip** [drɪp] **1.** *n* 1) ка́панье 2) шум па́дающих ка́пель 3) = dripstone 1); 4) *горн.* капёж

**2.** *v* ка́пать, па́дать ка́плями; the tap is ~ping кран течёт; to ~ with wet промо́кнуть насквозь́

**drip-dry** [ˈdrɪpdraɪ] *n* быстросо́хнущая ткань

**drip-moulding** [ˈdrɪpˌməuldɪŋ] = dripstone 1)

**dripping** [ˈdrɪpɪŋ] **1.** *pres. p. от* drip 2

**2.** *n* 1) ка́панье; проса́чивание 2) па́дающая ка́плями жи́дкость 3) жир, ка́пающий с мя́са во вре́мя жа́ренья

**3.** *a* 1) мо́крый, промо́кший; ~ wet насквозь́ мо́крый 2) ка́пающий, ка́пающий

**dripping-pan** [ˈdrɪpɪŋpæn] *n* 1) сковорода́; про́тивень 2) *тех.* маслосбо́рник, маслоулови́тель

**dripstone** [ˈdrɪpstəun] *n* 1) *архит.* слезни́к; отли́вина 2) фильтр из по́ристого ка́мня

**drive** [draɪv] **1.** *n* 1) ката́ние, езда́, прогу́лка (*в экипа́же, автомоби́ле*); to go for a ~ соверши́ть прогу́лку 2) доро́га (*для экипа́жей*); подъездна́я алле́я (*к до́му*) 3) пресле́дование (*непри́ятеля или зве́ря*) 4) больша́я эне́ргия, напо́ристость 5) побужде́ние, сти́мул 6) го́нка, спе́шка (*в рабо́те*) 7) тенде́нция 8) сплав, го́нка (*ле́са*) 9) *тех.* переда́ча, приво́д 10) пло́ский уда́р (*в те́ннисе, кри́кете*) 11) *воен.* энерги́чное наступле́ние, уда́р, ата́ка 12) *амер.* (обще́ственная) кампа́ния (*по привлече́нию но́вых чле́нов и т. п.*); to put on a ~ нача́ть кампа́нию; a ~ to raise funds кампа́ния по сбо́ру средств 13) *горн.* штрек 14) *амер. разг.* прода́жа по ни́зким це́нам (*с це́лью конкуре́нции*)

**2.** *v* (drove; driven) 1) везти́ (*в автомоби́ле, экипа́же и т. п.*) 2) е́хать (*в автомоби́ле, экипа́же и т. п.*); бы́стро дви́гаться, нести́сь 3) пра́вить (*лошадьми́*); to ~ a pair пра́вить па́рой 4) управля́ть (*маши́ной, автомоби́лем*) 5) гнать; пресле́довать (*зве́ря, непри́ятеля*); to ~ into a corner загна́ть в у́гол; *перен. тж.* припере́ть к сте́нке; driven ashore вы́брошенный на бе́рег 6) вбива́ть, вкола́чивать (*тж.* ~ into); to ~ a nail home вбить гвоздь по са́мую шля́пку; *перен.* довести́ (*что-л.*) до конца́; убеди́ть; to ~ home убежда́ть, внедря́ть в созна́ние 7) проводи́ть, прокла́дывать; to ~ a railway through the desert стро́ить желе́зную доро́гу че́рез пусты́ню 8) доводи́ть, приводи́ть; to ~ to despair доводи́ть до отча́яния; to ~ mad, to ~ out of one's senses, to ~ crazy своди́ть с ума́ 9) соверша́ть, вести́; to ~ a bargain заключа́ть сде́лку; to

~ a trade вести́ торго́влю 10) переутомля́ть, перегружа́ть рабо́той; he was very hard driven он был о́чень перегру́жен 11) *спорт.* де́лать пло́ский уда́р (*в теннисе, крикете*) 12) *горн.* проходи́ть горизонта́льную вы́работку □ ~ **at** ме́тить; клони́ть к *чему-л.*; what is he driving at? куда́ он гнёт?; ~ **away** а) прогоня́ть; б) рассе́ивать; в) уе́хать; ~ **in** а) загоня́ть; to ~ the cows in загна́ть коро́в; б) въе́хать; ~ **into** вбива́ть; *перен.* вда́лбливать, растолко́вывать; ~ **out** а) выбива́ть; вытесня́ть; б) прое́хаться, прокати́ться (*в автомобиле*); ~ **up** подъе́хать, подкати́ть ◇ to ~ a quill, to ~ a pen быть писа́телем; to let ~ at ме́тить, направля́ть уда́р в; ~ yourself car маши́на напрока́т без шофёра

**drive-in** [ˈdraɪvˈɪn] *n* 1) *амер.* кино́ под откры́тым не́бом (*где фильм смотрят, не выходя из автомобиля; тж.* ~ motion-picture theater) 2) магази́н, банк, мастерска́я *и т. п.* (*где обслуживают клиентов прямо в автомобилях*)

**drivel** [ˈdrɪvl] **1.** *n* бессмы́слица, глу́пая болтовня́; чушь, бред

2. *v* 1) поро́ть чушь, нести́ чепуху́ 2) распусти́ть слю́ни

**driveler** [ˈdrɪvlə] *амер.* = driveller

**driveller** [ˈdrɪvlə] *n* 1) слюня́вый ребёнок; слюнтя́й 2) идио́т; глу́пый болту́н

**driven** [ˈdrɪvn] *p. p. от* drive 2

**driven wheel** [ˈdrɪvnwiːl] *n тех.* ведо́мое колесо́

**driver** [ˈdraɪvə] *n* 1) шофёр; води́тель; машини́ст; вагоновожа́тый; ку́чер 2) гуртовщи́к; пого́нщик скота́ 3) надсмо́трщик за раба́ми; хозя́ин-эксплуата́тор 4) перви́чный дви́гатель 5) дли́нная клю́шка (*для гольфа*) 6) *мор.* 5-я, 6-я *или* 7-я ма́чта (*шхуны*); биза́нь-ма́чта 7) *тех.* веду́щее колесо́, веду́щий шкив 8) *тех.* вся́кий инструме́нт *или* приспособле́ние для ввёрчивания, зави́нчивания, вкола́чивания *и т. п.* 9) *горн.* коного́н

**driveway** [ˈdraɪvweɪ] *n* доро́га, прое́зд

**driving** [ˈdraɪvɪŋ] **1.** *pres. p. от* drive 2

2. *n* 1) ката́ние; езда́ 2) вожде́ние автомоби́ля 3) *тех.* переда́ча, приво́д 4) = drive 1, 10; 5) *горн.* прохо́дка штре́ка 6) *мор.* дрейф

3. *a* 1) си́льный, име́ющий большу́ю си́лу; ~ storm си́льная бу́ря; ~ rain проливно́й дождь 2) дви́жущий, приводя́щий в движе́ние 3) *тех.* приводно́й

**driving-axle** [ˈdraɪvɪŋˌæksl] *n* веду́щая ось

**driving-belt** [ˈdraɪvɪŋbelt] *n* приводно́й реме́нь

**driving force** [ˈdraɪvɪŋfɔːs] *n* дви́жущая си́ла

**driving-wheel** [ˈdraɪvɪŋwiːl] *n* веду́щее колесо́

**drizzle** [ˈdrɪzl] **1.** *n* ме́лкий дождь, и́зморось

2. *v* мороси́ть; it ~s мороси́т

**drogher** [ˈdrəugə] *геол. n* небольшо́е вест-и́ндское кабота́жное су́дно

**drogue** [drəug] *n* 1) буёк, прикреплённый к гарпуну́ 2) плаву́чий я́корь

**droll** [drəul] **1.** *n* шут, фигля́р

2. *a* чудно́й; заба́вный; смешно́й

3. *v редк.* шути́ть, валя́ть дурака́

**drollery** [ˈdrəulərɪ] *n* шу́тки, ю́мор

**drome** [drəum] *сокр. разг. от* aerodrome

**dromedary** [ˈdrʌmədərɪ] *n* одного́рбый верблю́д, дромаде́р

**dromon** [ˈdrɔmən] = dromond

**dromond** [ˈdrɔmənd] *n ист.* вое́нное *или* торго́вое су́дно, име́вшее и паруса́ и вёсла

**drone** [drəun] **1.** *n* 1) тру́тень; *перен.* тру́тень, тунея́дец 2) жужжа́ние, гуде́ние 3) басо́вая тру́бка волы́нки *или* её звук 4) *ав.* управля́емый снаря́д; беспило́тный самолёт

2. *v* 1) жужжа́ть, гуде́ть 2) бубни́ть, чита́ть, петь моното́нно 3) безде́льничать

**droningly** [ˈdrəunɪŋlɪ] *adv* моното́нно, зауны́вно

**drool** [druːl] **1.** *n* чепуха́, чушь

2. *v* 1) течь, сочи́ться (*о слюне, крови*) 2) нести́ чепуху́

**droop** [druːp] **1.** *n* 1) пониже́ние, поника́ние; накло́н 2) суту́лость 3) изнеможе́ние; упа́док ду́ха

2. *v* 1) свиса́ть, склоня́ться, поника́ть 2) наклоня́ть 3) пове́сить, пону́рить (*голову*); поту́пить (*глаза, взор*) 4) сполза́ть, спуска́ться (*о плечике, бретельке*) 5) увяда́ть; ослабева́ть; plants ~ from drought расте́ния вя́нут от за́сухи 6) изнемога́ть 7) уныва́ть, па́дать ду́хом 8) *поэт.* опуска́ться; клони́ться к зака́ту

**drop** [drɔp] **1.** *n* 1) ка́пля; a ~ in the bucket, a ~ in the ocean ≅ ка́пля в мо́ре; ~ by ~, by ~s ка́пля за ка́плей 2) *pl мед.* ка́пли 3) глото́к (*спиртного*); to have a ~ in one's eye быть навеселе́; to take a ~ too much хлебну́ть ли́шнего 4) драже́; ледене́ц 5) серьга́, подве́ска 6) паде́ние, пониже́ние; сниже́ние; ~ in prices (temperature) паде́ние цен (температу́ры); a ~ on smth. сниже́ние по сравне́нию с чем-л. 7) па́дающий за́навес (*в театре*) 8) расстоя́ние (*сверху вниз*); a ~ of 10 feet from the window to the ground от окна́ до земли́ 10 фу́тов 9) уда́р по мячу́, отскочи́вшему от земли́ (*в футболе*) 10) нали́чник (*замка́*) 11) щель для моне́ты *или* жето́на (*в автомате*) 12) па́далица (*о плодах*) 13) *тех.* перепа́д ◇ at the ~ of a hat а) по зна́ку, по сигна́лу, как заведённый; б) без колеба́ний

2. *v* 1) ка́пать 2) выступа́ть ка́плями 3) пролива́ть (*слёзы*) 4) роня́ть 5) па́дать; спада́ть; to ~ as if one had been shot упа́сть как подко́шенный; he is ready to ~ он с ног ва́лится, о́чень уста́л; to ~ asleep засну́ть 6) отправля́ть, опуска́ть (*письмо*); ~ me a line ≅ черкни́(те) мне не́сколько строк 7) броса́ть (*привычку, занятие*); прекраща́ть; ~ it! бро́сь(-те)!, оста́вь(те)!; переста́нь(те)!; to ~ smoking бро́сить кури́ть 8) сбра́сывать (*с самолёта*) 9) пронони́ть (*слово*) 10) прекраща́ть (*работу, разговор*); let us ~ the subject прекрати́м разгово́р на э́ту те́му 11) оставля́ть, покида́ть (*семью, друзей*) 12) понижа́ть (*голос*); потупля́ть (*глаза*) 13) па́дать, снижа́ться; спада́ть, понижа́ться (*о цене и т. п.*) 14) пропуска́ть, опуска́ть; to ~ a letter пропусти́ть бу́кву 15) выса́живать, довози́ть до; оставля́ть; I'll ~ you at your door я подвезу́ вас до (ва́шего) до́ма 16) срази́ть (*ударом, пулей*) 17) спуска́ться; опуска́ться; his jaw ~ped у него́ отви́сла че́люсть 18) отели́ться, ожереби́ться *и т. п.* ра́ньше вре́мени 19) теря́ть, прои́грывать (*деньги*) 20) *амер. разг.* уволня́ть □ ~ **across** *разг.* а) случа́йно встре́тить; б) сде́лать вы́говор; ~ **away** уходи́ть оди́н за други́м; ~ **back** *воен., спорт.* отступа́ть, отходи́ть; ~ **behind** отстава́ть; ~ **in** *разг.* а) зайти́, загляну́ть; б) входи́ть оди́н за други́м; ~ **into** а) случа́йно зайти́, загляну́ть; б) втяну́ться, приобрести́ привы́чку; в) ввяза́ться (*в разговор*); ~ **off** а) расходи́ться; б) уменьша́ться; в) засну́ть; г) умере́ть; ~ **on** сде́лать вы́говор; наказа́ть; ~ **out** а) бо́льше не уча́ствовать (*в конкурсе и т. п.*); б) *полигр.* вы́пасть (*из набора*); в) опусти́ть, не включи́ть ◇ to ~ short а) не хвата́ть; б) не достига́ть це́ли; to ~ a word in favour of smb. замо́лвить за кого́-л. слове́чко; to ~ from the clouds свали́ться как снег на́ голову; to ~ like a hot potato поспеши́ть изба́виться от *чего-л.*; to ~ from sight исче́знуть из по́ля зре́ния

**drop-curtain** [ˈdrɔpˌkəːtn] *n* па́дающий за́навес (*в театре*)

**drop-hammer** [ˈdrɔpˌhæmə] *n тех.* копёр; па́дающий мо́лот

**drop-kick** [ˈdrɔpkɪk] *n спорт.* уда́р с полулёта (*в футболе*)

**drop-leaf** [ˈdrɔpliːf] *n* откидна́я доска́ (*у стола*)

**droplet** [ˈdrɔplɪt] *n* ка́пелька

**drop-letter** [ˈdrɔpˌletə] *n амер.* ме́стное, городско́е письмо́

**drop-light** [ˈdrɔplaɪt] *n амер.* электри́ческая ла́мпа на ги́бком подве́се

**drop-out** [ˈdrɔpaut] *n разг.* 1) вы́бывший, исключённый 2) уча́щийся, бро́сивший шко́лу

**dropping-gear** [ˈdrɔpɪŋgɪə] *n* 1) *ав.* бомбосбра́сыватель 2) *мор.* торпедосбра́сыватель

**droppings** [ˈdrɔpɪŋz] *n pl* 1) то, что упа́ло *или* па́дает ка́плями (*дождь, стекающий жир и т. п.*) 2) помёт живо́тных, наво́з

**drop-scene** [ˈdrɔpsiːn] *n* 1) = drop-curtain 2) заключи́тельная сце́на, сце́на под за́навес

**drop-shutter** [ˈdrɔpˌʃʌtə] *n фото* па́дающий затво́р

**dropsical** [ˈdrɔpsɪkəl] *a* 1) страда́ющий водя́нкой 2) опу́хший; отёчный

**dropsy** [ˈdrɔpsɪ] *n* водя́нка

**drosometer** [drɔˈsɔmɪtə] *n* росоме́р (*прибор для измерения количества выпавшей росы*)

**dross** [drɔs] *n* ока́лина; шлак; у́гольный му́сор; *перен.* отбро́сы; оста́тки, подо́нки

**drossy** [ˈdrɔsɪ] *a* 1) изоби́лующий шла́ком 2) нечи́стый, со́рный

**drought** [draut] *n* 1) за́суха 2) су́хость во́здуха

**droughty** [ˈdrautɪ] *a* сухо́й; засу́шливый

**drouth** [drauθ] *n поэт., шотл. см.* drought

**drove** I [drəuv] *past от* drive 2

**drove** II [drəuv] *n* 1) гурт, ста́до 2) толпа́; to stand in ~s толпи́ться 3) *тех.* зуби́ло для обтёски камне́й

**drover** [ˈdrəuvə] *n* 1) гуртовщи́к 2) скотопромы́шленник 3) дри́фтерное су́дно

**drown** [draun] *v* 1) тону́ть; to be ~ed утону́ть 2) топи́ть(ся) 3) затопля́ть, залива́ть; ~ed in tears весь в слеза́х, залива́ясь слеза́ми; ~ed in sleep погружённый в сон; совсе́м со́нный 4) заглуша́ть (*звук, голос; тоску*) ◇ a ~ing man will catch at a straw утопа́ющий хвата́ется за соло́минку

**drowse** [drauz] **1.** *n* 1) дремо́та, полусо́н 2) сонли́вость

**2.** *v* 1) дрема́ть, быть со́нным 2) ока́зывать снотво́рное де́йствие; наводи́ть сон 3) проводи́ть вре́мя в безде́йствии

**drowsily** [ˈdrauzɪlɪ] *adv* со́нно; вя́ло

**drowsy** [ˈdrauzɪ] *a* 1) со́нный, дре́млющий 2) навева́ющий дремо́ту; снотво́рный 3) вя́лый

**drub** [drʌb] *v* 1) (по)би́ть, (по)колоти́ть; to ~ into smb. вбить кому́-л. в го́лову; to ~ out of smb. вы́бить у кого́-л. из головы́ 2) то́пать, стуча́ть, бараба́нить 3) руга́ть, поноси́ть

**drubbing** [ˈdrʌbɪŋ] **1.** *pres. p. от* drub

**2.** *n* избие́ние, побо́и

**drudge** [drʌdʒ] **1.** *n* челове́к, выполня́ющий тяжёлую, ну́дную рабо́ту

**2.** *v* выполня́ть тяжёлую, ну́дную рабо́ту

**drudgery** [ˈdrʌdʒərɪ] *n* тяжёлая, ну́дная рабо́та

**drudgingly** [ˈdrʌdʒɪŋlɪ] *adv* усе́рдно, стара́тельно; с трудо́м

**drug** [drʌg] **1.** *n* 1) лека́рство, медикаме́нт 2) нарко́тик 3) нехо́дкий това́р; то, что никому́ не ну́жно (*обыкн.* ~ in *или* on the market) 4) *attr.* лека́рственный; ~ plants лека́рственные расте́ния 5) *attr.* наркоти́ческий; ~ addict (*или* taker) наркома́н; the ~ habit наркома́ния

**2.** *v* 1) подме́шивать нарко́тики *или* яд (*в пищу*) 2) дава́ть нарко́тики 3) употребля́ть нарко́тики 4) притупля́ть (*чувства*)

**drugget** [ˈdrʌgɪt] *n* драге́т (*грубая шерстяная материя для половиков*)

**druggist** [ˈdrʌgɪst] *n* апте́карь

**drugstore** [ˈdrʌgstɔː] *n амер.* 1) апте́ка 2) апте́карский магази́н, торгу́ющий лека́рствами, моро́женым, ко́фе, журна́лами, косме́тикой *и т. п.*

**Druid** [ˈdru(ː)ɪd] *n ист.* друи́д, жрец

**drum** [drʌm] **1.** *n* 1) бараба́н 2) бараба́нный бой 3) *анат.* бараба́нная перепо́нка 4) я́щик для упако́вки сушёных фру́ктов 5) *тех.* бараба́н; цили́ндр ◇ to beat the (big) ~ а) беззасте́нчиво реклами́ровать; б) шу́мно протестова́ть

**2.** *v* 1) бить в бараба́н 2) бараба́нить па́льцами 3): to ~ smth. into smb., to ~ smth. into smb.'s head вда́лбливать что-л. кому́-л. 4) стуча́ть, то́пать 5) хло́пать кры́льями (*о птицах*) □ ~ **up** созыва́ть, зазыва́ть; to ~ up customers *амер.* зазыва́ть покупа́телей, зака́зчиков

**drumbeat** [ˈdrʌmbiːt] *n* 1) бараба́нный бой 2) мгнове́нье

**drumfire** [ˈdrʌmˌfaɪə] *n воен.* урага́нный ого́нь

**drum-fish** [ˈdrʌmfɪʃ] *n* бараба́нщик (*рыба*)

**drumhead** [ˈdrʌmhed] *n* 1) ко́жа на бараба́не 2) *анат.* бараба́нная перепо́нка 3) *мор.* дромге́д, голова́ шпи́ля ◇ ~ court martial вое́нно-полево́й суд

**drum major** [ˈdrʌmˈmeɪdʒə] *n* ста́рший полково́й бараба́нщик; тамбурмажо́р

**drummer** [ˈdrʌmə] *n* 1) бараба́нщик 2) *амер. разг.* коммивояжёр 3) *австрал.* бродя́га

**drumstick** [ˈdrʌmstɪk] *n* 1) бараба́нная па́лочка 2) но́жка варёной *или* жа́реной пти́цы (*курицы, утки, гуся и т. п.*)

**drunk** [drʌŋk] **1.** *p. p. от* drink 2

**2.** *a predic.* 1) пья́ный; to get ~ напи́ться пья́ным; ~ as a lord (*или* as a fiddler) ≅ пьян как сапо́жник, как сте́лька; blind (*или* dead) ~ мертве́цки пьян 2) опьянённый (*успехом и т. п.*; with)

**3.** *n разг.* 1) пья́ный 2) попо́йка 3) разбо́р де́ла о дебоши́рстве в полице́йском суде́

**drunkard** [ˈdrʌŋkəd] *n* пья́ница, алкого́лик

**drunken** [ˈdrʌŋkən] *a* пья́ный; ~ brawl пья́ная ссо́ра; ~ driving вожде́ние автомоби́ля в нетре́звом ви́де

**drupaceous** [druːˈpeɪʃəs] *a бот.* ко́сточковый (*о плоде*)

**drupe** [druːp] *n бот.* ко́сточковый плод (*слива, вишня, персик и т. п.*)

**drupel(et)** [ˈdruːpl(ɪt)] *n* костя́ночка (*малины, ежевики и т. п.*)

**druse** [druːz] *n мин.* дру́за

**dry** [draɪ] **1.** *a* 1) сухо́й; ~ cough сухо́й ка́шель; ~ bread а) хлеб без ма́сла; б) засо́хший хлеб; ~ masonry *стр.* кла́дка без раство́ра (*насухо*); ~ cell (*или* battery) суха́я электри́ческая батаре́я 2) сухо́й, вы́сохший (*о колодце*) 3) засу́шливый 4) сухо́й, несла́дкий (*о вине*) 5) *разг.* испы́тывающий жа́жду (*о человеке*) 6) сухо́й, ску́чный, неинтере́сный; ~ book ску́чная кни́га 7) холо́дный; сде́ржанный; бесстра́стный; ~ humour сде́ржанный ю́мор 8) *амер.* антиалкого́льный, запреща́ющий прода́жу спиртны́х напи́тков; ~ town го́род, в кото́ром запрещена́ прода́жа спиртны́х напи́тков; to go ~ ввести́ сухо́й зако́н 9) *воен.* уче́бный; ~ shot холосто́й вы́стрел ◇ ~ cow я́ловая коро́ва; ~ death смерть без проли́тия кро́ви; ~ facts го́лые фа́кты; ~ light непредубеждённый взгляд (*на вещи*); he's not even ~ behind the ears ≅ у него́ ещё молоко́ на губа́х не обсо́хло

**2.** *n* 1) за́суха; сушь; суха́я пого́да 2) су́ша 3) *амер.* сторо́нник запреще́ния спиртны́х напи́тков

**3.** *v* 1) суши́ть(ся), со́хнуть, высыха́ть; to ~ herbs суши́ть тра́вы; to ~ oneself суши́ться 2) иссяка́ть 3) вытира́ть по́сле мытья́; he dried his hands on the towel он вы́тер ру́ки полоте́нцем □ ~ **up** а) высу́шивать; to ~ up one's tears осуши́ть слёзы; б) высыха́ть, пересыха́ть (*о колодце, реке*); *перен.* истощи́ться, исся́кнуть (*о воображении и т. п.*); в) *разг.* замолча́ть; переста́ть; ~ up! замолчи́(-те)!; переста́нь(те)!

**dryad** [ˈdraɪəd] *n миф.* дриа́да

**Dryasdust** [ˈdraɪəzdʌst] **1.** *n* ску́чный, педанти́чный челове́к, «суха́рь»; учёный, профе́ссор *и т. п.*

**2.** *a* (d.) сухо́й, ску́чный

**dry-bob** [ˈdraɪbɔb] *n* уча́щийся — люби́тель спо́рта (*не водного*) [*ср.* wet-bob]

**dry-cargo ship** [ˈdraɪˌkɑːgəuˈʃɪp] *n мор.* сухогру́зный тра́нспорт

**dry-clean** [ˈdraɪˈkliːn] *v* подверга́ть хими́ческой чи́стке

**dry-cleaners** [ˈdraɪˈkliːnəz] *n pl* хими́ческая чи́стка, химчи́стка (*мастерская*)

**dry-cleaning** [ˈdraɪˈkliːnɪŋ] **1.** *pres. p. от* dry-clean

**2.** *n* хими́ческая чи́стка (*процесс*)

**dryer** [ˈdraɪə] *n* 1) суши́лка 2) суши́льный аппара́т 3) *тех.* сиккати́в

**dry farming** [ˈdraɪˈfɑːmɪŋ] *n* безырригацио́нная обрабо́тка земли́ (*в засушливых районах*)

**dry-fly** [ˈdraɪflaɪ] *n* иску́сственная му́шка (*употребляемая при рыбной ловле*)

**dry goods** [ˈdraɪgudz] *n pl* мануфакту́ра, галантере́я

**dryish** [ˈdraɪɪʃ] *a* сухова́тый

**dry measure** [ˈdraɪˌmeʒə] *n* ме́ра сыпу́чих тел

**dry-nurse** [ˈdraɪˈnəːs] **1.** *n* ня́ня; ня́нька

**2.** *v* ня́нчить

**dry-point** [ˈdraɪpɔɪnt] **1.** *a* 1) игла́ для гравирова́ния без кислоты́ 2) гравирова́ние сухо́й игло́й 3) гравю́ра, вы́полненная сухо́й игло́й

**2.** *v* гравирова́ть игло́й без кислоты́

**dry-rot** [ˈdraɪˈrɔt] *n* 1) суха́я гниль (*древесины*) 2) мора́льное разложе́ние; упа́док, загнива́ние

**dry-salter** [ˈdraɪˌsɔːltə] *n* 1) торго́вец москате́льными това́рами 2) торго́вец сушёными проду́ктами, марина́дами, консе́рвами

**dry-saltery** [ˈdraɪˌsɔːltərɪ] *n* торго́вля москате́льными това́рами *и пр.* [*см.* dry-salter]

**dry-shod** [ˈdraɪˈʃɔd] *adv:* to pass over ~ перейти́, не замочи́в ног

**dry wall** [ˈdraɪˈwɔːl] *n стр.* стенá сухóй клáдки

**dual** [ˈdju(ː)əl] **1.** *a* двóйственный; двойнóй; состоя́щий из двух частéй; ~ ownership совмéстное владéние (*двух лиц*); ~ nationality (*или* citizenship) двойнóе граждáнство, пóдданство; the D. Monarchy *ист.* áвстро-венгéрская монáрхия

**2.** *n грам.* 1) двóйственное числó 2) слóво в двóйственном числé

**dualism** [ˈdju(ː)əlɪzm] *n филос.* дуали́зм

**duality** [dju(ː)ˈælɪtɪ] *n* двóйственность

**dualize** [ˈdju(ː)əlaɪz] *v* раздвáивать

**dub** I [dʌb] *v* 1) обрубáть 2) обтёсывать; строгáть 3) ровня́ть; пригоня́ть; отдéлывать 4) смáзывать жи́ром (*сапоги, кожу и т. п.*)

**dub** II [dʌb] *v* дубли́ровать фильм; производи́ть дубля́ж

**dub** III [dʌb] *v* 1) посвящáть в ры́цари 2) давáть ти́тул 3) *шутл.* окрести́ть, дать прóзвище

**dub** IV [dʌb] *n амер. разг.* у́валень, неумéлый человéк

**dubbin, dubbing** [ˈdʌbɪn, ˈdʌbɪŋ] *n* жир для смáзывания кóжи

**dubiety** [dju(ː)ˈbaɪətɪ] *n* 1) сомнéние, колебáние 2) что-л. сомни́тельное

**dubious** [ˈdjuːbjəs] *a* 1) сомни́тельный, подозри́тельный; ~ character подозри́тельная ли́чность 2) сомневáющийся, колéблющийся

**ducal** [ˈdjuːkəl] *a* гéрцогский

**ducat** [ˈdʌkət] *n ист.* дукáт (*монета*)

**duchess** [ˈdʌtʃɪs] *n* герцоги́ня

**duchy** [ˈdʌtʃɪ] *n* гéрцогство

**duck** I [dʌk] *n* 1) у́тка 2) ути́ное мя́со 3) *ласк.* голу́бушка; ду́шка 4) *разг.* растрáтчик; банкрóт 5) *разг.* пáрень 6) *воен. разг.* грузови́к-амфи́бия 7) *attr.*: ~ tail ути́ный хвост; *перен.* вихóр, хохолóк ◇ like a ~ in a thunderstorm с растéрянным ви́дом; fine weather for young ~s *шутл.* дождли́вая погóда; like water off a ~'s back ≅ как с гу́ся водá; ~s and drakes игрá, состоя́щая в бросáнии плóских кáмешков по повéрхности воды́; to play ~s and drakes with smth. расточáть, промáтывать что-л., поступáть безрассу́дно, рисковáть чем-л.; to take to smth. like a ~ to water чу́вствовать себя́ в чём-л. как ры́ба в водé; a ~ of *разг.* прелéстный, восхити́тельный

**duck** II [dʌk] **1.** *n* 1) ныря́ние; окунáние 2) бы́строе наклонéние головы́

**2.** *v* 1) ныря́ть; окунáть(ся) 2) увёртываться (*от удара, снаряда*) 3) бы́стро наклоня́ть гóлову 4): to ~ a curtsy *разг.* приседáть, дéлать реверáнс

**duck** III [dʌk] *n* 1) гру́бое полотнó, паруси́на 2) *pl* паруси́новые брю́ки

**duckbill** [ˈdʌkbɪl] *n зоол.* утконóс

**duck-boards** [ˈdʌkbɔːdz] *n pl* дощáтый насти́л

**ducket** [ˈdʌkɪt] *n жарг.* 1) (лотерéйный) билéт 2) *амер.* профсою́зный билéт

**duck-hawk** [ˈdʌkhɔːk] *n зоол.* лунь болóтный

**ducking** [ˈdʌkɪŋ] **1.** *pres. p. от* duck II, 2

**2.** *n* погружéние в вóду; I got a good ~ я си́льно промóк

**ducking-stool** [ˈdʌkɪŋstuːl] = cucking-stool

**duck-legged** [ˈdʌklegd] *a* коротконóгий, ходя́щий вперевáлку

**duckling** [ˈdʌklɪŋ] *n* утёнок

**duck-out** [ˈdʌkaut] *n воен.* 1) дезерти́рство 2) дезерти́р

**duck's-egg** [ˈdʌkseg] *n* 1) счёт 0 (*в крикете*) 2) тёмный сéро-зелёный цвет

**duck's meat** [ˈdʌksmiːt] — duckweed

**duckweed** [ˈdʌkwiːd] *n бот.* ря́ска

**ducky** [ˈdʌkɪ] = duck I, 3)

**duct** [dʌkt] *n* 1) *анат.* протóк, канáл 2) трубопровóд; трубá

**ductile** [ˈdʌktaɪl] *a* 1) эласти́чный 2) кóвкий, тягу́чий; вя́зкий (*о металле*) 3) подáтливый, послу́шный; поддаю́щийся влия́нию (*о человеке*)

**ductility** [dʌkˈtɪlɪtɪ] *n* 1) эласти́чность 2) кóвкость, тягу́честь; вя́зкость (*металла*) 3) подáтливость, послушáние

**ductless** [ˈdʌktlɪs] *a анат.* не имéющий выводнóго протóка; ~ glands жéлезы вну́тренней секрéции

**dud** [dʌd] *разг.* **1.** *n* 1) неудáча 2) никчёмный человéк; неудáчник 3) поддéлка; дéнежный доку́мéнт, при́знанный недействи́тельным 4) неразорвáвшийся снаря́д 5) *pl* лохмóтья, рвань 6) *pl* одежóнка, плóхонькая одéжда

**2.** *a* поддéльный, негóдный, недействи́тельный

**dude** [djuːd] *n амер. разг.* хлыщ, фат, пижóн

**dudgeon** I [ˈdʌdʒən] *n ист.* деревя́нная рукоя́тка кинжáла

**dudgeon** II [ˈdʌdʒən] *n* оби́да, возмущéние; in high (*или* deep, great) ~ в глубóком возмущéнии

**due** [djuː] **1.** *n* 1) дóлжное; то, что причитáется; to give smb. his ~ воздавáть комý-л. по заслу́гам; отдавáть дóлжное 2) *pl* сбóры, налóги, пóшлины; custom ~s тамóженные пóшлины 3) *pl* члéнские взнóсы; party ~s парти́йные взнóсы ◇ for a full ~ основáтельно, прóчно

**2.** *a* 1) дóлжный, надлежáщий, соотвéтствующий; with ~ attention с дóлжным внимáнием; after ~ consideration пóсле внимáтельного рассмотрéния 2) обусловленный; his death was ~ to nephritis смерть егó былá вы́звана нефри́том 3) *predic.* дóлжный, обя́занный (*по соглашению, по договору*); he is ~ to speak at the meeting он дóлжен вы́ступить на собрáнии 4) *predic.* ожидáемый; the train is ~ and over-due пóезд давны́м-давнó дóлжен был прийти́ 5) причитáющийся; his wages are ~ зáработная плáта емý ещё не выплачена 6): ~ to (*употр. как prep*) благодаря́

**3.** *adv* тóчно, пря́мо (*о стрелке компаса*); they went ~ south они́ держáли курс пря́мо на юг

**duel** [ˈdju(ː)əl] **1.** *n* 1) дуэ́ль, поеди́нок; Pushkin lost his ~ Пу́шкин был уби́т на дуэ́ли 2) состязáние, борьбá

**2.** *v* дрáться на дуэ́ли

**duellist** [ˈdju(ː)əlɪst] *n* учáстник дуэ́ли, дуэля́нт

**duenna** [dju(ː)ˈenə] *исп. n* дуэ́нья; пожилáя гувернáнтка, компаньóнка (*молодой девушки*)

**duet(t)** [dju(ː)ˈet] *n* дуэ́т

**duetto** [dju(ː)ˈetəu] *ит.* = duet

**duff** I [dʌf] *n* 1) *диал.* тéсто 2) *разг.* пу́динг (*обыкн.* currant ~) 3) у́гольная мéлочь

**duff** II [dʌf] *v разг.* 1) фальсифици́ровать (*товары*); подновля́ть 2) обмáнывать 3) *австрал.* воровáть скот и меня́ть клеймó

**duffel** [ˈdʌfəl] *n* 1) шерстянáя бáйка 2) *амер.* снаряжéние (*туриста*); туристи́ческий *или* спорти́вный костю́м

**duffel-bag** [ˈdʌfəlbæg] *n* вещевóй мешóк

**duffer** [ˈdʌfə] *n* 1) *разг.* тупи́ца; никчёмный, неспосóбный человéк 2) фальсификáтор, поддéлыватель 3) фальши́вая монéта 4) вы́работанная шáхта 5) *уст.* коробéйник

**duffle** [ˈdʌfl] = duffel

**dug** I [dʌg] *past и p. p. от* dig 1

**dug** II [dʌg] *n* 1) сосóк (*животного*) 2) вы́мя

**dug-out** [ˈdʌgaut] *n* 1) челнóк, вы́долбленный из бревнá 2) *воен.* убéжище; блиндáж; земля́нка; укры́тие 3) *воен. жарг.* офицéр, вновь при́званный на слу́жбу из отстáвки.

**duiker** [ˈdaɪkə] *голл. n* ду́кер (*антилопа*)

**duke** [djuːk] *n* гéрцог; Grand D. вели́кий князь

**dukedom** [ˈdjuːkdəm] *n* 1) гéрцогство 2) ти́тул гéрцога

**dulcet** [ˈdʌlsɪt] *a* слáдкий, нéжный (*о звуках*)

**dulcify** [ˈdʌlsɪfaɪ] *v* 1) дéлать мя́гким, прия́тным 2) *редк.* подслáщивать

**dulcimer** [ˈdʌlsɪmə] *n муз.* цимбáлы

**dull** [dʌl] **1.** *a* 1) тупóй, глу́пый 2) ску́чный; монотóнный; ~ beggar (*или* fish) скýчный человéк 3) тупóй; притýпленный; ~ pain тупáя боль; ~ of hearing тугóй нá ухо 4) тупóй, неоттóченный 5) тýсклый 6) пáсмурный 7) нея́сный; ~ sight слáбое зрéние 8) безрáдостный, уны́лый, понýрый 9) вя́лый (*о торговле*) 10) нехóдкий, не имéющий спрóса (*о товаре*)

**2.** *v* притупля́ть(ся), дéлать(ся) тупы́м, тýсклым, вя́лым, скýчным; to ~ the edge of one's appetite замори́ть червячкá

**dullard** [ˈdʌləd] *n* тупи́ца, óлух

**dullish** [ˈdʌlɪʃ] *a* 1) туповáтый 2) скучновáтый

**dulse** [dʌls] *n* тёмно-кра́сная съедо́бная во́доросль
**duly** [ˈdju:lɪ] *adv* 1) до́лжным о́бразом, пра́вильно 2) в до́лжное вре́мя
**dumb** [dʌm] *a* 1) немо́й; deaf and ~ глухонемо́й; ~ show нема́я сце́на, пантоми́ма 2) бесслове́сный; ~ animals бесслове́сные живо́тные 3) онеме́вший (*от страха и т. п.*) 4) беззву́чный; this piano has several ~ notes у э́того пиани́но не́сколько кла́вишей не звуча́т 5) молчали́вый; a ~ dog *разг.* молчали́вый па́рень 6) *амер. разг.* глу́пый; тупо́й ◇ ~ barge несамохо́дная ба́ржа
**dumb-bell** [ˈdʌmbel] **1.** *n* 1) *pl* ги́ри; ганте́ли 2) *амер. разг.* болва́н, дура́к
**2.** *v* выполня́ть упражне́ния с ганте́лями
**dumbfound** [dʌmˈfaund] *v* ошара́шить, ошеломи́ть
**dumbness** [ˈdʌmnɪs] *n* немота́
**dumb piano** [ˈdʌmpɪˌænəu] *n* нема́я клавиату́ра
**dumb-waiter** [ˈdʌmˈweɪtə] *n* 1) враща́ющийся сто́лик, откры́тая этаже́рка для заку́сок 2) *амер.* лифт для пода́чи блюд с одного́ этажа́ на друго́й, ку́хонный лифт
**dum dum** [ˈdʌmdʌm] *n* пу́ля «дум-ду́м» (*тж.* ~ bullet)
**dummy** [ˈdʌmɪ] **1.** *n* 1) ку́кла, чу́чело; манеке́н; моде́ль 2) маке́т 3) со́ска (*тж.* baby's ~) 4) подставно́е, фикти́вное лицо́ 5) ору́дие в чужи́х рука́х; марионе́тка 6) *карт.* болва́н 7) *спорт.* финт, обма́нное движе́ние (*в футболе и т. п.*) ◇ tailor's ~ франт, пижо́н
**2.** *a* 1) подде́льный; подставно́й; фикти́вный; ~ window ло́жное окно́ 2) уче́бный, моде́льный; ~ cartridge уче́бный патро́н 3) вре́менный 4) *тех.* холосто́й
**dump** I [dʌmp] **1.** *n* 1) сва́лка, гру́да хла́ма; му́сорная ку́ча 2) *воен.* вре́менный полево́й склад 3) шта́бель у́гля *или* руды́; отва́л, ку́ча шла́ка 4) глухо́й звук от паде́ния тяжёлого предме́та
**2.** *v* 1) сбра́сывать, сва́ливать (*мусор*) 2) опроки́дывать (*вагонетку*); разгружа́ть 3) *эк.* устра́ивать де́мпинг 4) роня́ть с шу́мом
**dump** II [dʌmp] *n* 1) свинцо́вый кружо́к; свинцо́вая фи́шка 2) *разг.* ме́лкая моне́та; *pl* де́ньги; not worth a ~ гроша́ ме́дного не сто́ит 3) = dumpy II, 2
**dump-car(t)** [ˈdʌmpkɑ:(t)] *n* опроки́дывающаяся теле́жка *или* вагоне́тка, ду́мпкар
**dumping** [ˈdʌmpɪŋ] **1.** *pres. p. от* dump I, 2
**2.** *n* 1) *эк.* де́мпинг, бро́совый э́кспорт 2) разгру́зка, сва́ливание в отва́л
**dumpish** [ˈdʌmpɪʃ] *a* гру́стный
**dumpling** [ˈdʌmplɪŋ] *n* 1) клёцка 2) я́блоко, запечённое в те́сте 3) *разг.* коро́тышка
**dumps** [dʌmps] *n pl:* to be (down) in the ~ *разг.* быть в плохо́м настрое́нии, хандри́ть
**dumpy** I [ˈdʌmpɪ] *a* уны́лый
**dumpy** II [ˈdʌmpɪ] **1.** *a* корена́стый
**2.** *n* невысо́кий корена́стый челове́к
**dun** I [dʌn] **1.** *n* 1) серова́то-кори́чневый цвет 2) иску́сственная се́рая му́шка (*в рыбной ловле*)
**2.** *a* 1) серова́то-кори́чневый 2) *поэт.* тёмный, су́мрачный
**dun** II [dʌn] **1.** *n* 1) назо́йливый кредито́р 2) насто́йчивое тре́бование упла́ты
**2.** *v* 1) насто́йчиво тре́бовать упла́ты до́лга; to ~ smb. out of his money вымога́ть де́ньги 2) надоеда́ть
**dun-bird** [ˈdʌnbə:d] *n* *зоол.* ныро́к красноголо́вый
**dunce** [dʌns] *n* болва́н, тупи́ца; неуспева́ющий учени́к; ~'s cap бума́жный колпа́к, надева́емый лени́вым ученика́м в кла́ссе в ви́де наказа́ния
**dunderhead** [ˈdʌndəhed] *n* глу́пая башка́, болва́н
**dune** [dju:n] *n* дю́на
**dung** I [dʌŋ] *n* помёт, наво́з; удобре́ние
**dung** II [dʌŋ] *past и p. p. от* ding 2
**dungaree** [ˌdʌŋgəˈri:] *n* 1) гру́бая бума́жная ткань 2) *pl* рабо́чие брю́ки из гру́бой бума́жной тка́ни
**dung-beetle** [ˈdʌŋˌbi:tl] *n* наво́зный жук; скарабе́й
**dungeon** [ˈdʌndʒən] *n* 1) подзе́мная тюрьма́; темни́ца 2) = donjon
**dung-fork** [ˈdʌŋfɔ:k] *n* наво́зные ви́лы
**dunghill** [ˈdʌŋhɪl] *n* наво́зная ку́ча
**dungy** [ˈdʌŋɪ] *a* наво́зный, гря́зный
**duniwassal** [ˈdu:nɪˈwɔsəl] *n* *шотл.* ме́лкий дворяни́н
**dunk** [dʌŋk] *v* 1) мака́ть (*сухарь, печенье в чай, вино*) 2) замочи́ть, смочи́ть
**dunlin** [ˈdʌnlɪn] *n* чернозо́бик (*птица*)
**dunnage** [ˈdʌnɪdʒ] *n* *мор.* подсти́лка под груз
**duodecimal** [ˌdju(:)əuˈdesɪməl] **1.** *n* двена́дцатая часть
**2.** *a* двенадцатери́чный
**duodecimo** [ˌdju(:)əuˈdesɪməu] *n* форма́т кни́ги в двена́дцатую до́лю листа́
**duodenal** [ˌdju(:)əuˈdi:nl] *a* *анат.* дуодена́льный; ~ ulcer я́зва двенадцатипе́рстной кишки́
**duodenary** [ˌdju(:)əuˈdi:nərɪ] *a* двенадцатери́чный
**duodenitis** [ˌdju(:)əudi:ˈnaɪtɪs] *n* *мед.* воспале́ние двенадцатипе́рстной кишки́
**duodenum** [ˌdju(:)əuˈdi:nəm] *n* (*pl* -na) *анат.* двенадцатипе́рстная кишка́
**duologue** [ˈdjuəlɔg] = dialogue
**dupable** [ˈdju:pəbl] = dupeable
**dupe** [dju:p] **1.** *n* 1) простофи́ля 2) же́ртва обма́на
**2.** *v* обма́нывать, одура́чивать
**dupeable** [ˈdju:pəbl] *a* легко́ поддаю́щийся обма́ну
**dupery** [ˈdju:pərɪ] *n* надува́тельство
**duple** [ˈdju:pl] *a* 1) *мат.* двойно́й 2) *муз.* двухта́ктный
**duplex** [ˈdju:pleks] *a* двухсторо́нний; спа́ренный, двойно́й; ~ house двухкварти́рный дом; ~ apartment *амер.* кварти́ра, располо́женная в двух этажа́х с вну́тренней ле́стницей
**duplicate** **1.** *n* [ˈdju:plɪkɪt] 1) дублика́т; ко́пия; in ~ в двух экземпля́рах 2) *pl* запасны́е ча́сти 3) зало́говая квита́нция
**2.** *a* [ˈdju:plɪkɪt] 1) двойно́й, удво́енный; *тех.* спа́ренный; ~ ratio (*или* proportion) *мат.* отноше́ние квадра́тов 2) воспроизведённый в то́чности; аналоги́чный 3) запа́сный, запасно́й
**3.** *v* [ˈdju:plɪkeɪt] 1) снима́ть ко́пию; де́лать дублика́т 2) удва́ивать, увели́чивать вдво́е 3) дубли́ровать
**duplication** [ˌdju:plɪˈkeɪʃən] *n* 1) удва́ивание 2) сня́тие ко́пий; размноже́ние
**duplicator** [ˈdju:plɪkeɪtə] *n* копирова́льный аппара́т
**duplicity** [ˈdju(:)ˈplɪsɪtɪ] *n* двули́чность
**durability** [ˌdjuərəˈbɪlɪtɪ] *n* 1) про́чность; сто́йкость; продолжи́тельность сро́ка слу́жбы; долгове́чность 2) дли́тельность
**durable** [ˈdjuərəbl] *a* 1) про́чный, надёжный; a ~ pair of shoes про́чные ту́фли 2) дли́тельный, долговре́менный 3) *эк.* дли́тельного по́льзования
**duralumin** [djuəˈræljumɪn] *n* дюралюми́ний
**duramen** [djuəˈreɪmen] *n* 1) *бот.* сердцеви́на (*дерева*) 2) *лес.* ядро́вая древеси́на
**duration** [djuəˈreɪʃən] *n* продолжи́тельность; for the ~ of the war на вре́мя войны́; of short ~ недолгове́чный
**durbar** [ˈdə:bɑ:] *инд.* *n* торже́ственный приём
**duress(e)** [djuəˈres] *n* 1) лише́ние свобо́ды; заключе́ние (в тюрьму́) 2) *юр.* принужде́ние; to do smth. under ~ де́лать что-л. по принужде́нию, под давле́нием
**during** [ˈdjuərɪŋ] *prep* в тече́ние, в продолже́ние; во вре́мя
**durmast** [ˈdə:mɑ:st] *n* *бот.* дуб ска́льный
**durst** [də:st] *past от* dare 1
**dusk** [dʌsk] **1.** *n* су́мерки; су́мрак; till ~ дотемна́; scarcely visible in the ~ едва́ различи́мый в темноте́
**2.** *a* *поэт.* су́меречный, су́мрачный, нея́сный
**3.** *v* *поэт.* смерка́ться
**duskiness** [ˈdʌskɪnɪs] *n* 1) су́мрак, темнота́ 2) сму́глость
**dusky** [ˈdʌskɪ] *a* 1) су́меречный, тёмный; ~ thicket тёмная ча́ща 2) сму́глый
**dust** [dʌst] **1.** *n* 1) пыль; gold ~ золото́й песо́к; atomic ~ радиоакти́вная пыль; cosmic ~ косми́ческая пыль 2) *поэт.* прах 3) *бот.* пыльца́ 4) *разг.* де́ньги, презре́нный мета́лл ◇ to raise (*или* to make) a ~ поднима́ть шум, сумато́ху; humbled in (*или* to) the ~ кра́йне уни́женный; пове́рженный во прах; to give the ~ to smb. *амер.* обогна́ть, опереди́ть ко-

го́-л.; to take smb.'s ~ *амер.* отстава́ть от кого́-л.; плести́сь в хвосте́; to throw ~ in smb.'s eyes ≅ втира́ть очки́ кому́-л.

2. *v* 1) вытира́ть, выбива́ть пыль; to ~ a table вытира́ть пыль со стола́ 2) запыли́ть 3) посыпа́ть са́харной пу́дрой, муко́й *и т. п.* ◇ to ~ the eyes of обма́нывать *кого-л.*

**dustbin** [ˈdʌstbɪn] *n* му́сорный я́щик

**Dust Bowl** [ˈdʌstbəul] *n название засушливых районов на западе США*

**dust-cart** [ˈdʌstkɑːt] *n* му́сорный фурго́н

**dust-cloak** [ˈdʌstkləuk] = dust-coat

**dust-coat** [ˈdʌstkəut] *n* пы́льник (*плащ*)

**dust-colour** [ˈdʌstˌkʌlə] *n* серова́то-кори́чневый цвет

**dust-cover** [ˈdʌstˌkʌvə] *n* суперобло́жка (*книги*)

**duster** [ˈdʌstə] *n* 1) пы́льная тря́пка; щётка для обмета́ния, чи́стки *и т. п.* 2) *амер.* = dust-coat 3) приспособле́ние для посыпа́ния (*сахарной пудрой, перцем и т. п.*) 4) *горн.* непродукти́вная сква́жина

**dust-hole** [ˈdʌsthəul] *n* му́сорная я́ма, сва́лка

**dusting** [ˈdʌstɪŋ] **1.** *pres. p. от* dust 2

2. *n* 1) вытира́ние пы́ли 2) антисепти́ческий порошо́к для присы́пки ран 3) *разг.* побо́и; to give a ~ изби́ть, поколоти́ть 4) *разг.* морска́я ка́чка

**dust-jacket** [ˈdʌstˌdʒækɪt] = dust-cover

**dustman** [ˈdʌs*t*mən] *n* му́сорщик

**dustpan** [ˈdʌs*t*pæn] *n* сово́к для му́сора

**dust-proof** [ˈdʌstpruːf] *a* пыленепроница́емый

**dust-shot** [ˈdʌstʃɔt] *n* са́мая ме́лкая дробь

**dust-storm** [ˈdʌststɔːm] *n* пы́льная бу́ря

**dust-up** [ˈdʌstˈʌp] *n разг.* шум, перебра́нка, сканда́л

**dusty** [ˈdʌstɪ] *n* 1) пы́льный 2) ме́лкий как пыль; размельчённый 3) неопределённый (*об ответе и т. п.*) 4) сухо́й, неинтере́сный ◇ not so ~ *разг.* неду́рно, непло́хо

**Dutch** [dʌtʃ] **1.** *a* 1) нидерла́ндский; голла́ндский 2) *ист., амер. разг.* неме́цкий ◇ ~ auction аукцио́н со сниже́нием цен, пока́ не найдётся покупа́тель; ~ barn наве́с для се́на *или* соло́мы; ~ carpet полови́к из гру́бой полушерстяно́й тка́ни; ~ comfort ≅ могло́ быть и ху́же; сла́бое утеше́ние; ~ concert пе́ние, при кото́ром ка́ждый поёт своё; ≅ «кто в лес, кто по дрова́»; ~ tile ка́фель, изразе́ц; ~ lunch (*или* supper, treat) угоще́ние, при кото́ром ка́ждый пла́тит за себя́; ~ feast пиру́шка, на кото́рой хозя́ин напива́ется ра́ньше госте́й; to talk like a ~ uncle оте́чески наставля́ть, жури́ть

2. *n* 1) (the ~) *pl собир.* нидерла́ндцы; голла́ндцы 2) нидерла́ндский, голла́ндский язы́к 3) *ист.* неме́цкий язы́к; High ~ верхненеме́цкий язы́к; Low ~ нижненеме́цкий язы́к ◇ double ~ тараба́рщина; that (*или* it) beats the ~ э́то превосхо́дит всё

**dutch** [dʌtʃ] *n разг.* жена́; my old ~ моя́ стару́ха (*о жене*)

**Dutchman** [ˈdʌtʃmən] *n* 1) нидерла́ндец; голла́ндец 2) *ист.* не́мец 3) голла́ндское су́дно; Flying ~ Лету́чий голла́ндец ◇ I'm a ~, if I do! провали́ться мне на э́том ме́сте, е́сли...; я не я бу́ду, е́сли...

**Dutch metal** [ˈdʌtʃˈmetl] *n* сплав ме́ди с ци́нком (*«под золото»*)

**Dutch oven** [ˈdʌtʃʌvn] *n* 1) жаро́вня (*для жаренья мяса перед огнём камина*) 2) *амер. воен.* полево́й ку́хонный оча́г

**Dutchwoman** [ˈdʌtʃˌwumən] *n* нидерла́ндка; голла́ндка

**duteous** [ˈdjuːtjəs] *поэт.* = dutiful

**dutiable** [ˈdjuːtjəbl] *a* подлежа́щий обложе́нию (тамо́женной) по́шлиной

**dutiful** [ˈdjuːtɪful] *a* 1) испо́лненный созна́ния до́лга; послу́шный до́лгу 2) поко́рный

**duty** [ˈdjuːtɪ] *n* 1) долг, обя́занность; to do one's ~ исполня́ть свой долг 2) служе́бные обя́занности; дежу́рство; to take up one's duties приступи́ть к свои́м обя́занностям; on ~ на дежу́рстве; при исполне́нии служе́бных обя́занностей; doctor on ~ дежу́рный врач; off ~ вне слу́жбы; out of ~ вне слу́жбы, в свобо́дное от рабо́ты вре́мя 3) по́шлина; ге́рбовый сбор; customs duties тамо́женные по́шлины 4) почте́ние; he sends his ~ to you он свиде́тельствует вам своё почте́ние 5) *тех.* рабо́та, производи́тельность, режи́м (*машины*); мо́щность; ~ of water *с.-х.* гидромо́дуль 6) *attr.* официа́льный; ~ call официа́льный визи́т 7) *attr.* служе́бный; ~ journey служе́бная пое́здка, командиро́вка 8) *attr.* дежу́рный; ~ officer *амер. воен.* дежу́рный офице́р

**duty-bound** [ˈdjuːtɪbaund] *a* обя́занный

**duty-free** [ˈdjuːtɪˈfriː] **1.** *a* не подлежа́щий обложе́нию тамо́женной по́шлиной *или* сбо́ром

2. *adv* беспо́шлинно

**duty list** [ˈdjuːtɪlɪst] *n воен.* гра́фик дежу́рств

**duty-paid** [ˈdjuːtɪpeɪd] *a* опла́ченный по́шлиной

**duumvir** [dju(ː)ˈʌmvə] *n* (*pl* -s [-z], -ri) *ист.* дуумви́р (*в древнем Риме*)

**duumvirate** [dju(ː)ˈʌmvɪrɪt] *n ист.* дуумвира́т (*в древнем Риме*)

**duumviri** [dju(ː)ˈumvɪriː] *pl от* duumvir

**dwarf** [dwɔːf] **1.** *n* 1) ка́рлик 2) ка́рликовое живо́тное *или* расте́ние 3) *миф.* гном

2. *a* ка́рликовый

3. *v* 1) меша́ть ро́сту; остана́вливать разви́тие 2) создава́ть впечатле́ние ме́ньшего разме́ра; the little cottage was ~ed by the surrounding elms ма́ленький котте́дж каза́лся ещё ме́ньше из-за окружа́ющих его́ высо́ких вя́зов

**dwarfish** [ˈdwɔːfɪʃ] *a* 1) ка́рликовый 2) недора́звитый

**dwell** [dwel] *v* (dwelt) 1) жить, обита́ть, находи́ться, пребыва́ть (in, at, on) 2) подро́бно остана́вливаться, заде́рживаться (on, upon — на *чём-л.*); to ~ on a note выде́рживать но́ту 3) остана́вливаться, заде́рживаться пе́ред препя́тствием (*о лошади*)

**dweller** [ˈdwelə] *n* 1) жи́тель, обита́тель 2) ло́шадь, заде́рживающаяся пе́ред препя́тствием

**dwelling** [ˈdwelɪŋ] **1.** *pres. p. от* dwell

2. *n* 1) жили́ще, дом 2) прожива́ние

**dwelling-house** [ˈdwelɪŋhaus] *n* жило́й дом

**dwelling-place** [ˈdwelɪŋpleɪs] *n* местожи́тельство

**dwelt** [dwelt] *past и p. p. от* dwell

**dwindle** [ˈdwɪndl] *v* 1) уменьша́ться, сокраща́ться; истоща́ться 2) теря́ть значе́ние; ухудша́ться, приходи́ть в упа́док; вырожда́ться

**dyad** [ˈdaɪæd] *греч. n* 1) число́ два; дво́йка, па́ра 2) *хим.* двухвале́нтный элеме́нт 3) *биол.* бивале́нт, диа́да ◇ one's other ~ чьё-л. второ́е «я»; чей-л. двойни́к

**dyadic** [daɪˈædɪk] *греч. a* состоя́щий из двух элеме́нтов

**dye** [daɪ] **1.** *n* 1) кра́ска; кра́сящее вещество́; краси́тель 2) окра́ска 3) цвет ◇ scoundrel of the deepest ~ отъя́вленный негодя́й

2. *v* 1) кра́сить, окра́шивать 2) принима́ть кра́ску, окра́шиваться; ~ in the wool (*или* in the grain) окра́шивать в пря́же, про́чно пропи́тывать кра́ской

**d'ye** [djə] *сокр. разг.* = do you

**dyed-in-the-wool** [ˈdaɪdɪnðəˈwul] *a* 1) вы́крашенный в пря́же 2) отъя́вленный, закорене́лый; ~ Tory твердоло́бый то́ри 3) выно́сливый, сто́йкий

**dye-house** [ˈdaɪhaus] *n* краси́льня

**dyeing** [ˈdaɪɪŋ] **1.** *pres. p. от* dye 2

2. *n* 1) кра́шение, окра́ска тка́ней 2) краси́льное де́ло

**dyer** [ˈdaɪə] *n* краси́льщик

**dyer's broom** [ˈdaɪəzbruːm] *n бот.* краси́льный дрок

**dyer's weed** [ˈdaɪəzwiːd] *n бот.* ва́йда краси́льная; дрок краси́льный; резеда́ краси́льная, це́рва

**dye-stuff** [ˈdaɪstʌf] *n* кра́сящее вещество́, краси́тель

**dye-wood** [ˈdaɪwud] *n* краси́льное де́рево

**dye-works** [ˈdaɪwəːks] *n* краси́льная фа́брика, краси́льня

**dying** I [ˈdaɪɪŋ] **1.** *pres. p. от* die II

2. *n* 1) умира́ние; смерть 2) угаса́ние; затуха́ние

3. *a* 1) умира́ющий 2) предсме́ртный; till one's ~ day до конца́ дней свои́х 3) угаса́ющий

**dying** II [ˈdaɪɪŋ] *pres. p. от* die I, 2

**dyke** [daɪk] = dike

**dynamic** [daɪ'næmɪk] *a* 1) динами́ческий 2) акти́вный, де́йствующий, энерги́чный 3) *мед.* функциона́льный
**dynamical** [daɪ'næmɪkəl] *a* динами́ческий
**dynamics** [daɪ'næmɪks] *n pl* 1) (*употр. как sing*) дина́мика 2) дви́жущие си́лы
**dynamism** ['daɪnəmɪzm] *n филос.* динами́зм
**dynamite** ['daɪnəmaɪt] **1.** *n* динами́т **2.** *v* взрыва́ть динами́том
**dynamiter** ['daɪnəmaɪtə] *n* террори́ст, динами́тчик
**dynamitic** [ˌdaɪnə'mɪtɪk] *a* динами́тный
**dynamo** ['daɪnəməu] *n* (*pl* -os [-əuz]) *эл.* дина́мо-маши́на, дина́мо
**dynamometer** [ˌdaɪnə'mɔmɪtə] *n* динамо́метр
**dynast** ['dɪnəst] *n* представи́тель дина́стии
**dynastic** [dɪ'næstɪk] *a* династи́ческий
**dynasty** ['dɪnəstɪ] *n* дина́стия
**dyne** [daɪn] *n физ.* ди́на (*единица силы*)
**dysenteric** [ˌdɪsn'terɪk] *a* дизентери́йный
**dysentery** ['dɪsntrɪ] *n мед.* дизентери́я
**dyslogistic** [ˌdɪslə'dʒɪstɪk] *a* неодобри́тельный
**dyspepsia** [dɪs'pepsɪə] *n мед.* расстро́йство пищеваре́ния, диспепси́я
**dyspeptic** [dɪs'peptɪk] **1.** *n* 1) челове́к, страда́ющий дурны́м пищеваре́нием 2) *редк.* челове́к, находя́щийся в пода́вленном состоя́нии
**2.** *a* 1) страда́ющий дурны́м пищеваре́нием 2) находя́щийся в пода́вленном состоя́нии
**dyspnoea** [dɪs'pni(:)ə] *n мед.* оды́шка, затруднённое дыха́ние
**dysprosium** [dɪs'prəusɪəm] *n хим.* диспро́зий
**dystrophy** ['dɪstrəfɪ] *n мед.* дистрофи́я

# E

**E, e** [i:] *n* (*pl* Es, E's [i:z]) 1) 5-я *буква англ. алфавита* 2) *муз.* ми 3) *мор.* су́дно 2-го кла́сса
**each** [i:tʃ] *pron indef.* **1.** *как сущ.* ка́ждый, вся́кий; ~ of us ка́ждый из нас; ~ and all все без разбо́ра
**2.** *как прил.* ка́ждый, вся́кий; ~ student has to learn it by heart ка́ждый студе́нт до́лжен вы́учить э́то наизу́сть
**each other** ['i:tʃ'ʌðə] *pron. recipr.* друг дру́га (*обычно о двух*)
**eager** ['i:gə] *a* 1) по́лный стра́стного жела́ния; си́льно жела́ющий, стремя́щийся; ~ for (*или* after) fame жа́ждущий сла́вы; ~ to be off стремя́щийся уйти́ 2) нетерпели́вый, горя́чий (*о желании и т. п.*) 3) энерги́чный; ~ pursuit энерги́чное пресле́дование; ~ beaver а) энтузиа́ст; б) кра́йне приле́жный, добросо́вестный рабо́тник, работя́га 4) о́стрый (*на вкус*) 5) *уст.* язви́тельный, ре́зкий
**eagerness** ['i:gənɪs] *n* пыл, рве́ние
**eagle** ['i:gl] *n* 1) орёл 2) *амер. уст.* золота́я моне́та в 10 до́лларов
**eagle-eyed** ['i:gl'aɪd] *a* с проница́тельным взгля́дом; проница́тельный
**eagle-owl** ['i:gl'aul] *n* фи́лин
**eaglet** ['i:glɪt] *n* орлёнок
**eagre** ['eɪgə] *n* прили́вный вал в у́стье реки́
**ear I** [ɪə] *n* 1) у́хо 2) слух; an ~ for music музыка́льный слух; to play by ~ игра́ть по слу́ху; to have a good (bad) ~ име́ть хоро́ший (плохо́й) слух; to strain one's ~s напряга́ть слух 3) ушко́, проу́шина, ду́жка, ру́чка 4) *редк.* отве́рстие, сква́жина ◇ to be all ~s преврати́ться в слух; слу́шать с напряжённым внима́нием; to give ~ to smb. вы́слушать кого́-л.; to gain the ~ of smb. быть вы́слушанным кем-л.; in at one ~ and out at the other в одно́ у́хо вошло́, в друго́е вы́шло; to keep one's ~s open прислу́шаться; навостри́ть у́ши; насторожи́ться; up to the ~s по́ уши (*в работе и т. п.*); to bring a storm about one's ~s вы́звать бу́рю негодова́ния; вы́звать больши́е нарека́ния; to have smb.'s ~ по́льзоваться чьим-л. благоскло́нным внима́нием; to set by the ~s рассо́рить; by the ~s в ссо́ре; to be on one's ~ быть раздражённым; to have long (*или* itching) ~s быть любопы́тным
**ear II** [ɪə] **1.** *n* 1) ко́лос 2) поча́ток (кукуру́зы)
**2.** *v* колоси́ться
**ear-ache** ['ɪəreɪk] *n* боль в у́хе
**ear-drop** ['ɪədrɔp] = ear-ring
**ear-drops** ['ɪədrɔps] *n pl* ка́пли для у́ха
**ear-drum** ['ɪədrʌm] *n* бараба́нная перепо́нка
**ear-flaps** ['ɪəflæps] *n pl* нау́шники (*меховой шапки*)
**earl** [ə:l] граф (*английский*)
**ear-lap** ['ɪəlæp] *n* 1) мо́чка (*уха*) 2) у́хо (*шапки и т. п.*)
**earldom** ['ə:ldəm] *n* 1) ти́тул гра́фа, гра́фство 2) *ист.* (земе́льные) владе́ния гра́фа, гра́фство
**earless** ['ɪəlɪs] *a* 1) безу́хий 2) лишённый музыка́льного слу́ха 3) не име́ющий ру́чки (*о сосуде*)
**ear-lobe** ['ɪələub] = ear-lap
**ear-lock** ['ɪəlɔk] *n* прядь воло́с, завито́к у у́ха
**early** ['ə:lɪ] **1.** *a* 1) ра́нний; the ~ bird *шутл.* ра́нняя пта́шка; at an ~ date в ближа́йшем бу́дущем; it is ~ days yet ещё сли́шком ра́но, вре́мя не наста́ло; one's ~ days ю́ность 2) преждевре́менный; *с.-х.* скороспе́лый 3) заблаговре́менный; своевре́менный; ~ diagnosis ра́ннее распознава́ние боле́зни 4) бли́зкий, ско́рый (*о сроке*); ~ post-war years пе́рвые послевое́нные го́ды 5) *геол.* ни́жний (*о свитах*); дре́вний
**2.** *adv* 1) ра́но; ~ in the year в нача́ле го́да; ~ in life в мо́лодости; ~ in the day ра́но у́тром; *перен.* заблаговре́менно; 2) заблаговре́менно; своевре́менно 3) преждевре́менно ◇ ~ to bed and ~ to rise makes a man healthy, wealthy and wise *посл.* кто ра́но ложи́тся и ра́но встаёт, здоро́вье, бога́тство и ум наживёт
**earmark** ['ɪəmɑ:k] **1.** *n* 1) клеймо́ на у́хе; тавро́ 2) отличи́тельный при́знак
**2.** *v* 1) клейми́ть; накла́дывать тавро́ 2) откла́дывать, предназнача́ть; ассигнова́ть
**ear-muff** ['ɪəmʌf] *n амер.* нау́шник (*для защиты от холода*)
**earn** [ə:n] *v* 1) зараба́тывать; to ~ one's living (*или* one's daily bread) зараба́тывать на жизнь 2) заслу́живать; to ~ fame доби́ться изве́стности, просла́виться
**earnest I** ['ə:nɪst] **1.** *a* 1) серьёзный; ва́жный 2) и́скренний; убеждённый 3) горя́чий, ре́вностный
**2.** *n*: in ~ а) всерьёз, серьёзно; б) усе́рдно, стара́тельно; in real (*или* dead) ~ соверше́нно серьёзно
**earnest II** ['ə:nɪst] *n* зада́ток; зало́г; an ~ of more to come зало́г бу́дущих благ
**earnestly** ['ə:nɪstlɪ] *adv* настоя́тельно, убеди́тельно
**earnings** ['ə:nɪŋz] *n pl* зарабо́танные де́ньги, за́работок; при́быль
**ear-phone** ['ɪəfəun] = headphone
**ear-ring** ['ɪərɪŋ] *n* серьга́
**earshot** ['ɪəʃɔt] *n* расстоя́ние, на кото́ром слы́шен звук; within (out of) ~ в преде́лах (вне преде́лов) слы́шимости
**ear-splitting** ['ɪəˌsplɪtɪŋ] *a* оглуши́тельный
**earth** [ə:θ] **1.** *n* 1) земля́, земно́й шар; on ~ на земле́ 2) су́ша 3) по́чва; floating ~ плывуны́; scorched ~ вы́жженная земля́ 4) прах 5) нора́; to take ~ скры́ться в нору́ (*о лисе*); to run to ~ а) = to take ~; б) спря́таться, притаи́ться; в) вы́следить; насти́гнуть; отыска́ть 6) *эл.* заземле́ние 7) *употр. для усиления*; how on ~? каки́м о́бразом?; no use on ~ реши́тельно ни к чему́; why on ~? с како́й ста́ти? 8) *attr.* земляно́й; грунтово́й; ~ water жёсткая вода́; ~ wax *геол.* озокери́т ◇ to come back to ~ спусти́ться с облако́в на зе́млю, верну́ться к реа́льности
**2.** *v* 1) зарыва́ть, зака́пывать; покрыва́ть землёй; оку́чивать 2) загоня́ть *или* зарыва́ться в нору́ 3) *эл., радио* заземля́ть 4) *ав.* сажа́ть (*самолёт*); to be ~ed сде́лать вы́нужденную поса́дку
**earth-born** ['ə:θbɔ:n] *a* 1) сме́ртный; челове́ческий 2) *миф.* рождённый землёй
**earth-bound** ['ə:θbaund] *a* 1) земно́й, жите́йский 2) напра́вленный к земле́
**earthen** ['ə:θən] *a* 1) земляно́й; гли́няный 2) земно́й
**earthenware** ['ə:θənwɛə] *n* 1) гли́няная посу́да, гонча́рные изде́лия; кера́мика 2) гли́на 3) *attr.* гли́няный
**earth-flax** ['ə:θflæks] *n* асбе́ст
**earthing** ['ə:θɪŋ] **1.** *pres. p. от* earth 2

**2.** *n эл., радио* заземле́ние
**earth-light** [ˈə:θlaɪt] = earth-shine
**earthly** [ˈə:θlɪ] **1.** *a* 1) земно́й; су́етный 2) *разг.* возмо́жный; no ~ use (reason) бесполе́зно (бессмы́сленно)
**2.** *n*: not an ~ *разг.* ни мале́йшей наде́жды
**earthly-minded** [ˈə:θlɪˈmaɪndɪd] *a* чрезме́рно практи́чный, насквозь земно́й
**earth-nut** [ˈə:θnʌt] *n* земляно́й оре́х, ара́хис
**earthquake** [ˈə:θkweɪk] *n* 1) землетрясе́ние 2) потрясе́ние, катастро́фа
**earth-shaking** [ˈə:θˌʃeɪkɪŋ] *a* име́ющий осо́бо ва́жное значе́ние, первостепе́нной ва́жности
**earth-shine** [ˈə:θʃaɪn] *n астр.* пе́пельный свет (*Луны*)
**earthward(s)** [ˈə:θwəd(z)] *adv* по направле́нию к земле́
**earthwork** [ˈə:θwə:k] *n* земляно́е укрепле́ние; земляны́е рабо́ты
**earth-worm** [ˈə:θwə:m] *n* 1) земляно́й (*или* дождево́й) червь 2) ни́зкая душа́; подхали́м
**earthy** [ˈə:θɪ] *a* 1) земляно́й, земли́стый 2) земно́й, жите́йский 3) гру́бый
**ear-wax** [ˈɪəwæks] *n* ушна́я се́ра
**earwig** [ˈɪəwɪg] *n зоол.* уховёртка
**ease** [i:z] **1.** *n* 1) поко́й; свобо́да, непринуждённость; ~ of body and mind физи́ческий и душе́вный поко́й; at one's ~ свобо́дно, удо́бно, непринуждённо; to feel ill at ~ чу́вствовать себя́ нело́вко; конфу́зиться; a life of ~ споко́йная, лёгкая жизнь; social ~ уме́ние держа́ть себя́, простота́ в обраще́нии; to stand at ~ *воен.* стоя́ть во́льно; at ~! *воен.* во́льно! 2) досу́г; to take one's ~ а) наслажда́ться досу́гом, отдыха́ть; б) успоко́иться 3) пра́здность, лень 4) лёгкость; with ~ а) с лёгкостью; б) непринуждённо; to learn with ~ учи́ться без труда́ 5) облегче́ние (*боли*), прекраще́ние (*тревоги и т. п.*)
**2.** *v* 1) облегча́ть (*боль, ношу*); to ~ smb. of his purse (*или* cash) *шутл.* обокра́сть 2) успока́ивать 3) ослабля́ть, освобожда́ть 4) осторо́жно устана́вливать (in, into); to ~ a piano into place поста́вить роя́ль на ме́сто; to ~ a bloc into position опусти́ть и установи́ть (*строительный*) блок на ме́сто 5) выпуска́ть (*швы в платье*); растя́гивать (*обувь*) 6) *мор.* отдава́ть, (по)трави́ть (*тж.* ~ away, ~ down, ~ off); ~ her! уба́вить ход! (*команда*) □ ~ **down** а) замедля́ть ход; б) уменьша́ть напряже́ние, уси́лие; ~ **off** а) стать ме́нее напряжённым; ослабля́ть(ся); расслабля́ть(ся); б) *мор.* отдава́ть (*канат, конец*)
**easeful** [ˈi:zful] *a книжн.* 1) успоко́ительный 2) споко́йный 3) неза́нятый, пра́здный
**easel** [ˈi:zl] *n* 1) мольбе́рт 2) подста́вка; пюпи́тр
**easement** [ˈi:zmənt] *n* 1) удо́бство 2) пристро́йки, слу́жбы 3) *юр.* пра́во прохо́да, проведе́ния освеще́ния *и т. п.* по чужо́й земле́ 4) *уст.* облегче́ние, успокое́ние
**easily** [ˈi:zɪlɪ] *adv* легко́; свобо́дно, без труда́
**easiness** [ˈi:zɪnɪs] *n* 1) лёгкость 2) непринуждённость
**east** [i:st] **1.** *n* 1) восто́к; *мор.* ост; to the ~ (of) к восто́ку (от) 2) (the E.) Восто́к; Far E. Да́льний Восто́к; Middle E. Бли́жний Восто́к 3) восто́чный ве́тер (*тж.* ~ wind) ◇ E. or West home is best *посл.* ≅ в гостя́х хорошо́, а до́ма лу́чше
**2.** *a* восто́чный
**3.** *adv* 1) на восто́к; к восто́ку 2) с восто́ка (*о ветре*); to blow ~ дуть с восто́ка
**east-bound** [ˈi:stbaund] *a* дви́жущийся на восто́к
**East End** [ˈi:stˈend] *n* Ист-Э́нд, восто́чная (*беднейшая*) часть Ло́ндона
**Easter** [ˈi:stə] *n церк.* 1) па́сха (*праздник*) 2) *attr.* пасха́льный
**easterly** [ˈi:stəlɪ] **1.** *a* восто́чный
**2.** *n* восто́чный ве́тер
**3.** *adv* 1) на восто́к; к восто́ку 2) с восто́ка (*о ветре*)
**eastern** [ˈi:stən] **1.** *a* 1) восто́чный; ~ window окно́, выходя́щее на восто́к 2) располо́женный в (се́веро-)восто́чной ча́сти США *или* относя́щийся к ней
**2.** *n* (E). жи́тель Восто́ка
**easterner** [ˈi:stənə] *n* 1) = eastern 2 2) жи́тель восто́чной ча́сти США
**easternmost** [ˈi:stənməust] *a* са́мый восто́чный
**Eastertide** [ˈi:stəˈtaɪd] *n церк.* 1) пасха́льная неде́ля 2) пери́од от па́схи до пра́здника вознесе́ния *или* тро́ицы
**East India Company** [ˈi:stˌɪndjəˈkʌmpənɪ] *n ист.* Ост-Инди́йская компа́ния
**easting** [ˈi:stɪŋ] *n мор.* курс на ост; отше́ствие на восто́к
**East Side** [ˈi:stˈsaɪd] *n* Ист-Са́йд, восто́чная (*беднейшая*) часть Нью-Йо́рка
**eastward** [ˈi:stwəd] **1.** *a* дви́жущийся *или* обращённый на восто́к
**2.** *adv* на восто́к, к восто́ку, в восто́чном направле́нии
**3.** *n* восто́чное направле́ние
**eastwards** [ˈi:stwədz] = eastward 2
**easy** [ˈi:zɪ] **1.** *a* 1) лёгкий, нетру́дный; ~ of access досту́пный; ~ money шальны́е де́ньги 2) удо́бный; ~ coat просто́рное пальто́ 3) непринуждённый, свобо́дный, есте́ственный; ~ manners непринуждённые мане́ры 4) споко́йный; make you mind ~ успоко́йтесь 5) покла́дистый; терпи́мый; to be ~ on smb., smth. относи́ться снисходи́тельно к кому́-л., чему́-л. 6) изли́шне усту́пчивый; чересчу́р пода́тливый; of ~ virtue не (сли́шком) стро́гих пра́вил 7) неторопли́вый; at an ~ pace не спеша́ 8) обеспе́ченный, состоя́тельный; ~ circumstances доста́ток 9) *эк.* не име́ющий спро́са (*о товаре*); вя́лый, засто́йный (*о рынке и т. п.*) 10) поло́гий (*о скате*) ◇ ~ street бога́тство; to be on ~ street процвета́ть; as ~ as falling off a log (*или* as ABC) о́чень легко́
**2.** *adv* 1) легко́ 2) споко́йно; неторопли́во; to take it ~ а) не торопи́ться, не усе́рдствовать; б) относи́ться споко́йно; to break the news ~ сообщи́ть о случи́вшемся осторо́жно *или* делика́тно ◇ ~ all! *мор.* суши́ вёсла! (*команда*); ~ does it *посл.* ≅ ти́ше е́дешь, да́льше бу́дешь; ~ come, ~ go ≅ как на́жито, так и про́жито; easier said than done ле́гче сказа́ть, чем сде́лать
**easy chair** [ˈi:zɪˈtʃɛə] *n* мя́гкое кре́сло
**easy-going** [ˈi:zɪˌgəuɪŋ] *a* 1) доброду́шно-весёлый; беспе́чный, беззабо́тный 2) лёгкий, споко́йный (*о ходе лошади*)
**easy rider** [ˈi:zɪˌraɪdə] *n* проходи́мец
**eat** [i:t] *v* (ate; eaten) 1) есть; поеда́ть, поглоща́ть; to ~ crisp хрусте́ть, есть с хру́стом; to ~ well а) име́ть хоро́ший аппети́т; б) име́ть прия́тный вкус 2) разъеда́ть, разруша́ть □ ~ **away** а) съеда́ть, пожира́ть; б) = 2); to ~ away at one's nerves де́йствовать на не́рвы, изводи́ть; ~ **in** а) пита́ться до́ма; б) столова́ться по ме́сту рабо́ты; в) въеда́ться (*о хим. веществах и т. п.*); ~ **into** а) = ~ in в); б) растра́чивать (*состояние*); ~ **off** отъеда́ть (*о кислоте и т. п.*); ~ **up** а) пожира́ть; поглоща́ть; ~en up with pride снеда́емый го́рдостью; б) бы́стро покрыва́ть како́е-л. расстоя́ние ◇ to ~ one's heart out страда́ть мо́лча; to ~ the ginger *амер. sl.* брать всё лу́чшее, снима́ть пе́нки, сли́вки; to ~ dirt (*или* humble pie, *амер.* crow) а) смири́ться, проглоти́ть оби́ду, покори́ться; б) унижа́ться; уни́женно извиня́ться; to ~ one's terms (*или* dinners), to ~ for the bar учи́ться на юриди́ческом факульте́те; гото́виться к адвокату́ре; to ~ one's words брать наза́д свои́ слова́; to ~ out of smb.'s hand безогово́рочно подчиня́ться кому́-л.; станови́ться совсе́м ручны́м; to ~ smb. out of house and home объеда́ть кого́-л., разоря́ть кого́-л.; I'll ~ my boots (*или* hat, head) даю́ го́лову на отсече́ние; what's ~ing you? кака́я му́ха тебя́ укуси́ла?
**eatable** [ˈi:təbl] **1.** *a* съедо́бный
**2.** *n pl разг.* съестно́е, пи́ща
**eaten** [ˈi:tn] *p. p. от* eat
**eater** [ˈi:tə] *n* 1) едо́к 2) столо́вые фру́кты
**eatery** [ˈi:tərɪ] *n разг.* столо́вая; закусо́чная, забега́ловка
**eating** [ˈi:tɪŋ] **1.** *pres. p. от* eat
**2.** *n* 1) приём пи́щи, еда́ 2) пи́ща
**3.** *attr.*: ~ apple столо́вое я́блоко; ~ club (*или* hall) *амер.* университе́тская столо́вая
**eating-house** [ˈi:tɪŋhaus] *n* дешёвый рестора́н
**eats** [i:ts] *n pl sl.* еда́, пи́ща
**eau-de-Cologne** [ˈəudəkəˈləun] *фр. n* одеколо́н
**eau-de-vie** [ˈəudəˈvi:] *фр. n* конья́к; во́дка, ви́ски

**eaves** [i:vz] *n pl* 1) *стр.* карни́з; свес кры́ши 2) *поэт.* ве́ки, ресни́цы

**eavesdrop** [ˈi:vzdrɔp] *n* подслу́шивать (on)

**eavesdropper** [ˈi:vzˌdrɔpə] *n* подслу́шивающий, соглядата́й

**ebb** [eb] **1.** *n* 1) отли́в 2) переме́на к ху́дшему; упа́док; to be at an ~, to be at a low ~ а) быть в затрудни́тельном положе́нии; б) находи́ться в упа́дке; his courage was at the lowest ~ он совсе́м стру́сил

**2.** *v* 1) отлива́ть, убыва́ть 2) ослабева́ть, угаса́ть (*часто* ~ away); daylight was ~ing fast ста́ло бы́стро смерка́ться

**ebb-tide** [ˈebˈtaɪd] *n* отли́в

**ebon** [ˈebən] *a поэт.* 1) эбе́новый 2) чёрный

**ebonite** [ˈebənaɪt] *n тех.* эбони́т

**ebony** [ˈebənɪ] **1.** *n* 1) эбе́новое, чёрное де́рево 2) *амер. sl.* чёрный, негр

**2.** *a* 1) эбе́новый 2) чёрный как смоль

**ebullience, -cy** [ɪˈbʌljəns, -sɪ] *n книжн.* 1) кипе́ние 2) возбужде́ние

**ebullient** [ɪˈbʌljənt] *a книжн.* 1) кипя́щий 2) кипу́чий, по́лный энтузиа́зма

**ebullition** [ˌebəˈlɪʃən] *n книжн.* 1) кипе́ние; вскипа́ние 2) ра́достное возбужде́ние

**écarté** [eɪˈkɑ:teɪ] *фр. n* эка́рте́ (*ка́рточная игра*)

**ecaudate** [i:ˈkɔ:deɪt] *a зоол.* бесхво́стый

**eccentric** [ɪkˈsentrɪk] **1.** *a* 1) эксцентри́чный; стра́нный 2) *геом., тех.* эксцентри́ческий; эксце́нтриковый; нецентра́льный (*напр., об ударе*); ~ rod эксце́нтриковая тя́га

**2.** *n* 1) эксцентри́чный челове́к; оригина́л, чуда́к 2) *тех.* эксце́нтрик, кула́к

**eccentricity** [ˌeksenˈtrɪsɪtɪ] *n* 1) эксцентри́чность, стра́нность; оригина́льность 2) *тех.* эксцентри́чность; эксцентрисите́т

**ecclesiastic** [ɪˌkli:zɪˈæstɪk] **1.** *n* духо́вное лицо́, священнослужи́тель

**2.** *a* = ecclesiastical

**ecclesiastical** [ɪˌkli:zɪˈæstɪkəl] *a* духо́вный; церко́вный

**echelon** [ˈeʃələn] **1.** *n* 1) *воен.* звено́; инста́нция; эшело́н; ~ of attack эшело́н боево́го поря́дка при наступле́нии 2) усту́п, ступе́нчатое расположе́ние

**2.** *v* располага́ть усту́пами; эшелони́ровать

**echidna** [eˈkɪdnə] *n зоол.* ехи́дна

**echini** [eˈkaɪnaɪ] *pl от* echinus

**echinus** [eˈkaɪnəs] *n* (*pl* -ni) 1) *зоол.* морско́й ёж 2) *архит.* эхи́н

**echo** [ˈekəu] **1.** *n* (*pl* -oes [-əuz]) 1) э́хо; to the ~ гро́мко; восто́рженно 2) отголо́сок, подража́ние; faint ~ сла́бый отголо́сок 3) подража́тель 4) *амер. разг.* плагиа́тор 5) *attr.*: ~ sounder эхоло́т; ~ sounding измере́ние глубины́ эхоло́том

**2.** *v* 1) отдава́ться э́хом; отража́ться (*о звуке*) 2) вто́рить, подража́ть, подда́кивать

**echoic** [eˈkəuɪk] *a* звукоподража́тельный

**echo-image** [ˈekəuˌɪmɪdʒ] *n фото* стереоскопи́ческий сни́мок

**éclair** [ˈeɪklɛə] *фр. n* эклéр (*пиро́жное*)

**eclampsia** [ɪˈklæmpsɪə] *n мед.* эклампси́я

**éclat** [ˈeɪklɑ:] *фр. n* 1) блеск, сла́ва 2) успе́х, шум; with great ~ с больши́м успе́хом

**eclectic** [ekˈlektɪk] **1.** *a* эклекти́ческий

**2.** *n* экле́ктик

**eclecticism** [ekˈlektɪsɪzm] *n* эклекти́зм; экле́ктика

**eclipse** [ɪˈklɪps] **1.** *n* 1) *астр.* затме́ние; total (partial) ~ по́лное (части́чное) затме́ние 2) потускне́ние, помраче́ние; his fame has suffered an ~ сла́ва его́ поме́ркла

**2.** *v* затмева́ть (*тж. перен.*); заслоня́ть; in sports he quite ~d his brother в спо́рте он затми́л своего́ бра́та

**ecliptic** [ɪˈklɪptɪk] *астр.* **1.** *n* эклипти́ка

**2.** *a* эклипти́ческий

**eclogue** [ˈeklɔg] *n лит.* экло́га

**ecological** [ˌekəˈlɔdʒɪkəl] *a* экологи́ческий

**ecology** [ɪˈkɔlədʒɪ] *n* эколо́гия

**economic** [ˌi:kəˈnɔmɪk] *a* 1) экономи́ческий; хозя́йственный; ~ forces экономи́ческие фа́кторы; ~ miracle «экономи́ческое чу́до» 2) рента́бельный; экономи́чески вы́годный, целесообра́зный 3) практи́ческий, прикладно́й; ~ botany прикладна́я бота́ника

**economical** [ˌi:kəˈnɔmɪkəl] *a* 1) эконо́мный, бережли́вый 2) экономи́ческий; относя́щийся к эконо́мике *или* полити́ческой эконо́мии 3) материа́льный

**economically** [ˌi:kəˈnɔmɪkəlɪ] *adv* 1) эконо́мно, бережли́во, практи́чно 2) экономи́чески, с то́чки зре́ния эконо́мики

**economics** [ˌi:kəˈnɔmɪks] *n pl* (*употр. как sing*) 1) эконо́мика; наро́дное хозя́йство; planned ~ пла́новое хозя́йство 2) полити́ческая эконо́мия

**economist** [i(:)ˈkɔnəmɪst] *n* 1) экономи́ст 2) бережли́вый челове́к, эконо́мный хозя́ин

**economize** [i(:)ˈkɔnəmaɪz] *v* эконо́мить

**economizer** [i(:)ˈkɔnəmaɪzə] *n тех.* экономайзер, подогрева́тель

**economy** [i(:)ˈkɔnəmɪ] *n* 1) хозя́йство, эконо́мика; the socialist system of ~ социалисти́ческая систе́ма хозя́йства 2) эконо́мия, бережли́вость 3) (*часто pl*) сэконо́мленное; сбереже́ния; little economies ма́ленькие сбереже́ния 4) структу́ра, организа́ция

**ecru** [ˈeɪkru:] *фр. a* цве́та небелёного, суро́вого полотна́

**ecstasize** [ˈekstəsaɪz] *v* 1) приводи́ть в восто́рг 2) приходи́ть в восто́рг

**ecstasy** [ˈekstəsɪ] *n* экста́з, исступлённый восто́рг; in the ~ of joy в поры́ве ра́дости

**ecstatic** [eksˈtætɪk] *a* исступлённый; экстати́ческий; восто́рженный; в экста́зе

**ectoplasm** [ˈektəuplæzm] *n биол.* эктопла́зма

**Ecuadoran** [ˌekwəˈdɔ:rən] = Ecuadorian

**Ecuadorian** [ˌekwəˈdɔ:rɪən] **1.** *a* эквадо́рский

**2.** *n* жи́тель Эквадо́ра

**ecumenic(al)** [ˌi:kju(:)ˈmenɪk(əl)] *a церк.* вселе́нский (*особ. о соборе*)

**eczema** [ˈeksɪmə] *n мед.* экзе́ма

**edacious** [ɪˈdeɪʃəs] *a* 1) прожо́рливый 2) жа́дный

**edacity** [ɪˈdæsɪtɪ] *n* 1) прожо́рливость 2) жа́дность

**Edam** [ˈi:dæm] *n* эда́мский сыр (*тж.* ~ cheese)

**edaphology** [ˌedəˈfɔlədʒɪ] *n* почвове́дение

**eddish** [ˈedɪʃ] *n диал. с.-х.* ота́ва; жнивьё, стерня́

**eddy** [ˈedɪ] **1.** *n* 1) ма́ленький водоворо́т 2) вихрь 3) о́блако, клубы́ (*ды́ма, пы́ли*) 4) *физ.* вихрево́е, турбуле́нтное движе́ние 5) *attr.*: ~ currents *эл.* вихревы́е то́ки

**2.** *v* 1) крути́ться в водоворо́те 2) клуби́ться

**edelweiss** [ˈeɪdlvaɪs] *нем. n бот.* эдельве́йс

**Eden** [ˈi:dn] *n* Эде́м; рай

**edentate** [ɪˈdentɪt] *a* 1) *зоол.* неполнозу́бый 2) *шутл.* беззу́бый

**edge** [edʒ] **1.** 1) край, кро́мка; ~ of a wood опу́шка ле́са 2) остриё, ле́звие; острота́; the knife has no ~ нож затупи́лся 3) кряж, хребе́т; ~ of a mountain гре́бень горы́ 4) крити́ческое положе́ние 5) обре́з (*книги*); бордю́р; uncut ~s неразре́занные страни́цы 6) опо́рная при́зма (*ма́ятника, коромы́сла весо́в*) 7) грань 8) *разг.* преиму́щество; to have an ~ on smb. име́ть преиму́щество пе́ред ке́м-л. 9) боро́дка (*ключа*) ◇ (all) on ~ нетерпели́вый; раздражённый; to give an ~ to one's appetite раздразни́ть аппети́т; to take the ~ off one's appetite замори́ть червячка́; to take the ~ off an argument осла́бить си́лу до́вода; to give the ~ of one's tongue to smb. ре́зко с кем-л. говори́ть; to set smb.'s nerves on ~ раздража́ть кого́-л.; to set the teeth on ~ де́йствовать на не́рвы; ре́зать слух; вызыва́ть отвраще́ние (*у кого-л.*); to have an ~ on *sl.* быть навеселе́; to be on the ~ of doing smth. реши́ться на что-л.

**2.** *v* 1) точи́ть; заостря́ть 2) окаймля́ть, обрамля́ть 3) обреза́ть края́; сра́внивать, сгла́живать, обтёсывать углы́ 4) подстрига́ть (*траву*) 5) пододвига́ть незаме́тно *или* постепе́нно; продвига́ться незаме́тно *или* ме́дленно; пробира́ться, пролеза́ть □ ~ **away** отходи́ть осторо́жно, бочко́м; ~ **into** вти́скивать(ся); to ~ oneself into the conversation вмеша́ться в (чужо́й) разгово́р; ~ **off** = ~ away; ~ **on**

подстрека́ть; ~ **out** а) осторо́жно выбира́ться; б) вытесня́ть

**edge-bone** [ˈedʒbəun] = aitchbone

**edge stone** [ˈedʒstəun] *n* 1) жёрнов, бегу́н (*в дробилке*) 2) *дор.* бордю́рный ка́мень

**edge-tool** [ˈedʒtu:l] *n* о́стрый, ре́жущий инструме́нт; to play with ~s ≅ игра́ть с огнём

**edgeways** [ˈedʒweɪz] *adv* остриём, кра́ем (вперёд); бо́ком; to get a word in ~ ввернуть слове́чко

**edgewise** [ˈedʒwaɪz] = edgeways

**edging** [ˈedʒɪŋ] **1.** *pres. p. от* edge 2

**2.** *n* 1) край, кайма́, бордю́р 2) *attr.*: ~ saw *тех.* обрезна́я пила́

**edgy** [ˈedʒɪ] *a* 1) о́стрый, ре́жущий 2) *жив.* име́ющий ре́зкий ко́нтур 3) раздражённый; раздражи́тельный

**edibility** [ˌedɪˈbɪlɪtɪ] *n* съедо́бность

**edible** [ˈedɪbl] **1.** *a* съедо́бный; го́дный в пи́щу

**2.** *n* (*обыкн. pl*) съедо́бное, съестно́е, еда́

**edict** [ˈi:dɪkt] *n* эди́кт, ука́з

**edification** [ˌedɪfɪˈkeɪʃən] *n* назида́ние, наставле́ние

**edifice** [ˈedɪfɪs] *n* 1) зда́ние, сооруже́ние 2) систе́ма взгля́дов, доктри́на

**edify** [ˈedɪfaɪ] *v* поуча́ть, наставля́ть

**edit** [ˈedɪt] *v* 1) редакти́ровать, гото́вить к печа́ти; рабо́тать *или* быть реда́ктором 2) осуществля́ть руково́дство изда́нием 3) монти́ровать (*фильм*) ▭ ~ **out** выма́рывать, вычёркивать

**edition** [ɪˈdɪʃən] *n* 1) изда́ние; pocket ~ карма́нное изда́ние 2) вы́пуск; morning ~ у́тренний вы́пуск (*газеты*) 3) тира́ж (*книги, газеты и т. п.*) 4) ко́пия, вариа́нт; she is a more charming ~ of her sister она́ вы́литая сестра́, но ещё бо́лее очарова́тельна

**editor** [ˈedɪtə] *n* 1) реда́ктор 2) а́втор передови́ц (*в газете*)

**editorial** [ˌedɪˈtɔ:rɪəl] **1.** *a* реда́кторский, редакцио́нный; ~ office реда́кция (*помещение*); ~ staff редакцио́нные рабо́тники, сотру́дники реда́кции; ~ board редакцио́нная колле́гия

**2.** *n* передова́я *или* редакцио́нная статья́

**editorialist** [ˌedɪˈtɔ:rɪəlɪst] *n* пи́шущий передовы́е *или* редакцио́нные статьи́

**editorialize** [ˌedɪˈtɔ:rɪəlaɪz] *v амер.* тенденцио́зно излага́ть *или* интерпрети́ровать материа́л (*в газете*)

**editor-in-chief** [ˈedɪtərɪnˈtʃi:f] *n* (*pl* editors-in-chief) гла́вный реда́ктор

**educate** [ˈedju(:)keɪt] *v* 1) воспи́тывать; дава́ть образова́ние 2) трениро-ва́ть; to ~ the ear развива́ть слух

**educated** [ˈedu(:)keɪtɪd] **1.** *p. p. от* educate

**2.** *a* 1) (высоко)образо́ванный 2) трениро́ванный; ~ taste (mind) развито́й вкус (ум)

**education** [ˌedju(:)ˈkeɪʃən] *n* 1) образова́ние; просвеще́ние, обуче́ние; all-round ~ разносторо́ннее образова́ние; trade ~ специа́льное образова́ние; classical (commercial, art) ~ класси́ческое (комме́рческое, худо́жественное) образова́ние; vocational ~ профессиона́льно-техни́ческое образова́ние; higher ~ вы́сшее образова́ние 2) воспита́ние, разви́тие (*характера, способностей*) 3) культу́ра, образо́ванность 4) дрессиро́вка, обуче́ние (*животных*)

**educational** [ˌedju(:)ˈkeɪʃənl] *a* образова́тельный; воспита́тельный; уче́бный, педагоги́ческий; ~ film уче́бный фильм

**educationalist** [ˌedju(:)ˈkeɪʃnəlɪst] *n* педаго́г-теоре́тик

**educationally** [ˌedju(:)ˈkeɪʃnəlɪ] *adv* педагоги́чески; с то́чки зре́ния воспита́ния, образова́ния

**educationist** [ˌedju(:)ˈkeɪʃnɪst] = educationalist

**educative** [ˈedju(:)kətɪv] *a* воспи́тывающий, воспита́тельный; просвети́тельный

**educator** [ˈedju(:)keɪtə] *n* 1) воспита́тель, педаго́г 2) = educationalist

**educe** [i(:)ˈdju:s] *v* 1) выявля́ть (*скрытые способности*); развива́ть 2) выводи́ть (*заключение*; from) 3) *хим.* выделя́ть

**eduction** [i(:)ˈdʌkʃən] *n* 1) выявле́ние (*скрытых способностей*) 2) вы́вод 3) вы́пуск; вы́ход 4) извлече́ние 5) *хим.* выделе́ние

**edulcorate** [ɪˈdʌlkəreɪt] *v хим.* очища́ть от кисло́т, соле́й *и т. п.* промы́вкой

**Edwardian** [ədˈwɔ:djən] *a* вре́мени, эпо́хи одного́ из англи́йских короле́й Эдуа́рдов

**eel** [i:l] *n зоол.* у́горь

**eel-buck** [ˈi:lbʌk] *n* ве́рша для ло́вли угре́й

**eel-pout** [ˈi:lpaut] *n зоол.* бельдю́га

**eel-spear** [ˈi:lspɪə] *n* трезу́бец для ло́вли угре́й

**e'en** [i:n] *поэт. см.* even I *и* II, 2

**e'er** [εə] *поэт. см.* ever

**eerie, eery** [ˈɪərɪ] *a* 1) жу́ткий; мра́чный; сверхъесте́ственный 2) *шотл.* суеве́рно боязли́вый

**efface** [ɪˈfeɪs] *v* стира́ть; вычёркивать; изгла́живать; to ~ oneself стушева́ться, держа́ться в тени́

**effect** [ɪˈfekt] **1.** *n* 1) сле́дствие, результа́т; cause and ~ причи́на и сле́дствие; of (*или* to) no ~, without ~ а) безрезульта́тный; б) бесполе́зный; в) безрезульта́тно; бесце́льно; to have ~ име́ть жела́тельный результа́т; поде́йствовать 2) де́йствие, влия́ние; возде́йствие; the ~of light on plants де́йствие све́та на расте́ния; argument has no ~ on him убежде́ние на него́ ника́к не де́йствует 3) де́йствие, си́ла; to go (*или* to come) into ~, to take ~ вступа́ть в си́лу (*о законе, постановлении, правиле и т. п.*); the law goes into ~ soon зако́н ско́ро всту́пит в си́лу; with ~ from today вступа́ющий в си́лу с сего́дняшнего дня; to bring to ~, to give ~ to, to carry (*или* to put) into ~ осуществля́ть, приводи́ть в исполне́ние, проводи́ть в жизнь; no ~s нет средств (*надпись банка на неакцептованном чеке*); in ~ в действи́тельности, в су́щности 4) эффе́кт, впечатле́ние; general ~ о́бщее впечатле́ние; calculated for ~ рассчи́танный на эффе́кт; to do smth. for ~ де́лать что-л., что́бы произвести́ впечатле́ние, пусти́ть пыль в глаза́ 5) *pl театр., кино* звуковы́е эффе́кты 6) цель, наме́рение; to this ~ для э́той це́ли; в э́том смы́сле 7) содержа́ние; the letter was to the following ~ письмо́ бы́ло сле́дующего содержа́ния 8) *pl* иму́щество, пожи́тки; sale of household ~s распрода́жа дома́шних веще́й; to leave no ~s умере́ть, ничего́ не оста́вив насле́дникам 9) *тех.* поле́зный эффе́кт, производи́тельность (*машины*)

**2.** *v* производи́ть; выполня́ть, соверша́ть; осуществля́ть; to ~ a change in a plan произвести́ измене́ние в пла́не; to ~ an insurance policy застрахова́ть

**effective** [ɪˈfektɪv] **1.** *a* 1) действи́тельный, эффекти́вный, результати́вный; ~ demand *эк.* платёжеспосо́бный спрос 2) де́йствующий, име́ющий си́лу (*о законе и т. п.*); to become ~ входи́ть в си́лу; ~ from 22 hours, December 31 вступа́ющий в си́лу с десяти́ часо́в ве́чера 31 декабря́; ~ until the end of the month действи́телен то́лько до конца́ теку́щего ме́сяца 3) эффе́ктный; производя́щий впечатле́ние, впечатля́ющий 4) *воен.* го́дный; (по́лностью) гото́вый к де́йствию; де́йствующий; эффекти́вный; ~ range да́льность действи́тельного огня́; ~ fire действи́тельный ого́нь 5) име́ющий хожде́ние (*о денежных знаках*) 6) поле́зный; ~ area рабо́чая пове́рхность (*площади*); ~ head *гидр.* поле́зный напо́р

**2.** *n* 1) *воен.* бое́ц 2) *pl* боево́й соста́в

**effectless** [ɪˈfektlɪs] *a* безрезульта́тный, неэффекти́вный

**effectual** [ɪˈfektjuəl] *a* 1) достига́ющий це́ли, де́йственный; действи́тельный 2) *юр.* име́ющий си́лу

**effectuate** [ɪˈfektjueɪt] *v* соверша́ть, приводи́ть в исполне́ние

**effectuation** [ɪˌfektjuˈeɪʃən] *n* выполне́ние

**effeminacy** [ɪˈfemɪnəsɪ] *n* изне́женность, же́нственность (*в мужчине*)

**effeminate** [ɪˈfemɪnɪt] **1.** *a* 1) изне́женный, женоподо́бный 2) сла́бый, привы́кший к не́ге, избало́ванный; ~ civilization упа́дочная цивилиза́ция

**2.** *n* 1) женоподо́бный мужчи́на; сла́бый; изне́женный челове́к 2) гомосексуали́ст

**efferent** [ˈefərənt] *a* выводя́щий (*о кровеносных сосудах*); центробе́жный; ~ nerve двига́тельный нерв

**effervesce** [ˌefəˈves] *v* 1) выделя́ться в ви́де пузырько́в га́за; шипе́ть, пе́ниться; игра́ть (*о шипучем напитке*) 2) быть в возбужде́нии; испы́тывать подъём, и́скриться

**effervescence, -cy** [ˌefəˈvesns, -sɪ] *n* 1) выделе́ние пузырько́в га́за; шипе́ние, вскипа́ние 2) возбужде́ние, волне́ние

**effervescent** [͵efə'vesnt] *a* 1) шипу́чий 2) кипу́чий; искромётный 3) возбуждённый

**effete** [e'fi:t] *a* 1) истощённый, сла́бый 2) беспло́дный 3) изнéженный, избало́ванный 4) упа́дочный

**efficacious** [͵efı'keıʃəs] *a* дéйственный, эффекти́вный; производи́тельный; an ~ cure for a disease эффекти́вное лечéние боле́зни

**efficacy** ['efıkəsı] *n* эффекти́вность, си́ла; дéйственность

**efficiency** [ı'fıʃənsı] *n* 1) дéйственность, эффекти́вность 2) продукти́вность, производи́тельность 3) умéние, подгото́вленность; дееспосо́бность, операти́вность; работоспосо́бность 4) *тех.* отда́ча, коэффицие́нт поле́зного дéйствия 5) рента́бельность 6) *attr.*: ~ expert (*или* engineer) специали́ст по нау́чной организа́ции труда́

**efficient** [ı'fıʃənt] **1.** *a* 1) дéйственный, эффекти́вный 2) умéлый, подгото́вленный, квалифици́рованный (*о человеке*) 3) целесообра́зный, рациона́льный 4) *тех.* продукти́вный, с высо́ким коэффицие́нтом поле́зного дéйствия

**2.** *n* 1) *мат.* фа́ктор; сомно́житель; 2) *pl воен. ист.* обу́ченные доброво́льцы

**effigy** ['efıdʒı] *n* изображéние, портрéт; to burn in ~ сжечь (*чьё-л.*) изображéние

**effloresce** [͵eflɔ:'res] *v* 1) зацвета́ть, расцвета́ть 2) *хим.* выцвета́ть, покрыва́ться вы́цветом; выкристаллизо́вываться 3) *геол.* выве́триваться

**efflorescence** [͵eflɔ:'resns] *n* 1) нача́ло цветéния; расцвéт 2) *хим.* вы́цвет, выцвета́ние; проду́кт кристаллиза́ции 3) *геол.* выве́тривание криста́ллов 4) *мед.* высыпа́ние

**effluence** ['efluəns] *n* истечéние; эмана́ция; an ~ of light from an open door пото́к (*или* сноп) свéта из откры́той двéри

**effluent** ['efluənt] **1.** *n* 1) река́; пото́к, вытека́ющий из друго́й реки́ *или* о́зера; исто́к 2) сток

**2.** *a* вытека́ющий (*из чего-л.*); проса́чивающийся

**effluvia** [e'flu:vjə] *pl от* effluvium

**effluvium** [e'flu:vjəm] *n* (*pl* -s [-z], -via) испарéние (*особ. вредное или зловонное*); миа́змы

**efflux** ['eflʌks] *n* 1) утéчка, истечéние (*жидкости, газа*) 2) истечéние (*срока, времени*) 3) эмана́ция 4) *тех.* га́зовая струя́

**effort** ['efət] *n* 1) уси́лие, попы́тка; напряжéние; to make an ~ сдéлать уси́лие, попыта́ться; to make ~s приложи́ть уси́лия; to spare no ~s не щади́ть уси́лий; without ~ легко́, не прилага́я уси́лий 2) *разг.* достижéние

**effortless** ['efətlıs] *a* 1) не дéлающий уси́лий; пасси́вный 2) не трéбующий уси́лий; лёгкий

**effrontery** [ı'frʌntərı] *n* на́глость, бессты́дство, наха́льство

**effulgence** [e'fʌldʒəns] *n* лучеза́рность, блеск, сия́ние

**effulgent** [e'fʌldʒənt] *a* лучеза́рный

**effuse 1.** *a* [e'fju:s] 1) *книжн.* лью́щийся, разлива́ющийся 2) *бот.* разро́сшийся

**2.** *v* [e'fju:z] 1) излива́ть; испуска́ть (*запах и т. п.*) 2) распространя́ть 3) излива́ться из кровено́сных сосу́дов (*в мозг и т. п.*)

**effusion** [ı'fju:ʒən] *n* 1) излия́ние; ~ of blood а) кровоизлия́ние; б) потéря кро́ви 2) извержéние (*лавы*) 3) излия́ние (*душевное*); вдохновéнный пото́к (*стихов и т. п.*) 4) *физ.* эффу́зия 5) *мед.* вы́пот; истечéние, излия́ние

**effusive** [ı'fju:sıv] *a* 1) экспанси́вный; несдéржанный; ~ compliments неумéренные комплимéнты 2) *геол.* эффузи́вный

**eft** [eft] *n зоол.* трито́н

**egad** [ı'gæd] *int уст.* ей-бо́гу!

**egalitarian** [ı͵gælı'tεərıən] *a* побо́рник равнопра́вия, эгалитари́ст

**egg I** [eg] *n* 1) яйцо́; soft(-boiled) ~, lightly boiled ~ яйцо́ всмя́тку; hard-boiled ~ круто́е яйцо́; ham and ~s яи́чница с ветчино́й 2) *воен. sl.* бо́мба; грана́та 3) *биол.* яйцекле́тка ◇ in the ~ в зача́точном состоя́нии; to crush in the ~ подави́ть в заро́дыше, пресéчь в ко́рне; a bad ~ *разг.* а) непутёвый, никуды́шный человéк; б) неуда́чная затéя; a good ~ *разг.* а) молодéц, молодчи́на!; б) отли́чная шту́ка!; to teach your grandmother to suck ~s ≅ не учи́ учёного; яйца́ ку́рицу не у́чат; as full as an ~ битко́м наби́тый

**egg II** [eg] *v* 1) сма́зывать яйцо́м 2) забра́сывать ту́хлыми я́йцами 3) нау́ськивать, подстрека́ть (*тж.* ~ on)

**egg-beater** ['eg͵bi:tə] *n* 1) взбива́лка для яи́ц 2) *воен. sl.* вертолёт

**egg-cup** ['egkʌp] *n* рю́мка для яйца́

**egg-dance** ['egdɑ:ns] *n* 1) та́нец, выполня́емый с завя́занными глаза́ми среди́ яи́ц 2) сло́жная, трудновыполни́мая зада́ча

**egg-flip** ['egflıp] = egg-nog

**egghead** ['eghed] *n презр.* интеллигéнт; у́мник, эруди́т

**egg-nog** ['egnɔg] *n* яи́чный желто́к, растёртый с са́харом, с добавлéнием сли́вок, молока́ *или* спиртно́го напи́тка

**egg-plant** ['egplɑ:nt] *n* баклажа́н

**egg-shaped** ['egʃeıpt] *a* яйцеви́дный, в фо́рме яйца́, ова́льный

**egg-shell** ['egʃel] **1.** *n* 1) яи́чная скорлупа́ 2) хру́пкий предмéт ◇ to walk (*или* to tread) upon ~s дéйствовать с большо́й осторо́жностью

**2.** *a* хру́пкий и прозра́чный; ~ china то́нкий фарфо́р

**egg-timer** ['eg͵taımə] *n* трёхмину́тные песо́чные часы́ (*для варки яиц*)

**egg-white** ['egwaıt] *n* яи́чный бело́к

**eglantine** ['egləntaın] *n* ро́за эглантéрия

**ego** ['egəu] *n* 1) *филос.* субъéкт, э́го, мы́слящая ли́чность, моё «я» 2) *разг.* эгои́зм

**egocentric** [͵egəu'sentrık] *a* эгоцентри́ческий, эгоисти́чный

**egoism** ['egəuızm] *n* эгои́зм

**egoist** ['egəuıst] *n* эгои́ст

**egoistic(al)** [͵egəu'ıstık(əl)] *a* эгоисти́чный; эгоисти́ческий

**egotism** ['egəutızm] *n* эготи́зм; самомнéние, самовлюблённость

**egotist** ['egəutıst] *n* эготи́ст; эгоцентри́ст

**egregious** [ı'gri:dʒəs] *a книжн.* отъя́вленный, вопию́щий; ~ error гру́бая, вопию́щая оши́бка; ~ lie вопию́щая ложь; ~ fool отъя́вленный дура́к

**egress** ['i:gres] *n* 1) вы́ход 2) пра́во вы́хода 3) *геол.* вы́ход на повéрхность

**egression** [i(:)'greʃən] *n книжн.* вы́ход

**egret** ['i:gret] *n* 1) бéлая ца́пля 2) эгрéт(ка) 3) голо́вка одува́нчика, чертополо́ха; [*см. тж.* aigrette]

**Egyptian** [ı'dʒıpʃən] **1.** *a* еги́петский

**2.** *n* 1) египтя́нин; египтя́нка 2) *уст.* цыга́н, цыга́нка

**Egyptology** [͵i:dʒıp'tɔlədʒı] *n* египтоло́гия

**eh** [eı] *int выражает вопрос, удивление, надежду на согласие слушающего* а?, как?, что (вы сказа́ли)?, вот как!, не пра́вда ли?

**eider** ['aıdə] *n* 1) *зоол.* га́га (обыкновéнная) 2) = eider down

**eider-down** ['aıdədaun] *n* 1) гага́чий пух 2) пухо́вое стёганое одея́ло

**eidolon** [aı'dəulɔn] *n* 1) о́браз, подо́бие 2) привидéние, фанто́м

**eight** [eıt] **1.** *num. card.* во́семь

**2.** *n* 1) восьмёрка 2) (the Eights) *pl* гребны́е состяза́ния мéжду оксфо́рдскими и кéмбриджскими студéнтами 3): in ~s в восьму́ю до́лю листа́ ◇ to cut ~s дéлать восьмёрки (*в фигурном катании*); to be behind the ~ ball оказа́ться в опа́сном *или* кра́йне затрудни́тельном положéнии; to have one over the ~ *sl.* напи́ться, опьянéть

**eighteen** ['eı'ti:n] *num. card.* восемна́дцать

**eighteenth** ['eı'ti:nθ] **1.** *num. ord.* восемна́дцатый

**2.** *n* 1) восемна́дцатая часть 2) (the ~) восемна́дцатое число́

**eighth** [eıtθ] **1.** *num. ord.* восьмо́й

**2.** *n* 1) восьма́я часть 2) (the ~) восьмо́е число́

**eighties** ['eıtız] *n pl* 1) (the ~) восьмидеся́тые го́ды 2) во́семьдесят лет; девя́тый деся́ток (*возраст между 80 и 89 годами*)

**eightieth** ['eıtııθ] **1.** *num. ord.* восьмидеся́тый

**2.** *n* восьмидеся́тая часть

**eighty** ['eıtı] **1.** *num. card.* во́семьдесят; he is over ~ ему́ за во́семьдесят; ~-one во́семьдесят оди́н; ~-two во́семьдесят два *и т. д.*

**2.** *n* во́семьдесят (*единиц, штук*)

**einsteinium** [aın'staınıəm] *n хим.* эйнштéйний

**eirenicon** [aı'ri:nıkɔn] *греч. n* миролюби́вое предложéние; план поддержа́ния ми́ра

**eisteddfod** [aɪs'teðvɔd] *n* ежего́дный фестива́ль ба́рдов (*в Уэльсе*)

**either** I ['aɪðə] *pron indef.* **1.** *как сущ.* 1) оди́н из двух; тот и́ли друго́й; ~ of the two boys may go оди́н из э́тих двух ма́льчиков мо́жет пойти́ 2) и тот и друго́й; о́ба; ка́ждый, любо́й (из двух); ~ will do подойдёт и тот и друго́й

**2.** *как прил.* 1) оди́н из двух; тако́й *или* друго́й; э́тот *или* ино́й; you may put the lamp at ~ end of the table вы мо́жете поста́вить ла́мпу на тот *или* друго́й коне́ц стола́ 2) ка́ждый, любо́й (*из двух*); there are curtains on ~ side of the window по обе́им сторона́м окна́ вися́т занаве́ски; ~ way и так и э́так

**3.** *как нареч.* та́кже (*при отрицании*); if you do not go I shall not ~ е́сли вы не пойдёте, то и я не пойду́

**either** II ['aɪðə] *cj* и́ли; ~... or... и́ли... и́ли...; ~ come in or go out ли́бо входи́те, ли́бо выходи́те

**ejaculate** [ɪ'dʒækjuleɪt] *v* 1) восклица́ть 2) изверга́ть (*жидкость*)

**ejaculation** [ɪˌdʒækju'leɪʃən] *n* 1) восклица́ние 2) изверже́ние 3) *физиол.* эякуля́ция

**eject** I [i(:)'dʒekt] *v* 1) изгоня́ть (from); лиша́ть до́лжности 2) выселя́ть 3) изверга́ть, выбра́сывать; выпуска́ть (*дым и т. п.*)

**eject** II ['i:dʒekt] *n* плод воображе́ния

**ejection** [i(:)'dʒekʃən] *n* 1) изгна́ние; лише́ние до́лжности 2) выселе́ние 3) изверже́ние, выбра́сывание (*дыма, лавы и т. п.*) 4) вы́брошенная, изве́рженная ма́сса, ла́ва 5) *ав.* катапульти́рование 6) *attr.*: ~ seat (chair) *ав.* катапульти́руемое кре́сло (сиде́нье)

**ejectment** [i(:)'dʒektmənt] *n юр.* 1) выселе́ние 2) суде́бное де́ло о возвраще́нии земе́ль

**ejector** [i(:)'dʒektə] *n* 1) тот, кто изгоня́ет *и пр.* [*см* eject I] 2) *тех.* эже́ктор; отража́тель (*в оружии*); стру́йный насо́с

**eke** I [i:k] *v*: to ~ out восполня́ть, пополня́ть (with); to ~ out one's existence перебива́ться ко́е-ка́к, умудря́ться своди́ть концы́ с конца́ми

**eke** II [i:k] *adv уст.* та́кже, то́же; к тому́ же

**el** [el] *n* 1) *название буквы* L 2) = ell II, 2); 3) *амер. разг.* (*сокр. от elevated railroad*; *часто* E.) надзе́мная желе́зная доро́га

**elaborate 1.** *a* [ɪ'læbərɪt] 1) тща́тельно разрабо́танный; проду́манный; вы́работанный; иску́сно сде́ланный; сло́жный; ~ dinner изы́сканный обе́д 2) усоверше́нствованный

**2.** *v* [ɪ'læbəreɪt] 1) тща́тельно разраба́тывать, разраба́тывать в дета́лях 2) выраба́тывать; развива́ть

**elaboration** [ɪˌlæbə'reɪʃən] *n* 1) разрабо́тка; разви́тие; уточне́ние; соверше́нствование 2) сло́жность 3) *физиол.* вы́работка, перерабо́тка

**elan** [eɪ'lɑ:ŋ] *фр. n* стреми́тельность, поры́в

**eland** ['i:lənd] *n зоол.* антило́па ка́нна

**elapse** [ɪ'læps] *v* проходи́ть, пролета́ть, лете́ть (*о времени*)

**elastic** [ɪ'læstɪk] **1.** *a* 1) эласти́чный; ги́бкий и упру́гий; ~ limit *тех.* преде́л упру́гости 2) ги́бкий; приспособля́ющийся; ~ rule пра́вило, кото́рое мо́жно по-ра́зному толкова́ть 3) бы́стро оправля́ющийся (*от огорчения, переживаний*); ~ conscience легко́ успока́ивающаяся со́весть

**2.** *n* 1) рези́нка (*шнур*) 2) рези́нка, подвя́зка

**elasticity** [ˌelæs'tɪsɪtɪ] *n* 1) эласти́чность *и пр.* [*см.* elastic 1] 2) *тех.* упру́гость

**elastic-sides** [ɪ'læstɪksaɪdz] *n pl* штибле́ты с рези́нкой (*тж.* elastic-side boots)

**elate** [ɪ'leɪt] *v* поднима́ть настрое́ние, подбодря́ть

**elated** [ɪ'leɪtɪd] **1.** *p. p. от* elate

**2.** *a* в припо́днятом настрое́нии, лику́ющий; ~ by success окрылённый успе́хом

**elation** [ɪ'leɪʃən] *n* припо́днятое настрое́ние; восто́рг; бу́рная ра́дость; энтузиа́зм

**elbow** ['elbəu] **1.** *n* 1) ло́коть; at one's ~ под руко́й; ря́дом 2) подлоко́тник (*кресла*) 3) *тех.* коле́но; уго́льник ◇ to be out at ~s а) ходи́ть в лохмо́тьях; быть бе́дно оде́тым; б) нужда́ться, бе́дствовать; to crook (*или* to lift) the ~ *sl.* выпива́ть; to rub ~s with smb. якша́ться с кем-л.; up to the ~s in work по го́рло в рабо́те

**2.** *v* 1) толка́ть(ся) локтя́ми 2) прота́лкиваться, проти́скиваться (*в толпе*); to ~ one's way прота́лкиваться; to ~ one's way out выбира́ться (*из толпы*); to ~ into smth. а) вти́скиваться; б) втира́ться

**elbow-chair** ['elbəu'tʃɛə] *n* кре́сло с подлоко́тниками

**elbow-grease** ['elbəugri:s] *n шутл.* 1) уси́ленная полиро́вка 2) тяжёлая, упо́рная рабо́та 3) *разг.* пот

**elbow-rest** ['elbəurest] *n* подлоко́тник

**elbow-room** ['elbəurum] *n* 1) просто́р (*для движения*) 2) *перен.* просто́р, свобо́да

**eld** [eld] *n уст., поэт.* 1) старина́ 2) ста́рость

**elder** I ['eldə] **1.** *a* 1) *сравн. ст. от* old 1; 2) ста́рший (*в семье*); my ~ brother мой ста́рший брат

**2.** *n* 1) *pl* ста́рые лю́ди, ста́ршие 2) старе́йшина 3) ста́рец 4) *церк.* церко́вный ста́роста 5) заслу́женный госуда́рственный де́ятель

**elder** II ['eldə] *n бот.* бузина́

**elderberry** ['eldəˌberɪ] *n* я́года бузины́

**elderly** ['eldəlɪ] *a* пожило́й, почте́нный

**eldest** ['eldɪst] *a* 1) *превосх. ст. от* old 1; 2) са́мый ста́рший (*в семье*) 3): the ~ hand *карт.* пе́рвая рука́

**El Dorado** [ˌeldə'rɑ:dəu] *исп. n* Эльдора́до, страна́ ска́зочных бога́тств

**eldritch** ['eldrɪtʃ] *a шотл.* жу́ткий, сверхъесте́ственный

**elecampane** [ˌelɪkæm'peɪn] *n бот.* девяси́л

**elect** [ɪ'lekt] **1.** *a* и́збранный (*но ещё не вступивший в должность*) ◇ bride ~ наречённая (неве́ста)

**2.** *n* избра́нник; the ~ *pl собир.* и́збранные

**3.** *v* 1) избира́ть; выбира́ть (*голосованием*); they ~ed him chairman они́ вы́брали его́ председа́телем; he was ~ed chairman он был вы́бран председа́телем 2) назнача́ть (*на должность*) 3) реши́ть, предпоче́сть; he ~ed to remain at home он предпочёл оста́ться до́ма

**election** [ɪ'lekʃən] *n* 1) вы́боры; general (special) ~ всео́бщие (*амер.* дополни́тельные) вы́боры; to hold an ~ проводи́ть вы́боры 2) избра́ние 3) *рел.* предопределе́ние 4) *attr.* избира́тельный, свя́занный с вы́борами; ~ campaign избира́тельная кампа́ния

**electioneer** [ɪˌlekʃə'nɪə] *v* проводи́ть предвы́борную кампа́нию; агити́ровать за кандида́та

**electioneering** [ɪˌlekʃə'nɪərɪŋ] **1.** *pres. p. от* electioneer

**2.** *n* предвы́борная кампа́ния

**elective** [ɪ'lektɪv] *a* 1) вы́борный; ~ office вы́борная до́лжность 2) избира́тельный; ~ franchise избира́тельное пра́во 3) име́ющий избира́тельные права́; an ~ body избира́тели 4) *амер.* факультати́вный, необяза́тельный; ~ course систе́ма обуче́ния, при кото́рой студе́нту предоста́влено пра́во выбира́ть для изуче́ния интересу́ющие его́ дисципли́ны, не приде́рживаясь обяза́тельной програ́ммы 5) *хим.*: ~ affinity избира́тельное сродство́; *перен.* родство́ душ

**elector** [ɪ'lektə] *n* 1) избира́тель; вы́борщик 2) *амер.* член колле́гии вы́борщиков [*см.* electoral]

**electoral** [ɪ'lektərəl] *a* избира́тельный; ~ system избира́тельная систе́ма; ~ law избира́тельный зако́н; ~ college *амер.* колле́гия вы́борщиков (*избираемых в штатах для выборов президента и вице-президента*); ~ mandate нака́з избира́телей

**electorate** [ɪ'lektərɪt] *n* 1) континге́нт избира́телей 2) избира́тельный о́круг

**electric** [ɪ'lektrɪk] *a* 1) электри́ческий; ~ fan электри́ческий вентиля́тор; ~ light электри́ческий свет, электри́чество; ~ lighting электри́ческое освеще́ние; ~ locomotive электрово́з 2) удиви́тельный, волну́ющий, порази́тельный ◇ ~ seal кро́личий мех «под ко́тик»

**electrical** [ɪ'lektrɪkəl] *a* электри́ческий; ~ engineering электроте́хника

**electric blue** [ɪ'lektrɪk'blu:] *n* электри́к (*цвет*)

**electric chair** [ɪ'lektrɪk'tʃɛə] *n* электри́ческий стул

**electrician** [ɪlek'trɪʃən] *n* 1) электроте́хник 2) электромонтёр

**electricity** [ɪlekˈtrɪsɪtɪ] *n* электри́чество
**electrification** [ɪˌlektrɪfɪˈkeɪʃən] *n* 1) электрифика́ция 2) электриза́ция
**electrify** [ɪˈlektrɪfaɪ] *v* 1) электрифици́ровать 2) электризова́ть; заряжа́ть электри́ческим то́ком 3) возбужда́ть, электризова́ть; to ~ one's audience наэлектризова́ть свои́х слу́шателей
**electrization** [ɪˌlektrɪˈzeɪʃən] *n* электриза́ция
**electrize** [ɪˈlektraɪz] = electrify 1) *и* 2)
**electro** [ɪˈlektrəu] *сокр. разг. от* electroplate *и* electrotype
**electrocardiogram** [ɪˌlektrəuˌkɑːdɪəˈgræm] *n мед.* электрокардиогра́мма
**electrochemistry** [ɪˌlektrəuˈkemɪstrɪ] *n* электрохи́мия
**electrocute** [ɪˈlektrəkjuːt] *v* 1) убива́ть электри́ческим то́ком 2) казни́ть на электри́ческом сту́ле
**electrocution** [ɪˌlektrəˈkjuːʃən] *n* казнь на электри́ческом сту́ле
**electrode** [ɪˈlektrəud] *n* электро́д
**electrodynamics** [ɪˈlektrəudaɪˈnæmɪks] *n pl* (*употр. как sing*) электродина́мика
**electrokinetics** [ɪˈlektrəukaɪˈnetɪks] *n pl* (*употр. как sing*) электрокине́тика
**electrolier** [ɪˌlektrəuˈlɪə] *n* лю́стра
**electrolyse** [ɪˈlektrəulaɪz] *v* подверга́ть электро́лизу
**electrolysis** [ɪlekˈtrɔlɪsɪs] *n* электро́лиз
**electrolyte** [ɪˈlektrəulaɪt] *n* электроли́т
**electromagnet** [ɪˈlektrəuˈmægnɪt] *n* электромагни́т
**electromagnetic** [ɪˈlektrəumægˈnetɪk] *a* электромагни́тный; ~ waves электромагни́тные во́лны
**electrometallurgy** [ɪˈlektrəumeˈtælədʒɪ] *n* электрометаллурги́я
**electrometer** [ɪlekˈtrɔmɪtə] *n* электро́метр
**electromotive** [ɪˈlektrəuməutɪv] *a* электродви́жущий; ~ force электродви́жущая си́ла
**electromotor** [ɪˈlektrəuˈməutə] *n* электромото́р
**electron** [ɪˈlektrɔn] *n физ.* 1) электро́н 2) *attr.* электро́нный; ~ microscope электро́нный микроско́п; ~ beam пучо́к электро́нов
**electronegative** [ɪˈlektrəuˈnegətɪv] *a* электроотрица́тельный
**electronic** [ɪlekˈtrɔnɪk] *a* электро́нный; ~ computer (*или разг.* brain) электро́нная вычисли́тельная маши́на (ЭВМ)
**electronics** [ɪlekˈtrɔnɪks] *n pl* (*употр. как sing*) электро́ника
**electron-volt** [ɪˈlektrɔnˈvəult] *n физ.* электро́н-во́льт
**electropathy** [ɪlekˈtrɔpəθɪ] *n мед.* электролече́ние, электротерапи́я
**electrophone** [ɪˈlektrəfəun] *n* 1) электрофо́н 2) телефо́н для тугоу́хих 3) систе́ма радиовеща́ния по провода́м
**electroplate** [ɪˈlektrəupleɪt] 1. *n* гальваностереоти́п
2. *v* наноси́ть слой мета́лла гальвани́ческим спо́собом
**electroplating** [ɪˈlektrəuˌpleɪtɪŋ] 1. *pres. p. от* electroplate 2
2. *n* гальванопокры́тие
**electropositive** [ɪˈlektrəuˈpɔzətɪv] *a* электроположи́тельный
**electroscope** [ɪˈlektrəskəup] *n* электроско́п
**electrostatics** [ɪˈlektrəuˈstætɪks] *n pl* (*употр. как sing*) электроста́тика
**electrotherapy** [ɪˈlektrəuˈθerəpɪ] *n* электротерапи́я
**electrotype** [ɪˈlektrəutaɪp] *n* 1) гальвanoпла́стика; электроти́пия 2) гальва́но
**electuary** [ɪˈlektjuərɪ] *n мед.* электуа́рий, лека́рственная ка́шка
**eleemosynary** [ˌelɪiːˈmɔsɪnərɪ] *a* 1) благотвори́тельный 2) живу́щий ми́лостыней
**elegance, -cy** [ˈelɪgəns, -sɪ] *n* элега́нтность, изя́щество; to dress with ~ одева́ться со вку́сом
**elegant** [ˈelɪgənt] 1. *a* 1) изя́щный, элега́нтный, изы́сканный 2) *амер. разг.* прекра́сный; лу́чший; первокла́ссный
2. *n разг.* челове́к с претензиями на элега́нтность; щёголь
**elegiac** [ˌelɪˈdʒaɪək] 1. *a* элеги́ческий; гру́стный
2. *n pl* элеги́ческие стихи́
**elegize** [ˈelɪdʒaɪz] *v ирон.* писа́ть эле́гии (upon)
**elegy** [ˈelɪdʒɪ] *n* эле́гия
**element** [ˈelɪmənt] *n* 1) элеме́нт; составна́я часть; небольша́я часть, след; an ~ of truth до́ля пра́вды 2) *хим.* элеме́нт 3) *pl* осно́вы (*науки и т. п.*); азы́ 4) стихи́я; war of the ~s борьба́ стихи́й; the four ~s земля́, во́здух, ого́нь, вода́; the devouring ~ ого́нь 5) *тех.* се́кция (*котла и т. п.*) 6) *воен.* подразделе́ние 7) *амер. ав.* звено́ (*самолётов*) ◇ to be in one's ~ быть в свое́й стихи́и; чу́вствовать себя́ как ры́ба в воде́; he is out of his ~ он занима́ется не свои́м де́лом; он чу́вствует себя́ как ры́ба, вы́нутая из воды́
**elemental** [ˌelɪˈmentl] *a* 1) стихи́йный 2) основно́й; изнача́льный 3) образу́ющий составну́ю часть 4) *уст.* элемента́рный
**elementary** [ˌelɪˈmentərɪ] *a* 1) элемента́рный, просто́й; ~ particle *физ.* элемента́рная части́ца 2) первонача́льный 3) перви́чный; ~ cell заро́дышевая кле́тка 4) *хим.* неразложи́мый
**elephant** [ˈelɪfənt] *n* 1) слон 2) (E.) *амер.* слон (*эмблема республиканской партии*) 3) форма́т бума́ги 4) *attr.*: ~ bull слон; ~ calf слонёнок; ~ cow слони́ха; ~ trumpet рёв слона́ ◇ white ~ обремени́тельное иму́щество; пода́рок, кото́рый неизве́стно куда́ дева́ть; to see the ~, to get a look at the ~ *амер.* узна́ть жизнь, уви́деть свет; уви́деть жизнь большо́го го́рода
**elephantiasis** [ˌelɪfənˈtaɪəsɪs] *n мед.* слоно́вая боле́знь, элефантиа́з(ис)
**elephantine** [ˌelɪˈfæntaɪn] *a* 1) слоно́вый 2) слоноподо́бный; неуклю́жий, тяжелове́сный; ~ humour гру́бый ю́мор
**Eleusinian mysteries** [ˌelju(ː)ˈsɪnɪənˈmɪstərɪz] *n pl др.-греч. ист.* элевси́нии, элевси́нские та́инства
**elevate** [ˈelɪveɪt] *v* 1) поднима́ть, повыша́ть; to ~ hopes возбужда́ть наде́жды; to ~ the voice повыша́ть го́лос 2) повыша́ть (*по службе*) 3) облагора́живать, улучша́ть; to ~ the mind расширя́ть кругозо́р; облагора́живать ум 4) *воен.* придава́ть у́гол возвыше́ния (*орудию*)
**elevated** [ˈelɪveɪtɪd] 1. *p. p. от* elevate
2. *a* 1) возвы́шенный (*тж. перен.*); припо́днятый; ~ railway, *амер.* ~ railroad надзе́мная желе́зная доро́га (на эстака́де); ~ train по́езд надзе́мной желе́зной доро́ги 2) *разг.* подвы́пивший
3. *n амер. разг.* = ~ railroad [*см.* 2, 1)]
**elevating** [ˈelɪveɪtɪŋ] 1. *pres. p. от* elevate
2. *a* подъёмный
**elevation** [ˌelɪˈveɪʃən] *n* 1) подня́тие, повыше́ние 2) вели́чие; возвы́шенность; облагора́живание; ~ of style возвы́шенность сти́ля 3) пригоро́к; высота́ (*над уровнем моря*) 4) *воен.* у́гол возвыше́ния; вертика́льная наво́дка 5) *астр.* высота́ небе́сного те́ла над горизо́нтом 6) *тех.* про́филь, вертика́ль; front ~ фаса́д; вид спе́реди (*на чертеже*); side ~ боково́й фаса́д; бок; вид сбо́ку
**elevator** [ˈelɪveɪtə] *n* 1) грузоподъёмник 2) *амер.* лифт 3) элева́тор (*тж.* grain ~) 4) *ав.* руль высоты́ 5) *анат.* поднима́ющая мы́шца
**elevator operator** [ˈelɪveɪtəˌɔpəreɪtə] *n амер.* лифтёр
**eleven** [ɪˈlevn] 1. *num. card.* оди́ннадцать
2. *n* кома́нда из оди́ннадцати челове́к (*в футболе или крикете*)
**elevenses** [ɪˈlevnzɪz] *n разг.* лёгкий за́втрак о́коло 11 часо́в утра́
**eleventh** [ɪˈlevnθ] 1. *num. ord.* оди́ннадцатый ◇ at the ~ hour ≅ в после́днюю мину́ту
2. *n* 1) оди́ннадцатая часть 2) (the ~) оди́ннадцатое число́
**elf** [elf] *n* (*pl* elves) 1) *миф.* эльф 2) ка́рлик 3) прока́зник
**elf-bolt** [ˈelfbəult] *n* 1) кремнёвый наконе́чник стрелы́ 2) *геол.* белемни́т
**elfin** [ˈelfɪn] 1. *a* 1) относя́щийся к э́льфам; волше́бный 2) похо́жий на э́льфа, миниатю́рный 3) прока́зливый
2. *n* = elf
**elf-lock** [ˈelflɔk] *n* спу́танные во́лосы, колту́н
**elicit** [ɪˈlɪsɪt] *v* 1) извлека́ть; вытя́гивать; вызыва́ть, выявля́ть; to ~ a fact вы́явить факт; to ~ applause вызыва́ть аплодисме́нты 2) допы́тываться; to ~ a reply доби́ться отве́та 3) де́лать вы́вод, устана́вливать

**elide** [ɪˈlaɪd] *v* 1) выпуска́ть, обходи́ть молча́нием 2) *лингв.* выпуска́ть (*слог или гласный*) при произноше́нии

**eligibility** [ˌelɪdʒəˈbɪlɪtɪ] *n* 1) пра́во на избра́ние 2) прие́млемость

**eligible** [ˈelɪdʒəbl] *a* 1) могу́щий быть и́збранным (for); ~ for membership име́ющий пра́во быть чле́ном 2) подходя́щий, жела́тельный; ~ young man *разг.* подходя́щий жени́х

**Elijah** [ɪˈlaɪdʒə] *n библ.* (проро́к) Илия́

**eliminate** [ɪˈlɪmɪneɪt] *v* 1) устраня́ть; исключа́ть (from); to ~ a possibility исключа́ть возмо́жность 2) уничтожа́ть, ликвиди́ровать 3) игнори́ровать, не счита́ться 4) *хим., физиол.* очища́ть; выделя́ть; удаля́ть из органи́зма 5) *мат.* исключа́ть (*неизвестное*)

**elimination** [ɪˌlɪmɪˈneɪʃən] *n* 1) исключе́ние *и пр.* [*см.* eliminate]; ~ of waste испо́льзование отхо́дов 2) *attr.* ото́бранный путём отсе́ва; ~ trials *спорт.* отбо́рочные соревнова́ния

**eliminator** [ɪˈlɪmɪneɪtə] *n* 1) сепара́тор, отдели́тель (*воды, масла и т. п.*) 2) *тех.* выта́лкиватель

**elision** [ɪˈlɪʒən] *n лингв.* элизия

**élite** [eɪˈliːt] *фр. n* эли́та, отбо́рная часть, цвет (*общества и т. п.*)

**elixir** [ɪˈlɪksə] *n* 1) эликси́р 2) панаце́я 3) *редк.* филосо́фский ка́мень (*алхимиков*)

**Elizabethan** [ɪˌlɪzəˈbiːθən] **1.** *a* эпо́хи короле́вы Елизаве́ты

**2.** *n* совреме́нник елизаве́тинской эпо́хи, елизаве́тинец

**elk** [elk] *n* лось

**ell** I [el] *n ист.* ме́ра длины́ (≅ *113 см*) ◇ give him an inch and he'll take an ~ ≅ дай ему́ па́лец, он всю ру́ку отку́сит

**ell** II [el] *n* 1) крыло́ до́ма 2) *амер.* пристро́йка, фли́гель

**ellipse** [ɪˈlɪps] *n* 1) *мат.* э́ллипс; ова́л 2) = ellipsis

**ellipses** [ɪˈlɪpsiːz] *pl от* ellipsis

**ellipsis** [ɪˈlɪpsɪs] *n* (*pl* ellipses) *лингв.* э́ллипсис

**elliptic(al)** [ɪˈlɪptɪk(əl)] *a лингв.* эллипти́ческий

**elm** [elm] *n бот.* вяз, ильм

**elocution** [ˌeləˈkjuːʃən] *n* 1) ора́торское иску́сство 2) ди́кция

**elongate** [ˈiːlɔŋgeɪt] **1.** *v* 1) растя́гивать(ся); удлиня́ть(ся) 2) продлева́ть (*срок*)

**2.** *a* вы́тянутый, удлинённый

**elongation** [ˌiːlɔŋˈgeɪʃən] *n* 1) удлине́ние 2) продле́ние; продолже́ние

**elope** [ɪˈləup] *v* 1) сбежа́ть (*с возлюбленным*) 2) скры́ться (from)

**elopement** [ɪˈləupmənt] *n* та́йное бе́гство (*с возлюбленным*)

**eloquence** [ˈeləukwəns] *n* красноре́чие; ора́торское иску́сство

**eloquent** [ˈeləukwənt] *a* 1) красноречи́вый; ~ speech проникнове́нная речь 2) вырази́тельный; ~ eyes вырази́тельные глаза́

**else** [els] **1.** *adv* 1) (*с pron indef. и pron inter.*) ещё, кро́ме; no one ~ has come никто́ бо́льше не приходи́л; what ~? что ещё?; who ~? кто ещё? 2) (*обыкн. после* or) ина́че; а то; и́ли же; take care or ~ you will fall бу́дьте осторо́жны, ина́че упадёте

**2.** *pron indef.* друго́й; somebody ~'s hat шля́па кого́-то друго́го; more than anything ~ бо́льше, чем что-л. друго́е

**elsewhere** [ˈelsˈwɛə] *adv* где́-нибудь в друго́м ме́сте 2) куда́-нибудь в друго́е ме́сто

**elucidate** [ɪˈluːsɪdeɪt] *v* объясня́ть, разъясня́ть, пролива́ть свет

**elucidation** [ɪˌluːsɪˈdeɪʃən] *n* разъясне́ние

**elucidative** [ɪˈluːsɪdeɪtɪv] *a* объясни́тельный, пролива́ющий свет

**elucidatory** [ɪˈluːsɪdeɪtərɪ] = elucidative

**elude** [ɪˈluːd] *v* 1) избега́ть, уклоня́ться; to ~ pursuit (observation) ускольза́ть от пресле́дования (наблюде́ния) 2) не приходи́ть на ум; ускольза́ть; the meaning ~s me не могу́ вспо́мнить значе́ние

**elusion** [ɪˈluːʒən] *n* увёртка, уклоне́ние

**elusive** [ɪˈluːsɪv] *a* неулови́мый, укло́нчивый; an ~ memory сла́бая па́мять

**elusory** [ɪˈluːsərɪ] *a* легко́ ускольза́ющий

**elutriate** [ɪˈljuːtrɪeɪt] *v хим., тех.* вымыва́ть; отму́чивать

**eluvium** [ɪˈljuːvɪəm] *n геол.* элю́вий

**elver** [ˈelvə] *n зоол.* молодо́й у́горь

**elves** [elvz] *pl от* elf

**elvish** [ˈelvɪʃ] *a* 1) волше́бный 2) ма́ленький 3) прока́зливый

**Elysium** [ɪˈlɪzɪəm] *n греч. миф.* эли́зиум, эли́зий; поля́ блаже́нных; рай

**elytra** [ˈelɪtrə] *pl от* elytron

**elytron** [ˈelɪtrən] *n* (*pl* -ra) надкры́лье (*у насекомых*)

**Elzevir** [ˈelzɪvɪə] *n* 1) эльзеви́р (*книга голландского издания XVI—XVII вв.*) 2) *attr.*: ~ type шрифт эльзеви́р

**em** [em] *n* 1) *название буквы* M 2) *полигр.* бу́ква m как едини́ца измере́ния печа́тной строки́ (*соответствует круглой*)

**'em** [əm] *разг. сокр. от* them

**em-** [em-, ɪm-] *pref см.* en-

**emaciate** [ɪˈmeɪʃɪeɪt] *v* истоща́ть, изнуря́ть

**emaciated** [ɪˈmeɪʃɪeɪtɪd] **1.** *p. p. от* emaciate

**2.** *a* истощённый; ~ soil истощённая земля́

**emaciation** [ɪˌmeɪsɪˈeɪʃən] *n* истоще́ние, изнуре́ние

**emanate** [ˈeməneɪt] *v* 1) исходи́ть, истека́ть 2) происходи́ть (from)

**emanation** [ˌeməˈneɪʃən] *n* эмана́ция; истече́ние, излуче́ние, испуска́ние

**emancipate** [ɪˈmænsɪpeɪt] *v* 1) освобожда́ть; эмансипи́ровать 2) *юр.* освобожда́ть от роди́тельской опе́ки, объявля́ть совершенноле́тним

**emancipation** [ɪˌmænsɪˈpeɪʃən] *n* 1) освобожде́ние; эмансипа́ция; ~ of slaves освобожде́ние рабо́в; ~ from slavery освобожде́ние от ра́бства 2) *юр.* совершенноле́тие, вы́ход из-под роди́тельской опе́ки

**emancipationist** [ɪˌmænsɪˈpeɪʃənɪst] *n* сторо́нник эмансипа́ции

**emancipist** [ɪˈmænsɪpɪst] *n австрал.* бы́вший ка́торжник

**emasculate** **1.** *v* [ɪˈmæskjuleɪt] 1) кастри́ровать 2) обесси́ливать; ослабля́ть 3) изне́живать; расслабля́ть 4) выхола́щивать (*идею и т. п.*); обедня́ть (*язык*)

**2.** *a* [ɪˈmæskjulɪt] 1) кастри́рованный 2) лишённый си́лы; вы́холощенный 3) изне́женный; рассла́бленный

**emasculation** [ɪˌmæskjuˈleɪʃən] *n* 1) кастра́ция 2) выхола́щивание 3) бесси́лие

**embalm** [ɪmˈbɑːm] *v* 1) бальзами́ровать 2) сохраня́ть от забве́ния 3) наполня́ть благоуха́нием

**embalmment** [ɪmˈbɑːmmənt] *n* бальзами́рование

**embank** [ɪmˈbæŋk] *v* 1) защища́ть на́сыпью, обноси́ть ва́лом; запру́живать плоти́ной 2) заключа́ть ре́ку в ка́менную на́бережную

**embankment** [ɪmˈbæŋkmənt] *n* 1) да́мба, на́сыпь, гать 2) на́бережная

**embargo** [emˈbɑːgəu] **1.** *n* (*pl* -oes [-əuz]) эмба́рго; запреще́ние, запре́т; oil is under an ~ на торго́влю не́фтью нало́жено эмба́рго; to lay an ~ on (*или* upon) налага́ть запреще́ние на; to lift (*или* to take off) an ~ снима́ть запреще́ние

**2.** *v* 1) накла́дывать эмба́рго; to ~ a ship заде́рживать су́дно в порту́ 2) реквизи́ровать; конфискова́ть 3) накла́дывать запре́т

**embark** [ɪmˈbɑːk] *v* 1) грузи́ть(ся), сади́ться на кора́бль 2) начина́ть; вступа́ть (*в дело, в войну*); to ~ on a venture пуска́ться в како́е-л. предприя́тие; to ~ on hostilities прибе́гнуть к вое́нным де́йствиям 3) отпра́виться на корабле́ (for — в)

**embarkation** [ˌembɑːˈkeɪʃən] *n* 1) поса́дка, погру́зка (*на суда*) 2) груз

**embarrass** [ɪmˈbærəs] *v* 1) затрудня́ть, стесня́ть 2) смуща́ть, приводи́ть в замеша́тельство 3) (*часто p. p.*) запу́тываться (*в делах*); обременя́ть (*долгами*)

**embarrassed** [ɪmˈbærəst] **1.** *p. p. от* embarrass

**2.** *a* 1) стеснённый 2) смущённый; растéрянный

**embarrassing** [ɪmˈbærəsɪŋ] **1.** *pres. p. от* embarrass

**2.** *a* 1) стесни́тельный 2) смуща́ющий

**embarrassingly** [ɪmˈbærəsɪŋlɪ] *adv* ошеломля́юще

**embarrassment** [ɪmˈbærəsmənt] *n* 1) затрудне́ние; препя́тствие, поме́ха 2) замеша́тельство, смуще́ние 3) запу́танность (*в делах, долгах*)

**embassy** [ˈembəsɪ] *n* посо́льство

**embattle** I [ɪmˈbætl] *v* (*обыкн. p. p.*) стро́ить в боево́й поря́док

**embattle** II [ɪmˈbætl] *v ист.* защища́ть зубца́ми и бойни́цами (*стены башни и т. п.*)

**embay** [ɪm'beɪ] *v* 1) вводи́ть в зали́в (*судно*) 2) запира́ть, окружа́ть 3) изре́зывать (*берег*) зали́вами

**embed** [ɪm'bed] *v* 1) вставля́ть, вреза́ть, вде́лывать; a thorn ~ded in the finger шип, глубоко́ вонзи́вшийся в па́лец 2) запечатле́ться; that day is ~ded forever in my recollection э́тот день навсегда́ вре́зался в мою́ па́мять 3) внедря́ть

**embellish** [ɪm'belɪʃ] *v* 1) украша́ть 2) приукра́шивать (*выдумкой рассказ и т. п.*)

**embellishment** [ɪm'belɪʃmənt] *n* 1) украше́ние 2) приукра́шивание

**ember I** ['embə] *n* (*обыкн. pl*) 1) после́дние кра́сные уголькѝ (*тлеющие в золе*) 2) горя́чая зола́

**ember II** ['embə] *a*: ~ days 12 дней поста́ (*по три дня четыре раза в год в англиканской и католической церкви*; *тж.* ~ week, ~ tide)

**ember-goose** ['embəguːs] *n зоол.* гага́ра поля́рная

**embezzle** [ɪm'bezl] *v* присва́ивать, растра́чивать (*чужие деньги*)

**embezzlement** [ɪm'bezlmənt] *n* растра́та, хище́ние; присвое́ние (*чужого имущества*)

**embitter** [ɪm'bɪtə] *v* 1) озлобля́ть, раздража́ть; наполня́ть го́речью 2) отравля́ть (*существование*) 3) растравля́ть; отягча́ть (*горе и т. п.*)

**emblazon** [ɪm'bleɪzən] *v* 1) распи́сывать герб 2) превозноси́ть, сла́вить

**emblem** ['embləm] **1.** *n* эмбле́ма, си́мвол; national ~ госуда́рственный герб

**2.** *v* служи́ть эмбле́мой; символизи́ровать

**emblematic(al)** [ˌemblɪ'mætɪk(əl)] *a* символи́ческий

**emblematize** [em'blemətaɪz] *v* служи́ть эмбле́мой; символизи́ровать

**embodied** [ɪm'bɔdɪd] *a* воплощённый, олицетворённый

**embodiment** [ɪm'bɔdɪmənt] *n* 1) воплоще́ние 2) объедине́ние, сли́яние

**embody** [ɪm'bɔdɪ] *v* 1) воплоща́ть; изобража́ть, олицетворя́ть 2) осуществля́ть (*идею*) 3) заключа́ть в себе́ 4) объединя́ть; включа́ть; embodied in the armed forces входя́щие в соста́в вооружённых сил

**embolden** [ɪm'bəuldən] *v* 1) ободря́ть, придава́ть хра́брости 2) поощря́ть

**embolism** ['embəlɪzm] *n мед.* эмболи́я, заку́порка кровено́сного сосу́да

**embonpoint** [ˌɔːmbɔm'pwæŋ] *фр. n* полнота́, доро́дность

**embosom** [ɪm'buzəm] *v* 1) обнима́ть, прижима́ть к груди́ 2) окружа́ть; trees ~ing the house окружа́ющие дом дере́вья

**emboss** [ɪm'bɔs] *v* 1) выбива́ть, выда́вливать вы́пуклый рису́нок; чека́нить; гофрирова́ть 2) лепи́ть релье́ф; украша́ть релье́фом

**embouchure** [ˌɔmbu'ʃuə] *фр. n* 1) у́стье (*реки*) 2) вход (*в долину*) 3) *муз.* мундшту́к, амбушю́р

**embowel** [ɪm'bauəl] *v* потроши́ть

**embower** [ɪm'bauə] *v* окружа́ть, укрыва́ть, осеня́ть

**embrace** [ɪm'breɪs] **1.** *n* объя́тие; объя́тия

**2.** *v* 1) обнима́ть(ся) 2) воспо́льзоваться (*случаем, предложением*) 3) принима́ть (*веру, теорию*) 4) избира́ть (*специальность*) 5) охва́тывать (*взглядом, мыслью*) 6) включа́ть, заключа́ть в себе́, содержа́ть

**embracery** [ɪm'breɪsərɪ] *n юр.* незако́нное давле́ние на судью́ *или* присяжных

**embranchment** [ɪm'brɑːntʃmənt] *n* 1) ответвле́ние, ветвь 2) разветвле́ние

**embrangle** [ɪm'bræŋgl] *v разг.* запу́тывать, сбива́ть с то́лку

**embrasure** [ɪm'breɪʒə] *n* 1) *архит.* проём в стене́ 2) *воен.* амбразу́ра, бойни́ца

**embrittle** [em'brɪtl] *v* де́лать ло́мким *или* хру́пким

**embrocate** ['embrəukeɪt] *v* 1) растира́ть жи́дкой ма́зью 2) класть припа́рки

**embrocation** [ˌembrəu'keɪʃən] *n* 1) растира́ние 2) жи́дкая мазь, примо́чка

**embroider** [ɪm'brɔɪdə] *v* 1) вышива́ть 2) расцве́чивать, приукра́шивать (*рассказ*)

**embroidery** [ɪm'brɔɪdərɪ] *n* 1) вышива́ние 2) вы́шивка; вы́шитое изде́лие 3) украше́ние 4) прикра́сы, приукра́шивание

**embroil** [ɪm'brɔɪl] *v* 1) запу́тывать (*дела, фабулу*) 2) впу́тывать (*в неприятности*) 3) ссо́рить (with)

**embroilment** [ɪm'brɔɪlmənt] *n* 1) пу́таница 2) ссо́ра, сканда́л 3) вовлече́ние в ссо́ру, сканда́л *и т. п.*

**embrown** [ɪm'braun] *v* придава́ть кори́чневый *или* бу́рый отте́нок

**embryo** ['embrɪəu] **1.** *n* (*pl* -os [-əuz]) эмбрио́н, заро́дыш; in ~ в зача́точном состоя́нии

**2.** *a* заро́дышевый; эмбриона́льный

**embryology** [ˌembrɪ'ɔlədʒɪ] *n* эмбриоло́гия

**embryonic** [ˌembrɪ'ɔnɪk] *a* 1) эмбриона́льный; незре́лый, не успе́вший разви́ться

**embus** [ɪm'bʌs] *v* сажа́ть; сади́ться, грузи́ть(ся) в автомаши́ны

**emend, emendate** [i(ː)'mend, 'iːmendeɪt] *v* изменя́ть *или* исправля́ть (*текст*)

**emendation** [ˌiːmen'deɪʃən] *n* измене́ние *или* исправле́ние те́кста (литерату́рного) произведе́ния

**emerald** ['emərəld] **1.** *n* 1) изумру́д 2) изумру́дный цвет 3) *полигр.* имера́льд (*шрифт в* $6^1/_2$ *пунктов*)

**2.** *a* изумру́дный ◇ E. Isle Ирла́ндия

**emerge** [ɪ'məːdʒ] *v* 1) появля́ться; всплыва́ть; выходи́ть 2) выясня́ться 3) встава́ть, возника́ть (*о вопросе и т. п.*) ◇ to ~ unscathed ≅ вы́йти сухи́м из воды́

**emergence** [ɪ'məːdʒəns] *n* 1) вы́ход; появле́ние 2) = emergency 1)

**emergency** [ɪ'məːdʒənsɪ] *n* 1) непредви́денный слу́чай; кра́йняя необходи́мость; кра́йность; in case of ~ в слу́чае кра́йней необходи́мости; on ~ на кра́йний слу́чай; ready for all emergencies гото́вый ко всем неожи́данностям; to save for an ~ прибере́гать на кра́йний слу́чай 2) крити́ческое положе́ние; ава́рия; to rise to the ~ быть на высоте́ положе́ния; the state of ~ чрезвыча́йное положе́ние 3) *спорт.* запасно́й игро́к 4) *attr.* вспомога́тельный, запа́сный, запасно́й, авари́йный; ~ door (*или* exit) запа́сный вы́ход; ~ ration а) неприкоснове́нный запа́с; б) *ав.* авари́йный паёк; ~ store неприкоснове́нный запа́с; ~ barrage *воен.* вспомога́тельный загради́тельный ого́нь; ~ brake *ж.-д.* э́кстренный (*или* запасно́й) то́рмоз; ~ measures чрезвыча́йные ме́ры; ~ forces си́лы бы́строго развёртывания; ~ powers чрезвыча́йные полномо́чия; ~ ambulance ско́рая по́мощь (*машина*); ~ station *мед.* пункт пе́рвой по́мощи; травматологи́ческий пункт

**emergent** [ɪ'məːdʒənt] *a* 1) неожи́данно появля́ющийся, внезапно всплыва́ющий 2) *полит.* но́вый, получи́вший незави́симость; ~ nations стра́ны, получи́вшие незави́симость, развива́ющиеся стра́ны

**emeritus** [ɪ(ː)'merɪtəs] *a*: ~ professor заслу́женный профе́ссор в отста́вке

**emersion** [i(ː)'məːʃən] *n* 1) появле́ние (*обыкн. солнца, луны после затмения*) 2) всплы́тие (*подводной лодки*)

**emery** ['emərɪ] *n* нажда́к, кору́нд

**emery-cloth** ['emərɪklɔθ] *n* нажда́чное полотно́, шку́рка

**emery-paper** ['emərɪˌpeɪpə] *n* нажда́чная бума́га

**emery-wheel** ['emərɪwiːl] *n* точи́ло, шлифова́льный круг; нажда́чный круг

**emetic** [ɪ'metɪk] **1.** *a* рво́тный

**2.** *n* рво́тное (лека́рство)

**emetine** ['emətɪn] *n хим.* эмети́н

**emeu** ['iːmjuː] = emu

**emigrant** ['emɪgrənt] **1.** *n* эмигра́нт (*не политический*); пересе́ленец

**2.** *a* эмигри́рующий; переселе́нческий; ~ labourers кочу́ющие рабо́чие

**emigrate** ['emɪgreɪt] *v* 1) переселя́ть(ся); эмигри́ровать 2) *разг.* переезжа́ть

**emigration** [ˌemɪ'greɪʃən] *n* переселе́ние; эмигра́ция

**emigratory** ['emɪgrətərɪ] *a* переселя́ющийся; эмиграцио́нный

**émigré** ['emɪgreɪ] *фр. n* эмигра́нт (*обыкн.* полити́ческий)

**eminence** ['emɪnəns] *n* 1) высота́; возвы́шенность 2) высо́кое положе́ние; знамени́тость; a man of ~ знамени́тый челове́к 3) (E.) преосвяще́нство, эмине́нция (*титул кардинала*)

**eminent** ['emɪnənt] *a* 1) возвы́шенный, возвыша́ющийся 2) выдающийся, ви́дный, знамени́тый

**emir** [e'mɪə] *араб. n* эми́р

**emissary** ['emɪsərɪ] *n* 1) эмисса́р, аге́нт 2) шпио́н, лазу́тчик

**emission** [ɪ'mɪʃən] *n* 1) выделе́ние, распростране́ние (*тепла, света, запаха*) 2) *физ.* эми́ссия электро́нов 3) *фин.* вы́пуск, эми́ссия 4) *физиол.* поллю́ция

**emissive** [ɪ'mɪsɪv] *a* выделя́ющий; испуска́ющий; излуча́ющий

**emit** [ɪ'mɪt] *v* 1) испуска́ть, выделя́ть 2) издава́ть (*крик, звук*) 3) *физ.* излуча́ть 4) выбра́сывать, изверга́ть (*дым, лаву*) 5) выпуска́ть (*деньги, воззвания и т. п.*)

**emmet** ['emɪt] *n уст., диал.* мураве́й

**emollient** [ɪ'mɔlɪənt] **1.** *a* смягча́ющий

**2.** *n* мягчи́тельное сре́дство

**emolument** [ɪ'mɔljumənt] *n* (*обыкн. pl*) за́работок, вознагражде́ние; жа́лованье, дохо́д

**emote** [ɪ'məut] *v разг.* 1) проявля́ть показны́е чу́вства 2) *театр.* переигрывать, изобража́ть стра́сти

**emotion** [ɪ'məuʃən] *n* 1) душе́вное волне́ние, возбужде́ние 2) чу́вство; эмо́ция

**emotional** [ɪ'məuʃənl] *a* 1) эмоциона́льный 2) взволно́ванный 3) волну́ющий (*напр. о музыке*)

**emotionalism** [ɪ'məuʃnəlɪzm] *n* повы́шенная эмоциона́льность

**emotionality** [ɪ,məuʃə'nælɪtɪ] *n* эмоциона́льность

**emotive** [ɪ'məutɪv] *a* 1) эмоциона́льный 2) волну́ющий; возбужда́ющий

**empale** [ɪm'peɪl] = impale

**empanel** [ɪm'pænl] *v* составля́ть спи́сок прися́жных; включа́ть в спи́сок прися́жных

**empathy** ['empəθɪ] *n* сочу́вствие; сопережива́ние

**empennage** [em'penɪʒ] *фр. n ав.* хвостово́е опере́ние

**emperor** ['empərə] *n* 1) импера́тор 2) форма́т бума́ги

**emphases** ['emfəsi:z] *pl от* emphasis

**emphasis** ['emfəsɪs] (*pl* -ses) *n* 1) вырази́тельность, си́ла, ударе́ние; эмфа́за; to lay special ~, to make an ~ on smth. придава́ть осо́бое значе́ние, осо́бенно подчёркивать что-л.; with great ~ насто́ятельно 2) *лингв.* ударе́ние, акце́нт 3) *жив.* ре́зкость ко́нтуров 4) *полигр.* выдели́тельный шрифт (*курсив, разрядка*); ~ mine подчёркнуто мно́ю (*авторское замечание в тексте*)

**emphasize** ['emfəsaɪz] *v* 1) придава́ть осо́бое значе́ние; подчёркивать; акценти́ровать 2) де́лать осо́бое ударе́ние (*на слове, факте*) 3) *лингв.* ста́вить ударе́ние

**emphatic** [ɪm'fætɪk] *a* 1) вырази́тельный; эмфати́ческий 2) подчёркнутый 3) насто́йчивый

**emphatically** [ɪm'fætɪkəlɪ] *adv* 1) насто́йчиво 2) многозначи́тельно

**emphysema** [,emfɪ'si:mə] *n мед.* эмфизе́ма

**Empire** ['empaɪə] **1.** *n* стиль ампи́р

**2.** *a* в сти́ле ампи́р

**empire** ['empaɪə] **1.** *n* импе́рия; the E. а) Брита́нская импе́рия; б) *ист.* Свяще́нная Ри́мская импе́рия

**2.** *a* импе́рский

**Empire City** ['empaɪə'sɪtɪ] *n амер.* г. Нью-Йо́рк

**Empire State** ['empaɪə'steɪt] *n* штат Нью-Йо́рк

**empiric** [em'pɪrɪk] **1.** *n* 1) эмпи́рик 2) ле́карь-шарлата́н

**2.** *a* эмпири́ческий, осно́ванный на о́пыте

**empirical** [em'pɪrɪkəl] = empiric 2

**empiricism** [em'pɪrɪsɪzm] *n* эмпири́зм

**empiricist** [em'pɪrɪsɪst] *n* эмпи́рик

**emplacement** [em'pleɪsmənt] *n* 1) устано́вка на ме́сто; назначе́ние ме́ста (*для постройки и т. п.*) 2) *редк.* местоположе́ние 3) *воен.* обору́дованная огнева́я пози́ция; ору́дийный око́п

**emplane** [ɪm'pleɪn] *v* сажа́ть, сади́ться, грузи́ть(ся) на самолёт(ы)

**employ** [ɪm'plɔɪ] **1.** *n* слу́жба; рабо́та по на́йму; to be in smb.'s ~ служи́ть, рабо́тать у кого́-л.

**2.** *v* 1) держа́ть на слу́жбе; предоставля́ть рабо́ту; нанима́ть; to be ~ed by рабо́тать, служи́ть у; the new road will ~ hundreds of men на но́вой доро́ге бу́дут за́няты со́тни люде́й 2) занима́ть (*чьё-л. время и т. п.*); how do you ~ yourself of an evening? что вы де́лаете ве́чером? 3) употребля́ть, применя́ть, испо́льзовать (in, on, for); to ~ theory in one's experiments в свои́х экспериме́нтах опира́ться на тео́рию

**employable** [ɪm'plɔɪəbl] *a* трудоспосо́бный

**employé** [ɔm'plɔɪeɪ] *фр.* = employee

**employee** [,emplɔɪ'i:] *n* слу́жащий; рабо́тающий по на́йму; number of ~s число́ за́нятых

**employer** [ɪm'plɔɪə] *n* 1) предпринима́тель 2) нанима́тель, работода́тель

**employment** [ɪm'plɔɪmənt] *n* 1) слу́жба; заня́тие, рабо́та; out of ~ без рабо́ты; full ~ *эк.* по́лная за́нятость 2) примене́ние, испо́льзование; ~ of industrial capacity испо́льзование произво́дственных мо́щностей 3) *attr.*: ~ bureau бюро́ на́йма (*рабочих и служащих*); ~ exchange би́ржа труда́ и страхова́я ка́сса; ~ agent аге́нт по на́йму; ~ book расчётная кни́жка

**empoison** [ɪm'pɔɪzn] *v* 1) отравля́ть; *перен.* по́ртить (*жизнь*) 2) ожесточа́ть

**emporium** [em'pɔ:rɪəm] *n* 1) торго́вый центр; ры́нок 2) *разг.* большо́й магази́н, универма́г

**empower** [ɪm'pauə] *v* 1) уполномо́чивать; to ~ the Ambassador to conduct negotiations уполномо́чить посла́ на веде́ние перегово́ров 2) дава́ть возмо́жность, разреша́ть (*делать что-либо*)

**empress** ['emprɪs] *n* императри́ца

**emprise** [ɪm'praɪz] *n уст., поэт.* сме́лое предприя́тие; ры́царский по́двиг

**emptiness** ['emptɪnɪs] *n* пустота́

**empty** ['emptɪ] **1.** *a* 1) пусто́й; поро́жний; ~ sheet of paper чи́стый лист бума́ги; ~ crate пуста́я та́ра; tank ~ of petrol пусто́й бензоба́к; 2) необита́емый 3) пусто́й, бессодержа́тельный; ~ words, words ~ of meaning слова́, лишённые смы́сла; пусты́е слова́; ~ rhetoric пустосло́вие 4) *разг.* голо́дный; to feel ~ чу́вствовать го́лод; ~ stomachs голода́ющие 5) *тех.* без нагру́зки, холосто́й ◇ the ~ vessel makes the greatest sound *посл.* пуста́я бо́чка пу́ще греми́т

**2.** *n* (*обыкн. pl*) 1) поро́жняя та́ра (*бутылки, ящики и т. п.*); returned empties возвращённые пусты́е буты́лки, ба́нки *и т. п.* 2) *ж.-д.* порожня́к

**3.** *v* 1) опорожня́ть; осуша́ть (*стакан*); вылива́ть, высыпа́ть; выка́чивать, выпуска́ть 2) опорожня́ться; пусте́ть 3) впада́ть (*о реке*; into)

**empty-handed** ['emptɪ'hændɪd] *a* с пусты́ми рука́ми; to go ~ уйти́ ни с чем; ≅ оста́ться при пи́ковом интере́се

**empty-headed** ['emptɪ'hedɪd] *a* пустоголо́вый; неве́жественный

**emptyings** ['emptɪɪŋz] *n pl разг.* 1) отсто́й (*на дне сосуда*), оса́док 2) *амер.* заква́ска

**empurple** [ɪm'pə:pl] *v* обагря́ть

**empyreal** [,empaɪ'ri(:)əl] *a поэт.* небе́сный, зао́блачный; неземно́й

**empyrean** [,empaɪ'ri(:)ən] **1.** *n* 1) *греч. миф.* эмпире́и, небеса́ 2) *поэт.* небе́сная твердь, не́бо

**2.** *a* = empyreal; ~ love чи́стая, неземна́я любо́вь

**emu** ['i:mju:] *n зоол.* э́му

**emulate** ['emjuleɪt] *v* 1) соревнова́ться, стреми́ться превзойти́ 2) сопе́рничать 3) подража́ть

**emulation** [,emju'leɪʃən] *n* 1) соревнова́ние; socialist ~ социалисти́ческое соревнова́ние 2) сопе́рничество 3) подража́ние (*примеру*)

**emulative** ['emjulətɪv] *a* соревнова́тельный; ~ spirit дух соревнова́ния

**emulous** ['emjuləs] *a* 1) соревну́ющийся 2) жа́ждущий (of — *чего-л.*) 3) побужда́емый чу́вством сопе́рничества

**emulsify** [ɪ'mʌlsɪfaɪ] *v* де́лать эму́льсию; превраща́ть в эму́льсию

**emulsion** [ɪ'mʌlʃən] *n* эму́льсия

**emulsive** [ɪ'mʌlsɪv] *a* эмульсио́нный; масляни́стый

**en** [en] *n* 1) *название буквы* N 2) *полигр.* бу́ква n как едини́ца измере́ния печа́тной строки́ (*соответствует полукруглой*)

**en-** [en-, ɪn-] *pref* (em- *перед* b, p, m) *служит для образования глаголов и придаёт им значение* а) *включения внутрь чего-л.*: to encage сажа́ть в кле́тку; to entruck сажа́ть на грузови́к; б) *приведения в какое-л. состояние*: to enslave порабоща́ть; to encourage ободря́ть

**enable** [ɪ'neɪbl] *v* 1) дава́ть возмо́жность *или* пра́во (*что-л. сделать*) 2) облегча́ть 3) *уст.* приспоса́бливать; де́лать го́дным

**enact** [ɪ'nækt] *v* 1) предпи́сывать; вводи́ть зако́н; постановля́ть 2) ста́вить на сце́не; игра́ть роль 3) (*обыкн. pass.*) происходи́ть, разы́грываться

**enacting** [ɪ'næktɪŋ] **1.** *pres. p. от* enact

**2.** *a* вводя́щий, постановля́ющий; ~ clause преа́мбула зако́на, конве́нции *и т. п.*

**enactment** [ɪ'næktmənt] *n* 1) введе́ние зако́на в си́лу 2) зако́н, ука́з

**enamel** [ɪ'næməl] **1.** *n* 1) эма́ль; фини́фть 2) глазу́рь, поли́ва 3) эма́ль (*на зубах*) 4) космети́ческое сре́дство для ко́жи; лак для ногте́й

**2.** *v* 1) покрыва́ть эма́лью, глазу́рью; эмалирова́ть 2) испещря́ть; fields ~led with flowers поля́, усе́янные цвета́ми

**enamour** [ɪ'næmə] *v* возбужда́ть любо́вь; очаро́вывать; to be ~ed of smb. быть влюблённым в кого́-л.; to be ~ed of smth. стра́стно увлека́ться чем-л.

**encaenia** [en'siːnjə] *n* пра́зднование годовщи́ны (*основания*)

**encage** [ɪn'keɪdʒ] *v* сажа́ть в клётку

**encamp** [ɪn'kæmp] *v* располага́ть (-ся) ла́герем

**encampment** [ɪn'kæmpmənt] *n* 1) ла́герь, ме́сто ла́геря 2) расположе́ние ла́герем

**encase** [ɪn'keɪs] *v* 1) упако́вывать, класть (*в ящик*) 2) по́лностью закрыва́ть, заключа́ть; ~d in armour зако́ванный в ла́ты 3) вставля́ть, обрамля́ть 4) *стр.* опа́лубить

**encasement** [ɪn'keɪsmənt] *n* 1) обши́вка; облицо́вка; опа́лубка 2) футля́р; кожу́х; покры́шка; упако́вка

**encash** [ɪn'kæʃ] *v ком.* реализова́ть; получа́ть нали́чными деньга́ми

**encaustic** [en'kɔːstɪk] **1.** *a* 1) энкаусти́ческий, относя́щийся к жи́вописи восковы́ми кра́сками 2) обожжённый, относя́щийся к о́бжигу (*о керамике, эмали*); ~ tile разноцве́тный изразе́ц

**2.** *n* энка́устика, жи́вопись восковы́ми кра́сками (*с помощью горячих металлических инструментов*)

**enceinte I** [ɑːŋ'sænt] *фр. a* бере́менная

**enceinte II** [ɑːŋ'sænt] *фр. n воен.* крепостна́я огра́да

**encephalic** [ˌenkə'fælɪk] *a анат.* мозгово́й

**encephalitis** [ˌenkefə'laɪtɪs] *n мед.* энцефали́т

**enchain** [ɪn'tʃeɪn] *v* 1) сажа́ть на цепь; зако́вывать 2) прико́вывать (*внимание*); ско́вывать (*чувства и т. п.*) 3) *уст.* сцепля́ть, соединя́ть

**enchant** [ɪn'tʃɑːnt] *v* 1) очаро́вывать, приводи́ть в восто́рг 2) околдо́вывать, опу́тывать ча́рами

**enchanter** [ɪn'tʃɑːntə] *n* чароде́й, волше́бник

**enchantment** [ɪn'tʃɑːntmənt] *n* 1) очарова́ние, обая́ние 2) колдовство́, ма́гия, волшебство́

**enchantress** [ɪn'tʃɑːntrɪs] *n* 1) чароде́йка, колду́нья, волше́бница 2) чарови́ца, обворожи́тельная же́нщина

**enchase** [ɪn'tʃeɪs] *v* 1) оправля́ть, заде́лывать в опра́ву 2) инкрусти́ровать; гравирова́ть

**enchiridion** [ˌenkaɪə'rɪdɪən] *n книжн.* спра́вочник, руково́дство

**encipher** [en'saɪfə] *v* зашифро́вывать, писа́ть ши́фром сообще́ние

**encircle** [ɪn'səːkl] *v* окружа́ть; де́лать круг

**encirclement** [ɪn'səːklmənt] *n* окруже́ние

**encircling** [ɪn'səːklɪŋ] **1.** *pres. p. от* encircle

**2.** *a*: ~ force *воен.* гру́ппа, производя́щая обхо́д; ~ manoeuvre обхо́д; манёвр на окруже́ние

**enclasp** [ɪn'klɑːsp] *v* обхва́тывать, обнима́ть

**enclave** ['enkleɪv] *фр. n* террито́рия, окружённая чужи́ми владе́ниями, екла́в

**enclitic** [ɪn'klɪtɪk] *лингв.* **1.** *a* энклити́ческий

**2.** *n* энкли́тика

**enclose** [ɪn'kləuz] *v* 1) окружа́ть, огора́живать; заключа́ть 2) вкла́дывать (*в письмо и т. п.*); прилага́ть 3) *ист.* огора́живать общи́нные зе́мли

**enclosure** [ɪn'kləuʒə] *n* 1) огоро́женное ме́сто 2) огражде́ние, огра́да 3) отгора́живание 4) вложе́ние, приложе́ние 5) *ист.* огора́живание общи́нных земе́ль (*в Англии*) 6) *стр.* тепля́к

**encode** [ɪn'kəud] *v* коди́ровать, шифрова́ть

**encomia** [en'kəumjə] *редк. pl от* encomium

**encomiast** [en'kəumɪæst] *n книжн.* панегири́ст

**encomiastic** [enˌkəumɪ'æstɪk] *a книжн.* панегири́ческий, хвале́бный

**encomium** [en'kəumjəm] *лат. n книжн.* (*pl* -s [-z], -ia) панеги́рик, восхвале́ние

**encompass** [ɪn'kʌmpəs] *v* окружа́ть (*тж. перен., напр., заботой и т. п.*); заключа́ть

**encore** [ɔŋ'kɔː] *фр.* **1.** *int* бис!

**2.** *n* вы́зов на «бис»

**3.** *v.* тре́бовать повторе́ния, крича́ть «бис», вызыва́ть

**encounter** [ɪn'kauntə] **1.** *n* 1) неожи́данная встре́ча 2) столкнове́ние, схва́тка, сты́чка

**2.** *v* 1) (неожи́данно) встре́тить(ся) 2) ста́лкиваться; име́ть столкнове́ние 3) ната́лкиваться (*на трудности и т. п.*)

**encourage** [ɪn'kʌrɪdʒ] *v* 1) ободря́ть 2) поощря́ть, подде́рживать 3) потво́рствовать; подстрека́ть

**encouragement** [ɪn'kʌrɪdʒmənt] *n* ободре́ние *и пр.* [*см.* encourage]

**encouraging** [ɪn'kʌrɪdʒɪŋ] **1.** *pres. p. от* encourage

**2.** *a* ободря́ющий; обнадёживающий

**encroach** [ɪn'krəutʃ] *v* 1) вторга́ться (upon) 2) покуша́ться на чужи́е права́, посяга́ть (on, upon); ~ upon smb.'s time отнима́ть вре́мя у кого́-л.

**encroachment** [ɪn'krəutʃmənt] *n* вторже́ние

**encrust** [ɪn'krʌst] *v* 1) инкрусти́ровать 2) покрыва́ть(ся) ко́ркой, ржа́вчиной *и т. п.*

**encumber** [ɪn'kʌmbə] *v* 1) загроможда́ть 2) меша́ть, затрудня́ть, препя́тствовать 3) обременя́ть (*долгами и т. п.*; with)

**encumbrance** [ɪn'kʌmbrəns] *n* 1) препя́тствие, затрудне́ние 2) бре́мя, обу́за 3) лицо́, находя́щееся на иждиве́нии (*особ. о ребёнке*); without ~ *разг.* безде́тный 4) *юр.* закладна́я (*на имущество*)

**encumbrancer** [ɪn'kʌmbrənsə] *n юр.* залогодержа́тель

**encyclic(al)** [en'sɪklɪk(əl)] *церк.* **1.** *a* предназна́ченный для широ́кого распростране́ния; ~ letter циркуля́рное письмо́, циркуля́р

**2.** *n* энци́клика

**encyclop(a)edia** [enˌsaɪkləu'piːdjə] *n* энциклопе́дия ◇ walking ~ ходя́чая энциклопе́дия

**encyclop(a)edic(al)** [enˌsaɪkləu'piːdɪk(əl)] *a* энциклопеди́ческий

**encyclop(a)edist** [enˌsaɪkləu'piːdɪst] *n* энциклопеди́ст

**encyst** [ɪn'sɪst] *v мед.* образова́ть оболо́чку, ка́псулу

**end** [end] **1.** *n* 1) коне́ц; оконча́ние; преде́л; ~ on концо́м вперёд; to put an ~ to smth., to make an ~ of smth. положи́ть коне́ц чему́-л., уничто́жить что-л.; in the ~ в заключе́ние; в коне́чном счёте; they won the battle in the ~ в коне́чном счёте они́ доби́лись побе́ды; at the ~ of в конце́ (*чего-л.*); at the ~ of the story в конце́ расска́за; at the ~ of the month в конце́ ме́сяца 2) коне́ц, смерть; he is near(ing) his ~ он умира́ет 3) оста́ток, обло́мок; обре́зок; отры́вок 4) край; грани́ца; ~s of the earth край земли́; глухома́нь; the world's ~ край све́та 5) цель; to that ~ с э́той це́лью; to gain one's ~s дости́чь це́ли; ~s and means це́ли и сре́дства 6) результа́т, сле́дствие; happy ~ благополу́чная развя́зка, счастли́вый коне́ц; it is difficult to foresee the ~ тру́дно предви́деть результа́т 7) *sl* зад 8) дни́ще 9) *амер.* аспе́кт, сторона́; the political ~ of smth. полити́ческий аспе́кт чего́-л. 10) *амер.* часть, отде́л; the retail ~ of a business отде́л ро́зничной торго́вли 11) *pl стр.* э́ндсы, диле́ны ◇ to be on the ~ of a line попа́сться на у́дочку; to make both (*или* two) ~s meet своди́ть концы́ с конца́ми; no ~ *разг.* безме́рно; в вы́сшей сте́пени; no ~ obliged to you чрезвыча́йно вам призна́телен; no ~ of *разг.* а) мно́го, ма́сса; no ~ of trouble ма́сса хлопо́т, неприя́тностей; б) прекра́сный, исключи́тельный; he is no ~ of a fellow он чуде́сный ма́лый; we had no ~ of a time мы прекра́сно провели́ вре́мя; on ~ а) сто́ймя́; ды́бом; б) беспреры́вно, подря́д; for two years on ~ два го́да подря́д; to begin at the wrong ~ нача́ть не с того́ конца́; to the bitter ~ до преде́ла, до то́чки; до после́дней ка́пли кро́ви; to keep one's ~ up сде́лать всё от себя́ зави́сящее; не сдава́ться; ~ to ~ непреры́вной це́пью; laid ~ to ~ вме́сте взя́тые; the ~ justifies the means цель опра́вдывает сре́дства; any means to an ~ все сре́дства хороши́

2. *v* 1) конча́ть; зака́нчивать; прекраща́ть; to ~ all wars положи́ть коне́ц всем во́йнам; to ~ one's life поко́нчить с собо́й 2) конча́ться, заверша́ться (in, with); to ~ in disaster око́нчиться катастро́фой; the story ~s with the hero's death расска́з конча́ется сме́ртью геро́я □ ~ **off**, ~ **up** ока́нчиваться, прекраща́ться, обрыва́ться

**endanger** [ɪn'deɪndʒə] *v* подверга́ть опа́сности

**endear** [ɪn'dɪə] *v* заста́вить полюби́ть; внуши́ть любо́вь

**endearment** [ɪn'dɪəmənt] *n* ла́ска, выраже́ние не́жности, привя́занности

**endeavor** [ɪn'devə] *амер.* = endeavour

**endeavour** [ɪn'devə] **1.** *n* попы́тка, стара́ние; стремле́ние

2. *v* пыта́ться, прилага́ть уси́лия, стара́ться

**endemic** [en'demɪk] **1.** *a* эндеми́ческий; сво́йственный да́нной ме́стности

2. *n* эндеми́ческое заболева́ние

**end-game** ['endgeɪm] *n шахм.* э́ндшпиль

**ending** ['endɪŋ] **1.** *pres. p. от* end 2

2. *n* 1) оконча́ние 2) *грам.* оконча́ние, фле́ксия

3. *a* коне́чный, заключи́тельный

**endive** ['endɪv] *n бот.* цико́рий-энди́вий, энди́вий зи́мний

**endless** ['endlɪs] *a* 1) бесконе́чный; несконча́емый; ~ chain *тех.* цепь при́во́да *или* переда́чи 2) бесчи́сленный; ~ attempts бесчи́сленные попы́тки

**endlong** ['endlɔŋ] *adv* 1) пря́мо, вдоль 2) стоймя́, вертика́льно

**endocarditis** [,endəuka:'daɪtɪs] *n мед.* эндокарди́т

**endocrine** ['endəukraɪn] *a* эндокри́нный; ~ glands же́лезы вну́тренней секре́ции, эндокри́нные же́лезы

**endocrinology** [,endəukraɪ'nɔlədʒɪ] *n* эндокриноло́гия

**endogamy** [en'dɔgəmɪ] *n* эндога́мия

**endogenous** [en'dɔdʒɪnəs] *a* эндоге́нный

**endorse** [ɪn'dɔ:s] *v* 1) расписываться на оборо́те докуме́нта; to ~ by signature скрепля́ть по́дписью 2) *фин.* индосси́ровать, де́лать переда́точную на́дпись 3) подтвержда́ть, одобря́ть; подде́рживать

**endorsement** [ɪn'dɔ:smənt] *n* 1) *фин.* индоссаме́нт, переда́точная на́дпись (*на векселе, чеке*) 2) подтвержде́ние; подде́ржка

**endosperm** ['endəuspə:m] *n бот.* эндоспе́рм

**endow** [ɪn'dau] *v* 1) обеспе́чивать постоя́нным дохо́дом; завеща́ть постоя́нный дохо́д, де́лать вклад 2) (*часто p. p.*) наделя́ть, одаря́ть; man is ~ed with reason челове́к одарён ра́зумом

**endowment** [ɪn'daumənt] *n* 1) вклад, дар, поже́ртвование; наде́л; ~ with information сообще́ние све́дений 2) дарова́ние; mental ~s у́мственные спосо́бности 3) *attr.*: ~ insurance сме́шанное страхова́ние

**end-paper** ['end,peɪpə] *n* пусто́й лист в нача́ле и в конце кни́ги, фо́рзац

**end play** ['endpleɪ] *n* 1) *шахм.* э́ндшпиль 2) *тех.* осево́й люфт

**end-product** ['end,prɔdʌkt] *n* 1) гото́вый проду́кт 2) коне́чный проду́кт; результа́т

**endue** [ɪn'dju:] *v* (*обыкн. pass.*) одаря́ть; наделя́ть (*полномочиями, качествами*; with); to ~ with force наделя́ть си́лой

**end-up** [end'ʌp] *a разг.* курно́сый

**endurable** [ɪn'djuərəbl] *a* 1) переноси́мый, терпи́мый 2) *редк.* про́чный

**endurance** [ɪn'djuərəns] *n* 1) выно́сливость, спосо́бность переноси́ть (*боль, страдание и т. п.*); this is past (*или* beyond) ~ э́то невыноси́мо 2) про́чность, сто́йкость; сопротивля́емость изна́шиванию 3) дли́тельность, продолжи́тельность 4) *attr.*: ~ test испыта́ние на долгове́чность; space ~ test прове́рка переноси́мости дли́тельного пребыва́ния в косми́ческом простра́нстве

**endure** [ɪn'djuə] *v* 1) выноси́ть; терпе́ть; I cannot ~ the thought я не могу́ примири́ться с мы́слью 2) дли́ться; продолжа́ться; as long as life ~s в тече́ние всей жи́зни 3) выде́рживать испыта́ние вре́менем

**enduring** [ɪn'djuərɪŋ] **1.** *pres. p. от* endure

2. *a* 1) терпели́вый, выно́сливый 2) дли́тельный, продолжи́тельный 3) про́чный; постоя́нный

**end-view** ['endvju:] *n* концево́й вид, вид сбо́ку (*на чертеже*)

**endways** ['endweɪz] *adv* 1) концо́м вперёд 2) вверх; стоймя́ 3) вдоль

**endwise** ['endwaɪz] = endways

**Eneas** [i(:)'ni:æs] *n римск. миф.* Эне́й

**enema** ['enɪmə] *n мед.* кли́зма

**enemy** ['enɪmɪ] **1.** *n* враг; неприя́тель, проти́вник; to be one's own ~ де́йствовать во вред самому́ себе́ ◇ the (old) E. дья́вол; how goes the ~? кото́рый час? to kill the ~ корота́ть вре́мя, стара́ться уби́ть вре́мя

2. *a* вражде́бный; вра́жеский, неприя́тельский

**energetic** [,enə'dʒetɪk] *a* энерги́чный

**energetics** [,enə'dʒetɪks] *n pl* (*употр. как sing*) энерге́тика

**energize** ['enədʒaɪz] *v* 1) *книжн.* возбужда́ть, сообща́ть *или* проявля́ть эне́ргию 2) *эл.* пропуска́ть ток

**energy** ['enədʒɪ] *n* 1) эне́ргия; си́ла; мо́щность; potential (latent) ~ потенциа́льная (скры́тая) эне́ргия 2) *pl* си́лы, эне́ргия (*в борьбе и т. п.*)

**enervate** ['enə:veɪt] **1.** *a* сла́бый, рассла́бленный

2. *v* 1) обесси́ливать, расслабля́ть 2) лиша́ть во́ли, му́жества

**enervation** [,enə:'veɪʃən] *n* 1) *мед.* сниже́ние не́рвной эне́ргии 2) сла́бость, рассла́бленность

**enfeeble** [ɪn'fi:bl] *v* ослабля́ть

**enfetter** [ɪn'fetə] *v* 1) зако́вывать (*в кандалы*) 2) ско́вывать, свя́зывать; порабоща́ть

**enfilade** [,enfɪ'leɪd] **1.** *n* 1) *уст.* анфила́да (*комнат*) 2) *воен.* продо́льный ого́нь

2. *v воен.* обстре́ливать продо́льным огнём

**enfold** [ɪn'fəuld] *v* 1) завёртывать, заку́тывать (in, with) 2) обнима́ть, обхва́тывать

**enforce** [ɪn'fɔ:s] *v* 1) ока́зывать давле́ние, принужда́ть, заставля́ть; навя́зывать; to ~ obedience доби́ться повинове́ния 2) проводи́ть в жизнь; придава́ть си́лу; to ~ the laws проводи́ть зако́ны в жизнь; насажда́ть зако́нность 3) *уст.* уси́ливать

**enforceable** [ɪn'fɔ:səbl] *a* 1) осуществи́мый 2) обеспе́чиваемый примене́нием си́лы *или* угро́зой примени́ть си́лу

**enforcement** [ɪn'fɔ:smənt] *n* 1) давле́ние, принужде́ние 2) *attr.* принуди́тельный; ~ measures принуди́тельные ме́ры

**enframe** [ɪn'freɪm] *v* 1) вставля́ть в ра́м(к)у 2) обрамля́ть

**enfranchise** [ɪn'frænʧaɪz] *v* 1) предоставля́ть избира́тельные права́ 2) дава́ть (*городу*) пра́во представи́тельства в парла́менте 3) освобожда́ть, отпуска́ть на во́лю (*раба*)

**enfranchisement** [ɪn'frænʧɪzmənt] *n* 1) освобожде́ние (*от рабства, зависимости и т. п.*) 2) предоставле́ние избира́тельных прав

**engage** [ɪn'geɪdʒ] *v* 1) нанима́ть; зака́зывать зара́нее (*комнату, место*) 2) занима́ться (*чем-л.*); say I am ~d скажи́те, что я за́нят; to ~ in a discussion приня́ть уча́стие в диску́ссии; to be ~d in smth. занима́ться чем-л. 3) занима́ть, привлека́ть; вовлека́ть; to ~ smb.'s attention завладе́ть чьим-л. внима́нием 4) обя́зывать(ся); to ~ by new commitments свя́зывать но́выми обяза́тельствами 5) (*обыкн. pass.*) обручи́ться; to be ~d быть помо́лвленным(и) 6) *воен.* вступа́ть в бой; открыва́ть ого́нь; to be ~d in hostilities быть вовлечённым в вое́нные де́йствия 7) *тех.* зацепля́ть(ся); включа́ть □ ~ **for** обеща́ть, гаранти́ровать; руча́ться (*за кого-л.*)

**engaged** [ɪn'geɪdʒd] **1.** *p. p. от* engage

2. *a* 1) за́нятый 2) заинтересо́ванный, поглощённый (*чем-л.*) 3) помо́лвленный

**engagement** [ɪn'geɪdʒmənt] *n* 1) де́ло, заня́тие 2) свида́ние, встре́ча; приглаше́ние 3) обяза́тельство; to meet one's ~s выполня́ть свои́ обяза́тельства; плати́ть долги́ 4) помо́лвка 5) *воен.* бой, сты́чка 6) *тех.* зацепле́ние 7) *attr.* обруча́льный; ~ ring обруча́льное кольцо́ с ка́мнем

**engaging** [ɪn'geɪdʒɪŋ] **1.** *pres. p. от* engage

2. *a* 1) очарова́тельный, обая́тельный; ~ smile очарова́тельная улы́бка; ~ frankness подкупа́ющая открове́нность 2) *тех.* зацепля́ющийся

**engender** [ɪn'dʒendə] *v* порождать, вызывать, возбуждать

**engine** ['endʒɪn] *n* 1) машина, двигатель; мотор 2) локомотив, паровоз 3) *уст.* орудие, инструмент, средство 4) *attr.* паровозный 5) *attr.* машинный; моторный; ~ oil машинное масло

**engine-crew** ['endʒɪnkruː] *n* паровозная бригада

**engine-driver** ['endʒɪnˌdraɪvə] *n ж.-д.* машинист

**engineer** [ˌendʒɪ'nɪə] **1.** *n* 1) инженер 2) механик 3) *амер.* машинист 4) сапёр; Royal Engineers, *амер.* Corps of Engineers инженерные войска

**2.** *v* 1) сооружать; проектировать 2) работать в качестве инженера 3) *разг.* устраивать, затевать; придумывать, изобретать 4) подстраивать; провоцировать; to ~ acts of sabotage организовать диверсии

**engineering** [ˌendʒɪ'nɪərɪŋ] **1.** *pres. p.* от engineer 2

**2.** *a* прикладной (*о науке*)

**3.** *n* 1) инженерное искусство; техника 2) машиностроение 3) *разг.* махинации, происки 4) *attr.* машиностроительный; ~ plant машиностроительный завод; ~ worker рабочий-машиностроитель

**engine-house** ['endʒɪnhaus] *n* паровозное депо

**engine-room** ['endʒɪnrum] *n* машинное отделение

**enginery** ['endʒɪnərɪ] *n собир.* машины; механическое оборудование

**engird** [ɪn'gəːd] *v* (engirded [-ɪd], engirt) опоясывать

**engirdle** [ɪn'gəːdl] = engird

**engirt** [ɪn'gəːt] *past и p. p. от* engird

**English** ['ɪnglɪʃ] **1.** *a* английский

**2.** *n* 1) (the ~) *pl собир.* англичане 2) английский язык; Modern (Standard) ~ современный (литературный) английский язык; to speak ~ уметь говорить по-английски; to speak in ~ говорить, выступать на английском языке; spoken (broken) ~ разговорный (ломаный) английский язык; not ~ не по-английски 3) *полигр.* мйттель, кегль 14 ◇ in plain ~ прямо, без обиняков

**3.** *v* (english) *уст.* переводить на английский язык

**Englishism** ['ɪŋlɪʃɪzm] *n* 1) английская черта, английский обычай 2) идиома, употребляемая в Англии 3) привязанность ко всему английскому

**Englishman** ['ɪŋglɪʃmən] *n* англичанин

**Englishwoman** ['ɪŋglɪʃˌwumən] *n* англичанка

**engorge** [ɪn'gɔːdʒ] *v* 1) жадно и много есть 2) *мед.* налиться кровью (*об органе*)

**engraft** [ɪn'grɑːft] *v* 1) *бот.* делать прививку (upon, into) 2) прививать, внедрять (in)

**engrail** [ɪn'greɪl] *v* делать нарезку; зазубривать

**engrain** [ɪn'greɪn] *v* 1) красить кошенилью, прочной краской; пропитывать (*краской*) 2) *текст.* красить в пряже 3) внедрять, укоренять

**engrained** [ɪn'greɪnd] **1.** *p. p. от* engrain

**2.** *a* = ingrained

**engrave** [ɪn'greɪv] *v* 1) гравировать; резать (*по камню, дереву, металлу*) 2) запечатлевать (on, upon)

**engraver** [ɪn'greɪvə] *n* гравёр

**engraving** [ɪn'greɪvɪŋ] **1.** *pres. p. от* engrave

**2.** *n* 1) гравирование 2) гравюра

**engross** [ɪn'grəus] *v* 1) поглощать (*время, внимание и т. п.*); завладевать (*разговором*) 2) (*pass.*) быть поглощённым (*чем-л.*), углубиться (*во что-л.*) 3) писать крупными буквами; красиво и чётко переписывать (*документ и т. п.*), облекая его в юридическую форму 4) *ист.* монополизировать; сосредоточивать в своих руках товар

**engrossing** [ɪn'grəusɪŋ] **1.** *pres. p. от* engross

**2.** *a* всепоглощающий; захватывающий, увлекательный

**engulf** [ɪn'gʌlf] *v* 1) поглощать 2) *перен.* заваливать, засыпать; ~ed by letters заваленный письмами

**enhance** [ɪn'hɑːns] *v* 1) увеличивать, усиливать, усугублять 2) повышать (*цену*)

**enharmonic** [ˌenhɑː'mɔnɪk] *a муз.* энгармонический

**enigma** [ɪ'nɪgmə] *n* загадка

**enigmatic(al)** [ˌenɪg'mætɪk(əl)] *a* загадочный

**enisle** [ɪn'aɪl] *v поэт.* 1) превращать в остров 2) поместить на остров; изолировать

**enjoin** [ɪn'dʒɔɪn] *v* 1) предписывать (on, upon); приказывать (that); to ~ silence upon smb., to ~ smb. to be silent велеть кому-л. молчать; I ~ed that they should be silent я потребовал, чтобы они замолчали 2) *юр.* запрещать

**enjoy** [ɪn'dʒɔɪ] *v* 1) (*тж. refl.*) получать удовольствие; наслаждаться; how did you ~ yourself? как вы провели время?; how did you ~ the book? как вам понравилась книга? 2) пользоваться (*правами и т. п.*) 3) обладать; to ~ good (poor) health отличаться хорошим (плохим) здоровьем

**enjoyable** [ɪn'dʒɔɪəbl] *a* приятный, доставляющий удовольствие

**enjoyment** [ɪn'dʒɔɪmənt] *n* 1) наслаждение, удовольствие; to take ~ in получать удовольствие от 2) обладание

**enkindle** [ɪn'kɪndl] *v* зажигать, воспламенять, воодушевлять

**enlace** [ɪn'leɪs] *v* 1) опутывать, обвивать 2) окружать

**enlarge** [ɪn'lɑːdʒ] *v* 1) увеличивать(-ся); укрупнять(ся) 2) расширять(-ся) 3) распространяться (upon — о *чём-л.*) 4) *уст.*, *амер.* освобождать; (*из-под стражи*) 5) *фото* увеличивать; поддаваться увеличению

**enlarged** [ɪn'lɑːdʒd] **1.** *p. p. от* enlarge

**2.** *a* увеличенный, расширенный; ~ meeting расширенное заседание; revised and ~ edition переработанное и дополненное издание

**enlargement** [ɪn'lɑːdʒmənt] *n* 1) расширение; увеличение; укрупнение 2) пристройка 3) *уст.*, *амер.* освобождение (*из тюрьмы, от рабства*) 4) *фото* увеличение

**enlighten** [ɪn'laɪtn] *v* 1) просвещать 2) осведомлять; информировать 3) *поэт.* проливать свет

**enlightened** [ɪn'laɪtnd] **1.** *p. p. от* enlighten

**2.** *a* просвещённый; thoroughly ~ upon the subject хорошо осведомлённый в данном вопросе

**enlightening** [ɪn'laɪtnɪŋ] *a* 1) поучительный 2) разъясняющий

**enlightenment** [ɪn'laɪtnmənt] *n* 1) просвещение 2) просвещённость

**enlist** [ɪn'lɪst] *v* 1) вербовать на военную службу 2) поступать на военную службу 3) заручиться поддержкой; привлечь на свою сторону; to ~ smb.'s support заручиться чьей-либо поддержкой

**enlisted** [ɪn'lɪstɪd] **1.** *p. p. от* enlist

**2.** *a воен.* срочнослужащий; ~ man солдат; военнослужащий рядового или сержантского состава

**enlistee** [ˌenlɪs'tiː] *n воен.* поступивший на военную службу

**enliven** [ɪn'laɪvn] *v* 1) оживлять, подбодрять 2) делать интереснее, веселее, разнообразить

**enmesh** [ɪn'meʃ] *v* опутывать, запутывать

**enmity** ['enmɪtɪ] *n* вражда; неприязнь, враждебность; unexpressed ~ затаённая вражда; at ~ with во враждебных отношениях с

**ennoble** [ɪ'nəubl] *v* 1) облагораживать 2) жаловать дворянством, делать дворянином

**ennoblement** [ɪ'nəublmənt] *n* 1) облагораживание 2) пожалование дворянством

**ennui** [ɑː'nwiː] *фр. n* скука; внутренняя опустошённость; апатия

**Enoch** ['iːnɔk] *n библ.* Енох

**enormity** [ɪ'nɔːmɪtɪ] *n* 1) гнусность 2) чудовищное преступление

**enormous** [ɪ'nɔːməs] *a* 1) громадный; огромный; ~ changes огромные перемены 2) *амер.* чудовищный, ужасный

**enormously** [ɪ'nɔːməslɪ] *adv* чрезвычайно

**enough** [ɪ'nʌf] **1.** *a* достаточный; to have ~ time располагать достаточным запасом времени

**2.** *n* достаточное количество; he has ~ and to spare он имеет больше чем нужно; I've had ~ of him он мне надоел

**3.** *adv* достаточно, довольно; strangely ~ как это ни странно; you know well ~ вы отлично знаете; he did it well ~ он сде́лал э́то дово́льно хорошо́

**enounce** [i(:)'nauns] *v* 1) выража́ть; излага́ть 2) произноси́ть

**enow** [ɪ'nau] *уст., поэт., см.* enough

**enplane** [ɪn'pleɪn] *v* сажа́ть, сади́ться, грузи́ть(ся) в самолёт

**enquire** [ɪn'kwaɪə] = inquire

**enquiry** [ɪn'kwaɪərɪ] = inquiry

**enrage** [ɪn'reɪdʒ] *v* беси́ть, приводи́ть в я́рость

**enrapture** [ɪn'ræptʃə] *v* восхища́ть, приводи́ть в восто́рг; захва́тывать

**enrich** [ɪn'rɪtʃ] *v* 1) обогаща́ть 2) удобря́ть (*почву*) 3) украша́ть 4) витаминизи́ровать

**enrobe** [ɪn'rəub] *v* облача́ть

**enrol(l)** [ɪn'rəul] *v* 1) вноси́ть в спи́сок (*учащихся, членов какой-л. организации и т. п.*); регистри́ровать 2) вербова́ть; зачисля́ть в а́рмию 3) поступа́ть на вое́нную слу́жбу 4) запи́сываться, вступа́ть в чле́ны (*какой-л. организации*)

**enrolment** [ɪn'rəulmənt] *n* 1) внесе́ние в спи́ски, регистра́ция; the ~ of new members приём но́вых чле́нов (*в профсоюз и т. п.*) 2) вербо́вка

**enroot** [ɪn'ru:t] *v* (*обыкн. p. p.*) укореня́ть, *перен.* внедря́ть

**en route** [ɑ:n'ru:t] *фр. adv* по пути́, по доро́ге; в пути́

**ensanguined** [ɪn'sæŋgwɪnd] *a* 1) окрова́вленный 2) крова́во-кра́сный

**ensconce** [ɪn'skɔns] *v* (*часто refl.*) 1) укрыва́ть(ся) 2) устра́ивать(ся) удо́бно *или* ую́тно; to ~ oneself cosily усе́сться ую́тно

**ensemble** [ɑ:n'sɑ:mbl] *фр. n* 1) анса́мбль (*тж.* tout ~) 2) о́бщее впечатле́ние 3) *муз.* анса́мбль 4) костю́м, туале́т; анса́мбль

**enshrine** [ɪn'ʃraɪn] *v* 1) *церк.* помеща́ть в ра́ку 2) храни́ть, леле́ять (*воспоминание и т. п.*)

**enshroud** [ɪn'ʃraud] *v* заку́тывать, облока́чивать; ~ed in darkness погружённый во тьму

**ensign** ['ensaɪn] *n* 1) значо́к, эмбле́ма, кока́рда 2) зна́мя; флаг; вы́мпел; blue ~ си́ний (англи́йский) кормово́й флаг; red ~ англи́йский торго́вый флаг; white ~ англи́йский вое́нно-морско́й флаг 3) *ист.* пра́порщик 4) *амер. мор.* лейтена́нт, э́нсин (*первичное офицерское звание*) 5) *attr.*: ~ ship фла́гманское су́дно; ~ staff *мор.* кормово́й флагшто́к

**ensilage** ['ensɪlɪdʒ] *с.-х.* 1. *n* 1) силосова́ние 2) силосо́ванный корм

2. *v* силосова́ть

**enslave** [ɪn'sleɪv] *v* порабоща́ть; покоря́ть; де́лать рабо́м

**enslavement** [ɪn'sleɪvmənt] *n* 1) порабоще́ние; покоре́ние 2) ра́бство 3) ра́бская поко́рность

**enslaver** [ɪn'sleɪvə] *n* 1) поработи́тельница, обольсти́тельница

**ensnare** [ɪn'snɛə] *v* 1) пойма́ть в лову́шку 2) зама́нивать 3): to ~ oneself (in) подда́ться обма́ну, обольще́нию

**ensoul** [ɪn'səul] *v* воодушевля́ть

**ensue** [ɪn'sju:] *v* 1) получа́ться в результа́те; происходи́ть (from, on) 2) сле́довать; silence ~d после́довало молча́ние

**ensuing** [ɪn'sju:ɪŋ] 1. *pres. p. от* ensue

2. *a* 1) (по)сле́дующий, бу́дущий (*иногда* next ~); in the ~ year в сле́дующем году́ 2) вытека́ющий; ~ consequences вытека́ющие после́дствия

**ensure** [ɪn'ʃuə] *v* 1) обеспе́чивать, гаранти́ровать; to ~ the independence гаранти́ровать незави́симость 2) руча́ться

**entablature** [en'tæblətʃə] = entablement

**entablement** [ɪn'teɪblmənt] *n архит.* антаблеме́нт

**entail** [ɪn'teɪl] 1. *n* 1) *юр.* акт, закрепля́ющий поря́док насле́дования земли́ без пра́ва отчужде́ния; майора́тное насле́дование 2) майора́т

2. *v* 1) влечь за собо́й; вызыва́ть (*что-л.*) 2) навлека́ть (upon — на) 3) *юр.* определя́ть поря́док насле́дования земли́ без пра́ва отчужде́ния

**entangle** [ɪn'tæŋgl] *v* 1) запу́тывать (*тж. перен.*) 2) пойма́ть в лову́шку; обойти́ (*лестью*)

**entanglement** [ɪn'tæŋglmənt] *n* 1) запу́танность; затрудни́тельное положе́ние 2) *воен.* (про́волочное) загражде́ние

**entente** [ɑ:n'tɑ:nt] *фр. n полит.* дру́жеское соглаше́ние ме́жду гру́ппой госуда́рств; the E. *ист.* Анта́нта

**enter** ['entə] *v* 1) входи́ть; проника́ть; to ~ a room войти́ в ко́мнату; the idea never ~ed my head така́я мысль мне никогда́ в го́лову не приходи́ла 2) вонза́ться; the pin ~ed the finger була́вка уколо́ла па́лец 3) вступа́ть, поступа́ть; to ~ a school поступи́ть в шко́лу 4) впи́сывать, вноси́ть (*в книги, списки*); запи́сывать, регистри́ровать; to ~ smb.'s name внести́ чью-л. фами́лию (*в список, реестр и т. п.*); to ~ a word in a dictionary включи́ть сло́во в слова́рь; to ~ a team for the event внести́ кома́нду в спи́сок уча́стников состяза́ния; to ~ an event зафикси́ровать факт; to ~ a boy at a school пода́ть заявле́ние о приёме ма́льчика в шко́лу; to ~ at the Stationers' Hall заяви́ть а́вторское пра́во 5) сде́лать пи́сьменное заявле́ние, представле́ние; to ~ an affidavit предста́вить пи́сьменное свиде́тельское показа́ние 6) *юр.* начина́ть проце́сс 7) начина́ть; бра́ться (*за что-л.*; *тж.* ~ upon) □ ~ **for** запи́сывать (-ся) (*для участия в чём-л.*); ~ **into** а) вступа́ть; to ~ into a contract заключа́ть догово́р; to ~ into negotiations вступа́ть в перегово́ры; б) входи́ть; явля́ться составно́й ча́стью (*чего-л.*); water ~s into the composition of all vegetables вода́ явля́ется составно́й ча́стью всех овоще́й; в) заня́ться, приступи́ть; to ~ into a new undertaking приня́ть на себя́ но́вые обяза́тельства; г) разделя́ть (*чувство*), понима́ть; I could not ~ into the fun я не мог раздели́ть э́того удово́льствия; ~ **upon** а) приступа́ть к *чему-л.*; б) *юр.* вступа́ть во владе́ние

**enteric** [en'terɪk] 1. *a анат.* брюшно́й, кише́чный; ~ fever брюшно́й тиф

2. *n мед.* брюшно́й тиф

**enteritis** [,entə'raɪtɪs] *n мед.* энтери́т, воспале́ние то́нких кишо́к

**enterprise** ['entəpraɪz] *n* 1) сме́лое предприя́тие 2) предприи́мчивость, сме́лость; инициати́ва 3) предпринима́тельство; free (*или* private) ~ ча́стное предпринима́тельство 4) промы́шленное предприя́тие (*фабрика, завод и т. п.*)

**enterprising** ['entəpraɪzɪŋ] *n* предприи́мчивый; инициати́вный

**entertain** [,entə'teɪn] *v* 1) принима́ть, угоща́ть (*гостей*); we don't ~ мы не устра́иваем у себя́ приёмов 2) развлека́ть, занима́ть 3) пита́ть (*надежду, сомнение*); леле́ять (*мечту*) 4) подде́рживать (*переписку*) ◇ to ~ a suggestion откли́кнуться на предложе́ние; to ~ a proposal одобря́ть, подде́рживать предложе́ние; to ~ a request удовлетвори́ть про́сьбу; to ~ a feeling against smb. ≅ име́ть зуб про́тив кого́-л.

**entertaining** [,entə'teɪnɪŋ] 1. *pres. p. от* entertain

2. *a* заба́вный, занима́тельный, развлека́тельный

**entertainment** [,entə'teɪnmənt] *n* 1) приём (*гостей*); ве́чер; вечери́нка 2) развлече́ния, увеселе́ния; эстра́дный конце́рт, дивертисме́нт 3) *уст.* гостеприи́мство; угоще́ние 4) *attr.*: ~ unit брига́да арти́стов; ~ tax нало́г на зре́лища

**enthalpy** [en'θælpɪ] *n физ.* энтальпи́я, теплосодержа́ние

**enthral(l)** [ɪn'θrɔ:l] *v* 1) порабоща́ть 2) очаро́вывать, увлека́ть, захва́тывать

**enthralling** [ɪn'θrɔ:lɪŋ] 1. *pres. p. от* enthral(l)

2. *a* увлека́тельный, захва́тывающий

**enthrone** [ɪn'θrəun] *v* возводи́ть на престо́л; to be ~d in the hearts цари́ть в сердца́х

**enthronement** [ɪn'θrəunmənt] *n* возведе́ние на престо́л

**enthuse** [ɪn'θju:z] *v разг.* 1) приходи́ть в восто́рг 2) приводи́ть в восто́рг

**enthusiasm** [ɪn'θju:zɪæzm] *n* 1) восто́рг; энтузиа́зм 2) восто́рженность 3) (религио́зное) исступле́ние

**enthusiast** [ɪn'θju:zɪæst] *n* восто́рженный челове́к; энтузиа́ст

**enthusiastic** [ɪn,θju:zɪ'æstɪk] *a* 1) восто́рженный; по́лный энтузиа́зма, эне́ргии 2) увлечённый; ~ comment горя́чие о́тклики; to be ~ about (*или* over) smth., smb. быть в восто́рге от чего́-л., кого́-л.

**entice** [ɪn'taɪs] *v* 1) соблазня́ть 2) перема́нивать (from — с, от; into — на, в) □ ~ **away** увле́чь

**enticement** [ɪn'taɪsmənt] *n* 1) зама́нивание; перема́нивание 2) прима́нка, собла́зн 3) очарова́ние

**enticing** [ɪn'taɪsɪŋ] 1. *pres. p. от* entice
2. *a* соблазни́тельный, привлека́тельный

**entire** [ɪn'taɪə] 1. *a* 1) по́лный, соверше́нный 2) це́лый, це́льный; сплошно́й 3) некастри́рованный (*о живо́тном*) 4) чи́стый, беспри́месный
2. *n* 1) (the ~) це́лое; полнота́ 2) некастри́рованное живо́тное, *особ.* жеребе́ц

**entirely** [ɪn'taɪəlɪ] *adv* по́лностью, всеце́ло, соверше́нно

**entirety** [ɪn'taɪətɪ] *n* 1) полнота́, це́льность; in its ~ по́лностью; в це́лом; во всей полноте́ 2) о́бщая су́мма 3) *юр.* совме́стное владе́ние неразделённым недви́жимым иму́ществом

**entitle** [ɪn'taɪtl] *v* 1) называ́ть, дава́ть назва́ние; озагла́вливать 2) жа́ловать ти́тул 3) дава́ть пра́во (to — на *что-л.*); to be ~d to smth. име́ть пра́во на что-л.

**entity** ['entɪtɪ] *n* 1) *филос.* бытие́ 2) су́щность, существо́ 3) не́что реа́льно существу́ющее 4) существо́, органи́зм; организа́ция; political ~ полити́ческая организа́ция; legal ~ юриди́ческое лицо́ 5) *разг.* вещь, объе́кт

**entomb** [ɪn'tu:m] *v* 1) погреба́ть 2) служи́ть гробни́цей 3) *перен.* укрыва́ть

**entombment** [ɪn'tu:mmənt] *n* 1) погребе́ние 2) моги́ла, гробни́ца

**entomological** [ˌentəmə'lɔdʒɪkəl] *a* энтомологи́ческий

**entomologist** [ˌentəu'mɔlədʒɪst] *n* энтомо́лог

**entomology** [ˌentəu'mɔlədʒɪ] *n* энтомоло́гия

**entourage** [ˌɔntu'rɑ:ʒ] *фр. n* 1) окруже́ние; окружа́ющая обстано́вка 2) сопровожда́ющие ли́ца, сви́та

**entr'acte** ['ɔntrækt] *фр. n* антра́кт

**entrails** ['entreɪlz] *n pl* 1) вну́тренности; кишки́ 2) не́дра

**entrain** [ɪn'treɪn] *v* 1) грузи́ть(ся) в по́езд 2) сади́ться в по́езд

**entrance** I ['entrəns] *n* 1) вход (*в зда́ние и т. п.*); front (back) ~ пара́дный (чёрный) ход 2) вход, вхожде́ние, въезд; no ~ вхо́да *или* въе́зда нет, вход *или* въезд воспрещён; to force an ~ (into) ворва́ться 3) вступле́ние; до́ступ; пра́во вхо́да 4) пла́та за вход 5) *театр.* вы́ход (*актёра на сце́ну*) 6) *attr.* входно́й; вступи́тельный; ~ visa въездна́я ви́за; ~ fee а) вступи́тельный взнос; б) входна́я пла́та; ~ examination вступи́тельный экза́мен

**entrance** II [ɪn'trɑ:ns] *v* приводи́ть в состоя́ние тра́нса, восто́рга, испу́га

**entrancing** [ɪn'trɑ:nsɪŋ] 1. *pres. p. от* entrance II
2. *a* чару́ющий; очарова́тельный

**entrant** ['entrənt] *n* 1) тот, кто вхо́дит, вступа́ет (*напр.*, посети́тель, гость; вступа́ющий в чле́ны клу́ба, о́бщества *и т. п.*) 2) вступа́ющий в до́лжность, приступа́ющий к отправле́нию обя́занностей 3) прие́зжий, приезжа́ющий (*в страну́*) 4) (зая́вленный) уча́стник (*состяза́ния и т. п.*)

**entrap** [ɪn'træp] *v* пойма́ть в лову́шку; обману́ть, запу́тать, завле́чь

**entreat** [ɪn'tri:t] *v* умоля́ть, упра́шивать

**entreaty** [ɪn'tri:tɪ] *n* мольба́, про́сьба

**entrechat** [ˌɑ:ŋtrə'ʃɑ:] *фр. n* антраша́

**entrée** ['ɔntreɪ] *фр. n* 1) пра́во вхо́да, до́ступ 2) блю́до, подава́емое ме́жду ры́бой и жарки́м

**entremets** ['ɔntrəmeɪ] *фр. n pl* дополни́тельные блю́да (*подава́емые ме́жду основны́ми*)

**entrench** [ɪn'trentʃ] *v* 1) *воен.* ока́пывать, укрепля́ть транше́ями; to ~ oneself а) ока́пываться; б) закрепи́ться, заня́ть про́чное положе́ние 2) отста́ивать свои́ взгля́ды, защища́ть свою́ пози́цию 3) *редк.* наруша́ть (*чужи́е права́*); покуша́ться (upon — на *чужи́е права́*); to ~ upon the truth греши́ть про́тив и́стины

**entrenched** [ɪn'trentʃt] 1. *p. p. от* entrench
2. *a* укорени́вшийся, закрепи́вшийся; ~ habits укорени́вшиеся привы́чки

**entrenchment** [ɪn'trentʃmənt] *n* 1) *воен.* око́п; транше́я, полево́е укрепле́ние 2) *уст.* наруше́ние, посяга́тельство

**entrepôt** ['ɔntrəpəu] *фр. n* пакга́уз; склад, перева́лочный пункт (*для транзи́тных гру́зов*)

**entrepreneur** [ˌɔntrəprə'nə:] *фр. n* 1) антрепренёр 2) предпринима́тель

**entresol** ['ɔntresɔl] *фр. n архит.* антресо́ли; полуэта́ж (*обы́кн. ме́жду пе́рвым и вторы́м этажа́ми*)

**entruck** [ɪn'trʌk] *v амер.* сажа́ть, сади́ться; грузи́ть(ся) на грузови́к(и́)

**entrust** [ɪn'trʌst] *v* вверя́ть; возлага́ть, поруча́ть

**entry** ['entrɪ] *n* 1) вход, въезд; no ~! вход (*или* въезд) запрещён! 2) вход; дверь, воро́та; прохо́д 3) вестибю́ль; пере́дняя, холл; *амер.* ле́стничная площа́дка 4) вступле́ние (*в организа́цию*); вхожде́ние; ~ into the territorial waters вторже́ние в территориа́льные во́ды (*страны́*) 5) занесе́ние (*в спи́сок, в торго́вые кни́ги*) 6) отде́льная за́пись; book-keeping by double ~ двойна́я бухгалте́рия 7) статья́ (*в словаре́, энциклопе́дии, спра́вочнике и т. п.*) 8) у́стье реки́ 9) *амер.* нача́ло (*ме́сяца и т. п.*) 10) торже́ственный вы́ход короля́; вы́ход актёра на сце́ну 11) зая́вка на уча́стие (*в спорти́вном состяза́нии, вы́ставке и т. п.*); large ~ большо́й ко́нкурс 12) *юр.* вступле́ние во владе́ние 13) *юр.* вторже́ние, проникнове́ние в дом с це́лью соверше́ния преступле́ния 14) тамо́женная деклара́ция 15) *горн.* отка́точный штрек; 16) *attr.* входно́й, въездно́й; ~ visa въездна́я ви́за; ~ list соста́в уча́стников (*спорти́вного состяза́ния, ко́нкурса, вы́ставки и т. п.*)

**entwine** [ɪn'twaɪn] *v* 1) сплета́ть(-ся); вплета́ть 2) обвива́ть (with, about) 3) обхва́тывать

**enucleate** [ɪ'nju:klɪeɪt] *v* 1) *книжн.* выясня́ть, выявля́ть 2) *мед.* вылу́щивать (*о́пухоль и т. п.*)

**enumerate** [ɪ'nju:məreɪt] *v* перечисля́ть

**enumeration** [ɪˌnju:mə'reɪʃən] *n* 1) перечисле́ние 2) пе́речень

**enunciate** [ɪ'nʌnsɪeɪt] *v* 1) я́сно, отчётливо произноси́ть 2) объявля́ть; провозглаша́ть 3) формули́ровать (*тео́рию и т. п.*)

**enunciation** [ɪˌnʌnsɪ'eɪʃən] *n* 1) хоро́шее произноше́ние, ди́кция 2) возвеще́ние; провозглаше́ние 3) формулиро́вка

**enure** [ɪ'njuə] = inure

**envelop** [ɪn'veləp] *v* 1) обёртывать; завёртывать 2) заку́тывать; оку́тывать; ~ed in flames объя́тый пла́менем; ~ed in mystery оку́танный та́йной 3) *воен.* окружа́ть, охва́тывать, обходи́ть

**envelope** ['envələup] *n* 1) конве́рт 2) обёртка, обло́жка 3) оболо́чка (*аэроста́та и т. п.*); покры́шка 4) обёртка (*у расте́ний*); плёнка (*в яйце́*) 5) *мат.* огиба́ющая (ли́ния)

**envelopment** [ɪn'veləpmənt] *n* 1) обёртывание 2) покры́шка 3) *воен.* охва́т

**envenom** [ɪn'venəm] *v* отравля́ть

**envenomed** [ɪn'venəmd] 1. *p. p. от* envenom
2. *a* зло́бный, ядови́тый; ~ tongue злой язы́к

**enviable** ['envɪəbl] *a* зави́дный

**envious** ['envɪəs] *a* зави́стливый

**environ** [ɪn'vaɪərən] *v* окружа́ть

**environment** [ɪn'vaɪərənmənt] *n* окруже́ние, окружа́ющая обстано́вка; окружа́ющая среда́

**environmental** [ɪnˌvaɪərən'mentl] *a* относя́щийся к окружа́ющей среде́; относя́щийся к борьбе́ с загрязне́нием окружа́ющей среды́; ~ research иссле́дование окружа́ющей среды́

**environmentalist** [ɪnˌvaɪərən'mentəlɪst] *n* учёный, разраба́тывающий сре́дства борьбы́ с загрязне́нием окружа́ющей среды́

**environs** [ɪn'vaɪərənz] *n pl* 1) окре́стности 2) окруже́ние, среда́

**envisage** [ɪn'vɪzɪdʒ] *v* 1) смотре́ть пря́мо в глаза́ (*опа́сности, фа́ктам*) 2) рассма́тривать (*вопро́с*) 3) предусма́тривать

**envision** [ɪn'vɪʒən] *v книжн.* вообража́ть (*что-л.*), рисова́ть в своём воображе́нии; представля́ть себе́

**envoy** I ['envɔɪ] *n* 1) посла́нник; посла́нец, эмисса́р 2) аге́нт, дове́ренное лицо́

**envoy** II ['envɔɪ] *n* заключи́тельная строфа́ поэ́мы

**envy** ['envɪ] 1. *n* 1) за́висть (of, at) 2) предме́т за́висти
2. *v* зави́довать

**enwrap** [ɪn'ræp] *v* 1) завёртывать (in, with) 2) оку́тывать

**enzyme** ['enzaɪm] *n* энзи́м, ферме́нт

**eocene** ['i(:)əusi:n] *n геол.* эоце́н

**eolation** [ˌi:əu'leɪʃən] *n геол.* выве́тривание
**eon** ['i:ən] = aeon
**eparchy** ['epɑ:kɪ] *n* епа́рхия
**epaulet(te)** ['epəulet] *n* эполе́т
**epenthetic** [ˌepen'θetɪk] *a лингв.* вставно́й (*о звуке или букве; напр.* b *в словах* nimble, debt)
**ephemera** [ɪ'femərə] *n* 1) *зоол.* разнови́дность подёнки 2) что-л. мимолётное, преходя́щее
**ephemeral** [ɪ'femərəl] *a* 1) эфеме́рный, преходя́щий; недолгове́чный 2) *биол.* живу́щий оди́н день (*о насекомых, растениях*)
**epic** ['epɪk] **1.** *n* 1) эпи́ческая поэ́ма 2) *разг.* многосери́йный приключе́нческий фильм; приключе́нческий рома́н с продолже́ниями
2. *a* эпи́ческий
**epical** ['epɪkəl] = epic 2
**epicene** ['epɪsi:n] *a грам.* о́бщего ро́да
**epicentre** ['epɪsentə] *n* эпице́нтр (*землетрясения*)
**epicure** ['epɪkjuə] *n* эпикуре́ец
**epicurean** [ˌepɪkjuə'ri(:)ən] **1.** *a* эпикуре́йский
2. *n* = epicure
**epicureanism** [ˌepɪkjuə'ri(:)ənɪzm] *n* 1) уче́ние Эпику́ра 2) эпикуре́йство
**epicurism** ['epɪkjuərɪzm] = epicureanism
**epicycle** ['epɪsaɪkl] *n мат.* эпици́кл
**epicycloid** [ˌepɪ'saɪklɔɪd] *n мат.* эпицикло́ида
**epidemic** [ˌepɪ'demɪk] **1.** *n* эпиде́мия
2. *a* эпидеми́ческий
**epidemical** [ˌepɪ'demɪkəl] = epidemic 2
**epidemiology** [ˌepɪˌdi:mɪ'ɔlədʒɪ] *n* эпидемиоло́гия
**epidermal** [ˌepɪ'də:məl] *a анат.* эпиде́рми́ческий
**epidermic** [ˌepɪ'də:mɪk] = epidermal
**epidermis** [ˌepɪ'də:mɪs] *n анат., бот.* эпиде́рма, эпиде́рмис
**epidiascope** [ˌepɪ'daɪəskəup] *n* эпидиаско́п
**epigastric** [ˌepɪ'gæstrɪk] *a анат.* надчре́вный; ~ burning *мед.* изжо́га
**epigastrium** [ˌepɪ'gæstrɪəm] *n анат.* надчре́вная о́бласть
**epiglottis** [ˌepɪ'glɔtɪs] *n анат.* надгорта́нник
**epigone** ['epɪgəun] *n редк.* эпиго́н
**epigram** ['epɪgræm] *n* эпигра́мма
**epigrammatist** [ˌepɪ'græmətɪst] *n* а́втор эпигра́мм
**epigraph** ['epɪgrɑ:f] *n* эпи́граф
**epigraphy** [e'pɪgrəfɪ] *n* эпигра́фика
**epilepsy** ['epɪlepsɪ] *n мед.* эпиле́псия
**epileptic** [ˌepɪ'leptɪk] **1.** *a* эпилепти́ческий
2. *n* эпиле́птик
**epilogue** ['epɪlɔg] *n* эпило́г
**Epiphany** [ɪ'pɪfənɪ] *n* 1) *церк.* богоявле́ние, креще́ние (*праздник*) 2) (e.) прозре́ние
**epiphyte** ['epɪfaɪt] *n* 1) *бот.* эпифи́т 2) *мед.* грибко́вый парази́т (*животного*)

**episcopacy** [ɪ'pɪskəpəsɪ] *n* 1) епископа́льная систе́ма церко́вного управле́ния 2) епи́скопство
**episcopal** [ɪ'pɪskəpəl] *a* епи́скопский; епископа́льный
**episcopalian** [ɪˌpɪskəu'peɪljən] **1.** *n* приве́рженец *или* член епископа́льной це́ркви
2. *a* епископа́льный
**episcopate** [ɪ'pɪskəupɪt] *n* 1) сан епи́скопа 2) епа́рхия
**episode** ['epɪsəud] *n* эпизо́д
**episodic(al)** [ˌepɪ'sɔdɪk(əl)] *a* 1) эпизоди́ческий 2) случа́йный
**epistle** [ɪ'pɪsl] *n шутл.* посла́ние
**epistolary** [ɪ'pɪstələrɪ] *a* эпистоля́рный
**epistyle** ['epɪstaɪl] *n* 1) *архит.* эпи́стиль, архитра́в 2) *стр.* перекла́дина
**epitaph** ['epɪtɑ:f] *n* эпита́фия; на́дпись на надгро́бном па́мятнике
**epithelial** [ˌepɪ'θi:ljəl] *a анат.* эпители́альный
**epithelium** [ˌepɪ'θi:ljəm] *n анат.* эпите́лий
**epithet** ['epɪθet] *n* эпи́тет
**epitome** [ɪ'pɪtəmɪ] *n книжн.* 1) конспе́кт, сокраще́ние 2) изображе́ние в миниатю́ре
**epitomize** [ɪ'pɪtəmaɪz] *v книжн.* конспекти́ровать, кра́тко излага́ть; сокраща́ть
**epizootic** [ˌepɪzəu'ɔtɪk] *вет.* **1.** *a* эпизооти́ческий
2. эпизоо́тия
**epoch** ['i:pɔk] *n* эпо́ха; век; э́ра
**epochal** ['epɔkəl] *a* эпоха́льный
**epoch-making** ['i:pɔkˌmeɪkɪŋ] *a* значи́тельный, эпоха́льный; мирово́й; ~ discovery откры́тие мирово́го значе́ния
**epopee** ['epəupi:] *n редк.* эпопе́я
**epos** ['epɔs] *n* э́пос; эпи́ческая поэ́ма
**Epsom** ['epsəm] *n* Эпсом (*место скачек и самые скачки*) ◇ ~ salt(s) англи́йская (*или* го́рькая) соль
**equability** [ˌekwə'bɪlɪtɪ] *n* 1) равноме́рность 2) уравнове́шенность
**equable** ['ekwəbl] *a* 1) равноме́рный; ро́вный 2) уравнове́шенный, споко́йный (*о человеке*)
**equal** ['i:kwəl] **1.** *a* 1) ра́вный, одина́ковый; равноси́льный; on ~ terms, on an ~ footing на ра́вных нача́лах; he speaks French and German with ~ ease он одина́ково свобо́дно говори́т по-францу́зски и по-неме́цки; twice two is ~ to four два́жды два — четы́ре; of ~ rank в одина́ковом чи́не; ~ rights равнопра́вие; everything else being ~ при про́чих ра́вных усло́виях 2) равнопра́вный; ~ partners равнопра́вные партнёры (*владельцы фирмы, члены ассоциации и т. п.*) 3) приго́дный; спосо́бный; he is not ~ to the task он не мо́жет спра́виться с э́той зада́чей; ~ to the occasion на до́лжной высоте́ 4) споко́йный, вы́держанный (*о характере*); to preserve (*или* to keep) an ~ mind сохраня́ть вы́держку, споко́йствие ◇ ~ mark (*или* sign) знак ра́венства
2. *n* ра́вный; ро́вня; he has no ~ ему́ нет ра́вного
3. *v* 1) равня́ться, быть ра́вным 2) прира́внивать, ура́внивать 3) оказа́ться на (до́лжной) высоте́; to ~ the hopes оправда́ть наде́жды
**equality** [i(:)'kwɔlɪtɪ] *n* ра́венство; равнопра́вие; on an ~ with на ра́вных усло́виях, права́х (*с кем-л.*)
**equalization** [ˌi:kwəlaɪ'zeɪʃən] *n* ура́внивание, уравне́ние
**equalize** ['i:kwəlaɪz] *v* 1) де́лать ра́вным (with, to); ура́внивать, уравнове́шивать 2) *спорт.* сравня́ть счёт
**equalizer** ['i:kwəlaɪzə] *n* 1) *тех.* баланси́р; уравни́тель 2) *амер. sl.* пистоле́т
**equally** ['i:kwəlɪ] *adv* 1) равно́, в ра́вной сте́пени; одина́ково 2) по́ровну
**equanimity** [ˌekwə'nɪmɪtɪ] *n* споко́йствие, самооблада́ние; хладнокро́вие, невозмути́мость
**equate** [ɪ'kweɪt] *v* 1) равня́ть; ура́внивать; счита́ть ра́вным, ста́вить знак ра́венства 2) *мат.* прира́внивать; запи́сывать в ви́де уравне́ния
**equation** [ɪ'kweɪʃən] *n* 1) выра́внивание 2) *мат.* уравне́ние
**equator** [ɪ'kweɪtə] *n* эква́тор; celestial ~ небе́сный эква́тор
**equatorial** [ˌekwə'tɔ:rɪəl] *a* экваториа́льный
**equerry** ['ekwerɪ] *n ист.* коню́ший
**equestrian** [ɪ'kwestrɪən] **1.** *n* вса́дник; нае́здник
2. *a* ко́нный; ~ statue ко́нная ста́туя; ~ sport ко́нный спорт
**equestrienne** [ɪˌkwestrɪ'en] *n* вса́дница; нае́здница (*особ. в цирке*)
**equiangular** [ˌi:kwɪ'æŋgjulə] *a геом.* равноуго́льный
**equidistant** ['i:kwɪ'dɪstənt] *a геом.* равноотстоя́щий
**equilateral** ['i:kwɪ'lætərəl] *a геом.* равносторо́нний
**equilibrate** [ˌi:kwɪ'laɪbreɪt] *v* уравнове́шивать(ся)
**equilibration** [ˌi:kwɪlaɪ'breɪʃən] *n* 1) уравнове́шивание 2) равнове́сие; сохране́ние равнове́сия
**equilibrist** [i(:)'kwɪlɪbrɪst] *n* акроба́т; эквилибри́ст
**equilibrium** [ˌi:kwɪ'lɪbrɪəm] *n* 1) равнове́сие 2) уравнове́шенность; to maintain (to lose) one's ~ сохраня́ть споко́йствие (вы́йти из себя́)
**equimultiples** ['i:kwɪ'mʌltɪplz] *n pl* чи́сла, име́ющие о́бщие мно́жители
**equine** ['ekwaɪn] *a книжн.* ко́нский, лошади́ный
**equinoctial** [ˌi:kwɪ'nɔkʃəl] **1.** *a* равноде́нственный
2. *n* 1) равноде́нственная ли́ния; небе́сный эква́тор 2) *pl* бу́ри, возника́ющие в пери́од равноде́нствия
**equinox** ['i:kwɪnɔks] *n* равноде́нствие
**equip** [ɪ'kwɪp] *v* 1) снаряжа́ть; экипирова́ть; обору́довать 2) дава́ть (*необходимые знания, образование и т. п.*; with)
**equipage** ['ekwɪpɪdʒ] *n* 1) экипа́ж; вы́езд 2) снаряже́ние; dressing ~ несессе́р 3) *уст.* сви́та
**equipment** [ɪ'kwɪpmənt] *n* 1) обору́дование; оснаще́ние; армату́ра 2) (*часто pl*) *воен.* материа́льная часть;

боевáя тéхника 3) *ж.-д.* подвижнóй состáв

**equipoise** [ˈekwɪpɔɪz] **1.** *n* 1) равновéсие 2) противовéс

**2.** *v* уравновéшивать, держáть в равновéсии

**equipollent** [ˌi:kwɪˈpɔlənt] *a книжн.* рáвный по си́ле; равноцéнный

**equiponderant** [ˌi:kwɪˈpɔndərənt] *a* 1) рáвный по вéсу 2) не имéющий перевéса

**equiponderate** [ˌi:kwɪˈpɔndəreɪt] *v* уравновéшивать, служи́ть противовéсом

**equitable** [ˈekwɪtəbl] *a* справедли́вый, беспристрáстный; ~ to the interest of both parties отвечáющий интерéсам той и другóй стороны́; ~ treaty равнопрáвный договóр

**equitation** [ˌekwɪˈteɪʃən] *n* верховáя ездá; искýсство верховóй езды́

**equity** [ˈekwɪtɪ] *n* 1) справедли́вость; беспристрáстность 2) *юр.* прáво справедли́вости (*дополнение к обычному праву*); Court of E. суд, решáющий делá, основываясь на прáве справедли́вости 3) часть залóженного имýщества, остáвшаяся пóсле удовлетворéния претéнзий кредитóров 4) *pl бирж.* обыкновéнные áкции, áкции без фикси́рованного дивидéнда 5) (E.) «Эквити» (*профсоюз актёров в Великобритании*)

**equivalence, ~cy** [ɪˈkwɪvələns, -sɪ] *n* эквивалéнтность, равноцéнность; равнозначность

**equivalent** [ɪˈkwɪvələnt] **1.** *n* эквивалéнт

**2.** *a* равноцéнный, равнознáчащий; равноси́льный; эквивалéнтный

**equivocal** [ɪˈkwɪvəkəl] *a* 1) двусмы́сленный 2) сомни́тельный

**equivocate** [ɪˈkwɪvəkeɪt] *v* говори́ть двусмы́сленно; увиливать; затемня́ть смысл

**equivocation** [ɪˌkwɪvəˈkeɪʃən] *n* уви́ливание (*от прямого ответа*); уклóнчивость

**equivoke, equivoque** [ˈekwɪvəuk] *n* двусмы́сленность; каламбýр; эки́вóк

**era** [ˈɪərə] *n* э́ра; эпóха

**eradiate** [ɪˈreɪdɪeɪt] *v* излучáть, сия́ть

**eradiation** [ɪˌreɪdɪˈeɪʃən] *n* излучéние

**eradicate** [ɪˈrædɪkeɪt] *v* 1) вырывáть с кóрнем 2) искореня́ть, уничтожáть

**eradication** [ɪˌrædɪˈkeɪʃən] *n* искоренéние, уничтожéние

**erase** [ɪˈreɪz] *v* 1) стирáть, соскáбливать, подчищáть 2) стирáть, изглáживать, вычёркивать (*из памяти*) 3) *sl.* убивáть

**eraser** [ɪˈreɪzə] *n* лáстик, рези́нка

**erasure** [ɪˈreɪʒə] *n* 1) подчи́стка; соскáбливание 2) подчи́щенное, стёртое мéсто в тéксте 3) уничтожéние

**erbium** [ˈə:bɪəm] *n хим.* э́рбий

**ere** [εə] **1.** *prep поэт.* до; пéред; ~ long вскóре

**2.** *cj поэт.* прéжде чем; скорée чем; he would die ~ he would consent он скорée умрёт, чем соглáсится

**Erebus** [ˈerɪbəs] *n греч. миф.* Эрéб, подзéмный мир, цáрство мёртвых

**erect** [ɪˈrekt] **1.** *a* 1) прямóй; вертикáльный 2) пóднятый; with head ~ с (высокó) пóднятой головóй 3) ощети́нившийся 4) бóдрый

**2.** *adv* пря́мо

**3.** *v* 1) сооружáть; устанáвливать; поднимáть; воздвигáть 2) выпрямля́ть 3) создавáть 4) *тех.* собирáть; монти́ровать

**erectile** [ɪˈrektaɪl] *a* 1) спосóбный выпрямля́ться 2) *физиол.* спосóбный напрягáться; ~ tissue пещéристая ткань

**erection** [ɪˈrekʃən] *n* 1) выпрямлéние 2) сооружéние, возведéние 3) *физиол.* эрéкция 4) *тех.* сбóрка, установка, монтáж

**erector** [ɪˈrektə] *n* 1) строи́тель 2) основáтель 3) сбóрщик, монтёр 4) *анат.* выпрямля́ющая мы́шца

**erelong** [ˌεəˈlɔŋ] *adv поэт.* вскóре

**eremite** [ˈerɪmaɪt] *n поэт.* отшéльник; затвóрник, анахорéт; пусты́нник

**eremitic(al)** [ˌerɪˈmɪtɪk(əl)] *a поэт.* отшéльнический, затвóрнический

**erenow** [ˌεəˈnau] *adv поэт.* прéжде, рáньше

**erethism** [ˈerɪθɪzm] *n мед.* эрети́зм, повы́шенная возбуди́мость ткáни *или* óргана

**erf** [erf] *n* (*pl* erven) *южно-афр.* огорóдный *или* садóвый учáсток

**erg** [ə:g] *n физ.* эрг

**ergo** [ˈə:gəu] *лат. adv обыкн. шутл.* итáк, слéдовательно

**ergon** [ˈə:gɔn] = erg

**ergonomics** [ˌə:gəuˈnɔmɪks] *n* эргонóмика (*отрасль научной организации труда, изучающая трудовые процессы*)

**ergot** [ˈə:gət] *n бот.* спорынья́

**ergotism** [ˈə:gətɪzm] *n* отравлéние спорыньёй

**erica** [ˈerɪkə] *n бот. собир.* вéресковые

**Erin** [ˈɪərɪn] *n поэт.* Ирлáндия

**eristic** [eˈrɪstɪk] *книжн.* **1.** *a* возбуждáющий спор, дискýссию

**2.** *n* 1) люби́тель спóра, спóрщик 2) искýсство полéмики

**ermine** [ˈə:mɪn] *n* горностáй ◇ to assume (to wear) the ~ стать (быть) члéном (верхóвного) судá

**erne** [ə:n] *n зоол.* орлáн-белохвóст

**erode** [ɪˈrəud] *v* 1) разъедáть; вытравля́ть; разрушáть (*ткани*) 2) *геол.* вывéтривать; размывáть

**erogenous** [ɪˈrɔdʒɪnɪs] *a* эро(то)гéнный; эроти́ческий

**Eros** [ˈɪɔrɔs] *n греч. миф.* Эрос, Эрóт

**erosion** [ɪˈrəuʒən] *n* эрóзия, разъедáние; разрушéние; размывáние; вывéтривание

**erosive** [ɪˈrausɪv] *a* эрози́йный, вызывáющий эрóзию; размывáющий; вывéтривающий

**erotic** [ɪˈrɔtɪk] **1.** *a* любóвный; эроти́ческий

**2.** *n* любóвное стихотворéние

**eroticism** [ɪˈrɔtɪsɪzm] *n* 1) *мед.* эроти́зм 2) чýвственность

**err** [ə:] *v* 1) ошибáться, заблуждáться; to ~ is human человéку свóйственно ошибáться 2) греши́ть 3) *уст.* блуждáть

**errancy** [ˈerənsɪ] *n редк.* заблуждéние

**errand** [ˈerənd] *n* поручéние; командирóвка; to go on an ~ поéхать, пойти́ по поручéнию; to run (on) ~s быть на посы́лках ◇ fool's ~ бесполéзное дéло; бесплóдная затéя; to send smb. on fool's ~ дать комý-л. бессмы́сленное поручéние; to make an ~ вы́думать предлóг, чтóбы уйти́

**errand-boy** [ˈerəndbɔɪ] *n* мáльчик на посы́лках; рассы́льный, курьéр (*в конторе*)

**errant** [ˈerənt] *a* 1) стрáнствующий 2) блуждáющий (*о мыслях*) 3) заблýдший, сби́вшийся с пути́

**errantry** [ˈerəntrɪ] *n* приключéния стрáнствующего ры́царя

**errata** [eˈrɑ:tə] *n pl* 1) *pl от* erratum 2) спи́сок опечáток

**erratic** [ɪˈrætɪk] *a* 1) стрáнный, неустóйчивый, беспоря́дочный, рассéянный (*о мыслях, взглядах и т. п.*); ~ behaviour сумасбрóдное поведéние; ~ temperature неустóйчивая температýра 2) *уст.* блуждáющий 3) *геол.* эрати́ческий; ~ block валýн

**erratum** [eˈrɑ:təm] *лат. n* (*pl* -ta) опечáтка, опи́ска

**erring** [ˈə:rɪŋ] **1.** *pres. p. от* err

**2.** *a* заблýдший, грéшный

**erroneous** [ɪˈrəunjəs] *a* лóжный; оши́бочный; ~ policies непрáвильная поли́тика, непрáвильный курс

**error** [ˈerə] *n* 1) оши́бка, заблуждéние; to make an ~ соверши́ть оши́бку, ошиби́ться; in ~ по оши́бке, оши́бочно; to be in ~ заблуждáться 2) грех 3) *поэт.* блуждáние 4) отклонéние, уклонéние, погрéшность 5) *радио* рассогласовáние

**ersatz** [ˈεəzæts] *нем. n* эрзáц, суррогáт, замени́тель

**Erse** [ə:s] *n уст.* 1) ирлáндский гаэ́льский язы́к 2) шотлáндский гаэ́льский язы́к

**erst** [ə:st] *adv уст.* прéжде, нéкогда

**erstwhile** [ˈə:stwaɪl] *уст.* **1.** *a* прéжний, бы́лóй

**2.** *adv* прéжде, нéкогда, бывáло

**erubescent** [ˌeru(:)ˈbesnt] *a* 1) краснéющий 2) *амер.* красновáтый

**eructate** [ɪˈrʌkteɪt] *v* 1) рыгáть, отры́гивать 2) изрыгáть; извергáть

**eructation** [ˌi:rʌkˈteɪʃən] *n* 1) отры́жка 2) извержéние (*вулкана*)

**erudite** [ˈeru(:)daɪt] **1.** *n* эруди́т; учёный

**2.** *a* учёный; эруди́рованный; начи́танный

**erudition** [ˌeru(:)ˈdɪʃən] *n* эруди́ция, учёность; начи́танность

**erupt** [ɪˈrʌpt] *v* 1) извергáть(ся) (*о вулкане, гейзере*) 2) прорывáться 3) прорéзываться (*о зубах*)

**eruption** [ɪˈrʌpʃən] *n* 1) извержéние (*вулкана*) 2) взрыв (*смеха, гнева*) 3) *мед.* сыпь, высыпáние 4) прорéзывание (*зубов*)

**eruptive** [ɪ'rʌptɪv] *a* 1) *геол.* эрупти́вный, изве́рженный, вулкани́ческий 2) *мед.* сопровожда́емый сы́пью; ~ stage ста́дия высыпа́ния
**erven** ['ervən] *pl от* erf
**erysipelas** [ˌerɪ'sɪpɪləs] *n мед.* ро́жа, ро́жистое воспале́ние
**erythema** [ˌerɪ'θiːmə] *n мед.* эрите́ма
**Esau** ['iːsɔː] *n библ.* Иса́в
**escalade** [ˌeskə'leɪd] *n воен. ист.* штурм стены́ (*с помощью лестниц*), эскала́да
**escalate** ['eskəleɪt] *v* 1) соверша́ть (постепе́нное) восхожде́ние 2) расширя́ть, обостря́ть (*конфликт и т. п.*); to ~ confrontation углубля́ть конфронта́цию □ to ~ **down** смягча́ть (*конфликт и т. п.*)
**escalating** ['eskəleɪtɪŋ] **1.** *pres. p. от* escalate
**2.** *a* возраста́ющий, расту́щий; ~ costs всё возраста́ющие затра́ты, расхо́ды
**escalation** [ˌeskə'leɪʃən] *n* эскала́ция, увеличе́ние масшта́бов, расшире́ние; обостре́ние (*конфликта и т. п.*); the danger of ~ опа́сность обостре́ния (*конфликта и т. п.*)
**escalator** ['eskəleɪtə] *n* эскала́тор ◇ ~ clause усло́вие «скользя́щей шкалы́» (*в коллективных договорах*)
**escallop** [ɪs'kɔləp] = scallop
**escapade** [ˌeskə'peɪd] *n* 1) весёлая, сме́лая проде́лка; шальна́я вы́ходка 2) побе́г (*из заключения*)
**escape** [ɪs'keɪp] **1.** *n* 1) бе́гство; побе́г; *перен.* ухо́д от действи́тельности 2) избавле́ние; спасе́ние; to have a hairbreadth ~ едва́ избежа́ть опа́сности, быть на волосо́к (*от чего-л.*) 3) истече́ние, выделе́ние (*крови и т. п.*) 4) уте́чка (*газа, пара и т. п.*); вы́пуск (*газа, пара*) 5) *тех.* выпускно́е отве́рстие 6) одича́вшее культу́рное расте́ние 7) *attr.* спаса́тельный; ~ ladder спаса́тельная ле́стница; ~ route доро́га к отступле́нию; ~ hatch а) деса́нтный люк; б) люк для вы́хода в косми́ческое простра́нство (*в космическом корабле*); ~ velocity втора́я косми́ческая ско́рость
**2.** *v* 1) бежа́ть, соверша́ть побе́г (*из заключения, плена*) 2) избежа́ть (*опасности*), спасти́сь; изба́виться; отде́латься; to ~ punishment избежа́ть наказа́ния 3) уходи́ть, отключа́ться, отстраня́ться, замыка́ться в себе́ 4) дава́ть уте́чку; улету́чиваться 5) ускольза́ть; your point ~s me я не ула́вливаю ва́шей мы́сли; his name had ~d my memory не могу́ припо́мнить его́ и́мени; nothing ~s you! всё-то вы замеча́ете 6) вырыва́ться (*о стоне и т. п.*)
**escapee** [ˌɪskeɪ'piː] *n* беглец
**escapement** [ɪs'keɪpmənt] *n* 1) бе́гство *и пр.* [*см.* escape 2] 2) спуск, регуля́тор хо́да (*часов*) 3) *тех.* вы́ход, вы́пуск
**escapism** [ɪs'keɪpɪzm] *n лит.* эскапи́зм, бе́гство от жи́зни
**escapist** [ɪs'keɪpɪst] **1.** *n* 1) стремя́щийся уйти́ от действи́тельности 2) *лит.* писа́тель-эскапи́ст
**2.** *a лит.* эскапи́стский
**escarp** [ɪs'kɑːp] **1.** *n* 1) крута́я на́сыпь, отко́с 2) *воен.* эска́рп
**2.** *v* 1) де́лать отко́с 2) *воен.* эскарпи́ровать
**escarpment** [ɪs'kɑːpmənt] *n воен.* эска́рп
**eschalot** ['eʃəlɔt] = shallot
**eschar** ['eskɑː] *n мед.* струп (*после ожога*)
**escheat** [ɪs'tʃiːt] *юр.* **1.** *n* 1) вы́морочное иму́щество 2) перехо́д вы́морочного иму́щества в казну́
**2.** *v* 1) станови́ться вы́морочным (*об имуществе*) 2) конфискова́ть вы́морочное иму́щество
**eschew** [ɪs'tʃuː] *v книжн.* избега́ть, сторони́ться, возде́рживаться, остерега́ться
**escort** **1.** *n* ['eskɔːt] 1) провожа́тый 2) охра́на, конво́й, прикры́тие 3) сопровожде́ние, сви́та; эско́рт
**2.** *v* [ɪs'kɔːt] конвои́ровать; сопровожда́ть, эскорти́ровать
**escribe** [ə'skraɪb] *v мат.* опи́сывать (*круг*)
**escritoire** [ˌeskri(ː)'twɑː] *фр. n* секрете́р
**esculent** ['eskjulənt] *книжн.* **1.** *a* съедо́бный, го́дный в пи́щу (*особ. об овощах*)
**2.** *n* съедо́бное, съестно́е (*особ. об овощах*)
**escutcheon** [ɪs'kʌtʃən] *n* 1) щит герба́ 2) *архит.* орнамента́льный щит 3) доска́ с назва́нием су́дна ◇ a blot on one's ~ пятно́ позо́ра, запя́тнанная репута́ция *или* честь
**Eskimo** ['eskɪməu] **1.** *n* (*pl* -oes [-əuz]) эскимо́с ◇ ~ dog ла́йка; ~ pie эскимо́ (*мороженое*)
**2.** *a* эскимо́сский
**esophagus** [i(ː)'sɔfəgəs] *n* (*pl* -gi) *анат.* пищево́д
**esoteric** [ˌesəu'terɪk] **1.** *a* та́йный; изве́стный *или* поня́тный лишь посвящённым
**2.** *n* посвящённый
**espalier** [ɪs'pæljə] *фр. n* шпале́ры, шпале́рник (*в саду*)
**esparto** [es'pɑːtəu] *n бот.* трава́ а́льфа, эспа́рто (*тж.* ~ grass)
**especial** [ɪs'peʃəl] *a* осо́бенный, специа́льный; my ~ aversion предме́т моего́ осо́бого отвраще́ния; of ~ importance осо́бо ва́жный
**especially** [ɪs'peʃəlɪ] *adv* осо́бенно, гла́вным о́бразом
**Esperanto** [ˌespə'ræntəu] *n* (язы́к) эспера́нто
**espial** [ɪs'paɪəl] та́йное наблюде́ние; высле́живание
**espionage** [ˌespɪə'nɑːʒ] *n* шпиона́ж, шпио́нство
**esplanade** [ˌesplə'neɪd] *n* 1) эсплана́да, площа́дка для прогу́лок 2) *воен.* эспланада
**espousal** [ɪs'pauzəl] *n* 1) уча́стие, подде́ржка (*какого-л. дела*) 2) (*обыкн. pl*) *уст.* сва́дьба; обруче́ние
**espouse** [ɪs'pauz] *v* 1) подде́рживать (*идею и т. п.*); отдава́ться (*какому-л. делу*) 2) *уст.* выдава́ть за́муж; жени́ть
**espresso** [e'spresəu] *ит. n* (*pl* -os [-əuz]) 1) кофева́рка «экспре́сс» 2) кафе́ «экспре́сс» (*тж.* ~ bar)
**espy** [ɪs'paɪ] *v* 1) заме́тить, уви́деть издалека́ 2) неожи́данно обнару́жить (*недостаток и т. п.*)
**Esquimau** ['eskɪməu] *n* (*pl* -aux [-əuz]) = Eskimo
**esquire** [ɪs'kwaɪə] *n* 1) эсква́йр 2) (Esq.) господи́н (*как вежливое обращение; пишется в адресе после имени адресата*); John Smith. Esq. г-ну Джо́ну Сми́ту 2) *уст.* = squire 1
**essay** **1.** *n* ['eseɪ] 1) о́черк, этю́д, набро́сок; эссе́ 2) попы́тка 3) про́ба, о́пыт
**2.** *v* [e'seɪ] 1) подверга́ть испыта́нию 2) пыта́ться; to ~ a hard task брать на себя́ неблагода́рный труд
**essayist** ['eseɪɪst] *n* очерки́ст; эссеи́ст
**essence** ['esns] *n* 1) су́щность, существо́; in ~ по существу́; of the ~ суще́ственно 2) существова́ние 3) экстра́кт, эссе́нция 4) *уст.* духи́ 5) арома́т 6) *авто* бензи́н
**essential** [ɪ'senʃəl] **1.** *a* 1) суще́ственный; составля́ющий су́щность, неотъе́млемый 2) необходи́мый, весьма́ ва́жный, це́нный 3): ~ oils эфи́рные масла́
**2.** *n* 1) су́щность; неотъе́млемая часть; the ~s of education осно́вы воспита́ния 2) *pl* предме́ты пе́рвой необходи́мости
**essentiality** [ɪˌsenʃɪ'ælɪtɪ] *n* су́щность; суще́ственность
**essentially** [ɪ'senʃəlɪ] *adv* 1) по существу́ 2) суще́ственным о́бразом
**establish** [ɪs'tæblɪʃ] *v* 1) осно́вывать; создава́ть; учрежда́ть 2) устана́вливать, создава́ть; устра́ивать; to ~ favourable conditions (*for smth.*) созда́ть благоприя́тные усло́вия (*для чего-л.*); to ~ oneself in a new house посели́ться в но́вом до́ме 3) устана́вливать (*обычай, факт*) 4) упро́чивать; to ~ one's health восстанови́ть своё здоро́вье; to ~ one's reputation упро́чить свою́ репута́цию 5) (юриди́чески) доказа́ть 6) заложи́ть (*фундамент*)
**established** [ɪs'tæblɪʃt] **1.** *p. p. от* establish
**2.** *a* 1) учреждённый; E. Church госуда́рственная це́рковь 2) устано́вленный; упро́чившийся, укорени́вшийся; ~ truth непрело́жная и́стина; ~ practice устоя́вшаяся пра́ктика; long ~ освящённый вре́менем; общепри́нятый 3) акклиматизи́ровавшийся 4) авторите́тный
**establishment** [ɪs'tæblɪʃmənt] *n* 1) основа́ние; введе́ние 2) учрежде́ние, заведе́ние; ве́домство 3) штат (*служащих*) 4) хозя́йство, семья́, дом; separate ~ побо́чная семья́ 5): the E. а) госуда́рственная це́рковь; б) истэ́блишмент; совоку́пность осно́в и усто́ев госуда́рственного и социа́льного стро́я; консервати́вно-бюрократи́ческий аппара́т сохране́ния вла́сти; пра́вящая эли́та

**estate** [ɪs'teɪt] *n* 1) сосло́вие; the fourth ~ *ирон.* «четвёртое сосло́вие», пре́сса 2) иму́щество; personal (real) ~ дви́жимое (недви́жимое) иму́щество 3) име́ние, поме́стье 4) *уст.* положе́ние; to suffer in one's ~ тяготи́ться свои́м положе́нием; man's ~ возмужа́лость 5) *attr.*: ~ agent а) управля́ющий име́нием; б) аге́нт по прода́же домо́в, земе́льных уча́стков и име́ний (*тж.* real ~ agent); ~ duty нало́г на насле́дство

**esteem** [ɪs'ti:m] **1.** *n* уваже́ние; to hold in (high) ~ пита́ть (большо́е) уваже́ние

**2.** *v* 1) уважа́ть, почита́ть; I ~ him highly я глубоко́ его́ уважа́ю; я высо́ко́ его́ ценю́ 2) счита́ть, рассма́тривать; дава́ть оце́нку; I shall ~ it a favour я сочту́ э́то за любе́зность

**ester** ['estə] *n хим.* сло́жный эфи́р

**estimable** ['estɪməbl] *a* 1) досто́йный уваже́ния 2) *уст.* це́нный

**estimate** **1.** *n* ['estɪmɪt] 1) оце́нка 2) сме́та; намётка; калькуля́ция; the Estimates прое́кт госуда́рственного бюдже́та по расхо́дам (*представляемый ежегодно в англ. парламент*)

**2.** *v* ['estɪmeɪt] 1) оце́нивать, дава́ть оце́нку 2) составля́ть сме́ту; подсчи́тывать приблизи́тельно; прики́дывать

**estimation** [ˌestɪ'meɪʃən] *n* 1) сужде́ние; мне́ние; оце́нка; in my ~ по моему́ мне́нию 2) уваже́ние; to hold in ~ уважа́ть 3) подсчёт, вычисле́ние; определе́ние глазоме́ром; прики́дка

**estimator** ['estɪmeɪtə] *n* оце́нщик

**Estonian** [es'təunjən] **1.** *a* эсто́нский

**2.** *n* 1) эсто́нец; эсто́нка 2) эсто́нский язы́к

**estop** [ɪs'tɔp] *v юр.* 1) отводи́ть како́е-л. заявле́ние, противоре́чащее пре́жним выска́зываниям того́ же лица́ 2) заявля́ть процессуа́льный отво́д

**estoppel** [ɪs'tɔpəl] *n юр.* процессуа́льный отво́д

**estrange** [ɪs'treɪndʒ] *v* отдаля́ть, отстраня́ть, де́лать чу́ждым; to ~ oneself from smb. отходи́ть, отдаля́ться от кого́-л.

**estrangement** [ɪs'treɪndʒmənt] *n* 1) отчуждённость, отчужде́ние; охлажде́ние, холодо́к (*в отношениях*) 2) отдале́ние; отры́в, разры́в

**estreat** [ɪs'tri:t] *v* 1) *юр.* направля́ть ко взыска́нию докуме́нты о штра́фе, недои́мке *и т. п.* 2) штрафова́ть

**estuary** ['estjuərɪ] *n* эстуа́рий, де́льта; у́стье реки́

**esurient** [ɪ'sjuərɪənt] *a книжн.* 1) голо́дный 2) жа́дный

**et cetera, etcetera** [ɪt'setrə] *лат.* 1) и так да́лее, и про́чее 2) *pl* вся́кая вся́чина; несуще́ственные дополне́ния

**etch** [etʃ] *v* гравирова́ть; трави́ть на мета́лле

**etcher** ['etʃə] *n* гравёр; офорти́ст

**etching** ['etʃɪŋ] *n* 1) гравиро́вка 2) гравю́ра, офо́рт 3) травле́ние, вытра́вливание 4) *attr.*: ~ ground офо́ртный грунт; ~ needle офо́ртная игла́

**eternal** [i(:)'tə:nl] *a* 1) ве́чный; изве́чный, векове́чный; the E. City Рим 2) неизме́нный, твёрдый, непрело́жный (*о принципах и т. п.*) 3) *разг.* беспреры́вный, постоя́нный; his ~ jokes ве́чные его́ шу́тки

**eternalize** [i(:)'tə:nəlaɪz] *v* увекове́чивать; де́лать ве́чным

**eternity** [i(:)'tə:nɪtɪ] *n* 1) ве́чность 2) *pl* ве́чные и́стины 3) загро́бный мир

**eternize** [i:'tə:naɪz] = eternalize

**Etesian** [ɪ'ti:ʒjən] *a* периоди́ческий, годи́чный; ~ winds ле́тние се́веро-за́падные пасса́тные ве́тры (*на Средиземном море*)

**ethane** ['eθeɪn] *n хим.* эта́н

**ether** ['i:θə] *n* 1) *хим., физ.* эфи́р; over the ~ по ра́дио 2) *поэт.* не́бо, небеса́

**ethereal** [i(:)'θɪərɪəl] *a* 1) эфи́рный 2) лёгкий, возду́шный; беспло́тный 3) неземно́й

**ethereality** [i(:)ˌθɪərɪ'ælɪtɪ] *n* эфи́рность, лёгкость, возду́шность

**etherization** [ˌi:θəraɪ'zeɪʃən] *n* 1) *мед.* примене́ние эфи́рного нарко́за 2) превраще́ние в эфи́р

**etherize** ['i:θəraɪz] *v* 1) *мед.* усыпля́ть эфи́ром 2) *хим.* превраща́ть в эфи́р

**ethic(al)** ['eθɪk(əl)] *a* нра́вственный, эти́ческий; эти́чный

**ethics** ['eθɪks] *n pl* (*употр. как sing*) э́тика; a code of ~ мора́льный ко́декс

**Ethiopian** [ˌi:θɪ'əupjən] **1.** *a* эфио́пский

**2.** *n* эфио́п

**ethmoid** ['eθmɔɪd] *a* решётчатый; ~ bone *анат.* решётчатая кость

**ethnic(al)** ['eθnɪk(əl)] *a* 1) этни́ческий 2) язы́ческий

**ethnographic(al)** [ˌeθnəu'græfɪk(əl)] *a* этнографи́ческий

**ethnography** [eθ'nɔgrəfɪ] *n* этногра́фия

**ethnologic(al)** [ˌeθnəu'lɔdʒɪk(əl)] *a* этнологи́ческий

**ethnology** [eθ'nɔlədʒɪ] *n* этноло́гия

**ethology** [i(:)'θɔlədʒɪ] *n* 1) иссле́дование, посвящённое поведе́нию органи́змов в среде́ обита́ния 2) нау́ка о поведе́нии челове́ка

**ethos** ['i:θɔs] *греч. n* хара́ктер, преоблада́ющая черта́; пова́дки

**ethyl** ['eθɪl] *n* 1) *хим.* эти́л 2) *attr.*: ~ alcohol ви́нный спирт

**etiolate** ['i:tɪəuleɪt] *v* 1) *бот.* выра́щивать расте́ние в темноте́, этиоли́ровать 2) де́лать бле́дным, придава́ть боле́зненный вид

**etiology** [ˌi:tɪ'ɔlədʒɪ] *n* этиоло́гия

**etiquette** ['etɪket] *n* 1) этике́т 2) профессиона́льная э́тика

**etna** ['etnə] *n* род спирто́вки

**Eton** ['i:tn] *n* 1) Ито́нский колле́дж 2) *attr.*: ~ collar широ́кий отложно́й воротни́к

**Etonian** [i(:)'təunjən] **1.** *a* относя́щийся к Ито́нскому колле́джу

**2.** *n* воспи́танник Ито́нского колле́джа

**Etruscan** [ɪ'trʌskən] *ист.* **1.** *a* этру́сский

**2.** *n* 1) этру́ск 2) этру́сский язы́к

**etude** [eɪ'tju:d] *фр. n муз.* этю́д

**etui, etwee** [e'twi:] *фр. n* я́щичек для иго́лок, була́вок *и пр.*; футля́р

**etymologic(al)** [ˌetɪmə'lɔdʒɪk(əl)] *a* этимологи́ческий

**etymologist** [ˌetɪ'mɔlədʒɪst] *n* этимо́лог

**etymologize** [ˌetɪ'mɔlədʒaɪz] *v* изуча́ть этимоло́гию; определя́ть этимоло́гию сло́ва

**etymology** [ˌetɪ'mɔlədʒɪ] *n* этимоло́гия

**etymon** ['etɪmɔn] *n лингв.* этимо́н

**eucalypti** [ˌju:kə'lɪptaɪ] *pl от* eucalyptus

**eucalyptus** [ˌju:kə'lɪptəs] *n* (*pl* -tuses [-təsɪz], -ti) *бот.* эвкали́пт

**Eucharist** ['ju:kərɪst] *n церк.* евхари́стия, прича́стие

**euchre** ['ju:kə] **1.** *n* род ка́рточной игры́

**2.** *v* 1) *карт.* обреми́зить проти́вника 2) *sl.* перехитри́ть, взять верх, одоле́ть

**Euclid** ['ju:klɪd] *n* 1) Эвкли́д 2) эвкли́дова геоме́трия

**eudiometer** [ˌju:dɪ'ɔmɪtə] *n хим.* эвдио́метр

**eugenic** [ju:'dʒenɪk] *a* евгени́ческий

**eugenics** [ju:'dʒenɪks] *n pl* (*употр. как sing*) евге́ника

**eulogist** ['ju:lədʒɪst] *n* панегири́ст

**eulogistic(al)** [ˌju:lə'dʒɪstɪk(əl)] *a* хвале́бный, панегири́ческий

**eulogize** ['ju:lədʒaɪz] *v* хвали́ть, превозноси́ть, восхваля́ть

**eulogy** ['ju:lədʒɪ] *n* хвале́бная речь, панеги́рик; to pronounce a ~ on smb., to pronounce smb.'s ~ расхвали́ть кого́-л.

**eunuch** ['ju:nək] *n* е́внух, скопе́ц

**eupeptic** [ju:'peptɪk] *a* 1) име́ющий хоро́шее пищеваре́ние 2) спосо́бствующий пищеваре́нию 3) удобовари́мый 4) *перен.*: жизнера́достный

**euphemism** ['ju:fɪmɪzm] *n* эвфеми́зм

**euphemistic(al)** [ˌju:fɪ'mɪstɪk(əl)] *a* эвфемисти́ческий

**euphonic(al)** [ju:'fɔnɪk(əl)] *a* благозву́чный

**euphonious** [ju:'fəunjəs] = euphonic(al)

**euphonize** ['ju:fənaɪz] *v* де́лать благозву́чным

**euphony** ['ju:fənɪ] *n* благозву́чие

**euphoria** [ju(:)'fɔ:rɪə] *n* 1) *мед.* эйфори́я 2) повы́шенно-ра́достное настрое́ние; in a state of ~ в припо́днятом настрое́нии

**euphrasy** ['ju:frəsɪ] *n бот.* оча́нка лека́рственная

**euphuism** ['ju:fju(:)ɪzm] *n лит.* эвфуи́зм, напы́щенный стиль

**Eurasian** [juə'reɪʒjən] **1.** *a* еврази́йский

**2.** *n* еврази́ец

**eureka** [juə'ri:kə] *греч. int* э́врика!

**European** [ˌjuərə'pi(:)ən] **1.** *a* европе́йский

**2.** *n* европе́ец

**europium** [ju:'rəupɪəm] *n хим.* евро́пий

**Eustachian tube** [ju:s'teɪʃjən'tju:b] *n анат.* евстáхиева трубá

**euthanasia** [,ju:θə'neɪzjə] *греч. n* 1) лёгкая смерть, безболéзненный ухóд из жи́зни 2) эйтанáзия, умерщвлéние в слýчае неизлечи́мой болéзни

**evacuate** [ɪ'vækjueɪt] *v* 1) эвакуи́ровать, вывози́ть 2) опорожня́ть; *мед.* очищáть (*желудок и т. п.*) 3) *тех.* откáчивать, разрежáть (*воздух*)

**evacuation** [ɪ,vækju'eɪʃən] *n* 1) эвакуáция 2) *физиол.* испражнéние 3) *мед.* опорожнéние, эвакуáция

**evacuee** [ɪ,vækju(:)'i:] *n* эвакуи́рованный; эвакуи́руемый

**evade** [ɪ'veɪd] *v* 1) ускользáть 2) избегáть 3) уклоня́ться; обходи́ть (*закон, вопрос*) 4) не поддавáться (*усилиям, определению и т. п.*)

**evaluate** [ɪ'væljueɪt] *v* 1) оцéнивать; определя́ть колúчество 2) *мат.* выражáть в чи́слах

**evaluation** [ɪ,vælju'eɪʃən] *n* оцéнка, определéние

**evanesce** [,i:və'nes] *v* 1) исчезáть и́з виду 2) изглáживаться, стирáться

**evanescence** [,i:və'nesns] *n* исчезновéние

**evanescent** [,i:və'nesnt] *a* 1) мимолётный; бы́стро исчезáющий 2) *мат.* бесконéчно мáлый, приближáющийся к нулю́

**evangelic** [,i:væn'dʒelɪk] *a* евáнгельский

**evangelical** [,i:væn'dʒelɪkəl] **1.** *a* 1) евáнгельский 2) евангели́ческий, протестáнтский

2. *n* протестáнт

**evangelist** [ɪ'vændʒɪlɪst] *n* 1) евангели́ст 2) стрáнствующий проповéдник; миссионéр

**evanish** [ɪ'vænɪʃ] *v поэт.* исчезáть; замирáть (*о звуках и т. п.*)

**evaporate** [ɪ'væpəreɪt] *v* 1) испаря́ть(ся) 2) *разг.* исчезáть; умирáть; his hopes ~d от егó надéжд ничегó не остáлось 3) выпáривать; сгущáть

**evaporated** [ɪ'væpəreɪtɪd] **1.** *p. p. от* evaporate

2. *a* сгущённый; ~ milk сгущённое молокó (*без сахара*)

**evaporation** [ɪ,væpə'reɪʃən] *n* 1) испарéние; парообразовáние 2) выпáривание

**evaporative** [ɪ'væpərətɪv] *a* испаря́ющий; парообразу́ющий

**evaporator** [ɪ'væpəreɪtə] *n тех.* испари́тель

**evasion** [ɪ'veɪʒən] *n* 1) уклонéние; увёртка, отговóрка *и пр.* [*см.* evade]; his answer was a mere ~ он прóсто уклони́лся от отвéта 2) *редк.* бéгство

**evasive** [ɪ'veɪsɪv] *a* 1) уклóнчивый 2) неулови́мый

**Eve** [i:v] *n библ.* Éва; жéнщина; daughters of ~ жéнщины, жéнский пол

**eve** [i:v] *n* 1) канýн; on the ~ накану́не; Christmas ~ сочéльник 2) *уст., поэт.* вéчер

**even I** ['i:vən] *n поэт.* вéчер

**even II** ['i:vən] **1.** *a* 1) рóвный, глáдкий 2) рáвный, на однóм ýровне (with); одинáковый; тот же сáмый; схóдный; ~ with the ground врóвень с землёй; ~ date *бухг.* то же числó 3) однообрáзный, монотóнный; равномéрный; ~ movement равномéрное движéние 4) уравновéшенный; ~ temper рóвный, спокóйный харáктер 5) справедли́вый, беспристрáстный 6) чётный; evenly ~ крáтный четырём (*о числе*); oddly (*или* unevenly) ~ крáтный двум, но не крáтный четырём (*о числе*) ◇ to get (*или* to be) ~ with smb. свести́ счёты, расквитáться с кем-л.

2. *adv* 1) рóвно 2) как раз; тóчно 3) дáже; ~ if, ~ though дáже éсли; хотя́ бы; ~ as как раз

3. *v* 1) вырáвнивать (*поверхность*); сглáживать 2) равня́ть, стáвить на однý дóску 3) уравновéшивать (*тж.* ~ up) ◇ to ~ up on smb. расквитáться, рассчитáться с кем-л.

**even-handed** ['i:vən'hændɪd] *a* беспристрáстный, справедли́вый

**evening** ['i:vnɪŋ] *n* 1) вéчер 2) вечери́нка, вéчер 3) *attr.* вечéрний; ~ star вечéрняя звездá; ~ meal ýжин

**evenly** ['i:vənlɪ] *adv* 1) рóвно, пóровну; одинáково 2) беспристрáстно, справедли́во 3) равномéрно 4) спокóйно; уравновéшенно

**even-minded** ['i:vən'maɪndɪd] *a* спокóйный; уравновéшенный

**event** [ɪ'vent] *n* 1) собы́тие; the course of ~s ход собы́тий; quite an ~ цéлое, настоя́щее собы́тие 2) слýчай, происшéствие; in the ~ of his death в слýчае егó смéрти; at all ~s во вся́ком слýчае; in any (*или* in either) ~ так и́ли инáче 3) исхóд, результáт; his plan was unhappy in the ~ в конéчном результáте егó план потерпéл неудáчу 4) нóмер (*в программе состязаний*) 5) соревновáние по определённому ви́ду спóрта 6) *тех.* такт (*двигателя внутреннего сгорания*) 7) *физ.* я́дерное превращéние (*тж.* nuclear ~)

**eventful** [ɪ'ventful] *a* пóлный собы́тий, богáтый собы́тиями

**eventide** ['i:vəntaɪd] *n поэт.* вéчер, вечéрняя порá

**eventless** [ɪ'ventlɪs] *a* бéдный собы́тиями

**eventual** [ɪ'ventʃuəl] *a* 1) возмóжный, могýщий случи́ться, эвентуáльный 2) конéчный, окончáтельный

**eventuality** [ɪ,ventʃu'ælɪtɪ] *n* возмóжный слýчай; возмóжность; случáйность

**eventually** [ɪ'ventʃəlɪ] *adv* в конéчном счёте, в концé концóв; со врéменем

**eventuate** [ɪ'ventʃueɪt] *v* 1) кончáться, разрешáться (in — *чем-л.*) 2) явля́ться результáтом, возникáть, случáться

**ever** ['evə] *adv* 1) всегдá; ~ after, ~ since с тех пор (как); for ~ (and ~), for ~ and a day а) навсегдá, навéчно; б) беспрестáнно; ~ yours всегдá Ваш (*подпись в письме*) 2) когдá-либо; it is the best symphony I have ~ heard э́то лýчшая симфóния, котóрую я когдá-либо слы́шал; hardly ~ едвá ли когдá-нибудь; почти́ никогдá 3) as ~ как тóлько; I shall do it as soon as ~ I can я сдéлаю э́то, как тóлько смогý 2) *разг. употр. для усиления*: why ~ did you do it? да почемý же вы э́то сдéлали?; what ~ do you mean? что же вы хоти́те э́тим сказáть? ◇ ~ so *разг.* а) óчень; thank you ~ so much большóе вам спаси́бо; б) как бы ни; be the weather ~ so bad, I must go как бы плохá погóда ни былá, я дóлжен идти́

**ever frost** ['evəfrɔst] *n* вéчная мерзлотá

**everglade** ['evəgleɪd] *n* болóтистая ни́зменность, местáми порóсшая высóкой травóй ◇ E. State Болóтистый штат (*название штата Флорида*)

**evergreen** ['evəgri:n] **1.** *a* вечнозелёный

2. *n* вечнозелёное растéние

**evergrowing** [,evə'grəuɪŋ] *a* постоя́нно, неуклóнно растýщий; ~ demand всё увели́чивающийся спрос

**everlasting** [,evə'lɑ:stɪŋ] **1.** *a* 1) вéчный 2) вéчный, дли́тельный, постоя́нный; this ~ noise э́тот постоя́нный шум 3) надоéдливый, докýчливый 4) вынóсливый, прóчный 5) сохраня́ющий цвет и фóрму в засýшенном ви́де (*о растениях*)

2. *n* 1) вéчность; from ~ спокóн векóв 2) *бот.* иммортéль, бессмéртник (*тж.* ~ flower)

**evermore** ['evə'mɔ:] *adv* навéки; навсегдá

**ever-present** [,evə'preznt] *a* вездесýщий

**evert** [ɪ'və:t] *v* выворáчивать наизнáнку, нарýжу

**every** ['evrɪ] *pron indef.* 1) кáждый; вся́кий; ~ time а) всегдá; б) когдá бы ни, кáждый раз; в) *разг.* без исключéния; без колебáния 2) вся́кий, все; ~ gun was loaded все орýдия бы́ли заря́жены ◇ ~ now and then, ~ now and again врéмя от врéмени, то и дéло; ~ bit (*или* whit) *разг.* во всех отношéниях; совершéнно; ~ so often врéмя от врéмени; with ~ good wish с лýчшими пожелáниями

**everybody** ['evrɪbɔdɪ] *pron indef.* кáждый, вся́кий (человéк); все; ~ is happy все счáстливы

**everyday** ['evrɪdeɪ] *a* ежеднéвный; повседнéвный, обы́чный; ~ sentences обихóдные фрáзы; ~ talk разговóр на бытовы́е тéмы

**Everyman** ['evrɪmæn] *n* обыкновéнный, срéдний человéк; обывáтель

**everyone** ['evrɪwʌn] = everybody

**everything** ['evrɪθɪŋ] *pron indef.* всё

**every way** ['evrɪweɪ] *adv* 1) во всех направлéниях 2) во всех отношéниях

**everywhere** ['evrɪwɛə] *adv* всю́ду, вездé

**evict** [i(:)'vɪkt] *v* 1) выселя́ть; изгоня́ть 2) оттягáть по судý (*землю и т. п.*; of, from — у)

**eviction** [i(:)'vɪkʃən] *n* 1) выселéние; изгнáние 2) *юр.* лишéние имýщества (*по суду*)

**evidence** [ˈevɪdəns] **1.** *n* 1) очеви́дность; in ~ заме́тный, броса́ющийся в глаза́ [*ср. тж.* 3)] 2) основа́ние, да́нные, при́знаки; to give (*или* to bear) ~ свиде́тельствовать; on this ~ в свете́ э́того; from all ~, there is ample ~ that всё говори́т за то, что 3) *юр.* ули́ка; свиде́тельское показа́ние; piece of ~ ули́ка; cumulative ~ совоку́пность ули́к; to call in ~ вызыва́ть (*в суд*) для да́чи показа́ний [*ср. тж.* 1)]; to turn King's (*или* Queen's, *амер.* State's) ~ вы́дать соо́бщников и стать свиде́телем обвине́ния; in ~ при́нятый в ка́честве доказа́тельства [*ср. тж.* 1)]

**2.** *v* служи́ть доказа́тельством, дока́зывать

**evident** [ˈevɪdənt] *a* очеви́дный, я́сный

**evidential** [ˌevɪˈdenʃəl] *a* 1) осно́ванный на очеви́дности 2) доказа́тельный

**evidentiary** [ˌevɪˈdenʃərɪ] = evidential

**evidently** [ˈevɪdəntlɪ] *adv* очеви́дно; несомне́нно

**evil** [ˈi:vl] **1.** *n* 1) зло; вред; to do ~ наноси́ть уще́рб; твори́ть зло; ~ comes from ~ зло порожда́ет зло; (the) lesser ~ ме́ньшее зло 2) бе́дствие, несча́стье 3) грех, поро́к 4) *уст.* боле́знь; King's ~ золоту́ха; St. John's ~ эпиле́псия ◇ of two ~s choose the less *посл.* из двух зол выбира́й ме́ньшее

**2.** *a* 1) дурно́й, злой; злове́щий; the Evil One дья́вол; ~ tongue злой язы́к; ~ eye дурно́й глаз 2) вре́дный, па́губный; ~ results злосча́стные после́дствия 3) зло́стный 4) поро́чный, дурно́й; ~ life распу́тная жизнь ◇ to fall on ~ days (*или* times) обнища́ть; попа́сть в полосу́ неуда́ч

**evil-doer** [ˈi:vlˈdu(:)ə] *n* 1) престу́пник, злоде́й 2) гре́шник

**evil-minded** [ˈi:vlˈmaɪndɪd] *a* 1) злонаме́ренный 2) зло́бный, злой; недоброжела́тельный

**evince** [ɪˈvɪns] *v* 1) проявля́ть, выка́зывать 2) *редк.* дока́зывать

**evincible** [ɪˈvɪnsəbl] *a* доказу́емый

**evincive** [ɪˈvɪnsɪv] *a* дока́зывающий; доказа́тельный

**evirate** [ˈi:vɪreɪt] *v книжн.* 1) кастри́ровать 2) лиша́ть му́жественности

**eviscerate** [ɪˈvɪsəreɪt] *v* 1) потроши́ть 2) лиша́ть содержа́ния, выхола́щивать

**evocative** [ˈevəukətɪv] *a* восстана́вливающий в па́мяти; ~ device *кино* приём напомина́ния показом предше́ствующих собы́тий

**evoke** [ɪˈvəuk] *v* 1) вызыва́ть (*воспоминание, восхищение и т. п.*) 2) *юр.* истре́бовать (*дело*) из нижестоя́щего суда́ в вышестоя́щий

**evolution** [ˌi:vəˈlu:ʃən] *n* 1) эволю́ция; Theory of E. эволюцио́нная тео́рия 2) развёртывание; разви́тие 3) выделе́ние (*газа, теплоты и т. п.*) 4) *мат.* извлече́ние ко́рня 5) (*обыкн. pl*) *воен., мор.* перестрое́ние; манёвр; передвиже́ние 6) образова́ние небе́сных тел путём концентра́ции косми́ческого вещества́

**evolutional** [ˌi:vəˈlu:ʃənl] *a* эволюцио́нный

**evolutionary** [ˌi:vəˈlu:ʃnərɪ] = evolutional

**evolutionism** [ˌi:vəˈlu:ʃənɪzm] *n* тео́рия эволю́ции

**evolutionist** [ˌi:vəˈlu:ʃənɪst] *n* эволюциони́ст

**evolutive** [ˈi:vəlu:tɪv] *a* спосо́бствующий разви́тию; находя́щийся в проце́ссе разви́тия

**evolve** [ɪˈvɔlv] *v* 1) эволюциони́ровать 2) развива́ться; развёртываться 3) развива́ть (*теорию и т. п.*); to ~ a plan наме́тить план 4) выделя́ть (*газы, теплоту*); издава́ть (*запах*)

**evolvent** [ɪˈvɔlvənt] *n мат.* эвольве́нта, развёртка

**evulsion** [ɪˈvʌlʃən] *n* наси́льственное извлече́ние, вырыва́ние с ко́рнем

**ewe** [ju:] *n* овца́ ◇ one's ~ lamb еди́нственное сокро́вище; еди́нственный ребёнок

**ewer** [ˈju:(:)ə] *n* кувши́н

**ex-** [eks-] *pref* 1) *указывает на изъятие, исключение и т. п.* из-, вне-; extract вырыва́ть; exterritorial экстерриториа́льный 2) бы́вший, пре́жний, экс-; ex-president бы́вший президе́нт

**exacerbate** [ekˈsæsə(:)beɪt] *v* 1) обостря́ть, уси́ливать 2) раздража́ть, ожесточа́ть

**exacerbation** [ekˌsæsə(:)ˈbeɪʃən] *n* 1) обостре́ние, усиле́ние 2) раздраже́ние 3) *мед.* пароксИ́зм; обостре́ние (*болезни*)

**exact** [ɪgˈzækt] **1.** *a* то́чный; стро́гий (*о правилах, порядке*); аккура́тный; соверше́нно пра́вильный, ве́рный; ~ sciences то́чные нау́ки; ~ memory хоро́шая па́мять

**2.** *v* 1) (настоя́тельно) тре́бовать; домога́ться 2) взы́скивать (from, of) 3) вымога́ть

**exacting** [ɪgˈzæktɪŋ] **1.** *pres. p. от* exact 2

**2.** *a* 1) тре́бовательный; придИ́рчивый; суро́вый 2) напряжённый; изнуря́ющий

**exaction** [ɪgˈzækʃən] *n* 1) настоя́тельное тре́бование; домога́тельство 2) вымога́тельство 3) чрезме́рный нало́г, побо́ры *и т. п.*

**exactitude** [ɪgˈzæktɪtju:d] *n* то́чность; аккура́тность

**exactly** [ɪgˈzæktlɪ] *adv* 1) то́чно; как раз; not ~ the same не совсе́м то же са́мое 2) и́менно, да, соверше́нно ве́рно (*в ответе*)

**exactness** [ɪgˈzæktnɪs] *n* то́чность; аккура́тность

**exactor** [ɪgˈzæktə] *n* вымога́тель

**exaggerate** [ɪgˈzædʒəreɪt] *v* 1) преувели́чивать 2) изли́шне подчёркивать

**exaggerated** [ɪgˈzædʒəreɪtɪd] **1.** *p. p. от* exaggerate

**2.** *a* 1) преувели́ченный 2) *мед.* ненорма́льно расши́ренный, увели́ченный (*о сердце и т. п.*)

**exaggeratedly** [ɪgˈzædʒəreɪtɪdlɪ] *adv* преувели́ченно; подчёркнуто

**exaggeration** [ɪgˌzædʒəˈreɪʃən] *n* преувеличе́ние

**exaggerative** [ɪgˈzædʒərətɪv] *a* преувели́чивающий; не соблюда́ющий чу́вства ме́ры

**exalt** [ɪgˈzɔ:lt] *v* 1) возвыша́ть; возноси́ть; возвели́чивать 2) превозноси́ть; восхваля́ть; to ~ to the skies превозноси́ть до небе́с 3) уси́ливать, сгуща́ть (*краски и т. п.*) 4) поднима́ть настрое́ние

**exaltation** [ˌegzɔ:lˈteɪʃən] *n* 1) возвыше́ние; повыше́ние; возвели́чение 2) восто́рг, экзальта́ция

**exalted** [ɪgˈzɔ:ltɪd] **1.** *p. p. от* exalt

**2.** *a* 1) возвы́шенный (*о чувстве, стиле и т. п.*); досто́йный, благоро́дный 2) высокопоста́вленный 3) экзальтиро́ванный

**exam** [ɪgˈzæm] *n разг.* экза́мен

**examination** [ɪgˌzæmɪˈneɪʃən] *n* 1) осмо́тр; иссле́дование; освиде́тельствование; эксперти́за; custom-house ~ тамо́женный досмо́тр; ~ by touch *мед.* пальпа́ция; post-mortem ~ *мед.* вскры́тие тру́па 2) экза́мен; to go in for an ~ держа́ть экза́мен; to take an ~ сдава́ть экза́мен; to pass one's ~ вы́держать экза́мен; to fail in an ~ провали́ться на экза́мене 3) *юр.* сле́дствие 4) *юр.* допро́с

**examinational** [ɪgˌzæmɪˈneɪʃənl] *a* экзаменацио́нный

**examination-paper** [ɪgˌzæmɪˈneɪʃənˌpeɪpə] *n* экзаменацио́нная рабо́та

**examine** [ɪgˈzæmɪn] *v* 1) рассма́тривать; иссле́довать (*тж.* ~ into) 2) *мед.* выслу́шивать, осма́тривать 3) экзаменова́ть 4) *воен., юр.* допра́шивать; опра́шивать

**examinee** [ɪgˌzæmɪˈni:] *n* экзамену́ющийся

**examiner** [ɪgˈzæmɪnə] *n* 1) экзамена́тор; to satisfy the ~s сдать экза́мен удовлетвори́тельно, без отли́чия 2) обсле́дователь; наблюда́тель

**example** [ɪgˈzɑ:mpl] *n* 1) приме́р; for ~ наприме́р; to set a good (bad) ~ (по)дава́ть хоро́ший (дурно́й) приме́р; without ~ без прецеде́нта; беспрецеде́нтный; бесприме́рный; to take ~ by подража́ть, брать за образе́ц 2) приме́рное наказа́ние, уро́к; let it make an ~ for him пусть э́то послу́жит ему́ уро́ком; to make an ~ of smb. наказа́ть кого́-л. в назида́ние други́м 3) образе́ц

**exanimate** [ɪgˈzænɪmɪt] *a* 1) без при́знаков жи́зни 2) безжи́зненный; вя́лый

**exanthema** [ˌeksænˈθi:mə] *n мед.* экзанте́ма

**exarch** [ˈeksɑ:k] *n церк.* экза́рх

**exarchate** [ˈeksɑ:keɪt] *n церк.* экзарха́т

**exasperate** [ɪgˈzɑ:spəreɪt] *v* 1) серди́ть; раздража́ть; изводи́ть, доводи́ть до бе́лого кале́ния 2) уси́ливать (*боль, гнев и т. п.*); to ~ enmity разжига́ть вражду́

**exasperating** [ɪgˈzɑ:spəreɪtɪŋ] **1.** *pres. p. от* exasperate

**2.** *a* раздража́ющий, изводя́щий

**exasperation** [ɪg,zɑ:spə'reɪʃən] *n* 1) раздраже́ние; озлобле́ние, гнев 2) усиле́ние, обостре́ние (*боли, болезни и т. п.*)

**excavate** ['ekskəveɪt] *v* 1) копа́ть, рыть; вынима́ть грунт; рыть котлова́н 2) выка́пывать, отка́пывать 3) *археол.* производи́ть раско́пки

**excavation** [,ekskə'veɪʃən] *n* 1) выка́пывание 2) вы́рытая я́ма, вы́емка 3) выда́лбливание 4) *тех.* экскава́ция, вы́емка гру́нта; земляны́е рабо́ты 5) *археол.* раско́пки 6) го́рная вы́работка

**excavator** ['ekskəveɪtə] *n* 1) экскава́тор 2) землеко́п

**exceed** [ɪk'si:d] *v* 1) превыша́ть, переходи́ть грани́цы; to ~ one's instructions превы́сить свои́ полномо́чия 2) превосходи́ть; to ~ smb. in strength (in height) быть сильне́е кого́-л. (вы́ше ро́стом, чем кто-л.) 3) преувели́чивать

**exceeding** [ɪk'si:dɪŋ] **1.** *pres. p. от* exceed

**2.** *a* безме́рный, чрезме́рный

**exceedingly** [ɪk'si:dɪŋlɪ] *adv* чрезвыча́йно, о́чень

**excel** [ɪk'sel] *v* 1) превосходи́ть (in, at); to ~ smb. at smth. превосходи́ть кого́-л. в чём-л. 2) выдава́ться, выделя́ться; to ~ as an orator быть выдаю́щимся ора́тором

**excellence** ['eksələns] *n* 1) превосхо́дство 2) высо́кое ка́чество; выдаю́щееся мастерство́

**excellency** ['eksələnsɪ] *n* 1) превосходи́тельство 2) *уст.* = excellence

**excellent** ['eksələnt] *a* превосхо́дный, отли́чный

**excelsior** [ek'selsɪɔ:] **1.** *int* вы́ше и вы́ше!

**2.** *n амер.* мя́гкая упако́вочная стру́жка

**except** [ɪk'sept] **1.** *v* 1) исключа́ть 2) возража́ть (against, to) 3) *юр.* отводи́ть (*свидетеля*)

**2.** *prep* 1) исключа́я, кро́ме; everybody went ~ John все отпра́вились, а Джон оста́лся 2): ~ for а) (*употр. как сложный предлог*) за исключе́нием; кро́ме; everything is settled ~ for a few details обо всём договорено́, за исключе́нием не́которых дета́лей; б) (*употр. как cj*) е́сли бы не

**3.** *cj уст.* е́сли не

**excepting** [ɪk'septɪŋ] **1.** *pres. p. от* except 1

**2.** *prep* за исключе́нием

**exception** [ɪk'sepʃən] *n* 1) исключе́ние; the ~ proves the rule исключе́ние подтвержда́ет пра́вило; with the ~ of... за исключе́нием... 2) возраже́ние; **to take ~** to smth. возража́ть про́тив чего́-л. 3) оби́да; to take ~ (at) обижа́ться, оскорбля́ться (на) 4) *юр.* отво́д

**exceptionable** [ɪk'sepʃnəbl] *a* небезупре́чный, вызыва́ющий возраже́ния

**exceptional** [ɪk'sepʃənl] *a* исключи́тельный; необы́чный

**exceptionally** [ɪk'sepʃənlɪ] *adv* исключи́тельно; ~ interesting кра́йне, удиви́тельно занима́тельный

**exceptive** [ɪk'septɪv] *a* 1) составля́ющий исключе́ние 2) приди́рчивый 3) = exceptional

**excerpt 1.** *n* ['eksə:pt] 1) отры́вок, вы́держка 2) (отде́льный) о́ттиск

**2.** *v* [ek'sə:pt] выбира́ть (*отрывки*), де́лать вы́держки, подбира́ть цита́ты

**excerption** [ek'sə:pʃən] *n* 1) вы́бор отры́вка; подбо́р цита́т 2) цита́та; отры́вок; вы́держка

**excess** [ɪk'ses] *n* 1) избы́ток, изли́шек; in ~ of сверх, бо́льше чем 2) (*обыкн. pl*) эксце́сс; кра́йность 3) неуме́ренность; to ~ до изли́шества; сли́шком мно́го 4) *attr.* дополни́тельный; ~ luggage бага́ж вы́ше но́рмы; ~ fare *ж.-д.* допла́та, припла́та (*за билет*); ~ profit сверхпри́быль; ~ profits tax нало́г на сверхпри́быль

**excessive** [ɪk'sesɪv] *a* чрезме́рный

**exchange** [ɪks'tʃeɪndʒ] **1.** *n* 1) обме́н; ме́на; in ~ for в обме́н на; cultural ~ культу́рный обме́н; ~ of prisoners обме́н военнопле́нными 2) *фин.* разме́н де́нег; rate (*или* course) of ~ валю́тный курс; foreign ~ иностра́нная валю́та; перево́дный ве́ксель; bill of ~ ве́ксель, тра́тта 3) би́ржа; commodity ~ това́рная би́ржа; grain (*или* corn) ~ хле́бная би́ржа; labour ~ би́ржа труда́ 4) центра́льная телефо́нная ста́нция; коммута́тор 5) *attr.* менов́ой

**2.** *v* 1) обме́нивать 2) разме́нивать (*деньги*) 3) меня́ться; to ~ seats поменя́ться места́ми; to ~ words with smb. обменя́ться с кем-л. не́сколькими слова́ми; to ~ ratifications обменя́ться ратификацио́нными гра́мотами; to ~ into another regiment перевести́сь в друго́й полк путём встре́чного обме́на

**exchangeable** [ɪks'tʃeɪndʒəbl] *a* 1) подлежа́щий обме́ну; not ~ обме́ну не подлежи́т 2) го́дный для обме́на 3) *тех.* взаимозаменя́емый, сме́нный

**exchequer** [ɪks'tʃekə] *n* 1) казначе́йство; Chancellor of the E. ка́нцлер казначе́йства (*министр финансов Великобритании*) 2) казна́ 3) *разг.* ресу́рсы, фина́нсы 4) *attr.*: ~ bill казначе́йский ве́ксель

**excisable** [ek'saɪzəbl] *a* облага́емый акци́зным сбо́ром

**excise** I [ek'saɪz] *v* 1) выреза́ть; отреза́ть 2) *мед.* выреза́ть, иссека́ть; удаля́ть

**excise** II [ek'saɪz] **1.** *n* 1) акци́з (*тж.* ~ duty) 2) (the E.) акци́зное управле́ние

**2.** *v* взима́ть акци́зный сбор

**exciseman** [ek'saɪzmæn] *n* акци́зный чино́вник

**excision** [ek'sɪʒən] *n* 1) выреза́ние, отреза́ние 2) *мед.* иссече́ние, удале́ние

**excitability** [ɪk,saɪtə'bɪlɪtɪ] *n* возбуди́мость

**excitable** [ɪk'saɪtəbl] *a* (легко́) возбуди́мый

**excitant** ['eksɪtənt] **1.** *a* возбужда́ющий

**2.** *n* возбужда́ющее сре́дство

**excitation** [,eksɪ'teɪʃən] *n* возбужде́ние

**excitative** [ek'saɪtətɪv] *a* возбуди́тельный, возбужда́ющий

**excitatory** [ek'saɪtətərɪ] = excitative

**excite** [ɪk'saɪt] *v* 1) возбужда́ть, волнова́ть; he was ~d by (*или* at, about) the news он был взволно́ван изве́стием; don't ~! не волну́йтесь!, сохраня́йте споко́йствие! 2) побужда́ть; вызыва́ть (*ревность, ненависть*); пробужда́ть (*интерес и т. п.*); to ~ rebellion поднима́ть восста́ние 3) *эл.* возбужда́ть (*ток*)

**excitement** [ɪk'saɪtmənt] *n* возбужде́ние, волне́ние

**exciter** [ɪk'saɪtə] *n эл.* возбуди́тель

**exciting** [ɪk'saɪtɪŋ] **1.** *pres. p. от* excite

**2.** *a* 1) возбужда́ющий, волну́ющий 2) захва́тывающий; an ~ story увлека́тельный расска́з

**exclaim** [ɪks'kleɪm] *v* восклица́ть □ ~ **against** протестова́ть, гро́мко обвиня́ть; ~ **at** вы́разить кра́йнее удивле́ние

**exclamation** [,ekskləˈmeɪʃən] *n* восклица́ние; mark of ~ восклица́тельный знак (!)

**exclamatory** [eks'klæmətərɪ] *a* 1) восклица́тельный; ~ sentence восклица́тельное предложе́ние 2) шумли́вый, крикли́вый

**exclude** [ɪks'klu:d] *v* исключа́ть (from); не впуска́ть; не допуска́ть (*возможности и т. п.*); to ~ smb. from a house отказа́ть кому́-л. от до́ма

**exclusion** [ɪks'klu:ʒən] *n* исключе́ние ◇ to the ~ of за исключе́нием

**exclusive** [ɪks'klu:sɪv] *a* 1) исключи́тельный; ~ privileges осо́бые привиле́гии 2) еди́нственный; ~ occupation еди́нственное заня́тие 3) недосту́пный; с ограни́ченным до́ступом (*о клубе и т. п.*) 4) *разг.* отли́чный, первокла́ссный ◇ ~ of не счита́я, исключа́я; there were 49 pages ~ of the title page (всего́) бы́ло 49 страни́ц без ти́тульного листа́

**exclusively** [ɪks'klu:sɪvlɪ] *adv* исключи́тельно, еди́нственно, то́лько

**excogitate** [eks'kɔdʒɪteɪt] *v* вы́думывать, приду́мывать; измышля́ть

**excogitation** [eks,kɔdʒɪ'teɪʃən] *n* вы́думывание, приду́мывание; измышле́ние, вы́мысел

**excommunicate** [,ekskə'mju:nɪkeɪt] **1.** *v* отлуче́ние от це́ркви

**2.** *a* отлучённый от це́ркви

**excommunication** ['ekskə,mju:nɪ'keɪʃən] *n* отлуче́ние от це́ркви

**excoriate** [eks'kɔ:rɪeɪt] *v* 1) содра́ть ко́жу, ссади́ть 2) подверга́ть суро́вой кри́тике; устро́ить разно́с

**excoriation** [eks,kɔ:rɪ'eɪʃən] *n* 1) сдира́ние ко́жи 2) сса́дина 3) суро́вая кри́тика; разно́с

**excorticate** [eks'kɔ:tɪkeɪt] *v* сдира́ть кору́, ко́жу, оболо́чку, шелуху́

**excrement** ['ekskrɪmənt] *n* (*часто pl*) *физиол.* экскреме́нты, испражне́ния

**excrescence** [ɪks'kresns] *n* 1) разраста́ние 2) наро́ст, ши́шка

**excrescent** [ɪks'kresnt] *a* 1) ненорма́льно разраста́ющийся; образу́ющий наро́ст 2) ли́шний

**excreta** [eks'kri:tə] *n pl физиол.* выделе́ния, испражне́ния

**excrete** [eks'kri:t] *v* выделя́ть, изверга́ть

**excretion** [eks'kri:ʃən] *n физиол.* выделе́ние

**excretive** [eks'kri:tɪv] *a* 1) *физиол.* спосо́бствующий выделе́нию 2) *анат.* выводя́щий

**excretory** [eks'kri:tərɪ] *a анат.* выводно́й, выдели́тельный, экскрето́рный

**excruciate** [ɪks'kru:ʃɪeɪt] *v* му́чить, терза́ть, истяза́ть

**excruciating** [ɪks'kru:ʃɪeɪtɪŋ] **1.** *pres. p. от* excruciate

**2.** *a* мучи́тельный

**excruciation** [ɪks,kru:ʃɪ'eɪʃən] *n* 1) терза́ние, муче́ние 2) му́ка, пы́тка

**exculpate** ['ekskʌlpeɪt] *v юр.* опра́вдывать; реабилити́ровать

**exculpation** [,ekskʌl'peɪʃən] *n юр.* 1) оправда́ние, реабилита́ция 2) основа́ние для реабилита́ции; опра́вдывающее обстоя́тельство

**exculpatory** [eks'kʌlpətərɪ] *a* опра́вдывающий; оправда́тельный

**excursion** [ɪks'kə:ʃən] *n* 1) экску́рсия; пое́здка; to go on an ~ пое́хать на экску́рсию; отпра́виться в туристи́ческую пое́здку 2) э́кскурс 3) *тех.* возвра́тно-поступа́тельное движе́ние (*поршня и т. п.*) 4) *attr.*: ~ train по́езд для экскурса́нтов по сни́женному тари́фу; ~ rates сни́женные расце́нки для тури́стов (*на билеты, гостиницы и т. п.*)

**excursionist** [ɪks'kə:ʃnɪst] *n* экскурса́нт, тури́ст

**excursive** [eks'kə:sɪv] *a* 1) отклоня́ющийся (*от пути, курса*) 2) бессисте́мный, беспоря́дочный; ~ reading беспоря́дочное чте́ние 3) изоби́лующий а́вторскими отступле́ниями (*о стиле*)

**excursus** [eks'kə:səs] *n* (*pl* -es [-ɪz]) 1) отступле́ние (*от темы, от сути*); э́кскурс 2) подро́бное обсужде́ние како́й-л. дета́ли *или* пу́нкта в кни́ге (*обыкн. в приложении*)

**excusable** [ɪks'kju:zəbl] *a* извини́тельный, прости́тельный

**excusatory** [ɪks'kju:zətərɪ] *a* извини́тельный; оправда́тельный

**excuse 1.** *n* [ɪks'kju:s] 1) извине́ние, оправда́ние; in ~ of smth. в оправда́ние чего́-л.; ignorance of the law is no ~ незна́ние зако́на не мо́жет служи́ть оправда́нием 2) отгово́рка, предло́г; a poor ~ неуда́чная, сла́бая отгово́рка; to offer ~s опра́вдываться 3) освобожде́ние (*от обязанности*)

**2.** *v* [ɪks'kju:z] 1) извиня́ть, проща́ть; ~ me! извини́те!, винова́т!; ~ my coming late, ~ me for coming late прости́те меня́ за опозда́ние; to ~ oneself извиня́ться; опра́вдываться 2) освобожда́ть (*от работы, обязанности*); your attendance today is ~d вы мо́жете сего́дня не прису́тствовать; you're ~d мы вас не заде́рживаем, мо́жете быть свобо́дны; to ~ from duty *воен.* освободи́ть от несе́ния слу́жбы 3) служи́ть оправда́нием, извине́нием ◇ ~ me for living! *ирон.* уж и спроси́ть нельзя́!

**exeat** ['eksɪæt] *лат. n* разреше́ние на отлу́чку (*в университете или монастыре*)

**execrable** ['eksɪkrəbl] *a* отврати́тельный, отта́лкивающий

**execrate** ['eksɪkreɪt] *v* 1) ненави́деть; пита́ть отвраще́ние 2) проклина́ть

**execration** [,eksɪ'kreɪʃən] *n* 1) прокля́тие 2) омерзе́ние, отвраще́ние 3) предме́т отвраще́ния

**execute** ['eksɪkju:t] *v* 1) выполня́ть, осуществля́ть; доводи́ть до конца́ 2) исполня́ть (*музыкальное произведение*) 3) исполня́ть (*распоряжение*) 4) казни́ть 5) выполня́ть (*обязанности, функции*) 6) *юр.* приводи́ть в исполне́ние (*решение суда и т. п.*) 7) *юр.* оформля́ть (*документ*)

**execution** [,eksɪ'kju:ʃən] *n* 1) выполне́ние 2) исполне́ние (*музыкального произведения*) 3) мастерство́ исполне́ния 4) казнь 5) *юр.* приведе́ние в исполне́ние (*решения суда и т. п.*) 6) *юр.* выполне́ние форма́льностей; оформле́ние (*документов*); writ of ~ исполни́тельный лист 7) *разг.* уничтоже́ние; опустоше́ние; to make good ~ разгроми́ть; переби́ть (*противника*)

**executioner** [,eksɪ'kju:ʃnə] *n* пала́ч

**executive** [ɪg'zekjutɪv] **1.** *a* исполни́тельный; *амер. тж.* администрати́вный; ~ council *амер.* исполни́тельный сове́т; ~ committee исполни́тельный комите́т; ~ board правле́ние; ~ secretary отве́тственный секрета́рь; управля́ющий дела́ми (*в органах ООН*); ~ agreement *амер.* догово́р, заключа́емый президе́нтом с иностра́нным госуда́рством и не тре́бующий утвержде́ния сена́та; ~ order *амер.* прика́з президе́нта; ~ officer *мор.* строево́й офице́р; *амер.* ста́рший помо́щник команди́ра; ~ session *амер.* закры́тое заседа́ние; to go into ~ session *амер.* удаля́ться на закры́тое заседа́ние, совеща́ние

**2.** *n* 1) (the ~) исполни́тельная власть, исполни́тельный о́рган 2) (E.) *амер.* глава́ исполни́тельной вла́сти; Chief E. президе́нт США 3) *амер.* должностно́е лицо́, руководи́тель, администра́тор (*фирмы, компании*); business ~s представи́тели деловы́х круго́в 4) *амер. воен.* нача́льник шта́ба (*ча́сти*); помо́щник команди́ра

**executor** [ɪg'zekjutə] *n* 1) душеприка́зчик 2) *редк.* суде́бный исполни́тель

**executrix** [ɪg'zekjutrɪks] *n* душеприка́зчица

**exegesis** [,eksɪ'dʒi:sɪs] *n* экзеге́за, толкова́ние (*особ. библии*)

**exemplar** [ɪg'zemplə] *n* 1) образе́ц, приме́р для подража́ния 2) тип 3) экземпля́р

**exemplary** [ɪg'zemplərɪ] *a* 1) образцо́вый, приме́рный; досто́йный подража́ния 2) типи́чный, типово́й 3) иллюстрати́вный

**exemplification** [ɪg,zemplɪfɪ'keɪʃən] *n* 1) поясне́ние приме́ром; иллюстра́ция 2) *юр.* заве́ренная ко́пия

**exemplify** [ɪg'zemplɪfaɪ] *v* 1) приводи́ть приме́р 2) служи́ть приме́ром 3) снима́ть и заверя́ть ко́пию

**exempt** [ɪg'zempt] **1.** *a* 1) освобождённый (*от налога, военной службы и т. п.*) 2) свобо́дный (*от недостатков и т. п.*)

**2.** *v* освобожда́ть (*от обязанности, налога*; from)

**exemption** [ɪg'zempʃən] *n* освобожде́ние (*от налога и т. п.*); ~ from military service освобожде́ние от вое́нной слу́жбы

**exequatur** [,eksɪ'kweɪtə] *n дип.* экзекватура

**exequies** ['eksɪkwɪz] *n pl* по́хороны

**exercise** ['eksəsaɪz] **1.** *n* 1) упражне́ние; трениро́вка; five-finger ~s упражне́ния на роя́ле; Latin ~ шко́льный лати́нский перево́д 2) физи́ческая заря́дка; моцио́н; to take ~s де́лать моцио́н; занима́ться спо́ртом 3) осуществле́ние, проявле́ние; the ~ of good will проявле́ние до́брой во́ли 4) *воен.* уче́ние, заня́тие; боева́я подгото́вка 5) *pl амер.* торжества́, пра́зднества; graduation ~s выпускно́й акт (*в колледжах*) 6) *pl* ритуа́л 7) *attr.*: ~ book тетра́дь; ~ yard прогу́лочный плац (*в тюрьме*); ~ ground *воен.* уче́бный плац

**2.** *v* 1) упражня́ть(ся); развива́ть, тренирова́ть 2) *воен.* проводи́ть уче́ние; обуча́ться 3) выполня́ть (*обязанности*) 4) испо́льзовать, осуществля́ть (*права*); по́льзоваться (*правами*) 5) проявля́ть (*способности*); to ~ one's personality вы́разить свою́ индивидуа́льность 6) *pass.* беспоко́иться (over, about); I am ~d about his future меня́ беспоко́ит его́ бу́дущее

**exergue** [ek'sə:g] *n* ме́сто для на́дписи и на́дпись (*на оборотной стороне монеты, медали*)

**exert** [ɪg'zə:t] *v* 1) напряга́ть (*силы*); to ~ every effort прилага́ть все уси́лия; to ~ oneself де́лать уси́лия, стара́ться; лезть из ко́жи вон 2) ока́зывать давле́ние; влия́ть; to ~ one's influence оказа́ть влия́ние 3) *тех.* вызыва́ть (напряже́ние)

**exertion** [ɪg'zə:ʃən] *n* 1) напряже́ние, уси́лие 2) испо́льзование (*авторитета и т. п.*) 3) проявле́ние (*силы воли, терпения*)

**exes** ['eksɪz] *n pl сокр. разг.* расхо́ды

**exeunt** ['eksɪʌnt] *лат. театр.* «ухо́дят» (*ремарка*)

**exfoliate** [eks'fəulɪeɪt] *v* лупи́ться, сходи́ть слоя́ми, шелуши́ться; отсла́иваться; рассла́иваться

**exfoliation** [eks,fəulɪ'eɪʃən] *n* шелуше́ние, отслое́ние, рассло́ение *и пр.* [*см.* exfoliate]

**exhalation** [,ekshə'leɪʃən] *n* 1) выдыха́ние 2) испаре́ние 3) пар, тума́н

**exhale** [eks'heɪl] *v* 1) выдыха́ть; производи́ть вы́дох 2) выделя́ть (*пар и т. п.*); испари́ться, растая́ть в во́здухе, исче́знуть как дым 3) дава́ть вы́ход (*гневу и т. п.*)

**exhaust** [ɪg'zɔ:st] **1.** *n тех.* 1) выхлопна́я труба́; вы́хлоп, вы́пуск

2) *attr.* выхлопно́й, выпускно́й; ~ steam мя́тый, отрабо́танный пар

2. *v* 1) истоща́ть (*человека, силы; запасы и т. п.*); изнуря́ть; to ~ all reserves истощи́ть все резе́рвы; to ~ oneself with work рабо́тать до (по́лного) изнеможе́ния 2) исче́рпывать; to ~ the subject исче́рпать те́му 3) разрежа́ть, выка́чивать, высасы́вать, вытя́гивать (*воздух*); выпуска́ть (*пар*)

**exhausted** [ɪg'zɔ:stɪd] **1.** *p. p. от* exhaust 2

**2.** *a* 1) истощённый, изнурённый; изму́ченный; обесси́ленный 2) исче́рпанный

**exhauster** [ɪg'zɔ:stə] *n тех.* 1) вса́сывающий вентиля́тор, эксга́устер 2) пылесо́с 3) аспира́тор

**exhaustible** [ɪg'zɔ:stəbl] *a* истощи́мый; небезграни́чный

**exhausting** [ɪg'zɔ:stɪŋ] **1.** *pres. p. от* exhaust 2

**2.** *a* утоми́тельный; изнури́тельный

**exhaustion** [ɪg'zɔ:stʃən] *n* 1) изнеможе́ние, истоще́ние; to dance oneself to ~ танцева́ть до упа́ду 2) вытя́гивание, выса́сывание; вы́пуск 3) разреже́ние (*воздуха*)

**exhaustive** [ɪg'zɔ:stɪv] *a* 1) исче́рпывающий 2) истоща́ющий

**exhibit** [ɪg'zɪbɪt] **1.** *n* 1) экспона́т 2) пока́з, экспони́рование 3) *юр.* веще́ственное доказа́тельство

**2.** *v* 1) пока́зывать; проявля́ть; 2) выставля́ть; экспони́ровать(ся) на вы́ставке 3) *юр.* представля́ть веще́ственное доказа́тельство

**exhibition** [ˌeksɪ'bɪʃən] *n* 1) вы́ставка 2) пока́з, проявле́ние; to make an ~ of oneself а) пока́зывать себя́ с дурно́й стороны́, вызыва́ть осужде́ние; б) де́лать из себя́ посме́шище 3) стипе́ндия 4) *амер.* публи́чный экза́мен 5) представле́ние суду́ (*документов и т. п.*)

**exhibitioner** [ˌeksɪ'bɪʃnə] *n* стипендиа́т

**exhibitionism** [ˌeksɪ'bɪʃnɪzm] *n* 1) *мед.* эксгибициони́зм 2) скло́нность к саморекла́ме, самолюбова́нию

**exhibitionist** [ˌeksɪ'bɪʃnɪst] *n мед.* эксгибициони́ст

**exhibitor** [ɪg'zɪbɪtə] *n* экспоне́нт

**exhilarate** [ɪg'zɪləreɪt] *v* развесели́ть; оживля́ть, подбодря́ть

**exhilarated** [ɪg'zɪləreɪtɪd] **1.** *p. p. от* exhilarate

**2.** *a* 1) весёлый 2) навеселе́, подвы́пивший

**exhilaration** [ɪgˌzɪlə'reɪʃən] *n* 1) весёлость; ра́достное настрое́ние, прия́тное возбужде́ние 2) то, что вызыва́ет хоро́шее, ра́достное настрое́ние, спосо́бствует хоро́шему расположе́нию ду́ха

**exhort** [ɪg'zɔ:t] *v* 1) увещева́ть, убежда́ть; призыва́ть кого́-л. сде́лать что-л.; заклина́ть 2) предупрежда́ть 3) подде́рживать, защища́ть (*реформу и т. п.*)

**exhortation** [ˌegzɔ:'teɪʃən] *n книжн.* 1) увещева́ние, призы́в 2) про́поведь 3) предупрежде́ние 4) подде́ржка

**exhortative** [ɪg'zɔ:tətɪv] *a* увещева́тельный, нравоучи́тельный

**exhumation** [ˌeks*h*ju:'meɪʃən] *n* эксгума́ция, выка́пывание тру́па

**exhume** [eks'hju:m] *v* 1) эксгуми́ровать 2) выка́пывать из земли́

**exigence, -cy** ['eksɪdʒəns, -sɪ] *n книжн.* о́страя необходи́мость, кра́йность

**exigent** ['eksɪdʒənt] *a* 1) не терпя́щий отлага́тельства, сро́чный 2) тре́бовательный

**exigible** ['eksɪdʒɪbl] *a книжн.* подлежа́щий взыска́нию

**exiguity** [ˌeksɪ'gju(:)ɪtɪ] *n книжн.* ску́дость, незначи́тельность

**exiguous** [eg'zɪgjuəs] *a книжн.* ску́дный, ма́лый, незначи́тельный

**exile** ['eksaɪl] **1.** *n* 1) изгна́ние; ссы́лка; to live in ~ быть *или* жить в изгна́нии; to be sent into ~ быть со́сланным, вы́сланным 2) изгна́нник; ссы́льный

**2.** *v* изгоня́ть; ссыла́ть

**exility** [eg'zɪlɪtɪ] *n* то́нкость; утончённость

**exist** [ɪg'zɪst] *v* 1) существова́ть; жить 2) находи́ться, быть; lime ~s in many soils и́звесть встреча́ется во мно́гих по́чвах 3) *разг.* влачи́ть жа́лкое существова́ние

**existence** [ɪg'zɪstəns] *n* 1) существова́ние; жизнь; a wretched ~ жа́лкое существова́ние 2) нали́чие; всё существу́ющее; in ~ существу́ющий в приро́де 3) существо́

**existent** [ɪg'zɪstənt] *a* существу́ющий; происходя́щий; нали́чный

**existentialism** [ˌegzɪs'tenʃəlɪzm] *n филос.* экзистенциали́зм

**exit** ['eksɪt] **1.** *n* 1) вы́ход; no ~! нет вы́хода! 2) ухо́д (*актёра со сцены*) 3) *перен.* исчезнове́ние, смерть 4) *attr.*: ~ visa (*или* permit) выездна́я ви́за

**2.** *v театр.* «ухо́дит» (*ремарка*)

**ex-libris** [eks'laɪbrɪs] *лат. n* экслибрис, кни́жный знак

**exodus** ['eksədəs] *n* 1) ма́ссовый отъе́зд (*особ. об эмигрантах*) 2) *библ.* исхо́д евре́ев из Еги́пта 3) (the E.) Исхо́д (*2-я книга Ветхого завета*)

**ex officio** [ˌeksə'fɪʃɪəu] *лат. a, adv* по до́лжности

**exogamy** [ek'sɔgəmɪ] *n* экзога́мия

**exonerate** [ɪg'zɔnəreɪt] *v* 1) снять бре́мя (*вины, долга*) 2) реабилити́ровать; to ~ oneself оправда́ться, доказа́ть свою́ невино́вность

**exoneration** [ɪgˌzɔnə'reɪʃən] *n* оправда́ние, реабилита́ция

**exonerative** [ɪg'zɔnərətɪv] *a* снима́ющий бре́мя (*вины, долга*); реабилити́рующий

**exorbitance, -cy** [ɪg'zɔ:bɪtəns, -sɪ] *n* непоме́рность, чрезме́рность

**exorbitant** [ɪg'zɔ:bɪtənt] *a* чрезме́рный, непоме́рный

**exorcism** ['eksɔ:sɪzm] *n* заклина́ние, изгна́ние нечи́стой си́лы

**exorcize** ['eksɔ:saɪz] *v* заклина́ть, изгоня́ть злых ду́хов

**exordia** [ek'sɔ:djə] *pl от* exordium

**exordial** [ek'sɔ:djəl] *a* вступи́тельный, вво́дный

**exordium** [ek'sɔ:djəm] *n* (*pl* -dia, -diums [-djəmz]) *книжн.* вступле́ние, введе́ние (*в речи, трактате*)

**exoteric** [ˌeksəu'terɪk] *a книжн.* экзотери́ческий, общедосту́пный; поня́тный непосвящённым

**exothermal** [ˌeksəu'θə:məl] = exothermic

**exothermic** [ˌeksəu'θə:mɪk] *a физ.* экзотерми́ческий

**exotic** [ɪg'zɔtɪk] **1.** *a* экзоти́ческий; инозе́мный

**2.** *n* 1) экзоти́ческое расте́ние 2) иностра́нное сло́во (*в языке*)

**expand** [ɪks'pænd] *v* 1) расширя́ть (-ся); увели́чивать(ся) в объёме; растя́гивать(ся) 2) расправля́ть (*крылья*); раски́дывать (*ветви*) 3) развива́ть(ся) (into) 4) излага́ть подро́бно; распространя́ться 5) *бот.* распуска́ться, расцвета́ть 6) *мат.* раскрыва́ть (*формулу*) 7) станови́ться бо́лее общи́тельным, открове́нным

**expanse** [ɪks'pæns] *n* 1) (широ́кое) простра́нство; протяже́ние; an ~ of lake (of field) гладь о́зера (просто́р по́ля) 2) экспа́нсия, расшире́ние

**expansibility** [ɪksˌpænsə'bɪlɪtɪ] *n* растяжи́мость

**expansible** [ɪks'pænsəbl] *a* растяжи́мый

**expansion** [ɪks'pænʃən] *n* 1) расшире́ние; растяже́ние; распростране́ние 2) экспа́нсия 3) простра́нство, протяже́ние 4) *мат.* раскры́тие (*формулы*) 5) *тех.* раска́тка, развальцо́вка

**expansionism** [ɪks'pænʃənɪzm] *n* экспансиони́зм, поли́тика захва́та чужи́х террито́рий и ры́нков сбы́та

**expansive** [ɪks'pænsɪv] *a* 1) спосо́бный расширя́ться; расшири́тельный 2) обши́рный 3) экспанси́вный; открове́нный; откры́тый (*о характере*); an ~ smile располага́ющая улы́бка

**expansivity** [ˌekspæn'sɪvɪtɪ] *n* экспанси́вность

**expatiate** [eks'peɪʃɪeɪt] *v* распространя́ться, разглаго́льствовать (*на какую-л. тему* — upon)

**expatriate** [eks'pætrɪeɪt] **1.** *n* эмигра́нт; изгна́нник

**2.** *v* 1) изгоня́ть из оте́чества; экспатрии́ровать 2) *refl.* эмигри́ровать; отка́зываться от гражда́нства

**expatriation** [eksˌpætrɪ'eɪʃən] *n* 1) изгна́ние из оте́чества; экспатриа́ция 2) эмигра́ция

**expect** [ɪks'pekt] *v* 1) ждать, ожида́ть 2) рассчи́тывать, наде́яться 3) *разг.* предполага́ть, полага́ть, ду́мать 4): to be ~ing *эвф.* ожида́ть ребёнка, быть в положе́нии

**expectance, -cy** [ɪks'pektəns, -sɪ] *n* 1) ожида́ние 2) предвкуше́ние; наде́жда, упова́ние 3) вероя́тность

**expectant** [ɪks'pektənt] **1.** *n* кандида́т, претенде́нт

**2.** *a* 1) ожида́ющий (of) 2) выжида́тельный; ~ policy выжида́тельная поли́тика; ~ treatment *мед.* выжида́тельная терапи́я; симптомати́ческое лече́ние 3) рассчи́тывающий (*на по-*

*лучение чего-л.*) 4) *эвф.* бере́менная; ~ mother же́нщина, гото́вящаяся стать ма́терью

**expectation** [ˌekspek'teɪʃən] *n* 1) ожида́ние 2) наде́жда, предвкуше́ние; *pl* ви́ды на бу́дущее, на насле́дство; beyond (contrary to) ~ сверх (про́тив) ожида́ния 3) вероя́тность; ~ of life предполага́емая сре́дняя продолжи́тельность жи́зни

**expectorant** [eks'pektərənt] *n мед.* отха́ркивающее сре́дство

**expectorate** [eks'pektəreɪt] *v* отха́ркивать, отка́шливать, плева́ть

**expectoration** [eksˌpektə'reɪʃən] *n* 1) отха́ркивание *и пр.* [*см.* expectorate] 2) вы́деленная мокро́та

**expedience, -cy** [ɪks'pi:djəns, -sɪ] *n* целесообра́зность; вы́годность

**expedient** [ɪks'pi:djənt] **1.** *a* подходя́щий, надлежа́щий, целесообра́зный, соотве́тствующий (*обстоятельствам*); вы́годный

**2.** *n* сре́дство для достиже́ния це́ли; приём, уло́вка; to go to every ~ пойти́ на всё

**expedite** ['ekspɪdaɪt] **1.** *a* 1) бы́стрый; незатрудне́нный 2) удо́бный

**2.** *v* 1) ускоря́ть; бы́стро выполня́ть 2) устраня́ть препя́тствия; облегча́ть, упроща́ть; to ~ matters упрости́ть де́ло 3) бы́стро отправля́ть

**expediter** ['ekspɪdaɪtə] *n* 1) диспе́тчер 2) аге́нт, кото́рому пору́чено продвиже́ние выполне́ния зака́зов *и т. п.*; ≅ толка́ч

**expedition** [ˌekspɪ'dɪʃən] *n* 1) экспеди́ция 2) быстрота́; поспе́шность; with ~ сро́чно, незамедли́тельно

**expeditionary** [ˌekspɪ'dɪʃənərɪ] *a* экспедицио́нный; ~ force экспедицио́нные войска́

**expeditious** [ˌekspɪ'dɪʃəs] *a* бы́стрый, ско́рый

**expel** [ɪks'pel] *v* 1) выгоня́ть, исключа́ть; удаля́ть 2) выбра́сывать, выта́лкивать 3) изгоня́ть, высыла́ть (*из страны*)

**expellee** [ˌɪkspe'li:] *n* изгна́нник

**expend** [ɪks'pend] *v* тра́тить (on), расхо́довать

**expendable** [ɪks'pendəbl] *a* 1) потребля́емый, расхо́дуемый 2) невозврати́мый

**expendables** [ɪks'pendəblz] *n pl воен.* расхо́дуемые предме́ты снабже́ния

**expenditure** [ɪks'pendɪtʃə] *n* 1) тра́та, расхо́д 2) потребле́ние

**expense** [ɪks'pens] *n* 1) тра́та, расхо́д; heavy ~s больши́е расхо́ды; to cut down ~s сократи́ть расхо́ды; to go to ~ тра́титься; to put smb. to ~ вводи́ть кого́-л. в расхо́д, заста́вить раскоше́литься 2) статья́ расхо́да 3) цена́; at the ~ of one's life цено́й жи́зни; to profit at the ~ of another получи́ть вы́году за счёт друго́го; to laugh at smb.'s ~ смея́ться над кем-л., выставля́ть кого́-л. на посме́шище

**expensive** [ɪks'pensɪv] *a* дорого́й, дорогосто́ящий

**experience** [ɪks'pɪərɪəns] **1.** *n* 1) (жи́зненный) о́пыт; to know smth. by (*или* from) ~ знать что-л. по о́пыту; to learn by ~ позна́ть что-л. на (го́рьком) о́пыте 2) пережива́ние 3) слу́чай; an unpleasant ~ неприя́тный слу́чай 4) *pl* (по)зна́ния 5) стаж, о́пыт рабо́ты 6) квалифика́ция, мастерство́

**2.** *v* испы́тывать, знать по о́пыту; to ~ bitterness of smth. позна́ть го́речь чего́-л.

**experienced** [ɪks'pɪərɪənst] **1.** *p. p. от* experience 2

**2.** *a* о́пытный, зна́ющий

**experiential** [eksˌpɪərɪ'enʃəl] *a филос.* осно́ванный на о́пыте; эмпири́ческий

**experiment** **1.** *n* [ɪks'perɪmənt] о́пыт, экспериме́нт

**2.** *v* [ɪks'perɪment] производи́ть о́пыты, эксперименти́ровать (on, with)

**experimental** [eksˌperɪ'mentl] *a* 1) эксперимента́льный, осно́ванный на о́пыте 2) про́бный 3) подо́пытный

**experimentalize** [eksˌperɪ'mentəlaɪz] *v* производи́ть о́пыты, эксперименти́ровать

**experimentally** [eksˌperɪ'mentəlɪ] *adv* о́пытным путём, в поря́дке о́пыта

**experimentation** [eksˌperɪmen'teɪʃən] *n* эксперименти́рование

**experimenter** [ɪks'perɪmentə] *n* эксперимента́тор, о́пытник

**expert** ['ekspə:t] **1.** *n* 1) знато́к, экспе́рт; специали́ст 2) *attr.*: ~ evidence мне́ние, показа́ние специали́стов

**2.** *a* о́пытный, иску́сный (at, in — в); квалифици́рованный

**expertise** [ˌekspə:'ti:z] *фр. n* 1) зна́ния и о́пыт (*в данной специальности*); компете́нция, зна́ние де́ла 2) эксперти́за

**expiate** ['ekspɪeɪt] *v книжн.* искупа́ть (*вину*)

**expiation** [ˌekspɪ'eɪʃən] *n книжн.* искупле́ние

**expiatory** ['ekspɪətərɪ] *a* искупи́тельный

**expiration** [ˌekspaɪə'reɪʃən] *n* 1) выдыха́ние; вы́дох 2) оконча́ние, истече́ние (*срока*)

**expiratory** [ɪks'paɪərətərɪ] *a* 1) выдыха́тельный 2) *фон.* экспирато́рный

**expire** [ɪks'paɪə] *v* 1) выдыха́ть 2) конча́ться, истека́ть (*о сроке*); теря́ть си́лу (*о законе и т. п.*) 3) умира́ть; угаса́ть

**expiry** [ɪks'paɪərɪ] *n* оконча́ние, истече́ние сро́ка

**explain** [ɪks'pleɪn] *v* 1) объясня́ть; толкова́ть (*значение*) 2) опра́вдывать, объясня́ть (*поведение*); to ~ oneself объясни́ться; предста́вить объясне́ния (в своё оправда́ние) ▭ ~ away опра́вдываться

**explainable** [ɪks'pleɪnəbl] *a* объясни́мый; поддаю́щийся толкова́нию

**explanation** [ˌeksplə'neɪʃən] *n* 1) объясне́ние, разъясне́ние 2) толкова́ние 3) оправда́ние

**explanatory** [ɪks'plænətərɪ] *a* объясни́тельный; толко́вый (*о словаре*)

**expletive** [eks'pli:tɪv] **1.** *a* 1) слу́жащий для заполне́ния пусто́го ме́ста; дополни́тельный, вставно́й 2) бра́нный

**2.** *n* 1) вставно́е сло́во 2) присло́вье *или* бра́нное выраже́ние

**explicable** ['eksplɪkəbl] *a* объясни́мый

**explicate** ['eksplɪkeɪt] *v* объясня́ть, развива́ть (*идею*); излага́ть (*план*)

**explication** [ˌeksplɪ'keɪʃən] *n* 1) объясне́ние; толкова́ние 2) развёртывание (*лепестков*) 3) *театр.* эксплика́ция, план постано́вки (*пьесы*)

**explicative** [eks'plɪkətɪv] *a* объясни́тельный

**explicatory** [eks'plɪkətərɪ] = explicative

**explicit** [ɪks'plɪsɪt] *a* 1) я́сный, подро́бный, вы́сказанный до конца́; я́вный; то́чный, определённый; he is quite ~ on the point он соверше́нно то́чно формули́рует своё мне́ние по э́тому вопро́су 2) *мат.* я́вный; ~ function я́вная фу́нкция

**explode** [ɪks'pləud] *v* 1) взрыва́ть (-ся) 2) разбива́ть, подрыва́ть (*теорию и т. п.*) 3) разража́ться (*гневом и т. п.*); to ~ with laughter разрази́ться гро́мким сме́хом 4) распуска́ться (*о цветах*)

**exploded** [ɪks'pləudɪd] **1.** *p. p. от* explode

**2.** *a*: ~ custom упразднённый обы́чай

**exploder** [ɪks'pləudə] *n* взрыва́тель; детона́тор

**exploit** I ['eksplɔɪt] *n* по́двиг

**exploit** II [ɪks'plɔɪt] *v* 1) эксплуати́ровать 2) разраба́тывать (*копи*) 3) *воен.*: to ~ success развива́ть успе́х

**exploitation** [ˌeksplɔɪ'teɪʃən] *n* 1) эксплуата́ция 2) *горн.* разрабо́тка месторожде́ния

**exploiter** [ɪks'plɔɪtə] *n* эксплуата́тор

**exploration** [ˌeksplɔ:'reɪʃən] *n* 1) иссле́дование 2) *воен. уст.* да́льняя разве́дка

**explorative** [eks'plɔ:rətɪv] = exploratory

**exploratory** [eks'plɔ:rətərɪ] *a* иссле́дующий; иссле́довательский

**explore** [ɪks'plɔ:] *v* 1) иссле́довать; обсле́довать; изуча́ть 2) выясня́ть, разве́дывать 3) иссле́довать, зонди́ровать (*рану*) 4) *горн., геол.* разве́дывать

**explorer** [ɪks'plɔ:rə] *n* 1) иссле́дователь; геологоразве́дчик 2) *мед.* зонд

**explosion** [ɪks'pləuʒən] *n* 1) взрыв 2) вспы́шка (*гнева и т. п.*) 3) *attr.*: ~ engine *тех.* дви́гатель вну́треннего сгора́ния; ~ stroke рабо́чий такт (*двигателя внутреннего сгорания*)

**explosive** [ɪks'pləusɪv] **1.** *a* 1) взры́вчатый; ~ bomb фуга́сная бо́мба; ~ bullet разрывна́я пу́ля 2) вспы́льчивый 3) *фон.* взрывно́й

**2.** *n* 1) взры́вчатое вещество́ 2) *фон.* взрывно́й согла́сный

**exponent** [eks'pəunənt] **1.** *n* 1) истолкова́тель 2) представи́тель (*теории, направления и т. п.*) 3) исполни́тель (*музыкального произведения и т. п.*) 4) образе́ц, тип 5) экспоне́нт; лицо́ *или* организа́ция, принима́ющие участие в выставке 6) *мат.* экспонéнт, показáтель стéпени

**2.** *a* объяснúтельный

**exponential** [ˌekspəu'nenʃəl] *a мат.* экспоненциáльный, показáтельный

**export 1.** *n* ['ekspɔːt] 1) э́кспорт, вы́воз 2) предмéт вы́воза 3) (*обыкн. pl*) óбщее колúчество, óбщая сýмма вы́воза 4) *attr.* э́кспортный, вывознóй; ~ duty э́кспортная пóшлина

**2.** *v* [eks'pɔːt] экспортúровать, вывозúть (*товары*)

**exportation** [ˌekspɔː'teɪʃən] *a* вы́воз, экспортúрование

**exporter** [eks'pɔːtə] *n* экспортёр

**expose** [ɪks'pəuz] *v* 1) выставля́ть, подвергáть дéйствию (*солнца, ветра и т. п.*); оставля́ть незащищённым; a house ~d to the south дом, обращённый на юг 2) подвергáть (*опасности, риску и т. п.*); бросáть на произвóл судьбы́; to ~ to difficulties стáвить в затруднúтельное положéние; to ~ a child остáвить ребёнка на произвóл судьбы́, подкúнуть ребёнка 3) выставля́ть (*напоказ, на продажу*) 4) раскрывáть (*секрет*) 5) разоблачáть 6) *фото* дéлать вы́держку

**exposé** [eks'pəuzeɪ] *фр. n* публúчное разоблачéние

**exposition** [ˌekspəu'zɪʃən] *n* 1) описáние, изложéние; толковáние 2) вы́ставка, покáз, экспозúция 3) *фото* вы́держка, экспозúция 4) *лит., муз.* экспозúция

**expositive** [eks'pɔzɪtɪv] *a* описáтельный; объяснúтельный

**expositor** [eks'pɔzɪtə] *n* толковáтель; комментáтор

**expository** [eks'pɔzɪtərɪ] *a* объяснúтельный

**expostulate** [ɪks'pɔstjuleɪt] *v* 1) дрýжески пеня́ть; увещевáть (with — *кого-л.*; about, for, on — в *чём-л.*) 2) спóрить 3) протестовáть

**expostulation** [ɪksˌpɔstju'leɪʃən] *n* увещевáние, попы́тка разубедúть

**exposure** [ɪks'pəuʒə] *n* 1) выставлéние (*на солнце, под дождь и т. п.*) 2) подвергáние (*риску, опасности и т. п.*) 3) оставлéние (*ребёнка*) на произвóл судьбы́ 4) разоблачéние 5) вы́ставка (*гл. обр. товаров*) 6) местоположéние, вид; the room has a southern ~ кóмната выхóдит на юг 7) *фото* экспозúция 8) *геол.* обнажéние *или* вы́ход пластóв 9) метеорологúческая свóдка 10) *attr.*: ~ hazards риск, свя́занный с воздéйствием внéшних фáкторов (*облучением и т. п.*); ~ meter *фото* экспонóметр

**expound** [ɪks'paund] *v* 1) излагáть 2) разъясня́ть, толковáть

**express** [ɪks'pres] **1.** *n* 1) *ж.-д.* экспрéсс 2) срóчное (почтóвое) отправлéние 3) *амер.* пересы́лка дéнег, багажá, товáров *и т. п.* с нáрочным *или* чéрез посрéдство трáнспортной контóры 4) *амер.* чáстная трáнспортная контóра (*тж.* ~ company)

**2.** *a* 1) определённый, тóчно вы́раженный; ~ desire настóйчивое желáние; настоя́тельная прóсьба; the ~ image of his person егó тóчная кóпия 2) специáльный, нарочúтый 3) срóчный; курьéрский; ~ train курьéрский пóезд, экспрéсс; ~ delivery срóчная достáвка; ~ bullet облегчённая пýля с повы́шенной скóростью; ~ rifle винтóвка с повы́шенной начáльной скóростью пýли

**3.** *adv* 1) спéшно, óчень бы́стро; с нáрочным 2): to travel ~ éхать экспрéссом

**4.** *v* 1) выражáть (пря́мо, я́сно); to be unable to ~ oneself не умéть вы́сказаться, вы́разить свои мы́сли; the agreement is ~ed so as... соглашéние предусмáтривает... 2) выжимáть (from, out of) 3) отправля́ть срóчной пóчтой *или* с нáрочным (*письмо, посылку*) 4) *амер.* отправля́ть чéрез посрéдство трáнспортной контóры (*багаж и т. п.*) 5) éхать экспрéссом

**expressible** [ɪks'presəbl] *a* выразúмый

**expression** [ɪks'preʃən] *n* 1) выражéние; beyond ~ невыразúмо; to give ~ to one's feelings выражáть свои чýвства, давáть вы́ход своúм чýвствам 2) выражéние (*лица, глаз и т. п.*) 3) выражéние, оборóт рéчи 4) выразúтельность, экспрéссия 5) выжимáние (*сока, масла и т. п.*)

**expressionism** [ɪks'preʃnɪzm] *n иск.* экспрессионúзм

**expressive** [ɪks'presɪv] *a* 1) выразúтельный; многозначúтельный; ~ glance многозначúтельный взгляд 2) выражáющий; ~ of joy (despair) выражáющий рáдость (отчáяние)

**expressly** [ɪks'preslɪ] *adv* 1) нарочúто; специáльно 2) тóчно, я́сно

**expressman** [ɪks'presmæn] *n амер.* агéнт трáнспортной контóры

**express way** [ɪks'pres'weɪ] *n* автострáда; автомагистрáль с сквозны́м движéнием

**expropriate** [eks'prəuprɪeɪt] *v* 1) экспроприúровать 2) отчуждáть, лишáть

**expropriation** [eksˌprəuprɪ'eɪʃən] *n* 1) экспроприáция 2) отчуждéние; конфискáция имýщества

**expulsion** [ɪks'pʌlʃən] *n* 1) изгнáние; исключéние (*из школы, клуба*) 2) *тех.* вы́хлоп, вы́пуск; продýвка

**expulsive** [ɪks'pʌlsɪv] *a* изгоня́ющий

**expunge** [eks'pʌndʒ] *v* вычёркивать (*из списка, из книги*)

**expurgate** ['ekspəːgeɪt] *v* вычёркивать нежелáтельные местá (*в книге*)

**expurgation** [ˌekspəː'geɪʃən] *n* вычёркивание (*нежелательных мест в книге*)

**exquisite** ['ekskwɪzɪt] **1.** *n* фат, щёголь, дéнди

**2.** *a* 1) изы́сканный, утончённый 2) совершённый, закóнченный 3) óстрый (*об ощущении*)

**exsanguinate** [ek'sæŋgwɪneɪt] *v* обескрóвить

**exsanguine** [ek'sæŋgwɪn] *a* бескрóвный, анемúчный

**exscind** [ek'sɪnd] *v* вырезáть, отсекáть

**ex-service** ['eks'səːvɪs] *a* демобилизóванный, отставнóй

**ex-serviceman** ['eks'səːvɪsmən] *n* демобилизóванный *или* отставнóй воéнный; ветерáн войны́, бы́вший фронтовúк

**exsiccate** ['eksɪkeɪt] *v* 1) высýшивать 2) иссыхáть

**exsiccation** [ˌeksɪ'keɪʃən] *n* высýшивание

**extant** [eks'tænt] *a* сохранúвшийся, существýющий в настоя́щее врéмя, налúчный

**extemporaneous** [eksˌtempə'reɪnjəs] *a* 1) импровизúрованный, неподготóвленный 2) случáйный, незапланúрованный; спонтáнный

**extemporary** [ɪks'tempərərɪ] = extempore 1

**extempore** [eks'tempərɪ] **1.** *a* неподготóвленный, импровизúрованный

**2.** *adv* без подготóвки, экспрóмтом

**extemporization** [eksˌtempəraɪ'zeɪʃən] *n* импровизáция; экспрóмт

**extemporize** [ɪks'tempəraɪz] *v* импровизúровать

**extend** [ɪks'tend] *v* 1) простирáть (-ся); тянýть(ся) 2) протя́гивать; to ~ one's hand for a handshake протянýть рýку для рукопожáтия 3) вытя́гивать; натя́гивать (*проволоку между столбами и т. п.*) 4) расширя́ть (*дом и т. п.*); продолжáть (*дорогу и т. п.*); удлиня́ть, продлúть, оттянýть (*срок*) 5) распространя́ть (*влияние*) 6) окáзывать (*покровительство, внимание* — to); to ~ sympathy and kindness to smb. проявúть симпáтию и внимáние к комý-л. 7) увелúчивать вы́ход продýкта добáвками, прúмесями (*обыкн. ухудшающими качество*) 8) *воен.* рассыпáть(ся) цéпью 9) (*обыкн. pass.*) *спорт.* напрягáть сúлы

**extended** [ɪks'tendɪd] **1.** *p. p. от* extend

**2.** *a* 1) протя́нутый 2) длúтельный; обшúрный 3) продóлженный; ~ payment продлённый срок уплáты 4) протяжённый; ~ order *воен.* расчленённый строй 5) *грам.* распространённый; simple ~ sentence простóе распространённое предложéние

**extender** [ɪks'tendə] *n тех.* наполнúтель (*пластмассы и т. п.*)

**extensibility** [ɪksˌtensə'bɪlɪtɪ] *n* растяжúмость

**extensible** [ɪks'tensəbl] *a* растяжúмый

**extensile** [eks'tensaɪl] *a* растяжúмый

**extension** [ɪks'tenʃən] *n* 1) вытя́гивание 2) протяжéние; протяжённость 3) расширéние, распространéние; удлинéние; продолжéние, развúтие; to put an ~ to one's house сдéлать пристрóйку к дóму; the son was an ~ of his father сын был весь в отцá 4) отсрóчка; продлéние 5) *ж.-д.* вéтка 6) *мед.* выпрямлéние; вытяжéние 7) *тех.* настáвка, удлинúтель 8) дополнúтельный телефóн (*с тем же номером*); отводнáя трýбка; добáвочный нóмер (*в коммутаторе*) 9) *воен.*

размыка́ние (*строя*) 10) *attr.*: ~ table раздвижно́й стол; ~ apparatus *мед.* приспособле́ние (*в ортопедии*) для вытяже́ния ◇ University E. популя́рные ле́кции; зао́чные ку́рсы; практи́ческие заня́тия, организу́емые университе́том для лиц, не явля́ющихся студе́нтами

**extensive** [ɪksˈtensɪv] *a* 1) обши́рный, простра́нный; ~ discussion широ́кое обсужде́ние 2) далеко́ иду́щий; ~ plans обши́рные пла́ны 3) *с.-х.* экстенси́вный

**extensively** [ɪksˈtensɪvlɪ] *adv* 1) широко́ 2) простра́нно 3) во все сто́роны; to travel ~ мно́го путеше́ствовать; е́здить по ра́зным стра́нам

**extensor** [ɪksˈtensə] *n анат.* разгиба́ющая мы́шца, разгиба́тель

**extent** [ɪksˈtent] *n* 1) протяже́ние, простра́нство 2) сте́пень, ме́ра; to what ~? до како́й сте́пени, наско́лько?; to a great ~ в значи́тельной сте́пени; to the full ~ of one's power в по́лную си́лу; to such an ~ до тако́й сте́пени; to exert oneself to the utmost ~ стара́ться изо всех сил

**extenuate** [eksˈtenjueɪt] *v* 1) ослабля́ть 2) стара́ться найти́ извине́ние; смягча́ть (*вину*) 3) служи́ть оправда́нием, извине́нием; nothing can ~ his wrong-doing его́ посту́пку нет оправда́ния

**extenuation** [eksˌtenjuˈeɪʃən] *n* 1) изнуре́ние, истоще́ние; ослабле́ние 2) извине́ние, части́чное оправда́ние

**extenuatory** [eksˈtenjuətərɪ] *a* смягча́ющий (*вину*); ослабля́ющий (*боль*)

**exterior** [eksˈtɪərɪə] **1.** *n* 1) вне́шность, нару́жность; вне́шняя, нару́жная сторона́ 2) экстерье́р (*животного*) 3) *жив.* откры́тый пейза́ж 4) *кино* нату́ра; съёмка на нату́ре

**2.** *a* 1) вне́шний, нару́жный; ~ angle вне́шний у́гол 2) иностра́нный, зарубе́жный 3) посторо́нний; without ~ help без посторо́нней по́мощи

**exteriority** [eksˌtɪərɪˈɔrɪtɪ] *n* вне́шняя сторона́; положе́ние вне чего́-л.

**exteriorize** [eksˈtɪərɪəraɪz] = externalize

**exterminate** [ɪksˈtə:mɪneɪt] *v* искореня́ть; истребля́ть

**extermination** [ɪksˌtə:mɪˈneɪʃən] *n* уничтоже́ние, истребле́ние; искорене́ние

**exterminator** [ɪksˈtə:mɪneɪtə] *n* 1) истреби́тель, искорени́тель 2) истребля́ющее сре́дство

**exterminatory** [ɪksˈtə:mɪnətərɪ] *a* истребля́ющий, истреби́тельный

**external** [eksˈtə:nl] **1.** *a* 1) нару́жный, вне́шний; for ~ use only то́лько для нару́жного употребле́ния; ~ ear *анат.* нару́жное у́хо 2) находя́щийся, лежа́щий вне, за преде́лами (*чего-л.*); ~ force вне́шняя си́ла; ~ reality объекти́вное существова́ние ми́ра вне нас; ~ evidence объекти́вные показа́ния *или* да́нные; ~ world вне́шний мир, мир вне нас 3) (чи́сто) вне́шний, несуще́ственный; ~ circumstances обстоя́тельства, не име́ющие суще́ственного значе́ния 4) иностра́нный, вне́шний (*о политике, торговле*)

**2.** *n pl* 1) вне́шность; вне́шнее, несуще́ственное; to judge by ~s суди́ть по вне́шности 2) вне́шние обстоя́тельства

**externality** [ˌekstə:ˈnælɪtɪ] *n* вне́шность

**externalize** [eksˈtə:nəlaɪz] *v* 1) воплоща́ть, придава́ть материа́льную фо́рму; облека́ть в конкре́тную фо́рму 2) ви́деть причи́ну во вне́шних обстоя́тельствах; to ~ one's failure припи́сать неуда́чу де́йствию вне́шних фа́кторов

**exterritorial** [ˈeksˌterɪˈtɔ:rɪəl] *a* экстерриториа́льный

**exterritoriality** [ˈeksˌterɪtɔ:rɪˈælɪtɪ] *n* экстерриториа́льность

**extinct** [ɪksˈtɪŋkt] *a* 1) поту́хший; ~ volcano поту́хший вулка́н 2) уга́сший (*о чувствах, жизни и т. п.*) 3) вы́мерший 4) не име́ющий продолжа́теля ро́да, насле́дника (*дворянского титула и т. п.*) 5) вы́шедший из употребле́ния (*о слове, обычае и т. п.*)

**extinction** [ɪksˈtɪŋkʃən] *n* 1) туше́ние 2) угаса́ние, потуха́ние 3) гаше́ние (*извести*) 4) вымира́ние (*рода*) 5) прекраще́ние (*вражды*) 6) *юр.* погаше́ние (*долга*)

**extinguish** [ɪksˈtɪŋgwɪʃ] *v* 1) гаси́ть, туши́ть 2) затмева́ть 3) уничтожа́ть, убива́ть (*надежду, любовь, жизнь*) 4) *юр.* выпла́чивать, погаша́ть; аннули́ровать

**extinguisher** [ɪksˈtɪŋgwɪʃə] *n* гаси́тель; огнетуши́тель

**extirpate** [ˈekstə:peɪt] *v* 1) искореня́ть, вырыва́ть с ко́рнем; истребля́ть 2) *мед.* удаля́ть; вылу́щивать

**extirpation** [ˌekstə:ˈpeɪʃən] *n* 1) искорене́ние, истребле́ние 2) *мед.* удале́ние; вылуще́ние, экстирпа́ция

**extirpator** [ˈekstə:peɪtə] *n* 1) искорени́тель 2) *с.-х.* экстирпа́тор, культива́тор

**extol** [ɪksˈtəul] *v* превозноси́ть, расхва́ливать

**extort** [ɪksˈtɔ:t] *v* вымога́ть (*деньги*); выпы́тывать (*тайну и т. п.*)

**extortion** [ɪksˈtɔ:ʃən] *n* 1) вымога́тельство 2) назначе́ние граби́тельских цен

**extortionate** [ɪksˈtɔ:ʃnɪt] *a* 1) вымога́тельский 2) граби́тельский (*о ценах*)

**extortioner** [ɪksˈtɔ:ʃnə] *n* вымога́тель, граби́тель

**extra** [ˈekstrə] **1.** *n* 1) что-л. дополни́тельное; сверх програ́ммы; припла́та; service, fire and light are ~s за услу́ги, отопле́ние и освеще́ние осо́бая пла́та 2) вы́сший сорт 3) э́кстренный вы́пуск (*газеты*) 4) *театр., кино* стати́ст 5) *pl* накладны́е расхо́ды

**2.** *a* 1) доба́вочный, дополни́тельный; ~ duty дополни́тельные обя́занности 2) ли́шний, изли́шний; she has nothing ~ around her waist у неё безукори́зненная та́лия; ≅ ничего́ ли́шнего 3) вы́сшего ка́чества

**3.** *adv* 1) осо́бо, осо́бенно 2) дополни́тельно; charged ~ опла́чиваемый дополни́тельно

**extra-** [ˈekstrə-] *pref* сверх-, осо́бо-, вне-, экстра-; extraordinary необы́чный, чрезвыча́йный; extra-territorial экстерриториа́льный

**extracellular** [ˈekstrəˈseljulə] *a биол.* внеклё́точный

**extract** **1.** *n* [ˈekstrækt] 1) *хим.* экстра́кт 2) вы́держка, извлече́ние (*из книги*)

**2.** *v* [ɪksˈtrækt] 1) выта́скивать, удаля́ть (*зуб*); извлека́ть (*пулю*); выжима́ть (*сок*) 2) вырыва́ть (*согласие и т. п.*); извлека́ть (*выгоду, удовольствие и т. п.*); to ~ information вы́удить све́дения 3) получа́ть экстра́кт 4) *мат.* извлека́ть (*корень*) 5) выбира́ть (*примеры, цитаты*); де́лать вы́держки

**extraction** [ɪksˈtrækʃən] *n* 1) извлече́ние; добыва́ние; экстра́кция 2) происхожде́ние; of Indian ~ инди́ец по происхожде́нию 3) экстра́кт, эссе́нция

**extractive** [ɪksˈtræktɪv] **1.** *a* 1) извлека́емый, добыва́емый 2) добыва́ющий; ~ industries добыва́ющие о́трасли промы́шленности 3) экстракти́вный

**2.** *n* экстра́кт

**extractor** [ɪksˈtræktə] *n* 1) извлека́ющее устро́йство; экстра́ктор 2) *мед.* щипцы́ 3) выбра́сыватель (*в оружии*)

**extraditable** [ˈekstrədaɪtəbl] *a* 1) подлежа́щий вы́даче (*о преступнике*) 2) обусло́вливающий вы́дачу (*преступника*)

**extradite** [ˈekstrədaɪt] *v* выдава́ть (*преступника другому государству*)

**extradition** [ˌekstrəˈdɪʃən] *n* вы́дача (*преступника другому государству*), экстради́ция

**extra-judicial** [ˈekstrədʒu(:)ˈdɪʃəl] *a юр.* не относя́щийся к рассма́триваемому де́лу; неофициа́льный; сде́ланный вне заседа́ния суда́ (*о заявлении сторон*)

**extramarital** [ˈekstrəˈmærɪtl] *a* внебра́чный; добра́чный; ~ affair связь на стороне́ (*женатого или замужней*)

**extra-mundane** [ˈekstrəˈmʌndeɪn] *a* потусторо́нний

**extra-mural** [ˈekstrəˈmjuərəl] *a* 1): ~ interment погребе́ние вне городски́х стен 2) зао́чный *или* вече́рний; ~ courses ку́рсы зао́чного обуче́ния; ци́клы университе́тских ле́кций и заня́тий для лиц, не явля́ющихся студе́нтами

**extraneous** [eksˈtreɪnjəs] *a* вне́шний, поступа́ющий извне́; чу́ждый, посторо́нний; ~ body иноро́дное те́ло

**extra-official** [ˈekstrəəˈfɪʃəl] *a* не входя́щий в круг обы́чных обя́занностей

**extraordinarily** [ɪksˈtrɔ:dnrɪlɪ] *adv* соверше́нно необы́чно, необыча́йным о́бразом

**extraordinary** [ɪksˈtrɔ:dnrɪ] *a* 1) необыча́йный; выдаю́щийся, незауря́дный 2) чрезвыча́йный; экстраордина́рный; ~ measures чрезвыча́йные ме́ры 3) необы́чный, стра́нный; удиви́тельный 4) [ˌekstrəˈɔːdnrɪ] *дип.* чрезвыча́йный (*посланник и т. п.*)

**extrapolation** [eksˌtræpəuˈleɪʃən] *n мат.* экстраполя́ция

**extrasensory** [ˈekstrəˈsensərɪ] *a филос.* непознава́емый чу́вствами

**extra-territorial** [ˈekstrəˌterɪˈtɔːrɪəl] = exterritorial

**extravagance, -cy** [ɪksˈtrævɪgəns, -sɪ] *n* 1) расточи́тельность 2) сумасбро́дство; блажь; причу́ды 3) преувеличе́ние, кра́йность; несде́ржанность

**extravagant** [ɪksˈtrævɪgənt] *a* 1) расточи́тельный 2) сумасбро́дный, неле́пый; экстрава́га́нтный (*о внешности, поступке*) 3) непоме́рный (*о требованиях, цене*) 4) кра́йний (*о взглядах, мнении*) 5) *уст.* блужда́ющий

**extravaganza** [eksˌtrævəˈgænzə] *n* 1) фантасти́ческая пье́са; буффона́да; фее́рия 2) неле́пая вы́ходка; несде́ржанная речь

**extravasation** [eksˌtrævəˈseɪʃən] *n мед.* 1) кровоизлия́ние 2) кровоподтёк, синя́к

**extravehicular** [ˈekstrəvɪˈhɪkjulə] *a* свя́занный с вы́ходом космона́вта из косми́ческого корабля́ в ко́смос; ~ period вре́мя пребыва́ния вне косми́ческого корабля́; ~ activity рабо́та вне косми́ческого корабля́

**extreme** [ɪksˈtriːm] **1.** *n* 1) кра́йняя сте́пень, кра́йность; to run to an ~ впада́ть в кра́йность; to go to ~s идти́ на кра́йние ме́ры; in the ~ в вы́сшей сте́пени; ~s meet кра́йности схо́дятся 2) *pl мат.* кра́йние чле́ны (*пропорции*)

**2.** *a* 1) кра́йний; ~ old age глубо́кая ста́рость; ~ views кра́йние, экстреми́стские взгля́ды; ~ youth ра́нняя мо́лодость; the ~ penalty (of the law) *юр.* вы́сшая ме́ра наказа́ния; ~ reform радика́льная рефо́рма 2) чрезвыча́йный 3) после́дний; in one's ~ moments пе́ред сме́ртью

**extremely** [ɪksˈtriːmlɪ] *adv* чрезвыча́йно, кра́йне; *разг.* о́чень

**extremeness** [ɪksˈtriːmnɪs] *n* кра́йность (*взглядов*)

**extremist** [ɪksˈtriːmɪst] *n* экстреми́ст, сторо́нник кра́йних мер, кра́йних взгля́дов

**extremity** [ɪksˈtremɪtɪ] *n* 1) коне́ц, край, оконе́чность 2) *pl* коне́чности 3) кра́йность, кра́йняя нужда́; in the worst ~ в слу́чае кра́йней необходи́мости; to drive smb. to ~ доводи́ть кого́-л. до кра́йности, до отча́яния 4) *pl* чрезвыча́йные ме́ры

**extricate** [ˈekstrɪkeɪt] *v* 1) выводи́ть (*из затруднительного положения*; from, out of); to ~ oneself а) выпу́тываться; б) *воен.* отрыва́ться от проти́вника; to ~ casualties *воен.* выноси́ть ра́неных 2) разреша́ть (*сложную проблему*) 3) *уст.* распу́тывать (*клубок*)

**extrication** [ˌekstrɪˈkeɪʃən] *n* выпу́тывание, высвобожде́ние

**extrinsic(al)** [eksˈtrɪnsɪk(əl)] *a* 1) вне́шний, посторо́нний 2) несво́йственный, непрису́щий

**extroversion** [ˌekstrəuˈvəːʃən] *n* 1) *психол.* сосредото́ченность на вне́шних предме́тах 2) чрезме́рная заинтересо́ванность во вне́шнем успе́хе, материа́льных бла́гах; отсу́тствие духо́вных интере́сов

**extrovert** [ˈekstrəuvəːt] *n* 1) *психол.* челове́к, интересу́ющийся то́лько вне́шними предме́тами 2) челове́к, интересу́ющийся то́лько ли́чным благополу́чием; челове́к без духо́вных интере́сов

**extrude** [eksˈtruːd] *v* 1) выта́лкивать, вытесня́ть 2) *тех.* штампова́ть, прессова́ть, выда́вливать

**extrusion** [eksˈtruːʒən] *n* 1) выта́лкивание, вытесне́ние; изгна́ние 2) *тех.* экстру́зия

**exuberance, -cy** [ɪgˈzjuːbərəns, -sɪ] *n* изоби́лие, избы́ток, бога́тство

**exuberant** [ɪgˈzjuːbərənt] *a* 1) оби́льный; ~ health избы́ток здоро́вья 2) бу́йный, пы́шно расту́щий (*о растительности*) 3) бью́щий че́рез край; бу́рный; ~ high spirits неудержи́мое весе́лье 4) плодови́тый (*о писателе и т. п.*) 5) многосло́вный, цвети́стый

**exuberate** [ɪgˈzjuːbəreɪt] *v редк.* изоби́ловать

**exudation** [ˌeksjuːˈdeɪʃən] *n* 1) проступа́ние, выделе́ние (*пота*) че́рез по́ры 2) *мед.* экссуда́т

**exude** [ɪgˈzjuːd] *v* выделя́ть(ся) (*о поте и т. п.*); проступа́ть сквозь по́ры

**exult** [ɪgˈzʌlt] *v* ра́доваться, ликова́ть, торжествова́ть; to ~ at (*или* over) one's success ра́доваться свои́м успе́хам; to ~ in one's victory торжествова́ть свою́ побе́ду

**exultancy** [ɪgˈzʌltənsɪ] = exultation

**exultant** [ɪgˈzʌltənt] *a* лику́ющий

**exultation** [ˌegzʌlˈteɪʃən] *n* ликова́ние, торжество́

**exuviae** [ɪgˈzjuːvɪiː] *n pl* 1) *зоол.* сбро́шенные при ли́ньке покро́вы живо́тных (*кожа, чешуя*) 2) *геол.* оста́тки первобы́тной фа́уны

**exuviate** [ɪgˈzjuːvɪeɪt] *v* линя́ть, сбра́сывать ко́жу, чешую́

**exuviation** [ɪgˌzjuːvɪˈeɪʃən] *n* ли́нька, сбра́сывание ко́жи, чешуи́

**eyas** [ˈaɪəs] *n* 1) соколёнок, птене́ц со́кола 2) *attr.* неопери́вшийся; ~ thoughts незре́лые мы́сли

**eye** [aɪ] **1.** *n* 1) глаз; о́ко; зре́ние 2) взгляд, взор; easy on the ~ прия́тный на вид; to set ~s on smb., smth. останови́ть свой взгляд на ком-л., чём-л.; обрати́ть внима́ние на кого́-л., что-л. 3) взгля́ды; сужде́ние; in the ~s of smb. в чьих-л. глаза́х; in my ~s по-мо́ему; in the ~ of the law в глаза́х зако́на 4) глазо́к (*в двери для наблюдения*) 5) ушко́ (*иголки*); пе́телька; проу́шина 6) *бот.* глазо́к 7) рису́нок в фо́рме гла́за (*на оперении павлина*) 8) глазо́к (*в сыре*) 9) *sl.* сы́щик, детекти́в; a private ~ ча́стный сы́щик 10) *sl.* экра́н телеви́зора 11) *горн.* у́стье ша́хты 12) *метео* центр тропи́ческого цикло́на ◇ black ~ а) подби́тый глаз; б) *амер.* плоха́я репута́ция; a quick ~ о́стрый глаз, наблюда́тельность; to be all ~s глядеть во все глаза́; to have (*или* to keep) an ~ on (*или* to) smb., smth. следи́ть за кем-л., чем-л.; to close one's ~s to smth. закрыва́ть глаза́ на что-л., не замеча́ть чего́-л.; to make ~s at smb. де́лать гла́зки кому́-л.; to have an ~ for smth. а) облада́ть наблюда́тельностью; име́ть зо́ркий глаз; б) быть знатоко́м чего́-л.; уме́ть разбира́ться в чём-л.; to have a good ~ for a bargain покупа́ть с то́лком; to see with half an ~ сра́зу уви́деть, поня́ть (*что-л.*); one could see it with half an ~ э́то бы́ло ви́дно с пе́рвого взгля́да; if you had half an ~... е́сли бы вы не́ бы́ли соверше́нно сле́пы...; up to the ~ in work (in debt) ≅ по́ уши в рабо́те (в долгу́); ~s right! (left!, front!) *воен.* равне́ние напра́во! (нале́во! пря́мо!) (*команда*); the ~ of day со́лнце; небе́сное о́ко; ~ for ~ *библ.* о́ко за о́ко; four ~s see more than two *посл.* ≅ ум хорошо́, а два лу́чше; to have ~s at the back of one's head всё замеча́ть; in the mind's ~ в воображе́нии, мы́сленно; to keep one's ~s open (*или* clean, skinned, peeled) *sl.* смотре́ть в о́ба; держа́ть у́хо востро́; with an ~ to с це́лью; для того́, что́бы; to make smb. open his (her) ~s удиви́ть кого́-л.; it was a sight for sore ~s э́то ласка́ло глаз; (oh) my ~(s)! *восклицание удивления*; all my ~ (and Betty Martin)! чепуха́!, вздор!

**2.** *v* смотре́ть, при́стально разгля́дывать; наблюда́ть

**eyeball** [ˈaɪbɔːl] *n* глазно́е я́блоко

**eye-bath** [ˈaɪbɑːθ] *n мед.* глазна́я ва́нночка

**eye-beam** [ˈaɪbiːm] *n* бы́стрый взгляд

**eyebrow** [ˈaɪbrau] *n* 1) бровь; to raise the ~s подня́ть бро́ви (*выражая удивление или пренебрежение*) 2) *attr.*: ~ pencil каранда́ш для брове́й

**eye-catcher** [ˈaɪˌkætʃə] *n* не́что, броса́ющееся в глаза́; я́ркое зре́лище

**eye-cup** [ˈaɪkʌp] *n мед.* глазна́я ва́нночка (*в форме рюмки*)

**eyeful** [ˈaɪful] *n* 1): to get an ~ вдо́сталь наслади́ться созерца́нием (*чего-л.*) 2) *разг.* восхити́тельное зре́лище 3) *разг.* преле́стная же́нщина

**eye-glass** [ˈaɪglɑːs] *n* 1) ли́нза; окуля́р 2) моно́кль 3) *pl* пенсне́; лорне́т; очки́ 4) = eye-bath

**eyehole** [ˈaɪhəul] *n* 1) глазна́я впа́дина 2) щёлка (*для подсматривания*), глазо́к

**eyelash** [ˈaɪlæʃ] *n* 1) ресни́чка 2) (*тж. pl*) ресни́цы ◇ without turning an ~ нима́ло не смуща́ясь

**eyeless** [ˈaɪlɪs] *a* 1) безгла́зый 2) *поэт.* незря́чий, слепо́й

**eyelet** [ˈaɪlɪt] *n* 1) ушко́, пе́телька; небольшо́е отве́рстие 2) = eyehole 2)

**eyelid** [ˈaɪlɪd] *n* ве́ко

**eye-opener** [ˈaɪˌəupnə] *n* 1) *разг.* что-л., вызыва́ющее си́льное удивле́ние; что-л., открыва́ющее челове́ку глаза́ на действи́тельное положе́ние вещей 2) *sl.* глото́к спиртно́го (*особ. утром*)

**eyepiece** [ˈaɪpiːs] *n* окуля́р (*оптического прибора*)

**eye-service** [ˈaɪˌsəːvɪs] *n* 1) рабо́та, хорошо́ исполня́емая то́лько под наблюде́нием; рабо́та из-под па́лки 2) показна́я пре́данность

**eyeshadow** [ˈaɪˌʃædəu] *n* каранда́ш для век

**eyeshot** [ˈaɪʃɔt] *n* по́ле зре́ния; out of (within) ~ вне по́ля (в по́ле) зре́ния

**eyesight** [ˈaɪsaɪt] *n* зре́ние; good (poor) ~ хоро́шее (плохо́е) зре́ние

**eye-socket** [ˈaɪˌsɔkɪt] *n* глазни́ца

**eyesore** [ˈaɪsɔː] *n* что-л. проти́вное, оскорби́тельное (*для глаза*); бельмо́ на глазу́; to be an ~ оскорбля́ть взор

**eye-spotted** [ˈaɪˌspɔtɪd] *a* испещрённый глазка́ми, пя́тнышками

**eye-tooth** [ˈaɪtuːθ] *n анат.* глазно́й зуб ◇ to cut one's eye-teeth приобрести́ жи́зненный о́пыт, образу́миться, остепени́ться

**eyewash** [ˈaɪwɔʃ] *n* 1) примо́чка для глаз 2) *разг.* очковтира́тельство

**eyewater** [ˈaɪˌwɔːtə] *n* 1) = eyewash 1); 2) слёзы 3) *sl.* джин

**eye-wink** [ˈaɪwɪŋk] *n* 1) (бы́стрый) взгляд 2) миг

**eyewitness** [ˈaɪˈwɪtnɪs] *n* очеви́дец; свиде́тель

**eyre** [ɛə] *n ист.* выездна́я се́ссия суда́

# F

**F, f** [ef] *n* (*pl* Fs, F's [efs] 1) *6-я буква англ. алфавита* 2) *муз.* фа 3) *амер.* неудовлетвори́тельная оце́нка (*в школе и некоторых колледжах*) 4) *амер. разг.* пло́хо успева́ющий студе́нт

**fa** [fɑː] *n муз.* фа

**fab** [fæb] *a sl.* потряса́ющий; ска́зочный

**Fabian** [ˈfeɪbjən] **1.** *a* 1) осторо́жный, выжида́тельный (*о политике, стратегии, тактике*) 2) фабиа́нский

**2.** *n* фабиа́нец

**fable** [ˈfeɪbl] **1.** *n* 1) ба́сня 2) *собир.* ми́фы 3) небыли́ца; вы́думка; ложь 4) *редк.* фа́була

**2.** *v уст., поэт.* выду́мывать, расска́зывать ба́сни

**fabler** [ˈfeɪblə] *n* 1) баснопи́сец 2) ска́зочник 3) сочини́тель небыли́ц, вы́думщик

**fabliau** [ˈfæblɪəu] *фр. n* (*pl.* -aux) *лит.* фабльо́

**fabliaux** [ˈfæblɪəuz] *pl от* fabliau

**fabric** [ˈfæbrɪk] *n* 1) ткань, мате́рия; материа́л 2) изде́лие, фабрика́т 3) вы́делка 4) структу́ра, строе́ние, устро́йство; the ~ of society обще́ственный строй 5) сооруже́ние, зда́ние; о́стов 6) *attr.* тка́ный, мате́рчатый; ~ gloves ни́тяные перча́тки

**fabricate** [ˈfæbrɪkeɪt] *v* 1) выду́мывать; to ~ a charge состря́пать обвине́ние 2) подде́лывать (*документы*) 3) производи́ть, фабрикова́ть, выде́лывать, изготовля́ть; собира́ть из станда́ртных часте́й 4) *редк.* стро́ить

**fabricated house** [ˈfæbrɪkeɪtɪdˈhaus] *n* станда́ртный дом; дом из сбо́рных элеме́нтов, изгото́вленных заводски́м спо́собом

**fabrication** [ˌfæbrɪˈkeɪʃən] *n* 1) вы́думка 2) подде́лка; фальши́вка 3) произво́дство, изготовле́ние 4) *редк.* сооруже́ние

**fabulist** [ˈfæbjulɪst] *n* 1) баснопи́сец 2) вы́думщик, лгун

**fabulosity** [ˌfæbjuˈlɔsɪtɪ] *n* басносло́вность, легенда́рность

**fabulous** [ˈfæbjuləs] *a* 1) баснослóвный, мифи́ческий, легенда́рный; ~ wealth ска́зочное бога́тство 2) невероя́тный, неправдоподо́бный; преувели́ченный

**façade** [fəˈsɑːd] *фр. n* 1) фаса́д 2) нару́жность, вне́шний вид 3) (чи́сто) вне́шняя сторона́ (*вопроса и т. п.*); ви́димость; he maintained a ~ of contentment он сде́лал вид, что вполне́ дово́лен

**face** [feɪs] **1.** *n* 1) лицо́; лик; физионо́мия; ~ to ~ а) лицо́м к лицу́; б) наедине́, без посторо́нних; in the ~ of а) пе́ред лицо́м; б) вопреки́; in (*или* to) smb.'s ~ откры́то, в лицо́, в глаза́; to laugh in smb.'s ~ откры́то смея́ться над кем-л.; black (*или* blue, red) in the ~ багро́вый (*от гнева, усилий и т. п.*); full ~ анфа́с; half ~ в про́филь; straight ~ бесстра́стное, ничего́ не выража́ющее лицо́; to keep a straight ~ сохраня́ть невозмути́мый вид 2) выраже́ние лица́; a sad (*или* long) ~ печа́льный, мра́чный вид 3) грима́са; to draw (*или* to make) ~s ко́рчить ро́жи 4) вне́шний вид; on the ~ of it су́дя по вне́шнему ви́ду; на пе́рвый взгляд; to put a new ~ on предста́вить всё в но́вом све́те; прида́ть друго́й вид; to put a bold ~ on не растеря́ться 5) пере́дняя, лицева́я сторона́, лицо́ (*медали и т. п.*); пра́вая сторона́ (*ткани*; *тж.* ~ of cloth) 6) *уст.* вид спе́реди; фаса́д 7) на́глость; to have the ~ (to say) име́ть на́глость (сказа́ть *что-л.*); to show a ~ вызыва́юще держа́ться 8) цифербла́т 9) *тех.* (лобова́я) пове́рхность; торе́ц; срез, фа́ска 10) *воен.* фас; right about ~! напра́во круго́м! 11) *геом.* грань 12) *горн.* забо́й; пло́скость забо́я 13) облицо́вка 14) *полигр.* очко́ (*литеры*) 15) *стр.* ширина́ (*доски*) 16) *спорт.* стру́нная пове́рхность (*теннисной ракетки*) ◇ to fling (*или* to cast, to throw) smth. in smb.'s ~ броса́ть в лицо́; before smb.'s ~ пе́ред (са́мым) но́сом у кого́-л.; to save one's ~ спасти́ репута́цию, прести́ж; избежа́ть позо́ра; to lose ~ потеря́ть прести́ж; to set one's ~ against smth. (реши́тельно) проти́виться чему́-л.; to open one's ~ *амер.* заговори́ть, переста́ть отма́лчиваться; it's written all over his ~ ≅ э́то у него́ на лбу напи́сано; to travel on (*или* to run) one's ~ *амер.* испо́льзовать располага́ющую вне́шность для достиже́ния це́ли; выезжа́ть на смазли́вом ли́чике

**2.** *v* 1) стоя́ть лицо́м (*к чему-л.*); смотре́ть в лицо́; быть обращённым в определённую сто́рону; to ~ page 20 к страни́це 20 (*о рисунке*); the man now facing me челове́к, кото́рый нахо́дится передо мно́й; my windows ~ the sea мои́ о́кна выхо́дят на мо́ре 2) встреча́ть сме́ло; смотре́ть в лицо́ без стра́ха; to ~ the facts смотре́ть в лицо́ фа́ктам; учи́тывать реа́льные обстоя́тельства; to ~ reality счита́ться (с реа́льной) действи́тельностью; to ~ danger подверга́ться опа́сности 3) ста́лкиваться (*с необходимостью*); ната́лкиваться (*на трудности и т. п.*); to ~ a task стоя́ть пе́ред необходи́мостью реша́ть зада́чу; вы́полнить тре́бование 4) полирова́ть; обта́чивать 5) обкла́дывать, облицо́вывать (*камнем*) 6) отде́лывать (*платье*) 7) подкра́шивать (*чай*) □ ~ **about** *воен.* повора́чиваться круго́м; ~ **down** осади́ть; запуга́ть; ~ **out** а) не испуга́ться, вы́держать сме́ло; б) вы́полнить *что-л.*; ~ **up** а) примири́ться с *чем-л.* неприя́тным (to); б) быть гото́вым встре́тить (to) ◇ to ~ the music а) встреча́ть, не дро́гнув, кри́тику *или* тру́дности; б) держа́ть отве́т, распла́чиваться; to ~ the knocker проси́ть ми́лостыню у двере́й

**face-ache** [ˈfeɪseɪk] *n мед.* невралги́я лицево́го не́рва

**face card** [ˈfeɪskɑːd] *n* фигу́ра (*в картах*)

**face-guard** [ˈfeɪsgɑːd] *n спорт.* защи́тная ма́ска

**face-lifting** [ˈfeɪsˌlɪftɪŋ] *n* пласти́ческая опера́ция лица́ с космети́ческой це́лью

**facer** [ˈfeɪsə] *n* 1) уда́р в лицо́ 2) *амер. разг.* неожи́данное препя́тствие, непредви́денные тру́дности

**facet** [ˈfæsɪt] **1.** *n* 1) грань; фа́ска; фацёт 2) аспе́кт

**2.** *v* грани́ть; шлифова́ть

**facetiae** [fəˈsiːʃɪiː] *лат. n pl* 1) шу́тки, остро́ты 2) кни́ги лёгкого *или* непристо́йного содержа́ния

**facetious** [fəˈsiːʃəs] *a* 1) шутли́вый; шу́точный 2) весёлый; живо́й

**face value** [ˈfeɪsˌvæljuː] *n* номина́льная сто́имость (*монеты, марки и т. п.*) ◇ to accept (*или* to take) smth. at its ~ принима́ть что-л. за чи́стую моне́ту

**facia** [ˈfeɪʃə] = fascia 2)

**facial** [ˈfeɪʃəl] **1.** *a* лицево́й (*тж. анат.*); ~ artery лицева́я арте́рия; ~ angle лицево́й у́гол; ~ expression выраже́ние лица́

**2.** *n* масса́ж лица́

**facile** [ˈfæsaɪl] *a* 1) лёгкий; не тре́бующий уси́лий; ~ victory лёгкая побе́да 2) лёгкий, пла́вный (*о стиле, речи и т. п.*); ~ verse гла́дкие стихи́ 3) поспе́шный, пове́рхностный 4) покла́дистый, усту́пчивый; снисходи́тельный (*о человеке*); a ~ handler лёгкий челове́к

**facilitate** [fəˈsɪlɪteɪt] *v* облегча́ть; соде́йствовать; спосо́бствовать; продвига́ть

**facilitation** [fəˌsılıˈteıʃən] *n* облегче́ние, по́мощь

**facility** [fəˈsılıtı] *n* 1) лёгкость; отсу́тствие препя́тствий и поме́х 2) лёгкость, пла́вность (*речи*) 3) ги́бкость (*ума*) 4) пода́тливость, усту́пчивость 5) (*обыкн. pl*) возмо́жности, благоприя́тные усло́вия; льго́ты; facilities for study благоприя́тные усло́вия для учёбы 6) *pl* обору́дование; приспособле́ния; аппарату́ра; mechanical facilities техни́ческие приспособле́ния; athletic facilities спорти́вные сооруже́ния 7): ~ of access досту́пность (*для осмотра, смазки станка и т. п.*) 8) *pl* сре́дства обслу́живания; удо́бства

**facing** [ˈfeısıŋ] **1.** *pres. p. от* face 2

**2.** *n* 1) облицо́вка; отде́лка 2) нару́жное покры́тие, вне́шний слой 3) обто́чка (*поверхности*) 4) отде́лка, кант 5) *pl* отде́лка мунди́ра (*обшлага, воротник и т. п. из материала другого цвета, кант*) 6) *pl воен.* поворо́т на ме́сте 7) *attr.* облицо́вочный; ~ sand облицо́вочный песо́к; ~ stone а) облицо́вочный ка́мень; б) осело́к ◇ to put smb. through his ~s прове́рить чьи-л. зна́ния, «прощу́пать» кого́-л., подве́ргнуть кого́-л. испыта́нию

**facsimile** [fækˈsımılı] **1.** *n* факси́миле; in ~ в то́чности

**2.** *v* воспроизводи́ть в ви́де факси́миле

**fact** [fækt] *n* 1) обстоя́тельство; факт; собы́тие; явле́ние; stark ~ го́лый, неприкра́шенный факт 2) и́стина, действи́тельность; this is a ~ and not a matter of opinion э́то непрело́жный факт 3) су́щность, факт; the ~ that he was there, shows... то, что он был там, пока́зывает...; the ~ is that де́ло в том, что; the ~ of the matter is that су́щность заключа́ется в том, что ◇ in ~, in point of ~ факти́чески, на са́мом де́ле, в действи́тельности; по су́ти, в су́щности; на пове́рку

**fact-finding** [ˈfæktˌfaındıŋ] *n* 1) рассле́дование обстоя́тельств; установле́ние фа́ктов 2) *attr.*: ~ board (*или* committee) коми́ссия по рассле́дованию

**faction** [ˈfækʃən] *n* 1) фра́кция; группиро́вка 2) кли́ка 3) раздо́ры, дух интри́ги

**factionalism** [ˈfækʃnəlızm] *n* фракцио́нность

**factious** [ˈfækʃəs] *a* фракцио́нный, раско́льнический

**factitious** [fækˈtıʃəs] *a* иску́сственный; подде́льный; наи́гранный

**factitive** [ˈfæktıtıv] *a грам.* кауза́льный, фактити́вный

**factor** [ˈfæktə] *n* 1) фа́ктор, дви́жущая си́ла; ~ of time фа́ктор вре́мени 2) моме́нт, осо́бенность 3) комиссионе́р; аге́нт, посре́дник 4) *шотл.* управля́ющий (*имением*) 5) *мат.* мно́житель 6) *тех.* коэффицие́нт, фа́ктор; correction ~ попра́вочный коэффицие́нт; ~ of safety коэффицие́нт безопа́сности; запа́с про́чности

**factorial** I [fækˈtɔːrıəl] *n мат.* факториа́л

**factorial** II [fækˈtɔːrıəl] *a редк.* фабри́чный

**factory** [ˈfæktərı] *n* 1) заво́д, фа́брика 2) *ист.* факто́рия 3) *attr.* фабри́чный; ~ committee фабри́чно-заводско́й комите́т; F. Acts фабри́чное законода́тельство; ~ accident произво́дственная тра́вма; ~ farming веде́ние се́льского хозя́йства промы́шленными ме́тодами

**factory-buster** [ˈfæktərıˌbʌstə] *n разг.* тяжёлая фуга́сная бо́мба

**factotum** [fækˈtəutəm] *n* факто́тум, дове́ренный слуга́

**factual** [ˈfæktʃuəl] *a* факти́ческий, действи́тельный; осно́ванный на фа́ктах

**facultative** [ˈfækəltətıv] *a* 1) факультати́вный, необяза́тельный 2) случа́йный; несистемати́ческий

**faculty** [ˈfækəltı] *n* 1) спосо́бность, дар; ~ of speech дар ре́чи; ~ for music музыка́льные спосо́бности; to be in possession of all one's faculties (по́лностью) сохраня́ть все свои́ физи́ческие и у́мственные спосо́бности 2) о́бласть нау́ки *или* иску́сства 3) факульте́т 4) профе́ссорско-преподава́тельский соста́в 5) (the F.) *распр.* ли́ца медици́нской профе́ссии 6) власть; пра́во

**fad** [fæd] *n* при́хоть, причу́да; фанта́зия; конёк; преходя́щее увлече́ние (*чем-л.*); to be full of ~s and fancies име́ть ма́ссу причу́д и фанта́зий

**faddiness** [ˈfædınıs] *n* чуда́чество

**faddist** [ˈfædıst] *n* чуда́к

**faddy** [ˈfædı] *a* чудакова́тый; постоя́нно нося́щийся с каки́м-л. но́вым капри́зом *или* увлече́нием

**fade** [feıd] *v* 1) вя́нуть, увяда́ть, блёкнуть 2) выгора́ть, линя́ть, блёкнуть 3) постепе́нно исчеза́ть (*часто* ~ away); all memory of the past has ~d воспомина́ние о про́шлом изгла́дилось 4) стира́ться, слива́ться (*об оттенках*); замира́ть (*о звуках*) 5) обесцве́чивать □ ~ **away** угаса́ть; расплыва́ться; ~ **in** *радио, кино, тлв.* постепе́нно увели́чивать си́лу звука *или* чёткость изображе́ния; ~ **out** *радио, кино, тлв.* постепе́нно уменьша́ть си́лу зву́ка *или* чёткость изображе́ния

**fadeaway** [ˈfeıdəˈweı] *n амер.* постепе́нное исчезнове́ние

**fade-in** [ˈfeıdˈın] *n* 1) *кино, радио, тлв.* постепе́нное появле́ние (*звука или изображения*) 2) *кино* съёмка «из затемне́ния»

**fadeless** [ˈfeıdlıs] *a* неувяда́ющий

**fade-out** [ˈfeıdˈaut] *n* 1) *кино, радио, тлв.* постепе́нное исчезнове́ние (*звука или изображения*) 2) *кино* съёмка «в затемне́ние»

**fade-over** [ˈfeıdˌəuvə] *n кино* наплы́в

**fading** [ˈfeıdıŋ] **1.** *pres. p. от* fade

**2.** *n радио* затуха́ние, фе́динг

**faeces** [ˈfiːsiːz] *n pl* 1) оса́док 2) испражне́ния; кал

**faerie, faery** [ˈfeıərı] *n* 1) волше́бное ца́рство; волшебство́ 2) фе́я 3) *attr.* волше́бный, феери́ческий; вообража́емый

**fag** [fæg] **1.** *n* 1) *разг.* тяжёлая, утоми́тельная *или* ску́чная рабо́та 2) мла́дший учени́к, ока́зывающий услу́ги ста́ршему (*в англ. школах*) 3) *разг.* сигаре́та 4) *редк.* изнуре́ние, утомле́ние

**2.** *v* 1) (*тж.* ~ away) труди́ться, корпе́ть (at — над) 2) утомля́ться (*тж.* ~ out) 3) по́льзоваться услу́гами мла́дших това́рищей; ока́зывать услу́ги ста́ршим това́рищам (*в англ. школах*) □ ~ **out** а) утомля́ться до изнеможе́ния; б) отбива́ть мяч (*в крикете*)

**fag-end** [ˈfægˈend] *n разг.* 1) него́дный *или* нену́жный оста́ток (*чего-л.*) 2) оку́рок 3) коне́ц; the ~ of smth. (са́мый) коне́ц чего́-л.; at the ~ of a book в са́мом конце́ кни́ги; the ~ of the day коне́ц дня

**faggot** [ˈfægət] **1.** *n* 1) вяза́нка, оха́пка хво́роста; пук пру́тьев; фаши́на 2) *ист.* сожже́ние (на костре́) 3) запечённая и припра́вленная ру́бленая печёнка 4) *разг.* гомосексуали́ст 5) *attr.*: ~ wood фаши́нник

**2.** *v* 1) вяза́ть хво́рост в вяза́нки; свя́зывать 2) *ист.* сжига́ть на костре́

**fagot** [ˈfægət] *амер.* = faggot

**Fahrenheit** [ˈfærənhaıt] *n* термо́метр Фаренге́йта; шкала́ термо́метра Фаренге́йта

**faience** [faıˈɑːns] *n* фая́нс

**fail** [feıl] **1.** *n*: without ~ наверняка́, непреме́нно, обяза́тельно

**2.** *v* 1) потерпе́ть неуда́чу; не име́ть успе́ха; my attempt has ~ed моя́ попы́тка не удала́сь 2) *разг.* провали́ть (-ся) на экза́менах; to ~ in mathematics провали́ться по матема́тике 3) не сбыва́ться, обма́нывать ожида́ния, не удава́ться; the maize ~ed that year кукуру́за не удала́сь в тот год; I will never ~ you я никогда́ вас не подведу́ 4) измени́ть; поки́нуть; his courage ~ed him му́жество поки́нуло его́; his heart ~ed him у него́ се́рдце упа́ло, он испуга́лся 5) не испо́лнить, не сде́лать; to ~ in one's duties пренебрега́ть свои́ми обя́занностями; don't ~ to let me know не забу́дьте дать мне знать; he ~ed to make use of the opportunity он не воспо́льзовался э́той возмо́жностью; don't ~ to come обяза́тельно приходи́те; I ~ to see your meaning не могу́ поня́ть, о чём вы говори́те 6) недостава́ть, не хвата́ть; име́ть недоста́ток (*в чём-л.*); words ~ me не нахожу́ слов; this novel ~s in unity в э́том рома́не нет еди́нства; time would ~ me я не успе́ю, мне не позво́лит вре́мя 7) ослабева́ть, теря́ть си́лы; his sight has ~ed of late его́ зре́ние ре́зко уху́дшилось за после́днее вре́мя 8) переста́ть де́йствовать; вы́йти из стро́я

**failing** [ˈfeılıŋ] **1.** *pres. p. от* fail 2

**2.** *n* недоста́ток; сла́бость

**3.** *a* 1) недостаю́щий 2) слабе́ющий

**4.** *prep* за неиме́нием; в слу́чае отсу́тствия; ~ an answer to my letter I shall telegraph е́сли я не получу́ отве́та на письмо́, бу́ду телеграфи́ровать

**faille** [feɪl] *фр. n текст.* фай

**failure** [ˈfeɪljə] *n* 1) неуспе́х, неуда́ча, прова́л; harvest ~ неурожа́й; to end in ~ ко́нчиться неуда́чей; to meet with ~ потерпе́ть неуда́чу; the play was a ~ пье́са провали́лась 2) недоста́ток, отсу́тствие (*чего-л.*) 3) банкро́тство, несостоя́тельность 4) неспосо́бность, несостоя́тельность; ~ to respond in a proper way неуме́ние пра́вильно реаги́ровать 5) неуда́чник; неуда́вшееся де́ло 6) небре́жность 7) *тех.* ава́рия, поврежде́ние; отка́з в рабо́те, остано́вка *или* переры́в в де́йствии 8) *геол.* обва́л, обру́шение

**fain** I [feɪn] **1.** *a predic. книжн.* 1) принуждённый (to); he was ~ to comply он был вы́нужден согласи́ться 2) *уст.* скло́нный, гото́вый сде́лать *что-л.*

**2.** *adv уст., поэт.* (*употр. тк. с* would) охо́тно, с ра́достью; he would ~ depart он рад был бы уйти́

**fain** II [feɪn] *v:* ~(s) I! чур не я!; ~s wicket-keeping! чур не мне води́ть!

**fainéant** [ˌfeɪneɪˈɑːŋ] *фр.* **1.** *n* лентя́й, безде́льник

**2.** *a* лени́вый, пра́здный

**faint** [feɪnt] **1.** *n* о́бморок, поте́ря созна́ния; dead ~ по́лная поте́ря созна́ния, глубо́кий о́бморок

**2.** *a* 1) сла́бый, слабе́ющий; вя́лый 2) ту́склый, неотчётливый; бле́дный; ~ sound сла́бый, едва́ различи́мый звук 3) недоста́точный, незначи́тельный, сла́бый; not the ~est hope ни мале́йшей наде́жды 4) о́бморочный, бли́зкий к о́бмороку; to feel ~ чу́вствовать дурноту́ 5) при́торный, тошнотво́рный ◇ ~ heart never won fair lady *посл.* ≅ сробе́л — пропа́л; ро́бость меша́ет успе́ху

**3.** *v* 1) слабе́ть; па́дать в о́бморок 2) *уст., поэт.* теря́ть му́жество

**faint-heart** [ˈfeɪnthɑːt] *n* трус; малоду́шный челове́к; ≅ за́ячья душа́

**faint-hearted** [ˈfeɪntˈhɑːtɪd] *a* трусли́вый, малоду́шный

**faint-heartedly** [ˈfeɪntˈhɑːtɪdlɪ] *adv* трусли́во, малоду́шно; нереши́тельно

**fainting-fit** [ˈfeɪntɪŋfɪt] *n* о́бморок

**faintly** [ˈfeɪntlɪ] *adv* бле́дно; сла́бо; едва́; ~ discernible едва́ различи́мый

**fair** I [fɛə] *n* 1) я́рмарка; Bartholomew F. *ист.* Варфоломе́ева я́рмарка (*ежегодная ярмарка в Лондоне в день св. Варфоломея — 24 августа*) 2) благотвори́тельный база́р 3) вы́ставка; world ~ всеми́рная вы́ставка ◇ the day after the ~ сли́шком по́здно

**fair** II [fɛə] **1.** *a* 1) че́стный; справедли́вый, беспристра́стный; зако́нный; ~ game зако́нная добы́ча; it is ~ to say справедли́вости ра́ди сле́дует отме́тить; ~ and square откры́тый, че́стный; ~ play игра́ по пра́вилам; *перен.* че́стная игра́, че́стность; by ~ means че́стным путём; by ~ means or foul любы́ми сре́дствами; ~ price справедли́вая, настоя́щая цена́ 2) поря́дочный, значи́тельный; a ~ amount изря́дное коли́чество 3) посре́дственный, сре́дний; ~ to middling так себе, нева́жный; this film was only ~ фильм был весьма́ посре́дственный 4) белоку́рый; све́тлый; ~ complexion бе́лый (не сму́глый) цвет лица́; ~ man блонди́н 5) благоприя́тный, неплохо́й; ~ weather хоро́шая, я́сная пого́да; a ~ chance of success хоро́шие ша́нсы на успе́х 6) чи́стый, незапя́тнанный; ~ name хоро́шая репута́ция 7) ве́жливый, учти́вый 8) *уст.* прекра́сный, краси́вый; ~ one прекра́сная *или* люби́мая же́нщина; the ~ sex прекра́сный пол, же́нщины ◇ ~ field and no favour игра́ *или* борьба́ на ра́вных усло́виях; all's ~ in love and war *посл.* в любви́ и на войне́ все сре́дства хороши́

**2.** *adv* 1) че́стно; to hit (to fight) ~ нанести́ уда́р (боро́ться) по пра́вилам 2) то́чно, пря́мо; to strike ~ in the face уда́рить пря́мо в лицо́ 3) чи́сто, я́сно 4) *уст.* любе́зно, учти́во; to speak smb. ~ любе́зно, ве́жливо поговори́ть с кем-л. ◇ ~ and softly! ти́ше!, ле́гче!; does the boat lie ~? *мор.* у бо́рта ли шлю́пка?; ~ enough *разг.* ла́дно, хорошо́

**3.** *n уст.* краса́вица; the ~ *поэт.* прекра́сный пол ◇ for ~ *амер.* действи́тельно, несомне́нно

**fair-dealing** [ˈfɛəˌdiːlɪŋ] **1.** *n* че́стность, прямота́

**2.** *a* че́стный

**fairing** I [ˈfɛərɪŋ] *n* гости́нец, пода́рок с я́рмарки ◇ to get one's ~ получи́ть по заслу́гам

**fairing** II [ˈfɛərɪŋ] *n ав.* обтека́тель

**fairly** [ˈfɛəlɪ] *adv* 1) справедли́во, беспристра́стно 2) дово́льно; в изве́стной сте́пени; сно́сно; ~ often (well) дово́льно ча́сто (хорошо́) 3) я́вно; соверше́нно; in ~ close relations в весьма́ бли́зких отноше́ниях 4) *амер.* безусло́вно; факти́чески

**fair-maid** [ˈfɛəmeɪd] *n* 1) = fumade 2) *встречается в названиях различных растений, напр.*: February ~s подсне́жники

**fairness** [ˈfɛənɪs] *n* справедли́вость; чистота́, незапя́тнанность *и пр.* [*см.* fair II, 1]; in all ~ по со́вести (говоря́)

**fair-spoken** [ˈfɛəˈspəukən] *a* обходи́тельный, ве́жливый, мя́гкий

**fairway** [ˈfɛəweɪ] *n мор.* фарва́тер; судохо́дный кана́л; прохо́д

**fair-weather** [ˈfɛəˌweðə] *a* приго́дный то́лько в хоро́шую пого́ду ◇ ~ friends ненадёжные друзья́, друзья́ то́лько в сча́стье; ~ sailor нео́пытный *или* ро́бкий моря́к

**fairy** [ˈfɛərɪ] **1.** *n* 1) фе́я; волше́бница; эльф; bad ~ злой дух, злой ге́ний 2) *амер. sl.* гомосексуали́ст

**2.** *a* 1) волше́бный, ска́зочный; похо́жий на фе́ю 2) вообража́емый 3) прозра́чный, просве́чивающий

**Fairyland** [ˈfɛərɪlænd] *n* ска́зочная, волше́бная страна́

**fairy-mushroom** [ˈfɛərɪˌmʌʃrum] *n* пога́нка (*гриб*)

**fairy-tale** [ˈfɛərɪteɪl] *n* 1) (волше́бная) ска́зка 2) *разг.* вы́думка, небы́лица, «ба́бушкины ска́зки»

**fait accompli** [ˌfetɑːkɔmˈpliː] *фр. n* соверши́вшийся факт; to present with a ~ ста́вить пе́ред соверши́вшимся фа́ктом

**faith** [feɪθ] *n* 1) ве́ра, дове́рие; to place one's ~ (*in smth.*) сле́по ве́рить (*чему-л.*); to shake (*или* to shatter) smb.'s ~ поколеба́ть чью-л. ве́ру 2) ве́ра, вероиспове́дание; the Reformed ~ протестанти́зм 3) че́стность; ве́рность, лоя́льность; in good ~ че́стно; добросо́вестно; in bad ~ вероло́мно 4) обеща́ние, руча́тельство, сло́во; to plight (to break) one's ~ дать (нару́шить) сло́во ◇ by my ~!, in ~! кляну́сь (че́стью)!; ей-е́й!; in ~ whereof *канц.* в удостовере́ние чего́

**faithful** [ˈfeɪθful] **1.** *a* 1) ве́рный, пре́данный 2) ве́рующий, правове́рный 3) правди́вый; заслу́живающий дове́рия, то́чный

**2.** *n* (the ~) *pl собир.* ве́рующие; правове́рные; Father of the ~ хали́ф

**faithfully** [ˈfeɪθfulɪ] *adv* ве́рно, че́стно; yours ~ ≅ с соверше́нным почте́нием (*заключительная фраза письма*)

**faithfulness** [ˈfeɪθfulnɪs] *n* ве́рность, лоя́льность

**faithless** [ˈfeɪθlɪs] *a* 1) вероло́мный; ненадёжный; не заслу́живающий дове́рия 2) *редк.* неве́рующий; неве́рный

**fake** I [feɪk] *v мор.* укла́дывать (*канат*) в бу́хту

**fake** II [feɪk] **1.** *n* 1) подде́лка; фальши́вка 2) плутовство́

**2.** *v* 1) подде́лывать, фабрикова́ть (*обыкн.* ~ up) 2) моше́нничать, обжу́ливать 3) прики́дываться 4) *театр.* импровизи́ровать

**faked** [feɪkt] *a* фальши́вый, подде́льный; сфабрико́ванный; ~ diamonds фальши́вые бриллиа́нты; ~ report сфабрико́ванный отчёт

**faked-up** [ˈfeɪktʌp] *a:* ~ evidence состря́панное обвине́ние

**faker** [ˈfeɪkə] *n* 1) жу́лик; обма́нщик 2) разно́счик; у́личный торго́вец; коробе́йник 3) *амер.* литерату́рный пра́вщик

**fakir** [ˈfeɪkɪə] *n* факи́р

**Falangist** [fəˈlɑːndʒɪst] *n* фаланги́ст

**falcate, falcated** [ˈfælkeɪt, -ɪd] *a спец.* серпови́дный

**falchion** [ˈfɔːltʃən] *n* 1) коро́ткая широ́кая крива́я са́бля 2) *поэт.* меч

**falciform** [ˈfælsɪfɔːm] *a спец.* серпови́дный

**falcon** [ˈfɔːlkən] *n* 1) со́кол 2) = falconet 2)

**falconer** [ˈfɔːlkənə] *n* сокoли́ный охо́тник; соко́льничий

**falconet** [ˈfɔːlkənɪt] *n* 1) *зоол.* сорокопу́т 2) *ист.* фальконе́т (*пушка*)

**falconry** [ˈfɔːlkənrɪ] *n* 1) сокoли́ная охо́та 2) вы́носка ло́вчих птиц

**falderal** [ˈfældəˈræl] *n* 1) безделу́шка, украше́ние 2) ничего́ не зна́чащий припе́в в стари́нных пе́снях

**faldstool** [ˈfɔːldstuːl] *n* 1) складно́е кре́сло епи́скопа 2) небольшо́й складно́й анало́й

**fall** [fɔːl] 1. *n* 1) паде́ние; сниже́ние 2) выпаде́ние оса́дков; a heavy ~ of rain ли́вень 3) *амер.* о́сень 4) (*обыкн. pl*) водопа́д (*напр.*, Niagara Falls) 5) впаде́ние (*реки*) 6) укло́н, обры́в, склон (*холма*); скат, пониже́ние про́филя ме́стности 7) выпаде́ние (*волос и т. п.*) 8) коли́чество сва́ленного ле́са 9) упа́док, зака́т, поте́ря могу́щества 10) мора́льное паде́ние; поте́ря че́сти; the F. of man *библ.* грехопаде́ние 11) спад; паде́ние цен, обесце́нение 12) *спорт.* схва́тка (*в борьбе*); to try a ~ with smb. боро́ться с кем-л. 13) *тех.* напо́р, высота́ напо́ра 14) *тех.* кана́т *или* цепь подъёмного бло́ка (*обыкн.* block and ~) 15) *мор.* фал ◇ pride will have a ~ *посл.* ≅ го́рдый покичи́лся да во прах скати́лся; спесь в добро́ не вво́дит, горды́ня до добра́ не доведёт

2. *v* (fell; fallen) 1) па́дать, спада́ть, понижа́ться; the Neva has ~en вода́ в Неве́ спа́ла; prices are ~ing це́ны понижа́ются 2) ниспада́ть; (свобо́дно) па́дать (*об одежде, волосах и т. п.*) 3) опуска́ться, па́дать; the curtain ~s за́навес опуска́ется; the temperature has ~en температу́ра упа́ла; похолода́ло; my spirits fell моё настрое́ние упа́ло 4) пасть мора́льно 5) ги́бнуть; to ~ in battle пасть в бою́; быть уби́тым; the fortress fell кре́пость па́ла 6) *глагол-связка* станови́ться; to ~ dumb онеме́ть; to ~ silent замолча́ть; to ~ asleep засну́ть; to ~ dead упа́сть за́мертво; to ~ victim (to) пасть же́ртвой; to ~ astern *мор.* отста́ть; to ~ due подлежа́ть упла́те (*о векселе*) 7) приходи́ться, па́дать; достава́ться; his birthday ~s on Monday день его́ рожде́ния прихо́дится на понеде́льник; the expense ~s on me расхо́д па́дает на меня́ 8) утра́тить власть 9) потерпе́ть крах; разори́ться 10) сни́кнуть; her face fell её лицо́ вы́тянулось 11) оседа́ть, обва́ливаться 12) впада́ть (*о реке*; into — в) 13) спуска́ться, сходи́ть; night fell спусти́лась ночь 14) стиха́ть (*о ветре и т. п.*) 15) рожда́ться (*о ягнятах и т. п.*) 16) руби́ть (*лес*); вали́ть (*дерево*); вали́ться (*о дереве*) □ ~ **about** *разг.* па́дать от хо́хота; ~ **abreast of** не отстава́ть от; идти́ в но́гу с; ~ **across** встре́тить случа́йно; ~ **among** попа́сть случа́йно; ~ **away** а) покида́ть, изменя́ть; б) спада́ть; уменьша́ться; в) ча́хнуть, со́хнуть; ~ **back** отступа́ть; ~ **back (up)on** а) прибега́ть к *чему-л.*; б) обраща́ться *к кому-л.* в нужде́; ~ **behind** а) отстава́ть, остава́ться позади́; б) опа́здывать с упла́той; ~ **down** а) упа́сть; пасть ниц; б) *разг.* потерпе́ть неуда́чу; to ~ down on one's work не спра́виться со свое́й рабо́той; ~ **for** *разг.* а) влюбля́ться; чу́вствовать влече́ние; поддава́ться (*чему-л.*); б) попада́ться на у́дочку; ~ **in** а) прова́ливаться, обру́шиваться; б) *воен.* станови́ться в строй, стро́иться; в) истека́ть (*о сроке аренды, долга, векселя*); ~ **in** (with) а) случа́йно встре́титься, столкну́ться; б) уступа́ть; соглаша́ться, быть в согла́сии (с *кем-л.*); ~ **into** а) начина́ть *что-л.*, принима́ться за *что-л.*; б) распада́ться на; the book ~s into three parts кни́га распада́ется на три ча́сти; в) относи́ться к; to ~ into the category относи́ться к катего́рии, подпада́ть под катего́рию; г) *приходить в определённое состояние*: to ~ into a rage впада́ть в бе́шенство; ~ **off** а) отпада́ть; отва́ливаться; б) уменьша́ться; ослабева́ть; в) *мор.* не слу́шаться руля́ (*о корабле*); ~ **on** а) напада́ть; набра́сываться; б) выпада́ть на чью-л. до́лю; в) приступа́ть к *чему-л.*; ~ **out** а) выпада́ть; б) *воен.* выходи́ть из стро́я; в) случа́ться; it so fell out that случи́лось так, что; г) ссо́риться; ~ **over** *амер.* а) споткну́ться обо *что-л.*; б) увлека́ться; ~ **through** провали́ться; потерпе́ть неуда́чу; ~ **to** а) начина́ть, принима́ться за *что-л.*; б) принима́ться за еду́; в) напада́ть; г) выпада́ть; достава́ться; to ~ to smb.'s lot выпада́ть на чью-л. до́лю; ~ **under** а) подверга́ться; б) подпада́ть; to ~ under item 26 подпада́ть под де́йствие разде́ла 26; ~ **upon** а) напада́ть; б) ната́лкиваться ◇ to ~ in love влюбля́ться; he ~s in and out of love too often он непостоя́нен в любви́; to ~ on one's face ≅ провали́ться с тре́ском, оскандáлиться; to ~ to pieces развали́ться; to ~ flat не произвести́ ожида́емого впечатле́ния; his joke fell flat его́ шу́тка не име́ла успе́ха; to ~ from grace а) согреши́ть; б) впасть в е́ресь; to ~ into line *воен.* постро́иться, стать в строй; to ~ into line with подчиня́ться, соглаша́ться с; to ~ foul of а) *мор.* ста́лкиваться; б) ссо́риться; напада́ть; to ~ over oneself лезть из ко́жи вон; to ~ over one another, to ~ over each other дра́ться, боро́ться, ожесточённо сопе́рничать друг с дру́гом; let ~! *мор.* отпуска́й!

**fallacious** [fəˈleɪʃəs] *a* оши́бочный, ло́жный

**fallacy** [ˈfæləsɪ] *n* 1) оши́бка, заблужде́ние; ло́жный вы́вод 2) оши́бочность, обма́нчивость 3) софи́зм, ло́жный до́вод

**fal-lal** [ˈfæˈlæl] *n* украше́ние, блестя́щая безделу́шка

**fallen** [ˈfɔːlən] 1. *p. p. от* fall 2

2. *a* 1) па́вший 2) па́дший; the ~ woman па́дшая же́нщина

3. *n* (the ~) *pl собир.* па́вшие (в бою́)

**fall-guy** [ˈfɔːlˈgaɪ] *n sl.* козёл отпуще́ния

**fallibility** [ˌfælɪˈbɪlɪtɪ] *n* подве́рженность оши́бкам; оши́бочность; погре́шность

**fallible** [ˈfæləbl] *a* подве́рженный оши́бкам

**falling** [ˈfɔːlɪŋ] 1. *pres. p. от* fall 2

2. *n* 1) паде́ние 2) пониже́ние

3. *a* 1) па́дающий 2) понижа́ющийся

**falling sickness** [ˈfɔːlɪŋˈsɪknɪs] *n* эпиле́псия; паду́чая

**fall-out** [ˈfɔːlaut] *n* 1) выпаде́ние радиоакти́вных оса́дков 2) радиоакти́вные оса́дки (*тж.* nuclear ~)

**fallow** I [ˈfæləu] 1. *n с.-х.* пар

2. *a* 1) вспа́ханный под пар (*о поле*); to lie ~ остава́ться под па́ром 2) неразвито́й (*об уме, о человеке*)

3. *v с.-х.* поднима́ть пар; вспа́хивать под пар

**fallow** II [ˈfæləu] *a* коричнева́то-жёлтый; красновáто-жёлтый

**fallow-deer** [ˈfæləudɪə] *n* лань

**false** [fɔːls] 1. *a* 1) ло́жный, оши́бочный, непра́вильный; ~ pride ло́жная го́рдость 2) фальши́вый, вероло́мный; лжи́вый; обма́нчивый; ~ pretences обма́н, притво́рство 3) фальши́вый (*о деньгах*); иску́сственный (*о волосах, зубах*) 4): ~ keel *мор.* фальшки́ль ◇ to give a ~ colour to smth., to put a ~ colour on smth. искажа́ть, представля́ть что-л в ло́жном све́те; to show a ~ face лицеме́рить

2. *adv*: to play smb. ~ обману́ть, преда́ть кого́-л.

**false arch** [ˈfɔːlsɑːtʃ] *n стр.* декорати́вная а́рка

**false-bottomed** [ˈfɔːlsˈbɔtəmd] *a* с двойны́м дном

**false-hearted** [ˈfɔːlsˈhɑːtɪd] *a* вероло́мный

**falsehood** [ˈfɔːlshud] *n* 1) ложь, непра́вда; фальшь 2) лжи́вость; вероло́мство

**falsely** [ˈfɔːlslɪ] *adv* 1) притво́рно, фальши́во 2) ло́жно, оши́бочно

**falseness** [ˈfɔːlsnɪs] *n* 1) фальшь; лжи́вость; вероло́мство 2) оши́бочность

**falsetto** [fɔːlˈsetəu] *n* фальце́т

**falsework** [ˈfɔːlswəːk] *n стр.* опа́лубка; леса́, по́дмости

**falsification** [ˈfɔːlsɪfɪˈkeɪʃən] *n* фальсифика́ция, подде́лка; искаже́ние

**falsify** [ˈfɔːlsɪfaɪ] *v* 1) фальсифици́ровать, подде́лывать (*документы*); искажа́ть (*показания и т. п.*) 2) обма́нывать (*надежду*) 3) опроверга́ть

**falsity** [ˈfɔːlsɪtɪ] *n* 1) ло́жность, оши́бочность 2) вероло́мство

**falter** [ˈfɔːltə] *v* 1) шата́ться, спотыка́ться 2) запина́ться; говори́ть нереши́тельно; to ~ out an excuse пробормота́ть извине́ние 3) де́йствовать нереши́тельно, колеба́ться; дро́гнуть

**faltering** [ˈfɔːltərɪŋ] 1. *pres. p. от* falter

2. *a* запина́ющийся, нереши́тельный; ~ voice дрожа́щий го́лос

**fame** [feɪm] 1. *n* 1) сла́ва, изве́стность 2) репута́ция 3) *уст.* молва́ ◇ house of ill ~ публи́чный дом

2. *v* прославля́ть

**famed** [feɪmd] 1. *p. p. от* fame 2

2. *a* изве́стный, знамени́тый, просла́вленный

**familiar** [fəˈmɪljə] 1. *a* 1) бли́зкий, инти́мный; хорошо́ знако́мый, привы́чный; обы́чный; a ~ sight привы́чная карти́на 2) фамилья́рный; бесцеремо́нный 3) хорошо́ зна́ющий, осведомлённый; to be ~ with smth. знать что-л.; быть в ку́рсе чего́-л.

2. *n* бли́зкий друг

**familiarity** [fəˌmɪlɪ'ærɪtɪ] *n* 1) бли́зкие, дру́жественные отноше́ния; to treat with a kind ~ обходи́ться ла́сково 2) фамилья́рность 3) хоро́шая осведомлённость; thorough ~ with a language хоро́шее зна́ние языка́ ◇ ~ breeds contempt *посл.* ≅ чем бли́же зна́ешь, тем ме́ньше почита́ешь

**familiarization** [fəˌmiljəraɪ'zeɪʃən] *n* осва́ивание, ознакомле́ние

**familiarize** [fə'mɪljəraɪz] *v* ознакомля́ть; to ~ oneself with smth. осво́иться, ознако́миться с чем-л.

**familiarly** [fə'mɪljəlɪ] *adv* бесцеремо́нно; фамилья́рно

**family** ['fæmɪlɪ] *n* 1) семья́, семе́йство; род; a man of ~ а) семе́йный челове́к; б) челове́к зна́тного ро́да; a ~ of languages *лингв.* языкова́я семья́ 2) содру́жество 3) *attr.* семе́йный; родово́й; фами́льный; ~ circle а) семе́йный круг; б) *амер. театр.* галёрка; балко́н; ~ estate родово́е име́ние; ~ man семе́йный челове́к; домосе́д; ~ name а) фами́лия; б) и́мя, ча́стое в роду́; ~ tree родосло́вное де́рево; ~ hotel гости́ница для семе́йных; ~ likeness фами́льное схо́дство; отдалённое схо́дство; ~ friend друг семьи́; ~ jewels фами́льные драгоце́нности; ~ planning контро́ль рожда́емости ◇ to be in the ~ way быть в интере́сном положе́нии (*быть бере́менной*); the President's official ~ *амер.* чле́ны кабине́та (мини́стров)

**famine** ['fæmɪn] *n* 1) го́лод (*стихи́йное бе́дствие*); голода́ние 2) недоста́ток; water ~ о́страя нехва́тка воды́ 3) *attr.*: ~ prices це́ны, взви́нченные во вре́мя го́лода

**famish** ['fæmɪʃ] *v* 1) мори́ть го́лодом 2) голода́ть; I am ~ed *разг.* умира́ю с го́лоду

**famous** ['feɪməs] *a* 1) знамени́тый, изве́стный, просла́вленный, сла́вный; world ~ всеми́рно изве́стный; to be ~ for smth. сла́виться чем-л. 2) *разг.* отли́чный, замеча́тельный; he has a ~ appetite у него́ замеча́тельный аппети́т; that's ~! блестя́ще!, отли́чно!

**famously** ['feɪməslɪ] *adv разг.* здо́рово, ли́хо, отли́чно

**famuli** ['fæmjulaɪ] *pl от* famulus

**famulus** ['fæmjuləs] *n* (*pl* -li) 1) ассисте́нт профе́ссора 2) ассисте́нт иллюзиони́ста

**fan** I [fæn] 1. *n* 1) ве́ер, опаха́ло 2) вентиля́тор 3) ве́ялка 4) крыло́ ветряно́й ме́льницы 5) ло́пасть (возду́шного *или* гребно́го винта́)

2. *v* 1) ве́ять (*зерно*) 2) обма́хивать; to ~ oneself обма́хиваться ве́ером 3) раздува́ть; to ~ the flame *перен.* разжига́ть стра́сти 4) развёртывать ве́ером 5) *разг.* обы́скивать □ ~ out *воен.* развёртывать(ся) ве́ером

**fan** II [fæn] *n разг.* энтузиа́ст, боле́льщик; люби́тель

**fanatic** [fə'nætɪk] 1. *n* фана́тик, изуве́р

2. *a* фанати́ческий, изуве́рский

**fanatical** [fə'nætɪkəl] = fanatic 2

**fanaticism** [fə'nætɪsɪzm] *n* фанати́зм, изуве́рство

**fancier** ['fænsɪə] *n* знато́к, люби́тель

**fanciful** ['fænsɪful] *a* 1) капри́зный, с причу́дами 2) причу́дливый, прихотли́вый, стра́нный 3) нереа́льный, фантасти́ческий

**fancy** ['fænsɪ] 1. *n* 1) фанта́зия; воображе́ние 2) мы́сленный о́браз 3) при́хоть, причу́да, капри́з 4) скло́нность; пристра́стие; конёк; вкус (*к чему́-л.*); to have a ~ for smth. люби́ть что-л., увлека́ться чем-л.; to take a ~ for (*или* to) smb., smth. увле́чься кем-л., чем-л.; полюби́ть кого́-л., что-л.; to take (*или* to catch) the ~ of smb. привле́чь внима́ние кого́-л.; захвати́ть кого́-л., полюби́ться кому́-л.; to tickle smb.'s ~ понра́виться кому́-либо, возбуди́ть чьё-л. любопы́тство 5) (the ~) люби́тели, энтузиа́сты; боле́льщики

2. *a* 1) причу́дливый, прихотли́вый 2) фантасти́ческий; ~ picture фантасти́ческое описа́ние; ~ price басносло́вно дорога́я цена́ 3) орнамента́льный, разукра́шенный; фасо́нный; ~ bread сдо́ба 4) маскара́дный; ~ dress маскара́дный костю́м 5) мо́дный; вы́сшего ка́чества; ~ articles мо́дные това́ры; безделу́шки; галантере́я; ~ fair база́р мо́дных веще́й 6) облада́ющий осо́быми сво́йствами, полу́ченными путём селе́кции (*о расте́нии или живо́тном*) 7) многоцве́тный (*о расте́ниях*) ◇ ~ man а) любо́вник; б) *sl.* сутенёр; ~ woman (*или* lady) а) любо́вница; б) проститу́тка

3. *v* 1) вообража́ть, представля́ть себе́; ~!, just (*или* only) ~! мо́жете себе́ предста́вить!, поду́май(те) то́лько! 2) полага́ть, предполага́ть 3) нра́виться; люби́ть; you may eat anything that you ~ вы мо́жете есть всё (что уго́дно) 4) *refl. разг.* вообража́ть, быть о себе́ высо́кого мне́ния 5) выра́щивать живо́тных *или* расте́ния улу́чшенной поро́ды *или* ви́да

**fancy-ball** ['fænsɪ'bɔːl] *n* костюмиро́ванный бал, маскара́д

**fancy-dress** ['fænsɪ'dres] *a* костюмиро́ванный; ~ ball маскара́д

**fancy-free** ['fænsɪ'friː] *a* невлюблённый

**fancy-work** ['fænsɪwəːk] *n* вы́шивка; вышива́ние

**fandango** [fæn'dæŋgəu] *n* (*pl* -oes [-əuz]) 1) фанда́нго (*испа́нский та́нец*) 2) *амер. разг.* бал; танцева́льный ве́чер

**fane** [feɪn] *n поэт.* храм

**fanfare** ['fænfɛə] *n* фанфа́ра

**fanfaronade** [ˌfænfærə'nɑːd] *n* фанфаро́нство, бахва́льство

**fang** [fæŋ] *n* 1) клык 2) ядови́тый зуб (*змеи́*) 3) ко́рень зу́ба 4) *тех.* крюк; захва́т 5) *горн.* вентиляцио́нная што́льня ◇ to fall into smb.'s ~s попа́сть в чьи-л. ла́пы

**fan-light** ['fænlaɪt] *n* веерообра́зное окно́ (*особ. над две́рью*)

**fanner** ['fænə] *n* ве́ялка

**fanny** ['fænɪ] *n* 1) корма́ 2) *груб.* за́дница, зад

**fan-tail** ['fænteɪl] *n* труба́стый го́лубь

**fantasia** [fæn'teɪzjə] *n муз.* фанта́зия

**fantastic(al)** [fæn'tæstɪk(əl)] *a* 1) фантасти́ческий; причу́дливый; гроте́скный; ~ ideas стра́нные вы́думки; ~ lies несусве́тная ложь; ~ profits басносло́вные при́были 2) нереа́льный, вообража́емый; ~ fears надума́нные стра́хи 3) *разг.* превосхо́дный, чуде́сный

**fantasticality** [fænˌtæstɪ'kælɪtɪ] *n* фантасти́чность, причу́дливость

**fantasy** ['fæntəsɪ] *n* 1) воображе́ние, фанта́зия 2) иллю́зия; игра́ воображе́ния 3) капри́з 4) = fantasia

**fantoccini** [ˌfæntə'tʃiːnɪ] *ит. n pl* марионе́тки; теа́тр марионе́ток

**fan tracery** ['fænˌtreɪsərɪ] *n архит.* рёбра (ребри́стого) сво́да; нервю́ра

**faquir** ['fɑːkɪə] = fakir

**far** [fɑː] 1. *a* (farther, further; farthest, furthest) да́льний, далёкий; отдалённый (*тж.* ~ off); a ~ bank противополо́жный бе́рег

2. *adv* (farther, further; farthest, furthest) 1) далеко́; на большо́м расстоя́нии (*тж.* ~ away, ~ off, ~ out); ~ back in the past в далёком про́шлом; ~ and near повсю́ду; ~ and wide а) повсю́ду; б) всесторо́нне; he saw ~ and wide он облада́л широ́ким кругозо́ром; ~ in the day к концу́ дня; ~ into the night допоздна́; ~ into the air высоко́ в во́здух; ~ into the ground глубоко́ в зе́млю; to go ~ далеко́ пойти́; to go (*или* to carry it) too ~ заходи́ть сли́шком далеко́; ~ from далеко́ от; it is ~ from true э́то далеко́ не так 2) гора́здо, намно́го; ~ different значи́тельно отлича́ющийся; ~ better значи́тельно лу́чше; ~ the best са́мый лу́чший ◇ as ~ back as the 27th of January ещё 27 января́; ~ and away а) несравне́нно, намно́го, гора́здо; б) несомне́нно; so ~ so good пока́ всё хорошо́; ~ from it ничу́ть, отню́дь нет; ~ be it from me ни за что; я во́все не э́то име́ю в виду́

3. *n* 1) значи́тельное коли́чество; by ~ намно́го; to surpass by ~ намно́го превзойти́; to prefer by ~ отдава́ть серьёзное предпочте́ние 2) большо́е расстоя́ние; from ~ издалека́

**farad** ['færəd] *n эл.* фара́да

**faradization** [ˌfærədɪ'zeɪʃən] *n* фаради́зация (*лече́ние индукцио́нным то́ком*)

**far-away** ['fɑːrəweɪ] *a* 1) да́льний, отдалённый 2) отсу́тствующий, рассе́янный; she has a ~ look in her eyes у неё отсу́тствующий взгляд

**far-between** ['fɑːbɪ'twiːn] *a* ре́дкий

**farce** I [fɑːs] *n* 1) *театр.* фарс 2) фарс, гру́бая вы́ходка

**farce** II [fɑːs] 1. *n* фарш

2. *v* фарширова́ть; шпигова́ть

**farcical** ['fɑːsɪkəl] *a* 1) фа́рсовый, шу́точный 2) смехотво́рный, неле́пый

**farcy** ['fɑːsɪ] *n вет.* ко́жный сап

**fardel** [ˈfɑ:dəl] *n уст.* 1) у́зел (*с вещами*) 2) бре́мя, груз

**fare** [fɛə] **1.** *n* 1) сто́имость прое́зда, пла́та за прое́зд; what is the ~? ско́лько сто́ит прое́зд, биле́т? 2) ездо́к, пассажи́р 3) пи́ща, стол, прови́зия, съестны́е припа́сы 4) *амер.* уло́в (*рыболовного судна*)

**2.** *v* 1) быть, пожива́ть; случа́ться; how ~s it? как дела́?; it has ~d ill with him ему́ пло́хо пришло́сь; ~ you well! проща́йте, счастли́вого пути́! 2) *поэт.* е́хать, путеше́ствовать 3) пита́ться ◇ you may go farther and ~ worse *посл.* ≅ от добра́ добра́ не и́щут

**Far-Eastern** [ˈfɑ:rˈi:stən] *a* дальнево́сто́чный

**farewell** [ˈfɛəˈwel] **1.** *n* проща́ние; to bid one's ~, to make one's ~s проща́ться

**2.** *a* проща́льный

**3.** *int* до свида́ния!, до́брый путь!; ~ to school! проща́й, шко́ла!

**far-famed** [ˈfɑ:ˈfeɪmd] *a* широко́ изве́стный

**far-fetched** [ˈfɑ:ˈfetʃt] *a* 1) принесённый *или* привезённый издалека́ 2) натя́нутый, неесте́ственный, иску́сственный; притя́нутый за́ уши (*об аргументе, доводе*)

**far-flung** [ˈfɑ:ˈflʌŋ] *a* широко́ раски́нувшийся, обши́рный

**far gone** [ˈfɑ:ˈgɔn] *a* 1) далеко́ заше́дший 2) в после́дней ста́дии (*болезни*) 3) ≅ по́ уши в долга́х 4) си́льно пья́ный 5) си́льно *или* безнадёжно влюблённый

**farina** [fəˈraɪnə] *n* 1) мука́ 2) порошо́к 3) *бот.* пыльца́ 4) крахма́л, карто́фельная мука́ 5) ма́нная крупа́

**farinaceous** [ˌfærɪˈneɪʃəs] *a* мучни́стый, мучно́й

**farinose** [ˈfærɪnəus] *a* 1) мучни́стый 2) сло́вно муко́й посы́панный

**farm** [fɑ:m] **1.** *n* 1) фе́рма, хозя́йство; ху́тор; milk ~ моло́чная фе́рма 2) (крестья́нское) хозя́йство; collective ~ колхо́з; state ~ совхо́з; individual ~ единоли́чное хозя́йство 3) пито́мник 4) = farm-house 5) *attr.* сельскохозя́йственный; ~ labourer батра́к; ~ tenure усло́вия аре́нды земли́

**2.** *v* 1) обраба́тывать зе́млю; he ~ed in Australia он был фе́рмером в Австра́лии 2) брать на о́ткуп 3) сдава́ть в аре́нду (*имение*) 4) брать на воспита́ние дете́й (*за плату*) □ ~ **out** а) отдава́ть, передоверя́ть часть рабо́ты друго́му; б) сдава́ть в аре́нду

**farmer** [ˈfɑ:mə] *n* 1) фе́рмер; аренда́тор 2) откупщи́к

**farm-hand** [ˈfɑ:mhænd] *n* сельскохозя́йственный рабо́чий

**farm-house** [ˈfɑ:mhaus] *n* жило́й дом на фе́рме

**farming** [ˈfɑ:mɪŋ] **1.** *pres. p. от* farm 2

**2.** *n* 1) се́льское хозя́йство; mixed ~ неспециализи́рованное многоотраслево́е се́льское хозя́йство 2) заня́тие се́льским хозя́йством

**farmstead** [ˈfɑ:msted] *n* фе́рма со слу́жбами; уса́дьба

**farmyard** [ˈfɑ:mjɑ:d] *n* двор фе́рмы

**faro** [ˈfɛərəu] *n* фарао́н (*карт. игра*)

**far-off** [ˈfɑ:rˈɔf] *a* отдалённый

**farouche** [fəˈru:ʃ] *фр. a* нелюди́мый, ди́кий, угрю́мый

**far-out** [ˈfɑ:rˈaut] *a* 1) передово́й, нетрадицио́нный; свобо́дный от предрассу́дков и усло́вностей 2) кра́йний

**farraginous** [fəˈrɑ:dʒɪnəs] *a* сме́шанный, сбо́рный

**farrago** [fəˈrɑ:gəu] *n* (*pl* -os [-əuz]) смесь, мешани́на; вся́кая вся́чина

**far-reaching** [ˈfɑ:ˈri:tʃɪŋ] *a* 1) далеко́ иду́щий; чрева́тый серьёзными после́дствиями 2) широ́кий

**farrier** [ˈfærɪə] *n* 1) кузне́ц (*подковывающий лошадей*) 2) *уст.* конова́л

**farriery** [ˈfærɪərɪ] *n* 1) ко́вка лошаде́й 2) ку́зница 3) *уст.* ветерина́рная хирурги́я

**farrow I** [ˈfærəu] **1.** *n* 1) опоро́с; помёт порося́т 2) *уст.* поросёнок

**2.** *v* пороси́ться

**farrow II** [ˈfærəu] *a амер.* я́ловая (*о корове*)

**far-seeing** [ˈfɑ:si:ɪŋ] *a* дальнови́дный, прозорли́вый, предусмотри́тельный

**far-sighted** [ˈfɑ:ˈsaɪtɪd] *a* 1) дальнозо́ркий 2) дальнови́дный, прозорли́вый, предусмотри́тельный

**fart** [fɑ:t] *груб.* **1.** *n* (гро́мкий) треск при вы́ходе га́зов из органи́зма

**2.** *v* издава́ть (гро́мкий) треск, освобожда́ясь от га́зов

**farther** [ˈfɑ:ðə] **1.** *a* 1) *сравн. ст. от* far 1; 2) бо́лее отдалённый; дальне́йший, поздне́йший 3) дополни́тельный; have you anything ~ to say? что ещё вы мо́жете доба́вить?

**2.** *adv* 1) *сравн. ст. от* far 2; 2) да́льше, да́лее 3) *редк.* кро́ме того́, та́кже

**3.** *v редк.* = further 3

**farthermost** [ˈfɑ:ðəməust] *a* са́мый да́льний, наибо́лее отдалённый

**farthest** [ˈfɑ:ðɪst] **1.** *a* 1) *превосх. ст. от* far 1; 2) са́мый да́льний 3) са́мый до́лгий, са́мый по́здний; at (the) ~ са́мое бо́льшее; са́мое по́зднее

**2.** *adv* 1) *превосх. ст. от* far 2; 2) да́льше всего́

**farthing** [ˈfɑ:ðɪŋ] *n уст.* фа́ртинг (¼ *пенни*) ◇ the uttermost ~ после́дний грош; it does not matter a ~ э́то ро́вно ничего́ не зна́чит; it's not worth a ~ гроша́ ло́маного не сто́ит; not to care a brass ~ наплева́ть

**farthingale** [ˈfɑ:ðɪŋgeɪl] *n* ю́бка с фи́жмами (*по моде XVI в.*)

**fasces** [ˈfæsi:z] *n pl др.-рим.* пучо́к пру́тьев ли́ктора

**fascia** [ˈfeɪʃə] *n* (*pl* -iae) 1) поло́ска, полоса́, по́яс 2) вы́веска 3) *архит.* поясо́к, ва́лик 4) [ˈfæʃɪə] *мед.* повя́зка, бинт; *анат.* фа́сция

**fasciae** [ˈfeɪʃɪi:] *pl от* fascia

**fascicle** [ˈfæsɪkl] *n* 1) *бот.* пучо́к, гроздь 2) отде́льный вы́пуск (*какого-либо издания*)

**fascicule** [ˈfæsɪkju:l] = fascicle

**fascinate** [ˈfæsɪneɪt] *v* 1) очаро́вывать, пленя́ть 2) зачаро́вывать взгля́дом

**fascinating** [ˈfæsɪneɪtɪŋ] **1.** *pres. p. от* fascinate

**2.** *a* обворожи́тельный, очарова́тельный, плени́тельный

**fascination** [ˌfæsɪˈneɪʃən] *n* очарова́ние, обая́ние; пре́лесть

**fascinator** [ˈfæsɪneɪtə] *n* 1) чаро́де́й 2) *уст.* лёгкая кружевна́я наки́дка для головы́

**fascine** [fæˈsi:n] *n* 1) фаши́на 2) *attr.*: ~ dwelling сва́йная постро́йка

**fascism** [ˈfæʃɪzm] *n* фаши́зм

**fascist** [ˈfæʃɪst] **1.** *n* фаши́ст

**2.** *a* фаши́стский

**fash** [fæʃ] *шотл.* **1.** *n* беспоко́йство; муче́ние; доса́да

**2.** *v* беспоко́ить(ся); му́чить(ся)

**fashion** [ˈfæʃən] **1.** *n* 1) о́браз, мане́ра; after (*или* in) a ~ а) не́которым о́бразом, до изве́стной сте́пени; б) ко́е-ка́к; after the ~ of smth. по образцу́ чего́-л.; in one's own ~ по-сво́ему 2) фасо́н, покро́й; фо́рма 3) стиль, мо́да; to be the ~, to be in ~ быть в мо́де; to be in the ~ сле́довать мо́де; to bring into ~ вводи́ть в мо́ду; dressed in the height of ~ оде́тый по после́дней мо́де; a man of ~ све́тский челове́к, сле́дующий мо́де; out of ~ вы́шедший из мо́ды

**2.** *v* 1) придава́ть вид, фо́рму (into, to); *тех.* формова́ть, фасони́ровать, модели́ровать; to ~ a vase from clay лепи́ть сосу́д из гли́ны 2) *редк.* приспоса́бливать (to)

**fashionable** [ˈfæʃnəbl] **1.** мо́дный; све́тский; фешене́бельный

**2.** *n* све́тский челове́к

**fashioner** [ˈfæʃnə] *n уст.* портно́й

**fashion-monger** [ˈfæʃənˌmʌŋgə] *n* мо́дник; мо́дница

**fashion-paper** [ˈfæʃənˌpeɪpə] *n* мо́дный журна́л, журна́л мод

**fashion-plate** [ˈfæʃənpleɪt] *n* 1) мо́дная карти́нка 2) *разг.* сверхмо́дно оде́тая же́нщина 3) франт

**fast I** [fɑ:st] **1.** *n* пост; to break (one's) ~ разговля́ться ◇ a clean ~ is better than a dirty breakfast ≅ бедне́е, да честне́е

**2.** *v* пости́ться

**fast II** [fɑ:st] **1.** *a* 1) про́чный, кре́пкий, твёрдый; сто́йкий; закреплённый; ~ colour про́чная кра́ска; ~ friendship про́чная дру́жба; ~ sleep беспробу́дный сон; ~ coupling *тех.* постоя́нная (соедини́тельная) му́фта; to make ~ а) закрепля́ть; б) запира́ть (*дверь*) 2) ско́рый, бы́стрый; ~ train ско́рый по́езд; ~ neutron *физ.* бы́стрый нейтро́н; ~ track *ж.-д.* ли́ния с движе́нием поездо́в большо́й ско́рости 3) нето́чный; the watch is ~ часы́ спеша́т; the scales are ~ весы́ пока́зывают бо́льший вес 4) фриво́льный; легкомы́сленный; a ~ set кутя́щее о́бщество; to lead a ~ life вести́ беспу́тную жизнь; прожига́ть жизнь ◇ a ~ prisoner у́зник; ~ tennis-court удо́бная, хоро́шая те́ннисная площа́дка; ~ and loose непостоя́нный, изме́нчивый, ненадёжный; to play ~ and loose (with) поступа́ть безотве́тственно (с); быть непосле́довательным, ненадёжным; наруша́ть обеща́ние

2. *adv* 1) кре́пко, си́льно, про́чно; ~ shut пло́тно закры́тый; to be ~ asleep кре́пко спать 2) бы́стро, ча́сто; ско́ро 3): to live ~ прожига́ть жизнь ◇ ~ by (*или* beside) совсе́м ря́дом; stand ~! *воен.* стой!

3. *n* 1) мор. швартов, прича́л 2) *горн.* штрек

**fasten** [ˈfɑːsn] *v* 1) прикрепля́ть, привя́зывать (to, upon, on — к); свя́зывать (together, up, in); скрепля́ть, укрепля́ть, зажима́ть, сви́нчивать; сжима́ть, сти́скивать (*руки, зубы*); to ~ a nickname on smb. дава́ть кому́-л. про́звище 2) навя́зывать; to ~ a quarrel upon smb. поссо́риться с кем-л., придра́ться к кому́-л.; to ~ the blame on smb. возлага́ть на кого́-л. вину́ 3) запира́ть(ся); застёгивать(ся); to ~ a door запере́ть дверь; to ~ a glove застегну́ть перча́тку 4) устремля́ть (*взгляд, мысли и т. п.* — on, upon); to ~ one's eyes on smb., smth. при́стально смотре́ть на кого́-л., что-л. 5) *стр.* затвердева́ть (*о растворе*) □ ~ **off** закрепи́ть (*нитку*); ~ **up** закрыва́ть; завя́зывать; to ~ up a box заколоти́ть я́щик; ~ **upon** ухвати́ться, набро́ситься; to ~ upon an idea (a pretext) ухвати́ться за мысль (предло́г); the bees ~ed upon me пчёлы облепи́ли меня́

**fastener** [ˈfɑːsnə] *n* 1) запо́р, задви́жка 2) застёжка; «мо́лния» 3) зажи́м 4) скре́пка для бума́г

**fastening** [ˈfɑːsnɪŋ] 1. *pres. p. от* fasten

2. *n* 1) свя́зывание, скрепле́ние; замыка́ние 2) = fastener

**faster-than-sound** [ˈfɑːstəðənˈsaund] *a* сверхзвуково́й; ~ aircraft сверхзвуково́й самолёт, самолёт со сверхзвуково́й ско́ростью

**fasti** [ˈfæstiː] *лат. n pl* ле́топись, анна́лы

**fastidious** [fæsˈtɪdɪəs] *a* 1) привере́дливый, разбо́рчивый 2) уто́нчённый, изощрённый

**fasting** [ˈfɑːstɪŋ] 1. *pres. p. от* fast I, 2

2. *n* пост

3. *a* постя́щийся, соблюда́ющий пост

4. *adv* на голо́дный желу́док, натоща́к

**fastness** [ˈfɑːstnɪs] *n* 1) про́чность *и пр.* [*см.* fast II, 1] 2) кре́пость, твердыня, оплот, цитаде́ль 3) сопротивля́емость органи́зма не́которым я́дам

**fat** [fæt] 1. *n* 1) жир, са́ло; расти́тельное ма́сло (*тж.* vegetable ~) 2) сма́зка, мазь; таво́т 3) полнота́, ту́чность; ожире́ние; to be inclined to ~ быть скло́нным к полноте́; to run to ~ *разг.* жире́ть, толсте́ть 4) лу́чшая часть (*чего-л.*); to live on the ~ of the land *библ.* жить роско́шно 5) *театр.* вы́игрышная роль; вы́игрышное ме́сто ро́ли 6) *sl.* сре́дства, пожи́ва 7) *амер. полигр.* вы́годная печа́ть ◇ ~ cat *амер. sl.* лицо́, субсиди́рующее полити́ческое мероприя́тие; ~ fryer тот, кто добыва́ет *или* вымога́ет де́ньги для полити́ческих махина́ций; to live on one's own ~ а) жить ста́рыми запа́сами (*знаний и т. п.*); б) жить на свой капита́л; the ~ is in the fire ≅ де́ло сде́лано, быть беде́

2. *a* 1) жи́рный; са́льный (*о пище*); масляни́стый; ~ type жи́рный шрифт 2) упи́танный, то́лстый, ту́чный; отко́рмленный; ~ cheeks пу́хлые щёки; ~ fingers то́лстые коро́ткие па́льцы 3) плодоро́дный (*о почве*) 4) вы́годный, дохо́дный; ~ job вы́годное де́ло; тёпленькое месте́чко; ~ part вы́игрышная роль 5) оби́льный, бога́тый 6) тупоу́мный, глу́пый ◇ a ~ lot *разг.* мно́го, о́чень (*обыкн. ирон.* ма́ло); a ~ lot you care ≅ вам на э́то наплева́ть; to cut up ~ оста́вить большо́е насле́дство

**fatal** [ˈfeɪtl] *a* 1) рокова́й, фата́льный, неизбе́жный 2) смерте́льный, губи́тельный, па́губный ◇ the ~ sisters *миф.* па́рки; the ~ thread нить жи́зни; the ~ shears смерть

**fatalism** [ˈfeɪtəlɪzm] *n* фатали́зм

**fatality** [fəˈtælɪtɪ] *n* 1) рок; фата́льность, обречённость 2) несча́стье; смерть (*от несчастного случая и т. п.*)

**fata morgana** [ˈfɑːtəmɔːˈgɑːnə] *ит. n* фа́та-морга́на, мира́ж

**fate** [feɪt] 1. *n* 1) рок, судьба́; жре́бий, уде́л; as sure as ~ несомне́нно 2) ги́бель, смерть; to go to one's ~ идти́ на ги́бель 3) (the Fates) *pl миф.* па́рки

2. *v* (*обыкн. pass.*) предопределя́ть; he was ~d to do it ему́ суждено́ бы́ло сде́лать э́то

**fated** [ˈfeɪtɪd] 1. *p. p. от* fate 2

2. *a* предопределённый; обречённый

**fateful** [ˈfeɪtful] *a* 1) рокова́й 2) обречённый 3) реши́тельный, ва́жный (*по последствиям*) 4) проро́ческий; злове́щий

**fat-guts** [ˈfætgʌts] *n разг.* толстя́к

**fat-head** [ˈfæthed] *n* о́лух, болва́н

**father** [ˈfɑːðə] 1. *n* 1) оте́ц, роди́тель; natural ~ оте́ц внебра́чного ребёнка; adoptive ~ приёмный оте́ц, усынови́тель 2) пре́док, родонача́льник, прароди́тель 3) старе́йший член; *pl* старе́йшины; F. of the House а) старе́йший (*по годам непрерывности депутатского звания*) член пала́ты о́бщин; б) *амер.* старе́йшина пала́ты представи́телей 4) покрови́тель; засту́пник, «оте́ц родно́й» 5) созда́тель, творе́ц; вдохнови́тель 6) духо́вный оте́ц, епи́скоп; the Holy F. па́па ри́мский ◇ the wish is ~ to the thought жела́ние порожда́ет мысль; ≅ лю́ди скло́нны ве́рить тому́, чему́ хотя́т ве́рить; F. Thames ≅ ма́тушка Те́мза; F. of lies сатана́; to be gathered to one's ~s отпра́виться к пра́отцам; F. of Waters *амер.* река́ Миссиси́пи

2. *v* 1) быть отцо́м; производи́ть, порожда́ть, быть а́втором, творцо́м 2) усыновля́ть; оте́чески забо́титься 3) припи́сывать отцо́вство; припи́сывать а́вторство; возлага́ть отве́тственность (за а́вторство) (on, upon — на)

**father-figure** [ˈfɑːðəˌfɪgə] *n* челове́к, кото́рого ребёнок лю́бит и уважа́ет как родно́го отца́

**fatherhood** [ˈfɑːðəhud] *n* отцо́вство

**father image** [ˈfɑːðərˌɪmɪdʒ] = father-figure

**father-in-law** [ˈfɑːðərɪnlɔː] *n* (*pl* fathers-in-law) 1) свёкор (*отец мужа*) 2) тесть (*отец жены*)

**fatherland** [ˈfɑːðəlænd] *n редк.* оте́чество, отчи́зна

**fatherless** [ˈfɑːðəlɪs] *a* оста́вшийся без отца́

**fatherly** [ˈfɑːðəlɪ] 1. *a* отцо́вский; оте́ческий, не́жный

2. *adv* оте́чески

**fathom** [ˈfæðəm] 1. *n* (*pl с цифрами обыкн. без изменений*) 1) морска́я са́жень (= *6 футам* = *183 см*) 2) изоба́та ◇ to be ~s deep in love быть влюблённым по́ уши

2. *v* 1) измеря́ть глубину́ (*воды*); де́лать проме́р ло́том 2) вника́ть, понима́ть; I cannot ~ his meaning я не могу́ поня́ть, что он хо́чет сказа́ть

**fathometer** [fæˈðɔmɪtə] *n мор.* эхоло́т

**fathomless** [ˈfæðəmlɪs] *a* 1) неизмери́мый; бездо́нный; the ~ depths of the sea бездо́нные глуби́ны мо́ря 2) непостижи́мый

**fatidical** [feɪˈtɪdɪkəl] *a* проро́ческий

**fatigue** [fəˈtiːg] 1. *n* 1) уста́лость, утомле́ние 2) утоми́тельность 3) утоми́тельная рабо́та 4) = ~-duty 5) *pl воен.* ро́ба, рабо́чая оде́жда солда́та 6) *тех.* уста́лость (*металлов*)

2. *v* утомля́ть, изнуря́ть

**fatigue-dress** [fəˈtiːgˈdres] *n воен.* рабо́чая оде́жда солда́та

**fatigue-duty** [fəˈtiːgˌdjuːtɪ] *n воен.* нестроево́й наря́д

**fatigue-party** [fəˈtiːgˌpɑːtɪ] *n воен.* рабо́чая кома́нда

**fatten** [ˈfætn] *v* 1) отка́рмливать на убо́й 2) жире́ть, толсте́ть 3) удобря́ть (*землю*)

**fatty** [ˈfætɪ] 1. *a* жи́рный; жирово́й; ~ degeneration *мед.* жирово́е перерожде́ние, ожире́ние; ~ degeneration of the heart ожире́ние се́рдца; ~ acids *хим.* жи́рные кисло́ты

2. *n* толстя́к

**fatuity** [fəˈtju(ː)ɪtɪ] *n* 1) самодово́льная глу́пость; бессмы́сленность 2) *уст.* тще́тность

**fatuous** [ˈfætjuəs] *a* 1) глу́пый, дура́цкий; ~ smile бессмы́сленная улы́бка 2) *уст.* пусто́й, бесполе́зный (*о попытке*)

**fat-witted** [ˈfætˈwɪtɪd] *a* тупо́й, глу́пый

**faubourg** [ˈfəubuəg] *фр. n* предме́стье, при́город (*особ. Парижа*)

**fauces** [ˈfɔːsiːz] *n pl анат.* зев, го́рло, рото́гло́тка

**faucet** [ˈfɔːsɪt] *n* 1) ве́нтиль; вту́лка; растру́б; заты́чка 2) *амер.* водопрово́дный кран

**faugh** [fɔː] *int* тьфу!, фу!

**fault** [fɔːlt] 1. *n* 1) недоста́ток, дефе́кт; to find ~ with smb., smth. а) придира́ться к кому́-л., к чему́-л.; брани́ть кого́-л.; б) жа́ловаться на что-л. 2) про́мах, оши́бка; to be at ~ ошиба́ться [*см. тж.* 5)] 3) просту́пок, винá; in ~ винова́тый; whose ~ is it?, who is in ~? кто винова́т?; through no ~ of mine не по мое́й вине́ 4) *спорт.* непра́вильно по́данный мяч 5) *охот.* поте́ря сле́да; to be at ~ потеря́ть след; *перен.* быть озада́ченным; находи́ться в затрудне́нии [*см. тж.* 2)] 6) *геол.* разло́м, сдвиг, сброс 7) *тех.* ава́рия, поврежде́ние, неспра́вность ◇ to a ~ о́чень; сли́шком; чрезме́рно; a ~ confessed is half redressed *посл.* ≅ пови́нную го́лову меч не сечёт

2. *v* 1) *редк.* придира́ться 2) *спорт.* непра́вильно подава́ть мяч 3) *геол.* образова́ть разры́в *или* сброс

**faultfinder** [ˈfɔ:ltˌfaɪndə] *n* приди́ра

**faultfinding** [ˈfɔ:ltˌfaɪndɪŋ] **1.** *n* 1) приди́рки, приди́рчивость 2) *тех.* обнару́же́ние ава́рии

2. *a* приди́рчивый

**faultless** [ˈfɔ:ltlɪs] *a* 1) безупре́чный 2) безоши́бочный

**faulty** [ˈfɔ:ltɪ] *a* 1) несоверше́нный 2) непра́вильный, оши́бочный 3) испо́рченный, повреждённый 4) наделённый недоста́тками

**faun** [fɔ:n] *n римск. миф.* фавн

**fauna** [ˈfɔ:nə] *n* (*pl* -ae, -as [-əz]) фа́уна

**faunae** [ˈfɔ:ni:] *pl от* fauna

**faux pas** [ˈfəuˈpɑ:] *фр. n* ло́жный шаг

**favor, favorable, favored, favorite, favoritism** [ˈfeɪvə, ˈfeɪvərəbl, ˈfeɪvəd, ˈfeɪvərɪt, ˈfeɪvərɪtɪzm] *амер.* = favour, favourable, favoured, favourite, favouritism

**favour** [ˈfeɪvə] **1.** *n* 1) благоскло́нность, расположе́ние; одобре́ние; to find ~ in the eyes of smb., to win smb.'s ~ сниска́ть чьё-л. расположе́ние; угоди́ть кому́-л.; to look with ~ on smb., smth. относи́ться доброжела́тельно к кому́-л., чему́-л.; to stand high in smb.'s ~ быть в ми́лости у кого́-л.; in ~ в почёте; out of ~ в неми́лости; to enjoy the ~s of a woman по́льзоваться благоскло́нностью же́нщины 2) одолже́ние; любе́зность; to do smth. as a ~ сде́лать одолже́ние, оказа́ть любе́зность; do me a ~, read this carefully бу́дьте добры́, прочти́те э́то внима́тельно 3) пристра́стие (*к кому-л.*); покрови́тельство; he gained his position more by ~ than by merit (скоре́е) не ли́чные заслу́ги, а покрови́тельство помогло́ ему́ дости́чь тако́го положе́ния 4) по́льза, интере́с; по́мощь; in ~ of а) за; to be in ~ of smth. стоя́ть за что-л., быть сторо́нником чего́-л.; б) в по́льзу (*кого-л., чего-л.*); to draw a cheque in smb.'s ~ вы́писать чек на чьё-л. и́мя; under ~ of the darkness под покро́вом темноты́ 5) значо́к; бант, розе́тка; сувени́р 6) *ком.* письмо́; your ~ of yesterday ва́ше вчера́шнее письмо́ 7) *уст.* вне́шность, лицо́ ◇ by your ~ *уст.* с ва́шего позволе́ния; under ~ с позволе́ния сказа́ть; those in ~? кто за?

2. *v* 1) благоволи́ть, быть благоскло́нным; ока́зывать внима́ние, любе́зность; please, ~ me with an answer благоволи́те мне отве́тить 2) благоприя́тствовать; помога́ть, подде́рживать 3) покрови́тельствовать; быть пристра́стным, ока́зывать предпочте́ние 4) *разг.* бере́чь, оберега́ть, щади́ть 5) *разг.* быть похо́жим; the boy ~s his father ма́льчик похо́ж на отца́ ◇ ~ed by smb. пе́реданное кем-л. (*письмо*)

**favourable** [ˈfeɪvərəbl] *a* 1) благоприя́тный; подходя́щий; удо́бный; ~ answer благоприя́тный отве́т; ~ wind попу́тный ве́тер 2) благоскло́нный, располо́женный, симпатизи́рующий

**favoured** [ˈfeɪvəd] **1.** *p. p. от* favour 2

2. *a* 1) привилегиро́ванный, по́льзующийся преиму́ществом; most ~ nation *дип.* наибо́лее благоприя́тствуемая на́ция; ~ few немно́гие и́збранные 2) благода́тный (*о климате*)

**favourite** [ˈfeɪvərɪt] **1.** *n* 1) люби́мец; фавори́т 2) люби́мая вещь; that book is a great ~ of mine я о́чень люблю́ э́ту кни́гу 3) фавори́т (*о лошади*) 4) кандида́т, име́ющий наибо́льший шанс на успе́х (*на выборах*)

2. *a* люби́мый, излю́бленный ◇ ~ son *амер.* полити́ческий де́ятель, вы́двинутый представи́телями своего́ шта́та на пост президе́нта

**favouritism** [ˈfeɪvərɪtɪzm] *n* фаворити́зм

**fawn** I [fɔ:n] **1.** *n* молодо́й оле́нь (*до одного года*); in ~ сте́льная (*о ланке*)

2. *a* желтова́то-кори́чневый

3. *v* тели́ться (*о ланке*)

**fawn** II [fɔ:n] *v* 1) ласка́ться; виля́ть хвосто́м 2) подли́зываться, прислу́живаться, лебези́ть (on, upon)

**fawn-coloured** [ˈfɔ:nˌkʌləd] = fawn I, 2

**fawning** I [ˈfɔ:nɪŋ] *pres. p. от* fawn I, 3

**fawning** II [ˈfɔ:nɪŋ] **1.** *pres. p. от* fawn II

2. *a* раболе́пный

**fay** I [feɪ] *n уст.* ве́ра; ве́рность; by my ~! че́стное сло́во!

**fay** II [feɪ] *n поэт.* фе́я; эльф

**fay** III [feɪ] *v* 1) пло́тно соединя́ть 2) примыка́ть

**faze** [feɪz] *v амер. разг.* беспоко́ить, досажда́ть; расстра́ивать

**fealty** [ˈfi:əltɪ] *n ист.* ве́рность васса́ла феода́лу; to swear ~ to (*или* for) smb. присяга́ть на ве́рность кому́-л.

**fear** [fɪə] **1.** *n* 1) страх, боя́знь; for ~ (of smth.) из боя́зни (чего́-л.); for ~ of exposure боя́сь разоблаче́ния; in ~ of one's life в стра́хе за свою́ жизнь; without ~ or favour беспристра́стно 2) опасе́ние; возмо́жность, вероя́тность (*чего-л. нежелательного*); no ~ *разг.* вряд ли; едва́ ли

2. *v* 1) боя́ться, страши́ться; never ~ не бо́йтесь; I ~ me *уст.* я бою́сь 2) опаса́ться; ожида́ть (*чего-л. нежелательного*)

**fearful** [ˈfɪəful] *a* 1) ужа́сный, стра́шный 2) испу́ганный, напу́ганный; a ~ glance испу́ганный взгляд 3) *разг.* огро́мный, ужа́сный; in a ~ mess в стра́шном беспоря́дке; a ~ bore скучне́йший челове́к 4) *уст.* по́лный стра́ха, испу́ганный (of); испо́лненный благогове́ния 5) ро́бкий; ~ to do smth. боя́щийся сде́лать что-л.

**fearless** [ˈfɪəlɪs] *a* бесстра́шный, неустраши́мый; му́жественный

**fear-monger** [ˈfɪəˌmʌŋgə] *n* паникёр

**fearnought** [ˈfɪənɔ:t] *n* касто́р (*сукно*)

**fearsome** [ˈfɪəsəm] *a* (*обыкн. шутл.*) гро́зный, стра́шный; to be ~ внуша́ть опасе́ния (*или* страх)

**feasible** [ˈfi:zəbl] *a* 1) выполни́мый, осуществи́мый 2) возмо́жный, вероя́тный; правдоподо́бный

**feast** [fi:st] **1.** *n* 1) пир; пра́зднество; банке́т 2) удово́льствие, наслажде́ние; a ~ for the eye(s) прия́тное зре́лище 3) пра́здник; ежего́дный се́льский церко́вный *или* прихо́дский пра́здник ◇ ~ today and fast tomorrow *посл.* ≅ ра́зом гу́сто, ра́зом пу́сто; enough is as good as a ~ *посл.* ≅ от добра́ добра́ не и́щут; бо́льше чем доста́точно

2. *v* 1) пирова́ть, пра́здновать 2) принима́ть, че́ствовать; угоща́ть (-ся) 3) наслажда́ться; to ~ one's eyes on smb., smth. любова́ться кем-л., чем-л.

**feast-day** [ˈfi:stdeɪ] *n* пра́здник; (семе́йное) торжество́

**feat** [fi:t] **1.** *n* 1) по́двиг; ~ of arms боево́й по́двиг 2) проявле́ние большо́й ло́вкости, иску́сства

2. *a уст.* ло́вкий, иску́сный

**feather** [ˈfeðə] **1.** *n* 1) перо́ (*птичье*); *собир. или pl* опере́ние; she is light as a ~ она́ лёгкая как пёрышко 2) *охот.* дичь 3) плюма́ж 4) волосна́я тре́щина (*порок в драгоценном камне*) 5) не́что лёгкое; пустячо́к 6) *тех.* вы́ступ, гре́бень; шпо́нка; ◇ in full (*или* in fine) ~ в по́лном пара́де; во всём бле́ске; in high ~ в хоро́шем настрое́нии; to show (*или* to fly) the white ~ стру́сить, прояви́ть малоду́шие; to knock down with a ~ ошеломи́ть; to smooth one's ruffled ~s прийти́ в себя́; опра́виться; to preen one's ~s прихора́шиваться; a ~ in one's cap (*или* bonnet) предме́т го́рдости, достиже́ние, успе́х

2. *v* 1) украша́ть(ся) пе́рьями 2) придава́ть фо́рму пера́; boughs ~ed with snow су́чья, опушённые сне́гом 3) опери́ться 4) *тех.* соединя́ть на шпунт *или* шпо́нку 5) *охот.* сбить пе́рья с пти́цы вы́стрелом 6) *мор., спорт.* выноси́ть весло́ плашмя́ 7) ре́зать во́здух (*крылом и т. п.*) 8) *ав.* цикли́чески изменя́ть шаг (*несущего винта вертолёта*) 9) *охот.* дрожа́ть, виля́я хвосто́м (*о собаке, разыскивающей след*) ◇ to ~ one's nest ≅ нагре́ть ру́ки; наби́ть себе́ карма́н; обогати́ться

**feather-bed** [ˈfeðəbed] **1.** *n* 1) пери́на 2) удо́бное месте́чко 3) ро́скошь

**2.** *v* 1) балова́ть; изне́живать 2) нормализова́ть нагру́зку на одного́ рабо́чего путём увеличе́ния шта́тов *или* сокраще́ния объёма произво́дства по тре́бованию профсою́за

**feather-brain** [ˈfeðəbreɪn] *n* вертопра́х, пусто́й челове́к

**feather-brained** [ˈfeðəˈbreɪnd] *a* глу́пый, пусто́й, ве́треный

**feathered** [ˈfeðəd] **1.** *p. p. от* feather 2

**2.** *a* 1) покры́тый *или* укра́шенный пе́рьями 2) име́ющий вид пера́ 3) крыла́тый, бы́стрый ◇ our ~ friends на́ши крыла́тые друзья́ (*пти́цы*)

**feather-grass** [ˈfeðəgrɑːs] *n бот.* ковы́ль

**feather-head** [ˈfeðəhed] = feather-brain

**feather-headed** [ˈfeðəˈhedɪd] = feather-brained

**feathering** [ˈfeðərɪŋ] **1.** *pres. p. от* feather 2

**2.** *n* 1) опере́ние 2) что-л., похо́жее на опере́ние

**feather-pate** [ˈfeðəpeɪt] = feather-brain

**feather-pated** [ˈfeðəˈpeɪtɪd[ = feather-brained

**feather-stitch** [ˈfeðəstɪtʃ] *n* шов та́мбуром, в ёлочку

**feather-weight** [ˈfeðəweɪt] *n* 1) о́чень лёгкий челове́к *или* предме́т 2) *спорт.* полулёгкий вес, «вес пера́»

**feathery** [ˈfeðərɪ] *a* 1) = feathered 2; 2) похо́жий на перо́; лёгкий, пуши́стый

**feature** [ˈfiːtʃə] **1.** *n* 1) осо́бенность, характе́рная черта́; при́знак, сво́йство, дета́ль; a ~ of a treaty положе́ние догово́ра; agricultural ~s агротехни́ческие осо́бенности 2) (*обыкн. pl*) черты́ лица́ 3) больша́я (газе́тная) статья́ 4) сенсацио́нный материа́л (*о статье, сообщении по радио или телевидению*) 5) гвоздь програ́ммы; аттракцио́н 6) полнометра́жный фильм; основно́й фильм кинопрогра́ммы; центра́льная переда́ча телепрогра́ммы 7) *топ.* ме́стный предме́т; подро́бность релье́фа ме́стности 8) *attr.*: ~ film худо́жественный фильм; ~ article о́черк

**2.** *v* 1) изобража́ть, рисова́ть, набра́сывать; обрисо́вывать 2) быть характе́рной черто́й 3) пока́зывать (*на экране*); выводи́ть в гла́вной ро́ли 4) де́лать гвоздём програ́ммы 5) отводи́ть важне́йшее ме́сто; the newspaper ~s a story газе́та на ви́дном ме́сте помеща́ет расска́з 6) исполня́ть гла́вную роль, выступа́ть в гла́вной ро́ли 7) *разг.* напомина́ть черта́ми лица́, походи́ть (*на кого-л., что-л.*)

**feature-length** [ˈfiːtʃəleŋθ] *a кино* полнометра́жный

**featureless** [ˈfiːtʃəlɪs] *a* лишённый характе́рных черт, невырази́тельный

**febrifuge** [ˈfebrɪfjuːdʒ] *мед.* **1.** *n* жаропонижа́ющее (сре́дство)

**2.** *a* жаропонижа́ющий

**febrile** [ˈfiːbraɪl] *a* лихора́дочный

**February** [ˈfebruərɪ] *n* 1) февра́ль 2) *attr.* февра́льский

**fecit** [ˈfiːsɪt] *лат. v* испо́лнил, сде́лал (*подпись художника*)

**feck** [fek] *n шотл.* 1) це́нность 2) си́ла 3) бо́льшая часть; большинство́

**feckless** [ˈfeklɪs] *a* беспо́мощный; бесполе́зный

**feculence** [ˈfekjuləns] *n* муть, му́тность; му́тный оса́док

**feculent** [ˈfekjulənt] *a* му́тный

**fecund** [ˈfiːkənd] *a* 1) плодоро́дный 2) плодови́тый (*тж. перен.*)

**fecundate** [ˈfiːkəndeɪt] *v* 1) де́лать плодоро́дным 2) оплодотворя́ть

**fed** [fed] *past и p. p. от* feed. I, 2

**federal** [ˈfedərəl] **1.** *a* федера́льный, сою́зный

**2.** *n* федерали́ст; the Federals войска́ северя́н (*в гражданской войне в Америке 1861—65 гг.*)

**federate 1.** *a* [ˈfedərɪt] федерати́вный

**2.** *v* [ˈfedəreɪt] объединя́ть(ся) на федерати́вных нача́лах

**federation** [ˌfedəˈreɪʃən] *n* 1) федера́ция, сою́з 2) объедине́ние, организа́ция; World F. of Trade Unions Всеми́рная федера́ция профсою́зов

**federative** [ˈfedərətɪv] *a* федерати́вный

**fedora** [fɪˈdɔːrə] *n амер.* мя́гкая фе́тровая шля́па

**fed-up** [ˈfedˈʌp] *a разг.* 1) насы́щенный; пресы́щенный 2) сы́тый по го́рло, пресы́тившийся; I am ~ с меня́ хва́тит; надое́ло

**fee** [fiː] **1.** *n* 1) гонора́р, вознагражде́ние 2) вступи́тельный *или* чле́нский взнос 3) пла́та за уче́ние 4) *ист.* лен, феода́льное поме́стье; ~ simple *юр.* поме́стье, насле́дуемое без ограниче́ний

**2.** *v* (feed) 1) плати́ть гонора́р 2) нанима́ть

**feeble** [ˈfiːbl] *a* 1) сла́бый 2) не́мощный, хи́лый 3) ничто́жный

**feeble-minded** [ˈfiːblˈmaɪndɪd] *a* слабо́умный

**feed** I [fiːd] **1.** *n* 1) пита́ние, кормле́ние 2) пи́ща; оби́льная еда́ 3) корм, фура́ж 4) по́рция, да́ча (*корма*) 5) *уст.* па́стбище, вы́гон; out at ~ на подно́жном корму́ 6) *тех.* пода́ча материа́ла, пита́ние; по́данный материа́л 7) *attr.* кормово́й; ~ crop *с.-х.* кормова́я культу́ра 8) *attr.* загру́зочный; ~ box *тех.* коро́бка пода́ч ◇ to be off one's ~ не име́ть аппети́та

**2.** *v* (fed) 1) пита́ть(ся); корми́ть (-ся) 2) пасти́(сь); задава́ть корм 3) подде́рживать; снабжа́ть то́пливом, водо́й, сырьём (*машину*; into, to) ▭ ~ **down** испо́льзовать (*землю как пастбище*); ~ **on,** ~ **upon** пита́ть(ся) *чем-л.*; ~ **up** отка́рмливать, уси́ленно пита́ть ◇ to ~ suspicions подогрева́ть подозре́ния; to ~ on the fat of one's memory испо́льзовать ресу́рсы свое́й па́мяти

**feed** II [fiːd] *past и p. p. от* fee 2

**feed-back** [ˈfiːdbæk] *n* 1) *радио* обра́тная связь 2) *эл.* обра́тное пита́ние

**feeder** [ˈfiːdə] *n* 1) едо́к; a large (*или* gross) ~ обжо́ра; he is a quick ~ он ест о́чень бы́стро 2) прито́к (*реки*); кана́л 3) = feeding-bottle 4) де́тский нагру́дник 5) корму́шка 6) *эл.* фи́дер 7) *тех.* пита́тель, подаю́щий механи́зм 8) *ж.-д.* ве́тка 9) вспомога́тельная возду́шная, автобу́сная *и т. п.* ли́ния

**feeding-bottle** [ˈfiːdɪŋˌbɔtl] *n* де́тский рожо́к

**feed-pipe** [ˈfiːdpaɪp] *n тех.* пита́тельная труба́

**feed-pump** [ˈfiːdpʌmp] *n тех.* пита́тельный насо́с

**feed-screw** [ˈfiːdskruː] *n тех.* ходово́й винт, подаю́щий червя́к, шнек

**feed-stuff** [ˈfiːdstʌf] *n* 1) корма́, фура́ж 2) пита́тельные вещества́, входя́щие в соста́в кормо́в

**feed-tank** [ˈfiːdtæŋk] *n* резервуа́р пита́ющей воды́, расхо́дный бак

**feed-trough** [ˈfiːdtrɔf] = feed-tank

**fee-faw-fum** [ˈfiːfɔːˈfʌm] **1.** *int. восклицание людоеда в англ. сказках*

**2.** *n* смехотво́рная угро́за; this is all ~ э́то всё чепуха́

**feel** [fiːl] **1.** *v* (felt) 1) чу́вствовать 2) ощу́пывать; тро́гать, осяза́ть; to ~ the edge of a knife про́бовать ле́звие ножа́; to ~ the pulse of smb. щу́пать чей-л. пульс; *перен.* стара́ться выясни́ть чьи-л. жела́ния, наме́рения *и т. п.*; прощу́пывать 3) ша́рить, иска́ть о́щупью; to ~ in one's pocket иска́ть (*что-л.*) в карма́не; to ~ one's way пробира́ться о́щупью; *перен.* де́йствовать осторо́жно; зонди́ровать по́чву, выясня́ть обстано́вку 4) ощуща́ть; to ~ the heat (the cold) быть чувстви́тельным к жаре́ (к хо́лоду) 5) о́стро *или* то́нко воспринима́ть, быть чувстви́тельным (*к чему-л.*); to ~ beauty (poetry) чу́вствовать красоту́ (поэ́зию); the ship ~s her helm су́дно слу́шается руля́ 6) пережива́ть; to ~ a friend's death пережива́ть смерть дру́га 7) *глагол-связка в составном именном сказуемом*: а) чу́вствовать себя́; I ~ hot (cold) мне жа́рко (хо́лодно); to ~ fine (bad) чу́вствовать себя́ прекра́сно (пло́хо); to ~ low чу́вствовать себя́ пода́вленным; to ~ quite oneself опра́виться, прийти́ в себя́; to ~ angry серди́ться; to ~ certain быть уве́ренным; to ~ tired чу́вствовать себя́ уста́лым; do you ~ hungry? вы голодны́?; б) дава́ть ощуще́ние; your hand ~s cold у вас холо́дная рука́; velvet ~s soft ба́рхат мя́гок на о́щупь 8) полага́ть, счита́ть; I ~ it my duty я счита́ю э́то свои́м до́лгом; to ~ bound to say быть вы́нужденным сказа́ть 9) предчу́вствовать 10) *воен. разг.* «прощу́пывать»; разве́дывать ▭ ~ **about** а) дви́гаться о́щупью; б) ша́рить, нащу́пывать (for); ~ **for** а) сочу́вствовать; I really ~ for you я вам и́скренне сочу́вствую; б) нащу́пывать; ~ **up to** быть в состоя́нии; ~ **with** разделя́ть (*чьё-л.*) чу́вство; сочу́вствовать; сопережива́ть ◇ to ~ like (eating, *etc.*) быть скло́нным, хоте́ть (поесть *и т. п.*); to ~ like putting smb. on *амер.* испы́тывать жела́ние помо́чь кому́-л.; it ~s like rain вероя́тно, бу́дет дождь; to ~ strongly about испы́тывать чу́вство возмуще́ния, быть про́тив; to ~ one's feet (*или* legs) почу́вствовать по́чву под нога́ми; быть уве́ренным в себе́; to ~ in one's bones быть соверше́нно уве́ренным; what do you ~ about it? что вы об э́том ду́маете?

**2.** *n* 1) осяза́ние; ощуще́ние; cold to the ~ холо́дный на о́щупь; the cool ~ of smth. ощуще́ние хо́лода от прикоснове́ния чего́-л. *или* к чему́-л.; by ~ на о́щупь 2) чутьё; вкус

**feeler** [ˈfiːlə] *n* 1) *зоол.* щу́пальце; у́сик 2) про́ба, про́бный шар 3) *воен.* о́рган разве́дки 4) разве́дчик ◇ to send out a ~ зонди́ровать по́чву

**feeling** [ˈfiːlɪŋ] **1.** *pres. p. от* feel 1

**2.** *n* 1) чу́вство, ощуще́ние, созна́ние; he had a ~ of safety он чу́вствовал себя́ в безопа́сности; to appeal to smb.'s better ~s взыва́ть к лу́чшим чу́вствам кого́-л.; стара́ться разжа́лобить кого́-л. 2) эмо́ция, волне́ние; чу́вство; ~ ran high стра́сти разгоре́лись; to hurt smb.'s ~s оби́деть кого́-л.; to relieve one's ~s отвести́ ду́шу 3) отноше́ние, настрое́ние; (*часто pl*) взгляд; the general ~ was against him о́бщее настрое́ние бы́ло про́тив него́; good ~ доброжела́тельность; ill ~ неприя́знь, предубежде́ние; вражде́бность; strong ~(s) (глубо́кое) возмуще́ние 4) то́нкое восприя́тие (*искусства, красоты*) 5) ощуще́ние, впечатле́ние; bad ~ плохо́е впечатле́ние 6) интуи́ция, предчу́вствие; a ~ of danger ощуще́ние надвига́ющейся опа́сности ◇ I have no ~ in this leg у меня́ нога́ оне́мела

**3.** *a* 1) чувстви́тельный 2) прочу́вствованный 3) по́лный сочу́вствия

**feelingly** [ˈfiːlɪŋlɪ] *adv* с чу́вством, с жа́ром

**feet** [fiːt] *pl от* foot 1

**feeze** [fiːz] *уст., диал.* **1.** *n* 1) возбужде́ние 2) трево́га

**2.** *v* 1) беспоко́ить(ся) 2) бить

**feign** [feɪn] *v* 1) притворя́ться, симули́ровать; to ~ indifference притворя́ться безразли́чным 2) *редк.* выду́мывать, приду́мывать; to ~ an excuse приду́мывать оправда́ние

**feigned** [feɪnd] **1.** *p. p. от* feign

**2.** *a* 1) притво́рный 2): ~ column *архит.* ло́жная коло́нна

**feigningly** [ˈfeɪnɪŋlɪ] *adv* притво́рно

**feint** I [feɪnt] **1.** *n* 1) притво́рство; to make a ~ of doing smth. притворя́ться де́лающим что-л. 2) ло́жный вы́пад, финт; мане́вр для отвлече́ния внима́ния проти́вника

**2.** *v* сде́лать мане́вр для отвлече́ния внима́ния проти́вника (at, upon, against)

**feint** II [feɪnt] = faint 2, 2)

**feist** [faɪst] *n амер. диал.* собачо́нка

**feldspar** [ˈfeldspɑː] *n мин.* полево́й шпат

**felicitate** [fɪˈlɪsɪteɪt] *v* 1) поздравля́ть (on — с); жела́ть сча́стья 2) *редк.* осчастли́вливать

**felicitation** [fɪˌlɪsɪˈteɪʃən] *n* (*обыкн. pl*) поздравле́ние

**felicitous** [fɪˈlɪsɪtəs] *a* уда́чный, уме́стный, счастли́вый; ~ remark ме́ткое замеча́ние

**felicity** [fɪˈlɪsɪtɪ] *n* 1) сча́стье; блаже́нство 2) счастли́вое уме́ние (*писать, рисовать и т. п.*); ~ of phrase спосо́бность находи́ть уда́чные выраже́ния; красноре́чие 3) уда́чность, ме́ткость (*выражения*)

**feline** [ˈfiːlaɪn] **1.** *n зоол.* живо́тное из семе́йства коша́чьих

**2.** *a* 1) *зоол.* коша́чий 2) по-коша́чьи хи́трый *или* зло́бный; ~ amenities *шутл.* скры́тые ко́лкости

**fell** I [fel] *n* шку́ра (*тж. перен.*); ~ of hair ко́смы воло́с

**fell** II [fel] *n сев.* 1) гора́ (*в названиях*) 2) пусты́нная боло́тистая ме́стность (*на севере Англии*)

**fell** III [fel] *a поэт.* жесто́кий, свире́пый, беспоща́дный

**fell** IV [fel] **1.** *v* 1) руби́ть, вали́ть (*дерево*) 2) сбить с ног 3) запошива́ть (*шов*); подруба́ть (*ткань*)

**2.** *n* коли́чество сру́бленного ле́са

**fell** V [fel] *past от* fall 2

**fella** [ˈfelə] *разг. см.* fellow 2)

**fellah** [ˈfelə] *араб. n* (*pl* fellaheen, -ahs [-əz]) фелла́х

**fellaheen** [ˌfeləˈhiːn] *pl от* fellah

**feller** [ˈfelə] *разг. см.* fellow 2)

**felling** [ˈfelɪŋ] **1.** *pres. p. от* fell IV, 1

**2.** *n* ру́бка, ва́лка (*леса*)

**felloe** [ˈfeləu] *n* о́бод (*колеса*)

**fellow** [ˈfeləu] *n* 1) това́рищ, собра́т; a ~ in misery това́рищ по несча́стью; ~s in arms това́рищи по ору́жию 2) *разг.* челове́к; па́рень; a good ~ сла́вный ма́лый; my dear ~ дорого́й мой; old ~ старина́, дружи́ще 3) па́рная вещь; па́ра; I shall never find his ~ я никогда́ не найду́ ра́вного ему́ 4) (*обыкн.* F.) член сове́та колле́джа; стипендиа́т, занима́ющийся иссле́довательской рабо́той 5) (*обыкн.* F.) член нау́чного о́бщества 6) *амер. разг.* ухажёр, покло́нник 7) *attr.*: ~ citizen согражда́нин; ~ creature бли́жний; ~ soldier това́рищ по ору́жию

**fellow-countryman** [ˈfeləuˈkʌntrɪmən] *n* соотéчественник, земля́к

**fellow-feeling** [ˈfeləuˈfiːlɪŋ] *n* 1) сочу́вствие, симпа́тия 2) о́бщность взгля́дов *или* интере́сов

**fellowship** [ˈfeləuʃɪp] *n* 1) това́рищество, чу́вство това́рищества; бра́тство; good ~ чу́вство това́рищества 2) корпора́ция 3) зва́ние чле́на сове́та колле́джа; зва́ние стипендиа́та, занима́ющегося иссле́довательской рабо́той 4) чле́нство (*в научном обществе и т. п.*) 5) стипе́ндия, выпла́чиваемая ли́цам, око́нчившим университе́т и веду́щим при нём иссле́довательскую рабо́ту; holder of ~ стипендиа́т

**fellow-traveller** [ˈfeləuˈtrævlə] *n* 1) спу́тник; попу́тчик 2) *полит.* попу́тчик; сочу́вствующий

**felly** [ˈfelɪ] = felloe

**felo de se** [ˈfiːləudiːˈsiː] *n* (*pl* felones de se, felos de se) 1) самоуби́йца 2) (*тк. sing*) самоуби́йство

**felon** I [ˈfelən] **1.** *n юр.* уголо́вный престу́пник

**2.** *a поэт.* престу́пный; жесто́кий; преда́тельский; ~ deed жесто́кий посту́пок

**felon** II [ˈfelən] *n мед.* панари́ций

**felones de se** [ˈfeləuniːzdiːˈsiː] *pl от* felo de se

**felonious** [fɪˈləunɪjəs] *a юр.* престу́пный

**felonry** [ˈfelənrɪ] *n собир.* престу́пные элеме́нты

**felony** [ˈfelənɪ] *n юр.* уголо́вное преступле́ние

**felos de se** [ˈfiːləuzdiːˈsiː] *pl от* felo de se

**felspar** [ˈfelspɑː] = feldspar

**felt** I [felt] **1.** *n* 1) во́йлок; фетр 2) *attr.* во́йлочный; фе́тровый; ~ boots ва́ленки

**2.** *v* 1) сбива́ть во́йлок; сбива́ться в во́йлок; валя́ть шерсть 2) покрыва́ть во́йлоком

**felt** II [felt] *past и p. p. от* feel 1

**felt pen** [ˈfeltpen] *n* флома́стер

**felucca** [feˈlʌkə] *n мор.* фелю́га, фелю́ка

**female** [ˈfiːmeɪl] **1.** *n* 1) же́нщина (*часто пренебр.*) 2) *зоол.* са́мка; ма́тка 3) *бот.* же́нская о́собь

**2.** *a* 1) же́нского по́ла, же́нский; ~ child де́вочка; ~ insect насеко́мое-са́мка; ~ suffrage избира́тельное пра́во для же́нщин; ~ weakness же́нская сла́бость 2) *тех.* охва́тывающий, обнима́ющий; с вну́тренней наре́зкой; ~ screw га́йка; га́ечная резьба́

**feme** [fiːm] *n юр.*: ~ covert заму́жняя же́нщина; ~ sole а) де́вушка; б) вдова́; в) заму́жняя же́нщина с незави́симым состоя́нием

**feminine** [ˈfemɪnɪn] *a* 1) же́нский, сво́йственный же́нщинам; ~ gender *грам.* же́нский род; ~ rhyme *прос.* же́нская ри́фма 2) же́нственный 3) женоподо́бный

**femininity** [ˌfemɪˈnɪnɪtɪ] *n* 1) же́нственность 2) *собир.* же́нщины, же́нский пол

**feminism** [ˈfemɪnɪzm] *n* фемини́зм

**feminist** [ˈfemɪnɪst] *n* фемини́ст

**feminize** [ˈfemɪnaɪz] *v* де́лать(ся) же́нственным, изне́живать(ся)

**femora** [ˈfemərə] *pl от* femur

**femoral** [ˈfemərəl] *a анат.* бе́дренный

**femur** [ˈfiːmə] *n* (*pl* -s [-z], femora) *анат.* бедро́

**fen** I [fen] *n* боло́то, топь, фен; the ~s боло́тистая ме́стность в Ке́мбриджшире и Ли́нкольншире

**fen** II [fen] = fain II

**fence** [fens] **1.** *n* 1) забо́р, и́згородь, огра́да, огражде́ние; green (wire) ~ жива́я (про́волочная) и́згородь 2) фехтова́ние; master of ~ иску́сный фехтова́льщик; *перен.* иску́сный спо́рщик 3) укрыва́тель *или* скýпщик крáденого 4) *sl.* притóн для хранéния крáденого, «мали́на» 5) *тех.* направля́ющий угóльник 6) *attr.*: ~ roof навéс ◊ to mend one's ~s *амер.* а) *полит.* уси́ливать свои́ ли́чные полити́ческие пози́ции; б) *разг.* старáться установи́ть хорóшие, дрýжеские отношéния; to be (*или* to sit) on the ~, to straddle the ~ занимáть нейтрáльную *или* выжидáтельную пози́цию; держáться выжидáтельного óбраза дéйствий; колебáться мéжду двумя́ мнéниями *или* решéниями; to come down on the right side of the ~ встать на стóрону победи́теля

2. *v* 1) фехтовáть; to ~ with a question уклоня́ться от отвéта; пари́ровать вопрóс вопрóсом 2) огорáживать; загорáживать; защищáть 3) запрещáть охóту и ры́бную лóвлю (*на каком-л. участке*) 4) брать препя́тствие (*о лошади*) 5) *sl.* укрывáть крáденое; продавáть крáденое 6) предвари́тельно обрабáтывать избирáтелей (*перед выборами*) □ ~ **about,** ~ **in** окружáть, ограждáть; ~ **off,** ~ **out** отражáть, отгоня́ть; ~ **round** = ~ about

**fenceless** ['fenslɪs] *a* 1) неогорóженный; откры́тый 2) *поэт.* незащищённый, беззащи́тный

**fence-month** ['fensmʌnθ] *n* врéмя гóда, когдá охóта запрещенá

**fencer** ['fensə] *n* 1) фехтовáльщик 2) лóшадь, учáствующая в скáчках с препя́тствиями

**fence-season, fence-time** ['fensˌsi:zn, 'fenstaɪm] = fence-month

**fencing** ['fensɪŋ] **1.** *pres. p. от* fence 2

**2.** *n* 1) огорáживание; ограждéние 2) и́згородь, забóр, огрáда; материáл для и́згородей 3) фехтовáние 4) *sl.* укрывáтельство крáденого

**fencing-cully** ['fensɪŋˌkʌlɪ] *n sl.* укрывáтель *или* скýпщик крáденого

**fencing-ken** ['fensɪŋken] *n sl.* притóн для хранéния крáденого, «мали́на»

**fend** [fend] *v* отражáть, отгоня́ть; пари́ровать (*обыкн.* ~ off, ~ away, ~ from) ◊ to ~ for oneself кóе-кáк перебивáться; забóтиться о себé

**fender** ['fendə] *n* 1) ками́нная решётка 2) предохрани́тельная решётка (*впереди трамвая или паровоза*) 3) *амер.* крылó (*автомобиля*) 4) *мор.* крáнец

**fen-fire** ['fenˌfaɪə] *n* блуждáющий огонёк

**Fenian** ['fi:njən] *ист.* **1.** *n* фéний (*член тайного общества, боровшегося за освобождение Ирландии от английского владычества*)

**2.** *a* фениáнский

**fennel** ['fenl] *n* фéнхель (*сладкий укроп*)

**fenny** ['fenɪ] *a* болóтистый; болóтный

**fens** [fenz] = fain II

**fenugreek** ['fenjugri:k] *n* пáжитник, шамбалá (*бобовая мелкосеменная культура*)

**feoff** [fef] = fief

**feoffee** [fe'fi:] *n ист.* владéлец лéна, лéнник

**ferae naturae** ['fɪəri:nə'tjuəri:] *лат.* *a predic.* неприручённый, ди́кий

**feral I** ['fɪərəl] *a* 1) ди́кий; неприручённый 2) одичáвший; полевóй (*о растениях*) 3) грýбый, нецивилизóванный

**feral II** ['fɪərəl] *a* 1) похорóнный 2) роковóй, смертéльный

**feretory** ['ferɪtərɪ] *n* 1) рáка; гробни́ца; склеп 2) похорóнные дрóги

**ferial** ['fɪərɪəl] *a* бýдний, непрáздничный

**ferine** ['fɪəraɪn] = feral I

**ferity** ['ferɪtɪ] *n* ди́кое *или* нецивилизóванное состоя́ние, ди́кость

**ferment 1.** *n* ['fə:ment] 1) заквáска, фермéнт 2) *хим.* брожéние 3) возбуждéние, брожéние, волнéние

**2.** *v* [fə(:)'ment] 1) вызывáть брожéние 2) *хим.* броди́ть 3) волновáть(-ся), возбуждáть(ся) 4) выхáживать (-ся) (*о пиве*)

**fermentable** [fə(:)'mentəbl] *a* спосóбный к брожéнию; спосóбный производи́ть брожéние

**fermentation** [ˌfə:men'teɪʃən] *n* 1) брожéние, ферментáция 2) волнéние, возбуждéние

**fern** [fə:n] *n бот.* пáпоротник (*мужской*)

**fernery** ['fə:nərɪ] *n* мéсто, зарóсшее пáпоротником

**fern-owl** ['fə:naul] *n* козодóй (*птица*)

**ferny** ['fə:nɪ] *a* 1) порóсший пáпоротником 2) папоротникови́дный

**ferocious** [fə'rəuʃəs] *a* 1) ди́кий 2) жестóкий, свирéпый 3) *разг.* ужáсный, си́льный; ~ heat стрáшная жарá

**ferocity** [fə'rɔsɪtɪ] *n* 1) ди́кость 2) свирéпость, жестóкость

**ferrate** ['fereɪt] *n* феррáт, соль желéзной кислоты́

**ferret I** ['ferɪt] **1.** *n* хорёк

**2.** *v* 1) охóтиться с хорькóм (*особ.* to go ~ing); выгоня́ть из норы́ (*обыкн.* ~ away, ~ out) 2) разню́хивать; ры́ться, шáрить, выи́скивать (for, about) [*ср. тж.* ~ out] □ ~ **out** выню́хивать; развéдывать, разы́скивать [*ср. тж.* 2)]; to ~ out a secret вы́ведать тáйну

**ferret II** ['ferɪt] *n* плóтная бумáжная, шерстянáя *или* шёлковая тесьмá

**ferreting** ['ferɪtɪŋ] = ferret II

**ferriage** ['ferɪɪdʒ] *n* 1) перевóз, перепрáва 2) плáта за перепрáву

**ferric** ['ferɪk] *a хим. обозначает соединения окиси железа*: ~ acid желéзная кислотá ($H_2FeO_4$)

**ferriferous** [fe'rɪfərəs] *a* содержáщий желéзо, желéзистый

**Ferris wheel** ['ferɪs'wi:l] *n* чёртово колесó (*аттракцион*)

**ferro-alloy** ['ferəu'ælɔɪ] *n* ферросплáв, желéзный сплав

**ferroconcrete** ['ferəu'kɔŋkri:t] *n* железобетóн

**ferromagnetic** ['ferəumæg'netɪk] *a* ферромагни́тный

**ferrotype** ['ferəutaɪp] *n фото* ферроти́пия

**ferrous** ['ferəs] *a хим.* желéзистый; ~ metals чёрные метáллы

**ferruginous** [fe'ru:dʒɪnəs] *a* 1) содержáщий желéзо, желéзистый 2) ржáвый 3) цвéта ржáвчины; красновáто-кори́чневый

**ferrule** ['feru:l] *n* 1) металли́ческий ободóк *или* наконéчник 2) óбруч, мýфта 3) *воен.* предохрани́тельное кольцó

**ferry** ['ferɪ] **1.** *n* 1) перевóз, перепрáва 2) парóм 3) регуля́рная (воéнная) авиатрáнспортная слýжба 4) *ав.* перегóнка самолётов 5) *attr.*: ~ pilot лётчик, перегоня́ющий самолёт на операти́вную бáзу ◊ Charon's ~ ладья́ Харóна; to take the ~, to cross the Stygian ~ перепрáвиться чéрез Стикс, отпрáвиться к прáотцам, умерéть

**2.** *v* 1) перевози́ть (*на лодке, пароме*) 2) переезжáть (*на лодке, пароме*) 3) перегоня́ть (*самолёты*) 4) доставля́ть по вóздуху

**ferry-boat** ['ferɪbəut] *n* парóм, сýдно для перевóза чéрез рéку *и т. п.*

**ferry-bridge** ['ferɪbrɪdʒ] *n мор.* схóдни мéжду при́станью и парóмом, аппарéль

**ferryman** ['ferɪmən] *n* перевóзчик, парóмщик

**fertile** ['fə:taɪl] *a* 1) плодорóдный; изоби́льный (*часто* ~ in, ~ of); ~ in resources изоби́лующий прирóдными богáтствами 2) плодови́тый, насы́щенный; ~ in ideas богáтый мы́слями 3) всхóжий (*о семенах*); плодонося́щий 4) *физ.*: ~ material я́дерное тóпливное сырьё

**fertility** [fə(:)'tɪlɪtɪ] *n* 1) плодорóдие; изоби́лие 2) богáтство (*фантазии и т. п.*) 3) плодови́тость, спосóбность к воспроизведéнию потóмства

**fertilization** ['fə:tɪlaɪ'zeɪʃən] *n* 1) удобрéние (*почвы*) 2) *биол.* оплодотворéние; опылéние

**fertilize** ['fə:tɪlaɪz] *v* 1) удобря́ть 2) *биол.* оплодотворя́ть; опыля́ть

**fertilizer** ['fə:tɪlaɪzə] *n* 1) удобрéние; удобри́тельный тук 2) *биол.* оплодотвори́тель; опыли́тель

**ferula** ['ferju:lə] = ferule

**ferule** ['feru:l] **1.** *n* 1) линéйка (*для наказания школьников*) 2) шкóльная дисципли́на; стрóгий режи́м; to be under the ~ быть под начáлом (*у кого-л.*) 3) плóская дощéчка

**2.** *v* наказывать линéйкой

**fervency** ['fə:vənsɪ] *n* горя́чность, рвéние

**fervent** ['fə:vənt] *a* 1) горя́чий, жáркий; пылáющий 2) пы́лкий, плáменный; ~ desire пы́лкое желáние; ~ hatred жгýчая нéнависть

**fervid** ['fə:vɪd] *a поэт.* горя́чий, пы́лкий

**fervour** ['fə:və] *n* 1) жар, пыл, страсть; рвéние, усéрдие 2) зной

**fescue** ['feskju:] *n* 1) укáзка 2) *бот.* овся́ница

**festal** ['festl] *a* прáздничный, весёлый; ~ occasion рáдостное собы́тие (*свадьба, день рождения и т. п.*); ~ music весёлая му́зыка

**fester** [ˈfestə] **1.** *n* 1) гноя́щаяся ра́нка 2) нагное́ние

**2.** *v* 1) гнои́ться (*о ранке*); вызыва́ть нагное́ние 2) глода́ть, му́чить (*о зависти и т. п.*); растравля́ть

**festival** [ˈfestəvəl] *n* пра́зднество; фестива́ль

**festive** [ˈfestɪv] *a* пра́здничный, весёлый

**festivity** [fesˈtɪvɪtɪ] *n* 1) весе́лье 2) *pl* пра́зднества; торжества́

**festoon** [fesˈtuːn] **1.** *n* гирля́нда; фесто́н

**2.** *v* украша́ть гирля́ндами, фесто́нами

**festschrift** [ˈfestʃrɪft] *нем. n* сбо́рник стате́й, посвящённых де́ятельности выдаю́щегося учёного, обще́ственного де́ятеля

**fetal** [ˈfiːtl] *a* эмбриона́льный

**fetch** I [fetʃ] **1.** *v* 1) сходи́ть за *кем-л.*; принести́; доста́ть; to (go and) ~ a doctor привести́ врача́ 2) приноси́ть уби́тую дичь (*о собаке*) 3) вызыва́ть (*слёзы, кровь*) 4) *разг.* привлека́ть, нра́виться, очаро́вывать 5) достига́ть, добива́ться (*часто* ~ up) 6) получа́ть, выруча́ть; the vase is sure to ~ a high price э́ту ва́зу мо́жно прода́ть за хоро́шие де́ньги 7): to ~ one's breath перевести́ дух; to ~ a sigh тяжело́ вздохну́ть 8) *разг.* уда́рить; he was ~ed on the head from behind кто́-то сза́ди нанёс ему́ уда́р по голове́ □ ~ **away** вы́рваться, освободи́ться; ~ **down** = bring down [*см.* bring]; ~ **out** выявля́ть; выделя́ть; оттеня́ть; ~ **up** а) рвать, блева́ть; he ~es up его́ рвёт; б) нагоня́ть, навёрстывать; в) остана́вливаться; г): to ~ up against smth. сту́кнуться обо что́-л.; д) *амер.* доверша́ть, зака́нчивать ◇ to ~ up all standing внеза́пно останови́ться; to ~ and carry (for) прислу́живать; to ~ and carry news распространя́ть но́вости

**2.** *n* хи́трость, уло́вка

**fetch** II [fetʃ] *n* привиде́ние; двойни́к

**fetching** [ˈfetʃɪŋ] **1.** *pres. p. от* fetch I, 1

**2.** *a разг.* привлека́тельный, очарова́тельный; a ~ smile очарова́тельная улы́бка

**fête** [feɪt] *фр.* **1.** *n* 1) пра́зднество, пра́здник 2) имени́ны

**2.** *v* че́ствовать (*кого-л.*); пра́збновать

**fête champêtre** [ˈfeɪt ʃɑːŋˈpɛətr] *фр. n* пра́здник на ло́не приро́ды, пикни́к

**fête-day** [ˈfeɪtdeɪ] = fête 1, 1)

**fetich(e)** [ˈfiːtɪʃ] = fetish

**fetid** [ˈfetɪd] *a* злово́нный, воню́чий

**fetish** [ˈfiːtɪʃ] *n* 1) фети́ш; амуле́т 2) и́дол, куми́р

**fetishist** [ˈfiːtɪʃɪst] *n* фетиши́ст

**fetlock** [ˈfetlɔk] *n* щётка (*волосы за копытом у лошади*)

**fetor** [ˈfiːtə] *n* злово́ние

**fetter** [ˈfetə] **1.** *n* 1) (*обыкн. pl*) пу́ты; ножны́е кандалы́ 2) *pl* око́вы, у́зы; to burst one's ~s слома́ть око́вы, вы́рваться на свобо́ду

**2.** *v* 1) ско́вывать, зако́вывать 2) спу́тывать (*лошадь*); *перен.* свя́зывать по рука́м и нога́м

**fetterless** [ˈfetəlɪs] *a* свобо́дный

**fetterlock** [ˈfetəlɔk] *n* пу́ты для ло́шади

**fettle** [ˈfetl] **1.** *n* 1) состоя́ние, положе́ние; in good ~ в хоро́шем состоя́нии; in fine (splendid) ~ в хоро́шем (прекра́сном) настрое́нии 2) *метал.* футеро́вка

**2.** *v* 1) чини́ть, поправля́ть; исправля́ть 2) *метал.* футерова́ть (*печь*)

**fetus** [ˈfiːtəs] = foetus

**feud** I [fjuːd] *n* дли́тельная, *часто* насле́дственная вражда́; междоусо́бица; deadly ~ а) смерте́льная, непримири́мая вражда́; to be at deadly ~ with smb. враждова́ть, быть на ножа́х с кем-л.; б) кро́вная месть; to sink a ~ забы́ть вражду́, помири́ться

**feud** II [fjuːd] *n ист.* лен, феода́льное поме́стье

**feudal** [ˈfjuːdl] *a* феода́льный, ле́нный; ~ lord феода́л

**feudalism** [ˈfjuːdəlɪzm] *n* феодали́зм

**feudalist** [ˈfjuːdəlɪst] *n* 1) феода́л 2) приве́рженец феода́льного стро́я

**feudality** [fjuːˈdælɪtɪ] *n* феодали́зм

**feudalize** [ˈfjuːdəlaɪz] *v* 1) превраща́ть в лен (*землю*) 2) превраща́ть в васса́лов

**feudatory** [ˈfjuːdətərɪ] **1.** *a* васса́льный; подчинённый

**2.** *n* 1) феода́льный васса́л 2) лен

**feu de joie** [ˈfəːdəˈʒwɑː] *фр. n* салю́т в честь знамена́тельного собы́тия

**fever** [ˈfiːvə] **1.** *n* 1) жар, лихора́дка 2) не́рвное возбужде́ние; mike ~ *разг.* страх пе́ред микрофо́ном (*у новичков, выступающих по радио*) 3) *attr.* лихора́дочный; ~ heat жар, высо́кая температу́ра (*во время болезни*) ◇ Channel ~ тоска́ по ро́дине (*об англичанах*)

**2.** *v* вызыва́ть жар, лихора́дку; броса́ть в жар; лихора́дить

**fevered** [ˈfiːvəd] **1.** *p. p. от* fever 2

**2.** *a* лихора́дочный; возбуждённый; ~ imagination пы́лкое воображе́ние

**feverfew** [ˈfiːvəfjuː] *n бот.* пире́трум де́вичий

**feverish** [ˈfiːvərɪʃ] *a* лихора́дочный; возбуждённый, беспоко́йный; взволно́ванный

**feverous** [ˈfiːvərəs] 1) спосо́бствующий повыше́нию температу́ры 2) = feverish

**fever therapy** [ˈfiːvəˈθerəpɪ] *n мед.* лихора́дочная терапи́я, электропирекси́я

**few** [fjuː] **1.** *a* 1) немно́гие, немно́го, ма́ло; ~ possessions ску́дные пожи́тки; he is a man of ~ words он немногосло́вен; every ~ hours ка́ждые не́сколько часо́в; his friends are ~ у него́ ма́ло друзе́й; his visitors are ~ у него́ го́сти ре́дки 2) (a ~) не́сколько; quite a ~ поря́дочное число́, дово́льно мно́го ◇ in ~ *уст.*, in a ~ words кра́тко; в не́скольких слова́х; ~ and far between отделённые больши́м промежу́тком вре́мени; ре́дкие

**2.** *n* незначи́тельное число́; ~ could tell ма́ло кто мог сказа́ть; ~ if any почти́ никто́; почти́ ничего́; the ~ меньшинство́ ◇ not a ~, a good ~ *разг.* поря́дочное число́; до́брая полови́на; some ~ незначи́тельное число́, не́сколько, немно́го

**fewness** [ˈfjuːnɪs] *n* немногочи́сленность

**fey** [feɪ] *a шотл.* обречённый, умира́ющий

**fez** [fez] *n* фе́ска

**fiacre** [fɪˈɑːkr] *фр. n* фиа́кр, наёмный экипа́ж

**fiancé** [fɪˈɑːnseɪ] *фр. n* жени́х

**fiancée** [fɪˈɑːnseɪ] *фр. n* неве́ста

**fiasco** [fɪˈæskəu] *n* (*pl* -os [-əuz]) прова́л, неуда́ча, фиа́ско

**fiat** [ˈfaɪæt] *лат. n* 1) декре́т, ука́з 2) *attr.*: ~ money *амер.* бума́жные де́ньги (*не обеспеченные золотом*)

**fib** I [fɪb] **1.** *n* вы́думка, непра́вда; to tell a ~ навра́ть, нагороди́ть

**2.** *v* выду́мывать, привира́ть

**fib** II [fɪb] *спорт. sl.* **1.** *n* уда́р

**2.** *v* сы́пать уда́ры, тузи́ть

**fibber** [ˈfɪbə] *n* вы́думщик, врал

**fiber** [ˈfaɪbə] = fibre

**fiberglass** [ˈfaɪbəglɑːs] *n* стекловолокно́

**fibre** [ˈfaɪbə] *n* 1) волокно́; фи́бра; нить; древе́сное волокно́; лы́ко, моча́ло 2) *бот.* боково́й ко́рень 3) склад хара́ктера

**fibred** [ˈfaɪbəd] *a* волокни́стый (*гл. образом в сочетаниях, напр.*, finely-~ *и т. п.*)

**fibril** [ˈfaɪbrɪl] *n* 1) *анат.* то́нкое не́рвное волокно́ 2) *бот.* волоко́нце, фибри́лла

**fibrillation** [ˌfaɪbrɪˈleɪʃən] *n* 1) свёртывание кро́ви 2) *мед.* мерца́ние, трепета́ние; мерца́тельная аритми́я

**fibrin** [ˈfaɪbrɪn] *n физиол.* фибри́н

**fibroid** [ˈfaɪbrɔɪd] **1.** *n мед.* фибро́зная о́пухоль, фибро́ид

**2.** *a* волокни́стый

**fibroin** [ˈfaɪbrəuɪn] *n хим.* фиброи́н

**fibroma** [faɪˈbrəumə] *n* (*pl* -ta) *мед.* фибро́ма

**fibromata** [faɪˈbrəumətə] *pl от* fibroma

**fibrous** [ˈfaɪbrəs] *a* волокни́стый, жи́листый, фибро́зный

**fibster** [ˈfɪbstə] *n разг.* лгуни́шка, врал

**fibula** [ˈfɪbjulə] *n* (*pl* -ae, -as [-əz]) *анат.* малоберцо́вая кость

**fibulae** [ˈfɪbjuliː] *pl от* fibula

**ficelle** [fɪˈsel] *a* цве́та небелёной тка́ни

**fichu** [ˈfiːʃuː] *фр. n* фишю́, кружевна́я косы́нка

**fickle** [ˈfɪkl] *a* непостоя́нный, переме́нчивый; ненадёжный

**fickleness** [ˈfɪklnɪs] *n* непостоя́нство, переме́нчивость

**fictile** [ˈfɪktɪl] *a* 1) гли́няный 2) гонча́рный

**fiction** [ˈfɪkʃən] *n* 1) вы́мысел, вы́думка, фи́кция 2) беллетри́стика; худо́жественная литерату́ра; works of

~ рома́ны; по́вести 3) *юр.* фи́кция; legal ~ юриди́ческая фи́кция

**fictional** [ˈfɪkʃənl] *a* вы́мышленный *и пр.* [*см.* fiction]

**fiction-monger** [ˈfɪkʃənˌmʌŋgə] *n* вы́думщик, враль; сплéтник

**fictitious** [fɪkˈtɪʃəs] *a* 1) вы́мышленный, воображáемый 2) фикти́вный; ~ marriage фикти́вный брак 3) взя́тый из ромáна; a ~ character литератýрный геро́й

**fid** [fɪd] *n* 1) клин, ко́лышек 2) *мор.* свáйка (*для рассучивания*); шлагто́в (*стеньги*) 3) *диал.* небольшо́й то́лстый кусо́к (*пищи и т. п.*) 4) кýча, грýда; ~s of smth. вели́кое мно́жество чего́-л.

**fiddle** [ˈfɪdl] **1.** *n* 1) *разг.* скри́пка; to play first ~ игрáть пéрвую скри́пку; занимáть руководя́щее положéние; to play second ~ игрáть вторýю скри́пку; занимáть второстепéнное положéние 2) *мор.* сéтка на столé (*чтобы вещи не падали во время качки*) 3) *разг.* надувáтельство 4) *sl.* торго́вля из-под полы́ 5) *sl.* щекотáние; зуд ◇ a face as long as a ~ мрáчное лицо́

**2.** *v* 1) игрáть на скри́пке 2) вертéть в рукáх, игрáть (with — *чем-л.*) 3) *sl.* совершáть махинáции (*с документами и т. п.*) 4) *sl.* торговáть из-под полы́ ▭ ~ **about** бездéльничать; шатáться без дéла; ~ **away** промáтывать, расточáть, растрáчивать

**fiddle-bow** [ˈfɪdlbəu] = fiddlestick 1

**fiddle-case** [ˈfɪdlkeɪs] *n* футля́р для скри́пки

**fiddle-de-dee** [ˈfɪdldɪˈdiː] **1.** *n* чепухá, бездéлица, ерундá, вздор

**2.** *int* вздор!, чепухá!

**fiddle-faddle** [ˈfɪdlˌfædl] **1.** *n* пустяки́, глýпости; болтовня́

**2.** *a* пустя́чный, пустяко́вый

**3.** *v* бездéльничать; болтáть вздор

**4.** *int* вздор!

**fiddle-head** [ˈfɪdlhed] *n мор.* резно́е украшéние на носý корабля́

**fiddler** [ˈfɪdlə] *n* скрипáч (*особ. уличный*)

**fiddlestick** [ˈfɪdlstɪk] **1.** *n* смычо́к

**2.** *int* (*обыкн.* ~s) вздор!, чепухá!

**fiddling** [ˈfɪdlɪŋ] *a разг.* 1) пусто́й; зáнятый пустякáми 2) ничто́жный, пустя́чный

**fidelity** [fɪˈdelɪtɪ] *n* 1) вéрность, прéданность, лоя́льность 2) то́чность, прáвильность; with greatest ~ с большо́й то́чностью 3) *тех., радио* (безукори́зненная) то́чность воспроизведéния

**fidget** [ˈfɪdʒɪt] **1.** *n* 1) (*часто* the ~s) беспоко́йное состоя́ние; нéрвные, суетли́вые движéния 2) суетли́вый, беспоко́йный человéк; непосéда

**2.** *v* 1) беспоко́йно дви́гаться; ёрзать (*часто* ~ about); to ~ with smth. игрáть чем-л., нéрвно перебирáть что-л.; don't ~! не ёрзай! 2) быть в волнéнии, не быть в состоя́нии сосредото́чить внимáние 3) приводи́ть в беспоко́йное состоя́ние; нерви́ровать; it ~s me not to know where he is меня́ беспоко́ит, что я не знáю, где он нахо́дится

**fidgety** [ˈfɪdʒɪtɪ] *a* неугомо́нный, суетли́вый, беспоко́йный

**fiducial** [fɪˈdjuːʃjəl] *a* 1) осно́ванный на вéре *или* довéрии 2) *астр., топ.* при́нятый за осно́ву сравнéния; ~ point отправнáя то́чка измерéния

**fiduciary** [fɪˈdjuːʃjərɪ] **1.** *n* попечи́тель, опекýн

**2.** *a* 1) довéренный, порýченный 2) *фин.* осно́ванный на общéственном довéрии; ~ fiat money бумáжные дéньги в обращéнии (*не имеющие обеспечения золотом*)

**fie** [faɪ] *int* фу!; тьфу!; ~ upon you!, ~, for shame! сты́дно!

**fief** [fiːf] *n ист.* феодáльное помéстье, лен

**fie-fie** [ˈfaɪfaɪ] *a* неприли́чный

**field** [fiːld] *n* 1) по́ле; луг; большо́е прострáнство 2) о́бласть, сфéра дéятельности, наблюдéния; in the whole ~ of our history на всём протяжéнии нáшей истóрии 3) по́ле дéйствия; ~ of view (*или* vision) по́ле зрéния; magnetic ~ магни́тное по́ле 4) по́ле сражéния; сражéние; a hard-fought ~ серьёзное сражéние; in the ~ на войнé, в похо́де; в полевы́х усло́виях; ~ of honour а) мéсто дуэ́ли; б) по́ле би́твы; to conquer the ~ одержáть побéду; *перен. тж.* взять верх в спо́ре; to enter the ~ вступáть в борьбý; *перен. тж.* вступáть в соревновáние, вступáть в спор; to hold the ~ удéрживать пози́ции; to keep the ~ продолжáть сражéние; to leave the ~ отступи́ть; потерпéть поражéние 5) *геральд.* по́ле *или* часть по́ля (*щита*) 6) фон, грунт (*картины и т. п.*) 7) спорти́вная площáдка 8) все учáстники состязáния *или* все, за исключéнием сильнéйших 9) *геол.* месторождéние (*преим. в сложных словах, напр.,* diamond-fields, gold-fields) 10) *эл.* возбуждéние (*тока*) 11) *attr.* полево́й; ~ force(s) дéйствующая áрмия; ~ fortification(s) полевы́е укреплéния; ~ ambulance *воен.* а) медици́нский отря́д; б) санитáрная маши́на; ~ equipment а) полево́е обору́довáние; б) кинопередви́жка; в) похо́дное снаряжéние; ~ service(s) *воен.* хозя́йственные подразделéния; ~ security контрразвéдка в дéйствующей áрмии; ~ magnet возбуждáющий магни́т; ~ theory *мат.* теóрия по́ля; ~ trial испытáния служéбных собáк в полевы́х усло́виях

**field-allowance** [ˈfiːldəˈlauəns] *n воен.* полевáя но́рма снабжéния; полевáя надбáвка

**field-artillery** [ˈfiːldɑːˈtɪlərɪ] *n воен.* (лёгкая) полевáя артиллéрия

**field-book** [ˈfiːldbuk] *n* кни́га зáписей геодези́ческих замéров

**field court martial** [ˈfiːldˈkɔːtˌmɑːʃəl] *n* воéнно-полево́й суд

**field crops** [ˈfiːldkrɔps] *n pl с.-х.* полевы́е культýры

**field-day** [ˈfiːlddeɪ] *n* 1) *воен.* манёвры; такти́ческие заня́тия на мéстности 2) день, посвящённый атлети́ческим состязáниям, охо́те *или* ботанизи́рованию 3) пáмятный, знаменáтельный день

**field duty** [ˈfiːldˌdjuːtɪ] *n* слýжба в дéйствующей áрмии

**fielder** [ˈfiːldə] = fieldsman

**field events** [ˈfiːldɪˈvents] *n pl* соревновáния по легкоатлети́ческим ви́дам спо́рта (*исключая бег*)

**fieldfare** [ˈfiːldfɛə] *n* дрозд-ряби́нник

**field-glasses** [ˈfiːldˌglɑːsɪz] *n pl* полево́й бино́кль

**field-gun** [ˈfiːldgʌn] *n воен.* полевáя пýшка

**field hockey** [ˈfiːldˌhɔkɪ] *n* хоккéй на травé

**field hospital** [ˈfiːldˈhɔspɪtl] *n* 1) полево́й го́спиталь 2) санитáрная маши́на

**field-house** [ˈfiːldhaus] *n* 1) раздевáлка и мéсто хранéния спорти́вного инвентаря́ при стадио́не 2) закры́тый манéж

**Field Marshal** [ˈfiːldˈmɑːʃəl] *n* фельдмáршал

**field-mouse** [ˈfiːldmaus] *n* полевáя мышь

**field-night** [ˈfiːldnaɪt] = field-day 3)

**field-officer** [ˈfiːldˌɔfɪsə] *n* штаб-офицéр (*офицер, имеющий чин не ниже майора и не выше полковника*)

**fieldsman** [ˈfiːldzmən] *n спорт.* принимáющий игро́к (*в крикете*)

**field-sports** [ˈfiːldspɔːts] *n pl* заня́тия охо́той, ры́бной ло́влей *и т. п.*

**field-work** [ˈfiːldwəːk] *n* 1) рабо́та в по́ле (*геолога и т. п.*); развéдка, съёмка *и т. п.* 2) *воен.* полево́е укреплéние 3) *pl воен.* оборони́тельные сооружéния 4) сбор на местáх статисти́ческих дáнных для наýчной рабо́ты

**fiend** [fiːnd] *n* 1) дья́вол; дéмон 2) злодéй, и́зверг; a very ~ сýщий дья́вол 3) *разг.* человéк, пристрасти́вшийся к врéдной привы́чке; drug (*или* dope) ~ наркомáн; fresh-air ~ *шутл.* энтузиáст свéжего во́здуха 4) *разг.* человéк, отличáющийся рéдкой целеустремлённостью

**fiendish** [ˈfiːndɪʃ] *a* дья́вольский, жесто́кий

**fierce** [fɪəs] *a* 1) свирéпый, лю́тый 2) си́льный (*о буре, жаре*); горя́чий; неи́стовый 3) *разг.* неприя́тный, болéзненный

**fieri facias** [ˈfaɪəraɪˈfeɪʃəs] *лат. n юр.* предписáние шери́фу покры́ть взы́скиваемую судо́м сýмму из имýщества обвиня́емого

**fiery** [ˈfaɪərɪ] *a* 1) о́гненный, плáменный; горя́щий; *перен.* жгýчий, горя́чий, плáменный; ~ eyes о́гненный взор 2) пы́лкий, вспы́льчивый; ~ horse горя́чая ло́шадь 3) о́гненно-крáсный 4) воспламеня́ющийся (*о газе*) 5) *горн.* гáзовый; содержáщий гремýчий газ

**fiesta** [ˈfjestɑː] *исп. n* прáздник, фиéста

**fife** [faɪf] **1.** *n* дýдка; мáленькая флéйта

**2.** *v* игрáть на дýдке

**fifer** [ˈfaɪfə] *n* флейти́ст

**fifteen** ['fɪf'ti:n] **1.** *num. card.* пятна́дцать

**2.** *n спорт.* кома́нда игроко́в в ре́гби ◇ the F. *ист.* восста́ние якоби́тов в 1715 г.

**fifteenth** ['fɪf'ti:nθ] **1.** *num. ord.* пятна́дцатый

**2.** *n* 1) пятна́дцатая часть 2) (the ~) пятна́дцатое число́

**fifth** [fɪfθ] **1.** *num. ord.* пя́тый; ~ part пя́тая часть ◇ ~ column пя́тая коло́нна, преда́тели внутри́ страны́ *или* организа́ции; ~ wheel пя́тая спи́ца в колесни́це

**2.** *n* 1) пя́тая часть 2) (the ~) пя́тое число́ 3) $^1/_5$ галло́на (*единица измерения спиртных напитков*) 4) *муз.* кви́нта

**fifthly** ['fɪfθlɪ] *adv* в-пя́тых

**fifties** ['fɪftɪz] *n pl* 1) (the ~) пятидеся́тые го́ды 2) пятьдеся́т лет; шесто́й деся́ток (*возраст между 50 и 59 годами*); he is in his early (late) ~ ему́ пятьдеся́т с небольши́м (далеко́ за пятьдеся́т)

**fiftieth** ['fɪftɪɪθ] **1.** *num. ord.* пятидеся́тый

**2.** *n* пятидеся́тая часть

**fifty** ['fɪftɪ] **1.** *num. card.* пятьдеся́т; ~-one пятьдеся́т оди́н; ~-two пятьдеся́т два *и т. д.*; he is over ~ ему́ за пятьдеся́т

**2.** *n* пятьдеся́т (*единиц, штук*)

**fifty-fifty** ['fɪftɪ'fɪftɪ] *adv разг.* по́ровну; попола́м; to go ~ дели́ть по́ровну

**fig** I [fɪg] *n* 1) ви́нная я́года, инжи́р 2) фи́говое де́рево; смоко́вница 3) *разг.* шиш, фи́га; I don't care a ~ мне наплева́ть

**fig** II [fɪg] **1.** *n* 1) наря́д; in full ~ в по́лном пара́де; в пара́дном костю́ме; в вече́рнем туале́те 2) состоя́ние, настрое́ние; in good ~ в хоро́шем состоя́нии

**2.** *v* наряжа́ть, украша́ть (*обыкн.* ~ out, ~ up)

**fight** [faɪt] **1.** *n* 1) бой; running ~ отступле́ние с боя́ми; sham ~ уче́бный бой 2) дра́ка 3) спор, борьба́; to have the ~ of one's life вы́держать тяжёлую борьбу́ 4) задо́р, драчли́вость; to have plenty of ~ in one быть по́лным боево́го задо́ра; не сдава́ться; to show ~ быть гото́вым к борьбе́; не поддава́ться

**2.** *v* (fought) 1) дра́ться, сража́ться, воева́ть, боро́ться (against — про́тив, for — за, with — с); to ~ for dear life дра́ться отча́янно; сража́ться не на живо́т, а на смерть; to ~ a battle а) провести́ бой; дать сраже́ние; б) *спорт.* вести́ бой (*в боксе, фехтовании*); to ~ a bout провести́ схва́тку (*в боксе*); to ~ a duel дра́ться на дуэ́ли 2) отста́ивать, защища́ть; to ~ a suit отста́ивать де́ло (*в суде*) 3) *воен.* вести́ бой 4) *мор.* управля́ть, маневри́ровать (*кораблём в шторм, в бою*) 5) нау́ськивать, стра́вливать; to ~ cocks проводи́ть петуши́ные бои́ □ ~ **back** сопротивля́ться, дава́ть отпо́р; to ~ back tooth and claw я́ростно сопротивля́ться; ~ **down** победи́ть; подави́ть; ~ **off** отби́ть, отогна́ть, вы́гнать; ~ **out**: to ~ (it) out а) довести́ борьбу́ (*или* спор) до конца́; б) добива́ться си́лой ◇ to ~ a lone hand боро́ться в одино́чку; to ~ one's way прокла́дывать себе́ доро́гу; to ~ the good fight боро́ться за справедли́вое де́ло; to ~ through every hardship преодоле́ть (все) тру́дности; to ~ shy of smb., smth. избега́ть кого́-л., чего́-л.; to ~ one's battles over again вспомина́ть мину́вшие дни; to ~ for one's own hand отста́ивать свои́ интере́сы; постоя́ть за себя́

**fighter** ['faɪtə] *n* 1) бое́ц; боре́ц 2) *ав.* истреби́тель

**fighter pilot** ['faɪtə,paɪlət] *n* лётчик-истреби́тель

**fighting** ['faɪtɪŋ] **1.** *pres. p. от* fight 2

**2.** *n* бой, сраже́ние; дра́ка, борьба́; house-to-house ~ борьба́ за ка́ждый дом; street ~ у́личные бои́

**3.** *a* боево́й; ~ arm род во́йск; ~ machine *ав.* боева́я маши́на; самолёт-истреби́тель; ~ fund боево́й фонд, избира́тельный фонд (*политической партии*)

**fig-leaf** ['fɪgli:f] *n* фи́говый лист(о́к)

**figment** ['fɪgmənt] *n* вы́мысел, фи́кция; ~ of the imagination плод воображе́ния

**fig-tree** ['fɪgtri:] *n* фи́говое де́рево; смоко́вница ◇ one's own vine and ~ свой дом, дома́шний оча́г; under one's own vine and ~ до́ма; в родно́м до́ме; в безопа́сности

**figurant** ['fɪgjurənt] *фр. n* 1) арти́ст кордебале́та 2) стати́ст

**figurante** [,fɪgju'rɑ:nt] *фр. n* 1) арти́стка кордебале́та 2) стати́стка

**figuration** [,fɪgju'reɪʃən] *n* 1) вид, фо́рма, ко́нтур 2) прида́ние фо́рмы, оформле́ние 3) орнамента́ция

**figurative** ['fɪgjurətɪv] *a* 1) фигура́льный, перено́сный; метафори́ческий; in a ~ sense в перено́сном смы́сле; ~ style о́бразный стиль; ~ writer писа́тель, (ча́сто) по́льзующийся мета́форами *и т. п.* 2) изобрази́тельный; пласти́ческий, живопи́сный

**figure** ['fɪgə] **1.** *n* 1) фигу́ра; вне́шний вид; о́блик, о́браз; to keep one's ~ следи́ть за фигу́рой 2) ли́чность, фигу́ра; a person of ~ выдаю́щаяся ли́чность; public ~ обще́ственный де́ятель 3) изображе́ние, карти́на, ста́туя 4) иллюстра́ция, рису́нок (*в книге*); диагра́мма, чертёж 5) *геом.* фигу́ра, те́ло 6) ритори́ческая фигу́ра; ~ of speech а) ритори́ческая фигу́ра; б) преувеличе́ние, непра́вда 7) фигу́ра (*в танцах, фигурном катании, пилотаже*) 8) гороско́п 9) ци́фра; *pl* цифровы́е да́нные; in round ~s кру́глым счётом 10) *pl* арифме́тика 11) цена́; at a high (low) ~ до́рого (дёшево) ◇ to cut a poor ~ а) игра́ть незначи́тельную роль; б) каза́ться жа́лким; to cut a ~ *амер.* привлека́ть внима́ние, производи́ть впечатле́ние; to cut no ~ не производи́ть никако́го впечатле́ния; a ~ of fun неле́пая, смешна́я фигу́ра

**2.** *v* 1) изобража́ть (*графически, диаграммой и т. п.*) 2) представля́ть себе́ (*часто* ~ to oneself) 3) фигури́ровать; игра́ть ви́дную роль 4) служи́ть си́мволом, символизи́ровать 5) украша́ть (*фигурами*) 6) обознача́ть ци́фрами 7) *амер. разг.* подсчи́тывать, оце́нивать; исчисля́ть 8) выполня́ть фигу́ры (*в фигурном катании и т. п.*) 9) придава́ть фо́рму □ ~ **on** *амер. разг.* рассчи́тывать на; де́лать расчёты; ~ **out** а) вычисля́ть; б) понима́ть, постига́ть; в) разга́дывать; ~ **up** подсчи́тывать

**figured** ['fɪgəd] **1.** *p. p. от* figure 2

**2.** *a* 1) фигу́рный; узо́рчатый; ~ silk узо́рчатый шёлк 2) метафори́ческий, о́бразный

**figure-head** ['fɪgəhed] *n* 1) *мор.* носово́е украше́ние 2) номина́льный глава́; подставно́е лицо́

**figure-of-eight** ['fɪgərəv'eɪt] *a* име́ющий фо́рму восьмёрки

**figure-skating** ['fɪgə,skeɪtɪŋ] *n* фигу́рное ката́ние (*на коньках*)

**figure work** ['fɪgəwə:k] *n полигр.* табли́чный набо́р

**figurine** ['fɪgjuri:n] *n* статуэ́тка

**fig-wort** ['fɪgwə:t] *n бот.* нори́чник

**filaceous** [fɪ'leɪʃəs] *a бот.* волокни́стый

**filagree** ['fɪləgri:] = filigree

**filament** ['fɪləmənt] *n* 1) *бот.* нить 2) *эл.* нить нака́ла 3) волокно́, воло́сок 4) *attr.*: ~ lamp ла́мпа нака́ливания

**filamentary** [,fɪlə'mentərɪ] *a* волокни́стый

**filamentous** [,fɪlə'mentəs] *a* волокни́стый, состоя́щий из воло́кон

**filar** ['faɪlə] *a тех.* филя́рный, ни́точный

**filature** ['fɪlətʃə] *n* 1) шёлкопряде́ние 2) шёлкопряди́льная фа́брика; шёлкомота́льная фа́брика

**filbert** ['fɪlbə(:)t] *n* 1) лещи́на, фунду́к; америка́нский лесно́й оре́х 2) оре́шник

**filch** [fɪltʃ] *v* укра́сть, стяну́ть, стащи́ть (*мелочи*)

**file** I [faɪl] **1.** *n* 1) *тех.* напи́льник 2) пи́лочка (*для ногтей*) 3) отде́лка, полиро́вка; to need the ~ тре́бовать отде́лки 4) огло́бля, ды́шло 5) *sl.* ловка́ч ◇ close ~ скря́га; old (*или* deep) ~ *груб.* продувна́я бе́стия, тёртый кала́ч

**2.** *v* 1) пили́ть, подпи́ливать 2) отде́лывать (*стиль и т. п.*) □ ~ **away,** ~ **down,** ~ **off** спи́ливать, обраба́тывать, отшлифо́вывать

**file** II [faɪl] **1.** *n* 1) скоросшива́тель (*для бумаг*); шпи́лька (*для накалывания бумаг*) 2) подши́тые бума́ги, де́ло; досье́ 3) подши́вка (*газет*) 4) картоте́ка

**2.** *v* 1) регистри́ровать и храни́ть (*документы*) в како́м-л. определённом поря́дке: подшива́ть к де́лу (*тж.* ~ away) 2) сдава́ть в архи́в 3) *амер.* представля́ть, подава́ть како́й-л. докуме́нт; to ~ resignation пода́ть заявле́ние об отста́вке 4) приня́ть зака́з к исполне́нию

**file** III [faɪl] **1.** *n воен.* 1) ряд, шере́нга; коло́нна (*люде́й*); a ~ of men два бойца́; blank (full) ~ непо́лный (по́лный) ряд; to march in ~ идти́ (в коло́нне) по́ два; in single (*или* in Indian) ~ гусько́м, по одному́ 2) *шахм.* вертика́ль 3) о́чередь, хвост 4) *attr.*: ~ leader головно́й ря́да, головно́й коло́нны по одному́; ~ closer замыка́ющий

**2.** *v* идти́ гусько́м; передвига́ть(ся) коло́нной □ ~ **away** = ~ **off**; ~ **in** входи́ть шере́нгой; ~ **off** уходи́ть гусько́м, по одному́, по́ два; ~ **out** выходи́ть шере́нгой

**file cabinet** [ˈfaɪlˌkæbɪnɪt] = file II, 1, 4)

**file-cutter** [ˈfaɪlˌkʌtə] *n* насека́льщик напи́льников

**filet** [ˈfɪlet] *n* филе́ (*кру́жево*)

**filial** [ˈfɪljəl] *a* 1) сыно́вний, доче́рний 2): ~ branch (*или* agency) филиа́л

**filiation** [ˌfɪlɪˈeɪʃən] *n* 1) отноше́ние родства́, происхожде́ние (from — от) 2) *юр.* установле́ние отцо́вства 3) ответвле́ние, ветвь 4) филиа́л 5) образова́ние филиа́ла, ме́стного отделе́ния

**filibeg** [ˈfɪlɪbeg] = kilt 1

**filibuster** [ˈfɪlɪbʌstə] **1.** *n* 1) флибустье́р, пира́т 2) *амер. полит.* обструкциони́ст

**2.** *v* 1) занима́ться морски́м разбо́ем 2) *амер.* тормози́ть приня́тие зако́на *или* реше́ния (*путём обстру́кции*)

**filicide** [ˈfɪlɪsaɪd] *n* 1) детоуби́йство 2) детоуби́йца

**filiform** [ˈfɪlɪfɔːm] *a* нитеви́дный

**filigree** [ˈfɪlɪgriː] *n* филигра́нная рабо́та

**filing** [ˈfaɪlɪŋ] *n* 1) опило́вка 2) *pl* металли́ческие опи́лки

**filing cabinet** [ˈfaɪlɪŋˌkæbɪnɪt] *n* 1) шкаф для хране́ния докуме́нтов 2) картоте́ка

**fill** [fɪl] **1.** *v* 1) наполня́ть(ся); sails ~ed with wind а) паруса́ наду́лись; б) паруса́, наду́тые ве́тром 2) заполня́ть (*отве́рстия и т. п.*); закла́дывать 3) наполня́ть, заполня́ть (*сосу́д до́верху*) 4) *амер.* пломбирова́ть (*зу́бы*) 5) удовлетворя́ть; насыща́ть; food that ~s пи́ща, даю́щая ощуще́ние сы́тости; to ~ smb. (in) on smth. *разг.* дать по́лное представле́ние о чём-л. 6) занима́ть (*до́лжность*); исполня́ть (*обя́занности*); his place will not be easily ~ed его́ не легко́ замени́ть 7) занима́ть (*свобо́дное вре́мя*) 8) исполня́ть, выполня́ть (*зака́з и т. п.*) 9) пригота́вливать лека́рство (*по реце́пту врача́*) □ ~ **in** а) заполня́ть; to ~ in one's name вписа́ть своё и́мя; б) замеща́ть; I'm just ~ing in here temporarily я здесь то́лько вре́менно замеща́ю друго́го; в) разраба́тывать (*дета́ли и т. п.*); ~ **out** а) расширя́ть(ся); наполня́ть(ся); his cheeks have ~ed out его́ лицо́ пополне́ло; б) заполня́ть (*анке́ту*); ~ **up** а) наполня́ть(ся); наби́вать; заполня́ть (*вака́нсию*); б) возмеща́ть (*недостаю́щее*); to ~ up a form а) заполня́ть бланк; б) заполня́ть анке́ту

**2.** *n* 1) доста́точное коли́чество (*чего́-л.*); a ~ of tobacco щепо́тка табаку́ (*доста́точная, что́бы наби́ть тру́бку*); I've had my ~ of it с меня́ хва́тит 2) сы́тость; to eat (to drink, to weep) one's ~ нае́сться (напи́ться, напла́каться) до́сыта 3) *диал.* = file I, 1, 4); 4) *амер. ж.-д.* на́сыпь

**fill-dike** [ˈfɪldaɪk] *n* дождли́вый пери́од (*обыкн.* февра́ль); February ~ февра́ль-водоле́й

**filler** [ˈfɪlə] *n* 1) тот, кто *или* то, что наполня́ет *или* заполня́ет 2) заря́д (*снаря́да*) 3) *тех.* наливно́е отве́рстие, воро́нка 4) наполни́тель (*вещество́*)

**fillet** [ˈfɪlɪt] **1.** *n* 1) ле́нта *или* у́зкая повя́зка (*на го́лову*); у́зкая дли́нная ле́нта из любо́го материа́ла 2) филе́(й) 3) *тех., стр.* ва́лик, ободо́к; баге́т 4) *тех.* га́лтель, утолще́ние 5) углубле́ние, желобо́к 6) *текст.* кро́мка

**2.** *v* 1) повя́зывать ле́нтой *или* повя́зкой 2) приготовля́ть филе́ из ры́бы

**fill-in** [ˈfɪlˈɪn] *n* вре́менная заме́на

**filling** [ˈfɪlɪŋ] **1.** *pres. p. от* fill 1

**2.** *n* 1) наполне́ние 2) погру́зка; насы́пка 3) зали́вка, запра́вка горю́чим 4) пло́мба (*в зу́бе*) 5) наби́вка; прокла́дка; шпатлёвка 6) *текст.* уто́к 7) фарш, начи́нка 8) заря́д (*снаря́да*) 9) *стр.* торкрети́рование

**filling-station** [ˈfɪlɪŋˌsteɪʃən] *n* автозапра́вочная ста́нция; *разг.* бензоколо́нка

**fillip** [ˈfɪlɪp] *n* 1) щелчо́к 2) толчо́к 3) сти́мул 4) пустя́к

**fillister** [ˈfɪlɪstə] *n тех.* фальцо́вка, калёвка

**filly** [ˈfɪlɪ] *n* 1) молода́я кобы́ла 2) жива́я, весёлая де́вушка

**film** [fɪlm] **1.** *n* 1) плёнка; лёгкий слой (*чего́-л.*); оболо́чка; перепо́нка; a ~ of fog лёгкий тума́н; ды́мка 2) фотоплёнка, кинопленка, плёнка 3) фильм; (*ча́сто pl*) кино́; to be in the ~s снима́ться в кино́ 4) фотосло́й 5) то́нкая нить 6) *attr.* кино-

**2.** *v* 1) покрыва́ть(ся) плёнкой, оболо́чкой; застила́ться ды́мкой (over) 2) снима́ть, производи́ть киносъёмку; экранизи́ровать (*литерату́рное произведе́ние*) 3) снима́ться в кино́ ◇ she ~s well она́ фотогени́чна

**filmland** [ˈfɪlmlænd] *n* мир кино́; ~ actor киноактёр

**film star** [ˈfɪlmstɑː] *n* кинозвезда́

**film-strip** [ˈfɪlmstrɪp] *n* диафи́льм

**film test** [ˈfɪlmtest] *n* кинопро́ба бу́дущего исполни́теля ро́ли

**filmy** [ˈfɪlmɪ] *a* 1) плёнчатый, покры́тый плёнкой 2) тума́нный 3) то́нкий, как паути́нка

**filoselle** [ˌfɪləˈsel] *n* шёлк-сыре́ц

**filter** [ˈfɪltə] **1.** *n* фильтр

**2.** *v* 1) фильтрова́ть, проце́живать 2) проса́чиваться, проника́ть

**filter-bed** [ˈfɪltəbed] *n тех.* фильтру́ющий слой

**filter-tipped** [ˈfɪltətɪpt] *a*: ~ cigarette сигаре́та с фи́льтром

**filth** [fɪlθ] *n* 1) грязь; отбро́сы 2) непристо́йность; ме́рзость; развра́т 3) скверносло́вие

**filthy** [ˈfɪlθɪ] *a* 1) гря́зный 2) отврати́тельный, ме́рзкий; ~ lucre *шутл.* презре́нный мета́лл 3) развращённый; непристо́йный

**filtrate** **1.** *n* [ˈfɪltrɪt] *хим.* фильтра́т

**2.** *v* [ˈfɪltreɪt] фильтрова́ть

**fin** [fɪn] **1.** *n* 1) плавни́к (*ры́бы*) 2) *sl.* рука́ 3) *ав.* киль, стабилиза́тор 4) *тех.* ребро́, заусе́нец 5) *pl спорт.* ла́сты

**2.** *v* 1) обреза́ть плавники́ 2) пла́вать как ры́ба

**finable** I [ˈfaɪnəbl] *a* облага́емый штра́фом, пе́ней

**finable** II [ˈfaɪnəbl] *a* поддаю́щийся рафини́рованию

**finagle** [fɪˈneɪgl] *v* 1) *разг.* надува́ть; обжу́ливать 2) *карт.* объявля́ть рено́нс

**final** [ˈfaɪnl] **1.** *a* 1) коне́чный, заключи́тельный; ~ cause коне́чная цель; the ~ chapter после́дняя глава́; ~ blow заверша́ющий уда́р; ~ age спе́лость (*леса́ для ру́бки*) 2) оконча́тельный, реша́ющий; to give a ~ touch оконча́тельно отде́лать; is that ~? э́то после́днее сло́во?, э́то оконча́тельно? 3) целево́й; ~ clause *грам.* предложе́ние це́ли

**2.** *n* 1) (*ча́сто pl*) реша́ющая игра́ в ма́тче; после́дний зае́зд в ска́чках, го́нках *и т. п.* 2) (*тж. pl*) выпускно́й экза́мен 3) *разг.* после́дний вы́пуск газе́ты

**finale** [fɪˈnɑːlɪ] *ит. n муз., лит.* фина́л, заключе́ние

**finality** [faɪˈnælɪtɪ] *n* 1) зако́нченность; оконча́тельность; with an air of ~ с таки́м ви́дом, что всё решено́ (*или* что все разгово́ры ко́нчены) 2) заключи́тельное де́йствие, заверше́ние

**finalize** [ˈfaɪnəlaɪz] *v* 1) заверша́ть, зака́нчивать 2) придава́ть оконча́тельную фо́рму

**finally** [ˈfaɪnəlɪ] *adv* 1) в заключе́ние 2) в коне́чном счёте, в конце́ концо́в 3) оконча́тельно

**finance** [faɪˈnæns] **1.** *n* 1) *pl* фина́нсы, дохо́ды; family ~s семе́йный бюдже́т 2) фина́нсовое де́ло

**2.** *v* 1) финанси́ровать 2) занима́ться фина́нсовыми опера́циями

**financial** [faɪˈnænʃəl] *a* 1) фина́нсовый; ~ year отчётный год 2) де́нежный; ~ interests материа́льные интере́сы; ~ resources де́нежные ресу́рсы

**financier** [faɪˈnænsɪə] **1.** *n* финанси́ст

**2.** *v* вести́ фина́нсовые опера́ции (*обыкн. презр.*)

**fin-back** [ˈfɪnbæk] *n зоол.* кит-полоса́тик

**finch** [fɪntʃ] *n назва́ние мно́гих певчи́х птиц, преим.* зя́блик

**find** [faɪnd] **1.** *v* (found) 1) находи́ть; встреча́ть; признава́ть; обнару́живать; застава́ть; to ~ no sense не ви́деть смы́сла; to ~ oneself найти́ своё призвáние; обрести́ себя́; to ~ time улучи́ть врéмя 2) убеждáться, приходи́ть к заключéнию; считáть; I ~ it necessary to go there я считáю необходи́мым поéхать тудá 3) обрести́; получи́ть, доби́ться; to ~ one's account in smth. убеди́ться в вы́годе чегó-л.; испóльзовать что-л. в свои́х (ли́чных) интерéсах 4) снабжáть; обеспéчивать; £ 2 a week and ~ yourself 2 фу́нта (стéрлингов) в недéлю на свои́х харчáх 5) попáсть (*в цель*); the blow found his chest удáр пришёлся емý в грудь 6) *юр.* устанáвливать; выноси́ть решéние; to ~ smb. guilty признáть когó-л. винóвным 7) *мат.* вычисля́ть 8) *охот.* подня́ть (*зверя*) 9) *воен.* выделя́ть, выставля́ть □ ~ **in:** to ~ smb. (oneself) in smth. обеспéчивать когó-л. (себя́) чем-л.; they ~ him in clothes они́ егó одевáют; ~ **out** узнáть, разузнáть, вы́яснить; поня́ть; раскры́ть (*обман, тайну*); to ~ out the truth узнáть прáвду; to ~ smb. out разоблачи́ть когó-л.; to ~ out for oneself добрáться до и́стины ◇ all found на всём готóвом; £ 100 a year and all found 100 фу́нтов (стéрлингов) в год на всём готóвом; how do you ~ yourself? как вы себя́ чу́вствуете?; как поживáете?; to ~ one's way а) дости́гнуть; to ~ one's way home добрáться домóй; б) прони́кнуть; пробрáться; how did it ~ its way into print? как э́то попáло в печáть?; to ~ one's feet а) научи́ться ходи́ть (*о ребёнке*); б) стать нá ноги, обрести́ самостоя́тельность; наби́ть рýку

2. *n* нахóдка; a great ~ цéнная нахóдка; a sure ~ *охот.* местонахождéние звéря

**finder** [ˈfaɪndə] *n тех.* 1) искáтель 2) *фото* видоискáтель

**finding** [ˈfaɪndɪŋ] 1. *pres. p. от* find 1

2. *n* 1) нахóдка; обнаружéние 2) решéние (*присяжных*); приговóр (*суда*); *pl* вы́воды (*комиссии*) 3) *pl* приклáд (*для платья и т. п.*); фурниту́ра; shoe ~s мазь, шнурки́ *и пр.* для обуви 4) определéние (*местонахождения*), ориентáция, ориентирóвка 5) *pl* полу́ченные дáнные, добы́тые свéдения

**fine** I [faɪn] 1. *n* пéня, штраф

2. *v* штрафовáть, налагáть пéню, штраф

**fine** II [faɪn] *n*: in ~ а) в óбщем, слóвом, вкрáтце; б) наконéц; в заключéние; в итóге

**fine** III [faɪn] 1. *a* 1) тóнкий, утончённый, изя́щный; высóкий, возвы́шенный (*о чувствах*); ~ needle тóнкая иглá; ~ skin нéжная кóжа; ~ distinction тóнкое разли́чие; ~ intellect утончённый ум; a ~ lady! *разг. ирон.* что за (*или* ну и) бáрыня!; ~ point (*или* question) трýдный, деликáтный вопрóс 2) хорóший; прекрáсный, превосхóдный (*часто ирон.*); to have a ~ time *разг.* хорошó провести́ врéмя; a ~ friend you are! *ирон.* хорóш друг!; ~ income изря́дный дохóд 3) высóкого кáчества; очи́щенный, рафини́рованный; высокопрóбный; gold 22 carats ~ зóлото 88-й прóбы 4) тóчный; ~ mechanics тóчная механи́ка 5) я́сный, хорóший; сухóй (*о погоде*); a ~ morning погóжее у́тро; ~ air здорóвый вóздух; one ~ day однáжды, в оди́н прекрáсный день; one of these ~ days в оди́н прекрáсный день (*о будущем*); когдá-нибудь 6) блестя́щий, наря́дный 7) óстрый; ~ edge óстрое лéзвие; to talk ~ говори́ть остроу́мно 8) мéлкий; ~ sand мéлкий песóк 9) густóй (*о сети и т. п.*) ◇ the ~ arts изобрази́тельные искýсства; ~ feathers make ~ birds *посл.* ≅ одéжда крáсит человéка

2. *adv* 1) *разг.* отли́чно, прекрáсно; that will suit me ~ э́то мне как рáз подойдёт 2) изя́щно, утончённо ◇ to cut it too ~ дать сли́шком мáло (*особ. времени*)

3. *n* хорóшая, я́сная погóда

4. *v* дéлать(ся) прозрáчным, очищáть(ся) (*тж.* ~ down) □ ~ **away,** ~ **down,** ~ **off** дéлать(ся) изя́щнее, тóньше; уменьшáться; сокращáться

**fine-draw** [ˈfaɪnˈdrɔː] *v* (fine-drew; fine-drawn) 1) сшивáть незамéтным швом; штуковáть 2) волочи́ть тóнкие сортá (*проволоки*)

**fine-drawn** [ˈfaɪnˈdrɔːn] 1. *p. p. от* fine-draw

2. *a* 1) сши́тый незамéтным швом 2) óчень тóнкий; тóнкого волочéния (*о проволоке*) 3) искýсный 4) *спорт.* оптимáльный (*о весе боксёра, борца и т. п.*)

**fine-drew** [ˈfaɪnˈdruː] *past от* fine-draw

**fine-fleece** [ˈfaɪnˈfliːs] *a* тонкорýнный

**fine-grained** [ˈfaɪnˈgreɪnd] *a* мелкозерни́стый

**finely-fibred** [ˈfaɪnlɪˈfaɪbəd] *a* тонковолокни́стый

**fineness** [ˈfaɪnnɪs] *n* 1) тóнкость, изя́щество *и пр.* [*см.* fine III, 1] 2) остротá (*чувств*) 3) прóба (*благородных металлов*) 4) высóкое кáчество 5) мелкозерни́стость; величинá зернá 6) *ав.* аэродинами́ческое кáчество

**finery** I [ˈfaɪnərɪ] *n* пы́шный наря́д, пы́шное украшéние, убрáнство; cheap ~ дешёвые украшéния

**finery** II [ˈfaɪnərɪ] *n тех.* кри́чный горн

**fine-spun** [ˈfaɪnˈspʌn] *a* 1) тóнкий (*о ткани*) 2) хитросплетённый; запýтанный 3) изощрённый до предéла *или* абсýрда

**finesse** [fɪˈnes] *фр.* 1. *n* 1) тóнкость; искýсность 2) ухищрéние, лóвкий приём; хи́трость 3) *карт.* прорéзывание (*ход*)

2. *v* 1) дéйствовать искýсно *или* хитрó 2) *карт.* прорéзать

**finger** [ˈfɪŋgə] 1. *n* 1) пáлец (*руки, перчатки*); my ~s itch *перен.* у меня́ рýки чéшутся; by a ~'s breadth éле-éле; to lay (*или* to put) a ~ on smb. трóнуть когó-л.; I had not laid a ~ on him я егó и пáльцем не трóнул; to let slip through the ~s упусти́ть из рук 2) *тех.* пáлец, штифт 3) стрéлка (*часов*); указáтель (*на шкале*) ◇ to lay (*или* to put) one's ~ on smth. а) тóчно указáть что-л.; б) ≅ попáсть в тóчку; прáвильно поня́ть, установи́ть что-л.; to turn (*или* to twist) smb. round one's (little) ~ обвести́ когó-л. вокрýг пáльца; not to move a ~ ≅ пáлец о пáлец не удáрить; with a wet ~ с лёгкостью; his ~s are all thumbs он óчень нелóвок, неуклю́ж; his ~s turned to thumbs пáльцы егó одеревенéли; to have a ~ in smth. учáствовать в чём-л.; вмéшиваться во что-л.; he has a ~ in the pie ≅ у негó ры́льце в пушкý; он замéшан в э́том дéле

2. *v* 1) трóгать, перебирáть пáльцами (*часто* ~ over) 2) *разг.* брать взя́тки; воровáть 3) *муз.* укáзывать аппликатýру

**finger-alphabet** [ˈfɪŋgərˌælfəbɪt] *n* áзбука глухонемы́х

**finger-board** [ˈfɪŋgəbɔːd] *n муз.* гриф; клавиатýра

**finger-bowl** [ˈfɪŋgəbəul] *n* небольшáя чáша (*для споласкивания пальцев после десерта*)

**finger-end** [ˈfɪŋgərend] = finger-tip

**finger-flower** [ˈfɪŋgəˌflauə] *n бот.* наперстя́нка

**finger-glass** [ˈfɪŋgəglɑːs] = finger-bowl

**fingerhold** [ˈfɪŋgəhəuld] *n* шáткая опóра; to have no (*или* never) more than a ~ не имéть рóвно никакóй опóры

**finger-hole** [ˈfɪŋgəhəul] *n* боковóе отвéрстие, клáпан (*в духовом инструменте*)

**fingering** I [ˈfɪŋgərɪŋ] 1. *pres. p. от* finger 2

2. *n* 1) прикосновéние пáльцев 2) *муз.* игрá на инструмéнте 3) *муз.* аппликатýра

**fingering** II [ˈfɪŋgərɪŋ] *n* тóнкая шерсть (*для чулок*)

**finger-mark** [ˈfɪŋgəmɑːk] 1. *n* 1) пятнó от пáльца 2) дактилоскопи́ческий отпечáток (*пальца*)

2. *v* захватáть гря́зными пáльцами

**finger-nail** [ˈfɪŋgəneɪl] *n* нóготь

**finger-plate** [ˈfɪŋgəpleɪt] *n* нали́чник двернóго замкá

**finger-post** [ˈfɪŋgəpəust] *n* указáтельный столб на разви́лке дорóги

**finger-print** [ˈfɪŋgəprɪnt] 1. *n* = finger-mark 1, 2)

2. *v* снимáть отпечáтки пáльцев

**finger-stall** [ˈfɪŋgəstɔːl] *n* напáлок, напáльчник

**finger-tip** [ˈfɪŋgətɪp] *n* кóнчик пáльца ◇ to have at one's ~s знать, как свои́ пять пáльцев; to one's ~s ≅ от головы́ до пят; до кóнчиков ногтéй; to arrive at one's ~s ≅ а) дойти́ до рýчки; впасть в нищетý; б) исчерпáть все возмóжности

**finical** [ˈfɪnɪkəl] *a* 1) разбóрчивый; мéлочно трéбовательный 2) жемáнный, аффекти́рованный 3) чересчýр отшлифóванный; перегрýженный детáлями

**finicking, finicky, finikin** [ˈfɪnɪkɪŋ, -kɪ, -kɪn] = finical

**fining** I ['faɪnɪŋ] *pres. p. от* fine I, 2

**fining** II ['faɪnɪŋ] **1.** *pres. p. от* fine III, 4

2. *n* очи́стка, рафини́рование

**finis** ['fɪnɪs] *лат. n* (*тк. sing*) 1) коне́ц (*пишется в конце книги*) 2) коне́ц жи́зни

**finish** ['fɪnɪʃ] **1.** *n* 1) оконча́ние; коне́ц, *спорт.* фи́ниш; to be in at the ~ прису́тствовать на после́днем эта́пе (*соревнований, дебатов и т. п.*); *перен.* ≅ прийти́ к ша́почному разбо́ру; to fight to a ~ би́ться до конца́ 2) зако́нченность; отде́лка; to lack ~ быть неотде́ланным 3) *текст.* аппрету́ра

2. *v* 1) конча́ть(ся); зака́нчивать; заверша́ть; *спорт.* финиши́ровать 2) отде́лывать (*тж.* ~ off); сгла́живать, выра́внивать 3) зака́нчивать что-л. на́чатое, доводи́ть до конца́ (*тж.* ~ up); haven't you ~ed that book yet? вы ещё не дочита́ли э́ту кни́гу?; we have ~ed the pie мы доéли э́тот пиро́г 4) прико́нчить, уби́ть (*тж.* ~ off) 5) до кра́йности изнуря́ть; the long march has quite ~ed the troops дли́нный перехо́д обесси́лил войска́

**finished** ['fɪnɪʃt] **1.** *p. p. от* finish 2

**2.** *a* зако́нченный; отде́ланный; обрабо́танный; ~ goods гото́вые изде́лия; ~ manners лощёные мане́ры; ~ gentleman настоя́щий джентльме́н

**finisher** ['fɪnɪʃə] *n* 1) *текст.* аппрету́рщик 2) *тех.* вся́кое приспособле́ние для оконча́тельной отде́лки 3) *разг.* реша́ющий до́вод; сокруша́ющий уда́р 4) фи́нишер (*дорожная машина*)

**finishing** ['fɪnɪʃɪŋ] **1.** *pres. p. от* finish 2

2. *n текст.* аппрету́ра; отде́лка

3. *a* заверша́ющий

**finite** ['faɪnaɪt] *a* 1) ограни́ченный, име́ющий преде́л; ~ risk не́который риск 2) *грам.* ли́чный (*о глаголе*)

**fink** [fɪŋk] *амер. sl.* **1.** *n* штрейкбре́хер

2. *v* 1) быть штрейкбре́хером 2) доноси́ть, предава́ть

**Finn** [fɪn] *n* финн; фи́ннка

**finnan** ['fɪnən] *n* копчёная пи́кша (*тж.* ~ haddock)

**Finnic** ['fɪnɪk] *a* фи́нский

**Finnish** ['fɪnɪʃ] **1.** *a* фи́нский

2. *n* фи́нский язы́к

**Finno-Ugrian** ['fɪnəu'ju:grɪən] *a* фи́нно-уго́рский (*о языках*)

**finny** ['fɪnɪ] *a* 1) име́ющий плавники́ 2) бога́тый ры́бой

**fiord** [fjɔ:d] *норв. n* фио́рд

**fir** [fə:] *n бот.* 1) пи́хта; *распр.* ель; Scotch F. сосна́; Silver F. пи́хта 2) ель (*древесина*)

**fir-cone** ['fə:kəun] *n* ело́вая ши́шка

**fire** ['faɪə] **1.** *n* 1) ого́нь, пла́мя; to strike ~ вы́сечь ого́нь; to lay a ~ разложи́ть костёр; развести́ ого́нь (*в очаге, печи и т. п.*); electric ~ электри́ческая печь *или* ками́н; gas ~ га́зовая плита́ *или* ками́н; it is too warm for ~s сли́шком тепло́, что́бы топи́ть; to light (*или* to make up) the ~ затопи́ть пе́чку; to nurse the ~ подде́рживать ого́нь; to stir the ~ помеша́ть в пе́чке; between two ~s *перен.* ме́ж(ду) двух огне́й; to blow the ~ раздува́ть ого́нь; *перен.* разжига́ть стра́сти (*и т. п.*) 2) пожа́р; to catch (*или* to take) ~ загоре́ться; *перен.* заже́чься (*чем-л.*); to be on ~ горе́ть; *перен.* быть в возбужде́нии; to set ~ to smth., to set smth. on ~, *амер.* to set a ~ поджига́ть (*что-л.*) 3) пыл, воодушевле́ние; *поэт.* вдохнове́ние 4) свече́ние 5) жар, лихора́дка 6) *воен.* ого́нь, стрельба́; to be under ~ подверга́ться обстре́лу; *перен.* служи́ть мише́нью напа́док; to stand ~ выде́рживать ого́нь проти́вника (*тж. перен.*); running ~ бе́глый ого́нь; *перен.* град крити́ческих замеча́ний ◇ not to set the Thames on ~ ≅ звёзд с не́ба не хвата́ть; to play with ~ игра́ть с огнём; to fight ~ with ~ ≅ клин кли́ном вышиба́ть

2. *v* 1) зажига́ть, поджига́ть; to ~ a house подже́чь дом 2) воспламеня́ть(ся) 3) топи́ть (печь) 4) загора́ться 5) воодушевля́ть; возбужда́ть 6) обжига́ть (*кирпичи*); суши́ть (*чай и т. п.*) 7) *вет.* прижига́ть (*калёным железом*) 8) стреля́ть, пали́ть, вести́ ого́нь (at, on, upon); to ~ a mine взрыва́ть ми́ну 9) *разг.* увольня́ть ▭ ~ **away** начина́ть; ~ away! *разг.* валя́й!, начина́й!, жарь!; ~ **off** дать вы́стрел; *перен.* вы́палить (*замечание и т. п.*); ~ **out** *разг.* выгоня́ть; увольня́ть; ~ **up** вспыли́ть

**fire-alarm** ['faɪərə,lɑ:m] *n* 1) пожа́рная трево́га 2) автомати́ческий пожа́рный сигна́л

**fire-arm** ['faɪərɑ:m] *n* (*обыкн. pl*) огнестре́льное ору́жие

**fire-ball** ['faɪəbɔ:l] *n* 1) боли́д 2) шарова́я мо́лния 3) *ист.* зажига́тельное ядро́

**fire-bar** ['faɪəbɑ:] *n тех.* колосни́к

**fire-bomb** ['faɪəbɔm] *n* зажига́тельная бо́мба

**fire-box** ['faɪəbɔks] *n тех.* огнева́я коро́бка, то́пка

**fire-brand** ['faɪəbrænd] *n* 1) головня́ (*обгорелое полено*) 2) зачи́нщик, подстрека́тель; смутья́н

**fire-brick** ['faɪəbrɪk] *n* огнеупо́рный кирпи́ч

**fire-bridge** ['faɪəbrɪdʒ] *n тех.* пла́менный поро́г; то́почный поро́г

**fire-brigade** ['faɪəbrɪ,geɪd] *n* пожа́рная кома́нда

**fire-bug** ['faɪəbʌg] *n* 1) *зоол.* светля́к 2) *разг.* поджига́тель

**fire-clay** ['faɪəkleɪ] *n* огнеупо́рная гли́на

**fire-cock** ['faɪəkɔk] *n* пожа́рный кран

**fire-company** ['faɪə,kʌmpənɪ] *n* 1) пожа́рная кома́нда 2) о́бщество страхова́ния от огня́

**fire-control** ['faɪəkən,trəul] *n* 1) *воен.* управле́ние огнём 2) *лес.* борьба́ с лесны́ми пожа́рами

**fire-damp** ['faɪədæmp] *n* рудни́чный газ, грему́чий газ

**fire-department** ['faɪədɪ'pɑ:tmənt] *n амер.* пожа́рное депо́

**fire-dog** ['faɪədɔg] = andiron

**fire-door** ['faɪədɔ:] *n тех.* то́почная две́рца

**fire-drill** ['faɪədrɪl] *n* 1) уче́бные заня́тия пожа́рной кома́нды 2) обуче́ние населе́ния противопожа́рным ме́рам

**fire-eater** ['faɪər,i:tə] *n* 1) пожира́тель огня́ (*о фокуснике*) 2) дуэля́нт, бретёр; драчу́н

**fire-engine** ['faɪər,endʒɪn] *n* 1) пожа́рная маши́на 2) *attr.*: ~ red я́рко-кра́сный цвет

**fire-escape** ['faɪərɪs,keɪp] *n* 1) пожа́рная ле́стница 2) спаса́тельные приспособле́ния во вре́мя пожа́ра (*лестницы и т. п.*)

**fire-extinguisher** ['faɪərɪks,tɪŋgwɪʃə] *n* огнетуши́тель

**fire-eyed** ['faɪəraɪd] *a поэт.* с горя́щим взо́ром

**fire fighter** ['faɪə,faɪtə] *n* 1) пожа́рный, пожа́рник 2) пожа́рник-доброво́лец

**firefly** ['faɪəflaɪ] *n* светля́к (*летающий*)

**fire-glass** ['faɪəglɑ:s] *n* решётчатое око́шечко пе́чи

**fire-grate** ['faɪəgreɪt] *n тех.* колоснико́вая решётка

**fire-guard** ['faɪəgɑ:d] *n* ками́нная решётка

**fire-hose** ['faɪəhəuz] *n* пожа́рный рука́в

**fire-insurance** ['faɪərɪn,ʃuərəns] *n* страхова́ние от огня́

**fire-irons** ['faɪər,aɪənz] *n pl* ками́нный прибо́р

**fire-light** ['faɪəlaɪt] *n* свет от ками́на, костра́ *и т. п.*

**fire-lighter** ['faɪə,laɪtə] *n* расто́пка

**firelock** ['faɪəlɔk] *n* 1) кремнёвое ружьё 2) кремнёвый ружéйный замо́к

**fireman** ['faɪəmən] *n* 1) пожа́рный 2) кочега́р

**fire-office** ['faɪər,ɔfɪs] *n* конто́ра о́бщества страхова́ния от огня́

**fire-pan** ['faɪəpæn] *n* жаро́вня

**fire-place** ['faɪəpleɪs] *n* 1) ками́н, оча́г 2) горн

**fire-plug** ['faɪəplʌg] *n* пожа́рный кран, гидра́нт

**fire-policy** ['faɪə'pɔlɪsɪ] *n* по́лис (*страхования от огня*)

**fireproof** ['faɪəpru:f] *a* несгора́емый; огнеупо́рный

**fire-raising** ['faɪə,reɪzɪŋ] *n редк.* поджо́г

**fire-screen** ['faɪəskri:n] *n* ками́нный экра́н

**fire-ship** ['faɪəʃɪp] *n мор. ист.* бра́ндер

**fireside** ['faɪəsaɪd] *n* 1) ме́сто о́коло ками́на; by the ~ у камелька́ 2) дома́шний оча́г, семе́йная жизнь

**firespotter** ['faɪə,spɔtə] *n* пожа́рник на вы́шке

**fire-squad** ['faɪəskwɔd] *n* (противо-) пожа́рная брига́да

**fire-step** ['faɪə'step] *n воен.* стрелко́вая ступе́нь (*в окопе*)

**fire wall** ['faɪəwɔl] *n* брандма́уер

**fire-warden** ['faɪə,wɔ:dn] *n* 1) нача́льник лесно́й пожа́рной охра́ны 2) брандме́йстер

**fire-watcher** [ˈfaɪəˌwɔtʃə] = fire-spotter
**fire-water** [ˈfaɪəˌwɔːtə] *n разг.* «о́гненная вода́» (*во́дка и т. п.*)
**firewood** [ˈfaɪəwud] *n* дрова́; растóпка
**firework** [ˈfaɪəwəːk] = fireworks 1)
**fireworker** [ˈfaɪəˌwəːkə] *n* пироте́хник
**fireworks** [ˈfaɪəwəːks] *n pl* 1) фейерве́рк 2) блеск ума́, остроу́мия *и т. п.* 3) вспы́льчивость
**fire-worship** [ˈfaɪəˌwəːʃɪp] *n* огнепоклóнничество
**firing** [ˈfaɪərɪŋ] **1.** *pres. p. от* fire 2
**2.** *n* 1) стрельба́; произво́дство вы́стрела *или* взры́ва 2) то́пливо 3) сжига́ние то́плива, отопле́ние 4) раста́пливание 5) о́бжиг 6) *вет.* прижига́ние 7) *горн.* пале́ние шпу́ров 8) за́пуск (*раке́ты*) 9) рабо́та (*реакти́вного дви́гателя*)
**firing ground** [ˈfaɪərɪŋgraund] *n* стре́льбище, полиго́н
**firing-line** [ˈfaɪərɪŋlaɪn] *n воен.* огнево́й рубе́ж; ли́ния огня́
**firing party** [ˈfaɪərɪŋˌpɑːtɪ] *n воен.* 1) кома́нда, наря́женная для расстре́ла 2) салю́тная кома́нда
**firing squad** [ˈfaɪərɪŋskwɔd] = firing party 1)
**firkin** [ˈfəːkɪn] *n* ма́ленький бочо́нок (≅ 8—9 галлонам)
**firm I** [fəːm] *n* фи́рма, торго́вый дом ◇ long ~ компа́ния моше́нников
**firm II** [fəːm] **1.** *a* 1) кре́пкий, твёрдый; ~ ground су́ша; to be on ~ ground чу́вствовать твёрдую по́чву под нога́ми; чу́вствовать себя́ уве́ренно 2) усто́йчивый; сто́йкий, непоколеби́мый; ~ step твёрдая по́ступь; ~ prices усто́йчивые це́ны; (as) ~ as a rock твёрдый *или* неподви́жный как скала́ 3) реши́тельный; насто́йчивый; ~ measures реши́тельные ме́ры
**2.** *adv* твёрдо, кре́пко
**3.** *v* укрепля́ть(ся); уплотня́ть(ся); to ~ the ground after planting утрамбова́ть зе́млю по́сле поса́дки расте́ний
**firmament** [ˈfəːməmənt] *n* (*обыкн.* the ~) небе́сный свод
**firman** [fəːˈmɑːn] *перс. n* фирма́н (*ука́з султа́на или ша́ха*); разреше́ние; лице́нзия
**fir-needle** [ˈfəːˌniːdl] *n* ело́вая *или* сосно́вая игла́, хвоя́
**firry** [ˈfəːrɪ] *a* ело́вый; заро́сший пи́хтами, е́лями
**first** [fəːst] **1.** *num. ord.* пе́рвый; ~ form пе́рвый класс (*в шко́ле*)
**2.** *a* 1) пе́рвый; ра́нний; ~ thing пе́рвым до́лгом; I'll do it ~ thing in the morning я пе́рвым де́лом за́втра займу́сь э́тим; to come ~ прийти́ пе́рвым; they were the ~ to come они́ пришли́ пе́рвыми; in the ~ place снача́ла; пре́жде всего́; в пе́рвую о́чередь 2) пе́рвый, выдаю́щийся; значи́тельный; the ~ scholar of the day са́мый выдаю́щийся учёный своего́ вре́мени; ~ violin пе́рвая скри́пка 3) са́мая высо́кая па́ртия в музыка́льной пье́се *или* са́мый высо́кий го́лос в анса́мбле ◇ F. Commoner спи́кер (*в пала́те о́бщин до 1919 г.*); F. Sea Lord пе́рвый морско́й лорд, нача́льник гла́вного морско́го шта́ба (*А́нглии*); ~ water чисте́йшей воды́ (*о бриллиа́нтах*); to be on a ~ name basis with. smb. ≅ быть на ты с кем-л.
**3.** *n* 1) нача́ло; at ~ сперва́; на пе́рвых пора́х, внача́ле; at the ~ of the year в нача́ле го́да; from the ~ с са́мого нача́ла; from ~ to last с нача́ла до конца́ 2) (the ~) пе́рвое число́ 3) *pl* това́ры вы́сшего ка́чества
**4.** *adv* 1) сперва́, снача́ла; ~ of all пре́жде всего́ 2) впервы́е; I ~ met him last year впервы́е я его́ встре́тил в про́шлом году́ 3) скоре́е, предпочти́тельно ◇ ~ and last в о́бщем и це́лом; ~, last and all the time *амер.* реши́тельно и бесповоро́тно; раз и навсегда́; ~ or last ра́но и́ли по́здно
**first-aid** [ˈfəːsteɪd] *n* 1) пе́рвая по́мощь; ско́рая по́мощь 2) *тех.* авари́йный ремо́нт 3) *attr.*: ~ kit *амер. воен.* санита́рная су́мка; ~ station пункт пе́рвой по́мощи
**first-born** [ˈfəːstbɔːn] *n* пе́рвенец
**first-chop** [ˈfəːstˈtʃɔp] *a разг.* первосо́ртный
**first-class** [ˈfəːstˈklɑːs] **1.** *n* пе́рвый класс; вы́сший сорт
**2.** *a* первокла́ссный
**3.** *adv* 1) *разг.* превосхо́дно; to feel ~ великоле́пно себя́ чу́вствовать 2): to travel ~ е́хать в пе́рвом кла́ссе, пе́рвым кла́ссом
**first cost** [ˈfəːstkɔst] *n* себесто́имость
**first-cousin** [ˈfəːstˈkʌzn] *n* двою́родный брат; двою́родная сестра́
**first-day** [ˈfəːstˈdeɪ] *n* воскресе́нье (*у ква́керов*)
**first floor** [ˈfəːstˈflɔː] *n* 1) второ́й эта́ж 2) *амер.* пе́рвый эта́ж
**first-floor** [ˈfəːstflɔː] *a* 1) находя́щийся на второ́м этаже́ *или* относя́щийся ко второ́му этажу́ 2) *амер.* находя́щийся на пе́рвом этаже́ *или* относя́щийся к пе́рвому этажу́
**first-foot** [ˈfəːstfut] *n шотл.* пе́рвый гость в Но́вом году́
**first-fruits** [ˈfəːstfruːts] *n pl* пе́рвые плоды́ (*тж. перен.*)
**first-hand** [ˈfəːstˈhænd] **1.** *a* полу́ченный из пе́рвых рук ◇ to have ~ knowledge испыта́ть на себе́; знать по со́бственному о́пыту
**2.** *adv* из пе́рвых рук
**3.** *n*: at ~ из со́бственного о́пыта; to see at ~ воочи́ю убеди́ться
**firstling** [ˈfəːstlɪŋ] *n* 1) (*обыкн. pl*) пе́рвые плоды́ 2) пе́рвенец (*у живо́тных*)
**firstly** [ˈfəːstlɪ] *adv* во-пе́рвых
**first-night** [ˈfəːstnaɪt] *n* премье́ра, пе́рвое представле́ние
**first-nighter** [ˌfəːstˈnaɪtə] *n разг.* постоя́нный посети́тель театра́льных премье́р
**first-rate** [ˈfəːstˈreɪt] **1.** *a* 1) первокла́ссный; первостепе́нной ва́жности *или* значе́ния 2) превосхо́дный
**2.** *adv разг.* прекра́сно, превосхо́дно; to do ~ преуспева́ть
**firth** [fəːθ] *n* у́зкий морско́й зали́в; лима́н; у́стье реки́ (*особ. в Шотла́ндии*)
**fir-tree** [ˈfəːtriː] = fir 1)
**fiscal** [ˈfɪskəl] *a* фиска́льный; фина́нсовый; ~ year фина́нсовый год
**fish I** [fɪʃ] **1.** *n* 1) (*pl ча́сто без измен.*) ры́ба; *распр. тж.* кра́бы, у́стрицы; ~ and chips ры́ба с жа́реной карто́шкой 2) *пренебр.* тип; cool ~ наха́л, нагле́ц; odd (*или* queer) ~ чуда́к; poor ~ никуды́шный челове́к 3) (the F *или* Fishes) Ры́бы (*созве́здие и знак зодиа́ка*) 4) *амер. разг.* до́ллар 5) *attr.* ры́бный; ~ corral садо́к для ры́бы ◇ all's ~ that comes to his net *посл.* ≅ до́брому во́ру всё впо́ру; он ниче́м не брéзгует; to feed the ~es *разг.* а) утону́ть; б) страда́ть морско́й боле́знью; to have other ~ to fry име́ть други́е дела́; to make ~ of one and flesh of another относи́ться к лю́дям неро́вно, пристра́стно; a pretty kettle of ~! *разг.* ≅ весёленькая исто́рия!; хоро́шенькое де́ло!; ~ story ≅ «охо́тничий расска́з»; преувеличе́ние, небыли́цы; neither ~, flesh nor fowl (*или* good red herring) ни ры́ба ни мя́со; ни то́ ни сё
**2.** *v* 1) лови́ть *или* уди́ть ры́бу 2): to ~ the anchor *мор.* поднима́ть я́корь □ ~ **for** а) иска́ть в воде́ (*же́мчуг и т. п.*); б) *разг.* выу́живать (*секре́ты*); в) *разг.* напра́шиваться, набива́ться; to ~ for compliments (for an invitation) напра́шиваться на комплиме́нты (на приглаше́ние); ~ **out** *разг.* а) достава́ть; выта́скивать (*из карма́на*); б) выу́живать, выпы́тывать (*секре́ты*); ~ **up** выта́скивать (*из воды́*) ◇ to ~ or cut bait *амер.* сде́лать вы́бор, не откла́дывая в до́лгий я́щик
**fish II** [fɪʃ] **1.** *n* 1) *мор.* фиш (*в я́корном устро́йстве*); шка́ло (*у ма́чты*) 2) = fish-plate
**2.** *v тех.* соединя́ть накла́дкой; скрепля́ть сты́ком
**fish III** [fɪʃ] *n* фи́шка
**fish-ball** [ˈfɪʃbɔːl] *n* ры́бная котле́та
**fishbolt** [ˈfɪʃbəult] *n тех., ж.-д.* стыково́й болт
**fisher I** [ˈfɪʃə] *n* 1) *уст.* рыба́к; рыбо́лов 2) рыба́чья ло́дка
**fisher II** [ˈfɪʃə] *n уст. sl.* банкно́т в 1 фунт сте́рлингов
**fisherman** [ˈfɪʃəmən] *n* 1) рыба́к, рыбо́лов 2) рыболо́вное су́дно
**fishery** [ˈfɪʃərɪ] *n* 1) рыболо́вство; ры́бный про́мысел 2) ры́бные места́; то́ня 3) *юр.* пра́во ры́бной ло́вли
**fish-farming** [ˈfɪʃˌfɑːmɪŋ] *n* рыбово́дство
**fish-fork** [ˈfɪʃfɔːk] *n* острога́
**fish-gig** [fɪʃgɪg] = fizgig 3)
**fish-glue** [ˈfɪʃgluː] *n* ры́бный клей
**fish-hook** [ˈfɪʃhuk] *n* рыболо́вный крючо́к
**fishily** [ˈfɪʃɪlɪ] *adv разг.* подозри́тельно; сомни́тельно
**fishing** [ˈfɪʃɪŋ] **1.** *pres. p. от* fish I, 2
**2.** *n* 1) ры́бная ло́вля 2) пра́во ры́бной ло́вли 3) = fishery 2)
**fishing-line** [ˈfɪʃɪŋlaɪn] *n* ле́са́
**fishing-rod** [ˈfɪʃɪŋrɔd] *n* уди́лище

**fishing-tackle** [ˈfɪʃɪŋˌtækl] *n* рыболо́вные сна́сти

**fish-kettle** [ˈfɪʃˌketl] *n* котёл для ва́рки ры́бы целико́м

**fish-knife** [ˈfɪʃnaɪf] *n* столо́вый нож для ры́бы

**fish-ladder** [ˈfɪʃˌlædə] *n* рыбохо́д (*в плотине*)

**fishmonger** [ˈfɪʃˌmʌŋgə] *n* торго́вец ры́бой

**fish-net** [ˈfɪʃnet] *a*: ~ stockings ажу́рные чулки́

**fish-plate** [ˈfɪʃpleɪt] *n ж.-д., тех.* стыкова́я накла́дка

**fish-pond** [ˈfɪʃpɔnd] *n* 1) пруд для разведе́ния ры́бы, садо́к 2) *шутл.* мо́ре

**fish-pot** [ˈfɪʃpɔt] *n* ве́рша (*для крабов, угрей*)

**fish-slice** [ˈfɪʃslaɪs] *n* широ́кий прямоуго́льный ку́хонный нож для ры́бы

**fish-tackle** [ˈfɪʃˌtækl] *n* рыболо́вные принадле́жности

**fish-tail** [ˈfɪʃteɪl] **1.** *n* ры́бий хвост

**2.** *a* име́ющий фо́рму ры́бьего хвоста́; ~ wind ве́тер, ча́сто меня́ющий направле́ние

**fishwife** [ˈfɪʃwaɪf] *n* 1) торго́вка ры́бой 2) шумли́вая вульга́рная же́нщина

**fishy** [ˈfɪʃɪ] *a* 1) ры́бный; ры́бий; ~ eye ту́склый взгляд 2) изоби́лующий ры́бой 3) с ры́бным при́вкусом 4) *разг.* подозри́тельный, сомни́тельный; ~ tale неправдоподо́бная исто́рия

**fissile** [ˈfɪsaɪl] *a* 1) расщепля́ющийся; ~ materials расщепля́ющиеся материа́лы 2) раска́лывающийся пласта́ми; сланцева́тый

**fission** [ˈfɪʃən] **1.** *n* 1) расщепле́ние, разделе́ние 2) *физ.* расщепле́ние, деле́ние а́томного ядра́ при цепно́й реа́кции 3) *биол.* размноже́ние путём деле́ния кле́ток

**2.** *v* расщепля́ться *и пр.* [*см.* 1]

**fissionable** [ˈfɪʃnəbl] *a* расщепля́емый, спосо́бный к я́дерному распа́ду

**fissure** [ˈfɪʃə] *n* 1) тре́щина, расще́лина; изло́м 2) *анат.* борозда́ (*мозга*) 3) *мед.* тре́щина; надло́м (*кости*)

**fist** [fɪst] **1.** *n* 1) кула́к 2) *разг.* рука́; give us your ~ да́йте ва́шу ла́пу 3) *шутл.* по́черк; he writes a good ~ у него́ хоро́ший по́черк 4) указа́тельный знак в ви́де изображе́ния па́льца руки́ ◇ he made a better ~ of it де́ло у него́ пошло́ лу́чше; he made a poor ~ of it де́ло у него́ не задало́сь

**2.** *v* 1) *уст.* уда́рить кулако́м 2) *преим. мор.* зажима́ть в руке́ (*весло и т. п.*)

**fistful** [ˈfɪstful] *n* (по́лная) горсть (*чего-л.*); при́горшня

**fistic** [ˈfɪstɪk] *a разг.* кула́чный

**fisticuff** [ˈfɪstɪkʌf] **1.** *n* 1) уда́р кулако́м 2) *pl* кула́чный бой

**2.** *v* дра́ться в кула́чном бою́

**fistula** [ˈfɪstjulə] *n мед.* фистула́, свищ

**fit I** [fɪt] *n* 1) припа́док, парокси́зм, при́ступ; ~ of apoplexy апопле́кси́я, уда́р 2) *pl* су́дороги, конву́льсии; истери́я; to scream oneself into ~s ≅ отча́янно вопи́ть 3) поры́в, настрое́ние; a ~ of energy прили́в сил ◇ to give smb. a ~ (*или* ~s) *разг.* порази́ть, возмути́ть, оскорби́ть кого́-л.; to throw a ~ *разг.* а) разозли́ться; заката́ть исте́рику; б) *амер.* встрево́житься; to knock (*или* to beat) smb. into ~s по́лностью победи́ть, разби́ть кого́-л.; by ~s and starts поры́вами, уры́вками

**fit II** [fɪt] **1.** *n* 1) *тех.* приго́нка, поса́дка 2): to be a good (bad) ~ хорошо́ (пло́хо) сиде́ть (*о платье и т. п.*)

**2.** *a* 1) го́дный, подходя́щий; соотве́тствующий; приспосо́бленный; ~ time and place надлежа́щее вре́мя и ме́сто; the food here isn't ~ to eat пи́ща здесь не съедо́бна 2) досто́йный; подоба́ющий; I am not ~ to be seen я не могу́ показа́ться; it is not ~ не подоба́ет; do as you think ~ де́лайте, как счита́ете ну́жным 3) гото́вый, спосо́бный; ~ to die of shame гото́вый умере́ть со стыда́; I am ~ for another mile я могу́ пройти́ ещё ми́лю 4) в хоро́шем состоя́нии, в хоро́шей фо́рме (*о спортсмене*); си́льный, здоро́вый; to feel (*или* to keep) ~ быть бо́дрым и здоро́вым ◇ (as) ~ as a fiddle а) соверше́нно здоро́в; б) в прекра́сном настрое́нии; в) как нельзя́ лу́чше

**3.** *v* 1) соотве́тствовать, годи́ться, быть впо́ру; совпада́ть, то́чно соотве́тствовать; the coat ~s well пальто́ сиди́т хорошо́ 2) прила́живать(ся); приспоса́бливать(ся); to ~ oneself to new duties пригото́виться к исполне́нию но́вых обя́занностей 3) устана́вливать, монти́ровать 4) снабжа́ть (with) 5) *амер. разг.* гото́вить (*к поступлению в университет*) □ ~ **in** а) приспоса́бливать(ся); принора́вливать(ся); подходи́ть; б) вставля́ть; в) подгоня́ть; вти́скивать; ~ **on** примеря́ть, пригоня́ть; ~ **out** а) снаряжа́ть, снабжа́ть необходи́мым, экипирова́ть; б) *австрал.* нака́зывать, воздава́ть по заслу́гам; ~ **up** а) отде́лывать; б) снабжа́ть; оснаща́ть; the hotel is ~ted up with all modern conveniences гости́ница име́ет все (совреме́нные) удо́бства; в) собира́ть, монти́ровать ◇ to ~ like a glove быть как раз впо́ру; to ~ like a ball of wax облега́ть, облипа́ть; to ~ the bill отвеча́ть всем тре́бованиям

**fitch** [fɪtʃ] *n* 1) хорько́вый мех 2) щётка, кисть из воло́с хорька́

**fitchew** [ˈfɪtʃu:] *n* 1) хорёк 2) = fitch 1)

**fitful** [ˈfɪtful] *a* су́дорожный, перемежа́ющийся, преры́вистый; ~ energy проявля́ющаяся вспы́шками эне́ргия; ~ gleams мерца́ющий свет; ~ wind поры́вистый ве́тер

**fitment** [ˈfɪtmənt] *n* 1) предме́т обстано́вки 2) (*обыкн. pl*) армату́ра; обору́дование

**fitness** [ˈfɪtnɪs] *n* (при)го́дность, соотве́тствие

**fit-out** [ˈfɪtˈaut] *n разг.* снаряже́ние; обмундирова́ние; обору́дование

**fitter** [ˈfɪtə] *n* 1) сле́сарь-монта́жник, монтёр, сбо́рщик 2) портно́й, занима́ющийся переде́лкой, приме́ркой *и т. п.*

**fitting** [ˈfɪtɪŋ] **1.** *pres. p. от* fit II, 3

**2.** *n* 1) приго́нка, прила́живание; приме́рка 2) устано́вка, сбо́рка, монта́ж 3) *pl тех.* фи́тинги; гарниту́ра 4) *pl эл.* освети́тельные прибо́ры

**3.** *a* подходя́щий, го́дный, надлежа́щий

**fitting-room** [ˈfɪtɪŋrum] *n* приме́рочная

**fitting-shop** [ˈfɪtɪŋʃɔp] *n* 1) сбо́рочная мастерска́я 2) монта́жный цех

**five** [faɪv] **1.** *num. card.* пять

**2.** *n* 1) пятёрка 2) *pl* пя́тый но́мер (*размер перчаток, обуви и т. п.*) 3) банкно́т в пять фу́нтов *или* в пять до́лларов 4) спорти́вная кома́нда из пяти́ челове́к (*в баскетболе, крикете*) ◇ time is now ~ minutes to twelve а) без пяти́ двена́дцать; б) вре́мя не ждёт

**five-day** [ˈfaɪvdeɪ] *a* пятидне́вный

**five-finger** [ˈfaɪvˌfɪŋgə] *n* 1) *бот.* ла́пчатка 2) *зоол.* морска́я звезда́ 3) *attr.* пятиконе́чный, звездообра́зный

**fivefold** [ˈfaɪvfəuld] **1.** *a* пятикра́тный

**2.** *adv* впя́теро; в пятикра́тном разме́ре

**five-o'clock tea** [ˈfaɪvəklɔkˈti:] *n* файвокло́к (*чай между вторым завтраком и обедом*)

**fiver** [ˈfaɪvə] *n разг.* пятёрка (*пять фунтов стерлингов или пять долларов*)

**fives** [faɪvz] *n pl* (*употр. как sing*) род игры́ в мяч

**fivescore** [ˈfaɪvskɔ:] *n* со́тня, сто

**five-year** [ˈfaɪvˈjə:] *a* пятиле́тний; ~ plan пятиле́тний план

**fix** [fɪks] **1.** *v* 1) укрепля́ть, закрепля́ть, устана́вливать 2) внедря́ть; вводи́ть 3) реша́ть, назнача́ть (*срок, цену и т. п.*) 4) привлека́ть (*внимание*); остана́вливать (*взгляд, внимание*; on, upon — на); to ~ one's eyes on smth. фикси́ровать внима́ние на чём-л.; не своди́ть глаз, пя́литься 5) *фото* фикси́ровать, закрепля́ть 6) оседа́ть, густе́ть, тверде́ть 7) *хим.* сгуща́ть, свя́зывать 8) договори́ться, ула́дить 9) устро́иться; to ~ oneself in a place устро́иться, посели́ться где-л. 10) то́чно определи́ть местоположе́ние 11) подстро́ить, организова́ть (*что-л.*) жу́льническим спо́собом *или* с по́мощью взя́тки 12) *разг.* разде́латься, распра́виться 13) *амер. разг. употр. вместо самых разнообразных глаголов, обозначающих приведение в порядок, приготовление и т. п., напр.*: to ~ a broken lock почини́ть сло́манный замо́к; to ~ a coat почини́ть пиджа́к; to ~ breakfast пригото́вить за́втрак; to ~ one's hair привести́ причёску в поря́док; to ~ the fire развести́ ого́нь *и т. п.* □ ~ **on** вы́брать, останови́ться на *чём-л.*; ~ **up** *разг.* а) устро́ить, дать прию́т; б) реши́ть; в) организова́ть; устрани́ть препя́тствия; г) ула́дить; привести́ в поря́док; урегулировать; договори́ться; д) починить; подпра́вить; **~ upon** = ~ on

2. *n* 1) *разг.* диле́мма; затрудни́тельное положе́ние; to get into a terrible ~ попа́сть в стра́шную переде́лку; in the same ~ в одина́ково тяжёлом положе́нии 2) местоположе́ние; to take a ~ определи́ть своё положе́ние в простра́нстве 3) *амер.*: out of ~ в беспоря́дке; нужда́ющийся в ремо́нте 4) до́за нарко́тика

**fixation** [fɪk'seɪʃən] *n* 1) фикса́ция, закрепле́ние 2) сгуще́ние 3) тяготе́ние, пристра́стие (*к чему-л.*)

**fixative** ['fɪksətɪv] **1.** *a* фикси́рующий

2. *n* фиксати́в; фикса́ж

**fixature** ['fɪksətʃə] *n* фиксатуа́р

**fixed** [fɪkst] **1.** *p. p. от* fix 1

2. *a* 1) неподви́жный, постоя́нный; закреплённый; стациона́рный; with ~ bayonets с при́мкнутыми штыка́ми 2) неизме́нный, твёрдый; ~ prices твёрдые це́ны 3) непрело́жный; ~ fact *амер.* устано́вленный факт 4) навя́зчивый; ~ idea навя́зчивая иде́я 5) *амер., жарг.* подстро́енный, подтасо́ванный 6) *хим.* свя́занный; нелету́чий ◇ ~ capital основно́й капита́л; well ~ *амер.* состоя́тельный, обеспе́ченный

**fixedly** ['fɪksɪdlɪ] *adv* 1) при́стально; в упо́р 2) твёрдо, кре́пко, про́чно

**fixedness** ['fɪksɪdnɪs] *n* 1) неподви́жность; закреплённость 2) сто́йкость

**fixer** ['fɪksə] *n* 1) фикса́ж 2) ма́стер-нала́дчик 3) *амер. полит. sl.* челове́к, занима́ющийся устро́йством вся́ких сомни́тельных дел

**fixings** ['fɪksɪŋz] *n pl разг.* 1) снаряже́ние, принадле́жности, обору́дование 2) отде́лка (*платья*) 3) *кул.* гарни́р

**fixity** ['fɪksɪtɪ] *n* 1) неподви́жность; ~ of look при́стальность взгля́да 2) сто́йкость, усто́йчивость 3) *физ.* нелету́честь

**fixture** ['fɪkstʃə] *n* 1) армату́ра; приспособле́ние, прибо́р; подста́вка 2) прикрепле́ние 3) *тех.* постоя́нная принадле́жность (*какой-л. машины*) 4) *юр.* дви́жимое иму́щество, соединённое с недви́жимым 5) *разг.* лицо́ *или* учрежде́ние, про́чно обоснова́вшееся в како́м-л. ме́сте; our guest seems to become a ~ наш гость сли́шком до́лго засиде́лся 6) число́, на кото́рое наме́чено спорти́вное состяза́ние

**fizgig** ['fɪzgɪg] *n* 1) ве́треная, коке́тливая же́нщина 2) шути́ха (*фейерверк*) 3) гарпу́н, острога́

**fizz** [fɪz] **1.** *n* 1) шипе́ние 2) *разг.* шампа́нское; шипу́чий напи́ток 3) свист

2. *v* 1) шипе́ть, и́скриться, игра́ть (*о вине*) 2) свисте́ть

**fizzle** ['fɪzl] **1.** *n* 1) шипя́щий звук 2) *разг.* фиа́ско, неуда́ча

2. *v* сла́бо шипе́ть □ **~ out** выдыха́ться; *перен.* конча́ться неуда́чей

**fizzy** ['fɪzɪ] *a разг.* газиро́ванный, шипу́чий

**flabbergast** ['flæbəgɑːst] *v разг.* поража́ть, изумля́ть

**flabby** ['flæbɪ] *a* 1) отви́слый, вя́лый, дря́блый 2) слабохара́ктерный, мягкоте́лый

**flaccid** ['flæksɪd] *a* 1) сла́бый, вя́лый 2) басси́льный 3) слабохара́ктерный, нереши́тельный; пасси́вный

**flag** I [flæg] **1.** *n* 1) флаг, зна́мя, стяг; ~ of truce парламентёрский флаг 2) хвост (*сеттера или ньюфаундленда*) 3) *полигр.* корректу́рный знак про́пуска ◇ to lower (*или* to strike) ~ *мор.* сдава́ться; to hoist (to strike) one's ~ *мор.* принима́ть (сдава́ть) кома́ндование

2. *v* 1) сигнализи́ровать фла́гами 2) украша́ть фла́гами □ **~ down** *разг.* сигнализи́ровать води́телю с тре́бованием останови́ть маши́ну

**flag** II [flæg] *n бот.* каса́тик

**flag** III [flæg] **1.** *n* 1) плита́ (*для мощения*); плитня́к 2) *pl* вы́мощенный пли́тами тротуа́р

2. *v* выстила́ть пли́тами

**flag** IV [flæg] *v* 1) пови́снуть, пони́кнуть 2) ослабева́ть, уменьша́ться; our conversation was ~ging наш разгово́р не кле́ился

**flag-captain** ['flæg'kæptɪn] *n* команди́р фла́гманского корабля́

**Flag Day** ['flægdeɪ] *n амер.* 14 ию́ня — день установле́ния госуда́рственного фла́га США (*1777 г.*)

**flag-day** ['flægdeɪ] *n* день прода́жи на у́лице ма́леньких флажко́в с благотвори́тельной це́лью

**flagellant** ['flædʒɪlənt] *n* 1) *ист.* флагелла́нт 2) челове́к, занима́ющийся самобичева́нием

**flagellate** ['flædʒeleɪt] *v* бичева́ть, поро́ть

**flagellation** [ˌflædʒe'leɪʃən] *n* бичева́ние; по́рка

**flageolet** [ˌflædʒəu'let] *n муз.* флажоле́т

**flagging** I ['flægɪŋ] **1.** *pres. p. от* flag III, 2

2. *n* у́стланная пли́тами мостова́я; пол из плитняка́

**flagging** II ['flægɪŋ] **1.** *pres. p. от* flag IV

2. *a* слабе́ющий, ни́кнущий

**flagging** III ['flægɪŋ] *pres. p. от* flag I, 2

**flagitious** [flə'dʒɪʃəs] *a* престу́пный; гну́сный, позо́рный

**flagman** ['flægmən] *n* сигна́льщик

**flag-officer** ['flægˌɔfɪsə] *n мор.* 1) адмира́л; вице-адмира́л; контр-адмира́л 2) кома́ндующий

**flagon** ['flægən] *n* графи́н *или* больша́я буты́ль со сплю́снутыми бока́ми

**flagpole** ['flægpəul] = flagstaff

**flagrant** ['fleɪgrənt] *a* 1) ужаса́ющий, вопию́щий; огро́мный; позо́рный 2) ужа́сный, стра́шный (*о преступнике и т. п.*)

**flagship** ['flægʃɪp] *n* фла́гманский кора́бль, фла́гман

**flagstaff** ['flægstɑːf] *n* флагшто́к

**flag-station** ['flægˌsteɪʃən] *n* ста́нция, где по́езд остана́вливается по осо́бому тре́бованию

**flagstone** ['flægstəun] = flag III, 1, 1)

**flag-wagging** ['flægˌwægɪŋ] *n* 1) *воен. sl.* сигнализа́ция фла́гами 2) *перен.* бряца́ние ору́жием

**flail** [fleɪl] **1.** *n* 1) цеп 2) *attr.*: ~ tank *воен.* танк-разгради́тель

2. *v* молоти́ть

**flair** [flɛə] *фр. n* 1) нюх, чутьё 2) скло́нность, спосо́бность

**flak** [flæk] *n* 1) зени́тная артилле́рия 2) зени́тный ого́нь

**flake** I [fleɪk] **1.** *n* 1) *pl* хло́пья; ~ of snow снежи́нка 2) слой, ряд 3) чешу́йка

2. *v* 1) па́дать, сы́пать(ся) хло́пьями 2) рассла́иваться, шелуши́ться (*тж.* ~ away, ~ off)

**flake** II [fleɪk] *n* 1) суши́лка для ры́бы 2) *мор.* лю́лька для рабо́ты за бorто́м 3) *мор.* бу́хта (*кабеля*)

**flaky** ['fleɪkɪ] *a* 1) похо́жий на хло́пья 2) слои́стый, чешу́йчатый

**flam** [flæm] **1.** *n.* 1) фальши́вка; ложь 2) лесть; фальшь

2. *v* 1) обману́ть, одура́чить 2) лебези́ть

**flambeau** ['flæmbəu] *фр. n* (*pl* -eaus [-əuz], -eaux) фа́кел

**flamboyant** [flæm'bɔɪənt] **1.** *n* о́гненно-кра́сный цвето́к

2. *a* 1) цвети́стый, я́ркий; чрезме́рно пы́шный 2) *архит.* «пламене́ющий» (*название стиля поздней французской готики*)

**flame** [fleɪm] **1.** *n* 1) пла́мя; the ~s ого́нь; to burst into ~(s) вспы́хнуть пла́менем; to commit to the ~s сжига́ть; in ~s пыла́ющий, в огне́; the ~s of sunset за́рево зака́та 2) я́ркий свет 3) пыл, страсть; to fan the ~ разжига́ть стра́сти 4) *шутл.* предме́т любви́; an old ~ of his его́ ста́рая любо́вь

2. *v* 1) горе́ть, пламене́ть, пыла́ть 2) вспы́хнуть, покрасне́ть; her face ~d with excitement её лицо́ разгоре́лось от волне́ния □ **~ out, ~ up** а) вспы́хнуть, запыла́ть; б) вспыли́ть

**flame-thrower** ['fleɪmˌθrəuə] *n* огнемёт

**flaming** ['fleɪmɪŋ] **1.** *pres. p. от* flame 2

2. *a* 1) пламене́ющий, пыла́ющий 2) я́ркий 3) о́чень жа́ркий 4) пы́лкий, пла́менный 5) *разг.* отъя́вленный

**flamingo** [flə'mɪŋgəu] *n* (*pl* -os, -oes [-əuz]) *зоол.* флами́нго

**flammable** ['flæməbl] *a* огнеопа́сный; легковоспламеня́ющийся

**flamy** ['fleɪmɪ] *a* о́гненный, пла́менный

**flan** [flæn] *фр. n* 1) откры́тый пиро́г с я́годами, фру́ктами *и т. п.* 2) диск для чека́нки моне́ты

**flange** [flændʒ] **1.** *n* 1) *тех.* фла́нец; кро́мка 2) *ж.-д.* рebо́рда (*колеса*) 3) гре́бень, вы́ступ, борт

2. *v тех.* фланцева́ть, загиба́ть кро́мку

**flank** [flæŋk] **1.** *n* 1) бок, сторона́ 2) бочо́к (*часть мясной туши*) 3) склон (*горы*) 4) *воен.* фланг 5) крыло́ (*здания*) 6) *attr. воен.* фланго́вый; ~ file фланго́вый ряд

**2.** *v* 1) быть располо́женным *или* располага́ть сбо́ку, на фла́нге 2) защища́ть *или* прикрыва́ть фланг 3) угрожа́ть с фла́нга 4) фланки́ровать; обстре́ливать продо́льным огнём 5) грани́чить (on — с); примыка́ть

**flanker** [ˈflæŋkə] *n воен. разг.* обхо́д; охва́т, уда́р во фланг

**flannel** [ˈflænl] **1.** *n* 1) флане́ль 2) флане́лька (*употр. для чистки и т. п.*) 3) *pl* флане́левые брю́ки (*особ.* спорти́вные); флане́левый костю́м; флане́левое бельё

**2.** *a* флане́левый ◇ ~ cake *амер.* то́нкая лепёшка

**3.** *v* 1) протира́ть флане́лью 2) *разг.* угожда́ть (*начальству*)

**flannelette** [ˌflænlˈet] *n текст.* флане́т

**flannelled** [ˈflænld] **1.** *p. p. от* flannel 3

**2.** *a* оде́тый в флане́левый костю́м

**flap** [flæp] **1.** *n* 1) что-л., прикреплённое за оди́н коне́ц, свёшивающееся *или* развева́ющееся на ветру́ 2) звук, производи́мый развева́ющимся фла́гом 3) взмах кры́льев, колыха́ние зна́мени *и т. п.* 4) уда́р, хлопо́к; шлепо́к 5) хлопу́шка (*для мух*) 6) кла́пан (*карманный*) 7) пола́ 8) отки́дная доска́ (*стола*) 9) дли́нное вися́чее у́хо (*животного*) 10) *тех.* кла́пан, заслонка, створка 11) крыло́ (*седла*) 12) *ав.* щито́к; закры́лок 13) *разг.* трево́га, беспоко́йство; па́ника

**2.** *v* 1) взма́хивать (*крыльями*) 2) маха́ть; развева́ть(ся); колыха́ть(-ся); the wind ~s the sails ве́тер поло́щет паруса́ 3) хло́пать, шлёпать; ударя́ть; бить (*ремнём*); to ~ flies away отгоня́ть мух (*платком и т. п.*) 4) свиса́ть 5) *разг.* впада́ть в па́нику; суети́ться, волнова́ться ◇ to ~ one's mouth, to ~ about болта́ть, толкова́ть

**flapdoodle** [ˈflæpˌduːdl] *n разг.* глу́пости, чепуха́

**flap-eared** [ˈflæpɪəd] *a* вислоу́хий

**flapjack** [ˈflæpdʒæk] *n* 1) блин, ола́дья, лепёшка 2) пло́ская пу́дреница

**flapper** [ˈflæpə] *n* 1) хлопу́шка (*для мух*); колоту́шка (*для птиц*); молоти́ло (*часть цепа*) 2) кла́пан 3) пола́, фа́лда 4) ласт (*тюленя, моржа и т. п.*) 5) птене́ц; ди́кий утёнок 6) *уст. разг.* де́вушка-подро́сток

**flare** [flɛə] **1.** *n* 1) я́ркий, неро́вный свет, сия́ние; сверка́ние; блеск 2) вспы́шка или язы́к пла́мени 3) светово́й сигна́л 4) сигна́льная раке́та; освети́тельный патро́н 5) вы́пуклость (*сосуда и т. п.*)

**2.** *v* 1) я́рко вспы́хивать (*тж.* ~ up); ослепля́ть бле́ском 2) горе́ть я́рким, неро́вным пла́менем; копти́ть (*о лампе*) 3) расширя́ть(ся); раздвига́ть 4) выступа́ть, выдава́ться нару́жу 5) *разг.* рассерди́ться, прийти́ в я́рость (*тж.* ~ up) □ ~ **up** а) вспы́хнуть; б) разрази́ться гне́вом, вспыли́ть

**flared skirt** [ˈflɛədskəːt] *n* ю́бка-клёш

**flare-up** [ˈflɛərˈʌp] *n* 1) вспы́шка (*тж. перен. о гневе и т. п.*); шу́мная ссо́ра 2) светово́й сигна́л

**flaring** [ˈflɛərɪŋ] **1.** *pres. p. от* flare 2

**2.** *a* 1) я́рко, неро́вно горя́щий 2) броса́ющийся в глаза́; крича́щий, безвку́сный 3) вы́пуклый 4) расширя́ющийся кни́зу, выступа́ющий нару́жу

**flash** [flæʃ] **1.** *n* 1) вспы́шка, сверка́ние; a ~ of lightning вспы́шка мо́лнии 2) вспы́шка (*чувства*); ~ of hope про́блеск наде́жды 3) о́чень коро́ткий отре́зок вре́мени, мгнове́ние; in a ~ в оди́н миг, в мгнове́ние о́ка 4) *разг.* вне́шний, показно́й блеск 5) *разг.* воровско́й жарго́н, арго́ 6) *амер.* «в после́днюю мину́ту», коро́ткая телегра́мма в газе́ту (*посылаемая до подробного отчёта*); bulletin ~ сво́дка о хо́де вы́боров (*передаваемая по радио*) 7) *кино* коро́ткий кадр (*фильма*) ◇ a ~ in the pan осе́чка; неуда́ча

**2.** *v* 1) сверка́ть; вспы́хивать; дава́ть о́тблески, отража́ть; his eyes ~ed fire его́ глаза́ мета́ли мо́лнии; to ~ a look (*или* a glance, one's eyes) at метну́ть взгляд на; his old art ~ed out occasionally иногда́ появля́лись про́блески его́ пре́жнего мастерства́ 2) бы́стро промелькну́ть, пронести́сь; замелька́ть; the train ~ed past по́езд пронёсся ми́мо 3) осени́ть, прийти́ в го́лову; блесну́ть (*о догадке*); the idea ~ed across (*или* into, through) my mind, the idea ~ed upon me меня́ вдруг осени́ло 4) передава́ть по телегра́фу, ра́дио *и т. п.* (*известия*) 5) *разг.* выставля́ть себя́ напока́з, красова́ться; бахва́литься

**flashback** [ˈflæʃbæk] *n* 1) взгляд в про́шлое, воспомина́ние, ретроспе́кция 2) *кино* обра́тный кадр; се́рия ка́дров, прерыва́ющих повествова́ние, что́бы верну́ться к про́шлому (*в мыслях героев и т. п.*)

**flash burn** [ˈflæʃbəːn] *n* ожо́г, вы́званный теплово́м излуче́нием

**flash-house** [ˈflæʃhaus] *n sl.* прито́н

**flashing** [ˈflæʃɪŋ] **1.** *pres. p. от* flash 2

**2.** *n* 1) сверка́ние *и пр.* [*см.* flash 2] 2) *тех.* о́тжиг стекла́

**flash-light** [ˈflæʃlaɪt] *n* 1) сигна́льный ого́нь; про́блесковый свет маяка́ 2) вся́кий неро́вный, мига́ющий свет (*световые рекламы, иллюминация и т. п.*) 3) *фото* вспы́шка ма́гния 4) ручно́й электри́ческий фона́рь 5) *attr.*: ~ photograph сни́мок при вспы́шке ма́гния

**flash-point** [ˈflæʃpɔɪnt] *n* температу́ра вспы́шки, то́чка воспламене́ния

**flask** [flɑːsk] *n* 1) фля́жка; фля́га; буты́ль; ко́лба, флако́н; скля́нка 2) пороховни́ца 3) оплетённая буты́лка с у́зким го́рлом 4) *тех.* опо́ка

**flasket** [ˈflɑːskɪt] *n* 1) ма́ленькая фля́жка 2) корзи́на для белья́

**flat I** [flæt] **1.** *n* 1) пло́скость, пло́ская пове́рхность; the ~ of the hand ладо́нь; on the ~ *жив.* на пло́скости, в двух измере́ниях 2) равни́на, низи́на; о́тмель; ни́зкий бе́рег 3) широ́кая неглубо́кая корзи́на 4) фа́ска, грань 5) *pl* ту́фли без каблуко́в 6) *разг.* простофи́ля 7) *амер. разг.* спу́щенная ши́на 8) *муз.* бемо́ль 9) *театр.* за́дник 10) *стр.* насти́л 11) = flat-car 12) *геол.* поло́гая за́лежь 13) *тех.* боёк молотка́ ◇ to join the ~s прида́ть вид еди́ного це́лого, скомпонова́ть

**2.** *a* 1) пло́ский, ро́вный; распростёртый во всю длину́; a ~ roof пло́ская кры́ша; the storm left the oats ~ бу́ря поби́ла (*или* положи́ла) овёс; ~ hand ладо́нь с вы́тянутыми па́льцами; ~ nose приплю́снутый нос 2) нерелье́фный, пло́ский; ~ ground сла́бо пересечённая ме́стность 3) вя́лый, ску́чный, однообра́зный; life is very ~ in your town жизнь о́чень скучна́, однообра́зна в ва́шем го́роде 4) ску́чный, уны́лый; безжи́зненный; неэнерги́чный; неостроу́мный; невразуми́тельный; to fall ~ не произвести́ впечатле́ния [*см. тж.* 3, 1)] 5) *ком.* неоживлённый, вя́лый (*о рынке*) 6) твёрдый, единообра́зный; ~ rate еди́ная ста́вка (*налога, расценок и т. п.*) 7) вы́дохшийся (*о пиве и т. п.*); ослабе́вший; спусти́вшийся (*о пневматической шине и т. п.*) 8) пло́ский (*о шутке*) 9) категори́ческий, прямо́й; that's ~ э́то оконча́тельно (решено́) 10) *муз.* детони́рующий; снижа́ющий, бемо́льный, мино́рный 11) *воен.* насти́льный (*о траектории*) 12) *полигр.* нефальцо́ванный (*о листе*); флато́вый (*о бумаге*); ◇ ~ race ска́чка без препя́тствий

**3.** *adv* 1) пло́ско; врастя́жку, плашмя́; to fall ~ упа́сть плашмя́ [*см. тж.* 2, 4)] 2) то́чно, как раз; to go ~ against orders идти́ вразре́з с приказа́ниями 3) пря́мо, без обиняко́в; реши́тельно

**4.** *v тех.* де́лать *или* станови́ться ро́вным, пло́ским

**flat II** [flæt] *n* 1) кварти́ра (*расположенная в одном этаже*) 2) *pl* дом с таки́ми кварти́рами

**flat-boat** [ˈflætbəut] *n* плоскодо́нка

**flat-broke** [ˈflætbrəuk] *a разг.* разорённый вконе́ц, обанкро́тившийся

**flat-car** [ˈflætkɑː] *n амер. ж.-д.* ваго́н-платфо́рма

**flat-fish** [ˈflætfɪʃ] *n* пло́ская ры́ба (*камбала и т. п.*)

**flat-foot** [ˈflætfut] *n* 1) *мед.* плоскосто́пие 2) *sl.* проста́к 3) *sl.* полице́йский; сы́щик 4) *sl.* моря́к, матро́с

**flat-footed** [ˈflætˈfutɪd] *a* 1) *мед.* плоскосто́пный 2) *амер. разг.* реши́тельный, твёрдый; he came out ~ for the measure он по́лностью, реши́тельно поддержа́л э́то мероприя́тие 3) *разг.* неуклю́жий; тупова́тый

**flat-iron** [ˈflætˌaɪən] *n* 1) утю́г 2) полосово́е желе́зо

**flatlet** ['flætlɪt] *n* небольша́я кварти́рка

**flatly** ['flætlɪ] *adv* 1) пло́ско, ро́вно 2) ску́чно, уны́ло 3) реши́тельно; to refuse ~ наотре́з отказа́ть(ся)

**flatness** ['flætnɪs] *n* 1) пло́скость 2) безвку́сица 3) ску́ка; вя́лость 4) категори́чность, реши́тельность 5) *воен.* насти́льность (*траектории*)

**flat-out** ['flæt'aut] *adv разг.* 1) изо всех сил 2) без сил

**flatten** ['flætn] *v* 1) де́лать(ся) ро́вным, пло́ским; выра́внивать, разгла́живать 2) стиха́ть (*о ветре, буре*) 3) выдыха́ться, станови́ться безвку́сным (*о пиве, вине*) 4) станови́ться вя́лым, ску́чным 5) придава́ть ма́товость 6) *разг.* приводи́ть в уны́ние 7) нанести́ уда́р, сбить с ног; раздави́ть □ ~ **out** а) раска́тывать, расплю́щивать; б) выра́внивать (*самолёт*); в) приводи́ть в замеша́тельство, в у́жас

**flatter I** ['flætə] *v* 1) льсти́ть 2): to ~ oneself that те́шить себя́, льсти́ть себя́ (*надеждой*); I ~ myself that сме́ю ду́мать, что 3) приукра́шивать; преувели́чивать досто́инства; the portrait ~s him э́тот портре́т приукра́шивает его́ 4) быть прия́тным; ласка́ть (*взор, слух*)

**flatter II** ['flætə] *n тех.* рихтова́льный мо́лот

**flatterer** ['flætərə] *n* льстец

**flattering** ['flætərɪŋ] **1.** *pres. p. от* flatter I

**2.** *a* 1) льсти́вый 2) ле́стный

**flattery** ['flætərɪ] *n* лесть

**flatting** ['flætɪŋ] **1.** *pres. p. от* flat I, 4

**2.** *n тех.* 1) прока́тка; плю́щение 2) *attr.*: ~ mill листопрока́тный стан

**flattop** ['flættɔp] *n амер. разг.* авиано́сец

**flatty** ['flætɪ] *см.* flat-foot 2), 3) *и* 4)

**flatulence, -cy** ['flætjuləns, -sɪ] *n* 1) *мед.* скопле́ние га́зов, метеори́зм 2) напы́щенность, претенцио́зность

**flatulent** ['flætjulənt] *a* 1) *мед.* вызыва́ющий га́зы (*в кишечнике*) 2) *мед.* страда́ющий от га́зов 3) напы́щенный, претенцио́зный; пусто́й

**flatware** ['flætwɛə] *n* 1) столо́вый прибо́р (*нож, вилка и ложка*) 2) ме́лкая *или* пло́ская посу́да

**flatways, flatwise** ['flætweɪz, -waɪz] *adv* плашмя́

**flaunt** [flɔ:nt] *v* 1) го́рдо развева́ться (*о знамёнах*) 2) выставля́ть (себя́) напока́з, рисова́ться; щеголя́ть

**flautist** ['flɔ:tɪst] *n* флейти́ст

**flavin** ['fleɪvɪn] *n* жёлтая кра́ска

**flavor, flavorless** ['fleɪvə, 'fleɪvəlɪs] *амер.* = flavour, flavourless

**flavour** ['fleɪvə] **1.** *n* 1) вкус (*обыкн. приятный*); буке́т (*вина*) 2) арома́т, за́пах 3) осо́бенность; при́вкус; there is a ~ of romance in the affair в э́той исто́рии есть что́-то романти́ческое

**2.** *v* приправля́ть; придава́ть вкус, за́пах; *перен.* придава́ть интере́с, пика́нтность

**flavourless** ['fleɪvəlɪs] *a* 1) безвку́сный 2) без за́паха

**flaw I** [flɔ:] **1.** *n* 1) тре́щина, щель, поро́к (*в металле, фарфоре и т. п.*) 2) брак (*товара*) 3) пятно́, недоста́ток, изъя́н, поро́к; a ~ in an argument сла́бое ме́сто в аргумента́ции 4) *юр.* упуще́ние, оши́бка (*в документе, в показаниях и т. п.*)

**2.** *v* 1) вызыва́ть тре́щину; тре́скаться; по́ртить(ся); поврежда́ть; раска́лывать 2) *юр.* де́лать недействи́тельным

**flaw II** [flɔ:] *n уст.* поры́в ве́тра; шквал

**flawless** ['flɔ:lɪs] *a* без изъя́на, безупре́чный

**flawy** ['flɔ:ɪ] *a* с изъя́нами, поро́ками *и пр.* [*см.* flaw I, 1]

**flax** [flæks] *n* 1) лён 2) куде́ль

**flaxen** ['flæksən] *a* 1) льняно́й 2) све́тло-жёлтый, соло́менный (*о цвете волос*)

**flax-seed** ['flækssi:d] *n* льняно́е се́мя

**flaxy** ['flæksɪ] *a* 1) льняно́й 2) похо́жий на лён

**flay** [fleɪ] *v* 1) сдира́ть ко́жу; свежева́ть 2) чи́стить, снима́ть ко́жицу, обдира́ть кору́ *и т. п.* 3) вымога́ть, разоря́ть; драть шку́ру 4) беспоща́дно критикова́ть

**flay-flint** ['fleɪflɪnt] *n* вымога́тель; скря́га

**flea** [fli:] *n* блоха́ ◇ a ~ in one's ear а) ре́зкое замеча́ние, разно́с; б) отпо́р; в) раздража́ющий отве́т; to send smb. away with a ~ in his ear дать кому́-л. пощёчину; дать ре́зкий отпо́р кому́-л., осади́ть кого́-л.

**flea-bag** ['fli:bæg] *n разг.* спа́льный мешо́к

**flea-bane** ['fli:beɪn] *n бот.* блошни́ца дизентери́йная

**flea-bite** ['fli:baɪt] *n* 1) блоши́ный уку́с 2) ничто́жная боль, ма́ленькое неудо́бство *или* неприя́тность 3) ры́жее пятно́ на бе́лой ше́рсти ло́шади

**flea-bitten** ['fli:ˌbɪtn] *a* 1) иску́санный бло́хами 2) чуба́рый (*о лошади*) 3) *разг.* захуда́лый; поно́шенный

**fleam** [fli:m] *n* ланце́т

**flea-pit** ['fli:pɪt] *n разг.* 1) гря́зная, обша́рпанная ко́мната; развалю́ха, «сара́й» 2) дешёвое кино́

**fleck** [flek] **1.** *n* 1) пятно́, кра́пинка; ~s of sunlight со́лнечные бли́ки 2) весну́шка 3) части́ца; a ~ of dust пыли́нка

**2.** *v* покрыва́ть пя́тнами, кра́пинками

**flecker** ['flekə] *v* испещря́ть

**flection** ['flekʃən] = flexion

**fled I** [fled] *past и p. p. от* flee

**fled II** [fled] *past и p. p. от* fly II, 2, 8)

**fledge** [fledʒ] *v* 1) оперя́ться 2) выка́рмливать птенцо́в 3) оперя́ть (*стрелу*) 4) выстила́ть пу́хом и пе́рьями (*гнездо*)

**fledged** [fledʒd] **1.** *p. p. от* fledge

**2.** *a* опери́вшийся; спосо́бный лета́ть (*о птицах*); a fully ~ engineer *перен.* зна́ющий инжене́р

**fledg(e)ling** ['fledʒlɪŋ] *n* 1) опери́вшийся птене́ц 2) ребёнок; нео́пытный юне́ц

**flee** [fli:] *v* (fled) 1) бежа́ть, спаса́ться бе́гством (from; out of; away) 2) избега́ть 3) (*тк. past и p. p.*) исче́знуть, пролете́ть; the clouds fled before the wind ве́тер рассе́ял облака́

**fleece** [fli:s] **1.** *n* 1) руно́; ове́чья шерсть 2) на́стриг с одно́й овцы́ 3) копна́ воло́с 4) *текст.* начёс, ворс

**2.** *v* 1) *редк.* стричь ове́ц 2) обдира́ть, вымога́ть (*деньги*); he was ~d of his money ≅ его́ ободра́ли как ли́пку 3) покрыва́ть сло́вно ше́рстью

**fleecy** ['fli:sɪ] *a* 1) покры́тый ше́рстью 2) шерсти́стый; ~ cloud кудря́вое о́блако; ~ hair курча́вые во́лосы

**fleer** [flɪə] **1.** *n* презри́тельный взгляд; насме́шка

**2.** *v* презри́тельно улыба́ться; насмеха́ться; ска́лить зу́бы

**fleet I** [fli:t] *n* 1) флот 2) флоти́лия; ~ of whalers китобо́йная флоти́лия 3) парк (*автомобилей, тракторов и т. п.*)

**fleet II** [fli:t] **1.** *a* 1) бы́стрый; ~ glance бе́глый взгляд 2) *поэт.* быстроте́чный 3) ме́лкий (*о воде*)

**2.** *adv диал.* неглубо́ко

**3.** *v* 1) плыть по пове́рхности 2) бы́стро протека́ть, минова́ть

**fleet-footed** ['fli:t'futɪd] *a* быстроно́гий

**fleeting** ['fli:tɪŋ] **1.** *pres. p. от* fleet II, 3

**2.** *a* бы́стрый, мимолётный, скороте́чный; ~ impression пове́рхностное впечатле́ние

**Fleet Street** ['fli:t'stri:t] *n* у́лица в Ло́ндоне, где располо́жены основны́е изда́тельства; центр англи́йской газе́тной инду́стрии; *перен.* англи́йская пре́сса

**Fleming** ['flemɪŋ] *n* флама́ндец

**Flemish** ['flemɪʃ] **1.** *a* флама́ндский; ~ brick кли́нкер; ~ point гипю́р (*кружевная ткань*)

**2.** *n* флама́ндский язы́к

**flench** [flentʃ] = flense

**flense** [flenz] *v* обдира́ть (*кита, тюленя*); добыва́ть во́рвань

**flesh** [fleʃ] **1.** *n* 1) (сыро́е) мя́со; wolves live on ~ во́лки пита́ются мя́сом 2) те́ло, плоть; ~ and blood плоть и кровь; челове́ческая приро́да; род челове́ческий; one's own ~ and blood со́бственная плоть и кровь, свои́ де́ти, *тж.* бра́тья, сёстры; all ~ всё живо́е; in the ~ живы́м, во пло́ти 3) полнота́; in ~ в те́ле, по́лный; to lose ~ худе́ть; to make (*или* to gain) ~, to put on ~ полне́ть 4) мя́коть, мя́со (*плода*) 5) по́хоть

**2.** *v* 1) приуча́ть (*собаку, сокола к охоте*) вку́сом кро́ви 2) обагри́ть меч кро́вью (*впервые*) 3) разжига́ть кровожа́дность; ожесточа́ть 4) отка́рмливать 5) *разг.* полне́ть 6) мездри́ть

**flesh-coloured** [ˈfleʃˌkʌləd] *n* телéсного цвéта

**flesh-fly** [ˈfleʃflaɪ] *n* мяснáя мýха

**fleshings** [ˈfleʃɪŋz] *n pl* трикó телéсного цвéта (*для сцены*)

**fleshly** [ˈfleʃlɪ] *a* 1) телéсный 2) плóтский, чýвственный

**flesh-pot** [ˈfleʃpɔt] *n* котёл для вáрки мя́са ◇ ~s (of Egypt) *библ.* а) довóльство, богáтая жизнь, материáльное благополýчие; б) злáчные местá

**flesh tights** [ˈfleʃtaɪts] = fleshings

**flesh-wound** [ˈfleʃwu:nd] *n* повéрхностная рáна

**fleshy** [ˈfleʃɪ] *a* 1) мяси́стый 2) тóлстый

**fleur-de-lis** [ˌflə:dəˈli:] *фр.* *n* (*pl* fleurs-de-lis) 1) *бот.* и́рис 2) геральди́ческая ли́лия (*особ. эмблема французского королевского дома*)

**flew** [flu:] *past от* fly II, 2

**flews** [flu:z] *n pl* отви́слые гýбы (*у собаки-ищейки и т. п.*)

**flex** [fleks] **1.** *n эл.* ги́бкий шнур

**2.** *v* сгибáть, гнуть

**flexible** [ˈfleksəbl] *a* 1) ги́бкий; гнýщийся 2) эласти́чный 3) подáтливый, устýпчивый

**flexile** [ˈfleksɪl] *редк.* = flexible

**flexion** [ˈflekʃən] *n* 1) сгиб, изóгнутость 2) *тех., мед.* сгибáние 3) *грам.* флéксия 4) *мат.* кривизнá, изги́б (*линии, поверхности*)

**flexor** [ˈfleksə] *n* сгибáющая мы́шца

**flexure** [ˈflekʃə] *n* 1) сгибáние 2) сгиб; изги́б; прогиб; вы́гиб, кривизнá, искривлéние 3) = flexion 4); 4) *геол.* флексýра (*изгиб в слоях горных пород*)

**flibbertigibbet** [ˈflɪbətɪˈdʒɪbɪt] *n* 1) легкомы́сленный *или* ненадёжный человéк; человéк без твёрдых убеждéний 2) болтýн(ья); сплéтник; сплéтница

**flick** [flɪk] **1.** *n* 1) лёгкий удáр (*хлыстом, ногтем и т. п.*) 2) рéзкое движéние 3) *pl разг.* киносеáнс

**2.** *v* 1) слегкá удáрить, стегнýть 2) смахнýть *или* сбрóсить (*что-л.*) лёгким удáром *или* щелчкóм (*пепел с сигареты, крошки и т. п.*; *обыкн.* ~ off, ~ away) □ ~ **out** бы́стро вы́тащить, вы́хватить

**flicker** I [ˈflɪkə] **1.** *n* 1) мерцáние 2) трепетáние; дрожáние 3) корóткая вспы́шка 4) *pl разг.* кинокарти́на, фильм

**2.** *v* 1) мерцáть; a faint hope still ~ed in her breast слáбая надéжда всё ещё тéплилась в её душé 2) колыхáться; дрожáть 3) бить, махáть кры́льями

**flicker** II [ˈflɪkə] *n амер.* дя́тел

**flickering** [ˈflɪkərɪŋ] **1.** *pres. p. от* flicker I, 2

**2.** *a* трепéщущий, колéблющийся; the ~ tongue of a snake дрожáщий язычóк змей; ~ shadows дрожáщие тéни

**flier** [ˈflaɪə] = flyer

**flight** I [flaɪt] **1.** *n* 1) полёт (*тж. перен.*); birds in ~ пти́цы в полёте; to take (*или* to wing) one's ~ улетéть; a ~ of fancy (*или* imagination) полёт фантáзии; a ~ of wit прóблеск остроýмия 2) перелёт 3) расстоя́ние полёта, перелёта 4) *ав.* рейс 5) стáя (*птиц*) 6) град (*стрел, пуль и т. п.*); залп 7) звенó (*самолётов*) 8) *разг.* вы́водок (*птиц*) 9) бы́строе течéние (*времени*) 10) ряд барьéров (*на скачках*) 11) ряд ступéней; пролёт лéстницы 12) ряд шлю́зов (*на канале*) 13) *attr.*: ~ path а) направлéние полёта (*самолёта*); б) *воен.* траектóрия полёта; ~ book *ав.* бортовóй журнáл ◇ in the first ~ в пéрвых рядáх, в авангáрде; занимáющий ведýщее мéсто

**2.** *v* совершáть перелёт; слетáться (*о стае птиц*)

**flight** II [flaɪt] *n* бéгство, поспéшное отступлéние; побéг; to seek safety in ~ спасáться бéгством; to put to ~ обращáть в бéгство; to take (to) ~ обращáться в бéгство

**flight-deck** [ˈflaɪtdek] *n ав.* 1) полётная пáлуба (*на авианосце*) 2) каби́на экипáжа авиалáйнера

**flight-lieutenant** [ˈflaɪtlefˈtenənt] *n* капитáн авиáции (*в Англии*)

**flight-shot** [ˈflaɪtʃɔt] *n* 1) дáльность полёта стрелы́ 2) вы́стрел влёт

**flighty** [ˈflaɪtɪ] *a* непостоя́нный, измéнчивый; вéтреный, капри́зный

**flim-flam** [ˈflɪmflæm] *разг.* **1.** *n* 1) вздор, ерундá 2) трюк, мошéнническая продéлка

**2.** *v* обмáнывать, мошéнничать

**flimsy** [ˈflɪmzɪ] **1.** *n* 1) папирóсная *или* тóнкая бумáга (*для копий*) 2) *sl.* банкнóт, «бумáжка» 3) *sl.* телегрáмма

**2.** *a* 1) лёгкий, тóнкий (*о ткани*) 2) непрóчный, хрýпкий 3) неосновáтельный, шáткий; ~ argument неубеди́тельный дóвод

**flinch** I [flɪntʃ] *v* 1) вздрáгивать (*от боли*); дрóгнуть 2) уклоня́ться, отступáть (from — от *выполнения долга, намеченного пути и т. п.*)

**flinch** II [flɪntʃ] = flense

**flinders** [ˈflɪndəz] *n pl* куски́; oблóмки, щéпки; to break (*или* to fly) in ~ разлетéться вдрéбезги

**fling** [flɪŋ] **1.** *n* 1) бросáние, швыря́ние 2) си́льное, рéзкое *или* торопли́вое движéние 3) *разг.* рéзкое, насмéшливое замечáние 4) весёлое времяпрепровождéние; to have one's ~ *разг.* погуля́ть, перебеси́ться ◇ the Highland ~ бýрный шотлáндский тáнец; at one ~ одни́м удáром, срáзу, to have a ~ at smb. пройти́сь на чей-л. счёт; to have a ~ at smth. попытáться, попрóбовать что-л.; in full ~ в пóлном разгáре

**2.** *v* (flung) 1) кидáть(ся), бросáть(ся), швыря́ть(ся); to ~ a stone at smb. швырнýть кáмнем в когó-л.; to ~ out of a room вы́скочить из кóмнаты; to ~ oneself into the saddle вскочи́ть в седлó; to ~ oneself into a chair брóситься в крéсло; to ~ smth. in smb.'s teeth брóсить комý-л. в лицó (*упрёк и т. п.*) 2) сдéлать бы́строе, стреми́тельное движéние (*руками и т. п.*); to ~ one's arms round smb.'s neck обви́ть чью-л. шéю рукáми; to ~ open распахнýть, раскры́ть настéжь 3) брыкáться (*о животном*) 4) распространя́ть (*звук, свет, запах*); the flowers ~ their fragrance around цветы́ распространя́ют благоухáние 5) реши́тельно принимáться (into — за); to ~ oneself into an undertaking с головóй уйти́ в какóе-л. предприя́тие □ ~ **about** разбрáсывать; to ~ one's arms about я́ростно жестикули́ровать; ~ **aside** отвéргнуть, пренебрéчь; ~ **away** а) отбрóсить; б) промотáть; в) брóситься вон; ~ **down** а) сбрáсывать на зéмлю; б) разрушáть; ~ **off** а) брóситься вон; б) сбрáсывать, стря́хивать; the horse flung his rider off лóшадь сбрóсила седокá; в) отдéлаться от; to ~ off one's pursuers убежáть от преслéдования; ~ **on** набрáсывать, наки́дывать; to ~ one's clothes on наки́нуть плáтье впопыхáх; ~ **out** а) разрази́ться (*бранью и т. п.*); б) брыкáться (*о лошади*); ~ **to** захлóпнуть; ~ **up:** to ~ one's arms up всплеснýть рукáми; ~ **upon:** to ~ oneself upon smb.'s mercy отдáться на ми́лость когó-л. ◇ to ~ up one's heels удирáть, сверкáть пя́тками

**flint** [flɪnt] *n* 1) креме́нь; кремнёвая гáлька 2) что-л. óчень твёрдое *или* жёсткое как кáмень; a heart of ~ кáменное сéрдце ◇ to wring water from a ~ дéлать чудесá

**flint-glass** [ˈflɪntˈglɑ:s] *n* флинтглáс

**flint-hearted** [ˈflɪntˈhɑ:tɪd] *a* жестокосéрдный

**flint-lock** [ˈflɪntlɔk] *n ист.* 1) замóк кремнёвого ружья́ 2) кремнёвое ружьё

**flint-paper** [ˈflɪntˌpeɪpə] *n* наждáчная бумáга

**flinty** [ˈflɪntɪ] *a* 1) кремни́стый, кремнёвый 2) сурóвый, твёрдый как скалá

**flip** I [flɪp] **1.** *n* 1) щелчóк, лёгкий удáр 2) *разг.* (непродолжи́тельный) полёт в самолёте 3) *attr.*: the ~ side *разг.* обрáтная сторонá (*грампластинки*)

**2.** *v* 1) щёлкать, ударя́ть слегкá 2) смахнýть, стряхнýть (*пепел с сигареты и т. п.*) 3) подбрóсить; to ~ a nickel *амер.* брóсить жрéбий

**flip** II [flɪp] *n* горя́чий напи́ток из подслащённого пи́ва со спи́ртом

**flip-flap** [ˈflɪpflæp] *n* 1) хлóпающие звýки 2) сáльто-мортáле 3) род фейерве́рка; шути́ха 4) качéли (*на ярмарке*) 5) *амер.* род печéнья (*к чаю*)

**flippancy** [ˈflɪpənsɪ] *n* 1) легкомы́слие, вéтреность 2) дéрзость

**flippant** [ˈflɪpənt] *a* 1) легкомы́сленный, вéтреный 2) дéрзкий 3) *уст.* болтли́вый

**flipper** [ˈflɪpə] *n* 1) *зоол.* плавни́к, плáвательная перепóнка; ласт; *pl* лáсты (*пловца*) 2) *sl.* рукá 3) *авто* фли́ппер

**flirt** [flə:t] **1.** *n* 1) коке́тка 2) внеза́пный толчо́к; взмах

**2.** *v* 1) флиртова́ть, коке́тничать (with) 2) заи́грывать, притворя́ться заинтересо́ванным; he ~ed with the idea of dropping the cards он поду́мывал о том, что́бы (оконча́тельно) переста́ть игра́ть в ка́рты 3) бы́стро дви́гать(ся) *или* маха́ть; to ~ a fan игра́ть ве́ером

**flirtation** [flə:ˈteɪʃən] *n* флирт

**flirty** [ˈflə:tɪ] *a* лю́бящий пофлиртова́ть, коке́тливый

**flit** [flɪt] **1.** *n* переме́на местожи́тельства (*особ. тайно от кредиторов*)

**2.** *v* 1) перелета́ть, порха́ть; to ~ past пролета́ть; recollections ~ through one's mind воспомина́ния проно́сятся в голове́ 2) легко́ и бесшу́мно дви́гаться (about) 3) переезжа́ть на другу́ю кварти́ру (*особ. тайно от кредиторов*)

**flitch** [flɪtʃ] *n* 1) засо́ленный и копчёный свино́й бок 2) филе́ па́лтуса 3) *лес.* горбы́ль

**flitter** [ˈflɪtə] *v* порха́ть, лета́ть; маха́ть кры́льями

**flivver** [ˈflɪvə] *n амер. разг.* 1) дешёвый автомоби́ль 2) что-л. ма́ленькое, дешёвое, незначи́тельное 3) прова́л, неуда́ча

**float** [fləut] **1.** *n* 1) про́бка; поплаво́к; буй 2) паро́м; плот 3) пла́вательный по́яс 4) пузы́рь (*у рыбы*) 5) плаву́чая ма́сса (*льда и т. п.*) 6) го́нка, сплав (*леса*) 7) *геол.* нано́с 8) ло́пасть (*гребного колеса*) 9) (*часто pl*) *театр.* ра́мпа 10) теле́га 11) ни́зкая платфо́рма на колёсах, испо́льзуемая для рекла́мных, карнава́льных и др. це́лей 12) мастеро́к (*штукатура*) 13) = floater 2) ◊ on the ~ на плаву́

**2.** *v* 1) пла́вать; всплыва́ть; держа́ться на пове́рхности воды́ 2) подде́рживать на пове́рхности воды́ 3) плыть по не́бу (*об облаках*) 4) проноси́ться; to ~ in the mind проноси́ться в мы́слях; to ~ before the eyes промелькну́ть пе́ред глаза́ми 5) затопля́ть, наводня́ть 6) спуска́ть на́ воду; снима́ть с ме́ли 7) сплавля́ть (*лес*) 8) пусти́ть в ход (*торговое предприятие, проект*) 9) выпуска́ть, размеща́ть (*заём, акции*) 10) *фин.* вводи́ть свобо́дно колеблю́щийся курс валю́ты 11) распространя́ть (*слух*) 12) *тех.* рабо́тать вхолосту́ю 13) быть в равнове́сии

**floatable** [ˈfləutəbl] *a* 1) плаву́чий 2) сплавно́й

**floatage** [ˈfləutɪdʒ] *n* 1) плаву́честь 2) *собир.* то, что пла́вает; пла́вающие обло́мки по́сле кораблекруше́ния 3) надво́дная часть су́дна

**floatation** [fləuˈteɪʃən] *n* 1) плаву́честь 2) *ком.* основа́ние предприя́тия 3) *тех.* флота́ция

**floater** [ˈfləutə] *n* 1) сезо́нный рабо́чий 2) *амер.* избира́тель, го́лос кото́рого мо́жно купи́ть ◊ to make a ~ попа́сть впроса́к, влипнуть

**floating** [ˈfləutɪŋ] **1.** *pres. p. от* float 2

**2.** *a* 1) пла́вающий, плаву́чий; ~ cargo морско́й груз; ~ light *мор.* светя́щий плаву́чий знак; ~ piston пла́вающий, свобо́дный по́ршень 2) изме́нчивый; ~ population теку́чее народонаселе́ние 3) *мед.* блужда́ющий; ~ kidney блужда́ющая по́чка ◊ ~ rate (of exchange) *фин.* свобо́дно колеблю́щийся курс валю́ты; ~ debt теку́щая задо́лженность; краткосро́чный долг

**floating bridge** [ˈfləutɪŋˈbrɪdʒ] *n* понто́нный *или* наплавно́й мост

**floating earth** [ˈfləutɪŋˈə:θ] *n* плывуны́

**float-plane** [ˈfləutpleɪn] *n* поплавко́вый гидросамолёт

**floaty** [ˈfləutɪ] *a* 1) плаву́чий 2) лёгкий

**flocculate** [ˈflɔkjuleɪt] *v хим.* выпада́ть хло́пьями, флоккули́ровать

**flock I** [flɔk] *n* 1) пуши́нка; клочо́к; пучо́к (*волос*) 2) *pl* шерстяны́е *или* хлопчатобума́жные очёски

**flock II** [flɔk] **1.** *n* 1) ста́до (*обыкн. овец*); ста́я (*обыкн. птиц*); ~s and herds о́вцы и рога́тый скот; the flower of the ~ *перен.* краса́, украше́ние семьи́ 2) толпа́; гру́ппа; to come in ~s приходи́ть то́лпами 3) *церк.* па́ства

**2.** *v* стека́ться; держа́ться вме́сте; the children ~ed round their teacher ребя́та окружи́ли учи́теля

**floe** [fləu] *n* 1) плаву́чая льди́на 2) ледяно́е по́ле

**flog** [flɔg] *v* 1) стега́ть, поро́ть, сечь 2) лови́ть ры́бу внахлёстку 3) *sl.* продава́ть *или* меня́ть что-л. из-под полы́ □ ~ **along** погоня́ть кнуто́м; ~ **into** вбива́ть, вкола́чивать (*в голову*), побо́ями заставля́ть (*учить что-л.*); ~ **out** вы́бить (*лень и т. п.*; of) ◊ to ~ a dead horse ≅ решето́м во́ду носи́ть; зря тра́тить си́лы

**flogging** [ˈflɔgɪŋ] **1.** *pres. p. от* flog

**2.** *n* по́рка, теле́сное наказа́ние

**flood** [flʌd] **1.** *n* 1) наводне́ние; полово́дье, па́водок; разли́тие, разли́в; the F., Noah's F. *библ.* всеми́рный пото́п (*тж. перен.*) 2) прили́в; подъём воды́ 3) пото́к, изоби́лие; a ~ of words пото́к слов; a ~ of tears пото́ки, мо́ре слёз; a ~ of light мо́ре огне́й; a ~ of anger волна́ гне́ва 4) *уст., поэт.* мо́ре, о́зеро, река́ ◊ at the ~ в удо́бный, благоприя́тный моме́нт

**2.** *v* 1) затопля́ть, наводня́ть 2) поднима́ться (*об уровне реки*); выступа́ть из берего́в; the river is ~ed by the rains река́ взду́лась от дожде́й 3) устреми́ться, хлы́нуть пото́ком 4) *мед.* страда́ть ма́точным кровотече́нием

**flood-gate** [ˈflʌdgeɪt] *n* шлюз, шлю́зные воро́та, шлю́зный затво́р ◊ to open the ~s а) дать во́лю (*чему-л.*); б) распла́каться, зали́ться слеза́ми

**floodlight** [ˈflʌdlaɪt] **1.** *n* (*обыкн. pl*) проже́ктор(ное освеще́ние)

**2.** *v* освеща́ть проже́ктором

**floor** [flɔ:] **1.** *n* 1) пол; насти́л, междуэта́жное перекры́тие 2) места́ для чле́нов (законода́тельного) собра́ния; ~ of the House места́ чле́нов парла́мента в за́ле заседа́ния 3) пра́во выступа́ть на собра́нии; to have (*или* to take) the ~ выступа́ть, брать сло́во; to get the ~ получи́ть сло́во; a question from the ~ вопро́с с ме́ста 4) эта́ж; я́рус; third ~ четвёртый эта́ж; *амер.* тре́тий эта́ж 5) гумно́ 6) дно (*моря, пещеры*) 7) минима́льный у́ровень (*особ. цен*) 8) киносту́дия 9) произво́дство фи́льма; to go on the ~ идти́ в произво́дство (*о фильме*); to be on the ~ быть в произво́дстве 10) *attr.*: ~ exercise во́льные движе́ния; ~ space разме́ры помеще́ния

**2.** *v* 1) настила́ть пол 2) повали́ть на́ пол; сбить с ног 3) *разг.* одоле́ть, спра́виться (*с кем-л.*); to ~ the question суме́ть отве́тить на вопро́с 4) *разг.* срази́ть, смути́ть, заста́вить замолча́ть; the question ~ed him вопро́с поста́вил его́ в тупи́к 5) *школ.* посади́ть на ме́сто (*ученика, не знающего урока*)

**floor-cloth** [ˈflɔ:klɔθ] *n* 1) лино́леум 2) полова́я тря́пка

**floorer** [ˈflɔ:rə] *n* 1) сногсшиба́тельный уда́р 2) *разг.* озада́чивающий вопро́с; тяжёлое изве́стие; затрудни́тельное положе́ние; сло́жная зада́ча

**flooring** [ˈflɔ:rɪŋ] **1.** *pres. p. от* floor 2

**2.** *n* 1) насти́л, пол 2) насти́лка поло́в 3) *стр.* половы́е до́ски

**floor-lamp** [ˈflɔ:læmp] *n* торше́р

**floor show** [ˈflɔ:ʃəu] *n* представле́ние среди́ пу́блики (*в кабаре и т. п.*)

**floorwalker** [ˈflɔ:ˌwɔ:kə] *n* администра́тор универса́льного магази́на

**floosie, floozie, floozy** [ˈflu:zɪ] *n sl.* шлю́ха

**flop** [flɔp] **1.** *n* 1) шлёпанье 2) *разг.* прова́л; to go ~ потерпе́ть неуда́чу, потерпе́ть фиа́ско 3) *амер. разг.* шля́па с мя́гкими поля́ми 4) *амер. разг.* челове́к, не оправда́вший возлага́вшихся на него́ наде́жд, обману́вший ожида́ния

**2.** *v* 1) шлёпнуться; плю́хнуться; he ~ped down on his knees and begged for mercy он бу́хнулся на коле́ни и моли́л о поща́де 2) уда́рить; би́ть(ся); the fish ~ped about in the boat ры́ба би́лась в ло́дке 3) бить кры́льями 4) *разг.* переметну́ться, переки́нуться (*к другой полит. партии; часто* ~ over) 5) *разг.* потерпе́ть неуда́чу, провали́ться 6) полоска́ться (*о парусах*) 7) *разг.* свали́ться (*от усталости*); завали́ться спать

**3.** *adv*: to fall ~ into the water плю́хнуться в во́ду

**4.** *int* шлёп!

**flophouse** [ˈflɔphaus] *n амер. sl.* ночлёжка

**floppy** [ˈflɔpɪ] *a* 1) свобо́дно вися́щий 2) лени́вый, пасси́вный (*об уме*); небре́жный (*о стиле*)

**flora** [ˈflɔ:rə] *n* (*pl* -ae, -as [-əz]) фло́ра

**florae** [ˈflɔːriː] *pl от* flora

**floral** [ˈflɔːrəl] *a* 1) цвето́чный 2) относя́щийся к фло́ре, расти́тельный

**Florentine** [ˈflɔrəntaɪn] **1.** *a* флоренти́йский

**2.** *n* 1) флоренти́нец 2) (f.) флоренти́н (*род шёлковой материи*)

**florescence** [flɔːˈresns] *n* 1) цвете́ние; вре́мя цвете́ния 2) *перен.* расцве́т

**floret** [ˈflɔːrɪt] *n* 1) *бот.* цвето́к, цвето́чек (*в корзинке сложноцветных*) 2) ма́ленький цвето́к

**floriated** [ˈflɔːrɪeɪtɪd] *a* с цвето́чным орна́ментом

**floriculture** [ˈflɔːrɪkʌltʃə] *n* цветово́дство

**florid** [ˈflɔrɪd] *a* 1) цвети́стый, напы́щенный; ~ style витиева́тый стиль 2) кра́сный, багро́вый (*о лице*) 3) крича́щий (*о наряде*)

**florin** [ˈflɔrɪn] *n* флори́н (*монета в разных странах*)

**florist** [ˈflɔrɪst] *n* 1) торго́вец цвета́ми 2) цветово́д

**floruit** [ˈflɔːruɪt] *лат. n* го́ды де́ятельности истори́ческого лица́

**floss** [flɔs] *n* шёлк-сыре́ц

**flossy** [ˈflɔsɪ] *a* шелкови́стый

**flotage** [ˈfləutɪdʒ] = floatage

**flotation** [fləuˈteɪʃən] = floatation

**flotilla** [fləuˈtɪlə] *n мор.* флоти́лия (*обыкн. мелких судов*)

**flotsam** [ˈflɔtsəm] *n* вы́брошенный и пла́вающий на пове́рхности груз; пла́вающие обло́мки ◇ ~ and jetsam а) обло́мки кораблекруше́ния; б) нену́жные ве́щи; в) бродя́ги; безрабо́тные; неприка́янные лю́ди

**flounce** I [flauns] **1.** *n* ре́зкое нетерпели́вое движе́ние

**2.** *v* броса́ться, мета́ться; ре́зко дви́гаться (*обыкн.* ~ away, ~ out, ~ about, ~ down, ~ up); to ~ out of the room бро́ситься вон из ко́мнаты

**flounce** II [flauns] **1.** *n* обо́рка

**2.** *v* отде́лывать обо́рками

**flounder** I [ˈflaundə] *v* 1) бара́хтаться; дви́гаться с трудо́м 2) пу́таться (*в словах*); to ~ through a speech объясня́ться с трудо́м (*напр., на иностранном языке*)

**flounder** II [ˈflaundə] *n* ме́лкая ка́мбала

**flour** [ˈflauə] **1.** *n* 1) мука́, крупча́тка 2) порошо́к; пу́дра 3) *attr.*: ~ paste кле́йстер

**2.** *v* 1) посыпа́ть муко́й 2) *амер.* моло́ть, разма́лывать

**flourish** [ˈflʌrɪʃ] **1.** *n* 1) разма́хивание 2) ро́счерк, завиту́шка 3) цвети́стое выраже́ние 4) фанфа́ры; ~ of trumpets туш; *перен.* пы́шное представле́ние (*кого-л.*); шу́мная рекла́ма; торже́ственная церемо́ния (*при открытии чего-л. и т. п.*)

**2.** *v* 1) пы́шно расти́; разраста́ться 2) процвета́ть, преуспева́ть; быть в расцве́те 3) жить, де́йствовать (*в определённую эпоху*); Socrates ~ed about 400 B. C. Сокра́т жил приблизи́тельно в IV в. до на́шей э́ры 4) разма́хивать (*чем-л.*) 5) *перен.* выставля́ть напока́з 6) де́лать ро́счерк перо́м 7) цвети́сто выража́ться

**flourishing** [ˈflʌrɪʃɪŋ] **1.** *pres. p. от* flourish 2

**2.** *a* 1) здоро́вый, цвету́щий 2) процвета́ющий

**floury** [ˈflauərɪ] *a* 1) мучно́й 2) мучни́стый 3) посы́панный муко́й

**flout** [flaut] *v* 1) презира́ть; попира́ть; to ~ smb.'s advice пренебрега́ть чьим-л. сове́том 2) *уст.* насмеха́ться, глуми́ться, издева́ться (at — над)

**flow** [fləu] **1.** *n* 1) тече́ние, пото́к, струя́ 2) прили́в; the tide is on the ~ вода́ прибыва́ет 3) изоби́лие; ~ of spirits жизнера́достность 4) пла́вность (*речи, линий*) 5) *гидр.* деби́т воды́ 6) *мед.* менструа́ция

**2.** *v* 1) течь, ли́ться, струи́ться; пла́вно переходи́ть от одного́ к друго́му (*о линиях, очертаниях и т. п.*) 2) ниспада́ть 3) проистека́ть, происходи́ть (from) 4) хлы́нуть; разрази́ться пото́ком; *перен.* уплыва́ть; gold ~s from the country происхо́дит уте́чка зо́лота за грани́цу 5) *уст.* изоби́ловать (with)

**flower** [ˈflauə] **1.** *n* 1) цвето́к; цвето́чное расте́ние 2) расцве́т; цвете́ние; in ~ в цвету́; to come to full ~ расцвести́ пы́шным цве́том; in the ~ of one's age во цве́те лет 3) цвет, лу́чшая, отбо́рная часть (*чего-л.*) 4) *pl хим.* пе́на, образу́ющаяся при броже́нии; оса́док 5) *разг.* менструа́ция 6): ~s of speech краси́вые оборо́ты ре́чи; *часто ирон.* цвети́стые фра́зы 7) *attr.*: ~ children *разг. собир.* хи́ппи

**2.** *v* 1) цвести́ 2) быть в расцве́те

**flowerbed** [ˈflauəbed] *n* клу́мба

**flower-de-luce** [ˈflauədəˈluːs] = fleur-de-lis

**flowered** [ˈflauəd] **1.** *p. p. от* flower 2

**2.** *a* укра́шенный цвето́чным узо́ром; ~ silk тра́вчатый шёлк

**floweret** [ˈflauərɪt] *n поэт.* цвето́чек

**flower-garden** [ˈflauəˌgɑːdn] *n* цветни́к

**flower-girl** [ˈflauəgəːl] *n* цвето́чница, продавщи́ца цвето́в

**flowering** [ˈflauərɪŋ] **1.** *pres. p. от* flower 2

**2.** *n* расцве́т; цвете́ние

**3.** *a* цвету́щий, в цвету́

**flower-piece** [ˈflauəpiːs] *n жив.* карти́на с изображе́нием цвето́в

**flowerpot** [ˈflauəpɔt] *n* цвето́чный горшо́к

**flower show** [ˈflauəʃəu] *n* вы́ставка цвето́в

**flowery** [ˈflauərɪ] *a* 1) у́бранный цвета́ми 2) цвети́стый (*о стиле и т. п.*)

**flowing** [ˈfləuɪŋ] **1.** *pres. p. от* flow 2

**2.** *a* 1) теку́щий; ~ tide прили́в; *перен.* что-л. надвига́ющееся, нараста́ющее; ~ waters прото́чная вода́ 2) гла́дкий, пла́вный (*о стиле*) 3) мя́гкий (*о линиях, контуре*) 4) ниспада́ющий; ~ draperies ниспада́ющая свобо́дными скла́дками драпиро́вка

**flown** [fləun] *p. p. от* fly II, 2

**flow sheet** [ˈfləuʃiːt] *n* ка́рта технологи́ческого проце́сса

**flu** [fluː] *n разг.* грипп

**flubdub** [ˈflʌbdʌb] *амер.* = flapdoodle

**fluctuate** [ˈflʌktjueɪt] *v* колеба́ться; колыха́ться; быть неусто́йчивым, меня́ться

**fluctuation** [ˌflʌktjuˈeɪʃən] *n* колеба́ние; неусто́йчивость; кача́ние, колыха́ние; ~s of temperature неусто́йчивая температу́ра

**flue** I [fluː] *n* 1) дымохо́д 2) *тех.* жарова́я труба́ (*котла*)

**flue** II [fluː] *n* 1) пушо́к 2) хло́пья пы́ли (*под мебелью*)

**flue** III [fluː] *n* род рыболо́вной се́ти

**flue** IV [fluː] = fluke II, 1) *и* 2)

**flue** V [fluː] = flu

**fluency** [ˈflu(ː)ənsɪ] *n* пла́вность; бе́глость (*речи*)

**fluent** [ˈflu(ː)ənt] **1.** *a* 1) гла́дкий; пла́вный; бе́глый (*о речи*); to speak ~ English свобо́дно говори́ть по-англи́йски 2) владе́ющий ре́чью; a ~ speaker уме́лый ора́тор 3) напы́щенный и пусто́й (*о словах и т. п.*); ~ phrases пусты́е слова́ 4) теку́чий, жи́дкий

**2.** *n мат.* переме́нная величина́; фу́нкция

**fluently** [ˈflu(ː)əntlɪ] *adv* 1) пла́вно, гла́дко 2) бе́гло (*о речи*)

**fluey** [ˈfluːɪ] *a* пуши́стый, покры́тый пушко́м

**fluff** [flʌf] **1.** *n* 1) пух, пушо́к 2) оплó шность; to make a ~ *разг.* дать ма́ху 3) *театр. sl.* пло́хо вы́ученная роль ◇ a bit of ~ *sl.* де́вушка

**2.** *v* 1) взбива́ть(ся); вспуши́ть; to ~ one's feathers распуши́ть пе́рья (*о птице; тж. перен.*) 2) *театр. sl.* пло́хо знать роль 3) чита́ть (*текст*) с огово́рками, запина́ясь 4) промахну́ться, прома́зать

**fluffy** [ˈflʌfɪ] *a* 1) пуши́стый; взби́тый 2) *sl.* забы́вчивый 3) *sl.* нетвёрдо стоя́щий на нога́х, пья́ный

**fluid** [ˈflu(ː)ɪd] **1.** *n* жи́дкость; жи́дкая *или* газообра́зная среда́

**2.** *a* 1) жи́дкий, теку́чий 2) (посто́янно) меня́ющийся; подви́жный, изме́нчивый

**fluidity** [flu(ː)ˈɪdɪtɪ] *n* 1) жи́дкое состоя́ние 2) теку́честь 3) пла́вность (*речи*) 4) подви́жность, изме́нчивость

**fluke** I [fluːk] *n* 1) ка́мбала, па́лтус; пло́ская ры́ба 2) трема́тода (*глист*) 3) сорт карто́феля

**fluke** II [fluːk] *n* 1) ла́па (*якоря*) 2) *амер.* зазу́брина гарпуна́ 3) *pl* хвостово́й плавни́к кита́

**fluke** III [fluːk] **1.** *n* счастли́вая случа́йность; by a ~ по счастли́вой случа́йности

**2.** *v* 1) получи́ть что-л. *или* вы́играть игру́ благодаря́ счастли́вой случа́йности 2) *амер. разг.* обмишу́литься

**flume** [flu:m] *n* 1) *амер.* го́рное уще́лье с пото́ком 2) *тех.* жёлоб; подводя́щий кана́л, акведу́к

**flummery** ['flʌmərɪ] *n* 1) род дрочёны 2) *разг.* пусты́е комплиме́нты; болтовня́, вздор 3) овся́ная ка́шица

**flummox** ['flʌməks] *v разг.* смуща́ть, ста́вить в затрудни́тельное положе́ние

**flump** [flʌmp] **1.** *n* глухо́й шум, стук

**2.** *v* 1) па́дать с глухи́м шу́мом 2) ста́вить, броса́ть (*что-л.*) на́ пол с глухи́м шу́мом, сту́ком

**flung** [flʌŋ] *past и p. p. от* fling 2

**flunk** [flʌŋk] *sl.* **1.** *n* по́лный прова́л

**2.** *v* 1) провали́ть(ся) на экза́мене 2) исключи́ть за неуспева́емость (*из уче́бного заведе́ния*)

**flunkey** ['flʌŋkɪ] *n* ливре́йный лаке́й; *перен.* лаке́й, подхали́м, подли́за

**fluorescence** [fluə'resns] *n* свече́ние, флуоресце́нция

**fluorescent** [fluə'resnt] *a* флуоресце́нтный; ~ lamp ла́мпа дневно́го све́та; ~ light флуоресце́нтный свет

**fluorine** ['fluəri:n] *n хим.* фтор

**fluor-spar** ['fluəspɑ:] *n мин.* плавико́вый шпат

**flurry** ['flʌrɪ] **1.** *n* 1) беспоко́йство, волне́ние; сумато́ха; смяте́ние 2) шквал; неожи́данный ли́вень *или* снегопа́д 3) мета́ния смерте́льно ра́ненного кита́

**2.** *v* (*обыкн. p. p.*) волнова́ть; будора́жить (*особ. спе́шкой*); don't get flurried не волну́йтесь

**flush** I [flʌʃ] **1.** *n* 1) внеза́пный прили́в, пото́к (*воды́*) 2) смыва́ние, промыва́ние си́льной струёй воды́ (*в унита́зе и т. п.*) 3) прили́в кро́ви; кра́ска (*на лице́*), румя́нец 4) при́ступ (*лихора́дки*) 5) прили́в (*чу́вства*); упое́ние (*успе́хом и т. п.*); ~ of hope вспы́шка наде́жды 6) бу́йный рост (*зе́лени и т. п.*) 7) расцве́т (*мо́лодости, сил и т. п.*) 8) бы́стрый прито́к, внеза́пное изоби́лие (*чего́-л.*)

**2.** *a* 1) по́лный (*до краёв — о реке́*) 2) *predic.* изоби́лующий; ще́дрый, расточи́тельный (with); to be ~ with money а) быть обеспе́ченным, быть с (больши́м) доста́тком; б) не счита́ть де́ньги, сори́ть деньга́ми 3) *тех.* находя́щийся на одно́м у́ровне, запо́длицо́ (*с чем-л.*)

**3.** *v* 1) бить струёй; оби́льно течь, хлы́нуть 2) прилива́ть к лицу́ (*о кро́ви*); вызыва́ть кра́ску на лице́ 3) вспы́хнуть, (по)красне́ть (*ча́сто* ~ up); she ~ed (up) when I spoke to her лицо́ её залило́сь кра́ской, когда́ я заговори́л с ней 4) затопля́ть 5) промыва́ть си́льным напо́ром струи́; to ~ the toilet спусти́ть во́ду в убо́рной 6) наполня́ть, переполня́ть (*чу́вством*); to be ~ed with joy (pride, *etc.*) быть охва́ченным ра́достью (го́рдостью *и т. п.*); ~ed with victory упоённый побе́дой 7) *редк.* дава́ть но́вые побе́ги (*о расте́ниях*)

**flush** II [flʌʃ] **1.** *n* вспу́гнутая ста́я птиц

**2.** *v* 1) спу́гивать (*дичь*) 2) взлете́ть, вспа́рхивать

**flush** III [flʌʃ] *n* ка́рты одно́й ма́сти

**fluster** ['flʌstə] **1.** *n* суета́, волне́ние; all in a ~ в волне́нии; в возбужде́нии

**2.** *v* 1) волнова́ть(ся); возбужда́ть (-ся) 2) слегка́ опьяне́ть

**flute** [flu:t] **1.** *n* 1) фле́йта 2) *архит.* канелю́ра, желобо́к 3) вы́емка, ри́фля

**2.** *v* 1) свисте́ть (*о пти́це*) 2) де́лать вы́емки, желоби́ть

**flutist** ['flu:tɪst] *n* флейти́ст

**flutter** ['flʌtə] **1.** *n* 1) порха́ние 2) маха́ние 3) волне́ние; тре́пет; to put smb. into a ~ взбудора́жить кого́-л.; to make (*или* to cause) a ~ производи́ть сенса́цию 4) *sl.* риск (*обыкн. в аза́ртных игра́х*) 5) *тех.* вибра́ция 6) *ав.* фла́ттер

**2.** *v* 1) маха́ть *или* бить кры́льями; перепа́рхивать 2) трепета́ть; би́ться неро́вно (*о се́рдце*) 3) маха́ть; развева́ться (*на ветру́*) 4) дрожа́ть от волне́ния; волнова́ть(ся), беспоко́ить(ся) 5) *тех.* вибри́ровать

**fluty** ['flu:tɪ] *a* напомина́ющий звук фле́йты; мя́гкий и чи́стый

**fluvial** ['flu:vjəl] *a* речно́й

**flux** [flʌks] **1.** *n* 1) тече́ние; пото́к 2) постоя́нная сме́на; постоя́нное движе́ние; ~ and reflux прили́в и отли́в; in a state of ~ в состоя́нии постоя́нного *или* непреры́вного измене́ния 3) *мед.* истече́ние; *уст.* дизентери́я 4) *физ.* пото́к 5) *метал.* флюс, пла́вень

**2.** *v* 1) истека́ть 2) дава́ть слаби́тельное, очища́ть 3) *тех.* пла́вить, растопля́ть 4) *метал.* обраба́тывать флю́сом 5) отшлакова́ть

**fluxion** ['flʌkʃən] *n* 1) *мед.* прили́в кро́ви *или* жи́дкости (*к лицу́ и др. частя́м те́ла*) 2) *мат.* флю́ксия, произво́дная

**fly** I [flaɪ] *n* 1) му́ха 2) *с.-х. разг.* вреди́тель ◇ a ~ in the ointment ≅ ло́жка дёгтя в бо́чке мёда; a ~ on the wheel ≅ самомне́ния ему́ не занима́ть стать; there are no flies on him он не дура́к, его́ не проведёшь

**fly** II [flaɪ] **1.** *n* 1) полёт; расстоя́ние полёта; on the ~ на лету́ 2) *уст.* одноко́нный наёмный экипа́ж 3) *тех.* ма́ятник; баланси́р 4) *pl театр.* колосники́ 5) крыло́ (*ветряка́*) 6) длина́ (*фла́га*) 7) край (*фла́га*) 8) откидно́е поло́тнище пала́тки 9) ши́ри́нка (*у брюк*)

**2.** *v* (flew; flown) 1) лета́ть, пролета́ть; to ~ across the continent лете́ть че́рез (весь) контине́нт 2) спеши́ть; the children flew to meet their mother де́ти бро́сились навстре́чу к ма́тери 3) развева́ть(ся) 4) улета́ть, исчеза́ть (*тж. перен.*); the bird has flown ≅ «пти́чка улете́ла», престу́пник скры́лся; it is late, we must ~ уже́ по́здно, нам пора́ убира́ться 5): to ~ pigeons гоня́ть голубе́й 6) пилоти́ровать (*самолёт*) 7) переправля́ть пассажи́ров (*или* гру́зы) по во́здуху 8) (*past и p. p.* fled) улепётывать, удира́ть; спаса́ться бе́гством □ ~ **at** напада́ть; набра́сываться с бра́нью; to let ~ at а) стреля́ть в *кого́-л.*, во *что-либо*; б) отпуска́ть руга́тельства по *чьему́-л. а́дресу*; ~ **in** доставля́ть по во́здуху; ~ **into** а) прийти́ (*в я́рость, в восто́рг*); б) влете́ть (*в ко́мнату и т. п.*); ~ **off** а) поспе́шно убега́ть; уклоня́ться; б) соска́кивать, отлета́ть; to ~ off the handle соскочи́ть с руко́ятки (*о молотке́*); *перен.* вы́йти из себя́, вспыли́ть; he flew off the handle он как с це́пи сорва́лся; ~ **on** = ~ at; ~ **out** вспыли́ть, рассерди́ться (at — на); ~ **over** перепры́гнуть, перемахну́ть че́рез; ~ **round** кружи́ться, крути́ться (*о колесе́*); ~ **upon** = ~ at ◇ to ~ open распахну́ть(ся); to ~ high высоко́ заноси́ться, быть честолюби́вым; to ~ the flag *мор.* нести́ флаг; пла́вать под фла́гом; the glass flew into pieces стекло́ разби́лось вдре́безги; to ~ in the face of smb. броса́ть вы́зов кому́-л.; откры́то не повинова́ться; не счита́ться; to ~ in the face of Providence искуша́ть судьбу́; to make the money ~ а) швыря́ть(ся) деньга́ми; б) промота́ть де́ньги; to make the feathers ~ стравли́ть (*проти́вников*), раззадо́рить; to send smb. ~ing сбить кого́-л. с ног, свали́ть кого́-л. уда́ром на зе́млю; to send things ~ing расшвыря́ть ве́щи; to ~ to arms взя́ться за ору́жие; нача́ть войну́; to ~ to smb.'s arms бро́ситься в чьи-л. объя́тия

**fly** III [flaɪ] *a разг.* 1) ло́вкий; прово́рный 2) хи́трый

**fly-agaric** ['flaɪˌægərɪk] *n* мухомо́р

**fly-away** ['flaɪə'weɪ] *a* 1) широ́кий, свобо́дный (*об оде́жде*) 2) развева́ющийся (*о волоса́х*) 3) ве́треный, непостоя́нный (*о челове́ке*)

**fly-bitten** ['flaɪˌbɪtn] *a* заси́женный му́хами

**fly-blow** ['flaɪbləu] **1.** *n* яйцо́ му́хи (*в мя́се*)

**2.** *v* откла́дывать я́йца (*о му́хе*)

**fly-blown** ['flaɪ'bləun] *a* 1) испо́рченный (*о мя́се, поражённом яйца́ми мух*) 2) *перен.* зама́ранный

**fly-by-night** ['flaɪbaɪ'naɪt] *a* ненадёжный; безотве́тственный

**flyer** ['flaɪə] *n* 1) пти́ца, насеко́мое, лету́чая мышь *и т. п.* 2) лётчик, пило́т 3) что-л. бы́стро дви́жущееся 4) *амер.* экспре́сс 5) *sl.* риско́ванное предприя́тие; авантю́ра 6) *тех.* махови́к 7) *текст.* банкобро́ш 8) *стр.* прямо́й марш ле́стницы ◇ to take a ~ упа́сть вниз голово́й

**fly-fishing** ['flaɪˌfɪʃɪŋ] *n* уже́ние на му́ху

**flying** ['flaɪɪŋ] **1.** *pres. p. от* fly II, 2

**2.** *n* лета́ние, полёты; лётное де́ло

**3.** *a* 1) лета́ющий; лету́чий; лета́тельный; ~ machine самолёт 2) *ав.* лётный; ~ gear лётное снаряже́ние; ~ field лётное по́ле 3) бы́стрый; ~ visit мимолётный визи́т; she paid us a ~ visit она́ загляну́ла к нам на мину́тку; ~ jump *спорт.* прыжо́к с разбе́га; ~ column лету́чий отря́д

**flying adder** ['flaɪɪŋ,ædə] *n* стрекоза́

**flying boat** ['flaɪɪŋ'bəut] *n ав.* лета́ющая ло́дка

**flying bridge** ['flaɪɪŋ'brɪdʒ] *n* 1) перекидно́й мост 2) паро́м-самолёт

**flying fortress** ['flaɪɪŋ'fɔ:trɪs] *n ав.* «лета́ющая кре́пость»

**flying instrument** ['flaɪɪŋ'ɪnstrumənt] *n ав.* пилота́жный прибо́р

**flying man** ['flaɪɪŋ'mæn] *n* лётчик

**Flying Officer** ['flaɪɪŋ,ɔfɪsə] *n* офице́р-лётчик (*в Англии*)

**fly-leaf** ['flaɪli:f] *n полигр.* фо́рзац, чи́стый лист в нача́ле *или* в конце́ кни́ги

**flyman** ['flaɪmən] *n* 1) *театр.* рабо́чий на колосника́х 2) ку́чер

**flyover** ['flaɪ,əuvə] *n* 1) эстака́да 2) *attr.*: ~ crossing пересече́ние доро́г на ра́зных у́ровнях

**fly-paper** ['flaɪ,peɪpə] *n* ли́пкая бума́га от мух

**fly-sheet** ['flaɪʃi:t] *n* листо́вка

**fly title** ['flaɪ,taɪtl] *n полигр.* шмуцти́тул

**fly-trap** ['flaɪtræp] *n* мухоло́вка

**fly-wheel** ['flaɪwi:l] *n* махово́е колесо́

**foal** [fəul] **1.** *n* жеребёнок; ослёнок; in (*или* with) ~ жерёбая

**2.** *v* жереби́ться

**foalfoot** ['fəulfut] *n бот.* мать-и-ма́чеха

**foam** [fəum] **1.** *n* 1) пе́на 2) мы́ло (*на лошади*) 3) *поэт.* мо́ре

**2.** *v* 1) пе́ниться 2) быть в бе́шенстве (*часто* ~ at the mouth) 3) взмы́литься (*о лошади*)

**foam-rubber** ['fəum,rʌbə] *n* губча́тая рези́на; пороло́н (*для набивки матрацев, спинок и сидений мебели и т. п.*)

**foamy** ['fəumɪ] *a* 1) пе́нящийся 2) покры́тый пе́ной, взмы́ленный

**fob** I [fɔb] *n* карма́шек для часо́в

**fob** II [fɔb] *v*: to ~ off smb. with smth., to ~ smth. off on smb. надува́ть кого́-л. (*поддельной вещью, ложными обещаниями и т. п.*)

**focal** ['fəukəl] *a* 1) *физ.* фо́кусный; ~ distance (*или* length) фо́кусное расстоя́ние 2) центра́льный; she has come to be the ~ point of his thinking она́ занима́ет гла́вное ме́сто в его́ мы́слях; ~ points основны́е, узловы́е моме́нты *или* пу́нкты

**foci** ['fəusaɪ] *pl от* focus

**fo'c's'le** ['fəuksəl] = forecastle

**focus** ['fəukəs] **1.** *n* (*pl* -ci, -ses [-ɪz]) 1) *физ.* фо́кус; in ~ в фо́кусе; out of ~ не в фо́кусе 2) оча́г (*инфекции, землетрясения*) 3) *мед.* фо́кус, центр 4) центр, средото́чие; ~ of interest круг интере́сов; to bring to a ~ выдвига́ть (*вопрос и т. п.*)

**2.** *v* 1) собира́ть(ся), помеща́ть в фо́кусе; сфокуси́ровать 2) сосредото́чивать (*внимание и т. п.*; on — на)

**fodder** ['fɔdə] **1.** *n* корм для скота́; фура́ж

**2.** *v* задава́ть корм (*скоту*)

**foe** [fəu] *n поэт.* враг, проти́вник; недоброжела́тель

**foetid** ['fi:tɪd] = fetid

**foetus** ['fi:təs] *n* утро́бный плод

**fog** I [fɔg] **1.** *n* 1) густо́й тума́н 2) дым *или* пыль, стоя́щие в во́здухе; мгла 3): in a ~ как в тума́не; в замеша́тельстве, в затрудне́нии 4) *фото* вуа́ль

**2.** *v* 1) оку́тывать тума́ном; затума́нивать(ся) 2) напуска́ть тума́ну; озада́чивать

**fog** II [fɔg] *с.-х.* **1.** *n* 1) ота́ва 2) трава́, оста́вшаяся ннеско́шенной

**2.** *v* 1) пасти́ скот на ота́ве 2) оставля́ть траву́ неско́шенной

**fogey** ['fəugɪ] *n* старомо́дный, отста́лый (*иногда* чудакова́тый) челове́к (*обыкн.* old ~)

**foggy** ['fɔgɪ] *a* 1) тума́нный; тёмный; a ~ idea сму́тное представле́ние 2) *физ.* нея́сный

**fog-horn** ['fɔghɔ:n] *n* сире́на, подаю́щая сигна́лы суда́м во вре́мя тума́на

**fogy** ['fəugɪ] = fogey

**foible** ['fɔɪbl] *n* 1) сла́бая стру́нка, сла́бость, недоста́ток 2) сла́бая, ги́бкая часть клинка́

**foil** I [fɔɪl] **1.** *n* 1) фо́льга, стани́оль 2) *архит.* орна́мент в ви́де ли́стьев (*в готическом стиле*) 3) контра́ст; фон; to serve as a ~ to служи́ть контра́стом, подчёркивать (*что-л.*)

**2.** *v редк.* служи́ть контра́стом, подчёркивать (*что-л.*)

**foil** II [fɔɪl] **1.** *n* след зве́ря

**2.** *v* 1) сбива́ть (*собаку*) со сле́да 2) ста́вить в тупи́к; расстра́ивать (*чьи-л.*) пла́ны; срыва́ть (*что-л.*) 3) *уст.* отрази́ть нападе́ние, одоле́ть

**foil** III [fɔɪl] *n* рапи́ра

**foist** [fɔɪst] *v* всу́нуть, всучи́ть (off)

**fold** I [fəuld] **1** *n* 1) скла́дка, сгиб; a dress hanging in loose ~s пла́тье, па́дающее свобо́дными скла́дками 2) впа́дина, падь; изви́лины уще́лья, каньо́на 3) створ (*двери*) 4) *тех.* фальц 5) *геол.* флексу́ра, скла́дка 6) кольцо́ (*змеи*)

**2.** *v* 1) скла́дывать (*ткань и т. п.*) вдво́е, вче́тверо *и т. п.*; сгиба́ть, загиба́ть, перегиба́ть; to ~ one's arms скрести́ть ру́ки на груди́; to ~ one's hands сложи́ть ру́ки; *перен.* безде́йствовать 2) завёртывать (in) 3) обнима́ть, обхва́тывать; to ~ smb. to one's breast прижа́ть кого́-л. к груди́ 4) оку́тывать; hills ~ed in mist го́ры, оку́танные тума́ном 5) *полигр.* фальцева́ть 6) *текст.* дубли́ровать 7) *кул.* сбива́ть, выме́шивать (*негустое тесто и т. п.*) □ **~ back** отверну́ть; to ~ back the bedclothes сверну́ть посте́ль; **~ up** а) свёртывать, завёртывать; б) *разг.* сверну́ться; the business finally ~ed up last week предприя́тие, в конце́ концо́в, на про́шлой неде́ле прекрати́ло существова́ние

**fold** II [fəuld] **1.** *n* 1) заго́н (*для овец*), овча́рня; коша́ра 2) *церк.* па́ства ◇ to return to the ~ а) верну́ться в о́тчий дом; б) верну́ться в ло́но единомы́шленников

**2.** *v* загоня́ть (*овец*)

**folder** ['fəuldə] *n* 1) па́пка, скоросшива́тель 2) несши́тая брошю́рка 3) кни́жечка (*рекламная; расписание поездов или самолётов*) 4) *амер.* кни́жечка с карто́нными спи́чками 5) *полигр.* фальцева́льная маши́на 6) фальцо́вщик 7) *pl* складны́е очки́, складно́й бино́кль *и т. п.*

**folding** I ['fəuldɪŋ] **1.** *pres. p. от* fold I, 2

**2.** *n* фальцо́вка

**3.** *a* складно́й; створ́чатый; откидно́й; ~ door(s) раздвижны́е две́ри; ~ screen ши́рма

**folding** II ['fəuldɪŋ] *pres. p. от* fold II, 2

**folding-bed** ['fəuldɪŋbed] *n* похо́дная крова́ть; крова́ть-раскладу́шка

**folding-chair** ['fəuldɪŋtʃɛə] *n* складно́й стул

**folding-cot** ['fəuldɪŋkɔt] = folding-bed

**folding-stool** ['fəuldɪŋstu:l] = folding-chair

**foliage** ['fəulɪɪdʒ] *n* 1) листва́ 2) зелёная расти́тельность; расти́тельный мир 3) ли́ственный орна́мент

**foliar** ['fəulɪə] *a* ли́ственный

**foliate** **1.** *a* ['fəulɪɪt] 1) ли́ственный 2) листообра́зный

**2.** *v* ['fəulɪeɪt] 1) покрыва́ться ли́стьями 2) *архит.* украша́ть ли́ственным орна́ментом 3) наводи́ть рту́тную амальга́му (*на зеркало*) 4) расщепля́ть(ся) на то́нкие сло́и 5) нумерова́ть листы́ кни́ги (*не страницы*)

**folio** ['fəulɪəu] *n* (*pl* -os [-əuz]) 1) инфо́лио (*формат в пол-листа*) 2) фолиа́нт 3) лист (*бухгалтерской книги*) 4) *юр.* едини́ца измере́ния длины́ докуме́нта (*в Англии 72—90 слов, в США — 100 слов*) 5) *полигр.* колонци́фра

**folk** [fəuk] *n* 1) (*употр. с гл. во мн. ч.*) лю́ди; old ~ старики́; rich ~ богачи́; my ~s *разг.* родня́; the old ~s at home старики́, роди́тели 2) *уст.* наро́д 3) *attr.* наро́дный

**folk-etymology** ['fəuk,etɪ'mɔlədʒɪ] *n лингв.* наро́дная этимоло́гия

**folk-lore** ['fəuklɔ:] *n* фолькло́р

**folksy** ['fəuksɪ] *a разг.* 1) бли́зкий к наро́ду, наро́дный 2) общи́тельный

**folkways** ['fəukweɪz] *n pl* наро́дные обы́чаи, нра́вы

**follicle** ['fɔlɪkl] *n* 1) *зоол.* ко́кон 2) *анат.* фолли́кул, су́мка, мешо́чек 3) *бот.* стручо́к

**follow** ['fɔləu] *v* 1) сле́довать, идти́ за; a concert ~ed the lecture, the lecture was ~ed by a concert по́сле ле́кции состоя́лся конце́рт; one misfortune ~ed (upon) another одна́ беда́ смени́лась друго́й 2) пресле́довать 3) следи́ть, провожа́ть (*взглядом*) 4) слу́шать, следи́ть (*за словами*); (do) you ~ me? поня́тно? 5) сопровожда́ть (*кого-л.*) 6) приде́рживаться; ~ this path! иди́те э́той доро́гой!; to ~ the policy приде́рживаться (определённой) поли́тики 7) занима́ться *чем-л.*; to ~ the plough паха́ть; to ~ the hounds охо́титься с соба́ками; to ~ the law быть, стать юри́стом; to ~ the sea быть, стать моряко́м 8) смени́ть (*кого-л.*); быть преемником 9) разделя́ть взгля́ды, подде́рживать; быть после́дователем; I cannot ~ you in all your views я не со все́ми ва́шими взгля́дами могу́ согласи́ться 10) логи́чески вытека́ть; from what you say it ~s из ва́ших слов сле́дует □ ~ **on** *разг.* продолжа́ть (пре)сле́довать; ~ **out** выполня́ть до конца́; осуществля́ть; ~ **through** *спорт.* заверша́ть (*удар, бросок и т. п.*); ~ **up** а) пресле́довать упо́рно, энерги́чно (*тж. перен.*); б) доводи́ть до конца́; развива́ть, заверша́ть ◇ as ~s сле́дующее; the letter reads as ~s в письме́ говори́тся сле́дующее

**follower** [ˈfɔləuə] *n* 1) после́дователь; сторо́нник 2) *уст.* ухажёр 3) *тех.* ведо́мый механи́зм; толка́тель; подава́тель (*в оружии*)

**following** [ˈfɔləuɪŋ] **1.** *pres. p. от* follow

**2.** *n* 1) после́дователи, приве́рженцы; he has a large ~ у него́ мно́го после́дователей 2) (the ~) сле́дующее; the ~ is noteworthy ну́жно обрати́ть внима́ние на сле́дующее

**3.** *a* 1) сле́дующий, после́дующий 2) попу́тный (*о ветре, течении*)

**follow my leader** [ˈfɔləumɪˈliːdə] *n* де́тская игра́ «де́лай как я»

**follow-up** [ˈfɔləuˈʌp] *n* 1) прове́рка исполне́ния 2) мероприя́тие, проведённое во исполне́ние како́го-л. реше́ния; a ~ to the conference дальне́йшие шаги́ по́сле совеща́ния 3) дополни́тельное сообще́ние 4) *attr.* дополня́ющий

**folly** [ˈfɔlɪ] *n* 1) глу́пость; недомы́слие; безрассу́дство; безу́мие 2) глу́пый посту́пок; до́рого сто́ящий капри́з

**foment** [fəuˈment] *v* 1) класть припа́рки 2) подстрека́ть; раздува́ть, разжига́ть (*ненависть, беспорядки и т. п.*)

**fomentation** [ˌfəumenˈteɪʃən] *n* 1) припа́рка 2) подстрека́тельство; ~ of discontent разжига́ние недово́льства

**fond** [fɔnd] *a* 1) не́жный, лю́бящий; in ~ remembrance of smb., smth. в знак (до́брой) па́мяти о ком-л., чём-л. 2): to be ~ of smb., smth. люби́ть кого́-л., что-л. 3) изли́шне дове́рчивый, изли́шне оптимисти́чный; ~ hope неоснова́тельная, тще́тная наде́жда

**fondant** [ˈfɔndənt] *n кул.* пома́дка

**fondle** [ˈfɔndl] *v* ласка́ть

**fondling** [ˈfɔndlɪŋ] **1.** *pres. p. от* fondle

**2.** *n* люби́мец

**fondly** [ˈfɔndlɪ] *adv* 1) не́жно 2) наи́вно, дове́рчиво

**fondness** [ˈfɔndnɪs] *n* не́жность, любо́вь

**font** [fɔnt] *n* 1) *церк.* купе́ль 2) *поэт.* исто́чник, фонта́н 3) резервуа́р кероси́новой *или* ма́сляной ла́мпы 4) = fount II

**food** [fuːd] *n* 1) пи́ща, пита́ние; еда́, корм; the ~ there is excellent там хорошо́ ко́рмят; ~ for thought (*или* reflection) пи́ща для ума́, духо́вная пи́ща; to become ~ for fishes утону́ть; to become ~ for worms умере́ть 2) съестны́е припа́сы, прови́зия, продово́льствие 3) *attr.* пита́тельный; ~ value пита́тельность 4) *attr.* продово́льственный; ~ rationing ка́рточная систе́ма (*распределения продуктов*)

**food-card** [ˈfuːdkɑːd] *n* продово́льственная ка́рточка

**food crop** [ˈfuːdkrɔp] *n с.-х.* продово́льственная культу́ра

**food-stuffs** [ˈfuːdstʌfs] *n* продово́льствие, проду́кты пита́ния

**fool** I [fuːl] **1.** *n* 1) дура́к, глупе́ц; to make a ~ of smb. одура́чить кого́-либо; to make a ~ of oneself поста́вить себя́ в глу́пое положе́ние, сваля́ть дурака́; to play the ~ валя́ть дурака́; to play the ~ with а) дура́чить, обма́нывать; б) по́ртить 2) шут ◇ every man has a ~ in his sleeve *посл.* ≅ на вся́кого мудреца́ дово́льно простоты́; по ~ like an old ~ ≅ седина́ в бо́роду, а бес в ребро́; to be a ~ for one's pains напра́сно потруди́ться

**2.** *a разг.* глу́пый, безрассу́дный

**3.** *v* дура́чить(ся); одура́чивать; обма́нывать □ ~ **about** зря болта́ться; ~ **after** волочи́ться за *кем-л.*; ~ **around** *амер.* = ~ about; ~ **away** тра́тить зря; упуска́ть (*случай*); to ~ away one's time по́пусту тра́тить вре́мя; ~ **out** добива́ться обма́ном (of — у); ~ **with** забавля́ться, игра́ть

**fool** II [fuːl] *n* кисе́ль; gooseberry ~ крыжо́венный кисе́ль со сби́тыми сли́вками

**foolery** [ˈfuːlərɪ] *n* дура́чество; глу́пый посту́пок

**foolhardy** [ˈfuːlˌhɑːdɪ] *a* 1) безрассу́дно хра́брый 2) лю́бящий риск

**foolish** [ˈfuːlɪʃ] *a* глу́пый; безрассу́дный; дура́шливый

**foolishness** [ˈfuːlɪʃnɪs] *n* глу́пость, безрассу́дство

**foolproof** [ˈfuːlpruːf] *n разг.* 1) несло́жный; поня́тный всем и ка́ждому 2) безопа́сный, защищённый от неосторо́жного *или* неуме́лого обраще́ния 3) ве́рный (*о деле*)

**foolscap, fool's-cap** *n* 1) [ˈfuːlzkæp] шутовско́й колпа́к 2) [ˈfuːlskæp] форма́т бума́ги (*13 д.* × *17 д.*)

**foot** [fut] **1.** (*pl* feet) 1) ступня́; нога́ (*ниже щиколотки*); ла́па (*животного*); to be on one's feet быть на нога́х, опра́виться по́сле боле́зни; *перен.* стоя́ть на свои́х нога́х, быть самостоя́тельным, материа́льно обеспе́ченным 2) шаг, похо́дка, по́ступь; at a ~'s pace ша́гом; fleet (*или* swift) of ~ *поэт.* быстроно́гий; light (heavy) ~ лёгкая (тяжёлая) по́ступь; on ~ пешко́м; *перен.* в движе́нии, в ста́дии приготовле́ния; to put one's best ~ forward а) приба́вить ша́гу, поторопи́ться; б) де́лать всё возмо́жное; to run a good ~ хорошо́ бежа́ть (*о лошади*) 3) *воен.* пехо́та 4) (*pl часто без измен.*) фут (= *30,48 см*); cubic ~ куби́ческий фут; a square ~ of land пядь земли́ 5) основа́ние, опо́ра, подно́жие; the ~ of a staircase основа́ние ле́стницы 6) ни́жняя часть, ни́жний край; at the ~ (of the bed) в нога́х (крова́ти); at the ~ of a page (of a table) в конце́ страни́цы (стола́) 7) но́жка (*мебели*); подно́жка, сто́йка 8) (*pl* -s [-s]) оса́док; подо́нки 9) *прос.* стопа́ 10) носо́к (*чулка*) ◇ to be on ~ проекти́роваться; to put one's feet up безде́льничать; to set (*или* to put, to have) one's ~ on the neck of smb. поработи́ть кого́-л.; to carry smb. off his feet вы́звать чей-л. восто́рг; си́льно взволнова́ть, возбуди́ть кого́-л.; to fall on one's feet сча́стливо отде́латься, уда́чно вы́йти из тру́дного положе́ния; to put one's ~ down *разг.* заня́ть твёрдую пози́цию; приня́ть твёрдое реше́ние; реши́тельно воспроти́виться; to put one's ~ in (*или* into) it *разг.* вли́пнуть, обмиши́литься; соверши́ть беста́ктный посту́пок; сесть в лу́жу; to know (*или* to get, to find, to have, to take) the length of smb.'s ~ узна́ть чью-л. сла́бость, раскуси́ть челове́ка; under ~ на земле́, под нога́ми; my ~! (кака́я) чепуха́!; как бы не так!

**2.** *v* 1) идти́ пешко́м; to ~ it *разг.* а) танцева́ть; б) идти́ пешко́м 2) надвя́зывать (*чулок*) 3) подыто́живать; подсчи́тывать; to ~ the bill *разг.* оплати́ть счёт (*или* расхо́ды); *перен.* испы́тывать на себе́ после́дствия, распла́чиваться 4) составля́ть, достига́ть; his losses ~ up to £ 100 его́ убы́ток достига́ет 100 фу́нтов (сте́рлингов) 5) *разг.* ляга́ть

**foot-and-mouth disease** [ˈfutəndˈmauθdɪˈziːz] *n вет.* я́щур

**football** [ˈfutbɔːl] *n* 1) футбо́л 2) футбо́льный мяч

**footballer** [ˈfutbɔːlə] *n* футболи́ст

**football-player** [ˈfutbɔːlˌpleɪə] = footballer

**foot-bath** [ˈfutbɑːθ] *n* ножна́я ва́нна

**footboard** [ˈfutbɔːd] *n* 1) подно́жка (*экипажа, железнодорожного вагона, автомобиля*); запя́тки; ступе́нька 2) *тех.* подкла́дка 3) изно́жье (*кровати*)

**foot-brake** [ˈfutbreɪk] *n* ножно́й то́рмоз

**foot-bridge** [ˈfutbrɪdʒ] *n* пешехо́дный мо́стик

**footer** [ˈfutə] *n sl.* футбо́л

**-footer** [-futə] *в сложных словах означает столько-то* фу́тов ро́стом; *напр.*: a six-~ челове́к шести́ фу́тов ро́стом

**footfall** [ˈfutfɔːl] *n* 1) по́ступь 2) звук шаго́в

**foot-fault** [ˈfutfɔːlt] *n* поте́ря пода́чи из-за непра́вильного положе́ния ног пода́ющего (*в теннисе*), заша́г

**foot-gear** [ˈfutgɪə] *n собир.* 1) о́бувь 2) чулки́ и носки́

**Foot Guards** [ˈfutgɑːdz] *n pl* гварде́йская пехо́та

**foot-hill** [ˈfuthɪl] *n* предго́рье

**foothold** [ˈfuthəuld] *n* 1) опо́ра для ноги́ 2) то́чка опо́ры; опо́рный пункт, плацда́рм; to gain a ~ стать твёрдой ного́й, утверди́ться, укрепи́ться

**footing** [ˈfutɪŋ] **1.** *pres. p. от* foot 2

2. *n* 1) опо́ра для ноги́; to lose one's ~ поскользну́ться, оступи́ться 2) основа́ние, фунда́мент, опо́ра 3) про́чное положе́ние (*в обществе, учреждении и т. п.*); to get (*или* to gain) a ~ in society приобрести́ положе́ние в о́бществе 4) ито́г, су́мма столбца́ цифр ◇ to pay (for) one's ~ *разг.* а) сде́лать вступи́тельный взнос (*в виде дара, для организации вечеринки и т. п.*); б) поста́вить магары́ч; to be on a friendly ~ with smb. быть на дру́жеской ноге́ с кем-л.; on an equal ~ на ра́вных основа́ниях; to put on a war ~ приводи́ть в боеву́ю гото́вность; переводи́ть на вое́нное положе́ние

**footle** [ˈfu:tl] *разг.* 1. *n* болтовня́, ерунда́; глу́пость

2. *v* дури́ть, болта́ть чепуху́

**footless** [ˈfutlɪs] *a* 1) безно́гий 2) лишённый основа́ния 3) *амер.* неуклю́жий, неуме́лый

**footlights** [ˈfutlaɪts] *n pl театр.* огни́ ра́мпы; ра́мпа; to appear before the ~ выступа́ть на сце́не; стать актёром; to get over the ~ име́ть успе́х, понра́виться пу́блике (*о пьесе, спектакле*)

**footling** [ˈfutlɪŋ] *a разг.* пустяко́вый

**footloose** [ˈfutlu:s] *a* свобо́дный, незави́симый; ~ and fancy free ≅ свобо́ден, как во́льная пта́шка

**footman** [ˈfutmən] *n* (ливре́йный) лаке́й

**foot-mark** [ˈfutmɑ:k] *n* след, отпеча́ток (ноги́)

**foot-note** [ˈfutnəut] 1. *n* подстро́чное примеча́ние; сно́ска

2. *v* снабжа́ть подстро́чными примеча́ниями

**foot-pace** [ˈfutpeɪs] *n* шаг; at (a) ~ ша́гом

**footpad** [ˈfutpæd] *n ист.* разбо́йник

**foot-passenger** [ˈfutˌpæsɪndʒə] *n* пешехо́д

**foot-path** [ˈfutpɑ:θ] *n* пешехо́дная доро́жка, тропи́нка

**foot-plate** [ˈfutpleɪt] *n* 1) площа́дка машини́ста паровоза 2) *attr.* парово́зный; ~ crew парово́зная брига́да

**foot-pound** [ˈfutpaund] *n тех.* футофу́нт

**footprint** [ˈfutprɪnt] *n* след, отпеча́ток (ноги́)

**foot-race** [ˈfutreɪs] *n* состяза́ние по ходьбе́

**foot-rule** [ˈfutru:l] *n* линейка, складно́й фут

**footsie** [ˈfutsɪ] *n*: to play ~ заи́грывать (*с кем-л.*)

**foot-slogger** [ˈfutˌslɔgə] *n разг.* 1) пехоти́нец 2) пешехо́д

**footsore** [ˈfutsɔ:] *a* со стёртыми нога́ми

**footstalk** [ˈfutstɔ:k] *n бот.* сте́бель

**footstep** [ˈfutstep] *n* 1) след; по́ступь, похо́дка; to follow in smb.'s ~s идти́ по чьим-л. стопа́м 2) подно́жка, ступе́нька 3) *тех.* опо́ра, пята́

**footstool** [ˈfutstu:l] *n* скаме́ечка для ног

**footway** [ˈfutweɪ] *n* 1) пешехо́дная доро́жка; тротуа́р 2) *горн.* ле́стница (*в шахте*)

**foot-wear** [ˈfutwɛə] *n* о́бувь

**footwork** [ˈfutwə:k] *n* рабо́та ног (*в спорте, танцах и т. п.*)

**footworn** [ˈfutwɔ:n] *a* 1) уста́лый (*о путнике*) 2) исхо́женный, уто́птанный (*о тропинке и т. п.*)

**foozle** [ˈfu:zl] *разг.* 1. *n* 1) неуда́чный уда́р (*в гольфе*) 2) *амер.* дура́к

2. *v* 1) де́лать неуда́чный уда́р (*в гольфе*) 2) де́лать ко́е-ка́к (*что-л.*)

**fop** [fɔp] *n* фат, щёголь, хлыщ

**foppery** [ˈfɔpərɪ] *n* фатовство́, щегольство́

**foppish** [ˈfɔpɪʃ] *a* фатова́тый, пусто́й

**for** [fɔ: (*полная форма*); fə (*редуцированная форма*)] 1. *prep* 1) для, ра́ди; *передаётся тж. дательным падежом*; ~ my sake ра́ди меня́; it is very good ~ you вам о́чень поле́зно; ~ children для дете́й; ~ sale для прода́жи 2) за; we are ~ peace мы за мир 3) ра́ди, за (*о цели*); just ~ fun ра́ди шу́тки; to send ~ a doctor посла́ть за врачо́м 4) про́тив, от; medicine ~ a cough лека́рство от ка́шля 5) в направле́нии; к; to start ~ напра́виться в 6) из-за, за, по причи́не, всле́дствие; ~ joy от ра́дости; to dance ~ joy пляса́ть от ра́дости; ~ many reasons по мно́гим причи́нам; famous ~ smth. знамени́тый чем-л. 7) в тече́ние, в продолже́ние; to last ~ an hour дли́ться час; to wait ~ years ждать года́ми 8) на расстоя́ние; to run ~ a mile бежа́ть ми́лю 9) вме́сто, в обме́н; за (*что-л.*); I got it ~ 5 dollars я купи́л э́то за пять до́лларов; will you please act ~ me in the matter? прошу́ вас заня́ться э́тим вопро́сом вме́сто меня́ 10) на (*определённый момент*); the lecture was arranged ~ two o'clock ле́кция была́ назна́чена на 2 часа́ 11) в; на; ~ the first time в пе́рвый раз; ~ (this) once на э́тот раз 12) от; *передаётся тж. родительным падежом*; member ~ Oxford член парла́мента от О́ксфорда 13) *употр. со сложным дополнением и другими сложными членами предложения*: it seems useless ~ them to take this course им, по-ви́димому, бесполе́зно идти́ по э́тому пути́; I'd have given anything ~ this not to have happened я бы мно́гое тепе́рь отда́л за то, что́бы ничего́ э́того не произошло́; this is ~ you to decide вы должны́ реши́ть э́то са́ми ◇ ~ all I know наско́лько мне изве́стно; ~ all that несмотря́ на всё э́то; ~ all that I wouldn't talk like that и всё-таки я бы так не говори́л; as ~ me, ~ all I care что каса́ется меня́; he is free to do what he likes ~ all I care по мне́, пусть поступа́ет, как хо́чет; oh, ~ ..! ах, е́сли бы ..!; oh, ~ a fine day! (как бы́ло бы сла́вно,) е́сли бы вы́пал хоро́ший, я́сный день!; to hope ~ the best наде́яться на лу́чшее; put my name down ~ two tickets запиши́те два биле́та на моё и́мя; it's too beautiful ~ words слов нет — э́то прекра́сно, э́то вы́ше вся́ких слов

2. *cj* и́бо; ввиду́ того́, что

**forage** [ˈfɔrɪdʒ] 1. *n* 1) фура́ж, корм 2) *воен.* фуражиро́вка

2. *v* 1) *воен.* фуражи́ровать 2) добыва́ть продово́льствие *или* что-л. необходи́мое; to ~ (about) for a meal оты́скивать ме́сто, где мо́жно пое́сть 3) опустоша́ть, гра́бить

**forage-cap** [ˈfɔrɪdʒkæp] *n* пило́тка

**forager** [ˈfɔrɪdʒə] *n* фуражи́р

**foramen** [fɔˈreɪmen] *n* (*pl* -mina, -mens [-menz]) *анат., зоол., бот.* отве́рстие, кана́л, прохо́д

**foramina** [fɔˈræmɪnə] *pl от* foramen

**forasmuch** [fərəzˈmʌtʃ] *adv*: ~ as ввиду́ того́ что, поско́льку

**foray** [ˈfɔreɪ] 1. *n* набе́г; маро́дёрство

2. *v* производи́ть граби́тельский набе́г

**forbad** [fəˈbæd] *редк. past от* forbid

**forbade** [fəˈbeɪd] *past от* forbid

**forbear** I [ˈfɔ:bɛə] *n* (*обыкн. pl*) пре́док

**forbear** II [fɔ:ˈbɛə] *v* (forbore; forborne) 1) возде́рживаться (from) 2) быть терпели́вым; to bear and ~ быть терпели́вым и терпи́мым

**forbearance** [fɔ:ˈbɛərəns] *n* 1) возде́ржанность 2) снисходи́тельность, терпели́вость

**forbid** [fəˈbɪd] *v* (forbad, forbade; forbidden) запреща́ть; не позволя́ть; to ~ smb. the country запрети́ть кому́-л. въезд в страну́; to ~ the house отказа́ть от до́ма; time ~s вре́мя не позволя́ет; I am ~den tobacco мне запрещено́ кури́ть ◇ God ~! бо́же упаси́!

**forbidden** [fəˈbɪdn] 1. *p. p. от* forbid

2. *a* запре́тный; запрещённый ◇ ~ fruit запре́тный плод; ~ ground запре́тная те́ма (разгово́ра)

**forbidding** [fəˈbɪdɪŋ] 1. *pres. p. от* forbid

2. *a* 1) непривлека́тельный, отта́лкивающий; a ~ look отта́лкивающая вне́шность 2) угрожа́ющий; стра́шный 3) непристу́пный; a ~ coast непристу́пный бе́рег; his attitude was ~ он держа́л себя́ непристу́пно

**forbore** [fɔ:ˈbɔ:] *past от* forbear II

**forborne** [fɔ:ˈbɔ:n] *p. p. от* forbear II

**force** [fɔ:s] 1. *n* 1) си́ла; by ~ си́лой, наси́льно; by ~ of (arms) си́лой, посре́дством (ору́жия); he did it by ~ of habit он сде́лал э́то в си́лу привы́чки 2) наси́лие, принужде́ние; brute ~ гру́бая си́ла, наси́лие 3) вооружённый отря́д 4): the ~ поли́ция 5) (*обыкн. pl*) вооружённые си́лы, войска́ 6) си́ла, де́йствие (*закона, постановления и т. п.*); to come into ~ вступа́ть в си́лу; to put in ~ вводи́ть в де́йствие, осуществля́ть, проводи́ть в жизнь; to remain in ~ остава́ться в си́ле, де́йствовать 7) влия́ние, де́йственность, убеди́тельность; by ~ of circumstances в си́лу обстоя́тельств; there is ~ in what you say вы говори́те убеди́тельно 8) смысл, значе́ние; the ~ of a clause смысл статьи́ (*договора*) 9) *физ.* си́ла; ~ of gravity си́ла тя́жести; земно́е притяже́ние ◇ to come in full ~ прибы́ть в по́лном соста́ве

2. *v* 1) заставля́ть, принужда́ть; навя́зывать; to ~ a confession вы́нудить призна́ние; to ~ a smile вы́давить улы́бку; заста́вить себя́ улыбну́ться; to ~ tears from smb.'s eyes заста́вить кого́-л. распла́каться, довести́ кого́-л. до слёз; to ~ an action а) *воен.* навяза́ть бой; б) вы́нудить (*кого-л.*) сде́лать что-л.; to ~ division потре́бовать голосова́ния (*особ. в англ. парламенте*) 2) брать си́лой, форси́ровать; to ~ a lock взлома́ть замо́к; to ~ one's way проложи́ть себе́ доро́гу; to ~ a crossing *воен.* форси́ровать во́дную прегра́ду 3) *тех.* вставля́ть с си́лой 4) форси́ровать (*ход*); перегружа́ть маши́ну 5) ускоря́ть (*движение*); добавля́ть оборо́ты 6) напряга́ть, наси́ловать; to ~ one's voice напряга́ть го́лос 7) выводи́ть, выра́щивать □ ~ **in** а) продави́ть; б) вти́снуться; ~ **into** вти́снуть; to ~ into application вводи́ть, насажда́ть ◇ to ~ down the throat навяза́ть (*что-л.*) си́лой; to ~ smb.'s hand заставля́ть кого́-л. де́йствовать неме́дленно, вопреки́ его́ жела́нию; толка́ть (*на что-л.*), подта́лкивать; to ~ up prices вздува́ть, взви́нчивать це́ны

**forced** [fɔːst] 1. *p. p. от* force 2

2. *a* 1) принуди́тельный; ~ landing *ав.* вы́нужденная поса́дка 2) натя́нутый (*об улыбке*); аффекти́рованный, притво́рный; неесте́ственный 3) *воен.* форси́рованный 4) *тех.* форси́рованный; принуди́тельный; ~ draught иску́сственная тя́га

**forcedly** [ˈfɔːsɪdlɪ] *adv* вы́нужденно; принуждённо

**forceful** [ˈfɔːsful] *a* 1) си́льный 2) де́йственный, убеди́тельный

**force-land** [ˈfɔːslænd] *v ав. разг.* соверша́ть вы́нужденную поса́дку

**forceless** [ˈfɔːslɪs] *a* бесси́льный

**force-meat** [ˈfɔːsmiːt] *n* фарш

**forceps** [ˈfɔːseps] *n* (*употр. как sing и как pl*) 1) хирурги́ческие щипцы́; пинце́т 2) *attr.*: a ~ delivery наложе́ние щипцо́в (*при родах*)

**force-pump** [ˈfɔːspʌmp] *n тех.* нагнета́тельный насо́с

**forcible** [ˈfɔːsəbl] *a* 1) наси́льственный 2) ве́ский, убеди́тельный (*о доводе и т. п.*); я́ркий

**forcing** [ˈfɔːsɪŋ] 1. *pres. p. от* force 2

2. *n* 1) наси́лие, принужде́ние 2) стимуля́ция (*роста*); вы́гонка (*растения*) в парнике́ 3) *тех.* форси́рование 4) *attr.*: ~ bed парни́к; тепли́ца

**Ford** [fɔːd] *n* форд (*автомобиль*)

**ford** [fɔːd] 1. *n* 1) брод 2) *уст., поэт.* река́, пото́к

2. *v* переходи́ть вброд

**fore** [fɔː] 1. *n мор.* нос, носова́я часть су́дна ◇ to the ~ а) поблизо́сти; б) налицо́ (*о деньгах и т. п.*); в) впереди́, на пере́днем пла́не; заме́тный; to come to the ~ выступа́ть, выдвига́ться вперёд; he has come to the ~ recently с не́которых пор о нём заговори́ли

2. *a* пере́дний; *мор.* носово́й

3. *adv мор.* впереди́; ~ and aft на носу́ и на корме́; вдоль всего́ су́дна

**fore-** [fɔː-] *pref* пред-, пе́ред; *напр.*: forearm предпле́чье; to foresee предви́деть

**fore-and-aft** [ˈfɔːrəndɑːft] *a мор.* продо́льный; ~ rigged с косы́м па́русным вооруже́нием; ~ sail косо́й па́рус ◇ ~ cap *воен.* пило́тка

**forearm** I [ˈfɔːrɑːm] *n* предпле́чье

**forearm** II [fɔːrˈɑːm] *v* зара́нее вооружа́ться

**forebear** [fɔːˈbɛə] = forbear I

**forebode** [fɔːˈbəud] *v* 1) предвеща́ть 2) предчу́вствовать (*преим. дурное*)

**foreboding** [fɔːˈbəudɪŋ] 1. *pres. p. от* forebode

2. *n* 1) плохо́е предзнаменова́ние; предве́стник беды́ 2) предчу́вствие (*дурного*)

**fore-cabin** [ˈfɔːˌkæbɪn] *n мор.* 1) сало́н команди́ра 2) пассажи́рское помеще́ние 2-го кла́сса

**forecast** [ˈfɔːkɑːst] 1. *n* предсказа́ние; прогно́з; population ~ демографи́ческий прогно́з; crop ~ ви́ды на урожа́й

2. *v* (forecast, forecasted [-ɪd]) предви́деть, предска́зывать

**forecastle** [ˈfəuksl] *n мор.* бак; полуба́к; носово́й ку́брик (*для матросов*)

**foreclose** [fɔːˈkləuz] *v* 1) *юр.* исключа́ть, лиша́ть пра́ва по́льзования 2) *юр.* отка́зывать в пра́ве вы́купа закладно́й вследствие просро́чки 3) предреша́ть (*вопрос*)

**foreclosure** [fɔːˈkləuʒə] *n юр.* лише́ние пра́ва вы́купа закладно́й

**forecourt** [ˈfɔːkɔːt] *n* вне́шний двор (*перед домом*)

**foredoom** [fɔːˈduːm] *v* (*обыкн. pass.*) 1) предреша́ть (*судьбу*); предопределя́ть 2) обрека́ть (to); it was an attempt ~ed to failure э́та попы́тка была́ обречена́ на неуда́чу

**fore-edge** [ˈfɔːrədʒ] *n* пере́дний обре́з кни́ги

**forefather** [ˈfɔːˌfɑːðə] *n* (*преим. pl*) пре́док; Forefathers' Day *амер.* годовщи́на вы́садки англи́йских колони́стов на америка́нском берегу́ (*21 декабря 1620 г.*), пра́зднуемая 22 декабря́

**forefinger** [ˈfɔːˌfɪŋgə] *n* указа́тельный па́лец

**forefoot** [ˈfɔːfut] *n* пере́дняя нога́ *или* ла́па

**forefront** [ˈfɔːfrʌnt] *n* 1) *воен.* передова́я ли́ния (фро́нта); пере́дний край 2) важне́йшее ме́сто, центр де́ятельности; to bring to the ~, to place in the ~ выдвига́ть на пере́дний план

**forego** [fɔːˈgəu] *v* (forewent; foregone) 1) предше́ствовать 2) = forgo

**foregoing** [fɔːˈgəuɪŋ] 1. *pres. p. от* forego

2. *a* предше́ствующий, упомя́нутый вы́ше

**foregone** [fɔːˈgɔn] 1. *p. p. от* forego

2. *a* изве́стный *или* при́нятый зара́нее; ~ conclusion предрешённый вы́вод, зара́нее изве́стное реше́ние

**foreground** [ˈfɔːgraund] *n* 1) пере́дний план (*картины*) 2) *театр.* авансце́на 3) са́мое ви́дное ме́сто; to keep oneself in the ~ держа́ться на виду́

**forehand** [ˈfɔːhænd] 1. *n* 1) пере́дняя часть ко́рпуса ло́шади (*перед всадником*) 2) уда́р спра́ва (*теннис*)

2. *a* заблаговре́менный

**forehanded** [ˈfɔːhændɪd] *a* 1) своевре́менный, заблаговре́менный 2) *амер.* расчётливый, предусмотри́тельный 3) *амер.* преуспева́ющий

**forehead** [ˈfɔrɪd] *n* лоб

**foreign** [ˈfɔrɪn] *a* 1) иностра́нный; зарубе́жный; ~ policy вне́шняя поли́тика; ~ problems вопро́сы вне́шней поли́тики; the F. Office министе́рство иностра́нных дел (*в Англии*); F. Secretary мини́стр иностра́нных дел (*в Англии*); ~ service дипломати́ческая слу́жба; ~ economic relations внешнеэкономи́ческие свя́зи; ~ traffic междунаро́дное сообще́ние 2) чужо́й, незде́шний 3) чу́ждый; lying is ~ to his nature ложь не в его́ хара́ктере 4) не относя́щийся к де́лу; несоотве́тствующий; ~ to the matter in hand не име́ющий отноше́ния к да́нному вопро́су 5) *мед., хим.* иноро́дный

**foreigner** [ˈfɔrɪnə] *n* 1) иностра́нец 2) чужо́й (челове́к) 3) *разг.* иностра́нный кора́бль 4) *разг.* расте́ние, живо́тное *и т. п.*, вы́везенное из друго́й страны́

**forejudge** [fɔːˈdʒʌdʒ] *v* принима́ть предвзя́тое реше́ние; предреша́ть

**foreknew** [fɔːˈnjuː] *past от* foreknow

**foreknow** [fɔːˈnəu] *v* (foreknew; foreknown) знать наперёд

**foreknowledge** [ˈfɔːˈnɔlɪdʒ] *n* предви́дение

**foreknown** [fɔːˈnəun] *p. p. от* foreknow

**foreland** [ˈfɔːlənd] *n* 1) мыс 2) прибре́жная, примо́рская полоса́; коса́

**foreleg** [ˈfɔːleg] *n* пере́дняя нога́ *или* ла́па

**forelock** [ˈfɔːlɔk] *n* 1) прядь воло́с на лбу; хохо́л; чуб 2) *тех.* шплинт, чека́ ◇ to take time (*или* occasion) by the ~ воспо́льзоваться слу́чаем; испо́льзовать благоприя́тный моме́нт; не зева́ть

**foreman** [ˈfɔːmən] *n* 1) ма́стер; ста́рший рабо́чий; деся́тник; прора́б, те́хник; нача́льник це́ха; *горн.* ште́йгер 2) *юр.* старшина́ прися́жных

**foremast** [ˈfɔːmɑːst] *n мор.* фок-ма́чта

**foremilk** [ˈfɔːmɪlk] *n* моло́зиво

**foremost** [ˈfɔːməust] 1. *a* 1) пере́дний; передово́й; head ~ голово́й вперёд 2) са́мый гла́вный, выдаю́щийся; ~ authority крупне́йший специали́ст

2. *adv* на пе́рвом ме́сте; пре́жде всего́; во-пе́рвых, в пе́рвую о́чередь (*обыкн.* first and ~)

**forename** [ˈfɔːneɪm] *n* и́мя (*в отличие от фамилии на бланках, анкетах и т. п.*)

**forenoon** [ˈfɔːnuːn] *n* вре́мя до полу́дня; у́тро

**forensic** [fəˈrensɪk] *a* суде́бный; ~ medicine суде́бная медици́на; ~ eloquence красноре́чие адвока́та

**foreordain** [ˈfɔːrɔːˈdeɪn] *v* *книжн.* предопределя́ть

**forepart** [ˈfɔːpɑːt] *n* 1) пере́дняя часть 2) пе́рвая часть

**fore-runner** [ˈfɔːˌrʌnə] *n* 1) предте́ча 2) предве́стник

**foresail** [ˈfɔːseɪl] *n* *мор.* фок

**foresaw** [fɔːˈsɔː] *past от* foresee

**foresee** [fɔːˈsiː] *v* (foresaw; foreseen) предви́деть

**foreseeable** [fɔːˈsiːəbl] *a* поддаю́щийся предви́дению

**foreseen** [fɔːˈsiːn] *p. p. от* foresee

**foreshadow** [fɔːˈʃædəu] *v* предзнаменова́ть, предвеща́ть; to be ~ed намеча́ться

**foreshore** [ˈfɔːʃɔː] *n* берегова́я полоса́, затопля́емая прили́вом

**foreshorten** [fɔːˈʃɔːtn] *v* рисова́ть *или* черти́ть в перспекти́ве *или* раку́рсе

**foreshow** [fɔːˈʃəu] *v* (foreshowed [-d]; foreshown) предска́зывать, предвеща́ть

**foreshown** [fɔːˈʃəun] *p. p. от* foreshow

**foresight** [ˈfɔːsaɪt] *n* 1) предви́дение 2) предусмотри́тельность 3) *воен.* му́шка

**foreskin** [ˈfɔːskɪn] *n* *анат.* кра́йняя плоть

**forest** [ˈfɔrɪst] **1.** *n* 1) лес 2) *юр.* запове́дник (*для охоты*); зака́зник 3) *attr.* лесно́й; ~ conservation охра́на лесо́в; ~ shelter belt полезащи́тная лесна́я полоса́

**2.** *v* заса́живать ле́сом

**forestall** [fɔːˈstɔːl] *v* 1) предупрежда́ть, предвосхища́ть; опережа́ть, забега́ть вперёд 2) скупа́ть това́ры *или* препя́тствовать их поступле́нию на ры́нок с це́лью повыше́ния цен

**forester** [ˈfɔrɪstə] *n* 1) лесни́к, лесни́чий 2) обита́тель лесо́в

**forestry** [ˈfɔrɪstrɪ] *n* 1) лесни́чество 2) лесово́дство; лесно́е хозя́йство 3) леса́, лесны́е масси́вы

**foretaste** **1.** *n* [ˈfɔːteɪst] предвкуше́ние

**2.** *v* [fɔːˈteɪst] предвкуша́ть

**foretell** [fɔːˈtel] *v* (foretold) предска́зывать

**forethought** [ˈfɔːθɔːt] *n* предусмотри́тельность; уме́ние рассчита́ть зара́нее

**forethoughtful** [fɔːˈθɔːtful] *a* предусмотри́тельный

**foretime** [ˈfɔːtaɪm] *n* ста́рые времена́; бы́лые дни; про́шлое

**foretoken** **1.** *n* [ˈfɔːˌtəukən] плохо́е предзнаменова́ние

**2.** *v* [fɔːˈtəukən] предвеща́ть

**foretold** [fɔːˈtəuld] *past и p. p. от* foretell

**foretooth** [ˈfɔːtuːθ] *n* пере́дний зуб

**forever** [fəˈrevə] *adv* 1) навсегда́ 2) постоя́нно; беспреста́нно

**forewarn** [fɔːˈwɔːn] *v* предостерега́ть ◇ ~ed is forearmed *посл.* кто предостережён, тот вооружён

**forewent** [fɔːˈwent] *past от* forego

**forewoman** [ˈfɔːˌwumən] *n* 1) же́нщина-деся́тник; же́нщина-те́хник; же́нщина-ма́стер 2) *юр.* старшина́ же́нщин-прися́жных

**foreword** [ˈfɔːwəːd] *n* предисло́вие

**forfeit** [ˈfɔːfɪt] **1.** *n* 1) распла́та (*за просту́пок и т. п.*); штраф 2) конфиско́ванная вещь 3) конфиска́ция; поте́ря (*чего-л.*) 4) фант; *pl* игра́ в фа́нты

**2.** *a* конфиско́ванный

**3.** *v* поплати́ться (*чем-л.*); потеря́ть пра́во (*на что-л.*)

**forfeiture** [ˈfɔːfɪtʃə] *n* поте́ря; конфиска́ция

**forgather** [fɔːˈgæðə] *v* собира́ться, встреча́ться

**forgave** [fəˈgeɪv] *past от* forgive

**forge** I [fɔːdʒ] **1.** *n* 1) ку́зница 2) (кузне́чный) горн

**2.** *v* 1) кова́ть, выко́вывать 2) выду́мывать, изобрета́ть 3) подде́лывать (*докуме́нт, по́дпись и т. п.*)

**forge** II [fɔːdʒ] *v* постепе́нно обгоня́ть; постепе́нно выходи́ть на пе́рвое ме́сто; возглавля́ть, лиди́ровать (*о бегуне и т. п.*) (*тж.* ~ ahead)

**forger** [ˈfɔːdʒə] *n* 1) тот, кто подде́лывает докуме́нты, по́дписи *и т. п.* 2) фальшивомоне́тчик 3) кузне́ц

**forgery** [ˈfɔːdʒərɪ] *n* 1) подло́г, подде́лка 2) подде́лывание 3) фальши́вые де́ньги

**forget** [fəˈget] *v* (forgot; forgotten) забыва́ть; to ~ oneself а) забыва́ть себя́, ду́мая то́лько о други́х; б) забы́ться; в) забыва́ться, вести́ себя́ недосто́йно ◇ ~ it! не обраща́йте внима́ния!, пустяки́!; не сто́ит благода́рности!, пожа́луйста!

**forgetful** [fəˈgetful] *a* 1) забы́вчивый; he is ~ of dates у него́ плоха́я па́мять на да́ты 2) невнима́тельный, небре́жный; ~ of one's duties пло́хо по́мнящий о свои́х обя́занностях

**forget-me-not** [fəˈgetmɪnɔt] *n* незабу́дка

**forgivable** [fəˈgɪvəbl] *a* прости́тельный

**forgive** [fəˈgɪv] *v* (forgave; forgiven) 1) проща́ть 2) не тре́бовать, не взы́скивать (долг)

**forgiven** [fəˈgɪvn] *p. p. от* forgive

**forgiveness** [fəˈgɪvnɪs] *n* проще́ние

**forgiving** [fəˈgɪvɪŋ] **1.** *pres. p. от* forgive

**2.** *a* снисходи́тельный, всепроща́ющий

**forgo** [fɔːˈgəu] *v* (forwent; forgone) отка́зываться, возде́рживаться (*от чего-л*); to ~ one's custom оста́вить привы́чку

**forgone** [fɔːˈgɔn] *p. p. от* forgo

**forgot** [fəˈgɔt] *past от* forget

**forgotten** [fəˈgɔtn] **1.** *p. p. от* forget

**2.** *a* забы́тый; the ~ man *разг.* неуда́чник, па́сынок судьбы́

**fork** [fɔːk] **1.** *n* 1) ви́лка 2) рога́тина; ви́лы 3) камерто́н 4) разветвле́ние; ответвле́ние 5) разви́лка (*доро́г*), распу́тье 6) рука́в (*реки́*) 7) ви́лка (*велосипе́да*) 8) пах ◇ ~s of flame языки́ пла́мени

**2.** *v* 1) разветвля́ться 2) рабо́тать ви́лами □ ~ **out** *разг.* раскоше́литься; ~ **up** = ~ out

**forked** [fɔːkt] **1.** *p. p. от* fork 2

**2.** *a* раздво́енный; разветвлённый; вилкообра́зный; ~ lightning зигзагообра́зная мо́лния

**fork-lift** [ˈfɔːklɪft] *n* грузоподъёмник (*тж.* ~ truck)

**forlorn** [fəˈlɔːn] *a* *уст., поэт.* несча́стный, забро́шенный; одино́кий, поки́нутый ◇ ~ hope а) о́чень сла́бая наде́жда; б) безнадёжное предприя́тие (*тж. воен.*); в) *воен.* отря́д, выполня́ющий опа́сное зада́ние *или* обречённый на ги́бель

**form** [fɔːm] **1.** *n* 1) фо́рма; вне́шний вид; очерта́ние; in the ~ of a globe в фо́рме ша́ра; to take the ~ of smth. приня́ть фо́рму чего́-л. 2) фигу́ра (*особ. челове́ка*) 3) вид, разнови́дность 4) поря́док; общепри́нятая фо́рма; in due ~ в до́лжной фо́рме, по всем пра́вилам 5) образе́ц, бланк; анке́та 6) *воен.* формирова́ние, построе́ние 7) состоя́ние, гото́вность; the horse is in ~ ло́шадь вполне́ подгото́влена к бега́м; in (good) ~ а) «в фо́рме» (*о спортсме́не*); б) в уда́ре 8) форма́льность, этике́т, церемо́ния; good (bad) ~ хоро́ший (дурно́й) тон, хоро́шие (плохи́е) мане́ры 9) скамья́ 10) класс (*в шко́ле*) 11) *грам.* фо́рма 12) *иск.* фо́рма, вид; literary ~ литерату́рная фо́рма 13) *тех.* фо́рма, моде́ль 14) *полигр.* печа́тная фо́рма 15) нора́ (*за́йца*) 16) *стр.* опа́лубка 17) *ж.-д.* формирова́ние (*поездо́в*)

**2.** *v* 1) придава́ть *или* принима́ть фо́рму, вид; to ~ a vessel out of clay вы́лепить сосу́д из гли́ны 2) составля́ть; parts ~ a whole ча́сти образу́ют це́лое 3) создава́ть(ся), образо́вывать(ся); I can ~ no idea of his character не могу́ соста́вить себе́ представле́ния о его́ хара́ктере 4) воспи́тывать, выраба́тывать (*хара́ктер, ка́чества и т. п.*); дисциплини́ровать; тренирова́ть 5) формирова́ть(ся), образо́вывать(ся); стро́иться 6) *воен.* формирова́ть (*ча́сти*) 7) *ж.-д.* формирова́ть (*по́езда*) 8) *тех.* формова́ть

**formal** [ˈfɔːməl] *a* 1) официа́льный; ~ call официа́льный визи́т; ~ permission официа́льное разреше́ние 2) форма́льный; номина́льный; ~ acquiescence форма́льное согла́сие 3) относя́щийся к вне́шней фо́рме, вне́шний; ~ resemblance вне́шнее схо́дство 4) пра́вильный, соотве́тствующий пра́вилам; симметри́чный; ~ garden(s) англи́йский парк

**formaldehyde** [fɔːˈmældɪhaɪd] *n* *хим.* формальдеги́д

**formalin** [ˈfɔːməlɪn] *n* формали́н

**formalism** [ˈfɔːməlɪzm] *n* 1) формали́зм; педанти́чность 2) *иск.* формали́зм 3) *рел.* обря́довость

**formalist** [ˈfɔːməlɪst] *n* формали́ст; педа́нт

**formality** [fɔːˈmælɪtɪ] *n* 1) соблюде́ние устано́вленных норм и пра́вил; педанти́чность 2) форма́льность; legal formalities юриди́ческие форма́льности; a mere ~ чи́стая форма́льность

**formalize** [ˈfɔːməlaɪz] *v* 1) оформля́ть; придава́ть определённую фо́рму 2) де́йствовать официа́льно 3) подходи́ть форма́льно

**format** [ˈfɔːmæt] *фр. n* форма́т кни́ги

**formate** I [fɔːˈmeɪt] *v ав.* лете́ть стро́ем

**formate** II [ˈfɔːmɪt] *n хим.* соль муравьи́ной кислоты́

**formation** [fɔːˈmeɪʃən] *n* 1) образова́ние, созда́ние; формирова́ние; составле́ние; price ~ ценообразова́ние 2) строе́ние, констру́кция 3) хара́ктер, строе́ние; national ~ национа́льный склад 4) *воен.* расположе́ние; строй, поря́док (*войск*) 5) *ав.* боево́й поря́док, строй самолётов в во́здухе 6) *геол.* форма́ция, сви́та пласто́в

**formative** [ˈfɔːmətɪv] *a* 1) образу́ющий; созида́тельный; ~ influences влия́ния, формиру́ющие хара́ктер *и т. п.*; in a ~ stage в ста́дии становле́ния (*или* формирова́ния) 2) *лингв.* словообразу́ющий

**forme** [fɔːm] = form 1, 13)

**former** I [ˈfɔːmə] *n* 1) составитель; творе́ц; созда́тель 2) *ж.-д.* состави́тель (*поездов*) 3) *тех.* копи́р; шабло́н; моде́ль; фасо́нный резе́ц 4) *полигр.* словоли́тчик

**former** II [ˈfɔːmə] *a* 1) пре́жний, бы́вший; in ~ times в пре́жние времена́, в старину́ 2) предше́ствующий; the ~ пе́рвый (*из двух названных*)

**formic** [ˈfɔːmɪk] *a хим.* муравьи́ный; ~ acid муравьи́ная кислота́

**formica** [ˈfɔːmaɪkə] *n* огнеупо́рная пластма́сса (*торговая марка*)

**formicary** [ˈfɔːmɪkərɪ] *n* мураве́йник

**formication** [ˌfɔːmɪˈkeɪʃən] *n* мура́шки по те́лу

**formidable** [ˈfɔːmɪdəbl] *a* 1) стра́шный, гро́зный 2) грома́дный, огро́мный, труднопреодоли́мый; ~ task грандио́зная зада́ча 3) значи́тельный, внуши́тельный; ~ personality ва́жная персо́на

**formless** [ˈfɔːmlɪs] *a* бесфо́рменный, амо́рфный

**form-master** [ˈfɔːmˌmaːstə] *n* кла́ссный руководи́тель

**formula** [ˈfɔːmjulə] *n* (*pl* -as [-əz], -ae) 1) фо́рмула, формулиро́вка 2) фо́рмула (*в точных науках*) 3) ло́зунг, доктри́на 4) реце́пт

**formulae** [ˈfɔːmjuliː] *pl от* formula

**formulate** [ˈfɔːmjuleɪt] *v* 1) формули́ровать 2) выража́ть в ви́де фо́рмулы

**formulation** [ˌfɔːmjuˈleɪʃən] *n* формулиро́вка, реда́кция; final ~ оконча́тельная реда́кция

**formulism** [ˈfɔːmjulɪzm] *n* слепо́е сле́дование фо́рмуле

**fornicate** [ˈfɔːnɪkeɪt] *v* вступа́ть во внебра́чную связь

**fornication** [ˌfɔːnɪˈkeɪʃən] *n* внебра́чная связь; блуд

**forrader** [ˈfɔrədə] *adv разг.* вперёд; (I) can't get any ~ да́льше мне не пройти́

**forsake** [fəˈseɪk] *v* (forsook; forsaken) 1) оставля́ть, покида́ть 2) отка́зываться (*от привычки и т. п.*)

**forsaken** [fəˈseɪkən] 1. *p. p. от* forsake

2. *a* бро́шенный, поки́нутый

**forsook** [fəˈsuk] *past от* forsake

**forsooth** [fəˈsuːθ] *adv ирон.* несомне́нно, поисти́не

**forswear** [fɔːˈswɛə] *v* (forswore, forsworn) 1) отрека́ться 2): to ~ oneself ло́жно кля́сться; наруша́ть кля́тву

**forswore** [fɔːˈswɔː] *past от* forswear

**forsworn** [fɔːˈswɔːn] 1. *p. p. от* forswear

2. *n* (the ~) клятвопресту́пник(и)

**fort** [fɔːt] *n* форт

**forte** I [fɔːt] *n* си́льная сторона́ (*в человеке*); Latin is not my ~ в латы́ни я не силён

**forte** II [ˈfɔːtɪ] *ит. adv, n муз.* фо́рте

**forth** [fɔːθ] 1. *adv* 1) вперёд, да́льше; back and ~ туда́ и сюда́; взад и вперёд 2) нару́жу; to put ~ leaves покрыва́ться ли́стьями 3) впредь; from this time (*или* day) ~ с э́того вре́мени ◊ and so ~ и так да́лее; so far ~ посто́льку

2. *prep уст.* из

**forthcoming** [fɔːθˈkʌmɪŋ] 1. *n* появле́ние, приближе́ние

2. *a* 1) предстоя́щий, гряду́щий; приближа́ющийся; a ~ book кни́га, зака́нчивающаяся печа́танием; кни́га, кото́рая ско́ро вы́йдет 2) *predic.* ожида́емый; the help we hoped for was not ~ по́мощь, на кото́рую мы рассчи́тывали, не поступа́ла 3) *разг.* обходи́тельный, приве́тливый; общи́тельный (*о человеке*)

**forthright** 1. *a* [ˈfɔːθraɪt] 1) прямо́й 2) открове́нный; прямоли́нейный, че́стный

2. *adv* [fɔːθˈraɪt] пря́мо, реши́тельно

**forthwith** [ˈfɔːθˈwɪθ] *adv* то́тчас, неме́дленно

**forties** [ˈfɔːtɪz] *n pl* 1) (the ~) сороковы́е го́ды 2) пя́тый деся́ток (*возраст между 40 и 49 годами*) ◊ the roaring ~ бу́рная зо́на Атла́нтики (*39—50 сев. широты*)

**fortieth** [ˈfɔːtɪɪθ] 1. *num. ord.* сороково́й

2. *n* сорокова́я часть

**fortification** [ˌfɔːtɪfɪˈkeɪʃən] *n* 1) фортифика́ция 2) *pl* укрепле́ния 3) спиртова́ние, крепле́ние (*вина*)

**fortified** [ˈfɔːtɪfaɪd] 1. *p. p. от* fortify

2. *a* 1) *воен.* укреплённый; ~ area укреплённый райо́н 2) обогащённый; креплёный; ~ wine креплёное вино́

**fortify** [ˈfɔːtɪfaɪ] *v* 1) укрепля́ть 2) подде́рживать (*морально, физически*) 3) подтвержда́ть, подкрепля́ть (*фактами*) 4) *воен.* укрепля́ть, сооружа́ть укрепле́ние 5) добавля́ть спирт к вину́

**fortissimo** [fɔːˈtɪsɪməu] *ит. adv, n муз.* форти́ссимо

**fortitude** [ˈfɔːtɪtjuːd] *n* си́ла ду́ха, сто́йкость

**fortnight** [ˈfɔːtnaɪt] *n* две неде́ли; a ~ today, this day ~ ро́вно че́рез две неде́ли; this ~ после́дние *или* после́дующие две неде́ли

**fortnightly** [ˈfɔːtˌnaɪtlɪ] 1. *a* двухнеде́льный; выходя́щий раз в две неде́ли (*о журнале*); происходя́щий ка́ждые две неде́ли

2. *adv* раз в две неде́ли

**fortress** [ˈfɔːtrɪs] *n* кре́пость

**fortuitous** [fɔːˈtju(ː)ɪtəs] *a* случа́йный

**fortuity** [fɔːˈtju(ː)ɪtɪ] *n* случа́йность; слу́чай

**fortunate** [ˈfɔːtʃnɪt] *a* счастли́вый, уда́чный; благоприя́тный; if one is ~ в слу́чае уда́чи; в лу́чшем слу́чае

**fortune** [ˈfɔːtʃən] 1. *n* 1) уда́ча; сча́стье; счастли́вый слу́чай; bad (*или* ill) ~ несча́стье, неуда́ча; by good ~ по счастли́вой случа́йности; to seek one's ~ иска́ть сча́стья 2) судьба́; to read smb.'s ~, to tell ~s гада́ть; to tell smb. his ~ предсказа́ть кому́-л. судьбу́ 3) бога́тство, состоя́ние; a man of ~ бога́ч; to come into a ~ получи́ть насле́дство; to make a ~ разбогате́ть; to marry a ~ жени́ться на деньга́х; a small ~ *разг.* ≅ це́лое состоя́ние, больша́я су́мма

2. *v уст., поэт.* 1) случа́ться 2) натκну́ться (upon)

**fortune-hunter** [ˈfɔːtʃənˌhʌntə] *n* охо́тник за прида́ным, иска́тель бога́тых неве́ст

**fortuneless** [ˈfɔːtʃənlɪs] *a* 1) незада́чливый; несча́стный 2) бе́дный

**fortune-teller** [ˈfɔːtʃənˌtelə] *n* гада́лка, воро́жея

**forty** [ˈfɔːtɪ] 1. *num. card.* со́рок; ~-one со́рок оди́н; ~-two со́рок два *и т. д.* ◊ ~ winks коро́ткий (послеобе́денный) сон; the F.-five якоби́тское восста́ние 1745 г.

2. *n* 1) со́рок (*единиц, штук*)

**forty-niner** [ˈfɔːtɪˌnaɪnə] *n амер. разг.* золотоиска́тель (*прибывший в Калифорнию в 1849 г. после открытия в ней золота*)

**forum** [ˈfɔːrəm] *n* 1) *ист.* фо́рум 2) суд (*совести, чести, общественного мнения*) 3) фо́рум, собра́ние 4) свобо́дная диску́ссия

**forward** [ˈfɔːwəd] 1. *a* 1) пере́дний 2) передово́й, прогресси́вный 3) иду́щий впереди́ други́х; рабо́тающий *или* успева́ющий лу́чше други́х 4) гото́вый (*помочь и т. п.*) 5) всю́ду сую́щийся; развя́зный; наха́льный 6) ра́нний; скороспе́лый; преждевре́менный; необы́чно ра́нний 7) заблаговре́менный (*о закупках, контрактах*); ~ estimate предвари́тельная сме́та *или* оце́нка

2. *adv* 1) вперёд; да́льше 2) вперёд, впредь; from this time ~ с э́того вре́мени; to look ~ смотре́ть в бу́дущее ◊ backward(s) and ~(s) взад и вперёд; to look ~ to smth. предвкуша́ть что-л.

3. *n спорт.* напада́ющий (*в футболе*); centre ~ центр нападе́ния

4. *v* 1) ускоря́ть; помога́ть, спосо́бствовать; to ~ a scheme продвига́ть

проéкт 2) отправля́ть, пересыла́ть; посыла́ть, препровожда́ть
5. *int* вперёд!
**forwarder** [ˈfɔːwədə] *n* экспеди́тор
**forward-looking** [ˈfɔːwədˌlukɪŋ] *a* предусмотри́тельный, дальнови́дный
**forwardness** [ˈfɔːwədnɪs] *n* 1) ра́ннее разви́тие 2) гото́вность 3) самоуве́ренность, развя́зность; наха́льство
**forwent** [fɔːˈwent] *past от* forgo
**forworn** [fɔːˈwɔːn] *a уст., поэт.* уста́лый, изму́ченный
**fossa** [ˈfɔsə] *n* (*pl* -ae) *анат.* я́мка, впа́дина
**fossae** [ˈfɔsiː] *pl от* fossa
**fosse** [fɔs] *n* 1) *воен.* ров, кана́ва, транше́я 2) = fossa
**fossick** [ˈfɔsɪk] *v разг.* ша́рить, иска́ть
**fossil** [ˈfɔsl] **1.** *n* окамене́лость, ископа́емое (*тж. перен.*)
2. *a* 1) окамене́лый, ископа́емый 2) старомо́дный, допото́пный
**fossilize** [ˈfɔsɪlaɪz] *v* 1) превраща́ть(ся) в окамене́лость 2) закосне́ть
**foster** [ˈfɔstə] *v* 1) воспи́тывать, выха́живать, ходи́ть (*за детьми, больными*) 2) пита́ть (*чувство*); леле́ять (*мысль*) 3) поощря́ть; благоприя́тствовать
**fosterage** [ˈfɔstərɪdʒ] *n* 1) воспита́ние (*чужого*) ребёнка 2) отда́ча (*ребёнка*) на воспита́ние 3) поощре́ние
**foster-brother** [ˈfɔstəˌbrʌðə] *n* моло́чный брат
**foster-child** [ˈfɔstətʃaɪld] *n* приёмыш; воспи́танник
**foster-father** [ˈfɔstəˌfɑːðə] *n* приёмный оте́ц
**fosterling** [ˈfɔstəlɪŋ] *n* пито́мец; подопе́чный
**foster-mother** [ˈfɔstəˌmʌðə] *n* 1) корми́лица 2) приёмная мать 3) бру́дер, иску́сственная ма́тка (*для цыплят*)
**foster-sister** [ˈfɔstəˌsɪstə] *n* моло́чная сестра́
**fought** [fɔːt] *past и p. p. от* fight 2
**foul** [faul] **1.** *a* 1) гря́зный, отврати́тельный, воню́чий 2) загрязнённый; гно́йный (*о ране*); зара́зный (*о болезни*) 3) бесче́стный, нра́вственно испо́рченный; по́длый; преда́тельский; by fair means or ~ любы́ми сре́дствами 4) *спорт.* непра́вильный, сы́гранный не по пра́вилам; ~ blow запрещённый уда́р 5) непристо́йный, непотре́бный; ~ language скверносло́вие 6) *разг.* га́дкий, отврати́тельный, скве́рный; ~ journey отврати́тельная пое́здка; ~ dancer плохо́й танцо́р 7) бу́рный; ве́треный (*о погоде*) 8) проти́вный, встре́чный (*о ветре*) 9) *мор.* заро́сший раку́шками и во́дорослями (*о подводной части судна*) 10) *мор.* запу́танный (*о снастях, якоре*)
2. *n* 1) что-л. дурно́е, гря́зное *и т. п.* 2) столкнове́ние (*при беге, верховой езде и т. п.*) 3) *спорт.* наруше́ние пра́вил игры́; to claim a ~ *спорт.* опротестова́ть побе́ду своего́ проти́вника ввиду́ наруше́ния им пра́вил игры́
3. *adv* нече́стно
4. *v* 1) па́чкать(ся); засоря́ть(ся) 2) обраста́ть (*о дне судна*) 3) образова́ть зато́р (*движения*) 4) *мор.* запу́тывать(ся) (*о снастях*) 5) *спорт.* нече́стно игра́ть ◇ to ~ one's hands with smth. уни́зиться до чего́-л.
**foulard** [ˈfuːlɑː] *фр. n* фуля́р
**foulé** [fuːˈleɪ] *фр. n текст.* фуле́
**foully** [ˈfaulɪ] *adv* 1) гря́зно, отврати́тельно 2) преда́тельски; жесто́ко
**foul-mouthed** [ˈfaulmauðd] *a* сквернсло́вящий
**foulness** [ˈfaulnɪs] *n* 1) грязь, испо́рченность *и пр.* [*см.* foul 1] 2) *геол.* газоно́сность
**foul-up** [ˈfaulʌp] *n разг.* пи́ковое положе́ние
**foumart** [ˈfuːmɑːt] *n* хорёк
**found** I [faund] *v* 1) закла́дывать (*фундамент, город*) 2) осно́вывать, учрежда́ть; создава́ть 3) обосно́вывать, подводи́ть осно́ву; to be well ~ed быть хорошо́ обосно́ванным, убеди́тельным 4) опира́ться, осно́вываться (*о доводах и т. п.*; on, upon — на)
**found** II [faund] *v* пла́вить, лить, отлива́ть; вари́ть (*стекло*)
**found** III [faund] **1.** *past и p. p. от* find 1
2. *a* снабжённый всем необходи́мым
**foundation** [faunˈdeɪʃən] *n* 1) фунда́мент; основа́ние, осно́ва; to lay the ~(s) of smth. заложи́ть фунда́мент чего́-л.; положи́ть нача́ло чему́-л. 2) *pl* осно́вы; усто́и 3) основа́ние (*города и т. п.*) 4) основа́ние, обосно́ванность; the rumour has no ~ э́то ни на чём не осно́ванный слух 5) организа́ция, учрежде́ние 6) фонд, поже́ртвованный на культу́рные начина́ния 7) учрежде́ние, существу́ющее на поже́ртвованный фонд 8) *attr.*: ~ pit *стр.* котлова́н под фунда́мент; ~ garment корсе́т, гра́ция; ~ cream крем под пу́дру
**foundationer** [faunˈdeɪʃnə] *n* стипендиа́т (*получающий стипендию из благотворительных средств*)
**foundation-stone** [faunˈdeɪʃənstəun] *n* 1) *тех.* фундамента́льный ка́мень 2) краеуго́льный ка́мень; осно́ва; основно́й при́нцип
**founder** I [ˈfaundə] *n* основа́тель, учреди́тель
**founder** II [ˈfaundə] *n* плави́льщик; лите́йщик
**founder** III [ˈfaundə] **1.** *n вет.* лами́нит
2. *v* 1) идти́ ко дну (*о корабле*) 2) пусти́ть ко дну (*корабль*) 3) оседа́ть (*о здании*) 4) охроме́ть; упа́сть (*о лошади*)
**foundling** [ˈfaundlɪŋ] *n* подки́дыш, найдёныш
**foundling-hospital** [ˈfaundlɪŋˈhɔspɪtl] *n* прию́т, воспита́тельный дом
**foundress** [ˈfaundrɪs] *n* основа́тельница, учреди́тельница
**foundry** [ˈfaundrɪ] *n* 1) лите́йная, лите́йный цех 2) литьё
**foundry hand** [ˈfaundrɪhænd] *n* лите́йщик
**fount** I [faunt] *n* 1) исто́чник, ключ 2) = font 3)
**fount** II [faunt] *n полигр.* компле́кт шри́фта
**fountain** [ˈfauntɪn] *n* 1) ключ, исто́чник; исто́к реки́ 2) фонта́н 3) резервуа́р (*керосиновой лампы, авторучки*)
**fountain-head** [ˈfauntɪnˈhed] *n* 1) ключ, исто́чник 2) первоисто́чник; to go to the ~ обрати́ться к первоисто́чнику
**fountain-pen** [ˈfauntɪnpen] *n* авторучка
**four** [fɔː] **1.** *num. card.* четы́ре
2. *n* 1) четвёрка 2) *pl* четвёртый но́мер (*размер перчаток, обуви и т. п.*) 3) *разг.* четвёрка (*лодка*); кома́нда четвёрки 4) *pl воен.* строй по четы́ре; form ~s! ряды́ вздвой! 5) *фин.* четырёхпроце́нтные а́кции *или* це́нные бума́ги ◇ on all ~s а) на четвере́ньках; б) то́чно совпада́ющий; аналоги́чный, тожде́ственный
**four-ale** [ˈfɔːreɪl] *n* 1) *уст.* пи́во, продава́вшееся по 4 пе́нса за ква́рту 2) *attr.*: ~ bar пивно́й бар
**four-cornered** [ˈfɔːˈkɔːnəd] *a* четырёхуго́льный
**four-cycle** [ˈfɔːˈsaɪkl] *a тех.* четырёхта́ктный
**Four-F** [ˈfɔːˈef] *n амер. воен.* него́дный к действи́тельной вое́нной слу́жбе
**four-flusher** [ˈfɔːˈflʌʃə] *n sl.* обма́нщик
**fourfold** [ˈfɔːfəuld] **1.** *a* четырёхкра́тный
2. *adv* четы́режды; вчётверо
**four-footed** [ˈfɔːˈfutɪd] *a* четвероно́гий
**four-handed** [ˈfɔːˈhændɪd] *a* 1) четверору́кий (*об обезьяне*) 2) для четырёх челове́к (*об игре*) 3) разы́грываемый в четы́ре руки́ (*на рояле*)
**four-in-hand** [ˈfɔːrɪnˈhænd] *n* 1) экипа́ж четвёркой 2) га́лстук-самовя́з, завя́зывающийся свобо́дным узло́м с двумя́ дли́нными конца́ми
**four-letter word** [ˈfɔːletəˈwəːd] *n* непристо́йное сло́во, руга́тельство
**four-oar** [ˈfɔːrɔː] *n* четвёрка (*лодка*)
**four-poster** [ˈfɔːˈpəustə] *n* крова́ть с по́логом на четырёх сто́лбиках
**fourscore** [ˈfɔːˈskɔː] *n* 1) во́семьдесят 2) во́семьдесят лет (*о возрасте*)
**four-seater** [ˈfɔːˈsiːtə] *n* четырёхме́стная маши́на
**foursome** [ˈfɔːsəm] *n* 1) игра́ в гольф ме́жду двумя́ па́рами 2) *разг.* компа́ния, гру́ппа из четырёх челове́к
**four-square** [ˈfɔːˈskwɛə] **1.** *n* квадра́т
2. *a* 1) квадра́тный 2) *разг.* че́стный
3. *adv* пря́мо; че́стно
**fourteen** [ˈfɔːˈtiːn] *num. card.* четы́рнадцать
**fourteenth** [ˈfɔːˈtiːnθ] **1.** *num. ord.* четы́рнадцатый
2. *n* 1) четы́рнадцатая часть 2) (the ~) четы́рнадцатое число́

**fourth** [fɔːθ] **1.** *num. ord.* четвёртый ◇ the ~ arm военно-воздушные силы

**2.** *n* 1) четверть 2) (the ~) четвёртое число; the F. (of July) *амер.* 4 июля (*день провозглашения независимости США*)

**fourth dimension** [ˈfɔːθdɪˈmenʃən] *n мат.* четвёртое измерение

**fourthly** [ˈfɔːθlɪ] *adv* в-четвёртых

**four-wheeler** [ˈfɔːˈwiːlə] *n* извозчичья карета

**fowl** [faul] **1.** *n* 1) *редк.* птица (*тж. собир.*); дичь 2) домашняя птица, *обыкн.* курица *или* петух

**2.** *v* 1) охотиться на дичь 2) ловить птиц

**fowler** [ˈfaulə] *n* птицелов; охотник

**fowling bag** [ˈfaulɪŋbæg] *n* ягдташ

**fowling-piece** [ˈfaulɪŋpiːs] *n* охотничье ружьё

**fowl-run** [ˈfaulrʌn] *n* птичий двор, птичник

**fox** [fɔks] **1.** *n* 1) лисица, лиса 2) лисий мех 3) хитрец, лиса 4) *амер. унив. sl.* первокурсник 5) *attr.* лисий

**2.** *v* 1) *sl.* действовать ловко; хитрить, обманывать 2) покрывать(ся) бурыми пятнами (*о бумаге*)

**foxbane** [ˈfɔksbeɪn] *n бот.* аконит, борец

**fox-brush** [ˈfɔksbrʌʃ] *n* лисий хвост

**fox-earth** [ˈfɔksəːθ] = foxhole 1)

**foxfire** [ˈfɔksˌfaɪə] *n амер.* фосфоресцирующий свет (*гнилого дерева*)

**foxglove** [ˈfɔksglʌv] *n бот.* наперстянка

**foxhole** [ˈfɔkshoul] *n* 1) лисья нора 2) *воен.* стрелковая ячейка

**foxhound** [ˈfɔkshaund] *n* английская паратая гончая

**foxtail** [ˈfɔksteɪl] *n* 1) = fox-brush 2) *бот.* лисохвост

**fox-terrier** [ˈfɔksˌterɪə] *n* фокстерьер

**foxtrot** [ˈfɔkstrɔt] **1.** *n* фокстрот

**2.** *v* танцевать фокстрот

**foxy** [ˈfɔksɪ] *a* 1) лисий 2) хитрый 3) рыжий; красно-бурый; ~ hair рыжие волосы 4) покрытый пятнами сырости (*о бумаге*) 5) прокисший (*о вине, пиве*) 6) имеющий резкий запах

**foyer** [ˈfɔɪeɪ] *фр. n* фойе

**frabjous** [ˈfræbjəs] *a разг.* 1) великолепный 2) радостный

**fracas** [ˈfrækɑː] *фр. n* шумная ссора; скандал

**fraction** [ˈfrækʃən] *n* 1) дробь; common ~ простая дробь; proper (improper) ~ правильная (неправильная) дробь 2) частица, доля, крупица; обломок, осколок; not by a ~ ни на йоту 3) *хим.* фракция 4) *уст.* преломление, излом, разрыв, перерыв

**fractional, fractionary** [ˈfrækʃənl, -nərɪ] *a* 1) дробный; частичный 2) *разг.* незначительный 3) *хим.* фракционный

**fractionate** [ˈfrækʃəneɪt] *v хим.* фракционировать

**fractious** [ˈfrækʃəs] *a* капризный, раздражительный; беспокойный; ~ horse норовистая лошадь

**fracture** [ˈfræktʃə] **1.** *n* 1) *хир.* перелом 2) трещина; излом; разрыв

**2.** *v* ломать(ся); вызывать перелом; раздроблять

**frag bomb** [ˈfrægˈbɔm] *n воен. разг.* осколочная бомба

**fragile** [ˈfrædʒaɪl] *a* 1) хрупкий, ломкий 2) хрупкий, слабый 3) преходящий, недолговечный

**fragility** [frəˈdʒɪlɪtɪ] *n* 1) хрупкость, ломкость 2) хрупкость, слабость 3) недолговечность

**fragment** [ˈfrægmənt] *n* 1) обломок; осколок; кусок 2) отрывок; фрагмент 3) обрывок; to overhear ~s of conversation услышать обрывки разговора

**fragmentary** [ˈfrægməntərɪ] *a* 1) отрывочный; фрагментарный 2) *геол.* обломочный

**fragmentation** [ˌfrægmenˈteɪʃən] *n* 1) дробление, раздробление 2) разрыв (снаряда) на осколки

**fragmentation bomb** [ˌfrægmenˈteɪʃənbɔm] *n* осколочная бомба

**fragmented** [ˈfrægmentɪd] *a* разбитый на куски

**fragrance** [ˈfreɪgrəns] *n* аромат, благоухание

**fragrant** [ˈfreɪgrənt] *a* ароматный, благоухающий

**frail I** [freɪl] *n* 1) тростник 2) корзина из тростника

**frail II** [freɪl] *a* 1) хрупкий, непрочный 2) хилый, болезненный 3) бренный 4) нравственно неустойчивый

**frailty** [ˈfreɪltɪ] *n* 1) хрупкость; непрочность 2) бренность 3) моральная неустойчивость

**frame** [freɪm] **1.** *n* 1) сооружение, строение 2) остов, скелет, костяк, каркас; сруб 3) строение, структура; система; the ~ of government структура правительства; the ~ of society социальная система 4) телосложение; sobs shook the child's ~ рыдания сотрясали тело ребёнка 5) рамка, рама; оправа (*очков*) 6) парниковая рама 7) *тех.* станина; рама 8) *кино* кадр 9) *attr. радио* рамочный; ~ antenna рамочная антенна ◇ ~ of mind расположение духа, настроение; ~ of reference а) точка зрения; критерий; in a somewhat different ~ of reference в несколько другом разрезе; б) компетенция, сфера деятельности

**2.** *v* 1) создавать, вырабатывать; составлять; to ~ a plan составлять план 2) строить, сооружать 3) вставлять в рамку; обрамлять 4) приспосабливать; a man ~d for hardships человек, способный бороться с трудностями 5) развиваться 6) выражать в словах; произносить; to ~ a sentence построить предложение 7) *разг.* сфабриковать, подстроить ложное обвинение; ложно обвинять 8) *тех.* собирать (*конструкцию*) □ ~ **up** *разг.* подстраивать (*что-л.*); подтасовывать факты; судить на основании сфабрикованных обвинений

**frame-house** [ˈfreɪmhaus] *n* каркасный дом

**frame-saw** [ˈfreɪmsɔː] *n* рамная пила

**frame-up** [ˈfreɪmʌp] *n разг.* 1) тайный сговор 2) подтасовка фактов; ложное обвинение, провокация; судебная инсценировка 3) ловушка, западня 4) *attr.* инсценированный; ~ trial инсценированный процесс

**framework** [ˈfreɪmwəːk] *n* 1) сруб; остов, корпус, каркас; набор (*корпуса корабля*) 2) рама, обрамление; коробка 3) структура; рамки; within the ~ of (*smth.*) в рамках, в пределах (*чего-л.*); the ~ of society общественный строй; to return into the ~ воссоединиться 4) = frame of reference *см.* frame 1 ◇; 5) *стр.* ферма; стропила

**framing** [ˈfreɪmɪŋ] **1.** *pres. p. от* frame 2

**2.** *n* 1) рама, обрамление; a new ~ of mutual relations новая структура взаимоотношений 2) остов, сруб 3) *кино, тлв.* установка в рамку

**franc** [fræŋk] *n* франк (*денежная единица Франции, Бельгии и Швейцарии*)

**franchise** [ˈfræntʃaɪz] *n* 1) (*обыкн.* the ~) право участвовать в выборах, право голоса 2) (*обыкн. амер.*) привилегия

**Franciscan** [frænˈsɪskən] **1.** *a* францисканский

**2.** *n* францисканец (*монах*)

**frangible** [frænʤɪbl] *a* ломкий, хрупкий

**Frank** [fræŋk] *n ист.* франк

**frank I** [fræŋk] *a* искренний, откровенный, открытый

**frank II** [fræŋk] *v* франкировать (*письмо*)

**Frankenstein** [ˈfræŋkenstaɪn] *n* 1) творение рук человеческих, приносящее гибель своему создателю 2) чудовище в облике человека (*герой одноимённого романа Мэри Шелли*)

**frankfurter** [ˈfræŋkfətə] *n* сосиска; ~s with sauerkraut сосиски с тушёной кислой капустой

**frankincense** [ˈfræŋkɪnˌsens] *n* ладан

**franklin** [ˈfræŋklɪn] *n ист.* свободный землевладелец недворянского происхождения

**frantic** [ˈfræntɪk] *a* неистовый, безумный; she was ~ with grief она обезумела от горя

**fraternal** [frəˈtəːnl] *a* братский; ~ order (*или* society, association) общество (*часто* тайное)

**fraternity** [frəˈtəːnɪtɪ] *n* 1) братство; община; содружество; the ~ of the Press журналисты, газетчики 2) *амер.* студенческая организация

**fraternization** [ˌfrætənaɪˈzeɪʃən] *n* 1) тесная дружба 2) братание

**fraternize** [ˈfrætənaɪz] *v* 1) относиться по-братски 2) брататься 3) *разг.* вступать в тесные отношения с населением оккупированной страны

**fratricidal** [ˌfreɪtrɪˈsaɪdl] *a* братоубийственный

**fratricide** [ˈfreɪtrɪsaɪd] *n* 1) братоубийца 2) братоубийство

**fraud** [frɔːd] *n* 1) обма́н; моше́нничество; подде́лка 2) обма́нщик, моше́нник

**fraudulent** [ˈfrɔːdjulənt] *a* обма́нный; моше́ннический; ~ bankruptcy *юр.* зло́стное банкро́тство

**fraught** [frɔːt] *a* 1) (*обыкн. predic.*) по́лный; преиспо́лненный; чрева́тый; ~ with danger чрева́тый опа́сностью 2) *поэт.* нагружённый

**fray** I [freɪ] *n* столкнове́ние, дра́ка; eager for the ~ гото́вый лезть в дра́ку (*тж. перен.*)

**fray** II [freɪ] **1.** *n* протёршееся ме́сто

**2.** *v* 1) протира́ть(ся), изна́шивать(-ся); обтрёпывать(ся) 2) раздража́ть; истрепа́ть, издёргать (*нервы*)

**frazil** [ˈfreɪzɪl] *n* 1) шуга́; до́нный лёд 2) на́ледь

**frazzle** [ˈfræzl] *разг. преим. амер.* **1.** *n* 1) изно́шенность (*платья*) 2) потёртые *или* обтрёпанные края́ пла́тья, махры́ ◇ beaten (*или* worn) to a ~ *разг.* измо́танный, измоча́ленный; to work oneself to a ~ измота́ться

**2.** *v* 1) протере́ть(ся), износи́ть(ся) до лохмо́тьев 2) изму́чить, вы́мотать (*тж.* ~ out)

**freak** [friːk] **1.** *n* 1) каприз, причу́да; чуда́чество 2) уро́дец (*тж.* ~ of nature) 3) *разг.* челове́к *или* явле́ние, выходя́щее за ра́мки обы́чного 4) ненорма́льный ход (*какого-л. естественного процесса*) 5) *радио* внеза́пное прекраще́ние *или* восстановле́ние радиоприёма 6) *кино* частота́

**2.** *a разг.* необы́чный, стра́нный; причу́дливый

**3.** *v* покрыва́ть пя́тнами *или* полоса́ми, испещря́ть; разнообра́зить

**freaked** [friːkt] **1.** *p. p. от* freak 3

**2.** *a* испещрённый

**freakish** [ˈfriːkɪʃ] *a* 1) капри́зный 2) причу́дливый, стра́нный

**freckle** [ˈfrekl] **1.** *n* весну́шка

**2.** *v* покрыва́ть(ся) весну́шками

**freckled** [ˈfrekld] *a* весну́шчатый

**free** [friː] **1.** *a* 1) свобо́дный, во́льный; находя́щийся на свобо́де; незави́симый; to make ~ use of smth. по́льзоваться чем-л. без ограниче́ний; широко́ по́льзоваться чем-л.; to get ~ освободи́ться; to make (*или* to set) ~ освобожда́ть; ~ choice свобо́да вы́бора 2) доброво́льный, без принужде́ния 3) неза́нятый, свобо́дный 4) лёгкий, грацио́зный; ~ gesture непринуждённый жест 5) неограни́ченный, не стеснённый пра́вилами, обы́чаями *и т. п.*; ~ love свобо́дная любо́вь 6) ще́дрый; оби́льный; to be ~ with one's money быть ще́дрым, расточи́тельным 7) беспла́тный, даро-во́й; освобождённый от опла́ты; ~ education беспла́тное образова́ние; ~ of charge беспла́тный; ~ of debt не име́ющий долго́в, задо́лженности; ~ of duty беспо́шлинный; ~ imports беспо́шлинные това́ры; ~ on board *ком.* а) фоб, фра́нко-борт; б) *амер.* фра́нко-ваго́н; ~ port во́льная га́вань, по́рто-фра́нко 8) откры́тый, досту́пный; ~ access свобо́дный до́ступ 9) неприкреплённый, незакреплённый 10) лишённый (from — *чего-л.*); свобо́дный (from — от *чего-л.*); a day ~ from wind безве́тренный день; ~ from pain безболе́зненный 11) *фин.*: ~ currency необрати́мая валю́та, валю́та, не име́ющая обеспе́чения ◇ ~ labour а) *ист.* труд свобо́дных люде́й (*не рабов*); б) труд лиц, не принадлежа́щих к профсою́зам; в) рабо́чие, не явля́ющиеся чле́нами профсою́за; to make ~ with smb. позволя́ть себе́ во́льности, бесцеремо́нность по отноше́нию к кому́-л.; ~ of за преде́лами; we're not ~ of the suburbs yet мы ещё не вы́брались из при́городов; ~ pardon по́лное проще́ние; амни́стия; to give with a ~ hand раздава́ть ще́дрой руко́й; to spend with a ~ hand швыря́ться деньга́ми; to have (to give) a ~ hand име́ть (дава́ть) по́лную свобо́ду де́йствий

**2.** *adv* 1) свобо́дно; to run ~ бе́гать на свобо́де 2) беспла́тно

**3.** *v* освобожда́ть (from, of — от); выпуска́ть на свобо́ду

**free agency** [ˈfriːˌeɪdʒənsɪ] *n* свобо́да во́ли; свобо́дная во́ля

**free and easy** [ˈfriːəndˈiːzɪ] **1.** *a* непринуждённый, чу́ждый усло́вностей

**2.** *n разг.* 1) конце́рт, встре́ча *и т. п.*, где цари́т непринуждённость 2) кабачо́к

**free-board** [ˈfriːbɔːd] *n мор.* надво́дный борт; высота́ надво́дного бо́рта

**freebooter** [ˈfriːˌbuːtə] *n* граби́тель; пира́т, флибустье́р

**free-born** [ˈfriːˈbɔːn] *a* свободнорождённый

**Free Church** [ˈfriːtʃəːtʃ] *n* 1) це́рковь, отделённая от госуда́рства 2) нонконформи́стская це́рковь

**free city** [ˈfriːˌsɪtɪ] *n ист.* во́льный го́род

**freedom** [ˈfriːdəm] *n* 1) свобо́да, незави́симость 2) пра́во, привиле́гия; ~ of speech (of the press) свобо́да сло́ва (печа́ти); academic ~s академи́ческие свобо́ды (*права университетов и студенческого волеизъявления*); ~ of the city почётное гражда́нство и вытека́ющие из него́ привиле́гии; ~ of the seas свобо́дное морепла́вание для судо́в нейтра́лов во вре́мя войны́ 3) свобо́дное по́льзование 4) *разг.* свобо́да, во́льность; to take (*или* to use) ~s with smb. позволя́ть себе́ во́льности по отноше́нию к кому́-л.

**free enterprise** [ˈfriːˈentəpraɪz] *n* свобо́дное предпринима́тельство

**free-for-all** [ˈfriːfərˌɔːl] **1.** *a* откры́тый, общедосту́пный, досту́пный для всех

**2.** *n амер.* всео́бщая дра́ка, сва́лка

**free-hand** [ˈfriːhænd] *n* 1) свобо́да де́йствий 2) рису́нок от руки́

**free-handed** [ˈfriːˈhændɪd] *a* ще́дрый

**free-hearted** [ˈfriːˈhɑːtɪd] *a* 1) открове́нный, чистосерде́чный 2) ще́дрый

**freeholder** [ˈfriːˌhəuldə] *n ист.* фриго́льдер, свобо́дный землевладе́лец

**free lance** [ˈfriːˈlɑːns] *n* 1) *ист.* ландскне́хт 2) поли́тик, не принадлежа́щий к определённой па́ртии 3) журнали́ст, не свя́занный с определённой реда́кцией

**free-lance** [ˈfriːˈlɑːns] *v* 1) рабо́тать не по на́йму 2) *разг.* де́йствовать на свой страх и риск

**free-list** [ˈfriːˈlɪst] *n* 1) спи́сок не облага́емых по́шлиной това́ров 2) спи́сок лиц, по́льзующихся беспла́тным до́ступом куда́-л. *и т. п.*

**free-liver** [ˈfriːˌlɪvə] *n* жуи́р, бонвива́н

**freely** [ˈfriːlɪ] *adv* 1) свобо́дно; во́льно 2) оби́льно; широко́

**freeman** [ˈfriːmən] *n* 1) почётный граждани́н го́рода 2) полнопра́вный граждани́н

**freemason** [ˈfriːˌmeɪsn] *n* масо́н

**free-spoken** [ˈfriːˈspəukən] *a* открове́нный, прямо́й

**freestone** I [ˈfriːstəun] *n* строи́тельный ка́мень, легко́ поддаю́щийся обрабо́тке

**freestone** II [ˈriːstəun] *n* плод с легко́ отделя́ющейся ко́сточкой (*персик, абрикос, слива и т. п.*)

**free-thinker** [ˈfriːˈθɪŋkə] *n* вольноду́мец, свободомы́слящий; атеи́ст

**free trade** [ˈfriːˈtreɪd] *n* 1) беспо́шлинная торго́вля 2) *ист.* контраба́нда

**free-trader** [ˈfriːˈtreɪdə] *n* 1) *полит.* фритре́дер 2) *ист.* контрабанди́ст

**free-way** [ˈfriːweɪ] *n амер.* автостра́да, многопу́тная доро́га

**free wheel** [ˈfriːˈwiːl] *n* 1) свобо́дное колесо́ 2) спуск с горы́ с вы́ключенным мото́ром (*об автомобиле*)

**free will** [ˈfriːˈwɪl] *n* свобо́да во́ли; of one's own ~ доброво́льно

**free-will** [ˈfriːˈwɪl] *a* доброво́льный

**freeze** [friːz] *v* (froze; frozen) 1) замерза́ть, покрыва́ться льдом (*часто* ~ over); мёрзнуть 2) замора́живать 3) (*в безл. оборотах*): it ~s моро́зит 4) застыва́ть, затвердева́ть; *перен.* сты́нуть; it made my blood ~ у меня́ от э́того кровь засты́ла в жи́лах 5) *разг.* замора́живать (*фонды и т. п.*); to ~ wages (prices) замора́живать за́работную пла́ту (це́ны); to ~ credits заморо́зить *или* заблоки́ровать креди́ты 6) запреща́ть испо́льзование, произво́дство *или* прода́жу сырья́ *или* гото́вой проду́кции 7) *амер.* оконча́тельно приня́ть, стандартизи́ровать (*конструкцию, чертежи и т. п.*) ▭ ~ in вмерза́ть; to be frozen in быть затёртым льда́ми; вмёрзнуть; ~ on *разг.* а) кре́пко ухвати́ться, вцепи́ться (to); б) привяза́ться к *кому-л.*; ~ out *разг.* отде́латься (*от соперника*); ~ up: to be frozen up а) засты́ть, закочене́ть; б) замкну́ться, приня́ть холо́дный, непристу́пный вид

**freezer** [ˈfriːzə] *n* 1) испари́тель (*холодильника*); морози́лка, ка́мера замора́живания 2) *австрал. разг.* поставщи́к моро́женой бара́нины для э́кспорта 3) моро́женица

**freezing** [ˈfriːzɪŋ] **1.** *pres. p. от* freeze

2. *n* замерза́ние, застыва́ние; замора́живание

3. *a* 1) ледяно́й; леденя́щий 2) охлажда́ющий, замора́живающий

**freezing-point** [ˈfriːzɪŋpɔɪnt] *n* то́чка замерза́ния

**freight** [freɪt] 1. *n* 1) фрахт, сто́имость перево́зки 2) фрахт, груз 3) наём су́дна для перево́зки гру́зов 4) *амер.* това́рный по́езд 5) *attr.* грузово́й; това́рный; ~ carrier грузово́й самолёт; ~ train *амер.* това́рный по́езд

2. *v* 1) грузи́ть 2) фрахтова́ть

**freightage** [ˈfreɪtɪdʒ] *n* 1) фрахто́вка 2) перево́зка гру́зов

**freighter** [ˈfreɪtə] *n* 1) фрахто́вщик; нанима́тель *или* владе́лец грузово́го су́дна 2) грузово́е су́дно 3) грузово́й самолёт

**French** [frenʧ] 1. *a* францу́зский ◇ ~ brandy конья́к; ~ polish политу́ра; ~ red (*или* rouge) карми́н; ~ roof манса́рдная кры́ша; ~ sash око́нный переплёт, доходя́щий до по́ла; ~ window двуство́рчатое окно́, доходя́щее до по́ла; ~ door застеклённая ство́рчатая дверь; ~ turnip брю́ква; ~ chalk портня́жный мел; ~ horn валто́рна (*муз. инструмент*); to assist in the ~ sense *ирон.* прису́тствовать, не принима́я уча́стия; ~ leave ухо́д без проща́ния; to take ~ leave уйти́ не проща́ясь, незаме́тно

2. *n* 1) (the ~) *pl собир.* францу́зский наро́д, францу́зы 2) францу́зский язы́к 3) *attr.*: ~ master учи́тель францу́зского языка́; ~ lesson уро́к францу́зского языка́

**Frenchify** [ˈfrenʧɪfaɪ] *v разг.* офранцу́живать(ся)

**Frenchman** [ˈfrenʧmən] *n* 1) францу́з 2) францу́зское су́дно

**Frenchwoman** [ˈfrenʧˌwumən] *n* францу́женка

**frenzied** [ˈfrenzɪd] *a* взбешённый; ~ efforts бе́шеные уси́лия

**frenzy** [ˈfrenzɪ] *n* безу́мие, бе́шенство; неи́стовство

**frequency** [ˈfriːkwənsɪ] *n* 1) часто́тность, частота́; ~ of the pulse частота́ пу́льса 2) ча́стое повторе́ние 3) *физ.* частота́; high (low) ~ высо́кая (ни́зкая) частота́ 4) *attr.* часто́тный; ~ divider *радио* дели́тель частоты́; ~ modulation *радио* часто́тная модуля́ция; ~ range *радио* часто́тный диапазо́н

**frequent** 1. *a* [ˈfriːkwənt] ча́стый; ча́сто повторя́емый *или* встреча́ющийся; обы́чный

2. *v* [friːˈkwent] ча́сто посеща́ть

**frequentative** [frɪˈkwentətɪv] *a грам.* многокра́тный

**frequenter** [frɪˈkwentə] *n* постоя́нный посети́тель, завсегда́тай

**fresco** [ˈfreskəu] 1. *n* (*pl* -os, -oes [-əuz]) фре́ска; фре́сковая жи́вопись

2. *v* украша́ть фре́сками

**fresh** [freʃ] 1. *a* 1) све́жий; ~ fruit све́жие фру́кты; ~ butter несолёное ма́сло; ~ water пре́сная вода́; ~ paint ещё не просо́хшая кра́ска; ~ paint! осторо́жно, окра́шено!; ~ sprouts молоды́е побе́ги 2) но́вый; доба́вочный; to begin a ~ chapter нача́ть но́вую главу́; to make a ~ start нача́ть всё за́ново; no ~ news никаки́х дополни́тельных изве́стий, ничего́ но́вого 3) бо́дрый; не уста́вший 4) чи́стый, све́жий; ~ air чи́стый во́здух; a ~ shirt чи́стая соро́чка 5) све́жий, здоро́вый, цвету́щий; ~ complexion хоро́ший цвет лица́ 6) бодря́щий (*о погоде*); све́жий, кре́пкий (*о ветре*); ~ gale ве́тер си́лой в 8 ба́ллов 7) нео́пытный; a ~ hand нео́пытный челове́к; ~ from school не име́ющий о́пыта (*о специалисте*); ≅ пря́мо со шко́льной скамьи́ 8) *амер.* де́рзкий, наха́льный, самонаде́янный 9) слегка́ вы́пивший 10) *шотл.* тре́звый 11) *школ. жарг.* но́венький (*об ученике*)

2. *n* 1) прохла́да 2) = freshet

**freshen** [ˈfreʃn] *v* 1) освежа́ть (*в памяти*) 2) свеже́ть (*тж.* ~ up; *о ветре*) 3) *тех.* фришева́ть ◇ to ~ up oneself приводи́ть себя́ в поря́док

**freshener** [ˈfreʃnə] *n разг.* освежа́ющий напи́ток

**fresher** [ˈfreʃə] *n унив. sl.* новичо́к, первоку́рсник

**freshet** [ˈfreʃɪt] *n* 1) пото́к пре́сной воды́, влива́ющийся в мо́ре 2) вы́ход реки́ из берего́в, полово́дье; па́водок

**freshly** [ˈfreʃlɪ] *adv* 1) свежо́, бо́дро *и пр.* [*см.* fresh 1] 2) неда́вно, то́лько что (*тк. с р. р., напр.*: ~-painted то́лько что окра́шенный)

**freshman** [ˈfreʃmən] *n* 1) *унив.* первоку́рсник 2) *амер.* новичо́к в шко́ле 3) *attr.*: ~ year пе́рвый год пребыва́ния в соста́ве како́й-л. организа́ции; ~ English нача́льный курс англи́йского языка́

**freshwater** [ˈfreʃˌwɔːtə] *a* пресново́дный ◇ ~ sailor нео́пытный матро́с, новичо́к на су́дне

**fret I** [fret] 1. *n* 1) раздраже́ние, волне́ние; муче́ние 2) броже́ние (*напитков*)

2. *v* 1) разъеда́ть, подта́чивать; размыва́ть 2) подёргиваться ря́бью 3) беспоко́ить(ся); му́чить(ся); you have nothing to ~ about вам не́ из-за чего волнова́ться ◇ to ~ and fume ≅ рвать и мета́ть; to ~ the (*или* one's) gizzard *разг.* волнова́ть(ся), беспоко́ить(ся); му́чить(ся)

**fret II** [fret] 1. *n* прямоуго́льный орна́мент

2. *v* украша́ть резьбо́й *или* ле́пкой

**fret III** [fret] *n* лад (*в гитаре*)

**fretful** [ˈfretful] *a* раздражи́тельный, капри́зный

**fret-saw** [ˈfretsɔː] *n* пи́лка для выпи́ливания, ло́бзик

**fretwork** [ˈfretwəːk] *n* 1) *архит.* резно́е *или* лепно́е украше́ние 2) украше́ние *или* узо́р, вы́пиленные из де́рева ло́бзиком

**Freudian** [ˈfrɔɪdjən] 1. *a* фрейди́стский

2. *n* фрейди́ст

**friability** [ˌfraɪəˈbɪlɪtɪ] *n* ры́хлость

**friable** [ˈfraɪəbl] *a* ры́хлый, кроша́щийся; ло́мкий, хру́пкий; ~ soil ры́хлая по́чва

**friar** [ˈfraɪə] *n* 1) *ист.* мона́х 2) *полигр.* бе́лое *или* сла́бо отпеча́тавшееся ме́сто на страни́це

**friar's cap** [ˈfraɪəzkæp] *n бот.* акони́т

**friary** [ˈfraɪərɪ] *n* мужско́й монасты́рь

**fribble** [ˈfrɪbl] 1. *n* безде́льник

2. *v* безде́льничать

**fricassee** [ˌfrɪkəˈsiː] *n кул.* фрикасе́

**fricative** [ˈfrɪkətɪv] *фон.* 1. *a* фрикати́вный

2. *n* фрикати́вный звук

**friction** [ˈfrɪkʃən] *n* 1) тре́ние 2) тре́ния, разногла́сия 3) растира́ние

**friction-gear** [ˈfrɪkʃəngɪə] *n тех.* фрикцио́нная переда́ча

**Friday** [ˈfraɪdɪ] *n* пя́тница ◇ Good ~ *церк.* страстна́я пя́тница; Good ~ face по́стное лицо́; man ~ ве́рный слуга́ (*по имени верного слуги в романе «Робинзон Крузо» Дефо*); girl ~ а) ве́рная помо́щница; б) секрета́рша

**fridge** [frɪdʒ] = frig I

**friend** [frend] 1. *n* 1) друг, прия́тель; to make ~s помири́ться; to make ~s with smb. подружи́ться с кем-либо 2) това́рищ, колле́га; my honourable ~ мой достопочте́нный собра́т (*упоминание одним членом парламента другого в своей речи*) 3) сторо́нник, доброжела́тель 4) (F.) ква́кер; Society of Friends «О́бщество друзе́й» (*квакеры*) ◇ ~ in need is a ~ indeed *посл.* друзья́ познаю́тся в беде́

2. *v поэт.* помога́ть, быть дру́гом

**friendless** [ˈfrendlɪs] *a* одино́кий, не име́ющий друзе́й

**friendliness** [ˈfrendlɪnɪs] *n* дружелю́бие

**friendly** [ˈfrendlɪ] 1. *a* 1) дру́жеский; дру́жески располо́женный; дружелю́бный; ~ in manner обходи́тельный; F. Society о́бщество взаимопо́мощи; ~ match *спорт.* това́рищеская встре́ча 2) дру́жественный; ~ nation дру́жественная страна́ 3) сочу́вствующий, одобря́ющий (to) 4) благоприя́тный 5) (F.) ква́керский

2. *adv* дру́жественно; дружелю́бно

**friendship** [ˈfrendʃɪp] *n* 1) дру́жба 2) дружелю́бие

**frieze I** [friːz] *n текст.* бо́брик; гру́бая ворси́стая шерстяна́я ткань

**frieze II** [friːz] *n* фриз; бордю́р

**frig I** [frɪdʒ] *разг. см.* refrigerator

**frig II** [frɪg] *v груб.* онани́ровать

**frigate** [ˈfrɪgɪt] *n* 1) *мор.* фрега́т 2) сторожево́й кора́бль 3) *зоол.* фрега́т

**frigate-bird** [ˈfrɪgɪtbəːd] = frigate 3)

**frige** [frɪdʒ] = frig I

**frigging** [ˈfrɪgɪŋ] 1. *pres. p. от* frig II

2. *a эвф., разг.* чёртов, прокля́тый

**fright** [fraɪt] 1. *n* 1) испу́г; to give smb. a ~ напуга́ть кого́-л.; to have (*или* to get) a ~ напуга́ться 2) *разг.* пу́гало, страши́лище

2. *v поэт.* пуга́ть; трево́жить

**frighten** [ˈfraɪtn] *v* пуга́ть □ ~ **away** спугну́ть; ~ **into** стра́хом, запу́гиванием заста́вить сде́лать *что-л.*; ~ **off** спугну́ть; ~ **out of** запу́гиванием заста́вить отказа́ться от *чего-л.*; to ~ smb. out of existence напуга́ть кого́-л. до́ смерти

**frightened** [ˈfraɪtnd] **1.** *p. p. от* frighten

**2.** *a* испу́ганный

**frightful** [ˈfraɪtful] *a* 1) стра́шный, ужа́сный 2) *разг.* неприя́тный, проти́вный 3) *разг.* безобра́зный

**frigid** [ˈfrɪdʒɪd] *a* 1) холо́дный; ~ zone аркти́ческий по́яс 2) холо́дный, безразли́чный, натя́нутый

**frigidity** [frɪˈdʒɪdɪtɪ] *n* 1) моро́зность; мерзлота́; eternal ~ ве́чная мерзлота́ 2) хо́лодность, безразли́чие

**frill** [frɪl] *n* 1) обо́рочка; сбо́рки; жабо́; бры́жи 2) *pl* нену́жные украше́ния 3) *pl* ужи́мки 4) *pl амер. разг.* делика́тес 5) *анат.* брыже́йка ◇ to put on ~s мане́рничать, ва́жничать; задава́ться; to take the ~s out of smb. *sl.* сбива́ть спесь с кого́-л.; Newgate ~ боро́дка, отпу́щенная ни́же подборо́дка при сбри́тых уса́х и гла́дко вы́бритом лице́

**frilled** [frɪld] *a* 1) укра́шенный обо́рками 2) *тех.* гофриро́ванный

**frillies** [ˈfrɪlɪz] *n pl разг.* ни́жние ю́бки с обо́рками

**fringe** [frɪndʒ] **1.** *n* 1) бахрома́ 2) чёлка 3) край, кайма́; on the ~ of the forest на опу́шке ле́са 4) *attr.*: ~ benefits дополни́тельные льго́ты (*пенсия, оплаченные отпуска и т. п.*) ◇ Newgate ~ = Newgate frill [*см.* frill ◇]

**2.** *a* выходя́щий за ра́мки общепри́нятого

**3.** *v* 1) отде́лывать бахромо́й 2) окаймля́ть

**frippery** [ˈfrɪpərɪ] *n* 1) мишу́рные украше́ния; безделу́шки 2) мане́рность, претенцио́зность (*о литературном стиле*)

**Frisco** [ˈfrɪskəu] *n разг. г.* Сан-Франци́ско

**Frisian** [ˈfrɪzɪən] **1.** *a* фри́зский

**2.** *n* 1) фриз 2) фри́зский язы́к

**frisk** [frɪsk] **1.** *n* прыжо́к, скачо́к

**2.** *v* 1) резви́ться, пры́гать 2) маха́ть (*веером*) 3) *sl.* обы́скивать (*кого-л. в поисках оружия*)

**frisky** [ˈfrɪskɪ] *a* ре́звый, игри́вый

**frit** [frɪt] *тех.* **1.** *n* фри́тта

**2.** *v* спека́ть, сплавля́ть; фриттова́ть

**frith** [frɪθ] = firth

**fritter** [ˈfrɪtə] **1.** *n* 1) ола́дья (*часто с яблоками и т. п.*) 2) обры́вок

**2.** *v* 1) дели́ть на ме́лкие ча́сти 2) растра́чивать по мелоча́м (*обыкн.* ~ away)

**frivol** [ˈfrɪvəl] *v* 1) вести́ пра́здный о́браз жи́зни 2) бессмы́сленно растра́чивать (*время, деньги и т. п.*; *обыкн.* ~ away)

**frivolity** [frɪˈvɔlɪtɪ] *n* 1) легкомы́слие; легкомы́сленный посту́пок 2) фриво́льность

**frivolous** [ˈfrɪvələs] *a* 1) пусто́й, легкомы́сленный; фриво́льный; пове́рхностный 2) пустя́чный, незначи́тельный

**friz** [frɪz] = frizz I

**frizz I** [frɪz] **1.** *n* 1) ку́дри 2) вью́щиеся во́лосы 3) *редк.* пари́к

**2.** *v* завива́ть □ ~ **up** ви́ться

**frizz II** [frɪz] *v* шипе́ть (*при жаренье*)

**frizzed** [frɪzd] **1.** *p. p. от* frizz I, 2

**2.** *a* завито́й

**frizzle I** [ˈfrɪzl] *v* 1) жа́рить(ся) с шипе́нием 2) изнемога́ть от жары́

**frizzle II** [ˈfrɪzl] **1.** *n* 1) зави́вка (*причёска*) 2) ку́дри

**2.** *v* завива́ть(ся) (*тж.* ~ up)

**frizzly** [ˈfrɪzlɪ] = frizzed 2

**frizzy** [ˈfrɪzɪ] *a* вью́щийся; завито́й

**fro** [frəu] *adv*: to and ~ взад и вперёд; туда́ и сюда́

**frock** [frɔk] *n* 1) да́мское *или* де́тское пла́тье 2) ря́са 3) = frock-coat 4) тельня́шка

**frock-coat** [ˈfrɔkˈkəut] *n* сюрту́к

**frog I** [frɔg] *n* 1) лягу́шка 2) стре́лка (*в копыте лошади*) 3) *ж.-д.* крестови́на (*стрелки*) 4) *эл.* возду́шная стре́лка конта́ктного про́вода 5) сто́йка-башма́к (*плуга*) 6) *разг.* францу́з 7) *attr.*: ~ restaurant *амер. разг.* рестора́н с францу́зской ку́хней

**frog II** [frɔg] *n* 1) отде́лка на оде́жде из тесьмы́, сутажа́ *и т. п.* 2) аксельба́нт 2) пе́тля, крючо́к (*для прикрепления палаша, кортика и т. п.*)

**froggy** [ˈfrɔgɪ] *a* лягу́шечий; лягуша́чий

**frog-in-the-throat** [ˈfrɔgɪnðəˈθrəut] *n разг.* хрипота́

**frogling** [ˈfrɔglɪŋ] *n* лягушо́нок

**frogman** [ˈfrɔgmən] *n* 1) ныря́льщик с аквала́нгом 2) водола́з

**frog-march** [ˈfrɔgmaːtʃ] **1.** *n* приём подавле́ния сопротивле́ния при аре́сте (*когда четыре полицейских несут человека за ноги и за руки лицом вниз*)

**2.** *v* тащи́ть (*кого-л.*) с четырёх сторо́н за́ ноги и за́ руки лицо́м вниз

**frogskin** [ˈfrɔgskɪn] *n амер. sl.* до́лларовая бума́жка

**frolic** [ˈfrɔlɪk] **1.** *n* ша́лость; ре́зкость; весе́лье

**2.** *a поэт.* весёлый; ре́звый; шаловли́вый

**3.** *v* резви́ться, прока́зничать

**frolicsome** [ˈfrɔlɪksəm] *a поэт.* игри́вый, ре́звый

**from** [frɔm (*полная форма*); frəm (*редуцированная форма*)] *prep.* 1) *указывает на пространственные отношения* от, из, с (*передаётся тж. приставками*); ~ Leningrad из Ленингра́да; where is he coming ~? отку́да он?; we are two hours journey ~ there мы нахо́димся в двух часа́х пути́ отту́да; we were 50 km ~ the town мы бы́ли в 50 км от го́рода 2) *указывает на отправную точку, исходный пункт, предел* с, от; ~ the beginning of the book с нача́ла кни́ги; ~ floor to ceiling от по́ла до потолка́; ~ end to end из конца́ в коне́ц; you will find the word in the seventh line ~ the bottom (of the page) вы найдёте э́то сло́во в седьмо́й строке́ сни́зу; ~ ten to twenty thousand от десяти́ до двадцати́ ты́сяч; ~ my point of view с мое́й то́чки зре́ния 3) *указывает на временные отношения* с, от, из; ~ the (very) beginning с (са́мого) нача́ла; ~ the beginning of the century с нача́ла ве́ка; ~ a child с де́тства; ~ before the war с довое́нного вре́мени; ~ now on с э́тих пор, отны́не; beginning ~ Friday week начина́я с бу́дущей пя́тницы; ~ dusk to dawn от зари́ и до зари́; ~ six a. m. с шести́ часо́в утра́; ~ beginning to end от нача́ла до конца́ 4) *указывает на отнятие, изъятие, вычитание, разделение и т. п.* у, из, с, от; take the knife ~ the child отними́те нож у ребёнка; take ten ~ fifteen вы́чтите де́сять из пятна́дцати; to exclude ~ the number исключи́ть из числа́; she parted ~ him at the door она́ расста́лась с ним у двере́й; they withdrew the team ~ the match кома́нда не была́ допу́щена к соревнова́ниям 5) *указывает на освобождение от обязанностей, избавление от опасности и т. п.* от; to hide ~ smb. спря́таться от кого́-л.; to release ~ duty *воен.* смени́ть на посту́, заступи́ть в наря́д; he was excused ~ digging он был освобождён от тяжёлых земляны́х рабо́т; he was saved ~ ruin он был спасён от разоре́ния; prevent him ~ going there не пуска́йте его́ туда́ 6) *указывает на источник, происхождение* от, из, по; I know it ~ papers я зна́ю э́то из газе́т; to speak (to write down) ~ memory говори́ть (запи́сывать) по па́мяти; I heard it ~ his own lips я слы́шал э́то из его́ со́бственных уст 7) *указывает на причину действия* от, из; to suffer ~ cold страда́ть от хо́лода; he died ~ blood-poisoning он у́мер от зараже́ния кро́ви; to act ~ good motives де́йствовать из до́брых побужде́ний; to be shy ~ nature быть от приро́ды засте́нчивым 8) *указывает на различие* от, из; to tell real silk ~ its imitation отличи́ть натура́льный шёлк от иску́сственного; customs differ ~ country to country в ка́ждой стране́ свои́ обы́чаи; to do things differently ~ other people поступа́ть не так, как все 9) *указывает на изменение состояния* из, с, от; ~ being a dull, indifferent boy he now became a vigorous youth из вя́лого, апати́чного ма́льчика он преврати́лся в живо́го, энерги́чного ю́ношу □ ~ away с расстоя́ния, изда́ли; ~ outside снару́жи; извне́; ~ over the sea из-за мо́ря; ~ under из-под; ~ under the table из-под стола́

**frond** [frɔnd] *n* 1) ва́йя; ветвь с ли́стьями 2) лист (*папоротника или пальмы*)

**Fronde** [frɔ̃:d] *фр. n ист.* фро́нда

**front** [frʌnt] **1.** *n* 1) фаса́д; пере́дняя сторона́ (*чего-л.*); to come to the

~ выдвинуться; in ~ of перед, впереди; a car stopped in ~ of the house перед домом остановилась машина; in ~ of smb.'s eyes на чьих-л. глазах; don't say it in ~ of the children не говори об этом при детях 2) *воен.* фронт; передовые позиции 3) фронт, сплочённость (*перед лицом врага*); united ~ единый фронт; popular (*или* the people's) ~ народный фронт 4) *поэт.* лицо, лик; чело 5) накладка из волос 6) накрахмаленная манишка 7) набережная; приморский бульвар ◇ to have the ~ to do smth. иметь наглость сделать что-л.; to present (*или* to show) a bold ~ не падать духом; to put a bold ~ on it проявить мужество

2. *a* 1) передний 2) *фон.* переднеязычный; ~ vowels гласные переднего ряда ◇ ~ bench министерская скамья в английском парламенте *или* скамья, занимаемая лидерами оппозиции в парламенте [*см.* front-bencher]

3. *v* 1) выходить на; быть обращённым к; the house ~s on (*или* towards) the sea дом выходит на море 2) противостоять

**frontage** ['frʌntɪdʒ] *n* 1) передний фасад 2) палисадник; участок между зданием и дорогой 3) граница земельного участка (*по дороге, реке*) 4) *воен.* ширина фронта

**frontal** ['frʌntl] *a* 1) *анат.* лобный 2) *воен.* лобовой, фронтальный 3) *тех.* торцовый

**front-bencher** ['frʌnt,bentʃə] *n парл.* 1) министр 2) бывший министр 3) руководитель оппозиции

**frontier** ['frʌntɪə] *n* 1) граница 2) *ист.* граница продвижения поселенцев в США 3) *уст.* форт 4) *attr.* пограничный; ~ town пограничный город

**frontiersman** [frɔn'tɪəzmən] *n* 1) житель пограничной зоны 2) *амер. ист.* переселенец, колонист

**frontispiece** ['frʌntɪspi:s] *n архит., полигр.* фронтиспис

**frontlet** ['frʌntlɪt] *n* 1) повязка на лбу 2) пятно на лбу животного

**front-line** ['frʌntlaɪn] *n* линия фронта; передний край

**fronton** ['frɔntən] *n архит.* фронтон; щипец

**front page** ['frʌntpeɪdʒ] *n* 1) титульный лист 2) первая полоса (*в газете*)

**front-page** ['frʌnt'peɪdʒ] *a* помещаемый на первой странице (*газеты*); очень важный

**front-pager** ['frʌnt,peɪdʒə] *n разг.* сенсационная информация, важное известие

**front-rank** ['frʌnt'ræŋk] *a* передовой

**frontward** ['frʌntwəd] 1. *a* выходящий на фасад

2. *adv* (лицом) вперёд

**frontwards** ['frʌntwədz] = frontward 2

**frontways, frontwise** ['frʌntweɪz, 'frʌntwaɪz] = frontward 2

**frost** [frɔst] 1. *n* 1) мороз; ten degrees of ~ десять градусов мороза; black ~ мороз без инея; hard (*или* sharp, biting) ~ сильный мороз 2) иней (*тж.* hoar ~) 3) холодность, суровость 3) *разг.* провал (*пьесы, затеи и т. п.*); the play turned out a ~ пьеса провалилась; dead ~ *разг.* гиблое дело; полная неудача, фиаско

2. *v* 1) побивать морозом (*растения*) 2) подмораживать 3) расхолаживать 4) подвергать быстрому замораживанию (*продукты*) 5) покрывать глазурью, посыпать сахарной пудрой 6) матировать (*стекло*) 7) подковывать на острые шипы

**frost-bite** ['frɔstbaɪt] *n* отмороженное место

**frost-bitten** ['frɔst,bɪtn] *a* обмороженный

**frost-bound** ['frɔstbaund] *a* скованный морозом

**frost-cleft** ['frɔstkleft] *лес.* 1. *n* зяблина, морозобоина

2. *a* поражённый морозобоиной; треснувший от мороза

**frost crack** ['frɔstkræk] = frost-cleft 1

**frosted** ['frɔstɪd] 1. *p. p. от* frost 2

2. *a* 1) тронутый морозом 2) покрытый инеем 3) матовый (*о стекле*) 4) глазированный (*о торте*)

**frost-hardy** ['frɔst,hɑ:dɪ] *a* морозостойкий (*о растениях*)

**frostily** ['frɔstɪlɪ] *adv* холодно, неприветливо; сдержанно

**frost-work** ['frɔstwə:k] *n* 1) ледяной узор (*на стекле*) 2) тонкие узоры на серебре *или* олове

**frosty** ['frɔstɪ] *a* 1) морозный; ~ trees деревья, покрытые инеем 2) *перен.* холодный, ледяной 3) седой; ~ head седая голова

**froth** [frɔθ] 1. *n* 1) пена 2) вздорные мысли, пустые слова, болтовня

2. *v* 1) пениться; кипеть 2) сбивать в пену 3) пустословить

**froth-blower** ['frɔθ,bləuə] *n шутл.* завсегдатай пивных

**frothy** ['frɔθɪ] *a* 1) пенистый 2) *перен.* пустой

**frou-frou** ['fru:fru:] *n разг.* шуршание (*шёлка*)

**frounce** [frauns] *v* 1) завивать 2) делать сборки, складки 3) *уст.* хмуриться

**frown** [fraun] 1. *n* сдвинутые брови; хмурый взгляд; выражение неодобрения

2. *v* хмурить брови; смотреть неодобрительно (at, on, upon — на); насупиться; to ~ on smth. быть недовольным чем-л.

**frowst** [fraust] 1. *n разг.* спёртый, затхлый воздух (*в комнате*), духота

2. *v* 1) сидеть в духоте 2) бездельничать

**frowsy, frowzy** ['frauzɪ] *a* 1) затхлый, спёртый 2) неряшливый, нечёсаный, грязный

**froze** [frəuz] *past от* freeze

**frozen** ['frəuzn] 1. *p. p. от* freeze

2. *a* 1) замёрзший 2) замороженный; ~ fruit свежезамороженные фрукты 3) студёный 4) *перен.* холодный, крайне сдержанный

**fructiferous** [frʌk'tɪfərəs] *a* плодоносящий

**fructification** [,frʌktɪfɪ'keɪʃən] *n бот.* 1) плодоношение 2) оплодотворение

**fructify** ['frʌktɪfaɪ] *v* 1) *бот.* оплодотворять 2) приносить плоды (*тж. перен.*)

**fructose** ['frʌktəus] *n* фруктоза

**frugal** ['fru:gəl] *a* 1) бережливый, экономный 2) умеренный, скромный; ~ supper скудный ужин

**frugality** [fru(:)'gælɪtɪ] *n* 1) бережливость 2) умеренность

**fruit** [fru:t] 1. *n* 1) плод; to bear ~ плодоносить 2) *собир.* фрукты; to grow ~ разводить плодовые деревья; small ~ ягоды 3) (*преим. pl*) плоды, результаты 4) *attr.* фруктовый

2. *v* плодоносить

**fruitage** ['fru:tɪdʒ] *n* 1) плодоношение 2) *поэт.* плоды

**fruitarian** [fru:'tɛərɪən] *n* человек, питающийся только фруктами

**fruit-cake** ['fru:tkeɪk] *n* кекс с изюмом *или* смородиной

**fruiter** ['fru:tə] *n* 1) плодовое дерево 2) судно, гружёное фруктами 3) садовод

**fruiterer** ['fru:tərə] *n* торговец фруктами

**fruitful** ['fru:tful] *a* 1) плодовитый; плодородный 2) плодотворный

**fruit-grower** ['fru:t,grəuə] *n* садовод, плодовод

**fruitgrowing** ['fru:t,grəuɪŋ] *n* садоводство, плодоводство

**fruition** [fru(:)'ɪʃən] *n* 1) пользование какими-л. благами 2) осуществление (*надежды и т. п.*)

**fruit-knife** ['fru:tnaɪf] *n* нож для фруктов

**fruitless** ['fru:tlɪs] *a* 1) бесплодный 2) бесполезный

**fruit machine** ['fru:tmə,ʃi:n] *n разг.* игральный автомат

**fruit-piece** ['fru:tpi:s] *n* натюрморт с фруктами

**fruit salad** ['fru:t,sæləd] *n* фруктовый салат

**fruit-sugar** ['fru:t,ʃugə] *n* фруктоза; глюкоза

**fruit-tree** ['fru:ttri:] *n* плодовое дерево

**fruity** ['fru:tɪ] *a* 1) похожий на фрукты (*по вкусу, запаху и т. п.*) 2) сохраняющий аромат винограда (*о вине*) 3) звучный; *ирон.* сладкоголосый; a ~ voice мелодичный голос 4) *разг.* сочный, смачный; непристойный; a ~ story история с пикантными подробностями

**frumenty** ['fru:məntɪ] *n* сладкая пшеничная каша на молоке, приправленная корицей

**frump** [frʌmp] *n* старомодно и плохо одетая женщина

**frumpish** ['frʌmpɪʃ] *a* 1) старомодно одетый 2) *уст.* сварливый

**frusta** ['frʌstə] *pl от* frustum

**frustrate** [frʌs'treɪt] *v* расстра́ивать, срыва́ть (*планы*); де́лать тще́тным, бесполе́зным

**frustration** [frʌs'treɪʃən] *n* 1) расстро́йство (*планов*); круше́ние (*надежд*) 2) разочарова́ние

**frustum** ['frʌstəm] *n* (*pl* -ta, -tums [-təmz]) *геом.* усечённая пирами́да; усечённый ко́нус

**fry** I [fraɪ] *n* ме́лкая рыбёшка; мальки́; small ~ *пренебр.*, *шутл.* мелкота́, мелюзга́; ме́лкая со́шка

**fry** II [fraɪ] **1.** *n* жа́реное мя́со; жа́реное (ку́шанье); жарко́е

**2.** *v* жа́рить(ся)

**frying-pan** ['fraɪɪŋpæn] *n* сковорода́ ◇ out of the ~ into the fire ≅ из огня́ да в по́лымя

**fubsy** ['fʌbzɪ] *a* 1) по́лный, то́лстый 2) призе́мистый

**fuck** [fʌk] *v* *груб.* совокупля́ться

**fucking** ['fʌkɪŋ] *груб.* **1.** *a* прокля́тый, чёртов

**2.** *adv* черто́вски, отврати́тельно

**fuddle** ['fʌdl] **1.** *n* 1) опьяне́ние 2) попо́йка

**2.** *v* 1) напои́ть до́пьяна; to ~ oneself, to be ~d напива́ться 2) одурма́нивать

**fuddy-duddy** ['fʌdɪ'dʌdɪ] *n* *разг.* 1) ворчу́н 2) ретрогра́д; консерва́тор

**fudge** [fʌdʒ] **1.** *n* 1) вы́думка; «стряпня́» 2) пома́дка 3) изве́стия, помеща́емые в газе́те в после́днюю мину́ту

**2.** *v* де́лать ко́е-ка́к, недобросо́вестно; «состря́пать»

**3.** *int* чепуха́!, вздор!

**fuel** [fjuəl] **1.** *n* то́пливо, горю́чее

**2.** *v* 1) снабжа́ть то́пливом 2) запаса́ться то́пливом 3) заправля́ть(ся) горю́чим 4) *ж.-д.* экипирова́ть

**fuelling** ['fjuəlɪŋ] **1.** *pres. p.* *от* fuel 2

**2.** *n* 1) горю́чее 2) запра́вка горю́чим

**fuel pump** ['fjuəlpʌmp] *n* насо́с для пода́чи горю́чего, бензопо́мпа

**fug** [fʌg] **1.** *n* *разг.* 1) духота́, спёртый во́здух 2) сор; пыль (*по углам помещения, в швах одежды и т. п.*)

**2.** *v* сиде́ть в духоте́; to ~ at home вести́ сидя́чий о́браз жи́зни

**fugacious** [fju(:)'geɪʃəs] *a* 1) мимолётный 2) лету́чий

**fuggy** ['fʌgɪ] *a* спёртый (*о воздухе*); ду́шный

**fugitive** ['fju:dʒɪtɪv] **1.** *n* 1) бегле́ц 2) бе́женец 3) дезерти́р

**2.** *a* 1) бе́глый 2) мимолётный, непро́чный 3): ~ verse стихотворе́ние, сочинённое по како́му-л. слу́чаю

**fugle** ['fju:gl] *v* руководи́ть; служи́ть образцо́м

**fugleman** ['fju:glmæn] *n* 1) вожа́к; челове́к, слу́жащий приме́ром 2) *воен.* *уст.* флигельма́н

**fugue** [fju:g] *n* *муз.* фу́га

**fulcra** ['fʌlkrə] *pl* *от* fulcrum

**fulcrum** ['fʌlkrəm] *n* (*pl* -ra) 1) *физ.* то́чка опо́ры (*рычага*) 2) сре́дство достиже́ния це́ли 3) *тех.* ось *или* центр шарни́ра

**fulfil** [ful'fɪl] *v* 1) выполня́ть; исполня́ть, осуществля́ть; to ~ the quota выполня́ть но́рму; to ~ a promise выполня́ть обеща́ние 2) заверша́ть 3) удовлетворя́ть (*требованиям, условиям и т. п.*); to ~ oneself дости́чь соверше́нства (*в пределах своих возможностей*), наибо́лее по́лно вы́разить себя́

**fulfilment** [ful'fɪlmənt] *n* 1) выполне́ние; исполне́ние, осуществле́ние; сверше́ние 2) заверше́ние

**fulgent** ['fʌldʒənt] *a* *поэт.* блиста́ющий, сия́ющий

**fulgurate** ['fʌlgjuəreɪt] *v* 1) сверкну́ть мо́лнией 2) пронзи́ть (*острой болью*)

**fulgurite** ['fʌlgjuərɪt] *n* *геол.* фульгури́т

**fuliginous** [fju:'lɪdʒɪnəs] *a* закопчённый, покры́тый са́жей

**full** I [ful] **1.** *a* 1) по́лный; це́лый; a ~ audience по́лная аудито́рия, по́лный зри́тельный зал; ~ to overflowing (*или* to the brim) по́лный до краёв; a ~ hour це́лый час; ~ load по́лная нагру́зка 2) поглощённый; he is ~ of his own affairs он всецело за́нят свои́ми дела́ми 3) оби́льный; a ~ meal сы́тная еда́ 4) *разг.* сы́тый; to eat till one is ~ есть до отва́ла, до по́лного насыще́ния 5) изоби́лующий, бога́тый (*чем-л.*) 6) широ́кий, свобо́дный (*о платье*) 7) по́лный, доро́дный 8) дости́гший вы́сшей сте́пени, вы́сшей то́чки; in ~ vigour в расцве́те сил; ~ tide высо́кая вода́ ◇ ~ brother родно́й брат; ~ powers полномо́чия; to be on ~ time быть за́нятым по́лную рабо́чую неде́лю; ~ up *predic.* *разг.* перепо́лненный; битко́м наби́тый; ~ moon полнолу́ние

**2.** *n*: in ~ по́лностью; to the ~ в по́лной ме́ре

**3.** *adv* 1) *поэт.* вполне́ 2) как раз; the ball hit him ~ on the nose мяч попа́л ему́ пря́мо в нос 3) о́чень; ~ well (о́чень) хорошо́

**4.** *v* кро́ить широко́ (*платье*); шить в сбо́рку, в скла́дку

**full** II [ful] *v* *текст.* валя́ть (*сукно*)

**full-back** ['fulbæk] *n* защи́тник (*в футболе*)

**full-blooded** ['ful'blʌdɪd] *a* 1) чистокро́вный 2) полнокро́вный 3) си́льный; по́лный жи́зни

**full-blown** ['ful'bləun] *a* вполне́ распусти́вшийся (*о цветке*)

**full-bodied** ['ful'bɔdɪd] *a* по́лный; скло́нный к полноте́

**full-bottomed** ['ful'bɔtəmd] *a* 1) *мор.*: ~ ship су́дно с по́лными обво́дами подво́дной ча́сти 2): ~ wig алонже́вый пари́к

**full dress** ['ful'dres] *n* по́лная пара́дная фо́рма; in ~ в по́лной пара́дной фо́рме

**full-dress** ['ful'dres] *a*: ~ debate *парл.* пре́ния по ва́жному вопро́су; ~ rehearsal генера́льная репети́ция

**fuller** I ['fulə] *n* валя́льщик, сукнова́л

**fuller** II ['fulə] *тех.* **1.** *n* инструме́нт для вы́делки желобо́в

**2.** *v* 1) выде́лывать желоба́ 2) чека́нить

**full-faced** ['ful'feɪst] *a* 1) с по́лным лицо́м, полноли́цый 2) повёрнутый анфа́с

**full-fashioned** ['ful'fæʃənd] *a* *текст.* като́нный; ~ stockings чулки́ со швом

**full-fed** ['ful'fed] *a* 1) раско́рмленный, жи́рный 2) нако́рмленный

**full-fledged** ['ful'fledʒd] *a* 1) вполне́ опери́вшийся 2) зако́нченный, разви́вшийся

**full-grown** ['ful'grəun] *a* 1) разви́вшийся, вы́росший 2) взро́слый

**fulling-mill** ['fulɪŋmɪl] *n* *текст.* сукнова́льная маши́на

**full-length** ['ful'leŋθ] *a* 1) во всю длину́, во весь рост (*часто о портрете*) 2) по́лный; без сокраще́ний; a ~ film полнометра́жный фильм

**full-mouthed** ['ful'mauðd] *a* 1) гро́мкий 2) с по́лностью сохрани́вшимися зуба́ми (*о скоте*)

**fullness** ['fulnɪs] *n* полнота́, оби́лие, сы́тость *и пр.* [*см.* full I, 1]; a ~ under the eyes мешки́ под глаза́ми; to write with great ~ писа́ть о́чень подро́бно ◇ in the ~ of time в своё вре́мя, в ну́жный моме́нт

**full-pelt** ['fulpelt] *adv* по́лным хо́дом; на по́лном ходу́

**full-scale** ['ful'skeɪl] *a* 1) в натура́льную величину́ 2) по́лный, всеобъе́млющий; ~ study исче́рпывающее иссле́дование

**full stop** ['fulstɔp] *n* то́чка ◇ to come to a ~ дойти́ до то́чки, зайти́ в тупи́к

**full-timer** ['ful,taɪmə] *n* 1) рабо́чий, за́нятый по́лную рабо́чую неде́лю 2) шко́льник, посеща́ющий все заня́тия

**fully** ['fulɪ] *adv* вполне́, соверше́нно, по́лностью; ~ justified вполне́ опра́вданный; to eat ~ есть до́сыта

**fulmar** ['fulmə] *n* глупы́ш (*птица*)

**fulminant** ['fʌlmɪnənt] *a* 1) молниено́сный 2) *мед.* скороте́чный

**fulminate** ['fʌlmɪneɪt] **1.** *v* 1) сверка́ть 2) греме́ть 3) *уст.* взрыва́ть(ся) 4) выступа́ть с осужде́нием (*чьих-л. действий и т. п.*); излива́ть гнев (*на кого-л.*); греми́ть (against)

**2.** *n*: ~ of mercury грему́чая ртуть

**fulminatory** ['fʌlmɪnətərɪ] *a* 1) греми́щий 2) громя́щий

**fulness** ['fulnɪs] = fullness

**fulsome** ['fulsəm] *a* нейскренний; ~ flattery гру́бая лесть

**fulvous** ['fʌlvəs] *a* красновато-жёлтый, бу́рый

**fumade** [fju:'meɪd] *n* копчёная сарди́нка, копчу́шка

**fumble** ['fʌmbl] *v* 1) нащу́пывать (for, after); to ~ in one's purse ры́ться в (своём) кошельке́ 2) неуме́ло обраща́ться (*с чем-л.*) 3) верте́ть, мять в рука́х

**fume** [fju:m] **1.** *n* 1) дым *или* пар с си́льным за́пахом; the ~s of wine ви́нные пары́; the ~s of cigars дым от сига́р 2) испаре́ние; пар(ы́) 3) си́льный за́пах 4) возбужде́ние; при́ступ гне́ва; in a ~ в припа́дке раздраже́ния

2. *v* 1) оку́ривать; копти́ть 2) кури́ть благово́ниями 3) мори́ть (*дуб*) 4) дыми́ть; испаря́ться (*обыкн.* ~ away) 5) *шутл.* кури́ть 6) волнова́ться; раздража́ться; кипе́ть от зло́сти

**fumigate** ['fju:mɪgeɪt] *v* 1) оку́ривать; дезинфици́ровать 2) кури́ть благово́ния

**fumigation** [ˌfju:mɪ'geɪʃən] *n* оку́ривание; дезинфе́кция

**fumitory** ['fju:mɪtərɪ] *n бот.* дымя́нка (апте́чная)

**fumy** ['fju:mɪ] *a* ды́мный; по́лный испаре́ний

**fun** [fʌn] **1.** *n* шу́тка; весе́лье; заба́ва; figure of ~ смешна́я фигу́ра, предме́т насме́шек; he is great ~ он о́чень заба́вен; it was rather ~ eating in a restaurant в рестора́не обе́дать бы́ло гора́здо интере́снее; I did it for (*или* in) ~ я сде́лал э́то шу́тки ра́ди; to make ~ of smb. высме́ивать кого́-л.; подсме́иваться над кем-л.; what ~! как смешно́!, вот потёха! ◇ like ~ а) как бы не так, ≅ держи́ карма́н ши́ре; б) со всех ног

2. *v редк.* шути́ть (*обыкн.* to be ~ning)

**funambulist** [fju(:)'næmbjulɪst] *n* канатохо́дец

**function** ['fʌŋkʃən] **1.** *n* 1) фу́нкция, назначе́ние 2) отправле́ние (*организма*) 3) (*обыкн. pl*) должностны́е обя́занности 4) торжество́; торже́ственное собра́ние 5) *разг.* ве́чер, приём (*часто* public *или* social ~) 6) *мат.* фу́нкция

2. *v* функциони́ровать, де́йствовать; выполня́ть фу́нкции

**functional** ['fʌŋkʃənl] *a* 1) функциона́льный (*тж. физиол. и мат.*) 2) *архит.* конструкти́вный, без украша́тельства

**functionary** ['fʌŋkʃnərɪ] **1.** *n* должностно́е лицо́; чино́вник

2. *a* официа́льный

**functionate** ['fʌŋkʃneɪt] *v редк.* де́йствовать, функциони́ровать

**fund** [fʌnd] **1.** *n* 1) запа́с; a ~ of knowledge кла́дезь зна́ний 2) фонд; капита́л 3) *pl* де́нежные сре́дства; to be in ~s быть при деньга́х 4) (the ~s) *pl* госуда́рственные проце́нтные бума́ги; to have money in the ~s держа́ть де́ньги в госуда́рственных бума́гах 5) обще́ственная *или* благотвори́тельная организа́ция, фонд

2. *v* 1) консолиди́ровать 2) вкла́дывать капита́л в це́нные бума́ги 3) *редк.* де́лать запа́с

**fundament** ['fʌndəmənt] *n* зад, я́годицы

**fundamental** [ˌfʌndə'mentl] **1.** *a* основно́й; коренно́й; суще́ственный; the ~ rules основны́е пра́вила; ~ frequency *физ.* основна́я частота́, со́бственная частота́; ~ truth аксио́ма; ~ freedoms основны́е свобо́ды

2. *n* (*обыкн. pl*) 1) основно́е пра́вило; при́нцип 2) осно́вы

**fundamentalizm** [ˌfʌndə'mentəlɪzm] *n церк.* фундаментали́зм, безогово́рочное призна́ние библе́йской леге́нды о сотворе́нии ми́ра

**funded** ['fʌndɪd] **1.** *p. p. от* fund 2

2. *a* фунди́рованный; помещённый в госуда́рственные бума́ги; ~ debt фунди́рованный долг; долгосро́чные госуда́рственные за́ймы

**funeral** ['fju:nərəl] **1.** *n* 1) по́хороны; похоро́нная проце́ссия 2) заупоко́йная слу́жба ◇ it is not my ~ *разг.* меня́ э́то не каса́ется; э́то не моё де́ло; it's your ~ э́то ва́ше де́ло; э́то ва́ша забо́та

2. *a* похоро́нный; ~ urn у́рна для пра́ха; ~ home *амер.* помеще́ние, снима́емое для гражда́нской панихи́ды; ~ speech речь на похорона́х

**funereal** [fju(:)'nɪərɪə] *a* похоро́нный; мра́чный; тра́урный

**fun-fair** ['fʌnfɛə] *n* я́рмарка с аттракцио́нами, балага́ном *и т. п.*

**fungi** ['fʌŋgaɪ] *pl от* fungus

**fungicide** ['fʌndʒɪsaɪd] *n мед.* 1) фунгици́д 2) *attr.*: ~ therapy противогрибко́вая терапи́я

**fungous** ['fʌŋgəs] *a* гу́бчатый, ноздрева́тый

**fungus** ['fʌŋgəs] *n* (*pl* -gi, -es [-ɪz]) 1) гриб; пога́нка; пле́сень; древе́сная гу́бка 2) *мед.* грибо́к

**funicular** [fju(:)'nɪkjulə] **1.** *a* кана́тный

2. *n* фуникулёр (*тж.* ~ railway)

**funk** [fʌŋk] *разг.* **1.** *n* 1) испу́г, страх; to be in a ~ тру́сить 2) трус

2. *v* 1) тру́сить, боя́ться 2) уклоня́ться (*от чего-л.*)

**funk-hole** ['fʌŋkhəul] *n воен. sl.* 1) блинда́ж 2) укры́тие, убе́жище 3) до́лжность, кото́рая даёт возмо́жность уклони́ться от вое́нной слу́жбы

**funky** ['fʌŋkɪ] *a разг.* трусли́вый, напу́ганный

**funnel** ['fʌnl] *n* 1) дымова́я труба́, дымохо́д 2) воро́нка 3) *тех.* ли́тник

**funny** I ['fʌnɪ] **1.** *a* 1) заба́вный, смешно́й; смехотво́рный; потё́шный 2) *разг.* стра́нный; ~ business подозри́тельное, не совсе́м чи́стое де́ло; to feel ~ нева́жно себя́ чу́вствовать

2. *n pl амер. разг.* страни́чка ю́мора в газе́те

**funny** II ['fʌnɪ] *n* двухвёсельная ло́дка, я́лик

**funny-bone** ['fʌnɪbəun] *n анат.* вну́тренний мы́щелок плечево́й ко́сти

**funny farm** ['fʌnɪ'fɑ:m] *n амер. разг.* (за́городная) больни́ца для нарко́манов

**funny house** ['fʌnɪ'haus] *n амер. разг.* 1) психиатри́ческая больни́ца 2) лече́бница для наркома́нов

**funny-man** ['fʌnɪmæn] *n* шутни́к; ко́мик, юмори́ст

**funster** ['fʌnstə] *n амер.* шутни́к; ко́мик

**fur** [fə:] **1.** *n* 1) мех 2) шерсть, шку́ра 3) *собир.* пушно́й зверь; ~ and feather пушно́й зверь и дичь 4) (*обыкн. pl*) пушни́на; мехов́ые изде́лия 5) налёт (*на языке больного*); на́кипь (*в котле, трубах*); оса́док (*в винных бочках*) 6) *attr.* мехово́й; ~ coat (мехова́я) шу́ба ◇ to make the ~ fly подня́ть бу́чу, затея́ть ссо́ру

2. *v* 1) подбива́ть *или* отде́лывать ме́хом 2) счища́ть на́кипь (*в котле*) 3) *стр.* обшива́ть ре́йками, дра́нью *или* до́сками

**furbelow** ['fə:bɪləu] *n* **1.** о́борка; фалбала́ 2) *pl презр.* тря́пки; безвку́сные украше́ния

**furbish** ['fə:bɪʃ] *v* полирова́ть, чи́стить; счища́ть ржа́вчину □ ~ **up** подновля́ть, ремонти́ровать

**furcate** ['fə:keɪt] **1.** *a* раздво́енный, разветвлённый

2. *v* раздва́иваться

**furcation** [fə:'keɪʃən] *n* раздвое́ние, разветвле́ние

**furfur** ['fə:fə:] *n* (*pl* -res [-ri:z]) пе́рхоть

**furiosity** [ˌfjurɪ'ɔsɪtɪ] *n редк.* бе́шенство; я́рость

**furious** ['fjuərɪəs] *a* взбешённый, неи́стовый; he was ~ он был в я́рости

**furl** [fə:l] **1.** *n* 1) свёртывание 2) что-л. свёрнутое

2. *v* 1) свёртывать; убира́ть (*паруса*) 2) скла́дывать (*веер, зонт*) 3) стя́гивать рези́нкой; pants ~ed at the bottom шарова́ры с рези́нками на щи́колотках

**furlong** ['fə:lɔŋ] *n* восьма́я часть ми́ли (= *201 м*)

**furlough** ['fə:ləu] *n воен.* о́тпуск

**furmety** ['fə:mətɪ] = frumenty

**furnace** ['fə:nɪs] *n* 1) горн; оча́г; печь 2) то́пка

**furnace-bar** ['fə:nɪsbɑ:] *n* колосни́к

**furnace-charge** ['fə:nɪs'ʧɑ:dʒ] *n* загру́зка пе́чи

**furnish** ['fə:nɪʃ] *v* 1) снабжа́ть (with); предоставля́ть, доставля́ть; to ~ sentries *воен.* выставля́ть часовы́х 2) представля́ть; to ~ benefits (explanations) представля́ть вы́годы (объясне́ния) 3) обставля́ть (*мебелью*), меблирова́ть

**furnished** ['fə:nɪʃt] **1.** *p. p. от* furnish

2. *a* меблиро́ванный; ~ rooms меблиро́ванные ко́мнаты; ~ house дом с ме́белью, с обстано́вкой

**furnisher** ['fə:nɪʃə] *n* поставщи́к (*особ.* ме́бели)

**furnishings** ['fə:nɪʃɪŋz] *n pl* 1) обстано́вка, меблиро́вка 2) обору́дование 3) украше́ния 4) дома́шние принадле́жности

**furniture** ['fə:nɪʧə] *n* 1) ме́бель; обстано́вка 2) весь инвента́рь (*дома*); обору́дование, осна́стка (*корабля и т. п.*) 3) содержи́мое; ~ of one's mind зна́ния; ~ of one's pocket де́ньги 4) *уст.* сбру́я 5) *полигр.* пробе́льный материа́л

**furore** [fjuə'rɔ:rɪ] *ит. n.* фуро́р

**furred** [fə:d] **1.** *p. p. от* fur 2

2. *a* 1) отде́ланный ме́хом 2) *мед.* обло́женный (*о языке*) 3) *тех.* покры́тый на́кипью (*о котле, трубах и т. п.*)

**furrier** ['fʌrɪə] *n* меховщи́к; скорня́к
**furriery** ['fʌrɪərɪ] *n* 1) мехово́е де́ло; мехова́я торго́вля 2) *уст. собир.* меха́
**furrow** ['fʌrəu] **1.** *n* 1) борозда́; колея́ 2) жёлоб 3) глубо́кая морщи́на 4) *поэт.* па́хотная земля́ 5) *тех.* фальц
**2.** *v* 1) борозди́ть; паха́ть 2) покрыва́ть морщи́нами
**furry** ['fə:rɪ] *a* 1) мехово́й; подби́тый ме́хом 2) покры́тый налётом, на́кипью
**fur-seal** ['fə:si:l] *n зоол.* морско́й ко́тик
**further** ['fə:ðə] **1.** *a* 1) *сравн. ст. от* far 1; 2) бо́лее отдалённый 3) дальне́йший; доба́вочный; ~ education дальне́йшее образова́ние (*исключая университетское*); to obtain ~ information получи́ть дополни́тельные све́дения; till ~ notice впредь до дальне́йшего уведомле́ния
**2.** *adv* 1) *сравн. ст. от* far 2; 2) да́льше; да́лее 3) зате́м; кро́ме того́; бо́лее того́; to inquire ~ расспроси́ть подро́бнее; let me ~ tell you разреши́те мне доба́вить ◇ I'll see you ~ first! ≅ держи́ карма́н ши́ре!, и не поду́маю!, вот ещё!
**3.** *v* продвига́ть; соде́йствовать, спосо́бствовать; to ~ hopes подде́рживать наде́жды
**furtherance** ['fə:ðərəns] *n* продвиже́ние; подде́ржка, по́мощь
**furthermore** ['fə:ðə'mɔ:] *adv* к тому́ же, кро́ме того́; бо́лее того́
**furthermost** ['fə:ðəməust] = farthermost
**furthest** ['fə:ðɪst] = farthest
**furtive** ['fə:tɪv] *a* 1) скры́тый, та́йный; ~ footsteps кра́дущиеся шаги́; to cast a ~ glance посмотре́ть укра́дкой 2) хи́трый
**furtively** ['fə:tɪvlɪ] *adv* укра́дкой, кра́дучись
**furuncle** ['fjuərʌŋkl] *n* фуру́нкул, чи́рей
**fury** ['fjuərɪ] *n* 1) неи́стовство; бе́шенство, я́рость 2) (F.) *миф.* фу́рия; *перен. тж.* сварли́вая же́нщина ◇ like ~ *разг.* черто́вски, безу́мно
**furze** [fə:z] *n бот.* дрок
**fuscous** ['fʌskəs] *a* темнова́тый, с тёмным отте́нком
**fuse I** [fju:z] **1.** *n* 1) пла́вка 2) *эл.* пла́вкий предохрани́тель, про́бка; to blow a ~ сде́лать коро́ткое замыка́ние
**2.** *v* 1) пла́вить(ся), сплавля́ть(ся); *эл.* сде́лать коро́ткое замыка́ние 2) растворя́ться 3) слива́ться, объединя́ться
**fuse II** [fju:z] **1.** *n* 1) запа́л, затра́вка; огнепрово́дный шнур; фити́ль 2) *арт.* снаря́дная тру́бка; взрыва́тель
**2.** *v арт.* ввинчивать взрыва́тель *или* тру́бку
**fusee** [fju:'zi:] *n* 1) бараба́н (*в механизме висячих или каминных часов*) 2) запа́л 3) = fusil 4) спи́чка, не га́снущая на ветру́
**fuselage** ['fju:zɪlɑ:ʒ] *n ав.* фюзеля́ж
**fusel oil** ['fju:zl'ɔɪl] *n* сиву́шное ма́сло
**fusibility** [,fju:zə'bɪlɪtɪ] *n* пла́вкость
**fusible** ['fju:zəbl] *a* пла́вкий
**fusiform** ['fju:zɪfɔ:m] *a* веретенообра́зный
**fusil** ['fju:zɪl] *n ист.* фузе́я, лёгкий мушке́т
**fusilier** [,fju:zɪ'lɪə] *n ист.* фузилёр, стрело́к
**fusillade** [,fju:zɪ'leɪd] *n* 1) стрельба́ 2) расстре́л
**fusion** ['fju:ʒən] *n* 1) пла́вка; расплавле́ние 2) распла́вленная ма́сса, сплав 3) слия́ние, объедине́ние 4) *attr.*: ~ reaction реа́кция си́нтеза; ~ bomb термоя́дерная бо́мба
**fuss** [fʌs] **1.** *n* 1) не́рвное, возбуждённое состоя́ние; to get into a ~ разволнова́ться, разне́рвничаться 2) суета́, беспоко́йство из-за пустяко́в; to make a ~ about smth. волнова́ться по́пусту, раздражённо жа́ловаться; суети́ться; to make a ~ of smb. суетли́во, шу́мно опека́ть кого́-л.; to make a ~ of smth. поднима́ть шум вокру́г чего́-л., привлека́ть к чему́-л. внима́ние 3) суетли́вый челове́к, волну́ющийся из-за вся́ких пустяко́в
**2.** *v* 1) суети́ться, волнова́ться из-за пустяко́в (*часто* ~ about); пристава́ть, надоеда́ть с пустяка́ми 2) *амер. разг.* ссо́риться; объясня́ться □ ~ **up** *амер. разг.* наряжа́ть ◇ to have one's feathers ~ed дать себя́ раздразни́ть; взволнова́ться
**fussy** ['fʌsɪ] *a* 1) суетли́вый; не́рвный 2) вы́чурный; аляпова́тый
**fust** [fʌst] *n архит.* сте́ржень коло́нны *или* пиля́стра
**fustian** ['fʌstɪən] **1.** *n* 1) флане́ль; вельве́т 2) напы́щенные ре́чи; напы́щенный стиль
**2.** *a* 1) флане́левый; вельве́товый 2) наду́тый, напы́щенный
**fustic** ['fʌstɪk] *n* фу́стик (*красильное растение*)
**fustigate** ['fʌstɪgeɪt] *v шутл.* колоти́ть па́лкой
**fusty** ['fʌstɪ] *a* 1) за́тхлый, спёртый 2) устаре́вший, старомо́дный
**futhorc** ['fu:θɔ:k] *n* руни́ческий алфави́т (*по названиям первых шести букв*)
**futile** ['fju:taɪl] *a* 1) бесполе́зный, тще́тный 2) несерьёзный, пусто́й, пове́рхностный
**futility** [fju(:)'tɪlɪtɪ] *n* тще́тность *и пр.* [*см.* futile]
**future** ['fju:tʃə] **1.** *n* 1) бу́дущее (вре́мя); for the ~, in ~ в бу́дущем, впредь 2) бу́дущность 3) *pl ком.* това́ры, закупа́емые *или* продава́емые на срок (*часто в спекулятивных целях*) 4) *pl ком.* сро́чные контра́кты; to deal in ~s скупа́ть това́ры заблаговре́менно в спекуляти́вных це́лях
**2.** *a* бу́дущий; ~ tense *грам.* бу́дущее вре́мя
**futurism** ['fju:tʃərɪzm] *n* футури́зм
**futurist** ['fju:tʃərɪst] *n* футури́ст
**futurity** [fju(:)'tjuərɪtɪ] *n* 1) бу́дущее, бу́дущность 2) *pl* собы́тия бу́дущего 3) *рел.* загро́бная жизнь
**futurology** [,fju:tʃə'rɔlədʒɪ] *n* футуроло́гия
**fuze** [fju:z] = fuse II
**fuzz** [fʌz] **1.** *n* 1) пух, пуши́нка 2) *с.-х.* волоски́; боро́дка (*зерна*) 3) пы́шные во́лосы 4) *sl.* поли́ция
**2.** *v* 1) покрыва́ться сло́ем мельча́йших пуши́нок 2) разлета́ться (*о пухе*)
**fuzzily** ['fʌzɪlɪ] *adv* нея́сно, сму́тно, как в тума́не
**fuzzy** ['fʌzɪ] *a* 1) пуши́стый; ворси́стый 2) запушённый 3) нея́сный, неопределённый
**fyke** [faɪk] *n амер.* кошелько́вый не́вод
**fylfot** ['fɪlfɔt] *n* сва́стика

# G

**G, g** [dʒi:] *n* (*pl* Gs, G's [dʒi:z]) 1) *7-я буква англ. алфавита* 2) *муз.* соль
**gab I** [gæb] *разг.* **1.** *n* 1) болтли́вость, разгово́рчивость 2) болтовня́; stop your ~! замолчи́те!; придержи́(-те) язы́к!
**2.** *v* болта́ть, трепа́ть языко́м
**gab II** [gæb] *n тех.* 1) крюк; ви́лка 2) вы́лет, вы́нос 3) отве́рстие
**gabardine** ['gæbədi:n] *n* 1) *текст.* габарди́н 2) = gaberdine 1)
**gabber** ['gæbə] *n разг.* болту́н, пустозво́н
**gabble** ['gæbl] **1.** *n* бормота́ние, бессвя́зная речь
**2.** *v* 1) говори́ть нея́сно и бы́стро, бормота́ть 2) гогота́ть (*о гусях*)
**gabbler** ['gæblə] *n* бормоту́н; болту́н
**gabby** ['gæbɪ] *a разг.* разгово́рчивый; словоохо́тливый
**gaberdine** ['gæbədi:n] *n* 1) длиннопо́лый кафта́н из гру́бого сукна́ 2) = gabardine 1)
**gabion** ['geɪbjən] *n* 1) *гидр.* габио́н 2) *воен.* тур
**gabionade** [,geɪbjə'neɪd] *n гидр.* ли́ния, ряд габио́нов
**gable** ['geɪbl] *n* 1) *архит.* фронто́н, щипе́ц 2) конёк кры́ши 3) *attr.*: ~ roof двуска́тная (*или* щипцо́вая) кры́ша; ~ window слухово́е окно́
**gabled** ['geɪbld] *a* остроконе́чный (*о крыше*)
**gaby** ['geɪbɪ] *n диал.* проста́к, дурачо́к
**gad I** [gæd] *int* ну?; да ну!; вот так та́к! (*выражает изумление, сожаление, гнев, досаду*)
**gad II** [gæd] *v разг.* шля́ться, шата́ться (*обыкн.* ~ about, ~ abroad)
**gad III** [gæd] *n* 1) остриё, о́стрый шип 2) *ист.* копьё 3) = goad 1, 1); 4) *тех* зуби́ло; клин (*для отбивки угля*)

**gadabout** [ˈgædəbaut] *n* 1) бродя́га; праздношата́ющийся 2) непосе́да

**gadder** [ˈgædə] *n* 1) бродя́га; гуля́ка 2) *горн.* бури́льный моло́ток

**gad-fly** [ˈgædflaɪ] *n* о́вод, слепе́нь

**gadget** [ˈgædʒɪt] *n разг.* 1) приспособле́ние, принадле́жность (*преим. техническая новинка*) 2) *пренебр.* безделу́шка; ерунда́

**gadoid** [ˈgeɪdɔɪd] **1.** *n* ры́ба из семе́йства треско́вых

**2.** *a* из семе́йства треско́вых

**gadolinium** [ˌgædəˈlɪnɪəm] *n хим.* гадоли́ний

**Gael** [geɪl] *n* шотла́ндский (*реже* ирла́ндский) кельт, гаэ́л

**Gaelic** [ˈgeɪlɪk] **1.** *a* гаэ́льский

**2.** *n* гаэ́льский язы́к (*особ. язык шотландских кельтов*)

**gaff** I [gæf] **1.** *n* 1) острога́; баго́р 2) *мор.* га́фель ◇ to stand the ~ *амер. разг.* прояви́ть выно́сливость; без жа́лоб выноси́ть тру́дности; to give smb. the ~ суро́во обраща́ться с кем-л.; подверга́ть кого́-л. жесто́кой кри́тике

**2.** *v* багри́ть (*рыбу*)

**gaff** II [gæf] *n разг.* дешёвый теа́тр, мю́зик-хо́лл (*обыкн.* penny ~)

**gaff** III [gæf] *n разг.* ерунда́, вздор ◇ to blow the ~ проболта́ться

**gaffe** [gæf] *n* оплоￗшность, оши́бка, ло́жный шаг

**gaffer** [ˈgæfə] *n* 1) *разг.* стари́к; де́душка (*обращение*) 2) *разг.* деся́тник

**gag** [gæg] **1.** *n* 1) заты́чка, кляп 2) *парл.* прекраще́ние пре́ний 3) *театр.* отсебя́тина; вставно́й коми́ческий но́мер; шу́тка, остро́та; импровиза́ция 4) *разг.* обма́н; мистифика́ция 5) *мед.* роторасшири́тель 6) *тех.* про́бка, заглу́шка

**2.** *v* 1) вставля́ть кляп, затыка́ть рот 2) заста́вить замолча́ть; не дава́ть говори́ть 3) дави́ться 4) *театр.* вставля́ть отсебя́тину 5) *разг.* обма́нывать, мистифици́ровать 6) *мед.* применя́ть роторасшири́тель 7) *тех.* пра́вить

**gaga** [ˈgɑːgɑː] *a разг.* 1) глу́пый, бессмы́сленный 2) слабоу́мный; to go ~ поглупе́ть; впасть в слабоу́мие

**gage** I [geɪdʒ] **1.** *n* 1) зало́г; in ~ of smth. в зало́г чего́-л.; to give on ~ отдава́ть в зало́г 2) вы́зов (*на поединок*); to throw down a ~ бро́сить вы́зов, «перча́тку»

**2.** *v* 1) руча́ться; дава́ть в ка́честве зало́га 2) би́ться об закла́д

**gage** II [geɪdʒ] *амер.* = gauge

**gaggle** [ˈgægl] **1.** *n* 1) ста́до гусе́й; *перен.* толпа́ спле́тниц 2) гогота́нье

**2.** *v* гогота́ть

**gag-man** [ˈgægmən] *n* сочини́тель остро́т, шу́ток, ре́плик для эстра́ды, ра́дио *и т. п.*

**gaiety** [ˈgeɪətɪ] *n* 1) весёлость 2) (*обыкн. pl*) развлече́ния; весе́лье 3) весёлый *или* наря́дный вид

**gaily** [ˈgeɪlɪ] *adv* 1) ве́село; ра́достно 2) я́рко

**gain** [geɪn] **1.** *n* 1) при́быль, вы́года 2) *pl* дохо́ды (from — от); за́работок; вы́игрыш (*в карты и т. п.*) 3) увеличе́ние, приро́ст, рост 4) нажи́ва, коры́сть; love of ~ корыстолю́бие 5) *тех.* вы́рез, гнездо́ (*в дереве, в столбе*) 6) *горн.* квершла́г 7) *радио, тлв.* усиле́ние ◇ ill-gotten ~s never prosper *посл.* ≅ чужо́е добро́ впрок нейдёт

**2.** *v* 1) зараба́тывать, добыва́ть 2) извлека́ть по́льзу, вы́году; выга́дывать 3) выи́грывать, добива́ться; to ~ a prize вы́играть приз; to ~ time сэконо́мить, вы́играть вре́мя 4) получа́ть, приобрета́ть; to ~ confidence of smb. войти́ в дове́рие к кому́-л.; to ~ experience приобрета́ть о́пыт; to ~ ill repute стяжа́ть дурну́ю сла́ву; to ~ weight увели́чиваться в ве́се; to ~ strength набира́ться сил, оправля́ться 5) достига́ть, добира́ться; to ~ touch *воен.* установи́ть соприкоснове́ние (*с противником*); to ~ the rear of the enemy *воен.* вы́йти в тыл проти́вника 6) улучша́ться □ ~ **on** а) нагоня́ть; б) вторга́ться, захва́тывать постепе́нно часть су́ши (*о море*); в) доби́ться (*чьего-л. расположения*); ~ **over** перемани́ть на свою́ сто́рону, убеди́ть; ~ **upon** = ~ on ◇ to ~ the upper hand взять верх; my watch ~s мои́ часы́ спеша́т

**gainful** [ˈgeɪnful] *a* 1) дохо́дный, при́быльный, сто́ящий, вы́годный; опла́чиваемый 2) стремя́щийся к вы́годе

**gainings** [ˈgeɪnɪŋz] *n pl* 1) за́работок, дохо́д 2) вы́игрыш

**gainsaid** [geɪnˈseɪd] *past и p. p.* от gainsay

**gainsay** [geɪnˈseɪ] *v* (gainsaid) 1) противоре́чить 2) отрица́ть

**gainst, 'gainst** [geɪnst] *prep поэт. см.* against

**gait** [geɪt] *n* похо́дка

**gaiter** [ˈgeɪtə] *n* (*обыкн. pl*) гама́ши, ге́тры; кра́ги; ◇ ready to the last ~ button по́лностью гото́вый

**gal** [gæl] *n разг.* девчо́нка, де́вушка; молода́я же́нщина

**gala** [ˈgɑːlə] **1.** *n* пра́зднество

**2.** *a* торже́ственный, пра́здничный, пара́дный

**galactic** [gəˈlæktɪk] *a астр.* галакти́ческий

**gala day** [ˈgɑːlədeɪ] *n* день пра́зднества; пра́здник

**gala dress** [ˈgɑːlədres] *n* пара́дное *или* пра́здничное пла́тье

**gala night** [ˈgɑːlənaɪt] *n* гала́-представле́ние; торже́ственный ве́чер

**galantine** [ˈgæləntiːn] *n* заливно́е, галанти́н

**galanty show** [gəˈlæntɪˈʃəu] *n театр.* кита́йские те́ни

**galaxy** [ˈgæləksɪ] *n* 1) *астр.* Гала́ктика, Мле́чный Путь 2) плея́да (*тж. перен.*)

**gale** I [geɪl] *n* 1) шторм; бу́ря; ве́тер от 7 до 10 ба́ллов 2) взрыв, вспы́шка; ~s of laughter взры́вы сме́ха 3) *поэт.* ветеро́к, зефи́р

**gale** II [geɪl] *n бот.* воско́вник (обыкнове́нный)

**gale** III [geɪl] *n* периоди́ческая вы́плата ре́нты

**galeeny** [gəˈliːnɪ] *n* цеса́рка

**galena** [gəˈliːnə] *n* свинцо́вый блеск, галени́т

**galenic** [gəˈlenɪk] *a* гале́нов, относя́щийся к Гале́ну (*в фармакологии*)

**galenical** [gəˈlenɪkəl] = galenic

**galimatias** [ˌgælɪˈmætɪəs] *фр. n* галиматья́, чепуха́

**galipot** [ˈgælɪpɔt] *n* засты́вшая сосно́вая *или* ело́вая смола́, живи́ца

**gall** I [gɔːl] *n* 1) жёлчь 2) жёлчный пузы́рь 3) жёлчность, раздраже́ние; зло́ба 4) *разг.* на́глость, наха́льство; to have the ~ to do smth. име́ть на́глость сде́лать что-л. ◇ ~ and wormwood не́что ненави́стное, посты́лое

**gall** II [gɔːl] **1.** *n* сса́дина, натёртое ме́сто; нагнёт (*у лошади*)

**2.** *v* 1) ссади́ть, натере́ть (*кожу*) 2) раздража́ть, беспоко́ить 3) уязвля́ть (го́рдость)

**gall** III [gɔːl] *n бот.* галл, черни́льный оре́шек

**gallant** [ˈgælənt] **1.** *a* 1) хра́брый, до́блестный; a ~ soldier до́блестный во́ин; a ~ steed бо́рзый конь 2) краси́вый, прекра́сный, велича́вый 3) [gəˈlænt] гала́нтный; внима́тельный, почти́тельный (*к женщинам*) 4) [gəˈlænt] любо́вный; ~ adventures любо́вные похожде́ния

**2.** *n* 1) све́тский челове́к, щёголь, кавале́р 2) [gəˈlænt] гала́нтный кавале́р, ухажёр 3) любо́вник

**3.** *v* [*тж.* gəˈlænt] 1) сопровожда́ть (*даму*) 2) уха́живать; быть гала́нтным кавале́ром

**gallantry** [ˈgæləntrɪ] *n* 1) хра́брость, отва́га 2) гала́нтность; изы́сканная любе́зность 3) любо́вная интри́га, уха́живание

**gall-bladder** [ˈgɔːlˌblædə] *n анат.* жёлчный пузы́рь

**galleass** [ˈgælɪæs] *n ист.* галеа́с, трёхма́чтовая гале́ра

**galleon** [ˈgælɪən] *n ист.* галео́н (*корабль*)

**gallery** [ˈgælərɪ] *n* 1) галере́я 2) галёрка; пу́блика на галёрке; to play to the ~ игра́ть, рассчи́тывая на дешёвый эффе́кт; иска́ть дешёвой популя́рности 3) карти́нная галере́я 4) хо́ры 5) по́ртик, балко́н 6) *горн.* штрек, што́льня

**galley** [ˈgælɪ] *n* 1) *ист.* гале́ра; the ~s ка́торжные рабо́ты [*ср.* galley-slave 1)] 2) *мор.* вельбо́т; ги́чка 3) *мор.* ка́мбуз 4) *полигр.* набо́рная доска́; верста́тка 5) = galley proof; to read the ~s чита́ть гра́нки; she read the ~s of her new novel она́ чита́ла гра́нки своего́ но́вого рома́на

**galley proof** [ˈgælɪpruːf] *n полигр.* гра́нка

**galley-slave** [ˈgælɪsleɪv] *n* 1) гребе́ц на гале́ре (*раб или осуждённый преступник*) 2) челове́к, обречённый на тяжёлый труд

**gall-fly** [ˈgɔːlflaɪ] *n зоол.* орехотво́рка

**Gallic** [ˈgælɪk] *a* 1) га́лльский 2) *шутл.* францу́зский
**gallic** [ˈgælɪk] *a хим.* га́лловый
**gallicism** [ˈgælɪsɪzm] *n* галлици́зм
**galligaskins** [ˌgælɪˈgæskɪnz] *n pl* 1) широ́кие штаны́ XVI—XVII *вв.* 2) *шутл.* широ́кие брю́ки
**gallimaufry** [ˌgælɪˈmɔːfrɪ] *n* вся́кая вся́чина, мешани́на
**gallinaceous** [ˌgælɪˈneɪʃəs] *a зоол.* кури́ный
**galliot** [ˈgælɪət] *n ист.* галио́т (*быстроходная парусная галера*)
**gallipot** [ˈgælɪpɔt] *n* 1) апте́чная (обливна́я) ба́нка 2) = galipot
**gallium** [ˈgælɪəm] *n хим.* га́ллий
**gallivant** [ˌgælɪˈvænt] *v* 1) уха́живать, флиртова́ть 2) шля́ться, шата́ться, броди́ть
**gall-nut** [ˈgɔːlnʌt] = gall III
**Gallomaniac** [ˌgæləuˈmeɪnɪæk] *n* галлома́н
**gallon** [ˈgælən] *n* галло́н (*мера жидких и сыпучих тел; англ.* = *4,54 л, тж.* imperial ~; *амер.* = *3,78 л*)
**galloon** [gəˈluːn] *n* галу́н
**gallop** [ˈgæləp] **1.** *n* гало́п; at full ~ во весь опо́р
**2.** *v* 1) скака́ть гало́пом, галопи́ровать 2) пуска́ть (*лошадь*) гало́пом 3) бы́стро прогресси́ровать 4) де́лать (*что-л.*) бы́стро (*часто* ~ through, ~ over)
**galloper** [ˈgæləpə] *n воен.* 1) *разг.* дежу́рный; посы́льный на мотоци́кле 2) лёгкая пу́шка
**gallophil** [ˈgæləufɪl] *n* галлофи́л
**gallophobe** [ˈgləufəub] *n* галлофо́б
**galloping** [ˈgæləpɪŋ] **1.** *pres. p. от* gallop 2
**2.** *a* несу́щийся (гало́пом) ◇ ~ consumption скороте́чная чахо́тка
**galloway** [ˈgæləweɪ] *n шотл.* малоро́слая, но си́льная ло́шадь
**gallows** [ˈgæləuz] *n pl* (*обыкн. употр. как sing*) 1) ви́селица; to come to the ~ быть пове́шенным 2) ко́злы 3) *pl разг.* подтя́жки, по́мочи 4) *стр.* непо́лный дверно́й окла́д
**gallows-bird** [ˈgæləuzbəːd] *n разг.* негодя́й, ви́сельник
**gallows-tree** [ˈgæləuztriː] = gallows 1)
**gall-stone** [ˈgɔːlstəun] *n мед.* жёлчный ка́мень
**Gallup poll** [ˈgæləppəul] *n амер.* социологи́ческий опро́с населе́ния; выявле́ние обще́ственного мне́ния по разли́чным вопро́сам (*напр., о возможных результатах голосования*)
**galluses** [ˈgæləsɪz] *n pl амер. разг.* подтя́жки
**galoot** [gəˈluːt] *n мор. жарг.* 1) молодо́й солда́т морско́й пехо́ты 2) *амер. преим. шутл.* неуклю́жий челове́к, у́валень
**galop** [ˈgæləp] **1.** *n* гало́п (*танец*)
**2.** *v* танцева́ть гало́п
**galore** [gəˈlɔː] **1.** *adv* в изоби́лии; there is fruit ~ in the Crimea this summer в э́том году́ в Крыму́ огро́мный урожа́й фру́ктов
**2.** *n редк.* изоби́лие
**galosh** [gəˈlɔʃ] *n* гало́ша; *амер.* рези́новый бот
**galumph** [gəˈlʌmf] *v разг.* пры́гать от ра́дости, скака́ть
**galvanic** [gælˈvænɪk] *a* 1) *физ.* гальвани́ческий 2) возбужда́ющий 3) спазмати́ческий; неожи́данный *или* неесте́ственный (*об улыбке, движениях и т. п.*)
**galvanism** [ˈgælvənɪzm] *n* 1) *физ.* гальвани́зм 2) *мед.* гальваниза́ция
**galvanization** [ˌgælvənaɪˈzeɪʃən] *n мед., тех.* гальваниза́ция
**galvanize** [ˈgælvənaɪz] *v* 1) гальванизи́ровать; оцинко́вывать 2) оживля́ть; возбужда́ть; to ~ smb. into action побужда́ть кого́-л. к де́йствию; заста́вить кого́-л. де́йствовать
**galvanometer** [ˌgælvəˈnɔmɪtə] *n эл.* гальвано́метр
**gambade** [gæmˈbeɪd] = gambado
**gambado** [gæmˈbeɪdəu] *n* (*pl* -os, -oes [-əuz]) 1) прыжо́к, курбе́т (*лошади*) 2) неожи́данная вы́ходка
**gambit** [ˈgæmbɪt] *n* 1) *шахм.* гамби́т 2) пе́рвый шаг (*в чём-л.*) (*тж.* opening ~) 3) усту́пка с це́лью получе́ния вы́годы в дальне́йшем
**gamble** [ˈgæmbl] **1.** *n* 1) аза́ртная игра́ 2) риско́ванное предприя́тие, авантю́ра
**2.** *v* 1) игра́ть в аза́ртные и́гры; to ~ away проигра́ть в ка́рты (*состояние и т. п.*) 2) спекули́ровать (*на бирже*) 3) рискова́ть (with)
**gambler** [ˈgæmblə] *n* 1) игро́к, карте́жник 2) афери́ст
**gamboge** [gæmˈbuːʒ] *n* гуммигу́т (*млечный сок некоторых тропических растений; тж. жёлтая краска из этого сока*)
**gambol** [ˈgæmbəl] **1.** *n* 1) прыжо́к 2) весе́лье
**2.** *v* пры́гать, скака́ть
**game** I [geɪm] **1.** *n* 1) игра́; to play the ~ игра́ть по пра́вилам; *перен.* поступа́ть благоро́дно; to play a good (poor) ~ быть хоро́шим (плохи́м) игроко́м 2) *спорт.* игра́, па́ртия; a ~ of tennis па́ртия в те́ннис; гейм 3) *pl* соревнова́ния; и́гры 4) развлече́ние, заба́ва; what a ~! как заба́вно! 5) шу́тка; to have a ~ with дура́чить (*кого-л.*); to make ~ of высме́ивать; подшу́чивать; to speak in ~ говори́ть в шу́тку 6) за́мысел, прое́кт, де́ло 7) уло́вка, увёртка, хи́трость, «фо́кус»; none of your ~s оста́вьте э́ти шту́ки, без фо́кусов ◇ the ~ is up «ка́рта би́та», де́ло проиграно; the ~ is not worth the candle игра́ не сто́ит свеч; two can play at that ~ ≅ посмо́трим ещё, чья возьмёт; to have the ~ in one's hands быть уве́ренным в успе́хе; this ~ is yours вы вы́играли
**2.** *a* 1) сме́лый; боево́й, задо́рный 2) охо́тно гото́вый (*сделать что-л.*); to be ~ for anything быть гото́вым на всё; ничего́ не боя́ться
**3.** *v* игра́ть в аза́ртные и́гры □ ~ away проигра́ть
**game** II [geɪm] *n* 1) дичь; fair ~ дичь, на кото́рую разрешено́ охо́титься; *перен.* (зако́нный) объе́кт нападе́ния; объе́кт тра́вли; big ~ кру́пная дичь, кру́пный зверь; *перен.* жела́нная добы́ча 2) мя́со ди́ких у́ток, куропа́ток, зайча́тина *и т. п.*
**game** III [geɪm] *a* искале́ченный, парализо́ванный (*о руке, ноге*)
**game-bag** [ˈgeɪmbæg] *n* ягдта́ш, охо́тничья су́мка
**game-bird** [ˈgeɪmbəːd] *n* перна́тая дичь
**game-chicken** [ˈgeɪmˌtʃɪkən] = game-cock
**game-cock** [ˈgeɪmkɔk] *n* бойцо́вый пету́х
**game-fish** [ˈgeɪmfɪʃ] *n* промысло́вая ры́ба
**gamekeeper** [ˈgeɪmˌkiːpə] *n* лесни́к, охраня́ющий дичь (*от браконьеров и т. п.*), охо́тничий инспе́ктор
**game-laws** [ˈgeɪmlɔːz] *n pl* зако́ны по охра́не ди́чи; пра́вила охо́ты
**game-preserve** [ˈgeɪmprɪˈzəːv] *n* охо́тничий запове́дник
**games-master** [ˈgeɪmzˌmaːstə] *n* преподава́тель физкульту́ры
**games-mistress** [ˈgeɪmzˌmɪstrɪs] *n* преподава́тельница физкульту́ры
**gamesome** [ˈgeɪmsəm] *a* весёлый, игри́вый, шутли́вый
**gamester** [ˈgeɪmstə] *n* игро́к, картёжник
**gamete** [ˈgæmiːt] *n биол.* гаме́та, полова́я кле́тка
**gamin** [gaːˈmæŋ] *фр. n* беспризо́рник; у́личный мальчи́шка
**gaming-house** [ˈgeɪmɪŋhaus] *n* иго́рный дом
**gaming-table** [ˈgeɪmɪŋˌteɪbl] *n* 1) иго́рный стол 2) аза́ртная игра́ на де́ньги
**gamma** [ˈgæmə] *n* 1) га́мма (*третья буква греческого алфавита*) 2) *физ.* га́мма 3) со́вка-га́мма (*бабочка*)
**gamma rays** [ˈgæməreɪz] *n pl физ.* га́мма-лучи́
**gammer** [ˈgæmə] *n разг.* стару́ха; мама́ша, ба́бушка (*обращение*)
**gammon** I [ˈgæmən] **1.** *n* о́корок
**2.** *v* копти́ть, заса́ливать о́корок, пригота́вливать беко́н
**gammon** II [ˈgæmən] **1.** *n* 1) обма́н 2) болтовня́
**2.** *v* 1) обма́нывать 2) нести́ вздо́р
**gammoning** I [ˈgæmənɪŋ] **1.** *pres. p. от* gammon I, 2
**2.** *n* засо́лка и копче́ние о́корока, приготовле́ние беко́на
**gammoning** II [ˈgæmənɪŋ] *pres. p. от* gammon II, 2
**gammy** [ˈgæmɪ] *a разг.* хромо́й
**gamp** [gæmp] *n шутл.* (большо́й) зо́нтик
**gamut** [ˈgæmət] *n* 1) *муз.* га́мма 2) диапазо́н (*голоса*) 3) полнота́, глубина́ (*чего-л.*); to experience the whole ~ of suffering испыта́ть всю полноту́ страда́ния
**gamy** I [ˈgeɪmɪ] *a* 1) изоби́лующий ди́чью 2) с душко́м (*о дичи*)
**gamy** II [ˈgeɪmɪ] *a разг.* сме́лый, задо́рный

**gander** [ˈgændə] *n* 1) гуса́к 2) глупе́ц; проста́к 3) *разг.* жена́тый челове́к 4) *амер. разг.* челове́к, живу́щий врозь с жено́й; соло́менный вдове́ц ◇ to see how the ~ hops выжида́ть дальне́йшего развёртывания собы́тий

**gang** I [gæŋ] **1.** *n* 1) па́ртия *или* брига́да (*рабочих и т. п.*); арте́ль; сме́на; section ~ па́ртия железнодоро́жных рабо́чих (*на путевом участке*) 2) ша́йка, ба́нда; press ~ а) га́нгстеры пера́, ша́йка газе́тчиков; б) *ист.* гру́ппа вербо́вщиков (*в армию или флот*) 3) *разг.* компа́ния 4) набо́р, компле́кт (*инструментов*) 5) *attr.*: ~ leader бригади́р (*рабочих и т. п.*)

2. *v* 1) организова́ть брига́ду 2) организова́ть ша́йку; вступи́ть в ша́йку (*тж.* ~ up) 3) напада́ть (*тж.* ~ up)

**gang** II [gæŋ] *v шотл.* идти́

**ganger** I [ˈgæŋə] *n* деся́тник

**ganger** II [ˈgæŋə] *n* 1) пешехо́д 2) бы́страя ло́шадь

**ganglia** [ˈgæŋglɪə] *pl от* ganglion

**gangling** [ˈgæŋglɪŋ] *a разг.* долговя́зый, неуклю́жий

**ganglion** [ˈgæŋglɪən] *n* (*pl* -lia) 1) *анат.* га́нглий, не́рвный у́зел 2) центр (*деятельности, интересов*)

**gang-plank** [ˈgæŋplæŋk] *n* схо́дня, трап

**gangrene** [ˈgæŋgri:n] **1.** *n* гангре́на; омертве́ние

2. *v* 1) вызыва́ть омертве́ние 2) подверга́ться омертве́нию

**gangrenous** [ˈgæŋgrɪnəs] *a* гангрено́зный, омертве́лый

**gang-saw** [ˈgæŋsɔ:] *n* лесопи́льная ра́ма

**gangsman** [ˈgæŋzmən] = ganger I

**gangster** [ˈgæŋstə] *n* га́нгстер, банди́т

**gangway** [ˈgæŋweɪ] *n* 1) *мор.* схо́дня; продо́льный мо́стик 2) прохо́д ме́жду ряда́ми (*кресел и т. п.*) 3) *парл.* прохо́д, разделя́ющий пала́ту о́бщин на две ча́сти; members above the ~ мини́стры и чле́ны парла́мента, те́сно свя́занные с официа́льной поли́тикой свои́х па́ртий 4) *стр.* рабо́чие мостки́ 5) *горн.* штрек

**ganoid** [ˈgænɔɪd] **1.** *a* 1) гла́дкий и блестя́щий (*о чешуе*) 2) гано́идный (*о рыбе*)

2. *n* гано́идная ры́ба

**gantlet** [ˈgæntlət] = gauntlet II

**gantry** [ˈgæntrɪ] *n* 1) порта́л подъёмного кра́на 2) *ж.-д.* сигна́льный мо́стик (*над железнодорожными путями*) 3) подста́вка для бо́чек (*в погребе*) 4) *радио* радиолокацио́нная анте́нна

**gantry-crane** [ˈgæntrɪˈkreɪn] *n* порта́льный кран

**gaol** [dʒeɪl] **1.** *n* 1) тюрьма́ 2) тюре́мное заключе́ние

2. *v* заключа́ть в тюрьму́

**gaol-bird** [ˈdʒeɪlbə:d] *n* ареста́нт; уголо́вник

**gaoler** [ˈdʒeɪlə] *n* тюре́мщик; тюре́мный надзира́тель

**gap** [gæp] *n* 1) брешь, проло́м, щель 2) промежу́ток, интерва́л; «окно́» (*в расписании*) 3) пробе́л, лаку́на, про́пуск; to close (*или* to stop, to fill up) the ~ запо́лнить пробе́л 4) отстава́ние (*в чём-л.*); утра́та, дефици́т 5) глубо́кое расхожде́ние (*во взглядах и т. п.*); разры́в 6) го́рный прохо́д, глубо́кое уще́лье 7) *воен.* проры́в (*в обороне*) 8) *тех.* зазо́р, люфт 9) *ав.* расстоя́ние ме́жду кры́льями бипла́на ◇ to stand in the ~ приня́ть на себя́ гла́вный уда́р (*противника*)

**gape** [geɪp] **1.** *n* 1) зево́к 2) изумлённый взгляд 3) (the ~s) *pl* зево́та (*болезнь кур*); *шутл.* при́ступ зево́ты 4) отве́рстие; зия́ние

2. *v* 1) широко́ разева́ть рот; зева́ть 2) глазе́ть (at — на) 3) изумля́ться; to make smb. ~ изуми́ть кого́-л. 4) зия́ть □ ~ **after,** ~ **for** стра́стно жела́ть *чего-л.*; ~ **on,** ~ **upon** смотре́ть в изумле́нии на *что-л.*

**gaper** [ˈgeɪpə] *n* зева́ка

**gape-seed** [ˈgeɪpsi:d] *n разг.* 1) то, на что глазе́ют; to seek (*или* to buy, to sow) ~ толка́ться без де́ла (*на рынке и т. п.*) 2) бесце́льное разгля́дывание 3) зева́ка

**gappy** [ˈgæpɪ] *a* с промежу́тками, с пробе́лами; непо́лный; his speech was ~ он не выгова́ривал мно́жество зву́ков

**garage** [ˈgærɑ:ʒ] **1.** *n* гара́ж

2. *v* ста́вить в гара́ж

**garb** [gɑ:b] **1.** *n* 1) наря́д, одея́ние; in the ~ of a sailor в оде́жде матро́са 2) стиль оде́жды

2. *v* (*обыкн. pass.*) одева́ть, облача́ть; to ~ oneself in motley облачи́ться в шутовско́й наря́д

**garbage** [ˈgɑ:bɪdʒ] *n* 1) (ку́хонные) отбро́сы; гниющий му́сор 2) вну́тренности, требуха́ 3) макулату́ра, чти́во (*тж.* literary ~) 4) *attr.*: ~ heap of history сва́лка исто́рии

**garbage-collector** [ˈgɑ:bɪdʒkəˌlektə] *n* убо́рщик му́сора, му́сорщик

**garble** [ˈgɑ:bl] *v* подтасо́вывать, искажа́ть (*факты, доказательства*)

**garçon** [gɑ:rˈsɔ:ŋ] *фр. n* официа́нт, гарсо́н

**garden** [ˈgɑ:dn] **1.** *n* 1) сад; the ~ of England юг А́нглии 2) огоро́д (*тж.* kitchen ~) 3) *pl* парк 4) *attr.* садо́вый; огоро́дный

2. *v* возде́лывать, разводи́ть (*сад*)

**garden-bed** [ˈgɑ:dnbed] *n* гря́дка, клу́мба

**garden city** [ˈgɑ:dnˌsɪtɪ] *n* го́род-сад

**gardener** [ˈgɑ:dnə] *n* 1) садо́вник 2) огоро́дник 3) садово́д

**garden-frame** [ˈgɑ:dnfreɪm] *n* парнико́вая ра́ма

**garden hose** [ˈgɑ:dnhəuz] *n* садо́вый шланг

**garden-house** [ˈgɑ:dnhaus] *n* 1) бесе́дка 2) до́мик в саду́

**gardenia** [gɑ:ˈdi:njə] *n бот.* гарде́ния

**gardening** [ˈgɑ:dnɪŋ] **1.** *pres. p. от* garden 2

2. *n* садово́дство

**garden-party** [ˈgɑ:dnˌpɑ:tɪ] *n* приём госте́й в саду́

**garden-plot** [ˈgɑ:dnplɔt] *n* уча́сток земли́ под са́дом; садо́вый уча́сток

**garden pruner** [ˈgɑ:dnˌpru:nə] *n* сека́тор, садо́вые но́жницы

**garden seat** [ˈgɑ:dnsi:t] *n* садо́вая скамья́

**garden-stuff** [ˈgɑ:dnstʌf] *n* о́вощи, плоды́, цветы́; зе́лень

**garden-tillage** [ˈgɑ:dnˌtɪlɪdʒ] *n* садово́дство

**garden truck** [ˈgɑ:dnˈtrʌk] *n амер.* о́вощи и фру́кты; to raise ~ for the market выра́щивать о́вощи и фру́кты для прода́жи

**garfish** [ˈgɑ:fɪʃ] *n* сарга́н (*рыба*)

**gargantuan** [gɑ:ˈgæntjuən] *a* колосса́льный, гига́нтский; ~ appetite зве́рский аппети́т

**garget** [ˈgɑ:gɪt] *n вет.* воспале́ние зе́ва (*у свиней*); воспале́ние вы́мени (*у коров, овец и т. п.*)

**gargle** [ˈgɑ:gl] **1.** *n* полоска́ние (*для горла*)

2. *v* полоска́ть (*горло*)

**gargoyle** [ˈgɑ:gɔɪl] *n* горгу́лья, выступа́ющая водосто́чная труба́ в ви́де фантасти́ческой фигу́ры (*в готической архитектуре*)

**garibaldi** [ˌgærɪˈbɔ:ldɪ] *n* же́нская *или* де́тская блу́за

**garish** [ˈgeərɪʃ] *a* 1) крича́щий (*о платье, красках*); показно́й 2) я́ркий, ослепи́тельный

**garland** [ˈgɑ:lənd] **1.** *n* 1) гирля́нда, вено́к; диаде́ма 2) приз; па́льма пе́рвенства 3) *уст.* антоло́гия

2. *v* 1) украша́ть гирля́ндой, венко́м 2) *редк.* плести́ вено́к

**garlic** [ˈgɑ:lɪk] *n* 1) чесно́к; a clove of ~ зубо́к чеснока́ 2) *attr.*: ~ bulblet (*или* hop) зубо́к чеснока́

**garlicky** [ˈgɑ:lɪkɪ] *a* чесно́чный

**garment** [ˈgɑ:mənt] **1.** *n* 1) предме́т оде́жды 2) *pl* оде́жда 3) покро́в, одея́ние; the earth's ~ of green зелёный покро́в земли́

2. *v* (*преим. p. p.*) *поэт.* одева́ть

**garner** [ˈgɑ:nə] *поэт., ритор.* **1.** *n* амба́р; жи́тница (*тж. перен.*)

2. *v* ссыпа́ть зерно́ в амба́р; скла́дывать в амба́р, запаса́ть

**garnet** [ˈgɑ:nɪt] *n* 1) *мин.* грана́т 2) тёмно-кра́сный цвет 3) *мор.* гито́в-та́ли

**garnish** [ˈgɑ:nɪʃ] **1.** *n* 1) гарни́р 2) украше́ние, отде́лка

2. *v* 1) гарни́ровать (*блюдо*) 2) украша́ть, отде́лывать; swept and ~ed приведённый в поря́док и укра́шенный

**garniture** [ˈgɑ:nɪtʃə] *n* 1) украше́ние; орна́мент; отде́лка 2) гарни́р 3) гарниту́ра, принадле́жности

**garret** [ˈgærət] *n* 1) черда́к; манса́рда 2) *разг.* голова́, «черда́к»

**garreteer** [ˌgærəˈtɪə] *n* обита́тель манса́рды; бе́дный литера́тор

**garrison** [ˈgærɪsn] **1.** *n* гарнизо́н

2. *v* 1) ста́вить гарнизо́н, вводи́ть войска́ 2) назнача́ть на гарнизо́нную слу́жбу

**garrotte** [gə'rɔt] *исп.* **1.** *n* 1) гарро́та (*орудие казни — род железного ошейника*) 2) казнь гарро́той 3) удуше́ние с це́лью грабежа́

**2.** *v* 1) казни́ть посре́дством удуше́ния гарро́той 2) удуши́ть при ограбле́нии

**garrulity** [gæ'ru:lɪtɪ] *n* болтли́вость, говорли́вость, словоохо́тливость

**garrulous** ['gæruləs] *a* 1) болтли́вый, говорли́вый, словоохо́тливый 2) журча́щий (*о ручье*)

**garter** ['gɑ:tə] **1.** *n* 1) подвя́зка 2) (the G.) о́рден Подвя́зки

**2.** *v* 1) наде́ть подвя́зку 2) наде́ть *или* пожа́ловать о́рден Подвя́зки

**garth** [gɑ:θ] *n уст., поэт.* 1) огоро́женное ме́сто 2) двор, сад 3) *с.-х.* запру́да для ло́вли ры́бы

**gas** [gæs] **1.** *n* 1) газ; газообра́зное те́ло; natural ~ приро́дный газ; producer ~ генера́торный газ 2) свети́льный газ 3) *амер. разг.* бензи́н, газоли́н; горю́чее; step on the ~! дай га́зу!, увели́чь ско́рость! 4) *разг.* болтовня́, бахва́льство 5) *горн.* мета́н, рудни́чный газ 6) *воен.* отравля́ющее вещество́ 7) *мед.* ве́тры, га́зы

**2.** *v* 1) заража́ть отравля́ющими вещества́ми; производи́ть хими́ческое нападе́ние 2) отравля́ть(ся) га́зом; she ~sed herself она́ отрави́лась га́зом 3) наполня́ть га́зом; насыща́ть га́зом 4) выделя́ть газ 5) *амер.* заправля́ться горю́чим 6) *разг.* болта́ть; бахва́литься; нести́ вздор для отво́да глаз; stop ~sing! переста́нь болта́ть вздор!

**gas-alarm** ['gæsə'lɑ:m] *n* хими́ческая трево́га

**gas-alert** ['gæsə'lə:t] *n* 1) = gas-alarm 2) хими́ческая гото́вность; положе́ние противога́за «нагото́ве»

**gasateria** [,gæsə'tɪərɪə] *n амер. разг.* бензозапра́вочная коло́нка самообслу́живания

**gas attack** ['gæsə,tæk] *n* хими́ческое нападе́ние

**gas-bag** ['gæsbæg] *n* 1) га́зовый балло́н 2) аэроста́т 3) *разг.* болту́н; пустозво́н

**gas-bomb** ['gæsbɔm] *n* хими́ческая бо́мба

**gasbracket** ['gæs,brækɪt] *n* га́зовый рожо́к

**gas-burner** ['gæs,bə:nə] = gas-jet

**gas chamber** ['gæs,tʃeɪmbə] *n* га́зовая ка́мера, душегу́бка

**Gascon** ['gæskən] *n* 1) гаско́нец 2) хвасту́н

**gasconade** [,gæskə'neɪd] **1.** *n* хвастовство́, бахва́льство

**2.** *v* хва́статься, бахва́литься

**gas defence** ['gæsdɪ,fens] *n* противохими́ческая оборо́на

**gaselier** [,gæsə'lɪə] *n* га́зовая лю́стра

**gas-engine** ['gæs,endʒɪn] *n* 1) га́зовый дви́гатель 2) дви́гатель вну́треннего сгора́ния

**gaseous** ['gæsjəs] *a* га́зовый; газообра́зный

**gas-field** ['gæsfi:ld] *n* месторожде́ние приро́дного га́за

**gas-fire** ['gæs,faɪə] *n* га́зовая плита́

**gas-fitter** ['gæs,fɪtə] *n* газопрово́дчик, сле́сарь-газовщи́к

**gas-furnace** ['gæs,fə:nɪs] *n* га́зовая печь

**gash** [gæʃ] **1.** *n* 1) глубо́кая ра́на, разре́з 2) *тех.* надре́з; запи́л

**2.** *v* наноси́ть глубо́кую ра́ну

**gas-holder** ['gæs,həuldə] *n* газго́льдер, газохрани́лище

**gasification** [,gæsɪfɪ'keɪʃən] *n* газифика́ция, превраще́ние в газ

**gasiform** ['gæsɪfɔ:m] *a* газообра́зный

**gasify** ['gæsɪfaɪ] *v* газифици́ровать; превраща́ть(ся) в газ

**gas-jet** ['gæsdʒet] *n* га́зовый рожо́к, горе́лка

**gasket** ['gæskɪt] *n тех.* прокла́дка, наби́вка, са́льник

**gaslight** ['gæslaɪt] *n* 1) га́зовое освеще́ние 2) га́зовая ла́мпа

**gas-main** ['gæsmeɪn] *n* газопрово́д, га́зовая магистра́ль

**gas-man** ['gæsmæn] *n* 1) инкасса́тор по счета́м за газ 2) = gas-fitter

**gas-mantle** ['gæs,mæntl] *n тех.* кали́льная се́тка

**gas-mask** ['gæsmɑ:sk] *n* противога́з

**gas-meter** ['gæs,mi:tə] *n* га́зовый счётчик, газоме́р

**gasolene, gasoline** ['gæsəuli:n] *n* 1) газоли́н 2) *амер.* бензи́н

**gasometer** [gæ'sɔmɪtə] *n* 1) газо́метр 2) = gas-meter

**gasp** [gɑ:sp] **1.** *n* затруднённое дыха́ние; уду́шье; at one's last ~ а) при после́днем издыха́нии; б) в после́дний моме́нт; to give a ~ онеме́ть от изумле́ния

**2.** *v* 1) дыша́ть с трудо́м, задыха́ться; лови́ть во́здух 2) открыва́ть рот (*от изумления*) □ ~ **for** стра́стно жела́ть; ~ **out** произноси́ть задыха́ясь ◇ to ~ out one's life испусти́ть дух, сконча́ться

**gasper** ['gɑ:spə] *n разг.* дешёвая папиро́са

**gaspingly** ['gɑ:spɪŋlɪ] *adv* 1) задыха́ясь; с оды́шкой 2) в изумле́нии

**gas-plant** ['gæs'plɑ:nt] *n* 1) га́зовый заво́д 2) газогенера́торная устано́вка

**gas-producer** ['gæsprə,dju:sə] *n* газогенера́тор

**gas-proof** ['gæspru:f] *a* газонепроница́емый; ~ shelter газоубе́жище

**gas-ring** ['gæsrɪŋ] *n* га́зовое кольцо́, горе́лка

**gassed** [gæst] **1.** *p. p. от* gas 2

**2.** *a* отра́вленный га́зами; поражённый, заражённый отравля́ющими вещества́ми

**gas-shell** ['gæsʃel] *n* хими́ческий снаря́д

**gas-shelter** ['gæs,ʃeltə] *n* газоубе́жище

**gassing** ['gæsɪŋ] **1.** *pres. p. от* gas 2

**2.** *n* 1) отравле́ние га́зом 2) оку́ривание га́зом 3) га́зовая дезинфе́кция 4) выделе́ние га́за 5) *разг.* болтовня́; бахва́льство

**gas-station** ['gæs,steɪʃən] *n амер.* автозапра́вочная ста́нция; *разг.* бензоколо́нка

**gas-stove** ['gæsstəuv] *n* га́зовая плита́

**gassy** ['gæsɪ] *a* 1) газообра́зный 2) по́лный га́за 3) *разг.* болтли́вый, пусто́й

**gas-tank** ['gæstæŋk] *n амер.* 1) резервуа́р для га́за 2) *авто, ав.* бак для горю́чего; бензоба́к

**gast(e)ropoda** [gæstərəpɔdə] *n pl зоол.* брюхоно́гие

**gas-tight** ['gæstaɪt] = gas-proof

**gastric** ['gæstrɪk] *a* желу́дочный; ~ ulcer я́зва желу́дка; ~ juice желу́дочный сок

**gastritis** [gæs'traɪtɪs] *n мед.* гастри́т

**gastroenteritis** ['gæstrəu,entə'raɪtɪs] *n мед.* гастроэнтери́т

**gastronome** ['gæstrənəum] *n* гастроно́м, гурма́н

**gastronomer** [gæs'trɔnəmə] = gastronome

**gastronomic** [,gæstrə'nɔmɪk] *a* гастрономи́ческий

**gastronomist** [gæs'trɔnəmɪst] = gastronome

**gastronomy** [gæs'trɔnəmɪ] *n* кулина́рия, гастроно́мия

**gas-warfare** ['gæs,wɔ:fɛə] *n* хими́ческая война́

**gas-works** ['gæswə:ks] *n* га́зовый заво́д

**gat** [gæt] *n амер. разг.* револьве́р

**gate** [geɪt] **1.** *n* 1) воро́та; кали́тка 2) вход, вы́ход 3) заста́ва, шлагба́ум 4) коли́чество зри́телей (*на стадионе, выставке и т. п.*) 5) сбор (*денежный — на стадионе, выставке и т. п.*) 6) *pl* часы́, когда́ воро́та колле́джа (*в Оксфорде и Кембридже*) запира́ются на́ ночь 7) го́рный прохо́д 8) шлюз 9) *тех.* щит, затво́р; кла́пан, засло́нка; ши́бер; ли́тник ◇ to give the ~ дать отста́вку, уво́лить; to get the ~ получи́ть отста́вку, быть уво́ленным; to open the ~ for (*или* to) smb. откры́ть кому́-л. путь

**2.** *v* запира́ть воро́та колле́джа по́сле изве́стного ча́са (*в Оксфорде и Кембридже*)

**gate-bill** ['geɪtbɪl] *n* штрафна́я за́пись опозда́вших студе́нтов [*см.* gate 1, 6)]

**gate-crash** ['geɪtkræʃ] *v разг.* 1) приходи́ть незва́ным 2) прони́кнуть на вне́шний ры́нок

**gate-crasher** ['geɪt,kræʃə] *n разг.* 1) «за́яц», безбиле́тный зри́тель 2) незва́ный гость

**gatehouse** ['geɪthaus] *n* 1) сторо́жка у воро́т 2) *гидр.* зда́ние управле́ния шлю́зами *или* щита́ми гидравли́ческих сооруже́ний

**gate-keeper** ['geɪt,ki:pə] *n* привра́тник, сто́рож

**gate-legged** ['geɪtlegd] *a*: ~ table стол с откидно́й кры́шкой

**gate-money** ['geɪt,mʌnɪ] = gate 1, 5)

**gate-post** [ˈgeitpəust] *n* воро́тный столб ◇ between you and me and the ~ ме́жду на́ми

**gateway** [ˈgeitwei] *n* 1) воро́та 2) вход 3) подворо́тня

**gather** [ˈgæðə] **1.** *v* 1) собира́ть; to ~ a crowd собира́ть толпу́ 2) собира́ться, скопля́ться 3) рвать (*цветы*); снима́ть (*урожай*); собира́ть (*ягоды*) 4) поднима́ть (*с земли, с пола*) 5) накопля́ть, приобрета́ть; to ~ experience (strength) накопля́ть о́пыт (си́лы); to ~ way тро́гаться (*о судне*) 6) мо́рщить (*лоб*); собира́ть в скла́дки (*платье*) 7) нарыва́ть; to ~ head назрева́ть (*о нарыве*) 8) де́лать вы́вод, умозаключа́ть; I could ~ nothing from his statement я ничего́ не мог поня́ть из его́ заявле́ния □ ~ **up** а) подбира́ть; to ~ up the thread of a story подхвати́ть нить расска́за; б) сумми́ровать; в) съёжиться, заня́ть ме́ньше ме́ста; г): to ~ oneself up подтяну́ться; собра́ться с си́лами

**2.** *n pl* сбо́рки

**gathering** [ˈgæðərıŋ] **1.** *pres. p. от* gather 1

**2.** *n* 1) собира́ние; комплектова́ние 2) собра́ние; сбо́рище; встре́ча; скопле́ние 3) *с.-х.* убо́рка (*хлеба или сена*); убо́рочный сезо́н 4) *мед.* нагное́ние; нары́в

**gauche** [gəuʃ] *фр. а* неуклю́жий, нело́вкий

**gaud** [gɔ:d] *n* 1) безвку́сное украше́ние; мишура́ 2) игру́шка; безде́лка 3) *pl* пы́шные пра́зднества

**gaudy** I [ˈgɔ:dı] *n* 1) большо́е пра́зднество 2) ежего́дный обе́д в честь бы́вших студе́нтов (*в англ. университетах*)

**gaudy** II [ˈgɔ:dı] *а* 1) я́ркий, крича́щий, безвку́сный 2) цвети́стый, витиева́тый (*о стиле*)

**gauffer** [ˈgəufə] = goffer

**gauge** [geıdʒ] **1.** *n* 1) ме́ра, масшта́б, разме́р; кали́бр; to take the ~ of измеря́ть; оце́нивать 2) крите́рий; спо́соб оце́нки 3) измери́тельный прибо́р 4) шабло́н, лека́ло; этало́н 5) кали́бр (*пули*); но́мер, толщина́ (*проволоки*); *эл.* сорта́мент (*проводов*) 6) *ж.-д.* ширина́ коле́й; broad (narrow) ~ широ́кая (у́зкая) колея́ 7) *мор.* (*обыкн.* gage) положе́ние относи́тельно ве́тра ◇ to have the weather ~ of име́ть преиму́щество пе́ред *кем-л.*

**2.** *v* 1) измеря́ть, проверя́ть (*размер*) 2) оце́нивать (*человека, характер*) 3) градуи́ровать, калиброва́ть; выверя́ть, клейми́ть (*меры*) 4) подводи́ть под определённый разме́р

**gauge-glass** [ˈgeıdʒglɑ:s] *n* водоме́рное стекло́

**gauging-station** [ˈgeıdʒıŋˌsteıʃən] *n гидр.* гидрометри́ческая ста́нция

**Gaul** [gɔ:l] *n* 1) Га́ллия 2) *ист.* галл 3) *шутл.* францу́з

**Gauleiter** [ˈgauˌlaıtə] *нем. n* гауле́йтер (*национал-социалистский руководитель области в фашистской Германии, обыкн. на оккупированных территориях*)

**Gaulish** [ˈgɔ:lıʃ] **1.** *а* 1) га́лльский 2) *шутл.* францу́зский

**2.** *n* 1) га́лльский язы́к 2) *шутл.* францу́зский язы́к

**gaunt** [gɔ:nt] *а* 1) сухопа́рый; исхуда́лый, измождённый 2) вы́тянутый в длину́; дли́нный 3) мра́чный, отта́лкивающий

**gauntlet** I [ˈgɔ:ntlıt] *n* 1) рукави́ца; перча́тка с кра́гами (*шофёра, фехтовальщика и т. п.*) 2) *ист.* ла́тная рукави́ца ◇ to throw (*или* to fling) down the ~ бро́сить перча́тку, бро́сить вы́зов; to take (*или* to pick) up the ~ приня́ть вы́зов

**gauntlet** II [ˈgɔ:ntlıt] *n*: to run the ~ проходи́ть сквозь строй; *перен.* подверга́ться ре́зкой кри́тике

**gauntry** [ˈgɔ:ntrı] = gantry

**gauss** [gaus] *n физ.* га́усс

**gauze** [gɔ:z] *n* 1) газ (*материя*) 2) ма́рля 3) ды́мка (*в воздухе*) 4) *тех.* металли́ческая се́тка, про́волочная ткань

**gauzy** [ˈgɔ:zı] *а* то́нкий, просве́чивающий (*особ. о ткани*)

**gave** [geıv] *past от* give 1

**gavel** [ˈgævl] *n* молото́к (*председателя собрания, судьи или аукциониста*)

**gavotte** [gəˈvɔt] *n* гаво́т

**gawk** [gɔ:k] **1.** *n* остоло́п, рази́ня; простофи́ля

**2.** *v* смотре́ть с глу́пым ви́дом; тара́щить глаза́

**gawky** [ˈgɔ:kı] *а* неуклю́жий; засте́нчивый (*о человеке*)

**gay** [geı] *а* 1) весёлый; ра́достный 2) беспу́тный; to lead a ~ life вести́ беспу́тную жизнь 3) я́ркий, пёстрый; наря́дный; блестя́щий

**gazabo** [gəˈzeıbəu] = gazebo

**gaze** [geız] **1.** *n* при́стальный взгляд; to stand at ~ смотре́ть при́стально; to be at ~ находи́ться в состоя́нии замеша́тельства, быть в изумле́нии

**2.** *v* при́стально гляде́ть (at, on, upon — на); вгля́дываться

**gazebo** [gəˈzi:bəu] *n* (*pl* -os, -oes -əuz]) *архит.* 1) вы́шка на кры́ше до́ма, бельведе́р 2) застеклённый балко́н 3) да́ча (*с открывающимся вдаль видом*)

**gazelle** [gəˈzel] *n* газе́ль

**gazer** [ˈgeızə] *n* при́стально глядя́щий челове́к; star ~ наблюда́ющий за звёздами; *шутл.* звездочёт

**gazette** [gəˈzet] **1.** *n* 1) официа́льный о́рган печа́ти, прави́тельственный бюллете́нь; to appear in the G., to have one's name in the G. быть упомя́нутым в газе́те; «попа́сть в газе́ту», *особ.* быть объя́вленным несостоя́тельным должнико́м 2) *уст.* газе́та

**2.** *v* (*обыкн. pass.*) опублико́вывать в официа́льной газе́те ◇ to be ~d *воен.* быть произведённым; быть назна́ченным

**gazetteer** [ˌgæzıˈtıə] *n* 1) географи́ческий спра́вочник 2) *уст.* журнали́ст, газе́тный рабо́тник

**gazogene** [ˈgæzəudʒi:n] *n* 1) аппара́т для гази́рования напи́тков 2) газогенера́тор

**gear** [gıə] **1.** *n* 1) механи́зм, аппара́т; прибо́р 2) приспособле́ния, принадле́жности 3) *тех.* шестерня́, зубча́тая переда́ча; переда́точный механи́зм; при́во́д; in ~ включённый, сце́пленный, де́йствующий; out of ~ невключённый, неде́йствующий, нерабо́тающий; to throw out of ~ вы́ключить переда́чу; to get into ~ включи́ть переда́чу; *перен.* включи́ться в рабо́ту; to go into 1st, 2nd, *etc.* ~ переключа́ться на 1-ю, 2-ю *и т. д.* ско́рость; in high ~ на большо́й (*или* тре́тьей) ско́рости; *перен.* в разга́ре; low ~ ни́зшая, пе́рвая переда́ча 4) у́пряжь 5) дви́жимое иму́щество, у́тварь, оде́жда 6) *мор.* такела́ж; сна́сти

**2.** *v* 1) снабжа́ть при́во́дом 2) приводи́ть в движе́ние (*механизм*) 3) зацепля́ть, сцепля́ться (*о зубцах колёс*) 4) направля́ть по определённому пла́ну; приспоса́бливать; to ~ oneself for war гото́виться к войне́ 5) запряга́ть (*часто* ~ up) □ ~ **down** замедля́ть (*движение*); ~ **into** приспособля́ть, пригоня́ть; ~ **to** свя́зывать с, ста́вить в зави́симость от; ~ **up** ускоря́ть (*движение и т. п.*)

**gear-box** [ˈgıəbɔks] *n тех.* коро́бка переда́ч, коро́бка скоросте́й

**gear-case** [ˈgıəkeıs] = gear-box

**gearing** [ˈgıərıŋ] **1.** *pres. p. от* gear 2

**2.** *n тех.* зацепле́ние; зубча́тая переда́ча, при́во́д

**gear-ratio** [ˈgıəˌreıʃıəu] *n тех.* переда́точное число́

**gear-wheel** [ˈgıəwi:l] *n* зубча́тое колесо́

**gee** [dʒi:] *int* 1) но!, пошёл! (*окрик, которым погоняют лошадь*) 2) *амер.* вот так та́к!, вот здо́рово!

**gee(-gee)** [ˈdʒi:(dʒi:)] *n разг.* лоша́дка

**geese** [gi:s] *pl от* goose I

**gee-up** [ˈdʒi:ʌp] = gee 1)

**gee whizz** [ˈdʒi:wız] *int амер.* = gee 2)

**geezer** [ˈgi:zə] *n разг.* челове́к со стра́нностями

**Gehenna** [gıˈhenə] *n* гее́нна, ад

**Geiger counter** [ˈgaıgəˈkauntə] *n физ.* счётчик Ге́йгера

**geisha** [ˈgeıʃə] *n* ге́йша

**gel** [dʒel] *n хим.* гель

**gelatin(e)** [ˌdʒeləˈti:n] *n* желати́н; сту́день, желе́

**gelatinize** [dʒıˈlætınaız] *v* превраща́ть(ся) в сту́день

**gelatinous** [dʒıˈlætınəs] *а* желати́новый; студени́стый

**gelation** [dʒıˈleıʃən] *n* 1) заморáживание 2) застыва́ние (*при охлаждении*)

**geld** [geld] *v* (gelded [-ıd], gelt) кастри́ровать

**gelding** [ˈgeldıŋ] **1.** *pres. p. от* geld

**2.** *n* кастри́рованное живо́тное, *особ.* ме́рин

**gelid** [ˈdʒelɪd] *a* 1) ледяно́й, студёный 2) леденя́щий, холо́дный (*о тоне, манере*)

**gelignite** [ˈdʒelɪgnaɪt] *n горн.* гелигни́т

**gelt** [gelt] *past и p. p. от* geld

**gem** [dʒem] **1.** *n* 1) драгоце́нный ка́мень, самоцве́т; ге́мма 2) *перен.* драгоце́нность; жемчу́жина; the ~ of the whole collection са́мая прекра́сная вещь во всей колле́кции; she is a ~ она́ пре́лесть 3) *амер.* пре́сная сдо́бная бу́лочка
**2.** *v* украша́ть драгоце́нными камня́ми; stars ~ the sky звёзды сверка́ют на не́бе, как драгоце́нные ка́мни

**geminate** [ˈdʒemɪneɪt] **1.** *a* сдво́енный, располо́женный па́рами
**2.** *v* удва́ивать, сдва́ивать

**gemination** [ˌdʒemɪˈneɪʃən] *n* удвое́ние, сдва́ивание

**Gemini** [ˈdʒemɪnaɪ] *n pl* Близнецы́ (*созвездие и знак зодиака*)

**gemma** [ˈdʒemə] *n* (*pl* -ae) 1) *бот.* по́чка 2) *зоол.* ге́мма

**gemmae** [ˈdʒemiː] *pl от* gemma

**gemmate 1.** *a* [ˈdʒemɪt] име́ющий по́чки; размножа́ющийся почкова́нием
**2.** *v* [ˈdʒemeɪt] дава́ть по́чки; размножа́ться почкова́нием

**gemmation** [dʒeˈmeɪʃən] *n* образова́ние по́чек; почкова́ние

**gemmiferous** [dʒeˈmɪfərəs] *a* 1) почконо́сный 2) содержа́щий драгоце́нные ка́мни (*о месторождении*)

**gen** [dʒən] *n* (*сокр. от* general information) *воен. жарг.* (разве́дывательные) да́нные, информа́ция, све́дения

**gendarme** [ˈʒɑːndɑːm] *фр. n* жанда́рм

**gendarmerie** [ʒɑːnˈdɑːmərɪ] *фр. n* жандарме́рия

**gender** [ˈdʒendə] **1.** *n* 1) *грам.* род 2) *шутл.* пол
**2.** *v поэт.* порожда́ть

**gene** [dʒiːn] *n биол.* ген

**genealogical** [ˌdʒiːnjəˈlɔdʒɪkəl] *a* родосло́вный, генеалоги́ческий

**genealogy** [ˌdʒiːnɪˈælədʒɪ] *n* генеало́гия; родосло́вная

**genera** [ˈdʒenərə] *pl от* genus

**general** I [ˈdʒenərəl] *a* 1) о́бщий, о́бщего хара́ктера, всео́бщий; генера́льный; ~ meeting о́бщее собра́ние; ~ impression о́бщее впечатле́ние; ~ public широ́кая пу́блика, обще́ственность; ~ workers неквалифици́рованные рабо́чие, разнорабо́чие; ~ strike всео́бщая забасто́вка; ~ hospital неспециализи́рованная больни́ца, больни́ца о́бщего ти́па; in ~ вообще́ 2) повсеме́стный 3) обы́чный; as a ~ rule как пра́вило; in a ~ way обы́чным путём 4) гла́вный; ~ lay-out генера́льный план (строи́тельства); G. Headquarters штаб главноко́мандующего, ста́вка; гла́вное кома́ндование; ~ staff общевойсково́й штаб; G. Staff генера́льный штаб (*сухопутных войск*) ◇ ~ (post) delivery пе́рвая у́тренняя разно́ска по́чты; *амер.* (по́чта) до востре́бования

**general** II [ˈdʒenərəl] *n* генера́л; полково́дец

**General-in-Chief** [ˈdʒenərəlɪnˈtʃiːf] *n* (*pl* Generals-in-Chief) главнокома́ндующий

**generalissimo** [ˌdʒenərəˈlɪsɪməu] *n* (*pl* -os [-əuz]) генерали́ссимус

**generality** [ˌdʒenəˈrælɪtɪ] *n* 1) всео́бщность; примени́мость ко всему́ 2) неопределённость 3) утвержде́ние о́бщего хара́ктера; *pl* о́бщие места́ 4) (the ~) большинство́; бо́льшая часть

**generalization** [ˌdʒenərəlaɪˈzeɪʃən] *n* 1) обобще́ние; don't be hasty in ~ не спеши́те с обобще́ниями 2) о́бщее пра́вило

**generalize** [ˈdʒenərəlaɪz] *v* 1) обобща́ть; своди́ть к о́бщим зако́нам 2) распространя́ть; вводи́ть в о́бщее употребле́ние 3) придава́ть неопределённость; говори́ть неопределённо, в о́бщей фо́рме

**generalized** [ˈdʒenərəlaɪzd] **1.** *p. p. от* generalize
**2.** *a* обобщённый; ~ form of value *полит.-эк.* всео́бщая фо́рма сто́имости

**generally** [ˈdʒenərəlɪ] *adv* 1) обы́чно, как пра́вило; в це́лом; it is ~ recognized общепри́знано 2) в о́бщем смы́сле, вообще́ 3) широко́ (*распространённый*); в большинстве́ слу́чаев, бо́льшей ча́стью; the plan was ~ welcomed план был одо́брен большинство́м

**generalship** [ˈdʒenərəlʃɪp] *n* 1) генера́льский чин, зва́ние генера́ла 2) полково́дческое иску́сство 3) (иску́сное) руково́дство

**Generals-in-Chief** [ˈdʒenərəlzɪnˈtʃiːf] *pl от* General-in-Chief

**generate** [ˈdʒenəreɪt] *v* 1) порожда́ть, вызыва́ть 2) производи́ть; генери́ровать

**generation** [ˌdʒenəˈreɪʃən] *n* 1) поколе́ние; a ~ ago в про́шлом поколе́нии; лет три́дцать наза́д; in our ~ в на́ше вре́мя, в на́шу эпо́ху; over the past ~ в тече́ние жи́зни про́шлого поколе́ния 2) род, пото́мство 3) порожде́ние; зарожде́ние 4) *тех.* генера́ция, образова́ние (*пара*)

**generative** [ˈdʒenərətɪv] *a* производя́щий; производи́тельный; порожда́ющий

**generator** [ˈdʒenəreɪtə] *n* 1) производи́тель 2) *тех.* исто́чник эне́ргии; генера́тор

**generatrices** [ˈdʒenəreɪtrɪsiːz] *pl от* generatrix

**generatrix** [ˈdʒenəreɪtrɪks] *n* (*pl* -trices) *мат.* образу́ющая

**generic** [dʒɪˈnerɪk] *a* 1) родово́й; характе́рный для определённого кла́сса, ви́да *и т. п.* 2) о́бщий

**generosity** [ˌdʒenəˈrɔsɪtɪ] *n* 1) великоду́шие; благоро́дство 2) ще́дрость

**generous** [ˈdʒenərəs] *a* 1) великоду́шный; благоро́дный; a ~ nature благоро́дная нату́ра 2) ще́дрый 3) оби́льный; большо́й; изря́дный; a ~ amount большо́е коли́чество; of ~ size большо́го разме́ра 4) плодоро́дный (*о почве*) 5) интенси́вный; густо́й (*о цвете*) 6) вы́держанный, кре́пкий (*о вине*)

**genesis** [ˈdʒenɪsɪs] *n* 1) происхожде́ние, возникнове́ние; ге́незис 2) (G.) *библ.* Кни́га Бытия́

**genet** [ˈdʒenɪt] *n зоол.* гене́тта, виве́рра

**genetic** [dʒɪˈnetɪk] *a* генети́ческий

**genetics** [dʒɪˈnetɪks] *n pl* (*употр. как sing*) гене́тика

**geneva** [dʒɪˈniːvə] *n* джин, можжевёловая насто́йка, во́дка

**Genevan** [dʒɪˈniːvən] **1.** *a* жене́вский
**2.** *n* 1) жене́вец 2) кальвини́ст; кальвини́стка

**Geneva stop** [dʒɪˈniːvəstɔp] *n тех.* мальти́йский крест

**genial** I [ˈdʒiːnjəl] *a* 1) до́брый, серде́чный, раду́шный; доброду́шный; общи́тельный 2) мя́гкий (*о климате*) 3) *поэт., уст.* плодоро́дный, производя́щий 4) *редк.* бра́чный 5) *уст.* гениа́льный

**genial** II [dʒɪˈnaɪəl] *a анат.* подборо́дочный

**geniality** [ˌdʒiːnɪˈælɪtɪ] *n* 1) доброта́, серде́чность, раду́шие; доброду́шие; общи́тельность 2) мя́гкость (*климата*)

**genially** [ˈdʒiːnjəlɪ] *adv* серде́чно; доброду́шно

**genie** [ˈdʒiːnɪ] *n* (*pl* genii) джин (*из арабских сказок*)

**genii** I [ˈdʒiːnɪaɪ] *pl от* genius 1)

**genii** II [ˈdʒiːnɪaɪ] *pl от* genie

**genista** [dʒɪˈnɪstə] *n бот.* дрок

**genital** [ˈdʒenɪtl] **1.** *a* детоpо́дный, полово́й
**2.** *n pl* половы́е о́рганы

**genitive** [ˈdʒenɪtɪv] *грам.* **1.** *a* роди́тельный
**2.** *n* роди́тельный паде́ж

**genius** [ˈdʒiːnjəs] *n* 1) (*pl* genii) ге́ний, дух; good (evil) ~ до́брый (злой) дух, до́брый (злой) ге́ний 2) (*тк. sing*) одарённость; гениа́льность; a man of ~ гениа́льный челове́к 3) (*pl* -ses) ге́ний, гениа́льный челове́к, гениа́льная ли́чность 4) (*pl* -ses) чу́вства, настрое́ния, свя́занные с каки́м-л. ме́стом 5) (*pl* -ses) дух (*века, времени, нации, языка, закона*)

**genocide** [ˈdʒenəusaɪd] *n* геноци́д

**Genoese** [ˌdʒenəuˈiːz] **1.** *a* генуэ́зский
**2.** *n* генуэ́зец

**genotype** [ˈdʒenəutaɪp] *n биол.* геноти́п

**genre** [ʒɑːŋr] *фр. n* 1) жанр, мане́ра 2) литерату́рный стиль 3) *attr.* жа́нровый; ~ painting жа́нровая жи́вопись

**gent** [dʒent] *разг. см.* gentleman 1) *и* 2)

**genteel** [dʒenˈtiːl] *a ирон.* 1) благоро́дный; благовоспи́танный; све́тский 2) мо́дный, изя́щный, элега́нтный; жема́нный

**gentian** [ˈdʒenʃɪən] *n бот.* гореча́вка

**gentile** [ˈdʒentaɪl] *n* 1) *библ.* неевре́й 2) *амер.* немормо́н 3) *редк.* язы́чник

**gentility** [dʒen'tɪlɪtɪ] *n* 1) *часто ирон.* (претензия на) элегантность; аристократические замашки 2) *уст.* родовитость, знатность; знать

**gentle** ['dʒentl] **1.** *a* 1) мягкий, добрый; тихий, спокойный; кроткий (*о характере*); the ~ sex прекрасный пол 2) нежный; ласковый (*о голосе*) 3) лёгкий, слабый (*о ветре*; *о наказании и т. п.*); with a ~ hand осторожно 4) послушный, смирный (*о животных*) 5) родовитый, знатный 6) отлогий 7) *уст.* вежливый, великодушный; ~ reader благосклонный читатель (*обращение автора к читателю в книге*)

**2.** *n* наживка (*для ужения*)

**3.** *v* 1) облагораживать, делать мягче (*человека*) 2) объезжать (*лошадь*)

**gentlefolks** ['dʒentlfəuks] *n pl* дворянство, знать

**gentlehood** ['dʒentlhud] *n* 1) знатность 2) благовоспитанность; любезность

**gentleman** ['dʒentlmən] *n* 1) джентльмен; господин 2) хорошо воспитанный и порядочный человек; ~'s agreement джентльменское соглашение 3) *ист.* дворянин 4) *pl* мужская уборная ◊ ~ in waiting камергер; ~'s ~ лакей; ~ at large *шутл.* человек без определённых занятий; ~ of the long robe судья, юрист; gentlemen of the cloth духовенство; ~ of the road а) «рыцарь большой дороги», разбойник; б) коммивояжёр; ~ of fortune пират; авантюрист; the old ~ *шутл.* дьявол; the ~ in black velvet крот

**gentleman-at-arms** ['dʒentlmənət-'ɑːmz] *n* лейб-гвардеец

**gentlemanlike** ['dʒentlmənlaɪk] *a* 1) приличествующий джентльмену, поступающий по-джентльменски [*см.* gentleman 2)] 2) воспитанный; вежливый

**gentlemanly** ['dʒentlmənlɪ] = gentlemanlike

**gentleness** ['dʒentlnɪs] *n* 1) мягкость; доброта 2) отлогость

**gentlewoman** ['dʒentl,wumən] *n* 1) дама, леди 2) *ист.* дворянка 3) *уст.* фрейлина; камеристка

**gently** ['dʒentlɪ] *adv* 1) мягко, нежно, кротко; тихо 2) спокойно, осторожно, умеренно; ~! тише!, легче! ◊ ~ born знатный, родовитый

**gentry** ['dʒentrɪ] *n* 1) джентри, нетитулованное мелкопоместное дворянство 2) *пренебр.*, *шутл.* определённая группа людей; these ~ эти господа

**gents** [dʒents] *n разг.* мужская уборная

**genual** ['dʒiːnjuəl] *a анат.* коленный

**genuflect** ['dʒenju(ː)flekt] *v* преклонять колена

**genuflection, genuflexion** [,dʒenju(ː)'flekʃən] коленопреклонение

**genuine** ['dʒenjuɪn] *a* 1) подлинный, истинный, неподдельный, настоящий; ~ diamond настоящий бриллиант 2) искренний; ~ sorrow искреннее горе 3) *с.-х.* чистопородный

**genuinely** ['dʒenjuɪnlɪ] *adv* искренне; неподдельно

**genus** ['dʒiːnəs] *n* (*pl* genera) 1) *биол.* род 2) сорт; вид

**geocentric** [,dʒi(ː)əu'sentrɪk] *a* геоцентрический

**geochemistry** [,dʒi(ː)əu'kemɪstrɪ] *n* геохимия

**geodesy** [dʒi(ː)'ɔdɪsɪ] *n* геодезия

**geodetic** [,dʒi(ː)əu'detɪk] *a* геодезический

**geognosy** [dʒɪ'ɔgnəsɪ] *n* геогнозия

**geographer** [dʒɪ'ɔgrəfə] *n* географ

**geographic** [dʒɪə'græfɪk] = geographical

**geographical** [dʒɪə'græfɪkəl] *a* географический

**geography** [dʒɪ'ɔgrəfɪ] *n* география

**geologic(al)** [dʒɪə'lɔdʒɪk(əl)] *a* геологический; ~ age геологический возраст

**geologist** [dʒɪ'ɔlədʒɪst] *n* геолог

**geologize** [dʒɪ'ɔlədʒaɪz] *v* 1) изучать геологию 2) заниматься геологическими исследованиями

**geology** [dʒɪ'ɔlədʒɪ] *n* геология

**geomagnetic(al)** [,dʒi(ː)əumæg'netɪk(əl)] *a* геомагнитный; ~ field магнитное поле Земли

**geometer** [dʒɪ'ɔmɪtə] *n* геометр

**geometrical** [dʒɪə'metrɪkəl] *a* геометрический; ~ progression геометрическая прогрессия

**geometrically** [dʒɪə'metrɪkəlɪ] *adv* геометрически; по геометрическим принципам

**geometrician** [,dʒɪəumə'trɪʃən] = geometer

**geometry** [dʒɪ'ɔmɪtrɪ] *n* геометрия

**geophysical** [,dʒi(ː)əu'fɪzɪkəl] *a* геофизический

**geophysics** [,dʒi(ː)əu'fɪzɪks] *n pl* (*употр. как sing*) геофизика

**geopolitics** [,dʒi(ː)əu'pɔlɪtɪks] *n pl* (*употр. как sing*) геополитика

**George** [dʒɔːdʒ] *n ав. жарг.* лётчик; автопилот ◊ by ~! ей-богу!, честное слово!; вот так так!

**georgette** [dʒɔː'dʒet] *n текст.* жоржет

**Georgian** I ['dʒɔːdʒjən] **1.** *a* грузинский

**2.** *n* 1) грузин; грузинка; the ~s *pl собир.* грузины 2) грузинский язык

**Georgian** II ['dʒɔːdʒjən] *амер.* **1.** *a* относящийся к штату Джорджия

**2.** *n* уроженец штата Джорджия

**Georgian** III ['dʒɔːdʒjən] *a* времени, эпохи одного из английских королей Георгов

**geranium** [dʒɪ'reɪnjəm] *n бот.* герань, журавельник

**gerfalcon** ['dʒəː,fɔːlkən] *n зоол.* (исландский) кречет

**geriatrics** [,dʒerɪ'ætrɪks] *n pl* (*употр. как sing*) гериатрия

**germ** [dʒəːm] **1.** *n* 1) *биол.* зародыш, эмбрион; *бот.* завязь; in ~ в зародыше, в зачаточном состоянии 2) микроб 3) зачаток; происхождение; the ~ of an idea происхождение идеи; in ~ в зародыше, в зачаточном состоянии 4) *attr.*: ~ warfare бактериологическая война

**2.** *v* давать ростки, развиваться

**German** ['dʒəːmən] **1.** *a* германский, немецкий ◊ ~ Ocean *уст.* Северное море

**2.** *n* 1) немец; немка; the ~s *pl собир.* немцы 2) немецкий язык; High (Low) ~ верхненемецкий (нижненемецкий) язык

**German badgerdog** ['dʒəːmən'bædʒədɔg] *n* такса (*порода собак*)

**germander** [dʒəː'mændə] *n бот.* дубровник

**germane** [dʒəː'meɪn] *a* уместный, подходящий (to)

**Germanic** [dʒəː'mænɪk] **1.** *a* 1) *ист.* германский 2) тевтонский

**2.** *n лингв.* германский праязык; общегерманский язык

**Germanism** ['dʒəːmənɪzm] *n* 1) *лингв.* немецкий оборот, германизм 2) германофильство

**germanium** [dʒəː'meɪnɪəm] *n хим.* германий

**Germanize** ['dʒəːmənaɪz] *v* германизировать, онемечивать

**German measles** ['dʒəːmən'miːzlz] *n* краснуха

**German text** ['dʒəːmən'tekst] *n* готический шрифт

**germicide** ['dʒəːmɪsaɪd] **1.** *n* вещество, убивающее бактерии

**2.** *a* убивающий бактерии, бактерицидный

**germinal** ['dʒəːmɪnl] *a* зародышевый; зачаточный

**germinate** ['dʒəːmɪneɪt] *v* 1) давать почки *или* ростки 2) вызывать к жизни, порождать

**germination** [,dʒəːmɪ'neɪʃən] *n* 1) прорастание 2) рост, развитие

**gerontocracy** [,dʒerɔn'tɔkrəsɪ] *n* правительство *или* правление старейших

**gerontology** [,dʒerɔn'tɔlədʒɪ] *n* геронтология, учение о старости

**Gerry** ['gerɪ] = Jerry

**gerrymander** ['dʒerɪmændə] **1.** *n* 1) предвыборные махинации 2) махинации

**2.** *v* 1) искажать факты, фальсифицировать 2) подтасовывать выборы

**gerund** ['dʒerənd] *n грам.* герундий

**gerund-grinder** ['dʒerənd,graɪndə] *n пренебр.* учитель латинского языка; учитель-педант

**gerundive** [dʒɪ'rʌndɪv] *грам.* **1.** *n* герундив

**2.** *a* герундиальный

**gesso** ['dʒesəu] *n* гипс (*для скульптуры*)

**gestation** [dʒes'teɪʃən] *n* 1) беременность; период беременности 2) созревание (*плана, проекта*)

**gesticulate** [dʒes'tɪkjuleɪt] *v* жестикулировать

**gesticulation** [dʒes,tɪkju'leɪʃən] *n* жестикуляция

**gesture** ['dʒestʃə] **1.** *n* 1) жест; телодвижение; a fine ~ благородный жест 2) мимика (*тж.* facial ~) ◊ friendly ~ дружеский жест

**2.** *v* жестикулировать

**get** [get] **1.** *v* (got; *p. p. уст.*, *амер.* gotten) 1) получать; доставать, добывать; we can ~ it for you мы можем достать это для вас; you'll ~ little by it вы мало что от этого выиграете; to ~ advantage получить преимущество 2) зарабатывать; to ~ a living зарабатывать на жизнь 3) схватить, заразиться; to ~ an illness заболеть 4) покупать, приобретать; to ~ a new coat купить новое пальто 5) получать; брать; I ~ letters every day я получаю письма ежедневно; to ~ a leave получить, взять отпуск; to ~ singing lessons брать уроки пения 6) достигать, добиваться (from, out of); we couldn't ~ permission from him мы не могли получить у него разрешения; to ~ glory добиться славы 7) доставлять, приносить; ~ me a chair принеси мне стул; I got him to bed я уложил его спать 8) прибыть, добраться, достичь (*какого-л. места*; to); попасть (*куда-л.*); we cannot ~ to Moscow tonight сегодня вечером мы не попадём в Москву 9) *разг.* понимать, постигать; I don't ~ you я вас не понимаю; to ~ it right понять правильно 10) ставить в тупик; the answer got me ответ меня озадачил 11) устанавливать, вычислять; we ~ 9.5 on the average мы получили 9,5 в среднем 12) *разг.* съедать (*завтрак, обед и т. п.*); go and ~ your breakfast позавтракай сейчас же 13) порождать, производить (*о животных*) 14) *perf. разг.* иметь, обладать, владеть; I've got very little money у меня очень мало денег; he has got the measles у него корь 15) (*perf.*; *с inf.*) быть обязанным, быть должным (*что-л. сделать*); I've got to go for the doctor at once я должен немедленно идти за врачом 16) (*с последующим сложным дополнением — n или pron + inf.*) заставить, убедить (*кого-л. сделать что-л.*); to ~ smb. to speak заставить кого-л. выступить; we got our friends to come to dinner мы уговорили своих друзей прийти к обеду; to ~ a tree to grow in a bad soil суметь вырастить дерево на плохой почве 17) (*с последующим сложным дополнением — n или pron + p. p. или a*) *обозначает*: а) *что действие выполнено или должно быть выполнено кем-л. по желанию субъекта*: I got my hair cut я постригся, меня постригли; you must ~ your coat made вы должны (отдать) сшить себе пальто; б) *что какой-то объект приведен действующим лицом в определённое состояние*: you'll ~ your feet wet вы промочите ноги; she's got her face scratched она оцарапала лицо 18) (*с последующим инфинитивом или герундием*) *означает начало или однократность действия*: to ~ to know узнать; they got talking они начали разговаривать 19) (*глагол-связка в составном именном сказуемом или вспомогательный глагол в pass.*) становиться, делаться; to ~ old стареть; to ~ angry (рас)сердиться; to ~ better а) оправиться; б) стать лучше; to ~ drunk опьянеть; to ~ married жениться; you'll ~ left behind вас обгонят, вы останетесь позади 20) (*с последующим существительным*) *выражает действие, соответствующее значению существительного*; to ~ some sleep соснуть; to ~ a glimpse of smb. мельком увидеть кого-л. □ ~ **about** а) распространяться (*о слухах*); б) начинать (вы)ходить после болезни; ~ **abroad** распространяться (*о слухах*); становиться известным; ~ **across** а) перебираться, переправляться; б) чётко изложить; to ~ across an idea чётко изложить мысль; ~ **ahead** а) продвигаться; б) преуспевать; ~ **along** а) жить; обходиться; I'll ~ along somehow я уж как-нибудь устроюсь; to ~ along without food обходиться без пищи; to ~ along in years стареть; б) справляться с делом; преуспевать; в) уживаться, ладить; they ~ along они ладят; ~ **at** а) добраться, достигнуть; б) дозвониться (*по телефону*); в) понять, постигнуть; I cannot ~ at the meaning я не могу понять смысла; г) *разг.* подкупать; д) *разг.* высмеивать; ~ **away** а) уходить; отправляться; удирать; выбираться; б) удрать с добычей (with); *амер.* выйти из положения, выйти сухим из воды (with); выиграть состязание (with); в) *ав.* взлететь, оторваться; г) *амер. авто* трогать с места; ~ **back** а) вернуться; б) возмещать (*потерю, убытки*); ~ **behind** *амер.* а) поддерживать; б) внимательно ознакомиться; ~ **by** а) проходить, проезжать; there's enough room for the car to ~ by автомобиль вполне может здесь проехать; б) сдать (*экзамен*); в) выходить сухим из воды; г) сводить концы с концами; устраиваться; ~ **down** а) спуститься, сойти; б) снять (*с полки*); в) проглатывать; г) засесть (*за учение и т. п.*; to); ~ **in** а) входить; б) пройти на выборах; в) сажать (*семена*); г) убирать (*сено, урожай*); д) нанести удар; е) вернуть (*долги и т. п.*); ж) войти в пай, участвовать (on — в); ~ **into** а) войти, прибыть; б) надевать, напяливать (*одежду*); ~ **off** а) сойти, слезть; б) снимать (*платье*); в) отбывать, отправляться; г) начинать; he got off to a flying start он начал блестяще; д) убежать; спастись, отделаться (*от наказания и т. п.*); е) откалывать (*шутки*); ж) *ав.* отрываться от земли, подниматься; з) *разг.* знакомиться; ~ **on** а) делать успехи, преуспевать; how is he ~ting on? как (идут) его дела?; б) стареть; стариться; в) приближаться (*о времени*); it is ~ting on for supper-time время близится к ужину; г) надевать; д) садиться (*на лошадь*); е) уживаться, ладить (with); ж) продолжать; let's ~ on with the meeting продолжим собрание; ~ **out** а) выходить, вылезать (from, of — из); to ~ out of shape потерять форму; to ~ out of sight исчезнуть из поля зрения; ~ out! уходи!, проваливай!; б) вынимать, вытаскивать (from, of — из); в) произнести, вымолвить; г) стать известным (*о секрете*); д) выведывать, выспрашивать; е) бросить (*привычку*; of); ж) избегать (*делать что-л.*); з): what did you ~ out of his lecture? что вы вынесли из его лекции?; what did you ~ out of the deal? сколько вы заработали на этой сделке?; ~ **over** а) перейти, перелезть, переправиться (через); б) оправиться (*после болезни, от испуга*); в) преодолеть (*трудности*); покончить, разделаться с *чем-л.*; г) пройти (*расстояние*); д) привыкнуть к *чему-л.*; свыкнуться с мыслью о *чём-л.*; е) пережить *что-л.*; ж): to ~ over smb. *разг.* перехитрить, обойти кого-л.; ~ **round** а) обмануть, перехитрить, обойти *кого-л.*; заставить сделать по-своему; б) обходить (*закон, вопрос и т. п.*); в) *амер.* приезжать, прибывать; г) выздороветь; ~ **through** а) пройти через *что-л.*; б) справиться с *чем-л.*; выдержать экзамен; в) провести (*законопроект*); г) пройти (*о законопроекте*); ~ **to** а) приниматься за *что-л.*; б) добраться до *чего-л.*; to ~ to close quarters *воен.* сблизиться, подойти на близкую дистанцию; *перен.* сцепиться (*в споре*); столкнуться лицом к лицу; в): to ~ smb. to уговорить кого-л. (*сделать что-л.*); ~ **together** а) собирать(ся); встречать(ся); б) *амер. разг.* совещаться; прийти к соглашению; ~ **under** гасить, тушить (*пожар*); ~ **up** а) вставать, подниматься (*тж. на гору*); б) садиться (*в экипаж, на лошадь*); в) усиливаться (*о пожаре, ветре, буре*); г) дорожать (*о товарах*); д) подготавливать, осуществлять; оформлять (*книгу*); ставить (*пьесу*); е) гримировать, наряжать; причёсывать; to ~ oneself up тщательно одеться, вырядиться; ж) поднимать (*якорь*); з) вспугнуть дичь; и) усиленно изучать (*что-л.*) ◇ to ~ by heart выучить наизусть; to ~ one's hand in набить руку в *чём-л.*, освоиться с *чем-л.*; to ~ smth. into one's head вбить что-л. себе в голову; to ~ one's breath перевести дыхание; прийти в себя; to ~ on one's feet (*или* legs) вставать (*чтобы говорить публично*); to have got smb., smth. on one's nerves раздражаться из-за кого-л., чего-л.; to ~ under way сдвинуться с места; отправиться; to ~ a head захмелеть, иметь тяжёлую голову с похмелья; to ~ hold of суметь схватить (*часто мысль*); to ~ the mitten (*или* the sack, walking orders, walking papers) быть уволенным; to ~ it (hot) получить нагоняй; to ~ in wrong with smb. попасть в немилость к кому-л.; to ~ one's own way сделать по-своему, поставить на своём; to ~ nowhere ничего не достичь; to ~ off with a whole skin ≅ выйти сухим из воды; ~ along with you! *разг.* убира́йтесь!; ~ away with you! *шутл.* да ну́ тебя́!; не болта́й глу́постей!; ~ out with you! уходи́!, прова́ливай!; I got him (*или* through to him) on the telephone at last наконе́ц я дозвони́лся к нему́

2. *n* припло́д, пото́мство (*у животных*)

**get-at-able** [get'ætəbl] *a* досту́пный

**getaway** ['getəweı] *n* 1) *разг.* бе́гство; побе́г; to make a ~ а) бежа́ть; б) ускользну́ть 2) *спорт.* старт

**getter** ['getə] *n* 1) приобрета́тель; добы́тчик 2) *горн.* забо́йщик 3) производи́тель (*о жеребце, быке*) 4) *радио* ге́ттер

**get-together** ['gettə,geðə] *n* 1) встре́ча, сбор, совеща́ние, сбо́рище, собра́ние 2) вечери́нка

**get-tough** ['gettʌf] *a разг.* жёсткий; ~ policy жёсткая поли́тика

**get-up** ['getʌp] *n* 1) устро́йство, о́бщая структу́ра 2) *разг.* мане́ра одева́ться; стиль 3) оде́жда, обмундирова́ние 4) *разг.* оформле́ние (*книги*) 5) постано́вка (*пьесы*) 6) *амер. разг.* эне́ргия, предприи́мчивость

**gewgaw** ['gju:gɔ:] *n* безделу́шка, пустя́к; мишура́

**geyser** *n* 1) ['gaızə] ге́йзер 2) ['gi:zə] га́зовая коло́нка (*ванны*)

**gharri, gharry** ['gærı] *инд. n* пово́зка; наёмный экипа́ж

**ghastly** ['gɑ:stlı] **1.** *a* 1) стра́шный 2) мёртвенно-бле́дный; при́зрачный; ~ smile страда́льческая улы́бка 3) *разг.* ужа́сный; неприя́тный

2. *adv* стра́шно, ужа́сно, чрезвыча́йно

**gha(u)t** [gɔ:t] *инд. n* 1) го́рная цепь 2) го́рный прохо́д 3) при́стань на реке́

**ghee** [gi:] *инд. n* топлёное ма́сло (*из молока буйволицы*)

**gherkin** ['gə:kın] *n* корнишо́н

**ghetto** ['getəu] *n* (*pl* -os [-əuz]) ге́тто

**ghost** [gəust] **1.** *n* 1) привиде́ние, при́зрак; дух 2) душа́, дух; to give up the ~ испусти́ть дух 3) тень, лёгкий след (*чего-л.*); ~s of the past те́ни про́шлого; not to have the ~ of a chance не име́ть ни мале́йшего ша́нса; the ~ of a smile чуть заме́тная улы́бка 4) факти́ческий а́втор, та́йно рабо́тающий на друго́е лицо́; писа́тель-невиди́мка

2. *v* 1) пресле́довать, броди́ть как привиде́ние 2) де́лать за друго́го рабо́ту (*в области литературы или искусства*)

**ghostly** ['gəustlı] *a* 1) похо́жий на привиде́ние; при́зрачный 2) духо́вный; ~ father духовни́к

**ghostwriter** ['gəust,raıtə] *амер.* = ghost 4)

**ghoul** [gu:l] *n* 1) вурдала́к, упы́рь, вампи́р 2) кладби́щенский вор

**ghoulish** ['gu:lıʃ] *a* дья́вольский, отврати́тельный; ме́рзкий

**GI** ['dʒi:'aı] (*сокр. от* government issue) *амер.* **1.** *n* солда́т ◇ ~ bride *разг.* неве́ста *или* жена́ америка́нского солда́та из друго́й страны́

2. *a* 1) казённый, вое́нного образца́ 2) арме́йский

**giant** ['dʒaıənt] **1.** *n* 1) велика́н, гига́нт, исполи́н; тита́н 2) *тех.* гидромони́тор

2. *a* гига́нтский, грома́дный, исполи́нский

**giantess** ['dʒaıəntıs] *n* велика́нша

**giantism** ['dʒaıəntızm] *n мед.* гиганти́зм

**giantlike** ['dʒaıəntlaık] *a* гига́нтский, огро́мный

**giant('s)-stride** ['dʒaıənt(s)'straıd] *n* гига́нтские шаги́ (*аттракцион*)

**giaour** ['dʒauə] *тур. n* гяу́р

**gib** I [gıb] *n* (*уменьш. от* Gilbert) кот

**gib** II [dʒıb] *n тех.* 1) клин, контрклин; направля́ющая при́зма 2) *attr.*: ~ arm = gibbet 1, 3)

**gibber** ['dʒıbə] **1.** *n* невня́тная, нечленоразде́льная речь

2. *v* говори́ть бы́стро, невня́тно, непоня́тно; таратори́ть

**gibberish** ['gıbərıʃ] *n* невня́тная, непоня́тная речь; тараба́рщина; негра́мотная речь

**gibbet** ['dʒıbıt] **1.** *n* 1) ви́селица; to die on the ~ быть пове́шенным 2) пове́шение 3) *тех.* уко́сина, стрела́ кра́на

2. *v* 1) ве́шать 2) выставля́ть на позо́р, на посме́шище; to be ~ed in the press быть вы́смеянным в печа́ти

**gibbon** ['gıbən] *n зоол.* гиббо́н

**gibbosity** [gı'bɔsıtı] *n* 1) горба́тость, горб 2) вы́пуклость

**gibbous** ['gıbəs] *a* 1) горба́тый 2) вы́пуклый 3) ме́жду второ́й че́твертью и полнолу́нием (*о Луне*)

**gibe** [dʒaıb] **1.** *n* насме́шка

2. *v* насмеха́ться (at — над)

**giber** ['dʒaıbə] *n* насме́шник

**giblets** ['dʒıblıts] *n pl* гуси́ные потроха́

**gibus** ['dʒaıbəs] *n* шапокля́к, складно́й цили́ндр

**giddily** ['gıdılı] *adv* 1) головокружи́тельно 2) легкомы́сленно, ве́трено

**giddiness** ['gıdınıs] *n* 1) головокруже́ние 2) легкомы́слие, ве́треность; взба́лмошность

**giddy** ['gıdı] *a* 1) *predic.* испы́тывающий головокруже́ние; I feel ~ у меня́ кру́жится голова́ 2) головокружи́тельный; ~ success головокружи́тельный успе́х 3) легкомы́сленный, ве́треный, непостоя́нный

**gift** [gıft] **1.** *n* 1) пода́рок, дар; I would not take (*или* have) it at a ~ ≅ я э́того и да́ром не возьму́ 2) спосо́бность, дарова́ние; тала́нт (of); the ~ of the gab дар сло́ва, дар ре́чи; the ~ of tongues (*или* for languages) спосо́бность к языка́м 3) пра́во распределя́ть (*приходы, должности*) ◇ Greek ~ дары́ дана́йцев

2. *v* 1) дари́ть 2) одаря́ть, наделя́ть

**gifted** ['gıftıd] **1.** *p. p. от* gift 2

2. *a* одарённый, спосо́бный, тала́нтливый, дарови́тый

**gig** I [gıg] *n* 1) кабриоле́т; двуко́лка 2) ги́чка (*быстроходная лодка*) 3) подъёмная маши́на, лебёдка

**gig** II [gıg] **1.** *n* острога́

2. *v* лови́ть ры́бу острого́й

**gigantic** [dʒaı'gæntık] *a* гига́нтский, грома́дный, исполи́нский

**giggle** ['gıgl] **1.** *n* хихи́канье

2. *v* хихи́кать

**gigolo** ['ʒıgələu] *n* (*pl* -os [-əuz]) 1) наёмный партнёр (*в танцах*) 2) сутенёр

**GIJ** ['dʒi:'aı'dʒeı] *n* (*сокр. от* government issue Jane) *амер.* же́нщина-солда́т [*ср.* GI]

**gilbert** ['gılbət] *n эл.* ги́льберт

**gild** I [gıld] *v* (gilded [-ıd], gilt) 1) золоти́ть; to ~ the pill позолоти́ть пилю́лю 2) украша́ть

**gild** II [gıld] = guild

**gilded** ['gıldıd] **1.** *p. p. от* gild I

2. *a* позоло́ченный ◇ G. Chamber пала́та ло́рдов; ~ youth золота́я молодёжь

**gilder** ['gıldə] *n* позоло́тчик; carver and ~ баге́тный ма́стер

**gilding** ['gıldıŋ] **1.** *pres. p. от* gild I

2. *n* 1) позоло́та 2) золоче́ние

**Gill** [gıl] *n* (*сокр. от* Gillian) 1) Джил 2) де́вушка, возлю́бленная, люби́мая [*ср.* Jack I, 1, 1)]

**gill** I [gıl] *n* (*обыкн. pl*) 1) жа́бры 2) второ́й подборо́док 3) боро́дка (*у петуха*) 4) *бот.* гимениа́льная пласти́нка (*в шляпке гриба*) ◇ to be (*или* to look) rosy (green) about the ~s вы́глядеть здоро́вым (больны́м)

**gill** II [gıl] *n* 1) глубо́кий леси́стый овра́г 2) го́рный пото́к

**gill** III [dʒıl] *n* че́тверть пи́нты (*англ. = 0,142 л, амер. = 0,118 л*)

**gillie** ['gılı] *n шотл.* 1) *ист.* слуга́ вождя́ 2) помо́щник охо́тника, рыбака́

**gillyflower** ['dʒılı,flauə] *n* левко́й

**gilt** [gılt] **1.** *past и p. p. от* gild I

2. *n* позоло́та ◇ to take the ~ off the gingerbread пока́зывать что-л. без прикра́с; лиша́ть что-л. привлека́тельности; обесце́нивать что-л. [*ср. тж.* gingerbread 1]

3. *a* золочёный, позоло́ченный

**gilt-edged** ['gılted3d] *a* 1) с золоты́м обре́зом 2) *перен.* первокла́ссный, лу́чшего ка́чества; he gave her a ~ tip он дал ей прекра́сный сове́т ◇ ~ securities надёжные це́нные бума́ги

**gimbals** ['dʒımbəlz] *n pl тех.* карда́нов подве́с

**gimlet** ['gımlıt] *n* бура́в(чик); eyes like ~s пронзи́тельный *или* пытли́вый взгляд

**gimmick** ['gımık] *n разг.* 1) хитроу́мное приспособле́ние 2) уло́вка, ухищре́ние 3) нови́нка, дико́винка

**gimp** [gımp] *n* 1) кани́тель; позуме́нт 2) то́лстая ни́тка в кру́жеве для выделе́ния рису́нка

**gin** I [dʒın] (*сокр. от* engine) **1.** *n* 1) западня́, сило́к 2) подъёмная лебёдка; во́рот; ко́злы 3) джин (*хлопкоочистительная машина*)

2. *v* 1) лови́ть в западню́ 2) очища́ть хло́пок

**gin** II [dʒɪn] *n* джин (*можжевёловая настойка*)

**ginger** [ˈdʒɪndʒə] **1.** *n* 1) имби́рь 2) *разг.* огонёк, воодушевле́ние; he wants some ~ ему́ изю́минки не хвата́ет 3) рыжева́тый цвет (*волос*) 4) *разг.* рыжеволо́сый челове́к ◇ ~ group гру́ппа чле́нов парла́мента *или* како́й-л. друго́й полити́ческой организа́ции, наста́ивающих на бо́лее реши́тельной, акти́вной поли́тике

**2.** *v* 1) приправля́ть имбирём 2) взба́дривать (*беговую лошадь*) 3) *разг.* подстегну́ть, оживи́ть (*тж.* ~ up)

**ginger beer** [ˈdʒɪndʒəˈbɪə] *n* имби́рный лимона́д; имби́рное пи́во

**gingerbread** [ˈdʒɪndʒəbred] *n* 1) имби́рный пря́ник (*иногда золочёный*); 2) *attr.* пы́шный, мишу́рный, пря́ничный; ~ work а) золочёная резьба́ на корабле́; б) безвку́сный орна́мент

**gingerly** [ˈdʒɪndʒəlɪ] **1.** *a* осторо́жный, осмотри́тельный; ро́бкий

**2.** *adv* осторо́жно, осмотри́тельно; ро́бко

**ginger-snap** [ˈdʒɪndʒəˈsnæp] *n* имби́рное пече́нье

**gingery** [ˈdʒɪndʒərɪ] *a* 1) имби́рный, пря́ный 2) раздражи́тельный, вспы́льчивый 3) рыжева́тый

**gingham** [ˈgɪŋəm] *n* 1) полоса́тая *или* клетчатая бума́жная *или* льняна́я мате́рия из кра́шеной пря́жи 2) *разг.* (большо́й) зо́нтик

**gingivitis** [ˌdʒɪndʒɪˈvaɪtɪs] *n мед.* воспале́ние дёсен, гингиви́т

**gink** [gɪŋk] *n амер. разг.* чуда́к

**gin-mill** [ˈdʒɪnmɪl] *амер.* = gin-shop

**ginnery** [ˈdʒɪnərɪ] *n* хлопкоочисти́тельная фа́брика

**ginseng** [ˈdʒɪnseŋ] *n* женьше́нь

**gin-shop** [ˈdʒɪnʃɔp] *n* пивна́я

**Gipsy** [ˈdʒɪpsɪ] **1.** *n* 1) цыга́н; цыга́нка 2) цыга́нский язы́к

**2.** *a* цыга́нский

**3.** *v* (g.) вести́ бродя́чий, кочево́й о́браз жи́зни 2) устра́ивать пикни́к

**gipsy moth** [ˈdʒɪpsɪmɔθ] *n зоол.* непа́рный шелкопря́д

**gipsy table** [ˈdʒɪpsɪˌteɪbl] *n* кру́глый сто́лик (*на трёх ножках*)

**giraffe** [dʒɪˈrɑːf] *n* жира́ф(а)

**girandole** [ˈdʒɪrəndəul] *n* 1) жирандо́ль, канделя́бр, большо́й фигу́рный подсве́чник для не́скольких свече́й 2) колесо́ (*в фейерверке*) 3) многостру́йный фонта́н 4) кру́пный ка́мень в серьге́ *или* кудо́не, окружённый бо́лее ме́лкими камня́ми

**gird** I [gəːd] *v* (-ed [-ɪd], girt) 1) опоя́сывать; подпоя́сывать(ся); he was girt about with a rope он был подпоя́сан верёвкой 2) прикрепля́ть са́блю, ша́шку к по́ясу 3) облека́ть (*властью*; with) 4) окружа́ть, опоя́сывать; the island ~ed by the sea о́стров, окружённый мо́рем ◇ to ~ oneself for smth. пригото́виться к чему́-л.

**gird** II [gəːd] **1.** *n* насме́шка

**2.** *v* насмеха́ться (at — над)

**girder** [ˈgəːdə] *n* ба́лка; брус; перекла́дина; фе́рма (*моста*); *радио* ма́чта

**girdle** [ˈgəːdl] **1.** *n* 1) по́яс, куша́к 2) *тех.* обо́йма, кольцо́ 3) *анат.* по́яс 4) *геол.* то́нкий пласт песча́ника ◇ under smb.'s ~ на поводу́ у кого́-л.

**2.** *v* 1) подпоя́сывать 2) кольцева́ть (*плодовые деревья*) 3) окружа́ть 4) обнима́ть; to ~ smb.'s waist обня́ть кого́-л. за та́лию

**girl** [gəːl] *n* 1) де́вочка 2) де́вушка 3) *разг.* (молода́я) же́нщина 4) служа́нка, прислу́га 5) продавщи́ца 6) неве́ста, возлю́бленная (*тж.* best ~) 7) *разг.* хори́стка; танцо́вщица в ревю́ 8) *attr.*: ~ guides же́нская организа́ция ска́утов ◇ old ~ *пренебр., ласк.* «стару́шка», же́нщина (*независимо от возраста*); ми́лая (*в обращении*)

**girl-friend** [ˈgəːlfrend] *n* 1) подру́га, подру́жка 2) люби́мая де́вушка

**girlhood** [ˈgəːlhud] *n* деви́чество

**girlie** [ˈgəːlɪ] *n* (*уменьш. от* girl) де́вочка, девчу́шка

**girlish** [ˈgəːlɪʃ] *a* 1) деви́ческий 2) изне́женный, похо́жий на де́вочку (*о мальчике*)

**Girondist** [dʒɪˈrɔndɪst] *фр. n ист.* жиронди́ст

**girt** [gəːt] **1.** *past и p. p. от* gird I

**2.** *v* = girth 2, 2)

**girth** [gəːθ] **1.** *n* 1) подпру́га 2) обхва́т; разме́р (*талии; дерева в обхвате и т. п.*) 3) *attr.*: ~ rail *тех.* ри́гель, распо́рка

**2.** *v* 1) подтя́гивать подпру́гу (*тж.* ~ up) 2) ме́рить в обхва́те 3) окружа́ть, опоя́сывать

**gist** [dʒɪst] *n* суть, су́щность; гла́вный пункт; the ~ of the story основно́е содержа́ние расска́за

**give** [gɪv] **1.** *v* (gave; given) (*обыкн. употр. с двумя дополнениями; напр.: I gave him the book или I gave the book to him*) 1) дава́ть, отдава́ть; to ~ lessons дава́ть уро́ки; to ~ one's word дать сло́во, обеща́ть; this ~s him a right to complain э́то даёт ему́ пра́во жа́ловаться; 2) дари́ть; же́ртвовать; ода́ривать; жа́ловать (*награду*); завеща́ть; to ~ a handsome present сде́лать хоро́ший пода́рок; to ~ alms подава́ть ми́лостыню; he gave freely to the hospital он мно́го же́ртвовал на больни́цу 3) плати́ть; опла́чивать; I gave ten shillings for the hat я заплати́л за шля́пу де́сять ши́ллингов 4) вруча́ть, передава́ть; to ~ a note вручи́ть запи́ску 5) передава́ть; he ~s you his good wishes он передаёт вам наилу́чшие пожела́ния 6) предоставля́ть; поруча́ть; he gave us this work to do он поручи́л нам э́ту рабо́ту 7) быть исто́чником, производи́ть; the sun ~s light со́лнце — исто́чник све́та; the hen ~s two eggs a day ку́рица несёт два яйца́ в день 8) заража́ть; you've ~n me your cold in the nose я от вас зарази́лся на́сморком 9) *с различными, гл. обр. отглагольными, существительными образует фразовый глагол, который обыкн. выражает однократность действия и передаётся русским глаголом, соответствующим по значению существительному во фразовом глаголе*: to ~ cry (вс)кри́кнуть; to ~ a look взгляну́ть; to ~ encouragement ободри́ть; to ~ permission разреши́ть; to ~ an order приказа́ть; to ~ thought to заду́маться над 10) отдава́ть, посвяща́ть; to ~ one's attention to уделя́ть внима́ние *чему-л.*; to ~ one's mind to study по́лностью отдава́ться заня́тиям (*или* учёбе) 11) устра́ивать (*обед, вечеринку*) 12) причиня́ть; it gave me much pain э́то причини́ло мне большу́ю боль; the pupil ~s the teacher much trouble э́тот учени́к доставля́ет учи́телю мно́го волне́ний 13) выска́зывать; пока́зывать; to ~ to the world обнаро́довать, опубликова́ть; it was ~n in the newspapers об э́том сообща́лось в газе́тах; he ~s no signs of life он не подаёт при́знаков жи́зни; the thermometer ~s 25° in the shade термо́метр пока́зывает 25° в тени́ 14) налага́ть (*наказание*); выноси́ть (*приговор*); the court gave him six months hard labour суд присуди́л его́ к шести́ ме́сяцам ка́торжных рабо́т 15) уступа́ть; соглаша́ться; I ~ you that point уступа́ю вам по э́тому вопро́су, соглаша́юсь с ва́ми в э́том; to ~ way а) отступа́ть; уступа́ть; сдава́ться; б) сдава́ть (*о здоровье*); по́ртиться; в) *тех.* погну́ться; г) па́дать (*об акциях*); д) поддава́ться (*отчаянию, горю*); дава́ть во́лю (*слезам*) 16) подава́ться, оседа́ть (*о фундаменте*); быть эласти́чным; сгиба́ться, гну́ться (*о дереве, металле*); to ~ but not to break сгиба́ться, но не лома́ться 17) изобража́ть; исполня́ть; ~ us Chopin сыгра́йте нам Шопе́на 18) выходи́ть (*об окне, коридоре*; into, (up)on — на, в); вести́ (*о дороге*) □ ~ **away** а) отдава́ть; дари́ть; раздава́ть (*призы*); to ~ away the bride быть посажёным отцо́м; б) выдава́ть, прогова́риваться; обнару́живать; подводи́ть; предава́ть; ~ **back** возвраща́ть, отдава́ть; отплати́ть (*за обиду*); ~ **forth** а) объявля́ть; обнаро́довать; б) распуска́ть слух; ~ **in** а) уступа́ть, сдава́ться; б) подава́ть (*заявление, отчёт, счёт*); в) впи́сывать; регистри́ровать; ~ **off** выделя́ть, испуска́ть; ~ **out** а) распределя́ть; б) объявля́ть, провозглаша́ть; распуска́ть слу́хи; в): to ~ oneself out to be smb. вы́дать себя́ за кого́-л.; г) издава́ть, выпуска́ть; д) иссяка́ть, конча́ться (*о запасах, силах и т. п.*); по́ртиться (*о машине*); ~ **over** а) передава́ть; б) броса́ть, оставля́ть (*привычку*); ~ **under** не вы́держать; ~ **up** а) оста́вить, отказа́ться (*от работы и т. п.*); he is ~n up by the doctors он при́знан врача́ми безнадёжным; б) бро́сить (*привычку*); в) уступи́ть; to ~ oneself up to smth. предава́ться, отдава́ться чему́-л. ◇ to ~ as good as one gets не оста́ться в долгу́; to ~ smb. the creeps нагна́ть стра́ху на кого́-л.; бро́сить кого́-л. в дрожь; to ~ it smb. (hot and strong) проучи́ть кого́-л., вы́пать кому́-л., зада́ть кому́-л. жа́ру; to ~ one what for всы́пать по пе́рвое число́, зада́ть пе́рцу; to ~ or take с попра́вкой в ту и́ли ину́ю сто́рону; it will take you ten hours to go, ~ or take a few minutes вам придётся идти́ 10 часо́в, мо́жет быть, на не́сколько мину́т бо́льше и́ли ме́ньше; to ~ smb. a piece of one's mind сказа́ть кому́-л. па́ру тёплых слов, отруга́ть; to ~ mouth а) подава́ть го́лос; б) выска́зывать, расска́зывать; to ~ rise to а) дава́ть нача́ло (*о реке*); б) вызыва́ть, име́ть результа́ты; to ~ smb. rope дать запу́таться, дать кому́-л. возмо́жность погуби́ть самого́ себя́; to ~ vent to one's feelings отвести́ ду́шу; ~ a year or so either way с отклоне́ниями в год в ту и́ли другу́ю сто́рону

2. *n* эласти́чность, пода́тливость; усту́пчивость

**give-and-take** [ˈgɪvənˈteɪk] *n* 1) взаи́мные усту́пки, компроми́сс 2) обме́н мне́ниями, любе́зностями, ко́лкостями *и т. п.* 3) *спорт.* уравне́ние усло́вий (*соревнования*)

**give-away** [ˈgɪvəˌweɪ] **1.** *n разг.* 1) (ненаме́ренное) разоблаче́ние та́йны *или* преда́тельство 2) про́данное дёшево *или* о́тданное да́ром

2. *a* 1) ни́зкий (*о цене*); at a ~ price почти́ да́ром 2): a ~ show рекла́мная ра́дио- *или* телевиктори́на с вы́дачей призо́в

**given** [ˈgɪvn] **1.** *p. p. от* give 1

2. *a* 1) да́нный, пода́ренный 2) *predic.* скло́нный (*к чему-л.*); предаю́щийся (*чему-л.*); увлека́ющийся (*чем-л.*); he is not much ~ to speech он не о́чень разгово́рчив 3) обусло́вленный; within a ~ period в тече́ние устано́вленного сро́ка 4) *мат., лог.* да́нный, определённый

**giver** [ˈgɪvə] *n* тот, кто даёт, да́рит, же́ртвует (охо́тно)

**gizzard** [ˈgɪzəd] *n* 1) второ́й желу́док (*у птиц*) 2) *разг.* гло́тка, го́рло ◇ it sticks in my ~ э́то мне поперёк го́рла ста́ло

**glabrous** [ˈgleɪbrəs] *a* гла́дкий, лишённый воло́с (*о коже*)

**glacé** [ˈglæseɪ] *фр. a* 1) гла́дкий, сатини́рованный 2) глазиро́ванный; заса́харенный

**glacial** [ˈgleɪsjəl] *a* 1) леднико́вый 2) ледо́вый, ледяно́й; леденя́щий; студёный 3) *перен.* холо́дный 4) кристаллизо́ванный

**glaciate** [ˈgleɪsɪeɪt] *v* 1) замора́живать; ~d подве́ргшийся де́йствию ледников 2) наводи́ть ма́товую пове́рхность

**glacier** [ˈglæsjə] *n* ледни́к, глетчер

**glacis** [ˈglæsɪs] *n воен.* гла́сис, пере́дний скат бру́ствера

**glad** [glæd] *a* 1) *predic.* дово́льный; I'm ~ to see you рад вас ви́деть; ~ to hear it рад э́то слы́шать 2) ра́достный, весёлый; ~ cry ра́достный крик 3) утеши́тельный 4) *поэт.* счастли́вый ◇ to give the ~ eye to smb. *разг.* смотре́ть с любо́вью на кого́-либо

**gladden** [ˈglædn] *v* ра́довать; весели́ть

**glade** [gleɪd] *n* 1) прога́лина; про́сека; поля́на 2) *амер.* полынья́ 3) *амер.* боло́тистый уча́сток, поро́сший высо́кой траво́й

**gladiator** [ˈglædɪeɪtə] *n* гладиа́тор

**gladiatorial** [ˌglædɪəˈtɔːrɪəl] *a* гладиа́торский

**gladioli** [ˌglædɪˈəulaɪ] *pl от* gladiolus

**gladiolus** [ˌglædɪˈəuləs] *n* (*pl* -es [-ɪz], -li) *бот.* гладио́лус, шпа́жник

**gladly** [ˈglædlɪ] *adv* ра́достно; охо́тно, с удово́льствием

**gladsome** [ˈglædsəm] *a поэт.* ра́достный; with ~ looks с приве́тливым лицо́м

**Gladstone** [ˈglædstən] *n* 1) ко́жаный саквоя́ж (*тж.* ~ bag) 2) двухме́стный экипа́ж

**glair** [glɛə] **1.** *n* яи́чный бело́к

2. *v* сма́зывать яи́чным белко́м

**glairy** [ˈglɛərɪ] *a* 1) белко́вый 2) сма́занный яи́чным белко́м

**glaive** [gleɪv] *n уст., поэт.* меч; копьё

**glamor** [ˈglæmə] *амер.* = glamour

**glamorize** [ˈglæməraɪz] *v* восхваля́ть, реклами́ровать; дава́ть высо́кую оце́нку

**gramorous** [ˈglæmərəs] *амер.* = glamourous

**glamour** [ˈglæmə] **1.** *n* 1) ча́ры, волшебство́; to cast a ~ over очарова́ть, околдова́ть 2) романти́ческий оreо́л; обая́ние; очарова́ние 3) *attr.* эффе́ктный; ~ boy (girl) *разг.* шика́рный па́рень (-ная деви́ца)

2. *v* зачарова́ть, околдова́ть, плени́ть

**glamourous** [ˈglæmərəs] *a* 1) обая́тельный, очарова́тельный 2) эффе́ктный

**glance** I [glɑːns] **1.** *n* 1) бы́стрый взгляд; at a ~ с одного́ взгля́да; to take (*или* to give) a ~ (at) взгляну́ть (на); to cast a ~ at бро́сить бы́стрый взгляд на; stealthy ~ взгляд укра́дкой 2) сверка́ние, блеск

2. *v* 1) ме́льком взгляну́ть (at — на); бе́гло просмотре́ть (over) 2) поблёскивать; блесну́ть, сверкну́ть; мелькну́ть 3) отража́ться 4) скользну́ть (*часто* ~ aside, ~ off)

**glance** II [glɑːns] *v* наводи́ть гля́нец; полирова́ть

**gland** I [glænd] *n анат.* железа́; *pl* ше́йные желёзки; гла́нды

**gland** II [glænd] *n тех.* са́льник

**glanderous** [ˈglændərəs] *a вет.* са́пный

**glanders** [ˈglændəz] *n pl вет.* сап

**glandiferous** [glænˈdɪfərəs] *a* с желудя́ми (*о дереве*)

**glandiform** [ˈglændɪfɔːm] *a* 1) в фо́рме жёлудя 2) *мед.* желе́зистый

**glandular** [ˈglændjulə] *a* 1) желе́зистый 2) в фо́рме железы́

**glandule** [ˈglændjuːl] *n* 1) желёзка 2) набуха́ние, о́пухоль

**glare** [glɛə] **1.** *n* 1) ослепи́тельный блеск, я́ркий свет 2) блестя́щая мишура́ 3) свире́пый взгляд

2. *v* 1) ослепи́тельно сверка́ть 2) свире́по смотре́ть (at); the tiger stood glaring at him тигр свире́по гляде́л на него́

**glaring** [ˈglɛərɪŋ] **1.** *pres. p. от* glare 2

2. *a* 1) я́ркий, ослепи́тельный (*о свете*) 2) сли́шком я́ркий, крича́щий (*о цвете*) 3) броса́ющийся в глаза́ 4) гру́бый; ~ contrast рази́тельный контра́ст; ~ mistake гру́бая оши́бка

**glaringly** [ˈglɛərɪŋlɪ] *adv* 1) я́рко, ослепи́тельно 2) вызыва́юще; гру́бо

**glass** [glɑːs] **1.** *n* 1) стекло́ 2) стекля́нная посу́да 3) стака́н; рю́мка; he has taken a ~ too much *разг.* он вы́пил ли́шнее 4) парнико́вая ра́ма; парни́к 5) зе́ркало 6) *pl* очки́ 7) баро́метр 8) подзо́рная труба́; телеско́п; бино́кль; микроско́п 9) песо́чные часы́; *мор.* (*обыкн. pl*) (получасова́я) склянка 10) *attr.* стекля́нный ◇ to look through green ~es ревнова́ть; зави́довать; to look through blue ~es смотре́ть мра́чно, пессимисти́чески; to see through rose-coloured ~es ви́деть всё в ро́зовом све́те

2. *v* 1) вставля́ть стёкла; остекля́ть 2) помеща́ть в парни́к 3) отража́ться (*как в зеркале*) 4) гермети́чески закрыва́ть в стекля́нной посу́де (*о консервах и т. п.*)

**glass-blower** [ˈglɑːsˌbləuə] *n* стеклоду́в

**glass-blowing** [ˈglɑːsˌbləuɪŋ] *n* стеклоду́вное де́ло; вы́дувка стекла́

**glass-case** [ˈglɑːskeɪs] *n* витри́на

**glass-culture** [ˈglɑːsˌkʌltʃə] *n* тепли́чная, парнико́вая культу́ра

**glass-cutter** [ˈglɑːsˌkʌtə] *n* 1) стеко́льщик 2) алма́з (*для резки стекла*)

**glass-dust** [ˈglɑːsdʌst] *n* наждак

**glassful** [ˈglɑːsful] *n* стака́н (*как мера ёмкости*)

**glass-furnace** [ˈglɑːsˌfəːnəs] *n* стеклоплави́льная печь

**glass-house** [ˈglɑːshaus] *n* 1) стеко́льный заво́д 2) тепли́ца, оранжере́я 3) фотоателье́ (*со стеклянной крышей*) 4) *attr.* тепли́чный; ~ culture тепли́чная культу́ра

**glass-paper** [ˈglɑːsˌpeɪpə] *n* нажда́чная бума́га, шку́рка

**glass-ware** [ˈglɑːswɛə] *n* стекля́нная посу́да; изде́лия из стекла́

**glass-wool** [ˈglɑːswul] *n тех.* стекля́нная ва́та

**glass-work** [ˈglɑːswəːk] *n* 1) стеко́льное произво́дство 2) стекло́ (*изделия*) 3) *pl* стеко́льный заво́д 4) вста́вка стёкол

**glassy** [ˈglɑːsɪ] *a* 1) зерка́льный, гла́дкий 2) безжи́зненный, ту́склый (*о взгляде, глазах*) 3) стекля́нный, стеклови́дный; прозра́чный (*как стекло*)

**Glaswegian** [glæsˈwiːdʒjən] **1.** *a* относя́щийся к *г.* Гла́зго

2. *n* уроже́нец *г.* Гла́зго

**Glauber's salt(s)** [ˈglaubəzˈsɔ:lt(s)] *n хим.* гла́уберова соль, сернокислый на́трий

**glaucoma** [glɔ:ˈkəumə] *n мед.* глауко́ма

**glaucous** [ˈglɔ:kəs] *a* 1) серова́то-зелёный, серова́то-голубо́й 2) ту́склый 3) *бот.* покры́тый налётом

**glaze** [gleɪz] **1.** *n* 1) мурава́, глазу́рь; гля́нец 2) глазиро́ванная посу́да 3) *амер.* слой льда, ледяно́й покро́в 4) *жив.* лессиро́вка

**2.** *v* 1) вставля́ть стёкла; застекля́ть 2) покрыва́ть глазу́рью, мураво́й 3) покрыва́ть льдом 4) тускне́ть, стеклене́ть (*о глазах*); покрыва́ться поволо́кой 5) *кул.* глазирова́ть 6) *жив.* лессирова́ть 7) *тех.* полирова́ть, лощи́ть

**glazed** [gleɪzd] **1.** *p. p. от* glaze 2

**2.** *a* 1) застеклённый 2) глазиро́ванный

**glazier** [ˈgleɪzjə] *n* стеко́льщик ◇ is your father a ∼? *шутл.* ≅ вы не прозра́чны

**glazy** [ˈgleɪzɪ] *a* 1) глянцеви́тый, блестя́щий 2) ту́склый, безжи́зненный (*о взгляде*)

**gleam** [gli:m] **1.** *n* 1) сла́бый свет, про́блеск, луч 2) о́тблеск; отраже́ние (*лучей заходящего солнца*) 3) про́блеск, вспы́шка (*юмора, веселья и т. п.*); not a ∼ of hope никаки́х про́блесков наде́жды

**2.** *v* 1) свети́ться; мерца́ть 2) отража́ть свет

**glean** [gli:n] *v* 1) подбира́ть коло́сья (*после жатвы*), виногра́д (*после сбора*) 2) тща́тельно подбира́ть, собира́ть по мелоча́м (*факты, сведения*)

**gleaner** [ˈgli:nə] *n с.-х.* стри́ппер

**gleanings** [ˈgli:nɪŋz] *n pl* 1) со́бранные по́сле жа́твы коло́сья 2) со́бранные фа́кты 3) обры́вки, крупи́цы зна́ний

**glebe** [gli:b] *n* 1) *поэт.* земля́, клочо́к земли́ 2) церко́вный уча́сток 3) *горн.* рудоно́сный уча́сток земли́

**glee** [gli:] *n* 1) весе́лье; ликова́ние 2) пе́сня (*для нескольких голосов*)

**gleeful** [ˈgli:ful] *a* весёлый, лику́ющий; ра́достный

**gleet** [gli:t] *n мед.* хрони́ческий уретри́т

**glen** [glen] *n* у́зкая го́рная доли́на

**glengarry** [glenˈgærɪ] *n* шотла́ндская ша́пка

**glib** [glɪb] *a* 1) бо́йкий (*о речи*); he has a ∼ tongue он бо́йкий на язы́к 2) речи́стый, говорли́вый 3) гла́дкий (*о поверхности*) 4) лёгкий, беспрепя́тственный (*о движении*) 5): a ∼ excuse благови́дный предло́г

**glibly** [ˈglɪblɪ] *adv* многоречи́во; многосло́вно

**glide** [glaɪd] **1.** *n* 1) скольже́ние; пла́вное движе́ние 2) *ав.* плани́рование, плани́рующий спуск 3) *муз.* хромати́ческая га́мма 4) *фон.* скольже́ние; промежу́точный звук

**2.** *v* 1) скользи́ть; дви́гаться пла́вно 2) проходи́ть незаме́тно (*о времени*) 3) *ав.* плани́ровать

**glide-bomb** [ˈglaɪdbɔm] *n воен.* самолёт-снаря́д

**glider** [ˈglaɪdə] *n ав.* планёр

**gliding** [ˈglaɪdɪŋ] **1.** *pres. p. от* glide 2

**2.** *n* 1) скольже́ние 2) *ав.* плани́рование 3) планери́зм

**glimmer** [ˈglɪmə] **1.** *n* 1) мерца́ние; ту́склый свет 2) сла́бый про́блеск 3) *амер. разг.* ого́нь 4) *pl жарг.* глаза́, «гляде́лки»

**2.** *v* мерца́ть; ту́скло свети́ть; to go ∼ing ги́бнуть (*о планах и т. п.*)

**glimmering** [ˈglɪmərɪŋ] *n* про́блеск

**glimpse** [glɪmps] **1.** *n* 1) мелька́ние, про́блеск 2) мимолётное впечатле́ние; бы́стро промелькну́вшая пе́ред глаза́ми карти́на; to have (*или* to catch) a ∼ of уви́деть ме́льком 3) бы́стрый взгляд; at a ∼ с пе́рвого взгля́да; ме́льком 4) не́которое представле́ние; намёк

**2.** *v* 1) (у)ви́деть ме́льком 2) мелька́ть, промелькну́ть

**glint** [glɪnt] **1.** *n* 1) вспы́шка, сверка́ние; я́ркий блеск 2) мерца́ющий свет

**2.** *v* 1) вспыхивать, сверка́ть; я́рко блесте́ть 2) отража́ть свет

**glissade** [glɪˈsɑ:d] **1.** *n* 1) скольже́ние, соска́льзывание 2) *ав.* скольже́ние на крыло́ 3) глиссе́ (*в танцах*)

**2.** *v* 1) скользи́ть, соска́льзывать 2) де́лать глиссе́

**glisten** [ˈglɪsn] **1.** *v* блесте́ть, сверка́ть; и́скриться; сия́ть; to ∼ with dew блесте́ть росо́й; his eyes ∼ed with excitement его́ глаза́ блесте́ли от возбужде́ния

**2.** *n* сверка́ние, блеск, о́тблеск

**glister** [ˈglɪstə] *уст.* = glisten 1

**glitter** [ˈglɪtə] **1.** *v* 1) блесте́ть, сверка́ть 2) блиста́ть ◇ all is not gold that ∼s *посл.* не всё то зо́лото, что блести́т

**2.** *n* 1) я́ркий блеск, сверка́ние 2) по́мпа, пы́шность

**gloaming** [ˈgləumɪŋ] *n* (the ∼) *поэт.* су́мерки

**gloat** [gləut] *v* 1) та́йно злора́дствовать, торжествова́ть 2) пожира́ть глаза́ми (over, upon)

**gloatingly** [ˈgləutɪŋlɪ] *adv* злора́дно; со злора́дством

**global** [ˈgləubəl] *a* 1) мирово́й, всеми́рный, глоба́льный 2) всео́бщий; ∼ disarmament всео́бщее разоруже́ние

**globe** [gləub] *n* 1) шар; ∼ of the eye глазно́е я́блоко 2) (the ∼) земно́й шар 3) небе́сное те́ло 4) гло́бус 5) держа́ва (*эмблема власти монарха*) 6) ко́локол возду́шного насо́са 7) кру́глый стекля́нный абажу́р

**globe-flower** [ˈgləubˌflauə] *n бот.* купа́льница

**globe-lightning** [ˈgləubˌlaɪtnɪŋ] *n* шарови́дная мо́лния

**globe-trotter** [ˈgləubˌtrɔtə] *n* челове́к, мно́го путеше́ствующий по све́ту

**globose** [ˈgləubəus] *a* шарови́дный; сфери́ческий

**globosity** [gləuˈbɔsɪtɪ] *n* шарови́дность

**globular** [ˈglɔbjulə] *a* 1) шарови́дный; сфери́ческий; ∼ flowers шарообра́зные цветы́ 2) состоя́щий из шарови́дных части́ц

**globule** [ˈglɔbju:l] *n* 1) ша́рик; шарови́дная части́ца; ка́пля; гло́була 2) *физиол.* кра́сный кровяно́й ша́рик 3) пилю́ля

**globulin** [ˈglɔbjulɪn] *n* глобули́н (*белковое вещество*)

**glomerate** [ˈglɔmərɪt] *a бот., анат.* сви́тый в клубо́к

**gloom** [glu:m] **1.** *n* 1) мрак; темнота́; тьма 2) мра́чность; уны́ние; пода́вленное настрое́ние

**2.** *v* 1) хму́риться; завола́киваться (*о небе*) 2) име́ть хму́рый *или* уны́лый вид 3) омрача́ть; вызыва́ть уны́ние

**gloomily** [ˈglu:mɪlɪ] *adv* мра́чно; уны́ло; с уны́лым ви́дом

**gloomy** [ˈglu:mɪ] *a* 1) мра́чный; тёмный 2) угрю́мый; печа́льный; хму́рый, уны́лый; ∼ prospects печа́льные, мра́чные перспекти́вы

**gloria** [ˈglɔ:rɪə] *n* полушёлковая ткань «гло́рия» для зонто́в

**glorification** [ˌglɔ:rɪfɪˈkeɪʃən] *n* прославле́ние, восхвале́ние

**glorify** [ˈglɔ:rɪfaɪ] *v* 1) прославля́ть, восхваля́ть, окружа́ть орео́лом; возвели́чивать 2) (*обыкн. p. p.*) *разг.* украша́ть

**gloriole** [ˈglɔ:rɪəul] *n* нимб, орео́л, сия́ние

**glorious** [ˈglɔ:rɪəs] *a* 1) сла́вный; знамени́тый 2) великоле́пный, чуде́сный, восхити́тельный (*тж. ирон.*) 3) *разг.* в припо́днятом настрое́нии; подвы́пивший

**glory** [ˈglɔ:rɪ] **1.** *n* 1) сла́ва 2) триу́мф 3) великоле́пие, красота́ 4) нимб, орео́л, сия́ние ◇ to go to ∼ умере́ть; to send to ∼ уби́ть; Old G. *амер. разг.* госуда́рственный флаг США

**2.** *v* горди́ться (*обыкн.* ∼ in); торжествова́ть; упива́ться; to ∼ in one's health and strength быть олицетворе́нием здоро́вья и си́лы

**gloss I** [glɔs] **1.** *n* 1) вне́шний блеск 2) обма́нчивая нару́жность

**2.** *v* 1) наводи́ть гля́нец, лоск 2) лосни́ться

**gloss II** [glɔs] **1.** *n* 1) гло́сса; заме́тка на поля́х; толкова́ние 2) подстро́чник *или* глосса́рий 3) превра́тное истолкова́ние

**2.** *v* 1) составля́ть глосса́рий; снабжа́ть коммента́рием 2) истолко́вывать благоприя́тно, зама́лчивая недоста́тки (*часто* ∼ over) 3) превра́тно истолко́вывать (upon)

**glossal** [ˈglɔsəl] *a анат.* относя́щийся к языку́

**glossary** [ˈglɔsərɪ] *n* 1) слова́рь (*приложенный в конце книги*) 2) глосса́рий

**glossiness** [ˈglɔsɪnɪs] *n* лоск, гля́нец

**glossitis** [glɔˈsaɪtɪs] *n мед.* воспале́ние языка́

**glossology** [glɔˈsɔləʤɪ] *n* 1) = glossary 2) терминоло́гия 3) *уст.* (сравни́тельное) языкозна́ние

**glossy** [ˈglɔsɪ] *a* блестя́щий, глянцеви́тый, лосня́щийся, лощёный

**glottic** [ˈglɔtɪk] *a* относя́щийся к голосово́й ще́ли

**glottis** [ˈglɔtɪs] *n анат.* голосова́я щель

**gloubosity** [gləuˈbɔsɪtɪ] = globosity

**Gloucester** [ˈglɔstə] *n* гло́стерский сыр

**glove** [glʌv] **1.** *n* перча́тка ◇ to handle without ~s не церемо́ниться, поступа́ть гру́бо; относи́ться беспоща́дно; to throw down (to take up) the ~ бро́сить (приня́ть) вы́зов; to take off the ~s пригото́виться к бо́ю

**2.** *v* 1) наде́ть перча́тку; ~d в перча́тках 2) снабжа́ть перча́тками

**glover** [ˈglʌvə] *n* перча́точник

**glow** [gləu] **1.** *n* 1) си́льный жар, нака́л; summer's scorching ~ паля́щий ле́тний зной; to be all of a ~, to be in a ~ пыла́ть, ощуща́ть жар 2) свет, о́тблеск, за́рево (*отдалённого пожара, заката*) 3) я́ркость кра́сок 4) румя́нец 5) пыл; оживлённость, горя́чность 6) свече́ние

**2.** *v* 1) накаля́ться до́красна́; до́бела́ 2) свети́ться; сверка́ть 3) тлеть 4) горе́ть, сверка́ть (*о глазах*) 5) сия́ть (*от радости*) 6) рдеть, пыла́ть (*о щеках*) 7) чу́вствовать прия́тную теплоту́ (*в теле*)

**glower** I [ˈglauə] *n* нить нака́ливания

**glower** II [ˈglauə] **1.** *n* серди́тый взгляд

**2.** *v* смотре́ть серди́то

**glowing** [ˈgləuɪŋ] **1.** *pres. p. от* glow 2

**2.** *a* 1) раскалённый до́красна́, до́бела́ 2) я́рко светя́щийся 3) горя́чий, пы́лкий 4) я́ркий (*о красках*); to paint in ~ colours представля́ть в ра́дужном све́те 5) пыла́ющий (*о щеках*)

**glow-lamp** [ˈgləulæmp] *n* ла́мпа нака́ливания

**glow-worm** [ˈgləuwə:m] *n* жук-светля́к

**gloxinia** [glɔkˈsɪnjə] *n бот.* глокси́ния

**glucinium** [glu:ˈsɪnɪəm] *n хим.* глици́ний, бери́ллий

**glucose** [ˈglu:kəus] *n хим.* глюко́за

**glue** [glu:] **1.** *n* 1) клей 2) *attr.* клеево́й; ~ colour клеева́я кра́ска

**2.** *v* 1) кле́ить, прикле́ивать 2) прикле́иваться, скле́иваться, прилипа́ть 3) *разг.* быть неотлу́чно (*при ком-л.*) □ ~ **up** закле́ивать, запеча́тывать ◇ to have one's eye ~d to не отрыва́ть взгля́да от

**gluey** [ˈglu(:)ɪ] *a* кле́йкий, ли́пкий

**glum** [glʌm] *a* угрю́мый, хму́рый, мра́чный

**glume** [glu:m] *n* шелуха́ (*зерна*)

**glut** [glʌt] **1.** *n* 1) избы́ток; ~ in the market затова́ривание ры́нка 2) пресыще́ние 3) изли́шество (*в еде и т. п.*) 4) *тех.* клин

**2.** *v* 1) насыща́ть, пресыща́ть 2) наполня́ть до отка́за 3) затова́ривать

**gluten** [ˈglu:tən] *n* клейкови́на

**glutinous** [ˈglu:tɪnəs] *a* кле́йкий

**glutton** [ˈglʌtn] *n* 1) обжо́ра 2) жа́дный, ненасы́тный челове́к; a ~ of books жа́дно и мно́го чита́ющий 3) *зоол.* росома́ха

**gluttonous** [ˈglʌtnəs] *a* прожо́рливый

**gluttony** [ˈglʌtnɪ] *n* обжо́рство

**glycerin(e)** [ˌglɪsəˈri:n] *n* глицери́н

**glyptic** [ˈglɪptɪk] *a* глипти́ческий

**glyptics** [ˈglɪptɪks] *n pl* (*употр. как sing*) гли́птика

**glyptography** [glɪpˈtɔgrəfɪ] *n* резьба́ по драгоце́нному ка́мню

**G-man** [ˈdʒi:mæn] *n* (*сокр. от* Government man) *амер. разг.* аге́нт Федера́льного бюро́ рассле́дований

**gnarled, gnarly** [nɑ:ld, ˈnɑ:lɪ] *a* 1) шишкова́тый (*с наростами*); сучкова́тый; искривлённый (*о дереве*) 2) углова́тый, гру́бый (*о внешности*) 3) несгово́рчивый; упря́мый

**gnash** [næʃ] *v* скрежета́ть (*зубами*)

**gnat** [næt] *n* 1) кома́р; моски́т 2) *амер.* мо́шка ◇ to strain at a ~ переоце́нивать ме́лочи; быть ме́лочным

**gnaw** [nɔ:] *v* 1) грызть, глода́ть 2) разъеда́ть (*о кислоте*) 3) подта́чивать, беспоко́ить, терза́ть

**gnawer** [ˈnɔ:ə] *n* грызу́н

**gneiss** [naɪs] *n мин.* гнейс

**gnome** I [ˈnəumi:] *n* афори́зм

**gnome** II [nəum] *n* 1) гном, ка́рлик 2) *жарг.* междунаро́дный банки́р

**gnomic(al)** [ˈnəumɪk(əl)] *a* гноми́ческий, афористи́ческий

**gnomish** [ˈnəumɪʃ] *a* похо́жий на гно́ма

**gnomon** [ˈnəumɔn] *n* сто́лбик-указа́тель со́лнечных часо́в; гно́мон

**gnostic** [ˈnɔstɪk] *филос.* **1.** *a* гности́ческий

**2.** *n* гно́стик

**gnosticism** [ˈnɔstɪsɪzm] *n филос.* гностици́зм

**gnu** [nu:] *n* гну (*антилопа*)

**go** [gəu] **1.** *v* (went; gone) 1) идти́, ходи́ть; быть в движе́нии; передвига́ться (*в пространстве или во времени*); the train goes to London по́езд идёт в Ло́ндон; who goes there? кто идёт? (*окрик часового*); to go after smb. идти́ за кем-л. [*см. тж.* □ go after] 2) е́хать, путеше́ствовать; to go by train е́хать по́ездом; to go by plane лете́ть самолётом; I shall go to France я пое́ду во Фра́нцию 3) пойти́; уходи́ть; уезжа́ть; стартова́ть; I'll be going now ну, я пошёл; it is time for us to go нам пора́ уходи́ть (*или* идти́); let me go! отпусти́те! 4) отправля́ться (*часто с последующим герундием*); go for shopping отправля́ться за поку́пками 5) приводи́ться в движе́ние; направля́ться, руково́дствоваться (by); the engine goes by electricity маши́на приво́дится в движе́ние электри́чеством; I shall go entirely by what the doctor says я бу́ду руково́дствоваться исключи́тельно тем, что говори́т врач 6) име́ть хожде́ние (*о монете, пословице и т. п.*); быть в обраще́нии; переходи́ть из уст в уста́; the story goes как говоря́т 7) быть в де́йствии, рабо́тать (*о механизме, машине*); ходи́ть (*о часах*); to set the clock going завести́ часы́ 8) звуча́ть, звони́ть (*о колоколе, звонке и т. п.*); бить, отбива́ть (*о часах*) 9) простира́ться, вести́ (*куда-л.*), пролега́ть, тяну́ться; how far does this road go? далеко́ ли тя́нется э́та доро́га? 10) пройти́, быть при́нятым, получи́ть призна́ние (*о плане, проекте*) 11) пройти́, око́нчиться определённым результа́том; the election went against him вы́боры ко́нчились для него́ неуда́чно; how did the voting go? как прошло́ голосова́ние?; the play went well пье́са име́ла успе́х 12) проходи́ть; исчеза́ть; рассе́иваться, расходи́ться; much time has gone since that day с того́ дня прошло́ мно́го вре́мени; summer is going ле́то прохо́дит; the clouds have gone ту́чи рассе́ялись; all hope is gone исче́зли все наде́жды 13) умира́ть, ги́бнуть; теря́ться, пропада́ть; she is gone она́ поги́бла; она́ сконча́лась; my sight is going я теря́ю зре́ние 14) ру́хнуть, свали́ться, слома́ться, пода́ться; the platform went трибу́на обру́шилась; first the sail and then the mast went сперва́ пода́лся па́рус, а зате́м и ма́чта 15) потерпе́ть крах, обанкро́титься; the bank may go any day крах ба́нка ожида́ется со дня́ на́ день 16) отменя́ться, уничтожа́ться; this clause of the bill will have to go э́та статья́ законопрое́кта должна́ быть вы́брошена 17) переходи́ть в со́бственность, достава́ться; the house went to the elder son дом доста́лся ста́ршему сы́ну 18) продава́ться (*по определённой цене*; for); this goes for 1 shilling э́то сто́ит 1 ши́ллинг; to go cheap продава́ться по дешёвой цене́ 19) подходи́ть, быть под стать (*чему-л.*); the blue scarf goes well with your blouse э́тот голубо́й шарф хорошо́ подхо́дит к ва́шей блу́зке 20) гласи́ть, говори́ть (*о тексте, статье*) 21) сде́лать како́е-л. движе́ние; go like this with your left foot! сде́лай так ле́вой ного́й! 22) класть (-ся), ста́вить(ся) на определённое ме́сто; постоя́нно храни́ться; where is this carpet to go? куда́ постели́ть э́тот ковёр? 23) умеща́ться, укла́дываться (*во что-л.*); six into twelve goes twice шесть в двена́дцати соде́ржится два ра́за; the thread is too thick to go into the needle э́та ни́тка сли́шком толста́, что́бы проле́зть в иго́лку 24) *глагол-связка в составном именном сказуемом означает*: а) постоя́нно находи́ться в како́м-л. положе́нии *или* состоя́нии; to go hungry быть, ходи́ть всегда́ голо́дным; to go in rags ходи́ть в лохмо́тьях; б) де́латься, станови́ться; to go mad (*или* mental) сойти́ с ума́; to go sick захвора́ть; to go bust *разг.* разори́ться; he goes hot and cold его́ броса́ет в жар и в хо́лод 25) *в сочетании с последующим герундием означает*: чем-то ча́сто *или* постоя́нно занима́ться; he goes frightening people with his stories он постоя́нно пуга́ет люде́й свои́ми расска́зами; to go hunting ходи́ть на охо́ту 26) *в обороте* be going + *inf. смыслового глагола выражает намерение совершить какое-л. действие в ближайшем будущем*: I am going to speak to her я намерева́юсь поговори́ть с ней; it is going to rain собира́ется дождь 27): to go to sea стать моряко́м; to go to school получа́ть шко́льное образова́ние; ходи́ть в шко́лу; to go on the stage стать актёром; to go on the streets стать проститу́ткой □ go **about** а) расха́живать, ходи́ть туда́ и сюда́; б) циркули́ровать, име́ть хожде́ние (*о слухах; о деньгах*); в) де́лать поворо́т круго́м; г) *мор.* де́лать поворо́т овершта́г; go **after** а) иска́ть; б) находи́ть удово́льствие в; go **against** противоре́чить, идти́ про́тив (*убеждений*); go **ahead** а) дви́гаться вперёд; go ahead! вперёд!; продолжа́й(те)!; де́йствуй(те)!; б) идти́ напроло́м; в) идти́ впереди́ (*на состязании*); go **along** а) дви́гаться; б) продолжа́ть; в) сопровожда́ть (with); go **at** *разг.* а) броса́ться на *кого-л.*; б) энерги́чно бра́ться за *что-л.*; go **away** уходи́ть, убира́ться; go **back** а) возвраща́ться; б) нару́шить (*обещание, слово*; on, upon); в) отказа́ться (on, upon — от *своих слов*); г) измени́ть (*друзьям*; on, upon); go **behind** пересма́тривать, рассма́тривать за́ново, изуча́ть (*основания, данные*); go **between** быть посре́дником ме́жду; go **beyond** превыша́ть *что-л.*; go **by** а) проходи́ть (*о времени*); б) проходи́ть ми́мо; в) суди́ть по; г) руково́дствоваться; I go by the barometer я руково́дствуюсь баро́метром; go **down** а) спуска́ться; опуска́ться; to go down in the world опусти́ться, потеря́ть было́е положе́ние (в о́бществе); б) затону́ть; в) сади́ться (*о солнце*); г) быть побеждённым; д) стиха́ть (*о ветре*); е) быть прие́млемым (*для кого-л.*); быть одо́бренным (with — *кем-л.*); go **far into** продолжа́ться до́лго; go **for** а) идти́ за *чем-л.*; б) стреми́ться к *чему-л.*; в) быть при́нятым за; г) *разг.* набро́ситься, обру́шиться на; the speaker went for the profiteers ора́тор обру́шился на спекуля́нтов; д) сто́ить, име́ть це́ну; to go for nothing (something) ничего́ не сто́ить (ко́е-что сто́ить); to go for a song идти́ за бесце́нок, ничего́ не сто́ить; go **forth** быть опублико́ванным; go **in** а) входи́ть; б) уча́ствовать (*в состязании*); в) затми́ться (*о солнце, луне*); go **in for** а) ста́вить себе́ (*что-л.*) це́лью, добива́ться (*чего-л.*); to go in for an examination экзаменова́ться; б) увлека́ться (*чем-л.*); to go in for sports занима́ться спо́ртом; to go in for collecting pictures заня́ться, увлёчься коллекциони́рованием карти́н; в) *разг.* выступа́ть в по́льзу (*кого-л., чего-л.*); go **in with** объединя́ться, де́йствовать совме́стно с *кем-л.*; присоединя́ться к *кому-л.*; go **into** а) входи́ть; вступа́ть; to go into Parliament стать чле́ном парла́мента; б) ча́сто быва́ть, посеща́ть; в) впада́ть (*в истерику и т. п.*); приходи́ть (*в ярость*); г) рассле́довать, тща́тельно рассма́тривать; go **off** а) убежа́ть, сбежа́ть; б) уходи́ть со сце́ны; в) теря́ть созна́ние; умира́ть; г) сойти́, пройти́; the concert went off well конце́рт прошёл хорошо́; д) вы́стрелить (*об оружии*); *перен.* вы́палить; е) ослабева́ть (*о боли и т. п.*); ж) стать ху́же; испо́ртиться (*о мясе и т. п.*); з) отде́латься от *чего-л.*; сбыть, прода́ть; go **on** а) (упо́рно) продолжа́ть, идти́ да́льше; б) дли́ться; for going on a year в тече́ние го́да; в) *разг.* придира́ться, спо́рить; go **on for** приближа́ться к (*о времени, возрасте*); go **out** а) вы́йти; выходи́ть; б) быва́ть в о́бществе; в) вы́йти в свет (*о книге*); г) вы́йти в отста́вку; д) вы́йти из мо́ды; е) пога́снуть; ж) конча́ться (*о месяце, годе*); з) (за)бастова́ть; и) *амер.* обру́шиться; к) потерпе́ть неуда́чу; go **over** а) переходи́ть (на другу́ю сто́рону); б) переходи́ть из одно́й па́ртии в другу́ю; перемени́ть ве́ру; в) перечи́тывать, повторя́ть; г) изуча́ть в дета́лях; д) превосходи́ть; е) быть отло́женным (*о проекте закона*); ж) *хим.* переходи́ть, превраща́ться; з) опроки́нуться (*об экипаже*); go **round** а) враща́ться; the wheels go round колёса враща́ются; б) приходи́ть в го́сти за́просто; в) обойти́ круго́м, хвати́ть на всех (*за столом*); go **through** а) тща́тельно разбира́ть пункт за пу́нктом; б) испы́тывать, подверга́ться; в) упо́рствовать; г) обы́скивать, обша́ривать; д) проде́лывать; е) находи́ть сбыт, ры́нок (*о товаре*); to go through several editions вы́держать не́сколько изда́ний (*о книге*); ж) быть при́нятым (*о проекте, предложении*); з) проноси́ться (*об одежде*); go **through with** smth. довести́ что-л. до конца́; go **together** сочета́ться, гармони́ровать; go **under** а) тону́ть; б) ги́бнуть; *амер.* умира́ть; в) исчеза́ть; г) разоря́ться; д) не вы́держивать (*испытаний, страданий*); е) заходи́ть, зака́тываться (*о солнце*); go **up** а) поднима́ться; восходи́ть (*на гору*); go up in smoke улету́читься; б) расти́ (*о числе*); повыша́ться (*о ценах*); apples have gone up я́блоки подорожа́ли; в) взорва́ться, сгоре́ть; г) *амер.* разори́ться; go **with** а) сопровожда́ть; б) быть заодно́ с *кем-л.*; в) подходи́ть, гармони́ровать; согласо́вываться, соотве́тствовать; go **without** обходи́ться без *чего-л.* ◇ go about your business! *разг.* пошёл вон!, убира́йся!; it will go hard with him ему́ тру́дно (*или* пло́хо) придётся; ему́ не поздоро́вится; to go by the name of а) быть изве́стным под и́менем; б) быть свя́занным с *чьим-л.* и́менем; she is six months gone with the child она́ на шесто́м ме́сяце бере́менности; to go off the deep end напи́ться; to go off the handle вы́йти из себя́; to go all out напря́чь все си́лы; to go to smb.'s heart печа́лить, огорча́ть кого́-л.; to go a long way а) име́ть большо́е значе́ние, влия́ние (to, towards, with); б) хвата́ть надо́лго (*о деньгах*); to go one better превзойти́ (*соперника*); to go right through идти́ напроло́м; to go round the bend теря́ть равнове́сие; сходи́ть с ума́; to go rounds ходи́ть по рука́м; it goes without saying само́ собо́й разуме́ется; (it is true) as far as it goes (ве́рно) поско́льку де́ло каса́ется э́того; go along with you! убира́йся!; be gone! прова́ливай(те)!; going fifteen на пятна́дцатом году́; he went and did it он взял и сде́лал э́то; to go down the drain *разг.* быть истра́ченным впусту́ю (*о деньгах*); to go easy on smth. *амер.* быть такти́чным в отноше́нии чего́-л.; to go on instruments вести́ (*самолёт*) по прибо́рам

**2.** *n* (*pl* goes [gəuz]) *разг.* 1) движе́ние, ход, ходьба́; to be on the go а) быть в движе́нии, в рабо́те; he is always on the go он ве́чно куда́-то спеши́т; б) собира́ться уходи́ть; в) быть пья́ным; г) быть на скло́не лет, на зака́те дней 2) эне́ргия; воодушевле́ние; рве́ние; full of go по́лон эне́ргии 3) попы́тка; have a go (at) попыта́ться, рискну́ть; let's have a go at it дава́йте попро́буем 4) обстоя́тельство, положе́ние; неожи́данный поворо́т дел; here's a pretty go! ну и положе́ньице! 5) успе́х; успе́шное предприя́тие; to make a go of it *амер. разг.* доби́ться успе́ха; преуспе́ть; no go бесполе́зный; безнадёжный [*см. тж.* no go] 6) по́рция (*кушанья*); глото́к (*вина*) 7) сде́лка; is it a go? идёт?; по рука́м? ◇ all (*или* quite) the go о́чень мо́дно; предме́т всео́бщего увлече́ния; first go пе́рвым де́лом, сра́зу же; at a go сра́зу, зара́з

**goad** [gəud] **1.** *n* 1) бодéц, стрека́ло 2) возбуди́тель, сти́мул

**2.** *v* 1) подгоня́ть (*стадо*) 2) побужда́ть; подстрека́ть; to ~ into fury привести́ в я́рость; довести́ до бе́шенства

**goaf** [gəuf] *n горн.* зава́л; вы́работанное простра́нство

**go-ahead** [ˈgəuəhed] **1.** *n* 1) сигна́л к ста́рту; разреше́ние 2) прогре́сс; движе́ние вперёд

**2.** *a* энерги́чный, предприи́мчивый

**goal** [gəul] *n* 1) цель, зада́ча 2) цель, ме́сто назначе́ния 3) фи́ниш 4) *спорт.* воро́та 5) *спорт.* гол 6) ме́та (*в древнем Риме*)

**goalee, goalie** [ˈgəulɪ] = goalkeeper

**goalkeeper** [ˈgəulˌkiːpə] *n спорт.* врата́рь

**go-as-you-please** [ˈgəuəzjuˈpliːz] *a* 1) свобо́дный от пра́вил (*о гонках и т. п.*); неограни́ченный; нестеснённый 2) лишённый пла́на, методи́чности 3) име́ющий произво́льную ско́рость, ритм

**goat** [gəut] *n* 1) козёл; коза́ 2) (G.) Козеро́г (*созвездие и знак зодиака*) ◇ to get smb.'s ~ *разг.* раздража́ть, серди́ть кого́-л.; to play (*или* to act) the (giddy) ~ *разг.* вести́ себя́ глу́по, валя́ть дурака́

**goatee** [gəu'ti:] *n* козли́ная боро́дка; эспаньо́лка

**goatherd** ['gəuthə:d] *n* пасту́х, пасу́щий коз

**goatish** ['gəutɪʃ] *a* 1) козли́ный 2) похотли́вый

**goatling** ['gəutlɪŋ] *n* козлёнок

**goatskin** ['gəutskɪn] *n* 1) сафья́н 2) бурдю́к

**goatsucker** ['gəut,sʌkə] *n* козодо́й (*птица*)

**goaty** ['gəutɪ] *a* козли́ный

**gob** I [gɔb] **1.** *n* 1) *разг.* плево́к 2) *разг.* рот, гло́тка 3) *горн.* пуста́я поро́да, зава́л

**2.** *v разг.* плева́ть

**gob** II [gɔb] *n амер. разг.* моря́к

**gobbet** I ['gɔbɪt] *n* комо́к полупережёванной пи́щи, мя́са

**gobbet** II ['gɔbɪt] *n разг.* отры́вок для перево́да на экза́мене

**gobble** I ['gɔbl] *v* есть жа́дно, бы́стро; пожира́ть

**gobble** II ['gɔbl] **1.** *n* кулды́канье

**2.** *v* 1) кулды́кать (*об индюке*) 2) зло́бно бормота́ть

**gobbler** ['gɔblə] *n* индю́к

**Gobelin, gobelin** ['gəubəlɪn] **1.** *n* гобеле́н

**2.** *a* гобеле́новый; ~ tapestry гобеле́н

**go-between** ['gəubɪ,twi:n] *n* 1) посре́дник 2) сват; сво́дник 3) связу́ющее звено́

**goblet** ['gɔblɪt] *n* бока́л; ку́бок

**goblin** I ['gɔblɪn] *n* домово́й

**goblin** II ['gɔblɪn] *n жарг.* банкно́т в оди́н фунт сте́рлингов

**go-by** ['gəubaɪ] *n* обго́н (*на скачках*) ◇ to give the ~ а) пройти́ ми́мо, не обрати́в внима́ния, не поздоро́вавшись; игнори́ровать; б) обгоня́ть, оставля́ть позади́; в) избега́ть, уклоня́ться (*от чего-л.*)

**goby** ['gəubɪ] *n* бычо́к (*рыба*)

**go-cart** ['gəuka:t] *n* 1) ходуно́к (*для обучения детей ходьбе*) 2) де́тская коля́ска 3) ручна́я теле́жка

**god** [gɔd] **1.** *n* 1) бог, божество́ 2) (G.) всевы́шний; G.'s truth и́стинная пра́вда; my G.! бо́же мой!; by G. ей-бо́гу!; G. Almighty бо́же всемогу́щий; G. bless you! *разг.* а) бо́же мой! (*восклицание, выражающее удивление*); б) бу́дьте здоро́вы (*говорится чихнувшему*); honest to G. че́стное сло́во; G. damn you! бу́дьте вы про́кляты! 3) и́дол, куми́р; to make a ~ of smb. боготвори́ть кого́-л. ◇ the ~s пу́блика галёрки, галёрка

**2.** *v редк.* обожествля́ть; боготвори́ть; to ~ it *разг.* разы́грывать из себя́ божество́; ва́жничать

**godchild** ['gɔdtʃaɪld] *n* кре́стник, кре́стница

**goddaughter** ['gɔd,dɔ:tə] *n* кре́стница

**goddess** ['gɔdɪs] *n* боги́ня

**godfather** ['gɔd,fa:ðə] **1.** *n* крёстный (оте́ц)

**2.** *v* 1) быть крёстным отцо́м 2) дать (своё) и́мя (*чему-л.*)

**godfearing** ['gɔd,fɪərɪŋ] *a* богобоя́зненный

**godforsaken** ['gɔdfə,seɪkn] *a* забро́шенный; захолу́стный; уны́лый

**godhead** ['gɔdhed] *n* 1) божество́ 2) боже́ственность

**godless** ['gɔdlɪs] *a* 1) безбо́жный 2) нечести́вый

**godlike** ['gɔdlaɪk] *a* богоподо́бный; боже́ственный

**godliness** ['gɔdlɪnɪs] *n* на́божность, благоче́стие

**godly** ['gɔdlɪ] *a* благочести́вый; религио́зный

**godmother** ['gɔd,mʌðə] *n* крёстная (мать)

**godparent** ['gɔd,peərənt] *n* крёстный (оте́ц); крёстная (мать)

**God's-acre** ['gɔdz,eɪkə] *n* кла́дбище

**godsend** ['gɔdsend] *n* неожи́данное счастли́вое собы́тие; уда́ча; нахо́дка

**godson** ['gɔdsʌn] *n* кре́стник

**godspeed** ['gɔd'spi:d] *n* пожела́ние успе́ха; to bid (*или* to wish) smb. ~ ≅ говори́ть кому́-л. «бог в по́мощь!», «счастли́вого пути́!»

**go-easy** ['gəu,i:zɪ] = easy-going

**goer** ['gəuə] *n* 1) ходо́к; good (bad) ~ хоро́ший (плохо́й) ходо́к 2) отъезжа́ющий; comers and ~s приезжа́ющие и отъезжа́ющие

**goffer** ['gəufə] **1.** *n* 1) щипцы́ для гофриро́вки 2) гофриро́вка

**2.** *v* гофрирова́ть; плои́ть

**go-getter** ['gəu'getə] *n разг.* энерги́чный и уда́чливый челове́к; предприи́мчивый деле́ц

**goggle** ['gɔgl] **1.** *n* 1) изумлённый, испу́ганный взгляд, «больши́е глаза́» 2) *pl* защи́тные *или* тёмные очки́

**2.** *a* вы́пученный, вы́таращенный (*о глазах*)

**3.** *v* 1) тара́щить глаза́; смотре́ть широко́ раскры́тыми глаза́ми 2) враща́ть глаза́ми

**goggled** ['gɔgld] **1.** *p. p. от* goggle 3

**2.** *a* нося́щий защи́тные очки́, в защи́тных очка́х

**goggle-eyed** ['gɔglaɪd] *a* пучегла́зый

**going** ['gəuɪŋ] **1.** *pres. p. от* go 1

**2.** *n* 1) ходьба́ 2) ско́рость передвиже́ния 3) отъе́зд 4) состоя́ние доро́ги, бегово́й доро́жки 5) *стр.* про́ступь (*ширина ступени*) ◇ rough ~ тру́дности, затрудне́ния

**3.** *a* 1) рабо́тающий, де́йствующий (*о предприятии и т. п.*) 2) действи́тельный, существу́ющий; ~ fact действи́тельное явле́ние, устано́вленный факт 3) процвета́ющий, преуспева́ющий

**goings-on** ['gəuɪŋz'ɔn] *n pl* поведе́ние, посту́пки (*обыкн. неодобрительно*); пова́дки; о́браз жи́зни

**goitre** ['gɔɪtə] *n мед.* зоб; exophthalmic ~ базе́дова боле́знь

**goitrous** ['gɔɪtrəs] *a* 1) зо́бный 2) страда́ющий зо́бом

**gold** [gəuld] **1.** *n* 1) зо́лото 2) цвет зо́лота, золоти́стый цвет 3) бога́тство, сокро́вища; це́нность 4) центр мише́ни (*при стрельбе из лука*)

**2.** *a* 1) золото́й; ~ plate золота́я сервиро́вка 2) золоти́стого цве́та ◇ to sell a ~ brick *разг.* наду́ть, обману́ть

**gold-beater** ['gəuld,bi:tə] *n* золотоби́т

**gold-cloth** ['gəuldklɔθ] *n* парча́

**gold-digger** ['gəuld,dɪgə] *n* 1) золотоиска́тель 2) *разг.* авантюри́стка, вымога́тельница

**gold-diggings** ['gəuld,dɪgɪŋz] *n pl* золоты́е при́иски

**gold-dust** ['gəulddʌst] *n* золотоно́сный песо́к

**golden** ['gəuldən] *a* 1) золоти́стый 2) золото́й (*преим. перен.*); ~ age золото́й век; ~ hours счастли́вое вре́мя; ~ opportunity прекра́сный слу́чай; ~ deeds благоро́дные посту́пки

**golden chain** ['gəuldən'tʃeɪn] *n бот.* раки́тник, золото́й дождь

**golden daisy** ['gəuldən'deɪzɪ] *n бот.* хризанте́ма, златоцве́т

**golden-shower** ['gəuldən'ʃauə] = golden chain

**gold-fever** ['gəuld,fi:və] *n* золота́я лихора́дка

**gold-field** ['gəuldfi:ld] *n* золотоно́сный райо́н; золото́й при́иск

**goldfinch** ['gəuldfɪntʃ] *n* 1) *зоол.* щего́л 2) *жарг.* золота́я моне́та

**goldfish** ['gəuldfɪʃ] *n* 1) золота́я ры́бка 2) сере́бряный кара́сь

**goldilocks** ['gəuldɪlɔks] *n бот.* лю́тик золоти́стый

**gold-leaf** ['gəuldli:f] *n* то́нкое листово́е зо́лото

**gold-mine** ['gəuldmaɪn] *n* 1) золото́й рудни́к, при́иск 2) «золото́е дно», исто́чник обогаще́ния

**gold mining** ['gəuld,maɪnɪŋ] *n* золотопромы́шленность, добы́ча зо́лота

**gold-plate** ['gəuldpleɪt] **1.** *a* из накладно́го зо́лота

**2.** *v* позолоти́ть, покры́ть позоло́той

**gold-rush** ['gəuldrʌʃ] = gold-fever

**goldsmith** ['gəuldsmɪθ] *n* золоты́х дел ма́стер; ювели́р

**gold-thread** ['gəuldθred] *n* золочёная каните́ль

**golf** [gɔlf] **1.** *n* гольф

**2.** *v* игра́ть в гольф

**golf-course** ['gɔlfkɔ:s] = golf-links

**golfer** ['gɔlfə] *n* игро́к в гольф

**golf-links** ['gɔlflɪŋks] *n pl* площа́дка для игры́ в гольф

**Golgotha** ['gɔlgəθə] *n* 1) *библ.* Голго́фа 2) ме́сто муче́ний, исто́чник страда́ний

**Goliath** [gəu'laɪəθ] *n библ.* Голиа́ф; *перен. тж.* гига́нт

**golliwog** ['gɔlɪwɔg] *n* 1) чёрная ку́кла-уро́дец 2) пу́гало

**golly** ['gɔlɪ] *int разг.*: by ~! ей-бо́гу!

**golosh** [gə'lɔʃ] = galosh

**goluptious** [gə'lʌpʃəs] *a шутл.* 1) восхити́тельный 2) со́чный; вку́сный

**gombeen** [gɔm'bi:n] *ирл. n* ростовщи́чество

**gombeen-man** [gɔm'bi:nmæn] *ирл. n* ростовщи́к

**gom(b)roon** [gɔm(b)'ru:n] *n* бе́лый

персидский фаянс

**gondola** [ˈgɔndələ] *n* 1) гондола 2) корзинка (*воздушного шара*) 3) *амер. ж.-д.* полувагон (*тж.* ~ car)

**gondolier** [ˌgɔndəˈlɪə] *n* гондольер

**gone** [gɔn] **1.** *p. p. от* go 1; a man ~ ninety years of age человек, которому за 90 лет

**2.** *a* 1) ушедший, уехавший 2) разорённый 3) потерянный, пропащий; a ~ case *разг.* безнадёжный случай; пропащее дело; a ~ man = goner 1) *и* 2); 4) слабый 5) ушедший; умерший; he is ~ его не стало 6) использованный, израсходованный ◇ to be ~ on быть влюблённым, ослеплённым

**goneness** [ˈgɔːnnɪs] *n разг.* истощение; ощущение прострации

**goner** [ˈgɔnə] *n разг.* 1) конченый человек 2) разорённый человек 3) пропащее дело

**gonfalon** [ˈgɔnfələn] *n* знамя; хоругвь

**gonfalonier** [ˌgɔnfələˈnɪə] *n* знаменосец

**gong** [gɔŋ] *n* 1) гонг 2) *жарг.* медаль

**goniometer** [ˌgəunɪˈɔmɪtə] *n* гониометр, угломерный прибор

**gonorrhoea** [ˌgɔnəˈrɪːə] *n мед.* гонорея

**goo** [guː] *n амер. разг.* что-л. липкое *или* вязкое

**goober** [ˈguːbə] *n амер. разг.* земляной орех, арахис

**good** [gud] **1.** *a* (better; best) 1) хороший; приятный; ~ features красивые черты лица; ~ to see you *разг.* приятно вас видеть; ~ news добрая весть 2) свежий, неиспорченный; ~ food доброкачественная, свежая пища; ~ lungs здоровые лёгкие 3) добрый, добродетельный; ~ works добрые дела; ~ citizen добропорядочный гражданин 4) милый, любезный; how ~ of you! как это мило с вашей стороны! 5) годный; полезный; a ~ man for человек, подходящий для; milk is ~ for children молоко детям полезно; I am ~ for another 10 miles я способен пройти ещё 10 миль 6) умелый, искусный; ~ at languages способный к языкам 7) плодородный 8) надлежащий, целесообразный; to have ~ reason to believe иметь все основания считать 9) надёжный, кредитоспособный 10) значительный; *разг.* здоровый; ~ thrashing здоровая взбучка; a ~ deal значительное количество, много 11) *усиливает значение следующего прилагательного*: a ~ long walk довольно длинная прогулка ◇ ~ morning доброе утро; ~ gracious! господи! (*восклицание*); ~ hour смертный час; as ~ as всё равно что; почти; he is as ~ as promised me он почти что обещал мне; to be as ~ as one's word держать (своё) слово

**2.** *n* 1) добро, благо; to do smb. ~ помогать кому-л.; исправлять кого-л. 2) польза; to the ~ на пользу; в *чью-л.* пользу; for the ~ of ради, из-за; what is the ~ of it? какая польза от этого?; какой в этом смысл?; it is no ~ бесполезно ◇ for ~ (and all) навсегда, окончательно

**good-bye 1.** *n* [gudˈbaɪ] прощание

**2.** *int* [ˈgudˈbaɪ] до свидания!; прощайте!

**good-fellowship** [ˈgudˈfeləuʃɪp] *n* общительность

**good-for-nothing** [ˈgudfəˌnʌθɪŋ] **1.** *n* бездельник; никчёмный человек

**2.** *a* ни на что не годный

**good-humoured** [ˈgudˈhjuːməd] *a* добродушный; жизнерадостный

**good-looker** [ˈgudˈlukə] *n амер. разг.* красавец; красавица

**good-looking** [ˈgudˈlukɪŋ] *a* красивый, интересный; приятный (*о внешности*)

**goodly** [ˈgudlɪ] *a* 1) красивый; миловидный 2) значительный, большой; крупный 3) прекрасный, приятный

**good-natured** [ˈgudˈneɪtʃəd] *a* добродушный

**good-neighbour** [ˈgudˈneɪbə] *a полит.* добрососедский; ~ policy политика добрососедства

**good-neighbourhood** [ˈgudˈneɪbəhud] *n* 1) добрососедские отношения 2) доброжелательность

**goodness** [ˈgudnɪs] *n* 1) доброта; великодушие; любезность 2) добродетель 3) хорошее качество; ценные свойства ◇ ~ gracious! господи! (*восклицание удивления или возмущения*); ~ knows! кто его знает!; for ~ sake! ради бога!

**goods** [gudz] *n pl* 1) товар; товары, *иногда* груз, багаж; fancy ~ модный товар; consumer ~ потребительские товары 2) вещи, имущество; ~ and chattels личные вещи 3) (the ~) требуемые, необходимые качества; именно то, что нужно; he has the ~ он вполне компетентен 4) (the ~) улики, вещественные доказательства, изобличающие преступника, поличное; to catch with the ~ поймать с поличным 5) *attr.* грузовой, товарный; багажный; ~ circulation товарное обращение

**good sense** [ˈgudˈsens] *n* здравый смысл

**goods shed** [ˈgudzʃed] = goods yard

**goods yard** [ˈgudzjɑːd] *n* пакгауз

**good-tempered** [ˈgudˈtempəd] *a* 1) с хорошим характером, добродушный 2) уравновешенный

**good-timer** [ˈgudˌtaɪmə] *n* человек, весело проводящий время; гуляка

**goodwill** [ˈgudˈwɪl] *n* 1) доброжелательность; расположение (to, towards — к) 2) добрая воля 3) рвение, готовность сделать что-л. 4) *ком.* ценность фирмы, определяющаяся её клиентурой, репутацией *и т. п.*; престиж фирмы

**goody** I [ˈgudɪ] конфета; леденец

**goody** II [ˈgudɪ] **1.** *a* сентиментально благочестивый, ханжеский; чувствительно настроенный

**2.** *n* ханжа

**goody-goody** [ˈgudɪˈgudɪ] = goody II

**gooey** [ˈguːɪ] *a разг.* 1) липкий, клейкий 2) сентиментальный

**goof** [guːf] *n разг.* дурак; увалень

**go-off** [ˈgəuˈɔf] *n* начало, старт

**goofy** [ˈguːfɪ] *a разг.* глупый, бестолковый

**goon** [guːn] *n жарг.* 1) тупица, болван 2) неуклюжий, неловкий человек 3) головорез; наёмный бандит

**goosander** [guːˈsændə] = merganser

**goose** I [guːs] *n* (*pl* geese) 1) гусь; гусыня 2) *разг.* дурак; дура; простак; простушка; простофиля ◇ all his geese are swans ≅ он (всегда) преувеличивает; can't say «bo» to a ~ ≅ очень робок; и мухи не обидит

**goose** II [guːs] *n* (*pl* (gooses [-ɪz]) портновский утюг

**gooseberry** [ˈguzbərɪ] *n* 1) крыжовник 2) *воен.* проволочный ёж ◇ to play ~ сопровождать влюблённых для приличия; быть третьим лицом

**goose-egg** [ˈguːseg] *n* 1) гусиное яйцо 2) нуль (*в играх*)

**goose-fat** [ˈguːsfæt] *n* гусиный жир, гусиное сало

**goose-flesh** [ˈguːsfleʃ] *n* гусиная кожа (*от холода, страха*)

**goose-grass** [ˈguːsgrɑːs] *n бот.* подорожник (большой)

**goose-grease** [ˈguːsgriːz] *n* гусиный жир

**goose-neck** [ˈguːsnek] *n* 1) предмет, похожий на гусиную шею *или* изогнутый в виде буквы S 2) *тех.* S-образное колено

**goose-skin** [ˈguːsskɪn] = goose-flesh

**goose-step** [ˈguːsstep] *n воен.* гусиный шаг

**goosey** [ˈguːsɪ] *n* 1) глупый, тупой человек 2) глупышка, дурашка (*в обращении к ребёнку*)

**gopher** [ˈgəufə] **1.** *n* 1) мешотчатая крыса, гофер 2) суслик 3) = goffer 1 ◇ G. State *шутл.* штат Миннесота

**2.** *v* 1) рыть 2) *горн.* производить бессистемные разведки 3) = goffer 2

**GOPster** [ˈgɔpstə] *n амер. жарг.* республиканец (*член республиканской партии США*)

**gore** I [gɔː] *n* запёкшаяся, свернувшаяся кровь; *поэт.* кровь

**gore** II [gɔː] **1.** *n* 1) клин, ластовица (*в белье, платье*) 2) участок земли клином

**2.** *v* 1) придавать форму клина 2) вставлять, вшивать клин

**gore** III [gɔː] *v* 1) бодать, забодать, пронзать (*рогами, клыками*) 2) пробить (*борт судна о скалу*)

**gorge** [gɔːdʒ] **1.** *n* 1) то, что проглочено, съедено 2) пресыщение; отвращение; ярость; my ~ rises я чувствую отвращение, меня тошнит; to raise the ~ приводить в ярость 3) узкое ущелье, теснина 4) *уст.*, *поэт.* горло; глотка, пасть; зоб (*хищных птиц*) 5) затор, нагромождение; пробка 6) *воен.* горжа 7) *архит.* выкружка

**2.** *v* 1) жадно есть, объедаться 2) жадно глотать, поглощать

**gorgeous** [ˈgɔːdʒəs] *a* 1) великоле́пный, прекра́сный, пы́шный 2) я́рко расцве́ченный 3) витиева́тый (*о стиле*)

**gorget** [ˈgɔːdʒɪt] *n* 1) ожере́лье 2) горже́т 3) отме́тина на ше́йке птиц 4) *ист.* ла́тный воротни́к

**Gorgon** [ˈgɔːgən] *n* 1) *миф.* Горго́на, Меду́за 2) меге́ра, страши́лище

**gorilla** [gəˈrɪlə] *n* 1) гори́лла 2) *разг.* страши́лище 3) *амер. sl.* уби́йца, банди́т

**gormandize** [ˈgɔːməndaɪz] **1.** *n* обжо́рство

**2.** *v* объеда́ться

**go-round** [ˈgəuraund] *n* обхо́д, объе́зд

**gory** [ˈgɔːrɪ] *a* 1) окрова́вленный 2) кровопроли́тный

**gosh** [gɔʃ] *int разг.*: by ~! чёрт возьми́! (*выражение изумления, досады и т. п.*)

**goshawk** [ˈgɔshɔːk] *n* я́стреб-тетеревя́тник

**gosling** [ˈgɔzlɪŋ] *n* 1) гусёнок 2) глупы́ш

**go-slow** [ˈgəuˈsləu] *n* сниже́ние те́мпа рабо́ты (*вид забастовки*)

**gospel** [ˈgɔspəl] *n* 1) (G.) ева́нгелие 2) про́поведь 3) взгля́ды, убежде́ния ◊ to take for ~ принима́ть (сле́по) за и́стину; ~ truth и́стинная пра́вда; the ~ of soap and water *шутл.* ≅ чистота́ — зало́г здоро́вья

**gospeller** [ˈgɔspələ] *n* 1) евангели́ст 2) пропове́дник; hot ~ of горя́чий защи́тник *чего-л.*

**gossamer** [ˈgɔsəmə] *n* 1) осе́нняя паути́на (*в воздухе*) 2) то́нкая ткань, газ

**gossamery** [ˈgɔsəmərɪ] *a* лёгкий, то́нкий как паути́на

**gossip** [ˈgɔsɪp] **1.** *n* 1) болтовня́ 2) спле́тня; слу́хи; to be given to ~ спле́тничать 3) ку́мушка, болту́нья, спле́тница; болту́н, спле́тник

**2.** *v* 1) болта́ть; бесе́довать 2) спле́тничать, передава́ть слу́хи

**gossipy** [ˈgɔsɪpɪ] *a* 1) болтли́вый; лю́бящий посплётничать 2) пусто́й, пра́здный (*о болтовне*)

**gossoon** [gəˈsuːn] *n ирл.* 1) па́рень 2) молодо́й лаке́й

**got** [gɔt] *past. и p. p. от* get 1

**Goth** [gɔθ] *n* 1) *ист.* гот 2) *перен.* ва́рвар, ванда́л

**Gotham** [ˈgəutəm] *n*: a man of ~, a wise man of ~ проста́к, дура́к

**Gothic** [ˈgɔθɪk] **1.** *a* 1) го́тский 2) ва́рварский, гру́бый, жесто́кий 3) готи́ческий (*о стиле*) 4) *полигр.* готи́ческий (*о шрифте*)

**2.** *n* 1) го́тский язы́к 2) готи́ческий стиль 3) *полигр.* готи́ческий шрифт

**go-to-meeting** [ˈgəutəˈmiːtɪŋ] *a шутл.* пра́здничный, лу́чший (*о костюме, платье, шляпе*)

**gotten** [ˈgɔtn] *амер. p. p. от* get 1

**gouache** [guˈɑːʃ] *фр. n жив.* гуа́шь

**gouge** [gaudʒ] **1.** *n* 1) полукру́глое долото́ 2) *амер.* вы́долбленное отве́рстие, вы́емка *и т. п.*

**2.** *v* 1) выда́лбливать; выда́вливать; to ~ out an eye вы́бить, вы́давить глаз 2) *амер. разг.* обма́нывать

**Goulard** [guˈlɑːd] *n* свинцо́вая при́мочка (*тж.* ~ water)

**goulash** [ˈguːlæʃ] *n венг.* гуля́ш

**gourd** [guəd] *n* 1) ты́ква 2) буты́ль из ты́квы

**gourde** [gu(ː)rd] *n* гурд (*денежная единица Гаити*)

**gourmand** [ˈguəmənd] **1.** *n* 1) гурма́н, ла́комка 2) обжо́ра

**2.** *a* обжо́рливый

**gourmet** [ˈguəmeɪ] *фр. n* гурма́н, гастроно́м

**gout** [gaut] *n* 1) пода́гра 2) сгу́сток (*крови*)

**gouty** [ˈgautɪ] *a* подагри́ческий; страда́ющий пода́грой

**govern** [ˈgʌvən] *v* 1) управля́ть, пра́вить 2) регули́ровать; руководи́ть 3) владе́ть (*собой, страстями*) 4) влия́ть (*на кого-л.*); направля́ть, определя́ть, обусло́вливать (*ход событий*) 5) *грам.* управля́ть

**governable** [ˈgʌvənəbl] *a* послу́шный; подчиня́ющийся

**governance** [ˈgʌvənəns] *n* управле́ние, власть; руково́дство

**governess** [ˈgʌvənɪs] *n* 1) гуверна́нтка, воспита́тельница 2) *уст.* прави́тельница

**governing** [ˈgʌvənɪŋ] **1.** *pres. p. от* govern

**2.** *a* 1) руководя́щий, контроли́рующий 2) гла́вный, основно́й 3): the ~ classes пра́вящие кла́ссы

**government** [ˈgʌvnmənt] *n* 1) прави́тельство; organs of ~ о́рганы госуда́рственного управле́ния; general ~ центра́льное прави́тельство; responsible ~ отве́тственное министе́рство; invisible ~ факти́ческие прави́тели 2) фо́рма правле́ния 3) управле́ние; local ~ ме́стное самоуправле́ние 4) прови́нция (*управляемая губернатором*) 5) *грам.* управле́ние

**governmental** [ˌgʌvənˈmentl] *a* прави́тельственный

**Government house** [ˈgʌvnmənthaus] *n* официа́льная резиде́нция губерна́тора

**governor** [ˈgʌvənə] *n* 1) прави́тель 2) губерна́тор 3) коменда́нт (*крепости*); нача́льник (*тюрьмы*) 4) заве́дующий (*школой, больницей*) 5) *разг.* оте́ц 6) *разг.* хозя́ин 7) *разг.* господи́н 8) *тех.* регуля́тор

**governor general** [ˈgʌvənəˈdʒenərəl] *n* губерна́тор коло́нии *или* доминио́на, генера́л-губерна́тор

**gowk** [gauk] *n* 1) *диал.* куку́шка 2) *разг.* о́лух

**gown** [gaun] **1.** *n* 1) пла́тье (*женское*); morning ~ хала́т 2) ма́нтия (*судьи, преподавателя университета и т. п.*) 3) ри́мская то́га ◊ cap and ~ *см.* cap 1 ◊

**2.** *v* 1) надева́ть 2) *pass.* быть оде́тым; she was perfectly ~ed она́ была́ прекра́сно оде́та

**gownsman** [ˈgaunzmən] *n* лицо́, нося́щее ма́нтию (*адвокат, профессор, студент и т. п.*)

**grab** [græb] **1.** *n* 1) внеза́пная попы́тка схвати́ть; бы́строе хвата́тельное движе́ние 2) захва́т; присвое́ние; a policy of ~ захва́тническая поли́тика 3) *тех.* экскава́тор; ковш, черпа́к

**2.** *v* 1) схва́тывать, хвата́ть; пыта́ться схвати́ть (at) 2) захва́тывать; присва́ивать

**grab-all** [ˈgræbɔːl] *n* 1) *разг.* су́мка для ме́лких веще́й 2) хапу́га

**grabber** [ˈgræbə] *n* рвач, хапу́га

**grabble** [ˈgræbl] *v* 1) иска́ть о́щупью 2) по́лзать на четвере́ньках

**grace** [greɪs] **1.** *n* 1) гра́ция; изя́щество; привлека́тельность 2) благоскло́нность, благоволе́ние; to be in smb.'s good ~s по́льзоваться чье́й-л. благоскло́нностью 3) прили́чие; такт; любе́зность; with (a) good ~ любе́зно, охо́тно; with (a) bad ~ нелюбе́зно, неохо́тно; you had the ill ~ to deny it вы име́ли беста́ктность отрица́ть э́то 4) *pl* привлека́тельные сво́йства, ка́чества; airs and ~s мане́рность 5) ми́лость, милосе́рдие; проще́ние; Act of ~ (всео́бщая) амни́стия 6) отсро́чка, передышка; days of ~ *ком.* льго́тные дни (*для уплаты по векселю*) 7) моли́тва (*перед едой и после еды*) 8) *унив.* разреше́ние на соиска́ние учёной сте́пени 9) ми́лость, све́тлость (*форма обращения к герцогу, герцогине, архиепископу*); Your, His G. Ва́ша, Его́ све́тлость 10) *pl* (the Graces) *миф.* Гра́ции 11) *муз.* фиориту́ра 12) *pl* игра́ в серсо́

**2.** *v* 1) украша́ть (with) 2) удоста́ивать, награжда́ть

**grace-cup** [ˈgreɪskʌp] *n* 1) заздра́вный ку́бок, заздра́вная ча́ша 2) после́дний, проща́льный бока́л вина́, «посошо́к»

**graceful** [ˈgreɪsful] *a* 1) грацио́зный, изя́щный 2) прия́тный 3) элега́нтный

**graceless** [ˈgreɪslɪs] *a* 1) нра́вственно испо́рченный; бессты́дный; непристо́йный; развращённый 2) некраси́вый, непривлека́тельный 3) тяжелове́сный (*о стиле*)

**gracious** [ˈgreɪʃəs] **1.** *a* 1) до́брый, ми́лостивый, милосе́рдный 2) снисходи́тельный; любе́зный

**2.** *int*: ~ me! бо́же мой!; ба́тюшки!

**graciously** [ˈgreɪʃəslɪ] *adv* ми́лостиво; любе́зно; снисходи́тельно

**gradate** [grəˈdeɪt] *v* 1) располага́ть в поря́дке степене́й 2) *жив.* незаме́тно переходи́ть от отте́нка к отте́нку

**gradation** [grəˈdeɪʃən] *n* 1) града́ция, постепе́нность; постепе́нный перехо́д 2) *pl* перехо́дные ступе́ни, отте́нки 3) *лингв.* чередова́ние гла́сных, абля́ут

**grade** [greɪd] **1.** *n* 1) гра́дус 2) сте́пень; ранг, класс; зва́ние 3) ка́чество, сорт 4) *амер.* класс (*в школе*); the grades = grade school 5) *амер.* отме́тка, оце́нка 6) *с.-х.* но́вая, улу́чшенная скре́щиванием поро́да 7) *ж.-д.* укло́н; градие́нт; down ~ под укло́н; спуска́ясь; up ~ на подъёме; to make the ~ брать круто́й подъём; *перен.*

*разг.* добиться успеха; добиться своего

**2.** *v* 1) располагать по рангу, по степеням 2) сортировать 3) улучшать породу скрещиванием 4) постепенно меняться, переходить (*в другую стадию*; into — в) 5) *ж.-д.* нивелировать

**grade crossing** [ˈgreɪdˌkrɔsɪŋ] *n амер.* пересечение железнодорожного пути с шоссе (на одном уровне *или* в одной плоскости)

**grader** [ˈgreɪdə] *n* 1) сортировщик 2) *с.-х.* сортировальная машина 3) грейдер 4) *амер.* ученик начальной школы

**grade school** [ˈgreɪdˈsku:l] *n амер.* начальная школа

**gradient** [ˈgreɪdjənt] *n* 1) уклон, скат 2) *физ.* градиент 3) склонение (*стрелки барометра*)

**gradual** [ˈgrædjuəl] *a* постепенный; последовательный

**gradualism** [ˈgrædjuəlɪzm] *n* 1) *филос.* градуализм 2) *полит.* учение о постепенности в социальных преобразованиях 3) *амер. ист.* требование постепенности в отмене рабовладения

**gradually** [ˈgrædjuəlɪ] *adv* постепенно, последовательно; мало-помалу, понемногу

**graduate 1.** *n* [ˈgrædjuət] 1) имеющий учёную степень; *чаще амер.* окончивший учебное заведение; выпускник; абитуриент 2) мензурка

**2.** *v* [ˈgrædjueɪt] 1) кончать университет с учёной степенью (at); *преим. амер.* окончить (*любое*) учебное заведение (from *или без предлога*) 2) располагать в последовательном порядке 3) градуировать, наносить деления, калибровать 4) *биол.* постепенно изменяться, переходя во что-л. другое 5) *хим.* сгущать жидкость (*выпариванием*)

**graduate school** [ˈgrædjuətˈsku:l] *n амер.* аспирантура

**graduate student** [ˈgrædjuətˌstju:dənt] *n амер.* аспирант

**graduation** [ˌgrædjuˈeɪʃən] *n* 1) окончание учебного заведения (from) 2) получение *или* присуждение учёной степени 3) градация 4) выпаривание (*жидкости*) 5) градуировка (*сосуда*) 6) линии, деления

**graffiti** [grəˈfi:ti:] *n pl* граффити

**graft I** [grɑ:ft] **1.** *n* 1) привой, прививка (*растения*) 2) *хир.* пересадка ткани

**2.** *v* 1) прививать (*растение*) 2) пересаживать ткань

**graft II** [grɑ:ft] **1.** *n* взятка, незаконные доходы; подкуп

**2.** *v* брать взятки; пользоваться нечестными доходами

**grafter I** [ˈgrɑ:ftə] *n* 1) привой 2) садовый нож

**grafter II** [ˈgrɑ:ftə] *n* 1) взяточник 2) мошенник, жулик

**grafting I** [ˈgrɑ:ftɪŋ] **1.** *pres. p. от* graft I, 2

**2.** *n с.-х.* прививка

**grafting II** [ˈgrɑ:ftɪŋ] *pres. p. от* graft II, 2

**graham** [ˈgreiəm] *a* сделанный из пшеничной муки; ~ bread хлеб «Грэхем»; ~ flour пшеничная мука грубого помола

**Grail** [greɪl] *n*: The (Holy) ~ *миф.* Грааль, чаша Грааля

**grain** [greɪn] **1.** *n* 1) зерно; хлебные злаки 2) крупа 3) *pl* барда 4) гран (= *0,0648 г*) 5) зёрнышко; крупинка; песчинка; мельчайшая частица; not a ~ of truth ни крупицы истины 6) зернистость, грануляция 7) волокно, жилка, фибра, нитка; dyed in ~ [*см.* dye 2, 2)]; with the ~ по направлению волокна (*бумаги и т. п.*) 8) строение, структура 9) природа, характер, склонность; in ~ по натуре, по характеру 10) грена, яички шелкопряда 11) *уст., поэт.* краска ◊ a fool (a rogue) in ~ отъявленный дурак (мошенник); to receive (*или* to take) smth. with a ~ of salt относиться к чему-л. недоверчиво, скептически; it goes against the ~ with me это мне не по душе

**2.** *v* 1) раздроблять 2) придавать зернистую поверхность; красить под дерево *или* мрамор; наводить мерею (*на кожу*) 3) очищать (*кожу*) от шерсти

**grain binder** [ˈgreɪnˌbaɪndə] *n с.-х.* сноповязалка

**grain cleaner** [ˈgreɪnˌkli:nə] *n с.-х.* зерноочиститель

**grain dryer** [ˈgreɪnˌdraɪə] *n с.-х.* зерносушилка

**grain grower** [ˈgreɪnˌgrəuə] *n* хлебороб

**grains** [greɪnz] *n pl* (*обыкн. употр. как sing*) гарпун

**grain separator** [ˈgreɪnˌsepəreɪtə] *n* 1) зерноочистительная машина, сортировка (*машина*) 2) *амер.* молотилка

**grain tank** [ˈgreɪntæŋk] *n с.-х.* бункер для зерна

**grainy** [ˈgreɪnɪ] *a* 1) негладкий, шероховатый 2) зернистый, гранулированный

**gram I** [græm] = gramme

**gram II** [græm] *n* мелкий горошек

**grama** [ˈgrɑ:mə] = gramma

**gramicidin** [ˈgræmɪsɪdɪn] *n фарм.* грамицидин

**graminaceous, gramineous** [ˌgreɪmɪˈneɪʃəs, greɪˈmɪnɪəs] *a* травянистый

**graminivorous** [ˌgræmɪˈnɪvərəs] *a* травоядный

**gramma** [ˈgræmə] *n* пастбищная трава (*тж.* ~ grass)

**grammar** [ˈgræmə] *n* 1) грамматика 2) введение в науку, элементы науки 3) грамматическая система языка 4) учебник грамматики 5) грамматические навыки; his ~ is terrible он делает много грамматических ошибок

**grammarian** [grəˈmeərɪən] *n* грамматист

**grammar-school** [ˈgræməsku:l] *n* 1) средняя школа 2) *амер.* старшие классы средней школы

**grammatical** [grəˈmætɪkəl] *a* грамматический; грамматически правильный

**gramme** [græm] *n* грамм

**gramophone** [ˈgræməfəun] *n* граммофон; патефон; проигрыватель

**grampus** [ˈgræmpəs] *n* 1) северный дельфин-касатка 2) пыхтящий *или* громко сопящий человек 3) *тех.* большие клещи

**granary** [ˈgrænərɪ] *n* 1) амбар; зернохранилище 2) житница, хлебородный район

**grand** [grænd] **1.** *a* 1) грандиозный, большой, величественный 2) великий (*тж. в титулах*) 3) возвышенный; благородный 4) главный, очень важный; ~ question важный вопрос 5) великолепный, пышный; роскошный; импозантный; парадный 6) *разг.* богато, щегольски одетый 7) важный, знатный 8) важничающий, исполненный самомнения; to do the ~ *разг.* важничать 9) *разг.* восхитительный, приятный 10) итоговый; суммирующий

**2.** *n* 1) рояль 2) *амер. жарг.* тысяча долларов

**gran-dad** [ˈgrændæd] = grand-dad

**grandchild** [ˈgræntʃaɪld] *n* внук; внучка

**grand-dad** [ˈgrændæd] *n разг.* дедушка

**granddaughter** [ˈgrænˌdɔ:tə] *n* внучка

**Grand Duke** [ˈgrændˈdju:k] *n* 1) великий герцог 2) великий князь

**grandee** [grænˈdi:] *n* 1) гранд (*испанский*) 2) вельможа, сановник; важная персона

**grandeur** [ˈgrændʒə] *n* 1) грандиозность; великолепие; пышность 2) знатность 3) (нравственное) величие

**grandfather** [ˈgrændˌfɑ:ðə] *n* дедушка ◊ ~'s clock высокие стоячие часы

**grandiloquence** [grænˈdɪləkwəns] *n* высокопарность, напыщенность

**grandiloquent** [grænˈdɪləkwənt] *a* высокопарный, напыщенный

**grandiose** [ˈgrændɪəus] *a* 1) грандиозный 2) напыщенный, претенциозный

**grandiosity** [ˌgrændɪˈɔsɪtɪ] *n* грандиозность

**grand jury** [ˈgrændˈdʒuərɪ] *n юр.* большое жюри; присяжные, решающие вопрос о предании суду

**grandma** [ˈgrænmɑ:] = grandmamma

**grandmamma** [ˈgrænməˌmɑ:] *n разг.* бабушка

**Grand Master** [ˈgrændˈmɑ:stə] *n шахм.* гроссмейстер

**grandmother** [ˈgrænˌmʌðə] **1.** *n* бабушка

**2.** *v* баловать; изнеживать

**grandmotherly** [ˈgrænˌmʌðəlɪ] *a* 1) проявляющий материнскую заботу, заботливый; опекающий 2) похожий на бабушку 3) излишне мелочный (*особенно о законодательстве*)

**grand-nephew** [ˈgrænˌnevju:] *n* внучатый племянник

**grand-niece** [ˈgrænni:s] *n* внучатая племянница

**grandpa** [ˈgrænpɑ:] = grandpapa

**grandpapa** [ˈgrænpəˌpɑː] *n разг.* дéдушка

**grandparents** [ˈgrænˌpɛərənts] *n pl* дéдушка и бáбушка

**grand piano** [ˈgrændˈpjænəu] *n* роя́ль

**Grand Prix** [ˈgrɑːŋˈpriː] *фр. n* большóй приз, гран-при́

**grandson** [ˈgrænsʌn] *n* внук

**grandstand** [ˈgrændstænd] **1.** *n* трибýна, местá для зри́телей (*на стадионе и т. п.*)

**2.** *a амер. разг.* показнóй, рассчи́танный на эффéкт

**3.** *v амер. разг.* рисовáться, бить на эффéкт

**grange** [greɪndʒ] *n* 1) мы́за 2) *уст.* амбáр 3) *амер.* ассоциáция фéрмеров

**granger's cattle** [ˈgreɪndʒəzˌkætl] *n* мя́со-молóчный скот

**granite** [ˈgrænɪt] *n* 1) грани́т 2) *attr.*: the ~ city *г.* Аберди́н

**granitic** [græˈnɪtɪk] *a* грани́тный

**grannie, granny** [ˈgrænɪ] *n* 1) *ласк.* бáбушка, бабýся 2) *разг.* старýха 3) *воен. жарг.* тяжёлое орýдие

**grant** [grɑːnt] **1.** *n* 1) дар, официáльное предоставлéние; дáрственный акт 2) дотáция, субси́дия; безвозмéздная ссýда 3) *pl* стипéндия 4) устýпка, разрешéние, соглáсие

**2.** *v* 1) дари́ть, жáловать, даровáть; предоставля́ть 2) давáть дотáцию, субси́дию 3) разрешáть; давáть соглáсие (*на что-л.*) 4) допускáть; to take for ~ed допускáть, считáть докáзанным, не трéбующим доказáтельства; считáть самó собóй разумéющимся; to take nothing for ~ed ничегó не принимáть на вéру

**grantee** [grɑːnˈtiː] *n* получáющий в дар

**grant-in-aid** [ˈgrɑːntɪnˈeɪd] *n* дотáция, субси́дия

**grantor** [grɑːnˈtɔː] *n* дари́тель

**granular** [ˈgrænjulə] *a* зерни́стый; гранули́рованный

**granulate** [ˈgrænjuleɪt] *v* 1) обращáть(ся) в зёрна; дроби́ть; мельчи́ть 2) гранули́роваться, образóвывать грануля́ции (*о ране и т. п.*)

**granulated sugar** [ˈgrænjuleɪtɪdˈʃugə] *n* сáхарный песóк

**granulation** [ˌgrænjuˈleɪʃən] *n* 1) грануля́ция 2) гранули́рование 3) зернéние, дроблéние

**granule** [ˈgrænjuːl] *n* зёрнышко, зернó

**grape** [greɪp] *n* 1) виногрáд (*о плодах обыкн. pl*); гроздь виногрáда 2) *pl* = grease 1, 3); 3) = grape-shot ◊ sour ~s, the ~s are sour «зéлен виногрáд»

**grape-cure** [ˈgreɪpkjuə] *n* лечéние виногрáдом

**grape-fruit** [ˈgreɪpfruːt] *n* грéйпфрут

**grapery** [ˈgreɪpərɪ] *n* оранжерéя для виногрáда

**grape-shot** [ˈgreɪpʃɔt] *n воен. ист.* крýпная картéчь

**grape-sugar** [ˈgreɪpˌʃugə] *n* виногрáдный сáхар, глюкóза

**grape-vine** I [ˈgreɪpvaɪn] *n* виногрáдная лозá

**grape-vine** II [ˈgreɪpvaɪn] *n разг.* 1) систéма сообщéния с пóмощью сигнáлов; спóсоб тáйного сообщéния (*тж.* ~ telegraph) 2) лóжные слýхи

**graph** [græf] *n* 1) грáфик, диагрáмма, кривáя 2) *мат.* граф 3) *attr.*: ~ paper миллиметрóвка

**graphic** [ˈgræfɪk] *a* 1) графи́ческий, изобрази́тельный; ~ arts изобрази́тельные искýсства 2): ~ model *мат.* пространственная диагрáмма 3) нагля́дный; живопи́сный, живóй, крáсочный (*о рассказе*)

**graphically** [ˈgræfɪkəlɪ] *adv* 1) графи́чески 2) нагля́дно, жи́во; крáсочно

**graphite** [ˈgræfaɪt] *n* графи́т

**graphology** [græˈfɔlədʒɪ] *n* графолóгия

**grapnel** [ˈgræpnəl] *n* 1) крюк, захвáт, кóшка 2) дрек; шлю́почный я́корь

**grapple** [ˈgræpl] **1.** *n* 1) = grapnel 2) схвáтка, борьбá

**2.** *v* 1) схвати́ть 2) схвати́ться, сцепи́ться; to ~ with *мор.* взять на абордáж; *перен.* борóться; пытáться преодолéть (*затруднение*), разреши́ть (*задачу*)

**grappling-iron** [ˈgræplɪŋˌaɪən] = grapnel

**grasp** [grɑːsp] **1.** *n* 1) схвáтывание; крéпкое сжáтие; хвáтка; *перен.* власть; within one's ~ бли́зко; так, что мóжно достáть рукóй; *перен.* в чьих-л. возмóжностях, в чьей-л. влáсти; beyond ~ вне предéлов досягáемости 2) спосóбность бы́строго восприя́тия; понимáние; it is beyond one's ~ э́то вы́ше чьегó-л. понимáния 3) рукоя́тка 4) *воен.* шéйка приклáда

**2.** *v* 1) схвáтывать, зажимáть (*в руке*); захвáтывать 2) хватáться (at — за) 3) охвати́ть, поня́ть; осознáть; усвóить; I can't ~ your meaning не понимáю, что вы хоти́те сказáть

**grasper** [ˈgrɑːspə] *n* рвач, хапýга

**grasping** [ˈgrɑːspɪŋ] **1.** *pres. p. от* grasp 2

**2.** *a* 1) цéпкий, хвáткий 2) скупóй; жáдный

**grass** [grɑːs] **1.** *n* 1) травá; дёрн 2) лужáйка, газóн; луг; to lay down in ~ запускáть под лугá 3) пáстбище; to be at ~ пасти́сь, быть на поднóжном кормý; *перен. разг.* быть на óтдыхе, на кани́кулах; быть без дéла; to put (*или* to send) to ~ выгоня́ть в пóле, на поднóжный корм 4) *горн.* повéрхность земли́; ýстье шáхты 5) *разг.* спáржа ◊ to let no ~ grow under one's feet дéйствовать бы́стро и энерги́чно; to send to ~ увóлить; to hear the ~ grow слы́шать, как травá растёт, быть необыкновéнно чýтким; go to ~! *груб.* убирáйся к чёрту!

**2.** *v* 1) засевáть травóй; покрывáть дёрном 2) зарастáть травóй 3) пасти́сь 4) выгоня́ть в пóле (*скот*) 5) растянýться на травé 6) сбить с ног; подстрели́ть (*птицу*) 7) вытáщить на бéрег (*рыбу*)

**grass-cutter** [ˈgrɑːsˌkʌtə] *n* газонокоси́лка

**grass-cutting** [ˈgrɑːsˌkʌtɪŋ] *n ав. разг.* брéющий полёт

**grass-feeding** [ˈgrɑːsˌfiːdɪŋ] *a* травоя́дный

**grasshopper** [ˈgrɑːsˌhɔpə] *n* 1) кузнéчик; *амер. тж.* саранчá 2) *воен. жарг.* лёгкий связнóй самолёт

**grassland** [ˈgrɑːslænd] *n* сенокóсное угóдье; луг, пáстбище

**grass-plot** [ˈgrɑːsˈplɔt] *n* лужáйка, газóн

**grassroots** [ˈgrɑːsruːts] *n pl* 1) заря́дные лю́ди, обывáтели 2) оснóва, истóчник

**grass-snake** [ˈgrɑːssneɪk] *n зоол.* уж (обыкновéнный)

**grass widow** [ˈgrɑːsˈwɪdəu] *n* соломенная вдовá

**grassy** [ˈgrɑːsɪ] *a* 1) покры́тый травóй 2) травянóй; травяни́стый

**grate** I [greɪt] *n* 1) решёткa 2)ками́нная решёткa; ками́н 3) *тех.* колоснико́вая решёткa 4) *тех.* грóхот

**grate** II [greɪt] *v* 1) терéть (*тёркой*), растирáть 3) терéть, скрести́ с рéзким звýком 3) скрипéть 4) раздражáть, раздражáюще дéйствовать (on, upon — на); it ~s on (*или* upon) my ear э́то мне рéжет слух

**grateful** [ˈgreɪtful] *a* 1) благодáрный; признáтельный; благодáрственный 2) прия́тный

**gratefully** [ˈgreɪtfulɪ] *adv* 1) с благодáрностью 2) прия́тно

**gratefulness** [ˈgreɪtfulnɪs] *n* 1) благодáрность 2) прия́тность

**grater** [ˈgreɪtə] *n* 1) тёрка 2) рáшпиль

**gratification** [ˌgrætɪfɪˈkeɪʃən] *n* 1) удовлетворéние; удовóльствие 2) вознаграждéние; подáчка

**gratify** [ˈgrætɪfaɪ] *v* 1) удовлетворя́ть 2) доставля́ть удовóльствие; рáдовать (*глаз*) 3) потвóрствовать 4) *уст.* вознаграждáть; давáть взя́тку

**grating** I [ˈgreɪtɪŋ] *n* решёткa

**grating** II [ˈgreɪtɪŋ] **1.** *pres. p. от* grate II

**2.** *a* 1) скрипýчий, рéзкий 2) раздражáющий

**gratis** [ˈgreɪtɪs] *лат. adv* бесплáтно, дáром

**gratitude** [ˈgrætitjuːd] *n* благодáрность, признáтельность

**gratters** [ˈgrætəz] *n pl разг.* поздравлéния

**gratuitous** [grəˈtju(ː)ɪtəs] *a* 1) даровóй, безвозмéздный 2) доброво́льный 3) беспричи́нный; ничéм не вы́званный

**gratuity** [grəˈtju(ː)ɪtɪ] *n* 1) дéнежный подáрок; посóбие 2) чаевы́е 3) *воен.* наградны́е

**gravamen** [grəˈveɪmen] *n* (*обыкн.* the ~) *юр.* 1) жáлоба 2) суть обвинéния

**grave** I [greɪv] *n* моги́ла; *перен.* смерть; to sink into the ~ сойти́ в моги́лу; to have one foot in the ~ стоя́ть однóй ногóй в моги́ле; in one's ~ мёртвый

**grave** II [greɪv] *v* (graved; graved, graven) 1) *уст.* гравировáть; высекáть; вырéзывать 2) запечатлевáть (in, on)

**grave** III **1.** *a* [greɪv] 1) серьёзный, вéский; вáжный 2) тяжёлый, угрожáющий 3) вáжный; степéнный 4) влиятельный, авторитéтный 5) мрáчный, печáльный; тёмный (*о красках*) 6) ни́зкий (*о тоне*) 7) [grɑ:v] *фон.* тупóй (*об ударении*)

**2.** *n* [grɑ:v] *фон.* тупóе ударéние

**grave** IV [greɪv] *v мор.* очищáть подвóдную часть сýдна

**grave-clothes** ['greɪvkləuðz] *n pl* сáван

**grave-digger** ['greɪvˌdɪgə] *n* моги́льщик, гробокопáтель

**gravel** ['grævəl] **1.** *n* 1) грáвий 2) золотонóсный песóк (*тж.* auriferous ~) 3) *мед.* мочевóй песóк

**2.** *v* 1) посыпáть грáвием 2) *разг.* приводи́ть в замешáтельство, стáвить в тупи́к

**gravel-blind** ['grævəlblaɪnd] *a* почти́ слепóй

**gravelly** ['grævlɪ] *a* 1) состоя́щий из гравия 2) усы́панный грáвием; засы́панный пескóм

**graven** ['greɪvən] **1.** *p. p. от* grave II; **2.** *a* высеченный; ~ image *библ.* и́дол, куми́р

**graver** ['greɪvə] *n* 1) резчик, гравёр 2) резéц

**Graves' disease** ['greɪvzdɪ'zi:z] *n* базéдова болéзнь

**graveside** ['greɪvsaɪd] *n* край моги́лы

**gravestone** ['greɪvstəun] *n* моги́льная плитá, надгрóбный кáмень

**graveyard** ['greɪvjɑ:d] *n* клáдбище ◇ ~ shift *амер.* смéна, начинáющаяся óколо 12 часóв нóчи; ночнáя смéна

**gravid** ['grævɪd] *a* берéменная

**gravimetric** [ˌgrævɪ'metrɪk] *a* гравиметри́ческий; весовóй

**graving-dock** ['greɪvɪŋdɔk] *n* ремóнтный док (*сухой или плавучий*)

**gravitate** ['grævɪteɪt] *v* 1) тяготéть, стреми́ться (to, towards); in summer people ~ to the seaside лéтом лю́ди стремя́тся к мóрю 2) *физ.* притя́гиваться (towards); to ~ to the bottom пáдать, оседáть на дно

**gravitation** [ˌgrævɪ'teɪʃən] *n физ.* гравитация, си́ла тя́жести; притяжéние; тяготéние; the law of ~ закóн тяготéния

**gravity** ['grævɪtɪ] *n* 1) серьёзность; вáжность 2) торжéственность; серьёзный вид 3) тя́жесть, опáсность (*положения и т. п.*) 4) степéнность, уравновéшенность 5) *физ.* тя́жесть; си́ла тя́жести; тяготéние; centre of ~ центр тя́жести 6) *attr.*: ~ feed *тех.* подáча самотёком

**gravy** ['greɪvɪ] *n* 1) подли́вка (*из сока жаркого*), сóус 2) *амер. жарг.* лёгкая нажи́ва, незакóнные дохóды; взя́тка 3) *attr.*: ~ train *жарг.* вы́годное предприя́тие; to ride the ~ train загребáть дéньги; to board the ~ train вы́годно устрóиться

**gravy-boat** ['greɪvɪbəut] *n* сóусник

**gray** [greɪ] = grey

**grayling** ['greɪlɪŋ] *n* хáриус (*рыба*)

**graze** I [greɪz] **1.** *v* 1) слегкá касáться, задевáть; the bullet ~d the wall пýля оцарáпала стéну 2) содрáть, натерéть (*кожу*) 3) *воен.* обстрéливать насти́льным огнём

**2.** *n* 1) задевáние, касáние 2) лёгкая рáна, царáпина 3) *воен.* клевóк

**graze** II [greɪz] *v* 1) пасти́, держáть на поднóжном кормý 2) пасти́сь, щипáть травý 3) испóльзовать как пáстбище

**grazer** ['greɪzə] *n* 1) пасýщееся живóтное 2) *pl* нагýльный скот

**grazier** ['greɪzjə] *n* скотовóд; животновóд

**graziery** ['greɪzɪərɪ] *n* откáрмливание (*скота*) на пáстбище; нагýл

**grease** **1.** *n* [gri:s] 1) топлёное сáло; жир; in ~, in prime (*или* in pride) of ~ откóрмленный на убóй 2) смáзочное веществó; густáя смáзка 3) *вет.* мокрéц, подсéд (*у лошади*)

**2.** *v* [gri:z] смáзывать (*жиром и т. п.*); замáсливать, засáливать ◇ to ~ the palm (*или* the hand, the fist) of, to ~ the wheels «подмáзать», дать взя́тку

**grease-box** ['gri:sbɔks] *n тех.* маслёнка; бýкса

**grease-paint** ['gri:speɪnt] *n театр.* грим

**grease-proof** ['gri:spru:f] *a* жиронепроницáемый

**greaser** ['gri:zə] *n* 1) смáзчик 2) кочегáр (*на пароходе*) 3) *тех.* смáзочное приспособлéние

**greasing** ['gri:zɪŋ] **1.** *pres. p. от* grease 2

**2.** *n тех.* смáзка

**greasy** ['gri:zɪ] *a* 1) сáльный, жи́рный 2) не óчищенный от жи́ра (*о шерсти*) 3) скóльзкий и гря́зный (*о дороге*) 4) скóльзкий, непристóйный 5) елéйный, вкрáдчивый; при́торный; слащáвый

**great** [greɪt] **1.** *a* 1) вели́кий; the Great October Socialist Revolution Вели́кая Октя́брьская социалисти́ческая революция 2) большóй; *разг.* огрóмный; ~ blot огрóмная кля́кса; ~ masses of population ширóкие мáссы населéния 3) возвы́шенный (*о цели, идее и т. п.*); ~ thoughts возвы́шенные мы́сли 4) си́льный, интенси́вный; ~ pain си́льная боль; a ~ talker большóй говорýн 5) замечáтельный; прекрáсный; a ~ singer замечáтельный певéц 6) дли́тельный, дóлгий, продолжи́тельный; a ~ while дóлгое врéмя; to live to a ~ age доживáть до глубóкой стáрости 7) *разг.* восхити́тельный, великолéпный; that's ~! э́то замечáтельно! 8) *predic.* óпытный, искýсный (at) 9) *predic.* понимáющий, разбирáющийся (on) 10) (*в степенях родства*) пра-; *напр.*: ~-grandchild прáвнук; прáвнучка; ~-grandfather прáдед ◇ ~ dozen чёртова дю́жина, тринáдцать; to be ~ with child *уст.* быть берéменной

**2.** *n* (the ~) (*употр. как pl*) 1) вельмóжи, богачи́; «си́льные ми́ра сегó» 2) вели́кие писáтели, клáссики

**great bilberry** ['greɪt'bɪlbərɪ] *n* голуби́ка

**greatcoat** ['greɪtkəut] *n* 1) пальтó 2) шинéль

**greater** ['greɪtə] *a* 1) *сравн. ст. от* great 1; 2) большóй (*в геогр. названиях, напр.*: Greater London, Greater New York)

**great go** ['greɪt'gəu] *n разг.* послéдний экзáмен на стéпень бакалáвра (*преим. гуманитарных наук в Кембридже*)

**great-grandchild** ['greɪt'grænʧaɪld] *n* прáвнук; прáвнучка

**great-grandfather** ['greɪt'grændˌfɑ:ðə] *n* прáдед

**great-hearted** ['greɪt'hɑ:tɪd] *a* великодýшный

**greatly** ['greɪtlɪ] *adv* 1) óчень; значи́тельно, весьмá 2) возвы́шенно; благорóдно

**greatness** ['greɪtnɪs] *n* 1) вели́чие, си́ла 2) величинá

**greats** [greɪts] *n pl* послéдний экзáмен на стéпень бакалáвра (*преим. гуманитарных наук в Оксфорде*)

**greaves** I [gri:vz] *n pl ист.* ножны́е лáты, наголéнники (*доспехов*)

**greaves** II [gri:vz] *n pl* остáтки топлёного сáла; шквáрки

**grebe** [gri:b] *n* погáнка (*птица*)

**Grecian** ['gri:ʃən] **1.** *a* грéческий (*о стиле*) ◇ ~ horse троя́нский конь

**2.** *n* эллини́ст

**greed** [gri:d] *n* жáдность

**greedily** ['gri:dɪlɪ] *adv* 1) жáдно, с жáдностью 2) прожóрливо

**greediness** ['gri:dɪnɪs] *n* 1) жáдность 2) прожóрливость

**greedy** ['gri:dɪ] *a* 1) жáдный (of, for) 2) прожóрливый

**Greek** [gri:k] **1.** *n* 1) грек; гречáнка 2) грéческий язы́к ◇ it is ~ to me ≅ э́то для меня́ совершéнно непоня́тно

**2.** *a* грéческий

**green** [gri:n] **1.** *a* 1) зелёный; to turn ~ позеленéть 2) покры́тый зéленью 3) расти́тельный (*о пище*) 4) незрéлый, сырóй; ~ wound свéжая, незажи́вшая рáна 5) молодóй; неóпытный, довéрчивый; ~ hand новичóк; неóпытный человéк; 6) необъéзженный (*о лошади*) 7) пóлный сил, цветýщий, свéжий 8) блéдный, болéзненный ◇ ~ winter бесснéжная, мя́гкая зимá

**2.** *n* 1) зелёный цвет; зелёная крáска 2) зелёная лужáйка, луг (*для игр и т. п.*) 3) расти́тельность 4) *pl* зéлень, óвощи 5) мóлодость, си́ла; in the ~ в расцвéте сил ◇ do you see any ~ in my eye? рáзве я кажýсь таки́м легковéрным, неóпытным?

**3.** *v* 1) дéлать(ся) зелёным, зеленéть 2) крáсить в зелёный цвет 3) *разг.* обмáнывать, мистифици́ровать □ ~ **out** давáть ростки́

**greenback** ['gri:nbæk] *n амер. разг.* 1) банкнóт 2) *pl* бумáжные дéньги

**green belt** ['gri:nbelt] *n* зелёная зóна (*вокруг города*)

**green-blind** ['gri:n'blaınd] *a* страдающий дальтонизмом
**green-blindness** ['gri:n'blaındnıs] *n* дальтонизм
**green cheese** ['gri:ntʃi:z] *n* 1) молодой сыр 2) зелёный сыр
**green cloth** ['gri:nklɔθ] *n* 1) зелёное сукно (*на столе, бильярде*) 2) игорный стол ◇ (Board of) G. C. гофмаршальская контора (*при английском дворе*)
**green crop** ['gri:nkrɔp] *n с.-х.* кормовая культура
**greener** ['gri:nə] *n разг.* 1) новичок; неопытный рабочий 2) простак 3) недавно приехавший иммигрант
**greenery** ['gri:nərı] *n* 1) зелень, растительность 2) оранжерея, теплица
**green-eyed** ['gri:naıd] *n* ревнивый; завистливый ◇ ~ monster ревность; зависть
**green fence** ['gri:nfens] *n* живая изгородь
**greenfinch** ['gri:nfıntʃ] *n зоол.* зеленушка
**green fodder** ['gri:n,fɔdə] *n* трава; зелёный корм, фураж
**green food** ['gri:nfu:d] = green fodder
**green forage** ['gri:n,fɔrıdʒ] = green fodder
**greengage** ['gri:ngeıdʒ] *n* слива-венгерка
**green goods** ['gri:ngudz] *n pl* 1) свежие овощи 2) *амер.* фальшивые бумажные деньги
**greengrocer** ['gri:n,grəusə] *n* зеленщик; продавец фруктов
**greengrocery** ['gri:n,grəusərı] *n* 1) зеленная *или* фруктовая лавка 2) зелень; фрукты
**greenhorn** ['gri:nhɔ:n] *n* новичок; неопытный человек
**greenhouse** ['gri:nhaus] *n* теплица, оранжерея
**greening** ['gri:nıŋ] *n* зелёное яблоко (*сорт*)
**greenish** ['gri:nıʃ] *a* зеленоватый
**green light** ['gri:nlaıt] *n* 1) зелёный свет (светофора) 2) *разг.* разрешение на беспрепятственное прохождение (*работы, проекта и т. п.*); «зелёная улица»
**green linnet** ['gri:n,lınıt] = greenfinch
**greenness** ['gri:nnıs] *n* 1) зелень 2) незрелость 3) неопытность
**green-peak** ['gri:npi:k] *n* зелёный дятел
**green-room** ['gri:nrum] *n* 1) артистическое фойе 2) помещение для неотделанной продукции (*на фабрике*)
**green scum** ['gri:nskʌm] *n* зелень (*на поверхности стоячей воды*); цветение воды
**greensickness** ['gri:n,sıknıs] *n мед.* бледная немочь
**greenstone** ['gri:nstəun] *n* 1) *геол.* название диоритов, диабазов, зелёного порфира *и т. п.* 2) *мин.* нефрит
**green-stuff** ['gri:nstʌf] *n* свежие овощи, огородная зелень
**greensward** ['gri:nswɔ:d] *n* дёрн
**greenwood** ['gri:nwud] *n* 1) лиственный лес 2) лес в зелёном наряде ◇ to go to the ~ стать разбойником; быть объявленным вне закона
**greeny** ['gri:nı] *a* зеленоватый
**greenyard** ['gri:njɑ:d] *n* загон для отбившихся от стада животных
**greet** I [gri:t] *v* 1) приветствовать; здороваться, кланяться 2) встречать (*возгласами и т. п.*) 3) доноситься (*о звуке*) 4) открываться (*взгляду*)
**greet** II [gri:t] *v шотл.* плакать
**greeting** I ['gri:tıŋ] **1.** *pres. p. от* greet I
**2.** *n* 1) приветствие, поклон 2) встреча (*аплодисментами и т. п.*)
**greeting** II ['gri:tıŋ] *pres. p. от* greet II
**gregarious** [grı'gɛərıəs] *a* 1) живущий стаями, стадами, обществами 2) стадный 3) общительный
**Gregorian** [grı'gɔ:rıən] *a* григорианский; ~ style новый стиль
**gregory-powder** ['gregərı,paudə] *n* ревенный порошок (*слабительное*)
**gremlin** ['gremlın] *n ав. жарг.* злой гном, приносящий неудачу лётчику
**grenade** [grı'neıd] *n* 1) граната 2) огнетушитель
**grenade-gun** [grı'neıdgʌn] *n* гранатомёт
**grenadier** [,grenə'dıə] *n* гренадер
**grenadine** I [,grenə'di:n] *n* 1) гвоздика с сильным запахом 2) шпигованная телятина, птица (*ломтиками*) 3) гранатовый сироп
**grenadine** II [,grenə'di:n] *n* гренадин (*шёлковая материя*)
**gressorial** [grı'sɔ:rıəl] *a зоол.* приспособленный для ходьбы; ходячий
**Gretna-green marriage** ['gretnəgri:n-'mærıdʒ] *n* брак между убежавшими любовниками без выполнения формальностей (*по названию деревни в Шотландии, где это допускалось*)
**grew** [gru:] *past от* grow
**grey** [greı] **1.** *a* 1) серый 2) седой; ~ hairs седины; *перен.* старость; to turn ~ поседеть 3) бледный, болезненный 4) пасмурный, сумрачный 5) мрачный, невесёлый ◇ ~ mare женщина, держащая своего мужа под башмаком
**2.** *n* 1) серый цвет 2) седина 3) серый костюм 4) лошадь серой масти
**3.** *v* 1) делать(ся) серым 2) седеть
**greybeard** ['greıbıəd] *n* 1) старик; пожилой человек 2) глиняный кувшин (*для спиртных напитков*)
**greycing** ['greısıŋ] *n разг.* охота с борзыми собаками
**grey-coat** ['greıkəut] *n* солдат в серой шинели; *амер. ист.* солдат армии южан (*в гражданской войне 1861—65 гг.*)
**grey-eyed** ['greıaıd] *a* сероглазый
**grey friar** ['greı,fraıə] *n* францисканец (*монах*)
**grey goose** ['greıgu:s] *n* дикий гусь
**grey-headed** ['greı'hedıd] *a* 1) седой; старый 2) понюшенный (in)
**grey-hen** ['greıhen] *n* тетёрка
**greyhound** ['greıhaund] *n* 1) борзая 2) быстроходное океанское судно (*тж.* ocean ~)
**greyish** ['greııʃ] *a* 1) сероватый 2) седоватый; с проседью
**greylag** ['greılæg] = grey goose
**grey matter** ['greı'mætə] *n* 1) серое вещество мозга 2) *разг.* ум
**grid** [grıd] *n* 1) решётка 2) = gridiron 1); 3) *радио, тлв.* модулятор 4) *эл.* энергетическая система
**griddle** ['grıdl] *n* 1) сковородка с ручкой 2) *горн.* крупное сито для руды
**griddle cake** ['grıdlkeık] *n* лепёшка
**gride** [graıd] **1.** *n* скрип; скребущий звук
**2.** *v* 1) врезаться с резким, скрипящим звуком (*обыкн.* ~ along, ~ through); вонзаться, причиняя острую боль 2) пронзать
**gridiron** ['grıd,aıən] *n* 1) рашпер 2) решётка, сетка 3) комплект запасных частей и ремонтных инструментов 4) *театр.* колосники 5) *ж.-д.* сортировочный парк 6) *амер. разг.* футбольное поле 7) *ист.* решётка для пытки (*огнём*); on the ~ *перен.* в муках; в сильном беспокойстве, как на угольях
**grid leak** ['grıdli:k] *n радио* утечка сетки, сопротивление смещения
**grief** [gri:f] *n* горе, печаль; огорчение; беда; to come to ~ попасть в беду; потерпеть неудачу; to bring to ~ довести до беды
**grievance** ['gri:vəns] *n* 1) обида; повод для недовольства 2) жалоба; what is your ~? на что вы жалуетесь?
**grieve** [gri:v] *v* 1) огорчать, глубоко опечаливать 2) горевать, убиваться (at, for, about, over)
**grievous** ['gri:vəs] *a* 1) горестный, печальный; прискорбный, достойный сожаления 2) тяжёлый, мучительный (*о боли и т. п.*) 3) ужасный, вопиющий
**grievously** ['gri:vəslı] *adv* 1) горестно, печально; с прискорбием 2) мучительно
**griff** [grıf] = griffin II
**griffin** I ['grıfın] *n* 1) *миф.* грифон; *перен.* бдительный страж; дуэнья 2) *зоол.* сип (*или* гриф) белоголовый
**griffin** II ['grıfın] *n инд.* европеец, недавно прибывший в Индию; новичок
**griffon** I ['grıfən] = griffin I
**griffon** II ['grıfən] *n* грифон (*длинношёрстная легавая собака*)
**griffon-vulture** ['grıfən,vʌltʃə] = griffin I, 2)
**grig** [grıg] *n* 1) *зоол.* угорь 2) кузнечик; сверчок; merry (*или* lively) as a ~ очень весёлый
**grill** [grıl] **1.** *n* 1) рашпер, гриль 2) жаренные на рашпере мясо, рыба 3) = grill-room 4) решётка 5) штемпель для погашения почтовых марок
**2.** *v* 1) жарить(ся) на рашпере 2) палить, жечь (*о солнце*) 3) печься на солнце 4) мучить(ся) 5) *амер.* допрашивать с пристрастием 6) погашать почтовые марки
**grillage** ['grılıdʒ] *n стр.* ростверк, решётка
**grille** [grıl] *n* решётка

**grill-room** [ˈgrɪlrum] *n* зал в рестора́не *или* рестора́н (*где мясо и рыба жарятся при публике*)

**grilse** [grɪls] *n* молодо́й ло́со́сь

**grim** [grɪm] *a* 1) жесто́кий, беспоща́дный, неумоли́мый, непрекло́нный 2) стра́шный, мра́чный, злове́щий; ~ humour мра́чный ю́мор

**grimace** [grɪˈmeɪs] **1.** *n* грима́са, ужи́мка

2. *v* грима́сничать

**grimalkin** [grɪˈmælkɪn] *n* 1) ста́рая ко́шка 2) зла́я, ворчли́вая стару́ха, ста́рая карга́

**grime** [graɪm] **1.** *n* 1) глубоко́ въе́вшаяся грязь, са́жа 2) грязь, неопря́тность (*тж. перен.*)

2. *v* па́чкать, грязни́ть

**grimy** [ˈgraɪmɪ] *a* 1) запа́чканный, покры́тый са́жей, у́глем; чума́зый; гря́зный 2) сму́глый

**grin** [grɪn] **1.** *n* оска́л зубо́в; усме́шка

2. *v* ска́лить зу́бы; оскла́биться; ухмыля́ться; to ~ and bear it скрыва́ть под улы́бкой свои́ пережива́ния; му́жественно переноси́ть боль; he ~ned approbation он одобри́тельно улыбну́лся

**grind** [graɪnd] **1.** *n* 1) разма́лывание 2) тяжёлая, однообра́зная, ску́чная рабо́та 3) прогу́лка для моцио́на 4) ска́чки с препя́тствиями 5) *амер. разг.* зубри́ла 6) *разг.* зубрёжка

2. *v* (ground) 1) моло́ть(ся), перема́лывать(ся); растира́ть (*в порошок*); толо́чь; разжёвывать; to ~ the teeth скрежета́ть зуба́ми 2) точи́ть, отта́чивать; полирова́ть; шлифова́ть; грани́ть (*алмазы*) 3) наводи́ть мат, де́лать ма́товым (*стекло*) 4) ста́чиваться; шлифова́ться 5) тере́ть(ся) со скри́пом (on, into, against — об(о) *что-л.*) 6) верте́ть ру́чку (*чего-л.*); игра́ть на шарма́нке 7) рабо́тать усе́рдно, кропотли́во 8) вда́лбливать (*ученику и т. п.*); репети́ровать; зубри́ть 9) му́чить, угнета́ть (*чрезмерной требовательностью*) ▭ **~ away** усе́рдно рабо́тать (at); учи́ться; **~ down** а) разма́лывать(ся); б) ста́чивать; в) заму́чить; **~ in** пришлифо́вывать, притира́ть; **~ out** а) вымучивать из себя́, выполня́ть с больши́м трудо́м; б) *тех.* выта́чивать; в) придави́ть, растопта́ть (*окурок и т. п.*); **~ up** измельча́ть, разма́лывать ◇ to ~ one's own axe пресле́довать ли́чные, коры́стные це́ли

**grinder** [ˈgraɪndə] *n* 1) точи́льщик; шлифо́вщик 2) жёрнов 3) коренно́й зуб; *pl шутл.* зу́бы 4) кофе́йная ме́льница; дроби́лка 5) шлифова́льный стано́к; точи́льный ка́мень 6) *разг.* репети́тор 7) зубри́ла 8) (*обыкн. pl*) *радио* потре́скивание (*атмосферные разряды*)

**grindery** [ˈgraɪndərɪ] *n* 1) точи́льная мастерска́я 2) сапо́жные принадле́жности

**grinding machine** [ˈgraɪndɪŋməˌʃiːn] *n* шлифова́льный стано́к

**grindstone** [ˈgraɪndstəun] *n* точи́льный ка́мень; точи́ло ◇ to hold (*или* to keep, to put) smb.'s nose to the ~ заставля́ть кого́-л. рабо́тать без о́тдыха

**gringo** [ˈgrɪŋgəu] *n* (*pl* -os [-əuz]) *презр.* гри́нго, иностра́нец, *особ.* англича́нин *или* америка́нец (*в Лат. Америке*)

**grip** I [grɪp] **1.** *n* 1) схва́тывание; сжа́тие, зажа́тие; хва́тка; пожа́тие; close ~ мёртвая хва́тка; to come to ~s, to get at ~s схвати́ться (*о борцах*); вступи́ть в борьбу́ 2) власть, тиски́; to secure a ~ on smth. прибра́ть к рука́м что-л.; in the ~ of poverty в нужде́, в бе́дности 3) спосо́бность поня́ть, схвати́ть (*суть дела*) 4) уме́ние овладе́ть положе́нием, чьим-л. внима́нием 5) рукоя́ть, ру́чка, эфе́с 6) *амер.* саквоя́ж 7) *тех.* тиски́, зажи́м, захва́т; ла́па

2. *v* 1) схвати́ть (on, onto); сжать 2) кре́пко держа́ть 3) понима́ть, схва́тывать (*умом*) 4) овладева́ть внима́нием 5) затира́ть, зажима́ть; захва́тывать; the ship was ~ped by the ice су́дно бы́ло затёрто льда́ми

**grip** II [grɪp] *n* небольша́я кана́ва

**gripe** [graɪp] **1.** *n* 1) зажи́м, зажа́тие; *перен.* тиски́; in the ~ of в тиска́х (*чего-л.*) 2) (*обыкн.* the ~s) *pl разг.* ко́лики, резь 3) рукоя́тка, ру́чка

2. *v* 1) схвати́ть, сжать 2) притесня́ть, угнета́ть 3) поня́ть, пости́гнуть, усво́ить 4) вызыва́ть резь, спа́змы (*в кишечнике*) 5) *амер. разг.* раздоса́довать, огорчи́ть

**grippe** [grɪp] *n* грипп

**gripsack** [ˈgrɪpsæk] *n амер.* саквоя́ж

**grip vice** [ˈgrɪpvaɪs] *n тех.* зажи́мные тиски́

**grisaille** [grɪˈzeɪl] *n жив.* гриза́ль

**grisly** [ˈgrɪzlɪ] *a* 1) вызыва́ющий у́жас, суеве́рный страх 2) *разг.* неприя́тный, скве́рный

**grist** [grɪst] *n* 1) зерно́ для помо́ла; помо́л 2) бары́ш; to bring ~ to the mill приноси́ть дохо́д; all is ~ that comes to his mill он из всего́ извлека́ет бары́ш 3) со́лод 4) *амер.* запа́с, ма́сса

**gristle** [ˈgrɪsl] *n анат.* хрящ ◇ in the ~ незре́лый; сла́бый

**gristly** [ˈgrɪslɪ] *a* хрящево́й; хряще-ва́тый

**grist-mill** [ˈgrɪstmɪl] *n* мукомо́льная ме́льница

**grit** [grɪt] **1.** *n* 1) песо́к; гра́вий 2) крупнозерни́стый песча́ник 3) металли́ческие опи́лки 4) *разг.* твёрдость хара́ктера, му́жество, вы́держка 5) *тех.* дробь *или* звёздочки для очи́стки литья́ 6) (G.) радика́л, либера́л (*в Канаде*) ◇ to put ~ in the machine ≅ вставля́ть па́лки в колёса

2. *v*: to ~ the teeth скрежета́ть зуба́ми

**grits** [grɪts] *n pl* овся́ная крупа́; овся́ная мука́ гру́бого помо́ла

**gritstone** [ˈgrɪtstəun] *n геол.* крупнозерни́стый песча́ник

**gritty** [ˈgrɪtɪ] *a* песча́ный; с песко́м

**grizzle** I [ˈgrɪzl] **1.** *n* 1) се́рый цвет 2) седо́й челове́к 3) седо́й пари́к 4) се́рая ло́шадь 5) необожжённый кирпи́ч 6) низкосо́ртный у́голь

2. *v* 1) станови́ться се́рым, сере́ть 2) седе́ть

**grizzle** II [ˈgrɪzl] *v* 1) рыча́ть, огрыза́ться 2) хны́кать, капри́зничать (*о детях*)

**grizzled** I [ˈgrɪzld] **1.** *p. p. от* grizzle I, 2

2. *a* седо́й; седе́ющий

**grizzled** II [ˈgrɪzld] *p. p. от* grizzle II

**grizzly** I [ˈgrɪzlɪ] **1.** *a* 1) се́рый 2) с си́льной про́седью

2. *n* гри́зли, североамерика́нский се́рый медве́дь (*тж.* ~ bear)

**grizzly** II [ˈgrɪzlɪ] *n* 1) желе́зная решётка для защи́ты шлю́зов 2) *горн.* колоснико́вый гро́хот

**groan** [grəun] **1.** *n* 1) тяжёлый вздох; стон 2) скрип, треск

2. *v* 1) стона́ть; тяжело́ вздыха́ть; о́хать; to ~ inwardly быть расстро́енным 2) со сто́нами выска́зывать, расска́зывать (*что-л.*; *тж.* ~ out) 3) издава́ть треск, скрипе́ть; the table ~ed with food стол ломи́лся от яств ▭ **~ down** ворча́ньем, о́ханьем заста́вить (*говорящего*) замолча́ть

**groat** [grəut] *n* 1) *ист.* сере́бряная моне́та в 4 пе́нса 2) ме́лкая, ничто́жная су́мма ◇ I don't care a ~ мне реши́тельно всё равно́

**groats** [grəuts] *n pl* крупа́ (*преим.* овся́ная)

**grocer** [ˈgrəusə] *n* торго́вец бакале́йными това́рами, бакале́йщик

**grocery** [ˈgrəusərɪ] *n* 1) бакале́йная ла́вка; бакале́йно-гастрономи́ческий магази́н (*тж.* ~ shop) 2) бакале́йная торго́вля 3) (*обыкн. pl*) бакале́я

**groceteria** [ˌgrəusəˈtɪərɪə] *n* бакале́йно-гастрономи́ческий магази́н с самообслу́живанием

**grog** [grɔg] **1.** *n* грог

2. *v* пить грог

**grog-blossom** [ˈgrɔgˌblɔsəm] *n разг.* краснота́ но́са (*у пьяниц*)

**groggy** [ˈgrɔgɪ] *a разг.* 1) непро́чный, неусто́йчивый, ша́ткий 2) нетвёрдый на нога́х, сла́бый (*после болезни и т. п.*)

**grog-shop** [ˈgrɔgʃɔp] *n* ви́нная ла́вка

**groin** [grɔɪn] **1.** *n* 1) пах 2) *архит.* ребро́ кресто́вого сво́да

2. *v архит.* выводи́ть кресто́вый свод

**groom** [grum] **1.** *n* 1) грум; ко́нюх 2) (*сокр. от* bridegroom) жени́х 3) придво́рный

2. *v* 1) чи́стить ло́шадь, ходи́ть за ло́шадью 2) (*обыкн. p. p.*) уха́живать, хо́лить; to be well ~ed быть вы́холенным, хорошо́ оде́тым, тща́тельно подстри́женным, подтя́нутым *и т. п.* 3) *разг.* гото́вить к определённой де́ятельности, карье́ре

**groomsman** [ˈgrumzmən] *n* ша́фер, дру́жка (*жениха*)

**groove** [gruːv] **1.** *n* 1) желобо́к, паз; проре́з, кана́вка 2) рути́на; привы́чка; to get into a ~ войти́ в привы́чную колею́; to move (*или* to run) in a ~ а) идти́ по проторённой доро́жке;

б) идти́ свои́м чередо́м 3) наре́з (*винтовки*) 4) ша́хта, рудни́к 5) *тех.* ручёй, кали́бр

2. *v* желоби́ть, де́лать пазы́, кана́вки; the river has ~d itself through река́ прорыла себе́ прохо́д

**grope** [grəup] *v* 1) ощу́пывать, идти́ о́щупью 2) иска́ть (for, after); *перен.* нащу́пывать

**gropingly** ['grəupɪŋlɪ] *adv* о́щупью

**grosbeak** ['grəusbi:k] *n* дубоно́с (*птица*)

**gross** [grəus] 1. *a* 1) большо́й; объёмистый 2) то́лстый, ту́чный; ~ habit of body ту́чность 3) бу́йный (*о растительности*) 4) кру́пный, гру́бого помо́ла 5) гру́бый, я́вный; ужа́сный; ~ blunder гру́бая оши́бка; ~ dereliction of duty престу́пная хала́тность 6) просто́й, гру́бый, жи́рный (*о пище*); ~ feeder тот, кто ест мно́го и неразбо́рчиво 7) гру́бый, вульга́рный; гря́зный; непристо́йный; ~ story неприли́чный анекдо́т 8) гру́бый; приту́пленный; ~ ear гру́бый, немузыка́льный слух 9) пло́тный, сгущённый; весьма́ ощути́мый 10) вало́во́й; бру́тто; ~ receipt валово́й дохо́д; ~ value валова́я сто́имость; ~ weight вес бру́тто; ~ national product *эк.* валово́й проду́кт страны́ 11) макроскопи́ческий

2. *n* 1) ма́сса; by (*или* in) the ~ а) о́птом; гурто́м; б) в о́бщем, в це́лом 2) гросс (*12 дюжин*; *тж.* small ~); great ~ 12 гро́ссов

**grossly** ['grəuslɪ] *adv* 1) гру́бо; вульга́рно 2) чрезвыча́йно 3) кру́пно 4) *эк.* опто́вым путём

**gross ton** ['grəus'tʌn] *n* дли́нная (*или* англи́йская) то́нна (= *1016,06 кг*)

**grot** [grɔt] *n поэт. см.* grotto

**grotesque** [grəu'tesk] 1. *n* гроте́ск; шарж

2. *a* 1) гроте́скный 2) абсу́рдный, неле́пый

**grotto** ['grɔtəu] *n* (*pl* -oes, -os [-əuz]) пеще́ра, грот

**grouch** [grautʃ] *амер. разг.* 1. *n* 1) дурно́е настрое́ние 2) брюзга́

2. *v* брюзжа́ть, ворча́ть

**ground** I [graund] *past и p. p. от* grind 2

**ground** II [graund] 1. *n* 1) земля́, по́чва; грунт; to fall to the ~ упа́сть; *перен.* ру́шиться (*о надежде и т. п.*); to take ~ приземли́ться 2) ме́стность; о́бласть; расстоя́ние; to cover ~ покры́ть расстоя́ние; to cover much ~ быть широ́ким (*об исследовании и т. п.*) 3) дно мо́ря; to take the ~ *мор.* сесть на мель; to touch the ~ косну́ться дна; *перен.* дойти́ до су́ти де́ла, до фа́ктов (*в споре*) 4) уча́сток земли́; спорти́вная площа́дка (*тж.* sports ~) 5) плац; аэродро́м; полиго́н 6) *pl* сад, парк при до́ме 7) основа́ние, моти́в; on the ~ of а) по причи́не, на основа́нии; б) под предло́гом 8) *жив.* грунт, фон 9) *муз.* те́ма 10) *pl* оса́док, гу́ща 11) *эл.* заземле́ние ◇ above (below) ~ живу́щий, в живы́х (сконча́вшийся, уме́рший); to be on the ~ дра́ться на дуэ́ли; to cut the ~ from under smb. (*или* smb.'s feet) вы́бить по́чву у кого́-л. из-под ног; to hold (*или* to stand) one's ~ а) удержа́ть свои́ пози́ции, прояви́ть твёрдость; б) стоя́ть на своём; down to the ~ *разг.* во всех отноше́ниях, вполне́, соверше́нно; forbidden ~ запре́тная те́ма; to gain (*или* to gather, to get) ~ продвига́ться вперёд; де́лать успе́хи; to give ~ отступа́ть; уступа́ть

2. *v* 1) осно́вывать; обосно́вывать (on) 2) класть, опуска́ть(ся) на зе́млю; to ~ arms скла́дывать ору́жие, сдава́ться 3) *мор.* сесть на мель 4) обуча́ть осно́вам предме́та (in) 5) грунтова́ть 6) *эл.* заземля́ть 7) мездри́ть (*кожу*) 8) *стр.* положи́ть основа́ние 9) *ав.* запреща́ть полёты; приземля́ться; заста́вить приземли́ться; the fog ~ed all aircraft at N. aerodrome из-за тума́на ни оди́н самолёт не мог подня́ться в во́здух на аэродро́ме N

**ground-colour** ['graund,kʌlə] *n жив.* грунт; фон

**ground control** ['graundkən,trəul] *n радио* назе́мное управле́ние, управле́ние с земли́

**ground crew** ['graundkru:] *n ав.* назе́мная кома́нда

**ground floor** ['graund'flɔ:] *n* ни́жний, цо́кольный эта́ж ◇ to get (*или* to be let) in on the ~ *разг.* а) получи́ть а́кции на о́бщих основа́ниях с учреди́телями; б) заня́ть ра́вное положе́ние; в) оказа́ться в вы́игрышном положе́нии

**ground forces** ['graund,fɔ:sɪz] *n pl* сухопу́тные войска́

**ground game** ['graundgeɪm] *n* назе́мная дичь; пушно́й зверь (*зайцы, кролики и т. п.*)

**ground glass** ['graundglɑ:s] *n* ма́товое стекло́

**ground-hog** ['graund'hɔg] *n* суро́к лесно́й америка́нский

**ground-ice** ['graundaɪs] *n* до́нный лёд

**ground-in** ['graund'ɪn] *a* пришлифо́ванный, притёртый

**grounding** ['graundɪŋ] 1. *pres. p. от* ground II, 2

2. *n* 1) поса́дка на мель 2) обуче́ние осно́вам предме́та 3) грунто́вка 4) *ав.* запреще́ние поднима́ться в во́здух 5) *эл.* заземле́ние

**groundless** ['graundlɪs] *a* беспричи́нный, беспо́чвенный, неоснова́тельный; ~ suspicions необосно́ванные подозре́ния

**groundling** ['graundlɪŋ] *n* 1) до́нная ры́ба (*пескарь и т. п.*) 2) ползу́чее *или* низкоро́слое расте́ние 3) невзыска́тельный зри́тель *или* чита́тель

**ground-man** ['graundmæn] *n* 1) землеко́п 2) *спорт.* слу́жащий стадио́на, подде́рживающий спортплоща́дку в поря́дке

**ground-nut** ['graundnʌt] *n* землян́ой оре́х, ара́хис

**ground oak** ['graund'əuk] *n* 1) по́росль ду́ба (*от пня*) 2) ка́рликовый дуб

**ground panel** ['graund'pænl] *n ав.* сигна́льное поло́тнище

**ground rice** ['graundraɪs] *n* рис-се́чка, дроблёный рис

**groundsel** I ['graunsl] *n бот.* кресто́вник

**groundsel** II ['graunsl] *n* 1) *стр.* ле́жень 2) *гидр.* поро́г

**groundsill** ['graunsɪl] = groundsel II, 1)

**groundsman** ['graundzmən] = ground-man

**ground-squirrel** ['graund,skwɪrəl] *n зоол.* 1) бурунду́к 2) су́слик

**ground swell** ['graund'swel] *n* до́нные во́лны

**ground-to-air (guided) missile** ['graundtu'ɛə('gaɪdɪd)'mɪsaɪl] *n воен.* (управля́емая) раке́та кла́сса «земля́ — во́здух»

**ground-to-ground (guided) missile** ['graundtə'graund('gaɪdɪd)'mɪsaɪl] *n воен.* (управля́емая) раке́та кла́сса «земля́ — земля́»

**ground water** ['graund,wɔ:tə] *n* по́чвенная, грунтова́я вода́; подпо́чвенные во́ды

**groundwork** ['graundwə:k] *n* 1) фунда́мент, осно́ва (*тж. перен.*) 2) фон 3) полотно́ желе́зной доро́ги

**group** [gru:p] 1. *n* 1) гру́ппа 2) группиро́вка, фра́кция 3) *pl* слой, круги́ (*общества*); business ~s делов́ые круги́ 4) *ав.* авиагру́ппа 5) *хим.* радика́л

2. *v* 1) группирова́ть(ся) 2) подбира́ть гармони́чно кра́ски, цвета́ 3) классифици́ровать, распределя́ть по гру́ппам

**group-captain** ['gru:p,kæptɪn] *n* полко́вник авиа́ции (*в Англии*)

**grouper** ['gru:pə] *n* морско́й о́кунь

**grouping** ['gru:pɪŋ] 1. *pres. p. от* group 2

2. *n* 1) = groupment 2) группирова́ние

**groupment** ['gru:pmənt] *n* группиро́вка

**group verb** ['gru:pvə:b] *n грам.* фра́зовый глаго́л

**grouse** I [graus] *n* (*pl без измен.*) шотла́ндская куропа́тка (*тж.* red ~); black ~ те́терев-коса́ч; white ~ бе́лая куропа́тка; great ~ те́терев-глуха́рь; hazel ~ ря́бчик

**grouse** II [graus] *разг.* 1. *n* ворчу́н

2. *v* ворча́ть

**grouser** ['grausə] *n тех.* 1) вре́менная сва́я 2) шпо́ра гу́сеницы (*трактора*)

**grout** I [graut] рыть зе́млю (*о свинье*)

**grout** II [graut] *стр.* 1. *n* жи́дкий раство́р

2. *v* залива́ть раство́ром

**grouty** ['grautɪ] *a амер. разг.* раздражи́тельный, серди́тый

**grove** [grəuv] *n* ро́ща, лесо́к

**grovel** ['grɔvl] *v* лежа́ть ниц, по́лзать, пресмыка́ться, унижа́ться

**groveller** ['grɔvlə] *n* подхали́м, низкопоклóнник

**grow** [grəu] *v* (grew; grown) 1) расти́, произраста́ть; to ~ into one сраста́ться 2) выраста́ть; расти́, увели́чиваться; уси́ливаться (*о боли и т. п.*); to ~ in experience обогаща́ться о́пытом 3) *как глагол-связка в составном именном сказуемом* де́латься, станови́ться; to ~ pale бледне́ть; it is ~ing dark смерка́ется 4) выра́щивать, культиви́ровать 5) отра́щивать (*бороду, волосы и т. п.*) □ **~ down, ~ downwards** уменьша́ться; укора́чиваться; **~ into** а) враста́ть; б) превраща́ться; **~ on** а) овладева́ть; a habit that ~s on me привы́чка, от кото́рой мне всё трудне́й изба́виться; б) нра́виться всё бо́льше; this place ~s on me э́то ме́сто мне всё бо́льше нра́вится; **~ out** а) прораста́ть; б) выраста́ть из, перераста́ть (*рамки, размеры, границы*; of); в): to ~ out of a bad habit отвы́кнуть от дурно́й привы́чки; to ~ out of use вы́йти из употребле́ния; **~ over** зараста́ть; **~ together** сраста́ться; **~ up** а) созрева́ть; станови́ться взро́слым; б) создава́ться, возника́ть (*об обычаях*); **~ upon** = ~ on ◇ he grew away from his family он стал чужи́м в свое́й со́бственной семье́

**grower** ['grəuə] *n* 1) тот, кто произво́дит, разво́дит (*что-л.*); садово́д; плодово́д 2) расте́ние; fast ~ быстрорасту́щее расте́ние

**growing** ['grəuıŋ] **1.** *pres. p. от* grow

**2.** *n* 1) рост 2) выра́щивание; ~ of bees пчелово́дство; ~ of grapes виногра́дарство

**3.** *a* 1) расту́щий, уси́ливающийся; возраста́ющий 2) спосо́бствующий ро́сту; ~ weather пого́да, спосо́бствующая ро́сту расте́ний

**growl** [graul] **1.** *n* 1) рыча́ние 2) ворча́нье 3) гро́хот; раска́т (*грома*)

**2.** *v* 1) рыча́ть 2) ворча́ть, жа́ловаться (*тж.* ~ out) 3) греме́ть (*о громе*)

**growler** ['graulə] *n* 1) ворчу́н, брюзга́ 2) гро́улер, небольшо́й а́йсберг 3) *разг.* старомо́дный четырёхколёсный изво́зчичий экипа́ж

**grown** [grəun] *p. p. от* grow

**grown-up** ['grəunʌp] **1.** *n* взро́слый (челове́к)

**2.** *a* взро́слый

**growth** [grəuθ] *n* 1) рост, разви́тие; full ~ по́лное разви́тие; of foreign ~ иностра́нного происхожде́ния 2) приро́ст, увеличе́ние 3) выра́щивание, культиви́рование; *бакт.* культу́ра 4) проду́кт 5) по́росль 6) *мед.* новообразова́ние, о́пухоль

**growth ring** ['grəuθrıŋ] *n* годи́чный слой (*в древесине*)

**groyne** [grɔın] **1.** *n* 1) волноре́з; волноло́м; ряж 2) сооруже́ние для задержа́ния песка́, га́льки

**2.** *v* защища́ть волноре́зами (*берег*)

**grub** I [grʌb] **1.** *n* 1) личи́нка (*жука*) 2) литерату́рный подёнщик; компиля́тор 3) грязну́ля, неря́ха 4) мяч, бро́шенный по земле́ (*в крикете*)

**2.** *v* 1) вска́пывать 2) выка́пывать, выкорчёвывать; выта́скивать (*обыкн.* ~ up, ~ out); to ~ up the stumps выкорчёвывать пни 3) копа́ться, ры́ться, отка́пывать (*в архивах, книгах*) 4) мно́го рабо́тать, надрыва́ться (*тж.* ~ on, ~ along, ~ away)

**grub** II [grʌb] *разг.* **1.** *n* пи́ща, еда́

**2.** *v* 1) есть 2) *редк.* корми́ть

**grub-ax(e)** ['grʌbæks] *n* поло́льная моты́га

**grubber** ['grʌbə] *n* 1) поло́льщик; корчёвщик 2) культива́тор-экстирпа́тор, гру́ббер 3) корчева́тель

**grubbiness** ['grʌbınıs] *n* неря́шливость; нечистопло́тность; грязь

**grubby** ['grʌbı] *a* 1) неря́шливый, неопря́тный; гря́зный 2) черви́вый

**Grub-street** ['grʌbstri:t] *n* *разг.* 1) журна́льные компиля́торы, писа́ки (*от названия улицы в Лондоне, где в XVII—XVIII вв. жили бедные литераторы*) 2) дешёвые компиля́ции (*тж.* ~ writings)

**grudge** [grʌdʒ] **1.** *n* 1) недово́льство; недоброжела́тельство; за́висть; to have a ~ against smb., to bear (*или* to owe) smb. a ~ ≅ име́ть зуб про́тив кого́-л. 2) причи́на недово́льства

**2.** *v* 1) выража́ть недово́льство; испы́тывать недо́брое чу́вство (*к кому-л.*); зави́довать 2) неохо́тно дава́ть, неохо́тно позволя́ть; жале́ть (*что-л.*); to ~ smb. the very food he eats пожале́ть кусо́к хле́ба кому́-либо

**grudgingly** ['grʌdʒıŋlı] *adv* неохо́тно, не́хотя

**gruel** [gruəl] *n* жи́дкая (овся́ная) ка́ша; кашица́; размазня́ ◇ to have (*или* to get, to take) one's ~ а) получи́ть взбу́чку, быть жесто́ко нака́занным; б) быть уби́тым

**gruelling** ['gruəlıŋ] *a* 1) *амер.* = gruesome 2) изнури́тельный

**gruesome** ['gru:səm] *a* ужа́сный, отврати́тельный

**gruff** [grʌf] *a* 1) грубова́тый, серди́тый, ре́зкий 2) гру́бый, хри́плый (*о голосе*)

**grumble** ['grʌmbl] **1.** *n* ворча́нье, ро́пот; *pl* дурно́е настрое́ние

**2.** *v* ворча́ть, жа́ловаться (at, about, over — на)

**grumbler** ['grʌmblə] *n* ворчу́н

**grume** [gru:m] *n* *мед.* сгу́сток кро́ви

**grummet** ['grʌmıt] *n* *мор.* верёвочное кольцо́; кре́нгельс

**grumpy** ['grʌmpı] *a* серди́тый, сварли́вый, раздражи́тельный

**Grundyism** ['grʌndıızm] *n* усло́вная мора́ль (*по имени* Mrs Grundy — *персонаж пьесы Мортона* (*1798 г.*), *олицетворение общественного мнения в вопросах приличия*; what will Mrs Grundy say? что ска́жут лю́ди?)

**grunt** [grʌnt] **1.** *n* 1) хрю́канье 2) ворча́нье, мыча́ние (*о человеке*)

**2.** *v* 1) хрю́кать 2) ворча́ть

**grunting ox** ['grʌntıŋɔks] *n* як

**gryphon** ['grıfən] = griffin I

**guana** ['gwa:nə] *n* *зоол.* 1) игуа́на 2) люба́я больша́я я́щерица

**guano** ['gwa:nəu] **1.** *n* (*pl* -os [-əuz]) гуа́но

**2.** *v* удобря́ть гуа́но

**guarantee** [ˌgærən'ti:] **1.** *n* 1) гара́нтия; зало́г; поручи́тельство 2) поручи́тель 3) тот, кому́ вно́сится зало́г

**2.** *v* 1) гаранти́ровать 2) руча́ться 3) обеспе́чивать, страхова́ть (against)

**guarantor** [ˌgærən'tɔ:] *n* поручи́тель; гара́нт

**guaranty** ['gærəntı] **1.** *n* гара́нтия; обяза́тельство; зало́г

**2.** *v* гаранти́ровать

**guard** [ga:d] **1.** *n* 1) охра́на, стра́жа, конво́й, карау́л; ~ of honour почётный карау́л; to mount ~ вступа́ть в карау́л; to relieve ~ сменя́ть карау́л; to stand ~ стоя́ть на часа́х 2) часово́й; карау́льный; сто́рож; конво́ир 3) *pl* гва́рдия 4) бди́тельность; осторо́жность; to be off ~ быть недоста́точно бди́тельным; быть засти́гнутым враспло́х; to be on (one's) ~ быть настороже́ 5) оборони́тельное положе́ние (*в боксе*) 6) *ж.-д.* конду́ктор 7) како́е-л. предохрани́тельное приспособле́ние (*напр.*: fire-~ ками́нная решётка *и т. п.*) 8) *attr.* сторожево́й, карау́льный

**2.** *v* 1) охраня́ть; сторожи́ть; карау́лить 2) защища́ть (against, from); стоя́ть на стра́же (*интересов и т. п.*) 3): to ~ against бере́чься, остерега́ться; принима́ть ме́ры предосторо́жности 4) сде́рживать (*мысли, выражения и т. п.*)

**guard-boat** ['ga:dbəut] *n* дежу́рный ка́тер

**guardedly** ['ga:dıdlı] *adv* сде́ржанно, осторо́жно

**guardhouse** ['ga:dhaus] *n* 1) карау́льное помеще́ние 2) гауптва́хта

**guardian** ['ga:djən] *n* 1) опеку́н; попечи́тель 2) настоя́тель франциска́нского монастыря́ 3) *attr.*: ~ angel а) а́нгел-храни́тель, до́брый ге́ний; б) *разг.* парашю́т

**guardianship** ['ga:djənʃıp] *n* опе́ка; опеку́нство; under the ~ of the laws под охра́ной зако́нов

**guard-rail** ['ga:dreıl] *n* 1) пери́ла, по́ручень 2) направля́ющий рельс

**guardroom** ['ga:drum] = guardhouse

**guard-ship** ['ga:dʃıp] *n* *мор.* сторожево́й кора́бль; дежу́рный кора́бль

**guardsman** ['ga:dzmən] *n* 1) гварде́ец 2) карау́льный

**Guatemalan** [ˌgwætı'ma:lən] **1.** *n* гватема́лец; гватема́лка

**2.** *a* гватема́льский

**gubernatorial** [ˌgju:bə:nə'tɔ:rıəl] *a* 1) относя́щийся к прави́телю, управля́ющему *и т. п.* 2) губерна́торский

**gudgeon** I ['gʌdʒən] *n* песка́рь ◇ to swallow a ~ попа́сться на у́дочку

**gudgeon** II ['gʌdʒən] *n* *тех.* 1) болт 2) ось, ше́йка, ца́пфа

**guelder rose** ['geldə'rəuz] *n* *бот.* кали́на (обыкнове́нная)

**guerdon** ['gə:dən] *поэт.* **1.** *n* награ́да

**2.** *v* награжда́ть

**guerilla** [gə'rɪlə] *n* 1) партизáнская войнá (*обыкн.* ~ war) 2) партизáн (*тж.* ~ warrior)

**guernsey** ['gə:nzɪ] *n* 1) шерстянáя фуфáйка (*тж.* ~ shirt) 2) гернзéйская порóда молóчного скотá

**guerrilla** [gə'rɪlə] = guerilla

**guess** [ges] **1.** *n* 1) предположéние, догáдка; by ~ наугáд 2) приблизи́тельный подсчёт

**2.** *v* 1) угадáть, отгадáть; to ~ a riddle отгадáть загáдку 2) предполагáть (by, from); гадáть, догáдываться; I should ~ his age at forty я дал бы емý лет сóрок 3) *амер.* считáть, полагáть; I ~ we shall miss the train дýмаю, что мы опоздáем на пóезд

**guess-rope** ['gesrəup] *n мор.* бакштóв

**guess-work** ['geswə:k] *n* догáдки; предположéния

**guest** [gest] *n* 1) гость 2) постоя́лец (*в гостинице*); paying ~ жилéц в чáстном пансиóне 3) парази́т (*животное или растение*)

**guest-card** ['gestkɑ:d] *n* бланк, заполня́емый прибы́вшим в гости́ницу

**guest-chamber** ['gest͵ʧeɪmbə] *n* кóмната для гостéй

**guest-room** ['gestrum] = guest-chamber

**guff** [gʌf] *n разг.* пустáя болтовня́

**guffaw** [gʌ'fɔ:] **1.** *n* грýбый хóхот; гóгот

**2.** *v* грýбо хохотáть; гоготáть

**guggle** ['gʌgl] **1.** *n* бýльканье

**2.** *v* бýлькать

**guidance** ['gaɪdəns] *n* руковóдство; води́тельство; under the ~ of под руковóдством

**guide** [gaɪd] **1.** *n* 1) проводни́к, гид; экскурсовóд 2) руководи́тель; совéтчик 3) руководя́щий при́нцип 4) путеводи́тель; руковóдство; учéбник 5) ориенти́р 6) *воен.* развéдчик 7) *тех.* направля́ющая детáль; передáточный рычáг 8) *горн.* обсáдная трубá

**2.** *v* 1) вести́, быть *чьим-л.* проводникóм 2) руководи́ть, направля́ть 3) вести́ делá, быть руководи́телем 4) быть причи́ной, сти́мулом, основáнием

**guide-bar** ['gaɪdbɑ:] *n тех.* направля́ющий стéржень, шток

**guide-book** ['gaɪdbuk] *n* путеводи́тель

**guided missile** ['gaɪdɪd'mɪsaɪl] *n* управля́емая ракéта

**guide-line** ['gaɪdlaɪn] *n* 1) директи́ва, руководя́щие укaзáния 2) óбщий курс, генерáльная ли́ния

**guide mark** ['gaɪdmɑ:k] *n* отмéтка, мéтка

**guide-post** ['gaɪdpəust] *n* указáтельный столб (*на перекрёстке*)

**guide-rod** ['gaɪdrɔd] = guide-bar

**guide-rope** ['gaɪdrəup] *n ав.* гайдрóп

**guidon** ['gaɪdən] *n* (остроконéчный) флажóк (*на пике и т. п.*)

**guild** [gɪld] *n* 1) цех, ги́льдия 2) организáция, сою́з 3) *attr.*: ~ master *ист.* цеховóй мáстер

**Guildhall** ['gɪldhɔ:l] *n* 1) (the ~) рáтуша (*в Лондоне*) 2) *ист.* мéсто собрáний ги́льдии, цéха

**guile** [gaɪl] *n* обмáн; хи́трость, ковáрство; веролóмство

**guileful** ['gaɪlful] *a* веролóмный; ковáрный

**guileless** ['gaɪllɪs] *a* простодýшный

**guillemot** ['gɪlɪmɔt] *n* кáйра (*птица*)

**guillotine** [͵gɪlə'ti:n] **1.** *n* 1) гильоти́на 2) *тех.* рéзальная маши́на 3) хирурги́ческий инструмéнт для удалéния миндáлин 4) *парл.* гильотини́рование прéний (*фиксированием времени для голосования*)

**2.** *v* 1) гильотини́ровать 2) *парл.* сорвáть дискýссию

**guilt** [gɪlt] *n* 1) винá, винóвность 2) кóмплекс вины́ 3) грех

**guiltily** ['gɪltɪlɪ] *adv* виновáто, с винoвáтым ви́дом

**guiltiness** ['gɪltɪnɪs] *n* винóвность

**guiltless** ['gɪltlɪs] *a* 1) неви́нный; невинóвный (of) 2) *разг.* не знáющий (*чего-л.*), не умéющий (*что-л. делать*); ~ of writing poems не умéющий писáть стихи́

**guilty** ['gɪltɪ] *a* 1) винóвный (of — в); престýпный 2) виновáтый (*о взгляде, виде*)

**guinea** ['gɪnɪ] *n* гинéя (*прежде золотая монета, затем денежная единица = 21 шиллингу*)

**guinea-fowl** ['gɪnɪfaul] *n* цесáрка

**guinea-pig** ['gɪnɪpɪg] *n* 1) морскáя сви́нка 2) «подóпытный крóлик», человéк, над котóрым произвóдят наýчные óпыты 3) *разг.* ми́чман 4) дирéктор компáнии, духóвное лицó, врач *и т. п.*, получáвшие гонорáр в гинéях

**guinea squash** ['gɪnɪskwɔʃ] *n бот.* баклажáн

**guinea worm** ['gɪnɪwə:m] *n* ри́шта (*подкожный червь*)

**guinness** ['gɪnɪs] *n* сорт пи́ва

**guise** [gaɪz] *n* 1) нарýжность, óблик 2) личи́на, мáска; предлóг; under (*или* in) the ~ of под ви́дом, под мáской 3) *уст.* одея́ние, наря́д 4) *уст.* манéра, обы́чай

**guitar** [gɪ'tɑ:] *n* гитáра

**gulch** [gʌlʃ] *n амер.* ýзкое глубóкое ущéлье (*особ. в золотоносных районах*)

**gulden** ['guldən] *n* гýльден (*денежная единица Нидерландов*)

**gules** [gju:lz] *геральд.* **1.** *a* крáсный

**2.** *n* крáсный цвет

**gulf** [gʌlf] **1.** *n* 1) морскóй зали́в 2) бéздна, прóпасть (*тж. перен.*) 3) водоворóт, пучи́на 4) *горн.* большáя зáлежь руды́ 5) *унив. разг.* диплóм без отли́чия

**2.** *v* 1) поглощáть, всáсывать в водоворóт 2) *унив. разг.* присуждáть диплóм без отли́чия

**gull** I [gʌl] *n* чáйка

**gull** II [gʌl] **1.** *n* простáк, глупéц

**2.** *v* обмáнывать, дурáчить

**gullet** ['gʌlɪt] *n* 1) пищевóд 2) глóтка

**gullibility** [͵gʌlɪ'bɪlɪtɪ] *n* легковéрие, доверчивость

**gullible** ['gʌləbl] *a* легковéрный, довéрчивый

**gully** I ['gʌlɪ] **1.** *n* 1) глубóкий оврáг, лощи́на (*образованные водой*) 2) водостóк 3) желóбчатый рельс

**2.** *v* образóвывать оврáги, канáвы

**gully** II ['gʌlɪ] *n* большóй нож

**gulp** [gʌlp] **1.** *n* 1) большóй глотóк; at one ~ одни́м глоткóм, зáлпом; срáзу 2) глотáтельное движéние *или* уси́лие; глотáние

**2.** *v* (*обыкн.* ~ down) 1) жáдно, бы́стро *или* с уси́лием глотáть 2) задыхáться; дави́ться 3) глотáть (*слёзы*); сдéрживать (*волнение*) 4) *разг.* принимáть за чи́стую монéту

**gum** I [gʌm] *n* деснá

**gum** II [gʌm] **1.** *n* 1) камéдь, гýмми 2) камéдное дéрево 3) смоли́стое выделéние 4) клéйкое выделéние во внýтреннем углý глáза 5) *амер., разг.* рези́на; *pl* галóши 6) *амер., разг.* жевáтельная рези́нка 7) *горн.* штыб, ýгольная мéлочь

**2.** *v* 1) склéивать(ся) 2) выделя́ть камéдь, смолý

**gum-arabic** ['gʌm͵ærəbɪk] *n* гуммиарáбик

**gumbo** ['gʌmbəu] *n амер.* 1) *бот.* бáмия, óкра 2) суп из стручкóв бáмии 3) гýмбо (*илистая почва, богатая щелочами*)

**gumboil** ['gʌmbɔɪl] *n* флюс

**gum-boots** ['gʌmbu:ts] *n pl* рези́новые сапоги́

**gum elastic** ['gʌmɪ͵læstɪk] *n* рези́на, каучýк

**gummy** ['gʌmɪ] *a* 1) клéйкий 2) смоли́стый 3) источáющий камéдь, смолý 4) опýхший, отёкший

**gumption** ['gʌmpʃən] *n разг.* 1) смышлёность; нахóдчивость; сообрази́тельность; практи́ческая смекáлка 2) раствори́тель для крáсок

**gumptious** ['gʌmpʃəs] *a разг.* нахóдчивый; сообрази́тельный; предприи́мчивый

**gumshoe** ['gʌmʃu:] *амер.* **1.** *n* 1) *разг.* галóша 2) *pl* кéды; полукéды 3) *жарг.* полицéйский; сы́щик

**2.** *v* крáсться, идти́ крáдучись

**gum-tree** ['gʌmtri:] *n* любóе из камеденóсных североамерикáнских *или* австрали́йских дерéвьев, *особ.* эвкали́пт ◇ up a ~ в большóм затруднéнии, в тупикé

**gun** [gʌn] **1.** *n* 1) орýдие, пýшка 2) пулемёт 3) огнестрéльное орýжие, ружьё; *ист.* мушкéт; double-barrelled ~ двуствóлка; smooth-bore ~ гладкоствóльное ружьё; sporting ~ охóтничье ружьё; starting ~ *спорт.* стáртовый пистолéт 4) *разг.* револьвéр 5) стрелóк, охóтник 6) *метал.* пýшка для заби́вки лётки 7) *attr.* пýшечный; оруди́йный ◇ big (*или* great) ~ *разг.* вáжная персóна, «ши́шка»; to blow great ~s ревéть (*о буре*); to stick (*или* to stand) to one's ~s не сдавáть пози́ций, не отступáть; оставáться до концá вéрным свои́м убеждéниям; настоя́ть на своём

2. *v* 1) стреля́ть 2) охо́титься 3) *воен.* обстре́ливать артиллери́йским огнём

**gunboat** [ˈgʌnbəut] *n* каноне́рская ло́дка

**gun-carriage** [ˈgʌnˌkærɪdʒ] *n* *воен.* лафе́т

**gun-cotton** [ˈgʌnˌkɔtn] *n* пироксили́н

**guncrew** [ˈgʌnkruː] *n* *воен.* ору́ди́йный расчёт

**gun-fire** [ˈgʌnˌfaɪə] *n* ору́ди́йный ого́нь; артиллери́йский ого́нь

**gun layer** [ˈgʌnˌleɪə] *n* *воен.* (ору́ди́йный) наво́дчик

**gun-lock** [ˈgʌnlɔk] *n* замо́к огнестре́льного ору́жия

**gunman** [ˈgʌnmən] *n* 1) вооружённый ружьём, револьве́ром 2) *амер. разг.* банди́т, престу́пник, уби́йца 3) оруже́йный ма́стер

**gunnel** [ˈgʌnl] = gunwale

**gunner** [ˈgʌnə] *n* 1) канони́р; артиллери́ст; пулемётчик; но́мер ору́ди́йного расчёта 2) охо́тник 3) *ав.* стрело́к 4) *мор.* комендо́р

**gunner's cockpit** [ˈgʌnəzˈkɔkpɪt] *n* *ав.* каби́на пулемётчика

**gunnery** [ˈgʌnərɪ] *n* 1) артиллери́йское де́ло 2) артиллери́йская стрельба́

**gunning** [ˈgʌnɪŋ] 1. *pres. p. от* gun 2

2. *n* 1) охо́та с ружьём 2) стрельба́; обстре́л

**gunny** [ˈgʌnɪ] *n* гру́бая, кре́пкая джу́товая ткань; рого́жка, дерю́га

**gunpowder** [ˈgʌnˌpaudə] *n* чёрный по́рох; white (*или* smokeless) ~ безды́мный по́рох

**gunroom** [ˈgʌnrum] *n* 1) кают-компа́ния мла́дших офице́ров (*на военных кораблях*) 2) ко́мната, где хра-ня́тся охо́тничьи ру́жья

**gun-running** [ˈgʌnˌrʌnɪŋ] *n* незако́нный ввоз ору́жия

**gunshot** [ˈgʌnʃɔt] *n* 1) да́льность вы́стрела; within (out of) ~ на расстоя́нии (вне досяга́емости) пу́шечного вы́стрела 2) руже́йный вы́стрел 3) *attr.*: ~ wound огнестре́льная ра́на

**gun-shy** [ˈgʌnʃaɪ] *a* пуга́ющийся вы́стрелов (*особ. об охотничьих собаках*)

**gunsmith** [ˈgʌnsmɪθ] *n* оруже́йный ма́стер

**gun-stock** [ˈgʌnstɔk] *n* руже́йная ло́жа

**gunwale** [ˈgʌnl] *n* *мор.* планши́р

**gup** [gʌp] *инд. n* сплётня, болтовня́

**gurgitation** [ˌgəːdʒɪˈteɪʃən] *n* волне́ние, бу́льканье воды́, как при кипе́нии

**gurgle** [ˈgəːgl] 1. *n* бу́льканье (*воды*); бу́лькающий звук

2. *v* 1) бу́лькать; журча́ть 2) полоска́ть го́рло

**Gurkha** [ˈguəkə] *n* 1) гу́рка (*представитель народности, живущей в Непале*) 2) *attr.*: ~ regiments *ист.* полки́ гу́ркских стрелко́в (*в английской армии*)

**gurnard** [ˈgəːnəd] *n* морско́й пету́х

**gurnet** [ˈgəːnɪt] = gurnard

**gurry** [ˈgʌrɪ] *инд. n* небольша́я кре́пость

**gush** [gʌʃ] 1. *n* 1) си́льный *или* внеза́пный пото́к; ли́вень 2) *перен.* пото́к, излия́ние; a ~ of anger вспы́шка гне́ва

2. *v* 1) хлы́нуть; ли́ться *или* разрази́ться пото́ком 2) излива́ть свои́ чу́вства 3) фонтани́ровать (*о нефти и т. п.*)

**gusher** [ˈgʌʃə] *n* 1) *разг.* челове́к, излива́ющийся в свои́х чу́вствах 2) нефтяно́й фонта́н

**guslar** [ˈguslə] *русск. n* гусля́р

**gusli** [ˈguslɪ] *русск. n* гу́сли

**gusset** [ˈgʌsɪt] *n* 1) вста́вка, клин (*в платье и т. п.*); ла́стовица 2) *тех.* углово́е соедине́ние, науго́льник

**gust** I [gʌst] *n* 1) поры́в ве́тра; хлы́нувший дождь *и т. п.* 2) взрыв (*гнева и т. п.*)

**gust** II [gʌst] *n уст., поэт.* 1) вкус, понима́ние; to have a ~ of smth. высоко́ цени́ть, то́нко чу́вствовать что-л. 2) о́стрый *или* прия́тный вкус

**gustation** [gʌsˈteɪʃən] *n* про́ба на вкус

**gustatory** [ˈgʌstətərɪ] *a* вкусово́й

**gusto** [ˈgʌstəu] *n* удово́льствие, смак (*с которым выполняется работа и т. п.*)

**gusty** [ˈgʌstɪ] *a* 1) ве́треный (*о погоде и т. п.*) 2) бу́рный, поры́вистый

**gut** [gʌt] 1. *n* 1) кишка́; пищевари́тельный кана́л; *pl* кишки́, вну́тренности; blind ~ слепа́я кишка́; large ~s то́лстые кишки́; little (*или* small) ~s то́нкие кишки́ 2) *хир.* кетгу́т 3) *pl разг.* му́жество; вы́держка, си́ла во́ли; хара́ктер; a man with plenty of ~s си́льный челове́к; there's no ~s in him он немно́гого сто́ит 4) *pl разг.* це́нная *или* суще́ственная часть чего́-л. 5) струна́ *или* леса́ из кишки́ 6) у́зкий прохо́д *или* проли́в

2. *v* 1) потроши́ть (*дичь и т. п.*) 2) опустоша́ть (*о пожаре*) 3) схва́тывать суть (*книги*), бе́гло просма́тривая 4) *груб.* жа́дно есть

**gutta-percha** [ˈgʌtəˈpəːtʃə] *n* гуттапе́рча

**gutter** [ˈgʌtə] 1. *n* 1) водосто́чный жёлоб 2) сто́чная кана́в(к)а 3) низы́ (о́бщества) 4) *полигр.* кру́пный пробе́льный материа́л

2. *v* 1) де́лать желоба́, кана́вки 2) стека́ть 3) оплыва́ть (*о свече*)

**gutter-child** [ˈgʌtətʃaɪld] *n* беспризо́рный ребёнок

**gutter man** [ˈgʌtəmən] *n* у́личный торго́вец, разно́счик

**gutter-plough** [ˈgʌtəplau] *n* плуг-канавокопа́тель

**gutter press** [ˈgʌtəpres] *n* бульва́рная пре́сса

**gutter-snipe** [ˈgʌtəsnaɪp] *n* 1) беспризо́рный ребёнок; у́личный мальчи́шка 2) *амер. разг.* ма́клер, не зарегистри́рованный на би́рже

**guttle** [ˈgʌtl] *v* жа́дно есть

**guttler** [ˈgʌtlə] *n* обжо́ра

**guttural** [ˈgʌtərəl] 1. *a* 1) горта́нный; горлово́й 2) *фон.* задненёбный, веля́рный; гуттура́льный

2. *n* *фон.* задненёбный, веля́рный звук

**gutty** [ˈgʌtɪ] *n разг.* гуттапе́рчевый мяч (*для гольфа*)

**guy** I [gaɪ] 1. *n* 1) пу́гало, чу́чело 2) смешно́ оде́тый челове́к 3) *амер. разг.* па́рень, ма́лый; regular ~ хоро́ший па́рень, сла́вный ма́лый; wise ~ у́мный ма́лый

2. *v* 1) выставля́ть на посме́шище (*чьё-л. изображение*) 2) осме́ивать, издева́ться

**guy** II [gaɪ] *мор.* 1. *n* оття́жка, ва́нта

2. *v* укрепля́ть оття́жками; расча́ливать

**guy** III [gaɪ] *жарг.* 1. *v* удира́ть

2. *n*: to give the ~ to smb. улизну́ть от кого́-л.; to do a ~ исче́знуть

**guzzle** [ˈgʌzl] *v* 1) жа́дно глота́ть; пить, есть с жа́дностью 2) пропива́ть, проеда́ть (*часто* ~ away)

**guzzler** [ˈgʌzlə] *n* 1) обжо́ра 2) пья́ница

**gybe** [dʒaɪb] *v мор.* 1) переки́дывать (*парус*) 2) де́лать поворо́т че́рез фордеви́нд

**gyle** [gaɪl] *n* 1) заброди́вшее су́сло 2) броди́льный чан

**gym** [dʒɪm] *сокр. разг. от* gymnasium *и* gymnastics

**gymkhana** [dʒɪmˈkaːnə] *инд. n* ме́сто для спорти́вных состяза́ний

**gymnasia** [dʒɪmˈneɪzjə] *pl от* gymnasium

**gymnasium** [dʒɪmˈneɪzjəm] *n* (*pl* -siums [-zjəmz], -sia) 1) гимнасти́ческий зал 2) гимна́зия

**gymnast** [ˈdʒɪmnæst] *n* гимна́ст

**gymnastic** [dʒɪmˈnæstɪk] *a* гимнасти́ческий

**gymnastics** [dʒɪmˈnæstɪks] *n* гимна́стика; industrial ~ произво́дственная гимна́стика

**gym-shoes** [ˈdʒɪmˈʃuːz] *n pl* лёгкая спорти́вная о́бувь

**gynaecological** [ˌgaɪnɪkəˈlɔdʒɪkəl] *a* гинекологи́ческий

**gynaecologist** [ˌgaɪnɪˈkɔlədʒɪst] *n* гинеко́лог

**gynaecology** [ˌgaɪnɪˈkɔlədʒɪ] *n* гинеколо́гия

**gyp** I [dʒɪp] *n* слуга́ (*в Кембриджском и Даремском университетах*)

**gyp** II [dʒɪp] *амер. жарг.* 1. *n* 1) моше́нничество, жу́льничество; обма́н 2) моше́нник, плут

2. *v* 1) моше́нничать, жу́льничать 2) ворова́ть

**gyps** [dʒɪps] *сокр. от* gypsum

**gypsa** [ˈdʒɪpsə] *pl от* gypsum

**gypseous, gypsous** [ˈdʒɪpsɪəs, -səs] *a* ги́псовый

**gypsum** [ˈdʒɪpsəm] 1. *n* (*pl* -sa, -sums [-səmz]) гипс

2. *v* гипсова́ть (*почву*)

**Gypsy** [ˈdʒɪpsɪ] = Gipsy

**gyrate** 1. *a* [ˈdʒaɪərɪt] свёрнутый спира́лью

2. *v* [ˌdʒaɪəˈreɪt] враща́ться по кру́гу; дви́гаться по спира́ли

**gyration** [ˌdʒaɪəˈreɪʃən] *n* 1) кругово́е *или* круговраща́тельное движе́ние 2) циркуля́ция

**gyratory** [ˈdʒaɪərətərɪ] *a* вращáтельный

**gyre** [ˈdʒaɪə] *поэт.* *n* 1) круговращéние; вихрь 2) круг; кольцó 3) спирáль

**Gyrene** [dʒaɪˈriːn] *n* (*от* GI + marine) *амер. воен. жарг.* солдáт морскóй пехóты

**gyro** [ˈdʒaɪərəu] *сокр. от* gyroscope

**gyro-** [ˈdʒaɪərəu-] *pref* гиро-, гироскопи́ческий

**gyro-compass** [ˈdʒaɪərəˌkʌmpəs] *n ав.* гирокóмпас

**gyropilot** [ˈdʒaɪərəˌpaɪlət] *n ав.* автопилóт

**gyroplane** [ˈdʒaɪrəpleɪn] *n ав.* автожи́р

**gyroscope** [ˈdʒaɪərəskəup] *n* гироскóп

**gyroscopic** [ˌdʒaɪərəsˈkɔpɪk] *a* гироскопи́ческий

**gyrostat** [ˈdʒaɪərəustæt] *n* гиростáт

**gyve** [dʒaɪv] *поэт.* **1.** *n* (*обыкн. pl*) окóвы, кандалы́, ýзы

2. *v* закóвывать в кандалы́, скóвывать

# H

**H, h** [eɪtʃ] *n* (*pl* Hs, H's [ˈeɪtʃɪz]) *8-я буква англ. алфавита*; to drop one's hs не произноси́ть h там, где э́то слéдует (*особенность лондонского просторечия*)

**ha** [hɑː] *int* ха!, ба! (*восклицание, выражающее удивление, подозрение, торжество*)

**ha'** [hɑː] *сокр. разг. форма от* have

**habanera** [ˌ(h)ɑːbɑːˈneɪrə] *исп. n* хабанéра

**hab-dabs** [ˈhæbdæbz] *n pl разг.* 1) нéрвное возбуждéние 2) испýг

**habeas corpus** [ˈheɪbjəsˈkɔːpəs] *лат. n* предписáние о представлéнии арестóванного в суд для рассмотрéния закóнности арéста (*тж.* writ of ~)

**Habeas Corpus Act** [ˈheɪbjəsˈkɔːpəsˈækt] *n* Хáбеас Кóрпус (*английский закон 1679 г. о неприкосновенности личности*)

**haberdasher** [ˈhæbədæʃə] *n* 1) галантерéйщик 2) *амер.* торгóвец предмéтами мужскóго туалéта

**haberdashery** [ˈhæbədæʃərɪ] *n* 1) галантерéя 2) *амер.* предмéты мужскóго туалéта 3) галантерéйный магази́н

**habergeon** [ˈhæbədʒən] *n ист.* кольчýга

**habile** [ˈhæbɪl] *a* искýсный, лóвкий

**habiliment** [həˈbɪlɪmənt] *n* 1) *редк.* одея́ние 2) *pl шутл.* плáтье, одéжда 3) предмéт одéжды

**habilitate** [həˈbɪlɪteɪt] *v* 1) финанси́ровать *или* снабжáть оборýдованием гóрные разрабóтки 2) *редк.* одевáть 3) *книжн.* готóвиться к определённому рóду дéятельности (*преподаванию и т. п.*)

**habit** I [ˈhæbɪt] *n* 1) привы́чка, обыкновéние; обы́чай; by (*или* from) force of ~ в си́лу привы́чки, по привы́чке; to be in the ~ of doing smth. имéть обыкновéние что-л. дéлать; to break off (to fall into) a ~ брóсить (усвóить) привы́чку; to break a person of a ~ отучи́ть когó-л. от какóй-л. привы́чки 2) сложéние, телосложéние; a man of corpulent ~ дорóдный, тýчный человéк 3) осóбенность, свóйство; характéрная чертá; ~ of mind склад умá 4) *биол.* харáктер произрастáния, разви́тия; гáбитус; a plant of trailing ~ стéлющееся растéние

**habit** II [ˈhæbɪt] **1.** *n* 1) *книжн.* одея́ние, облачéние 2) костю́м для верховóй езды́

2. *v книжн.* одевáть, облачáть

**habitable** [ˈhæbɪtəbl] *a* 1) обитáемый 2) гóдный для жилья́

**habitant** I [ˈhæbɪtənt] *n* жи́тель

**habitant** II [ˈhæbɪtɔːŋ] *n* канáдец францýзского происхождéния

**habitat** [ˈhæbɪtæt] *n* рóдина, мéсто распространéния (*животного, растения*); естéственная средá

**habitation** [ˌhæbɪˈteɪʃən] *n* 1) жили́ще; обитáлище; жильё; fit for ~ пригóдный для жилья́ 2) проживáние, житьё 3) посёлок

**habitual** [həˈbɪtjuəl] *a* 1) обы́чный, привы́чный 2) пристрасти́вшийся (*к чему-л.*); ~ drunkard пропóйца; ~ criminal закоренéлый престýпник

**habituate** [həˈbɪtjueɪt] *v* 1) приучáть; to ~ oneself to привыкáть, приучáться к 2) *амер. разг.* чáсто посещáть

**habitude** [ˈhæbɪtjuːd] *n* 1) привы́чка, склóнность 2) свóйство, осóбенность 3) установи́вшийся поря́док, обыкновéние

**habitué** [həˈbɪtjueɪ] *фр. n* завсегдáтай

**hacienda** [ˌhæsɪˈendə] *исп. n* гасиéнда (*имение, плантация и т. п. в Испании и Латинской Америке*)

**hack** I [hæk] **1.** *n* 1) моты́га, киркá, кайлá 2) удáр моты́ги *и т. п.* 3) зарýбка; зазýбрина 4) рéзаная рáна 5) ссáдина на ногé от удáра (*в футболе*) 6) *тех.* кузнéчное зуби́ло 7) сухóй кáшель

2. *v* 1) руби́ть, разрубáть; кромсáть; разбивáть на куски́ 2) тесáть; обтёсывать (*камень*) 3) дéлать зарýбку; зазýбривать 4) разбивáть, разрыхля́ть моты́гой *и т. п.* 5) подрезáть (*сучья и т. п.*) 6) надрубáть; наноси́ть рéзаную рáну 7) *спорт. жарг.* «подковáть» 8) кáшлять сухи́м кáшлем

**hack** II [hæk] **1.** *n* 1) наёмная лóшадь 2) лóшадь (*верховая или упряжная*), *особ.* полукрóвка; road ~ дорóжная верховáя лóшадь 3) кля́ча 4) *перен.* литератýрный подёнщик; наёмный писáка 5) *амер.* наёмный экипáж 6) *амер. разг.* такси́ 7) *амер. разг.* води́тель такси́, таксúст

2. *a* 1) наёмный 2) = hackneyed

3. *v* 1) давáть напрокáт 2) éхать (верхóм) не спешá 3) нанимáть, испóльзовать в кáчестве литератýрного подёнщика 4) испóльзовать на нýдной, тяжёлой рабóте 5) дéлать банáльным, опошля́ть

**hackbut** [ˈhækbʌt] = harquebus

**hackee** [ˈhækiː] *n зоол.* бурундýк

**hackery** [ˈhækərɪ] *инд. n* повóзка, запряжённая волáми

**hack-hammer** [ˈhækˌhæmə] *n* молотóк кáменщика

**hacking** [ˈhækɪŋ] *a* отры́вистый и сухóй (*о кашле*)

**hackle** I [ˈhækl] *n* 1) *pl* дли́нные пéрья на шéе петухá и нéкоторых други́х птиц 2) искýсственная примáнка (*для ужения рыбы*) ◇ with his ~s up разъярённый, взъерепéнившийся, готóвый лезть в дрáку; to show ~s лезть в дрáку; лезть на рожóн

**hackle** II [ˈhækl] **1.** *n* чесáлка, грéбень для льна

2. *v* чесáть лён

**hackle** III [ˈhækl] *v* 1) руби́ть, разрубáть как попáло; кромсáть 2) откáлывать

**hackly** [ˈhæklɪ] *a* плóхо отдéланный, в зазýбринах

**hackmatack** [ˈhækmətæk] *n* ли́ственница америкáнская

**hackney** [ˈhæknɪ] **1.** *n* 1) = hack II, 1, 2) 2) *уст.* рабóтник, нáнятый на нýдную, тяжёлую рабóту 3) *attr.* наёмный

2. *v* = hack II 3

**hackney-carriage** [ˈhæknɪˌkærɪdʒ] *n* наёмный экипáж

**hackney-coach** [ˈhæknɪkəutʃ] = hackney-carriage

**hackneyed** [ˈhæknɪd] *a* банáльный, изби́тый; затáсканный; ~ phrases изби́тые фрáзы

**hack-saw** [ˈhæksɔː] *n тех.* слесáрная ножóвка

**hackstand** [ˈhækstænd] *n амер.* стоя́нка такси́

**hack-work** [ˈhækwəːk] *n* 1) литератýрная подёнщина; халтýра 2) нýдная, тяжёлая рабóта

**hackwriter** [ˈhækˌraɪtə] *n* литератýрный подёнщик

**had** [hæd (*полная форма*); həd, əd, d (*редуцированные формы*)] *past и p. p. от* have 1

**haddock** [ˈhædək] *n* пи́кша (*рыба*)

**hade** [heɪd] *горн.* **1.** *n* отклонéние жи́лы по отношéнию к вертикáли; ýгол падéния

2. *v* отклоня́ться от вертикáли; составля́ть ýгол с вертикáлью

**Hades** [ˈheɪdiːz] *n греч. миф.* Гадéс (*подземное царство, царство теней; бог подземного царства*)

**Hadji** [ˈhædʒi(ː)] *араб. n* хаджи́ (*мусульманин, побывавший в Мекке*)

**hadn't** [ˈhædnt] *сокр. разг.* = had not

**haemal** [ˈhiːməl] *a* кровянóй; *анат.* относя́щийся к крóви и кровенóсным сосýдам

**haematic** [hɪˈmætɪk] **1.** *a* 1) кровянóй 2) дéйствующий на кровь 3) имéющий цвет крóви

2. *n* срéдство, дéйствующее на кровь

**haematite** [ˈhemətaɪt] *n мин.* крáсный железня́к, гемати́т

**haemoglobin** [ˌhiːməuˈgləubɪn] *n физиол.* гемоглоби́н

**haemophilia** [ˌhi:məuˈfɪlɪə] *n мед.* гемофили́я

**haemorrhage** [ˈhemərɪdʒ] *n мед.* 1) кровоизлия́ние 2) кровотече́ние

**haemorrhoids** [ˈhemərɔɪdz] *n pl мед.* геморро́й

**haemostatic** [ˌhi:məuˈstætɪk] **1.** *a* кровоостана́вливающий

**2.** *n мед.* кровоостана́вливающее сре́дство

**hafnium** [ˈhæfnɪəm] *n хим.* га́фний

**haft** [hɑ:ft] *n* черено́к, рукоя́тка, ру́чка

**hag** [hæg] *n* ве́дьма, карга́

**haggard** I [ˈhægəd] *a* изможд́ённый, изму́ченный; осу́нувшийся

**haggard** II [ˈhægəd] *a* неприручённый, ди́кий (*о соколе*)

**haggis** [ˈhægɪs] *n шотл.* теля́чий рубе́ц с потроха́ми и припра́вой

**haggish** [ˈhægɪʃ] *a* похо́жий на ве́дьму, безобра́зный

**haggle** [ˈhægl] *v* 1) торгова́ться (about, over — o) 2) придира́ться, находи́ть недоста́тки 3) неуме́ло ре́зать; руби́ть; кромса́ть

**hagridden** [ˈhægˌrɪdn] *a* 1) му́чимый кошма́рами 2) пода́вленный, в угнетённом состоя́нии

**hah** [hɑ:] = ha

**ha ha** [hɑ:ˈhɑ:] **1.** *int* ха-ха-ха́!

**2.** *n* смех, хо́хот

**3.** *v* смея́ться, хохота́ть

**ha-ha** [hɑ:ˈhɑ:] *n* ни́зкий забо́рчик (*вокруг сада, поля*); кана́ва с опо́рной сте́нкой

**hail** I [heɪl] **1.** *n* град; ~ of fire *воен.* си́льный ого́нь

**2.** *v* 1) (*в безл. оборотах*): it ~s, it is ~ing идёт град 2) сы́паться гра́дом (*тж. перен.*) 3) осыпа́ть гра́дом (*ударов и т. п.*)

**hail** II [heɪl] **1.** *n* приве́тствие, о́клик; out of ~ за преде́лами слы́шимости, вдали́; within ~ на расстоя́нии слы́шимости го́лоса

**2.** *v* 1) приве́тствовать; поздравля́ть 2) оклика́ть, звать; to ~ a taxi останови́ть такси́ 3) *мор.* оклика́ть (*судно*) ◊ to ~ from a) *мор.* идти́ из (*какого-л. порта*); б) *разг.* происходи́ть из; where do you ~ from? отку́да вы ро́дом?

**3.** *int* приве́т!

**hail-fellow(-well-met)** [ˈheɪlˌfeləu(ˈwelˈmet)] *a* дру́жественный; прия́тельский; to be ~ with everyone быть со все́ми в прия́тельских отноше́ниях

**hailstone** [ˈheɪlstəun] *n* гра́дина

**hailstorm** [ˈheɪlstɔ:m] *n* ли́вень; гроза́ с гра́дом; си́льный град

**hain't** [heɪnt] *диал.* = have not, has not

**hair** [hɛə] *n* 1) во́лос, волосо́к 2) во́лосы; to cut one's ~ стри́чься, остри́чься; to let one's ~ down a) распусти́ть во́лосы; б) переста́ть себя́ сде́рживать; в) держа́ться развя́зно; г) излива́ть ду́шу; to lose one's ~ a) лысе́ть; б) рассерди́ться, потеря́ть самооблада́ние 3) шерсть (*животного*) 4) щети́на; и́глы (*дикобраза и т. п.*) 5) *текст.* ворс ◊ to a ~ точь-в-то́чь; то́чно; within a ~ of на волосо́к от; to have more ~ than wit быть дурако́м; keep your ~ on! не горячи́тесь!; not to turn a ~ ≅ гла́зом не моргну́ть; не выка́зывать боя́зни, смуще́ния, уста́лости *и т. п.*; to take a ~ of the dog that bit you *посл.* ≅ a) клин кли́ном вышиба́ть; чем уши́бся, тем и лечи́сь; б) опохмеля́ться; it made his ~ stand on end от э́того у него́ во́лосы вста́ли ды́бом

**hairbreadth** [ˈhɛəbredθ] *n* ничто́жное, минима́льное расстоя́ние; by a ~ са́мую ма́лость ◊ within (*или* by) a ~ of death на волосо́к от сме́рти

**hairbrush** [ˈhɛəbrʌʃ] *n* щётка для воло́с

**hairclipper** [ˈhɛəˌklɪpə] *n* маши́нка для стри́жки воло́с

**haircloth** [ˈhɛəklɔθ] *n* 1) мате́рия из во́лоса, волосяна́я ткань, борто́вка 2) *рел.* власяни́ца

**hair-cut** [ˈhɛəkʌt] *n* стри́жка

**hair-do** [ˈhɛədu:] *n* причёска

**hairdresser** [ˈhɛəˌdresə] *n* парикма́хер

**hairiness** [ˈhɛərɪnɪs] *n* волоса́тость

**hairless** [ˈhɛəlɪs] *a* безволо́сый, лы́сый

**hair-line** [ˈhɛəlaɪn] *n* 1) то́нкая, волосна́я ли́ния 2) бечёвка, ле́са́ (*из волоса*) 3) *attr.* то́нкий, волосно́й; ~ crack *тех.* волосна́я тре́щина

**hair-net** [ˈhɛənet] *n* се́тка для воло́с

**hair-pencil** [ˈhɛəˌpensl] *n* то́нкая кисть для акваре́ли

**hair-piece** [ˈhɛəpi:s] *n* шиньо́н

**hairpin** [ˈhɛəpɪn] *n* шпи́лька ◊ ~ bend круто́й поворо́т доро́ги

**hair-raiser** [ˈhɛəˌreɪzə] *n разг.* фильм, кни́га *и т. п.* у́жасов

**hair-raising** [ˈhɛəˌreɪzɪŋ] *a разг.* стра́шный, ужа́сный

**hair's breadth** [ˈhɛəzbredθ] = hairbreadth

**hair shirt** [ˈhɛəˈʃə:t] *n рел.* власяни́ца

**hair-slide** [ˈhɛəslaɪd] *n* зако́лка для воло́с

**hair-splitting** [ˈhɛəˌsplɪtɪŋ] **1.** *n* ме́лочный педанти́зм

**2.** *a* ме́лкий; пустяко́вый, незначи́тельный

**hairspring** [ˈhɛəsprɪŋ] *n* волоско́вая пружи́нка, волосо́к (*в часовом механизме*)

**hair trigger** [ˈhɛəˌtrɪgə] *n воен.* спусково́й крючо́к, тре́бующий сла́бого нажа́тия

**hair-trigger** [ˈhɛəˈtrɪgə] *a* вспы́льчивый

**hair-worm** [ˈhɛəwə:m] *n зоол.* волоса́тик

**hairy** [ˈhɛərɪ] *a* 1) покры́тый волоса́ми, волоса́тый 2) ворси́стый (*о ткани*)

**Haitian** [ˈheɪʃjən] **1.** *a* гаитя́нский

**2.** *n* гаитя́нин; гаитя́нка

**hake** [heɪk] *n* хек (*рыба*)

**hakeem** [hɑ:ˈki:m] *араб. n* врач

**hakim** [ˈhɑ:kɪm] *араб. n* 1) = hakeem 2) судья́; прави́тель, кру́пный чино́вник

**halation** [həˈleɪʃən] *n фото* орео́л

**halberd** [ˈhælbə(:)d] *n ист.* алеба́рда

**halberdier** [ˌhælbə(:)ˈdɪə] *n ист.* алеба́рдщик

**halcyon** [ˈhælsɪən] **1.** *n зоол.* зиморо́док

**2.** *a* ти́хий, безмяте́жный; ~ days ми́рные, счастли́вые дни

**hale** I [heɪl] *a* здоро́вый, кре́пкий (*преим. о стариках*); ~ and hearty кре́пкий и бо́дрый

**hale** II [heɪl] *v* тащи́ть, тяну́ть (*тж. перен.*)

**half** [hɑ:f] **1.** *n* (*pl* halves) 1) полови́на; ~ a mile полми́ли; ~ (an hour) past two (o'clock) полови́на тре́тьего 2) часть (*чего-л.*); the larger ~ бо́льшая часть 3) семе́стр; the winter (summer) ~ зи́мний (ле́тний) семе́стр 4) *спорт.* полови́на игры́ 5) *юр.* сторона́ (*в договорах и т. п.*) 6) *разг.* полпи́нты пи́ва; полсто́пки ви́ски 7) *разг.* = half-back 8) *амер. разг.* полдо́ллара ◊ to go halves in smth. дели́ть что-л. по́ровну; to cry halves тре́бовать свою́ до́лю; to have ~ a mind to do smth. быть не про́чь сде́лать что-л.; to do smth. by halves де́лать что-л. ко́е-ка́к; недоде́лывать; too clever by ~ *ирон.* сли́шком уж умён

**2.** *a* 1) полови́нный 2) непо́лный, части́чный

**3.** *adv* 1) наполови́ну; полу-; ~ raw полусыро́й 2) в значи́тельной сте́пени, почти́ ◊ ~ as much в два ра́за ме́ньше; ~ as much again в полтора́ ра́за бо́льше; not ~ a) о́чень, ужа́сно; he didn't ~ swear он отча́янно руга́лся; б) отню́дь нет; как бы не так; I don't ~ like it мне э́то совсе́м не нра́вится; not ~ bad неду́рно

**half-and-half** [ˈhɑ:fəndˈhɑ:f] **1.** *n* 1) смесь двух напи́тков, *напр.*, по́ртер и эль попола́м 2) *тех.* полови́нник (*припой из равных частей олова и свинца*)

**2.** *a* 1) сме́шанный в ра́вных коли́чествах 2) полови́нчатый; нереши́тельный 3) ни то ни сё

**3.** *adv* попола́м

**half-back** [ˈhɑ:fˈbæk] *n спорт.* полузащи́тник

**half-baked** [ˈhɑ:fˈbeɪkt] *a* 1) недопечённый, полусыро́й 2) незре́лый, нео́пытный 3) непроду́манный, неразрабо́танный 4) глу́пый

**half binding** [ˈhɑ:fˌbaɪndɪŋ] *n* комбини́рованный переплёт

**half-blood** [ˈhɑ:fblʌd] *n* 1) брат, сестра́ то́лько по одному́ из роди́телей 2) родство́ тако́го ти́па 3) = half-breed

**half-bred** [ˈhɑ:fbred] *a* сме́шанного происхожде́ния, нечистокро́вный; a ~ horse ло́шадь-полукро́вка

**half-breed** [ˈhɑ:fbri:d] *n* 1) мети́с 2) гибри́д

**half-brother** [ˈhɑ:fˌbrʌðə] *n* единокро́вный *или* единоутро́бный брат, брат то́лько по одному́ из роди́телей

**half-caste** [ˈhɑ:fkɑ:st] *n* челове́к сме́шанной ра́сы

**half-cock** [ˈhɑːfkɔk] *n воен.* предохранительный взвод; ударник на первом взводе ◇ to go off ~ говорить *или* поступать необдуманно, опрометчиво
**half-cocked** [ˈhɑːfˈkɔkt] *a* 1) на предохранительном взводе 2) неподготовленный
**half-crown** [ˈhɑːfkraun] *n* полкроны (*монета в 2 шиллинга 6 пенсов*)
**half-dollar** [ˈhɑːfdɔlə] *n* полдоллара (*американская монета в 50 центов*)
**half-done** [ˈhɑːfˈdʌn] *a* 1) сделанный наполовину 2) недоваренный, недожаренный
**half-dozen** [ˈhɑːfˈdʌzn] *n* полдюжины
**half-hardy** [ˈhɑːfˈhɑːdɪ] *a* не выдерживающий зимы на открытом воздухе (*о растении*); ~ plant грунтовое растение, требующее прикрытия на зиму
**half-hearted** [ˈhɑːfˈhɑːtɪd] *a* 1) нерешительный, вялый 2) равнодушный, не проявляющий энтузиазма; a ~ consent сдержанное, неохотное согласие 3) полный противоречивых чувств
**half-heartedly** [ˈhɑːfˈhɑːtɪdlɪ] *adv* нерешительно; без особого энтузиазма
**half holiday** [ˈhɑːfˈhɔlədɪ] *n* сокращённый рабочий день
**half hose** [ˈhɑːfˈhəuz] *n* гольфы; носки
**half-length** [ˈhɑːfˈleŋθ] **1.** *n* поясной портрет
**2.** *a* поясной (*о портрете и т. п.*)
**half-light** [ˈhɑːfˈlaɪt] *n* 1) полутьма; сумерки 2) *жив.* полутон 3) *attr.* неяркий; плохо освещённый
**half-mast** [ˈhɑːfˈmɑːst] **1.** *n*: flag at ~ приспущенный флаг
**2.** *v* приспускать (*флаг в знак траура*)
**half measure** [ˈhɑːfˈmeʒə] *n* полумера
**half(-mile)** [ˈhɑːfˈmaɪl] *n* полмили
**half moon** [ˈhɑːfˈmuːn] *n* 1) полумесяц 2) *воен. ист.* равелин
**half pay** [ˈhɑːfˈpeɪ] *n* половинный оклад
**halfpenny** [ˈheɪpnɪ] **1.** *n* (*pl* halfpence [ˈheɪpəns], halfpennies [ˈheɪpnɪz]) полпенса
**2.** *a разг.* грошовый; дешёвый и мишурный
**halfpennyworth** [ˈheɪpnɪwəːθ] *n* на полпенса чего-л., что-л. ценой в полпенса
**half-pound** [ˈhɑːfˈpaund] **1.** *n* полфунта
**2.** *a* весящий полфунта
**half-pounder** [ˈhɑːfˈpaundə] *n* предмет, весящий полфунта
**half-price** [ˈhɑːfˈpraɪs] **1.** *n* полцены; at ~ за полцены
**2.** *adv* за полцены, с пятидесятипроцентной скидкой; children are admitted ~ на детские билеты скидка пятьдесят процентов
**half-roll** [ˈhɑːfˈrəul] *n ав.* переворот через крыло, полубочка
**half-round** [ˈhɑːfˈraund] **1.** *n* полукруг
**2.** *a* полукруглый
**half-seas-over** [ˈhɑːfsiːzˈəuvə] *a predic.* подвыпивший
**half-sister** [ˈhɑːfˌsɪstə] *n* единокровная *или* единоутробная сестра, сестра только по одному из родителей
**half-sovereign** [ˈhɑːfˈsɔvrɪn] *n* полсоверена (*английская золотая монета в десять шиллингов*)
**half-staff** [ˈhɑːfˈstɑːf] = half-mast 1
**half-time** [ˈhɑːfˈtaɪm] *n* 1) неполная рабочая неделя; неполный рабочий день; to work ~ работать неполный день *или* неполную неделю 2) неполная зарплата 3) *спорт.* перерыв между таймами
**half-timer** [ˈhɑːfˌtaɪmə] *n* 1) полубезработный; рабочий, занятый неполную неделю 2) учащийся, освобождённый от части занятий (*из-за работы*)
**half-title** [ˈhɑːfˈtaɪtl] *n полигр.* шмуцтитул
**half-tone** [ˈhɑːftəun] *n* 1) *муз., жив.* полутон 2) *полигр.* автотипия
**half-track** [ˈhɑːftræk] *n амер. воен.* полугусеничная машина; вездеход
**half-truth** [ˈhɑːftruːθ] *n* полуправда
**half-way** [ˈhɑːfˈweɪ] **1.** *a* лежащий на полпути ◇ ~ house а) гостиница на полпути; б) компромисс
**2.** *adv* 1) на полпути 2) наполовину; частично ◇ to meet smb. ~ пойти навстречу кому-л.; пойти на компромисс, на уступки
**half-wit** [ˈhɑːfwɪt] *n* слабоумный; дурак
**half-witted** [ˈhɑːfˈwɪtɪd] *a* слабоумный
**half-word** [ˈhɑːfˈwəːd] *n* намёк
**half-year** [ˈhɑːfˈjəː] *n* 1) полгода 2) семестр
**half-yearly** [ˈhɑːfˈjəːlɪ] **1.** *a* полугодовой
**2.** *n* издание, выходящее раз в полгода
**3.** *adv* раз в полгода
**halibut** [ˈhælɪbət] *n* палтус (*рыба*)
**halite** [ˈhælaɪt] *n мин.* каменная соль
**halitosis** [ˌhælɪˈtəusɪs] *n мед.* дурной запах изо рта
**hall** [hɔːl] *n* 1) зал; большая комната; banqueting ~ зал для банкетов; servants' ~ помещение для слуг 2) холл; приёмная, вестибюль; коридор 3) здание, помещение общественного характера; Surgeons' H. помещение ассоциации хирургов 4) общежитие при университете 5) столовая университетского колледжа 6) обед в университетской столовой 7) помещичий дом, усадьба 8) *поэт.* чертог
**hall bedroom** [ˈhɔːlˌbedrum] *n амер.* 1) отгороженная часть передней, превращённая в спальню 2) дешёвая меблированная комната
**halleluiah, hallelujah** [ˌhælɪˈluːjə] *n, int* аллилуйя
**halliard** [ˈhæljəd] = halyard
**hallmark** [ˈhɔːlmɑːk] **1.** *n* 1) пробирное клеймо, проба 2) отличительный признак; критерий
**2.** *v* 1) ставить пробу 2) устанавливать критерий
**hallo(a)** [həˈləu] **1.** *int* алло!, привет!
**2.** *n* приветствие; приветственный возглас; возглас удивления *и т. п.*
**3.** *v* здороваться; звать, окликать
**halloo** [həˈluː] **1.** *int* 1) ату! 2) эй!
**2.** *v* 1) криком привлекать внимание 2) натравливать собак 3) подстрекать, науськивать
**hallow I** [həˈləu] = halloo
**hallow II** [ˈhæləu] **1.** *n*: All ~s = Hallowmas
**2.** *v* 1) освящать 2) почитать, чтить
**Hallowe'en** [ˈhæləuˈiːn] *n шотл., амер.* канун дня всех святых
**Hallowmas** [ˈhæləumæs] *n церк.* день всех святых (*1 ноября*)
**hallucinate** [həˈluːsɪneɪt] *v* 1) галлюцинировать; страдать галлюцинациями 2) вызывать галлюцинацию
**hallucination** [həˌluːsɪˈneɪʃən] *n* галлюцинация
**hallway** [ˈhɔːlweɪ] *n амер.* 1) коридор 2) прихожая
**halm** [hɑːm] = haulm
**halo** [ˈheɪləu] **1.** *n* (*pl* -oes [-əuz]) 1) *астр.* гало 2) ореол, сияние 3) венчик, нимб
**2.** *v* окружать ореолом
**halogen** [ˈhælədʒen] *n хим.* галоген
**haloid** [ˈhælɔɪd] *n хим.* галоид
**halt I** [hɔːlt] **1.** *n* 1) привал; остановка 2) полустанок, платформа
**2.** *v* останавливать(ся); делать привал
**3.** *int* стой! (*команда*)
**halt II** [hɔːlt] *v* 1) колебаться 2) запинаться 3) хромать
**halter** [ˈhɔːltə] **1.** *n* 1) повод, недоуздок; to put a ~ upon (*или* on) smb. обуздать, взнуздать, оседлать кого-л. 2) верёвка с петлей на виселице; to come to the ~ попасть на виселицу
**2.** *v* 1) надевать недоуздок; приучать к узде 2) вешать (*казнить*)
**halting** [ˈhɔːltɪŋ] *a* 1) хромой 2) запинающийся
**halve** [hɑːv] *v* 1) делить пополам 2) уменьшать, сокращать наполовину 3) *стр.* соединять вполдерева
**halves** [hɑːvz] *pl от* half 1
**halving** [ˈhɑːvɪŋ] **1.** *pres. p. от* halve
**2.** *n тех.* соединение, сращивание; наращивание; соединение в замок
**halyard** [ˈhæljəd] *n мор.* фал
**ham** [hæm] **1.** *n* 1) бедро, ляжка 2) окорок, ветчина 3) *pl разг.* зад 4) *амер. разг.* актёр, играющий с нажимом 5) *разг.* радиолюбитель
**2.** *v амер. разг.* играть с нажимом (*об актёре*)
**hamate** [ˈheɪmeɪt] *a* крючковатый, кривой
**hamburger** [ˈhæmbəːgə] *n* 1) рубленый бифштекс 2) булочка с рубленым бифштексом
**Hamburg(h)** [ˈhæmbərə] *n* 1) сорт чёрного винограда 2) гамбургская порода кур
**ham-fisted** [ˈhæmˈfɪstɪd] *a разг.* неуклюжий
**hamlet** [ˈhæmlɪt] *n* деревушка

**hammer** [ˈhæmə] **1.** *n* 1) молото́к; мо́лот; ~ and sickle серп и мо́лот; throwing of the ~ *спорт.* мета́ние мо́лота 2) молото́чек (*в различных механизмах*) 3) куро́к, уда́рник 4) молото́к аукциони́ста; to bring to the ~ продава́ть с аукцио́на; to come under the ~ продава́ться с аукцио́на, пойти́ с молотка́ ◊ ~ and tongs с воодушевле́нием; энерги́чно; изо все́й си́лы; to go at it ~ and tongs а) взя́ться за что-л. с воодушевле́нием; изо все́х сил стара́ться; б) набро́ситься, напа́сть

**2.** *v* 1) вбива́ть, вкола́чивать (in, into — в); прибива́ть 2) стуча́ть, колоти́ть (at — в) 3) кова́ть, чека́нить 4) ударя́ть, бить 5) бить по неприя́телю, *особ.* из тяжёлых ору́дий 6) *разг.* побежда́ть, побива́ть (*в состязании*) 7) объявля́ть несостоя́тельным должнико́м 8) суро́во критикова́ть 9) втолко́вывать □ **~ at** а) пристава́ть с про́сьбами к *кому-л.*; б) упо́рно рабо́тать над *чем-л.*; **~ away** а) продолжа́ть де́лать (*что-л.*), рабо́тать над *чем-л.*; б) греме́ть, грохота́ть (*о пушках*); **~ down** урегули́ровать; **~ out** а) *тех.* выко́вывать; расплю́щивать; б) *перен.* приду́мывать; составля́ть; изобрета́ть; **~ together** сбива́ть, скола́чивать ◊ to ~ it home to smb. внуши́ть кому́-л., довести́ до чьего́-л. созна́ния

**hammer-blow** [ˈhæməbləu] *n* тяжёлый, сокруши́тельный уда́р

**hammerer** [ˈhæmərə] *n* молотобо́ец

**hammer-head** [ˈhæməhed] *n* 1) голо́вка молотка́ 2) *зоол.* мо́лот-ры́ба

**hammering** [ˈhæmərɪŋ] **1.** *pres. p. от* hammer 2

**2.** *n* 1) ко́вка, чека́нка 2) стук, уда́ры; to give a good ~ *разг.* отдуба́сить

**3.** *a* стуча́щий, ударя́ющий

**hammerman** [ˈhæməmən] = hammerer

**hammer scale** [ˈhæməskeɪl] *n тех.* молотобо́ина, ока́лина

**hammersmith** [ˈhæməsmɪθ] *n* кузне́ц

**hammer-throwing** [ˈhæməˌθrəuɪŋ] *n спорт.* мета́ние мо́лота

**hammock** [ˈhæmək] *n* гама́к; подвесна́я ко́йка

**hammock chair** [ˈhæməkˈtʃɛə] *n* складно́й стул (*с парусиновым сиденьем*)

**hamper I** [ˈhæmpə] *v* препя́тствовать, меша́ть; затрудня́ть, стесня́ть движе́ния; to ~ the progress of business препя́тствовать успе́ху де́ла

**hamper II** [ˈhæmpə] *n* 1) корзи́на с кры́шкой 2) корзи́на, паке́т с ла́комствами, с едо́й

**hamshackle** [ˈhæmʃækl] *v* опу́тывать живо́тное (*связывать переднюю ногу с головой*)

**hamster** [ˈhæmstə] *n зоол.* хомя́к

**hamstring** [ˈhæmstrɪŋ] **1.** *n* подколе́нное сухожи́лие

**2.** *v* (hamstringed [-d], hamstrung) 1) подреза́ть поджи́лки 2) *перен.* подреза́ть кры́лья; ре́зко ослабля́ть; кале́чить

**hamstrung** [ˈhæmstrʌŋ] *past и p. p. от* hamstring 2

**hand** [hænd] **1.** *n* 1) рука́ (*кисть*); ~ in ~ рука́ о́б руку; ~s up! ру́ки вверх!; by ~ а) от руки́; ручны́м спо́собом; б) самоли́чно 2) пере́дняя ла́па *или* нога́ 3) власть, контро́ль; in ~ а) в рука́х; в подчине́нии; to keep in ~ держа́ть в рука́х, в подчине́нии; б) в исполне́нии; в рабо́те; в) нали́чный; в нали́чности; to get out of ~ вы́йти из повинове́ния; отби́ться от рук 4) ло́вкость, уме́ние; a ~ for smth. иску́сство в чём-л. 5) по́мощь; to give a ~ оказа́ть по́мощь 6) рабо́тник; рабо́чий; factory ~ фабри́чный рабо́чий 7) *pl* экипа́ж, кома́нда су́дна; all ~s on deck! все наве́рх! 8) исполни́тель; a picture by the same ~ карти́на того́ же худо́жника; to be a good ~ at (*или* in) smth. быть иску́сным в чём-л.; to be an old (poor) ~ at smth. быть о́пытным, иску́сным (сла́бым) в чём-л. 9) сторона́, положе́ние; on all ~s со всех сторо́н 10) исто́чник (*сведений и т. п.*); at first ~ из пе́рвых рук; непосре́дственно; at second ~ из вторы́х рук; по чьим-л. слова́м 11) по́черк; small ~ ме́лкий по́черк 12) *уст.* по́дпись; under one's ~ and seal за по́дписью и печа́тью такого-то 13) стре́лка часо́в 14) крыло́ (*семафора*) 15) указа́тель (*изображение руки с вытянутым указательным пальцем*) 16) *карт.* игро́к; па́ртия; ка́рты на рука́х у игрока́ 17) ладо́нь (*как мера*); 10 сантиме́тров (*при измерении роста лошади*) 18) *разг.* аплодисме́нты; big ~ продолжи́тельные аплодисме́нты, успе́х 19) *attr.* ручно́й 20) *attr.* сде́ланный ручны́м спо́собом; управля́емый вручну́ю ◊ on the one ~... on the other ~ с одно́й стороны́... с друго́й стороны́; at ~ находя́щийся под руко́й; бли́зкий (*тж. о времени*); on ~ а) име́ющийся в распоряже́нии, на рука́х; on one's ~s на чьей-л. отве́тственности; б) *амер.* налицо́, побли́зости; to ~ под руко́й, налицо́; off ~ а) без подгото́вки, экспро́мтом; б) бесцеремо́нный [*см.* off-hand]; out of ~ без подгото́вки, сра́зу; экспро́мтом; ~s off! ру́ки прочь!; off one's ~s с рук доло́й; ~ and foot а) по рука́м и нога́м; to bind ~ and foot связа́ть по рука́м и нога́м; б) усе́рдно; ~ and glove with smb. о́чень бли́зкий, в те́сной свя́зи с кем-л.; ~s down легко́, без уси́лий; ~ over ~, ~ over fist бы́стро, прово́рно; to come to ~ прибыва́ть, поступа́ть; получа́ться; to suffer at smb.'s ~s натерпе́ться от кого́-л.; at any ~ во вся́ком слу́чае; to have (*или* to take) a ~ in smth. уча́ствовать в чём-л.; вме́шиваться во что-л.; to bring up by ~ вы́кормить рожко́м, иску́сственно; to send by ~ посла́ть с на́рочным; переда́ть че́рез кого́-л.; to live from ~ to mouth жить без уве́ренности в бу́дущем; жить впро́голодь, ко́е-ка́к своди́ть концы́ с конца́ми; to keep one's ~ in smth. продолжа́ть занима́ться чем-л., не теря́ть иску́сства в чём-л.; he is out of ~ он э́тим бо́льше не занима́ется; он разучи́лся; to put (*или* to set) one's ~s to smth. предприня́ть, нача́ть что-л.; бра́ться за что-л.; with a heavy ~ жесто́ко; with a high ~ высокоме́рно; своево́льно; де́рзко; to have (*или* to get) the upper ~ име́ть превосхо́дство, госпо́дствовать

**2.** *v* 1) передава́ть, вруча́ть; would you kindly ~ me the salt? переда́йте, пожа́луйста, соль; they ~ed him a surprise они́ преподнесли́ ему́ сюрпри́з 2) посыла́ть; ~ing the enclosed cheque посыла́я при сём чек 3) помо́чь (*войти, пройти*); to ~ a lady into a bus помо́чь же́нщине сесть в авто́бус □ **~ down** а) подава́ть све́рху; б) помо́чь сойти́ вниз; **~ in** а) вруча́ть, подава́ть (*заявление*); to ~ in one's resignation пода́ть проше́ние об отста́вке; б) посади́ть (*в машину и т. п.*); **~ on** передава́ть, пересыла́ть; **~ out** а) выдава́ть, раздава́ть; б) *разг.* тра́тить де́ньги, в) помо́чь сойти́, вы́йти; **~ over** а) передава́ть (друго́му); б) *воен.* сдава́ть(ся); **~ round** раздава́ть, разноси́ть; **~ up** подава́ть сни́зу вверх ◊ to ~ it to smb. а) призна́ть чьё-л. превосхо́дство; б) дать высо́кую оце́нку

**handbag** [ˈhændbæg] *n* 1) да́мская су́мочка 2) (ручно́й) чемода́нчик

**handball** [ˈhændbɔːl] *n спорт.* гандбо́л, ручно́й мяч

**hand-barrow** [ˈhændˌbærəu] *n* 1) носи́лки 2) ручна́я теле́жка, та́чка

**handbell** [ˈhændbel] *n* колоко́льчик

**handbill** [ˈhændbɪl] *n* рекла́мный листо́к

**handbook** [ˈhændbuk] *n* 1) руково́дство; спра́вочник; указа́тель 2) кни́жка букме́кера

**handbook man** [ˈhændbukmæn] *n амер. спорт.* букме́кер

**handcar** [ˈhændkɑː] *n амер.* дрези́на

**handcart** [ˈhændkɑːt] *n* ручна́я теле́жка

**handcuff** [ˈhændkʌf] **1.** *n* (*обыкн. pl*) нару́чник

**2.** *v* надева́ть нару́чники

**handful** [ˈhændful] *n* 1) при́горшня; горсть 2) ма́ленькая ку́чка, гру́ппа; го́рсточка 3) *разг.* кто-л. *или* что-л., доставля́ющее беспоко́йство; «беда́», «наказа́ние»; that boy is a ~! э́тот мальчи́шка — и́стинное наказа́ние!

**handglass** [ˈhændglɑːs] *n* 1) ручна́я лу́па 2) ручно́е зе́ркальце

**hand-grenade** [ˈhændgrɪˌneɪd] *n* ручна́я грана́та

**handgrip** [ˈhændgrɪp] *n* 1) пожа́тие, сжа́тие руки́ 2) схва́тка врукопа́шную 3) руко́ятка

**handhold** [ˈhændhəuld] *n* 1) то, за что мо́жно ухвати́ться руко́й (*напр.*, вы́ступ скалы́, ве́тка де́рева *и т. п.*) 2) руко́ятка 3) по́ручень, пери́ла

**handicap** [ˈhændɪkæp] **1.** *n* 1) *спорт.* гандика́п 2) поме́ха; препя́тствие 3) *авто* го́нки по пересечённой ме́стности

2. *v* 1) *спорт.* уравновéшивать сúлы; урáвнивать услóвия 2) стáвить в невы́годное положéние; быть помéхой; to be ~ped испы́тывать затруднéния; physically ~ped страдáющий какúм-л. физúческим недостáтком

**handicraft** ['hændɪkrɑ:ft] *n* 1) ремеслó; ручнáя рабóта 2) искýсство ремéсленника 3) *attr.* ремéсленный, кустáрный; ~ industry ремéсленное произвóдство; кустáрное произвóдство

**handicraftsman** ['hændɪkrɑ:ftsmən] *n* ремéсленник

**handie-talkie** ['hændɪ'tɔ:kɪ] *n разг.* портатúвная дýплексная радиостáнция (*для связи на ходу*)

**handiwork** ['hændɪwə:k] *n* 1) ручнáя рабóта; рукодéлие 2) рабóта, издéлие

**handkerchief** ['hæŋkətʃɪf] *n* 1) носовóй платóк 2) шéйный платóк, косы́нка ◇ to throw the ~ to smb. а) подáть комý-л. услóвный знак (*в игре*); б) вы́казать предпочтéние комý-л.

**hand-knitted** ['hænd'nɪtɪd] *a* ручнóй вя́зки

**handle** ['hændl] **1.** *n* 1) рýчка, рукоя́ть; рукоя́тка 2) удóбный слýчай, предлóг; to give (*или* to leave) a ~ to smth. дать пóвод к чемý-л.; to give (*или* to leave) a ~ against oneself дать пóвод для напáдок ◇ a ~ to one's name тúтул

2. *v* 1) брать рукáми, держáть в рукáх 2) дéлать (*что-л.*) рукáми; перебирáть, переклáдывать *и т. п.* 3) обходúться, обращáться с *кем-л.*, *чем-л.* 4) управля́ть, регулúровать; the car ~s well машúна легкá в управлéнии 5) ухáживать (*за машиной, скотом, растениями, землёй*) 6) трактовáть 7) сговорúться, столковáться; he is hard to ~ с ним трýдно договорúться 8) *ком.* торговáть (*чем-л.*)

**handle-bar** ['hændlbɑ:] *n* руль велосипéда

**hand-light** ['hændlaɪt] *n* переноснáя электрúческая лáмпа (*для осмотра машин*)

**handling** ['hændlɪŋ] **1.** *pres. p. от* handle 2

2. *n* 1) обхождéние; обращéние (*с кем-л., с чем-л.*) 2) трактóвка (*темы*); подхóд к решéнию (*вопросов и т. п.*) 3) ухóд; ~ of land ухóд за землёй 4) управлéние; ~ of men расстанóвка рабóчей сúлы 5) раздéлывание (*напр., теста*)

**handlist** ['hændlɪst] **1.** *n* алфавúтный спúсок

2. *v* составля́ть алфавúтный спúсок

**handmade** ['hænd'meɪd] *a* ручнóй рабóты

**hand-me-down** ['hændmi:'daun] *амер. разг.* **1.** *n* 1) подéржанное плáтье 2) готóвое плáтье

2. *a* 1) подéржанный (*о платье*) 2) готóвый (*о платье*)

**hand-mill** ['hændmɪl] *n* ручнáя мéльница

**hand-operated** ['hænd'ɔpəreɪtɪd] *a* управля́емый вручнýю

**handout** ['hændaut] *n* 1) официáльное заявлéние для печáти; текст заявлéния для печáти 2) тéзисы (*доклада, лекции*), выдавáемые бесплáтно 3) *амер.* мúлостыня, подая́ние; пúща, одéжда *и т. п.*, раздавáемые бесплáтно (*с благотворительной целью*)

**handover** ['hænd,əuvə] *n* передáча (*из рук в руки*)

**hand-pick** ['hændpɪk] *v* тщáтельно выбирáть, подбирáть

**hand-picked** ['hændpɪkt] *a* 1) вы́бранный, подóбранный; ~ jury специáльно подóбранный состáв прися́жных 2) *разг.* отбóрный 3) *тех.* отсортирóванный вручнýю

**hand-play** ['hændpleɪ] *n* 1) потасóвка, дрáка 2) жестикуля́ция

**handrail** ['hændreɪl] *n* 1) перúла 2) *мор.* пóручень

**handsaw** ['hændsɔ:] *n* ножóвка, ручнáя пилá

**handsel** ['hændsəl] **1.** *n* 1) подáрок к Нóвому гóду *и т. п.*; подáрок на счáстье 2) почúн, дóброе начáло (*торговли и т. п.*) 3) предвкушéние 4) задáток, залóг; пéрвый взнос

2. *v* 1) дарúть 2) начáть, сдéлать впервы́е 3) отмечáть откры́тие (*в торжественной обстановке*) 4) служúть хорóшим предзнаменовáнием

**handshake** ['hændʃeɪk] *n* рукопожáтие

**handshaker** ['hænd,ʃeɪkə] *n разг. презр.* подлúза

**handsome** ['hænsəm] *a* 1) красúвый, стáтный 2) значúтельный; a ~ sum изря́дная сýмма 3) щéдрый ◇ ~ is that ~ does *посл.* ≅ сýдят не по словáм, а по делáм

**handspike** ['hændspaɪk] *n мор.* гáншпуг

**handspring** ['hændsprɪŋ] *n* кувыркáнье «колесóм»; to turn ~s кувыркáться, дéлать «колесó»

**hand-to-hand** ['hændtə'hænd] *a воен.* рукопáшный; ~ fighting рукопáшный бой, рукопáшная

**handwork** ['hændwə:k] *n* ручнáя рабóта

**handwriting** ['hænd,raɪtɪŋ] *n* пóчерк; sprawling ~ размáшистый пóчерк

**handy** ['hændɪ] *a* 1) удóбный (*для пользования*); портатúвный 2) легкó управля́емый 3) (имéющийся) под рукóй, блúзкий 4) лóвкий, искýсный ◇ to come in ~ быть кстáти, пригодúться

**handy man** ['hændɪmæn] *n* 1) подрýчный 2) на все рýки мáстер 3) *разг.* матрóс

**hang** [hæŋ] **1.** *n* 1) вид; манéра; mark the ~ of the dress обратúте внимáние на то, как сидúт плáтье 2) осóбенности, смысл, значéние (*чего-л.*); to get the ~ of smth. освóиться с чем-л., приобрестú снорóвку в чём-л.; to get the ~ of smb. «раскусúть» когó-л. 3) склон, скат; наклóн ◇ I don't care a ~ мне наплевáть

2. *v* (hung, *но* hanged [-d] *в знач. вешать — казнить*) 1) вéшать; подвéшивать; развéшивать 2) вéшать (*казнить*); to ~ oneself повéситься 3) прикрепля́ть, навéшивать; to ~ a door навéсить дверь; to ~ wallpaper оклéивать обóями 4) висéть; to ~ by a thread висéть на волоскé 5) сидéть (*о платье*); to ~ loose болтáться, висéть 6) выставля́ть картúны на вы́ставке 7) застревáть, задéрживаться при спýске *и т. п.*; to ~ fire дать осéчку; *перен.* мéдлить, мéшкать □ ~ **about, ~ around** а) теснúться вокрýг; б) бродúть вокрýг; околáчиваться, шля́ться, слоня́ться; в) быть блúзким, надвигáться; there is a thunderstorm ~ing about надвигáется грозá; ~ **back** а) пя́титься, упирáться; б) не решáться, робéть; в) отставáть; ~ **behind** отставáть; ~ **down** свисáть, ниспадáть; to ~ down one's head повéсить, понýрить гóлову, унывáть; ~ **on** а) повúснуть; прицепúться; крéпко держáться; б) упóрствовать; в) = ~ upon; ~ **out** а) вывéшивать (*флаги*); б) высóвываться (*из окна*); в) *разг.* жить, квартировáть; г) *разг.* болтáться; околáчиваться; ~ **over** а) нависáть; *перен.* грозúть, угрожáть; б) остáться незакóнченным; ~ **together** а) держáться сплочённо, поддéрживать друг дрýга; б) быть свя́зным, логúчным; соответствовáть; ~ **up** а) повéсить *что-л.*; повéсить телефóнную трýбку, дать отбóй; б) мéдлить, отклáдывать, оставля́ть нерешённым; в) *разг.* заклáдывать; отдавáть в залóг; ~ **upon** опирáться, полагáться на ◇ to ~ heavy мéдленно тянýться (*о времени*); to ~ out one's ear подслýшивать; ~ it all! тьфу, прóпасть!, пропадú онó прóпадом!; ~ you! убирáйтесь к чёрту!; I am ~ed if I know провалúться мне на э́том мéсте, éсли я чтó-нибудь знáю; to ~ up one's hat надóлго остановúться (*у кого-л.*); to ~ upon smb.'s lips (*или* words) внимáтельно слýшать, ловúть кáждое слóво когó-л.; to ~ upon smb.'s sleeve зави́сеть от когó-л.

**hangar** ['hæŋə] *n* 1) ангáр 2) навéс, сарáй 3) склад

**hangdog** ['hæŋdɔg] **1.** *n* вúсельник; пóдлый человéк

2. *a* 1) нúзкий, пóдлый 2) присты́жённый, виновáтый (*о выражении лица*)

**hanger** ['hæŋə] *n* 1) тот, кто навéшивает, наклéивает (*афиши и т. п.*) 2) то, что подвéшено, висúт, свисáет (*напр.*, занавéска, верёвка колокола *и т. п.*) 3) крюк, крючóк; вéшалка (*платья*) 4) *тех.* подвéска; крюк, серьгá; кронштéйн 5) *мор.* кóртик 6) *горн.* вися́чий бок вы́работки, месторождéния

**hanger-on** ['hæŋər'ɔn] *n* (*pl* hangers-on) 1) прихлебáтель 2) приспéшник 3) *горн.* стволовóй подкáтчик вагонéток в околоствóльном дворé

**hangers-on** ['hæŋəz'ɔn] *pl от* hanger-on

**hanging** ['hæŋɪŋ] **1.** *pres. p. от* hang 2

2. *n* 1) вéшанье; подвéшивание 2) смéртная казнь чéрез повéшение 3) *pl* драпирóвки, портьéры ◇ ~ committee жюрú по отбóру картúн для вы́ставки; it's a ~ matter тут пáхнет

ви́селицей; ~ judge *разг.* судья́, сли́шком ча́сто выносящий сме́ртный пригово́р

3. *a* вися́чий, подвесно́й; ~ bridge вися́чий мост

**hangman** [ˈhæŋmən] *n* пала́ч

**hangnail** [ˈhæŋneɪl] *n разг.* заусе́ница

**hangout** [ˈhæŋaut] *n амер.* постоя́нное ме́сто сбо́рищ *или* встреч

**hangover** [ˈhæŋˌəuvə] *n* 1) пережи́ток; насле́дие (*прошлого*) 2) *разг.* похме́лье

**hank** [hæŋk] 1. *n* 1) *текст.* мото́к 2) *мор.* бу́хта тро́са, ка́беля

2. *v* сма́тывать

**hanker** [ˈhæŋkə] *v* стра́стно жела́ть, жа́ждать (after, for)

**hankering** [ˈhæŋkərɪŋ] *n* стра́стное жела́ние; стремле́ние; to have a ~ for (after) smth. стреми́ться к чему́-л.; о́чень хоте́ть чего́-л.; тоскова́ть

**hankie, hanky** [ˈhæŋkɪ] *n разг.* носово́й плато́к

**hanky-panky** [ˈhæŋkɪˈpæŋkɪ] *n разг.* обма́н, моше́нничество, проде́лки

**Hanoverian** [ˌhænəuˈvɪərɪən] *a ист.* ганно́верский; ~ House Ганно́верская дина́стия

**Hansard** [ˈhænsɑ:d] *n разг.* официа́льный отчёт о заседа́ниях англи́йского парла́мента

**Hansardize** [ˈhænsɑ:daɪz] *v разг.* предъявля́ть чле́ну парла́мента его́ пре́жние заявле́ния (*по официальным отчётам*)

**hansel** [ˈhænsəl] = handsel

**hansom (cab)** [ˈhænsəm(ˈkæb)] *n* двухколёсный экипа́ж (*с местом для кучера сзади*)

**han't** [hɑ:nt] *сокр. разг.* = have not, has not

**hap** [hæp] *v уст.* случа́ться, происходи́ть

**haphazard** [ˈhæpˈhæzəd] 1. *n* слу́чай, случа́йность; at (*или* by) ~ случа́йно; наудачу

2. *a* 1) случа́йный 2) *тех.* бессисте́мный

**hapless** [ˈhæplɪs] *a* 1) несча́стный, злополу́чный 2) незада́чливый

**ha'p'orth** [ˈheɪpəθ] *разг. см.* halfpennyworth

**happen** [ˈhæpən] *v* 1) случа́ться, происходи́ть (to *smb* — с *кем-л.*); something must have ~ed очеви́дно, что́-то случи́лось 2) (случа́йно) ока́зываться; I ~ed to be at home я как раз оказа́лся до́ма; as it ~s I have left my money at home ока́зывается, я оста́вил де́ньги до́ма □ **~ along,** *амер.* **~ in** *разг.* случа́йно зайти́; **~ on, ~ upon** случа́йно натолкну́ться, встре́тить

**happening** [ˈhæpnɪŋ] 1. *pres. p. от* happen

2. *n* слу́чай, собы́тие

**happily** [ˈhæpɪlɪ] *adv* 1) сча́стливо 2) к сча́стью 3) успе́шно; уда́чно

**happiness** [ˈhæpɪnɪs] *n* сча́стье

**happy** [ˈhæpɪ] *a* 1) счастли́вый; ~ man! счастли́вец!; ~ end счастли́вый коне́ц (*романа, фильма и т. п.*); as ~ as the day is long о́чень счастли́вый 2) уда́чный; ~ retort нахо́дчивый отве́т; ~ guess пра́вильная дога́дка; ~ thought (*или* idea) уда́чная мысль 3) дово́льный, весёлый 4) *разг.* навеселе́

**happy-go-lucky** [ˈhæpɪgəuˈlʌkɪ] 1. *a* 1) беспе́чный, беззабо́тный 2) случа́йный

2. *adv* как придётся; по во́ле слу́чая

**hara-kiri** [ˈhærəˈkɪrɪ] *яп. n* харакири

**harangue** [həˈræŋ] 1. *n* 1) речь (*публичная*); горя́чее обраще́ние 2) разглаго́льствование

2. *v* 1) произноси́ть речь 2) разглаго́льствовать

**haras** [ˈhærəs] *n* ко́нный заво́д

**harass** [ˈhærəs] *v* 1) беспоко́ить, трево́жить, изводи́ть 2) утомля́ть

**harbinger** [ˈhɑ:bɪnʤə] *n* предве́стник

**harbour** [ˈhɑ:bə] 1. *n* 1) га́вань, порт 2) убе́жище, прибе́жище

2. *v* 1) стать на я́корь (*в гавани*) 2) дать убе́жище; укры́ть; приюти́ть; the woods ~ much game в лесу́ мно́го ди́чи 3) затаи́ть, пита́ть (*чувство злобы, мести и т. п.*) 4) *охот.* вы́следить зве́ря

**harbourage** [ˈhɑ:bərɪʤ] *n* 1) ме́сто для стоя́нки судо́в в порту́ 2) убе́жище, прию́т

**harbour-dues** [ˈhɑ:bədju:z] *n pl* портовые сбо́ры

**hard** [hɑ:d] 1. *a* 1) твёрдый, жёсткий; ~ apple жёсткое я́блоко; ~ collar крахма́льный воротничо́к; ~ food а) зерново́й корм; б) гру́бая, невку́сная пи́ща 2) кре́пкий, си́льный; ~ blow си́льный уда́р 3) тру́дный, тяжёлый; тре́бующий напряже́ния; to learn smth. the ~ way напряжённо учи́ться, вкла́дывать все си́лы в учёбу; ~ case а) тру́дный слу́чай; б) закорене́лый престу́пник; ~ to cure трудноизлечи́мый 4) суро́вый, холо́дный 5) стро́гий; безжа́лостный; ~ discipline суро́вая дисципли́на; to be ~ on smb. быть (сли́шком) стро́гим с кем-л. 6) несча́стный, тяжёлый; ~ lines (*или* lot, luck) тяжёлая, несча́стная судьба́; тяжёлое испыта́ние 7) усе́рдный, упо́рный 8) уси́ленно предаю́щийся (*чему-л.*); ~ drinker пья́ница 9) ре́зкий, неприя́тный (*для слуха, глаза*) 10) определённый, подтверждённый; ~ fact неопровержи́мый факт 11) усто́йчивый; ~ prices усто́йчивые це́ны; ~ currency усто́йчивая валю́та 12) скупо́й, жа́дный 13) *амер.* кре́пкий (*о напитках и т. п.*); ~ drinks кре́пкие спиртны́е напи́тки; ~ drugs сильноде́йствующие нарко́тики 14) жёсткий (*о воде*) 15) *фон.* твёрдый (*о согласном*) 16) *тлв.* контра́стный; ~ image контра́стное изображе́ние ◇ ~ and fast неги́бкий, твёрдый, жёсткий (*о правилах*); стро́го определённый; про́чный; ~ labour ка́торжные рабо́ты; ~ cash (*амер.* money) нали́чные (*деньги*); зво́нкая моне́та; ~ of hearing туго́й на́ ухо

2. *adv* 1) твёрдо; кре́пко; си́льно; it froze ~ yesterday вчера́ си́льно моро́зило 2) насто́йчиво, упо́рно, энерги́чно; to try ~ упо́рно пыта́ться; о́чень стара́ться 3) с трудо́м, тяжело́ 4) чрезме́рно, неуме́ренно; to swear ~ руга́ться после́дними слова́ми 5) суро́во, жесто́ко; to criticize ~ ре́зко критикова́ть 6) бли́зко, вплотну́ю, по пята́м; ~ by бли́зко, ря́дом; to follow ~ after (*или* behind, upon) сле́довать по пята́м за ◇ ~ pressed, ~ pushed в тру́дном, тяжёлом положе́нии; ~ put to it в затрудне́нии, запу́тавшийся; it goes ~ with him его́ дела́ пло́хи

3. *n* 1) песча́ное ме́сто для вы́садки на бе́рег; проходи́мое ме́сто на то́пком боло́те; брод 2) *разг.* ка́торга

**hard-back** [ˈhɑ:dbæk] *n* кни́га в жёстком переплёте

**hardbake** [ˈhɑ:dbeɪk] *n* минда́льная караме́ль

**hardbitten** [ˈhɑ:dˈbɪtn] *a* сто́йкий, упо́рный; упря́мый

**hard-boiled** [ˈhɑ:dˈbɔɪld] *a* 1) сва́ренный вкруту́ю (*о яйце*) 2) неподатливый, круто́й, бесчу́вственный, чёрствый 3) *амер.* искушённый, прожжённый; вида́вший ви́ды

**hard-coal** [ˈhɑ:dkəul] *n* антраци́т

**hard core** [ˈhɑ:dkɔ:] *n* основна́я, центра́льная часть; ядро́

**hard-cover** [ˈhɑ:dˌkʌvə] = hard-back

**hard-earned** [ˈhɑ:dˈə:nd] *a* с трудо́м зарабо́танный

**harden** [ˈhɑ:dn] *v* 1) де́лать(ся) твёрдым; тверде́ть, застыва́ть 2) закаля́ть(ся), укрепля́ть(ся) 3) де́лать (-ся) бесчу́вственным, ожесточа́ть (-ся); ~ed criminal закорене́лый престу́пник 4) *тех.* закаля́ть(ся); цементи́ровать

**hardener** [ˈhɑ:dnə] *n тех.* вещество́, спосо́бствующее зака́лке, увеличе́нию твёрдости мета́лла

**hard-faced** [ˈhɑ:dˈfeɪst] *a* суро́вый, безжа́лостный

**hard-favoured** [ˈhɑ:dˈfeɪvəd] = hard-featured

**hard-featured** [ˈhɑ:dˈfi:ʧəd] *a* с гру́быми, ре́зкими черта́ми лица́

**hard-fisted** [ˈhɑ:dˈfɪstɪd] *a* 1) име́ющий си́льные кулаки́ *или* ру́ки 2) скупо́й

**hard-grained** [ˈhɑ:dˈgreɪnd] *a* 1) твёрдый, пло́тный (*о дереве*) 2) крупнозерни́стый 3) суро́вый, бесчу́вственный; упря́мый

**hard-handed** [ˈhɑ:dˈhændɪd] *a* 1) с загрубе́лыми (от труда́) рука́ми 2) гру́бый, суро́вый, жесто́кий

**hardhead** [ˈhɑ:dhed] *n* 1) практи́чный челове́к; деля́га 2) болва́н

**hard-headed** [ˈhɑ:dˈhedɪd] *a* 1) практи́чный, тре́звый 2) искушённый; прожжённый 3) упря́мый

**hard-hearted** [ˈhɑ:dˈhɑ:tɪd] *n* жестокосе́рдный; жесто́кий, бесчу́вственный; чёрствый

**hardihood** [ˈhɑ:dɪhud] *n* 1) сме́лость, де́рзость 2) на́глость

**hardily** [ˈhɑ:dɪlɪ] *adv* сме́ло

**hardiness** [ˈhɑ:dɪnɪs] *n* 1) сме́лость, де́рзость 2) кре́пость, выно́сливость

**hard-liner** [ˈhɑ:dˌlaɪnə] *n* сторо́нник «жёсткого» ку́рса (*в политике и т. п.*); проти́вник компроми́ссов

**hardly** [ˈhɑːdlɪ] *adv* 1) едва́; I had ~ uttered a word я едва́ успе́л вы́молвить сло́во 2) едва́ ли; the rumour was ~ true вряд ли слух был ве́рен 3) с трудо́м 4) ре́зко, суро́во; ожесточённо

**hard-mouthed** [ˈhɑːdˈmauðd] *a* 1) тугоу́здый (*о лошади*) 2) неподатливый 3) упря́мый, своево́льный

**hardness** [ˈhɑːdnɪs] *n* 1) твёрдость, сте́пень твёрдости; пло́тность, про́чность 2) жёсткость (*воды*) 3) суро́вость (*климата*) 4) *attr.*: ~ testing *тех.* испыта́ние на твёрдость

**hard-pan** [ˈhɑːdpæn] *n геол.* твёрдый подпо́чвенный пласт, ортште́йн

**hards** [hɑːdz] *n pl* па́кля, очёс(ки)

**hardsell** [ˈhɑːdsel] *n* уси́ленное реклами́рование това́ров; систе́ма навя́зывания това́ров покупа́телю

**hard set** [ˈhɑːdˈset] *a* 1) в тру́дном положе́нии 2) голо́дный 3) наси́женный (*о яйце*) 4) закреплённый неподви́жно 5) упря́мый

**hardshell** [ˈhɑːdʃel] *a* 1) с твёрдой скорлупо́й 2) не поддаю́щийся угово́рам, сто́йкий, непоколеби́мый

**hardship** [ˈhɑːdʃɪp] *n* 1) лише́ние, нужда́ 2) тяжёлое испыта́ние 3) тру́дность; неудо́бство; early rising is a ~ in winter ра́но встава́ть зимо́й о́чень тру́дно

**hardtack** [ˈhɑːdtæk] *n разг.* суха́рь; гале́та

**hard-tempered** [ˈhɑːdˈtempəd] *a* закалённый

**hard-to-reach** [ˈhɑːdtəˈriːtʃ] *a* труднодосту́пный

**hard up** [ˈhɑːdˈʌp] *a разг.* 1) си́льно нужда́ющийся (*в деньгах*) 2) в тру́дном положе́нии; he was ~ for smth. to say он не знал, что сказа́ть

**hardware** [ˈhɑːdwɛə] *n* металли́ческие изде́лия; скобяны́е това́ры

**hardwood** [ˈhɑːdwud] *n* твёрдая древеси́на

**hard-working** [ˈhɑːdˌwəːkɪŋ] *a* трудолюби́вый, приле́жный

**hardy** I [ˈhɑːdɪ] *a* 1) сме́лый, отва́жный 2) безрассу́дный; де́рзкий; опроме́тчивый 3) выно́сливый, сто́йкий, закалённый 4) морозоусто́йчивый; ~ annual а) морозосто́йкое одноле́тнее расте́ние; б) *перен.* ежего́дно поднима́емый вопро́с (*напр., в парламенте*)

**hardy** II [ˈhɑːdɪ] *n тех.* кузне́чное зуби́ло

**hare** [hɛə] *n* за́яц ◇ ~ and hounds «за́яц и соба́ки» (*игра*); to run (*или* to hold) with the ~ and hunt with the hounds ≅ служи́ть и на́шим и ва́шим; first catch your ~ then cook him *посл.* ≅ цыпля́т по о́сени счита́ют; не говори́ гоп, пока́ не перепры́гнешь

**harebell** [ˈhɛəbel] *n бот.* колоко́льчик (круглоли́стный)

**hare-brained** [ˈhɛəbreɪnd] *a* безрассу́дный, опроме́тчивый; легкомы́сленный; безду́мный

**harelip** [ˈhɛəˈlɪp] *n мед.* за́ячья губа́

**harem** [ˈhɛərəm] *n* гаре́м

**hare's-foot** [ˈhɛəzfut] *n бот.* за́ячьи ла́пки, кле́вер па́шенный

**haricot** [ˈhærɪkəu] *n* 1) фасо́ль 2) рагу́ (*обычно из баранины*)

**haricot bean** [ˈhærɪkəubiːn] = haricot 1)

**hari-kari** [ˈhærɪˈkærɪ] = hara-kiri

**hark** [hɑːk] *v* (*часто употр. как int*) 1) слу́шать; just ~ to him *ирон.* то́лько послу́шайте, что он говори́т; ~! слу́шай!; чу! 2) *охот.*: ~! ищи́! □ ~ **back** возвраща́ться к исхо́дному пу́нкту, положе́нию, вопро́су *и т. п.*

**harlequin** [ˈhɑːlɪkwɪn] **1.** *n* 1) арлеки́н 2) шут

**2.** *a* пёстрый, многоцве́тный

**harlequinade** [ˌhɑːlɪkwɪˈneɪd] *n* 1) арлекина́да 2) шутовство́

**Harley Street** [ˈhɑːlɪˈstriːt] *n* у́лица в Ло́ндоне, где располо́жены кабине́ты преуспева́ющих враче́й; *перен.* врачи́, медици́нская профе́ссия

**harlot** [ˈhɑːlət] *n* проститу́тка, шлю́ха

**harlotry** [ˈhɑːlətrɪ] *n* распу́тство, развра́т

**harm** [hɑːm] **1.** *n* 1) вред; уще́рб; bodily ~ теле́сное поврежде́ние; out of ~'s way в безопа́сности; ≅ от греха́ пода́льше 2) зло, оби́да; no ~ done всё благополу́чно; никто́ не пострада́л; I meant no ~ я не хоте́л вас оби́деть

**2.** *v* вреди́ть; наноси́ть уще́рб

**harmful** [ˈhɑːmful] *a* вре́дный, па́губный, губи́тельный; тлетво́рный

**harmless** [ˈhɑːmlɪs] *a* 1) безвре́дный, безоби́дный 2) неви́нный; ни в чём не пови́нный

**harmonic** [hɑːˈmɔnɪk] **1.** *a* гармони́чный, гармони́ческий, стро́йный

**2.** *n физ., мат.* гармо́ника

**harmonica** [hɑːˈmɔnɪkə] *n* губна́я гармо́ника

**harmonious** [hɑːˈməunjəs] *a* 1) гармони́ческий, гармони́рующий 2) дру́жный, согла́сный 3) мелоди́чный 4) гармони́чный

**harmonist** [ˈhɑːmənɪst] *n* музыка́нт; оркестра́тор; транскри́птор

**harmonium** [hɑːˈməunjəm] *n* фисгармо́ния

**harmonize** [ˈhɑːmənaɪz] *v* 1) гармонизи́ровать, приводи́ть в гармо́нию; согласо́вывать; соразмеря́ть 2) *муз.* аранжи́ровать 3) гармони́ровать 4) настра́ивать

**harmony** [ˈhɑːmənɪ] *n* 1) гармо́ния, созву́чие 2) согла́сие; ~ of interests о́бщность интере́сов

**harness** [ˈhɑːnɪs] **1.** *n* 1) у́пряжь, сбру́я; шо́ры 2) *ист.* доспе́хи 3) *текст.* реми́за ◇ in ~ за повседне́вной рабо́той; double ~ *шутл.* супру́жество; to run in double ~ а) *шутл.* быть жена́тым *или* за́мужем; б) рабо́тать с напа́рником

**2.** *v* 1) запряга́ть; впряга́ть 2) испо́льзовать (*в качестве источника энергии — о реке, водопаде и т. п.*)

**harp** [hɑːp] **1.** *n* а́рфа

**2.** *v* 1) игра́ть на а́рфе 2) надое́дливо толкова́ть об одно́м и том же, завести́ волы́нку (on — о, об)

**harp-antenna** [ˈhɑːpænˈtenə] *n радио* ве́ерная анте́нна

**harper, harpist** [ˈhɑːpə, ˈhɑːpɪst] *n* арфи́ст

**harpoon** [hɑːˈpuːn] **1.** *n* гарпу́н; острога́; баго́р

**2.** *v* бить гарпуно́м

**harpsichord** [ˈhɑːpsɪkɔːd] *n* клавеси́н

**harpy** [ˈhɑːpɪ] *n* 1) *миф.* га́рпия 2) хи́щник; граби́тель

**harquebus** [ˈhɑːkwɪbəs] *n ист.* аркебу́за

**harridan** [ˈhærɪdən] *n* ста́рая карга́, ве́дьма

**harrier** I [ˈhærɪə] *n* 1) го́нчая (*на зайца*) 2) *pl* сво́ра го́нчих (*на зайца*) с охо́тниками 3) уча́стник кро́сса 4) член клу́ба игроко́в в «hare and hounds» [*см.* hare] 5) *pl* клуб игроко́в [*см.* 4)]

**harrier** II [ˈhærɪə] *n* 1) граби́тель; разори́тель 2) лунь (*птица*)

**Harrovian** [həˈrəuvjən] *n* 1) воспи́танник колле́джа в *г.* Ха́рроу 2) жи́тель *г.* Ха́рроу

**harrow** [ˈhærəu] **1.** *n* борона́ ◇ under the ~ в беде́; в бе́дственном положе́нии

**2.** *v* 1) борони́ть 2) му́чить, терза́ть

**harrowing** [ˈhærəuɪŋ] *a* го́рестный; душераздира́ющий; a ~ story душераздира́ющая исто́рия

**harry** [ˈhærɪ] *v* 1) разоря́ть, опустоша́ть 2) беспоко́ить, надоеда́ть, изводи́ть; to ~ the enemy изма́тывать проти́вника 3) разгра́бить

**harsh** [hɑːʃ] *a* 1) гру́бый, жёсткий, шерохова́тый 2) ре́зкий, неприя́тный 3) те́рпкий 4) стро́гий, суро́вый; ~ truth го́рькая пра́вда

**harshness** [ˈhɑːʃnɪs] *n* ре́зкость; гру́бость, жёсткость

**harslet** [ˈhɑːslɪt] = haslet

**hart** [hɑːt] *n* оле́нь-саме́ц (*старше пяти лет*)

**hartal** [ˈhɑːtɑːl] *инд. n* прекраще́ние рабо́ты и торго́вли (*в знак протеста или траура*)

**hartshorn** [ˈhɑːtshɔːn] *n* 1) оле́ний рог 2) ню́хательная соль 3) нашаты́рный спирт

**harum-scarum** [ˈhɛərəmˈskɛərəm] **1.** *n* легкомы́сленный, ве́треный челове́к

**2.** *a* 1) легкомы́сленный, опроме́тчивый, безрассу́дный 2) небре́жный, тороплѝвый

**harvest** [ˈhɑːvɪst] **1.** *n* 1) жа́тва; убо́рка хле́ба; сбор (*яблок, мёда и т. п.*) 2) урожа́й 3) *перен.* плоды́; результа́т 4) *attr.* свя́занный с урожа́ем; ~ time вре́мя жа́твы, жа́тва, стра́дная пора́, страда́

**2.** *v* 1) собира́ть урожа́й 2) жать 3) пожина́ть плоды́; распла́чиваться (*за что-л.*)

**harvest-bug** [ˈhɑːvɪstbʌg] *n зоол.* клещ

**harvester** [ˈhɑːvɪstə] *n* 1) жнец 2) убо́рочная маши́на

**harvester stacker** [ˈhɑːvɪstəˈstækə] *n с.-х.* копни́тель

**harvest home** [ˈhɑːvɪstˈhəum] *n* 1) убо́рка урожа́я 2) пра́здник урожа́я 3) песнь жнецо́в, песнь урожа́я

**harvesting** ['hɑ:vɪstɪŋ] 1. *pres. p. от* harvest 2
2. *n* убо́рка урожа́я

**harvest-mite** ['hɑ:vɪstmaɪt] = harvest-bug

**harvest moon** ['hɑ:vɪst'mu:n] *n* полнолу́ние пе́ред осе́нним равноде́нствием

**harvest mouse** ['hɑ:vɪstmaus] *n* полева́я мышь

**has** [hæz (*полная форма*); həz, əz, z (*редуцированные формы*)] *3-е л. ед. ч. настоящего времени гл.* to have

**has-been** ['hæzbi:n] *n* (*pl* has-beens [-nz]) *разг.* 1) бы́вший челове́к, челове́к, лиши́вшийся пре́жнего положе́ния, изве́стности *и т. п.* 2) что-л., утеря́вшее пре́жние ка́чества, новизну́ *и т. п.*

**hash** [hæʃ] 1. *n* 1) блю́до из ме́лко наре́занного мя́са и овоще́й 2) что-л. ста́рое, выдава́емое в изменённом ви́де за но́вое 3) мешани́на, пу́таница; to make a ~ of smth. напу́тать, напо́ртить в чём-л. 4) *амер.* = hash house ◇ to settle smb.'s ~ а) заста́вить кого́-л. замолча́ть; б) разде́латься, поко́нчить с кем-л.
2. *v* 1) руби́ть, кроши́ть (*мясо*) 2) напу́тать, испо́ртить (*что-л.*)

**hasheesh** ['hæʃi:ʃ] *араб. n* гаши́ш

**hasher** ['hæʃə] *n* мясору́бка

**hash house** ['hæʃhaus] *n амер. разг.* дешёвый рестора́н, забега́ловка

**hashish** ['hæʃi:ʃ] = hasheesh

**hash mark** ['hæʃmɑ:k] *n воен. разг.* нарука́вная наши́вка

**haslet** ['heɪzlɪt] *n* (*обыкн. pl*) потроха́ (*особ.* свины́е)

**hasn't** ['hæznt] *сокр. разг.* = has not

**hasp** [hɑ:sp] 1. *n* 1) запо́р, накла́дка; засо́в, крюк 2) застёжка 3) мото́к 4) *текст.* шпу́лька
2. *v* запира́ть, накла́дывать засо́в

**hassock** ['hæsək] *n* 1) поду́шечка (*подкладываемая под колени, напр. при молитве*) 2) пук травы́; ко́чка 3) *горн.* мя́гкий песча́ник; туф

**hast** [hæst (*полная форма*); həst, əst (*редуцированные формы*)] *уст. 2-е л. ед. ч. настоящего времени гл.* to have

**hastate** ['hæsteɪt] *a бот.* копьеви́дный, стрелови́дный

**haste** [heɪst] 1. *n* 1) поспе́шность, торопли́вость; спе́шка; to make ~ спеши́ть, торопи́ться; to make no ~ to do smth. ме́длить с чем-л.; make ~! пото́рапливайся! 2) опроме́тчивость ◇ more ~, less speed ≅ ти́ше е́дешь, да́льше бу́дешь; ~ makes waste ≅ поспеши́шь — люде́й насмеши́шь
2. *v* = hasten 1) *и* 2)

**hasten** ['heɪsn] *v* 1) спеши́ть, торопи́ться 2) торопи́ть 3) ускоря́ть (*процесс, рост и т. п.*)

**hastily** ['heɪstɪlɪ] *adv* 1) поспе́шно, торопли́во; на́скоро 2) опроме́тчиво, необду́манно; to judge ~ of smb., smth. де́лать поспе́шные вы́воды о ком-л., чём-л., 3) запа́льчиво

**hastiness** ['heɪstɪnɪs] *n* 1) поспе́шность 2) необду́манность 3) вспы́льчивость

**hasty** ['heɪstɪ] 1. 1) поспе́шный 2) необду́манный, опроме́тчивый; ~ remark поспе́шное, необду́манное замеча́ние 3) вспы́льчивый, ре́зкий 4) бы́стрый, стреми́тельный; ~ growth бы́стрый рост ◇ ~ pudding мучно́й заварно́й пу́динг

**hat** [hæt] 1. *n* 1) шля́па; ша́пка; high (*или* silk, top, stove-pipe) ~ цили́ндр; squash ~ мя́гкая фе́тровая шля́па 2) *горн.* ве́рхний слой 3) *горн.* слой поро́ды над жи́лой ◇ ~ in hand подобостра́стно; to take off one's ~ to smb. преклоня́ться пе́ред кем-л.; to send (*или* to pass) round the ~ пусти́ть ша́пку по кру́гу, собира́ть поже́ртвования; his ~ covers his family он соверше́нно одино́кий челове́к; to talk through one's ~ хва́стать; нести́ чушь; to put the ~ on my misery в доверше́ние всех мои́х несча́стий; to keep smth. under one's ~ держа́ть что-л. в секре́те; to throw one's ~ in (-to) the ring а) приня́ть вы́зов; б) зая́ви́ть о своём уча́стии в состяза́нии
2. *v* 1) надева́ть шля́пу; they were ~ted они́ бы́ли в шля́пах 2) снима́ть шля́пу (*перед кем-л.*) 3) *австрал.* работать в одино́чку, без помо́щников

**hatband** ['hætbænd] *n* ле́нта на шля́пе

**hat-block** ['hætblɔk] *n* болва́н(ка) для шляп

**hatch** I [hætʃ] *n* 1) люк; решётка, кры́шка лю́ка; under ~es а) *мор.* под па́лубой; б) не на ва́хте, не на дежу́рстве; в) в заточе́нии г) в беде́; д) уме́рший, погребённый 2) затво́р, засло́нка 3) запру́да; шлюзова́я ка́мера

**hatch** II [hætʃ] 1. *n* 1) выведе́ние (*цыплят*) 2) вы́водок
2. *v* 1) выси́живать (*цыплят*); наси́живать (*яйца*) 2) выводи́ть (*цыплят*) иску́сственно 3) вылупля́ться из яйца́ 4) рожда́ться, выводи́ться (*о личинках*) 5) замышля́ть, та́йно подгота́вливать, обду́мывать, вына́шивать (*идею, план и т. п.*)

**hatch** III [hætʃ] 1. *n* вы́гравированная ли́ния, штрих
2. *v* штрихова́ть; гравирова́ть

**hat-check girl** ['hættʃek'gə:l] *n* гардеро́бщица

**hatcher** ['hætʃə] *n* 1) насе́дка 2) инкуба́тор 3) загово́рщик; интрига́н

**hatchery** ['hætʃərɪ] *n* инкуба́торная ста́нция; садо́к

**hatchet** ['hætʃɪt] *n* 1) топо́рик, топо́р 2) большо́й нож, реза́к, се́чка ◇ to bury the ~ заключи́ть мир; to dig (*или* to take) up the ~ нача́ть войну́; to throw the ~ преувели́чивать

**hatchet-face** ['hætʃɪtfeɪs] *n* продолгова́тое лицо́ с о́стрыми черта́ми

**hatchet man** ['hætʃɪtmən] *n* наёмный уби́йца

**hatchment** ['hætʃmənt] *n* мемориа́льная доска́ с изображе́нием герба́

**hatchway** ['hætʃweɪ] *n* люк

**hate** [heɪt] 1. *n* не́нависть
2. *v* 1) ненави́деть 2) *разг.* не хоте́ть, испы́тывать нело́вкость; I ~ to trouble you мне о́чень неудо́бно беспоко́ить вас

**hateful** ['heɪtful] *a* 1) ненави́стный; отврати́тельный 2) по́лный не́нависти; зло́бный

**hath** [hæθ (*полная форма*); həθ, əθ (*редуцированные формы*)] *уст.* = has

**hatred** ['heɪtrɪd] *n* не́нависть

**hat-stand** ['hætstænd] *n* ве́шалка для шляп

**hatter** ['hætə] *n* 1) шля́пный ма́стер *или* фабрика́нт; торго́вец шля́пами 2) *австрал.* рабо́тающий в одино́чку (*гл. обр. о старателе*)

**hauberk** ['hɔ:bə:k] *n ист.* кольчу́га

**haughtiness** ['hɔ:tɪnɪs] *n* надме́нность, высокоме́рие

**haughty** ['hɔ:tɪ] *a* надме́нный, высокоме́рный

**haul** [hɔ:l] 1. *n* 1) тя́га, волоче́ние 2) перево́зка, подво́зка; е́здка, рейс 3) тя́га, вы́борка (*сетей*) 4) то́ня (*одна закидка невода*) 5) уло́в 6) трофе́й 7) *горн.* отка́тка 8) *ж.-д.* перево́зка; про́йденное расстоя́ние 9) груз
2. *v* 1) тяну́ть, тащи́ть, волочи́ть; букси́ровать; to ~ timber (*или* logs) трелева́ть лес 2) перевози́ть, подвози́ть 3) *мор.* меня́ть направле́ние (*судна*) 4) *горн.* отка́тывать 5) *мор.* держа́ть(ся) про́тив ве́тра, держа́ть(ся) кру́то к ве́тру □ ~ **down** опуска́ть, трави́ть (*канат*); ~ **up** а) поднима́ть; б) остана́вливаться; в) отчи́тывать ◇ to ~ down one's flag (*или* colours) сдава́ться

**haulage** ['hɔ:lɪdʒ] *n* 1) тя́га; букси́ровка 2) подво́зка; перево́зка 3) сто́имость перево́зки 4) *горн.* отка́тка

**haulaway** ['hɔ:lə,weɪ] *n* грузови́к для перево́зки гото́вых автомоби́лей

**haulier** ['hɔ:ljə] *n* 1) *горн.* отка́тчик 2) владе́лец грузовико́в для перево́зки това́ров

**haulm** [hɔ:m] *n* 1) сте́бель 2) *собир.* ботва́ 3) соло́ма

**haunch** [hɔ:ntʃ] *n* 1) бедро́, ля́жка; to sit on one's ~es сиде́ть на ко́рточках 2) за́дняя нога́ 3) *стр.* полуду́жье а́рки; крыло́ сво́да; часть а́рки ме́жду замко́м и пято́й

**haunt** [hɔ:nt] 1. *n* 1) ча́сто посеща́емое, люби́мое ме́сто 2) прито́н 3) убе́жище, ло́говище
2. *v* 1) ча́сто посеща́ть како́е-л. ме́сто 2) появля́ться, явля́ться, обита́ть (*о призраке и т. п.*) 3) пресле́довать (*о мыслях и т. п.*)

**haunter** ['hɔ:ntə] *n* 1) постоя́нный посети́тель, завсегда́тай 2) привиде́ние 3) навя́зчивая иде́я

**hautboy** ['əubɔɪ] *n* 1) гобо́й 2) му́скусная клубни́ка *или* земляни́ка

**hauteur** [əu'tə:] *фр. n* надме́нность, высокоме́рие

**Havana** [hə'vænə] *n* гава́нская сига́ра

**have** [hæv (*полная форма*); həv, əv, v (*редуцированные формы*)] 1. *v* (had) 1) име́ть, облада́ть; I ~ a very good flat у меня́ прекра́сная кварти́ра; I ~ no time for him мне не́когда с ним вози́ться; he has no equals ему́ нет ра́вных 2) содержа́ть, име́ть в соста́ве; June has 30 days в ию́не 30 дней; the room has four windows в ко́мнате четы́ре окна́ 3) испы́тывать (*что-л.*), подверга́ться (*чему-л.*); to ~ a pleasant time прия́тно провести́ вре́мя; I ~ headache у меня́ боли́т голова́ 4) получа́ть; добива́ться; we had news мы получи́ли изве́стие; there is nothing to be had ничего́ не добьёшься 5) *разг.* (*употр. в pres. perf. pass.*) обману́ть; разочарова́ть; you ~ been had вас обману́ли 6) победи́ть, взять верх; he had you in the first game он побе́ди́л вас в пе́рвой па́ртии 7) утвержда́ть, говори́ть; as Shakespeare has it как ска́зано у Шекспи́ра; if you will ~ it... е́сли вы наста́иваете...; he will ~ it that... он утвержда́ет, что... 8) знать, понима́ть; he has no Greek он не зна́ет гре́ческого языка́; I ~ your idea я по́нял ва́шу мысль 9) *разг.*: I ~ got = I ~, you ~ got = you ~, he has got = he has *и т. д.* (*в разн. знач.*); I ~ got no money about me у меня́ нет при себе́ де́нег; she has got a cold она́ просту́жена; he has got to go there ему́ придётся пойти́ туда́ 10) *образует фразовые глаголы* а) *с отглагольными существительными обозначает конкретное действие*: to ~ a walk прогуля́ться; to ~ a smoke покури́ть; to ~ a try попыта́ться *и т. п.*; go and ~ a lie down пойди́ полежи́; б) *с абстрактными существительными означает* испы́тывать чу́вство, ощуще́ние: to ~ pity жале́ть; to ~ mercy щади́ть 11) *с существительными, обозначающими еду, имеет значение* есть, пить: to ~ breakfast за́втракать; to ~ dinner обе́дать *и т. п.*; to ~ tea пить чай 12) *со сложным дополнением показывает, что действие выполняется не субъектом, выраженным подлежащим, а другим лицом по желанию субъекта, или что оно совершается без его желания*: please, ~ your brother bring my books пусть твой брат принесёт мои́ кни́ги; he had his watch repaired ему́ почини́ли часы́; he had his pocket picked его́ обокра́ли; what would you ~ me do? что Вы хоти́те, что́бы я сде́лал? 13) *как вспомогательный глагол употребляется для образования перфектной формы*: I ~ done, I had done я сде́лал, I shall ~ done я сде́лаю; to ~ done сде́лать 14) *с последующим инфинитивом имеет модальное значение*: быть до́лжным, вы́нужденным (*что-л. делать*); I ~ to go to the dentist мне необходи́мо пойти́ к зубно́му врачу́; the clock will ~ to be fixed часы́ ну́жно почини́ть 15) допуска́ть; терпе́ть; позволя́ть; I won't ~ it я не потерплю́ э́того; I won't ~ you say such things я вам не позво́лю говори́ть таки́е ве́щи □ ~ **down** принима́ть в ка́честве го́стя; we'll ~ them down for a few days они́ бу́дут гости́ть у нас не́сколько дней; ~ **in** име́ть в до́ме (*запас чего-л.*); we ~ enough coal in for the winter у нас доста́точно у́гля на́ зиму, нам хва́тит у́гля на́ зиму; ~ **on** а) быть оде́тым в; to ~ a hat (an overcoat) on быть в шля́пе (в пальто́); б) *разг.* обма́нывать, надува́ть ◇ I had better (*или* best) я предпочёл бы, лу́чше бы; you had better go home вам бы лу́чше пойти́ домо́й; ~ done! переста́нь(те)!; ~ no doubt мо́жете не сомнева́ться; he had eyes only for his mother он смотре́л то́лько на мать, он не ви́дел никого́, кро́ме ма́тери; he has had it *разг.* а) он безнадёжно отста́л, он устаре́л; б) он поги́б, он пропа́л; to ~ a question out with smb. вы́яснить вопро́с с кем-л.; to ~ one up привле́чь кого́-л. к суду́; to ~ nothing on smb. а) не име́тьули́к про́тив кого́-л.; б) не знать ничего́ дурно́го о ком-л.; let him ~ it дай ему́ взбу́чку, зада́й ему́ пе́рцу; will you ~ the goodness to do it? бу́дьте насто́лько добры́, сде́лайте э́то; he has never had it so good ему́ никогда́ так хорошо́ не жило́сь

**2.** *n* 1): the ~s and the ~-nots *разг.* иму́щие и неиму́щие 2) *разг.* моше́нничество, обма́н

**haven** [ˈheɪvn] *n* 1) га́вань 2) убе́жище, прибе́жище, прию́т

**have-on** [hævˈɔn] *n разг.* обма́н

**haver** [ˈheɪvə] *шотл.* **1.** *n* (*обыкн. pl*) глу́пый разгово́р; бессмы́слица

**2.** *v* болта́ть, говори́ть глу́пости

**haversack** [ˈhævəsæk] *n* 1) су́мка, мешо́к для прови́зии 2) *воен.* ра́нец-рюкза́к; су́мка для противога́за

**havings** [ˈhævɪŋz] *n pl* иму́щество, со́бственность

**havoc** [ˈhævək] **1.** *n* опустоше́ние; разруше́ние; to make ~ (of), to play ~ (among, with) производи́ть беспоря́док, разруша́ть ◇ to cry ~ се́ять сму́ту; to spread ~ among the enemy се́ять па́нику в ста́не врага́

**2.** *v* опустоша́ть; разруша́ть

**haw I** [hɔː] *n* 1) я́года боя́рышника 2) = hawthorn 3) *ист.* огра́да

**haw II** [hɔː] *int* хо! (*окрик, которым погонщик заставляет животное повернуть*)

**haw III** [hɔː] **1.** *n* бормота́ние

**2.** *v* бормота́ть, произноси́ть (в нереши́тельности) невня́тные зву́ки; to hum and ~ мя́млить

**hawbuck** [ˈhɔːbʌk] *n* неотёсанный па́рень, мужла́н

**hawfinch** [ˈhɔːfɪntʃ] *n* дубоно́с (*птица*)

**haw-haw I** [ˈhɔːˈhɔː] = ha ha 1

**haw-haw II** [hɔːˈhɔː] = ha-ha

**hawk I** [hɔːk] **1.** *n* 1) я́стреб; со́кол 2) хи́щник (*о человеке*) 3) *амер.* сторо́нник «жёсткого» ку́рса (*в политике*)

**2.** *v* 1) охо́титься с я́стребом *или* со́колом 2) налета́ть как я́стреб (at — на)

**hawk II** [hɔːk] *v* 1) торгова́ть вразно́с 2) распространя́ть (*слухи, сплетни и т. п.*); to ~ praises расточа́ть похвалы́

**hawk III** [hɔːk] *v* отка́шливать(ся), отха́ркивать(ся)

**hawk IV** [hɔːk] *n* со́кол (*инструмент штукатура*)

**hawker I** [ˈhɔːkə] *n* 1) охо́тник с я́стребом *или* со́колом 2) соко́льник

**hawker II** [ˈhɔːkə] *n* разно́счик, у́личный торго́вец, лото́чник

**hawk-eyed** [ˈhɔːkaɪd] *a* 1) име́ющий о́строе зре́ние 2) бди́тельный

**hawk-nosed** [ˈhɔːkˈnəuzd] *a* горбоно́сый, с орли́ным но́сом; с крючкова́тым но́сом

**hawse** [hɔːz] *n мор.* 1) клюз 2) положе́ние я́корных цепе́й впереди́ форште́вня

**hawse-hole** [ˈhɔːzhəul] *n мор.* клюз

**hawser** [ˈhɔːzə] *n мор.* пе́рлинь; (стально́й) трос

**hawthorn** [ˈhɔːθɔːn] *n* боя́рышник

**hay** [heɪ] **1.** *n* 1) се́но; to make ~ коси́ть траву́ и суши́ть се́но 2) награ́да 3) небольша́я су́мма де́нег; to make ~ нажива́ться; ≅ нагре́ть ру́ки ◇ to make ~ of smth. а) вноси́ть пу́таницу во что-л.; б) переверну́ть вверх дном; разби́ть, опрове́ргнуть (*чьи-л. доводы и т. п.*); make ~ while the sun shines *посл.* ≅ коси́ коса́, пока́ роса́; куй желе́зо, пока́ горячо́

**2.** *v* 1) коси́ть траву́ и суши́ть се́но 2) корми́ть се́ном

**haycock** [ˈheɪkɔk] *n* копна́ се́на

**hay-drier** [ˈheɪˌdraɪə] *n с.-х.* сеносуши́лка

**hay fever** [ˈheɪˌfiːvə] *n* сенна́я лихора́дка

**hay harvest** [ˈheɪˌhɑːvɪst] *n* сеноко́с

**haying** [ˈheɪɪŋ] = haymaking

**haying time** [ˈheɪɪŋtaɪm] = hay time

**hayloft** [ˈheɪlɔft] *n* сенова́л

**haymaker** [ˈheɪˌmeɪkə] *n* 1) рабо́чий на сеноко́се; коса́рь 2) сеноубо́рочная маши́на 3) *разг.* си́льный уда́р

**haymaking** [ˈheɪˌmeɪkɪŋ] *n* сеноко́с

**haymaking time** [ˈheɪˌmeɪkɪŋˈtaɪm] = hay time

**haymow** [ˈheɪməu] *n* 1) стог се́на 2) сенова́л

**hayrack** [ˈheɪræk] *n радио разг.* радиолокацио́нный мая́к с приводны́м устро́йством

**hayrick** [ˈheɪrɪk] = haystack

**hayseed** [ˈheɪsiːd] *n* 1) семена́ трав 2) сенна́я труха́ 3) *амер. шутл.* дереве́нщина

**hay spreader** [ˈheɪˌspredə] *n с.-х.* разбра́сыватель валко́в се́на

**haystack** [ˈheɪstæk] *n* стог се́на

**hay-stacker** [ˈheɪˌstækə] *n с.-х.* стогомета́тель

**hay time** [ˈheɪtaɪm] *n* сеноко́с, поко́с

**haywire** [ˈheɪˌwaɪə] **1.** *n с.-х.* вяза́льная про́волока

**2.** *a разг.* 1) взволно́ванный, расстро́енный 2) *амер.* непро́чный, сде́ланный на ско́рую ру́ку

**hazard** [ˈhæzəd] **1.** *n* 1) шанс 2) риск, опа́сность; at ~ науга́д, наuда́чу; at all ~s во что бы то ни ста́ло; риску́я всем; to take ~s идти́ на риск; alcohol is a health ~ алкого́ль вре́ден для здоро́вья 3) вид аза́ртной игры́ в ко́сти 4) *спорт.* поме́хи (*на площадке для гольфа;*

*напр.*, вы́боины, высо́кая трава́ *и т. п.*)

2. *v* 1) рискова́ть, ста́вить на ка́рту 2) осме́ливаться, отва́живаться; to ~ a remark осме́литься сказа́ть что-л., возрази́ть

**hazardous** [ˈhæzədəs] *a* риско́ванный, опа́сный

**haze** I [heɪz] **1.** *n* 1) лёгкий тума́н, ды́мка; мгла 2) тума́н в голове́; отсу́тствие я́сности в мы́слях

2. *v* затума́нивать

**haze** II [heɪz] *v* 1) *мор.* изнуря́ть рабо́той 2) зло подшу́чивать, *особ.* над новичко́м

**hazel** [ˈheɪzl] **1.** *n* 1) *бот.* лесно́й оре́х, обыкнове́нный оре́шник 2) красновато-кори́чневый цвет; све́тло-кори́чневый цвет

2. *a* све́тло-кори́чневый; ка́рий

**hazel-hen** [ˈheɪzlhen] *n* ря́бчик

**hazel-nut** [ˈheɪzlnʌt] *n* лесно́й оре́х, фунду́к (*плод*)

**haziness** [ˈheɪzɪnɪs] *n* тума́нность, нея́сность

**hazy** [ˈheɪzɪ] *a* 1) тума́нный, подёрнутый ды́мкой 2) неопределённый, нея́сный, сму́тный 3) слегка́ подвы́пивший

**H-blast** [ˈeɪtʃblɑːst] *n* взрыв водоро́дной бо́мбы

**H-bomb** [ˈeɪtʃbɔm] *n* водоро́дная бо́мба

**he** [hiː] **1.** *pron pers.* он (*о существе мужского пола*); *косв. падеж* him его́, ему́ *и т. д.*; *косв. падеж употребляется в разговорной речи вместо* he: that's him э́то он; he who... тот, кто...

2. *n* 1) *разг.* мужчи́на 2) водя́щий (*в детской игре*)

**he-** [hiː-] *в сложных словах означает самца; напр.*: ~-dog кобе́ль; ~-duck се́лезень; ~-goat козёл

**head** [hed] **1.** *n* 1) голова́; (by) a ~ taller на го́лову вы́ше; from ~ to foot (*или* heel), ~ to foot с головы́ до пят; to win by a ~ *спорт.* а) опереди́ть на́ голову; б) с больши́м трудо́м доби́ться побе́ды 2) челове́к; 5 shillings per ~ по пяти́ ши́ллингов с челове́ка; to count ~s сосчита́ть число́ прису́тствующих 3) (*pl без измен.*) голова́ скота́; fifty ~ of cattle пятьдеся́т голо́в скота́ 4) глава́; руководи́тель; нача́льник (*учреждения, предприятия*); the ~ of the school дире́ктор шко́лы 5) веду́щее, руководя́щее положе́ние; to be at the ~ of the class быть лу́чшим ученико́м в кла́ссе 6) что-л., напомина́ющее по фо́рме го́лову; a ~ of cabbage коча́н капу́сты; the ~ of a flower голо́вка цветка́ 7) спосо́бность; ум; he has a good ~ for mathematics у него́ хоро́шие спосо́бности к матема́тике; he has a ~ on his shoulders у него́ хоро́шая голова́; two ~s are better than one ум хорошо́, а два лу́чше 8) пере́дняя часть, перёд (*чего-л.*); the ~ of the procession голова́ проце́ссии 9) ве́рхняя часть (*лестницы, страницы и т. п.*); the ~ of a mountain верши́на горы́ 10) нос (*судна*); ~ to sea про́тив волны́; by the ~ а) *мор.* на нос; б) *перен.* подвы́пивший 11) мыс 12) изголо́вье (*постели*) 13) исто́к реки́ 14) верху́шка, ве́рхняя часть, кры́шка 15) шля́пка (*гвоздя*); голо́вка (*булавки*); набалда́шник (*трости*) 16) назре́вшая голо́вка нары́ва; to come (*или* to draw) to a ~ а) назре́ть (*о нарыве*); б) *перен.* дости́гнуть крити́ческой *или* реша́ющей ста́дии 17) перело́м, кри́зис боле́зни 18) пе́на; сли́вки 19) ру́брика, отде́л, заголо́вок; the question was treated under several ~s э́тот вопро́с рассма́тривался в не́скольких разде́лах (*доклада, статьи и т. п.*) 20) лицева́я сторона́ моне́ты 21) черено́к (*ножа*); обу́х (*топора*); боёк (*молота*) 22) *тех.*, *гидр.* гидростати́ческий напо́р, давле́ние столба́ жи́дкости; ~ of water высота́ напо́ра воды́ 23) *архит.* замо́чный ка́мень (*свода*) 24) *стр.* ве́рхний брус око́нной *или* дверно́й коро́бки 25) *тех.* ба́бка (*станка*) 26) *мор.* топ (*мачты*) 27) *pl горн.* руда́ (*чистая*); концентра́т (*высшего качества*) 28) при́быль (*при литье*) 29) *attr.* гла́вный; ~ waiter метрдоте́ль 30) *attr.* встре́чный, проти́вный; ~ tide встре́чное тече́ние; ~ wind встре́чный ве́тер ◇ at the ~ во главе́; ~ of hair ша́пка, копна́ воло́с; a good ~ of hair густа́я шевелю́ра; ~ over heels вверх торма́шками, вверх нога́ми; to be ~ over heels in work зарабо́таться; (by) ~ and shoulders above smb. намно́го сильне́е, на го́лову вы́ше кого́-л.; ~s or tails ≅ орёл и́ли ре́шка; can't make ~ or tail of it ничего́ не могу́ поня́ть; to give a horse his ~ отпусти́ть пово́дья; to give smb. his ~ дать кому́-л. во́лю; to keep (to lose) one's ~ сохраня́ть (теря́ть) споко́йствие, сохраня́ть (теря́ть) прису́тствие ду́ха; to keep one's ~ above water а) держа́ться на пове́рхности; б) справля́ться с тру́дностями; to lay (*или* to put) ~s together совеща́ться; to make ~ продвига́ться вперёд; to make ~ against сопротивля́ться, проти́виться; to go out of one's ~ сойти́ с ума́, рехну́ться; off one's ~ вне себя́; безу́мный; over ~ and ears, ~ over ears по́ уши; (to do smth.) on one's ~ *разг.* (сде́лать что-л.) с лёгкостью; to bring to a ~ а) обостря́ть; б) доводи́ть до конца́

2. *v* 1) возглавля́ть, вести́; to ~ the list быть на пе́рвом ме́сте 2) озагла́вливать 3) направля́ть(ся), держа́ть курс (for — *куда-л.*) 4) брать нача́ло (*о реке*) 5) *спорт.* отбива́ть мяч голово́й; игра́ть голово́й 6) формирова́ть (*крону или колос*); завива́ться (*о капусте; тж.* ~ up) □ ~ **back** прегражда́ть (*путь*); ~ **off** препя́тствовать; помеша́ть; прегражда́ть (*путь*); отража́ть (*нападение*)

**headache** [ˈhedeɪk] *n* 1) головна́я боль 2) неприя́тность, поме́ха; to give (*или* to cause) a ~ а) причиня́ть беспоко́йство; б) заста́вить призаду́маться; тре́бовать больши́х уси́лий; it's my ~ э́то моя́ забо́та, об э́том позабо́чусь я

**headachy** [ˈhedeɪkɪ] *a* 1) страда́ющий головно́й бо́лью 2) вызыва́ющий головну́ю боль

**headband** [ˈhedbænd] *n* 1) повя́зка на голове́; ле́нта на го́лову 2) *амер.* заста́вка

**headboard** [ˈhedbɔːd] *n* пере́дняя спи́нка крова́ти

**headcheese** [ˈhedtʃiːz] *n амер.* зельц

**head-dress** [ˈheddres] *n* 1) головно́й убо́р (*особ.* наря́дный) 2) причёска

**headed** [ˈhedɪd] *a* снабжённый заголо́вком; ~ note-paper бланк учрежде́ния

**-headed** [-hedɪd] *в сложных словах означает*: име́ющий *такую-то* фо́рму головы́ *или столько-то* голо́в; *напр.*: long-headed длинноголо́вый; round-headed круглоголо́вый

**header** [ˈhedə] *n* 1) прыжо́к *или* паде́ние в во́ду вниз голово́й; to take a ~ нырну́ть 2) глава́, руководи́тель 3) уда́р по голове́ 4) *тех.* водосбо́рник, водяно́й колле́ктор 5) *стр.* тычо́к 6) *горн.* вру́бовая маши́на 7) *с.-х.* хе́дер (*комбайна*) 8) *тех.* наса́дка 9) магистра́ль

**headforemost** [ˈhedˈfɔːməust] *adv* 1) голово́й вперёд 2) опроме́тчиво, очертя́ го́лову (*тж.* headfirst)

**headgear** [ˈhedgɪə] *n* 1) головно́й убо́р 2) оголо́вье узде́чки 3) *горн.* надша́хтный копёр; бурова́я вы́шка 4) *радио* нау́шники

**heading** [ˈhedɪŋ] **1.** *pres. p. от* head 2

2. *n* 1) загла́вие, заголо́вок, ру́брика 2) мор. направле́ние, курс 3) *спорт.* уда́р голово́й (*по мячу*) 4) *горн.* направле́ние прохо́дки; гла́вный штрек 5) до́нник (*клёпка*) 6) *воен.* голова́ са́пы *или* ми́нной галере́и

**headland** [ˈhedlənd] *n* 1) мыс 2) незапа́ханный коне́ц по́ля

**headless** [ˈhedlɪs] *a* 1) обезгла́вленный 2) лишённый руково́дства 3) бессмы́сленный, глу́пый

**headlight** [ˈhedlaɪt] *n* головно́й проже́ктор (*локомотива*); головно́й ого́нь (*самолёта*); фа́ра (*автомобиля*); носово́й ого́нь (*корабля*)

**headline** [ˈhedlaɪn] **1.** *n* 1) заголо́вок 2) *pl* кра́ткое содержа́ние вы́пуска после́дних изве́стий (по ра́дио) ◇ he hit the ~s о нём писа́ли все газе́ты

2. *v* 1) озагла́вить 2) *амер. разг.* широко́ освеща́ть в печа́ти 3) *амер. разг.* исполня́ть веду́щий но́мер програ́ммы

**head liner** [ˈhedˌlaɪnə] *n* популя́рный актёр, ле́ктор *и т. п.* (*имя которого на афишах пишется крупными буквами*)

**headlong** [ˈhədlɔŋ] **1.** *a* 1) безу́держный, бу́рный 2) опроме́тчивый

2. *adv* 1) голово́й вперёд; to fall ~ па́дать плашмя́ 2) опроме́тчиво; очертя́ го́лову

**headman** *n* 1) [ˈhedˈmæn] ста́рший рабо́чий; деся́тник; ма́стер; глава́, нача́льник 2) [ˈhedmæn] вождь (*племени*)

**head master** [ˈhedˈmɑːstə] *n* дире́ктор шко́лы

**head mistress** [ˈhedˈmɪstrɪs] *n* дире́ктри́са, заве́дующая шко́лой

**head-money** [ˈhedˌmʌnɪ] *n* 1) поду́шный нало́г 2) избира́тельный нало́г 3) награ́да, объя́вленная за пои́мку кого́-л.

**headmost** [ˈhedməust] *a* пере́дний, передово́й

**head-note** [ˈhednəut] *n* 1) кра́ткое введе́ние, вступле́ние 2) *юр.* кра́ткое изложе́ние основны́х вопро́сов по решённому де́лу

**head-nurse** [ˈhednəːs] *n* ста́ршая сестра́ (*в больнице и т. п.*)

**head office** [ˈhedˈɔfɪs] *n* правле́ние

**head-on** [ˈhedˈɔn] **1.** *a* лобово́й, фронта́льный

**2.** *adv* 1) голово́й; пере́дней ча́стью, но́сом 2) во всеору́жии; to meet a situation ~ быть во всеору́жии

**headphone** [ˈhedfəun] *n* (*обыкн. pl*) нау́шники, головно́й телефо́н

**headpiece** [ˈhedpiːs] *n* 1) шлем 2) = headstall 3) ум, смека́лка 4) у́мница 5) заста́вка (*в книге*) 6) = headphone

**headquarters** [hedˈkwɔːtəz] *n pl* (*употр. как sing и как pl*) 1) *воен.* штаб; штаб-кварти́ра; о́рган управле́ния войска́ми 2) гла́вное управле́ние, центр; центра́льный о́рган (*какой-л. организации*) 3) исто́чник (*сведений и т. п.*)

**headrace** [ˈhedreɪs] *n гидр.* 1) ве́рхняя вода́, ве́рхний бьеф 2) подводя́щий кана́л (*водяной турбины*)

**head-resistance** [ˈhedrɪˈzɪstəns] *n ав.* лобово́е сопротивле́ние

**head-sea** [ˈhedsiː] *n* встре́чная волна́

**headset** [ˈhedset] *n радио* головно́й телефо́н

**headship** [ˈhedʃɪp] *n* руково́дство; руководя́щее положе́ние

**headsman** [ˈhedzmən] *n* пала́ч

**headspring** [ˈhedsprɪŋ] *n* исто́чник

**headstall** [ˈhedstɔːl] *n* оголо́вье узде́чки; недоу́здок

**head stone** [ˈhedstəun] *n* краеуго́льный ка́мень

**headstone** [ˈhedstəun] *n* моги́льный ка́мень, надгро́бие

**headstrong** [ˈhedstrɔŋ] *a* своево́льный, упря́мый

**headwaters** [ˈhedˌwɔːtəz] *n pl гидр.* 1) гла́вный водосбо́р 2) головно́е водохрани́лище 3) во́ды с верхо́вьев, исто́ки

**headway** [ˈhedweɪ] *n* 1) движе́ние вперёд; поступа́тельное движе́ние 2) прогре́сс; успе́х; to make ~ де́лать успе́хи; преуспева́ть 3) ско́рость движе́ния 4) промежу́ток вре́мени ме́жду двумя́ сле́дующими друг за дру́гом поезда́ми *или* двумя́ авто́бусами 5) *горн.* бре́мсберг; (механизи́рованный) скат

**headword** [ˈhedwəːd] *n* загла́вное сло́во (*в словарной статье*)

**head-work** [ˈhedwəːk] *n* 1) у́мственная рабо́та 2) *архит.* изображе́ние головы́ на замко́вом ка́мне (*свода и т. п.*) 3) *горн.* копёр

**heady** [ˈhedɪ] *a* 1) стреми́тельный, бу́рный 2) горя́чий, опроме́тчивый 3) кре́пкий, опьяня́ющий, пьяня́щий

**heal** [hiːl] *v* 1) излéчивать, исцеля́ть (of — от) 2) зажива́ть, заживля́ться (*часто* ~ over, ~ up)

**heal-all** [ˈhiːlˈɔːl] *n* 1) универса́льное сре́дство, панаце́я 2) *название некоторых целебных растений*

**healer** [ˈhiːlə] *n* исцели́тель, цели́тель; time is a great ~ вре́мя — лу́чший ле́карь

**healing** [ˈhiːlɪŋ] **1.** *pres. p. от* heal

**2.** *n* лече́ние; заживле́ние

**3.** *a* лече́бный, целе́бный

**health** [helθ] *n* 1) здоро́вье; to be in good ~ быть здоро́вым; to be in bad (*или* poor, ill) ~ име́ть сла́бое здоро́вье; public ~ здравоохране́ние; Ministry of H. министе́рство здравоохране́ния; ~ authorities о́рганы здравоохране́ния; to drink smb.'s ~ пить за здоро́вье кого́-л. 2) целе́бная си́ла; there is ~ in sunshine со́лнце облада́ет целе́бными сво́йствами 3) благосостоя́ние; жизнеспосо́бность; to restore the ~ of the economy оздорови́ть эконо́мику 4) *attr.* гигиени́ческий, санита́рный; ~ education санита́рное просвеще́ние; ~ bill каранти́нное свиде́тельство; infant ~ centre де́тская консульта́ция, ~ centre *амер.* диспансе́р

**healthful** [ˈhelθful] *a* 1) целе́бный 2) здоро́вый

**health-officer** [ˈhelθˌɔfɪsə] *n* санита́рный врач

**health-resort** [ˈhelθrɪˈzɔːt] *n* куро́рт

**health service** [ˈhelθˈsəːvɪs] *n* здравоохране́ние

**health-visitor** [ˈhelθˌvɪzɪtə] *n* патрона́жная сестра́

**healthy** [ˈhelθɪ] *a* 1) здоро́вый 2) поле́зный для здоро́вья 3) нра́вственный (*о фильме и т. п.*); здра́вый, разу́мный (*о взглядах и т. п.*) 4) жизнеспосо́бный; ~ economy процвета́ющая эконо́мика 5) *ирон.* безопа́сный (*в отриц. предложении*) 6) *разг.* большо́й, значи́тельный

**heap** [hiːp] **1.** *n* 1) ку́ча, гру́да 2) *разг.* ма́сса; у́йма 3) *pl разг.* мно́жество, мно́го; ~s of time мно́го *или* ма́сса вре́мени; he is ~s better ему́ мно́го лу́чше 4) *горн.* отва́л ◇ struck (*или* knocked) all of a ~ *разг.* сражённый, ошеломлённый; пода́вленный

**2.** *v* 1) нагроможда́ть 2) накопля́ть (*часто* ~ up) 3) нагружа́ть (with) 4) осыпа́ть (*милостями, наградами*; with)

**hear** [hɪə] *v* (heard) 1) слы́шать 2) слу́шать, внима́ть; выслу́шивать (*часто* ~ out); to ~ a course of lectures прослу́шать курс ле́кций 3) услы́шать, узна́ть (of, about — о) 4) получи́ть изве́стие, письмо́ (from) 5) *юр.* слу́шать (*дело*) ▭ ~ **out** вы́слушать, дать (*кому-л.*) вы́сказаться ◇ ~! ~! пра́вильно!, пра́вильно! (*возглас, выражающий согласие с выступающим*); I won't ~ off it я э́того не потерплю́; you will ~ about this вам за э́то попадёт

**heard** [həːd] *past и p. p. от* hear

**hearer** [ˈhɪərə] *n* слу́шатель

**hearing** [ˈhɪərɪŋ] **1.** *pres. p. от* hear

**2.** *n* 1) слух 2) преде́л слы́шимости; out of ~ вне преде́лов слы́шимости; within ~ в преде́лах слы́шимости; насто́лько бли́зко, что мо́жно услы́шать; in my ~ в моём прису́тствии 3) слу́шание; выслу́шивание; to give smb. a (fair) ~ (беспристра́стно) выслу́шивать кого́-л. 4) *юр.* разбо́р, слу́шание де́ла; preliminary ~ предвари́тельное сле́дствие 5) *pl* протоко́лы заседа́ний (*правительственных или парламентских комиссий, комиссий конгресса США*)

**hearing-aid** [ˈhɪərɪŋˈeɪd] *n* слухово́й аппара́т

**hearken** [ˈhɑːkən] *v поэт.* слу́шать, выслу́шивать (to)

**hearsay** [ˈhɪəseɪ] *n* 1) слух, молва́ 2) *attr.* осно́ванный на слу́хах; ~ evidence *юр.* доказа́тельства, осно́ванные на слу́хах

**hearse** [həːs] *n* 1) катафа́лк, похоро́нные дро́ги 2) *уст.* гроб 3) *attr.*: ~ cloth (чёрный) покро́в (*на гроб*)

**heart** [hɑːt] *n* 1) се́рдце; *перен. тж.* душа́; a man of ~ отзы́вчивый челове́к; to take to ~ принима́ть бли́зко к се́рдцу; to lay to ~ серьёзно отнести́сь (*к совету, упрёку*); big ~ благоро́дство, великоду́шие; at ~ в глубине́ души́; from the bottom of one's ~ из глубины́ души́; in one's ~ (of ~s) в глубине́ души́; with all one's ~ от всей души́ 2) му́жество, сме́лость, отва́га; to pluck up ~ собра́ться с ду́хом, набра́ться хра́брости; to lose ~ па́дать ду́хом; впада́ть в уны́ние; отча́иваться; to take ~ мужа́ться; to give ~ ободря́ть 3) чу́вства, любо́вь; to give (*или* to lose) one's ~ to smb. полюби́ть кого́-л. 4) *в обращении*: dear ~ ми́лый; ми́лая 5) сердцеви́на; ядро́; *перен.* оча́г, центр; ~ of cabbage head капу́стная кочеры́жка; ~ of oak а) сердцеви́на, древеси́на ду́ба; б) отва́жный челове́к; удале́ц; at the ~ of smth. в осно́ве 6) суть, су́щность; the ~ of the matter суть де́ла 7) располо́женные в глубине́ райо́ны, центра́льная часть страны́; in the ~ of Africa в се́рдце А́фрики; the ~ of the country а) глуби́нные райо́ны; б) глушь 8) плодоро́дие (*почвы*); out of ~ неплодоро́дный [*ср. тж.* ◇] 9) *тех.* серде́чник 10) *pl карт.* че́рви ◇ have a ~! *разг.* сжа́льтесь!, помилосе́рдствуйте!; to have smth. at ~ быть пре́данным чему́-л., быть глубоко́ заинтересо́ванным в чём-л.; to set one's ~ on smth. стра́стно жела́ть чего́-л.; стреми́ться к чему́-л.; with half a ~ неохо́тно; he's a man after my own ~ он мне о́чень по душе́; ~ and hand с энтузиа́змом, с эне́ргией; with a single ~ единоду́шно; by ~ наизу́сть, на па́мять; out of ~ в уны́нии; в плохо́м состоя́нии [*ср. тж.* 8)]; to have one's ~ in one's mouth (*или* throat) быть о́чень напу́ганным; ≅ душа́ в пя́тки ушла́; to have one's ~ in one's boots испы́тывать чу́вство безнадёжности, впасть в уны́ние; to have one's ~ in the right place име́ть хорошие, до́брые наме́рения; to take ~ of grace собра́ться с ду́хом; to wear one's ~ on one's sleeve не (уме́ть) скрыва́ть свои́х чувств

**heartache** [ˈhɑːteɪk] *n* душе́вная боль, страда́ние

**heart attack** [ˈhɑːtəˌtæk] *n* серде́чный при́ступ

**heartbeat** [ˈhɑːtbiːt] *n* 1) бие́ние, пульса́ция се́рдца 2) волне́ние

**heart-break** [ˈhɑːtbreɪk] *n* большо́е го́ре

**heart-breaking** [ˈhɑːtˌbreɪkɪŋ] *a* 1) надрыва́ющий се́рдце; душераздира́ющий; вызыва́ющий печа́ль 2) *разг.* ску́чный, ну́дный

**heart-broken** [ˈhɑːtˌbrəukən] *a* уби́тый го́рем; с разби́тым се́рдцем

**heartburn** [ˈhɑːtbəːn] *n* изжо́га

**heart-burning** [ˈhɑːtˌbəːnɪŋ] *n* 1) недово́льство, доса́да 2) та́йная за́висть, ре́вность

**heart-disease** [ˈhɑːtdɪˈziːz] *n* боле́знь се́рдца; поро́к се́рдца

**hearten** [ˈhɑːtn] *v* 1) ободря́ть, подбодря́ть (*часто* ~ up) 2) удобря́ть (*землю*)

**heart failure** [ˈhɑːtˌfeɪljə] *n мед.* 1) парали́ч се́рдца 2) серде́чная недоста́точность, серде́чная сла́бость

**heartfelt** [ˈhɑːtfelt] *a* и́скренний; прочу́вствованный

**hearth** [hɑːθ] *n* 1) дома́шний оча́г; ~ and home а) дом, дома́шний оча́г; б) *перен.* центр, оча́г (*культуры и т. п.*) 2) ками́н 3) ка́менная плита́ под очаго́м; под пе́чи 4) *тех.* под, горн; ва́нна, рабо́чее простра́нство (*в отражательной печи*); то́пка

**hearth-money** [ˈhɑːθˌmʌnɪ] *n ист.* нало́г на очаги́

**hearth-rug** [ˈhɑːθrʌg] *n* ко́врик пе́ред ками́ном

**hearthstone** [ˈhɑːθstəun] = hearth 3)

**heartily** [ˈhɑːtɪlɪ] *adv* 1) серде́чно, и́скренне 2) охо́тно, усе́рдно; to eat ~ есть с аппети́том 3) си́льно, о́чень; I am ~ sick of it мне э́то опроти́вело

**heartiness** [ˈhɑːtɪnɪs] *n* 1) серде́чность, и́скренность 2) кре́пость, здоро́вье

**heartland** [ˈhɑːtlænd] *n* 1) глубо́кий тыл 2) ва́жный райо́н

**heartless** [ˈhɑːtlɪs] *a* бессерде́чный, безжа́лостный

**heart-rending** [ˈhɑːtˌrendɪŋ] *a* душераздира́ющий; тяжёлый, го́рестный

**heartsease** [ˈhɑːtsiːz] *n бот.* аню́тины гла́зки

**heart-service** [ˈhɑːtˌsəːvɪs] *n* и́скренняя пре́данность

**heartshake** [ˈhɑːtʃeɪk] *n лес.* радиа́льная тре́щина (*в дереве*)

**heartsick** [ˈhɑːtsɪk] *a* па́вший ду́хом, удручённый

**heart-strings** [ˈhɑːtstrɪŋz] *n pl* глубоча́йшие чу́вства; to play upon smb.'s ~ игра́ть на чьих-л. чу́вствах; to pull at smb.'s ~ растро́гать кого́-л. до глубины́ души́

**heart-to-heart** [ˈhɑːtəˈhɑːt] *a* инти́мный, серде́чный; ~ conversation разгово́р по душа́м

**heartwarming** [ˈhɑːtˌwɔːmɪŋ] *a* тёплый, душе́вный; тро́гательный

**heart-whole** [ˈhɑːthəul] *a* 1) и́скренний 2) свобо́дный от привя́занностей

**hearty** [ˈhɑːtɪ] **1.** *a* 1) серде́чный, и́скренний; дру́жеский 2) кре́пкий, здоро́вый, энерги́чный 3) оби́льный (*о еде*) 4) плодоро́дный (*о почве*)

**2.** *n* 1) кре́пкий па́рень; *особ.* моря́к 2) *унив. разг.* студе́нт, занима́ющийся спо́ртом

**heat** [hiːt] **1.** *n* 1) жара́; жар 2) *физ.* теплота́ 3) пыл, раздраже́ние, гнев; political ~ нака́л полити́ческих страсте́й 4) что-л., сде́ланное за оди́н раз, в оди́н приём; *особ. спорт.* часть состяза́ния; забе́г; заплы́в; зае́зд (*на бегах*); at a ~ за оди́н раз 5) *pl спорт.* отбо́рочные соревнова́ния 6) *амер. разг.* допро́с с пристра́стием; to put the ~ on smb. припере́ть кого́-л. к сте́нке 7) *амер. разг.* принужде́ние 8) пери́од те́чки (*у животных*)

**2.** *v* 1) нагрева́ть(ся); разогрева́ть; подогрева́ть (*часто* ~ up); согрева́ть(-ся) 2) нака́ливать, накаля́ться 3) топи́ть 4) разгорячи́ть; горячи́ть; раздража́ть

**heat capacity** [ˈhiːtkəˈpæsɪtɪ] *n физ.* теплоёмкость

**heated** [ˈhiːtɪd] **1.** *p. p. от* heat 2

**2.** *a* 1) нагре́тый; подогре́тый 2) разгорячённый; возбуждённый; ~ with dispute в пылу́ спо́ра 3) горя́чий, пы́лкий; a ~ discussion горя́чий спор

**heatedly** [ˈhiːtɪdlɪ] *adv* возбуждённо, гне́вно

**heat-engine** [ˈhiːtˌendʒɪn] *n* теплово́й дви́гатель

**heater** [ˈhiːtə] *n* 1) нагрева́тельный прибо́р; гре́лка; радиа́тор; калори́фер; кипяти́льник; печь 2) истопни́к

**heath** [hiːθ] *n* 1) степь, пу́стошь, поро́сшая ве́реском 2) ве́реск

**heath-bell** [ˈhiːθbel] *n* цвето́к ве́реска

**heath-cock** [ˈhiːθkɔk] *n* те́терев-коса́ч

**heathen** [ˈhiːðən] **1.** *n* 1) язы́чник 2) *разг.* ва́рвар, не́уч

**2.** *a* язы́ческий

**heathendom** [ˈhiːðəndəm] *n* язы́чество, язы́ческий мир

**heathenish** [ˈhiːðənɪʃ] *a* 1) язы́ческий 2) ва́рварский; гру́бый; жесто́кий

**heathenism** [ˈhiːðənɪzm] *n* 1) язы́чество 2) ва́рварство

**heather** [ˈheðə] *n* ве́реск ◇ ~ mixture пёстрая шерстяна́я ткань

**heathery** [ˈheðərɪ] *a* поро́сший, изоби́лующий ве́реском

**heath-hen** [ˈhiːθhən] *n* тетёрка

**heathy** [ˈhiːθɪ] *a* 1) ве́ресковый 2) = heathery

**heating** [ˈhiːtɪŋ] **1.** *pres. p. от* heat 2

**2.** *n* 1) нагрева́ние; подогрева́ние; продолжи́тельность нагре́ва 2) отопле́ние 3) нака́ливание 4) *радио* нака́л

**3.** *a* 1) горячи́тельный 2) отопи́тельный; согрева́ющий; ~ apparatus нагрева́тельный прибо́р

**heating plant** [ˈhiːtɪŋˈplɑːnt] *n* отопи́тельная устано́вка

**heating value** [ˈhiːtɪŋˈvæljuː] *n* теплотво́рная спосо́бность

**heat-lightning** [ˈhiːtˈlaɪtnɪŋ] *n* зарни́ца

**heatproof** [ˈhiːtpruːf] *a* теплосто́йкий, жаропро́чный

**heat-prostration** [ˈhiːtprɔsˈtreɪʃən] *n* теплово́й уда́р

**heat-resistant** [ˈhiːtrɪˈzɪstənt] = heatproof

**heat-resisting** [ˈhiːtrɪˈzɪstɪŋ] = heatproof

**heat-spot** [ˈhiːtspɔt] *n* 1) весну́шка 2) пры́щик

**heat-stroke** [ˈhiːtstrəuk] *n* теплово́й уда́р

**heat-treat** [ˈhiːttriːt] *v* 1) пастеризова́ть (*молоко и т. п.*) 2) *тех.* подверга́ть терми́ческой обрабо́тке

**heat treatment** [ˈhiːtˈtriːtmənt] *n тех.* терми́ческая обрабо́тка

**heat-wave** [ˈhiːtweɪv] *n* 1) *физ.* теплова́я волна́ 2) полоса́, пери́од си́льной жары́

**heave** [hiːv] **1.** *n* 1) подъём 2) волне́ние (*моря*) 3) рво́тное движе́ние 4) *геол.* горизонта́льное смеще́ние, сдвиг; вздува́ние *или* вспу́чивание (*почвы*) 5) *pl* запа́л (*у лошадей*)

**2.** *v* (hove, heaved [-d]) 1) поднима́ть, перемеща́ть (*тяжести*); to ~ coal грузи́ть у́голь 2) *разг.* броса́ть, швыря́ть; to ~ overboard бро́сить за́ борт 3) вздыма́ться; поднима́ться и опуска́ться (*о волнах; о груди*) 4) издава́ть (*звук*); to ~ a sigh (a groan) тяжело́ вздохну́ть (простона́ть) 5) де́лать уси́лия, напряга́ться; ту́житься (*при рвоте*) 6) поднима́ть, тяну́ть (*якорь, канат*); ~ ho! *мор.* ра́зом!, дру́жно!, взя́ли! 7) повора́чивать(ся); идти́ (*о судне*); to ~ ahead продви́нуть(ся) вперёд; to ~ astern пода́ться наза́д (*о судне*); the ship hove out of the harbour су́дно вы́шло из га́вани ◇ to ~ in sight показа́ться на горизо́нте; to ~ to *мор.* лечь в дрейф; останови́ть (*судно*)

**heaven** [ˈhevn] *n* не́бо, небеса́ ◇ the seventh ~ верх блаже́нства; in the seventh ~ на седьмо́м не́бе; ~ forbid! бо́же упаси́!; by ~! ей-бо́гу!; good ~s! бо́же мой!, о бо́же!

**heavenly** [ˈhevnlɪ] *a* 1) небе́сный; ~ body небе́сное свети́ло; *астр.* небе́сное те́ло 2) боже́ственный, небе́сный, свяще́нный; неземно́й 3) *разг.* восхити́тельный, изуми́тельный

**heaver** [ˈhiːvə] *n* 1) гру́зчик 2) *тех.* ва́га, рыча́г 3) *мор.* драёк

**heavily** [ˈhevɪlɪ] *adv* 1) тяжело́; to breathe ~ тяжело́ дыша́ть 2) си́льно; to be punished ~ понести́ суро́вое наказа́ние; it is raining ~ идёт си́льный дождь; to weigh ~ with smb. име́ть большо́е значе́ние для кого́-л.; to be ~ in debt быть по́ уши в долга́х 3) тя́гостно, тяжело́; to take smth. ~ тяжело́ пережива́ть что-л.

**heaviness** [ˈhevɪnɪs] *n* 1) тя́жесть 2) неуклю́жесть 3) ине́ртность 4) депре́ссия; го́ре

**heavy** [ˈhevɪ] **1.** *a* 1) тяжёлый; ~ armament тяжёлое вооруже́ние 2) тяжёлый, обременительный; высокий (*о цене, налоге и т. п.*); ~ casualties *воен.* большие потери 3) обильный, буйный (*о растительности*); ~ crop обильный, хороший урожай; ~ foliage густая листва, ~ beard густая борода; ~ layer *горн.* мощный слой 4) тяжёлый; трудный; ~ work тяжёлая, трудная работа 5) серьёзный, опасный; ~ wound тяжёлое ранение; ~ cold а) сильная простуда; б) сильный насморк 6) *служит для усиления*: ~ eater любитель поесть; обжора; ~ smoker заядлый курильщик 7) сильный (*о буре, дожде, росе и т. п.*); густой (*о тумане*) 8) тяжёлый, мрачный; печальный; with a ~ heart с тяжёлым сердцем; ~ tidings печальные известия; ~ villain мрачный злодей 9) покрытый тучами, мрачный (*о небе*) 10) бурный (*о море*) 11) толстый (*о материи, броне и т. п.*) 12) плохо поднявшийся (*о тесте*); плохо пропечённый (*о хлебе и т. п.*); ~ bread сырой хлеб 13) тяжеловатый; неуклюжий 14) плохо соображающий, тупой; скучный 15) сонный, осовелый 16) *театр.* мрачный; резонёрствующий; to play the part of the ~ father играть роль брюзгливого, придирчивого отца 17) *хим.* слаболетучий ◇ to have a ~ hand а) быть неуклюжим; б) быть строгим; to be ~ on hand быть скучным (*в разговоре и т. п.*); ~ swell важная персона; to come the ~ father читать нравоучения

2. *adv редк.* = heavily; time hangs ~ время тянется медленно, скучно

3. *n* 1) *pl* (the heavies) тяжёлые орудия, тяжёлая артиллерия; тяжёлые бомбардировщики 2) (the Heavies) гвардейские драгуны 3) злодей 4) *театр.* роль степенного, серьёзного человека *или* резонёра 5) = heavy-weight

**heavy-duty** ['hevɪ'dju:tɪ] *a* 1) облагаемый высокой пошлиной 2) *тех.* тяжёлого типа, для тяжёлого режима работы; сверхмощный

**heavy-handed** ['hevɪ'hændɪd] *a* 1) неловкий; неуклюжий 2) жестокий, деспотический 3) тяжеловесный (*о стиле и т. п.*)

**heavy-headed** ['hevɪ'hedɪd] *a* 1) туполобый 2) сонный; вялый 3) большеголовый

**heavy-hearted** ['hevɪ'hɑ:tɪd] *a* печальный, унылый

**heavy hydrogen** ['hevɪ'haɪdrɪdʒən] *n физ.* дейтерий

**heavy-laden** ['hevɪ'leɪdn] *a* 1) тяжело нагруженный 2) подавленный, удручённый

**heavy water** ['hevɪ'wɔ:tə] *n хим.* тяжёлая вода

**heavy-weight** ['hevɪweɪt] *n спорт.* тяжеловес

**hebdomad** ['hebdɔməd] *n* 1) неделя 2) что-л., состоящее из семи предметов

**hebdomadal** [heb'dɔmədl] *a* еженедельный

**Hebe** ['hi:bi(:)] *n* 1) *греч. миф.* Геба 2) *разг.* кельнерша, девушка в баре

**hebetate** ['hebɪteɪt] **1.** *a* тупой

2. *v* притуплять(ся)

**hebetude** ['hebɪtjud] *n* тупоумие, тупость

**Hebraic** [hi(:)'breɪɪk] *a* древнееврейский

**Hebrew** ['hi:bru:] **1.** *n* 1) иудей, еврей 2) древнееврейский язык; иврит ◇ it is ~ to me это для меня китайская грамота

2. *a* (древне)еврейский

**Hecate** ['hekəti(:)] *n греч. миф.* Геката

**hecatomb** ['hekətəum] *n* гекатомба

**heck I** [hek] *n* щеколда

**heck II** [hek] *n, int эвф. вместо* hell

**heckle** ['hekl] **1.** *n* = hackle II, 1

2. *v* 1) = hackle II, 2; 2) прерывать оратора критическими замечаниями, выкриками, вопросами

**hectare** ['hektɑ:] *n* гектар

**hectic** ['hektɪk] **1.** *a* 1) чахоточный 2) *разг.* возбуждённый, лихорадочный; беспокойный; to lead a ~ life вести беспорядочный образ жизни

2. *n* 1) чахоточный больной 2) чахоточный румянец

**hectogram(me)** ['hektəugræm] *n* гектограмм

**hectograph** ['hektəugrɑ:f] *n* гектограф

**hector** ['hektə] **1.** *n* задира; грубиян; хулиган

2. *v* задирать; застращивать; грубить, оскорблять; хулиганить

**hectowatt** ['hektəwɔt] *n эл.* гектоватт

**hedge** [hedʒ] **1.** *n* 1) (живая) изгородь; ограда; dead ~ плетень 2) преграда, препятствие 3) ни к чему не обязывающее заявление ◇ to sit on the ~ занимать выжидательную позицию; to be on the right (wrong) side of the ~ а) занимать правильную (неправильную) позицию; б) быть победителем (побеждённым)

2. *v* 1) огораживать изгородью (*часто* ~ off, ~ in) 2) ограничивать, связывать; мешать, препятствовать; окружать (*трудностями и т. п.*) 3) окружать (*любовью, вниманием*; *тж.* ~ round; with) 4) ограждать, страховать себя от возможных потерь 5) уклоняться, увиливать от прямого ответа, оставлять лазейку

**hedge-bill** ['hedʒbɪl] = hedging-bill

**hedgehog** ['hedʒhɔg] *n* 1) ёж; *амер. тж.* дикобраз 2) неуживчивый человек 3) *бот.* колючая семенная коробочка 4) *воен.* переносное проволочное заграждение, ёж

**hedge-hop** ['hedʒhɔp] *ав. разг.* **1.** *n* бреющий полёт

2. *v* летать на бреющем полёте

**hedge-hopper** ['hedʒ,hɔpə] *n ав. разг.* штурмовик

**hedge hopping** ['hedʒ,hɔpɪŋ] *n ав. разг.* бреющий полёт

**hedge-marriage** ['hedʒ,mærɪdʒ] *n* тайный брак

**hedge-school** ['hedʒsku:l] *n* 1) начальная школа для бедняков 2) *ист.* школа на открытом воздухе (*в Ирландии*)

**hedge-sparrow** ['hedʒ,spærəu] *n* завирушка (*птица*)

**hedge-writer** ['hedʒ,raɪtə] *n* писака; литературный подёнщик

**hedging-bill** ['hedʒɪŋbɪl] *n* садовый нож

**hedonism** ['hi:dəunɪzm] *n* гедонизм

**heebie** ['hi:bɪ] *n амер. разг.* нервное возбуждение; приступ раздражения

**heed** [hi:d] **1.** *n* внимание, осторожность; to give (*или* to pay) ~ to smth., smb. обращать внимание на что-л., кого-л.; to take no ~ of danger (of what is said) не обращать внимания на опасность (на то, что говорят)

2. *v* обращать внимание; внимательно следить (*за чем-л.*)

**heedful** ['hi:dful] *a* внимательный, заботливый

**heedless** ['hi:dlɪs] *a* невнимательный, небрежный; необдуманный

**hee-haw** ['hi:'hɔ:] **1.** *n* 1) крик осла 2) громкий хохот

2. *v* 1) кричать (*об осле*) 1) громко хохотать, «ржать»

**heel I** [hi:l] **1.** *n* 1) пятка; пята; the iron ~ железная пята, иго; at the ~ of под игом; at (*или* on, upon) smb.'s ~s по пятам, следом за кем-л.; to turn on one's ~s а) круто повернуться (и уйти); б) бесцеремонно повернуться к кому-л. спиной 2) пятка (*чулка или носка*); задник (*ботинка*); out at ~s а) с продранными пятками; б) бедно одетый; нуждающийся, бедный 3) каблук; down at ~(s), down at the ~ а) со стоптанными каблуками; б) бедно *или* неряшливо одетый; в) жалкий 4) задний шип подковы 5) шпора (*петуха*) 6) остаток (*чего-л. — корка сыра, хлеба и т. п.*) 7) *разг.* обманщик; подлец, мерзавец 8) грань, вершина, ребро 9) *стр.* нижняя часть стойки или стропильной ноги ◇ ~s over head вверх ногами, вверх тормашками; ~ of Achilles, Achilles' ~ ахиллесова пята; to clap (*или* to lay) by the ~s арестовать, посадить в тюрьму; to bring to ~ подчинить; заставить повиноваться; to come to ~ а) идти следом за хозяином (*о собаке*); б) подчиниться; to show a clean pair of ~s, to take to one's ~s удирать, улепётывать; to cool (*или* to kick) one's ~s (зря) дожидаться

2. *v* 1) прибивать каблуки, набойки 2) пристукивать каблуками (*в танце*) 3) бить каблуком 4) следовать по пятам 5) *амер. разг.* снабжать (*особ. деньгами*)

**heel II** [hi:l] *мор.* **1.** *n* крен

2. *v* кренить(ся); килевать, кренговать

**heel-and-toe** ['hi:lənd'təu] *a*: ~ walk спортивная ходьба; ~ speedster *спорт.* скороход

**heeled I** [hi:ld] **1.** *p. p. от* heel I, 2

2. *a* 1) подкованный; *перен.* во всеоружии 2) снабжённый деньгами

**heeled II** [hi:ld] *p. p. от* heel II, 2

**heeler** [ˈhiːlə] *n* 1) поса́дчик каблука́ 2) *амер.* подру́чный партийного бо́сса 3) *sl.* доно́счик, шпик

**heeling** I [ˈhiːlɪŋ] 1. *pres. p. от* heel II, 2

2. *n мор.* крен

**heeling** II [ˈhiːlɪŋ] *pres. p. от* heel I, 2

**heel-piece** [ˈhiːlpiːs] *n* 1) каблу́к 2) набо́йка 3) коне́ц, концо́вка

**heel-plate** [ˈhiːlpleɪt] *n* металли́ческая подко́вка на каблуке́

**heeltap** [ˈhiːltæp] *n* 1) набо́йка 2) оста́ток вина́ в бока́ле; no ~s! пить до дна!

**heel tendon** [ˈhiːlˈtendən] *n анат.* ахи́ллово сухожи́лие

**heft** [heft] *амер.* 1. *n* 1) вес, тя́жесть 2) бо́льшая часть

2. *v* 1) приподнима́ть, поднима́ть 2) определя́ть вес, взве́шивать

**hefty** [ˈheftɪ] *a* 1) *разг.* дю́жий, здоро́ве́нный 2) *разг.* оби́льный, изря́дный; a ~ sum of money поря́дочная су́мма де́нег 3) *амер.* тяжёлый

**Hegelian** [heɪˈgiːljən] 1. *a* гегелья́нский

2. *n* гегелья́нец

**hegemon** [ˈhi(ː)gəmɒn] *n* гегемо́н

**hegemonic** [ˌhiːgɪˈmɒnɪk] *a* руководя́щий, гла́вный

**hegemony** [hi(ː)ˈgemənɪ] *n* гегемо́ния; the ~ of the proletariat гегемо́ния пролетариа́та

**heifer** [ˈhefə] *n* 1) тёлка; не́тель 2) *амер.* жена́; же́нщина

**heigh** [heɪ] *int оклик; тж. выражает вопрос, поощрение*

**heigh-ho** [ˈheɪˈhəu] *int восклицание, выражающее досаду, скуку и т. п.*

**height** [haɪt] *n* 1) высота́, вышина́; рост; to rise to a great ~ подня́ться на большу́ю высоту́ 2) возвы́шенность, холм 3) сте́пень 4) верх, вы́сшая сте́пень (*чего-л.*); высо́ты (*знаний и т. п.*); in the ~ of smth. в разга́ре чего́-л.; dressed in the ~ of fashion оде́тый по после́дней мо́де

**heighten** [ˈhaɪtn] *v* 1) повыша́ть(ся); уси́ливать(ся); ~ an effect уси́лить де́йствие 2) преувели́чивать

**height-indicator** [ˈhaɪtˈɪndɪkeɪtə] *n* высотоме́р

**heinous** [ˈheɪnəs] *a* отврати́тельный, гну́сный, ужа́сный

**heir** [ɛə] *n* насле́дник; ~ apparent бесспо́рный насле́дник; престолонасле́дник; ~ presumptive предполага́емый насле́дник; to fall ~ to smb. стать чьим-л. насле́дником

**heir-at-law** [ˈɛərətˈlɔː] *n* насле́дник по зако́ну

**heirdom** [ˈɛədəm] *n* насле́дование; насле́дство

**heiress** [ˈɛərɪs] *n* насле́дница

**heirloom** [ˈɛəluːm] *n* 1) фами́льная вещь 2) фами́льная черта́; насле́дие

**held** [held] *past и p. p. от* hold I, 2

**heliacal** [hi(ː)ˈlaɪəkəl] *a астр.* 1) со́лнечный 2) совпада́ющий с восхо́дом *или* захо́дом со́лнца

**helical** [ˈhelɪkəl] *a* 1) спира́льный 2) *тех.* винтово́й, геликоида́льный

**helices** [ˈhelɪsiːz] *pl от* helix

**Helicon** [ˈhelɪkən] *n* 1) *греч. миф.* Гелико́н, оби́тель муз 2) (h.) гелико́н (*духовой инструмент*)

**helicopter** [ˈhelɪkɒptə] 1. *n ав.* вертолёт, геликопте́р

2. *v* перевози́ть на вертолёте

**helio-** [ˈhiːlɪəu-] *в сложных словах* гелио-; *напр.*: helioscope гелиоско́п

**heliocentric** [ˌhiːlɪəuˈsentrɪk] *a* гелиоцентри́ческий

**heliochromy** [ˌhiːlɪəuˈkrəumɪ] *n* гелиохро́мия, фотогра́фия в есте́ственных кра́сках

**heliograph** [ˈhiːlɪəugrɑːf] *n* гелио́граф

**heliogravure** [ˈhiːlɪəugrəˈvjuə] *n* гелиогравю́ра

**heliophilous** [ˌhiːlɪˈɒfɪləs] *a* светолюби́вый (*о растении*)

**heliophobic** [ˌhiːlɪəuˈfəubɪk] *a* светобоязли́вый (*о растении*)

**helioscope** [ˈhiːljəskəup] *n* гелиоско́п

**heliotherapy** [ˌhiːləuˈθerəpɪ] *n мед.* гелиотерапи́я

**heliotrope** [ˈheljətrəup] *n бот.* гелиотро́п

**helium** [ˈhiːljəm] *n хим.* ге́лий

**helix** [ˈhiːlɪks] *n* (*pl* helices) 1) спира́ль, спира́льная ли́ния, винтова́я ли́ния 2) *анат.* завито́к ушно́й ра́ковины 3) *тех.* винт 4) *зоол.* ули́тка 5) *архит.* волю́та, завито́к

**hell** [hel] *n* 1) ад 2) иго́рный дом, прито́н 3) «дом» (*в некоторых играх*) ◇ a ~ of a way черто́вски далеко́; a ~ of a noise а́дский шум; go to ~! пошёл к чёрту!; like ~ *разг.* а) си́льно; стреми́тельно; из всех сил; б) чёрта с два!; you're coming, aren't you? — Like ~ I will! вы ведь придёте? — И не поду́маю!; to ride ~ for leather нести́сь во весь опо́р; there will be ~ to pay ≅ хлопо́т не обе́рёшься; to give smb. ~ руга́ть кого́-л. на чём свет стои́т; всы́пать кому́-л. по пе́рвое число́; come ~ or high water ≅ что бы то ни́ было; что бы ни случи́лось

**he'll** [hiːl] *сокр. разг.* = he will

**hellbender** [ˈhelˌbendə] *n амер. разг.* 1) гуля́ка; кути́ла 2) попо́йка, дебо́ш

**hell-bent** [ˈhelbent] *a амер. разг.* 1) одержи́мый (*чем-л.*); добива́ющийся любо́й ценой (on—*чего-л.*); 2) безрассу́дный, опроме́тчивый 3) мча́щийся во весь опо́р

**hell-cat** [ˈhelkæt] *n* ве́дьма, мегера

**hellebore** [ˈhelɪbɔː] *n бот.* 1) моро́зник 2) чемери́ца

**Hellene** [ˈheliːn] *n* э́ллин, грек

**Hellenic** [heˈliːnɪk] 1. *a* э́ллинский, гре́ческий

2. *n* 1) гре́ческий язы́к 2) *pl* труды́ по гре́ческой филоло́гии

**Hellenism** [ˈhelɪnɪzm] *n* эллини́зм

**Hellenist** [ˈhelɪnɪst] *n* эллини́ст (*специалист по древнегреческому языку и культуре*)

**heller** [ˈhelə] *n* ге́ллер (*мелкая монета Чехословакии*)

**hell-hound** [ˈhelhaund] *n* 1) це́рбер 2) дья́вол; и́зверг

**hellion** [ˈheljən] *n амер. разг.* 1) беспоко́йный челове́к 2) непослу́шный, шаловли́вый ребёнок, озорни́к

**hellish** [ˈhelɪʃ] *a* 1) а́дский 2) бесчелове́чный; зло́бный 3) проти́вный, отврати́тельный

**hello** [heˈləu] = hallo(a)

**hello girl** [həˈləugəːl] *n амер. разг.* телефони́стка

**helluva** [ˈhelʌvə] *a амер. разг.* черто́вский, а́дский

**helm** I [helm] 1. *n* 1) руль; корми́ло 2) власть, управле́ние; ~ of state бразды́ правле́ния 3) рулево́е колесо́; штурва́л, ру́мпель; the man at the ~ рулево́й; ко́рмчий; to answer the ~ слу́шаться руля́

2. *v* направля́ть, вести́

**helm** II [helm] *n* 1) *уст.* шлем 2) *хим.* шлем рето́рты

**helmet** [ˈhelmɪt] *n* 1) шлем, ка́ска 2) тропи́ческий шлем 3) *тех.* колпа́к; бу́гель ве́рхняя часть рето́рты

**helminth** [ˈhelmɪnθ] *n* глист, кише́чный червь

**helminthic** [helˈmɪnθɪk] 1. *a* относя́щийся к глиста́м

2. *n* глистого́нное сре́дство

**helmsman** [ˈhelmzmən] *n* рулево́й; ко́рмчий

**helot** [ˈhelət] *n др.-греч. ист.* ило́т, раб

**help** [help] 1. *n* 1) по́мощь; can I be of any ~ to you? могу́ я Вам чем-л. помо́чь? 2) сре́дство, спасе́ние; there's no ~ for it э́тому нельзя́ помо́чь 3) помо́щник; Your advice was a great ~ Ваш сове́т мне о́чень помо́г 4) = helping 2, 2); 5) служа́нка, прислу́га; mother's ~ бо́нна

2. *v* 1) помога́ть; ока́зывать по́мощь, соде́йствие; it can't be ~ed *разг.* ничего́ не поде́лаешь, ничего́ не попи́шешь; can't ~ it ничего́ не могу́ поде́лать 2) раздава́ть, угоща́ть; передава́ть (*за столом*); ~ yourself бери́те, пожа́луйста (са́ми), не церемо́ньтесь; may I ~ you to some meat? позво́льте вам предложи́ть мя́са 3) (*с модальным глаголом* can, could) избежа́ть, удержа́ться; she can't ~ thinking of it она́ не мо́жет не ду́мать об э́том; I could not ~ laughing я не мог удержа́ться от сме́ха; я не мог не засмея́ться; don't be longer than you can ~ не остава́йтесь до́льше, чем на́до □ ~ **down** помо́чь сойти́; ~ **in** помо́чь войти́; ~ **into** а) помо́чь войти́; б) помо́чь наде́ть, пода́ть; ~ **off** а) помо́чь снять *что-л.* (*об одежде*); б) помо́чь отде́латься от; ~ **on** а) помога́ть; продвига́ть (*дело*); б): ~ me on with my overcoat помоги́те мне наде́ть пальто́; ~ **out** а) помо́чь вы́йти; б) помо́чь в затрудне́нии, вы́ручить; ~ **over** вы́ручить, помо́чь в затрудне́нии; ~ **up** помо́чь встать, подня́ться

**helper** [ˈhelpə] *n* 1) помо́щник 2) подру́чный 3) *ж.-д.* вспомога́тельный парово́з

**helpful** [ˈhelpful] *a* поле́зный

**helping** [ˈhelpɪŋ] 1. *pres. p. от* help 2

2. *n* 1) по́мощь 2) по́рция

**helpless** ['helplɪs] *a* 1) беспо́мощный 2) безза́щитный 3) неуме́лый
**helpmate** ['helpmeɪt] *n* 1) помо́щник, това́рищ; подру́га 2) муж, супру́г; жена́, супру́га
**helpmeet** ['helpmi:t] = helpmate
**helter-skelter** ['heltə'skeltə] **1.** *n* сумато́ха, беспоря́док
2. *adv* беспоря́дочно, как попа́ло
**helve** [helv] *n* 1) черено́к; ру́чка, рукоя́ть 2) = helve-hammer ◇ to throw the ~ after the hatchet рискова́ть после́дним; упо́рствовать в безнадёжном де́ле
**helve-hammer** ['helv,hæmə] *n* рыча́жный мо́лот
**Helvetian** [hel'vi:ʃjən] **1.** *a* швейца́рский
2. *n* швейца́рец; швейца́рка
**Helvetic** [hel'vetɪk] *a* швейца́рский
**hem** I [hem] **1.** *n* 1) рубе́ц (*на платке и т. п.*) 2) кайма́; кро́мка 3) *архит.* выступа́ющее ребро́ на волю́те иони́ческой капите́ли
2. *v* 1) подруба́ть 1) окаймля́ть □ **~ about,** **~ in,** **~ round** окружа́ть; ~med in by the enemy окружённый врага́ми
**hem** II [hem] **1.** *int* гм!
2. *v* произноси́ть «гм», пока́шливать, запина́ться; to ~ and haw = to hum and ha(w) [*см.* hum I, 2, 2)]
**he-man** ['hi:'mæn] *n* *разг.* настоя́щий мужчи́на
**hematic** [hɪ'mætɪk] = haematic
**hematite** ['hemətaɪt] = haematite
**hemisphere** ['hemɪsfɪə] *n* 1) полуша́рие; the Northern (Southern) ~ се́верное (ю́жное) полуша́рие 2) сфе́ра, о́бласть (*зна́ний и т. п.*) 3) *анат.* полуша́рие головно́го мо́зга и мозжечка́
**hemispheric(al)** [,hemɪ'sferɪk(əl)] *a* полусфери́ческий
**hemistich** ['hemɪstɪk] *n* полусти́шие
**hemlock** ['hemlɔk] *n* 1) *бот.* болиголо́в (кра́пчатый) 2) нарко́тик *или* яд из болиголо́ва 3) тсу́га (*американское хвойное дерево*)
**hemoglobin** [,hi:məu'gləubɪn] = haemoglobin
**hemorrhage** ['hemərɪdʒ] = haemorrhage
**hemorrhoids** ['hemərɔɪdz] = haemorrhoids
**hemp** [hemp] *n* 1) конопля́, пенька́ 2) инди́йская конопля́; гаши́ш 3) *attr.* конопля́ный; ~ oil конопля́ное ма́сло
**hempen** ['hempən] *a* пенько́вый
**hem-stitch** ['hemstɪtʃ] **1.** *n* ажу́рная стро́чка; мере́жка
2. *v* де́лать ажу́рную стро́чку, мере́жку
**hen** [hen] *n* 1) ку́рица 2) тетёрка; куропа́тка 3) *шутл.* же́нщина ◇ like a ~ with one chicken хлопотли́во; ≅ как ку́рица с яйцо́м
**-hen** [-hen] *в сложных словах означает самку птицы; напр.*: pea-hen па́ва
**henbane** ['henbeɪn] *n* *бот.* белена́ (чёрная)
**hence** [hens] **1.** *adv* 1) отсю́да 2) с э́тих пор; three years ~ че́рез три го́да, три го́да спустя́ 3) сле́довательно ◇ to go ~ умере́ть
2. *int* прочь!, вон!
**henceforth** ['hens'fɔ:θ] *adv* с э́того вре́мени, впредь
**henceforward** ['hens'fɔ:wəd] = henceforth
**henchman** ['hentʃmən] *n* 1) приве́рженец 2) креату́ра; при́хвостень; приспе́шник 3) *ист.* оруженосе́ц; паж
**hen-coop** ['henku:p] *n* кле́тка для кур; куря́тник
**hendecagon** [hen'dekəgən] *n* *геом.* одиннадцатиуго́льник
**hen-harrier** ['hen,hærɪə] *n* лунь (*птица*)
**hen-hearted** ['hen'ha:tɪd] *a* трусли́вый, малоду́шный
**hen-house** ['henhaus] *n* куря́тник
**hen-hussy** ['hen,hʌsɪ] *n* *разг.* мужчи́на, занима́ющийся же́нской рабо́той по до́му
**henna** ['henə] **1.** *n* 1) *бот.* хна 2) хна (*краска*)
2. *v* кра́сить во́лосы хно́й
**hennery** ['henərɪ] *n* 1) птицефе́рма 2) куря́тник
**hen-party** ['hen,pa:tɪ] *n* *шутл.* «деви́чник», же́нская компа́ния
**hen-peck** ['henpek] *v* *разг.* держа́ть му́жа под башмако́м
**hen-roost** ['henru:st] *n* насе́ст
**henry** ['henrɪ] *n* *эл.* ге́нри (*единица индуктивности*)
**hepatic** [hɪ'pætɪk] *a* 1) *мед.* печёночный 2) де́йствующий на пе́чень 3) красновато-кори́чневый
**hepatite** ['hepətaɪt] *n* *мин.* гепати́т
**hepatitis** [,hepə'taɪtɪs] *n* *мед.* гепати́т, воспале́ние пе́чени
**heptagon** ['heptəgən] *n* семиуго́льник
**heptane** ['hepteɪn] *n* *хим.* гепта́н
**heptarchy** ['hepta:kɪ] *n* 1) *ист.* сою́з семи́ короле́вств а́нглов и са́ксов 2) гепта́рхия, правле́ние, осуществля́емое семью́ ли́цами; страна́, управля́емая семью́ ли́цами
**Heptateuch** ['heptətju:k] *n* *рел.* пе́рвые семь книг Ве́тхого заве́та
**her** I [hə:] *pron pers. косв. падеж от* she
**her** II [hə:] *pron poss.* (*употр. атрибутивно*; *ср.* hers) её; свой; принадлежа́щий ей; ~book её кни́га
**herald** ['herəld] **1.** *n* 1) *ист.* геро́льд; глаша́тай 2) ве́стник ◇ Heralds' College геральди́ческая пала́та
2. *v* 1) возвеща́ть, объявля́ть 2) предвеща́ть
**heraldic** [he'rældɪk] *a* геральди́ческий
**heraldry** ['herəldrɪ] *n* гера́льдика, гербове́дение
**herb** [hə:b] *n* трава́, расте́ние (*особ. лекарственное*)
**herbaceous** [hə:'beɪʃəs] *a* травяно́й; травяни́стый; ~ border цвето́чный бордю́р
**herbage** ['hə:bɪdʒ] *n* 1) *собир.* тра́вы; травяно́й покро́в 2) *юр.* пра́во па́стбища
**herbal** ['hə:bəl] *a* травяно́й
**herbalist** ['hə:bəlɪst] *n* 1) знато́к трав 2) торго́вец лече́бными тра́вами
**herbaria** [hə:'beərɪə] *pl от* herbarium
**herbarium** [hə:'beərɪəm] *n* (*pl* -riums [-rɪəmz], -ria) герба́рий
**herbicide** ['hə:bɪsaɪd] *n с.-х.* гербици́д
**herbivorous** [hə:'bɪvərəs] *a* травоя́дный
**herborize** ['hə:bəraɪz] *v* ботанизи́ровать, собира́ть тра́вы
**Herculean** [,hə:kju'li(:)ən] *a* 1) геркуле́совский; исполи́нский 2) о́чень тру́дный *или* опа́сный; ~ task сложне́йшая зада́ча
**Hercules** ['hə:kjuli:z] *n* 1) *римск. миф.* Геркуле́с 2) геркуле́с, сила́ч
**herd** [hə:d] **1.** *n* 1) ста́до; гурт 2) пасту́х 3) *attr.* ста́дный; the ~ instinct ста́дное чу́вство
2. *v* 1) ходи́ть ста́дом; толпи́ться 2) быть вме́сте, подружи́ться; примкну́ть (with) 3) собира́ть вме́сте 4) пасти́
**herdsman** ['hə:dzmən] *n* 1) пасту́х 2) скотово́д
**here** [hɪə] *adv* 1) здесь, тут; ~ and there там и сям; разбро́санно; ~, there and everywhere повсю́ду 2) сюда́; come ~ иди́те сюда́ 3) вот; ~ is your book вот ва́ша кни́га; ~ you (*или* we) are! *разг.* вот, пожа́луйста!; вот то, что вам ну́жно; ~ we are (again)! вот и мы! 4) в э́тот моме́нт; ~ the speaker paused в э́тот моме́нт ора́тор останови́лся 5): my friend ~ was a witness of the accident вот мой друг ви́дел всё со́бственными глаза́ми ◇ ~'s to you!, ~'s how! (за) ва́ше здоро́вье!; ~'s a go! ≅ за на́ше здоро́вье!; same ~ я то́же; я согла́сен; то же могу́ сказа́ть о себе́; ~ goes! что ж! начнём!; пошли́!, поехали!; ~ today and gone tomorrow ≅ «перелётная пти́ца»
**hereabout(s)** ['hɪərə,baut(s)] *adv* поблизо́сти; где́-то ря́дом
**hereafter** [hɪər'a:ftə] **1.** *adv* 1) зате́м, да́льше (*в статье, книге и т. п.*) 2) в бу́дущем
2. *n* 1) бу́дущее, гряду́щее 2) потусторо́нний мир
**hereby** ['hɪə'baɪ] *adv* 1) *юр.* сим, э́тим, настоя́щим; при сём; ~ I promise настоя́щим я обязу́юсь 2) таки́м о́бразом
**hereditary** [hɪ'redɪtərɪ] *a* 1) насле́дственный 2) традицио́нный (*в данной семье*)
**heredity** [hɪ'redɪtɪ] *n* насле́дственность
**herein** ['hɪər'ɪn] *adv* в э́том; здесь, при сём (*в документах*)
**hereinafter** ['hɪərɪn'a:ftə] *adv* ни́же, в дальне́йшем (*в документах*)
**hereof** [hɪər'ɔv] *adv* 1) об э́том 2) отсю́да, из э́того (*в документах*)
**heresy** ['herəsɪ] *n* е́ресь
**heretic** ['herətɪk] *n* ерети́к
**heretical** [hɪ'retɪkəl] *a* ерети́ческий
**hereto** ['hɪə'tu:] *adv* к э́тому, к тому́ (*в документах*)
**heretofore** ['hɪətu'fɔ:] *adv* пре́жде, до э́того
**hereupon** ['hɪərə'pɔn] *adv* 1) вслед за э́тим, по́сле э́того 2) всле́дствие э́того; всле́дствие чего́

**herewith** [ˈhɪəˈwɪð] *adv* 1) настоя́щим (*сообщается и т. п.*); при сём (*прилагается*) 2) посре́дством э́того

**heritable** [ˈherɪtəbl] *a* насле́дственный, насле́дуемый; ~ disease насле́дственная боле́знь

**heritage** [ˈherɪtɪdʒ] *n* насле́дство; насле́дие

**heritor** [ˈherɪtə] *n* насле́дник

**hermaphrodite** [hɜːˈmæfrədaɪt] *n* гермафроди́т; обоепо́лое существо́

**Hermes** [ˈhɜːmiːz] *n греч. миф.* Герме́с

**hermetic** [hɜːˈmetɪk] *a* гермети́ческий; пло́тно закры́тый ◇ ~ art алхи́мия

**hermetically** [hɜːˈmetɪkəlɪ] *adv* пло́тно, гермети́чески

**hermit** [ˈhɜːmɪt] *n* отше́льник, пусты́нник

**hermitage** [ˈhɜːmɪtɪdʒ] *n* хи́жина отше́льника; уединённое жили́ще

**hermit-crab** [ˈhɜːmɪtˈkræb] *n* рак-отше́льник

**hern** [hɜːn] = heron

**hernia** [ˈhɜːnjə] *n мед.* гры́жа

**hero** [ˈhɪərəu] *n* (*pl* -oes [-əuz]) 1) геро́й; H. of the Soviet Union Геро́й Сове́тского Сою́за; H. of Socialist Labour Геро́й Социалисти́ческого Труда́ 2) геро́й, гла́вное де́йствующее лицо́ (*романа, пьесы и т. п.*) 3) геро́й, полубо́г (*в античной литературе*)

**Herod** [ˈherəd] *n библ.* Иро́д

**heroic** [hɪˈrəuɪk] **1.** *a* 1) герои́ческий, геро́йский 2) *лит.* герои́ческий, эпи́ческий 3) высокопа́рный, напы́щенный (*о языке*) 4): ~ verse пятисто́пный рифмо́ванный ямб (*в английской поэзии*); александри́йский стих (*во французской поэзии*); гекза́метр (*в греческой и латинской поэзии*) 5) опа́сный, риско́ванный (*о методе лечения*) 6) бо́льше челове́ческого ро́ста (*о статуе и т. п.*)

2. *n pl* высокопа́рный, напы́щенный язы́к

**heroin** [ˈherəuɪn] *n* герои́н

**heroine** [ˈherəuɪn] *n* 1) герои́ня 2) герои́ня, гла́вное де́йствующее лицо́ (*романа, пьесы и т. п.*)

**heroism** [ˈherəɪzm] *n* герои́зм, геро́йство, до́блесть

**heron** [ˈherən] *n* ца́пля

**heronry** [ˈherənrɪ] *n* гнездо́вье ца́пель

**hero-worship** [ˈhɪərəuˌwɜːʃɪp] **1.** *n* 1) преклоне́ние пе́ред геро́ями 2) культ киноактёров, спортсме́нов *и т. п.*

2. *v* 1) преклоня́ться пе́ред геро́ями 2) восторга́ться (*актёрами, спортсменами и т. п.*)

**herpes** [ˈhɜːpiːz] *n мед.* лиша́й

**herring** [ˈherɪŋ] *n* сельдь; kippered ~ копчёная сельдь

**herring-bone** [ˈherɪŋbəun] **1.** *n* 1) кла́дка кирпича́ «в ёлку» 2) вы́шивка «ёлочкой»

2. *a* име́ющий вид ко́лоса, шевро́на; «в ёлочку»

**herring-pond** [ˈherɪŋpɔnd] *n шутл. название северной части Атлантического океана*

**hers** [hɜːz] *pron poss.* (*абсолютная форма; не употр. атрибутивно; ср.* her II) её; свой; принадлежа́щий ей; this book is ~ э́та кни́га её

**herself** [hɜːˈself] *pron* 1) *refl.* себя́, само́ё себя́; -сь; себе́; she burnt ~ она́ обожгла́сь; she came to ~ она́ пришла́ в себя́ 2) *emph.* сама́; she did it ~ она́ э́то сде́лала сама́; (all) by ~ (совсе́м) одна́, без чьей-л. по́мощи ◇ she is not ~ today сего́дня она́ сама́ не своя́

**hertz** [hɜːts] *n физ.* герц

**Hertzian** [ˈhɜːtsɪən] *a*: ~ waves *физ.* электромагни́тные во́лны

**he's** [hiːz] *сокр. разг.* = he is, he has

**hesitancy** [ˈhezɪtənsɪ] *n* колеба́ние, нереши́тельность

**hesitant** [ˈhezɪtənt] *a* колеблющийся; нереши́тельный

**hesitate** [ˈhezɪteɪt] *v* 1) колеба́ться; не реша́ться; I ~ to affirm (я) бою́сь утвержда́ть 2) стесня́ться; do not ~ to ask me спра́шивайте меня́, не стесня́йтесь 3) запина́ться ◇ he who ~s is lost ≅ промедле́ние сме́рти подо́бно

**hesitatingly** [ˈhezɪteɪtɪŋlɪ] *adv* нереши́тельно

**hesitation** [ˌhezɪˈteɪʃən] *n* 1) колеба́ние, сомне́ние 2) нереши́тельность; неохо́та 3) заика́ние

**hesitative** [ˈhezɪteɪtɪv] *a* проявля́ющий колеба́ние, коле́блющийся

**Hesperian** [hesˈpɪərɪən] *a поэт.* за́падный

**Hesperus** [ˈhespərəs] *n* вече́рняя звезда́

**Hessian** [ˈhesɪən] **1.** *a* ге́ссенский, из Ге́ссена ◇ ~ boots *ист.* высо́кие сапоги́; ботфо́рты

2. *n* 1) *ист.* ге́ссенский наёмник 2) *амер.* наёмник, прода́жный челове́к 3) дерю́га, мешо́чная ткань

**heterodox** [ˈhetərəudɔks] *a* неортодокса́льный; ерети́ческий

**heterodoxy** [ˈhetərəudɔksɪ] *n* неортодокса́льность; е́ресь

**heterodyne** [ˈhetərəudaɪn] *радио* **1.** *a* гетероди́нный

2. *v* накла́дывать колеба́ния

**heterogeneity** [ˌheterəudʒɪˈniːɪtɪ] *n* гетероге́нность, разноро́дность

**heterogeneous** [ˈhetərəuˈdʒiːnjəs] гетероге́нный, разноро́дный

**het-up** [ˈhetˈʌp] *a* возбуждённый, в не́рвном состоя́нии; to get ~ about smth. вы́йти из себя́, вспыли́ть

**hew** [hjuː] *v* (hewed [-d]; hewed, hewn) 1) руби́ть, разруба́ть; to ~ one's way прорубать, прокла́дывать себе́ доро́гу 2) сруба́ть (*часто* ~ down, ~ off) 3) высека́ть, вытёсывать (*часто* ~ out); to ~ out a career for oneself сде́лать карье́ру 4) *горн.* отбива́ть (*часто* ~ off)

**hewer** [ˈhjuːə] *n уст.* 1) дровосе́к 2) каменотёс 3) *горн.* забо́йщик 4) подёнщик ◇ ~s of wood and drawers of water а) *библ.* ру́бящие дрова́ и че́рпающие во́ду; б) выполня́ющие чёрную рабо́ту

**hewn** [hjuːn] *p. p. от* hew

**hexagon** [ˈheksəgən] *n* шестиуго́льник

**hexagonal** [hekˈsægənl] *a* шестиуго́льный

**hexahedron** [ˈheksəˈhedrən] *n* шестигра́нник

**hexameter** [hekˈsæmɪtə] *n* гекза́метр

**hey** [heɪ] *int* эй! (*оклик; тж. выражает вопрос, радость, изумление*)

**hey-day** [ˈheɪdeɪ] *int восклицание, выражающее радость, удивление*

**heyday** [ˈheɪdeɪ] *n* зени́т, расцве́т, лу́чшая пора́; in the ~ of youth в расцве́те мо́лодости; in the ~ of one's glory в зени́те сла́вы

**H-hour** [ˈeɪtʃˌauə] *n амер. воен.* час «Ч», вре́мя нача́ла опера́ции

**hi** [haɪ] = hey

**hiatus** [haɪˈeɪtəs] *n* (*pl* -ses [-sɪz]) 1) пробе́л, про́пуск 2) *лингв.* хиа́тус, зия́ние

**hibernal** [haɪˈbɜːnl] *a* зи́мний

**hibernate** [ˈhaɪbɜːneɪt] *v* 1) находи́ться в зи́мней спя́чке (*о животных*) 2) зимова́ть 3) быть в безде́йствии

**hibernation** [ˌhaɪbɜːˈneɪʃən] *n* 1) зи́мняя спя́чка 2) безде́йствие

**Hibernian** [haɪˈbɜːnjən] *поэт.* **1.** *a* ирла́ндский

2. *n* ирла́ндец; ирла́ндка

**hibiscus** [hɪˈbɪskəs] *n бот.* гиби́скус

**hiccough, hiccup** [ˈhɪkʌp] **1.** *n* ико́та

2. *v* ика́ть

**hick** [hɪk] *n разг.* 1) провинциа́л, дереве́нщина 2) *attr.* провинциа́льный; ~ town захолу́стный городи́шко

**hickory** [ˈhɪkərɪ] *n* ги́кори (*род сев.-амер. орешника*)

**hickory-shirt** [ˈhɪkərɪʃɜːt] *n амер.* руба́шка из гру́бой хлопчатобума́жной тка́ни в у́зкую си́нюю поло́ску *или* клётку

**hid** [hɪd] *past и p. p. от* hide II, 2

**hidalgo** [hɪˈdælgəu] *исп. n* (*pl* -os [-əuz]) *ист.* (г)ида́льго

**hidden** [ˈhɪdn] *p. p. от* hide II, 2

**hide** I [haɪd] **1.** *n* 1) шку́ра, ко́жа 2) *шутл.* ко́жа (челове́ка); to save one's ~ спаса́ть свою́ шку́ру

2. *v* 1) содра́ть шку́ру 2) *разг.* вы́пороть, спусти́ть шку́ру

**hide** II [haɪd] **1.** *n* 1) укры́тие; тайни́к 2) скры́тый запа́с

2. *v* (hid; hid, hidden) пря́тать(ся); скрыва́ть(ся); to ~ one's feelings скрыва́ть свои́ чу́вства; to ~ one's head пря́таться, не пока́зываться (*особ. от стыда*); скрыва́ть своё униже́ние

**hide** III [haɪd] *n ист.* наде́л земли́ для одно́й семьи́ (*= 100 акрам*)

**hide-and-(go-)seek** [ˈhaɪdənd(gəu)ˈsiːk] *n* (игра́ в) пря́тки

**hide-away** [ˈhaɪdəˌweɪ] = hide-out

**hidebound** [ˈhaɪdbaund] *a* 1) си́льно исхуда́вший (*о скоте*) 2) ограни́ченный, с у́зким кругозо́ром

**hideous** [ˈhɪdɪəs] *a* отврати́тельный, стра́шный, ужа́сный

**hide-out** [ˈhaɪdˈaut] *n разг.* укры́тие; убе́жище

**hiding** I [ˈhaɪdɪŋ] **1.** *pres. p. от* hide I, 2

2. *n* по́рка; to give smb. a good ~ вы́драть, отколоти́ть кого́-л. как сле́дует

**hiding** II [ˈhaɪdɪŋ] 1. *pres. p. от* hide II, 2

2. *n*: in ~ в бегáх, скрывáясь; to go into ~ скрывáться

**hiding-place** [ˈhaɪdɪŋpleɪs] *n* потаённое мéсто; убéжище; тайни́к

**hie** [haɪ] *v поэт., шутл.* спеши́ть; торопи́ться

**hierarchy** [ˈhaɪərɑːkɪ] *n* 1) ierárхия 2) *церк.* священноначáлие, теокрáтия

**hieratic** [ˌhaɪəˈrætɪk] *a* ierати́ческий, свящéнный (*особ. о древнеегипетских письменах*)

**hieroglyph** [ˈhaɪərəuglɪf] *n* иерóглиф

**hieroglyphic** [ˌhaɪərəuˈglɪfɪk] 1. *a* иероглифи́ческий

2. *n pl* иерóглифы

**hi-fi** [ˈhaɪˈfaɪ] *разг. сокр. от* high-fidelity

**higgle** [ˈhɪgl] *v* торговáться

**higgledy-piggledy** [ˈhɪgldɪˈpɪgldɪ] 1. *n* пóлный беспоря́док

2. *a* беспоря́дочный, сумбу́рный

3. *adv* как придётся, в беспоря́дке

**higgler** [ˈhɪglə] *n* разнóсчик; разъезднóй торгóвец

**High** [haɪ] *амер.* = high school

**high** [haɪ] 1. *a* 1) высóкий; возвы́шенный 2) вы́сший; глáвный; верхóвный; ~ official вы́сший чинóвник; H. Command верхóвное комáндование 3) вы́сший, лу́чший; ~ quality вы́сшее кáчество; ~ opinion высóкая оцéнка 4) большóй, си́льный; интенси́вный; ~ wind си́льный вéтер; ~ colour румя́нец; ~ farming интенси́вное землeдéлие; ширóкое испóльзование удобрéний 5) превосхóдный, богáтый, роскóшный; ~ feeding роскóшный стол; ~ living богáтая жизнь 6) (находя́щийся) в сáмом разгáре; ~ summer разгáр лéта; ~ noon сáмый пóлдень; at ~ noon тóчно в пóлдень 7) высóкий, дорогóй; at a ~ cost по высóкой ценé 8) весёлый, рáдостный, ~ spirits весёлое, припóднятое настроéние; to have a ~ time хорошó повесели́ться, хорошó провести́ врéмя 9) благорóдный, возвы́шенный; ~ ideals благорóдные идеáлы 10) высóкий, рéзкий (*о звуке*) 11) *фон.* вéрхний, вéрхнего подъёма 12) подпóрченный, с душкóм (*о мясе*) 13) с высóким содержáнием (*чего-л.*) 14) *разг.* пья́ный ◇ ~ antiquity глубóкая дрéвность; ~ and dry а) вы́брошенный, вы́тащенный на бéрег (*о судне*); б) поки́нутый в бедé; в) устарéвший; отстáвший (*от времени и т. п.*); ~ and low (лю́ди) вся́кого звáния [*ср. тж.* high 2 ◇]; ~ and mighty высокомéрный, надмéнный; to mount (*или* to ride) the ~ horse, to ride one's ~ horse, to be on one's ~ horse, *амер.* to get the ~ hat вáжничать, вести́ себя́ высокомéрно; with a ~ hand высокомéрно; ~ road а) большáя дорóга, шоссé; б) столбовáя дорóга, прямóй путь (*к чему-л.*); (it is) ~ time давнó порá; сáмая порá; ~ Tory крáйний консервáтор; ~ words гнéвные словá; разговóр в повы́шенном тóне

2. *adv* 1) высóкó; to aim ~ мéтить высокó 2) си́льно, интенси́вно; the wind blows ~ вéтер си́льно ду́ет 3) роскóшно; to live ~ жить в рóскоши, жить богáто, на ширóкую нóгу ◇ ~ and low повсю́ду, вездé [*ср. тж.* high 1 ◇]; to play ~ *карт.* игрáть по большóй; ходи́ть с кру́пной кáрты; to run ~ а) подымáться, вздымáться (*о море*); б) возбуждáться; passions ran ~ стрáсти разгорéлись

3. *n* 1) вы́сшая тóчка; мáксимум; to be in (*или* at) the ~ дости́гнуть вы́сшего у́ровня 2) стáршая кáрта, находя́щаяся на рукáх

**highball** [ˈhaɪbɔːl] 1. *n амер.* 1) *разг.* ви́ски с сóдой и льдом 2) *ж.-д.* сигнáл отправлéния 3) скóрый пóезд

2. *v* éхать на большóй скóрости

**highbinder** [ˈhaɪˌbaɪndə] *n амер.* 1) *разг.* политúческий интригáн; шантажи́ст 2) хулигáн, банди́т

**high-blown** [ˈhaɪbləun] *a* 1) си́льно разду́тый 2) напы́щенный

**high-board diver** [ˈhaɪbɔːdˌdaɪvə] *n спорт.* прыгу́н с вы́шки

**high-board diving** [ˈhaɪbɔːdˌdaɪvɪŋ] *n спорт.* прыжки́ с вы́шки

**high-born** [ˈhaɪbɔːn] *a* знáтного происхождéния

**highboy** [ˈhaɪbɔɪ] *n* высóкий комóд

**high-bred** [ˈhaɪbred] *a* 1) порóдистый 2) хорошó воспи́танный

**highbrow** [ˈhaɪbrau] *разг.* 1. *n* 1) человéк, претенду́ющий на интеллектуáльность, утончённость 2) далёкий от жи́зни учёный, интеллигéнт

2. *a* высокомéрный

**High Church** [ˈhaɪˈtʃəːtʃ] *n* направлéние в англикáнской цéркви, тяготéющее к католици́зму

**high-coloured** [ˈhaɪˈkʌləd] *a* 1) румя́ный 2) я́ркий 3) живóй (*об описании*) 4) преувели́ченный, приукрáшенный

**High Court (of Justice)** [ˈhaɪˈkɔːt-(əvˈdʒʌstɪs)] *n* Высóкий суд правосу́дия (*входит в состав Верховного суда в Англии*)

**high day** [ˈhaɪdeɪ] *n* прáздник, прáздничный день

**higher** [ˈhaɪə] 1. *a* 1) *сравн. ст. от* high 1; 2) вы́сший; ~ education вы́сшее образовáние

2. *adv сравн. ст. от* high 2

**higher-up** [ˈhaɪərˈʌp] *n разг.* 1) стáрший по чи́ну 2) заправи́ла

**high explosive** [ˈhaɪɪksˈpləusɪv] *n* 1) бризáнтное взры́вчатое веществó 2) *attr.*: ~ bomb фугáсная бóмба

**high falutin(g)** [ˈhaɪfəˈluːtɪn(-ɪŋ)] 1. *n* напы́щенность

2. *a* напы́щенный

**high-fed** [ˈhaɪfed] *a* 1) привы́кший к роскóшному столу́ 2) избалóванный

**high-fidelity** [ˈhaɪfɪˈdelɪtɪ] *n радио* высóкая тóчность воспроизведéния

**high-flier** [ˈhaɪˈflaɪə] *n* 1) честолю́бец 2) сторóнник направлéния в англикáнской цéркви, тяготéющего к католици́зму

**high-flown** [ˈhaɪfləun] *a* высóкий, высокопáрный, напы́щенный (*о стиле и т. п.*)

**highflyer** [ˈhaɪˌflaɪə] = high-flier

**high-frequency** [ˈhaɪˈfriːkwənsɪ] 1. *n эл.* высóкая частотá

2. *a* коротковóлновый; высокочастóтный

**high grade** [ˈhaɪˈgreɪd] *n* крутóй подъём

**high-grade** [ˈhaɪgreɪd] *a* высокосóртный, высокопроцéнтный; высококáчественный; богáтый (*о руде*)

**high-handed** [ˈhaɪˈhændɪd] *a* своевóльный; влáстный, повели́тельный; высокомéрный

**high-handedness** [ˈhaɪˈhændɪdnɪs] *n* произвóл, произвóльные дéйствия

**high-hat** [ˈhaɪˈhæt] *амер. разг.* 1. *n* 1) вáжная персóна 1) занóсчивый человéк

2. *v* относи́ться высокомéрно, с пренебрежéнием (*к кому-л.*)

**high-hearted** [ˈhaɪˈhɑːtɪd] *a* му́жественный, хрáбрый

**high jumper** [ˈhaɪˌdʒʌmpə] *n спорт.* прыгу́н в высоту́

**highland** [ˈhaɪlənd] *n* 1) плоскогóрье, нагóрье 2) *pl* гóрная мéстность; гóрная странá; the Highlands сéвер и сéверо-зáпад Шотлáндии

**Highlander** [ˈhaɪləndə] *n* 1) гóрец 2) шотлáндский гóрец 3) солдáт шотлáндского полкá

**high-level** [ˈhaɪˈlevl] *a* 1) происходя́щий на большóй высотé 2) высокопостáвленный 3) (происходя́щий) на вы́сшем у́ровне

**high life** [ˈhaɪˈlaɪf] *n* вы́сшее óбщество, вы́сший свет; аристокрáтия

**high light** [ˈhaɪlaɪt] *n* 1) световóй эффéкт (*в живописи, фотографии*) 2) основнóй момéнт, факт ◇ to be in (*или* to hit) the ~ быть в цéнтре внимáния

**highlight** [ˈhaɪlaɪt] *v* 1) я́рко освещáть 2) выдвигáть на пéрвый план; придавáть большóе значéние

**highly** [ˈhaɪlɪ] *adv* 1) óчень, весьмá, чрезвычáйно, си́льно 2) благоприя́тно; благосклóнно 3) высóкó; a ~ paid worker высокооплáчиваемый рабóчий 4): ~ descended аристократи́ческого происхождéния; ~ connected с аристократи́ческими свя́зями

**high-minded** [ˈhaɪˈmaɪndɪd] *a* 1) благорóдный, возвы́шенный; великоду́шный 2) гóрдый, надмéнный

**high-necked** [ˈhaɪˈnekt] *a* закры́тый (*о платье и т. п.*)

**highness** [ˈhaɪnɪs] *n* 1) высотá; возвы́шенность 2) высóкая стéпень (*чего-л.*) 3) величинá 4) (H.) высóчество (*титул*)

**high-octane** [ˈhaɪˈɔkteɪn] *a хим.* высокооктáновый (*о бензине*)

**high-pitched** [ˈhaɪˈpɪtʃt] *a* 1) высóкий, пронзи́тельный (*о звуке*) 2) высóкий и крутóй (*о крыше*) 3) *перен.* возвы́шенный

**high-priority** [ˈhaɪpraɪˈɔrɪtɪ] *a* первоочереднóй; ~ call срóчный вы́зов

**high-ranker** [ˈhaɪˌræŋkə] *n* высокопостáвленное лицó; человéк, занимáющий высóкий пост *или* положéние

**high-ranking** [ˈhaɪˌræŋkɪŋ] *a* высокопоста́вленный

**high relief** [ˈhaɪrɪˈli:f] *n* горелье́ф

**high-rise** [ˈhaɪraɪz] *a* высо́тный; многоэта́жный

**high-riser** [ˈhaɪˌraɪzə] *n* высо́тный дом

**high-risk** [ˈhaɪrɪsk] *a* авантюристи́ческий, чрезвыча́йно риско́ванный

**high-road** [ˈhaɪrəud] *n* 1) = highway 1) *и* 2); 2) прямо́й, са́мый лёгкий путь; ~ to fame (to success) прямо́й путь к сла́ве (к успе́ху)

**high-rolling** [ˈhaɪˌrəulɪŋ] *n амер. разг.* прома́тывание де́нег, средств

**high-scaler** [ˈhaɪˈskeɪlə] *n* верхола́з

**high school** [ˈhaɪsku:l] *n* сре́дняя шко́ла

**high-sounding** [ˈhaɪˌsaundɪŋ] *a* пы́шный, гро́мкий

**high speed** [ˈhaɪˈspi:d] *n* максима́льная ско́рость, бы́стрый ход

**high-speed** [ˈhaɪˈspi:d] *a* 1) быстрохо́дный, скоростно́й 2) быстроре́жущий (*о стали*)

**high-spirited** [ˈhaɪˈspɪrɪtɪd] *a* 1) отва́жный, му́жественный 2) пы́лкий, горя́чий, ре́звый 3) в хоро́шем настрое́нии, весёлый

**high-strung** [ˈhaɪˈstrʌŋ] *a* чувстви́тельный; легко́ возбуди́мый; не́рвный

**high tide** [ˈhaɪtaɪd] *n мор.* по́лная вода́; прили́в

**high-toned** [ˈhaɪˈtəund] *a* 1) возвы́шенный, благоро́дный (*тж. ирон.*) 2) *амер. разг.* мане́рный, с прете́нзиями; то́нный

**high treason** [ˈhaɪˈtri:zn] *n* госуда́рственная изме́на

**high-up** [ˈhaɪʌp] **1.** *n* высокопоста́вленное лицо́, кру́пная фигу́ра, туз

**2.** *a разг.* 1) высо́ко́ располо́женный 2) высокопоста́вленный

**high water** [ˈhaɪˈwɔ:tə] *n* 1) = high tide 2) па́водок

**high-water mark** [ˈhaɪˈwɔ:təma:k] *n* 1) у́ровень по́лной воды́ 2) вы́сшее достиже́ние; вы́сшая то́чка (*чего-л.*)

**highway** [ˈhaɪweɪ] *n* 1) больша́я доро́га, больша́к; шоссе́ 2) гла́вный путь; торго́вый путь 3) *перен.* прямо́й путь (*к чему-л.*); столбова́я доро́га

**highway crossing** [ˈhaɪweɪˌkrɔsɪŋ] *n* перее́зд

**highwayman** [ˈhaɪweɪmən] *n* разбо́йник (с большо́й доро́ги)

**hijack** [ˈhaɪdʒæk] *v* 1) напада́ть с це́лью грабежа́ (*на автомобили и т. п.*); си́лой отнима́ть 2) угоня́ть самолёт, занима́ться возду́шным пира́тством

**hijacker** [ˈhaɪˌdʒækə] *n* 1) банди́т, налётчик 2) возду́шный пира́т

**hijacking** [ˈhaɪˌdʒækɪŋ] *n* 1) ограбле́ние, нападе́ние 2) уго́н самолёта, возду́шное пира́тство

**hike** [haɪk] **1.** *n* 1) *разг.* дли́тельная прогу́лка; экску́рсия; путеше́ствие пешко́м 2) *амер. воен.* марш

**2.** *v* 1) путеше́ствовать, ходи́ть пешко́м 2) бродя́жничать 3) *амер. воен.* маршироа́ть 4) *разг.* поднима́ть, повыша́ть (*цены, налоги и т. п.*)

**hilarious** [hɪˈlɛərɪəs] *a* шу́мный, весёлый

**hilarity** [hɪˈlærɪtɪ] *n* весе́лье, весёлость

**Hilary** [ˈhɪlərɪ] *n* семе́стр, начина́ющийся с рождества́ (*в некоторых англ. университетах*)

**hill** [hɪl] **1.** *n* 1) холм, возвыше́ние, возвы́шенность 2) ку́ча

**2.** *v* 1) насыпа́ть ку́чу 2) оку́чивать (*растение; часто* ~ up)

**hill-billy** [ˈhɪlˌbɪlɪ] *n амер. разг.* 1) жи́тель го́рных райо́нов за́падных и ю́жных шта́тов; «дереве́нщина» 2) *attr.* дереве́нский; ~ music наро́дная му́зыка

**hilling** [ˈhɪlɪŋ] **1.** *pres. p. от* hill 2

**2.** *n с.-х.* оку́чивание

**hillock** [ˈhɪlək] *n* 1) хо́лмик, буго́р 2) *горн.* ку́ча поро́ды; отва́л пусто́й поро́ды

**hillside** [ˈhɪlˈsaɪd] *n* склон горы́ *или* холма́

**hilly** [ˈhɪlɪ] *a* холми́стый

**hilt** [hɪlt] *n* рукоя́тка, эфе́с; (up) to the ~ а) по са́мую рукоя́тку; б) по́лностью, до конца́, вполне́ ◇ to live up to the ~ жить по́лной жи́знью

**him** [hɪm (*полная форма*); ɪm (*редуцированная форма*)] *pron pers. косв. падеж от* he

**himself** [hɪmˈself] *pron* 1) *refl.* себя́; -ся; себе́; he hurt ~ он ушибся; he came to ~ он пришёл в себя́ 2) *emph.* сам; he says so ~ он сам э́то говори́т; he has done it all by ~ он сде́лал всё сам, без посторо́нней по́мощи ◇ he is not ~ он сам не свой; Richard is ~ again ≅ жив кури́лка

**hind** I [haɪnd] *n* 1) лань 2) са́мка оле́ня

**hind** II [haɪnd] *n* 1) батра́к, рабо́тник на фе́рме 2) *уст.* крестья́нин; *презр.* дереве́нщина

**hind** III [haɪnd] *a* за́дний; ~ leg за́дняя нога́; ~ quarters за́дняя часть (*туши*)

**hind-carriage** [ˈhaɪndˌkærɪdʒ] *n* прице́п

**hinder** I [ˈhaɪndə] *a* за́дний; ~ part before за́дом наперёд

**hinder** II [ˈhɪndə] *v* 1) меша́ть, препя́тствовать 2) быть поме́хой

**hind-head** [ˈhaɪndhed] *n* заты́лок

**Hindi** [ˈhɪndi:] **1.** *n* язы́к хи́нди

**2.** *a* относя́щийся к языку́ хи́нди

**hindmost** [ˈhaɪndməust] *a* 1) са́мый за́дний; после́дний 2) са́мый отдалённый

**Hindoo** [ˈhɪnˈdu:] = Hindu

**hindrance** [ˈhɪndrəns] *n* поме́ха, препя́тствие; you are more of a ~ than a help вы бо́льше меша́ете, чем помога́ете

**hindsight** [ˈhaɪndsaɪt] *n* 1) непредусмотри́тельность 2) взгляд в про́шлое, ретроспекти́вный взгляд; with (*или* in) ~ огля́дываясь на про́шлое 3) *воен.* прице́л

**Hindu** [ˈhɪnˈdu:] **1.** *n* инду́с

**2.** *a* инду́сский

**Hinduism** [ˈhɪndu(:)ɪzm] *n* индуи́зм

**Hindustani** [ˌhɪnduˈsta:nɪ] **1.** *n* 1) инди́ец 2) язы́к хиндуста́ни

**2.** *a* инди́йский

**hinge** [hɪndʒ] **1.** *n* 1) пе́тля (*напр., дверная*); шарни́р; крюк 2) сте́ржень, суть; кардина́льный пункт (*чего-л.*) ◇ off the ~s в беспоря́дке; в расстро́йстве

**2.** *v* 1) прикрепля́ть на пе́тлях 2) висе́ть, враща́ться на пе́тлях 3) *перен.* враща́ться (*вокруг чего-л.*); зави́сеть (on — от)

**hint** [hɪnt] **1.** *n* 1) намёк; gentle ~ то́нкий намёк; to drop (*или* to let fall, to throw out) a ~ намекну́ть; to take a ~ поня́ть (намёк) с полусло́ва 2) сове́т; ~s on housekeeping сове́ты по хозя́йству 3) налёт, отте́нок; not a ~ of surprise ни те́ни удивле́ния

**2.** *v* намека́ть (at — на)

**hinterland** [ˈhɪntəlænd] *нем. n* 1) райо́ны вглубь от прибре́жной полосы́ *или* грани́цы 2) *воен.* глубо́кий тыл 3) райо́н, удалённый от промы́шленного це́нтра *и т. п.*

**hip** I [hɪp] *n* 1) бедро́; бок 2) *архит.* конёк, ребро́ кры́ши; ва́льма ◇ to have (*или* to get) a person on the ~ держа́ть кого́-л. в рука́х; име́ть пе́ред кем-л. преиму́щество; ~ and thigh беспоща́дно

**hip** II [hɪp] *n* плод (*или* я́года) шипо́вника

**hip** III [hɪp] (*сокр. от* hypochondria) *разг.* **1.** *n* меланхо́лия, уны́ние; to have the ~ хандри́ть

**2.** *v* поверга́ть в уны́ние

**hip** IV [hɪp] *int*: ~, ~, hurrah! ура́!, ура́!

**hip-bath** [ˈhɪpba:θ] *n* сидя́чая ва́нна

**hip-bone** [ˈhɪpbəun] *n анат.* та́зовая кость

**hipped** [hɪpt] *a разг.* 1) меланхоли́чный 2) поме́шанный (*на чём-л.*); ~ on philately увлечённый филате́лией

**hippie** [ˈhɪpɪ] *n* хи́ппи

**hippo** [ˈhɪpəu] *n* (*pl* -os [əuz]) *сокр. разг. от* hippopotamus

**hippocampi** [ˌhɪpəuˈkæmpaɪ] *pl от* hippocampus

**hippocampus** [ˌhɪpəuˈkæmpəs] *n* (*pl* -pi) *зоол.* морско́й конёк

**hippodrome** [ˈhɪpədrəum] *n* 1) ипподро́м 2) *редк.* цирк, аре́на

**hippopotami** [ˌhɪpəˈpɔtəmaɪ] *pl от* hippopotamus

**hippopotamus** [ˌhɪpəˈpɔtəməs] *n* (*pl* -es [-ɪz], -mi) гиппопота́м

**hippy** [ˈhɪpɪ] = hippie

**hip-roof** [ˈhɪpru:f] *n* шатро́вая кры́ша, ва́льмовая кры́ша

**hipster** [ˈhɪpstə] *n разг.* челове́к, презира́ющий усло́вности, хи́пстер, би́тник

**hire** [ˈhaɪə] **1.** *n* 1) наём; прока́т; to let out on ~ сдава́ть внаём, дава́ть напрока́т 2) пла́та за наём; to work for ~ рабо́тать по на́йму

**2.** *v* нанима́ть □ ~ **out** а) сдава́ть внаём, дава́ть напрока́т; б) нанима́ться (в *прислуги, официантки и т. п.*)

**hireling** [ˈhaɪəlɪŋ] *n* 1) наёмник, наймит 2) наёмная ло́шадь

**hire-purchase** [ˈhaɪəˈpəːtʃəs] *n* поку́пка в рассро́чку
**hire system** [ˈhaɪəˈsɪstɪm] = hire-purchase
**hirst** [həːst] *n геол.* нано́с песка́, песча́ная речна́я о́тмель
**hirsute** [ˈhəːsjuːt] *a* волоса́тый, косма́тый
**his** [hɪz (*полная форма*); ɪz (*редуцированная форма*)] *pron poss.* его́, свой; принадлежа́щий ему́; ~ pen его́ ру́чка
**hispid** [ˈhɪspɪd] *a бот., зоол.* покры́тый жёсткими волоска́ми *или* щети́нками; колю́чий
**hiss** [hɪs] **1.** *n* шипе́ние; свист
**2.** *v* 1) шипе́ть; свисте́ть 2) осви́стывать □ ~ **away,** ~ **down,** ~ **off,** ~ **out** прогна́ть сви́стом
**hist** [sːt, hɪst] *int* ти́ше!, тс!
**histiology, histology** [ˌhɪstɪˈɔlədʒɪ, hɪsˈtɔlədʒɪ] *n* гистоло́гия
**historian** [hɪsˈtɔːrɪən] *n* исто́рик
**historic** [hɪsˈtɔrɪk] *a* 1) истори́ческий; име́ющий истори́ческое значе́ние 2) *грам.*: ~ present истори́ческое настоя́щее, настоя́щее вре́мя, употреблённое вме́сто проше́дшего
**historical** [hɪsˈtɔrɪkəl] *a* истори́ческий; истори́чески устано́вленный; относя́щийся к исто́рии, свя́занный с исто́рией; ~ film истори́ческий фильм; ~ picture истори́ческая карти́на
**historicity** [ˌhɪstəˈrɪsɪtɪ] *n* истори́чность
**historiographer** [ˌhɪstɔːrɪˈɔgrəfə] *n* историо́граф
**historiography** [ˌhɪstɔːrɪˈɔgrəfɪ] *n* историогра́фия
**history** [ˈhɪstərɪ] *n* 1) исто́рия; истори́ческая нау́ка; modern ~ но́вая исто́рия 2) про́шлое, исто́рия; the inner ~ of smth. подоплёка чего́-л.; that's ancient ~! э́то ста́рая исто́рия!, э́то де́ло про́шлое! 3) *уст.* истори́ческая пье́са
**histrionic** [ˌhɪstrɪˈɔnɪk] *a* 1) сцени́ческий, актёрский 2) театра́льно неесте́ственный; лицеме́рный 3) *мед.*: ~ paralysis мими́ческий парали́ч лицево́го не́рва
**histrionics** [ˌhɪstrɪˈɔnɪks] *n pl* 1) театра́льное представле́ние, спекта́кль 2) театра́льное иску́сство 3) *перен.* театра́льность, неесте́ственность
**hit** [hɪt] **1.** *n* 1) уда́р, толчо́к 2) попада́ние; уда́чная попы́тка 3) вы́пад, саркасти́ческое замеча́ние (at); that's a ~ at me э́то по моему́ а́дресу 4) успе́х, уда́ча 5) спекта́кль, фильм, рома́н *и т. п.*, по́льзующийся успе́хом; «гвоздь» сезо́на; бестсе́ллер; мо́дный шля́гер; the film was quite a ~ фильм име́л большо́й успе́х 6) популя́рный исполни́тель, люби́мец пу́блики
**2.** *v* (hit) 1) ударя́ть (on — по); поража́ть; to ~ below the belt а) *спорт.* нанести́ уда́р ни́же по́яса; б) нанести́ преда́тельский уда́р; в) воспо́льзоваться свои́м преиму́ществом; to ~ a man when he's down бить лежа́чего 2) уда́риться (against, upon — о, обо) 3) попада́ть в цель; *перен.* бо́льно задева́ть, задева́ть за живо́е; to be badly ~ понести́ тяжёлый уро́н, си́льно пострада́ть 4) находи́ть; напа́сть, натолкну́ться (*часто* ~ on, ~ off, ~ upon); we ~ the right road мы напа́ли на ве́рную доро́гу; to ~ a likeness улови́ть схо́дство 5) *амер. разг.* достига́ть □ ~ **back** дава́ть сда́чи; ~ **off** а) то́чно изобрази́ть немно́гими штриха́ми, слова́ми; улови́ть схо́дство; б) импровизи́ровать; в) напа́сть на (*след, мысль*); ~ **out** наноси́ть си́льные уда́ры ◇ to ~ it а) пра́вильно угада́ть, попа́сть в то́чку; б) *амер.* дви́гаться, путеше́ствовать с большо́й быстрото́й; to ~ it off with smb. ла́дить с кем-л.; to ~ the (right) nail on the head пра́вильно угада́ть, попа́сть в то́чку; to ~ the hay отпра́виться на бокову́ю; to ~ smb.'s fancy порази́ть чьё-л. воображе́ние; to ~ the bottle пристрасти́ться к буты́лке; to ~ the big spots *амер. разг.* кути́ть; to ~ the drink *ав. sl.* а) сесть на́ воду; б) упа́сть в мо́ре; ~ or miss науга́д, науда́чу; ко́е-ка́к
**hit-and-mis** [ˈhɪtəndˈmɪs] *a* нето́чный
**hit-and-run** [ˈhɪtəndˈrʌn] *a* 1): ~ driver води́тель, кото́рый скрыва́ется, сбив пешехо́да 2) молниено́сный, рассчи́танный на бы́строе де́йствие
**hitch** [hɪtʃ] **1.** *n* 1) толчо́к, рыво́к 2) заце́пка; заде́ржка; запи́нка; поме́ха, препя́тствие; without a ~ ≅ без сучка́, без задо́ринки 3) остано́вка (*работающего механизма*) 4) *разг.* пое́здка на попу́тной маши́не 5) *мор.* пе́тля; у́зел; строп 6) *геол.* незначи́тельное наруше́ние пласта́ *или* жи́лы без разры́ва сплошности, усту́п
**2.** *v* 1) подвига́ть толчка́ми, подта́лкивать; подтя́гивать (*часто* ~ up; to) 2) зацепля́ть(ся), прицепля́ть(ся) (on, to); сцепля́ть, скрепля́ть 3) привя́зывать, запряга́ть (*лошадь*) 4) прихра́мывать, ковыля́ть 5) *амер.* жени́ться 6) *разг.* подходи́ть, согласо́вываться (*часто* ~ in, ~ on); to ~ on together ла́дить, сходи́ться 7) = hitch-hike
**hitched** [hɪtʃt] **1.** *p. p. от* hitch 2
**2.** *a амер. разг.* жена́тый; заму́жняя
**hitch-hike** [ˈhɪtʃhaɪk] *v* путеше́ствовать, перебира́ться с ме́ста на ме́сто, по́льзуясь беспла́тно попу́тными маши́нами, «голосова́ть» на доро́ге
**hither** [ˈhɪðə] **1.** *adv книжн.* сюда́; ~ and thither туда́ и сюда́; ~ and yon(d) в разли́чных направле́ниях
**2.** *a* бли́жний, располо́женный бли́же
**hitherto** [ˈhɪðəˈtuː] *adv книжн.* до настоя́щего вре́мени, до сих по́р
**Hitlerism** [ˈhɪtlərɪzm] *n* гитлери́зм
**Hitlerite** [ˈhɪtləraɪt] *n* ги́тлеровец, фаши́ст
**hit-or-miss** [ˈhɪtɔːˈmɪs] **1.** *a* случа́йный; сде́ланный ко́е-ка́к
**2.** *adv* наугад; ко́е-ка́к
**hive** [haɪv] **1.** *n* 1) у́лей 2) рой пчёл 3) людско́й мураве́йник
**2.** *v* 1) сажа́ть (пчёл) в у́лей; *перен.* дава́ть прию́т 2) рои́ться 3) запаса́ть 4) жить вме́сте, о́бществом
**hives** [haɪvz] *n pl* крапи́вница
**ho** [həu] *int* эй! (*оклик; выражает тж. удивление, радость и т. п.*); what ho! эй, там!
**hoar** [hɔː] **1.** *n* 1) и́ней, и́зморозь 2) густо́й тума́н 3) седина́; ста́рость
**2.** *a* седо́й
**hoard** I [hɔːd] **1.** *n* запа́с, скры́тые запа́сы продово́льствия *и т. п.*; что-л. нако́пленное, припря́танное
**2.** *v* запаса́ть; копи́ть, накопля́ть, храни́ть (*часто* ~ up); та́йно храни́ть
**hoard** II [hɔːd] *n* 1) вре́менный забо́р вокру́г стро́ящегося зда́ния 2) щит для накле́йки объявле́ний и афи́ш
**hoarding** I [ˈhɔːdɪŋ] *pres. p. от* hoard I, 2
**hoarding** II [ˈhɔːdɪŋ] = hoard II
**hoarfrost** [ˈhɔːˈfrɔst] *n* и́ней, и́зморозь
**hoarhead** [ˈhɔːhed] *n* седо́й стари́к
**hoarse** [hɔːs] *a* хри́плый, охри́пший
**hoarsen** [ˈhɔːsn] *v* охри́пнуть
**hoarstone** [ˈhɔːstəun] *n* межево́й ка́мень
**hoary** [ˈhɔːrɪ] *a* 1) седо́й 2) дре́вний; почте́нный 3) *бот.* покры́тый бе́лым пушко́м
**hoax** [həuks] **1.** *n* обма́н; мистифика́ция
**2.** *v* подшути́ть; мистифици́ровать
**hob** [hɔb] *n* 1) по́лка в ками́не для подогрева́ния пи́щи 2) гвоздь *или* крюк, на кото́рый набра́сывается кольцо́ (*в игре*) 3) ступи́ца, вту́лка (*колеса*) 4) по́лоз (*саней*) 5) *тех.* червя́чная фреза́
**hobble** [ˈhɔbl] **1.** *n* 1) прихра́мывающая похо́дка 2) затрудни́тельное положе́ние 3) пу́ты
**2.** *v* 1) хрома́ть, прихра́мывать; ковыля́ть 2) запина́ться; *перен.* спотыка́ться 3) стрено́жить (*лошадь*)
**hobbledehoy** [ˈhɔbldɪˈhɔɪ] *n* неуклю́жий подро́сток
**hobble-skirt** [ˈhɔblskəːt] *n* у́зкая ю́бка
**hobby** I [ˈhɔbɪ] *n* 1) конёк, хо́бби, люби́мое заня́тие, страсть; to ride (*или* to mount) a ~ сесть на своего́ (люби́мого) конька́ 2) = hobby-horse 1) 3) *уст.* лоша́дка, по́ни 4) велосипе́д ста́рой констру́кции
**hobby** II [ˈhɔbɪ] *n зоол.* чегло́к
**hobby-horse** [ˈhɔbɪhɔːs] *n* 1) лоша́дка, па́лочка с лошади́ной голово́й (*игрушка*); конь-кача́лка; конь на карусе́ли 2) *редк.* = hobby I 1)
**hobgoblin** [ˈhɔbgɔblɪn] *n* 1) домово́й; чертёнок 2) пу́гало
**hobnail** [ˈhɔbneɪl] *n* сапо́жный гвоздь с большо́й шля́пкой
**hob-nob** [ˈhɔbnɔb] *v* 1) пить вме́сте, води́ть компа́нию 2) води́ть дру́жбу, дружи́ть
**hobo** [ˈhəubəu] *амер.* **1.** *n* (*pl* -os, -oes [-əuz]) 1) хо́бо, стра́нствующий рабо́чий 2) бродя́га
**2.** *v* 1) перебира́ться с ме́ста на ме́сто в по́исках рабо́ты 2) бродя́жничать

**hock** I [hɔk] = hough

**hock** II [hɔk] *n* (*тж.* H.) рейнвейн

**hock** III [hɔk] **1.** *n* 1) заклад 2) *sl.* тюрьма́

2. *v* закла́дывать (*вещь*)

**hockey** [ˈhɔkɪ] *n* хокке́й; field ~ хокке́й на траве́, травяно́й хокке́й; ice ~ хокке́й с ша́йбой; Russian ~ ру́сский хокке́й; хокке́й с мячо́м

**hockey-stick** [ˈhɔkɪstɪk] *n* клю́шка (*для игры в хоккей*)

**hocus** [ˈhəukəs] *v* 1) обма́нывать 2) одурма́нивать, опа́ивать (*наркотиками*) 3) подме́шивать нарко́тики

**hocus-pocus** [ˈhəukəsˈpəukəs] **1.** *n* фо́кус-по́кус; надува́тельство

2. *v* проде́лывать фо́кус, надува́ть, обма́нывать

**hod** [hɔd] *n* 1) *стр.* лото́к (*для подноса кирпичей, извести*) 2) коры́то (*для извести*), твори́ло 3) ведёрко для у́гля́

**hodden** [ˈhɔdn] *n* гру́бая некра́шеная шерстяна́я мате́рия

**Hodge** [hɔdʒ] *n* (*употребляется нарицательно*) батра́к

**hodge-podge** [ˈhɔdʒpɔdʒ] = hotch-potch

**hodiernal** [ˌhəudɪˈəːnəl] *a книжн.* сего́дняшний, относя́щийся к сего́дняшнему дню

**hodman** [ˈhɔdmən] *n* 1) подру́чный ка́менщика 2) подсо́бный рабо́тник, подру́чный 3) литерату́рный подёнщик

**hodometer** [hɔˈdɔmɪtə] = odometer

**hoe** [həu] **1.** *n* 1) моты́га 2) ковш (*экскаватора*)

2. *v* моты́жить, разрыхля́ть (*землю*); опа́лывать моты́гой

**hoe-cake** [ˈhəukeɪk] *n амер.* кукуру́зная лепёшка

**hog** [hɔg] **1.** *n* 1) бо́ров; свинья́ 2) *диал.* бара́шек, о́тнятый от ма́тери (*до первой стрижки*) 3) годова́лый бычо́к 4) гру́бый, гря́зный челове́к 5) скребо́к, щётка 6) *тех.* искривле́ние, проги́б ◇ to go the whole ~ а) де́лать *что-л.* основа́тельно; доводи́ть *что-л.* до конца́; б) идти́ на всё

2. *v* 1) выгиба́ть спи́ну 2) *тех.* выгиба́ться дуго́й, искривля́ться, изгиба́ться; коро́биться 3) ко́ротко подстрига́ть (*гриву, усы*) 4) скрести́, чи́стить 5) *амер.* заграба́стать, прибра́ть к рука́м 6) поступа́ть по-сви́нски 7) *разг.* занима́ться лиха́чеством

**hogback** [ˈhɔgbæk] *n* 1) круто́й го́рный хребе́т 2) *геол.* изоклина́льный гре́бень

**hog cholera** [ˈhɔgˈkɔlərə] *n* чума́ свине́й

**hogcote** [ˈhɔgkəut] *n* свина́рник

**hogget** [ˈhɔgɪt] *n* 1) молодо́й бо́ров 2) = hog 1, 2)

**hoggin** [ˈhɔgɪn] *n* кру́пный песо́к, гра́вий

**hogging** [ˈhɔgɪŋ] **1.** *pres. p. от* hog 2

2. *n тех.* проги́б, вы́гиб; коро́бление

**hoggish** [ˈhɔgɪʃ] *a* 1) свинопо́добный 2) сви́нский, жа́дный, эгоисти́чный

**hogpen** [ˈhɔgpen] = hogcote

**hogshead** [ˈhɔgzhed] *n* 1) больша́я бо́чка 2) хо́гсхед (*мера жидкости* ≅ *238 л*)

**hog-wash** [ˈhɔgwɔʃ] *n* 1) по́йло для свине́й; помо́и 2) *разг.* ерунда́, вздор; пуста́я болтовня́ 3) *разг.* газе́тная у́тка

**hoi(c)k** [hɔɪk] **1.** *n разг.* ре́зкое движе́ние, толчо́к

2. *v разг.* 1) рвану́ть вверх 2) *ав.* кру́то взлете́ть с земли́ *или* воды́, сде́лать го́рку

**hoick(s)** [hɔɪk(s)] *int* ату́!

**hoist** [hɔɪst] **1.** *n* 1) подня́тие; to give smb. a ~ подсади́ть кого́-л., помо́чь взобра́ться 2) во́рот, лебёдка 3) подъёмник, лифт

2. *v* поднима́ть (*парус, флаг, груз*)

**hoist-bridge** [ˈhɔɪstbrɪdʒ] *n* подъёмный мост

**hoity-toity** [ˈhɔɪtɪˈtɔɪtɪ] **1.** *n* 1) шум; беспоря́док 2) легкомы́слие

2. *a* 1) надме́нный 2) оби́дчивый; раздражи́тельный 3) *редк.* игри́вый, ре́звый

3. *int ирон.* скажи́те пожа́луйста!

**hokey-pokey** [ˈhəukɪˈpəukɪ] *n* 1) *разг.* дешёвое моро́женое 2) = hocus-pocus 1

**hokum** [ˈhəukəm] *n амер.* 1) *театр., кино* сце́на, ре́плика, но́мер, рассчи́танные на дешёвый эффе́кт 2) прие́м ора́тора, рассчи́танный на дешёвый эффе́кт 3) обма́н, жу́льничество

**hold** I [həuld] **1.** *n* 1) владе́ние; захва́т; to take (*или* to get, to catch, to seize, to lay) ~ of smth. схвати́ть что-л., ухвати́ться за что-л.; to let go (*или* to lose) one's ~ of smth. вы́пустить что-л. из рук 2) власть, влия́ние (*часто* on, over); to have a ~ over a person ока́зывать влия́ние на кого́-л. 3) спосо́бность понима́ния; понима́ние 4) то, за что мо́жно ухвати́ться; захва́т, ушко́; опо́ра 5) *муз.* па́уза 6) *спорт.* захва́т (*в борьбе, боксе*)

2. *v* (held) 1) держа́ть 2) владе́ть, име́ть; to ~ land владе́ть землёй 3) вы́держивать 4) уде́рживать (*позицию и т. п.*) 5) держа́ться (*о погоде*) 6) име́ть си́лу (*о законе*); остава́ться в си́ле (*о принципе, обещании*; *тж.* ~ good) 7) занима́ть (*пост, должность и т. п.*); to ~ a rank име́ть зва́ние, чин; to ~ office занима́ть пост 8) занима́ть (*мысли*); овладева́ть (*вниманием*); to ~ smb. in thrall плени́ть, очарова́ть кого́-л.; to ~ the stage затми́ть остальны́х актёров; прикова́ть к себе́ внима́ние зри́телей 9) содержа́ть в себе́, вмеща́ть; this room ~s a hundred persons э́та ко́мната вмеща́ет сто челове́к 10) полага́ть, счита́ть; I ~ it good я счита́ю, что э́то хорошо́; I ~ him to be wrong я счита́ю, что он непра́в; to ~ smb. responsible возлага́ть на кого́-л. отве́тственность; to ~ smb. in esteem уважа́ть кого́-л.; to ~ smb. in contempt презира́ть кого́-л. 11) сде́рживать, остана́вливать; to ~ one's tongue молча́ть; ~ your noise! переста́нь(те) шуме́ть! 12) проводи́ть (*собрание*); to ~ an event проводи́ть состяза́ние 13) вести́ (*разговор*) 14) пра́здновать, отмеча́ть 15) держа́ть (*в тюрьме*) □ ~ **back** а) сде́рживать(ся); возде́рживаться (from); б)ута́ивать; to ~ back the truth скрыть пра́вду; в) уде́рживать, вычита́ть (*из зарплаты и т. п.*); ~ **by** держа́ться (*решения*); слу́шаться (*совета*); ~ **down** а) держа́ть в подчине́нии; б) удержа́ть, не потеря́ть; to ~ down a job не потеря́ть ме́сто, удержа́ться в до́лжности; ~ **forth** а) рассужда́ть, разглаго́льствовать; б) предлага́ть; to ~ forth a hope пода́ть наде́жду; ~ **in** сде́рживать(ся); ~ **off** а) уде́рживать; держа́ть(ся) по́одаль; б) заде́рживаться; the rain held off till the evening дождь пошёл то́лько ве́чером; ~ **on** а) держа́ться за *что-л.*; б) продолжа́ть де́лать *что-либо*, упо́рствовать в *чём-л.*; в): ~ on a minute! *разг.* останови́сь на мину́тку!; ~ **out** а) протя́гивать; предлага́ть; to ~ out hope дава́ть наде́жду; б) вы́держивать, держа́ться до конца́; в) хвата́ть; how long will our supplies ~ out? на ско́лько нам хва́тит на́ших запа́сов?; г) *амер.* уде́рживать; заде́рживать; ~ **over** а) откла́дывать, ме́длить; б) сохраня́ть, откла́дывать (*про запас*); в) *амер.* переходи́ть в но́вый соста́в сена́та; ~ **to** а) держа́ться, приде́рживаться (*мнения и т. п.*); б) наста́ивать; to ~ smb. to his promise наста́ивать на выполне́нии кем-л. своего́ обеща́ния; to ~ to terms наста́ивать на выполне́нии усло́вий; ~ **up** а) выставля́ть, пока́зывать; to ~ up to derision выставля́ть на посме́шище; б) подде́рживать, подпира́ть; в) остана́вливать, заде́рживать; г) остана́вливать с це́лью грабежа́; ~ **with** соглаша́ться; держа́ться одина́ковых взгля́дов; одобря́ть ◇ to ~ cheap не дорожи́ть; ~ hard! стой!; подожди́!; to ~ it against smb. име́ть прете́нзии к кому́-л., име́ть что-л. про́тив кого́-л.; to ~ one's hand воздержа́ться; ~ your horses ≅ ле́гче на поворо́тах; не волну́йтесь, не торопи́тесь; to ~ water быть логи́чески после́довательным; it won't ~ water э́то не вы́держивает никако́й кри́тики; to ~ out on smb. *амер.* утаи́ть от кого́-л.

**hold** II [həuld] *n мор.* трюм

**holdall** [ˈhəuldɔːl] *n* 1) портпле́д; вещево́й мешо́к 2) су́мка *или* я́щик для инструме́нта

**holdback** [ˈhəuldbæk] *n* препя́тствие, заде́ржка

**holder** [ˈhəuldə] *n* 1) аренда́тор 2) владе́лец, держа́тель (*векселя и т. п.*) 3) *спорт.* облада́тель при́за, почётного зва́ния 4) ру́чка, рукоя́тка 5) *тех.* патро́н, держа́вка, обо́йма; штати́в

**-holder** [-həuldə] *в сложных словах означает* держа́тель; *напр.*: cigarette-~ мундшту́к

**holdfast** [ˈhəuldfɑːst] *n* 1) скоба́, крюк, захва́т, закре́па 2) *тех.* а́нкерная плита́, а́нкер 3) столя́рные тиски́

**holding** [ˈhəuldɪŋ] **1.** *pres. p.* от hold I, 2

**2.** *n* 1) уча́сток земли́ (*особ.* арендо́ванный); small ~s приуса́дебные уча́стки 2) владе́ние (*акциями и т. п.*) 3) вклад; *pl* вкла́ды, авуа́ры 4) уде́рживание, закрепле́ние

**holding capacity** [ˈhəuldɪŋkəˈpæsɪtɪ] *n* ёмкость, вмести́мость

**holding company** [ˈhəuldɪŋˈkʌmpənɪ] *n* компа́ния, владе́ющая контро́льными паке́тами а́кций други́х компа́ний; компа́ния-держа́тель; компа́ния-учреди́тель

**hold-over** [ˈhəuldˌəuvə] *n амер.* 1) пережи́ток 2) должностно́е лицо́, переизбранное на но́вый срок; актёр, с кото́рым продлён контра́кт *и т. п.* 3) *амер.* сена́тор, оста́вшийся в но́вом соста́ве конгре́сса

**hold-up** [ˈhəuldʌp] *n* 1) налёт; ограбле́ние (*на улице, дороге*) 2) налётчик, банди́т 3) остано́вка, заде́ржка (*в движении*)

**hold-up man** [ˈhəuldʌpˈmæn] = hold-up 2)

**hole** [həul] **1.** *n* 1) дыра́; отве́рстие 2) я́ма, я́мка 3) нора́ 4) лачу́га 5) дыра́; захолу́стье 6) *разг.* затрудни́тельное положе́ние; in a ~ в тру́дном положе́нии; *амер.* в долгу́ 7) отду́шина, души́к, кана́л для во́здуха 8) *ав.* возду́шная я́ма 9) лу́нка для мяча́ (*в играх*) 10) *тех.* ра́ковина, свищ (*в отливке*) 11) *горн.* шурф, сква́жина, шпур ◇ a ~ in one's coat пятно́ на чьей-л. репута́ции; like a rat in a ~ в безвы́ходном положе́нии; to pick ~s (in) придира́ться; to make a ~ in smth. си́льно опустоши́ть что-л. (*напр., запасы, сбережения*)

**2.** *v* 1) продыря́вить; просверли́ть 2) проры́ть 3) *спорт.* загна́ть в лу́нку (*шар*) 4) загна́ть в нору́ (*зверя*) 5) бури́ть сква́жину □ **~ up** a) быть в зи́мней спя́чке; б) отси́живаться, пря́таться от люде́й

**hole-and-corner** [ˈhəuləndˈkɔːnə] *a разг.* та́йный, секре́тный, де́лающийся укра́дкой

**hole-gauge** [ˈhəulgeɪdʒ] *n тех.* нутроме́р

**hole-in-the-wall** [ˈhəulɪnðəˈwɔːl] *n* 1) лавчо́нка 2) *разг.* ла́вка, незако́нно торгу́ющая спиртны́ми напи́тками

**holer** [ˈhəulə] *n горн.* забо́йщик, бури́льщик

**holey** [ˈhəulɪ] *a* дыря́вый

**holiday** [ˈhɔlədɪ] **1.** *n* 1) пра́здник, день о́тдыха 2) о́тпуск; a month's ~ ме́сячный о́тпуск; busman's ~ *разг.* о́тпуск, проведённый на рабо́те 3) *pl* кани́кулы 4) *attr.* пра́здничный, каникуля́рный; ~ time (*или* season) куро́ртный сезо́н; вре́мя ле́тних отпуско́в

**2.** *v* отдыха́ть, проводи́ть о́тпуск

**holiday-maker** [ˈhɔlədɪˌmeɪkə] *n* 1) гуля́ющий; отдыха́ющий 2) экскурса́нт; тури́ст; отпускни́к

**holla** [ˈhɔlə] = hollo(a)

**Holland** [ˈhɔlənd] *n* холст; полотно́; brown ~ небелёное суро́вое полотно́ [*см. тж. Список географических названий*]

**Hollander** [ˈhɔləndə] *n* 1) голла́ндец; голла́ндка 2) голла́ндский кора́бль

**Hollands** [ˈhɔləndz] *n* голла́ндская во́дка

**hollo(a)** [ˈhɔləu] **1.** *int* эй!

**2.** *n* о́клик, о́крик; крик

**3.** *v* 1) оклика́ть, звать; крича́ть 2) звать соба́к

**hollow** [ˈhɔləu] **1.** *n* 1) пустота́; впа́дина, углубле́ние; по́лость 2) дупло́ 3) лощи́на, ложби́на

**2.** *a* 1) пусто́й; по́лый; пустоте́лый; ~ tree дупли́стое де́рево 2) впа́лый, ввали́вшийся 3) глухо́й (*о звуке*) 4) неи́скренний; ло́жный; ~ sympathy показно́е сочу́вствие 5) пусто́й, несерьёзный 6) голо́дный; то́щий

**3.** *adv* вполне́, соверше́нно; to beat ~ a) разби́ть на́голову; изби́ть; б) перещеголя́ть

**4.** *v* выда́лбливать, выка́пывать (*часто* ~ out)

**hollow-eyed** [ˈhɔləuaɪd] *a* с ввали́вшимися *или* глубоко́ сидя́щими глаза́ми

**hollow-hearted** [ˈhɔləuˈhɑːtɪd] *a* неи́скренний

**hollow ware** [ˈhɔləuwɛə] *n* глубо́кая посу́да из фарфо́ра, чугуна́ *и т. п.* (*котелки, миски, кувшины и т. п.*)

**holly** [ˈhɔlɪ] *n бот.* па́дуб

**hollyhock** [ˈhɔlɪhɔk] *n бот.* шток-ро́за ро́зовая

**Hollywood** [ˈhɔlɪwud] *n* Голливу́д, америка́нская кинематогра́фия, кинопромы́шленность

**holm** [həum] *n бот.* дуб ка́менный

**holm(me)** [həum] *n* 1) речно́й острово́к 2) по́йма

**holm-oak** [ˈhəumˈəuk] = holm

**holocaust** [ˈhɔləkɔːst] *n* 1) уничтоже́ние, истребле́ние; бо́йня; резня́; nuclear ~ я́дерная катастро́фа 2) всесожже́ние, по́лное сжига́ние же́ртвы огнём

**holograph** [ˈhɔləugrɑːf] **1.** *n* собственнору́чно напи́санный докуме́нт

**2.** *a* собственнору́чный

**holography** [hɔˈlɔgrəfɪ] *n* гологра́фия (*метод получения объёмного изображения*)

**holster** [ˈhəulstə] *n* кобура́

**holt I** [həult] *n поэт.* 1) ро́ща 2) леси́стый холм

**holt II** [həult] *n* 1) убе́жище 2) нора́ (*особ. выдры*)

**holus-bolus** [ˈhəuləsˈbəuləs] *adv разг.* одни́м глотко́м, сра́зу, целико́м

**holy** [ˈhəulɪ] *a* свяще́нный, свято́й; пра́ведный; H. Week страстна́я неде́ля; H. Writ свяще́нное писа́ние (*библия*)

**Holy Office** [ˈhəulɪˌɔfɪs] *n ист.* свята́я пала́та (*официальное название инквизиции*)

**holystone** [ˈhəulɪstəun] **1.** *n* мя́гкий песча́ник; пе́мза

**2.** *v* чи́стить па́лубу песча́ником, пе́мзой

**homage** [ˈhɔmɪdʒ] *n* 1) почте́ние, уваже́ние; to do (*или* to pay, to render) ~ a) свиде́тельствовать почте́ние; б) отдава́ть до́лжное; in a kind of ~ отдава́я дань 2) *ист.* принесе́ние феода́льной прися́ги

**home** [həum] **1.** *n* 1) дом, жили́ще; at ~ до́ма, у себя́; to make one's ~ посели́ться; make yourself at ~ бу́дьте как до́ма 2) родно́й дом, ро́дина; at ~ and abroad на ро́дине и за грани́цей 3) семья́, дома́шняя жизнь; дома́шний оча́г, ую́т 4) метропо́лия 5) прию́т; an orphan's ~ сиро́тский прию́т 6) ро́дина, ме́сто распростране́ния (*растений, животных*) 7) дом (*в играх*) ◇ to send smb. ~ ≅ от воро́т поворо́т; to be not at ~ to anyone не принима́ть никого́; to be (*или* to feel) at ~ in French (English *etc.*) хорошо́ владе́ть францу́зским (англи́йским *и т. п.*) языко́м; one's last (*или* long) ~ моги́ла

**2.** *a* 1) дома́шний; ~ science домово́дство 2) семе́йный, родно́й 3) вну́тренний; оте́чественный (*о товарах*): ~ market вну́тренний ры́нок; ~ trade вну́тренняя торго́вля; H. Office министе́рство вну́тренних дел; H. Secretary мини́стр вну́тренних дел 4): ~ position *тех.* исхо́дное положе́ние

**3.** *adv* 1) до́ма 2) домо́й 3) в цель 4) до конца́, до отка́за; ту́го, кре́пко ◇ to bring smth. ~ to smb. убеди́ть кого́-л.; заста́вить кого́-л. поня́ть, почу́вствовать (*что-л.*); to bring a crime ~ to smb. уличи́ть кого́-л. в преступле́нии; to bring oneself (*или* to come, to get) ~ опра́виться (*после денежных затруднений*); заня́ть пре́жнее положе́ние; to come ~ to a) доходи́ть (*до сердца*); найти́ о́тклик в душе́; б) доходи́ть (*до сознания*), быть поня́тным; nothing to write ~ about *разг.* та́к себе, ничего́ осо́бенного; to touch ~ заде́ть за живо́е

**4.** *v* 1) возвраща́ться домо́й (*особ. о почтовом голубе*) 2) посыла́ть, направля́ть домо́й 3) предоставля́ть жильё; жить (*у кого-л.*); to ~ with smb. жить у кого́-л., име́ть о́бщую кварти́ру с кем-л.

**home-bred** [ˈhəumˈbred] *a* 1) доморо́щенный 2) просто́й, без ло́ска

**home-brew** [ˈhəumˈbruː] *n* 1) дома́шнее пи́во 2) не́что примити́вное

**home-brewed** [ˈhəumˈbruːd] *a* 1) дома́шний (*о пиве и т. п.*) 2) *пренебр.* доморо́щенный

**home-coming** [ˈhəumˌkʌmɪŋ] *n* 1) возвраще́ние домо́й, на ро́дину 2) *амер.* ве́чер встре́чи выпускнико́в (*университета*)

**Home Counties** [ˈhəumˈkauntɪz] *n pl* гра́фства, окружа́ющие Ло́ндон

**homecraft** [ˈhəumkrɑːft] *n* куста́рный про́мысел

**home farm** [ˈhəumfɑːm] *n* фе́рма при уса́дьбе

**home-felt** [ˈhəumfelt] *a* прочу́вствованный, серде́чный

**home-grown** [ˈhəumˈgrəun] *a* 1) оте́чественного произво́дства, ме́стный 2) доморо́щенный

**Home Guard** [ˈhəumˈgɑːd] *n воен.* 1) отря́ды ме́стной оборо́ны, ополче́ние (*в Англии*) 2) ополче́нец (*в Англии*)

**home-keeping** [ˈhəumˌkiːpɪŋ] **1.** *a* 1) домосе́дливый 2) веду́щий дома́шнее хозя́йство

**2.** *n* 1) домосе́дство 2) домово́дство

**homeland** [ˈhəumlænd] *n* оте́чество, ро́дина

**homeless** [ˈhəumlɪs] *a* бездо́мный, беспризо́рный; ~ boy беспризо́рник

**homelike** [ˈhəumlaɪk] *a* 1) дома́шний, ую́тный 2) дру́жеский

**homeliness** [ˈhəumlɪnɪs] *n* 1) простота́, обы́денность; безыску́сственность 2) дома́шний ую́т 3) *амер.* невзра́чность

**homely** [ˈhəumlɪ] *a* 1) просто́й, обы́денный; скро́мный, безыску́сственный; ~ fare проста́я пи́ща 2) дома́шний, ую́тный 3) *амер.* некраси́вый, невзра́чный

**home-made** [ˈhəumˈmeɪd] *a* 1) дома́шнего изготовле́ния, куста́рный; самоде́льный 2) оте́чественного произво́дства

**home-maker** [ˈhəumˌmeɪkə] *n* хозя́йка до́ма; мать семе́йства

**homer** [ˈhəumə] *n* почто́вый го́лубь

**Homeric** [həuˈmerɪk] *a* 1) гоме́ровский 2) гомери́ческий

**homeroom teacher** [ˈhəumrumˌtiːʧə] *n амер. школ.* наста́вник, воспита́тель

**home rule** [ˈhəumruːl] *n* 1) самоуправле́ние, автоно́мия 2) (H. R.) *ист.* го́мруль

**homesick** [ˈhəumsɪk] *a* тоску́ющий по до́му, по ро́дине

**homesickness** [ˈhəumsɪknɪs] *n* тоска́ по ро́дине, ностальги́я

**homespun** [ˈhəumspʌn] **1.** *a* 1) домотка́ный 2) гру́бый, просто́й

**2.** *n* домотка́ная мате́рия

**homestead** [ˈhəumsted] *n* 1) уса́дьба; фе́рма 2) *амер.* уча́сток (поселе́нца)

**homesteader** [ˈhəumˌstedə] *n амер.* владе́лец уча́стка, поселе́нец

**homester** [ˈhəumstə] *n* 1) *спорт.* кома́нда хозя́ев по́ля 2) домосе́д

**homestretch** [ˈhəumstreʧ] *n* 1) фи́нишная пряма́я (*на ипподроме и т. п.*) 2) *перен.* заключи́тельная часть (*чего-л.*)

**home team** [ˈhəumtiːm] *n спорт.* кома́нда хозя́ев по́ля

**home thrust** [ˈhəumˈθrʌst] *n* 1) уда́чный уда́р 2) е́дкое замеча́ние; уда́чный отве́т

**homeward** [ˈhəumwəd] **1.** *a* веду́щий, иду́щий к до́му

**2.** *adv* домо́й, к до́му

**homeward-bound** [ˈhəumwədˈbaund] *a* возвраща́ющийся, отплыва́ющий домо́й (*о корабле*)

**homewards** [ˈhəumwədz] = homeward 2

**home-work** [ˈhəumwəːk] *n* 1) дома́шняя рабо́та, дома́шнее зада́ние 2) тща́тельная подгото́вка (*к выступлению, собранию и т. п.*) 3) надо́мная рабо́та

**homey** [ˈhəumɪ] *a* дома́шний, ую́тный

**homicidal** [ˌhɔmɪˈsaɪdl] *a* 1) убийственный; смертоно́сный 2) одержи́мый мы́слью об уби́йстве (*о душевнобольном*)

**homicide** [ˈhɔmɪsaɪd] *n юр.* 1) уби́йца 2) уби́йство; justifiable ~ уби́йство при смягча́ющих вину́ обстоя́тельствах

**homily** [ˈhɔmɪlɪ] *n* 1) про́поведь 2) поуче́ние, нота́ция

**homing** I [ˈhəumɪŋ] **1.** *pres. p. от* home 4

**2.** *a* возвраща́ющийся домо́й

**homing** II [ˈhəumɪŋ] *n* 1) возвраще́ние домо́й 2) приво́д, наведе́ние (*самолётов, ракет*) 3) *attr.* приводно́й; ~ device *радио* приводно́е устро́йство; радиоко́мпас 4) *attr.* самонаводя́щийся; ~ weapon самонаводя́щееся сре́дство пораже́ния; ~ missile самонаводя́щаяся раке́та

**homing pigeon** [ˈhəumɪŋˈpɪdʒɪn] *n* почто́вый го́лубь

**hominy** [ˈhɔmɪnɪ] *n* мамалы́га

**homoeopath** [ˈhəumjəupæθ] *n* гомеопа́т

**homoeopathic** [ˌhəumjəuˈpæθɪk] *a* гомеопати́ческий

**homoeopathy** [ˌhəumɪˈɔpəθɪ] *n* гомеопа́тия

**homogeneity** [ˌhɔməudʒeˈniːɪtɪ] *n* одноро́дность; гомоге́нность

**homogeneous** [ˌhɔməuˈdʒiːnjəs] *a* 1) одноро́дный (*тж. грам.*) 2) *спец.* гомоге́нный

**homograph** [ˈhɔməugrɑːf] *n лингв.* омо́граф

**homologate** [hɔˈmɔləgeɪt] *v* 1) признава́ть; подтвержда́ть 2) соглаша́ться; допуска́ть

**homologous** [hɔˈmɔləgəs] *a* 1) соотве́тственный 2) *биол.* гомологи́ческий

**homonym** [ˈhɔməunɪm] *n* 1) *лингв.* омо́ним 2) тёзка; однофами́лец

**homophone** [ˈhɔməufəun] *n лингв.* омофо́н

**homosexual** [ˈhəuməuˈseksjuəl] **1.** *n* гомосексуали́ст

**2.** *a* гомосексуа́льный

**homosexuality** [ˈhəuməuseksjuˈælɪtɪ] *n* гомосексуали́зм

**homy** [ˈhəumɪ] *a* дома́шний, напомина́ющий родно́й дом

**Honduranian** [ˌhɔndjuəˈreɪnɪən] **1.** *a* гондура́сский

**2.** *n* гондура́сец

**hone** [həun] **1.** *n* 1) осело́к, точи́льный ка́мень 2) *тех.* хонингова́льная голо́вка

**2.** *v* 1) точи́ть 2) *тех.* хонингова́ть

**honest** [ˈɔnɪst] *a* 1) че́стный; to be quite ~ about it открове́нно говоря́ 2) правди́вый, и́скренний 3) настоя́щий, по́длинный, нефальсифици́рованный 4) целому́дренный, нра́вственный; an ~ girl поря́дочная де́вушка; to make an ~ woman of smb. жени́ться на соблазнённой де́вушке; ≅ «прикры́ть грех» зако́нным бра́ком

**honestly** [ˈɔnɪstlɪ] *adv* 1) че́стно 2) и́скренне, правди́во

**hone-stone** [ˈhəunstəun] = hone 1, 1)

**honesty** [ˈɔnɪstɪ] *n* 1) че́стность; ~ is the best policy че́стность — лу́чшая поли́тика 2) правди́вость 3) *бот.* лу́нник

**honey** [ˈhʌnɪ] **1.** *n* 1) мёд; *перен.* сла́дость 2) *ласк.* ми́лый; ми́лая; голу́бчик; голу́бушка

**2.** *v амер.* 1) говори́ть вкра́дчиво; подли́зываться 2) льсти́ть

**honey-bee** [ˈhʌnɪbiː] *n* (рабо́чая) пчела́

**honey-buzzard** [ˈhʌnɪˌbʌzəd] *n* осое́д (*птица*)

**honeycomb** [ˈhʌnɪkəum] **1.** *n* 1) медо́вые со́ты 2) *тех.* ра́ковины, со́товые пузыри́ (*в металле*)

**2.** *a* со́товый; сотови́дный; ноздрева́тый, яче́истый

**3.** *v* 1) продыря́вить, изрешети́ть 2) подточи́ть, осла́бить

**honey dew** [ˈhʌnɪdjuː] *n* 1) *бот.* медвя́ная роса́ 2) *поэт.* некта́р 3) соуси́рованный таба́к

**honeyed** [ˈhʌnɪd] *a* 1) сла́дкий, медо́вый 2) льсти́вый; ~ words медоточи́вые ре́чи

**honeymoon** [ˈhʌnɪmuːn] **1.** *n* медо́вый ме́сяц; to go for a ~ отпра́виться в сва́дебное путеше́ствие

**2.** *v* проводи́ть медо́вый ме́сяц

**honey-mouthed** [ˈhʌnɪˈmauðd] *a* сладкоречи́вый, медоточи́вый, льсти́вый

**honey-pea** [ˈhʌnɪpiː] *n* са́харный горо́х

**honeysuckle** [ˈhʌnɪˌsʌkl] *n бот.* жи́молость

**hong** [hɔŋ] *n ист.* 1) иностра́нное торго́вое предприя́тие, факто́рия в Кита́е 2) купе́ческая ги́льдия в Кита́е

**honied** [ˈhʌnɪd] = honeyed

**honk** [hɔŋk] **1.** *n* 1) крик ди́ких гусе́й 2) звук автомоби́льного гудка́

**2.** *v* 1) крича́ть (*о диких гусях*) 2) *авто* сигна́лить

**honor, honorable** [ˈɔnə, ˈɔnərəbl] *амер.* = honour, honourable

**honoraria** [ˌɔnəˈrɛərɪə] *pl от* honorarium

**honorarium** [ˌɔnəˈrɛərɪəm] *n* (*pl* -riums [-rɪəmz], -ria) *редк.* гонора́р

**honorary** [ˈɔnərərɪ] *a* 1) почётный; an ~ office почётная до́лжность 2) неоплачиваемый

**honorific** [ˌɔnəˈrɪfɪk] *a* 1) почётный; to earn ~ mention быть отме́ченным в прика́зе, получи́ть благода́рность в прика́зе 2) выража́ющий почте́ние, почти́тельный

**honour** [ˈɔnə] **1.** *n* 1) честь, сла́ва; in ~ в честь; on (*или* upon) my ~ че́стное сло́во; point of ~ вопро́с че́сти 2) хоро́шая репута́ция, до́брое и́мя 3) че́стность, благоро́дство 4) почёт, уваже́ние, почте́ние; to give (*или* to pay) ~ to smb. ока́зывать кому́-л. уваже́ние, почте́ние; to show ~ to one's parents уважа́ть свои́х роди́телей 5) *pl* награ́ды, по́чести; ордена́; military ~s во́инские по́чести; the last (*или* funeral) ~s после́дние по́чести 6) *pl унив.* отли́чие при сда́че экза́мена; to pass an examination with ~s отли́чно сдать экза́мен 7) *в об-*

*ращении* (*преим. к судье*): your H. ва́ша честь 8) кто́-л. (что́-л.), де́лающий (-ее) честь (*школе, семье и т. п.*) 9) *карт.* козырно́й онёр ◇ ~ bright *разг.* че́стное сло́во; ~s of war почётные усло́вия сда́чи; to do the ~s of the house исполня́ть обя́занности хозя́йки *или* хозя́ина, принима́ть госте́й; may I have the ~ (of your company at dinner, *etc.*) окажи́те мне честь (отобе́дать со мной *и т. п.*)

**2.** *v* 1) почита́ть, чтить 2) удоста́ивать (with) 3) плати́ть в срок (*по векселю*) 4) выполня́ть (*обязательства*), соблюда́ть (*условия*)

**honourable** [ˈɔnərəbl] *a* 1) почётный; ~ duty почётная обя́занность 2) благоро́дный, че́стный 3) уважа́емый; почте́нный; достопочте́нный 4) почте́нный (*форма обращения к детям знати, к судьям*); the ~ gentleman почте́нный джентльме́н (*форма упоминания члена английского парламента и американского конгресса*); Right H. достопочте́нный (*форма обращения к высшей знати, членам тайного совета и т. п.*)

**honoured** [ˈɔnəd] *a* 1) уважа́емый 2) заслу́женный

**hooch** [hu:tʃ] *n амер. sl.* 1) спиртно́й напи́ток, добы́тый незако́нным путём 2) самого́н (*изготовляемый американскими индейцами*)

**hood** [hud] **1.** *n* 1) капюшо́н; ка́пор 2) верх (*экипажа*) 3) хохоло́к (*птицы*) 4) кры́шка, чехо́л; колпа́к 5) *амер.* капо́т дви́гателя

**2.** *v* 1) покрыва́ть капюшо́ном, колпачко́м 2) закрыва́ть, скрыва́ть

**hoodie** [ˈhudɪ] *n* се́рая воро́на

**hoodlum** [ˈhudləm] *n амер.* хулига́н

**hoodoo** [ˈhu:du:] *амер.* **1.** *n* 1) челове́к *или* вещь, приномся́щие несча́стье 2) неуда́ча, невезе́ние

**2.** *v* приноси́ть несча́стье; заколдова́ть, сгла́зить

**hoodwink** [ˈhudwɪŋk] *v* ввести́ в заблужде́ние; обману́ть, провести́

**hooey** [ˈhu:ɪ] *n амер. sl.* чушь, ерунда́

**hoof** [hu:f] **1.** *n* (*pl* hoofs [-fs], hooves) 1) копы́то 2) копы́тное живо́тное 3) *шутл.* нога́ (*человека*) ◇ on the ~ живо́й *или* живьём (*о скоте*); meat on the ~ запа́с убо́йного скота́; under smb.'s ~ угнетённый; ≅ под башмако́м; to pad the ~ идти́ пешко́м; ≅ на свои́х на двои́х; to get the ~ быть уво́ленным

**2.** *v* 1) бить копы́том 2) идти́ пешко́м 3) *разг.* уво́лить, вы́гнать (*часто* ~ out) 4) *разг.* танцева́ть

**hook** [huk] **1.** *n* 1) крюк, крючо́к 2) криво́й нож; серп 3) баго́р 4) круто́й изги́б; излу́чина реки́ 5) лову́шка, западня́ 6) *sl.* вор, жу́лик; уголо́вный престу́пник 7) хук, коро́ткий боково́й уда́р ле́вой (*в боксе*) 8) *тех.* заце́пка, захва́тка, гак ◇ by ~ or by crook пра́вдами и непра́вдами; ≅ не мытьём, так ка́таньем; to drop (*или* to pop) off the ~s *sl.* сыгра́ть в я́щик; отпра́виться на тот свет; to go off the ~s *разг.* а) рехну́ться, свихну́ться; б) сби́ться с пути́; в) умере́ть; on one's own ~ *разг.* самостоя́тельно, на свой риск; to take (*или* to sling) one's ~ *разг.* смы́ться, удра́ть

**2.** *v* 1) сгиба́ть в ви́де крюка́ 2) зацепля́ть, прицепля́ть 3) застёгивать (-ся) (on, up — на *крючок*) 4) лови́ть, пойма́ть (*рыбу*); *перен.* подцепи́ть; пойма́ть на у́дочку; заполучи́ть; завербова́ть 5) *sl.* красть □ ~ **in** заполучи́ть; заста́вить согласи́ться на *что-л.*; ~ **out** вы́ведать ◇ to ~ it *sl.* смы́ться, удра́ть

**hooka(h)** [ˈhukə] *n* кальля́н

**hook-and-eye** [ˈhukəndˈaɪ] *v* застёгивать на крючки́

**hooked** [hukt] **1.** *p. p. от* hook 2

**2.** *a* 1) крючкова́тый, криво́й 2) име́ющий крючо́к *или* крючки́ 3) *амер.* (с)вя́занный крючко́м 4) *амер. sl.* употребля́ющий нарко́тики

**hooker** [ˈhukə] *n* 1) рыболо́вное су́дно; the old ~ *пренебр.* ста́рая кало́ша (*о судне*) 2) *разг.* вербо́вщик провока́торов

**hookey** [ˈhukɪ] = hooky

**hook-nosed** [ˈhuknəuzd] *a* с крючкова́тым *или* орли́ным но́сом

**hook-up** [ˈhukʌp] **1.** *n* 1) соедине́ние, сцепле́ние 2) *разг.* установле́ние отноше́ний *или* свя́зи; сою́з 3) *тех.* лаборато́рная схе́ма, монта́жная схе́ма 4) *радио разг.* одновре́ме́нная переда́ча одно́й програ́ммы по не́скольким ста́нциям; to speak over the (radio) ~ выступа́ть одновре́ме́нно по двум *или* бо́лее радиоста́нциям

**2.** *v радио разг.* вре́менно переключа́ть две *или* бо́лее радиоста́нции на одну́ програ́мму

**hook-worm** [ˈhukwə:m] *n* немато́да (*глист*)

**hooky** [ˈhukɪ] *n*: to play ~ *амер. разг.* безде́льничать, прогу́ливать (*занятия в школе и т. п.*)

**hooligan** [ˈhu:lɪgən] *n* хулига́н

**hooliganism** [ˈhu:lɪgənɪzm] *n* хулига́нство

**hoop** I [hu:p] **1.** *n* 1) о́бруч, о́бод 2) воро́та (*в крокете*) 3) *тех.* обо́йма, бу́гель, кольцо́ 4) *pl* фи́жмы; криноли́н ◇ to go through the ~(s) пройти́ че́рез тяжёлое испыта́ние

**2.** *v* 1) скрепля́ть о́бручем; набива́ть о́бручи 2) *перен.* окружа́ть; свя́зывать; сжима́ть

**hoop** II [hu:p] **1.** *n* 1) крик, ги́канье 2) ка́шель (*как при коклюше*)

**2.** *v* 1) ги́кать 2) ка́шлять (*при коклюше*)

**hooper** I [ˈhu:pə] *n* бо́ндарь; боча́р

**hooper** II [ˈhu:pə] *n* ди́кий ле́бедь

**hooping-cough** [ˈhu:pɪŋkɔf] *n* коклю́ш

**hoop-la** [ˈhu:plə] *n* 1) игра́ «ко́льца» (*разыгрывание различных мелких предметов путём набрасывания на них колец*) 2) *разг.* шуми́ха, кутерьма́, тарара́м

**hoopoe** [ˈhu:pu:] *n* удо́д (*птица*)

**hoop-skirt** [ˈhu:pskə:t] *n* криноли́н; фи́жмы

**hoot** [hu:t] **1.** *n* 1) кри́ки, ги́канье 2) крик совы́ ◇ I don't give a ~ (*или* two ~s) *разг.* мне на э́то наплева́ть

**2.** *v* 1) крича́ть (at — на); улюлю́кать, ги́кать; to ~ with laughter *sl.* гро́мко, оглуши́тельно смея́ться 2) у́хать (*о сове*) 3) гуде́ть, свисте́ть (*о гудке, сирене*) □ ~ **after** гна́ться за *кем-л.* с кри́ками; ~ **away** выгоня́ть кри́ками, ги́каньем; ~ **down** заста́вить замолча́ть кри́ками; ~ **off,** ~ **out** = ~ away

**hootch** [hu:tʃ] = hooch

**hooter** [ˈhu:tə] *n* гудо́к, сире́на

**hoot(s)** [ˈhu:t(s)] *int* ах ты!, тьфу! (*выражает нетерпение, досаду*)

**hoove** [hu:v] *n вет.* взду́тие живота́

**Hoover** [ˈhu:və] **1.** *n* пылесо́с (*по названию фирмы*)

**2.** *v* пылесо́сить

**hooves** [hu:vz] *pl от* hoof 1

**hop** I [hɔp] **1.** *n* 1) прыжо́к, припры́гивание; скачо́к 2) *разг.* та́нцы, танцева́льный ве́чер 3) *ав. разг.* перелёт, полёт ◇ to catch smb. on the ~ заста́ть кого́-л. враспло́х; ~, step (*или* skip) and jump *спорт.* тройно́й прыжо́к

**2.** *v* 1) пры́гать, скака́ть на одно́й ноге́ 2) подпры́гивать 3) перепры́гивать (*часто* ~ over) 4) вска́кивать (*на ходу*); to ~ a taxi вскочи́ть на ходу́ в такси́ 5) хрома́ть 6) *шутл.* пляса́ть, танцева́ть □ ~ **along** пры́гать на одно́й ноге́; ~ **off** *ав.* отрыва́ться от земли́; взлета́ть ◇ to ~ it *разг.* удира́ть, убега́ть; to ~ the stick (*или* the twig) а) скрыва́ться от кредито́ров; б) умере́ть

**hop** II [hɔp] **1.** *n бот.* хмель

**2.** *v* 1) собира́ть хмель 2) класть хмель в пи́во

**hop-bine** [ˈhɔpbaɪn] *n* вью́щийся сте́бель хме́ля

**hope** I [həup] **1.** *n* наде́жда (of); vague ~s сму́тные наде́жды; to be past (*или* beyond) ~ быть в безнадёжном положе́нии; to pin one's ~s on smb., smth. возлага́ть наде́жды на кого́-л., что-л.; he is the ~ of his school шко́ла возлага́ет на него́ больши́е наде́жды

**2.** *v* 1) наде́яться (for — на); I ~ so наде́юсь, что э́то так; I ~ not наде́юсь, что э́того не бу́дет; to ~ against hope наде́яться на чу́до; наде́яться, не име́я на э́то никаки́х основа́ний; to ~ for the best наде́яться на лу́чшее, на благоприя́тный исхо́д 2) упова́ть, предвкуша́ть (for)

**hope** II [həup] *n* 1) небольшо́й у́зкий зали́в 2) лощи́на; уще́лье

**hope chest** [ˈhəuptʃest] *n* сунду́к с прида́ным

**hoped-for** [ˈhəuptfɔ:] *a* жела́нный; long ~ долгожда́нный

**hopeful** [ˈhəupful] **1.** *a* 1) наде́ющийся; to feel ~ наде́яться 2) подаю́щий наде́жды; многообеща́ющий

**2.** *n* челове́к, подаю́щий наде́жды; a young ~! *шутл., ирон.* далеко́ пойдёт!

**hopefulness** [ˈhəupfulnɪs] *n* 1) оптими́зм 2) наде́жда

**hopeless** [ˈhəuplɪs] *a* 1) безнадёжный 2) отчаявшийся 3) неисправимый; ~ liar заядлый лгун
**hopelessness** [ˈhəuplɪsnɪs] *n* безнадёжность, безвыходность
**hop-garden** [ˈhɔpˌgɑːdn] *n с.-х.* хмельник
**hop-o'-my-thumb** [ˈhɔpəmɪˈθʌm] *n* карлик; мальчик с пальчик
**hopper** I [ˈhɔpə] 1) прыгун 2) прыгающее насекомое, *особ.* блоха 3) вагон *или* вагонетка с опрокидывающимся кузовом; самосвал; вагон с откидным дном, хоппер 4) *стр.* фрамуга 5) *тех.* загрузочная воронка, бункер
**hopper** II [ˈhɔpə] = hop-picker 1)
**hop-picker** [ˈhɔpˌpɪkə] *n* 1) сборщик хмеля 2) хмелеуборочная машина
**hopple** [ˈhɔpl] *v* 1) стреножить (*лошадь*) 2) помешать; запутать
**hop-pocket** [ˈhɔpˌpɔkɪt] *n* мешок хмеля
**hopscotch** [ˈhɔpskɔtʃ] *n* детская игра «классы»
**hoptoad** [ˈhɔptəud] *n разг.* жаба
**hop-yard** [ˈhɔpjɑːd] = hop-garden
**horary** [ˈhɔːrərɪ] *a* 1) ежечасный 2) длящийся час; длящийся недолго
**horde** [hɔːd] **1.** *n* 1) орда; the Golden H. *ист.* Золотая орда 2) полчище; банда, шайка; fascist ~s фашистские полчища 3) компания; ватага; шумная толпа; ~s of people толпы народа 4) стая; рой (*насекомых*); a ~ of wolves стая волков
**2.** *v* 1) жить скопом 2) собираться кучами, толпами
**horizon** [həˈraɪzn] *n* 1) горизонт; apparent (*или* visible) ~ *астр.* видимый горизонт; rational (*или* true, celestial) ~ *астр.* истинный горизонт; sensible ~ *астр.* касательный горизонт 2) кругозор 3) *геол.* ярус, отложение одного возраста
**horizontal** [ˌhɔrɪˈzɔntl] **1.** *n* горизонталь
**2.** *a* горизонтальный; ~ fire *воен.* настильный огонь; ~ bar *спорт.* перекладина; ~ labour union *амер.* профсоюз, объединяющий рабочих одной специальности
**hormone** [ˈhɔːməun] *n физиол.* гормон
**horn** [hɔːn] **1.** *n* 1) рог 2) *pl* рожки (*улитки*); усики (*насекомого*) 3) духовой инструмент; рожок; охотничий рог 4) рупор; звукоприёмник (*звукоуловителя*) 5) гудок, сирена автомобиля 6) *тех.* выступ; шкворень; кронштейн 7) *attr.* роговой; ~ spectacles очки в роговой оправе ◇ between (*или* on) the ~s of a dilemma ≅ между двух огней; в затруднительном положении; to draw in one's ~s присмиреть; стушеваться; ретироваться; умерить свой пыл; to toot one's ~ *амер.* бахвалиться, заниматься саморекламой
**2.** *v* 1) срезать рога 1) бодать; забодать 3) *уст.* наставить рога □ ~ **in** a) вмешиваться; б) вламываться, вваливаться без приглашения
**hornbeam** [ˈhɔːnbiːm] *n бот.* граб
**hornblende** [ˈhɔːnblend] *n мин.* роговая обманка
**hornbook** [ˈhɔːnbuk] *n* 1) *ист.* азбука (*в рамке под тонкой роговой пластинкой*) 2) *перен.* азы, азбука
**horned** [hɔːnd] **1.** *p. p. от* horn 2
**2.** *a* рогатый; ~ cattle рогатый скот
**hornet** [ˈhɔːnɪt] *n зоол.* шершень ◇ to stir up a nest of ~s, to bring a ~s' nest about one's ears потревожить осиное гнездо
**hornlike** [ˈhɔːnlaɪk] *a* рогоподобный, роговидный
**hornpipe** [ˈhɔːnpaɪp] *n* 1) хорнпайп, волынка (*музыкальный инструмент*) 2) хорнпайп (*название английского матросского танца*)
**hornrimmed** [ˈhɔːnˈrɪmd] *a* в роговой оправе
**horny** [ˈhɔːnɪ] *a* 1) роговой 2) имеющий рога 3) мозолистый; грубый
**horny-handed** [ˈhɔːnɪˌhændɪd] *a* с мозолистыми руками
**horologe** [ˈhɔrəlɔdʒ] *n уст., поэт.* часы
**horology** [hɔˈrɔlədʒɪ] *n* 1) искусство измерения времени 2) часовое дело
**horoscope** [ˈhɔrəskəup] *n* гороскоп; to cast a ~ составить гороскоп
**horrent** [ˈhɔrənt] *a поэт.* ощетинившийся, угрожающий
**horrible** [ˈhɔrəbl] **1.** *a* 1) страшный, ужасный 2) *разг.* противный, отвратительный, отталкивающий
**2.** *n* роман ужасов; halfpenny ~s бульварная литература
**horrid** [ˈhɔrɪd] *a* 1) ужасный, страшный 2) *разг.* противный, неприятный, отталкивающий
**horrific** [hɔˈrɪfɪk] *a* ужасающий
**horrify** [ˈhɔrɪfaɪ] *v* 1) ужасать; страшить 2) шокировать
**horripilation** [hɔˌrɪpɪˈleɪʃən] *n* гусиная кожа, мурашки
**horror** [ˈhɔrə] *n* 1) ужас; the ~s of war ужасы войны 2) отвращение (of) 3) *разг.* что-л. нелепое, смешное, he is a perfect ~! он нелепейшее существо! 4) *attr.*: a ~ film (novel) фильм (роман) ужасов ◇ the ~s припадок белой горячки
**horror-stricken, horror-struck** [ˈhɔrəˌstrɪkən, -strʌk] *a* поражённый ужасом, в ужасе
**hors de combat** [ˈɔːdəˈkɔːmbɑː] *фр. a predic.* вышедший из строя (*в результате ранения и т. п.*)
**hors-d'oeuvre** [ɔːˈdəːvr] *фр. n* закуска
**horse** [hɔːs] **1.** *n* 1) лошадь, конь; to take ~ сесть на лошадь; ехать верхом; riding ~ верховая лошадь; to ~! по коням!; spare ~ запасная лошадь 2) кавалерия, конница; ~ and foot a) конница и пехота; б) изо всех сил 3) конь (*гимнастический снаряд*) 4) рама; станок; козлы 5) *горн.* включение пустой породы в руде 6) *attr.* конный; конский; лошадиный; *перен.* грубый; ~ artillery конная артиллерия ◇ dark (*или* black) ~ a) «тёмная лошадка» (*скаковая лошадь, о достоинствах которой мало известно; тж. перен. — о человеке*); б) *амер. полит.* неожиданно выдвинутый, неизвестный ранее кандидат (*на выборах*); don't look a gift ~ in the mouth *посл.* дарёному коню в зубы не смотрят; ~ opera *амер. разг.* ковбойский (теле)фильм; straight from the ~'s mouth ≅ из первых рук, из первоисточника
**2.** *v* 1) садиться на лошадь; ехать верхом 2) поставлять лошадей 3) *уст.* взвалить человека, которого порют, себе на спину (*помогая при наказании*) □ ~ **around** *разг.* возиться, шуметь
**horseback** [ˈhɔːsbæk] **1.** *n* спина лошади; on ~ верхом
**2.** *adv амер.* верхом
**horse-bean** [ˈhɔːsbiːn] *n бот.* конский боб
**horse-block** [ˈhɔːsblɔk] *n* подставка (*для посадки на лошадь*)
**horse-box** [ˈhɔːsbɔks] *n* 1) вагон для лошадей 2) клеть для погрузки лошадей на корабль
**horse-boy** [ˈhɔːsbɔɪ] *n* мальчик-подручный конюха; конюх
**horse-breaker** [ˈhɔːsˌbreɪkə] *n* объездчик лошадей
**horse-breaking** [ˈhɔːsˌbreɪkɪŋ] *n* объездка лошадей
**horse breeder** [ˈhɔːsˌbriːdə] *n* коннозаводчик; коневод
**horse breeding** [ˈhɔːsˌbriːdɪŋ] *n* коневодство
**horse-breeding** [ˈhɔːsˌbriːdɪŋ] *a* коневодческий
**horse-chanter** [ˈhɔːsˌtʃɑːntə] *n* барышник, торгующий лошадьми
**horse-chestnut** [ˈhɔːsˈtʃesnʌt] *n* конский каштан (*дерево и плод*)
**horse-cloth** [ˈhɔːsklɔθ] *n* попона
**horse-collar** [ˈhɔːsˌkɔlə] *n* хомут
**horse-comb** [ˈhɔːskəum] *n* скребница
**horse-coper** [ˈhɔːsˌkəupə] = horse-dealer
**horse-cover** [ˈhɔːsˌkʌvə] = horse-cloth
**horse-dealer** [ˈhɔːsˌdiːlə] *n* торговец лошадьми, барышник
**horse-drawn** [ˈhɔːsˈdrɔːn] *a* на конной тяге
**horseflesh** [ˈhɔːsfleʃ] *n* конина
**horse-fly** [ˈhɔːsflaɪ] *n* слепень
**horse godmother** [ˈhɔːsˈgɔdˌmʌðə] *n разг.* тучная, неповоротливая женщина, толстуха
**Horse Guards** [ˈhɔsˈgɑːdz] *n pl* 1) конная гвардия; конногвардейский полк 2) *ист.* штаб командира конногвардейского полка (*в Лондоне*)
**horsehair** [ˈhɔːsheə] *n* 1) конский волос 2) материя из конского волоса; волосяная бортовка 3) *attr.* из конского волоса
**horse hoe** [ˈhɔːshəu] *n с.-х.* конный пропашник
**horse latitudes** [ˈhɔːsˈlætɪtjuːdz] *n pl мор.* «конские широты» (*широты 30—35° N — штилевая полоса Атлантического океана; по аналогии тж. и широты 30—35° северного и южного полушарий во всех океанах*)

**horse-laugh** [ˈhɔːslɑːf] *n* гро́мкий, гру́бый хо́хот, го́гот, ржа́ние

**horseleech** [ˈhɔːsliːtʃ] *n* 1) ко́нская пия́вка 2) вымога́тель 3) *уст.* конова́л

**horseless** [ˈhɔːslɪs] *a* безлоша́дный

**horse-mackerel** [ˈhɔːsˌmækrəl] *n* ставри́да

**horseman** [ˈhɔːsmən] *n* 1) вса́дник; нае́здник 2) кавалери́ст 3) ко́нюх 4) коннозаво́дчик

**horsemanship** [ˈhɔːsmənʃɪp] *n* иску́сство верхово́й езды́

**horse-marine** [ˈhɔːsməˌriːn] *n* челове́к на неподходя́щей рабо́те *или* не в свое́й стихи́и ◇ tell that to the ~s! ≅ расскажи́ э́то свое́й ба́бушке!; вздор!, расска́зывай(те) это кому́-нибудь друго́му!; ври бо́льше!

**horse-mill** [ˈhɔːsmɪl] *n* 1) ме́льница с ко́нным приво́дом 2) *перен.* ну́дная, однообра́зная рабо́та

**horsepath** [ˈhɔːspɑːθ] *n* вью́чная тропа́

**horseplay** [ˈhɔːspleɪ] *n* гру́бое развлече́ние; гру́бые шу́тки

**horsepower** [ˈhɔːsˌpauə] *n тех.* лошади́ная си́ла

**horse-race** [ˈhɔːsreɪs] *n* ска́чки, бега́

**horse-radish** [ˈhɔːsˌrædɪʃ] *n* хрен

**horse sense** [ˈhɔːssens] *n разг.* грубова́тый здра́вый смысл

**horseshoe** [ˈhɔːsjuː] **1.** *n* подко́ва; что-л., име́ющее фо́рму подко́вы

2. *v* подко́вывать лошаде́й

**horse-soldier** [ˈhɔːsˌsəuldʒə] *n* кавалери́ст

**horse-tail** [ˈhɔːsteɪl] *n* 1) хвост ло́шади 2) же́нская причёска «ко́нский хвост» 3) *бот.* хвощ (лесно́й) 4) *ист.* бунчу́к

**horse-towel** [ˈhɔːsˌtauəl] *n* полоте́нце на ро́лике (*для общественного пользования*)

**horse-trade** [ˈhɔːstreɪd] *n* обсужде́ние усло́вий сде́лки, сопровожда́емое взаи́мными усту́пками

**horsewhip** [ˈhɔːswɪp] **1.** *n* хлыст

2. *v* отхлеста́ть

**horsewoman** [ˈhɔːsˌwumən] *n* вса́дница, нае́здница

**horsing** [ˈhɔːsɪŋ] **1.** *pres. p. от* horse 2

2. *n* 1) ко́нский ремо́нт 2) слу́чка 3) по́рка

**horsy** [ˈhɔːsɪ] *a* ко́нский; лошади́ный; име́ющий отноше́ние к лошадя́м, ко́нному де́лу *или* спо́рту

**hortative** [ˈhɔːtətɪv] *a* увещева́ющий; настави́тельный

**hortatory** [ˈhɔːtətərɪ] = hortative

**horticultural** [ˌhɔːtɪˈkʌltʃərəl] *a* садо́вый; ~ crops садо́вые культу́ры; ~ sundry садо́вый инвента́рь

**horticulture** [ˈhɔːtɪkʌltʃə] *n* 1) садово́дство 2) огоро́дничество

**horticulturist** [ˌhɔːtɪˈkʌltʃərɪst] *n* садово́д

**hose** I [həuz] **1.** *n* рука́в, кишка́ (*для поливки*); шланг; брандспо́йт

2. *v* полива́ть из шла́нга

**hose** II [həuz] *n собир.* 1) чулки́; чуло́чные изде́лия 2) рейту́зы, штаны́, пло́тно обтя́гивающие но́ги

**hosier** [ˈhəuzɪə] *n* торго́вец трикота́жными изде́лиями

**hosiery** [ˈhəuzɪərɪ] *n* 1) чуло́чные изде́лия, трикота́ж 2) магази́н трикота́жных това́ров (*чулок, белья*) 3) трикота́жная мастерска́я

**hospice** [ˈhɔspɪs] *n* 1) гости́ница (*особ. монастырская*) 2) прию́т, богаде́льня 3) *ист.* странноприи́мный дом

**hospitable** [ˈhɔspɪtəbl] *a* 1) гостеприи́мный 2) восприи́мчивый, откры́тый; ~ to new ideas легко́ воспринима́ющий всё но́вое, отклика́ющийся на всё но́вое

**hospital** [ˈhɔspɪtl] *n* 1) больни́ца, го́спиталь; to be in ~ лежа́ть в больни́це 2) *редк.* богаде́льня; благотвори́тельная шко́ла 3) *амер.* специализи́рованная ремо́нтная мастерска́я; clock ~ мастерска́я по ремо́нту часо́в 4) *attr.* госпита́льный, больни́чный; санита́рный; H. Saturday, H. Sunday день сбо́ра поже́ртвований на содержа́ние больни́ц

**hospital chart** [ˈhɔspɪtltʃɑːt] *n* исто́рия боле́зни

**hospitaler** [ˈhɔspɪtlə] = hospitaller

**hospitality** [ˌhɔspɪˈtælɪtɪ] *n* гостеприи́мство, раду́шие

**hospitalize** [ˈhɔspɪtəlaɪz] *v* госпитализи́ровать, помеща́ть в больни́цу

**hospitaller** [ˈhɔspɪtlə] *n ист.* госпиталье́р, член о́рдена госпиталье́ров

**hospital-sheet** [ˈhɔspɪtlʃiːt] = hospital chart

**hospital-ship** [ˈhɔspɪtlʃɪp] *n* госпита́льное су́дно, плаву́чий го́спиталь

**hospital-train** [ˈhɔspɪtltreɪn] *n* санита́рный по́езд

**host** I [həust] *n* 1) мно́жество; толпа́; сонм 2) *уст.* во́йско, во́инство ◇ the ~s of heaven а) небе́сные свети́ла; б) а́нгелы, си́лы небе́сные; a ~ in himself оди́н сто́ит мно́гих (*по работе и т. п.*)

**host** II [həust] **1.** *n* 1) хозя́ин; to act as ~ принима́ть госте́й 2) содержа́тель, хозя́ин гости́ницы; тракти́рщик 3) *биол.* органи́зм, пита́ющий парази́тов, «хозя́ин» 4) *радио, тлв.* веду́щий програ́мму 5) *attr.*: ~ country страна́-устрои́тельница (*конференций и т. п.*); ~ team *спорт.* хозя́ева по́ля ◇ to reckon without one's ~ недооцени́ть тру́дности; просчита́ться

2. *v* 1) принима́ть госте́й 2) вести́ програ́мму (*по радио, телевидению*)

**host** III [həust] *n церк.* го́стия

**hostage** [ˈhɔstɪdʒ] *n* 1) зало́жник 2) зало́г

**hostel** [ˈhɔstəl] *n* 1) общежи́тие 2) турба́за (*тж.* youth ~) 3) *уст.* гости́ница

**hostel(l)er** [ˈhɔstələ] *n* 1) студе́нт, живу́щий в общежи́тии 2) тури́ст, остана́вливающийся на турба́зах

**hostess** [ˈhəustɪs] *n* 1) хозя́йка 2) хозя́йка гости́ницы 3) бортпроводни́ца, стюарде́сса 4) дежу́рная по этажу́ (*в гостинице*) 5) ста́ршая официа́нтка (*в ресторане*)

**hostile** [ˈhɔstaɪl] *a* 1) неприя́тельский, вра́жеский 2) вражде́бный (to); ~ feelings неприя́зненные чу́вства

**hostility** [hɔsˈtɪlɪtɪ] *n* 1) вражде́бность; вражде́бный акт 2) *pl* вое́нные де́йствия; to open hostilities нача́ть вое́нные де́йствия

**hostler** [ˈɔslə] *n* 1) ко́нюх 2) *амер. ж.-д.* ремо́нтный сле́сарь

**hot** [hɔt] **1.** *a* 1) горя́чий; жа́ркий; накалённый; boiling ~ кипя́щий 2) пы́лкий; стра́стный 3) разгорячённый, возбуждённый 4) раздражённый; to get ~ разгорячи́ться, раздражи́ться 5) стра́стно увлека́ющийся (on); темпера́ментный 6) све́жий; ~ scent све́жий, горя́чий след; ~ copy (*или* news) *разг.* после́дние изве́стия; ~ from the press то́лько что отпеча́танный 7) бли́зкий к це́ли 8) о́стрый, пря́ный 9) тёплый (*о цвете*) 10) *амер. разг.* бедо́вый 11) *амер. разг.* забо́ристый 12) *амер. разг.* то́лько что укра́денный *или* незако́нно приобретённый 13) опа́сный (для жи́зни) 14) высокорадиоакти́вный; ~ laboratory лаборато́рия для иссле́дования радиоакти́вных веще́ств ◇ to get one's water ~ кипяти́ться; to get into ~ water попа́сть в беду́, в затрудни́тельное положе́ние; to make a place too ~ for smb. *разг.* вы́курить кого́-л.; ~ number *амер. разг.* популя́рный но́мер (*песенка и т. п.*); not so ~ *амер.* та́к себе, не ахти́ что; ~ stuff *разг.* а) отли́чный рабо́тник, игро́к, исполни́тель *и т. п.*; б) опа́сный челове́к; в) си́льный артиллери́йский обстре́л; г) неприли́чный анекдо́т; порнографи́ческая литерату́ра; д) распу́тница; шлюха; ~ potato щекотли́вая те́ма; to drop smth. like a ~ potato отказа́ться, отступи́ться от чего́-л.; ~ money *фин.* «горя́чие де́ньги» (*капитал, вывозимый за границу из опасения его обесценения и т. п.*); спекуляти́вный иностра́нный капита́л; ~ war кровопроли́тная война́

2. *adv* горячо́, жа́рко *и пр.* [*см.* 1]

3. *n sl.* (the ~) уси́ленно разы́скиваемый поли́цией

4. *v разг. см.* heat 2

**hot air** [ˈhɔtɛə] *n* 1) горя́чий *или* нагре́тый во́здух 2) *разг.* пуста́я болтовня́; бахва́льство

**hot-air** [ˈhɔtˈɛə] *a* 1) *разг.* болтли́вый, хвастли́вый 2) *тех.* рабо́тающий на нагре́том во́здухе

**hotbed** [ˈhɔtbed] *n* 1) парни́к 2) расса́дник, оча́г

**hot-blooded** [ˈhɔtˈblʌdɪd] *a* 1) пы́лкий, стра́стный 2) вспы́льчивый

**hotbrain** [ˈhɔtbreɪn] = hothead

**hot-brained** [ˈhɔtˈbreɪnd] = hot-headed

**hotchpot** [ˈhɔtʃpɔt] = hotchpotch

**hotchpotch** [ˈhɔtʃpɔtʃ] *n* 1) рагу́ из мя́са и овоще́й; овощно́й суп на бара́ньем бульо́не 2) смесь, вся́кая вся́чина

**hot dog** [ˈhɔtˈdɔg] **1.** *n разг.* бутербро́д с горя́чей соси́ской

2. *int* здо́рово!

**hotel** [həuˈtel] *n* оте́ль, гости́ница

**hotfoot** [ˈhɔtfut] **1.** *adv* бы́стро, поспе́шно; to come (*или* to follow) ~ on smb., smth. слéдовать срáзу же за кем-л., чем-л.

2. *v разг.* идтú бы́стро

**hothead** [ˈhɔthed] *n* горя́чая головá (*о человеке*)

**hot-headed** [ˈhɔtˈhedɪd] *a* горя́чий; вспы́льчивый, опромéтчивый

**hothouse** [ˈhɔthaus] *n* 1) оранжерéя, теплúца 2) *тех.* сушúльня 3) *attr.* теплúчный; ~ plant теплúчное растéние

**hot-plate** [ˈhɔtpleɪt] *n* 1) электрúческая *или* гáзовая плúтка 2) плитá кýхонного очагá

**hot-pot** [ˈhɔtpɔt] *n* тушёное мя́со с овощáми

**hot-pressing** [ˈhɔtˌpresɪŋ] *n тех.* 1) горя́чее прессовáние 2) сатинúрование

**hotrod** [ˈhɔtrɔd] *n* 1) автомобúль, переоборýдованный на высóкие скóрости 2) водúтель-лихáч

**hotshot** [ˈhɔtʃɔt] *a амер. разг.* отчáянный (*о человеке*)

**hot-spirited** [ˈhɔtˈspɪrɪtɪd] *a* пы́лкий, вспы́льчивый

**hotspur** [ˈhɔtspə(:)] *n* 1) горя́чий, вспы́льчивый, необýзданный человéк 2) сорвиголовá

**hot-tempered** [ˈhɔtˈtempəd] *a* вспы́льчивый

**Hottentot** [ˈhɔtntɔt] *n* готтентóт

**hot-water bottle** [ˈhɔtˌwɔːtəˈbɔtl] *n* грéлка

**hot well** [ˈhɔtˈwel] *n* 1) горя́чий истóчник 2) *тех.* резервуáр горя́чей воды́

**hot wind** [ˈhɔtˈwɪnd] *n* суховéй

**hough** [hɔk] **1.** *n* поджúлки, колéнное сухожúлие

2. *v* подрезáть поджúлки

**hound** [haund] **1.** *n* 1) собáка; охóтничья собáка, *особ.* гóнчая; the ~s свóра гóнчих; to follow (the) ~s, to ride to ~s охóтиться верхóм с собáками 2) негодя́й; «собáка» 3) одúн из игрокóв в игрé «hare and ~s» [*см.* hare]

2. *v* 1) травúть (*собаками*) 2) травúть, подвергáть преслéдованиям 3) натрáвливать (at, on, upon) □ ~ **down** вы́ловить, разыскáть; ~ **out** изгоня́ть, выгоня́ть с позóром

**hour** [ˈauə] *n* 1) час; at an early ~ рáно; to keep early (*или* good) ~s рáно вставáть и рáно ложúться; to keep late (*или* bad) ~s пóздно вставáть и пóздно ложúться; pay by the ~ почасовáя оплáта 2) определённое врéмя дня; dinner ~ обéденное врéмя; office ~s часы́ рабóты (*в учреждении, конторе и т. п.*); peak ~s часы́ пик; the off ~s свобóдные часы́; after ~s пóсле рабóты; пóсле закры́тия магазúнов *и т. п.*; out of ~s в нерабóчее врéмя ◇ the question of the ~ актуáльный (*или* злободнéвный) вопрóс; till all ~s до петухóв, до рассвéта

**hour-circle** [ˈauəˈsəːkl] *n астр.* небéсный мередиáн

**hour-glass** [ˈauəglɑːs] *n* песóчные часы́ (*рассчитанные на один час*)

**hour-hand** [ˈauəhænd] *n* часовáя стрéлка

**hourly** [ˈauəlɪ] **1.** *a* 1) ежечáсный 2) постоя́нный 3) чáстый

2. *adv* 1) ежечáсно 2) постоя́нно 3) чáсто

**house 1.** *n* [haus, *pl* ˈhauzɪz] 1) дом; жилúще; здáние 2) дом; семья́; хозя́йство; to keep ~ вестú хозя́йство; to keep the ~ сидéть дóма 3) семья́, род; дом, динáстия 4) (*тж.* the H.) палáта (*парламента*); a parliament of two ~s двухпалáтный парлáмент; lower ~ нúжняя палáта; upper ~ вéрхняя палáта; H. of Commons палáта óбщин; H. of Lords палáта лóрдов; H. of Representatives палáта представúтелей, нúжняя палáта конгрéсса США; third ~ *амер. sl.* кулуáры конгрéсса; to enter the H. стать члéном парлáмента; to divide the ~ *парл.* провестú поимённое голосовáние; to make a ~ обеспéчитьквóрум (*в палате общин*) 5) торгóвая фúрма 6) (the H.) *разг.* (лóндонская) бúржа 7) теáтр; пýблика, зрúтели; appreciative ~ отзы́вчивая пýблика, аудитóрия; to bring down the (whole) ~ вы́звать гром аплодисмéнтов; full ~ аншлáг 8) представлéние; сеáнс; the first ~ starts at five o'clock пéрвый сеáнс начинáется в пять часóв 9) (the H.) *разг.* рабóтный дом 10) коллéдж университéта; пансиóн при шкóле 11) гостúница, постоя́лый двор 12) религиóзное брáтство 13) *мор.* рýбка 14) *attr.* домáшний, кóмнатный ◇ ~ and home дом, домáшний уют; ~ of call помещéние, где собирáются в ожидáнии клиéнтов вóзчики, рассы́льные; извóзчичья бúржа *и т. п.*; ~ of correction исправúтельно-трудовáя колóния; on the ~ за счёт предприя́тия, бесплáтно; a drink on the ~ бесплáтная вы́пивка; to set (*или* to put) one's ~ in order привестú в поря́док свои делá; like a ~ on fire *разг.* бы́стро и легкó

2. *v* [hauz] 1) предоставля́ть жилúще; обеспéчивать жильём 2) поселúть, приютúть 3) жить (*в доме*); we can ~ together мы мóжем поселúться вмéсте 4) помещáть, убирáть (*о вещах, имуществе и т. п.*) 5) *с.-х.* убирáть (*хлеб*); загоня́ть (*скот*) 6) вмещáть (-ся), помещáться 7) *воен.* расквартирóвывать

**house-agent** [ˈhausˌeɪdʒənt] *n* комиссионéр по продáже и сдáче внаём домóв

**house allowance** [ˈhausəˌlauəns] *n воен.* квартúрные (дéньги)

**houseboat** [ˈhausbəut] *n* 1) плавýчий дом; лóдка *или* бáрка, приспосóбленная для жилья́ 2) плавýчий дом óтдыха; экскурсиóнное сýдно

**house-boy** [ˈhausbɔɪ] *n* мáльчик, слугá

**house-break** [ˈhausbreɪk] *v* совершáть крáжу со взлóмом

**housebreaker** [ˈhausˌbreɪkə] *n* 1) взлóмщик, громúла 2) рабóчий по снóсу домóв

**house-builder** [ˈhausˌbɪldə] *n* 1) стройтельный рабóчий, тéхник 2) *pl* фúрма по стройтельству жилы́х домóв

**housecoat** [ˈhauskəut] *n* жéнский халáт

**housecraft** [ˈhauskrɑːft] *n* образцóвое ведéние домáшнего хозя́йства и умéлое воспитáние детéй

**house-dog** [ˈhausdɔg] *n* сторожевóй пёс

**housefather** [ˈhausˌfɑːðə] *n* 1) главá семьи́ 2) завéдующий интернáтом *или* исправúтельно-трудовóй шкóлой; воспитáтель в пансиóне

**house-flag** [ˈhausflæg] *n* флаг пароxóдства

**house-fly** [ˈhausflaɪ] *n* кóмнатная мýха

**houseful** [ˈhausful] *n* пóлный дом; ~ of furniture в квартúре тéсно от мéбели, в дóме всё заставлено

**household** [ˈhaushəuld] **1.** *n* 1) семья́, домочáдцы 2) домáшнее хозя́йство 3) *pl* второсóртная мукá, мукá грýбого помóла

2. *a* домáшний, семéйный; ~ appliances бытовáя тéхника; ~ word хорошó знакóмое, повседнéвное слóво; ходя́чее выражéние ◇ ~ gods лáры и пенáты; бóги-хранúтели домáшнего очагá

**householder** [ˈhausˌhəuldə] *n* 1) съёмщик дóма *или* квартúры 2) главá семьи́

**household franchise** [ˈhaushəuldˈfræntʃaɪz] = household suffrage

**household suffrage** [ˈhaushəuldˈsʌfrɪdʒ] *n* прáво гóлоса для съёмщиков квартúр

**household troops** [ˈhaushəuldˈtruːps] *n* (королéвская) гвáрдия, гвардéйские чáсти

**housekeeper** [ˈhausˌkiːpə] *n* 1) экономка; домоправúтельница 2) домáшняя хозя́йка

**housekeeping** [ˈhausˌkiːpɪŋ] *n* домáшнее хозя́йство; домовóдство

**houseless** [ˈhauslɪs] *a* бездóмный; не имéющий крóва

**housemaid** [ˈhausmeɪd] *n* гóрничная (*особ. убирающая комнаты*); убóрщица (*в частном доме*)

**housemaster** [ˈhausˌmɑːstə] *n* завéдующий пансиóном при шкóле

**housemother** [ˈhausˌmʌðə] *n* 1) мать семéйства; главá семьи́ (*о женщине*) 2) воспитáтельница в жéнском общежúтии, интернáте *и т. п.*

**house party** [ˈhausˌpɑːtɪ] *n* компáния гостéй, проводя́щая нéсколько дней в зáгородном дóме

**house-physician** [ˈhausfɪˌzɪʃən] *n* врач, живýщий при больнúце

**house-proud** [ˈhausˌpraud] *a* увлекáющийся создáнием уюта, ведéнием домáшнего хозя́йства; ~ woman домовúтая жéнщина, хорóшая хозя́йка

**house-room** [ˈhausrum] *n* жилáя плóщадь; квартúра; жильё; to give ~ to smth. найтú мéсто (в дóме) для чегó-л.; to give ~ to smb. приютúть когó-л.

**house-surgeon** [ˈhausˌsəːdʒən] *n* стáрший хирýрг, живýщий при больнúце

**house-to-house** [ˈhaustəˈhaus] *a*: ~ fighting у́личный бой; ~ canvassing обхо́д избира́телей (*с целью агитации за кандидата*)

**house-top** [ˈhaustɔp] *n* кры́ша ◇ to proclaim from the ~s а) *библ.* провозглаша́ть на кро́влях; б) провозглаша́ть во всеуслы́шание

**house-warm** [ˈhauswɔːm] *v* пра́здновать новосе́лье

**house-warming** [ˈhausˌwɔːmɪŋ] *n* пра́зднование новосе́лья

**housewife** [ˈhauswaɪf] *n* 1) хозя́йка 2) дома́шняя хозя́йка 3) [ˈhʌzɪf] рабо́чая шкату́лка *или* несессе́р (*с принадлежностями для шитья*); иго́льник

**housewifely** [ˈhausˌwaɪflɪ] *a* хозя́йственный, эконо́мный; домови́тый

**housewifery** [ˈhauswɪfərɪ] *n* дома́шнее хозя́йство; домово́дство

**housework** [ˈhauswəːk] *n* рабо́та по до́му

**housing** I [ˈhauzɪŋ] **1.** *pres. p. от* house 2

**2.** *n* 1) снабже́ние жили́щем; жили́щный вопро́с 2) жили́щное строи́тельство 3) укры́тие, убе́жище 4) ни́ша, вы́емка; гнездо́; паз 5) *тех.* ко́рпус, стани́на; кожу́х, футля́р 6) *стр.* тепля́к 7) *attr.*: a ~ list спи́сок кандида́тов на пра́во получе́ния кварти́р в муниципа́льных дома́х; ~ estate жило́й масси́в

**housing** II [ˈhauzɪŋ] *n* попо́на; вальтра́п (*часть сбруи*)

**hove** [həuv] *past и p. p. от* heave 2

**hovel** [ˈhɔvəl] **1.** *n* 1) лачу́га, хиба́рка; шала́ш 2) ни́ша (*для статуи*) 3) наве́с

**2.** *v с.-х.* загоня́ть под наве́с (*скот*)

**hover** [ˈhɔvə] *v* 1) пари́ть (*о птице*; *тж.* ~ over, ~ about); нависа́ть (*об облаках*) 2) верте́ться, болта́ться (around, about — вокру́г, о́коло) 3) быть, находи́ться вблизи́; ждать побли́зости; to ~ between life and death быть ме́жду жи́знью и сме́ртью 4) колеба́ться, не реша́ться, ме́шкать

**hovercraft** [ˈhɔvəkrɑːft] *n* су́дно, по́езд *и т. п.* на возду́шной поду́шке

**how** [hau] **1.** *adv* 1) *inter.* как?, каки́м о́бразом?; ~ did you do it? как вы э́то сде́лали?; ~ comes it?, ~ is it? *разг.* как э́то получа́ется?, почему́ так выхо́дит?; ~ so? как так? 2) *inter.* ско́лько?; ~ old is he? ско́лько ему́ лет?, ~ is milk? ско́лько сто́ит молоко́? 3) *conj.* что; tell him ~ to do it расскажи́(те) ему́, как э́то де́лать; ask him ~ he does it спроси́(те) его́, как он э́то де́лает 4) *emph.* как!; ~ funny! как смешно́!; как стра́нно! ◇ and ~! *амер. разг.* ещё бы!; о́чень да́же (*часто ирон.*); ~ do you do?, ~ d'ye do? здра́вствуйте!; как пожива́ете?; ~ are you? как пожива́ете?; ~ about..? как насчёт..?; ~ about going for a walk? не пойти́ ли нам погуля́ть?; it was a swell party, and ~! вот э́то была́ вечери́нка!; ~ now? что э́то тако́е?; что э́то зна́чит?

**2.** *n разг.* спо́соб, ме́тод; the ~ of it как э́то де́лается

**how-do-you-do** [ˈhaudjuˈduː] *см.* how 1 ◇

**how-d'ye-do** [ˈhaudɪˈduː] **1.** *n разг.* щекотли́вое *или* затрудни́тельное положе́ние; here's a nice (*или* pretty) ~! вот тебе ра́з!

**2.** = how do you do [*см.* how 1 ◇]

**however** [hauˈevə] **1.** *adv* как бы ни

**2.** *cj* одна́ко, тем не ме́нее, несмотря́ на (э́)то

**howitzer** [ˈhauɪtsə] *n воен.* га́убица

**howl** [haul] **1.** *n* 1) вой, завыва́ние; стон; рёв 2) *радио* рёв, вой

**2.** *v* выть, завыва́ть стона́ть (*о ветре*); реве́ть (*о ребёнке*) □ ~ **down** заглуша́ть (*воем, криком и т. п.*)

**howler** [ˈhaulə] *n* 1) пла́кальщик, пла́кальщица 2) *разг.* глупе́йшая, смехотво́рная оши́бка 3) *зоол.* реву́н (*обезьяна*) 4) *тех.* реву́н ◇ to come a ~ ≅ сесть в кало́шу

**howling** [ˈhaulɪŋ] **1.** *pres. p. от* howl 2

**2.** *a* 1) во́ющий 2) уны́лый 3) *sl.* огро́мный (*об успехе и т. п.*); вопию́щий; ~ swell ужа́сный франт; ~ shame а) стыд и срам; б) вопию́щая несправедли́вость

**howsoever** [ˌhausəuˈevə] *adv* как бы ни

**hoy** I [hɔɪ] *n* 1) небольшо́е берегово́е су́дно 2) ба́ржа́

**hoy** II [hɔɪ] *int* эй!

**hoyden** [ˈhɔɪdn] *n* 1) шумли́вая, крикли́вая деви́ца 2) девчо́нка-сорване́ц

**hub** I [hʌb] *n* 1) ступи́ца (*колеса*), вту́лка 2) центр внима́ния, интере́са, де́ятельности; ~ of the universe пуп земли́; the H. *амер. шутл. г.* Бо́стон

**hub** II [hʌb] = hubby

**hubble-bubble** [ˈhʌblˌbʌbl] *n* 1) калья́н 2) бу́лькающий звук, бу́лька́нье 3) болтовня́, бессвя́зный разгово́р

**hubbub** [ˈhʌbʌb] *n* шум, гам, гул голосо́в

**hubby** [ˈhʌbɪ] *n* (*сокр. от* husband) *разг.* мужене́к

**hubris** [ˈhjuːbrɪs] *греч. n* спесь; высокоме́рие

**huckaback** [ˈhʌkəbæk] *n* льняно́е *или* бума́жное полотно́ (*для полотенец и т. п.*)

**huckleberry** [ˈhʌklbərɪ] *n* черни́ка

**huckle-bone** [ˈhʌklbəun] *n анат.* 1) подвздо́шная кость 2) лоды́жка (*животного*); тара́нная кость

**huckster** [ˈhʌkstə] **1.** *n* 1) мелочно́й торго́вец 2) комиссионе́р, ма́клер 3) торга́ш; бары́шник; корыстолюби́вый челове́к 4) состави́тель рекла́мных ра́дио- и телевизио́нных переда́ч

**2.** *v* 1) вести́ мелочну́ю торго́влю 2) торгова́ться; бары́шничать 3) широко́ реклами́ровать, навя́зывать (*товар*)

**huddle** [ˈhʌdl] **1.** *n* 1) гру́да, ку́ча 2) толпа́ 3) су́толока, сумато́ха 4) *амер. разг.* та́йное совеща́ние; to go into a ~ вступа́ть в сго́вор

**2.** *v* 1) сва́ливать в ку́чу 2) загоня́ть, зата́лкивать 3) прижима́ться, жа́ться 4) съёживаться, свёртываться кала́чиком (*обыкн.* ~ together, ~ up)

**hue** I [hjuː] *n* цвет, отте́нок

**hue** II [hjuː] *n* 1): ~ and cry пого́ня; кри́ки «лови́!, держи́!»; вы́крики (against) 2) *ист.* объявле́ние, призыва́ющее к пои́мке престу́пника

**huff** [hʌf] **1.** *n* 1) припа́док раздраже́ния, гне́ва; to be in (*или* to get into) a ~ прийти́ в я́рость 2) фук, фу́канье (*в шашках*)

**2.** *v* 1) раздража́ть, выводи́ть из себя́ 2) задира́ть 3) запу́гивать; принужда́ть угро́зами (into; out of) 4) оскорбля́ть(ся), обижа́ть(ся) 5) фу́кнуть (*шашку*)

**huffish** [ˈhʌfɪʃ] *a* раздражи́тельный; капри́зный; оби́дчивый

**huffy** [ˈhʌfɪ] *a* 1) самодово́льный, надме́нный 2) = huffish

**hug** [hʌg] **1.** *n* 1) кре́пкое объя́тие; to give smb. a ~ обня́ть кого́-л. 2) захва́т, хва́тка (*в борьбе*)

**2.** *v* 1) кре́пко обнима́ть, сжима́ть в объя́тиях 2) держа́ться (*чего-л.*) 3) быть приве́рженным, скло́нным (*к чему-л.*) 4) выража́ть благоскло́нность (*кому-л.*) 5): to ~ oneself on (*или* for, over) smth. поздра́вить себя́ с чем-л., быть дово́льным собо́й

**huge** [hjuːdʒ] *a* огро́мный, грома́дный, гига́нтский

**hugely** [ˈhjuːdʒlɪ] *adv* о́чень, весьма́

**hugeness** [ˈhjuːdʒnɪs] *n* огро́мность

**hugeous** [ˈhjuːdʒəs] (*обыкн. шутл.*) *см.* huge

**hugger-mugger** [ˈhʌgəˌmʌgə] **1.** *n* 1) та́йна; in ~ тайко́м 2) беспоря́док

**2.** *a* 1) та́йный 2) беспоря́дочный

**3.** *adv* 1) та́йно 2) беспоря́дочно, ко́е-ка́к

**4.** *v* 1) скрыва́ть; де́лать тайко́м 2) замя́ть (*дело*) 3) де́лать беспоря́дочно, ко́е-ка́к

**huguenot** [ˈhjuːgənɔt] *фр. n ист.* гуге-но́т

**hulk** [hʌlk] *n* 1) большо́е неповоро́тливое су́дно 2) бло́кшив, ко́рпус ста́рого корабля́, неприго́дного к плава́нию 3) *мор.* киле́ктор 4) большо́й неуклю́жий челове́к

**hulking** [ˈhʌlkɪŋ] *a* грома́дный, неуклю́жий, неповоро́тливый

**hull** I [hʌl] **1.** *n* шелуха́, скорлупа́

**2.** *v* очища́ть от шелухи́, шелуши́ть, лущи́ть

**hull** II [hʌl] **1.** *n* 1) ко́рпус (*корабля, танка*); ~ down с ко́рпусом, скры́тым за горизо́нтом; ~ out с ко́рпусом, ви́димым над горизо́нтом 2) о́стов, карка́с 3) *ав.* фюзеля́ж

**2.** *v* попа́сть снаря́дом в ко́рпус корабля́

**hullabaloo** [ˌhʌləbəˈluː] *n* крик, гам, шум, гвалт

**hulled** I [hʌld] **1.** *p. p. от* hull I, 2

**2.** *a* очи́щенный, лущёный

**hulled** II [hʌld] *p. p. от* hull II, 2

**hullo(a)** [ˈhʌˈləu] *int* алло́!

**hum** I [hʌm] **1.** *n* 1) жужжа́ние, гуде́ние; гул 2) *sl.* дурно́й за́пах, вонь

**2.** *v* 1) жужжа́ть, гуде́ть 2) говори́ть запина́ясь, мя́млить; to ~ and ha(w) а) запина́ться, мя́млить; б) не реша́ться, колеба́ться 3) напева́ть с закры́тым ртом, мурлы́кать 4) *разг.* развива́ть бу́рную де́ятельность; he makes things ~ у него́ рабо́та кипи́т 5) *sl.* ду́рно па́хнуть, воня́ть

**hum** II [hʌm] *сокр. от* humbug 1, 1)

**hum** III [hʌm] *int* гм!

**human** [ˈhjuːmən] **1.** *a* 1) челове́ческий, людско́й; the ~ race челове́ческий род 2) сво́йственный челове́ку; it's ~ to err челове́ку сво́йственно ошиба́ться

**2.** *n шутл.* челове́к, сме́ртный

**humane** [hju(ː)ˈmeɪn] *a* 1) гума́нный, челове́чный; H. Society о́бщество спаса́ния утопа́ющих 2) гуманита́рный

**humaneness** [hju(ː)ˈmeɪnnɪs] *n* доброта́, челове́чность, гума́нность

**humanism** [ˈhjuːmənɪzm] *n* гумани́зм

**humanist** [ˈhjuːmənɪst] *n* 1) гумани́ст 2) специали́ст в о́бласти гуманита́рных нау́к

**humanitarian** [hju(ː)ˌmænɪˈtɛərɪən] **1.** *n* 1) гумани́ст 2) филантро́п

**2.** *a* 1) гума́нный 2) гуманита́рный

**humanity** [hju(ː)ˈmænɪtɪ] *n* 1) челове́чество 2) челове́ческая приро́да 3) человеколю́бие, гума́нность, челове́чность 4) людска́я ма́сса, толпа́ 5): the humanities а) гуманита́рные нау́ки; б) класси́ческие языки́; класси́ческая литерату́ра

**humanize** [ˈhjuːmənaɪz] *v* 1) очелове́чивать; смягча́ть; облагора́живать 2) станови́ться гума́нным

**humankind** [ˈhjuːmənˈkaɪnd] *n* челове́чество

**humanly** [ˈhjuːmənlɪ] *adv* 1) по-челове́чески; с челове́ческой то́чки зре́ния 2) в преде́лах челове́ческих сил; all that is ~ possible всё, что в челове́ческих си́лах 3) гума́нно, челове́чно

**humble** I [ˈhʌmbl] **1.** *a* 1) скро́мный 2) просто́й, бе́дный; in ~ circumstances в стеснённых обстоя́тельствах 3) поко́рный, смире́нный; a ~ request поко́рная про́сьба 4) застéнчивый, ро́бкий

**2.** *v* унижа́ть, смиря́ть

**humble** II [ˈhʌmbl] = hummel

**humble-bee** [ˈhʌmblbiː] *n* шмель

**humbug** [ˈhʌmbʌg] **1.** *n* 1) обма́н; притво́рство 2) (*часто как int*) вздор, чепуха́; глу́пость 3) обма́нщик, хвасту́н 4) мя́тная конфе́та

**2.** *v* обма́нывать, надува́ть; to ~ into smth. обма́ном вовлека́ть во что-л.; to ~ out of smth. обма́ном лиша́ть чего́-л.

**humdinger** [hʌmˈdɪŋə] *n амер. разг.* па́рень что на́до

**humdrum** [ˈhʌmdrʌm] **1.** *n* 1) о́бщее ме́сто, бана́льность 2) ску́чный челове́к

**2.** *a* ску́чный, бана́льный

**humect(ate)** [hju(ː)ˈmekt(eɪt)] *v редк.* сма́чивать, увлажня́ть

**humeral** [ˈhjuːmərəl] *a анат.* плечево́й

**humid** [ˈhjuːmɪd] *a* сыро́й, вла́жный

**humidify** [hju(ː)ˈmɪdɪfaɪ] *v* увлажня́ть

**humidity** [hju(ː)ˈmɪdɪtɪ] *n* сы́рость, вла́жность; влага

**humidor** [ˈhju(ː)mɪdə] *n* 1) ка́мера *или* коро́бка для сохране́ния определённого проце́нта вла́жности (*сигар и т. п.*) 2) устано́вка для увлажне́ния во́здуха

**humify** I [ˈhjuːmɪfaɪ] *v* увлажня́ть

**humify** II [ˈhjuːmɪfaɪ] *v с.-х.* утучня́ть (*почву*)

**humiliate** [hju(ː)ˈmɪlɪeɪt] *v* унижа́ть

**humiliating** [hju(ː)ˈmɪlɪeɪtɪŋ] *a* унизи́тельный, оскорби́тельный

**humiliation** [hju(ː)ˌmɪlɪˈeɪʃən] *n* униже́ние

**humility** [hju(ː)ˈmɪlɪtɪ] *n* 1) поко́рность, смире́ние 2) скро́мность

**hummel** [ˈhʌml] *a* безро́гий, комо́лый

**hummer** [ˈhʌmə] *n радио* зу́ммер, пи́щик

**humming** [ˈhʌmɪŋ] **1.** *pres. p. от* hum I, 2

**2.** *a* 1) жужжа́щий, гудя́щий 2) *разг.* энерги́чный, де́ятельный; a ~ blow си́льный уда́р

**humming-bird** [ˈhʌmɪŋbəːd] *n зоол.* коли́бри

**humming-top** [ˈhʌmɪŋtɔp] *n* волчо́к (*игрушка*)

**hummock** [ˈhʌmək] *n* 1) хо́лмик; приго́рок; возвы́шенность 2) ледяно́й торо́с

**humor** [ˈhjuːmə] *амер.* = humour

**humorist** [ˈhjuːmərɪst] *n* 1) шутни́к, весельча́к 2) юмори́ст

**humorous** [ˈhjuːmərəs] *a* 1) юмористи́ческий 2) смешно́й, заба́вный, коми́ческий; ~ accident коми́ческое происше́ствие

**humour** [ˈhjuːmə] **1.** *n* 1) ю́мор; sense of ~ чу́вство ю́мора 2) нрав, настрое́ние; скло́нность; in the ~ for скло́нный к; in good (bad *или* ill) ~ в хоро́шем (плохо́м) настрое́нии; out of ~ не в ду́хе, when the ~ takes him когда́ ему́ взду́мается 3): cardinal ~s *мед. ист.* основны́е «со́ки» в органи́зме челове́ка (*кровь, флегма, жёлчь, чёрная жёлчь или меланхолия*)

**2.** *v* потака́ть (*кому-л.*); ублажа́ть; приноравливаться

**humourist** [ˈhjuːmərɪst] = humorist

**humous** [ˈhjuːməs] *a* перегно́йный; ~ soil перегно́йная по́чва

**hump** [hʌmp] **1.** *n* 1) горб 2) бугор, приго́рок 3) *разг.* дурно́е настрое́ние; to get the ~ приуны́ть; to give smb. the ~ нагна́ть тоску́ на кого́-л., испо́ртить кому́-л. настрое́ние 4) реша́ющий, крити́ческий моме́нт; to get over the ~ преодоле́ть основны́е тру́дности

**2.** *v* 1) го́рбить(ся) 2) приводи́ть *или* приходи́ть в дурно́е настрое́ние 3) *австрал.* взвали́ть на́ спину (*узел и т. п.*)

**humpback** [ˈhʌmpbæk] *n* 1) горб 2) горбу́н

**humpbacked** [ˈhʌmpbækt] *a* горба́тый

**humph** [mm, hʌmf] *int* гм!

**humpty-dumpty** [ˈhʌmptɪˈdʌmptɪ] *n* ни́зенький толстя́к, короты́шка

**humpy** [ˈhʌmpɪ] *n австрал.* хи́жина

**humus** [ˈhjuːməs] *n* гу́мус, перегно́й; чернозём

**Hun** [hʌn] *n* 1) *ист.* гунн; *перен.* ва́рвар 2) *презр.* не́мец

**hunch** [hʌntʃ] **1.** *n* 1) горб 2) то́лстый кусо́к, ломо́ть; a ~ of bread ломо́ть хле́ба 3) горбы́ль (*о доске*) 4) *разг.* подозре́ние; предчу́вствие; on a ~ интуити́вно; to have a ~ подозрева́ть; дога́дываться

**2.** *v* 1) го́рбить(ся), суту́лить(ся) (*часто* ~ up) 2) сгиба́ть

**hunchback** [ˈhʌntʃbæk] *n* горбу́н

**hundred** [ˈhʌndrəd] **1.** *num. card.* 1) сто; about a (*или* one) ~ о́коло ста; great (*или* long) ~ сто два́дцать 2) но́ль-но́ль; we'll meet at nine ~ hours мы встре́тимся в 9.00 (де́вять но́ль-но́ль) ◇ one ~ per cent (на) сто проце́нтов; вполне́; a ~ to one наверняка́, сто про́тив одного́; the ~ and one odd chances большо́й риск; a ~ and one things to do ≅ хлопо́т по́лон рот

**2.** *n* 1) число́ сто; со́тня; ~s of people ма́сса наро́ду 2) *ист.* о́круг (*часть графства в Англии*)

**hundredfold** [ˈhʌndrədfəuld] **1.** *a* стокра́тный

**2.** *adv* во́ сто крат

**hundred-percenter** [ˈhʌndrədpəˈsentə] *n амер.* 1) ура́-патрио́т; стопроце́нтный америка́нец 2) отли́чный па́рень; отли́чная де́вушка

**hundredth** [ˈhʌndrədθ] **1.** *num. ord.* со́тый

**2.** *n* со́тая часть

**hundredweight** [ˈhʌndrədweɪt] *n* це́нтнер (*в Англии 112 фунтов = 50,8 кг, в США 100 фунтов ≠ 45,3 кг*)

**hung** [hʌŋ] *past. и p. p. от* hang 2

**Hungarian** [hʌŋˈgɛərɪən] **1.** *a* венге́рский

**2.** *n* 1) венгр, венгерец; венге́рка 2) венге́рский язы́к

**hunger** [ˈhʌŋgə] **1.** *n* 1) го́лод; голода́ние 2) си́льное жела́ние, жа́жда (*чего-л.*; for, after)

**2.** *v* 1) голода́ть, быть голо́дным 2) принужда́ть го́лодом (into; out of) 3) си́льно жела́ть, жа́ждать (for, after)

**hunger-march** [ˈhʌŋgəmaːtʃ] *n* голо́дный похо́д

**hunger-marcher** [ˈhʌŋgəˌmaːtʃə] *n* уча́стник голо́дного похо́да

**hunger-strike** [ˈhʌŋgəstraɪk] **1.** *n* голодо́вка (*тюремная*)

**2.** *v* объявля́ть голодо́вку

**hungry** [ˈhʌŋgrɪ] *a* 1) голо́дный; голода́ющий 2) си́льно жела́ющий, жа́ждущий (*чего-л.*; for) 3) ску́дный, неплодоро́дный (*о почве*)

**hunk** [hʌŋk] = hunch 1, 2)

**hunker** [ˈhʌŋkə] *n амер.* 1) *ист. прозвище консервативного члена демократической партии* 2) ретрогра́д 3) *attr.* старомо́дный

**hunkers** [ˈhʌŋkəz] *n pl разг.*: on one's ~ а) на ко́рточках; б) в ужа́сном положе́нии

**hunks** [hʌŋks] *n* скря́га

**hunky-dory** [ˈhʌŋkɪˈdɔːrɪ] *a амер. разг.* первокла́ссный, превосхо́дный

**hunt** [hʌnt] **1.** *n* 1) охо́та 2) (H.) ме́стное охо́тничье о́бщество 3) пои́ски (*чего-л.*; for); to be on the ~ for smth. упо́рно иска́ть что-л.

2. *v* 1) охо́титься (*особ. с гончими*); ~ the fox, ~ the hare, ~ the squirrel *названия детских игр, где надо искать кого-л. или что-л.* 2) трави́ть, гнать, пресле́довать (*зверя и т. п.*) ▭ ~ **after** гоня́ться, иска́ть, ры́скать; ~ **away** прогоня́ть; ~ **down** а) вы́следить; пойма́ть; б) затрави́ть; в) пресле́довать; ~ **for** иска́ть, добива́ться; ~ **out,** ~ **up** отыска́ть; *перен.* откопа́ть

**hunter** [ˈhʌntə] *n* 1) охо́тник 2) гу́нтер (*верховая лошадь*) 3) охо́тничья соба́ка 4) карма́нные часы́ с кры́шкой

**hunter's moon** [ˈhʌntəzmuːn] *n* полнолу́ние по́сле осе́ннего равноде́нствия

**hunting** [ˈhʌntɪŋ] **1.** *pres. p. от* hunt 2

2. *n* 1) охо́та 2) *attr.* охо́тничий

**hunting-box** [ˈhʌntɪŋbɔks] *n* охо́тничий до́мик

**hunting-crop** [ˈhʌntɪŋkrɔp] *n* охо́тничий хлыст

**hunting-ground** [ˈhʌntɪŋgraund] *n* райо́н охо́ты ◇ happy ~(s) а) рай, счастли́вая загро́бная жизнь (*первоначально в представлении американских индейцев*); б) ме́сто, изоби́лующее ди́чью; ≅ рай для охо́тников

**hunting-horn** [ˈhʌntɪŋhɔːn] *n* охо́тничий рог

**hunting-party** [ˈhʌntɪŋˌpɑːtɪ] *n* охо́та (*участники охоты*)

**hunting-season** [ˈhʌntɪŋˌsiːzn] *n* охо́тничий сезо́н

**hunting-song** [ˈhʌntɪŋsɔŋ] *n* охо́тничья пе́сня

**hunting-whip** [ˈhʌntɪŋwɪp] = hunting-crop

**huntress** [ˈhʌntrɪs] *n* же́нщина-охо́тник

**huntsman** [ˈhʌntsmən] *n* 1) охо́тник 2) е́герь

**hunt-the-slipper** [ˈhʌntðəˈslɪpə] *n* ту́фля по кру́гу (*игра*)

**hup(p)** [hʌp] **1.** *int* но-о! (*понукание лошади*)

2. *v* 1) понука́ть ло́шадь 2) дви́гаться вперёд

**hurdle** [ˈhəːdl] **1.** *n* 1) перено́сная загоро́дка; плете́нь 2) *спорт.* препя́тствие, барье́р; to clear the ~ взять (*или* преодоле́ть, перейти́ че́рез) барье́р 3) (the ~s) *pl* = hurdle-race 4) *перен.* препя́тствие, затрудне́ние

2. *v* 1) огражда́ть плетнём (*тж.* ~ off) 2) переска́кивать че́рез барье́р 3) уча́ствовать в барье́рном бе́ге 4) *перен.* преодолева́ть препя́тствия

**hurdler** [ˈhəːdlə] *n спорт.* барьери́ст

**hurdle-race** [ˈhəːdlreɪs] *n спорт.* 1) барье́рный бег 2) ска́чки с препя́тствиями

**hurdling** [ˈhəːdlɪŋ] **1.** *pres. p. от* hurdle 2

2. *n спорт.* барье́рный бег

**hurdy-gurdy** [ˈhəːdɪˌgəːdɪ] *n* 1) стари́нный стру́нный музыка́льный инструме́нт 2) шарма́нка 3) *мор.* лебёдка для выта́скивания глубоково́дных тра́лов

**hurl** [həːl] **1.** *n* си́льный бросо́к

2. *v* 1) броса́ть (с си́лой); швыря́ть; мета́ть; to ~ oneself бро́ситься (at, upon — на); to ~ reproaches at smb. осыпа́ть кого́-л. упрёками 2) *спорт.* мета́ть

**hurley** [ˈhəːlɪ] *n* 1) ирла́ндский хокке́й на траве́ 2) клю́шка для ирла́ндского хокке́я на траве́

**hurly-burly** [ˈhəːlɪˌbəːlɪ] *n* сумя́тица, смяте́ние, переполо́х

**hurra(h), hurray** [huˈrɑː, huˈreɪ] **1.** *int* ура́!

2. *n* ура́ ◇ ~'s nest *амер. разг.* по́лный беспоря́док; кутерьма́; неразбери́ха

3. *v* крича́ть «ура́!»

**hurricane** [ˈhʌrɪkən] *n* 1) урага́н; тропи́ческий цикло́н 2) *attr.* урага́нный, штормово́й; ~ deck *мор.* лёгкая навесна́я па́луба; штормово́й мо́стик

**hurricane lamp** [ˈhʌrɪkənlæmp] *n* фона́рь «мо́лния»

**hurried** [ˈhʌrɪd] **1.** *p. p. от* hurry 2

2. *a* торопли́вый, бы́стрый, поспе́шный; to have a ~ meal на́спех переку́сить; to write a few ~ lines черкну́ть не́сколько строк

**hurry** [ˈhʌrɪ] **1.** *n* 1) торопли́вость, поспе́шность; in a ~ а) второпя́х; б) *разг.* охо́тно, легко́; to be in a ~ торопи́ться, спеши́ть; to be in no ~ де́йствовать не спеша́; he won't do that again in a ~ ему́ тепе́рь не ско́ро захо́чется повтори́ть э́то; no ~ не к спе́ху 2) нетерпе́ние, нетерпели́вое жела́ние (*сделать что-л.*)

2. *v* 1) торопи́ть; торопи́ться (*обыкн.* ~ along, ~ up); ~ up! скоре́е!, живе́е!, пошеве́ливайся! 2) бы́стро вести́ *или* тащи́ть 3) де́лать в спе́шке 4) поспе́шно посыла́ть, отправля́ть *и т. п.* ▭ ~ **away,** ~ **off** а) поспе́шно уе́хать; б) поспе́шно увезти́, унести́; ~ **over** сде́лать ко́е-ка́к; ~ **through** сде́лать ко́е-ка́к, второпя́х; the business was hurried through де́ло бы́ло сде́лано второпя́х, на́спех

**hurry-scurry** [ˈhʌrɪˈskʌrɪ] **1.** *n* сумато́ха; суета́

2. *adv* на́спех, ко́е-ка́к

3. *v* де́йствовать кра́йне поспе́шно; де́лать на́спех; сует́иться

**hurry-up** [ˈhʌrɪˈʌp] *a амер. разг.* спе́шный; ~ repairs сро́чный ремо́нт

**hurst** [həːst] *n* 1) хо́лмик, бугор 2) ро́ща; леси́стый холм 3) о́тмель, ба́нка

**hurt** [həːt] **1.** *n* 1) поврежде́ние; боль; ра́на 2) вред, уще́рб 3) оби́да

2. *v* (hurt) 1) причини́ть боль; повреди́ть; ушиби́ть 2) причиня́ть вред, уще́рб 3) задева́ть, обижа́ть, де́лать бо́льно; to ~ smb.'s feelings заде́ть, оби́деть кого́-л.; nothing ~s like the truth ≅ пра́вда глаза́ ко́лет 4) *разг.* боле́ть; my hand still ~s рука́ всё ещё боли́т

**hurtful** [ˈhəːtful] *a* вре́дный, па́губный

**hurtle** [ˈhəːtl] *v* 1) пролета́ть, нести́сь со сви́стом, шу́мом 2) броса́ть с си́лой 3) ста́лкиваться (*обыкн.* ~ together); ната́лкиваться с тре́ском, си́лой (against — на)

**husband** [ˈhʌzbənd] **1.** *n* муж, супру́г

2. *v* 1) управля́ть 2) эконо́мно вести́ хозя́йство 3) *редк.* жени́ться

**husbandly** [ˈhʌzbəndlɪ] *a* 1) супру́жеский, му́жнин 2) бережли́вый, эконо́мный

**husbandman** [ˈhʌzbəndmən] *n уст.* землепа́шец; земледе́лец

**husbandry** [ˈhʌzbəndrɪ] *n* 1) се́льское хозя́йство, земледе́лие; хлебопа́шество 2) эконо́мия, бережли́вость

**hush** [hʌʃ] **1.** *n* тишина́; молча́ние

2. *v* 1) водворя́ть тишину́ 2) успока́ивать(ся); утиха́ть ▭ ~ **up** зама́лчивать, скрыва́ть; замя́ть

3. *int* ти́ше!, тс!

**hushaby** [ˈhʌʃəbaɪ] *int* ба́ю-ба́й

**hushfully** [ˈhʌʃfulɪ] *adv* приглушённо, вполго́лоса

**hush-hush** [ˈhʌʃˈhʌʃ] *a* не подлежа́щий разглаше́нию, секре́тный; ~ show *разг. ирон.* сугу́бо секре́тное де́ло *или* совеща́ние

**hush-money** [ˈhʌʃˌmʌnɪ] *n* взя́тка за молча́ние

**husk** [hʌsk] **1.** *n* 1) шелуха́, оболо́чка 2) *амер.* листова́я обёртка поча́тка кукуру́зы 3) что-л. вне́шнее, нано́сное

2. *v* очища́ть от шелухи́, лущи́ть

**Husky** [ˈhʌskɪ] **1.** *a* эскимо́сский

2. *n* 1) эскимо́с; эскимо́ска 2) эскимо́сский язы́к

**husky I** [ˈhʌskɪ] **1.** *a* 1) покры́тый шелухо́й 2) сухо́й 3) си́плый, охри́пший 4) *разг.* ро́слый, си́льный, кре́пкий

2. *n разг.* ро́слый, си́льный, кре́пкий челове́к; здоровя́к

**husky II** [ˈhʌskɪ] *n* ла́йка (*порода собак*)

**huso** [ˈhjuːsəu] *n* белу́га

**hussar** [huˈzɑː] *n* гуса́р

**Hussite** [ˈhʌsaɪt] *n ист.* гуси́т

**hussy I** [ˈhʌsɪ] *n* 1) де́рзкая девчо́нка 2) шлю́ха, потаску́шка

**hussy II** [ˈhʌsɪ] *n* я́щичек, шкату́лка; мешо́чек (*для ниток и т. п.*)

**hustings** [ˈhʌstɪŋz] *n pl* 1) *парл.* избира́тельная кампа́ния 2) *ист.* трибу́на, с кото́рой до 1872 г. объявля́лись кандида́ты в парла́мент 3) трибу́на на предвы́борном ми́тинге

**hustle** [ˈhʌsl] **1.** *n* 1) толкотня́, су́толока 2) эне́ргия; бе́шеная де́ятельность

2. *v* 1) толка́ть(ся), тесни́ть(ся); to ~ through the crowded streets проти́скиваться сквозь толпу́ 2) понужда́ть, торопи́ть сде́лать (*что-л.*; into); to be ~d into a decision быть вы́нужденным спе́шно приня́ть реше́ние 3) торопи́ться, суети́ться 4) де́йствовать бы́стро и энерги́чно (*часто* ~ up) ▭ ~ **away** оттесни́ть, отбро́сить

**hustler** [ˈhʌslə] *n* энерги́чный челове́к

**hut** [hʌt] **1.** *n* 1) хи́жина, лачу́га, хиба́р(к)а 2) бара́к 3) *attr.* бара́чный; ~ barracks *воен.* каза́рмы бара́чного ти́па

2. *в* 1) жить в бара́ках 2) размеща́ть по бара́кам

**hutch** [hʌtʃ] **1.** *n* 1) кле́тка для кро́ликов *и т. п.* 2) за́кром 3) *разг.* хи́-

жина, хибáр(к)а 4) *горн.* рудни́чная вагонéтка 5) цистéрна для промы́вки руды́ 6) *тех.* бу́нкер

2. *v* промывáть руду́

**hutment** [ˈhʌtmənt] *n* 1) посёлок из нéскольких хи́жин 2) размещéние в барáках, хи́жинах *и т. п.*

**hutting** [ˈhʌtɪŋ] **1.** *pres. p. от* hut 2

2. *n* строи́тельный материáл для сооружéния врéменного жилья́

**huzza** [huˈzɑː] **1.** *int* урá!

2. *n* вóзгласы «урá!»

3. *v* кричáть «урá!»

**huzzy** [ˈhʌzɪ] = hussy I

**hyacinth** [ˈhaɪəsɪnθ] *n бот., мин.* гиаци́нт

**hyaena** [haɪˈiːnə] = hyena

**hyaline** [ˈhaɪəlɪn] *a* 1) *поэт.* кристáльно чи́стый; прозрáчный 2) стеклови́дный, гиали́новый

**hyalite** [ˈhaɪəlaɪt] *n мин.* бесцвéтный опáл, гиали́т

**hyaloid** [ˈhaɪəlɔɪd] *a* стеклови́дный

**hybrid** [ˈhaɪbrɪd] **1.** *n* 1) гибри́д, пóмесь 2) что-л. состáвленное из разнорóдных элемéнтов

2. *a* гибри́дный; разнорóдный; смéшанный

**hybridization** [ˌhaɪbrɪdaɪˈzeɪʃən] *n биол.* гибридизáция, скрéщивание

**hybridize** [ˈhaɪbrɪdaɪz] *v биол.* скрéщивать(ся)

**Hyde Park** [ˈhaɪdˈpɑːk] *n* Гайд-Парк (*парк в Лóндоне*)

**hydra** [ˈhaɪdrə] *n* ги́дра

**hydrangea** [haɪˈdreɪndʒə] *n бот.* гортéнзия (древови́дная)

**hydrant** [ˈhaɪdrənt] *n* водоразбóрный кран, гидрáнт

**hydrargyrum** [haɪˈdrɑːdʒɪrəm] *n хим.* ртуть

**hydrate** [ˈhaɪdreɪt] *n хим.* гидрáт, гидрóокись; ~ of lime гашёная и́звесть; ~ of sodium каусти́ческая сóда

**hydraulic** [haɪˈdrɔːlɪk] *a* гидравли́ческий; ~ cement гидравли́ческий цемéнт (*твердéющий в воде*)

**hydraulics** [haɪˈdrɔːlɪks] *n pl* (*употр. как sing*) гидрáвлика

**hydride** [ˈhaɪdraɪd] *n хим.* водорóдистое соединéние элемéнта

**hydro** I, II [ˈhaɪdrəu] *n* (*pl* -os [-əuz]) *разг. сокр. от* hydropathic 2 *и* hydroaeroplane

**hydroaeroplane** [ˈhaɪdrəuˈɛərəpleɪn] *n* гидросамолёт, гидроплáн

**hydrocarbon** [ˈhaɪdrəuˈkɑːbən] *n хим.* углеводорóд

**hydrocyanic** [ˈhaɪdrəusaɪˈænɪk] *a хим.* цианистоводорóдный; ~ acid сини́льная кислотá

**hydrodynamics** [ˈhaɪdrəudaɪˈnæmɪks] *n pl* (*употр. как sing*) гидродинáмика

**hydroelectric** [ˈhaɪdrəuɪˈlektrɪk] *a* гидроэлектри́ческий

**hydrofluoric** [ˈhaɪdrəufluː(ː)ˈɔrɪk] *a*: ~ acid фтористоводорóдная (*или* плавикóвая) кислотá

**hydrofoil** [ˈhaɪdrəufɔɪl] *n* 1) подвóдное крылó 2) су́дно на подвóдных кры́льях

**hydrogen** [ˈhaɪdrɪdʒən] *n хим.* 1) водорóд; heavy ~ тяжёлый водорóд, дейтéрий 2) *attr.* водорóдный

**hydrogen bomb** [ˈhaɪdrɪdʒənbɔm] = H-bomb

**hydrogenous** [haɪˈdrɔdʒɪnəs] *a* гидрогéнный, водорóдный, содержáщий водорóд

**hydrography** [haɪˈdrɔgrəfɪ] *n* гидрогрáфия

**hydrology** [haɪˈdrɔlədʒɪ] *n* гидролóгия

**hydrolysis** [haɪˈdrɔlɪsɪs] *n хим.* гидрóлиз

**hydromechanics** [ˈhaɪdrəumɪˈkænɪks] *n pl* (*употр. как sing*) гидромехáника

**hydrometer** [haɪˈdrɔmɪtə] *n* 1) гидрóметр, водомéр 2) *физ.* арeóметр

**hydropathic** [ˌhaɪdrəuˈpæθɪk] **1.** *a* водолечéбный

2. *n разг.* водолечéбница

**hydropathy** [haɪˈdrɔpəθɪ] *n* водолечéние

**hydrophobia** [ˈhaɪdrəuˈfəubjə] *n мед.* водобоя́знь, бéшенство

**hydrophone** [ˈhaɪdrəfəun] *n* гидрофóн (*подводный звукоуловитель*)

**hydrophyte** [ˈhaɪdrəfaɪt] *n бот.* водянóе растéние, гидрофи́т

**hydropic** [haɪˈdrɔpɪk] *a мед.* водя́ночный, отёчный

**hydroplane** [ˈhaɪdrəupleɪn] *n* 1) гли́ссер 2) гидросамолёт

**hydroponics** [ˌhaɪdrəuˈpɔnɪks] *n pl* (*употр. как sing*) с.-х. гидропóника

**hydropsy** [ˈhaɪdrɔpsɪ] *n мед.* водя́нка

**hydrosphere** [ˈhaɪdrəusfɪə] *n* гидросфéра

**hydrostatic** [ˌhaɪdrəuˈstætɪk] *a* гидростати́ческий

**hydrostatics** [ˌhaɪdrəuˈstætɪks] *n pl* (*употр. как sing*) гидростáтика

**hydrous** [ˈhaɪdrəs] *a* вóдный, содержáщий вóду

**hydroxide** [haɪˈdrɔksaɪd] *n хим.* гидрóокись, гидрáт óкиси

**hyena** [haɪˈiːnə] *n* гиéна

**hygiene** [ˈhaɪdʒiːn] *n* гигиéна

**hygienic(al)** [haɪˈdʒiːnɪk(əl)] *a* 1) гигиени́ческий 2) здорóвый

**hygienics** [haɪˈdʒiːnɪks] *n pl* (*употр. как sing*) при́нципы гигиéны; гигиéна

**hygrometer** [haɪˈgrɔmɪtə] *n* гигрóметр

**hygroscopic** [ˌhaɪgrəuˈskəupɪk] *a* гигроскопи́ческий

**hylic** [ˈhaɪlɪk] *a* материáльный, вещéственный

**hylotheism** [ˈhaɪləθiːɪzm] *n филос.* гилотеи́зм

**Hymen** [ˈhaɪmən] *n миф.* Гименéй

**hymen** [ˈhaɪmen] *n анат.* дéвственная плевá, гимéн

**hymeneal** [ˌhaɪmeˈni(ː)əl] *a* брáчный

**hymn** [hɪm] **1.** *n* церкóвный гимн

2. *v* петь ги́мны; славословить

**hymnal** [ˈhɪmnəl] **1.** *n* сбóрник церкóвных ги́мнов

2. *a* относя́щийся к ги́мнам

**hymn-book** [ˈhɪmbuk] = hymnal 1

**hyp** [hɪp] = hip III, 1

**hyperacoustic** [ˈhaɪpərəˈkuːstɪk] *a ак.* сверхзвуковóй

**hyperbola** [haɪˈpəːbələ] *n* (*pl* -lae, -s [-z]) *мат.* гипéрбола

**hyperbolae** [haɪˈpəːbəliː] *pl от* hyperbola

**hyperbole** [haɪˈpəːbəlɪ] *n* преувеличéние; гипéрбола

**hyperbolic(al)** [ˌhaɪpə(ː)ˈbɔlɪk(əl)] *a* преувели́ченный; гипербoли́ческий

**hyperborean** [ˌhaɪpə(ː)bɔːˈri(ː)ən] *поэт.* **1.** *a* сéверный, гиперборéйский

2. *n* жи́тель крáйнего сéвера, северя́нин

**hypercritical** [ˈhaɪpə(ː)ˈkrɪtɪkəl] *a* сли́шком стрóгий, приди́рчивый

**hypermarket** [ˌhaɪpə(ː)ˈmɑːkɪt] *n* зáгородный магази́н самообслу́живания, занимáющий обши́рную плóщадь, с большóй автостоя́нкой

**hypermetrical** [ˈhaɪpə(ː)ˈmetrɪkəl] *a* имéющий ли́шний слог (*о стихе*)

**hypersensitive** [ˈhaɪpə(ː)ˈsensɪtɪv] *a* чрезмéрно чувстви́тельный

**hypersonic** [ˈhaɪpə(ː)ˈsəunɪk] *a* сверхзвуковóй, ультразвуковóй; ~ speed сверхзвуковáя скóрость

**hypertension** [ˈhaɪpə(ː)ˈtenʃən] *n* повы́шенное кровянóе давлéние

**hypertrophy** [haɪˈpəːtrəufɪ] *n* гипертрóфия

**hyphen** [ˈhaɪfən] **1.** *n* дефи́с, соедини́тельная чёрточка

2. *v* писáть чéрез дефи́с

**hyphenate** [ˈhaɪfəneɪt] **1.** *v* = hyphen 2

2. *n разг. неодобр.* америкáнец инострáнного происхождéния (*напр.*: Irish-American америкáнец ирлáндского происхождéния *и т. п.*)

**hyphenated** [ˈhaɪfəneɪtɪd] **1.** *p. p. от* hyphenate 1

2. *a* 1) напи́санный чéрез дефи́с 2): a ~ American = hyphenate 2

**hypnosis** [hɪpˈnəusɪs] *n* гипнóз

**hypnotic** [hɪpˈnɔtɪk] **1.** *a* 1) гипноти́ческий 2) снотвóрный

2. *n* 1) человéк, поддающийся гипнóзу 2) загипнотизи́рованный человéк 3) снотвóрное (срéдство)

**hypnotism** [ˈhɪpnətɪzm] *n* гипнoти́зм

**hypnotist** [ˈhɪpnətɪst] *n* гипнотизёр

**hypnotize** [ˈhɪpnətaɪz] *v* гипнотизи́ровать

**hypo** [ˈhaɪpəu] *сокр. от* hyposulphite

**hypochondria** [ˌhaɪpəuˈkɔndrɪə] *n* ипохóндрия

**hypochondriac** [ˌhaɪpəuˈkɔndrɪæk] **1.** *n* ипохóндрик

2. *a* страдáющий ипохóндрией

**hypocrisy** [hɪˈpɔkrəsɪ] *n* лицемéрие, притвóрство

**hypocrite** [ˈhɪpəkrɪt] *n* лицемéр, ханжá

**hypocritical** [ˌhɪpəˈkrɪtɪkəl] *a* лицемéрный, притвóрный, хáнжеский

**hypodermatic** [ˌhaɪpəudəːˈmætɪk] *амер.* = hypodermic 1 *и* 2, 1)

**hypodermic** [ˌhaɪpəuˈdəːmɪk] **1.** *a мед.* подкóжный; ~ syringe (*или* needle) шприц для подкóжных впры́скиваний

2. *n* 1) подкóжное впры́скивание 2) = ~ syringe 3) лекáрство, вводи́мое под кóжу

**hypophyses** [haɪˈpɔfɪsiːz] *pl от* hypophysis

**hypophysis** [haɪˈpɔfɪsɪs] *n* (*pl* -ses) *анат.* гипóфиз

**hyposulphite** [ˏhaɪpəuˈsʌlfaɪt] *n* гипосульфи́т

**hypotenuse** [haɪˈpɔtɪnjuːz] *n геом.* гипотену́за

**hypothec** [haɪˈpɔθək] *n* ипоте́ка; закладна́я

**hypothecate** [haɪˈpɔθɪkeɪt] *v* закла́дывать (*недвижимость*)

**hypothermia** [ˏhaɪpəuˈθəːmɪə] *n мед.* гипотерми́я

**hypotheses** [haɪˈpɔθɪsiːz] *pl от* hypothesis

**hypothesis** [haɪˈpɔθɪsɪs] *n* (*pl* -theses) гипо́теза, предположе́ние

**hypothesize** [haɪˈpɔθɪsaɪz] *v* стро́ить гипо́тезу

**hypothetic(al)** [ˏhaɪpəuˈθetɪk(əl)] *a* гипотети́ческий, предположи́тельный

**hypsometric** [ˏhɪpsəuˈmetrɪk] *a геод.* гипсометри́ческий; ~ date отме́тка высоты́

**hyson** [ˈhaɪsn] *n* сорт кита́йского зелёного ча́я

**hy-spy** [ˈhaɪˈspaɪ] *n* игра́ в пря́тки

**hyssop** [ˈhɪsəp] *n бот.* иссо́п (апте́чный)

**hysteresis** [ˏhɪstəˈriːsɪs] *n физ.* гистере́зис, запа́здывание, отстава́ние фаз

**hysteria** [hɪsˈtɪərɪə] *n* истери́я

**hysterical** [hɪsˈterɪkəl] *a* истери́ческий, истери́чный

**hysterics** [hɪsˈterɪks] *n pl* исте́рика, истери́ческий припа́док

# I

**I, i** [aɪ] *n* (*pl* Is, I's [aɪz]) *9-я буква англ. алфавита*

**I** [aɪ] *pron pers.* 1) я; *косв. п.* me меня́, мне *и т. д.*; *косв. п. употр. в разговорной речи тж. как им. п.*; it's me э́то я; I am ready я гото́в; he saw me он ви́дел меня́; give me the book да́йте мне кни́гу; listen to me, please пожа́луйста, послу́шайте меня́; you can get it from me вы мо́жете получи́ть э́то у меня́; I poured me a glass of water я нали́л себе́ стака́н воды́; write to me in English напиши́те мне по-англи́йски 2) *уст., поэт. имеет возвратное значение, напр.*: I laid me down я улёгся

**iamb** [ˈaɪæmb] = iambus

**iambi** [aɪˈæmbaɪ] *pl от* iambus

**iambic** [aɪˈæmbɪk] **1.** *n* ямби́ческий стих

**2.** *a* ямби́ческий

**iambus** [aɪˈæmbəs] *n* (*pl* -bi, -es [-ɪz]) ямб

**iarovize** [ˈjɑːrəvaɪz] *русск. v с.-х.* ярoвизи́ровать

**I-beam** [ˈaɪbiːm] *n тех.* двутавро́вая ба́лка

**Iberian** [aɪˈbɪərɪən] *ист.* **1.** *a* ибери́йский; ~ Peninsula Пирене́йский полуо́стров

**2.** *n* 1) ибе́р 2) язы́к дре́вних ибе́ров

**ibex** [ˈaɪbeks] *n* (*pl* -xes [-ksɪz], ibices) *зоол.* ка́менный козёл

**ibices** [ˈaɪbisiːz] *pl от* ibex

**ibidem** [ɪˈbaɪdem] *лат. adv* там же, в том же ме́сте

**ibis** [ˈaɪbɪs] *n зоол.* и́бис

**ice** [aɪs] **1.** *n* 1) лёд; to keep smth. on ~ храни́ть в холоди́льнике; *перен.* откла́дывать на бо́лее по́здний срок 2) моро́женое ◇ to break the ~ сде́лать пе́рвый шаг; положи́ть нача́ло (*знакомству, разговору*); to cut no ~ а) не име́ть значе́ния; б) ничего́ не доби́ться; straight off the ~ а) све́жий, то́лько что полу́ченный (*о провизии*); б) неме́дленно; незамедли́тельно; (to skate) on thin ~ (быть) в затрудни́тельном, щекотли́вом положе́нии

**2.** *v* 1) замора́живать; примора́живать 2) покрыва́ться льдом 3) покрыва́ть са́харной глазу́рью □ ~ **up** обледене́ть; ~d up затёртый льда́ми

**ice-age** [ˈaɪseɪdʒ] *n* леднико́вый пери́од (*тж.* Ice Age)

**ice-axe** [ˈaɪsæks] *n* ледору́б, ледо́вый топо́р (*альпинистов*)

**ice-bag** [ˈaɪsbæg] *n мед.* пузы́рь для льда

**iceberg** [ˈaɪsbəːg] *n* а́йсберг

**iceblink** [ˈaɪsblɪŋk] *n* о́тблеск льда

**ice-boat** [ˈaɪsbəut] *n* 1) бу́ер (*парусные сани*) 2) ледоко́л

**ice-bound** [ˈaɪsbaund] *a* 1) ско́ванный льдом (*о реке и т. п.*) 2) затёртый льда́ми (*о корабле и т. п.*)

**ice-box** [ˈaɪsbɔks] *n* холоди́льник; ле́дник

**ice-breaker** [ˈaɪsˏbreɪkə] *n* ледоко́л

**ice-cold** [ˈaɪsˈkəuld] *a* холо́дный как лёд, ледяно́й

**ice-cream** [ˈaɪsˈkriːm] *n* моро́женое

**ice-drift** [ˈaɪsˈdrɪft] *n* 1) дрейф льда 2) торо́сы, нагроможде́ние плаву́чего льда

**ice-field** [ˈaɪsfiːld] *n* ледяно́е по́ле, сплошно́й лёд

**ice-floe** [ˈaɪsfləu] *n* плаву́чая льди́на

**ice-hockey** [ˈaɪsˏhɔkɪ] *n* хокке́й на льду

**ice-house** [ˈaɪshaus] *n* 1) ле́дник, льдохрани́лище 2) ледяно́е жили́ще (*особ.* эскимо́сов)

**Icelander** [ˈaɪsləndə] *n* исла́ндец; исла́ндка

**Icelandic** [aɪsˈlændɪk] **1.** *a* исла́ндский

**2.** *n* исла́ндский язы́к

**iceman** [ˈaɪsmæn] *n* 1) аркти́ческий путеше́ственник 2) альпини́ст 3) моро́женщик 4) *амер.* продаве́ц, разво́зчик льда

**ice-pack** [ˈaɪspæk] *n* ледяно́й пак, па́ковый лёд, торо́систый лёд

**ice-pail** [ˈaɪspeɪl] *n* ведёрко со льдом (*для охлаждения напитков*)

**ice-rink** [ˈaɪsrɪŋk] *n* като́к

**ice-run** [ˈaɪsrʌn] *n* ледяна́я го́рка (*для катания на санках*)

**ice-show** [ˈaɪsʃəu] *n* бале́т на льду

**ice-yacht** [ˈaɪsjɔt] *n* бу́ер

**ichneumon** [ɪkˈnjuːmən] *n зоол.* 1) ихневмо́н, фарао́нова мышь, мангу́ста 2) нае́здник (*насекомое; тж.* ~ fly)

**ichor** [ˈaɪkɔː] *n* 1) *греч. миф.* ихо́р (*кровь богов*) 2) *мед.* ихо́р, су́кровица; злока́чественный гной

**ichthyography** [ˏɪkθɪˈɔgrəfɪ] *n* ихтиогра́фия

**ichthyoid** [ˈɪkθɪɔɪd] *a* рыбоподо́бный

**ichthyologist** [ˏɪkθɪˈɔlədʒɪst] *n* ихтио́лог

**ichthyology** [ˏɪkθɪˈɔlədʒɪ] *n* ихтиоло́гия

**ichthyophagous** [ˏɪkθɪˈɔfəgəs] *a* рыбоя́дный

**ichthyosaurus** [ˏɪkθɪəˈsɔːrəs] *n* ихтиоза́вр

**icicle** [ˈaɪsɪkl] *n* сосу́лька

**icily** [ˈaɪsɪlɪ] *adv* хо́лодно (*тж. перен.*)

**icing** [ˈaɪsɪŋ] **1.** *pres. p. от* ice 2

**2.** *n* 1) са́харная глазу́рь 2) покрыва́ние са́харной глазу́рью 3) замора́живание 4) *ав.* обледене́ние

**icon** [ˈaɪkɔn] *n* ико́на

**iconic** [aɪˈkɔnɪk] *a* портре́тный

**iconoclast** [aɪˈkɔnəuklæst] *n* 1) *ист.* иконобо́рец 2) челове́к, бо́рющийся с традицио́нными ве́рованиями, предрассу́дками

**iconography** [ˏaɪkɔˈnɔgrəfɪ] *n* иконогра́фия

**iconoscope** [aɪˈkɔnəskəup] *n тлв.* иконоско́п

**icteric** [ɪkˈterɪk] *a* страда́ющий желту́хой, желту́шный

**icterus** [ˈɪktərəs] *n мед.* желту́ха

**ictus** [ˈɪktəs] *n* 1) ритми́ческое *или* метри́ческое ударе́ние 2) *мед.* уда́р пу́льса 3) *мед.* вспы́шка боле́зни

**icy** [ˈaɪsɪ] *a* 1) ледяно́й, холо́дный (*тж. перен.*); ~ welcome холо́дный приём 2) покры́тый льдом

**I'd** [aɪd] *сокр. разг.* = I would, I should, I had

**idea** [aɪˈdɪə] *n* 1) иде́я; мысль; that's the ~ вот и́менно!; вот э́то мысль! 2) поня́тие, представле́ние; we hadn't the slightest ~ of it мы не име́ли ни мале́йшего представле́ния об э́том; to give an ~ of smth. дать не́которое представле́ние о чём-л.; this is not my ~ of a good book я не счита́ю э́ту кни́гу интере́сной 3) воображе́ние, фанта́зия; what an ~! что за фанта́зия!; what's the big ~? *разг.* э́то ещё что?; а э́то заче́м? 4) план, наме́рение; he is full of new ~s у него́ мно́го но́вых пла́нов ◇ the young ~ де́тский ум

**ideal** [aɪˈdɪəl] **1.** *n* идеа́л

**2.** *a* 1) идеа́льный, соверше́нный 2) вообража́емый, мы́сленный; нереа́льный

**idealism** [aɪˈdɪəlɪzm] *n* идеали́зм

**idealist** [aɪˈdɪəlɪst] *n* идеали́ст

**idealistic** [aɪˏdɪəˈlɪstɪk] *a* идеалисти́ческий

**ideality** [ˏaɪdɪˈælɪtɪ] *n* 1) идеа́льность 2) (*обыкн. pl*) что-л. вообража́емое, нереа́льное

**idealization** [aˏdɪəlaɪˈzeɪʃən] *n* идеализа́ция

**idealize** [aɪˈdɪəlaɪz] *v* 1) идеализи́ровать 2) приде́рживаться идеалисти́ческих взгля́дов

**ideally** [aɪˈdɪəlɪ] *adv* 1) идеа́льно, превосхо́дно 2) умозри́тельно, в воображе́нии

**ideate** [aɪˈdiːeɪt] *v* 1) *филос.* формирова́ть поня́тия 2) представля́ть; вызыва́ть в воображе́нии

**ideation** [ˌaɪdɪˈeɪʃən] *n* спосо́бность к формирова́нию и восприя́тию иде́й

**idée fixe** [ɪdeɪˈfiːks] *фр. n* навя́зчивая иде́я, идефи́кс

**idem** [ˈaɪdem] *лат. n* тот же а́втор; та же кни́га; то же сло́во

**identic** [aɪˈdentɪk] *a* 1) = identical 2): ~ note аналоги́чная, тожде́ственная но́та (*посланная одновременно нескольким государствам*)

**identical** [aɪˈdentɪkəl] *a* 1) тот же са́мый (*об одном предмете*); the ~ room where Shakespeare was born та са́мая ко́мната, в кото́рой роди́лся Шекспи́р 2) одина́ковый, иденти́чный, тожде́ственный (with)

**identification** [aɪˌdentɪfɪˈkeɪʃən] *n* 1) отождествле́ние 2) опозна́ние; установле́ние ли́чности 3) выясне́ние; ~ of enemy units *воен.* установле́ние нумера́ции часте́й проти́вника 4) солидариза́ция, подде́ржка (with) 5) *attr.* опознава́тельный; ~ parade о́чная ста́вка; ~ disc (*или* disk) *воен.* ли́чный знак; ~ prisoner контро́льный пле́нный, «язы́к»

**identify** [aɪˈdentɪfaɪ] *v* 1) устана́вливать то́ждество (with) 2) опознава́ть, устана́вливать ли́чность; to ~ oneself назва́ть себя́, предъяви́ть удостовере́ние ли́чности 3) отождествля́ть; солидаризи́роваться (with)

**identikit** [aɪˈdentɪkɪt] *n* портре́т (*преступника и т. п.*), соста́вленный по описа́нию

**identity** [aɪˈdentɪtɪ] *n* 1) тожде́ственность, иденти́чность 2) по́длинность 3) ли́чность, индивидуа́льность 4) *мат.* то́ждество 5) *attr.* опознава́тельный, ли́чный; ~ card удостовере́ние ли́чности

**ideogram, ideograph** [ˈɪdɪəugræm, ˈɪdɪəugrɑːf] *n* идеогра́мма (*условный значок, символ в идеографическом письме*)

**ideographic(al)** [ˌɪdɪəuˈgræfɪk(əl)] *a* идеографи́ческий

**ideolect** [ˈɪdɪəlekt] *n* индивидуа́льный словарный запа́с; is this word part of your ~? вы ча́сто употребля́ете э́то сло́во?

**ideological** [ˌaɪdɪəˈlɔdʒɪkəl] *a* идеологи́ческий

**ideologist** [ˌaɪdɪˈɔlədʒɪst] *n* идео́лог

**ideology** [ˌaɪdɪˈɔlədʒɪ] *n* идеоло́гия, мировоззре́ние

**ides** [aɪdz] *n pl др.-рим.* и́ды

**idiocy** [ˈɪdɪəsɪ] *n* 1) идиоти́зм 2) *разг.* идио́тство

**idiom** [ˈɪdɪəm] *n* 1) идио́ма, идиомати́ческое выраже́ние 2) язы́к, диале́кт, го́вор; local ~ ме́стное наре́чие 3) сре́дство выраже́ния (*обычно в иску́сстве*)

**idiomatic** [ˌɪdɪəˈmætɪk] *a* 1) идиомати́ческий; характе́рный для да́нного языка́ 2) бога́тый идио́мами 3) разгово́рный

**idiosyncrasy** [ˌɪdɪəˈsɪŋkrəsɪ] *n* 1) черта́ хара́ктера, осо́бенность скла́да, сти́ля 2) *мед.* идиосинкрази́я

**idiosyncratic** [ˌɪdɪəsɪŋˈkrætɪk] *a* идиосинкрази́ческий

**idiot** [ˈɪdɪət] *n* 1) идио́т 2) *разг.* дура́к; a drivelling ~ кру́глый дура́к

**idiotic** [ˌɪdɪˈɔtɪk] *a* идио́тский, дура́цкий

**idle** [ˈaɪdl] **1.** *a* 1) неза́нятый; нерабо́тающий; безрабо́тный; to lie ~ быть без употребле́ния; быть неиспо́льзованным; to stand ~ не рабо́тать (*о фабрике, заводе*) 2) лени́вый, пра́здный 3) бесполе́зный, тще́тный 4) пусто́й, неоснова́тельный; ~ talk пуста́я болтовня́ 5) *тех.* безде́йствующий, холосто́й 6) *эл.* безва́ттный, реакти́вный (*о токе*)

**2.** *v* 1) лени́ться, безде́льничать (*часто* ~ about); to ~ away one's time проводи́ть вре́мя в безде́лье 2) рабо́тать вхолосту́ю (*о моторе и т. п.*)

**idle-headed** [ˈaɪdlˈhedɪd] *a* пустоголо́вый, глу́пый

**idleness** [ˈaɪdlnɪs] *n* пра́здность, лень, безде́лье; безде́йствие; to live in ~ вести́ пра́здный о́браз жи́зни

**idler** [ˈaɪdlə] *n* 1) лентя́й, безде́льник 2) *тех.* направля́ющий *или* холосто́й шкив, ва́лик, ро́лик, блок

**idler space** [ˈaɪdləspeɪs] *n тех.* вре́дное простра́нство

**idling** [ˈaɪdlɪŋ] **1.** *pres. p. от* idle 2

**2.** *n* 1) безде́лье 2) *тех.* рабо́та на холосто́м ходу́

**idly** [ˈaɪdlɪ] *adv* лени́во; пра́здно; to stand by ~ остава́ться безуча́стным

**idol** [ˈaɪdl] *n* 1) и́дол 2) куми́р

**idolater** [aɪˈdɔlətə] *n* 1) идолопокло́нник 2) обожа́тель, покло́нник

**idolatress** [aɪˈdɔlətrɪs] *n* 1) идолопокло́нница 2) покло́нница

**idolatry** [aɪˈdɔlətrɪ] *n* 1) идолопокло́нство 2) поклоне́ние, обожа́ние

**idolize** [ˈaɪdəlaɪz] *v* 1) боготвори́ть, де́лать куми́ром 2) поклоня́ться и́долам

**idyll** [ˈɪdɪl] *n* иди́ллия

**idyllic** [aɪˈdɪlɪk] *a* идилли́ческий

**idyllize** [ˈaɪdɪlaɪz] *v* создава́ть иди́ллию

**if** [ɪf] **1.** *cj* 1) е́сли (*с гл. в изъявительном наклонении*); I shall see him if he comes е́сли он придёт, я его́ уви́жу 2) е́сли бы (*с гл. в сослагательном наклонении*); if only I knew е́сли бы я то́лько знал (*сейчас*); if only I had known е́сли бы я то́лько знал (*тогда*) 3) *вводит косвенный вопрос или придаточное дополнительное предложение*: do you know if he is here? вы не зна́ете, здесь ли он?; I don't know if he is here я не зна́ю, здесь ли он 4): even if да́же е́сли (бы); I will do it, even if it takes me the whole day я сде́лаю э́то, да́же е́сли э́то займёт це́лый день 5) *с гл. в отриц. форме выражает удивление, негодование и т. п.*; well, ~ I haven't left my umbrella in the train поду́мать то́лько, я оста́вил зо́нтик в по́езде! ◇ as if как бу́дто, бу́дто; as if you didn't know (как) бу́дто вы не зна́ли; if only хотя́ бы то́лько; то́лько бы; he may show up if only to see you он мо́жет появи́ться здесь, хотя́ бы то́лько для того́, что́бы повида́ть вас; if and when когда́ и где придётся; if not и́ли да́же, а то и...

**2.** *n* усло́вие, предположе́ние; if ifs and ans were pots and pans ≅ е́сли бы да кабы́

**iffy** [ˈɪfɪ] *a амер. разг.* неопределённый

**igloo** [ˈɪgluː] *n* и́глу (*эскимосская хижина из затвердевшего снега*)

**igneous** [ˈɪgnɪəs] *a* 1) о́гненный; огнево́й 2) *геол.* изве́рженный, пироге́нный, вулкани́ческого происхожде́ния

**ignis fatuus** [ˈɪgnɪsˈfætjuəs] *лат. n* 1) блужда́ющий огонёк 2) обма́нчивая наде́жда

**ignite** [ɪgˈnaɪt] *v* 1) зажига́ть 2) загора́ться, воспламеня́ться 3) раскаля́ть до свече́ния 4) прока́ливать

**igniter** [ɪgˈnaɪtə] *n тех.* воспламени́тель

**ignition** [ɪgˈnɪʃən] *n* 1) воспламене́ние, зажига́ние; вспы́шка; запа́л 2) прока́ливание 3) *attr.* запа́льный

**ignoble** [ɪgˈnəubl] *a* 1) ни́зкий, по́длый; посты́дный; ~ peace позо́рный мир; ~ purposes ни́зменные це́ли 2) *уст.* ни́зкого происхожде́ния

**ignominious** [ˌɪgnəuˈmɪnɪəs] *a* бесче́стный, посты́дный; ~ defeat позо́рное пораже́ние

**ignominy** [ˈɪgnəmɪnɪ] *n* 1) бесче́стье, позо́р 2) ни́зкое, посты́дное поведе́ние; ни́зость

**ignoramus** [ˌɪgnəˈreɪməs] *лат. n* (*pl* -es [-ɪz]) неве́жда

**ignorance** [ˈɪgnərəns] *n* 1) неве́жество 2) неве́дение, незна́ние (of); to do smth. from (*или* through) ~ сде́лать что-л. по неве́дению

**ignorant** [ˈɪgnərənt] *a* 1) неве́жественный 2) несве́дущий, не зна́ющий (of, in; that); I was ~ of the time я не знал, кото́рый час

**ignore** [ɪgˈnɔː] *v* 1) игнори́ровать 2) *юр.* отклоня́ть (*иск, жалобу*)

**ikon** [ˈaɪkɔn] = icon

**il-** [ɪl-] *pref см.* in- I *и* II

**ileus** [ˈɪlɪəs] *n мед.* кише́чная непроходи́мость, за́ворот кишо́к

**ilex** [ˈaɪleks] *n бот.* па́дуб

**ilia** [ˈɪlɪə] *pl от* ilium

**iliac** [ˈɪlɪæk] *a анат.* подвздо́шный; ~ passion = ileus

**ilium** [ˈɪlɪəm] *n* (*pl* -ia) *анат.* подвздо́шная кость

**ilk** [ɪlk] *a шотл.*: of that ~ а) из ме́ста, назва́ние кото́рого совпада́ет с фами́лией; Guthrie of that ~ Гу́три из го́рода Гу́три; б) *разг.* того́ же ро́да, кла́сса *и т. п.*; and others of that ~ и други́е того́ же ро́да

**ill** [ɪl] **1.** *a* 1) *predic.* больно́й, нездоро́вый; to be ~ быть больны́м; to fall (*или* to be taken) ~ заболе́ть

2) (worse; worst) дурно́й, плохо́й; ~ fame дурна́я сла́ва; ~ success неуда́ча 3) (worse; worst) злой, вражде́бный; вре́дный, ги́бельный; he had ~ luck ему́ не повезло́ ◇ as ~ luck would have it как назло́

2. *n* 1) зло, вред 2) *pl* несча́стья; the ~s of life жи́зненные невзго́ды

3. *adv* 1) пло́хо, ху́до; ду́рно; неблагоприя́тно; to behave ~ пло́хо вести́ себя́; ~ at ease не по себе́; to go ~ with smb. быть неблагоприя́тным, ги́бельным, вре́дным для кого́-л.; to take a thing ~ оби́деться на что-л. 2) едва́ ли, с трудо́м; I can ~ afford it я с трудо́м могу́ себе́ э́то позво́лить

**ill-advised** [ˈɪlədˈvaɪzd] *a* неблагоразу́мный; опроме́тчивый

**ill-affected** [ˈɪləˈfektɪd] *a* нерасполо́женный; неблагожела́тельный

**illation** [ɪˈleɪʃən] *n лог.* вы́вод, заключе́ние

**illative** [ɪˈleɪtɪv] *a* выража́ющий заключе́ние, заключи́тельный

**ill-bred** [ˈɪlˈbred] *a* ду́рно воспи́танный; невоспи́танный, гру́бый

**ill breeding** [ˈɪlˈbriːdɪŋ] *n* дурны́е мане́ры, невоспи́танность, гру́бость

**ill-conditioned** [ˈɪlkənˈdɪʃənd] *a* 1) дурно́го нра́ва, сварли́вый 2) дурно́й, злой 3) в плохо́м состоя́нии; в плохо́м положе́нии 4) *с.-х.* худо́й, неупи́танный (*о скоте*) 5) *ком.* некондицио́нный

**ill-considered** [ˈɪlkənˈsɪdəd] *a* необду́манный

**ill-disposed** [ˈɪldɪsˈpəuzd] *a* 1) скло́нный к дурно́му; злой 2) недоброжела́тельный (towards — к) 3) в плохо́м настрое́нии, не в ду́хе

**illegal** [ɪˈliːgəl] *a* 1) незако́нный 2) нелега́льный; ~ strike *амер.* забасто́вка, не согласо́ванная с профсою́зом

**illegality** [ˌɪli(ː)ˈgælɪtɪ] *n* 1) незако́нность 2) нелега́льность

**illegibility** [ɪˌledʒɪˈbɪlɪtɪ] *n* неразбо́рчивость, неудобочита́емость

**illegible** [ɪˈledʒəbl] *a* нечёткий, неразбо́рчивый, неудобочита́емый (*о почерке*)

**illegitimacy** [ˌɪlɪˈdʒɪtɪməsɪ] *n* 1) незако́нность 2) незаконнорождённость

**illegitimate** [ˌɪlɪˈdʒɪtɪmɪt] 1. *a* 1) незако́нный 2) незаконнорождённый 3) логи́чески непра́вильный (*о выводе*)

2. *v* объявля́ть незако́нным

**ill-fated** [ˈɪlˈfeɪtɪd] *a* несчастли́вый; злополу́чный; злосча́стный

**ill-favoured** [ˈɪlˈfeɪvəd] *n* 1) некраси́вый 2) неприя́тный

**ill-feeling** [ˈɪlˈfiːlɪŋ] *n* 1) неприя́знь; вражде́бность 2) чу́вство оби́ды

**ill-found** [ˈɪlˈfaund] *a* пло́хо снабжённый, испы́тывающий недоста́ток (*в чём-л.*)

**ill-founded** [ˈɪlˈfaundɪd] *a* необосно́ванный

**ill-gotten** [ˈɪlˈgɔtn] *a* добы́тый *или* на́житый нече́стным путём ◇ ~, ill-spent *посл.* ≅ чужо́е добро́ впрок нейдёт

**ill-humoured** [ˈɪlˈhjuːməd] *a* в дурно́м настрое́нии; дурно́го нра́ва

**illiberal** [ɪˈlɪbərəl] *a* 1) непросвещённый; ограни́ченный 2) нетерпи́мый (*к чужому мнению*) 3) скупо́й

**illicit** [ɪˈlɪsɪt] *a* незако́нный; недозво́ленный, запрещённый

**illimitable** [ɪˈlɪmɪtəbl] *a* неограни́ченный, беспреде́льный

**illinium** [ɪˈlɪnɪəm] *n хим.* илли́ний

**illiteracy** [ɪˈlɪtərəsɪ] *n* негра́мотность; безгра́мотность

**illiterate** [ɪˈlɪtərɪt] 1. *n* 1) негра́мотный (челове́к) 2) не́уч; неве́жда

2. *a* 1) негра́мотный; безгра́мотный 2) необразо́ванный

**ill-judged** [ˈɪlˈdʒʌdʒd] *a* 1) неразу́мный, неблагоразу́мный 2) несвоевре́менный, поспе́шный

**ill-luck** [ˈɪlˈlʌk] *n* невезе́ние, неуда́ча

**ill-mannered** [ˈɪlˈmænəd] *a* невоспи́танный, гру́бый

**ill-natured** [ˈɪlˈneɪtʃəd] *a* дурно́го нра́ва, зло́бный; гру́бый

**illness** [ˈɪlnɪs] *n* нездоро́вье; боле́знь

**illogical** [ɪˈlɔdʒɪkəl] *a* нелоги́чный

**illogicality** [ˈɪlɔdʒɪˈkælɪtɪ] *n* нелоги́чность

**ill-omened** [ˈɪlˈəumend] *a* предвеща́ющий несча́стье, злове́щий

**ill-placed** [ˈɪlˈpleɪst] *a* 1) неуда́чно располо́женный 2) неуме́стный

**ill-sorted** [ˈɪlˈsɔːtɪd] *a* неуда́чно подо́бранный

**ill-spoken** [ˈɪlˈspəukən] *a* по́льзующийся дурно́й репута́цией

**ill-starred** [ˈɪlˈstaːd] *a* роди́вшийся под несчастли́вой звездо́й, несчастли́вый

**ill-suited** [ˈɪlˈsjuːtɪd] *a* неприго́дный, неподходя́щий

**ill-tempered** [ˈɪlˈtempəd] *a* со скве́рным хара́ктером; раздражи́тельный, брюзгли́вый

**ill-timed** [ˈɪlˈtaɪmd] *a* несвоевре́менный, неподходя́щий

**ill-treat** [ˈɪlˈtriːt] *v* пло́хо обраща́ться

**ill-treatment** [ˈɪlˈtriːtmənt] *n* дурно́е обраще́ние

**illume** [ɪˈluːm] *поэт. см.* illumine 1) *и* 2)

**illuminate** [ɪˈljuːmɪneɪt] *v* 1) освеща́ть, озаря́ть 2) иллюмини́ровать, устра́ивать иллюмина́цию 3) украша́ть ру́копись цветны́ми рису́нками; раскра́шивать 4) просвеща́ть 5) пролива́ть свет, разъясня́ть

**illuminating** [ɪˈljuːmɪneɪtɪŋ] 1. *pres. p. от* illuminate

2. *a* 1) освети́тельный, освеща́ющий; ~ gas свети́льный газ 2) разъясня́ющий

**illumination** [ɪˌljuːmɪˈneɪʃən] *n* 1) освеще́ние 2) *эл.* освещённость 3) я́ркость 4) (*обыкн. pl*) иллюмина́ция 5) *pl* украше́ния и рису́нки в ру́кописи; раскра́ска 6) вдохнове́ние 7) *attr.* освети́тельный; ~ engineering освети́тельная те́хника

**illuminative** [ɪˈljuːmɪnətɪv] *a* 1) освеща́ющий 2) поучи́тельный

**illumine** [ɪˈljuːmɪn] *v* 1) освеща́ть 2) просвеща́ть 3) оживля́ть, озаря́ть

**ill-use** 1. *n* [ˈɪlˈjuːs] плохо́е обраще́ние

2. *v* [ˈɪlˈjuːz] пло́хо обраща́ться (*с кем-л.*)

**ill-used** [ˈɪlˈjuːzd] 1. *p. p. от* ill-use 2

2. *a* подверга́ющийся дурно́му обраще́нию

**illusion** [ɪˈluːʒən] *n* 1) иллю́зия, обма́н чувств; мира́ж; optical ~ обма́н зре́ния; to indulge in ~s предава́ться иллю́зиям; to have no ~s about smb. (smth.) не обольща́ться на чей-л. счёт (по како́му-л. по́воду) 2) прозра́чная кисея́, тюль

**illusionist** [ɪˈluːʒənɪst] *n* 1) иллюзиони́ст, фо́кусник 2) мечта́тель, фанта́зёр 3) *филос.* приве́рженец иллюзиони́зма

**illusive** [ɪˈluːsɪv] *a* обма́нчивый, при́зрачный, иллюзо́рный

**illusory** [ɪˈluːsərɪ] = illusive

**illustrate** [ˈɪləstreɪt] *v* 1) иллюстри́ровать; a well-illustrated book хорошо́ иллюстри́рованная кни́га 2) поясня́ть, иллюстри́ровать (*примерами, цитатами и т. п.*)

**illustration** [ˌɪləsˈtreɪʃən] *n* 1) иллюстра́ция, рису́нок 2) иллюстри́рование 3) приме́р, поясне́ние

**illustrative** [ˈɪləstreɪtɪv] *a* иллюстрати́вный; поясни́тельный

**illustrious** [ɪˈlʌstrɪəs] *a* знамени́тый; просла́вленный, изве́стный

**ill-will** [ˈɪlˈwɪl] *n* недоброжела́тельность; вражде́бность (to, towards)

**ill-wisher** [ˈɪlˈwɪʃə] *n* недоброжела́тель

**ill-wresting** [ˈɪlˈrestɪŋ] *a* 1) искажа́ющий 2) даю́щий непра́вильное освеще́ние *или* толкова́ние

**illy** [ˈɪlɪ] *амер.* = ill 3

**I'm** [aɪm] *сокр. разг.* = I am

**image** [ˈɪmɪdʒ] 1. *n* 1) о́браз; изображе́ние; отраже́ние (*в зеркале*) 2) ста́туя (*святого*); и́дол 3) подо́бие; to be the spitting ~ of smb. *разг.* походи́ть на кого́-л. как две ка́пли воды́; быть то́чной ко́пией кого́-л. 4) мета́фора, о́браз; to speak in ~s говори́ть о́бразно 5) ико́на 6) *разг.* представле́ние (*о чём-л.*) 7) о́блик (*политической партии и т. п.*) 8) *attr.*: ~ fault *тлв.* искаже́ние изображе́ния; ~ effect *опт.* зерка́льный эффе́кт

2. *v* 1) изобража́ть, создава́ть изображе́ние 2) вызыва́ть в воображе́нии, представля́ть себе́ 3) отобража́ть 4) символизи́ровать

**image-building** [ˈɪmɪdʒˌbɪldɪŋ] *n* пропаганди́стская рекла́ма, созда́ние репута́ции (*политического деятеля, партии и т. п.*)

**imagery** [ˈɪmɪdʒərɪ] *n* 1) *иск. собир.* о́бразы 2) скульпту́ра, резьба́ 3) о́бразность

**imaginable** [ɪˈmædʒɪnəbl] *a* вообрази́мый

**imaginary** [ɪˈmædʒɪnərɪ] *a* 1) вообража́емый; нереа́льный 2) мни́мый

**imagination** [ɪˌmædʒɪˈneɪʃən] 1) воображе́ние; фанта́зия 2) тво́рческая фанта́зия 3) (мы́сленный) о́браз

**imaginative** [ɪˈmædʒɪnətɪv] *a* 1) одарённый бога́тым воображе́нием 2) о́бразный; бога́тый поэти́ческими о́бразами; ~ literature худо́жественная литерату́ра

**imagine** [ɪˈmædʒɪn] *v* 1) вообража́ть, представля́ть себе́ 2) ду́мать, предполага́ть, полага́ть 3) дога́дываться, понима́ть

**imagines** [ɪˈmeɪdʒɪniːz] *pl от* imago

**imago** [ɪˈmeɪgəu] *n* (*pl* -gines, -os [-əuz]) 1) о́браз 2) има́го (*последняя стадия развития насекомого*)

**imbalance** [ɪmˈbæləns] *n* 1) отсу́тствие равнове́сия, неусто́йчивость 2) несоотве́тствие

**imbecile** [ˈɪmbɪsiːl] **1.** *n* 1) слабоу́мный 2) глупе́ц

**2.** *a* 1) слабоу́мный 2) *разг.* неразу́мный, глу́пый

**imbecility** [ˌɪmbɪˈsɪlɪtɪ] *n* 1) слабоу́мие 2) *разг.* глу́пость 3) неспосо́бность

**imbed** [ɪmˈbed] = embed

**imbibe** [ɪmˈbaɪb] *v* 1) впи́тывать, поглоща́ть, вса́сывать; вдыха́ть 2) усва́ивать; ассимили́ровать 3) *разг.* пить (*особ. спиртные напитки*)

**imbibition** [ˌɪmbɪˈbɪʃən] *n* впи́тывание *и пр.* [*см.* imbibe]

**imbrex** [ˈɪmbreks] *n* (*pl* imbrices) *стр.* жело́бчатая черепица

**imbricate** [ˈɪmbrɪkeɪt] *v стр.* класть внахлёстку

**imbrication** [ˌɪmbrɪˈkeɪʃən] *n* 1) *стр.* укла́дка внахлёстку 2) *архит.* орна́мент в ви́де чешуи́

**imbrices** [ˈɪmbrɪsiːz] *pl от* imbrex

**imbroglio** [ɪmˈbrəulɪəu] *n* (*pl* -os [-əuz]) пу́таница; запу́танная, сло́жная ситуа́ция

**imbrue** [ɪmˈbruː] *v* запятна́ть, обагри́ть; to ~ one's hands with blood обагри́ть ру́ки кро́вью

**imbue** [ɪmˈbjuː] *v* 1) насыща́ть, напи́тывать, пропи́тывать 2) окра́шивать (*ткань*); пропи́тывать красителем (*ткань, дерево*), мори́ть (*дерево*) 3) вдохну́ть, внуши́ть, всели́ть; наполня́ть (*чувством*); ~d with patriotism воспи́танный в ду́хе любви́ к ро́дине

**imitate** [ˈɪmɪteɪt] *v* 1) подража́ть, стара́ться быть похо́жим 2) имити́ровать, копи́ровать; передра́знивать 3) имити́ровать, подде́лывать 4) *биол.* принима́ть окра́ску *или* пова́дки други́х органи́змов

**imitation** [ˌɪmɪˈteɪʃən] *n* 1) подража́ние, имити́рование, копи́рование; to give an ~ of smb. передра́знивать кого́-л.; in ~ of smb. в подража́ние кому́-л. 2) имита́ция; подде́лка, суррога́т 3) *attr.* подде́льный, иску́сственный; ~ leather иску́сственная ко́жа; ~ jewelry бижуте́рия, иску́сственные драгоце́нности

**imitative** [ˈɪmɪtətɪv] *a* 1) подража́тельный; ~ arts изобрази́тельные иску́сства; ~ word звукоподража́тельное сло́во 2) подража́тельный, неориги на́льный 3) подде́льный, иску́сственный

**imitator** [ˈɪmɪteɪtə] *n* подража́тель, имита́тор

**immaculacy** [ɪˈmækjuləsɪ] *n* 1) чистота́; незапя́тнанность 2) безукори́зненность, безупре́чность

**immaculate** [ɪˈmækjulɪt] *a* 1) незапя́тнанный; чи́стый 2) безукори́зненный, безупре́чный 3) *зоол.* непятни́стый

**immanence, -cy** [ˈɪmənəns, -sɪ] *n* 1) постоя́нное, неотъе́млемое сво́йство 2) *филос.* иммане́нтность

**immanent** [ˈɪmənənt] *a* 1) прису́щий, постоя́нный 2) *филос.* иммане́нтный

**immaterial** [ˌɪməˈtɪərɪəl] *a* 1) невеще́ственный; бестеле́сный, духо́вный 2) несуще́ственный, нева́жный

**immateriality** [ˈɪməˌtɪərɪˈælɪtɪ] *n* 1) невеще́ственность 2) несуще́ственность

**immature** [ˌɪməˈtjuə] *a* 1) незре́лый, неспе́лый; недоразви́вшийся 2) *геол.* ю́ный (*о цикле эрозии*); молодо́й (*о форме*)

**immaturity** [ˌɪməˈtjuərɪtɪ] *n* незре́лость

**immeasurability** [ɪˌmeʒərəˈbɪlɪtɪ] *n* неизмери́мость, безме́рность

**immeasurable** [ɪˈmeʒərəbl] *a* неизмери́мый, безме́рный; несме́тный

**immediacy** [ɪˈmiːdjəsɪ] *n* 1) непосре́дственность 2) незамедли́тельность, безотлага́тельность

**immediate** [ɪˈmiːdjət] *a* 1) непосре́дственный, прямо́й; ~ contagion *мед.* конта́ктное зараже́ние 2) ближа́йший; my ~ neighbours мои́ ближа́йшие сосе́ди; the ~ postwar years пе́рвые послевое́нные го́ды; in our ~ time в пережива́емое на́ми вре́мя 3) неме́дленный, безотлага́тельный, спе́шный; to take ~ action приня́ть сро́чные ме́ры, де́йствовать незамедли́тельно

**immediately** [ɪˈmiːdjətlɪ] **1.** *adv* 1) непосре́дственно 2) неме́дленно, то́тчас же

**2.** *cj* как то́лько; you may leave ~ he comes мо́жете уйти́, как то́лько он придёт

**immedicable** [ɪˈmedɪkəbl] *a* неизлечи́мый

**immemorial** [ˌɪmɪˈmɔːrɪəl] *a* 1) незапа́мятный; from time ~ с незапа́мятных времён 2) дре́вний

**immense** [ɪˈmens] *a* 1) огро́мный, безме́рный 2) необъя́тный 3) *разг.* великоле́пный, замеча́тельный

**immensely** [ɪˈmenslɪ] *adv разг.* о́чень, чрезвыча́йно, безме́рно

**immensity** [ɪˈmensɪtɪ] *n* безме́рность, необъя́тность

**immerse** [ɪˈməːs] *v* 1) погружа́ть, окуна́ть (in) 2) поглоща́ть, занима́ть (*мысли, внимание*) 3) вовлека́ть, запу́тывать; ~d in debt запу́тавшийся в долга́х

**immersion** [ɪˈməːʃən] *n* 1) погруже́ние; оса́дка 2) *церк.* креще́ние 3) *астр.* вступле́ние в тень

**immigrant** [ˈɪmɪgrənt] **1.** *n* иммигра́нт; переселе́нец

**2.** *a* переселя́ющийся

**immigrate** [ˈɪmɪgreɪt] *v* иммигри́ровать

**immigration** [ˌɪmɪˈgreɪʃən] *n* иммигра́ция

**imminence** [ˈɪmɪnəns] *n* приближе́ние (*чего-л.*); угро́за, опа́сность

**imminent** [ˈɪmɪnənt] *a* бли́зкий, надвига́ющийся, грозя́щий, нави́сший (*об опасности и т. п.*)

**immiscible** [ɪˈmɪsɪbl] *a* не поддаю́щийся смеше́нию, несме́шивающийся

**immitigable** [ɪˈmɪtɪgəbl] *a* 1) не поддаю́щийся облегче́нию, смягче́нию 2) неумоли́мый

**immixture** [ɪˈmɪkstʃə] *n* 1) сме́шивание 2) уча́стие, прича́стность (in — к)

**immobile** [ɪˈməubaɪl] *a* недви́жимый; неподви́жный

**immobility** [ˌɪməuˈbɪlɪtɪ] *n* неподви́жность

**immobilize** [ɪˈməubɪlaɪz] *v* 1) де́лать неподви́жным; лиша́ть подви́жности; остана́вливать, ско́вывать, свя́зывать 2) *мед.* наложи́ть лубо́к, ши́ну 3) изыма́ть из обраще́ния (*монету*)

**immoderate** [ɪˈmɔdərɪt] *a* 1) неуме́ренный, чрезме́рный, изли́шний 2) несде́ржанный

**immodest** [ɪˈmɔdɪst] *a* 1) нескро́мный; неприли́чный 2) на́глый, бессты́дный

**immodesty** [ɪˈmɔdɪstɪ] *n* 1) нескро́мность; неприли́чие 2) на́глость, бессты́дство

**immolate** [ˈɪməuleɪt] *v* 1) приноси́ть в же́ртву 2) *перен.* же́ртвовать (*чем-л.*)

**immolation** [ˌɪməuˈleɪʃən] *n* 1) жертвоприноше́ние 2) же́ртва (*тж. перен.*)

**immoral** [ɪˈmɔrəl] *a* амора́льный, безнра́вственный; распу́щенный, распу́тный

**immorality** [ˌɪməˈrælɪtɪ] *n* 1) амора́льность, безнра́вственность; распу́щенность 2) амора́льный посту́пок

**immortal** [ɪˈmɔːtl] **1.** *a* бессме́ртный; неувяда́емый, ве́чный; ~ glory (*или* fame) неувяда́емая сла́ва

**2.** *n pl* (the ~s) бессме́ртные (*о греческих и римских богах*)

**immortality** [ˌɪmɔːˈtælɪtɪ] *n* бессме́ртие, ве́чность

**immortalization** [ɪˌmɔːtəlaɪˈzeɪʃən] *n* увекове́чение

**immortalize** [ɪˈmɔːtəlaɪz] *v* обессме́ртить, увекове́чить

**immortelle** [ˌɪmɔːˈtel] *фр. n бот.* иммorте́ль, бессме́ртник

**immovability** [ɪˌmuːvəˈbɪlɪtɪ] *n* 1) неподви́жность 2) непоколеби́мость 3) споко́йствие, бесстра́стие, невозмути́мость

**immovable** [ɪˈmuːvəbl] **1.** *a* 1) недви́жимый, неподви́жный; стациона́рный; ~ property недви́жимое иму́щество 2) непоколеби́мый, сто́йкий 3) споко́йный, бесстра́стный, невозмути́мый

**2.** *n pl* недви́жимое иму́щество, недви́жимость

**immune** [ɪˈmjuːn] *a* 1) невосприи́мчивый (*к какой-л. болезни*); иммунный 2) освобождённый, свобо́дный (*от чего-л.*) 3) неприкоснове́нный

**immunity** [ɪ'mju:nɪtɪ] *n* 1) невосприи́мчивость (*к какой-л. болезни*); иммуните́т 2) освобожде́ние (*от платежа, налога и т. п.*) 3) неприкоснове́нность

**immunization** [ˌɪmju(:)naɪ'zeɪʃən] *n* иммуниза́ция

**immunize** ['ɪmju(:)naɪz] *v* иммунизи́ровать

**immunology** [ˌɪmju(:)'nɔləʤɪ] *n* иммуноло́гия

**immure** [ɪ'mjuə] *v* 1) заточа́ть; to ~ oneself запере́ться в четырёх стена́х 2) *стр.* замуро́вывать; заде́лывать в кла́дку 3) *редк.* окружа́ть стена́ми

**immurement** [ɪ'mjuəmənt] *n* 1) заточе́ние 2) замуро́вывание 3) захороне́ние в стене́

**immutability** [ɪˌmju:tə'bɪlɪtɪ] *n* неизме́нность, непрело́жность

**immutable** [ɪ'mju:təbl] *a* неизме́нный, непрело́жный

**imp** [ɪmp] *n* 1) чертёнок, бесёнок 2) пострелёнок (*о ребёнке*) 3) *уст.* побе́г; о́тпрыск

**impact** 1. *n* ['ɪmpækt] 1) уда́р, толчо́к; и́мпульс 2) столкнове́ние, колли́зия 3) влия́ние, возде́йствие 4) *attr.* уда́рный, и́мпульсный; ~ fuze *воен.* уда́рный взрыва́тель; ~ strength *тех.* уда́рная вя́зкость

2. *v* [ɪm'pækt] 1) пло́тно сжима́ть 2) про́чно укрепля́ть 3) ударя́ть(ся); ста́лкиваться

**impair** [ɪm'pɛə] *v* 1) ослабля́ть, уменьша́ть 2) ухудша́ть (*качество*); по́ртить, поврежда́ть; to ~ one's health по́ртить своё здоро́вье 3) наноси́ть уще́рб

**impaired** [ɪm'pɛəd] 1. *p. p. от* impair

2. *a* 1) заме́дленный, осла́бленный; ~ development заде́ржанное разви́тие (*о с.-х. культурах*) 2) уху́дшенный

**impairment** [ɪm'pɛəmənt] *n* ухудше́ние; поврежде́ние

**impale** [ɪm'peɪl] *v* 1) прока́лывать, пронза́ть; to ~ oneself upon smth. нако́лоться, напоро́ться на что-л. 2) *ист.* сажа́ть на́ кол 3) *редк.* обноси́ть частоко́лом

**impalement** [ɪm'peɪlmənt] *n* 1) *ист.* сажа́ние на́ кол 2) обнесе́ние частоко́лом

**impalpability** [ɪmˌpælpə'bɪlɪtɪ] *n* неосяза́емость, неощути́мость

**impalpable** [ɪm'pælpəbl] *a* 1) неосяза́емый, неощути́мый; мельча́йший 2) неулови́мый, неразличи́мый; ~ distinctions неулови́мые, о́чень то́нкие разли́чия

**impanel** [ɪm'pænl] = empanel

**imparity** [ɪm'pærɪtɪ] *n* нера́венство

**impark** [ɪm'pɑ:k] *v* 1) испо́льзовать (*территорию*) под парк 2) помеща́ть в парк (*диких животных*)

**impart** [ɪm'pɑ:t] *v* 1) дава́ть, придава́ть 2) сообща́ть, передава́ть (*знания, новости*)

**impartial** [ɪm'pɑ:ʃəl] *a* беспристра́стный, справедли́вый; непредвзя́тый

**impartiality** ['ɪmˌpɑ:ʃɪ'ælɪtɪ] *n* беспристра́стие, справедли́вость

**impartible** [ɪm'pɑ:tɪbl] *a* недели́мый (*об имении*)

**impassable** [ɪm'pɑ:səbl] *a* непроходи́мый, непрое́зжий

**impasse** [æm'pɑ:s] *фр. n* 1) тупи́к 2) тупи́к, безвыхо́дное положе́ние

**impassibility** ['ɪmˌpæsɪ'bɪlɪtɪ] *n* 1) нечувстви́тельность (*к боли и т. п.*) 2) бесстра́стность; бесчу́вственность

**impassible** [ɪm'pæsɪbl] *a* 1) нечувстви́тельный (*к боли и т. п.*) 2) бесстра́стный; бесчу́вственный

**impassion** [ɪm'pæʃən] *v* внуша́ть страсть; глубоко́ волнова́ть

**impassioned** [ɪm'pæʃənd] 1. *p. p. от* impassion

2. *a* охва́ченный стра́стью, стра́стный, пы́лкий

**impassive** [ɪm'pæsɪv] *a* 1) = impassible 1); 2) бесстра́стный, невозмути́мый; безмяте́жный

**impassivity** [ˌɪmpæ'sɪvɪtɪ] *n* бесстра́стие, невозмути́мость

**impaste** [ɪm'peɪst] *v* 1) *жив.* писа́ть, гу́сто накла́дывая кра́ски 2) меси́ть, превраща́ть в ма́ссу [*см.* paste 1]

**impatience** [ɪm'peɪʃəns] *n* 1) нетерпе́ние 2) раздражи́тельность; нетерпи́мость

**impatient** [ɪm'peɪʃənt] *a* 1) нетерпели́вый 2) нете́рпящий (*чего-л.*); раздражи́тельный; ~ of reproof не те́рпящий порица́ния 3) беспоко́йный; нетерпели́во ожида́ющий (of)

**impawn** [ɪm'pɔ:n] *v* 1) отдава́ть в зало́г, закла́дывать 2) *перен.* руча́ться

**impeach** [ɪm'pi:tʃ] *v* 1) брать под сомне́ние; броса́ть тень; to ~ smb.'s motives подверга́ть сомне́нию чьи-л. наме́рения 2) порица́ть 3) обвиня́ть (of, with) 4) предъявля́ть обвине́ние в госуда́рственном преступле́нии

**impeachment** [ɪm'pi:tʃmənt] *n* 1) порица́ние 2) обвине́ние 3) привлече́ние к суду́ (*особ.* за госуда́рственное преступле́ние); импи́чмент

**impeccability** [ɪmˌpekə'bɪlɪtɪ] *n* 1) непогреши́мость 2) безупре́чность

**impeccable** [ɪm'pekəbl] *a* 1) непогреши́мый 2) безупре́чный; an ~ record безупре́чный послужно́й спи́сок

**impecunious** [ˌɪmpɪ'kju:njəs] *a* нужда́ющийся, безде́нежный, бе́дный

**impedance** [ɪm'pi:dəns] *n эл.* по́лное сопротивле́ние, импеда́нс

**impede** [ɪm'pi:d] *v* препя́тствовать, меша́ть, заде́рживать; затрудня́ть (*общение, уличное движение, переговоры и т. п.*); his load ~d him но́ша обременя́ла его́

**impediment** [ɪm'pedɪmənt] *n* 1) препя́тствие, поме́ха, заде́ржка; an ~ in one's speech заика́ние 2) *юр., церк.* препя́тствие к бра́ку 3) *pl* войсково́е иму́щество

**impedimenta** [ɪmˌpedɪ'mentə] *n pl* войсково́е иму́щество

**impedimental** [ɪmˌpedɪ'mentl] *a* препя́тствующий, заде́рживающий

**impel** [ɪm'pel] *v* 1) приводи́ть в движе́ние 2) побужда́ть, принужда́ть (to)

**impellent** [ɪm'pelənt] 1. *n* побуди́тельная, дви́жущая си́ла

2. *a* побужда́ющий, дви́гающий

**impeller** [ɪm'pelə] *n тех.* импе́ллер, ло́пастное колесо́, крыльча́тка

**impend** [ɪm'pend] *v* (*обыкн. pres. p.*) 1) нависа́ть (over); *перен. тж.* угрожа́ть; the danger ~ing over us угрожа́ющая нам опа́сность 2) надвига́ться, приближа́ться

**impendence** [ɪm'pendəns] *n* бли́зость, угро́за (*чего-л.*)

**impendent** [ɪm'pendənt] *a* надвига́ющийся, грозя́щий; немину́емый

**impending** [ɪm'pendɪŋ] 1. *pres. p. от* impend

2. *a* предстоя́щий, немину́емый, грозя́щий; an ~ storm надвига́ющаяся бу́ря

**impenetrability** [ɪmˌpenɪtrə'bɪlɪtɪ] *n* непроходи́мость *и пр.* [*см.* impenetrable]

**impenetrable** [ɪm'penɪtrəbl] *a* 1) непроходи́мый, недосту́пный; 2) непроница́емый; непрогля́дный; ~ darkness кроме́шная тьма 3) непоня́тный, непостижи́мый 4) не поддаю́щийся возде́йствию; a mind ~ by (*или* to) new ideas ко́сный ум

**impenetrate** [ɪm'penɪtreɪt] *v* проника́ть вглубь; проходи́ть сквозь

**impenitence** [ɪm'penɪtəns] *n* нераска́янность

**impenitent** [ɪm'penɪtənt] *a* нераска́явшийся; нерасқа́янный; закорене́лый

**imperatival** [ɪmˌperə'taɪvəl] *a грам.* повели́тельный, относя́щийся к повели́тельному наклоне́нию

**imperative** [ɪm'perətɪv] 1. *n* 1) *грам.* повели́тельное наклоне́ние, императи́в 2) *филос.* императи́в

2. *a* 1) повели́тельный, вла́стный 2) обя́зывающий, императи́вный; настоя́тельный 3): ~ mood *грам.* повели́тельное наклоне́ние

**imperceptible** [ˌɪmpə'septəbl] *a* незаме́тный, незначи́тельный

**imperfect** [ɪm'pə:fɪkt] 1. *a* 1) несоверше́нный, дефе́ктный, с изъя́ном 2) непо́лный, незавершённый 3) *грам.*: ~ tense = 2

2. *n грам.* проше́дшее несоверше́нное вре́мя, имперфе́кт

**imperfection** [ˌɪmpə'fekʃən] *n* 1) несоверше́нство; неполнота́ 2) недоста́ток, дефе́кт

**imperial** [ɪm'pɪərɪəl] 1. *a* 1) импе́рский; относя́щийся к Брита́нской импе́рии 2) императо́рский 3) верхо́вный, вы́сший 4) вели́чественный; великоле́пный 5) устано́вленный, станда́ртный (*об английских мерах*); ~ gallon англи́йский галло́н (=*4,54 л*)

2. *n* 1) эспаньо́лка (*бородка*) 2) форма́т бума́ги (*23 д.* × *31 д.*) 3) империа́л, верх экипа́жа, дилижа́нса *и т. п.* 4) империа́л (*старинная русская золотая монета*)

**imperialism** [ɪm'pɪərɪəlɪzm] *n* империали́зм

**imperialist** [ɪm'pɪərɪəlɪst] *n* 1) империалист 2) *attr.* империалистический
**imperialistic** [ɪm,pɪərɪə'lɪstɪk] *a* империалистический
**imperil** [ɪm'perɪl] *v* подвергать опасности
**imperious** [ɪm'pɪərɪəs] *a* 1) повелительный, властный; высокомерный 2) настоятельный, насущный; ~ want насущная необходимость
**imperishability** [ɪm,perɪʃə'bɪlɪtɪ] *n* нерушимость; вечность
**imperishable** [ɪm'perɪʃəbl] *a* 1) нерушимый; непреходящий, вечный 2) непортящийся
**impermanent** [ɪm'pə:mənənt] *a* 1) непостоянный, мимолётный 2) неустойчивый 3) нестойкий, легкоразлагающийся (*о химикалиях*)
**impermeability** [ɪm,pə:mjə'bɪlɪtɪ] *n* непроницаемость; герметичность
**impermeable** [ɪm'pə:mjəbl] *a* 1) непроницаемый; герметический; ~ to water водонепроницаемый 2) *тех.* уплотняющий, плотный (*о шве*)
**impermissible** [,ɪmpə'mɪsəbl] *a* недопустимый, непозволительный
**impersonal** [ɪm'pə:snl] *a* 1) безличный (*тж. грам.*); не относящийся к определённому лицу 2) бескорыстный; объективный, беспристрастный 3) обезличенный, безликий
**impersonality** [ɪm,pə:sə'nælɪtɪ] *n* безличность
**impersonate** [ɪm'pə:səneɪt] *v* 1) олицетворять, воплощать 2) исполнять роль 3) выдавать себя (*за кого-л.*)
**impersonation** [ɪm,pə:sə'neɪʃən] *n* 1) олицетворение, воплощение 2) исполнение роли 3) самозванство
**impersonator** [ɪm'pə:səneɪtə] *n* 1) создатель (*роли*) 2) самозванец
**impertinence** [ɪm'pə:tɪnəns] *n* 1) дерзость, наглость, нахальство 2) неуместность
**impertinent** [ɪm'pə:tɪnənt] *a* 1) дерзкий, наглый, нахальный 2) неуместный
**imperturbability** ['ɪmpə(:),tə:bə'bɪlɪtɪ] *n* невозмутимость, спокойствие
**imperturbable** [,ɪmpə(:)'tə:bəbl] *a* невозмутимый, спокойный
**impervious** [ɪm'pə:vjəs] *a* 1) непроницаемый; ~ soil водонепроницаемая почва 2) непроходимый (to) 3) неотзывчивый; невосприимчивый, глухой (*к мольбам и т. п.*)
**impetigo** [,ɪmpɪ'taɪgəu] *n мед.* импетиго
**impetuosity** [ɪm,petju'ɔsɪtɪ] *n* стремительность, импульсивность; пылкость; запальчивость
**impetuous** [ɪm'petjuəs] *a* 1) стремительный, порывистый, импульсивный; пылкий 2) бурный
**impetus** ['ɪmpɪtəs] *n* 1) стремительность, сила движения 2) (движущая) сила; побуждение, толчок, импульс, стимул; to give an ~ to smth. стимулировать что-л.
**impiety** [ɪm'paɪətɪ] *n* 1) отсутствие набожности, благочестия 2) неуважение, непочтительность
**impinge** [ɪm'pɪndʒ] *v* 1) ударяться, сталкиваться (on, upon, against) 2) нарушать, вторгаться; to ~ upon smb.'s rights покушаться, посягать на чьи-л. права
**impingement** [ɪm'pɪndʒmənt] *n* 1) удар, столкновение 2) покушение (*на чьи-л. права*)
**impious** ['ɪmpɪəs] *a* нечестивый
**impish** ['ɪmpɪʃ] *a* проказливый; злой; ~ laughter ехидный смех
**implacability** [ɪm,plækə'bɪlɪtɪ] *n* 1) неумолимость 2) непримиримость
**implacable** [ɪm'plækəbl] *a* 1) неумолимый 2) непримиримый
**implant 1.** *v* [ɪm'plɑ:nt] 1) насаждать; вселять, внедрять 2) внушать 3) сажать (*растения*)
2. *n* ['ɪmplɑ:nt] *мед.* капиллярная трубочка с радием, вводимая в живую ткань (*для лечения злокачественной опухоли*)
**implantation** [,ɪmplɑ:n'teɪʃən] *n* 1) насаждение; внедрение 2) посадка (*растений*)
**implement 1.** *n* ['ɪmplɪmənt] орудие; инструмент, прибор; (*особ. pl*) принадлежности, утварь; инвентарь
2. *v* ['ɪmplɪment] 1) выполнять, осуществлять; обеспечивать выполнение; to ~ a decision проводить постановление в жизнь 2) снабжать инструментами
**implementation** [,ɪmplɪmen'teɪʃən] *n* осуществление, выполнение
**implex** ['ɪmpleks] *a* сложный, запутанный
**implicate** ['ɪmplɪkeɪt] *v* 1) вовлекать, впутывать; to be ~d in a crime быть замешанным в преступлении 2) заключать в себе, подразумевать 3) спутывать
**implication** [,ɪmplɪ'keɪʃən] *n* 1) вовлечение 2) замешанность, причастность, соучастие 3) то, что подразумевается; подтекст; смысл; by ~ косвенно; the ~ of events смысл, значение событий
**implicit** [ɪm'plɪsɪt] *a* 1) подразумеваемый, не выраженный прямо, скрытый; ~ denial молчаливый отказ; ~ function *мат.* неявная функция 2) безоговорочный, полный; ~ faith слепая вера
**implicitly** [ɪm'plɪsɪtlɪ] *adv* 1) косвенным образом 2) без колебаний, безоговорочно
**implode** [ɪm'pləud] *v* взрывать(-ся)
**implore** [ɪm'plɔ:] *v* умолять; заклинать
**imploringly** [ɪm'plɔ:rɪŋlɪ] *adv* умоляюще; с мольбой
**imply** [ɪm'plaɪ] *v* 1) заключать в себе, значить; with all that it implies со всеми вытекающими из этого последствиями 2) подразумевать, предполагать
**impolicy** [ɪm'pɔlɪsɪ] *n* 1) нетактичность 2) неразумная политика
**impolite** [,ɪmpə'laɪt] *a* невежливый, неучтивый
**impolitic** [ɪm'pɔlɪtɪk] *a* неполитичный; неразумный, бестактный
**imponderable** [ɪm'pɔndərəbl] **1.** *a* 1) невесомый, очень лёгкий 2) не поддающийся учёту; незначительный; неощутимый
2. *n* (*обыкн. pl*) нечто невесомое; что-л. неуловимое; что-л., не имеющее реальных оснований
**import** I **1.** *n* ['ɪmpɔ:t] 1) импорт, ввоз 2) *pl* импортные, ввозимые товары; ~s and exports ввоз и вывоз; статьи импорта и экспорта
2. *v* [ɪm'pɔ:t] 1) импортировать, ввозить (into) 2) вносить, привносить; to ~ personal feelings вкладывать личные чувства
**import** II **1.** *n* ['ɪmpɔ:t] 1) смысл, значение, суть 2) важность, значительность; a question of great ~ очень важный вопрос
2. *v* [ɪm'pɔ:t] 1) выражать, означать, подразумевать 2) иметь значение, быть важным; that does not ~ это не имеет значения
**importable** [ɪm'pɔ:təbl] *a* ввозимый
**importance** [ɪm'pɔ:təns] *n* 1) важность, значительность; a position of ~ ответственный пост 2) значение; to attach ~ to smth. считать что-л. важным; придавать значение чему-л.; of no ~ не имеющий значения
**important** [ɪm'pɔ:tənt] *a* 1) важный, значительный, существенный 2) важничающий, напыщенный; to look ~ напускать на себя важный вид
**importation** [,ɪmpɔ:'teɪʃən] *n* 1) ввоз, импорт; импортирование 2) импортные товары
**importer** [ɪm'pɔ:tə] *n* импортёр
**importless** ['ɪmpɔ:tlɪs] *a* несущественный, неважный, незначительный
**importunate** [ɪm'pɔ:tjunɪt] *a* 1) настойчивый; докучливый, назойливый 2) спешный, безотлагательный
**importune** [ɪm'pɔ:tju:n] *v* докучать; назойливо домогаться; надоедать просьбами
**importunity** [,ɪmpɔ:'tju:nɪtɪ] *n* назойливость; постоянное приставание с просьбами
**impose** [ɪm'pəuz] *v* 1) облагать (*пошлиной, налогом и т. п.*); налагать (*обязательство*; on) 2) обманывать (on, upon) 3) навязать(ся) 4) обманом продать, всучить (on, upon) 5) *полигр.* спускать (*полосу*); заключать (*печатную форму*)
**imposing** [ɪm'pəuzɪŋ] **1.** *pres. p. от* impose
2. *a* производящий сильное впечатление; внушительный, импозантный
**imposition** [,ɪmpə'zɪʃən] *n* 1) наложение, возложение 2) обложение, налог 3) обман 4) *полигр.* спуск (*полосы набора, формы*) 5) *школ.* дополнительная работа (*наказание за провинность*)
**impossibility** [ɪm,pɔsə'bɪlɪtɪ] *n* невозможность *и пр.* [*см.* impossible]
**impossible** [ɪm'pɔsəbl] *a* 1) невозможный, невыполнимый 2) невероятный 3) *разг.* невыносимый, возмутительный
**impost** ['ɪmpəust] *n* 1) *ист.* налог, подать; дань 2) *стр.* пята арки *или* свода

**impostor** [ɪm'pɔstə] *n* 1) обма́нщик, моше́нник 2) самозва́нец
**imposture** [ɪm'pɔstʃə] *n* обма́н, жу́льничество
**impotable** [ɪm'pəutəbl] *a* него́дный для питья́
**impotence** ['ɪmpətəns] *n* 1) бесси́лие, сла́бость 2) *мед.* импоте́нция
**impotent** ['ɪmpətənt] *a* 1) бесси́льный, сла́бый 2) *мед.* импоте́нтный
**impound** [ɪm'paund] *v* 1) конфискова́ть 2) загоня́ть (*скот*) 3) заключа́ть, запира́ть 4) запру́живать (*воду*)
**impoundment** [ɪm'paundmənt] *n* пруд, водохрани́лище
**impoverish** [ɪm'pɔvərɪʃ] *v* 1) доводи́ть до бе́дности, до обнища́ния, лиша́ть средств 2) истоща́ть (*почву*) 3) подрыва́ть (*здоровье*) 4) обедня́ть, де́лать ску́чным, неинтере́сным; to ~ life обедня́ть жизнь
**impoverished** [ɪm'pɔvərɪʃt] 1. *p. p. от* impoverish
2. *a* 1) истощённый; ~ soil истощённая по́чва 2) убо́гий, жа́лкий; an ~ existence убо́гое существова́ние
**impoverishment** [ɪm'pɔvərɪʃmənt] *n* обедне́ние, обнища́ние *и пр.* [*см.* impoverish]
**impracticability** [ɪm,præktɪkə'bɪlɪtɪ] *n* невыполни́мость *и пр.* [*см.* impracticable]
**impracticable** [ɪm'præktɪkəbl] *a* 1) невыполни́мый, неисполни́мый, неосуществи́мый 2) неподáтливый, упря́мый; несгово́рчивый 3) непроходи́мый, непрое́зжий; недосту́пный 4) него́дный к употребле́нию, бесполе́зный
**impractical** [ɪm'præktɪkəl] 1) = impracticable 2) = unpractical
**imprecate** ['ɪmprɪkeɪt] *v* проклина́ть, призыва́ть несча́стья на чью-л. го́лову
**imprecation** [,ɪmprɪ'keɪʃən] *n* прокля́тие
**imprecatory** [,ɪmprɪkeɪtərɪ] *a* проклина́ющий, призыва́ющий несча́стье
**impregnability** [ɪm,pregnə'bɪlɪtɪ] *n* 1) непристу́пность; неуязви́мость 2) непоколеби́мость 3) *тех.* спосо́бность пропи́тываться
**impregnable** [ɪm'pregnəbl] *a* 1) непристу́пный; неуязви́мый 2) непоколеби́мый, сто́йкий 3) *тех.* подда́ющийся пропи́тке
**impregnate** 1. *a* [ɪm'pregnɪt] = impregnated
2. *v* ['ɪmpregneɪt] 1) оплодотворя́ть 2) наполня́ть, насыща́ть 3) пропи́тывать (with) 4) внедря́ть; вводи́ть
**impregnated** ['ɪmpregneɪtɪd] *a* 1) оплодотворённый 2) бере́менная 3) насы́щенный, пропи́танный (with)
**impregnation** [,ɪmpreg'neɪʃən] *n* 1) оплодотворе́ние; зача́тие 2) пропи́тывание 3) *горн.* вкра́пленность
**impresari** [,ɪmpre'sɑ:ri:] *pl от* impresario
**impresario** [,ɪmpre'sɑ:rɪəu] *ит. n* (*pl* -os [-əuz]; -ri) антрепренёр, импреса́рио
**imprescriptible** [,ɪmprɪs'krɪptəbl] *a* неотъе́млемый
**impress** I 1. *n* ['ɪmpres] 1) отпеча́ток, о́ттиск 2) ште́мпель, печа́ть 3) впечатле́ние, след, отпеча́ток, печа́ть (*чего-л.*); a work bearing an ~ of genius рабо́та, нося́щая печа́ть ге́ния
2. *v* [ɪm'pres] 1) отпеча́тывать; печа́тать 2) клейми́ть, штемпелева́ть, штампова́ть (on); to ~ a mark upon smth. отти́снуть, отпеча́тать знак на чём-л. 3) внуша́ть, внедря́ть, запечатлева́ть (*в сознании*); ~ on him that he must... внуши́те ему́, что он до́лжен... 4) производи́ть впечатле́ние, поража́ть; to ~ smb. favourably произвести́ благоприя́тное впечатле́ние на кого́-л.
**impress** II [ɪm'pres] *v* 1) *воен. ист.* вербова́ть си́лой 2) реквизи́ровать (*имущество и т. п.*)
**impressibility** [ɪm,presɪ'bɪlɪtɪ] *n* впечатли́тельность
**impressible** [ɪm'presəbl] *a* впечатли́тельный, восприи́мчивый
**impression** [ɪm'preʃən] *n* 1) впечатле́ние; strong ~ си́льное впечатле́ние; visual (auditive) ~ зри́тельное (слухово́е) впечатле́ние; to make (*или* to produce) an ~ произвести́ впечатле́ние; to be under the ~ быть под впечатле́нием; we are under the ~ that nothing can be done at present у нас создало́сь тако́е впечатле́ние, что сейча́с ничего́ нельзя́ сде́лать 2) о́ттиск, отпеча́ток 3) печа́ть, печа́тание; тисне́ние 4) изда́ние (*книги*); перепеча́тка, допеча́тка (*без изменений*) 5) *жив.* грунт, фон (*картины*)
**impressionability** [ɪm,preʃnə'bɪlɪtɪ] *n* впечатли́тельность, восприи́мчивость
**impressionable** [ɪm'preʃnəbl] *a* впечатли́тельный, восприи́мчивый
**impressionism** [ɪm'preʃnɪzm] *n иск.* импрессиони́зм
**impressionistic** [ɪm,preʃə'nɪstɪk] *a иск.* импрессиони́стский
**impressive** [ɪm'presɪv] *a* производя́щий глубо́кое впечатле́ние; впечатля́ющий; вырази́тельный; ~ speech я́ркая речь
**impressment** [ɪm'presmənt] *n* 1) наси́льственная вербо́вка (*на военную службу*) 2) реквизи́ция
**imprest** ['ɪmprest] *n* ава́нс, подотчётная су́мма
**imprimatur** [,ɪmprɪ'meɪtə] *лат. n* 1) разреше́ние цензу́ры (*на печатание*) 2) са́нкция, одобре́ние
**imprimis** [ɪm'praɪmɪs] *лат. adv* во-пе́рвых
**imprint** 1. *n* ['ɪmprɪnt] 1) отпеча́ток (*тж. перен.*); штамп; the ~ of cares следы́ забо́т 2) *полигр.* выходны́е све́дения, выходны́е да́нные (*тж.* publisher's *или* printer's ~)
2. *v* [ɪm'prɪnt] 1) отпеча́тывать (on, with) 2) оставля́ть след; запечатлева́ть (on, in)
**imprison** [ɪm'prɪzn] *v* заключа́ть в тюрьму́; лиша́ть свобо́ды
**imprisonment** [ɪm'prɪznmənt] *n* заключе́ние (*в тюрьму*); лише́ние свобо́ды
**improbability** [ɪm,prɔbə'bɪlɪtɪ] *n* невероя́тность, неправдоподо́бие
**improbable** [ɪm'prɔbəbl] *a* невероя́тный, неправдоподо́бный
**improbity** [ɪm'prəubɪtɪ] *n* нече́стность, бесче́стность
**impromptu** [ɪm'prɔmptju:] 1. *n* экспро́мт; импровиза́ция
2. *a* импровизи́рованный
3. *adv* без подгото́вки, экспро́мтом
**improper** [ɪm'prɔpə] *a* 1) неподходя́щий, неуме́стный 2) непра́вильный; ло́жный; ~ practice а) непра́вильная (*или* оши́бочная) пра́ктика; б) несоверше́нный приём 3) непристо́йный, неприли́чный 4) неиспра́вный, него́дный
**impropriety** [,ɪmprə'praɪətɪ] *n* 1) неуме́стность 2) непра́вильность 3) наруше́ние обы́чаев, этике́та, прили́чия
**improvable** [ɪm'pru:vəbl] *a* поддаю́щийся усоверше́нствованию, улучше́нию
**improve** [ɪm'pru:v] *v* улучша́ть(ся); соверше́нствовать(ся); to ~ in health поправля́ться; to ~ in looks вы́глядеть лу́чше; to ~ the occasion (*или* the opportunity, the shining hour) испо́льзовать удо́бный слу́чай □ ~ **away** пыта́ясь улу́чшить, сде́лать ху́же; потеря́ть то хоро́шее, что бы́ло; ~ **upon** улучша́ть, усоверше́нствовать
**improved** [ɪm'pru:vd] 1. *p. p. от* improve
2. *a* усоверше́нствованный; ~ techniques бо́лее передова́я те́хника; техни́ческие усоверше́нствования
**improvement** [ɪm'pru:vmənt] *n* 1) улучше́ние, усоверше́нствование (on, upon) 2) мелиора́ция 3) *pl амер.* удо́бства (*в квартире, доме*) 4) *pl амер.* перестро́йка, перестано́вка (*в квартире, доме*)
**improver** [ɪm'pru:və] *n* 1) тот, кто *или* то, что улучша́ет 2) практика́нт, стажёр 3) мелиора́ция
**improvidence** [ɪm'prɔvɪdəns] *n* 1) непредусмотри́тельность 2) расточи́тельность
**improvident** [ɪm'prɔvɪdənt] *a* 1) непредусмотри́тельный 2) расточи́тельный
**improvisation** ['ɪmprəvaɪ'zeɪʃən] *n* импровиза́ция
**improvisator** [ɪm'prɔvɪzeɪtə] *n* импровиза́тор
**improvise** ['ɪmprəvaɪz] *v* 1) импровизи́ровать 2) на́скоро устро́ить, смастери́ть
**imprudence** [ɪm'pru:dəns] *n* 1) неблагоразу́мие, опроме́тчивость, неосторо́жность 2) опроме́тчивый посту́пок
**imprudent** [ɪm'pru:dənt] *a* неблагоразу́мный, опроме́тчивый; неосторо́жный
**impudence** ['ɪmpjudəns] *n* де́рзость, на́глость; бессты́дство; none of your ~! *разг.* я не потерплю́ ва́шей на́глости!
**impudent** ['ɪmpjudənt] *a* де́рзкий, наха́льный; бессты́дный
**impugn** [ɪm'pju:n] *v* оспа́ривать, опроверга́ть; ста́вить под сомне́ние
**impugnable** [ɪm'pju:nəbl] *a* спо́рный; опроверж́имый

**impugnment** [ɪm'pju:nmənt] *n* оспа́ривание; опроверже́ние

**impulse** ['ɪmpʌls] *n* 1) толчо́к, побужде́ние; to give an ~ to trade спосо́бствовать разви́тию торго́вли 2) поры́в; и́мпульс; to act on ~ поддава́ться поры́ву 3) *attr.*: ~ turbine *тех.* акти́вная турби́на

**impulsion** [ɪm'pʌlʃən] *n* побужде́ние, и́мпульс

**impulsive** [ɪm'pʌlsɪv] *a* 1) импульси́вный 2) побужда́ющий; ~ force дви́жущая си́ла

**impunity** [ɪm'pju:nɪtɪ] *n* безнака́занность; with ~ а) безнака́занно; б) без вреда́ для себя́

**impure** [ɪm'pjuə] *a* 1) нечи́стый; гря́зный 2) сме́шанный, с при́месью, неодноро́дный

**impurity** [ɪm'pjuərɪtɪ] *n* 1) загрязне́ние, грязь 2) при́месь

**imputation** [ˌɪmpju(:)'teɪʃən] *n* 1) вмене́ние в вину́, обвине́ние (of) 2) пятно́, тень (*на чьей-л. репутации*); to cast an ~ on smb.'s character запятна́ть чью-л. репута́цию

**impute** [ɪm'pju:t] *v* 1) вменя́ть (*обыкн.* в вину́, *редк.* в заслу́гу) 2) припи́сывать *кому-л.*, относи́ть на *чей-л.* счёт

**in** [ɪn] **1.** *prep* 1) *в пространственном значении указывает на*: а) *нахождение внутри или в пределах чего-л.* в(о), на, у; in the Soviet Union в Сове́тском Сою́зе; in Leningrad в Ленингра́де; in the British Isles на Брита́нских острова́х; in the building в помеще́нии, в зда́нии; in the yard во дворе́; in a car в автомаши́не; in the ocean в океа́не; in the sky на не́бе; in the cosmos во вселе́нной; в ко́смосе; in a crowd в толпе́; in (the works *или* books of) G. B. Shaw (в произведе́ниях Берна́рда Шо́у) у Берна́рда Шо́у; to be smothered in smoke быть оку́танным ды́мом; б) *вхождение или внесение в пределы или внутрь чего-л., проникновение в какую-л. среду* в, на; to arrive in a country (a city) прие́хать в страну́ (в большо́й го́род); to put (*или* to place) smth. in one's pocket положи́ть что-л. в карма́н; to take smth. in one's hand взять что-л. в ру́ку [*ср.* to take in hand а) забра́ть в свои́ ру́ки; б) взя́ться за *что-л.*; взять на себя́ отве́тственность]; to throw in the fire бро́сить в ого́нь; to whisper in smb.'s ear шепта́ть кому́-л. на́ ухо; to go down in the stope спусти́ться в забо́й; to be immersed in a liquid быть погружённым в жи́дкость; to look in a mirror посмотре́ть(ся) в зе́ркало; to be absorbed in work, task, *etc.* быть погружённым в рабо́ту, выполне́ние зада́ния *и т. п.* 2) *употребляется в оборотах, указывающих на*: а) *часть суток, время года, месяц и т. д.* в(о); *существительные в сочетании с* in *в данном значении передаются тж. наречиями*; in the evening ве́чером; in January в январе́; in spring весно́й; in the spring в э́ту (ту) весну́, э́той (той) весно́й; in 1975 в 1975 году́; in the twentieth century в двадца́том ве́ке; б) *промежуток времени, продолжительность* в, во вре́мя, в тече́ние, че́рез; in an hour че́рез час; в тече́ние ча́са; she's coming in a couple of weeks она́ прие́дет неде́ли че́рез две 3) *употребляется в оборотах, указывающих на условия, окружающую обстановку, цель или иные обстоятельства, сопутствующие действию или состоянию* в(о), при, с, на; *существительные в сочетании с* in *в данном значении передаются тж. наречиями*; in a favourable position в благоприя́тном положе́нии; in a difficulty в затрудни́тельном положе́нии; in debt в долгу́; in smb.'s absence в чьё-л. отсу́тствие; in waiting в ожида́нии; in one's line в чьей-л. компете́нции; in the wake of smb., smth. вслед за кем-л., чем-л., по пята́м за кем-л.; in smb.'s place на чьём-л. ме́сте; in general use во всео́бщем употребле́нии; in fruit покры́тый плода́ми (*о дереве*); in tropical heat в тропи́ческую жару́; in the rain под дождём; in the dark в темноте́; in the cold на хо́лоде; in the wind на ветру́; in a thunderstorm в бу́рю; in a snow-drift в мете́ль; to live in comfort жить с удо́бствами; in search of smth. в по́исках чего́-л.; in smb.'s behalf в чьих-л. интере́сах 4) *употребляется в оборотах, указывающих на физическое или душевное состояние человека* в, на; *существительные в сочетании с* in *в данном значении передаются тж. наречиями*; blind in one eye слепо́й на оди́н глаз; small in stature небольшо́го ро́ста; slight in build невзра́чный на вид; in a depressed (nervous) condition в пода́вленном (не́рвном) состоя́нии; in perplexity в замеша́тельстве; in a fury (*или* a rage) в бе́шенстве; in astonishment в изумле́нии; in distress в беде́; to be in good (bad) health быть здоро́вым (больны́м) 5) *употребляется в оборотах, выражающих ограничение свободы, передвижения и т. п.* в, на, под; in chains (*или* fetters, stocks *и т. п.*) в око́вах; to be (to put) in prison, gaol, jail, dungeon быть в тюрьме́, в темни́це (посади́ть в тюрьму́); to be in custody быть под аре́стом; to be in smb.'s custody находи́ться на чьём-л. попече́нии, под чьим-л. наблюде́нием, охра́ной *и т. п.* 6) *употребляется в оборотах, указывающих на способ или средство, с помощью которых осуществляется действие*; *тж. перен.* в, на, с, по; *передаётся тж. тв. падежом*; *существительные в сочетании с* in *в данном значении передаются тж. наречиями*; to cut in two перере́зать попола́м; to go (to come, to arrive) in ones and twos идти́ (приходи́ть, прибыва́ть) поодино́чке и па́рами; in dozens дю́жинами; in Russian, in English, *etc.* по-ру́сски, по-англи́йски *и т. п.*; falling in folds па́дающий скла́дками (*об одежде, драпировке*); to take medicine in water (milk, syrup) принима́ть лека́рство с водо́й (с молоко́м, в сиро́пе); to drink smb.'s health in a cup of ale вы́пить э́ля за здоро́вье кого́-л. 7) *употребляется в оборотах, указывающих на материал, из которого что-л. сделано или с помощью которого делается* в, из; *передаётся тж. тв. падежом*; to write in ink. *etc.* писа́ть черни́лами *и т. п.*; a statue in marble ста́туя из мра́мора; to build in wood стро́ить из де́рева; in colour в кра́сках 8) *употребляется в оборотах, указывающих на внешнее оформление, одежду, обувь и т. п.* в; to be in white быть в бе́лом (пла́тье); in full plumage в по́лной пара́дной фо́рме, во всём бле́ске; in decorations в ордена́х 9) *указывает на принадлежность к группе или организации; на род деятельности или должность* в, на; *передаётся тж. тв. падежом*; to be in politics занима́ться поли́тикой; in the diplomatic service на дипломати́ческой рабо́те; in smb.'s service у кого́-л. на слу́жбе 10) *указывает на занятость каким-л. делом в ограниченный отрезок времени* в, при; в то вре́мя как, во вре́мя; *причастия в сочетании с* in *в данном значении передаются тж. деепричастием*; in bivouac на бива́ке; in battle в бою́; in crossing the river при перехо́де че́рез ре́ку; in turning over the pages of a book перели́стывая страни́цы кни́ги 11) *выражает отношения глагола к косвенному дополнению, существительного к его определению и т. п.* в(о), над; *передаётся тж. различными падежами*; to believe in smth. ве́рить во что-л.; to share in smth. принима́ть уча́стие в чём-л.; the latest thing in electronics *разг.* после́днее сло́во в электро́нике; there's little sense in what he proposes ма́ло смы́сла в том, что он предлага́ет; a lecture in anatomy ле́кция по анато́мии, to be strong (weak) in geography успева́ть (отстава́ть) по геогра́фии; to differ (to coincide) in smth. различа́ться (совпада́ть) в чём-л.; to change (to grow, to diminish) in size (volume) изменя́ться (расти́, уменьша́ться) в разме́ре (объёме); rich (poor) in quality хоро́шего (плохо́го) ка́чества; rich (poor) in iron (copper, oxygen, *etc.*) бога́тый (бе́дный) желе́зом (ме́дью — *о руде*, кислоро́дом — *о воздухе и т. п.*) 12) *указывает на соотношение двух величин, отношение длины, ширины и т. п.* в, на, из; *передаётся тж. тв. падежом*; seven in number число́м семь; four feet in length and two feet in width четы́ре фу́та в длину́ и два фу́та в ширину́; there is not one in a hundred из це́лой со́тни едва́ ли оди́н найдётся ◇ in situ [ɪn'saɪtju:] на ме́сте; in opposition про́тив, вопреки́; in so much that насто́лько, что; in that так как, по той причи́не, что; he has it in him он спосо́бен на э́то

**2.** *adv* внутри́; внутрь; a coat with furry side in шу́ба на меху́ ◇ to be in быть мо́дным; long skirts are in now тепе́рь в мо́де дли́нные ю́бки; in and out а) то внутрь, то нару́жу; б) снару́жи и внутри́; в) попереме́нно, с колеба́ниями [*ср.* in-and-out]; he is always in and out of hospital он то и де́ло попада́ет в больни́цу; to have it in for smb. име́ть зуб на кого́-л.; to drop (*или* to go) in on smth. принима́ть уча́стие в чём-л.; to be in for smth. а) быть под угро́зой чего́-л.; we are in for a storm грозы́ не минова́ть; б) дать согла́сие приня́ть уча́стие; I am in for the competition я бу́ду уча́ствовать в ко́нкурсе; to be (to stay, to stop, to live) in there (here) быть (остава́ться, остана́вливаться, жить) там (здесь); to go (to come, to get) in there (here) идти́ (приходи́ть, добира́ться) туда́ (сюда́); to throw in one's hand уступи́ть, прекрати́ть борьбу́; to be well in with smb. быть в хоро́ших отноше́ниях с кем-л., по́льзоваться чьим-л. расположе́нием

**3.** *n*: the ins полити́ческая па́ртия у вла́сти; ins and outs а) все вхо́ды и вы́ходы; б) все углы́ и закоу́лки; в) прави́тельство и оппозицио́нные па́ртии; г) дета́ли, подро́бности

**4.** *a* 1) располо́женный внутри́; the in part вну́тренняя часть 2) *разг.* находя́щийся у вла́сти; the in party пра́вящая па́ртия 3) напра́вленный внутрь; the in train прибыва́ющий по́езд 4) мо́дный; the in word to use мо́дное словечко

**in-** I [ɪn-] (*часто* il- *перед* l; im- *перед* b, m, p; ir- *перед* r) *pref соответствует русскому* в-, при-, внутри-; inborn, imborn врождённый, прирождённый; to inlay вкла́дывать, вставля́ть *и т. п.*

**in-** II [ɪn-] (*часто* il- *перед* l; im- *перед* b, m, p; ir- *перед* r) *pref* не-, без-; *напр.*: active де́ятельный — inactive безде́ятельный; legal зако́нный — illegal незако́нный *и т. п.*

**inability** [ˌɪnəˈbɪlɪtɪ] *n* неспосо́бность; невозмо́жность; ~ to pay неплатёжеспосо́бность

**inaccessibility** [ˈɪnækˌsesəˈbɪlɪtɪ] *n* недосту́пность; непристу́пность

**inaccessible** [ˌɪnækˈsesəbl] *a* недосту́пный, недосяга́емый; непристу́пный

**inaccuracy** [ɪnˈækjurəsɪ] *n* 1) нето́чность 2) оши́бка

**inaccurate** [ɪnˈækjurɪt] *a* 1) нето́чный 2) непра́вильный, оши́бочный

**inaction** [ɪnˈækʃən] *n* безде́йствие; пасси́вность, ине́ртность

**inactive** [ɪnˈæktɪv] *a* безде́ятельный; ине́ртный; безде́йствующий

**inactivity** [ˌɪnækˈtɪvɪtɪ] *n* безде́ятельность; ине́ртность

**inadaptability** [ˌɪnəˈdæptəˈbɪlɪtɪ] *n* 1) неприспосо́бленность; уме́ние приспособля́ться 2) неприменимость

**inadequacy** [ɪnˈædɪkwəsɪ] *n* несоотве́тствие тре́бованиям; недоста́точность; несоразме́рность

**inadequate** [ɪnˈædɪkwɪt] *a* не отвеча́ющий тре́бованиям; недоста́точный; несоразме́рный; неадеква́тный

**inadhesive** [ˌɪnədˈhiːsɪv] *a* некле́йкий, непристаю́щий

**inadmissible** [ˌɪnədˈmɪsəbl] *a* недопусти́мый, неприе́млемый

**inadvertence, -cy** [ˌɪnədˈvəːtəns, -sɪ] *n* 1) невнима́тельность; небре́жность; by ~ по неосторо́жности 2) недосмо́тр, опло́шность 3) неумы́шленность

**inadvertent** [ˌɪnədˈvəːtənt] *a* 1) невнима́тельный, небре́жный 2) ненаме́ренный, неумы́шленный, нечаянный

**inalienability** [ɪnˌeɪljənəˈbɪlɪtɪ] *n книжн.* неотчужда́емость; неотъе́млемость

**inalienable** [ɪnˈeɪljənəbl] *a книжн.* неотчужда́емый; неотъе́млемый

**inalterable** [ɪnˈɔːltərəbl] *a* неизме́нный; не поддаю́щийся измене́нию

**inamorata** [ɪnˌæməˈrɑːtə] *ит. n* 1) любо́вница 2) возлю́бленная

**inamorato** [ɪnˌæməˈrɑːtəu] *ит. n* 1) любо́вник 2) возлю́бленный

**in-and-in** [ˈɪnəndˈɪn] *a*: ~ breeding узкоро́дственное размноже́ние; ~ marriage брак ме́жду кро́вными ро́дственниками

**in-and-out** [ˈɪnəndˈaut] *adv* 1) то внутрь, то нару́жу; he was ~ all the time он то приходи́л, то уходи́л 2) снару́жи и изнутри́; *перен.* доскона́льно; to know smb. ~ ≅ знать кого́-л. как облу́пленного ◇ ~ work непостоя́нная рабо́та

**inane** [ɪˈneɪn] *a* пусто́й; бессодержа́тельный; глу́пый, бессмы́сленный

**inanimate** [ɪnˈænɪmɪt] *a* 1) неодушевлённый, неживо́й; ~ matter неоргани́ческое вещество́; ~ nature нежива́я приро́да 2) безжи́зненный, ску́чный

**inanimation** [ɪnˌænɪˈmeɪʃən] *n* 1) неодушевлённость 2) безжи́зненность

**inanition** [ˌɪnəˈnɪʃən] *n* 1) = inanity 2) истоще́ние, изнуре́ние

**inanity** [ɪˈnænɪtɪ] *n* пустота́; бессодержа́тельность; глу́пость, бессмы́сленность

**inapplicability** [ˈɪnˌæplɪkəˈbɪlɪtɪ] *n* непримени́мость; неприго́дность; несоотве́тствие

**inapplicable** [ɪnˈæplɪkəbl] *a* непримени́мый; неприго́дный; несоотве́тствующий

**inapposite** [ɪnˈæpəzɪt] *a* неподходя́щий, неуме́стный

**inappreciable** [ˌɪnəˈpriːʃəbl] *a* 1) неза́метный; неулови́мый; неощути́мый; незначи́тельный, не принима́емый в расчёт 2) неоцени́мый, бесце́нный

**inapprehensible** [ˌɪnæprɪˈhensəbl] *a* непостижи́мый, непоня́тный

**inapproachable** [ˌɪnəˈprəutʃəbl] *a* непристу́пный; недосту́пный, недостижи́мый

**inappropriate** [ˌɪnəˈprəuprɪɪt] *a* неуме́стный, неподходя́щий, несоотве́тствующий

**inapt** [ɪnˈæpt] *a* 1) неиску́сный, неуме́лый 2) неподходя́щий, неуме́стный; ~ remark замеча́ние, не относя́щееся к де́лу

**inaptitude** [ɪnˈæptɪtjuːd] *n* 1) неспосо́бность; неуме́ние 2) несоотве́тствие

**inarch** [ɪnˈɑːtʃ] *v* привива́ть (*расте́ние*) сближе́нием

**inarm** [ɪnˈɑːm] *v поэт.* обнима́ть; заключа́ть в объя́тия

**inartful** [ɪnˈɑːtful] *a* неиску́сный

**inarticulate** [ˌɪnɑːˈtɪkjulɪt] *a* 1) нечленоразде́льный, невня́тный 2) молчали́вый 3) немо́й; ~ animal бессловесное живо́тное 4) *анат.* несочленённый

**inartificial** [ˌɪnɑːtɪˈfɪʃəl] *a* 1) неподде́льный, натура́льный 2) есте́ственный, безыску́сственный

**inartistic** [ˌɪnɑːˈtɪstɪk] *a* 1) нехудо́жественный 2) лишённый худо́жественного вку́са

**inasmuch as** [ˌɪnəzˈmʌtʃæz] *adv* так как; ввиду́ того́, что

**inattention** [ˌɪnəˈtenʃən] *n* невнима́тельность; невнима́ние

**inattentive** [ˌɪnəˈtentɪv] *a* невнима́тельный

**inaudibility** [ɪnˌɔːdəˈbɪlɪtɪ] *n* невня́тность

**inaudible** [ɪnˈɔːdəbl] *a* неслы́шный, невня́тный

**inaugural** [ɪˈnɔːgjurəl] **1.** *a* вступи́тельный; ~ address речь на торже́ственном откры́тии (вы́ставки, музе́я *и т. п.*) *или* при вступле́нии в до́лжность

**2.** *n* = ~ address

**inaugurate** [ɪˈnɔːgjureɪt] *v* 1) торже́ственно вводи́ть в до́лжность 2) открыва́ть (*памятник, выставку и т. п.*) 3) начина́ть; a policy ~d from... поли́тика, исходя́щая из...; to ~ a new era ознаменова́ть но́вую э́ру

**inauguration** [ɪˌnɔːgjuˈreɪʃən] *n* 1) торже́ственное откры́тие 2) вступле́ние в до́лжность 3) *attr.*: I. Day день вступле́ния в до́лжность но́вого президе́нта США

**inauspicious** [ˌɪnɔːsˈpɪʃəs] *a* злове́щий; предвеща́ющий дурно́е; неблагоприя́тный

**in-between** [ˌɪnbɪˈtwiːn] **1.** *n* 1) промежу́ток 2) посре́дник

**2.** *a* промежу́точный, перехо́дный; ~ tints отте́нки, промежу́точные тона́

**inboard** [ˈɪnbɔːd] *мор.* **1.** *a* располо́женный, находя́щийся внутри́ су́дна

**2.** *adv* внутри́ су́дна

**inborn** [ˈɪnbɔːn] *a* врождённый, прирождённый; приро́дный

**inbound** [ˈɪnbaund] *a* прибыва́ющий, возвраща́ющийся из пла́вания, из-за грани́цы *и т. п.*

**inbreak** [ˈɪnbreɪk] *n* вторже́ние; наше́ствие

**inbreathe** [ˈɪnbriːð] *v* 1) вдыха́ть 2) *перен.* вдохну́ть (*в кого-л. энергию, силы и т. п.*)

**inbred** [ˈɪnˈbred] *a* 1) = inborn 2) рождённый от роди́телей, состоя́щих в родстве́ ме́жду собо́й 3) вырожда́ющийся

**inbreeding** [ˈɪnˈbriːdɪŋ] = in-and-in breeding [*см.* in-and-in]

**incalculable** [ɪnˈkælkjuləbl] *a* 1) несчётный, неисчисли́мый 2) не поддаю́щийся учёту 3) непредви́денный

**in-calf** [ɪn'kɑ:f] *a* сте́льная (*о корове*)

**incandesce** [ˌɪnkæn'des] *v* накаля́ть (-ся) добела́

**incandescence** ['ɪnkæn'desns] *n* нака́л, нака́ливание; бе́лое кале́ние

**incandescent** ['ɪnkæn'desnt] *a* раскалённый, накалённый добела́; получа́емый от ламп нака́ливания (*о свете*); ~ lamp ла́мпа нака́ливания

**incantation** [ˌɪnkæn'teɪʃən] *n* 1) заклина́ние, маги́ческая фо́рмула 2) колдовство́; ча́ры

**incapability** [ɪnˌkeɪpə'bɪlɪtɪ] *n* неспосо́бность

**incapable** [ɪn'keɪpəbl] *a* неспосо́бный (of — к, на); ~ of telling a lie неспосо́бный на ложь; ~ of improvement не поддаю́щийся улучше́нию ◇ drunk and ~ мертве́цки пьян(ый)

**incapacious** [ˌɪnkə'peɪʃəs] *a* 1) те́сный, невмести́тельный 2) у́зкий, ограни́ченный

**incapacitate** [ˌɪnkə'pæsɪteɪt] *v* 1) де́лать неспосо́бным *или* неприго́дным (for, from); to ~ smb. for work (*или* from working) сде́лать кого́-л. нетрудоспосо́бным 2) *воен.* выводи́ть из стро́я 3) лиша́ть пра́ва; to be ~d from voting быть лишённым пра́ва го́лоса

**incapacity** [ˌɪnkə'pæsɪtɪ] *n* 1) неспосо́бность (for) 2) *юр.* неправоспосо́бность

**incarcerate** [ɪn'kɑ:səreɪt] *v* заключа́ть в тюрьму́

**incarceration** [ɪnˌkɑ:sə'reɪʃən] *n* 1) заключе́ние в тюрьму́ 2) *мед.* ущемле́ние (*грыжи*)

**incarnadine** [ɪn'kɑ:nədaɪn] *поэт.* **1.** *a* 1) а́лый, цве́та кро́ви 2) ро́зовый

**2.** *v* окра́шивать в а́лый цвет

**incarnate 1.** *a* [ɪn'kɑ:nɪt] воплощённый; олицетворённый; virtue ~ воплощённая доброде́тель

**2.** *v* ['ɪnkɑ:neɪt] 1) воплоща́ть, олицетворя́ть 2) осуществля́ть

**incarnation** [ˌɪnkɑ:'neɪʃən] *n* 1) воплоще́ние, олицетворе́ние 2) зажива́ние; грануля́ция

**incase** [ɪn'keɪs] = encase

**incautious** [ɪn'kɔ:ʃəs] *a* неосторо́жный, опроме́тчивый

**incendiarism** [ɪn'sendjərɪzm] *n* 1) поджо́г 2) подстрека́тельство

**incendiary** [ɪn'sendjərɪ] **1.** *n* 1) поджига́тель 2) подстрека́тель 3) *pl воен.* боевы́е зажига́тельные сре́дства

**2.** *a* 1) поджига́ющий 2) подстрека́ющий, се́ющий рознь 3) *воен.* зажига́тельный

**incense** ['ɪnsens] **1.** *n* 1) ла́дан, фимиа́м 2) *attr.*: ~ burner кури́льница

**2.** *v* кади́ть; кури́ть фимиа́м

**incensory** ['ɪnsensərɪ] *n* кади́льница, кади́ло

**incentive** [ɪn'sentɪv] **1.** *n* побужде́ние, сти́мул

**2.** *a* побуди́тельный; ~ wage *амер.* прогресси́вная систе́ма за́работной пла́ты

**incept** [ɪn'sept] *v уст.* сдава́ть экза́мены на учёную сте́пень (*в Кембриджском университете*)

**inception** [ɪn'sepʃən] *n* 1) нача́ло 2) *уст.* получе́ние учёной сте́пени (*в Кембриджском университете*)

**inceptive** [ɪn'septɪv] *a* нача́льный; начина́ющий; начина́ющийся, зарожда́ющийся; ~ verb *грам.* начина́тельный глаго́л

**incertitude** [ɪn'sə:tɪtju:d] *n* неуве́ренность; неопределённость

**incessant** [ɪn'sesnt] *a* непрекраща́ющийся, непреры́вный, непреста́нный

**incest** ['ɪnsest] *n* кровосмеше́ние

**incestuous** [ɪn'sestjuəs] *a* 1) кровосмеси́тельный 2) вино́вный в кровосмеше́нии

**inch** [ɪntʃ] **1.** *n* 1) дюйм (= *2,5 см*) 2) *pl* высота́, рост; a man of your ~es челове́к ва́шего ро́ста ◇ ~ by ~ ма́ло-пома́лу; by ~es а) = ~ by ~; б) почти́; чуть не; the car missed him by ~es он чуть не попа́л под маши́ну; every ~ а) вполне́, целико́м; б) вы́литый; настоя́щий; с головы́ до ног; he is every ~ a soldier он настоя́щий солда́т; to beat (*или* to flog) smb. within an ~ of his life изби́ть кого́-л. до полусме́рти; not to budge (*или* to yield) an ~ не уступи́ть ни на йо́ту

**2.** *v* дви́гаться ме́дленно *или* осторо́жно □ ~ **along** де́лать ме́дленные успе́хи

**inchest** [ɪn'tʃest] *v* упако́вывать в я́щики

**inchmeal** ['ɪntʃmi:l] *adv* дюйм за дю́ймом; ма́ло-пома́лу; постепе́нно

**inchoate** ['ɪnkəueɪt] **1.** *a* 1) то́лько что на́чатый 2) зача́точный; рудимента́рный

**2.** *v* нача́ть, положи́ть нача́ло

**inchoative** ['ɪnkəueɪtɪv] *грам.* **1.** *a* начина́тельный

**2.** *n* начина́тельный глаго́л

**incidence** ['ɪnsɪdəns] *n* 1) сфе́ра де́йствия, охва́т; what is the ~ of the tax? кто подлежи́т обложе́нию э́тим нало́гом? 2) паде́ние, накло́н, скос 3) *ав.* у́гол ата́ки

**incident** ['ɪnsɪdənt] **1.** *n* 1) слу́чай, случа́йность; происше́ствие, инциде́нт; frontier ~ пограни́чный инциде́нт 2) эпизо́д (*в поэме, пьесе*) 3) *эвф.* инциде́нт (*война, восстание, атомный взрыв и т. п.*) 4) *юр.* обя́занности *или* привиле́гии, свя́занные с пребыва́нием в како́й-л. до́лжности

**2.** *a* 1) сво́йственный, прису́щий (to) 2) *физ.* па́дающий (upon — на)

**incidental** [ˌɪnsɪ'dentl] **1.** *a* 1) случа́йный, несуще́ственный, побо́чный; ~ expenses побо́чные расхо́ды 2) сво́йственный, прису́щий (to) 3) сопровожда́ющий фильм *или* спекта́кль (*о музыке*)

**2.** *n* 1) эпизо́д, побо́чная ли́ния сюже́та 2) (*обыкн. pl*) ме́лкие расхо́ды

**incidentally** [ˌɪnsɪ'dentlɪ] *adv* 1) случа́йно, несуще́ственно 2) в да́нном слу́чае 3) ме́жду про́чим; be it said ~ разреши́те, ме́жду про́чим, заме́тить

**incinerate** [ɪn'sɪnəreɪt] *v* сжига́ть; превраща́ть в пе́пел, испепеля́ть

**incineration** [ɪnˌsɪnə'reɪʃən] *n* сжига́ние; крема́ция

**incinerator** [ɪn'sɪnəreɪtə] *n* 1) мусоросжига́тельная печь 2) печь для крема́ции

**incipience** [ɪn'sɪpɪəns] *n* нача́ло, зарожде́ние; in ~ в заро́дыше

**incipient** [ɪn'sɪpɪənt] *a* начина́ющийся, зарожда́ющийся; нача́льный; ~ cancer *мед.* рак в нача́льной ста́дии

**incise** [ɪn'saɪz] *v* 1) де́лать разре́з; надреза́ть 2) выреза́ть; насека́ть, гравирова́ть

**incision** [ɪn'siʒən] *n* 1) разре́з, надре́з; насе́чка 2) *перен.* ко́лкость, ре́зкость

**incisive** [ɪn'saɪsɪv] *a* о́стрый, ко́лкий; язви́тельный

**incisor** [ɪn'saɪzə] *n* резе́ц, пере́дний зуб

**incite** [ɪn'saɪt] *v* 1) возбужда́ть; подстрека́ть 2) побужда́ть

**incitement** [ɪn'saɪtmənt] *n* 1) подстрека́тельство 2) побужде́ние, сти́мул

**incivility** [ˌɪnsɪ'vɪlɪtɪ] *n* неве́жливость, неучти́вость

**inclemency** [ɪn'klemənsɪ] *n* суро́вость, неприве́тливость (*климата, погоды*)

**inclement** [ɪn'klemənt] *a* суро́вый, холо́дный (*о климате, погоде*)

**inclinable** [ɪn'klaɪnəbl] *a* 1) скло́нный, располо́женный 2) благоприя́тный

**inclination** [ˌɪnklɪ'neɪʃən] *n* 1) наклоне́ние, накло́н, укло́н, отко́с, скат 2) отклоне́ние, склоне́ние (*магнитной стрелки*) 3) накло́нность, скло́нность (for, to); she showed no ~ to leave она́ не собира́лась уходи́ть; to follow one's ~s де́лать то, что нра́вится

**incline** [ɪn'klaɪn] **1.** *n* накло́нная пло́скость; накло́н, скат

**2.** *v* 1) наклоня́ть(ся), склоня́ть(ся) 2) (*обыкн. pass.*) располага́ть (to — к); I am ~d to think я скло́нен ду́мать ◇ to ~ one's ear to smb. слу́шать кого́-л. благоскло́нно

**inclined** [ɪn'klaɪnd] **1.** *p. p. от* incline 2

**2.** *a* 1) располо́женный, скло́нный; ~ to corpulence предрасполо́женный к полноте́ 2) накло́нный; ~ plane накло́нная пло́скость

**inclinometer** [ˌɪnklɪ'nɔmɪtə] *n ав.* креноме́р, уклономе́р

**inclose** [ɪn'kləuz] = enclose

**include** [ɪn'klu:d] *v* 1) заключа́ть, содержа́ть в себе́ 2) включа́ть

**including** [ɪn'klu:dɪŋ] **1.** *pres. p. от* include

**2.** *prep* включа́я, в том числе́

**inclusion** [ɪn'klu:ʒən] *n* 1) включе́ние 2) присоедине́ние 3) *геол.* инклю́зия

**inclusive** [ɪn'klu:sɪv] *a* включа́ющий в себя́, содержа́щий; ~ terms цена́, в кото́рую включены́ все услу́ги (*в гостинице и т. п.*)

**incoagulability** ['ɪnkəuˌægjulə'bɪlɪtɪ] *n* несвёртываемость (*крови*)

**incoagulable** [ˌɪnkəu'ægjuləbl] *a* несвёртываемый, несвёртывающийся (*о крови и т. п.*)

**incog** [ɪn'kɔg] *сокр. разг. от* incognito

**incognita** [ɪn'kɔgnɪtə] *n ж. к* incognito

**incognito** [ɪn'kɔgnɪtəu] **1.** *n* (*pl* -os [-əuz]) инко́гнито

**2.** *a* инко́гнито, живу́щий под чужи́м и́менем

**3.** *adv* инко́гнито, под чужи́м и́менем

**incognizant** [ɪn'kɔgnɪzənt] *a* незна́ющий; не име́ющий никако́го представле́ния (of)

**incoherence** [ˌɪnkəu'hɪərəns] *n* несвя́зность, бессвя́зность, непосле́довательность

**incoherent** [ˌɪnkəu'hɪərənt] *a* 1) несвя́зный, бессвя́зный, непосле́довательный; to be ~ говори́ть бессвя́зно 2) *горн.* ры́хлый, несцементи́рованный

**incombustibility** ['ɪnkəmˌbʌstə'bɪlɪtɪ] *n* несгора́емость, невоспламеня́емость, негорю́честь

**incombustible** [ˌɪnkəm'bʌstəbl] *a* негорю́чий, невоспламеня́емый, огнесто́йкий

**income** ['ɪnkʌm] *n* (периоди́ческий, *обыкн.* годово́й) дохо́д, прихо́д; за́работок

**incomer** ['ɪnˌkʌmə] *n* 1) входя́щий; воше́дший; вновь прише́дший 2) прише́лец; иммигра́нт 3) преє́мник

**income-tax** ['ɪnkəmtæks] *n* подохо́дный нало́г; graduated ~ прогресси́вный подохо́дный нало́г

**incoming** ['ɪnˌkʌmɪŋ] **1.** *n* 1) прихо́д, прибы́тие 2) *pl* дохо́ды

**2.** *a* 1) наступа́ющий; сле́дующий; the ~ year наступа́ющий год 2) вступа́ющий (*в права, должность и т. п.*); ~ tenant но́вый аренда́тор 3) поступа́ющий (*о платеже*)

**incommensurability** ['ɪnkəˌmenʃərə'bɪlɪtɪ] *n* несоизмери́мость; несоразме́рность; непропорциона́льность

**incommensurable** [ɪnkə'menʃərəbl] *a* несоизмери́мый; несоразме́рный; непропорциона́льный

**incommensurate** [ˌɪnkə'menʃərɪt] *a* 1) несоотве́тствующий 2) несоизмери́мый (with, to — c); несоразме́рный

**incommode** [ˌɪnkə'məud] *v* беспоко́ить, стесня́ть; меша́ть

**incommodious** [ˌɪnkə'məudjəs] *a* неудо́бный; те́сный

**incommunicable** [ˌɪnkə'mju:nɪkəbl] *a* несообща́емый; непередава́емый

**incommunicado** ['ɪnkəˌmju:nɪ'kɑ:dəu] *a* 1) лишённый обще́ния с людьми́, отре́занный от вне́шнего ми́ра; to hold ~ а) держа́ть взаперти́; б) держа́ть в тюрьме́ без пра́ва перепи́ски 2) находя́щийся в одино́чном заключе́нии

**incommunicative** [ˌɪnkə'mju:nɪkətɪv] *a* необщи́тельный, за́мкнутый

**incommutable** [ˌɪnkə'mju:təbl] *a* 1) неизме́нный 2) неразме́нный

**incompact** [ˌɪnkəm'pækt] *a* неплó́тный, компа́ктный

**incomparable** [ɪn'kɔmpərəbl] *a* 1) несравни́мый (with, to — c) 2) несравне́нный, бесподо́бный

**incompatibility** ['ɪnkəmˌpætə'bɪlɪtɪ] *n* несовмести́мость

**incompatible** [ˌɪnkəm'pætəbl] *a* несовмести́мый

**incompetence** [ɪn'kɔmpɪtəns] *n* 1) некомпете́нтность; неспосо́бность 2) *юр.* неправоспосо́бность 3) *мед.* недоста́точность

**incompetent** [ɪn'kɔmpɪtənt] *a* 1) некомпете́нтный, несве́дущий; неспосо́бный; неуме́лый 2) *юр.* неправоспосо́бный; ~ witness лицо́, не спосо́бное быть свиде́телем 3) *геол.* непро́чный, сла́бый (*о пласте*)

**incomplete** [ˌɪnkəm'pli:t] *a* 1) непо́лный 2) несоверше́нный, дефе́ктный 3) незаверше́нный, незако́нченный

**incompliance** [ˌɪnkəm'plaɪəns] *n* 1) несогла́сие 2) неусту́пчивость, непода́тливость; упря́мство

**incomprehensibility** [ɪnˌkɔmprɪhensə'bɪlɪtɪ] *n* непоня́тность, непостижи́мость

**incomprehensible** [ɪn'kɔmprɪ'hensəbl] *a* непоня́тный, непостижи́мый

**incomprehension** [ɪn'kɔmprɪ'henʃən] *n* непонима́ние

**incompressible** [ˌɪnkəm'presəbl] *a* несжима́емый, несжима́ющийся

**incomputable** [ˌɪnkəm'pju:təbl] *a* неисчисли́мый, бесчи́сленный

**inconceivability** ['ɪnkənˌsi:və'bɪlɪtɪ] *n* непостижи́мость

**inconceivable** [ˌɪnkən'si:vəbl] *a* 1) непостижи́мый, невообрази́мый 2) *разг.* невероя́тный, невообрази́мый

**inconclusive** [ˌɪnkən'klu:sɪv] *a* 1) неубеди́тельный 2) нерешáющий; неоконча́тельный 3) незавершённый; ~ vote голосова́ние, не да́вшее результа́та

**incondensable** [ˌɪnkən'densəbl] *a* несжима́емый; неконденси́рующийся

**incondite** [ɪn'kɔndɪt] *a* 1) пло́хо соста́вленный; пу́таный 2) неотде́ланный, неоко́нченный; гру́бый

**incongruity** [ˌɪnkɔŋ'gru(:)ɪtɪ] *n* 1) несоотве́тствие, несовмести́мость 2) неуме́стность

**incongruous** [ɪn'kɔŋgruəs] *a* 1) несоотве́тственный, несовмести́мый (with) 2) неуме́стный, неле́пый

**inconsecutive** [ˌɪnkən'sekjutɪv] *a* непосле́довательный

**inconsequence** [ɪn'kɔnsɪkwəns] *n* непосле́довательность

**inconsequent** [ɪn'kɔnsɪkwənt] *a* 1) непосле́довательный, нелоги́чный 2) не относя́щийся к де́лу; неуме́стный 3) несуще́ственный; незначи́тельный

**inconsequential** [ɪnˌkɔnsɪ'kwenʃəl] = inconsequent

**inconsiderable** [ˌɪnkən'sɪdərəbl] *a* незначи́тельный, нева́жный

**inconsiderate** [ˌɪnkən'sɪdərɪt] *a* 1) необду́манный, неосмотри́тельный, опроме́тчивый 2) невнима́тельный к други́м; to be ~ of others ни с кем не счита́ться

**inconsistency** [ˌɪnkən'sɪstənsɪ] *n* несовмести́мость, несообра́зность *и пр.* [*см.* inconsistent]

**inconsistent** [ˌɪnkən'sɪstənt] *a* 1) несовмести́мый, несообра́зный (with) 2) непосле́довательный, противоречи́вый 3) = inconstant

**inconsolable** [ˌɪnkən'səuləbl] *a* безуте́шный; неуте́шный; ~ distress безуте́шное го́ре

**inconsonant** [ɪn'kɔnsənənt] *a* несозву́чный, негармони́рующий (with, to)

**inconspicuous** [ˌɪnkən'spɪkjuəs] *a* не привлека́ющий внима́ния, незаме́тный, неприме́тный; to make oneself as ~ as possible стара́ться не привлека́ть к себе́ внима́ния

**inconstancy** [ɪn'kɔnstənsɪ] *n* непостоя́нство, изме́нчивость

**inconstant** [ɪn'kɔnstənt] *a* непостоя́нный, неусто́йчивый, изме́нчивый

**inconsumable** [ˌɪnkən'sju:məbl] *a* 1) неистреби́мый 2) не предназна́ченный для потребле́ния

**incontestable** [ˌɪnkən'testəbl] *a* неоспори́мый, неопровержи́мый; ~ evidence неопровержи́мое доказа́тельство

**incontinence** [ɪn'kɔntɪnəns] *n* 1) несде́ржанность 2) невозде́ржанность (*особ.* полова́я) 3) *мед.* недержа́ние

**incontinent** [ɪn'kɔntɪnənt] *a* 1) несде́ржанный (of) 2) невозде́ржанный 3) *мед.* страда́ющий недержа́нием

**incontinently** [ɪn'kɔntɪnəntlɪ] *adv* 1) несде́ржанно 2) то́тчас, неме́дленно

**incontrovertible** [ˌɪnkɔntrə'və:təbl] *a* неоспори́мый, неопровержи́мый, несомне́нный, бесспо́рный; ~ evidence неопровержи́мое доказа́тельство

**inconvenience** [ˌɪnkən'vi:njəns] **1.** *n* неудо́бство, беспоко́йство

**2.** *v* причиня́ть неудо́бство, беспоко́ить

**inconvenient** [ˌɪnkən'vi:njənt] *a* неудо́бный; беспоко́йный, затрудни́тельный; нело́вкий; if not ~ to you е́сли вас не затрудни́т

**inconversable** [ˌɪnkən'və:səbl] *a* неразгово́рчивый, необщи́тельный

**inconversant** [ˌɪnkən'və:sənt] *a* несве́дущий

**inconvertible** [ˌɪnkən'və:təbl] *a* 1) не подлежа́щий свобо́дному обме́ну, неразме́нный; ~ currency необрати́мая валю́та 2) не поддаю́щийся превраще́нию

**incoordinate** [ˌɪnkəu'ɔ:dnɪt] *a* некоордини́рованный, несогласо́ванный

**incoordination** ['ɪnkəuˌɔ:dɪ'neɪʃən] *n* отсу́тствие координа́ции, несогласо́ванность

**incorporate** **1.** *a* [ɪn'kɔ:pərɪt] соединённый, объединённый; нераздельный

**2.** *v* [ɪn'kɔ:pəreɪt] 1) соединя́ть(ся), объединя́ть(ся); включа́ть (в соста́в) 2) регистри́ровать, офо́рмить (*общество и т. п.*) 3) принима́ть, включа́ть в число́ чле́нов 4) сме́шивать(ся) (with)

**incorporation** [ɪnˌkɔ:pə'reɪʃən] *n* 1) объедине́ние 2) корпора́ция 3) регистра́ция, оформле́ние (*общества и т. п.*)

**incorporeal** [ˌɪnkɔːˈpɔːrɪəl] *a* бестеле́сный; невеще́ственный

**incorrect** [ˌɪnkəˈrekt] *a* 1) непра́вильный, неве́рный 2) некорре́ктный 3) нето́чный; ~ tuning *радио* нето́чная настро́йка

**incorrigible** [ɪnˈkɔrɪdʒəbl] *a* неисправи́мый

**incorrodible** [ˌɪnkəˈrəudəbl] *a тех.* некорроди́руемый, не поддаю́щийся корро́зии

**incorrupt** [ˌnkəˈrʌpt] *a* 1) неиспо́рченный; непо́ртящийся, не подве́ргшийся измене́нию 2) неподку́пный

**incorruptibility** [ˈɪnkəˌrʌptəˈbɪlɪtɪ] *n* 1) неподве́рженность по́рче 2) неподку́пность

**incorruptible** [ˌɪnkəˈrʌptəbl] *a* 1) непо́ртящийся 2) неподку́пный

**increase** 1. *n* [ˈɪnkriːs] возраста́ние, рост; увеличе́ние, прибавле́ние, размноже́ние, приро́ст; to be on the ~ расти́, увели́чиваться; an ~ in pay приба́вка к зарпла́те

2. *v* [ɪnˈkriːs] возраста́ть, увели́чивать(ся); расти́; уси́ливать(ся); to ~ one's pace ускоря́ть шаг; to ~ by 10% увели́читься на 10%

**increasingly** [ɪnˈkriːsɪŋlɪ] *adv* всё бо́льше и бо́льше

**incredibility** [ɪnˌkredɪˈbɪlɪtɪ] *n* неправдоподо́бие, невероя́тность

**incredible** [ɪnˈkredəbl] *a* 1) неправдоподо́бный, невероя́тный 2) *разг.* неслы́ханный, потряса́ющий; ~ difficulties неимове́рные тру́дности

**incredulity** [ˌɪnkrɪˈdjuːlɪtɪ] *n* недове́рчивость, скептици́зм

**incredulous** [ɪnˈkredjuləs] *a* недове́рчивый, скепти́ческий; ~ looks (smiles) скепти́ческие взгля́ды (улы́бки)

**incremate** [ˈɪnkrɪmeɪt] *v* креми́ровать

**incremation** [ˌɪnkrɪˈmeɪʃən] *n* крема́ция

**increment** [ˈɪnkrɪmənt] *n* 1) возраста́ние, увеличе́ние 2) прираще́ние, приро́ст 3) при́быль 4) *ритор.* нараста́ние 5) *мат.* бесконе́чно ма́лое прираще́ние; инкреме́нт; дифференциа́л

**increscent** [ɪnˈkresənt] *a* нараста́ющий; ~ moon нараста́ющая луна́

**incriminate** [ɪnˈkrɪmɪneɪt] *v* обвиня́ть в преступле́нии, инкримини́ровать

**incriminatory** [ɪnˈkrɪmɪnətərɪ] *a* обвини́тельный

**incrustation** [ˌɪnkrʌsˈteɪʃən] *n* 1) образова́ние коры́, ко́рки, на́кипи 2) кора́, ко́рка, на́кипь *и т. п.* 3) инкруста́ция

**incubate** [ˈɪnkjubeɪt] *v* 1) выси́живать (*цыплят*); сиде́ть (*на яйцах*) 2) разводи́ть, выра́щивать (*бактерии и т. п.*) 3) вына́шивать (*мысль, идею*)

**incubation** [ˌɪnkjuˈbeɪʃən] *n* 1) выси́живание (*цыплят*); инкуба́ция (*тж.* artificial ~) 2) разведе́ние, выра́щивание (*бактерий и т. п.*) 3) *мед.* инкубацио́нный пери́од

**incubative** [ˈɪnkjubeɪtɪv] = incubatory

**incubator** [ˈɪnkjubeɪtə] *n* инкуба́тор

**incubatory** [ˈɪnkjubeɪtərɪ] *a* 1) инкуба́торный 2) инкубацио́нный

**incubus** [ˈɪnkjubəs] *n* 1) де́мон, злой дух 2) кошма́р 3) груз забо́т *и т. п.*

**inculcate** [ˈɪnkʌlkeɪt] *v* внедря́ть, внуша́ть, привива́ть, вселя́ть (on, upon, in)

**inculcation** [ˌɪnkʌlˈkeɪʃən] *n* внедре́ние, насажде́ние, внуше́ние

**inculpate** [ˈɪnkʌlpeɪt] *v книжн.* 1) обвиня́ть; порица́ть 2) изоблича́ть

**inculpation** [ˌɪnkʌlˈpeɪʃən] *n* 1) обвине́ние 2) изобличе́ние

**inculpatory** [ɪnˈkʌlpətərɪ] *a* обвини́тельный

**incumbency** [ɪnˈkʌmbənsɪ] *n* 1) (воз)лежа́ние 2) долг, обя́занность 3) *церк.* бенефи́ций, по́льзование бенефи́цием

**incumbent** [ɪnˈkʌmbənt] 1. *n* по́льзующийся бенефи́цием свяще́нник

2. *a*: it is ~ on you... на вас лежи́т обя́занность..., ваш долг...

**incunabula** [ˌɪnkju(ː)ˈnæbjulə] *лат. n pl* 1) инкуна́булы (*первопечатные книги до 1500 г.*) 2) пери́од зарожде́ния, ра́нняя ста́дия

**incur** [ɪnˈkəː] *v* подверга́ться (*чему-либо*); навле́чь на себя́; to ~ debts влезть в долги́; to ~ losses а) потерпе́ть убы́тки; б) *воен* понести́ поте́ри

**incurability** [ɪnˌkjuərəˈbɪlɪtɪ] *n* 1) неизлечи́мость 2) неискорени́мость

**incurable** [ɪnˈkjuərəbl] 1. *a* 1) неизлечи́мый, неисцели́мый 2) неискорени́мый

2. *n* (*часто pl*) безнадёжный больно́й

**incuriosity** [ɪnˌkjuərɪˈɔsɪtɪ] *n* отсу́тствие любопы́тства

**incurious** [ɪnˈkjuərɪəs] *a* 1) нелюбопы́тный 2) невнима́тельный, безразли́чный ◇ not ~ небезынтере́сный

**incursion** [ɪnˈkəːʃən] *n* 1) вторже́ние, наше́ствие 2) внеза́пное нападе́ние, налёт, набе́г 3) *геол.* наступле́ние (*моря*)

**incurvation** [ˌɪnkəːˈveɪʃən] *n* 1) сгиба́ние 2) изги́б, кривизна́, вы́гиб

**incurvature** [ɪnˈkəːvətʃə] = incurvation

**incurve** [ˈɪnˈkəːv] *v* 1) загиба́ться (*внутрь*) 2) выгиба́ть(ся); загиба́ть (*внутрь*)

**incus** [ˈɪŋkəs] *n анат.* накова́льня (*во внутреннем ухе*)

**incuse** [ɪnˈkjuːz] 1. *n* вы́чеканенное изображе́ние

2. *a* вы́битый, вы́чеканенный

3. *v* выбива́ть (*изображение на монете и т. п.*), чека́нить

**incut** [ˈɪnkʌt] 1. *n* вре́зка, вста́вка

2. *a* вре́занный, вста́вленный

**indebted** [ɪnˈdetɪd] *a* находя́щийся в долгу́ (*у кого-л.*), до́лжный, обя́занный (*кому-л.*; to); to be ~ to smb. быть обя́занным кому́-л.

**indebtedness** [ɪnˈdetɪdnɪs] *n* 1) задо́лженность 2) су́мма до́лга 3) чу́вство обя́занности (*по отношению к кому-л.*; to)

**indecency** [ɪnˈdiːsnsɪ] *n* неприли́чие; непристо́йность

**indecent** [ɪnˈdiːsnt] *a* 1) неприли́чный; непристо́йный 2) *разг.* неподоба́ющий; he left the party in ~ haste он ушёл с вечери́нки с неприли́чной поспе́шностью 3) непоря́дочный

**indecipherable** [ˌɪndɪˈsaɪfərəbl] *a* 1) не поддаю́щийся расшифро́вке 2) неразбо́рчивый, нечёткий

**indecision** [ˌɪndɪˈsɪʒən] *n* нереши́тельность, колеба́ние

**indecisive** [ˌɪndɪˈsaɪsɪv] *a* 1) нереша́ющий, неоконча́тельный; an ~ answer неоконча́тельный отве́т 2) нереши́тельный, коле́блющийся

**indeclinable** [ˌɪndɪˈklaɪnəbl] *a грам.* несклоня́емый

**indecomposable** [ˈɪnˌdiːkəmˈpəuzəbl] *a* 1) неразложи́мый 2) неразлага́ющийся

**indecorous** [ɪnˈdekərəs] *a* 1) наруша́ющий прили́чия, некорре́ктный, неблагопристо́йный 2) *редк.* непристо́йный

**indecorum** [ˌɪndɪˈkɔːrəm] *n* наруше́ние прили́чий, некорре́ктность; to commit an ~ нару́шить прили́чия

**indeed** [ɪnˈdiːd] *adv* 1) в са́мом де́ле, действи́тельно; he is right ~ он, действи́тельно, прав 2) *служит для усиления, подчёркивания*: very glad ~ о́чень, о́чень рад; yes, ~ да, да!; ну да!; I may, ~, be wrong допуска́ю, что я, мо́жет быть, непра́в 3) неуже́ли!; да ну!; ну и ну! (*выражает удивление, иронию, сомнение*)

**indefatigable** [ˌɪndɪˈfætɪgəbl] *a* 1) неутоми́мый 2) неосла́бный

**indefeasible** [ˌɪndɪˈfiːzəbl] *a* неотъе́млемый; неоспори́мый; ~ law непрело́жный зако́н

**indefectible** [ˌɪndɪˈfektəbl] *a* 1) безупре́чный, соверше́нный 2) непо́ртящийся

**indefensibility** [ˈɪndɪˌfensəˈbɪlɪtɪ] *n* невозмо́жность защища́ть, обороня́ть

**indefensible** [ˌɪndɪˈfensəbl] *a* 1) незащищённый; неприго́дный для оборо́ны 2) не могу́щий быть опра́вданным; непрости́тельный 3) недоказу́емый

**indefinable** [ˌɪndɪˈfaɪnəbl] *a* неопредели́мый, не поддаю́щийся определе́нию или объясне́нию

**indefinably** [ˌɪndɪˈfaɪnəblɪ] *adv* расплы́вчато, неопределённо

**indefinite** [ɪnˈdefɪnɪt] *a* 1) неопределённый (*тж. грам.*); нея́сный 2) неограни́ченный

**indelibility** [ɪnˌdelɪˈbɪlɪtɪ] *n* неизглади́мость

**indelible** [ɪnˈdelɪbl] *a* 1) несмыва́емый; нестира́емый; ~ pencil хими́ческий каранда́ш; ~ disgrace несмыва́емый позо́р 2) неизглади́мый; ~ impression неизглади́мое впечатле́ние

**indelicacy** [ɪnˈdelɪkəsɪ] *n* неделика́тность; беста́ктность; нескро́мность

**indelicate** [ɪnˈdelɪkɪt] *a* неделика́тный, нетакти́чный; беста́ктный

**indemnification** [ɪnˌdemnɪfɪˈkeɪʃən] *n* возмеще́ние, компенса́ция

**indemnify** [ɪn'demnɪfaɪ] *v* 1) обезопа́сить, застрахова́ть (from, against — от) 2) освободи́ть (*от наказания, материальной ответственности*) (for — за) 3) компенси́ровать, возмеща́ть (for)

**indemnity** [ɪn'demnɪtɪ] *n* 1) гара́нтия от убы́тков, поте́рь 2) освобожде́ние (*от наказания, материальной ответственности*); Act of I. зако́н об освобожде́нии от уголо́вной отве́тственности 3) возмеще́ние, компенса́ция 4) контрибу́ция

**indemonstrable** [ɪn'demənstrəbl] *a* 1) недоказу́емый 2) не тре́бующий доказа́тельства

**indent** ['ɪndent] **1.** *n* 1) зазу́брина, зубе́ц; вы́емка, вы́рез 2) докуме́нт с отрывны́м дублика́том 3) о́рдер, официа́льное тре́бование, зака́з (*на товары и т. п.*) 4) *амер.* купо́н 5) *полигр.* абза́ц, о́тступ 6) клеймо́, отпеча́ток

**2.** *v* [ɪn'dent] 1) зазу́бривать; выда́лбливать, выре́зывать; насека́ть 2) составля́ть докуме́нт с дублика́том (*особ.* отделённым ли́нией отре́за) 3) выпи́сывать о́рдер *или* тре́бование на това́ры, зака́зывать това́ры; to ~ for new machinery заказа́ть но́вое обору́дование 4) реквизи́ровать 5) *полигр.* де́лать абза́ц, о́тступ

**indentation** [,ɪnden'teɪʃən] *n* 1) выре́зывание в ви́де зубцо́в 2) зубе́ц, вы́рез; изви́лина, углубле́ние бе́рега *и т. п.* 3) вда́вливание; вмя́тина; отпеча́ток 4) *полигр.* о́тступ, абза́ц

**indented** [ɪn'dentɪd] **1.** *p. p. от* indent 2

**2.** *a* 1) зазу́бренный, зубча́тый; ~ coastline изре́занная берегова́я ли́ния 2) *полигр.* с о́тступом

**indention** [ɪn'denʃən] *n* 1) *полигр.* абза́ц, о́тступ 2) = indentation 1), 2) *и* 3)

**indenture** [ɪn'dentʃə] **1.** *n* 1) = indent 1, 2); 2) соглаше́ние, контра́кт в двух экземпля́рах, *особ.* догово́р ме́жду ученико́м и хозя́ином; to take up one's ~ зако́нчить учени́чество, слу́жбу 3) вы́рез, зазу́брина

**2.** *v* свя́зывать догово́ром

**independence** [,ɪndɪ'pendəns] *n* 1) незави́симость, самостоя́тельность; I. Day День незави́симости (*4 июля — национальный праздник США*) 2) самостоя́тельный дохо́д; незави́симое состоя́ние; to live a life of ~ жить самостоя́тельно

**independency** [,ɪndɪ'pendənsɪ] *n* 1) незави́симое госуда́рство 2) (I.) = Congregationalism 3) *редк.* = independence

**independent** [,ɪndɪ'pendənt] **1.** *a* 1) незави́симый, самостоя́тельный; не зави́сящий (of — от); ~ statehood госуда́рственная незави́симость; to take an ~ stand име́ть свою́ то́чку зре́ния 2) име́ющий самостоя́тельный дохо́д; облада́ющий незави́симым состоя́нием 3) непредубеждённый; ~ proof объекти́вное доказа́тельство; ~ witness беспристра́стный свиде́тель

**2.** *n полит.* «незави́симый»

**indescribable** [,ɪndɪs'kraɪbəbl] *a* неопису́емый

**indestructibility** ['ɪndɪs,trʌktə'bɪlɪtɪ] *n* неразруши́мость; the law of ~ of matter зако́н сохране́ния мате́рии

**indestructible** [,ɪndɪs'trʌktəbl] *a* неразруши́мый

**indeterminable** [,ɪndɪ'tə:mɪnəbl] *a* 1) неопредели́мый 2) неразреши́мый (*о споре и т. п.*)

**indeterminate** [,ɪndɪ'tə:mɪnɪt] *a* 1) неопределённый; неопредели́мый; нея́сный; сомни́тельный 2) нерешённый, неоко́нченный

**index** ['ɪndeks] **1.** *n* (*pl* -xes [-ksɪz], indices) 1) и́ндекс, указа́тель; ~ of cost of living и́ндекс прожи́точного ми́нимума 2) стре́лка (*на приборах*) 3) алфави́тный указа́тель; катало́г 4) указа́тельный па́лец (*тж.* ~ finger) 5) алфави́тный и́ндекс (*выемка с буквами в обрезе справочного издания*) 6) *мат.* показа́тель сте́пени; коэффицие́нт 7) *attr.*: ~ number а) поря́дковый но́мер; б) *эк.* и́ндекс

**2.** *v* 1) снабжа́ть указа́телем; the book is well ~ed кни́га име́ет хоро́ший указа́тель 2) составля́ть указа́тель, заноси́ть в указа́тель

**Indian** ['ɪndjən] **1.** *a* 1) инди́йский; ~ civilian *ист.* гражда́нский чино́вник в И́ндии 2) инде́йский (*относящийся к амер. индейцам*)

**2.** *n* 1) инди́ец 2) инде́ец (*Сев. и Южн. Америки*) 3) европе́ец, до́лго жи́вший в И́ндии

**Indian blue** ['ɪndjən'blu:] *n* инди́го

**Indian cane** ['ɪndjən'keɪn] *n* бамбу́к

**Indian club** ['ɪndjən'klʌb] *n спорт.* булава́

**Indian corn** ['ɪndjən'kɔ:n] *n* маи́с, кукуру́за

**Indian ink** ['ɪndjən'ɪŋk] *n* тушь

**Indian summer** ['ɪndjən'sʌmə] *n* золота́я о́сень; «ба́бье ле́то»

**India paper** ['ɪndjə'peɪpə] *n* кита́йская бума́га; то́нкая печа́тная бума́га

**india-rubber** ['ɪndjə'rʌbə] *n* 1) каучу́к, рези́на 2) рези́нка для стира́ния, ла́стик

**indicate** ['ɪndɪkeɪt] *v* 1) пока́зывать, ука́зывать; he ~d that the interview was over он дал поня́ть, что интервью́ око́нчено 2) служи́ть при́знаком; означа́ть 3) *мед.* тре́бовать (*лечения, ухода*); to ~ the use of penicillin тре́бовать примене́ния пеницилли́на 4) *тех.* измеря́ть мо́щность маши́ны индика́тором

**indicated** ['ɪndɪkeɪtɪd] **1.** *p. p. от* indicate

**2.** *a* номина́льный, индика́торный; ~ horsepower индика́торная мо́щность

**indication** [,ɪndɪ'keɪʃən] *n* 1) указа́ние 2) показа́ние, отсчёт (*прибора*) 3) симпто́м, знак 4) показа́ния (*для применения данного средства*)

**indicative** [ɪn'dɪkətɪv] **1.** *a* 1) ука́зывающий, пока́зывающий (of — на); to be ~ of smth. служи́ть при́знаком чего́-л. 2) *грам.* изъяви́тельный

**2.** *n грам.* изъяви́тельное наклоне́ние

**indicator** ['ɪndɪkeɪtə] *n* 1) индика́тор 2) указа́тель 3) счётчик 4) стре́лка (*циферблата и т. п.*)

**indicator-diagram** ['ɪndɪkeɪtə'daɪəgræm] *n* индика́торная диагра́мма

**indicatory** [ɪn'dɪkətərɪ] *a* указа́тельный, ука́зывающий

**indices** ['ɪndɪsi:z] *pl от* index 1

**indict** [ɪn'daɪt] *v* предъявля́ть обвине́ние; to be ~ed for theft (*или* on a charge of theft) быть обвинённым в кра́же

**indictable** [ɪn'daɪtəbl] *a* подлежа́щий рассмотре́нию в суде́, подсу́дный; ~ offender уголо́вный престу́пник

**indictee** [,ɪndaɪ'ti:] *n* обвиня́емый (*на судебном процессе*)

**indictment** [ɪn'daɪtmənt] *n* обвини́тельный акт; bill of ~ обвини́тельный акт для предвари́тельного предъявле́ния прися́жным; to bring in an ~ against smb. предъяви́ть кому́-л. обвине́ние

**indifference** [ɪn'dɪfrəns] *n* 1) безразли́чие, равноду́шие (to, towards); to treat smth., smb. with ~ относи́ться к чему́-л., кому́-л. равноду́шно 2) беспристра́стность 3) незначи́тельность, малова́жность; a matter of ~ незначи́тельное, несерьёзное де́ло; пустя́к 4) посре́дственность

**indifferent** [ɪn'dɪfrənt] *a* 1) безразли́чный, равноду́шный (to) 2) незаинтересо́ванный, беспристра́стный 3) незначи́тельный, малова́жный 4) посре́дственный

**indifferently** [ɪn'dɪfrəntlɪ] *adv* 1) равноду́шно, безразли́чно 2) посре́дственно, скве́рно

**indigence** ['ɪndɪdʒəns] *n* нужда́, бе́дность

**indigene** ['ɪndɪdʒi:n] *n* 1) тузе́мец 2) ме́стное живо́тное *или* расте́ние

**indigenous** [ɪn'dɪdʒɪnəs] *a* 1) тузе́мный, ме́стный 2) приро́дный, врождённый

**indigent** ['ɪndɪdʒənt] *a* нужда́ющийся, бе́дный

**indigested** [,ɪndɪ'dʒestɪd] *a* 1) непереváренный 2) непроду́манный, неусво́енный 3) бесфо́рменный; хаоти́ческий

**indigestible** [,ɪndɪ'dʒestəbl] *a* неудобовари́мый

**indigestion** [,ɪndɪ'dʒetʃən] *n мед.* несваре́ние; наруше́ние пищеваре́ния; диспепси́я

**indigestive** [,ɪndɪ'dʒestɪv] *a* 1) страда́ющий расстро́йством пищеваре́ния 2) вызыва́ющий расстро́йство пищеваре́ния

**indignant** [ɪn'dɪgnənt] *a* негоду́ющий, возмущённый (at *smth.*; with *smb.*)

**indignantly** [ɪn'dɪgnəntlɪ] *adv* с негодова́нием; возмущённо

**indignation** [,ɪndɪg'neɪʃən] *n* 1) негодова́ние, возмуще́ние (at *smth.*; with *smb.*) 2) *attr.*: ~ meeting ма́ссовый ми́тинг проте́ста

**indignity** [ɪn'dɪgnɪtɪ] *n* пренебреже́ние; оскорбле́ние; униже́ние (*ко-*

*го-л.*); униже́ние (*чего-л.*) досто́инства; to put indignities upon smb. подве́ргнуть кого́-л. оскорбле́ниям, оскорби́ть кого́-либо

**indigo** [ˈɪndɪgəu] *n* (*pl* -os [-əuz]) 1) инди́го (*растение и краска*) 2) цвет инди́го

**indigo blue** [ˈɪndɪgəubluː] *n* си́не-фиоле́товый цвет

**indirect** [ˌɪndɪˈrekt] *a* 1) непрямо́й; око́льный; ~ fire *воен.* ого́нь с закры́тых пози́ций; ~ light отражённый свет; ~ lighting отражённое освеще́ние; ~ elections многостепе́нные вы́боры 2) укло́нчивый 3) ко́свенный; ~ taxation ко́свенное налогообложе́ние; ~ evidence ко́свенные ули́ки 4) *грам.* ко́свенный; ~ speech ко́свенная речь; ~ object ко́свенное дополне́ние 5) побо́чный; an ~ result побо́чный, дополни́тельный результа́т

**indirection** [ˌɪndɪˈrekʃən] *n* 1) око́льные пути́; by ~ ко́свенно 2) нече́стные сре́дства, обма́н

**indiscernible** [ˌɪndɪˈsəːnəbl] *a* неразличи́мый; неприме́тный

**indiscipline** [ɪnˈdɪsɪplɪn] *n* недисциплини́рованность

**indiscreet** [ˌɪndɪsˈkriːt] *a* 1) неблагоразу́мный 2) неосторо́жный 3) несде́ржанный; нескро́мный

**indiscrete** [ˌɪndɪsˈkriːt] *a* нерасчленённый на ча́сти; компа́ктный, одноро́дный

**indiscretion** [ˌɪndɪsˈkreʃən] *n* 1) неблагоразу́мный посту́пок; to commit an ~ поступи́ть неблагоразу́мно 2) неосторо́жность 3) нескро́мность 4) неве́жливость, неучти́вость

**indiscriminate** [ˌɪndɪsˈkrɪmɪnɪt] *a* 1) неразбо́рчивый, не де́лающий разли́чий; огу́льный; ~ arrests пова́льные аре́сты; ~ slaughter поголо́вное истребле́ние (*животных и т. п.*) 2) беспоря́дочный, сме́шанный

**indiscrimination** [ˈɪndɪsˌkrɪmɪˈneɪʃən] *n* 1) неуме́ние разбира́ться, различа́ть 2) неразбо́рчивость

**indispensable** [ˌɪndɪsˈpensəbl] *a* 1) необходи́мый (to, for) 2) обяза́тельный, не допуска́ющий исключе́ний (*о законе и т. п.*)

**indispose** [ˌɪndɪsˈpəuz] *v* 1) не располага́ть, отвраща́ть (towards, from) 2) восстана́вливать, настра́ивать (*против кого-л., чего-л.*) 3) де́лать непри́годным, неспосо́бным (for — к) 4) (*особ. p. p.*) вызыва́ть недомога́ние

**indisposed** [ˌɪndɪsˈpəuzd] **1.** *p. p. от* indispose

**2.** *a* 1) нездоро́вый, испы́тывающий недомога́ние; he is ~ он нездоро́в 2) нерасполо́женный; he is ~ to help us он не скло́нен помо́чь нам

**indisposition** [ˌɪndɪspəˈzɪʃən] *n* 1) нездоро́вье, недомога́ние 2) нежела́ние 3) нерасположе́ние, отвраще́ние (to, towards)

**indisputability** [ˈɪndɪspjuːtəˈbɪlɪtɪ] *n* неоспори́мость, бесспо́рность

**indisputable** [ˈɪndɪsˈpjuːtəbl] *a* неоспори́мый, бесспо́рный

**indissoluble** [ˌɪndɪˈsɔljubl] *a* 1) нерастворимый, неразложи́мый 2) неразры́вный, неруши́мый; про́чный; the ~ bonds of friendship нерасторжи́мые у́зы дру́жбы

**indistinct** [ˌɪndɪsˈtɪŋkt] *a* 1) нея́сный, неотчётливый; сму́тный 2) невня́тный

**indistinctive** [ˌɪndɪsˈtɪŋktɪv] *a* неотличи́тельный, нехаракте́рный

**indistinguishable** [ˌɪndɪsˈtɪŋgwɪʃəbl] *a* неразличи́мый

**indite** [ɪnˈdaɪt] *v* 1) сочиня́ть, выража́ть в слова́х 2) писа́ть (*письмо и т. п.*; *обыкн. шутл.*)

**indium** [ˈɪndɪəm] *n хим.* и́ндий

**indivertible** [ˌɪndɪˈvəːtəbl] *a* неотврати́мый

**individual** [ˌɪndɪˈvɪdjuəl] **1.** *a* 1) ли́чный, индивидуа́льный; ~ freedom (*или* liberty) свобо́да ли́чности 2) хара́ктерный, осо́бенный; оригина́льный; she has an ~ style of dressing у неё своеобра́зный стиль в оде́жде 3) отде́льный, едини́чный, ча́стный; ~ peasant крестья́нин-единоли́чник; ~ fire *воен.* одино́чный ого́нь

**2.** *n* 1) ли́чность, челове́к; agreeable ~ прия́тный челове́к; private ~ *юр.* ча́стное лицо́ 2) индиви́дуум; о́собь

**individualistic** [ˌɪndɪˌvɪdjuəˈlɪstɪk] *a* индивидуалисти́ческий

**individuality** [ˌɪndɪˌvɪdjuˈælɪtɪ] *n* 1) индивидуа́льность; a man of marked ~ незауря́дная ли́чность 2) *филос.* отде́льное бытие́ 3) (*обыкн. pl*) индивидуа́льная черта́, осо́бенность

**individualize** [ˌɪndɪˈvɪdjuəlaɪz] *v* 1) индивидуализи́ровать, придава́ть индивидуа́льный хара́ктер 2) подро́бно, дета́льно определя́ть

**indivisibility** [ˈɪndɪˌvɪzɪˈbɪlɪtɪ] *n* недели́мость

**indivisible** [ˌɪndɪˈvɪzəbl] **1.** *a* недели́мый, бесконе́чно ма́лый

**2.** *n* не́что недели́мое, бесконе́чно ма́лое

**Indo-Chinese** [ˈɪndəutʃaɪˈniːz] *a* индокита́йский

**indocile** [ɪnˈdəusaɪl] *a* 1) непоко́рный, непослу́шный 2) трудновоспиту́емый

**indoctrinate** [ɪnˈdɔktrɪneɪt] *v* 1) знако́мить с како́й-л. тео́рией, каки́м-л. уче́нием 2) внуша́ть (*мысли, мнение*; with)

**indoctrinated** [ɪnˈdɔktrɪneɪtɪd] **1.** *p. p. от* indoctrinate

**2.** *a* прони́кнутый како́й-л. доктри́ной

**indoctrination** [ɪnˌdɔktrɪˈneɪʃən] *n* 1) обуче́ние 2) внуше́ние иде́й; идеологи́ческая обрабо́тка

**Indo-European** [ˈɪndəuˌjuərəˈpi(ː)ən] *a* индоевропе́йский

**indolence** [ˈɪndələns] *n* ле́ность; пра́здность; вя́лость

**indolent** [ˈɪndələnt] *a* 1) лени́вый; пра́здный; вя́лый 2) *мед.* безболе́зненный

**indomitable** [ɪnˈdɔmɪtəbl] *a* неукроти́мый; упря́мый, упо́рный; ~ temper необу́зданный хара́ктер

**Indonesian** [ˌɪndəuˈniːzjən] **1.** *a* индонези́йский

**2.** *n* индонези́ец; индонези́йка

**indoor** [ˈɪndɔː] *a* находя́щийся *или* происходя́щий в помеще́нии; ко́мнатный, дома́шний; ~ games а) ко́мнатные и́гры; б) и́гры в спорти́вном за́ле; ~ aerial *радио* ко́мнатная анте́нна

**indoors** [ˈɪnˈdɔːz] *adv* внутри́ до́ма; в помеще́нии; to stay (*или* to keep) ~ остава́ться до́ма, не выходи́ть (на у́лицу)

**indorsation** [ˌɪndɔːˈseɪʃən] = endorsement

**indorse** [ɪnˈdɔːs] = endorse

**indorsee** [ˌɪndɔːˈsiː] *n ком.* индосса́т

**indorsement** [ɪnˈdɔːsmənt] = endorsement

**indraft** [ˈɪndrɑːft] = indraught

**indraught** [ˈɪndrɑːft] *n* прито́к; пото́к (*воздуха, жидкости — внутрь*)

**indrawn** [ˈɪnˈdrɔːn] *a* втя́нутый; напра́вленный внутрь

**indubitable** [ɪnˈdjuːbɪtəbl] *a* несомне́нный; очеви́дный, бесспо́рный

**induce** [ɪnˈdjuːs] *v* 1) убежда́ть, побужда́ть, склоня́ть, заставля́ть; to ~ smb. to do smth. заста́вить кого́-л. сде́лать что-л. 2) вызыва́ть; стимули́ровать; an illness ~d by overwork боле́знь, вы́званная переутомле́нием 3) *эл.* индукти́ровать 4) *лог.* выводи́ть умозаключе́ние (путём инду́кции)

**induced** [ɪnˈdjuːst] **1.** *p. p. от* induce

**2.** *a* вы́нужденный; ~ draft *тех.* форси́рованная тя́га

**inducement** [ɪnˈdjuːsmənt] *n* 1) побужде́ние, побужда́ющий моти́в; сти́мул 2) прима́нка

**induct** [ɪnˈdʌkt] *v* 1) официа́льно вводи́ть в до́лжность 2) *амер.* призыва́ть на вое́нную слу́жбу 3) уса́живать, водворя́ть (into) 4) вводи́ть (*в курс дел*); посвяща́ть; вовлека́ть 5) = induce 3)

**inductance** [ɪnˈdʌktəns] *n эл.* индукти́вность; (само)инду́кция

**inductee** [ˌɪndʌkˈtiː] *n амер.* призывни́к

**inductile** [ɪnˈdʌktaɪl] *a* нетягу́чий, неко́вкий (*о металле*)

**induction** [ɪnˈdʌkʃən] *n* 1) официа́льное введе́ние в до́лжность 2) *амер.* призы́в на вое́нную слу́жбу 3) *лог.* инду́кция, индукти́вный ме́тод 4) *эл.* инду́кция 5) *тех.* впуск

**induction-coil** [ɪnˈdʌkʃənkɔɪl] *n эл.* индукцио́нная кату́шка, инду́ктор

**induction-valve** [ɪnˈdʌkʃənvælv] *n тех.* впускно́й кла́пан

**inductive** [ɪnˈdʌktɪv] *a* 1) *лог.* индукти́вный 2) *эл.* индукцио́нный; индукти́вный

**inductor** [ɪnˈdʌktə] *n эл.* инду́ктор

**indue** [ɪnˈdjuː] = endue

**indulge** [ɪnˈdʌldʒ] *v* 1) позволя́ть себе́ удово́льствие; дава́ть себе́ во́лю (*в чём-л.*); to ~ in bicycling увлека́ться ездо́й на велосипе́де; to ~ in a cigar (in a nap) с удово́льствием вы́курить сига́ру (вздремну́ть) 2) доставля́ть удово́льствие; he ~d the company with a song он доста́вил всем удово́льствие свои́м пе́нием

3) быть снисходи́тельным; потво́рствовать, балова́ть, потака́ть; you can't ~ every creature на всех не угоди́шь 4) *разг.* си́льно пить; I'm afraid he ~s too much я бою́сь, что он злоупотребля́ет спиртны́м 5) *ком.* дать отсро́чку платежа́ по ве́кселю

**indulgence** [ɪn'dʌldʒəns] *n* 1) снисхожде́ние, снисходи́тельность; терпи́мость; Declaration of I. *ист.* деклара́ция религио́зной терпи́мости (*в Англии в 1672 г.*) 2) потво́рство, потака́ние; побла́жка 3) потво́рство свои́м жела́ниям, потака́ние свои́м сла́бостям 4) привиле́гия, ми́лость 5) *церк.* индульге́нция, отпуще́ние грехо́в 6) *ком.* отсро́чка платежа́

**indulgent** [ɪn'dʌldʒənt] *a* 1) снисходи́тельный; терпи́мый 2) потво́рствующий; ~ parents роди́тели, балу́ющие свои́х дете́й

**indulgently** [ɪn'dʌldʒəntlɪ] *adv* снисходи́тельно; ми́лостиво

**indumentum** [ˌɪndju(:)'mentəm] *n* 1) опере́ние 2) *бот.* волосяно́й покро́в

**indurate** ['ɪndjuəreɪt] *v* 1) де́лать (-ся) твёрдым, отвердева́ть 2) де́лать(ся) бесчу́вственным, чёрствым

**induration** [ˌɪndjuə'reɪʃən] *n* 1) отверде́ние, затверде́ние 2) чёрствость, ожесточе́ние

**industrial** [ɪn'dʌstrɪəl] **1.** *a* 1) промы́шленный, индустриа́льный; ~ goods промы́шленные изде́лия; ~ classes промы́шленные рабо́чие, трудя́щиеся; ~ area промы́шленный райо́н; ~ relations отноше́ния, возника́ющие в проце́ссе произво́дства; the ~ revolution промы́шленная револю́ция 2) произво́дственный; ~ union *амер.* произво́дственный профсою́з; ~ accident несча́стный слу́чай на произво́дстве; ~ sanitation фабри́чно-заводска́я санитари́я; ~ school а) реме́сленное учи́лище; б) реме́сленная шко́ла для беспризо́рных дете́й *или* правонаруши́телей 3) употребля́емый для промы́шленных це́лей; ~ crops *с.-х.* техни́ческие культу́ры; ~ plant техни́ческое расте́ние; ~ wood пиломатериа́лы; ~ tractor тра́ктор-тяга́ч ◇ ~ action забасто́вочное движе́ние

**2.** *n* 1) промы́шленник 2) *pl* а́кции промы́шленных предприя́тий

**industrialist** [ɪn'dʌstrɪəlɪst] *n* промы́шленник, предпринима́тель; фабрика́нт

**industrialization** [ɪnˌdʌstrɪəlaɪ'zeɪʃən] *n* индустриализа́ция

**industrially** [ɪn'dʌstrɪəlɪ] *adv* 1) в промы́шленном отноше́нии; с индустриа́льной то́чки зре́ния 2) промы́шленным путём

**industrious** [ɪn'dʌstrɪəs] *a* трудолюби́вый, усе́рдный, приле́жный

**industry** ['ɪndəstrɪ] *n* 1) промы́шленность, индустри́я; home ~ а) оте́чественная промы́шленность; б) куста́рный про́мысел; large-scale ~ кру́пная промы́шленность 2) о́трасль промы́шленности 3) трудолю́бие, приле́жа́ние, усе́рдие

**indwell** ['ɪn'dwel] *v* (indwelt) 1) прожива́ть (in) 2) постоя́нно пребыва́ть, не покида́ть, не оставля́ть (*о мыслях и т. п.*)

**indwelling** ['ɪn'dwelɪŋ] **1.** *pres. p. от* indwell

**2.** *n* пребыва́ние (*где-л.*)

**3.** *a* живу́щий; постоя́нно пребыва́ющий

**indwelt** ['ɪn'dwelt] *past и p. p. от* indwell

**inearth** [ɪn'ə:θ] *v* зарыва́ть в зе́млю, хорони́ть

**inebriate 1.** *n* [ɪ'ni:brɪɪt] пья́ница, алкого́лик

**2.** *a* [ɪ'ni:brɪɪt] пья́ный, опьяне́вший

**3.** *v* [ɪ'ni:brɪeɪt] опьяня́ть

**inebriation** [ɪˌni:brɪ'eɪʃən] *n* опьяне́ние

**inebriety** [ˌɪni(:)'braɪətɪ] *n* 1) опьяне́ние 2) алкоголи́зм

**inedibility** [ɪnˌedɪ'bɪlɪtɪ] *n* несъедо́бность

**inedible** [ɪn'edɪbl] *a* несъедо́бный; ~ fat *тех.* техни́ческий жир

**ineducable** [ɪn'edjukəbl] *a* не поддаю́щийся обуче́нию *или* дрессиро́вке

**ineffable** [ɪn'efəbl] *a* невырази́мый, несказа́нный

**ineffaceable** [ˌɪnɪ'feɪsəbl] *a* неизглади́мый

**ineffective** [ˌɪnɪ'fektɪv] *a* 1) безрезульта́тный, не производя́щий *или* не достига́ющий эффе́кта 2) недействи́тельный 3) неспосо́бный, неуме́лый

**ineffectual** [ˌɪnɪ'fektjuəl] *a* безрезульта́тный, беспло́дный; неуда́чный, сла́бый; ~ teacher плохо́й преподава́тель

**inefficacious** [ˌɪnefɪ'keɪʃəs] *a* недейств́ительный, неэффекти́вный

**inefficiency** [ˌɪnɪ'fɪʃənsɪ] *n* 1) неспосо́бный, неуме́лый 2) пло́хо де́йствующий, неэффекти́вный; непроизводи́тельный

**inelaborate** [ˌɪnɪ'læbərɪt] *a* 1) неразрабо́танный 2) просто́й, безыску́сственный

**inelastic** [ˌɪnɪ'læstɪk] *a* неэласти́чный, неги́бкий; ~ timetable жёсткое расписа́ние

**inelasticity** [ˌɪnɪlæs'tɪsɪtɪ] *n* неэласти́чность, неги́бкость

**inelegance** [ɪn'elɪgəns] *n* неэлега́нтность *и пр.* [*см.* inelegant]

**inelegant** [ɪn'elɪgənt] *a* 1) неэлега́нтный, неизя́щный; безвку́сный 2) неотде́ланный (*о стиле*)

**ineligible** [ɪn'elɪdʒəbl] *a* 1) не могу́щий быть и́збранным (*на какой-л. пост*) 2) нежела́тельный (*о женихе или невесте*) 3) неподходя́щий, него́дный (*особ. для военной службы*)

**ineluctability** ['ɪnɪˌlʌktə'bɪlɪtɪ] *n* неизбе́жность, неотврати́мость

**ineluctable** [ˌɪnɪ'lʌktəbl] *a* неизбе́жный, неотврати́мый

**inept** [ɪ'nept] *a* 1) неподходя́щий, неуме́стный 2) неспосо́бный 3) глу́пый 4) *юр.* недействи́тельный

**ineptitude** [ɪ'neptɪtju:d] *n* 1) неуме́стность 2) неспосо́бность, неуме́лость 3) глу́пость

**inequable** [ɪn'ekwəbl] *a* 1) изме́нчивый 2) неуравнове́шенный

**inequality** [ˌɪni(:)'kwɔlɪtɪ] *n* 1) нера́венство; ра́зница 2) неодина́ковость; разли́чие, несхо́дство 3) изме́нчивость, непостоя́нство 4) (*обыкн. pl*) неро́вность (*поверхности*) 5) несостоя́тельность; неспосо́бность (*сделать что-л.*)

**inequilateral** [ɪn'i:kwɪ'lætərəl] *a* неравносторо́нний

**inequitable** [ɪn'ekwɪtəbl] *a* несправедли́вый, пристра́стный

**inequity** [ɪn'ekwɪtɪ] *n* несправедли́вость

**ineradicable** [ˌɪnɪ'rædɪkəbl] *a* неискорени́мый

**inerrable** [ɪn'erəbl] *a* непогреши́мый

**inerrancy** [ɪn'erənsɪ] *n* непогреши́мость

**inert** [ɪ'nə:t] *a* 1) ине́ртный, неакти́вный; нейтра́льный 2) безде́ятельный, вя́лый; ко́сный

**inertia** [ɪ'nə:ʃjə] *n* 1) *физ.* ине́рция; си́ла ине́рции 2) ине́ртность, вя́лость; ко́сность 3) *attr.*: ~ governor *тех.* центробе́жный регуля́тор

**inertness** [ɪ'nə:tnɪs] *n* ине́ртность

**inescapable** [ˌɪnɪs'keɪpəbl] *a* неизбе́жный, неотврати́мый

**inesculent** [ɪn'eskju:lənt] *a* несъедо́бный

**inessential** ['ɪnɪ'senʃəl] *a* несуще́ственный; нева́жный

**inessentials** ['ɪnɪ'senʃəlz] *n pl* то, что не явля́ется предме́том пе́рвой необходи́мости; предме́ты ро́скоши

**inestimable** [ɪn'estɪməbl] *a* не поддаю́щийся оце́нке; неоцени́мый, бесце́нный

**inevitability** [ɪnˌevɪtə'bɪlɪtɪ] *n* неизбе́жность

**inevitable** [ɪn'evɪtəbl] *a* 1) неизбе́жный, неминуе́мый 2) *разг.* неизме́нный; tourists with their ~ cameras тури́сты со свои́ми неизме́нными фотоаппара́тами

**inexact** [ˌɪnɪg'zækt] *a* нето́чный

**inexactitude** [ˌɪnɪg'zæktɪtju:d] *n* нето́чность ◇ terminological ~s *эвф.* ложь

**inexcusable** [ˌɪnɪks'kju:zəbl] *a* непрости́тельный

**inexhaustibility** ['ɪnɪgˌzɔ:stə'bɪlɪtɪ] *n* неистощи́мость *и пр.* [*см.* inexhaustible]

**inexhaustible** [ˌɪnɪg'zɔ:stəbl] *a* 1) неистощи́мый, неисчерпа́емый; ~ fertility неистощи́мое плодоро́дие (*почвы*) 2) неутоми́мый

**inexorability** [ɪnˌeksərə'bɪlɪtɪ] *n* неумоли́мость *и пр.* [*см.* inexorable]

**inexorable** [ɪn'eksərəbl] *a* неумоли́мый, безжа́лостный; непреклонный; непоколеби́мый

**inexpediency** [ˌɪnɪks'pi:djənsɪ] *n* нецелесообра́зность; неблагоразу́мие

**inexpedient** [ˌɪnɪks'pi:djənt] *a* нецелесообра́зный; неблагоразу́мный

**inexpensive** [ˌɪnɪks'pensɪv] *a* недорого́й, дешёвый

**inexperience** [ˌɪnɪks'pɪərɪəns] *n* нео́пытность

**inexpert** [ɪn'ekspə:t] *a* 1) неиску́сный, неуме́лый 2) нео́пытный, несве́дущий

**inexpiable** [ɪn'ekspɪəbl] *a* 1) неиску-пи́мый 2) неумоли́мый

**inexplicable** [ɪn'eksplɪkəbl] *a* необъясни́мый; непоня́тный

**inexplicit** [ˌɪnɪks'plɪsɪt] *a* неопределённый, нея́сно вы́раженный, непоня́тный

**inexpressible** [ˌɪnɪks'presəbl] **1.** *a* невырази́мый; неопису́емый

**2.** *n pl шутл.* штаны́

**inexpressive** [ˌɪnɪks'presɪv] *a* 1) невырази́тельный 2) *уст.* невырази́мый, неопису́емый

**inexpugnable** [ˌɪnɪks'pʌgnəbl] *a* непристу́пный; неодоли́мый

**inextinguishable** [ˌɪnɪks'tɪŋgwɪʃəbl] *a* неугаси́мый; непрекраща́ющийся; ~ laughter безу́держный смех

**inextricable** [ɪn'ekstrɪkəbl] *a* 1) не могу́щий быть распу́танным; сло́жный, запу́танный; ~ connection неразры́вная связь 2) неразреши́мый; безвы́ходный; ~ difficulties непреодоли́мые тру́дности

**infallibility** [ɪnˌfælə'bɪlɪtɪ] *n* непогреши́мость *и пр.* [*см.* infallible]

**infallible** [ɪn'fæləbl] *a* 1) безоши́бочный, непогреши́мый; none of us is ~ всем нам сво́йственно ошиба́ться 2) надёжный, ве́рный

**infamise, infamize** ['ɪnfəmaɪz] *v* 1) клейми́ть позо́ром 2) поноси́ть; клевета́ть

**infamous** ['ɪnfəməs] *a* 1) име́ющий дурну́ю репута́цию 2) позо́рный; посты́дный, бесче́стный; ~ conduct а) посты́дное поведе́ние; б) наруше́ние профессиона́льной э́тики (*особ. врачом*); ~ lie ни́зкая ложь 3) *разг.* скве́рный, па́костный 4) *юр.* лишённый гражда́нских прав вследствие совершённого преступле́ния

**infamy** ['ɪnfəmɪ] *n* 1) бесче́стье, позо́р; to hold smb. up to ~ опозо́рить кого́-л. 2) посты́дное, бесче́стное поведе́ние 3) ни́зость, по́длость 4) *юр.* лише́ние гражда́нских прав вслéдствие совершённого преступле́ния

**infancy** ['ɪnfənsɪ] *n* 1) ра́ннее де́тство, младе́нчество 2) ра́нняя ста́дия разви́тия; пери́од становле́ния; in the ~ of mankind на заре́ челове́чества 3) *юр.* несовершенноле́тие

**infant** ['ɪnfənt] **1.** *n* 1) младе́нец, ребёнок 2) *юр.* несовершенноле́тний

**2.** *a* 1) де́тский 2) нача́льный, зача́точный; зарожда́ющийся; ~ industry но́вая о́трасль промы́шленности

**infanta** [ɪn'fæntə] *исп. n* инфа́нта

**infante** [ɪn'fæntɪ] *исп. n* инфа́нт

**infanticide** [ɪn'fæntɪsaɪd] *n* детоуби́йство, *особ.* уби́йство новорождённого

**infantile, infantine** ['ɪnfəntaɪl, -taɪn] *a* 1) младе́нческий, инфанти́льный; ~ sickness де́тская боле́знь; infantile paralysis *мед.* полиомиели́т, де́тский парали́ч 2) нача́льный; в пе́рвой ста́дии

**infantry** ['ɪnfəntrɪ] *n* 1) пехо́та 2) *attr.* пехо́тный

**infantryman** ['ɪnfəntrɪmən] *n* пехоти́нец

**infant-school** ['ɪnfəntskuːl] *n* шко́ла для малыше́й (*от 5 до 7 лет; государственная; существует самостоятельно или в составе общей начальной школы*)

**infatuate** [ɪn'fætjueɪt] *v* вскружи́ть го́лову, свести́ с ума́; внуши́ть безрассу́дную страсть

**infatuated** [ɪn'fætjueɪtɪd] **1.** *p. p. от* infatuate

**2.** *a* ослеплённый, влюблённый до безу́мия; поглупе́вший от любви́

**infatuation** [ɪnˌfætju'eɪʃən] *n* 1) слепо́е увлече́ние 2) стра́стная влюблённость; безрассу́дная страсть (for)

**infect** [ɪn'fekt] *v* заража́ть (*тж. перен.*)

**infection** [ɪn'fekʃən] *n* 1) зараже́ние, инфе́кция; зара́за 2) зарази́тельность

**infectious** [ɪn'fekʃəs] *a* 1) инфекцио́нный, зара́зный 2) зарази́тельный; ~ laughter зарази́тельный смех

**infective** [ɪn'fektɪv] = infectious; ~ matter зара́зное нача́ло

**infelicitous** [ˌɪnfɪ'lɪsɪtəs] *a* 1) несчастли́вый, несча́стный 2) неуда́чный

**infelicity** [ˌɪnfɪ'lɪsɪtɪ] *n* 1) несча́стье 2) погре́шность; the infelicities of style стилисти́ческие погре́шности

**infer** [ɪn'fəː] *v* 1) заключа́ть, де́лать заключе́ние, вы́вод 2) означа́ть, подразумева́ть

**inferable** [ɪn'fəːrəbl] *a* возмо́жный в ка́честве вы́вода, заключе́ния

**inference** ['ɪnfərəns] *n* 1) вы́вод, заключе́ние 2) подразумева́емое; предположе́ние; a mere ~ всего́ лишь предположе́ние

**inferential** [ˌɪnfə'renʃəl] *a* вы́веденный *или* выводи́мый путём заключе́ния

**inferior** [ɪn'fɪərɪə] **1.** *n* подчинённый; мла́дший по чи́ну; стоя́щий ни́же (*по развитию, уму и т. п.*); your ~s ва́ши подчинённые

**2.** *a* 1) ни́зший (*по положению, чину*, to) 2) ху́дший (*по качеству*); плохо́й; of ~ quality плохо́го ка́чества; to be ~ to smb. уступа́ть кому́-л. (*в чём-л.*) 3) ни́жний 4) *полигр.* подстро́чный

**inferiority** [ɪnˌfɪərɪ'ɔrɪtɪ] *n* 1) бо́лее ни́зкое положе́ние, досто́инство, ка́чество; he was painfully sensible of his ~ in conversation он боле́зненно относи́лся к своему́ неуме́нию вести́ разгово́р 2) *attr.*: ~ complex *психол.* ко́мплекс неполноце́нности

**infernal** [ɪn'fəːnl] *a* 1) а́дский 2) дья́вольский, бесчелове́чный 3) *разг.* прокля́тый

**inferno** [ɪn'fəːnəu] *ит. n* ад

**inferrable** [ɪn'fəːrəbl] = inferable

**infertile** [ɪn'fəːtaɪl] *a* неплодоро́дный; беспло́дный

**infertility** [ˌɪnfəː'tɪlɪtɪ] *n* неплодоро́дие; беспло́дие

**infest** [ɪn'fest] *v* кише́ть; наводня́ть

**infestation** [ˌɪnfes'teɪʃən] *n* инва́зия (*заражение паразитами*)

**infidel** ['ɪnfɪdəl] **1.** *n* 1) атеи́ст, неве́рующий 2) язы́чник; неве́рный

**2.** *a* неве́рующий

**infidelity** [ˌɪnfɪ'delɪtɪ] *n* 1) неве́рие; безбо́жие; атеи́зм 2) язы́чество 3) неве́рность (*особ.* супру́жеская)

**infield** ['ɪnfiːld] *n* 1) земля́, прилега́ющая к уса́дьбе 2) па́хотная земля́, обраба́тываемая земля́ 3) часть по́ля у воро́т (*в крикете*)

**infighting** ['ɪnˌfaɪtɪŋ] *n* 1) *спорт.* бой с бли́жней диста́нции (*в боксе*) 2) *воен.* бли́жний бой

**infiltrate** ['ɪnfɪltreɪt] *v* 1) пропуска́ть (*жидкость*) че́рез фильтр; фильтрова́ть 2) проса́чиваться; проника́ть (*тж. перен.*) 3) *воен.* проника́ть в тыл проти́вника

**infiltration** [ˌɪnfɪl'treɪʃən] *n* 1) инфильтра́ция; проса́чивание, проникнове́ние (*тж. перен.*) 2) *хим.* фильтра́т 3) *мед.* инфильтра́т 4) *воен.* проникнове́ние в тыл проти́вника

**infiltree** [ˌɪnfɪl'triː] *n* наруши́тель грани́цы

**infinite** ['ɪnfɪnɪt] **1.** *n* 1) *разг.* ма́сса, мно́жество 2) (the ~) бесконе́чность, бесконе́чное простра́нство

**2.** *a* 1) бесконе́чный, безграни́чный; о́чень большо́й; ~ series *мат.* бесконе́чный ряд; ~ space бесконе́чное простра́нство 2) (*с сущ. во мн. ч.*) несме́тный, бесчи́сленный 3) *грам.* нели́чный

**infinitesimal** [ˌɪnfɪnɪ'tesɪməl] *мат.* **1.** *n* бесконе́чно ма́лая величина́

**2.** *a* бесконе́чно ма́лый

**infinitival** [ɪnˌfɪnɪ'taɪvəl] *a грам.* инфинити́вный, относя́щийся к неопределённой фо́рме глаго́ла

**infinitive** [ɪn'fɪnɪtɪv] *грам.* **1.** *n* инфинити́в, неопределённая фо́рма глаго́ла

**2.** *a* неопределённый

**infinitude** [ɪn'fɪnɪtjuːd] *n* 1) бесконе́чность 2) бесконе́чно большо́е число́, коли́чество (of)

**infinity** [ɪn'fɪnɪtɪ] *n* бесконе́чность; безграни́чность

**infirm** [ɪn'fəːm] *a* 1) не́мощный, дря́хлый 2) слабово́льный, слабохара́ктерный; нереши́тельный; ~ of purpose нереши́тельный; нецелеустремлённый 3) неусто́йчивый

**infirmary** [ɪn'fəːmərɪ] *n* изоля́тор; лазаре́т

**infirmity** [ɪn'fəːmɪtɪ] *n* 1) не́мощь, дря́хлость 2) физи́ческий *или* мора́льный недоста́ток 3) слабохара́ктерность; ~ of purpose нереши́тельность, сла́бость во́ли

**infix** **1.** *n* ['ɪnfɪks] *грам.* и́нфикс

**2.** *v* [ɪn'fɪks] 1) вста́вить, укрепи́ть (in — в *чём-л.*) 2) запечатле́ть (*в уме*)

**inflame** [ɪn'fleɪm] *v* 1) воспламеня́ться, вспы́хивать, загора́ться 2) взволнова́ть(ся); возбуди́ть(ся) 3) *мед.* воспаля́ться 4) *мед.* вызыва́ть воспале́ние

**inflammability** [ɪnˌflæmə'bɪlɪtɪ] *n* 1) воспламеня́емость 2) возбуди́мость

**inflammable** [ɪn'flæməbl] **1.** *a* 1) легко́ воспламеня́ющийся; горю́чий;

highly ~ огнеопасный; ~ mixture горючая смесь 2) легко возбудимый
2. *n* горючее вещество
**inflammation** [ˌɪnfləˈmeɪʃən] *n* 1) воспламенение 2) *мед.* воспаление
**inflammatory** [ɪnˈflæmətərɪ] *a* 1) возбуждающий, возбудительный 2) *мед.* воспалительный
**inflate** [ɪnˈfleɪt] *v* 1) надувать, наполнять газом, воздухом; накачивать 2) надуваться (*от важности*; with) 3) взвинчивать, вздувать (*цены*) 4) *эк.* проводить инфляцию
**inflated** [ɪnˈfleɪtɪd] **1.** *p. p. от* inflate
2. *a* надутый, напыщенный; ~ style напыщенный стиль
**inflation** [ɪnˈfleɪʃən] *n* 1) надувание, наполнение воздухом, газом 2) *эк.* инфляция 3) вздутие, вздутость; ~ of dough подъём теста
**inflationary** [ɪnˈfleɪʃnərɪ] *a эк.* инфляционный
**inflect** [ɪnˈflekt] *v* 1) сгибать, гнуть; вогнуть 2) *грам.* изменять окончание слова, склонять, спрягать 3) *муз.* модулировать (*о голосе*) 4) *физ.* отклонять (*луч света*)
**inflection** [ɪnˈflekʃən] = inflexion
**inflective** [ɪnˈflektɪv] *a грам.* изменяемый, склоняемый, спрягаемый
**inflexibility** [ɪnˌfleksəˈbɪlɪtɪ] *n* 1) негибкость; жёсткость, несгибаемость 2) непреклонность, непоколебимость
**inflexible** [ɪnˈfleksəbl] *a* 1) негибкий, негнущийся; несгибаемый 2) непреклонный, непоколебимый; ~ will непреклонная воля; ~ courage несгибаемое мужество
**inflexion** [ɪnˈflekʃən] *n* 1) сгибание, изгиб 2) *грам.* флексия 3) модуляция, интонация
**inflexional** [ɪnˈflekʃənl] *a лингв.* флективный (*о языке*)
**inflict** [ɪnˈflɪkt] *v* 1) наносить (*удар, рану*; upon) 2) причинять (*боль, страдание, убыток*) 3) налагать (*наказание*) 4) навязывать; to ~ oneself (*или* one's company) upon навязаться
**infliction** [ɪnˈflɪkʃən] *n* 1) причинение (*страдания*) 2) наложение (*наказания*) 3) наказание 4) страдание; огорчение
**in-flight** [ˈɪnˈflaɪt] *a*: ~ refuelling (*или* feeding) *ав.* дозаправка в воздухе
**inflorescence** [ˌɪnflɔːˈresns] *n бот.* 1) цветорасположение 2) соцветие 3) цветение
**inflow** [ˈɪnfləu] *n* 1) впадение; втекание 2) приток; наплыв 3) засасывание 4) впуск
**inflowing** [ˈɪnˌfləuɪŋ] **1.** *n* впадение, втекание
2. *a* впадающий, втекающий
**influence** [ˈɪnfluəns] **1.** *n* 1) влияние, действие, воздействие (on, upon, over — на); a person of ~ влиятельное лицо; to exercise one's ~ пустить в ход своё влияние; under the ~ of smth. под влиянием чего-л. 2) лицо, фактор, оказывающие влияние; environment is an ~ on character среда влияет на формирование характера; to have ~ with быть авторитетом для, оказывать влияние на; I have little ~ with him я для него не авторитет
2. *v* оказывать влияние, влиять; the weather ~s crops погода влияет на урожай
**influent** [ˈɪnfluənt] **1.** *n* приток
2. *a* втекающий, впадающий
**influential** [ˌɪnfluˈenʃəl] *a* влиятельный, важный; considerations ~ in reaching an agreement соображения, важные для достижения соглашения
**influenza** [ˌɪnfluˈenzə] *n мед.* инфлюэнца, грипп
**influx** [ˈɪnflʌks] *n* 1) втекание, приток 2) наплыв (*туристов и т. п.*) 3) впадение (*притока в реку*)
**inform** [ɪnˈfɔːm] *v* 1) сообщать, информировать, уведомлять 2) доносить (against — на *кого-л.*) 3) наполнять (*чувством и т. п.*); одушевлять; ~ed with life полный жизни
**informal** [ɪnˈfɔːml] *a* 1) неофициальный; неформальный; без соблюдения формальностей; ~ visit неофициальный визит; ~ dress повседневная одежда 2) непринуждённый
**informality** [ˌɪnfɔːˈmælɪtɪ] *n* 1) несоблюдение установленных формальностей, отступление от формы 2) отсутствие церемоний
**informant** [ɪnˈfɔːmənt] *n* информант
**information** [ˌɪnfəˈmeɪʃən] *n* 1) информация, сообщения, сведения (on, about); "Information" «Справки» (*надпись, вывеска*); to turn in ~ дать сведения, информацию 2) знания, осведомлённость; a mine of ~ кладезь знаний; ходячая энциклопедия 3) обвинение, жалоба (*поданные в суд*; against); to lay ~ against smb. подать жалобу в суд на кого-л. 4) *attr.*: ~ officer *воен.* офицер по информации; ~ agency *воен.* орган разведки; ~ desk справочный стол; ~ theory теория информации
**informative** [ɪnˈfɔːmətɪv] *a* информационный, информирующий; информативный, поучительный; содержащий информацию; ~ book содержательная книга
**informed** [ɪnˈfɔːmd] **1.** *p. p. от* inform
2. *a* 1) осведомлённый 2) знающий, образованный
**informer** [ɪnˈfɔːmə] *n* осведомитель, доносчик (*тж.* common ~)
**infra** [ˈɪnfrə] *лат. adv* ниже; see ~ ch. VII смотри ниже VII главу
**infra-** [ɪnfrə-] *pref* ниже-, под-; инфра-
**infracostal** [ˈɪnfrəˈkɔstl] *a анат.* подрёберный
**infraction** [ɪnˈfrækʃən] *n* нарушение (*правила, закона и т. п.*)
**infra dig** [ˈɪnfrəˈdɪg] *a predic.* (*сокр. от лат.* infra dignitatem) ниже (*чьего-л.*) достоинства; унизительный; недостойный
**infrangible** [ɪnˈfrændʒɪbl] *a* 1) нерушимый; ненарушимый 2) неразложимый; неделимый
**infra-red** [ˈɪnfrəˈred] *a физ.* инфракрасный; ~ rays инфракрасные лучи
**infrequent** [ɪnˈfriːkwənt] *a* не часто случающийся, редкий
**infringe** [ɪnˈfrɪndʒ] *v* нарушать (*закон, обещание, авторское право и т. п.*); посягать (*на чьи-л. права и т. п.*)
**infringement** [ɪnˈfrɪndʒmənt] *n* нарушение (*закона, обещания, авторского права и т. п.*); посягательство (*на права, свободу и т. п.*)
**infundibular** [ˌɪnfʌnˈdɪbjulə] *a* воронкообразный
**infuriate** [ɪnˈfjuərɪeɪt] *v* приводить в ярость, в бешенство; разъярять
**infuse** [ɪnˈfjuːz] *v* 1) вливать (into) 2) вселять, возбуждать (*чувство и т. п.*); придавать (*храбрость и т. п.*); to ~ with hope вселять надежду 3) заваривать, настаивать (*чай, травы*) 4) настаиваться (*о чае и т. п.*)
**infusible** [ɪnˈfjuːzəbl] *a* неплавкий, тугоплавкий
**infusion** [ɪnˈfjuːʒən] *n* 1) вливание 2) внушение (*надежды*); придание (*храбрости*) 3) настой 4) примесь
**infusoria** [ˌɪnfjuːˈzɔːrɪə] *n pl зоол.* инфузории
**infusorial** [ˌɪnfjuːˈzɔːrɪəl] *a* инфузорный
**ingathering** [ˈɪnˌgæðərɪŋ] *n* сбор (*особ.* урожая)
**ingeminate** [ɪnˈdʒemɪneɪt] *v* повторять, твердить
**ingenious** [ɪnˈdʒiːnjəs] *a* 1) изобретательный, искусный 2) остроумный, оригинальный (*об ответе и т. п.*)
**ingénue** [ˌænʒeɪˈnjuː] *фр. n театр.* инженю
**ingenuity** [ˌɪndʒɪˈnju(ː)ɪtɪ] *n* изобретательность, искусность, мастерство; the ~ of man человеческая изобретательность
**ingenuous** [ɪnˈdʒenjuəs] *a* бесхитростный; простодушный
**ingest** [ɪnˈdʒest] *v* глотать, проглатывать
**ingle** [ˈɪŋgl] *n* огонь в очаге
**ingle-nook** [ˈɪŋglnuk] *n* местечко у огня, у камина
**inglorious** [ɪnˈglɔːrɪəs] *a* 1) бесславный, позорный, постыдный 2) *редк.* без(ыз)вестный; незаметный
**ingoing** [ɪnˌgəuɪŋ] **1.** *n.* 1) вход, вступление 2) предварительная оплата ремонта и оборудования арендуемого помещения
2. *a* входящий; вновь прибывающий; the ~ Administration новое правительство; ~ tenant новый жилец
**ingot** [ˈɪŋgət] *n* 1) слиток, болванка; чушка; брусок металла 2) *attr.* литой; ~ iron литое железо; ~ steel литая сталь
**ingraft** [ɪnˈgrɑːft] = engraft
**ingrain** [ˈɪnˈgreɪn] **1.** *n* 1) пряжа, шерсть *и т. п.*, окрашенные до обработки 2) поход (*добавочный вес*)
2. *a* 1) окрашенный в пряже, волокне 2) = ingrained 2)
**ingrained** [ˈɪnˈgreɪnd] *a* 1) проникающий, пропитывающий; ~ dirt въевшаяся грязь 2) прочно укоре-

ни́вшийся, застаре́лый; закорене́лый 3) *геол.* вкра́пленный

**ingratiate** [ɪn'greɪʃɪeɪt] *v* сниска́ть (*чьё-л.*) расположе́ние; to ~ oneself with smb. втере́ться к кому́-л. в дове́рие

**ingratiating** [ɪn'greɪʃɪeɪtɪŋ] *a* льсти́вый, заи́скивающий; ~ smile заи́скивающая улы́бка

**ingratiatingly** [ɪn'greɪʃɪeɪtɪŋlɪ] *adv* заи́скивающе; льсти́во

**ingratitude** [ɪn'grætitjud] *n* неблагода́рность

**ingravescent** [ˌɪngrə'vesənt] *a мед.* постепе́нно ухудша́ющийся (*о боле́зни*)

**ingredient** [ɪn'gri:djənt] *n* составна́я часть, ингредие́нт

**ingress** ['ɪngres] *n* 1) вход, до́ступ 2) пра́во вхо́да

**ingrowing** ['ɪnˌgrəuɪŋ] *a* враста́ющий

**ingrowth** ['ɪngrəuθ] *n* враста́ние вну́трь

**inguinal** ['ɪŋgwɪnl] *a анат.* пахово́й

**ingulf** [ɪn'gʌlf] = engulf

**ingurgitate** [ɪn'gə:dʒɪteɪt] *v* жа́дно глота́ть; *перен.* поглоща́ть

**inhabit** [ɪn'hæbɪt] *v* жить, обита́ть, населя́ть

**inhabitable** [ɪn'hæbɪtəbl] *a* приго́дный для жилья́

**inhabitancy** [ɪn'hæbɪtənsɪ] *n* прожива́ние (*где-л.*; *особ. в тече́ние сро́ка, доста́точного для получе́ния изве́стных прав*)

**inhabitant** [ɪn'hæbɪtənt] *n* жи́тель, обита́тель

**inhabitation** [ɪnˌhæbɪ'teɪʃən] *n* 1) жи́тельство, прожива́ние 2) жили́ще, жильё; местожи́тельство

**inhabited** [ɪn'hæbɪtɪd] *a* населённый; ~ locality населённый пункт

**inhalation** [ˌɪnhə'leɪʃən] *n* 1) вдыха́ние 2) *мед.* ингаля́ция

**inhale** [ɪn'heɪl] *v* 1) вдыха́ть 2) затя́гиваться (*таба́чным ды́мом*)

**inhaler** [ɪn'heɪlə] *n* 1) ингаля́тор 2) респира́тор; противога́з 3) возду́шный фильтр 4) завзя́тый кури́льщик

**inharmonic** [ˌɪnhɑ:'mɔnɪk] *a* наруша́ющий гармо́нию

**inharmonious** [ˌɪnhɑ:'məunjəs] *a* негармони́чный, нестро́йный, несогласо́ванный

**inhere** [ɪn'hiə] *v* 1) быть прису́щим (in) 2) принадлежа́ть, быть неотъе́млемым (*о права́х и т. п.*; in)

**inherence, -cy** [ɪn'hɪərəns, -sɪ] *n* неотдели́мость, неотъе́млемость

**inherent** [ɪn'hɪərənt] *a* 1) прису́щий, неотъе́млемый 2) прирождённый, врождённый, сво́йственный (in); an ~ sense of humour врождённое чу́вство ю́мора

**inherit** [ɪn'herɪt] *v* насле́довать; унасле́довать

**inheritable** [ɪn'herɪtəbl] *a* 1) насле́дственный 2) име́ющий права́ насле́дства

**inheritance** [ɪn'herɪtəns] *n* 1) насле́дование; унасле́дование; by ~ по насле́дству 2) насле́дство; *перен. тж.* насле́дие 3) насле́дственность

**inherited** [ɪn'herɪtɪd] *a* унасле́дованный; ~ quality врождённое ка́чество

**inheritor** [ɪn'herɪtə] *n* насле́дник

**inheritress, inheritrix** [ɪn'herɪtrɪs, -trɪks] *n* насле́дница

**inhesion** [ɪn'hi:ʒən] *n* прису́щность

**inhibit** [ɪn'hɪbɪt] *v* 1) препя́тствовать, сде́рживать, подавля́ть; to ~ one's desire to do smth. подави́ть в себе́ жела́ние сде́лать что-л. 2) *физиол.* заде́рживать, тормози́ть 3) запреща́ть (*де́лать что-л.* — *гл. обр. в церко́вном пра́ве*; from)

**inhibition** [ˌɪnhɪ'bɪʃən] *n* 1) сде́рживание 2) *физиол.* заде́ржка, подавле́ние, торможе́ние 3) воспреще́ние, запреще́ние (*гл. обр. в церко́вном пра́ве*)

**inhibitor** [ɪn'hɪbɪtə] *n* 1) *биол.* вещество́, заде́рживающее рост 2) *хим.* замедли́тель реа́кции

**inhibitory** [ɪn'hɪbɪtərɪ] *a* 1) препя́тствующий 2) запреща́ющий, запрети́тельный 3) *физиол.* заде́рживающий, подавля́ющий, тормозя́щий

**inhospitable** [ɪn'hɔspɪtəbl] *a* 1) негостеприи́мный 2) суро́вый; ~ coast суро́вый, нела́сковый бе́рег

**inhuman** [ɪn'hju:mən] *a* 1) бесчелове́чный, жесто́кий, бесчу́вственный 2) нечелове́ческий, не сво́йственный челове́ку

**inhumane** [ˌɪnhju(:)'meɪn] *a* негума́нный; жесто́кий

**inhumanity** [ˌɪnhju(:)'mænɪtɪ] *n* бесчелове́чность, жесто́кость

**inhumation** [ˌɪnhju(:)'meɪʃən] *n* преда́ние земле́, погребе́ние

**inhume** [ɪn'hju:m] *v* предава́ть земле́, погреба́ть

**inimical** [ɪ'nɪmɪkəl] *a* 1) вражде́бный, недружелю́бный (to) 2) неблагоприя́тный; ~ bacteria вре́дные бакте́рии

**inimitable** [ɪ'nɪmɪtəbl] *a* неподража́емый; несравне́нный, непревзойдённый

**iniquitous** [ɪ'nɪkwɪtəs] *a* ужаса́юще несправедли́вый; чудо́вищный

**iniquity** [ɪ'nɪkwɪtɪ] *n* беззако́ние, зло; несправедли́вость; lost in ~ погря́зший в поро́ке

**initial** [ɪ'nɪʃəl] **1.** *a* нача́льный; первонача́льный; ~ cost первонача́льная сто́имость; ~ expenditure предвари́тельные расхо́ды; ~ word аббревиату́ра из нача́льных букв (*напр.* UNO ООН)

**2.** *n* 1) нача́льная бу́ква 2) *pl* инициа́лы

**3.** *v* 1) (по)ста́вить инициа́лы 2) парафи́ровать (*в междунаро́дном пра́ве*); to ~ a document парафи́ровать докуме́нт

**initially** [ɪ'nɪʃəlɪ] *adv* в нача́льной ста́дии; в исхо́дном положе́нии

**initiate 1.** *n* [ɪ'nɪʃɪɪt] вновь при́нятый (*в о́бщество и т. п.*); посвящённый (*в та́йну и т. п.*)

**2.** *a* [ɪ'nɪʃɪɪt] при́нятый (*в о́бщество и т. п.*); посвящённый (*в та́йну и т. п.*)

**3.** *v* [ɪ'nɪʃɪeɪt] 1) вводи́ть (*в до́лжность и т. п.*); знако́мить; посвяща́ть (*в та́йну и т. п.*) 2) принима́ть в чле́ны о́бщества, клу́ба *и т. п.* 3) нача́ть, приступа́ть, положи́ть нача́ло; to ~ measures приступи́ть к проведе́нию мероприя́тий; to ~ the growth стимули́ровать рост

**initiation** [ɪˌnɪʃɪ'eɪʃən] 1) введе́ние (*в о́бщество*; into); посвяще́ние (*в та́йну*; in) 2) основа́ние, учрежде́ние 3) *attr.* вступи́тельный; ~ fee *амер.* вступи́тельный взнос (*в профсою́з, клуб*)

**initiative** [ɪ'nɪʃɪətɪv] **1.** *n* 1) почи́н; инициати́ва; on one's own ~ по со́бственной инициати́ве; to take the ~ прояви́ть инициати́ву 2) *юр.* пра́во законода́тельной инициати́вы

**2.** *a* 1) нача́льный; вво́дный 2) инициати́вный, сде́лавший почи́н, положи́вший нача́ло

**initiatory** [ɪ'nɪʃɪətərɪ] *a* 1) нача́льный; вво́дный 2) относя́щийся к посвяще́нию (*во что-л.*)

**inject** [ɪn'dʒekt] *v* 1) впры́скивать, вводи́ть, впуска́ть (into) 2) *тех.* вбры́згивать; вдува́ть 3) вставля́ть (*замеча́ние и т. п.*)

**injection** [ɪn'dʒekʃən] *n* 1) впры́скивание, инъе́кция, влива́ние 2) лека́рство для впры́скивания 3) *тех.* впрыск; вдува́ние

**injector** [ɪn'dʒektə] *n* 1) *тех.* инже́ктор; форсу́нка 2) лицо́, производя́щее инъе́кцию

**injudicious** [ˌɪndʒu(:)'dɪʃəs] *a* неблагоразу́мный; необду́манный, несвоевре́менный

**Injun** ['ɪndʒən] *n амер. разг.* инде́ец ◊ honest ~! че́стное сло́во!

**injunction** [ɪn'dʒʌŋkʃən] *n* 1) предписа́ние, прика́з 2) *юр.* суде́бный запре́т

**injurant** ['ɪndʒurənt] *n* вещество́, вре́дное для органи́зма

**injure** ['ɪndʒə] *v* 1) ушиби́ть, ра́нить 2) испо́ртить, повреди́ть (*что-л.*) 3) повреди́ть (*кому́-л.*) 4) оскорби́ть, оби́деть; to ~ smb.'s feelings оскорби́ть кого́-л.; to ~ smb.'s pride уни́зить кого́-л.

**injured** ['ɪndʒəd] **1.** *p. p. от* injure

**2.** *a* 1) оби́женный, оскорблённый; in an ~ voice с оби́дой в го́лосе 2) ра́неный; the dead and the ~ уби́тые и ра́неные

**injurious** [ɪn'dʒuərɪəs] *a* 1) вре́дный; ~ to health вре́дный для здоро́вья 2) несправедли́вый 3) оскорби́тельный; клеветни́ческий

**injury** ['ɪndʒərɪ] *n* 1) вред, поврежде́ние, по́рча; to do smb. an ~ причиня́ть вред кому́-л. 2) ра́на, уши́б 3) несправедли́вость 4) оскорбле́ние; оби́да

**injustice** [ɪn'dʒʌstɪs] *n* несправедли́вость, to do smb. an ~ быть несправедли́вым к кому́-л.

**ink** [ɪŋk] **1.** *n* 1) черни́ла 2) типогра́фская кра́ска (*тж.* printer's ~) 3) чёрная жи́дкость, выпуска́емая карака́тицей

**2.** *v* 1) ме́тить черни́лами 2) покрыва́ть, па́чкать черни́лами 3) покрыва́ть типогра́фской кра́ской ▭ **~ in** обвести́ черни́лами (*каранда́шный рису́нок*)

**ink-bag** [ˈɪŋkbæg] *n* черни́льный мешо́к карака́тицы

**ink-bottle** [ˈɪŋkˌbɔtl] *n* черни́льница

**inker** [ˈɪŋkə] *n полигр.* ва́лик для нанесе́ния кра́ски

**ink-eraser** [ˈɪŋkɪˌreɪzə] *n* черни́льный ла́стик

**ink-holder** [ˈɪŋkˌhəuldə] *n* резервуа́р автомати́ческой ру́чки

**ink-horn** [ˈɪŋkhɔːn] *n уст.* 1) черни́льница из ро́га 2) *attr.*: ~ term кни́жное сло́во

**inkle** [ˈɪŋkl] *n* тесьма́, ле́нта (*для отделки*)

**inkling** [ˈɪŋklɪŋ] *n* намёк (*на что-либо*), лёгкое подозре́ние (of); I had an ~ of it я подозрева́л э́то; an ~ of truth намёк на и́стину

**ink-pad** [ˈɪŋkpæd] *n* ште́мпельная поду́шечка

**ink-pencil** [ˈɪŋkˌpensl] *n* хими́ческий (*или* черни́льный) каранда́ш

**ink-pot** [ˈɪŋkpɔt] *n* черни́льница

**ink-roller** [ˈɪŋkˌrəulə] = inker

**ink-slinger** [ˈɪŋkˌslɪŋə] *n sl.* писа́ка, щелкопёр

**inkstand** [ˈɪŋkstænd] *n* черни́льница, пи́сьменный прибо́р

**ink-well** [ˈɪŋkwel] *n* черни́льница (*в столе, в парте*)

**inky** [ˈɪŋkɪ] *a* 1) покры́тый черни́лами, в черни́лах; черни́льный 2) черни́льный, цве́та черни́л; ~ darkness кроме́шная тьма

**inlaid** [ˈɪnˈleɪd] *past и p. p. от* inlay 2

**inland 1.** *n* [ˈɪnlənd] вну́тренняя часть страны́; террито́рия, удалённая от мо́ря *или* грани́цы

**2.** *a* [ˈɪnlənd] 1) располо́женный внутри́ страны́; удалённый от мо́ря *или* грани́цы 2) вну́тренний; ~ waters вну́тренние во́ды; ~ trade вну́тренняя торго́вля; ~ revenue а) вну́тренние поступле́ния в госуда́рственную казну́; вну́тренние нало́ги; б) *разг.* департа́мент, ве́дающий вну́тренними нало́гами

**3.** *adv* [ɪnˈlænd] 1) внутрь, вглубь 2) внутри́ страны́

**inlander** [ˈɪnləndə] *n* жи́тель вну́тренних райо́нов страны́

**in-laws** [ˈɪnlɔːz] *n pl разг.* родня́ со стороны́ жены́ *или* му́жа

**inlay 1.** *n* [ˈɪnleɪ] инкруста́ция; моза́ичная рабо́та

**2.** *v* [ˈɪnˈleɪ] (inlaid) 1) вкла́дывать, вставля́ть, выстила́ть; to ~ a floor настила́ть парке́т 2) покрыва́ть инкруста́цией, моза́икой

**inlet** [ˈɪnlet] *n* 1) у́зкий морско́й зали́в, фио́рд, небольша́я бу́хта 2) *тех.* впуск, вход; входно́е *или* вво́дное отве́рстие 3) *эл.* ввод 4) *attr.* впускно́й; ~ pipe впускна́я труба́; ~ sluice впускно́й шлюз

**inly** [ˈɪnlɪ] *adv поэт.* 1) вну́тренне 2) глубо́ко́, и́скренне

**inlying** [ˈɪnˈlaɪɪŋ] *a* лежа́щий внутри́, вну́тренний; ~ picket *воен.* вну́тренний карау́л

**inmate** [ˈɪnmeɪt] *n* 1) заключённый (*в тюрьме*), больно́й (*в госпитале*) *и т. п.* 2) жиле́ц, обита́тель

**inmost** [ˈɪnməust] = innermost

**inn** [ɪn] *n* гости́ница; постоя́лый двор ◇ the Inns of Court четы́ре юриди́ческие корпора́ции, гото́вящие адвока́тов (the Inner Temple, the Middle Temple, Lincoln's Inn, Gray's Inn)

**innards** [ˈɪnədz] *pl разг.* вну́тренности (*особ. желудок и кишечник*)

**innate** [ˈɪˈneɪt] *a* врождённый, приро́дный

**innavigable** [ɪˈnævɪgəbl] *a* несудохо́дный

**inner** [ˈɪnə] *a* вну́тренний ◇ the ~ man а) душа́, вну́треннее «я»; б) *шутл.* желу́док; to refresh one's ~ man замори́ть червячка́, пое́сть

**innermost** [ˈɪnəməust] *a* 1) лежа́щий глубоко́ внутри́ 2) глубоча́йший, сокрове́нный; one's ~ feelings сокрове́нные чу́вства

**inner tire** [ˈɪnəˌtaɪə] *n* ка́мера (*автомобильная, велосипедная*)

**innervate** [ˈɪnəːveɪt] *v физиол.* возбужда́ть, раздража́ть

**innervated** [ˈɪnəːveɪtɪd] **1.** *p. p. от* innervate

**2.** *a анат.* снабжённый не́рвами

**inning** [ˈɪnɪŋ] *n* 1) убо́рка урожа́я 2) *амер.* = innings

**innings** [ˈɪnɪŋz] *n* (*pl без измен.*) 1) *спорт.* пода́ча, о́чередь пода́чи мяча́ (*в крикете, бейсболе*) 2) пери́од нахожде́ния у вла́сти (*политической партии, лица*) 3) нано́сная земля́; земля́, отвоёванная у мо́ря ◇ good ~ сча́стье, уда́ча; long ~ до́лгая жизнь; you had your ~ ва́ше вре́мя прошло́

**innkeeper** [ˈɪnˌkiːpə] *n* хозя́ин гости́ницы, постоя́лого двора́

**innocence** [ˈɪnəsəns] *n* 1) неви́нность, чистота́ 2) невино́вность 3) простота́, простоду́шие, наи́вность 4) безвре́дность

**innocent** [ˈɪnəsənt] **1.** *n* 1) неви́нный младе́нец; massacre (*или* slaughter) of the ~s а) *библ.* избие́ние младе́нцев; б) *парл. sl.* отме́на обсужде́ния законопрое́ктов ввиду́ недоста́тка вре́мени 2) проста́к

**2.** *a* 1) неви́нный, чи́стый 2) невино́вный (of) 3) наи́вный, простоду́шный 4) безвре́дный; ~ amusements безоби́дные развлече́ния 5) *разг.* лишённый (*чего-л.*); windows ~ of glass о́кна без стёкол 6) *мед.* незлока́чественный, доброка́чественный (*о новообразовании*)

**innocuous** [ɪˈnɔkjuəs] *a* безвре́дный; безоби́дный; ~ snake неядови́тая змея́ ◇ to render ~ а) обезвре́дить; б) выхола́щивать (*содержание*)

**innominate** [ɪˈnɔmɪnɪt] *a* безымя́нный, не име́ющий назва́ния

**innovate** [ˈɪnəuveɪt] *v* вводи́ть но́вшества; производи́ть переме́ны (in)

**innovation** [ˌɪnəuˈveɪʃən] *n* нововведе́ние, но́вшество; нова́торство

**innovator** [ˈɪnəuveɪtə] *n* нова́тор; рационализа́тор

**innovatory** [ˌɪnəuˈveɪtərɪ] *a* нова́торский; рационализа́торский

**innoxious** [ɪˈnɔkʃəs] = innocuous

**innuendo** [ˌɪnju(ː)ˈendəu] *n* (*pl* -oes [-əuz]) ко́свенный намёк; инсинуа́ция

**innumerable** [ɪˈnjuːmərəbl] *a* неисчисли́мый, бессчётный, бесчи́сленный

**innutrition** [ˌɪnju(ː)ˈtrɪʃən] *n* недоста́ток пита́ния

**inobservant** [ˌɪnəbˈzəːvənt] *a* 1) невнима́тельный 2) наруша́ющий (*постановления, правила и т. п.*)

**inoccupation** [ˈɪnˌɔkjuˈpeɪʃən] *n* neза́нятость, безде́лье

**inoculate** [ɪˈnɔkjuleɪt] *v* 1) де́лать (предохрани́тельную) приви́вку 2) *бот.* привива́ть

**inoculation** [ɪˌnɔkjuˈleɪʃən] *n* 1) приви́вка, инокуля́ция 2) *бот.* приви́вка глазко́м, окулиро́вка

**inoculative** [ɪˈnɔkjulətɪv] *a мед.* приви́вочный; ~ material приви́вочный материа́л

**inoculum** [ɪˈnɔkjuləm] *n мед.* приви́вочный материа́л

**inodorous** [ɪnˈəudərəs] *a* без за́паха, не име́ющий за́паха

**inoffensive** [ˌɪnəˈfensɪv] *a* 1) безоби́дный, безвре́дный 2) необи́дный

**inofficial** [ˌɪnəˈfɪʃəl] *a* неофициа́льный

**inofficious** [ˌɪnəˈfɪʃəs] *a* 1) неде́йствующий 2) *юр.* противоре́чащий мора́льному до́лгу

**inoperable** [ɪnˈɔpərəbl] *a мед.* неопера́бельный

**inoperative** [ɪnˈɔpərətɪv] *a* 1) неде́йствующий; безде́ятельный 2) не име́ющий си́лы (*о законе*)

**inopportune** [ɪnˈɔpətjuːn] *a* несвоевре́менный, неподходя́щий

**inordinate** [ɪˈnɔːdɪnɪt] *a* 1) неуме́ренный; чрезме́рный 2) несде́ржанный 3) беспоря́дочный

**inorganic** [ˌɪnɔˈgænɪk] *a* 1) неоргани́ческий; ~ nutrition *бот.* минера́льное пита́ние 2) не явля́ющийся органи́ческой ча́стью (*чего-л.*), не свя́занный вну́тренне, чу́ждый

**inornate** [ˌɪnɔːˈneɪt] *a* незамыслова́тый, просто́й

**inosculate** [ɪˈnɔskjuleɪt] *v* 1) соединя́ть(ся), сраста́ться (*о кровеносных сосудах*; with) 2) переплета́ть(ся), соединя́ть(ся) (*о волокнах*)

**in-patient** [ˈɪnˌpeɪʃənt] *n* стациона́рный больно́й; *разг.* лежа́чий больно́й

**inpayments** [ˈɪnˌpeɪmənts] *n pl* поступле́ние извне́

**in-plant training** [ˈɪnplaːntˈtreɪnɪŋ] *n* повыше́ние квалифика́ции по ме́сту рабо́ты

**input** [ˈɪnput] *n тех.* 1) подводи́мая мо́щность 2) ввод (*информации*); информа́ция на вхо́де (*вычислительной машины*)

**inquest** [ˈɪnkwest] *n юр.* дозна́ние, сле́дствие; grand ~ = grand jury [*см.* jury 1, 1)]

**inquietude** [ɪnˈkwaɪɪtjuːd] *n* беспоко́йство

**inquire** [ɪnˈkwaɪə] *v* 1) спра́шивать, узнава́ть 2) наводи́ть спра́вки, добива́ться сведе́ний; to ~ closely допы́тываться ▭ **~ about, ~ after, ~ for** осведомля́ться, спра́шивать о *ком-л.*, о *чём-л.*; ~ **into** иссле́довать; разузнава́ть; выясня́ть, рассле́довать

**inquiring** [ɪn'kwaɪərɪŋ] *a* 1) вопроша́ющий; ~ look вопроша́ющий взгляд 2) любозна́тельный, пытли́вый

**inquiry** [ɪn'kwaɪərɪ] *n* 1) вопро́с; запро́с; расспра́шивание; наведе́ние спра́вок; to make inquiries about smb., smth. наводи́ть спра́вки о ком-л., чём-л.; on ~ наведя́ спра́вки 2) рассле́дование, сле́дствие; court of ~ *воен.* сле́дственная коми́ссия; to hold an ~ вести́ рассле́дование 3) иссле́дование 4) *ком.* спрос

**inquisition** [,ɪnkwɪ'zɪʃən] *n* 1) рассле́дование, сле́дствие 2) (the I.) *ист.* инквизи́ция 3) муче́ние, пы́тка

**inquisitional** [,ɪnkwɪ'zɪʃənl] *a* 1) сле́дственный 2) инквизицио́нный; инквизи́торский

**inquisitive** [ɪn'kwɪzɪtɪv] *a* 1) пытли́вый, любозна́тельный 2) назо́йливо любопы́тный

**inquisitor** [ɪn'kwɪzɪtə] *n* 1) *ист.* инквизи́тор 2) суде́бный сле́дователь

**inquisitorial** [ɪn,kwɪzɪ'tɔ:rɪəl] 1) = inquisitional 2); 2) = inquisitive 2)

**inroad** ['ɪnrəud] *n* 1) набе́г, наше́ствие 2) вторже́ние, посяга́тельство; to make ~s upon smb.'s time посяга́ть на чьё-л. вре́мя

**inrush** ['ɪnrʌʃ] *n* 1) внеза́пное вторже́ние 2) на́тиск, напо́р (*хлынувшей воды*); an ~ of tourists наплы́в тури́стов 3) внеза́пный обва́л

**ins** [ɪnz] *n pl*: ~ and outs *см.* in 3

**insalivate** [ɪn'sælɪveɪt] *v физиол.* сме́шивать (пи́щу) со слюно́й

**insalubrious** [,ɪnsə'lu:brɪəs] *a* нездоро́вый, вре́дный для здоро́вья (*о климате, местности*)

**insalubrity** [,ɪnsə'lu:brɪtɪ] *n* вре́дность для здоро́вья

**insane** [ɪn'seɪn] *a* 1) душевнобольно́й, ненорма́льный 2) безу́мный, безрассу́дный

**insanitary** [ɪn'sænɪtərɪ] *a* антисанита́рный

**insanity** [ɪn'sænɪtɪ] *n* умопомеша́тельство; безу́мие

**insatiability** [ɪn,seɪʃjə'bɪlɪtɪ] *n* ненасы́тность; жа́дность

**insatiable** [ɪn'seɪʃjəbl] *a* ненасы́тный; жа́дный (of)

**insatiate** [ɪn'seɪʃɪɪt] *a* ненасы́тный

**inscribe** [ɪn'skraɪb] *v* 1) надпи́сывать, впи́сывать (in, on) 2) выреза́ть, начерта́ть на де́реве, ка́мне *и т. п.* (*имя, надпись*) 3) посвяща́ть (to — *кому-л.*) 4) *геом.* впи́сывать (*фигуру*)

**inscribed** [ɪn'skraɪbd] *a фин.*: ~ stock именны́е *или* зарегистри́рованные а́кции

**inscription** [ɪn'skrɪpʃən] *n* 1) на́дпись 2) кра́ткое посвяще́ние

**inscriptive** [ɪn'skrɪptɪv] *a* сде́ланный в ви́де на́дписи

**inscrutability** [ɪn,skru:tə'bɪlɪtɪ] *n* непостижи́мость, зага́дочность

**inscrutable** [ɪn'skru:təbl] *a* 1) непостижи́мый, зага́дочный; ~ smile зага́дочная улы́бка 2) непроница́емый; ~ face (*или* expression) непроница́емое выраже́ние лица́

**insect** ['ɪnsekt] *n* 1) насеко́мое 2) ничто́жество

**insect-eater** ['ɪnsekt,i:tə] *n* насекомоя́дное (*животное или растение*)

**insecticide** [ɪn'sektɪsaɪd] *n* сре́дство от насеко́мых, инсектици́д

**insectivorous** [,ɪnsek'tɪvərəs] *a зоол.* насекомоя́дный

**insect-net** ['ɪnsektnet] *n* сачо́к для ло́вли ба́бочек

**insectology** [,ɪnsek'tɔlədʒɪ] *n* прикладна́я энтомоло́гия

**insect-powder** ['ɪnsekt,paudə] *n* порошо́к от насеко́мых

**insecure** [,ɪnsɪ'kjuə] *a* 1) небезопа́сный; опа́сный 2) ненадёжный, неве́рный; непро́чный 3): ~ of неуве́ренный, сомнева́ющийся; ~ of the future неуве́ренный в бу́дущем

**insecurity** [,ɪnsɪ'kjuərɪtɪ] *n* 1) небезопа́сность; опа́сное положе́ние 2) ненадёжность

**inseminate** [ɪn'semɪneɪt] *v* оплодотворя́ть

**insemination** [ɪn,semɪ'neɪʃən] *n* оплодотворе́ние; artificial ~ иску́сственное оплодотворе́ние *или* осемене́ние

**insensate** [ɪn'senseɪt] *a* 1) неодушевлённый 2) бесчу́вственный 3) неразу́мный; бессмы́сленный; ~ cruelty бессмы́сленная жесто́кость

**insensibility** [ɪn,sensə'bɪlɪtɪ] *n* 1) нечувстви́тельность 2) поте́ря созна́ния, обморочное состоя́ние 3) бесчу́вственность; безразли́чие

**insensible** [ɪn'sensəbl] *a* 1) нечувстви́тельный, невосприи́мчивый; ~ to colours не различа́ющий цвета́ 2) потеря́вший созна́ние; не сознаю́щий (of, to) 3) неотзы́вчивый, безразли́чный 4) неощути́мый, незаме́тный; by ~ degrees незаме́тно

**insensibly** [ɪn'sensəblɪ] *adv* незаме́тно, постепе́нно

**insensitive** [ɪn'sensɪtɪv] *a* нечувстви́тельный, лишённый чувстви́тельности; невосприи́мчивый, равноду́шный

**insentient** [ɪn'senʃɪənt] *a* бесчу́вственный; неодушевлённый; ~ substance нежива́я мате́рия

**inseparability** [ɪn,sepərə'bɪlɪtɪ] *n* неразде́льность; неразлу́чность

**inseparable** [ɪn'sepərəbl] **1.** *a* 1) неотдели́мый, неразделимый; неразлу́чный 2) *грам.* не существу́ющий как отде́льное сло́во, неотдели́мый (*напр., о префиксах* dis-, re- *и т. п.*)

**2.** *n pl* неразлу́чные друзья́

**insert 1.** *n* ['ɪnsət] вста́вка, вкла́дыш; вклейка; *тех.* вту́лка

**2.** *v* [ɪn'sə:t] 1) вставля́ть (in, into — во *что-л.*; between — ме́жду *чем-л.*); to ~ a word вставля́ть сло́во; to ~ a key in a lock вста́вить ключ в замо́к 2) помеща́ть (*в газете*) 3) вноси́ть исправле́ния, дополне́ния (*в рукопись*); наноси́ть (*на карту*) 4) *эл.* включа́ть (*в цепь*)

**insertion** [ɪn'sə:ʃən] *n* 1) вставле́ние, вкла́дывание; включе́ние 2) вста́вка (*в рукописи, в корректуре*) 3) объявле́ние (*в газете*) 4) проши́вка 5) *тех.* прокла́дка; вста́вка 6) *анат.* ме́сто прикрепле́ния (*мускулов*)

**inset 1.** *n* ['ɪnset] 1) вкла́дка, вкле́йка (*в книге*) 2) вста́вка (*в платье и т. п.*)

**2.** *v* ['ɪn'set] вставля́ть; вкла́дывать

**inseverable** [ɪn'sevərəbl] *a* 1) неотдели́мый, неразъедини́мый; неразры́вный 2) неразлу́чный

**inshore** ['ɪn'ʃɔ:] **1.** *a* прибре́жный

**2.** *adv* бли́зко к бе́регу; у бе́рега; по направле́нию к бе́регу (*со стороны моря*); ~ of the bank ме́жду бе́регом и о́тмелью

**inside** [,ɪn'saɪd] **1.** *n* 1) вну́тренняя сторона́; вну́тренность; изна́нка; to bolt on the ~ запира́ть изнутри́ 2) сторона́ тротуа́ра, удалённая от мостово́й 3) вну́тренняя сторона́ (*поворота дороги*) 4) середи́на; the ~ of a week середи́на неде́ли 5) *разг.* вну́тренности (*особ.* желу́док и кише́чник); a pain in the ~ боль в желу́дке 6) *разг.* ум, мысль, душа́; the ~ of a book содержа́ние кни́ги 7) пассажи́р внутри́ дилижа́нса, о́мнибуса, авто́буса *и т. п.* (*не на империале*) 8) *амер. разг.* секре́тные све́дения; све́дения из первоисто́чника (*тж.* ~ information) 9) *спорт.* полусре́дний напада́ющий; ~ left (right) ле́вый (пра́вый) полусре́дний 10) *амер.* та́йный аге́нт предпринима́теля ◇ to get on the ~ *амер.* войти́ в курс де́ла, узна́ть всю подного́тную; стать свои́м челове́ком [*ср.* insider]

**2.** *a* 1) вну́тренний; ~ track а) *спорт.* вну́тренняя бегова́я доро́жка; б) *ж.-д.* вну́тренний путь; в) прямо́й *или* кратча́йший путь к успе́ху 2) скры́тый, секре́тный; ~ facts подного́тная

**3.** *adv* 1) внутрь, внутри́ 2): ~ of *разг.* в преде́лах; ~ of a week в преде́лах неде́ли

**4.** *prep* внутри́; в

**inside out** ['ɪnsaɪd'aut] *adv* наизна́нку; to turn ~ вы́вернуть наизна́нку (*что-л.*)

**insider** [,ɪn'saɪdə] *n* 1) член о́бщества *или* организа́ции, непосторо́нний челове́к; свой челове́к 2) хорошо́ осведомлённый, информи́рованный челове́к

**insidious** [ɪn'sɪdɪəs] *a* хи́трый, кова́рный; незаме́тно подкра́дывающийся *или* подстерега́ющий; ~ disease кова́рная боле́знь

**insight** ['ɪnsaɪt] *n* 1) проница́тельность; спосо́бность проникнове́ния в суть (into); to gain an ~ into smb.'s character пости́чь чью-л. ду́шу 2) интуи́ция; понима́ние

**insignia** [ɪn'sɪgnɪə] *лат. n pl* 1) зна́ки отли́чия, ордена́ 2) зна́ки разли́чия 3) значки́ 4) эмбле́ма

**insignificance, -cy** [,ɪnsɪg'nɪfɪkəns, -sɪ] *n* 1) незначи́тельность; малова́жность 2) бессодержа́тельность

**insignificant** [,ɪnsɪg'nɪfɪkənt] *a* 1) незначи́тельный, несуще́ственный; пустяко́вый; ничто́жный 2) ничего́ не выража́ющий, бессодержа́тельный

**insignificantly** [ˌɪnsɪɡˈnɪfɪkəntlɪ] *adv* незначи́тельно; с ничто́жным эффе́ктом *или* результа́том

**insincere** [ˌɪnsɪnˈsɪə] *a* нейскренний, лицеме́рный

**insincerity** [ˌɪnsɪnˈserɪtɪ] *n* нейскренность, лицеме́рие

**insinuate** [ɪnˈsɪnjueɪt] *v* 1) незаме́тно, постепе́нно вводи́ть (*во что-л.*) 2) *refl.* проника́ть, пробира́ться (into); *перен.* вкра́дываться, втира́ться; to ~ oneself into smb.'s favour втере́ться к кому́-л. в дове́рие 3) внуша́ть и́сподволь, намёками

**insinuatingly** [ɪnˈsɪnjueɪtɪŋlɪ] *adv* 1) вкра́дчиво 2) неопределённо, намёками, тума́нно

**insinuation** [ɪnˌsɪnjuˈeɪʃən] *n* 1) инсину́ация 2) нашёптывание, намёки

**insipid** [ɪnˈsɪpɪd] *a* безвку́сный, пре́сный; *перен.* ску́чный, неинтере́сный, бесцве́тный; вя́лый, безжи́зненный

**insipidity** [ˌɪnsɪˈpɪdɪtɪ] *n* безвку́сие; пре́сность; *перен.* бесцве́тность; вя́лость, безжи́зненность

**insipidness** [ɪnˈsɪpɪdnɪs] = insipidity

**insist** [ɪnˈsɪst] *v* 1) наста́ивать (*на чём-л.*), насто́йчиво утвержда́ть (on, upon) 2) насто́йчиво тре́бовать (on)

**insistence, -cy** [ɪnˈsɪstəns, -sɪ] *n* 1) насто́йчивость; упо́рство 2) насто́йчивое тре́бование

**insistent** [ɪnˈsɪstənt] *a* 1) насто́йчивый; настоя́тельный (*о требовании и т. п.*) 2) тре́бующий внима́ния, привлека́ющий внима́ние

**in situ** [ɪnˈsaɪtjuː] *лат. adv* на своём ме́сте

**insobriety** [ˌɪnsəuˈbraɪətɪ] *n* невозде́ржанность, *особ.* пья́нство

**insolation** [ˌɪnsəuˈleɪʃən] *n* 1) освеще́ние (*предмета*) луча́ми со́лнца *или* како́го-л. иску́сственного исто́чника све́та, инсоля́ция 2) перегре́в на со́лнце

**insole** [ˈɪnsəul] *n* сте́лька

**insolence** [ˈɪnsələns] *n* оскорби́тельное высокоме́рие; на́глость, де́рзость

**insolent** [ˈɪnsələnt] *a* оскорби́тельный; на́глый, де́рзкий

**insolubility** [ɪnˌsɔljuˈbɪlɪtɪ] *n* 1) нерастворимость 2) неразреши́мость

**insoluble** [ɪnˈsɔljubl] *a* 1) нераствори́мый 2) неразреши́мый

**insolvency** [ɪnˈsɔlvənsɪ] *n* банкро́тство, несостоя́тельность

**insolvent** [ɪnˈsɔlvənt] **1.** *n* несостоя́тельный должни́к; банкро́т

**2.** *a* несостоя́тельный; неплатёжеспосо́бный

**insomnia** [ɪnˈsɔmnɪə] *n* бессо́нница

**insomuch** [ˌɪnsəuˈmʌtʃ] *adv*: ~ as (*или* that) насто́лько..., что

**insouciance** [ɪnˈsuːsjəns] *фр. n* 1) беззабо́тность; безмяте́жность 2) безразли́чие

**inspect** [ɪnˈspekt] *v* 1) внима́тельно осма́тривать, при́стально рассма́тривать; изуча́ть 2) инспекти́ровать, производи́ть (о)смо́тр; обсле́довать

**inspection** [ɪnˈspekʃən] *n* 1) (о)смо́тр; освиде́тельствование; инспекти́рование 2) официа́льное рассле́дование; эксперти́за 3) *attr.* инспекцио́нный; ~ tour инспе́кторский объе́зд 4) *attr.* приёмный, приёмочный; ~ certificate акт техни́ческого осмо́тра; приёмочный акт; ~ board приёмная коми́ссия (*по приёмке оборудования, товаров*)

**inspector** [ɪnˈspektə] *n* 1) инспе́ктор; ревизо́р; контролёр 2) наблюда́тель; надзира́тель 3) *амер.* приёмщик; брако́вщик

**inspectoral** [ɪnˈspektərəl] = inspectorial

**inspectorate** [ɪnˈspektərɪt] *n* 1) инспе́кция; штат контролёров 2) до́лжность инспе́ктора, контролёра 3) райо́н, обслу́живаемый инспе́ктором, контролёром

**inspectorial** [ˌɪnspekˈtɔːrɪəl] *a* инспе́кторский, ревизио́нный

**inspiration** [ˌɪnspəˈreɪʃən] *n* 1) вдохнове́ние; to draw (*или* to get, to derive) ~ че́рпать вдохнове́ние 2) вдохновля́ющая иде́я; вдохнови́тель; she had a sudden ~ её осени́ла блестя́щая иде́я 3) влия́ние, стимули́рование, воодушевле́ние 4) вдыха́ние

**inspirator** [ˈɪnspɪreɪtə] *n тех.* 1) инже́ктор 2) респира́тор

**inspire** [ɪnˈspaɪə] *v* 1) внуша́ть, вселя́ть (*чувство и т. п.*) 2) вдохновля́ть, воодушевля́ть 3) инспири́ровать, та́йно внуша́ть 4) вдыха́ть

**inspired** [ɪnˈspaɪəd] **1.** *p. p. от* inspire

**2.** *a* инспири́рованный; ~ article инспири́рованная статья́

**inspirit** [ɪnˈspɪrɪt] *v* вдохну́ть (*мужество и т. п.*); воодушеви́ть; ободри́ть

**inspissate** [ɪnˈspɪseɪt] *v* сгуща́ть (-ся), конденси́ровать(ся)

**instability** [ˌɪnstəˈbɪlɪtɪ] *n* 1) неусто́йчивость 2) непостоя́нство

**install** [ɪnˈstɔːl] *v* 1) помеща́ть, водворя́ть; устра́ивать; уса́живать (in); to ~ oseself by the fireplace устро́иться у ками́на 2) официа́льно вводи́ть в до́лжность (in) 3) *тех.* устана́вливать; монти́ровать; собира́ть

**installation** [ˌɪnstəˈleɪʃən] *n* 1) водворе́ние, устро́йство на ме́сто 2) введе́ние в до́лжность 3) *тех.* устано́вка; сбо́рка; air conditioning ~ устано́вка для кондициони́рования во́здуха 4) *pl* сооруже́ния

**instalment** [ɪnˈstɔːlmənt] *n* 1) очередно́й взнос (*при рассрочке*); to pay by (*или* in) ~s выпла́чивать частя́ми, периоди́ческими взно́сами 2) отде́льный вы́пуск; a book in six ~s кни́га, вы́шедшая шесть́ю вы́пусками 3) часть, па́ртия (*товаров*) 4) *attr.*: ~ selling прода́жа в рассро́чку; to buy (to sell) on the ~ plan *амер.* покупа́ть (продава́ть) в рассро́чку

**instance** [ˈɪnstəns] **1.** *n* 1) приме́р, отде́льный слу́чай; in this ~ в э́том слу́чае 2) тре́бование, настоя́ние; про́сьба; at the ~ of smb. по чьей-л. про́сьбе 3) *юр.* инста́нция; a court of first ~ суд пе́рвой инста́нции ◇ for ~ наприме́р; in the first ~ пре́жде всего́; в пе́рвую о́чередь; снача́ла, сперва́

**2.** *v* приводи́ть в ка́честве приме́ра

**instancy** [ˈɪnstənsɪ] *n* настоя́тельность; спе́шность, безотлага́тельность

**instant** [ˈɪnstənt] **1.** *n* мгнове́ние, моме́нт; at that very ~ в (э́)тот са́мый моме́нт; the ~ как то́лько; the ~ you call как то́лько вы позовёте; on the ~ то́тчас, неме́дленно; this ~ сейча́с же

**2.** *a* 1) настоя́тельный; to be in ~ need of smth. испы́тывать настоя́тельную нужду́ в чём-л. 2) неме́дленный; безотлага́тельный; ~ relief мгнове́нное облегче́ние 3) теку́щий, теку́щего ме́сяца 4) раствори́мый (*кофе, чай и т. п.*) 5) не тре́бующий дли́тельного приготовле́ния; ~ cake mix кекс-полуфабрика́т

**instantaneous** [ˌɪnstənˈteɪnjəs] *a* мгнове́нный; неме́дленный; ~ decision мгнове́нное реше́ние

**instantiate** [ɪnˈstænʃɪeɪt] *v* подтвержда́ть, иллюстри́ровать приме́рами

**instantly** [ˈɪnstəntlɪ] *adv* неме́дленно, то́тчас

**instate** [ɪnˈsteɪt] *v* 1) вводи́ть в до́лжность 2) обеспе́чивать, добива́ться (*права и т. п.*)

**instead** [ɪnˈsted] *adv* вме́сто; взаме́н; ~ of this вме́сто э́того; ~ of going вме́сто того́, что́бы пойти́; ~ of him вме́сто него́; this will do ~ э́то годи́тся взаме́н

**instep** [ˈɪnstep] *n* подъём (*ноги, ботинка*)

**instep-raiser** [ˈɪnstepˌreɪzə] *n мед.* супина́тор

**instigate** [ˈɪnstɪɡeɪt] *v* 1) побужда́ть, подстрека́ть (to) 2) провоци́ровать; раздува́ть

**instigation** [ˌɪnstɪˈɡeɪʃən] *n* подстрека́тельство

**instigator** [ˈɪnstɪɡeɪtə] *n* подстрека́тель; ~ of war поджига́тель войны́

**instil(l)** [ɪnˈstɪl] *v* 1) влива́ть по ка́пле (into) 2) *мед.* пуска́ть по ка́пле 3) и́сподволь внуша́ть; вселя́ть (*надежду, страх и т. п.*)

**instillation** [ˌɪnstɪˈleɪʃən] *n* 1) влива́ние по ка́пле 2) постепе́нное внуше́ние (*чего-л.*)

**instilment** [ɪnˈstɪlmənt] = instillation

**instinct** I [ˈɪnstɪŋkt] *n* инсти́нкт, приро́дное чутьё; интуи́ция

**instinct** II [ɪnˈstɪŋkt] *a predic.*: ~ with (пре)испо́лненный (*жизни, красоты и т. п.*)

**instinctive** [ɪnˈstɪŋktɪv] *a* инстинкти́вный, бессозна́тельный

**institute** [ˈɪnstɪtjuːt] **1.** *n* 1) институ́т 2) устано́вленный зако́н, обы́чай 3) о́бщество, организа́ция для нау́чной, обще́ственной *и др.* рабо́ты; нау́чное учрежде́ние 4) *амер.* краткосро́чные ку́рсы, се́рия ле́кций 5) *pl юр.* осно́вы пра́ва, институ́ции

**2.** *v* 1) устана́вливать; вводи́ть; учрежда́ть, осно́вывать 2) начина́ть, назнача́ть (*расследование и т. п.*) 3) назнача́ть, устра́ивать (*на должность и т. п.*)

**institution** [ˌɪnstɪˈtjuːʃən] *n* 1) установле́ние, учрежде́ние 2) не́что устано́вленное (*закон, обычай, система*) 3) о́бщество; учрежде́ние; ве́домство

4) учебное заведение (*тж.* educational ~) 5) институт (*общественный*) 6) *церк.* назначение священником; облечение духовной властью 7) *церк.* орден (*монашеский*) 8) *шутл.* воплощение какого-л. свойства (*о человеке*); кто-л., чьё имя стало нарицательным 9) *шутл.* непременный атрибут (*чего-л.*)

**instruct** [ɪn'strʌkt] *v* 1) учить, обучать (in) 2) инструктировать 3) информировать, сообщать 4) *юр.* давать материал (*адвокату*); поручать ведение дела 5) отдавать приказ 6) *амер.* давать наказ (*депутату*)

**instruction** [ɪn'strʌkʃən] *n* 1) обучение (in) 2) инструктаж 3) директива; *pl* наставления, предписания, указания, инструкции 4) *pl юр.* поручение (*адвокату*) ведения дела; наказ (*судьи*) присяжным; under the ~ по поручению 5) *амер.* наказ (*делегатам*) голосовать за определённого кандидата

**instructional** [ɪn'strʌkʃənl] *a* учебный; ~ film учебный фильм

**instructive** [ɪn'strʌktɪv] *a* поучительный

**instructor** [ɪn'strʌktə] *n* 1) инструктор, руководитель 2) преподаватель, учитель 3) *амер.* преподаватель высшего учебного заведения

**instructress** [ɪn'strʌktrɪs] *n ж. к* instructor

**instrument** ['ɪnstrumənt] **1.** *n* 1) орудие; инструмент; прибор, аппарат 2) *перен.* орудие; ~ of aggression орудие агрессии; economic (financial) ~s экономические (финансовые) рычаги; he is a mere ~ in their hands он слепое орудие в их руках 3) музыкальный инструмент 4) *юр.* документ; акт; ratification ~s ратификационные грамоты; ~ of surrender акт о капитуляции 5) *attr.* связанный с приборами; ~ board *тех.* распределительная доска; ~ room аппаратная, аппаратный зал (*на телеграфе*); ~ shed инвентарный сарай; ~ flying *ав.* слепой полёт, полёт по приборам

**2.** *v* 1) практически осуществлять, проводить в жизнь 2) *муз.* инструментовать 3) оборудовать приборами

**instrumental** [ˌɪnstru'mentl] *a* 1) инструментальный; ~ errors погрешности прибора; ~ landing *ав.* слепая посадка, посадка по приборам 2) *перен.* служащий орудием, средством (*для чего-л.*); способствующий (*чему-либо*); to be ~ in smth. способствовать чему-л. 3) *грам.*: ~ case творительный *или* инструментальный падеж

**instrumentalist** [ˌɪnstru'mentəlɪst] *n* инструменталист; музыкант

**instrumentality** [ˌɪnstrumen'tælɪtɪ] *n* посредство, содействие; by the ~ of... через посредство..., посредством...

**instrumentation** [ˌɪnstrumen'teɪʃən] *n* 1) *муз.* инструментовка 2) оборудование инструментами; пользование приборами 3) осуществление, проведение в жизнь 4) *уст.* средство, способ 5) *тех.* оснащение инструментами

**insubordinate** [ˌɪnsə'bɔːdnɪt] *a* не подчиняющийся дисциплине; непокорный

**insubordination** ['ɪnsəˌbɔːdɪ'neɪʃən] *n* ослушание, неподчинение, неповиновение; непокорность

**insubstantial** [ˌɪnsəb'stænʃəl] *a* 1) нереальный, иллюзорный 2) непрочный 3) необоснованный; ~ accusation необоснованное обвинение

**insufferable** [ɪn'sʌfərəbl] *a* невыносимый; нетерпимый

**insufficiency** [ˌɪnsə'fɪʃənsɪ] *n* недостаточность

**insufficient** [ˌɪnsə'fɪʃənt] *a* недостаточный; несоответствующий; неудовлетворительный; неполный

**insufflate** [ˌɪnsʌfleɪt] *v* вдувать

**insufflation** [ˌɪnsʌ'fleɪʃən] *n* вдувание

**insufflator** ['ɪnsʌfleɪtə] *n* 1) *мед.* аппарат для вдувания 2) *тех.* инжектор для горения

**insular** ['ɪnsjulə] *a* 1) островной 2) замкнутый, сдержанный 3) ограниченный, недалёкий

**insularity** [ˌɪnsju'lærɪtɪ] *n* 1) островное положение 2) замкнутость, сдержанность

**insulate** ['ɪnsjuleɪt] *v* 1) изолировать; отделить от окружающих; to ~ oneself отгородиться 2) образовывать остров, окружать водой 3) *тех.* разобщать 4) *эл.* изолировать

**insulated** ['ɪnsjuleɪtɪd] **1.** *p. p. от* insulate

**2.** *a* изолированный; ~ bag мешок-термос

**insulating** ['ɪnsjuleɪtɪŋ] **1.** *pres. p. от* insulate

**2.** *a* изоляционный, изолирующий; ~ tape изоляционная лента

**insulation** [ˌɪnsju'leɪʃən] *n* 1) изоляция 2) изоляционный материал

**insulator** ['ɪnsjuleɪtə] *n* 1) *эл.* изолятор; непроводник 2) изоляционный материал

**insulin** ['ɪnsjulɪn] *n фарм.* инсулин

**insult 1.** *n* ['ɪnsʌlt] оскорбление; обида; выпад

**2.** *v* [ɪn'sʌlt] оскорблять, наносить оскорбление; обижать

**insuperability** [ɪnˌsjuːpərə'bɪlɪtɪ] *n* непреодолимость

**insuperable** [ɪn'sjuːpərəbl] *a* непреодолимый; ~ difficulty непреодолимая трудность

**insupportable** [ˌɪnsə'pɔːtəbl] *a* 1) невыносимый, нестерпимый 2) неоправданный, необоснованный; ~ claim необоснованное притязание

**insurance** [ɪn'ʃuərəns] *n* 1) страхование; social ~ социальное страхование 2) страховая премия; сумма страхования 3) *attr.* страховой; ~ policy (fee) страховой полис (взнос)

**insurant** [ɪn'ʃuərənt] *n* застрахованный

**insure** [ɪn'ʃuə] *v* 1) страховать(ся), застраховывать(ся) 2) обеспечивать, гарантировать

**insurer** [ɪn'ʃuərə] *n* 1) страховое общество 2) страховщик, страхователь

**insurgent** [ɪn'səːdʒənt] **1.** *n* 1) повстанец, инсургент 2) мятежник, бунтовщик

**2.** *a* 1) восставший 2) мятежный

**insurmountable** [ˌɪnsə(ː)'mauntəbl] *a* непреодолимый

**insurrection** [ˌɪnsə'rekʃən] *n* 1) восстание 2) мятеж, бунт

**insurrectional, insurrectionary** [ˌɪnsə'rekʃənl, -ʃnərɪ] *a* 1) повстанческий 2) мятежный

**insurrectionist** ['ɪnsə'rekʃnɪst] *n* 1) участник восстания, повстанец 2) мятежник

**insusceptibility** ['ɪnsəˌseptə'bɪlɪtɪ] *n* нечувствительность, невосприимчивость

**insusceptible** [ˌɪnsə'septəbl] *a* нечувствительный, невосприимчивый; недоступный (*чувству*); ~ of medical treatment не поддающийся лечению

**inswept** ['ɪnswept] *a тех.* обтекаемый; сигарообразный

**intact** [ɪn'tækt] *a* нетронутый; неповреждённый, целый

**intaglio** [ɪn'tɑːlɪəu] *ит.* **1.** *n* 1) инталия, глубоко вырезанное изображение на отшлифованном камне *или* металле 2) *полигр.* глубокая печать (*тж.* ~ printing)

**2.** *v* вырезать, гравировать

**intake** ['ɪnteɪk] *n* 1) приёмное, впускное *или* всасывающее устройство; всасывание 2) поглощение, потребление; the annual ~ годовое потребление 3) набор, общее число учащихся, принятых в учебное заведение (*в данном году*) 4) общее число зачисленных на службу *или* завербованных на работу 5) рекрут 6) (*преим. сев.*) разработанный участок земли (*среди пустоши и болот*) 7) *горн.* вентиляционная выработка 8) *метал.* литник 9) *шотл.* обман; обманщик

**intangibility** [ɪnˌtændʒə'bɪlɪtɪ] *n* 1) неосязаемость 2) неуловимость; непостижимость

**intangible** [ɪn'tændʒəbl] **1.** *a* 1) неосязаемый 2) неуловимый; непостижимый

**2.** *n* нечто неуловимое, непостижимое

**integer** ['ɪntɪdʒə] *n* 1) нечто целое 2) *мат.* целое число

**integral** ['ɪntɪgrəl] **1.** *n мат.* интеграл

**2.** *a* 1) целый; полный, цельный; всеобъемлющий 2) неотъемлемый, существенный 3) *мат.* интегральный

**integrality** [ˌɪntɪ'grælɪtɪ] *n* целостность, полнота

**integrant** ['ɪntɪgrənt] **1.** *n* неотъемлемая часть целого

**2.** *a* 1) составляющий элемент целого 2) интегрирующий

**integrate** ['ɪntɪgreɪt] **1.** *a* 1) составной 2) полный, целый

**2.** *v* 1) составлять целое; объединять; укрупнять 2) придавать законченный вид 3) осуществлять расовую интеграцию 4) *мат.* интегрировать

**integration** [ˌɪntɪˈgreɪʃən] *n* 1) объединéние в однó цéлое; интегрáция; укрупнéние; school ~ десегрегáция школ 2) *мат.* интегрúрование

**integrator** [ˈɪntɪgreɪtə] *n* 1) тот, кто интегрúрует 2) интегрúрующее устрóйство

**integrity** [ɪnˈtegrɪtɪ] *n* 1) прямотá, чéстность, чистотá; a man of ~ цéльная натýра 2) нетрóнутость, неприкосновéнность; цéлостность; полнотá; territorial ~ территориáльная цéлостность

**integument** [ɪnˈtegjumənt] *n* нарýжный покрóв, оболóчка, *особ.* кóжа, скорлупá, шелухá, корá

**integumentary** [ɪnˌtegjuˈmentərɪ] *a* покрóвный

**intellect** [ˈɪntɪlekt] *n* 1) интеллéкт, ум, рассýдок 2) умнéйший человéк; the ~s of the age велúкие умы́ эпóхи

**intellection** [ˌɪntɪˈlekʃən] *n* дéятельность умá, мы́шлéние

**intellective** [ˌɪntɪˈlektɪv] *a* ýмственный, мыслúтельный

**intellectual** [ˌɪntɪˈlektjuəl] **1.** *a* 1) интеллектуáльный, ýмственный; ~ effort усúлие умá; the ~ facilities ýмственные спосóбности; ~ development духóвное развúтие 2) мы́слящий, разýмный

**2.** *n* 1) мы́слящий человéк; интеллигéнт; интеллектуáл 2) (the ~s) *pl* интеллигéнция 3) твóрческий рабóтник

**intellectuality** [ˈɪntɪˌlektjuˈælɪtɪ] *n* интеллектуáльность

**intelligence** [ɪnˈtelədʒəns] *n* 1) ум, рассýдок, интеллéкт 2) смышлёность, бы́строе понимáние; понятлúвость (*живóтных*) 3) свéдения, информáция 4) развéдка 5) *attr.* развéдывательный; ~ department (*или* service) развéдывательная слýжба, развéдка 6) *attr.* ýмственный; ~ test испытáние ýмственных спосóбностей; ~ quotient [*сокр.* I. Q. (test)] коэффициéнт ýмственного развúтия (*применяется в армии и школах Англии и США*)

**intelligencer** [ɪnˈtelɪdʒənsə] *n* 1) информáтор, осведомúтель 2) тáйный агéнт; шпиóн

**intelligent** [ɪnˈtelɪdʒənt] *a* 1) ýмный; разýмный, понимáющий 2) понятлúвый, смышлёный

**intelligentsia, intelligentzia** [ɪnˌtelɪˈdʒentsɪə] *русск. n* интеллигéнция

**intelligibility** [ɪnˌtelɪdʒəˈbɪlɪtɪ] *n* понятность, вразумúтельность

**intelligible** [ɪnˈtelɪdʒəbl] *a* понятный, вразумúтельный

**intemperance** [ɪnˈtempərəns] *n* 1) несдéржанность 2) невоздéржанность, пристрáстие к спиртны́м напúткам

**intemperate** [ɪnˈtempərɪt] *a* 1) несдéржанный 2) невоздéржанный; склóнный к излúшествам, *особ.* к злоупотреблéнию спиртны́ми напúтками

**intend** [ɪnˈtend] *v* 1) намеревáться, имéть в видý; what do you ~ to do (*или* doing)? что вы намéрены дéлать?; was it ~ed? э́то бы́ло сдéлано намéренно?; I didn't ~ to hurt you я не хотéл причинúть вам боль; I ~ed him to come я рассчúтывал на то, что он придёт; I ~ed to have gone я намеревáлся пойтú (*но не пошёл*) 2) предназначáть (for); this portrait is ~ed for you а) э́тот портрéт предназначáется для вас; б) *ирон.* э́тот портрéт дóлжен изображáть вас 3) знáчить, подразумевáть; what do you ~ by your words? что знáчат вáши словá?

**intended** [ɪnˈtendɪd] **1.** *p. p. от* intend

**2.** *n разг.* сýженый (*жених*); сýженая (*невеста*)

**intense** [ɪnˈtens] *a* 1) сúльный; ~ cold сúльный хóлод; ~ pain сúльная боль; ~ hatred жгýчая нéнависть; ~ interest живóй интерéс 2) интенсúвный, напряжённый 3) рéвностный; ~ longing пы́лкое желáние 4) сúльно чýвствующий, напряжённо переживáющий; впечатлúтельный

**intensification** [ɪnˌtensɪfɪˈkeɪʃən] *n* усилéние, интенсификáция

**intensify** [ɪnˈtensɪfaɪ] *v* усúливать (-ся)

**intension** [ɪnˈtenʃən] *n* 1) напряжéние, усúлие 2) напряжённость, интенсúвность; сúла

**intensity** [ɪnˈtensɪtɪ] *n* 1) интенсúвность, напряжённость; сúла, энéргия; ~ of emotions сúла чувств; накáл страстéй 2) я́ркость, глубинá (*краски и т. п.*) 3) *эл.* напряжённость (*поля*)

**intensive** [ɪnˈtensɪv] *a* 1) интенсúвный, напряжённый 2) *грам.* усилúтельный ◇ ~ care unit of a hospital блок интенсúвной терапúи

**intent** [ɪnˈtent] **1.** *n* намéрение, цель; with good (evil) ~ с дóбрыми (дурны́ми) намéрениями; divine ~ божéственное провидéние ◇ to all ~s and purposes а) фактúчески, в сýщности, действúтельно, на сáмом дéле; б) во всех отношéниях

**2.** *a* 1) пóлный решúмости; настóйчиво стремя́щийся (on — к *чему-л.*); склóнный (on — к *чему-л.*); to be ~ on going стремúться пойтú 2) погружённый (*во что-л.*); зáнятый (*чем-л.*); she is ~ on her task онá поглощенá своúм дéлом 3) внимáтельный, прúстальный; ~ look прúстальный взгляд

**intention** [ɪnˈtenʃən] *n* 1) намéрение, стремлéние, цель; зáмысел; done without ~ сдéлано неумы́шленно 2) *pl разг.* намéрение женúться; he has ~s у негó серьёзные намéрения (*жениться*) 3) *филос.* понятие, идéя 4) *мед.*: first ~ заживлéние (*раны*) первúчным натяжéнием (*тж.* healing by first ~)

**intentional** [ɪnˈtenʃənl] *a* намéренный, умы́шленный

**inter** [ɪnˈtəː] *v* предавáть землé, хоронúть

**inter-** [ˈɪntə(ː)-] *pref* 1) меж-, между-, средú; interstellar межзвёздный 2) пере-; intersect перекрéщиваться; interwoven вплетённый, переплетённый 3) взаимо-; interplay взаимодéйствие, взаимосвя́зь; interchange обмéн

**interact** [ˌɪntərˈækt] *v* взаимодéйствовать; находúться во взаимодéйствии, дéйствовать, влиять друг на дрýга

**interaction** [ˌɪntərˈækʃən] *n* взаимодéйствие

**inter alia** [ˈɪntərˈeɪlɪə] *лат. adv* мéжду прóчим

**interallied** [ˈɪntərəˈlaɪd] *a* (меж-) союзнический

**interatomic** [ˈɪntərəˈtɔmɪk] *a* внутриáтомный

**interbreed** [ˈɪntə(ː)ˈbriːd] *v* скрéщивать(ся) (*о разных породах*)

**intercalary** [ɪnˈtəːkələrɪ] *a* 1) прибáвленный для согласовáния календаря́ с сóлнечным гóдом (*день 29 февраля*); ~ year високóсный год 2) встáвленный, интерполúрованный

**intercalate** [ɪnˈtəːkəleɪt] *v* прибавлять, вставлять [*см.* intercalary]

**intercalation** [ɪnˌtəːkəˈleɪʃən] *n* 1) встáвка, прибавлéние 2) *геол.* прослóйка, внедрéние

**intercede** [ˌɪntə(ː)ˈsiːd] *v* вступáться, ходáтайствовать (for — за; with — пéред); содéйствовать примирéнию; to ~ for mercy ходáтайствовать о помúловании (*кого-л.*)

**intercellular** [ˌɪntə(ː)ˈseljulə] *a биол.* межклéточный

**intercept** **1.** *n* [ˈɪntə(ː)sept] *воен.* перехвáт

**2.** *v* [ˌɪntə(ː)ˈsept] 1) перехватúть 2) прерывáть, выключáть (*свет, ток, воду*) 3) останáвливать, задéрживать; отрéзать, преградúть путь, помешáть; to ~ a view заслонúть вид 4) *мат.* отделять (*отрезок, дугу*)

**interception** [ˌɪntə(ː)ˈsepʃən] *n* 1) перехвáтывание; перехвáт 2) преграждéние; преграда 3) подслýшивание (*телефонных разговоров*)

**interceptor** [ˌɪntəˈseptə] *n ав.* истребúтель-перехвáтчик

**intercession** [ˌɪntəˈseʃən] *n* застýпничество, ходáтайство; посрéдничество

**intercessor** [ˌɪntəˈsesə] *n* застýпник, ходáтай; посрéдник

**intercessory** [ˌɪntəˈsesərɪ] *a* застýпнический, ходáтайствующий

**interchain** [ˌɪntə(ː)ˈtʃeɪn] *v* скóвывать, связывать однóй цéпью

**interchange** **1.** *n* [ˈɪntə(ː)ˈtʃeɪndʒ] 1) (взаúмный) обмéн; an ~ of views обмéн мнéниями 2) чередовáние, смéна 3) *attr.*: ~ point *ж.-д.* обмéнный пункт

**2.** *v* [ˌɪntə(ː)ˈtʃeɪndʒ] 1) обмéниваться 2) заменять(ся) 3) чередовáть(ся)

**interchangeable** [ˌɪntə(ː)ˈtʃeɪndʒəbl] *a* 1) взаимозаменяемый; равнознáчный 2) чередýющийся

**intercity** [ˈɪntə(ː)ˈsɪtɪ] *a* междугорóдный

**intercollegiate** [ˈɪntə(ː)kəˈlɪdʒɪɪt] *a* межуниверситéтский

**intercolonial** [ˈɪntə(ː)kəˈləunjəl] *a* межколониáльный

**intercom** [ˈɪntə(ː)kɔm] *n разг.* 1) внýтренняя телефóнная *или* селéкторная связь (*в самолёте, танке и т. п.*) 2) *attr.*: ~ switch рычáг селéктора

**intercommunicate** [ˌɪntə(:)kəˈmju:nɪkeɪt] *v* 1) общáться, имéть связь 2) сообщáться (мéжду собóй)

**intercommunication** [ˈɪntə(:)kəˌmju:nɪˈkeɪʃən] *n* 1) общéние, сношéние 2) собесéдование 3) связь 4) *attr.*: ~ service *воен.* слýжба свя́зи

**intercommunion** [ˌɪntə(:)kəˈmju:njən] *n* 1) тéсное общéние 2) взаимодéйствие

**intercommunity** [ˌɪntə(:)kəˈmju:nɪtɪ] *n* 1) óбщность 2) совмéстное владéние (*чем-л.*)

**interconnect** [ˈɪntə(:)kəˈnekt] *v* свя́зывать(ся)

**interconnection** [ˌɪntə(:)kəˈnekʃən] *n* 1) взаи́мная связь; соединéние 2) *эл.* объединéние (энергосистéм), кустовáние

**interconnexion** [ˌɪntə(:)kəˈnekʃən] = interconnection

**intercontinental** [ˈɪntə(:)ˌkɒntɪˈnentl] *a* межконтинентáльный; ~ ballistic missile межконтинентáльный баллисти́ческий реакти́вный снаря́д

**interconvertible** [ˌɪntə(:)kənˈvə:tɪbl] *a* взаимозаменя́емый; равноцéнный

**intercostal** [ˌɪntə(:)ˈkɒstl] *a* 1) *анат.* межрёберный 2) *мор.* интеркостéльный

**intercourse** [ˈɪntə(:)kɔ:s] *n* 1) общéние, общéственные свя́зи *или* отношéния 2) связь, сношéния (*мéжду странáми*) 3) половы́е сношéния

**intercrop** [ˌɪntə(:)ˈkrɒp] *v с.-х.* сажáть *или* сéять в междуря́дьях

**intercross** [ˌɪntə(:)ˈkrɒs] *v* 1) взаи́мно пересекáться 2) скрéщивать(ся) (*о рáзных порóдах*)

**interdental** [ˈɪntə(:)ˈdentl] *a лингв.* межзýбный

**interdepartmental** [ˈɪntə(:)ˌdi:pɑ:tˈmentl] *a* межвéдомственный

**interdepend** [ˌɪntə(:)dɪˈpend] *v* зави́сеть друг от дрýга

**interdependence** [ˌɪntə(:)dɪˈpendəns] *n* взаи́мная зави́симость, взаимозави́симость; взаимосвя́зь

**interdependent** [ˌɪntə(:)dɪˈpendənt] *a* зави́сящий оди́н от другóго, взаимозави́симый

**interdict 1.** *n* [ˈɪntə(:)dɪkt] 1) запрещéние, запрéт 2) *церк.* отлучéние; интерди́кт

**2.** *v* [ˌɪntə(:)ˈdɪkt] 1) запрещáть 2) лишáть прáва пóльзования 3) отрешáть от дóлжности 4) удéрживать (*от чегó-л.*) 5) *воен.* препя́тствовать (*огнём и т. п.*)

**interdiction** [ˌɪntə(:)ˈdɪkʃən] *n* 1) запрещéние 2) *церк.* отлучéние 3) *воен.* воспрещéние 4) *attr.*: ~ fire *воен.* огóнь на воспрещéние

**interdictory** [ˌɪntə(:)ˈdɪktərɪ] *a* запрети́тельный, запрещáющий; воспрещáющий

**interest** [ˈɪntrɪst] **1.** *n* 1) интерéс, заинтересóванность; to lose ~ потеря́ть интерéс; to show ~ прояви́ть интерéс; to arouse ~ возбуждáть интерéс; to take (an) ~ in smb., smth. интересовáться кем-л., чем-л., проявля́ть интерéс к комý-л., чемý-л. 2) вы́года, преимýщество, пóльза; to look after one's own ~s забóтиться о сóбственной вы́годе; in the ~(s) of truth в интерéсах справедли́вости; it is to my ~ to do so сдéлать э́то в мои́х интерéсах 3) дóля (*в чём-л.*); учáстие в при́былях 4) увлечéние (*чем-л.*); интерéс (*к чемý-л.*); her chief ~ is music онá увлекáется тóлько мýзыкой 5) вáжность, значéние; a matter of no little ~ дéло немаловáжное 6) влия́ние (with — на *когó-л.*) 7) грýппа лиц, имéющих óбщие интерéсы; the landed ~ землевладéльцы 8) процéнты (*на капитáл*); simple (compound) ~ прóстые (слóжные) процéнты; rate of ~ процéнт, процéнтная стáвка, нóрма процéнта; ~ will start to run... начислéние процéнтов начнётся с...; to return with ~ вернýть с процéнтами; *перен.* вернýть с лихвóй 9) *pl*: (vested) ~s капиталовложéния

**2.** *v* интересовáть, заинтересóвывать

**interested** [ˈɪntrɪstɪd] **1.** *p. p. от* interest 2

**2.** *a* 1) заинтересóванный; an ~ listener внимáтельный слýшатель 2) пристрáстный, предубеждённый 3) корыстный; ~ motives коры́стные моти́вы; материáльная заинтересóванность

**interesting** [ˈɪntrɪstɪŋ] **1.** *pres. p. от* interest 2

**2.** *a* интерéсный ◇ to be in an ~ condition *эвф.* быть в интерéсном положéнии

**interfere** [ˌɪntəˈfɪə] *v* 1) вмéшиваться (in); don't ~ in his affairs не вмéшивайтесь в егó делá; he is always interfering он всегдá во всё вмéшивается; to ~ with smb.'s independence покушáться на чью-л. незави́симость 2) служи́ть препя́тствием, мешáть, быть помéхой 3) надоедáть, докучáть (with); don't ~ with me не мешáйте, не надоедáйте мне 4) вреди́ть; to ~ with smb.'s health вреди́ть чьемý-л. здорóвью 5) стáлкиваться, противорéчить друг дрýгу; pleasure must not be allowed to ~ with business развлечéние не должнó мешáть дéлу; ≅ дéлу врéмя, потéхе час 6) *физ.* интерфери́ровать 7) засекáться (*о лошáди*) 8) *амер.* оспáривать (*чьи-л.*) правá на патéнт

**interference** [ˌɪntəˈfɪərəns] *n* 1) вмешáтельство; ~ with mail-bags досмóтр, вскры́тие мешкóв с почтóвыми отправлéниями 2) препя́тствие, помéха 3) *физ.* интерферéнция 4) *рáдио* помéхи 5) *вет.* засéчка 6) *амер.* столкновéние одноврéменно заявля́емых прав на патéнт 7) *attr. физ.* интерференциóнный; ~ fringes интерференциóнная полосá

**interferometer** [ˌɪntəfɪəˈrɒmɪtə] *n физ.* интерферóметр

**interflow 1.** *n* [ˈɪntə(:)fləu] слия́ние

**2.** *v* [ˌɪntə(:)ˈfləu] сливáться, соединя́ться

**interfluent** [ˌɪntə(:)ˈflu:ənt] *a* 1) сливáющийся 2) протекáющий мéжду

**interfuse** [ˌɪntə(:)ˈfju:z] *v* перемéшивать(ся), смéшивать(ся) (with)

**interfusion** [ˌɪntə(:)ˈfju:ʒən] *n* 1) перемéшивание 2) смесь

**interim** [ˈɪntərɪm] **1.** *n* промежýток врéмени; in the ~ тем врéменем; в промежýтке; minister at ~ врéменно исполня́ющий обя́занности мини́стра

**2.** *a* врéменный, промежýточный; ~ certificate врéменное удостоверéние

**interior** [ɪnˈtɪərɪə] **1.** *n* 1) внýтренность, внýтренняя сторонá 2) внýтренние райóны страны́; глубóкий тыл 3) внýтренние делá (госудáрства); the Department of the I. министéрство внýтренних дел (*в США и Канáде*); Secretary of the I. мини́стр внýтренних дел (*в США*) 4) *разг.* внýтренности, желýдок 5) *жив.* интерьéр

**2.** *a* внýтренний

**interjacent** [ˌɪntə(:)ˈdʒeɪsnt] *a* лежáщий мéжду, промежýточный; переходный; ~ payment авáнс; ~ government врéменное прави́тельство

**interjaculate** [ˌɪntə(:)ˈdʒækjuleɪt] *v* вставля́ть (замечáние); перебивáть (восклицáниями)

**interject** [ˌɪntə(:)ˈdʒekt] *v* вставля́ть (замечáние)

**interjection** [ˌɪntə(:)ˈdʒekʃən] *n* 1) восклицáние 2) *грам.* междомéтие

**interlace** [ˌɪntə(:)ˈleɪs] *v* переплетáть(-ся), сплетáть(ся)

**interlacement** [ˌɪntə(:)ˈleɪsmənt] *n* сплетéние, переплетéние

**interlard** [ˌɪntə(:)ˈlɑ:d] *v* уснащáть, пересыпáть (*речь, письмó инострáнными словáми и т. п.*)

**interleaf** [ˈɪntəli:f] *n* проклáдка из бéлой бумáги (мéжду листáми кни́ги)

**interleave** [ˌɪntə(:)ˈli:v] *v* 1) проклáдывать бéлую бумáгу (мéжду листáми кни́ги) 2) прослáивать

**inter-library** [ˌɪntə(:)ˈlaɪbrərɪ] *a* межбиблиотéчный; ~ exchange system межбиблиотéчный абонемéнт

**interline 1.** *n* [ˈɪntə(:)laɪn] *полигр.* шпон

**2.** *v* [ˌɪntə(:)ˈlaɪn] 1) впи́сывать мéжду строк 2) *полигр.* вставля́ть шпóны

**interlinear** [ˌɪntə(:)ˈlɪnɪə] *a* 1) междустрóчный 2) подстрóчный

**interlineation** [ˈɪntə(:)ˌlɪnɪˈeɪʃən] *n* припи́ска, встáвка мéжду строк

**interlink** [ˌɪntə(:)ˈlɪŋk] *v* тéсно свя́зывать; сцепля́ть

**interlock** [ˌɪntə(:)ˈlɒk] *v* 1) соединя́ть(ся), сцепля́ть(ся); смыкáться 2) *тех.* блоки́ровать

**interlocution** [ˌɪntə(:)ləuˈkju:ʃən] *n* бесéда, диалóг

**interlocutor** [ˌɪntə(:)ˈlɒkjutə] *n* собесéдник

**interlocutory** [ˌɪntə(:)ˈlɒkjutərɪ] *a* 1) нося́щий харáктер бесéды, диалóга 2) предвари́тельный; ~ decree *юр.* предвари́тельное постановлéние

**interlocutress, interlocutrix** [ˌɪntə(:)ˈlɒkjutrɪs, -trɪks] *n* собесéдница

**interlope** [ˌɪntə(:)ˈləup] *v* 1) вмéшиваться в чужи́е делá 2) занимáться контрабáндой

**interloper** [ˈɪntə(:)ləupə] *n* человéк, вмéшивающийся в чужи́е делá

**interlude** [ˈɪntə(:)lu:d] *n* 1) антра́кт 2) промежу́точный эпизо́д 3) *муз.* интерлю́дия 4) *ист.* интерме́дия

**intermarriage** [ˌɪntəˈmærɪdʒ] *n* 1) брак ме́жду людьми́ ра́зных рас, национа́льностей *и т. п.* 2) брак ме́жду ро́дственниками

**intermarry** [ˈɪntə(:)ˈmærɪ] *v* 1) породни́ться; смеша́ться путём бра́ка (*о расах, племенах*) 2) вступи́ть в брак (*о родственниках*)

**intermaxillary** [ˌɪntə(:)mækˈsɪlərɪ] *a анат.* межчелюстно́й

**intermedia** [ˌɪntə(:)ˈmi:djə] *pl от* intermedium

**intermediary** [ˌɪntə(:)mi:djərɪ] **1.** *n* посре́дник

2. *a* 1) посре́днический 2) промежу́точный

**intermediate** [ˌɪntə(:)ˈmi:djət] **1.** *n* промежу́точное звено́

2. *a* 1) промежу́точный; ~ product полупроду́кт; I. examination экза́мен, предше́ствующий выпускно́му (*в некоторых университетах*) 2) вспомога́тельный; ~ agent вспомога́тельное сре́дство 3) сре́дний

**intermediate-range** [ˌɪntə(:)ˈmi:djətreɪndʒ] *a*: ~ ballistic missile баллисти́ческая раке́та сре́дней да́льности

**intermediation** [ˈɪntə(:)ˌmi:dɪˈeɪʃən] *n* посре́дничество

**intermediator** [ˌɪntə(:)ˈmi:dɪeɪtə] *n* посре́дник

**intermedium** [ˌɪntə(:)ˈmi:djəm] *n* (*pl* -dia, -diums [-djəmz]) 1) сре́дство сообще́ния, переда́чи 2) связу́ющее звено́, посре́дство

**interment** [ɪnˈtə:mənt] *n* погребе́ние

**intermezzi** [ˌɪntə(:)ˈmetsɪ] *pl от* intermezzo

**intermezzo** [ˌɪntə(:)ˈmetsəu] *ит. n* (*pl* -zi, -zos [-tsəuz]) 1) интерме́дия 2) *муз.* интерме́ццо

**interminable** [ɪnˈtə:mɪnəbl] *a* бесконе́чный, ве́чный

**intermingle** [ˌɪntə(:)ˈmɪŋgl] *v* 1) сме́шивать(ся), переме́шивать(ся) (with) 2) обща́ться

**intermission** [ˌɪntə(:)ˈmɪʃən] *n* 1) переры́в, па́уза, остано́вка; without ~ беспреры́вно 2) *амер.* антра́кт; *школ.* переме́на 3) *мед.* переры́в, перебо́й (*пульса*)

**intermit** [ˌɪntə(:)ˈmɪt] *v* останови́ть(-ся) на вре́мя, прерва́ть(ся)

**intermittent** [ˌɪntə(:)ˈmɪtənt] *a* перемежа́ющийся; скачкообра́зный; преры́вистый; an ~ pulse пульс с перебо́ями; ~ contact *тех.* преры́вистый конта́кт

**intermix** [ˌɪntə(:)ˈmɪks] *v* сме́шивать(ся), переме́шивать(ся)

**intermixture** [ˌɪntə(:)ˈmɪkstʃə] *n* смеше́ние; смесь; при́месь

**intern** I [ˈɪntə:n] *n амер.* студе́нт медици́нского колле́джа *или* молодо́й врач, рабо́тающий в больни́це и живу́щий при ней

**intern** II [ɪnˈtə:n] *v* интерни́ровать

**internal** [ɪnˈtə:nl] **1.** *a* 1) вну́тренний; ~ aerial *радио* ко́мнатная анте́нна; ~ evidence *юр.* доказа́тельство, лежа́щее в само́м докуме́нте; ~ security units *воен.* ча́сти войск вну́тренней охра́ны; ~ war междоусо́бная война́; ~ student студе́нт университе́тского колле́джа 2) душе́вный, сокрове́нный

2. *n pl* 1) *анат.* вну́тренние о́рганы 2) сво́йства, ка́чества

**internal-combustion engine** [ɪnˈtə:nlkəmˌbʌstʃənˈendʒɪn] *n* дви́гатель вну́треннего сгора́ния

**internally** [ɪnˈtə:nəlɪ] *adv* вну́тренне; he shuddered ~ он вну́тренне содрогну́лся

**International** [ˌɪntə(:)ˈnæʃənl] *n* Интернациона́л

**international** [ˌɪntə(:)ˈnæʃənl] **1.** *a* междунаро́дный, интернациона́льный; ~ law междунаро́дное пра́во; ~ civil servant сотру́дник междунаро́дной организа́ции; ~ salute *мор.* «салю́т на́ции» (*21 выстрел*)

2. *n* 1) уча́стник междунаро́дных спорти́вных состяза́ний 2) междунаро́дное состяза́ние

**Internationale** [ˌɪntənæʃəˈnɑ:l] *n* Интернациона́л (*гимн*)

**internationalism** [ˌɪntə(:)ˈnæʃnəlɪzm] *n* интернационали́зм

**internationalist** [ˌɪntə(:)ˈnæʃnəlɪst] *n* интернационали́ст

**internationalize** [ˌɪntə(:)ˈnæʃnəlaɪz] *v* де́лать интернациона́льным; ста́вить под контро́ль разли́чных госуда́рств (*о территории, стране*)

**internecine** [ˌɪntə(:)ˈni:saɪn] *a* 1) междоусо́бный 2) смертоно́сный, разруши́тельный

**internee** [ˌɪntə:ˈni:] *n* интерни́рованный

**internist** [ɪnˈtə:nɪst] *n амер.* терапе́вт

**interment** [ɪnˈtə:nmənt] *n* 1) интерни́рование 2) *attr.*: ~ camp ла́герь для интерни́рованных

**interoffice** [ˌɪntərˈɔfɪs] *a*: ~ telephone вну́тренний телефо́н, коммута́тор

**interosculation** [ˈɪntərˌɔskjuˈleɪʃən] *n* 1) взаимопроникнове́ние 2) *биол.* о́бщность при́знаков (*особ. видов*)

**interpellate** [ɪnˈtə:peleɪt] *v парл.* интерпелли́ровать, де́лать запро́с

**interpellation** [ɪnˌtə:pəˈleɪʃən] *n парл.* интерпелля́ция, запро́с

**interpenetrate** [ˌɪntə(:)ˈpenɪtreɪt] *v* 1) глубоко́ проника́ть, наполня́ть собо́ю 2) взаимопроника́ть

**interpenetrative** [ˌɪntə(:)ˈpenɪtrətɪv] *a* взаимопроника́ющий

**interphone** [ˈɪntə(:)fəun] *амер.* = intercom

**interplanetary** [ˌɪntə(:)ˈplænɪtərɪ] *a* межплане́тный

**interplay** [ˈɪntə(:)ˈpleɪ] *n* взаимоде́йствие

**interpolate** [ɪnˈtə:pəuleɪt] *v* 1) интерполи́ровать; де́лать вста́вки в текст чужо́й ру́кописи (*умышленно или ошибочно*) 2) вставля́ть слова́, замеча́ния 3) *мат.* интерполи́ровать

**interpolation** [ɪnˌtə:pəuˈleɪʃən] *n* интерполя́ция *и пр.* [*см.* interpolate]

**interpolator** [ɪnˈtə:pəuleɪtə] *n* де́лающий интерполя́ции, вста́вки

**interposal** [ˌɪntə(:)ˈpəuzl] = interposition

**interpose** [ˌɪntə(:)ˈpəuz] *v* 1) вставля́ть, вводи́ть, ста́вить ме́жду 2) выдвига́ть, выставля́ть; to ~ an objection вы́двинуть возраже́ние 3) прерыва́ть (*замечанием, вводными словами*) 4) станови́ться ме́жду, вкли́ниваться 5) вме́шиваться

**interposition** [ɪnˌtə:pəˈzɪʃən] *n* 1) введе́ние ме́жду 2) нахожде́ние ме́жду 3) вмеша́тельство, посре́дничество

**interpret** [ɪnˈtə:prɪt] *v* 1) объясня́ть, толкова́ть, интерпрети́ровать; понима́ть (*как*) 2) переводи́ть (*устно*); быть перево́дчиком (*устным*)

**interpretation** [ɪnˌtə:prɪˈteɪʃən] *n* 1) толкова́ние, объясне́ние, интерпрета́ция; to put a wide ~ on smth. дава́ть чему́-л. (сли́шком) широ́кое толкова́ние 2) перево́д (*устный*) 3) *воен.* дешифри́рование

**interpretative** [ɪnˈtə:prɪtətɪv] *a* толкова́тельный, объясни́тельный

**interpreter** [ɪnˈtə:prɪtə] *n* 1) интерпрета́тор, истолкова́тель 2) перево́дчик (*устный*)

**interpretress** [ɪnˈtə:prɪtrɪs] *n ж. к* interpreter

**interregna** [ˌɪntəˈregnə] *pl от* interregnum

**interregnum** [ˌɪntəˈregnəm] *n* (*pl* -na, -nums [-nəmz]) 1) междуца́рствие 2) интерва́л, переры́в

**interrelation** [ˈɪntə(:)rɪˈleɪʃən] *n* взаимоотноше́ние, соотноше́ние, взаимосвя́зь

**interrelationship** [ˈɪntə(:)rɪˈleɪʃənʃɪp] *n* взаи́мная связь, взаи́мное родство́; соотнесённость

**interrogate** [ɪnˈterəugeɪt] *v* 1) спра́шивать 2) допра́шивать

**interrogation** [ɪnˌterəuˈgeɪʃən] *n* 1) вопро́с; note (*или* mark, point) of ~ вопроси́тельный знак 2) допро́с; ~ under duress допро́с с примене́нием физи́ческого принужде́ния 3) вопроси́тельный знак

**interrogative** [ˌɪntəˈrɔgətɪv] *a* вопроси́тельный; ~ pronoun *грам.* вопроси́тельное местоиме́ние

**interrogator** [ɪnˈterəugeɪtə] *n* 1) опра́шивающий 2) сле́дователь

**interrogatory** [ˌɪntəˈrɔgətərɪ] **1.** *n* 1) вопро́с 2) допро́с; опро́сный лист (*для показаний*)

2. *a* вопроси́тельный

**interrupt** [ˌɪntəˈrʌpt] *v* 1) прерыва́ть 2) вме́шиваться (*в разговор и т. п.*) 3) препя́тствовать, меша́ть, прегражда́ть; to ~ the view from the window заслоня́ть вид из окна́

**interrupter** [ˌɪntəˈrʌptə] *n эл.* прерыва́тель

**interruption** [ˌɪntəˈrʌpʃən] *n* 1) переры́в; прерыва́ние 2) запи́нка; заде́ржка 3) наруше́ние, поме́ха, препя́тствие; ~ of telephone communication наруше́ние телефо́нной свя́зи

**intersect** [ˌɪntə(:)ˈsekt] *v* 1) пересека́ть(ся); перекре́щивать(ся); скре́щивать(ся) 2) дели́ть на ча́сти

**intersection** [ˌɪntə(:)ˈsekʃən] *n* 1) пересече́ние 2) то́чка *или* ли́ния пересече́ния 3) перекрёсток

**intersidereal** [ˌɪntə(ː)saɪˈdɪərɪəl] *a* межзвёздный

**interspace** [ˈɪntə(ː)ˈspeɪs] **1.** *n* промежу́ток (*пространства, времени*), интерва́л

**2.** *v* 1) де́лать промежу́тки, отделя́ть промежу́тками 2) заполня́ть промежу́тки

**interspecific** [ˌɪntə(ː)spɪˈsɪfɪk] *a биол.* межвидово́й

**intersperse** [ˌɪntə(ː)ˈspəːs] *v* 1) разбра́сывать, рассыпа́ть (among, between — среди́, ме́жду) 2) пересыпа́ть, усыпа́ть, усе́ивать 3) разнообра́зить 4) вставля́ть в промежу́тки

**interstate** [ˈɪntə(ː)ˈsteɪt] *a* находя́щийся ме́жду шта́тами; включа́ющий ра́зные шта́ты; относя́щийся к ра́зным шта́там; свя́зывающий отде́льные шта́ты (*США, Австралии*), междушта́тный; ~ commerce торго́вые отноше́ния ме́жду шта́тами

**interstellar** [ˈɪntə(ː)ˈstelə] *a* межзвёздный; ~ space ship косми́ческий кора́бль; ~ space межзвёздное простра́нство

**interstice** [ɪnˈtəːstɪs] *n* промежу́ток; щель, расще́лина

**interstitial** [ˌɪntə(ː)ˈstɪʃəl] *a* 1) образу́ющий тре́щины, ще́ли 2) *мед.* промежу́точный; внутритканево́й

**intertill** [ˌɪntə(ː)ˈtɪl] *v с.-х.* пропа́хивать, обраба́тывать междуря́дья

**intertribal** [ˌɪntə(ː)ˈtraɪbəl] *a* межплеменно́й

**intertwine** [ˌɪntə(ː)ˈtwaɪn] *v* 1) сплета́ть(ся), переплета́ть(ся) 2) закру́чиваться, скру́чиваться

**intertwist** [ˌɪntə(ː)ˈtwɪst) = intertwine

**interval** [ˈɪntəvəl] *n* 1) промежу́ток, расстоя́ние, интерва́л; at ~s а) с промежу́тками; б) вре́мя от вре́мени; в) здесь и там 2) па́уза, переры́в, переме́на; антра́кт

**intervale** [ˈɪntəveɪl] *n амер.* доли́на вдоль реки́ (с плодоро́дной нано́сной по́чвой)

**intervene** [ˌɪntə(ː)ˈviːn] *v* 1) вме́шиваться; вступа́ться (in) 2) происходи́ть, име́ть ме́сто (*за какой-л. период времени*); some years ~d с тех пор прошло́ не́сколько лет 3) находи́ться, лежа́ть ме́жду 4) яви́ться поме́хой, помеша́ть; if nothing ~s е́сли ничего́ не случи́тся

**intervention** [ˌɪntə(ː)ˈvenʃən] *n* 1) интерве́нция 2) вмеша́тельство; surgical ~ хирурги́ческое вмеша́тельство

**interventionist** [ˌɪntə(ː)ˈvenʃənɪst] *n* 1) интерве́нт 2) сторо́нник интерве́нции

**interview** [ˈɪntəvjuː] **1.** *n* 1) делово́е свида́ние, встре́ча, бесе́да; интервью́; to obtain (to grant) an ~ получи́ть (дать) интервью́ 2) интервью́ (*в газете*)

2. *v* име́ть бесе́ду, интервью́; интервьюи́ровать

**interviewee** [ˌɪntəvju(ː)ˈiː] *n* интервьюи́руемый, даю́щий интервью́

**interviewer** [ˈɪntəvjuːə] *n* интервьюе́р

**intervocalic** [ˌɪntə(ː)vəuˈkælɪk] *a лингв.* интервока́льный

**interweave** [ˌɪntə(ː)ˈwiːv] *v* (interwove; interwoven) 1) вотка́ть, затка́ть 2) сплета́ть, переплета́ть (with); вплета́ть

**interwove** [ˌɪntə(ː)ˈwəuv] *past от* interweave

**interwoven** [ˌɪntə(ː)ˈwəuən] *p. p. от* interweave

**interzonal** [ˌɪntə(ː)ˈzəunl] *a* межзона́льный

**intestacy** [ɪnˈtestəsɪ] *n* 1) отсу́тствие завеща́ния 2) иму́щество, насле́дство, оста́вленное без завеща́ния

**intestate** [ɪnˈtestɪt] **1.** *n* челове́к, сконча́вшийся без завеща́ния

2. *a* уме́рший, сконча́вшийся без завеща́ния; he died ~ он у́мер, не оста́вив завеща́ния

**intestinal** [ɪnˈtestɪnl] *a анат.* кише́чный

**intestine** [ɪnˈtestɪn] *n* (*обыкн. pl*) кишки́, кише́чник; small (large) ~ то́нкая (то́лстая) кишка́

**intimacy** [ˈɪntɪməsɪ] *n* те́сная связь, бли́зость, инти́мность; *эвф.* половы́е сноше́ния

**intimate** I [ˈɪntɪmɪt] **1.** *n* бли́зкий друг

**2.** *a* 1) инти́мный, ли́чный; ~ friends задуше́вные друзья́; ~ details инти́мные подро́бности 2) бли́зкий, те́сный; хорошо́ знако́мый; ~ knowledge of smth. хоро́шее зна́ние чего́-л. 3) вну́тренний; сокрове́нный; ~ talk разгово́р по душа́м; ~ feelings сокрове́нные чу́вства 4) одноро́дный (*о смеси*)

**intimate** II [ˈɪntɪmeɪt] *v* 1) объявля́ть, ста́вить в изве́стность 2) намека́ть, подразумева́ть; ме́льком упомина́ть

**intimation** [ˌɪntɪˈmeɪʃən] *n* 1) указа́ние, сообще́ние 2) намёк

**intimidate** [ɪnˈtɪmɪdeɪt] *v* пуга́ть; запу́гивать, устраша́ть

**intimidation** [ɪnˌtɪmɪˈdeɪʃən] *n* 1) запу́гивание; устраше́ние 2) страх, запу́ганность

**intimity** [ɪnˈtɪmɪtɪ] *n* инти́мность

**intitule** [ɪnˈtɪtjuːl] *v* (*особ. p. p.*) *юр.* озагла́вливать

**into** [ˈɪntu, ˈɪntə] *prep* 1) *указывает на движение или направление внутрь, в сферу или область чего-л.* в(о), на; to go ~ the house войти́ в дом; to fall, to dive, *etc.* ~ the river упа́сть, нырну́ть *и т. п.* в ре́ку; to walk ~ the square вы́йти на пло́щадь; to climb high ~ the mountains забра́ться высоко́ в го́ры; to vanish ~ a crowd исче́знуть в толпе́; to fall ~ a mistake впасть в оши́бку; to work oneself ~ smb.'s favour втере́ться в чьё-л. дове́рие 2) *указывает на достижение какого-л. предмета, столкновение с каким-л. предметом* в(о); to walk ~ smb., smth. натолкну́ться (набрести́) на кого́-л., что-л. 3) *указывает на движение во времени* в, к; her reflections shifted ~ the past она́ мы́сленно верну́лась к про́шлому; looking ~ the future а) загля́дывая в бу́дущее; б) взгляд в бу́дущее 4) *указывает на включение в категорию, список и т. п.* в; to enter ~ a list включи́ть в спи́сок 5) *указывает на переход в новую форму, иное качество или состояние* в(о), на, до; to turn water ~ ice превраща́ть во́ду в лёд; to grow ~ manhood (womanhood) стать взро́слым мужчи́ной (взро́слой же́нщиной); to transmute water power ~ electric power превраща́ть эне́ргию воды́ в электри́ческую эне́ргию; to put (*или* to lick) ~ shape а) придава́ть фо́рму; б) приводи́ть в поря́док; to divide (to cut, to break, *etc.*) ~ so many portions дели́ть (разреза́ть, разбива́ть *и т. д.*) на сто́лько-то часте́й; to work oneself ~ a rage довести́ себя́ до бе́шенства; to lapse ~ silence погрузи́ться в молча́ние; to plunge ~ a reverie впасть в заду́мчивость; to be persuaded ~ doing smth. дать себя́ уговори́ть сде́лать что-л.

**in-toed** [ˈɪntəud] *a* с па́льцами ног, обращёнными внутрь; косола́пый

**intolerable** [ɪnˈtɔlərəbl] *a* невыноси́мый, нестерпи́мый; недопусти́мый

**intolerance** [ˈɪntɔlərəns] *n* нетерпи́мость

**intolerant** [ɪnˈtɔlərənt] *a* нетерпи́мый; ~ of smth. не те́рпящий (*или* не выносящий) чего́-л.

**intonate** [ˈɪntəuneɪt] = intone

**intonation** [ˌɪntəuˈneɪʃən] *n* 1) интона́ция; модуля́ция (*голоса*) 2) произнесе́ние нараспе́в; пе́ние речитати́вом 3) зачи́н (*в церковной музыке*)

**intone** [ɪnˈtəun] *v* 1) интони́ровать, модули́ровать (*голос*) 2) исполня́ть речитати́вом; произноси́ть нараспе́в 3) запева́ть, петь пе́рвые слова́

**intoxicant** [ɪnˈtɔksɪkənt] **1.** *n* опьяня́ющий напи́ток

2. *a* опьяня́ющий

**intoxicate** [ɪnˈtɔksɪkeɪt] *v* 1) опьяня́ть, возбужда́ть 2) *мед.* отравля́ть

**intoxication** [ɪnˌtɔksɪˈkeɪʃən] *n* 1) опьяне́ние; упое́ние 2) *мед.* интоксика́ция, отравле́ние

**intra-** [ˈɪntrə-] *лат. pref* внутри-; intracranial внутричерепно́й; intramuscular внутримы́шечный; intranuclear внутриядерный; intravenous внутриве́нный; intraurban (внутри)городско́й; intraurban traffic городско́й тра́нспорт

**intractability** [ɪnˌtræktəˈbɪlɪtɪ] *n* 1) неподатливость; несгово́рчивость 2) тру́дность (*воспитания, обработки почвы, лечения болезни и т. п.*)

**intractable** [ɪnˈtræktəbl] *a* 1) непода́тливый; непоко́рный 2) трудновоспиту́емый 3) труднообраба́тываемый 4) трудноизлечи́мый

**intramolecular** [ˌɪntrəməuˈlekjulə] *a* внутримолекуля́рный

**intramural** [ˌɪntrəˈmjuərəl] *a* 1) находя́щийся *или* происходя́щий в стена́х (*или* в преде́лах) го́рода, до́ма *и т. п.* 2) о́чный (*об обучении*)

**intramuscular** [ˌɪntrəˈmʌskjulə] *a* внутримы́шечный

**intransigent** [ɪnˈtrænsɪdʒənt] **1.** *n* непримири́мый республика́нец; полити́-

ческий де́ятель, не иду́щий на компроми́сс

2. *a* непримири́мый, непрекло́нный

**intransitive** [ɪn'trænsɪtɪv] *a грам.* неперехо́дный (*о глаголе*)

**intransmissible** [ˌɪntrɑ:ns'mɪsəbl] *a* не передава́емый (*на расстояние*)

**intrant** ['ɪntrənt] *n* 1) вступа́ющий (*в должность, во владение имуществом и т. п.*) 2) поступа́ющий (*в высшее учебное заведение*)

**intranuclear** [ˌɪntrə'nju:klɪə] *a* внутрия́дерный

**intraocular** [ˌɪntrə'ɔkjulə] *a* внутриглазно́й; ~ tension (*или* pressure) внутриглазно́е давле́ние

**intravenous** [ˌɪntrə'vi:nəs] *a* внутриве́нный

**intrench** [ɪn'trentʃ] = entrench

**intrepid** [ɪn'trepɪd] *a* неустраши́мый, бесстра́шный, отва́жный

**intrepidity** [ˌɪntrɪ'pɪdɪtɪ] *n* неустраши́мость, отва́га

**intricacy** ['ɪntrɪkəsɪ] *n* 1) запу́танность, сло́жность; пу́таница 2) лабири́нт

**intricate** ['ɪntrɪkɪt] *a* запу́танный, сло́жный, замыслова́тый; затрудни́тельный

**intrigant** ['ɪntrɪgənt] = intriguant

**intrigante** [ˌɪntrɪ'gɑ:nt] = intriguante

**intriguant** ['ɪntrɪgənt] *фр. n* интрига́н

**intriguante** [ˌɪntrɪ'gɑ:nt] *фр. n* интрига́нка

**intrigue** [ɪn'tri:g] **1.** *n* 1) интри́га, та́йные про́иски 2) интри́жка (*любовная связь*)

2. *v* 1) интригова́ть, стро́ить ко́зни (against — про́тив) 2) заинтересова́ть, заинтригова́ть 3) име́ть интри́жку (with)

**intriguing** [ɪn'tri:gɪŋ] **1.** *pres. p. от* intrigue 2

2. *a* 1) интригу́ющий, стро́ящий ко́зни 2) интригу́ющий, ста́вящий в тупи́к 3) увлека́тельный, занима́тельный

**intrinsic** [ɪn'trɪnsɪk] *a* 1) вну́тренний, прису́щий, сво́йственный; ~ value вну́тренняя це́нность 2) суще́ственный

**intro-** ['ɪntrəu-, 'ɪntrə-] *лат. pref* в-, интро-; introspection интроспе́кция; intromission впуск

**introduce** [ˌɪntrə'dju:s] *v* 1) вводи́ть; вставля́ть (into) 2) вводи́ть в употребле́ние; привноси́ть; применя́ть 3) представля́ть, знако́мить; let me ~ my brother to you позво́льте предста́вить вам моего́ бра́та 4) вноси́ть на рассмотре́ние (*законопроект и т. п.*) 5) предваря́ть, предпосыла́ть

**introduction** [ˌɪntrə'dʌkʃən] *n* 1) введе́ние; внесе́ние 2) нововведе́ние 3) (официа́льное) представле́ние; letter of ~ рекоменда́тельное письмо́ 4) предисло́вие, введе́ние 5) введе́ние (*в научную дисциплину*) 6) предуведомле́ние 7) *муз.* интроду́кция

**introductory** [ˌɪntrə'dʌktərɪ] *a* вступи́тельный, вво́дный, предвари́тельный

**intromission** [ˌɪntrəu'mɪʃən] *n* впуск; допуще́ние; вхожде́ние

**introspect** [ˌɪntrəu'spekt] *v* 1) смотре́ть внутрь; вника́ть 2) занима́ться самонаблюде́нием, самоана́лизом

**introspection** [ˌɪntrəu'spekʃən] *n психол.* интроспе́кция, самонаблюде́ние, самоана́лиз

**introspective** [ˌɪntrəu'spektɪv] *a психол.* интроспекти́вный

**introversion** [ˌɪntrəu'və:ʃən] *n психол.* сосредото́ченность на само́м себе́

**introvert** *психол.* **1.** *n* ['ɪntrəuvə:t] челове́к, сосредото́ченный на своём вну́треннем ми́ре

2. *v* [ˌɪntrəu'və:t] сосредото́чиваться на само́м себе́

**intrude** [ɪn'tru:d] *v* 1) вторга́ться, входи́ть без приглаше́ния *или* разреше́ния (into); am I intruding? я не помеша́ю? 2) навя́зывать(ся), быть назо́йливым (upon); to ~ oneself (one's views) upon a person навя́зывать себя́ (свои́ взгля́ды) кому́-л. 3) внедря́ть(ся)

**intruder** [ɪn'tru:də] *n* 1) навя́зчивый, назо́йливый челове́к; незва́ный гость 2) *юр.* челове́к, незако́нно присва́ивающий чужо́е владе́ние *или* чужи́е права́; самозва́нец 3) *ав.* самолёт вторже́ния, самолёт-наруши́тель (*тж.* ~ aircraft)

**intrusion** [ɪn'tru:ʒən] *n* 1) вторже́ние, появле́ние без приглаше́ния (into); unpardonable ~ бесцеремо́нное вторже́ние 2) навя́зывание себя́, свои́х мне́ний *и т. п.* (upon) 3) *юр.* узурпи́рование чужо́го владе́ния *или* прав 4) *геол.* интру́зия, внедре́ние

**intrusive** [ɪn'tru:sɪv] *a* 1) назо́йливый, навя́зчивый 2) *геол.* интрузи́вный, плутони́ческий (*о породах*)

**intrust** [ɪn'trʌst] *амер.* = entrust

**intubation** [ˌɪntju'beɪʃən] *n мед.* интуба́ция

**intuition** [ˌɪntju(:)'ɪʃən] *n* интуи́ция

**intuitional** [ˌɪntju(:)'ɪʃənl] *a* интуити́вный

**intuitionalism** [ˌɪntju(:)'ɪʃənlɪzm] *n филос.* интуитиви́зм

**intuitive** [ɪn'tju(:)ɪtɪv] *a* 1) = intuitional 2) облада́ющий интуи́цией

**intuitivism** [ɪn'tju(:)ɪtɪvɪzm] = intuitionalism

**intumescence** [ˌɪntju(:)'mesns] *n* опуха́ние, припу́хлость; распуха́ние

**intussusception** [ˌɪntəsə'sepʃən] *n* 1) *физиол.* инвагина́ция 2) восприя́тие (*идей, впечатлений и т. п.*)

**inunction** [ɪ'nʌŋkʃən] *n* 1) *мед.* втира́ние; мазь 2) *церк.* пома́зание

**inundate** ['ɪnʌndeɪt] *v* 1) затопля́ть, наводня́ть 2) *перен.* осыпа́ть; наполня́ть; he was ~d with invitations он получи́л ма́ссу приглаше́ний

**inundation** [ˌɪnʌn'deɪʃən] *n* 1) наводне́ние 2) наплы́в, скопле́ние; an ~ of tourists наплы́в тури́стов

**inurbane** [ˌɪnə:'beɪn] *a* 1) неизя́щный, лишённый изы́сканности, городско́го ло́ска 2) неве́жливый

**inure** [ɪ'njuə] *v* 1) приуча́ть; to ~ oneself приучи́ть себя́ 2) *юр.* вступа́ть в си́лу, станови́ться действи́тельным 3) служи́ть, идти́ на по́льзу; to ~ to the benefit of humanity служи́ть челове́честву

**inurement** [ɪ'njuəmənt] *n* приуче́ние; пра́ктика; привы́чка

**inurnment** [ɪ'nə:nmənt] *n* погребе́ние пра́ха в у́рне (*после кремации*)

**inutile** [ɪ'nju:tɪl] *a* бесполе́зный

**invade** [ɪn'veɪd] *v* 1) вторга́ться; захва́тывать, оккупи́ровать 2) овладе́ть, нахлы́нуть (*о чувстве*); fear ~d her mind её охвати́л страх 3) посяга́ть (*на чьи-л. права*) 4) поража́ть (*о болезни*)

**invader** [ɪn'veɪdə] *n* 1) захва́тчик, оккупа́нт 2) посяга́тель

**invalid** I **1.** *n* ['ɪnvəlɪd] больно́й; инвали́д

2. *a* ['ɪnvəlɪd] 1) больно́й; нетрудоспосо́бный 2) предназна́ченный для больны́х; an ~ diet дие́та для больно́го; ~ food диети́ческое пита́ние

3. *v* [ˌɪnvə'li:d] 1) де́лать(ся) инвали́дом 2) освобожда́ть(ся) от вое́нной слу́жбы по инвали́дности; to be ~ed out of the army быть демобилизо́ванным по состоя́нию здоро́вья

**invalid** II [ɪn'vælɪd] *a* 1) не име́ющий зако́нной си́лы, недействи́тельный; to declare a marriage ~ расто́ргнуть брак 2) необосно́ванный

**invalidate** [ɪn'vælɪdeɪt] *v* лиша́ть зако́нной си́лы, де́лать недействи́тельным; своди́ть на не́т

**invalidation** [ɪnˌvælɪ'deɪʃən] *n* аннули́рование, лише́ние зако́нной си́лы

**invalidity** [ˌɪnvə'lɪdɪtɪ] *n* недействи́тельность

**invaluable** [ɪn'væljuəbl] *a* неоцени́мый, бесце́нный

**invar** [ɪn'vɑ:] *n* инва́р, сплав желе́за с ни́келем

**invariability** [ɪnˌvɛərɪə'bɪlɪtɪ] *n* неизме́нность, неизменя́емость

**invariable** [ɪn'vɛərɪəbl] *a* 1) неизме́нный, неизменя́емый; усто́йчивый 2) *мат.* постоя́нный

**invariant** [ɪn'vɛərɪənt] *мат.* **1.** *n* инвариа́нт

2. *a* инвариа́нтный

**invasion** [ɪn'veɪʒən] *n* 1) вторже́ние, наше́ствие; набе́г 2) посяга́тельство (*на чьи-л. права*) 3) *мед.* инва́зия 4) *attr.*: ~ ground forces *воен.* сухопу́тные войска́ вторже́ния; ~ fleet вое́нно-морски́е си́лы вторже́ния

**invasive** [ɪn'veɪsɪv] *a* захва́тнический; агресси́вный

**invective** [ɪn'vektɪv] *n* 1) обличи́тельная речь; вы́пад; инвекти́ва 2) (*обыкн. pl*) руга́тельства, брань; a stream of ~s пото́к руга́тельств

**inveigh** [ɪn'veɪ] *v* я́ростно напада́ть, поноси́ть, руга́ть (against)

**inveigle** [ɪn'vi:gl] *v* зама́нивать, завлека́ть; соблазня́ть; to ~ smb. into doing smth. обма́ном побуди́ть кого́-л. сде́лать что-л.

**inveiglement** [ɪn'vi:glmənt] *n* зама́нивание; собла́зн, обольще́ние

**invent** [ɪn'vent] *v* 1) изобрета́ть, де́лать откры́тие 1) вы́думывать, фабрикова́ть, сочиня́ть 3) приду́мывать; to ~ an excuse (explanation) приду́мать отгово́рку (объясне́ние)

**invention** [ɪnˈvenʃən] *n* 1) изобрете́ние 2) вы́думка, измышле́ние 3) изобрета́тельность 4) *муз.* инве́нция

**inventive** [ɪnˈventɪv] *a* изобрета́тельный; нахо́дчивый

**inventor** [ɪnˈventə] *n* 1) изобрета́тель 2) вы́думщик, фантазёр

**inventory** [ˈɪnvəntrɪ] **1.** *n* 1) о́пись, инвента́рь 2) това́ры, предме́ты, внесённые в инвента́рь 3) переучёт това́ра; инвентариза́ция, прове́рка инвентаря́; to make (*или* to draw) up an ~ произвести́ инвентариза́цию

**2.** *v* составля́ть о́пись, вноси́ть в инвента́рь

**inveracity** [ˌɪnvəˈræsɪtɪ] *n* лжи́вость; несоотве́тствие и́стине

**Inverness** [ˌɪnvəˈnes] *n* плащ с капюшо́ном без рукаво́в (*по названию местности в Шотландии*)

**inverse** [ˈɪnˈvəːs] **1.** *n* противополо́жность; обра́тный поря́док

**2.** *a* обра́тный, перевёрнутый; противополо́жный; ~ ratio (*или* proportion) *мат.* обра́тная пропорциона́льность

**inversely** [ˈɪnˈvəːslɪ] *adv* обра́тно; обра́тно пропорциона́льно

**inversion** [ɪnˈvəːʃən] *n* 1) перестано́вка; перевёртывание; измене́ние норма́льного поря́дка на обра́тный 2) *уст.* извраще́ние 3) *грам.* инве́рсия 4) *геол.* обра́тное напластова́ние 5) *биол.* инве́рсия (*генов*)

**invert** **1.** *n* [ˈɪnvəːt] 1) *архит.* обра́тный свод 2) гомосексуали́ст

**2.** *v* [ɪnˈvəːt] 1) перевёртывать, перевора́чивать, опроки́дывать 2) переставля́ть, меня́ть поря́док 3) *хим.* инверти́ровать

**invertebrate** [ɪnˈvəːtɪbrɪt] **1.** *n* беспозвоно́чное живо́тное

**2.** *a* беспозвоно́чный; *перен.* бесхребе́тный, бесхара́ктерный

**inverted** [ɪnˈvəːtɪd] **1.** *p. p. от* invert 2

**2.** *a* 1) опроки́нутый; перевёрнутый; ~ flight *ав.* полёт на спине́ 2) обра́тный; ~ order of words *грам.* инве́рсия, обра́тный поря́док слов 3) *хим.* инверти́рованный

**inverted commas** [ɪnˈvəːtɪdˈkɔməz] *n pl* кавы́чки

**inverter** [ɪnˈvəːtə] *n эл.* инве́ртер, обра́тный преобразова́тель

**invest** [ɪnˈvest] *v* 1) помеща́ть, вкла́дывать де́ньги, капита́л (in) 2) *разг.* покупа́ть *что-л.* 3) одева́ть, облача́ть (in, with); ~ed with mystery оку́танный та́йной 4) облека́ть (*полномочиями и т. п.*; with, in) 5) *воен.* окружа́ть, блоки́ровать

**investigate** [ɪnˈvestɪgeɪt] *v* 1) рассле́довать; разузнава́ть; наводи́ть спра́вки 2) иссле́довать, изуча́ть

**investigation** [ɪnˌvestɪˈgeɪʃən] *n* 1) рассле́дование, сле́дствие 2) (нау́чное) иссле́дование

**investigative** [ɪnˈvestɪgeɪtɪv] *a* иссле́довательский

**investigator** [ɪnˈvestɪgeɪtə] *n* 1) иссле́дователь, испыта́тель 2) сле́дователь

**investigatory** [ɪnˈvestɪgeɪtərɪ] = investigative

**investiture** [ɪnˈvestɪtʃə] *n* 1) облаче́ние, одея́ние 1) инвеститу́ра, форма́льное введе́ние в до́лжность, во владе́ние 3) награжде́ние, пожа́лование

**investment** [ɪnˈvestmənt] *n* 1) (капитало)вложе́ние, помеще́ние де́нег, инвести́рование 2) инвести́ция; вклад 3) предприя́тие *или* бума́ги, в кото́рые вло́жены де́ньги 4) оде́жда, облаче́ние 5) облече́ние полномо́чиями, вла́стью *и т. п.* 6) *воен.* оса́да, блока́да 7) *attr.*: ~ bank *амер.* инвестицио́нный банк; ~ goods това́ры произво́дственного назначе́ния; ~ outlet сфе́ра примене́ния капита́ла

**investor** [ɪnˈvestə] *n* вкла́дчик [*см.* invest 1)]

**inveteracy** [ɪnˈvetərəsɪ] *n* закорене́лость (*привычки*); застаре́лость (*болезни*)

**inveterate** [ɪnˈvetərɪt] *a* глубоко́ вкорени́вшийся, закосне́лый, застаре́лый; закорене́лый; ~ smoker зая́длый кури́льщик; ~ liar враль

**invidious** [ɪnˈvɪdɪəs] *a* 1) вызыва́ющий вражде́бное чу́вство; оскорбля́ющий несправедли́востью, возмути́тельный; ненави́стный; ~ comparison оби́дное сравне́ние 2) *редк.* зави́дный, вызыва́ющий за́висть

**invigilate** [ɪnˈvɪdʒɪleɪt] *v* следи́ть за экзамену́ющимися во вре́мя экза́мена

**invigorate** [ɪnˈvɪgəreɪt] *v* 1) дава́ть си́лы, укрепля́ть 2) подба́дривать

**invigorative** [ɪnˈvɪgərətɪv] *a* подкрепля́ющий, бодря́щий, стимули́рующий

**invincibility** [ɪnˌvɪnsɪˈbɪlɪtɪ] *n* непобеди́мость

**invincible** [ɪnˈvɪnsəbl] *a* непобеди́мый

**inviolability** [ɪnˌvaɪələˈbɪlɪtɪ] *n* неруши́мость; неприкоснове́нность

**inviolable** [ɪnˈvaɪələbl] *a* неруши́мый; неприкоснове́нный

**inviolate** [ɪnˈvaɪəlɪt] *a* ненару́шенный; неоскверённый

**invisibility** [ɪnˌvɪzəˈbɪlɪtɪ] *n* невиди́мость; неразличи́мость

**invisible** [ɪnˈvɪzəbl] *a* неви́димый, незри́мый; неразличи́мый; незаме́тный; ~ man челове́к-невиди́мка; ~ exports (imports) *эк.* неви́димый э́кспорт (и́мпорт); he is ~ его́ нельзя́ ви́деть (*он не принимает*) ◊ ~ green голубова́то- *или* желтова́то-зелёный цвет; the I. Empire *амер.* ку-клукс-кла́н

**invitation** [ˌɪnvɪˈteɪʃən] *n* 1) приглаше́ние (to — на); admission by ~ only вход то́лько по пригласи́тельным биле́там; to send out ~s рассыла́ть приглаше́ния 2) *attr.* пригласи́тельный; ~ card пригласи́тельный биле́т

**invitational** [ˌɪnvɪˈteɪʃənl] *a* пригласи́тельный

**invite** [ɪnˈvaɪt] **1.** *v* 1) приглаша́ть, проси́ть 2) привлека́ть, мани́ть; to ~ attention привлека́ть внима́ние 3) побужда́ть (*к чему-л.*); to ~ questions (opinions) проси́ть задава́ть вопро́сы (вы́сказать своё мне́ние) 4) навлека́ть на себя́

**2.** *n разг.* приглаше́ние

**invitee** [ˌɪnvaɪˈtiː] *n разг.* приглашённый

**inviting** [ɪnˈvaɪtɪŋ] **1.** *pres. p. от* invite 1

**2.** *a* привлека́тельный, притяга́тельный, соблазни́тельный, маня́щий

**invocation** [ˌɪnvəuˈkeɪʃən] *n* 1) *поэт.* призы́в, обраще́ние к му́зе 2) заклина́ние, мольба́ 3) *юр.* вы́зов (*в суд*)

**invocatory** [ɪnˈvɔkətərɪ] *a* призы́вный, призыва́ющий

**invoice** [ˈɪnvɔɪs] **1.** *n* счёт, факту́ра

**2.** *v* вы́писать счёт, факту́ру

**invoke** [ɪnˈvəuk] *v* 1) призыва́ть, взыва́ть 2) вызыва́ть ду́хов 3) умоля́ть

**involucre** [ˈɪnvəluːkə] *n* 1) *анат.* оболо́чка 2) *бот.* обвёртка соцве́тия

**involuntary** [ɪnˈvɔləntərɪ] *a* 1) нево́льный, ненаме́ренный 2) непроизво́льный

**involute** [ˈɪnvəluːt] **1.** *a* 1) закру́ченный; спира́льный 2) *бот.* свёрнутый внутрь; скру́ченный 3) сло́жный, запу́танный; an ~ plot сло́жная интри́га

**2.** *n мат.* эвольве́нта, развёртка

**3.** *v мат.* возводи́ть в сте́пень

**involution** [ˌɪnvəˈluːʃən] *n* 1) закру́чивание спира́лью 2) зате́йливость, запу́танность (*о механизме, рисунке и т. п.*) 3) *мат.* возведе́ние в сте́пень

**involve** [ɪnˈvɔlv] *v* 1) завёртывать, оку́тывать (in) 2) закру́чивать (спира́лью) 3) запу́тывать; впу́тывать, вовлека́ть; затра́гивать; ~d in debt запу́тавшийся в долга́х; to ~ the rights of smb. затра́гивать чьи-л. права́ 4) включа́ть в себя́ (in); подразумева́ть, предполага́ть 5) вызыва́ть, (по-) влечь за собо́й 6) *мат.* возводи́ть в сте́пень

**involved** [ɪnˈvɔlvd] **1.** *p. p. от* involve

**2.** *a* запу́танный, сло́жный; ~ mechanism сло́жный механи́зм; ~ reasoning тума́нная аргумента́ция

**involvement** [ɪnˈvɔlvmənt] *n* 1) запу́танность; затрудни́тельное положе́ние 2) де́нежные затрудне́ния 3) вовлече́ние; уча́стие (*в чём-л.*)

**invulnerability** [ɪnˌvʌlnərəˈbɪlɪtɪ] *n* неуязви́мость

**invulnerable** [ɪnˈvʌlnərəbl] *a* неуязви́мый

**inward** [ˈɪnwəd] **1.** *a* 1) вну́тренний 2) напра́вленный внутрь, обращённый внутрь 3) у́мственный, духо́вный

**2.** *adv* 1) внутрь 2) вну́тренне

**3.** *n pl разг.* вну́тренности

**inwardly** [ˈɪnwədlɪ] *adv* 1) внутри́; внутрь 2) вну́тренне, в уме́, в душе́, про себя́

**inwardness** [ˈɪnwədnɪs] *n* 1) и́стинная приро́да, су́щность 2) вну́тренняя си́ла; духо́вная сторона́

**inwards** [ˈɪnwədz] = inward 2

**inweave** [ˈɪnˈwiːv] *v* (inwove; inwoven) 1) votка́ть, затка́ть 2) сплета́ть, вплета́ть

**inwove** [ˈɪnˈwəuv] *past от* inweave

**inwoven** [ˈɪnˈwəuvən] *p. p. от* inweave

**inwrought** [ˈɪnˈrɔːt] *a* 1) узо́рчатый (*о ткани*; with) 2) во́тканный в мате́рию (*об узоре*; on, in) 3) *перен.* те́сно свя́занный, сплетённый (with)

**iodide** [ˈaɪəudaɪd] *n хим.* йоди́д, соль йодистоводоро́дной кислоты́

**iodine** [ˈaɪəudiːn] *n* йод

**iodize** [ˈaɪəudaɪz] *v* подверга́ть де́йствию йо́да

**ion** [ˈaɪən] *n физ.* ио́н

**Ionic** [aɪˈɔnɪk] *n* иони́ческий

**ionic** [aɪˈɔnɪk] *a физ.* ио́нный; ~ composition of the atmosphere ио́нная структу́ра атмосфе́ры

**ionium** [aɪˈəunɪəm] *n хим.* ио́ний

**ionize** [ˈaɪənaɪz] *v хим.* ионизи́ровать

**ionosphere** [aɪˈɔnəsfɪə] *n* ионосфе́ра

**ionospheric** [aɪˌɔnəˈsferɪk] *a* относя́щийся к ионосфе́ре; ~ data да́нные о состоя́нии ионосфе́ры

**iontophoresis** [aɪˌɔntəfəˈriːsɪs] *n мед.* ионтофоре́з

**iota** [aɪˈəutə] *греч. n* йо́та ◇ not to care an ~ совсе́м не интересова́ться, ни в грош не ста́вить

**IOU** [ˈaɪəuˈjuː] *n* долгова́я распи́ска с на́дписью IOU (*по созвучию с I owe you я должен вам*)

**ipecac** [ˈɪpɪkæk] *сокр. от* ipecacuanha

**ipecacuanha** [ˌɪpɪkækjuˈænə] *n фарм.* ипекакуа́на, рво́тный ко́рень

**ir-** [ɪr-] *pref* (*в словах, корни которых начинаются с* r) не-; irrational неразу́мный; нерациона́льный; irrelevant неуме́стный, не относя́щийся к де́лу

**Iraki** [ɪˈrɑːkɪ] = Iraqi

**Irani** [ɪˈrɑːnɪ] *a* ира́нский; перси́дский

**Iranian** [aɪˈreɪnjən] **1.** *a* ира́нский; перси́дский

**2.** *n* 1) жи́тель Ира́на, ира́нец; ира́нка 2) перси́дский язы́к

**Iraqi** [ɪˈrɑːkɪ] **1.** *n* жи́тель Ира́ка

**2.** *a* ира́кский

**irascibility** [ɪˌræsɪˈbɪlɪtɪ] *n* раздражи́тельность, вспы́льчивость

**irascible** [ɪˈræsɪbl] *a* раздражи́тельный, вспы́льчивый

**irate** [aɪˈreɪt] *a* гне́вный, разгне́ванный, серди́тый

**ire** [ˈaɪə] *n поэт.* гнев, я́рость

**ireful** [ˈaɪəful] *a* гне́вный

**iridescence** [ˌɪrɪˈdesns] *n* ра́дужность; перели́вчатость

**iridescent** [ˌɪrɪˈdesnt] *a* ра́дужный, похо́жий на ра́дугу; перели́вчатый

**iris** [ˈaɪərɪs] *n* 1) *анат.* ра́дужная оболо́чка (*глаза*) 2) ра́дуга 3) *бот.* и́рис, каса́тик 4) *attr.*: ~ diaphragm *опт.* и́рисовая диафра́гма

**Irish** [ˈaɪərɪʃ] **1.** *a* ирла́ндский ◇ ~ bridge ка́менный откры́тый водосто́к (*поперёк дороги*)

**2.** *n* 1) (the ~) *pl собир.* ирла́ндцы, ирла́ндский наро́д 2) ирла́ндский язы́к 3) сорт ви́ски 4) сорт полотна́ ◇ to get smb.'s ~ up рассерди́ть, разозли́ть кого́-л.

**Irishism** [ˈaɪərɪʃɪzm] *n* ирла́ндское сло́во *или* выраже́ние, ирланди́зм

**Irishman** [ˈaɪərɪʃmən] *n* ирла́ндец

**Irishwoman** [ˈaɪərɪʃˌwumən] *n* ирла́ндка

**iritis** [aɪəˈraɪtɪs] *n мед.* воспале́ние ра́дужной оболо́чки гла́за

**irk** [əːk] *v уст.* утомля́ть, надоеда́ть, раздража́ть

**irksome** [ˈəːksəm] *a* утоми́тельный, ску́чный; надое́дливый

**iron** [ˈaɪən] **1.** *n* 1) *хим.* желе́зо (*элемент*) 2) чёрный мета́лл, *напр.*, желе́зо, сталь, чугу́н; as hard as ~ твёрдый как сталь; *перен. тж.* суро́вый; жесто́кий; a man of ~ желе́зный челове́к, челове́к желе́зной во́ли 3) желе́зное изде́лие (*часто в сложных словах*; *напр.*: curling-irons щипцы́ для зави́вки воло́с) 4) утю́г 5) *pl* око́вы, канда́лы; in ~s в кандала́х 6) (*обыкн. pl*) стре́мя 7) *мед.* препара́т желе́за ◇ to have (too) many ~s in the fire а) занима́ться мно́гими дела́ми одновре́ме́нно; б) пусти́ть в ход разли́чные сре́дства (*для достижения цели*)

**2.** *a* 1) желе́зный; сде́ланный из желе́за 2) си́льный, кре́пкий, твёрдый ◇ ~ man *амер. sl.* серебряный до́ллар; ~ horse *разг.* стально́й конь (*паровоз, велосипед, танк*); ~ rations *воен.* неприкоснове́нный запа́с (*продовольствия*); ~ age а) желе́зный век; б) жесто́кий век; ~ curtain желе́зный за́навес; an ~ fist in a velvet glove ≅ мя́гко сте́лет, да жёстко спать

**3.** *v* 1) утю́жить, гла́дить 2) покрыва́ть желе́зом □ ~ **out** сгла́живать, ула́живать

**iron-bark** [ˈaɪənbɑːk] *n* вид эвкали́пта с кре́пкой коро́й

**iron-bound** [ˈaɪənbaund] *a* 1) око́ванный желе́зом 2) суро́вый, непоколеби́мый 3) скали́стый (*о береге*)

**ironclad** [ˈaɪənklæd] **1.** *a* 1) покры́тый броне́й, брониро́ванный 2) жёсткий, твёрдый; неруши́мый

**2.** *n уст.* броненосец

**iron-fall** [ˈaɪənfɔːl] *n* паде́ние метеори́та

**iron-foundry** [ˈaɪənˌfaundrɪ] *n* чугуноли́те́йный заво́д

**iron-grey** [ˈaɪənˈgreɪ] **1.** *a* се́ро-стально́й

**2.** *n* се́ро-стально́й цвет

**iron-handed** [ˈaɪənˈhændɪd] *a* жесто́кий, деспоти́чный; непоколеби́мый

**ironic(al)** [aɪˈrɔnɪk(əl)] *a* ирони́ческий

**ironing** [ˈaɪənɪŋ] **1.** *pres. p. от* iron 3

**2.** *n* 1) утю́жка, гла́женье 2) пла́тье, бельё для гла́женья

**ironing-board** [ˈaɪənɪŋbɔːd] *n* глади́льная доска́

**iron lung** [ˈaɪənlʌŋ] *n мед.* аппара́т для иску́сственного дыха́ния

**ironmaster** [ˈaɪənˌmɑːstə] *n* фабрика́нт желе́зных изде́лий

**ironmonger** [ˈaɪənˌmʌŋgə] *n* торго́вец желе́зными, скобяны́ми изде́лиями

**ironmongery** [ˈaɪənˌmʌŋgərɪ] *n* желе́зные изде́лия, скобяно́й това́р

**iron-mould** [ˈaɪənməuld] *n* ржа́вое *или* черни́льное пятно́ (*на ткани*)

**iron-shod** [ˈaɪənʃɔd] *a* оби́тый желе́зом; подко́ванный, ко́ваный

**ironside** [ˈaɪənsaɪd] *n* 1) отва́жный; реши́тельный челове́к 2) (Ironsides) *pl ист.* ко́нница Кро́мвеля, «железнобо́кие»

**iron-stone** [ˈaɪənstəun] *n* желе́зная руда́, бу́рый железня́к

**ironware** [ˈaɪənwɛə] *n* желе́зный, скобяно́й това́р

**ironwork** [ˈaɪənwəːk] *n* 1) желе́зное изде́лие 2) желе́зная часть констру́кции

**ironworker** [ˈaɪənˌwəːkə] *n* рабо́чий-металли́ст

**ironworks** [ˈaɪənwəːks] *n pl* (*употр. как sing и как pl*) чугунолите́йный заво́д; предприя́тие чёрной металлу́ргии

**irony** [ˈaɪərənɪ] *n* ирони́я; the ~ of fate ирони́я судьбы́; the irony of it is that... парадо́кс в том, что...; по злой ирони́и судьбы́... ◇ Socratic ~ сократи́ческий ме́тод веде́ния спо́ра

**irradiate** [ɪˈreɪdɪeɪt] *v* 1) освеща́ть, озаря́ть; облуча́ть 2) *физ.* испуска́ть лучи́ 3) разъясня́ть, пролива́ть свет; распространя́ть (*знания и т. п.*)

**irradiation** [ɪˌreɪdɪˈeɪʃən] *n* 1) освеще́ние, озаре́ние 2) блеск, сия́ние, лучи́стость, лучеза́рность 3) *физ.* иррадиа́ция

**irrational** [ɪˈræʃənl] **1.** *a* 1) неразу́мный, нерациона́льный; нелоги́чный; ~ fear безрассу́дный страх 2) неразу́мный, не одарённый ра́зумом 3) *мат.* иррациона́льный

**2.** *n мат.* иррациона́льное число́

**irrationality** [ɪˌræʃəˈnælɪtɪ] *n* 1) неразу́мность, нелоги́чность; абсу́рдность 2) *мат.* иррациона́льность

**irreclaimable** [ˌɪrɪˈkleɪməbl] *a* 1) него́дный для обрабо́тки (*о земле*) 2) неисправи́мый 3) безвозвра́тный

**irreconcilable** [ɪˈrekənsaɪləbl] *a* 1) непримири́мый (*о человеке*) 2) противоречи́вый, несовмести́мый

**irrecoverable** [ˌɪrɪˈkʌvərəbl] *a* непоправи́мый, невозврати́мый

**irrecusable** [ˌɪrɪˈkjuːzəbl] *a* неоспори́мый; беспрекосло́вный

**irredeemable** [ˌɪrɪˈdiːməbl] *a* 1) неисправи́мый, безнадёжный, безысхо́дный 2) не подлежа́щий вы́купу, невыкупа́емый (*об акциях*) 3) не подлежа́щий обме́ну, неразме́нный (*о бумажных деньгах*)

**irredenta** [ˌɪrɪˈdentə] *ит. a* невоссоединённый

**irredentist** [ˌɪrɪˈdentɪst] *n ист.* член *или* сторо́нник па́ртии ирреденти́стов (*программным требованием которой было воссоединение Италии по этнографическому и лингвистическому признаку*)

**irreducible** [ˌɪrɪˈdjuːsəbl] *a* 1) не поддающийся превраще́нию (*в иное состояние и т. п.*) 2) *мед.* не поддающийся улучше́нию *или* приведе́нию в пре́жнее состоя́ние 3) *мат.* несократи́мый, несокраща́емый 4) мини́мальный 5) непреодоли́мый

**irrefragable** [ɪ'refrəgəbl] *a* неоспори́мый, неопровержи́мый, бесспо́рный; ~ answer исче́рпывающий отве́т

**irrefrangible** [ˌɪrɪ'frændʒɪbl] *a* 1) нарушимый 2) *опт.* непреломля́емый

**irrefutable** [ɪ'refjutəbl] *a* неопровержи́мый

**irregular** [ɪ'regjulə] **1.** *a* 1) непра́вильный; наруша́ющий пра́вила; незако́нный; ~ child внебра́чный ребёнок 2) беспоря́дочный, распу́щенный 3) нестанда́ртный; несимметри́чный; неро́вный (*о поверхности*); неравноме́рный 4) *грам.* непра́вильный 5) *воен.* нерегуля́рный

**2.** *n* (*обыкн. pl*) нерегуля́рные войска́, ча́сти

**irregularity** [ɪˌregju'lærɪtɪ] *n* 1) непра́вильность, наруше́ние но́рмы (симметри́и, поря́дка *и т. п.*) 2) беспоря́дочность, распу́щенность; ~ of living ненорма́льный о́браз жи́зни 3) неро́вность

**irrelative** [ɪ'relətɪv] *a* 1) безотноси́тельный (to); абсолю́тный 2) = irrelevant

**irrelevance** [ɪ'relɪvəns] *n* 1) неуме́стность 2) не относя́щийся к де́лу, неуме́стный вопро́с *и т. п.*

**irrelevant** [ɪ'relɪvənt] *a* неуме́стный; не относя́щийся к де́лу

**irreligious** [ˌɪrɪ'lɪdʒəs] *a* нерелигио́зный; неве́рующий

**irremeable** [ɪ'remɪəbl] *a* безвозвра́тный; исче́знувший

**irremediable** [ˌɪrɪ'mi:djəbl] *a* 1) непоправи́мый 2) неизлечи́мый, неисцели́мый

**irremovability** ['ɪrɪˌmu:və'bɪlɪtɪ] *n* несменя́емость

**irremovable** [ˌɪrɪ'mu:vəbl] *a* 1) неустрани́мый; постоя́нный 2) несменя́емый (*по должности*)

**irreparable** [ɪ'repərəbl] *a* непоправи́мый; ~ loss безвозвра́тная утра́та; ~ injury непоправи́мый уще́рб

**irrepatriable** [ˌɪrɪ'pætrɪəbl] *n* челове́к, не подлежа́щий репатриа́ции

**irreplaceable** [ˌɪrɪ'pleɪsəbl] *a* незамени́мый; невосстанови́мый; невозмести́мый

**irrepressible** [ˌɪrɪ'presəbl] **1.** *a* 1) неукроти́мый, неугомо́нный 2) неудержи́мый

**2.** *n разг.* неугомо́нный, неуё́мный челове́к

**irreproachable** [ˌɪrɪ'prəutʃəbl] *a* безукори́зненный, безупре́чный

**irresistibility** ['ɪrɪˌzɪstə'bɪlɪtɪ] *n* неотрази́мость

**irresistible** [ˌɪrɪ'zɪstəbl] *a* неотрази́мый, непреодоли́мый; неопровержи́мый; ~ proof неопровержи́мое доказа́тельство

**irresolute** [ɪ'rezəlu:t] *a* нереши́тельный, колеблю́щийся

**irresolution** ['ɪˌrezə'lu:ʃən] *n* нереши́тельность, колеба́ние

**irresolvable** [ˌɪrɪ'zɔlvəbl] *a* 1) неразложи́мый (*на части*) 2) неразреши́мый

**irrespective** [ˌɪrɪs'pektɪv] *a* безотноси́тельный, незави́симый (of — от); ~ of age незави́симо от во́зраста

**irresponsibility** ['ɪrɪsˌpɔnsə'bɪlɪtɪ] *n* безотве́тственность

**irresponsible** [ˌɪrɪs'pɔnsəbl] *a* 1) неотве́тственный, не несу́щий отве́тственности; ~ child ребёнок, не отвеча́ющий за свои́ посту́пки 2) безотве́тственный 3) невменя́емый

**irresponsive** [ˌɪrɪs'pɔnsɪv] *a* 1) не отвеча́ющий, не реаги́рующий; to be ~ не отвеча́ть, не реаги́ровать 2) неотзы́вчивый; невосприи́мчивый 3) *редк.* = irresponsible

**irretention** [ˌɪrɪ'tenʃən] *n* неспосо́бность к запомина́нию; ~ of memory сла́бая па́мять

**irretentive** [ˌɪrɪ'tentɪv] *a* не могу́щий удержа́ть в па́мяти

**irretraceable** [ˌɪrɪ'treɪsəbl] *a* непросле́живаемый

**irretrievable** [ˌɪrɪ'tri:vəbl] *a* непоправи́мый, невозмести́мый, невосполни́мый

**irreverence** [ɪ'revərəns] *n* непочти́тельность

**irreverent** [ɪ'revərənt] *a* непочти́тельный

**irreversible** [ˌɪrɪ'və:səbl] *a* 1) необрати́мый 2) неотменя́емый; наруши́мый, непрело́жный; ~ decision оконча́тельное реше́ние 3) *тех.* нереверси́вный

**irrevocability** [ɪˌrevəkə'bɪlɪtɪ] *n* неотменя́емость, бесповоро́тность

**irrevocable** [ɪ'revəkəbl] *a* неотменя́емый, оконча́тельный; безвозвра́тный; ~ mistake непоправи́мая оши́бка; ~ decision оконча́тельное реше́ние

**irrigate** ['ɪrɪgeɪt] *v* 1) ороша́ть 2) *мед.* промыва́ть

**irrigation** [ˌɪrɪ'geɪʃən] *n* 1) ороше́ние, ирригáция 2) *мед.* промыва́ние; спринцева́ние 3) *attr.*: ~ engineering мелиора́ция

**irrigative** ['ɪrɪgeɪtɪv] *a* ороси́тельный, ирригацио́нный

**irritability** [ˌɪrɪtə'bɪlɪtɪ] *n* 1) раздражи́тельность 2) *физиол.* раздражи́мость; возбуди́мость (*органа*)

**irritable** ['ɪrɪtəbl] *a* 1) раздражи́тельный 2) боле́зненно чувстви́тельный 3) *физиол.* раздражи́мый, воспринима́ющий раздраже́ние (*об органе*)

**irritant** ['ɪrɪtənt] **1.** *n* 1) раздражи́тель, раздража́ющее сре́дство 2) *воен.* отравля́ющее вещество́ раздража́ющего де́йствия

**2.** *a* вызыва́ющий раздраже́ние

**irritate** I ['ɪrɪteɪt] *v* 1) раздража́ть, серди́ть 2) *мед.* вызыва́ть раздраже́ние, воспале́ние 3) *физиол.* вызыва́ть де́ятельность о́ргана посре́дством раздраже́ния

**irritate** II ['ɪrɪteɪt] *v юр.* де́лать неде́йстви́тельным, аннули́ровать

**irritating** I ['ɪrɪteɪtɪŋ] **1.** *pres. p. от* irritate I

**2.** *a* раздража́ющий, вызыва́ющий раздраже́ние

**irritating** II ['ɪrɪteɪtɪŋ] *pres. p. от* irritate II



**irritation** [ˌɪrɪ'teɪʃən] *n* 1) раздраже́ние, гнев 2) *физиол.*, *мед.* раздраже́ние; возбужде́ние

**irritative** ['ɪrɪteɪtɪv] *a* раздража́ющий

**irruption** [ɪ'rʌpʃən] *n* внеза́пное вторже́ние, набе́г, наше́ствие

**is** [ɪz (*полная форма*); z, s (*редуцированные формы*)] *3-е л. ед. ч. настоящего времени гл.* to be

**Isabel** ['ɪzəbel] = Isabella 1)

**Isabella** [ˌɪzə'belə] *n* 1) изабе́лла (*сорт винограда*) [*см. тж. Список имён*] 2) серова́то-жёлтый цвет

**Isaiah** [aɪ'zaɪə] *n библ.* Иса́й(я)

**ischemia** [ɪs'ki:mɪə] *n мед.* ишеми́я

**isinglass** ['aɪzɪŋglɑ:s] *n* 1) ры́бий клей; желати́н 2) *разг.* слюда́ (*тж.* ~-stone)

**Islam** ['ɪzlɑ:m] *n* исла́м

**Islamic** [ɪz'læmɪk] *a* мусульма́нский, относя́щийся к исла́му, ислами́стский

**Islamite** ['ɪzləmaɪt] **1.** *n* мусульма́нин

**2.** *a* мусульма́нский, ислами́стский

**island** ['aɪlənd] **1.** *n* 1) о́стров 2) что-л. изоли́рованное; street (*или* safety) ~ острово́к безопа́сности (*для пешеходов*) 3) *анат.* острово́к (*обособленная группа клеток*)

**2.** *v* 1) образо́вывать о́стров; окружа́ть водо́й 2) изоли́ровать

**islander** ['aɪləndə] *n* островитя́нин, жи́тель о́строва

**isle** [aɪl] *n* о́стров (*поэт.*; *в прозе обыкн. с именем собственным*; *напр.*, I. of Wight о-в Уа́йт)

**islet** ['aɪlɪt] *n* острово́к

**ism** ['ɪzm] *n пренебр.* доктри́на, уче́ние; направле́ние

**isn't** ['ɪznt] *сокр. разг.* = is not

**isobar** ['aɪsəubɑ:] *n* изоба́ра

**isochronal** [aɪ'sɔkrənl] = isochronous

**isochronous** [aɪ'sɔkrənəs] *a* изохро́нный

**isoclinal** [ˌaɪsou'klaɪnəl] *a геогр.* изоклина́льный

**isocline** ['aɪsəuklaɪn] *n геогр.* изоклина́ль

**isolate** ['aɪsəleɪt] *v* 1) изоли́ровать, отделя́ть, обособля́ть; подверга́ть каранти́ну 2) *хим.* выделя́ть

**isolated** ['aɪsəleɪtɪd] **1.** *p. p. от* isolate

**2.** *a* отде́льный, изоли́рованный; ~ sentence предложе́ние, вы́рванное из конте́кста; ~ case едини́чный слу́чай

**isolation** [ˌaɪsəu'leɪʃən] *n* 1) изоля́ция 2) уедине́ние; to live in ~ вести́ уединённый о́браз жи́зни 3) *attr.*: ~ hospital инфекцио́нная больни́ца; ~ period каранти́н

**isolationism** [ˌaɪsəu'leɪʃnɪzm] *n* изоляциони́зм

**isolator** ['aɪsəleɪtə] *n* изоля́тор

**isosceles** [aɪ'sɔsɪli:z] *a мат.* равнобе́дренный

**isotherm** ['aɪsəuθə:m] *n* изоте́рма

**isothermal** [ˌaɪsəu'θə:məl] *a* изотерми́ческий

**isotope** ['aɪsəutəup] *n* изото́п

**Israel** ['ɪzreɪəl] *n* евре́йский наро́д, евре́и

**Israelite** [ˈɪzrɪəlaɪt] 1. *n* израильтя́нин, евре́й

2. *a* изра́ильский, евре́йский

**issuance** [ˈɪʃu(:)əns] *n* вы́ход, вы́пуск *и пр.* [*см.* issue 2]

**issue** [ˈɪʃu:] 1. *n* 1) вытека́ние, излия́ние, истече́ние; выделе́ние; an ~ of blood кровотече́ние 2) вы́ход, выходно́е отве́рстие; у́стье реки́ 3) *мед.* иску́сственно вызыва́емая ра́нка 4) вы́пуск; изда́ние; today's ~ сего́дняшний но́мер (*газеты и т. п.*) 5) пото́мок; пото́мство; де́ти; without male ~ не име́ющий сынове́й 6) исхо́д, результа́т (*чего-л.*); in the ~ в результа́те, в ито́ге; в коне́чном счёте; to await the ~ ожида́ть результа́та 7) спо́рный вопро́с, предме́т спо́ра, разногла́сие; пробле́ма; national ~ вопро́с госуда́рственного значе́ния; trivial ~s пустяки́; the ~ of the day актуа́льная пробле́ма; ~ of fact *юр.* спо́рный вопро́с, когда́ оди́н из тя́жущихся отрица́ет то, что друго́й утвержда́ет как факт; ~ of law *юр.* возраже́ние правово́го поря́дка; to be at ~ а) быть в ссо́ре; расходи́ться во мне́ниях; б) быть предме́том спо́ра, обсужде́ния; the point at ~ предме́т обсужде́ния, спо́ра; the question at ~ is вопро́с (*или* де́ло) состои́т в том; to join (*или* to take) ~ а) приступи́ть к пре́ниям; заспо́рить (with — с *кем-л.*, on — о *чём-л.*); б) *юр.* нача́ть тя́жбу; в) приня́ть реше́ние, предло́женное друго́й стороно́й; to bring an ~ to a close разреши́ть вопро́с 8) (*обыкн. pl*) дохо́ды, при́были 9) *фин.* эми́ссия 10): government ~ казённого образца́ [*см. тж.* G. I.]

2. *v* 1) выходи́ть, вытека́ть, исходи́ть 2) происходи́ть, получа́ться в результа́те (from — *чего-л.*); име́ть результа́том, конча́ться (in — *чем-л.*); the game ~d in a tie игра́ око́нчилась с ра́вным счётом 3) *редк.* роди́ться, происходи́ть (*от кого-л.*) 4) выпуска́ть, издава́ть; пуска́ть в обраще́ние (*деньги и т. п.*) 5) выходи́ть (*об издании*) 6) выдава́ть, отпуска́ть (*провизию, паёк, обмундирование*) 7) издава́ть (*приказ*)

**isthmus** [ˈɪsməs] *n* 1) переше́ек 2) *анат., бот.* у́зкая соедини́тельная часть (*чего-л.*); су́женное ме́сто

**it** [ɪt] 1. *pron* 1) *pers.* (*косв. п. без измен.*) он, она́, оно́ (*о предметах и животных*); here is your paper, read it вот ва́ша газе́та, чита́йте её 2) *demonstr.* э́то; who is it? кто э́то?; кто там?; it's me, *уст.* it is I э́то я 3) *impers.*: it is raining идёт дождь; it is said говоря́т; it is known изве́стно 4) *в качестве подлежащего заменяет какое-л. подразумеваемое понятие*: it (= the season) is winter тепе́рь зима́; it (= the distance) is 6 miles to Oxford до О́ксфорда 6 миль; it (= the scenery) is very pleasant here здесь о́чень хорошо́; it is in vain напра́сно; it is easy to talk like that легко́ так говори́ть 5) *в качестве дополнения образует вместе с глаголами* (*как переходными, так и непереходными*) *разговорные идиомы*; *напр.*: to face it out не дать себя́ запуга́ть; to foot it а) идти́ пешко́м; б) танцева́ть; to lord it разы́грывать ло́рда, ва́жничать; to cab it е́здить, е́хать в экипа́же, в такси́

2. *n разг.* 1) идеа́л; после́днее сло́во (*чего-л.*); верх соверше́нства; «изю́минка»; in her new dress she was it в своём но́вом пла́тье она́ была́ верх соверше́нства; she has it в ней что́-то есть, она́ привлека́ет внима́ние 2) *в детских играх* тот, кто во́дит

**Italian** [ɪˈtæljən] 1. *a* италья́нский ◇ ~ warehouse магази́н бакале́йных (*особ.* италья́нских) това́ров

2. *n* 1) италья́нец; италья́нка 2) италья́нский язы́к

**Italianize** [ɪˈtæljənaɪz] *v* итальянизи́ровать; подража́ть италья́нцам

**Italic** [ɪˈtælɪk] *a ист.* итали́йский; ~ order *архит.* рома́нский о́рдер

**italic** [ɪˈtælɪk] *полигр.* 1. *a* курси́вный; ~ type курси́в

2. *n pl* курси́в; ~s supplied курси́в мой (*примечание автора*)

**italicize** [ɪˈtælɪsaɪz] *v* 1) выделя́ть курси́вом 2) подчёркивать (*в рукописи*); выделя́ть подчёркиванием 3) подчёркивать, уси́ливать

**itch** [ɪtʃ] 1. *n* 1) зуд 2) чесо́тка 3) зуд, жа́жда (*чего-л.*), непреодоли́мое жела́ние (*чего-л.*); an ~ for money (gain) жа́жда де́нег (нажи́вы); an ~ to go away нетерпели́вое жела́ние уйти́

2. *v* 1) чеса́ться, зуде́ть 2) испы́тывать зуд, непреодоли́мое жела́ние ◇ my fingers ~ to give him a thrashing у меня́ ру́ки че́шутся поколоти́ть его́; scratch him where he ~es уступи́ его́ сла́бостям

**itching** [ˈɪtʃɪŋ] 1. *pres. p. от* itch 2

2. *a* зудя́щий

**itch-mite** [ˈɪtʃmaɪt] *n* чесо́точный клещ

**itchy** [ˈɪtʃɪ] *a* вызыва́ющий зуд; зудя́щий

**item** [ˈaɪtəm] 1. *n* 1) ка́ждый отде́льный предме́т (*в списке и т. п.*); пункт, пара́граф, статья́ (*счёта, расхода*); вопро́с (*на повестке заседания*); но́мер (*программы и т. п.*); to answer a letter ~ by ~ отвеча́ть на письмо́ по пу́нктам 2) газе́тная заме́тка; но́вость, сообще́ние

2. *v* запи́сывать по пу́нктам

3. *adv* та́кже, то́же, ра́вным о́бразом

**itemize** [ˈaɪtəmaɪz] *v* 1) *амер.* перечисля́ть по пу́нктам; уточня́ть, детализи́ровать 2) *тех.* классифици́ровать, составля́ть специфика́цию

**iterance** [ˈɪtərəns] = iteration

**iterant** [ˈɪtərənt] *a* повторя́ющийся

**iterate** [ˈɪtəreɪt] *v* повторя́ть

**iteration** [ˌɪtəˈreɪʃən] *n* повторе́ние

**iterative** [ˈɪtərətɪv] *a* повторя́ющийся

**itineracy** [ɪˈtɪnərəsɪ] = itinerancy

**itinerancy** [ɪˈtɪnərənsɪ] *n* 1) стра́нствование; перее́зд с ме́ста на ме́сто 2) объе́зд (*округа и т. п.*) с це́лью произнесе́ния рече́й, про́поведей *и т. п.*

**itinerant** [ɪˈtɪnərənt] 1. *n* тот, кто ча́сто переезжа́ет с ме́ста на ме́сто, объезжа́ет свой о́круг (*о судье, проповеднике*)

2. *a* 1) стра́нствующий; ~ musicians стра́нствующие музыка́нты 2) объезжа́ющий свой о́круг

**itinerary** [aɪˈtɪnərərɪ] 1. *n* 1) маршру́т, путь 2) путевы́е заме́тки 3) путеводи́тель

2. *a* путево́й, доро́жный

**itinerate** [ɪˈtɪnəreɪt] *v* 1) стра́нствовать 2) объезжа́ть свой о́круг (*о судье, проповеднике*)

**itineration** [ɪˌtɪnəˈreɪʃən] = itinerancy

**it's** [ɪts] *сокр. разг.* = it is

**its** [ɪts] *pron poss.* (*о предметах и животных*) его́, её; свой; принадлежа́щий ему́, ей

**itself** [ɪtˈself] *pron* (*pl* themselves; *о предметах и животных*) 1) *refl.* себя́; -ся, -сь; себе́; the light went out of ~ свет пога́с; by ~ само́, отде́льно; in ~ само́ по себе́, по свое́й приро́де; of ~ само́ по себе́, без свя́зи с други́ми явле́ниями 2) *emph.* сам, само́, сама́; she is kindness ~ она́ сама́ доброта́; even the well ~ was empty да́же в коло́дце не́ было ни ка́пли воды́

**I've** [aɪv] *сокр. разг.* = I have

**ivied** [ˈaɪvɪd] *a* заро́сший, поро́сший плющо́м

**ivory** [ˈaɪvərɪ] *n* 1) слоно́вая кость; fossil ~ ма́монтовая кость 2) *pl разг.* предме́ты из слоно́вой ко́сти; игра́льные ко́сти, билья́рдные шары́, кла́виши 3) (*тж. pl*) *sl.* зу́бы; to show one's ivories смея́ться, ска́лить зу́бы 4) цвет слоно́вой ко́сти 5) *attr.* сде́ланный из слоно́вой ко́сти 6) *attr.* цве́та слоно́вой ко́сти ◇ ~ tower ба́шня из слоно́вой ко́сти

**ivory black** [ˈaɪvərɪˈblæk] *n* слоно́вая кость (*чёрная краска*)

**ivory-nut** [ˈaɪvərɪnʌt] *n* слоно́вый оре́х

**ivory-white** [ˈaɪvərɪˈwaɪt] *a* цве́та слоно́вой ко́сти

**ivy** [ˈaɪvɪ] *n бот.* плющ (обыкнове́нный)

**ivy-bush** [ˈaɪvɪbuʃ] *n* 1) ве́тка плюща́ 2) = bush I, 1, 5)

# J

**J, j** [dʒeɪ] *n* (*pl* Js, J's [dʒeɪz]) *10-я буква англ. алфавита* ◇ J pen перо́ рондо́

**jab** [dʒæb] 1. *n* 1) толчо́к; пино́к; внеза́пный уда́р 2) *воен.* уда́р 3) *разг.* уко́л; приви́вка

2. *v* 1) пиха́ть, ты́кать 2) вонза́ть; втыка́ть (into) 3) ударя́ть; пронза́ть; коло́ть (*штыком*); пырну́ть □ ~ out выта́лкивать

**jabber** [ˈdʒæbə] **1.** *n* 1) болтовня́; трескотня́ 2) бормота́ние; тараба́рщина

**2.** *v* 1) болта́ть, тарато́рить, треща́ть 2) говори́ть бы́стро и невня́тно, бормота́ть

**jabot** [ˈʒæbəu] *фр.* *n* гофриро́ванная *или* кружевна́я отде́лка на ли́фе; жабо́

**jacinth** [ˈdʒæsɪnθ] *n мин.* гиаци́нт

**jack I** [dʒæk] **1.** *n* 1) (*тж.* J.) челове́к, па́рень; every man ~ ка́ждый (челове́к); J. and Gill (*или* Jill) па́рень и де́вушка; a good J. makes a good Jill у хоро́шего му́жа жена́ хоро́шая 2) = jack tar 3) (*тж.* J.) рабо́тник, подёнщик 4) *карт.* валёт 5) *амер.* де́ньги; to make one's ~ хорошо́ зарабо́тать 6) *амер. sl.* детекти́в, сы́щик 7) молода́я щу́ка 8) *тех.* домкра́т, таль; рыча́г; клин 9) приспособле́ние для повора́чивания ве́ртела 10) *тех.* ко́злы; сто́йка 11) *эл.* гнездо́ телефо́нного коммута́тора; пружи́нный переключа́тель 12) компенса́тор 13) бури́льный молото́к, перфора́тор 14) колпа́к на дымово́й трубе́ 15) *мин.* ци́нковая обма́нка ◇ J. of all trades на все ру́ки ма́стер; to be J. of all trades and master of none за всё бра́ться и ничего́ не уме́ть; J. out of office безрабо́тный; J. at a pinch челове́к, гото́вый неме́дленно услужи́ть; to raise ~ *амер.* шуме́ть, сканда́лить

**2.** *v* поднима́ть домкра́том (*чисто* ~ up) ◇ ~ **up** а) бро́сить, оста́вить; to ~ up one's job бро́сить рабо́ту; б): ~ed up изму́ченный; изнурённый

**jack II** [dʒæk] *n мор.* гюйс, флаг

**jack III** [dʒæk] *n ист.* 1) мех (*для вина и т. п.*); black ~ высо́кая пивна́я кру́жка (*из кожи*) 2) солда́тская ко́жаная ку́ртка без рукаво́в

**Jack-a-dandy** [ˌdʒækəˈdændɪ] *n* щёголь, франт, де́нди

**jackal** [ˈdʒækɔːl] **1.** *n* 1) шака́л 2) *разг.* челове́к, де́лающий для друго́го чёрную, неприя́тную рабо́ту

**2.** *v* исполня́ть чёрную, неприя́тную рабо́ту

**jackanapes** [ˈdʒækəneɪps] *n* 1) наха́л; вы́скочка 2) де́рзкий *или* бо́йкий ребёнок 3) щёголь, фат

**jackaroo** [ˌdʒækəˈruː] *n австрал. разг.* но́вый рабо́чий, новичо́к (*на овцеводческой ферме*)

**jackass** [ˈdʒækæs] *n* 1) осёл 2) [ˈdʒækɑːs] осёл, дура́к, болва́н

**jackboot** [ˈdʒækbuːt] *n* сапо́г вы́ше коле́н; *ист.* ботфо́рт

**jackdaw** [ˈdʒækdɔː] *n* га́лка ◇ ~ in peacock's feathers воро́на в павли́ньих пе́рьях

**jacket** [ˈdʒækɪt] **1.** *n* 1) ку́ртка; френч; жаке́т; Norfolk ~ тужу́рка с по́ясом; Eton ~ коро́ткая чёрная ку́ртка (*преим.* шко́льника) 2) *ист.* камзо́л 3) шку́ра (*животного*) 4) кожура́ (*картофеля*); шелуха́; potatoes boiled in their ~s карто́фель в мунди́ре 5) па́пка, обло́жка; суперобло́жка (*тж.* dust ~) 6) *тех.* чехо́л, кожу́х (*машины*), руба́шка (*парового котла*) ◇ to dress down (*или* to trim, to warm, to dust) smb.'s ~ вздуть, поколоти́ть кого́-л.

**2.** *v* 1) надева́ть жаке́т, ку́ртку 2) надева́ть чехо́л, кожу́х

**jacketed** [ˈdʒækɪtɪd] **1.** *p. p. от* jacket 2

**2.** *a* 1) оде́тый в жаке́т, ку́ртку 2) *тех.* обши́тый снару́жи, закры́тый кожухо́м

**Jack Frost** [ˈdʒækˈfrɔst] *n* Моро́з Кра́сный нос; ма́тушка-зима́

**Jack in office** [ˈdʒækɪnˌɔfɪs] *n* ва́жничающий, самонаде́янный чино́вник

**jack-in-the-box** [ˈdʒækɪnðəbɔks] *n* 1) попрыгу́нчик (*игрушечная фигурка, выскакивающая из коробки, когда открывается крышка*) 2) род фейерве́рка 3) *уст.* моше́нник, шу́лер 4) *тех.* винтово́й домкра́т

**Jack-in-the-green** [ˈdʒækɪnðəgriːn] *n* мужчи́на *или* ма́льчик в убра́нстве из и́вовых ветве́й и зелёных ли́стьев (*в праздник весны*)

**Jack Ketch** [ˈdʒækˈketʃ] *n* пала́ч

**jack-knife** [ˈdʒæknaɪf] *n* большо́й складно́й нож

**jack-lift** [ˈdʒæklɪft] *n* грузоподъёмная теле́жка

**jack light** [ˈdʒæklaɪt] *n амер.* фона́рь (*для охоты или рыбной ловли ночью*)

**jack-o'-lantern** [ˈdʒækəuˌlæntən] *n* 1) блужда́ющий огонёк 2) *амер.* фона́рь из ты́квы с проре́занными отве́рстиями в ви́де глаз, но́са и рта

**jack-plane** [ˈdʒækpleɪn] *n тех.* шерхе́бель, руба́нок; струг

**jackpot** [ˈdʒækpɔt] *n* 1) *карт.* банк 2) куш; са́мый кру́пный вы́игрыш в лотере́е; to hit the ~ преуспе́ть 3) *амер. sl.* затрудни́тельное положе́ние

**jack-priest** [ˈdʒækpriːst] *n презр.* свяще́нник

**jack rabbit** [ˈdʒækˈræbɪt] *n* америка́нский за́яц

**jack-screw** [ˈdʒækskruː] *n* (винтово́й) домкра́т

**jack-snipe** [ˈdʒæksnaɪp] *n* боло́тная ку́рочка

**jack sprat** [ˈdʒæksprӕt] *n* ничто́жество

**jack-staff** [ˈdʒækstɑːf] *n мор.* гюйс-што́к

**jack-stone** [ˈdʒækstəun] *n* 1) га́лька 2) *pl* (*употр. как sing*) игра́ в ка́мешки

**jack-straw** [ˈdʒækstrɔː] *n* 1) чу́чело 2) ничто́жество 3) *pl* игра́ ти́па бирю́лек ◇ not to care a ~ ни во что не ста́вить

**jack tar** [ˈdʒækˈtɑː] *n* матро́с

**jack-towel** [ˈdʒækˌtauəl] *n* полоте́нце (*общего пользования, на ролике*)

**Jacobean** [ˌdʒækəuˈbi(ː)ən] *a* относя́щийся к эпо́хе англи́йского короля́ Я́кова I (*1603—1625 гг.*)

**Jacobin** [ˈdʒækəubɪn] *n* 1) доминика́нец (*монах*) 2) *ист.* якоби́нец

**jacobin** [ˈdʒækəubɪn] *n* хохла́тый го́лубь

**Jacobinic(al)** [ˌdʒækəuˈbɪnɪk(əl)] *a* *ист.* якоби́нский

**Jacobite** [ˈdʒækəubaɪt] *n ист.* якоби́т

**Jacob's ladder** [ˈdʒeɪkəbzˈlædə] *n* 1) *библ.* ле́стница Иа́кова 2) *разг.* крута́я ле́стница 3) *мор.* скок-ва́нты; вант-тра́п 4) *бот.* синю́ха голуба́я

**Jacob's staff** [ˈdʒeɪkəbzˈstɑːf] *n* 1) *библ.* по́сох Иа́кова 2) астроля́бия; градшто́к

**jacobus** [dʒəˈkəubəs] *n ист.* золота́я моне́та XVII в. с изображе́нием Я́кова I

**jaconet** [ˈdʒækənet] *n* лёгкая бума́жная ткань ти́па бати́ста

**Jacquard loom** [dʒəˈkɑːdˈluːm] *n* жакка́рдовый тка́цкий стано́к

**jacqueminot** [ˈdʒækmɪnəu] *фр.* *n* многоле́тняя кра́сная ро́за

**jacquerie** [ˌʒɑːkəˈriː] *фр. n ист.* жакери́я

**jactation** [dʒækˈteɪʃən] = jactitation

**jactitation** [ˌdʒæktɪˈteɪʃən] *n* 1) хвастовство́, бахва́льство 2) *юр.* ло́жное заявле́ние, иду́щее во вред друго́му лицу́; ~ of marriage ло́жное заявле́ние о я́кобы состоя́вшемся бра́ке 3) *мед.* су́дорожные подёргивания; мета́ние (*в бреду*)

**jade I** [dʒeɪd] **1.** *n* 1) кля́ча 2) шлю́ха 3) *шутл.* ве́дьма, негóдница

**2.** *v* 1) заéздить (*лошадь*) 2) *разг.* измýчить(ся); преврати́ться в кля́чу

**jade II** [dʒeɪd] *n* 1) *мин.* жаде́ит 2) желтова́то-зелёный цвет

**jaded** [ˈdʒeɪdɪd] **1.** *p. p. от* jade I, 2

**2.** *a* 1) изнурённый, изму́ченный 2) пресы́тившийся

**Jaeger** [ˈjeɪgə] *n* е́геровская ткань, шерстяно́й трикота́ж для белья́

**jag I** [dʒæg] **1.** *n* 1) о́стрый вы́ступ, зубе́ц; о́страя верши́на (*утёса*) 2) зазу́брина 3) дыра́, проре́ха (*в платье*)

**2.** *v* 1) де́лать зазу́брины, выреза́ть зубца́ми 2) кромса́ть

**jag II** [dʒæg] *n* 1) *диал.* небольшо́й воз (*сена, дров*) 2) *sl.* попо́йка, вы́пивка; to have a ~ on быть вы́пивши, «нагрузи́ться»; a crying ~ пья́ная исте́рика

**jagg** [dʒæg] = jag II

**jagged I** **1.** [dʒægd] *p. p. от* jag I, 2

**2.** *a* [ˈdʒægɪd] зубча́тый, зазу́бренный; неро́вно ото́рванный

**jagged II** [ˈdʒægɪd] *a амер.* пья́ный

**jaggery** [ˈdʒægərɪ] *инд.* *n* па́льмовый са́хар-сыре́ц

**jaggy** [ˈdʒægɪ] = jagged I, 2

**jaguar** [ˈdʒægjuə] *n* ягуа́р

**jail** [dʒeɪl] **1.** *n* 1) тюрьма́ 2) тюре́мное заключе́ние; to break ~ бежа́ть из тюрьмы́

**2.** *v* заключа́ть в тюрьму́

**jailbird** [ˈdʒeɪlbəːd] *n разг.*ареста́нт; уголо́вник; закорене́лый престу́пник

**jail delivery** [ˈdʒeɪldɪˈlɪvərɪ] *n* 1) отпра́вка из тюрьмы́ на суд 2) освобожде́ние из тюрьмы́ 3) *амер.* побе́г заключённых

**jailer** [ˈdʒeɪlə] *n* тюре́мщик

**jail-fever** [ˈdʒeɪlˌfiːvə] *n* сыпня́к

**Jain** [dʒaɪn] *n* член инду́сской се́кты джа́йна (*близкой к буддизму*)

**jalap** [ˈdʒæləp] *n* слаби́тельное из мексика́нского расте́ния яла́пы

**jal(l)opy** [ˈdʒæləpɪ] *n разг.* полуразвалившийся ветхий автомобиль *или* самолёт

**jalousie** [ˈʒælu(:)zi:] *фр. n* жалюзи, шторы; ставни

**jam I** [dʒæm] **1.** *n* 1) сжатие, сжимание 2) защемление 3) загромождение, затор, давка; traffic ~ «пробка», затор (*в уличном движении*) 4) *разг.* затруднительное *или* неловкое положение 5) *тех.* заедание, остановка, перебои 6) *радио* помеха при приёме и передаче

**2.** *v* 1) зажимать, сжимать; жать, давить; to ~ on the brakes резко тормозить 2) защемлять, прищемлять; he ~med his fingers in the door он прищемил пальцы дверью 3) впихивать, втискивать (into) 4) набивать(ся) битком 5) загромождать; запруживать 6) *тех.* заедать, заклиниваться; останавливать(ся) (*о машине и т. п.*) 7) *радио* искажать передачу; мешать работе другой станции; глушить □ ~ **through** *амер.* протаскивать; to ~ a bill through протащить законопроект

**jam II** [dʒæm] *n* варенье; джем ◇ real ~ *sl.* ≅ пальчики оближешь; удовольствие, наслаждение; money for ~ большая удача; верные деньги

**jama(h)** [ˈdʒɑ:mə] *инд. n* длинная хлопчатобумажная одежда мусульман

**Jamaica** [dʒəˈmeɪkə] *n* (ямайский) ром [*см. тж. Список географических названий*]

**jamb** [dʒæm] *n* 1) косяк (*двери, окна*) 2) (*обыкн. pl*) боковые стенки камина 3) *ист.* ножные латы 4) подставка, упор 5) *геол.* массив пустой породы, пересекающий жилу полезного ископаемого

**jamboree** [ˌdʒæmbəˈri:] *n разг.* 1) веселье; празднество, пирушка 2) слёт (*особ.* бойскаутов)

**jam-jar** [ˈdʒæmdʒɑ:] *n* банка (для) варенья

**jammer** [ˈdʒæmə] *n радио* станция умышленных помех

**jamming** [ˈdʒæmɪŋ] **1.** *pres. p. от* jam I, 2

**2.** *n* 1) затор, «пробка» (*в уличном движении*) 2) *тех.* заедание; защемление; зажимание 3) *радио* взаимные помехи радиостанций при приёме 4) *разг.* глушение радиопередачи 5) *attr.*: ~ station станция глушения радиопередач; ~ war война в эфире; заглушение радиопередач

**jam-up** [ˈdʒæmʌp] *n* затор, «пробка» (*в уличном движении*)

**Jane, jane** [dʒeɪn] *n разг.* бабёнка

**jangle** [ˈdʒæŋgl] **1.** *n* 1) резкий звук; гул, гам, слитный шум голосов; нестройный звон колоколов 2) *уст.* пререкания, ссора, спор

**2.** *v* 1) издавать резкие, нестройные звуки; нестройно звучать 2) шумно, резко говорить 3) *уст.* спорить, пререкаться

**janissary** [ˈdʒænɪsərɪ] = janizary

**janitor** [ˈdʒænɪtə] *n* 1) привратник, швейцар 2) *амер.* дворник, уборщик, сторож

**janizary** [ˈdʒænɪzərɪ] *n ист.* янычар

**Jansenism** [ˈdʒænsnɪzm] *n ист.* янсенизм

**January** [ˈdʒænjuərɪ] *n* 1) январь 2) *attr.* январский

**Janus** [ˈdʒeɪnəs] *n римск. миф.* Янус

**Jap** [dʒæp] *разг. см.* Japanese

**japan** [dʒəˈpæn] **1.** *n* 1) чёрный лак (*особ.* японский) 2) лакированное японское изделие

**2.** *v* лакировать, покрывать чёрным лаком

**Japanese** [ˌdʒæpəˈni:z] **1.** *a* японский; ~ lantern японский фонарик; ~ varnish tree лаковое дерево

**2.** *n* 1) японец; японка; the ~ *pl собир.* японцы 2) японский язык

**Japanesque** [ˌdʒæpəˈnesk] *a* в японском стиле

**jape** [dʒeɪp] **1.** *n* шутка

**2.** *v* 1) шутить 2) *редк.* высмеивать

**Japhetic** [dʒeɪˈfetɪk] *a лингв.* яфетический

**japonic** [dʒəˈpɔnɪk] = Japanese 1

**jar I** [dʒɑ:] **1.** *n* 1) неприятный, резкий *или* дребезжащий звук 2) сотрясение, дрожание, дребезжание 3) потрясение; неприятный эффект; the news gave me a nasty ~ я был неприятно поражён этим сообщением 4) дисгармония 5) несогласие; ссора 6) *тех.* вибрация

**2.** *v* 1) издавать неприятный, резкий звук; дребезжать 2) вызывать дрожание, дребезжание (upon, against); сотрясать 3) раздражать, коробить, действовать на нервы (upon); to ~ (up)on a person раздражать кого-л. 4) дисгармонировать, сталкиваться (*часто* ~ with); our opinions always ~red наши мнения всегда расходились 5) ссориться 6) *тех.* вибрировать 7) *горн.* бурить ударным буром

**jar II** [dʒɑ:] *n* 1) банка; кувшин; кружка 2) *эл.*: Leyden ~ лейденская банка 3) *уст.* мера жидкости (= *8 пинтам = 4,54 л*)

**jar III** [dʒɑ:] *n разг.*: on the ~ *разг.* приоткрытый (*о двери и т. п.*)

**jardinière** [ˌʒɑ:dɪˈnjɛə] *фр. n* жардиньерка

**jargon I** [ˈdʒɑ:gən] *n* 1) жаргон 2) непонятный язык, тарабарщина

**jargon II** [ˈdʒɑ:gən] *n мин.* разновидность циркония

**jargonelle** [ˌdʒɑ:gəˈnel] *n* груша-скороспелка

**jargonize** [ˈdʒɑ:gənaɪz] *v* употреблять в разговоре жаргонные выражения *или* профессиональные термины

**jarovization** [ˌjɑ:rəvɪˈzeɪʃən] *русск. n с.-х.* яровизация

**jarovize** [ˈjɑ:rəvaɪz] *русск. v с.-х.* яровизировать

**jarring** [ˈdʒɑ:rɪŋ] *a* 1) резкий, неприятный на слух 2) раздражающий

**jasmin(e)** [ˈdʒæsmɪn] *n* жасмин

**jasper** [ˈdʒæspə] *n мин.* яшма

**jaundice** [ˈdʒɔ:ndɪs] **1.** *n* 1) *мед.* желтуха, разлитие жёлчи 2) жёлчность; недоброжелательство; предвзятость 3) зависть, ревность

**2.** *v* 1) *редк.* вызывать разлитие жёлчи 2) (*обыкн. p. p.*) вызывать ревность, зависть

**jaundiced** [ˈdʒɔ:ndɪst] **1.** *p. p. от* jaundice 2

**2.** *a* 1) *мед.* поражённый желтухой 2) жёлтый, жёлтого цвета 3) жёлчный; to take a ~ view взглянуть предвзято, пристрастно (*на что-л.*)

**jaunt** [dʒɔ:nt] **1.** *n* увеселительная прогулка *или* поездка; to go on a ~ отправиться в увеселительную поездку

**2.** *v* предпринимать увеселительную прогулку *или* поездку

**jauntily** [ˈdʒɔ:ntɪlɪ] *adv* 1) небрежно 2) весело; беспечно 3) с небрежным изяществом

**jaunting-car** [ˈdʒɔ:ntɪŋkɑ:] *n ирл.* двухколёсная коляска с четырьмя сиденьями спинками друг к другу

**jaunty** [ˈdʒɔ:ntɪ] *a* 1) весёлый, бойкий 2) самодовольный; небрежно-развязный 3) беспечный 4) изысканный, стильный; изящный

**Javanese** [ˌdʒɑ:vəˈni:z] **1.** *a* яванский

**2.** *n* 1) яванец; яванка; the ~ *pl собир.* яванцы 2) яванский диалект

**javelin** [ˈdʒævlɪn] *n* 1) метательное копьё, дротик 2) *attr.*: ~ formation *ав.* эшелонированная колонна звеньев

**javelin-throwing** [ˈdʒævlɪnˌθrəuɪŋ] *n* метание копья

**jaw** [dʒɔ:] **1.** *n* 1) челюсть 2) *pl* рот, пасть 3) *pl* узкий вход (*долины, залива*) 4) *разг.* болтливость 5) *разг.* скучное нравоучение 6) *sl.* сквернословие 7) *тех.* захват, зажим, щека (*тисков*) 8) *pl* тех. тиски, клещи 9) *attr.*: ~ clutch, ~ coupling *тех.* кулачковая муфта ◇ to have a ~ поболтать; hold (*или* stop) your ~! *груб.* (по)придержи язык!; заткни глотку!, замолчи!

**2.** *v разг.* 1) говорить (*особ.* долго и скучно); пережёвывать одно и то же 2) читать нравоучение, отчитывать

**jaw-bone** [ˈdʒɔ:bəun] *n* 1) челюстная кость 2) *разг.* кредит

**jaw-breaker** [ˈdʒɔ:ˌbreɪkə] *n разг.* трудно произносимое слово; ≅ язык сломаешь

**jaw vice** [ˈdʒɔ:vaɪs] *n тех.* тиски

**jay** [dʒeɪ] *n* 1) сойка (*птица*) 2) *разг.* глупый болтун; балаболка 3) простак

**jaywalk** [ˈdʒeɪwɔ:k] *v разг.* неосторожно переходить улицу

**jay-walker** [ˈdʒeɪˌwɔ:kə] *n разг.* неосторожный пешеход

**jazz** [dʒæz] **1.** *n* 1) джаз 2) танец, исполняемый под джазовую музыку 3) *амер. разг.* живость, энергия 4) яркие краски; пестрота 5) *attr.* джазовый 6) *attr.* кричащий, грубый

**2.** *v* 1) исполнять джазовую музыку 2) танцевать под джаз 3) *амер. груб.* совокупляться □ ~ **up** подбадривать, действовать возбуждающе

**jazz band** [ˈdʒæzbænd] *n* джаз-банд, джаз-оркестр

**jazzy** [ˈdʒæzɪ] 1) = jazz 1, 5); 2) *амер. разг.* живо́й, оживлённый 3) пёстрый, я́ркий

**jealous** [ˈdʒeləs] *a* 1) ревни́вый; ревну́ющий; to be ~ ревнова́ть; to be ~ of one's wife ревнова́ть жену́ 2) зави́стливый, зави́дующий; to be ~ of another fellow's good fortune зави́довать уда́че друго́го 3) ре́вностный, забо́тливый 4) ревни́во оберега́ющий (of — *что-л.*); to be ~ of one's traditions забо́титься о сохране́нии тради́ций (*чьей-л. семьи, общества и т. п.*)

**jealousy** [ˈdʒeləsɪ] *n* 1) ре́вность; ревни́вость 2) подозри́тельность 3) за́висть

**jean** *n* [dʒeɪn] пло́тная бума́жная ткань (*для рабочей одежды, комбинезонов и т. п.*)

**jeans** [dʒi:nz] *n pl* джи́нсы

**jeep** [dʒi:p] *n* 1) *авто* джип 2) небольшо́й разве́дывательный самолёт 3) *воен. разг.* новобра́нец, новичо́к

**jeer I** [dʒɪə] **1.** *n* 1) презри́тельная насме́шка, глумле́ние 2) язви́тельное замеча́ние, ко́лкость

**2.** *v* насмеха́ться, глуми́ться, высме́ивать, зло подшу́чивать (at — над)

**jeer II** [dʒɪə] *n* (*обыкн. pl*) *мор.* гарде́ль

**jeez** [dʒi:z] *int* здо́рово!; чёрт побери́!

**jehad** [dʒɪˈhɑ:d] = jihad

**Jehovah** [dʒɪˈhəuvə] *n библ.* Иегова́; ~'s Witnesses свиде́тели Иеговы́ (*название секты протестантской церкви*)

**Jehu** [ˈdʒi:hju:] *n шутл.* возни́ца; изво́зчик

**jejune** [dʒɪˈdʒu:n] *a* 1) то́щий, ску́дный; ~ diet голо́дная дие́та 2) беспло́дный (*о почве*) 3) ску́чный; сухо́й, неинтере́сный

**jejunum** [dʒɪˈdʒu:nəm] *n анат.* то́щая кишка́

**jell** [dʒel] **1.** *n разг. см.* jelly 1

**2.** *v разг.* 1) = jelly 2; 2) *перен.* выкристаллизо́вываться, устана́вливаться; public opinion has ~ed on that question по э́тому вопро́су существу́ет определённая то́чка зре́ния; the conversation wouldn't ~ разгово́р не кле́ился

**jellify** [ˈdʒelɪfaɪ] = jelly 2

**jelly** [ˈdʒelɪ] **1.** *n* 1) желе́ 2) сту́день ◇ to reduce smb. to ~ стере́ть кого́-л. в порошо́к

**2.** *v* 1) превраща́ть в желе́, в сту́день 2) застыва́ть

**jelly-fish** [ˈdʒelɪfɪʃ] *n* 1) *зоол.* меду́за 2) *разг.* бесхара́ктерный, мягкоте́лый челове́к

**jellygraph** [ˈdʒelɪgrɑ:f] *n* копирова́льный аппара́т

**jelly-like** [ˈdʒelɪlaɪk] *a* студени́стый, желеобра́зный

**jemadar** [ˈdʒemədɑ:] *инд. n* 1) *ист.* мла́дший офице́р-тузе́мец; тузе́мец-лейтена́нт 2) полице́йский 3) дворе́цкий

**jemmy** [ˈdʒemɪ] *n* 1) воровско́й лом «фо́мка»; отмы́чка 2) бара́нья голова́ (*кушанье*)

**jennet** [ˈdʒenɪt] *n* 1) низкоро́слая испа́нская ло́шадь 2) осли́ца

**jenneting** [ˈdʒenɪtɪŋ] *n* сорт ра́нних я́блок

**jenny** [ˈdʒenɪ] *n* 1) *иногда прибавляется к названиям животных для указания женского рода, напр.*: ~-ass осли́ца 2) *тех.* лебёдка; подъёмный кран 3) *текст.* пряди́льная маши́на периоди́ческого де́йствия

**jenny-ass** [ˈdʒenɪæs] = jennet 2)

**jenny wren** [ˈdʒenɪren] *n зоол.* крапи́вник

**jeopard** [ˈdʒepəd] *амер.* = jeopardize

**jeopardize** [ˈdʒepədaɪz] *v* подверга́ть опа́сности, рискова́ть; to ~ one's life рискова́ть жи́знью

**jeopardy** [ˈdʒepədɪ] *n* опа́сность, риск; to be in ~ быть в опа́сности; to put in ~ ста́вить под угро́зу, подверга́ть опа́сности

**jerboa** [dʒə:ˈbəuə] *n* (африка́нский) тушка́нчик

**jeremiad** [ˌdʒerɪˈmaɪəd] *n* иеремиа́да; се́тования, жа́лобы

**Jericho** [ˈdʒerɪkəu] *n библ.* Иерихо́н ◇ go to ~! убира́йся к чёрту!

**jerk I** [dʒə:k] **1.** *n* 1) ре́зкое движе́ние, толчо́к; to get a ~ on поторопи́ться, поспеши́ть 2) су́дорожное подёргивание, вздра́гивание; the ~s конву́льсии 3) *амер.* сатура́тор (*тж.* soda ~) 4) *амер. разг.* сопля́к, ничто́жество 5) *attr.* уха́бистый (*о дороге*) ◇ physical ~s *разг.* гимна́стика, заря́дка

**2.** *v* 1) ре́зко толка́ть, дёргать 2) дви́гаться ре́зкими толчка́ми 3) говори́ть отры́висто 4) *амер.* разлива́ть газиро́ванную во́ду

**jerk II** [dʒə:k] *v* вя́лить мя́со дли́нными то́нкими куска́ми

**jerked I** [dʒə:kt] *p. p. от* jerk I, 2

**jerked II** [dʒə:kt] **1.** *p. p. от* jerk II

**2.** *a* вя́леный; ~ beef вя́леное мя́со

**jerkin** [ˈdʒə:kɪn] *n ист.* 1) коро́ткая (*обыкн.* ко́жаная) мужска́я ку́ртка 2) камзо́л

**jerkwater** [ˈdʒə:kˌwɔ:tə] *a амер. разг.*: ~ town завшта́тный, захолу́стный городи́шко

**jerky I** [ˈdʒə:kɪ] **1.** *a* 1) дви́гающийся ре́зкими толчка́ми; тря́ский 2) отры́вистый

**2.** *n амер.* тря́ский безрессо́рный экипа́ж *или* ваго́н

**jerky II** [ˈdʒə:kɪ] *n* вя́леное мя́со

**Jeroboam** [ˌdʒerəˈbəuəm] *n* больша́я ча́ша, больша́я ви́нная буты́ль (= *8—12 бутылкам обыкновенного размера*)

**jerque** [dʒə:k] *v* проверя́ть судовы́е докуме́нты и груз

**jerrican** [ˈdʒerɪkən] *n воен.* кани́стра

**Jerry** [ˈdʒerɪ] *n воен. разг.* не́мец; неме́цкий солда́т *или* самолёт

**jerry** [ˈdʒerɪ] *n sl.* ночно́й горшо́к

**jerry-building** [ˈdʒerɪˌbɪldɪŋ] *n* 1) возведе́ние непро́чных постро́ек из плохо́го материа́ла (*со спекулятивными целями*) 2) непро́чная постро́йка

**jerry-built** [ˈdʒerɪbɪlt] *a* постро́енный на ско́рую ру́ку, ко́е-ка́к

**jerrymander** [ˈdʒerɪmændə] = gerrymander

**jerry-shop** [ˈdʒerɪʃɔp] *n sl.* пивну́шка, забега́ловка

**jersey** [ˈdʒə:zɪ] *n* 1) фуфа́йка; вя́заная ко́фта 2) то́нкая шерстяна́я пря́жа; вя́заная ткань, джерси́ 3) джерсе́йская поро́да моло́чного скота́

**jess** [dʒes] **1.** *n* (*обыкн. pl.*) 1) пу́ты на нога́х ручно́го со́кола 2) *перен.* пу́ты

**2.** *v* надева́ть пу́ты (*на сокола*)

**jessamine** [ˈdʒesəmɪn] = jasmin(e)

**jest** [dʒest] **1.** *n* 1) шу́тка, остро́та; in ~ в шу́тку 2) насме́шка, высме́ивание 3) объе́кт насме́шек, посме́шище; standing ~ постоя́нный объе́кт шу́ток ◇ many a true word is spoken in ~ *посл.* ≅ в ка́ждой шу́тке есть до́ля пра́вды

**2.** *v* 1) шути́ть 2) насмеха́ться, высме́ивать

**jest-book** [ˈdʒestbuk] *n* собра́ние шу́ток, анекдо́тов

**jester** [ˈdʒestə] *n* 1) шутни́к 2) шут

**jesting** [ˈdʒestɪŋ] **1.** *pres. p. от* jest 2

**2.** *a* 1) шу́точный, шутли́вый; a ~ remark шутли́вое замеча́ние, шу́тка 2) лю́бящий шу́тку; с ю́мором; a ~ fellow шутни́к

**Jesuit** [ˈdʒezjuɪt] *n* 1) иезуи́т 2) двули́чный челове́к, лицеме́р

**Jesuitic(al)** [ˌdʒezjuˈɪtɪk(əl)] *a* 1) иезуи́тский 2) кова́рный, лицеме́рный

**Jesuitism** [ˈdʒezjuɪtɪzm] *n* иезуи́тство, лицеме́рие; казуи́стика

**Jesuitry** [ˈdʒezjuɪtrɪ] = Jesuitism

**Jesus** [ˈdʒi:zəs] *n библ.* Иису́с ◇ by ~ ей-бо́гу; ~ Christ! бо́же!; чёрт возьми́!

**jet I** [dʒet] *n* 1) *мин.* гага́т, чёрный янта́рь 2) блестя́щий чёрный цвет

**jet II** [dʒet] **1.** *n* 1) струя́ (*воды, газа и т. п.*); a ~ of ink shot onto the paper черни́ла бры́знули на бума́гу 2) *тех.* жикле́р, форсу́нка, па́трубок 3) реакти́вный дви́гатель 4) *разг.* реакти́вный самолёт 5) *attr.* реакти́вный; ~ engine реакти́вный дви́гатель ◇ at the first ~ по пе́рвому побужде́нию

**2.** *v* 1) выпуска́ть струёй 2) бры́згать, бить струёй

**jet-black** [ˈdʒetˈblæk] *a* чёрный как смоль

**jet-fighter** [ˈdʒetˌfaɪtə] *n* реакти́вный истреби́тель

**jet plane** [ˈdʒetpleɪn] *n* реакти́вный самолёт

**jet port** [ˈdʒetpɔ:t] *n* аэропо́рт для реакти́вных самолётов

**jet-propelled** [ˈdʒetprəˈpeld] *a* с реакти́вным дви́гателем; ~ plane реакти́вный самолёт; ~ projectile реакти́вный снаря́д

**jet propulsion** [ˈdʒetprəˈpʌlʃən] *n* реакти́вное движе́ние

**jetsam** [ˈdʒetsəm] *n* груз, това́ры, сбро́шенные с корабля́ при ава́рии (и прибиты́е к бе́регу) [*ср.* flotsam]

**jet set** [ˈdʒetˈset] *n амер. разг.* эли́та, сли́вки о́бщества; «де́нежные мешки́»

**jetstone** [ˈdʒetstəun] *n мин.* чёрный турмали́н

**jettison** [ˈdʒetɪsn] **1.** *n* выбра́сывание (*груза*) за́ борт во вре́мя бе́дствия

**2.** *v* 1) выбра́сывать (*груз*) за́ борт 2) *ав.* сбра́сывать (*грузы*) 3) отде́лываться (*от какой-л. помехи*) 4) отверга́ть (*что-л.*); to ~ a bill отка́зываться от законопрое́кта всле́дствие затрудни́тельности его́ проведе́ния

**jetton** [ˈdʒetən] *n* жето́н

**jetty** I [ˈdʒetɪ] = jet-black

**jetty** II [ˈdʒetɪ] *n* 1) мол, при́стань 2) высту́п зда́ния; э́ркер, закры́тый балко́н

**Jew** [dʒu:] *n* евре́й, иуде́й

**jewel** [ˈdʒu:əl] **1.** *n* 1) драгоце́нный ка́мень 2) ювели́рное изде́лие; *pl* драгоце́нности 3) сокро́вище (*тж. перен.*) 4) ка́мень (*в часах*)

**2.** *v* 1) (*обыкн. p. p.*) украша́ть драгоце́нными камня́ми 2) вставля́ть ка́мни (*в часовой механизм*)

**jewel-box** [ˈdʒu:əlbɔks] *n* футля́р для ювели́рных изде́лий

**jewel-case** [ˈdʒu:əlkeɪs] = jewel-box

**jewel-house** [ˈdʒu:əlhaus] *n* сокро́вищница брита́нской коро́ны

**jeweller** [ˈdʒu:ələ] *n* ювели́р

**jewellery, jewelry** [ˈdʒu:əlrɪ] *n* драгоце́нности; ювели́рные изде́лия

**Jewess** [ˈdʒu(:)ɪs] *n* евре́йка, иуде́йка

**Jewish** [ˈdʒu(:)ɪʃ] *a* евре́йский, иуде́йский; he is ~ он евре́й

**Jewry** [ˈdʒuərɪ] *n* 1) евре́и 2) евре́йство 3) *ист.* ге́тто, евре́йский кварта́л

**Jew's-harp** [ˈdʒu:zˈhɑ:p] *n* 1) варга́н (*муз. инструмент*) 2) расчёска, обёрнутая в папиро́сную бума́гу и испо́льзуемая как музыка́льный инструме́нт

**Jew's pitch** [ˈdʒu:zpɪtʃ] *n мин.* пек, разнови́дность би́тума

**Jezebel** [ˈdʒezəbl] *n библ.* Иезаве́ль; *перен. разг.* распу́тница

**jib** I [dʒɪb] **1.** *n* 1) *мор.* кли́вер 2) *тех.* уко́сина, стрела́ грузоподъёмного кра́на ◊ the cut of one's ~ *мор. разг.* вне́шность челове́ка, мане́ра одева́ться *и т. п.*

**2.** *v мор.* переноси́ть (*парус*); переки́дываться (*о парусе*)

**jib** II [dʒɪb] **1.** *n* норови́стая ло́шадь

**2.** *v* внеза́пно остана́вливаться, упира́ться; топта́ться на ме́сте (*обыкн. о лошади и т. п.*); *перен.* упира́ться □ ~ **at** а) колеба́ться (*сделать что-л.*); б) выка́зывать нерасположе́ние к *чему-л., кому-л.*

**jibber** [ˈdʒə:bə] = jib II, 1

**jib-boom** [ˈdʒɪbˈbu:m] *n мор.* утле́гарь

**jib-crane** [ˈdʒɪbˈkreɪn] *n тех.* кран-уко́сина

**jib door** [ˈdʒɪbˈdɔ:] *n* 1) потайна́я дверь 2) *стр.* скры́тая дверь

**jibe** I [dʒaɪb] = gibe

**jibe** II [dʒaɪb] = jib I, 2 *и* gybe

**jibe** III [dʒaɪb] *v. разг.* 1) соглаша́ться 2) согласова́ться; соотве́тствовать; his words and actions do not ~ у него́ слова́ расхо́дятся с де́лом

**jiff(y)** [ˈdʒɪf(ɪ)] *n разг.* миг, мгнове́ние; wait (half) a ~ подожди́те мину́тку; in a ~ ми́гом, одни́м ду́хом

**jig** I [dʒɪg] **1.** *n* джи́га (*танец*) ◊ the ~ is up де́ло — швах; пришло́ вре́мя держа́ть отве́т

**2.** *v* 1) танцева́ть джи́гу 2) бы́стро дви́гаться взад и вперёд

**jig** II [dʒɪg] **1.** *n* 1) *тех.* зажи́мное приспособле́ние; сбо́рочное приспособле́ние; конду́ктор; шабло́н 2) *полигр.* ма́трица 3) *стр.* ба́лка 4) *текст.* ро́ликовая краси́льная маши́на 5) *горн.* отса́дочная маши́на 6) прима́нка (*в рыбной ловле и т. п.*); блесна́

**2.** *v* 1) промыва́ть руду́ 2) сортирова́ть

**jigger** I [ˈdʒɪgə] *n* 1) рабо́чий, промыва́ющий руду́; сортиро́вщик 2) ме́рный стака́нчик (*для разливания спиртных напитков*) 3) *разг.* чуда́к 4) *тех.* гро́хот 5) *горн.* отса́дочная маши́на 6) *радио* трансформа́тор затуха́ющих колеба́ний 7) *мор.* хват-та́ли; выносна́я биза́нь 8) ажу́рная пила́ 9) = jig II, 1, 4); 10) гонча́рный круг 11) подста́вка для киёв ◊ not worth a ~ ≅ яйца́ вы́еденного не сто́ит

**jigger** II [ˈdʒɪgə] *n* 1) танцо́р, исполня́ющий джи́гу 2) ку́кольник (*в кукольном театре*) 3) коро́ткое же́нское пальто́

**jigger** III [ˈdʒɪgə] = chigoe

**jigger** IV [ˈdʒɪgə] *v* (*тк. pass.*): well, I'm ~ed! ≅ чёрт меня́ побери́!

**jigger-mast** [ˈdʒɪgəˈmɑ:st] *n мор.* джи́ггер(-ма́чта)

**jiggery-pokery** [ˈdʒɪgərɪˈpəukərɪ] *n разг.* 1) интри́ги, ко́зни 2) вздор, ерунда́, чепуха́

**jiggle** [ˈdʒɪgl] **1.** *n* пока́чивание; тря́ска

**2.** *v* пока́чивать(ся); трясти́(сь)

**jig-saw** [ˈdʒɪgsɔ:] *n тех.* ажу́рная пила́; маши́нная ножо́вка ◊ ~ puzzle составна́я карти́нка-зага́дка

**jihad** [dʒɪˈhɑ:d] *араб. n* 1) газава́т, свяще́нная война́ (*против немусульман*) 2) кампа́ния про́тив чего́-л., (кресто́вый) похо́д

**Jill** [dʒɪl] = Gill

**Jim-Crow** [ˈdʒɪmˈkrəu] *n амер.* 1) *презр. уст.* негр 2) *attr.*: ~ car осо́бый ваго́н для не́гров; ~ policy поли́тика дискримина́ции не́гров в США

**jim-dandy** [ˈdʒɪmˈdændɪ] *a амер. разг.* превосхо́дный, прекра́сный

**jim-jams** [ˈdʒɪmdʒæmz] *n pl разг.* 1) бе́лая горя́чка 2) содрога́ние, мура́шки по те́лу

**jimmy** [ˈdʒɪmɪ] *амер.* **1.** *n* 1) *горн.* теле́жка для транспортиро́вки у́гля 2) = jemmy 1)

**2.** *v* взла́мывать ло́мом

**jimp** [dʒɪmp] *a шотл.* 1) стро́йный, то́нкий 2) изя́щный 3) ску́дный

**Jimson weed** [ˈdʒɪmsnwi:d] *n бот.* дурма́н

**jingle** [ˈdʒɪŋgl] **1.** *n* 1) звон, звя́канье; побря́кивание 2) созву́чие, аллитера́ция 3) ирла́ндская *или* австрали́йская кры́тая двухколёсная пово́зка

**2.** *v* 1) звене́ть, звя́кать 2) изоби́ловать созву́чиями, аллитера́циями

**jingo** [ˈdʒɪŋgəu] **1.** *n* (*pl* -oes [-əuz]) ура́-патрио́т, шовини́ст; джингои́ст ◊ by ~! чёрт побери́!

**2.** *a* шовинисти́ческий

**jingoism** [ˈdʒɪŋgəuɪzm] *n* ура́-патрио́тизм, агресси́вный шовини́зм; джингои́зм

**jink** [dʒɪŋk] **1.** *n* 1) уклоне́ние, уло́вка, увёртка 2) *pl*: high ~s шу́мное, бу́рное весе́лье

**2.** *v* 1) увёртываться, уклоня́ться, избега́ть 2) *воен. разг.* уйти́ от огня́ зени́тной артилле́рии

**jinn** [dʒɪn] *pl от* jinnee

**jinnee** [dʒɪˈni:] *n* (*pl* jinn, *часто употр. как sing*) *миф.* джин

**jinny** [ˈdʒɪnɪ] *n горн.* 1) отка́тная лебёдка 2) накло́нный путь для ваго́неток с рудо́й

**jinrick(i)sha** [dʒɪnˈrɪkʃə] = ricksha(w)

**jinx** [dʒɪŋks] *n разг.* челове́к *или* вещь, принося́щие несча́стье

**jitney** [ˈdʒɪtnɪ] *амер. разг.* **1.** *n* 1) пять це́нтов 2) дешёвое маршру́тное такси́ *или* авто́бус

**2.** *a* дешёвый, третьесо́ртный

**3.** *v* е́хать в дешёвом маршру́тном такси́ *или* авто́бусе

**jitter** [ˈdʒɪtə] **1.** *v разг.* не́рвничать; трепета́ть

**2.** *n тлв.* дрожа́ние изображе́ния

**jitterbug** [ˈdʒɪtəbʌg] *разг.* **1.** *n* 1) не́рвный челове́к; паникёр 2) люби́тель танцева́ть под джа́зовую му́зыку 3) джи́ттербаг (*танец*)

**2.** *v* танцева́ть под джа́зовую му́зыку

**jitters** [ˈdʒɪtəz] *n pl разг.* не́рвное возбужде́ние, испу́г; to have the ~ перепуга́ться; it gave me the ~ я весь затря́сся

**jittery** [ˈdʒɪtərɪ] *a разг.* пугли́вый; не́рвный

**jiu-jitsu** [dʒju:ˈdʒɪtsu:] = ju-jutsu

**jive** [dʒaɪv] **1.** *n sl.* 1) джаз; джа́зовая му́зыка 2) жарго́н джа́зовых музыка́нтов 3) болтовня́

**2.** *v sl.* танцева́ть под джа́зовую му́зыку

**Job** [dʒəub] *n* 1) *библ.* Ио́в 2) многострада́льный, терпели́вый челове́к ◊ to be as patient as ~ ≅ облада́ть а́нгельским терпе́нием; this would try the patience of ~ от э́того хоть у кого́ терпе́ние ло́пнет; ~'s news плоха́я весть, печа́льные но́вости; ~'s comforter челове́к, кото́рый под ви́дом утеше́ния то́лько усугубля́ет чьё-л. го́ре

**job** I [dʒɔb] **1.** *n* 1) рабо́та, труд; сде́льная рабо́та; by the ~ сде́льно, поуро́чно (*об оплате*) 2) *разг.* ме́сто, слу́жба; out of ~ без рабо́ты 3) зада́ние; уро́к 4) испо́льзование своего́ положе́ния в ли́чных це́лях; his appointment was a ~ он получи́л назначе́ние по проте́кции 5) *sl.* кра́жа; an inside ~ *амер.* кра́жа *и т. п.*, соверше́нная кем-л. из свои́х 6) ло́шадь *или* экипа́ж, взя́тые напрока́т 7) *полигр.* акциде́нция 8) *тех.* дета́ль, изде́лие, обраба́тываемый предме́т

9) *attr.* нáнятый на определённую рабóту; наёмный; ~ classification *амер.* основнáя стáвка (*зарплаты рабочего*); ~ evaluation *амер.* разря́д (*для установления зарплаты рабочего*) ◇ a ~ of work нелёгкая работёнка; a bad ~ безнадёжное дéло; неудáча; to make the best of a bad ~ мýжественно переноси́ть невзгóды; a good ~ а) хорошó вы́полненная рабóта; б) хорóшие делá (*положение вещей*); *ирон.* хорóшенькое дéло; to make a good ~ of it сдéлать что-л. хорошó; a good ~ you made of it! хорóшеньких дел вы натвори́ли!; ~ lot а) пáртия разрóзненных товáров, продающихся óптом; б) вéщи, кýпленные по дешёвке с цéлью перепродáжи; в) разрóзненная коллéкция; on the ~ а) в дéйствии, в движéнии; б) óчень занятóй; в) готóвый на всё; just the ~ то сáмое, как раз тó, что трéбуется; to lie down on the ~ рабóтать кóе-кáк; to do smb.'s ~, to do the ~ for smb. *разг.* погуби́ть когó-л.; to put up a ~ on smb. *амер.* сыгрáть с кем-л. шýтку

**2.** *v* 1) рабóтать нерегуля́рно, случáйно 2) рабóтать сдéльно 3) нанимáть на сдéльную рабóту 4) брать внаём лошадéй, напрокáт экипáжи 5) сдавáть подря́ды; давáть внаём лошадéй, напрокáт экипáжи 6) спекули́ровать, бары́шничать; быть мáклером 7) дéйствовать недобросóвестно (*при заключении сделок и т. п.*) 8) злоупотребля́ть свои́м положéнием; to ~ smb. into a post устрóить когó-л. на мéсто по протéкции

**job** II [dʒɔb] **1.** *n* внезáпный удáр, толчóк

**2.** *v* 1) колóть, вонзáть; пронзáть; пырнýть (at) 2) толкнýть; удáрить 3) си́льно дéрнуть лóшадь за удилá

**jobation** [dʒəu'beɪʃən] *n* дли́нное скýчное нравоучéние, вы́говор

**jobber** ['dʒɔbə] *n* 1) человéк, занимáющийся случáйной рабóтой 2) человéк, рабóтающий сдéльно 3) (биржевóй) мáклер, комиссионéр 4) оптóвый торгóвец 5) недобросóвестный делéц 6) предпринимáтель, даю́щий лошадéй и экипáжи напрокáт

**jobbernowl** ['dʒɔbənəul] *n разг.* óлух, болвáн

**jobbery** ['dʒɔbərɪ] *n* 1) испóльзование служéбного положéния в коры́стных *или* ли́чных цéлях 2) сомни́тельные оперáции; спекуля́ция

**jobbing** I ['dʒɔbɪŋ] **1.** *pres. p. от* job I, 2

**2.** *n* 1) случáйная, нерегуля́рная рабóта 2) сдéльная рабóта 3) *тех.* мéлкий ремóнт 4) торгóвля áкциями; биржевáя игрá; спекуля́ция

**3.** *a* случáйный, нерегуля́рный (*о работе и т. п.*) ◇ ~ shop ремóнтная мастерскáя

**jobbing** II ['dʒɔbɪŋ] *pres. от* job II, 2

**jobholder** ['dʒɔbˌhəuldə] *n* 1) человéк, имéющий постоя́нную рабóту 2) *амер.* госудáрственный слýжащий

**jobless** ['dʒɔblɪs] *a* безрабóтный

**jobmaster** ['dʒɔbˌmaːstə] *n* 1) *ист.* извозопромы́шленник 2) рабóтник, выполня́ющий акцидéнтные типогрáфские рабóты

**job-work** ['dʒɔb'wəːk] *n* сдéльная рабóта

**Jock** [dʒɔk] *n* 1) *воен. жарг.* шотлáндский солдáт 2) (j.) *разг. см.* jockey 1, 1)

**jockey** ['dʒɔkɪ] **1.** *n* 1) жокéй 2) *шотл. ист.* менестрéль 3) обмáнщик, плут

**2.** *v* обмáнывать, надувáть; to ~ for position не стесня́ться в срéдствах для достижéния цéли □ ~ **into** склони́ть обмáном к *чему-л.*; ~ **out** обмáном получи́ть, вы́манить *что-л.*

**jocko** ['dʒɔkəu] *n* (*pl* -os [-əuz]) *разг.* шимпанзé; обезья́на

**jock-strap** ['dʒɔkstræp] *n спорт.* бандáж

**jocose** [dʒəu'kəus] *a* шутли́вый; игри́вый

**jocosity** [dʒəu'kɔsɪtɪ] *n* шутли́вость; игри́вость

**jocular** ['dʒɔkjulə] *a* шутли́вый; коми́ческий; забáвный, весёлый; юмористи́ческий

**jocularity** [ˌdʒɔkju'lærɪtɪ] *n* 1) весёлость 2) шýтка

**jocund** ['dʒɔkənd] *a* 1) весёлый, живóй; жизнерáдостный 2) прия́тный

**jocundity** [dʒəu'kʌndɪtɪ] *n* 1) весёлость, жизнерáдостность 2) прия́тность

**jodhpurs** ['dʒɔdpuəz] *n pl* брю́ки для верховóй езды́

**Joe (Blow)** ['dʒəu('bləu)] *n амер. воен. sl.* солдáт

**joey** I ['dʒəuɪ] *n австрал.* детёныш (*преим.* кенгурý)

**joey** II ['dʒəuɪ] *n ист.* четырёхпéнсовая монéта

**jog** [dʒɔg] **1.** *n* 1) толчóк; подтáлкивание, встря́хивание 2) мéдленная, тря́ская ездá; мéдленная ходьбá 3) *амер.* неровность, излóм повéрхности *или* ли́нии 4) помéха, лёгкое препя́тствие

**2.** *v* 1) толкáть, трясти́; подтолкнýть; to ~ smb.'s memory напóмнить комý-л., не дать комý-л. забы́ть (*что-л.*) 2) слегкá подтáлкивать лóктем (*особ. чтобы привлечь внимание к чему-л.*) 3) éхать, дви́гаться подпры́гивая, подскáкивая; трясти́сь; труси́ть 4) мéдленно, но упря́мо п(р)одвигáться вперёд (*часто* ~ on, ~ along) 5) продолжáть (*путь, работу и т. п.*; on, along)

**joggle** I ['dʒɔgl] **1.** *n* потря́хивание, встря́хивание; лёгкий толчóк

**2.** *v* 1) трясти́; подтáлкивать; толкáть 2) трясти́сь, дви́гаться лёгкими толчкáми

**joggle** II ['dʒɔgl] **1.** *n тех.* соедини́тельный вы́ступ; паз, шпунт

**2.** *v* соединя́ть шипóм, шпунтóм, ýшками *и т. п.*

**joggly** ['dʒɔglɪ] *a* нерóвный (*о почерке*)

**jogtrot** ['dʒɔg'trɔt] *n* 1) рысцá 2) однообрáзие, рути́на 3) *attr.* однообрáзный, нýдный

**John** [dʒɔn] *n разг.* сорти́р

**John Bull** ['dʒɔn'bul] *n* Джон Булль (*прозвище типичного англичанина*)

**John Collins** ['dʒɔn'kɔlɪnz] *n разг.* джин с лимóном и сáхаром

**John Doe** ['dʒɔn'dəu] *n юр.* (*употр. нарицательно*) воображáемый истéц в судéбном процéссе; ~ and Richard Roe истéц и ответчик (*взамен имён истинных юридических лиц*)

**John Dory** ['dʒɔn'dɔːrɪ] *n* сóлнечник (*рыба*)

**Johnny, johnny** ['dʒɔnɪ] *n разг.* 1) мáлый, пáрень 2) щёголь, франт

**johnny-cake** ['dʒɔnɪkeɪk] *n* лепёшка (*амер. — маисовая, австрал. — пшеничная*)

**Johnny-jump-up** ['dʒɔnɪ'dʒʌmpʌp] *n* америкáнская леснáя фиáлка

**Johnny Raw** ['dʒɔnɪ'rɔː] *n* 1) *sl.* новичóк 2) *воен. sl.* новобрáнец

**John-o'-Groat's(-House)** ['dʒɔnə'grəuts(haus)] *n* сéвер Шотлáндии; from ~ to Land's End от сéвера до ю́га Áнглии; от крáя до крáя (*страны*)

**John Q. Public** ['dʒɔnkjuː'pʌblɪk] *n* Джон Кью Пáблик (*прозвище среднего американца*)

**Johnsonese, Johnsonian** [ˌdʒɔnsə'niːz, dʒɔn'səunjən] *n* тяжёлый, напы́щенный стиль, изоби́лующий латини́змами (*как у писателя XVIII в. Сэмюеля Джонсона*)

**join** [dʒɔɪn] **1.** *v* 1) соединя́ть(ся); to ~ forces соедини́ть си́лы, объедини́ть уси́лия; to ~ hands а) брáться зá руки; (идти́) рукá óб руку; б) объединя́ться, дéйствовать сообщá 2) присоедини́ть(ся); I'll ~ you in your walk я пройдýсь с вáми 3) объедини́ться (*с кем-л.*); войти́ в компáнию; вступи́ть в члéны (*общества и т. п.*); to ~ a club стать члéном клýба; to ~ a library записáться в библиотéку; to ~ (in) with smb. присоедини́ться к комý-л.; to ~ up поступи́ть на воéнную слýжбу 4) снóва заня́ть своё мéсто, возврати́ться; to ~ one's regiment, one's ship вернýться в полк, на корáбль (*после отпуска, перерыва в службе и т. п.*) 5) соединя́ться, сливáться; the stream ~s the river ручéй впадáет в рéку 6) грани́чить; the two estates ~ эти два имéния грани́чат друг с дрýгом ◇ to ~ battle вступи́ть в бой; завязáть сражéние; вступи́ть в борьбý

**2.** *n* соединéние; тóчка, ли́ния, плóскость соединéния

**joinder** ['dʒɔɪndə] *n преим. юр.* объединéние, соединéние; сою́з

**joiner** ['dʒɔɪnə] *n* 1) столя́р 2) *амер.* член нéскольких клýбов

**joinery** ['dʒɔɪnərɪ] *n* 1) столя́рная рабóта; столя́рное ремеслó 2) столя́рные издéлия 3) столя́рная мастерскáя

**joint** [dʒɔɪnt] **1.** *n* 1) мéсто соединéния; соединéние; стык 2) *анат.* суставá, сочленéние; to put a bone into ~ again впрáвить вы́вих; out of ~ вы́вихнутый; *перен.* пришéдший в расстрóйство; не в поря́дке 3) часть разру́бленной ту́ши: нога́, лопа́тка *и т. п.*; dinner from the ~ мясно́й обе́д 4) *амер. разг.* ме́сто, помеще́ние; (eating) ~ заку́сочная, столо́вая 5) *амер. разг.* прито́н 6) *амер. sl.* сигаре́та с марихуа́ной 7) *бот.* у́зел (*у растения*) 8) *геол.* тре́щина, отде́льность, ли́ния клива́жа 9) *тех.* соедине́ние; паз, шов, шарни́р; angle ~ соедине́ние под угло́м 10) *тех.*, *стр.* у́зел фе́рмы

2. *a* 1) объединённый, о́бщий, совме́стный; to take ~ actions де́йствовать сообща́; ~ efforts о́бщие уси́лия; ~ authors соа́вторы; ~ committee а) объединённый комите́т; б) коми́ссия из представи́телей ра́зных организа́ций; ~ possession совме́стное владе́ние, совладе́ние; ~ responsibility солида́рная отве́тственность; ~ heir сонасле́дник; J. Staff геншта́б; J. Chiefs of Staff *амер.* объединённый комите́т нача́льников штабо́в; ~ stock акционе́рный капита́л; ~ resolution *амер.* совме́стное постановле́ние обе́их пала́т конгре́сса, кото́рое име́ет си́лу зако́на по́сле утвержде́ния президе́нтом 2) комбини́рованный; ~ traffic комбини́рованное движе́ние по ре́льсовым и безре́льсовым путя́м

3. *v* 1) сочленя́ть; соединя́ть при по́мощи вставны́х часте́й, коле́н 2) разнима́ть, расчленя́ть 3) *стр.* расшива́ть швы кирпи́чной кла́дки

**jointer** [ˈdʒɔɪntə] *n* 1) *тех.* фуга́нок; фуго́вочный стано́к 2) *стр.* инструме́нт для расши́вки швов

**jointly** [ˈdʒɔɪntlɪ] *adv* совме́стно, сообща́

**joint-pin** [ˈdʒɔɪntpɪn] *n тех.* ось шарни́ра

**jointress** [ˈdʒɔɪntrɪs] *n юр.* вдова́, владе́ющая вы́деленной ей по насле́дству ча́стью иму́щества

**joint-stock company** [ˈdʒɔɪntstɔkˈkʌmpənɪ] *n* акционе́рное о́бщество

**jointure** [ˈdʒɔɪntʃə] 1. *n* име́ние, иму́щество, запи́санное на жену́ (*на случай смерти мужа*), вдо́вья часть насле́дства

2. *v* закрепи́ть часть иму́щества, насле́дства за жено́й, назна́чить вдо́вью часть

**jointuress** [ˈdʒɔɪntʃərɪs] = jointress

**joist** [dʒɔɪst] *n* 1) брус, ба́лка; строп́ило 2) *attr.* ба́лочный; ~ ceiling потоло́к на деревя́нных ба́лках, ба́лочное перекры́тие

**joke** [dʒəuk] 1. *n* 1) шу́тка; остро́та; it is no ~ де́ло серьёзное; э́то не шу́тка; to have one's ~, to make a ~ пошути́ть; to make a ~ of smth. свести́ что-л. к шу́тке 2) смешно́й слу́чай 3) объе́кт шу́ток, посме́шище ◇ the ~ was on him э́то он оста́лся в дурака́х

2. *v* 1) шути́ть 2) подшу́чивать, дразни́ть

**joker** [ˈdʒəukə] *n* 1) шутни́к 2) *sl.* челове́к, па́рень 3) джо́кер (*в покере*) 4) *амер.* двусмы́сленная фра́за *или* статья́ в зако́не 5) непредви́денное обстоя́тельство, так и́ли ина́че влия́ющее на ход де́ла

**joky** [ˈdʒəukɪ] *a разг.* шутли́вый; шу́точный

**jollier** [ˈdʒɔlɪə] *n амер.* весельча́к, заба́вник

**jollification** [dʒɔlɪfɪˈkeɪʃən] *n* увеселе́ние, пра́зднество

**jollify** [ˈdʒɔlɪfaɪ] *v разг.* 1) весели́ть(ся) 2) слегка́ опьяня́ть

**jollity** [ˈdʒɔlɪtɪ] *n* весе́лье, увеселе́ние

**jolly** [ˈdʒɔlɪ] 1. *a* 1) весёлый, ра́достный; лю́бящий весёлую компа́нию 2) подвы́пивший, навеселе́ 3) *разг.* прия́тный; замеча́тельный, восхити́тельный, преле́стный (*тж. ирон.*); ~ weather чуде́сная пого́да; a ~ mess I am in в хоро́шенькую переде́лку я попа́л ◇ the ~ god Вакх, Ба́хус

2. *adv разг.* о́чень, чрезвыча́йно; ~ fine о́чень хорошо́; you'll be ~ late вы поря́дком опа́здываете; ~ well коне́чно, непреме́нно; you'll ~ well have to do it a всё-таки вам придётся сде́лать э́то

3. *n* 1) *sl.* солда́т морско́й пехо́ты 2) *сокр. от* jolly-boat 3) *sl.* вечери́нка

4. *v* 1) *разг.* подшу́чивать 2) обраща́ться ла́сково, добива́ться (*чего-л.*) ла́ской, ле́стью (*часто* ~ along, ~ up) 3) *разг.* зада́бривать

**jolly-boat** [ˈdʒɔlɪbəut] *n* судова́я шлю́пка

**jolt** [dʒəult] 1. *n* 1) толчо́к; тря́ска 2) уда́р (*тж. перен.*)

2. *v* 1) трясти́, встря́хивать, подбра́сывать 2) дви́гаться подпры́гивая, трясти́сь (*по неровной дороге*)

**jolterhead** [ˈdʒəultəhed] *n* о́лух, болва́н

**jolty** [ˈdʒəultɪ] *a* тря́ский

**Jonah** [ˈdʒəunə] *n* 1) неуда́чник 2) челове́к, принося́щий несча́стье

**Jonathan** [ˈdʒɔnəθən] *n* джоната́н (*сорт десертных яблок*)

**jongleur** [ʒɔːŋˈgləː] *фр. n ист.* средневеко́вый бродя́чий певе́ц, менестре́ль

**jonquil** [ˈdʒɔnkwɪl] *n* 1) нарци́сс 2) бле́дно-жёлтый, па́левый цвет 3) разнови́дность канаре́йки

**jorum** [ˈdʒɔːrəm] *n* больша́я кру́жка, ча́ша, *особ.* ча́ша с пу́ншем

**josh** [dʒɔʃ] *амер. разг.* 1. *n* доброду́шная шу́тка; мистифика́ция

2. *v* подшу́чивать; мистифици́ровать; разы́грывать

**joskin** [ˈdʒɔskɪn] *n sl.* неотёсанный челове́к; дереве́нщина

**joss** [dʒɔs] *n* 1) кита́йский и́дол 2) амуле́т, талисма́н

**josser** [ˈdʒɔsə] *n* 1) *австрал.* свяще́нник 2) *sl.* проста́к, тупи́ца 3) *разг.* па́рень

**joss-house** [ˈdʒɔshaus] *n* кита́йский храм, куми́рня

**joss-sticks** [ˈdʒɔsstɪks] *n pl* паху́чие па́лочки для воскуре́ния в кита́йских хра́мах во вре́мя моли́твы

**jostle** [ˈdʒɔsl] 1. *n* 1) толчо́к; столкнове́ние 2) толкотня́, да́вка

2. *v* толка́ть(ся), тесни́ть(ся); пиха́ть; отта́лкивать; to ~ for power (локтя́ми) пробива́ть себе́ доро́гу к вла́сти □ ~ against натолкну́ться на; ~ away, ~ from вы́толкнуть, отолкну́ть; ~ through прота́лкиваться; проти́скиваться

**jot** [dʒɔt] 1. *n* йо́та; ничто́жное коли́чество; not a ~ ни на йо́ту

2. *v* кра́тко записа́ть; бе́гло наброса́ть (*обыкн.* ~ down)

**jotter** [ˈdʒɔtə] *n* записна́я кни́жка, блокно́т

**jotting** [ˈdʒɔtɪŋ] 1. *pres. p. от* jot 2

2. *n* па́мятка, набро́сок, кра́ткая за́пись

**joule** [dʒuːl] *n эл.* джо́уль

**jounce** [dʒauns] *v* ударя́ть(ся); трясти́(сь)

**jour** [dʒəː] *n амер. разг. см.* journeyman

**journal** [ˈdʒəːnl] 1. *n* 1) дневни́к; журна́л (*тж. бухг.*); the Journals *парл.* протоко́лы заседа́ний; ship's ~ *мор.* судово́й журна́л 2) газе́та; журна́л 3) *тех.* ше́йка ва́ла, ца́пфа

2. *a поэт.* дневно́й

**journal-box** [ˈdʒəːnlbɔks] *n ж.-д.* бу́кса

**journalese** [ˌdʒəːnəˈliːz] *n* газе́тный штамп

**journalism** [ˈdʒəːnəlɪzm] *n* 1) профе́ссия журнали́ста 2) журнали́стика

**journalist** [ˈdʒəːnəlɪst] *n* 1) журнали́ст, газе́тный сотру́дник 2) реда́ктор журна́ла

**journalistic** [ˌdʒəːnəˈlɪstɪk] *a* журна́льный

**journey** [ˈdʒəːnɪ] 1. *n* 1) пое́здка, путеше́ствие (*преим. сухопутное*); to be (*или* to go) on a ~ путеше́ствовать; to take a ~ предприня́ть путеше́ствие; two days' ~ from here в двух днях езды́ отсю́да 2) рейс 3) *горн.* соста́в вагоне́ток

2. *v* соверша́ть пое́здку, путеше́ствие, рейс; путеше́ствовать

**journeyman** [ˈdʒəːnɪmən] *n* 1) квалифици́рованный рабо́чий *или* ремесле́нник, рабо́тающий по на́йму (*в отличие от ученика и мастера*) 2) *уст.* подёнщик 3) наёмник

**journey-work** [ˈdʒəːnɪwəːk] *n* 1) рабо́та по на́йму 2) подённая рабо́та; подёнщина

**joust** [dʒaust] *ист.* 1. *n* ры́царский поеди́нок (*часто pl*); турни́р

2. *v* би́ться на поеди́нке *или* турни́ре

**Jove** [dʒəuv] *n римск. миф.* Юпи́тер; by ~! а) кляну́сь Юпи́тером!; ей-бо́гу!; б) бо́же ми́лостивый!; в) вот так та́к!

**jovial** [ˈdʒəuvjəl] *a* весёлый; общи́тельный

**joviality** [ˌdʒəuvɪˈælɪtɪ] *n* весёлость; общи́тельность

**Jovian** [ˈdʒəuvɪən] *a* 1) подо́бный Юпи́теру; вели́чественный 2) относя́щийся к плане́те Юпи́тер

**jowl** [dʒaul] *n* 1) че́люсть; челюстна́я кость 2) то́лстые щёки и двойно́й подборо́док 3) подгру́док (*у скота*); зоб (*у птиц*); боро́дка (*индюка, петуха*) 4) голова́ (*лосося, осетра*)

**jowly** [ˈdʒaulɪ] *a* морда́стый, толстомо́рдый

**joy** [dʒɔɪ] 1. *n* 1) ра́дость; весе́лье, удово́льствие; to wish smb. ~ поздравля́ть кого́-л. 2) что-л., вызыва́ющее восто́рг, восхище́ние 3) *амер. разг.* удо́бство, комфо́рт

2. *v поэт.* ра́довать(ся); весели́ть(-ся)

**joyful** [ˈdʒɔɪful] *a* ра́достный, счастли́вый; дово́льный

**joy-house** [ˈdʒɔɪhaus] *n амер. разг.* публи́чный дом

**joyless** [ˈdʒɔɪlɪs] *a* безра́достный

**joyous** [ˈdʒɔɪəs] = joyful

**joy-ride** [ˈdʒɔɪraɪd] *n разг.* (увесели́тельная) пое́здка на автомаши́не *или* самолёте (*без разрешения владельца*)

**joystick** [ˈdʒɔɪstɪk] *n разг.* ру́чка *или* рыча́г управле́ния (*самолёта*)

**jubilance** [ˈdʒuːbɪləns] *n* ликова́ние

**jubilant** [ˈdʒuːbɪlənt] *a* лику́ющий; торжеству́ющий

**jubilate** 1. *n* [ˌdʒuːbɪˈlɑːtɪ] 1) ра́достный поры́в; ликова́ние 2) (J.) *церк.* 100-й псало́м 3) (J.) *церк.* тре́тье воскресе́нье по́сле па́схи

2. *v* [ˈdʒuːbɪleɪt] ликова́ть; торжествова́ть

**jubilation** [ˌdʒuːbɪˈleɪʃən] *n* ликова́ние

**jubilee** [ˈdʒuːbɪliː] *n* пра́зднество; юбиле́й (*преим.* 50-ле́тний); to hold a ~ пра́здновать; silver ~ двадцатипятиле́тний юбиле́й; golden ~ золота́я сва́дьба; Diamond J. а) шестидесятиле́тний юбиле́й; б) *ист.* шестидесятиле́тие ца́рствования короле́вы Викто́рии

**Judaic** [dʒu(:)ˈdeɪɪk] *a* иуде́йский, евре́йский

**Judaism** [ˈdʒuːdeɪɪzm] *n* иуда́изм, евре́йская рели́гия

**Judas** [ˈdʒuːdəs] *n* 1) *библ.* Иу́да 2) преда́тель 3) (j.) отве́рстие, глазо́к в двери́ (*для подсматривания*)

**Judas-coloured** [ˈdʒuːdəsˈkʌləd] *a* ры́жий

**Judas-hole** [ˈdʒuːdəshəul] = Judas 3)

**Judas-tree** [ˈdʒuːdəstriː] *n бот.* багря́ник

**judge** [dʒʌdʒ] 1. *n* 1) судья́; J. Advocate General генера́льный прокуро́р, нача́льник вое́нно-юриди́ческой слу́жбы; ~ advocate вое́нный прокуро́р 2) арби́тр, экспе́рт 3) цени́тель, знато́к; a ~ of art цени́тель иску́сства

2. *v* 1) суди́ть; выноси́ть пригово́р 2) быть арби́тром, реша́ть 3) оце́нивать; to ~ horses дава́ть оце́нку лошадя́м 4) счита́ть, полага́ть; соста́вить себе́ мне́ние, приходи́ть к вы́воду; to ~ by appearances суди́ть по вне́шности 5) осужда́ть, порица́ть

**judge-made** [ˈdʒʌdʒmeɪd] *a*: ~ law пра́во, осно́вывающееся на суде́бных прецеде́нтах

**judgematic(al)** [dʒʌdʒˈmætɪk(əl)] *a разг.* рассужда́ющий здра́во; рассуди́тельный

**judgement** [ˈdʒʌdʒmənt] *n* 1) пригово́р, реше́ние суда́; заключе́ние суда́ в отноше́нии пра́вильности процеду́ры; ~ reserved *юр.* отсро́чка реше́ния суда́ по́сле оконча́ния суде́бного разбира́тельства; to pass (*или* to give, to render) ~ on smb. выноси́ть пригово́р кому́-л. 2) наказа́ние, (бо́жья) ка́ра 3) мне́ние, взгляд; in my ~ you are wrong на мой взгляд (по-мо́ему, по моему́ мне́нию), вы не пра́вы; private ~ ли́чный взгляд (*независимый от принятых, особ. в религиозных вопросах*) 4) рассуди́тельность; уме́ние пра́вильно разбира́ться; good ~ тре́звое сужде́ние, тре́звый расчёт; to show good ~ суди́ть здра́во; poor ~ недальнови́дность; to sit in ~ критикова́ть 5) *attr.*: ~ creditor (debtor) кредито́р (должни́к), при́знанный таковы́м по постановле́нию суда́ ◇ to disturb the ~ сбить с то́лку

**judgement-day** [ˈdʒʌdʒməntdeɪ] *n рел.* су́дный день; день стра́шного суда́

**judgement-seat** [ˈdʒʌdʒməntsiːt] *n* 1) суде́йское ме́сто 2) суд, трибуна́л

**Judges** [ˈdʒʌdʒɪz] *n библ.* Кни́га суде́й

**judgmatic(al)** [dʒʌdʒˈmætɪk(əl)] = judgematic(al)

**judgment** [ˈdʒʌdʒmənt] = judgement

**judicature** [ˈdʒuːdɪkətʃə] *n* 1) отправле́ние правосу́дия; судоустро́йство; Supreme Court of J. Верхо́вный суд А́нглии 2) суде́йская корпора́ция 3) суд

**judicial** [dʒu(:)ˈdɪʃəl] *a* 1) суде́бный, зако́нный; ~ murder узако́ненное уби́йство, вынесе́ние сме́ртного пригово́ра невино́вному 2) суде́йский 3) спосо́бный разобра́ться; рассуди́тельный; беспристра́стный

**judiciary** [dʒu(:)ˈdɪʃɪərɪ] 1. *a* = judicial 1); ~ law суде́бное пра́во

2. *n* = judicature 2)

**judicious** [dʒu(:)ˈdɪʃəs] *a* здравомы́слящий, рассуди́тельный

**judo** [ˈdʒuːdəu] *яп. n спорт.* дзю-до́

**Judy** [ˈdʒuːdɪ] *n* 1) же́нский персона́ж в ку́кольном теа́тре 2) *разг.* же́нщина; де́вушка 3) глу́пый, неле́пый челове́к (*особ. женщина*); to make a ~ of oneself *разг.* сваля́ть дурака́

**jug** I [dʒʌg] 1. *n* 1) кувши́н 2) *sl.* тюрьма́

2. *v* 1) *кул.* туши́ть (*зайца, кролика*) 2) *sl.* посади́ть в тюрьму́

**jug** II [dʒʌg] *n* щёлканье (*соловья и т. п.*)

**jugate** [ˈdʒuːgɪt] *a бот.* па́рный; ребри́стый

**jugful** [ˈdʒʌgful] *n* кувши́н (*чего-либо*); ме́ра ёмкости ◇ not by a ~ *амер.* ни за что́; ни в ко́ем слу́чае; далеко́ не

**jugged** [dʒʌgd] *a* зубча́тый

**Juggernaut** [ˈdʒʌgənɔːt] *n* 1) *инд. миф.* Джа́ггернаут (*одно из воплощений бога Вишну*) 2) сокруши́тельная си́ла (*война, крупный военный корабль или танк; кровавая акция тоталитарного режима и т. п.*) (*тж.* ~ car колесни́ца Джа́ггернаута)

**juggins** [ˈdʒʌgɪnz] *n разг.* дура́к; проста́к

**juggle** [ˈdʒʌgl] 1. *n* 1) фо́кус, ло́вкость рук, трюк 2) ло́вкая проде́лка, обма́н, плутовство́; извраще́ние слов, фа́ктов

2. *v* 1) пока́зывать фо́кусы; жонгли́ровать 2) надува́ть, обма́нывать; to ~ a person out of his money вы́манить у кого́-л. де́ньги □ ~ with а) искажа́ть, передёргивать (*факты, слова*); б) обма́нывать

**juggler** [ˈdʒʌglə] *n* 1) фо́кусник; жонглёр 2) обма́нщик, плут

**jugglery** [ˈdʒʌglərɪ] *n* 1) жонгли́рование; пока́зывание фо́кусов; ло́вкость рук 2) обма́н, плутовство́; извраще́ние фа́ктов

**jug-handled** [ˈdʒʌgˌhændld] *a амер.* односторо́нний; пристра́стный; несправедли́вый

**Jugoslav(ian)** [ˈjuːgəuˈslɑːv(jən)] 1. *n* жи́тель Югосла́вии; югосла́в

2. *a* югосла́вский

**jugular** [ˈdʒʌgjulə] *анат.* 1. *a* ше́йный; ~ vein яре́мная ве́на

2. *n* яре́мная ве́на

**jugulate** [ˈdʒʌgjuleɪt] *v* 1) перере́зать го́рло 2) задуши́ть 3) оборва́ть (*болезнь*) сильноде́йствующими сре́дствами

**juice** [dʒuːs] *n* 1) сок 2) су́щность, осно́ва (*чего-л.*) 3) *sl.* электри́ческий ток; электроэне́ргия 4) *разг.* бензи́н; горю́чее; step on the ~! дай газ! 5) *attr.*: ~ road *амер. разг.* электри́ческая желе́зная доро́га

**juicer** [ˈdʒuːsə] *n* соковыжима́лка

**juicy** [ˈdʒuːsɪ] *a* 1) со́чный 2) *разг.* сыро́й, дождли́вый (*о погоде*) 3) *разг.* колори́тный, со́чный; ~ story *разг.* скабрёзный *или* пика́нтный анекдо́т 4) *разг.* прекра́сный, превосхо́дный, первокла́ссный

**ju-ju** [ˈdʒuːdʒuː] *n* 1) ча́ры, заклина́ние 2) амуле́т; фети́ш 3) табу́, запреще́ние

**jujube** [ˈdʒuːdʒu(:)b] *n* 1) ю́юба (*дерево и плод*) 2) лека́рственная лепёшка, табле́тка с при́вкусом ю́юбы 3) пат, мармела́д

**ju-jutsu** [dʒuːˈdʒutsuː] *яп. n* джи́у-джи́тсу

**juke** [dʒuːk] *n амер. разг.* дешёвый рестора́н *или* да́нсинг, где танцу́ют под патефо́н-автома́т *или* пиано́лу-автома́т (*тж.* juke-joint)

**juke-box** [ˈdʒuːkbɔks] *n* прои́грыватель-автома́т (*в кафе, дансинге и т. п.*)

**julep** [ˈdʒuːlep] *n* 1) сиро́п, в кото́ром даю́т лека́рство 2) *амер.* напи́ток из ви́ски *или* коньяка́ с водо́й, са́харом, льдом и мя́той

**Julian** [ˈdʒuːljən] *a* юлиа́нский

**julienne** [ˌdʒuːlɪˈen] *фр. n* 1) суп-жюлье́н 2) сорт гру́ши

**July** [dʒu(:)ˈlaɪ] *n* 1) ию́ль 2) *attr.* ию́льский

**jumbal** [ˈdʒʌmbəl] = jumble II

**jumble** I [ˈdʒʌmbl] 1. *n* беспоря́дочная смесь, ку́ча; пу́таница, беспоря́док

2. *v* 1) сме́шивать(ся), переме́шивать(ся) в беспоря́дке (*тж.* ~ up, ~ together) 2) дви́гаться в беспоря́дке; толка́ться 3) трясти́сь

**jumble** II [ˈdʒʌmbl] *n* сла́дкая сдо́бная пы́шка

**jumble-sale** [ˈdʒʌmblseɪl] *n* дешёвая распрода́жа поде́ржанных веще́й на благотвори́тельном база́ре

**jumble-shop** [ˈdʒʌmblʃɔp] *n* ла́вка, где продаю́тся са́мые разнообра́зные дешёвые това́ры

**jumbo** [ˈdʒʌmbəu] *n* (*pl* -os [-əuz]) большо́й неуклю́жий челове́к, живо́тное *или* вещь

**jump** I [dʒʌmp] **1.** *n* 1) прыжо́к; скачо́к; long (*или* broad) ~ прыжо́к в длину́; high ~ прыжо́к в высоту́; running ~ прыжо́к с разбе́га; standing ~ прыжо́к с ме́ста 2) вздра́гивание, движе́ние испу́га *и т. п.*; the ~s *разг.* подёргивания; бе́лая горя́чка; to give smb. the ~s де́йствовать кому́-л. на не́рвы 3) ре́зкое повыше́ние (*цен, температуры и т. п.*); to take a ~ подня́ться в цене́ 4) разры́в, ре́зкий перехо́д 5) ускоре́ние 6) *разг.* преиму́щество; to have the ~ on smb. in smth. получи́ть преиму́щество пе́ред кем-л. в чём-л. 7) *геол.* дислока́ция жи́лы, сброс 8) *арт.* у́гол вы́лета ◇ on the ~ прово́рный; де́ятельный; о́чень занято́й

**2.** *v* 1) пры́гать; скака́ть; to ~ for joy пры́гать от ра́дости 2) вска́кивать; подпры́гивать, подска́кивать; вздра́гивать; you made me ~ when you came in so suddenly ваш неожи́данный прихо́д испуга́л меня́; my heart ~ed у меня́ се́рдце ёкнуло 3) повыша́ться, подска́кивать (*о температуре, ценах и т. п.*); the prices ~ed це́ны подскочи́ли 4) дёргать, ныть (*о зубе и т. п.*) 5) перепры́гивать, переска́кивать (*тж.* ~ over); to ~ (over) a stream перепры́гнуть че́рез руче́й; to ~ from one subject to another переска́кивать с одно́й те́мы на другу́ю 6) брать (*в шашках*); to ~ a man взять ша́шку 7) переска́кивать, пропуска́ть; to ~ a chapter (ten pages) in a book пропусти́ть главу́ (де́сять страни́ц) в кни́ге 8) соска́кивать; to ~ the track а) сходи́ть (*с рельсов*); the train ~ed the track по́езд сошёл с ре́льсов; б) *перен.* оказа́ться на ло́жном пути́ 9) подбра́сывать, кача́ть; to ~ a baby on one's knees кача́ть ребёнка на коле́нях 10) заста́вить пры́гать; трясти́; he ~ed his horse он заста́вил ло́шадь пры́гнуть; don't ~ the camera не трясите фотоаппара́т 11) захва́тывать (*что-л.*), завладева́ть (*чем-л. в отсутствие владельца*); to ~ a (mining) claim завладе́ть чужи́м (го́рным) уча́стком 12) (*обыкн. p. p.*) поджа́ривать *или* туши́ть (*картофель и т. п.*), встря́хивая вре́мя от вре́мени 13) *амер.* вскочи́ть (*в трамвай и т. п.*); to ~ a train вскочи́ть в по́езд 14) избежа́ть, не сде́лать (*чего-л.*); to ~ bail не яви́ться в суд по́сле освобожде́ния под зало́г; to ~ the queue пройти́ без о́череди 15) бури́ть вручну́ю 16) *тех.* сва́ривать вприты́к 17) расскова́ть; оса́живать мета́лл 18) *охот.* поднима́ть, вспу́гивать (*дичь*) 19) *кино* смеща́ться, искажа́ться (*об изображении*) ▭ ~ **about** а) подпры́гивать, подска́кивать (*от радости, боли*); б) быть беспоко́йным; ~ **at** а) бро́ситься к *кому-л.*, обнима́ть *кого-л.*; б) охо́тно принима́ть, ухвати́ться за *что-л.*; to ~ at an offer ухвати́ться за предложе́ние; ~ **down** а) спры́гнуть, соскочи́ть; б) помо́чь спры́гнуть (*ребёнку и т. п.*); ~ **in** бы́стро вскочи́ть, впры́гнуть; ~ **into** а) вскочи́ть, впры́гнуть; to ~ into one's clothes бы́стро, на́спех оде́ться; б): ~ smb. into smth. обма́ном заста́вить кого́-л. сде́лать что-л.; he was ~ed into bying the house его́ обма́ном заста́вили купи́ть э́тот дом; ~ **off** соскочи́ть; ~ off a chair соскочи́ть со сту́ла; ~ **on** а) вспры́гнуть, вскочи́ть; ~ on to a chair вскочи́ть на стул; б) неожи́данно набра́сываться на *кого-л.*; ~ **out** вы́скочить; ~ **together** = ~ with; ~ **up** вска́кивать; ~ up! влеза́йте!, сади́тесь! (*в экипаж и т. п.*); ~ **upon** = ~ on; ~ **with** согласо́вываться, соотве́тствовать, совпада́ть ◇ ~ to it! дава́й-дава́й!, пото́рапливайся!; to ~ the gun де́йствовать преждевре́менно, без подгото́вки; to ~ in the lake замолча́ть, заткну́ться

**jumped-up** [ˈdʒʌmptʌp] *a* самоуве́ренный; наха́льный (*о человеке*); ≅ из молоды́х, да ра́нний

**jumper** I [ˈdʒʌmpə] *n* 1) прыгу́н; скаку́н 2) (J.) *ист.* член англи́йской се́кты методи́стов-прыгуно́в 3) пры́гающее насеко́мое (*блоха, кузнечик и т. п.*) 4) *амер.* са́нки, сала́зки 5) *амер.* захва́тчик чужо́го земе́льного уча́стка 6) *разг.* контролёр (*в метро, автобусе и т. п.*) 7) *ав.* парашюти́ст 8) *воен.* появля́ющаяся мише́нь 9) *тех.* ручно́й бур, забу́рник 10) *эл.* переми́чка; соедини́тельный про́вод

**jumper** II [ˈdʒʌmpə] *n* 1) дже́мпер 2) матро́сская руба́ха 3) блу́за 4) ма́лица 5) рабо́чая блу́за *или* хала́т 6) (*обыкн. pl*) де́тский комбинезо́н

**jumping jack** [ˈdʒʌmpɪŋdʒæk] *n* дёргающаяся фигу́рка на ни́точке (*игрушка*)

**jumping-off ground** [ˈdʒʌmpɪŋˈɔf-ˌgraund] *n воен.* плацда́рм

**jumping-off place** [ˈdʒʌmpɪŋˈɔfpleɪs] *n* 1) *воен.* плацда́рм; исхо́дное положе́ние для наступле́ния 2) *амер.* отдалённое ме́сто; ≅ край све́та; it's a ~ э́то у чёрта на кули́чках 3) *амер.* положе́ние, из кото́рого нет вы́хода, тупи́к

**jumping-rope** [ˈdʒʌmpɪŋrəup] *n амер.* скака́лка, пры́галка

**jump-seat** [ˈdʒʌmpsiːt] *n* откидно́е сиде́нье

**jump-welding** [ˈdʒʌmpˈweldɪŋ] *n тех.* сва́рка впритык

**jumpy** [ˈdʒʌmpɪ] *a* 1) не́рвный, раздражи́тельный 2) де́йствующий на не́рвы 3) ска́чущий (*о ценах*)

**junction** [ˈdʒʌŋkʃən] *n* 1) соедине́ние 2) ме́сто, то́чка соедине́ния *или* пересече́ния; скреще́ние 3) узлова́я ста́нция, железнодоро́жный у́зел, узлово́й пункт; *ж.-д.* стык доро́г 4) скре́щивание (*дорог*); распу́тье; перекрёсток 5) слия́ние (*рек*)

**junction board** [ˈdʒʌŋkʃənbɔːd] *n тел.* коммута́тор

**junction call** [ˈdʒʌŋkʃənkɔːl] *n тел.* при́городный разгово́р

**juncture** [ˈdʒʌŋktʃə] *n* 1) соедине́ние; ме́сто соедине́ния 2) положе́ние дел; стече́ние обстоя́тельств; at this ~ а) в э́тот моме́нт, в э́той фа́зе; б) при подо́бной конъюнкту́ре; at a critical ~ в крити́ческий моме́нт 3) *тех.* шов, спай

**June** [dʒuːn] *n* 1) ию́нь 2) *attr.* ию́ньский

**jungle** [ˈdʒʌŋgl] *n* 1) джу́нгли 2) густы́е за́росли, де́бри 3) *амер. sl.* прито́н 4) *attr.* свя́занный с джу́нглями; живу́щий в джу́нглях

**jungle-** [ˈdʒʌŋgl-] *в сложных словах, в названиях животных* обита́ющий в джу́нглях; *напр.*: ~-bear медве́дь-губа́ч

**jungle fever** [ˈdʒʌŋglˌfiːvə] *n* тропи́ческая лихора́дка

**jungly** [ˈdʒʌŋglɪ] *a* покры́тый джу́нглями

**junior** [ˈdʒuːnjə] **1.** *a* мла́дший; мла́дший из двух лиц, нося́щих одну́ фами́лию (*в семье, учреждении и т. п.*); Edward Smith ~ Э́двард Смит мла́дший; ~ partner мла́дший компаньо́н, партнёр; ~ leader *воен.* мла́дший команди́р

**2.** *n* 1) мла́дший; the ~s мла́дшие; he is my ~ by three years, he is three years my ~ он моло́же меня́ на 3 го́да 2) подчинённый (*по службе*) 3) *спорт.* юнио́р 4) *амер. разг.* сыно́к 5) *амер.* студе́нт предпосле́днего ку́рса ◇ ~ college колле́дж с двухгоди́чным, непо́лным ку́рсом обуче́ния

**juniority** [ˌdʒuːnɪˈɔrɪtɪ] *n* положе́ние мла́дшего *или* подчинённого

**juniper** [ˈdʒuːnɪpə] *n* можжеве́льник

**junk** I [dʒʌŋk] **1.** *n* 1) *разг.* (нену́жный) хлам, отбро́сы; ути́ль; ста́рое желе́зо, би́тое стекло́ 2) *мор.* во́рса 3) *мор.* солони́на 4) «спермаце́товый мешо́к» (*полость в голове кашалота*) 5) *разг.* чушь, вздор

**2.** *v* 1) разреза́ть, дели́ть на куски́ 2) выбра́сывать как нену́жное

**junk** II [dʒʌŋk] *n* джо́нка

**junk bottle** [ˈdʒʌŋkˌbɔtl] *n амер.* по́ртерная буты́лка (*из толстого зелёного стекла*)

**junker** [ˈjuŋkə] *нем. n* ю́нкер

**junket** [ˈdʒʌŋkɪt] **1.** *n* 1) сла́дкий творо́г с муска́тным оре́хом и сли́вками 2) пиру́шка, пра́зднество 3) *амер.* пикни́к

**2.** *v* 1) пирова́ть 2) *амер.* устра́ивать пикни́к

**junketing** [ˈdʒʌŋkɪtɪŋ] **1.** *pres. p. от* junket 2

**2.** *n* 1) = junket 1, 2) *и* 3); 2) *амер.* увесели́тельная пое́здка *или* банке́т на казённый счёт

**junkman** [ˈdʒʌŋkmən] *n амер.* старьёвщик

**junk-shop** [ˈdʒʌŋkʃɔp] *n* 1) ла́вка ста́рых корабе́льных веще́й, материа́лов 2) ла́вка старьёвщика

**junky** [ˈdʒʌŋkɪ] *n разг.* наркома́н

**Juno** [ˈdʒuːnəu] *n римск. миф.* Юно́на; *перен.* вели́чественная краса́вица

**junta** [ˈdʒʌntə] *n полит.* ху́нта

**junto** [ˈdʒʌntəu] *n* (*pl* -os [-əuz]) кли́ка, полити́ческая фра́кция, та́йный сою́з

**Jupiter** [ˈdʒu:pɪtə] *n римск. миф., астр.* Юпи́тер; by ~! а) кляну́сь Юпи́тером!; ей-бо́гу!; б) бо́же ми́лостивый!; в) вот так та́к!

**jura** [ˈdʒu:rə] *pl от* jus

**Jurassic** [dʒuˈræsɪk] *a геол.* ю́рский; ~ period ю́рский пери́од, ю́ра

**jurat** [ˈdʒuəræt] *n* 1) ста́рший член муниципалите́та (*в некоторых английских городах*) 2) *юр.* засвиде́тельствование ме́ста, вре́мени и лица́, в прису́тствии кото́рого был офо́рмлен аффида́вит

**juratory** [ˈdʒu:rətərɪ] *a* кля́твенный

**juridical** [dʒuəˈrɪdɪkəl] *a* юриди́ческий; зако́нный; суде́бный; ~ days прису́тственные дни в суде́

**jurisconsult** [ˈdʒuərɪskənˌsʌlt] *n* юри́ст (*особ. специализирующийся по гражданскому и международному праву*)

**jurisdiction** [ˌdʒuərɪsˈdɪkʃən] *n* 1) отправле́ние правосу́дия 2) юрисди́кция, подсу́дность 3) подве́домственная о́бласть; сфе́ра полномо́чий; it doesn't lie within my ~ э́то не вхо́дит в мою́ компете́нцию

**jurisprudence** [ˈdʒuərɪsˌpru:dəns] *n* юриспруде́нция, законове́дение, правове́дение; medical ~ суде́бная медици́на

**jurisprudent** [ˈdʒuərɪsˌpru:dənt] 1. *a* све́дущий в зако́нах

2. *n* юри́ст

**jurist** [ˈdʒuərɪst] *n* 1) юри́ст 2) студе́нт юриди́ческого факульте́та 3) *амер.* адвока́т

**juristic(al)** [dʒuəˈrɪstɪk(əl)] *a* юриди́ческий; зако́нный

**juror** [ˈdʒuərə] *n* 1) прися́жный 2) член жюри́ 3) челове́к, принося́щий *или* принёсший прися́гу, кля́тву

**jury** I [ˈdʒuərɪ] *n* 1) прися́жные; petty (*или* common, trial) ~ 12 прися́жных, выновя́щих пригово́р по гражда́нским и уголо́вным дела́м; coroner's ~ поня́тые при рассле́довании слу́чаев скоропости́жной *или* наси́льственной сме́рти; grand ~ большо́е жюри́ (*присяжные, решающие вопрос о подсудности данного дела*); packed ~ *разг.* специа́льно подо́бранный соста́в прися́жных; special ~ прися́жные для вынесе́ния пригово́ра по осо́бо ва́жному де́лу 2) жюри́ (*по присуждению наград и т. п.*)

**jury** II [ˈdʒuərɪ] *a мор.* вре́менный, авари́йный

**jury-box** [ˈdʒuərɪbɔks] *n* ме́сто в суде́, отведённое для прися́жных

**juryman** [ˈdʒuərɪmən] *n* 1) прися́жный 2) член жюри́

**jury-mast** [ˈdʒuərɪma:st] *n мор.* авари́йная ма́чта

**jury-rig** [ˈdʒuərɪrɪg] *n мор.* 1) вре́менное па́русное вооруже́ние 2) авари́йное устро́йство

**jus** [dʒʌs] (*pl* jura) *n юр.* 1) зако́н, свод зако́нов; ~ civile гражда́нское пра́во; ~ gentium междунаро́дное пра́во 2) зако́нное пра́во

**jussive** [ˈdʒʌsɪv] *a грам.* повели́тельный

**just** I [dʒʌst] 1. *a* 1) справедли́вый, беспристра́стный 2) обосно́ванный; име́ющий основа́ния; заслу́женный; ~ fear справедли́вое опасе́ние; a ~ reward заслу́женная награ́да 3) ве́рный, то́чный; ~ proportion ве́рное соотноше́ние, пра́вильная пропо́рция

2. *adv* 1) то́чно, как раз, и́менно; it is ~ what I said э́то как раз то́, что я сказа́л; ~ so то́чно так; ~ in time как раз во́время; ~ then и́менно тогда́; ~ the other way about (*или* round) как раз наоборо́т 2) то́лько что; he has ~ come он то́лько что пришёл 3) едва́; I ~ caught the train я едва́, е́ле-е́ле поспе́л на по́езд 4) *разг.* совсе́м, пря́мо, про́сто; it's ~ splendid э́то пря́мо великоле́пно ◇ ~ like that без мале́йшего труда́

**just** II [dʒʌst] = joust

**justice** [ˈdʒʌstɪs] *n* 1) справедли́вость; to do him ~ he is very clever на́до отда́ть ему́ справедли́вость, он о́чень у́мный челове́к; he did ~ to your dinner он о́тдал до́лжное ва́шему обе́ду; in ~ to smb. отдава́я до́лжное кому́-л. 2) правосу́дие, юсти́ция; to administer ~ отправля́ть правосу́дие; to bring smb. to ~ отда́ть кого́-л. под суд 3) судья́; J. of the Peace мирово́й судья́; Lord Chief J. of England лорд — гла́вный судья́ (*в Англии*) ◇ to do ~ to oneself по́лностью вы́явить свои́ спосо́бности *или* уме́ние; показа́ть себя́ с лу́чшей стороны́; poetic(al) ~ идеа́льная справедли́вость

**justiceship** [ˈdʒʌstɪsʃɪp] *n* 1) зва́ние, до́лжность судьи́ 2) срок слу́жбы судьи́

**justiciable** [dʒʌsˈtɪʃɪəbl] *a* подсу́дный, подлежа́щий рассмотре́нию в суде́

**justiciary** [dʒʌsˈtɪʃɪərɪ] 1. *n* суде́йский чино́вник

2. *a* суде́бный, суде́йский

**justifiable** [ˈdʒʌstɪfaɪəbl] *a* могу́щий быть опра́вданным; позволи́тельный; зако́нный; ~ homicide *юр.* уби́йство при смягча́ющих вину́ обстоя́тельствах; уби́йство в це́лях самозащи́ты; ~ claims зако́нные тре́бования

**justification** [ˌdʒʌstɪfɪˈkeɪʃən] *n* 1) оправда́ние 2) опра́вдывающие обстоя́тельства, извине́ние 3) *полигр.* вы́ключка строки́

**justificative** [ˈdʒʌstɪfɪkeɪtɪv] *a* 1) оправда́тельный 2) подтвержда́ющий

**justificatory** [ˈdʒʌstɪfɪkeɪtərɪ] = justificative

**justify** [ˈdʒʌstɪfaɪ] *v* 1) опра́вдывать; находи́ть оправда́ние; извиня́ть; объясня́ть; to ~ one's action объясни́ть свой посту́пок; she was justified in acting that way у неё бы́ли все основа́ния де́йствовать подо́бным о́бразом 2) подтвержда́ть; to ~ (as) bail *юр.* под прися́гой подтверди́ть кредитоспосо́бность поручи́теля 3) *полигр.* вы́ключить строку́

**justly** [ˈdʒʌstlɪ] *adv* 1) справедли́во 2) зако́нно

**jut** [dʒʌt] 1. *n* вы́ступ

2. *v* выдава́ться, выступа́ть (*часто* ~ out, ~ forth)

**jute** [dʒu:t] *n* джут

**juvenescent** [ˌdʒu:vɪˈnesnt] *a* 1) станови́щийся ю́ношей 2) о́троческий 3) молоде́ющий

**juvenile** [ˈdʒu:vɪnaɪl] 1. *a* 1) ю́ный; ю́ношеский; ~ labour труд подро́стков; ~ offender (*или* delinquent) малоле́тний престу́пник; ~ delinquency престу́пность несовершенноле́тних; ~ court суд по дела́м несовершенноле́тних 2) предназна́ченный для ю́ношества; ~ books кни́ги для ю́ношества

2. *n* 1) ю́ноша, подро́сток 2) *pl разг.* кни́ги для ю́ношества 3) актёр, исполня́ющий ро́ли молоды́х люде́й

**juvenilia** [ˌdʒu:vɪˈnɪlɪə] *n pl* ю́ношеские произведе́ния

**juvenility** [ˌdʒu:vɪˈnɪlɪtɪ] *n* 1) ю́ность, мо́лодость 2) ю́ношество

**juxtapose** [ˈdʒʌkstəpəuz] *v* 1) помеща́ть бок о́ бок, ря́дом; накла́дывать друг на дру́га 2) сопоставля́ть

**juxtaposition** [ˌdʒʌkstəpəˈzɪʃən] *n* 1) непосре́дственное сосе́дство, соприкоснове́ние; наложе́ние 2) сопоставле́ние

# K

**K, k** [keɪ] *n* (*pl* Ks, K's [keɪz]) *11-я буква англ. алфавита*

**kabbalah** [kəˈba:lə] = cabbala

**kadi** [ˈka:dɪ] = cadi

**Kaf(f)ir** [ˈkæfə] *n* 1) кафр 2) *pl разг.* а́кции южноафрика́нских рудни-ко́в

**kaftan** [kəfˈta:n] = caftan

**kail** [keɪl] = kale

**kailyard** [ˈkeɪlja:d] *n* 1) = kaleyard 2) *attr.*: ~ school, ~ novelists писа́тели (*конца XIX — начала XX вв.*), широко́ применя́вшие ме́стный диале́кт при описа́нии шотла́ндского наро́дного бы́та

**kaiser** [ˈkaɪzə] *нем. n* ка́йзер

**kakemono** [ˌkækɪˈməunəu] *яп. n* какемо́но (*свёртывающаяся настенная картина*)

**kale** [keɪl] *n* 1) капу́ста огоро́дная 2) капу́ста кормова́я 3) суп из капу́сты, овощно́й суп 4) *амер. sl.* де́ньги

**kaleidoscope** [kəˈlaɪdəskəup] *n* калейдоско́п

**kaleidoscopic(al)** [kəˌlaɪdəˈskɔpɪk(-əl)] *a* калейдоскопи́ческий

**kalends** [ˈkælendz] = calends

**kaleyard** [ˈkeɪlja:d] *n шотл.* огоро́д

**kali** [ˈkælɪ] *n хим.* 1) о́кись ка́лия 2) пота́ш

**Kalmuck** [ˈkælmʌk] 1. *n* 1) калмы́к; калмы́чка 2) калмы́цкий язы́к

2. *a* калмы́цкий

**Kalmyk** [ˈkælmɪk] = Kalmuck

**kanaka** [ˈkænəkə] *n* 1) кана́к (*житель тихоокеанских о-вов, преим. Га-*

*вайских*) 2) тузе́мный рабо́чий са́харных планта́ций (*в Австралии*)

**kangaroo** [ˌkæŋgəˈruː] *n* 1) кенгуру́ 2) *pl разг.* а́кции западноавстрали́йских рудников 3) *pl разг.* биржевики́, спекули́рующие на э́тих а́кциях ◇ ~ closure *парл.* пра́ктика, позволя́ющая председа́телю коми́ссии допусти́ть обсужде́ние лишь не́которых попра́вок к законопрое́кту; ~ court *амер.* инсцениро́вка суде́бного заседа́ния; суд, попира́ющий при́нципы справедли́вости

**Kantian** [ˈkæntɪən] *a филос.* кантиа́нский

**Kantianism** [ˈkæntɪənɪzm] *n филос.* кантиа́нство

**kaoliang** [ˌkɑːəulɪˈæŋ] *n* гаоля́н (*китайское или восточноазиатское сорго*)

**kaolin** [ˈkeiəlɪn] *n* каоли́н

**kapellmeister** [kəˈpelmaɪstə] *нем. n* капельме́йстер, дирижёр

**kapok** [ˈkeɪpɔk] *n* капо́к (*растительный пух*)

**kappa** [ˈkæpə] *n* ка́ппа (*десятая буква греческого алфавита*)

**kaput** [kʌˈput] *нем. a predic. разг.* уничто́женный; разорённый; потерпе́вший неуда́чу

**Karaite** [ˈkɛərəaɪt] *n* кара́им; кара́имка

**Kara-Kalpak** [ˈkɑːrəˈkɑːlpɑːk] **1.** *n* 1) каракалпа́к; каракалпа́чка 2) каракалпа́кский язы́к

**2.** *a* каракалпа́кский

**karri** [ˈkærɪ] *n бот.* эвкали́пт разноцве́тный

**kar(r)oo** [kəˈruː] *n* сугли́нистое высо́кое плато́ в Южной Африке, безво́дное в сухо́е вре́мя го́да

**kartell** [kɑːˈtel] = cartel

**katabatic** [ˌkætəˈbætɪk] *a метео* напра́вленный кни́зу (*о движении воздуха*)

**kathode** [ˈkæθəud] = cathode

**katydid** [ˈkeɪtɪdɪd] *n* зелёный кузне́чик

**kauri** [ˈkaurɪ] *n* кау́ри (*новозеландское хвойное дерево*)

**kayak** [ˈkaɪæk] *n* 1) кая́к (*эскимосская лодка*) 2) байда́рка

**kayo** [ˈkeɪˈəu] *n спорт. жарг.* нока́ут

**Kazakh** [kʌˈzɑːh] **1.** *n* 1) каза́х; каза́шка 2) каза́хский язы́к

**2.** *a* каза́хский

**keck** [kek] *v* 1) рыга́ть; де́лать уси́лия, чтобы вы́рвало 2) испы́тывать отвраще́ние □ ~ **at** с отвраще́нием отка́зываться (*от пищи и т. п.*)

**kedgeree** [ˌkedʒəˈriː] *n* 1) инди́йское блю́до из ри́са, яи́ц и лу́ка; 2) блю́до из ры́бы, ри́са, яи́ц *и т. п.*

**keek** [kiːk] *диал.* **1.** *n* соглядáтай (*предпринимателя*)

**2.** *v* подгля́дывать

**keeker** [ˈkiːkə] *n разг.* 1) шпио́н; тот, кто подгля́дывает 2) *pl* глаза́

**keeking-glass** [ˈkiːkɪŋglɑːs] *n разг.* зе́ркало

**keel** I [kiːl] **1.** *n* 1) киль (*судна*); on an even ~ *мор.* на ро́вный киль; *перен.* ро́вно, споко́йно; to lay down a ~ нача́ть постро́йку корабля́ 2) *поэт.* кора́бль

**2.** *v* килева́ть □ ~ **over** опроки́дывать(ся); *разг.* неожи́данно упа́сть

**keel** II [kiːl] *n* 1) плоскодо́нное су́дно для перево́зки у́гля́ 2) ме́ра ве́са для у́гля́ (≅ *21 тонна*)

**keelage** [ˈkiːlɪdʒ] *n* килево́й сбор (*один из портовых сборов в некоторых портах Англии*)

**keelhaul** [ˈkiːlhɔːl] *v* 1) *мор. ист.* килева́ть (*протаскивать под килем в наказание*) 2) *разг.* де́лать стро́гий вы́говор; отчи́тывать

**keelson** [ˈkelsn] = kelson

**keen** I [kiːn] *a* 1) о́стрый 2) ре́зкий, пронзи́тельный; си́льный; a ~ wind ре́зкий ве́тер 3) жесто́кий, треску́чий (*мороз*) 4) проница́тельный (*ум, взгляд*) 5) то́нкий, о́стрый (*слух и т. п.*) 6) си́льный, глубо́кий (*о чувствах*); ~ pleasure большо́е удово́льствие 7) си́льный, интенси́вный; ~ pain о́страя боль; ~ hunger си́льный го́лод; ~ appetite хоро́ший аппети́т; ~ interest живо́й интере́с 8) ре́вностный, энерги́чный; a ~ man of business энерги́чный делово́й челове́к, спосо́бный деле́ц; a ~ sportsman стра́стный спортсме́н 9) си́льно жела́ющий (*чего-л.*), стремя́щийся (*к чему-л.*); to be (dead) ~ on smth. *разг.* си́льно жела́ть чего́-л.; (о́чень) люби́ть что-л., (стра́стно) увлека́ться чем-л.; he is ~ on opera он увлека́ется о́перой; I am not very ~ on cricket я не осо́бенный люби́тель кри́кета 10) стро́гий, ре́зкий (*о критике и т. п.*) 11) тру́дный, напряжённый; ~ contest тру́дное состяза́ние; ~ competition *эк.* си́льная конкуре́нция 12) ни́зкий, сни́женный (*о ценах*)

**keen** II [kiːn] *ирл.* **1.** *n* плач, причита́ние по поко́йнику

**2.** *v* причита́ть

**keen-witted** [ˈkiːnˈwɪtɪd] *a* сообрази́тельный

**keep** [kiːp] **1.** *v* (kept) 1) держа́ть, не отдава́ть; you may ~ the book for a month мо́жете держа́ть э́ту кни́гу ме́сяц; to ~ hold of smth. не отдава́ть, держа́ть что-л. 2) храни́ть; сохраня́ть; бере́чь 3) соблюда́ть (*правило, договор и т. п.*), сдержа́ть (*слово, обещание*); повинова́ться (*закону*) 4) держа́ться, сохраня́ться; остава́ться (*в известном положении, состоянии и т. п.*); the weather ~s fine де́ржится хоро́шая пого́да; to ~ one's bed остава́ться в посте́ли, не встава́ть с посте́ли 5) сохраня́ть новизну́, све́жесть; не устарева́ть; the matter will ~ till tomorrow с э́тим мо́жно подожда́ть до за́втра; it's only good news that ~s то́лько до́брые ве́сти мо́гут ждать; meat will ~ in the cellar мя́со в по́гребе не испо́ртится 6) продолжа́ть де́лать (*что-л.*); ~ moving! проходи́те!, не заде́рживайтесь!; he kept laughing the whole evening он весь ве́чер не перестава́л смея́ться 7) *с последующим сложным дополнением означает* заставля́ть (*что-л. делать*); he kept me waiting он заста́вил меня́ ждать; I won't ~ you long я вас до́лго не задержу́ 8) содержа́ть, име́ть; to ~ a shop име́ть магази́н; to ~ a garden име́ть сад 9) содержа́ть, обеспе́чивать; to ~ a family содержа́ть семью 10) име́ть в услуже́нии, в распоряже́нии; to ~ a cook име́ть по́вара 11) управля́ть, вести́; to ~ house вести́ хозя́йство 12) име́ть в прода́же; do they ~ postcards here? здесь продаю́тся откры́тки? 13) вести́ (*дневник, счета, книги и т. п.*) 14) охраня́ть, защища́ть; to ~ the town against the enemy защища́ть го́род от врага́; to ~ the goal стоя́ть в воро́тах (*о вратаре*) 15) скрыва́ть,ута́ивать; to ~ a secret не выдава́ть та́йну; you are ~ing smth. from me вы что́-то от меня́ скрыва́ете 16) сде́рживать; to ~ (in) one's feelings сде́рживать свои́ чу́вства 17) заде́рживать; to ~ the children after school заде́рживать ученико́в по́сле заня́тий 18) пра́здновать, справля́ть; to ~ one's birthday справля́ть день рожде́ния 19) *разг.* жить; where do you ~? где вы обрета́етесь? 20) *разг.* проводи́ть заня́тия; функциони́ровать; рабо́тать (*об учреждении*); school ~s today сего́дня в шко́ле есть заня́тия □ ~ **at** а) де́лать (*что-л.*) с упо́рством, насто́йчиво; he kept hard at work for a week он упо́рно рабо́тал це́лую неде́лю; б) заставля́ть (*кого-л.*) де́лать (*что-либо*); в) пристава́ть с про́сьбами; ~ **away** а) держа́ть(ся) в отдале́нии; не подпуска́ть бли́зко; остерега́ться; б) пря́тать; ~ knives away from children пря́чьте ножи́ от дете́й; ~ **back** а) уде́рживать, заде́рживать; б) скрыва́ть; he kept the news back он утаи́л э́ту но́вость; в) держа́ться в стороне́; ~ **down** а) не встава́ть, продолжа́ть сиде́ть *или* лежа́ть; б) заде́рживать рост, меша́ть разви́тию; to ~ down prices не допуска́ть повыше́ния цен; в) подавля́ть (*восстание*; *чувство*); держа́ть в подчине́нии; г): he can't ~ down his food его́ всё вре́мя рвёт; ~ **from** уде́рживать(ся), возде́рживаться от *чего-л.*; what kept you from doing it? почему́ вы э́того не сде́лали?; he kept his anxiety from showing он стара́лся не вы́дать своего́ волне́ния; ~ **in** а) не выпуска́ть; заставля́ть сиде́ть до́ма (*больного*); to be kept in быть оста́вленным по́сле уро́ков, без обе́да (*о школьнике*); б) подде́рживать; to ~ in fire подде́рживать ого́нь; to ~ in with smb. остава́ться в хоро́ших отноше́ниях с кем-л.; ~ **off** держа́ть(ся) в отдале́нии; не подпуска́ть; ~ off! наза́д!; ~ off the subject! не каса́йтесь э́того вопро́са!; ~ off the grass! не ходи́те по траве́!; ~ your mind off this не ду́майте об э́том, вы́киньте э́то из головы́; ~ **on** а) продолжа́ть (*делать что-л.*); to ~ on reading продолжа́ть чита́ть; б): to ~ on fire подде́рживать ого́нь; в) сохраня́ть в пре́жнем положе́нии; he was kept on at his old job его́ оста́вили на пре́жней рабо́те; г) не снима́ть; оставля́ть; to ~ on one's hat не снимáть шля́пы; ~ out а) не допускáть, не впускáть; не позволя́ть (of); to ~ children out of mischief не давáть дéтям шали́ть; б) оставáться в сторонé, не вмéшиваться (of); to ~ out of smb.'s way избегáть когó-л., to ~ out of smth. избегáть чегó-л.; ~ to придéрживаться; держáться *чегó-л.*; ~ to the right! держи́тесь прáвой стороны́!; to ~ to the subject держáться тéмы; ~ under а) держáть в подчинéнии; б) препя́тствовать (*рóсту, развитию, распространéнию*); to ~ the prices under препя́тствовать повышéнию цен; ~ up а) поддéрживать; to ~ up a correspondence поддéрживать перепи́ску; б) держáться бóдро; в) продолжáть; ~ it up! не останáвливайтесь!, продолжáйте!; г) поддéрживать в дóлжном поря́дке; д) соблюдáть, придéрживаться; to ~ up old traditions соблюдáть *или* поддéрживать стáрые традиции; е) быть хорошó осведомлённым, быть в кýрсе; to ~ up on international law хорошó знать междунарóдное прáво; ~ up with smb. держáться наравнé с кем-л., не отставáть ◇ to ~ company а) составля́ть компáнию, сопровождáть; б) дружи́ть; to ~ covered *воен.* держáть на прицéле; to ~ on at a person *разг.* беспрестáнно брани́ть когó-л.; to ~ (smb.) going а) сохрани́ть (чью-л.) жизнь; б) помóчь (комý-л.) материáльно; to ~ oneself to oneself быть зáмкнутым, необщи́тельным; сторони́ться людéй, избегáть óбщества; to ~ up with the Joneses жить не хýже людéй; to ~ watch дежýрить

**2.** *n* 1) содержáние, пи́ща, прокóрм; to earn one's ~ заработáть на пропитáние 2) запáс кóрма для скотá 3) глáвная бáшня (*средневекóвого зáмка*) 4) *тех.* контрбýкса ◇ in good (in low) ~ в хорóшем (в плохóм) состоя́нии; for ~s *разг.* а) навсегдá; б) совершéнно

**keeper** [ˈki:pə] *n* 1) храни́тель; сторож; смотри́тель 2) владéлец (*кафе и т. п.*) 3) санитáр (*в дóме для умалишённых*) 4) лесни́к, охраня́ющий заповéдник 5) хорошó сохраня́ющийся продýкт; milk is a bad ~ молокó бы́стро прокисáет 6) держáтель (*напр., облигáций*) 7) кольцó, надéтое сверх другóго 8) *тех.* контргáйка 9) *эл.* я́корь магни́та

**-keeper** [-ˌki:pə] *в слóжных словáх означáет* содержáтель, предпринимáтель; *напр.*: innkeeper хозя́ин гости́ницы; shopkeeper лáвочник

**keeping** [ˈki:pɪŋ] **1.** *pres. p. от* keep 1

**2.** *n* 1) владéние; содержáние 2) хранéние 3) охрáна, присмóтр; to be in safe ~ быть в надёжных рукáх; быть в пóлной безопáсности; in smb.'s ~ на чьём-л. попечéнии 4) гармóния, соглáсие; to be in (out of) ~ with smth. (не) согласóвываться, (не) гармони́ровать с чем-л. 5) *attr.* хорошó сохраня́ющийся; ~ apples хорошó сохраня́ющиеся я́блоки

**keeping-room** [ˈki:pɪŋrum] *n* гости́ная, óбщая кóмната

**keepsake** [ˈki:pseɪk] *n* 1) подáрок на пáмять 2) *attr.* слащáвый, сентиментáльный

**kef** [kef] *араб.* *n* 1) состоя́ние опьянéния (*от употреблéния гаши́ша*) 2) безде́лье, кейф

**kefir** [ˈkefə] *n* кефи́р

**keg** [keg] *n* бочóнок (*ёмкостью до 10 галлóнов*)

**keif** [keɪf] = kef

**kelp** [kelp] *n* 1) бýрая вóдоросль, *преим.* ламинáрия 2) золá э́тих вóдорослей, из котóрой добывáется йод

**kelpie, kelpy** [ˈkelpɪ] *n шотл. миф.* злой водянóй (*зама́нивающий корабли́ и топя́щий людéй*)

**kelson** [ˈkelsn] *n мор.* ки́льсон

**Kelt** [kelt] = Celt

**Keltic** [ˈkeltɪk] = Celtic

**Kelvin (scale)** [ˈkelvɪn(skeɪl)] *n физ.* шкалá абсолю́тной температýры

**ken** [ken] **1.** *n* кругозóр; круг знáний; beyond my ~ вы́ше моегó понимáния

**2.** *v шотл.* (kent) 1) знать 2) узнавáть (*по ви́ду*)

**kennel** I [ˈkenl] **1.** *n* 1) конурá 2) (*чáсто pl*) собáчий питóмник 3) свóра собáк (*охóтничьих*) 4) ли́сья норá 5) хибáрка, лачýга

**2.** *v* 1) загоня́ть в конурý 2) держáть в конурé 3) жить в конурé

**kennel** II [ˈkenl] *n* сток, водостóчная канáва

**kent** [kent] *past и p. p. от* ken 2

**Kentish** [ˈkentɪʃ] *a* кéнтский ◇ ~ fire а) продолжи́тельные аплодисмéнты; б) гул неодобрéния; ~ rag твёрдый строи́тельный известня́к

**kentledge** [ˈkentlɪdʒ] *n мор.* постоя́нный баллáст

**Kenyan** [ˈkenjən] *a* относя́щийся к Кéнии

**kepi** [ˈkepɪ] *фр. n* кéпи

**kept** [kept] **1.** *past и p. p. от* keep 1

**2.** *a*: ~ woman содержáнка

**keratin** [ˈkerətɪn] *n* керати́н, роговóе веществó

**keratoid** [ˈkerətɔɪd] *a* роговóй

**kerb** [kə:b] *n* 1) (кáменная) обóчина, край тротуáра ◇ on the ~ вне би́ржи (*о сдéлках, совершáющихся пóсле закры́тия би́ржи*)

**kerb-stone** [ˈkə:bstəun] *n* бордю́рный кáмень ◇ ~ broker внебиржевóй мáклер; ~ market а) ýличный ры́нок; б) заключéние сдéлки вне би́ржи

**kerchief** [ˈkə:tʃɪf] *n* платóк (*головнóй*); косы́нка, шарф

**kerchiefed, kerchieft** [ˈkə:tʃɪft] *a* покры́тый платкóм, косы́нкой

**kerf** [kə:f] *n* 1) зарýбка, надрýб, пропи́л на дéреве (*при вáлке дерéвьев*) 2) *горн.* вруб

**kermis** [ˈkə:mɪs] *голл. n* я́рмарка-карнавáл

**kern(e)** [kə:n] *n* 1) *ист.* легковооружённый ирлáндский пехоти́нец 2) *презр.* мужи́к, деревéнщина

**kernel** [ˈkə:nl] *n* 1) зернó, зёрнышко 2) сердцеви́на (*плодá*); ядрó (*орéха*) 3) суть 4) *филос.* рационáльное зернó 5) *метал.* стéржень

**kerosene** [ˈkerəsi:n] *n* кероси́н

**kersey** [ˈkə:zɪ] *n* 1) грýбая шерстянáя матéрия 2) *pl* брю́ки из такóй матéрии

**kerseymere** [ˈkə:zɪmɪə] *n* 1) кашеми́р (*тóнкая шерстянáя ткань*) 2) *pl* брю́ки из кашеми́ра

**kestrel** [ˈkestrəl] *n* пустельгá (*пти́ца*)

**ketch** [ketʃ] *n* кеч (*небольшóе двухмáчтовое сýдно*)

**ketchup** [ˈketʃəp] *n* кéтчуп (*óстрый томáтный сóус*)

**kettle** [ˈketl] *n* 1) металли́ческий чáйник 2) *уст.* котёл, котелóк 3) корóбка кóмпаса 4) *горн.* бадья́

**kettle-drum** [ˈketldrʌm] *n* 1) литáвра 2) *шутл.* звáный чай (*во вторóй полови́не дня*)

**key** I [ki:] **1.** *n* 1) ключ; false ~ отмы́чка 2) ключ, разгáдка (*к решéнию вопрóса и т. п.*) 3) ключ, код 4) подстрóчный перевóд; сбóрник решéний задáч; ключ к упражнéниям 5) *муз.* ключ; тонáльность; major (minor) ~ мажóрный (минóрный) тон; all in the same ~ монотóнно, однообрáзно 6) тон, высотá гóлоса; to speak in a high (low) ~ грóмко (ти́хо) разговáривать 7) *жив.* тон, оттéнок (*о крáске*) 8) клáвиша; *pl* клавиатýра (*роя́ля, пи́шущей маши́нки и т. п.*) 9) основнóй при́нцип 10) *тех.* клин; шпóнка; чекá 11) *эл.* ключ; кнóпка; рычáжный переключáтель; telegraph ~ телегрáфный ключ 12) *attr.* основнóй, ключевóй; ведýщий, комáндный; глáвный; ~ industries ведýщие óтрасли промы́шленности; ~ positions комáндные пози́ции; ~ problem основнáя, узловáя проблéма; ~ actor *амер.* ведýщий актёр 13) *attr.*: ~ line *амер.* заголóвок в однý строкý; ~ map кóнтурная кáрта ◇ ~ pattern меáндр; to hold the ~s of smth. держáть что-л. в свои́х рукáх, держáть что-л. под контрóлем; golden (*или* silver) ~ взя́тка, пóдкуп; the power of the ~s пáпская власть; to have (*или* to get) the ~ of the street *шутл.* остáться на ночь без крóва; быть вы́ставленным за дверь

**2.** *v* 1) запирáть на ключ 2) испóльзовать услóвные обозначéния (*в объявлéниях*) 3) *тех.* заклинивать; закрепля́ть шпóнкой (*чáсто* ~ in, ~ on) 4) *муз.* настрáивать (*тж.* ~ up) 5) приводи́ть в соотвéтствие 6) *тел., рáдио* рабóтать ключóм ▭ ~ up а) возбуждáть, взви́нчивать (*когó-л.*); б) придавáть реши́мость, смéлость; в) повышáть (*спрос и т. п.*)

**key** II [ki:] *n* óтмель, риф

**keyboard** [ˈki:bɔ:d] *n* 1) клавиатýра 2) *эл.* коммутáтор, коммутациóнная панéль

**keyed** [ki:d] **1.** *p. p. от* key I, 2

**2.** *a* 1) снабжённый ключáми *или* клáвишами 2) *муз.* настрóенный в определённой тонáльности (*тж.* ~ up) 3) взви́нченный, взволнóванный (*тж.* ~ up) 4) гармонирующий, подходящий (to)

**keyhole** ['ki:həul] *n* замóчная сквáжина; to spy through the ~ подсмáтривать в замóчную сквáжину; to listen at the ~ подслýшивать у двéри

**keyless** ['ki:lɪs] *a* 1) без ключá 2) заводя́щийся без ключá (*о часах*)

**key man** ['ki:mæn] *n* 1) человéк, занимáющий ведýщий пост, игрáющий важнéйшую роль (*в политике, промышленности*) 2) óпытный специалúст 3) *амер.* телеграфúст

**key money** ['ki:ˌmʌnɪ] *n* дополнúтельная плáта, взимáемая при продлéнии срóка арéнды; въезднáя плáта при арéнде квартúры

**key-note** ['ki:nəut] **1.** *n* 1) *муз.* основнáя нóта ключá, тонáльность 2) преобладáющий тон, основнáя мысль; лейтмотúв; основнóй прúнцип 3) *attr.* ведýщий, основнóй; ~ address (*или* speech) а) выступлéние, заостря́ющее внимáние на основны́х вопрóсах; б) основнóй доклáд (*на съезде, конференции*)

**2.** *v* 1) задавáть тон 2) дéлать основнóй доклáд (*на съезде, конференции*)

**keynoter** ['ki:ˌnəutə] *n амер.* основнóй доклáдчик (*на съезде, конференции*)

**key point** ['ki:pɔɪnt] *n воен.* вáжный (*в тактическом отношении*) пункт

**key-ring** ['ki:rɪŋ] *n* кольцó для ключéй

**keystone** ['ki:stəun] *n* 1) *архит.* замкóвый кáмень (*свода или арки*) 2) краеугóльный кáмень, основнóй прúнцип

**key-winding** ['ki:ˌwaɪndɪŋ] *a* заводя́щийся ключóм

**khaki** ['kɑ:kɪ] **1.** *n* 1) хáки (*материя защитного цвета*) 2) (полевáя) воéнная фóрма

**2.** *a* защúтного цвéта; цвéта хáки

**khalifa** [kɑ:'li:fə] = caliph

**khalifat** ['kɑ:lɪfeɪt] = caliphate

**khamsin** ['kæmsɪn] *араб. n* хамсúн (*сухой знойный ветер в Египте*)

**khan** [kɑ:n] *тур. n* хан

**khanate** ['kɑ:neɪt] *тур. n* 1) хáнство 2) власть хáна

**Khedive** [kɪ'di:v] *n ист.* хедúв

**kibble** ['kɪbl] **1.** *n горн.* бадья́

**2.** *v* 1) поднимáть порóду наповéрхность (*в бадье*) 2) дробúть

**kibbler** ['kɪblə] *n* 1) дробúлка 2) бадéйщик

**kibe** [kaɪb] *n* боля́чка на отморóженном мéсте (*особ.* на пя́тке) ◇ to tread on one's ~ наступúть на любúмую мозóль

**kibitz** ['kɪbɪts] *амер. v разг.* вмéшиваться не в своё дéло; давáть непрóшенные совéты

**kibitzer** ['kɪbɪtsə] *n амер. разг.* человéк, дающий непрóшенные совéты; надоéда

**kibosh** ['kaɪbɔʃ] *n sl.* вздор, чепухá ◇ to put the ~ on положúть конéц, покóнчить; прикóнчить

**kick** I [kɪk] **1.** *n* 1) удáр ногóй, копы́том; пинóк; to get the ~ а) получúть пинóк; б) быть увóленным 2) отдáча (*ружья*) 3) удáр, толчóк; отскáкивание 4) *разг.* сúла сопротивлéния; he has no ~ left он вы́дохся 5) *амер. разг.* протéст 6) *разг.* крéпость (*вина и т. п.*) 7) *разг.* удовóльствие, прия́тное возбуждéние; to get a ~ out of smth. находúть удовóльствие в чём-л.; for the ~ of it, for ~s на потéху 8) *разг.* мóда 9) *sl.* шесть пéнсов; two and a ~ два шúллинга и шесть пéнсов 10) *разг.* футболúст; good (bad) ~ хорóший (плохóй) футболúст ◇ more ~s than halfpence бóльше неприя́тностей, чем вы́годы

**2.** *v* 1) ударя́ть ногóй; to ~ downstairs спустúть с лéстницы; вы́швырнуть 2) брыкáть(ся); лягáть(ся) 3) отдавáть (*о ружье*) 4) высóко подбрáсывать (*мяч*) 5) *спорт.* бить по мячý, забúть гол 6) *разг.* противúться, проявля́ть строптúвость, недовóльство, жáловаться (*тж.* ~ against, ~ at) 7) *амер. sl.* умерéть (*часто* ~ in) 8) *амер. sl.* избáвиться (*от привычки к наркотикам*) □ ~ **about** а) перебрáсывать(ся); б) разбрáсывать; ~ **around** а) грýбо обращáться; б) *sl.* рассмáтривать со всех сторóн; ~ **away** прогнáть, вы́гнать (*часто с позором*); ~ **back** а) (от-) платúть той же монéтой; б) *авто* отдавáть назáд; в) *разг.* отдавáть (*часть незаконно полученных денег под нажимом и т. п.*); г) *разг.* возвращáть (*краденое*); ~ **in** а) взломáть (*дверь и т. п.*); ворвáться; б) *амер. sl.* дéлать взнос; в) *амер. sl.* умерéть; ~ **off** а) сбрóсить (*туфли и т. п.*); б) *спорт.* вводúть мяч в игрý удáром с цéнтра; в) *амер.* начинáть; г) *амер. sl.* умерéть; ~ **out** а) вы́швырнуть, вы́гнать; увóлить; б) износúть, истрепáть; ~ **up** а) швыря́ть вверх удáром ногú; поднимáть; to ~ up dust поднимáть пыль ногáми; to ~ up the heels брыкáться (*о лошади*); б) поднимáть (*скандал, шум и т. п.*); to ~ up a row (a fuss, a dust) поднимáть, устрáивать скандáл (*шум, суматоху*) ◇ to ~ the beam а) оказáться бóлее лёгкой (*из двух чашек весов*); б) не имéть вéса, значéния; потеря́ть значéние, влия́ние; to ~ up one's heels *разг.* а) умерéть; б) танцевáть; веселúться; to ~ over the traces вы́йти из повиновéния, взбунтовáться; to ~ upstairs *шутл.* дать почётную отстáвку; избáвиться (*от кого-л., назначив на более высокую должность*)

**kick** II [kɪk] *n* вдáвленное дно буты́лки

**kickback** ['kɪkbæk] *n амер.* 1) бýрная реáкция 2) *разг.* возвращéние чáсти полýченных дéнег (*под нажимом*)

**kicker** ['kɪkə] *n* 1) брыкли́вая лóшадь 2) *амер.* критикáн 3) *амер.* скандалúст 4) футболúст 5) *тех.* эжéктор, толкáч, сбрáсыватель 6) сеноворошúлка

**kick-off** ['kɪk'ɔf] *n* 1) *спорт.* введéние мячá в игрý (*с центра*) 2) *разг.* начáло

**kickshaw** ['kɪkʃɔ:] *n* 1) лáкомство (*обыкн. пренебр.*) 2) безделýшка, пустячóк

**kick-starter** ['kɪkˌstɑ:tə] *n* ножнóй стáртер

**kick-up** ['kɪk'ʌp] *n разг.* 1) шум, скандáл 2) пирýшка, вечерúнка

**kid** I [kɪd] **1.** *n* 1) козлёнок 2) лáйка (*кожа*) 3) *pl* лáйковые перчáтки 4) *разг.* ребёнок; малы́ш 5) *attr.* лáйковый; ~ gloves лáйковые перчáтки 6) *attr.* молодóй, млáдший; ~ sister млáдшая сестрá ◇ with (*или* in) ~ gloves мя́гко, осторóжно

**2.** *v* котúться, ягнúться

**kid** II [kɪd] *разг. v* обмáнывать, надувáть; высмéивать

**Kidderminster (carpet)** ['kɪdəmɪnstə ('kɑ:pɪt)] *n* киддермúнстерский ковёр (*двухцветный*)

**kiddle** ['kɪdl] *n* перемёт

**kiddy** ['kɪdɪ] *n разг.* ребёнок; малы́ш

**kid-glove** ['kɪdglʌv] *a* 1) деликáтный, мя́гкий 2) избегáющий чёрной рабóты ◇ ~ affair официáльный приём, банкéт; ~ diplomacy тóнкая диломáтия

**kidnap** ['kɪdnæp] *v* 1) укрáсть ребёнка 2) насúльно *или* обмáном похúтить (*кого-л.*)

**kidnapper** ['kɪdnæpə] *n* похитúтель (*людей, особ. детей*)

**kidney** ['kɪdnɪ] *n* 1) *анат.* пóчка 2) род, тип, харáктер; a man of that ~ человéк такóго склáда; they are both of the same ~ ≅ однúм мúром мáзаны; одногó пóля я́года 3) *attr.* *анат.* пóчечный 4) *attr.* похóжий на пóчку

**kidney bean** ['kɪdnɪ'bi:n] *n* фасóль (обыкновéнная)

**kid-skin** ['kɪdskɪn] *n* лáйка (*кожа*)

**kief** [ki:f] = kef

**kike** [kaɪk] *n амер.* 1) *презр.* еврéй 2) = keek 1

**kilderkin** ['kɪldəkɪn] *n* бочóнок (*ёмкостью 16—18 галлонов*)

**kill** [kɪl] **1.** *v* 1) убивáть; бить, рéзать (*скот*) 2) давáть определённое колúчество мя́са при убóе; these pigs do not ~ well свúньи э́той порóды даю́т мáло мя́са при убóе 3) губúть, уничтожáть; ликвидúровать; to ~ a bill провалúть законопроéкт; to ~ a novel раскритиковáть ромáн 4) ослáбить эффéкт; нейтрализовáть (*краску и т. п.*); заглушúть; the drums ~ed the strings барабáны заглушúли стрýнные инструмéнты; to ~ an engine заглушúть двúгатель 5) сúльно поразúть, восхитúть; dressed (*или* dolled up) to ~ *разг.* шикáрно, умопомрачúтельно одéтый 6) сúльно рассмешúть, уморúть; it nearly ~ed me я чуть не ýмер сó смеху 7) вычёркивать (*в корректуре и т. п.*) 8) ослабля́ть, успокáивать (*боль и т. п.*) 9) *разг.* потопúть корáбль *или* подвóдную лóдку; сбить (*самолёт*) 10) *метал.* вы́держивать плáвку в вáнне; раскисля́ть стальь 11) *эл.* рéзко понизить напряжение; отключить 12) *тех.* травить 13) *спорт.* гасить, срезать (*мяч*) □ ~ **off** а) избавиться; б) уничтожить; ~ **out** уничтожать, искоренять ◇ to ~ by inches мучить; to ~ time убивать время; to ~ the bottle *амер.* напиваться до чёртиков

**2.** *n* 1) добыча (*на охоте*); plentiful ~ богатая добыча 2) убийство 3) *воен.* уничтожение противника

**kill-devil** [ˈkɪlˌdevl] *n* искусственная приманка; блесна

**killer** [ˈkɪlə] *n* 1) убийца 2) *амер.* бандит, гангстер 3) *зоол.* дельфин-касатка

**killer whale** [ˈkɪləweɪl] = killer 3)

**killing** [ˈkɪlɪŋ] **1.** *pres. p. от* kill 1

**2.** *n* 1) убийство 2) убой 3) *разг.* большая прибыль

**3.** *a* 1) смертельный 2) убийственный 3) *разг.* уморительный 4) *разг.* восхитительный, умопомрачительный

**killjoy** [ˈkɪldʒɔɪ] *n* человек, отравляющий другим удовольствие; брюзга

**kill-time** [ˈkɪltaɪm] **1.** *n* бессмысленное, пустое занятие

**2.** *a* бессмысленный, пустой (*о занятии, времяпрепровождении и т. п.*)

**kiln** [kɪln] **1.** *n тех.* печь для обжига и для сушки

**2.** *v* обжигать (*кирпич, известь и т. п.*)

**kiln-drying** [ˈkɪlnˌdraɪɪŋ] *n* искусственная сушка

**kilo** [ˈkiːləu] = kilogram(me)

**kilo-** [ˈkiːləu-] *в сложных словах переводится* кило-

**kilocycle** [ˈkɪləuˌsaɪkl] *n радио* килогерц

**kilogram(me)** [ˈkɪləugræm] *n* килограмм

**kilometer** [ˈkɪləuˌmiːtə] *амер.* = kilometre

**kilometre** [ˈkɪləuˌmiːtə] *n* километр

**kilowatt** [ˈkɪləuwɔt] *n эл.* киловатт

**kilt** [kɪlt] **1.** *n* 1) юбка шотландского горца *или* солдата шотландского полка 2) юбка в складку

**2.** *v* 1) собирать в складки 2) подбирать, подтыкать подол

**kilter** [ˈkɪltə] *n амер.* порядок, исправность; in (out of) ~ в порядке (в беспорядке)

**kiltie, kilty** [ˈkɪltɪ] *n разг.* 1) шотландский солдат в национальном костюме 2) *pl*: ~s шотландские войска

**kimono** [kɪˈməunəu] *яп. n* (*pl* -os [-əuz]) кимоно

**kin** [kɪn] **1.** *n* 1) родня, родственники; родство; near of ~ а) состоящий в близком родстве; б) родственный; сходный, подобный; next of ~ ближайший (-ие) родственник(и) 2) род, семья; to come of good ~ быть из хорошей семьи

**2.** *a predic.* родственный; we are ~ мы сродни; ~ to родственный; подобный, похожий

**kinchin** [ˈkɪntʃɪn] *n sl.* 1) ребёнок 2) *attr.*: ~ lay кража денег у детей на улице

**kind** I [kaɪnd] *n* 1) сорт, разновидность; разряд; класс; what ~ of man is he? что он за человек?; all ~s of things всевозможные вещи; of a better ~ лучшего сорта; усовершенствованного типа 2) отличительный признак; природа, качество; to act after one's ~ быть верным себе (*в поступках*); to differ in degree but not in ~ отличаться степенью, но не качеством 3) *уст.* род; семейство; human ~ человеческий род ◇ all of a ~ все одинаковые; two of a ~ два одинаковых предмета; coffee of a ~ скверный кофе; nothing of the ~ ничего подобного; ~ of *разг.* несколько, отчасти; как будто; I ~ of expected it я этого отчасти ждал; to pay in ~ платить натурой, товарами; in ~ таким же (*или* подобным) образом; to repay (*или* to pay back, to answer) in ~ отплатить той же монетой; the worst ~ *амер.* чрезвычайно, крайне

**kind** II [kaɪnd] *a* 1) добрый, сердечный, любезный; how ~ of you! как мило с вашей стороны!; with ~ regards с сердечным приветом (*в письме*); be so ~ as to shut the door будьте так добры, закройте дверь 2) податливый; послушный; this horse is ~ in harness эта лошадь хороша в упряжке 3) мягкий (*о волосах*) 4) *тех.* поддающийся обработке; мягкий (*о руде*)

**kindergarten** [ˈkɪndəˌgɑːtn] *n* детский сад

**kindergartener** [ˈkɪndəˌgɑːtnə] *n* 1) воспитатель в детском саду 2) ребёнок, посещающий детский сад

**kind-hearted** [ˈkaɪndˈhɑːtɪd] *a* мягкосердечный, добрый

**kindle** [ˈkɪndl] *v* 1) зажигать 2) воспламенять, возбуждать; to ~ smb.'s interest вызывать чей-л. интерес; to ~ smb.'s anger возбуждать чей-л. гнев 3) загореться, зажечься, вспыхнуть (*тж. перен.*); her eyes ~d with happiness её глаза светились счастьем

**kindliness** [ˈkaɪndlɪnɪs] *n* 1) доброта 2) добрый поступок

**kindling** [ˈkɪndlɪŋ] **1.** *pres. p. от* kindle

**2.** *n* 1) зажигание, разжигание 2) (*тж. pl*) растопка; лучина для растопки

**kindling-wood** [ˈkɪndlɪŋwud] *n* растопка, щепа

**kindly** [ˈkaɪndlɪ] **1.** *a* 1) добрый, доброжелательный 2) приятный, благоприятный (*о климате, почве и т. п.*)

**2.** *adv* 1) доброжелательно, любезно; to speak ~ говорить доброжелательно, тепло; ~ let me know будьте добры, дайте мне знать; will you ~ do this for me? будьте добры сделать это для меня 2) (благо)приятно; легко; to act ~ действовать мягко (*о лекарстве*) 3) естественно, легко, с удовольствием; she took ~ to her new job она легко справилась со своей новой работой

**kindness** [ˈkaɪndnɪs] *n* 1) доброта; доброжелательность; to have a ~ for smb. любить кого-л. 2) доброе дело; одолжение; любезность; to do a personal ~ сделать личное одолжение

**kindred** [ˈkɪndrɪd] **1.** *n* 1) кровное родство 2) род; клан; родственники

**2.** *a* 1) родственный; ~ languages родственные языки 2) сходный; rain and ~ phenomena дождь и сходные с ним явления природы

**kine** [kaɪn] *уст., поэт. pl от* cow I

**kinematic** [ˌkaɪnɪˈmætɪk] *a физ.* кинематический

**kinematics** [ˌkaɪnɪˈmætɪks] *n pl* (*употр. как sing*) кинематика

**kinescope** [ˈkɪnəskəup] *n тлв.* 1) кинескоп 2) записанная на плёнку телепередача

**kinetic** [kaɪˈnetɪk] *a физ.* кинетический; ~ energy кинетическая энергия

**kinetics** [kaɪˈnetɪks] *n pl* (*употр. как sing*) кинетика

**king** [kɪŋ] **1.** *n* 1) король; царь; монарх; K.'s speech тронная речь короля 2) *перен.* царь, властитель; ~ of beasts царь зверей; ~ of metals золото 3) король, магнат; a railroad ~ железнодорожный магнат 4) *шахм., карт.* король 5) дамка (*в шашках*) 6) *бот.* главный стебель (*растения*) ◇ K.'s English литературный английский язык; the K.'s peace общественный порядок; ~ for a day ≅ калиф на час; K.'s messenger дипломатический курьер; the K.'s coat военный мундир; K.'s Bench *ист.* суд королевской скамьи; K.'s Bench Division отделение королевской скамьи (*Высокого суда правосудия в Великобритании*)

**2.** *v* 1) управлять, править 2) вести себя, как король; повелевать; to ~ it over smb. повелевать (*или* командовать) кем-л.

**kingbolt** [ˈkɪŋbəult] *n* ось, шкворень

**king-crab** [ˈkɪŋkræb] *n зоол.* краб камчатский

**kingcraft** [ˈkɪŋkrɑːft] *n* искусство правления

**kingcup** [ˈkɪŋkʌp] *n бот.* калужница болотная

**kingdom** [ˈkɪŋdəm] *n* 1) королевство; царство 2) царство, мир; animal ~ животное царство ◇ ~ come загробный мир; to ~ come на тот свет

**kingfisher** [ˈkɪŋˌfɪʃə] *n* зимородок (*птица*)

**kinglet** [ˈkɪŋlɪt] *n* 1) *презр.* царёк 2) королёк (*птица*)

**kingly** [ˈkɪŋlɪ] **1.** *a* 1) королевский; царственный 2) величественный

**2.** *adv редк.* по-королевски; по-царски; царственно

**kingmaker** [ˈkɪŋˌmeɪkə] *n амер.* влиятельное лицо, определяющее выбор кандидатов на политические должности

**King of Arms** [ˈkɪŋəvˈɑːmz] *n* герольдмейстер

**kingpin** [ˈkɪŋpɪn] *n* 1) = kingbolt 2) важное лицо; главная фигура 3) кегля, стоящая в середине

**kingpost** [ˈkɪŋpəust] *n стр.* средняя стойка шпренгельной балки

**king's evil** [ˈkɪŋzˈiːvl] *n разг.* золотуха

**kingship** [ˈkɪŋʃɪp] *n* 1) королевский сан 2) царствование

**king-size** ['kɪŋsaɪz] *a разг.* 1) о́чень большо́й 2) необы́чный, выдаю́щийся

**Kingston valve** ['kɪŋstənvælv] *n мор.* кингсто́н

**kink** [kɪŋk] **1.** *n* 1) перекру́чивание, пе́тля (*в верёвке, проводе*); у́зел (*в кручёной нитке*) 2) заги́б, изги́б 3) су́дорога 4) *разг.* стра́нность, заско́к 5) *горн.* отклоне́ние жи́лы

**2.** *v* 1) перекрути́ть(ся), образова́ть у́зел, запу́тать(ся) 2) чуди́ть, проявля́ть стра́нности

**kinky** ['kɪŋkɪ] 1) курча́вый (*о волосах*) 2) *разг.* стра́нный, эксцентри́чный

**kino** ['ki:nəu] *n* каме́дь тропи́ческих дере́вьев (*применяется в медицине как вяжущее средство*)

**kinsfolk** ['kɪnzfəuk] *n* (*употр. с гл. во мн. ч.*) ро́дственники, родня́

**kinship** ['kɪnʃɪp] *n* 1) родство́ 2) схо́дство, подо́бие

**kinsman** ['kɪnzmən] *n* ро́дственник, ро́дич

**kinswoman** ['kɪnz,wumən] *n* ро́дственница

**kintal** ['kɪntl] *уст.* = quintal

**kiosk** ['ki(:)ɔsk] *n* 1) кио́ск 2) телефо́нная бу́дка 3) откры́тая эстра́да (*для оркестра*)

**kip I** [kɪp] *n* шку́ра молодо́го *или* небольшо́го живо́тного (*телячья, овечья и т. п.*)

**kip II** [kɪp] *sl.* **1.** *n* 1) ночле́жка 2) ко́йка; посте́ль

**2.** *v* спать

**kip III** [kɪp] *n амер.* 1000 фу́нтов (= *453,59 кг*)

**kipper** ['kɪpə] **1.** *n* 1) копчёная селёдка; копчёная ры́ба 2) ло́сось-саме́ц во вре́мя не́реста 3) *sl.* па́рень, челове́к 4) *воен. sl.* торпе́да (проти́вника)

**2.** *v* соли́ть и копти́ть ры́бу

**Kirghiz** ['kə:gɪz] **1.** *n* (*pl* -es [-ɪz] *или без измен.*) 1) кирги́з; кирги́зка 2) кирги́зский язы́к

**2.** *a* кирги́зский

**kirk** [kə:k] *n шотл.* це́рковь; the K. of Scotland пресвитериа́нская це́рковь Шотла́ндии

**kirn** [kə:n] *n шотл.* 1) после́дний сноп жа́твы 2) пра́здник урожа́я

**kismet** ['kɪsmet] *араб. n* судьба́, рок

**kiss** [kɪs] **1.** *n* 1) поцелу́й; лобза́ние; to give a ~ on the cheek поцелова́ть в щёку; to steal (*или* to snatch) a ~ сорва́ть поцелу́й; to blow smb. a ~ посла́ть кому́-л. возду́шный поцелу́й 2) лёгкое прикоснове́ние, лёгкий уда́р друг о дру́га (*бильярдных шаров*) 3) безе́ (*пирожное*) ◇ ~ of life спо́соб иску́сственного дыха́ния (*вдувание воздуха изо рта в рот*)

**2.** *v* 1) целова́ть(ся), поцелова́ть (-ся); to ~ away tears поцелу́ями осуши́ть слёзы; to ~ one's hand to smb. посла́ть кому́-л. возду́шный поцелу́й 2) слегка́ косну́ться оди́н друго́го (*о бильярдных шарах*) ◇ to ~ the book целова́ть би́блию при принесе́нии прися́ги в суде́; to ~ the cup пригу́бить (*чашу*); пить, выпива́ть; to ~ the dust (*или* the ground) а) быть пове́рженным во прах; пасть ниц; потерпе́ть пораже́ние; б) быть уби́тым; в) унижа́ться, пресмыка́ться; to ~ goodbye а) поцелова́ть на проща́ние; б) примири́ться с поте́рей

**kiss-curl** ['kɪskə:l] *n* ло́кон, завито́к (*у виска*)

**kisser** ['kɪsə] *n* 1) тот, кто целу́ет 2) *груб.* рот 3) *груб.* лицо́

**kiss-in-the-ring** ['kɪsɪnðə'rɪŋ] *n* стари́нная игра́ (*в которой поймавший целует пойманную*)

**kiss-me-quick** ['kɪsmɪ'kwɪk] *n* 1) да́мская шля́пка в ви́де ка́пора (*мода 50-х годов XIX в.*) 2) ло́кон (*на висках*) 3) аню́тины гла́зки (*цветы*)

**kit I** [kɪt] *n* 1) снаряже́ние, обмундирова́ние, экипиро́вка; hunting ~ костю́м для охо́ты 2) ра́нец, су́мка, вещево́й мешо́к 3) *воен.* ли́чное обмундирова́ние и снаряже́ние 4) су́мка с инструме́нтом, компле́кт *или* набо́р инструме́нтов ◇ the whole ~ (and caboodle) вся компа́ния

**kit II** [kɪt] *n* (*сокр. от* kitten 1) котёнок

**kit-bag** ['kɪtbæg] *n* вещево́й мешо́к

**kit-cat** ['kɪtkæt] *n* портре́т не́сколько ме́ньше поясно́го (*тж.* ~ portrait)

**kitchen** ['kɪtʃɪn] *n* 1) ку́хня 2) *attr.* ку́хонный; ~ unit ку́хонный комба́йн

**kitchen-cabinet** ['kɪtʃɪn'kæbɪnɪt] *n* 1) ку́хонный буфе́т 2) неофициа́льные сове́тники главы́ прави́тельства

**kitchener** ['kɪtʃɪnə] *n* 1) ку́хонная плита́ 2) по́вар (*особ.* в монастыре́)

**kitchenette** [,kɪtʃɪ'net] *n* ку́хонька; небольша́я ку́хня (*в кладовой*)

**kitchen garden** ['kɪtʃɪn'gɑ:dn] *n* огоро́д

**kitchen herbs** ['kɪtʃɪnhə:bz] *n* пря́ности (*травы*)

**kitchen-maid** ['kɪtʃɪnmeɪd] *n* судомо́йка

**kitchen midden** ['kɪtʃɪn'mɪdn] *n* 1) му́сорная я́ма, помо́йка 2) *археол.* холм, образова́вшийся из ку́хонных отбро́сов и у́твари первобы́тного челове́ка

**kitchen police** ['kɪtʃɪnpə'li:s] *n воен. разг.* наря́д на ку́хню

**kitchen-range** ['kɪtʃɪnreɪndʒ] *n* плита́

**kitchen-sink** ['kɪtʃɪnsɪŋk] *n* 1) ра́ковина на ку́хне 2) *attr.* натуралисти́ческий; ~ drama бытова́я пье́са

**kitchen-stuff** ['kɪtʃɪnstʌf] *n* 1) проду́кты для ку́хни, *особ.* о́вощи 2) ку́хонные отбро́сы

**kitchen-ware** ['kɪtʃɪnwɛə] *n* ку́хонные принадле́жности

**kite** [kaɪt] **1.** *n* 1) *зоол.* ко́ршун 2) хи́щник; моше́нник; шу́лер 3) возду́шный змей; to fly a ~ а) запуска́ть зме́я; б) *перен.* пуска́ть про́бный шар; прощу́пать обще́ственное мне́ние [*см. тж.* 4)]; to knock higher than a ~ *амер.* а) запусти́ть о́чень высоко́; б) де́лать (*что-л.*) с необыча́йной си́лой 4) *ком. разг.* ду́тый ве́ксель; to fly a ~ пыта́ться получи́ть де́ньги под фикти́вные векселя́ [*см. тж.* 3)] 5) *воен. жарг.* самолёт 6) = kite balloon

**2.** *v* 1) *разг.* лета́ть, пари́ть в во́здухе 2) *ком. разг.* получа́ть де́ньги по фикти́вным векселя́м

**kite balloon** ['kaɪtbə,lu:n] *n* зме́йковый аэроста́т

**kiteflying** ['kaɪt,flaɪɪŋ] *n* 1) получе́ние де́нег по фикти́вным векселя́м 2) зонди́рование по́чвы

**kith** [kɪθ] *n*: ~ and kin знако́мые и родня́

**kitten** ['kɪtn] **1.** *n* котёнок

**2.** *v* коти́ться

**kittenish** ['kɪtnɪʃ] *a* игри́вый как котёнок

**kittle** ['kɪtl] **1.** *a* оби́дчивый, тру́дный ◇ ~ cattle тру́дные, беспоко́йные лю́ди

**2.** *v* 1) щекота́ть 2) озада́чивать, ста́вить в тупи́к

**kitty I** ['kɪtɪ] *n* котёнок

**kitty II** ['kɪtɪ] *n карт.* банк

**kiwi** ['ki:wi(:)] *n* 1) *зоол.* ки́ви, бескры́л (*нелетающая птица*) 2) *ав. жарг.* слу́жащий нелётного соста́ва вое́нно-возду́шных сил 3) *разг.* новозела́ндец

**klaxon** ['klæksn] *n авто уст.* кла́ксон

**Kleenex** ['kli:neks] *n* бума́жный носово́й плато́к

**kleptomania** [,kleptəu'meɪnjə] *n* клептома́ния

**kleptomaniac** [,kleptəu'meɪnɪæk] *n* клептома́н

**kloof** [klu:f] *n южно-афр.* уще́лье

**kluxer** ['klʌksə] *n амер. разг.* член ку-клукс-кла́на

**klystron** ['klɪstrɔn] *n тлв.* клистро́н

**knack I** [næk] *n* 1) (профессиона́льная) ло́вкость, уме́ние, сноро́вка; to have the ~ of a thing де́лать что-л. ло́вко, име́ть сноро́вку 2) уда́чный приём; трюк 3) привы́чка

**knack II** [næk] *n* ре́зкий звук; треск

**knacker I** ['nækə] *n* 1) ску́пщик (*старых лошадей на мясо, домов на слом и т. п.*) 2) ста́рая ло́шадь, кля́ча 3) живодёр; ~'s yard живодёрня

**knacker II** ['nækə] *n* 1) что-л., производя́щее ре́зкий звук 2) *pl* кастанье́ты

**knackery** ['nækərɪ] *n* живодёрня

**knacky** ['nækɪ] *a* ло́вкий, уме́лый

**knag** [næg] *n* сук; наро́ст, свиль

**knaggy** ['nægɪ] *a* сучкова́тый

**knap I** [næp] *v* 1) бить ще́бень; дроби́ть ка́мень 2) отчека́нивать слова́

**knap II** [næp] *n* 1) верши́на холма́; гре́бень горы́ 2) холм

**knapsack** ['næpsæk] *n* ра́нец; рюкза́к

**knapweed** ['næpwi:d] *n бот.* василёк (чёрный)

**knar** [nɑ:] *n* у́зел, ши́шка, наро́ст на де́реве

**knarred, knarry** [nɑ:d, 'nɑ:rɪ] *a* сучкова́тый, сукова́тый, узлова́тый

**knave** [neɪv] *n* 1) моше́нник, плут 2) *карт.* вале́т 3) *разг.* прия́тель 4) *уст.* (ма́льчик-)слуга́

**knavery** ['neɪvərɪ] *n* моше́нничество, плутовство́

**knavish** [ˈneɪvɪʃ] *a* мошенни́ческий

**knead** [ni:d] *v* 1) заме́шивать, меси́ть (*тесто, глину*) 2) сме́шивать в о́бщую ма́ссу 3) формирова́ть (*характер*) 4) масси́ровать, растира́ть

**kneading machine** [ˈni:dɪŋməˌʃi:n] *n* тестомеша́лка

**kneading-trough** [ˈni:dɪŋtrɔf] *n* кваршня́

**knee** [ni:] **1.** *n* 1) коле́но; up to one's ~s по коле́но 2) *тех.* коле́но 3) *мор.* кни́ца 4) *стр.* подко́с, полурasко́с 5) наколе́нник 6) *attr.* коле́нный ◇ to give (*или* to offer) a ~ to smb. а) помога́ть кому́-л.; ока́зывать кому́-л. подде́ржку; б) *спорт.* быть чьим-л. секунда́нтом (*в боксе*); it is on the ~s of the gods ≅ одному́ бо́гу изве́стно; неве́домо, неизве́стно; to bring smb. to his ~s поста́вить кого́-л. на коле́ни; to go on one's ~s to smb. упра́шивать, умоля́ть кого́-л.; on one's (bended) ~s уни́женно; to learn smth. at one's mother's ~s ≅ впита́ть с молоко́м ма́тери

**2.** *v редк.* 1) уда́рить коле́ном; каса́ться коле́ном 2) вытя́гиваться на коле́нях (*о брюках*) 3) станови́ться на коле́ни

**knee-bend** [ˈni:bend] *n* сгиба́ние коле́н (*гимнастика*)

**knee-boot** [ˈni:bu:t] *n* высо́кий сапо́г

**knee-breeches** [ˈni:ˌbrɪtʃɪz] *n pl* бри́джи

**knee-cap** [ˈni:kæp] *n* 1) *анат.* коле́нная ча́шка 2) наколе́нник

**knee-deep** [ˈni:ˈdi:p] *a* по коле́но

**knee-high** [ˈni:ˈhaɪ] *a* (высото́й) по коле́но; ~ to a mosquito (*или* a grasshopper, a duck, *etc.*) *шутл.* о́чень ма́ленький, кро́шечный; ≅ от горшка́ два верш́ка

**knee-hole** [ˈni:həul] *n* промежу́ток ме́жду ту́мбами (*у письменного стола*)

**knee-jerk** [ˈni:dʒə:k] *n мед.* коле́нный рефле́кс

**knee-joint** [ˈni:dʒɔɪnt] *n* 1) *анат.* коле́нный суста́в 2) *тех.* коле́нно-рыча́жное соедине́ние

**kneel** [ni:l] *v* (knelt, kneeled [-d]) 1) преклоня́ть коле́ни, станови́ться на коле́ни (*тж.* ~ down) 2) стоя́ть на коле́нях (to, before — пе́ред)

**kneeling position** [ˈni:lɪŋpəˈzɪʃən] *n воен.* положе́ние для стрельбы́ с коле́на

**knee-pan** [ˈni:pæn] = knee-cap 1)

**knell** [nel] **1.** *n* 1) похоро́нный звон 2) дурно́е предзнаменова́ние; предзнаменова́ние сме́рти, ги́бели

**2.** *v* 1) звони́ть при похорона́х 2) звуча́ть злове́ще, предвеща́ть (*гибель*)

**knelt** [nelt] *past и p. p. от* kneel

**knew** [nju:] *past от* know 1

**Knickerbocker** [ˈnɪkəbɔkə] *n* жи́тель Нью-Йо́рка

**knickerbockers** [ˈnɪkəbɔkəz] *n pl* бри́джи

**knickers** [ˈnɪkəz] *n* 1) *разг. см.* knickerbockers 2) да́мские пантало́ны

**knick-knack** [ˈnɪknæk] *n* 1) безделу́шка, украше́ние 2) *уст.* ла́комство

**knick-knackery** [ˈnɪkˌnækərɪ] *n* безделу́шки, украше́ния; мишура́

**knife** [naɪf] **1.** *n* (*pl* knives) 1) нож; to put a ~ into smb. заре́зать кого́-л. 2) *хир.* ска́льпель; the ~ а) нож хиру́рга; б) хирурги́ческая опера́ция; to go under the ~ подве́ргнуться опера́ции 3) *тех.* струг, скребо́к, резе́ц 4) *attr.* ножево́й ◇ before you can say ~ неме́дленно, момента́льно; ≅ и а́хнуть не успе́л; to get one's ~ into smb. нанести́ уда́р кому́-л., зло́бно напа́сть на кого́-л.; беспоща́дно критикова́ть кого́-л.; ~ and fork еда́; a good (poor) ~ and fork хоро́ший (плохо́й) едо́к; to play a good ~ and fork ≅ упи́сывать за о́бе щеки́, есть с аппети́том; you could cut it with a ~ э́то не́что реа́льное; э́то вполне́ ощути́мо

**2.** *v* 1) ре́зать ножо́м 2) уда́рить, заколо́ть ножо́м 3) *амер. разг.* нанести́ преда́тельский уда́р кандида́ту свое́й па́ртии (*голосуя на выборах за его противника*)

**knife-board** [ˈnaɪfbɔ:d] *n* доска́ для чи́стки ноже́й

**knife-edge** [ˈnaɪfedʒ] *n* 1) остриё ножа́ 2) опо́рная при́зма (*весов и т. п.*)

**knife-grinder** [ˈnaɪfˌgraɪndə] *n* 1) точи́льщик 2) точи́льный ка́мень, точи́ло

**knife-rest** [ˈnaɪfrest] *n* 1) подста́вка для ножа́ и ви́лки 2) *воен.* рога́тка

**knife-switch** [ˈnaɪfswɪtʃ] *n эл.* руби́льник

**knight** [naɪt] **1.** *n* 1) ры́царь; ви́тязь 2): ~ of the pen журнали́ст; ~ of the brush худо́жник; ~ of fortune авантюри́ст; ~ of the road а) коммивояжёр; б) разбо́йник 3) (име́ющий) зва́ние "knight" (*ниже баронета, ненаследственное дворянское звание с титулом sir*) 4) кавале́р одного́ из вы́сших англи́йских орденов; K. of the Garter кавале́р о́рдена Подвя́зки 5) *шахм.* конь 6) вса́дник (*член сословия всадников в древнем Риме*)

**2.** *v* дава́ть зва́ние "knight"; возводи́ть в ры́царское досто́инство

**knightage** [ˈnaɪtɪdʒ] *n собир.* 1) ры́царство 2) спи́сок лиц, име́ющих ры́царское зва́ние

**knight errant** [ˈnaɪtˈerənt] *n* (*pl* knights errant) 1) стра́нствующий ры́царь 2) донкихо́т, мечта́тель

**knight-errantry** [ˈnaɪtˈerəntrɪ] *n* 1) стра́нствование в по́исках приключе́ний 2) донкихо́тство

**knighthood** [ˈnaɪthud] *n* 1) ры́царство 2) ры́царское зва́ние, дворя́нство

**knightly** [ˈnaɪtlɪ] **1.** *a* ры́царский; благоро́дный

**2.** *adv уст.* (по-)ры́царски, благоро́дно

**knit** [nɪt] *v* (knitted [-ɪd], knit) 1) вяза́ть (*чулки и т. п.*) 2) соединя́ть(ся), скрепля́ть(ся); mortar ~s bricks together известко́вый раство́р скрепля́ет кирпичи́ 3) сра́щивать(ся), сраста́ться; the broken bone ~ted well сло́манная кость хорошо́ сросла́сь 4) объединя́ть(ся) (*на основе общих интересов и т. п.*) 5): to ~ one's (*или* the) brows хму́рить бро́ви, нахму́риться □ ~ **in** вяза́ть ни́тками не́скольких цвето́в, ввя́зывать; to ~ in blue with white wool сме́шивать си́нюю и бе́лую шерсть при вяза́нии; ~ **up** связывать; поднима́ть спу́щенные пе́тли; што́пать; *перен.* заключа́ть, зака́нчивать (*спор и т. п.*)

**knitted** [ˈnɪtɪd] **1.** *p. p. от* knit

**2.** *a* 1) вя́заный; трикота́жный 2) спа́янный, кре́пкий

**knitter** [ˈnɪtə] *n* 1) вя́зальщик; вя́зальщица 2) трикота́жная *или* вяза́льная маши́на

**knitting** [ˈnɪtɪŋ] **1.** *pres. p. от* knit

**2.** *n* 1) вяза́ние 2) вя́заные ве́щи, трикота́ж

**knitting-machine** [ˈnɪtɪŋməˌʃi:n] = knitter 2)

**knitting-needle** [ˈnɪtɪŋˌni:dl] *n* вяза́льная игла́, трикота́жная игла́; спи́ца

**knitwear** [ˈnɪtwɛə] *n* вя́заные ве́щи, трикота́жные изде́лия

**knitwork** [ˈnɪtwə:k] *n* 1) вяза́ние 2) трикота́жные изде́лия

**knives** [naɪvz] *pl от* knife 1

**knob** [nɔb] **1.** *n* 1) ши́шка, вы́пуклость 2) шарообра́зная ру́чка (*двери и т. п.*) 3) набалда́шник 4) небольшо́й кусо́к (*угля, сахару*) 5) *амер.* хо́лмик 6) *тех.* ру́чка; голо́вка; кно́пка 7) *разг.* голова́, башка́ ◇ with ~s on *разг.* а) ещё как; б) в доверше́ние

**2.** *v* выпя́чиваться, выдава́ться

**knobble** [ˈnɔbl] *n* ши́шечка

**knobby** [ˈnɔbɪ] *a* 1) узлова́тый, шишкова́тый 2) *амер.* холми́стый

**knobstick** [ˈnɔbstɪk] *n* 1) дуби́нка; кисте́нь 2) *разг.* штрейкбре́хер

**knock** [nɔk] **1.** *n* 1) уда́р 2) стук (*особ. в дверь*); to give a ~ постуча́ться (*в дверь*) 3) *амер. разг.* ре́зкая кри́тика; *pl* приди́рки, напа́дки 4) *тех.* детона́ция ◇ to get the ~ а) потерпе́ть пораже́ние; б) быть уво́ленным; в) *театр.* быть пло́хо при́нятым пу́бликой; to take the ~ разори́ться

**2.** *v* 1) ударя́ть(ся), бить; стуча́ть(-ся); колоти́ть; to ~ to pieces разби́ть вдре́безги; to ~ at (*или* on) the door стуча́ть в дверь 2) сбива́ть; to ~ the nuts сбива́ть оре́хи (*с дерева*) 3) (against) наткну́ться (*на что-либо*); уда́риться (*обо что-л.*) 4) *разг.* поража́ть, ошеломля́ть 5) *амер. разг.* ре́зко критикова́ть; придира́ться 6) *амер.* превосходи́ть □ ~ **about** а) бить, колоти́ть; б) стра́нствовать, шата́ться, ры́скать (по све́ту); в) вести́ беспу́тный о́браз жи́зни; ~ **against** натолкну́ться, неожи́данно встре́титься; ~ **down** а) сбить с ног, *тж.* сбить вы́стрелом; б) слома́ть; разру́шить, снести́ (*дом*); в) разобра́ть на ча́сти (*машину при транспортировке и т. п.*); г) опроки́нуть, разби́ть (*довод и т. п.*); д) понижа́ть це́ны; е) продава́ть с аукцио́на; ж) *амер. sl.* прожи́ть (*деньги*); ~ **in**, ~ **into** вбива́ть; to ~ into one соедини́ть; ~ **off** а) стряхну́ть, смахну́ть;

б) сба́вить, сбить (*цену*); удержа́ть (*сумму*); в) уме́ньшить ско́рость; г) бы́стро сде́лать, состря́пать; д) ко́нчить рабо́ту; ~ off work прекрати́ть рабо́ту; е) *sl.* стащи́ть, укра́сть; ж) *sl.* умере́ть; ~ **out** а) вы́бить, вы́колотить; to ~ the bottom out of α) вы́бить по́чву из-под ног у *кого-л.*; β) по́лностью опрове́ргнуть (*аргумент*); свести́ на не́т; б) *спорт.* нокаути́ровать; в) одоле́ть, победи́ть; г) сгова́риваться не набавля́ть це́ны на аукцио́не (*для того, чтобы перепродать купленное и разделить прибыль*); д) удиви́ть, ошеломи́ть; е) наброса́ть, соста́вить на ско́рую ру́ку, состря́пать (*план, статью и т. п.*); ~ **together** а) ста́лкиваться; б) на́спех скола́чивать; ~ **under** покори́ться; ~ **up** а) уда́ром подбро́сить вверх; б) подня́ть, разбуди́ть сту́ком; в) утомля́ть; ослабля́ть; to be ~ed up утоми́ться; г) на́спех, ко́е-ка́к устра́ивать, скола́чивать; д) *амер. sl.* сде́лать бере́менной; обрюха́тить; е) ста́лкиваться (against — с *кем-л.*) ◇ to ~ home вбива́ть про́чно; вдолби́ть; довести́ до созна́ния; to ~ on the head а) оглуши́ть; уби́ть; б) положи́ть коне́ц; to ~ smb. off his pins ошеломи́ть кого́-л.; to ~ one's head against a brick wall би́ться голово́й об сте́нку; вести́ бесполе́зную борьбу́; to ~ (smb.) into a cocked hat а) исколошма́тить (кого́-л.); б) одоле́ть (кого́-л.); нанести́ пораже́ние (кому́-л.); в) разби́ть (*доводы и т. п.*); г) превзойти́, затми́ть; to ~ smb. into the middle of next week а) ≅ всы́пать кому́-л. по пе́рвое число́; б) потрясти́, ошеломи́ть кого́-л.; to ~ the spots off а) победи́ть; уничто́жить; б) исколоти́ть

**knockabout** [ˈnɔkəbaut] **1.** *n* 1) дешёвое представле́ние; гру́бый фарс 2) актёр, уча́ствующий в тако́м представле́нии 3) дра́ка 4) *амер.* небольша́я я́хта; небольшо́й автомоби́ль

**2.** *a* 1) доро́жный, рабо́чий (*об одежде*) 2) шу́мный, гру́бый (*о зрелище*) 3) бродя́чий

**knock-down** [ˈnɔkˈdaun] **1.** *n* 1) *спорт.* нокда́ун 2) *разг.* кре́пкое пи́во ◇ a ~ and drag-out *амер.* отча́янная дра́ка

**2.** *a* 1) сокруши́тельный (*об ударе*); сногсшиба́тельный 2) разбо́рный (*о мебели и т. п.*) ◇ ~ price са́мая ни́зкая, кра́йняя цена́

**knocker** [ˈnɔkə] *n* 1) тот, кто стучи́т 2) дверно́й молото́к, дверно́е кольцо́; сигна́льный молото́к 3) *амер. разг.* приди́ра, критика́н 4) *амер. разг.* о́чень краси́вый челове́к; сногсшиба́тельно оде́тый челове́к ◇ up to the ~ *разг.* а) в соверше́нстве; б) в хоро́шем состоя́нии; в) по после́дней мо́де

**knocker-up** [ˈnɔkərˈʌp] *n* челове́к, в обя́занности кото́рого вхо́дит буди́ть рабо́чих по утра́м

**knock-kneed** [ˈnɔkˈni:d] *a* 1) с вы́вернутыми внутрь коле́нями 2) сла́бый; трусли́вый

**knock-out** [ˈnɔkaut] *n* 1) *спорт.* нока́ут (*тж.* ~ blow) 2) сшиба́ющий с ног уда́р 3) соглаше́ние ме́жду уча́стниками аукцио́на не набавля́ть це́ны 4) *разг.* выдаю́щийся челове́к; необыкнове́нная вещь 5) *амер. разг.* огро́мный, сногсшиба́тельный успе́х; сенса́ция 6) *амер. разг.* краса́вчик 7) *метал.* вы́бивка ◇ ~ dose уда́рная до́за (*лекарства*); ~ drops *амер. sl.* а) нарко́тик; б) карбо́лка, карбо́ловая кислота́; ~ price кра́йне ни́зкая цена́

**knoll** [nəul] *n* 1) холм; буго́р 2) *мор.* возвыше́ние дна; ба́нка

**knot** [nɔt] **1.** *n* 1) у́зел; to make (*или* to tie) a ~ завяза́ть у́зел; to tie in a ~ завяза́ть узло́м 2) бант 3) сою́з, у́зы; the nuptial ~ бра́чные у́зы; to tie the ~ вы́йти за́муж; жени́ться 4) затрудне́ние, загво́здка 5) гла́вный вопро́с; основна́я (сюже́тная) ли́ния 6) *бот.* у́зел, наро́ст (*у растений*); сучо́к, свиль (*на древесине*) 7) гру́ппа, ку́чка (*людей*); to gather in ~s собира́ться гру́ппами, ку́чками 8) о́пухоль, ши́шка 9) *мор.* у́зел (*мера скорости = 1,87 км в час*) 10) *тех.* свищ ◇ Gordian ~ го́рдиев у́зел; to cut the ~ разруби́ть (го́рдиев) у́зел; to tie oneself (up) in *или* into a ~ попа́сть в затрудни́тельное положе́ние

**2.** *v* 1) завяза́ть у́зел; завя́зывать узло́м; свя́зывать 2) спу́тывать(ся), запу́тывать(ся) 3) де́лать бахрому́ 4) хму́рить (бро́ви)

**knot-grass** [ˈnɔtgra:s] *n бот.* горе́ц пти́чий; споры́ш

**knot-hole** [ˈnɔthəul] *n* отве́рстие в доске́ от вы́павшего сучка́

**knotty** [ˈnɔtı] *a* 1) узлова́тый; сучкова́тый 2) затрудни́тельный, сло́жный; ~ question тру́дный вопро́с

**knout** [naut] *русск. n* кнут

**know** [nəu] **1.** *v* (knew; known) 1) знать (*тж.* ~ of); име́ть представле́ние; to ~ about smth. знать о чём-л.; I ~ of a shop where you can buy it я зна́ю магази́н, где э́то мо́жно купи́ть; to get to ~ узна́ть; not that I ~ of наско́лько мне изве́стно— нет; to ~ what's what *разг.* знать толк в чём-л., понима́ть, что к чему́ 2) знать, име́ть определённые зна́ния; to ~ the law быть све́дущим в пра́ве; to ~ three languages знать три языка́ 3) уме́ть; to ~ how to write (read) уме́ть писа́ть (чита́ть) 4) узнава́ть, отлича́ть; I knew him at once я его́ то́тчас узна́л ◇ to ~ one's own business не вме́шиваться в чужи́е дела́; to ~ better (than that) а) быть осторо́жным, осмотри́тельным; б) прекра́сно понима́ть; I ~ better than to... я не так прост, что́бы...; to ~ one from another, to ~ two things apart отлича́ть одно́ от друго́го; not to ~ a person from Adam не име́ть ни мале́йшего представле́ния о ком-л.; not to ~ what from which не сообража́ть, что к чему́; to ~ a good thing when one sees it разбира́ться в чём-л.; понима́ть, что хорошо́ и что пло́хо; to ~ the time of day быть себе́ на уме́; before you ~ where you are момента́льно, неме́дленно; to ~ what one is about де́йствовать разу́мно; быть себе́ на уме́; who ~s? как знать?; not to ~ enough to get out of the rain пло́хо сообража́ть

**2.** *n*: to be in the ~ *разг.* быть в ку́рсе де́ла; быть посвящённым в обстоя́тельства де́ла; быть осведомлённым

**know-all** [ˈnəuˈɔ:l] *n* всезна́йка

**know-how** [ˈnəuhau] *n* 1) уме́ние; зна́ние де́ла 2) секре́ты произво́дства; техноло́гия

**knowing** [ˈnəuıŋ] **1.** *pres. p. от* know 1

**2.** *n* 1) зна́ние; знако́мство (*с чем-л.*); there is no ~ what he will say неизве́стно, что он ска́жет 2) понима́ние; осозна́ние

**3.** *a* 1) зна́ющий, понима́ющий 2) ло́вкий, хи́трый; проница́тельный; a ~ hand at the game иску́сный игро́к 3) *разг.* мо́дный, щегольско́й 4) *разг.* преднаме́ренный

**knowingly** [ˈnəuıŋlı] *adv* 1) созна́тельно, наме́ренно 2) понима́юще 3) иску́сно, ло́вко, уме́ло

**knowledge** [ˈnɔlıdʒ] *n* 1) зна́ние; позна́ния; эруди́ция; to have a good ~ of English (medicine, *etc.*) хорошо́ знать англи́йский язы́к (медици́ну *и т. п.*); branches of ~ о́трасли нау́ки 2) осведомлённость; it came to my ~ мне ста́ло изве́стно; to (the best of) my ~ наско́лько мне изве́стно; not to my ~ наско́лько мне изве́стно — нет; he did it without my ~ он сде́лал э́то без моего́ ве́дома 3) знако́мство; my ~ of Mr. B. is slight я ма́ло знако́м с В. 4) изве́стие; ~ of the victory soon spread вско́ре распространи́лось изве́стие о побе́де

**knowledgeable** [ˈnɔlıdʒəbl] *a разг.* хорошо́ осведомлённый; у́мный

**known** [nəun] **1.** *p. p. от* know 1

**2.** *a* изве́стный; ~ as... изве́стный под и́менем...

**know-nothing** [ˈnəuˌnʌθıŋ] *n* 1) неве́жда 2) *филос.* агно́стик

**knuckle** [ˈnʌkl] **1.** *n* 1) суста́в па́льца 2) но́жка (*телячья, свиная*) 3) *pl* касте́т 4) *тех.* шарни́р, кула́к 5) *ж.-д.* кула́к, зуб (*автосцепки*) ◇ near the ~ на гра́ни неприли́чного (*о рассказе, шутке и т. п.*); to rap smb.'s ~s дать нагоня́й

**2.** *v* уда́рить, сту́кнуть, постуча́ть костя́шками па́льцев □ ~ **down** а) уступи́ть, подчини́ться; б) реши́тельно взя́ться (*за что-л.*); to ~ down to one's work реши́тельно приня́ться за де́ло; ~ **under** подчини́ться, уступи́ть

**knucklebone** [ˈnʌklbəun] *n* 1) *анат.* ба́бка 2) *pl* игра́ в ба́бки

**knuckleduster** [ˈnʌklˌdʌstə] *n* касте́т

**knuckle-joint** [ˈnʌkldʒɔınt] *n* 1) суста́в па́льца 2) *тех.* шарни́р

**knurl** [nə:l] **1.** *n* 1) ши́шка, выпу́клость 2) *тех.* нака́тка, насе́чка

2. *v тех.* де́лать насе́чку; нака́тывать

**knur(r)** [nə:] *n* 1) у́зел, ши́шка, наро́ст на де́реве 2) деревя́нный мяч (*для некоторых игр*)

**kodak** [ˈkəudæk] *фото* **1.** *n* фотоаппара́т ко́дак

2. *v* 1) снима́ть ко́даком 2) *перен.* бы́стро схва́тывать; я́рко опи́сывать

**koh-i-noor** [ˈkəuɪnuə] *n* 1) кохино́р (*индийский бриллиант, собственность британской короны, весом в* $106^1/_4$ *карат*) 2) не́что несравне́нное, великоле́пное

**kohl** [kəul] *араб. n* кра́ска для век

**kohlrabi** [ˈkəulˈrɑ:bɪ] *n бот.* кольра́би

**kola** [ˈkəulə] = cola

**kolinsky** [kəˈlɪnskɪ] *русск. n зоол.* колоно́к

**kolkhoz** [kɔlˈkɔ:z] *русск. n* колхо́з

**Komsomol** [ˈkɔmsəmɔl] *русск.* **1.** *n* комсомо́л

2. *a* комсомо́льский

**koodoo** [ˈku:du:] *n зоол.* винторо́гая антило́па, куду́

**kopec(k), kopek** [ˈkəupek] = copeck

**kopje** [ˈkɔpɪ] *n южно-афр.* хо́лмик

**Koran** [kɔˈrɑ:n] *n* кора́н

**Koranic** [kɔˈrænɪk] *a* 1) находя́щийся в кора́не 2) осно́ванный на кора́не

**Korean** [kəˈrɪən] **1.** *a* коре́йский

2. *n* 1) коре́ец; корея́нка; the ~s коре́йцы 2) коре́йский язы́к

**kotow** [ˈkəuˈtau] = kowtow

**koumiss** [ˈku:mɪs] = kumiss

**kourbash** [ˈkəubæʃ] *араб. n* ремённая плеть; under the ~ под принужде́нием

**kowtow** [ˈkauˈtau] *кит.* **1.** *n* 1) ни́зкий покло́н 2) выраже́ние подобостра́стия

2. *v* 1) де́лать ни́зкий покло́н (*касаясь головой земли*) 2) раболе́пствовать

**kraal** [krɑ:l] *n южно-афр.* кра́аль (*посёлок, деревня*)

**K-ration** [ˈkeɪˌræʃən] *n амер. воен.* неприкоснове́нный запа́с

**kraut** [kraut] *n sl.* не́мец

**Kremlin** [ˈkremlɪn] *русск. n* Кремль

**Krishna** [ˈkrɪʃnə] *n санскр.* (бог) Кри́шна

**krone** [ˈkrəunə] *n* кро́на (*денежная единица в некоторых странах*)

**krypton** [ˈkrɪptɔn] *n хим.* крипто́н

**kudos** [ˈkju:dɔs] *n разг.* 1) сла́ва; почёт 2) кредитоспосо́бность; капита́л, де́ньги

**kudu** [ˈku:du:] = koodoo

**Ku-Klux-Klan** [ˈkju:klʌksˈklæn] *n* ку-клукс-кла́н

**kukri** [kukˈri:] *инд. n* большо́й криво́й нож

**kulak** [ku(:)ˈlɑ:k] *русск. n* кула́к (*богатый крестьянин-эксплуататор*)

**kumiss** [ku(:)ˈmɪs] *n* кумы́с

**Kurd** [kə:d] *n* курд; ку́рдка

**kybosh** [ˈkaɪbɔʃ] = kibosh

**kymograph** [ˈkaɪməugrɑ:f] = cymograph

# L

**L, l** [el] (*pl* Ls, L's [elz]) 1) *12-я буква англ. алфавита* 2) что-л., име́ющее фо́рму бу́квы L

**la** [lɑ:] *n муз.* ля

**laager** [ˈlɑ:gə] *южно-афр.* **1.** *n* 1) ла́герь, окружённый пово́зками 2) *воен.* парк брониро́ванных маши́н

2. *v* располага́ться ла́герем, окружённым пово́зками

**lab** [læb] *сокр. разг. от* laboratory

**labefaction** [ˌlæbɪˈfækʃən] *n книжн.* ослабле́ние; поврежде́ние

**label** [ˈleɪbl] **1.** *n* 1) ярлы́к (*тж. перен.*); этике́тка; би́рка 2) поме́та (*в словаре*) 3) *архит.* слезни́к 4) *геод.* алида́да-высотоме́р 5) *физ.* ме́ченый а́том

2. *v* 1) прикрепля́ть *или* накле́ивать ярлы́к 2) относи́ть к како́й-л. катего́рии; *перен.* прикле́ивать ярлы́к 3) *физ.* ме́тить (*атом*)

**labelled** [ˈleɪbld] **1.** *p. p. от* label 2

2. *a* маркиро́ванный

**labial** [ˈleɪbjəl] **1.** *a* губно́й

2. *n фон.* губно́й звук (*тж.* ~ sound)

**labialization** [ˌleɪbɪəlaɪˈzeɪʃən] *n* лабиализа́ция

**labiate** [ˈleɪbɪɪt] *бот.* **1.** *a* губоцве́тный

2. *n* губоцве́тное расте́ние

**labile** [ˈleɪbɪl] *a физ., хим.* лаби́льный; неусто́йчивый

**lability** [ləˈbɪlɪtɪ] *n* лаби́льность, неусто́йчивость

**labiodental** [ˈleɪbɪəuˈdentl] *фон.* **1.** *a* гу́бно-зубно́й, ла́био-дента́льный

2. *n* гу́бно-зубно́й, ла́био-дента́льный звук

**labor** [ˈleɪbə] *амер.* = labour

**laboratory** [ləˈbɔrətərɪ] *n* 1) лаборато́рия; hot ~ «горя́чая» лаборато́рия (*в которой производятся работы с опасностью для жизни*) 2) *амер. унив.* заня́тия в лаборато́рии 3) *метал.* рабо́чее простра́нство пе́чи 4) *attr.* лаборато́рный; ~ findings да́нные лаборато́рного иссле́дования

**laborious** [ləˈbɔ:rɪəs] *a* 1) тру́дный, тяжёлый, утоми́тельный; трудоёмкий 2) вы́мученный (*о стиле*) 3) трудолюби́вый, стара́тельный

**labour** [ˈleɪbə] **1.** *n* 1) труд; рабо́та; уси́лие; surplus ~ *полит.-эк.* приба́вочный труд; forced ~ принуди́тельный труд 2) рабо́чий класс; труд (*в противоп. капиталу*); L. and Capital труд и капита́л 3) родовы́е му́ки; ро́ды; to be in ~ му́читься ро́дами, роди́ть 4) *attr.* трудово́й; рабо́чий; ~ force рабо́чая си́ла; ~ hours рабо́чее вре́мя; ~ code ко́декс зако́нов о труде́; ~ contract трудово́й догово́р; ~ dispute трудово́й конфли́кт; ~ input коли́чество затра́ченного труда́; ~ legislation трудово́е законода́тельство 6) *attr.* лейбори́стский; ~ leader а) лейбори́стский ли́дер; б) руководи́тель тред-юнио́на 7) *attr.*: ~ pains родовы́е схва́тки; ~ ward роди́льная пала́та ◇ ~ of love а) безвозме́здный *или* бескоры́стный труд; б) люби́мое де́ло; lost ~ тще́тные, бесполе́зные уси́лия

2. *v* 1) труди́ться, рабо́тать 2) прилага́ть уси́лия, добива́ться (for); to ~ for breath дыша́ть с трудо́м; to ~ for peace добива́ться ми́ра; he ~ed to understand what they were talking about он прилага́л уси́лия, что́бы поня́ть, о чём они́ говори́ли 3) продвига́ться вперёд ме́дленно, с трудо́м (*обыкн.* ~ along, ~ through) 4) кропотли́во разраба́тывать, вдава́ться в ме́лочи; to ~ the point рассма́тривать вопро́с, вника́я во все дета́ли 5) *уст.* му́читься ро́дами 6) *уст., поэт.* обраба́тывать зе́млю □ ~ **under** быть в затрудне́нии, трево́ге; страда́ть (*от чего-л.*); to ~ under a delusion (*или* a mistake) находи́ться в заблужде́нии

**Labour Day** [ˈleɪbəˈdeɪ] *n амер.* День труда́ (*первый понедельник сентября*)

**laboured** [ˈleɪbəd] **1.** *p. p. от* labour 2

2. *a* 1) тру́дный, затруднённый; доста́вшийся с трудо́м; ~ breathing затруднённое дыха́ние 2) вы́мученный; тяжелове́сный (*о стиле, шутке и т. п.*)

**labourer** [ˈleɪbərə] *n* неквалифици́рованный рабо́чий; чернорабо́чий; general ~ разнорабо́чий

**Labour Exchange** [ˈleɪbəɪksˈtʃeɪndʒ] *n* би́ржа труда́

**labouring** [ˈleɪbərɪŋ] **1.** *pres. p. от* labour 2

2. *a* 1) рабо́чий, трудя́щийся; ~ man рабо́чий 2) затруднённый; ~ breath затруднённое дыха́ние

**labourist** [ˈleɪbərɪst] *n* лейбори́ст, член лейбори́стской па́ртии

**labourite** [ˈleɪbəraɪt] = labourist

**labour-market** [ˈleɪbəˌmɑ:kɪt] *n* ры́нок труда́; спрос и предложе́ние труда́

**Labour Party** [ˈleɪbəˈpɑ:tɪ] *n* лейбори́стская па́ртия

**labour-saving** [ˈleɪbəˌseɪvɪŋ] *a* даю́щий эконо́мию в труде́; рационализа́торский

**labour union** [ˈleɪbəˈju:njən] *n* профсою́з

**Labrador tea** [ˈlæbrədɔ:ˈti:] *n бот.* багу́льник

**laburnum** [ləˈbə:nəm] *n бот.* золото́й дождь (обыкнове́нный)

**labyrinth** [ˈlæbərɪnθ] *n* лабири́нт; *перен.* тру́дное, безвы́ходное положе́ние

**labyrinthine** [ˌlæbəˈrɪnθaɪn] *a* 1) подо́бный лабири́нту 2) запу́танный

**lac I** [læk] *n* приро́дный лак, неочи́щенный шелла́к

**lac II** [læk] *инд. n* сто ты́сяч (*обыкн. рупий*)

**lace** [leɪs] **1.** *n* 1) шнуро́к, тесьма́ 2) кру́жево 3) галу́н (*обыкн.* gold ~, silver ~) 4) *разг.* конья́к *или* ликёр, подба́вленный к ко́фе *и т. п.*

2. *v* 1) шнурова́ть; to ~ up one's shoes шнурова́ть боти́нки 2) стя́гиваться корсе́том (*тж.* ~ in) 3) укра-

ша́ть, отде́лывать, окаймля́ть (*галуном, кружевом и т. п.*) 4) бить, хлеста́ть, стега́ть, поро́ть 5) *разг.* подбавля́ть спиртны́е напи́тки; coffee ~d with brandy ко́фе с коньяко́м 6) *разг.* придава́ть вкус, пика́нтность □ ~ **into** *разг.* а) набра́сываться, напада́ть; б) ре́зко критикова́ть ◇ to ~ smb.'s jacket изби́ть кого́-л.

**lace boots** ['leɪsbu:ts] *n pl* боти́нки на шнурка́х

**Lacedaemonian** [ˌlæsɪdɪ'məunjən] **1.** *a* спарта́нский

2. *n* спарта́нец

**lace paper** ['leɪsˌpeɪpə] *n* бума́га с кружевны́м узо́ром

**lace-pillow** ['leɪsˌpɪləu] *n* поду́шка для плете́ния кру́жева

**lacerate** ['læsəreɪt] *v* 1) разрыва́ть, раздира́ть 2) терза́ть, му́чить; кале́чить

**lacerated** ['læsəreɪtɪd] **1.** *p. p. от* lacerate

2. *a* 1) рва́ный 2) *бот.* зазу́бренный

**laceration** [ˌlæsə'reɪʃən] *n* 1) разрыва́ние 2) терза́ние, му́ка 3) разры́в; рва́ная ра́на

**lace-ups** ['leɪs'ʌps] *n pl разг.* боти́нки на шнуро́вке

**laches** ['leɪtʃɪz] *n* 1) *юр.* упуще́ние зако́нного сро́ка 2) неради́вость; небре́жность; престу́пная хала́тность

**lachrymal** ['lækrɪməl] **1.** *a* слёзный; ~ gland *анат.* слёзная железа́

2. *n* слезни́ца (*сосуд; тж.* ~ vase)

**lachrymatory** ['lækrɪmətərɪ] **1.** *a* слезоточи́вый (*о газе*)

2. *n* = lachrymal 2

**lachrymose** ['lækrɪməus] *a* 1) пла́чущий, по́лный слёз 2) слезли́вый, плакси́вый

**lacing** ['leɪsɪŋ] **1.** *pres. p. от* lace 2

2. *n* 1) шнур; шнуро́вка 2) шнурова́ние 3) обшива́ние, отде́лка кру́жевом 4) добавле́ние коньяка́, ликёра *и т. п.* в ко́фе

**lack** [læk] **1.** *n* недоста́ток, нужда́; отсу́тствие (*чего-л.*); ~ of balance неуравнове́шенность; ~ of capacity отсу́тствие спосо́бностей; ~ of land безземе́лье; for ~ of из-за отсу́тствия, из-за недоста́тка в; no ~ of smth. оби́лие чего́-л.

2. *v* 1) испы́тывать недоста́ток, нужда́ться; не име́ть 2) не хвата́ть, недостава́ть; he is ~ing in common sense ему́ не хвата́ет здра́вого смы́сла

**lackadaisical** [ˌlækə'deɪzɪkəl] *a* то́мный; вя́лый, апати́чный

**lack-all** ['lækɔ:l] *n* несча́стный, обездо́ленный челове́к; горемы́ка

**lack-brain** ['lækbreɪn] *n уст.* дура́к

**lacker** ['lækə] *уст.* = lacquer

**lackey** ['lækɪ] **1.** *n* лаке́й

2. *v* 1) прислу́живать 2) раболе́пствовать, лаке́йствовать

**lacking** ['lækɪŋ] **1.** *pres. p. от* lack 2

2. *a* недостаю́щий

**lackland** ['læklænd] *a* безземе́льный

**lacklustre** ['lækˌlʌstə] *a* ту́склый, без бле́ска; ~ eyes ту́склые, безжи́зненные глаза́

**laconic(al)** [lə'kɔnɪk(əl)] *a* лакони́чный, кра́ткий; немногосло́вный

**lacquer** ['lækə] **1.** *n* 1) лак; политу́ра; глазу́рь 2) *собир.* лак, лакиро́ванные изде́лия

2. *v* покрыва́ть ла́ком, лакирова́ть; покрыва́ть глазу́рью

**lacquey** ['lækɪ] *уст.* = lackey

**lacrosse** [lə'krɔs] *n спорт.* лакро́сс

**lactation** [læk'teɪʃən] *n* 1) кормле́ние гру́дью 2) выделе́ние молока́, лакта́ция

**lacteal** ['læktɪəl] *a* мле́чный, моло́чный

**lactescent** [læk'tesənt] *a* 1) похо́жий на молоко́ 2) выделя́ющий мле́чный сок (*о растениях*)

**lactic** ['læktɪk] *a хим.* моло́чный

**lactiferous** [læk'tɪfərəs] *a* выделя́ющий молоко́ *или* мле́чный сок

**lactometer** [læk'tɔmɪtə] *n* лакто́метр

**lactose** ['læktəus] *n* лакто́за, моло́чный са́хар

**lacuna** [lə'kju:nə] *n* (*pl* -ae, -s [-s]) 1) пробе́л, про́пуск 2) пустота́; впа́дина, углубле́ние

**lacunae** [lə'kju:ni:] *pl от* lacuna

**lacustrine** [lə'kʌstraɪn] *a* озёрный; ~ age *ист.* эпо́ха сва́йных постро́ек

**lacy** ['leɪsɪ] *a* кружевно́й; похо́жий на кру́жево

**lad** [læd] *n* 1) ма́льчик; ю́ноша; па́рень; one of the ~s *разг.* свой па́рень 2) лихо́й па́рень

**ladder** ['lædə] **1.** *n* 1) ле́стница (*приставная, верёвочная*); *мор.* трап 2) спусти́вшаяся пе́тля (*на чулке*) ◇ ~ of success сре́дство дости́чь успе́ха; to climb the ~ де́лать карье́ру; to get one's foot on the ~ положи́ть нача́ло (*карьере и т. п.*); to kick away (*или* down) the ~ (by which one rose) отверну́ться от тех, кто помо́г дости́чь успе́ха

2. *v* спуска́ться (*о петле на чулке*)

**laddie** ['lædɪ] *n шотл.* мальчуга́н, паренёк

**lade** [leɪd] **1.** *n* 1) у́стье реки́ 2) кана́л; прото́к

2. *v* (laded [-ɪd]; laded, laden) 1) грузи́ть, нагружа́ть, погружа́ть 2) че́рпать, вычерпывать

**laden** ['leɪdn] **1.** *p. p. от* lade 2

2. *a* 1) гружёный, нагружённый; a tree heavily ~ with fruit де́рево, сгиба́ющееся под тя́жестью плодо́в; a table ~ with food стол, уста́вленный я́ствами 2) обременённый, пода́вленный (with — *чем-л.*) 3) *с.-х.* налито́й (*о зерне*)

**ladies** ['leɪdɪz] *n* 1) *pl от* lady 2) *разг.* же́нская убо́рная

**ladies-in-waiting** ['leɪdɪzɪn'weɪtɪŋ] *pl от* lady-in-waiting

**ladies' man** ['leɪdɪzmæn] = lady's man

**lading** ['leɪdɪŋ] **1.** *pres. p. от* lade 2

2. *n* 1) погру́зка 2) груз, фрахт

**ladle** ['leɪdl] **1.** *n* ковш, черпа́к; soup ~ разлива́тельная ло́жка, поло́вник; foundry ~ лите́йный ковш

2. *v* че́рпать; разлива́ть □ ~ **out** а) вычерпывать; разлива́ть б) раздава́ть; to ~ out honours раздава́ть награ́ды

**lady** ['leɪdɪ] *n* 1) да́ма; госпожа́; a great ~ зна́тная, ва́жная да́ма; young ~ ба́рышня; a ~ of easy virtue же́нщина лёгкого поведе́ния; a ~ of pleasure куртиза́нка; fine ~ све́тская да́ма; *ирон.* же́нщина, ко́рчащая из себя́ аристокра́тку 2) (L.) ле́ди (*титул знатной дамы*) 3) да́ма се́рдца, возлю́бленная 4) *разг.* жена́; неве́ста; мать; your good ~ ва́ша супру́га; my (his) young ~ *разг.* моя́ (его́) неве́ста; the old ~ а) мать, стару́шка; б) жена́ 5) хозя́йка до́ма 6) *в сложных словах придаёт значение женского пола* (*напр.*, ~-doctor же́нщина-врач; ~-cat *шутл.* ко́шка) ◇ Our L. *церк.* богоро́дица, богома́терь; the Old L. of Threadneedle Street Англи́йский банк; extra ~ *театр., кино* стати́стка

**lady-beetle** ['leɪdɪˌbi:tl] = ladybird

**ladybird** ['leɪdɪbə:d] *n* (бо́жья) коро́вка

**lady-bug** ['leɪdɪbʌg] *амер.* = ladybird

**lady-chair** ['leɪdɪtʃɛə] *n* сиде́нье, образу́емое сплете́нием четырёх рук (*для переноски раненых*)

**lady-cow** ['leɪdɪkau] = ladybird

**Lady Day** ['leɪdɪdeɪ] *n церк.* благове́щение (*25 марта*)

**lady-fern** ['leɪdɪfə:n] *n бот.* кочеды́жник же́нский

**lady help** ['leɪdɪhelp] *n* эконо́мка благоро́дного происхожде́ния (*к которой относятся как к члену семьи*)

**ladyhood** ['leɪdɪhud] *n* зва́ние, положе́ние ле́ди

**lady-in-waiting** ['leɪdɪɪn'weɪtɪŋ] *n* (*pl* ladies-in-waiting) фре́йлина (короле́вы)

**lady-killer** ['leɪdɪˌkɪlə] *n шутл.* сердцее́д

**ladylike** ['leɪdɪlaɪk] *a* 1) име́ющая вид, мане́ры ле́ди; воспи́танная; изы́сканная 2) изне́женный, женоподо́бный (*о мужчине*)

**lady-love** ['leɪdɪlʌv] *n* возлю́бленная

**lady's bedstraw** ['leɪdɪz'bedstrɔ:] *n бот.* подмаре́нник

**lady's finger** ['leɪdɪzˌfɪŋgə] *n* 1) *бот.* я́звенник 2) виногра́д «да́мские па́льчики»

**ladyship** ['leɪdɪʃɪp] *n* ти́тул, зва́ние ле́ди; your ~ ва́ша ми́лость

**lady's-maid** ['leɪdɪzmeɪd] *n* го́рничная, камери́стка

**lady's man** ['leɪdɪzmæn] *n* кавале́р, да́мский уго́дник

**lady-smock** ['leɪdɪsmɔk] *n бот.* серде́чник лугово́й

**lady's purse** ['leɪdɪzpə:s] *n бот.* пасту́шья су́мка

**lady's slipper** ['leɪdɪzˌslɪpə] *n бот.* вене́рин башмачо́к

**laevogirate** ['li:vəu'dʒaɪreɪt] *a физ.* враща́ющий пло́скость поляриза́ции вле́во, левовраща́ющий

**lag** I [læg] **1.** *n* отстава́ние; запа́здывание

2. *v* отстава́ть (*тж.* ~ behind); запа́здывать; ме́дленно тащи́ться, волочи́ться

**lag** II [læg] *разг.* **1.** *n* 1) ка́торжник 2) срок ка́торги *или* ссы́лки

2. *v* 1) ссыла́ть на ка́торгу 2) заде́рживать, аресто́вывать

**lag** III [læg] **1.** *n* 1) боча́рная клёпка 2) пла́нка 3) полоса́ во́йлока (*для обши́вки*)

2. *v* 1) обшива́ть пла́нками 2) покрыва́ть изоля́цией

**lagan** [ˈlægən] *n юр.* затону́вший груз

**lager (beer)** [ˈlɑːgə(bɪə)] *n* лёгкое пи́во

**laggard** [ˈlægəd] **1.** *n* неповоро́тливый челове́к; у́валень

2. *a* медли́тельный, вя́лый

**lagging** I [ˈlægɪŋ] *n эл.* сдвиг фаз

**lagging** II, III [ˈlægɪŋ] *pres. p. от* lag I, 2 *и* II, 2

**lagging** IV [ˈlægɪŋ] **1.** *pres. p. от* lag III, 2

2. *n* 1) обши́вка; теплова́я изоля́ция 2) *стр.* оба́пол

**lagoon** [ləˈguːn] *n* лагу́на

**laic(al)** [ˈleɪɪk(əl)] **1.** *a* све́тский, мирско́й

2. *n* миря́нин

**laicize** [ˈleɪɪsaɪz] *v* секуляризи́ровать

**laid** [leɪd] *past и p. p. от* lay IV, 1

**laid paper** [ˈleɪdˈpeɪpə] *n* бума́га верже́

**lain** [leɪn] *p. p. от* lie II, 1

**lair** [lɛə] **1.** *n* 1) ло́говище, берло́га; at ~ в берло́ге 2) заго́н для скота́ (*по доро́ге на ры́нок, на бо́йню*) 3) *шотл.* моги́ла

2. *v* лежа́ть в берло́ге; уходи́ть в берло́гу

**laird** [lɛəd] *n шотл.* поме́щик

**laissez-faire** [ˈleɪseɪˈfɛə] *фр. n* 1) невмеша́тельство; непротивле́ние; попусти́тельство 2) *attr.*: ~ policy поли́тика невмеша́тельства

**laity** [ˈleɪɪtɪ] *n собир.* 1) миря́не, све́тские лю́ди 2) непрофессиона́лы, профа́ны

**lake** I [leɪk] *n* о́зеро; The Lakes = lake-country; The Great Lakes Вели́кие озёра (*Ве́рхнее, Гуро́н, Мичига́н, Эри и Онта́рио*)

**lake** II [leɪk] *n* кра́сочный лак

**lake-country** [ˈleɪkˌkʌntrɪ] *n* райо́н озёр (*в А́нглии*), озёрный край

**lake dwelling** [ˈleɪkˌdwelɪŋ] *n* доистори́ческая сва́йная постро́йка (*на о́зере*)

**lake-land** [ˈleɪklænd] = lake-country

**lake-lawyer** [ˈleɪkˌlɔːjə] *n амер.* нали́м

**lakelet** [ˈleɪklɪt] *n* озерко́

**lake poets** [ˈleɪkˌpəuɪts] *n pl* поэ́ты «Озёрной шко́лы» (*Во́рдсворт, Ко́льридж, Со́ути*)

**laker** [ˈleɪkə] *n* поэ́т «Озёрной шко́лы»

**lakh** [lɑːk] = lac II

**laky** I [ˈleɪkɪ] *a* озёрный; изоби́лующий озёрами

**laky** II [ˈleɪkɪ] *a* 1) бле́дно-мали́новый, цве́та кра́сочного ла́ка 2) *мед.* ла́ковый (*о кро́ви*)

**Lallan** [ˈlælən] *n* диале́кт ю́жной ча́сти Шотла́ндии

**lam** I [læm] *sl.* **1.** *n* поспе́шное бе́гство; on the ~ в поспе́шном бе́гстве; to take it on the ~ удира́ть

2. *v* удира́ть

**lam** II [læm] *v sl.* бить, колоти́ть (*обыкн. тро́стью*)

**lama** I [ˈlɑːmə] *n* ла́ма (*будди́йский мона́х*)

**lama** II [ˈlɑːmə] = llama

**lamasery** [ˈlɑːməsərɪ] *n* ламаи́стский монасты́рь

**lamb** [læm] **1.** *n* 1) ягнёнок, бара́шек; ове́чка; *перен.* а́гнец; like a ~ безро́потно, поко́рно 2) мя́со молодо́го бара́шка 3) *разг.* проста́к 4) *разг.* нео́пытный игро́к на би́рже

2. *v* ягни́ться

**lambaste** [ˈlæmˈbeɪst] *v разг.* 1) бить, колоти́ть 2) суро́во критикова́ть

**lambency** [ˈlæmbənsɪ] *n* сверка́ние, блеск

**lambent** [ˈlæmbənt] *a* 1) игра́ющий, колыха́ющийся (*о све́те, пла́мени*); светя́щийся, сия́ющий 2) блестя́щий, сверка́ющий, лучи́стый, искромётный; ~ eyes лучи́стые глаза́; ~ wit блестя́щий ум

**Lambeth** [ˈlæmbəθ] *n* Ло́ндонская резиде́нция архиепи́скопа Ке́нтербери́йского (*тж.* ~ Palace)

**lambkin** [ˈlæmkɪn] *n* ягнёночек

**lamblike** [ˈlæmblaɪk] *a* кро́ткий, безотве́тный

**lambrequin** [ˈlæmbəkɪn] *n* ламбреке́н

**lambskin** [ˈlæmskɪn] *n* 1) овчи́на 2) мерлу́шка

**lame** I [leɪm] **1.** *a* 1) хромо́й; уве́чный; парализо́ванный, *особ.* пло́хо владе́ющий ного́й *или* нога́ми; to be ~ of (*или* in) one leg хрома́ть на одну́ но́гу 2) неубеди́тельный, неудовлетвори́тельный; ~ excuse неуда́чная, сла́бая отгово́рка 3) непра́вильный, «хрома́ющий» (*о сти́ле, разме́ре*) ◇ ~ under the hat глу́пый, несообрази́тельный; ~ duck а) неуда́чник; «несча́стненький», кале́ка б) *бирж.* банкро́т: разори́вшийся ма́клер; в) *амер.* неперeи́збранный член (*конгре́сса и т. п.*); г) *ав. sl.* повреждённый самолёт

2. *v* уве́чить, кале́чить

**lame** II [leɪm] *n* то́нкая металли́ческая пласти́нка

**lamé** [lɑːˈmeɪ] *фр. n* ламе́ (*парчо́вая ткань для вече́рних туале́тов*)

**lamella** [ləˈmelə] *n* (*pl* -lae) 1) пласти́нка; то́нкий слой (*ко́сти, тка́ни*) 2) *тех.* ла́мель

**lamellae** [ləˈmeliː] *pl от* lamella

**lameness** [ˈleɪmnɪs] *n* хромота́

**lament** [ləˈment] **1.** *n* 1) го́рестное стена́ние; жа́лобы 2) эле́гия; жа́лобная, похоро́нная песнь

2. *v* 1) стена́ть, пла́кать; сокруша́ться; горева́ть 2) опла́кивать (for, over); the late ~ed поко́йник, уме́рший; поко́йный муж 3) го́рько жа́ловаться; се́товать

**lamentable** [ˈlæməntəbl] *a* 1) приско́рбный; плаче́вный 2) гру́стный, печа́льный 3) *през.* жа́лкий, ничто́жный

**lamentation** [ˌlæmenˈteɪʃən] *n* го́рестная жа́лоба, плач ◇ Lamentations *библ.* плач Иереми́и

**lamia** [ˈleɪmɪə] *n* 1) *греч. миф.* чудо́вище в о́бразе же́нщины, пью́щее кровь дете́й; вампи́р 2) колду́нья, ве́дьма

**lamina** [ˈlæmɪnə] *n* (*pl* -nae) 1) то́нкая пласти́нка, то́нкий слой; лист 2) *геол.* пло́скость отслое́ния

**laminae** [ˈlæmɪniː] *pl от* lamina

**laminar** [ˈlæmɪnə] *a* пласти́нчатый, ламина́рный

**laminate** [ˈlæmɪneɪt] *v* 1) расщепля́ть(ся) на то́нкие слои́ 2) прока́тывать (*мета́лл*) в то́нкие листы́ 3) покрыва́ть то́нкими металли́ческими пласти́нками 4) выраба́тывать пластма́ссу из бума́ги, древе́сных опи́лок, тряпья́ *и т. п.*

**laminated** [ˈlæmɪneɪtɪd] **1.** *p. p. от* laminate

2. *a* листово́й; пласти́нчатый; слои́стый

**lamination** [ˌlæmɪˈneɪʃən] *n* 1) расслое́ние 2) плю́щение; раска́тывание 3) *геол.* слои́стость; то́нкое напласто́вание

**Lammas** [ˈlæməs] *n ист.* пра́здник урожа́я (*1 а́вгуста*)

**lamp** [læmp] **1.** *n* 1) ла́мпа; фона́рь; свети́льник; red ~ а) кра́сный фона́рь как сигна́л опа́сности (*на желе́зной доро́ге*); б) фона́рь у кварти́ры врача́ *или* апте́ки 2) све́точ; to hand (*или* to pass) on the ~ не дава́ть уга́снуть; передава́ть зна́ния, тради́ции, продолжа́ть де́ло 3) *поэт.* свети́ло ◇ to rub the ~ легко́ осуществи́ть своё жела́ние; to smell of the ~ быть вы́мученным (*о сло́ге, стиха́х и т. п.*)

2. *v* 1) освеща́ть 2) *поэт.* свети́ть 3) *амер. разг.* тара́щить глаза́

**lampblack** [ˈlæmpblæk] *n* 1) ла́мповая ко́поть, са́жа 2) чёрная кра́ска из ла́мповой са́жи

**lamp-burner** [ˈlæmpˌbəːnə] *n* ла́мповая горе́лка

**lamp-chimney** [ˈlæmpˈtʃɪmnɪ] *n* ла́мповое стекло́

**lamp-holder** [ˈlæmpˌhəuldə] *n* патро́н (*ла́мпы*)

**lampion** [ˈlæmpɪən] *n* лампио́н, цветно́й (*стекля́нный или бума́жный*) фона́рик

**lamplight** [ˈlæmplaɪt] *n* свет ла́мпы, иску́сственное освеще́ние; by ~ при иску́сственном освеще́нии

**lamplighter** [ˈlæmpˌlaɪtə] *n* фона́рщик ◇ like a ~ о́чень бы́стро; to run like a ~ ≅ бежа́ть как угоре́лый; бежа́ть сломя́ го́лову, бежа́ть без огля́дки

**lampoon** [læmˈpuːn] **1.** *n* зла́я сати́ра, памфле́т; па́сквиль

2. *v* писа́ть памфле́ты, па́сквили

**lampooner** [læmˈpuːnə] *n* памфлети́ст; пасквиля́нт

**lampoonist** [læmˈpuːnɪst] = lampooner

**lamppost** [ˈlæmppəust] *n* фона́рный столб ◇ between you and me and the ~ ме́жду на́ми говоря́
**lamprey** [ˈlæmprɪ] *n* мино́га
**lamp-shade** [ˈlæmpʃeɪd] *n* абажу́р
**lamp-socket** [ˈlæmpˌsɔkɪt] = lamp-holder
**Lancastrian** [læŋˈkæstrɪən] **1.** *a* 1) *ист.* ланка́стерский 2) ланкаши́рский
2. *n* 1) *ист.* сторо́нник ланка́стерской дина́стии 2) уроже́нец Ланкаши́ра
**lance** [lɑːns] **1.** *n* 1) пи́ка; копьё 2) острога́ 3) ланце́т 4) (*обыкн. pl*) ула́н
2. *v* 1) пронза́ть пи́кой, копьём 2) *поэт.* броса́ться в ата́ку 3) *мед.* вскрыва́ть ланце́том
**lance-corporal** [ˈlɑːnsˈkɔːpərəl] *n* мла́дший капра́л
**lance-knight** [ˈlɑːnsnaɪt] *n ист.* 1) копе́йщик 2) ландскне́хт
**lanceolate** [ˈlɑːnsɪəleɪt] *a бот.* копьеви́дный, ланцетови́дный, ланце́тный
**lancer** [ˈlɑːnsə] *n* 1) ула́н 2) *pl* ланcье́ (*старинный танец*)
**lance-sergeant** [ˈlɑːnsˈsɑːdʒənt] *n* мла́дший сержа́нт
**lancet** [ˈlɑːnsɪt] *n* ланце́т
**lancet arch** [ˈlɑːnsɪtˈɑːtʃ] *n* стре́льчатая а́рка
**lancet window** [ˈlɑːnsɪtˈwɪndəu] *n* стре́льчатое окно́
**lancinating** [ˈlɑːnsɪneɪtɪŋ] *a* о́стрый, стреля́ющий (*о боли*)
**land** [lænd] **1.** *n* 1) земля́, су́ша; dry ~ су́ша; on ~ на су́ше; travel by ~ путеше́ствовать по су́ше; to make the ~ *мор.* приближа́ться к бе́регу 2) страна́; госуда́рство 3) по́чва; fat (poor) ~ плодоро́дная (ску́дная) по́чва; to go (*или* to work) on the ~ стать фе́рмером 4) земе́льная со́бственность; *pl* поме́стья 5) *тех.* у́зкая фа́ска 6) *воен.* по́ле наре́за 7) *attr.* сухопу́тный; назе́мный; ~ plants назе́мные расте́ния, эмбриофи́ты; ~ ice материко́вый лёд 8) *attr.* земе́льный; ~ rent земе́льная ре́нта ◇ to see how the ~ lies вы́яснить, как обстоя́т дела́; to see ~ а) уви́деть, к чему́ кло́нится де́ло; б) быть бли́зко к поста́вленной це́ли; the ~ of Nod *шутл.* ца́рство сна; со́нное ца́рство; ~ of cakes (*или* of the thistle) Шотла́ндия; the ~ of the Rose Англия (*роза — национальная эмблема Англии*); the ~ of the golden fleece Австра́лия
2. *v* 1) выса́живать(ся) (на бе́рег); пристава́ть к бе́регу, прича́ливать 2) вы́тащить на бе́рег (*рыбу*) 3) *разг.* пойма́ть; to ~ a criminal пойма́ть престу́пника 4) *ав.* приземля́ться, де́лать поса́дку 5) прибыва́ть (*куда-л.*); достига́ть (*какого-л. места*) 6) приводи́ть (*к чему-л.*); ста́вить в то, и́ли ино́е положе́ние; to ~ smb. in difficulty (*или* trouble) поста́вить кого́-л. в затрудни́тельное положе́ние; to be nicely ~ed быть в затрудни́тельном положе́нии 6) попа́сть, угоди́ть; to ~ a blow on the ear, on the nose, *etc.* уда́рить по́ уху, по́ носу *и т. п.* 7) доби́ться (*чего-л.*); вы́играть; to ~ a prize получи́ть приз
**land-agent** [ˈlændˌeɪdʒənt] *n* 1) управля́ющий име́нием 2) аге́нт по прода́же земе́льных уча́стков
**landau** [ˈlændɔː] *n* 1) ландо́ 2) автомоби́ль с открыва́ющимся ве́рхом
**land-bank** [ˈlændbæŋk] *n* земе́льный банк
**land-breeze** [ˈlændbriːz] *n* берегово́й ве́тер, бриз
**landed** [ˈlændɪd] **1.** *p. p. от* land 2
2. *a* земе́льный; ~ proprietor землевладе́лец; the ~ interest землевладе́льцы; the ~ classes поме́щики, землевладе́льцы
**landfall** [ˈlændfɔːl] *n* 1) *мор.* подхо́д к бе́регу 2) о́ползень, обва́л 3) *ав.* приземле́ние, поса́дка
**land-forces** [ˈlændˈfɔːsɪz] *n pl* сухопу́тные войска́
**land-grabber** [ˈlændˌgræbə] *n* 1) челове́к, незако́нно *или* обма́ном захва́тывающий чью-л. зе́млю 2) *ирл.* челове́к, беру́щий уча́сток вы́селенного аренда́тора
**land grant** [ˈlændgrɑːnt] *n амер.* отво́д земе́льного уча́стка для постро́йки желе́зной доро́ги *или* для нужд сельскохозя́йственного колле́джа
**landgrave** [ˈlændgreɪv] *нем. n ист.* ландгра́ф
**landholder** [ˈlændˌhəuldə] *n* владе́лец *или* аренда́тор земе́льного уча́стка
**land-hunger** [ˈlændˌhʌŋgə] *n* стремле́ние скупа́ть земе́льные уча́стки
**land-hungry** [ˈlændˌhʌŋgrɪ] *a* малоземе́льный; безземе́льный
**landing** [ˈlændɪŋ] **1.** *pres. p. от* land 2
2. *n* 1) вы́садка; ме́сто вы́садки 2) *воен.* вы́садка деса́нта 3) *ав.* поса́дка, приземле́ние; ме́сто поса́дки; soft ~ мя́гкая поса́дка (*космического корабля*) 4) ле́стничная площа́дка 5) *attr.* деса́нтный; ~ party деса́нтный отря́д; ~ operation вы́садка деса́нта 6) *attr.* поса́дочный; ~ fee пла́та за поса́дку самолёта
**landing craft** [ˈlændɪŋkrɑːft] *n собир.* деса́нтные суда́, деса́нтные плаву́чие сре́дства
**landing field** [ˈlændɪŋfiːld] *n* поса́дочная площа́дка; аэродро́м
**landing gear** [ˈlændɪŋgɪə] *n* 1) *ав.* шасси́ 2) *шутл.* но́ги
**landing ground** [ˈlændɪŋgraund] = landing-place 2)
**landing mark** [ˈlændɪŋmɑːk] *n ав.* поса́дочный знак
**landing-net** [ˈlændɪŋnet] *n* 1) рыболо́вный сачо́к 2) *воен.* деса́нтная сеть
**landing-place** [ˈlændɪŋpleɪs] *n* 1) ме́сто вы́садки, при́стань 2) *ав.* поса́дочная площа́дка
**landing-stage** [ˈlændɪŋsteɪdʒ] *n* при́стань
**landing-strip** [ˈlændɪŋstrɪp] *n ав.* взлётно-поса́дочная полоса́
**landing troops** [ˈlændɪŋtruːps] *n pl* деса́нтные войска́
**land-jobber** [ˈlændˌdʒɔbə] *n* спекуля́нт земе́льными уча́стками
**landlady** [ˈlændˌleɪdɪ] *n* 1) владе́лица до́ма *или* кварти́ры, сдава́емых внаём 2) хозя́йка гости́ницы, меблиро́ванных ко́мнат, пансио́на 3) *редк.* поме́щица ◇ to hang the ~ съе́хать тайко́м с кварти́ры, не заплати́в
**landless** [ˈlændlɪs] *a* 1) безземе́льный 2) безбре́жный (*о море*)
**land-locked** [ˈlændlɔkt] *a* окружённый су́шей; закры́тый (*о заливе, гавани*) 2) пресново́дный (*о рыбе*)
**landloper** [ˈlændˌləupə] = landlouper
**landlord** [ˈlændlɔːd] *n* 1) поме́щик, землевладе́лец, лендло́рд 2) владе́лец до́ма *или* кварти́ры, сдава́емых внаём 3) хозя́ин гости́ницы, пансио́на
**landlordism** [ˈlænlɔːdɪzm] *n* 1) систе́ма (кру́пного) ча́стного землевладе́ния 2) идеоло́гия кру́пных землевладе́льцев
**landlouper** [ˈlændˌləupə] *n* бродя́га
**landlubber** [ˈlændˌlʌbə] *n мор.* сухопу́тный жи́тель; новичо́к в морско́м де́ле, «сухопу́тный моря́к»
**landmark** [ˈlændmɑːk] *n* 1) межево́й знак, ве́ха 2) берегово́й знак 3) броса́ющийся в глаза́ объе́кт ме́стности, ориенти́р 4) поворо́тный пункт, ве́ха (*в истории*)
**landmine** [ˈlændmaɪn] *n воен.* фуга́с
**landocracy** [lænˈdɔkrəsɪ] *n ирон.* земе́льная аристокра́тия, агра́рии, землевладе́льческий класс
**land office** [ˈlændˌɔfɪs] *n амер.* госуда́рственная конто́ра, регистри́рующая земе́льные сде́лки
**land-on** [ˈlændˈɔn] *v ав.* де́лать поса́дку, приземля́ться
**landowner** [ˈlændˌəunə] *n* землевладе́лец
**landowning** [ˈlændˌəunɪŋ] **1.** *n* землевладе́ние
2. *a* землевладе́льческий
**land power** [ˈlændˌpauə] *n* 1) вое́нная мощь 2) мо́щная вое́нная держа́ва
**landrail** [ˈlændreɪl] *n зоол.* дерга́ч, коросте́ль
**land-rover** [ˈlændˌrəuvə] *n* легково́й автомоби́ль «вездехо́д»
**landscape** [ˈlænskeɪp] *n* 1) ландша́фт, пейза́ж 2) *attr.*: ~ sketch *топ.* перспекти́вный чертёж ме́стности
**landscape-architecture** [ˈlænskeɪpˌɑːkɪtektʃə] = landscape-gardening
**landscape-gardener** [ˈlænskeɪpˌgɑːdnə] *n* садо́вник-декора́тор
**landscape-gardening** [ˈlænskeɪpˌgɑːdnɪŋ] *n* садо́во-па́рковая архитекту́ра; декорати́вное садово́дство
**landscape-painter** [ˈlænskeɪpˌpeɪntə] *n* пейзажи́ст
**landslide** [ˈlændslaɪd] *n* 1) о́ползень, обва́л 2) ре́зкое измене́ние в распределе́нии голосо́в ме́жду па́ртиями; внуши́тельная побе́да (*на выборах*)
**landslip** [ˈlændslɪp] = landslide 1)
**landsman** [ˈlændzmən] *n* 1) сухопу́тный жи́тель, не моря́к 2) нео́пытный моря́к
**land-surveyor** [ˈlændsə(ː)ˌveɪə] *n* земле́ме́р
**landtag** [ˈlɑːnttɑːk] *нем. n* ландта́г

**land-tax** [ˈlændtæks] *n* земе́льный нало́г

**land-tenure** [ˈlændˌtenjuə] *n* землевладе́ние

**land waiter** [ˈlændˌweɪtə] *n* тамо́женный досмо́трщик

**landward(s)** [ˈlændwəd(z)] *adv* к бе́регу

**land-wind** [ˈlændwɪnd] = land-breeze

**lane** [leɪn] *n* 1) у́зкая доро́га, тропи́нка, особ. ме́жду (живы́ми) и́згородями 2) у́зкая у́лочка, переу́лок; ~s and alleys закоу́лки 3) прохо́д (*между рядами*); to make a ~ for smb. дать доро́гу кому́-л. 4) разво́дье ме́жду льди́нами 5) морско́й путь 6) тра́сса полёта 7) доро́га с односторо́нним движе́нием 8) *разг.* го́рло (*тж.* red ~, narrow ~) ◇ it is a long ~ that has no turning *посл.* ≅ и несча́стьям быва́ет коне́ц

**lang syne** [ˈlæŋˈsaɪn] *шотл.* **1.** *n* старина́, было́е дни

**2.** *adv* давны́м-давно́, в старину́, встарь

**language** [ˈlæŋgwɪdʒ] *n* 1) язы́к; речь; finger ~ язы́к же́стов, язы́к глухонемы́х 2) *разг.* брань (*тж.* bad ~); I won't have any ~ here прошу́ не выража́ться 3) стиль; язы́к писа́теля; the ~ of Shakespeare язы́к Шекспи́ра

**languid** [ˈlæŋgwɪd] *a* 1) вя́лый, апати́чный; то́мный; ~ stream ме́дленно теку́щий руче́й; ~ attempt сла́бая попы́тка 2) ску́чный

**languish** [ˈlæŋgwɪʃ] **1.** *n* то́мный вид, то́мность

**2.** *v* 1) слабе́ть, ча́хнуть, вя́нуть 2) томи́ться; изныва́ть; тоскова́ть (for) 3) принима́ть печа́льный, то́мный вид 4) уменьша́ться, ослабева́ть

**languishing** [ˈlæŋgwɪʃɪŋ] **1.** *pres. p.* от languish 2

**2.** *a* 1) сла́бый, вя́лый 2) печа́льный, то́мный; a ~ look то́мный взгляд

**languor** [ˈlæŋgə] *n* 1) сла́бость, вя́лость; апати́чность; уста́лость 2) томле́ние; то́мность 3) отсу́тствие жи́зни, движе́ния; засто́й

**languorous** [ˈlæŋgərəs] *a* 1) вя́лый; апати́чный; уста́лый 2) то́мный 3) ду́шный, тяжёлый (*об атмосфере*)

**laniard** [ˈlænjəd] = lanyard

**lanital** [ˈlænɪtəl] *n* иску́сственная шерсть

**lank** [læŋk] *a* 1) высо́кий и то́нкий; худоща́вый 2) гла́дкий, невью́щийся (*о волосах*) 3) дли́нный и мя́гкий (*о траве и т. п.*)

**lanky** [ˈlæŋkɪ] *a* долговя́зый

**lanolin** [ˈlænəuli:n] *n* ланоли́н

**lansquenet** [ˈlænskɪnet] *n* *ист.* ландскне́хт (*тж. как название карточной игры*)

**lantern** I [ˈlæntən] *n* 1) фона́рь; dark ~ потайно́й фона́рь 2) светова́я ка́мера маяка́ 3) *архит.* фона́рь ве́рхнего све́та (*тж.* ~ light) ◇ ~ lecture ле́кция с диапозити́вами; ~ jaws впа́лые щёки; худо́е лицо́; ~ parking *разг.* автомоби́льная стоя́нка под откры́тым не́бом

**lantern** II [ˈlæntən] *n* *тех.* цево́чное колесо́

**lanthanum** [ˈlænθənəm] *n* *хим.* ланта́н

**lanyard** [ˈlænjəd] *n* 1) *мор.* тро́совый та́лреп 2) *воен.* вытяжно́й шнур 3) реме́нь (*бинокля*)

**Laodicean** [ˌleɪəudɪˈsɪən] *a* безразли́чный, индиффере́нтный (*в вопросах религии или политики*)

**lap** I [læp] *n* 1) пола́, фа́лда; подо́л 2) коле́ни; the boy sat on (*или* in) his mother's ~ ма́льчик сиде́л у ма́тери на коле́нях 3) мо́чка (*уха*) 4) уще́лье ◇ in nature's ~ на ло́не приро́ды; in the ~ of luxury в ро́скоши; in the ~ of gods ≅ одному́ бо́гу изве́стно; in Fortune's ~ ≅ в полосе́ уда́ч; ~ supper у́жин из са́ндвичей и сала́тов, сервиру́емый не за о́бщим столо́м

**lap** II [læp] **1.** *n* 1) *тех.* перекры́тие 2) круг, оборо́т кана́та, ни́ти (*на катушке и т. п.*) 3) *текст.* руло́н (*ткани*) 4) *спорт.* часть, па́ртия игры́; круг, ра́унд, эта́п, тур (*в состязании*); зае́зд; диста́нция

**2.** *v* 1) завёртывать, скла́дывать, свёртывать; оку́тывать 2) охва́тывать, окружа́ть; the house is ~ped in woods дом окружён ле́сом; to be ~ped in luxury жить в ро́скоши 3) *тех.* перекрыва́ть вна́пуск, соединя́ть внахлёстку □ ~ **over** перекрыва́ть, выходи́ть за преде́лы (*чего-л.*)

**lap** III [læp] **1.** *n* 1) жи́дкая пи́ща (*для собак*) 2) *разг.* жи́дкий, сла́бый напи́ток, «помо́и» 3) плеск (*волн*)

**2.** *v* 1) лака́ть 2) жа́дно пить, глота́ть, поглоща́ть (*обыкн.* ~ up, ~ down) 3) упива́ться, to ~ up compliments упива́ться комплиме́нтами 4) плеска́ться о бе́рег (*о волнах*)

**lap** IV [læp] *тех.* **1.** *n* 1) полирова́льный *или* шлифова́льный круг 2) прити́р

**2.** *v* 1) полирова́ть, шлифова́ть 2) притира́ть; доводи́ть

**lap-board** [ˈlæpbɔ:d] *n* доска́ (на коле́нях), заменя́ющая стол

**lap-dog** [ˈlæpdɔg] *n* ко́мнатная соба́чка, боло́нка

**lapel** [ləˈpel] *n* отворо́т, ла́цкан (*пиджака и т. п.*)

**lapidary** [ˈlæpɪdərɪ] **1.** *a* 1) грани́льный; ~ work грани́льная рабо́та 2) вы́гравированный на ка́мне 3) кра́ткий, лапида́рный

**2.** *n* грани́льщик драгоце́нных камне́й

**lapidate** [ˈlæpɪdeɪt] *v* поби́ть камня́ми

**lapidify** [ləˈpɪdɪfaɪ] *v* превраща́ть в ка́мень

**lapis lazuli** [ˌlæpɪsˈlæzjulaɪ] *n* ля́пис-лазу́рь, лазури́т

**lap-joint** [ˈlæpdʒɔɪnt] *n* *тех.* соедине́ние внахлёстку

**Laplander** [ˈlæplændə] = Lapp 1)

**Lapp** [læp] 1) саа́м; саа́ми; 2) саа́мский язы́к

**lappet** [ˈlæpɪt] *n* скла́дка; ла́цкан

**Lappish** [ˈlæpɪʃ] **1.** *a* саа́мский

**2.** *n* саа́мский язы́к

**lapse** [læps] **1.** *n* 1) упуще́ние, оши́бка; опи́ска (*тж.* ~ of the pen); ля́псус; ~ of memory прова́л па́мяти 2) паде́ние, прегреше́ние; ~ from virtue грехопаде́ние 3) тече́ние, ход (*времени*); with the ~ of time со вре́менем 4) промежу́ток вре́мени 5) *юр.* прекраще́ние, недействи́тельность пра́ва на владе́ние *и т. п.*; ~ of time истече́ние да́вности 6) *метео* паде́ние температу́ры, пониже́ние давле́ния

**2.** *v* 1) пасть (*морально*) 2) впада́ть (*в отчаяние и т. п.*); to ~ into illness заболе́ть 3) соверши́ть сно́ва како́й-л. просту́пок, приня́ться за ста́рое 4) теря́ть си́лу, истека́ть (*о праве*); переходи́ть в други́е ру́ки; to ~ to the Crown перейти́ в казну́ (*в Англии*) 5) течь, проходи́ть (*о времени*) 6) проходи́ть, па́дать (*об интересе и т. п.*)

**lapsed** [læpst] **1.** *p. p.* от lapse 2

**2.** *a* бы́вший, было́й

**lapsus** [ˈlæpsəs] *лат.* *n* ля́псус, оши́бка; ~ calami опи́ска; ~ linguae огово́рка; ~ memoriae прова́л па́мяти

**lapwing** [ˈlæpwɪŋ] *n* чи́бис

**larcenous** [ˈlɑ:sɪnəs] *a* 1) воровско́й 2) вино́вный в воровстве́

**larceny** [ˈlɑ:sənɪ] *n* воровство́

**larch** [lɑ:tʃ] *n* 1) *бот.* ли́ственница 2) древеси́на ли́ственницы

**lard** [lɑ:d] **1.** *n* ля́рд; свино́е са́ло

**2.** *v* 1) шпигова́ть; смы́зывать са́лом 2) уснаща́ть, пересыпа́ть (*речь — метафорами, иностр. словами и т. п.*)

**larder** [ˈlɑ:də] *n* кладова́я (*для мяса и т. п.*)

**lardy** [ˈlɑ:dɪ] *a* жи́рный, са́льный

**lares** [ˈlɛəri:z] *лат.* *n pl* *римск. миф.*, *поэт.* ла́ры; Lares and Penates ла́ры и пена́ты; *перен.* ую́т, дома́шний оча́г

**large** [lɑ:dʒ] **1.** *a* 1) большо́й; кру́пный; ~ businessman кру́пный деле́ц; ~ and small farmers кру́пные и ме́лкие фе́рмеры 2) многочи́сленный (*о населении и т. п.*); значи́тельный; оби́льный; ~ majority значи́тельное большинство́; ~ meal оби́льная еда́ 3) широ́кий (*о взглядах, толковании, понимании*) 4) *уст.* ще́дрый; великоду́шный; ~ heart великоду́шие 5) *мор.* попу́тный, благоприя́тный (*о ветре*) ◇ ~ fruits се́мечковые и ко́сточковые плоды́; as ~ as life а) в натура́льную величину́; б) во всей красе́; в) *шутл.* со́бственной персо́ной

**2.** *adv* 1) широ́ко́; простра́нно 2) кру́пно (*писать, печатать*) 3) хвастли́во; напы́щенно

**3.** *n* 1): at ~ а) на свобо́де; на просто́ре; he will soon be at ~ он ско́ро бу́дет на свобо́де; б) простра́нно, подро́бно, дета́льно; to go into the question at ~ входи́ть в подро́бное рассмотре́ние вопро́са; to talk at ~ говори́ть простра́нно; в) во всём объёме, целико́м; popular with the people at ~ популя́рный среди́ широ́ких слоёв; г) без определённой це́ли; свобо́дный; д) име́ющий широ́кие полномо́чия; амbassador at ~ *см.* ambassador 1); representative at ~ *амер.* член конгре́сса, представля́ющий не отде́льный о́круг, а ряд округо́в *или* весь штат; e) в о́бщем смы́сле, неконкре́тно; promises made at ~ неопределённые, нея́сные обеща́ния 2): in ~ в большо́м масшта́бе

**large-handed** [ˈlɑːdʒˈhændɪd] *a* 1) ще́дрый; оби́льный 2) с больши́ми рука́ми; *перен.* жа́дный

**large-hearted** [ˈlɑːdʒˈhɑːtɪd] *a* 1) великоду́шный 2) терпи́мый, благожела́тельный

**largely** [ˈlɑːdʒlɪ] *adv* 1) в значи́тельной сте́пени; he is ~ to blame э́то в значи́тельной сте́пени его́ вина́ 2) оби́льно, ще́дро 3) в широ́ком масшта́бе; на широ́кую но́гу

**large-minded** [ˈlɑːdʒˈmaɪndɪd] *a* с широ́кими взгля́дами; терпи́мый

**largeness** [ˈlɑːdʒnɪs] *n* 1) большо́й разме́р 2) широта́ взгля́дов 3) великоду́шие

**large scale** [ˈlɑːdʒˈskeɪl] **1.** *n* кру́пный масшта́б; on a ~ в кру́пном масшта́бе

2. *a* 1) крупномасшта́бный (*о карте*) 2) широ́кий, ма́ссовый (*о жилищном строительстве и т. п.*)

**largess(e)** [lɑːˈdʒes] *n уст.* 1) ще́дрый дар 2) ще́дрость

**lariat** [ˈlærɪət] **1.** *n* 1) верёвка (*для привязывания лошади*) 2) арка́н, лассо́

2. *v* лови́ть арка́ном

**lark** I [lɑːk] *n* жа́воронок ◇ to rise with the ~ встава́ть чуть свет, ≅ с петуха́ми

**lark** II [lɑːk] **1.** *n* шу́тка, прока́за; заба́ва, весе́лье; to have a ~ позаба́виться; for a ~ шу́тки ра́ди; what a ~! (как) заба́вно!

2. *v* 1) шути́ть, забавля́ться 2) брать препя́тствия (*на лошади*); to ~ the hedge перескочи́ть че́рез и́згородь □ ~ **about** шу́мно резви́ться

**larkspur** [ˈlɑːkspəː] *n бот.* живокость, шпо́рник

**larky** [ˈlɑːkɪ] *a* лю́бящий пошути́ть, позаба́виться; прока́зливый; весёлый

**larmier** [ˈlɑːmɪə] *n архит.* слезни́к

**larrikin** [ˈlærɪkɪn] (*преим. австрал.*) *разг.* **1.** *n* (молодо́й) хулига́н

2. *a* гру́бый, шу́мный, бу́йный

**larrup** [ˈlærʌp] *v разг.* бить, колоти́ть

**larva** [ˈlɑːvə] *n* (*pl* -vae) личи́нка

**larvae** [ˈlɑːviː] *pl от* larva

**larval** [ˈlɑːvəl] *a* личи́ночный; in the ~ stage в ста́дии личи́нки

**laryngitis** [ˌlærɪnˈdʒaɪtɪs] *n мед.* ларинги́т

**laryngology** [ˌlærɪŋˈgɔlədʒɪ] *n* ларинголо́гия

**laryngoscope** [ləˈrɪŋgəskəup] *n* ларингоско́п

**larynx** [ˈlærɪŋks] *n* горта́нь, гло́тка

**Lascar** [ˈlæskə] *n* матро́с-инди́ец

**lascivious** [ləˈsɪvɪəs] *a* сладостра́стный, похотли́вый

**laser** [ˈleɪzə] *n физ.* ла́зер, ква́нтовый усили́тель

**lash** [læʃ] **1.** *n* 1) плеть; бич; реме́нь (*кнута*) 2) уда́р хлысто́м, бичо́м, плётью; the ~ по́рка 3) ре́зкий упрёк; кри́тика; to be under the ~ подве́ргнуться ре́зкой кри́тике 4) (*сокр. от* eyelash) ресни́ца

2. *v* 1) хлеста́ть, стега́ть, ударя́ть; *перен.* бичева́ть; высме́ивать 2) возбужда́ть, доводи́ть (to, into — до *бешенства и т. п.*) 3) нести́сь, мча́ться; ри́нуться 4) свя́зывать (*обыкн.* ~ together); привя́зывать (to, down, on) □ ~ **out** а) внеза́пно лягну́ть; уда́рить; набро́ситься; б) разрази́ться бра́нью

**lasher** [ˈlæʃə] *n* запру́да, водосли́в, плоти́на

**lashing** [ˈlæʃɪŋ] **1.** *pres. p. от* lash 2

2. *n* 1) по́рка 2) упрёки, брань 3) верёвка, верёвки (*связывающие что-л.*) 4) *pl разг.* ма́сса, оби́лие (of — *чего-л.*)

**lash-up** [ˈlæʃˈʌp] *n разг.* вре́менное приспособле́ние

**lass** [læs] *n* 1) де́вушка; де́вочка 2) служа́нка 3) возлю́бленная

**lassie** [ˈlæsɪ] *n ласк. преим. шотл.* 1) де́вушка; де́вочка 2) ми́лочка (*в обращении*)

**lassitude** [ˈlæsɪtjuːd] *n* уста́лость; апа́тия

**lasso** [læˈsuː] **1.** *n* (*pl* -os [-əuz]) лассо́, арка́н

2. *v* лови́ть арка́ном, лассо́

**last** I [lɑːst] **1.** *a* 1) *превосх. ст. от* late 1; 2) после́дний; ~ but not least а) хотя́ и после́дний, но не ме́нее ва́жный; б) не са́мый ху́дший; ~ but one предпосле́дний 3) оконча́тельный 4) про́шлый; ~ year про́шлый год; в про́шлом году́ 5) кра́йний, чрезвыча́йный; of the ~ importance чрезвыча́йной ва́жности 6) са́мый совреме́нный; the ~ word in science после́днее сло́во в нау́ке; the ~ thing in hats са́мая мо́дная шля́па 7) са́мый неподходя́щий, нежела́тельный; he is the ~ person I want to see его́ я ме́ньше всего́ хоте́л бы ви́деть ◇ on one's ~ legs *разг.* при после́днем издыха́нии; в по́лном изнеможе́нии

2. *adv* 1) *превосх. ст. от* late 2 2) по́сле всех; he came ~ он пришёл после́дним 3) в после́дний раз; when did you see him ~? когда́ вы его́ ви́дели в после́дний раз? 4) на после́днем ме́сте, в конце́ (*при перечислении и т. п.*)

3. *n* 1) что-л. после́днее по вре́мени; as I said in my ~ как я сообща́л в после́днем письме́; when my ~ was born когда́ роди́лся мой мла́дший (сын); to breathe one's ~ испусти́ть после́дний вздох, умере́ть 2) коне́ц; the ~ of *амер.* коне́ц (*года, месяца и т. п.*); at ~ наконе́ц; at long ~ в конце́ концо́в; to the ~ до конца́; to hold on to the ~ держа́ться до конца́; I shall never hear the ~ of it э́то никогда́ не ко́нчится; to see the ~ of smb., smth. а) ви́деть кого́-л., что-л. в после́дний раз; б) поко́нчить с кем-л., чем-л.

**last** II [lɑːst] **1.** *v* 1) продолжа́ться, дли́ться 2) сохраня́ться; выде́рживать (*о здоровье, силе*); носи́ться (*о ткани, обуви и т. п.*); he will not ~ till morning он не доживёт до утра́ 3) хвата́ть, быть доста́точным (*тж.* ~ out); it will ~ (out) the winter э́того хва́тит на́ зиму; this money will ~ me three weeks мне хва́тит э́тих де́нег на три неде́ли

2. *n* вы́держка; выно́сливость

**last** III [lɑːst] **1.** *n* коло́дка (*сапожная*) ◇ to measure smb.'s foot by one's own ~ ≅ ме́рить кого́-л. на свой арши́н; to stick to one's ~ занима́ться свои́м де́лом, не вме́шиваться в чужи́е дела́

2. *v* натя́гивать на коло́дку

**last** IV [lɑːst] *n* ласт (*мера, различная для разного груза: 10 квартеров зерна, 12 мешков шерсти, 12 дюжин кож, 24 бочонка пороха и т. п.; как весовая единица — ок. 4000 англ. фунтов*)

**lasting** [ˈlɑːstɪŋ] **1.** *pres. p. от* last II, 1

2. *a* дли́тельный, постоя́нный; про́чный; ~ peace про́чный мир; ~ food консерви́рованный проду́кт

**lastly** [ˈlɑːstlɪ] *adv* наконе́ц (*при перечислении*); в заключе́ние

**last-mentioned** [ˈlɑːstˈmenʃənd] *a* 1) вышеупомя́нутый 2) после́дний из упомя́нутых

**last-named** [ˈlɑːstˈneɪmd] = last-mentioned

**latch** [lætʃ] **1.** *n* 1) щеко́лда; запо́р; защёлка, задви́жка 2) америка́нский замо́к

2. *v* 1) запира́ть(ся) 2) *амер.* пойма́ть (on to)

**latch-key** [ˈlætʃkiː] *n* 1) ключ от америка́нского замка́ 2) отмы́чка ◇ to win one's ~ ≅ стать взро́слым, получи́ть относи́тельную свобо́ду от роди́телей

**late** [leɪt] **1.** *a* (later, latter; latest, last) 1) по́здний; запозда́лый; I was ~ (for breakfast) я опозда́л (к за́втраку) 2) неда́вний, после́дний; of ~ years за после́дние го́ды; my ~ illness моя́ неда́вняя боле́знь 3) уме́рший, поко́йный; the ~ president поко́йный (*редк.* бы́вший) президе́нт 4) пре́жний, бы́вший ◇ a ~ developer ребёнок с запозда́лым разви́тием

2. *adv* (later; latest, last) 1) по́здно; to sit ~ засиде́ться; ложи́ться по́здно; I arrived ~ for the train я опозда́л на по́езд; better ~ than never лу́чше по́здно, чем никогда́ 2) неда́вно, за после́днее вре́мя (*тж.* of ~)

**lateen** [ləˈtiːn] *a* треуго́льный, лати́нский (*о парусе*)

**lately** [ˈleɪtlɪ] *adv* неда́вно; за после́днее вре́мя

**latency** [ˈleɪtənsɪ] *n* скры́тое состоя́ние

**lateness** [ˈleɪtnɪs] *n* опозда́ние, запозда́лость

**latent** [ˈleɪtənt] *a* скры́тый, лате́нтный, в скры́том состоя́нии; ~ heat скры́тая теплота́; ~ partner негла́сный уча́стник торго́вого предприя́тия; ~ period а) *мед.* инкубацио́нный пери́од; б) *физиол.* вре́мя от моме́нта раздраже́ния до реа́кции

**later** ['leɪtə] (*сравн. ст. от* late) 1. *a* бо́лее по́здний; at a ~ date поздне́е; впосле́дствии; in ~ life в бо́лее по́зднем во́зрасте; during the ~ twenties в конце́ 20-х годо́в

2. *adv* по́зже; ~ on по́сле, поздне́е; ка́к-нибудь пото́м

**lateral** ['lætərəl] 1. *a* 1) боково́й; горизонта́льный 2) побо́чный, втори́чный 3) *фон.* боково́й (*о звуке*)

2. *n* 1) бокова́я часть; ответвле́ние 2) *фон.* латера́льный сона́нт

**latest** ['leɪtɪst] *a* (*превосх. ст. от* late) са́мый по́здний; (са́мый) после́дний; the ~ fashion са́мая после́дняя мо́да; the ~ news после́дние изве́стия; at (the) ~ са́мое по́зднее

**latex** ['leɪteks] *n* ла́текс, мле́чный сок (*каучуконосов*)

**lath** [lɑːθ] *стр.* 1. *n* 1) пла́нка; дра́нка; ре́йка 2) *attr.*: ~ fence тын, плете́нь

2. *v* прибива́ть ре́йки, пла́нки

**lathe** [leɪð] 1. *n* 1) тока́рный стано́к 2) *attr.*: ~ tool тока́рный резе́ц

2. *v* обраба́тывать на тока́рном станке́

**lathee** [lɑː'tiː] *инд.* *n* око́ванная желе́зом па́лка, дуби́нка

**lather** ['lɑːðə] 1. *n* 1) мы́льная пе́на 2) пе́на, мы́ло (*на лошади*) ◇ a good ~ is half a shave *посл.* ≅ хоро́шее нача́ло полде́ла откача́ло

2. *v* 1) намы́ливать(ся); мы́литься 2) взмы́ливаться (*о лошади*) 3) *разг.* бить, колоти́ть, поро́ть

**lathery** ['lɑːðərɪ] *a* 1) намы́ленный 2) взмы́ленный 3) пусто́й, вы́мышленный, нереа́льный

**lathi** [lɑː'tiː] = lathee

**lathing** ['lɑːθɪŋ] *n* *стр.* 1) обрешётка (*крыши*) 2) се́тка (*под штукатурку*)

**lathy** ['lɑːθɪ] *a* долговя́зый; худо́й

**latibulize** [lə'tɪbjulaɪz] *v* зале́чь в берло́гу, в нору́

**Latin** ['lætɪn] 1. *n* лати́нский язы́к; classical (late) ~ класси́ческая (по́здняя) латы́нь; low (*или* vulgar) ~ вульга́рная латы́нь; dog ~ ло́маная латы́нь ◇ thieves' ~ воровско́й жарго́н

2. *a* лати́нский; рома́нский; ~ Church за́падная це́рковь, ри́мско-католи́ческая це́рковь; the ~ languages рома́нские языки́

**latinize** ['lætɪnaɪz] *v* 1) латинизи́ровать 2) употребля́ть латини́змы

**latitude** ['lætɪtjuːd] *n* 1) *геогр.*, *истр.* широта́; in the ~ of 40° S. на 40° ю́жной широты́; low ~s тропи́ческие широ́ты 2) свобо́да, терпи́мость; ~ of thought свобо́да, широта́ взгля́дов 3) обши́рность; a wide ~ широ́кие полномо́чия 4) *фото* широта́; широ́тная характери́стика (*фотоматериала*)

**latitudinarian** ['lætɪˌtjuːdɪ'nɛərɪən] 1. *n* терпи́мый челове́к; челове́к широ́ких взгля́дов

2. *a* допуска́ющий отклоне́ния от до́гмы; терпи́мый

**latrine** [lə'triːn] *n* отхо́жее ме́сто (*особ. в лагере*); обще́ственная убо́рная; гальюн (*на корабле*)

**latter** ['lætə] *a* (*сравн. ст. от* late 1) 1) неда́вний; in these ~ days в на́ше вре́мя; the ~ half of the week втора́я полови́на неде́ли 2) после́дний (*из двух названных*; *противоп.* the former) ◇ ~ end коне́ц; смерть

**latter-day** ['lætədeɪ] *a* совреме́нный, нове́йший

**latterly** ['lætəlɪ] *adv* 1) неда́вно 2) к концу́, под коне́ц

**lattermost** ['lætəməust] *a* после́дний

**lattice** ['lætɪs] 1. *n* 1) решётка 2) *хим.* простра́нственная решётка 3) *attr.* решётчатый; ~ frame решётчатая констру́кция

2. *v* ста́вить решётку; обноси́ть решёткой

**latticed** ['lætɪst] *a* решётчатый

**Latvian** ['lætvɪən] 1. *a* латви́йский; латы́шский

2. *n* 1) латы́ш; латы́шка 2) латы́шский язы́к

**laud** [lɔːd] 1. *n* хвала́

2. *v* хвали́ть, прославля́ть, превозноси́ть; *церк.* сла́вить

**laudable** ['lɔːdəbl] *a* 1) похва́льный 2) *мед.* доброка́чественный (*о гное*)

**laudanum** ['lɔdnəm] *n* насто́йка о́пия

**laudation** [lɔː'deɪʃən] *n* панеги́рик; восхвале́ние

**laudative** ['lɔːdətɪv] = laudatory

**laudatory** ['lɔːdətərɪ] *a* хвале́бный, похва́льный

**laugh** [lɑːf] 1. *n* смех, хо́хот; on the ~ смея́сь; to have the ~ of (*или* on) smb. вы́смеять того́, кто смея́лся над тобо́й; to have a good ~ at smb. от души́ посмея́ться над кем-л.; to give a ~ рассмея́ться; to raise a ~ вы́звать смех; to raise (*или* to turn) the ~ against smb. поста́вить кого́-л. в смешно́е положе́ние

2. *v* 1) смея́ться; рассмея́ться; to ~ at smb., smth. смея́ться над кем-л., чем-л.; to ~ to scorn вы́смеять; to ~ oneself into fits (*или* convulsions) смея́ться до упа́ду; he ~ed his pleasure он рассмея́лся от удово́льствия 2) со сме́хом сказа́ть, произнести́; he ~ed a reply он отве́тил со сме́хом □ ~ **away** рассе́ять, прогна́ть сме́хом (*скуку, опасения*); ~ **down** засмея́ть; заглуши́ть сме́хом (*речь и т. п.*); ~ **off** отшути́ться, отде́латься сме́хом (*от чего-л.*); ~ **out:** to ~ smb. out of smth. насме́шкой отучи́ть кого́-л. от чего́-л.; ~ **over** обсужда́ть в шутли́вом то́не ◇ to ~ on the wrong side of one's mouth (*или* face) от сме́ха перейти́ к слеза́м; огорчи́ться, опеча́литься; he ~s best who ~s last *посл.* хорошо́ смеётся тот, кто смеётся после́дним

**laughable** ['lɑːfəbl] *a* смешно́й; смехотво́рный, заба́вный; ~ incident заба́вное происше́ствие

**laughing** ['lɑːfɪŋ] 1. *pres. p. от* laugh 2

2. *a* 1) смею́щийся, улыба́ющийся; весёлый 2) смешно́й; it is no (*или* not a) ~ matter э́то не шу́тка; смея́ться не́чему

**laughing-gas** ['lɑːfɪŋ'gæs] *n* веселя́щий газ

**laughing jackass** ['lɑːfɪŋ'dʒækæs] *n* зиморо́док-хохоту́н (*птица*)

**laughing-stock** ['lɑːfɪŋstɔk] *n* посме́шище; to make a ~ of smb. вы́ставить кого́-л. на посме́шище

**laughter** ['lɑːftə] *n* смех, хо́хот; shrill ~ зво́нкий смех; to roar with ~ пока́тываться со́ смеху

**launch** I [lɔːntʃ] 1. *v* 1) броса́ть, мета́ть; to ~ a blow нанести́ уда́р 2) спуска́ть су́дно на́ воду 3) начина́ть, пуска́ть в ход, предпринима́ть; to ~ an offensive предприня́ть, нача́ть наступле́ние; to ~ an attack нача́ть ата́ку; to ~ a campaign разверну́ть кампа́нию; to ~ a program разрабо́тать програ́мму 4) запуска́ть (*ракету и т. п.*); выпуска́ть (*снаряд*); катапульти́ровать 5) горячо́ вы́сказать, разрази́ться □ ~ **into** с жа́ром, энтузиа́змом пусти́ться (*во что-л.*); to ~ into an argument пусти́ться в спор; to ~ smb. into business помо́чь кому́-л. сде́лать делову́ю карье́ру; to ~ into eternity *поэт.* отпра́вить(ся) на тот свет; ~ **out** а) пуска́ться (*в путь, о предприятие*); to ~ out on smth. нача́ть что-л де́лать; б) разрази́ться (*словами, упрёками*); в) сори́ть деньга́ми

2. *n* спуск су́дна на́ воду

**launch** II [lɔːntʃ] *n* 1) барка́с 2) мото́рная ло́дка, ка́тер; pleasure ~ прогу́лочная ло́дка

**launcher** ['lɔːntʃə] *n* *воен.* 1) пускова́я устано́вка 2) лета́тельная устано́вка 3) гранатомёт

**launching pad** ['lɔːntʃɪŋ pæd] = launching ramp

**launching ramp** ['lɔːntʃɪŋræmp] *n* *воен.* пускова́я устано́вка

**launching site** ['lɔːntʃɪŋsaɪt] *n* *воен.* пускова́я площа́дка; ста́ртовый ко́мплекс

**launder** ['lɔːndə] *a* 1) стира́ть и гла́дить (*бельё*) 2) стира́ться (*хорошо, плохо — о ткани*)

**launderette** [ˌlɔːndə'ret] *n* пра́чечная самообслу́живания

**laundress** ['lɔːndrɪs] *n* пра́чка

**laundry** ['lɔːndrɪ] *n* 1) пра́чечная 2) бельё для сти́рки *или* из сти́рки

**laureate** ['lɔːrɪɪt] 1. *n* лауреа́т; Lenin Prize L. лауреа́т Ле́нинской пре́мии; poet ~ придво́рный поэ́т

2. *a* 1) уве́нчанный лавро́вым венко́м 2) лавро́вый; ~ wreath лавро́вый вено́к

**laurel** ['lɔrəl] 1. *n* 1) *бот.* лавр благоро́дный 2) (*обыкн. pl*) ла́вры, по́чести; to rest (*или* to repose, to retire) on one's ~s почи́ть на ла́врах; to reap (*или* to win) one's ~s стяжа́ть ла́вры, дости́чь сла́вы

2. *v* венча́ть лавро́вым венко́м

**laurelled** ['lɔrəld] 1. *p. p. от* laurel 2

2. *a* уве́нчанный лавро́вым венко́м, ла́врами; знамени́тый

**laurel oak** ['lɔrəl'əuk] *n* дуб лавроли́стный

**lava** [ˈlɑːvə] *n* ла́ва

**lavatory** [ˈlævətərɪ] *n* убо́рная, туале́т

**lave** [leɪv] *v поэт.* 1) мыть 2) омыва́ть (*о ручье, потоке*)

**lavement** [ˈleɪvmənt] *n мед.* промыва́ние, кли́зма

**lavender** [ˈlævɪndə] *n* 1) *бот.* лава́нда 2) вы́сушенные ли́стья, цветы́ лава́нды; to lay up in ~ а) перекла́дывать лава́ндой (*для аромата*); б) *перен.* приберега́ть на бу́дущее (вре́мя); в) *разг.* закла́дывать, отдава́ть в зало́г 3) бле́дно-лило́вый цвет

**lavender-water** [ˈlævɪndəˌwɔːtə] *n* лава́ндовая вода́

**laverock** [ˈlævərək] *поэт. см.* lark I

**lavish** [ˈlævɪʃ] **1.** *a* 1) (of, in) ще́дрый; расточи́тельный; he is never ~ of praise он не щедр на похвалы́ 2) оби́льный; чрезме́рный

2. *v* 1) быть ще́дрым; to ~ care upon one's children окружа́ть забо́той свои́х дете́й 2) расточа́ть

**lavishness** [ˈlævɪʃnɪs] *n* 1) ще́дрость; расточи́тельность 2) оби́лие

**law** I [lɔː] *n* 1) зако́н; Mendeleyev's ~ периоди́ческая систе́ма элеме́нтов Менделе́ева; ~ of diminishing return «зако́н убыва́ющего плодоро́дия»; to go beyond the ~ соверши́ть противозако́нный посту́пок; to keep within the ~ приде́рживаться зако́на; in ~ по зако́ну, зако́нно 2) *юр.* пра́во; юриспруде́нция; ~ merchant торго́вое пра́во; private ~ гражда́нское пра́во; to read ~ изуча́ть пра́во; ~ and order правопоря́док; to hold good in ~ быть юриди́чески обосно́ванным 3) профе́ссия юри́ста; to follow the (*или* to go in for) ~ избра́ть профе́ссию юри́ста; to practise ~ быть юри́стом 4) суд, суде́бный проце́сс; to be at ~ with smb. быть в тя́жбе с ке́м-либо; to go to ~ пода́ть в суд; нача́ть суде́бный проце́сс; to have (*или* to take) the ~ of smb. привле́чь кого́-л. к суду́; to take the ~ into one's own hands распра́виться без суда́ 5) суде́йское сосло́вие 6) (the ~) *разг.* поли́ция, полице́йский 7) пра́вило; the ~s of tennis пра́вила игры́ в те́ннис 8) *спорт.* преиму́щество, предоставля́емое проти́внику (*в состязании и т. п.*); *перен.* переды́шка; отсро́чка; послабле́ние 9) *attr.* зако́нный; юриди́ческий; правово́й; ~ school юриди́ческая шко́ла; юриди́ческий факульте́т ◇ he is a ~ unto himself для него́ не существу́ет никаки́х зако́нов, кро́ме со́бственного мне́ния; necessity (*или* need) knows no ~ *посл.* нужда́ не зна́ет зако́на; to give (the) ~ to smb. навяза́ть кому́-л. свою́ во́лю

**law** II [lɔː] = lawk(s)

**law-abiding** [ˈlɔːəˌbaɪdɪŋ] *a* законопослу́шный, подчиня́ющийся зако́нам, уважа́ющий зако́ны

**law-book** [ˈlɔːbuk] *n* ко́декс, свод зако́нов

**law-breaker** [ˈlɔːˌbreɪkə] *n* правонаруши́тель, престу́пник

**law-court** [ˈlɔːkɔːt] *n* суд

**lawful** [ˈlɔːful] *a* зако́нный; ~ age гражда́нское совершенноле́тие

**lawgiver** [ˈlɔːˌgɪvə] *n* законода́тель

**lawk(s)** [lɔːk(s)] *int разг.* неу́жто?

**lawless** [ˈlɔːlɪs] *a* 1) беззако́нный 2) необу́зданный

**law-list** [ˈlɔːlɪst] *n* ежего́дный юриди́ческий спра́вочник

**lawmaker** [ˈlɔːˌmeɪkə] = lawgiver

**law-making** [ˈlɔːˌmeɪkɪŋ] **1.** *n* изда́ние зако́нов

2. *a* законода́тельный

**lawn** I [lɔːn] *n* бати́ст

**lawn** II [lɔːn] *n* лужа́йка, газо́н

**lawn hockey** [ˈlɔːnˌhɔkɪ] *n* травяно́й хокке́й

**lawn-mower** [ˈlɔːnˌməuə] *n* газонокоси́лка

**lawn party** [ˈlɔːnˌpɑːtɪ] *амер. см.* garden-party

**lawn-sprinkler** [ˈlɔːnˌsprɪŋklə] *n* маши́на для поли́вки газо́нов

**lawn tennis** [ˈlɔːnˈtenɪs] *n спорт.* те́ннис

**lawny** I [ˈlɔːnɪ] *a* бати́стовый

**lawny** II [ˈlɔːnɪ] *a* зелёный, покры́тый траво́й

**law-offender** [ˈlɔːɔˌfendə] = law-breaker

**law-officer** [ˈlɔːˈɔfɪsə] слу́жащий суде́бного ве́домства; ~s of the Crown юри́сты короны́ (*генеральный прокурор и его заместитель*)

**laws** [lɔːz] = lawk(s)

**lawsuit** [ˈlɔːsjuːt] *n* суде́бный проце́сс; иск; тя́жба

**law-term** [ˈlɔːˈtəːm] *n* 1) юриди́ческий те́рмин 2) пери́од суде́бной се́ссии

**law-violator** [ˈlɔːˌvaɪəleɪtə] = law-breaker

**law-writer** [ˈlɔːˌraɪtə] *n* 1) а́втор, пи́шущий на правовы́е те́мы 2) перепи́счик в суде́

**lawyer** [ˈlɔːjə] *n* 1) юри́ст; адвока́т 2) законове́д

**lax** [læks] *a* 1) сла́бый, вя́лый 2) неплó́тный; ры́хлый 3) расхля́банный, распу́щенный 4) небре́жный, неря́шливый 5) нето́чный, неопределённый 6) *фон.* ненапряжённый 7) *мед.* скло́нный к поно́су (*о кишечнике*)

**laxative** [ˈlæksətɪv] **1.** *n* слаби́тельное (сре́дство)

2. *a* слаби́тельный

**laxity** [ˈlæksɪtɪ] *n* 1) сла́бость, вя́лость 2) расхля́банность, распу́щенность 3) неопределённость, нето́чность

**lay** I [leɪ] *a* 1) све́тский, мирско́й, недухо́вный 2) непрофессиона́льный; ~ opinion мне́ние неспециали́ста 3) *карт.* некозырно́й

**lay** II [leɪ] *n* 1) лэ, коро́ткая пе́сенка; коро́ткая балла́да 2) пе́ние птиц

**lay** III [leɪ] *past от* lie II, 1

**lay** IV [leɪ] **1.** *v* (laid) 1) класть, положи́ть (on) 2) возлага́ть (*надежды и т. п.*); придава́ть (*значение*) 3) примя́ть (*посевы*); повали́ть; to ~ the dust приби́ть пыль 4) накрыва́ть, стели́ть; to ~ the table, to ~ the cloth накры́ть на стол 5) накла́дывать (*краску*); покрыва́ть (*слоем*) 6) класть я́йца, нести́сь 7) припи́сывать (*кому-л. что-л.*); предъявля́ть; обвиня́ть; to ~ claim предъявля́ть права́, притяза́ния; to ~ damages at взы́скивать убы́ток с; to ~ an information against smb. доноси́ть на кого́-л. 8) привести́ в определённое состоя́ние, положе́ние; to ~ open открыва́ть, обнажа́ть, оставля́ть незащищённым; to ~ one's plans bare раскры́ть свои́ пла́ны; to ~ oneself open to suspicions (accusation) навле́чь на себя́ подозре́ния (обвине́ние) 9) (*обыкн. pass.*) происходи́ть, соверша́ться 10) прокла́дывать курс (*корабля*) 11) свива́ть, вить (*верёвки и т. п.*) 12) успока́ивать; to ~ an apprehension успоко́ить, рассе́ять опасе́ния 13) энерги́чно бра́ться (*за что-л.*); to ~ to one's oars нале́чь на вёсла 14) *разг.* предлага́ть пари́, би́ться об закла́д; I ~ ten dollars that he will not come держу́ пари́ на де́сять до́лларов, что он не придёт 15) *груб.* вступи́ть в связь □ ~ **about:** to ~ about one наноси́ть уда́ры напра́во и нале́во; ~ **aside** а) откла́дывать (*в сторону*); б) откла́дывать, приберега́ть; в) броса́ть, выбра́сывать; отка́зываться; г) *pass.* быть вы́веденным из стро́я; д) *pass.* хвора́ть; ~ **by** откла́дывать; ~ **down** а) уложи́ть; б) соста́вить (*план*); в) закла́дывать (*здание, корабль*); г) сложи́ть (*полномочия и т. п.*), оста́вить (*службу*); to ~ down the duties of office отказа́ться от до́лжности; to ~ down one's life отда́ть свою́ жизнь; поже́ртвовать жи́знью; д) устана́вливать, утвержда́ть; to ~ down the law α) устана́вливать, формули́ровать зако́н; β) говори́ть догмати́ческим то́ном; заявля́ть безапелляцио́нно; е) покрыва́ть (with — *чем-л.*); засе́ивать (*травой, цветами и т. п.*); ~ **in** а) запаса́ть; б) *разг.* вы́пороть, вссы́пать; ~ **off** а) снима́ть (*одежду*); б) откла́дывать; в) *амер.* освободи́ть *или* снять с рабо́ты (*гл. обр. временно*); г) *амер.* отдыха́ть; д) *разг.* прекраща́ть, перестава́ть; ~ off! переста́нь, отступи́сь!; ~ **on** а) накла́дывать (*слой краски, штукатурки*); to ~ it on (thick) *разг.* преувели́чивать; хвати́ть че́рез край; б) облага́ть (*налогом*); в) наноси́ть (*удары*); г) подводи́ть, прокла́дывать (*газ, электричество и т. п.*); д) *разг.* устра́ивать (*вечеринку и т. п.*); ~ **out** а) выкла́дывать, выставля́ть; б) свали́ть, сбить с ног, вы́вести из стро́я; в) *разг.* уби́ть; г) плани́ровать, разбива́ть (*сад, участок*); д) тра́тить де́ньги; е) положи́ть на стол (*покойника*); ж): to ~ oneself out (for; to *с inf.*) *разг.* стара́ться; напряга́ть все си́лы; выкла́дываться; из ко́жи вон лезть; ~ **over** а) покрыва́ть (*слоем чего-л.*); б) *амер. разг.* откла́дывать (*заседание и т. п.*); прерва́ть путеше́ствие; задержа́ться; в) *амер. разг.* превосходи́ть; превыша́ть; получи́ть преиму́щество; ~ **up** а) откла́дывать, копи́ть; б) возводи́ть, сооружа́ть; в) выводи́ть вре́менно из стро́я; to ~ up for repairs поста́вить на ремо́нт; to be laid up лежа́ть больны́м; г) *груб.* вступи́ть в связь ◇ to ~ under obligation обяза́ть; to ~ fast заключа́ть в тюрьму́; to ~ hands on а) схва́тывать, завладева́ть; присва́ивать; б) подня́ть ру́ку на *кого-л.*, уда́рить; to ~ hands on oneself наложи́ть на себя́ ру́ки, поко́нчить с собо́й; в) *церк.* рукополага́ть, посвяща́ть (*в сан*); to ~ one's shirt on ≅ би́ться об закла́д; дава́ть го́лову на отсече́ние; to ~ eyes on smth. уви́деть что-л.; to ~ it on smb. уда́рить кого́-л.; дать кому́-л. тумака́; to ~ on the table а) включи́ть в пове́стку дня (*законопроект и т. п.*); б) *амер.* снять с обсужде́ния (*предложение и т. п.*)

2. *n* 1) положе́ние, расположе́ние (*чего-л.*); направле́ние; очерта́ние (*берега*); релье́ф 2) *разг.* по́прище, де́ло, рабо́та 3) *разг.* пари́

**layabout** [ˈleɪəˌbaut] *n разг.* безде́льник

**lay-by** [ˈleɪbaɪ] *n* 1) придоро́жная площа́дка для стоя́нки автомоби́лей 2) *ж.-д.* ве́тка

**lay-days** [ˈleɪdeɪz] *n pl ком.* стоя́ночное, ста́лийное вре́мя

**layer** I 1. *n* [ˈleiə] 1) слой, пласт; насло́ение 2) *бот.* отво́док 3) разре́з (*чертежа*)

2. *v* [lɛə] 1) насла́ивать, класть пласта́ми 2) *бот.* разводи́ть отво́дками

**layer** II [ˈleiə] *n* 1) кла́дчик, укла́дчик 2) несу́шка; this hen is a good ~ э́та ку́рица хорошо́ несётся

**layer-cake** [ˈleiəkeɪk] *n* слоёный пиро́г

**layette** [leɪˈet] *фр. n* прида́ное новорождённого

**lay figure** [ˈleɪˈfɪgə] *n* 1) мане́ке́н (*художника*) 2) неправдоподо́бный персона́ж; нереа́льный о́браз 3) ничто́жество; челове́к, лишённый индивидуа́льности *или* значе́ния

**laying** [ˈleɪɪŋ] 1. *pres. p. от* lay IV, 1

2. *n* 1) пе́рвый слой штукату́рки 2) кла́дка яи́ц 3) вре́мя кла́дки яи́ц

**layman** [ˈleɪmən] *n* 1) миря́нин 2) непрофессиона́л; неспециали́ст 3) = lay figure 1)

**lay-off** [ˈleɪˈɔf] *n* 1) приостано́вка *или* сокраще́ние произво́дства 2) увольне́ние из-за отсу́тствия рабо́ты (*гл. обр. временное*) 3) пери́од вре́менного увольне́ния 4) *attr.*: ~ pay выходно́е посо́бие; to get (*или* to receive) ~ pay получи́ть расчёт

**lay-out** [ˈleɪaut] *n* 1) расположе́ние; плани́ровка; план, разби́вка, разме́тка (*сада и т. п.*) 2) пока́з, вы́ставка; the ~ of goods вы́кладка това́ров 3) маке́т (*книги, газеты и т. п.*) 4) обору́дование; набо́р инструме́нтов 5) *разг.* угоще́ние; the dinner was a splendid ~ обе́д был великоле́пен

**lay-over** [ˈleɪˈəuvə] *n* 1) салфе́тка *или* доро́жка на ска́терти 2) остано́вка (*в пути*)

**laystall** [ˈleɪstɔːl] *n* сва́лка

**lay-up** [ˈleɪʌp] *n* вы́вод из стро́я, просто́й (*машины и т. п.*)

**lazaret** [ˌlæzəˈret] = lazaretto

**lazaretto** [ˌlæzəˈretəu] *n* (*pl* -os [-əuz]) 1) лепрозо́рий 2) каранти́нное су́дно *или* помеще́ние

**Lazarus** [ˈlæzərəs] *n* 1) ни́щий 2) *уст.* прокажённый

**laze** [leɪz] *v разг.* безде́льничать, лентя́йничать

**laziness** [ˈleɪzɪnɪs] *n* ле́ность, лень

**lazy** [ˈleɪzɪ] *a* лени́вый

**lazy-bones** [ˈleɪzɪˌbəunz] *n разг.* лентя́й, лени́вец

**Lazy Susan** [ˈleɪzɪˌsuːzn] *n* 1) враща́ющийся подно́с для припра́в, со́усов *и т. п.* 2) небольшо́й сто́лик для бутербро́дов и заку́сок

**lea** I [liː] *n* 1) *поэт.* луг, по́ле 2) *с.-х.* пар, по́ле под па́ром

**lea** II [liː] *n текст.* едини́ца длины́ пря́жи

**leach** [liːʧ] 1. *n* рапа́, насы́щенный раство́р пова́ренной со́ли

2. *v* выщела́чивать

**lead** I [led] 1. *n* 1) свине́ц; as heavy as ~ о́чень тяжёлый 2) гри́фель 3) *мор.* лот; to heave (*или* to cast) the ~ *мор.* броса́ть лот; измеря́ть глубину́ ло́том 4) грузи́ло, отве́с 5) пло́мба 6) *pl* свинцо́вые по́лосы для покры́тия кры́ши; покры́тая свинцо́м кры́ша; пло́ская кры́ша 7) *pl полигр.* шпо́ны 8) *attr.* свинцо́вый ◇ hail of ~ град пуль; to get the ~ быть застре́ленным

2. *v* 1) *тех.* освинцо́вывать, покрыва́ть свинцо́м 2) *полигр.* разделя́ть шпо́нами

**lead** II [liːd] 1. *n* 1) руково́дство; инициати́ва; to take the ~ взять на себя́ инициати́ву, вы́ступить инициа́тором; руководи́ть 2) приме́р; указа́ния, директи́ва; to follow the ~ of smb. сле́довать чьему́-л. приме́ру; to give smb. a (*или* the) ~ поощри́ть, подбодри́ть кого́-л. приме́ром 3) пе́рвое ме́сто, веду́щее ме́сто в состяза́нии; to gain (*или* to have) the ~ заня́ть пе́рвое ме́сто; to have a ~ of three metres (five seconds) опереди́ть на три ме́тра (на пять секу́нд) 4) *спорт.* разры́в ме́жду ли́дером и бегуно́м, иду́щим за ним 5) *театр., кино* гла́вная роль *или* её исполни́тель(ница) 6) пе́рвый ход (*в игре*); it is your ~ вам начина́ть 7) *карт.* ход; to return smb.'s ~ а) ходи́ть в масть; б) подде́рживать чью-л. инициати́ву 8) поводо́к, при́вязь 9) кра́ткое введе́ние к газе́тной статье́; вво́дная часть 10) разво́дье (*во льдах*) 11) трубопрово́д; кана́л 12) *эл.* подводя́щий про́вод 13) *тех.* опереже́ние, предваре́ние (*впуска пара и т. п.*) 14) *тех.* шаг (*спирали, винта*), ход (*поршня*) 15) *тех.* стрела́, уко́сина 16) *геол.* жи́ла; золотоно́сный песо́к 17) *воен.* упрежде́ние, приведе́ние огня́ (*по движущейся цели*) ◇ blind ~ тупи́к

2. *v* (led) 1) вести́, приводи́ть; to ~ a child by the hand вести́ ребёнка за́ руку; the path ~s to the house доро́га ведёт к до́му; chance led him to London слу́чай привёл его́ в Ло́ндон; to ~ nowhere ни к чему́ не приводи́ть 2) руководи́ть, управля́ть, кома́ндовать, возглавля́ть; to ~ an army кома́ндовать а́рмией; to ~ for the prosecution (defence) *юр.* возглавля́ть обвине́ние (защи́ту); to ~ an orchestra руководи́ть орке́стром 3) приводи́ть, склоня́ть (*к чему-л.*), заставля́ть; to ~ smb. to do smth. заста́вить кого́-л. сде́лать что-л.; what led you to think so? что заста́вило вас так ду́мать?; curiosity led me to look again любопы́тство заста́вило меня́ взгляну́ть сно́ва 4) быть, идти́ пе́рвым, опережа́ть (*в состязании*); превосходи́ть; he ~s all orators он лу́чший ора́тор; as a teacher he ~s он лу́чше всех други́х учителе́й 5) вести́, проводи́ть; to ~ a quiet life вести́ споко́йную жизнь 6) *спорт.* направля́ть уда́р (*в боксе*) 7) *охот.* це́литься в летя́щую пти́цу 8) *карт.* ходи́ть; to ~ hearts (spades *etc.*) ходи́ть с черве́й (с пик *и т. д.*) 9) *тех.* опережа́ть □ ~ **away** увле́чь, увести́; ~ **off** начина́ть, класть нача́ло; открыва́ть (*прения, бал*); ~ **on** завлека́ть, увлека́ть; ~ **out of** выходи́ть, сообща́ться (*о комнатах*); ~ **to** приводи́ть к *каким-л. результатам*; ~ **up to** а) постепе́нно подготовля́ть; б) наводи́ть разгово́р на *что-л.* ◇ to ~ by the nose води́ть на поводу́; держа́ть в подчине́нии; to ~ smb. a (pretty) dance заста́вить кого́-л. пому́читься; поводи́ть за́ нос, помане́жить кого́-л.; to ~ smb. up the garden (path) вводи́ть в заблужде́ние; завлека́ть; all roads ~ to Rome все доро́ги веду́т в Рим

**leaded** [ˈledɪd] 1. *p. p. от* lead I, 2

2. *a* освинцо́ванный

**leaden** [ˈledn] *a* 1) свинцо́вый 2) свинцо́вый, се́рый (*о небе, тучах и т. п.*) 3) тяжёлый; тя́жкий; ~ sleep тяжёлый сон 4) медли́тельный, неповоро́тливый; ине́ртный

**leader** [ˈliːdə] *n* 1) руководи́тель, глава́, ли́дер; вождь; команди́р; pioneer ~ пионервожа́тый 2) *спорт.* ли́дер 3) ре́гент (*хора*); дирижёр; веду́щий музыка́нт 4) передова́я (статья́) 5) *радио* пе́рвое (*наиболее важное*) сообще́ние в после́дних изве́стиях 6) *театр., кино* гла́вная роль; веду́щий актёр 7) пере́дняя ло́шадь (*в упряжке*) 8) гла́вный побе́г, росто́к 9) *эл.* проводни́к 10) водосто́чная труба́ 11) това́р, продава́емый по ни́зкой цене́ для привлече́ния покупа́телей 12) *pl полигр.* пункти́р, пункти́рная ли́ния

**leaderette** [ˌliːdəˈret] *n* коро́ткая реда́кционная заме́тка (*в газете*)

**leadership** [ˈliːdəʃɪp] *n* 1) руково́дство, води́тельство, руководя́щая роль; personal ~ единоли́чное руково́дство 2) превосхо́дство (*в какой-л. области*)

**leader-writer** [ˈliːdəˌraɪtə] *n* а́втор передови́ц

**lead glance** [ˈledglɑːns] *n мин.* свинцо́вый блеск, галени́т

**lead-in** [ˈliːdˈɪn] *n эл., радио* 1) ввод; спуск анте́нны 2) *тлв.* нача́льная фра́за те́кста пе́ред глаза́ми актёра *или* ди́ктора

**leading** [ˈliːdɪŋ] **1.** *pres. p. от* lead II, 2

**2.** *a* 1) веду́щий; руководя́щий; передово́й, выдаю́щийся; ~ case суде́бный прецеде́нт; the ~ man (lady) исполни́тель(ница) гла́вной ро́ли; ~ question а) наводя́щий вопро́с; б) основно́й вопро́с; ~ ship головно́й кора́бль; ~ writer выдаю́щийся писа́тель 2) *тех.* дви́гательный, ходово́й

**3.** *n* 1) руково́дство 2) указа́ние, инстру́кция, директи́ва ◇ men of light and ~ при́знанные авторите́ты

**leading-strings** [ˈliːdɪŋstrɪŋz] *n pl* во́жжи, по́мочи (*для детей*) ◇ to be in ~ быть на поводу́, быть несамостоя́тельным

**leadline** [ˈledlaɪn] *n мор.* лотли́нь

**lead-lotion** [ˈledˈləuʃən] *n* свинцо́вая при́мочка

**lead-off** [ˈliːdˈɔf] **1.** *n* 1) *разг.* нача́ло 2) игро́к, начина́ющий игру́

**2.** *a* нача́льный, начина́ющий

**lead pencil** [ˈledˈpensl] *n* графи́товый каранда́ш

**leadsman** [ˈledzmən] *n мор.* лотово́й

**lead time** [ˈliːdˈtaɪm] *n* 1) вре́мя на освое́ние но́вой проду́кции, на выполне́ние но́вого зака́за 2) заде́ржка, затя́гивание

**lead up** [ˈliːdʌp] *n* подгото́вка, введе́ние

**leaf** [liːf] **1.** *n* (*pl* leaves) 1) лист 2) листва́; fall of the ~, ~ fall листопа́д; о́сень; *перен.* зака́т жи́зни; to come into ~ покрыва́ться ли́стьями, распуска́ться 3) страни́ца, лист (*книги*); to turn over the leaves перели́стывать страни́цы (*книги*) 4) лист мета́лла (*особ.* *золота, серебра*) 6) ство́рка (*дверей*); поло́тнище (*ворот*); опускна́я доска́ (*стола*); полови́нка (*ширмы*) 6) *attr.* листово́й 7) *attr.* раздвижно́й; ~ bridge подъёмный, разводно́й мост 8) *attr.*: ~ litter опа́вшие ли́стья ◇ leaves without figs ≅ пусты́е обеща́ния; to turn over a new ~ нача́ть но́вую жизнь, испра́виться; to take a ~ out of smb.'s book сле́довать чему́-л. приме́ру, подража́ть кому́-л.

**2.** *v* 1) покрыва́ться листво́й (*амер.* ~ out) 2) перели́стывать, листа́ть (*обыкн.* ~ through, ~ over)

**leafage** [ˈliːfɪdʒ] *n поэт.* листва́

**leaflet** [ˈliːflɪt] *n* 1) листо́чек, ли́стик; молодо́й лист 2) листо́вка; то́нкая брошю́ра

**leafstalk** [ˈliːfstɔːk] *n бот.* черешо́к листа́

**leafy** [ˈliːfɪ] *a* 1) покры́тый ли́стьями; ~ shade тень от листвы́ 2) листово́й

**league** I [liːg] *n* льё, ли́га (*мера длины*)

**league** II [liːg] **1.** *n* ли́га, сою́з; in ~ with smb. в сою́зе с кем-л.

**2.** *v* входи́ть в сою́з; образова́ть сою́з; объединя́ть(ся)

**leaguer** I [ˈliːgə] *n* член ли́ги

**leaguer** II [ˈliːgə] *n уст.* оса́дный ла́герь

**leak** [liːk] **1.** *n* течь; уте́чка; to start (*или* to spring) a ~ дать течь

**2.** *v* 1) пропуска́ть во́ду, дава́ть течь; to ~ like a sieve дать течь 2) проса́чиваться 3) прогова́риваться, выдава́ть; to ~ a word проговори́ться □ ~ **out** а) просочи́ться; б) обнару́житься, стать изве́стным

**leakage** [ˈliːkɪdʒ] *n* 1) уте́чка, течь, проса́чивание; to spring (*или* to start) a ~ а) дать течь; б) испо́ртиться 2) уте́чка (*секретной информации, сведений*) 3) *физ.* рассе́яние

**leaky** [ˈliːkɪ] *a* име́ющий течь; ~ butter пло́хо отжа́тое ма́сло ◇ a ~ vessel болту́н, челове́к, не уме́ющий держа́ть язы́к за зуба́ми

**leal** [liːl] *a поэт., шотл.* лоя́льный, ве́рный; че́стный ◇ the land of the ~ а) не́бо; б) Шотла́ндия

**lean** I [liːn] **1.** *a* 1) то́щий, худо́й 2) по́стный (*о мясе*) 3) ску́дный; ~ years неурожа́йные го́ды 4) бе́дный (*о руднике*); убо́гий (*о руде*)

**2.** *n* по́стная часть мясно́й ту́ши, по́стное мя́со

**lean** II [liːn] **1.** *v* (leaned [-d], leant) 1) наклоня́ть(ся) (forward, over — вперёд, над) 2) прислоня́ться, опира́ться (on, against); ~ off the table! не облока́чивайтесь на стол! 3) полага́ться (on, upon — на); осно́вываться (on, upon — на); to ~ on a friend's advice полага́ться на сове́т дру́га 4) име́ть скло́нность (to, towards); I rather ~ to your opinion я склоня́юсь к ва́шему мне́нию ◇ to ~ over backwards ударя́ться в другу́ю кра́йность

**2.** *n* накло́н

**leaning** [ˈliːnɪŋ] **1.** *pres. p. от* lean II, 1

**2.** *n* 1) скло́нность (to, towards) 2) сочу́вствие, симпа́тия 3) укло́н

**leant** [lent] *past и p. p. от* lean II, 1

**lean-to** [ˈliːntuː] *n* пристро́йка с односка́тной кры́шей; наве́с

**leap** [liːp] **1.** *n* 1) прыжо́к, скачо́к; a ~ in the dark прыжо́к в неизве́стность; риско́ванное де́ло 2) ре́зкое измене́ние (*цен и т. п.*) 3) препя́тствие; to clear (*или* to take) a ~ взять препя́тствие 4) *геол.* дислока́ция ◇ by ~s and bounds о́чень бы́стро

**2.** *v* (leapt, leaped [-t]) 1) пры́гать, скака́ть; перепры́гивать; to ~ a fence перепры́гнуть че́рез забо́р 2) си́льно заби́ться (*о сердце*) 3) ухвати́ться, с ра́достью согласи́ться; to ~ at a proposal (opportunity *etc.*) ухвати́ться за предложе́ние (возмо́жность *и т. п.*)

**leap-day** [ˈliːpdeɪ] *n* 29 февраля́

**leap-frog** [ˈliːpfrɔg] **1.** *n* чехарда́

**2.** *v* 1) пры́гать, перепры́гивать; попереме́нно опережа́ть (over) 2) *воен.* дви́гаться перека́тами

**leapt** [lept] *past и p. p. от* leap 2

**leap-year** [ˈliːpjəː] *n* високо́сный год

**learn** [ləːn] *v* (learnt, learned [ləːnt]) 1) учи́ться; учи́ть (*что-л.*); to ~ by heart учи́ть наизу́сть; to ~ by rote зубри́ть 2) научи́ться (*чему-л.*); to ~ to be more careful научи́ться быть бо́лее осторо́жным; to ~ one's lesson получи́ть хоро́ший уро́к 3) узнава́ть 4) *уст., шутл.* учи́ть (*кого-л.*)

**learned 1.** [ləːnt] *past и p. p. от* learn

**2.** *a* [ˈləːnɪd] 1) учёный, эруди́рованный; my ~ friend мой учёный колле́га 2) нау́чный (*о журнале, обществе и т. п.*)

**learner** [ˈləːnə] *n* уча́щийся; учени́к; a quick (a slow) ~ спосо́бный (малоспосо́бный) учени́к; an advanced ~ продви́нутый учени́к

**learning** [ˈləːnɪŋ] **1.** *pres. p. от* learn

**2.** *n* 1) уче́ние, изуче́ние 2) учёность, эруди́ция

**learnt** [ləːnt] *past и p. p. от* learn

**lease** I [liːs] **1.** *n* 1) аре́нда, сда́ча внаём; наём; to take on ~ арендова́ть 2) догово́р об аре́нде 3) срок аре́нды ◇ to take (*или* to get, to have) a new ~ of life а) воспря́нуть ду́хом; б) вы́йти из ремо́нта (*о вещи*)

**2.** *v* сдава́ть *или* брать внаём, в аре́нду

**lease** II [liːs] *текст.* **1.** *n* нитеразде́литель

**2.** *v* разделя́ть ни́ти (*основы*); скре́щивать ни́ти

**leasehold** [ˈliːshəuld] **1.** *n* 1) по́льзование на права́х аре́нды; наём 2) арендо́ванное иму́щество

**2.** *a* 1) арендо́ванный 2) взя́тый на о́ткуп

**leaseholder** [ˈliːsˌhəuldə] *n* аренда́тор, съёмщик

**leash** [liːʃ] **1.** *n* 1) сво́ра, при́вязь (*для борзых*); смычо́к (*для гончих*); to lead on a ~ вести́ на поводке́; to hold in ~ *перен.* держа́ть в узде́; to strain at the ~ стреми́ться вы́рваться 2) *охот.* сво́ра из трёх соба́к; *тж.* три соба́ки, три за́йца *и т. п.*

**2.** *v* держа́ть на при́вязи, на сво́ре

**least** [liːst] **1.** *a* (*превосх. ст. от* little) наиме́ньший, мале́йший; there is not the ~ wind today сего́дня ни мале́йшего ветерка́

**2.** *adv* ме́нее всего́, в наиме́ньшей сте́пени; I like that ~ of all мне э́то нра́вится ме́нее всего́; ~ privileged groups of population наибо́лее обездо́ленные слои́ о́бщества

**3.** *n* минима́льное коли́чество, мале́йшая сте́пень; at (the) ~ по кра́йней ме́ре; not in the ~ ни в мале́йшей сте́пени, ничу́ть; to say the ~ of it без преувеличе́ния, мя́гко выража́ясь ◇ ~ said soonest mended *посл.* ≅ чем ме́ньше разгово́ров, тем лу́чше для де́ла

**leastwise** [ˈliːstwaɪz] *adv* по кра́йней ме́ре

**leather** [ˈleðə] **1.** *n* 1) ко́жа (*выделанная*); Russia ~ юфть 2) реме́нь 3) ко́жаное изде́лие 4) футбо́льный мяч; мяч в кри́кете 5) *pl* кра́ги 6) *attr.* ко́жаный; ~ gloves ко́жаные перча́тки; ~ bottle бурдю́к, мех, ко́жаный мешо́к ◇ (there is) nothing like ~ ≅ всяк кули́к своё бо́лото хва́лит

**2.** *v* 1) крыть ко́жей 2) *разг.* поро́ть ремнём; колоти́ть 3) *разг.* рабо́тать с напряже́нием

**leather-back** [ˈleðəbæk] *n* ко́жистая черепа́ха
**leather-cloth** [ˈleðəkləθ] *n* ткань, обрабо́танная под ко́жу
**leather-coat** [ˈleðəkəut] *n* я́блоко с жёсткой кожуро́й
**leatherette** [ˌleðəˈret] *n* иску́сственная ко́жа
**leather-head** [ˈleðəhed] *n разг.* болва́н, тупи́ца
**leathering** [ˈleðərɪŋ] **1.** *pres. p. от* leather 2
**2.** *n* 1) *разг.* по́рка 2) *тех.* ко́жаная наби́вка
**leathern** [ˈləðə(:)n] *a* ко́жаный
**leather-neck** [ˈleðənek] *n разг.* солда́т морско́й пехо́ты
**leathery** [ˈleðərɪ] *a* 1) похо́жий на ко́жу 2) жёсткий; ~ steak бифште́кс, жёсткий как подо́шва
**leave** I [li:v] *n* 1) разреше́ние, позволе́ние; by (*или* with) your ~ с ва́шего разреше́ния; I take ~ to say беру́ на себя́ сме́лость сказа́ть 2) о́тпуск (*тж.* ~ of absence); on ~ в о́тпуске; on sick ~ в о́тпуске по боле́зни; paid ~ опла́чиваемый о́тпуск; ~ without pay о́тпуск без сохране́ния содержа́ния 3) *воен.* увольне́ние 4) отъе́зд, ухо́д; проща́ние; to take one's ~ (of smb.) проща́ться (с кем-л.) 5) *attr.*: ~ allowance *воен.* отпускно́е де́нежное содержа́ние; ~ travel *воен.* пое́здка в о́тпуск *или* из о́тпуска ◇ French ~ ухо́д без проща́ния *или* без разреше́ния; to take French ~ уйти́ не проща́ясь *или* без разреше́ния; to take ~ of one's senses потеря́ть рассу́док
**leave** II [li:v] *v* (left) 1) покида́ть 2) уезжа́ть, переезжа́ть; my sister has left for Moscow моя́ сестра́ уе́хала в Москву́; when does the train ~? когда́ отхо́дит по́езд? 3) оставля́ть; to ~ the rails сойти́ с ре́льсов; to ~ hold of вы́пустить из рук; seven from ten ~s three 10 — 7 = 3; 4) оставля́ть в том же состоя́нии; the story ~s him cold расска́з не тро́гает его́; to ~ smth. unsaid (undone) не сказа́ть (не сде́лать) чего́-л.; some things are better left unsaid есть ве́щи, о кото́рых лу́чше не говори́ть; I should ~ that question alone if I were you на ва́шем ме́сте я не каса́лся бы э́того вопро́са 5) передава́ть, оставля́ть; to ~ a message for smb. оставля́ть кому́-л. запи́ску; проси́ть переда́ть что-л.; to ~ word for smb. веле́ть переда́ть кому́-л. (*что-л.*) 6) приводи́ть в како́е-л. состоя́ние; the insult left him speechless оскорбле́ние лиши́ло его́ да́ра ре́чи 7) предоставля́ть; ~ it to me предоста́вьте э́то мне; nothing was left to accident всё бы́ло предусмо́трено; вся́кая случа́йность была́ исключена́ 8) завеща́ть, оставля́ть (*наследство*); to be well left быть хорошо́ обеспе́ченным насле́дством 9) прекраща́ть; it is time to ~ talking and begin acting пора́ переста́ть разгова́ривать и нача́ть де́йствовать; ~ it at that! *разг.* оста́вьте!, дово́льно! ▭ **~ behind** а) забыва́ть (*где-л.*); б) оставля́ть позади́; опережа́ть; в) превосходи́ть; **~ off** а) перестава́ть де́лать (*что-л.*), броса́ть привы́чку; to ~ off one's winter clothes переста́ть носи́ть, снять тёплые ве́щи; to ~ off smoking бро́сить кури́ть; б) остана́вливаться; where did we ~ off last time? на чём мы останови́лись в про́шлый раз?; we left off at the end of chapter III мы останови́лись в конце́ тре́тьей главы́; **~ out** а) пропуска́ть, не включа́ть; б) упуска́ть; **~ over** откла́дывать ◇ to ~ open оста́вить откры́тым (*вопрос и т. п.*); to ~ oneself wide open *амер.* подста́вить себя́ под уда́р; to ~ smth. in the air оставля́ть незако́нченным (*мысль, речь и т. п.*); to ~ smb. to himself не вме́шиваться в чьи-л. дела́; it ~s much to be desired оставля́ет жела́ть мно́го лу́чшего; to be (*или* to get) (nicely) left *разг.* быть поки́нутым, обма́нутым, одура́ченным
**leave** III [li:v] *v* покрыва́ться листво́й
**leaved** [li:vd] **1.** *p. p. от* leave III
**2.** *a* покры́тый ли́стьями; име́ющий ли́стья
**-leaved** [-li:vd] *в сложных словах означает*: а) име́ющий каки́е-л. ли́стья; large-~ tree де́рево с больши́ми ли́стьями; б) име́ющий ство́рки; two-~ door двуство́рчатая дверь
**leaven** [ˈlevn] **1.** *n* дро́жжи, заква́ска; *перен.* возде́йствие, влия́ние ◇ they are both of the same ~ они́ о́ба из одного́ те́ста
**2.** *v* ста́вить на дрожжа́х, заква́шивать; *перен.* подверга́ть де́йствию (*чего-л.*); влия́ть
**leaves** [li:vz] *pl от* leaf 1
**leave-taking** [ˈli:vˌteɪkɪŋ] *n* проща́ние
**leavings** [ˈli:vɪŋz] *n pl* оста́тки; отбро́сы
**Lebanese** [ˌlebəˈni:z] **1.** *a* лива́нский
**2.** *n* лива́нец; лива́нка; the ~ *pl собир.* лива́нцы
**lecherous** [ˈletʃərəs] *a книжн.* распу́тный
**lechery** [ˈletʃərɪ] *n книжн.* развра́т
**lecithin** [ˈlesɪθɪn] *n хим.* лецити́н
**lectern** [ˈlektə(:)n] *n церк.* анало́й
**lection** [ˈlekʃən] *n уст.* 1) чте́ние 2) разночте́ние 3) *церк.* = lesson 1, 3)
**lector** [ˈlektɔ:] *n* чтец
**lecture** [ˈlektʃə] **1.** *n* 1) ле́кция; to deliver a ~ чита́ть ле́кцию 2) нота́ция, наставле́ние; to read (*или* to give) smb. a ~ отчи́тывать кого́-л.
**2.** *v* 1) чита́ть ле́кцию, ле́кции; to ~ on lexicology чита́ть ле́кции по лексиколо́гии 2) проче́сть нота́цию; выгова́ривать, отчи́тывать (on — за *что-л.*)
**lecturer** [ˈlektʃərə] *n* 1) ле́ктор 2) преподава́тель (*университета, колледжа*) 3) дьяк
**lectureship** [ˈlektʃəʃɪp] *n* ле́кторство
**led** [led] *past и p. p. от* lead II, 2
**ledge** [ledʒ] *n* 1) пла́нка, ре́йка 2) вы́ступ, усту́п; край, борт 3) риф; шельф; бар 4) *геол.* за́лежь; ру́дное те́ло; пласт 5) *тех.* ребо́рда
**ledger** [ˈledʒə] *n* 1) *бухг.* гла́вная кни́га, гроссбу́х 2) *стр.* попере́чная ба́лка 3) надгро́бная плита́
**ledger-bait** [ˈledʒəbeɪt] *n* нажи́вка
**lee** [li:] **1.** *n* 1) защи́та, укры́тие; under (*или* in) the ~ of a house под защи́той до́ма 2) подве́тренная сторона́
**2.** *a* подве́тренный; ~ side подве́тренный борт су́дна (*противоп.* weather side); ~ shore подве́тренный бе́рег
**leech** I [li:tʃ] **1.** *n* 1) пия́вка; to stick like a ~ приста́ть как пия́вка 2) кровопи́йца, вымога́тель
**2.** *v* 1) ста́вить пия́вки 2) пристава́ть, привя́зываться
**leech** II [li:tʃ] *n мор.* бокова́я *или* за́дняя шкато́рина (*паруса*)
**leek** [li:k] *n* лук-поре́й (*тж. и как национальная эмблема Уэльса*); wild ~ ди́кий лук; черемша́ ◇ to eat the (*или* one's) ~ проглоти́ть оби́ду
**leer** [lɪə] **1.** *n* косо́й, хи́трый, злó6ный *или* плотоя́дный взгляд
**2.** *v* смотре́ть и́скоса; смотре́ть хи́тро, зло́бно *или* с вожделе́нием (at)
**leery** [ˈlɪərɪ] *a разг.* 1) хи́трый 2) подозри́тельный
**lees** [li:z] *n pl* 1) оса́док на дне; to drink (*или* to drain) to the ~ вы́пить до после́дней ка́пли; *перен.* испи́ть ча́шу до дна 2) оста́тки,подо́нки ◇ there are ~ to every wine *посл.* ≅ и на со́лнце есть пя́тна; the ~ of life оста́ток жи́зни, ста́рость
**leeward** [ˈli:wəd] **1.** *n* подве́тренная сторона́
**2.** *a* подве́тренный
**3.** *adv* в подве́тренную сто́рону
**leeway** [ˈli:weɪ] *n* 1) дрейф корабля́ в подве́тренную сто́рону; снос самолёта; to make ~ дрейфова́ть; *перен.* стру́сить; отклони́ться от наме́ченного пути́ 2) отстава́ние; поте́ря вре́мени; to make up ~ наверста́ть упу́щенное 3) *разг.* запа́с вре́мени; to have ~ име́ть в запа́се вре́мя; to allow a little ~ предоста́вить небольшу́ю отсро́чку 4) относи́тельная свобо́да де́йствий
**left** I [left] *past и p. p. от* leave II
**left** II [left] **1.** *a* ле́вый; ~ bank ле́вый бе́рег
**2.** *adv* нале́во, сле́ва; ~ turn!, *амер.* ~ face! *воен.* нале́во!; ~ about face! *воен.* че́рез ле́вое плечо́ круго́м!
**3.** *n* 1) ле́вая сторона́; *воен.* ле́вый фланг; to keep to the ~ держа́ться ле́вой стороны́ 2) (the L.) (*употр. как pl*) *полит.* ле́вые ◇ over the ~ *разг.* как раз наоборо́т
**left-hand** [ˈlefthænd] *a* 1) ле́вый; ~ side ле́вая сторона́ 2) сде́ланный ле́вой руко́й; ~ blow уда́р ле́вой руко́й 3) *тех.* с ле́вым хо́дом (*о винте*)
**left-handed** [ˈleftˈhændɪd] *a* 1) де́лающий всё ле́вой руко́й; he is ~ он левша́ 2) сде́ланный ле́вой руко́й 3) неуклю́жий 4) лицеме́рный; нейскренний; сомни́тельный; ~ compliment сомни́тельный комплиме́нт 5) дви́жущийся про́тив часово́й стре́лки ◇ ~ marriage морганати́ческий брак
**left-hander** [ˈleftˈhændə] *n* 1) левша́ 2) уда́р ле́вой руко́й

**leftist** [ˈleftɪst] *n полит.* член ле́вой па́ртии, ле́вый

**left-luggage office** [ˈleftˌlʌgɪdʒˈɔfɪs] *n ж.-д.* ка́мера хране́ния

**leftmost** [ˈleftməust] *a* кра́йний сле́ва

**left-over** [ˈleftˈəuvə] *n* 1) оста́ток 2) пережи́ток

**leftward(s)** [ˈleftwəd(z)] *adv* сле́ва; вле́во

**left-wing** [ˈleftwɪŋ] *a полит.* ле́вый

**leg** [leg] **1.** *n* 1) нога́ (*от бедра до ступни*); to keep one's ~ про́чно держа́ться на нога́х; устоя́ть; to give smb. a ~ up помо́чь кому́-л. взобра́ться, подсади́ть кого́-л.; *перен.* помо́чь кому́-л. преодоле́ть препя́тствие, тру́дности; to run off one's ~s сби́ться с ног; to take to one's ~s удра́ть, улизну́ть; to walk smb. off his ~s си́льно утоми́ть кого́-л. ходьбо́й, прогу́лкой 2) иску́сственная нога́, проте́з 3) но́жка, подпо́рка; подста́вка, сто́йка; *перен.* опо́ра 4) штани́на; ~ of a stocking па́голенок 5) эта́п, часть пути́ 6) *спорт.* эта́п (*эстафеты*); круг (*в беге*) 7) *разг.* плут, моше́нник 8) *тех.* коле́но, уго́льник 9) *эл.* фа́за 10) *уст.* расша́ркивание; to make a ~ расша́ркиваться 11) *мат.* сторона́ (*треугольника*) ◇ ~ and ~ ра́вный счёт (*в состязании, игре*); to have the ~s of smb. бежа́ть быстре́е кого́-л.; убежа́ть от кого́-л.; to stand on one's own ~s быть незави́симым; to set (*или* to put) smb. on his ~s а) поста́вить на́ ноги (*после болезни*); б) помо́чь кому́-л. материа́льно; to have by the ~ *амер.* поста́вить в затрудни́тельное положе́ние; to get a ~ in *разг.* втере́ться в дове́рие; to have not a ~ to stand on не име́ть оправда́ния, извине́ния; your argument has not a ~ to stand on ваш до́вод не выде́рживает кри́тики; to pull smb.'s ~ моро́чить, одура́чивать, мистифици́ровать кого́-либо; stretch one's ~s according to the coverlet *посл.* ≅ по одёжке протя́гивай но́жки

**2.** *v разг.*: to ~ it ходи́ть; (у)бежа́ть; отмаха́ть

**legacy** [ˈlegəsɪ] *n* насле́дство; насле́дие

**legal** [ˈli:gəl] *a* 1) юриди́ческий, правово́й; ~ aid bureau юриди́ческая консульта́ция; ~ profession профе́ссия юри́ста; ~ advice сове́т юри́ста; ~ capacity правоспосо́бность, дееспосо́бность; ~ system законода́тельство 2) зако́нный; узако́ненный; лега́льный; ~ holiday непрису́тственный день

**legalist** [ˈli:gəlɪst] *n* зако́нник

**legality** [li(:)ˈgælɪtɪ] *n* зако́нность; лега́льность

**legalize** [ˈli:gəlaɪz] *v* узако́нивать, легализова́ть

**legate** I [ˈlegɪt] *n* 1) лега́т, па́пский посо́л 2) *уст.* посо́л, представи́тель

**legate** II [lɪˈgeɪt] *v* завеща́ть

**legatee** [ˌlegəˈti:] *n* насле́дник

**legation** [lɪˈgeɪʃən] *n* дипломати́ческая ми́ссия

**legato** [ləˈgɑ:təu] *adv муз.* лега́то

**leg-bail** [ˈlegˈbeɪl] *n разг.* бе́гство; to give ~ удра́ть

**legend** [ˈledʒənd] *n* 1) леге́нда 2) леге́нда, на́дпись (*на монете, медали, гравюре и т. п.*)

**legendary** [ˈledʒəndərɪ] **1.** *a* легенда́рный

**2.** *n* сбо́рник леге́нд

**legerdemain** [ˈledʒədəˈmeɪn] *фр. n* 1) ло́вкость рук, жонглёрство, фо́кусы 2) ло́вкий обма́н

**legerity** [lɪˈdʒerɪtɪ] *n* быстрота́; прово́рство; лёгкость

**leggings** [ˈlegɪŋz] *n pl* гама́ши; кра́ги

**leggy** [ˈlegɪ] *a* длинноно́гий

**leghorn** *n* 1) [ˈleghɔ:n] италья́нская соло́мка; *тж.* шля́па из неё 2) [leˈgɔ:n] леггорн (*порода кур*)

**legibility** [ˌledʒɪˈbɪlɪtɪ] *n* чёткость, разбо́рчивость (*почерка, шрифта*)

**legible** [ˈledʒəbl] *a* разбо́рчивый, чёткий

**legion** [ˈli:dʒən] *n* 1) легио́н; L. of Honour о́рден Почётного легио́на (*во Франции*) 2) мно́жество

**legionary** [ˈli:dʒənərɪ] **1.** *n* легионе́р

**2.** *a* легионе́рский

**legionnaire** [ˌli:dʒəˈnɛə] *фр. n* легионе́р

**legislate** [ˈledʒɪsleɪt] *v* издава́ть зако́ны, законода́тельствовать

**legislation** [ˌledʒɪsˈleɪʃən] *n* 1) законода́тельство 2) зако́н; законопрое́кт; labour ~ трудово́е законода́тельство

**legislative** [ˈledʒɪslətɪv] **1.** *a* законода́тельный

**2.** *n* законода́тельные о́рганы

**legislator** [ˈledʒɪsleɪtə] *n* 1) законода́тель 2) правове́д

**legislature** [ˈledʒɪsleɪtʃə] *n* 1) законода́тельная власть; законода́тельные учрежде́ния 2) *амер.* законода́тельный о́рган шта́та

**legist** [ˈli:dʒɪst] *n* правове́д

**legit** [lɪˈdʒɪt] *sl. сокр. от* legitimate drama [*см.* legitimate 1 ◇]

**legitimacy** [lɪˈdʒɪtɪməsɪ] *n* зако́нность

**legitimate** **1.** *a* [lɪˈdʒɪtɪmɪt] 1) зако́нный, лега́льный 2) пра́вильный, разу́мный; ~ argument пра́вильный до́вод; ~ claim зако́нное тре́бование, обосно́ванная прете́нзия 3) законнорождённый ◇ the ~ drama а) пье́сы все́ми при́знанного досто́инства; б) драмати́ческий теа́тр (*в противоп.* musical comedy)

**2.** *v* [lɪˈdʒɪtɪmeɪt] 1) узако́нивать; признава́ть зако́нным 2) усыновля́ть (внебра́чного ребёнка)

**legitimation** [lɪˌdʒɪtɪˈmeɪʃən] *n* 1) узаконе́ние 2) усыновле́ние (внебра́чного ребёнка)

**legitimist** [lɪˈdʒɪtɪmɪst] *n* легитими́ст

**legitimize** [lɪˈdʒɪtɪmaɪz] = legitimate 2

**legman** [ˈlegmæn] *n амер. разг.* репортёр

**leg-of-mutton** [ˈlegəvˈmʌtn] *a* треуго́льный; ~ sail треуго́льный па́рус

**leg-pull** [ˈlegpul] *n разг.* попы́тка одура́чить кого́-л., ро́зыгрыш

**leg-puller** [ˈlegˌpulə] *n амер. разг.* полити́ческий интрига́н

**legume** [ˈlegju:m] *n* плод бобо́вых, боб

**leguminous** [leˈgju:mɪnəs] *a бот.* бобо́вый; стручко́вый

**lei** [leɪ] *pl от* leu

**leister** [ˈli:stə] **1.** *n* острога́

**2.** *v* бить острого́й (*лососей*)

**leisure** [ˈleʒə] *n* 1) досу́г, свобо́дное вре́мя; at ~ на досу́ге; не спеша́; to be at ~ быть свобо́дным, незаня́тым; do it at your ~ сде́лайте э́то, когда́ вам бу́дет удо́бно 2) *attr.* свобо́дный; ~ time свобо́дное вре́мя

**leisured** [ˈleʒəd] *a* 1) досу́жий, пра́здный 2) неторопли́вый

**leisurely** [ˈleʒəlɪ] **1.** *a* 1) ме́дленный, неторопли́вый 2) досу́жий

**2.** *adv* не спеша́, споко́йно

**leit-motif, leit-motiv** [ˈlaɪtməuˌti:f] *n муз.* лейтмоти́в

**lemma** [ˈlemə] *n* (*pl* -s, lemata) 1) кра́ткое введе́ние (*в начале литературного произведения*); аннота́ция 2) заме́тка на поля́х 3) *мат.* ле́мма

**lemming** [ˈlemɪŋ] *n зоол.* ле́мминг, пестру́шка

**lemon** [ˈlemən] *n* 1) лимо́н (*плод и дерево*) 2) лимо́нный цвет 3) *амер. sl.* неприя́тный челове́к; него́дная, бро́совая вещь 4) *sl.* нече́стный приём, спо́соб 5) *sl.* некраси́вая де́вушка 6) *attr.* лимо́нного цве́та ◇ to hand smb. a ~ *разг.* наду́ть, обману́ть кого́-л.; the answer's a ~ не вы́йдет, э́тот но́мер не пройдёт

**lemonade** [ˌleməˈneɪd] *n* лимона́д

**lemon-drop** [ˈleməndrɔp] *n* лимо́нный леденец

**lemon grass** [ˈleməngrɑ:s] *n бот.* со́рго лимо́нное

**lemon squach** [ˈleměnˈskwɔʃ] *n* со́довая (вода́) с лимо́нным со́ком

**lemon-squeezer** [ˈlemənˌskwi:zə] *n* соковыжима́лка для лимо́на

**lemony** [ˈlemənɪ] *a* лимо́нный

**lemur** [ˈli:mə] *n зоол.* лему́р

**lend** [lend] *v* (lent) 1) дава́ть взаймы́; ода́лживать; ссужа́ть; to ~ long предоставля́ть долгосро́чную ссу́ду 2) дава́ть, сообща́ть, придава́ть; to ~ probability to a story придава́ть правдоподо́бие расска́зу 3) дава́ть, предоставля́ть; to ~ assistance (support) ока́зывать по́мощь (подде́ржку) 4) *refl.* прибега́ть (*к чему-л., обыкн. дурному*); to ~ oneself to dishonesty прибе́гнуть к по́длости 5) *refl.* годи́ться (*только о вещах*) 6) *refl.* предава́ться (*мечтам и т. п.*) □ ~ out а) ода́лживать; б) выдава́ть кни́ги (*в библиотеке*) ◇ to ~ one's ears (*или* ear) вы́слушать; to ~ a (helping) hand помо́чь

**lender** [ˈlendə] *n* заимода́вец, кредито́р

**lending-library** [ˈlendɪŋˌlaɪbrərɪ] *n* библиоте́ка с вы́дачей книг на́ дом

**Lend-Lease** [ˈlendˈliːs] *n амер.* ленд-ли́з, переда́ча взаймы́ *или* в аре́нду (*вооружения, продовольствия и т. п.*); ~ Act зако́н о ленд-ли́зе (*1941 г.*)

**length** [leŋθ] *n* 1) длина́; at full ~ а) во всю длину́; врастя́жку; б) со всеми подро́бностями; the horse won by three ~s ло́шадь опереди́ла други́х на́ три ко́рпуса; to fall all one's ~ растяну́ться во весь рост 2) расстоя́ние; to keep at arm's ~ держа́ть на почти́тельном расстоя́нии 3) продолжи́тельность; протяже́ние; of some ~ дово́льно продолжи́тельный; in ~ of time со вре́менем; to speak at some ~ говори́ть до́лго; to draw out to a great ~ затяну́ть, растяну́ть (*доклад и т. п.*); ~ of work (service) стаж рабо́ты (слу́жбы) 4) *фон.* долгота́ гла́сного 5) отре́зок, кусо́к 6) отре́з; a ~ of dress fabric отре́з на пла́тье ◇ at ~ а) наконе́ц; б) подро́бно; to go all ~s (*или* any ~) идти́ на всё, ни перед че́м не остана́вливаться; to go the ~ of doing smth. позво́лить себе́, осме́литься сде́лать что-л.; to go the whole ~ of it де́лать что-л. основа́тельно, доводи́ть до конца́; through the ~ and breadth (of) вдоль и поперёк, из кра́я в край

**lengthen** [ˈleŋθən] *v* 1) удлиня́ть (-ся); увели́чивать(ся); to ~ out чрезме́рно затя́гивать 2) продолжа́ть (-ся), тяну́ться; постепе́нно переходи́ть; summer ~s into autumn ле́то постепе́нно перехо́дит в о́сень

**lengthways** [ˈleŋθweɪz] *adv* в длину́; вдоль

**lengthwise** [ˈleŋθwaɪz] = lengthways

**lengthy** [ˈleŋθɪ] *a* 1) о́чень дли́нный, растя́нутый, многосло́вный 2) *разг.* высо́кий (*о человеке*)

**lenience, -cy** [ˈliːnjəns, -sɪ] *n* мя́гкость; снисходи́тельность; терпи́мость

**lenient** [ˈliːnjənt] *a* мя́гкий; снисходи́тельный; терпи́мый

**Leninism** [ˈlenɪnɪzm] *n* ленини́зм

**Leninist** [ˈlenɪnɪst] **1.** *n* ле́нинец

**2.** *a* ле́нинский

**Leninite** [ˈlenɪnaɪt] = Leninist 1 *и* 2

**lenitive** [ˈlenɪtɪv] *мед.* **1.** *a* мягчи́тельный

**2.** *n* 1) мягчи́тельное, успока́ивающее сре́дство 2) лёгкое слаби́тельное

**lenity** [ˈlenɪtɪ] *n* 1) милосе́рдие 2) мя́гкость

**lens** [lenz] **1.** *n* (*pl* -es [-ɪz]) 1) ли́нза, чечеви́ца, опти́ческое стекло́; лу́па; объекти́в 2) *анат.* хруста́лик гла́за (*тж.* crystalline ~) 3) *геол.* чечевицеобра́зная за́лежь

**2.** *v*: to ~ out *горн.* выкли́ниваться

**Lent** [lent] *n церк.* вели́кий пост

**lent** [lent] *past и p. p. от* lend

**Lenten** [ˈlentən] *a* 1) *церк.* великопо́стный 2) по́стный (*о пище*); пре́сный (*о хлебе*)

**lenticular** [lenˈtɪkjulə] *a* 1) *опт.* двояковы́пуклый; линзообра́зный 2) *анат.* относя́щийся к хруста́лику гла́за

**lentil** [ˈlentɪl] *n бот.* чечеви́ца

**lent lily** [ˈlentˈlɪlɪ] *n бот.* жёлтый нарци́сс

**lentous** [ˈlentəs] *a* ли́пкий, клейкий

**lent term** [ˈlenttəːm] *n* весе́нний семе́стр

**Leo** [ˈli(ː)əu] *n* Лев (*созвездие и знак зодиака*)

**leonine** [ˈli(ː)əunaɪn] *a* 1) льви́ный 2) (*тж.* L.) леони́нский (*о стихе*)

**leopard** [ˈlepəd] *n* леопа́рд ◇ can the ~ change his spots? *посл.* ≅ горба́того моги́ла испра́вит

**leopardess** [ˈlepədɪs] *n* са́мка леопа́рда

**leotard** [ˈli(ː)əutɑːd] *n* 1) трико́ (*костюм акробата*) 2) колго́тки

**leper** [ˈlepə] *n* прокажённый

**leporine** [ˈlepəraɪn] *a зоол.* за́ячий

**leprechaun** [ˈleprəkɔːn] *n* эльф

**leprosarium** [ˌleprəuˈsɑːrɪəm] *n* лепрозо́рий

**leprosy** [ˈleprəsɪ] *n* прока́за

**leprous** [ˈleprəs] *a* 1) прокажённый 2) сво́йственный прока́зе

**Lesbian** [ˈlezbɪən] *a* 1) лесбо́сский 2) лесби́йский

**lese-majesty** [ˈliːzˈmædʒɪstɪ] *n* 1) оскорбле́ние прави́теля 2) госуда́рственное преступле́ние; госуда́рственная изме́на

**lesion** [ˈliːʒən] *n* 1) поврежде́ние, пораже́ние (*органа, ткани*) 2) *юр.* убы́ток, вред

**less** [les] **1.** *a* (*сравн. ст. от* little) ме́ньший (*о размере, продолжительности, числе и т. п.*); in a ~ (*или* lesser) degree в ме́ньшей сте́пени; of ~ importance ме́нее ва́жный ◇ no ~ a person than никто́ ино́й, как сам (*такой-то*)

**2.** *adv* ме́ньше, ме́нее; в ме́ньшей сте́пени; ~ known ме́нее изве́стный; ~ developed слабора́звитый (*о стране и т. п.*)

**3.** *n* ме́ньшее коли́чество, ме́ньшая су́мма *и т. п.*; I cannot take ~ не могу́ взять ме́ньше ◇ none the ~ тем не ме́нее; in ~ than no time в мгнове́ние о́ка

**4.** *prep* без; a year ~ three days год без трёх дней

**lessee** [leˈsiː] *n* съёмщик, аренда́тор

**lessen** [ˈlesn] *v* 1) уменьша́ть(ся) 2) преуменьша́ть; недооце́нивать

**lesser** [ˈlesə] *a attr.* (*сравн. ст. от* little) ме́ньший; the ~ of two evils ме́ньшее из двух зол; the Lesser Bear *астр.* Ма́лая Медве́дица

**lesson** [ˈlesn] **1.** *n* 1) уро́к; to give (to take) ~s in English дава́ть (брать) уро́ки англи́йского языка́; let this be a ~ to you пусть э́то послу́жит вам уро́ком 2) нота́ция; to give (*или* to read) smb. a ~ прочесть кому́-л. нота́цию; проучи́ть кого́-л. 3) *церк.* отры́вок из свяще́нного писа́ния, чита́емый во вре́мя слу́жбы

**2.** *v* 1) дава́ть уро́к(и); обуча́ть 2) чита́ть нота́цию, поуча́ть

**lessor** [leˈsɔː] *n* сдаю́щий в аре́нду

**lest** [lest] *cj* что́бы не, как бы не; put down the address ~ you should forget it запиши́те а́дрес, что́бы не забы́ть; I was afraid ~ I should forget the address я боя́лся, как бы не забы́ть а́дрес

**let** I [let] **1.** *v* (let) 1) позволя́ть, разреша́ть; will you ~ me smoke? вы разреши́те мне кури́ть? 2) пуска́ть, дава́ть, дава́ть возмо́жность; to ~ a fire (go) out дать огню́ поту́хнуть; to ~ loose вы́пустить, дать во́лю, свобо́ду; to ~ blood пуска́ть кровь; to ~ drop (*или* fall) а) роня́ть; б) нечаянно пророни́ть (*слово, замечание*); в) опуска́ть (*перпендикуляр*); to ~ go а) выпуска́ть из рук; б) отпуска́ть; в) допуска́ть; г) освобожда́ть; д) вы́кинуть из головы́; to ~ oneself go дать во́лю себе́, свои́м чу́вствам; to ~ smth. pass не обрати́ть внима́ния; прости́ть; to ~ things slide (*или* go hang) не обраща́ть внима́ния, относи́ться небре́жно; не интересова́ться; ≅ наплева́ть; to ~ slip the chance упусти́ть слу́чай; to ~ smb. know (*или* hear) дать знать, сообщи́ть кому́-л.; to ~ smb. see показа́ть, дать поня́ть кому́-л. 3) оставля́ть; не тро́гать; ~ me (him) be, let me (him) alone оста́вь(те) меня́ (его́) в поко́е; ~ my things alone не тро́гай(те) мои́х веще́й; we'll ~ it go at that на э́том мы остано́вимся; пусть бу́дет так 4) сдава́ть внаём; the house is to (be) ~ дом сдаётся (*надпись*) 5) *в повел. наклонении употребляется как вспомогательный глагол и выражает приглашение, приказание, разрешение, предположение, предостережение*: ~ us go идём(те); ~ you and me try now дава́йте попро́буем; ~ him try а) пусть он попро́бует; б) пусть то́лько попро́бует; ~ him do it at once пусть он сде́лает э́то неме́дленно; ~ him do what he likes пусть де́лает, что хо́чет; ~ AB be equal to CD пусть (*или* допу́стим, что) AB равно́ CD □ ~ **by** пропусти́ть; ~ **down** а) опуска́ть; б) разочарова́ть; в) подвести́; поки́нуть в беде́; г) унизи́ть; урони́ть; повреди́ть репута́ции; to ~ smb. down easily (*или* gently) пощади́ть чьё-л. самолю́бие, отнести́сь мя́гко; д) *тех.* отпуска́ть (*металл*); е) разбавля́ть, разжижа́ть; ~ **in** а) впуска́ть; to ~ oneself in войти́ в дом; б) обма́ном впу́тывать, вовлека́ть в беду́; to ~ oneself in for smth. впу́таться, ввяза́ться во что-л.; ~ **into** а) ввести́; посвяти́ть (*в тайну и т. п.*); б) руга́ть, брани́ть; в) изби́ть; ~ **off** а) разряди́ть ружьё, вы́стрелить; *перен. шутл.* вы́палить (*шутку и т. п.*); б) отпусти́ть без наказа́ния, прости́ть; ~ **on** *разг.* а) притворя́ться, де́лать вид; б) выдава́ть секре́т; доноси́ть на *кого-л.*; ~ **out** а) выпуска́ть; б) сде́лать ши́ре, вы́пустить (*о платье*); в) сдава́ть внаём; дава́ть напрока́т (*лошадь, экипаж*); г) проговори́ться, проболта́ться; д) *амер.* зака́нчиваться (*о занятиях*); e) *разг.* снима́ть подозре́ние, реабилити́ровать; **~ out at** а) дра́ться; б) руга́ться; **~ up** *разг.* а) ослабева́ть; б) прекраща́ть, оставля́ть ◇ to ~ one's tongue run away with one увле́чься, говори́ть не ду́мая; ~ George do it *амер.* пусть кто-нибудь друго́й э́то сде́лает

2. *n* сда́ча внаём

**let** II [let] *уст.* 1. *v* (letted [-ɪd], let) меша́ть, препя́тствовать

2. *n* поме́ха; препя́тствие

**let-alone** [ˈletəˈləun] *n* 1) невмеша́тельство 2) *attr.*: ~ policy (principle) поли́тика (при́нцип) невмеша́тельства

**letdown** [ˈletˈdaun] *n* 1) упа́док; ухудше́ние; ослабле́ние 2) *разг.* разочарова́ние 3) *ав.* приземле́ние

**lethal** [ˈli:θəl] *a* 1) смерте́льный; смертоно́сный; ~ chamber «ка́мера сме́рти» (*место, где усыпляют животных*) 2) фата́льный

**lethargic(al)** [leˈθɑ:dʒɪk(əl)] *a* 1) летарги́ческий 2) вя́лый, со́нный; апати́чный

**lethargy** [ˈleθədʒɪ] *n* 1) летарги́я 2) вя́лость, апати́чность

**Lethe** [ˈli:θi(:)] *n греч. миф.* Ле́та

**Lethean** [lɪˈθi:ən] *a*: ~ stream *греч. миф.* Ле́та, река́ забве́ния

**lethiferous** [li(:)ˈθɪfərəs] *a* смертоно́сный; смерте́льный

**let-in** [ˈletˈɪn] *a* вста́вленный

**let-off** [ˈletˈɔf] *n* проще́ние; освобожде́ние от (заслу́женного) наказа́ния

**let pass** [ˈletˈpɑ:s] *n* про́пуск

**Lett** [let] *n* 1) латы́ш; латы́шка 2) латы́шский язы́к

**letter** [ˈletə] 1. *n* 1) бу́ква; the ~ of the law бу́ква зако́на; to the ~ буква́льно, то́чно; the order was obeyed to the ~ прика́з был вы́полнен то́чно; in ~ and in spirit по фо́рме и по существу́ 2) *полигр.* ли́тера 3) письмо́; посла́ние; ~ of advice извеще́ние; ави́зо; ~ of attorney дове́ренность; ~ of credit *фин.* аккредити́в; ~s credential, ~s of credence (of recall) *дип.* вери́тельные (отзывны́е) гра́моты; ~ of instruction директи́вное письмо́; ~s of administration суде́бное полномо́чие на управле́ние име́нием *или* иму́ществом уме́ршего; ~ of indemnity гаранти́йное письмо́ 4) *pl* литерату́ра; man of ~s писа́тель; the profession of ~s профе́ссия писа́теля 5) эруди́ция, образо́ванность ◇ to win one's ~ заслужи́ть пра́во быть чле́ном спорти́вной организа́ции и носи́ть её инициа́лы

2. *v* 1) помеча́ть бу́квами; надпи́сывать чертёж 2) вытисня́ть бу́квы, загла́вие (*на корешке книги*)

**letter-box** [ˈletəbɔks] *n* почто́вый я́щик

**letter-card** [ˈletəkɑ:d] *n* письмо́-секре́тка

**letter-carrier** [ˈletəˌkærɪə] *n* письмоно́сец, почтальо́н

**lettered** [ˈletəd] 1. *p. p. от* letter 2

2. *a* 1) начи́танный; (литерату́рно) образо́ванный 2) с тиснёными, выгравированными бу́квами, загла́вием 3) ли́терный, обозна́ченный бу́квами

**letter-foundry** [ˈletəˌfaundrɪ] *n* словоли́тня (*в типографии*)

**lettergram** [ˈletəgræm] *n* письмо́-телегра́мма (*оплачиваемое по пониженному тарифу*)

**letterhead** [ˈletəhed] *n* печа́тный бланк (*учреждения или частного лица*)

**lettering** [ˈletərɪŋ] 1. *pres. p. от* letter 2

2. *n* на́дпись; тисне́ние

**letterless** [ˈletəlɪs] *a* необразо́ванный; негра́мотный

**letter-paper** [ˈletəˌpeɪpə] *n* почто́вая бума́га

**letter-perfect** [ˈletəˈpə:fɪkt] *a театр.* твёрдо зна́ющий свою́ роль

**letterpress** [ˈletəpres] *n* текст в кни́ге (*в отличие от иллюстраций*)

**letter-weight** [ˈletəweɪt] *n* 1) почто́вые весы́ 2) пресс-папье́

**Lettish** [ˈletɪʃ] 1. *a* латы́шский

2. *n* латы́шский язы́к

**lettuce** [ˈletɪs] *n бот.* сала́т-лату́к

**let-up** [ˈletˈʌp] *n разг.* прекраще́ние; приостано́вка; ослабле́ние; it rained without ~ дождь не прекраща́лся ни на мину́ту

**leu** [ˈleu:] *n* (*pl* lei) лей, ле́я (*денежная единица Румынии*)

**leucocyte** [ˈlju:kəusaɪt] *n физиол.* лейкоци́т

**lev** [lef] *n* (*pl* leva) лев (*денежная единица Болгарии*)

**leva** [ˈlevɑ:] *pl от* lev

**levant** [lɪˈvænt] *v* скры́ться, сбежа́ть, не уплати́в долго́в

**Levanter** [lɪˈvæntə] *n* 1) си́льный восто́чный ве́тер (*в районе Средиземного моря*) 2) = Levantine

**Levantine** [ˈlevəntaɪn] 1. *n* 1) жи́тель Лева́нта 2) су́дно, торгу́ющее с Лева́нтом

2. *a* леванти́йский

**levee** I [ˈlevɪ] *n* 1) дневно́й приём при дворе́ с прису́тствием одни́х мужчи́н 2) приём (у главы́ госуда́рства) 3) приём (*гостей*)

**levee** II [ˈlevɪ] 1. *n* 1) да́мба; гать 2) на́бережная 3) при́стань 4) берегово́й (намывно́й) вал реки́

2. *v амер.* воздвига́ть да́мбы

**level** [ˈlevl] 1. *n* 1) у́ровень; ступе́нь; sea ~ у́ровень мо́ря; on a ~ with на одно́м у́ровне с; to rise to higher ~s поднима́ться на бо́лее высо́кую ступе́нь; to find one's (own) ~ а) найти́ себе́ ра́вных; б) заня́ть подоба́ющее ме́сто; to bring smb. to his ~ сбить спесь с кого́-л., поста́вить кого́-л. на ме́сто 2) пло́ская, горизонта́льная пове́рхность; равни́на 3) ватерпа́с, нивели́р; у́ровень (*инструмент*) 4) *горн.* эта́ж, горизо́нт; што́льня 5) *ав.* горизонта́льный полёт (*тж.* ~ flight); to give a ~ перейти́ в горизонта́льный полёт ◇ on the ~ че́стно, открове́нно; on the ~! че́стное сло́во!; to land on the street ~ *разг.* потеря́ть рабо́ту, оказа́ться на у́лице

2. *a* 1) горизонта́льный; пло́ский, ро́вный; располо́женный на одно́м у́ровне (*с чем-л. другим*); ~ road ро́вная доро́га; ~ crossing железнодоро́жный перее́зд 2) одина́ковый, равноме́рный, ~ life разме́ренный о́браз жи́зни; they are ~ in capacity у них одина́ковые спосо́бности 3) уравнове́шенный, споко́йный; to have a ~ head быть уравнове́шенным ◇ to do one's ~ best прояви́ть ма́ксимум эне́ргии; сде́лать всё от себя́ зави́сящее

3. *adv* ро́вно, вро́вень; to fill the glass ~ with the top напо́лнить стака́н до краёв; the horses ran ~ with one another ло́шади бежа́ли голова́ в го́лову

4. *v* 1) выра́внивать; сгла́живать; to ~ to (*или* with) the ground снести́ с лица́ земли́; сровня́ть с землёй 2) определя́ть ра́зность высо́т; нивели́ровать 3) ура́внивать; to ~ up (down) повыша́ть (понижа́ть) до како́го-л. у́ровня 4) це́литься (at); направля́ть (at, against — про́тив *кого-л.*) □ ~ off а) выра́внивать, де́лать ро́вным; б) *ав.* выра́внивать самолёт (*перед посадкой*)

**level-headed** [ˈlevlˈhedɪd] *a* уравнове́шенный

**leveller** [ˈlevlə] *n* 1) *ист.* ле́веллер, «уравни́тель» 2) сторо́нник (социа́льного) ра́венства 3) *тех.* прави́льное приспособле́ние 4) *геод.* нивелиро́вщик

**lever** [ˈli:və] 1. *n* 1) рыча́г; ва́га; control ~ рукоя́тка, ру́чка управле́ния 2) плечо́ рычага́ 3) *мор.* га́ндшпуг 4) сре́дство возде́йствия

2. *v* поднима́ть, передвига́ть рычаго́м (*часто* ~ up, ~along)

**leverage** [ˈli:vərɪdʒ] *n* 1) де́йствие рычага́ 2) систе́ма рычаго́в 3) подъёмная си́ла 4) отноше́ние плеч рычага́ 5) спо́соб, сре́дство для достиже́ния це́ли

**leveret** [ˈlevərɪt] *n* зайчо́нок

**leviathan** [lɪˈvaɪəθən] *n* 1) *библ.* левиафа́н 2) грома́дина

**levigate** [ˈlevɪgeɪt] *v* 1) растира́ть в порошо́к 2) *хим.* отму́чивать

**levin** [ˈlevɪn] *n поэт.* мо́лния

**levitate** [ˈlevɪteɪt] *v* поднима́ть(ся)

**Leviticus** [lɪˈvɪtɪkəs] *n библ.* Леви́т (*3-я книга Ветхого завета*)

**levity** [ˈlevɪtɪ] *n* 1) легкомы́слие, ве́треность, непостоя́нство 2) *физ.* лёгкость (*веса*)

**levy** [ˈlevɪ] 1. *n* 1) сбор, взима́ние (*податей, налогов*); обложе́ние (*налогом*), су́мма обложе́ния 2) набо́р ре́крутов; ~ in mass поголо́вный набо́р (всех мужчи́н, го́дных к вое́нной слу́жбе) 3) (*тж. pl*) на́бранные ре́круты, новобра́нцы

2. *v* 1) взима́ть (*налог*); облага́ть (*налогом*) 2) набира́ть (*рекрутов*) ◇ to ~ war (upon, against) начина́ть войну́

**lew** [lef] = lev

**lewd** [lu:d] *a* 1) похотли́вый; распу́тный 2) непристо́йный

**lewis** [ˈlu(:)ɪs] *n тех.* во́лчья ла́па; а́нкерный болт

**lewisite** [ˈlu(:)ɪsaɪt] *n хим.* люизи́т

**lex** [leks] *лат.* *n* зако́н; ~ non scripta непи́саный зако́н; ~ scripta пи́саный зако́н

**lexical** ['leksɪkəl] *a* 1) лекси́ческий 2) слова́рный

**lexicographer** [ˌleksɪ'kɔgrəfə] *n* лексико́граф

**lexicography** [ˌleksɪ'kɔgrəfɪ] *n* лексикогра́фия

**lexicology** [ˌleksɪ'kɔlədʒɪ] *n* лексиколо́гия

**lexicon** ['leksɪkən] *n* слова́рь

**ley** [leɪ] = leu

**Leyden jar** ['leɪdn'dʒɑ:] *n эл.* ле́йденская ба́нка

**liability** [ˌlaɪə'bɪlɪtɪ] *n* 1) отве́тственность 2) (*обыкн. pl*) обяза́тельство, задо́лженность, долг; ~ of indemnity обяза́тельство возмести́ть убы́тки; to discharge a ~ вы́полнить обяза́тельство; current liabilities краткосро́чные обяза́тельства 3) подве́рженность, скло́нность; ~ to disease скло́нность к заболева́нию 4) поме́ха

**liable** ['laɪəbl] *a* 1) обя́занный (to *c inf.*); отве́тственный (for — за); ~ for military service военнообя́занный 2) подве́рженный; досту́пный; подлежа́щий (*чему-л.*); ~ to (catch) cold подве́рженный просту́де; your article is ~ to misconstruction ва́ша статья́ мо́жет быть превра́тно истолко́вана; ~ to duty подлежа́щий обложе́нию 3) вероя́тный, возмо́жный; he is ~ to come at any moment он мо́жет прийти́ в любу́ю мину́ту; difficulties are ~ to occur о́чень возмо́жно, что встре́тятся затрудне́ния

**liaise** [lɪ'eɪz] *v* 1) подде́рживать связь 2) *воен.* служи́ть офице́ром свя́зи

**liaison** [li(:)'eɪzɔn] *фр.* *n* 1) (любо́вная) связь 2) *воен.* связь взаимоде́йствия 3) *фон.* свя́зывание коне́чного согла́сного с нача́льным гла́сным сле́дующего сло́ва (*во францу́зском языке*) 4) *кул.* запра́вка для со́уса *или* су́па (*из муки и масла, муки и яиц и т. п.*) 5) *attr.* свя́зывающий; ~ personnel *воен.* офице́ры свя́зи

**liaison officer** [li(:)'eɪzɔn'ɔfɪsə] *n* *воен.* офице́р свя́зи

**liana** [lɪ'ɑ:nə] *n бот.* лиа́на

**liar** ['laɪə] *n* лгун

**lias** ['laɪəs] *n геол.* лейа́с, ни́жняя ю́ра

**libation** [laɪ'beɪʃən] *n* возлия́ние; *шутл.* вы́пивка

**libel** ['laɪbəl] **1.** *n* клевета́ (*в печати*), диффама́ция (upon — на *кого-л.*)

**2.** *v* клевета́ть, писа́ть па́сквили

**libeller** ['laɪblə] *n* пасквиля́нт; клеветни́к

**libellous** ['laɪbləs] *a* клеветни́ческий

**liber** ['laɪbə] *n* луб, лы́ко

**liberal** ['lɪbərəl] **1.** *a* 1) ще́дрый, оби́льный 2) великоду́шный 3) свобо́дный от предрассу́дков; свободомы́слящий 4) гуманита́рный; ~ arts гуманита́рные нау́ки; ~ education гуманита́рное образова́ние 5) небуква́льный, во́льный; ~ translation во́льный перево́д 6) (L.) *полит.* либера́льный

**2.** *n* 1) либера́л 2) (L.) *полит.* член па́ртии либера́лов, либера́л

**liberalism** ['lɪbərəlɪzm] *n* либерали́зм

**liberality** [ˌlɪbə'rælɪtɪ] *n* 1) ще́дрость 2) широта́ взгля́дов, терпи́мость

**liberalize** ['lɪbərəlaɪz] *v* 1) де́лать (-ся) либера́льным) 2 расширя́ть кругозо́р

**liberal-minded** ['lɪbərəl'maɪndɪd] *a* настро́енный либера́льно; приде́рживающийся либера́льных взгля́дов

**liberate** ['lɪbəreɪt] *v* 1) освобожда́ть (from) 2) *хим.* выделя́ть

**liberation** [ˌlɪbə'reɪʃən] *n* 1) освобожде́ние 2) *хим.* выделе́ние

**liberationism** [ˌlɪbə'reɪʃənɪzm] *n* движе́ние за отделе́ние це́ркви от госуда́рства

**liberator** ['lɪbəreɪtə] *n* освободи́тель; избави́тель

**libertarian** [ˌlɪbə'tɛərɪən] *n* 1) сторо́нник доктри́ны о свобо́де во́ли 2) сторо́нник предоставле́ния широ́ких гражда́нских прав

**libertine** ['lɪbə(:)taɪn] **1.** *n* 1) распу́тник 2) вольноду́мец 3) *ист.* вольноотпу́щенник

**2.** *a* 1) безнра́вственный, распу́щенный 2) свободомы́слящий 3) *ист.* вольноотпу́щенный

**liberty** ['lɪbətɪ] *n* 1) свобо́да; ~ of the press свобо́да печа́ти; at ~ свобо́дный, на свобо́де; you are at ~ to make any choice вы мо́жете выбира́ть что уго́дно; to set at ~ освободи́ть; to take the ~ (of doing *или* to do so and so) позво́лить себе́ (сде́лать то́-то) 2) во́льность, бесцеремо́нность; to take liberties with smb. позволя́ть себе́ во́льности с кем-л.; to take liberties with smth. обраща́ться бесцеремо́нно с чем-л. 3) *pl* привиле́гии, во́льности 4) *мор.* увольне́ние на бе́рег

**liberty-boat** ['lɪbətɪ'bəut] *n* 1) шлю́пка с матро́сами, увольня́емыми на бе́рег 2) *разг.* авто́бус для отпускнико́в

**liberty man** ['lɪbətɪmæn] *n* матро́с, увольня́емый на бе́рег

**libidinous** [lɪ'bɪdɪnəs] *a* 1) сладостра́стный, чу́вственный 2) возбужда́ющий чу́вственность

**libido** [lɪ'bi:dəu] *n* 1) либи́до; полово́е влече́ние 2) си́ла, стремле́ние, эне́ргия

**Libra** ['laɪbrə] *n* Весы́ (*созвездие и знак зодиака*)

**librarian** [laɪ'brɛərɪən] *n* библиоте́карь

**library** ['laɪbrərɪ] *n* 1) библиоте́ка; free ~ беспла́тная библиоте́ка; walking ~ *шутл.* «ходя́чая энциклопе́дия» 2) *attr.* библиоте́чный; ~ reader а) чита́тель библиоте́ки; б) аппара́т для чте́ния микрофи́льмов; ~ stock библиоте́чный фонд

**libretti** [lɪ'breti(:)] *pl от* libretto

**libretto** [lɪ'bretəu] *n* (*pl* -ti, -os [-əuz]) либре́тто

**Libyan** ['lɪbɪən] **1.** *a* ливи́йский; *поэт.* африка́нский

**2.** *n* ливи́ец; ливи́йка

**lice** [laɪs] *pl от* louse 1

**licence** ['laɪsəns] *n* 1) разреше́ние, лице́нзия; пате́нт; driving ~ води́тельские права́, разреше́ние на пра́во вожде́ния автомаши́ны 2) отклоне́ние от пра́вила, но́рмы (*в искусстве, литературе*); poetic ~ поэти́ческая во́льность 3) *attr.*: ~ plate номерно́й знак на автомаши́не

**license** ['laɪsəns] **1.** *v* разреша́ть, дава́ть разреше́ние (*на что-л.*); дава́ть пра́во, пате́нт, привиле́гию

**2.** *n* = licence

**licensed** ['laɪsənst] **1.** *p. p. от* license 1

**2.** *a* 1) име́ющий разреше́ние, пра́во, привиле́гию, пате́нт (*на что-л.*): ~ victualler тракти́рщик с пра́вом торго́вли спиртны́ми напи́тками; ~ vice узако́ненный развра́т 2) привилегиро́ванный, при́знанный 3) диплоли́рованный

**licensee** [ˌlaɪsən'si:] *n* лицо́, име́ющее разреше́ние, пате́нт

**licenser** ['laɪsənsə] *n* лицо́, выдаю́щее разреше́ние, пате́нт; ~ of the press це́нзор

**licentiate** [laɪ'senʃɪɪt] *n* лиценциа́т; облада́тель дипло́ма

**licentious** [laɪ'senʃəs] *a* 1) распу́щенный, безнра́вственный 2) *редк.* во́льный, не счита́ющийся с пра́вилами

**lichen** ['laɪkən] *n* 1) *мед.* лиша́й 2) *бот.* лиша́йник

**lich-gate** ['lɪtʃgeɪt] = lych-gate

**licit** ['lɪsɪt] *a* зако́нный

**lick** [lɪk] **1.** *v* 1) лиза́ть; обли́зывать; to ~ one's chops (*или* one's lips) обли́зываться, смакова́ть, предвкуша́ть (*что-л.*) 2) *разг.* бить, колоти́ть 3) побива́ть; превосходи́ть; to ~ (all) creation превзойти́ все ожида́ния 4) *разг.* спеши́ть; мча́ться; to go as hard as one can ~ мча́ться во весь опо́р ◇ to ~ into shape придава́ть фо́рму, прие́млемый вид; приводи́ть в поря́док; to ~ smb.'s boots подхали́мничать, пресмыка́ться пе́ред кем-л.; to ~ the dust а) быть поверженным на́земь; быть побеждённым; б) пресмыка́ться, унижа́ться (*перед кем-л.*); to ~ a problem *амер.* разреши́ть зада́чу; спра́виться с зада́чей

**2.** *n* 1) обли́зывание 2) незначи́тельное коли́чество, кусо́чек (*чего-л.*) 3) *разг.* си́льный уда́р 4) *разг.* шаг; ско́рость; at a great (*или* at full) ~ бы́стрым ша́гом; с большо́й ско́ростью ◇ a ~ and a promise рабо́та, сде́ланная спустя́ рукава́, ко́е-ка́к; to put in one's best ~s прилага́ть все уси́лия, стара́ться

**lickerish** ['lɪkərɪʃ] *a* 1) ла́комый 2) лю́бящий ла́комства 3) распу́тный

**licking** ['lɪkɪŋ] **1.** *pres. p. от* lick 1

**2.** *n разг.* 1) по́рка; взбу́чка 2) пораже́ние

**lickspittle** ['lɪkˌspɪtl] *n* льстец; подхали́м

**licorice** ['lɪkərɪs] = liquorice

**lid** [lɪd] *n* 1) крышка, колпак; to put the ~ on *перен.* а) довершить дело, положить конец; б) расстроить (*планы и т. п.*) 2) веко; to narrow one's ~s прищуриться 3) крышка переплёта 4) *разг.* (резкое) ограничение; запрет; the ~ is on gambling азартные игры запрещены; to keep the ~ on (information, data, *etc.*) держать (сведения, данные *и т. п.*) в секрете; to take the ~ off (information, data, *etc.*) открыть секрет, сделать явным 5) *разг.* шляпа; шлем

**lido** [ˈliːdəu] *n* открытый плавательный бассейн

**lie** I [laɪ] **1.** *n* ложь, обман ◇ to give the ~ to smb. уличать, изобличать кого-л. во лжи; to give the ~ to smth. опровергать что-л.; white ~ невинная ложь; ложь во спасение; to swop ~s *разг.* поболтать, посплетничать

**2.** *v* 1) лгать; to ~ in one's throat (*или* teeth) бесстыдно лгать; to ~ like a gas-meter завираться 2) быть обманчивым

**lie** II [laɪ] **1.** *v* (lay; lain) 1) лежать; to ~ still (*или* motionless) лежать спокойно, без движения; to ~ in ambush находиться в засаде; to ~ in wait (for smb.) поджидать, подстерегать (кого-л.) 2) быть расположенным; простираться; the road ~s before you дорога простирается перед вами; life ~s in front of you у вас вся жизнь впереди 3) находиться, заключаться (*в чём-л.*); относиться (*к кому-л.*); it ~s with you to decide it ваше дело решить это; the blame ~s at your door это ваша вина; as far as in me ~s насколько это в моей власти, в моих силах 4) *уст.* пробыть недолго; to ~ for the night *воен.* расположиться на ночлег 5) *юр.* признаваться законным; the claim does not ~ это незаконное требование □ ~ **about** валяться, быть разбросанным; ~ **back** откинуться (*на подушку и т. п.*); ~ **by** а) оставаться без употребления; б) бездействовать; в) отдыхать; ~ **down** а) ложиться; прилечь; б) принимать без сопротивления, покорно; to take (punishment, an insult, *etc.*) lying down принимать (наказание, оскорбление *и т. п.*) покорно, не обижаясь; to ~ down under (an insult) проглотить (оскорбление); ~ **in** а) валяться в постели (*по утрам*); б) лежать в родах; ~ **off** а) *мор.* стоять на некотором расстоянии от берега *или* другого судна; б) временно прекратить работу; ~ **out** ночевать вне дома; ~ **over** быть отложенным (*до другого времени*); ~ **to** *мор.* лежать в дрейфе; ~ **under** находиться, быть под (*подозрением и т. п.*); ~ **up** а) лежать, не выходить из комнаты (*из-за недомогания*); б) стоять в стороне, отстраняться; в) *мор.* стоять в доке ◇ to ~ out of one's money не получить причитающихся денег; to ~ on the bed one has made *посл.* ≅ что посеешь, то и пожнёшь

**2.** *n* 1) положение; направление; the ~ of the ground рельеф местности; the ~ of the land а) *мор.* направление на берег; б) *перен.* положение вещей 2) логово (*зверя*)

**lie-abed** [ˈlaɪəbed] *n* соня, лежебока

**lie-detector** [ˈlaɪdɪˈtektə] *n* «детектор лжи» (*прибор для проверки правильности показаний*)

**liege** [liːdʒ] *ист.* **1.** *n* 1) ленник, вассал; the ~s подданные 2) сеньор

**2.** *a* 1) вассальный, ленный 2) сеньориальный; ~ lord сеньор

**liegeman** [ˈliːdʒmæn] *n ист.* вассал

**lie-in** [ˈlaɪˈɪn] *n разг.* позднее лежание в постели (*по утрам*)

**lien** [lɪən] *n* 1) право наложения ареста на имущество должника 2) залог

**lieu** [ljuː] *n*: in ~ of вместо

**lieutenancy** [lefˈtenənsɪ, *мор.* leˈtenənsɪ] *n* чин, звание лейтенанта

**lieutenant** [lefˈtenənt, *мор.* leˈtenənt] *n* 1) лейтенант 2) заместитель

**lieutenant colonel** [lefˈtenəntˈkəːnl] *n* подполковник

**lieutenant commander** [leˈtenəntkəˈmaːndə] *n мор.* капитан-лейтенант

**lieutenant-general** [lefˈtenəntˈdʒenərəl] *n* 1) генерал-лейтенант 2) *ист.* наместник

**lieutenant-governor** *n* 1) [lefˈtenəntˈgʌvənə] губернатор провинции (*в англ. колонии*) 2) [ljuːˈtenəntˈgʌvənə] *амер.* заместитель губернатора (*штата*)

**life** [laɪf] *n* (pl lives) 1) жизнь; существование; to enter upon ~ вступить в жизнь; for ~ на всю жизнь; an appointment for ~ пожизненная должность; to come to ~ а) оживать, приходить в себя (*после обморока и т. п.*); б) осуществляться; to bring to ~ привести в чувство; my ~ for it! клянусь жизнью!, даю голову на отсечение; to take smb.'s ~ убить кого-л. 2) образ жизни; to lead a quiet ~ вести спокойную жизнь; stirring ~ деятельная жизнь, занятость; ~ of movement жизнь на колёсах 3) натура; натуральная величина (*тж.* ~ size); to portray to the ~ точно передавать сходство 4) энергия, живость, оживление; to sing with ~ петь с воодушевлением; to put ~ into one's work работать с душой 5) биография, жизнеописание 6) общество; общественная жизнь; high ~ светское, аристократическое общество; to see ~, to see smth. of ~ повидать свет; познать жизнь 7) срок службы *или* работы (*машины, учреждения*); долговечность 8) *attr.* пожизненный; длящийся всю жизнь; ~ imprisonment (*или* sentence) пожизненное заключение ◇ my dear ~ моя дорогая; мой дорогой; such is ~ такова жизнь, ничего не поделаешь; while there is ~ there is hope *посл.* пока человек жив, он надеется; upon my ~! честное слово!; for the ~ of me I can't do it хоть убей, не могу этого сделать; ~ and death struggle борьба не на жизнь, а на смерть; to run for dear ~ бежать изо всех сил; he was ~ and soul of the party он был душой общества

**life-assurance** [ˈlaɪfəˌʃuərəns] = life-insurance

**lifebelt** [ˈlaɪfbelt] *n* спасательный пояс

**life-blood** [ˈlaɪfblʌd] *n* 1) кровь 2) источник жизненной силы

**lifeboat** [ˈlaɪfbəut] *n* спасательная шлюпка

**life-buoy** [ˈlaɪfbɔɪ] *n* спасательный буй; спасательный круг

**life estate** [ˈlaɪfɪˈsteɪt] *n юр.* имущество в пожизненном пользовании

**life expectancy** [ˈlaɪfɪksˌpektənsɪ] *n* средняя продолжительность жизни

**life-giving** [ˈlaɪfˌgɪvɪŋ] *a* живительный, животворный, поддерживающий жизнь; восстанавливающий жизненные силы

**life-guard** [ˈlaɪfgaːd] *n* 1) личная охрана (*короля и т. п.*) 2) *амер.* спасатель на водах

**Life Guards** [ˈlaɪfgaːdz] *n* лейб-гвардия

**life-insurance** [ˈlaɪfɪnˌʃuərəns] *n* страхование жизни

**life-jacket** [ˈlaɪfˌdʒækɪt] *n* спасательный жилет

**lifeless** [ˈlaɪflɪs] *a* 1) бездыханный; безжизненный 2) скучный ◇ he is ~ who is faultless *посл.* ≅ не ошибается тот, кто ничего не делает

**life-like** [ˈlaɪflaɪk] *a* словно живой; очень похожий

**life-line** [ˈlaɪflaɪn] *n* 1) спасательный трос 2) жизненно важный путь; жизненно важная коммуникация; «дорога жизни»

**lifelong** [ˈlaɪflɔŋ] *a* пожизненный; ~ friend друг на всю жизнь

**lifemanship** [ˈlaɪfmənʃɪp] *n разг.* высокомерие, чванство

**life-office** [ˈlaɪfˌɔfɪs] *n* контора по страхованию жизни

**life-preserver** [ˈlaɪfprɪˌzəːvə] *n* 1) тяжёлая дубинка *или* трость, налитая свинцом 2) спасательный пояс

**lifer** [ˈlaɪfə] *n разг.* 1) приговорённый к пожизненному заключению 2) пожизненное заключение

**life-saver** [ˈlaɪfˌseɪvə] *n* 1) спаситель 2) спасатель; член спасательной команды

**life-saving** [ˈlaɪfˌseɪvɪŋ] *a* спасательный; ~ service служба спасания на водах; ~ station спасательная станция

**life-size(d)** [ˈlaɪfˈsaɪz(d)] *a* в натуральную величину

**life-span** [ˈlaɪfspæn] *n* продолжительность жизни; within the ~ of one generation в течение жизни одного поколения

**lifetime** [ˈlaɪftaɪm] *n* продолжительность жизни; целая жизнь; in one's ~ на своём веку; all in a ~ ≅ в жизни всякое бывает

**life-work** [ˈlaɪfˈwəːk] *n* труд *или* дело всей жизни

**lift** [lɪft] **1.** *n* 1) поднятие, подъём 2) воодушевление, подъём 3) повышение, продвижение 4) возвышенность 5) подъёмная машина, подъёмник, лифт 6) подъёмная си́ла; поднима́емая тя́жесть 7) *разг.* кра́жа 8) *шотл.* вы́нос те́ла 9) *гидр.* водяно́й столб; высота́ напо́ра 10) *спорт.* подня́тие (*тяжёлая атлетика, борьба*) 11) подъём партнёрши (*в балете, фигурном катании*) ◇ to give smb. a ~ а) подсади́ть, подвезти́ кого́-л.; б) помо́чь кому́-л.

**2.** *v* 1) поднима́ть; возвыша́ть; to ~ one's hand against smb. подня́ть ру́ку на кого́-л.; to ~ up one's head а) подня́ть го́лову; б) прийти́ в себя́; to ~ (up) one's voice against протестова́ть про́тив; not to ~ a finger и па́льцем не пошевельну́ть 2) воодушевля́ть 3) повыша́ть, дава́ть повыше́ние (*по службе*) 4) поднима́ться (*тж. о тесте*); поднима́ться на волна́х (*о корабле*) 5) рассе́иваться (*об облаках, тумане*) 6) снима́ть (*палатки; перен. запрет, карантин и т. п.*); to ~ a minefield размини́ровать ми́нное по́ле 7) *разг.* красть; соверша́ть плагиа́т 8) *амер.* ликвиди́ровать задо́лженность, уплати́ть долги́ 9) собира́ть, снима́ть (*урожай*); копа́ть (*картофель*) 10) де́лать пласти́ческую опера́цию 11) *амер.* вре́менно прекраща́ться (*о дожде*)

**lifter** [ˈlɪftə] *n* подъёмное приспособле́ние

**lifting** [ˈlɪftɪŋ] **1.** *pres. p. от* lift 2 **2.** *n* подъём, поднима́ние; ~ of mines размини́рование

**lift-off** [ˈlɪftˈɔf] *n* старт косми́ческого корабля́

**lift-truck** [ˈlɪfttrʌk] *n* автопогру́зчик

**ligament** [ˈlɪgəmənt] *n* 1) связь 2) *анат.* свя́зка

**ligature** [ˈlɪgətʃuə] **1.** *n* 1) связь 2) *мед.* лигату́ра; перевя́зка (*кровеносных сосудов*) 3) *полигр.* лигату́ра, вязь 4) *муз.* лигату́ра, ли́га

**2.** *v мед.* перевя́зывать (*кровеносный сосуд*)

**light** I [laɪt] **1.** *n* 1) свет; освеще́ние; дневно́й свет; to see the ~ а) уви́деть свет, роди́ться; б) вы́йти из печа́ти; в) обрати́ться (*в какую-л. веру и т. п.*); г) поня́ть; убеди́ться; to stand in smb.'s ~ заслоня́ть свет; *перен.* меша́ть, стоя́ть на доро́ге; to stand in one's own ~ вреди́ть самому́ себе́ 2) ого́нь; зажжённая свеча́, ла́мпа, фона́рь, фа́ра, мая́к *и т. п.*; to strike a ~ заже́чь спи́чку; will you give me a ~? позво́льте прикури́ть 3) просве́т, окно́ 4) свети́ло; знамени́тость 5) *pl разг.* глаза́, гляде́лки 6) *pl* светофо́р; to stop for the ~s остана́вливаться у светофо́ра; to cross (to drive) against the ~s переходи́ть (проезжа́ть) при кра́сном сигна́ле; green ~ *амер. разг.* «зелёная у́лица»; to give the green ~ *амер. разг.* дать «зелёную у́лицу», откры́ть путь 7) (*обыкн. pl*) све́дения, информа́ция; we need more ~ on the subject нам нужны́ дополни́тельные све́дения по э́тому вопро́су 8) разъясне́ние; to bring to ~ выявля́ть, выясня́ть; выводи́ть на чи́стую во́ду; to come to ~ обнару́житься; to throw (*или* to shed) ~ upon smth. пролива́ть свет на что-л. 9) аспе́кт; интерпрета́ция; постано́вка вопро́са; in the ~ of these facts в све́те э́тих да́нных; I cannot see it in that ~ я не могу́ э́то рассма́тривать таки́м о́бразом; to put smth. in a favourable ~ предста́вить что-л. в вы́годном све́те; to throw a new ~ upon smth. предста́вить что-л. в ино́м све́те 10) *pl* (у́мственные) спосо́бности; according to one's ~s в ме́ру свои́х сил, возмо́жностей 11) *attr.* светово́й; ~ therapy светолече́ние ◇ by the ~ of nature интуити́вно

**2.** *a* све́тлый; бле́дный (*о цвете*); ~ brown светло-кори́чневый

**3.** *v* (lit, lighted [-ɪd]) 1) зажига́ть (-ся) (*часто* ~ up) 2) освеща́ть (*часто* ~ up); свети́ть (*кому-л.*) □ ~ **up** а) закури́ть (*трубку и т. п.*); б) заже́чь свет; в) оживля́ть(ся), загора́ться, свети́ться (*о лице, глазах*)

**light** II [laɪt] **1.** *a* 1) лёгкий; легкове́сный; as ~ as a feather (*или* air) лёгкий как пёрышко; to give ~ weight обве́шивать 2) незначи́тельный; ~ rain (snow) небольшо́й дождь (снег); a ~ attack of illness небольшо́е недомога́ние 3) нетру́дный, необремени́тельный, лёгкий; ~ work лёгкая рабо́та; ~ punishment мя́гкое наказа́ние 4) ры́хлый, непло́тный (*о почве*) 5) пусто́й; непостоя́нный, легкомы́сленный, несерьёзный; весёлый; ~ woman же́нщина лёгкого поведе́ния; with a ~ heart ве́село; с лёгким се́рдцем; ~ reading лёгкое чте́ние; to make ~ of smth. относи́ться несерьёзно, небре́жно к чему́-л., не придава́ть значе́ния чему́-л. 6) некре́пкий (*о напитке*); лёгкий (*о пище*); ~ meal лёгкий за́втрак, у́жин, лёгкая заку́ска *и т. п.* 7) бы́стрый, лёгкий (*о движениях*) 8) *воен.* лёгкий, подви́жный; ~ artillery лёгкая артилле́рия; ~ automatic gun ручно́й пулемёт 9) *фон.* неуда́рный (*о слоге, звуке*); сла́бый (*об ударении*) 10) *кул.* хорошо́ подня́вшийся, лёгкий, возду́шный (*о тесте*) ◇ ~ sleep чу́ткий сон; ~ in the head в полубессозна́тельном состоя́нии; ~ hand а) ло́вкость; б) делика́тность, такти́чность

**2.** *adv* легко́; to tread ~ легко́ ступа́ть; to travel ~ путеше́ствовать нале́гке; to get off ~ легко́ отде́латься; ◇ ~ come ~ go ≅ легко́ на́жито, легко́ про́жито

**light** III [laɪt] *v* (lit, lighted [-ɪd]) 1) неожи́данно натолкну́ться, случа́йно напа́сть (on, upon); his eyes ~ed on a familiar face in the crowd он уви́дел знако́мое лицо́ в толпе́ 2) неожи́данно обру́шиться (*об ударе и т. п.*) 3) *уст.* сходи́ть (*обыкн.* ~ off, ~ down); опуска́ться, сади́ться (*на что-л.*); па́дать (on, upon)

**light-bay** [ˈlaɪtˈbeɪ] *a* була́ный (*о лошади*)

**lighten** I [ˈlaɪtn] *v* 1) освеща́ть 2) светле́ть 3) сверка́ть; it ~s сверка́ет мо́лния

**lighten** II [ˈlaɪtn] *v* 1) де́лать(ся) бо́лее лёгким; облегча́ть (*тж. перен.*); чу́вствовать облегче́ние 2) смягча́ть (*наказание*)

**lighter** I [ˈlaɪtə] *n* 1) освети́тель 2) зажига́лка (*тж.* cigar ~, cigarette ~) 3) *тех.* запа́л

**lighter** II [ˈlaɪtə] *мор.* **1.** *n* ли́хтер **2.** *v* перевози́ть ли́хтером

**lighterage** [ˈlaɪtərɪdʒ] *n* 1) ли́хтерный сбор 2) разгру́зка *или* погру́зка судо́в ли́хтером

**lighterman** [ˈlaɪtəmən] *n* матро́с на ли́хтере

**light-face** [ˈlaɪtfeɪs] *n полигр.* све́тлый шрифт

**light-fingered** [ˈlaɪtˌfɪŋgəd] *a* 1) ло́вкий 2) вора́тый; нечи́стый на́ руку

**light-footed** [ˈlaɪtˌfutɪd] *a* быстроно́гий, прово́рный

**light-handed** [ˈlaɪtˌhændɪd] *a* 1) ло́вкий 2) такти́чный 3) с пусты́ми рука́ми 4) недоста́точно *или* непо́лностью укомплекто́ванный

**light-head** [ˈlaɪthed] *n* легкомы́сленный челове́к

**light-headed** [ˈlaɪtˈhedɪd] *a* 1) безду́мный, легкомы́сленный; непостоя́нный 2) в состоя́нии бре́да, у́мственного расстро́йства 3) чу́вствующий головокруже́ние

**light-hearted** [ˈlaɪtˈhɑːtɪd] *a* беззабо́тный, беспе́чный, весёлый

**light heavy-weight** [ˈlaɪtˈhevɪweɪt] *n* боре́ц *или* боксёр полутяжёлого ве́са

**light-heeled** [ˈlaɪtˈhiːld] *a* быстроно́гий

**lighthouse** [ˈlaɪthaus] *n* мая́к

**light housekeeping** [ˈlaɪtˈhausˌkiːpɪŋ] *n* лёгкая рабо́та по до́му; веде́ние хозя́йства без приготовле́ния пи́щи

**lighting** [ˈlaɪtɪŋ] *n* 1) освеще́ние 2) освети́тельная аппарату́ра

**lightish** I [ˈlaɪtɪʃ] *a* дово́льно све́тлый

**lightish** II [ˈlaɪtɪʃ] *a* дово́льно лёгкий

**light-legged** [ˈlaɪtˈlegd] = light-heeled

**lightly** I [ˈlaɪtlɪ] *adv* 1) слегка́; чуть 2) несерьёзно; с лёгким се́рдцем; to take ~ не принима́ть всерьёз 3) легко́, без уси́лий 4) необду́манно, беспе́чно 5) безразли́чно, пренебрежи́тельно

**lightly** II [ˈlaɪtlɪ] *v шотл.* обраща́ться (*с кем-л.*) пренебрежи́тельно

**light-minded** [ˈlaɪtˈmaɪndɪd] *a* легкомы́сленный

**lightness** [ˈlaɪtnɪs] *n* 1) лёгкость 2) расторо́пность 3) делика́тность 4) легкомы́слие

**lightning** [ˈlaɪtnɪŋ] *n* мо́лния; like ~, with (*или* at) ~ speed с быстрото́й мо́лнии, молниено́сно; summer (*или* heat) ~ зарни́ца

**lightning-arrester** [ˈlaɪtnɪŋəˌrestə] *n эл.* молниеотво́д; грозово́й разря́дник

**lightning-bug** [ˈlaɪtnɪŋbʌg] *n* жук-светля́к

**lightning-conductor** [ˈlaɪtnɪŋkənˌdʌktə] *n* молниеотво́д

**lightning-like** [ˈlaɪtnɪŋlaɪk] *a* молниено́сный

**lightning-rod** [ˈlaɪtnɪŋrɔ̄d] = lightning-conductor

**lightning-strike** [ˈlaɪtnɪŋˈstraɪk] *n* спонта́нная забасто́вка (*без предварительного объявления*)

**light-o'-love** [ˈlaɪtəˈlʌv] *n* 1) ве́треная, капри́зная же́нщина 2) проститу́тка

**light-resistant** [ˈlaɪtrɪˌzɪstənt] *a* светосто́йкий

**lights** [ˈlaɪts] *n pl* лёгкие (*свиные, бараньи и т. п., употребляемые в пищу*)

**lightship** [ˈlaɪtʃɪp] *n* плаву́чий мая́к

**lightsome I** [ˈlaɪtsəm] *a* све́тлый, немра́чный

**lightsome II** [ˈlaɪtsəm] *a* 1) лёгкий, прово́рный; грацио́зный 2) весёлый 3) непостоя́нный, легкомы́сленный

**light-spectrum** [ˈlaɪtˌspektrəm] *n* опти́ческий спектр

**light-tight** [ˈlaɪtˈtaɪt] *a* светонепроница́емый

**light-weight** [ˈlaɪtweɪt] **1.** *n* 1) челове́к ни́же сре́днего ве́са 2) *спорт.* лёгкий вес; боксёр *или* боре́ц лёгкого ве́са 3) несерьёзный, пове́рхностный челове́к

**2.** *a* лёгкий; ~ gas-mask облегчённый противога́з

**light-year** [ˈlaɪtjəː] *n астр.* светово́й год

**ligneous** [ˈlɪgnɪəs] *a* 1) *бот.* деревяни́стый 2) *шутл.* деревя́нный

**lignite** [ˈlɪgnaɪt] *n* лигни́т, бу́рый у́голь

**lignum vitae** [ˈlɪgnəmˈvaɪtiː] *n бот.* бака́ут; желе́зное де́рево

**likable** [ˈlaɪkəbl] *a* прия́тный; привлека́тельный; ми́лый

**like I** [laɪk] **1.** *a* 1) похо́жий, подо́бный; ~ question подо́бный вопро́с; in (a) ~ manner подо́бным о́бразом; it's just ~ you to do that э́то о́чень похо́же на вас; э́то как раз то, чего́ от вас мо́жно ожида́ть; it costs something ~ £ 50 сто́ит о́коло 50 фу́нтов сте́рлингов; ~ nothing on earth ни на что не похо́жий, стра́нный 2) одина́ковый, ра́вный; ~ sum ра́вная су́мма; ~ dispositions одина́ковые хара́ктеры 3) *разг.* возмо́жный; вероя́тный; they are ~ to meet again они́, вероя́тно, ещё встре́тятся ◇ nothing ~ ничего́ похо́жего; there is nothing ~ home нет ме́ста лу́чше, чем дом; that's something ~ как раз то, что ну́жно; вот э́то прекра́сно; something ~ a dinner! *разг.* замеча́тельный обе́д!, ≅ вот э́то обе́д так обе́д!; what is he ~? что он собо́й представля́ет?, что он за челове́к?; ~ father ~ son, ~ master ~ man ≅ я́блоко от я́блони недалеко́ па́дает

**2.** *adv* 1) подо́бно, так; ~ so вот так, таки́м о́бразом 2) возмо́жно, вероя́тно; ~ enough, as ~ as not о́чень возмо́жно; very ~ весьма́ вероя́тно 3) *разг.* так сказа́ть, как бы; I had ~ to have fallen я чуть не упа́л

**3.** *prep*: ~ anything, ~ mad *разг.* стреми́тельно; изо всех сил; си́льно, чрезвыча́йно, ужа́сно; do not talk ~ that не говори́те так; to run ~ mad бежа́ть о́чень бы́стро, как угоре́лый

**4.** *n* не́что подо́бное, ра́вное, одина́ковое; and the ~ и тому́ подо́бное; did you ever hear the ~? слы́шали ли вы что-л. подо́бное?; we shall not look upon his ~ again тако́го челове́ка, как он, нам не вида́ть бо́льше; the ~s of us (them, *etc.*) *разг.* таки́е лю́ди, как мы (они́ *и т. п.*) ◇ ~ cures ~ ≅ клин кли́ном вышиба́ть; чем ушибся, тем и лечи́сь

**like II** [laɪk] **1.** *v* 1) нра́виться, люби́ть; I ~ that! вот э́то мне нра́вится! (*шутливое выражение несогласия*); to ~ dancing люби́ть танцева́ть; she ~s him but does not love him он ей нра́вится, но она́ его́ не лю́бит; do as you ~ де́лайте, как вам уго́дно; I should (*или* would) ~ я хоте́л бы, мне хоте́лось бы 2) хоте́ть (*в отриц. предложениях*); I don't ~ to disturb you я не хочу́ вас беспоко́ить

**2.** *n pl* скло́нности, влече́ния; ~s and dislikes пристра́стия и предубежде́ния; симпа́тии и антипа́тии

**likeable** [ˈlaɪkəbl] = likable

**likelihood** [ˈlaɪklɪhud] *n* 1) вероя́тность; in all ~ по всей вероя́тности 2) *редк.* многообеща́ющая бу́дущность; a young man of great ~ молодо́й челове́к, подаю́щий больши́е наде́жды

**likely** [ˈlaɪklɪ] **1.** *a* 1) вероя́тный 2) подходя́щий 3) подаю́щий наде́жды 4) *амер.* краси́вый

**2.** *adv* вероя́тно (*обыкн.* most ~, very ~); as ~ as not весьма́ вероя́тно

**like-minded** [ˈlaɪkˈmaɪndɪd] *a* одина́ково мы́слящий, приде́рживающийся тако́го же мне́ния

**liken** [ˈlaɪkən] *v* 1) уподобля́ть (to); сра́внивать (*тж.* ~ together); прира́внивать (to, with) 2) *редк.* де́лать похо́жим, схо́жим, придава́ть схо́дство

**likeness** [ˈlaɪknɪs] *n* 1) схо́дство (between — ме́жду, to — с); подо́бие 2) портре́т; to take smb.'s ~ писа́ть с кого́-л. портре́т; де́лать чью-л. фотогра́фию, фотографи́ровать кого́-л.; a good ~ схо́жий портре́т 3) обли́чье, личи́на, о́браз; in the ~ of... под ви́дом..., под личи́ной...

**likewise** [ˈlaɪkwaɪz] *adv* 1) подо́бно 2) та́кже; бо́лее того́

**liking** [ˈlaɪkɪŋ] **1.** *pres. p. от* like II, 1

**2.** *n* 1) симпа́тия, расположе́ние (for — к *кому-л.*) 2) вкус (to — к *чему-л.*); to smb.'s ~ по вку́су, по душе́ кому́-л.

**lilac** [ˈlaɪlək] **1.** *n* сире́нь

**2.** *a* сире́невый

**liliaceous** [ˌlɪlɪˈeɪʃəs] *a бот.* лиле́йный

**Lilliputian** [ˌlɪlɪˈpjuːʃjən] **1.** *n* лилипу́т; ка́рлик

**2.** *a* ка́рликовый, кро́шечный

**lilt** [lɪlt] **1.** *n* 1) весёлая, жива́я пе́сенка 2) ритм (*песни, стиха*)

**2.** *v* 1) де́лать (*что-л.*) бы́стро, жи́во, ве́село 2) петь ве́село, жи́во

**lily** [ˈlɪlɪ] *n* 1) ли́лия 2) *attr.* лиле́йный, бе́лый

**lily-livered** [ˈlɪlɪˌlɪvəd] *a* трусли́вый

**lily of the valley** [ˈlɪlɪəvðəˈvælɪ] *n* ла́ндыш

**lily-white** [ˈlɪlɪˈwaɪt] *a* 1) лиле́йно-бе́лый, белосне́жный 2) безупре́чный 3) *амер.* предназна́ченный то́лько для бе́лых; не включа́ющий не́гров; ~ school сегреги́рованная шко́ла

**limb I** [lɪm] **1.** *n* 1) коне́чность, член (*тела*) 2) сук, ве́тка 3) *разг.* отро́дье; непослу́шный ребёнок; ~ of the devil (*или* of Satan) дья́вольское отро́дье ◇ ~ of the law *шутл.* блюсти́тель поря́дка, страж зако́на (*полицейский, адвокат*); out on a ~ в тру́дном положе́нии, в опа́сности

**2.** *v* расчленя́ть

**limb II** [lɪm] *n* 1) *астр.* лимб, край ди́ска (*Солнца, Луны, планет*) 2) лимб, кругова́я шкала́ (*в угломерных приборах*) 3) *бот.* расширенная часть (*лепестка, листа*)

**limbec(k)** [ˈlɪmbek] = alembic

**limber I** [ˈlɪmbə] *n воен.* **1.** передо́к (*орудия*)

**2.** *v* брать (*орудие*) на передо́к

**limber II** [ˈlɪmbə] **1.** *a* 1) ги́бкий, мя́гкий; пода́тливый 2) прово́рный

**2.** *v* де́лать(ся) ги́бким, пода́тливым; □ ~ **up** *спорт.* де́лать разми́нку

**limbering-up** [ˈlɪmbərɪŋˈʌp] *n спорт.* разми́нка

**limbless** [ˈlɪmlɪs] *a* лишённый коне́чностей, безру́кий, безно́гий

**limbo** [ˈlɪmbəu] *n* (*pl* -os [-əuz]) 1) *рел.* лимб, преддве́рие а́да 2) заточе́ние, тюрьма́ 3) склад нену́жных веще́й 4) пребыва́ние в забве́нии

**lime I** [laɪm] **1.** *n* 1) и́звесть; burnt (slaked) ~ негашёная (гашёная) и́звесть 2) пти́чий клей (*обыкн.* bird ~)

**2.** *v* 1) бели́ть и́звестью 2) скрепля́ть *или* удобря́ть и́звестью 3) нама́зывать (*ветки дерева*) пти́чьим клеем 4) *перен.* пойма́ть, завле́чь

**lime II** [laɪm] *n бот.* лайм настоя́щий (*разновидность лимона*)

**lime III** [laɪm] *n* ли́па

**lime-juice I** [ˈlaɪmdʒuːs] *n* сок ла́йма

**lime-juice II** [ˈlaɪmdʒuːs] *v разг.* путеше́ствовать, стра́нствовать

**limekiln** [ˈlaɪmkɪln] *n* печь для о́бжига и́звести

**limelight** [ˈlaɪmlaɪt] **1.** *n* 1) друммо́ндов свет (*применяется для освещения сцены в театре*); свет ра́мпы 2) часть сце́ны у ра́мпы ◇ to be in the ~ быть в це́нтре внима́ния; быть на виду́

**2.** *v* 1) я́рко освеща́ть 2) привлека́ть внима́ние

**lime-pit** [ˈlaɪmpɪt] *n* известняко́вый карье́р

**Limerick** [ˈlɪmərɪk] *n* шу́точное стихотворе́ние (*из пяти строк*)

**limes** [laɪmz] *n pl театр.* ра́мпа

**limestone** [ˈlaɪmstəun] *n* известня́к

**lime-tree** [ˈlaɪmtriː] = lime III

**lime-water** [ˈlaɪmˌwɔːtə] *n* известко́вая вода́

**limey** [ˈlaɪmɪ] *n амер. sl.* англича́нин (*первонач.* англи́йский матро́с)

**limit** [ˈlɪmɪt] **1.** *n* 1) грани́ца, преде́л; superior ~ ма́ксимум; inferior ~

ми́нимум; to set the ~ устана́вливать преде́л; положи́ть коне́ц; to go beyond the ~ перейти́ грани́цы; to go the ~ *амер. разг.* впада́ть в кра́йность; переходи́ть все грани́цы; that's the ~! э́то перехо́дит все грани́цы!; э́то уж сли́шком!; she is the ~ она́ невыноси́ма; to the ~ *амер.* максима́льно, преде́льно 2) *тех.* преде́льный разме́р, до́пуск 3) *тех.* интерва́л значе́ний 4) *юр.* срок да́вности ◇ off ~s *амер.* вход воспрещён

**2.** *v* 1) ограни́чивать; ста́вить преде́л 2) служи́ть грани́цей, преде́лом

**limitary** [ˈlɪmɪtərɪ] *a* 1) ограни́ченный 2) ограничи́тельный 3) пограни́чный

**limitation** [ˌlɪmɪˈteɪʃən] *n* 1) ограниче́ние; огово́рка 2) ограни́ченность; to have one's ~s быть ограни́ченным, недалёким 3) преде́льный срок 4) *pl* недоста́тки; to know one's own ~s знать свои́ недоста́тки; пра́вильно оце́нивать свои́ скро́мные возмо́жности 5) *юр.* искова́я да́вность, срок да́вности

**limitative** [ˈlɪmɪtətɪv] *a* ограни́чивающий, лимити́рующий

**limited** [ˈlɪmɪtɪd] **1.** *p. p. от* limit 2

**2.** *a* ограни́ченный; ~ company *ком.* акционе́рное о́бщество с ограни́ченной отве́тственностью; ~ monarchy конституцио́нная мона́рхия; ~ train (*или* express) курье́рский по́езд с ограни́ченным коли́чеством мест

**limitless** [ˈlɪmɪtlɪs] *a* безграни́чный, беспреде́льный

**limitrophe** [ˈlɪmɪtrəuf] *a* лимитро́фный; пограни́чный

**limn** [lɪm] *v уст.* 1) писа́ть (*картину, портрет*) 2) изобража́ть; опи́сывать; to ~ the (*или* on) water стро́ить возду́шные за́мки; ≅ ви́лами на воде́ пи́сано 3) иллюстри́ровать ру́копись

**limner** [ˈlɪmnə] *n уст.* 1) портрети́ст 2) иллюстра́тор ру́кописи

**limnetic** [lɪmˈnetɪk] *a* пресново́дный

**limnology** [lɪmˈnɔləʤɪ] *n* лимноло́гия, озерове́дение

**limousine** [ˈlɪmu(:)ziːn] *n* лимузи́н

**limp** I [lɪmp] **1.** *n* хромота́, прихра́мывание; to walk with a ~ хрома́ть, прихра́мывать; to have a ~ хрома́ть

**2.** *v* 1) хрома́ть, прихра́мывать; идти́ с трудо́м 2) ме́дленно дви́гаться (*из-за повреждения — о пароходе, самолёте*)

**limp** II [lɪmp] *a* 1) мя́гкий, нежёсткий 2) сла́бый, безво́льный

**limpet** [ˈlɪmpɪt] *n* 1) *зоол.* блю́дечко (*моллюск*) 2) чино́вник, все́ми си́лами стара́ющийся удержа́ть своё ме́сто ◇ to stick like a ~ ≅ приста́ть как ба́нный лист

**limpid** [ˈlɪmpɪd] *a* прозра́чный (*тж. перен. о языке, стиле и т. п.*)

**limpidity** [lɪmˈpɪdɪtɪ] *n* прозра́чность

**limy** [ˈlaɪmɪ] *a* 1) известко́вый 2) кле́йкий

**linage** [ˈlaɪnɪʤ] *n* 1) число́ строк в печа́тной страни́це 2) постро́чная опла́та

**linchpin** [ˈlɪntʃpɪn] *n* чека́ (*колеса*)

**linden** [ˈlɪndən] *n* ли́па

**line** I [laɪn] **1.** *n* 1) ли́ния, черта́; штрих; ~ and colour ко́нтур и тона́ рису́нка; ~ of force *физ.* силова́я ли́ния; all along the ~ а) по всей ли́нии; б) во всех отноше́ниях 2) погра́ничная ли́ния, грани́ца; преде́л; to overstep the ~ of smth. перейти́ грани́цы чего́-л.; to draw the ~ провести́ грани́цу; положи́ть преде́л (at — *чему-л.*); on the ~ а) как раз посереди́не, на грани́це (*между чем-л.*); б) на у́ровне глаз зри́теля (*о картине*); to go over the ~ перейти́ (дозво́ленные) грани́цы, перейти́ преде́л; below the ~ ни́же но́рмы 3) борозда́; морщи́на; to take ~s покрыва́ться морщи́нами 4) очерта́ния, ко́нтур; ship's ~s обво́ды (ко́рпуса) корабля́ 5) ли́ния (*связи, железнодорожная, пароходная, трамвайная и т. п.*); hold the ~! не ве́шайте тру́бку, не разъединя́йте!; ~ busy за́нято (*ответ телефонистки*); the ~ is bad пло́хо слы́шно; long-distance ~ междугоро́дная ли́ния 6) (the L.) эква́тор; to cross the L. пересе́чь эква́тор 7) поведе́ние; о́браз де́йствий; направле́ние, устано́вка; to take a strong ~ де́йствовать энерги́чно; ~ of policy полити́ческий курс; on the usual ~s на обы́чных основа́ниях 8) заня́тие, род де́ятельности; специа́льность; it is not in (*или* out of) my ~ э́то вне мое́й компете́нции *или* интере́сов; what's his ~? чем он занима́ется?; ~ of business *театр.* актёрское амплуа́ 9) происхожде́ние, родосло́вная, генеало́гия; male (female) ~ мужска́я (же́нская) ли́ния 10) шнур; верёвка; *мор.* линь; clothes ~ а) верёвка для белья́; б) *мор.* бельево́й ле́ер 11) ле́са́ (*удочки*); to throw a good ~ быть хоро́шим рыболо́вом 12) ряд; *амер. тж.* о́чередь, хвост 13) конве́йер (*тж.* assembly ~) 14) строка́; drop me a few ~s черкни́те мне не́сколько строк; to read between the ~s чита́ть ме́жду строк 15) *pl театр.* слова́ ро́ли, ре́плика 16) *pl* стихи́ 17) *школ.* гре́ческие *или* лати́нские стихи́, перепи́сываемые в ви́де наказа́ния 18) *pl* бра́чное свиде́тельство (*тж.* marriage ~s) 19) *воен.* развёрнутый строй; ли́ния фро́нта; ~ abreast (ahead) *мор.* строй фро́нта (кильва́тера); in ~ в развёрнутом строю́; 20) (the ~s) *pl* расположе́ние (войск); the enemy's ~s расположе́ние проти́вника 21) *ком.* па́ртия (*товаров*); the shop carries the best ~ of shoes в э́том магази́не продаётся са́мая лу́чшая о́бувь; first-class ~s первокла́ссные това́ры 22) *муз.* но́тная лине́йка 23) *тлв.* строка́ изображе́ния (*тж.* scan ~, scanning ~) 24) ли́ния (*мера длины* = $^1/_{12}$ *дюйма*) ◇ to be in ~ for smth. *амер.* быть на о́череди, име́ть шанс на что-л.; to be in ~ with smth. быть в согла́сии, соотве́тствовать чему́-л.; to come into ~ (with) соглаша́ться, де́йствовать в согла́сии; to bring smb. into ~ заста́вить кого́-л. согласи́ться; to get a ~ on smth. *амер.* добы́ть све́дения о чём-л.; to go down the ~ по́ртиться

**2.** *v* 1) проводи́ть ли́нии, линова́ть 2) выстра́ивать(ся) в ряд, в ли́нию; устана́вливать; to ~ a street with trees обсади́ть у́лицу дере́вьями 3) стоя́ть, тяну́ться вдоль (*чего-л.; тж.* ~ up) □ ~ **through** зачёркивать, вычёркивать; ~ **up** а) стро́ить(ся), выстра́ивать(ся) (в ли́нию); to ~ up in opposition дру́жно вы́ступить про́тив; б) станови́ться в о́чередь; в) размежёвываться; г) подыска́ть, подобра́ть; д): to ~ up votes собира́ть голоса́; е) присоединя́ться, солидаризи́роваться (with)

**line** II [laɪn] *v* 1) класть на подкла́дку 2) обива́ть (*чем-л.*) изнутри́ 3) *разг.* наполня́ть, набива́ть; to ~ one's pockets нажи́ться, разбогате́ть; to ~ one's stomach наби́ть желу́док 4) *тех.* выкла́дывать, облицо́вывать; футерова́ть

**lineage** [ˈlɪnɪɪʤ] *n* 1) происхожде́ние, родосло́вная 2) = linage

**lineal** [ˈlɪnɪəl] *a* 1) происходя́щий по прямо́й ли́нии (of — от); насле́дственный, родово́й, фами́льный 2) лине́йный

**lineament** [ˈlɪnɪəmənt] *n* (*обыкн. pl*) 1) черты́ (*лица*); очерта́ния 2) отличи́тельная черта́ (*характера и т. п.*)

**linear** [ˈlɪnɪə] *a* 1) лине́йный; ~ equation *мат.* уравне́ние пе́рвой сте́пени; ~ measures ме́ры длины́ 2) подо́бный ли́нии, у́зкий и дли́нный

**lined** I [laɪnd] **1.** *p. p. от* line I, 2

**2.** *a* морщи́нистый, покры́тый морщи́нами

**lined** II [laɪnd] *p. p. от* line II

**line-drawing** [ˈlaɪnˌdrɔːɪŋ] *n* рису́нок перо́м *или* карандашо́м

**line-engraving** [ˈlaɪnɪnˌgreɪvɪŋ] *n* штрихова́я гравю́ра

**lineman** [ˈlaɪnmən] *n* 1) лине́йный монтёр (*телефонный и т. п.*) 2) *ж.-д.* путево́й обхо́дчик 3) = linesman

**line map** [ˈlaɪnmæp] *n* ко́нтурная ка́рта

**linen** [ˈlɪnɪn] **1.** *n* 1) полотно́; холст, паруси́на 2) *собир.* бельё

**2.** *a* льняно́й

**linen-draper** [ˈlɪnɪnˌdreɪpə] *n* торго́вец льняны́ми това́рами

**line officer** [ˈlaɪnˌɔfɪsə] *n* строево́й офице́р

**liner** I [ˈlaɪnə] *n* 1) ла́йнер, пассажи́рский парохо́д *или* самолёт, соверша́ющий регуля́рные ре́йсы 2) журнали́ст, получа́ющий постро́чную опла́ту

**liner** II [ˈlaɪnə] *n* 1) *тех.* вкла́дыш, вту́лка, ги́льза 2) *горн.* обса́дная труба́ 3) *воен.* подшле́мник 4) *тех.* прокла́дка; подкла́дка; облицо́вка

**linesman** [ˈlaɪnzmən] *n спорт.* судья́ на ли́нии

**line-up** [ˈlaɪnʌp] *n* 1) строй 2) *спорт.* расположе́ние игроко́в пе́ред нача́лом игры́; соста́в кома́нды 3) расстано́вка сил

**ling** I [lɪŋ] *n зоол.* морска́я щу́ка

**ling** II [lɪŋ] *n бот.* ве́реск обыкнове́нный

**linger** [ˈlɪŋgə] *v* 1) засиживаться (on, over — над *чем-л.*); задерживаться (*где-л.*; about, round); терять время даром 2) медлить, мешкать; опаздывать 3) тянуться (*о времени*) 4) затягиваться (*о болезни*) 5) влачить жалкое существование, медленно умирать (*тж.* ~ out one's days *или* life)

**lingerie** [ˈlænʒəriː] *фр. n* 1) дамское бельё 2) *уст.* полотняные изделия

**lingering** [ˈlɪŋgərɪŋ] **1.** *pres. p. от* linger

2. *a* 1) медлительный 2) томительный 3) затяжной (*о болезни, кризисе и т. п.*) 4) давнишний; долгий; ~ dream давнишняя мечта

**lingo** [ˈlɪŋgəu] *n* (*pl* -oes [-əuz]) 1) специальный малопонятный жаргон; профессиональная фразеология 2) *шутл., презр.* иностранный язык

**lingua franca** [ˈlɪŋgweˈfræŋkə] *ит. n* 1) смешанный язык из элементов романских, греческого и восточных языков, служащий для общения в восточном Средиземноморье 2) смешанный язык; широко распространённый жаргон

**lingual** [ˈlɪŋgwəl] *a* 1) *анат.* язычный; ~ bone подъязычная кость 2) *лингв.* языковой

**linguist** [ˈlɪŋgwɪst] *n* языковед, лингвист

**linguistic** [lɪŋˈgwɪstɪk] *a* языковедческий, лингвистический

**linguistics** [lɪŋˈgwɪstɪks] *n pl* (*употр. как sing*) языкознание, языковедение, лингвистика

**liniment** [ˈlɪnɪmənt] *n* жидкая мазь (*для растирания*)

**lining** I [ˈlaɪnɪŋ] **1.** *pres. p. от* line II

2. *n* 1) подкладка; внутренняя обивка 2) содержимое (*кошелька, желудка и т. п.*) 3) облицовка (*камнем*); обкладка; футеровка 4) *горн.* крепление, крепь

**lining** II [ˈlaɪnɪŋ] **1.** *pres. p. от* line I, 2

2. *n* выпрямление, выравнивание

**link** I [lɪŋk] **1.** *n* 1) (связующее) звено; связь; соединение 2) *pl* узы; ~s of brotherhood узы братства 3) колечко, локон 4) петля (*в вязанье*) 5) запонка для манжет 6) *тех.* шарнир; кулиса 7) *геод.* звено землемерной цепи (*как мера длины = 20 см*) 8) *радио, тлв.* релейная линия

2. *v* 1) соединять, связывать, смыкать (together, to); сцеплять (*тж.* ~ up) 2) быть связанным (on, to — с), примыкать (on, to — к) 3) брать *или* идти под руку (*тж.* ~ one's arm through smb.'s arm)

**link** II [lɪŋk] *n* факел

**linkage** [ˈlɪŋkɪdʒ] *n* 1) сцепление, соединение 2) *хим.* связь 3) *эл.* потокосцепление, полный поток индукции

**link-motion** [ˈlɪŋkˈməuʃən] *n тех.* кулисное распределение

**links** [lɪŋks] *n pl* 1) *шотл.* дюны 2) (*иногда как sing*) поле для игры в гольф

**link-up** [ˈlɪŋkʌp] *n* 1) соединение; ~ on the Elbe *ист.* встреча на Эльбе 2) стыковка космических кораблей

**link-verb** [ˈlɪŋkvəːb] *n грам.* глагол-связка

**linn** [lɪn] *n* (*преим. шотл.*) 1) водопад 2) глубокий овраг, ущелье

**linnet** [ˈlɪnɪt] *n* коноплянка (*птица*)

**lino** I [ˈlaɪnəu] = linoleum

**lino** II [ˈlaɪnəu] = linotype

**linoleum** [lɪˈnəuljəm] *n* линолеум

**lino operator** [ˈlaɪnəuˈɔpəreɪtə] *n* линотипист

**linotype** [ˈlaɪnəutaɪp] *полигр.* **1.** *n* линотип; ~ operator = lino operator

2. *v* набирать на линотипе

**linseed** [ˈlɪnsiːd] *n* 1) льняное семя 2) *attr.*: ~ cake льняные жмыхи; ~ oil льняное масло

**linsey-woolsey** [ˈlɪnzɪˈwulzɪ] *n* грубая полушерстяная ткань

**linstock** [ˈlɪnstɔk] *n воен. ист.* фитильный пальник

**lint** [lɪnt] *n мед.* корпия

**lintel** [ˈlɪntl] *n* перемычка окна *или* двери

**liny** [ˈlaɪnɪ] *a* 1) испещрённый линиями 2) морщинистый 3) тонкий, худой

**lion** [ˈlaɪən] *n* 1) лев; American mountain ~ пума 2) *pl* достопримечательности; to show (to see) the ~s показывать (осматривать) достопримечательности 3) знаменитость 4) (L.) Лев (*созвездие и знак зодиака*) 5) (L.) национальная эмблема Великобритании ◇ the ~'s share львиная доля; ~ in the path (*или* in the way) *преим. ирон.* препятствие, опасность; to put one's head in the ~'s mouth рисковать

**lioness** [ˈlaɪənɪs] *n* львица

**lionet** [ˈlaɪənɪt] *n* молодой лев, львёнок

**lion-hearted** [ˈlaɪənˌhaːtɪd] *a* храбрый, неустрашимый

**lion-hunter** [ˈlaɪənˌhʌntə] *n* 1) охотник на львов 2) человек, гоняющийся за знаменитостями

**lionize** [ˈlaɪənaɪz] *v* 1) носиться с кем-л. как со знаменитостью 2) осматривать *или* показывать достопримечательности

**lip** [lɪp] **1.** *n* 1) губа; to put smth. to one's ~s попробовать что-л.; пригубить; not a drop has passed his ~s он ничего не пил, не ел; not a word has passed his ~s он не проронил ни слова; to smack one's ~s облизываться, смаковать, предвкушать удовольствие; to escape one's ~s сорваться с языка 2) *разг.* дерзкая болтовня; дерзость; none of your ~! без дерзостей!; don't put on your (*или* any) ~ ну, ну, без нахальства 3) край (*раны, сосуда, кратера*); выступ 4) *муз.* амбушюр 5) *гидр.* порог

2. *a* 1) губной 2) неискренний, только на словах; ~ professions неискренние уверения

3. *v* 1) касаться губами; *поэт.* целовать 2) *редк.* говорить, бормотать

**lip-deep** [ˈlɪpˈdiːp] *a* поверхностный; неискренний

**lip-labour** [ˈlɪpˌleɪbə] *n* слова, повторяемые механически; пустая болтовня

**lip-language** [ˈlɪpˌlæŋgwɪdʒ] = lip-reading

**lipped** I [lɪpt] *a* 1) с носиком (*о сосуде*) 2) = labiate 1

**lipped** II [lɪpt] *p. p. от* lip 3

**lip-read** [ˈlɪpriːd] *v* читать с губ

**lip-reading** [ˈlɪpˌriːdɪŋ] *n* чтение с губ (*особ. как метод обучения глухонемых*)

**lipsalve** [ˈlɪpsaːv] *n* 1) гигиеническая губная помада, мазь для губ 2) лесть

**lip-service** [ˈlɪpˌsəːvɪs] *n* неискренние словоизлияния; пустые слова; to pay ~ to smth. признавать что-л. только на словах; to pay ~ to smb. неискренне уверять кого-л. в преданности

**lipstick** [ˈlɪpstɪk] *n* губная помада

**liquate** [ˈlɪkweɪt] *v* плавить

**liquefaction** [ˌlɪkwɪˈfækʃən] *n* сжижение, ожижение; разжижение

**liquefy** [ˈlɪkwɪfaɪ] *v* превращать в жидкое состояние; превращаться в жидкость

**liquescent** [lɪˈkwesənt] *a* переходящий в жидкое состояние; растворяющийся

**liqueur** [lɪˈkjuə] *фр. n* ликёр

**liquid** [ˈlɪkwɪd] **1.** *a* 1) жидкий 2) *поэт.* водяной, водянистый 3) непостоянный, неустойчивый (*о принципах, убеждениях*) 4) прозрачный, светлый 5) плавный (*о звуках и т. п.*); ~ melody плавная мелодия 6) *фин.* быстро реализуемый, ликвидный (*о ценных бумагах*) 7): ~ milk натуральное молоко

2. *n* 1) жидкость 2) *фон.* плавный звук [l, r]

**liquidate** [ˈlɪkwɪdeɪt] *v* 1) выплатить (*долг*) 2) ликвидировать дела (*о фирме*) 3) ликвидировать; уничтожить; покончить (*с чем-л.*), избавиться (*от чего-л.*) 4) обанкротиться

**liquidation** [ˌlɪkwɪˈdeɪʃən] *n* 1) уплата долга 2) ликвидация дела; to go into ~ обанкротиться 3) ликвидация; уничтожение, избавление (*от чего-либо*)

**liquor** [ˈlɪkə] **1.** *n* 1) напиток 2) спиртной напиток; hard ~s крепкие напитки; in ~, the worse for ~ подвыпивший, пьяный 3) отвар (*мясной*) 4) жир, в котором жарилась рыба, бекон 5) [ˈlɪkwɔː] *мед.* водный раствор лекарства

2. *v* 1) *разг.* выпивать (*обыкн.* ~ up) 2) смазывать жиром (*сапоги и т. п.*)

**liquorice** [ˈlɪkərɪs] *n* лакричник (*растение*); солодковый корень, лакрица

**liquorish** [ˈlɪkərɪʃ] *a* любящий выпить

**lira** [ˈlɪərə] *n* (*pl* lire) лира (*денежная единица Италии*)

**lire** [ˈlɪərɪ] *pl от* lira

**lisle thread** [ˈlaɪlθred] *n текст.* фильдекосовая *или* фильдеперсовая нить

**lisp** [lɪsp] **1.** *n* 1) шепелявость 2) лепет (*волн*); шорох, шелест

2. *v* 1) шепеля́вить 2) лепета́ть (*о детях*)

**lissom(e)** [ˈlɪsəm] *a* 1) ги́бкий 2) прово́рный, бы́стрый

**list I** [lɪst] **1.** *n* 1) спи́сок, пе́речень, рее́стр; инвента́рь; to enter in a ~ вноси́ть в спи́сок; to make a ~ составля́ть спи́сок; duty ~ расписа́ние дежу́рств 2) кро́мка, каёмка; кайма́, оторо́чка, бордю́р; край 3) *pl* огоро́женное ме́сто; аре́на (*турнира, состязания*); to enter the ~s а) бро́сить вы́зов; б) приня́ть вы́зов; в) уча́ствовать в состяза́нии 4) *архит.* ли́стель 5) *амер. с.-х.* борозда́, сде́ланная ли́стером 6) *attr.* сде́ланный из каймы́, поло́с, обре́зков; ~ slippers ко́мнатные ту́фли из обре́зков (*кожи, материи*)

2. *v* 1) вноси́ть в спи́сок; составля́ть спи́сок; to ~ for service вноси́ть в спи́ски военнообя́занных 2) *разг. см.* enlist 1); 3) *амер.* обраба́тывать зе́млю ли́стером

**list II** [lɪst] *мор.* **1.** *n* крен, накло́н; to take a ~ накрени́ться

2. *v* крени́ться, накреня́ться

**listen** [ˈlɪsn] *v* 1) слу́шать; прислу́шиваться (to); ~ here! послу́шай!; ~ for smth. прислу́шиваться, стара́ться услы́шать 2) выслу́шивать со внима́нием 3) слу́шаться; уступа́ть (*просьбе, искушению*) □ ~ **in** а) слу́шать радиопереда́чу; б) *воен.* подслу́шивать радиопереда́чу *или* разгово́р по телефо́ну

**listener** [ˈlɪsnə] *n* слу́шатель; радиослу́шатель

**listener-in** [ˈlɪsnərˈɪn] *n* 1) радиослу́шатель 2) *воен.* слуха́ч

**listening** [ˈlɪsnɪŋ] **1.** *pres. p. от* listen

2. *n* 1) слу́шание, прослу́шивание 2) *воен.* подслу́шивание

**listening dog** [ˈlɪsnɪŋdɔg] *n* сторожева́я соба́ка

**listening-in** [ˈlɪsnɪŋˈɪn] *n* 1) слу́шание по ра́дио 2) *воен.* подслу́шивание; перехва́т

**lister** [ˈlɪstə] *n с.-х.* ли́стер

**listless** [ˈlɪstlɪs] *a* вя́лый, апати́чный, безразли́чный

**lit I** [lɪt] *past и p. p. от* light I, 3

**lit II** [lɪt] *past и p. p. от* light III

**litany** [ˈlɪtənɪ] *n церк.* лита́ния; моле́бствие

**liter** [ˈliːtə] *амер.* = litre

**literacy** [ˈlɪtərəsɪ] *n* гра́мотность

**literal** [ˈlɪtərəl] **1.** *a* 1) бу́квенный; ~ error опеча́тка 2) буква́льный, досло́вный 3) то́чный 4) сухо́й, педанти́чный

2. *n* опеча́тка

**literalism** [ˈlɪtərəlɪzm] *n* 1) буквали́зм 2) понима́ние сло́ва в его́ буква́льном значе́нии 3) то́чность изображе́ния; копи́рование приро́ды

**literary** [ˈlɪtərərɪ] *a* 1) литерату́рный; ~ property а́вторское пра́во 2) литерату́рно образо́ванный

**literate** [ˈlɪtərɪt] **1.** *a* 1) гра́мотный 2) образо́ванный, учёный

2. *n* 1) гра́мотный челове́к 2) образо́ванный, учёный челове́к

**literati** [ˌlɪtəˈrɑːtiː] *лат. n pl* 1) литера́торы, писа́тели 2) образо́ванные лю́ди

**literatim** [ˌlɪtəˈrɑːtɪm] *лат. adv* буква́льно, сло́во в сло́во

**literature** [ˈlɪtərɪtʃə] *n* литерату́ра

**litharge** [ˈlɪθɑːdʒ] *n* глёт, о́кись свинца́

**lithe** [laɪð] *a* ги́бкий, пода́тливый

**lithesome** [ˈlaɪðsəm] = lissom(e)

**lithium** [ˈlɪθɪəm] *n хим.* ли́тий

**lithograph** [ˈlɪθəugrɑːf] **1.** *n* литогра́фия; литогра́фский о́ттиск

2. *v* литографи́ровать

**lithographer** [lɪˈθɔgrəfə] *n* лито́граф

**lithographic** [ˌlɪθəuˈgræfɪk] *a* литогра́фский, литографи́рованный

**lithographically** [ˌlɪθəuˈgræfɪkəlɪ] *adv* литогра́фским спо́собом

**lithography** [lɪˈθɔgrəfɪ] *n* литогра́фия

**litho-print** [ˈlɪθəuprɪnt] = lithograph 2

**lithotomy** [lɪˈθɔtəmɪ] *n мед.* камнесече́ние

**Lithuanian** [ˌlɪθju(ː)ˈeɪnjən] **1.** *a* лито́вский

2. *n* 1) лито́вец; лито́вка 2) лито́вский язы́к

**litigant** [ˈlɪtɪgənt] *юр.* **1.** *n* сторона́ (*в судебном процессе*)

2. *a* тя́жущийся

**litigate** [ˈlɪtɪgeɪt] *v* 1) суди́ться (*с кем-л.*); быть тя́жущейся стороно́й (*в судебном процессе*) 2) оспа́ривать (*на суде*)

**litigation** [ˌlɪtɪˈgeɪʃən] *n* тя́жба; суде́бный проце́сс

**litigious** [lɪˈtɪdʒəs] *a* 1) сутя́жнический 2) спо́рный, подлежа́щий суде́бному разбира́тельству

**litmus** [ˈlɪtməs] *n хим.* 1) ла́кмус 2) *attr.* ла́кмусовый; ~ paper ла́кмусовая бума́га

**litotes** [ˈlaɪtəutiːz] *n ритор.* лито́та

**litre** [ˈliːtə] *n* литр

**litter** [ˈlɪtə] **1.** *n* 1) носи́лки 2) соло́менная *и т. п.* подсти́лка (*для скота*) 3) помёт (*свиньи, собаки*) 4) разбро́санные ве́щи, бума́ги; сор, му́сор; беспоря́док

2. *v* 1) подстила́ть, настила́ть соло́му *и т. п.* (*обыкн.* ~ down) 2) порос́иться, щени́ться *и т. п.*; производи́ть детёнышей 3) разбра́сывать в беспоря́дке (*вещи; тж.* ~ up); сори́ть

**litterateur** [ˌlɪtərəˈtəː] *фр. n* литера́тор, писа́тель

**litter-bearer** [ˈlɪtəˌbeərə] *n* санита́р-носи́льщик

**litter-bin** [ˈlɪtəbɪn] *n* у́рна для му́сора

**littery** [ˈlɪtərɪ] *a* в беспоря́дке; захламлённый

**little** [ˈlɪtl] **1.** *a* (less, lesser; least) 1) ма́ленький; небольшо́й; ~ finger мизи́нец; ~ toe мизи́нец (*на ноге*); ~ ones а) де́ти; б) детёныши; the ~ people а) де́ти; б) э́льфы; ~ ways ма́ленькие, смешны́е сла́бости 2) коро́ткий (*о времени, расстоянии*); come a ~ way with me проводи́те меня́ немно́го 3) ма́лый, незначи́тельный; ~ things ме́лочи 4) ме́лочный, ограни́ченный; ~ things amuse ~ minds ме́лочи занима́ют (лишь) ме́лкие умы́ ◇ ~ Mary *разг.* желу́док; to go but a ~ way не хвата́ть

2. *adv* 1) немно́го, ма́ло; I like him ~ я его́ недолю́бливаю; a ~ немно́го; rest a ~ отдохни́те немно́го; ~ less (more) than немно́го ме́ньше (бо́льше), чем; to make ~ of smth. не принима́ть всерьёз, не придава́ть значе́ния 2) *с глаголами* know, dream, think *и т. п.* совсе́м не; ~ did he think that *или* he ~ thought that он и не ду́мал, что

3. *n* 1) небольшо́е коли́чество; немно́гое, ко́е-что́, пустя́к; ~ by ~ ма́ло-пома́лу, постепе́нно; ~ or nothing почти́ ничего́; not a ~ нема́ло; knows a ~ of everything зна́ет понемно́гу обо всём; in ~ а) в небольшо́м масшта́бе; б) *жив.* в миниатю́ре 2) коро́ткое, непродолжи́тельное вре́мя; after a ~ you will feel better ско́ро вам ста́нет лу́чше; for a ~ на коро́ткое вре́мя ◇ from ~ up *амер. разг.* с де́тства

**little-go** [ˈlɪtlgəu] *n разг.* пе́рвый экза́мен на сте́пень бакала́вра (*в Кембридже*)

**littleness** [ˈlɪtlnɪs] *n* 1) ма́лая величина́, незначи́тельность 2) ме́лочность; ничто́жность

**littoral** [ˈlɪtərəl] **1.** *a* прибре́жный; примо́рский

2. *n* побере́жье; примо́рский райо́н

**liturgy** [ˈlɪtə(ː)dʒɪ] *n* 1) литурги́я 2) ритуа́л церко́вной слу́жбы

**livable** [ˈlɪvəbl] *a* 1) го́дный, приго́дный для жилья́ 2) ужи́вчивый; общи́тельный

**live I** [lɪv] *v* жить; существова́ть; обита́ть; to ~ in a small way жить скро́мно; to ~ within (above, beyond) one's income (*или* means) жить (не) по сре́дствам; to ~ on one's salary жить на жа́лованье; to ~ on bread and water пита́ться хле́бом и водо́й; to ~ on others жить на чужи́е сре́дства; to ~ to be old (seventy, eighty, *etc.*) дожи́ть до ста́рости (до семи́десяти, восьми́десяти *и т. д.*); to ~ to see smth. дожи́ть до чего́-л. □ ~ **down** загла́дить, искупи́ть (свои́м поведе́нием, о́бразом жи́зни); ~ **in** име́ть кварти́ру по ме́сту слу́жбы; ~ **off** жить за счёт (*чего-л.*; *кого-л.*); to ~ off the soil жить на дохо́ды с земли́; ~ **out** а) пережи́ть; б) прожи́ть, протяну́ть (*о больном*); в) име́ть кварти́ру отде́льно от ме́ста слу́жбы; ~ **through** пережи́ть; ~ **up to** жить согла́сно (*принципам и т. п.*); быть досто́йным (*чего-л.*) ◇ as I ~ by bread!, as I ~ and breathe! че́стное сло́во!; to ~ on air не име́ть средств к существова́нию; to ~ it up прожига́ть жизнь; ~ and learn! ≅ век живи́, век учи́сь!

**live II** [laɪv] *a* 1) живо́й 2) живо́й, де́ятельный, энерги́чный, по́лный сил 3) жи́зненный; реа́льный; животрепе́щущий; ~ issue актуа́льный вопро́с 4) горя́щий, непога́сший; ~ coals горя́щие у́гли 5) де́йствующий; невзорва́вшийся, боево́й (*о патроне и т. п.*) 6) я́ркий, нету́склый (*о цвете*) 7) переме́нный, меня́ющийся (*о нагрузке*) 8) *эл.* под напряже́нием 9) *радио, тлв.* передаю́щийся непосре́дственно с ме́ста де́йствия (*без предварительной записи на плёнку или киноленту*); a ~ program репорта́ж с ме́ста собы́тий ◇ ~ weight живо́й вес; ~ wire энерги́чный челове́к, ого́нь

**liveable** [ˈlɪvəbl] = livable

**live farming** [ˈlaɪvˌfɑːmɪŋ] *n* животново́дческое хозя́йство

**livelihood** [ˈlaɪvlɪhud] *n* сре́дства к жи́зни; to earn an honest ~ жить че́стным трудо́м; to pick up a scanty ~ е́ле перебива́ться

**liveliness** [ˈlaɪvlɪnɪs] *n* жи́вость, оживле́ние, весёлость

**livelong** [ˈlɪvlɔŋ] *a поэт.* це́лый, весь; ве́чный; the ~ day день-деньско́й

**lively** [ˈlaɪvlɪ] **1.** *a* 1) живо́й (*об описании и т. п.*) 2) оживлённый, весёлый; ~ with humour искря́щийся ю́мором 3) я́ркий, си́льный (*о впечатлении, цвете и т. п.*) 4) бы́стрый; бы́стро отска́кивающий (*о мяче*) 5) све́жий (*о ветре*) ◇ to make things ~ for smb. доставля́ть кому́-л. неприя́тные мину́ты; зада́ть жа́ру кому́-либо

**2.** *adv* ве́село, оживлённо

**liven** [ˈlaɪvn] *v* оживи́ть(ся), развесели́ть(ся) (*тж.* ~ up)

**live-oak** [ˈlaɪvˈəuk] *n бот.* дуб вирги́нский

**liver** I [ˈlɪvə] *n* 1): good ~ а) хоро́ший, доброде́тельный челове́к; б) жуи́р; гуля́ка; loose ~ распу́щенный челове́к; close ~ скупе́ц 2) *амер.* жи́тель

**liver** II [ˈlɪvə] *n* 1) *анат.* пе́чень 2) печёнка (*пища*)

**liver-coloured** [ˈlɪvəˈkʌləd] *a* тёмно-кашта́новый

**liver-fluke** [ˈlɪvəfluːk] *n мед.* печёночная двуу́стка (*паразит*)

**liveried** [ˈlɪvərɪd] *a* нося́щий ливре́ю, в ливре́е

**liverish** [ˈlɪvərɪʃ] *a разг.* страда́ющий боле́знью пе́чени

**Liverpudlian** [ˌlɪvəˈpʌdlɪən] *шутл.* **1.** *n* жи́тель Ливерпу́ля

**2.** *a* ливерпу́льский

**liverwort** [ˈlɪvəwəːt] *n бот.* печёночник

**livery** I [ˈlɪvərɪ] *a* 1) тёмно-кашта́новый 2) = liverish 3) раздражи́тельный

**livery** II [ˈlɪvərɪ] *n* 1) ливре́я 2) *ист.* костю́м чле́на ги́льдии 3) *поэт.* наря́д, убо́р; the ~ of spring весе́нний наря́д (*природы*) 4) проко́рм *или* содержа́ние ло́шади; прока́т (*лошадей, экипажей, лодок и т. п.*); at ~ помещённый в пла́тную коню́шню (*о лошади*) 5) *юр.* ввод во владе́ние 6) пла́тная коню́шня 7) *attr.* ливре́йный; ~ servant ливре́йный лаке́й

**liveryman** [ˈlɪvərɪmən] *n* 1) член ги́льдии 2) содержа́тель пла́тной коню́шни; извозопромы́шленник

**livery stable** [ˈlɪvərɪˌsteɪbl] *n* пла́тная коню́шня; изво́зчичий двор

**lives** [laɪvz] *pl от* life

**live-stock** [ˈlaɪvstɔk] *n* 1) живо́й инвента́рь, дома́шний скот 2) *attr.*: ~ breeding племенно́е животново́дство; ~ capita поголо́вье скота́

**livid** [ˈlɪvɪd] *a* 1) синева́то-багро́вый 2) серова́то-си́ний 3) ме́ртвенно-бле́дный 4) *разг.* о́чень серди́тый, злой; ~ with wrath вне себя́ от я́рости

**living** I [ˈlɪvɪŋ] **1.** *pres. p. от* live I

**2.** *n* 1) сре́дства к существова́нию; to make one's ~ зараба́тывать на жизнь 2) жизнь, о́браз жи́зни; plain ~ скро́мная, проста́я жизнь; standard of ~ у́ровень жи́зни 3) пи́ща, стол 4) *церк.* бенефи́ций, прихо́д 5) *attr.* жило́й; ~ quarters жило́е помеще́ние 6) *attr.*: ~ essentials предме́ты пе́рвой необходи́мости

**living** II [ˈlɪvɪŋ] **1.** *a* 1) живо́й; живу́щий, существу́ющий; the greatest ~ poet крупне́йший совреме́нный поэ́т 2) живо́й, интере́сный 3) о́чень похо́жий; he is the ~ image of his father он ко́пия своего́ отца́, он вы́литый оте́ц ◇ ~ death жа́лкое существова́ние; within ~ memory на па́мяти живу́щих, на па́мяти ны́нешнего поколе́ния; the ~ theatre теа́тр (*в противоп. кино и телевидению*)

**2.** *n*: the ~ на́ши совреме́нники; he is still in the land of the ~ он ещё жив

**living-room** [ˈlɪvɪŋrum] *n* гости́ная, о́бщая ко́мната

**living-space** [ˈlɪvɪŋspeɪs] *n* 1) жи́зненное простра́нство 2) жила́я пло́щадь

**lixiviate** [lɪkˈsɪvɪeɪt] *v* выщела́чивать

**lixivium** [lɪkˈsɪvɪəm] *n* щёлок

**lizard** [ˈlɪzəd] *n* я́щерица

**lizzie** [ˈlɪzɪ] *n* дешёвый автомоби́ль, *преим.* форд (*тж.* tin ~)

**'ll** [-l] *сокр. разг. от* will *и* shall: he'll = he will, they'll = they will *и т. д.*

**llama** [ˈlɑːmə] *n зоол.* ла́ма

**llano** [ˈljɑːnəu] *n* (*pl* -os [-əuz]) льяно́сы (*обширные равнины в Южной Америке*)

**Lloyd's** [lɔɪdz] *n* 1) Ллойд (*морское страховое объединение*) 2) реги́стр Лло́йда (*тж.* ~ register) ◇ A 1 at ~ превосхо́дный; первокла́ссный

**lo** [ləu] *int. уст.* вот!, смотри́!, слу́шай!; lo and behold! и вот!; и вдруг, о чу́до!

**loach** [ləutʃ] *n* голе́ц (*рыба*)

**load** [ləud] **1.** *n* 1) груз 2) бре́мя, тя́жесть; ~ of care бре́мя забо́т; to take a ~ off one's mind изба́виться от (гнету́щего) беспоко́йства *и т. п.*; that's a ~ off my mind ≅ то́чно ка́мень с души́ свали́лся 3) па́ртия гру́за на ваго́н, су́дно *и т. п.* 4) коли́чество рабо́ты, нагру́зка; a teaching ~ of twelve hours a week педагоги́ческая нагру́зка 12 часо́в в неде́лю 5) *pl разг.* оби́лие, мно́жество 6) *воен.* заря́д 7) *тех.* нагру́зка ◇ to have a ~ on *жарг.* «нагрузи́ться», նализа́ться

**2.** *v* 1) грузи́ть, нагружа́ть; грузи́ться (*о корабле, вагонах*) 2) обременя́ть (*заботой*); нагружа́ть (*работой*); ~ more work on him дай ему́ побо́льше рабо́ты 3) отягоща́ть (*напр., желудок*); наеда́ться 4) осыпа́ть (*подарками, упрёками и т. п.*) 5) заряжа́ть (*оружие, плёнку в кинокамеру*); ~ quickly! заряжа́й! 6) налива́ть свинцо́м (*напр., трость*); to ~ the dice а) налива́ть свинцо́м игра́льные ко́сти; б) дава́ть *или* получа́ть незаслу́женное преиму́щество 7) подбавля́ть к вину́ спирт, нарко́тики 8) игра́ть нече́стно 9) насыща́ть; ~ed with fragrance насы́щенный арома́том (*о воздухе*) 10) *sl.* употребля́ть нарко́тики 11) *жив.* класть гу́сто (*краску*) □ ~ up а) грузи́ться; б) наеда́ться; напива́ться ◇ to be (*или* to get) ~ed *разг.* напи́ться, нализа́ться

**loaded** [ˈləudɪd] **1.** *p. p. от* load 2

**2.** *a* 1): ~ dice игра́льные ко́сти, нали́тые свинцо́м; *перен.* нече́стно добы́тое преиму́щество 2): ~ question а) вопро́с, в кото́ром соде́ржится отве́т; б) провокацио́нный вопро́с 3) *амер. разг.* пья́ный 4) *амер. разг.* при деньга́х 6) ве́ский, весо́мый; ~ word ве́ское сло́во

**loader** [ˈləudə] *n* 1) гру́зчик 2) погру́зочное приспособле́ние 3) заряжа́ющий (*в орудийном расчёте*)

**loading** [ˈləudɪŋ] **1.** *pres. p. от* load 2

**2.** *n* 1) погру́зка 2) груз, нагру́зка 3) заряжа́ние 4) *эл.* приложе́ние нагру́зки

**load-line** [ˈləudlaɪn] *n* грузова́я ватерли́ния

**load-on** [ˈləudˈɔn] *n разг.* вы́пивка; to get a ~ нализа́ться, напи́ться

**load-shedding** [ˈləudˌʃedɪŋ] *n эл.* сброс нагру́зки; принуди́тельное отключе́ние в часы́ пик

**loadstar** [ˈləudstɑː] = lodestar

**loadstone** [ˈləudstəun] *n* магнети́т, магни́тный железня́к

**loaf** I [ləuf] *n* (*pl* loaves) 1) буха́нка, карава́й; бу́лка 2) голова́ са́хару (*тж.* sugar-~) 3) коча́н (*капусты*) 4) *sl.* голова́; use your ~ ≅ пошевели́(те) мозга́ми ◇ loaves and fishes *библ.* земны́е бла́га; half a ~ is better than no bread *посл.* ≅ лу́чше хоть что́-нибудь, чем ничего́

**loaf** II [ləuf] **1.** *n* безде́льничанье; to have a ~ безде́льничать

**2.** *v* 1) безде́льничать; зря теря́ть вре́мя; to ~ away one's time пра́здно проводи́ть вре́мя 2) слоня́ться, шата́ться

**loafer** [ˈləufə] *n* 1) безде́льник 2) бродя́га 3) (*обыкн. pl*) лёгкие ко́жаные ту́фли ти́па мокаси́н

**loaf-sugar** [ˈləufˌʃugə] *n* са́хар-рафина́д (голова́ми)

**loam** [ləum] *n* 1) сугли́нок (*тж.* clay ~) 2) плодоро́дная земля́; гли́на и песо́к с перегно́ем 3) гли́на для кирпиче́й; формо́вочная гли́на

**loamy** [ˈləumɪ] *a* сугли́нистый; ме́ргельный

**loan** [ləun] **1.** *n* 1) заём; government ~ госуда́рственный заём 2) ссу́-

да; что-л. да́нное для вре́менного по́льзования (*напр.*, *книга*); on ~ а) взаймы́; б) предоста́вленный для вы́ставки (*об экспонате*) 3) заимствова́ние (*о слове, мифе, обычае*)

2. *v* (*преим. амер.*) дава́ть взаймы́, ссужа́ть

**loan collection** [ˈləunkəˌlekʃən] *n* колле́кция карти́н, вре́менно предоста́вленная владе́льцами для вы́ставки

**loan show** [ˈləunʃəu] *n* вы́ставка карти́н, предоста́вленных музе́ю на определённый срок

**loan-society** [ˈləunsəˌsaiəti] *n* ка́сса взаимопо́мощи

**loan-translation** [ˈləuntrænsˌleiʃən] *n* *лингв.* ка́лька

**loan-word** [ˈləunwəːd] *n* заи́мствованное сло́во

**loath** [ləuθ] *a predic.* несклóнный, нежела́ющий; неохо́тный; to be ~ to do smth. не хоте́ть сде́лать что-л.; nothing ~ охо́тно

**loathe** [ləuð] *v* 1) чу́вствовать отвраще́ние 2) ненави́деть 3) *разг.* не люби́ть

**loathful** [ˈləuðful] = loathsome

**loathing** [ˈləuðiŋ] 1. *pres. p. от* loathe

2. *n* 1) отвраще́ние; to be filled with ~ испы́тывать отвраще́ние 2) не́нависть

**loathsome** [ˈləuðsəm] *a* вызыва́ющий отвраще́ние; отврати́тельный, проти́вный

**loath-to-depart** [ˈləuθtədiˈpɑːt] *n* проща́льная песнь

**loaves** [ləuvz] *pl от* loaf I

**lob** [lɔb] 1. *v* 1) идти́ *или* бежа́ть тяжело́, неуклю́же (*тж.* ~ along) 2) высоко́ подбро́сить мяч (*в теннисе и т. п.*)

2. *n* высоко́ подбро́шенный мяч (*в теннисе и т. п.*)

**lobby** [ˈlɔbi] 1. *n* 1) вестибю́ль; приёмная; фойе́; холл; коридо́р 2) *парл.* кулуа́ры; division ~ коридо́р, куда́ чле́ны англи́йского парла́мента выхо́дят при голосова́нии 3) ло́бби, завсегда́таи кулуа́ров (*парламента, конгресса*); гру́ппа лиц, «обраба́тывающих» чле́нов парла́мента и́ли конгре́сса в по́льзу того́ и́ли ино́го законопрое́кта 4) заго́н для скота́

2. *v* пыта́ться возде́йствовать на чле́нов парла́мента и́ли конгре́сса, «обраба́тывать» их □ ~ **through** провести́ законопрое́кт посре́дством закули́сных махина́ций

**lobbyist** [ˈlɔbiist] *n* 1) лобби́ст, завсегда́тай кулуа́ров, ока́зывающий давле́ние на чле́нов конгре́сса 2) журнали́ст, добыва́ющий информа́цию в кулуа́рах парла́мента

**lobe** [ləub] *n* 1) до́ля; ~ of the lung *анат.* лёгочная до́ля; ~ of the ear мо́чка у́ха 2) *тех.* кулачо́к

**lobelia** [ləuˈbiːljə] *n бот.* лобе́лия

**loblolly** [ˈlɔblɔli] *n мор. разг.* густа́я ка́ша

**loblolly boy** [ˈlɔblɔliˈbɔi] *n мор.* судово́й фе́льдшер

**lobster** [ˈlɔbstə] *n* 1) ома́р; red as a ~ ≅ кра́сный как рак 2) *уст. презр.* англи́йский солда́т, «красномунди́рник» 3) *разг.* неуклю́жий челове́к ◇ ~ shift = graveyard shift [*см.* graveyard ◇]

**lobster-eyed** [ˈlɔbstərˈaid] *a* пучегла́зый

**lobule** [ˈlɔbjuːl] *n* до́лька (*листа, плода*)

**lobworm** [ˈlɔbwəːm] *n зоол.* пескожи́л (*червь*)

**local** [ˈləukəl] 1. *a* 1) ме́стный; ~ committee местко́м, ме́стный комите́т (*профсоюза*); ~ train при́городный по́езд; ~ engagement *воен.* бой ме́стного значе́ния; ~ war лока́льная война́; ~ board *амер.* участко́вая призывна́я коми́ссия; ~ defence *воен.* самооборо́на; Local Government Board департа́мент, ве́дающий ме́стным самоуправле́нием; ~ name а) назва́ние ме́стности; б) ме́стное назва́ние; ~ option (*или* veto) пра́во жи́телей о́круга контроли́ровать *или* запреща́ть прода́жу спиртны́х напи́тков; ~ examinations экза́мены, проводи́мые в шко́лах (на места́х) представи́телями университе́тов; ~ room *амер.* отде́л, реда́кция ме́стных новосте́й (*в газете*); ~ adverb *грам.* наре́чие ме́ста 2) распространённый в отде́льных места́х; части́чный, ча́стный (*обыкн.* quite ~, very ~); ~ anaesthesia ме́стная анестези́я; ~ armistice *воен.* ча́стное переми́рие

2. *n* 1) ме́стная парти́йная *или* профсою́зная организа́ция 2) ме́стный жи́тель 3) ме́стные но́вости (*в газете*) 4) при́городный по́езд *или* авто́бус 5) *разг.* ме́стный тракти́р 6) *pl* = local examinations [*см.* local 1, 1)]

**locale** [ləuˈkɑːl] *n* ме́сто де́йствия

**localism** [ˈləukəlizm] *n* 1) ме́стные интере́сы; ме́стный патриоти́зм; ме́стничество 2) у́зость интере́сов, провинциали́зм 3) *лингв.* ме́стное выраже́ние, провинциали́зм

**locality** [ləuˈkæliti] *n* 1) ме́стность; райо́н, уча́сток; местоположе́ние; defended ~ *воен.* райо́н оборо́ны; inhabited (*или* populated) ~ населённый пункт 2) (*часто pl*) окре́стность; in the ~ of побли́зости от 3) *pl* населённые пу́нкты 4) при́знаки, характе́рные черты́ ме́стности; sense (*или* bump *разг.*) of ~ уме́ние ориенти́роваться

**localize** [ˈləukəlaiz] *v* 1) локализова́ть, ограни́чивать распростране́ние; to ~ infection ограни́чить распростране́ние инфе́кции 2) относи́ть к определённому ме́сту 3) определя́ть местонахожде́ние

**locally** [ˈləukəli] *adv* 1) в определённом ме́сте 2) в ме́стном масшта́бе

**locate** [ləuˈkeit] *v* 1) определя́ть ме́сто, местонахожде́ние 2) располага́ть в определённом ме́сте; назнача́ть ме́сто (*для постройки и т. п.*) 3) посели́ть(ся); to be ~d in жить в; быть располо́женным в

**location** [ləuˈkeiʃən] *n* 1) определе́ние ме́ста (*чего-л.*); обнару́жение, нахожде́ние 2) поселе́ние (*на жительство*) 3) размеще́ние; *воен.* дислока́ция 4) местожи́тельство; уча́сток 5) фе́рма (*в Австралии*) 6) *юр.* сда́ча внаём 7) *кино* ме́сто нату́рных съёмок; on ~ на нату́ре (*о съёмках*)

**locative** [ˈlɔkətiv] *грам.* 1. *a* ме́стный

2. *n* ме́стный паде́ж

**locator** [ləuˈkeitə] *n амер.* землеме́р

**loch** [lɔk] *n шотл.* 1) о́зеро 2) у́зкий морско́й зали́в

**loci** [ˈləusai] *pl от* locus

**lock** I [lɔk] *n* 1) ло́кон; *pl* во́лосы 2) пучо́к (*волос*), клок (*шерсти*)

**lock** II [lɔk] 1. *n* 1) замо́к (*тж. в оружии*); запо́р; затво́р; щеко́лда; under ~ and key за́пертый, под замко́м 2) *тех.* сто́пор, чека́ 3) зато́р (*в уличном движении*) 4) шлюз; плоти́на; гать 5) венерологи́ческая лече́бница (*тж.* L. Hospital) ◇ ~, stock and barrel *разг.* целико́м, по́лностью; всё вме́сте взя́тое, гурто́м

2. *v* 1) запира́ть(ся) на замо́к 2) сжима́ть (*в объятиях, в борьбе*); сти́скивать (*зубы*) 3) тормози́ть; затормози́ться 4) соединя́ть, сплета́ть (*пальцы, руки*) 5) шлюзова́ть; to ~ up (down) проводи́ть су́дно по шлю́зам вверх (вниз) по реке́, кана́лу □ ~ **away** спря́тать под замо́к, запере́ть; ~ **in** запира́ть и не выпуска́ть из ко́мнаты *и т. п.*; ~ **out** а) запере́ть дверь и не впуска́ть; б) объявля́ть лока́ут; ~ **up** а) запира́ть; б) сажа́ть в тюрьму́; заключа́ть в сумасше́дший дом; в) вложи́ть капита́л в тру́дно реализу́емые бума́ги; г) утáивать (*факты, сведения*) ◇ to ~ the stable door after the horse has been stolen ≅ хвати́ться сли́шком по́здно

**lockage** [ˈlɔkidʒ] *n* 1) шлюзовы́е сооруже́ния и механи́змы 2) прохожде́ние (*судна*) че́рез шлю́зы 3) шлюзово́й сбор

**lock-chamber** [ˈlɔkˌtʃeimbə] *n* шлюзова́я ка́мера

**locker** [ˈlɔkə] *n* 1) запира́ющийся шка́фчик; я́щик; *мор. тж.* ру́ндук 2) отделе́ние (*в холодильнике*) для хране́ния свежезаморо́женных проду́ктов ◇ not a shot in the ~ *разг.* ни гроша́ в карма́не; Davy Jones's ~ дно морско́е, моги́ла моряко́в

**locker room** [ˈlɔkərum] *n* раздева́лка (*на заводе, стадионе и т. п. с шкафчиками для личных вещей*)

**locket** [ˈlɔkit] *n* медальо́н

**lockfast** [ˈlɔkfɑːst] *a шотл.* хорошо́, основа́тельно за́пертый

**lock-gate** [ˈlɔkˈgeit] *n* шлю́зные воро́та

**Lock Hospital** [ˈlɔkˈhɔspitl] = lock II, 1, 5)

**lock house** [ˈlɔkhaus] *n* сторо́жка при шлю́зе

**locking-finger** [ˈlɔkiŋˌfiŋgə] = finger 1, 2)

**lock-jaw** [ˈlɔkdʒɔː] *n мед.* сжа́тие че́люстей, тризм че́люсти

**lock-keeper** [ˈlɔkˌkiːpə] *n* нача́льник шлю́за

**lock-nut** [ˈlɔknʌt] *n* контрга́йка

**lock-out** [ˈlɔkaut] *n* лока́ут

**locksman** ['lɔksmən] *n* 1) = lock-keeper 2) *уст.* тюре́мщик

**locksmith** ['lɔksmɪθ] *n* сле́сарь

**lock-stitch** ['lɔkstɪtʃ] *n текст.* закры́тый стежо́к; челно́чный стежо́к

**lock-up** ['lɔkʌp] *n* 1) вре́мя закры́тия, прекраще́ния рабо́ты 2) ареста́нтская ка́мера; *разг.* тюрьма́ 3) мёртвый капита́л 4) *attr.* запира́емый, запира́ющийся; ~ shop ла́вка без жило́го помеще́ния

**loco** I ['ləukəu] **1.** *n амер.* 1) *бот.* астрага́л (*ядовитое растение*) 2) боле́знь скота́, вызыва́емая э́тим расте́нием (*тж.* ~ disease)

2. *a разг.* сумасше́дший; to go ~ сойти́ с ума́, спя́тить

3. *v разг.* свести́ с ума́

**loco** II ['ləukəu] *сокр. от* locomotive 1, 1)

**locomobile** ['ləukə,məubaɪl] **1.** *n* локомоби́ль

2. *a* самодви́жущийся

**locomotion** [,ləukə'məuʃən] *n* передвиже́ние; means of ~ сре́дства передвиже́ния

**locomotive** ['ləukə,məutɪv] **1.** *n* 1) локомоти́в, паровоз, теплово́з, электрово́з 2) *pl разг.* но́ги; to use one's ~s ≅ идти́ на свои́х на двои́х

2. *a* 1) дви́жущий(ся); ~ power дви́жущая си́ла; ~ faculty спосо́бность движе́ния 2) *шутл.* постоя́нно путеше́ствующий 3) двига́тельный 4) локомоти́вный; ~ depot парово́зное депо́

**locum** ['ləukəm] *лат. n*: to do ~ вре́менно исполня́ть обя́занности (*врача, священника и т. п.*); ~ tenens вре́менный замести́тель

**locus** ['ləukəs] *лат. n* (*pl* loci) 1) местоположе́ние; ~ sigilli ме́сто печа́ти (*на документе*) 2) траекто́рия 3) *мат.* геометри́ческое ме́сто то́чек

**locust** ['ləukəst] *n* 1) саранча́ перелётная *или* обыкнове́нная 2) *распр.* цика́да 3) *бот.* псевдоака́ция, роби́ния-ложноака́ция; бе́лая ака́ция 4) *бот.* рожко́вое де́рево; honey ~ гледи́чия сла́дкая 5) *разг.* жа́дный, прожо́рливый челове́к 6) *attr.*: ~ beans плоды́ рожко́вого де́рева, цареградские стручки́, рожки́

**locust-tree** ['ləukəsttri:] = locust 3) *и* 4)

**locution** [ləu'kju:ʃən] *n* выраже́ние, оборо́т ре́чи, идио́ма

**lode** [ləud] *n* 1) *геол.* (ру́дная) жи́ла; за́лежь 2) = loadstone

**lodestar** ['ləudsta:] *n* 1) Поля́рная звезда́ 2) путево́дная звезда́

**lodge** [lɔdʒ] **1.** *n* 1) до́мик; сторо́жка у воро́т; помеще́ние привра́тника, садо́вника *и т. п.* 2) охо́тничий до́мик; вре́менное жили́ще 3) пала́тка инде́йцев, вигва́м 4) ме́стное отделе́ние не́которых профсою́зов (*напр., железнодорожников*) 5) ло́жа (*масонская*) 6) ха́тка (*бобра*); нора́ (*выдры*) 7) *редк.* ло́жа (*в театре*) 8) кварти́ра дире́ктора колле́джа (*в Кембридже*) 9) *горн.* ру́дный двор

2. *v* 1) дать помеще́ние, приюти́ть; посели́ть 2) квартирова́ть; вре́менно прожива́ть; снима́ть ко́мнату, у́гол (*у кого-л.*) 3) всади́ть (*пулю и т. п.*) 4) засе́сть, застря́ть (*о пуле и т. п.*) 5) класть (*в банк*); дава́ть на хране́ние (with — *кому-л.*; in — *куда-л.*) 6) подава́ть (*жалобу, прошение*; with, in); предъявля́ть (*обвинение*) 7) приби́ть (*о ветре, ливне*) 8) поле́чь от ве́тра (*о посевах*) □ ~ **out** а) провести́ ночь в общежи́тии при вокза́ле (*о железнодорожном служащем*); б) не ночева́ть до́ма ◇ to ~ power with smb. (*или* in the hands of smb.) облека́ть кого́-л. вла́стью, полномо́чиями

**lodgement** ['lɔdʒmənt] *n* 1) жили́ще, кварти́ра; прию́т (*тж. перен.*); the idea found ~ in his mind мысль засе́ла в его́ мозгу́ 2) скопле́ние (*чего-л.*); зато́р; a ~ of dirt in a pipe засоре́ние трубы́ 3) пода́ча (*жалобы и т. п.*) 4) *воен. ист.* ложеме́нт 5) *воен.* закрепле́ние на захва́ченной пози́ции; to find (*или* to make) a ~ обоснова́ться, закрепи́ться 6) *горн.* водосбо́рник

**lodger** ['lɔdʒə] *n* жиле́ц; to take in ~s сдава́ть ко́мнаты жильца́м

**lodging** ['lɔdʒɪŋ] **1.** *pres. p. от* lodge 2

2. *n* 1) жили́ще 2) *pl* (снима́емая *или* сдава́емая) ко́мната, ко́мнаты; кварти́ра; dry ~ помеще́ние, сдава́емое без пита́ния 3) *attr.*: ~ allowance (*или* money) *воен.* кварти́рные де́ньги ◇ ~ turn *ж.-д.* ночна́я сме́на, ночно́е дежу́рство

**lodging-house** ['lɔdʒɪŋhaus] *n* меблиро́ванные ко́мнаты; common ~ ночле́жный дом

**lodgment** ['lɔdʒmənt] = lodgement

**loess** ['ləuɪs] *n геол.* лёсс

**loft** [lɔft] **1.** *n* 1) черда́к 2) сенова́л 3) голубя́тня 4) *амер.* ве́рхний эта́ж (*торгового помещения, склада*) 5) хо́ры (*в церкви*) 6) *мор.* плаз 7) уда́р, посыла́ющий мяч вверх (*в гольфе*)

2. *v* 1) посыла́ть мяч вверх (*в гольфе*) 2) держа́ть голубе́й

**loftiness** ['lɔftɪnɪs] *n* 1) больша́я высота́ 2) возвы́шенность (*идеалов и т. п.*) 3) вели́чественность; ста́тность 4) высокоме́рие, надме́нность

**loft-room** ['lɔftrum] *n* плодохрани́лище

**lofty** ['lɔftɪ] *a* 1) о́чень высо́кий (*не о людях*) 2) возвы́шенный (*об идеалах и т. п.*) 3) вели́чественный 4) высокоме́рный, надме́нный; гордели́вый

**log** [lɔg] **1.** *n* 1) бревно́; коло́да; чурба́н; кряж 2) *мор.* лаг; to heave the ~ броса́ть лаг 3) = log-book 4) *геол.* разре́з буро́вой сква́жины ◇ to keep the ~ rolling рабо́тать в бы́стром те́мпе; to split the ~ объясня́ть что-л.

2. *v* 1) рабо́тать на лесозагото́вках 2) *мор.* вноси́ть в ва́хтенный *и т. п.* жу́рнал 3) *мор.* проходи́ть по ла́гу (*расстояние*); развива́ть (ско́рость) по ла́гу □ ~ **off** выкорчёвывать

**loganberry** ['ləugənbərɪ] *n бот.* лога́нова я́года (*гибрид малины с ежевикой*)

**logarithm** ['lɔgərɪðəm] *n* логари́фм

**log-book** ['lɔgbuk] *n* 1) ва́хтенный журна́л; бортово́й журна́л (*самолёта*); журна́л радиоста́нции *и т. п.* 2) формуля́р (*автомашины, самолёта*)

**log cabin** ['lɔg,kæbɪn] *n амер.* бреве́нчатый до́мик

**log frame** ['lɔgfreim] *n* лесопи́льная ра́ма

**logged** [lɔgd] **1.** *p. p. от* log 2

2. *a* 1) отяжеле́вший; пропита́вшийся водо́й 2) стоя́чий (*о воде*); боло́тистый 3) расчи́щенный от ле́са

**logger** ['lɔgə] *n амер.* 1) лесору́б 2) *амер.* лесопогру́зчик (*машина*)

**loggerhead** ['lɔgəhed] *n* 1) непропорциона́льно больша́я голова́ 2) род морско́й черепа́хи 3) *уст.* болва́н ◇ to be at ~s with smb. пререка́ться, ссо́риться с кем-л.; быть в натя́нутых отноше́ниях с кем-л.; to fall (*или* to get, to go) to ~s дойти́ до дра́ки

**logging** ['lɔgɪŋ] **1.** *pres. p. от* log 2

2. *n* загото́вка и транспорти́ровка ле́са

**log-head** ['lɔghed] *n* болва́н, дура́к

**log hut** ['lɔghʌt] = log cabin

**logic** ['lɔdʒɪk] *n* ло́гика

**logical** ['lɔdʒɪkəl] *a* 1) логи́ческий 2) логи́чный, после́довательный

**logician** [ləu'dʒɪʃən] *n* ло́гик

**logistical** [ləu'dʒɪstɪkəl] *a воен.* относя́щийся к ты́лу, тылово́й; ~ number но́мер, присва́иваемый гру́зу при автоперево́зке; ~ support материа́льно-техни́ческое обеспе́чение

**logistics** [ləu'dʒɪstɪks] *n pl воен.* тыл и снабже́ние, материа́льно-техни́ческое обеспе́чение, рабо́та ты́ла

**log-juice** ['lɔgdʒu:s] *n sl.* дешёвый портве́йн

**log-man** ['lɔgmən] *n амер.* лесору́б

**logogram** ['lɔgəugræm] *n* знак *или* бу́ква, заменя́ющие сло́во; логогра́мма

**logomachy** [lɔ'gɔməkɪ] *n* пусто́е словопре́ние; спор о слова́х

**log-roll** ['lɔgrəul] *v амер.* ока́зывать взаи́мные услу́ги (*в политике*); взаи́мно восхваля́ть (*в печати*)

**log-rolling** ['lɔg,rəulɪŋ] *n амер.* 1) совме́стная перека́тка брёвен 2) взаи́мные услу́ги (*в политике*); взаи́мное восхвале́ние (*в печати*)

**logwood** ['lɔgwud] *n бот.* кампе́шевое де́рево

**logy** ['ləugɪ] *a амер.* 1) тупо́й, тупоу́мный 2) медли́тельный, неповоро́тливый

**loin** [lɔɪn] *n* 1) *pl* поясни́ца 2) *кул.* филе́йная часть ◇ to gird up one's ~s *библ., поэт.* препоя́сать чре́сла, собра́ться с си́лами, приступи́ть (*к чему-л.*); sprung from smb.'s ~s порождённый кем-л. (*о потомстве и т. п.*)

**loin-cloth** ['lɔɪnklɔθ] *n* набе́дренная повя́зка

**loir** [lɔɪə] *n зоол.* со́ня-полчо́к

**loiter** ['lɔɪtə] *v* 1) ме́длить, ме́шкать, копа́ться; отстава́ть 2) слоня́ться без де́ла □ ~ **away** тра́тить бесце́льно, по́пусту растра́чивать; to ~ away one's time безде́льничать, теря́ть да́ром вре́мя

**loll** [lɔl] *v* сидеть развалясь; стоять (облокотясь) в ленивой позе □ ~ **out** а) высовывать язык; б) высовываться (*о языке*)

**Lollard** [ˈlɔləd] *n ист.* лоллард

**lollipop** [ˈlɔlɪpɔp] *n* леденец на палочке; *pl* сласти

**Lombard** [ˈlɔmbəd] **1.** *n* 1) *ист.* лангобард 2) ломбардец, житель Ломбардии 3) *уст.* банкир; меняла ◇ ~ Street денежный рынок, финансовый мир Англии (*по названию улицы в лондонском Сити, на которой находится много банков*)

**2.** *а* ломбардский

**Lombardy poplar** [ˈlɔmbədɪˌpɔplə] *n* пирамидальный тополь

**Londoner** [ˈlʌndənə] *n* лондонец

**Londonism** [ˈlʌndənɪzm] *n* 1) местное лондонское выражение 2) лондонский обычай

**lone** [ləun] *а* 1) уединённый 2) *поэт., ритор.* одинокий 3) *шутл.* незамужняя *или* овдовевшая

**lone electron** [ˈləunɪˈlektrɔn] *n* одиночный электрон

**lonely** [ˈləunlɪ] *а* 1) одинокий; томящийся одиночеством; to feel ~ чувствовать себя одиноким, испытывать чувство одиночества 2) уединённый, пустынный

**loner** [ˈlounə] *n амер.* одинокий человек; холостяк; одиночка

**lonesome** [ˈləunsəm] *а* 1) = lonely 2) вызывающий тоску, унылый

**long I** [lɔŋ] **1.** *а* 1) длинный; ~ measures меры длины; at ~ range на большом расстоянии; a ~ mile добрая миля; ~ waves *радио* длинные волны 2) долгий; длительный; давно существующий; ~ look долгий взгляд; a ~ custom давнишний, старинный обычай; a ~ farewell а) долгое прощание; б) прощание надолго; a friendship (an illness) of ~ standing старинная дружба (застарелая болезнь); ~ vacation летние каникулы 3) медленный; медлительный; how ~ he is! как он копается! 4) имеющий *такую-то* длину *или* продолжительность; a mile ~ длиной в одну милю; an hour ~ продолжающийся в течение часа 5) обширный, многочисленный; ~ family огромная семья; ~ bill длинный, раздутый счёт; ~ price непомерная цена; ~ shillings хороший заработок 6) удлинённый, продолговатый 7) скучный, многословный 8) *фон., прос.* долгий (*о гласном звуке*) 9) *фин.* долгосрочный ◇ ~ ears глупость; to make (*или* to pull) a ~ face помрачнеть; to make a ~ nose показать «нос»; ~ greens *амер. разг.* бумажные деньги; ~ head проницательность, предусмотрительность; ~ nine *амер. разг.* дешёвая сигара; ~ odds большое неравенство ставок; неравные шансы; L. Tom а) дальнобойная пушка; б) *разг.* длинная сигара; L. Parliament *ист.* Долгий парламент; ~ in the teeth старый; to get a ~ start over smb. значительно опередить кого-л.

**2.** *adv* 1) долго; as ~ as пока; stay for as ~ as you like оставайтесь столько, сколько вам будет угодно; ~ live... да здравствует... 2) давно; долгое время (*перед, спустя*); ~ before задолго до; ~ after долгое время спустя; ~ since уже давным-давно 3): his life ~ в течение всей его жизни, всю его жизнь

**3.** *n* 1) долгий срок, долгое время; for ~ надолго; before ~ скоро; вскоре; will not take ~ не займёт много времени 2) *pl* мужская одежда больших размеров 3) *фон.* долгий гласный 4) (the ~s) = ~ vacation [*см.* I, 1, 2)] ◇ the ~ and the short of it короче говоря, словом

**long II** [lɔŋ] *v* 1) страстно желать (*чего-л.*), стремиться (to, for — к *чему-л.*) 2) тосковать

**long-ago** [ˈlɔŋəˈgəu] **1.** *n* далёкое прошлое; давние времена

**2.** *а* давнопрошедший, далёкий

**longanimity** [ˌlɔŋgəˈnɪmɪtɪ] *n редк.* долготерпение

**long-boat** [ˈlɔŋbəut] *n мор.* баркас

**long-bow** [ˈlɔŋbəu] *n* большой лук (*оружие*) ◇ to draw (*или* to pull) the ~ рассказывать небылицы; преувеличивать

**long-distance** [ˈlɔŋˈdɪstəns] **1.** *а* дальний, отдалённый; ~ call междугородный *или* международный телефонный разговор; ~ telephone service междугородное *или* международное телефонное сообщение; ~ transmission дальняя радиопередача

**2.** *n* 1) междугородный *или* международный телефонный разговор 2) междугородная телефонная станция

**long-drawn(-out)** [ˈlɔŋdrɔ:n(ˈaut)] *а* затянувшийся, продолжительный

**longer** [ˈlɔŋgə] *а сравн. ст. от* long I, 1 и 2; wait a while ~ подождите ещё немного; I shall not wait (any) ~ не буду больше ждать

**longeron** [ˈlɔndʒərən] *n* (*обыкн. pl*) *ав.* лонжерон

**longest** [ˈlɔŋgɪst] *а превосх. ст. от* long I, 1 *и* 2; (a week) at ~ самое большее (неделю)

**longevity** [lɔnˈdʒevɪtɪ] *n* долговечность; долголетие, долгожительство

**longevous** [lɔnˈdʒi:vəs] *а* долговечный

**long-hair, long-haired** [ˈlɔŋhɛə, ˈlɔŋhɛəd] *а разг.* 1) длинноволосый, романтичный 2) интеллектуальный 3) предпочитающий серьёзную музыку

**longhand** [ˈlɔŋhænd] *n* обыкновенное письмо (*противоп.* shorthand)

**long-headed** [ˈlɔŋˈhedɪd] *а* 1) длинноголовый, долихоцефальный 2) проницательный, предусмотрительный, хитрый

**long hundredweight** [ˈlɔŋˈhʌndrədweɪt] *n* английский центнер (*112 фунтов = 50,8 кг*)

**longing** [ˈlɔŋɪŋ] **1.** *pres. p. от* long II

**2.** *n* сильное, страстное желание, стремление

**3.** *а* сильно, страстно желающий; ~ look горящий желанием взгляд

**longitude** [ˈlɔndʒɪtju:d] *n* 1) *геогр.* долгота 2) *шутл.* длина

**longitudinal** [ˌlɔndʒɪˈtju:dɪnl] **1.** *а* 1) продольный; ~ section продольное сечение 2) *геогр.* по долготе

**2.** *n* 1) *стр.* продольный брус; продольная балка; продольный элемент конструкции 2) *ав.* лонжерон

**long jump** [ˈlɔŋˈdʒʌmp] *n спорт.* прыжок в длину

**long-lived** [ˈlɔŋˈlɪvd] *а* долговечный

**long-liver** [ˈlɔŋˌlɪvə] *n* долгожитель

**long-play(er)** [ˈlɔŋˈpleɪ(ə)] *n* долгоиграющая пластинка

**long-playing** [ˈlɔŋˈpleɪɪŋ] *а* долгоиграющий; ~ record долгоиграющая пластинка

**long-primer** [ˈlɔŋˈprɪmə] *n полигр.* корпус

**long-range** [ˈlɔŋˈreɪndʒ] *а* дальнего действия; дальнобойный; ~ rocket ракета дальнего действия; ~ thinking заблаговременное обдумывание; ~ policy политика дальнего прицела; ~ planning перспективное планирование

**long-run** [ˈlɔŋrʌn] *а* дальний, далёкий; ~ objective конечная цель; ~ prospects отдалённые перспективы

**long-service pay** [ˈlɔŋˌsə:vɪsˈpeɪ] *n* надбавка за выслугу лет

**longshoreman** [ˈlɔŋʃɔ:mən] *n* 1) портовый грузчик 2) прибрежный рыбак 3) *разг.* человек, живущий случайной работой на морских курортах

**long-shot** [ˈlɔŋʃɔt] *n кино* общий план; кадр, снятый общим планом

**long-sighted** [ˈlɔŋˈsaɪtɪd] *а* 1) дальнозоркий 2) дальновидный

**longspun** [ˈlɔŋspʌn] *а* растянутый, скучный

**long-standing** [ˈlɔŋˈstændɪŋ] *а* давнишний

**long-suffering** [ˈlɔŋˈsʌfərɪŋ] **1.** *n* долготерпение

**2.** *а* долготерпеливый, многострадальный

**long-term** [ˈlɔŋtə:m] *а* долгосрочный; длительный; ~ bond (*или* note) обязательство сроком не менее чем на два года

**long-time** [ˈlɔŋtaɪm] = long-term

**long ton** [ˈlɔŋˈtʌn] = gross ton

**long-tongued** [ˈlɔŋˈtʌŋd] *а* болтливый

**longueurs** [lɔ:ŋˈgə:z] *фр. n pl* длинноты

**longways** [ˈlɔŋweɪz] *adv* в длину

**long-winded** [ˈlɔŋˈwɪndɪd] *а* 1) с хорошими лёгкими, могущий долго бежать *или* кричать, не задыхаясь 2) многоречивый, скучный

**longwise** [ˈlɔŋwaɪz] = longways

**loo I** [lu:] *n* мушка (*карт. игра*)

**loo II** [lu:] *эвф. см.* lavatory

**looby** [ˈlu:bɪ] *n* дурень; полоумный

**looey** [ˈlu:ɪ] *n воен. sl.* лейтенант

**loofah** [ˈlu:fɑ:] *n бот.* люфа

**look** [luk] **1.** *n* 1) взгляд; to have (*или* to take) a ~ at посмотреть на; ознакомиться с; to cast a ~ бросить взгляд, посмотреть; to steal a ~ украдкой посмотреть 2) выражение (*глаз, лица*); a vacant ~ отсутствующий взгляд 3) вид, наружность; good

~s красота́; милови́дность; to lose one's ~s дурне́ть; I don't like the ~ of him мне не нра́вится его́ вид; affairs took on an ugly ~ дела́ пошли́ пло́хо ◇ upon the ~ в по́исках; not to have a ~ in with smb. быть ху́же, чем кто-л., не сравни́ться с кем-л.; new ~ но́вая мо́да (*о фасонах*)

2. *v* 1) смотре́ть, гляде́ть; осма́тривать; *перен.* быть внима́тельным, следи́ть; to ~ ahead смотре́ть вперёд (*в будущее*); ~ ahead! береги́сь!; осторо́жно!; to ~ through blue-coloured (rose-coloured) glasses ви́деть всё в непривлека́тельном (привлека́тельном) све́те; to ~ things in the face смотре́ть опа́сности в глаза́ 2) *как глагол-связка в составном именном сказуемом* вы́глядеть, каза́ться; to ~ well (ill) вы́глядеть хорошо́ (пло́хо); to ~ big принима́ть ва́жный вид; to ~ like вы́глядеть как, походи́ть на, быть похо́жим на; it ~s like rain(ing) похо́же, что бу́дет дождь; to ~ one's age вы́глядеть не ста́рше свои́х лет; to ~ oneself again приня́ть обы́чный вид, опра́виться 3) выража́ть (*взглядом, видом*); he ~ed his thanks весь его́ вид выража́л благода́рность 4) выходи́ть на..., быть обращённым на...; my room ~s south моя́ ко́мната выхо́дит на юг □ ~ **about** а) огля́дываться по сторона́м; б) осма́триваться, ориенти́роваться; ~ **after** а) следи́ть глаза́ми, взгля́дом; б) присма́тривать за, забо́титься о; ~ **at** а) смотре́ть на *что-л.*, на *кого-л.*; б) посмотре́ть (в чём де́ло), прове́рить; one's way of ~ing at things чьи-л. взгля́ды; чья-л. мане́ра смотре́ть на ве́щи; ~ **back** а) огля́дываться; б) вспомина́ть, огля́дываться на про́шлое; ~ **down** а) смотре́ть свысока́, презира́ть (on, upon); б) *ком.* па́дать (*в цене*); ~ **for** а) иска́ть; б) ожида́ть, наде́яться на; ~ **in** а) загляну́ть к *кому-л.*; б) смотре́ть телепереда́чу; ~ **into** а) загля́дывать; б) иссле́довать; ~ **on** а) наблюда́ть; б) = ~ upon; ~ **out** а) выгля́дывать (*откуда-л.*); б) быть насторо́же; ~ out! осторо́жнее!, береги́сь!; в) име́ть вид, выходи́ть (on, over — на *что-л.*); г) поды́скивать; to ~ out for a house присма́тривать (для поку́пки) дом; ~ **over** а) просма́тривать; б) не заме́тить; в) прости́ть; ~ **round** а) огля́дываться круго́м; б) взве́сить всё (*прежде чем действовать*); ~ **through** а) смотре́ть в (*окно и т. п.*); б) просма́тривать *что-л.*; в) ви́деть *кого-л.* наскво́зь; ~ **to** а) забо́титься о, следи́ть за; ~ to it that this doesn't happen again смотри́те, что́бы э́то не повтори́лось; б) рассчи́тывать на; в) наде́яться на; г) стреми́ться, быть напра́вленным к *чему-л.*, на *что-л.*; име́ть скло́нность к *чему-л.*; д) ука́зывать на; the evidence ~s to acquittal су́дя по свиде́тельским показа́ниям, его́ оправда́ют; ~ **toward** = ~ to г); ~ **towards:** I ~ towards you *разг.* пью за ва́ше здоро́вье; ~ **up** а) смотре́ть вверх, поднима́ть глаза́; to ~ up and down сме́рить взгля́дом; to ~ up to smb. смотре́ть почти́тельно на кого́-л.; уважа́ть кого́-л.; счита́ться с кем-л.; б) иска́ть (*что-л. в справочнике*); в) *разг.* улучша́ться (*о делах*); things are looking up положе́ние улучша́ется; г) повыша́ться (*в цене*); д) *разг.* навеща́ть *кого-л.*; ~ **upon** смотре́ть как на; счита́ть за; he was ~ed upon as an authority на него́ смотре́ли как на авторите́т, его́ счита́ли авторите́том ◇ to ~ alive спеши́ть, торопи́ться; ~ before you leap не бу́дьте опроме́тчивы; ~ here! послу́шайте!; ~ sharp! живе́й!; смотри́(те) в о́ба!; to ~ at home обрати́ться к свое́й со́вести, загляну́ть себе́ в ду́шу; to ~ at him су́дя по его́ ви́ду

**looker** [ˈlukə] *n* 1) наблюда́тель 2) *амер. разг.* краса́вица, краса́вец 3) *разг.* телезри́тель

**looker-on** [ˈlukərˈɔn] *n* (*pl* lookers-on) зри́тель, наблюда́тель ◇ lookers-on see most of the game ≅ со стороны́ видне́е

**lookers-on** [ˈlukəzˈɔn] *pl от* looker-on

**look-in** [ˈlukˈɪn] *n* 1) взгляд ме́льком 2) коро́ткий визи́т 3) *разг.* шанс; to have a ~ име́ть ша́нсы на успе́х

**looking-for** [ˈlukɪŋfɔː] *n* 1) по́иски 2) ожида́ния, наде́жды

**looking-glass** [ˈlukɪŋglɑːs] *n* зе́ркало

**look-out** [ˈlukˈaut] *n* 1) бди́тельность, насторожённость; to be on the ~ (for) быть насторо́же 2) наблюда́тельный пункт 3) наблюда́тель; ва́хта; дозо́рные 4) вид; a wonderful ~ over the sea чуде́сный вид на́ море 5) ви́ды, ша́нсы ◇ that's my ~ э́то моё де́ло

**look-see** [ˈlukˈsiː] *n разг.* 1) бе́глый взгляд *или* просмо́тр 2) *мор.* периско́п 3) бино́кль

**loom** I [luːm] *n* тка́цкий стано́к

**loom** II [luːm] **1.** *n* 1) очерта́ния (*неясные или преувеличенные*) 2) тень

2. *v* 1) нея́сно вырисо́вываться; мая́чить 2) принима́ть преувели́ченные, угрожа́ющие разме́ры (*тж.* ~ large)

**loon** I [luːn] *n шотл. разг.* 1) неотёсанный челове́к, дереве́нщина 2) па́рень

**loon** II [luːn] *n* поля́рная гага́ра

**loony** [ˈluːnɪ] (*сокр. от* lunatic) *разг.* **1.** *n* сумасше́дший, чо́кнутый

2. *a* сумасше́дший, полоу́мный

**loony-bin** [ˈluːnɪbɪn] *n sl.* сумасше́дший дом

**loop** [luːp] **1.** *n* 1) пе́тля 2) *ав.* мёртвая пе́тля, пе́тля Не́стерова 3) *физ.* пу́чность (*волны*) 4) *эл.* вито́к 5) *тех.* бу́гель, хому́т, скоба́ 6) окружна́я желе́зная доро́га; обго́нный путь 7) *анат.* га́нглий, не́рвный у́зел

2. *v* де́лать пе́тлю, закрепля́ть пе́тлей; to ~ the loop *ав.* де́лать мёртвую пе́тлю, пе́тлю Не́стерова; to ~ the moon враща́ться вокру́г Луны́

**loop-aerial** [ˈluːpˈɛərɪəl] *n радио* ра́мочная анте́нна

**loop-hole** [ˈluːphəul] **1.** *n* 1) бойни́ца, амбразу́ра 2) лазе́йка, увёртка

2. *v* проде́лывать бойни́цы

**loop-light** [ˈluːplaɪt] *n* ма́ленькое, у́зкое окно́

**loop-line** [ˈluːplaɪn] = loop 1, 6)

**loopy** [ˈluːpɪ] *a* 1) име́ющий пе́тли 2) *разг.* сумасше́дший 3) *шотл.* хи́трый

**loose** [luːs] **1.** *a* 1) свобо́дный; to break ~ вы́рваться на свобо́ду; сорва́ться с це́пи; to come ~ развяза́ться; отдели́ться; to let ~ а) освобожда́ть; б) дава́ть во́лю (*воображению, гневу и т. п.*) 2) ненатя́нутый; (to ride) with a ~ rein а) свобо́дно пусти́ть ло́шадь; б) (обраща́ться) мя́гко, без стро́гости 3) просто́рный, широ́кий (*об одежде*) 4) нето́чный, неопределённый, сли́шком о́бщий; ~ translation а) во́льный перево́д; б) небре́жный, нето́чный перево́д 5) небре́жный, неря́шливый 6) распу́щенный челове́к; ~ morals распу́щенные нра́вы 7) непло́тный (*о ткани*); ры́хлый (*о почве*) 8) несвя́занный, пло́хо упако́ванный; не упако́ванный в я́щик, коро́бку 9) не(пло́тно) прикреплённый; болта́ющийся, шата́ющийся; расхля́банный; обви́слый; ~ end свобо́дный коне́ц (*каната, троса и т. п.*); ~ leaf вкладно́й лист 10) откидно́й 11) *тех.* холосто́й ◇ ~ bowels скло́нность к поно́су; to sit ~ to smth. не проявля́ть интере́са к чему́-л.; at a ~ end а) без определённой рабо́ты, без де́ла; б) в беспоря́дке

2. *adv* свобо́дно *и пр.* [*см.* 1]

3. *v* 1) освобожда́ть, дава́ть во́лю; to ~ one's hold of smth. вы́пустить что-л. из рук; wine ~d his tongue вино́ развяза́ло ему́ язы́к 2) развя́зывать, отвя́зывать; распуска́ть (*волосы*); открыва́ть (*задвижку*) 3) ослабля́ть, де́лать просто́рнее (*пояс и т. п.*) 4) вы́стрелить (*тж.* ~ off) 5) *церк.* отпуска́ть грехи́

4. *n* вы́ход, проявле́ние (*чувств и т. п.*); to give (a) ~ (to) дать во́лю (*чувству*); to give a ~ to one's tongue развяза́ть язы́к ◇ to be on the ~ кути́ть, вести́ беспу́тный о́браз жи́зни

**loose box** [ˈluːsbɔks] *n* денни́к (*для лошади*)

**loose-leaf** [ˈluːsliːf] *a* с отрывны́ми листа́ми (*о блокноте и т. п.*)

**loosely** [ˈluːslɪ] *adv* свобо́дно *и пр.* [*см.* loose 1]

**loosen** [ˈluːsn] *v* 1) ослабля́ть(ся), станови́ться сла́бым; to ~ discipline ослабля́ть дисципли́ну 2) развя́зывать 3) расша́тывать (*зуб и т. п.*) 4) *мед.* вызыва́ть де́йствие (*кишечника*) 5) разрыхля́ть 6) *тех.* отпуска́ть □ ~ **up** а) де́лать бо́лее ги́бкими (*мышцы*); б) станови́ться бо́лее разгово́рчивым, ме́нее засте́нчивым

**loosener** [ˈluːsnə] *n* слаби́тельное

**looseness** [ˈluːsnɪs] *n* 1) сла́бость *и пр.* [*см.* loose 1] 2) *разг.* поно́с

**loosestrife** [ˈluːsstraɪf] *n бот.* 1) верб́ейник 2) дербе́нник

**loot** [luːt] **1.** *n* 1) добы́ча; награ́бленное 2) ограбле́ние

2. *v* грабить; уносить добычу
**loo-table** [ˈlu:ˌteɪbl] *n* карточный стол
**lop** I [lɔp] 1. *n* мелкие ветки, сучья (*особ. отрубленные*)
2. *v* 1) обрубать, подрезать ветви, сучья 2) очищать дерево от сучьев (*обыкн.* ~ off, ~ away) 3) обкорнать 4) отрубить 5) урезывать; сокращать
**lop** II [lɔp] *v* 1) свисать 2) двигаться неуклюже, прихрамывая □ ~ **about** шататься, слоняться
**lop** III [lɔp] *n мор.* зыбь
**lope** [ləup] 1. *n* бег вприпрыжку, прыжки, скачки (*особ. о животных*)
2. *v* бежать вприпрыжку (*особ. о животных*)
**lop-eared** [ˈlɔpɪəd] *a* вислоухий
**loppings** [ˈlɔpɪŋz] *n pl* обрубленные сучья
**loppy** [ˈlɔpɪ] *a* (свободно) свисающий
**lop-sided** [ˈlɔpˈsaɪdɪd] *a* 1) кривобокий; наклонённый, накренённый 2) односторонний; неравномерный; ~ development неравномерное, одностороннее развитие
**loquacious** [ləuˈkweɪʃəs] *a* 1) болтливый, говорливый 2) *поэт.* журчащий
**loquacity** [ləuˈkwæsɪtɪ] *n* болтливость
**loquitur** [ˈlɔkwɪtə] *лат. v* говорит (*ремарка*)
**lor** [lɔ:] *int разг.* (*сокр. от* lord 1): о ~! о боже! (*выражение удивления, досады и т. п.*)
**lord** [lɔ:d] 1. *n* 1) господин, владыка, повелитель; властитель; феодальный сеньор; ~ of the manor владелец поместья; the ~ of the harvest а) фермер, которому принадлежит урожай; б) главный жнец; ~s of creation а) *поэт.* человеческий род; б) *шутл.* мужчины, сильный пол 2) лорд, пэр; член палаты лордов; the Lords spiritual епископы — члены палаты лордов; the Lords temporal светские члены палаты лордов; my ~ [mɪˈlɔ:d] милорд (*официальное обращение к пэрам, епископам, судьям верховного суда*) 3): (the) Lords *разг.* палата лордов 4) магнат, король (*промышленности*); the cotton ~s хлопчатобумажные магнаты 5) *поэт., шутл.* муж, супруг; ~ and master супруг и повелитель 6) господь бог (*обыкн.* the L.); our Lord Христос; the Lord's day воскресенье; the Lord's prayer отче наш (*молитва*); the Lord's supper а) тайная вечеря; б) причастие, евхаристия; Lord's table алтарь ◊ to act the ~ важничать; to live like a ~ ≅ как сыр в масле кататься
2. *v* 1) давать титул лорда 2) титуловать лордом 3): to ~ it строить, разыгрывать лорда, важничать; командовать, распоряжаться; to ~ it over smb. помыкать кем-л.; he will not be ~ed over он не позволит, чтобы им понукали
**Lord Lieutenant** [ˈlɔ:dlefˈtenənt] *n* 1) глава судебной и исполнительной власти в графстве 2) генерал-губернатор Ольстера (*Сев. Ирландия*) 3) *ист.* вице-король Ирландии (*до 1922 г.*)
**lordliness** [ˈlɔ:dlɪnɪs] *n* 1) великолепие, пышность 2) высокомерие 3) великодушие
**lordly** [ˈlɔ:dlɪ] 1. *a* 1) присущий лорду, барственный 2) роскошный, пышный 3) гордый, высокомерный, надменный 4) великодушный
2. *adv* 1) как подобает лорду, по-барски 2) гордо
**Lord Mayor** [ˈlɔ:dˈmeə] *n* лорд-мэр; ~'s Day 9 ноября (*день вступления в должность лондонского лорд-мэра*); ~'s show пышная процессия в день вступления лорд-мэра в должность
**Lord Provost** [ˈlɔ:dˈprɔvəst] *n* лорд-мэр (*некоторых больших шотландских городов*)
**Lord Rector** [ˈlɔ:dˈrektə] *n* почётный ректор (*в шотландских университетах*)
**lordship** [ˈlɔ:dʃɪp] *n* 1) *ист.* власть феодального лорда 2) *ист.* поместье лорда, мэнор 3) власть (over — над) 4): your ~ ≅ ваша светлость (*официальное обращение к лордам*)
**lore** I [lɔ:] *n* знания (*в определённой области*); профессиональные знания; bird ~ орнитология
**lore** II [lɔ:] *n зоол.* уздечка (*у птиц*)
**lorgnette** [lɔ:ˈnjet] *фр. n* 1) лорнет 2) театральный бинокль
**loricate** [ˈlɔrɪkeɪt] *a зоол.* снабжённый защитным покровом, роговыми чешуйками *и т. п.*
**lorikeet** [ˌlɔrɪˈki:t] *n* небольшой попугай (*породы лори*)
**lorn** [lɔ:n] *a поэт., тж. шутл.* покинутый, осиротелый, несчастный
**lorry** [ˈlɔrɪ] 1. *n* 1) грузовой автомобиль, грузовик (*тж.* motor ~) 2) вагонетка 3) *ж.-д.* платформа
2. *v* путешествовать *или* перевозить на грузовиках, автомобилях
**lorry-hop** [ˈlɔrɪhɔp] *v разг.* путешествовать, пользуясь бесплатно попутными машинами
**lory** [ˈlɔ:rɪ] *n зоол.* лори (*попугай*)
**lose** [lu:z] *v* (lost) 1) терять, лишаться; утрачивать (*свойство, качество*); to ~ courage растеряться, оробеть; to ~ one's head сложить голову на плахе; *перен.* потерять голову; to ~ one's temper рассердиться, потерять самообладание; to be lost to (all) sense of duty (shame) (совершенно) потерять чувство долга (стыда); I've quite lost my cold у меня совсем прошёл насморк; to ~ altitude терять высоту (*о самолёте*); to ~ (all) track (of) потерять след, ориентацию 2) упустить, не воспользоваться; there is not a moment to ~ нельзя терять ни минуты; to ~ no time in doing smth. действовать немедленно 3) проигрывать; to ~ a bet проиграть пари 4) вызывать потерю, стоить (*чего-л.*); лишать (*чего-л.*); it will ~ me my place это лишит меня места, это будет стоить мне места 5) *pass.* погибнуть; исчезнуть, пропасть; не существовать больше; the ship was lost on the rocks корабль разбился о скалы 6) пропустить; опоздать; to ~ one's train опоздать на поезд 7) недослышать; не разглядеть; to ~ the end of a sentence не услышать конца фразы 8) *refl.* заблудиться; to ~ oneself in smth. глубоко погрузиться во что-л.; углубиться во что-л. 9) отставать (*о часах*) 10) забывать ◊ to ~ sleep over smth. лишиться сна из-за чего-л.; огорчаться по поводу чего-л., упорно думать о чём-л.; to ~ ground а) отставать; б) отступать; to be lost upon smb. пропасть даром, не достигнуть цели в отношении кого-л.; your kindness is lost upon him он не понимает, не ценит вашей доброты; my hints were not lost upon him он понял мои намёки
**loser** [ˈlu:zə] *n* теряющий, проигрывающий; проигравший; to be a good ~ не унывать при проигрыше *или* поражении; to come off a ~ проиграть, остаться в проигрыше; to be a ~ by smth. потерять на чём-л.; потерпеть ущерб от чего-л.
**losing** [ˈlu:zɪŋ] 1. *pres. p. от* lose
2. *n* 1) проигрыш 2) *pl* потери в игре, спекуляции *и т. п.*
3. *a* проигрышный; to play a ~ game идти на верный проигрыш
**loss** [lɔs] *n* 1) потеря, утрата; ~ of one's eyesight потеря зрения; to have a ~, to meet with a ~ понести потерю 2) пропажа 3) урон; проигрыш 4) убыток; ущерб; to sell at a ~ продавать в убыток; dead ~ чистый убыток; to make good a ~ возместить убыток 5) *тех.* угар; ~ in yarn *текст.* угар 6) *pl воен.* потери; ~ of life потери в людях, потери убитыми; to suffer (*или* to sustain) ~es а) понести потери; б) терпеть убытки 7) *attr.*: ~ replacement *воен.* возмещение потерь ◊ to be at a ~ а) быть в затруднении, в недоумении; he was at a ~ for words он не мог найти слов; б) *охот.* потерять след
**loss-leader** [ˈlɔsˈli:də] *n* товар, продаваемый с убытком с целью привлечения покупателей
**lost** [lɔ:st] 1. *past и p. p. от* lose
2. *a* потерянный *и пр.* [*см.* lose]; ~ effort напрасное усилие; to give smb. up for ~ считать кого-л. погибшим ◊ the Lost and Found бюро находок; what's ~ is ~ ≅ что с возу упало, то пропало
**lot** [lɔt] 1. *n* 1) жребий; *перен.* участь, доля, судьба; to cast (to draw) ~s бросать (тянуть) жребий; to settle by ~ решить жеребьёвкой; to cast (*или* to throw) in one's ~ with smb. связать, разделить (свою) судьбу с кем-л.; the ~ fell upon (*или* came to) me жребий пал на меня 2) участок (земли); across ~s напрямик, кратчайшим путём; parking ~ стоянка автомашин 3) вещь, продаваемая на аукционе *или* несколько предметов, продаваемых одновременно 4) *разг.* группа, кучка (людей);

компа́ния 5) мно́го, ма́сса; a ~ (of), ~s of у́йма, мно́го; мно́гие; ~s and ~s of *разг.* грома́дное коли́чество, ма́сса 6) па́ртия (*изде́лий*); we'll send you the textbooks in three different ~s мы пошлём вам уче́бники тремя́ отде́льными па́ртиями 7) нало́г, по́шлина 8) террито́рия при киносту́дии ◇ a bad ~ *разг.* дурно́й, плохо́й челове́к

2. *v* 1) дели́ть, дроби́ть на уча́стки, ча́сти (*часто* ~ out) 2) *редк.* броса́ть жре́бий 3) сортирова́ть; разбива́ть на па́ртии (*для аукционной продажи*) 4) *амер. разг.* рассчи́тывать (on, upon — на *что-л.*)

3. *adv* гора́здо, намно́го; a ~ better (more) гора́здо лу́чше (бо́льше)

**lota(h)** [ˈləutɑː] *инд.* *n* небольшо́й ме́дный кувши́н (*шаровидной формы*)

**loth** [ləuθ] = loath

**Lothario** [ləuˈθɑːrɪəu] *n* (*pl* -os [-əuz]) пове́са, волоки́та (*тж.* gay ~)

**lotion** [ˈləuʃən] *n* 1) примо́чка 2) лосьо́н, жи́дкое космети́ческое сре́дство 3) *разг.* спиртно́й напи́ток

**lotos** [ˈləutəs] = lotus

**lottery** [ˈlɔtərɪ] *n* лотере́я

**lotto** [ˈlɔtəu] *n* лото́

**lotus** [ˈləutəs] *n* *бот.* ло́тос

**lotus-eater** [ˈləutəsˌiːtə] *n* 1) пра́здный мечта́тель 2) челове́к, живу́щий в своё удово́льствие

**lotus-land** [ˈləutəslænd] *n* ска́зочная страна́ изоби́лия и пра́здности

**loud** [laud] 1. *a* 1) гро́мкий; зву́чный 2) шу́мный; шумли́вый; крикли́вый 3) ре́зкий (*о критике*) 4) крича́щий (*о красках, наряде и т. п.*) 5) развя́зный (*о манерах*)

2. *adv* гро́мко

**loud-hailer** [ˈlaudˌheɪlə] *n* звукоусили́тель; громкоговори́тель, ру́пор

**loudly** [ˈlaudlɪ] *adv* 1) гро́мко, шу́мно; громогла́сно 2) крича́ще

**loudmouth** [ˈlaudmauθ] *n* *разг.* крику́н

**loudmouthed** [ˈlaudmauðd] *a* *разг.* гро́мкий, крикли́вый

**loud speaker** [ˈlaudˈspiːkə] *n* *радио* громкоговори́тель, репроду́ктор

**lough** [lɔk] *n* *ирл.* о́зеро; зали́в

**lounge** [laundʒ] 1. *n* 1) пра́здное времяпрепровожде́ние 2) лени́вая похо́дка 3) холл *или* ко́мната для о́тдыха (*в отеле и т. п.*) 4) кре́сло; шезло́нг; дива́н 5) = lounge suit

2. *v* 1) сиде́ть развали́сь; стоя́ть, опира́ясь (*на что-л.*) 2) лени́во броди́ть, безде́льничать (*тж.* ~ about); to ~ away one's life (time) пра́здно проводи́ть жизнь (вре́мя)

**lounger** [ˈlaundʒə] *n* безде́льник

**lounge suit** [ˈlaundʒsjuːt] *n* пиджа́чный костю́м

**loupe** [luːp] *n* лу́па, увеличи́тельное стекло́

**lour** [ˈlauə] *v* 1) смотре́ть угрю́мо, хму́риться 2) темне́ть, покрыва́ться ту́чами

**louse** 1. *n* [laus] (*pl* lice) вошь

2. *v* [lauz] иска́ть или вычёсывать вшей □ ~ up испо́ртить, исковерка́ть

**lousiness** [ˈlauzɪnɪs] *n* вши́вость, завши́вленность

**lousy** [ˈlauzɪ] *a* 1) вши́вый 2) *груб.* ни́зкий, отврати́тельный; парши́вый 3): ~ with smth. *груб.* по́лный, перепо́лненный чем-л.; to be ~ with ≅ кишмя́ кише́ть; ~ with money бога́тый

**lout** [laut] *n* неуклю́жий, неотёсанный челове́к, дереве́нщина

**loutish** [ˈlautɪʃ] *a* гру́бый, неотёсанный

**louver, louvre** [ˈluːvə] *n* 1) *pl* жалюзи́ 2) ба́шенка на кры́ше для вентиля́ции (*в средневековой архитектуре*) 3) *спец.* жалюзи́йное отве́рстие

**lovable** [ˈlʌvəbl] *a* привлека́тельный, ми́лый

**love** [lʌv] 1. *n* 1) любо́вь, привя́занность; there's no ~ lost between them они́ недолю́бливают друг дру́га 2) влюблённость; to be in ~ (with) быть влюблённым (в); to fall in ~ (with) влюби́ться (в); to fall out of ~ with smb. разлюби́ть кого́-л.; to make ~ to а) уха́живать за; б) добива́ться физи́ческой бли́зости; ~ in a cottage ≅ рай в шалаше́ 3) любо́вная интри́га; любо́вная исто́рия 4) предме́т любви́; дорого́й, дорога́я; возлю́бленный, возлю́бленная (*особ. в обращении* my ~) 5) *миф.* аму́р, купидо́н 6) что-л. привлека́тельное; a regular ~ of a kitten преле́стный котёнок 7) *спорт.* нуль; win by four goals to ~ вы́играть со счётом 4 : 0; ~ all счёт 0 : 0; ~ game «суха́я» ◇ for the ~ of ра́ди, во и́мя; for the ~ of Mike ≅ ра́ди бо́га; not for ~ or money, not for the ~ of Mike ни за что́, ни за каки́е де́ньги, ни за каки́е коври́жки; to give (to send) one's ~ to smb. передава́ть (посыла́ть) приве́т кому́-л.; for ~ of the game из любви́ к иску́сству; to play for ~ игра́ть не на де́ньги; ~ and a cough cannot be hidden *посл.* любви́ да ка́шля не утаи́шь

2. *v* 1) люби́ть 2) хоте́ть, жела́ть; находи́ть удово́льствие (*в чём-л.*); I'd ~ to come with you я бы с удово́льствием пошёл с ва́ми

**love-affair** [ˈlʌvəˌfɛə] *n* рома́н, любо́вная интри́га, любо́вное похожде́ние

**love-apple** [ˈlʌvˌæpl] *n* помидо́р

**love-bird** [ˈlʌvbəːd] *n* небольшо́й попуга́й

**love-child** [ˈlʌvtʃaɪld] *n* дитя́ любви́ (*о внебрачном ребёнке*)

**love-favour** [ˈlʌvˌfeɪvə] *n* пода́рок в знак любви́

**love-in** [ˈlʌvˈɪn] *n* *разг.* сбо́рище хи́ппи

**love-in-a-mist** [ˈlʌvɪnəˈmɪst] *n* *бот.* черну́шка дама́сская, ниге́лла

**love-in-idleness** [ˈlʌvɪnˈaɪdlnɪs] *n* *бот.* аню́тины гла́зки

**Lovelace** [ˈlʌvleɪs] *n* ловела́с, волоки́та (*по имени героя из романа Ричардсона «Кларисса Харлоу»*)

**loveless** [ˈlʌvlɪs] *a* нелю́бящий; нелюби́мый; без любви́ (*о браке*)

**love-letter** [ˈlʌvˌletə] *n* любо́вное письмо́

**love-lies-bleeding** [ˈlʌvlaɪzˈbliːdɪŋ] *n* *бот.* амара́нт хвоста́тый, щири́ца хвоста́тая

**loveliness** [ˈlʌvlɪnɪs] *n* красота́; миловидность; очарова́ние, пре́лесть

**lovelock** [ˈlʌvlɔk] *n* ло́кон, спуска́ющийся на лоб *или* на щёку

**love-lorn** [ˈlʌvlɔːn] *a* 1) страда́ющий от безнадёжной любви́ 2) поки́нутый (*любимым человеком*)

**lovely** [ˈlʌvlɪ] 1. *a* 1) краси́вый, прекра́сный; *разг.* восхити́тельный 2) *амер.* привлека́тельный, ми́лый

2. *n* *разг.* красо́тка (*на журнальной обложке*)

**love-making** [ˈlʌvˌmeɪkɪŋ] *n* 1) уха́живание 2) физи́ческая бли́зость

**love-match** [ˈlʌvmætʃ] *n* брак по любви́

**lover** [ˈlʌvə] *n* 1) любо́вник; возлю́бленный; *pl* влюблённые 2) люби́тель (*чего-л.*); покло́нник 3) приве́рженец; ~s of peace сторо́нники ми́ра 4) *уст.* друг, доброжела́тель

**love-seat** [ˈlʌvsiːt] *n* кре́сло, вмеща́ющее двои́х

**lovesick** [ˈlʌvsɪk] *a* томя́щийся от любви́

**love-story** [ˈlʌvˌstɔːrɪ] *n* любо́вная исто́рия; расска́з, рома́н о любви́

**loveworthy** [ˈlʌvˌwəːðɪ] *a* досто́йный любви́

**loving** [ˈlʌvɪŋ] 1. *pres. p. от* love 2

2. *a.* лю́бящий, не́жный, пре́данный

**loving-cup** [ˈlʌvɪŋkʌp] *n* кругова́я ча́ша

**low I** [ləu] 1. *n* мыча́ние

2. *v* мыча́ть

**low II** [ləu] 1. *a* 1) ни́зкий, невысо́кий; ~ tide (*или* water) ма́лая вода́; отли́в 2) сла́бый; пода́вленный; пони́женный; ~ pulse сла́бый пульс; ~ visibility плоха́я ви́димость; ~ spirits пода́вленность, уны́ние; to feel ~ чу́вствовать себя́ пода́вленным; to bring ~ подавля́ть; унижа́ть 3) ни́зкого происхожде́ния 4) небольшо́й, недоста́точный; ~ wages ни́зкая за́работная пла́та; to be in ~ circumstances быть в стеснённых обстоя́тельствах 5) с глубо́ким вы́резом, с больши́м декольте́ (*о платье*) 6) ску́дный, непита́тельный (*о диете*); истощённый, опустошённый (*о запасах, кошельке*); ~ supply недоста́точное снабже́ние; in ~ supply дефици́тный 7) ти́хий, негро́мкий (*о голосе*); ни́зкий (*о ноте*); ~ whisper ти́хий шёпот 8) *биол.* ни́зший; невысокоразвито́й 9) вульга́рный, гру́бый; ни́зкий, по́длый; непристо́йный; ~ comedy коме́дия, грани́чащая с фа́рсом 10) плохо́й, скве́рный; to form a ~ opinion of smb. соста́вить себе́ плохо́е мне́ние о ко́м-л., быть невысо́кого мне́ния о ко́м-л. ◇ Low Sunday *церк.* Фомино́ воскресе́нье (*первое после пасхи*); to lay ~ а) повали́ть, опроки́нуть; б) унизи́ть; в) похорони́ть; to lie ~ а) лежа́ть мёртвым; б) быть униженным; в) *разг.* притаиться, выжидать

**2.** *adv* 1) низко; to bow ~ низко кланяться 2) униженно 3) в бедности; to live ~ жить бедно 4) слабо, тихо, чуть; to speak ~ говорить тихо; to burn ~ гореть слабо 5) по низкой цене, дёшево; to buy ~ купить дёшево; to play ~ играть по низкой ставке

**3.** *n* 1) (самый) низкий уровень 2) *метео* область низкого барометрического давления 3) первая, низшая передача (*автомобиля*) 4) *карт.* младший козырь 5) *спорт.* самый низкий счёт

**low-born** [ˈləuˈbɔːn] *a* низкого происхождения

**lowboy** [ˈləubɔɪ] *n амер.* туалетный столик на низких ножках с ящиками

**low-bred** [ˈləuˈbred] *a* невоспитанный, неотёсанный

**lowbrow** [ˈləubrau] *разг.* **1.** *n* малообразованный человек

**2.** *a* 1) малообразованный 2) непритязательный

**lowbrowed** [ˈləubraud] *a* 1) низколобый 2) нависший (*об утёсе*) 3) тёмный, мрачный, с низким входом (*о здании и т. п.*) 4) малообразованный

**Low Church** [ˈləuˈtʃəːtʃ] *n* направление в англиканской церкви с евангелическим уклоном (*противоп.* High Church)

**Low Countries** [ˈləuˈkʌntrɪz] *n pl* Нидерланды, Бельгия и Люксембург

**low-down** [ˈləudaun] *разг.* **1.** *a* 1) низкий, бесчестный; to play a ~ trick сыграть скверную, злую шутку 2) грубый, вульгарный

**2.** *adv*: to play it ~ вести себя бесчестно, постыдно

**3.** *n амер.* сведения, факты, подноготная

**lower** I [ˈləuə] **1.** *a* (*сравн. ст. от* low II 1) 1) низший; нижний; ~ deck нижняя палуба; the ~ deck команда (*на английских судах*); ~ middle class мелкая буржуазия; ~ orders низшие сословия, классы; ~ school первые четыре класса в английской средней школе; ~ boy ученик одного из первых классов; L. House нижняя палата (*в двухпалатном парламенте*); ~ organization подведомственная организация; ~ regions ад, преисподняя; *шутл.* подвальный этаж; кухня, помещение для слуг 2) недавний (*о времени*) ◇ L. Empire *ист.* Восточная Римская империя; Византия

**2.** *v* 1) спускать (*шлюпку, парус, флаг*); опускать (*глаза*) 2) снижать (-ся) (*о ценах, звуке и т. п.*); уменьшать(ся) 3) унижать 4) разжаловать 5) понижать 6) *разг.* наспех съесть, проглотить; to ~ a glass of beer осушить стакан пива; to ~ a sandwich проглотить бутерброд

**lower** II [ˈlauə] = lour

**lowering** I [ˈlauərɪŋ] **1.** *pres. p. от* lower II

**2.** *a* тёмный, мрачный; ~ clouds мрачные, грозовые тучи

**lowering** II [ˈləuərɪŋ] *pres. p. от* lower I, 2

**lowermost** [ˈləuəməust] *a* самый нижний

**low-flying** [ˈləuˈflaɪɪŋ] *a* летящий на малой высоте (*о самолёте*)

**low-grade** [ˈləuˈgreɪd] **1.** *a* низкосортный, низкопробный

**2.** *n* пологий уклон

**low ground** [ˈləugraund] *n* низменность, низина

**lowland** [ˈləulənd] *n* (*обыкн. pl*) низкая местность, низина, долина; the Lowlands южная, менее гористая часть Шотландии (*в противоп.* Highlands)

**low life** [ˈləulaɪf] *n* скромный, бедный образ жизни

**lowlived** [ˈləulɪvd] *a* 1) бедный, ведущий скромный образ жизни 2) грубый, пошлый

**lowly** [ˈləulɪ] **1.** *a* 1) занимающий низкое *или* скромное положение 2) скромный; непритязательный

**2.** *adv* скромно

**low-minded** [ˈləuˈmaɪndɪd] *a* пошлый, вульгарный

**low-necked** [ˈləuˈnekt] *a* декольтированный, с низким вырезом (*о платье*)

**low-paid** [ˈləuˈpeɪd] *a* низкооплачиваемый

**low-pitched** [ˈləuˈpɪtʃt] *a* 1) низкого тона, низкий (*о звуке*) 2) пологий (*о крыше*) 3) с низким потолком

**low-powered** [ˈləuˈpauəd] *a тех.* маломощный

**low relief** [ˈləurɪˈliːf] *n* барельеф

**low-spirited** [ˈləuˈspɪrɪtɪd] *a* подавленный, унылый

**low-water mark** [ˈləuˌwɔːtəˈmaːk] *n* низшая точка отлива; *перен.* предел (*чего-л.*); to be at ~ *разг.* быть совершенно без денег; быть на мели

**loyal** [ˈlɔɪəl] *a* верный, преданный; лояльный; верноподданный

**loyalist** [ˈlɔɪəlɪst] *n* верноподданный

**loyalty** [ˈlɔɪəltɪ] *n* верность, преданность; лояльность

**lozenge** [ˈlɔzɪndʒ] *n* 1) ромб; ромбовидная фигура; косоугольник 2) лепёшка, таблетка

**L. s. d., £. s. d.** [ˈelesˈdiː] *n* 1) фунты стерлингов, шиллинги и пенсы (*от лат.* librae, solidi, denarii) 2) *разг.* деньги; богатство; it is only a matter of ~ вопрос только в деньгах

**L-square** [ˈelskwɛə] *n* угольник для черчения

**lubber** [ˈlʌbə] **1.** *n* 1) большой неуклюжий человек, увалень 2) неопытный моряк

**2.** *a* неуклюжий

**lubber-head** [ˈlʌbəhed] *n* болван, тупица

**lubberly** [ˈlʌbəlɪ] **1.** *a* неуклюжий

**2.** *adv* неуклюже, неумело

**lube** [luːb] *n* машинное масло (*тж.* ~ oil)

**lubricant** [ˈluːbrɪkənt] *n* смазочный материал, смазка

**lubricate** [ˈluːbrɪkeɪt] *v* 1) смазывать (*машину и т. п.*) 2) *разг.* «подмазать» 3) *разг.* угощать вином

**lubrication** [ˌluːbrɪˈkeɪʃən] *n* смазка, смазывание (*машины*)

**lubricator** [ˈluːbrɪkeɪtə] *n* 1) смазчик 2) смазочный прибор; маслёнка

**lubricity** [luːˈbrɪsɪtɪ] *n* 1) смазывающая способность; маслянистость 2) увёртливость, уклончивость; непостоянство 3) похотливость, развращённость

**lubricous** [ˈluːbrɪkəs] *a* 1) гладкий, скользкий 2) увёртливый, уклончивый; непостоянный 3) похотливый

**luce** [luːs] *n* щука (*взрослая особь*)

**lucent** [ˈluːsnt] *a* 1) светящийся; яркий 2) прозрачный

**lucerne** [luːˈsəːn] *n бот.* люцерна

**lucid** [ˈluːsɪd] *a* 1) ясный, прозрачный; ~ mind ясный ум 2) понятный 3) ясный; светлый; ~ interval а) период ясного сознания, светлый промежуток (*при психозе*); б) временный просвет в ненастную погоду 4) *поэт.* яркий

**lucidity** [luːˈsɪdɪtɪ] *n* 1) ясность; прозрачность 2) понятность 3) ясное сознание, просвет (*при психозе*) 4) *поэт.* яркость

**Lucifer** [ˈluːsɪfə] *n* 1) *миф.* Люцифер, сатана 2) *поэт.* утренняя звезда, планета Венера 3) (l.) *редк.* спичка ◇ as proud as ~ гордый как Люцифер

**luck** [lʌk] *n* 1) судьба, случай; bad (*или* ill) ~ несчастье, неудача; good ~ счастливый случай, удача; rough ~ горькая доля; to try one's ~ рискнуть, попытать счастья; to push (*или* to stretch) one's ~ искушать судьбу; down on one's ~ а) удручённый невезением; б) в несчастье, в беде; в) без денег; just my ~! мне, как всегда, не везёт!, такое уж моё везение! 2) счастье, удача; a great piece of ~ большое счастье, большая удача; a run of ~ полоса удачи; for ~! на счастье!; I am in (out of) ~ мне везёт (не везёт); if my ~ holds если мне не изменит счастье; devil's own ~ необыкновенная удача; ≅ чертовски повезло; you are in ~'s way вам повезло ◇ as ill ~ would have it и как нарочно, как назло; as ~ would have it к счастью или к несчастью, как повезёт, случайно; worse ~ к несчастью

**luckily** [ˈlʌkɪlɪ] *adv* к счастью, по счастливой случайности

**luckless** [ˈlʌklɪs] *a* несчастливый, незадачливый

**lucky** I [ˈlʌkɪ] *a* 1) счастливый, удачный; удачливый; ~ beggar (*или* devil) счастливец, счастливчик 2) приносящий счастье 3) случайный

**lucky** II [ˈlʌkɪ] *n sl*: to cut one's ~ удрать, убраться (вовремя), смыться

**lucky-bag** [ˈlʌkɪbæg] *n* род лотереи (*мешок, откуда наудачу вытаскивают что-л.*)

**lucky-dip** [ˈlʌkɪdɪp] = lucky-bag

**lucrative** [ˈluːkrətɪv] *a* прибыльный, выгодный, доходный

**lucre** [ˈluːkə] *n* прибыль, барыш (*всегда в плохом смысле*)

**lucubrate** [ˈluːkju(ː)breɪt] *v* 1) работать, заниматься по ночам 2) труди́ться усе́рдно 3) выпуска́ть тща́тельно отде́ланные литерату́рные произведе́ния

**lucubration** [ˌlu:kju(:)ˈbreɪʃən] *n* 1) напряжённая у́мственная рабо́та, заня́тия по ноча́м 2) тща́тельно отде́ланное литерату́рное произведе́ние

**Lucullean, Lucullian** [lu:ˈkʌlɪən] *a*: ~ banquet Луку́ллов пир

**Luddites** [ˈlʌdaɪts] *n pl ист.* лудди́ты

**ludicrous** [ˈlu:dɪkrəs] *a* смешно́й, неле́пый, смехотво́рный

**lues** [ˈlju:i:z] *n мед.* си́филис

**luff** I [lʌf] **1.** *n мор.* пере́дняя шкато́рина (*паруса*)

**2.** *v* 1) *мор.* приводи́ть к ве́тру, идти́ в бейдеви́нд 2) *тех.* перемеща́ть по горизонта́ли

**luff** II [lʌf] *n амер., шутл.* лейтена́нт

**Luftwaffe** [ˈluftvɑ:fə] *нем. n* лю́фтваффе (*возду́шные си́лы гитлеро́вской Герма́нии*)

**lug** I [lʌg] **1.** *n* 1) волоче́ние 2) дёрганье 3) *pl амер. разг.* ва́жничанье; to put on ~s а) наряжа́ться; б) ва́жничать, держа́ться высокоме́рно

**2.** *v* 1) тащи́ть, волочи́ть 2) си́льно дёргать (at) □ ~ **away** увлека́ть за собо́й, ута́скивать; ~ **in,** ~ **into** вме́шивать; притя́гивать некста́ти; приплета́ть ни к селу́ ни к го́роду; ~ **out** выта́скивать

**lug** II [lʌg] *n* 1) *шотл.* у́хо 2) ру́чка 3) *тех.* ушко́, проу́шина, глазо́к 4) *тех.* подве́ска 5) *тех.* вы́ступ, прили́в, утолще́ние; бобы́шка; кула́к 6) *тех.* хому́тик, зажи́м

**luggage** [ˈlʌgɪdʒ] *n* 1) бага́ж 2) *attr.* бага́жный; ~ space бага́жное отделе́ние; ~ van *ж.-д.* бага́жный ваго́н; ~ boot бага́жник (*автомоби́ля*)

**luggage office** [ˈlʌgɪdʒˌɔfɪs] *n* ка́мера хране́ния багажа́

**lugger** [ˈlʌgə] *n* лю́ггер (*небольшо́е па́русное су́дно*)

**lugubrious** [lu:ˈgu:brɪəs] *a* печа́льный, мра́чный; тра́урный

**lukewarm** [ˈlu:kwɔ:m] *a* 1) теплова́тый 2) не осо́бенно ре́вностный, равноду́шный, вя́лый

**lull** [lʌl] **1.** *n* 1) вре́менное зати́шье; вре́менное успокое́ние (*бо́ли*); переры́в (*в разгово́ре*) 2) *редк.* колыбе́льная пе́сня

**2.** *v* 1) успока́ивать (*боль*) 2) стиха́ть (*о бу́ре, шу́ме, бо́ли*) 3) убаю́кивать, ука́чивать (*ребёнка*) 4) усыпля́ть (*подозре́ния*); рассе́ивать (*стра́хи*) 5) суме́ть внуши́ть (*что-л.*)

**lullaby** [ˈlʌləbaɪ] *n* 1) колыбе́льная (пе́сня) 2) мя́гкие, успока́ивающие зву́ки (*журча́нье ручья́ и т. п.*)

**lulu** [ˈlu:lu:] *n амер. sl.* что-л. первокла́ссное *или* замеча́тельное

**lumbago** [lʌmˈbeɪgəu] *n мед.* люмба́го, простре́л

**lumbar** [ˈlʌmbə] *a анат.* поясни́чный

**lumber** I [ˈlʌmbə] **1.** *n* 1) нену́жные громо́здкие ве́щи, бро́шенная ме́бель *и т. п.*; хлам 2) *амер.* брёвна, пиломатериа́лы 3) ли́шний жир (*особ. у лошаде́й*)

**2.** *v* 1) загроможда́ть, сва́ливать в беспоря́дке (*ча́сто* ~ up) 2) *амер.* вали́ть и пили́ть (*лес*)

**lumber** II [ˈlʌmbə] **1.** *n* громыха́ющие зву́ки

**2.** *v* 1) дви́гаться тяжело́, неуклю́же 2) громыха́ть (*обыкн.* ~ along, ~ by, ~ past)

**lumber-camp** [ˈlʌmbəkæmp] *n амер.* лесозаго́товки; посёлок на лесозаго́товках

**lumberer** [ˈlʌmbərə] *n амер.* лесору́б

**lumbering** I [ˈlʌmbərɪŋ] **1.** *pres. p. от* lumber I, 2

**2.** *n амер.* 1) ру́бка ле́са; лесоразрабо́тки 2) прода́жа ле́са

**lumbering** II [ˈlʌmbərɪŋ] **1.** *pres. p. от* lumber II, 2

**2.** *a* 1) дви́гающийся тяжело́, шу́мно; неуклю́жий 2) громыха́ющий

**lumberjack** [ˈlʌmbədʒæk] *n амер.* лесору́б, дровосе́к

**lumberman** [ˈlʌmbəmən] *n* 1) лесору́б, дровосе́к 2) (*преим. амер.*) лесопромы́шленник; торго́вец ле́сом

**lumber-mill** [ˈlʌmbəmɪl] *n амер.* лесопи́льный заво́д

**lumber-room** [ˈlʌmbərum] *n* чула́н

**lumber-yard** [ˈlʌmbəjɑ:d] *n амер.* лесно́й склад

**lumen** [ˈlu:mən] *n физ.* лю́мен (*едини́ца светово́го пото́ка*)

**luminary** [ˈlu:mɪnərɪ] *n* свети́ло

**luminescence** [ˌlu:mɪˈnesns] *n* свече́ние, люминесце́нция

**luminescent** [ˌlu:mɪˈnesnt] *a* светя́щийся, люминесце́нтный

**luminosity** [ˌlu:mɪˈnɔsɪtɪ] *n* я́ркость све́та

**luminous** [ˈlu:mɪnəs] *a* 1) светя́щийся, све́тлый; ~ body светя́щееся те́ло; ~ intensity си́ла све́та; ~ efficiency светова́я отда́ча; the room was ~ with sunlight ко́мната была́ залита́ со́лнцем 2) пролива́ющий свет (*на что-л.*) 3) я́сный, поня́тный 4) просвещённый 5) блестя́щий (*об ора́торе, писа́теле и т. п.*)

**lummox** [ˈlʌməks] *n амер. разг.* 1) у́валень 2) проста́к

**lummy** [ˈlʌmɪ] *a разг.* первокла́ссный, замеча́тельный

**lump** [lʌmp] **1.** *n* 1) глы́ба, ком; комо́к, кру́пный кусо́к; a ~ in the throat комо́к в го́рле; he is a ~ of selfishness он эгои́ст до мо́зга косте́й 2) большо́е коли́чество, ку́ча; to take in (*или* by) the ~ брать о́птом, гурто́м; *перен.* рассма́тривать в це́лом 3) о́пухоль, ши́шка; бугóр, вы́ступ 4) *разг.* болва́н, дуби́на, чурба́н 5) рабо́чие на акко́рдной опла́те; систе́ма акко́рдной опла́ты 6) *attr.*: ~ sugar ко́лотый *или* пилёный са́хар 7) *attr.*: ~ sum а) о́бщая су́мма; б) де́нежная су́мма, выпла́чиваемая единовре́менно; в) кру́пная су́мма; on a ~ sum basis на акко́рдной опла́те

**2.** *v* 1) брать огу́лом, без разбо́ра; сме́шивать в ку́чу, в о́бщую ма́ссу (*обыкн.* ~ together, ~ with) 2) тяжело́ ступа́ть, идти́ (*обыкн.* ~ along); гру́зно сади́ться (*обыкн.* ~ down) ◇ to ~ it во́лей-нево́лей мири́ться с че́м-либо; to ~ large име́ть ва́жный вид

**lumper** [ˈlʌmpə] *n* 1) порто́вый гру́зчик 2) подря́дчик

**lumping** [ˈlʌmpɪŋ] **1.** *pres. p. от* lump 2

**2.** *a* 1) *разг.* большо́й 2) тяжёлый (*о по́ступи*); гру́зный 3) огу́льный

**lumpish** [ˈlʌmpɪʃ] *a* 1) глыбообра́зный 2) тяжелове́сный, неуклю́жий 3) тупоу́мный

**lumpy** [ˈlʌmpɪ] *a* комкова́тый; бугóрчатый; ~ sea неспоко́йное мо́ре

**lunacy** [ˈlu:nəsɪ] *n* 1) безу́мие; (умо)помеша́тельство; психо́з 2) *юр.* невменя́емость 3) больша́я глу́пость, глу́пый посту́пок

**lunar** [ˈlu:nə] *a* лу́нный; ~ distance лу́нное расстоя́ние (*расстоя́ние Луны́ от Со́лнца, како́й-л. звезды́ или плане́ты*); ~ module лу́нный отсе́к, лу́нная каби́на (*косми́ческого корабля́*); ~ vehicle (*или* rover) лунохо́д; ~ packet портати́вный набо́р нау́чных прибо́ров для взя́тия проб и иссле́дования Луны́ ◇ ~ politics вопро́сы, не име́ющие практи́ческого значе́ния

**lunar caustic** [ˈlu:nəˈkɔ:stɪk] *n хим.* ля́пис

**lunarian** [lu:ˈnɛərɪən] *n* 1) жи́тель Луны́ 2) астроно́м, изуча́ющий Луну́

**lunate** [ˈlu:neɪt] *a* в ви́де, в фо́рме полуме́сяца

**lunatic** [ˈlu:nətɪk] **1.** *a* сумасше́дший, безу́мный ◇ ~ fringe наибо́лее ре́вностные сторо́нники, фанати́чные приве́рженцы

**2.** *n* сумасше́дший, поме́шанный, душевнобольно́й

**lunatic asylum** [ˈlu:nətɪkəˈsaɪləm] *n* психиатри́ческая больни́ца; сумасше́дший дом

**lunation** [lu:ˈneɪʃən] *n* лу́нный ме́сяц

**lunch** [lʌntʃ] **1.** *n* 1) обе́д (*обы́чно в по́лдень в середи́не рабо́чего дня*), ленч; to have (*или* to take) ~ обе́дать (*в середи́не рабо́чего дня*) 2) лёгкая заку́ска

**2.** *v* 1) обе́дать (*в середи́не рабо́чего дня*) 2) *разг.* угоща́ть ле́нчем

**lunch counter** [ˈlʌntʃˌkauntə] *n* буфе́т, буфе́тная сто́йка

**luncheon** [ˈlʌntʃən] *n* 1) за́втрак (*обыкн. официа́льный*) 2) лёгкий за́втрак

**luncheonette** [ˌlʌntʃəˈnet] *n амер.* 1) лёгкая заку́ска 2) заку́сочная, буфе́т

**lunch-hour** [ˈlʌntʃˌauə] *n* обе́денный переры́в

**lunchroom** [ˈlʌntʃrum] *n амер.* заку́сочная

**lunette** [lu:ˈnet] *n* 1) *воен.* люне́т 2) *архит.* тимпа́н

**lung** [lʌŋ] *n анат.* лёгкое; the ~s лёгкие ◇ the ~s of London па́рки и скве́ры Ло́ндона и его́ окре́стностей; good ~s си́льный го́лос

**lunge** I [lʌndʒ] **1.** *n* 1) ко́рда 2) круг, по кото́рому гоня́ют ло́шадь на ко́рде

**2.** *v* гоня́ть на ко́рде

**lunge** II [lʌndʒ] **1.** *n* 1) вы́пад (*в фехтовании или при ударе*) 2) прыжо́к (вперёд) 3) толчо́к, стреми́тельное движе́ние 4) ныря́ние, погруже́ние

**2.** *v* 1) наноси́ть уда́р; де́лать вы́пад 2) ри́нуться, устреми́ться

**lunger** [ˈlʌŋgə] *n амер. разг.* лёгочный больно́й

**lung fever** [ˈlʌŋˈfiːvə] *n мед.* крупо́зное воспале́ние лёгких

**lung-tester** [ˈlʌŋˌtestə] *n* спиро́метр

**lungwort** [ˈlʌŋwəːt] *n бот.* лёгочная трава́, медуни́ца

**lunik** [ˈluːnɪk] *русск. n* лу́нник

**lunkhead** [ˈlʌŋkhed] *n амер. разг.* болва́н

**lupin(e)** [ˈluːpɪn] *n бот.* люпи́н

**lupine** [ˈluːpaɪn] *a* во́лчий

**lupus** [ˈluːpəs] *n мед.* волча́нка, туберкулёз ко́жи

**lurch** I [ləːtʃ] **1.** *n* 1) крен (*судна*); to give a ~ накрени́ться 2) ша́ткая похо́дка 3) *амер.* скло́нность, тенде́нция

**2.** *v* 1) крени́ться 2) идти́ шата́ясь, поша́тываться

**lurch** II [ləːtʃ] *n*: to leave smb. in the ~ поки́нуть кого́-л. в беде́, в тяжёлом положе́нии

**lurcher** [ˈləːtʃə] *n* 1) вори́шка; жу́лик, моше́нник 2) шпио́н 3) соба́ка-ище́йка (*помесь шотландской овчарки с борзой*)

**lure** [ljuə] **1.** *n* 1) собла́зн; соблазни́тельность 2) *охот.* прима́нка

**2.** *v* 1) завлека́ть, соблазня́ть (*обыкн.* ~ away, ~ into, ~ to) 2) *охот.* прима́нивать, ва́бить

**lurid** [ˈljuərɪd] *a* 1) о́гненный, пыла́ющий 2) грозово́й, мра́чный; to cast a ~ light броса́ть злове́щий, мра́чный свет 3) траги́ческий, стра́шный 4) ме́ртвенно-бле́дный 5) грязнова́то-кори́чневый, бу́рый 6) сенсацио́нный

**lurk** [ləːk] **1.** *v* 1) скрыва́ться в заса́де; пря́таться; *перен.* остава́ться незаме́ченным; таи́ться 2) *редк.* кра́сться

**2.** *n* 1): on the ~ та́йно высма́тривая, подстерега́я 2) *разг.* обма́н

**lurking-place** [ˈləːkɪŋpleɪs] *n* потаённое ме́сто; убе́жище

**lurry** [ˈlʌrɪ] = lorry

**luscious** [ˈlʌʃəs] *a* 1) сла́дкий, арома́тный 2) при́торный 3) перегру́женный (*о стиле*)

**lush** I [lʌʃ] *a* со́чный, бу́йный, пы́шный (*о растительности*)

**lush** II [lʌʃ] *sl.* **1.** *n* 1) спиртно́й напи́ток 2) пья́ный

**2.** *v* напива́ться

**lust** [lʌst] **1.** *n* 1) вожделе́ние, по́хоть 2) *ритор.* страсть (of, for — к *чему-л.*)

**2.** *v* стра́стно жела́ть; испы́тывать вожделе́ние; to ~ after power жа́ждать вла́сти

**luster** [ˈlʌstə] *амер.* = lustre I

**lustful** [ˈlʌstful] *a* похотли́вый

**lustiness** [ˈlʌstɪnɪs] *n* здоро́вье, си́ла, бо́дрость, кре́пость

**lustra** [ˈlʌstrə] *pl от* lustrum

**lustration** [lʌsˈtreɪʃən] *n* 1) очище́ние; принесе́ние очисти́тельной же́ртвы 2) *шутл.* омове́ние

**lustre** I [ˈlʌstə] *n* 1) гля́нец, блеск; лоск 2) сла́ва; to add (*или* to give) ~ to smth., to throw (*или* to shed) ~ on smth. прида́ть блеск чему́-л.; просла́вить что-л. 3) лю́стра

**lustre** II [ˈlʌstə] = lustrum

**lustrine** [ˈlʌstrɪn] = lustring

**lustring** [ˈlʌstrɪŋ] *n* люстри́н (*материя*)

**lustrous** [ˈlʌstrəs] *a* 1) блестя́щий 2) глянцеви́тый

**lustrum** [ˈlʌstrəm] *лат. n* (*pl* -tra, -trums [ˈ-trəmz]) пятиле́тие

**lusty** [ˈlʌstɪ] *a* здоро́вый, си́льный, кре́пкий

**lute** I [luːt] *n* лю́тня

**lute** II [luːt] **1.** *n* 1) зама́зка; масти́ка 2) *стр.* пра́вило

**2.** *v* зама́зывать зама́зкой

**lutecium** [ljuːˈtiːʃɪəm] *n хим.* люте́ций

**lutestring** [ˈluːtstrɪŋ] = lustring

**Lutetian** [luːˈtiːʃɪən] *a* пари́жский

**Lutheran** [ˈluːθərən] **1.** *a* лютера́нский

**2.** *n* лютера́нин; лютера́нка

**luting** [ˈluːtɪŋ] **1.** *pres. p. от* lute II, 2

**2.** *n* 1) зама́зывание зама́зкой 2) = lute II, 1

**lux** [lʌks] *n физ.* люкс (*единица освещённости*)

**luxate** [ˈlʌkseɪt] *v* вы́вихнуть

**luxation** [lʌkˈseɪʃən] *n* вы́вих

**luxe** [luks] *n*: de ~ роско́шный; edition de ~ роско́шное изда́ние

**luxuriance** [lʌgˈzjuərɪəns] *n* 1) изоби́лие, пы́шность 2) бога́тство (*воображения и т. п.*)

**luxuriant** [lʌgˈzjuərɪənt] *a* 1) бу́йный, пы́шный, бога́тый (*о растительности и т. п.*); a ~ imagination бога́тое воображе́ние; ~ growth бу́йный рост 2) цвети́стый (*о стиле*)

**luxuriate** [lʌgˈzjuərɪeɪt] *v* 1) наслажда́ться (*чем-л.*), блаже́нствовать (in, on) 2) расти́ бу́йно, пы́шно 3) купа́ться в ро́скоши

**luxurious** [lʌgˈzjuərɪəs] *a* 1) роско́шный 2) лю́бящий ро́скошь, расточи́тельный

**luxuriously** [lʌgˈzjuərɪəslɪ] *adv* 1) роско́шно; превосхо́дно 2) с наслажде́нием

**luxury** [ˈlʌkʃərɪ] *n* 1) ро́скошь; to live in ~ жить в ро́скоши 2) предме́т ро́скоши 3) большо́е удово́льствие, наслажде́ние; the ~ of a good book удово́льствие, получа́емое от хоро́шей кни́ги

**Lyceum** [laɪˈsɪəm] *n* 1) лице́й 2) лекто́рий, чита́льня 3) *амер.* организа́ция для устро́йства популя́рных ле́кций-конце́ртов

**lych-gate** [ˈlɪtʃgeɪt] *n* поко́йницкая (*при церковном кладбище*)

**lychnis** [ˈlɪknɪs] *n бот.* ли́хнис

**lyddite** [ˈlɪdaɪt] *n* лидди́т

**lye** [laɪ] *n* щёлок

**lying** I [ˈlaɪɪŋ] **1.** *pres. p. от* lie I, 2

**2.** *a* ло́жный, лжи́вый, обма́нчивый; a ~ prophet лжепроро́к

**3.** *n* ложь; лжи́вость

**lying** II [ˈlaɪɪŋ] **1.** *pres. p. от* lie II, 1

**2.** *a* лежа́щий; лежа́чий

**lying in** [ˈlaɪɪŋˈɪn] *n* ро́ды

**lying-in** [ˈlaɪɪŋˈɪn] *a* роди́льный; ~ hospital роди́льный дом

**lymph** [lɪmf] *n* 1) *поэт.* исто́чник чи́стой воды́ 2) *физиол.* ли́мфа; animal ~ вакци́на

**lymphatic** [lɪmˈfætɪk] **1.** *a* 1) *физиол.* лимфати́ческий; ~ gland лимфати́ческая железа́ 2) худосо́чный 3) флегмати́чный, вя́лый, сла́бый

**2.** *n* лимфати́ческий сосу́д

**lynch** [lɪntʃ] *v амер.* линчева́ть, расправля́ться самосу́дом

**Lynch law** [ˈlɪntʃlɔː] *n амер.* зако́н *или* суд Ли́нча, самосу́д, линчева́ние

**lynx** [lɪŋks] *n* рысь

**lynx-eyed** [ˈlɪŋksaɪd] *a* с о́стрым зре́нием

**Lyra** [ˈlaɪərə] *n астр.* Ли́ра (*созвездие*)

**lyre** [ˈlaɪə] *n* ли́ра

**lyre-bird** [ˈlaɪəbəːd] *n* пти́ца-ли́ра, лирохво́ст

**lyric** [ˈlɪrɪk] **1.** *a* лири́ческий; ~ poetry лири́ческая поэ́зия, ли́рика

**2.** *n* лири́ческое стихотворе́ние

**lyrical** [ˈlɪrɪkəl] *a* лири́ческий

**lyricism** [ˈlɪrɪsɪzm] *n* лири́зм

**lyrics** [ˈlɪrɪks] *n pl* лири́ческие стихи́, ли́рика

**lyrist** *n* 1) [ˈlaɪərɪst] игра́ющий на ли́ре 2) [ˈlɪrɪst] ли́рик

**lysis** [ˈlaɪsɪs] *n мед.* ли́зис

# M

**M, m** [em] *n* (*pl* Ms, M's [emz]) *13-я буква англ. алфавита*

**ma** [mɑː] *n* (*сокр. от* mamma I) *разг.* ма́ма

**ma'am** [mæm] *n* (*сокр. от* madam) *разг.* суда́рыня, госпожа́

**mac** [mæk] *разг. сокр. от* mackintosh

**macabre** [məˈkɑːbr] *фр. a* мра́чный, ужа́сный; dance ~ та́нец сме́рти

**macaco** [məˈkeɪkəu] *n* лему́р

**macadam** [məˈkædəm] *n* ще́бень, щебёночное покры́тие

**macadamize** [məˈkædəmaɪz] *v* мости́ть ще́бнем

**macaque** [məˈkɑːk] *n* мака́ка

**macaroni** [ˌmækəˈrəunɪ] *ит. n* (*pl* -s, -es [-ɪz]) макаро́ны

**macaronic** [ˌmækəˈrɔnɪk] **1.** *a* макарони́ческий, шу́точный (*о стиле*)

**2.** *n pl* макарони́ческие стихи́ (*на ломаной латыни или с большой примесью иностранных слов*)

**macaroon** [ˌmækəˈruːn] *n* минда́льное пече́нье

**macartney** [məˈkɑːtnɪ] *n* озлоти́стый фаза́н

**macassar** [mə'kæsə] *n* макасса́ровое ма́сло (*тж.* ~ oil)

**macaw I** [mə'kɔ:] *n* а́ра (*попугай*)

**macaw II** [mə'kɔ:] *n* южноамерика́нская па́льма

**Maccabeus** [ˌmækə'bi(:)əs] *n библ.* Маккаве́й

**mace I** [meɪs] *n* 1) *ист.* булава́ 2) жезл 3) ма́зик (*в бильярде*) 4) деревя́нный молото́к для мягче́ния ко́жи

**mace II** [meɪs] *n* муска́тный «цвет» (*сушёная шелуха мускатного ореха*)

**Macedonian** [ˌmæsɪ'dəunjən] **1.** *a* македо́нский

**2.** *n* македо́нец

**macerate** ['mæsəreɪt] *v* 1) выма́чивать; разма́чивать 2) истоща́ть, изнуря́ть

**maceration** [ˌmæsə'reɪʃən] *n* 1) выма́чивание; разма́чивание 2) истоще́ние, изнуре́ние

**machiavellian** [ˌmækɪə'velɪən] *a* неразбо́рчивый (*в средствах*); бессо́вестный

**machicolation** [ˌmætʃɪkəu'leɪʃən] *n ист.* навесна́я бойни́ца

**machicoulis** [ˌmɑ:ʃɪ'ku:lɪ] = machicolation

**machinal** [mə'ʃi:nəl] *a* механи́ческий

**machinate** ['mækɪneɪt] *v* интригова́ть, стро́ить ко́зни

**machination** [ˌmækɪ'neɪʃən] *n* махина́ция, интри́га, ко́зни

**machine** [mə'ʃi:n] **1.** *n* 1) маши́на; стано́к 2) механи́зм 3) велосипе́д; автомоби́ль; самолёт 4) шве́йная маши́н(к)а 5) челове́к, рабо́тающий как маши́на *или* де́йствующий машина́льно 6) аппара́т (*организационный и т. п.*); state ~ госуда́рственный аппара́т; party ~ парти́йная маши́на 7) организа́ция *или* па́ртия, контроли́рующая полити́ческую жизнь страны́ 8) *attr.* маши́нный; ~ age век маши́н; ~ works машинострои́тельный заво́д; ~ translation маши́нный перево́д; ~ politician *амер.* полити-ка́н, те́сно свя́занный с парти́йной маши́ной

**2.** *v* 1) подверга́ть механи́ческой обрабо́тке; обраба́тывать на станке́ 2) шить (*на машине*) 3) печа́тать

**machine-gun** [mə'ʃi:ngʌn] **1.** *n* пулемёт

**2.** *v* обстре́ливать пулемётным огнём

**machine-gunner** [mə'ʃi:nˌgʌnə] *n* пулемётчик

**machine-made** [mə'ʃi:nmeɪd] *a* сде́ланный маши́нным *или* механи́ческим спо́собом

**machine-minder** [mə'ʃi:nˌmaɪndə] *n* рабо́чий у станка́

**machinery** [mə'ʃi:nərɪ] *n* 1) маши́нное обору́дование; маши́ны 2) механи́зм 3) дета́ли маши́н 4) структу́ра (*драмы, поэмы*) 5) аппара́т (*государственный и т. п.*)

**machine-shop** [mə'ʃi:nʃɔp] *n* механи́ческая мастерска́я; механи́ческий цех

**machine-tool** [mə'ʃi:ntu:l] *n* 1) стано́к 2) *attr.*: ~ plant станкострои́тельный заво́д

**machinist** [mə'ʃi:nɪst] *n* 1) сле́сарь; квалифици́рованный рабо́чий (металли́ст *или* стано́чник); меха́ник; рабо́чий у станка́ 2) машини́ст 3) машинострои́тель 4) швея́

**Mach number** ['mɑ:kˌnʌmbə] *n ав.* число́ Ма́ха, число́ М

**macintosh** ['mækɪntɔʃ] = mackintosh

**mack** [mæk] *разг. сокр. от* mackintosh

**mackerel** ['mækrəl] *n* 1) макре́ль; ску́мбрия 2) *attr.*: ~ sky не́бо бара́шками

**mackintosh** ['mækɪntɔʃ] *n* 1) макинто́ш, непромока́емое пальто́ 2) прорези́ненная мате́рия

**macro-** ['mækrəu-] *в сложных словах означает* большо́й; необыкнове́нно большо́го разме́ра; дли́нный

**macrobiosis** [ˌmækrəubaɪ'əsɪs] *n* долголе́тие

**macrocephalous** [ˌmækrəu'sefələs] *a* с (ненорма́льно) большо́й голово́й

**macrocosm** ['mækrəkɔzm] *n* макроко́см, вселе́нная

**macrocrystalline** [ˌmækrəu'krɪstəlaɪn] *a* крупнокристалли́ческий

**macrograph** ['mækrəugrɑ:f] *n* макросни́мок

**macron** ['mækrɔn] *n лингв.* знак долготы́ над гла́сным (*напр.*, ā)

**macroscopic** [ˌmækrəu'skɔpɪk] *a* макроскопи́ческий, ви́димый невооружённым гла́зом

**macula** ['mækjulə] *n* (*pl* -ae) пятно́

**maculae** ['mækjuli:] *pl от* macula

**maculate** ['mækjuleɪt] *v* покрыва́ть пя́тнами

**maculated** ['mækjuleɪtɪd] *a* покры́тый пя́тнами

**mad** [mæd] **1.** *a* 1) сумасше́дший, безу́мный; to send smb. ~ свести́ с ума́ кого́-л. 2) бе́шеный (*о животном*) 3) обезу́мевший, рассвирепе́вший (with — от *чего-л.*) 4) стра́стно лю́бящий (*что-л.*); поме́шанный (after, for, on, about — на *чём-л.*); to run ~ after smth. быть без ума́ от чего́-л., увлека́ться чем-л. 5) сумасбро́дный, безрассу́дный; a ~ venture безрассу́дное предприя́тие 6) *разг.* рассе́рженный, раздоса́дованный (at, about — *чем-л.*); to get ~ рассерди́ться; вы́йти из себя́; don't be ~ at me не серди́тесь на меня́ 7) бу́йно весёлый; we had a ~ time мы о́чень весели́лись ◇ like ~ как безу́мный; as ~ as a wet hen взбешённый; ~ as a hatter, ~ as a March hare ≅ совсе́м сумасше́дший, спя́тивший

**2.** *v редк.* 1) своди́ть с ума́ 2) сходи́ть с ума́; вести́ себя́ как безу́мный

**madam** ['mædəm] *n* 1) мада́м, госпожа́, суда́рыня (*обыкн. как обращение*) 2) *разг.* же́нщина, лю́бящая повелева́ть; she's a bit of a ~ она́ лю́бит кома́ндовать

**madcap** ['mædkæp] *n* 1) сумасбро́д 2) сорване́ц; сорвиголова́ 3) *attr.* сумасбро́дный

**madden** ['mædn] *v* 1) своди́ть с ума́ 2) сходи́ть с ума́ 3) раздража́ть; доводи́ть до бе́шенства

**madder** ['mædə] *n* 1) *бот.* маре́на (краси́льная) 2) крапп (*краситель из марены*)

**made** [meɪd] **1.** *past и p. p. от* make 1

**2.** *a* 1) изгото́вленный 2) иску́сственный; ~ ground насыпно́й грунт 3) приду́манный; ~ excuse неправдоподо́бное объясне́ние 4) сбо́рный, составно́й; ~ dish ассорти́ (*сборное блюдо*) 5) доби́вшийся успе́ха; ~ man а) челове́к, занима́ющий про́чное положе́ние; б) физи́чески сформирова́вшийся челове́к

**madefy** ['mædɪfaɪ] *v* сма́чивать, увлажня́ть

**Madeira** [mə'dɪərə] *n* маде́ра (*вино*) [*см. тж. Список географических названий*]

**mademoiselle** [ˌmædəm(w)ə'zel] *фр. n* 1) мадемуазе́ль, незаму́жняя францу́женка *или* друга́я иностра́нка (*перед собств. именем с прописной буквы*) 2) гуверна́нтка-францу́женка

**made up** ['meɪd'ʌp] *a* 1) иску́сственный 2) гото́вый (*об одежде*) 3) вы́думанный; вы́мышленный 4) загримиро́ванный; с густы́м сло́ем кра́ски на лице́

**madhouse** ['mædhaus] *n разг.* сумасше́дший дом

**madia** ['meɪdɪə] *n* 1) *бот.* ма́дия 2) *attr.*: ~ oil ма́сло из семя́н ма́дии

**madid** ['mædɪd] *a* мо́крый, вла́жный, сыро́й

**madman** ['mædmən] *n* сумасше́дший; безу́мец; сумасбро́д

**madness** ['mædnɪs] *n* 1) сумасше́ствие, безу́мие 2) бе́шенство

**madonna** [mə'dɔnə] *n* мадо́нна

**madonna lily** [mə'dɔnəˌlɪlɪ] *n* бе́лая ли́лия

**madrasah** [mə'dræsə] *араб. n* медресе́ (*высшая духовная школа мусульман*)

**madrepore** [ˌmædrɪ'pɔ:] *n* камени́стый кора́лл

**madroño** [mə'drəunjə] *исп. n бот.* земляни́чное де́рево, земляни́чник

**madwoman** ['mædˌwumən] *n* сумасше́дшая; безу́мная

**Maecenas** [mi(:)'si:næs] *n* мецена́т

**maelstrom** ['meɪlstrəum] *n* водоворо́т, вихрь (*тж. перен.*)

**maenad** ['mi:næd] *n греч. миф.* мена́да

**maestoso** [ˌmɑ:es'təuzəu] *ит. adv муз.* маэсто́зо, велича́ственно

**maestri** [mɑ:'estrɪ] *pl от* maestro

**maestro** [mɑ:'estrəu] *ит. n* (*pl* -ri) маэ́стро

**Mae West** ['meɪ'west] *n* надувна́я спаса́тельная ку́ртка лётчиков

**maffick** ['mæfɪk] *v* бу́рно пра́здновать, беснова́ться (*от радости*)

**mafic** ['mæfɪk] *a геол.* мафи́ческий, тёмный (*о породе*)

**mag I** [mæg] *n sl.* (моне́та в) полпе́нни

**mag II** [mæg] *разг.* **1.** *n* 1) болтовня́ 2) болту́н(ья)

**2.** *v* болта́ть

**mag** III [mæg] *n сокр. разг. от* magazine II *и* magneto

**magazine** I [ˌmægəˈziːn] *n* 1) склад боеприпа́сов; вещево́й склад 2) порохово́й по́греб 3) магази́нная коро́бка (*винтовки*); магази́н (*для патронов*) 4) *кино* боби́на 5) *фото* кассе́та 6) *тех.* магази́н 7) *attr. тех., воен.* магази́нный; ~ case магази́нная коро́бка

**magazine** II [ˌmægəˈziːn] *n* (периоди́ческий) журна́л

**magazine rifle** [ˌmægəˈziːnˌraɪfl] *n* магази́нная винто́вка

**mage** [meɪdʒ] *n уст.* 1) маг, волше́бник 2) мудре́ц

**magenta** [məˈdʒentə] *n* фукси́н, кра́сная анили́новая кра́ска

**maggot** [ˈmægət] *n* 1) личи́нка (*особ.* мясно́й и сы́рной мух) 2) блажь, причу́да; to have a ~ in one's brain (*или* head) име́ть причу́ды 3) челове́к с причу́дами ◇ to act the ~ отлы́нивать от рабо́ты

**maggoty** [ˈmægətɪ] *a* 1) черви́вый 2) с причу́дами

**magi** [ˈmeɪdʒaɪ] *pl от* magus

**magic** [ˈmædʒɪk] 1. *n* 1) ма́гия, волшебство́ 2) очарова́ние

2. *a* волше́бный, маги́ческий

**magical** [ˈmædʒɪkəl] = magic 2

**magician** [məˈdʒɪʃən] *n* 1) волше́бник, чароде́й, заклина́тель 2) фо́кусник

**magisterial** [ˌmædʒɪsˈtɪərɪəl] *a* 1) суде́бный, суде́йский 2) авторите́тный 3) дикта́торский, повели́тельный

**magistracy** [ˈmædʒɪstrəsɪ] *n* 1) до́лжность судьи́ 2) *собир.* магистра́т

**magistral** [məˈdʒɪstrəl] 1. *a* 1) преподава́тельский, учи́тельский; the ~ staff преподава́тельский соста́в (*школы и т. п.*) 2) поуча́ющий, авторите́тный 3) *мед.* специа́льно пока́занный, пропи́санный 4) *воен. ист.* гла́вный, магистра́льный (*о линиях укреплений*)

2. *n воен.* магистра́ль, магистра́льная ли́ния

**magistrate** [ˈmædʒɪstreɪt] *n* 1) судья́ (*преим. мировой*) 2) член городско́го магистра́та (*в Англии*) 3) должностно́е лицо́

**magma** [ˈmægmə] *n геол.* ма́гма

**Magna C(h)arta** [ˈmægnəˈkɑːtə] *n ист.* Вели́кая ха́ртия во́льностей (*1215 г.*)

**magnanimity** [ˌmægnəˈnɪmɪtɪ] *n* великоду́шие

**magnanimous** [mægˈnænɪməs] *a* великоду́шный

**magnate** [ˈmægneɪt] *n* магна́т; oil ~ нефтяно́й коро́ль

**magnesia** [mægˈniːʃə] *n мед.* о́кись ма́гния, жжёная магне́зия

**magnesium** [mægˈniːzjəm] *n хим.* ма́гний

**magnet** [ˈmægnɪt] *n* 1) магни́т 2) притяга́тельная си́ла

**magnetic** [mægˈnetɪk] *a* 1) магни́тный; ~ declination магни́тное склоне́ние; ~ needle магни́тная стре́лка; ~ storm магни́тная бу́ря 2) притяга́ющий, привлека́тельный; магнети́ческий

**magnetics** [mægˈnetɪks] *n pl* (*употр. как sing*) *физ.* магнети́зм

**magnetism** [ˈmægnɪtɪzm] *n* 1) магнети́зм 2) магни́тные сво́йства 3) ли́чное обая́ние, привлека́тельность

**magnetite** [ˈmægnɪtaɪt] *n мин.* магнети́т, магни́тный железня́к

**magnetization** [ˌmægnɪtaɪˈzeɪʃən] *n* 1) намагни́чивание 2) намагни́ченность

**magnetize** [ˈmægnɪtaɪz] *v* 1) намагни́чивать(ся) 2) привлека́ть 3) гипнотизи́ровать

**magneto** [mægˈniːtəu] *n* (*pl* -os [-əuz]) *эл.* магне́то; инду́ктор

**magnetometer** [ˌmægnɪˈtɔmɪtə] *n* магнито́метр

**magneton** [ˈmægnɪtɔn] *n физ.* магнето́н

**magnetron** [ˈmægnɪtrɔn] *n физ.* магнетро́н

**magnification** [ˌmægnɪfɪˈkeɪʃən] *n* 1) увеличе́ние 2) усиле́ние

**magnificence** [mægˈnɪfɪsns] *n* великоле́пие

**magnificent** [mægˈnɪfɪsnt] *a* 1) великоле́пный, вели́чественный 2) *разг.* изуми́тельный, прекра́сный

**magnifier** [ˈmægnɪfaɪə] *n* 1) увеличи́тельное стекло́, лу́па 2) *радио* усили́тель

**magnify** [ˈmægnɪfaɪ] *v* 1) увели́чивать 2) преувели́чивать 3) *уст.* восхваля́ть

**magnifying glass** [ˈmægnɪfaɪɪŋˈglɑːs] *n* увеличи́тельное стекло́, лу́па

**magniloquence** [mægˈnɪləukwəns] *n* высокопа́рность

**magniloquent** [mægˈnɪləukwənt] *a* высокопа́рный

**magnitude** [ˈmægnɪtjuːd] *n* 1) величина́, разме́ры 2) ва́жность; значи́тельность; of the first ~ первостепе́нной ва́жности

**magnolia** [mægˈnəuljə] *n* магно́лия

**magnum** [ˈmægnəm] *n* больша́я ви́нная буты́лка (*2 кварты* ≅ $2\frac{1}{4}$ *л*)

**magpie** [ˈmægpaɪ] *n* 1) соро́ка; *перен.* болту́н(ья) 2) *воен. разг.* второ́е кольцо́ мише́ни с круга́ми 3) попада́ние во вне́шний, предпосле́дний круг мише́ни 4) *sl* полпе́нни

**magus** [ˈmeɪgəs] *n* (*pl* magi) маг, волхв

**Magyar** [ˈmægjɑː] 1. *a* венге́рский; мадья́рский

2. *n* 1) венгр; мадья́р; венге́рка; мадья́рка 2) венге́рский язы́к

**Maharaja(h)** [ˌmɑhəˈrɑːdʒə] *инд. n* магара́джа

**Maharanee** [ˌmɑːhəˈrɑːniː] *инд. n* магара́ни (*супруга магараджи*)

**mahogany** [məˈhɔgənɪ] *n* 1) кра́сное де́рево 2) обе́денный стол; to put (*или* to stretch, to have) one's knees (*или* feet) under smb.'s ~ обе́дать у кого́-л., по́льзоваться чьим-л. гостеприи́мством; жить на чей-л. счёт 3) коричнева́то-кра́сный цвет 4) *attr.* сде́ланный из кра́сного де́рева; ~ furniture ме́бель кра́сного де́рева 5) *attr.* коричнева́то-кра́сный (*о цвете*)

**Mahomet** [məˈhɔmɪt] *n* Магоме́т

**Mahometan** [məˈhɔmɪtən] = Mohammedan

**mahout** [məˈhaut] *инд. n* пого́нщик слоно́в

**maid** [meɪd] 1. *n* 1) служа́нка, го́рничная; прислу́га 2) *поэт.* де́ва, деви́ца, де́вушка; old ~ ста́рая де́ва; ~ of honour а) фре́йлина; б) *амер.* ≅ подру́жка неве́сты; в) род ватру́шки

2. *v* служи́ть го́рничной, рабо́тать прислу́гой

**maiden** [ˈmeɪdn] 1. *n* 1) деви́ца, де́вушка 2) *шутл.* ста́рая де́ва 3) *ист.* род гильоти́ны

2. *a* 1) незаму́жняя 2) относя́щийся к незаму́жней же́нщине *или* к деви́честву же́нщины; де́ви́чий, деви́ческий; ~ name де́вичья фами́лия 3) де́вственный, нетро́нутый; ~ horse ло́шадь, не бра́вшая при́за; ~ sword меч, ещё не обагрённый кро́вью; ~ over *спорт.* игра́ (в кри́кет), в кото́рой не откры́т счёт; ~ assize *юр.* се́ссия уголо́вного суда́, на рассмотре́ние кото́рой не вы́несено уголо́вных дел 4) пе́рвый; ~ attempt пе́рвая попы́тка; ~ battle пе́рвый бой; ~ flight пе́рвый полёт (*самолёта*); ~ voyage пе́рвое пла́вание, пе́рвый рейс (*нового корабля*); ~ speech пе́рвая речь (*нового члена парламента, академии и т. п.*)

**maidenhair** [ˈmeɪdnhɛə] *n бот.* адиа́нтум

**maidenhead** [ˈmeɪdnhed] *n* 1) де́вственность, непоро́чность 2) деви́чество

**maidenhood** [ˈmeɪdnhud] *n* деви́чество

**maidenish** [ˈmeɪdnɪʃ] *a* 1) де́ви́чий 2) староде́вический

**maidenlike** [ˈmeɪdnlaɪk] 1. *a* де́ви́чий, деви́ческий; скро́мный

2. *adv* как подоба́ет де́вушке; скро́мно

**maidenly** [ˈmeɪdnlɪ] = maidenlike 2

**maid-of-all-work** [ˈmeɪdɔvɔːlˈwəːk] *n* прислу́га, выполня́ющая всю рабо́ту, «прислу́га за всё»

**maidservant** [ˈmeɪdˌsəːvənt] *n* служа́нка; прислу́га

**mail** I [meɪl] 1. *n* 1) кольчу́га (*тж.* coat of ~); *распр.* броня́ 2) *зоол.* щито́к (*черепахи*); скорлупа́ (*рака*)

2. *v* покрыва́ть кольчу́гой, броне́й

**mail** II [meɪl] 1. *n* 1) по́чта 2) по́чта, почто́вая корреспонде́нция 3) почто́вый по́езд 4) мешо́к с по́чтой 5) *шотл.* доро́жный мешо́к 6) *attr.* почто́вый

2. *v* посыла́ть по по́чте; сдава́ть на по́чту

**mail-boat** [ˈmeɪlbəut] *n* почто́вый парохо́д

**mailbox** [ˈmeɪlbɔks] *n амер.* почто́вый я́щик

**mail-car** [ˈmeɪlkɑː] *n* почто́вый ваго́н

**mail-cart** [ˈmeɪlkɑːt] *n* 1) почто́вая каре́та 2) де́тская коля́ска

**mail-clad** [ˈmeɪlklæd] *a* оде́тый в кольчу́гу, броню́

**mail-coach** [ˈmeɪlˈkəutʃ] = mail-cart 1)

**mailed** I [meɪld] **1.** *p. p. от* mail I, 2

**2.** *a* 1) защищённый бронёй, брониро́ванный 2) покры́тый чешу́йками 3) пятни́стый ◇ the ~ fist брониро́ванный кула́к

**mailed** II [meɪld] *p. p. от* mail II, 2

**mailer** [ˈmeɪlə] *n* 1) отправи́тель 2) маши́на для автомати́ческого адресова́ния почто́вых отправле́ний 3) контейнер для по́чты

**mailing-list** [ˈmeɪlɪŋˈlɪst] *n* спи́сок адреса́тов (*которым регулярно отправляются рефераты, рекламные проспекты и т. п.*)

**maillot** [maɪˈjəu] *фр. n* 1) купа́льный костю́м 2) трико́ (*акробатов, танцоров*)

**mailman** [ˈmeɪlmæn] *n амер.* почтальо́н

**mail order** [ˈmeɪlˌɔːdə] *n* 1) зака́з на вы́сылку това́ра по по́чте 2) *амер.* почто́вый перево́д

**mail-order** [ˈmeɪlˌɔːdə] *a*: ~ house магази́н «това́ры по́чтой»

**mail-plane** [ˈmeɪlpleɪn] *n* почто́вый самолёт

**mail train** [ˈmeɪltreɪn] *n* почто́вый по́езд

**maim** [meɪm] *v* кале́чить, уве́чить

**main** I [meɪn] **1.** *n* 1) гла́вная часть; основно́е, гла́вное; in the ~ а) в основно́м; б) бо́льшей ча́стью; в) гла́вным о́бразом 2) магистра́ль 3) *поэт.* откры́тое мо́ре, океа́н 4) = mainmast

**2.** *a* 1) гла́вный; основно́й; the ~ features основны́е черты́; ~ line гла́вная железнодоро́жная ли́ния, магистра́ль; the ~ point гла́вный пункт; ~ dressing station *воен.* гла́вный перевя́зочный пункт 2) хорошо́ развито́й, си́льный (*физически*)

**main** II [meɪn] *n* 1) число́ очко́в, кото́рое игра́ющий в ко́сти называ́ет пе́ред броско́м 2) петуши́ный бой

**main deck** [ˈmeɪndek] *n* ве́рхняя па́луба

**mainland** [ˈmeɪnlənd] *n* 1) матери́к 2) большо́й о́стров (*среди группы небольших*) 3) *attr.* континента́льный

**mainly** [ˈmeɪnlɪ] *adv* 1) гла́вным о́бразом 2) бо́льшей ча́стью

**mainmast** [ˈmeɪnmɑːst] *n мор.* грот-ма́чта

**mainspring** [ˈmeɪnsprɪŋ] *n* 1) ходова́я пружи́на (*часового механизма*) 2) *воен.* спускова́я пружи́на, боева́я пружи́на 3) гла́вная дви́жущая си́ла; исто́чник

**mainstay** [ˈmeɪnsteɪ] *n мор.* гро́та-штаг; *перен.* гла́вная подде́ржка, опо́ра, оплот

**mainstream** [ˈmeɪnstriːm] *n* основно́е направле́ние, гла́вная ли́ния (*в искусстве, литературе и т. п.*)

**maintain** [meɪnˈteɪn] *v* 1) подде́рживать; уде́рживать; сохраня́ть; to ~ one's composure сохраня́ть споко́йствие, остава́ться хладнокро́вным; to ~ one's health подде́рживать своё здоро́вье 2) содержа́ть; to ~ a family содержа́ть семью́ 3) ока́зывать подде́ржку, защища́ть, отста́ивать 4) утвержда́ть; he ~ed that he was right он утвержда́л, что он прав 5) *тех.* обслу́живать; содержа́ть в испра́вности

**maintenance** [ˈmeɪntənəns] *n* 1) подде́ржка, поддержа́ние; сохране́ние 2) содержа́ние; сре́дства к существова́нию 3) утвержде́ние 4) *юр.* подде́ржка (*одной из тяжущихся сторон в корыстных целях*) 5) *тех.* ухо́д, содержа́ние в испра́вности; теку́щий ремо́нт 6) *тех.* эксплуата́ция; эксплуатацио́нные расхо́ды (включа́я теку́щий ремо́нт) 7) *attr.* ремо́нтный; ~ crew кома́нда техни́ческого обслу́живания

**maintop** [ˈmeɪntɔp] *n мор.* грот-ма́чта

**main yard** [ˈmeɪnjɑːd] *n мор.* грот-ре́и

**maison(n)ette** [ˌmeɪzəˈnet] *фр. n* небольшо́й дом *или* небольша́я кварти́ра

**maize** [meɪz] *n* кукуру́за; маи́с

**majestic** [məˈdʒestɪk] *a* вели́чественный

**majesty** [ˈmædʒɪstɪ] *n* 1) вели́чественность; вели́чие; велича́вость 2) (M.) вели́чество (*титул*)

**Majlis** [mædʒˈlɪs] *n* меджли́с

**majolica** [məˈjɔlɪkə] *n* майо́лика

**major** I [ˈmeɪdʒə] *n* майо́р

**major** II [ˈmeɪdʒə] **1.** *a* 1) бо́льший, бо́лее ва́жный 2) ста́рший 3) гла́вный; ~ forces *воен.* гла́вные си́лы; ~ reconstruction коренна́я перестро́йка; ~ league *спорт.* вы́сшая ли́га 4) *муз.* мажо́рный

**2.** *n* 1) совершенноле́тний 2) *лог.* гла́вная посы́лка (*в силлогизме*) 3) *амер.* профили́рующая дисципли́на (*в колледже*)

**3.** *v амер.* специализи́роваться по како́му-л. предме́ту (*в колледже*)

**major-domo** [ˈmeɪdʒəˈdəuməu] *n* (*pl* -os [-əuz]) мажордо́м; дворе́цкий

**major-general** [ˈmeɪdʒəˈdʒenərəl] *n* генера́л-майо́р

**majority** [məˈdʒɔrɪtɪ] *n* 1) большинство́; to gain (*или* to carry) the ~ получи́ть большинство́ голосо́в; to win by a handsome (narrow) ~ получи́ть значи́тельное (незначи́тельное) большинство́ голосо́в 2) совершенноле́тие (*в Англии — 21 год*); he attained his ~ он дости́г совершенноле́тия 3) чин, зва́ние майо́ра 4) *attr.*: ~ leader *амер. полит.* руководи́тель большинства́ (*в сенате и т. п.*); ~ rule волеизъявле́ние большинства́; при́нцип подчине́ния меньшинства́ большинству́ ◇ to join the (great) ~ умере́ть

**majuscule** [ˈmædʒəskjuːl] *n* прописна́я бу́ква (*в средневековых рукописях*)

**make** [meɪk] **1.** *v* (made) 1) де́лать; соверша́ть; сде́лать 2) производи́ть 3) создава́ть, образо́вывать; составля́ть (*завещание, документ*) 4) гото́вить, приготовля́ть; to ~ a fire разжига́ть костёр; to ~ tea зава́ривать чай 5) составля́ть, равня́ться; 2 and 3 ~ 5 два плюс три равня́ется пяти́ 6) станови́ться; де́латься; he will ~ a good musician из него́ вы́йдет хоро́ший музыка́нт; he was made to be an actor он прирождённый актёр 7) получа́ть, приобрета́ть, добыва́ть (*деньги, средства*); зараба́тывать; to ~ money зараба́тывать де́ньги; to ~ one's living зараба́тывать на жизнь 8) счита́ть, определя́ть, предполага́ть; what do you ~ the time? кото́рый, по-ва́шему, час?; what am I to ~ of your behaviour? как я до́лжен понима́ть ва́ше поведе́ние? 9) назнача́ть (*на должность*); производи́ть (*в чин*) 10) *разг.* успе́ть, поспе́ть (*на поезд и т. п.*) 11) *мор.* войти́ (*в порт и т. п.*) 12) *со сложным дополнением означает* заставля́ть, побужда́ть; ~ him repeat it заста́вь(те) его́ повтори́ть э́то; to ~ smb. understand дать кому́-л. поня́ть; to ~ oneself understood объясня́ть(ся) (*на иностранном языке*); to ~ smth. grow выра́щивать что-л. 13) *с рядом существительных образует фразовый глагол, соответствующий по значению существительному*; напр.: to ~ haste спеши́ть; to ~ fun высме́ивать; to ~ an answer (*или* a reply) отвеча́ть; to ~ a pause останови́ться; to ~ war воева́ть; вести́ войну́; to ~ a journey путеше́ствовать; to ~ progress развива́ться; де́лать успе́хи; to ~ start начина́ть; to ~ a mistake (*или* a blunder) ошиба́ться; (с)де́лать оши́бку 14) вести́ себя́ как...; стро́ить из себя́; to ~ an ass (*или* a fool) of oneself (с)валя́ть дурака́; (по)ста́вить себя́ в глу́пое положе́ние; оска́ндалиться; to ~ a beast of oneself вести́ себя́ как скоти́на 15) есть; to ~ a good breakfast хорошо́ поза́втракать; to ~ a light meal перекуси́ть 16) *карт.* тасова́ть □ ~ **after** *уст.* пресле́довать; пуска́ться вслед; ~ **against** говори́ть не в по́льзу *кого-л.*; ~ **away with** изба́виться, отде́латься от *чего-л., кого-л.*; уби́ть *кого-л.*; ~ away with oneself поко́нчить с собо́й, соверши́ть самоуби́йство; ~ **back** верну́ться, возврати́ться; ~ **for** а) спосо́бствовать, соде́йствовать; б) направля́ться; в) напа́дать; набра́сываться; ~ **off** убежа́ть, удра́ть; ~ **out** а) разобра́ть; б) уви́деть, различи́ть, поня́ть; в) дока́зывать; г) составля́ть (*документ*); выпи́сывать (*счёт, чек*); д) *амер.* жить, существова́ть; е) справля́ться (*с чем-л.*); преуспева́ть; how did he ~ out at the examination? как он сдал экза́мен?; ж) де́лать вид; притворя́ться; дать поня́ть; ~ **over** а) передава́ть; жёртвовать; б) переде́лывать; ~ **up** а) пополня́ть, возмеща́ть, компенси́ровать; наве́рстывать; б) составля́ть, собира́ть; комплектова́ть; в) гримирова́ть(ся); г) подкра́ситься, подма́заться; д) вы́думывать; е) устра́ивать, ула́живать ж) мири́ться; let us ~ it up дава́йте забу́дем э́то, дава́йте помири́мся; з) шить; крои́ть; и) *полигр.* верста́ть; к) подходи́ть, приближа́ться; л) подлизываться, подхали́мничать; to ~ up to smb. заискивать, лебези́ть пе́ред кем-л. ◇ to ~ the best of *см.* best 2 ◇; to ~ a clean sweep of *см.* sweep 1, ◇; to ~ a dead set at а) напа́сть на; б) приста́ть с ножо́м к го́рлу к; to ~ do with smth. *редк.* дово́льствоваться чем-л.; to ~ good а) сдержа́ть сло́во; б) вознагради́ть, компенси́ровать (*за поте́рю*); в) доказа́ть, подтверди́ть; г) *амер.* преуспева́ть; to ~ nothing of smth. а) счита́ть что-л. пустяко́м; легко́ относи́ться к чему́-л.; б) ничего́ не поня́ть в чём-л.; to ~ oneself at home быть как до́ма; to ~ a poor mouth прибедня́ться; to ~ sure а) убежда́ться; удостове́риться; б) обеспе́чить; to ~ time out *амер.* поспеши́ть, помча́ться

2. *n* 1) произво́дство, рабо́та; изде́лие; our own ~ на́шего произво́дства 2) проду́кция, вы́работка 3) проце́сс становле́ния; разви́тие 4) вид, фо́рма, фасо́н, ма́рка; стиль; тип, моде́ль; do you like the ~ of that coat? вам нра́вится фасо́н э́того пальто́? 5) склад хара́ктера 6) конститу́ция, сложе́ние 7) *карт.* объявле́ние ко́зыря 8) *карт.* тасова́ние ◇ to be on the ~ *разг.* а) занима́ться чем-л. исключи́тельно с коры́стной це́лью; б) де́лать карье́ру

**make-believe** [ˈmeɪkbɪ,li:v] 1. *n* 1) притво́рство 2) игра́, в кото́рой де́ти вообража́ют себя́ кем-л. 3) воображе́ние, фанта́зия 4) вы́думщик, фантазёр

2. *a* 1) вообража́емый; вы́думанный 2) притво́рный

3. *v* де́лать вид, притворя́ться

**makepeace** [ˈmeɪkpi:s] *n* миротво́рец; примири́тель

**maker** [ˈmeɪkə] *n* 1) тот, кто де́лает *что-л.* 2) созда́тель, творе́ц 3) *уст.* поэ́т 4) *юр.* векселеда́тель

**makeshift** [ˈmeɪkʃɪft] *n* 1) заме́на; паллиати́в; вре́менное приспособле́ние 2) *attr.* вре́менный; импровизи́рованный

**make-up** [ˈmeɪkʌp] *n* 1) грим; косме́тика; she had a rich ~ она́ была́ си́льно накра́шена 2) соста́в, структу́ра, строе́ние 3) нату́ра, склад (*ума́, хара́ктера*) 4) вы́думка 5) *полигр.* вёрстка 6) *attr.*: ~ room убо́рная (*актёра*); ~ man а) гримёр; б) верста́льщик

**makeweight** [ˈmeɪkweɪt] *n* 1) дове́сок, доба́вка 2) *тех.* противове́с

**making** [ˈmeɪkɪŋ] 1. *pres. p от* make 1

2. *n* 1) созда́ние, становле́ние; in the ~ в проце́ссе созда́ния, разви́тия 2) произво́дство, изготовле́ние 3) рабо́та, ремесло́ 4) фо́рма 5) *pl* зада́тки; to have the ~s of (an actor, *etc.*) у него́ зада́тки (актёра *и т. п.*) 6) *pl* за́работок 7) *pl амер. разг.* бума́га и таба́к для свёртывания сига-ре́т

**mal-** [mæl-] *pref* 1) пло́хо; плохо́й; to maltreat пло́хо, жесто́ко обраща́ться 2) не-, без-; maladroit нело́вкий; беста́ктный

**Malacca (cane)** [məˈlækə(keɪn)] *n* кори́чневая трость (*из рота́нга*)

**malachite** [ˈmæləkaɪt] *n* малахи́т

**malacology** [,mæləˈkɔlədʒɪ] *n* малаколо́гия (*нау́ка о моллю́сках*)

**maladjustment** [ˈmæləˈdʒʌstmənt] *n* 1) непра́вильная регулиро́вка 2) неуме́ние приспосо́биться к окружа́ющей обстано́вке

**maladministration** [ˈmæləd,mɪnɪsˈtreɪʃən] *n* плохо́е управле́ние

**maladroit** [ˈmæləˈdrɔɪt] *a* нело́вкий; беста́ктный

**malady** [ˈmælədɪ] *n* боле́знь; расстро́йство

**Malaga** [ˈmæləgə] *n* мала́га (*вино́*)

**Malagasy** [,mæləˈgæsɪ] 1. *a* малагаси́йский

2. *n* 1) малагаси́ец; малагаси́йка 2) малагаси́йский язы́к

**malaise** [mæˈleɪz] *фр. n* недомога́ние

**malapert** [ˈmæləpə:t] *уст.* 1. *n* де́рзкий, бессты́дный челове́к

2. *a* де́рзкий, бессты́дный

**malapropos** [ˈmælˈæprəpəu] *фр.* 1. *adv* некста́ти, не во́время

2. *a* сде́ланный *или* ска́занный некста́ти

3. *n* совершённый некста́ти посту́пок; ска́занное некста́ти сло́во

**malaria** [məˈlɛərɪə] *n* маляри́я

**malarial** [məˈlɛərɪəl] *a* маляри́йный; ~ district маляри́йный райо́н

**malaria-ridden** [məˈlɛərɪə,rɪdn] *a* маляри́йный (*о ме́стности*)

**malarious** [məˈlɛərɪəs] = malarial

**malax** [ˈmæləks] *v* размина́ть, размягча́ть; сме́шивать

**malaxate** [ˈmæləkseɪt] = malax

**Malay** [məˈleɪ] 1. *a* мала́йский

2. *n* 1) мала́ец; мала́йка 2) мала́йский язы́к

**Malayan** [məˈleiən] = Malay

**malcontent** [ˈmælkən,tent] 1. *n* недово́льный челове́к; оппозицио́нер

2. *a* недово́льный; находя́щийся в оппози́ции

**male** [meɪl] 1. *n* 1) мужчи́на 2) саме́ц

2. *a* 1) мужско́й; ~ beast саме́ц; ~ bee тру́тень; ~ cat кот; ~ dog кобе́ль; ~ fern мужско́й па́поротник; ~ pigeon го́лубь-саме́ц 2) *тех.* входя́щий в другу́ю дета́ль, охва́тываемый; ~ pipe вдви́нутая труба́; ~ pin шип; ~ screw винт; ~ thread нару́жная резьба́

**male-** [ˈmælɪ-] *pref* зло-; maledictory злоязы́чный, проклина́ющий

**malediction** [,mælɪˈdɪkʃən] *n* прокля́тие

**maledictory** [,mælɪˈdɪktərɪ] *a* злоязы́чный, проклина́ющий

**malefactor** [ˈmælɪfæktə] *n* престу́пник, злоде́й

**malefic** [məˈlefɪk] *a* зловре́дный; па́губный

**maleficence** [məˈlefɪsns] *n* зловре́дность

**maleficent** [məˈlefɪsnt] *a* 1) па́губный (to — для); вредоно́сный 2) престу́пный

**malevolence** [məˈlevələns] *n* злора́дство; недоброжела́тельность, зло́ба

**malevolent** [məˈlevələnt] *a* злора́дный, недоброжела́тельный, зло́бный; ~ fate зла́я судьба́

**malfeasance** [mælˈfi:zəns] *n юр.* 1) злодея́ние 2) должностно́е преступле́ние

**malfeasant** [mælˈfi:zənt] *юр.* 1. *a* престу́пный, беззако́нный

2. *n* престу́пник

**malformation** [ˈmælfɔ:ˈmeɪʃən] *n* непра́вильное образова́ние *или* формирова́ние, поро́к разви́тия; уро́дство

**malformed** [mælˈfɔ:md] *a* уро́дливый, бесфо́рменный, пло́хо сформиро́ванный

**malfunction** [mælˈfʌŋkʃən] *тех.* 1. *n* неиспра́вная рабо́та; непра́вильное сраба́тывание; авари́йный режи́м

2. *v* не сраба́тывать

**malic** [ˈmælɪk] *a хим.*: ~ acid я́блочная кислота́

**malice** [ˈmælɪs] *n* 1) зло́ба; to bear ~ (to) таи́ть зло́бу (про́тив *кого́-л.*), зло́бствовать 2) *юр.* злой у́мысел

**malicious** [məˈlɪʃəs] *a* 1) зло́бный 2) злонаме́ренный

**malign** [məˈlaɪn] 1. *a* 1) па́губный; вре́дный; дурно́й 2) зло́бный, злой 3) *мед.* злока́чественный

2. *v* клевета́ть, злосло́вить

**malignancy** [məˈlɪgnənsɪ] *n* 1) па́губность, зловре́дность 2) зло́бность 3) *мед.* злока́чественность

**malignant** [məˈlɪgnənt] *a* 1) зло́стный, зло́бный 2) зловре́дный 3) *мед.* злока́чественный; болезнетво́рный; ~ bacteria вре́дные бакте́рии, болезнетво́рные бакте́рии

**malignity** [məˈlɪgnɪtɪ] = malignancy

**malinger** [məˈlɪŋgə] *v* притворя́ться больны́м, симули́ровать боле́знь

**malingerer** [məˈlɪŋgərə] *n* симуля́нт

**malingering** [məˈlɪŋgərɪŋ] 1. *pres. p. от* malinger

2. *n* симуля́ция

**malison** [ˈmælɪsn] *n уст.* прокля́тие

**mall** [mɔ:l] *n* 1) (тени́стое) ме́сто для гуля́нья 2) *ист.* игра́ в шары́ 3) *тех.* тяжёлый мо́лот

**mallard** [ˈmæləd] *n* ди́кая у́тка

**malleability** [,mælɪəˈbɪlɪtɪ] *n* 1) ко́вкость; тягу́честь; спосо́бность деформи́роваться в холо́дном состоя́нии 2) пода́тливость; усту́пчивость

**malleable** [ˈmælɪəbl] *a* 1) ко́вкий; тягу́чий 2) пода́тливый; усту́пчивый

**mallemuck** [ˈmælɪmʌk] *n* альбатро́с; буреве́стник

**mallet** [ˈmælɪt] *n* деревя́нный молото́к; колоту́шка

**malleus** [ˈmælɪəs] *n анат.* молото́чек (*ушна́я ко́сточка*)

**mallow** [ˈmæləu] *n бот.* ма́льва, просви́рник

**malm** [mɑ:m] *n геол.* 1) (М.) мальм, ве́рхняя ю́ра 2) ме́ргель, известко́вый песо́к

**malmsey** [ˈmɑ:mzɪ] *n* мальва́зия (*вино́*)

**malnutrition** [ˈmælnju(:)ˈtrɪʃən] *n* недоеда́ние, недоста́точное *или* непра́вильное пита́ние

**malodorant** [mæˈləudərənt] **1.** *n* злово́нное вещество́

**2.** *a* = malodorous

**malodorous** [mæˈləudərəs] *a* злово́нный, воню́чий

**malposition** [ˈmælpəˈzɪʃən] *n* *мед.* непра́вильное положе́ние плода́

**malpractice** [ˈmælˈpræktɪs] *n* *юр.* 1) противозако́нное де́йствие 2) престу́пная небре́жность врача́ при лече́нии больно́го 3) злоупотребле́ние дове́рием

**malt** [mɔːlt] **1.** *n* 1) со́лод 2) *разг.* солодо́вый напи́ток 3) *attr.* солодо́вый

**2.** *v* 1) солоди́ть 2) солоде́ть

**Maltese** [ˈmɔːlˈtiːz] **1.** *a* мальти́йский

**2.** *n* 1) мальти́ец; the ~ *pl собир.* мальти́йцы 2) язы́к жи́телей о-ва Ма́льта

**maltha** [ˈmælθə] *n* *мин.* ма́льта, чёрная смоли́стая нефть

**malt-house** [ˈmɔːlthaus] *n* солодо́вня

**maltose** [ˈmɔːltəus] *n* *хим.* мальто́за, солодо́вый са́хар

**maltreat** [mælˈtriːt] *v* 1) ду́рно обраща́ться 2) помыка́ть (*кем-л.*)

**maltreatment** [mælˈtriːtmənt] *n* дурно́е обраще́ние

**maltster** [ˈmɔːltstə] *n* солодо́вник

**malt-worm** [ˈmɔːltwəːm] *n* *уст.* пья́ница

**malty** [ˈmɔːltɪ] *a* 1) солодо́вый 2) *sl.* пья́ный

**Malvaceae** [mælˈveɪsɪiː] *n pl бот.* ма́львовые

**malversation** [ˌmælvəːˈseɪʃən] *n* 1) злоупотребле́ние (*по слу́жбе*) 2) присвое́ние обще́ственных *или* госуда́рственных сумм

**mama** [məˈmɑː] = mamma I

**Mamelike** [ˈmæmɪluːk] *n* *ист.* мам(е)лю́к

**mamma** I [məˈmɑː] *n* *детск.* ма́ма

**mamma** II [ˈmæmə] *n* (*pl* -mae) *анат.* грудна́я (*или* моло́чная) железа́

**mammae** [ˈmæmiː] *pl от* mamma II

**mammal** [ˈmæməl] *n* млекопита́ющее

**mammalia** [mæˈmeɪljə] *n pl* млекопита́ющие

**mammalogy** [məˈmælədʒɪ] *n* маммоло́гия, уче́ние о млекопита́ющих

**mammary** [ˈmæmərɪ] *a* относя́щийся к грудно́й (*или* моло́чной) железе́

**mammilla** [mæˈmɪlə] *n* (*pl* -lae) *анат.* грудно́й сосо́к

**mammillae** [mæˈmɪliː] *pl от* mammilla

**mammock** [ˈmæmək] **1.** *n* глы́ба, обло́мок

**2.** *v* лома́ть, разла́мывать на куски́; рвать в кло́чья

**mammon** [ˈmæmən] *n* мамо́на, де́ньги, бога́тство

**mammonish** [ˈmæmənɪʃ] *a* сребролюби́вый

**mammoth** [ˈmæməθ] **1.** *n* ма́монт

**2.** *a* грома́дный, гига́нтский

**mammy** [ˈmæmɪ] *n* 1) *детск.* ма́мочка 2) *амер.* ня́ня-негритя́нка 3) *амер.* ста́рая негритя́нка

**man** [mæn] **1.** *n* (*pl* men) 1) челове́к 2) *в устойчивых сочетаниях* а) *как представитель профессии*: ~ of law адвока́т, юри́ст; ~ of letters писа́тель, литера́тор; учёный; ~ of office чино́вник; ~ of the pen литера́тор; б) *как обладатель определённых качеств*: ~ of character челове́к с хара́ктером; ~ of courage хра́брый, му́жественный челове́к; ~ of decision реши́тельный челове́к; ~ of distinction (*или* mark, note) выдаю́щийся, знамени́тый челове́к; ~ of family зна́тный челове́к; *амер.* семе́йный челове́к; ~ of genius гениа́льный челове́к; ~ of ideas изобрета́тельный, нахо́дчивый челове́к; ~ of pleasure сластолю́бец; ~ of principle принципиа́льный челове́к; ~ of no principles беспринци́пный челове́к; ~ of no scruples недобросо́вестный, бессо́вестный челове́к; ~ of sense здравомы́слящий, разу́мный челове́к; ~ of straw а) соло́менное чу́чело; б) ненадёжный челове́к; в) подставно́е, фикти́вное лицо́; г) вообража́емый проти́вник; ~ of taste челове́к со вку́сом; ~ of worth досто́йный, почте́нный челове́к; *сочетания типа* family ~, self-made ~, medical ~, leading ~, *etc. см. под* family, self-made, medical, leading, *etc.* 3) мужчи́на 4) му́жественный челове́к 5) челове́ческий род, челове́чество 6) слуга́, челове́к; I'm your ~ *разг.* я к ва́шим услу́гам, я согла́сен 7) (*обыкн. pl*) рабо́чий 8) муж; ~ and wife муж и жена́ 9) *pl* солда́ты, рядовы́е; матро́сы 10) *ист.* васса́л 11) пе́шка, ша́шка (*в игре*) ◇ to be one's own ~ а) быть незави́симым, самостоя́тельным; свобо́дно распоряжа́ться собо́й; б) прийти́ в себя́, быть в но́рме; держа́ть себя́ в рука́х; ~ in the street, *амер. тж.* ~ in the car зауря́дный челове́к, обыва́тель; ~ about town све́тский челове́к; прожига́тель жи́зни; ~ of the world а) челове́к, умудрённый жи́зненным о́пытом; б) све́тский челове́к; good ~! здоро́во!, здра́вствуй!; ~ and boy с ю́ных лет; (all) to a ~ все до одного́, как оди́н (челове́к), все без исключе́ния; every ~ to his own taste ≅ на вкус на цвет това́рищей нет

**2.** *v* 1) *воен.*, *мор.* укомплекто́вывать ли́чным соста́вом; занима́ть людьми́; ста́вить люде́й (*к орудию и т. п.*); посади́ть люде́й (*на корабль и т. п.*) 2) заня́ть (*позиции*); стать (*к орудиям и т. п.*) 3) подбодря́ть; to ~ oneself мужа́ться, брать себя́ в ру́ки 4) *охот.* приуча́ть

**-man** [-mən] *в сложных словах означает занятие, профессию; напр.*: fisherman рыба́к; postman почтальо́н

**manacle** [ˈmænəkl] **1.** *n* (*обыкн. pl*) 1) нару́чники, ручны́е кандалы́ 2) пу́ты; препя́тствие

**2.** *v* надева́ть нару́чники

**manage** [ˈmænɪdʒ] *v* 1) руководи́ть, управля́ть, заве́довать; стоя́ть во главе́; to ~ a household вести́ дома́шнее хозя́йство 2) уме́ть обраща́ться (*с чем-л.*); владе́ть (*оружием и т. п.*) 3) усмиря́ть, укроща́ть, выезжа́ть (*лошадь*); пра́вить (*лошадьми*) 4) справля́ться, ухитря́ться, суме́ть (сде́лать) (*часто ирон.*); he ~d to muddle it он умудри́лся напу́тать; he can just ~ он ко́е-ка́к сво́дит концы́ с конца́ми 5) *разг.* съеда́ть; can you ~ another slice? *разг.* мо́жет быть, съеди́те ещё кусо́чек?

**manageable** [ˈmænɪdʒəbl] *a* 1) поддаю́щийся управле́нию 2) поддаю́щийся дрессиро́вке; послу́шный, сми́рный; a ~ horse вы́езженная ло́шадь 3) сгово́рчивый, пода́тливый 4) выполни́мый

**managed** [ˈmænɪdʒd] **1.** *p. p. от* manage

**2.** *a*: ~ economy регули́руемая эконо́мика

**management** [ˈmænɪdʒmənt] *n* 1) управле́ние; заве́дование 2) уме́ние владе́ть (*инструментом*); уме́ние справля́ться (*с работой*) 3) (the ~) правле́ние; дире́кция, администра́ция 4) хи́трость, уло́вка; it took a good deal of ~ to make him do it потре́бовалось мно́го уло́вок, что́бы заста́вить его́ сде́лать э́то 5) осторо́жное, бе́режное, чу́ткое отноше́ние (*к лю́дям*)

**manager** [ˈmænɪdʒə] *n* 1) управля́ющий, заве́дующий; дире́ктор 2) хозя́ин; good (bad) ~ хоро́ший (плохо́й) хозя́ин 3) *парл.* представи́тель одно́й из пала́т, уполномо́ченный вести́ перегово́ры по вопро́су, каса́ющемуся обе́их пала́т 4) импреса́рио, ме́неджер

**manageress** [ˈmænɪdʒəˈres] *n* заве́дующая; управи́тельница

**managerial** [ˌmænəˈdʒɪərɪəl] *a* дире́кторский, относя́щийся к управле́нию, администрати́вный; high ~ competence уме́лое руково́дство

**managing** [ˈmænɪdʒɪŋ] **1.** *pres. p. от* manage

**2.** *a* 1) руководя́щий, веду́щий; ~ director дире́ктор-распоряди́тель 2) делово́й, энерги́чный 3) эконо́мный, бережли́вый

**man-at-arms** [ˌmænətˈɑːmz] *n* (*pl* men-at-arms) *ист.* тяжеловооружённый вса́дник

**manatee** [ˌmænəˈtiː] *n* *зоол.* ламанти́н

**man-carried** [ˈmænˌkærɪd] *a* перено́сный

**man-child** [ˈmæntʃaɪld] *n* (*pl* men-children) ма́льчик

**manciple** [ˈmænsɪpl] *n* эконо́м (*особ. в колледже*)

**Mancunian** [mæŋˈkjuːnjən] **1.** *a* манче́стерский

**2.** *n* жи́тель Манче́стера

**mandamus** [mænˈdeɪməs] *n* *юр.* прика́з вы́сшей суде́бной инста́нции ни́зшей

**mandarin** I [ˈmændərɪn] *n* 1) *ист.* мандари́н (*китайский чиновник*) 2) (M.) *уст.* мандари́нское наре́чие кита́йского языка́ 3) *ирон.* ко́сный, отста́лый руководи́тель

**mandarin** II [ˈmændərɪn] *n* 1) мандари́н (*плод*) 2) ора́нжевый цвет

**mandarine** [ˈmændəri:n] = mandarin II

**mandatary** [ˈmændətərɪ] *n юр.* манда-та́рий (*государство, получившее мандат на часть территории побеждённой страны*)

**mandate** [ˈmændeɪt] **1.** *n* 1) манда́т 2) нака́з (*избирателей*)

**2.** *v* передава́ть (*страну*) под манда́т друго́го госуда́рства

**mandated** [ˈmændeɪtɪd] **1.** *p. p. от* mandate 2

**2.** *a* подманда́тный

**mandatory** [ˈmændətərɪ] **1.** *a* 1) манда́тный; 2) обяза́тельный, принуди́тельный; ~ sentence оконча́тельный пригово́р

**2.** *n* = mandatary

**mandible** [ˈmændɪbl] *n* ни́жняя че́люсть (*млекопитающих и рыб*); жва́ло, манди́була (*насекомых*)

**mandolin** [ˈmændəlɪn] *n* мандоли́на

**mandoline** [ˌmændəˈli:n] = mandolin

**mandrake** [ˈmændreɪk] *n бот.* мандраго́ра

**mandrel** [ˈmændrɪl] *n* 1) *тех.* опра́вка 2) *тех.* серде́чник 3) *тех.* пробо́йник 4) *горн.* кайла́

**mandril** [ˈmændrɪl] = mandrel

**mandrill** [ˈmændrɪl] *n* мандри́л (*обезьяна*)

**mane** [meɪn] *n* гри́ва

**man-eater** [ˈmænˌi:tə] *n* 1) людое́д 2) *зоол.* аку́ла-людое́д

**manège** [mæˈneɪʒ] *фр. n* 1) мане́ж 2) иску́сство верхово́й езды́ 3) вы́ездка ло́шади

**manful** [ˈmænful] *a* му́жественный; сме́лый, реши́тельный

**manganese** [ˌmæŋgəˈni:z] *n* ма́рганец

**manganic** [mæŋˈgænɪk] *a хим.* содержа́щий трёхвале́нтный ма́рганец

**mange** [meɪndʒ] *n вет.* чесо́тка

**mangel(-wurzel)** [ˈmæŋgl(ˈwə:zl)] *нем. n* кормова́я свёкла

**manger** [ˈmeɪndʒə] *n* я́сли, корму́шка ◇ dog in the ~ ≅ соба́ка на се́не

**mangle** I [ˈmæŋgl] **1.** *n* 1) като́к (*для белья*) 2) *тех.* кала́ндр

**2.** *v* ката́ть (*бельё*)

**mangle** II [ˈmæŋgl] *v* 1) руби́ть, кромса́ть 2) кале́чить 3) искажа́ть, по́ртить (*цитату, текст и т. п.*)

**mango** [ˈmæŋgəu] *n* (*pl* -oes, -os [-əuz]) 1) ма́нговое де́рево 2) ма́нго (*плод*) 3) марино́ванные о́вощи

**mangold** [ˈmæŋgəld] = mangel (-wurzel)

**mangonel** [ˈmæŋgənəl] *n ист.* балли́ста

**mangrove** [ˈmæŋgrəuv] *n бот.* ма́нгровое де́рево

**mangy** [ˈmeɪndʒɪ] *a* 1) чесо́точный, парши́вый 2) гря́зный, запу́щенный; ни́щенский, убо́гий

**manhandle** [ˈmænˌhændl] *v* 1) тащи́ть, передвига́ть вручну́ю 2) *sl.* гру́бо обраща́ться; избива́ть

**manhole** [ˈmænhəul] *n* 1) лаз, люк; горлови́на 2) смотрово́е отве́рстие

**manhood** [ˈmænhud] *n* 1) возмужа́лость, зре́лость, зре́лый во́зраст 2) му́жественность 3) мужско́е населе́ние страны́ 4) *attr.*: ~ suffrage избира́тельное пра́во для всех взро́слых мужчи́н

**man-hour** [ˈmænˈauə] *n* челове́ко-ча́с

**manhunt** [ˈmænhʌnt] *n* полице́йская обла́ва, пресле́дование (*особ. беглеца*)

**mania** [ˈmeɪnjə] *n* ма́ния

**maniac** [ˈmeɪnɪæk] **1.** *n* манья́к

**2.** *a* поме́шанный; маниака́льный

**maniacal** [məˈnaɪəkəl] *a* маниака́льный

**manicure** [ˈmænɪkjuə] **1.** *n* 1) маникю́р 2) = manicurist

**2.** *v* де́лать маникю́р

**manicurist** [ˈmænɪkjuərɪst] *n* маникю́рша

**manifest** [ˈmænɪfest] **1.** *a* очеви́дный, я́вный; я́сный

**2.** *v* 1) я́сно пока́зывать; де́лать очеви́дным, обнару́живать; проявля́ть 2) обнаро́довать; изда́ть манифе́ст 3) дока́зывать, служи́ть доказа́тельством 4) обнару́живаться, проявля́ться 5) появля́ться (*о привидении*) 6) *мор.* заноси́ть в деклара́цию судово́го гру́за

**3.** *n мор.* манифе́ст, деклара́ция судово́го гру́за

**manifestation** [ˌmænɪfesˈteɪʃən] *n* 1) проявле́ние 2) манифеста́ция 3) обнаро́дование

**manifesto** [ˌmænɪˈfestəu] *n* (*pl* -os, -oes [-əuz]) манифе́ст

**manifold** [ˈmænɪfəuld] **1.** *n* 1) *тех.* трубопрово́д; колле́ктор 2) многообра́зие 3) ко́пия (*через копирку*)

**2.** *a* разнообра́зный, разноро́дный; многочи́сленный

**3.** *v* размножа́ть (*документ в копиях*)

**manikin** [ˈmænɪkɪn] *n* 1) челове́чек; ка́рлик 2) манеке́н

**Manil(l)a** [məˈnɪlə] *n* 1) мани́льская пенька́ (*тж.* ~ hemp) 2) мани́льская сига́ра; [*см. тж. Список географических названий*]

**manioc** [ˈmænɪɔk] *n бот.* мание́ка, тапио́ка

**maniple** [ˈmænɪpl] *n ист.* мани́пула (*подразделение римского легиона*)

**manipulate** [məˈnɪpjuleɪt] *v* 1) манипули́ровать; уме́ло обраща́ться; (уме́ло) управля́ть (*станком и т. п.*) 2) возде́йствовать, влия́ть (*на кого-л., что-л.*); to ~ the voters обраба́тывать избира́телей 3) подтасо́вывать (*факты, счета и т. п.*)

**manipulation** [məˌnɪpjuˈleɪʃən] *n* 1) манипуля́ция; обраще́ние 2) махина́ция, подтасо́вка

**manipulator** [məˈnɪpjuleɪtə] *n* 1) мото́рист, машини́ст, опера́тор 2) *тех.* манипуля́тор 3) *тлф.* передаю́щий ключ

**mankind** *n* 1) [mænˈkaɪnd] челове́чество; челове́ческий род 2) [ˈmænkaɪnd] мужчи́ны, мужско́й пол

**manlike** [ˈmænlaɪk] *a* 1) мужско́й, подоба́ющий мужчи́не 2) мужеподо́бный (*о женщине*)

**manliness** [ˈmænlɪnɪs] *n* му́жественность

**manly** [ˈmænlɪ] *a* 1) му́жественный, отва́жный 2) мужеподо́бный (*о женщине*)

**man-made** [ˈmænˈmeɪd] *a* иску́сственный, со́зданный рука́ми челове́ка; ~ noise *радио* иску́сственные, промы́шленные поме́хи; ~ fibre иску́сственное, синтети́ческое волокно́; ~ satellite иску́сственный спу́тник Земли́

**manna** [ˈmænə] *n* 1) *библ.* ма́нна небе́сная 2) ма́нна (*слабительное*) 3) *бот.* ма́нник

**manna-croup** [ˈmænəˈkru:p] *русск. n* ма́нная крупа́

**manned** [mænd] **1.** *p. p. от* man 2

**2.** *a* 1) укомплекто́ванный людьми́; ~ spaceship косми́ческий кора́бль с людьми́ на борту́ 2) пилоти́руемый (*человеком*)

**mannequin** [ˈmænɪkɪn] *n* 1) манеке́н 2) манеке́нщица

**manner** [ˈmænə] *n* 1) спо́соб, ме́тод; о́браз де́йствий; ~ of life (of thought) о́браз жи́зни (мы́слей) 2) мане́ра (*говорить, действовать*); in proper legal ~ в устано́вленной зако́ном фо́рме 3) *pl* (хоро́шие) мане́ры; уме́ние держа́ть себя́; to have no ~s не уме́ть себя́ вести́; he has fair ~s у него́ изя́щные мане́ры 4) *pl* обы́чаи, нра́вы 5) стиль, худо́жественная мане́ра; ~ and matter фо́рма и содержа́ние 6) сорт, род; what ~ of man is he? что он за челове́к?, како́й он челове́к?; all ~ of... всевозмо́жные... ◇ after a ~ ка́к-нибудь; by no ~ of means ни в ко́ем слу́чае; by any ~ of means каки́м бы то ни́ было о́бразом; in a ~ до не́которой сте́пени; в не́котором смы́сле; in a ~ of speaking *уст.* так сказа́ть; in a promiscuous ~ случа́йно, науда́чу; no ~ of... никако́й...; to have no ~ of right не име́ть никако́го пра́ва; to the ~ born привы́кший с пелёнок

**mannered** [ˈmænəd] *a* вы́чурный, мане́рный (*о стиле; об артисте*)

**-mannered** [-mænəd] *в сложных словах означает*: име́ющий *такие-то* мане́ры; *напр.*: well-~ с хоро́шими мане́рами; ill-~ с плохи́ми мане́рами

**mannerism** [ˈmænərɪzm] *n* 1) мане́рность 2) мане́ры 3) *иск.* маньери́зм

**mannerist** [ˈmænərɪst] *n иск.* маньери́ст

**mannerless** [ˈmænəlɪs] *a* ду́рно воспи́танный, неве́жливый

**mannerliness** [ˈmænəlɪnɪs] *n* ве́жливость, воспи́танность, хоро́шие мане́ры

**mannerly** [ˈmænəlɪ] *a* ве́жливый, воспи́танный, с хоро́шими мане́рами

**manning** [ˈmænɪŋ] **1.** *pres. p. от* man 2

2. *n* 1) (у)комплектова́ние ли́чным соста́вом 2) *attr.* укомплекто́ванный; ~ table шта́тное расписа́ние

**mannish** ['mænɪʃ] *a* 1) мужеподо́бная, неже́нственная (*о же́нщине*) 2) сво́йственный мужчи́не

**manoeuvrability** [mə,nu:vrə'bɪlɪtɪ] *n воен.* манёвренность; подви́жность

**manoeuvre** [mə'nu:və] *фр.* **1.** *n* 1) манёвр 2) *pl воен. мор.* манёвры 3) интри́га

2. *v* 1) *воен.*, *мор.* проводи́ть манёвры 2) *воен.* маневри́ровать, перебра́сывать войска́ 3) маневри́ровать, ло́вкостью добива́ться (*чего-л.*); to ~ smb. into an awkward position (суме́ть) поста́вить кого́-л. в затрудни́тельное положе́ние

**man-of-war** ['mænəv'wɔ:] *n* (*pl* men-of-war) вое́нный кора́бль; ~'s man вое́нный моря́к

**manometer** [mə'nɔmɪtə] *n* мано́метр

**manor** ['mænə] *n* 1) (феода́льное) поме́стье

**manor-house** ['mænəhaus] *n* поме́щичий дом

**manorial** [mə'nɔ:rɪəl] *a* манориа́льный, относя́щийся к поме́стью

**man-o'-war** ['mænə'wɔ:] = man-of-war

**manpower** ['mæn,pauə] *n* 1) рабо́чая си́ла 2) жива́я си́ла 3) ли́чный соста́в; людски́е ресу́рсы, ка́дры

**mansard** ['mænsɑ:d] *n архит.* манса́рдная кры́ша; манса́рда

**manse** [mæns] *n* дом (шотла́ндского) па́стора

**mansion** ['mænʃən] *n* 1) большо́й особня́к, большо́й дом; дворе́ц 2) *pl* многокварти́рный дом

**mansion-house** ['mænʃənhaus] *n* 1) поме́щичий дом; дворе́ц 2) официа́льная резиде́нция; the M. резиде́нция лорд-мэ́ра в Ло́ндоне

**man-sized** ['mænsaizd] *a* 1) большо́й, для взро́слого челове́ка 2) *разг.* тру́дный

**manslaughter** ['mæn,slɔ:tə] *n* 1) человекоуби́йство 2) *юр.* непредуму́шленное уби́йство

**mantel** ['mæntl] *n* 1) = mantelpiece 1); 2) = mantelshelf 3) *тех.* кожу́х, обши́вка

**mantel-board** ['mæntlbɔ:d] *n* деревя́нная по́лочка над ками́ном

**mantelet** ['mæntlɪt] *n* 1) манти́лья 2) *воен. ист.* мантеле́т, щит

**mantelpiece** ['mæntlpi:s] *n* 1) облицо́вка ками́на; ками́нная доска́ 2) = mantelshelf

**mantelshelf** ['mæntlʃelf] *n* ками́нная по́лка

**mantes** ['mæntɪz] *pl от* mantis

**mantis** ['mæntɪs] *n* (*pl* -tes) *зоол.* богомо́л (*насеко́мое*)

**mantle** ['mæntl] **1.** *n* 1) наки́дка; ма́нтия 2) покро́в 3) *тех.* кожу́х, покры́шка 4) кали́льная се́тка (*газово́го фонаря́*)

2. *v* 1) покрыва́ть; оку́тывать; укрыва́ть 2) покрыва́ться пе́ной, на́кипью 3) красне́ть (*о лице́*); прилива́ть к щека́м (*о кро́ви*) 4) расправля́ть кры́лья

**mantlet** ['mæntlɪt] = mantelet

**mantrap** ['mæntræp] *n* лову́шка, западня́, капка́н (*особ. на челове́ка*)

**manual** ['mænjuəl] **1.** *n* 1) руково́дство; наставле́ние; спра́вочник, указа́тель; уче́бник; field ~ боево́й уста́в 2) *воен.* приёмы ору́жием 3) клавиату́ра (орга́на)

2. *a* ручно́й; с ручны́м управле́нием; ~ labour физи́ческий труд; ~ worker рабо́тник физи́ческого труда́; ~ alphabet а́збука глухонемы́х; ~ exercise = manual 1, 2); ~ (fire-)engine ручно́й пожа́рный насо́с

**manufactory** [,mænju'fæktərɪ] *n* 1) фа́брика 2) мастерска́я; цех 3) *ист.* мануфакту́ра

**manufacture** [,mænju'fæktʃə] **1.** *n* 1) произво́дство; изготовле́ние; обрабо́тка; steel (cloth) ~ стально́е (суко́нное) произво́дство; of home (foreign) ~ оте́чественного (иностра́нного) произво́дства 2) *pl* изде́лия, фабрика́ты

2. *v* 1) производи́ть, выде́лывать, изготовля́ть; обраба́тывать, перераба́тывать 2) фабрикова́ть, изобрета́ть (*ложь и т. п.*)

**manufactured goods** [,mænju'fæktʃəd'gudz] *n pl* фабрика́ты, промы́шленные това́ры

**manufacturer** [,mænju'fæktʃərə] *n* 1) фабрика́нт, заво́дчик; промы́шленник, предпринима́тель 2) изготови́тель, производи́тель

**manufacturing** [,mænju'fæktʃərɪŋ] **1.** *pres. p. от* manufacture 2

2. *n* 1) произво́дство; вы́делка; обрабо́тка 2) обраба́тывающая промы́шленность

3. *a* 1) промы́шленный; ~ town фабри́чный го́род; ~ water промы́шленные сто́чные во́ды 2) произво́дственный; ~ cost сто́имость произво́дства

**manuka** ['mɑ:nukɑ:] *n* ману́ка, ча́йное де́рево

**manumission** [,mænju'mɪʃən] *n ист.* 1) освобожде́ние (*от ра́бства*); предоставле́ние во́льной (*крепостно́му*) 2) отпускна́я, во́льная (гра́мота)

**manumit** [,mænju'mɪt] *v* 1) *ист.* отпуска́ть на во́лю 2) освобожда́ть

**manure** [mə'njuə] **1.** *n* наво́з, удобре́ние

2. *v* удобря́ть, унаво́живать (*зе́млю*)

**manuscript** ['mænjuskrɪpt] **1.** *n* ру́копись

2. *a* рукопи́сный

**Manx** [mæŋks] **1.** *a* 1) с о-ва Мэн 2): ~ cat бесхво́стая ко́шка (*разнови́дность дома́шней ко́шки*)

2. *n* 1) язы́к жи́телей о-ва Мэн 2) (*употр. как pl*): the ~ жи́тели о-ва Мэн

**Manxman** ['mæŋksmən] *n* уроже́нец о-ва Мэн

**many** ['menɪ] **1.** *a* (more; most) мно́гие, многочи́сленные; мно́го; how ~? ско́лько?; are there ~ guests coming to dinner? мно́го ли госте́й придёт к обе́ду?; for ~ a long day в тече́ние до́лгого вре́мени; as ~ сто́лько же; as ~ as three years це́лых три го́да; not so ~ as ме́ньше чем; to be one too ~ *шутл.* быть ли́шним; to be one too ~ for smb. *разг.* а) быть сильне́е, иску́снее кого́-л.; б) быть вы́ше чьего́-либо понима́ния; быть сли́шком тру́дным для кого́-л.

2. *n* мно́жество, мно́гие; a good ~ поря́дочное коли́чество, дово́льно мно́го; a great ~ грома́дное коли́чество; вели́кое мно́жество; the ~ мно́жество, большинство́

**many-sided** ['menɪ'saɪdɪd] *a* многосторо́нний

**many-stage** ['menɪ'steɪdʒ] *a* многоступе́нчатый, многокаска́дный

**Maori** ['maurɪ] *n* 1) (*pl* -s [-z] *или без измен.*) мао́ри 2) язы́к мао́ри

**map** [mæp] **1.** *n* 1) ка́рта (*географи́ческая или звёздного не́ба*) 2) *редк.* план ◇ off the ~ а) пре́данный забве́нию; устаре́лый; б) несуще́ственный, незначи́тельный; on the ~ а) существу́ющий; б) занима́ющий ва́жное *или* ви́дное положе́ние; значи́тельный, суще́ственный, ва́жный; to put on the ~ просла́вить, сде́лать изве́стным; to put oneself on the ~ а) появи́ться; б) вы́двинуться

2. *v* наноси́ть на ка́рту, черти́ть ка́рту; производи́ть съёмку ме́стности □ ~ **out** составля́ть план, плани́ровать; to ~ out one's time распределя́ть своё вре́мя

**maple** ['meɪpl] *n* 1) клён 2) *attr.* клено́вый

**maple-leaf** ['meɪpl'li:f] *n* клено́вый лист (*тж. как эмбле́ма Кана́ды*)

**map-maker** ['mæp,meɪkə] *n* карто́граф

**mapping** ['mæpɪŋ] **1.** *pres. p. от* map 2

2. *n* нанесе́ние на ка́рту; вычéрчивание карт; картогра́фия; топографи́ческая съёмка

**map range** ['mæp'reɪndʒ] *n воен.* горизонта́льная да́льность (*по ка́рте*)

**Maquis** ['mæki:] *фр. n* (*pl без измен.*) маки́ (*назва́ние францу́зских партиза́н во второ́й мирово́й войне́*)

**mar** [mɑ:] **1.** *n* уши́б, синя́к

2. *v* уда́рить, повреди́ть; по́ртить, искажа́ть ◇ to make or ~ ≅ ли́бо пан, ли́бо пропа́л

**marabou** ['mærəbu:] *n зоол.* мараб́у

**marabout** ['mærəbu:t] *n* 1) мараб́ут (*мусульма́нский отше́льник*) 2) надгро́бный па́мятник на моги́ле мараб́ута

**marasmus** [mə'ræzməs] *n* мара́зм; о́бщее истоще́ние, увяда́ние (органи́зма)

**Marathon** ['mærəθən] *n* марафо́нский бег (*тж.* ~ race)

**maraud** [mə'rɔ:d] *v* маро́дёрствовать

**marauder** [mə'rɔ:də] *n* маро́дёр

**marauding** [mə'rɔ:dɪŋ] **1.** *pres. p. от* maraud

2. *n* маро́дёрство

3. *a* маро́дёрский, хи́щнический

**marble** ['mɑ:bl] **1.** *n* 1) мра́мор 2) *pl* колле́кция скульпту́р из мрамора 3) *pl* детская игра́ в ша́рики 4) *attr.* мра́морный; *перен.* кре́пкий, твёрдый; бе́лый, как мра́мор; холо́дный, бесчу́вственный

2. *v* расписывать под мра́мор

**marbled** ['ma:bld] **1.** *p. p. от* marble 2

**2.** *a* кра́пчатый, под мра́мор; ~ edges кра́пчатый обре́з (*книги*)

**marble-topped** ['ma:bl'tɔpt] *a* ~ table стол с мра́морной доско́й *или* мра́морным ве́рхом

**marc** [ma:k] *n* вы́жимки (*фруктов*)

**marcel** [ma:'sel] **1.** *n* горя́чая зави́вка воло́с

**2.** *v* завива́ть во́лосы щипца́ми

**March** [ma:tʃ] *n* 1) март 2) *attr.* ма́ртовский

**march I** [ma:tʃ] **1.** *n* 1) *воен.* марш; похо́дное движе́ние; су́точный перехо́д (*тж.* day's ~) 2) (the ~) ход, разви́тие (*событий*); успе́хи (*науки и т. п.*) 3) *муз.* марш 4) *спорт.* марширо́вка 5) *attr.* ма́ршевый, похо́дный; ~ formation похо́дный поря́док

**2.** *v* 1) марширова́ть; дви́гаться похо́дным поря́дком 2) вести́ стро́ем 3) уводи́ть; заставля́ть уйти́ □ ~ **ahead** идти́ вперёд; ~ **away** уводи́ть; ~ **off** выступа́ть, уходи́ть; отводи́ть; ~ **on** продвига́ться вперёд; ~ **out** выступа́ть; выходи́ть; ~ **past** проходи́ть церемониа́льным ма́ршем

**march II** [ma:tʃ] **1.** *n* (*обыкн. pl*) грани́ца; пограни́чная *или* спо́рная полоса́

**2.** *v* грани́чить

**marching I** ['ma:tʃɪŋ] **1.** *pres. p. от* march I, 2

**2.** *n* 1) *воен.* похо́дное движе́ние, движе́ние похо́дным поря́дком 2) марширо́вка; строева́я подгото́вка 3) *attr.* похо́дный; во вре́мя похо́да; ~ fire стрельба́ с ходу (*во время атаки*); ~ orders а) прика́з на марш; б): to give smb. his ~ orders *разг.* уво́лить кого́-л.

**marching II** ['ma:tʃɪŋ] *pres. p. от* march II, 2

**marchioness** ['ma:ʃənɪs] *n* марки́за

**marchpane** ['ma:tʃpeɪn] *n* марципа́н

**march past** ['ma:tʃpa:st] *n* прохожде́ние церемониа́льным ма́ршем

**mare** [mɛə] *n* кобы́ла

**mare's-nest** ['mɛəznest] *n* иллю́зия, не́что несуществу́ющее ◇ to find a ~ ≅ попа́сть па́льцем в не́бо

**margarine** [,ma:dʒə'ri:n] *n* маргари́н

**marge I** [ma:dʒ] *поэт. см.* margin 1, 1) *и* 2)

**marge II** [ma:dʒ] *разг. см.* margarine

**margin** ['ma:dʒɪn] **1.** *n* 1) по́ле (*страницы*) 2) край; полоса́, грань; бе́рег; опу́шка (*леса*); преде́л; on the ~ of poverty на гра́ни нищеты́ 3) запа́с (*денег, времени и т. п.*); ~ of safety *тех.* надёжность; коэффицие́нт безопа́сности, запа́с про́чности 4) ра́зница ме́жду себесто́имостью и прода́жной цено́й; при́быль ◇ by a narrow ~ едва́, е́ле, с трудо́м

**2.** *v* 1) оставля́ть запа́с 2) де́лать заме́тки на поля́х 3) окаймля́ть

**marginal** ['ma:dʒɪnəl] *a* 1) (написанный) на поля́х (*книги*) 2) находя́щийся на краю́ (*чего-л.*) 3) преде́льный; ~ production costs преде́льные изде́ржки произво́дства 4) незначи́тельный, несуще́ственный; малорента́бельный; ~ member of Parliament член парла́мента, и́збранный незначи́тельным большинство́м 5) *мед.* маргина́льный

**marginalia** [,ma:dʒɪ'neɪljə] *n pl* 1) заме́тки на поля́х (*книги*) 2) *полигр.* маргина́лии, бокову́шки

**margrave** ['ma:greɪv] *n ист.* маркгра́ф

**margravine** ['ma:grəvi:n] *n* жена́ маркгра́фа

**marguerite** [,ma:gə'ri:t] *n бот.* маргари́тка

**marigold** ['mærɪgəuld] *n бот.* 1) ба́рхатцы 2) ноготки́

**marihuana, marijuana** [,mærɪ'hwa:nə] *исп. n* марихуа́на (*наркотик*)

**marimba** [mə'rɪmbə] *n* мари́мба (*муз. инструмент*)

**marinade** ['mærɪ'neɪd] **1.** *n* марина́д

**2.** *v* маринова́ть; соли́ть

**marine** [mə'ri:n] **1.** *n* 1) морско́й флот 2) солда́т морско́й пехо́ты; the ~s морска́я пехо́та 3) *жив.* морско́й пейза́ж, мари́на ◇ tell that to the ~s = tell that to the horse-marines [*см.* horse-marine ◇]

**2.** *a* 1) морско́й 2) судово́й; ~ stores а) поде́ржанные корабе́льные принадле́жности; б) судовы́е припа́сы

**mariner** ['mærɪnə] *n* моря́к, матро́с; master ~ капита́н торго́вого су́дна

**marionette** [,mærɪə'net] *n* марионе́тка

**marital** ['mærɪtl] *a* 1) супру́жеский, бра́чный 2) му́жнин, принадлежа́щий му́жу

**maritime** ['mærɪtaɪm] *a* 1) морско́й 2) примо́рский; ~ station берегова́я ста́нция

**marjoram** ['ma:dʒərəm] *n бот.* майора́н

**mark I** [ma:k] *n* 1) ма́рка (*денежная единица Германии*) 2) ма́рка (*старинная английская монета*)

**mark II** [ma:k] **1.** *n* 1) ме́тка; знак; ~ of interrogation вопроси́тельный знак 2) штамп, ште́мпель; фабри́чная ма́рка, фабри́чное клеймо́ 3) крест (*вместо подписи неграмотного, напр.*: John Smith — his ~) 4) след, отпеча́ток 5) при́знак, показа́тель 6) цель, мише́нь; to hit (to miss) the ~ попа́сть в цель (промахну́ться); far from (*или* wide of) the ~ ми́мо це́ли; *перен.* неуме́стно; не по существу́; beside the ~ некста́ти 7) грани́ца, преде́л; но́рма; у́ровень; above the ~ вы́ше при́нятой (*или* устано́вленной) но́рмы; below the ~ не на высоте́ (*положения*); up to the ~ а) на до́лжной высоте́; б) в хоро́шем состоя́нии, в до́бром здра́вии; within the ~ в преде́лах при́нятой (*или* устано́вленной) но́рмы 8) *спорт.* ли́ния ста́рта, старт; to get off the ~ стартова́ть, взять старт 9) изве́стность; to make one's ~ вы́двинуться, отличи́ться; сде́лать карье́ру; приобрести́ изве́стность; of ~ изве́стный (*о человеке*) 10) балл, отме́тка; оце́нка (*знаний*) 11) ориенти́р, ве́ха 12) пятно́, шрам, рубе́ц 13) *ист.* рубе́ж; ма́рка (*пограничная область*) ◇ (God) save the ~ с позволе́ния сказа́ть; бо́же упаси́; easy (*амер.* soft) ~ *разг.* а) лёгкая добы́ча; же́ртва; б) дове́рчивый челове́к, проста́к

**2.** *v* 1) ста́вить знак; штампова́ть, штемпелева́ть; маркирова́ть; ме́тить (*бельё*) 2) отмеча́ть; обознача́ть 3) обраща́ть внима́ние, замеча́ть, запомина́ть; ~ my words! попо́мни(те) мои́ слова́!; запо́мни(те) мои́ слова́! 4) оста́вить след, пятно́, рубе́ц 5) (по)ста́вить це́ну (*на товаре*) 6) ста́вить балл, отме́тку (*на школьной работе*) 7) характеризова́ть, отмеча́ть 8) запи́сывать (*очки в игре*) 9) высле́живать (дичь) 10) (за)регистри́ровать биржеву́ю сде́лку (*с включением её в официальную котировку*) □ ~ **down** а) сни́зить це́ну; занижа́ть (*оценку*); б) запи́сывать; ~ **off** отделя́ть; проводи́ть грани́цы; разграни́чивать; ~ **out** а) размеча́ть; расставля́ть указа́тельные зна́ки; б) выделя́ть, предназнача́ть; ~ **up** а) повы́сить це́ну; б) вести́ счёт ◇ to ~ time *воен.* обознача́ть шаг на ме́сте; *перен.* топта́ться на ме́сте; выжида́ть

**mark-down** ['ma:kdaun] *n* 1) сниже́ние цены́ 2) ра́зница ме́жду сни́женной и ста́рой цено́й (това́ра)

**marked** [ma:kt] **1.** *p. p. от* mark II, 2

**2.** *a* 1) име́ющий каки́е-л. зна́ки, ве́хи; заме́ченный, отме́ченный 2) заме́тный; strongly ~ я́рко вы́раженный; ~ difference заме́тная ра́зница; ~ disadvantage я́вный уще́рб; я́вно невы́годное положе́ние; а ~ man а) челове́к, за кото́рым следя́т; б) ви́дный, изве́стный челове́к

**marker** ['ma:kə] *n* 1) маркёр 2) клейм́овщик; клеймо́вщица 3) *школ.* лицо́, отмеча́ющее прису́тствующих ученико́в; преподава́тель, проверя́ющий пи́сьменные рабо́ты 4) закла́дка (*в книге*) 5) *амер.* мемориа́льная доска́ 6) *горн.* маркиру́ющий горизо́нт ◇ not a ~ to (*или* on) *разг.* ничто́ по сравне́нию с; ≅ в подмётки не годи́тся

**market** ['ma:kɪt] **1.** *n* 1) ры́нок, база́р 2) сбыт; to come into the ~ поступи́ть в прода́жу; to put on the ~ пусти́ть в прода́жу; to be on the ~ продава́ться 3) спрос; to find a (ready) ~ по́льзоваться спро́сом; there's no ~ for these goods на э́ти това́ры нет спро́са 4) торго́вля; brisk ~ бо́йкая торго́вля; hours of ~ часы́ торго́вли 5) ры́ночные це́ны; the ~ rose це́ны подняли́сь; to play the ~ спекули́ровать на би́рже 6) *амер.* продово́льственный магази́н 7) (the M.) = common 1, 2); 8) *attr.* ры́ночный; ~ research обобще́ние да́нных о конъюнкту́ре ры́нка ◇ to bring one's eggs (*или* hogs) to a bad (*или* the wrong) ~ просчитáться; потерпéть неудáчу; to be on the long side of the ~ придéрживать товáр в ожидáнии повышéния цен

2. *v* 1) привезти́ на ры́нок; купи́ть *или* продáть на ры́нке 2) продавáть; сбывáть; находи́ть ры́нок сбы́та

**marketability** [,mɑ:kɪtə'bɪlɪtɪ] *n* товáрность, пригóдность для продáжи

**marketable** ['mɑ:kɪtəbl] *a* 1) хóдкий (*о товаре*) 2) товáрный; ры́ночный; ~ surplus of grain товáрный хлеб

**market-day** ['mɑ:kɪtdeɪ] *n* базáрный день

**marketeer** [,mɑ:kɪ'tɪə] *n* 1) купéц, торгóвец 2) сторóнник вступлéния в óбщий ры́нок

**market garden** ['mɑ:kɪt,gɑ:dn] *n* огорóд (*для выращивания овощей на продажу*)

**marketing** ['mɑ:kɪtɪŋ] **1.** *pres. p. от* market 2

2. *n* 1) торгóвля 2) предмéты торгóвли

**market-place** ['mɑ:kɪtpleɪs] *n* базáрная, ры́ночная плóщадь

**market-price** ['mɑ:kɪt'praɪs] *n* ры́ночная ценá

**marking** ['mɑ:kɪŋ] **1.** *pres. p. от* mark II, 2

2. *n* 1) расцвéтка; окрáска 2) маркирóвка; размéтка, отмéтка 3) клейм(л)éние 4) мéтка (*на белье*)

**markka** ['mɑ:kə] *n* мáрка (*денежная единица Финляндии*)

**marksman** ['mɑ:ksmən] *n* мéткий стрелóк

**marksmanship** ['mɑ:ksmənʃɪp] *n* мéткая стрельбá

**mark-up** ['mɑ:k'ʌp] *n* 1) повышéние цены́ (на товáр) 2) рáзница мéжду себестóимостью и продáжной ценóй

**marl** [mɑ:l] **1.** *n геол.* мéргель; рухля́к; известкóвая гли́на; нечи́стый известня́к

2. *v* удобря́ть зéмлю мéргелем

**marline** ['mɑ:lɪn] *n мор.* марли́нь

**marly** ['mɑ:lɪ] *a геол.* мéргельный, мéргелистый

**marmalade** ['mɑ:məleɪd] *n* джем, конфитю́р (*особ.* апельси́нный); пови́дло

**marmoreal** [mɑ:'mɔ:rɪəl] *a поэт.* мрáморный; подóбный мрáмору

**marmoset** ['mɑ:məuzet] *n* обезья́нка, марты́шка

**marmot** ['mɑ:mət] *n зоол.* сурóк

**maroon** I [mə'ru:n] **1.** *n* 1) тёмно-бордóвый цвет 2) бурáк (*в фейерверке*)

2. *a* тёмно-бордóвого цвéта

**maroon** II [mə'ru:n] **1.** *n* 1) *ист.* марóн (*беглый раб-негр в Вест-Индии и Гвиане*) 2) человéк, вы́саженный на необитáемом óстрове

2. *v* 1) высáживать на необитáемом óстрове 2) остáвить в безвы́ходном положéнии 3) бездéльничать, слоня́ться

**marplot** ['mɑ:plɔt] *n* 1) тот, кто расстрáивает плáны 2) помéха

**marque** [mɑ:k] *n*: letter(s) of ~ *мор. ист.* кáперское свидéтельство

**marquee** [mɑ:'ki:] *n* большáя палáтка, шатёр

**marquess** ['mɑ:kwɪs] = marquis

**marquetry** ['mɑ:kɪtrɪ] *n* маркетри́, инкрустáция по дéреву

**marquis** ['mɑ:kwɪs] *n* марки́з

**marquise** [mɑ:'ki:z] *n* марки́за

**marquisette** [,mɑ:kwɪ'zet] *n* маркизéт

**marram (grass)** ['mærəm('grɑ:s)] *n бот.* песколю́б, песчáный тростни́к

**marriage** ['mærɪdʒ] *n* 1) брак; замýжество; жени́тьба; ~ of convenience брак по расчёту; to contract a ~ заключáть брак; to give in ~ выдавáть зáмуж 2) свáдьба 3) тéсное единéние, тéсный сою́з 4) *реакт.* стыкóвка ступéней ракéты; соединéние 5) *карт.* марья́ж 6) *attr.* брáчный; ~ licence разрешéние на брак; ~ bonds брáчные ýзы; ~ lines свидéтельство о брáке; ~ articles (*или* settlement) брáчный контрáкт, касáющийся имýщества; закреплéние определённого имýщества за (бýдущей) женóй

**marriageable** ['mærɪdʒəbl] *a* взрóслый, дости́гший брáчного вóзраста

**married** ['mærɪd] **1.** *p. p. от* marry

2. *a* женáтый; замýжняя

**marrow** ['mærəu] *n* 1) кóстный мозг 2) сýщность 3) *бот.* кабачóк (*тж.* vegetable ~) ◊ to the ~ of one's bones до мóзга костéй; до глубины́ души́

**marrowbone** ['mærəubəun] *n* 1) мозговáя кость 2) суть, сýщность 3) *pl шутл.* колéни; to bring smb. down to his ~s постáвить когó-л. на колéни, застáвить покори́ться; to go (*или* to get) down on one's ~s стать на колéни 4) *pl разг.* кулаки́ ◊ to ride in the ~ coach éхать «на свои́х (на) двои́х»

**marrowfat** ['mærəufæt] *n* горóх мозговóй

**marrow squash** ['mærəu'skwɔʃ] *n бот.* кабачóк

**marrowy** ['mærəuɪ] *a* 1) костномозговóй; напóлненный мóзгом 2) си́льный, крéпкий; содержáтельный

**marry** ['mærɪ] *v* 1) жени́ть (to); выдавáть зáмуж (to); жени́ться; выходи́ть зáмуж 2) соединя́ть; сочетáть 3) *мор.* сплéснивать □ ~ **off** жени́ть; выдавáть зáмуж ◊ ~ in haste and repent at leisure ≅ жени́ться на скóрую рýку, да на дóлгую мýку

**Mars** [mɑ:z] *n* 1) *римск. миф.* Марс 2) *астр.* Марс (*планета*)

**Marsala** [mɑ:'sɑ:lə] *n* марсалá (*вино*)

**Marseillaise** [,mɑ:sə'leɪz] *фр. n* Марсельéза

**marsh** [mɑ:ʃ] *n* болóто, топь

**marshal** ['mɑ:ʃəl] **1.** *n* 1) (M.) *воен.* мáршал 2) óбер-церемоними́йстер 3) *амер.* судéбный исполни́тель (*соответствует шерифу в Англии*) 4) начáльник полицéйского учáстка 5) *амер.* начáльник пожáрной комáнды 6) глáвный надзирáтель (*в Оксфордском университете*); помóщник инспéктора (*в Кембриджском университете*)

2. *v* 1) выстрáивать (*войска, процессию*) 2) располагáть в определённом поря́дке (*факты*); размещáть (*гостей на банкете и т. п.*) 3) торжéственно вести́, вводи́ть (in) 4) *ж.-д.* сортировáть товáрные вагóны

**marshalling yard** ['mɑ:ʃəlɪŋ'jɑ:d] *n ж.-д.* сортирóвочная стáнция

**marsh gas** ['mɑ:ʃ'gæs] *n* болóтный газ, метáн

**marsh harrier** ['mɑ:ʃ,hærɪə] *n зоол.* камышóвый (*или* болóтный) лунь

**marshland** ['mɑ:ʃlænd] *n* болóтистая мéстность

**marsh mallow** ['mɑ:ʃ'mæləu] *n бот.* алтéй аптéчный

**marsh marigold** ['mɑ:ʃ'mærɪgəuld] *n бот.* калýжница болóтная

**marshy** ['mɑ:ʃɪ] *a* болóтистый, тóпкий; болóтный

**marsupial** [mɑ:'sju:pjəl] *зоол.* **1.** *n* сýмчатое живóтное

2. *a* сýмчатый

**mart** [mɑ:t] *n поэт.* 1) ры́нок 2) торгóвый центр 3) аукциóнный зал

**marten** ['mɑ:tɪn] *n* куни́ца

**martial** ['mɑ:ʃəl] *a* 1) воéнный; ~ law воéнное положéние 2) воинственный; ~ spirit вои́нственный дух

**Martian** ['mɑ:ʃjən] *n* марсиáнин

**martin** ['mɑ:tɪn] *n* городскáя лáсточка

**martinet** [,mɑ:tɪ'net] *n* сторóнник стрóгой дисципли́ны

**martingale** ['mɑ:tɪngeɪl] *n* 1) мартингáл (*часть упряжи*) 2) *карт.* удвáивание стáвки при прóигрыше

**Martini** [mɑ:'ti:nɪ] *n* марти́ни (*коктейль из джина, вермута и горькой настойки*)

**Martinmas** ['mɑ:tɪnməs] *n церк.* Марты́нов день (*11 ноября*)

**martlet** ['mɑ:tlɪt] *n* 1) *зоол.* стриж чёрный 2) *поэт.* лáсточка

**martyr** ['mɑ:tə] **1.** *n* мýченик; мýченица; страдáлец; страдáлица; he was a ~ to gout он страдáл подáгрой; to make a ~ of oneself стрóить из себя́ мýченика

2. *v* мýчить; замýчить

**martyrdom** ['mɑ:tədəm] *n* 1) мýченичество 2) мýка

**martyrize** ['mɑ:təraɪz] *v* мýчить

**marvel** ['mɑ:vəl] **1.** *n* 1) чýдо; ди́во; he's a perfect ~ он необыкновéнный человéк, он чýдо 2) замечáтельная вещь 3) *уст.* удивлéние

2. *v* удивля́ться, изумля́ться; восхищáться (at)

**marvellous** ['mɑ:vələs] **1.** *a* изуми́тельный, удиви́тельный

2. *n* (the ~) чудéсное; непостижи́мое

**Marxian** ['mɑ:ksjən] **1.** *a* маркси́стский

2. *n* маркси́ст

**Marxism** ['mɑ:ksɪzm] *n* маркси́зм

**Marxism-Leninism** ['mɑ:ksɪzm'lenɪnɪzm] *n* маркси́зм-лени́ни́зм

**Marxist** ['mɑ:ksɪst] **1.** *n* маркси́ст

2. *a* маркси́стский

**marzipan** [,mɑ:zɪ'pæn] = marchpane

**mascara** [mæs'kɑ:rə] *n* крáска, тушь для ресни́ц и бровéй

**mascot** ['mæskət] *n* талисмáн; человéк *или* вещь, приносящие счáстье

**masculine** [ˈmɑːskjulɪn] **1.** *n грам.* 1) мужско́й род 2) сло́во мужско́го ро́да
**2.** *a* 1) мужско́й 2) му́жественный 3) мужеподо́бная (*о женщине*)
**masculinity** [ˌmæskjuˈlɪnɪtɪ] *n* му́жественность
**mash I** [mæʃ] **1.** *n* 1) су́сло 2) по́йло из отрубе́й 3) (карто́фельное) пюре́ 4) мешани́на 5) *спец.* пу́льпа 6) *тех.* зато́р
**2.** *v* 1) зава́ривать (*солод*) кипятко́м 2) разда́вливать, размина́ть
**mash II** [mæʃ] *разг.* **1.** *n* 1) увлече́ние 2) объе́кт увлече́ния ◇ ~ note любо́вная запи́ска, письмо́ с объясне́нием в любви́
**2.** *v* увлека́ть, завлека́ть
**mashed potatoes** [ˈmæʃtpəˈteɪtəuz] *n pl* карто́фельное пюре́
**masher I** [ˈmæʃə] *n* 1) картофелемя́лка 2) пресс, дави́лка (*для фруктов и т. п.*)
**masher II** [ˈmæʃə] *n разг.* 1) щёголь, фат 2) донжуа́н, сердцее́д 3) *амер.* мужчи́на, гру́бо пристаю́щий к же́нщине
**mask** [mɑːsk] **1.** *n* 1) ма́ска; death ~ ма́ска, сле́пок (*с лица умершего*) 2) личи́на; to assume (*или* to put on, to wear) a ~ притворя́ться, скрыва́ть свои́ и́стинные наме́рения; to throw off the ~ сбро́сить личи́ну 3) ма́ска, уча́стник *или* уча́стница маскара́да 4) противога́з 5) мо́рда зве́ря (*как охотничий трофей*)
**2.** *v* 1) маскирова́ть, скрыва́ть 2) надева́ть ма́ску, притворя́ться 3) *воен.* маскирова́ть; to ~ the fire загора́живать обстре́л 4) *воен.* противога́з
**masked** [ˈmɑːskt] **1.** *p. p. от* mask 2
**2.** *a* 1) переоде́тый, (за)маскиро́ванный; ~ ball бал-маскара́д 2) *воен.* замаскиро́ванный 3) *мед.* бессимпто́мный; скры́тый
**masker** [ˈmɑːskə] = masquer
**mason** [ˈmeɪsn] **1.** *n* 1) ка́менщик; каменотёс; ~'s rule пра́вило ка́менщика 2) (M.) масо́н
**2.** *v* стро́ить из ка́мня *или* кирпича́, вести́ кла́дку
**masonic** [məˈsɔnɪk] *a* масо́нский
**masonry** [ˈmeɪsnrɪ] *n* 1) ка́менная кла́дка 2) (M.) масо́нство
**masque** [mɑːsk] *n* теа́тр ма́сок
**masquer** [ˈmɑːskə] *n* уча́стник ба́ла-маскара́да *или* теа́тра ма́сок
**masquerade** [ˌmæskəˈreɪd] **1.** *n* маскара́д
**2.** *v* 1) уча́ствовать в маскара́де; надева́ть маскара́дный костю́м 2) притворя́ться; выдава́ть себя́ за *кого-л.*
**mass I** [mæs] *n* ме́сса, обе́дня
**mass II** [mæs] **1.** *n* 1) ма́сса 2) гру́да; мно́жество; in the ~ в це́лом; he as a ~ of bruises он весь в синяка́х 3) бо́льшая часть (*чего-л.*) 4) (the ~es) *pl* наро́дные ма́ссы 5) *воен.* масси́рование; сосредото́чение; ~ of manoeuvre манёвренный кула́к; уда́рная гру́ппа 6) *физ.* ма́сса 7) *attr.* ма́ссовый; a ~ meeting ма́ссовый ми́тинг; ~ production пото́чное (*или* сери́йное) произво́дство
**2.** *v* 1) собира́ть(ся) в ку́чу 2) *воен.* масси́ровать, сосредото́чивать
**massacre** [ˈmæsəkə] **1.** *n* резня́; избие́ние, бо́йня; ~ of St. Bartholomew *ист.* Варфоломе́евская ночь
**2.** *v* устра́ивать резню́
**massage** [ˈmæsɑːʒ] *фр.* **1.** *n* масса́ж
**2.** *v* масси́ровать, де́лать масса́ж
**masseur** [mæˈsəː] *фр. n* массажи́ст
**masseuse** [mæˈsəːz] *фр. n* массажи́стка
**massicot** [ˈmæsɪkɔt] *n* массико́т, о́кись свинца́ (*жёлтая краска*)
**massif** [ˈmæsiːf] *n* го́рный масси́в
**massive** [ˈmæsɪv] *a* 1) масси́вный, соли́дный; тяжёлый, пло́тный 2) кру́пный; масси́рованный 3) ма́ссовый 4) огро́мный; ~ success грандио́зный успе́х; ~ program широ́кая програ́мма
**mass-produce** [ˈmæsprəˌdjuːs] *v* производи́ть, выпуска́ть сери́йно
**mass-spectrograph** [ˈmæsˈspektrəu-grɑːf] *n физ.* масс-спектро́граф
**mass-spectrometer** [ˈmæsspekˈtrɔmɪtə] *n физ.* масс-спектро́метр
**massy** [ˈmæsɪ] *a* соли́дный, масси́вный
**mast I** [mɑːst] *n с.-х.* плодоко́рм
**mast II** [mɑːst] **1.** *n* 1) ма́чта 2) *attr.* ма́чтовый ◇ to serve (*или* to sail) before the ~ служи́ть просты́м матро́сом
**2.** *v* ста́вить ма́чту
**-masted** [-mɑːstɪd] *в сложных словах* -ма́чтовый; three-~ трёхма́чтовый
**master** [ˈmɑːstə] **1.** *n* 1) хозя́ин, владе́лец; господи́н; ~ of the house глава́ семьи́; to be ~ of smth. владе́ть, облада́ть чем-л.; to be one's own ~ быть самостоя́тельным, незави́симым; to be ~ of oneself прекра́сно владе́ть собо́й, держа́ть себя́ в рука́х 2) вели́кий худо́жник, ма́стер; old ~s а) ста́рые мастера́ (*великие художники XIII—XVII вв.*); б) карти́ны ста́рых мастеро́в 3) ма́стер; квалифици́рованный рабо́чий 4) специали́ст, знато́к своего́ де́ла; ~ of sports ма́стер спо́рта; ~ of fence а) иску́сный фехтова́льщик; б) *перен.* спо́рщик; to make oneself ~ of smth. доби́ться соверше́нства в чём-л., овладе́ть чем-л. 5) (шко́льный) учи́тель 6) глава́ колле́джа (*в Оксфорде и Кембридже*) 7) капита́н торго́вого су́дна (*тж.* ~ mariner ) 8) маги́стр (*учёная степень*); *напр.*: M. of Arts (*сокр.* M. A.) маги́стр иску́сств, маги́стр гуманита́рных нау́к 9) ма́стер, господи́н (*о обращении к юноше; ставится перед именем или перед фамилией старшего сына, напр.*: M. John, M. Jones) 10) (The M.) Христо́с 11) оригина́л; образе́ц 12) пе́рвый оригина́л (*в звукозаписи*) 13) *attr.* гла́вный, веду́щий; руководя́щий; основно́й; контро́льный; ~ form *тех.* копи́р; шабло́н; ~ station *радио* веду́щая *или* задаю́щая радиопеленга́торная ста́нция
**2.** *v* 1) одоле́ть; подчини́ть себе́; спра́виться 2) владе́ть, овладева́ть (*языком, музыкальным инструментом и т. п.*) 3) преодолева́ть (*трудности*) 4) руководи́ть, управля́ть
**master-builder** [ˈmɑːstəˈbɪldə] *n* стро́итель-подря́дчик
**masterful** [ˈmɑːstəful] *a* 1) вла́стный, деспоти́ческий 2) уве́ренный 3) мастерско́й
**master-key** [ˈmɑːstəkiː] *n* отмы́чка; *перен.* универса́льное сре́дство
**masterliness** [ˈmɑːstəlɪnɪs] *n* мастерство́, соверше́нство
**masterly** [ˈmɑːstəlɪ] **1.** *a* мастерско́й; соверше́нный
**2.** *adv* мастерски́
**mastermind** [ˈmɑːstəmaɪnd] **1.** *n* 1) выдаю́щийся ум 2) руководи́тель, вдохнови́тель (*особ. тайный, неофициальный*)
**2.** *v* управля́ть, руководи́ть (*особ.* та́йно)
**Master of Ceremonies** [ˈmɑːstərəv-ˈserɪmənɪz] *n* 1) церемонийме́йстер 2) конферансье́
**Master of the Horse** [ˈmɑːstərəvðə-ˈhɔːs] *n* шталме́йстер
**masterpiece** [ˈmɑːstəpiːs] *n* шеде́вр
**mastership** [ˈmɑːstəʃɪp] *n* 1) мастерство́ 2) главе́нство 3) до́лжность учи́теля, дире́ктора *и т. п.*
**master-spirit** [ˈmɑːstəˌspɪrɪt] *n* челове́к выдаю́щегося ума́
**master-stroke** [ˈmɑːstəstrəuk] *n* 1) что-л., вы́полненное с больши́м мастерство́м 2) ло́вкий ход
**mastery** [ˈmɑːstərɪ] *n* 1) мастерство́; соверше́нное владе́ние (*предметом*); the ~ of technique овладе́ние те́хникой (*чего-л.*) 2) госпо́дство, власть; ~ of the air госпо́дство в во́здухе
**mast-head I** [ˈmɑːsthed] *мор.* **1.** *n* топ ма́чты
**2.** *v* 1) посыла́ть на топ ма́чты (*в наказание*) 2) поднима́ть на сте́ньгах
**mast-head II** [ˈmɑːsthed] *n амер.* 1) назва́ние газе́ты (на пе́рвой страни́це) 2) све́дения о газе́те, её реда́кторах, сто́имости подпи́ски *и т. п.* (на пе́рвой страни́це)
**mastic** [ˈmæstɪk] *n* 1) масти́ка 2) смола́ масти́кового де́рева 3) масти́ковое де́рево 4) бле́дно-жёлтый цвет
**masticate** [ˈmæstɪkeɪt] *v* 1) меси́ть 2) жева́ть
**mastication** [ˌmæstɪˈkeɪʃən] *n* 1) жева́ние 2) *спец.* пластика́ция
**masticator** [ˈmæstɪkeɪtə] *n* 1) тот, кто жуёт 2) меси́лка, меси́льная маши́на
**masticatory** [ˈmæstɪkətərɪ] *a* жева́тельный; ~ stomach жева́тельный желу́док
**mastiff** [ˈmæstɪf] *n* масти́фф (*английский дог*)
**mastitis** [mæsˈtaɪtɪs] *n мед.* воспале́ние моло́чных желёз, грудни́ца, масти́т
**mastodon** [ˈmæstədɔn] *n* мастодо́нт
**masturbation** [ˌmæstə(ː)ˈbeɪʃən] *n* мастурба́ция
**masurium** [məˈzuːrɪəm] *n хим.* мазу́рий

**mat** I [mæt] **1.** *n* 1) мат; цино́вка; полови́к; рого́жа; ко́врик 2) клеёнка, подсти́лка, подста́вка (*под блюдо, лампу и т. п.*) 3) спу́танные во́лосы; колту́н 4) *амер.* = mount I, 1, 2) ◊ to leave (a person) on the ~ отказа́ться приня́ть (посети́теля); to have smb. on the ~ распека́ть, брани́ть кого́-л.; on the ~ *разг.* в беде́; в затрудне́нии

**2.** *v* 1) устила́ть цино́вками, стлать цино́вки; прикрыва́ть (*растение на зиму*) рого́жей 2) спу́тываться, сбива́ться

**mat** II [mæt] **1.** *a* ма́товый, неполиро́ванный, ту́склый

**2.** *n* 1) паспарту́ 2) ма́товая отде́лка, пове́рхность *или* кра́ска

**3.** *v* 1) де́лать ма́товым (*стекло, золото*) 2) де́лать ту́склым (*краски*)

**match** I [mætʃ] *n* 1) спи́чка; to strike a ~ заже́чь спи́чку 2) *воен.* запа́льный фити́ль; огнепрово́д

**match** II [mætʃ] **1.** *n* 1) челове́к *или* вещь, подходя́щие под па́ру; ро́вня; па́ра; he has no ~ ему́ нет ра́вного 2) состяза́ние, матч 3) равноси́льный, досто́йный проти́вник; he is more than a ~ for me он сильне́е (иску́снее *и т. п.*) меня́; to meet (*или* to find) one's ~ встре́тить досто́йного проти́вника 4) брак, па́ртия; he (she) is a good ~ он (она́) хоро́шая па́ртия; to make a ~ жени́ться; вы́йти за́муж

**2.** *v* 1) подбира́ть под па́ру, подстать; сочета́ть; a well (an ill) ~ed couple хоро́шая (плоха́я) па́ра 2) подходи́ть (под па́ру), соотве́тствовать; these colours don't ~ э́ти цвета́ пло́хо сочета́ются, не гармони́руют; a bonnet with ribbons to ~ шля́па с подо́бранными к ней (в тон) ле́нтами 3) противопоставля́ть; to ~ one's strength against somebody else's поме́риться си́лами с кем-л. 4) противостоя́ть; состяза́ться 5) жени́ть; выдава́ть за́муж; (со)сва́тать 6) *тех.* подгоня́ть; вырáвнивать 7) *редк.* спа́ривать, случа́ть

**match-board** [ˈmætʃbɔ:d] *n стр.* шпунтова́я доска́

**match-box** [ˈmætʃbɔks] *n* спи́чечная коро́бка

**matchless** [ˈmætʃlɪs] *n* несравне́нный, бесподо́бный, непревзойдённый

**matchlock** [ˈmætʃlɔk] *n воен. ист.* фити́льный замо́к

**matchlock musket** [ˈmætʃlɔkˈmʌskɪt] *n воен. ист.* мушке́т с фити́льным замко́м

**matchmaker** [ˈmætʃˌmeɪkə] *n* 1) сват; сва́ха 2) *спорт.* антрепренёр

**match-making** [ˈmætʃˌmeɪkɪŋ] *n* 1) сватовство́ 2) *спорт.* организа́ция ма́тчей

**match-point** [ˈmætʃpɔɪnt] *n спорт.* очко́, реша́ющее исхо́д ма́тча

**matchwood** [ˈmætʃwud] *n* 1) древеси́на, го́дная для произво́дства спи́чек 2) спи́чечная соло́мка; to break into ~ ме́лко щепа́ть ◊ to make ~ of smth разби́ть вдре́безги что-л.; to make ~ of smb. разгроми́ть кого́-л.

**mate** I [meɪt] *шахм.* **1.** *n* мат; fool's ~ мат со второ́го хо́да

**2.** *v* сде́лать мат

**3.** *int* мат!

**mate** II [meɪt] **1.** *n* 1) това́рищ 2) супру́г(а) 3) саме́ц; са́мка 4) *мор.* напа́рник, помо́щник; surgeon's ~ помо́щник корабе́льного врача́; фе́льдшер; the cook's ~ помо́щник ко́ка 5) *мор.* помо́щник капита́на (*в торговом флоте*) 6) *тех.* сопряжённая дета́ль

**2.** *v* 1) сочета́ть(ся) бра́ком 2) спа́ривать(ся) (*о птицах*) 3) сопоставля́ть, сра́внивать 4) обща́ться (with) 5) *тех.* сопряга́ть 6) зацепля́ться (*о зубчатых колёсах*)

**matelote** [ˈmætələut] *фр. n* 1) *кул.* матело́т 2) матло́т (*матросский танец*)

**mater** [ˈmeɪtə] *n школ. sl.* мать

**material** [məˈtɪərɪəl] **1.** *n* 1) материа́л; вещество́ 2) фа́кты, да́нные, материа́л 3) *текст.* мате́рия 4) *pl* принадле́жности; writing ~s пи́сьменные принадле́жности

**2.** *a* 1) материа́льный; веще́ственный; ~ world материа́льный мир 2) теле́сный, физи́ческий (*в противоп. духовному*); ~ needs физи́ческие потре́бности 3) иму́щественный, де́нежный; ~ losses фина́нсовые поте́ри; убы́тки 4) суще́ственный, ва́жный; ~ witness *юр.* ва́жный свиде́тель

**materialism** [məˈtɪərɪəlɪzm] *n* материали́зм

**materialist** [məˈtɪərɪəlɪst] **1.** *n* материали́ст

**2.** *a* = materialistic; ~ conception of history материалисти́ческое понима́ние исто́рии

**materialistic** [məˌtɪərɪəˈlɪstɪk] *a* материалисти́ческий

**materiality** [məˌtɪərɪˈælɪtɪ] *n* 1) материа́льность 2) *юр.* ва́жность, суще́ственность

**materialization** [məˌtɪərɪəlaɪˈzeɪʃən] *n* 1) материализа́ция 2) осуществле́ние, претворе́ние в жизнь

**materialize** [məˈtɪərɪəlaɪz] *v* 1) материализова́ть(ся) 2) осуществля́ть (-ся); претворя́ть(ся) в жизнь (*о планах и т. п.*)

**materially** [məˈtɪərɪəlɪ] *adv* 1) суще́ственным о́бразом 2) материа́льно, веще́ственно 3) факти́чески

**matériel** [məˌtɪərɪˈel] *фр. n воен.* материа́льная часть; боева́я те́хника

**maternal** [məˈtə:nl] *a* 1) матери́нский 2) с матери́нской стороны́; ~ uncle дя́дя по ма́тери

**maternity** [məˈtə:nɪtɪ] *n* 1) матери́нство 2) *attr.*: ~ hospital (*или* home) роди́льный дом; ~ nurse акуше́рка; ~ benefit посо́бие роже́нице; ~ leave о́тпуск по бере́менности и ро́дам

**matey** [ˈmeɪtɪ] *a разг.* обща́тельный, компане́йский, дру́жественный (with)

**mathematical** [ˌmæθɪˈmætɪkəl] *a* математи́ческий

**mathematician** [ˌmæθɪməˈtɪʃən] *n* матема́тик

**mathematics** [ˌmæθɪˈmætɪks] *n pl* (*употр. как sing*) матема́тика

**maths** [mæθs] *сокр. разг. см.* mathematics

**matin** [ˈmætɪn] *n* 1) *поэт.* у́треннее щебета́ние птиц 2) *pl церк.* (за-) у́треня

**matinée** [ˈmætɪneɪ] *фр. n* 1) дневно́й спекта́кль *или* конце́рт 2) *attr.*: ~ idol актёр, име́ющий большо́й успе́х у же́нщин

**matrass** [ˈmætrəs] *n* ко́лба с дли́нным го́рлом

**matriarchy** [ˈmeɪtrɪɑ:kɪ] *n* матриарха́т

**matrices** [ˈmeɪtrɪsi:z] *pl от* matrix

**matricide** [ˈmeɪtrɪsaɪd] *n* 1) матереуби́йство 2) матереуби́йца

**matriculant** [məˈtrɪkjulənt] *n* абитурие́нт

**matriculate** [məˈtrɪkjuleɪt] **1.** *v* приня́ть *или* быть при́нятым в вы́сшее уче́бное заведе́ние

**2.** *n* при́нятый в вы́сшее уче́бное заведе́ние

**matriculation** [məˌtrɪkjuˈleɪʃən] *n* 1) зачисле́ние в вы́сшее уче́бное заведе́ние 2) вступи́тельные экза́мены в вы́сшее уче́бное заведе́ние

**matrimonial** [ˌmætrɪˈməunjəl] *a* супру́жеский; матримониа́льный

**matrimony** [ˈmætrɪmənɪ] *n* 1) супру́жество; брак 2) *карт.* марья́ж

**matrix** [ˈmeɪtrɪks] *n* (*pl* -es [-ɪz], -rices) 1) *анат.* ма́тка 2) *биол.* межкле́точное вещество́ тка́ни 3) ма́трица; фо́рма 4) *стр.* раство́р, вя́жущее вещество́ 5) *геол.* матери́нская поро́да; цементи́рующая среда́

**matron** [ˈmeɪtrən] *n* 1) заму́жняя же́нщина; мать семе́йства, матро́на 2) эконо́мка; сестра́-хозя́йка (*больницы и т. п.*); заве́дующая хозя́йством (*школы и т. п.*) 3) смотри́тельница, надзира́тельница

**matronal** [ˈmeɪtrənəl] *a* подоба́ющий почте́нной же́нщине

**matronly** [ˈmeɪtrənlɪ] = matronal

**matron-of-honour** [ˈmeɪtrənəvˈɔnə] *n* гла́вная подру́жка неве́сты

**matted** I [ˈmætɪd] **1.** *p. p. от* mat I, 2

**2.** *a* 1) спу́танный (*о волосах*) 2) покры́тый цино́вками, половика́ми

**matted** II [ˈmætɪd] **1.** *p. p. от* mat II, 3

**2.** *a* ма́товый

**matter** [ˈmætə] **1.** *n* 1) вещество́ 2) *филос.* мате́рия 3) материа́л 4) су́щность; содержа́ние; form and ~ фо́рма и содержа́ние 5) предме́т (*обсуждения и т. п.*) 6) вопро́с, де́ло; it is a ~ of common knowledge э́то общеизве́стно; a ~ of dispute предме́т спо́ра, спо́рный вопро́с; a ~ of life and death вопро́с жи́зни и сме́рти, жи́зненно ва́жный вопро́с; it is a ~ of a few hours (days, weeks, *etc.*) э́то де́ло не́скольких часо́в (дней, неде́ль *и т. п.*); a ~ of taste (habit, *etc.*) де́ло вку́са (привы́чки *и т. п.*); money ~s де́нежные дела́; as ~s stand при существу́ющем положе́нии (дел); what's the ~? в чём де́ло?, что случи́лось?; what's the ~ with you? что с ва́ми? 7) по́вод (of, for) 8) *мед.* гной 9) *полигр.* ру́копись; оригина́л ◊ in the ~ of... что каса́ется...; for that

~, for the ~ of that что касается этого; в этом отношении; коли на то пошло; по ~ безразлично; всё равно, неважно, по ~ what несмотря ни на что; что бы ни было

2. *v* 1) иметь значение; it doesn't ~ это не имеет значения; неважно, ничего 2) гноиться

**matter of course** ['mætərəv'kɔ:s] *n* дело естественное, само собой разумеющееся; ясное дело

**matter-of-course** ['mætərəv'kɔ:s] *a* естественный; само собой разумеющийся

**matter of fact** ['mætərəv'fækt] *n* реальная действительность; as a ~ а) фактически, на самом деле; б) в сущности; собственно говоря

**matter-of-fact** ['mætərəv'fækt] *a* сухой, прозаичный; лишённый фантазии

**mattery** ['mætərı] *a* 1) *мед.* гнойный, полный гноя 2) *редк.* существенный, значительный

**matting** I ['mætıŋ] **1.** *pres. p. от* mat I, 2

2. *n* циновка, половик; рогожа; *собир.* циновки

**matting** II ['mætıŋ] *pres. p. от* mat II, 3

**mattock** ['mætək] *n* мотыга; киркомотыга

**mattress** ['mætrıs] *n* 1) матрац, тюфяк 2) *стр.* фашинный тюфяк

**maturate** ['mætjuəreıt] *v* 1) развиваться, созревать 2) *мед.* созреть; нагноиться

**maturation** [,mætjuə'reıʃən] *n* 1) созревание; достижение полного развития 2) *мед.* нарывание, нагноение

**mature** [mə'tjuə] **1.** *a* 1) зрелый; спелый; выдержанный 2) созревший, готовый (*для чего-л.*) 3) подлежащий оплате (*ввиду наступившего срока — о векселе*) 4) тщательно обдуманный, продуманный

2. *v* 1) созреть, вполне развиться 2) доводить до зрелости, до полного развития; to ~ schemes подробно разработать планы 3) наступать (*о сроке платежа*)

**maturity** [mə'tjuərıtı] *n* 1) зрелость, полная сила 2) завершённость 3) *ком.* срок платежа по векселю

**matutinal** [,mætju(:)'taınl] *a* 1) утренний 2) ранний

**maty** ['meıtı] = matey

**maud** [mɔ:d] *n* 1) серый полосатый плед (*шотландских пастухов*) 2) дорожный плед

**maudlin** ['mɔ:dlın] **1.** *a* 1) сентиментальный 2) слезливый во хмелю

2. *n* сентиментальность

**maul** [mɔ:l] **1.** *n* кувалда

2. *v* 1) бить кувалдой 2) избивать, калечить; терзать; badly ~ed by a bear сильно помятый медведем 3) неумело *или* грубо обращаться 4) жестоко критиковать

**mauler** ['mɔ:lə] *n* 1) тот, кто калечит; мучитель 2) *спорт. sl.* боксёр

**mauley** ['mɔ:lı] *n sl.* рука, кулак

**maulstick** ['mɔ:lstık] *n жив.* муштабель

**maun** [mɔ:n] *шотл.* = must I

**maunder** ['mɔ:ndə] *v* 1) говорить бессвязно; бормотать 2) действовать *или* двигаться лениво, как во сне □ **~ about, ~ along** бродить, шататься

**maundy** ['mɔ:ndı] *n рел.* 1) обряд омовения ног беднякам на страстной неделе 2) *attr.*: ~ money милостыня, раздаваемая на страстной неделе; M. week страстная неделя; M. Thursday великий четверг (*на страстной неделе*)

**Mauser** ['mauzə] *n* маузер

**mausoleum** [,mɔ:sə'lıəm] *n* мавзолей

**mauve** [məuv] *a* розовато-лиловый

**maverick** ['mævərık] *n* 1) *амер.* неклеймёный телёнок 2) скиталец; бродяга 3) человек, не принадлежащий ни к одной партии; диссидент

**mavis** ['meıvıs] *n поэт.* певчий дрозд

**maw** [mɔ:] *n* 1) сычуг 2) утроба 3) плавательный пузырь (*у рыб*)

**mawkish** ['mɔ:kıʃ] *a* 1) противный на вкус; приторный 2) сентиментальный, слезливый, слащавый

**mawseed** ['mɔ:si:d] *n* семена опийного мака

**maxi-** ['mæksı-] *pref* макси- (*указывает на большую величину, длину*); ~-coat пальто макси; ~-skirt макси-юбка

**maxilla** [mæk'sılə] *n* (*pl* -lae) (верхняя) челюсть (*позвоночных животных*)

**maxillae** [mæk'sıli:] *pl от* maxilla

**maxillary** [mæk'sılərı] *a* (верхне)челюстной

**Maxim** ['mæksım] *n* станковый пулемёт системы Максима (*тж.* ~ machine-gun)

**maxim** ['mæksım] *n* 1) сентенция, афоризм 2) правило поведения; принцип

**maxima** ['mæksımə] *pl от* maximum

**maximize** ['mæksımaız] *v* 1) увеличивать до крайности, до предела 2) придавать огромное значение

**maximum** ['mæksıməm] **1.** *n* (*pl* -ima) максимум; максимальное значение; высшая степень

2. *a* максимальный

**maxwell** ['mækswəl] *n эл.* максвелл

**May** [meı] *n* 1) май; *перен.* расцвет жизни 2) (m.) цветок боярышника 3) *pl* майские экзамены (*в Кембридже*) 4) *pl* гребные гонки (*в Кембридже — в конце мая или в начале июня*) 5) *attr.* майский 6) *attr.* первомайский

**may** I [meı] *v* (might) *модальный, недостаточный глагол* 1) мочь, иметь возможность; быть вероятным; it ~ be so возможно, что это так; he ~ arrive tomorrow возможно, что он приедет завтра; the train ~ be late поезд может опоздать; поезд, возможно, опоздает 2) *выражает просьбу или разрешение*: ~ I come and see you? могу ли я зайти повидать вас?; you ~ go if you choose вы можете идти, если хотите 3) *в восклицательных предложениях выражает пожелание*: ~ theirs be a happy meeting! пусть их встреча будет счастливой! 4) *в вопросительных предложениях употребляется для смягчения резкости задаваемого вопроса или для выражения неуверенности*: who ~ that be? кто бы это мог быть? 5) *употребляется как вспомогательный глагол для образования сложной формы сослагательного наклонения*: whoever he ~ be he has no rights to speak like that кто бы он ни был, он не имеет права говорить подобным образом ◇ be that as it ~ а) как бы то ни было; б) будь что будет!

**may** II [meı] *n поэт.* дева

**May-apple** ['meı,æpl] *n бот.* подофил, мандрагора

**maybe** ['meıbi:] *adv* может быть

**may-bloom** ['meıblu:m] *n* цветок боярышника

**May-bug** ['meıbʌg] *n* майский жук

**May Day** ['meıdeı] *n* праздник Первого мая

**Mayflower** ['meı,flauə] *n* цветок, распускающийся в мае; майник, ландыш, боярышник

**mayfly** ['meıflaı] *n зоол.* подёнка, муха-однодневка 2) искусственная наживка рыболова

**mayhem** ['meıhem] *n юр. ист.* нанесение увечья

**Maying** ['meııŋ] *n* празднование Первого мая; празднование наступления весны (*в Англии*)

**may-lily** ['meı,lılı] *n* ландыш

**mayonnaise** [,meıə'neız] *фр. n* 1) майонез 2) рыба *или* мясо под майонезом

**mayor** [mεə] *n* мэр

**mayoralty** ['mεərəltı] *n* 1) должность мэра 2) срок пребывания в должности мэра

**mayoress** ['mεərıs] *n* 1) жена мэра 2) женщина-мэр

**maypole** ['meıpəul] *n* 1) майское дерево (*украшенный цветами столб, вокруг которого танцуют 1 мая в Англии*) 2) *разг.* верзила, каланча

**May-queen** ['meı'kwi:n] *n* девушка, избранная за красоту королевой мая (*в майских играх*)

**mayweed** ['meıwi:d] *n бот.* пупавка полевая; ромашка непахучая

**mazarine** [,mæzə'ri:n] **1.** *n* тёмно-синий цвет

2. *a* тёмно-синий

**maze** [meız] **1.** *n* 1) лабиринт 2) путаница

2. *v* 1) ставить в тупик, приводить в замешательство 2) бродить по лабиринту

**mazer** ['meızə] *n ист.* чаша, кубок (*из дерева с серебряными украшениями*)

**mazurka** [mə'zə:kə] *польск. n* мазурка

**mazy** ['meızı] *a* запутанный

**M-day** ['emdeı] *n амер.* день начала мобилизации

**me** [mi:] *pron pers. косв. падеж от* I

**mead** I [mi:d] *n* мёд (*напиток*)

**mead** II [mi:d] *n поэт.* луг

**meadow** ['medəu] *n* луг, луговина

**meadow-grass** ['medəugrα:s] *n бот.* мятлик луговой

**meadow-rue** ['medəuru:] *n бот.* васи́лисник

**meadow-saffron** ['medəuˌsæfrən] *n бот.* безвре́менник осе́нний

**meadow-saxifrage** ['medəuˌsæksɪfrɪdʒ] *n бот.* камнело́мка зерни́стая

**meadow-sweet** ['medəuswi:t] *n бот.* 1) та́волга 2) лаба́зник (вязоли́стный)

**meadowy** ['medəuɪ] *a* 1) лугово́й 2) бога́тый луга́ми (*о местности*)

**meagre** ['mi:gə] *a* 1) худо́й; то́щий 2) недоста́точный; ску́дный 3) по́стный 4) бе́дный содержа́нием; ограни́ченный

**meal** I [mi:l] **1.** *n* мука́ кру́пного помо́ла

**2.** *v* 1) посыпа́ть муко́й, обва́ливать в муке́ 2) перема́лывать, превраща́ть в муку́

**meal** II [mi:l] **1.** *n* 1) приня́тие пи́щи; еда́

**2.** *v* принима́ть пи́щу, есть

**mealies** ['mi:lɪz] *n pl южно-афр.* маис

**mealiness** ['mi:lɪnɪs] *n* 1) мучни́стость 2) рассы́пчатость (*картофеля*)

**meals-on-wheels** ['mi:lzɔn'wi:lz] *n* сто́лик для заку́сок (*на колёсиках*)

**mealtime** ['mi:ltaɪm] *n* вре́мя приня́тия пи́щи (*обеда, ужина и т. п.*)

**meal-worm** ['mi:lwə:m] *n зоол.* хруща́к мучно́й

**mealy** ['mi:lɪ] *a* 1) мучно́й, мучни́стый 2) ры́хлый; рассы́пчатый (*о картофеле*) 3) бле́дный, мучни́стый 4) сладкоречи́вый, неи́скренний

**mealy-bug** ['mi:lɪbʌg] *n зоол.* мучни́стый черве́ц

**mealy-mouthed** ['mi:lɪmauðd] *a* сладкоречи́вый, неи́скренний

**mean** I [mi:n] *a* 1) посре́дственный; плохо́й; сла́бый; no ~ abilities хоро́шие спосо́бности 2) ни́зкий, по́длый, нече́стный 3) скупо́й, ска́редный 4) *разг.* приди́рчивый; недоброжела́тельный 5) *разг.* скро́мный, смуща́ющийся; to feel ~ а) чу́вствовать себя́ нело́вко; б) чу́вствовать себя́ нездоро́вым 6) *амер.* тру́дный, неподдаю́щийся

**mean** II [mi:n] **1.** *n* 1) середи́на; the golden (*или* happy) ~ золота́я середи́на 2) *мат.* сре́днее число́ 3) *pl* (*употр. как sing и как pl*) сре́дство; спо́соб; the ~s of communication сре́дства сообще́ния; the ~s of circulation *эк.* сре́дства обраще́ния; the ~s of payment *эк.* платёжные сре́дства; the ~s and instruments of production ору́дия и сре́дства произво́дства; ~s of employment сре́дства обеспе́чения за́нятости; by all ~s а) любы́м спо́собом; б) любо́й цено́й, во что бы то ни ста́ло; в) коне́чно, пожа́луйста; by any ~s каки́м бы то ни́ было о́бразом; by ~s of... посре́дством...; by no ~s а) нико́им о́бразом; ни в ко́ем слу́чае; б) нисколько, отню́дь не; it is by no ~s cheap э́то отню́дь не дёшево 4) *pl* сре́дства, состоя́ние, бога́тство; ~s of subsistence сре́дства к существова́нию; a man of ~s челове́к со сре́дствами, состоя́тельный челове́к 5) *attr.*: ~s test прове́рка нужда́емости

**2.** *a* сре́дний; ~ line *мат.* биссектри́са; ~ time сре́днее со́лнечное вре́мя; ~ water норма́льный у́ровень воды́; меже́нь; ~ yield сре́дний урожа́й ◊ in the ~ time тем вре́менем; ме́жду тем

**mean** III [mi:n] *v* (meant) 1) намерева́ться; име́ть в виду́; I didn't ~ to offend you я не хоте́л вас оби́деть; to ~ business *разг.* а) бра́ться (*за что-л.*) серьёзно, реши́тельно; б) говори́ть всерьёз; to ~ mischief а) име́ть дурны́е наме́рения; б) предвеща́ть дурно́е; to ~ well (ill) име́ть до́брые (дурны́е) наме́рения; he ~s well by us он жела́ет нам добра́ 2) предназнача́ть(ся); to ~ it be used предназнача́ть (что-л.) для по́льзования 3) ду́мать, подразумева́ть; what do you ~ by that? а) что вы э́тим хоти́те сказа́ть?; б) почему́ вы поступа́ете так?; what did you ~ by looking at me like that? в чём де́ло? Почему́ ты на меня́ так посмотре́л? 4) зна́чить, означа́ть, име́ть значе́ние

**meander** [mɪ'ændə] **1.** *n* 1) *pl* изви́лина (*дороги, реки*) 2) *архит.* меа́ндр (*орнамент*)

**2.** *v* 1) извива́ться (*о реке, дороге*) 2) броди́ть без це́ли (*тж.* ~ along)

**meaning** ['mi:nɪŋ] **1.** *pres. p. от* mean III

**2.** *n* значе́ние; смысл; with ~ многозначи́тельно

**3.** *a* зна́чащий; (много)значи́тельный, вырази́тельный

**meaningful** ['mi:nɪŋful] *a* многозначи́тельный, вырази́тельный

**meaningless** ['mi:nɪŋlɪs] *a* бессмы́сленный

**meaningly** ['mi:nɪŋlɪ] *adv* 1) многозначи́тельно 2) созна́тельно, наро́чно

**meanly** ['mi:nlɪ] *adv* 1) по́дло, ни́зко 2) сла́бо, посре́дственно

**meanness** ['mi:nnɪs] *n* 1) ни́зость, по́длость 2) убо́жество, посре́дственность

**mean-spirited** ['mi:n'spɪrɪtɪd] *a* по́длый, ни́зкий; ~ fellow подле́ц

**meant** [ment] *past и p. p. от* mean III

**meantime** ['mi:n'taɪm] *adv* тем вре́менем; ме́жду тем

**meanwhile** ['mi:n'waɪl] = meantime

**mease** [mi:z] *n* 500 штук сельде́й (*как единица меры*)

**measles** ['mi:zlz] *n pl* (*употр. как sing*) 1) корь 2) *вет.* финно́з

**measly** ['mi:zlɪ] *a* 1) корево́й 2) заражённый трихи́нами *или* фи́ннами (*о мясе*) 3) *разг.* презре́нный; него́дный; жа́лкий

**measurable** ['meʒərəbl] *a* 1) измери́мый; in the ~ future в недалёком бу́дущем; within ~ distance of побли́зости от 2) уме́ренный; не осо́бенно большо́й

**measurably** ['meʒərəblɪ] *adv* до изве́стной сте́пени, в изве́стной ме́ре

**measure** ['meʒə] **1.** *n* 1) ме́ра; dry (linear, liquid, square, *etc.*) ~s ме́ры сыпу́чих тел (длины́, жи́дкостей, пло́щади *и т. п.*); full (short) ~ по́лная (непо́лная) ме́ра; to give good ~ а) дать по́лную ме́ру; б) *перен.* возда́ть по́лной ме́рой 2) ме́рка; made to ~ сши́тый по ме́рке; сде́ланный на зака́з; to take smb.'s ~ а) снима́ть ме́рку с кого́-л.; б) *перен.* присма́триваться к кому́-л.; определя́ть чей-л. хара́ктер 3) преде́л, сте́пень; to set ~s to smth. ограни́чивать что-л.; ста́вить преде́л чему́-л.; beyond (*или* out of) ~ чрезме́рно; чрезвыча́йно; in some (*или* in a) ~ до не́которой сте́пени, отча́сти; to give a ~ of hope до не́которой сте́пени обнадёжить, всели́ть каку́ю-то наде́жду; a limited ~ of success непо́лный, относи́тельный успе́х 4) масшта́б, мери́ло, крите́рий; ~ of value мери́ло сто́имости 5) ме́ра, мероприя́тие; to take (drastic) ~s приня́ть (реши́тельные, круты́е) ме́ры 6) *мат.* дели́тель; greatest common ~ о́бщий наибо́льший дели́тель 7) *прос.* метр, разме́р 8) *муз.* такт 9) *уст.* та́нец 10) *pl геол.* пласты́ определённой геологи́ческой форма́ции; сви́та 11) *полигр.* ширина́ столбца́ ◊ ~ for ~ ≅ о́ко за о́ко, зуб за́ зуб; to get the ~ of smb. раскуси́ть кого́-л.

**2.** *v* 1) измеря́ть, ме́рить; отмеря́ть (*тж.* ~ off) 2) снима́ть ме́рку; to ~ a person with one's eye сме́рить кого́-л. взгля́дом 3) оце́нивать, определя́ть (*характер и т. п.*) 4) име́ть разме́ры; the house ~s 60 feet long дом име́ет 60 фу́тов в длину́ 5) поме́риться си́лами (with, against — с) 6) соразмеря́ть; регули́ровать; to ~ one's acts (by) соразмеря́ть свои́ посту́пки (с) 7) *поэт.* покрыва́ть (*расстояние*) □ ~ **off** отмеря́ть; ~ **out** отмеря́ть; выдава́ть по ме́рке; распределя́ть; ~ **up** (to; *иногда тж.* with) а) достига́ть (*уровня*); б) соотве́тствовать, отвеча́ть (*требованиям*); в) опра́вдывать (*надежды*) ◊ to ~ one's length растяну́ться во весь рост

**measured** ['meʒəd] **1.** *p. p. от* measure 2

**2.** *a* 1) изме́ренный; ~ mile ме́рная ми́ля 2) обду́манный, взве́шенный; сде́ржанный, нетороп́ли́вый (*о речи*) 3) разме́ренный, ритми́чный; ~ tread ме́рная по́ступь

**measureless** ['meʒəlɪs] *a* безме́рный; безграни́чный, неизмери́мый

**measurement** ['meʒəmənt] *n* 1) измере́ние (*действие*) 2) (*обыкн. pl*) разме́ры 3) систе́ма мер 4) *attr.*: ~ goods това́ры, пла́та за перево́зку кото́рых взима́ется не по ве́су, а по разме́ру

**measurer** ['meʒərə] *n* измери́тельный прибо́р, измери́тель

**meat** [mi:t] *n* 1) мя́со 2) *уст.* пи́ща 3) *уст.* еда́; at ~ за едо́й, за сто́лом; after ~ по́сле еды́; before ~ пе́ред едо́й 4) мя́коть (*плода*) 5) пи́ща для размышле́ний; содержа́ние; a book full of ~ содержа́тельная кни́га ◊ green ~ зе́лень, о́вощи; to be ~ and drink to smb. доставля́ть большо́е удово́льствие кому́-л.; ≅ хле́бом не корми́; easy ~ *амер.* лёгкая добы́ча, жертва; доверчивый человек, простак; one man's ~ is another man's poison *посл.* что полезно одному, то вредно другому

**meat-ball** [ˈmiːtbɔːl] *n* фрикаделька

**meat-chopper** [ˈmiːtˌtʃɔpə] *n* мясорубка

**meat-fly** [ˈmiːtflaɪ] *n* мясная муха

**meat-grinder** [ˈmiːtˌgraɪndə] *амер.* = meat-chopper

**meatman** [ˈmiːtmən] *n* мясник

**meat-offering** [ˈmiːtˌɔfərɪŋ] *n библ.* жертвоприношение пищи

**meat-packing** [ˈmiːtˌpækɪŋ] *n* мясоконсервное дело; ~ industry мясоконсервная промышленность

**meat-safe** [ˈmiːtseɪf] *n* холодильник, рефрижератор

**meaty** [ˈmiːtɪ] *a* 1) мясной 2) мясистый 3) дающий пищу уму, содержательный (*о книге, разговоре*)

**meccano** [mɪˈkɑːnəu] *n* конструктор (*детская игрушка*)

**mechanic** [mɪˈkænɪk] **1.** *n* 1) механик 2) ремесленник; мастеровой

**2.** *a уст.* = mechanical

**mechanical** [mɪˈkænɪkəl] *a* 1) машинный; механический; ~ engineer инженер-механик; ~ engineering машиностроение 2) механический; автоматический 3) технический; ~ skill технический навык 4) машинальный 5) *филос.* механистический

**mechanician** [ˌmekəˈnɪʃən] *n* 1) конструктор, машиностроитель 2) *редк.* механик

**mechanics** [mɪˈkænɪks] *n pl* (*употр. как sing*) механика

**mechanism** [ˈmekənɪzm] *n* 1) механизм, аппарат, устройство 2) техника (*исполнения*) 3) *филос.* механицизм

**mechanist** [ˈmekənɪst] *n филос.* механист

**mechanistic** [ˌmekəˈnɪstɪk] *a филос.* механистический

**mechanization** [ˌmekənaɪˈzeɪʃən] *n* механизация; моторизация

**mechanize** [ˈmekənaɪz] *v* механизировать

**Mechlin** [ˈmeklɪn] *n* брабантское кружево (*тж.* ~ lace)

**medal** [ˈmedl] *n* медаль; орден

**medalled** [ˈmedld] *a* 1) награждённый медалью *или* орденом 2) украшенный, увешанный медалями *или* орденами

**medallion** [mɪˈdæljən] *n* медальон

**medallist** [ˈmedlɪst] *n* 1) медальер 2) получивший медаль, медалист

**meddle** [ˈmedl] *v* вмешиваться (with, in — во *что-л.*); соваться не в своё дело

**meddler** [ˈmedlə] *n* беспокойный, надоедливый, вмешивающийся во всё человек

**meddlesome** [ˈmedlsəm] *a* вмешивающийся не в свои дела, надоедливый

**Medea** [mɪˈdɪə] *n греч. миф.* Медея

**media** I [ˈmedɪə] *n* (*pl* -ae) 1) *фон.* звонкий согласный 2) *анат.* средняя оболочка стенки кровеносного сосуда

**media** II [ˈmiːdjə] *pl от* medium I

**mediae** [ˈmedɪiː] *pl от* media I

**mediaeval** [ˌmedɪˈiːvəl] = medieval

**medial** [ˈmiːdjəl] *a* 1) средний; ~ alligation *мат.* вычисление средних 2) срединный

**median** [ˈmiːdjən] **1.** *a* срединный

**2.** *n* 1) *мат.* медиана 2) *анат.* срединная артерия

**mediastinum** [ˌmiːdɪəsˈtaɪnəm] *n анат.* средостение

**mediate 1.** *a* [ˈmiːdɪɪt] 1) промежуточный; посредствующий 2) опосредствованный; не непосредственный

**2.** *v* [ˈmiːdɪeɪt] 1) посредничать 2) служить связующим звеном 3) занимать промежуточное положение

**mediation** [ˌmiːdɪˈeɪʃən] *n* 1) посредничество 2) *attr.*: ~ board конфликтная комиссия (*на предприятии*)

**mediatize** [ˈmiːdɪətaɪz] *v ист.* аннексировать, присоединять (*территорию*), сохраняя за прежним владетельным лицом титул и некоторые права

**mediator** [ˈmiːdɪeɪtə] *n* 1) посредник, примиритель 2) (M.) Иисус Христос 3) *мед., муз.* медиатор

**mediatorial** [ˌmiːdɪəˈtɔːrɪəl] *a* посреднический

**mediatory** [ˈmiːdɪətərɪ] = mediatorial

**mediatrices** [ˈmiːdɪeɪtrɪsiːz] *pl от* mediatrix

**mediatrix** [ˈmiːdɪeɪtrɪks] *n* (*pl* -trices) посредница, примирительница

**medic** [ˈmedɪk] **1.** *a поэт.* медицинский

**2.** *n редк.* 1) врач, медик 2) *амер. разг.* студент медицинского факультета

**medicable** [ˈmedɪkəbl] *a* излечимый, поддающийся излечению

**medical** [ˈmedɪkəl] **1.** *a* 1) врачебный, медицинский; ~ aid медицинская помощь; the ~ profession медицинские работники, врачи; ~ school а) медицинская школа; б) высшее медицинское учебное заведение; ~ garden сад для выращивания лекарственных растений; ~ history а) история болезни; б) история медицины; ~ jurisprudence судебная медицина; ~ man врач; ~ examination (*или* inspection) медицинский осмотр; ~ assesor судебно-медицинский эксперт; ~ service а) медицинское обслуживание; б) санитарная часть 2) терапевтический; ~ ward терапевтическое отделение больницы

**2.** *n разг.* студент-медик

**medicament** [meˈdɪkəmənt] *n* лекарство, медикамент

**medicare** [ˈmedɪkɛə] *n амер.* правительственная программа медицинской помощи (*особ.* престарелым)

**medicaster** [ˈmedɪˌkæstə] *n редк.* знахарь

**medicate** [ˈmedɪkeɪt] *v* 1) лечить лекарствами 2) насыщать, пропитывать лекарством

**medication** [ˌmedɪˈkeɪʃən] *n* лечение

**medicative** [ˈmedɪkeɪtɪv] *a* лечебный, целебный; ~ herb лечебная трава; ~ plant лечебное, лекарственное растение

**medicinal** [meˈdɪsɪnl] *a* лекарственный; целебный

**medicine** [ˈmedsɪn] *n* 1) медицина, *особ.* терапия; to practise ~ заниматься врачебной практикой, быть практикующим врачом 2) лекарство; a ~ for (headache, cold, *etc.*) лекарство от (головной боли, простуды *и т. п.*); to take one's ~ а) принять лекарство; б) *шутл.* глотнуть спиртного; в) понести заслуженное наказание; г) покориться неизбежности, стойко перенести что-л. неприятное 3) колдовство, магия 4) талисман, амулет

**medicine bag** [ˈmedsɪnbæg] *n* санитарная сумка

**medicine chest** [ˈmedsɪntʃest] *n* домашняя аптечка; ящик с медикаментами

**medicine dropper** [ˈmedsɪnˌdrɔpə] *n* пипетка

**medicine glass** [ˈmedsɪnglɑːs] *n* мензурка

**medicine-man** [ˈmedsɪnmæn] *n* знахарь, шаман

**medico** [ˈmedɪkəu] *n* (*pl* -os [-əuz]) *шутл.* 1) доктор 2) студент-медик

**medieval** [ˌmedɪˈiːvəl] *a* средневековый

**medievalism** [ˌmedɪˈiːvəlɪzm] *n* 1) искусство, религия, философия средних веков 2) увлечение средневековьем

**medievalist** [ˌmedɪˈiːvəlɪst] *n* специалист по истории средних веков

**mediocre** [ˈmiːdɪəukə] *a* посредственный; заурядный

**mediocrity** [ˌmiːdɪˈɔkrɪtɪ] *n* 1) посредственность; заурядность 2) бездарный, заурядный человек, посредственность

**meditate** [ˈmedɪteɪt] *v* 1) замышлять, затевать 2) намереваться; планировать 3) размышлять, обдумывать (on, upon) 4) созерцать

**meditation** [ˌmedɪˈteɪʃən] *n* 1) размышление, раздумье 2) созерцание

**meditative** [ˈmedɪtətɪv] *a* созерцательный; задумчивый

**mediterranean** [ˌmedɪtəˈreɪnjən] **1.** *a* 1) удалённый от берегов моря 2) внутренний (*о море*)

**2.** *n*: the M. Средиземное море; the M. area бассейн Средиземного моря

**medium** [ˈmiːdjəm] **1.** *n* (*pl* -s [-z], -dia) 1) средство, способ; ~ of circulation деньги, средство обращения; through (*или* by) the ~ of... через посредство...; mass media (of communication) средства массовой информации (*печать, радио, телевидение, кино, реклама*) 2) середина, промежуточная ступень; happy ~ золотая середина 3) обстановка, условия (*жизни*) 4) *физ.* среда 5) агент, посредник 6) медиум (*у спиритов*) 7) *жив.* растворитель (*краски*)

**2.** *a* 1) средний; промежуточный; ~ wave *радио* волна средней длины (*от 100 до 800 метров*) 2) умеренный 3) *воен.* среднекалиберный

**medlar** [ˈmedlə] *n бот.* мушмула германская

**medley** [ˈmedlɪ] **1.** *n* 1) смесь; месиво, мешанина 2) смешанное общество; разношёрстная толпá 3) *муз.* попурри́ 4) «обо всём», «мозáика» (*раздел в газете или журнале*)

2. *a* смéшанный, разнорóдный, пёстрый

3. *v* смéшивать, перемéшивать

**medulla** [me'dʌlə] *n* 1) кóстный мозг 2) спиннóй мозг 3) продолговáтый мозг 4) мозговóй слой пóчки 5) *бот.* сердцеви́на

**medullary** [me'dʌlərɪ] *a* 1) *анат.* мозговóй, медулля́рный 2) *бот.* сердцеви́нный

**medusa** [mɪ'dju:zə] *n* (*pl* -ae, -s [-z]) *зоол.* медýза

**medusae** [mɪ'dju:zi:] *pl от* medusa

**meed** [mi:d] *n поэт.* 1) наградá 2) заслýженная похвалá

**meek** [mi:k] *a* крóткий, мя́гкий; смирéнный

**meekness** ['mi:knɪs] *n* крóтость, мя́гкость

**meerschaum** ['mɪəʃəm] *нем. n* 1) *мин.* морскáя пéнка 2) пéнковая трýбка

**meet** [mi:t] 1. *v* (met) 1) встречáть 2) встречáться, собирáться; we seldom ~ мы рéдко ви́димся 3) сходи́ться; my waistcoat won't ~ мой жилéт не схóдится 4) впадáть (*о реке*) 5) дрáться на дуэ́ли 6) знакóмиться; please ~ Mr. X позвóльте познакóмить вас с ми́стером X 7) удовлетворя́ть, соотвéтствовать (*желаниям, требованиям*); to ~ the case отвечáть предъя́вленным трéбованиям, соотвéтствовать; that ~s my problem э́то разрешáет мои́ затруднéния 8) оплáчивать; to ~ a bill оплати́ть счёт; he has many expenses to ~ он несёт больши́е расхóды 9) опровергáть (*возражение*) □ ~ **together** собирáться, сходи́ться; ~ **with** а) испытáть, подвéргнуться; б) встрéтиться с; наткнýться на; в) найти́ ◇ to ~ one's ear дойти́ до слýха; быть слы́шным; to ~ a difficulty (trouble) half-way терзáться преждеврéменными сомнéниями, опасéниями *и т. п.* по пóводу ожидáемых трýдностей (несчáстья); well met! *уст.* добрó пожáловать!; рад нáшей встрéче!

2. *n* 1) мéсто сбóра (*охотников, велосипедистов и т. п.*) 2) *амер. спорт.* соревновáние, встрéча

**meeting** ['mi:tɪŋ] 1. *pres. p. от* meet 1

2. *n* 1) собрáние, заседáние; ми́тинг; to address the ~ обрати́ться с рéчью к собрáнию 2) встрéча 3) дуэ́ль 4) *спорт.* встрéча, игрá 5) *ж.-д.* разъéзд 6) *тех.* стык, соединéние 7) *attr.* встрéчный; ~ engagement *амер.* встрéчный бой; ~ point мéсто встрéчи

**meeting-house** ['mi:tɪŋhaus] *a* моли́твенный дом

**mega-** ['megə-] = megalo-

**megacycle** ['megəˌsaɪkl] *n физ.* мегагéрц (=*1 миллиону герц*)

**megalith** ['megəlɪθ] *n археол.* мегали́т

**megalo-** ['megələu-] *греч. в сложных словах означает:* а) *большой размер, грандиозность и т. п.*; б) *в физической терминологии меру, в миллион раз большую, чем основная мера*

**megalomania** ['megələu'meɪnjə] *n* мегаломáния, мáния вели́чия

**megalopolis** [ˌmegə'ləupəlɪs] *n* гóрод-гигáнт

**megaphone** ['megəfəun] 1. *n* мегафóн, рýпор

2. *v* говори́ть в рýпор

**megascope** ['megəskəup] *n физ.* мегаскóп

**megascopic** [ˌmegə'skɔpɪk] *a* 1) увели́ченный 2) ви́димый невооружённым глáзом

**megatherium** [ˌmegə'θɪərɪəm] *n палеонт.* мегатéрий

**megaton** ['megətʌn] *n* мегатóнна (= *1 миллиону тонн*)

**megawatt** ['megəwɔt] *n эл.* мегавáтт (= *1 миллиону ватт*)

**megger** ['megə] *n эл.* мéггер

**megilp** [mə'gɪlp] *n жив.* масти́чный лак (*растворитель для масляных красок*)

**megohm** ['megəum] *n эл.* мегóм (= *1 миллиону омов*)

**megrim** ['mi:grɪm] *n* 1) *уст.* мигрéнь 2) *уст. pl* уны́ние 3) *уст.* при́хоть, капри́з, причýда 4) *pl вет.* кóлер (*лошадей*); вертя́чка, ценурóз (*овец*)

**melancholia** [ˌmelən'kəuljə] *n* меланхóлия

**melancholic** [ˌmelən'kɔlɪk] *a* подвéрженный меланхóлии; меланхоли́ческий

**melancholy** ['melənkəlɪ] 1. *n* уны́ние, подáвленность; грусть

2. *a* 1) мрáчный, подáвленный 2) грýстный; наводя́щий уны́ние

**meld** [meld] *v карт.* объявля́ть

**mêlée** ['meleɪ] *фр. n* рукопáшная схвáтка, свáлка

**melinite** ['melɪnaɪt] *n* мелини́т (*взрывчатое вещество*)

**meliorate** ['mi:ljəreɪt] *v* 1) улучшáть (-ся) 2) мелиори́ровать

**melioration** [ˌmi:ljə'reɪʃən] *n* 1) улучшéние 2) мелиорáция

**meliorative** ['mi:ljərətɪv] *a* 1) улучшáющий 2) мелиорати́вный

**melliferous** [me'lɪfərəs] *a* медонóсный

**mellifluence** [me'lɪfluəns] *n* медоточи́вость

**mellifluent** [me'lɪfluənt] = mellifluous

**mellifluous** [me'lɪfluəs] *a* медоточи́вый; сладкозвýчный; ласкáющий слух

**mellow** ['meləu] 1. *a* 1) спéлый; зрéлый, слáдкий и сóчный (*о фруктах*) 2) прия́тный на вкус; вы́держанный (*о вине*) 3) мягкий, сóчный, густóй (*о голосе, цвете и т. п.*) 4) плодорóдный, жи́рный; ры́хлый (*о почве*) 5) умудрённый óпытом, смягчи́вшийся с годáми (*о человеке, характере*) 6) *разг.* подвы́пивший

2. *v* 1) дéлать(ся) спéлым, сóчным; созревáть 2) станови́ться вы́держанным (*о вине*) 3) смягчáть(ся) 4) разрыхля́ть(ся) (*о почве*)

**mellownes** ['meləunɪs] *n* 1) спéлость, зрéлость 2) мя́гкость, сóчность 3) вы́держанность (*о вине*) 4) добросердéчность

**melodic** [mɪ'lɔdɪk] *a* мелоди́ческий, мелоди́чный

**melodious** [mɪ'ləudjəs] *a* 1) мелоди́чный 2) мя́гкий, нéжный, певýчий 3) музыкáльный (*о пьесе*)

**melodist** ['melədɪst] *n* 1) компози́тор 2) певéц

**melodize** ['melədaɪz] *v* 1) дéлать мелоди́чным 2) сочиня́ть мелóдии

**melodrama** ['meləuˌdra:mə] *n* 1) мелодрáма 2) театрáльность (*в манерах*)

**melodramatic** [ˌmeləudrə'mætik] *a* 1) мелодрамати́ческий 2) аффекти́рованный, напы́щенный (*о манерах и т. п.*)

**melody** ['melədɪ] *n* 1) мелóдия 2) мелоди́чность

**melon** ['melən] *n* 1) ды́ня 2) = water-~ 3) *амер. ком. разг.* тантьéма; крýпный дополни́тельный дивидéнд; дивидéнд в фóрме беспла́тных áкций; to cut (*или* to slice) the ~ а) распределя́ть дополни́тельные дивидéнды мéжду пáйщиками; б) распределя́ть крýпные вы́игрыши мéжду игрокáми

**Melpomene** [mel'pɔmɪni(:)] *n греч. миф.* Мельпомéна

**melt** [melt] 1. *v* 1) тáять 2) плáвить(ся), растáпливать(ся) 3) *разг.* растворя́ть(ся) 4) смягчáть(ся); трóгать; умиля́ться 5) слабéть, уменьшáться; исчезáть 6) (незамéтно) переходи́ть (*в другую форму*); сливáться 7) *разг.* трáтить (*деньги*); размéнивать (*банковый билет*) □ ~ **away** а) растáять; б) улетýчиваться, исчезáть из ви́ду; ~ **down** расплавля́ть; растворя́ть; ~ **out** выплавля́ть

2. *n* 1) расплáвленный метáлл 2) плáвка

**melted butter** ['meltɪdˌbʌtə] *n* топлёное мáсло

**melted cheese** ['meltɪdtʃi:z] *n* плáвленый сыр

**melting** ['meltɪŋ] 1. *pres. p. от* melt 1

2. *n* 1) плáвка, плавлéние 2) тáяние; распускáние

3. *a* 1) плáвкий 2) плави́льный 3) тáющий (во рту) 4) нéжный, мя́гкий; чувстви́тельный; she is in the ~ mood онá готóва расплáкаться 5) трóгательный

**melting-house** ['meltɪŋ'haus] *n* плави́льня

**melting-point** ['meltɪŋ'pɔɪnt] *n* тóчка плавлéния

**melting-pot** ['meltɪŋ'pɔt] *n* ти́гель ◇ to go into the ~ подвéргнуться корeннóму изменéнию

**melton** ['meltən] *n* мельтóн (*род сукна*)

**mem.** [mem] *сокр. от* memorandum

**member** ['membə] *n* 1) член (*в разн. знач.*); M. of Parliament член парлáмента; ~ of sentence *грам.* член предложéния; ~ of equation *мат.* член уравнéния; ~s of armed forces ли́чный состáв вооружённых сил 2) учáстник, партнёр; представи́тель; ~s of the press (of the ruling class) представи́тели пре́ссы (пра́вящего кла́сса) 3) *тех.* элеме́нт констру́кции 4) *attr.*: ~ state госуда́рство-член (*ООН и т. п.*) ◇ unruly ~ ≅ язы́к без косте́й

**membership** [ˈmembəʃɪp] *n* 1) члéнство; зва́ние чле́на 2) коли́чество чле́нов 3) рядовы́е чле́ны (*па́ртии, профсою́за*) 4) *attr.* чле́нский; ~ card чле́нский биле́т; ~ fee чле́нский взнос

**membrane** [ˈmembreɪn] *n* 1) плева́, оболо́чка, перепо́нка, плёнка 2) *тех.* мембра́на, диафра́гма 3) мездра́

**membraneous, membranous** [memˈbreɪnjəs, memˈbreɪnəs] *a* перепо́нчатый; плёночный

**memento** [mɪˈmentəu] *n* (*pl* -oes, -os [-əuz]) 1) напомина́ние 2) сувени́р

**memo** [ˈmiːməu] *n сокр. от* memorandum

**memoir** [ˈmemwɑː] *n* 1) кра́ткая (авто)биогра́фия 2) *pl* мемуа́ры, воспомина́ния 3) нау́чная статья́; *pl* учёные запи́ски (*о́бщества*)

**memoirist** [ˈmemwɑːrɪst] *n* а́втор мемуа́ров *или* биогра́фии

**memorability** [ˌmemərəˈbɪlɪtɪ] *n* 1) достопа́мятность 2) не́что достопа́мятное

**memorable** [ˈmemərəbl] *a* (досто)па́мятный, незабве́нный, незабыва́емый

**memoranda** [ˌmeməˈrændə] *pl от* memorandum

**memorandum** [ˌmeməˈrændəm] *n* (*pl* -da, -s [-z]) 1) заме́тка, па́мятная запи́ска 2) дипломати́ческая но́та; memора́ндум 3) докладна́я запи́ска

**memorial** [mɪˈmɔːrɪəl] **1.** *n* 1) па́мятник 2) запи́ска; заме́тка 3) *pl* воспомина́ния; хро́ника 4) *церк.* поминове́ние 5) подро́бное изложе́ние фа́ктов в пети́ции 6) *ком.* мемориа́л

**2.** *a* напомина́ющий; мемориа́льный; устра́иваемый в па́мять; M. Day *амер.* день па́мяти па́вших в гражда́нской войне́ в США 1861—65 гг., в испа́но-америка́нской и други́х во́йнах (*30 ма́я*)

**3.** *v* составля́ть *или* подава́ть пети́цию

**memorialist** [mɪˈmɔːrɪəlɪst] *n* 1) мемуари́ст 2) состави́тель пети́ции

**memorialize** [mɪˈmɔːrɪəlaɪz] *v* 1) увекове́чивать па́мять 2) подава́ть пети́цию

**memorize** [ˈmeməraɪz] *v* 1) запомина́ть; зау́чивать наизу́сть 2) увекове́чивать па́мять

**memory** [ˈmemərɪ] *n* 1) па́мять; in ~ of smb., smth. в па́мять кого́-л., чего́-л.; to the best of my ~ наско́лько я по́мню; if my ~ serves me right, if my ~ does not fail me е́сли па́мять мне не изменя́ет; within living ~ на па́мяти ны́нешнего поколе́ния 2) воспомина́ние; he has left a sad ~ behind он оста́вил по себе́ недо́брую па́мять 3) *тех.* маши́нная па́мять, запомина́ющее устро́йство, накопи́тель информа́ции 4) *тех.* за́пись, регистра́ция

**men** [men] *pl от* man 1

**menace** [ˈmenəs] **1.** *n* угро́за; опа́сность

**2.** *v* угрожа́ть, грози́ть

**ménage** [meˈnɑːʒ] *фр. n* 1) дома́шнее хозя́йство; веде́ние хозя́йства 2) организа́ция, че́рез кото́рую мо́жно де́лать поку́пки в рассро́чку

**menagerie** [mɪˈnædʒərɪ] *фр. n* звери́нец (*особ.* бродя́чий)

**men-at-arms** [ˈmenətˈɑːmz] *pl от* man-at-arms

**men-children** [ˈmenˌtʃɪldrən] *pl от* man-child

**mend** [mend] **1.** *n* 1) зашто́панная ды́рка, заде́ланная тре́щина *и т. п.* 2) улучше́ние (*здоро́вья, дел*); to be on the ~ идти́ на попра́вку, улучша́ться

**2.** *v* 1) исправля́ть, чини́ть; што́пать; лата́ть; ремонти́ровать (*доро́гу и т. п.*) 2) улучша́ть(ся); поправля́ться (*о здоро́вье*) ◇ to ~ the fire подбро́сить то́плива; to ~ one's pace приба́вить ша́гу; to ~ one's ways испра́виться; it is never too late to ~ *посл.* испра́виться никогда́ не по́здно; ~ or end ли́бо испра́вить, ли́бо положи́ть коне́ц; ≅ полуме́рами де́лу не помо́жешь; that won't ~ matters э́то де́лу не помо́жет

**mendacious** [menˈdeɪʃəs] *a* лжи́вый; ло́жный

**mendacity** [menˈdæsɪtɪ] *n* лжи́вость; ложь

**mender** [ˈmendə] *n* 1) тот, кто исправля́ет, чи́нит, што́пает, лата́ет 2) ремо́нтный ма́стер

**mendicancy** [ˈmendɪkənsɪ] *n* ни́щенство; попроша́йничество

**mendicant** [ˈmendɪkənt] **1.** *n* 1) ни́щий, попроша́йка 2) *ист.* мона́х ни́щенствующего о́рдена

**2.** *a* ни́щий, ни́щенствующий

**mendicity** [menˈdɪsɪtɪ] *n* ни́щенство

**mending** [ˈmendɪŋ] **1.** *pres. p. от* mend 2

**2.** *n* 1) почи́нка; што́пка; ремо́нт 2) улучше́ние, исправле́ние

**menhaden** [menˈheɪdn] *n* менха́ден, америка́нская сельдь

**menhir** [ˈmenhɪə] *n археол.* менги́р

**menial** [ˈmiːnjəl] *пренебр.* **1.** *n* слуга́; лаке́й

**2.** *a* раболе́пный; лаке́йский; ~ work чёрная рабо́та

**meningitis** [ˌmenɪnˈdʒaɪtɪs] *n мед.* менинги́т

**menisci** [mɪˈnɪsaɪ] *pl от* meniscus

**meniscus** [mɪˈnɪskəs] *n* (*pl* menisci) *физ., анат.* мени́ск

**men-of-war** [ˈmenəvˈwɔː] *pl от* man-of-war

**menopause** [ˈmenəupɔːz] *n мед.* климактери́ческий пери́од, менопа́уза

**menses** [ˈmensiːz] *n pl физиол.* менструа́ции

**menstrua** [ˈmenstruə] *pl от* menstruum

**menstrual** [ˈmenstruəl] *a* 1) *физиол.* менструа́льный 2) *астр.* ежеме́сячный

**menstruate** [ˈmenstrueɪt] *v физиол.* менструи́ровать

**menstruation** [ˌmenstruˈeɪʃən] *n физиол.* менструа́ции

**menstruum** [ˈmenstruəm] *n* (*pl* -rua, -s [-z]) *хим.* раствори́тель

**mensurable** [ˈmenʃurəbl] *a* 1) измери́мый 2) *муз.* ритми́чный

**mensural** [ˈmensjurəl] *a* 1) ме́рный, разме́ренный 2) *муз.* мензура́льный

**mensuration** [ˌmensjuəˈreɪʃən] *n* измере́ние

**mental** I [ˈmentl] **1.** *a* 1) у́мственный; ~ defective у́мственно отста́лый ребёнок 2) психи́ческий; ~ affection душе́вная боле́знь; ~ house (*или* home) психиатри́ческая больни́ца; ~ strain у́мственное напряже́ние; your troubles are purely ~ ва́ши несча́стья — чи́стое воображе́ние; ~ patient (*или* case) душевнобольно́й; ~ specialist психиа́тр; ~ nurse сиде́лка в психиатри́ческой больни́це 3) мнемони́ческий 4) производи́мый в уме́, мы́сленный; ~ arithmetic (*или* calculations) счёт в уме́; ~ reservation мы́сленная огово́рка

**2.** *n разг.* ненорма́льный, псих

**mental** II [ˈmentl] *a* подборо́дочный

**mentality** [menˈtælɪtɪ] *n* 1) ум; интелле́кт 2) склад ума́ 3) умонастрое́ние

**mentally** [ˈmentəlɪ] *adv* 1) у́мственно; ~ alert облада́ющий живы́м умо́м, восприи́мчивый 2) мы́сленно

**mentation** [menˈteɪʃən] *n* 1) у́мственный проце́сс; проце́сс мышле́ния 2) умонастрое́ние

**menthol** [ˈmenθɔl] *n хим.* ментол

**mention** [ˈmenʃən] **1.** *n* упомина́ние; ссы́лка (на); to make ~ of smb., smth. упомяну́ть кого́-л., что-л.; honourable ~ а) похва́льный о́тзыв; б) благода́рность в прика́зе

**2.** *v* упомина́ть, ссыла́ться на; don't ~ it а) не сто́ит (благода́рности); б) ничего́, пожа́луйста (*в отве́т на извине́ние*); not to ~ не говоря́ уже́ о

**mentor** [ˈmentɔː] *n* наста́вник, руководи́тель, воспита́тель, ме́нтор

**menu** [ˈmenjuː] *фр. n* меню́

**Mephistophelean** [ˌmefɪstəˈfiːljən] *a* мефисто́фельский

**mephitis** [meˈfaɪtɪs] *n* злово́ние, ядови́тые испаре́ния; миа́змы

**mercantile** [ˈməːkəntaɪl] *a* 1) торго́вый; комме́рческий; ~ law торго́вое законода́тельство; ~ marine торго́вый флот; ~ system *эк.* систе́ма меркантили́зма 2) меркантильный; торга́шеский; ме́лочно расчётливый

**mercenary** [ˈməːsɪnərɪ] **1.** *a* 1) коры́стный; торга́шеский 2) наёмный

**2.** *n* наёмник

**mercer** [ˈməːsə] *n* торго́вец шёлком и ба́рхатом

**mercerize** [ˈməːsəraɪz] *v текст.* мерсеризова́ть

**mercery** [ˈməːsərɪ] *n* 1) шёлковый *или* ба́рхатный това́р 2) торго́вля шёлковым и ба́рхатным това́ром

**merchandise** [ˈməːtʃəndaɪz] **1.** *n* това́ры

**2.** *v* торгова́ть

**merchant** [ˈməːtʃənt] **1.** *n* 1) купе́ц 2) *амер., шотл.* ла́вочник 3) *разг.* «тип» (*о челове́ке*)

**2.** *a* 1) торго́вый, комме́рческий; ~ service торго́вый флот; ~ ship = merchantman; ~ tailor *уст.* портно́й, шьющий из своего́ материа́ла; ~ prince кру́пный оптови́к, «коро́ль» 2) = merchantable

**merchantable** [ˈmɑːtʃəntəbl] *a* хо́дкий (*о товаре*)

**merchantman** [ˈmɑːtʃəntmən] *n* торго́вое су́дно, «купе́ц»

**Mercian** [ˈmɑːʃjən] *ист.* **1.** *a* мерси́йский

**2.** *n* 1) обита́тель Ме́рсии 2) мерси́йский диале́кт

**merciful** [ˈmɑːsɪful] *a* 1) милосе́рдный, ми́лостивый 2) сострада́тельный 3) благоприя́тный 4) мя́гкий (*о наказании*)

**mercifulness** [ˈmɑːsɪfulnɪs] *n* 1) милосе́рдие 2) сострада́ние 3) мя́гкость

**merciless** [ˈmɑːsɪlɪs] *a* безжа́лостный; беспоща́дный

**mercurial** [mɑːˈkjuərɪəl] **1.** *a* 1) рту́тный 2) живо́й, подви́жный; де́ятельный 3) непостоя́нный

**2.** *n* рту́тный препара́т

**mercuriality** [ˌmɑːkjuərɪˈælɪtɪ] *n* жи́вость, подви́жность

**mercurialize** [mɑːˈkjuərɪəlaɪz] *v* лечи́ть рту́тью

**Mercury** [ˈmɑːkjurɪ] *n* 1) *римск. миф.* Мерку́рий 2) *астр.* плане́та Мерку́рий 3) *шутл.* посо́л; ве́стник (*тж. в названиях газет*)

**mercury** [ˈmɑːkjurɪ] *n* 1) ртуть; рту́тный столб; рту́тный препара́т 2) *бот.* проле́ска 3) *attr.* рту́тный ◇ the ~ is rising а) температу́ра повыша́ется; б) дела́ (*настроение и т. п.*) улучша́ются; в) возбужде́ние растёт; атмосфе́ра накаля́ется

**mercy** [ˈmɑːsɪ] *n* 1) милосе́рдие; сострада́ние; to be left to the tender ~ (*или* mercies) of smb. *ирон.* быть о́тданным на ми́лость кого́-л. (*обыкн.* жесто́кого челове́ка) 2) ми́лость; проще́ние, поми́лование; to beg for ~ проси́ть поща́ды; to have ~ on (*или* upon) smb. щади́ть, ми́ловать кого́-л. 3) уда́ча, сча́стье; that's a ~! э́то пря́мо сча́стье! ◇ at the ~ of во вла́сти; thankful for small mercies дово́льный ма́лым

**mere** I [mɪə] *n* о́зеро; пруд; во́дное простра́нство

**mere** II [mɪə] *a* 1) просто́й, не бо́лее чем; a ~ child could do it да́же ребёнок мог сде́лать э́то 2) я́вный; су́щий; a ~ trifle су́щий пустя́к; a ~ nobody по́лное ничто́жество 3): of ~ motion *юр.* доброво́льно 4) *уст.* чи́стый

**merely** [ˈmɪəlɪ] *adv* то́лько, про́сто; еди́нственно; I ~ asked his name я то́лько спроси́л, как его́ зову́т

**meretricious** [ˌmerɪˈtrɪʃəs] *a* 1) показно́й; мишу́рный 2) распу́тный

**merganser** [mɑːˈgænsə] *n* кроха́ль (*птица*)

**merge** [mɑːdʒ] *v* 1) поглоща́ть 2) слива́ть(ся), соединя́ть(ся)

**merger** [ˈmɑːdʒə] *n* 1) поглоще́ние 2) слия́ние, объедине́ние (*торговое или промышленное*)

**meridian** [məˈrɪdɪən] **1.** *n* 1) *геогр.* меридиа́н 2) зени́т 3) по́лдень 4) вы́сшая то́чка; расцве́т (*жизни*)

**2.** *a* 1) полу́денный; находя́щийся в зени́те 2) вы́сший, кульминацио́нный

**meridional** [məˈrɪdɪənl] **1.** *a* 1) меридиона́льный 2) ю́жный

**2.** *n* южа́нин (*особ. из южной Франции*)

**meringue** [məˈræŋ] *фр. n кул.* мере́нга

**merino** [məˈriːnəu] *n* (*pl* -os [-əuz]) 1) мерино́с (*порода овец*) 2) мерино́совая шерсть 3) *attr.* мерино́совый; ~ sheep мерино́с

**merit** [ˈmerɪt] **1.** *n* 1) заслу́га; to make a ~ of smth. ста́вить что-л. себе́ в заслу́гу; Order of M. о́рден «За заслу́ги» 2) досто́инство 3) *pl* ка́чества; to judge on the ~s of the case (question, *etc.*) суди́ть по существу́ де́ла (вопро́са *и т. п.*)

**2.** *v* заслужи́ть, быть досто́йным

**meritocracy** [ˌmerɪˈtɔkrəsɪ] *n* систе́ма, при кото́рой положе́ние челове́ка в о́бществе определя́ется его́ спосо́бностями

**meritocrat** [ˈmerɪtəkræt] *n* челове́к, дости́гший положе́ния в о́бществе благодаря́ свои́м спосо́бностям

**meritorious** [ˌmerɪˈtɔːrɪəs] *a* 1) досто́йный награ́ды 2) похва́льный

**merle** [mɑːl] *n уст., поэт.* чёрный дрозд

**merlin** [ˈmɑːlɪn] *n зоол.* кре́чет

**merlon** [ˈmɑːlən] *n* зубе́ц (*крепостной стены*)

**mermaid** [ˈmɑːmeɪd] *n* руса́лка, сире́на; ная́да

**merman** [ˈmɑːmæn] *n* водяно́й; трито́н

**Merovingian** [ˌmerəuˈvɪndʒɪən] *ист.* **1.** *a* относя́щийся к фра́нкской дина́стии Мерови́нгов (VI—VIII *вв. н. э.*)

**2.** *n pl* Мерови́нги

**merrily** [ˈmerɪlɪ] *adv* ве́село, оживлённо

**merriment** [ˈmerɪmənt] *n* весе́лье, развлече́ние

**merry** I [ˈmerɪ] *a* 1) весёлый; ра́достный; to make ~ весели́ться, пирова́ть; to make ~ over (*или* with, about) smb., smth. потеша́ться над кем-л., чем-л. 2) смешно́й 3) *разг.* навеселе́, подвы́пивший

**merry** II [ˈmerɪ] *n* чере́шня

**merry andrew** [ˈmerɪˈændruː] *n* шут, фигля́р, га́ер

**merry dancers** [ˈmerɪˈdɑːnsəz] *n разг.* се́верное сия́ние

**merry-go-round** [ˈmerɪgəuˌraund] *n* 1) карусе́ль 2) вихрь (*удовольствий и т. п.*)

**merry-maker** [ˈmerɪˌmeɪkə] *n* весельча́к; заба́вник

**merry-making** [ˈmerɪˌmeɪkɪŋ] *n* весе́лье, поте́ха; пра́зднество

**merry-meeting** [ˈmerɪˌmiːtɪŋ] *n* пиру́шка

**merrythought** [ˈmerɪθɔːt] *n* ду́жка, ви́лочка (*грудная кость птицы*).

**mesa** [ˈmeɪsə] *n амер. геол.* столо́вая гора́

**mésalliance** [meˈzælɪəns] *фр. n* нера́вный брак, мезалья́нс

**mesentery** [ˈmesəntərɪ] *n анат.* брыже́йка

**mesh** [meʃ] **1.** *n* 1) петля, яче́йка се́ти; отве́рстие, очко́ (*решета, грохота*) 2) *pl* се́ти; *перен.* западня́ 3) *тех.* зацепле́ние 4) *attr.*: ~ stockings кручёная се́тка (*чулки*)

**2.** *v* 1) пойма́ть в се́ти; опу́тывать сетя́ми 2) запу́тываться в сетях 3) *тех.* зацепля́ть(ся); сцепля́ть(ся)

**meshy** [ˈmeʃɪ] *a* се́тчатый; яче́истый

**mesial** [ˈmiːzjəl] *a* сре́дний, среди́нный, медиа́льный

**mesmeric** [mezˈmerɪk] *a* гипноти́ческий

**mesmerism** [ˈmezmərɪzm] *n* 1) гипноти́зм 2) гипно́з

**mesmerist** [ˈmezmərɪst] *n* гипнотизёр

**mesmerize** [ˈmezməraɪz] *v* гипнотизи́ровать; *перен.* очаро́вывать, зачаро́вывать

**meson** [ˈmiːzɔn] *n физ.* мезо́н

**mesotron** [ˈmesəutrɔn] *n физ.* мезотро́н

**mess** I [mes] **1.** *n* 1) беспоря́док; кутерьма́, пу́таница; to make a ~ of things напу́тать; напо́ртить; провали́ть всё де́ло; in a ~ а) в беспоря́дке; вверх дном; б) в грязи́ 2) неприя́тность; to get into a ~ попа́сть в беду́; to be in a ~ быть в беде́, име́ть неприя́тности; to clear up the ~ выясни́ть недоразуме́ние

**2.** *v* 1) производи́ть беспоря́док; па́чкать, грязни́ть 2) по́ртить де́ло (*часто* ~ up) 3) ло́дырничать, рабо́тать с ленцо́й (*часто* ~ about)

**mess** II [mes] **1.** *n* 1) гру́ппа люде́й, пита́ющихся за о́бщим столо́м 2) о́бщий стол, о́бщее пита́ние (*в армии и флоте*) 3) столо́вая (*в учебном заведении*); *мор.* старши́нская каю́т-компа́ния 4) блю́до, ку́шанье; похлёбка 5) болту́шка, ме́сиво (*для животных*) 6) *attr.* столо́вый; ~ allowance столо́вые де́ньги; ~ kit *амер.* котело́к и столо́вый прибо́р (*для солдат, туристов*)

**2.** *v* обе́дать совме́стно, за о́бщим столо́м, столова́ться вме́сте (with, together)

**message** [ˈmesɪdʒ] **1.** *n* 1) сообще́ние, донесе́ние; письмо́, посла́ние; send me a ~ извести́те меня́; to leave a ~ for smb. проси́ть переда́ть что-л. кому́-л. 2) поруче́ние; ми́ссия 3) официа́льное прави́тельственное посла́ние; *амер.* посла́ние президе́нта конгре́ссу (*тж.* the President's ~ to Congress) 4) иде́я (*книги и т. п.*)

**2.** *v* 1) посыла́ть сообще́ние, донесе́ние 2) передава́ть сигна́лами, сигнализи́ровать 3) телеграфи́ровать

**message bag** [ˈmesɪdʒbæg] *n ав.* вы́мпел для сбра́сывания донесе́ний

**message book** [ˈmesɪdʒbuk] *n воен.* полева́я кни́жка

**message center** [ˈmesɪdʒˌsentə] *n воен.* пункт сбо́ра (и отпра́вки) донесе́ний

**messenger** [ˈmesɪndʒə] *n* 1) ве́стник, посы́льный; курье́р; special ~ на́рочный, курье́р 2) предве́стник 3) *эл., ж.-д.* несу́щий трос

**messenger-pigeon** [ˈmesɪndʒəˈpɪdʒɪn] *n* 1) почто́вый го́лубь 2) *воен.* го́лубь свя́зи

**Messiah** [mɪˈsaɪə] *n рел.* мессия

**messieurs** [məˈsjə:(z)] *pl от* monsieur

**mess-jacket** [ˈmesˌdʒækɪt] *n мор.* ту́жу́рка

**messmate** [ˈmesmeɪt] *n* 1) однока́шник; сотрапе́зник 2) *мор.* това́рищ по каю́т-компа́нии

**mess-room** [ˈmesrum] = mess II 1, 3)

**Messrs** [ˈmesəz] *n pl* (*сокр. от* messieurs) господа́ (*ставится перед фамилиями владельцев фирмы, напр.*, Messrs Chapman & Hall)

**messuage** [ˈmeswɪdʒ] *n юр.* уса́дьба

**messy** [ˈmesɪ] *a* 1) гря́зный 2) беспоря́дочный

**mestizo** [mesˈti:zəu] *n* (*pl* -os, -oes [-əuz]) мети́с

**met** [met] *past и p. p. от* meet 1

**metabolic** [ˌmetəˈbɔlɪk] *a* относя́щийся к обме́ну веще́ств; ~ disease наруше́ние обме́на веще́ств; ~ disturbance расстро́йство обме́на веще́ств

**metabolism** [meˈtæbəlɪzm] *n* метаболи́зм, обме́н веще́ств

**metacarpus** [ˌmetəˈkɑ:pəs] *n анат.* пясть

**metachrosis** [ˌmetəˈkrəusɪs] *n биол.* спосо́бность меня́ть окра́ску

**metagalaxy** [ˈmetəˌgæləksɪ] *n астр.* метагала́ктика

**metagenesis** [ˌmetəˈdʒenɪsɪs] *n биол.* метагене́з

**metal** [ˈmetl] **1.** *n* 1) мета́лл 2) *pl* ре́льсы; the train left (*или* jumped) the ~s по́езд сошёл с ре́льсов 3) щебе́нь 4) распла́вленное стекло́ 5) *ж.-д.* балла́ст 6) *полигр.* гарт 7) = mettle 2); 8) *attr.* металли́ческий ◇ heavy ~ а) тяжёлая артилле́рия; б) ве́ские аргуме́нты

**2.** *v* 1) покрыва́ть, обшива́ть мета́ллом 2) мости́ть, шосси́ровать щё́бнем 3) *ж.-д.* балласти́ровать

**metalled road** [ˈmetldrəud] *n* шоссе́

**metallic** [mɪˈtælɪk] *a* металли́ческий

**metalliferous** [ˌmetəˈlɪfərəs] *a* рудоно́сный; содержа́щий мета́лл

**metalline** [ˈmetəlaɪn] *a* 1) металли́ческий 2) содержа́щий мета́лл

**metallization** [ˌmetəlaɪˈzeɪʃən] *n тех.* металлиза́ция

**metallize** [ˈmetəlaɪz] *v тех.* металлизи́ровать

**metallography** [ˌmetəˈlɔgrəfɪ] *n* металлогра́фия

**metalloid** [ˈmetəlɔɪd] *n хим.* металло́ид

**metallurgical** [ˌmetəˈlə:dʒɪkəl] *a* металлурги́ческий; ~ engineer инжене́р-металлу́рг; ~ engineering металлу́ргия; ~ furnace металлурги́ческая печь

**metallurgist** [meˈtælədʒɪst] *n* металлу́рг

**metallurgy** [meˈtælədʒɪ] *n* металлу́ргия

**metal-worker** [ˈmetlˌwə:kə] *n* металли́ст

**metamerism** [mɪˈtæmərɪzm] *n хим.*, *зоол.* метамери́я

**metamorphose** [ˌmetəˈmɔ:fəuz] *v* подверга́ть(ся) метаморфо́зе (into); изменя́ть(ся)

**metamorphoses** [ˌmetəˈmɔ:fəsi:z] *pl от* metamorphosis

**metamorphosis** [ˌmetəˈmɔ:fəsɪs] *n* (*pl* -ses) метаморфо́з(а)

**metaphor** [ˈmetəfə] *n* мета́фора

**metaphorical** [ˌmetəˈfɔrɪkəl] *a* метафори́ческий

**metaphrase** [ˈmetəfreɪz] **1.** *n* 1) досло́вный перево́д 2) нахо́дчивый отве́т

**2.** *v* переводи́ть досло́вно

**metaphysical** [ˌmetəˈfɪzɪkəl] *a* метафизи́ческий

**metaphysician** [ˌmetəfɪˈzɪʃən] *n* метафи́зик

**metaphysics** [ˌmetəˈfɪzɪks] *n pl* (*часто употр. как sing*) метафи́зика

**metaplasia** [ˌmetəˈpleɪzjə] *n биол.* метапла́зия

**metasomatism** [ˌmetəˈsəumətɪzm] *n геол.* метасомати́зм

**metastasis** [meˈtæstəsɪs] *n мед.* метаста́з

**metatarsi** [ˌmetəˈtɑ:saɪ] *pl от* metatarsus

**metatarsus** [ˌmetəˈtɑ:səs] *n* (*pl* -si) *анат.* плюсна́

**metathesis** [meˈtæθəsɪs] *n* 1) *лингв.* метате́за 2) *хим.* обме́н, реа́кция обме́на

**métayage** [ˌmeteɪˈjɑ:ʒ] *фр. n* аре́нда исполу

**métayer** [meˈteɪjeɪ] *фр. n* испо́льщик; издо́льщик

**metcast** [ˈmetkɑ:st] *n* метеорологи́ческий прогно́з пого́ды

**mete** I [mi:t] *n* грани́ца; пограни́чный знак; ~s and bounds *юр.* грани́цы, преде́лы

**mete** II [mi:t] *v* 1) отмеря́ть, распределя́ть (*часто* ~ out) 2) назнача́ть (*награду, наказание*) 3) *поэт.* измеря́ть

**metempsychoses** [ˌmetempsɪˈkəusi:z] *pl от* metempsychosis

**metempsychosis** [ˌmetempsɪˈkəusɪs] *n* (*pl* -ses) *рел.* метемпсихо́з

**meteor** [ˈmi:tjə] *n* 1) метео́р 2) атмосфе́рное явле́ние

**meteoric** [ˌmi:tɪˈɔrɪk] *a* 1) метеори́ческий, метео́рный 2) метеорологи́ческий; атмосфери́ческий 3) сверкну́вший как метео́р; ослепи́тельный

**meteorite** [ˈmi:tjəraɪt] *n* метеори́т

**meteorograph** [ˈmi:tjərəgrɑ:f] *n физ.* метеоро́граф

**meteorological** [ˌmi:tjərəˈlɔdʒɪkəl] *a* метеорологи́ческий; атмосфери́ческий; ~ message метеосво́дка

**meteorology** [ˌmi:tjəˈrɔlədʒɪ] *n* 1) метеороло́гия 2) метеорологи́ческие усло́вия (*района, страны*)

**meter** [ˈmi:tə] *n* 1) измери́тель; счё́тчик; измери́тельный прибо́р; to read the gas (electric) ~ снима́ть показа́ния га́зового (электри́ческого) счё́тчика 2) *амер.* = metre

**meterage** [ˈmi:tərɪdʒ] *n* 1) измере́ние (*при помощи измерительного прибора*) 2) показа́ния измери́тельного прибо́ра

**metering** [ˈmi:tərɪŋ] *n* 1) измере́ние 2) сня́тие показа́ний прибо́ров

**mete-wand** [ˈmi:twɔnd] *n* мери́ло, крите́рий

**methane** [ˈmi:θeɪn] *n хим.* мета́н, боло́тный газ

**method** [ˈmeθəd] *n* 1) ме́тод, спо́соб; приё́м 2) систе́ма; поря́док 3) *бот.*, *зоол.* классифика́ция 4) *pl* мето́дика (*наука*)

**methodical** [mɪˈθɔdɪkəl] *a* 1) системати́ческий 2) методи́ческий, методи́чный

**Methodist** [ˈmeθədɪst] *n рел.* методи́ст

**methodize** [ˈmeθədaɪz] *v* приводи́ть в систе́му, в поря́док

**methodology** [ˌmeθəˈdɔlədʒɪ] *n* методоло́гия

**Methuselah** [mɪˈθju:zələ] *n библ.* Мафусаи́л

**methyl** [ˈmeθɪl] *n хим.* 1) мети́л 2) *attr.* мети́ловый; ~ alcohol мети́ловый спирт

**meticulous** [mɪˈtɪkjuləs] *a* 1) ме́лочный; дото́шный; тща́тельный 2) щепети́льный

**métier** [ˈmetjeɪ] *фр. n* заня́тие, профе́ссия, ремесло́

**metis** [ˈmi:tɪs] *фр. n* мети́с

**metonymy** [mɪˈtɔnɪmɪ] *n лит.* метони́мия

**metope** [ˈmətəup] *n архит.* мето́п

**metre** [ˈmi:tə] *n* 1) метр (*мера*) 2) разме́р, ритм, метр (*в стихосложении, музыке*)

**metric** [ˈmetrɪk] *a* метри́ческий; ~ system десяти́чная (*или* метри́ческая) систе́ма мер

**metrical** [ˈmetrɪkəl] *a* 1) измери́тельный 2) = metric 3) *прос.* метри́ческий

**metrication** [ˌmetrɪˈkeɪʃən] *n* 1) введе́ние метри́ческой систе́мы 2) сравни́тельное изуче́ние ра́зных метри́ческих систе́м

**metrician** [mɪˈtrɪʃən] *n* знато́к ме́трики (*стихотворной*)

**metrics** [ˈmetrɪks] *n pl* (*употр. как sing*) *прос.* ме́трика

**Metro** [ˈmetrəu] *n* метрополите́н, метро́

**metrology** [meˈtrɔlədʒɪ] *n* 1) метроло́гия 2) систе́ма мер и весо́в

**metronome** [ˈmetrənəum] *n* метроно́м

**metronymic** [ˌmetrəˈnɪmɪk] *a* образо́ванный от и́мени ма́тери [*ср.* patronymic 1]

**metropolis** [mɪˈtrɔpəlɪs] *n* 1) столи́ца; the ~ Ло́ндон 2) метропо́лия 3) центр делово́й *или* культу́рной жи́зни

**metropolitan** [ˌmetrəˈpɔlɪtən] **1.** *a* 1) столи́чный; ~ borough муниципа́льный райо́н (*в Лондоне*) 2) относя́щийся к метропо́лии; ~ power метропо́лия (*по отношению к своим колониям*) 3) относя́щийся к митрополи́ту

**2.** *n* 1) жи́тель столи́цы *или* метропо́лии 2) архиепи́скоп; митрополи́т

**mettle** [ˈmetl] *n* 1) хара́ктер, темпера́мент 2) пыл, рети́вость; horse of ~ горя́чая ло́шадь; to be on one's ~

рва́ться в бой, проявля́ть пыл, рети́вость 3) хра́брость; to put (*или* to set) smb. on his ~ a) испыта́ть чьё-л. му́жество; б) заста́вить кого́-л. сде́лать всё, что в его́ си́лах; воодушеви́ть

**mettled** ['metld] *a* рети́вый; горя́чий; сме́лый

**mettlesome** ['metlsəm] *a* сме́лый; рья́ный

**mew** I [mju:] *n* ча́йка

**mew** II [mju:] **1.** *n* 1) кле́тка (*для сокола, ястреба*) 2) *уст.* ли́нька (*птиц*)

2. *v* 1) сажа́ть в кле́тку 2) *уст.* линя́ть (*о птицах*) 3) сбра́сывать рога́ (*об олене*) □ ~ **up** заключа́ть в тюрьму́; запира́ть

**mew** III [mju:] **1.** *n* мяу́канье; мя́у

2. *v* мяу́кать

**mewl** [mju:l] *v* 1) мяу́кать 2) хны́кать

**mews** [mju:z] *n* коню́шни; изво́зчичий двор

**Mexican** ['meksıkən] **1.** *a* мексика́нский; ~ tea *бот.* марь амброзиеви́дная

2. *n* мексика́нец; мексика́нка

**mezzanine** ['metsəni:n] *n* 1) *архит.* антресо́ли 2) *театр.* помеще́ние под сце́ной

**mezzo-soprano** ['medzəusə'prɑ:nəu] *n* ме́ццо-сопра́но

**mezzotint** ['medzəutınt] *полигр.* **1.** *n* ме́ццо-ти́нто, глубо́кая печа́ть

2. *v* воспроизводи́ть спо́собом ме́ццо-ти́нто

**mho** [məu] *n эл.* мо (*единица проводимости*)

**mi** [mi:] *n муз.* ми

**miaou, miaow** [mi(:)'au] **1.** *n* мяу́канье

2. *v* мяу́кать

**miasma** [mı'æzmə] *n* (*pl* -s [-z], -ta) миа́змы, вре́дные испаре́ния

**miasmata** [mı'æzmətə] *pl от* miasma

**miasmatic** [mıəz'mætık] *a* миазмати́ческий

**mica** ['maıkə] *n* 1) слюда́ 2) *attr.* слюдяно́й

**mice** [maıs] *pl от* mouse 1

**micella, micelle** [maı'selə, mı'sel] *n биол.* мице́лла

**Michaelmas** ['mıklməs] *n* 1) Миха́йлов день (*29 сентября*) 2) *attr.*: ~ daisy а́стра; ~ term a) осе́нний триме́стр (*в университете, колледже*) 3) *юр.* осе́нняя суде́бная се́ссия

**micro-** ['maıkrəu-] *в сложных словах означает*: а) ма́ленький; необыкнове́нно ма́ленького разме́ра; *напр.*: microorganism микрооргани́зм; б) *в физической терминологии* в миллио́н раз ме́ньше, чем основна́я ме́ра; *напр.*: microsecond микросеку́нда (*миллионная часть секунды*)

**microbe** ['maıkrəub] *n* микро́б

**microbiology** ['maıkrəubaı'ɔlədʒı] *n* микробиоло́гия

**microcephaly** ['maıkrəu'kefəlı] *n* микроцефа́лия

**microclimate** ['maıkrəu'klaımıt] *n* микрокли́мат

**microcopy** ['maıkrəu,kɔpı] *n* микрофотоко́пия; микрофи́льм

**microcosm** ['maıkrəukɔzm] *n* 1) микроко́см 2) что-л. в миниатю́ре

**microelement** ['maıkrəu'elımənt] *n* микроэлеме́нт

**microfilm** ['maıkrəufılm] *n* микрофи́льм

**microfilming** ['maıkrəu,fılmıŋ] *n* микросъёмка

**micrograph** ['maıkrəugrɑ:f] *n* 1) микросни́мок 2) микро́граф

**micrography** [maı'krɔgrəfı] *n* микрогра́фия

**microhm** ['maıkrəum] *n эл.* микрoо́м, микро́м

**micrometer** [maı'krɔmıtə] *n* микро́метр

**micromotor** ['maıkrəu'məutə] *n* микродви́гатель

**micron** ['maıkrɔn] *n* микро́н

**microorganism** ['maıkrəu'ɔ:gənızm] *n* микроорганизм

**microphone** ['maıkrəfəun] *n* микрофо́н

**microphyte** ['maıkrəfaıt] *n бот.* микроскопи́ческое расте́ние

**microreader** ['maıkrəu'ri:də] *n* аппара́т для чте́ния микрофотоко́пий

**microscope** ['maıkrəskəup] *n* микроско́п

**microscopic(al)** [,maıkrəs'kɔpık(əl)] *a* микроскопи́ческий

**microscopy** [maı'krɔskəpı] *n* микроскопи́я

**microsecond** ['maıkrəu'sekənd] *n* микросеку́нда

**microtome** ['maıkrətəum] *n мед.* микрото́м

**microtomy** [maı'krɔtəmı] *n мед.* приготовле́ние гистологи́ческих сре́зов

**microvolt** ['maıkrəuvəult] *n эл.* микрово́льт

**microwatt** ['maıkrəuwɔt] *n эл.* микрова́тт

**microwave** ['maıkrəuweıv] *a радио* микрово́лновый; ~ region диапазо́н сантиметро́вых волн; ~ transmitter ультракоротково́лновый переда́тчик

**microwaves** ['maıkrəuweıvz] *n pl радио* микрово́лны; сантиметро́вые во́лны; дециметро́вые во́лны

**micturition** [,mıktju(:)'rıʃən] *n* 1) *мед.* боле́зненный позы́в на мочеиспуска́ние 2) *распр.* мочеиспуска́ние

**mid** [mıd] *a* сре́дний, среди́нный; in ~ air высоко́ в во́здухе; in ~ course в пути́; from ~ June to ~ August с середи́ны ию́ня до середи́ны а́вгуста

**mid-** [mıd-] *pref* в середи́не; mid-January в середи́не января́; mid-ocean откры́тый океа́н

**midday** ['mıddeı] *n* 1) по́лдень 2) *attr.* полдне́вный, полу́денный

**midden** ['mıdn] *n диал.* ку́ча му́сора; наво́зная ку́ча

**middle** ['mıdl] **1.** *n* 1) середи́на; in the ~ of a) в середи́не (*чего-л.*); б) во вре́мя (*какого-л. дела, занятия*) 2) *разг.* та́лия 3) *грам.* медиа́льный *или* сре́дний зало́г (*тж.* ~ voice) 4) пода́ча мяча́ в центр по́ля (*футбол*) ◇ in the ~ of nowhere неизве́стно в како́м ме́сте; непоня́тно где

2. *a* сре́дний; ~ age (*или* years) зре́лые го́ды; the M. Ages сре́дние века́; the upper (lower) ~ class кру́пная (ме́лкая) буржуази́я; the ~ reaches of the Danube сре́днее тече́ние Дуна́я; ~ finger сре́дний па́лец; ~ school сре́дняя шко́ла ◇ ~ watch *мор.* ночна́я ва́хта (*с 24 ч. до 4 ч.*); the ~ way уме́ренная пози́ция; ≅ золота́я середи́на

3. *v* 1) помести́ть в середи́ну 2) пода́ть мяч на середи́ну по́ля (*в футболе*)

**middle-aged** ['mıdl'eıdʒd] *a* сре́дних лет

**middleman** ['mıdlmæn] *n* комиссионе́р; посре́дник

**middlemost** ['mıdlməust] *a* ближа́йший к це́нтру, центра́льный

**middle-of-the-road** ['mıdləvðə'rəud] *a* сре́дний; полови́нчатый; ~ parties *полит.* па́ртии це́нтра

**middle-of-the-roader** ['mıdləvðə'rəudə] *n* челове́к, занима́ющий полови́нчатую пози́цию

**middle-sized** ['mıdl'saızd] *a* сре́дний, сре́днего разме́ра

**middle-weight** ['mıdlweıt] *n* 1) сре́дний вес 2) боре́ц *или* боксёр сре́днего ве́са (*68—71 кг*)

**middling** ['mıdlıŋ] **1.** *pres. p. от* middle 3

2. *a* 1) сре́дний 2) второсо́ртный; посре́дственный 3) *разг.* сно́сный (*о здоровье*)

3. *adv* сре́дне; та́к себе, сно́сно; ~ good дово́льно хоро́ший

**middlings** ['mıdlıŋz] *n pl* 1) това́р сре́днего ка́чества, второсо́ртный това́р (*особ. о муке*) 2) *горн.* нечи́стый концентра́т 3) *амер.* стандáртный сорт хло́пка «ми́ддлинг»

**middy** ['mıdı] *сокр. разг. от* midshipman

**midge** [mıdʒ] *n* 1) мо́шка; кома́р 2) = midget 2)

**midget** ['mıdʒıt] *n* 1) ка́рлик, лилипу́т 2) о́чень ма́ленькое существо́ *или* вещь 3) миниатю́рный разме́р фотока́рточки 4) *attr.* миниатю́рный; ~ car малолитра́жный автомоби́ль; ~ receiver *радио* миниатю́рный приёмник

**midland** ['mıdlənd] **1.** *n* 1) вну́тренняя часть страны́ 2) (the ~s) *pl* центра́льные гра́фства (*Англии*)

2. *a* 1) центра́льный; удалённый от мо́ря 2) вну́тренний (*о море*)

**midmost** ['mıdməust] *a* находя́щийся в са́мой середи́не

**midnight** ['mıdnaıt] *n* 1) по́лночь 2) непрогля́дная тьма; as black (*или* as dark) as ~ о́чень тёмный 3) *attr.* полуно́чный; полно́чный

**midrib** ['mıdrıb] *n бот.* гла́вная жи́лка (*листа*)

**midriff** ['mıdrıf] *n анат.* диафра́гма, грудобрю́шная прегра́да

**midship** ['mıdʃıp] *n мор.* 1) ми́дель, сре́днее сече́ние 2) *attr.*: ~ frame ми́дель-шпанго́ут

**midshipman** ['mıdʃıpmən] *n* корабе́льный гардемари́н; *амер.* гардемари́н, курса́нт вое́нно-морско́го учи́лища

**midships** [ˈmɪdʃɪps] = amidships

**midst** [mɪdst] **1.** *n* середи́на; in the ~ of среди́; in our ~, in the ~ of us в на́шей среде́; среди́ нас

**2.** *prep поэт. см.* amid

**midstream** [ˈmɪdstriːm] *n* середи́на реки́

**midsummer** [ˈmɪdˌsʌmə] *n* 1) середи́на ле́та 2) *разг.* ле́тнее солнцестоя́ние 3) *attr.*: M. day Ива́нов день (*24 июня*); ~ madness *разг.* умопомеша́тельство; чи́стое безу́мие

**midterm** [ˈmɪdˈtəːm] *n* (*обыкн. pl*) *амер. разг.* экза́мены в середи́не семе́стра (*в университете*; *тж.* ~ exams)

**midway** [ˈmɪdˈweɪ] **1.** *n* полпути́

**2.** *adv* на полпути́, на полдоро́ге

**mid-week** [ˈmɪdˈwiːk] *n* 1) середи́на неде́ли 2) среда́ (*в употреблении квакеров*)

**midwife** [ˈmɪdwaɪf] *n* акуше́рка; повива́льная ба́бка

**midwinter** [ˈmɪdˈwɪntə] *n* 1) середи́на зимы́ 2) зи́мнее солнцестоя́ние

**midyear** [ˈmɪdjəː] *n* 1) середи́на го́да (*тж. учебного года*) 2) *амер. разг.* экза́мен в середи́не уче́бного го́да; *pl* зи́мняя экзаменацио́нная се́ссия (*в университете*)

**mien** [miːn] *n* 1) ми́на, выраже́ние лица́ 2) вид, нару́жность 3) мане́ра держа́ть себя́

**miff** [mɪf] *разг.* **1.** *n* 1) лёгкая ссо́ра, размо́лвка 2) вспы́шка раздраже́ния; to get a ~ наду́ться

**2.** *v* 1) разозли́ть(ся); наду́ться 2) увя́нуть (*о растении*; *тж.* ~ off)

**might** I [maɪt] *past от* may I

**might** II [maɪt] *n* 1) могу́щество; мощь 2) эне́ргия; си́ла; with ~ and main изо всех сил

**might-have-been** [ˈmaɪthəvˈbiːn] *n* 1) упу́щенная возмо́жность 2) неуда́чник 3) *attr.* неосуществи́вшийся, несбы́вшийся

**mightily** [ˈmaɪtɪlɪ] *adv* 1) мо́щно, си́льно 2) *разг.* чрезвыча́йно, о́чень; to be ~ pleased быть стра́шно дово́льным

**mightiness** [ˈmaɪtɪnɪs] *n* 1) мо́щность 2) вели́чие 3): your ~ ва́ше высо́чество, ва́ша све́тлость (*титул*; *часто шутл. или ирон.*)

**mighty** [ˈmaɪtɪ] **1.** *a* 1) могу́щественный; мо́щный 2) *разг.* грома́дный

**2.** *adv разг.* чрезвыча́йно, о́чень; that is ~ easy э́то о́чень легко́; he thinks himself ~ clever он счита́ет себя́ о́чень у́мным

**mignonette** [ˌmɪnjəˈnet] *фр. n* 1) резеда́ 2) францу́зское кру́жево

**migraine** [ˈmiːgreɪn] *n* мигре́нь

**migrant** [ˈmaɪgrənt] **1.** *a* 1) кочу́ющий 2) перелётный (*о птице*)

**2.** *n* 1) переселе́нец 2) перелётная пти́ца

**migrate** [maɪˈgreɪt] *v* 1) мигри́ровать; переселя́ться 2) соверша́ть перелёт (*о птицах*)

**migration** [maɪˈgreɪʃən] *n* 1) мигра́ция; переселе́ние 2) перелёт (*птиц*)

**migratory** [ˈmaɪgrətərɪ] *a* 1) = migrant 1, 2) *мед.* блужда́ющий

**mike** I [maɪk] *sl.* **1.** *n*: to do (*или* to have) a ~ безде́льничать

**2.** *v* слоня́ться, безде́льничать; отлы́нивать от рабо́ты

**mike** II [maɪk] *n разг.* микрофо́н

**mil** [mɪl] *n* 1) ты́сяча; per ~ на ты́сячу 2) мил, одна́ ты́сячная дю́йма

**milady** [mɪˈleɪdɪ] *n* миле́ди (*преим. во франц. употреблении*)

**milage** [ˈmaɪlɪdʒ] = mileage

**Milanese** [ˌmɪləˈniːz] **1.** *a* мила́нский

**2.** *n* (*pl без измен.*) мила́нец, жи́тель Мила́на

**milch** [mɪltʃ] *a* моло́чный (*о скоте*); ~ cow до́йная коро́ва (*тж. перен.*)

**mild** [maɪld] *a* 1) мя́гкий 2) кро́ткий 3) уме́ренный 4) нео́стрый (*о пище*); сла́бый (*о пиве, лекарстве, табаке и т. п.*) 5) ти́хий, мя́гкий (*о человеке*) 6): ~ steel мя́гкая (*или* малоуглеро́дистая) сталь

**mild-cured** [ˈmaɪldˈkjuəd] *a* малосо́льный

**mildew** [ˈmɪldjuː] **1.** *n* 1) *бот.* ми́лдью, ложномучни́стая роса́ 2) пле́сень (*на коже, бумаге*)

**2.** *v бот.* поража́ть *или* быть поражённым ми́лдью

**mildewy** [ˈmɪldju(ː)ɪ] *a бот.* поражённый ми́лдью

**mildness** [ˈmaɪldnɪs] *n* мя́гкость *и пр.* [*см.* mild]

**mile** [maɪl] *n* ми́ля; English (*или* statute) ~ англи́йская ми́ля (= *1609 м*); Admiralty (*или* geographical, nautical, sea) ~ морска́я ми́ля (= *1853 м*) ◇ ~s easier (better) в ты́сячу раз ле́гче (лу́чше); not a hundred ~s away неподалёку, вблизи́; to stand (*или* to stick) out a ~ *разг.* быть очеви́дным, броса́ться в глаза́

**mileage** [ˈmaɪlɪdʒ] *n* 1) расстоя́ние в ми́лях; число́ (про́йденных) миль 2) проездны́е де́ньги (*для командировочных и т. п., из расчёта расстояния в милях*)

**mile-post** [ˈmaɪlpəust] *n* ми́льный столб

**Milesian** I [maɪˈliːzjən] *a ист.* миле́тский

**Milesian** II [maɪˈliːzjən] **1.** *a* ирла́ндский

**2.** *n* ирла́ндец

**milestone** [ˈmaɪlstəun] *n* 1) ми́льный ка́мень *или* столб 2) *перен.* ве́ха

**milfoil** [ˈmɪlfɔɪl] *n бот.* тысячели́стник

**militancy** [ˈmɪlɪtənsɪ] *n* войнственность

**militant** [ˈmɪlɪtənt] **1.** *a* 1) вою́ющий, войнственный 2) акти́вный, боево́й; ~ trade union боево́й профсою́з

**2.** *n* 1) бое́ц 2) боре́ц, активи́ст; a trade union ~ профсою́зный активи́ст

**militarily** [ˈmɪlɪtərɪlɪ] *adv* 1) войнственно 2) с вое́нной то́чки зре́ния; в вое́нном отноше́нии 3) с по́мощью войск, применя́я вое́нную си́лу

**militarism** [ˈmɪlɪtərɪzm] *n* милитари́зм

**militarist** [ˈmɪlɪtərɪst] *n* 1) милитари́ст 2) *pl* вое́нщина

**militarization** [ˈmɪlɪtəraɪˈzeɪʃən] *n* милитариза́ция

**militarize** [ˈmɪlɪtəraɪz] *v* милитаризи́ровать

**military** [ˈmɪlɪtərɪ] **1.** *a* вое́нный, во́инский; ~ age призывно́й во́зраст; ~ bearing вое́нная вы́правка; ~ chest войскова́я ка́сса, казна́; ~ engineering вое́нно-инжене́рное де́ло; ~ establishment вооружённые си́лы; ~ execution приведе́ние в исполне́ние пригово́ра вое́нного суда́; ~ government вое́нная администра́ция на за́нятой террито́рии проти́вника; ~ information разве́дывательные да́нные; ~ oath во́инская прися́га; ~ post полева́я по́чта; ~ potential вое́нный потенциа́л; ~ rank во́инское зва́ние; ~ school (*или* academy) вое́нная шко́ла, вое́нное учи́лище; ~ service вое́нная слу́жба; ~ testament (*или* will) у́стное завеща́ние военнослу́жащего ◇ ~ pit во́лчья я́ма

**2.** *n* 1) войска́, вое́нная си́ла 2) (the ~) вое́нные, военнослу́жащие; вое́нщина 3) (*без артикля*) *груб.* солдатня́; солдафо́ны

**militate** [ˈmɪlɪteɪt] *v* 1) препя́тствовать 2) свиде́тельствовать, говори́ть про́тив (*об уликах, фактах*; against) 3) боро́ться, воева́ть

**militia** [mɪˈlɪʃə] *n* 1) мили́ция 2) *ист.* наро́дное ополче́ние; милицио́нная а́рмия (*в Англии*)

**militiaman** [mɪˈlɪʃəmən] *n* 1) *ист.* ополче́нец; солда́т милицио́нной а́рмии 2) милиционе́р

**milk** [mɪlk] **1.** *n* 1) молоко́ 2) *бот.* мле́чный сок, ла́текс 3) *уст.* моло́ки 4) *attr.* моло́чный ◇ the ~ of human kindness доброcерде́чие, симпа́тия, доброта́ (*часто ирон.*); ~ for babes несло́жная кни́га, статья́ *и т. п.*; ~ and honey ≅ моло́чные ре́ки, кисе́льные берега́

**2.** *v* 1) дои́ть 2) дава́ть молоко́ (*о скоте*) 3) извлека́ть вы́году (*из чего-либо*); эксплуати́ровать 4) *разг.* перехва́тывать (*телеграфные, телефонные сообщения*) ◇ to ~ the bull (*или* the ram) ≅ ждать от козла́ молока́

**milk and water** [ˈmɪlkən(d)ˈwɔːtə] *n* 1) разба́вленное молоко́ 2) бессодержа́тельный разгово́р; бессодержа́тельная кни́га; «вода́»

**milk-and-water** [ˈmɪlkən(d)ˈwɔːtə] *a* 1) безвку́сный, водяни́стый; сла́бый, пусто́й 2) безво́льный, бесхара́ктерный; безли́кий; ~ girl ≅ «кисе́йная ба́рышня»

**milk-brother** [ˈmɪlkˌbrʌðə] *n* моло́чный брат

**milker** [ˈmɪlkə] *n* 1) доя́р; доя́рка 2) до́йльная маши́на 3) моло́чная коро́ва

**milk-float** [ˈmɪlkfləut] *n* теле́жка для разво́зки молока́

**milk-gauge** [ˈmɪlkgeɪdʒ] *n* лакто́метр

**milking-machine** [ˈmɪlkɪŋməˈʃiːn] *n* до́йльная маши́на

**milk-livered** [ˈmɪlkˌlɪvəd] *a* трусли́вый

**milkmaid** [ˈmɪlkmeɪd] *n* доя́рка

**milkman** [ˈmɪlkmən] *n* продаве́ц молока́

**milk-shake** [ˈmɪlkʃeɪk] *n* моло́чный кокте́йль

**milksop** [ˈmɪlksɔp] *n* 1) бесхара́ктерный челове́к, «тря́пка», «ба́ба» 2) *уст.* кусо́к хле́ба, размо́ченный в молоке́

**milk-sugar** [ˈmɪlkˌʃugə] *n хим.* моло́чный са́хар, лакто́за

**milk-tooth** [ˈmɪlktu:θ] *n* моло́чный зуб

**milkweed** [ˈmɪlkwi:d] *n название многих растений, выделяющих млечный сок, напр.*, молоча́й

**milk-white** [ˈmɪlkwaɪt] *a* моло́чно-бе́лый

**milky** [ˈmɪlkɪ] *a* моло́чный ◇ M. Way *астр.* Мле́чный Путь

**mill** I [mɪl] **1.** *n* 1) ме́льница 2) фа́брика, заво́д 3) (прока́тный) стан 4) ме́льница; дроби́лка 5) пресс (*для выжимания растительного масла*) 6) *тех.* фреза́ 7) = treadmill 8) *sl.* бокс; кула́чный бой 9) *sl.* тюрьма́ 10) *attr.* ме́льничный 11) *attr.* фабри́чный, заводско́й ◇ to go (*или* to pass) through the ~ пройти́ суро́вую шко́лу; to put smb. through the ~ заста́вить кого́-л. пройти́ суро́вую шко́лу

**2.** *v* 1) моло́ть; ру́шить (*зерно*) 2) дроби́ть, измельча́ть (*руду*) 3) обраба́тывать на станке́; фрезерова́ть; гурти́ть (*монету*) 4) выде́лывать (*кожу*); валя́ть (*сукно*) 5) *sl.* бить, тузи́ть 6) *sl.* отпра́вить в тюрьму́ 7) дви́гаться круго́м, кружи́ть (*о толпе, стаде*; *тж.* ~ about)

**mill** II [mɪl] *n амер.* ты́сячная часть до́ллара

**millboard** [ˈmɪlbɔ:d] *n* то́лстый карто́н

**mill cake** [ˈmɪlkeɪk] *n* жмых

**mill-dam** [ˈmɪldæm] *n* ме́льничная плоти́на

**millenary** [mɪˈlenərɪ] **1.** *n* тысячеле́тняя годовщи́на

**2.** *a* тысячеле́тний

**millennia** [mɪˈlenɪə] *pl от* millennium

**millennial** [mɪˈlenjəl] *a* тысячеле́тний

**millennium** [mɪˈlenɪəm] *n* (*pl* -s [-z], -nia) 1) тысячеле́тие 2) золото́й век

**millepede** [ˈmɪlɪpi:d] *n зоол.* многоно́жка

**miller** [ˈmɪlə] *n* 1) ме́льник 2) фрезеро́вщик 3) фре́зерный стано́к

**miller's thumb** [ˈmɪləzˈθʌm] *n* подка́менщик (*рыба*)

**millesimal** [mɪˈlesɪməl] **1.** *a* ты́сячный

**2.** *n* ты́сячная часть

**millet** [ˈmɪlɪt] *n* 1) про́со 2) *attr.* просяно́й, из про́са; ~ beer (*или* ale) буза́ (*напиток*)

**mill-hand** [ˈmɪlhænd] *n* фабри́чный *или* заводско́й рабо́чий

**milliard** [ˈmɪljɑ:d] *num. card.*, *n* миллиа́рд

**milligram(me)** [ˈmɪlɪgræm] *n* миллигра́мм

**millimetre** [ˈmɪlɪˌmi:tə] *n* миллиме́тр

**milliner** [ˈmɪlɪnə] *n* моди́стка

**millinery** [ˈmɪlɪnərɪ] *n* 1) да́мские шля́пы 2) произво́дство да́мских шляп; торго́вля да́мскими шля́пами

**milling** [ˈmɪlɪŋ] **1.** *pres. p. от* mill I, 2

**2.** *n* помо́л *и пр.* [*см.* mill I, 2]

**3.** *a* 1) мукомо́льный 2) *разг.* толпя́щийся, толку́щийся

**milling cutter** [ˈmɪlɪŋˌkʌtə] *n* фреза́

**milling machine** [ˈmɪlɪŋməˈʃi:n] *n* фре́зерный стано́к

**million** [ˈmɪljən] **1.** *num. card.* миллио́н; ten ~ books де́сять миллио́нов книг; the total is four ~ итого́ четы́ре миллио́на

**2.** *n* 1) число́ миллио́н 2): the ~ а) мно́жество, ма́сса; б) основна́я ма́сса населе́ния

**millionaire** [ˌmɪljəˈnɛə] *n* миллионе́р

**millipede** [ˈmɪlɪpi:d] = millepede

**mill-pond** [ˈmɪlpɔnd] *n* ме́льничный пруд; запру́да у ме́льницы

**mill-race** [ˈmɪlreɪs] *n* 1) ме́льничный лото́к 2) пото́к воды́, приводя́щий в движе́ние ме́льничное колесо́

**millstone** [ˈmɪlstəun] *n* 1) жёрнов 2) бре́мя ◇ between the upper and the nether ~ в безвы́ходном положе́нии; ≅ ме́жду мо́лотом и накова́льней; to see far into a ~, to look through a ~ облада́ть сверхъесте́ственной проница́тельностью (*обыкн. ирон.*); to have (*или* to fix) a ~ about one's neck ≅ наде́ть себе́ ка́мень на ше́ю

**mill-stream** [ˈmɪlstri:m] = mill-race 2)

**mill-wheel** [ˈmɪlwi:l] *n* ме́льничное колесо́

**millwright** [ˈmɪlraɪt] *n* 1) монта́жник 2) сле́сарь-монтёр 3) *редк.* констру́ктор

**milord** [mɪˈlɔ:d] *n* мило́рд (*преим. во франц. употреблении*)

**milquetoast** [ˈmɪlktəust] *n амер.* ро́бкий, засте́нчивый челове́к

**milt** [mɪlt] **1.** *n* 1) семенники́ (*рыб*), моло́ки 2) *уст.* селезёнка

**2.** *v* оплодотворя́ть икру́

**milter** [ˈmɪltə] *n* ры́ба-саме́ц (*во время нереста*)

**mime** [maɪm] **1.** *n* 1) мим (*представление у древних греков и римлян*) 2) мим

**2.** *v* 1) исполня́ть роль в пантоми́ме 2) изобража́ть мими́чески 3) подража́ть, имити́ровать, передра́знивать

**mimesis** [maɪˈmi:sɪs] = mimicry 2)

**mimetic** [mɪˈmetɪk] *a* 1) подража́тельный 2) *биол.* облада́ющий мимикри́ей

**mimic** [ˈmɪmɪk] **1.** *a* 1) подража́тельный; переи́мчивый 2) ненастоя́щий 3) *биол.* относя́щийся к мимикри́и

**2.** *n* 1) имита́тор 2) мими́ческий актёр 3) подража́тель, «обезья́на»

**3.** *v* 1) пароди́ровать; передра́знивать 2) *разг.* обезья́нничать 3) *биол.* принима́ть защи́тную окра́ску

**mimicry** [ˈmɪmɪkrɪ] *n* 1) имити́рование 2) *биол.* мимикри́я

**mimosa** [mɪˈməuzə] *n бот.* мимо́за

**minacious** [mɪˈneɪʃəs] = minatory

**minaret** [ˈmɪnəret] *араб. n* минаре́т

**minatory** [ˈmɪnətərɪ] *a* угрожа́ющий

**mince** [mɪns] **1.** *v* 1) кроши́ть, руби́ть (*мясо*); пропуска́ть че́рез мясору́бку 2) смягча́ть; успока́ивать 3) говори́ть, держа́ться жема́нно 4) семени́ть нога́ми ◇ not to ~ matters (*или* one's words) говори́ть пря́мо, без обиняко́в

**2.** *n* фарш

**mincemeat** [ˈmɪnsmi:t] *n* начи́нка из изю́ма, миндаля́, са́хара *и пр.* (*для пирога*) ◇ to make ~ of ≅ преврати́ть в котле́ту; разби́ть, уничто́жить (*противника*)

**mince pie** [ˈmɪnsˈpaɪ] *n* сла́дкий пирожо́к [*см.* mincemeat]

**mincing-machine** [ˈmɪnsɪŋməˈʃi:n] *n* мясору́бка

**mind** [maɪnd] **1.** *n* 1) ра́зум; у́мственные спосо́бности; ум; to be in one's right ~ быть в здра́вом уме́; out of one's ~ поме́шанный, не в своём уме́; to live with one's own ~ жить свои́м умо́м; the great ~s of the world вели́кие умы́ челове́чества; on one's ~ в мы́слях, на уме́ 2) па́мять; воспомина́ние; to have (*или* to bear, to keep) in ~ по́мнить, име́ть в виду́; to bring to ~ напо́мнить; to go (*или* to pass) out of ~ вы́скочить из па́мяти 3) мне́ние; мысль; взгляд; to be of one (*или* a) ~ (with) быть одного́ и того́ же мне́ния (с); to be of the same ~ а) быть единоду́шным, приде́рживаться одного́ мне́ния; б) остава́ться при своём мне́нии; to speak one's ~ говори́ть открове́нно; to change (*или* to alter) one's ~ переду́мать; to my ~ по моему́ мне́нию; it was not to his ~ э́то бы́ло ему́ не по вку́су; to have an open ~ быть объекти́вным, непредубеждённым; to read smb.'s ~ чита́ть чужи́е мы́сли 4) наме́рение, жела́ние; I have a great (*или* good) ~ to do it у меня́ большо́е жела́ние э́то сде́лать; to know one's own ~ не колеба́ться, твёрдо знать, чего́ хо́чешь; to be in two ~s колеба́ться, находи́ться в нереши́тельности 5) дух (*душа*); ~'s eye духо́вное о́ко, мы́сленный взгляд; deep in one's ~ (глубоко́) в душе́ ◇ many men, many ~s, no two ~s think alike ≅ ско́лько голо́в, сто́лько умо́в; to make up one's ~ реши́ть(ся); to make up one's ~ to smth. смири́ться с чем-л.

**2.** *v* 1) по́мнить; ~ our agreement не забу́дьте о на́шем соглаше́нии; ~ and do what you're told не забу́дьте сде́лать то, что вам веле́ли 2) забо́титься, занима́ться (*чем-л.*); смотре́ть (*за чем-л.*); to ~ the shop присма́тривать за ла́вкой; please ~ the fire пожа́луйста, последи́те за ками́ном 3) остерега́ться, бере́чься; ~ the step! осторо́жно, там ступе́нька! 4) (*в вопр. или отриц. предложении, а* *также в утверд. ответе*) возражáть, имéть (*что-л.*) прóтив; do you ~ my smoking? вы не бýдете возражáть, éсли я закурю?; I don't ~ it a bit нет, нискóлько; yes, I ~ it very much нет, я óчень прóтив этого; I shouldn't ~ я не прочь ◇ never ~ ничегó, неважно, не беспокóйтесь, не бедá; never ~ the cost (*или* the expense) не остана́вливайтесь перед расхóдами; to ~ one's P's and Q's следи́ть за собóй, за своими словáми, соблюдáть осторóжность *или* прили́чия; ~ your eye! ≅ держи́ ýхо востро́!

**mind-breaker** [ˈmaɪndˌbreɪkə] *n* головолóмка

**minded** [ˈmaɪndɪd] **1.** *p. p. от* mind 2

**2.** *a* располóженный, готóвый (*что-л. сделать*)

**-minded** [-ˈmaɪndɪd] *в сложных словах* a) *указывает на склад ума, характера*: double-~ a) двоедýшный; б) колéблющийся; evil-~ злонамéренный; high-~ великодýшный; low-~ ни́зкий; small-~ мéлочный; pure-~ чистосердéчный; б) *указывает на склонность, интерес к чему-л.*: medically-~ имéющий склóнность, проявля́ющий интерéс к медици́не

**minder** [ˈmaɪndə] *n* человéк, присмáтривающий за *чем-л.*, забóтящийся о *ком-л.*

**mindful** [ˈmaɪndful] *a* 1) пóмнящий 2) внимáтельный (*к обязанностям*); забóтливый

**mindless** [ˈmaɪndlɪs] *a* 1) глýпый, бессмы́сленный 2) не дýмающий (*о чём-л.*); не считáющийся (of — *с чем-л.*)

**mine** I [maɪn] *pron poss.* (*абсолютная форма, не употр. атрибутивно; ср.* my) принадлежáщий мне; мой; моя́; моё; this is ~ это моё; a friend of ~ мой друг

**mine** II [maɪn] **1.** *n* 1) рудни́к; копь; шáхта; при́иск 2) зáлежь, пласт 3) *воен.* ми́на; to lay a ~ for подвести́ ми́ну под 4) *ист.* подкóп 5) истóчник (*сведений и т. п.*) 6) зáговор, интри́га ◇ to spring a ~ on smb. преподнести́ неприя́тный сюрпри́з; ≅ подложи́ть свинью́ комý-л.

**2.** *v* 1) производи́ть гóрные рабóты, разрабáтывать рудни́к, добывáть (*руду и т. п.*) 2) подкáпывать, копáть под землёй; вести́ подкóп 3) мини́ровать; стáвить ми́ны 4) зарывáться в зéмлю, рыть нóрку (*о животных*) 5) подкáпываться (*под кого-л.*); подрывáть (*репутацию и т. п.*)

**mineable** [ˈmaɪnəbl] *a мор.* допускáющий постанóвку мин

**mine-clearing** [ˈmaɪnˌklɪərɪŋ] *n воен.* размини́рование

**mine-detector** [ˈmaɪndɪˌtektə] *n воен.* миноискáтель

**minefield** [ˈmaɪnfiːld] *n воен.* ми́нное пóле

**mine foreman** [ˈmaɪnˌfɔːmən] *n горн.* штéйгер

**minelayer** [ˈmaɪnˌleɪə] *n мор.* ми́нный заградитель

**miner** [ˈmaɪnə] *n* 1) горня́к; горнорабóчий; шахтёр; рудокóп 2) *воен.* минёр

**mineral** [ˈmɪnərəl] **1.** *n* 1) минерáл 2) *pl* полéзные ископáемые 3) рудá 4) *pl разг.* минерáльная водá

**2.** *a* 1) минерáльный; ~ oil нефть, нефтепродýкт 2) *хим.* неорганический

**mineralization** [ˌmɪnərəlaɪˈzeɪʃən] *n* минерализáция

**mineralize** [ˈmɪnərəlaɪz] *v геол.* минерализовáть, насыщáть минерáльными соля́ми

**mineralogist** [ˌmɪnəˈræləʤɪst] *n* минералóг

**mineralogy** [ˌmɪnəˈræləʤɪ] *n* минералóгия

**Minerva** [mɪˈnəːvə] *n римск. миф.* Минéрва

**minesweeper** [ˈmaɪnˌswiːpə] *n мор.* ми́нный трáльщик

**minethrower** [ˈmaɪnˌθrəuə] *n* миномёт

**minever** [ˈmɪnɪvə] = miniver

**mine worker** [ˈmaɪnˌwəːkə] = miner 1)

**mingle** [ˈmɪŋgl] *v* смéшивать(ся); to ~ in (*или* with) the crowd смешáться с толпóй; to ~ in society вращáться в óбществе; to ~ (their) tears плáкать вмéсте

**mingle-mangle** [ˈmɪŋglˈmæŋgl] *n* смесь, вся́кая вся́чина; пýтаница

**mingy** [ˈmɪnʤɪ] *a разг.* скупóй, мéлочный

**mini-** [ˈmɪnɪ] *pref* ми́ни- (*указывает на малый размер, малую длину и т. п.*)

**miniate** [ˈmɪnɪeɪt] *v* 1) крáсить ки́новарью 2) украшáть цветны́ми ри́сýнками (*рукопись*)

**miniature** [ˈmɪnjəʧə] **1.** *n* 1) миниатю́ра; in ~ в миниатю́ре 2) *полигр.* застáвка 3) *кино* макéт (*модели построек и т. п. в миниатюре*)

**2.** *a* миниатю́рный

**3.** *v* изображáть в миниатю́ре

**miniaturist** [ˈmɪnjətjuərɪst] *n* миниатюри́ст

**minibus** [ˈmɪnɪbʌs] *n* микроавтóбус

**minicab** [ˈmɪnɪkæb] *n* такси́-малолитрáжка

**minify** [ˈmɪnɪfaɪ] *v* уменьшáть, преуменьшáть

**minikin** [ˈmɪnɪkɪn] *n* 1) мáленькая вещь; мáленькое существó 2) *полигр.* бриллиáнт (*шрифт*)

**minim** [ˈmɪnɪm] *n* 1) мельчáйшая части́ца, óчень мáленькая дóля, кáпля 2) $^{1}/_{60}$ дрáхмы 3) бездéлица 4) *муз.* половиннáя нóта

**minima** [ˈmɪnɪmə] *pl от* minimum

**minimal** [ˈmɪnɪml] *a* 1) минимáльный 2) óчень мáленький

**minimize** [ˈmɪnɪmaɪz] *v* 1) доводи́ть до ми́нимума 2) преуменьшáть

**minimum** [ˈmɪnɪməm] *n* (*pl* minima) 1) ми́нимум; минимáльное коли́чество 2) *attr.* минимáльный; ~ wage а) минимáльная зáработная плáта; б) прожи́точный ми́нимум

**minimus** [ˈmɪnɪməs] **1.** *a* млáдший из брáтьев *или* однофами́льцев (*учащихся в одной школе*)

**2.** *n анат.* мизи́нец

**mining** [ˈmaɪnɪŋ] **1.** *pres. p. от* mine II, 2

**2.** *n* 1) гóрное дéло; гóрная промы́шленность; разрабóтка месторождéний полéзных ископáемых 2) *воен. мор.* ми́нное дéло; мини́рование 3) *attr.* гóрный, рýдный; ~ camp рудни́к; ~ claim зая́вка (*на открытие рудника*); ~ engineer гóрный инженéр; ~ hole бурова́я сквáжина; ~ machine врýбовая маши́на

**minion** [ˈmɪnjən] *n* 1) фавори́т, люби́мец; ~ of fortune бáловень судьбы́ 2) креатýра; ~s of the law тюрéмщики, полицéйские 3) *уст.* любóвник 4) *полигр.* миньóн (*шрифт в 7 пунктов*)

**mini-recession** [ˈmɪnɪrɪˌseʃən] *n эк. разг.* микроспáд, незначи́тельное снижéние спрóса

**mini-skirt** [ˈmɪnɪskəːt] *n* ми́ни-ю́бка

**minister** [ˈmɪnɪstə] **1.** *n* 1) мини́стр; the ~s прави́тельство 2) *дип.* послáнник; совéтник посóльства 3) свящéнник 4) *редк.* исполни́тель, слугá; ~ of vengeance орýдие мéсти

**2.** *v* 1) служи́ть; помогáть, окáзывать пóмощь, содéйствие; спосóбствовать 2) совершáть богослужéние

**ministerial** [ˌmɪnɪsˈtɪərɪəl] *a* 1) министéрский, прави́тельственный; ~ changes изменéния в состáве кабинéта; ~ cheers (cries) *парл.* вóзгласы одобрéния (вы́крики) на министéрских скамья́х 2) служéбный; подчинённый 3) *церк.* пáстырский

**ministerialist** [ˌmɪnɪsˈtɪərɪəlɪst] *n* сторóнник прави́тельства

**ministration** [ˌmɪnɪsˈtreɪʃən] *n* 1) оказáние пóмощи 2) (*обыкн. pl*) пóмощь 3) богослужéние

**ministry** [ˈmɪnɪstrɪ] *n* 1) министéрство 2) кабинéт мини́стров 3) срок пребывáния у влáсти мини́стра *или* кабинéта 4) фýнкции свящéнника 5) духовéнство, пáстырство

**miniver** [ˈmɪnɪvə] *n* мех горностáя

**mink** [mɪŋk] *n* нóрка (*животное и мех*)

**minnesinger** [ˈmɪnɪˌsɪŋə] *n* миннези́нгер

**minnow** [ˈmɪnəu] *n* 1) голья́н (*рыба*) 2) мéлкая рыбёшка, мелюзгá 3) блеснá ◇ to throw out a ~ to catch a whale ≅ рискнýть пустякóм рáди большóго барышá; a Triton among (*или* of) the ~s ≅ великáн среди́ пигмéев

**minor** [ˈmaɪnə] **1.** *a* 1) незначи́тельный; второстепéнный; of ~ interest не представля́ющий большóго интерéса; ~ league *спорт.* ни́зшая ли́га 2) мéньший из двух; млáдший из двух брáтьев (*в школе*); ~ court суд ни́зшей инстáнции 3) *муз.* минóрный; *перен.* грýстный, минóрный

**2.** *n* 1) несовершеннолéтний подрóсток 2) *лог.* мéньшая посы́лка в силлоги́зме 3) *муз.* минóрный ключ 4) (M.) *ист.* францискáнец, минори́т 5) *амер.* непрофили́рующий предмéт (*в университете, колледже*)

**Minorca** [mɪ'nɔ:kə] *n* мино́рка (*порода кур*) [*см. тж. Список географических названий*]

**Minorite** ['maɪnəraɪt] *n* минори́т, францискáнец

**minority** [maɪ'nɔrɪtɪ] *n* 1) меньшинство́; ме́ньшее число́; ме́ньшая часть 2) несовершенноле́тие ◇ ~ report осо́бое мне́ние *или* заявле́ние меньшинства́

**minster** ['mɪnstə] *n* 1) монасты́рская це́рковь 2) кафедра́льный собо́р

**minstrel** ['mɪnstrəl] *n* 1) менестре́ль; поэ́т; певе́ц 2) *pl* исполни́тели негритя́нских пе́сен (*загримированные неграми*)

**minstrelsy** ['mɪnstrəlsɪ] *n* 1) иску́сство менестре́лей 2) *собир.* менестре́ли 3) поэ́зия, пе́сни менестре́лей

**mint** I [mɪnt] *n бот.* мя́та

**mint** II [mɪnt] **1.** *n* 1) моне́тный двор 2) больша́я су́мма; большо́е коли́чество; ~ of money больша́я су́мма; ку́ча де́нег; ~ of trouble ку́ча неприя́тностей 3) исто́чник, происхожде́ние; ~ of intrigue расса́дник интри́г 4) *attr.* но́вый, то́лько что вы́пущенный в свет; ~ coin блестя́щая но́венькая моне́та

**2.** *v* 1) чека́нить (*монету*) 2) создава́ть (*новое слово, выражение*) 3) *пренебр.* выду́мывать

**mintage** ['mɪntɪdʒ] *n* 1) чека́нка (*монеты*) 2) моне́ты одного́ вы́пуска 3) отпеча́ток (*на монете*) 4) по́шлина на пра́во чека́нки моне́ты 5) созда́ние, изобрете́ние; a word of new ~ неологи́зм

**minuend** ['mɪnju(:)end] *n мат.* уменьша́емое

**minuet** [ˌmɪnju'et] *n* менуэ́т

**minus** ['maɪnəs] **1.** *prep* 1) ми́нус; без; ten ~ four is six де́сять ми́нус четы́ре равня́ется шести́ 2) *разг.* лишённый (*чего-л.*); he came back ~ an arm он верну́лся (с войны́) без руки́

**2.** *n* 1) знак ми́нуса; ми́нус (*тж. перен.*) 2) *мат.* отрица́тельная величина́ 3) *воен.* недолёт

**3.** *a* отрица́тельный; ~ quantity *мат.* отрица́тельная величина́; ~ charge *эл.* отрица́тельный заря́д

**minuscule** ['mɪnəskju:l] *n* мину́скул (*строчная буква в средневековых рукописях*)

**minute** I ['mɪnɪt] **1.** *n* 1) мину́та (*тж. астр., мат.* $^1/_{60}$ *часть градуса*) 2) мгнове́ние; моме́нт; in a ~ ско́ро; the ~ (that) the bell rings he gets up как то́лько прозвони́т звоно́к, он встаёт; to the ~ пунктуа́льно, мину́та в мину́ту ◇ up to the ~ ультрасовреме́нный

**2.** *v* рассчи́тывать вре́мя по мину́там

**minute** II ['mɪnɪt] **1.** *n* 1) набро́сок, па́мятная запи́ска 2) *pl* протоко́л (*собрания*); to keep the ~s вести́ протоко́л

**2.** *v* 1) набра́сывать на́черно 2) вести́ протоко́л □ ~ **down** запи́сывать

**minute** III [maɪ'nju:t] *a* 1) ме́лкий, мельча́йший; ~ anatomy микроскопи́ческая анато́мия, гистоло́гия 2) незначи́тельный 3) подро́бный, дета́льный

**minute-book** ['mɪnɪtbuk] *n* журна́л заседа́ний

**minute-glass** ['mɪnɪtglɑ:s] *n* мину́тные песо́чные часы́

**minute-guns** ['mɪnɪtgʌnz] *n pl* ча́стые пу́шечные вы́стрелы (*сигнал бедствия или траурный салют*)

**minute-hand** ['mɪnɪthænd] *n* мину́тная стре́лка

**minutely** I ['mɪnɪtlɪ] **1.** *a* ежемину́тный

**2.** *adv* ежемину́тно

**minutely** II [maɪ'nju:tlɪ] *adv* 1) подро́бно 2) то́чно

**minute-man** ['mɪnɪtmæn] *n амер.* 1) *ист.* солда́т наро́дной мили́ции (*эпохи войны за независимость 1775—83 гг.*) 2) челове́к, всегда́ гото́вый к де́йствию

**minuteness** [maɪ'nju:tnɪs] *n* 1) ма́лость; незначи́тельность 2) дета́льность 3) то́чность

**minutiae** [maɪ'nju:ʃɪi:] *n pl* ме́лочи; дета́ли

**minx** [mɪŋks] *n* 1) де́рзкая девчо́нка; шалу́нья 2) коке́тка 3) *уст.* распу́тница

**miocene** ['maɪəusi:n] *геол.* **1.** *n* миоце́н

**2.** *a* миоце́новый

**miracle** ['mɪrəkl] *n* 1) чу́до; to a ~ на ди́во, удиви́тельно хорошо́ 2) удиви́тельная вещь, выдаю́щееся собы́тие 3) *театр. ист.* мира́кль (*тж.* ~ play)

**miraculous** [mɪ'rækjuləs] *a* 1) чудотво́рный, чудоде́йственный; сверхъесте́ственный 2) удиви́тельный

**mirage** ['mɪrɑ:ʒ] *n* мира́ж

**mire** ['maɪə] **1.** *n* тряси́на, боло́то; грязь ◇ to find oneself (*или* to stick) in the ~ оказа́ться в затрудни́тельном положе́нии; to bring in (*или* to drag through) the ~ обли́ть гря́зью, вы́ставить на позо́р

**2.** *v* 1) завя́знуть в грязи́, в тряси́не (*тж.* ~ down) 2) обры́згивать гря́зью; *перен.* черни́ть 3) втяну́ть (*во что-л.*)

**miriness** ['maɪərɪnɪs] *n* боло́тистость, то́пкость

**mirk** [mə:k] = murk

**mirror** ['mɪrə] **1.** *n* 1) зе́ркало; false ~ криво́е зе́ркало 2) зерка́льная пове́рхность 3) отображе́ние

**2.** *v* отража́ть, отобража́ть

**mirth** [mə:θ] *n* весе́лье, ра́дость

**mirthful** ['mə:θful] *a* весёлый, ра́достный

**mirthless** ['mə:θlɪs] *a* невесёлый, безра́достный, гру́стный

**miry** ['maɪərɪ] *a* 1) то́пкий 2) гря́зный

**mis-** [mɪs] *pref присоединяется к глаголам и отглагольным существительным, придавая значение* непра́вильно, ло́жно; *напр.*: misunderstand непра́вильно поня́ть; misprint опеча́тка

**misadventure** ['mɪsəd'ventʃə] *n* 1) несча́стье, несча́стный слу́чай 2) *юр.*: homicide by ~ непреднаме́ренное уби́йство; death by ~ смерть от несча́стного слу́чая

**misadvise** ['mɪsəd'vaɪz] *v* дава́ть плохо́й *или* непра́вильный сове́т

**misalliance** ['mɪsə'laɪəns] = mésalliance

**misanthrope** ['mɪzənθrəup] *n* человеконенави́стник, мизантро́п

**misanthropic(al)** [ˌmɪzən'θrɔpɪk(əl)] *a* человеконенави́стнический

**misanthropy** [mɪ'zænθrəpɪ] *n* мизантро́пия

**misapplication** ['mɪsˌæplɪ'keɪʃən] *n* 1) непра́вильное испо́льзование 2) злоупотребле́ние

**misapply** ['mɪsə'plaɪ] *v* 1) непра́вильно испо́льзовать 2) злоупотребля́ть

**misapprehend** ['mɪsˌæprɪ'hend] *v* поня́ть оши́бочно, преврáтно

**misapprehension** ['mɪsˌæprɪ'henʃən] *n* непра́вильное представле́ние; недоразуме́ние; to be under ~ быть в заблужде́нии

**misappropriate** ['mɪsə'prəuprɪeɪt] *v* 1) незако́нно присво́ить 2) растра́тить

**misappropriation** ['mɪsəˌprəuprɪ'eɪʃən] *n* 1) незако́нное присвое́ние 2) растра́та

**misbecame** ['mɪsbɪ'keɪm] *past от* misbecome

**misbecome** ['mɪsbɪ'kʌm] *v* (misbecame; misbecome) не подходи́ть, не прили́чествовать

**misbegotten** ['mɪsbɪˌgɔtn] *a* рождённый вне бра́ка

**misbehave** ['mɪsbɪ'heɪv] *v* ду́рно вести́ себя́

**misbehaviour** ['mɪsbɪ'heɪvjə] *n* дурно́е, недосто́йное поведе́ние; просту́пок

**misbelief** ['mɪsbɪ'li:f] *n* 1) ло́жное мне́ние; заблужде́ние 2) е́ресь

**misbelieve** ['mɪsbɪ'li:v] *v* 1) заблужда́ться 2) впада́ть в е́ресь

**misbeliever** ['mɪsbɪ'li:və] *n* ерети́к

**misbirth** [mɪs'bə:θ] *n* вы́кидыш, або́рт

**miscalculate** ['mɪs'kælkjuleɪt] *v* ошиба́ться в расчёте; просчи́тываться

**miscalculation** ['mɪsˌkælkju'leɪʃən] *n* оши́бка в расчёте; просчёт

**miscall** [mɪs'kɔ:l] *v* 1) неве́рно называ́ть 2) *диал.* обзыва́ть бра́нными слова́ми

**miscarriage** [mɪs'kærɪdʒ] *n* 1) неуда́ча; оши́бка; ~ of justice суде́бная оши́бка 2) недоста́вка по а́дресу 3) вы́кидыш

**miscarry** [mɪs'kærɪ] *v* 1) (по)терпе́ть неуда́чу 2) не доходи́ть по а́дресу 3) вы́кинуть; име́ть вы́кидыш

**miscast** [mɪs'kɑ:st] *v* поруча́ть актёру неподходя́щую роль; непра́вильно распределя́ть ро́ли

**miscegenation** [ˌmɪsɪdʒɪ'neɪʃən] *n* сме́шанные бра́ки; *особ.* бра́ки ме́жду бе́лыми и не́грами

**miscellanea** [ˌmɪsə'leɪnɪə] *n pl* 1) литерату́рная смесь; ра́зное (*рубрика*) 2) сбо́рник, альмана́х

**miscellaneous** [ˌmɪsɪ'leɪnjəs] *a* 1) сме́шанный; разнообра́зный 2) разносторо́нний

**miscellany** [mɪ'selənɪ] *n* 1) смесь 2) сбо́рник, альмана́х

**mischance** [mɪs'tʃɑ:ns] *n* неуда́ча; несча́стный слу́чай; by ~ к несча́стью, по несча́стной случа́йности

**mischief** ['mɪstʃɪf] *n* 1) вред; поврежде́ние 2) зло, беда́; the ~ of it is that беда́ в том, что; to make ~ ссо́рить, се́ять раздо́ры; вреди́ть; to keep out of ~ держа́ться пода́льше от греха́ 3) озорство́, прока́зы; full of ~ озорно́й; бедо́вый 4) *разг.* озорни́к, бедоку́р; the boy is a regular ~ э́тот мальчи́шка — настоя́щий прока́зник ◇ what the ~ do you want? како́го чёрта вам ну́жно?; why the ~? почему́, чёрт возьми́?

**mischief-maker** ['mɪstʃɪf,meɪkə] *n* интрига́н, смутья́н

**mischievous** ['mɪstʃɪvəs] *a* 1) озорно́й; непослу́шный 2) вре́дный

**miscomprehend** ['mɪs,kɔmprɪ'hend] *v* непра́вильно поня́ть

**miscomprehension** ['mɪs,kɔmprɪ'henʃən] *n* непра́вильное понима́ние, недоразуме́ние

**misconceive** ['mɪskən'si:v] *v* 1) непра́вильно поня́ть 2) име́ть непра́вильное представле́ние

**misconception** ['mɪskən'sepʃən] *n* 1) непра́вильное представле́ние 2) недоразуме́ние

**misconduct** 1. *n* [mɪs'kɔndʌkt] 1) дурно́е поведе́ние, просту́пок 2) супру́жеская неве́рность 3) плохо́е исполне́ние свои́х обя́занностей; должностно́е преступле́ние

2. *v* ['mɪskən'dʌkt] 1) ду́рно вести́ себя́ 2) наруша́ть супру́жескую ве́рность 3) пло́хо исполня́ть свои́ обя́занности

**misconstruction** ['mɪskəns'trʌkʃən] *n* неве́рное истолкова́ние

**misconstrue** ['mɪskən'stru:] *v* непра́вильно истолко́вывать

**miscount** ['mɪs'kaunt] 1. *n* просчёт; непра́вильный подсчёт

2. *v* ошиба́ться при подсчёте; просчита́ться

**miscreant** ['mɪskrɪənt] 1. *n* 1) негодя́й, злоде́й 2) *уст.* ерети́к

2. *a* 1) испо́рченный, развращённый 2) *уст.* ерети́ческий

**miscreated** ['mɪskri(:)'eɪtɪd] *a* уро́дливый, уро́дливо сложённый

**misdate** ['mɪs'deɪt] *v* непра́вильно дати́ровать

**misdeal** ['mɪs'di:l] 1. *n карт.* непра́вильная сда́ча

2. *v* (misdealt) 1) *карт.* ошиба́ться при сда́че 2) поступа́ть непра́вильно

**misdealing** ['mɪs'di:lɪŋ] 1. *pres. p. от* misdeal 2

2. *n* нече́стный посту́пок; беспринци́пное поведе́ние

**misdealt** ['mɪsdelt] *past и p. p. от* misdeal 2

**misdeed** ['mɪs'di:d] *n* 1) преступле́ние; злодея́ние 2) опло́шность, оши́бка

**misdeem** [mɪs'di:m] *v поэт.* непра́вильно суди́ть, соста́вить непра́вильное мне́ние

**misdemeanant** [,mɪsdɪ'mi:nənt] *n юр.* лицо́, соверши́вшее суде́бно наказу́емый просту́пок

**misdemeanour** [,mɪsdɪ'mi:nə] *n* 1) *юр.* суде́бно наказу́емый просту́пок, преступле́ние 2) *разг.* просту́пок

**misdirect** ['mɪsdɪ'rekt] *v* 1) неве́рно, непра́вильно направля́ть 2) адресова́ть непра́вильно 3) дава́ть непра́вильное напу́тствие заседа́телям (*в суде*)

**misdirection** ['mɪsdɪ'rekʃən] *n* непра́вильное указа́ние *или* руково́дство

**misdoing** ['mɪs'du(:)ɪŋ] *n* 1) опло́шность, оши́бка 2) злодея́ние

**misdoubt** [mɪs'daut] *v* 1) сомнева́ться 2) подозрева́ть 3) име́ть дурны́е предчу́вствия

**miser** I ['maɪzə] *n* скупо́й, скупе́ц, скря́га

**miser** II ['maɪzə] *n* бур

**miserable** ['mɪzərəbl] *a* 1) жа́лкий, несча́стный 2) печа́льный (*о новостях, событиях*) 3) плохо́й (*о концерте, исполнении*); убо́гий (*о жилище и т. п.*); ску́дный (*об обеде, угощении*)

**miserably** ['mɪzərəblɪ] *adv* 1) несча́стно *и пр.* [*см.* miserable] 2) о́чень, ужа́сно

**miserere** [,mɪzə'rɪərɪ] *лат. n* 1) *церк.* «поми́луй мя, бо́же», мизере́ре (*51-й псалом в англ. библии, 50-й в русской*) 2) мольба́ о проще́нии, милосе́рдии

**miserliness** ['maɪzəlɪnɪs] *n* ску́пость, ска́редность

**miserly** ['maɪzəlɪ] *a* скупо́й, ска́редный

**misery** ['mɪzərɪ] *n* 1) страда́ние 2) (*обыкн. pl*) невзго́ды, несча́стья 3) нищета́, бе́дность 4) ны́тик

**misfeasance** [,mɪs'fi:zəns] *n юр.* злоупотребле́ние вла́стью

**misfire** ['mɪs'faɪə] 1. *n* 1) осе́чка 2) *тех.* про́пуск вспы́шки; перебо́й зажига́ния

2. *v* 1) дава́ть осе́чку; не взрыва́ться 2) *тех.* выпада́ть (*о вспышках*)

**misfit** ['mɪsfɪt] 1. *n* 1) пло́хо сидя́щее пла́тье 2) что-л. неуда́чное, неподходя́щее 3) челове́к, пло́хо приспосо́бленный к окружа́ющим усло́виям; неприспосо́бленный к жи́зни челове́к, неуда́чник

2. *v* пло́хо сиде́ть (*о платье*)

**misfortune** [mɪs'fɔ:tʃən] *n* беда́, неуда́ча, несча́стье; злоключе́ние ◇ ~s never come alone (*или* singly) *посл.* беда́ никогда́ не прихо́дит одна́; ≅ пришла́ беда́, отворя́й воро́та

**misgave** [mɪs'geɪv] *past от* misgive

**misgive** [mɪs'gɪv] *v* (misgave; misgiven) 1) внуша́ть недове́рие, опасе́ния, дурны́е предчу́вствия; my heart ~s me моё се́рдце предчу́вствует беду́ 2) *шотл.* дать осе́чку

**misgiven** [mɪs'gɪvn] *p. p. от* misgive

**misgiving** [mɪs'gɪvɪŋ] 1. *pres. p. от* misgive

2. *n* (*часто pl*) опасе́ние, предчу́вствие дурно́го

**misgovern** ['mɪs'gʌvən] *v* пло́хо управля́ть

**misguidance** ['mɪs'gaɪdəns] *n* непра́вильное руково́дство

**misguide** ['mɪs'gaɪd] *v* 1) непра́вильно направля́ть 2) вводи́ть в заблужде́ние 3) *шотл.* ду́рно обраща́ться, по́ртить

**mishandle** ['mɪs'hændl] *v* 1) пло́хо обраща́ться 2) пло́хо управля́ть

**mishap** ['mɪshæp] *n* неуда́ча, несча́стье

**mishear** ['mɪshɪə] *v* (misheard) ослы́шаться

**misheard** ['mɪshə:d] *past и p. p. от* mishear

**mishit** 1. *n* ['mɪshɪt] про́мах

2. *v* [mɪs'hɪt] промахну́ться

**mishmach** ['mɪʃ'mæʃ] *n* смесь, пу́таница, мешани́на

**misinform** ['mɪsɪn'fɔ:m] *v* непра́вильно информи́ровать; дезориенти́ровать, вводи́ть в заблужде́ние

**misinformation** ['mɪs,ɪnfə'meɪʃən] *n* дезинформа́ция

**misinterpret** ['mɪsɪn'tə:prɪt] *v* неве́рно истолко́вывать

**misinterpretation** ['mɪsɪn,tə:prɪ'teɪʃən] *n* неве́рное истолкова́ние

**misjudge** ['mɪs'dʒʌdʒ] *v* соста́вить себе́ непра́вильное сужде́ние; недооце́нивать

**misjudgement** ['mɪs'dʒʌdʒmənt] *n* непра́вильное сужде́ние; недооце́нка

**mislaid** [mɪs'leɪd] *past и p. p. от* mislay

**mislay** [mɪs'leɪ] *v* (mislaid) положи́ть не на ме́сто, заложи́ть, затеря́ть

**mislead** [mɪs'li:d] *v* (misled) 1) вводи́ть в заблужде́ние 2) сбива́ть с пути́, толка́ть на дурно́й путь

**misleading** [mɪs'li:dɪŋ] 1. *pres. p. от* mislead

2. *a* вводя́щий в заблужде́ние, обма́нчивый

**misled** [mɪs'led] *past и p. p. от* mislead

**mismanage** ['mɪs'mænɪdʒ] *v* пло́хо управля́ть (*чем-л.*); по́ртить

**mismanagement** ['mɪs'mænɪdʒmənt] *n* плохо́е управле́ние

**misname** [mɪs'neɪm] *v* неве́рно называ́ть

**misnomer** ['mɪs'nəumə] *n* непра́вильное употребле́ние и́мени *или* те́рмина

**misogamy** [mɪ'sɔgəmɪ] *n* отрица́ние бра́ка

**misogyny** [maɪ'sɔdʒɪnɪ] *n* женоненави́стничество

**misplace** ['mɪs'pleɪs] *v* 1) положи́ть, поста́вить не на ме́сто 2): to ~ one's confidence (*или* trust) дове́риться недосто́йному челове́ку

**misprint** 1. *n* ['mɪs'prɪnt] опеча́тка

2. *v* [mɪs'prɪnt] напеча́тать непра́вильно; сде́лать опеча́тку

**misprise** [mɪs'praɪz] = misprize

**misprize** [mɪs'praɪz] *v* недооце́нивать

**mispronounce** ['mɪsprə'nauns] *v* непра́вильно произноси́ть

**mispronunciation** ['mɪsprə,nʌnsɪ'eɪʃən] *n* непра́вильное произноше́ние

**misquotation** ['mɪskwəu'teɪʃən] *n* непра́вильное цити́рование *или* -ая цита́та

**misquote** ['mɪs'kwəut] *v* непра́вильно цити́ровать

**misread** [ˈmɪsˈri:d] *v* (misread [ˈmɪsˈred]) 1) (про)чита́ть непра́вильно 2) непра́вильно истолко́вывать

**misrepresent** [ˈmɪsˌreprɪˈzent] *v* представля́ть в ло́жном све́те, искажа́ть

**misrepresentation** [ˈmɪsˌreprɪzenˈteɪʃən] *n* искаже́ние

**misrule** [ˈmɪsˈru:l] **1.** *n* 1) плохо́е управле́ние 2) беспоря́док ◇ Lord (*или* Abbot, Master) of M. глава́ рожде́ственских увеселе́ний (*в старой Англии*)

2. *v* пло́хо управля́ть

**miss** I [mɪs] **1.** *n* 1) про́мах, осе́чка 2) отсу́тствие, поте́ря (*чего-л.*) 3) *разг.* вы́кидыш ◇ a ~ is as good as a mile *посл.* ≅ про́мах есть про́мах; «чуть-чу́ть» не счита́ется; to give smb., smth. a ~ избега́ть кого́-л., чего́-л.; проходи́ть ми́мо кого́-л., чего́-л.

2. *v* 1) промахну́ться, не дости́чь це́ли (*тж. перен.*); to ~ fire дать осе́чку; *перен.* потерпе́ть неуда́чу, не дости́чь це́ли 2) упусти́ть, пропусти́ть; не заме́тить; не услы́шать; to ~ a promotion не получи́ть повыше́ния; to ~ an opportunity упусти́ть возмо́жность; to ~ smb.'s words прослу́шать, не расслы́шать, пропусти́ть ми́мо уше́й чьи-л. слова́; to ~ the train опозда́ть на по́езд; I ~ed him at the hotel я не заста́л его́ в гости́нице; to ~ smb. in the crowd потеря́ть кого́-л. в толпе́; to ~ the bus а) опозда́ть на авто́бус; б) прозева́ть удо́бный слу́чай, проворо́нить что-л. 3) пропусти́ть, не посети́ть (*занятия, лекцию и т. п.*) 4) пропусти́ть, вы́пустить (*слова, буквы — при письме, чтении; тж.* ~out) 5) чу́вствовать отсу́тствие (*кого-л., чего-л.*); скуча́ть (*по ком-л.*); we ~ed you badly нам стра́шно не хвата́ло вас 6) избежа́ть; he just ~ed being killed он едва́ не́ был уби́т 7) обнару́жить отсу́тствие *или* пропа́жу; he won't be ~ed его́ отсу́тствия не заме́тят; when did you ~ your purse? когда́ вы обнару́жили, что у вас нет кошелька́?

**miss** II [mɪs] *n* 1) мисс, ба́рышня (*при обращении к девушке или незамужней женщине; при обращении к старшей дочери ставится перед фамилией* — M. Jones, *при обращении к остальным дочерям употребляется только с именем* — M. Mary; *без фамилии и имени употребляется тк. вульгарно*) 2) *разг.* де́вочка, де́вушка 3) *уст.* любо́вница

**missal** [ˈmɪsəl] *n церк.* служе́бник (*католический*)

**missel** [ˈmɪzəl] *n* деря́ба (*птица*)

**mis-shapen** [ˈmɪsˈʃeɪpən] *a* уро́дливый, деформи́рованный

**missile** [ˈmɪsaɪl] **1.** *n* 1) *воен.* реакти́вный снаря́д; ракета 2) *ист.* мета́тельный снаря́д

**2.** *a* 1) реакти́вный; раке́тный; ~ complex ста́ртовый ко́мплекс 2) мета́тельный

**missilery** [ˈmɪsaɪlərɪ] *n воен.* 1) раке́тная те́хника 2) ракетострое́ние

**missing** [ˈmɪsɪŋ] **1.** *pres. p. от* miss I, 2

2. *a* отсу́тствующий, недостаю́щий; ~ link недостаю́щее звено́; there is a page ~ здесь недостаёт страни́цы

3. *n* (the ~) *pl собир.* бе́з вести пропа́вшие

**mission** [ˈmɪʃən] **1.** *n* 1) ми́ссия; делега́ция 2) поруче́ние; командиро́вка 3) призва́ние, цель (*жизни*) 4) миссионе́рская организа́ция 5) миссионе́рская де́ятельность 6) ми́ссия, резиде́нция миссионе́ра 7) сбо́рник миссионе́рских про́поведей 8) *воен.* (боева́я) зада́ча; зада́ние 9) *attr.* миссионе́рский; ~ style *амер.* стиль (*в архитектуре, мебели и т. п.*), со́зданный по образца́м стари́нных испа́нских католи́ческих ми́ссий в Калифо́рнии

2. *v* 1) посыла́ть с поруче́нием 2) вести́ миссионе́рскую рабо́ту

**missionary** [ˈmɪʃnərɪ] **1.** *n* 1) миссионе́р; пропове́дник 2) посла́нец, посла́нник

2. *a* миссионе́рский

**missis** [ˈmɪsɪz] *n* 1) ми́ссис; хозя́йка 2) (the ~) *шутл.* жена́, хозя́йка; how is your ~? как пожива́ет ва́ша жена́?

**missive** [ˈmɪsɪv] *n* официа́льное письмо́; посла́ние

**mis-spell** [ˈmɪsˈspel] *v* (mis-spelt) де́лать орфографи́ческие оши́бки; писа́ть с орфографи́ческими оши́бками

**mis-spelt** [ˈmɪsˈspelt] *past и p. p. от* mis-spell

**mis-spend** [ˈmɪsˈspend] *v* (mis-spent) неразу́мно, зря тра́тить

**mis-spent** [ˈmɪsˈspent] **1.** *past и p. p. от* mis-spend

2. *a* растра́ченный впусту́ю; ~ youth растра́ченная мо́лодость

**mis-state** [ˈmɪsˈsteɪt] *v* де́лать непра́вильное, ло́жное заявле́ние

**mis-statement** [ˈmɪsˈsteɪtmənt] *n* непра́вильное, ло́жное заявле́ние *или* показа́ние

**mis-step** [mɪsˈstep] **1.** *n* ло́жный шаг; оши́бка, опло́шность

2. *v* оступи́ться; *перен.* допусти́ть опло́шность

**missus** [ˈmɪsɪz] = missis

**missy** [ˈmɪsɪ] *n* ми́сси (*шутл., ласк., реже пренебр. обращение к молодой девушке*)

**mist** [mɪst] **1.** *n* 1) (лёгкий) тума́н; ды́мка; мгла; па́смурность; Scotch ~ густо́й тума́н; и́зморось, ме́лкий морося́щий дождь 2) тума́н пе́ред глаза́ми

2. *v* 1) застила́ть тума́ном; затума́нивать(ся) 2) (*в безличных оборотах*): it ~s, it is ~ing мороси́т

**mistake** [mɪsˈteɪk] **1.** *n* оши́бка; недоразуме́ние, заблужде́ние; by ~ по оши́бке ◇ and no ~, make no ~ *разг.* несомне́нно, бесспо́рно; непреме́нно, обяза́тельно

2. *v* (mistook; mistaken) 1) ошиба́ться; непра́вильно понима́ть; заблужда́ться; there is no mistaking his meaning нельзя́ не поня́ть, что он име́ет в виду́ 2) приня́ть *кого-л.* за друго́го *или что-л.* за друго́е (for); to ~ one's man *амер.* обману́ться в челове́ке

**mistaken** [mɪsˈteɪkən] **1.** *p. p. от* mistake 2; you are ~ вас непра́вильно по́няли, вы не по́няты [*ср. тж.* 2, 3)]

2. *a* 1) оши́бочный; ~ identity *юр.* оши́бочное опозна́ние 2) неуме́стный 3) ошиба́ющийся, заблужда́ющийся; you are ~ вы ошиба́етесь [*ср. тж.* 1]

**mistakenly** [mɪsˈteɪkənlɪ] *adv* 1) оши́бочно 2) неуме́стно

**mister** [ˈmɪstə] **1.** *n* (*сокр.* Mr.) ми́стер, господи́н (*ставится перед фамилией или названием должности и полностью в этом случае никогда не пишется; как обращение, без фамилии употребляется тк. вульгарно*: hey, mister! эй, ми́стер!)

2. *v*: don't ~ me не употребля́йте сло́ва «ми́стер», обраща́ясь ко мне

**mistime** [ˈmɪsˈtaɪm] *v* 1) сде́лать или сказа́ть не во́время, некста́ти 2) не попада́ть в такт 3) непра́вильно рассчита́ть вре́мя

**mistiness** [ˈmɪstɪnɪs] *n* тума́нность

**mistletoe** [ˈmɪsltəu] *n бот.* оме́ла (*в Англии традиционное украшение дома на рождество*)

**mistook** [mɪsˈtuk] *past от* mistake 2

**mistral** [ˈmɪstrəl] *n* мистра́ль (*холодный сев. ветер на юге Франции*)

**mistranslate** [ˈmɪstrænsˈleɪt] *v* непра́вильно перевести́

**mistranslation** [ˈmɪstrænsˈleɪʃən] *n* непра́вильный перево́д

**mistreat** [mɪsˈtri:t] *амер.* = maltreat

**mistreatment** [mɪsˈtri:tmənt] *амер.* = maltreatment

**mistress** [ˈmɪstrɪs] *n* 1) хозя́йка (до́ма); *перен.* повели́тельница, влады́чица; M. of the Adriatic *ист.* Вене́ция; you are your own ~ вы са́ми себе́ госпожа́; you are ~ of the situation вы хозя́йка положе́ния 2) (*сокр.* Mrs. [ˈmɪsɪz]) ми́ссис, госпожа́ (*ставится перед фамилией замужней женщины и полностью в этом случае никогда не пишется*) 3) мастери́ца, иску́сница 4) учи́тельница 5) любо́вница; *поэт.* возлю́бленная

**mistrial** [mɪsˈtraɪəl] *n юр.* 1) суде́бное разбира́тельство, в хо́де кото́рого допу́щены наруше́ния процессуа́льных норм 2) *амер.* суде́бный проце́сс, в кото́ром прися́жные не вы́несли единогла́сного реше́ния

**mistrust** [ˈmɪsˌtrʌst] **1.** *n* недове́рие; подозре́ние

2. *v* не доверя́ть; сомнева́ться, подозрева́ть

**mistrustful** [ˈmɪsˈtrʌstful] *a* недове́рчивый

**misty** [ˈmɪstɪ] *a* 1) тума́нный 2) сму́тный, нея́сный; ~ idea сму́тное представле́ние 3) затума́ненный (слеза́ми)

**misunderstand** [ˈmɪsʌndəˈstænd] *v* (misunderstood) непра́вильно поня́ть

**misunderstanding** [ˈmɪsʌndəˈstændɪŋ] **1.** *pres. p. от* misunderstand

2. *n* 1) непра́вильное понима́ние 2) недоразуме́ние 3) размо́лвка

**misunderstood** [ˈmɪsʌndəˈstud] *past и p. p. от* misunderstand

**misuse** 1. *n* ['mɪs'ju:s] 1) непра́вильное употребле́ние 2) плохо́е обраще́ние 3) злоупотребле́ние

2. *v* ['mɪs'ju:z] 1) непра́вильно употребля́ть 2) ду́рно обраща́ться 3) злоупотребля́ть

**mite** I [maɪt] *n* 1) *ист.* полу́шка, грош 2) скро́мная до́ля, ле́пта; let me offer my ~ позво́льте мне внести́ свою́ скро́мную ле́пту 3) ма́ленькая вещь *или* существо́; a ~ of a child малю́тка, кро́шка ◇ not a ~ *разг.* ничу́ть, ниско́лько

**mite** II [maɪt] *n* клещ

**Mithras** ['mɪθræs] *n* Ми́тра (*древнеиранский бог солнца*)

**mitigate** ['mɪtɪgeɪt] *v* смягча́ть, уменьша́ть; умеря́ть (*жар, пыл*); облегча́ть (*боль*)

**mitigation** [,mɪtɪ'geɪʃən] *n* смягче́ние, уменьше́ние

**mitigatory** ['mɪtɪgeɪtərɪ] *a* 1) смягча́ющий 2) *мед.* мягчи́тельный, успокои́тельный

**mitosis** [mɪ'təusɪs] *n биол.* мито́з, кариокине́з

**mitrailleuse** [,mɪtraɪ'ə:z] *фр. n воен. ист.* митралье́за

**mitral** ['maɪtrəl] *a* напомина́ющий по фо́рме ми́тру; ~ valve *анат.* митра́льный кла́пан се́рдца

**mitre** I ['maɪtə] 1. *n* 1) *церк.* ми́тра 2) епи́скопский сан

2. *v* (по)жа́ловать ми́тру

**mitre** II ['maɪtə] *тех.* 1. *n* 1) скос под угло́м в 45° 2) колпа́к на дымово́й трубе́, дефле́ктор

2. *v* ска́шивать, соединя́ть в ус, соединя́ть под угло́м в 45°

**mitre-wheel** ['maɪtəwi:l] *n тех.* кони́ческое зубча́тое колесо́

**mitt** [mɪt] (*сокр. от* mitten) *n* 1) мите́нка (*дамская перчатка без пальцев*) 2) *pl разг.* боксёрские перча́тки 3) *разг.* рука́; кула́к; to tip smb.'s ~ а) здоро́ваться с кем-л. за́ руку; б) уга́дывать чьи-л. наме́рения, пла́ны

**mitten** ['mɪtn] *n* 1) рукави́ца; ва́режка 2) *pl* — mitt 2, 3) = mitt 1); 4) *ист.* ла́тная перча́тка ◇ to get the ~ а) получи́ть отка́з (*о женихе*); б) быть уво́ленным с рабо́ты; to give the ~ уво́лить; to handle without ~s не церемо́ниться; держа́ть в ежо́вых рукави́цах

**mittimus** ['mɪtɪməs] *лат. n* 1) *юр.* прика́з о заключе́нии в тюрьму́; о́рдер на аре́ст 2) *разг.* извеще́ние об увольне́нии

**mitt-reader** ['mɪt,ri:də] *n амер. разг.* гада́лка, хирома́нтка

**mix** [mɪks] 1. *n* 1) сме́шивание 2) смесь (*особ. пищевой полуфабрикат*) 3) беспоря́док, пу́таница 4) *кино* наплы́в

2. *v* 1) сме́шивать, меша́ть, приме́шивать 2) соединя́ть(ся), сме́шивать (-ся); oil will not ~ with water ма́сло не соединя́ется с водо́й, не растворя́ется в воде́ 3) growing сочета́ть(ся); the colours ~ well э́ти цвета́ хорошо́ сочета́ются 4) обща́ться; враща́ться (*в обществе*); сходи́ться; not to ~ well быть необщи́тельным челове́ком 5) *с.-х.* скре́щивать 6) *радио* микши́ровать □ ~ **up** а) хорошо́ переме́шивать; б) спу́тать, перепу́тать в) впу́тывать; to be ~ed up быть заме́шанным (in, with — в *чём-л.*)

**mixed** [mɪkst] 1. *p. p. от* mix 2

2. 1) сме́шанный, переме́шанный 2) разноро́дный; ~ train това́ро-пассажи́рский по́езд; ~ crew сме́шанная кома́нда 3) сме́шанный, для люде́й обо́его по́ла; ~ school сме́шанная шко́ла; ~ bathing о́бщий пляж 4) *разг.* одуре́лый; одурма́ненный 5) *фон.*: ~ vowel гла́сный звук сме́шанного ря́да

**mixer** ['mɪksə] *n* 1) смеси́тель, сме́шивающий аппара́т *или* прибо́р, меша́лка; ми́ксер 2) *разг.* общи́тельный челове́к (*тж.* good ~); bad ~ необщи́тельный челове́к 3) *радио* преобразова́тель частоты́

**mix-in** ['mɪks'ɪn] *n разг.* дра́ка, потасо́вка

**mixture** ['mɪkstʃə] *n* 1) сме́шивание 2) смесь; without ~ без при́меси 3) *мед.* миксту́ра

**mix-up** ['mɪks'ʌp] *n разг.* 1) пу́таница, неразбери́ха 2) потасо́вка

**mizzle** I ['mɪzl] 1. *n* и́зморось

2. *v* (*в безличных оборотах*): it ~s, it is mizzling мороси́т

**mizzle** II ['mɪzl] *v sl.* смы́ться, улепетну́ть

**mnemonic** [ni(:)'mɔnɪk] *a* мнемони́ческий

**mnemonics** [ni(:)'mɔnɪks] *n pl* (*употр. как sing*) мнемо́ника

**mo** [məu] (*сокр. разг. от* moment): wait a mo!, half a mo! подожди́те мину́тку!, одну́ мину́тку!; in a mo сейча́с, оди́н моме́нт

**moan** [məun] 1. *n* 1) стон 2) *уст., поэт.* жа́лоба; to make one's ~ жа́ловаться

2. *v* 1) стона́ть 2) *поэт.* опла́кивать, жа́ловаться

**moat** [məut] 1. *n* ров (с водо́й)

2. *v* обноси́ть рвом

**mob** [mɔb] 1. *n* 1) толпа́, сбо́рище 2) *презр.* чернь 3) *sl.* воровска́я ша́йка

2. *v* 1) толпи́ться 2) напада́ть толпо́й, окружа́ть

**mob-cap** ['mɔbkæp] *n* дома́шний чепе́ц

**mobile** ['məubaɪl] 1. *a* 1) подвижно́й, моби́льный; передвижно́й; ~ warfare манёвренная война́; ~ broadcasting company (*или* team) передвижна́я радиовеща́тельная *или* телевизио́нная брига́да 2) подви́жный, живо́й; ~ mind живо́й ум 3) изме́нчивый

2. *n* 1) *амер.* автофурго́н — жило́й дом (*тж.* ~ home) 2) констру́кция, скульпту́ра из мета́лла *или* пласти́ческих масс с подвижны́ми частя́ми

**mobility** [məu'bɪlɪtɪ] *n* 1) подви́жность; моби́льность 2) непостоя́нство; изме́нчивость

**mobilization** [,məubɪlaɪ'zeɪʃən] *n* мобилиза́ция

**mobilize** ['məubɪlaɪz] *v* 1) мобилизова́ть(ся) 2) (с)де́лать подви́жным 3) пуска́ть (де́ньги) в обраще́ние

**mob law** ['mɔblɔ:] *n* самосу́д

**mocassin** ['mɔkəsɪn] *n* 1) мокаси́н; water ~s боло́тные сапоги́ 2) *зоол.* мокаси́новая змея́

**mocha** ['mɔkə] *n* ко́фе мо́кко (*тж.* ~ coffee)

**mock** [mɔk] 1. *n редк.* 1) осмея́ние; насме́шка 2) посме́шище; to make a ~ of высу́чивать 3) подража́ние; паро́дия

2. *a* 1) подде́льный; ~ marriage фикти́вный брак 2) притво́рный; мни́мый; ло́жный 3) пароди́йный ◇ ~ moon = paraselene; ~ sun = parhelion

3. *v* 1) насмеха́ться (at); высме́ивать, осме́ивать 2) передра́знивать; пароди́ровать 3) своди́ть на не́т (*усилия*); де́лать бесполе́зным, беспло́дным □ ~ **up** *разг.* импровизи́ровать

**mockery** ['mɔkərɪ] *n* 1) издева́тельство, осмея́ние; насме́шка 2) паро́дия 3) посме́шище 4) беспло́дная попы́тка

**mock-heroic** ['mɔkhɪ'rəuɪk] *лит.* 1. *n* 1) ироикоми́ческий стиль 2) произведе́ние в ироикоми́ческом сти́ле

2. *n* ироикоми́ческий

**mocking-bird** ['mɔkɪŋbə:d] *n зоол.* пересме́шник

**mock-turtlesoup** ['mɔktə:tl'su:p] *n* суп из теля́чьей головы́

**mock-up** ['mɔk'ʌp] *n* маке́т *или* моде́ль в натура́льную величину́

**mod** [mɔd] *разг.* 1. *a* ультрасовреме́нный

2. *n* ультрасовреме́нный молодо́й челове́к; стиля́га

**modal** ['məudl] *a* 1) каса́ющийся фо́рмы (*а не существа*) 2) *филос., лингв.* мода́льный 3) *муз.* относя́щийся к тона́льности, ла́довый

**modality** [məu'dælɪtɪ] *n филос., лингв.* мода́льность

**mode** [məud] *n* 1) ме́тод, спо́соб; ~ of production спо́соб произво́дства 2) о́браз де́йствий; ~ of life о́браз жи́зни 3) фо́рма, вид 4) мо́да; обы́чай 5) *муз.* лад, тона́льность

**model** ['mɔdl] 1. *n* 1) моде́ль, маке́т; шабло́н 2) *разг.* то́чная ко́пия 3) образе́ц, этало́н 4) нату́рщик; нату́рщица 5) манеке́н 6) жива́я моде́ль (*в магазине одежды*) 7) *attr.* образцо́вый, приме́рный

2. *v* 1) модели́ровать; лепи́ть 2) *тех.* формова́ть 3) оформля́ть 4) создава́ть по образцу́ (*чего-л.*; after, on); to ~ oneself (up)on smb. брать кого́-л. за образе́ц 5) быть нату́рщиком, нату́рщицей, живо́й моде́лью, манеке́нщицей

**model(l)er** ['mɔdlə] *n* 1) ле́пщик 2) моде́льщик

**model(l)ing** ['mɔdlɪŋ] 1. *pres. p. от* model 2

2. *n* 1) исполне́ние по моде́ли 2) лепна́я рабо́та 3) *тех.* формо́вка 4) модели́рование

**moderate** 1. *n* ['mɔdərɪt] челове́к, приде́рживающийся уме́ренных взгля́дов (*особ. в политике*), уме́ренный

2. *a* [ˈmɔdərɪt] 1) уме́ренный; вы́держанный (*о человеке*); сде́ржанный, возде́ржанный; ~ in drinking тре́звый, возде́ржанный 2) сре́дний, посре́дственный (*о качестве*); небольшо́й (*о количестве, силе*); a man of ~ abilities челове́к сре́дних спосо́бностей; ~ price досту́пная цена́ 3) здра́вый, тре́звый (*о мнении, точке зрения*)

3. *v* [ˈmɔdereɪt] 1) умеря́ть; смягча́ть 2) сде́рживать, обу́здывать; урезо́нивать 3) станови́ться уме́ренным; смягча́ться; стиха́ть (*о ветре*) 4) председа́тельствовать 5) *уст.* выступа́ть в ро́ли арби́тра

**moderation** [ˌmɔdəˈreɪʃən] *n* 1) уме́ренность; сде́ржанность; in ~ уме́ренно; сде́ржанно 2) сде́рживание; регули́рование 3) вы́держка, ро́вность (*характера*) 4) *физ.* замедле́ние; ~ of neutrons замедле́ние нейтро́нов 5) *pl* пе́рвый публи́чный экза́мен на сте́пень бакала́вра (*в Оксфорде*)

**moderator** [ˈmɔdəreɪtə] *n* 1) арби́тр; посре́дник 2) регуля́тор 3) председа́тель собра́ния; веду́щий бесе́ду, диску́ссию *и т. п.* по телеви́дению 4) *амер.* председа́тель городско́го собра́ния 5) экзамена́тор (*на публичном экзамене в Оксфорде или Кембридже*) 6) *физ.* замедли́тель (*ядерных реакций*)

**modern** [ˈmɔdən] **1.** *a* совреме́нный; но́вый; ~ age совреме́нная эпо́ха; ~ languages но́вые языки́; ~ school шко́ла без преподава́ния класси́ческих языко́в; development on ~ lines модерниза́ция

2. *n* 1) челове́к но́вого вре́мени 2) (the ~s) *pl* совреме́нные писа́тели, худо́жники *и т. п.*

**modernism** [ˈmɔdənɪzm] *n* 1) модерни́зм; нове́йшие тече́ния 2) *лингв.* неологи́зм

**modernist** [ˈmɔdənɪst] *n* модерни́ст

**modernistic** [ˌmɔdəˈnɪstɪk] *a иск.* модерни́стский

**modernity** [mɔˈdə:nɪtɪ] *n* совреме́нность, совреме́нный хара́ктер

**modernize** [ˈmɔdənaɪz] *v* модернизи́ровать; осовреме́нить

**modest** [ˈmɔdɪst] *a* 1) скро́мный; уме́ренный; to be in ~ circumstances жить на скро́мные сре́дства 2) благопристо́йный; сде́ржанный

**modesty** [ˈmɔdɪstɪ] *n* 1) скро́мность; уме́ренность 2) благопристо́йность; сде́ржанность

**modi** [ˈməudaɪ] *pl от* modus

**modicum** [ˈmɔdɪkəm] *n* 1) о́чень ма́лое коли́чество, чу́точка 2) небольши́е сре́дства

**modifiable** [ˈmɔdɪfaɪəbl] *a* поддаю́щийся измене́нию

**modification** [ˌmɔdɪfɪˈkeɪʃən] *n* 1) видоизмене́ние; измене́ние; модифика́ция 2) *pl* попра́вки; незначи́тельные отклоне́ния 3) *лингв.* перегласо́вка, умля́ут; графи́ческое обозначе́ние умля́ута

**modificatory** [ˈmɔdɪfɪkeɪtərɪ] *a* видоизменя́ющий; меня́ющий

**modify** [ˈmɔdɪfaɪ] *v* 1) видоизменя́ть 2) смягча́ть; умеря́ть 3) *лингв.* видоизменя́ть че́рез умля́ут 4) *грам.* определя́ть

**modish** [ˈməudɪʃ] *a* 1) мо́дный 2) гоня́ющийся за мо́дой

**modiste** [məuˈdi:st] *фр. n* 1) портни́ха 2) моди́стка

**mods** I [mɔdz] *сокр. от* moderation 5)

**mods** II [mɔdz] *сокр. от* modern 2, 2)

**modulate** [ˈmɔdjuleɪt] *v* 1) модули́ровать 2) *радио* понижа́ть частоту́ 3) *муз.* переходи́ть из одно́й тона́льности в другу́ю

**modulation** [ˌmɔdjuˈleɪʃən] *n* модуля́ция

**module** [ˈmɔdju:l] *n* 1) мо́дуль; ~ of design мо́дуль разме́рности; ~ of torsion мо́дуль упру́гости при круче́нии 2) мо́дульный отсе́к, автоно́мный отсе́к (*в космическом корабле*)

**modulus** [ˈmɔdjuləs] = module 1)

**modus** [ˈməudəs] *n* (*pl* modi) спо́соб; ~ vivendi а) о́браз жи́зни; б) вре́менное соглаше́ние (*спорящих сторон*); ~ operandi о́браз де́йствия

**Mogul** [məuˈgʌl] **1.** *n* 1) монго́л 2) мого́л; пото́мок завоева́телей Инди́и; the Great (*или* the Grand) ~ *ист.* Вели́кий Мого́л 2) (m.) *редк.* челове́к, занима́ющий высо́кий пост 3) *pl* назва́ние вы́сшего со́рта игра́льных карт

2. *a* 1) монго́льский 2) относя́щийся к Вели́ким Мого́лам

**mohair** [ˈməuhɛə] *n* 1) шерсть анго́рской козы́ 2) мохе́р

**Mohammed** [məuˈhæmed] *n* Муха́ммед, Маго́мет

**Mohammedan** [məuˈhæmɪdən] **1.** *a* магомета́нский, мусульма́нский

2. *n* магомета́нин, мусульма́нин; магомета́нка, мусульма́нка

**Mohawk** [ˈməuhɔ:k] *n* 1) инде́ец-мога́вк 2) *спорт.* мо́ухок (*элемент в фигурном катании*) 3) = Mohock

**Mohican** [ˈməuɪkən] *n* инде́ец из пле́мени могика́н

**Mohock** [ˈməuhɔk] *n ист.* хулига́н, *преим.* из золото́й молодёжи (*в начале XVIII в. в Лондоне*)

**moiety** [ˈmɔɪətɪ] *n* полови́на; до́ля

**moil** I [mɔɪl] **1.** *n* 1) тяжёлая рабо́та; *перен.* муче́ние 2) пу́таница; беспоря́док 3) *диал.* пятно́

2. *v* 1) выполня́ть тяжёлую рабо́ту (*особ. в выражении* to toil and ~) 2) *диал.* па́чкать

**moil** II [mɔɪl] *n* кирка́

**moire** [mwɑ:] *фр. n* муа́р (*ткань*)

**moiré** [ˈmwɑ:reɪ] *фр. a* муа́ровый

**moist** [mɔɪst] **1.** *a* 1) сыро́й; вла́жный; ~ colours акваре́льные кра́ски (*в тюбиках*) 2) дождли́вый

2. *v* = moisten

**moisten** [ˈmɔɪsn] *v* 1) увлажня́ть; сма́чивать 2) станови́ться мо́крым, сыры́м, увлажня́ться; her eyes ~ed её глаза́ увлажни́лись

**moisture** [ˈmɔɪstʃə] *n* вла́жность, сы́рость; вла́га

**moke** [məuk] *n sl.* 1) осёл 2) дура́к

**molar** I [ˈməulə] **1.** *n* коренно́й зуб

2. *a* коренно́й

**molar** II [ˈməulə] *a хим.* мо́льный, моля́рный

**molasses** [məuˈlæsɪz] *n pl* (*употр. как sing*) mела́сса, чёрная па́тока ◇ (as) slow as ~ *амер.* о́чень ме́дленный

**mold** I, II, III [məuld] = mould I, II *и* III

**Moldavian** [mɔlˈdeɪvjən] **1.** *a* молда́вский

2. *n* 1) молдава́нин; молдава́нка 2) молда́вский язы́к

**mole** I [məul] *n* ро́динка

**mole** II [məul] **1.** *n* крот

2. *v* копа́ть, рыть (*под землёй*)

**mole** III [məul] *n* 1) мол 2) да́мба

**mole** IV [məul] *n хим.* моль, грамм-моле́кула

**molecular** [məuˈlekjulə] *a* молекуля́рный

**molecule** [ˈmɔlɪkju:l] *n* моле́кула

**mole-eyed** [ˈməulaɪd] *a* 1) с о́чень ма́ленькими глаза́ми (*как у крота*) 2) подслепова́тый

**molehill** [ˈməulhɪl] *n* крото́вина

**mole-rat** [ˈməulræt] *n зоол.* слепы́ш

**moleskin** [ˈməulskɪn] *n* 1) крото́вый мех 2) *текст.* молески́н 3) *pl* молески́новые брю́ки

**molest** [məuˈlest] *v* пристава́ть; досажда́ть

**molestation** [ˌməulesˈteɪʃən] *n* пристава́ние, назо́йливость

**molestful** [məuˈlestful] *a* надое́дливый, назо́йливый

**moll** [mɔl] *n* 1) = molly 1) *и* 2); 2) *амер. sl.* любо́вница га́нгстера

**mollification** [ˌmɔlɪfɪˈkeɪʃən] *n* смягче́ние, успокое́ние

**mollify** [ˈmɔlɪfaɪ] *v* смягча́ть, успока́ивать

**mollusc** [ˈmɔləsk] *n зоол.* моллю́ск

**molluscous** [mɔˈlʌskəs] *a* 1) *зоол.* моллю́сковый 2) бесхара́ктерный, мягкоте́лый

**molly** [ˈmɔlɪ] *n* 1) *sl.* де́вушка, молода́я же́нщина 2) *sl.* проститу́тка 3) изне́женный ю́ноша *или* ма́льчик, «девчо́нка» 4) *разг.* «тря́пка», «ба́ба» (*тж.* Miss M.) 5) больша́я корзи́на (*для фруктов и т. п.*)

**molly-coddle** [ˈmɔlɪˌkɔdl] **1.** *n* 1) не́женка 2) *разг.* «тря́пка», «ба́ба»

2. *v* изне́живать, балова́ть

**Molly Maguire** [ˈmɔlɪməˈgwaɪə] *n ист.* член та́йного ирла́ндского о́бщества, боро́вшегося про́тив высо́кой аре́ндной пла́ты

**Moloch** [ˈməulɔk] *n* 1) *миф.* Моло́х (*тж. перен.*) 2) *зоол.* моло́х

**molt** [məult] = moult

**molten** [ˈməultən] *a* 1) распла́вленный 2) лито́й

**molybdenite** [məˈlɪbdɪnaɪt] *n мин.* молибде́новый блеск, молибдени́т

**molybdenum** [mɔˈlɪbdɪnəm] *n хим.* молибде́н

**moment** [ˈməumənt] *n* 1) моме́нт, миг, мгнове́ние, мину́та; at (*или* for) the ~ в да́нную мину́ту; this ~ а) неме́дленно; б) то́лько что; to the (very) ~ то́чно в ука́занный срок; а man of the ~ челове́к, влия́тельный в да́нное вре́мя; ally of the ~ вре́менный, случа́йный сою́зник 2) ва́жность, значе́ние; a decision of great ~ ва́жное реше́ние; it is of no ~ э́то не име́ет значе́ния 3) мех., физ. моме́нт

**momenta** [məu'mentə] pl от momentum

**momentarily** ['məuməntərılı] adv 1) на мгнове́ние 2) неме́дленно 3) ежемину́тно

**momentary** ['məuməntərı] a 1) момента́льный 2) преходя́щий, кратковре́менный

**momently** ['məuməntlı] adv 1) с мину́ты на мину́ту 2) ежемину́тно 3) на мгнове́ние

**momentous** [məu'mentəs] a ва́жный, име́ющий ва́жное значе́ние

**momentum** [məu'mentəm] n (pl momenta) 1) физ. коли́чество движе́ния; механи́ческий моме́нт, ине́рция (*движущегося тела*); кинети́ческая эне́ргия 2) толчо́к, и́мпульс; перен. дви́жущая си́ла ◇ to grow in ~ уси́ливаться; to gather (*или* to achieve) ~ уси́ливаться, расти́; нара́щивать темп

**monac(h)al** ['mɔnəkəl] a мона́шеский, монасты́рский

**monad** ['mɔnæd] n 1) филос. мона́да 2) хим. одновале́нтный элеме́нт 3) биол. одноклеточный органи́зм

**monandry** [mɔ'nændrı] n мона́ндрия, одному́жество

**monarch** ['mɔnək] n 1) мона́рх 2) зоол. ба́бочка-данаи́да

**monarchal** [mɔ'nɑ:kəl] = monarchic(al)

**monarchic(al)** [mɔ'nɑ:kık(əl)] a монархи́ческий

**monarchist** ['mɔnəkıst] n монархи́ст

**monarchy** ['mɔnəkı] n мона́рхия

**monastery** ['mɔnəstərı] n монасты́рь (*мужской*)

**monastic** [mə'næstık] 1. a монасты́рский; мона́шеский

2. n мона́х

**Monday** ['mʌndı] n понеде́льник ◇ Black ~ школ. жарг. пе́рвый день заня́тий по́сле кани́кул; ~ feeling нежела́ние рабо́тать (*после воскресенья*)

**Mondayish** ['mʌndııʃ] a разг. чу́вствующий лень при возобновле́нии рабо́ты по́сле воскре́сного о́тдыха

**mondial** ['mɔndıəl] a мирово́й, всеми́рный

**monetary** ['mʌnıtərı] a 1) моне́тный; де́нежный; ~ unit де́нежная едини́ца 2) валю́тный; International M. Fund Междунаро́дный валю́тный фонд

**monetize** ['mʌnıtaız] v 1) избира́ть (*металл*) как осно́ву де́нежной систе́мы 2) перечека́нить в моне́ту 3) пуска́ть (*деньги*) в обраще́ние

**money** ['mʌnı] n 1) (тк. sing) де́ньги; to make ~ а) зараба́тывать де́ньги; б) разбогате́ть; in the ~ разг. бога́тый 2) pl (-s [-z]) моне́тные систе́мы, валю́ты 3) pl (monies) юр. де́нежные су́ммы 4) вы́игрыш (на ска́чках); his horse took first ~ его́ ло́шадь пришла́ пе́рвой ◇ ~ makes the mare (to) go посл. ≅ с деньга́ми мно́гое мо́жно сде́лать; ~ makes ~ посл. де́ньги к деньга́м

**money-agent** ['mʌnı,eıdʒənt] n банки́р

**money-bag** ['mʌnıbæg] n 1) мешо́к для де́нег 2) pl бога́тство 3) pl «де́нежный мешо́к», бога́ч; скупе́ц

**money-bill** ['mʌnıbıl] n фина́нсовый законопрое́кт

**money-box** ['mʌnıbɔks] n копи́лка

**money-changer** ['mʌnı,tʃeındʒə] n 1) меня́ла 2) автома́т для разме́на де́нег

**moneyed** ['mʌnıd] a 1) бога́тый 2) де́нежный; ~ assistance материа́льная подде́ржка; the ~ interest де́нежные магна́ты; фина́нсовые круги́

**money-grubber** ['mʌnı,grʌbə] n стяжа́тель

**money-grubbing** ['mʌnı,grʌbıŋ] 1. n стяжа́тельство

2. a стяжа́тельный; стяжа́тельский

**money-lender** ['mʌnı,lendə] n ростовщи́к

**moneyless** ['mʌnılıs] a не име́ющий де́нег, нужда́ющийся в деньга́х, безде́нежный

**money-maker** ['mʌnı,meıkə] n 1) стяжа́тель 2) амер. при́быльное, вы́годное де́ло

**money-market** ['mʌnı,mɑ:kıt] n де́нежный ры́нок; валю́тный ры́нок

**money order** ['mʌnı,ɔ:də] n де́нежный почто́вый перево́д

**money-spinner** ['mʌnı,spınə] n 1) ма́ленький кра́сный пау́к, я́кобы принося́щий сча́стье 2) разг. нашуме́вшая кни́га, пье́са и т. п. 3) спекуля́нт; ростовщи́к

**money's-worth** ['mʌnız'wə:θ] n что-л. име́ющее реа́льную це́нность, опра́вдывающее затра́ту

**moneywort** ['mʌnıwə:t] n бот. верб́ейник, лугово́й чай

**monger** ['mʌŋgə] n продаве́ц, торго́вец (*гл. обр. в сложных словах, напр.*: fishmonger торго́вец ры́бой; newsmonger ирон. сплe´тник)

**Mongol** ['mɔŋgɔl] 1. n 1) монго́л; монго́лка 2) монго́льский язы́к

2. a монго́льский

**Mongolian** [mɔŋ'gəuljən] = Mongol

**mongoose** ['mɔŋgu:s] n зоол. мангу́ста

**mongrel** ['mʌŋgrəl] 1. n 1) дворня́жка 2) ублю́док; по́месь

2. a нечистокро́вный, сме́шанный

**moni(c)ker** ['mɔnıkə] n sl. и́мя; кли́чка

**monies** ['mʌnız] pl от money 3)

**monism** ['mɔnızm] n филос. мони́зм

**monistic** [mɔ'nıstık] a филос. монисти́ческий

**monition** [məu'nıʃən] n 1) наставле́ние; предостереже́ние 2) вы́зов в суд 3) церк. увеща́ние

**monitor** ['mɔnıtə] 1. n 1) наста́вник, сове́тник 2) ста́рший учени́к, наблюда́ющий за поря́дком в мла́дшем кла́ссе; ста́роста кла́сса 3) лицо́, веду́щее радиоперехва́т 4) мор. монито́р 5) тех. гидромонито́р 6) зоол. вара́н 7) стр. светово́й фона́рь 8) физ. дозиме́тр 9) радио, тлв. контроле́р переда́чи

2. v 1) наставля́ть, сове́товать 2) радио, тлв. контроли́ровать, проверя́ть (*качество передачи и т. п.*) 3) вести́ радиоперехва́т 4) физ. вести́ дозиметри́ческий контро́ль

**monitorial** [,mɔnı'tɔ:rıəl] a 1) увещева́тельный, наставительный 2) входя́щий в обя́занности ста́росты; ~ school шко́ла, в кото́рой ста́ршие ученики́ следя́т за поря́дком в мла́дших кла́ссах

**monitory** ['mɔnıtərı] 1. a предостерега́ющий

2. n церк. увещева́тельное посла́ние (тж. ~ letter)

**monk** [mʌŋk] n мона́х

**monkery** ['mʌŋkərı] n разг. 1) монасты́рская жизнь; мона́шество 2) собир. мона́хи, мона́шество

**monkey** ['mʌŋkı] 1. n (pl -s [-z]) 1) обезья́на 2) шутл., неодобр. шалу́н, прока́зник 3) тех. копро́вая ба́ба 4) теле́жка подъёмного кра́на 5) гли́няный кувши́н с у́зким го́рлышком 6) sl. 500 фу́нтов сте́рлингов; амер. 500 до́лларов 7) sl. закладна́я ◇ to put smb.'s ~ up разозли́ть кого́-л.; to get one's ~ up рассерди́ться, разозли́ться

2. v 1) подшу́чивать, дура́читься; забавля́ться 2) передра́знивать 3) вме́шиваться, сова́ться 4) по́ртить; неуме́ло обраща́ться (with, about)

**monkey-bread** ['mʌŋkıbred] n 1) баоба́б (*дерево*) 2) плод баоба́ба

**monkey-business** ['mʌŋkı'bıznıs] n разг. 1) валя́ние дурака́, бессмы́сленная рабо́та 2) шутли́вая вы́ходка

**monkey-chatter** ['mʌŋkı,tʃætə] n радио «(соба́чий) лай» (*помехи от интерференции*)

**monkeyish** ['mʌŋkııʃ] a 1) обезья́ний 2) шаловли́вый

**monkey-jacket** ['mʌŋkı,dʒækıt] n коро́ткая матро́сская ку́ртка, бушла́т

**monkey-jar** ['mʌŋkıdʒɑ:] n гли́няный кувши́н для воды́

**monkey-nut** ['mʌŋkı'nʌt] n земляно́й оре́х, ара́хис

**monkey-puzzle** ['mʌŋkı,pʌzl] n бот. арау́ка́рия чили́йская

**monkey-shine** ['mʌŋkıʃaın] (*обыкн. pl*) амер. = monkey-business 2)

**monkey tricks** ['mʌŋkı'trıks] n pl ша́лости, прока́зы

**monkey-wrench** ['mʌŋkırentʃ] n 1) тех. разводно́й га́ечный ключ 2) поме́ха, препя́тствие; to throw a ~ into smth. меша́ть; ≅ вставля́ть па́лки в колёса

**monkhood** ['mʌŋkhud] n мона́шество

**monkish** ['mʌŋkıʃ] a мона́шеский

**monks'-hood** ['mʌŋkshud] n бот. акони́т, боре́ц

**mono-** ['mɔnəu-] в сложных словах моно-, одно-, едино-; monosemantic однозна́чный

**monobasic** ['mɔnəu'beısık] a хим. одноосно́вный

**monochromatic** ['mɔnəkrəu'mætık] a однокра́сочный, одноцве́тный, монохромати́ческий

**monochrome** [ˈmɔnəkrəum] 1. *n* однокрáсочное изображéние
2. *a* монохрóмный, одноцвéтный, однокрáсочный
**monocle** [ˈmɔnəkl] *n* монóкль
**monocline** [ˈmɔnəklaɪn] *n геол.* флексýра, моноклинáльная склáдка
**monocotyledon** [ˈmɔnəuˌkɔtɪˈli:dən] *n бот.* односемядóльное растéние
**monocracy** [mɔˈnɔkrəsɪ] *n* единовлáстие, единодержáвие
**monocular** [mɔˈnɔkjulə] 1. *a* 1) монокуля́рный 2) *редк.* одноглáзый
2. *n опт.* монокуля́р
**monody** [ˈmɔnədɪ] *n* 1) óда для одногó гóлоса (*в древнегреческой трагедии*) 2) погребáльная песнь
**monoecious** [mɔˈni:ʃəs] *a бот.* однодóмный
**monogamist** [mɔˈmɔgəmɪst] *n* сторóнник единобрáчия
**monogamy** [mɔˈnɔgəmɪ] *n* моногáмия, единобрáчие
**monogram** [ˈmɔnəgræm] *n* монограмма
**monograph** [ˈmɔnəgrɑ:f] 1. *n* моногрáфия
2. *v* писáть моногрáфию
**monographer** [mɔˈnɔgrəfə] *n* áвтор моногрáфии
**monographic** [ˌmɔnəˈgræfɪk] *a* монографи́ческий
**monogyny** [mɔˈnɔdʒɪnɪ] *n* единожёнство
**monolith** [ˈmɔnəulɪθ] *n* моноли́т
**monolithic** [ˌmɔnəuˈlɪθɪk] *a* моноли́тный
**monologize** [mɔˈnɔlədʒaɪz] *v* завладевáть разговóром, не давáть говори́ть други́м
**monologue** [ˈmɔnəlɔg] *n* монолóг
**monomania** [ˈmɔnəuˈmeɪnjə] *n мед.* мономáния
**monomaniac** [ˈmɔnəuˈmeɪnɪæk] *n* маньяк
**monomark** [ˈmɔnəumɑ:k] *n эк.* услóвный фи́рменный знак (*из букв и цифр*)
**monomer** [ˈməunəmə] *n хим.* мономéр
**monometallic** [ˈmɔnəumɪˈtælɪk] *a фин.* монометалли́ческий
**monomial** [mɔˈnəumɪəl] *мат.* 1. *n* одночлéн
2. *a* одночлéнный
**monophase** [ˈmɔnəfeɪz] *a эл.* однофáзный
**monophthong** [ˈmɔnəfθɔŋ] *n фон.* монофтóнг
**monophthongize** [ˈmɔnɔfθɔŋgaɪz] *v фон.* монофтонгизи́ровать
**monoplane** [ˈmɔnəupleɪn] *n* монопла́н
**monopolist** [məˈnɔpəlɪst] *n* 1) монополи́ст 2) сторóнник систéмы монопóлий
**monopolize** [məˈnɔpəlaɪz] *v* монополизи́ровать; to ~ the conversation завладéть разговóром, не давáть никомý сказáть слóва
**monopoly** [məˈnɔpəlɪ] *n* монопóлия
**monorail** [ˈmɔnəureɪl] *n* 1) монорéльсовая желéзная дорóга; монорéльс 2) однорéльсовая подвеснáя желéзная дорóга
**monosyllabic** [ˈmɔnəusɪˈlæbɪk] *a* однослóжный
**monosyllable** [ˈmɔnəˌsɪləbl] *n* однослóжное слóво; to speak in ~s отвечáть однослóжно, нелюбéзно
**monotheism** [ˈmɔnəuθi:ˌɪzm] *n* монотеи́зм, единобóжие
**monotheistic** [ˌmɔnəuθi:ˈɪstɪk] *a* монотеисти́ческий
**monotint** [ˈmɔnətɪnt] *n* рисýнок *или* гравю́ра в однý крáску
**monotone** [ˈmɔnətəun] 1. *n* 1) монотóнность 2) монотóнное чтéние *или* монотóнная декламáция
2. *a* = monotonous
3. *v* говори́ть, читáть *или* петь монотóнно
**monotonous** [məˈnɔtnəs] *a* монотóнный; однообрáзный; скýчный
**monotony** [məˈnɔtnɪ] *n* монотóнность; однообрáзие; скýка
**monotype** [ˈmɔnəutaɪp] *n* 1) *биол.* моноти́п, еди́нственный вид рóда 2) *полигр.* моноти́п
**monoxide** [mɔˈnɔksaɪd] *n хим.* однооки́сь
**Monroeism** [mənˈrəuɪzm] *n амер. ист.* доктри́на Монрó
**monsieur** [məˈsjə:] *фр. n* (*pl* messieurs) мосьé, господи́н
**monsoon** [mɔnˈsu:n] *n* 1) муссóн 2) дождли́вый сезóн
**monster** [ˈmɔnstə] 1. *n* 1) чудóвище; *перен. тж.* и́зверг 2) урóд
2. *a* исполи́нский, громáдный, огрóмный
**monstrance** [ˈmɔnstrəns] *n церк.* дарохрани́тельница
**monstrosity** [mɔnsˈtrɔsɪtɪ] *n* 1) чудóвищность; урóдство 2) чудóвище, урóдливая вещь
**monstrous** [ˈmɔnstrəs] *a* 1) чудóвищный 2) урóдливый; безобрáзный 3) громáдный, исполи́нский 4) звéрский; жестóкий, ужáсный 5) *разг.* нелéпый, абсýрдный
**montage** [mɔnˈtɑ:ʒ] *n* 1) *кино* монтáж 2) фотомонтáж 3) *перен.* калейдоскóп
**montane** [ˈmɔnteɪn] *a* 1) гори́стый 2) гóрный (*о жителях*)
**Montenegrin** [ˌmɔntɪˈni:grɪn] 1. *n* черногóрец
2. *a* черногóрский
**month** [mʌnθ] *n* мéсяц ◇ a ~ of Sundays *шутл.* дóлгий срок, цéлая вéчность; in a ~ of Sundays ≅ пóсле дóждичка в четвéрг
**monthly** [ˈmʌnθlɪ] 1. *a* (еже)мéсячный; ~ wage мéсячное жáлованье
2. *adv* ежемéсячно; раз в мéсяц
3. *n* 1) ежемéсячный журнáл 2) *pl* менструáции
**monticule** [ˈmɔntɪkju:l] *n* 1) хóлмик 2) *геол.* паразити́ческий кóнус (*вулкана*)
**monument** [ˈmɔnjumənt] *n* пáмятник; монумéнт; the M. колóнна в Лóндоне в пáмять пожáра 1666 г.
**monumental** [ˌmɔnjuˈmentl] *a* 1) увековéчивающий; ~ mason мáстер, дéлающий надгрóбные пли́ты, пáмятники 2) монументáльный 3) необычáйный, изуми́тельный
**monumentalize** [ˌmɔnjuˈmentəlaɪz] *v* увековéчивать
**moo** [mu:] 1. *n* мычáние
2. *v* мычáть
**mooch** [mu:ʧ] *v разг.* 1) лентя́йничать, слоня́ться; прогýливать (*уроки*) 2) жить на чужóй счёт; попрошáйничать 3) ворóвать
**mood** I [mu:d] *n* настроéние; располóжение дýха; a ~ of anxiety тревóжное настроéние; to be in the ~ for smth. быть располóженным к чемý-л.; in no ~ не располóжен, не в настроéнии (*сделать что-л.*); a man of ~s человéк настроéния
**mood** II [mu:d] *n* 1) *грам.* наклонéние 2) *муз.* лад, тонáльность
**moody** [ˈmu:dɪ] *a* 1) легкó поддающийся перемéнам настроéния 2) уны́лый, угрю́мый; в дурнóм настроéнии
**moolah** [ˈmu:lə] = mullah
**moon** [mu:n] 1. *n* 1) лунá 2) *астр.* спýтник (*планеты*) 3) лýнный мéсяц 4) *поэт. см.* month 5) лýнный свет ◇ to cry for the ~ трéбовать невозмóжного; to bay the ~ ля́ять на лунý, занимáться бессмы́сленным дéлом; to aim (*или* to level) at the ~ имéть сли́шком больши́е претéнзии, мéтить высокó; to believe that the ~ is made of green cheese вéрить вся́ким небыли́цам
2. *v* 1) броди́ть, дви́гаться, дéйствовать как во сне (*тж.* ~ about, ~ along, ~ around) 2) проводи́ть врéмя в мечтáниях (*обыкн.* ~ away)
**moonbeam** [ˈmu:nbi:m] *n* полосá лýнного свéта
**moon-blind** [ˈmu:nblaɪnd] *a мед.* страдáющий кури́ной слепотóй
**moon-blindness** [ˈmu:nˌblaɪndnɪs] *n мед.* кури́ная слепотá
**mooncalf** [ˈmu:nkɑ:f] *n* идиóт; дурачóк
**moon-eye** [ˈmu:naɪ] *n* 1) *вет.* периоди́ческое воспалéние глаз (*у лошади*) 2) = moon-blindness
**moon-eyed** [ˈmu:naɪd] *a* 1) страдáющий кури́ной слепотóй 2) страдáющий воспалéнием глаз (*о животном*) 3) с широкó раскры́тыми глазáми, с крýглыми глазáми (*от страха, удивления и т. п.*)
**moonfaced** [ˈmu:nfeɪst] *a* круглоли́цый
**moonhead** [ˈmu:nhed] *n амер. sl.* помéшанный
**moon-lander** [ˈmu:nˌlændə] *n* летáтельный аппарáт *или* космонáвт, осуществля́ющий посáдку на Лунý
**moonlight** [ˈmu:nlaɪt] 1. *n* 1) лýнный свет 2) *attr.* при лýнном свéте; ~ flitting (flitter) *разг.* отъéзд (съезжáющий) с кварти́ры нóчью, чтóбы избежáть плáты за неё
2. *v* рабóтать по совмести́тельству
**moonlighter** [ˈmu:nˌlaɪtə] *n* 1) *pl ист.* члéны Ирлáндской земéльной ли́ги, уничтожáвшие по ночáм, в знак протéста, посéвы и скот англи́йских помéщиков 2) совмести́тель
**moonlit** [ˈmu:nlɪt] *a* зали́тый лýнным свéтом

**moon-looper** ['mu:n,lu:pə] *n* лета́тельный аппара́т *или* космона́вт, облета́ющий Луну́
**moon robot** ['mu:n'rəubɔt] = moon rover
**moon rover** ['mu:n'rəuvə] *n* лунохо́д
**moonscape** ['mu:nskeɪp] *n* лу́нный ландша́фт
**moonshine** ['mu:nʃaɪn] *n* 1) лу́нный свет 2) фанта́зия; вздор 3) *амер. разг.* самого́н; контраба́ндный спирт
**moonshiner** ['mu:n,ʃaɪnə] *n амер. разг.* 1) само́гонщик 2) контрабанди́ст, ввозя́щий спирт
**moonship** ['mu:nʃɪp] *n* косми́ческий кора́бль для полёта на Луну́
**moon shot** ['mu:nʃɔt] *n* полёт на Луну́
**moonstone** ['mu:nstəun] *n мин.* лу́нный ка́мень
**moonstruck** ['mu:nstrʌk] *a* поме́шанный
**moon walker** ['mu:n'wɔ:kə] = moon rover
**moony** ['mu:nɪ] *a* 1) похо́жий на луну́; кру́глый 2) рассе́янный, мечта́тельный; апати́чный 3) *sl.* подвы́пивший
**Moor** [muə] *n* 1) маррока́нец 2) *ист.* мавр
**moor** I [muə] *n* 1) торфяни́стая ме́стность, поро́сшая ве́реском 2) уча́сток для охо́ты
**moor** II [muə] *v* прича́лить; пришвартова́ть(ся); стать на я́корь
**moorage** ['muərɪdʒ] *n* 1) ме́сто прича́ла 2) пла́та за стоя́нку су́дна
**moor-bath** ['muəbɑ:θ] *n* грязева́я, и́ловая *или* торфяна́я ва́нна
**moorcock** ['muəkɔk] *см.* moor game
**moor-fowl** ['muəfaul] = moor game
**moor game** ['muəgeɪm] *n* куропа́тка шотла́ндская (moorcock саме́ц, moorhen са́мка)
**moorhen** ['muəhen] *см.* moor game
**mooring-mast** ['muərɪŋmɑ:st] *n ав.* прича́льная ма́чта (*для дирижа́блей*)
**moorings** ['muərɪŋz] *n pl мор.* мёртвые якоря́; швартo̍вы, я́корные це́пи, бо́чки *и т. п.*
**Moorish** ['muərɪʃ] *a* маврита́нский
**moorland** ['muələnd] *n* ме́стность, поро́сшая ве́реском
**Moorman** ['muəmən] *n* мусульма́нин (*в Индии*)
**moose** [mu:s] *n* америка́нский лось
**moot** [mu:t] **1.** *n* 1) *ист.* собра́ние свобо́дных гра́ждан для обсужде́ния дел всей о́бщины 2) *юр.* уче́бный суде́бный проце́сс (*в юридических школах*)
**2.** *a* спо́рный
**3.** *v* ста́вить вопро́с на обсужде́ние; обсужда́ть
**mooted** ['mu:tɪd] **1.** *p. p. от* moot 3
**2.** *a амер.* = moot 2
**mop** I [mɔp] **1.** *n* 1) шва́бра 2) ко́смы, копна́ (*волос*)
**2.** *v* 1) мыть пол шва́брой, подтира́ть (*тж.* ~ out) 2) вытира́ть (*слёзы, пот*); to ~ dry вытира́ть на́сухо; to ~ one's brow вытира́ть пот со лба́ □ ~ **up** а) вытира́ть; осуша́ть; б) *разг.* поглоща́ть (*пищу*); в) *разг.* прика́нчивать, убива́ть; разде́латься; г) *воен.* очища́ть (*захваченную территорию от противника*) ◇ to ~ the earth (*или* the ground, the floor) with smb. име́ть кого́-л. в по́лном подчине́нии, унижа́ть кого́-л.
**mop** II [mɔp] **1.** *n*: ~s and mows грима́сы, ужи́мки
**2.** *v*: to ~ and mow грима́сничать
**mope** [məup] **1.** *n* (the ~s) *pl* хандра́; to have a fit of the ~s хандри́ть
**2.** *v* хандри́ть; быть в пода́вленном состоя́нии, быть ко всему́ безуча́стным (*часто* ~ by oneself, ~ about)
**mope-eyed** ['məupaɪd] *a* близору́кий
**mopish** ['məupɪʃ] *a* скло́нный к хандре́; уны́лый
**moppet** ['mɔpɪt] *n ласк.* ребёнок; малю́тка
**moraine** [mɔ'reɪn] *n геол.* море́на
**moral** ['mɔrəl] **1.** *n* 1) поуче́ние, мора́ль; to draw the ~ извлека́ть мора́ль, уро́к 2) *pl* нра́вы; нра́вственность; мора́льное состоя́ние 3) *pl* э́тика ◇ the very ~ of smb. *разг.* то́чная ко́пия, вы́литый портре́т кого́-л.
**2.** *a* 1) мора́льный, нра́вственный; эти́ческий; духо́вный; ~ code нра́вственные но́рмы; ~ philosophy э́тика 2) нравоучи́тельный 3) доброде́тельный, высоконра́вственный; ~ life доброде́тельная жизнь 4) духо́вный; вну́тренний; ~ certainty вну́тренняя уве́ренность; отсу́тствие сомне́ния
**morale** [mɔ'rɑ:l] *n* мора́льное состоя́ние; боево́й дух; national ~ национа́льное самосозна́ние; to undermine the ~ внести́ разложе́ние, деморализова́ть
**moralist** ['mɔrəlɪst] *n* 1) морали́ст 2) доброде́тельный, высоконра́вственный челове́к
**morality** [mə'rælɪtɪ] *n* 1) мора́ль 2) *pl* осно́вы мора́ли; э́тика 3) *pl* нра́вственное поведе́ние 4) нравоуче́ние; copy-book ~ прописна́я мора́ль 5) *ист. театр.* моралите́
**moralize** ['mɔrəlaɪz] *v* 1) морализи́ровать 2) извлека́ть мора́ль, уро́к 3) поуча́ть; исправля́ть нра́вы
**morally** ['mɔrəlɪ] *adv* 1) мора́льно; нра́вственно 2) в нра́вственном отноше́нии 3) доброде́тельно 4) по всей ви́димости; в су́щности, факти́чески
**morass** [mə'ræs] *n* боло́то, тряси́на (*часто перен.*)
**moratorium** [,mɔrə'tɔ:rɪəm] *n* морато́рий; отсро́чка по платежа́м и фина́нсовым обяза́тельствам
**moratory** ['mɔrətərɪ] *a* даю́щий отсро́чку платежа́
**Moravian** [mə'reɪvjən] **1.** *a* 1) мора́вский 2) *ист.* относя́щийся к мора́вским бра́тьям
**2.** *n* 1) жи́тель Мора́вии 2) *pl ист.* мора́вские бра́тья
**morbid** ['mɔ:bɪd] *a* 1) боле́зненный; нездоро́вый 2) патологи́ческий; ~ anatomy патологи́ческая анато́мия; ~ growth *мед.* новообразова́ние 3) боле́зненно впечатли́тельный; нездоро́вый (*психически*); ~ imagination боле́зненное воображе́ние 4) ужа́сный, отврати́тельный
**morbidity** [mɔ:'bɪdɪtɪ] *n* 1) боле́зненность 2) заболева́емость
**morbidness** ['mɔ:bɪdnɪs] *n* боле́зненная впечатли́тельность *и пр.* [*см.* morbid 3)]
**morbific** [mɔ:'bɪfɪk] *a* болезнетво́рный
**mordacity** [mɔ:'dæsɪtɪ] *n* язви́тельность; ко́лкость
**mordant** ['mɔ:dənt] **1.** *a* 1) ко́лкий, язви́тельный, саркасти́ческий 2) *хим.* е́дкий 3) *мед.* вызыва́ющий разруше́ние (*ткани*) 4) закрепля́ющий кра́ску
**2.** *n* 1) протра́вка (*при гравировании*) 2) протра́ва (*при крашении*); мори́лка
**mordent** ['mɔ:dənt] *n муз.* трель
**more** [mɔ:] **1.** *a* 1) *сравн. ст. от* much 1 *и* many 1; 2) бо́льший, бо́лее многочи́сленный; he has ~ ability than his predecessors у него́ бо́льше уме́ния, чем у его́ предше́ственников 3) доба́вочный, ещё (*употр. с числительным или неопределённым местоимением*); two ~ cruisers were sunk ещё два кре́йсера бы́ли потo̍плены; bring some ~ water принеси́те ещё воды́
**2.** *adv* 1) *сравн. ст. от* much 2; 2) бо́льше; you should walk ~ вам на́до бо́льше гуля́ть 3) *служит для образования сравн. ст. многосложных прилагательных и наречий*: ~ powerful бо́лее мо́щный 4) ещё; опя́ть, сно́ва; once ~ ещё раз ◇ ~ or less бо́лее и́ли ме́нее, приблизи́тельно; the ~ ... the ~ чем бо́льше..., тем бо́льше; the ~ he has the ~ he wants чем бо́льше он име́ет, тем бо́льшего он хо́чет; the ~ the better чем бо́льше, тем лу́чше; neither ~ nor less than ни бо́льше, ни ме́ньше, как; не что ино́е, как; all the ~ so тем бо́лее; never ~ никогда́; he is no ~ его́ нет в живы́х
**3.** *n* бо́льшее коли́чество; дополни́тельное коли́чество ◇ what is ~ вдоба́вок, бо́льше того́; hope to see ~ of you наде́юсь ча́ще вас ви́деть; we saw no ~ of him мы его́ бо́льше не ви́дели; there is ~ to come э́то ещё не всё
**moreen** [mɔ'ri:n] *n* пло́тная (полу-) шерстяна́я ткань (*для портьер*)
**morel** I [mɔ'rel] *n* сморчо́к (*гриб*; *тж.* petty ~)
**morel** II [mɔ'rel] *n бот.* чёрный паслён
**moreover** [mɔ:'rəuvə] *adv* сверх того́, кро́ме того́
**mores** ['məuri:z] *лат. n pl* нра́вы
**Moresque** [mə'resk] **1.** *a* маврита́нский
**2.** *n* 1) маврита́нский стиль 2) маврита́нка
**morganatic** [,mɔ:gə'nætɪk] *a* морганати́ческий
**morgue** I [mɔ:g] *фр. n* 1) морг, поко́йницкая 2) *амер. sl.* отде́л хране́-

ния справочного материала в редакции газеты; подшивка газеты

**morgue** II [mɔːg] *фр.* *n* надменность, высокомерие

**moribund** ['mɔrɪbʌnd] *a* умирающий

**morion** ['mɔrɪən] *n* *воен.* *ист.* морион

**Mormon** ['mɔːmən] *n* 1) мормон 2) (m.) многоженец

**morn** [mɔːn] *n* 1) *поэт.* утро 2) (the ~) *шотл.* завтра; the ~'s morning завтра утром

**morning** ['mɔːnɪŋ] *n* 1) утро; good ~ с добрым утром; здравствуйте 2) *поэт.* утренняя заря 3) ранний период, начало (*чего-л.*); the ~ of life утро жизни 4) *attr.* утренний; ~ coat визитка; ~ gown халат; ~ watch *мор.* утренняя вахта (*с 4 до 8 ч.*)

**morning glory** ['mɔːnɪŋ,glɔːrɪ] *n* *бот.* 1) вьюнок 2) ипомея

**morning star** ['mɔːnɪŋ'stɑː] *n* утренняя звезда, Венера

**morocco** [mə'rɔkəu] **1.** *n* (*pl* -os [-əuz]) сафьян

**2.** *a* сафьяновый

**moron** ['mɔːrɔn] *n* слабоумный, идиот

**morose** [mə'rəus] *a* мрачный, угрюмый, замкнутый

**morpheme** ['mɔːfiːm] *n* *лингв.* морфема

**Morpheus** ['mɔːfjuːs] *n* *греч.* *миф.* Морфей; in the arms of ~ в объятиях Морфея, спящий

**morphia** ['mɔːfjə] = morphine

**morphine** ['mɔːfiːn] *n* морфий

**morphinism** ['mɔːfɪnɪzm] *n* морфинизм, наркомания

**morphologic(al)** [,mɔːfə'lɔdʒɪk(əl)] *a* морфологический

**morphology** [mɔː'fɔlədʒɪ] *n* морфология

**morris** ['mɔrɪs] *n* танец в костюмах героев легенды о Робин Гуде (*тж.* ~ dance)

**morrow** ['mɔrəu] *n* 1) *уст.* утро 2) *поэт.* завтра, завтрашний день [*см.* tomorrow 2] 3) время, наступившее непосредственно после (*какого-л.*) события; on the ~ of вслед за (*чем-л.*), по окончании (*чего-л.*)

**Morse** [mɔːs] *n* 1) *attr.*: ~ code, ~ alphabet азбука Морзе; ~ telegraph телеграф Морзе 2) *разг.* *см.* ~ code, ~ telegraph

**morse** [mɔːs] *n* *зоол.* морж

**morsel** ['mɔːsəl] *n* 1) кусочек 2) вкусное блюдо 3) незначительный, не принимаемый в расчёт человек

**mortal** ['mɔːtl] **1.** *a* 1) смертный; not a ~ man ни живой души 2) смертельный; ~ agony предсмертная агония 3) жестокий, беспощадный; ~ enemy смертельный враг 4) *разг.* ужасный; in a ~ hurry в ужасной спешке 5) *разг.* скучнейший

**2.** *n* человек, смертный

**3.** *adv* 1) *разг.*, *диал.* чрезвычайно, очень 2) = mortally

**mortality** [mɔː'tælɪtɪ] *n* 1) смертельность 2) смертность 3) падёж (*скота*) 4) человечество, смертные (*род человеческий*) 5) *attr.*: ~ tables статистические таблицы смертности

**mortally** ['mɔːtəlɪ] *adv* смертельно

**mortar** I ['mɔːtə] **1.** *n* 1) ступка, ступа 2) *воен.* мортира; миномёт

**2.** *v* 1) толочь в ступ(к)е 2) *воен.* обстреливать миномётным огнём

**mortar** II ['mɔːtə] **1.** *n* известковый раствор; строительный раствор

**2.** *v* скреплять известковым раствором

**mortar-board** ['mɔːtəbɔːd] *n* 1) *стр.* сокол 2) *разг.* головной убор с квадратным верхом (*у английских студентов и профессоров*)

**mortgage** ['mɔːgɪdʒ] **1.** *n* 1) заклад; ипотека 2) закладная

**2.** *v* 1) закладывать 2) ручаться (*словом*)

**mortgagee** [,mɔːgə'dʒiː] *n* кредитор по закладной

**mortgager, mortgagor** ['mɔːgɪdʒə, ,mɔːgə'dʒɔː] *n* закладчик, должник по закладной

**mortice** ['mɔːtɪs] = mortise

**mortician** [mɔː'tɪʃən] *n* *амер.* владелец похоронного бюро; гробовщик

**mortification** [,mɔːtɪfɪ'keɪʃən] *n* 1) смирение; подавление; ~ of the flesh умерщвление плоти 2) унижение; горькое чувство обиды, разочарования 3) *мед.* омертвение; гангрена 4) *шотл.* пожертвование на благотворительные цели

**mortify** ['mɔːtɪfaɪ] *v* 1) подавлять (*страсти, чувства и т. п.*); умерщвлять (*плоть*) 2) обижать, унижать 3) *мед.* омертветь, гангренизироваться 4) *шотл.* жертвовать на благотворительные цели

**mortifying** ['mɔːtɪfaɪɪŋ] **1.** *pres. p.* *от* mortify

**2.** *a* оскорбительный, унизительный

**mortise** ['mɔːtɪs] *тех.* **1.** *n* 1) паз, гнездо, прорезь 2) *attr.*: ~ chisel долото

**2.** *v* соединять врубкой; долбить (*дерево*)

**mortmain** ['mɔːtmeɪn] *n* *юр.* владение недвижимостью (*принадлежащей церковным, благотворительным учреждениям и т. п.*) без права передачи, «мёртвая рука»

**mortuary** ['mɔːtjuərɪ] **1.** *n* 1) покойницкая, морг 2) *ист.* взнос наследников приходскому священнику на помин души покойника

**2.** *a* похоронный, погребальный; ~ urn урна с прахом

**Mosaic** [məu'zeɪɪk] *a* *библ.* Моисеев; ~ Law Моисеевы законы

**mosaic** [məu'zeɪɪk] **1.** *n* 1) мозаика 2) что-л., составленное из разных частей (*напр., муз.* попурри)

**2.** *a* мозаичный

**3.** *v* выкладывать мозаикой; делать мозаичную работу

**moselle** [məu'zel] *n* мозельвейн (*вино*)

**Moses** ['məuzɪz] *n* *библ.* Моисей

**mosey** ['məzɪ] *v* *амер.* *разг.* 1) быстро уходить 2) шататься, слоняться

**Moslem** ['mɔzlem] **1.** *n* мусульманин; мусульманка

**2.** *a* мусульманский

**mosque** [mɔsk] *n* мечеть

**mosquito** [məs'kiːtəu] *n* (*pl* -oes [-əuz]) 1) москит; комар 2) *attr.* противомоскитный

**mosquito-craft** [məs'kiːtəukrɑːft] *n* *мор.* торпедный катер; *собир.* торпедные катера

**mosquito-fleet** [məs'kiːtəufliːt] *n* *мор.* «москитный» флот (*торпедные катера*)

**mosquito-net** [məs'kiːtəunet] *n* сетка от комаров, москитов *и т. п.*

**moss** [mɔs] **1.** *n* 1) *бот.* мох 2) *разг.* плаун; лишайник 3) *диал.* торфяное болото

**2.** *v* покрывать мхом

**moss-back** ['mɔsbæk] *n* *амер.* 1) = menhaden 2) (M.) *разг.* человек, скрывавшийся (*особ.* в болотах) от службы в армии южан (*во время американской гражданской войны*) 3) *разг.* крайний консерватор; старомодный человек

**moss-berry** ['mɔs,berɪ] *n* *бот.* клюква (обыкновенная)

**moss-grown** ['mɔs,grəun] *a* 1) поросший мхом 2) устаревший, старомодный

**mossiness** ['mɔsɪnɪs] *n* мшистость; пушистость

**moss-rose** ['mɔs'rəuz] *n* роза столистная, мускусная

**mosstrooper** ['mɔs,truːpə] *n* 1) *ист.* разбойник (*на шотландской границе в XVII в.*) 2) бандит

**mossy** ['mɔsɪ] *a* мшистый; покрытый мхом

**most** I [məust] **1.** *a* 1) *превосх. ст.* *от* much 1 *и* many 1; 2) наибольший; ~ people большинство людей; for the ~ part главным образом; бо́льшей частью

**2.** *adv* 1) *превосх. ст.* *от* much 2; 2) больше всего; what ~ annoys me... что больше, сильнее всего раздражает меня... 3) весьма, в высшей степени; his speeh was ~ convincing его речь была весьма, очень убедительна 4) *служит для образования превосх. ст. многосложных прилагательных и наречий*: ~ beautiful самый красивый ◇ at ~ самое большее; не больше чем; ten at ~ самое большее десять, не больше десяти; this is at ~ a make-shift это не больше, чем паллиатив

**3.** *n* наибольшее количество, бо́льшая часть; this is the ~ I can do это самое большее, что я могу сделать; at the ~ самое большее; ~ of them большинство из них ◇ ~ and least *поэт.* все без исключения; to make the ~ of smth. а) использовать наилучшим образом; б) расхваливать, преувеличивать достоинства *и пр.*

**most** II [məust] *adv* *амер.* *разг.* (*сокр. от* almost) почти

**mostly** ['məustlɪ] *adv* по большей части, главным образом; обыкновенно, обычно

**mot** [məu] *фр.* *n* (*pl* -s [-z]) острота; ~ juste точное выражение

**mote** [məut] *n* 1) пыли́нка 2) пя́тнышко ◇ to see a ~ in the brother's eye *библ.* ви́деть сучо́к в глазу́ бра́та своего́; преувели́чивать чужи́е недоста́тки

**motel** [məu'tel] *n* моте́ль, автопансиона́т

**motet** [məu'tet] *n* песнопе́ние

**moth** [mɔθ] 1) моль 2) мотылёк

**moth-ball** ['mɔθˌbɔ:l] *n* нафтали́новый *или* камфа́рный ша́рик (*от моли*)

**moth-eaten** ['mɔθˌi:tn] *a* 1) изъе́денный мо́лью 2) устаре́вший; изно́шенный

**mother** ['mʌðə] **1.** *n* 1) мать; ма́тушка; мама́ша; M. Superior мать-настоя́тельница 2) нача́ло, исто́чник 3) инкуба́тор; бру́дер (*тж.* artificial ~) 4) *attr.*: ~ tongue а) родно́й язы́к; б) праязы́к ◇ ~ earth мать сыра́ земля́; every ~'s son of (you, them, *etc.*) все без исключе́ния, все до одного́; ~ wit приро́дный ум; здра́вый смысл; смека́лка

**2.** *v* 1) относи́ться по-матери́нски; охраня́ть, леле́ять 2) усыновля́ть; брать на воспита́ние 3) быть ма́терью, роди́ть 4) порожда́ть, вызыва́ть к жи́зни 5) припи́сывать а́вторство; this novel was ~ed on (*или* upon) Miss X. э́тот рома́н приписа́ли мисс X.

**mother country** ['mʌðəˌkʌntrɪ] *n* 1) ро́дина 2) метропо́лия (*по отношению к колониям*)

**mother-craft** ['mʌðəkrɑ:ft] *n* уме́ние воспи́тывать дете́й

**motherhood** ['mʌðəhud] *n* матери́нство

**mothering** ['mʌðərɪŋ] *n* матери́нская ла́ска, забо́та

**Mothering Sunday** ['mʌðərɪŋ'sʌndɪ] *n церк.* четвёртое воскресе́нье поста́

**mother-in-law** ['mʌðərɪnlɔ:] *n* (*pl* mothers-in-law) 1) тёща 2) свекро́вь

**motherland** ['mʌðəlænd] *n* ро́дина, отчи́зна

**motherless** ['mʌðəlɪs] *a* лишённый ма́тери

**motherly** ['mʌðəlɪ] **1.** *a* матери́нский **2.** *adv* по-матери́нски

**mother missile** ['mʌðə'mɪsaɪl] *n* раке́та-носи́тель, ста́ртовая ступе́нь (*многоступенчатой ракеты*)

**mother of pearl** ['mʌðərəv'pə:l] *n* перламу́тр

**mother-of-pearl** ['mʌðərəv'pə:l] *a* перламу́тровый

**mother of thousands** ['mʌðərəv'θauzəndz] *n бот.* 1) ди́кий лён 2) камнело́мка, цимбаля́рия

**mother ship** ['mʌðəʃɪp] *n* 1) *мор.* плаву́чая ба́за 2) косми́ческий кора́бль-носи́тель 3) *ав.* самолёт-носи́тель

**mothers-in-law** ['mʌðəzɪnlɔ:] *pl от* mother-in-law

**mother's mark** ['mʌðəzmɑ:k] *n* роди́мое пятно́

**motif** [məu'ti:f] *фр. n* 1) основна́я те́ма, гла́вная мысль, лейтмоти́в 2) кружевно́е украше́ние (*на платье*)

**motile** ['məutɪl] *a биол.* спосо́бный передвига́ться, подви́жный

**motion** ['məuʃən] **1.** *n* 1) движе́ние; in ~ дви́гаясь, в движе́нии, на ходу́; to set (*или* to put) in ~ пусти́ть; привести́ в движе́ние (*тж. перен.*) 2) ход (*машины и т. п.*) 3) телодвиже́ние, жест; похо́дка 4) побужде́ние; of one's own ~ по со́бственному побужде́нию 5) предложе́ние (*на собрании*); ~ for adjournment *парл.* предложе́ние о прекраще́нии пре́ний (*для обсуждения внеочередного вопроса и т. п.*) 6) де́йствие (кише́чника) 7) *pl* кал 8) *юр.* хода́тайство 9) *уст.* марионе́тка

**2.** *v* пока́зывать же́стом

**motional** ['məuʃənl] *a* дви́гательный

**motionless** ['məuʃənlɪs] *a* неподви́жный, без движе́ния; в состоя́нии поко́я

**motion picture** ['məuʃən'pɪktʃə] *n* кинокарти́на, кинофи́льм

**motivate** ['məutɪveɪt] = motive 3

**motivation** [ˌməutɪ'veɪʃən] *n* 1) побужде́ние; дви́жущая си́ла 2) мотиви-ро́вка; мотива́ция

**motive** ['məutɪv] **1.** *n* 1) по́вод, моти́в, побужде́ние; driving ~ дви́жущая си́ла 2) = motif 1)

**2.** *a* 1) дви́жущий; ~ power (*или* force) дви́жущая си́ла; эне́ргия 2) дви́гательный

**3.** *v* 1) побужда́ть 2) служи́ть моти́вом *или* причи́ной 3) (*преим. pass.*) мотиви́ровать

**motiveless** ['məutɪvlɪs] *a* не име́ющий основа́ний; немотиви́рованный; беспо́чвенный

**motivity** [məu'tɪvɪtɪ] *n физ.* дви́гательная си́ла

**motley** ['mɔtlɪ] **1.** *a* разноцве́тный; пёстрый (*тж. перен.*); ~ horde вся́кий сброд

**2.** *n* 1) попурри́, вся́кая вся́чина 2) *ист.* шутовско́й костю́м; man of ~ шут; to wear ~ быть шуто́м

**motoplough** ['məutəplau] *n с.-х.* самохо́дный плуг

**motor** ['məutə] **1.** *n* 1) дви́гатель; мото́р 2) автомоби́ль 3) мото́рная ло́дка (*тж.* ~ boat) 4) *анат.* дви́гательный му́скул; дви́гательный нерв

**2.** *a* 1) мото́рный, дви́гательный 2) автомоби́льный; ~ show вы́ставка автомоби́лей

**3.** *v* 1) е́хать на автомоби́ле 2) везти́ на автомоби́ле

**motor boat** ['məutəbəut] *n* мото́рная ло́дка; мото́рный ка́тер

**motor bus** ['məutə'bʌs] *n* авто́бус

**motorcade** ['məutəkeɪd] *n амер.* 1) автоколо́нна 2) верени́ца автомоби́лей; автомоби́льный корте́ж

**motor-car** ['məutəkɑ:] *n* 1) легково́й автомоби́ль 2) *амер.* мото́рный ваго́н (*трамвая, электропоезда*)

**motor cycle** ['məutəˌsaɪkl] *n* мотоци́кл

**motorcycle** ['məutəˌsaɪkl] *v* води́ть мотоци́кл; занима́ться мотоцикле́тным спо́ртом

**motor-cyclist** ['məutəˌsaɪklɪst] *n* мотоцикли́ст

**motordrome** ['məutədrəum] *n* автодро́м; мотодро́м

**motored** ['məutəd] **1.** *p. p. от* motor 3

**2.** *a* снабжённый мото́ром; име́ющий мото́р

**motoring** ['məutərɪŋ] **1.** *pres. p. от* motor 3

**2.** *n* 1) автомоби́льное де́ло 2) автомоби́льный спорт

**motorist** ['məutərɪst] *n* автомобили́ст

**motorization** [ˌməutəraɪ'zeɪʃən] *n* моториза́ция

**motorize** ['məutəraɪz] *v* переводи́ть на электри́ческий приво́д

**motorman** ['məutəmən] *n* вагоново-жа́тый; води́тель (*автобуса*); машини́ст (*электропоезда*)

**motorpool** ['məutəpu:l] *n* объединённый автопа́рк

**motor ship** ['məutəʃɪp] *n* теплохо́д

**motor-spirit** ['məutə'spɪrɪt] *n* автомоби́льный бензи́н

**motor vehicle** ['məutə'vi:ɪkl] *n* автомоби́ль

**motory** ['məutərɪ] *a* дви́жущий, вызыва́ющий движе́ние

**mottle** ['mɔtl] **1.** *n* кра́пинка, пя́тнышко

**2.** *v* испещря́ть; кра́пать

**mottled** ['mɔtld] **1.** *p. p. от* mottle 2

**2.** *a* 1) кра́пчатый, испещрённый; пёстрый 2) полови́нчатый (*о чугуне*)

**motto** ['mɔtəu] *n* (*pl* -oes [-əuz]) 1) деви́з, ло́зунг 2) эпи́граф

**mouch** [mu:tʃ] = mooch

**moufflon** ['mu:flɔn] *n зоол.* муфло́н

**mould** I [məuld] **1.** *n* 1) взрыхлённая (садо́вая) земля́ 2) по́чва 3) *поэт.* моги́ла 4) *поэт.* прах; man of ~ просто́й сме́ртный

**2.** *v* рыхли́ть; насыпа́ть зе́млю □ ~ **up** оку́чивать

**mould** II [məuld] **1.** *n* пле́сень; пле́сенный грибо́к

**2.** *v* покрыва́ться пле́сенью; пле́сневеть; *перен.* остава́ться без употребле́ния

**mould** III [məuld] **1.** *n* 1) (лите́йная) фо́рма, изло́жница, му́льда 2) лека́ло; шабло́н 3) ма́трица 4) *стр.* опа́лубка для бето́на 5) фо́рмочка для пу́динга, желе́ *и т. п.* 6) хара́ктер; people of a special ~ лю́ди осо́бого скла́да

**2.** *v* 1) отлива́ть в фо́рму, формова́ть 2) де́лать по шабло́ну 3) формирова́ть (*характер*); создава́ть □ ~ **into** превраща́ть в; ~ **on**, ~ **upon** формирова́ть по образцу́ *чего-л.*

**mould-board** ['məuldbɔ:d] *n с.-х.* отва́л плу́га

**moulder** I ['məuldə] *n* 1) лите́йщик, формо́вщик 2) созда́тель; творе́ц 3) *тех.* стол для формо́вки

**moulder** II ['məuldə] *v* 1) рассыпа́ться, разруша́ться (*часто* ~ away) 2) разлага́ться (*морально*); безде́льничать

**moulding** I ['məuldɪŋ] **1.** *pres. p. от* mould III, 2

**2.** *n* 1) *тех.* формо́вка, отли́вка 2) *архит.* лепно́е украше́ние 3) баге́т

**moulding** II ['məuldɪŋ] *pres. p. от* mould I, 2

**moulding** III ['məuldıŋ] *pres. p. от* mould II, 2

**mouldy** I ['məuldı] *a* 1) заплéсневелый; *перен.* устарéвший; старомóдный 2) *разг.* дряннóй; скýчный

**mouldy** II ['məuldı] *n мор. sl.* торпéда

**moult** [məult] **1.** *n* ли́нька (*птиц*)

**2.** *v* линя́ть (*о птицах*)

**mound** I [maund] **1.** *n* нáсыпь; холм; кургáн; моги́льный холм

**2.** *v* дéлать нáсыпь; насыпáть холм

**mound** II [maund] *n* держáва (*эмблема*)

**mount** I [maunt] **1.** *n* 1) лóшадь под седлóм 2) подлóжка, картóн *или* холст, на котóрый наклéена карти́на *или* кáрта; паспартý 3) опрáва (*камня*) 4) предмéтное стеклó (*для микроскопического среза*) 5) *воен.* устанóвка (*для орудия*)

**2.** *v* 1) взбирáться, восходи́ть, поднимáться; to ~ the throne взойти́ на престóл 2): his colour ~ed, a blush ~ed to his face кровь брóсилась емý в лицó 3) поднимáться, повышáться (*о цене*) 4) сади́ться на лóшадь *или* на велосипéд, в маши́ну 5) посади́ть на лóшадь 6) снабжáть верховы́ми лошадьми́ 7) устанáвливать, монти́ровать; to ~ a picture наклéивать карти́ну на картóн; to ~ a specimen приготовля́ть препарáт для исслéдования (*под микроскопом*); to ~ jewels вставля́ть драгоцéнные кáмни в опрáву; to ~ a gun *воен.* устанáвливать орýдие на лафéт 8): to ~ a picket выставля́ть пикéт 9) стáвить (*пьесу*) 10) набивáть чýчело □ ~ **up** накáпливаться

**mount** II [maunt] *n* 1) холм; горá (*уст., кроме названий, напр.*: Mount Everest горá Эверéст) 2) бугорóк (*на ладони*)

**mountain** ['mauntın] *n* 1) горá 2) мáсса, кýча, мнóжество 3) (the M.) *фр. ист.* «Горá», пáртия монтаньяров 4) *attr.* гóрный; нагóрный ◇ the ~ in labour, the ~ has brought forth a mouse ≅ горá родилá мышь; to make a ~ out of a molehill ≅ дéлать из мýхи слонá; преувели́чивать

**mountain ash** ['mauntın'æʃ] *n бот.* 1) ряби́на америкáнская 2) ряби́на обыкновéнная

**mountain-climber** ['mauntın,klaımə] *n* альпини́ст

**mountain dew** ['mauntın'dju:] *n разг.* шотлáндское ви́ски

**mountaineer** [,mauntı'nıə] **1.** *n* 1) альпини́ст 2) гóрец

**2.** *v* совершáть восхождéния на гóры, лáзить по горáм

**mountaineering** [,mauntı'nıərıŋ] **1.** *pres. p. от* mountaineer 2

**2.** *n* альпини́зм

**mountain-high** ['mauntınhaı] *a* óчень высóкий

**mountainous** ['mauntınəs] *a* 1) гори́стый 2) громáдный

**mountebank** ['mauntıbæŋk] **1.** *n* 1) фигля́р; шут 2) шарлатáн

**2.** *v* 1) валя́ть дуракá 2) жýльничать, обмáнывать

**mounted** ['mauntıd] **1.** *p. p. от* mount I, 2

**2.** *a* 1) кóнный; ~ police кóнная поли́ция 2) моторизóванный 3) смонти́рованный, устанóвленный 4): ~ gem драгоцéнный кáмень в опрáве

**mounting** ['mauntıŋ] **1.** *pres. p. от* mount I, 2

**2.** *n* 1) устанóвка 2) посáдка на лóшадь *или* в маши́ну 3) наби́вка (*чучела*) 4) монтáж 5) опрáва

**mourn** [mɔ:n] *v* 1) сéтовать, оплáкивать 2) носи́ть трáур 3) печáлиться, горевáть, скорбéть

**mourner** ['mɔ:nə] *n* 1) присýтствующий на похоронáх 2) плáкальщик

**mournful** ['mɔ:nful] *a* печáльный, скóрбный; трáурный; мрáчный

**mourning** ['mɔ:nıŋ] **1.** *pres. p. от* mourn

**2.** *n* 1) скорбь, печáль 2) плач, рыдáние 3) трáур; to go into ~ надéть трáур; in ~ а) в трáуре; б) *разг.* гря́зный (*о ногтях*); в) подби́тый (*о глазе*) 4) *attr.* трáурный

**mouse** **1.** *n* [maus] (*pl* mice) 1) мышь 2) *sl.* подби́тый глаз

**2.** *v* [mauz] 1) лови́ть мышéй 2) вы́искивать, выслéживать (*тж.* ~ around, ~ about, ~ along) □ ~ **out** *амер.* разню́хать, разузнáть

**mouser** ['mauzə] *n* мышелóв

**mousetrap** ['maustræp] *n* мышелóвка

**mousse** [mu:s] *фр. n* мусс (*блюдо*)

**mousseline** ['mu:sli:n] *фр. n* мусли́н

**moustache** [məs'tɑ:ʃ] *n* усы́

**mousy** ['mausı] **1.** *n* мы́шка, мышóнок

**2.** *a* 1) мыши́ный 2) рóбкий; ти́хий

**mouth** **1.** *n* [mauθ] (*pl* -ths [-ðz]) 1) рот, устá; by ~, by word of ~ ýстно 2) рот, едóк 3) ýстье (*реки, шахты*) 4) вход (*в гавань, пещеру*) 5) гóрлышко (*бутылки*); дýло, жерлó 6) грими́са; to make ~s стрóить рóжи, гримáсничать 7) *sl.* нахáльство 8) *тех.* ýстье, зев, отвéрстие; выходнóй пáтрубок; растрýб; рýпор ◇ from ~ to ~ из уст в устá; to open one's ~ too wide а) ожидáть сли́шком мнóгого; б) запрáшивать (*слишком высокую цену*); to take the words out of smb.'s ~ предвосхи́тить чьи-л. словá; to put words into smb.'s ~ а) подсказáть комý-л., что нáдо говори́ть; б) припи́сывать комý-л. каки́е-л. словá; to have a good (bad) ~ хорошó (плóхо) слýшаться узды́ (*о лошади*)

**2.** *v.* [mauð] 1) говори́ть торжéственно; изрекáть 2) жевáть; чáвкать 3) приучáть лóшадь к уздé 4) гримáсничать 5) впадáть (*о реке*)

**mouther** ['mauðə] *n* 1) напы́щенный орáтор 2) хвастýн

**mouth-filling** ['mauθ,fılıŋ] *a* напы́щенный

**mouthful** ['mauθful] *n* 1) пóлный рот (*чего-л.*); кусóк; глотóк 2) небольшóе коли́чество 3) труднопроизноси́мое слóво, фрáза *и т. п.* ◇ to say a ~ сказáть что-л. вáжное, потрясáющее

**mouth-organ** ['mauθ,ɔ:gən] *n* губнáя гармóника

**mouthpiece** ['mauθpi:s] *n* 1) мундштýк 2) рýпор, глашáтай; орáтор (*от группы*); вырази́тель (*мнения, интересов и т. п.*) 3) микрофóн

**mouthy** ['mauðı] *a* 1) напы́щенный 2) болтли́вый, многослóвный

**movable** ['mu:vəbl] **1.** *a* 1) подвижнóй; перенóсный, разбóрный, передвижнóй 2) дви́жимый (*об имуществе*)

**2.** *n pl* дви́жимость, дви́жимое имýщество

**move** [mu:v] **1.** *n* 1) движéние, перемéна мéста; to make a ~ а) отправля́ться; б) вставáть из-за столá [*см. тж.* 3) *и* 4)]; to get a ~ on *разг.* спеши́ть, торопи́ться, поторáпливаться; (to be) on the ~ (быть) на ногáх, в движéнии 2) переéзд (*на другую квартиру*) 3) ход (*в игре*); to make a ~ сдéлать ход [*см. тж.* 1) *и* 4)] 4) постýпок, шаг; to make a ~ предприня́ть что-л.; начáть дéйствовать [*см. тж.* 1) *и* 3)] 5) áкция, дéйствие; foreign-policy ~s внешнеполити́ческие áкции

**2.** *v* 1) двигать(ся); передвигáть (-ся); to ~ a piece *шахм.* дéлать ход 2) вращáться (*напр., в литературных кругах*) 3) приводи́ть в движéние; to ~ the bowels заставля́ть рабóтать кишéчник 4) побуждáть (*к чему-л.*) 5) трóгать, растрóгать 6) волновáть; вызывáть (*какие-л. чувства, эмоции*); to ~ to anger (to laughter) рассерди́ть (рассмеши́ть); to ~ to tears довести́ до слёз 7) вноси́ть (*предложение, резолюцию*); дéлать заявлéние, обращáться (*в суд и т. п.*); ходáтайствовать (for) 8) переезжáть; переселя́ться; to ~ house переезжáть на другýю кварти́ру 9) развивáться (*о событиях*); идти́, подвигáться (*о делах*) 10) расти́; распускáться; nothing is moving in the garden в садý ещё ничегó не распускáется 11) переходи́ть в другие рýки; продавáться 12) управля́ть; манипули́ровать 13) дéйствовать (*о кишечнике*) □ ~ **about** переходи́ть, переезжáть; переноси́ть с мéста на мéсто; ~ **away** а) удаля́ть (-ся); уезжáть; б) отодвигáть; ~ **back** а) пя́титься; б) идти́ зáдним хóдом; подавáть назáд; в) табáнить; ~ **down** опускáть, спускáть; ~ **for** ходáтайствовать о *чём-л.*; ~ **in** а) вводи́ть, вдвигáть; б) въезжáть (*в квартиру*); ~ **off** а) отодвигáть; б) уезжáть; отъезжáть; ~ **on** пройти́, идти́ дáльше; ~ **out** а) выдвигáть (*ящик и т. п.*); б) съезжáть (*с квартиры*); ~ **over** отстрани́ться, отодви́нуться; ~ **up** пододви́нуть; to ~ up reserves *воен.* подтя́гивать резéрвы ◇ to ~ heaven and earth пусти́ть всё в ход; ≅ нажáть все кнóпки

**moveless** ['mu:vlıs] *a* неподви́жный; ~ countenance невозмути́мое выражéние лицá

**movement** [ˈmu:vmənt] *n* 1) движе́ние, перемеще́ние, передвиже́ние 2) движе́ние (*общественное*) 3) перее́зд, переселе́ние 4) жест, телодвиже́ние 5) ход (*механизма*) 6) разви́тие де́йствия, дина́мика (*литературного произведения*) 7) *ком.* измене́ние; оживле́ние; upward (downward) ~ повыше́ние (пониже́ние) цен 8) *муз.* темп; ритм 9) часть музыка́льного произведе́ния 10) *мед.* де́йствие кише́чника

**mover** [ˈmu:və] *n* 1) дви́гатель, дви́жущая си́ла; prime ~ пе́рвичный дви́гатель; исто́чник эне́ргии 2) инициа́тор, а́втор (*идеи и т. п.*)

**movie** [ˈmu:vɪ] *n разг.* 1) кинофи́льм 2) *pl* кино́ 3) *pl* кинопромы́шленность

**moviegoer** [ˈmu:vɪˌgəuə] *n* кинозри́тель

**moviemaker** [ˈmu:vɪˌmeɪkə] *n* кинопромы́шленник

**movietone** [ˈmu:vɪtəun] *n* звуково́й фильм

**moving** [ˈmu:vɪŋ] **1.** *pres. p. от* move 2

**2.** *a* 1) дви́жущий(ся); подвижно́й 2) тро́гательный, волну́ющий

**moving pictures** [ˈmu:vɪŋˈpɪktʃəz] *n pl* кино́

**moving staircase** [ˈmu:vɪŋˈstɛəkeɪs] *n* эскала́тор

**moviola** [ˌmu:vɪˈələ] *n амер. кино* мувио́ла, звукомонта́жный аппара́т

**mow** I [mau] *уст.* **1.** *n* грима́са

**2.** *v* грима́сничать [*см. тж.* mop II, 2)

**mow** II [məu] **1.** *n* 1) стог, скирда́ 2) сенова́л

**2.** *v* скирдова́ть, стогова́ть

**mow** III [məu] *v* (mowed [-d]; mowed, mown) коси́ть; жать □ ~ **down** а) ска́шивать; б) коси́ть (*об эпидемии и т. п.*); ~ **off** = ~ down

**mower** [ˈməuə] *n* 1) косе́ц 2) коси́лка

**mowing-machine** [ˈməuɪŋməˌʃi:n] *n* коси́лка, сенокоси́лка

**mown** [məun] *p. p. от* mow III

**Mr.** [ˈmɪstə] *сокр от* mister

**Mrs.** [ˈmɪsɪz] *сокр. от* mistress 2)

**much** [mʌtʃ] **1.** *a* (more; most) мно́го; ~ snow мно́го сне́га; ~ time мно́го вре́мени ◇ ~ water has flown under the bridge since that time ≅ мно́го воды́ утекло́ с тех по́р; to be too ~ for оказа́ться не по си́лам *кому-л.*

**2.** *adv* (more; most) 1) о́чень; I am ~ obliged to you я вам о́чень благода́рен 2) (*при сравн. ст.*) гора́здо, значи́тельно; ~ more natural гора́здо есте́ственнее; ~ better намно́го лу́чше 3) почти́, приблизи́тельно; ~ of a size (a height, *etc.*) почти́ того́ же разме́ра (той же высоты́ *и т. п.*); ~ (about) the same почти́ (одно́ и) то́ же, почти́ тако́й же ◇ not ~ отню́дь нет; ни в ко́ем слу́чае

**3.** *n* мно́гое; to make ~ of а) высо́ко цени́ть; быть высо́кого мне́ния; б) носи́ться с *кем-л.*, *чем-л.* ◇ he is not ~ of a scholar он не сли́шком образо́ванный челове́к; ~ of a muchness *разг.* почти́ (одно́ и) то́ же; ≅ одного́ по́ля я́года; ~ will have more *посл.* ≅ де́ньги к деньга́м

**mucilage** [ˈmju:sɪlɪdʒ] *n* 1) кле́йкое вещество́ (*растений*); расти́тельный клей 2) слизь

**muck** [mʌk] **1.** *n* 1) наво́з 2) *разг.* грязь; дрянь, ме́рзость; to make a ~ of smth. испо́ртить, изга́дить что-л. 3) *горн.* отби́тая, неу́бранная поро́да 4) отва́л, вы́нутая земля́ 5) *attr.* наво́зный

**2.** *v* 1) унаво́живать 2) па́чкать 3) *разг.* (ис)по́ртить (*тж.* ~ up) 4) *горн.* убира́ть, отки́дывать поро́ду □ ~ **about** *разг.* слоня́ться; ~ **in:** to ~ in (with smb.) дели́ться (с кем-л.) иму́ществом *и т. п.*

**mucker** [ˈmʌkə] **1.** *n* 1) *разг.* тяжёлое паде́ние; *перен.* больша́я неуда́ча; to come a ~ *разг.* а) тяжело́ упа́сть; б) попа́сть в беду́; вли́пнуть; to go a ~ сли́шком мно́го истра́тить (on, over) 2) *разг.* грубия́н, хам 3) *горн.* убо́рщик (*породы*); отка́тчик; породопогру́зочная маши́на

**2.** *v разг.* 1) устро́ить пу́таницу, перепу́тать; провали́ть де́ло 2) истра́тить (*часто* ~ away)

**muck-rake** [ˈmʌkreɪk] **1.** *n* 1) гра́бли для наво́за 2) скло́чник, кля́узник

**2.** *v* рассле́довать и разоблача́ть тёмные администрати́вные и полити́ческие махина́ции

**muck-raker** [ˈmʌkˌreɪkə] *n* «выгреба́тель му́сора» (*журналист, ради сенсации расследующий и разоблачающий коррупцию и тёмные политические махинации официальных лиц*)

**muckworm** [ˈmʌkwə:m] *n* 1) наво́зный червь 2) скря́га

**mucky** [ˈmʌkɪ] *a* 1) гря́зный 2) проти́вный

**mucous** [ˈmju:kəs] *a* сли́зистый; ~ membrane сли́зистая оболо́чка

**mucus** [ˈmju:kəs] *n* слизь

**mud** [mʌd] *n* 1) грязь, сля́коть; ил, ти́на; to stick in the ~ завя́знуть в грязи́; *перен.* отста́ть от ве́ка; to throw (*или* to fling) ~ (at) заброса́ть гря́зью; (о)поро́чить 2) шлам

**mud-bath** [ˈmʌdbɑ:θ] *n мед.* грязева́я ва́нна

**mud box** [ˈmʌdbɔks] *n тех.* грязеотсто́йник

**muddle** [ˈmʌdl] **1.** *n* 1) неразбери́ха; беспоря́док; to make a ~ of smth. спу́тать, перепу́тать что-л. 2) пу́таница в голове́

**2.** *v* 1) спу́тывать, пу́тать (*часто* ~ up, ~ together) 2) де́лать ко́е-ка́к; по́ртить 3) опьяня́ть; одурма́нивать □ ~ **away** (one's time, money, *etc.*) зря тра́тить (вре́мя, де́ньги *и т. п.*); ~ **into** ввяза́ться во *что-л.* по глу́пости или непредусмотри́тельности; ~ **on** де́йствовать наобу́м, без пла́на; ~ **through** ко́е-ка́к довести́ де́ло до конца́

**muddle-headed** [ˈmʌdlˌhedɪd] *a* бестолко́вый, тупо́й

**muddy** [ˈmʌdɪ] **1.** *a* 1) запа́чканный, гря́зный 2) ту́склый (*о свете*) 3) непрозра́чный; му́тный 4) нечи́стый (*о коже*) 5) пу́таный, нея́сный 6) помути́вшийся (*о рассудке*) 7) хри́плый (*о голосе*)

**2.** *v* 1) обры́згать гря́зью 2) мути́ть

**mudfish** [ˈmʌdfɪʃ] *n* ры́ба, зарыва́ющаяся в ил, и́льная ры́ба

**mudguard** [ˈmʌdgɑ:d] *n авто* крыло́; *тех.* щит от грязи́

**mudlark** [ˈmʌdlɑ:k] *n* 1) рабо́чий, прочища́ющий водосто́ки 2) у́личный мальчи́шка, беспризо́рник

**mudsill** [ˈmʌdsɪl] *n стр.* ле́жень

**mudslinger** [ˈmʌdˌslɪŋə] *n амер. разг.* клеветни́к

**muezzin** [mu(:)ˈezɪn] *араб. n* муэдзи́н

**muff** I [mʌf] *n* 1) му́фта 2) *тех.* му́фта, ги́льза

**muff** II [mʌf] **1.** *n* 1) нескла́дный, неуме́лый *или* глупова́тый челове́к; «шля́па»; *спорт.* «мази́ла» 2) оши́бка, про́мах; неуда́ча

**2.** *v* промахну́ться, проворо́нить, прома́зать (*тж.* to make a ~ of the business); to ~ one's lines *театр.* сма́зать свою ре́плику

**muffin** [ˈmʌfɪn] *n* 1) горя́чая сдо́ба 2) ола́дья

**muffineer** [ˌmʌfɪˈnɪə] *n* 1) кры́тая посу́да для пода́чи сдо́бы горя́чей 2) сосу́д для посыпа́ния сдо́бы са́харом, со́лью *и т. п.*

**muffle** [ˈmʌfl] **1.** *n тех.* 1) му́фель; глуши́тель 2) многошки́вный блок

**2.** *v* 1) заку́тывать, оку́тывать (*часто* ~ up) 2) глуши́ть, заглуша́ть (*звук*)

**muffled** [ˈmʌfld] **1.** *p. p. от* muffle 2

**2.** *a* 1) заглушённый; ~ curses прокля́тия, произнесённые сквозь зу́бы 2) уку́танный, заку́танный

**muffler** [ˈmʌflə] *n* 1) кашне́, шарф 2) рукави́ца; боксёрская перча́тка 3) *тех.* глуши́тель; шумоглуши́тель 4) *муз.* сурди́нка

**mufti** [ˈmʌftɪ] *араб. n* 1) му́фтий 2) *разг.* шта́тское пла́тье

**mug** I [mʌg] **1.** *n* 1) кру́жка; ку́бок (*как приз*) 2) прохлади́тельный напи́ток 3) *груб.* мо́рда, рыло, ха́ря; thinking ~ башка́ 4) *груб.* рот; грима́са 5) фотогра́фия (*подозреваемого в преступлении*)

**2.** *v разг.* 1) напада́ть сза́ди, схвати́в за го́рло (*с целью ограбления*) 2) грима́сничать 3) *театр.* переигрыва́ть 4) *амер.* фотографи́ровать (*преступников для полицейского архива*)

**mug** II [mʌg] *разг.* **1.** *n* 1) зубри́ла 2) экза́мен

**2.** *v* зубри́ть, уси́ленно гото́виться к экза́мену (*часто* ~ up)

**mug** III [mʌg] *n разг.* 1) проста́к 2) новичо́к (*в игре*) ◇ that's a ~'s game э́то для дурако́в; ≅ не на того́ напа́ли

**mugful** [ˈmʌgful] *n* по́лная кру́жка (*чего-л.*)

**mugger** I [ˈmʌgə] *n* инди́йский крокоди́л

**mugger** II [ˈmʌgə] *n* 1) торго́вец гонча́рными изде́лиями 2) *разг.* граби́тель 3) фигля́р

**mugging** [ˈmʌgɪŋ] *n* хулига́нство, группово́е нападе́ние

**muggins** [ˈmʌgɪnz] *n* 1) *разг.* проста́к 2) де́тская ка́рточная игра́ 3) род игры́ в домино́

**muggy** [ˈmʌgɪ] *a* сыро́й и тёплый (*о погоде и т. п.*); уду́шливый, спёртый (*о воздухе*)

**mug-house** [ˈmʌghaus] *n разг.* пивна́я

**mug-hunter** [ˈmʌgˌhʌntə] *n спорт. разг.* люби́тель призо́в

**mugwump** [ˈmʌgwʌmp] *n амер.* 2) член па́ртии, сохраня́ющий за собо́й пра́во голосова́ть на вы́борах незави́симо от па́ртии (*первоначально о «независимых» членах республиканской партии*) 2) влия́тельное лицо́, «ши́шка»

**mulatto** [mju(:)ˈlætəu] **1.** *n* (*pl* -os [-əuz]) мула́т(ка)

2. *a* оли́вковый, бро́нзовый (*о цвете*)

**mulberry** [ˈmʌlbərɪ] *n* 1) *бот.* шелкови́ца, ту́товое де́рево 2) ту́товая я́года 3) *attr.* багро́вый, тёмно-кра́сный

**mulberry bush** [ˈmʌlbərɪˈbuʃ] *n* назва́ние де́тской игры́

**mulch** [mʌltʃ] *с.-х.* **1.** *n* му́льча

2. *v* мульчи́ровать

**mulching** [ˈmʌltʃɪŋ] *n с.-х.* мульчи́рование

**mulct** [mʌlkt] **1.** *n* 1) штраф 2) наказа́ние

2. *v* 1) штрафова́ть 2) лиша́ть (*чего-л., часто обманом*); he was ~ed of £ 10 его́ обжу́лили на 10 фу́нтов (сте́рлингов)

**mule** I [mju:l] *n* 1) мул; *перен.* упря́мый осёл 2) гибри́д 3) *текст.* мюль-маши́на 4) *тех.* толка́ч; тяга́ч

**mule** II [mju:l] *n* та́почка, дома́шняя ту́фля без за́дника

**mule** III [mju:l] = mewl

**muleteer** [ˌmju:lɪˈtɪə] *n* пого́нщик му́лов

**muliebrity** [ˌmju:lɪˈebrɪtɪ] *n* 1) же́нственность 2) изне́женность

**mulish** [ˈmju:lɪʃ] *a* упря́мый (как осёл)

**mull** I [mʌl] *разг.* **1.** *n* пу́таница; to make a ~ of smth. перепу́тать что-л.

2. *v* перепу́тать, спу́тать

**mull** II [mʌl] *v разг.* обду́мывать, размышля́ть (over)

**mull** III [mʌl] *n* сорт то́нкого мусли́на

**mull** IV [mʌl] *n шотл.* мыс (*в геогр. названиях*)

**mull** V [mʌl] *v* подогрева́ть вино́ *или* пи́во с пря́ностями

**mullah** [ˈmʌlə] *араб. n* мулла́

**mullein** [ˈmʌlɪn] *n бот.* коровя́к

**mullet** [ˈmʌlɪt] *n зоол.* кефа́ль; striped ~ лоба́н; red ~ бараду́лька обыкнове́нная

**mulligatawny** [ˌmʌlɪgəˈtɔ:nɪ] *инд. n* густо́й о́стрый суп с пря́ностями

**mulligrubs** [ˈmʌlɪgrʌbz] *n pl разг.* 1) хандра́ 2) ко́лики; резь

**mullock** [ˈmʌlək] *n* 1) *диал.* отбро́сы, му́сор 2) *австрал. горн.* пуста́я поро́да

**mulsh** [mʌlʃ] = mulch

**mult** [mʌlt] = multure

**multangular** [mʌlˈtæŋgjulə] *a* многоуго́льный

**multeity** [mʌlˈti:ɪtɪ] *n* многообра́зие; разнообра́зие

**multi-** [ˈmʌltɪ-] *в сложных словах* много-; мульти-: multiform многообра́зный

**multicolour** [ˈmʌltɪˈkʌlə] **1.** *n* многокра́сочность

2. *a* цветно́й, многокра́сочный

**multicoloured** [ˈmʌltɪˈkʌləd] *a* цветно́й, многокра́сочный

**multiengined** [ˈmʌltɪˈendʒɪnd] *a* многомото́рный

**multifarious** [ˌmʌltɪˈfɛərɪəs] *a* разнообра́зный

**multiflorous** [ˈmʌltɪˈflɔrəs] *a бот.* многоцветко́вый

**multifold** [ˈmʌltɪfəuld] *a* многокра́тный

**multiform** [ˈmʌltɪfɔ:m] *a* многообра́зный

**multiformity** [ˌmultɪˈfɔ:mɪtɪ] *n* многообра́зие; полиморфи́зм

**multilateral** [ˈmʌltɪˈlætərəl] *a* многосторо́нний; M. Nuclear Force многосторо́нние я́дерные си́лы

**multimedia** [ˌmʌltɪˈmi:dɪə] *a* с одновре́ме́нным испо́льзованием разли́чных средств информа́ции; a ~ approach to learning испо́льзование разнообра́зных средств обуче́ния

**multimillionaire** [ˈmʌltɪmɪljəˈnɛə] *n* мультимиллионе́р

**multinational** [ˈmʌltɪˈnæʃənl] *a* многонациона́льный

**multipartite** [ˌmʌltɪˈpa:taɪt] *a* разделённый на мно́го часте́й

**multiped** [ˈmʌltɪped] *n зоол.* многоно́жка; мокри́ца

**multiphase** [ˈmʌltɪfeɪz] *a эл.* многофа́зный

**multiplane** [ˈmʌltɪpleɪn] *n ав.* многопла́н

**multiple** [ˈmʌltɪpl] **1.** *a* 1) составно́й, складно́й; име́ющий мно́го отде́лов, часте́й; ~ shop магази́н с филиа́лами 2) многокра́тный; многочи́сленный 3) *мат.* кра́тный

2. *n мат.* кра́тное число́; least common ~ о́бщее наиме́ньшее кра́тное

**multiple voting** [ˈmʌltɪplˌvəutɪŋ] *n* 1) систе́ма голосова́ния, при кото́рой избира́тель име́ет пра́во голосова́ть в не́скольких округа́х 2) незако́нное голосова́ние одни́м избира́телем в не́скольких округа́х

**multiplex** [ˈmʌltɪpleks] *a* 1) сло́жный 2) многокра́тный

**multiplicand** [ˌmʌltɪplɪˈkænd] *n мат.* мно́жимое

**multiplication** [ˌmʌltɪplɪˈkeɪʃən] *n* 1) *мат.* умноже́ние 2) увеличе́ние 3) *attr.*: ~ table табли́ца умноже́ния

**multiplicity** [ˌmʌltɪˈplɪsɪtɪ] *n* 1) сло́жность; разнообра́зие 2) многочи́сленность; a (*или* the) ~ of cases многочи́сленные слу́чаи

**multiplier** [ˈmʌltɪplaɪə] *n* 1) мно́житель 2) коэффицие́нт

**multiply** [ˈmʌltɪplaɪ] *v* 1) увели́чивать(ся) 2) размножа́ть(ся) 3) *мат.* умножа́ть, мно́жить

**multipurpose** [ˈmʌltɪˈpə:pəs] *a* ко́мплексный, многоотраслево́й; универса́льный

**multi-stage** [ˈmʌltɪsteɪdʒ] *a* 1) многоступе́нчатый; ~ rocket многоступе́нчатая раке́та 2) многока́мерный 3) многоэта́жный

**multistory** [ˈmʌltɪˈstɔ:rɪ] *a* многоэта́жный

**multisyllable** [ˈmʌltɪˌsɪləbl] *n* многосло́жное сло́во

**multitude** [ˈmʌltɪtju:d] *n* 1) мно́жество; большо́е число́; ма́сса 2) толпа́; the ~ ма́ссы

**multitudinous** [ˌmʌltɪˈtju:dɪnəs] *a* многочи́сленный

**multiversity** [ˌmʌltɪˈvə:sɪtɪ] *n* университе́тский ко́мплекс, включа́ющий нау́чно-иссле́довательский центр

**multocular** [mʌlˈtɔkju:lə] *a* многогла́зый

**multure** [ˈmʌltjə] *n шотл., уст.* пла́та нату́рой за помо́л

**mum** I [mʌm] **1.** *int* ти́ше!, тс!; ~'s the word! (об э́том) ни гугу́!, э́то секре́т!

2. *a predic.* молчали́вый; to keep ~ пома́лкивать; to sit ~ сиде́ть мо́лча

3. *v* 1) уча́ствовать в пантоми́ме 2) *ист.* быть ря́женым

**mum** II [mʌm] *n уст.* кре́пкое пи́во

**mum** III [mʌm] = mummy II

**mumble** [ˈmʌmbl] **1.** *n* бормота́ние

2. *v* 1) бормота́ть 2) с трудо́м жева́ть

**Mumbo Jumbo** [ˈmʌmbəuˈdʒʌmbəu] *n* (*pl* -os [-əuz]) и́дол не́которых западноафрика́нских племён; *перен.* предме́т суеве́рного поклоне́ния; фети́ш

**mummer** [ˈmʌmə] *n* 1) *ист.* уча́стник рожде́ственской пантоми́мы 2) *пренебр.* фигля́р, «актёр»

**mummery** [ˈmʌmərɪ] *n* 1) *ист.* рожде́ственская пантоми́ма; маскара́д 2) *пренебр.* смешно́й ритуа́л, «представле́ние»

**mummification** [ˈmʌmɪfɪˈkeɪʃən] *n* мумифика́ция; высыха́ние, превраще́ние в му́мию

**mummify** [ˈmʌmɪfaɪ] *v* мумифици́ровать; ссыха́ться, превраща́ться в му́мию

**mummy** I [ˈmʌmɪ] *n* 1) му́мия 2) мя́гкая бесфо́рменная ма́сса; to beat (*или* to smash) to a ~ преврати́ть в бесфо́рменную ма́ссу 3) кори́чневая кра́ска, му́мия

**mummy** II [ˈmʌmɪ] *n детск.* ма́ма

**mump** I [mʌmp] *v* ду́ться, быть не в ду́хе

**mump** II [mʌmp] *v* 1) ни́щенствовать, попроша́йничать, кля́нчить 2) обма́нывать

**mumper** I [ˈmʌmpə] *n* попроша́йка, ни́щий

**mumper** II [ˈmʌmpə] *n* челове́к в плохо́м настрое́нии, не в ду́хе

**mumpish** [ˈmʌmpɪʃ] *a* наду́тый, не в ду́хе

**mumps** [mʌmps] *n pl* (*употр. как sing*) 1) сви́нка (*болезнь*) 2) при́ступ плохо́го настрое́ния; to have the ~ хандри́ть

**munch** [mʌntʃ] *v* жева́ть, ча́вкать

**mundane** [ˈmʌndeɪn] *n* све́тский; мирско́й, земно́й

**municipal** [mju(:)ˈnɪsɪpəl] *a* 1) муниципа́льный, городско́й; ~ buildings обще́ственные зда́ния 2) самоуправля́ющийся

**municipality** [mju(:)ˌnɪsɪˈpælɪtɪ] *n* 1) го́род, име́ющий самоуправле́ние 2) муниципалите́т

**municipalize** [mju(:)ˈnɪsɪpəlaɪz] *v* муниципализи́ровать

**munificence** [mju(:)ˈnɪfɪsns] *n* необыкнове́нная ще́дрость

**munificent** [mju(:)ˈnɪfɪsnt] *a* необыча́йно ще́дрый

**muniment** [ˈmju:nɪmənt] *n* (*обыкн. pl*) гра́мота, докуме́нт о права́х, привиле́гиях *и т. п.*

**munition** [mju(:)ˈnɪʃən] **1.** *n* (*обыкн. pl*) 1) вое́нное иму́щество; снаряже́ние (*оружие, боеприпасы и т. п.*) 2) запасно́й фонд (*особ. денежный*)

2. *v* снабжа́ть (а́рмию снаряже́нием)

**munitioner** [mju(:)ˈnɪʃənə] = munition-worker

**munition-factory** [mju(:)ˈnɪʃənˌfæktərɪ] *n* вое́нный заво́д

**munition-worker** [mju(:)ˈnɪʃənˌwə:kə] *n* рабо́чий вое́нного заво́да

**murage** [ˈmjuərɪdʒ] *n ист.* ме́стный сбор на строи́тельство *или* ремо́нт городско́й стены́

**mural** [ˈmjuərəl] **1.** *a* стенно́й; ~ painting фре́сковая жи́вопись

2. *n* фре́ска

**murder** [ˈmə:də] **1.** *n* уби́йство ◊ the ~ is out секре́т раскры́т; ~ will out *посл.* ≅ ши́ла в мешке́ не утаи́шь; to cry blue ~ крича́ть карау́л; вопи́ть, ора́ть

2. *int* карау́л!

3. *v* 1) убива́ть, соверша́ть уби́йство 2) *разг.* губи́ть плохи́м исполне́нием (*муз. произведение и т. п.*); кове́ркать (*иностранный язык*)

**murderer** [ˈmə:dərə] *n* уби́йца

**murderess** [ˈmə:dərɪs] *n* уби́йца (*о женщине*)

**murderous** [ˈmə:dərəs] *a* 1) смертоно́сный; уби́йственный 2) кровожа́дный; крова́вый; ~ war кровопроли́тная война́

**mure** [mjuə] *v* 1) окружа́ть стено́й 2) замуро́вывать 3) заточа́ть, заключа́ть в тюрьму́

**muriate** [ˈmjuərɪɪt] *n хим.* солянoки́слая соль; ~ of ammonia нашаты́рь

**muriatic** [ˌmjuərɪˈætɪk] *a хим.* солянoки́слый; ~ acid соля́ная кислота́

**murk** [mə:k] **1.** *n* темнота́, мрак; ~ of rain пелена́ дождя́

2. *a* тёмный, мра́чный

**murky** [ˈmə:kɪ] *a* тёмный, мра́чный; па́смурный

**murmur** [ˈmə:mə] **1.** *n* 1) журча́ние; шо́рох (*листьев*); жужжа́ние (*пчёл*) 2) приглушённый шум голосо́в; шёпот 3) ворча́ние; ро́пот; without a ~ безро́потно 4) *мед.* шум (*в сердце*)

2. *v* 1) журча́ть; шелесте́ть; жужжа́ть 2) шепта́ть 3) ропта́ть, ворча́ть (at, against — на)

**murmurous** [ˈmə:mərəs] *a* 1) журча́щий 2) ворча́щий, ворчли́вый

**murphy** [ˈmə:fɪ] *n sl.* карто́фелина

**murrain** [ˈmʌrɪn] *n* 1) я́щур 2) чума́ (*рогатого скота*) ◊ a ~ on you! *уст. груб.* ≅ чтоб ты сдох!

**murrey** [ˈmʌrɪ] *уст.* **1.** *a* багро́вый, тёмно-кра́сный

2. *n* тёмно-кра́сный цвет

**muscadine** [ˈmʌskədɪn] *n* муска́тный виногра́д

**muscat** [ˈmʌskət] = muscatel

**muscatel** [ˌmʌskəˈtel] *n* муска́т (*виноград и вино*)

**muscle** [ˈmʌsl] **1.** *n* му́скул, мы́шца; *перен.* си́ла; a man of ~ сила́ч

2. *v*: ~ **in** *амер. разг.* вторга́ться, врыва́ться си́лой

**muscology** [mʌsˈkɔlədʒɪ] *n* бриоло́гия (*наука о мхах*)

**muscovado** [ˌmʌskəˈvɑ:dəu] *n* неочи́щенный тростнико́вый са́хар

**Muscovite** [ˈmʌskəuvaɪt] **1.** *n* 1) москви́ч(ка) 2) *уст.* ру́сский; ру́сская

2. *a уст.* ру́сский

**Muscovy** [ˈmʌskəuvɪ] *n ист.* Моско́вское госуда́рство ◊ ~ glass слюда́; ~ duck = musk-duck

**muscular** [ˈmʌskjulə] *a* 1) му́скульный; мы́шечный 2) му́скулистый; си́льный

**muscularity** [ˌmʌskjuˈlærɪtɪ] *n* 1) мускулату́ра 2) му́скулистость

**musculature** [ˈmʌskjulətʃə] *n* мускулату́ра

**muse** I [mju:z] *n* му́за

**muse** II [mju:z] **1.** *v* 1) размышля́ть (on, upon); заду́мываться 2) заду́мчиво смотре́ть

2. *n уст.* размышле́ние; заду́мчивость

**musette** [mju(:)ˈzet] *n муз.* 1) волы́нка 2) пастора́льная мело́дия 3) = musette bag

**musette bag** [mju(:)ˈzet bæg] *n воен.* вещево́й мешо́к

**museum** [mju(:)ˈzɪəm] *n* музе́й

**museum-piece** [mju(:)ˈzɪəmpi:s] *n* музе́йный экспона́т; музе́йная ре́дкость (*тж. перен.*)

**mush** I [mʌʃ] *n* 1) что-л. мя́гкое 2) *амер.* маисовая ка́ша 3) *разг.* слаща́вость, сентиме́нты 4) вздор, чепуха́ 5) (радио)поме́хи ◊ to make a ~ спу́тать

**mush** II [mʌʃ] *амер.* **1.** *n* путеше́ствие с соба́ками (*по снегу*)

2. *v* путеше́ствовать с соба́ками (*по снегу*)

**mush** III [mʌʃ] *n разг.* зо́нтик

**mushroom** [ˈmʌʃrum] **1.** *n* 1) гриб 2) бы́стро возни́кшее учрежде́ние, но́вый дом *и т. п.* 3) *разг.* вы́скочка 4) *разг.* же́нская соло́менная шля́па с опу́щенными поля́ми 5) *attr.* грибно́й; похо́жий на грибы́; ~ growth бы́стрый рост, бы́строе разви́тие; ~ settlement бы́стро вы́росший посёлок

2. *v* собира́ть грибы́, ходи́ть по грибы́ □ ~ **out** = ~ up; ~ **up** а) расти́ как грибы́; б) бы́стро распространя́ться

**mushy** [ˈmʌʃɪ] *a* 1) мя́гкий 2) по́ристый 3) *разг.* сентимента́льный, слаща́вый

**music** [ˈmju:zɪk] *n* 1) му́зыка; to ~ под му́зыку 2) но́ты; he plays without ~ он игра́ет без нот 3) музыка́льное произведе́ние; музыка́льные произведе́ния 4) *уст.* орке́стр, хор

**musical** [ˈmju:zɪkəl] **1.** *a* 1) музыка́льный; ~ comedy опере́тта; музыка́льная коме́дия 2) мелоди́чный; ~ voice мелоди́чный го́лос

2. *n* мю́зикл

**music-case** [ˈmju:zɪkkeɪs] *n* па́пка для нот

**music-hall** [ˈmju:zɪkhɔ:l] *n* 1) мю́зик-хо́лл 2) конце́ртный зал

**musician** [mju(:)ˈzɪʃən] *n* 1) музыка́нт; оркестра́нт 2) компози́тор

**music master** [ˈmju:zɪkˌmɑ:stə] *n* преподава́тель му́зыки

**music mistress** [ˈmju:zɪkˌmɪstrɪs] *n* преподава́тельница му́зыки

**musicologist** [ˌmju:zɪˈkɔlədʒɪst] *n* музыкове́д

**music-paper** [ˈmju:zɪkˌpeɪpə] *n* но́тная бума́га

**music-rack** [ˈmju:zɪkræk] = music-stand

**music-stand** [ˈmju:zɪkstænd] *n* пюпи́тр (*для нот*)

**music-stool** [ˈmju:zɪkstu:l] *n* враща́ющийся табуре́т (*для играющего на рояле*)

**musk** [mʌsk] *n* 1) му́скус 2) му́скусный за́пах

**musk-deer** [ˈmʌskˈdɪə] *n* му́скусный оле́нь

**musk-duck** [ˈmʌskˈdʌk] *n* му́скусная у́тка

**muskeg** [ˈmʌskeg] *n амер.* 1) озёрное боло́то 2) жи́дкая торфяна́я по́чва

**musket** [ˈmʌskɪt] *n ист.* мушке́т

**musketeer** [ˌmʌskɪˈtɪə] *n ист.* мушкетёр

**musketry** [ˈmʌskɪtrɪ] *n воен.* 1) *ист.* мушкетёры 2) руже́йный ого́нь 3) стрелко́вое де́ло 4) стрелко́вая подгото́вка

**musk-ox** [ˈmʌskɔks] *n* овцебы́к, му́скусный бык

**musk-rat** [ˈmʌskræt] *n* 1) онда́тра 2) вы́хухоль

**musk-shrew** [ˈmʌskˈʃru:] *n* вы́хухоль

**musky** [ˈmʌskɪ] *a* му́скусный

**Muslim** [ˈmuslɪm] = Moslem

**muslin** [ˈmʌzlɪn] *n* 1) мусли́н 2) *амер.* митка́ль ◊ a bit of ~ *разг.* же́нщина, де́вушка

**musquash** [ˈmʌskwɔʃ] *n* 1) онда́тра 2) мех онда́тры *или* вы́хухоля

**muss** [mʌs] *амер. разг.* **1.** *n* 1) пу́таница, беспоря́док 2) ссо́ра

2. *v* приводи́ть в беспоря́док, па́чкать; пу́тать (*обыкн.* ~ up)

**mussel** [ˈmʌsl] *n зоол.* ми́дия

**Mussulman** [ˈmʌslmən] **1.** *n* (*pl* -s) мусульма́нин

2. *a* мусульма́нский

**Mussulmans** [ˈmʌslmənz] *pl от* Mussulman 1

**must** I [mʌst (*полная форма*); məst (*редуцированная форма*)] *v модальный, недостаточный глагол выражает*: 1) *долженствование, обязанность*: I ~ go home я до́лжен идти́ домо́й; you ~ do as you are told вы должны́ де́лать так, как вам говоря́т; if you ~, you ~ е́сли на́до, так на́до; what ~ be, will be чему́ суждено́ случи́ться, того́ не минова́ть 2) *необходимость*: one ~ eat to live ну́жно есть, что́бы жить 3) *уверенность, очевидность*: you ~ be aware of this вы, коне́чно, зна́ете об э́том; you ~ have heard about it вы, должно́ быть, об э́том слы́шали 4) *запрещение* (*в отриц. форме*): you ~ not go there вам нельзя́ ходи́ть туда́ 5) *непредвиденную случайность*: just as I was getting better what ~ I do but break my leg и на́до же мне бы́ло слома́ть себе́ но́гу как раз тогда́, когда́ я на́чал поправля́ться ◊ I ~ away я до́лжен е́хать

**must** II [mʌst] *n разг.* настоя́тельная необходи́мость; тре́бование; it is a rigid ~ э́то обяза́тельно ну́жно сде́лать

**must** III [mʌst] *n* пле́сень

**must** IV [mʌst] *n* муст, виногра́дное су́сло

**must** V [mʌst] *n* пери́од «охо́ты» (*у самцов слонов и верблюдов*)

**mustache** [məs'tɑ:ʃ] = moustache

**mustang** ['mʌstæŋ] *n* 1) муста́нг 2) *амер. мор. разг.* офице́р, вы́служившийся из матро́сов

**mustard** ['mʌstəd] *n* 1) горчи́ца 2) *attr.* горчи́чный; ~ oil горчи́чное ма́сло ◊ all to the ~ *амер.* ≅ хорошо́, как сле́дует; to be keen as ~ быть энтузиа́стом своего́ де́ла

**mustard gas** ['mʌstəd'gæs] *n хим.* ипри́т, горчи́чный газ

**mustard plaster** ['mʌstəd,plɑ:stə] *n* 1) горчи́чник 2) *разг.* навя́зчивый челове́к, «ба́нный лист»

**mustard-pot** ['mʌstədpɔt] *n* горчи́чница

**musteline** ['mʌstəli:n] *a*: ~ family *зоол.* семе́йство куни́ц

**muster** ['mʌstə] **1.** *n* 1) сбор, смотр; осмо́тр, освиде́тельствование; переклички; to pass ~ а) пройти́ осмо́тр; б) вы́держать испыта́ния; оказа́ться го́дным; to stand ~ выстра́иваться на перекли́чку 2) *воен.* = muster-roll 3) скопле́ние, о́бщее число́ (*людей или вещей*) 4) *редк.* ста́я

**2.** *v* 1) собира́ть(ся) 2) проверя́ть □ **~ in** вербова́ть, набира́ть (*войска*); **~ out** увольня́ть, демобилизова́ть; **~ up** собира́ть; to ~ up courage собра́ть всё своё му́жество; to ~ up one's strength собра́ться с си́лами

**muster-out** ['mʌstər'aut] *n* увольне́ние из а́рмии

**muster-roll** ['mʌstə'rəul] *n воен.* спи́сок ли́чного соста́ва; *мор.* судова́я роль

**must-list** ['mʌst'lɪst] *n амер.* спи́сок неотло́жных дел

**mustn't** ['mʌsnt] *сокр. разг.* = must not

**musty** ['mʌstɪ] *a* 1) запле́сневелый; прoки́сший; за́тхлый 2) устаре́лый; ко́сный

**mutability** [,mju:tə'bɪlɪtɪ] *n* переме́нчивость, изме́нчивость

**mutable** ['mju:təbl] *a* изме́нчивый, переме́нчивый, непостоя́нный

**mutate** [mju(:)'teɪt] *v* 1) видоизменя́ть(ся) 2) *фон.* подверга́ть(ся) умля́уту

**mutation** [mju(:)'teɪʃən] *n* 1) измене́ние, переме́на 2) превра́тность 3) *биол.* мута́ция 4) *фон.* перегласо́вка, умля́ут

**mutch** [mʌtʃ] *n шотл.* че́пчик, чепе́ц

**mute** [mju:t] **1.** *a* 1) немо́й 2) безмо́лвный, молчали́вый, безгла́сный; ~ as a fish нем как ры́ба; to stand ~ of malice *юр.* отка́зываться отвеча́ть на вопро́сы суда́ 3) *фон.*: ~ consonant немо́й согла́сный; ~ letter непроизноси́мая бу́ква (*как* k, e *в слове* knife)

**2.** *n* 1) немо́й (челове́к) 2) *театр. уст.* стати́ст 3) наёмный уча́стник похоро́нной проце́ссии 4) *фон.* немо́й согла́сный 5) *муз.* сурди́н(к)а

**3.** *v муз.* надева́ть сурди́н(к)у

**muted** ['mju:tɪd] **1.** *p. p. от* mute 3

**2.** *a* приглушённый; with ~ strings под сурди́нку

**muteness** ['mju:tnɪs] *n* немота́

**mutilate** ['mju:tɪleɪt] *v* 1) уве́чить, кале́чить, уро́довать 2) искажа́ть (*смысл*)

**mutilation** [,mju:tɪ'leɪʃən] *n* 1) уве́чье 2) искаже́ние

**mutineer** [,mju:tɪ'nɪə] *n* уча́стник мятежа́; мяте́жник

**mutinous** ['mju:tɪnəs] *a* мяте́жный

**mutiny** ['mju:tɪnɪ] **1.** *n* мяте́ж (*гл. обр. военный или против военных властей*); восста́ние, the M. *ист.* восста́ние сипа́ев

**2.** *v* подня́ть мяте́ж; взбунтова́ться (against)

**mutism** ['mju:tɪzm] *n мед.* 1) немота́ 2) заде́ржка ре́чи

**mutt** [mʌt] *n sl.* 1) остоло́п, дура́к, болва́н 2) собачо́нка

**mutter** ['mʌtə] **1.** *n* 1) бормота́ние 2) ворча́ние 3) отдалённые раска́ты (*грома*)

**2.** *v* 1) бормота́ть 2) ворча́ть (against, at — на) 3) говори́ть ти́хо, невня́тно; говори́ть по секре́ту 4) глу́хо грохота́ть

**mutton** ['mʌtn] *n* 1) бара́нина 2) *шутл.* овца́, бара́н 3) *attr.* бара́ний ◊ let's return to our ~s вернёмся к те́ме на́шего разгово́ра; ~ dressed like lamb молодя́щаяся стару́шка

**mutton-bird** ['mʌtnbə:d] *n зоол.* буреве́стник тонкоклю́вый

**mutton chop** ['mʌtn'tʃɔp] *n* 1) бара́нья отбивна́я 2) *pl* ба́чки

**mutton-head** ['mʌtnhed] *n разг.* болва́н, осёл, дура́к

**mutton-headed** ['mʌtn'hedɪd] *a разг.* глу́пый, ме́дленно соobража́ющий

**muttony** ['mʌtnɪ] *a* похо́жий на бара́нину, с за́пахом *или* со вку́сом бара́нины

**mutual** ['mju:tjuəl] *a* 1) обою́дный, взаи́мный; ~ relations взаимоотноше́ния; ~ help (*или* aid) взаимопо́мощь; ~ association (society) ассоциа́ция (о́бщество) взаимопо́мощи; ~ understanding взаимопонима́ние; ~ admiration society *ирон.* о́бщество взаи́много восхвале́ния 2) о́бщий, совме́стный; our ~ friend наш о́бщий друг; ~ wall сме́жная стена́ (*между соседними зданиями*)

**mutualism** ['mju:tjuəlɪzm] *n* 1) *биол.* мутуали́зм 2) *филос.* мютюэли́зм

**mutuality** [,mju:tju'ælɪtɪ] *n* обою́дность; взаи́мность; взаи́мная зави́симость

**mutually** ['mju:tjuəlɪ] *adv* взаи́мно; обою́дно

**muz(z)** [mʌz] *n разг.* зубри́ла

**muzzle** ['mʌzl] **1.** *n* 1) мо́рда, ры́ло 2) намо́рдник 3) *воен.* ду́ло, ду́льный срез, жерло́ 4) *тех.* сопло́; наса́док 5) *воен. разг.* респира́тор; противога́з 6) *attr.* ду́льный; ~ velocity нача́льная ско́рость (*пули*)

**2.** *v* 1) надева́ть намо́рдник 2) заста́вить молча́ть

**muzzle-loader** ['mʌzl,ləudə] *n* ору́жие *или* ору́дие, заряжа́ющееся с ду́ла

**muzzle-sight** ['mʌzlsaɪt] *n воен.* му́шка

**muzzy** ['mʌzɪ] *a* 1) сби́тый с то́лку 2) одуре́вший (*от вина*); подвы́пивший 3) нея́сный, расплы́вчатый

**my** [maɪ] *pron poss.* (*употр. атрибутивно*; *ср.* mine I) мой, моя́, моё, мои́; принадлежа́щий мне ◊ my!, my aunt!, my eye(s)!, my stars!, my world!, my goodness!, my lands! *восклицания, выражающие удивление*

**myalgia** [maɪ'ældʒɪə] *n мед.* боль в мы́шцах, миальги́я

**myall** ['maɪɔ:l] *n* австрали́йская ака́ция

**mycelium** [maɪ'si:lɪəm] *n бот.* мице́лий, грибни́ца

**Mycenaean** [,maɪsi:'ni(:)ən] *a ист. иск.* мике́нский

**mycology** [maɪ'kɔlədʒɪ] *n* миколо́гия

**myelitis** [,maɪə'laɪtɪs] *n мед.* миели́т

**mynheer** [maɪn'hɪə] *голл. n* 1) минхе́р, господи́н (*перед фамилией голландца*) 2) голла́ндец

**myocarditis** [,maɪəukɑ:'daɪtɪs] *n мед.* миокарди́т

**myope** ['maɪəup] *n* близору́кий челове́к

**myopia** [maɪ'əupjə] *n* близору́кость

**myopic** [maɪ'ɔpɪk] *a* близору́кий

**myriad** ['mɪrɪəd] **1.** *n* 1) несме́тное число́, мириа́ды 2) *редк.* де́сять ты́сяч

**2.** *a* бесчи́сленный, несме́тный

**myrmidon** ['mə:mɪdən] *n* 1) (M.) *греч. миф.* мирмидо́нец 2) *презр.* прислу́жник, клевре́т; ~s of the law блюсти́тели зако́на, прислу́жники вла́сти (*полицейские, судебные приставы, бейлифы*)

**myrrh** [mə:] *n* ми́рра

**myrtle** ['mə:tl] *n бот.* мирт

**myself** [maɪ'self] *pron* 1) *refl.* себя́, меня́ самого́; -ся; себе́; I have hurt ~ я ушиб́ся 2) *emph.* сам; I saw it ~ я это сам ви́дел ◇ I am not ~ мне не по себе́; я сам не свой

**mysterious** [mɪs'tɪərɪəs] *a* таи́нственный; непостижи́мый

**mystery** ['mɪstərɪ] *n* 1) та́йна; to make a ~ of де́лать секре́т из 2) *церк.* та́инство 3) детекти́вный рома́н, расска́з *и т. п.* 4) *ист. театр.* мисте́рия 5) *attr.* по́лный тайн; ~ novel детекти́вный рома́н

**mystery-ship** ['mɪstərɪʃɪp] *n мор. ист.* (противоло́дочное) су́дно-ловушка

**mystic** ['mɪstɪk] 1. *a* 1) мисти́ческий; та́йный 2) *поэт.* таи́нственный

2. *n* ми́стик

**mysticism** ['mɪstɪsɪzm] *n* мистици́зм

**mystification** [ˌmɪstɪfɪ'keɪʃən] *n* мистифика́ция

**mystify** ['mɪstɪfaɪ] *v* 1) мистифици́ровать 2) окружа́ть таи́нственностью 3) озада́чивать; вводи́ть в заблужде́ние

**mystique** [mɪs'ti:k] *n* 1) таи́нственность 2) та́йны мастерства́, изве́стные лишь немно́гим

**myth** [mɪθ] *n* 1) миф; *перен.* вы́мысел, вы́думка 2) мифи́ческое *или* вы́думанное лицо́; несуществу́ющая вещь

**mythical** ['mɪθɪkəl] *a* 1) мифи́ческий, легенда́рный 2) фантасти́ческий, вы́мышленный

**mythicize** ['mɪθɪsaɪz] *v* 1) создава́ть миф, превраща́ть в миф 2) объясня́ть с то́чки зре́ния мифоло́гии

**mythological** [ˌmɪθə'lɔdʒɪkəl] *a* мифологи́ческий; мифи́ческий, легенда́рный ◇ ~ message *ав. жарг.* сво́дка пого́ды, метеорологи́ческий бюллете́нь

**mythology** [mɪ'θɔlədʒɪ] *n* 1) мифоло́гия 2) *уст.* аллего́рия, иносказа́ние

# N

**N, n** [en] *n* (*pl* Ns, N's [enz]) 1) *14-я буква англ. алфавита* 2) = en 2); 3) *мат.* неопределённая величина́; to the nth a) до n-ных (*или* любы́х) преде́лов; б) *разг.* безграни́чно

**nab** [næb] *v* 1) пойма́ть, схвати́ть на ме́сте преступле́ния 2) арестова́ть 3) укра́сть, стащи́ть

**nabob** ['neɪbɔb] *n ист.* набо́б

**naselle** [næ'sel] *n* 1) гондо́ла дирижа́бля 2) корзи́на аэроста́та 3) откры́тая каби́на самолёта

**nacre** ['neɪkə] *n* 1) перламу́тр 2) перламу́тровая ра́ковина

**nacr(e)ous** ['neɪkrɪəs] *a* перламу́тровый

**nadir** ['neɪdɪə] *n* 1) *астр.* нади́р 2) са́мый ни́зкий у́ровень, кра́йний упа́док; to be at the ~ of one's hope потеря́ть вся́кую наде́жду

**nag** I [næg] *n разг.* (небольша́я) ло́шадь; по́ни; a wretched ~ кля́ча

**nag** II [næg] 1. *n* приди́рки, (постоя́нное) ворча́ние

2. *v* 1) придира́ться; изводи́ть, раздража́ть; ворча́ть, «пили́ть» (at) 2) боле́ть, ныть

**nagger** ['nægə] *n* приди́ра, ворчу́н; ворчу́нья; сварли́вая же́нщина

**nagging** ['nægɪŋ] 1. *pres. p. от* nag II, 2

2. *a* 1) ворчли́вый; приди́рчивый 2) но́ющий; ~ pain но́ющая боль

3. *n* ворча́ние; нытьё

**naiad** ['naɪæd] *n* (*pl* -s [-z], -es [-i:z]) *миф.* наяда

**naif** [nɑ:'i:f] = naïve

**nail** [neɪl] 1. *n* 1) но́готь 2) гвоздь 3) *attr.*: ~ file пи́лка для ногте́й; ~ polish (*или* varnish) лак для ногте́й ◇ a ~ in smb.'s coffin что-л., ускоря́ющее чью-л. смерть, ги́бель; (as) hard as ~s a) выно́сливый, закалённый; б) жесто́кий; в) в фо́рме (*о спортсмене*); to hit the (right) ~ on the head попа́сть в то́чку; right as ~s a) соверше́нно пра́вильно; б) в по́лном поря́дке; в) соверше́нно здоро́вый; to pay (down) on the ~ распла́чиваться сра́зу; pay on the ~! ≅ де́ньги на бо́чку!

2. *v* 1) забива́ть гво́зди; прибива́ть (*гвоздями*); to have one's boots ~ed отда́ть подби́ть сапоги́ 2) прико́вывать (*внимание и т. п.*) 3) *разг.* схвати́ть, пойма́ть; забра́ть, арестова́ть; the police have ~ed the thief поли́ция задержа́ла во́ра 4) *школ. sl.* обнару́жить, «накры́ть»; to be ~ed going off without leave попа́сться при попы́тке уйти́ без разреше́ния □ ~ **down** a) прибива́ть, закола́чивать; б) пойма́ть на́ слове; to ~ smb. down прижа́ть кого́-л. к стене́; to ~ smb. down to his promise тре́бовать от кого́-л. выполне́ния обеща́ния; в) закрепи́ть, подкрепи́ть (*успех, достижение*); ~ **on** прибива́ть (to); ~ **together** (на́скоро) скола́чивать; ~ **up** заколачивать ◇ to ~ to the barndoor выставля́ть на поруга́ние; пригвожда́ть к позо́рному столбу́; to ~ smb. to the wall прижа́ть кого́-л. к стене́; to ~ to the counter опрове́ргнуть ложь *или* клевету́; to ~ one's colours to the mast откры́то отста́ивать свои́ взгля́ды, не сдава́ть пози́ций

**nail-brush** ['neɪlbrʌʃ] *n* щёточка для ногте́й

**naildrawer** ['neɪl'drɔ:ə] *n* гвоздодёр

**nailed-up** ['neɪld'ʌp] *a* сде́ланный ко́е-ка́к, сколо́ченный на́спех

**nailer** ['neɪlə] *n* 1) гвозда́рь; гвозди́льщик 2) *разг.* ма́стер (at — в *чём-либо*) 3) *разг.* великоле́пный экземпля́р

**nailery** ['neɪlərɪ] *n* гвозди́льная фа́брика

**nail-head** ['neɪlhed] *n* шля́пка гвоздя́

**nailing** ['neɪlɪŋ] 1. *pres. p. от* nail 2

2. *a разг.* превосхо́дный, замеча́тельный, прекра́сный

**nail-scissors** ['neɪlˌsɪzəz] *n pl* но́жницы для ногте́й

**nainsook** ['neɪnsuk] *n* на́нсук (*ткань*)

**naïve, naive** [nɑ:'i:v] *a* 1) наи́вный; простоду́шный 2) безыску́сственный

**naïveté, naïvety, naivety** [nɑ:'i:vteɪ, nɑ:'i:vtɪ] *n* 1) наи́вность; простоду́шие 2) безыску́сственность 3) наи́вное замеча́ние, -ая ре́плика

**naked** ['neɪkɪd] *a* 1) го́лый, наго́й; обнажённый; ~ sword обнажённый меч, -ая шпа́га 2) лишённый (*листвы, растительности, мебели и т. п.*); ~ room необста́вленная ко́мната 3) я́вный, откры́тый; the ~ truth го́лая и́стина; ~ facts го́лые фа́кты 4) незащищённый, беззащи́тный 5) голосло́вный 6) *эл.* го́лый, неизоли́рованный ◇ as ~ as my mother bore me в чём мать родила́; with the ~ eye невооружённым гла́зом

**namby-pamby** ['næmbɪ'pæmbɪ] 1. *n* жема́нство; сентимента́льность; a writer of ~ сентимента́льный писа́тель

2. *a* сентимента́льный; жема́нный

**name** [neɪm] 1. *n* 1) и́мя (*тж.* Christian ~, *амер.* given ~, first ~); фами́лия (*тж.* family ~, surname); by ~ по и́мени; to know by ~ a) знать понаслы́шке; б) знать ли́чно ка́ждого; в) знать по и́мени; by (*или* of, under) the ~ of под и́менем; in ~ only то́лько номина́льно; in the ~ of a) во и́мя; in the ~ of common sense во и́мя здра́вого смы́сла; б) от и́мени; и́менем; in the ~ of the law и́менем зако́на; in one's own ~ от своего́ и́мени; to put one's ~ down for a) приня́ть уча́стие в (*сборе денег и т. п.*); подписа́ться под (*воззванием и т. п.*); б) вы́ставить свою́ кандидату́ру на (*какой-л. пост*); without a ~ a) безымя́нный; б) не поддаю́щийся описа́нию (*о поступке*) 2) назва́ние, наименова́ние, обозначе́ние 3) *грам.* и́мя существи́тельное; common ~ и́мя нарица́тельное 4) репута́ция; bad (*или* ill) ~ плоха́я репута́ция; to make (*или* to win) a good ~ for oneself завоева́ть до́брое и́мя; he has ~ for honesty он изве́стен свое́й че́стностью; people of ~ изве́стные лю́ди 5) вели́кий челове́к; the great ~s of history истори́ческие ли́чности 6) фами́лия, род; the last of his ~ после́дний из ро́да 7) пусто́й звук; there is only the ~ of friendship between them их дру́жба — одно́ назва́ние; virtuous in ~ лицеме́р 8) (*обыкн. pl*) брань; to call ~s руга́ть(ся) ◇ to take smb.'s ~ in vain кля́сться, божи́ться; помина́ть и́мя всу́е; not to have a penny, to one's ~ не име́ть ни гроша́ за душо́й; give a dog a bad ~ and hang him счита́ть кого́-л. плохи́м, потому́ что о нём идёт дурна́я сла́ва

2. *v* 1) называ́ть, дава́ть и́мя; to ~ after, *амер.* to ~ for (*или* from) называ́ть в честь (*кого-л.*) 2) ука́зывать, назнача́ть; to ~ the day назнача́ть день (*особ.* сва́дьбы) 3) назнача́ть (*на должность*) 4) упомина́ть; приводи́ть в ка́честве приме́ра

**name-child** ['neɪm'tʃaɪld] *n* челове́к, на́званный в честь кого́-л.

**name-day** ['neɪmdeɪ] *n* имени́ны

**nameless** ['neɪmlɪs] *a* 1) безымя́нный, неизве́стный; анони́мный 2) невырази́мый; несказа́нный 3) отврати́тельный, проти́вный

**namely** ['neɪmlɪ] *adv* а име́нно, то́ есть

**name-part** ['neɪm'pɑ:t] *n* загла́вная роль в пье́се

**name-plate** [ˈneɪmpleɪt] *n* 1) дощéчка, табли́чка с и́менем (*на дверях*) 2) фи́рменная дощéчка; мáрка (*изготовителя*)

**namesake** [ˈneɪmseɪk] *n* 1) = name-child 2) тёзка

**name-story** [ˈneɪmˈstɔːrɪ] *n* расскáз, по котóрому нáзван сбóрник

**nance** [næns] *разг. см.* nancy

**nancy** [ˈnænsɪ] *n* 1) *разг.* изнéженный, жéнственный мужчи́на, «девчóнка» (*тж.* Miss N.) 2) *sl.* гомосексуали́ст

**nanism** [ˈneɪnɪzm] *n* нани́зм, кáрликовый рост

**nankeen, nankin** [næŋˈkiːn, nænˈkɪn] *n* 1) нáнка (*ткань*) 2) *pl* нáнковые брю́ки 3) желтовáтый цвет

**nanny** I [ˈnænɪ] *n детск.* ня́нюшка, ня́нечка

**nanny** II [ˈnænɪ] = nanny-goat

**nanny-goat** [ˈnænɪgəut] *n* козá

**nap** I [næp] **1.** *n* дремóта; корóткий сон; to take (*или* to have, to snatch) a ~ вздремну́ть; to steal a ~ вздремну́ть укрáдкой

**2.** *v* дремáть; вздремну́ть ◇ to be caught ~ping быть засти́гнутым врасплóх

**nap** II [næp] **1.** *n* 1) ворс (*на сукне*) 2) пушóк (*на чём-л.*)

**2.** *v* ворси́ть

**nap** III [næp] *n* [*сокр. от* napoleon 1)] *название карточной игры* ◇ to go ~ on smth. рискну́ть, постáвить всё на кáрту

**napalm** [ˈneɪpɑːm] *n* 1) напáлм 2) *attr.* напáлмовый; ~ bomb напáлмовая бóмба

**nape** [neɪp] *n* заты́лок; зáдняя часть шéи (*обыкн.* ~ of the neck)

**naphtha** [ˈnæfθə] *n* 1) лигрои́н 2) сырáя нефть 3) кероси́н 4) гáрное мáсло

**naphthalene, naphthaline** [ˈnæfθəliːn] *n* нафтали́н

**napkin** [ˈnæpkɪn] *n* 1) салфéтка 2) подгу́зник 3) *pl* пелёнки ◇ to lay up in a ~ ≅ держáть под спу́дом

**napkin-ring** [ˈnæpkɪnrɪŋ] *n* кольцó для салфéтки

**napless** [ˈnæplɪs] *a* 1) не имéющий вóрса, без вóрса 2) потёртый, понóшенный

**napoleon** [nəˈpəuljən] *n* 1) (N.) *название карточной игры* 2) *ист.* наполеондóр (*французская золотая монета = 20 франкам*) 3) *pl* сапоги́ с отворóтами 4) слоёное пирóжное, наполеóн

**Napoleonic** [nəˌpəulɪˈɔnɪk] *a* наполеóновский

**napoo** [næˈpuː] *int* (*искаж. фр.* il n'y en a plus) *воен. sl.* кóнчено!; пропáл!; нет!; исчéз!; уби́т!

**nappe** [næp] *n геол.* покрóв

**nappy** [ˈnæpɪ] *n разг. см.* napkin 2)

**narcissi** [nɑːˈsɪsaɪ] *pl от* narcissus

**narcissism** [nɑːˈsɪsɪzm] *n* самовлюблённость, самолюбовáние

**narcissist** [nɑːˈsɪsɪst] *n* самовлюблённый человéк, «нарци́сс»

**narcissus** [nɑːˈsɪsəs] *n* (*pl* -es [-ɪz], -si) *бот.* нарци́сс

**narcosis** [nɑːˈkəusɪs] *n* наркóз

**narcotic** [nɑːˈkɔtɪk] **1.** *n* наркóтик; снотвóрное

**2.** *a* наркоти́ческий, усыпля́ющий

**narcotism** [ˈnɑːkətɪzm] *n* наркóз

**narcotization** [ˌnɑːkətaɪˈzeɪʃən] *n мед.* наркотизáция

**narcotize** [ˈnɑːkətaɪz] *v* 1) *мед.* усыпля́ть; подвергáть дéйствию наркóза 2) притупля́ть боль

**nark** [nɑːk] **1.** *n sl.* «легáвый» (*полицейский агент, сыщик, шпик*)

**2.** *v* 1) доноси́ть 2) раздражáть, приводи́ть в бéшенство ◇ ~ it! заткни́ глóтку!

**narrate** [nəˈreɪt] *v* расскáзывать, повествовáть

**narration** [nəˈreɪʃən] *n* 1) расскáз, повествовáние 2) пересκáз; перечислéние (*событий и т. п.*) 3) ди́кторский текст в кинофи́льме

**narrative** [ˈnærətɪv] **1.** *n* 1) расскáз; пóвесть 2) изложéние фáктов; *иск.* сюжéтно-темати́ческая карти́на

**2.** *a* повествовáтельный

**narrator** [nəˈreɪtə] *n* 1) расскáзчик 2) ди́ктор; актёр, читáющий текст от áвтора

**narrow** [ˈnærəu] **1.** *a* 1) у́зкий; within ~ bounds в у́зких рáмках; in the ~est sense в сáмом у́зком смы́сле 2) тéсный; ограни́ченный; ~ circumstances, ~ means стеснённые обстоя́тельства 3) с незначи́тельным перевéсом; ~ majority незначи́тельное большинствó 4) тру́дный; ~ victory побéда, достáвшаяся с трудóм; to have a ~ escape (*или* squeak) с трудóм избежáть опáсности; быть на волосóк от *чего-л.* 5) у́зкий; ограни́ченный (*об интеллекте и т. п.*) 6) подрóбный; тщáтельный, тóчный; ~ examination стрóгий осмóтр; тщáтельное обслéдование ◇ the ~ seas Ла-Мáнш и Ирлáндское мóре; the ~ bed (*или* home, house) моги́ла

**2.** *n* (*обыкн. pl*) у́зкая часть (*пролива, перевала и т. п.*); тесни́на

**3.** *v* су́живать(ся), уменьшáть(ся); she ~ed her lids онá прищу́рилась ▭ ~ **down** свести́ к; to ~ an argument down свести́ спор к нéскольким пу́нктам

**narrow guage** [ˈnærəugeɪdʒ] *n ж.-д.* у́зкая колея́

**narrow-gauge** [ˈnærəugeɪdʒ] *a* 1) *ж.-д.* узкоколéйный 2) *разг.* ограни́ченный

**narrow goods** [ˈnærəugudz] *n pl* лéнты, тесьмá *и т. п.*

**narrowly** [ˈnærəulɪ] *adv* 1) у́зко, тéсно 2) чуть; he ~ escaped drowning он чуть не утону́л 3) подрóбно, тóчно; при́стально; to look at a thing ~ при́стально рассмáтривать что-л.

**narrow-minded** [ˈnærəuˈmaɪndɪd] *a* ограни́ченный, недалёкий, у́зкий; с предрассу́дками

**narrowness** [ˈnærəunɪs] *n* у́зость; ограни́ченность

**narwhal** [ˈnɑːwəl] *n зоол.* нарвáл

**nary** [ˈnɛərɪ] *a амер., диал.* ниско́лько, ни кáпли; ни еди́ного

**nasal** [ˈneɪzəl] **1.** *a* 1) носовóй 2) гнусáвый

**2.** *n фон.* носовóй звук

**nasality** [neɪˈzælɪtɪ] *n фон.* носовóй харáктер зву́ка

**nasalization** [ˌneɪzəlaɪˈzeɪʃən] *n фон.* назализáция

**nazalize** [ˈneɪzəlaɪz] *v* 1) говори́ть в нос 2) *фон.* произноси́ть в нос, назализи́ровать

**nascency** [ˈnæsnsɪ] *n* рождéние, возникновéние

**nascent** [ˈnæsnt] *a* рождáющийся, возникáющий; появля́ющийся, образу́ющийся; в стáдии возникновéния

**nastily** [ˈnɑːstɪlɪ] *adv* гáдко, мéрзко

**nasturtium** [nəsˈtəːʃəm] *n бот.* насту́рция, капуци́н

**nasty** [ˈnɑːstɪ] *a* 1) отврати́тельный, тошнотвóрный; проти́вный; мéрзкий; ~ job проти́вная, гря́зная рабóта; ~ sight ужáсное, омерзи́тельное зрéлище 2) неприя́тный, сквéрный; ~ weather сквéрная погóда; ~ soil сырáя пóчва 3) непристóйный, гря́зный; a ~ story непристóйный анекдóт 4) злóбный; своенрáвный; ~ remark ядови́тое замечáние; to turn ~ разозли́ться; don't be ~ не зли́тесь; to play a ~ trick on smb. сдéлать комý-л. гáдость 5) опáсный, угрожáющий; ~ fall неудáчное падéние; ~ illness тяжёлая болéзнь; ~ cut опáсный порéз; ~ sea бу́рное мóре; things look ~ for me дéло принимáет для меня́ дурнóй оборóт ◇ to leave a ~ taste in the mouth надóлго остáвить чу́вство омерзéния; a ~ one неприя́тность

**natal** [ˈneɪtl] *a* относя́щийся к рождéнию; ~ day день рождéния; ~ place мéсто рождéния

**natality** [neɪˈtælɪtɪ] *n* 1) рождáемость; естéственный прирóст населéния 2) процéнт рождáемости

**natation** [nəˈteɪʃən] *n* плáвание; искýсство плáвания

**natatorial, natatory** [ˌneɪtəˈtɔːrɪəl, ˈneɪtətərɪ] *a* 1) плáвательный; плáвающий 2) относя́щийся к плáванию

**nates** [ˈneɪtiːz] *n pl анат.* 1) ягоди́цы 2) передние бугры́ четырёххóлмия головнóго мóзга

**nation** [ˈneɪʃən] *n* 1) нарóд, нáция; нарóдность 2) нáция, госудáрство, странá; peace-loving ~s миролюби́вые стрáны; most favoured ~ *ком.* наибóлее благоприя́тствуемая нáция 3): the ~ *амер.* а) нáша странá, США (*тж.* this ~); б) америкáнцы 4) (the ~s) *pl библ.* язы́чники, не еврéи 5) *ист.* земля́чество (*в средневековом университете*)

**national** [ˈnæʃənl] **1.** *a* 1) национáльный, нарóдный; ~ assembly национáльное собрáние; ~ economy нарóдное хозя́йство; ~ minority национáльное меньшинствó; ~ convention *амер.* национáльный парти́йный съезд 2) госудáрственный; ~ anthem госудáрственный гимн; ~ bank госудáрственный банк; ~ park *амер.* заповéдник; национáльный парк; ~ enterprise госудáрственное предприя́тие; ~ forces вооружённые си́лы страны́; N. Service вóинская *или* трудовáя по-ви́нность; ~ government *амер.* центра́льное прави́тельство; ~ team *спорт.* сбо́рная страны́, национа́льная сбо́рная

2. *n* (*часто pl*) 1) соотéчественник, согражданúн 2) пóдданный (*или* граждани́н) какóго-л. госуда́рства; enemy ~s пóдданные враждéбного госуда́рства

**nationalism** [ˈnæʃnəlɪzm] *n* 1) национали́зм 2) патриоти́зм; стремлéние к национа́льной незави́симости

**nationalist** [ˈnæʃnəlɪst] **1.** 1) национали́ст 2) борéц за незави́симость своéй рóдины

2. *a* 1) националисти́ческий 2) национа́льно-освободи́тельный

**nationalistic** [ˌnæʃnəˈlɪstɪk] = nationalist 2

**nationality** [ˌnæʃəˈnælɪtɪ] *n* 1) национа́льность; национа́льная принадлéжность 2) национа́льные черты́ 3) гражда́нство, пóдданство 4) на́ция, нарóд 5) национа́льное еди́нство

**nationalization** [ˌnæʃnəlaɪˈzeɪʃən] *n* национализа́ция

**nationalize** [ˈnæʃnəlaɪz] *v* 1) национализи́ровать 2) превраща́ть в на́цию 3) натурализова́ть, принима́ть в пóдданство

**nationally** [ˈnæʃnəlɪ] *adv* 1) с общенациона́льной (*или* общегосуда́рственной) тóчки зрéния 2) в национа́льном дýхе 3) в масштáбе всей страны́

**nationhood** [ˈneɪʃənhud] *n* стáтус госуда́рства, госуда́рственность; стáтус на́ции

**nation-wide** [ˈneɪʃənwaɪd] *a* 1) общенациона́льный 2) общенарóдный, всенарóдный

**native** [ˈneɪtɪv] **1.** *a* 1) роднóй; one's ~ land отчи́зна, рóдина 2) тузéмный; мéстный; ~ customs мéстные обы́чаи; to go ~ переня́ть обы́чаи и óбраз жи́зни тузéмцев (*о европейцах*) 3) прирождённый, прирóдный; ~ liberty искóнная свобóда; his ~ modesty егó врождённая скрóмность 4) чи́стый, саморóдный (*о металлах и т. п.*) 5) простóй, естéственный 6) *биол.* абориге́нный 7): ~ soil *геол.* «матери́к», подпóчва

2. *n* 1) урожéнец (of) 2) тузéмец 3) мéстное растéние *или* живóтное

**native-born** [ˈneɪtɪvˈbɔːn] *a* 1) тузéмный 2) абориге́нный

**native-grasses** [ˈneɪtɪvˌgrɑːsɪz] *n pl* ди́кие тра́вы; прирóдный (*или* естéственный) луг

**native-sugar** [ˈneɪtɪvˌʃugə] *n* неочи́щенный са́хар

**nativity** [nəˈtɪvɪtɪ] *n* 1) рождéние 2) (the N.) *рел.* рождествó 3) *жив.* рождествó Христóво (*как сюжет, картина*) 4) горoскóп

**natrium** [ˈneɪtrɪəm] *n хим.* на́трий

**natron** [ˈneɪtrən] *n хим.* углеки́слый на́трий, натр, сóда

**natter** [ˈnætə] *v* 1) ворча́ть, жа́ловаться; придира́ться 2) *разг.* болта́ть

**natterjack** [ˈnætədʒæk] *n зоол.* жа́ба камышóвая

**natty** [ˈnætɪ] *a* 1) аккура́тный, опря́тный 2) лóвкий, искýсный

**natural** [ˈnætʃrəl] **1.** *a* 1) естéственный, прирóдный; to die a ~ death умерéть естéственной смéртью; the term of one's ~ life вся жизнь; for the rest of one's ~ (life) до концá свои́х дней; ~ power си́лы прирóды; ~ resources прирóдные богáтства; ~ weapons естéственное орýжие (*кулаки, зубы и т. п.*); ~ selection *биол.* естéственный отбóр; ~ phenomena явлéния прирóды 2) настоя́щий, натура́льный; ~ flowers живы́е цветы́; ~ teeth «свои́» зýбы 3) естéственный, относя́щийся к естествозна́нию; ~ history естéственная истóрия; ~ philosophy фи́зика; ~ philosopher фи́зик; естествоиспыта́тель; ~ dialectics диалéктика прирóды 4) обы́чный, нормáльный; поня́тный; ~ mistake поня́тная, естéственная оши́бка 5) ди́кий, некультиви́рованный; ~ growth ди́кая расти́тельность; ~ steel незакалённая сталь 6) саморóдный 7) присýщий; врождённый; with the bravery ~ to him с присýщей емý хрáбростью 8) непринуждённый, естéственный; it comes ~ to him а) э́то получáется у негó естéственно; б) э́то легкó емý даётся; he is a very ~ person он óчень непосрéдственный человéк 9) внебра́чный, незаконнорождённый; ~ chid внебра́чный ребёнок; ~ son побóчный сын

2. *n* 1) одарённый человéк, саморóдок 2) *разг.* сáмое подходя́щее; сáмый подходя́щий человéк (*для чего-л.*); he is a ~ for art он сóздан для искýсства 3) идиóт от рождéния; дурачóк 4) *муз.* ключ С 5) *муз.* бекáр, знак бекáра ◇ it's a ~! превосхóдно!

**natural bar** [ˈnætʃrəlbɑː] *n* естéственный бар, óтмель в ýстье реки́

**natural-ground** [ˈnætʃrəlgraund] *n* 1) матери́к 2) прóчный грунт

**naturalism** [ˈnætʃrəlɪzm] *n* натурали́зм

**naturalist** [ˈnætʃrəlɪst] **1.** *n* 1) натурали́ст (*в искусстве*) 2) естествоиспыта́тель 3) владéлец зоомагази́на; продавéц живóтных, чýчел

2. *a* = naturalistic

**naturalistic** [ˌnætʃrəˈlɪstɪk] *a* натуралисти́ческий

**naturalization** [ˌnætʃrəlaɪˈzeɪʃən] *n* 1) натурализа́ция 2) акклиматиза́ция (*растений, животных*) 3) ассимиля́ция нóвых слов в языкé 4) проникновéние нóвых обы́чаев в жизнь

**naturalize** [ˈnætʃrəlaɪz] *v* 1) натурализова́ть(ся) (*об иностранце*) 2) акклиматизи́ровать(ся) (*о животном или растении*) 3) занима́ться естествозна́нием 4) ассимили́ровать, заи́мствовать; this word was ~d in English in the 18th century э́то слóво вошлó в англи́йский язы́к в XVIII вéке 5) *филос.* рационализи́ровать

**naturally** [ˈnætʃrəlɪ] *adv* 1) конéчно, как и слéдовало ожида́ть 2) по прирóде, от рождéния 3) естéственно; свобóдно, легкó

**nature** [ˈneɪtʃə] *n* 1) прирóда (*при олицетворении — с прописной буквы*); N.'s engineering рабóта сил прирóды 2) натýра; естествó; органи́зм; against ~ противоестéственный; by ~ по прирóде, от рождéния; by (*или* in, from) the ~ of things (*или* of the case) неизбéжно; in the course of ~ при естéственном хóде вещéй 3) сýщность, основнóе свóйство 4) натýра, харáктер, нрав; good ~ добродýшие; ill ~ плохóй харáктер 5) род, сорт; класс; тип; it was in the ~ of a command э́то бы́ло нéчто врóде приказа́ния; things of this ~ подóбные вéщи 6) *иск.* натýра; to draw from ~ рисова́ть с натýры ◇ to pay one's debt to ~ отдáть дань прирóде, умерéть; to ease ~ отпра́вить естéственные нáдобности

**nature study** [ˈneɪtʃəˌstʌdɪ] *n* изучéние прирóды; наблюдéние за явлéниями прирóды

**naught** [nɔːt] *уст., поэт.* **1.** *n* 1) ничтó; all for ~ зря, дáром; to bring to ~ свести́ на нéт; разрýшить (*планы, замыслы*); to come to ~ свести́сь к нулю́; to set at ~ ≅ ни в грош не стáвить; пренебрегáть; относи́ться с пренебрежéнием; to set a rule at ~ нарýшить прáвило; thing of ~ ненýжная вещь 2) = nought 3)

2. *a predic.* ничтóжный, бесполéзный

**naughtiness** [ˈnɔːtɪnɪs] *n* 1) непослушáние; озорствó 2) *уст.* испóрченность

**naughty** [ˈnɔːtɪ] *a* 1) непослýшный, капри́зный, шаловли́вый; озорнóй 2) *уст.* дурнóй, испóрченный; гáдкий; ~ story неприли́чный анекдóт

**nausea** [ˈnɔːsjə] *n* 1) тошнотá; морскáя болéзнь 2) отвращéние

**nauseate** [ˈnɔːsɪeɪt] *v* 1) вызывáть тошнотý 2) вызывáть (*редко* чýвствовать) отвращéние 3) чýвствовать тошнотý

**nauseous** [ˈnɔːsjəs] *a* тошнотвóрный, отврати́тельный

**nautical** [ˈnɔːtɪkəl] *a* 1) морскóй; ~ mile морскáя ми́ля (= *1853,6 м*) 2) мореxóдный

**nautically** [ˈnɔːtɪkəlɪ] *adv* по-моря́цки, по-флóтски

**nautili** [ˈnɔːtɪlaɪ] *pl от* nautilus

**nautilus** [ˈnɔːtɪləs] *n* (*pl* -es [-ɪz], -li) *зоол.* корáблик (*моллюск*)

**naval** [ˈneɪvəl] *a* (воéнно-)морскóй, флóтский; ~ architect кораблестрои́тель-проекти́ровщик, ~ communications морски́е коммуникáции; ~ forces воéнно-морски́е си́лы; ~ officer а) морскóй офицéр; б) *амер.* тамóженный чинóвник; ~ service воéнно-морскáя слýжба; ~ stores шки́перское имýщество

**nave** I [neɪv] *n архит.* неф, корáбль (*церкви*)

**nave** II [neɪv] *n* 1) ступи́ца (*колеса*) 2) *тех.* втýлка (*колеса*)

**navel** [ˈneɪvəl] *n* 1) пупóк, пуп 2) центр, середи́на (*чего-л.*)

**navel-cord** [ˈneɪvəlkɔːd] = navel-string

**navel-string** [ˈneɪvəlstrɪŋ] *n* пуповина

**navigability** [ˌnævɪgəˈbɪlɪtɪ] *n* 1) судоходность (*водного пути*) 2) мореходность, мореходные качества (*судна*)

**navigable** [ˈnævɪgəbl] *a* 1) судоходный 2) мореходный, годный для морского плавания 3) лётный, доступный для полётов 4) управляемый (*об аэростате*)

**navigate** [ˈnævɪgeɪt] *v* 1) плавать (*на судне*); летать (*на самолёте*) 2) вести (*корабль, судно*); управлять (*самолётом*) 3) *разг.* проводить (*мероприятия*); направлять (*переговоры*); to ~ a bill through Parliament провести законопроект в парламенте

**navigating officer** [ˈnævɪgeɪtɪŋˌɔfɪsə] *n ав., мор.* штурман

**navigation** [ˌnævɪˈgeɪʃən] *n* 1) мореходство, судоходство, плавание; навигация; inland ~ речное судоходство 2) кораблевождение (*наука*) 3) самолётовождение; аэронавигация

**navigator** [ˈnævɪgeɪtə] *n* 1) мореплаватель 2) *мор., ав.* штурман

**navvy** [ˈnævɪ] *n* 1) землекоп, чернорабочий; mere ~'s work механическая работа 2) землечерпалка, экскаватор ◇ to work like a ~ ≅ работать как вол

**navy** [ˈneɪvɪ] *n* 1) военно-морской флот, военно-морские силы; the Royal N. военно-морские силы Великобритании 2) морское ведомство 3) *поэт.* эскадра, флотилия 4) *attr.* военно-морской; N. Department *амер.* военно-морское министерство

**navy blue** [ˈneɪvɪˈbluː] *n* тёмно-синий цвет

**navy-blue** [ˈneɪvɪbluː] *a* тёмно-синий

**navy list** [ˈneɪvɪˈlɪst] *n* список кораблей и командного состава военно-морского флота

**navy-yard** [ˈneɪvɪjɑːd] *n* 1) военная верфь 2) судостроительный и судоремонтный завод военно-морского флота

**nay** [neɪ] **1.** *n* 1) отрицательный ответ; отказ; запрещение; he will not take ~ он не примет отказа; to say smb ~ отказывать *или* противоречить кому-л.; yea and ~ и да и нет 2) голос против (*при голосовании*); the ~s have it большинство против

**2.** *adv* 1) даже; более того; мало того; I have weighty, ~, unanswerable reasons у меня есть веские, более того, бесспорные основания 2) *уст.* нет

**naze** [neɪz] *n геогр.* нос, скалистый мыс

**Nazi** [ˈnɑːtsɪ] **1.** *n* нацист, фашист

**2.** *a* нацистский, фашистский

**Nazism** [ˈnɑːtsɪzm] *n* нацизм, фашизм

**neap** [niːp] **1.** *n* квадратурный прилив (*самый низкий, к концу 1-й и 3-й четвертей Луны*)

**2.** *v* убывать (*о приливе*); ~ed ship судно, оказавшееся на мели при отливе

**Neapolitan** [nɪəˈpɔlɪtən] **1.** *a* неаполитанский

**2.** *n* неаполитанец; неаполитанка

**neap-tide** [ˈniːptaɪd] = neap 1

**near** [nɪə] **1.** *a* 1) близкий; тесно связанный; ~ akin (to) родственный по характеру; ~ and dear близкий и дорогой; ~ to one's heart заветный; a very ~ concern of mine дело, очень близкое моему сердцу 2) близлежащий, ближний 3) кратчайший, прямой (*о пути*) 4) ближайший (*о времени*); the ~ future ближайшее будущее 5) близкий; сходный; приблизительно правильный; ~ translation близкий к оригиналу перевод; ~ resemblance близкое сходство; ~ guess почти правильная догадка 6) доставшийся с трудом; трудный; кропотливый; ~ victory победа, доставшаяся с трудом; ~ work кропотливая работа 7) левый (*о ноге лошади, колесе экипажа, лошади в упряжке*); the ~ foreleg левая передняя нога 8) скупой, мелочный

**2.** *adv* 1) подле; близко, поблизости, недалеко; около (*по месту или времени*); to come (*или* to draw) ~ приближаться; to come ~er the end приближаться к концу; who comes ~ him in wit? кто может сравниться с ним в остроумии? 2) почти, чуть не, едва не (*обыкн.* nearly); I came ~ forgetting я чуть не забыл; he ~ died with fright он чуть не умер от страха; that will go ~ to killing him это может убить его □ ~ **by** а) рядом, близко; б) вскоре; ~ **upon** почти что ◇ far and ~ повсюду; as ~ as I can guess насколько я могу догадаться; ~ at hand а) под рукой; тут, близко; б) ≅ не за горами; на носу; скоро

**3.** *prep* 1) возле, у, около (*о месте*); we live ~ the river мы живём у реки 2) к, около, почти (*о времени, возрасте и т. п.*); it is ~ dinner-time скоро обед; the portrait does not come ~ the original портрет не похож на оригинал ◇ to sail ~ the wind а) *мор.* идти в крутой бейдевинд; б) поступать рискованно

**4.** *v* приближаться; подходить; to ~ the land приближаться к берегу; to be ~ing one's end умирать, кончаться

**near-beer** [ˈnɪəbɪə] *n* безалкогольное пиво

**near-by** [ˈnɪəbaɪ] *a* близкий, соседний

**near desert** [ˈnɪəˌdezət] *n* полупустыня

**near-earth** [ˈnɪəˈəːθ] *a* околоземной; ~ space околоземное пространство

**nearly** [ˈnɪəlɪ] *adv* 1) близко; ~ related а) в близком родстве; б) имеющий непосредственное отношение 2) почти; приблизительно; около ◇ not ~ совсем не

**near miss** [ˈnɪəmɪs] *n* попадание близ цели (*особ. о бомбах*); промах; it was a ~ ≅ чуть-чуть не попал; ещё немножко и удалось бы

**nearness** [ˈnɪənɪs] *n* близость

**near sight** [ˈnɪəsaɪt] *n* близорукость

**near-sighted** [ˈnɪəˈsaɪtɪd] *a* близорукий

**near-sightedness** [ˈnɪəˈsaɪtɪdnɪs] = near sight

**neat** I [niːt] *a* 1) чистый, аккуратный, опрятный; ~ handwriting аккуратный почерк; to keep smth. as ~ as a pin содержать что-л. в абсолютном порядке 2) изящный; ~ dress скромное, но изящное платье; ~ figure изящная, стройная фигура 3) чёткий, ясный 4) ясный, точный; лаконичный; отточенный (*о стиле, языке и т. п.*) 5) искусный, ловкий 6) хорошо сделанный; to make a ~ job of it хорошо, искусно что-л. сделать 7) неразбавленный (*особ. о спиртных напитках*); ~ juice натуральный сок

**neat** II [niːt] **1.** *n* (*pl без измен.*) 1) вол, корова, бык 2) *собир.* крупный рогатый скот

**2.** *a* воловий *и пр.* [*см.* 1]

**neat-handed** [ˈniːtˌhændɪd] *a* ловкий, искусный

**neat-herd** [ˈniːthəːd] *n* пастух

**neatly** [ˈniːtlɪ] *adv* 1) аккуратно, опрятно 2) чётко, ясно 3) искусно, ловко

**neatness** [ˈniːtnɪs] *n* 1) аккуратность, опрятность; чистоплотность 2) чёткость 3) искусность, ловкость

**neat's-leather** [ˈniːtsˌleðə] *n* воловья кожа

**neat's-tongue** [ˈniːtstʌŋ] *n* говяжий язык

**neb** [neb] *n шотл.* 1) клюв; рыльце, нос 2) кончик (*пера, карандаша и т. п.*)

**nebula** [ˈnebjulə] *n* (*pl* -lae) 1) *астр.* туманность 2) *мед.* помутнение роговой оболочки (*глаза*)

**nebulae** [ˈnebjuliː] *pl от* nebula

**nebular** [ˈnebjulə] *a*: ~ hypothesis небулярная космогоническая теория

**nebulizer** [ˈnebjulaɪzə] *n* распылитель

**nebulosity** [ˌnebjuˈlɔsɪtɪ] *n* 1) облачность; туманность 2) неясность, нечёткость (*мысли, выражения и т. п.*); расплывчатость

**nebulous** [ˈnebjuləs] *a* 1) смутный, неясный 2) облачный; туманный

**necessarian** [ˌnesɪˈsɛərɪən] = necessitarian

**necessarily** [ˈnesɪsərɪlɪ] *adv* 1) обязательно, непременно 2) неизбежно

**necessary** [ˈnesɪsərɪ] **1.** *a* 1) необходимый, нужный 2) неизбежный 3) вынужденный, недобровольный

**2.** *n* 1) необходимое; the necessaries (of life) предметы первой необходимости 2) (the ~) *разг.* деньги 3) *амер.* уборная

**necessitarian** [nɪˌsesɪˈtɛərɪən] *филос.* **1.** *n* детерминист

**2.** *a* детерминистский

**necessitarianism** [nɪˌsesɪˈtɛərɪənɪzm] *n филос.* детерминизм

**necessitate** [nɪˈsesɪteɪt] *v* 1) делать необходимым; неизбежно влечь за собой 2) *редк.* вынуждать

**necessitous** [nɪˈsesɪtəs] *a* нуждающийся, бедный; to be in ~ circumstances быть в очень стеснённых обстоятельствах

**necessity** [nɪ'sesɪtɪ] *n* 1) необходи́мость, настоя́тельная потре́бность; of ~ по необходи́мости; there is no ~ нет никако́й необходи́мости; under the ~ вы́нужденный 2) неизбе́жность; doctrine of ~ детермини́зм 3) (*обыкн. pl*) нужда́, бе́дность, нищета́; to be in great ~ нужда́ться 4) *pl* предме́ты пе́рвой необходи́мости ◇ ~ is the mother of invention *посл.* ≅ голь на вы́думки хитра́; нужда́ — мать изобрета́тельности; to make a virtue of ~ ≅ сама́ захоте́ла, когда́ нужда́ повеле́ла; де́лать вид, что де́йствуешь доброво́льно

**neck** [nek] **1.** *n* 1) ше́я; to break one's ~ сверну́ть себе́ ше́ю; to get it in the ~ *разг.* получи́ть по ше́е; получи́ть здоро́вую взбу́чку; пострада́ть 2) го́рлышко (*буты́лки и т. п.*); горлови́на 3) ше́йка (*скри́пки и т. п.*) 4) во́рот, воротни́к 5) *анат.* ше́йка 6) *геогр.* переше́ек; коса́; у́зкий проли́в 7) *геол.* нэк; цилиндри́ческий интрузи́в 8) *тех.* ше́йка, кольцева́я кана́вка 9) *тех.* горлови́на 10) *стр.* ше́йка коло́нны 11) *разг.* на́глость 12) *attr.* ше́йный ◇ up to the ~ по го́рло, по́ уши; ~ and crop а) соверше́нно, совсе́м, по́лностью; б) бы́стро, стреми́тельно; неме́дленно; throw him out ~ and crop! гони́те его́ вон!; ~ and ~ *спорт.* голова́ в го́лову; ~ or nothing ≅ ли́бо пан, ли́бо пропа́л; to break the ~ of smth. вы́полнить бо́льшую *или* наибо́лее тру́дную часть чего́-л. [*см. тж.* break I, 2 ◇]; to break the ~ of winter оста́вить позади́ бо́льшую часть зимы́; to risk one's ~ рискова́ть голово́й; to harden the ~ де́латься ещё бо́лее упря́мым; on the ~ ≅ по пята́м

**2.** *v разг.* обнима́ться

**neckband** ['nekbænd] *n* 1) во́рот (*руба́шки*); воротничо́к (*блу́зки*) 2) ле́нта (*на ше́е*)

**neckcloth** ['nekklɔθ] *n уст.* га́лстук, ше́йный плато́к

**neckerchief** ['nekəʧɪf] *n уст.* ше́йный плато́к; косы́нка, шарф

**necking** ['nekɪŋ] **1.** *pres. p. от* neck 2

**2.** *n* 1) *архит.* обвя́зка коло́нны 2) *разг.* обнима́ние, не́жничанье

**3.** *a*: ~ party вечери́нка-о́ргия

**necklace** ['neklɪs] *n* ожере́лье

**necklet** ['neklɪt] *n* 1) ожере́лье 2) горже́тка, боа́

**neckmould** ['nekməuld] *n архит.* астрага́л на ше́йке коло́нны

**neck-piece** ['nekpi:s] *n* 1) горже́тка 2) ша́рфик 3) мехово́й воротни́к

**necktie** ['nektaɪ] *n* га́лстук

**neckwear** ['nekwɛə] *n собир.* га́лстуки, воротнички́ *и т. п.*

**neck-yoke** ['nekjəuk] *n* хому́т

**necrologist** [ne'krɔləʤɪst] *n* а́втор некроло́га

**necrologue** ['nekrəlɔg] *n* некроло́г

**necrology** [ne'krɔləʤɪ] *n* 1) некроло́г 2) спи́сок уме́рших

**necromancer** ['nekrəumænsə] *n* некрома́нт; колду́н, чаро́дей

**necromancy** ['nekrəumænsɪ] *n* некрома́нтия; чёрная ма́гия

**necromantic** [ˌnekrəu'mæntɪk] *a* 1) занима́ющийся некрома́нтией 2) колдовско́й

**necrophagous** [ne'krɔfəgəs] *a* пита́ющийся па́далью

**necropolis** [ne'krɔpəlɪs] *n* (*pl* -ses [-sɪz]) некро́поль, кла́дбище

**necropsy** [ne'krɔpsɪ] *n* вскры́тие тру́па

**necroscopy** [ne'krɔskəpɪ] = necropsy

**necrose** ['nekrəus] *v мед.* 1) омертвева́ть 2) вызыва́ть омертве́ние

**necrosis** [ne'krəusɪs] *n мед.* некро́з, омертве́ние

**nectar** ['nektə] *n* 1) *миф.* некта́р; *перен.* чуде́сный напи́ток 2) цветочный сок; медо́к 3) газиро́ванная фрукто́вая вода́

**nectariferous** [ˌnektə'rɪfərəs] *a бот.* нектароно́сный, медоно́сный

**nectarine** ['nektərɪn] **1.** *n* гла́дкий пе́рсик

**2.** *a поэт.* упои́тельный как некта́р

**nectary** ['nektərɪ] *n* 1) *бот.* некта́рник 2) *зоол.* медоно́сная железа́

**Neddy** ['nedɪ] *n разг.* осёл, о́слик

**née** [neɪ] *фр. a* урождённая; Mrs. Brown, ~ Johnston ми́ссис Бра́ун, урождённая Джо́нстон

**need** [ni:d] **1.** *n* 1) на́добность, нужда́; to be in ~ of, to feel the ~ of, to have ~ of нужда́ться в *чём-л.*; the house is in ~ of repair дом тре́бует ремо́нта; if ~ be (*или* were) е́сли ну́жно, е́сли потре́буется 2) *pl* потре́бности; to meet the ~s удовлетворя́ть потре́бности 3) недоста́ток, бе́дность, нужда́; for ~ of из-за недоста́тка

**2.** *v* 1) нужда́ться (*в чём-л.*); име́ть на́добность, потре́бность; what he ~s is a good thrashing он заслу́живает хоро́шей взбу́чки 2) тре́боваться; the book ~s correction кни́га тре́бует исправле́ния; it ~s to be done with care э́то на́до сде́лать осторо́жно 3) нужда́ться, бе́дствовать 4) (*как мода́льный глаго́л в вопроси́тельных и отрица́тельных предложе́ниях*) быть до́лжным, обя́занным; you ~ not trouble yourself вам не́чего (самому́) беспоко́иться; I ~ not have done it мне не сле́довало э́того де́лать; must I go there? — No, you ~ not ну́жно ли мне туда́ идти́? — Нет, не ну́жно

**needful** ['ni:dful] **1.** *a* ну́жный, необходи́мый; потре́бный, насу́щный (to, for)

**2.** *n* 1) необходи́мое; to do the ~ а) сде́лать то, что необходи́мо; б) *спорт.* заби́ть гол 2) (the ~) *разг.* де́ньги

**needle** ['ni:dl] **1.** *n* 1) иго́лка, игла́; ~'s eye иго́льное ушко́; to ply one's ~ занима́ться шитьём, шить 2) спи́ца, крючо́к (*для вяза́ния*) 3) стре́лка (*ко́мпаса, измери́тельного прибо́ра*); true as the ~ to the pole наде́жный 4) игла́ (*хирурги́ческая*); to give smb. the ~ *разг.* сде́лать уко́л кому́-л. 5) гравирова́льная игла́ 6) игла́ (*хво́я*) 7) остроконе́чная верши́на, утёс 8) шпиль; готи́ческая игла́ 9) обели́ск 10) иго́льчатый криста́лл 11) (the ~) *разг.* дурно́е настрое́ние; раздраже́ние; to have (*или* to get) the ~ быть в дурно́м настрое́нии; не́рвничать; to give the ~ to smb. раздража́ть кого́-л. 12) *attr.* иго́льный, иго́льчатый 13) *attr.* шве́йный 14) *attr.*: ~ fall опада́ние хво́и ◇ to look for a ~ in a haystack (*или* in a bundle, in a bottle of hay) иска́ть иго́лку в сто́ге се́на; занима́ться безнадёжным де́лом; as sharp as a ~ о́стрый, проница́тельный; наблюда́тельный

**2.** *v* 1) шить, зашива́ть игло́й 2) проти́скиваться, проника́ть (*сквозь что-л.*) 3) *амер. разг.* подбавля́ть спирт (*к пи́ву*) 4) *разг.* язви́ть; раздража́ть 5) *разг.* подстрека́ть 6) *мин.* кристаллизова́ться игла́ми 7) *мед.* снима́ть катара́кту

**needle-bath** ['ni:dlbɑ:θ] *n* иго́льчатый душ

**needle-bearing** ['ni:dlˌbɛərɪŋ] *n тех.* иго́льчатый подши́пник

**needle-case** ['ni:dlkeɪs] *n* иго́льник

**needle-fish** ['ni:dlfɪʃ] *n зоол.* игла́-ры́ба, морска́я игла́

**needleful** ['ni:dlful] *n* длина́ ни́тки, вдева́емой в иго́лку

**needle-gun** ['ni:dlgʌn] *n ист.* иго́льчатое ружьё

**needle-lace** ['ni:dlleɪs] *n* кру́жево, свя́занное крючко́м

**needle-point** ['ni:dlpɔɪnt] *n* 1) остриё иглы́ 2) = needle-lace 3) вы́шивка га́русом по канве́

**needle-shaped** ['ni:dlʃeɪpt] *a* иглообра́зный

**needless** ['ni:dlɪs] *a* нену́жный, изли́шний; бесполе́зный; ~ enmity ниче́м не вы́званная вражда́; ~ to say..., не прихо́дится и говори́ть..., не говоря́ уже́ о...

**needlewoman** ['ni:dlˌwumən] *n* швея́

**needlework** ['ni:dlwə:k] *n* шитьё; выши́вание, рукоде́лие

**needments** ['ni:dmənts] *n pl* всё необходи́мое (*осо́б.* для путеше́ствия)

**needs** [ni:dz] *adv разг.* по необходи́мости, непреме́нно, обяза́тельно (*то́лько с* must, *ча́сто ирон.*); he ~ must go, he must ~ go ему́ непреме́нно на́до идти́ ◇ ~ must when the devil drives ≅ про́тив рожна́ не попрёшь

**needy** ['ni:dɪ] *a* нужда́ющийся, бе́дствующий

**ne'er** [nɛə] *adv* (*сокр. от* never) *поэт.* никогда́ ◇ ~ a... ни оди́н...

**ne'er-do-weel, ne'er-do-well** ['nɛədu(:)ˌwi:l, 'nɛədu(:)ˌwel] **1.** *n* безде́льник; него́дник

**2.** *a* никуда́ не го́дный

**nefarious** [nɪ'fɛərɪəs] *a* 1) нечести́вый 2) бесче́стный; ни́зкий; ~ purposes гну́сные це́ли

**negate** [nɪ'geɪt] *v* 1) отрица́ть 2) отверга́ть 3) своди́ть на не́т

**negation** [nɪ'geɪʃən] *n* 1) отрица́ние 2) ничто́, фи́кция

**negationist** [nɪ'geɪʃənɪst] *n* отрица́тель; нигили́ст

**negative** ['negətɪv] **1.** *a* 1) отрица́тельный; to give smb. a ~ answer отве́тить кому́-л. отрица́тельно; a ~ approach to life пессимисти́ческий взгляд на жизнь; ~ quantity *мат.* отрица́тельная величина́; the ~ sign а) знак ми́нус; б) *разг. шутл.* ничто́, ничего́; ~ voice го́лос про́тив; возраже́ние 2) безрезульта́тный; не да́вший ожида́емого результа́та; a ~ test о́пыт, да́вший отрица́тельный результа́т 3) недоброжела́тельный; ~ criticism недоброжела́тельная кри́тика 4) *фото* негати́вный, обра́тный (*об изображении*)

**2.** *n* 1) отрица́ние; отрица́тельный отве́т, факт; отрица́тельная черта́ хара́ктера *и т. п.*; in the ~ отрица́тельно; the answer is in the ~ отве́т отрица́тельный; two ~s make an affirmative ми́нус на ми́нус даёт плюс; he is a bundle of ~s у него́ одни́ отрица́тельные черты́ 2) отка́з, несогла́сие 3) запре́т, ве́то 4) *грам.* отрица́ние, отрица́тельная части́ца 5) *фото* негати́в 6) *мат.* отрица́тельная величина́ 7) *эл.* отрица́тельный по́люс, като́д

**3.** *v* 1) отрица́ть; возража́ть 2) отверга́ть, опроверга́ть 3) налага́ть ве́то; не утвержда́ть (*предложенного кандидата*) 4) де́лать тще́тным 5) нейтрализова́ть (*действие чего-л.*)

**negativism** ['negətɪvɪzm] *n* 1) скло́нность к отрица́нию; неприя́тие действи́тельности 2) *мед.* негативи́зм

**negativity** [,negə'tɪvɪtɪ] *n* отрица́тельность

**negatory** ['negətərɪ] *a* отрица́тельный

**neglect** [nɪ'glekt] **1.** *n* 1) пренебреже́ние; небре́жность; the ~ of one's children отсу́тствие забо́ты о де́тях; ~ of one's duty хала́тное отноше́ние к свои́м обя́занностям 2) запу́щенность, забро́шенность; in a state of ~ в запу́щенном состоя́нии

**2.** *v* 1) пренебрега́ть (*чем-л.*); не забо́титься (*о чём-л.*) 2) не обраща́ть внима́ния (*на кого-л., что-л.*); he ~ed my remark он пропусти́л моё замеча́ние ми́мо уше́й 3) упуска́ть, не де́лать (*чего-л.*) ну́жного; не выполня́ть своего́ до́лга; he ~ed to tell us about it он забы́л (*или* не счёл ну́жным) рассказа́ть нам об э́том 4) запуска́ть, забра́сывать

**neglectful** [nɪ'glektful] *a* 1) невнима́тельный (*к кому-л., чему-л.*); небре́жный 2) неради́вый, беззабо́тный

**néglígé** ['negli:ʤeɪ] *фр. n* да́мский хала́т; дома́шнее пла́тье

**negligee** ['negli:ʒeɪ] *амер.* = néglígé

**negligence** ['neglɪʤəns] *n* 1) небре́жность; хала́тность; culpable (*или* criminal) ~ *юр.* престу́пная небре́жность 2) неря́шливость; the ~ of one's attire неря́шливость в оде́жде

**negligent** ['neglɪʤənt] *a* 1) небре́жный; ~ in his dress неря́шливый в оде́жде 2) хала́тный, беспе́чный; неради́вый; ~ of one's duties невнима́тельный к свои́м обя́занностям

**negligible** ['neglɪʤəbl] *a* незначи́тельный, не принима́емый в расчёт; ~ quantity незначи́тельное коли́чество; by a ~ margin совсе́м незначи́тельно, ненамно́го

**negotiable** [nɪ'gəuʃjəbl] *a* 1) могу́щий служи́ть предме́том перегово́ров 2) могу́щий служи́ть предме́том сде́лки, могу́щий быть ку́пленным, переусту́пленным (*о векселе и т. п.*) 3) проходи́мый, досту́пный (*о вершинах, дорогах и т. п.*)

**negotiant** [nɪ'gəuʃɪənt] *n* негоциа́нт, купе́ц; опто́вый торго́вец, соверша́ющий кру́пные сде́лки

**negotiate** [nɪ'gəuʃɪeɪt] *v* 1) вести́ перегово́ры, догова́риваться (with); обсужда́ть усло́вия; to ~ a loan (terms of peace) догова́риваться об усло́виях за́йма, ми́ра 2) прода́ть, реализова́ть (*вексель и т. п.*) 3) вести́ де́ло 4) устра́ивать, ула́живать; преодолева́ть (*препятствие*)

**negotiated peace** [nɪ'gəuʃɪeɪtɪd'pi:s] *n* мир, дости́гнутый в результа́те перегово́ров

**negotiation** [nɪ,gəuʃɪ'eɪʃən] *n* 1) перегово́ры; обсужде́ние усло́вий; ~s are under way веду́тся перегово́ры; to conduct ~s вести́ перегово́ры 2) преодоле́ние (*затруднений*)

**negotiator** [nɪ'gəuʃɪeɪtə] *n* 1) лицо́, веду́щее перегово́ры 2) посре́дник

**Negrillo** [ne'grɪləu] *n* (*pl* -os [-əuz]) негр ка́рликового пле́мени; пигме́й

**Negrito** [ne'gri:təu] *n* (*pl* -os, -oes [-əuz]) негрито́с (*Малайского архипелага*)

**Negro** ['ni:grəu] **1.** *n* (*pl* -oes [-əuz]) негр; негритя́нка

**2.** *a* 1) негритя́нский; темноко́жий 2) чёрный, тёмный

**Negro-head** ['ni:grəuhed] *n* 1) сорт тёмного, кре́пкого, пропи́танного па́токой табака́ 2) низкосо́ртная рези́на

**Negroid(al)** ['ni:grɔɪd(əl)] *a* негро́идный

**Negrophobia** [,ni:grəu'fəubɪə] *n* негроненави́стничество, негрофо́бия

**Negus** ['ni:gəs] *n ист.* не́гус (*император Эфиопии*)

**negus** ['ni:gəs] *n* не́гус (*род глинтвейна*)

**neigh** [neɪ] **1.** *n* ржа́ние

**2.** *v* ржать

**neighbour** ['neɪbə] **1.** *n* 1) сосе́д; сосе́дка 2) находя́щийся ря́дом предме́т; a falling tree brought down its ~ па́дая, де́рево повали́ло и сосе́днее 3) бли́жний; duty to one's ~ долг по отноше́нию к своему́ бли́жнему 4) *attr.* бли́жний; сосе́дний; сме́жный

**2.** *v* 1) грани́чить; находи́ться у са́мого кра́я (upon); the wood ~s upon the lake лес подхо́дит к са́мому о́зеру 2) быть в дру́жеских (*или* добрососе́дских) отноше́ниях, дружи́ть (with — с *кем-л.*)

**neighboured** ['neɪbəd] **1.** *p. p. от* neighbour 2

**2.** *a*: a beautifully ~ town го́род с краси́выми окре́стностями; ill ~ име́ющий дурно́е сосе́дство; a sparsely ~ place малонаселённая ме́стность

**neighbourhood** ['neɪbəhud] *n* 1) сосе́дство, бли́зость; in the ~ of а) по сосе́дству с, побли́зости от; б) о́коло, приблизи́тельно; in the ~ of £ 100 приблизи́тельно 100 фу́нтов сте́рлингов 2) окру́га, райо́н, окре́стности; we live in a healthy ~ мы живём в здоро́вой ме́стности; the laughing-stock of the whole ~ посме́шище всей окру́ги 3) сосе́ди 4) сосе́дские отноше́ния; good ~ добрососе́дские отноше́ния 5) *attr.* ме́стный

**neighbourhood unit** ['neɪbəhud-,ju:nɪt] *n* жило́й райо́н во вновь плани́руемых города́х

**neighbouring** ['neɪbərɪŋ] **1.** *pres. p. от* neighbour 2

**2.** *a* сосе́дний, сме́жный

**neighbourly** ['neɪbəlɪ] **1.** *a* добрососе́дский, дру́жеский; общи́тельный

**2.** *adv редк.* по-добрососе́дски

**neighbourship** ['neɪbəʃɪp] *n* 1) сосе́дство, бли́зость 2) сосе́дские отноше́ния

**neither** ['naɪðə] *pron neg.* **1.** *в функции сущ.* ни оди́н (*из двух*); никто́; ~ of you knows никто́ из вас не зна́ет; вы о́ба не зна́ете

**2.** *в функции прил.* ни тот ни друго́й; ~ statement is true ни то, ни друго́е утвержде́ние не ве́рно

**3.** *в функции нареч.* та́кже не; if you do not go, ~ shall I е́сли вы не пойдёте, я то́же не пойду́

**neither... nor** ['naɪðə...nɔ:] *cj* ни... ни...; he neither knows nor cares знать не зна́ет и забо́титься не хо́чет; neither here nor there ≅ ни к селу́ ни к го́роду, некста́ти

**nek** [nek] *n южно-афр.* го́рный прохо́д, перева́л

**nekton** ['nektən] *n собир. биол.* некто́н

**nelly** ['nelɪ] *n* исполи́нский буреве́стник

**nelson** ['nelsn] *n спорт.* не́льсон (*борьба*)

**Nemesis** ['nemɪsɪs] *n греч. миф.* Немези́да

**nenuphar** ['nenjufɑ:] *n бот.* кувши́нка

**neocene** ['ni:əsi:n] *геол.* **1.** *n* неоце́н

**2.** *a* неоце́новый

**neocolonialism** ['ni(:)əukə'ləunjəlɪzm] *n* неоколониали́зм

**neolithic** [,ni(:)əu'lɪθɪk] *a* неолити́ческий; ~ age неолити́ческий век, неоли́т

**neologism** [ni(:)'ɔləʤɪzm] *n* неологи́зм

**neologize** [ni(:)'ɔləʤaɪz] *v* вводи́ть но́вые слова́

**neology** [ni(:)'ɔləʤɪ] *n* 1) неологи́зм 2) употребле́ние *или* введе́ние неологи́змов

**neon** ['ni:ən] *n* 1) *хим.* нео́н 2) *attr.* нео́новый; ~ lamp, ~ arc, ~ tube нео́новая ла́мпа; ~ sign нео́новая вы́веска, рекла́ма

**neophron** [ˈni:əfrɔn] *n зоол.* стервя́тник

**neophyte** [ˈni(:)əufaɪt] *n* 1) *рел.* неофи́т, новообращённый 2) новичо́к

**neoplasm** [ˈni(:)əuplæzm] *n мед.* неопла́зма, новообразова́ние; о́пухоль

**neoplasty** [ˈni(:)əuˈplæstɪ] *n мед.* пласти́ческая опера́ция

**neoteric** [ˌni(:)əuˈterɪk] *a* 1) неда́вний 2) нове́йший; совреме́нный

**neotropical** [ˌni(:)əuˈtrɔpɪkəl] *a зоол.* распространённый в Центра́льной и Ю́жной Аме́рике

**neozoic** [ˌni(:)əuˈzəuɪk] *a геол.* кайнозо́йский

**nepenthe(s)** [neˈpenθɪ, (-θi:z)] *n* 1) что-л., даю́щее успокое́ние *или* забве́ние 2) *бот.* непе́нтес

**nephew** [ˈnevju(:)] *n* племя́нник

**nephology** [neˈfɔlədʒɪ] *n* нефоло́гия (*наука об облаках*)

**nephrite** [ˈnefraɪt] *n мин.* нефри́т

**nephritic** [neˈfrɪtɪk] *a мед.* по́чечный, нефрити́ческий

**nephritis** [neˈfraɪtɪs] *n мед.* нефри́т

**nepotism** [ˈnepətɪzm] *n* кумовство́, семе́йственность; непоти́зм

**nepotist** [ˈnepətɪst] *n* челове́к, ока́зывающий проте́кцию свои́м ро́дственникам

**Neptune** [ˈneptju:n] *n миф., астр.* Непту́н

**Neptunian** [nepˈtju:njən] *a геол.* океани́ческий, морско́й, во́дный

**neptunium** [nepˈtju:njəm] *n хим.* непту́ний

**nereid** [ˈnɪərɪɪd] *n* 1) *миф.* нереи́да 2) *зоол.* нереи́да, ко́льчатый морско́й червь

**Nero** [ˈnɪərəu] *n ист.* Неро́н

**nervate** [ˈnə:veɪt] *a бот.* с жи́лками

**nervation** [nə:ˈveɪʃən] *n бот.* нерва́ция, жилкова́ние

**nerve** [nə:v] **1.** *n* 1) нерв 2) (*обыкн. pl*) не́рвы, нерво́зность; не́рвная систе́ма; iron (*или* steel) ~s желе́зные не́рвы; a fit (*или* an attack) of ~s не́рвный припа́док; to get on one's ~s де́йствовать на не́рвы, раздража́ть; to suffer from ~s страда́ть расстро́йством не́рвной систе́мы; to steady one's ~s успоко́ить не́рвы; a war of ~s война́ не́рвов, психологи́ческая война́ 3) си́ла, эне́ргия; to strain every ~ напряга́ть все си́лы; приложи́ть все уси́лия 4) прису́тствие ду́ха, му́жество, хладнокро́вие; to lose one's ~ оробе́ть, потеря́ть самооблада́ние; a man of ~ вы́держанный челове́к, челове́к с больши́м самооблада́нием 5) *разг.* на́глость, наха́льство, де́рзость; to have the ~ (to do smth.) име́ть наха́льство, на́глость (сде́лать что-л.) 6) *бот.* жи́лка 7) *attr.* не́рвный

**2.** *v* придава́ть си́лу, бо́дрость *или* хра́брость; to ~ oneself собра́ться с си́лами, с ду́хом

**nerve-centre** [ˈnə:vˌsentə] *n* не́рвный центр

**nerve-knot** [ˈnə:vnɔt] *n* не́рвный у́зел, га́нглий

**nerveless** [ˈnə:vlɪs] *a* 1) сла́бый, бесси́льный; вя́лый 2) *анат.* не име́ющий не́рвной систе́мы 3) *бот.* не име́ющий жи́лок

**nerve-racking** [ˈnə:vˌrækɪŋ] *a* раздража́ющий, де́йствующий на не́рвы

**nerve-strain** [ˈnə:vstreɪn] *n* не́рвное перенапряже́ние; *разг.* эмоциона́льный нака́л

**nervine** [ˈnə:vi:n] *мед.* **1.** *a* успока́ивающий не́рвы; успокои́тельный

**2.** *n* успокои́тельное сре́дство; сре́дство, успока́ивающее не́рвы

**nervism** [ˈnə:vɪzm] *n физиол.* нерви́зм

**nervous** [ˈnə:vəs] *a* 1) не́рвный; ~ system не́рвная систе́ма 2) беспоко́ящийся (*о чём-л.*); не́рвничающий; взволно́ванный; I felt very ~ (about it) я о́чень волнова́лся (из-за э́того); don't be ~ не волну́йтесь 3) нерви́рующий, де́йствующий на не́рвы 4) вырази́тельный (*о стиле*) 5) си́льный, му́скулистый

**nervy** [ˈnə:vɪ] *a* 1) *разг.* не́рвный, возбуждённый; легко́ возбуди́мый 2) *разг.* самоуве́ренный; сме́лый 3) *поэт.* си́льный

**nescience** [ˈnesɪəns] *n* 1) незна́ние, неве́дение 2) *филос.* агностици́зм

**nescient** [ˈnesɪənt] **1.** *n филос.* агно́стик

**2.** *a* не зна́ющий (of — *чего-л.*)

**ness** [nes] *n* мыс, нос (*только в геогр. названиях*)

**nest** [nest] **1.** *n* 1) гнездо́ 2) вы́водок; to take a ~ разоря́ть гнездо́, брать я́йца *или* птенцо́в 3) ую́тный уголо́к, гнёздышко 4) прито́н; ~ of thieves воровско́й прито́н 5) гру́ппа, набо́р одноро́дных предме́тов (*напр., ящичков, вставленных один в другой*); a ~ of narrow alleys лабири́нт у́зких переу́лков ◇ to foul one's own ~ ≅ выноси́ть сор из избы́

**2.** *v* 1) вить гнездо́; гнезди́ться 2): to go ~ing охо́титься за гнёздами 3) *тех.* вставля́ть (*в гнездо*); вмонти́ровать

**nest-doll** [ˈnestdɔl] *n* компле́кт ку́кол, вкла́дывающихся одна́ в другу́ю

**nest-egg** [ˈnesteg] *n* 1) по́дкладень (*яйцо, оставляемое в гнезде для привлечения наседки*); *перен.* прима́нка 2) де́ньги, отло́женные на чёрный день; пе́рвая су́мма, отло́женная для како́й-л. определённой це́ли

**nesting box** [ˈnestɪŋbɔks] *n* скворе́чник

**nestle** [ˈnesl] *v* 1) ую́тно, удо́бно устро́иться, сверну́ться (in, into, among) 2) прильну́ть, прижа́ться (against, to, close to — к) 3) юти́ться; укрыва́ться 4) дава́ть прию́т □ ~ **down** = 1)

**nestling** [ˈneslɪŋ] **1.** *pres. p. от* nestle

**2.** *n* птене́ц, пте́нчик; малы́ш

**net** I [net] **1.** *n* 1) сеть; тенёта 2) се́тка (*для волос и т. п.*) 3) се́ти, западня́ 4) паути́на

**2.** *v* 1) расставля́ть се́ти (*тж. перен.*); лови́ть сетя́ми 2) покрыва́ть се́тью; сетя́ми 3) плести́, вяза́ть се́ти 4) покрыва́ть се́тью (*железных дорог, радиостанций и т. п.*) 5) попа́сть в се́тку (*о мяче*) 6) заби́ть (*мяч, гол*)

**net** II [net] **1.** *a* чи́стый, не́тто (*о весе, доходе*); at 5/-n. цена́ 5 ши́ллингов за вы́четом ски́дки; ~ profit чи́стая при́быль, чи́стый дохо́д; ~ cash нали́чные де́ньги; нали́чный расчёт без ски́дки; ~ cost себесто́имость; ~ efficiency *тех.* практи́ческий коэффицие́нт поле́зного де́йствия; ~ load *тех.* поле́зный груз

**2.** *n* чи́стый дохо́д

**3.** *v* 1) приноси́ть чи́стый дохо́д 2) получа́ть чи́стый дохо́д

**netful** [ˈnetful] *n* по́лная сеть

**nether** [ˈneðə] *a уст., шутл.* ни́жний, бо́лее ни́зкий; ~ garments брю́ки; the ~ man но́ги ◇ hard as a ~ millstone твёрд как кремéнь; ~ world (*или* regions) а) ад; б) *редк.* земля́

**Netherlander** [ˈneðələndə] *n* нидерла́ндец, голла́ндец

**Netherlandish** [ˈneðələndɪʃ] *a* нидерла́ндский, голла́ндский

**netting** I [ˈnetɪŋ] **1.** *pres. p. от* net I, 2

**2.** *n* 1) плете́ние сете́й 2) ло́вля сетя́ми 3) сеть, се́тка

**netting** II [ˈnetɪŋ] *pres. p. от* net II, 3

**nettle** [ˈnetl] **1.** *n* крапи́ва; small (*или* stinging) ~ жгу́чая крапи́ва; great (*или* common) ~ обыкнове́нная двудо́мная крапи́ва ◇ to be on ~s ≅ сиде́ть как на иго́лках; to grasp the ~ реши́тельно бра́ться за тру́дное де́ло; grasp the ~ and it won't sting you *посл.* ≅ сме́лость города́ берёт

**2.** *v* 1) обжига́ть крапи́вой 2) раздража́ть, уязвля́ть, серди́ть

**nettle-fish** [ˈnetlfɪʃ] *n* меду́за

**nettle-rash** [ˈnetlræʃ] *n мед.* крапи́вница, крапи́вная лихора́дка

**network** [ˈnetwə:k] *n* 1) сеть, се́тка; плетёнка 2) сеть (*железных дорог, каналов и т. п.*) 3) соо́бщество 4) *тех.* решётчатая систе́ма 5) радиотрансляцио́нная сеть 6) *эл.* цепь, схе́ма

**network announcer** [ˈnetwə:kəˌnaunsə] *n амер.* ди́ктор

**neural** [ˈnjuərəl] *a анат.* не́рвный, относя́щийся к не́рвной систе́ме

**neuralgia** [njuəˈrældʒə] *n* невралги́я

**neuralgic** [njuəˈrældʒɪk] *a* невралги́ческий

**neurasthenia** [ˌnjuərəsˈθi:njə] *n* неврастени́я

**neurasthenic** [ˌnjuərəsˈθenɪk] **1.** *a* неврастени́ческий

**2.** *n* неврасте́ник

**neuritis** [njuəˈraɪtɪs] *n мед.* неври́т

**neurologist** [njuəˈrɔlədʒɪst] *n* невро́лог

**neurology** [njuəˈrɔlədʒɪ] *n* невроло́гия

**neuroma** [njuəˈrəumə] *n* (*pl* -mata, -s [-z]) *мед.* невро́ма

**neuromata** [njuəˈrəumətə] *pl от* neuroma

**neuropath** [ˈnjuərəpæθ] *n* страда́ющий не́рвной боле́знью; неврасте́ник, невропа́т

**neuropathist** [njuəˈrɔpəθɪst] *n* невропато́лог

**neuroses** [njuəˈrəusiːz] *pl от* neurosis

**neurosis** [njuəˈrəusɪs] *n* (*pl* -ses) невро́з; anxiety ~ невро́з стра́ха

**neurotic** [njuəˈrɔtɪk] **1.** *a* не́рвный, невроти́ческий

**2.** *n* 1) неврасте́ник, невро́тик 2) лека́рство, де́йствующее на не́рвную систе́му

**neuter** [ˈnjuːtə] **1.** *a* 1) *грам.* сре́дний, сре́днего ро́да 2) *грам.* непереходный (*о глаголе*) 3) *бот.* беспо́лый 4) *биол.* недора́звитый, беспло́дный 5) *вет.* кастри́рованный 6) *редк.* = neutral 1; to stand ~ остава́ться нейтра́льным

**2.** *n* 1) *грам.* сре́дний род; существи́тельное, прилага́тельное, местоиме́ние сре́днего ро́да 2) *грам.* непереходный глаго́л 3) *биол.* беспо́лое насеко́мое 4) *вет.* кастри́рованное живо́тное 5) челове́к, занима́ющий нейтра́льную пози́цию

**neutral** [ˈnjuːtrəl] **1.** *a* 1) нейтра́льный; to be (*или* to remain) ~ соблюда́ть нейтралите́т 2) нейтрали́стский; не участвующий в бло́ках 3) безуча́стный 4) беспристра́стный; ~ opinion непредвзя́тое мне́ние 5) сре́дний, неопределённый; промежу́точный; ~ colour (*или* tint) нейтра́льный, серова́тый *или* се́ро-голубо́й цвет 6) *бот., зоол.* беспо́лый

**2.** *n* 1) нейтра́льное госуда́рство 2) граждани́н *или* су́дно нейтра́льного госуда́рства 3) неопределённый, серова́тый *или* се́ро-голубо́й цвет 4) челове́к, занима́ющий нейтра́льную пози́цию

**neutralism** [ˈnjuːtrəlɪzm] *n* 1) нейтралите́т 2) нейтрали́зм, поли́тика неприсоедине́ния к бло́кам

**neutralist** [ˈnjuːtrəlɪst] **1.** *n* сторо́нник нейтралите́та

**2.** *a* сохраня́ющий нейтралите́т; ~ state госуда́рство, сохраня́ющее нейтралите́т, не уча́ствующее в бло́ках

**neutrality** [nju(ː)ˈtrælɪtɪ] *n* нейтралите́т; armed ~ вооружённый нейтралите́т

**neutralization** [ˌnjuːtrəlaɪˈzeɪʃən] *n* 1) нейтрализа́ция 2) *воен.* подавле́ние огнём

**neutralize** [ˈnjuːtrəlaɪz] *v* 1) нейтрализова́ть; уравнове́шивать 2) обезвре́живать; уничтожа́ть 3) объявля́ть нейтра́льной зо́ной 4) *воен.* подави́ть огнём

**neutrino** [nju(ː)ˈtriːnəu] *n физ.* нейтри́но

**neutron** [ˈnjuːtrɔn] *n физ.* нейтро́н

**névé** [ˈneveɪ] *фр. n* фирн, зерни́стый лёд

**never** [ˈnevə] *adv* 1) никогда́; one ~ knows никогда́ нельзя́ зара́нее знать 2) ни ра́зу; ~ before никогда́ ещё; well, I ~!, I ~ did! (*подразумевается* hear *или* see the like) никогда́ ничего́ подо́бного не ви́дел *или* не слы́шал! 3) *разг. для усиления отрицания*: he answered ~ a word он ни сло́ва не отве́тил; ~ a one ни оди́н; ~ fear не беспоко́йтесь, бу́дьте уве́рены; I'll do it, ~ fear не беспоко́йтесь, я э́то сде́лаю; there's room enough for a company be it ~ so large ме́ста дово́льно, как бы велико́ о́бщество ни́ было 4) коне́чно, нет; не мо́жет быть; your were ~ such a fool as to lose your money! не мо́жет быть, что́бы тебя́ угора́здило потеря́ть де́ньги! ◇ ~ so как бы ни; ~ say die не отча́ивайтесь

**never-ceasing** [ˈnevəˈsiːzɪŋ] *a* непрекраща́ющийся

**never-dying** [ˈnevəˈdaɪɪŋ] *a* неумира́ющий, бессме́ртный

**never-ending** [ˈnevərˈendɪŋ] *a* непрекраща́ющийся, бесконе́чный

**never-fading** [ˈnevəˈfeɪdɪŋ] *a* неувяда́ющий, неувяда́емый

**nevermore** [ˈnevəˈmɔː] *adv* никогда́ бо́льше, никогда́ впредь

**never-never** [ˈnevəˈnevə] *n* уто́пия, несбы́точная мечта́; on the ~ *шутл.* в рассро́чку

**nevertheless** [ˌnevəðəˈles] **1.** *adv* несмотря́ на, одна́ко

**2.** *cj* тем не ме́нее

**never-to-be-forgotten** [ˈnevətəbɪfəˈgɔtn] *a* незабве́нный

**new** [njuː] **1.** *a* 1) но́вый; ~ discovery но́вое откры́тие 2) ино́й, друго́й; обновлённый; he became a ~ man он стал совсе́м други́м челове́ком; ~ Parliament вновь и́збранный парла́мент 3) неда́вний, неда́внего происхожде́ния; неда́вно приобретённый 4) све́жий; ~ milk парно́е молоко́; ~ wine молодо́е вино́; ~ potatoes молодо́й карто́фель 5) совреме́нный, нове́йший; передово́й; ~ fashions после́дние мо́ды 6) дополни́тельный; ~ test (ещё оди́н) дополни́тельный о́пыт 7) вновь обнару́женный, вновь откры́тый, но́вый; ~ planet но́вая плане́та 8) незнако́мый; непривы́чный; the horse is ~ to the plough э́та ло́шадь не привы́кла к плу́гу; she is ~ to the work она́ ещё не знако́ма с э́той рабо́той 9) новоя́вленный; he is a ~ rich *пренебр.* он неда́вно разбогате́л ◇ ~ soil целина́, новь; the N. World Но́вый свет, Аме́рика; there is nothing ~ under the sun ≅ ничто́ не но́во под луно́й; tomorrow is a ~ day ≅ у́тро ве́чера мудрене́е

**2.** *adv уст.* (*в современном употреблении в сложных словах*) 1) неда́вно, то́лько что 2) за́ново

**new-blown** [ˈnjuːbləun] *a* то́лько что расцве́тший

**new-born** [ˈnjuːbɔːn] *a* 1) новорождённый 2) возрождённый

**new-built** [ˈnjuːbɪlt] *a* 1) вновь вы́строенный 2) перестро́енный

**new-come** [ˈnjuːkʌm] **1.** *n* = new-comer

**2.** *a* вновь прибы́вший

**new-comer** [ˈnjuːˈkʌmə] *n* 1) вновь прибы́вший 2) пришéлец 3) незнако́мец

**New Deal** [ˈnjuːˈdiːl] *n ист.* 1) «Но́вый курс» (*политика президента Рузвельта*) 2) прави́тельство Ру́звельта

**newel** [ˈnjuːəl] *n архит.* 1) коло́нна *или* сте́ржень винтово́й ле́стницы 2) сто́йка пери́л на конца́х ле́стничных ма́ршей

**newel post** [ˈnjuːəlpəust] = newel

**newer literature** [ˈnjuːəˌlɪtərɪtʃə] *n* нове́йшая, совреме́нная литерату́ра

**new-fallen** [ˈnjuːˌfɔːlən] *a* свежевы́павший, то́лько что вы́павший (*о снеге*)

**new-fangled** [ˈnjuːˌfæŋgld] *пренебр. см.* new-fashioned

**new-fashioned** [ˈnjuːˈfæʃənd] *a* мо́дный, новомо́дный; но́вой моде́ли

**new-fledged** [ˈnjuːfledʒd] *a* то́лько что опери́вшийся

**new-found** [ˈnjuːfaund] *a* вновь обретённый

**Newfoundland** [nju(ː)ˈfaundlənd] *n* ньюфаундле́нд, соба́ка-водола́з [*см. тж. Список географических названий*]

**Newfoundland dog** [nju(ː)ˈfaundləndɔg] = Newfoundland

**Newfoundlander** [ˌnjuːfəndˈlændə] *n* 1) жи́тель Ньюфаундле́нда 2) су́дно, принадлежа́щее Ньюфаундле́нду 3) = Newfoundland

**New Frontier** [ˈnjuːˈfrʌntjə] *n амер.* «Но́вые рубежи́» (*политика президента Кеннеди*)

**Newgate** [ˈnjuːgɪt] *n* Ньюге́йтская долгова́я тюрьма́ (*в Лондоне*)

**new growth** [ˈnjuːˈgrəuθ] *n* о́пухоль, новообразова́ние

**newish** [ˈnjuːɪʃ] *a* дово́льно но́вый

**new-laid** [ˈnjuːleɪd] *a* свежеснесённый (*о яйцах*)

**newly** [ˈnjuːlɪ] *adv* 1) за́ново, вновь; по-ино́му, по-но́вому 2) неда́вно; ~ arrived вновь прибы́вший; the ~ weds новобра́чные, молодожёны

**new-made** [ˈnjuːˈmeɪd] *a* 1) неда́вно сде́ланный 2) за́ново сде́ланный, переде́ланный

**Newmarket** [ˈnjuːˌmaːkɪt] *n* 1) дли́нное пальто́ в обтя́жку 2) *название карточной игры*

**Newmarket coat** [ˈnjuːˌmaːkɪtˈkəut] = Newmarket 1)

**new-minted** [ˈnjuːˈmɪntɪd] *a* 1) то́лько что отчека́ненный (*о монете*); блестя́щий, новёхонький 2) получи́вший но́вое значе́ние, приобре́тший но́вый смысл (*о слове, выражении*)

**new moon** [ˈnjuːˈmuːn] *n* 1) молодо́й ме́сяц 2) новолу́ние

**newness** [ˈnjuːnɪs] *n* новизна́

**newpenny** [ˈnjuːˌpenɪ] *n* (*pl* newpennies, newpence) но́вый пе́нни (*монета, введённая в Англии в 1971 г. в связи с переходом на десятичную систему*)

**news** [njuːz] *n pl* (*употр. как sing*) 1) но́вость, но́вости, изве́стие; what is the ~? что но́вого?; that is no ~ э́то уже́ всем изве́стно; нашли́ чем удиви́ть 2) изве́стия, сообще́ния печа́ти, ра́дио *и т. п.*; latest ~ после́дние изве́стия; foreign ~ сообще́ния из-за границы 3) *attr.*: ~ release сообщение для печати; ~ film кинохроника ◇ bad ~ travels quickly, ill ~ flies fast *посл.* ≅ худые вести не лежат на месте; no ~ (is) good ~ *посл.* ≅ отсутствие вестей — (само по себе) неплохая весть; to be in the ~ попасть на страницы газет; оказаться в центре внимания

**news agency** [ˈnjuːz,eɪdʒənsɪ] *n* телеграфное агентство

**news-agent** [ˈnjuːz,eɪdʒənt] *n* газетный киоскёр

**news-boy** [ˈnjuːzbɔɪ] *n* газетчик, продавец газет (*мальчик или подросток*)

**newscast** [ˈnjuːzkɑːst] *n* передача последних известий (*по радио, телевидению*)

**newscaster** [ˈnjuːz,kɑːstə] *n* 1) диктор 2) радиокомментатор

**news cinema** [ˈnjuːz,sɪnɪmə] *n* кинотеатр хроникально-документальных фильмов

**news-dealer** [ˈnjuːz,diːlə] *амер.* = news agent

**news-department** [ˈnjuːzdɪ,pɑːtmənt] *n* информационный отдел; отдел печати

**newshawk** [ˈnjuːzhɔːk] *n разг.* репортёр

**news-letter** [ˈnjuːz,letə] *n* информационный бюллетень (*торговой фирмы и т. п.*); рекламный проспект

**news-man** [ˈnjuːzmæn] *n* 1) корреспондент, репортёр 2) газетчик, продавец газет

**newsmonger** [ˈnjuːz,mʌŋgə] *n* сплетник; сплетница

**newspaper** [ˈnjuːs,peɪpə] *n* 1) газета 2) *attr.* газетный

**newspaperese** [,njuːspeɪpəˈriːs] *n* газетный стиль; стиль, свойственный журналистам и репортёрам

**newsprint** [ˈnjuːzprɪnt] *n* газетная бумага

**news-reel** [ˈnjuːzriːl] **1.** *n* хроника, хроникальный фильм; киножурнал

**2.** *v* сниматься в киножурнале

**news-room** [ˈnjuːzrum] *n* 1) читальный зал, где можно получить газеты и журналы 2) *амер.* отдел новостей (*в редакции газеты*)

**newsservice** [ˈnjuːz,səːvɪs] *n* агентство печати, информационное агентство

**news-sheet** [ˈnjuːzʃiːt] *n* 1) листовка 2) *уст.*, *амер. разг.* газета

**news-stand** [ˈnjuːzstænd] *n* 1) газетный ларёк, киоск 2) *амер.* книжный киоск

**news-theatre** [ˈnjuːz,θɪətə] *n* кинотеатр хроникально-документальных фильмов

**New Style** [ˈnjuːˈstaɪl] *n* новый стиль (*григорианский календарь*)

**news-vendor** [ˈnjuːz,vendə] *n* продавец газет, газетчик

**newsy** [ˈnjuːzɪ] **1.** *a разг.* 1) богатый новостями *или* сплетнями 2) любопытный

**2.** *n амер.* = news-boy

**newt** [njuːt] *n зоол.* тритон

**Newtonian** [nju(ː)ˈtəunjən] **1.** *a* ньютонов

**2.** *n* последователь Ньютона

**new year** [ˈnjuːˈjəː] *n* 1) Новый год; a Happy New Year! с Новым годом! 2) *attr.* новогодний; ~ party встреча Нового года

**new-year's** [ˈnjuːˈjəːz] *a* новогодний; ~ eve канун Нового года; ~ day первое января

**next** [nekst] **1.** *a* 1) следующий; ~ chapter следующая глава 2) ближайший; соседний; the house ~ to ours соседний дом; my ~ neighbour мой ближайший сосед; ~ door (to) по соседству, рядом [*ср.* ~-door]; he lives ~ door он живёт в соседнем доме 3) следующий; будущий; ~ year в будущем году; not till ~ time *шутл.* больше не буду до следующего раза ◇ ~ to nothing почти ничего; the ~ man первый встречный; любой; всякий, другой

**2.** *adv* 1) потом, затем, после; he ~ proceeded to write a letter затем он начал писать письмо; what ~? а что дальше?; что ещё может за этим последовать? 2) в следующий раз, снова; when I see him ~ когда я его опять увижу

**3.** *prep* рядом, около; the chair ~ the fire стул около камина; she loves him ~ her own child она любит его (почти) как своего ребёнка

**4.** *n* следующий *или* ближайший (*человек или предмет*); ~, please! следующий, пожалуйста!; I will tell you in my ~ я расскажу вам в следующем письме; to be concluded in our ~ окончание следует

**next-best** [ˈneks(t)ˈbest] *a* уступающий лишь самому лучшему

**next-door** [ˈneks(t)ˈdɔː] *a* ближайший, соседний; he is my ~ neighbour он живёт рядом со мной; ~ to почти; ~ to crime это почти преступление [*ср.* next door, *см.* next 1, 2)]

**nexus** [ˈneksəs] *n* 1) связь; узы; звено; the cash ~ денежные отношения; causal ~ причинная зависимость 2) *грам.* нексус

**Niagara** [naɪˈægərə] *n* 1) поток; водопад 2) грохот ◇ to shoot ~ решиться на отчаянный шаг

**nib** [nɪb] **1.** *n* 1) кончик, остриё пера; (металлическое) перо 2) клюв (*птицы*) 3) выступ, клин, остриё 4) *тех.* палец, шип 5) *pl* дроблёные бобы какао [*ср. тж.* nibs]

**2.** *v* 1) вставлять перо в ручку 2) чинить (гусиное) перо

**nibble** [ˈnɪbl] **1.** *n* 1) обгрызание; откусывание 2) клёв

**2.** *v* 1) обгрызать; откусывать, покусывать (at); щипать (*траву*) 2) клевать (*о рыбах*) 3) есть маленькими кусочками 4) не решаться, колебаться (at); to ~ at an offer раздумывать над предложением 5) придираться (at)

**niblick** [ˈnɪblɪk] *n* клюшка (*для игры в гольф*)

**nibs** [nɪbz] *n*: his ~ *sl.* его милость; важная персона

**nice** [naɪs] *a* 1) хороший, приятный, милый, славный (*тж. ирон*); a ~ boy хороший парень; ~ weather хорошая погода; a ~ home хорошенький домик; a ~ state of affairs! хорошенькое положение дел!; here is a ~ mess I am in! в хорошенькую переделку я попал! 2) любезный, внимательный; тактичный 3) изящный, сделанный со вкусом; элегантный 4) изысканный (*о манерах, стиле*) 5) острый; тонкий; a ~ ear тонкий слух; ~ judg(e)ment тонкое, правильное суждение; a ~ observer внимательный, тонкий наблюдатель; a ~ shade of meaning тонкий оттенок значения; a ~ taste in literature хороший, тонкий литературный вкус 6) требующий большой точности *или* деликатности; a ~ question щекотливый вопрос; negotiations needing ~ handling переговоры, требующие осторожного и тонкого подхода 7) точный, тонкий, чувствительный (*о механизме*); weighed in the ~st scales взвешено на самых точных весах 8) сладкий, вкусный 9) аккуратный; тщательный, подробный, скрупулёзный 10) разборчивый, привередливый; придирчивый; щепетильный; he is ~ in his food он привередлив в еде 11) *уст.* своенравный, глупый 12): ~ and *в соединении с другим прилагательным часто означает* довольно; it is ~ and warm today сегодня довольно тепло; the train is going ~ and fast поезд идёт довольно быстро

**nice-looking** [ˈnaɪsˈlukɪŋ] *a* привлекательный; миловидный

**nicely** [ˈnaɪslɪ] *adv* 1) хорошо; хорошенько; she is getting on ~ а) у неё всё в порядке; б) она поправляется; it will suit me ~ это мне как раз подойдёт 2) мило, любезно; приятно 3) тонко, деликатно

**nicety** [ˈnaɪsɪtɪ] *n* 1) точность; пунктуальность; аккуратность; to a ~ точно, впору, вполне, как следует 2) разборчивость, привередливость, придирчивость; щепетильность 3) изящество; утончённость 4) *уст.* лакомство 5) *pl* тонкости, детали ◇ an exchange of niceties обмен любезностями

**niche** [nɪtʃ] **1.** *n* 1) ниша; *перен.* убежище 2) надлежащее место

**2.** *v* 1) поместить в нишу 2) *refl.* найти себе убежище; удобно устроиться

**Nick** [nɪk] *n* чёрт, дьявол (*обыкн.* Old N.)

**nick** [nɪk] **1.** *n* 1) зарубка, засечка, зазубрина; нарезка 2) трещина, щель, прорез 3) точный момент; критический момент; in the (very) ~ of time как раз вовремя 4) *тех.* сужение, шейка 5) *разг.* тюрьма; (полицейский) участок

**2.** *v* 1) делать метку, зарубку 2) попасть в точку, угадать (*обыкн.* ~ it) 3) поспеть вовремя; to ~ the train поспеть на поезд 4) поймать (*преступника*) 5) разрезать; отрезать; подрезать 6) *разг.* украсть, стащить 7) *разг.* обмануть, надуть □ ~ **down** а) вести счёт, делая нарезки; б) записать что-л.; в) *разг.* зарубить на

носу́; ~ in а) сократи́ть путь, сре́зав у́гол; б) бы́стро заня́ть чьё-л. ме́сто
**nickel** [ˈnɪkl] 1. *n* 1) *хим.* ни́кель 2) моне́та в 5 це́нтов ◊ ~ nurser *амер. sl.* скупе́ц, скря́га; N.! *амер.* о чём заду́мались?
2. *v* никелирова́ть
**nickelage** [ˈnɪklɪdʒ] = nickel-plating
**nickelodeon** [ˈnɪklˌəudjən] *n амер. разг.* патефо́н-автома́т; пиано́ла-автома́т
**nickel-plating** [ˈnɪklˌpleɪtɪŋ] *n тех.* никелирова́ние, никелиро́вка
**nicker** [ˈnɪkə] *v сев.* 1) ржать 2) хохота́ть, гогота́ть
**nick-nack** [ˈnɪknæk] = knick-knack
**nickname** [ˈnɪkneɪm] 1. *n* 1) про́звище 2) уменьши́тельное и́мя
2. *v* дава́ть про́звище
**nicotian** [nɪˈkəuʃən] 1. *a* таба́чный
2. *n* кури́льщик
**nicotine** [ˈnɪkətiːn] *n* никоти́н
**nicotinism** [ˈnɪkətiːnɪzm] *n* отравле́ние никоти́ном
**nictate** [ˈnɪkteɪt] = nictitate
**nictation** [nɪkˈteɪʃən] = nictitation
**nictitate** [ˈnɪktɪteɪt] *v* мига́ть, морга́ть
**nictitating membrane** [ˈnɪktɪteɪtɪŋˈmembreɪn] *n* мига́тельная перепо́нка (*у птиц*)
**nictitation** [ˌnɪktɪˈteɪʃən] *n* мига́ние
**nicy** [ˈnaɪsɪ] *n детск.* конфе́тка; леде́нец
**niddle-noddle** [ˈnɪdlˌnɔdl] 1. *a* трясу́щийся
2. *v* = nid-nod
**nidge** [nɪdʒ] = nig
**nidi** [ˈnaɪdaɪ] *pl от* nidus
**nidificate** [ˈnɪdɪfɪkeɪt] *v* вить гнездо́
**nidify** [ˈnɪdɪfaɪ] = nidificate
**nid-nod** [ˈnɪdnɔd] *v* кива́ть
**nidus** [ˈnaɪdəs] *лат. n* (*pl* nidi, -es [-ɪz]) 1) *зоол.* гнездо́ (*некоторых насекомых*) 2) расса́дник боле́зней, оча́г зара́зы
**niece** [niːs] *n* племя́нница
**nielli** [nɪˈeliː] *pl от* niello
**niello** [nɪˈeləu] *ит. n* (*pl* -li, -os [-əuz]) 1) чернь (*на металле*) 2) рабо́та че́рнью по серебру́ 3) изде́лие с че́рнью
**nielloed** [nɪˈeləud] *a* чернёный
**nifty** [ˈnɪftɪ] *разг.* 1. *n* остроу́мное замеча́ние; о́строе словцо́
2. *a* 1) мо́дный, щегольско́й; сти́льный 2) отли́чный 3) *разг.* зло́вонный
**nig** [nɪg] *v* обтёсывать ка́мни
**niggard** [ˈnɪgəd] 1. *n* скупе́ц, скря́га
2. *a* скупо́й
**niggardly** [ˈnɪgədlɪ] 1. *a* 1) скупо́й, ска́редный 2) ску́дный
2. *adv* 1) ску́по 2) ску́дно
**nigger** [ˈnɪgə] *n* 1) *груб.* негр, черномáзый 2) шокола́дно-кори́чневый цвет ◊ ~ heaven *амер.* галёрка; work like a ~ ≅ рабо́тать как вол; a ~ in the woodpile скры́тая причи́на; та́йное обстоя́тельство
**niggle** [ˈnɪgl] *v* 1) занима́ться пустяка́ми, разме́ниваться на ме́лочи 2) одура́чивать, обма́нывать
**niggling** [ˈnɪglɪŋ] 1. *pres. p. от* niggle
2. *a* 1) ме́лочный 2) тре́бующий тща́тельной, кропотли́вой рабо́ты 3) неразбо́рчивый (*о почерке*)
**nigh** [naɪ] *уст., поэт.* 1. *a* бли́зкий, бли́жний
2. *adv* 1) бли́зко; ря́дом 2) почти́
**night** [naɪt] *n* 1) ночь; ве́чер; ~ after ~, ~ by ~ ка́ждую ночь; all ~ (long) в тече́ние всей но́чи; всю ночь напролёт; at ~ а) но́чью; б) ве́чером; by ~ а) в тече́ние но́чи; но́чью; б) под покро́вом но́чи; o' (= on) ~s *разг.* по ноча́м; ~ fell наступи́ла ночь; far into the ~ далеко́ за́ полночь; to have a good (bad) ~ хорошо́ (пло́хо) спать ночь; ~ out а) ночь, проведённая вне до́ма (*особ.* в развлече́ниях); б) выходно́й ве́чер прислу́ги; to have a (*или* the) ~ out а) прокути́ть всю ночь; б) име́ть выходно́й ве́чер (*о прислуге*); to have a ~ off име́ть свобо́дный ве́чер; last ~ вчера́ ве́чером 2) темнота́, мрак; to go forth into the ~ исче́знуть во мра́ке но́чи; the ~ of ignorance по́лное неве́жество 3) *attr.* ночно́й, вече́рний; ~ duty ночно́е дежу́рство ◊ ~ and day всегда́, непреста́нно; to make a ~ of it прокути́ть всю ночь напролёт; the small ~ пе́рвые часы́ по́сле полу́ночи (*1, 2 часа ночи*)
**night binoculars** [ˈnaɪtbɪˌnɔkjuləz] *n pl* ночно́й бино́кль
**night-bird** [ˈnaɪtbəːd] *n* 1) ночна́я пти́ца 2) ночно́й гуля́ка, полуно́чник
**night-blindness** [ˈnaɪtˌblaɪndnɪs] *n мед.* никтало́пия, кури́ная слепота́
**nightcap** [ˈnaɪtkæp] *n* 1) *уст.* ночно́й колпа́к 2) *разг.* стака́нчик спиртно́го на́ ночь 3) *амер. спорт.* после́днее соревнова́ние дня
**night-cart** [ˈnaɪtkɑːt] *n* ассенизацио́нная теле́га
**night-chair** [ˈnaɪtʧɛə] *n* су́дно, ночно́й горшо́к
**night-clothes** [ˈnaɪtkləuðz] *n* ночно́е бельё
**night-club** [ˈnaɪtklʌb] 1. *n* ночно́й клуб
2. *v* посеща́ть ночны́е клу́бы
**night-dress** [ˈnaɪtdres] *n* ночна́я руба́шка (*женская или детская*)
**nightfall** [ˈnaɪtfɔːl] *n* су́мерки; наступле́ние но́чи
**night-fighter** [ˈnaɪtˌfaɪtə] *n ав.* ночно́й истреби́тель
**night-flower** [ˈnaɪtˌflauə] *n* ночно́й цвето́к
**night-fly** [ˈnaɪtflaɪ] *n* ночно́й мотылёк, -а́я ба́бочка
**night-flying** [ˈnaɪtˌflaɪɪŋ] *n ав.* ночны́е полёты
**night-glass** [ˈnaɪtglɑːs] *n* ночно́й морско́й бино́кль
**night-gown** [ˈnaɪtgaun] = night-dress
**night-hag** [ˈnaɪthæg] *n* 1) ве́дьма 2) кошма́р
**night-hawk** [ˈnaɪthɔːk] *n* 1) = nightjar 2) челове́к, бо́дрствующий, рабо́тающий по ноча́м 3) ночно́й такси́ст
**nightingale** [ˈnaɪtɪŋgeɪl] *n* солове́й
**night-intruder** [ˈnaɪtɪnˈtruːdə] *n ав.* ночно́й бомбардиро́вщик
**nightjar** [ˈnaɪtdʒɑː] *n* козодо́й (*птица*)
**night-life** [ˈnaɪtlaɪf] *n* ночна́я жизнь (*города*)
**night-light** [ˈnaɪtlaɪt] *n* ночни́к
**night-line** [ˈnaɪtlaɪn] *n* у́дочка с прима́нкой, поста́вленная на́ ночь
**night-long** [ˈnaɪtlɔŋ] 1. *a* продолжа́ющийся всю ночь
2. *adv* в тече́ние всей но́чи, всю ночь
**nightly** [ˈnaɪtlɪ] 1. *a* 1) ночно́й 2) ежено́щный; случа́ющийся ка́ждую ночь
2. *adv* но́чью, по ноча́м; ежено́щно
**nightman** [ˈnaɪtmən] *n разг.* 1) ассениза́тор 2) ночно́й сто́рож
**nightmare** [ˈnaɪtmɛə] *n* 1) кошма́р 2) *миф.* инку́б; ве́дьма, кото́рая ду́шит спя́щих
**nightmarish** [ˈnaɪtmɛərɪʃ] *a* кошма́рный
**night-nurse** [ˈnaɪtnəːs] *n* ночна́я сиде́лка
**night-piece** [ˈnaɪtpiːs] *n* карти́на, изобража́ющая ночь *или* ве́чер
**night-rider** [ˈnaɪtˌraɪdə] *n амер.* ко́нный налётчик
**night-robe** [ˈnaɪtrəub] = night-dress
**night-school** [ˈnaɪtskuːl] *n* вече́рняя шко́ла; вече́рние ку́рсы
**nightshade** [ˈnaɪtʃeɪd] *n бот.* паслён; black ~ чёрный паслён; deadly ~ белладо́нна, со́нная о́дурь; woody ~ сла́дко-го́рький паслён
**night-shift** [ˈnaɪtʃɪft] *n* ночна́я сме́на
**night-soil** [ˈnaɪtsɔɪl] *n* нечисто́ты (*вывозимые ночью*)
**nightstick** [ˈnaɪtstɪk] *n амер.* дуби́нка, кото́рой полице́йский вооружён но́чью
**night-stool** [ˈnaɪtstuːl] = night-chair
**night-suit** [ˈnaɪtsjuːt] *n* пижа́ма
**night-time** [ˈnaɪttaɪm] *n* ночно́е вре́мя, ночь; in the ~ но́чью
**night-walker** [ˈnaɪtˌwɔːkə] *n* 1) луна́тик 2) проститу́тка 3) ночно́й бродя́га
**night-watch** [ˈnaɪtˈwɔtʃ] *n* 1) ночно́й дозо́р, ночна́я ва́хта; in the ~es в бессо́нные часы́ но́чи 2) ночно́й дозо́рный
**night-watchman** [ˈnaɪtˈwɔtʃmən] *n* ночно́й сто́рож
**night-wear** [ˈnaɪtwɛə] *n собир.* ночно́е бельё
**nighty** [ˈnaɪtɪ] *n разг.* ночна́я руба́шка (*женская или детская*)
**nigrescence** [naɪˈgresəns] *n* 1) почерне́ние 2) чернота́
**nigrescent** [naɪˈgresənt] *a* 1) черне́ющий, темне́ющий 2) чернова́тый
**nigritude** [ˈnɪgrɪtjuːd] *n* чернота́; темнота́
**nihilist** [ˈnaɪɪlɪst] *n* нигили́ст
**nihilistic** [ˌnaɪɪˈlɪstɪk] *a* нигилисти́ческий
**nihilizm** [ˈnaɪɪlɪzm] *n* нигили́зм
**nil** [nɪl] *n* ничего́, ноль (*особ. при счёте в игре*) ◊ vision ~ никако́й ви́димости; ~ desperandum *лат.* никогда́ не отча́иваться

**nilgai** [ˈnɪlgaɪ] *n зоол.* антило́па нильга́у

**Nilotic** [naɪˈlɔtɪk] *a* ни́льский

**nimbi** [ˈnɪmbaɪ] *pl от* nimbus

**nimble** [ˈnɪmbl] *a* 1) прово́рный, ло́вкий, шу́стрый; лёгкий (*в движениях*) 2) живо́й, подви́жный, ги́бкий (*об уме*) 3) сообрази́тельный 4) бы́стрый, нахо́дчивый (*об ответе*)

**nimbus** [ˈnɪmbəs] *n* (*pl* -bi, -es [-ɪz]) 1) нимб, сия́ние, орео́л 2) *метео* дождевы́е облака́

**niminy-piminy** [ˈnɪmɪnɪˈpɪmɪnɪ] *a* жема́нный, чо́порный, мане́рный

**nincompoop** [ˈnɪnkəmpu:p] *n* 1) простофи́ля, дурачо́к 2) бесхара́ктерный челове́к

**nine** [naɪn] **1.** *num. card.* де́вять ◇ ~ days' wonder зло́ба дня, кратковре́менная сенса́ция; ~ men's morris *название старинной английской игры, напоминающей шашки*; ~ times out of ten обы́чно; ~ tenths почти́ всё

**2.** *n* 1) девя́тка 2) *pl* девя́тый но́мер (*размер перчаток и т. п.*) 3) *амер. спорт.* кома́нда из 9 челове́к (*в бейсболе*) ◇ the N. *миф.* де́вять муз; up to the ~s в вы́сшей сте́пени; to crack smb. up to the ~s превозноси́ть кого́-л. до небе́с; dressed up to the ~s разоде́тый в пух и прах

**ninefold** [ˈnaɪnfəuld] **1.** *a* девятикра́тный

**2.** *adv* в де́вять раз бо́льше

**nine-killer** [ˈnaɪnˌkɪlə] *n зоол.* сороко́пут

**ninepins** [ˈnaɪnpɪnz] *n pl* ке́гли

**nineteen** [ˈnaɪnˈti:n] *num. card.* девятна́дцать ◇ to talk (*или* to go) ~ to the dozen говори́ть без конца́, без у́молку, треща́ть

**nineteenth** [ˈnaɪnˈti:nθ] **1.** *num. ord.* девятна́дцатый

**2.** *n* 1) девятна́дцатая часть 2) (the ~) девятна́дцатое число́

**nineties** [ˈnaɪntɪz] *n pl* 1) (the ~) девяно́стые го́ды (*особ. XIX в.*) 2) девяно́сто лет; во́зраст ме́жду девяно́ста и ста года́ми

**ninetieth** [ˈnaɪntɪɪθ] **1.** *num. ord.* девяно́стый

**2.** *n* девяно́стая часть

**ninety** [ˈnaɪntɪ] **1.** *num. card.* девяно́сто; ~-one девяно́сто оди́н; ~-two девяно́сто два *и т. д.* ◇ ~-nine out of a hundred почти́ всё

**2.** *n* девяно́сто (*единиц, штук*)

**ninny** [ˈnɪnɪ] *n* дурачо́к, простофи́ля

**ninny-hammer** [ˈnɪnɪˌhæmə] = ninny

**ninth** [naɪnθ] **1.** *num. ord.* девя́тый

**2.** *n* 1) девя́тая часть 2) девя́тое число́

**ninthly** [ˈnaɪnθlɪ] *adv* в-девя́тых

**niobium** [naɪˈəubɪəm] *n хим.* нио́бий

**Nip** [nɪp] *n* (*сокр. от* Nipponese) *пренебр.* 1) япо́нец 2) *attr.* япо́нский

**nip** [nɪp] **1.** *n* 1) щипо́к; уку́с 2) отку́шенный кусо́к 3) (небольшо́й) глото́к 4) ко́лкость, е́дкое замеча́ние; приди́рка, оби́дный упрёк 5) похолода́ние; ре́зкий холо́дный ве́тер; a cold ~ in the air в во́здухе чу́вствуется моро́зец 6) ре́зкое возде́йствие (*мороза, ветра на растения*) 7) сжа́тие (*судна во льдах*) 8) *тех.* тиски́; захва́т 9) *геол.* ни́зкий утёс 10) *горн.* разда́вливание целико́в, зава́л ◇ ~ and tuck *амер.* а) плечо́м к плечу́; вро́вень; б) во весь опо́р; по́лным хо́дом; to freshen the ~ опохмеля́ться; to take a ~ пропусти́ть рю́мочку

**2.** *v* (nipped [-t], nipt) 1) ущипну́ть; щипа́ть; укуси́ть; тя́пнуть (*о собаке*); прищеми́ть; сжима́ть (*судно во льдах*) 2) поби́ть, повреди́ть (*ветром, морозом*) 3) пресе́чь; to ~ in the bud пресе́чь в ко́рне; подави́ть в заро́дыше 4) упрека́ть; придира́ться 5) отпива́ть (*спиртное*) ма́ленькими глотка́ми 6) *разг.* укра́сть, стащи́ть, стяну́ть 7) *разг.* схвати́ть, арестова́ть 8) *тех.* откуси́ть, отре́зать 9) *тех.* захвати́ть, зажа́ть □ ~ **along** бы́стро идти́; ~ **away** *разг.* ускользну́ть, удра́ть; ~ **in(to)** вме́шиваться в (*разговор*); проти́скиваться, прота́лкиваться вперёд; ~ **off** а) ощи́пывать; б) отщипну́ть, откуси́ть; в) удра́ть; ~ **on ahead** а) стара́ться перегна́ть; б) забега́ть вперёд

**Nipper** [ˈnɪpə] *n амер. разг.* япо́нец

**nipper** [ˈnɪpə] *n* 1) тот, кто куса́ется, куса́ка; то, что куса́ется, щи́плется 2) *pl* острогу́бцы, куса́чки; щипцы́ (*тж.* a pair of ~s) 3) *pl* пенсне́ 4) клешня́ (*рака, краба*) 5) пере́дний зуб, резе́ц (*лошади*) 6) *разг.* мальчуга́н; ма́льчик-подру́чный 7) *разг.* вори́шка, карма́нник 8) *pl амер. разг.* кандалы́

**nipping** [ˈnɪpɪŋ] **1.** *pres. p. от* nip 2

**2.** *a* щи́плющий; ~ frost си́льный моро́з

**nipple** [ˈnɪpl] *n* 1) сосо́к (*груди*) 2) со́ска 3) буго́р; со́пка 4) пузы́рь (*в стекле, металле*) 5) *тех.* ни́ппель; соедини́тельная га́йка 6) *тех.* па́трубок 7) *воен.* боёк уда́рника

**nipplewort** [ˈnɪplwə:t] *n бот.* борода́вник

**Nipponese** [ˌnɪpəˈni:z] **1.** *a* япо́нский

**2.** *n* япо́нец; япо́нка; the ~ *pl собир.* япо́нцы

**nippy** [ˈnɪpɪ] **1.** *a* 1) моро́зный; ре́зкий (*о ветре*); ~ weather холо́дная пого́да 2) *разг.* прово́рный

**2.** *n разг.* официа́нтка, подава́льщица

**nipt** [nɪpt] *past и p. p. от* nip 2

**nirvana** [nɪəˈvɑ:nə] *n* нирва́на

**Nisei, nisei** [ˈni:ˈseɪ] *n* америка́нец япо́нского происхожде́ния

**nisi** [ˈnaɪsaɪ] *лат. cj юр.* е́сли не; decree (order, rule) ~ постановле́ние (прика́з, пра́вило), вступа́ющее в си́лу с определённого сро́ка, е́сли оно́ не отменено́ до э́того вре́мени

**nisi prius** [ˈnaɪsaɪˈpraɪəs] *n юр.*: trial at ~ слу́шание гражда́нских дел выездно́й се́ссией суда́

**nit** I [nɪt] *n* гни́да

**nit** II [nɪt] *n шотл.* opéx

**niton** [ˈnaɪtɔn] *n хим.* нито́н, радо́н

**nitrate** [ˈnaɪtreɪt] *хим.* **1.** *n* нитра́т, соль *или* эфи́р азо́тной кислоты́

**2.** *v* нитрова́ть

**nitration** [naɪˈtreɪʃən] *n хим.* 1) нитра́ция; нитрова́ние 2) азоти́рование

**nitre** [ˈnaɪtə] *n хим.* сели́тра

**nitric** [ˈnaɪtrɪk] *a хим.* азо́тный; ~ acid азо́тная кислота́; ~ oxide о́кись азо́та

**nitrification** [ˌnaɪtrɪfɪˈkeɪʃən] *n хим.* нитрифика́ция

**nitrify** [ˈnaɪtrɪfaɪ] *v хим.* 1) нитрифици́ровать 2) превраща́ть в сели́тру

**nitrite** [ˈnaɪtraɪt] *n хим.* нитри́т, соль *или* эфи́р азо́тистой кислоты́

**nitrogen** [ˈnaɪtrədʒən] *n хим.* азо́т

**nitrogenous** [naɪˈtrɔdʒɪnəs] *a хим.* азо́тный, азо́тистый

**nitroglycerine** [ˈnaɪtrəuglɪsəˈri:n] *n* нитроглицери́н

**nitrometer** [naɪˈtrɔmɪtə] *n хим.* нитро́метр

**nitron** [ˈnaɪtrɔn] *n* нитро́н

**nitrous** [ˈnaɪtrəs] *a хим.* азо́тистый; ~ acid азо́тистая кислота́; ~ oxide веселя́щий газ, за́кись азо́та

**nitty** [ˈnɪtɪ] *a* вши́вый

**nitwit** [ˈnɪtwɪt] *n разг.* дура́к, ничто́жество, простофи́ля

**nitwitted** [ˈnɪtˌwɪtɪd] *a* глу́пый

**nival** [ˈnaɪvəl] *a* сне́жный; расту́щий под сне́гом

**nix** I [nɪks] *int школ. жарг.* будь начеку́!, ти́хо!, осторо́жно!

**nix** II [nɪks] *разг.* **1.** *n* ничего́; нуль

**2.** *adv* нет; не

**nix** III [nɪks] *n миф.* водяно́й

**nixie** [ˈnɪksɪ] *n миф.* руса́лка

**Nizam** [naɪˈzæm] *n* 1) *ист.* низа́м (*титул правителя Хайдарабада*) 2) туре́цкая а́рмия 3) (*pl без измен.*) солда́т туре́цкой а́рмии

**no** [nəu] **1.** *adv* 1) нет; no, I cannot нет, не могу́ 2) не (*при сравн. ст.* = not any, not at all); he is no better today сего́дня ему́ (нисколько) не лу́чше; I can wait no longer я не могу́ до́льше ждать; no sooner had he arrived than he fell ill едва́ он успе́л прие́хать, как заболе́л; no less than а) не ме́нее, чем; б) ни бо́льше, ни ме́ньше как; no more не́чего, ничего́ бо́льше; нет (бо́льше); I have no more to say мне не́чего бо́льше сказа́ть; he is no more его́ нет в живы́х, он у́мер; he cannot come, no more can I он не мо́жет прийти́, как и я

**2.** *pron neg.* 1) никако́й (= not any; *перед существительным передаётся обыкн. словом* нет); he has no reason to be offended у него́ нет (никако́й) причи́ны обижа́ться 2) не (= not a); he is no fool он неглу́п, он не дура́к; no such thing ничего́ подо́бного; no doubt несомне́нно; no wonder неудиви́тельно 3) *означает запрещение, отсутствие*; no smoking! кури́ть воспреща́ется!; no compromise! никаки́х компроми́ссов!; no special invitations осо́бых приглаше́ний не бу́дет; no trumps! без ко́зыря!; no two ways about it а) друго́го вы́хода нет; б) не мо́жет быть двух мне́ний насчёт э́того; by no means нико́им о́бразом; коне́чно, нет 4) *с отглагольным существительным или герундием означает невозможность*: there's no knowing what may happen нельзя́ знать, что мо́жет случиться; there is no telling what he is up to никогда́ не зна́ешь, что он замышля́ет ◇ no end of о́чень мно́го, мно́жество; we had no end of good time мы превосхо́дно провели́ вре́мя; no cross, no crown *посл.* ≅ без труда́ нет плода́; го́ря боя́ться, сча́стья не вида́ть; no flies on him его́ не проведёшь; no man никто́; no man's land а) *ист.* бесхо́зная земля́; б) *воен.* «ничья́ земля́», простра́нство ме́жду транше́ями проти́вников; no matter безразли́чно, нева́жно; no odds нева́жно, не име́ет значе́ния; in no time о́чень бы́стро, в мгнове́ние о́ка

3. *n* (*pl* noes [nəuz]) 1) отрица́ние; two noes make a yes два отрица́ния равны́ утвержде́нию 2) отка́з; he will not take no for an answer он не при́мет отка́за 3) *pl* голосу́ющие про́тив; the noes have it большинство́ про́тив

**Noah** [ˈnəuə] *n библ.* Ной; ~'s Ark Но́ев ковче́г

**nob** I [nɔb] *разг.* **1.** *n* 1) голова́, башка́ 2) козырно́й вале́т (*в некоторых карт. играх*)

2. *v* нанести́ уда́р в го́лову (*в боксе*)

**nob** II [nɔb] *n разг.* высокопоста́вленное лицо́, осо́ба, фигу́ра, ши́шка

**nobble** [ˈnɔbl] *v sl.* 1) испо́ртить ло́шадь (*перед состязанием*) 2) подкупи́ть 3) обману́ть 4) укра́сть 5) пойма́ть (*преступника и т. п.*)

**nobby** [ˈnɔbɪ] *a разг.* изя́щный; мо́дный; шика́рный; крича́щий

**nobiliary** [nəuˈbɪljərɪ] *a* дворя́нский; the ~ particle, the ~ prefix дворя́нская приста́вка к и́мени

**nobility** [nəuˈbɪlɪtɪ] *n* 1) дворя́нство; родова́я знать; the ~ класс дворя́н; титуло́ванная аристокра́тия (*в Англии; в отличие от* gentry — *нетитулованного дворянства*) 2) благоро́дство, великоду́шие; вели́чие (*ума и т. п.*)

**noble** I [ˈnəubl] **1.** *a* 1) благоро́дный; великоду́шный 2) прекра́сный, замеча́тельный; превосхо́дный 3) вели́чественный, велича́вый; ста́тный 4) титуло́ванный, зна́тный 5) *хим.* ине́ртный (*о газе*) 6) благоро́дный (*о металле*)

2. *n* 1) = nobleman 2) *ист.* нобль (*старинная англ. золотая монета*)

**noble** II [ˈnəubl] *n амер. sl.* руководи́тель штрейкбре́херов; надсмо́трщик над штрейкбре́херами

**noble fir** [ˈnəublˈfəː] *n бот.* пи́хта благоро́дная

**nobleman** [ˈnəublmən] *n* 1) дворяни́н 2) титуло́ванное лицо́, пэр (*в Англии*)

**noble-minded** [ˈnəublˈmaɪndɪd] *a* великоду́шный, благоро́дный

**noble-mindedness** [ˈnəublˈmaɪndɪdnɪs] *n* великоду́шие, благоро́дство

**nobleness** [ˈnəublnɪs] *n* благоро́дство *и пр.* [*см.* noble I, 1]

**noblesse** [nəuˈbles] *фр. n* дворя́нство (*особенно иностранное*) ◇ ~ oblige положе́ние обя́зывает

**noblewoman** [ˈnəubl͵wumən] *n* дворя́нка; супру́га пэ́ра, ле́ди

**nobly** [ˈnəublɪ] *adv* 1) благоро́дно 2) прекра́сно, превосхо́дно

**nobody** [ˈnəubədɪ] **1.** *pron neg.* никто́

2. *n* 1) ничто́жество; «пусто́е ме́сто»; a mere ~ по́лное ничто́жество; a titled ~ титуло́ванное ничто́жество 2) челове́к, не име́ющий ве́са в о́бществе ◇ ~ home *амер.* ≅ не все до́ма, ви́нтика не хвата́ет

**nock** [nɔk] **1.** *n* зару́бка, вы́емка на конце́ лу́ка *или* на стреле́ (*для тетивы*)

2. *v* 1) де́лать зару́бки 2) натя́гивать тетиву́

**noctambulant** [nɔkˈtæmbjulənt] **1.** *a* сомнамбули́ческий

2. *n* сомна́мбула, луна́тик

**noctambulizm** [nɔkˈtæmbjulɪzm] *n* сомнамбули́зм, лунати́зм

**noctiflorous** [nɔkˈtɪflɔːrəs] *a бот.* цвету́щий но́чью

**noctilucous** [nɔkˈtɪljukəs] *a* светя́щийся но́чью, фосфоресци́рующий

**noctovision** [͵nɔktəˈvɪʒən] *n* 1) спосо́бность ви́деть в темноте́ 2) телеви́дение в инфракра́сных луча́х

**nocturnal** [nɔkˈtəːnl] **1.** *a* ночно́й

2. *n астр.* пасса́жный инструме́нт

**nocturne** [ˈnɔktəːn] *n* 1) *муз.* ноктю́рн 2) *жив.* ночна́я сце́на

**nocuous** [ˈnɔkjuəs] *a* 1) вре́дный 2) ядови́тый

**nod** [nɔd] **1.** *n* 1) киво́к; to give smth. the ~ одо́брить что-л. 2) клева́ние но́сом; дремо́та ◇ to give (to get) smth. on the ~ *амер.* дать (получи́ть) что-л. в креди́т; a ~ is as good as a wink (to a blind horse) ≅ а) намёк поня́тен; б) уме́йте поня́ть намёк

2. *v* 1) кива́ть голово́й (*в знак согласия, приветствия и т. п.*) 2) дрема́ть, клева́ть но́сом; to catch smb. ~ding заста́ть кого́-л. врасплох 3) прозева́ть (*что-л.*) 4) наклоня́ться, кача́ться (*о деревьях*) 5) покоси́ться, грози́ть обва́лом (*о зданиях*) ◇ Homer sometimes ~s *посл.* ≅ на вся́кого мудреца́ дово́льно простоты́; ка́ждый мо́жет ошиби́ться

**nodal** [ˈnəudl] *a* центра́льный; узлово́й

**noddle** [ˈnɔdl] *разг.* **1.** *n* башка́

2. *v* кива́ть *или* кача́ть голово́й

**noddy** [ˈnɔdɪ] *n* 1) простак, дура́к 2) глупы́ш (*птица*)

**node** [nəud] *n* 1) *бот.* у́зел 2) *физ.*, *филос.* узлово́й пункт 3) *мед.* наро́ст, утолще́ние 4) *астр.* то́чка пересече́ния орби́т 5) *мат.* то́чка пересече́ния двух ли́ний

**nodi** [ˈnəudaɪ] *pl от* nodus

**nodical** [ˈnəudɪkl] *n астр.* относя́щийся к то́чке пересече́ния орби́т

**nodose** [ˈnəudəs] *a* узлова́тый

**nodosity** [nəuˈdɔsɪtɪ] *n* 1) узлова́тость 2) утолще́ние

**nodular, nodulated** [ˈnɔdjulə, -leɪtɪd] *a* 1) узелко́вый, узлова́тый, желва́чный 2) *геол.* почкови́дный; ~ ore почкови́дная руда́

**nodule** [ˈnɔdjuːl] *n* 1) узело́к 2) *мед.* узелко́вое утолще́ние 3) *геол.* ру́дная по́чка; желва́к; конкре́ция, дру́за; валу́н, га́лька 4) *бот.* наро́ст на расте́нии, кап

**nodulose, nodulous** [ˈnɔdjuləus, -ləs] *a* узлова́тый

**nodus** [ˈnəudəs] *n* (*pl* nodi) 1) у́зел 2) затрудне́ние, сло́жное сплете́ние обстоя́тельств; у́зел (*интриги*)

**Noel** [nəuˈel] *n* рождество́ (*в песнях и гимнах*)

**noetic** [nəuˈetɪk] *a* 1) духо́вный; интеллектуа́льный 2) абстра́ктный

**nog** I [nɔg] *n* 1) деревя́нный клин *или* гвоздь; на́гель 2) *горн.* распо́рка рудни́чной кре́пи

**nog** II [nɔg] *n* 1) род кре́пкого пи́ва 2) = egg-nog

**noggin** [ˈnɔgɪn] *n* 1) ма́ленькая кру́жка 2) че́тверть пи́нты (*мера жидкости* = *0,12—0,14 л*) 3) *разг.* голова́

**no go** [ˈnəuˈgəu] *n* безвы́ходное положе́ние, тупи́к; it's ~ ничего́ не поде́лаешь; ничего́ не выхо́дит; э́тот но́мер не пройдёт; [*см. тж.* go 2, 5)]

**no good** [ˈnəuˈgud] *n амер.* нестоя́щий челове́к, -ая вещь

**nohow** [ˈnəuhau] *adv разг.* 1) ника́к, нико́им о́бразом 2) та́к себе; to feel (to look) ~ чу́вствовать себя́ (вы́глядеть) нева́жно

**noil** [nɔɪl] *n текст.* гребенно́й очёс, очёски, уга́р гребнечеса́ния

**noise** [nɔɪz] **1.** *n* 1) шум, гам, гро́хот; гвалт 2) то́лки, разгово́ры; to make a ~ about smth. поднима́ть шум из-за чего́-л. 3) звук (*обыкн. неприятный*) 4) поме́ха, поме́хи; atmospheric ~ атмосфе́рные поме́хи ◇ a big ~ ва́жная персо́на, «ши́шка»; to be a lot of ~ *амер.* быть болтуно́м, пустоме́лей; to make a ~ in the world производи́ть сенса́цию; ≅ быть у всех на уста́х

2. *v* 1) разглаша́ть; распространя́ть; обнаро́довать 2) *редк.* шуме́ть, крича́ть

**noise-killer** [ˈnɔɪz͵kɪlə] *n* шумоглуши́тель

**noiseless** [ˈnɔɪzlɪs] *a* 1) бесшу́мный, ти́хий 2) беззву́чный, безмо́лвный

**noiseproof** [ˈnɔɪzpruːf] *n* защищённый от шу́ма, поме́х; не пропуска́ющий шу́ма

**noisette** I [nwɑːˈzet] *фр. n* (*обыкн. pl*) те́фтели

**noisette** II [nwɑːˈzet] *n бот.* ро́за нуазе́товая

**noisome** [ˈnɔɪsəm] *a* 1) вре́дный; нездоро́вый 2) зловонный 3) отврати́тельный

**noisy** [ˈnɔɪzɪ] *a* 1) шу́мный 2) шумли́вый; галдя́щий 3) крича́щий, я́ркий (*о цвете, костюме и т. п.*)

**nolens volens** [ˈnəulenzˈvəulenz] = willy-nilly

**noli me tangere** [ˈnəulaɪmiːˈtændʒərɪ] *лат.* (*букв.*: не прикаса́йся ко мне) *n* 1) недотро́га 2) *бот.* недотро́га 3) *мед.* волча́нка

**nolle prosequi** [ˈnɔlɪˈprɔsekwaɪ] *лат. n юр.* отка́з истца́ от и́ска *или* от ча́сти его́

**no-load** [ˈnəuləud] *n тех.* холосто́й ход, нулева́я нагру́зка

**nomad** [ˈnəuməd] 1. *n* 1) кочéвник 2) стрáнник; бродя́га

2. *a* = nomadic

**nomadic** [nəuˈmædɪk] *a* 1) кочевóй, кочу́ющий 2) бродя́чий

**nomadism** [ˈnɔmədɪzm] *n* кочевóй óбраз жи́зни

**nomadize** [ˈnɔmədaɪz] *v* кочевáть, вести́ кочевóй óбраз жи́зни

**nom de plume** [ˈnɔmdəˈpluːm] *фр. n* литерату́рный псевдони́м

**nomenclative** [nəuˈmenklətɪv] *a* 1) номенклату́рный 2) терминологи́ческий

**nomenclature** [nəuˈmenklətʃə] *n* 1) номенклату́ра 2) терминолóгия

**nominal** [ˈnɔmɪnl] *a* 1) номинáльный 2) ничтóжный, незначи́тельный; ~ sentence услóвный приговóр 3) именнóй (*тж. грам.*); поимённый 4) *эк.* номинáльный; нарицáтельный; ~ price номинáльная ценá

**nominalism** [ˈnɔmɪnəlɪzm] *n филос.* номинали́зм

**nominally** [ˈnɔmɪnəlɪ] *adv* номинáльно

**nominate** [ˈnɔmɪneɪt] *v* 1) выставля́ть, предлагáть кандидáта (*на выборах*) 2) назначáть (*на должность*); назывáть (*дату и т. п.*) 3) *уст.* именовáть

**nominating** [ˈnɔmɪneɪtɪŋ] 1. *pres. p. от* nominate

2. *a*: ~ convention *амер.* собрáние по выдвижéнию кандидату́р на вы́борные дóлжности

**nomination** [ˌnɔmɪˈneɪʃən] *n* 1) назначéние (*на должность*) 2) выдвижéние кандидáта (*на выборах*) 3) прáво назначéния *или* выставлéния кандидáта (*при выборах на должность*) 4) *attr.*: ~ day день, когдá происхóдит выдвижéние кандидáтов; Nominations Committee комитéт по выставлéнию кандидату́р (*в ООН*)

**nominatival** [ˈnɔmɪnətɪvəl] *a грам.* относя́щийся к имени́тельному падежу́

**nominative** [ˈnɔmɪnətɪv] 1. *n* 1) *грам.* имени́тельный падéж 2) лицó, назнáченное (на дóлжность)

2. *a* 1) *грам.* имени́тельный 2) назнáченный (на дóлжность)

**nominator** [ˈnɔmɪneɪtə] *n* лицó, предлагáющее кандидáта (*при выборах*) *или* назначáющее на дóлжность

**nominee** [ˌnɔmɪˈniː] *n* кандидáт, предлóженный на какýю-л. дóлжность *или* вы́двинутый на вы́борах

**non-** [nɔn-] *pref означает отрицание или отсутствие, напр.*: non-conductor непроводни́к — conductor проводни́к, non-essential несущéственный — essential сущéственный

**non-acceptance** [ˈnɔnəkˈseptəns] *n* непринятие

**non-access** [ˈnɔnˈækses] *n* невозмóжность полового общéния (*юр. термин в исках об отцовстве*)

**non-affiliated** [ˈnɔnəˈfɪlɪeɪtɪd] *a*: ~ union *амер.* профсою́з, не входя́щий ни в однó профсою́зное объединéние

**nonage** [ˈnəunɪdʒ] *n* 1) *юр.* несовершеннолéтие 2) ю́ность; *перен.* незрéлость

**nonagenarian** [ˌnəunədʒɪˈneərɪən] 1. *n* человéк в вóзрасте мéжду 89 и 100 годáми; 90-лéтний (стари́к, -яя старýха)

2. *a* в вóзрасте мéжду 89 и 100 годáми

**non-aggression pact** [ˈnɔnəgˈreʃənˈpækt] *n* договóр, пакт о ненападéнии

**non-aggressive** [ˈnɔnəˈgresɪv] *a* неагресси́вный

**non-alcoholic** [nɔnˌælkəˈhɔlɪk] *a* безалкогóльный

**non-aligned** [ˈnɔnəˈlaɪnd] *a полит.* неприсоедини́вшийся; ~ countries неприсоедини́вшиеся стрáны

**non-alignment** [ˈnɔnəˈlaɪnmənt] *n полит.* неприсоединéние к блóкам *или* воéнным группирóвкам

**non-appearance** [ˈnɔnəˈpɪərəns] *n юр.* нея́вка в суд

**nonary** [ˈnəunərɪ] 1. *n* грýппа из девяти́

2. *a* девятери́чный (*о системе счисления*)

**non-attendance** [ˈnɔnəˈtendəns] *n* непосещéние (*занятий и т. п.*)

**non-believer** [ˈnɔnbɪˈliːvə] *n* 1) невéрующий 2) скéптик

**non-belligerence** [ˈnɔnbɪˈlɪdʒərəns] *n* неучáстие в войнé

**non-belligerent** [ˈnɔnbɪˈlɪdʒərənt] *a* невою́ющий, не находя́щийся в состоя́нии войны́

**non-capital ship** [ˈnɔnˌkæpɪtlˈʃɪp] *n мор.* корáбль не линéйного клáсса

**nonce** [nɔns] *n*: for the ~ специáльно для дáнного слýчая; в дáнное врéмя; врéменно

**nonce-word** [ˈnɔnswəːd] *n* слóво, образóванное тóлько для дáнного слýчая

**nonchalance** [ˈnɔnʃələns] *n* 1) бесстрáстность; безразли́чие 2) беззабóтность; беспéчность; небрéжность

**nonchalant** [ˈnɔnʃələnt] *a* 1) бесстрáстный; безразли́чный 2) беззабóтный; беспéчный; небрéжный

**non-claim** [ˈnɔnkleɪm] *n юр.* просрóчка в предъявлéнии и́ска

**non-com** [ˈnɔnˈkɔm] *n* (*сокр. от* non-commissioned officer) *воен. разг.* сержáнт

**non-combatant** [ˈnɔnˈkɔmbətənt] *воен.* 1. *n* нестроевóй солдáт, сержáнт, офицéр

2. *a* нестроевóй, тыловóй; не учáствующий в боевы́х оперáциях; ~ corps нестроевы́е чáсти

**non-commissioned officer** [ˈnɔnkəˌmɪʃəndˈɔfɪsə] *n* сержáнт

**non-committal** [ˈnɔnkəˈmɪtl] 1. *n* уклóнчивость

2. *a* уклóнчивый

**non-communicable** [ˈnɔnkəˈmjuːnɪkəbl] *a* незарáзный

**non-compliance** [ˈnɔnkəmˈplaɪəns] *n* 1) неподчинéние 2) несоглáсие 3) несоблюдéние (with — *чего-л.*)

**non compos (mentis)** [nɔnˈkɔmpəs(ˈmentɪs)] *a юр.* невменя́емый

**non-conducting** [ˈnɔnkənˈdʌktɪŋ] *a физ.* непроводя́щий

**non-conductor** [ˈnɔnkənˌdʌktə] *n физ.* непроводни́к; диэлéктрик

**nonconformist** [ˈnɔnkənˈfɔːmɪst] *n* сектáнт, диссидéнт

**nonconformity** [ˈnɔnkənˈfɔːmɪtɪ] *n* 1) непринадлéжность к госудáрственной цéркви 2) неподчинéние 3) *собир.* диссидéнты

**non-content** [ˈnɔnkənˈtent] *n* 1) недовóльный; несоглáсный 2) голосýющий прóтив предложéния (*в палате лордов*)

**non-co-operation** [ˈnɔnkəuˌɔpəˈreɪʃən] *n* поли́тика бойкóта, неповиновéния, откáз от сотрýдничества

**nondescript** [ˈnɔndɪskrɪpt] 1. *n* человéк *или* предмéт неопределённого ви́да

2. *a* неопределённого ви́да, трудноопредели́мый, неописýемый

**non-dimensional** [ˈnɔndɪˈmenʃənl] *a* безразмéрный

**non-dissemination** [ˈnɔndɪˌsemɪˈneɪʃən] *n* откáз от распространéния я́дерного орýжия; запрещéние передавáть я́дерное орýжие

**non-ductile** [ˈnɔnˈdʌktaɪl] *a* неподáтливый, упря́мый; facts are ~ фáкты — упря́мая вещь

**nondurable** [ˈnɔnˈdjuərəbl] *a* 1) недолговрéменный, недолговéчный 2) *эк.* недли́тельного пóльзования (*о товарах*)

**none** [nʌn] 1. *pron neg.* 1) никтó, ничтó; ни оди́н; he has three daughters, ~ are (*или* is) married у негó три дóчери, ни однá не зáмужем 2) никакóй ◇ ~ but никтó крóме, тóлько; ~ of that! перестáнь!

2. *adv* нискóлько, совсéм не; I slept ~ that night *амер.* в ту ночь я совсéм не спал ◇ I am ~ the better for it мне от э́того не лéгче; ~ the less нискóлько не мéньше; тем не мéнее

**non-effective** [ˈnɔnɪˈfektɪv] 1. *a* недéйстви́тельный, непригóдный

2. *n* солдáт *или* матрóс, негóдный к строевóй слýжбе (*вследствие ранения и т. п.*)

**nonentity** [nɔˈnentɪtɪ] *n* 1) ничтóжество, «пустóе мéсто» (*о человеке*) 2) несуществýющая вещь, фи́кция 3) небытиé

**nones** [nəunz] *n pl* нóны (*в древнеримском календаре 5-е число месяца, но 7-е число марта, мая, июля, октября*)

**non-essential** [ˈnɔnɪˈsenʃəl] 1. *a* несущéственный

2. *n* 1) пустя́к 2) незначи́тельный человéк

**nonesuch** [ˈnʌnsʌtʃ] = nonsuch

**nonet** [ˈnəunet] *n муз.* нонéт

**nonexpendable** [ˈnɔnɪksˈpendəbl] *a тех.* не расхóдующийся при употреблéнии

**non-feasance** [ˈnɔnˈfiːzəns] *n юр.* 1. невыполнéние обязáтельства, дóлга 2. бездéйствие (*властей*)

**non-ferrous** [ˈnɔnˈferəs] *a* цветнóй (*о металле*)

**non-freezing** [ˈnɔnˈfriːzɪŋ] *a* незамерзáющий, морозостóйкий

**non-fulfil(l)ment** [ˈnɔnfulˈfɪlmənt] *n* невыполнéние

**non-independent** [ˈnɔnˌɪndɪˈpendənt] *a* зави́симый, несамостоя́тельный; ~ country зави́симая страна́

**non-inductive** [ˈnɔnɪnˈdʌktɪv] *a эл.* неиндукти́вный; безындукцио́нный

**non-interference** [ˈnɔnˌɪntəˈfɪərəns] *n* невмеша́тельство

**non-intervention** [ˈnɔnˌɪntə(:)ˈvenʃən] *n* невмеша́тельство

**nonius** [ˈnəunɪəs] *n тех.* но́ниус, верньéр

**non-lending** [ˈnɔnˈlendɪŋ] *a* без вы́дачи книг на́ дом (*о библиотеке*)

**non-manual** [ˈnɔnˈmænjuəl] *a*: ~ workers слу́жащие, обслу́живающий персона́л (*в отличие от рабочих*)

**non-metal** [ˈnɔnˌmetl] *n* металло́ид, неметалли́ческий элеме́нт

**non-moral** [ˈnɔnˈmɔrəl] *a* 1) не относя́щийся к вопро́сам мора́ли; не свя́занный с мора́лью и э́тикой 2) амора́льный

**non-nuclear** [ˈnɔnˈnjuːklɪə] *a* не применя́ющий я́дерного ору́жия; ~ country страна́, не име́ющая я́дерного ору́жия

**non-observance** [ˈnɔnəbˈzəːvəns] *n* несоблюде́ние (*правил и т. п.*); наруше́ние (*приказа и т. п.*)

**nonpareil** [ˈnɔnpərel] **1.** *n* 1) сорт я́блок 2) *полигр.* нонпаре́ль

2. *a* бесподо́бный, несравне́нный

**non-partisan** [nɔnˌpaːtɪˈzæn] *a* 1) стоя́щий вне па́ртий; беспарти́йный 2) беспристра́стный

**non-party** [nɔnˈpaːtɪ] *a* беспарти́йный

**non-payment** [ˈnɔnˈpeɪmənt] *n* неупла́та; неплатёж

**non-persistent** [ˈnɔnpəˈsɪstənt] *a* нестóйкий; ~ gas нестóйкий газ, нестóйкое отравля́ющее вещество́

**nonplus** [ˈnɔnˈplʌs] **1.** *n* замеша́тельство, затрудни́тельное положе́ние; at a ~ в тупике́

2. *v* приводи́ть в замеша́тельство; ста́вить в тупи́к, в затрудни́тельное положе́ние

**non-pollution** [ˈnɔnpəˈluːʃən] *n* систе́ма санита́рно-техни́ческих мер (*против загрязнения воздуха и т. п.*)

**non-productive** [ˌnɔnprəˈdʌktɪv] *a* 1) непроизводя́щий 2) непроизводи́тельный; непродукти́вный

**non-proliferation** [ˈnɔnprəuˌlɪfəˈreɪʃən] *n* 1) нераспростране́ние я́дерного ору́жия 2) *attr.*: ~ treaty догово́р о нераспростране́нии я́дерного ору́жия

**non-prosequitur** [ˈnɔnprəuˈsekwɪtə] *n юр.* реше́ние, вы́несенное про́тив истца́ при его́ нея́вке в суд

**non-resident** [ˈnɔnˈrezɪdənt] **1.** *n* челове́к, не прожива́ющий постоя́нно в одно́м ме́сте; владе́лец, не прожива́ющий в своём поме́стье; свяще́нник, не прожива́ющий в своём прихо́де

2. *a* не прожива́ющий по ме́сту слу́жбы (*о враче, священнике и т. п.*)

**non-resistance** [ˌnɔnrɪˈzɪstəns] *n* непротивле́ние; пасси́вное подчине́ние

**non-resistant** [ˌnɔnrɪˈzɪstənt] **1.** *n* непротивле́нец

2. *a* не ока́зывающий сопротивле́ния, несопротивля́ющийся

**non-rigid** [ˈnɔnˈrɪdʒɪd] *a* 1) *ав.* мя́гкий, нежёсткий (*о дирижабле*) 2) *тех.* эласти́чный

**nonsense** [ˈnɔnsəns] **1.** *n* 1) вздор, ерунда́, чепуха́, бессмы́слица; clotted (*или* flat) ~ соверше́нная ерунда́; to talk ~ говори́ть глу́пости, нести́ чушь 2) сумасбро́дство; бессмы́сленные посту́пки 3) абсу́рд, абсу́рдность 4) пустяки́

2. *int* ерунда́!, вздор!, глу́пости!, чушь!

**nonsensical** [nɔnˈsensɪkəl] *a* бессмы́сленный, неле́пый, глу́пый

**non-skid** [ˈnɔnˈskɪd] **1.** *n* приспособле́ние про́тив буксова́ния колёс

2. *a* нескользя́щий; небуксу́ющий

**non-smoker** [ˈnɔnˈsməukə] *n* 1) некуря́щий 2) ваго́н *или* купе́ для некуря́щих

**non-standard** [ˈnɔnˈstændəd] *a* не соотве́тствующий устано́вленным но́рмам (*о языке*)

**non-starter** [ˈnɔnˈstaːtə] *n* 1) нестарту́ющий, не уча́ствующий в соревнова́ниях (*об участнике забега, заезда и т. п.; тж. о лошади*) 2) челове́к, не име́ющий никаки́х ша́нсов на успе́х

**non-stop** [ˈnɔnˈstɔp] **1.** *n* 1) по́езд, авто́бус *и т. п.*, иду́щий без остано́вок 2) безостано́вочный пробе́г

2. *a* 1) безостано́вочный 2) *ав.* беспоса́дочный

3. *adv* без поса́дки; to fly ~ лете́ть без поса́дки

**nonsuch** [ˈnʌnsʌtʃ] *n* 1) верх соверше́нства, образе́ц 2) *бот.* люце́рна хмелеви́дная

**nonsuit** [ˈnɔnˈsjuːt] *юр.* **1.** *n* прекраще́ние и́ска

2. *v* отка́зывать в и́ске; прекраща́ть де́ло

**non-term** [ˈnɔnˈtəːm] *n редк.* переры́в ме́жду суде́бными се́ссиями

**non-union** I [ˈnɔnˈjuːnjən] *a* не состоя́щий чле́ном профсою́за; to employ ~ labour принима́ть на рабо́ту не чле́нов профсою́за

**non-union** II [ˈnɔnˈjuːnjən] *n мед.* несраста́ние (*перелома*)

**non-unionist** [ˈnɔnˈjuːnjənɪst] *n* не член профсою́за

**non-unionized** [ˈnɔnˈjuːnjənaɪzd] *a* 1) не явля́ющийся чле́ном профсою́за 2) не име́ющий профсою́зной организа́ции (*о предприятии*)

**nonviolence** [nɔnˈvaɪələns] *n* отка́з от примене́ния наси́льственных мето́дов

**noodle** I [ˈnuːdl] *n разг.* 1) балда́, проста́к, ду́рень, о́лух 2) голова́, башка́

**noodle** II [ˈnuːdl] *n* (*обыкн. pl*) лапша́

**nook** [nuk] *n* 1) у́гол 2) укро́мный уголо́к, закоу́лок 3) глухо́е, удалённое ме́сто 4) бу́хточка

**noon** [nuːn] *n* 1) по́лдень 2) *поэт.* по́лночь 3) зени́т, расцве́т

**noonday** [ˈnuːndeɪ] *n* 1) по́лдень, вре́мя о́коло полу́дня 2) вре́мя наибо́льшего подъёма, процвета́ния 3) *attr.* полу́денный

**no one** [ˈnəuwʌn] *pron neg.* никто́

**nooning** [ˈnuːnɪŋ] *n амер.* 1) по́лдень 2) полу́денный переры́в 3) о́тдых, еда́ (*в полдень*)

**noontide** [ˈnuːntaɪd] *n* 1) по́лдень, вре́мя о́коло полу́дня 2) зени́т, расцве́т 3) *attr.* полу́денный

**noontime** [ˈnuːntaɪm] *n* по́лдень

**noose** [nuːs] **1.** *n* 1) пе́тля; арка́н; лассо́ 2) лову́шка, сило́к 3) у́зы супру́жества 4) казнь че́рез пове́шение ◇ to put one's neck into the ~ ≅ самому́ в пе́тлю лезть

2. *v* 1) пойма́ть арка́ном, силко́м; замани́ть в лову́шку 2) пове́сить (*преступника*)

**nopal** [ˈnəupəl] *n* мексика́нский ка́ктус

**nope** [nəup] *adv амер. разг.* нет

**nor** [nɔː] *cj* 1) *употр. для выражения отрицания в последующих отриц. предложениях, если в первом содержится* not, never *или* no *и*... не, та́кже... не; you don't seem to be well. Nor am I вы, по-ви́димому, нездоро́вы, и я то́же (нездоро́в) 2) *употр. для усиления утверждения в отриц. предложении, следующем за утвердительным* та́кже, то́же... не; we are young, ~ are they old мы мо́лоды, и они́ та́кже не ста́ры 3): neither... ~ ни... ни; neither hot ~ cold ни жа́рко ни хо́лодно 4) (*вместо* neither *в конструкции* neither nor) ни; ~ he ~ I was there ни его́, ни меня́ не́ было там 5) *поэт.* (*при опущении предшествующего* neither) ни; thou ~ I have made the world ни ты, ни я не созда́ли ми́ра

**nor'-** [nɔː-] *в сложных словах означает* се́веро-; *напр.*: nor'east се́веро-восто́к; nor'west се́веро-за́пад

**Nordic** [ˈnɔːdɪk] *этн.* **1.** *a* се́верный, норди́ческий, скандина́вский

2. *n* представи́тель норди́ческой ра́сы

**Norfolk Howard** [ˈnɔːfəkˈhauəd] *n sl.* клоп

**Norfolk jacket** [ˈnɔːfəkˈdʒækɪt] *n* широ́кая ку́ртка (*с поясом*)

**norland** [ˈnɔːlənd] *n* се́верный райо́н

**norm** [nɔːm] *n* но́рма; образе́ц, станда́рт

**normal** [ˈnɔːməl] **1.** *a* 1) норма́льный, обыкнове́нный; обы́чный 2) сре́дний, среднеарифмети́ческий 3) *геом.* перпендикуля́рный

2. *n* 1) норма́льное состоя́ние 2) норма́льный тип, образе́ц, разме́р 3) *геом.* норма́ль, перпендикуля́р 4) *мед.* норма́льная температу́ра 5) *хим.* норма́льный раство́р

**normalcy** [ˈnɔːməlsɪ] = normality

**normality** [nɔːˈmælɪtɪ] *n* норма́льность, обы́чное состоя́ние

**normalization** [ˌnɔːməlaɪˈzeɪʃən] *n* 1) нормализа́ция 2) стандартиза́ция

**normalize** [ˈnɔːməlaɪz] *v* 1) нормализова́ть; упоря́дочивать 2) нормирова́ть; стандартизи́ровать

**normal school** [ˈnɔːməlskuːl] *n* педагоги́ческое учи́лище

**Norman** [ˈnɔːmən] **1.** *n* 1) норма́нец 2) *ист.* норма́нн 3) = ~ French [*см.* 2, 2)]

2. *a* 1) норма́ндский 2) *ист.* норма́ннский the ~ Conquest завоева́ние Англии норма́ннами (*1066 г.*); ~ French норма́ннский диале́кт францу́зского языка́; ~ style англи́йская архитекту́ра XII в.

**normative** [ˈnɔːmətɪv] *a* нормати́вный

**Norn** [nɔːn] *n* (*обыкн. pl*) но́рна (*богиня судьбы в скандинавской мифологии*)

**Norse** [nɔːs] **1.** *n* 1) *ист., поэт.* норве́жский язы́к; Old ~ древнескандина́вский язы́к 2) *собир.* скандина́вы; норве́жцы

**2.** *a* 1) норве́жский 2) древнескандина́вский

**Norseman** [ˈnɔːsmən] *n* 1) норве́жец 2) дре́вний скандина́в

**north** [nɔːθ] **1.** *n* 1) се́вер; *мор.* норд 2) (N.) се́верная часть страны́ (*Англии — к северу от залива Хамбер; США — севернее р. Огайо*) 3) норд, се́верный ве́тер

**2.** *a* 1) се́верный 2) обращённый к се́веру

**3.** *adv* к се́веру, на се́вер, в се́верном направле́нии; ~ about *мор.* се́верным путём, огиба́я Шотла́ндию; ~ of к се́веру от; lies ~ and south тя́нется (в направле́нии) с се́вера на юг

**4.** *v* дви́гаться к се́веру

**north-east** [ˈnɔːθˈiːst, *мор.* nɔːrˈiːst] **1.** *n* се́веро-восто́к; *мор.* норд-о́ст

**2.** *a* се́веро-восто́чный

**3.** *adv* к се́веро-восто́ку, на се́веро-восто́к

**north-easter** [ˈnɔːθˈiːstə, *мор.* nɔːrˈiːstə] *n* си́льный се́веро-восто́чный ве́тер, норд-о́ст

**north-easterly** [ˈnɔːθˈiːstəlɪ, *мор.* nɔːrˈiːstəlɪ] **1.** *a* 1) располо́женный к се́веро-восто́ку от 2) ду́ющий с се́веро-восто́ка

**2.** *adv* в се́веро-восто́чном направле́нии

**north-eastern** [ˈnɔːθˈiːstən] *a* се́веро-восто́чный

**north-eastward** [ˈnɔːθˈiːstwəd] **1.** *adv* в се́веро-восто́чном направле́нии; к се́веро-восто́ку

**2.** *a* располо́женный на се́веро-восто́ке

**3.** *n* се́веро-восто́к

**north-eastwards** [ˈnɔːθˈiːstwədz] = north-eastward 1

**norther** [ˈnɔːðə] *n* си́льный се́верный ве́тер (*дующий осенью и зимой на юге США*)

**northerly** [ˈnɔːðəlɪ] **1.** *a* 1) се́верный (*о ветре*) 2) напра́вленный, обращённый к се́веру

**2.** *adv* к се́веру

**northern** [ˈnɔːðən] **1.** *a* 1) се́верный 2) ду́ющий с се́вера

**2.** *n* 1) жи́тель се́вера 2) се́верный ве́тер

**northerner** [ˈnɔːðənə] *n* 1) северя́нин; жи́тель се́вера 2) (N.) жи́тель се́верных шта́тов США

**northern lights** [ˈnɔːðənlaɪts] *n pl* се́верное сия́ние

**northernmost** [ˈnɔːðənməust] *a* са́мый се́верный

**northing** [ˈnɔːθɪŋ] *n мор.* 1) но́рдовая ра́зность широ́т 2) дрейф на се́вер

**Northland** [ˈnɔːθlənd] *n* 1) *поэт.* се́вер, се́верные стра́ны 2) се́верные райо́ны (*страны*) 3) скандина́вский полуо́стров

**north light(s)** [ˈnɔːθlaɪt(s)] *n* (*pl*) = northern lights

**Northman** [ˈnɔːθmən] *n* 1) жи́тель се́верной Евро́пы 2) *ист.* дре́вний скандина́в 3) *ист.* норма́нн

**north-polar** [ˈnɔːθˈpəulə] *a* се́верный, поля́рный, аркти́ческий

**Northumbrian** [nɔːˈθʌmbrɪən] **1.** *a* нортýмбрский

**2.** *n* 1) жи́тель дре́вней Нортýмбрии *или* совреме́нного Нортýмберленда 2) се́верный диале́кт а́нгло-саксо́нского языка́ 3) совреме́нный нортумберле́ндский диале́кт англи́йского языка́

**northward** [ˈnɔːθwəd] **1.** *adv* к се́веру, на се́вер

**2.** *a* располо́женный к се́веру от; обращённый на се́вер

**3.** *n* се́верное направле́ние

**northwardly** [ˈnɔːθwədlɪ] **1.** *adv* к се́веру, на се́вер

**2.** *a* 1) напра́вленный на се́вер; располо́женный на се́вере 2) се́верный (*о ветре*)

**northwards** [ˈnɔːθwədz] — northward 1

**north-west** [ˈnɔːθˈwest, *мор.* nɔːˈwest] **1.** *n* се́веро-за́пад; *мор.* норд-ве́ст

**2.** *a* се́веро-за́падный

**3.** *adv* к се́веро-за́паду, на се́веро-за́пад

**north-wester** [ˈnɔːθˈwestə, *мор.* nɔːˈwestə] *n* си́льный се́веро-за́падный ве́тер, норд-ве́ст

**north-westerly** [ˈnɔːθˈwestəlɪ, *мор.* nɔːˈwestəlɪ] **1.** *a* 1) располо́женный к се́веро-за́паду от 2) ду́ющий с се́веро-за́пада

**2.** *adv* в се́веро-за́падном направле́нии

**north-western** [ˈnɔːθˈwestən] *a* се́веро-за́падный

**north-westward** [ˈnɔːθˈwestwəd] **1.** *adv* в се́веро-за́падном направле́нии; к се́веро-за́паду

**2.** *a* располо́женный на се́веро-за́паде

**3.** *n* се́веро-за́пад

**north-westwards** [ˈnɔːθˈwestwədz] = north-westward 1

**norwards** [ˈnɔːwədz] = northward 1

**Norwegian** [nɔːˈwiːdʒən] **1.** *a* норве́жский

**2.** *n* 1) норве́жец; норве́жка 2) норве́жский язы́к

**nor'-wester** [ˈnɔːˈwestə] *n* 1) = north-wester 2) стака́н кре́пкого вина́ 3) [nɔːˈwestə] *мор.* зюйдве́стка

**nose** [nəuz] **1.** *n* 1) нос; to blow one's ~ сморка́ться; to speak through one's (*или* the) ~ гнуса́вить; говори́ть в нос 2) обоня́ние, чутьё; to have a good ~ име́ть хоро́шее чутьё; to follow one's ~ а) идти́ пря́мо вперёд; б) руково́дствоваться ню́хом, чутьём, инсти́нктом 3) но́сик (*чайника*); го́рлышко 4) нос, пере́дняя часть (*лодки, самолёта, машины*) 5) *sl.* осведоми́тель, доно́счик ◇ to count (*или* to tell) ~s подсчи́тывать число́ прису́тствующих, голоса́, число́ свои́х сторо́нников *и т. п.*; to bite smb.'s ~ off огрызну́ться, ре́зко отве́тить кому́-л.; to make smb.'s ~ swell вызыва́ть си́льную за́висть *или* ре́вность; to pay through the ~ плати́ть бе́шеную це́ну; перепла́чивать; to wipe smb.'s ~ обма́нывать, надува́ть кого́-л.; to cut off one's ~ to spite one's face в поры́ве зло́сти де́йствовать во вред самому́ себе́; причиня́ть вред себе́, желая досади́ть другому́; white ~ небольша́я волна́ с бе́лым гре́бнем; as plain as the ~ on one's face соверше́нно я́сно; to get it on the ~ получи́ть взбу́чку; to turn up one's ~ at относи́ться с презре́нием к; задира́ть нос пе́ред *кем-л.*; on the ~ без опозда́ния

**2.** *v* 1) обоня́ть, ню́хать 2) разню́хать, вы́ведать (*тж.* ~ out) 3) вы́искивать, высле́живать (after, for) 4) тере́ться но́сом 5) осторо́жно продвига́ться вперёд (*о судне*) 6) сова́ть (свой) нос (into) □ ~ **about** выню́хивать, вы́ведывать; ~ **on** *sl.* донос́ить; ~ **out** а) — 2); б) победи́ть с небольши́м преиму́ществом; ~ **over** *ав.* капоти́ровать; ~ **up** *ав.* задира́ть нос (*самолёта*)

**nosebag** [ˈnəuzbæg] *n* 1) то́рба (*для лошади*) 2) *sl.* противога́з 3) *sl.* корзи́нка *или* су́мка с за́втраком

**noseband** [ˈnəuzbænd] *n* перено́сье, нахра́пник (*уздечки*)

**nose-bleed** [ˈnəuzbliːd] *n* 1) кровотече́ние и́з носу 2) *бот.* тысячеле́тник

**nosedive** [ˈnəuzdaɪv] **1.** *n* 1) *ав.* пики́рование, пике́; to fall into a ~ пики́ровать 2) ре́зкое паде́ние (*цен и т. п.*)

**2.** *v ав.* пики́ровать

**nosegay** [ˈnəuzgeɪ] *n* буке́тик цвето́в

**nose-heavy** [ˈnəuzˌhevɪ] *a ав.* перетяжелённый на́ нос

**noseless** [ˈnəuzlɪs] *a* безно́сый

**nose-over** [ˈnəuzˈəuvə] *n ав.* капоти́рование

**nose-piece** [ˈnəuzpiːs] *n* 1) = noseband 2) револьве́рная голо́вка микроско́па 3) *тех.* наконе́чник, сопло́; брандспо́йт

**noser** [ˈnəuzə] *n* 1) си́льный встре́чный ве́тер 2) *sl.* челове́к, кото́рый всю́ду суёт свой нос 3) *sl.* доно́счик

**noserag** [ˈnəuzræg] *n разг.* носово́й плато́к

**nosering** [ˈnəuzrɪŋ] *n* ноздрево́е кольцо́ (*для быков, волов*)

**nosewarmer** [ˈnəuzˌwɔːmə] *n разг.* носогре́йка

**nosey** [ˈnəuzɪ] *a разг.* 1)носа́тый; длинноно́сый 2) облада́ющий то́нким обоня́нием, хоро́шим чутьём 3) любопы́тный; проны́рливый; to get ~ проню́хать; N. Parker челове́к, кото́рый всю́ду суёт свой нос 4) ду́рно па́хнущий, сопре́вший (*о сене*) 5) арома́тный (*о чае*)

**nosing** I [ˈnəuzɪŋ] 1. *pres. p. от* nose 2

2. *n ав.* капоти́рование

**nosing** II [ˈnəuzɪŋ] *n* предохрани́тельная око́вка (*углов, ступенек и т. п.*)

**nosogenic** [ˌnɔsəˈdʒenɪk] *a* патоге́нный, болезнетво́рный

**nosology** [neuˈsɔlədʒɪ] *n мед.* нозоло́гия

**nostalgia** [nɔstˈældʒɪə] *n* 1) тоска́ по ро́дине, ностальги́я 2) тоска́ по про́шлому

**nostalgic** [nɔstˈældʒɪk] *a* 1) тоску́ющий по ро́дине, страда́ющий ностальги́ей; вызыва́ющий ностальги́ю 2) тоску́ющий по про́шлому; вызыва́ющий тоску́ по про́шлому

**nostril** [ˈnɔstrɪl] *n* ноздря́

**nostrum** [ˈnɔstrəm] *n* 1) патенто́ванное сре́дство; секре́тное лека́рственное сре́дство 2) излю́бленный приём (*политической партии*); панаце́я от всех бед

**nosy** [ˈnəuzɪ] = nosey

**not** [nɔt] *adv* 1) не, нет, ни (*в соединении с вспомогательными и модальными глаголами принимает в разг. речи форму* n't [nt]: isn't, don't, didn't, can't *и т. п.*); I know ~ *уст.* (= I do ~ know) я не зна́ю; it is cold, is it ~ (*или* isn't it)? хо́лодно, не пра́вда ли?; it is ~ cold, is it? не хо́лодно, пра́вда?; ~ a few мно́гие; нема́ло; ~ too well дово́льно скве́рно 2) *для усиления*: he won't pay you, ~ he! о́н-то вам не запла́тит, э́то уж пове́рьте!; I won't go there, ~ I я́-то уж не пойду́ туда́ ◇ ~ at all а) ниско́лько, ничу́ть; б) не сто́ит (благода́рности); ~ a bit (of it) нисколько; ~ but, ~ but that, ~ but what хотя́; не то что́бы; ~ half о́чень, си́льно; ещё как!; ~ for the world ни за что́ на све́те; ~ in the least нисколько; ~ on your life ни в ко́ем слу́чае; ~ to speak of не говоря́ уже́ о

**nota bene** [ˈneutəˈbi:nɪ] *n* нотабе́не, нотабе́на

**notability** [ˌnəutəˈbɪlɪtɪ] *n* 1) знамени́тость; изве́стный, знамени́тый челове́к 2) изве́стность 3) значи́тельность

**notable** [ˈnəutəbl] 1. *a* 1) достопримеча́тельный, выдаю́щийся 2) заме́тный; значи́тельный

2. *n* 1) выдаю́щийся челове́к 2) *ист.* нота́бль 3) *pl ист.* аристокра́тия, знать, зна́тные ли́ца

**notably** [ˈnəutəblɪ] *adv* 1) исключи́тельно, осо́бенно 2) весьма́, заме́тно

**notarial** [nəuˈtɛərɪəl] *a* нотариа́льный

**notarize** [ˈnəutəraɪz] *v* заве́рить, засвиде́тельствовать нотариа́льно

**notary** [ˈnəutərɪ] *n* нота́риус

**notation** [nəuˈteɪʃən] *n* 1) нота́ция, изображе́ние усло́вными зна́ками, ци́фрами, бу́квами *и т. п.*; ~ musical ~ но́тная за́пись; scale of ~ *мат.* систе́ма счисле́ния 2) совоку́пность усло́вных зна́ков, применя́емых для сокращённого выраже́ния каки́х-л. поня́тий; phonetic ~ фонети́ческая транскри́пция 3) за́пись, запи́сывание 4) примеча́ние

**notch** [nɔtʃ] 1. *n* 1) вы́емка, ме́тка, зару́бка (*особ. на бирке*); зазу́брина; боро́здка, желобо́к, утор (*бочки*); зубе́ц (*храповика*); пропи́л, проре́з, вы́рез, паз 2) *уст.* очко́ (*в крикете*) 3) *амер.* тесни́на, уще́лье; го́рный перева́л 4) *разг.* сте́пень; у́ровень; prices have reached the highest ~ це́ны дости́гли вы́сшего у́ровня; he is a ~ above the others он значи́тельно вы́ше други́х

2. *v* зарубáть, де́лать ме́тку; прореза́ть

**notched wheel** [ˈnɔtʃtwi:l] *n тех.* храпови́к, храпово́е колесо́

**note** [nəut] 1. *n* 1) (*обыкн. pl*) заме́тка, за́пись; to take ~s of a lecture запи́сывать ле́кцию; to lecture from ~s чита́ть ле́кцию по запи́скам 2) примеча́ние; сно́ска 3) запи́ска 4) распи́ска; ~ of hand, promissory ~ просто́й ве́ксель 5) банкно́т, ба́нковый биле́т 6) (дипломати́ческая) но́та 7) *муз.* но́та 8) звук, пе́ние; крик; the raven's ~ крик (*или* ка́рканье) воро́на 9) *поэт.* му́зыка, мело́дия 10) сигна́л; a ~ of warning предупрежде́ние 11) но́тка, тон; there's a ~ of assurance in his voice в его́ го́лосе слы́шится уве́ренность; to change one's ~ перемени́ть тон, заговори́ть по-ино́му; to strike the right (a false) ~ взять ве́рный (неве́рный) тон 12) зна́мение, си́мвол, знак 13) знак (*тж. полигр.*); ~ of interrogation (exclamation) вопроси́тельный (восклица́тельный) знак 14) клеймо́ 15) репута́ция; изве́стность; a man of ~ выдаю́щийся челове́к 16) внима́ние; to take ~ of smth. обрати́ть внима́ние на что-л.; приня́ть что-л. к све́дению; worthy of ~ досто́йный внима́ния 17) отличи́тельный при́знак; the most essential ~ of our time наибо́лее характе́рный при́знак на́шего вре́мени ◇ to compare ~s обме́ниваться мне́ниями, впечатле́ниями

2. *v* 1) де́лать заме́тки, запи́сывать (*тж.* ~ down) 2) составля́ть коммента́рии; аннoти́ровать 3) замеча́ть, обраща́ть внима́ние, отмеча́ть 4) упомина́ть 5) ука́зывать, обознача́ть 6) *фин.* опротесто́вывать

**notebook** [ˈnəutbuk] *n* записна́я кни́жка; тетра́дь

**notecase** [ˈnəutkeɪs] *n* бума́жник

**noted** [ˈnəutɪd] 1. *p. p. от* note 2

2. *a* знамени́тый; изве́стный; выдаю́щийся

**notedly** [ˈnəutɪdlɪ] *adv* в значи́тельной сте́пени; заме́тно

**noteless** [ˈnəutlɪs] *a* 1) незаме́тный 2) немузыка́льный

**note magnifier** [ˈnəutˈmægnɪfaɪə] *n радио* усили́тель звуково́й частоты́

**note-paper** [ˈnəutˌpeɪpə] *n* почто́вая бума́га

**note shaver** [ˈnəutˌʃeɪvə] *n амер.* ростовщи́к

**noteworthy** [ˈnəutˌwə:ðɪ] *a* заслу́живающий внима́ния; достопримеча́тельный

**nothing** [ˈnʌθɪŋ] 1. *pron neg.* ничто́, ничего́; ~ but то́лько; ничего́ кро́ме; ~ but the truth ничего́, кро́ме пра́вды; ~ else than не что́ ино́е, как; all to ~ всё ни к чему́; to come to ~ ко́нчиться ниче́м; не име́ть после́дствий; for ~ зря, без по́льзы; да́ром; из-за пустяка́; to get smth. for ~ получи́ть что-л. да́ром; ~ to ничто́ по сравне́нию с; it's ~ to what I saw in Leningrad э́то ничто́ по сравне́нию с тем, что я ви́дел в Ленингра́де; to have ~ to do with не каса́ться, не име́ть никако́го отноше́ния к; не име́ть ничего́ о́бщего с; to make ~ of smth. а) ника́к не испо́льзовать что-л.; б) не поня́ть чего́-л.; в) пренебрега́ть чем-л., легко́ относи́ться к чему́-л.; to have ~ on smb., smth. а) не име́ть преиму́ществ пе́ред кем-л., чем-л.; б) не име́ть прете́нзий к кому́-л.; next to ~ почти́ ничего́; о́чень ма́ло ◇ ~ very much *разг.* ничего́ осо́бенного; no ~ реши́тельно ничего́; ~ doing ничего́ не вы́йдет, но́мер не пройдёт; to be for ~ in не игра́ть никако́й ро́ли в; не ока́зывать никако́го влия́ния на; there is ~ for it but ничего́ друго́го (не остаётся), как; there was ~ for it but to tell the truth пришло́сь сказа́ть пра́вду; ~ venture ~ have *посл.* ≅ волко́в боя́ться — в лес не ходи́ть; кто не рискýет, тот ничего́ не добива́ется; ~ great is easy *посл.* всё вели́кое даётся нелегко́

2. *n* 1) пустяки́, ме́лочи; a mere ~ пустя́к; the little ~s of life ме́лочи жи́зни 2) небытие́, нереа́льность 3) ноль; пусто́е ме́сто 4) *мат.* ноль

3. *adv* нисколько, совсе́м нет; it differs ~ from э́то нисколько не отлича́ется от; ~ less than пря́мо-таки; про́сто-напро́сто ◇ there is ~ like нет ничего́ лу́чше; there is ~ like a good rest са́мое лу́чшее — хорошо́ отдохну́ть

**nothingarian** [ˌnʌθɪŋˈɛərɪən] *n* челове́к, не ве́рящий ни во что

**nothingness** [ˈnʌθɪŋnɪs] *n* 1) ничто́, небытие́ 2) несуще́ственность; пустяки́ 3) ничто́жество

**notice** [ˈnəutɪs] 1. *n* 1) извеще́ние, уведомле́ние; предупрежде́ние; to give smb. a month's (a week's) ~ предупреди́ть кого́-л. (*часто* об увольне́нии) за ме́сяц (за неде́лю); to give ~ а) извеща́ть, уведомля́ть; б) предупрежда́ть о предстоя́щем увольне́нии; ~ to quit а) предупрежде́ние о необходи́мости освободи́ть кварти́ру; б) предупрежде́ние об увольне́нии; at (*или* on) short ~ то́тчас же; at a moment's ~ неме́дленно; until further ~ до осо́бого распоряже́ния; впредь до но́вого уведомле́ния 2) наблюде́ние; to take ~ а) наблюда́ть, примеча́ть; б) реаги́ровать на окружа́ющий мир (*о ребёнке*) 3) внима́ние; to bring (*или* to call) to smb.'s ~ а) привлека́ть чьё-л. внима́ние к; б) доводи́ть до све́дения кого́-л.; to come to smb.'s ~ стать изве́стным кому́-л.; to come into ~ привле́чь внима́ние; to take no ~ of smb., smth. не замеча́ть кого́-л., чего́-л., не обраща́ть внима́ния на кого́-л., что-л.; to your ~ на ва́ше усмотре́ние 4) заме́тка, объявле́ние; obituary ~ объявле́ние о сме́рти; кра́ткий некроло́г 5) обозре́ние, реце́нзия

2. *v* 1) замеча́ть, обраща́ть внима́ние 2) отмеча́ть, упомина́ть; he was ~d in the report о нём упомяну́ли в докла́де 3) предупрежда́ть; уведомля́ть 4) дава́ть обзо́р, рецензи́ровать

**noticeable** [ˈnəutɪsəbl] *a* 1) досто́йный внима́ния 2) заме́тный, приме́тный

**noticeably** [ˈnəutɪsəbl] *adv* заме́тно, значи́тельно

**notice-board** [ˈnəutɪsbɔːd] *n* доска́ для объявле́ний

**notifiable** [ˈnəutɪfaɪəbl] *a* подлежа́щий регистра́ции

**notification** [ˌnəutɪfɪˈkeɪʃən] *n* 1) извеще́ние, сообще́ние; предупрежде́ние; нотифика́ция 2) объявле́ние 3) регистра́ция (*смерти и т. п.*) 4) (N.) *амер.* извеще́ние кандида́тов в президе́нты и вице-президе́нты о выдвиже́нии их кандидату́р

**notify** [ˈnəutɪfaɪ] *v* 1) извеща́ть, уведомля́ть 2) объявля́ть; доводи́ть до всео́бщего све́дения 3) дава́ть све́дения 4) регистри́ровать

**notion** [ˈnəuʃən] *n* 1) поня́тие; представле́ние; иде́я; to have no ~ of smth. не име́ть ни мале́йшего представле́ния о чём-л. 2) взгляд, мне́ние; то́чка зре́ния 3) зна́ние, знако́мство 4) наме́рение; I have no ~ of resigning я не собира́юсь подава́ть в отста́вку 5) изобрете́ние; остроу́мное приспособле́ние; -ый прибо́р 6) класс, катего́рия; it comes under the ~ of... э́то отно́сится к катего́рии... 7) *pl унив. разг.* характе́рное выраже́ние, обы́чай *или* тради́ция студе́нтов Винче́стерского колле́джа 8) *pl амер.* необходи́мые ме́лкие предме́ты: ни́тки, була́вки *и пр.*; галантере́я 9) *attr.*: ~ department галантере́йный отде́л

**notional** [ˈnəuʃənl] *a* 1) *филос.* умозри́тельный; отвлечённый 2) вообража́емый 3) приди́рчивый 4) *лингв.* зна́чимый, смыслово́й

**notionalist** [ˈnəuʃənlɪst] *n* 1) мысли́тель 2) теоре́тик

**notoriety** [ˌnəutəˈraɪətɪ] *n* 1) дурна́я сла́ва 2) *редк.* изве́стность 3) *редк.* знамени́тость 4) челове́к, по́льзующийся дурно́й сла́вой

**notorious** [nəuˈtɔːrɪəs] *a* 1) по́льзующийся дурно́й сла́вой; печа́льно изве́стный; отъя́вленный; преслову́тый 2) изве́стный; it is ~ that... хорошо́ изве́стно, что...

**no-trump** [ˈnəuˈtrʌmp] *карт.* 1. *n* бескозы́рная игра́

2. *a* бескозы́рный

**notwithstanding** [ˌnɔtwɪθˈstændɪŋ] 1. *prep* несмотря́ на, вопреки́; this ~ несмотря́ на э́то

2. *adv* тем не ме́нее, одна́ко

3. *cj уст.* хотя́

**nougat** [ˈnuːgaː] *n* нуга́

**nought** [nɔːt] *n* 1) ничто́; to bring to ~ а) разоря́ть; б) своди́ть на не́т; to come to ~ сойти́ на не́т; не име́ть (никако́го) успе́ха; for ~ да́ром; зря, без по́льзы; из-за пустяка́; to set at ~ ни во что́ не ста́вить 2) ничто́жество (*о человеке*) 3) *мат.* ноль; ~s and crosses кре́стики и но́лики (*игра*)

**noun** [naun] *n грам.* и́мя существи́тельное

**nourish** [ˈnʌrɪʃ] *v* 1) пита́ть, корми́ть 2) пита́ть, леле́ять (*надежду и т. п.*) 3) удобря́ть (*землю*)

**nourishing** [ˈnʌrɪʃɪŋ] 1. *pres. p. от* nourish

2. *a* пита́тельный

**nourishment** [ˈnʌrɪʃmənt] *n* 1) пита́ние 2) пи́ща; подде́ржка

**nous** [naus] *n* 1) *филос.* ум; ра́зум; интелле́кт 2) *разг.* здра́вый смысл; смётка, сообрази́тельность

**nouveau riche** [ˈnuːvəuˈriːʃ] *фр. n* (*pl* nouveaux riches) нувори́ш, бога́тый вы́скочка

**nouveaux riches** [ˈnuːvəuˈriːʃ] *pl от* nouveau riche

**nova** [ˈnəuvə] *лат. n* (*pl* -ae, -s [-z]) 1) *астр.* «но́вая звезда́» 2) нови́нка

**novae** [ˈnəuviː] *pl от* nova

**novation** [nəuˈveɪʃən] *n* 1) нововведе́ние, но́вшество 2) *юр.* нова́ция, заме́на существу́ющего обяза́тельства но́вым

**novel** I [ˈnɔvəl] *n* 1) рома́н; problem ~ пробле́мный рома́н 2) нове́лла 3) *pl* сбо́рник нове́лл 4) *юр.* нове́лла, дополни́тельное узаконе́ние

**novel** II [ˈnɔvəl] *a* но́вый, неизве́стный

**novel** III [ˈnɔvəl] *n* но́вый хлеб, зерно́ но́вого урожа́я

**novelese** [ˌnɔvəˈliːz] *n* язы́к и стиль дешёвых рома́нов

**novelet** [ˌnɔvəˈlet] *n* по́весть; расска́з; нове́лла

**novelette** [ˌnɔvəˈlet] *n* 1) = novelet 2) бульва́рный рома́н

**novelettish** [ˌnɔvəˈletɪʃ] *a* сентимента́льный

**novelise** [ˈnɔvəlaɪz] = novelize I

**novelist** [ˈnɔvəlɪst] *n* писа́тель-романи́ст

**novelize** I [ˈnɔvəlaɪz] *v* придава́ть (*произведению*) фо́рму рома́на

**novelize** II [ˈnɔvəlaɪz] *v* 1) обновля́ть 2) вводи́ть но́вшество

**novelty** [ˈnɔvəltɪ] *n* 1) новизна́ 2) но́вость, нови́нка, но́вшество; нововведе́ние 3) *pl* ме́лкие дешёвые това́ры 4) *attr.*: ~ counter отде́л нови́нок; ~ store магази́н нови́нок

**novel-writer** [ˈnɔvəlˌraɪtə] *n* романи́ст

**November** [nəuˈvembə] *n* 1) ноя́брь 2) *attr.* ноя́брьский

**novennial** [nəuˈvenjəl] *a* повторя́ющийся ка́ждые де́вять лет

**novercal** [nəuˈvəːkəl] *a* прису́щий, сво́йственный ма́чехе (*об отношении и т. п.*)

**novice** [ˈnɔvɪs] *n* 1) начина́ющий, нович́ок 2) *церк.* по́слушник; по́слушница 3) *церк.* новообращённый

**noviciate, novitiate** [nəuˈvɪʃɪɪt] *n* 1) *церк.* по́слушничество 2) испыта́ние, иску́с 3) учени́чество, пери́од учени́чества 4) *церк.* по́слушник; по́слушница

**now** [nau] 1. *adv* 1) тепе́рь, сейча́с 2) то́тчас же, сию́ же мину́ту 3): just ~ а) в настоя́щий моме́нт; б) то́лько что 4) тогда́, в то вре́мя (*в повествовании*); it was ~ clear that... тогда́ ста́ло я́сно, что... ◇ ~ and again, ~ and then вре́мя от вре́мени; ~... ~... то... то...; ~ hot, ~ cold то жа́рко, то хо́лодно; ~ (then)! а) ну!; б) скоре́й!; дава́йте!; ~ then так вот, ита́к

2. *cj* когда́, раз; I need not stay, ~ you are here мне не́чего остава́ться, раз вы здесь; ~ you mention it I do remember тепе́рь, когда́ вы упомяну́ли об э́том, я припомина́ю

3. *n* настоя́щее вре́мя; да́нный моме́нт; before ~ ра́ньше; by ~ к э́тому вре́мени; ere ~ *поэт.* пре́жде; till ~, up to ~ до сих по́р; from ~ on (*или* onwards) в дальне́йшем, впредь; as from ~ с сего́ числа́, с настоя́щего вре́мени

**nowaday** [ˈnauədeɪ] *a* тепе́решний

**nowadays** [ˈnauədeɪz] 1. *adv* в на́ше вре́мя; в на́ши дни; тепе́рь

2. *n* настоя́щее вре́мя

**noway(s)** [ˈnəuweɪ(z)] = nowise

**nowhere** [ˈnəuwɛə] *adv* нигде́; никуда́; this will take us ~ э́то ни к чему́ нас не приведёт, э́то нам ничего́ не даст; ~ near а) нигде́ побли́зости; б) ни ка́пли, нисколько; to be (*или* to come in) ~ а) не попа́сть в спи́сок уча́стников фина́ла; б) безнадёжно отста́ть; в) потерпе́ть пораже́ние; г) *амер.* растеря́ться, не найти́ отве́та

**nowise** [ˈnəuwaɪz] *adv* нико́им о́бразом, ни в ко́ем слу́чае; во́все нет

**noxious** [ˈnɔkʃəs] *a* вре́дный, па́губный, нездоро́вый; ~ air ядови́тый рудни́чный во́здух; ~ plants ядови́тые расте́ния

**noxiousness** [ˈnɔkʃəsnɪs] *n* вред

**noyau** [ˈnwaɪəu] *фр. n* ликёр (*на персиковых косточках*)

**nozzle** [ˈnɔzl] *n* 1) *тех.* наса́док; сопло́; форсу́нка; выпускно́е отве́рстие; наконе́чник; па́трубок 2) розе́тка (*подсвечника*) 3) *жарг.* нос; ры́ло

**n't** [nt] *разг. см.* not

**nth** [enθ] *a мат.* э́нный ◇ to the ~ degree до после́дней сте́пени

**nuance** [nju(ː)ˈɑːns] *фр. n* нюа́нс, отте́нок

**nub** [nʌb] *n* 1) ши́шка; утолще́ние 2) = nubble 3) *разг.* суть, соль (*дела, рассказа*)

**nubbin** [ˈnʌbɪn] *n амер.* 1) кусо́чек, комо́чек 2) небольшо́й незре́лый поча́ток кукуру́зы

**nubble** [ˈnʌbl] *n* небольшо́й комо́к, кусо́к (*особ. угля*)

**nubbly** [ˈnʌblɪ] *a* 1) узлова́тый; шишкова́тый 2) кусково́й; в куска́х

**nubia** [ˈnjuːbjə] *n* лёгкий же́нский шерстяно́й шарф

**Nubian** [ˈnjuːbjən] **1.** *a* нуби́йский **2.** *n* нуби́ец

**nubile** [ˈnjuːbɪl] *a* 1) бра́чный (*о возрасте*) 2) дости́гший бра́чного во́зраста (*о девушке*)

**nubility** [njuːˈbɪlɪtɪ] *n* бра́чный во́зраст

**nuchal** [ˈnjuːkl] *a* заты́лочный

**nuciferous** [njuːˈsɪfərəs] *a бот.* орехопло́дный

**nucivorous** [njuːˈsɪvərəs] *a зоол.* пита́ющийся оре́хами

**nuclear** [ˈnjuːklɪə] *a* 1) я́дерный; ~ energy я́дерная, а́томная эне́ргия, внутрия́дерная эне́ргия; ~ fallout радиоакти́вные оса́дки; ~ fission я́дерное деле́ние; ~ fusion си́нтез, слия́ние я́дер; ~ fuel я́дерное горю́чее, я́дерное то́пливо; ~ physics я́дерная фи́зика, фи́зика а́томного ядра́; ~ reactor я́дерный реа́ктор; ~ state (*или* power) госуда́рство, облада́ющее я́дерным ору́жием; ~ test испыта́ние я́дерного ору́жия; ~ weapon я́дерное ору́жие; ~ diplomacy я́дерная диплома́тия; ~ disarmament отка́з от примене́ния я́дерного ору́жия 2) содержа́щий ядро́

**nuclear-capable** [ˈnjuːklɪəˈkeɪpəbl] *a* спосо́бный производи́ть, доставля́ть *или* размеща́ть я́дерное ору́жие

**nuclearization** [ˌnjuːklɪəraɪˈzeɪʃən] *n* оснаще́ние я́дерным ору́жием

**nucleate** [ˈnjuːklɪeɪt] **1.** *v* образо́вывать ядро́ **2.** *a* = nuclear 2)

**nuclei** [ˈnjuːklɪaɪ] *pl от* nucleus

**nucleonics** [ˌnjuːklɪˈɔnɪks] *n pl* (*употр. как sing*) нуклео́ника, я́дерная фи́зика и те́хника

**nucleus** [ˈnjuːklɪəs] *лат. n* (*pl* -lei) 1) ядро́; центр; ~ of a story суть расска́за 2) ядро́ а́тома, а́томное ядро́ 3) *бот.* ко́сточка (*плода*); ядро́ (*ореха*) 4) *биол.* ядро́ (*клетки*) 5) *биол.* заро́дыш 6) не́рвный центр (*в головном мозгу*)

**nucule** [ˈnju(ː)kjuːl] *n* оре́шек, ме́лкий оре́х

**nude** [njuːd] **1.** *n* 1) обнажённая фигу́ра (*в живописи, скульптуре*); the ~ а) обнажённая фигу́ра (*в живописи, скульптуре*); б) обнажённое те́ло; in the ~ в го́лом ви́де 2) *pl* то́нкие чулки́, «паути́нка»

**2.** *a* 1) наго́й; обнажённый; го́лый 2) теле́сного цве́та 3) *бот.* лишённый ли́стьев 4) *зоол.* лишённый воло́с, пе́рьев, чешу́й *и т. п.* 5) неприкры́тый, я́сный; ~ fact очеви́дный факт; ~ statement недвусмы́сленное, я́сное заявле́ние 6) *юр.* недействи́тельный

**nudge** [nʌdʒ] **1.** *n* лёгкий толчо́к ло́ктем; to give a ~ подтолкну́ть

**2.** *v* слегка́ подта́лкивать ло́ктем (*особ. чтобы привлечь чьё-л. внимание*)

**nudity** [ˈnjuːdɪtɪ] *n* 1) нагота́ 2) обнажённая часть те́ла

**nuff said, nuf sed** [ˈnʌfsed] *int амер. sl.* (*испорч.* enough said) доста́точно; я понима́ю; договори́лись

**nugatory** [ˈnjuːgətərɪ] *a* 1) пустя́чный 2) недействи́тельный 3) бесполе́зный, тще́тный

**nuggar** [ˈnʌgə] *n* ни́льская ба́ржа́

**nugget** [ˈnʌgɪt] *n* самоpо́док (*золота*)

**nuisance** [ˈnjuːsns] *n* 1) доса́да; неприя́тность; what a ~! кака́я доса́да! 2) надое́дливый челове́к; to make a ~ of oneself надоеда́ть 3) поме́ха, неудо́бство; public ~ наруше́ние обще́ственного поря́дка

**null** [nʌl] *a* 1) недействи́тельный; ~ and void потеря́вший зако́нную си́лу (*о договоре*); to render ~ аннули́ровать 2) несуществу́ющий 3) нехаракте́рный, невырази́тельный

**nullah** [ˈnʌlə] *инд. n* 1) руче́й, пото́к 2) уще́лье, образова́вшееся от пото́ка 3) высо́хшее ру́сло

**nullification** [ˌnʌlɪfɪˈkeɪʃən] *n* аннули́рование, уничтоже́ние

**nullify** [ˈnʌlɪfaɪ] *v* аннули́ровать; де́лать недействи́тельным; своди́ть к нулю́; своди́ть на нет

**nullity** [ˈnʌlɪtɪ] *n* 1) ничто́жность 2) *юр.* недействи́тельность; ~ of marriage недействи́тельность бра́ка 3) ничто́жество (*о человеке*) 4) *attr.*: ~ suit де́ло о призна́нии недействи́тельным (*документа, брака и т. п.*)

**numb** [nʌm] **1.** *a* 1) онеме́лый, оцепене́лый 2) окочене́лый (*от холода*)

**2.** *v* вызыва́ть онеме́ние *или* окочене́ние; *перен.* поража́ть, ошеломля́ть

**number** [ˈnʌmbə] **1.** *n* 1) число́, коли́чество; a ~ of не́которое коли́чество; in ~ чи́сленно, коли́чеством; in (great) ~s а) в большо́м коли́честве; б) значи́тельными си́лами; out of (*или* without) ~ мно́жество, без числа́; a ~ (*или* ~s) of people мно́го наро́ду 2) но́мер; motor-car's ~ но́мер автомаши́ны; call ~ шифр (*книги, плёнки и т. п.*) 3) но́мер (*программы*) 4) *мат.* су́мма, число́, ци́фра; science of ~s арифме́тика 5) вы́пуск, но́мер, экземпля́р (*журнала и т. п.*); back ~ а) ста́рый но́мер (*газеты, журнала*); б) не́что устаре́вшее; в) челове́к, отста́вший от жи́зни 6) *грам.* число́ 7) *pl прос.* стихи́ 8) *прос.* ритм, разме́р 9) *разг.* что-л. выделя́ющееся, могу́щее служи́ть образцо́м ◇ ~ one (*или* No. 1) а) своё «я»; со́бственная персо́на; б) первокла́ссный, са́мый гла́вный; problem No. 1 са́мая ва́жная пробле́ма; his ~ goes up он умира́ет, его́ пе́сенка спе́та, ему́ кры́шка

**2.** *v* 1) нумерова́ть 2) чи́слиться, быть в числе́ (among, in) 3) насчи́тывать; the population ~s 5000 населе́ние составля́ет 5000 челове́к 4) причисля́ть, зачисля́ть; to be ~ed with быть прочи́сленным к 5) *воен.* рассчи́тываться; to ~ off де́лать перекли́чку по номера́м 6) *уст.* счита́ть, пересчи́тывать; his days are ~ed его́ дни сочтены́

**numberless** [ˈnʌmbəlɪs] *a* 1) бесчи́сленный, неисчисли́мый 2) не име́ющий но́мера

**numb-fish** [ˈnʌmfɪʃ] *n зоол.* электри́ческий скат

**numbness** [ˈnʌmnɪs] *n* 1) оцепене́ние, нечувстви́тельность 2) окочене́ние

**numdah** [ˈnʌmdɑː] = numnah

**numerable** [ˈnjuːmərəbl] *a* исчисли́мый, поддаю́щийся счёту

**numeral** [ˈnjuːmərəl] **1.** *n* 1) ци́фра; the Arabic (Roman) ~s ара́бские (ри́мские) ци́фры 2) *грам.* и́мя числи́тельное

**2.** *a* числово́й; цифрово́й

**numerate** [ˈnjuːməreɪt] *v* 1) счита́ть 2) обознача́ть ци́фрами

**numeration** [ˌnjuːməˈreɪʃən] *n* 1) исчисле́ние, счёт; decimal ~ десяти́чная систе́ма счисле́ния 2) нумера́ция

**numerator** [ˈnjuːməreɪtə] *n* 1) *мат.* числи́тель 2) вычисли́тель 3) *тех.* нумера́тор, счётчик 4) счётчик (*при переписи населения*)

**numerical** [nju(ː)ˈmerɪkəl] *a* числово́й; цифрово́й

**numerically** [nju(ː)ˈmerɪkəlɪ] *adv* 1) с по́мощью цифр, в ци́фрах; expressed ~ вы́раженный в ци́фрах 2) в числово́м отноше́нии

**numerous** [ˈnjuːmərəs] *a* многочи́сленный

**numerously** [ˈnjuːmərəslɪ] *adv* в большо́м коли́честве

**numismatic** [ˌnjuːmɪzˈmætɪk] *a* нумизмати́ческий

**numismatics** [ˌnjuːmɪzˈmætɪks] *n pl* (*употр. как sing*) нумизма́тика

**numismatist** [nju(ː)ˈmɪzmətɪst] *n* нумизма́т

**nummary, nummulary** [ˈnʌmərɪ, ˈnʌmjuːlərɪ] *a* де́нежный, моне́тный

**numnah** [ˈnʌmnɑː] *инд. n* 1) во́йлок, гру́бое сукно́ 2) потни́к (*под седлом*)

**numskull** [ˈnʌmskʌl] *n* о́лух, дура́цкая башка́, тупи́ца

**nun** [nʌn] *n* 1) мона́хиня 2) *зоол.* лазо́ревка

**nun-bird** [ˈnʌnbəːd] *n* вдо́вушка (*птица*)

**nun-buoy** [ˈnʌnbɔɪ] *n мор.* кони́ческий буй

**nunciature** [ˈnʌnʃɪətʃə] *n* до́лжность ну́нция

**nuncio** [ˈnʌnʃɪəu] *n* (*pl* -os [əuz]) па́пский ну́нций

**nuncupate** [ˈnʌnkju(ː)peɪt] *v* 1) де́лать у́стное завеща́ние (*в присутствии свидетелей*) 2) дава́ть у́стное обеща́ние; у́стно принимать на себя́ обяза́тельство

**nuncupation** [ˌnʌŋkju(ː)ˈpeɪʃən] *n* у́стное завеща́ние

**nuncupative** [nʌŋˈkjuːpətɪv] *a* слове́сный, у́стный (*о завещании*)

**nundinal** [ˈnʌndɪnəl] *a* я́рмарочный; ры́ночный

**nunnery** [ˈnʌnərɪ] *n* же́нский монасты́рь

**nun's veiling** [ˈnʌnzˌveɪlɪŋ] *n* вуа́ль (*тонкая шерстяная ткань*)

**nuptial** [ˈnʌpʃəl] **1.** *a* бра́чный, сва́дебный

**2.** *n* (*обыкн. pl*) сва́дьба

**nurse** I [nəːs] **1.** *n* 1) ня́ня, ня́нька;

at ~ на попечéнии няни; to put out to ~ отдáть на попечéние няни 2) кормилица, мáмка 3) сидéлка; медицинская сестрá; male ~ а) санитáр; б) брат милосéрдия 4) нянченье, пестовáние 5) *перен.* колыбéль; the ~ of liberty колыбéль свобóды 6) дéрево, посáженное для тогó, чтóбы дать тень другим дерéвьям 7) *зоол.* рабóчая пчелá; -ий муравéй

2. *v* 1) кормить, выкáрмливать (*ребёнка*) 2) нянчить 3) быть сидéлкой; ухáживать (*за больным*) 4) лечить (*насморк, простуду*) 5) вырáщивать (*растение*) 6) лелéять (*мысль, надежду*); питáть, таить (*злобу*); to ~ a grievance against smb. быть в обиде на когó-л. 7) обхáживать; старáться задóбрить; to ~ the public угождáть пýблике; to ~ the constituency обрабáтывать избирáтельный óкруг (*с целью добиться избрания*) 8) экономно хозяйничать 9) берéчь; to ~ a car осторóжно водить машину 10) ласкáть

**nurse** II [nə:s] *n* гренлáндская *или* вест-индская акýла

**nurse-child** [ˈnə:stʃaɪld] *n* питóмец, приёмыш

**nurse-dietitian** [ˈnə:sˌdaɪɪˈtɪʃən] *n* диетсестрá

**nurseling** [ˈnə:slɪŋ] *n* 1) питóмец 2) груднóй ребёнок 3) любимец 4) молодóе живóтное *или* растéние

**nursemaid** [ˈnə:smeɪd] *n* няня

**nurse-pond** [ˈnə:spɔnd] *n* садóк (*для рыб*)

**nursery** [ˈnə:sərɪ] *n* 1) дéтская (*комната*) 2) рассáдник, питóмник 3) ясли (*для детей*) 4) инкубáтор 5) садóк (*для рыб*)

**nursery garden** [ˈnə:srɪˌgɑ:dn] *n* питóмник, садовóдство

**nursery governess** [ˈnə:srɪˈgʌvnɪs] *n* бóнна; воспитáтельница

**nurserymaid** [ˈnə:srɪmeɪd] *n* няня

**nurseryman** [ˈnə:srɪmən] *n* владéлец питóмника

**nusery rhymes** [ˈnə:srɪˈraɪmz] *n pl* дéтские стишки; прибаýтки

**nursery school** [ˈnə:srɪˈsku:l] *n* дéтский сад

**nursery transplant** [ˈnə:srɪtrænsˌplɑ:nt] *n с.-х.* сáженец

**nursing bottle** [ˈnə:sɪŋˌbɔtl] *n* рожóк (*детский*)

**nursing-centre** [ˈnə:sɪŋˌsentə] *n* дéтская консультáция

**nursing-home** [ˈnə:sɪŋhəum] *n* чáстная лечéбница

**nursling** [ˈnə:slɪŋ] = nurseling

**nurture** [ˈnə:tʃə] **1.** *n* 1) воспитáние; обучéние 2) вырáщивание 3) питáние; пища

2. *v* 1) воспитывать; обучáть 2) вырáщивать; вынáшивать (*план и т. п.*) 3) питáть

**nut** [nʌt] **1.** *n* 1) opéx 2) *разг.* головá; to be off one's ~ спятить 3) чудáк; сумасбрóд 4) *pl разг.* дурачóк, «псих» 5) *sl.* фат, щёголь 6) *pl* мéлкий ýголь 7) *тех.* гáйка; мýфта ◇ a hard ~ to crack а) «крéпкий орéшек»; «не по зубáм»; трýдная задáча; б) трýдный человéк; ~s! *разг.* великолéпно!; to be ~s *разг.* óчень нрáвиться; доставлять большóе удовóльствие, рáдость; to be (dead) ~s on *разг.* а) óчень любить; б) ≅ знать как свой пять пáльцев; быть в чём-л. большим знатокóм, мáстером; not for ~s ни за что

2. *v* 1) собирáть орéхи; to go ~ting отпрáвиться по орéхи 2) *sl.* шевелить мозгáми; to ~ out smth. обмозговáть что-л.

**nutate** [nju:ˈteɪt] *v* 1) колебáться, покáчиваться 2) кивáть (*головой*)

**nutation** [nju:ˈteɪʃən] *n* 1) наклонéние, покáчивание (*головы*); кивóк 2) *астр., бот.* нутáция

**nut-brown** [ˈnʌtbraun] *a* орéхового, коричневого цвéта

**nutcracker** [ˈnʌtˌkrækə] *n* 1) (*обыкн. pl*) щипцы для орéхов 2) орéховка (*птица*)

**nut-gall** [ˈnʌtgɔ:l] *n* чернильный орéх

**nuthatch** [ˈnʌthætʃ] *n зоол.* пóползень

**nuthouse** [ˈnʌthaus] *n разг.* сумасшéдший дом

**nutlet** [ˈnʌtlɪt] *n* орéшек

**nutmeg** [ˈnʌtmeg] *n* мускáтный opéx

**nut-oil** [ˈnʌtˈɔɪl] *n* орéховое мáсло

**nut-pine** [ˈnʌtpaɪn] *n* соснá итальянская, пиния

**nutria** [ˈnju:trɪə] *n* нýтрия (*животное и мех*)

**nutrient** [ˈnju:trɪənt] **1.** *n* питáтельное веществó

2. *a* питáтельный

**nutriment** [ˈnju:trɪmənt] *n* пища; корм

**nutrition** [nju(:)ˈtrɪʃən] *n* 1) питáние 2) пища

**nutritionist** [nju(:)ˈtrɪʃənɪst] *n* 1) диетóлог; диетврáч 2) диетсестрá

**nutritious** [nju(:)ˈtrɪʃəs] *a* питáтельный

**nutritive** [ˈnju:trɪtɪv] **1.** *n* питáтельное веществó

2. *a* 1) питáтельный 2) пищевóй

**nutshell** [ˈnʌtʃel] *n* орéховая скорлупá ◇ in a ~ крáтко, в двух словáх

**nutting** [ˈnʌtɪŋ] **1.** *pres. p. от* nut

2. *n* сбор орéхов

**nut-tree** [ˈnʌtˈtri:] *n* орéшник

**nutty** [ˈnʌtɪ] *a* 1) имéющий вкус орéха; вкýсный 2) интерéсный, пикáнтный 3) *разг.* нарядный, щегольскóй 4) *разг.* увлекáющийся (upon) 5) *разг.* рехнýвшийся 6) *амер. разг.* óстрый; пряный

**nutwood** [ˈnʌtwud] *n* 1) орéшник 2) орéховое дéрево (*древесина*)

**nuzzle** [ˈnʌzl] *v* 1) нюхать, водить нóсом (*о собаках*) 2) рыть(ся) рылом 3) совáть нос (at, against, into) 4) прижáться; приютиться, прикорнýть

**nyctalopia** [ˌnɪktəˈləupɪə] *n* 1) = night-blindness 2) (*в неправ. употреблении*) способность видеть тóлько нóчью

**nylghau** [ˈnɪlgɔ:] = nilgai

**nylon** [ˈnaɪlən] **1.** *n* 1) нейлóн 2) *pl* нейлóновые чулки

2. *a* нейлóновый

**nymph** [nɪmf] *n* 1) *миф.* нимфа 2) *поэт.* красивая, изящная дéвушка 3) кýколка, нимфа, личинка (*насекомого*)

**nystagmus** [nɪsˈtægməs] *n мед.* нистáгм

# O

**O, o** I [əu] *n* (*pl* Os, O's, Oes [-əuz]) 1) *15-ая буква англ. алфавита* 2) нуль, ничтó

**O** II [əu] *int* (*если восклицание отделено знаком препинания* — oh): O my!, O dear me! бóже мой!; oh, what a lie! какáя ложь!; oh, is that so? рáзве?

**O'** [əu-] *pref перед ирландскими именами, напр.*: O'Connor О'Кóннор

**o'** [-ə] 1) *сокр. от* of; six o'clock шесть часóв 2) *сокр. от* on; to sleep o'nights спать по ночáм

**oaf** [əuf] *n* (*pl* oafs [-s], oaves) 1) урóдливый *или* глýпый ребёнок; дурачóк 2) неотёсанный, неуклюжий человéк 3) *миф.* ребёнок, подменённый эльфами

**oafish** [ˈəufɪʃ] *a* 1) придурковáтый 2) неуклюжий, нескладный

**oak** [əuk] *n* 1) дуб; dyer's (*или* black) ~ красильный дуб 2) древесина дýба 3) издéлия из дýба (*напр.*, мéбель *и т. п.*) 4) венóк из дубóвых листьев 5) *унив. разг.* нарýжная дверь 6) (the Oaks) *pl* эпсомские скáчки для трёхлéтних кобыл 7) *attr.* дубóвый

**oak-apple** [ˈəukˌæpl] *n* чернильный орéшек; *pl* гáллы, нарóсты на листьях дýба

**oaken** [ˈəukən] *a* дубóвый

**oakery** [ˈəukərɪ] *n* дубняк, дубрáва; мéстность, порóсшая дубнякóм

**oak-fig** [ˈəukfɪg] = oak-apple

**oak-gall** [ˈəukgɔ:l] = oak-apple

**oaklet** [ˈəuklɪt] *n* молодóй дуб, дубóк

**oak-nut** [ˈəuknʌt] = oak-apple

**oak-tree** [ˈəuktri:] = oak 1)

**oakum** [ˈəukəm] *n* пáкля; to pick ~ щипáть пáклю

**oak-wart** [ˈəukwɔ:t] = oak-apple

**oak-wood** [ˈəukwud] *n* 1) дубрáва, дубóвая рóща 2) = oak 2)

**oaky** [ˈəukɪ] *a* дубóвый, крéпкий

**oar** [ɔ:] **1.** *n* 1) веслó; to pull a good ~ хорошó грести; to rest (*или* to lie) on one's ~s сушить вёсла; *перен.* бездéйствовать, почить на лáврах; ~s! *мор.* суши вёсла! 2) гребéц; a good ~ хорóший гребéц ◇ chained to the ~ вынужденный тянуть лямку, прикóванный к тяжёлой и длительной рабóте; to have an ~ in every man's boat постоянно лезть не в своё дéло; to put in one's ~, to put one's ~ in вмéшиваться (*в разговор, чужие дела и т. п.*)

2. *v* грести

**oarage** [ˈɔ:rɪdʒ] *n* 1) гребля 2) комплект вёсел

**oared** [ɔ:d] **1.** *p. p. от* oar 2

**2.** *a* весельный

**oarer** [ˈɔ:rə] = oarsman

**oarsman** [ˈɔ:zmən] *n* гребец

**oarsmanship** [ˈɔ:zmənʃɪp] *n* умение грести, искусство гребли

**oases** [əuˈeɪsi:z] *pl от* oasis

**oasis** [əuˈeɪsɪs] *n* (*pl* oases) оазис

**oast** [əust] *n* печь для сушки хмеля *или* солода

**oast-house** [ˈəusthaus] *n* сушилка для хмеля

**oat** [əut] *n* 1) (*обыкн. pl*) овёс 2) *поэт.* свирель из стебля овсяной соломы; пастуший рожок 3) пастораль 4) *attr.* овсяный, овсяной 5) *attr.* из овсяной соломы ◇ to feel one's ~s *разг.* а) быть весёлым, оживлённым; б) чувствовать свою силу; to smell one's ~s напрячь последние силы (*при приближении к цели*); to sow one's wild ~s перебеситься, остепениться

**oatcake** [ˈəutˈkeɪk] *n* овсяная лепёшка

**oaten** [ˈəutn] *a уст., поэт.* 1) овсяный, овсяной 2) из овсяной соломы

**oat-flakes** [ˈəutˈfleɪks] *n pl* геркулес, овсяные хлопья

**oath** [əuθ; *pl* əuðz] *n* 1) клятва; присяга; on ~ под присягой; ~ of allegiance присяга на верность; воинская присяга; ~ of office присяга при вступлении в должность; to make (*или* to take, to swear) an ~ дать клятву; to put smb. on ~, to administer the ~ to smb. привести кого-л. к присяге; on my ~! клянусь!, честное слово! 2) божба 3) богохульство; проклятия, ругательства

**oath-breaker** [ˈəuθˌbreɪkə] *n* клятвопреступник; нарушитель присяги

**oath-breaking** [ˈəuθˌbreɪkɪŋ] *n* нарушение клятвы *или* присяги

**oatmeal** [ˈəutmi:l] *n* 1) овсяная мука, толокно 2) овсянка, овсяная каша

**oaves** [əuvz] *pl от* oaf

**obduracy** [ˈɔbdjurəsɪ] *n* 1) закоснелость; чёрствость; ожесточение 2) упрямство

**obdurate** [ˈɔbdjurɪt] *a* 1) закоснелый; чёрствый; ожесточённый 2) упрямый

**obedience** [əˈbi:djəns] *n* послушание, повиновение, покорность ◇ in ~ to согласно, в соответствии с

**obedient** [əˈbi:djənt] *a* послушный, покорный; your ~ servant ваш покорный слуга (*в официальном письме*)

**obedientiary** [əˌbi:dɪˈenʃərɪ] *n* монах (*выполняющий какое-л. послушание в монастыре*)

**obeisance** [əuˈbeɪsəns] *n* 1) реверанс; почтительный поклон 2) почтение, уважение; to do (*или* to pay) ~ to smb. выразить почтение кому-л.

**obeli** [ˈɔbɪlaɪ] *pl от* obelus

**obelisk** [ˈɔbɪlɪsk] **1.** *n* 1) обелиск 2) *полигр.* знак — *или* знак ÷ (*ставится в рукописях против сомнительного слова*) 3) *полигр.* знак ссылки, крестик

**2.** *v* = obelize

**obelize** [ˈɔbɪlaɪz] *v* отмечать крестиком

**obelus** [ˈɔbɪləs] *n* (*pl* -li) = obelisk 1, 2) *и* 3)

**obese** [əuˈbi:s] *a* тучный, страдающий ожирением

**obesity** [əuˈbi:sɪtɪ] *n* тучность; ожирение

**obey** [əˈbeɪ] *v* 1) повиноваться, подчиняться; слушаться; выполнять приказание; to ~ the law подчиняться закону; to ~ the rule следовать правилу 2) *мат.* удовлетворять условиям уравнения

**obfuscate** [ˈɔbfʌskeɪt] *v книжн.* 1) затемнять (*свет, вопрос и т. п.*) 2) сбивать с толку; туманить рассудок

**obi** [ˈəubɪ] *яп. n* оби (*широкий яркий шёлковый пояс*)

**obiter** [ˈɔbɪtə] *лат. adv* между прочим, мимоходом; ~ dictum а) *юр.* неофициальное мнение; б) случайное замечание

**obituarist** [əˈbɪtjuərɪst] *n* автор некролога

**obituary** [əˈbɪtjuərɪ] **1.** *n* 1) некролог 2) список умерших

**2.** *a* 1) похоронный 2) некрологический; ~ notice некролог

**object** I [ˈɔbdʒɪkt] *n* 1) предмет; вещь 2) объект (*изучения и т. п.*) 3) цель; to fail (to succeed) in one's ~ не достичь (достичь) цели 4) *филос.* объект (*в противоп. субъекту*) 5) *грам.* дополнение 6) *разг.* человек *или* вещь необычного, жалкого, смешного *и т. п.* вида; what an ~ you look in that hat! ну и вид же у тебя в этой шляпе! ◇ no ~ не имеет значения; money (time) no ~ оплата (часы работы) по соглашению (*в объявлениях*); distance no ~ расстояние не имеет значения (*в объявлениях*)

**object** II [əbˈdʒekt] *v* 1) возражать, протестовать (to, against); I ~ to smoking я возражаю против курения 2) не любить, не переносить

**object-finder** [ˈɔbdʒɪktˌfaɪndə] *n фото* видоискатель

**object-glass** [ˈɔbdʒɪktglɑ:s] *n опт.* объектив

**objectify** [ɔbˈdʒektɪfaɪ] *v* 1) воплощать 2) ссылаться на объективные причины

**objection** [əbˈdʒekʃən] *n* 1) возражение, протест; to take ~ возражать; to raise no ~ не возражать; to lodge an ~ заявить протест; there is no ~ to his leaving ничто не препятствует его отъезду 2) неодобрение, нелюбовь 3) недостаток, дефект

**objectionable** [əbˈdʒekʃnəbl] *a* 1) вызывающий возражения; нежелательный; спорный; an ~ plan неприемлемый план; to be least ~ встречать меньше всего возражений 2) предосудительный 3) неприятный, неудобный

**objective** [əbˈdʒektɪv] **1.** *n* 1) цель; стремление 2) *воен.* объект (*наступления*) 3) *грам.* объектный *или* косвенный падеж 4) *опт.* объектив

**2.** *a* 1) объективный, беспристрастный 2) целевой; ~ point *воен.* цель движения, объект действий; *перен.* конечная цель 3) предметный; вещественный; ~ table предметный столик (*микроскопа*) 4) *грам.* относящийся к дополнению; ~ case объектный (*или* косвенный) падеж 5) *филос.* объективный; реальный, действительный; ~ method индуктивный метод

**objectivism** [əbˈdʒektɪvɪzm] *n* 1) стремление к объективности 2) *филос.* объективизм 3) *филос.* признание существования объективной реальности

**objectivity** [ˌɔbdʒekˈtɪvɪtɪ] *n* объективность

**objectless** [ˈɔbdʒɪktlɪs] *a* беспредметный, бесцельный

**object-lesson** [ˈɔbdʒɪktˌlesn] *n* 1) урок с демонстрацией наглядных пособий 2) *перен.* наглядное доказательство

**objector** [əbˈdʒektə] *n* возражающий, тот, кто возражает

**objurgate** [ˈɔbdʒə:geɪt] *v* бранить, упрекать

**objurgation** [ˌɔbdʒə:ˈgeɪʃən] *n* упрёк, выговор

**objurgatory** [ɔbˈdʒə:gətərɪ] *a* укоризненный

**oblate** [ˈɔbleɪt] *a* 1) *церк.* посвятивший себя (*монашеской жизни и т. п.*) 2) *геом.* сплющенный (*у полюсов*)

**oblation** [əuˈbleɪʃən] *n* 1) жертва; жертвоприношение 2) пожертвование на церковь *или* благотворительные дела 3) (O.) *церк.* евхаристия, причащение

**oblational** [əuˈbleɪʃənl] *a* жертвенный

**oblatory** [ˈɔblətərɪ] = oblational

**obligate** [ˈɔblɪgeɪt] *v* обязывать (*обыкн. pass.*)

**obligation** [ˌɔblɪˈgeɪʃən] *n* 1) обязательство; to repay an ~ отплатить тем же (*напр., гостеприимством за гостеприимство и т. п.*); to undertake (*или* to assume) ~s принимать обязательства 2) обязанность; долг; to be under an ~ to smb. быть в долгу перед кем-л. 3) принудительная сила, обязательность (*закона, договора и т. п.*); of ~ обязательный 4) чувство признательности

**obligatory** [ɔˈblɪgətərɪ] *a* 1) обязательный 2) обязывающий

**oblige** [əˈblaɪdʒ] *v* 1) обязывать; связывать обязательством; принуждать, заставлять; the law ~s parents to send their children to school закон обязывает родителей посылать детей в школу; to be ~d to do smth. быть обязанным сделать что-л. 2) делать одолжение, угождать; ~ me by closing the door закройте, пожалуйста, дверь; will you ~ us with a song? не споёте ли вы нам? 3): to be ~d *разг.* быть благодарным; I am much ~d (to you) о́чень (вам) благода́рен

**obligee** [ˌɔblɪ'dʒiː] *n юр.* 1) лицо́, по отноше́нию к кото́рому при́нято обяза́тельство 2) *амер.* лицо́, име́ющее обяза́тельство

**obliging** [ə'blaɪdʒɪŋ] **1.** *pres. p. от* oblige

**2.** *a* обяза́тельный, услу́жливый, любе́зный; ~ neighbours ми́лые сосе́ди

**obligingly** [ə'blaɪdʒɪŋlɪ] *adv* любе́зно, услу́жливо; ве́жливо

**obligor** [ˌɔblɪ'gɔː] *n юр.* лицо́, приня́вшее на себя́ обяза́тельство

**oblique** [ə'bliːk] **1.** *a* 1) косо́й, накло́нный; ~ fire *воен.* косоприце́льный ого́нь; ~ photography перспекти́вная фотосъёмка 2) око́льный; непрямо́й 3) *грам.* ко́свенный; ~ case ко́свенный паде́ж; ~ oration (*или* narration, speech) ко́свенная речь 4) *геом.* непрямо́й, о́стрый *или* тупо́й (*угол*); накло́нный (*о плоскости*)

**2.** *v воен.* продвига́ться вкось

**obliquity** [ə'blɪkwɪtɪ] *n* 1) косо́е направле́ние 2) отклоне́ние от прямо́го пути́ 3) *тех.* скос; ко́нусность 4) *астр.* наклоне́ние (*орбиты*)

**obliterate** [ə'blɪtəreɪt] *v* 1) вычёркивать, стира́ть; уничтожа́ть 2) изгла́живать(ся); time ~s sorrow ≅ вре́мя — лу́чший ле́карь; со вре́менем го́ре прохо́дит

**obliteration** [əˌblɪtə'reɪʃən] *n* 1) вычёркивание, стира́ние; уничтоже́ние 2) забве́ние

**oblivion** [ə'blɪvɪən] *n* 1) забве́ние; to fall (*или* to sink) into ~ быть пре́данным забве́нию; быть забы́тым 2) забы́вчивость ◇ Act (*или* Bill) of O. амни́стия

**oblivious** [ə'blɪvɪəs] *a* 1) забы́вчивый; непо́мнящий, забыва́ющий (of) 2) рассе́янный; не обраща́ющий внима́ния 3) даю́щий забве́ние

**oblong** ['ɔblɔŋ] **1.** *a* продолгова́тый; удлинённый

**2.** *n* продолгова́тая фигу́ра, продолгова́тый предме́т

**obloquy** ['ɔbləkwɪ] *n* 1) злосло́вие, поноше́ние; оскорбле́ние 2) позо́р

**obnoxious** [əb'nɔkʃəs] *a* неприя́тный, проти́вный, несно́сный

**oboe** ['əubəu] *ит. n* гобо́й

**oboist** ['əubəuɪst] *n* гобои́ст

**obscene** [ɔb'siːn] *a* непристо́йный, непотре́бный, неприли́чный; гря́зный

**obscenity** [ɔb'siːnɪtɪ] *n* 1) непристо́йность 2) *pl* непристо́йная брань

**obscurant** [ɔb'skjuərənt] *n* мракобе́с, обскура́нт

**obscurantism** [ˌɔbskjuə'ræntɪzm] *n* мракобе́сие, обскуранти́зм

**obscurantist** [ˌɔbskjuə'ræntɪst] **1.** *n* = obscurant

**2.** *a* обскуранти́стский

**obscuration** [ˌɔbskjuə'reɪʃən] *n* 1) помраче́ние 2) *астр.* затме́ние

**obscure** [əb'skjuə] **1.** *a* 1) мра́чный, тёмный; ту́склый 2) нея́сный, сму́тный 3) непоня́тный; невразуми́тельный 4) незаме́тный; неизве́стный, ниче́м не просла́вленный, безве́стный 5) скры́тый, уединённый

**2.** *v* 1) затемня́ть; *перен.* затушёвывать 2) де́лать нея́сным (*о значении слова и т. п.*) 3) затмева́ть; to ~ smb.'s fame затми́ть чью-л. сла́ву 4) загора́живать; to ~ the light загора́живать свет

**obscurity** [əb'skjuərɪtɪ] *n* 1) мрак; тьма, темнота́ 2) нея́сность, непоня́тность 3) неизве́стность, безве́стность; незаме́тность; to live in ~ жить в неизве́стности; to sink (*или* to lapse) into ~ быть пре́данным забве́нию 4) что-л. нея́сное, непоня́тное; a story full of obscurities расска́з, в кото́ром мно́го непоня́тного

**obsecration** [ˌɔbsɪ'kreɪʃən] *n* 1) про́сьба, мольба́ 2) умилостивле́ние (*богов*)

**obsequial** [ɔb'siːkwɪəl] *a* похоро́нный, погреба́льный

**obsequies** ['ɔbsɪkwɪz] *n pl* по́хороны; погребе́ние

**obsequious** [əb'siːkwɪəs] *a* 1) раболе́пный, подобостра́стный; to be ~ to (*или* with) smb. уго́дничать, расша́ркиваться пе́ред кем-л. 2) *уст.* послу́шный, исполни́тельный

**obsequiousness** [əb'siːkwɪəsnɪs] *n* раболе́пие, подобостра́стие, уго́дничество, низкопокло́нство

**observable** [əb'zəːvəbl] *a* 1) заме́тный, различи́мый 2) тре́бующий соблюде́ния (*чего-л.*) 3) поддаю́щийся наблюде́нию 4) досто́йный внима́ния

**observance** [əb'zəːvəns] *n* 1) соблюде́ние (*закона, обычая и т. п.*; of) 2) обря́д, ритуа́л 3) *уст.* почте́ние

**observant** [əb'zəːvənt] **1.** *a* 1) наблюда́тельный, внима́тельный 2) исполня́ющий (*законы, предписания и т. п.*) 3) исполни́тельный

**2.** *n* франциска́нец са́мого стро́гого то́лка

**observation** [ˌɔbzə(ː)'veɪʃən] *n* 1) наблюде́ние; to keep under ~ держа́ть под наблюде́нием; he was sent to hospital for ~ его́ положи́ли в больни́цу для клини́ческого иссле́дования 2) наблюда́тельность; a man of little ~ ненаблюда́тельный челове́к 3) соблюде́ние (*законов, правил и т. п.*) 4) (*обыкн. pl*) результа́ты нау́чных наблюде́ний 5) замеча́ние, выска́зывание; to make an ~ сде́лать замеча́ние 6) определе́ние координа́т по высоте́ со́лнца 7) *attr.* наблюда́тельный; ~ car а) ваго́н с больши́ми о́кнами (*для туристов*); б) *ж.-д.* служе́бный ваго́н для прове́рки состоя́ния пути́; ~ satellite *воен.* разве́дывательный спу́тник; ~ station (*или* point) *воен.* наблюда́тельный пункт

**observational** [ˌɔbzə(ː)'veɪʃənl] *a* наблюда́тельный

**observatory** [əb'zəːvətrɪ] *n* 1) обсервато́рия 2) наблюда́тельный пункт

**observe** [əb'zəːv] *v* 1) наблюда́ть, замеча́ть; следи́ть (*за чем-л.*) 2) соблюда́ть (*законы и т. п.*); to ~ good manners быть утончённо ве́жливым; to ~ silence храни́ть молча́ние; to ~ the time быть пунктуа́льным 3) заме́тить, сказа́ть; allow me to ~ разреши́те мне заме́тить; it will be ~d прихо́дится, на́до отме́тить 4) вести́ нау́чные наблюде́ния

**observed** [əb'zəːvd] **1.** *p. p. от* observe

**2.** *n* (the ~) предме́т наблюде́ний; the ~ of all observers центр всео́бщего внима́ния

**observer** [əb'zəːvə] *n* 1) наблюда́тель 2) соблюда́ющий (*что-л.*; of); an ~ of his promises челове́к, всегда́ выполня́ющий обеща́ния 3) обозрева́тель (*в газете*)

**obsess** [əb'ses] *v* завладе́ть, пресле́довать, му́чить (*о навязчивой идее и т. п.*); овладе́ть, обуя́ть (*о страхе*)

**obsession** [əb'seʃən] *n* 1) одержи́мость (*желанием и т. п.*) 2) навя́зчивая иде́я

**obsidian** [ɔb'sɪdɪən] *n мин.* обсидиа́н, вулкани́ческое стекло́

**obsolescense** [ˌɔbsəu'lesns] *n* устарева́ние

**obsolescent** [ˌɔbsəu'lesnt] *a* выходя́щий из употребле́ния; устарева́ющий, отжива́ющий

**obsolete** ['ɔbsəliːt] *a* 1) вы́шедший из употребле́ния; устаре́лый 2) изно́шенный; обветша́лый 3) атрофиро́ванный

**obstacle** ['ɔbstəkl] *n* 1) препя́тствие, поме́ха; to throw ~s in smb.'s way чини́ть препя́тствия кому́-л.; to surmount (*или* to overcome) ~s преодолева́ть препя́тствия 2) *attr.*: ~ course *спорт.* полоса́ препя́тствий

**obstacle-race** ['ɔbstəklreɪs] *n* бег *или* ска́чки с препя́тствиями

**obstetric(al)** [ɔb'stetrɪk(əl)] *a* родовспомога́тельный; акуше́рский

**obstetrician** [ˌɔbste'trɪʃən] *n* акушёр; акуше́рка

**obstetrics** [ɔb'stetrɪks] *n pl* (*употр. как sing*) акуше́рство

**obstinacy** ['ɔbstɪnəsɪ] *n* упря́мство; насто́йчивость, упо́рство; mulish ~ осли́ное упря́мство

**obstinate** ['ɔbstɪnɪt] *a* 1) упря́мый; насто́йчивый, упо́рный 2) трудноизлечи́мый

**obstipation** [ˌɔbstɪ'peɪʃən] *n мед.* си́льный запо́р

**obstreperous** [əb'strepərəs] *a* шу́мный, беспоко́йный; бу́йный

**obstruct** [əb'strʌkt] *v* 1) загражда́ть, преграждáть, загроможда́ть (*проход*); препя́тствовать (*продвижению*); to ~ the traffic препя́тствовать движе́нию тра́нспорта 2) затрудня́ть, меша́ть; заслоня́ть; to ~ the light загора́живать свет; to ~ the view заслоня́ть вид 3) *парл.* устра́ивать обстру́кцию 4) *мед.* затрудня́ть проходи́мость; вызыва́ть запо́р

**obstruction** [əb'strʌkʃən] *n* 1) затрудне́ние *или* прегражде́ние прохо́да, продвиже́ния 2) загражде́ние, поме́ха; препя́тствие; policy of ~ поли́тика препя́тствий и поме́х 3) *парл.* обстру́кция 4) *мед.* непроходи́мость; заку́порка 5) *мед.* запо́р

**obstructionism** [əb'strʌkʃənɪzm] *n парл.* обструкциони́зм

**obstructionist** [əb'strʌkʃənɪst] *n* *парл.* обструкционист

**obstructive** [əb'strʌktɪv] **1.** *a* 1) препятствующий *и пр.* [*см.* obstruct] 2) *парл.* обструкционный

**2.** *n* = obstructionist

**obtain** [əb'teɪn] *v* 1) получать; добывать; приобретать; to ~ a prize получить приз; to ~ a commission *воен.* быть произведённым в офицеры 2) достигать, добиваться 3) существовать, быть признанным; применяться; these views no longer ~ эти взгляды устарели; the same rule ~s regarding... то же правило относится и к...

**obtainable** [əb'teɪnəbl] *a* доступный, достижимый

**obtest** [ɔb'test] *v* *уст.* 1) призывать (небо) в свидетели; заклинать 2) протестовать

**obtestation** [ˌɔbtes'teɪʃən] *n* *уст.* 1) заклинание, мольба 2) протест

**obtrude** [əb'tru:d] *v* 1) высовывать, выставлять 2) навязывать(ся) (on, upon); to ~ one's opinions upon smb. навязывать своё мнение кому-л.; to ~ oneself навязываться

**obtruncate** [əb'trʌŋkeɪt] *v* обрезать; срезать вершину

**obtrusion** [əb'tru:ʒən] *n* навязывание

**obtrusive** [əb'tru:sɪv] *a* 1) выступающий, выдающийся 2) навязчивый

**obturate** ['ɔbtjuəreɪt] *v* 1) затыкать, закрывать 2) уплотнять 3) *спец.* обтюрировать

**obturation** [ˌɔbtjuə'reɪʃən] *n* 1) закрытие отверстия 2) *спец.* обтюрация

**obturator** ['ɔbtjuəreɪtə] *n* 1) затычка, пробка, приспособление для закрытия отверстий 2) *тех.* уплотняющее устройство 3) затвор съёмочного аппарата 4) *спец.* обтюратор

**obtuse** [əb'tju:s] *a* 1) тупой; ~ angle тупой угол 2) тупой, глупый; бестолковый 3) заглушённый, приглушённый (*о звуке*)

**obverse** ['ɔbvə:s] **1.** *n* 1) лицевая сторона, лицо; передняя *или* верхняя сторона 2) дополнение, составная часть

**2.** *a* 1) лицевой, обращённый наружу 2) дополнительный, являющийся составной частью

**obviate** ['ɔbvɪeɪt] *v* избегать; устранять; избавляться (*от опасности и т. п.*)

**obvious** ['ɔbvɪəs] *a* очевидный, явный, ясный; for an ~ reason по вполне понятной причине; an ~ question само собой напрашивающийся вопрос

**ocarina** [ˌɔkə'ri:nə] *n* *муз.* окарина

**occasion** [ə'keɪʒən] **1.** *n* 1) случай; возможность on rare ~s редко; on several ~s несколько раз; to choose one's ~ выбрать подходящий момент; not the ~ for rejoicing нечему радоваться; on ~ при случае, иногда; on the ~ of... по случаю...; to profit by the ~ воспользоваться случаем 2) обстоятельство 3) основание, причина; повод; to give ~ to служить основанием для 4) событие; this festive ~ этот праздник 5) *pl* *уст.* дела ◊ to rise to the ~ быть на высоте положения

**2.** *v* служить поводом, давать повод; вызывать; причинять; his behaviour ~ed his parents much anxiety его поведение доставляло родителям много волнений

**occasional** [ə'keɪʒənl] *a* 1) случающийся время от времени, иногда 2) случайный, редкий; ~ visitor случайный посетитель 3) приурочённый к определённому событию; сделанный для определённой цели; ~ ode ода на какое-л. событие

**occasionalism** [ə'keɪʒnəlɪzm] *n* *филос.* окказионализм

**occasionally** [ə'keɪʒnəlɪ] *adv* изредка, время от времени; подчас, порой

**Occident** ['ɔksɪdənt] *n* Запад; страны Запада

**occidental** [ˌɔksɪ'dentl] **1.** *a* западный

**2.** *n* 1) (O.) уроженец *или* житель Запада 2) (O.) *уст.* западная держава

**occidentalism** [ˌɔksɪ'dentəlɪzm] *n* обычаи, нравы, идеалы *и т. п.* западных народов

**occipital** [ɔk'sɪpɪtl] *a* *анат.* затылочный

**occiput** ['ɔksɪpʌt] *n* *анат.* затылок

**occlude** [ɔ'klu:d] *v* 1) преграждать, закрывать (*отверстие, проход*); закупоривать 2) смыкаться (*о зубах*)

**occlusion** [ɔ'klu:ʒən] *n* 1) преграждение 2) *хим.* окклюзия 3) *мед.* закупорка; непроходимость 4) прикус зубов

**occult** [ɔ'kʌlt] **1.** *a* 1) тайный, сокровенный 2) таинственный, тёмный, оккультный

**2.** *v* *астр.* заслонять, затемнять

**occulting light** [ɔ'kʌltɪŋ'laɪt] *n* затмевающий огонь маяка

**occultism** ['ɔkəltɪzm] *n* оккультизм

**occupancy** ['ɔkjupənsɪ] *n* 1) занятие; завладение 2) временное владение; аренда 3) владение

**occupant** ['ɔkjupənt] *n* 1) житель; жилец; обитатель 2) временный владелец; арендатор 3) занимающий какую-л. должность 4) *юр.* лицо, присвоившее себе имущество, не имеющее владельца 5) оккупант

**occupation** [ˌɔkju'peɪʃən] *n* 1) занятие, завладение 2) временное пользование (*домом и т. п.*); период проживания 3) занятие, оккупация; army of ~ оккупационная армия 4) занятость; men out of ~ безработные 5) (*тж.* *pl*) занятия; род занятий, профессия 6) *attr.*: ~ bridge (road) мост (дорога) частого пользования; ~ franchise избирательное право арендатора

**occupational** [ˌɔkju(:)'peɪʃənl] *a* профессиональный; ~ hazards риск, связанный с характером работы; ~ deferment отсрочка от призыва (по роду занятий); ~ disease профессиональное заболевание; ~ therapy трудотерапия

**occupier** ['ɔkjupaɪə] *n* 1) жилец 2) арендатор; временный владелец 3) оккупант

**occupy** ['ɔkjupaɪ] *v* 1) занимать (*дом, квартиру*); арендовать 2) захватывать, завладевать; оккупировать 3) занимать (*пространство, время*); the garden occupies 5 acres под садом занято 5 акров земли 4) занимать (*мысли, ум*); to ~ oneself with smth., to be occupied in smth. заниматься чем-л. 5) занимать (*пост*)

**occur** [ə'kə:] *v* 1) случаться, происходить; to ~ again повторяться 2) встречаться, попадаться 3) приходить на ум; it ~red to me мне пришло в голову 4) *геол.* залегать

**occurence** [ə'kʌrəns] *n* 1) случай, происшествие; an everyday ~ обычное явление; strange ~ странное происшествие 2) местонахождение; распространение; of frequent (rare) ~ часто (редко) встречающийся 3) *геол.* месторождение, залегание

**ocean** ['əuʃən] *n* 1) океан 2) огромное пространство 3) *разг.* огромное количество, множество, масса; an ~ of tears море слёз; ~s of money (time) уйма денег (времени) 4) *attr.* океанский; относящийся к океану; ~ bed дно океана; ~ deeps *геол.* абиссальные глубины

**ocean-going** ['əuʃən'gəuɪŋ] *a* океанский (*о пароходе*)

**Oceanian** [ˌəuʃɪ'eɪnjən] **1.** *a* относящийся к Океании

**2.** *n* житель Океании, житель тихоокеанских островов; полинезиец

**oceanic** [ˌəuʃɪ'ænɪk] *a* 1) океанский, океанический 2) (O.) = Oceanian 1

**oceanography** [ˌəuʃjə'nɔgrəfɪ] *n* океанография

**ocelot** ['əusɪlɔt] *n* *зоол.* оцелот

**ochlocracy** [ɔk'lɔkrəsɪ] *греч.* *n* охлократия

**ochre** ['əukə] *n* 1) охра 2) бледный коричневато-жёлтый цвет 3) *sl.* золото, деньги

**o'clock** [ə'klɔk]: what ~ is it? который час?; it is six ~ шесть часов

**octa-** ['ɔktə-] *pref* восьми-

**octagon** ['ɔktəgən] *n* восьмиугольник

**octagonal** [ɔk'tægənl] *a* восьмиугольный

**octahedral** [ˌɔktə'hedrəl] *a* восьмигранный

**octahedron** ['ɔktə'hedrən] *n* восьмигранник, октаэдр

**octal** ['ɔktəl] *a* октальный, восьмигранный

**octane** ['ɔkteɪn] *n* *хим.* 1) октан 2) *attr.* октановый; ~ number (*или* value) октановое число

**octangular** [ɔk'tæŋgjulə] = octagonal

**octant** ['ɔktənt] *n* 1) октант (*угломерный инструмент*) 2) восьмая часть круга, дуга в 45°

**octarchy** ['ɔktɑ:kɪ] *n* октархия (*правление, осуществляемое восьмью лицами*)

**octave** ['ɔktɪv] *n* 1) *муз.* октава 2) *прос.* восьмистишие, октава 3) *церк.* восьмой день после праздника; неделя, следующая за праздником 4) восемь предметов 5) восьмая позиция (*в фехтовании*) 6) винная бочка (*ёмкостью около 61 л*)

**octavo** [ɔk'teɪvəu] *n* формат (*книги*) в 1/8 долю листа

**octennial** [ɔk'tenjəl] *a* 1) восьмилетний 2) происходящий раз в восемь лет

**octet(te)** [ɔk'tet] *n* 1) *муз.* октет 2) *прос.* первые восемь строк сонета

**octillion** [ɔk'tɪljən] *n мат.* миллион в восьмой степени (*единица с 48 нулями*)

**October** [ɔk'təubə] *n* 1) октябрь 2) *attr.* октябрьский; the Great ~ Socialist Revolution Великая Октябрьская социалистическая революция

**octodecimo** ['ɔktəu'desɪməu] *n* (*pl* -os [-əuz]) формат (*книги*) в 1/18 долю листа

**octogenarian** [,ɔktəudʒɪ'neərɪən] **1.** *a* восьмидесятилетний

**2.** *n* восьмидесятилетний старик, -яя старуха

**octonarian** [,ɔktəu'neərɪən] *прос.* **1.** *a* восьмистопный

**2.** *n* восьмистопный стих

**octopus** ['ɔktəpəs] *n* осьминог, спрут

**octoroon** [,ɔktə'ru:n] *n* цветной, цветная (*с 1/8 негритянской крови*)

**octosyllabic** ['ɔktəusɪ'læbɪk] **1.** *a* восьмисложный

**2.** *n* восьмисложный стих

**octosyllable** ['ɔktəu,sɪləbl] **1.** *n* восьмисложное слово

**2.** *a* = octosyllabic 1

**octuple** ['ɔktju(:)pl] *a* восьмикратный; восьмеричный

**ocular** ['ɔkjulə] **1.** *n* окуляр

**2.** *a* 1) глазной; окулярный 2) наглядный (*о доказательстве и т. п.*)

**oculist** ['ɔkjulɪst] *n* окулист

**odalisque** ['əudəlɪsk] *n* одалиска

**odd** [ɔd] **1.** *a* 1) нечётный; ~ and (or) even чёт и (или) нечет; ~ houses дома с нечётными номерами; ~ months месяцы, имеющие 31 день 2) непарный, разрозненный; ~ volumes разрозненные тома; ~ player запасной игрок 3) лишний, добавочный, остающийся (*сверх суммы или определённого количества*); three pounds ~ три с лишним фунта; три фунта, не считая шиллингов и пенсов; twenty ~ years двадцать с лишним лет; forty ~ сверх сорока, сорок с лишним; ~ money сдача, мелочь 4) незанятый, свободный; ~ moments минуты досуга; at ~ times а) на досуге, между делом; б) время от времени 5) случайный; ~ job случайная работа; ~ man (*или* lad, hand) человек, выполняющий случайную работу; разнорабочий [*ср. тж.* ◇] 6) необычный, странный, эксцентричный; how ~! как странно!; the ~ thing is достойно удивления... ◇ the ~ man решающий голос [*ср. тж.* 5)]; ~ man out а) игрок, оставшийся без пары; третий лишний; б) *разг.* человек, предпочитающий одиночество; некоммуникабельный человек

**2.** *n* 1) *карт.* решающая взятка (*в висте*) 2) удар, дающий перевес (*в гольфе*)

**odd-come-short** ['ɔdkʌm'ʃɔ:t] *n* 1) остаток 2) *pl* остатки, обрывки, хлам

**odd-come-shortly** ['ɔdkʌm'ʃɔ:tlɪ] *n* ближайший день; one of these odd-come-shortlies вскоре

**oddfellow** ['ɔd,feləu] *n* член тайного братства (*типа масонского ордена*)

**oddish** ['ɔdɪʃ] *a* странный, чудаковатый; эксцентричный

**oddity** ['ɔdɪtɪ] *n* 1) странность, чудаковатость 2) чудак 3) причудливая вещь; из ряда вон выходящий случай

**oddly** ['ɔdlɪ] *adv* странно; ~ enough как это ни странно

**oddments** ['ɔdmənts] *n pl* остатки; разрозненные предметы

**odds** [ɔdz] *n pl* (*обыкн. употр. как sing*) 1) неравенство; разница; with heavy ~ against them а) против значительно превосходящих сил; б) в исключительно неблагоприятных условиях; to make ~ even устранить различия 2) разногласие; to be at ~ with smb. не ладить с кем-л., ссориться с кем-л. (about — из-за *чего-л.*); to be at ~ with smth. не гармонировать с чем-л., не соответствовать чему-л. 3) преимущество; гандикап; the ~ are in our favour перевес на нашей стороне; to give (to receive) ~ предоставлять (получать) преимущество 4) шансы; the ~ are that he will do it вероятнее всего, что он это сделает; long (short) ~ неравные (почти равные) шансы; ~ on шансы на выигрыш выше, чем у противника ◇ by long ~ значительно, решительно; несомненно; it makes no ~ не составляет никакой разницы; несущественно; what's the ~? а) в чём разница?; какое это имеет значение?; б) *спорт* какой счёт?; ~ and ends остатки; обрезки; хлам; случайные предметы, всякая всячина; to shout the ~ хвастать, бахвалиться

**ode** [əud] *n* ода

**odea** [əu'di(:)ə] *pl от* odeum

**odeum** [əu'dɪ(:)əm] *n* (*pl* -s [-z], odea) 1) *др.-греч.* одеон 2) концертный, зрительный зал

**Odin** ['əudɪn] *n сканд. миф.* Один

**odious** ['əudjəs] *a* 1) ненавистный, гнусный, отвратительный 2) одиозный; he finds it ~ ему это претит

**odium** ['əudjəm] *n* 1) ненависть; отвращение; to bring ~ on, to expose to ~ вызвать недоброжелательное отношение; сделать ненавистным 2) позор 3) одиозность

**odometer** [əu'dɔmɪtə] *n* одометр

**odontic** [əu'dɔntɪk] *a мед.* зубной

**odontoid** [əu'dɔntɔɪd] *a* зубовидный

**odontology** [,ɔdɔn'tɔlədʒɪ] *n мед.* одонтология

**odor** ['əudə] *амер.* = odour

**odoriferous** [,əudə'rɪfərəs] *a* 1) душистый; благовонный; благоухающий 2) *редк.* вонючий

**odorous** ['əudərəs] *поэт. см.* odoriferous 1)

**odour** ['əudə] *n* 1) запах; аромат, благоухание 2) душок, привкус, налёт 3) слава, репутация; to be in good ~ with smb. быть в милости у кого-л.; to be in bad (*или* ill) ~ with smb. быть непопулярным среди кого-л.; быть в немилости у кого-л.

**odourless** ['əudəlɪs] *a* без запаха, непахнущий

**Odysseus** [ə'dɪsju:s] *n греч. миф.* Одиссей

**Odyssey** ['ɔdɪsɪ] *n* Одиссея (*тж. перен.*)

**oecumenical** [,i:kju(:)'menɪkəl] *a* 1) *книжн.* всемирный 2) *церк.* вселенский; ~ council вселенский собор

**oedema** [i(:)'di:mə] *n* (*pl* -ata) *мед.* отёк

**oedemata** [i(:)'di:mətə] *pl от* oedema

**Oedipus** ['i:dɪpəs] *n греч. миф.* Эдип

**o'er** ['əuə] *поэт. см.* over

**oersted** ['ə:sted] *n эл.* эрстед (*единица напряжённости магнитного поля*)

**oesophagi** [i(:)'sɔfəgaɪ] *pl от* oesophagus

**oesophagus** [i(:)'sɔfəgəs] *n* (*pl* -gi, -es [-ɪz]) *анат.* пищевод

**oestrum, oestrus** ['i:strəm, 'i:strəs] *n* 1) овод 2) импульс, побуждение 3) страсть; страстное желание 4) *зоол.* течка

**of** [ɔv (*полная форма*); əv (*редуцированная форма*)] *prep* 1) *указывает на принадлежность; передаётся род. падежом*: the house of my ancestors дом моих предков; articles of clothing предметы одежды 2) *указывает на авторство; передаётся род. падежом*: the works of Shakespeare произведения Шекспира 3) *указывает на объект действия; передаётся род. падежом*: a creator of a new trend in art создатель нового направления в искусстве; in search of a dictionary в поисках словаря; a lover of poetry любитель поэзии 4) *указывает на деятеля: передаётся род. падежом*: the deeds of our heroes подвиги наших героев 5) *указывает на отношение части и целого; передаётся род. разделительным*: a pound of sugar фунт сахару; some of us некоторые из нас; a member of congress член конгресса 6) *указывает на содержимое какого-л. вместилища; передаётся род. падежом*: a glass of milk стакан молока; a pail of water ведро воды 7) *указывает на материал, из которого что-л. сделано* из; a dress of silk платье из шёлка; a wreath of flowers венок из цветов 8) *указывает на качество, свойство, возраст; передаётся род. падежом*: a man of his word человек слова; a girl of ten девочка лет десяти; a man of talent талантливый человек 9) *указывает на причину* от; из-за; в результате, по причине; he died of pneumonia он у́мер от воспале́ния лёгких; he did it of necessity он сде́лал э́то по необходи́мости 10) *указывает на источник* от, у; I learned it of him я узна́л э́то от него́; he asked it of me он спроси́л э́то у меня́ 11) *указывает на происхождение* из; he comes of a worker's family он из рабо́чей семьи́ 12) *указывает на направление, положение в пространстве, расстояние* от; south of Moscow к ю́гу от Москвы́; within 50 miles of London в 50 ми́лях от Ло́ндона 13) *указывает на объект избавления* от; to cure of a disease (*или* illness) вы́лечить от боле́зни; to get rid of a cold изба́виться от просту́ды 14) *указывает на объект лишения; передаётся род. падежом*: the loss of power поте́ря вла́сти 15) *указывает на количество единиц измерения* в; a farm of 100 acres фе́рма пло́щадью в 100 а́кров; a fortune of 1000 pounds состоя́ние в 1000 фу́нтов 16) о, об, относи́тельно; I have heard of it я слы́шал об э́том; the news of the victory весть о побе́де 17) *указывает на время*: of an evening ве́чером; of late неда́вно 18) в; to suspect of theft подозрева́ть в воровстве́; to accuse of a lie обвиня́ть во лжи; to be guilty of bribery быть вино́вным во взя́точничестве; to be sure of smth. быть уве́ренным в чём-л. 19) *указывает на вкус, запах и т. п.; передаётся тв. падежом*: to smell of flowers па́хнуть цвета́ми; he reeks of tobacco от него́ рази́т табако́м 20): it is nice of you э́то любе́зно с ва́шей стороны́; it is clever of him to go there умно́, что он туда́ пое́хал 21) *вводит приложение*: the city of New York го́род Нью-Йо́рк; by the name of John по и́мени Джон 22) *употребляется в неразложимых словосочетаниях с предшествующим определяющим существительным*: a fool of a man глу́пый челове́к, про́сто ду́рень; the devil of a worker не рабо́тник, а про́сто дья́вол; a beauty of a girl краса́вица; a mouse of a woman похо́жая на мы́шку же́нщина 23) *указывает на выделение лица или предмета из множества аналогичных лиц или предметов*: holy of holies свята́я святы́х; he of all men кто уго́дно, но не он; that he of all men should do it! ме́ньше всего́ я ожида́л э́того от него́!

**off** [ɔf] **1.** *adv указывает на*: 1) *удаление, отделение*: I must be ~ я до́лжен уходи́ть; ~ you go!, be ~!, get ~!, ~ with you! убира́йтесь!; уходи́те!; they are ~ они́ отпра́вились; to run ~ убежа́ть; to keep ~ держа́ться в отдале́нии; держа́ться в стороне́; my hat is ~ у меня́ слете́ла шля́па; the cover is ~ кры́шка снята́; the gilt is ~ позоло́та сошла́; *перен.* наступи́ло разочарова́ние 2) *расстояние*: a long way ~ далеко́; five miles ~ за пять миль; в пяти́ ми́лях 3) *прекращение, перерыв, окончание действия, аннулирование, отмену*: to break ~ negotiations прерва́ть перегово́ры; to cut ~ supplies прекрати́ть снабже́ние; the strike is ~ забасто́вка око́нчилась; the concert is ~ конце́рт отменён 4) *завершение действия*: to pay ~ вы́платить (*до конца*); to drink ~ вы́пить (*до дна*); to polish ~ отполирова́ть; to finish ~ поко́нчить 5) *избавление*: to throw ~ reserve осмеле́ть, расхрабри́ться 6) *выключение, разъединение какого-л. аппарата или механизма*: to switch ~ the light вы́ключить свет; the radio was ~ the whole day ра́дио не́ было включено́ весь день 7) *отсутствие, невозможность получения*: the dish is ~ э́того блю́да уже́ нет (*хотя оно числится в меню*) 8) *отдых от работы*: to take time ~ сде́лать переры́в в рабо́те 9) *снятие предмета одежды*: take ~ your coat! сними́те пальто́!; hats ~! ша́пки доло́й! ◇ to be badly ~ о́чень нужда́ться; to be comfortably ~ хорошо́ зараба́тывать; быть хорошо́ обеспе́ченным

**2.** *prep указывает на*: 1) *расстояние* от; a mile ~ the road на расстоя́нии ми́ли от доро́ги; ~ the beaten track в стороне́ от большо́й доро́ги; *перен.* в малоизве́стных областя́х; ~ the coast неподалёку от бе́рега; the street ~ the Strand у́лица, иду́щая от Стрэ́нда *или* выходя́щая на Стрэнд 2) *удаление с поверхности* с; take your hands ~ the table убери́ ру́ки со стола́; they pushed me ~ my seat они́ столкну́ли меня́ с моего́ ме́ста; to fall ~ a ladder (tree, horse) упа́сть с ле́стницы (де́рева, ло́шади) 3) *отклонение от нормы, привычного состояния*: ~ one's balance потеря́вший равнове́сие (*тж. перен.*); ~ one's food без аппети́та; he is ~ smoking он бро́сил кури́ть; ~ the point а) далеко́ от це́ли; б) не относя́щийся к де́лу; ~ the mark а) ми́мо це́ли (*о выстреле*); б) не относя́щийся к де́лу 4) *неучастие в чём-л.*: he is ~ gambling он не игра́ет в аза́ртные и́гры ◇ ~ the cuff без подгото́вки

**3.** *a* 1) да́льний, бо́лее удалённый; an ~ road отдалённая доро́га 2) свобо́дный (*о времени, часах*); an ~ day выходно́й, свобо́дный день 3) сня́тый, отделённый; the wheel is ~ колесо́ сня́то, соскочи́ло 4) неурожа́йный (*о годе*); мёртвый (*о сезоне*) 5) второстепе́нный; an ~ street переу́лок; that is an ~ issue э́то второстепе́нный вопро́с 6) пра́вый; the ~ hind leg за́дняя пра́вая нога́; the ~ side пра́вая сторона́; *мор.* борт корабля́, обращённый к откры́тому мо́рю 7) маловероя́тный; on the ~ chance *разг.* на вся́кий слу́чай 8) несве́жий; the fish is a bit ~ ры́ба не совсе́м све́жая 9) не совсе́м здоро́вый; I am feeling rather ~ today я сего́дня нева́жно себя́ чу́вствую 10) низкосо́ртный; ~ grade ни́зкого ка́чества 11) *спорт.* находя́щийся, располо́женный сле́ва от бо́улера (*о части крикетного поля*)

**4.** *n* 1) *разг.* свобо́дное вре́мя; in one's ~ на досу́ге 2) *спорт.* часть по́ля, находя́щаяся, располо́женная сле́ва от бо́улера (*в крикете*)

**5.** *v* 1) *разг.* прекраща́ть (*переговоры и т. п.*); идти́ на попя́тный 2): to ~ it *разг.* уйти́, смы́ться

**6.** *int* прочь!, вон!

**offal** [ˈɔfəl] *n* 1) требуха́; голье́, потроха́ 2) отбро́сы 3) дешёвая ры́ба 4) па́даль 5) о́труби

**off-balance** [ˈɔfˈbæləns] *a* 1) неуравнове́шенный, несбаланси́рованный 2) потеря́вший равнове́сие

**off-beat** [ˈɔfbiːt] *a разг.* непривы́чный, необы́чный, дико́винный

**off-black** [ˈɔfblæk] *a* не совсе́м чёрный (*об оттенке*)

**offcast** [ˈɔfkɑːst] **1.** *a* отве́ргнутый

**2.** *n* отве́рженный

**off-chance** [ˈɔftʃɑːns] *n* не́который шанс; ничто́жный шанс

**off colour** [ˈɔfˈkʌlə] *a* 1) необы́чного цве́та 2) име́ющий нездоро́вый вид; to look ~ пло́хо вы́глядеть 3) ду́рно настро́енный 4) неиспра́вный, дефе́ктный 5) *sl.* риско́ванный, сомни́тельный; непристо́йный; ~ joke непристо́йная шу́тка 6) небезупре́чный; his reputation is a trifle ~ у него́ не совсе́м безукори́зненная репута́ция 7) ху́дшего ка́чества; нечи́стой воды́ (*о бриллиантах*)

**off-day** [ˈɔfdeɪ] *n разг.* неуда́чный день

**offence** [əˈfens] *n* 1) оби́да, оскорбле́ние; to cause (*или* to give) ~ (to) оскорби́ть, нанести́ оби́ду; to take ~ (at) обижа́ться (на); a just cause of ~ справедли́вый по́вод к оби́де; I meant no ~, no ~ was meant я не хоте́л никого́ оби́деть; quick to take ~ оби́дчивый; without ~ не в оби́ду будь ска́зано; без наме́рения оскорби́ть 2) просту́пок, наруше́ние (*чего-л.*; against); преступле́ние; criminal ~ уголо́вное преступле́ние; an ~ against the law наруше́ние зако́на 3) *воен.* нападе́ние; наступле́ние 4) *библ.* ка́мень преткнове́ния

**offend** [əˈfend] *v* 1) обижа́ть, оскорбля́ть; задева́ть; вызыва́ть раздраже́ние, отвраще́ние; to ~ smb.'s sense of justice оскорби́ть чьё-л. чу́вство справедли́вости; to be ~ed быть оби́женным (by, at — *чем-л.*; by, with — *кем-л.*) 2) погреши́ть (*против чего-л.*); соверши́ть просту́пок; нару́шить (*закон*; against); to ~ against custom нару́шить обы́чай

**offender** [əˈfendə] *n* 1) правонаруши́тель, престу́пник; first ~ престу́пник, суди́мый впервы́е; old ~ рециди́вист 2) оби́дчик, оскорби́тель

**offensive** [əˈfensɪv] **1.** *n* наступле́ние, наступа́тельная опера́ция; to act on the ~ наступа́ть; to take (*или* to go into) the ~ перейти́ в наступле́ние; *перен.* заня́ть наступа́тельную (*или* агресси́вную) пози́цию; peace ~ акти́вная борьба́ за мир

2. *a* 1) оскорби́тельный, оби́дный; ~ language оскорбле́ния 2) отврати́тельный, проти́вный; ~ sight отврати́тельное зре́лище 3) наступа́тельный, агресси́вный; ~ defensive *воен.* акти́вная оборо́на; ~ return перехо́д в контрата́ку; перехо́д в контрнаступле́ние; ~ stroke уда́р по проти́внику; ~ war наступа́тельная война́

**offer** [ˈɔfə] **1.** *n* 1) предложе́ние; to keep one's ~ open оста́вить своё предложе́ние в си́ле 2) предложе́ние цены́ 3) попы́тка ◇ (goods) on ~ в прода́же

**2.** *v* 1) предлага́ть; выража́ть гото́вность; to ~ one's hand а) протяну́ть ру́ку; б) сде́лать предложе́ние; to ~ an opinion вы́разить мне́ние; to ~ an apology извиня́ться; to ~ a free pardon обеща́ть по́лное проще́ние; to ~ hope внуша́ть наде́жду; to ~ prospects of smth. сули́ть, обеща́ть что-л.; to ~ no other prospect than не сули́ть ничего́ ино́го кро́ме; to ~ battle навяза́ть бой 2) пыта́ться; про́бовать; to ~ resistance ока́зывать сопротивле́ние; to ~ to strike пыта́ться уда́рить 3) выдвига́ть, предлага́ть внима́нию 4) случа́ться, явля́ться; as chance (*или* opportunity, occasion) ~s при слу́чае; to take the first opportunity that ~s воспо́льзоваться пе́рвой же предста́вившейся возмо́жностью 5) предлага́ть для прода́жи по определённой цене́; предлага́ть определённую це́ну 6) приноси́ть (*же́ртву; особ.* ~ up); возноси́ть (*моли́твы*); to ~ prayers моли́ться

**offering** [ˈɔfərɪŋ] **1.** *pres. p. от* offer 2

**2.** *n* 1) предложе́ние 2) подноше́ние; поже́ртвование 3) же́ртва 4) жертвоприноше́ние

**offertory** [ˈɔfətərɪ] *n* церко́вные поже́ртвования; де́ньги, со́бранные во вре́мя церко́вной слу́жбы

**off-hand, offhand** [ˈɔfˈhænd] **1.** *a* 1) импровизи́рованный, сде́ланный без подгото́вки, экспро́мтом 2) бесцеремо́нный; ~ manner бесцеремо́нная мане́ра

**2.** *adv* 1) экспро́мтом; то́тчас 2) бесцеремо́нно

**offhanded** [ˈɔfˈhændɪd] = off-hand 1

**offhandedly** [ˈɔfˈhændɪdlɪ] *adv* небре́жно; бесцеремо́нно

**off-hour** [ˈɔfˈauə] *a* внеуро́чный, нерабо́чий (*о вре́мени*); ~ job рабо́та по совмести́тельству

**office** [ˈɔfɪs] *n* 1) слу́жба, до́лжность; an ~ under Government ме́сто на госуда́рственной слу́жбе; an honorary ~ почётная до́лжность; to hold ~ занима́ть пост; to leave (*или* to resign) ~ уйти́ с до́лжности; to take (*или* to enter upon) ~ вступа́ть в до́лжность; to be in ~ быть у вла́сти; to get (*или* to come) into ~ приня́ть дела́, приступи́ть к исполне́нию служе́бных обя́занностей; to win ~ победи́ть на вы́борах, прийти́ к вла́сти 2) обя́занность, долг; фу́нкция; it is my ~ to open the mail в мои́ обя́занности вхо́дит вскрыва́ть по́чту 3) конто́ра, канцеля́рия; *амер.* кабине́т врача́; to be in the ~ служи́ть в конто́ре, в канцеля́рии; dentist's ~ *амер.* зубовраче́бный кабине́т; recruiting ~ призывно́й пункт; inquiry ~ спра́вочное бюро́; our London ~ наш филиа́л в Ло́ндоне 4) ве́домство, министе́рство; управле́ние; O. of Education Федера́льное управле́ние просвеще́ния (*в США*) 5) услу́га; good ~ любе́зность, одолже́ние; ill ~ плоха́я услу́га 6) *pl* слу́жбы при до́ме (*кладовы́е и т. п.*) 7) церко́вная слу́жба; обря́д; O. for the Dead заупоко́йная слу́жба; the O. of the Mass обе́дня; the last ~s похоро́нный обря́д 8) *разг.* намёк, знак; to give (to take) the ~ сде́лать (поня́ть) намёк 9) *attr.*: ~ block администрати́вное зда́ние; зда́ние, в кото́ром помеща́ются конто́ры ра́зных фирм

**office-bearer** [ˈɔfɪsˌbɛərə] *n* чино́вник, должностно́е лицо́

**office-boy** [ˈɔfɪsbɔɪ] *n* рассы́льный, посы́льный

**office-copy** [ˈɔfɪsˌkɔpɪ] *n* заве́ренная ко́пия докуме́нта

**office-holder** [ˈɔfɪsˌhəuldə] = office-bearer

**officer** [ˈɔfɪsə] **1.** *n* 1) чино́вник, должностно́е лицо́; слу́жащий; член правле́ния (*клу́ба и т. п.*); ~ of the court суде́бный исполни́тель *или* суде́бный при́став; the great ~s of state вы́сшие сано́вники госуда́рства; medical ~, ~ of health санита́рный инспе́ктор 2) офице́р; *pl* офице́ры, офице́рский соста́в; ~ of the day дежу́рный офице́р; billeting ~ квартирье́р 3) полице́йский 4) *мор.* капита́н на торго́вом су́дне; first ~ ста́рший помо́щник; mercantile-marine ~s кома́ндный соста́в торго́вого фло́та

**2.** *v* (*обыкн. pass.*) 1) обеспе́чивать, укомплекто́вывать офице́рским соста́вом; the regiment was well ~ed полк был хорошо́ укомплекто́ван офице́рским соста́вом 2) кома́ндовать

**office seeker** [ˈɔfɪsˌsiːkə] *n* претенде́нт на до́лжность

**office studies** [ˈɔfɪsˌstʌdɪz] *n pl геол.* камера́льная обрабо́тка

**official** [əˈfɪʃəl] **1.** *a* 1) служе́бный; свя́занный с исполне́нием служе́бных обя́занностей; ~ duties служе́бные обя́занности 2) официа́льный; ~ representative официа́льный представи́тель; ~ statement официа́льное заявле́ние 3) форма́льный, «казённый»; ~ circumlocution бюрократи́ческая волоки́та; ~ red tape волоки́та; бюрократи́зм; канцеля́рщина 4) при́нятый в медици́не и фармакопе́е

**2.** *n* должностно́е лицо́; (кру́пный) чино́вник; слу́жащий (*госуда́рственный, ба́нковский и т. п.*)

**officialdom** [əˈfɪʃəldəm] *n* 1) чино́вничество 2) бюрократи́зм

**officialese** [əˌfɪʃəˈliːz] *n* 1) канцеля́рский стиль; стиль официа́льных докуме́нтов 2) чино́вничий, бюрократи́ческий жарго́н

**officialism** [əˈfɪʃəlɪzm] *n* 1) = officialdom 2); 2) чино́вничье самодово́льство

**officialize** [əˈfɪʃəlaɪz] *v* 1) придава́ть официа́льный хара́ктер 2) подверга́ть официа́льному контро́лю 3) управля́ть с по́мощью бюрократи́ческого аппара́та

**officially** [əˈfɪʃəlɪ] *adv* официа́льно, форма́льно

**officiant** [əˈfɪʃɪənt] *n* свяще́нник, соверша́ющий богослуже́ние

**officiary** [əˈfɪʃɪərɪ] *a* свя́занный с до́лжностью (*о ти́туле*)

**officiate** [əˈfɪʃɪeɪt] *v* 1) исполня́ть обя́занности; to ~ as host быть за хозя́ина 2) соверша́ть богослуже́ние

**officinal** [ˌɔfɪˈsaɪnl] *a* 1) лека́рственный (*о траве́*) 2) = official 1, 4)

**officious** [əˈfɪʃəs] *a* 1) назо́йливый; навя́зчивый; вме́шивающийся не в свои́ дела́ 2) официо́зный, неофициа́льный 3) услу́жливый; дру́жественный

**offing** [ˈɔfɪŋ] *n* взмо́рье; мо́ре, ви́димое с бе́рега до горизо́нта; in the ~ а) на значи́тельном расстоя́нии от бе́рега; в виду́ бе́рега; б) невдалеке́; в) в недалёком бу́дущем; to keep a good ~ держа́ться в виду́ бе́рега, не приближа́ясь к нему́ ◇ to gain (*или* to get) an ~ получи́ть возмо́жность

**offish** [ˈɔfɪʃ] *a разг.* 1) холо́дный, сде́ржанный в обраще́нии, чо́порный 2) нелюди́мый, за́мкнутый

**off-key** [ˈɔfˈkiː] *a* 1) фальши́вый (*о зву́ке*); неесте́ственный 2) не вя́жущийся (*с чем-л.*)

**off-licence** [ˈɔfˌlaɪsəns] *n* 1) пате́нт на прода́жу спиртны́х напи́тков на вы́нос 2) бар, где спиртны́е напи́тки продаю́тся навы́нос

**off-limits** [ˈɔfˌlɪmɪts] *n* «вход воспрещён» (*на́дпись*)

**off-load** [ˈɔfˈləud] *v* разгружа́ть

**off-position** [ˈɔfpəˌzɪʃən] *n тех.* положе́ние выключе́ния

**off-print** [ˈɔfprɪnt] *n* отде́льный о́ттиск (*статьи́ и т. п.*)

**offreckoning** [ˈɔfˌreknɪŋ] *n* (*обыкн. pl*) вы́чет

**offscourings** [ˈɔfˌskauərɪŋz] *n pl* отбро́сы, подо́нки (*тж. перен.*)

**offscreen** [ˈɔfˈskriːn] *a* 1) *кино* закáдровый 2) та́йный, закули́сный

**offset** [ˈɔfset] **1.** *n* 1) побе́г, отво́док 2) о́тпрыск, пото́мок 3) ответвле́ние, отво́д (*трубы́*) 4) отро́г 5) возмеще́ние, вознагражде́ние 6) *полигр.* офсе́т 7) противове́с, контра́ст 8) *attr. полигр.* офсе́тный; ~ printing офсе́тная печа́ть

**2.** *v* 1) возмеща́ть, вознагражда́ть; компенси́ровать 2) своди́ть бала́нс 3) *полигр.* печа́тать офсе́тным спо́собом ◇ to ~ the illegalities противостоя́ть незако́нным де́йствиям; парализова́ть, свести́ на не́т незако́нные де́йствия

**offshoot** [ˈɔfʃuːt] *n* 1) ответвле́ние, отво́док, бокови́й отро́сток 2) бокова́я ветвь (*ро́да*)

**off-shore** [ˈɔfˈʃɔː] **1.** *a* находя́щийся на расстоя́нии от бе́рега; двигающийся в направлéнии от бéрега; an ~ wind вéтер с бéрега ◇ ~ purchases (*или* procurements) *амер.* воéнные закýпки за границéй

2. *adv* в открытом мóре

**off side** [ˈɔfˈsaɪd] *n спорт.* (положéние) вне игры́

**offspring** [ˈɔfsprɪŋ] *n* 1) óтпрыск, потóмок 2) продýкт, результáт, плод

**offspur** [ˈɔfspəː] *n* отрóг

**off-stage** [ˈɔfˈsteɪdʒ] *a* 1) *театр.* закули́сный 2) скры́тый

**off-street** [ˈɔfˈstriːt] *a* не на глáвной ýлице; ~ parking (unloading) стоя́нка (разгрýзка) автомаши́н на боковóй ýлице

**off-the-cuff** [ˈɔfðəˈkʌf] *a разг.* неподготóвленный, импровизи́рованный (*о речи, выступлении и т. п.*)

**off-the-shelf** [ˈɔfðəˈʃelf] *a* готóвый; ~ items готóвые издéлия

**off-white** [ˈɔfˈwaɪt] *a* не совсéм бéлый (*об оттенке*)

**off-year** [ˈɔfjəː] *n* 1) год, когдá не провóдятся всеóбщие *или* президéнтские вы́боры 2) год ни́зкой деловóй акти́вности 3) *attr.*: ~ elections дополни́тельные вы́боры

**oft** [ɔft] *adv поэт.* чáсто; many a time and ~ неоднокрáтно

**oft-** [ɔft-] *в соединении с причастием означает* чáсто, *напр.*: oft-recurring чáсто повторя́ющийся; oft-told неоднокрáтно (рас)скáзанный *и т. п.*

**often** [ˈɔfn] *adv* чáсто, мнóго раз; ~ and ~ весьмá чáсто; more ~ than not óчень чáсто, почти́ всегдá; once too ~ сли́шком чáсто

**oftentimes** [ˈɔfntaɪmz] *adv* чáсто; мнóго раз

**oft-recurring** [ˈɔftrɪˈkəːrɪŋ] *a* чáсто повторя́ющийся

**oft-times** [ˈɔfttaɪmz] *поэт. см.* oftentimes

**ogam** [ˈɔgəm] = ogham

**ogee** [ˈəudʒiː] *n* 1) *архит.* си́нус, гусёк, стрéлка (*свода*) 2) S-образная кривáя

**ogham** [ˈɔgəm] *n* óгам (*древний ирландский и кельтский алфавит*)

**ogive** [ˈəudʒaɪv] *n архит.* стрéлка (*свода*); стрéльчатый свод

**ogle** [ˈəugl] 1. *n* влюблённый взгляд

2. *v* нéжно погля́дывать; стрóить глáзки

**ogre** [ˈəugə] *n* великáн-людоéд

**ogress** [ˈəugrɪs] *n* великáнша-людоéдка

**oh** [əu] *см.* O II

**ohm** [əum] *n эл.* ом

**oho** [əuˈhəu] *int* огó!

**oil** [ɔɪl] 1. *n* 1) мáсло (*обыкн. растительное или минеральное*); ~ of vitriol купорóсное мáсло; fixed ~s жи́рные маслá; volatile ~s эфи́рные маслá 2) нефть 3) жи́дкая смáзка 4) (*обыкн. pl*) мáсляная крáска; to paint in ~(s) писáть мáслом 5) *attr.* мáсляный; нефтянóй ◇ ~ and vinegar непримири́мые противополóжности; ~ of birch ≅ берёзовая кáша, пóрка; to pour ~ on troubled waters умиротворя́ть; успокáивать волнéние; to pour ~ on flames подливáть мáсла в огóнь

2. *v* 1) смáзывать; to ~ the wheels смáзать колёса; *перен.* улáдить дéло (*взяткой и т. п.*); to ~ smb.'s hand (*или* fist) «подмáзать», дать комý-л. взя́тку 2) пропи́тывать мáслом

**oil-bearing** [ˈɔɪlˌbɛərɪŋ] *a* нефтенóсный

**oilcake** [ˈɔɪlkeɪk] *n* 1) жмых 2) *attr.*: ~ meal жмыхóвая мукá

**oilcan** [ˈɔɪlkæn] *n тех.* ручнáя маслёнка

**oil-car** [ˈɔɪlkɑː] *n ж.-д.* цистéрна

**oilcloth** [ˈɔɪlklɔθ] *n* клеёнка; линóлеум; промáсленная ткань

**oil-coat** [ˈɔɪlkəut] *n* дождеви́к

**oil-colour** [ˈɔɪlˌkʌlə] *n* (*обыкн. pl*) мáсляная крáска

**oil-derrick** [ˈɔɪlˌderɪk] *n* нефтянáя вы́шка

**oiled** [ɔɪld] 1. *p. p. от* oil 2

2. *a* пропи́танный мáслом, промáсленный ◇ well ~ *sl.* изря́дно вы́пивший

**oil(-)engine** [ˈɔɪlˌendʒɪn] *n тех.* нефтянóй дви́гатель

**oiler** [ˈɔɪlə] *n* 1) смáзчик 2) маслодéл 3) маслоторгóвец 4) = oilskin 2); 5) *амер.* = oil-well 6) нефтеналивнóе сýдно; тáнкер 7) = oil(-)engine 8) *тех.* маслёнка

**oilfield** [ˈɔɪlfiːld] *n* 1) месторождéние нéфти 2) нефтянóй прóмысел

**oil-filler** [ˈɔɪlˌfɪlə] *n тех.* маслонали́вной пáтрубок

**oil-fuel** [ˈɔɪlfjuəl] *n* жи́дкое тóпливо

**oil-gland** [ˈɔɪlglænd] *n* сáльная железá

**oil-hole** [ˈɔɪlhəul] *n тех.* смáзочное отвéрстие

**oilman** [ˈɔɪlmən] *n* 1) москатéльщик 2) смáзчик 3) *амер.* нефтепромы́шленник

**oil-meal** [ˈɔɪlmiːl] = oilcake 1)

**oil-paint** [ˈɔɪlˈpeɪnt] = oil-colour

**oil-painting** [ˈɔɪlˈpeɪntɪŋ] *n* 1) карти́на, напи́санная мя́слянымн крáсками 2) жи́вопись мя́сляными крáсками

**oil-paper** [ˈɔɪlˌpeɪpə] *n* промáсленная бумáга; вощáнка

**oilplant** [ˈɔɪlplɑːnt] *n* мáсличное растéние

**oil-press** [ˈɔɪlpres] *n* маслобóйный пресс

**oil-producing** [ˈɔɪlprəˈdjuːsɪŋ] *a* нефтедобывáющий

**oil seal** [ˈɔɪlˈsiːl] *n тех.* сáльник

**oilskin** [ˈɔɪlskɪn] *n* 1) тóнкая клеёнка 2) *pl* непромокáемый костю́м; *мор.* дождевóе плáтье 3) *attr.* клеёнчатый

**oil-stained** [ˈɔɪlˈsteɪnd] *a* пропи́танный нéфтью

**oil-stone** [ˈɔɪlstəun] *n* оселóк для прáвки с мáслом

**oil-tanker** [ˈɔɪlˌtæŋkə] *n* тáнкер, нефтевóз

**oil tar** [ˈɔɪltɑː] *n* дёготь

**oil-well** [ˈɔɪlwel] *n* нефтянáя сквáжина

**oily** [ˈɔɪlɪ] *a* 1) мáсляный, масляни́стый, жи́рный 2) елéйный, льсти́вый, вкрáдчивый

**ointment** [ˈɔɪntmənt] *n* мазь, притирáние

**O. K.** [ˈəuˈkeɪ] *разг.* 1. *n* одобрéние

2. *a predic.* всё в порядке; хорошó; прáвильно

3. *v* (*past и p. p.* O. K.'d [-d]) одобря́ть (*устно или письменно*)

4. *int* хорошó!, лáдно!, есть!, идёт!

**okay** [ˈəuˈkeɪ] = O. K.

**Okie** [ˈəukɪ] *n амер.* стрáнствующий сельскохозя́йственный рабóчий (*преим. из штата Оклахома*)

**okie dokey** [ˈəukɪˈdəukɪ] *амер.* = O. K. 4

**old** [əuld] 1. *a* (older, elder; oldest, eldest) 1) стáрый; ~ people старики́; ~ age стáрость; to grow (*или* to get) ~ стáриться 2) стáрческий, старообрáзный 3) занимáвшийся дли́тельное врéмя (*чем-л.*); óпытный; an ~ hand (*at smth.*) óпытный человéк (*в чём-либо*); ~ campaigner стáрый служáка, ветерáн; *перен.* бывáлый человéк 4) *при вопросе о возрасте и при указании возраста*: how ~ is he? скóлько емý лет?; he is ten years ~ емý дéсять лет 5) стари́нный, давни́шний; an ~ family стари́нный род; of the ~ school старомóдный 6) бы́вший, прéжний; ~ boy бы́вший учени́к шкóлы [*ср. тж.* 10)] 7) стáрый, вы́держанный (*о вине*) 8) понóшенный, потрёпанный; обветшáлый 9) закоренéлый (*тж.* ~ in, ~ at); ~ offender закоренéлый престýпник 10) *придаёт ласкательное или усилительное значение существительному*: ~ boy дружи́ще [*ср. тж.* 6)]; ~ thing голýбушка, дружóк; the ~ man *разг.* а) старинá; б) *мор.* капитáн; в) «стари́к» (*муж или отец*); г) шеф, босс; the ~ woman *разг.* «старýшка» (*обыкн. о жене*); ~ lady *разг.* (*в обращении в третьем лице*) а) мать; б) женá; to have a high ~ time *разг.* хорошó повесели́ться ◇ ~ as the hills старó как мир; óчень стáрый; an ~ shoe *шутл.* стáрая калóша; an ~ head on young shoulders мýдрость не по вóзрасту; ~ bones *шутл.* а) стáрость; she wouldn't make ~ bones онá не доживёт до стáрости; б) стари́к; старýха; the ~ country рóдина, отéчество; ~ man of the sea человéк, от котóрого трýдно отдéлаться; прилипáла; O. Harry, O. Gentleman, O. Nick дья́вол; to come the ~ soldier over smb. *разг.* поучáть когó-л.

2. *n* 1) (the ~) *pl собир.* старики́; ~ and young все 2) прóшлое; of ~ прéжде, в прéжнее врéмя; from of ~ и́стари; in the days of ~ в старинý; men of ~ лю́ди прéжних времён

**old-age** [ˈəuldˈeɪdʒ] *a* стáрческий; ~ pension пéнсия по стáрости

**old-clothesman** [ˈəuldˈkləuðzmæn] *n* старьёвщик

**old-clothesshop** [ˈəuldˈkləuðzʃɔp] *n* лáвка подéржанных вещéй, лáвка старьёвщика

**olden** [ˈəuldən] 1. *a уст.* стáрый, бы́лой, бóлее рáннего перúода

2. *v редк.* старéть

**old-established** [ˈəuldɪsˈtæblɪʃt] *a* давнó устанóвленный, давни́шний

**old-fangled** [ˈəuldˈfæŋgld] = old-fashioned
**old-fashioned** [ˈəuldˈfæʃənd] *a* 1) устаре́лый; старомо́дный 2) стари́нный
**Old Glory** [ˈəuldˈglɔːrɪ] *n* госуда́рственный флаг США
**old-gold** [ˈəuldgəuld] *a* цве́та ста́рого зо́лота
**old-hat** [ˈəuldhæt] *a разг.* устаре́лый
**oldish** [ˈəuldɪʃ] *a* старова́тый
**old-maidish** [ˈəuldˈmeɪdɪʃ] *a* староде́ви́ческий
**old man's beard** [ˈəuldmænzˈbɪəd] *n бот.* 1) ломоно́с виноградноли́стный 2) луизиа́нский мох
**oldster** [ˈəuldstə] *n разг.* пожило́й челове́к
**old-time** [ˈəuldtaɪm] *a* стари́нный, пре́жних времён
**old-timer** [ˈəuldˌtaɪmə] *n* 1) старожи́л; ветера́н 2) пожило́й челове́к 3) старомо́дный челове́к 4) старомо́дная вещь
**Old World** [ˈəuldˈwəːld] *n* Ста́рый Свет, восто́чное полуша́рие
**old-world** [ˈəuldwəːld] *a* 1) стари́нный, дре́вний, относя́щийся к старине́ 2) *амер.* относя́щийся к Ста́рому Све́ту
**oleaginous** [ˌəulɪˈædʒɪnəs] *a* 1) масляни́стый; жи́рный 2) еле́йный
**oleander** [ˌəulɪˈændə] *n бот.* олеа́ндр
**oleaster** [ˌəulɪˈæstə] *n бот.* 1) ди́кая масли́на 2) лох узколи́стный
**oleograph** [ˈəulɪəugrɑːf] *n* олеогра́фия
**oleomargarine** [ˈəulɪəuˌmɑːdʒəˈriːn] *n* олеомаргари́н
**olericulture** [ˈɔlərɪkʌltʃə] *n* овощево́дство, выра́щивание овоще́й, огоро́дничество
**oleum** [ˈəulɪəm] *n хим.* о́леум
**olfactory** [ɔlˈfæktərɪ] **1.** *a* обоня́тельный; ~ organ о́рган обоня́ния, нос
**2.** *n* (*обыкн. pl*) о́рган(ы) обоня́ния
**olid** [ˈɔlɪd] *a* злово́нный
**oligarch** [ˈɔlɪgɑːk] *n* олига́рх
**oligarchic(al)** [ˌɔlɪˈgɑːkɪk(əl)] *a* олигархи́ческий
**oligarchy** [ˈɔlɪgɑːkɪ] *n* олига́рхия
**olio** [ˈəulɪəu] *n* (*pl* -os [-əuz]) 1) смесь, вся́кая вся́чина 2) *муз.* попурри́ 3) *уст.* мя́со, тушённое с овоща́ми
**olivaceous** [ˌɔlɪˈveɪʃəs] *a* оли́вковый, оли́вкового цве́та
**olivary** [ˈɔlɪvərɪ] *a анат.* име́ющий фо́рму масли́ны, ова́льный
**olive** [ˈɔlɪv] **1.** *n* 1) масли́на, оли́ва (*дерево и плод*) 2) = olive-branch 3) оли́вковая ро́ща 4) *pl* блю́до из мя́са с чесноко́м и зе́ленью 5) застёжка *или* пу́говица ова́льной фо́рмы 6) оли́вковый цвет
**2.** *a* оли́вковый, оли́вкового цве́та
**olive-branch** [ˈɔlɪvbrɑːntʃ] *n* 1) оли́вковая, масли́чная ветвь (*как символ мира*); to hold out the ~ де́лать ми́рные предложе́ния; пыта́ться ула́дить де́ло ми́ром 2) (*обыкн. pl*) *шутл.* де́ти
**olive oil** [ˈɔlɪvˈɔɪl] *n* оли́вковое, прова́нское ма́сло
**olive-tree** [ˈɔlɪvtriː] *n* оли́ва, масли́на (*дерево*)
**olivet(te)** [ˈɔlɪvet] = olive 1, 5)
**olive-wood** [ˈɔlɪvwud] *n* 1) древеси́на оли́вкового де́рева 2) оли́вковая ро́ща
**ology** [ˈɔlədʒɪ] *n* (*обыкн. pl*) *шутл.* нау́ка, нау́ки
**olympiad** [əuˈlɪmpɪæd] *n* олимпиа́да
**Olympian** [əuˈlɪmpɪən] **1.** *a* 1) олимпи́йский 2) вели́чественный; снисходи́тельный; ~ calm олимпи́йское споко́йствие
**2.** *n* гре́ческий бог, обита́тель Оли́мпа; *перен.* олимпи́ец
**Olympic** [əuˈlɪmpɪk] *a* 1) олимпи́йский; ~ games олимпи́йские и́гры 2): ~ green *мин.* медя́нка; изумру́дная *или* малахи́товая зе́лень
**Olympus** [əuˈlɪmpəs] *n греч. миф.* Оли́мп
**ombre** [ˈɔmbə] *n карт.* ло́мбер
**ombrometer** [ɔmˈbrɔmɪtə] *n* дождеме́р, плювио́метр
**ombudsman** [ˈɔmbudzmən] *n парл.* чино́вник, рассма́тривающий прете́нзии гра́ждан к прави́тельственным слу́жащим (*тж.* Parliamentary Commissioner)
**omega** [ˈəumɪgə] *n* 1) оме́га (*последняя буква греческого алфавита*) 2) коне́ц, заверше́ние [*см. тж.* alpha ◇]
**omelet(te)** [ˈɔmlɪt] *n* омле́т, яи́чница; savoury ~ омле́т с души́стыми тра́вами; sweet ~ омле́т с варе́ньем *или* с са́харом ◇ you can't make an ~ without breaking eggs *посл.* ≅ лес ру́бят — ще́пки летя́т
**omen** [ˈəumen] **1.** *n* предзнаменова́ние, знак, приме́та; to be of good (ill) ~ служи́ть хоро́шим (дурны́м) предзнаменова́нием
**2.** *v* служи́ть предзнаменова́нием, предвеща́ть
**ominous** [ˈɔmɪnəs] *a* злове́щий, угрожа́ющий
**omissible** [əuˈmɪsɪbl] *a* тако́й, кото́рым мо́жно пренебре́чь, несуще́ственный
**omission** [əˈmɪʃən] *n* 1) про́пуск; пробе́л 2) упуще́ние, опло́шность
**omit** [əˈmɪt] *v* 1) пренебрега́ть, упуска́ть; to ~ doing (*или* to do) smth. не сде́лать чего́-л. 2) пропуска́ть, не включа́ть
**omnibus** [ˈɔmnɪbəs] **1.** *n* 1) о́мнибус 2) авто́бус 3) объёмистый сбо́рник, однотомник (*тж.* ~ volume)
**2.** *a* охва́тывающий не́сколько предме́тов *или* пу́нктов; an ~ bill а) законопрое́кт по ра́зным вопро́сам; б) счёт по ра́зным статья́м; ~ box *театр.* о́чень больша́я ло́жа; ~ edition по́лное собра́ние сочине́ний; an ~ resolution о́бщая резолю́ция по ря́ду вопро́сов; ~ train пассажи́рский по́езд, иду́щий со все́ми остано́вками
**omnidirectional** [ˈɔmnɪdɪˈrekʃənl] *a* де́йствующий по всем направле́ниям; не име́ющий определённого направле́ния де́йствия
**omnifarious** [ˌɔmnɪˈfɛərɪəs] *a* всевозмо́жный; разнообра́зный; ~ reading бессисте́мное чте́ние
**omniparity** [ˈɔmnɪˈpærɪtɪ] *n* всео́бщее ра́венство
**omnipotence** [ɔmˈnɪpətəns] *n* всемогу́щество
**omnipotent** [ɔmˈnɪpətənt] *a* всемогу́щий
**omnipresence** [ˈɔmnɪˈprezəns] *n* вездесу́щность
**omnipresent** [ˈɔmnɪˈprezənt] *a* вездесу́щий
**omnirange** [ˈɔmnɪˈreɪndʒ] *n* всенапра́вленный радиомая́к
**omniscience** [ɔmˈnɪsɪəns] *n* всеве́дение
**omniscient** [ɔmˈnɪsɪənt] *a* всеве́дущий
**omnium gatherum** [ˈɔmnɪəmˈgæðərəm] *n шутл.* 1) мешани́на, смесь; вся́кая вся́чина 2) сме́шанное, пёстрое о́бщество
**omnivorous** [ɔmˈnɪvərəs] *a* 1) всея́дный; всепожира́ющий 2) жа́дно поглоща́ющий всё; an ~ reader чита́тель, глота́ющий кни́ги одну́ за друго́й
**omphalocele** [ˈɔmfələˌsiːl] *n мед.* пупо́чная гры́жа
**omphalos** [ˈɔmfələs] *греч. n* 1) пуп, пупо́к 2) центра́льный пункт; средото́чие
**omul** [ˈɔmjuːl] *n зоол.* о́муль
**on** [ɔn] **1.** *prep* 1) *в пространственном значении указывает на*: а) *нахождение на поверхности какого-л. предмета* на; the cup is on the table ча́шка на столе́; the picture hangs on the wall карти́на виси́т на стене́; he has a blister on the sole of his foot у него́ волды́рь на пя́тке; б) *нахождение около какого-л. водного пространства* на, у; the town lies on lake Michigan го́род нахо́дится на о́зере Мичига́н; a house on the river дом у реки́; в) *направление* на; the boy threw the ball on the floor ма́льчик бро́сил мяч на́ пол; the door opens on a lawn дверь выхо́дит на лужа́йку; on the rigth напра́во; on the North на се́вере; г) *способ передвижения* в, на; on a truck на грузовике́; on a train в по́езде 2) *во временном значении указывает на*: а) *определенный день недели, определённую дату, точный момент* в; on Tuesday во вто́рник; on another day в друго́й день; on the 5th of December 5-го декабря́; on Christmas eve в кану́н рождества́; on the morning of the 5th of December у́тром 5-го декабря́; on time во́время; б) *последовательность, очерёдность наступления действий* по, по́сле; on my return I met many friends по возвраще́нии я встре́тил мно́го друзе́й; on examining the box closer I found it empty внима́тельно осмотре́в я́щик, я убеди́лся, что в нём ничего́ нет; payable on demand опла́та по тре́бованию; в) *одновременность действий* во вре́мя, в тече́ние; on my way home по пути́ до-

мо́й 3) *указывает на цель, объект действия* по, на; he went on business он отпра́вился по де́лу; on errand а) на посы́лках; б) по поруче́нию; they rose on their enemies они́ подняли́сь на свои́х враго́в 4) *указывает на состояние, процесс, характер действия* в; на; on fire в огне́; the dog is on the chain соба́ка на цепи́; on sale в прода́же 5) *указывает на основание, причину, источник* из, на, в, по, у; it is all clear on the evidence всё я́сно из показа́ний; on good authority из достове́рного исто́чника; on that ground на э́том основа́нии; I heard it on some air show я слы́шал э́то в како́й-то радиопостано́вке; he borrowed money on his friend он за́нял де́ньги у своего́ дру́га 6) в (*составе, числе*); on the commission (delegation) в соста́ве коми́ссии (делега́ции); on the jury в числе́ прися́жных; on the list в спи́ске 7) о, об, относи́тельно, каса́тельно, по; we talked on many subjects мы говори́ли о мно́гом; my opinion on that question моё мне́ние по э́тому вопро́су; a book on phonetics кни́га по фоне́тике; a joke on me шу́тка на мой счёт; I congratulate you on your success поздравля́ю вас с успе́хом 8) *указывает на направление действия; передаётся дат. падежом*: he turned his back on them он поверну́лся к ним спино́й; she smiled on me она́ мне улыбну́лась 9) за (*что-л.*), на (*что-л.*); to live on £ 5 a week жить на 5 фу́нтов в неде́лю; she got it on good terms она́ получи́ла э́то на вы́годных усло́виях; to buy smth. on the cheap *разг.* купи́ть по дешёвке; to live on one's parents быть на иждиве́нии роди́телей; interest on capital проце́нт на капита́л; tax on imports нало́г на и́мпорт ◇ on high вверху́, на высоте́

2. *adv указывает на*: 1) *движение* да́льше, да́лее, вперёд; to send one's luggage on посла́ть бага́ж вперёд, зара́нее; on and on не остана́вливаясь 2) *продолжение или развитие действия*: to walk on продолжа́ть идти́; go on! продолжа́й(те)!; there is a war on идёт война́ 3) *отправную точку или момент*: from this day on с э́того дня 4) *идущие в театре (кинотеатре) пьесы (фильмы)*: Macbeth is on tonight сего́дня идёт «Макбе́т»; what is on in London this spring? каки́е пье́сы иду́т э́той весно́й в Ло́ндоне? 5) *приближение к какому-л. моменту* к; he is getting on in years он старе́ет; he is going on for thirty ему́ ско́ро испо́лнится три́дцать; it is on for ten o'clock вре́мя приближа́ется к десяти́ (часа́м) 6) *включение, соединение (об аппарате, механизме)*: turn on the gas! включи́ газ!, the light is on свет гори́т, включён 7) *наличие какой-л. одежды на ком-л*; what had he on? во что он был оде́т?; she had a green hat on на ней была́ зелёная шля́па ◇ on and off (*или* off and on) вре́мя от вре́мени, иногда́; and so on и так да́лее; to be on to smb. а) раскуси́ть кого́-л.; б) связа́ться с кем-л. (*по телефону и т. п.*); в) придира́ться к кому́-л.; г) напа́сть на след кого́-л.

3. *a* 1) *амер. разг.* зна́ющий та́йну, секре́т 2) *разг.* жела́ющий приня́ть уча́стие (*особ.* в риско́ванном де́ле) 3) *спорт.* така́я, на кото́рой стои́т игро́к с бито́й (*о части крикетного поля*) 4) *разг.* уда́чный, хоро́ший; it is one of my on days я сего́дня в хоро́шей фо́рме

**onager** [ˈɔnəgə] *n* (*pl* -s [-z], -gri) *зоол.* она́гр

**onagri** [ˈɔnəgraɪ] *pl от* onager

**once** [wʌns] **1.** *adv* 1) (оди́н) раз; ~ again (*или* more) ещё раз; ~ and again а) не́сколько раз; б) иногда́, и́зредка; ~ every day раз в день; ~ (and) for all раз (и) навсегда́; ~ in a while (*или* way) иногда́, и́зредка; ~ or twice не́сколько раз; more than ~ не раз, неоднокра́тно; not ~ ни ра́зу, никогда́ 2) не́когда, когда́-то; одна́жды; ~ (upon a time) ≅ жил-бы́л (*начало сказок*); I was ~ very fond of him я когда́-то о́чень люби́л его́ 3) *служит для усиления*: (if) ~ you hesitate you are lost сто́ит вам заколеба́ться и вы пропа́ли; when ~ he understands сто́ит ему́ то́лько поня́ть; he never ~ offered to help me он да́же не предложи́л помо́чь мне ◇ all at ~ неожи́данно; at ~ а) сра́зу; do it at ~, please сде́лайте э́то неме́дленно, пожа́луйста; б) в то же вре́мя, вме́сте с тем; at ~ stern and tender стро́гий и вме́сте с тем не́жный

2. *n* оди́н раз; for (this) ~ на э́тот раз, в ви́де исключе́ния; ~ is enough for me одного́ ра́за с меня́ вполне́ доста́точно

3. *a редк.* пре́жний, тогда́шний; my ~ master мой пре́жний учи́тель *или* хозя́ин

**once-over** [ˈwʌnsˌəuvə] *n разг.* бе́глый (предвари́тельный) осмо́тр; бы́стрый, но внима́тельный взгляд; to give smb., smth. the ~ бе́гло осмотре́ть кого́-л., что-л.

**oncer** [ˈwʌnsə] *n разг.* прихожа́нин, кото́рый хо́дит в це́рковь то́лько по воскресе́ньям

**oncological** [ˌɔŋkəˈlɔdʒɪkəl] *a* онкологи́ческий

**oncology** [ɔŋˈkɔlədʒɪ] *n* онколо́гия

**oncoming** [ˈɔnˌkʌmɪŋ] **1.** *n* приближе́ние; the ~ of spring наступле́ние весны́

2. *a* 1) надвига́ющийся, приближа́ющийся; the ~ traffic встре́чное движе́ние 2) предстоя́щий, бу́дущий; the ~ visit предстоя́щий визи́т

**ondatra** [ɔnˈdætrə] *n зоол.* онда́тра

**one** [wʌn] **1.** *num. card.* 1) оди́н; ~ hundred сто, со́тня; ~ in a thousand оди́н на ты́сячу; ре́дкостный 2) но́мер оди́н, пе́рвый; Room ~ ко́мната но́мер оди́н; volume ~ пе́рвый том 3): I'll meet you at ~ я встре́чу тебя́ в час; Pete will be ~ in a month Пи́ту че́рез ме́сяц испо́лнится год ◇ ~ too many сли́шком мно́го; ~ or two немно́го, не́сколько

2. *n* 1) едини́ца, число́ оди́н; write down two ~s напиши́те две едини́цы 2) оди́н, одино́чка; ~ by ~ поодино́чке; they came by ~s and twos приходи́ли по одному́ и по́ двое; it is difficult to tell ~ from the other тру́дно отличи́ть одного́ от друго́го 3) *употр. как слово-заместитель* а) *во избежание повторения ранее упомянутого существительного*: I am through with this book, will you let me have another ~? я ко́нчил э́ту кни́гу, не дади́те ли вы мне другу́ю?; б) *в знач.* «челове́к»: he is the ~ I mean он тот са́мый (челове́к), кото́рого я име́ю в виду́; the little ~s де́ти; the great ~s and the little ~s больши́е и ма́лые; my little ~ дитя́ моё (*в обращении*); the great ~s of the earth вели́кие ми́ра сего́; a ~ for smth. *разг.* энтузиа́ст в како́м-л. де́ле ◇ at ~ в согла́сии; заодно́; all in ~ всё вме́сте; to be made ~ пожени́ться, повенча́ться; I for ~ что каса́ется меня́; ~ up (down) to smb одно́ очко́ (оди́н гол *и т. п.*) в чью-л. (не в чью-л.) по́льзу

3. *a* 1) еди́нственный; there is only ~ way to do it есть еди́нственный спо́соб э́то сде́лать 2) еди́ный; to cry out with ~ voice единоду́шно воскли́кнуть; ~ and undivided еди́ный и недели́мый 3) одина́ковый, тако́й же; to remain for ever ~ остава́ться всегда́ сами́м собо́й 4) неопределённый, како́й-то; at ~ time I lived in Moscow одно́ вре́мя (пре́жде) я жил в Москве́; ~ fine morning в одно́ прекра́сное у́тро

4. *pron indef.* 1) не́кто, не́кий, кто́-то; I showed the ring to ~ Jones я показа́л кольцо́ не́коему Джо́нсу; ~ came running кто́-то вбежа́л 2) *употр. в неопределённо-личных предложениях*: ~ never knows what may happen никогда́ не зна́ешь, что мо́жет случи́ться; if ~ wants a thing done ~ had best do it himself е́сли хо́чешь, что́бы де́ло бы́ло сде́лано, сде́лай его́ сам; ~ must observe the rules ну́жно соблюда́ть пра́вила ◇ in the year ~ о́чень давно́; ≅ при царе́ Горо́хе

**one-aloner** [ˈwʌnəˈləunə] *n* соверше́нно одино́кий челове́к, одино́чка

**one-armed** [ˈwʌnˈɑːmd] *a* однору́кий ◇ ~ bandit игра́льный автома́т

**one-decker** [ˈwʌnˌdekə] *n* однопа́лубное су́дно

**one-eyed** [ˈwʌnˈaɪd] *a* 1) одногла́зый; криво́й 2) = one-horse 4); 3) *амер. sl.* нече́стный, недобросо́вестный

**one-figure** [ˈwʌnˌfɪgə] *n* однозна́чное число́

**onefold** [ˈwʌnfəuld] *a* 1) просто́й, несло́жный 2) просто́й, простоду́шный, и́скренний

**one-handed** ]ˈwʌnˌhændɪd] *a* 1) однору́кий 2) сде́ланный одно́й руко́й; рассчи́танный на рабо́ту одно́й руко́й

**one-horse** [ˈwʌnˈhɔːs] *a* 1) име́ющий одну́ ло́шадь; одноко́нный 2) в одну́ лошади́ную си́лу 3) маломо́щный 4) *разг.* бе́дный; второстепе́нный, незначи́тельный; ме́лкий; захолу́стный; ~ town захолу́стный городи́шко

**one-idea'd, one-ideaed** [ˈwʌnaɪˈdɪəd] *a* 1) одержи́мый одно́й иде́ей 2) у́зкий (*о мировоззрении*); ограни́ченный (*о человеке*)

**one-legged** [ˈwʌnˈlegd] *a* 1) одноно́гий 2) *перен.* односторо́нний, однобо́кий; полови́нчатый

**one-man** [ˈwʌnmæn] *a* 1) одино́чный; относя́щийся к одному́ челове́ку 2) производи́мый одни́м челове́ком; ~ show представле́ние с одни́м де́йствующим лицо́м; теа́тр одного́ актёра; ~ business единоли́чное предприя́тие (*или* де́ло) 3) одноме́стный

**oneness** [ˈwʌnnɪs] *n* 1) еди́нство; то́ждество; неизменя́емость 2) исключи́тельность 3) одино́чество 4) согла́сие 5) единообра́зие

**one-piece** [ˈwʌnˈpiːs] *a* состоя́щий из одного́ куска́

**oner** [ˈwʌnə] *n разг.* 1) ре́дкий челове́к *или* предме́т 2) тяжёлый уда́р; caught him a ~ on the head здо́рово хвати́л его́ по голове́ 3) на́глая ложь 4) уда́р со счётом в одно́ очко́ (*особ. в крикете*)

**onerous** [ˈɔnərəs] *a* обремени́тельный; затрудни́тельный, тя́гостный; ~ duties тя́гостные обя́занности

**oneself** [wʌnˈself] *pron* 1) *refl.* себя́; себе́; -ся; to excuse ~ извини́ться 2) *emph.* сам, (самому́) себе́; (самого́) себя́; one must not live for ~ only ну́жно жить и для други́х, а не то́лько для себя́; there are things one can't do for ~ есть ве́щи, кото́рые нельзя́ сде́лать для самого́ себя́

**one-sided** [ˈwʌnˈsaɪdɪd] *a* 1) однобо́кий, односторо́нний; кривобо́кий; ~ street у́лица, застро́енная дома́ми то́лько с одно́й стороны́ 2) односторо́нний, ограни́ченный (*о человеке*) 3) пристра́стный, несправедли́вый

**one-time** [ˈwʌntaɪm] *a* бы́вший; было́й, про́шлый

**one-track** [ˈwʌnˈtræk] *a* 1) *ж.-д.* одноколе́йный 2) у́зкий, ограни́ченный; ~ mind ограни́ченный челове́к 3) нерасторо́пный 4) однообра́зный

**one-upmanship** [ˈwʌnˈʌpmənʃɪp] *n* уме́ние перещеголя́ть други́х

**one-way** [ˈwʌnˈweɪ] *a* односторо́нний (*о связи, движении и т. п.*); ~ street у́лица с односторо́нним движе́нием

**onfall** [ˈɔnfɔːl] *n* нападе́ние

**onflow** [ˈɔnfləu] *n* тече́ние

**ongoings** [ˈɔnˌgəuɪŋz] = goings-on

**onhanger** [ˈɔnˌhæŋə] = hanger-on

**onion** [ˈʌnjən] **1.** *n* 1) лук; лу́ковица 2) *sl.* голова́; to be off one's ~ потеря́ть го́лову, спя́тить ◇ to know one's ~s хорошо́ знать своё де́ло; знать что-л. назубо́к

**2.** *v* 1) приправля́ть лу́ком 2) натира́ть себе́ глаза́ лу́ком (*чтобы вызвать слёзы*)

**onion-skin** [ˈʌnjənskɪn] *n* 1) лу́ковичная шелуха́ 2) то́нкая гла́дкая бума́га

**oniony** [ˈʌnjənɪ] *a* лу́ковый; лу́ковичный

**onlay** [ˈɔnleɪ] *n* накла́дка; отде́лка

**on-licence** [ˈɔnˌlaɪsəns] *n* пате́нт на прода́жу спиртны́х напи́тков распи́вочно (*не навынос*)

**onlooker** [ˈɔnˌlukə] *n* зри́тель, наблюда́тель ◇ the ~ sees most of the game *посл.* со стороны́ видне́е

**only** [ˈəunlɪ] **1.** *a* еди́нственный; an ~ son еди́нственный сын; one and ~ оди́н еди́нственный; уника́льный

**2.** *adv* то́лько, исключи́тельно; еди́нственно ◇ ~ just то́лько что; to be ~ just in time едва́ поспе́ть; ~ not чуть не, едва́ не, почти́; I am ~ too pleased я о́чень рад; if ~ е́сли бы то́лько

**3.** *cj* но; I would do it with pleasure, ~ I am too busy я сде́лал бы э́то с удово́льствием, но я сли́шком за́нят; ~ that за исключе́нием того́, что; е́сли бы не то, что

**onomatopoeia** [ˌɔnəumætəuˈpi(ː)ə] *греч. n лингв.* звукоподража́ние, ономатопе́я (*напр.*, cuckoo, buzz)

**onomatopoeic(al)** [ˌɔnəumətəuˈpiːɪk(əl)] *a* звукоподража́тельный

**on-position** [ˈɔnpəˌzɪʃən] *n тех.* положе́ние включе́ния

**onrush** [ˈɔnrʌʃ] *n* ата́ка, на́тиск

**onset** [ˈɔnset] *n* 1) на́тиск, ата́ка, нападе́ние; ~ of wind поры́в ве́тра 2) нача́ло; at the first ~ сра́зу же, при пе́рвом на́тиске

**onslaught** [ˈɔnslɔːt] *n* бе́шеная ата́ка, нападе́ние

**onto** [ˈɔntu] *prep* на; to get ~ a horse сесть на ло́шадь; the boat was driven ~ the rocks ло́дку вы́бросило на ска́лы

**ontogenesis, ontogeny** [ˌɔntəuˈdʒenɪsɪs, ɔnˈtɔdʒɪnɪ] *n биол.* онтогене́з

**ontology** [ɔnˈtɔlədʒɪ] *n филос.* онтоло́гия

**onus** [ˈəunəs] *лат. n* (*тк. sing*) бре́мя; отве́тственность; долг

**onward** [ˈɔnwəd] **1.** *a* продвига́ющийся, иду́щий вперёд; прогресси́вный; ~ movement движе́ние вперёд

**2.** *adv* вперёд, впереди́, да́лее

**onwards** [ˈɔnwədz] = onward 2

**onyx** [ˈɔnɪks] *n мин.* о́никс

**oodles** [ˈuːdlz] *n pl разг.* огро́мное коли́чество, мно́жество; ~ of money ку́ча де́нег

**oof** [uːf] *n sl.* де́ньги, бога́тство

**oolite** [ˈəuəlaɪt] *n геол.* ооли́т

**oolitic** [ˌəuəˈlɪtɪk] *a геол.* ооли́товый

**oology** [əuˈɔlədʒɪ] *n* коллекциони́рование *или* изуче́ние пти́чьих яи́ц

**oolong** [ˈuːlɔŋ] *n* сорт чёрного кита́йского ча́я

**ooze** [uːz] **1.** *n* 1) ли́пкая грязь; ил, ти́на 2) ме́дленное тече́ние; проса́чивание, выделе́ние вла́ги 3) дуби́льный отва́р, дуби́льная жи́дкость

**2.** *v* 1) ме́дленно течь; ме́дленно вытека́ть; сочи́ться 2) *перен.* утека́ть, убыва́ть; исчеза́ть; his strength ~d away си́лы поки́нули его́; the secret ~d out секре́т откры́лся

**oozy** [ˈuːzɪ] *a* 1) и́листый, ти́нистый 2) выделя́ющий вла́гу

**opacity** [əuˈpæsɪtɪ] *n* 1) непрозра́чность; acoustic ~ звуконепроница́емость 2) затенённость; темнота́ 3) нея́сность, сму́тность (*мысли, образа*)

**opal** [ˈəupəl] *n* 1) *мин.* опа́л 2) *attr.* опа́ловый; с моло́чным отте́нком; ~ glass ма́товое стекло́

**opalescent** [ˌəupəˈlesnt] *a* опа́ловый, име́ющий моло́чный отли́в

**opalesque** [ˌəupəˈlesk] = opalescent

**opaline** **1.** *n* [ˈəupəliːn] 1) *мин.* опали́н 2) ма́товое стекло́

**2.** *a* [ˈəupəlaɪn] = opalescent

**opaque** [əuˈpeɪk] **1.** *a* 1) непрозра́чный, светонепроница́емый; тёмный 2) тупо́й, глу́пый

**2.** *n* (the ~) темнота́, мрак

**op-art** [ˈɔpɑːt] *n* «о́п-арт» (*разновидность абстрактного искусства, основанная на оптическом эффекте*)

**ope** [əup] *поэт. см.* open 3

**open** [ˈəupən] **1.** *a* 1) откры́тый; ~ sore откры́тая ра́на; я́зва [*см. тж.* sore 1 ◇]; in the ~ air на откры́том во́здухе; to break (*или* to throw) ~ распахну́ть (*дверь, окно*); to tear ~ распеча́тывать (*письмо, пакет*); with ~ eyes с откры́тыми глаза́ми; *перен.* созна́тельно, учи́тывая все после́дствия; ~ boat беспа́лубное су́дно 2) откры́тый, досту́пный; неза́нятый; an ~ port откры́тый порт; ~ market во́льный ры́нок; the post is still ~ ме́сто ещё не за́нято; to be ~ to smth. поддава́ться чему́-л., быть восприи́мчивым к чему́-л.; ~ season сезо́н охо́ты; trial in ~ court откры́тый суде́бный проце́сс; ~ letter откры́тое письмо́ (*в газете и т. п.*) 3) откры́тый, открове́нный; и́скренний; ~ contempt я́вное презре́ние; an ~ countenance откры́тое лицо́; to be ~ with smb. быть открове́нным с кем-л. 4) нерешённый, незавершённый; ~ question откры́тый вопро́с 5) свобо́дный (*о пути*); ~ water вода́, очи́стившаяся от льда 6) откры́тый, непересечённый (*о местности*); ~ field откры́тое по́ле; ~ space незагоро́женное ме́сто 7) ще́дрый, гостеприи́мный; to welcome with ~ arms встреча́ть с распростёртыми объя́тиями; an ~ house откры́тый дом; an ~ hand ще́драя рука́ 8) мя́гкий (*о земле*) 9) *фон.* откры́тый (*о слоге, звуке*) ◇ he is an ~ book его́ легко́ поня́ть; to force an ~ door ломи́ться в откры́тую дверь; ~ champion победи́тель в откры́том состяза́нии; ~ ice лёд, не меша́ющий навига́ции; ~ verdict *юр.* призна́ние нали́чия преступле́ния без установле́ния престу́пника; ~ weather (winter) мя́гкая пого́да (зима́); the ~ door *эк.* поли́тика откры́тых двере́й; the O. University зао́чный университе́т (*основанный в Лондоне в 1971 г., в котором обучение проводится с помощью специальных радио- и телевизионных программ*)

**2.** *n* 1) отве́рстие 2) (the ~) откры́тое простра́нство *или* перспекти́ва; откры́тое мо́ре; in the ~ на откры́том во́здухе ◇ to come out into the ~ быть открове́нным, не скрыва́ть (*своих взглядов и т. п.*)

**3.** *v* 1) открыва́ть(ся); раскрыва́ть(-ся); to ~ an abscess вскрыва́ть нары́в; to ~ the bowels очи́стить кише́чник; to ~ a prospect открыва́ть перспекти́ву (*или* бу́дущее); to ~ the door to smth. *перен.* откры́ть путь чему́-л.; сде́лать что-л. возмо́жным; to ~ the mind расши́рить кругозо́р; to ~ one's mind (*или* heart) to smb. подели́ться свои́ми мы́слями с кем-л. 2) начина́ть(ся); to ~ the ball открыва́ть бал; *перен.* начина́ть де́йствовать; брать на себя́ инициати́ву; to ~ the debate откры́ть пре́ния; the story ~s with a wedding расска́з начина́ется с описа́ния сва́дьбы 3) открыва́ть, осно́вывать; to ~ a shop откры́ть магази́н; to ~ an account откры́ть счёт (*в ба́нке*) □ ~ **into** сообща́ться с (*о комнатах*); вести́ в (*о двери*); ~ **on** выходи́ть, открыва́ться на; ~ **out** развёртывать(ся); раскрыва́ть(ся); to ~ out one's arms открыва́ть объя́тия; to ~ out the wings расправля́ть кры́лья; ~ **up** а) сде́лать(-ся) досту́пным; раскрыва́ть(ся); обнару́живаться; to ~ up relations устана́вливать отноше́ния; to ~ up opportunities предоставля́ть возмо́жности; б) разоткрове́нничаться ◊ to ~ ground а) вспа́хивать *или* вска́пывать зе́млю; б) подгота́вливать по́чву; начина́ть де́йствовать

**open-air** [ˈəupnˈɛə] *a* происходя́щий на откры́том во́здухе; an ~ life жизнь на откры́том во́здухе

**open-and-shut** [ˈəupnəndˈʃʌt] *a амер.* элемента́рный, очеви́дный

**open-armed** [ˈəupnˈɑːmd] *a* с распростёртыми объя́тиями; an ~ welcome раду́шный приём

**opencast** [ˈəupnkɑːst] *a горн.* добы́тый откры́тым спо́собом; ~ mining откры́тые го́рные рабо́ты

**open-eared** [ˈəupnˈɪəd] *a* внима́тельно слу́шающий

**opener** [ˈəupnə] *n* консе́рвный нож

**open-eyed** [ˈəupnˈaɪd] *a* 1) с широко́ раскры́тыми (от удивле́ния) глаза́ми 2) бди́тельный

**open-faced** [ˈəupnˈfeɪst] *a* име́ющий откры́тое лицо́

**open-field** [ˈəupnˈfiːld] *a ист.*: ~ system систе́ма неогоро́женных уча́стков, превраща́емых по́сле сня́тия урожа́я в о́бщий вы́гон

**open-handed** [ˈəupnˈhændɪd] *a* ще́дрый

**open-hearted** [ˈəupənˌhɑːtɪd] *a* 1) с откры́той душо́й, чистосерде́чный 2) великоду́шный

**opening** [ˈəupnɪŋ] **1.** *pres. p. от* open 3

**2.** *n* 1) отве́рстие; щель 2) расще́лина; прохо́д (*в горах*) 3) нача́ло; вступле́ние; вступи́тельная часть 4) откры́тие (*выставки, конференции, театрального сезона и т. п.*) 5) удо́бный слу́чай, благоприя́тная возмо́жность; to give smb. an ~ помо́чь кому́-л. сде́лать карье́ру 6) вака́нсия 7) *амер.* вы́ставка мод в универма́гах 8) *амер.* вы́рубка (*в лесу*) 9) *юр.* предвари́тельное изложе́ние де́ла защи́тником 10) *шахм.* дебю́т 11) кана́л; проли́в

**3.** *a* 1) нача́льный, пе́рвый; the ~ day of the exhibition день откры́тия вы́ставки; the ~ night премье́ра (*пьесы, фильма*) 2) вступи́тельный, открыва́ющий 3) исхо́дный

**openly** [ˈəupnlɪ] *adv* 1) откры́то, публи́чно 2) открове́нно

**open-minded** [ˈəupnˈmaɪndɪd] *a* 1) с широ́ким кругозо́ром 2) непредубеждённый 3) восприи́мчивый

**open-mouthed** [ˈəupnˈmauðd] *a* 1) рази́нув(ший) рот от удивле́ния 2) жа́дный

**openness** [ˈəupnnɪs] *n* 1) открове́нность; прямота́ 2) я́вность

**open work, open-work** [ˈəupnwəːk] *n* 1) ажу́рная ткань; стро́чка; мере́жка 2) *горн.* откры́тые рабо́ты, откры́тая разрабо́тка 3) *attr.* ажу́рный; ~ stockings ажу́рные чулки́

**opera** [ˈɔpərə] *n* 1) о́пера 2) (*обыкн.* the ~) о́перное иску́сство

**operable** [ˈɔpərəbl] *a* 1) де́йствующий 2) *мед.* опера́бельный

**opera-cloak** [ˈɔpərəkləuk] *n* манто́ (*для выездов*); наки́дка

**opera-glass(es)** [ˈɔpərəˌglɑːs(ɪz)] *n* (*pl*) театра́льный бино́кль

**opera-hat** [ˈɔpərəhæt] *n* шапокля́к, складно́й цили́ндр

**opera-house** [ˈɔpərəhaus] *n* о́перный теа́тр

**operand** [ˈɔpərənd] *n мат.* объе́кт (де́йствия), опера́нд

**operate** [ˈɔpəreɪt] *v* 1) рабо́тать; де́йствовать; to ~ under a theory де́йствовать на основа́нии како́й-л. тео́рии; to ~ on one's own де́йствовать на свой страх и риск 2) управля́ть, заве́довать 3) ока́зывать влия́ние, де́йствовать (on, upon) 4) *хир.* опери́ровать (on) 5) производи́ть опера́ции (*стратегические, финансовые*) 6) приводи́ть(ся) в движе́ние; управля́ть (-ся); to ~ a car води́ть маши́ну 7) разраба́тывать, эксплуати́ровать

**operated** [ˈɔpəreɪtɪd] **1.** *p. p. от* operate

**2.** *a* управля́емый; remotely ~ с дистанцио́нным управле́нием

**operatic** [ˌɔpəˈrætɪk] *a* о́перный; an ~ singer о́перный певе́ц

**operating** [ˈɔpəreɪtɪŋ] **1.** *pres. p. от* operate

**2.** *a* 1) операцио́нный; ~ knife хирурги́ческий нож; ~ table операцио́нный стол; ~ surgeon опера́тор, опери́рующий хиру́рг 2) теку́щий; ~ costs теку́щие расхо́ды; эксплуатацио́нные расхо́ды 3) рабо́чий (*о режиме и т. п.*); ~ personnel техни́ческий, обслу́живающий персона́л

**operating-room** [ˈɔpəreɪtɪŋrum] *n* операцио́нная

**operating-theatre** [ˈɔpəreɪtɪŋˌθɪətə] *n* операцио́нная (*для показательных операций*)

**operation** [ˌɔpəˈreɪʃən] *n* 1) де́йствие, опера́ция; рабо́та; приведе́ние в де́йствие; to come into ~ нача́ть де́йствовать; to call into ~ привести́ в де́йствие; in ~ в де́йствии; in full ~ на по́лном ходу́ 2) проце́сс 3) опера́ция (*хирургическая*) 4) проведе́ние о́пыта, экспериме́нта 5) *мат.* де́йствие 6) разрабо́тка, эксплуата́ция 7) управле́ние (*предприятием и т. п.*) 8) *attr.* эксплуатацио́нный; ~ costs расхо́ды по эксплуата́ции

**operational** [ˌɔpəˈreɪʃənl] *a* 1) операцио́нный 2) операти́вный; ~ efficiency (высо́кая) операти́вность 3) относя́щийся к де́йствию, рабо́те; ~ costs расхо́ды по экплуата́ции (*оборудования и т. п.*) 4) де́йствующий; рабо́тающий; to become ~ вступа́ть в си́лу

**operative** [ˈɔpərətɪv] **1.** *a* 1) де́йствующий; действи́тельный; де́йственный; to become ~ входи́ть в си́лу (*о законе*) 2) операти́вный; ~ part of a resolution резолюти́вная часть реше́ния 3) *хир.* операцио́нный; операти́вный; ~ treatment хирурги́ческое вмеша́тельсто 4) де́йствующий, рабо́тающий, дви́жущий; ~ condition испра́вное, рабо́чее состоя́ние

**2.** *n* 1) рабо́чий-стано́чник 2) реме́сленник

**operatize** [ˈɔpərətaɪz] *v* написа́ть о́перу по како́му-л. произведе́нию

**operator** [ˈɔpəreɪtə] *n* 1) опера́тор; меха́ник; ~'s position рабо́чее ме́сто 2) телефони́ст; телеграфи́ст; ради́ст; связи́ст 3) то, что ока́зывает де́йствие 4) *хир.* опера́тор 5) биржево́й ма́клер *или* деле́ц; smooth (*или* slick) ~ ло́вкий деле́ц 6) *амер.* владе́лец предприя́тия *или* его́ управля́ющий ◊ big ~s *амер.* кру́пные чино́вники; высо́кие должностны́е ли́ца

**operetta** [ˌɔpəˈretə] *n* опере́тта

**ophidian** [ɔˈfɪdɪən] *зоол.* **1.** *a* 1) относя́щийся к отря́ду змей 2) змееви́дный, змееподо́бный

**2.** *n* змея́

**ophiolatry** [ˌɔfɪˈɔlətrɪ] *n* змеепокло́нство

**ophite** [ˈɔfaɪt] *n мин.* офи́т

**ophthalmia** [ɔfˈθælmɪə] *n мед.* офтальми́я

**ophthalmic** [ɔfˈθælmɪk] *a мед.* глазно́й

**ophthalmologist** [ˌɔfθælˈmɔlədʒɪst] *n* офтальмо́лог

**ophthalmology** [ˌɔfθælˈmɔlədʒɪ] *n* офтальмоло́гия

**opiate** [ˈəupɪɪt] **1.** *n* 1) опиа́т; нарко́тик 2) успока́ивающее *или* снотво́рное сре́дство

**2.** *a* 1) содержа́щий о́пиум 2) снотво́рный, наркоти́ческий

**3.** *v редк.* 1) сме́шивать с о́пиумом 2) усыпля́ть 3) притупля́ть

**opine** [əuˈpaɪn] *v книжн.* выска́зывать мне́ние, полага́ть

**opinion** [əˈpɪnjən] *n* 1) мне́ние, взгляд; to be of ~ that полага́ть, что; to have no settled ~s не име́ть определённых взгля́дов; to have no ~ of быть невысо́кого мне́ния о; in my ~ по моему́ мне́нию, по-мо́ему; to act up to one's ~s де́йствовать согла́сно свои́м убежде́ниям 2) мне́ние, заключе́ние специали́ста; counsel's ~ мне́ние адвока́та о де́ле; to have the best ~ обрати́ться к лу́чшему специали́сту (*врачу и т. п.*); to have (*или* to get) another ~ приглаша́ть ещё одного́ специали́ста 3) *attr.*: ~ giver выразитель общественного мнения; ~ makers лица, формирующие общественное мнение; ~ poll опрос общественного мнения ◇ ~s differ *посл.* о вкусах не спорят; a matter of ~ спорный вопрос

**opinionated** [ə'pɪnjəneɪtɪd] *a* чрезмерно самоуверенный; упрямый; своевольный

**opium** ['əupjəm] *n* опиум, опий

**opium den** ['əupjəmden] *n* притон курильщиков опиума

**opium-eater** ['əupjəm,i:tə] *n* курильщик опиума

**opium joint** ['əupjəm'dʒɔɪnt] *амер.* = opium den

**opodeldoc** [,ɔpəu'deldɔk] *n фарм.* оподельдок

**opossum** [ə'pɔsəm] *n зоол.* опоссум; сумчатая крыса [*см. тж.* possum]

**oppidan** ['ɔpɪdən] *n* 1) *редк.* горожанин 2) ученик Итонского колледжа, живущий на частной квартире

**opponent** [ə'pəunənt] **1.** *n* оппонент, противник

**2.** *a* 1) расположенный напротив, противоположный 2) враждебный

**opportune** ['ɔpətju:n] *a* своевременный, благоприятный; подходящий; an ~ moment подходящий момент; ~ rain своевременный дождь

**opportunism** ['ɔpətju:nɪzm] *n* оппортунизм

**opportunist** ['ɔpətju:nɪst] **1.** *n* оппортунист

**2.** *a* оппортунистический

**opportunity** [,ɔpə'tju:nɪtɪ] *n* удобный случай; благоприятная возможность; to take the ~ (of) воспользоваться случаем; to lose an ~ упустить возможность *или* случай

**oppose** [ə'pəuz] *v* 1) противопоставлять (with, against) 2) оказывать сопротивление, сопротивляться, противиться; препятствовать; мешать; to ~ the resolution отклонить резолюцию 3) находиться в оппозиции; выступать против

**opposed** [ə'pəuzd] **1.** *p. p. от* oppose

**2.** *a* 1) противоположный, противный 2) встречающий сопротивление; ~ landing *мор.* высадка десанта с боем 3) враждебный (to)

**opposite** ['ɔpəzɪt] **1.** *a* 1) расположенный, находящийся напротив, противоположный 2) противоположный; обратный; ~ poles *эл.* разноимённые полюсы ◇ ~ number лицо, занимающее такую же должность в другом учреждении, государстве *и т. п.*; партнёр, коллега

**2.** *n* противоположность; direct (*или* exact) ~ прямая противоположность

**3.** *adv* напротив; the house ~ дом напротив

**4.** *prep* 1) против, напротив 2) на; the cheque was made ~ my name чек был выписан на моё имя

**opposition** [,ɔpə'zɪʃən] *n* 1) сопротивление, противодействие; вражда 2) оппозиция; his Majesty's ~ *парл. шутл.* оппозиция его Величества 3) контраст, противоположность; противоположение 4) *астр.* противостояние 5) *attr.* относящийся к оппозиции; the ~ benches *парл.* скамьи оппозиции

**oppositionist** [,ɔpə'zɪʃənɪst] *n* оппозиционер

**oppress** [ə'pres] *v* 1) притеснять, угнетать 2) удручать, угнетать; to feel ~ed with the heat томиться от жары

**oppression** [ə'preʃən] *n* 1) притеснение, угнетение, гнёт 2) угнетённость; подавленность

**oppressive** [ə'presɪv] *a* 1) гнетущий, угнетающий, тягостный; ~ weather душная, знойная погода 2) деспотический; ~ legislation жестокие законы; ~ domination деспотизм, жестокий гнёт

**oppressiveness** [ə'presɪvnɪs] *n* гнетущая атмосфера

**oppressor** [ə'presə] *n* угнетатель, притеснитель

**opprobrious** [ə'prəubrɪəs] *a* 1) оскорбительный; ~ language ругательства 2) позорящий

**opprobrium** [ə'prəubrɪəm] *n* позор; посрамление

**oppugn** [ɔ'pju:n] *v* 1) возражать (*против чего-л.*), оспаривать 2) нападать; вести борьбу 3) сопротивляться

**opt** [ɔpt] *v* выбирать; he ~ed for the natural sciences он выбрал естественные науки ▭ ~ **out** не принимать участия; устраняться, уклоняться (*от работы и т. п. — обыкн. о хиппи*); to ~ out of society стать хиппи

**optative** ['ɔptətɪv] *грам.* **1.** *n* оптатив

**2.** *a* оптативный, желательный; ~ mood оптатив

**optic** ['ɔptɪk] **1.** *a* глазной, зрительный

**2.** *n шутл.* глаз

**optical** ['ɔptɪkəl] *a* зрительный, оптический; ~ illusion оптический обман; ~ disc *тех.* стробоскоп

**optician** [ɔp'tɪʃən] *n* оптик

**optics** ['ɔptɪks] *n pl* (*употр. как sing*) оптика

**optimism** ['ɔptɪmɪzm] *n* оптимизм

**optimist** ['ɔptɪmɪst] *n* оптимист

**optimistic(al)** [,ɔptɪ'mɪstɪk(əl)] *a* оптимистичный, оптимистический

**optimum** ['ɔptɪməm] *n* 1) наиболее благоприятные условия 2) *attr.* оптимальный; to have an ~ effect давать максимальный эффект

**option** ['ɔpʃən] *n* 1) выбор, право выбора *или* замены; I have no ~ у меня нет выбора; local ~ право жителей города *или* округа голосованием разрешать *или* запрещать что-л. (*напр., продажу спиртных напитков и т. п.*) 2) предмет выбора 3) *юр.* оптация 4) *ком.* опцион; сделка с премией

**optional** ['ɔpʃənl] *a* необязательный; факультативный

**optophone** ['ɔptəfəun] *n* оптофон (*прибор для чтения печатного текста слепыми*)

**opulence** ['ɔpjuləns] *n* изобилие, богатство; состоятельность

**opulent** ['ɔpjulənt] *a* 1) богатый, состоятельный 2) обильный; пышный; ~ vegetation пышная растительность 3) напыщенный (*о стиле*)

**opus** ['əupəs] *лат. n* (*тк. sing*) музыкальное произведение; опус; ~ magnum выдающееся произведение (*обыкн.* литературное)

**opuscule** [ɔ'pʌskju:l] *n* небольшое литературное *или* музыкальное произведение

**or** I [ɔ:] *cj* или; or else иначе; make haste or else you will be late торопитесь, иначе вы опоздаете; ~ so приблизительно, что-нибудь вроде этого

**or** II [ɔ:] *n геральд.* золотой *или* жёлтый цвет

**orach** ['ɔrɪtʃ] *n бот.* лебеда

**oracle** ['ɔrəkl] *n* 1) оракул 2) предсказание, прорицание 3) непреложная истина 4) *библ.* святая святых ◇ to work the ~ нажать тайные пружины; использовать влияние

**oracular** [ɔ'rækjulə] *a* 1) пророческий 2) претендующий на непогрешимость; догматический 3) двусмысленный; неясный, загадочный

**oral** ['ɔ:rəl] **1.** *a* 1) устный; словесный 2) *мед.* стоматический

**2.** *n разг.* устный экзамен

**orally** ['ɔ:rəlɪ] *adv* 1) устно 2) *мед.* для приёма внутрь (*о лекарстве*); not to be taken ~ наружное (*о лекарстве*)

**Orange** ['ɔrɪndʒ] *n ист.* 1) Оранская династия 2) *attr.*: ~ lodge Оранжистская ложа [*см.* Orangeman]

**orange** ['ɔrɪndʒ] **1.** *n* 1) апельсин; blood ~ апельсин-королёк 2) апельсиновое дерево 3) оранжевый цвет ◇ ~s and lemons *название детской песенки и игры*; Blenheim ~ крупный сорт десертных яблок

**2.** *a* оранжевый ◇ ~ book отчёт министерства земледелия (*в оранжевом переплёте*)

**orangeade** ['ɔrɪndʒ'eɪd] *n* оранжад (*напиток*)

**orange-blossom** ['ɔrɪndʒ,blɔsəm] *n* 1) померанцевый цвет 2) флёрдоранж (*украшение невесты*)

**orange-fin** ['ɔrɪndʒfɪn] *n* молодая форель

**orange lily** ['ɔrɪndʒ'lɪlɪ] *n бот.* красная лилия

**Orangeman** ['ɔrɪndʒmən] *n ист.* оранжист (*член Ирландской ультрапротестантской партии*)

**orange melon** ['ɔrɪndʒ,melən] *n бот.* дыня цукатная

**orange-peel** ['ɔrɪndʒpi:l] *n* 1) апельсинная корка 2) апельсинный цукат

**orangery** ['ɔrɪndʒərɪ] *n* 1) апельсиновый сад *или* -ая плантация 2) оранжерея (*для выращивания апельсиновых деревьев*)

**orange-tip** ['ɔrɪndʒtɪp] *n* бабочка-белянка

**orang-outang, orang-utan** [ɔ:'ræŋ'u:tæŋ, -'u:tæn] *n зоол.* орангутанг

**orate** [ɔ:'reɪt] *v шутл.* произносить речь, ораторствовать, разглагольствовать

**oration** [ɔ:ˈreɪʃən] *n* 1) речь (*особ.* торже́ственная) 2) *грам.*: direct (indirect) ~ пряма́я (ко́свенная) речь

**orator** [ˈɔrətə] *n* ора́тор; he is no ~ он плохо́й ора́тор; Public O. официа́льный представи́тель университе́та, выступа́ющий на торже́ственных церемо́ниях (*в Кембридже и Оксфорде*)

**oratorical** [ˌɔrəˈtɔrɪkəl] *a* 1) ора́торский 2) ритори́ческий

**oratorio** [ˌɔrəˈtɔ:rɪəu] *n* (*pl* -os [-əuz]) *муз.* орато́рия

**oratory** I [ˈɔrətərɪ] *n* 1) красноре́чие; ора́торское иску́сство, рито́рика 2) разглаго́льствование

**oratory** II [ˈɔrətərɪ] *n* часо́вня, моле́льня

**orb** [ɔ:b] **1.** *n* 1) шар; сфе́ра 2) небе́сное свети́ло 3) держа́ва (*королевская регалия*) 4) *поэт.* глаз, глазно́е я́блоко 5) *архит.* глуха́я арка́да 6) орби́та; круг, оборо́т

**2.** *v поэт.* заключи́ть в круг *или* в шар

**orbed** [ɔ:bd] **1.** *p. p. от* orb 2

**2.** *a* окру́глый, шарообра́зный, сфери́ческий

**orbicular** [ɔ:ˈbɪkjulə] *a* 1) сфери́ческий, шарово́й, кру́глый; ~ muscle *анат.* кольцево́й му́скул 2) завершённый

**orbit** [ˈɔ:bɪt] **1.** *n* 1) орби́та; to put (*или* to place) in ~ вы́вести на орби́ту; to go into ~ вы́йти на орби́ту 2) сфе́ра, разма́х де́ятельности 3) *анат.* глазна́я впа́дина

**2.** *v* 1) выводи́ть на орби́ту 2) выходи́ть на орби́ту 3) враща́ться по орби́те

**orbital** [ˈɔ:bɪtl] *a* 1) орбита́льный; ~ station орбита́льная ста́нция; ~ transfer перелёт с одно́й орби́ты на другу́ю 2) *анат., зоол.* глазно́й

**orbiting** [ˈɔ:bɪtɪŋ] **1.** *n* движе́ние по орби́те; вы́вод на орби́ту

**2.** *a* орбита́льный

**Orcadian** [ɔ:ˈkeɪdjən] **1.** *a* оркне́йский

**2.** *n* уроже́нец, жи́тель Оркне́йских острово́в

**orchard** [ˈɔ:tʃəd] *n* фрукто́вый сад

**orcharding** [ˈɔtʃədɪŋ] *n* плодово́дство

**orchardman** [ˈɔ:tʃədmən] *n* плодово́д

**orchestic** [ɔ:ˈkestɪk] *a* танцева́льный

**orchestics** [ɔ:ˈkestɪks[ *n pl* (*употр. как sing*) танцева́льное иску́сство

**orchestra** [ˈɔ:kɪstrə] *n* 1) орке́стр 2) ме́сто для орке́стра *или* хо́ра 3) *амер.* парте́р (*тж.* ~ chairs, ~ stalls) 4) орхе́стра (*место хора в др.-греч. театре*)

**orchestral** [ɔ:ˈkestrəl] *a* оркестро́вый

**orchestrate** [ˈɔ:kɪstreɪt] *v* оркестрова́ть, инструментова́ть

**orchestration** [ˌɔ:kesˈtreɪʃən] *n* оркестро́вка, инструменто́вка

**orchestrion** [ɔ:ˈkestrɪən] *n муз.* оркестрио́н

**orchid** [ˈɔ:kɪd] *n бот.* орхиде́я

**orchidaceous** [ˌɔ:kɪˈdeɪʃəs] *a* орхиде́йный

**orchil** [ˈɔ:tʃɪl] *n* орсе́ль (*фиолетово-красная краска*)

**orchis** [ˈɔ:kɪs] *n бот.* ятры́шник

**ordain** [ɔ:ˈdeɪn] *v* 1) посвяща́ть в духо́вный сан 2) предопределя́ть; предпи́сывать

**ordeal** [ɔ:ˈdi:l] *n* 1) суро́вое испыта́ние 2) *ист.* «суд бо́жий» (*испытание огнём и водой*)

**order** [ˈɔ:də] **1.** *n* 1) поря́док; после́довательность; ~ of priorities очерёдность (*мероприятий и т. п.*); in alphabetical (chronological) ~ в алфави́тном (хронологи́ческом) поря́дке; in ~ of size (importance, *etc.*) по разме́ру (по сте́пени ва́жности *и т. п.*) 2) поря́док, испра́вность; to get out of ~ испо́ртиться; in bad ~ в неиспра́вности; to put in ~ привести́ в поря́док 3) хоро́шее физи́ческое состоя́ние; his liver is out of ~ у него́ больна́я пе́чень 4) поря́док; споко́йствие; to keep ~ соблюда́ть поря́док; to call to ~ призва́ть к поря́дку [*см. тж.* 5)]; ~!, ~! к поря́дку! 5) поря́док (*ведения собрания и т. п.*); регла́мент; уста́в; ~ of business пове́стка дня; ~ of the day а) пове́стка дня; б) мо́да, мо́дное тече́ние (*в искусстве, литературе и т. п.*) [*см. тж.* 9)]; to call to ~ *амер.* откры́ть (*собрание*) [*см. тж.* 4)]; on a point of ~ к поря́дку веде́ния собра́ния; to be in ~ быть прие́млемым по процеду́ре 6) строй, госуда́рственное устро́йство; social ~ обще́ственный строй 7) *воен.* строй, боево́й поря́док; close (extended) ~ со́мкнутый (расчленённый) строй; marching ~ а) похо́дный поря́док; б) похо́дная фо́рма; parade ~ строй для пара́да 8) слой о́бщества; социа́льная гру́ппа; the lower ~s просто́й наро́д 9) прика́з, распоряже́ние; предписа́ние; O. in Council зако́н, издава́емый от и́мени англи́йского короля́ и та́йного сове́та и проше́дший че́рез парла́мент без обсужде́ния; ~ of the day *воен.* прика́з по ча́сти *или* соедине́нию [*см. тж.* 5)]; one's ~s *амер. воен.* полу́ченные распоряже́ния; under the ~s of... под кома́ндой... 10) зака́з; made to ~ сде́ланный на зака́з; on ~ зака́занный, но не доста́вленный; repeat ~ повто́рный зака́з; ~s on hand *эк.* портфе́ль зака́зов 11) о́рдер; cheque to (a person's) ~ *фин.* о́рдерный чек; 12) о́рдер; разреше́ние, про́пуск; admission by ~ вход по пропуска́м 13) *амер.* зака́з порцио́нного блю́да (*в ресторане*) 14) знак отли́чия, о́рден; O. of Lenin о́рден Ле́нина 15) ры́царский *или* религио́зный о́рден 16) род, сорт; сво́йство; talent of another ~ тала́нт ино́го поря́дка 17) ранг 18) *pl церк.* духо́вный сан; to be in (to take) ~s быть (стать) духо́вным лицо́м; to confer ~s рукополага́ть 19) *мат.* поря́док; сте́пень 20) *зоол., бот.* отря́д; подкла́сс 21) *архит.* о́рдер ◇ tall (*или* large) ~ тру́дная зада́ча, тру́дное де́ло; in ~ *амер.* надлежа́щим о́бразом; in ~ that с тем, что́бы; in ~ to для того́, что́бы; of the ~ of приме́рно; in short ~ бы́стро; *амер.* ме́дленно, то́тчас же; to be under ~s *воен.* дожида́ться назначе́ния

**2.** *v* 1) приводи́ть в поря́док 2) прика́зывать; предпи́сывать; распоряжа́ться 3) направля́ть; to be ~ed abroad быть напра́вленным за грани́цу; to ~ smb. out of the country вы́слать кого́-л. за преде́лы страны́ 4) зака́зывать 5) назнача́ть, прописы́вать (*лекарство и т. п.*) 6) предопределя́ть □ ~ **about** кома́ндовать, помыка́ть

**order-book** [ˈɔ:dəbuk] *n* 1) кни́га зака́зов 2) *воен.* кни́га прика́зов и распоряже́ний

**order-form** [ˈɔ:dəfɔ:m] *n* бланк зака́за, бланк тре́бования

**orderliness** [ˈɔ:dəlɪnɪs] *n* 1) аккура́тность, поря́док 2) подчине́ние зако́нам

**orderly** [ˈɔ:dəlɪ] **1.** *n* 1) *воен.* днева́льный, ордина́рец 2) *воен.* связно́й 3) *воен.* санита́р 4) убо́рщик у́лиц (*тж.* street ~)

**2.** *a* 1) аккура́тный, опря́тный 2) споко́йный; благонра́вный, хоро́шего поведе́ния; дисциплини́рованный 3) организо́ванный 4) регуля́рный, методи́чный; пра́вильный; ~ rundown постепе́нное свёртывание, системати́ческое сокраще́ние 5) дежу́рный; ~ book = order-book 2); ~ man *воен.* а) днева́льный; б) санита́р (*в госпитале*); ~ officer дежу́рный офице́р

**orderly-room** [ˈɔ:dəlɪrum] *n воен.* канцеля́рия подразделе́ния

**order-paper** [ˈɔ:dəˌpeɪpə] *n* пове́стка дня (*в письменном или отпечатанном виде*)

**ordinal** [ˈɔ:dɪnl] *грам.* **1.** *a* поря́дковый

**2.** *n* поря́дковое числи́тельное

**ordinance** [ˈɔ:dɪnəns] *n* 1) ука́з, декре́т; постановле́ние муниципалите́та 2) обря́д, та́инство 3) план, расположе́ние часте́й

**ordinarily** [ˈɔ:dnrɪlɪ] *adv* обы́чно; обыкнове́нным, обы́чным путём

**ordinary** [ˈɔ:dnrɪ] **1.** *a* 1) обы́чный, обыкнове́нный; ордина́рный; просто́й; in an ~ way при обы́чных обстоя́тельствах; ~ people просты́е лю́ди; ~ seaman матро́с 2-го кла́сса; ~ call ча́стный разгово́р (*по телефону*) 2) зауря́дный, посре́дственный

**2.** *n* 1) дежу́рное блю́до 2) столо́вая, где подают дежу́рные блю́да 3) что-л. привы́чное, обы́чное; in ~ постоя́нный; out of the ~ необы́чный 4) *церк.* тре́бник; уста́в церко́вной слу́жбы 5) *юр.* постоя́нный член суда́; *амер.* судья́ по дела́м о насле́дстве (*в некоторых штатах*) 6) *церк.* свяще́нник, исполня́ющий обя́занность судьи́ 7) *уст.* таве́рна с о́бщим столо́м за твёрдую пла́ту ◇ Surgeon in O. to the King лейб-ме́дик; professor in ~ ордина́рный профе́ссор

**ordination** [ˌɔ:dɪˈneɪʃən] *n* посвяще́ние в духо́вный сан, рукоположе́ние

**ordnance** [ˈɔ:dnəns] *n* 1) артиллери́йские ору́дия, артилле́рия; материа́льная часть артилле́рии; артиллери́йско-техни́ческое и вещево́е снабже́ние; naval ~ морска́я артилле́рия 2) *attr.*

артиллерийский 3) *attr.*: ~ survey а) государственная топографическая служба; б) военно-топографическая съёмка

**ordure** [ˈɔːdjuə] *n* 1) навоз; отбросы; грязь 2) грязь, распутство 3) сквернословие 4) непристойность

**ore** [ɔː] *n* 1) руда 2) *поэт.* (драгоценный) металл 3) *attr.* рудный; ~ mining горнорудное дело

**oread** [ˈɔːrɪæd] *n греч. миф.* ореада (*нимфа гор*)

**ore body** [ˈɔːˈbɔdɪ] *n геол.* рудное тело

**ore-dressing** [ˈɔːˌdresɪŋ] *n* обогащение руд; механическая обработка полезных ископаемых

**organ** [ˈɔːgən] *n* 1) орган; ~s of speech органы речи 2) орган, учреждение; governmental ~s правительственные органы 3) голос 4) *муз.* орган; American ~ фисгармония; street ~ шарманка 5) печатный орган; газета; ~s of public opinion газеты, радио, телевидение

**organ-blower** [ˈɔːgənˌbləuə] *n* раздувальщик мехов (*у органа*)

**organdie, organdy** [ˈɔːgəndɪ] *n* тонкая кисея, органди

**organ-grinder** [ˈɔːgənˌgraɪndə] *n* шарманщик

**organic** [ɔːˈgænɪk] *a* 1) органический; входящий в органическую систему 2) организованный; систематизированный 3) согласованный; взаимозависимый; ~ whole единое целое 4) *амер. юр.*: ~ law основной закон, конституция; ~ act закон об образовании новой «территории» *или* превращении «территории» в штат

**organism** [ˈɔːgənɪzm] *n* организм

**organist** [ˈɔːgənɪst] *n* органист

**organization** [ˌɔːgənaɪˈzeɪʃən] *n* 1) организация 2) устройство; формирование, организация 3) организм 4) *амер.* избрание главных должностных лиц и комиссии конгресса 5) *амер.* партийный аппарат 6) *attr.* организационный

**organization chart** [ˌɔːgənaɪˈzeɪʃən-ˈtʃɑːt] *n* устав

**organize** [ˈɔːgənaɪz] *v* 1) организовывать, устраивать 2) *амер.* проводить организационные мероприятия; to ~ the House избирать главных должностных лиц и комиссии конгресса 3) делать(ся) органическим, превращать(ся) в живую ткань

**organized** [ˈɔːgənaɪzd] **1.** *p. p. от* organize

**2.** *a* 1) организованный; ~ labour члены профсоюза 2): ~ matter живая материя

**organizer** [ˈɔːgənaɪzə] *n* организатор

**organ-loft** [ˈɔːgənlɔft] *n* галерея в церкви для органа, хоры

**organotherapy** [ˌɔːgənəuˈθerəpɪ] *n мед.* органотерапия

**organ-player** [ˈɔːgənˌpleɪə] = organist

**orgasm** [ˈɔːgæzm] *n физиол.* оргазм

**orgeat** [ˈɔːʒæt] *n* оршад (*напиток*)

**orgy** [ˈɔːdʒɪ] *n* 1) оргия; разгул 2) *разг.* множество, масса (*развлечений и т. п.*); a regular ~ of parties and concerts бесконечные вечера и концерты

**oriel** [ˈɔːrɪəl] *n архит.* 1) углубление, альков 2) закрытый балкон, эркер

**orient 1.** *n* [ˈɔːrɪənt] 1) (the O.) Восток, страны Востока 2) высший сорт жемчуга

**2.** *a* [ˈɔːrɪənt] 1) *поэт.* восточный 2) восходящий, поднимающийся; the ~ sun восходящее солнце 3) блестящий, яркий 4) высшего качества (*о жемчуге*)

**3.** *v* [ˈɔːrɪent] 1) ориентировать; определять местонахождение (*по компасу*); to ~ oneself ориентироваться 2) строить здание фасадом на восток

**oriental** [ˌɔːrɪˈentl] **1.** *a* восточный, азиатский

**2.** *n* (O.) житель Востока

**orientalism** [ˌɔːrɪˈentəlɪzm] *n* 1) ориентализм; культура, нравы, обычаи жителей Востока 2) востоковедение, ориенталистика

**orientalist** [ˌɔːrɪˈentəlɪst] *n* востоковед, ориенталист

**orientalize** [ˌɔːrɪˈentəlaɪz] *v* придавать *или* приобретать восточный *или* азиатский характер

**orientate** [ˈɔːrɪenteɪt] = orient 3

**orientation** [ˌɔːrɪenˈteɪʃən] *n* ориентировка, ориентация, ориентирование

**oriented** [ˈɔːrɪentɪd] **1.** *p. p. от* orient 3

**2.** *как компонент сложных слов* связанный с чем-л.; занимающийся чем-л.; space-oriented пригодный для использования в космических условиях

**orifice** [ˈɔrɪfɪs] *n* 1) отверстие 2) устье; выход; проход 3) *тех.* сопло, насадок, жиклёр

**origan, origanum** [ˈɔrɪgən, ɔˈrɪgənəm] *n бот.* душица обыкновенная

**origin** [ˈɔrɪdʒɪn] *n* 1) источник; начало 2) происхождение; of humble ~ незнатного происхождения

**original** [əˈrɪdʒənl] **1.** *n* 1) подлинник, оригинал; in the ~ в оригинале 2) первоисточник 3) чудак, оригинал

**2.** *a* 1) первоначальный; исходный; the ~ edition первое издание; ~ sin *рел.* первородный грех 2) подлинный; the ~ picture подлинник картины 3) творческий, самобытный; ~ scientist учёный-новатор 4) оригинальный, новый, свежий

**originality** [əˌrɪdʒɪˈnælɪtɪ] *n* 1) подлинность 2) оригинальность; самобытность 3) новизна, свежесть

**originally** [əˈrɪdʒɪnəlɪ] *adv* 1) первоначально 2) по происхождению 3) оригинально

**originate** [əˈrɪdʒɪneɪt] *v* 1) давать начало, порождать; создавать; to ~ a new style in music создать новый стиль в музыке 2) брать начало, происходить, возникать (from, in — от *чего-л.*; from, with — от *кого-л.*); with whom did the idea ~? у кого зародилась эта мысль?

**origination** [əˌrɪdʒɪˈneɪʃən] *n* 1) начало, происхождение 2) порождение

**originative** [əˈrɪdʒɪneɪtɪv] *a* 1) дающий начало, порождающий 2) творческий, созидательный

**originator** [əˈrɪdʒɪneɪtə] *n* 1) автор; создатель, изобретатель 2) инициатор

**orinasal** [ˌɔːrɪˈneɪzəl] *a* рото-носовой; ~ vowel *фон.* назализованный гласный

**oriole** [ˈɔːrɪəul] *n* иволга

**Orion** [əˈraɪən] *n астр.* созвездие Ориона

**orison** [ˈɔrɪzən] *n* (*обыкн. pl*) *поэт.* молитва

**orlop** [ˈɔːlɔp] *n мор.* 1) нижняя палуба 2) *ист.* кубрик

**orlop-deck** [ˈɔːlɔpdek] = orlop

**ormolu** [ˈɔːməuluː] *n* 1) сплав меди, олова и свинца для золочения; позолотная бронза; порошкообразное золото для золочения 2) золочёная бронза 3) мебель с украшениями из золочёной бронзы

**ornament 1.** *n* [ˈɔːnəmənt] 1) украшение, орнамент (*тж. перен.*); he is an ~ to his profession он делает честь своей профессии 2) (*обыкн. pl*) церковная утварь, ризы

**2.** *v* [ˈɔːnəment] украшать

**ornamental** [ˌɔːnəˈmentl] **1.** *a* служащий украшением, орнаментальный; декоративный

**2.** *n* 1) декоративное растение 2) *pl* безделушки, украшения

**ornamentation** [ˌɔːnəmenˈteɪʃən] *n* 1) украшение (*действие*) 2) *собир.* украшения

**ornate** [ɔːˈneɪt] *a* 1) богато украшенный 2) витиеватый (*о стиле*)

**ornithic** [ɔːˈnɪθɪk] = ornithological

**ornithological** [ˌɔːnɪθəˈlɔdʒɪkl] *a* орнитологический

**ornithologist** [ˌɔːnɪˈθɔlədʒɪst] *n* орнитолог

**ornithology** [ˌɔːnɪˈθɔlədʒɪ] *n* орнитология

**ornithorhyncus** [ˌɔːnɪθəuˈrɪŋkəs] *n зоол.* утконос

**orogenesis** [ˌɔrəuˈdʒenɪsɪs] = orogeny

**orogeny** [ɔˈrɔdʒənɪ] *n геол.* горообразование, орогенезис

**orography** [ɔˈrɔgrəfɪ] *n* орография

**oroide** [ˈəurəuɪd] *n* золотистый сплав меди и цинка

**orotund** [ˈɔrəutʌnd] *a* 1) звучный, полнозвучный 2) высокопарный, напыщенный; претенциозный

**orphan** [ˈɔːfən] **1.** *n* сирота

**2.** *a* сиротский

**3.** *v* делать сиротой; лишать родителей

**orphanage** [ˈɔːfənɪdʒ] *n* 1) сиротство 2) приют для сирот

**orphaned** [ˈɔːfənd] **1.** *p. p. от* orphan 3

**2.** *a* осиротелый, лишившийся родителей

**orphanhood** [ˈɔːfənhud] *n* сиротство

**Orphean** [ɔːˈfiː(ː)ən] *a* чарующий, как музыка Орфея; сладкозвучный

**Orpheus** [ˈɔːfjuːs] *n греч. миф.* Орфей

**Orphic** [ˈɔ:fɪk] *a* 1) орфи́ческий 2) мисти́ческий, таи́нственный

**orpin(e)** [ˈɔ:pɪn] *n бот.* за́ячья капу́ста

**Orpington** [ˈɔ:pɪŋtən] *n* орпингто́н (*порода кур*)

**orrery** [ˈɔrərɪ] *n* планета́рий

**orris** [ˈɔrɪs] *n* 1) *бот.* каса́тик флоренти́йский 2) фиа́лковый ко́рень 3) порошо́к из фиа́лкового ко́рня

**orris-powder** [ˈɔrɪsˌpaudə] = orris 3)

**orris-root** [ˈɔrɪsru:t] = orris 2)

**orthodox** [ˈɔ:θədɔks] *a* 1) ортодокса́льный; правове́рный; общепри́нятый 2) (O.) *рел.* правосла́вный

**orthodoxy** [ˈɔ:θədɔksɪ] *n* 1) ортодокса́льность 2) (O.) *рел.* правосла́вие

**orthoepy** [ˈɔ:θəuepɪ] *n лингв.* орфоэ́пия

**orthogenesis** [ˌɔ:θəuˈdʒenɪsɪs] *n биол.* ортогене́з

**orthogonal** [ɔ:ˈθɔgənl] *a* прямоуго́льный, ортогона́льный

**orthographic(al)** [ˌɔ:θəˈgræfɪk(əl)] *a* орфографи́ческий

**orthography** [ɔ:ˈθɔgrəfɪ] *n* орфогра́фия, правописа́ние

**orthop(a)edic** [ˌɔ:θəuˈpi:dɪk] *a мед.* ортопеди́ческий

**orthop(a)edist** [ˌɔ:θəuˈpi:dɪst] *n* ортопе́д

**orthop(a)edy** [ˈɔ:θəupi:dɪ] *n мед.* ортопе́дия

**orthoptic** [ɔ:ˈθɔptɪk] *a* относя́щийся к норма́льному зре́нию

**ortolan** [ˈɔ:tələn] *n* садо́вая овся́нка (*птица*)

**oryx** [ˈɔrɪks] *n зоол.* антило́па бе́йза, сернобы́к

**oscillate** [ˈɔsɪleɪt] *v* 1) кача́ть(ся) 2) вибри́ровать; колеба́ться (*тж. перен.*)

**oscillation** [ˌɔsɪˈleɪʃən] *n* 1) кача́ние; вибра́ция, колеба́ние 2) *attr.* колеба́тельный; ~ frequency частота́ колеба́ний

**oscillator** [ˈɔsɪleɪtə] *n* 1) *тех.* осцилля́тор, вибра́тор 2) *радио* гетероди́н; излуча́тель

**oscillatory** [ˈɔsɪlətərɪ] *a* колеба́тельный; ~ circuit *радио* колеба́тельный ко́нтур

**oscillograph** [ɔˈsɪləugrɑ:f] *n* осцилло́граф

**oscillotron** [ɔˈsɪlətrɔn] *n* осциллографи́ческая электро́нно-лучева́я тру́бка

**osculant** [ˈɔskjulənt] *a* 1) *мат.* соприкаса́ющийся; самокаса́ющийся 2) *биол.* промежу́точный

**oscular** [ˈɔskjulə] *a* 1) *анат.* ротово́й 2) *шутл.* целова́льный

**osculate** [ˈɔskjuleɪt] *v* 1) *шутл.* целова́ться, лобыза́ться 2) соприкаса́ться

**osculation** [ˌɔskjuˈleɪʃən] *n* 1) *шутл.* лоб(ы)за́ние, поцелу́й 2) соприкоснове́ние

**osier** [ˈəuʒə] *n* 1) и́ва 2) лоза́ (*ивы*) 3) *attr.* и́вовый

**osier-bed** [ˈəuʒəbed] *n* ивня́к

**Osiris** [əuˈsaɪərɪs] *n египт. миф.* Ози́рис

**osmium** [ˈɔzmɪəm] *n хим.* о́смий

**osmose, osmosis** [ˈɔsməus, ɔzˈməusɪs] *n физ.* о́смос

**osmotic** [ɔzˈmɔtɪk] *a физ.* осмоти́ческий

**osseous** [ˈɔsɪəs] *a* 1) кости́стый 2) костяно́й

**ossicle** [ˈɔsɪkl] *n анат.* ко́сточка

**ossification** [ˌɔsɪfɪˈkeɪʃən] *n* окостене́ние

**ossify** [ˈɔsɪfaɪ] *v* превраща́ть(ся) в кость; костене́ть

**ossuary** [ˈɔsjuərɪ] *n* 1) склеп; пеще́ра с костя́ми 2) кремацио́нная у́рна

**osteitis** [ˌɔstɪˈaɪtɪs] *n мед.* ости́т

**ostensible** [ɔsˈtensəbl] *a* 1) слу́жащий предло́гом; мни́мый; показно́й; ~ purpose официа́льная цель 2) очеви́дный, я́вный

**ostensory** [ɔsˈtensərɪ] *n церк.* дарохрани́тельница

**ostentation** [ˌɔstenˈteɪʃən] *n* показно́е проявле́ние (*чего-л.*); хвастовство́; выставле́ние напока́з

**ostentatious** [ˌɔstenˈteɪʃəs] *a* показно́й; нарочи́тый

**osteography** [ˌɔstɪˈɔgrəfɪ] *n* остеогра́фия

**osteology** [ˌɔstɪˈɔlədʒɪ] *n* остеоло́гия

**ostler** [ˈɔslə] *n* ко́нюх (*на постоя́лом дворе*)

**ostracism** [ˈɔstrəsɪzm] *n* 1) острaки́зм 2) изгна́ние из о́бщества

**ostracize** [ˈɔstrəsaɪz] *v* 1) подверга́ть острaки́зму 2) изгоня́ть из о́бщества

**ostreiculture** [ˈɔstrɪəkʌltʃə] *n* разведе́ние у́стриц

**ostrich** [ˈɔstrɪtʃ] *n* стра́ус ◇ the digestion of an ~ ≅ «лужёный» желу́док; ~ policy поли́тика, осно́ванная на самообма́не

**ostrich-farm** [ˈɔstrɪtʃfɑ:m] *n* фе́рма, где разво́дят стра́усов

**ostrich-plume** [ˈɔstrɪtʃplu:m] *n* стра́усовое перо́; стра́усовые пе́рья

**Ostrogoth** [ˈɔstrəugɔθ] *n ист.* остго́т

**other** [ˈʌðə] **1.** *a* 1) друго́й, ино́й; some ~ time ка́к-нибудь в друго́й раз; ~ things being equal при про́чих ра́вных усло́виях; the ~ world потусторо́нний мир, «тот свет»; ~ times, ~ manners (*тж.* ~ days, ~ ways) ины́е времена́ — ины́е нра́вы 2) дополни́тельный, друго́й; a few ~ examples не́сколько дополни́тельных приме́ров 3) (*с сущ. во мн. ч.*) остальны́е; the ~ students остальны́е студе́нты ◇ the ~ day на дня́х, неда́вно

**2.** *pron indef.* друго́й; no ~ than никто́ друго́й, как; someone (something) or ~ кто́-нибудь (что́-нибудь); one or ~ of us will be there кто-л. из нас бу́дет там; some day (*или* some time) or ~ когда́-нибудь, ра́но и́ли по́здно; you are the man of all ~s for the work вы са́мый подходя́щий челове́к для э́того де́ла; think of ~s не будь эгои́стом

**3.** *adv* ина́че; I can't do ~ than accept я не могу́ не приня́ть

**otherness** [ˈʌðənɪs] *n редк.* разли́чие, отли́чие; непохо́жесть

**otherwhence** [ˈʌðəwens] *adv редк.* из друго́го ме́ста

**otherwhere(s)** [ˈʌðəwɛə(z)] *adv поэт.* в друго́м ме́сте; в друго́е ме́сто

**otherwise** [ˈʌðəwaɪz] **1.** *adv* 1) ина́че, ины́м спо́собом; ины́м о́бразом; по-друго́му; how could it be ~? ра́зве могло́ быть ина́че?; unless ~ qualified кро́ме слу́чаев, оговорённых осо́бо 2) в други́х отноше́ниях 3) и́ли же, в проти́вном слу́чае; go at once, ~ you will miss your train иди́те неме́дленно, ина́че опозда́ете на по́езд

**2.** *a* ино́й, друго́й; tracts agricultural and ~ па́хотные и про́чие зе́мли

**otherwise-minded** [ˈʌðəwaɪzˈmaɪndɪd] *a* инакомы́слящий

**other-worldly** [ˈʌðəˌwə:ldlɪ] *a* 1) не от ми́ра сего́ 2) духо́вный 3) потусторо́нний

**otic** [ˈəutɪk] *a анат.* ушно́й; слухово́й

**otiose** [ˈəuʃɪəus] *a* 1) бесполе́зный, нену́жный 2) *редк.* пра́здный, лени́вый

**otioseness** [ˈəuʃɪəusnɪs] *n* 1) бесполе́зность, тще́тность 2) *редк.* пра́здность

**otiosity** [ˌəuʃɪˈɔsɪtɪ] = otioseness

**otologist** [əuˈtɔlədʒɪst] *n* специали́ст по ушны́м боле́зням

**otology** [əuˈtɔlədʒɪ] *n* отоло́гия

**otophone** [ˈəutəfəun] *n* отофо́н (*прибор для тугоухих*)

**otoscope** [ˈəutəskəup] *n мед.* отоско́п

**otter** [ˈɔtə] *n* 1) вы́дра 2) мех вы́дры 3) рыболо́вная снасть (*рейка-поплавок с многочисленными крючками с наживкой*)

**otter-dog** [ˈɔtədɔg] *n* охо́тничья соба́ка на выдр

**otter-hound** [ˈɔtəhaund] = otter-dog

**otto** [ˈɔtəu] = attar

**Ottoman** [ˈɔtəumən] **1.** *n* оттома́н, ту́рок

**2.** *a* оттома́нский, туре́цкий

**ottoman** [ˈɔtəumən] *n* оттома́нка, тахта́, дива́н

**oubliette** [ˌu:blɪˈet] *фр. n* потайна́я, подзе́мная темни́ца с лю́ком

**ouch** I [autʃ] *n уст.* 1) пря́жка; бро́шка 2) опра́ва драгоце́нного ка́мня

**ouch** II [autʃ] *int* ай!, ой!

**ought** I [ɔ:t] *разг. см.* nought

**ought** II [ɔ:t] *v модальный глагол выражает*: 1) *долженствование*: I ~ to go there мне сле́довало бы пойти́ туда́ 2) *вероятность*: the telegram ~ to reach him within two hours он, вероя́тно, полу́чит телегра́мму не по́зже, чем че́рез два часа́ 3) *упрёк*: you ~ to have written to her тебе́ сле́довало написа́ть ей (а ты э́того не сде́лал)

**ounce** I [auns] *n* 1) у́нция (= *28,3 г*) 2) ка́пля, чу́точка; he hasn't got an ~ of sense у него́ нет ни ка́пли здра́вого смы́сла ◇ an ~ of practice is worth a pound of theory ≅ день пра́ктики сто́ит го́да тео́рии

**ounce** II [auns] *n зоол.* и́рбис

**our** [ˈauə] *pron poss.* (*употр. атрибутивно*; *ср.* ours) наш

**ours** [ˈauəz] *pron poss.* (*абсолютная форма, не употр. атрибутивно*; *ср.* our) наш; ~ is a large family на́ша семья́ больша́я; this garden is

~ э́тот сад наш; it is no business of ~ э́то не на́ше де́ло; Jones of ~ Джо́унз из на́шего полка́

**ourself** [ˏauəˈself] *pron emph.* мы (*в речи короля, научных статьях и т. п.*)

**ourselves** [ˏauəˈselvz] *pron* 1) *refl.* себя́, -ся; себе́; we shall only harm ~ мы то́лько повреди́м себе́ 2) *emph.* са́ми; let us do it ~ дава́йте сде́лаем э́то са́ми

**ousel** [ˈu:zl] = ouzel

**oust** [aust] *v* 1) выгоня́ть, занима́ть (*чьё-л.*) ме́сто; вытесня́ть; to ~ the worms выгоня́ть глисто́в 2) *юр.* выселя́ть

**ouster** [ˈaustə] *n юр.* выселе́ние, отня́тие иму́щества (*особ. незаконное*)

**out** [aut] **1.** *adv* 1) вне, нару́жи; нару́жу; вон; *передаётся тж. приставкой* вы-; he is ~ он вы́шел, его́ нет до́ма; the chicken is ~ цыплёнок вы́лупился; the book is ~ кни́га вы́шла из печа́ти; the eruption is ~ all over him сыпь вы́ступила у него́ по всему́ те́лу; the floods are ~ река́ вы́шла из берего́в; ~ at sea в откры́том мо́ре; ~ with him! вон его́!; ~ and home туда́ и обра́тно; the ball is ~ мяч за преде́лами по́ля; the secret is ~ та́йна раскры́та; ~ with it! выкла́дывайте! (*что у вас есть, что вы хотели сказать и т. п.*); to have an evening ~ провести́ ве́чер вне до́ма (*в кино, ресторане и т. п.*) 2) *придаёт действию характер завершённости; передаётся приставкой* вы-; to pour ~ вы́лить; to fill ~ а) заполня́ть(ся); б) расширя́ть(ся) 3) *означает окончание, завершение чего-л.*: before the week is ~ до конца́ неде́ли 4) *означает истощение, прекращение действия чего-л.*: the money is ~ де́ньги ко́нчились; the fire (candle) is ~ ого́нь (све́чка) поту́х(ла); the lease is ~ срок аре́нды истёк 5) *означает уклонение от какой-л. нормы, правил, истины*: crinolines are ~ кринoли́ны вы́шли из мо́ды; my watch is five minutes ~ мои́ часы́ «врут» на 5 мину́т; to be ~ быть без созна́ния, потеря́ть созна́ние ◇ ~ and about попра́вившийся по́сле боле́зни; ~ and away несравне́нно, намно́го, гора́здо; ~ and in = in and ~ [*см.* in 2 ◇]; ~ and ~ а) вполне́; б) несомне́нно; to be ~ for (*или* to) все́ми си́лами стреми́ться к *чему́-л.*; she is ~ for compliments она́ напра́шивается на комплиме́нты; to be ~ with smb. быть с ке́м-л. в ссо́ре, не в лада́х

**2.** *prep*: ~ of *указывает на*: а) *положение вне другого предмета* вне, за, из; he lives ~ of town он живёт за го́родом; б) *движение за какие-л. пределы* из; they moved ~ of town они́ вы́ехали из го́рода; she took the money ~ of the bag она́ вы́нула де́ньги из су́мки; в) *материал, из которого сделан предмет* из; this table is made ~ of different kinds of wood э́тот стол сде́лан из разли́чных поро́д де́рева; г) *соотношение части и целого* из; five pupils ~ of thirty were absent отсу́тствовало пять ученико́в из тридцати́; a scene ~ of a play сце́на из пье́сы; д) *причину, основание действия* из-за, всле́дствие; ~ of envy из за́висти; ~ of necessity по необходи́мости; е) *отсутствие какого-л. предмета или признака* без, вне; ~ of money без де́нег; ~ of work без рабо́ты; ~ of time α) несвоевре́менно; β) не в такт; ~ of use неупотреби́тельный, вы́шедший из употребле́ния; ~ of health больно́й; ~ of mind α) из па́мяти вон; β) забы́тый ◇ to be done ~ of smth. быть лишённым чего́-л. (*обманным путём*); to be ~ of it а) не уча́ствовать в чём-л.; не быть допу́щенным к чему́-л.; б) изба́виться от чего́-л.; в) быть непра́вильно информи́рованным; you're absolutely ~ of it вы соверше́нно не в ку́рсе де́ла; to be ~ of one's mind быть не в своём уме́

**3.** *a* 1) вне́шний, кра́йний, нару́жный; ~ match выездно́й матч 2) бо́льше обы́чного; ~ size о́чень большо́й разме́р 3) *тех.* вы́ключенный

**4.** *n* 1) вы́ход; лазе́йка; to leave no ~ to smb. не оста́вить лазе́йки для кого́-л. 2) (the ~s) *pl парл.* оппози́ция 3) *полигр.* про́пуск 4) *амер. разг.* недоста́ток ◇ at (*амер.* on) the ~s в натя́нутых, плохи́х отноше́ниях

**5.** *int уст.* вон!; ~ upon you! а) сты́дитесь!; б) вон!

**6.** *v разг.* 1) выгоня́ть; ~ that man! вы́ставьте э́того челове́ка! 2) гаси́ть, туши́ть (*фонарь, лампу и т. п.*) 3) *спорт.* нокаути́ровать; he was ~ed in the first round его́ нокаути́ровали в пе́рвом ра́унде 4) *спорт.* удали́ть с по́ля 5) отправля́ться на прогу́лку, экску́рсию *и т. п.* □ ~ **with** разболта́ть

**out-** [aut-] *pref* 1) *придаёт глаголам значение* а) *превосходства* пере-; to outshout перекрича́ть; to outrun перегна́ть; б) *завершённости* вы-; to outspeak выска́зывать(ся) 2) *существительным и прилагательным придаёт значение*: а) *выхода, проявления*: outburst взрыв чувств *и т. п.*; б) *отдалённости*: outhouse надво́рное строе́ние; outlying отдалённый

**outage** [ˈautɪdʒ] *n* 1) просто́й; остано́вка рабо́ты 2) утру́ска, уте́чка 3) выпускно́е отве́рстие

**out-and-out** [ˈautndˈaut] *a* соверше́нный, по́лный; ~ war тота́льная война́

**out-and-outer** [ˈautndˈautə] *n разг.* 1) еди́нственный в своём ро́де; что-л., не име́ющее подо́бного *или* ра́вного 2) экстреми́ст; максимали́ст

**out-argue** [autˈɑ:gju:] *v* переспо́рить

**outback** [ˈautbæk] *n австрал.* малонаселённый, необжито́й райо́н

**outbade** [autˈbeɪd] *past от* outbid

**outbalance** [autˈbæləns] *v* 1) переве́шивать 2) превосходи́ть

**outbid** [autˈbɪd] *v* (outbid, outbade; outbid, outbidden) 1) перебива́ть це́ну 2) превзойти́, перещеголя́ть

**outbidden** [autˈbɪdn] *p. p. от* outbid

**outboard** [ˈautbɔ:d] *adv* за бо́ртом; бли́же к бо́рту

**outbound** [ˈautbaund] *a* 1) уходя́щий в да́льнее пла́вание *или* за грани́цу (*о корабле*) 2) отправля́емый за грани́цу, э́кспортный

**outbrave** [autˈbreɪv] *v* 1) превосходи́ть хра́бростью 2) относи́ться пренебрежи́тельно *или* вызыва́юще 3) не побоя́ться, прояви́ть му́жество; to ~ the storm не побоя́ться грозы́

**outbreak** [ˈautbreɪk] **1.** *n* 1) взрыв, вспы́шка (*гнева*) 2) (внеза́пное) нача́ло (*войны, болезни и т. п.*); вспы́шка (*эпидемии*); ма́ссовое появле́ние (*с.-х. вредителей*); ~ of hostilities нача́ло вое́нных де́йствий 3) восста́ние; возмуще́ние 4) *геол.* вы́брос, вы́ход пласта́ на пове́рхность

**2.** *v поэт.* = break out [*см.* break I, 2]

**outbuild** [autˈbɪld] *v* (outbuilt) 1) стро́ить прочне́е, лу́чше 2) чрезме́рно застра́ивать

**outbuilding** [ˈautˌbɪldɪŋ] = outhouse

**outbuilt** [autˈbɪlt] *past и p. p. от* outbuild

**outburst** [ˈautbə:st] *n* взрыв, вспы́шка; ~ of tears пото́к слёз

**outcast** [ˈautkɑ:st] **1.** *n* 1) изгна́нник, па́рия 2) отбро́сы

**2.** *a* 1) изгнанный, отве́рженный; бездо́мный 2) него́дный

**outclass** [autˈklɑ:s] *v* 1) оста́вить далеко́ позади́; превзойти́ 2) *спорт.* име́ть бо́лее высо́кий разря́д

**outcollege** [ˈautˌkɔlɪdʒ] *a* живу́щий не в колле́дже, а на ча́стной кварти́ре

**outcome** [ˈautkʌm] *n* 1) результа́т, после́дствие, исхо́д 2) вы́ход, выпускно́е отве́рстие

**outcrop** [ˈautkrɔp] **1.** *n* 1) *геол.* обнаже́ние поро́д 2) выявле́ние

**2.** *v* 1) *геол.* обнажа́ться, выходи́ть на пове́рхность 2) случа́йно выявля́ться, обнару́живаться

**outcry** [ˈautkraɪ] **1.** *n* 1) гро́мкий крик; вы́крик 2) (обще́ственный) проте́ст

**2.** *v* 1) гро́мко крича́ть, выкри́кивать 2) протестова́ть 3) перекрича́ть

**outdance** [autˈdɑ:ns] *v* протанцева́ть до́льше други́х; танцева́ть лу́чше други́х

**outdare** [autˈdɛə] *v* 1) превосходи́ть де́рзостью, сме́лостью 2) броса́ть вы́зов

**outdated** [autˈdeɪtɪd] *a* устаре́лый, устаре́вший

**outdid** [autˈdɪd] *past от* outdo

**out-distance** [autˈdɪstəns] *v* обогна́ть; перегна́ть

**outdo** [autˈdu:] *v* (outdid; outdone) превзойти́; преодоле́ть

**outdone** [autˈdʌn] *p. p. от* outdo

**outdoor** [ˈautdɔ:] *a* 1) находя́щийся *или* соверша́ющийся вне до́ма, на откры́том во́здухе; ~ games и́гры на откры́том во́здухе; to lead an ~ life проводи́ть мно́го вре́мени на откры́том во́здухе; an ~ theatre теа́тр на откры́том во́здухе 2) проводи́мый вне стен учрежде́ния; ~ speaking выступле́ние вне парла́мента; ~ pick-up внестуди́йная радиопереда́ча 3) вне́шний, нару́жный; ~ aerial *радио* нару́жная анте́нна ◇ ~ hands объе́тренные ру́ки

**outdoors** [ˈautˈdɔːz] **1.** *adv* на откры́том во́здухе; на у́лице

**2.** *n* двор, у́лица; the ~ lighted на у́лице посветле́ло ◇ all ~ *амер.* весь мир, всё

**outdrive** [autˈdraɪv] *v* (outdrove; outdriven) обогна́ть

**outdriven** [autˈdrɪvn] *p. p. от* outdrive

**outdrove** [autˈdrəuv] *past от* outdrive

**outer** [ˈautə] **1.** *a* 1) вне́шний, нару́жный; ~ coverings нару́жные покро́вы; ~ space косми́ческое простра́нство вне земно́й атмосфе́ры; the ~ world а) вне́шний, материа́льный мир; б) вне́шний мир, о́бщество, лю́ди; the ~ man вне́шний вид, костю́м; ~ garments ве́рхняя оде́жда; the ~ wood опу́шка ле́са 2) отдалённый от це́нтра; the ~ suburbs да́льние предме́стья 3) физи́ческий (*в противоп. психическому*) 4) *филос.* объекти́вный

**2.** *n воен.* 1) бе́лое по́ле мише́ни, «молоко́» 2) попада́ние в бе́лое по́ле мише́ни, в «молоко́»

**outermost** [ˈautəməust] *a* са́мый да́льний от середи́ны, от це́нтра

**outerwear** [ˈautəwɛə] *n амер.* ве́рхняя оде́жда

**outface** [autˈfeɪs] *v* 1) смути́ть, сконфу́зить при́стальным *или* де́рзким взгля́дом 2) держа́ться на́гло, вызыва́юще

**outfall** [ˈautfɔːl] *n* 1) у́стье 2) водоотво́д; кана́ва, жёлоб

**outfield** [ˈautfiːld] *n* 1) отдалённое по́ле 2) неизве́данная, неизу́ченная о́бласть 3) *спорт.* да́льняя часть по́ля (*в крикете*); игроки́, находя́щиеся в да́льней ча́сти по́ля

**outfight** [autˈfaɪt] *v* побежда́ть (*в бою, соревновании и т. п.*)

**outfit** [ˈautfɪt] **1.** *n* 1) снаряже́ние (*для экспедиции*); экипиро́вка; camping ~ тури́стское снаряже́ние 2) обмундирова́ние 3) агрега́т; обору́дование, принадле́жности, набо́р (прибо́ров, инструме́нтов); a carpenter's ~ инструме́нты пло́тника 4) *разг.* гру́ппа; компа́ния; экспеди́ция; анса́мбль; *воен.* часть, подразделе́ние 5) учрежде́ние, предприя́тие; a publishing ~ изда́тельство ◇ mental ~ у́мственный бага́ж

**2.** *v* 1) снаряжа́ть, экипирова́ть 2) обмундирова́ть 3) снабжа́ть обору́дованием

**outfitter** [ˈautˌfɪtə] *n* 1) поставщи́к снаряже́ния, обмундирова́ния 2) ро́зничный торго́вец, продаю́щий оде́жду, галантере́ю *и т. п.*; a gentleman's ~ торго́вец принадле́жностями мужско́го туале́та

**outflank** [autˈflæŋk] *v* 1) *воен.* охва́тывать с фла́нга, обходи́ть фланг, выходи́ть во фланг (*противника*) 2) перехитри́ть; обойти́

**outflow 1.** *n* [ˈautfləu] истече́ние; вы́ход; уте́чка; an ~ of bad language пото́к руга́тельств; ~ of capital *эк.* уте́чка (*или* вы́воз) капита́ла

**2.** *v* [autˈfləu] истека́ть, вытека́ть

**outfox** [autˈfɔks] *v* перехитри́ть

**outgeneral** [autˈdʒenərəl] *v* превзойти́ в вое́нном иску́сстве

**outgiving** [ˈautˌgɪvɪŋ] **1.** *n* заявле́ние, выска́зывание

**2.** *a* открове́нный, несде́ржанный

**outgo 1.** *n* [ˈautgəu] (*pl* -oes [-əuz]) 1) ухо́д, вы́ход; отъе́зд, отправле́ние 2) расхо́д, изде́ржки

**2.** *v* [autˈgəu] (outwent; outgone) превосходи́ть, опережа́ть

**outgoing** [autˈgəuɪŋ] **1.** *pres. p. от* outgo 2

**2.** *a* 1) уходя́щий; уезжа́ющий, отбыва́ющий; ~ tenant жиле́ц, выезжа́ющий из кварти́ры 2) исходя́щий (*о бумагах, почте*) 3) *тех.* отрабо́танный, отходя́щий

**3.** *n pl* изде́ржки

**outgone** [autˈgɔn] *p. p. от* outgo 2

**outgrew** [autˈgruː] *past от* outgrow

**outgrow** [autˈgrəu] *v* (outgrew; outgrown) 1) перерасти́; выраста́ть (*из платья*); my family has ~n our house дом стал те́сен для мое́й разро́сшейся семьи́ 2) отде́лываться с во́зрастом (*от дурной привычки и т. п.*)

**outgrown** [autˈgrəun] *p. p. от* outgrow

**outgrowth** [ˈautgrəuθ] *n* 1) отро́сток; о́тпрыск 2) проду́кт, результа́т 3) наро́ст

**out-Herod** [autˈherəd] *v* превзойти́ И́рода в жесто́кости (*тж.* ~ to Herod)

**outhouse** [ˈauthaus] *n* 1) надво́рное строе́ние, слу́жбы 2) крыло́ зда́ния; фли́гель 3) *амер.* убо́рная во дворе́

**outing** [ˈautɪŋ] *n* 1) за́городная прогу́лка, экску́рсия, пикни́к; to go for an ~ отпра́виться на прогу́лку (*или* экску́рсию, пикни́к) 2) *редк.* вы́ход; изверже́ние

**out-jockey** [autˈdʒɔkɪ] *v разг.* перехитри́ть, превзойти́ ло́вкостью

**outlaid** [autˈleɪd] *past и p. p. от* outlay 2

**outlandish** [autˈlændɪʃ] *a* 1) замо́рский, чужестра́нный, чужезе́мный 2) стра́нный; дико́винный, необыча́йный 3) неле́пый, чудно́й 4) глухо́й (*о местности*)

**outlast** [autˈlɑːst] *v* 1) продолжа́ться до́льше, чем (*что-л.*) 2) пережи́ть (*что-л.*) 3) прожи́ть; he will not ~ six months он не протя́нет и шести́ ме́сяцев

**outlaw** [ˈautlɔː] **1.** *n* 1) челове́к вне зако́на; изго́й, изгна́нник; бегле́ц 2) граби́тель, разбо́йник 3) организа́ция, объя́вленная вне зако́на 4) *разг.* рабо́чий, попа́вший в «чёрный спи́сок»

**2.** *a* незако́нный; ~ strike забасто́вка, не согласо́ванная с профсою́зом

**3.** *v* 1) объявля́ть (*кого-л.*) вне зако́на; изгоня́ть из о́бщества 2) *амер.* лиша́ть зако́нной си́лы

**outlawry** [ˈautlɔːrɪ] *n* объявле́ние вне зако́на, изгна́ние из о́бщества

**outlay 1.** *n* [ˈautleɪ] изде́ржки, расхо́ды; ~ on (*или* for) scientific research расхо́ды на нау́чные иссле́дования

**2.** *v* [autˈleɪ] (outlaid) тра́тить

**outlet** [ˈautlet] *n* 1) выпускно́е *или* выходно́е отве́рстие 2) *перен.* вы́ход, отду́шина 3) сток, вытека́ние 4) ры́нок сбы́та; ~ for investment сфе́ра примене́ния капита́ла 5) торго́вая то́чка; retail ~ ро́зничная торго́вая то́чка 6) *тех.* ште́псельная розе́тка

**outlier** [ˈautˌlaɪə] *n* 1) челове́к, прожива́ющий не по ме́сту слу́жбы 2) посторо́нний 3) *геол.* оста́нец тектони́ческого покро́ва; хо́лмик-свиде́тель

**outline** [ˈautlaɪn] **1.** *n* 1) (*часто pl*) очерта́ние, ко́нтур; а́брис; in ~ а) в о́бщих черта́х; б) ко́нтурный (*о рисунке*) 2) набро́сок; эски́з; о́черк 3) схе́ма, план, конспе́кт 4) *pl* осно́вы; основны́е при́нципы 5) *attr.* ко́нтурный; an ~ map ко́нтурная ка́рта

**2.** *v* 1) нарисова́ть ко́нтур 2) обрисова́ть, наме́тить в о́бщих черта́х; сде́лать набро́сок

**outlive** [autˈlɪv] *v* 1) пережи́ть (*кого-л., что-л.*); to ~ one's capacity быть не в состоя́нии да́лее выполня́ть (*работу и т. п.*) 2) вы́жить

**outlook** [ˈautluk] *n* 1) вид, перспекти́ва 2) ви́ды на бу́дущее; a good ~ for trade хоро́шие перспекти́вы разви́тия торго́вли 3) наблюде́ние 4) наблюда́тельный пункт 5) то́чка зре́ния 6) кругозо́р

**outlying** [ˈautˌlaɪɪŋ] *a* удалённый, далёкий; отдалённый

**outmanoeuvre** [ˌautməˈnuːvə] *v* 1) получи́ть преиму́щество бо́лее иску́сным маневри́рованием 2) перехитри́ть

**outmarch** [ˈautˈmɑːtʃ] *v* 1) марширова́ть *или* дви́гаться быстре́е (*кого-л.*); пройти́ да́льше (*кого-л.*) 2) опереди́ть

**outmatch** [autˈmætʃ] *v* превосходи́ть, затмева́ть

**outmoded** [autˈməudɪd] *a* вы́шедший из мо́ды, старомо́дный; устаре́вший

**outmost** [ˈautməust] = outermost

**outness** [ˈautnɪs] *n* вне́шний мир; объекти́вная действи́тельность

**outnumber** [autˈnʌmbə] *v* превосходи́ть чи́сленно

**out-of-date** [ˈautəvˈdeɪt] *a* устаре́лый; старомо́дный

**out-of-door(s)** [ˈautəvˈdɔː(z)] **1.** *a* = outdoor

**2.** *adv* = outdoors 1

**3.** *n* = outdoors 2

**out-of-print** [ˈautəvˈprɪnt] *a* распро́данный (*о книге*); ~ books букинисти́ческие кни́ги

**out-of-the-way** [ˈautəvðəˈweɪ] *a* 1) отдалённый; далёкий; тру́дно находи́мый 2) малоизве́стный; ~ items of information малоизве́стные све́дения 3) стра́нный, необы́чный

**out-of-work** [ˈautəvˈwəːk] **1.** *a* безрабо́тный, не име́ющий рабо́ты

**2.** *n* безрабо́тный

**outpace** [autˈpeɪs] *v* опережа́ть, идти́ быстре́е

**out-patient** [ˈaut͵peɪʃənt] *n* 1) амбулато́рный больно́й 2) *attr.* амбулато́рный; ~ hospital поликли́ника; ~ treatment амбулато́рное лече́ние

**outperform** [͵autpəˈfɔːm] *v* де́лать лу́чше, чем друго́й

**outplay** [autˈpleɪ] *v* обыгра́ть

**outpoint** [autˈpɔɪnt] *v спорт.* победи́ть по очка́м

**outpost** [ˈautpəust] *n* 1) аванпо́ст 2) отдалённое поселе́ние 3) *pl* (*амер. sing*) *воен.* сторожево́е охране́ние; сторожева́я заста́ва

**outpour 1.** *n* [ˈautpɔː] 1) пото́к 2) излия́ние (*чувств*)

**2.** *v* [autˈpɔː] 1) вылива́ть 2) излива́ть (*душу, чувства*)

**outpouring** [ˈaut͵pɔːrɪŋ] **1.** *pres. p. от* outpour 2

**2.** *n* (*обыкн. pl*) излия́ние (*чувств*)

**output** [ˈautput] *n* 1) проду́кция; проду́кт; вы́пуск; вы́работка; the literary ~ of the year литерату́рная проду́кция за́ год 2) *тех.* производи́тельность; мо́щность, отда́ча; пропускна́я спосо́бность; ёмкость 3) *горн.* добы́ча 4) *мат.* ито́г, результа́т

**outrage** [ˈautreɪdʒ] **1.** *n* 1) гру́бое наруше́ние зако́на *или* чужи́х прав; произво́л; an ~ against humanity преступле́ние про́тив челове́чества 2) наси́лие 3) поруга́ние; оскорбле́ние, надруга́тельство 4) *разг.* возмути́тельный слу́чай, посту́пок; what an ~! како́е безобра́зие!

**2.** *v* 1) преступа́ть, наруша́ть зако́н 2) производи́ть наси́лие 3) оскорби́ть; надруга́ться; to ~ public opinion оскорби́ть обще́ственное мне́ние

**outrageous** [autˈreɪdʒəs] *a* 1) неи́стовый, жесто́кий 2) возмути́тельный; оскорби́тельный; вопию́щий, сканда́льный

**outran** [autˈræn] *past от* outrun

**outrange** [autˈreɪndʒ] *v* 1) *воен.* име́ть бо́льшую дальнобо́йность 2) перегна́ть (*судно в состязании*)

**outrank** [autˈræŋk] *v* 1) име́ть бо́лее высо́кий ранг *или* чин; быть ста́рше в зва́нии 2) превосходи́ть

**outré** [ˈuːtreɪ] *фр. a* 1) переступа́ющий грани́цы, наруша́ющий (*приличия и т. п.*); эксцентри́чный; an ~ dress эксцентри́чный костю́м 2) преувели́ченный

**outridden** [autˈrɪdn] *p. p. от* outride

**outride** [autˈraɪd] *v* (outrode; outridden) 1) перегна́ть, опереди́ть 2) вы́держать, сто́йко перенести́ (*шторм; несчастье и т. п.*)

**outrider** [ˈaut͵raɪdə] *n* 1) верхово́й, сопровожда́ющий экипа́ж; полице́йский эско́рт 2) предве́стник

**outrigger** [ˈaut͵rɪgə] *n* 1) *мор.* утлега́рь 2) аутри́гер (*шлюпка с выносными уключинами*) 3) *стр.* консо́льная ба́лка 4) валёк (*для постромок*) 5) выносна́я стрела́ (*подъёмного крана*)

**outright 1.** *a* [ˈautraɪt] 1) прямо́й, откры́тый 2) по́лный, соверше́нный; he gave an ~ denial он наотре́з отказа́лся; an ~ rogue отъя́вленный моше́нник; to be the ~ winner одержа́ть по́лную побе́ду

**2.** *adv* [autˈraɪt] 1) вполне́, соверше́нно; до конца́ 2) откры́то, пря́мо 3) сра́зу 4) раз навсегда́

**outrival** [autˈraɪvəl] *v* превзойти́

**outrode** [autˈrəud] *past от* outride

**outrun** [autˈrʌn] *v* (outran; outrun) 1) перегна́ть; опереди́ть; обогна́ть 2) убежа́ть (*от кого-л.*) 3) преступа́ть преде́лы *или* грани́цы

**outrunner** [ˈaut͵rʌnə] *n* 1) скорохо́д 2) пристяжна́я ло́шадь 3) соба́ка-вожа́к (*в упряжке*)

**outsail** [autˈseɪl] *v* перегна́ть (*о судне*)

**outsat** [autˈsæt] *past и p. p. от* outsit

**outsell** [autˈsel] *v* (outsold) продава́ться лу́чше *или* доро́же, чем друго́й това́р

**outset** [ˈautset] *n* 1) отправле́ние, нача́ло; at the ~ внача́ле; from the ~ с са́мого нача́ла 2) у́стье ша́хты, возвыша́ющееся над по́чвой 3) *полигр.* боковик; заголо́вок, помещённый на поля́х страни́цы

**outshine** [autˈʃaɪn] *v* (outshone) затми́ть

**outshone** [autˈʃɔn] *past и p. p. от* outshine

**outside** [ˈautˈsaɪd] **1.** *n* 1) нару́жная часть *или* сторона́; вне́шняя пове́рхность; the ~ of an omnibus импе́риал о́мнибуса; on the ~ снару́жи 2) вне́шний мир; объекти́вная реа́льность; from ~ извне́; impressions from the ~ впечатле́ния вне́шнего ми́ра 3) нару́жность, вне́шность; rough ~ гру́бая вне́шность 4) пасса-жи́р империа́ла 5) *pl* нару́жные листы́ (*в стопе бумаги*) 6): at the (very) ~ са́мое бо́льшее; в кра́йнем слу́чае

**2.** *a* 1) нару́жный, вне́шний; ~ repairs нару́жный ремо́нт; ~ work рабо́та на во́здухе; ~ broadcast внестуди́йная радиопереда́ча 2) кра́йний; находя́щийся с кра́ю; ~ seat кра́йнее ме́сто; ~ left (right) *спорт.* ле́вый (пра́вый) кра́йний напада́ющий 3) вне́шний; посторо́нний; ~ help по́мощь извне́; ~ expert специали́ст, приглашённый со стороны́; ~ broker ма́клер, не явля́ющийся чле́ном би́ржи 4) наибо́льший, преде́льный, кра́йний; ~ limit кра́йний преде́л; ~ prices кра́йние це́ны 5) *амер.* незначи́тельный; ~ chance ничто́жный шанс

**3.** *adv* 1) снару́жи, извне́; нару́жу; put those flowers ~ вы́ставьте (из ко́мнаты) э́ти цветы́ 2) на (откры́том) во́здухе; на дворе́ 3) *мор.* в откры́том мо́ре ◇ come ~! выходи́! (*вызов на драку*)

**4.** *prep* 1) вне, за преде́лами, за преде́лы (*тж.* ~ of); ~ the door за две́рью; ~ the city limits за городско́й черто́й 2) кро́ме (*тж.* ~ of); no one knows it ~ one or two persons никто́ э́того не зна́ет, за исключе́нием одного́ и́ли двух челове́к ◇ ~ of a horse *разг.* верхо́м; to get ~ of *разг.* а) съесть, вы́пить; б) *разг.* пости́чь; разобра́ться (*в вопросе и т. п.*)

**outsider** [ˈautˈsaɪdə] *n* 1) посторо́нний (челове́к) не принадлежа́щий к да́нному учрежде́нию, кру́гу, па́ртии; посторо́ннее лицо́; сторо́нний наблюда́тель 2) неспециали́ст, люби́тель; профа́н 3) *разг.* невоспи́танный челове́к 4) *спорт.* аутса́йдер

**outsit** [autˈsɪt] *v* (outsat) пересиде́ть (*других гостей*); засиде́ться

**outsize** [ˈautsaɪz] *a* бо́льше станда́ртного разме́ра (*особ. о готовом платье*); нестанда́ртный

**outskirts** [ˈautskəːts] *n pl* 1) окраи́на, предме́стья (*города*) 2) опу́шка (*леса*)

**outsmart** [autˈsmɑːt] *v амер. разг.* перехитри́ть

**outsold** [autˈsəuld] *past и p. p. от* outsell

**outspeak** [autˈspiːk] *v* (outspoke; outspoken) 1) говори́ть лу́чше, вырази́тельнее, гро́мче (*кого-л.*) 2) выска-зать(ся)

**outspoke** [autˈspəuk] *past от* outspeak

**outspoken** [autˈspəukən] **1.** *p. p. от* outspeak

**2.** *a* 1) вы́сказанный; вы́раженный 2) и́скренний, открове́нный, прямо́й; ~ criticism че́стная кри́тика

**outspread** [ˈautˈspred] **1.** *n* распростране́ние; расшире́ние

**2.** *a* распростёртый, расстила́ющийся; разо́стланный

**3.** *v* (outspread) 1) распространя́ть(-ся) 2) простира́ть(ся)

**outstanding** [autˈstændɪŋ] *a* 1) выдаю́щийся, знамени́тый; ~ characteristics характе́рные черты́ *или* осо́бенности 2) выступа́ющий (*над чем-л.*) 3) неупла́ченный; просро́ченный; ~ debt невы́плаченный долг, непога́шенная задо́лженность 4) невы́полненный; остаю́щийся неразрешённым, спо́рным; a good deal of work still ~ рабо́ты ещё непоча́тый край

**outstay** [autˈsteɪ] *v* 1) = outsit 2) вы́держать, вы́стоять

**outstep** [autˈstep] *v* переступа́ть (грани́цы); выходи́ть за преде́лы

**outstretched** [autˈstretʃt] *a* 1) протя́нутый 2) растяну́вшийся, растя́нутый; with ~ arms с распростёртыми объя́тиями

**outstrip** [autˈstrɪp] *v* 1) обгоня́ть, опережа́ть 2) превосходи́ть (*в чём-л.*)

**out-talk** [autˈtɔːk] *v* заговори́ть (*кого-л.*); не дать сказа́ть сло́ва

**out-to-out** [ˈauttuˈaut] *n тех.* наибо́льший габари́тный разме́р

**out-top** [autˈtɔp] *v* 1) быть вы́ше (*кого-л., чего-л.*) 2) превосходи́ть

**out-turn** [ˈautˈtəːn] = output 1), 2) *и* 3)

**outvalue** [autˈvæljuː] *v* сто́ить доро́же

**outvie** [aut'vaɪ] *v* превзойти́ в состяза́нии

**outvoice** [aut'vɔɪs] *v* перекрича́ть

**outvote** [aut'vəut] *v* 1) име́ть переве́с голосо́в 2) забаллоти́ровать

**outvoter** ['aut,vəutə] *n парл.* избира́тель, не живу́щий в да́нном избира́тельном о́круге

**outwalk** [aut'wɔ:k] *v* идти́ да́льше *или* быстре́е (*кого-л.*)

**outward** ['autwəd] **1.** *a* 1) вне́шний, нару́жный; пове́рхностный; ~ form вне́шность; ~ things окружа́ющий мир; to ~ seeming су́дя по вне́шности 2) напра́вленный нару́жу 3) ви́димый ◇ the ~ man а) те́ло; б) *шутл.* оде́жда

**2.** *n* 1) вне́шний вид, вне́шность 2) вне́шний мир

**3.** *adv* = outwards

**outward-bound** ['autwəd'baund] *a мор.* уходя́щий в пла́вание *или* за грани́цу (*о корабле*)

**outwardly** ['autwədlɪ] *adv* вне́шне, снару́жи, на вид

**outwardness** ['autwədnɪs] *n* объекти́вное существова́ние

**outwards** ['autwədz] *adv* нару́жу, за преде́лы

**outwear** [aut'wɛə] *v* (outwore; outworn) 1) изна́шивать 2) (*обыкн. p. p.*) истоща́ть (*терпение*) 3) быть прочне́е, носи́ться до́льше (*о вещи*)

**outweigh** [aut'weɪ] *v* 1) быть тяжеле́е, превосходи́ть в ве́се 2) переве́шивать; быть бо́лее влия́тельным, ва́жным *и т. п.*

**outwent** [aut'went] *past от* outgo 2

**outwit** [aut'wɪt] *v* перехитри́ть; провести́ (*кого-л.*)

**outwore** [aut'wɔ:] *past от* outwear

**outwork 1.** *n* ['autwə:k] 1) рабо́та вне мастерско́й, вне заво́да *и т. п.*; надо́мная рабо́та 2) *воен.* вне́шнее укрепле́ние

**2.** *v* [aut'wə:k] рабо́тать лу́чше и быстре́е (*чем кто-л.*)

**outworker** ['aut,wə:kə] *n* надо́мник; надо́мница

**outworn 1.** [aut'wɔ:n] *p. p. от* outwear

**2.** *a* ['autwɔ:n] 1) изно́шенный; него́дный к употребле́нию 2) устаре́лый (*о понятиях*); ~ quotations изби́тые цита́ты 3) изнурённый

**ouzel** ['u:zl] *n* дрозд (*особ.* чёрный)

**ova** ['əuvə] *pl от* ovum

**oval** ['əuvəl] **1.** *a* ова́льный

**2.** *n* ова́л

**ovariotomy** [əu,vɛərɪ'ɔtəmɪ] *n мед.* овариотоми́я

**ovary** ['əuvərɪ] *n* 1) *анат.* я́ичник 2) *бот.* за́вязь

**ovate** ['əuveɪt] *бот. см.* oval 1

**ovation** [əu'veɪʃən] *n* ова́ция, бу́рные аплодисме́нты

**oven** ['ʌvn] *n* 1) духово́й шкаф, духо́вка 2) *attr.*: ~ loss упёк

**oven-bird** ['ʌvnbə:d] *n* печни́к (*птица*)

**over** ['əuvə] **1.** *prep* 1) *указывает на взаимное положение предметов*: а) над, вы́ше; ~ our heads α) над на́шими голова́ми; β) сверх, вы́ше на́шего понима́ния; γ) *разг.* не посове́товавшись с на́ми; б) че́рез; a bridge ~ the river мост че́рез ре́ку; в) по ту сто́рону, за, че́рез; a village ~ the river дере́вня по ту сто́рону реки́; he lives ~ the way он живёт че́рез доро́гу; г) у, при, за; they were sitting ~ the fire они́ сиде́ли у ками́на 2) *указывает на характер движения*: а) че́рез, о; he jumped ~ the ditch он перепры́гнул че́рез кана́ву; to flow ~ the edge бежа́ть че́рез край; to stumble ~ a stone споткну́ться о ка́мень; б) пове́рх, на; he pulled his hat ~ his eyes он надви́нул шля́пу на глаза́; в) по, по всей пове́рхности; ~ the whole country, all ~ the country по всей стране́; snow is falling ~ the north of England на се́вере Англии идёт снег 3) *указывает на промежуток времени, в течение которого происходило действие* за, в тече́ние; he packed ~ two hours он собра́лся за́ два часа́; to stay ~ the whole week остава́ться в тече́ние всей неде́ли 4) *указывает на количественное или числовое превышение* свы́ше, сверх, бо́льше; ~ two years бо́льше, чем два го́да, бо́лее двух лет; ~ five millions свы́ше пяти́ миллио́нов; she is ~ fifty ей за пятьдеся́т 5) *указывает на превосходство в положении, старшинство и т. п.* над; a general is ~ a colonel генера́л ста́рше по чи́ну, чем полко́вник; they want a good chief ~ them им ну́жен хоро́ший нача́льник; he is ~ me in the office он мой нача́льник по слу́жбе 6) *указывает на источник, средство и т. п.* че́рез, че́рез посре́дство, по; I heard it ~ the radio я слы́шал э́то по ра́дио 7) относи́тельно, каса́тельно; to talk ~ the matter говори́ть относи́тельно э́того де́ла ◇ she was all ~ him она́ не зна́ла, как угоди́ть ему́

**2.** *adv* 1) *указывает на движение через что-л., передаётся приставками* пере-, вы-; to jump ~ перепры́гнуть; to swim ~ переплы́ть; to boil ~ *разг.* убега́ть (*о молоке и т. п.*) 2) *указывает на повсеместность или всеохватывающий характер действия или состояния*: hills covered all ~ with snow холмы́, сплошь покры́тые сне́гом; paint the wall ~ покра́сь всю сте́ну 3) *указывает на доведение действия до конца; передаётся приставкой* про-; to read the story ~ прочита́ть расска́з до конца́; to think ~ проду́мать 4) *указывает на окончание, прекращение действия*: the meeting is ~ собра́ние око́нчено; it is all ~ всё ко́нчено; всё пропа́ло 5) сно́ва, вновь, ещё раз; the work is badly done, it must be done ~ рабо́та сде́лана пло́хо, её ну́жно переде́лать 6) вдоба́вок, сверх, сли́шком, чересчу́р; I paid my bill and had five shillings ~ я заплати́л по счёту, и у меня́ ещё оста́лось пять ши́ллингов; he is ~ polite он чрезвыча́йно любе́зен; children of fourteen and ~ де́ти четы́рнадцати лет и ста́рше 7) *имеет усилительное значение*: ~ there вон там; let him come ~ here пу́сть-ка он придёт сюда́; take it ~ to the post-office отнеси́-ка э́то на по́чту; hand it ~ to them переда́й-ка им э́то □ ~ against а) про́тив, напро́тив; б) по сравне́нию с ◇ ~ and ~ (again) мно́го раз, сно́ва и сно́ва; ~ and above а) в добавле́ние, к тому́ же; б) с лихво́й; it can stand ~ э́то мо́жет подожда́ть; that is Tom all ~ э́то так характе́рно для То́ма, э́то так похо́же на То́ма

**3.** *n* 1) изли́шек, припла́та 2) *воен.* перелёт (*снаряда*) 3) *радио* перехо́д на приём

**4.** *a* 1) ве́рхний 2) вышестоя́щий 3) изли́шний, избы́точный 4) чрезме́рный

**over-** ['əuvə-] *pref* сверх-, над-, чрезме́рно, пере-

**overabundance** ['əuvərə'bʌndəns] *n* сверхизоби́лие; избы́ток

**overabundant** ['əuvərə'bʌndənt] *a* избы́точный

**overact** ['əuvər'ækt] *v* переи́грывать (*роль*); утри́ровать, шаржи́ровать

**over-active** ['əuvər'æktɪv] *a* сверхакти́вный

**overage** I ['əuvər'eɪdʒ] *a* переро́сший

**overage** II ['əuvərɪdʒ] *n* избы́ток, изли́шек; an ~ was disclosed бы́ли обнару́жены изли́шки

**overall 1.** *n* ['əuvərɔ:l] рабо́чий хала́т; спецоде́жда; *pl* широ́кие рабо́чие брю́ки; комбинезо́н

**2.** *a* ['əuvərɔ:l] 1) по́лный, о́бщий, преде́льный; ~ dimensions габари́тные разме́ры; ~ housing *стр.* тепля́к 2) всео́бщий; всеобъе́млющий; всеохва́тывающий; ~ planning генера́льное плани́рование

**3.** *adv* [,əuvər'ɔ:l] 1) повсю́ду; повсеме́стно 2) по́лностью, в о́бщем и це́лом

**overanxious** ['əuvər'æŋkʃəs] *a* 1) сли́шком обеспоко́енный; пани́чески настро́енный 2) о́чень стара́тельный

**overarch** [,əuvər'ɑ:tʃ] *v* 1) покрыва́ть сво́дом 2) образо́вывать свод, а́рку

**overarm** ['əuvərɑ:m] *n* овера́рм, саже́нки (*способ плавания*)

**overate** ['əuvər'et] *past от* overeat

**overawe** [,əuvər'ɔ:] *v* держа́ть в благогове́йном стра́хе; внуша́ть благогове́йный страх

**overbalance** [,əuvə'bæləns] **1.** *n* переве́с; избы́ток

**2.** *v* 1) переве́шивать, превосходи́ть 2) вы́вести из равнове́сия 3) потеря́ть равнове́сие и упа́сть

**overbear** [,əuvə'bɛə] *v* (overbore; overborne) 1) пересиливать; превозмога́ть 2) подавля́ть; he overbore all my arguments его́ до́воды оказа́лись убеди́тельнее мои́х; он меня́ переубеди́л 3) превосходи́ть

**overbearing** [,əuvə'bɛərɪŋ] **1.** *pres. p. от* overbear

2. *a* вла́стный, повели́тельный; an ~ manner вла́стная мане́ра

**overblow** [ˈəuvəˈbləu] *v* (overblew, overblown) 1) раздува́ть, растя́гивать 2) пронести́сь, минова́ть (*о буре, опасности и т. п.*)

**overblown** [ˈəuvəˈbləun] *a* 1) проне́сшийся (*о буре и т. п.*) 2) непоме́рно разду́тый 3) по́лностью распусти́вшийся (*о цветке*)

**overboard** [ˈəuvəbɔːd] *adv* за́ борт; за бо́ртом; man ~! челове́к за бо́ртом!; to throw ~ выбра́сывать за́ борт ◇ to throw smb. ~ переста́ть подде́рживать кого́-л.

**overboil** [ˈəuvəˈbɔɪl] *v* перекипе́ть; *разг.* убежа́ть (*о молоке и т. п.*)

**overbold** [ˈəuvəˈbəuld] *a* 1) сли́шком сме́лый, де́рзкий 2) опроме́тчивый

**overbook** [ˈəuvəˈbuk] *v* продава́ть бо́льше биле́тов, чем име́ется поса́дочных мест

**overbore** [ˌəuvəˈbɔː] *past от* overbear

**overborne** [ˌəuvəˈbɔːn] *p. p. от* overbear

**overbought** [ˌəuvəˈbɔːt] *past и p. p. от* overbuy

**overbrim** [ˈəuvəˈbrɪm] *v* перепо́лнять(ся); перелива́ть(ся) че́рез край

**overbuild** [ˈəuvəˈbɪld] *v* (overbuilt) 1) надстра́ивать 2) (чрезме́рно) застра́ивать

**overbuilt** [ˈəuvəˈbɪlt] *past и p. p. от* overbuild

**overburden** [ˌəuvəˈbəːdn] *v* 1) перегружа́ть 2) отягоща́ть

**overbuy** [ˌəuvəˈbaɪ] *v* (overbought) 1) покупа́ть в сли́шком большо́м коли́честве 2) *уст.* покупа́ть сли́шком до́рого

**overcame** [ˌəuvəˈkeɪm] *past от* overcome

**over-capitalize** [ˈəuvəˈkæpɪtəlaɪz] *v* определя́ть капита́л (*компании и т. п.*) сли́шком высоко́

**overcast** [ˈəuvəkɑːst] **1.** *n* сплошна́я о́блачность; облака́, ту́чи

2. *a* 1) покры́тый облака́ми; мра́чный, хму́рый (*о небе*) 2) печа́льный, угрю́мый

3. *v* (overcast) 1) покрыва́ть(ся), закрыва́ть(ся); затемня́ть 2) темне́ть 3) запошива́ть (*край*); сшива́ть че́рез край

**overcharge** [ˈəuvəˈʧɑːdʒ] **1.** *v* 1) назнача́ть завы́шенную це́ну 2) перегружа́ть 3) загроможда́ть дета́лями, преувели́чивать (*в описании и т. п.*) 4) *эл.* перезаряжа́ть 5) *тех.* перегружа́ть 6) *воен.* заряжа́ть уси́ленным заря́дом

2. *n* 1) завы́шенная цена́; запро́с 2) *эл.* переза́ряд

**overcloud** [ˌəuvəˈklaud] *v* 1) застила́ть(ся) облака́ми 2) омрача́ть(ся)

**overcoat** [ˈəuvəkəut] *n* 1) пальто́ 2) шине́ль

**overcoating** [ˈəuvəˌkəutɪŋ] *n* материа́л на пальто́

**over-colour** [ˈəuvəˈkʌlə] *v* сгуща́ть кра́ски; преувели́чивать

**overcome** [ˌəuvəˈkʌm] *v* (overcame; overcome) 1) поборо́ть, победи́ть; превозмо́чь; преодоле́ть; to ~ smb. взять верх над кем-л. 2) охвати́ть, обуя́ть (*о чувстве*) 3) *pass.* истощи́ть, лиши́ть самооблада́ния; ~ by hunger истощённый го́лодом; ~ by (*или* with) drink пья́ный 4): he was ~ его́ стошни́ло

**overcommitment** [ˈəuvəkəˈmɪtmənt] *n* чрезме́рные обяза́тельства

**overcrop** [ˌəuvəˈkrɔp] *v* истоща́ть зе́млю

**overcrow** [ˌəuvəˈkrəu] *v* торжествова́ть (*над соперником и т. п.*)

**overcrowd** [ˌəuvəˈkraud] *v* 1) переполня́ть (*помещение и т. п.*) 2) толпи́ться

**overcrowded** [ˌəuvəˈkraudɪd] *a* перепо́лненный; to live in ~ conditions жить в тесноте́

**overcrowding** [ˌəuvəˈkraudɪŋ] *n* перенаселе́ние; перенаселённость

**overdevelop** [ˈəuvədɪˈveləp] *v* 1) чрезме́рно развива́ть 2) *фото* передержа́ть (*при проявлении*)

**overdid** [ˌəuvəˈdɪd] *past от* overdo

**overdo** [ˌəuvəˈduː] *v* (overdid; overdone) 1) заходи́ть сли́шком далеко́; «переборщи́ть», перестара́ться, переусе́рдствовать (*тж.* to ~ it) [*ср. тж.* 4)] 2) утри́ровать; преувели́чивать 3) пережа́ривать 4) переутомля́ть (-ся); to ~ it переутоми́ться; work hard but don't ~ it рабо́тайте усе́рдно, но не переутомля́йтесь [*ср. тж.* 1)]

**overdone** 1. [ˌəuvəˈdʌn] *p. p. от* overdo

2. *a* [ˈəuvəˈdʌn] 1) преувели́ченный, утри́рованный 2) пережа́ренный

**overdose** 1. *n* [ˈəuvədəus] сли́шком больша́я, вре́дная до́за; передозиро́вка (*лекарства*)

2. *v* [ˈəuvəˈdəus] дава́ть сли́шком большу́ю, вре́дную до́зу

**overdraft** [ˈəuvədrɑːft] *n* 1) превыше́ние креди́та (*в банке*) 2) = overdraught

**overdrank** [ˈəuvəˈdræŋk] *past от* overdrink

**overdraught** [ˈəuvədrɑːft] *n тех.* ве́рхнее дутьё

**overdraw** [ˈəuvəˈdrɔː] *v* (overdrew; overdrawn) 1) превы́сить креди́т (*в банке*) 2) преувели́чивать

**overdrawn** [ˈəuvəˈdrɔːn] *p. p. от* overdraw

**overdress** [ˈəuvəˈdres] *v* одева́ться сли́шком наря́дно

**overdrew** [ˈəuvəˈdruː] *past от* overdraw

**overdrink** [ˈəuvəˈdrɪŋk] *v* (overdrank; overdrunk) 1) сли́шком мно́го пить; вы́пить бо́льше друго́го 2) перепи́ться

**overdrive** [ˈəuvəˈdraɪv] *v* (overdrove; overdriven) 1) переутомля́ть, изнуря́ть 2) загна́ть (*лошадь*)

**overdriven** [ˈəuvəˈdrɪvn] *p. p. от* overdrive

**overdrove** [ˈəuvəˈdrəuv] *past от* overdrive

**overdrunk** [ˈəuvəˈdrʌŋk] *p. p. от* overdrink

**overdue** [ˈəuvəˈdjuː] *a* 1) запозда́лый; the train is ~ по́езд запа́здывает; it is long ~ давно́ пора́ 2) просро́ченный (*о векселе, долге и т. п.*)

**overdye** [ˈəuvəˈdaɪ] *v* 1) перекра́сить в друго́й цвет 2) сде́лать сли́шком тёмным

**overeat** [ˈəuvərˈiːt] *v refl.* (overate; overeaten) переeда́ть, объеда́ться

**overeaten** [ˈəuvərˈiːtn] *p. p. от* overeat

**overemployment** [ˈəuvərɪmˈplɔɪmənt] *n эк.* сверхза́нятость, чрезме́рная за́нятость

**over-estimate** 1. *n* [ˈəuvərˈestɪmɪt] 1) сли́шком высо́кая оце́нка 2) разду́тая сме́та

2. *v* [ˈəuvərˈestɪmeɪt] 1) переоце́нивать 2) составля́ть разду́тую сме́ту

**over-expose** [ˈəuvərɪksˈpəuz] *v фото* передержа́ть (*при съёмке*)

**over-exposure** [ˈəuvərɪksˈpəuʒə] *n фото* переде́ржка (*при съёмке*)

**overextended** [ˈəuvərɪksˈtendɪd] *a* 1) затя́нутый, растя́нутый 2) чрезме́рно разду́тый

**overfall** [ˈəuvəfɔːl] *n* 1) водосли́в 2) *мор.* быстрина́

**overfed** [ˈəuvəˈfed] *past и p. p. от* overfeed

**overfeed** [ˈəuvəˈfiːd] *v* (overfed) 1) перека́рмливать 2) объеда́ться, переeда́ть

**overfill** [ˌəuvəˈfɪl] *v* переполня́ть

**overflow** 1. *n* [ˈəuvəfləu] 1) перелива́ние че́рез край 2) разли́в; наводне́ние 3) избы́ток; an ~ of population перенаселе́ние

2. *v* [ˌəuvəˈfləu] 1) перелива́ться че́рез край 2) залива́ть, затопля́ть; разлива́ться (*о реке*) 3) выходи́ть за преде́лы; the crowds ~ed the barriers толпа́ хлы́нула за барье́ры 4) переполня́ть; быть перепо́лненным; to ~ with kindness быть преиспо́лненным доброты́

**overflowing** [ˌəuvəˈfləuɪŋ] **1.** *pres. p. от* overflow 2

2. *a* 1) лью́щийся че́рез край; бью́щий че́рез край 2) перепо́лненный

**overfreight** [ˈəuvəˈfreɪt] = overload

**overfulfil** [ˈəuvəfulˈfɪl] *v* перевыполня́ть

**overfulfilment** [ˈəuvəfulˈfɪlmənt] *n* перевыполне́ние

**overfull** [ˈəuvəˈful] *a* 1) перепо́лненный 2) чрезме́рно повы́шенный; ~ employment *эк.* чрезме́рно высо́кий у́ровень за́нятости

**overgarment** [ˈəuvəˈgɑːmənt] *n амер.* ве́рхняя оде́жда

**overgild** [ˈəuvəˈgɪld] *v* (overgilded [-ɪd], overgilt) позолоти́ть

**overgilt** [ˈəuvəˈgɪlt] *past и p. p. от* overgild

**overgrew** [ˈəuvəˈgruː] *past от* overgrow

**overground** I [ˈəuvəˈgraund] *a* надзе́мный ◇ still ~ *разг.* ещё жив

**overground** II [ˈəuvəˈgraund] *a* измельчённый до пы́ли

**overgrow** [ˈəuvəˈgrəu] *v* (overgrew; overgrown) 1) расти́ сли́шком бы́стро 2) перераста́ть (*что-л.*); выраста́ть (*из чего-л.*); to ~ one's clothes выраста́ть из пла́тья 3) зараста́ть (*преим. pass.*); the garden is ~n with weeds сад зарос сорняка́ми

**overgrown** ['əuvə'grəun] 1. *p. p. от* overgrow

2. *a* 1) переро́сший 2) расту́щий без ухо́да, неподстри́женный (*о растениях*) 3) заро́сший

**overgrowth** ['əuvəgrəuθ] *n* 1) чрезме́рно бы́стрый рост 2) разраста́ние 3) *мед.* гипертрофи́я

**overhang** 1. *n* ['əuvəhæŋ] вы́ступ, свес

2. *v* ['əuvə'hæŋ] (overhung) выступа́ть над *чем-л.*, нависа́ть (*тж. перен.*); выдава́ться, све́шиваться; overhung with creepers покры́тый вьющимися расте́ниями

**overhaul** 1. *n* ['əuvəhɔ:l] 1) тща́тельный осмо́тр 2) капита́льный ремо́нт (*тж.* major ~) 3) пересмо́тр 4) *attr.*: ~ base ремо́нтная ба́за

2. *v* [ˌəuvə'hɔ:l] 1) разбира́ть, тща́тельно осма́тривать (*часто с целью ремонта*); to ~ the state of accounts произвести́ реви́зию бухгалте́рии; to be ~ed by a doctor быть на осмо́тре у врача́ 2) капита́льно ремонти́ровать; перестра́ивать, реконструи́ровать 3) догоня́ть, догна́ть

**overhead** 1. *a* ['əuvəhed] 1) ве́рхний 2) возду́шный; надзе́мный; ~ wire возду́шный про́вод; ~ railway надзе́мная желе́зная доро́га; ~ road эстака́да; ~ irrigation дождева́ние; ~ crane мостово́й кран 3) *ком.* накладно́й; ~ charges (*или* costs, expenses) накладны́е расхо́ды

2. *adv* ['əuvə'hed] наверху́, над голово́й; в ве́рхнем этаже́; на не́бе

3. *n* ['əuvəhed] (*обыкн. pl*) накладны́е расхо́ды

**overhear** [ˌəuvə'hiə] *v* (overheard) 1) подслу́шивать 2) нечая́нно услы́шать

**overheard** [ˌəuvə'hə:d] *past и p. p. от* overhear

**overheat** ['əuvə'hi:t] 1. *n* перегре́в

2. *v* перегрева́ть(ся)

**overhung** ['əuvə'hʌŋ] *past и p. p. от* overhang 2

**over-indulgence** ['əuvərɪn'dʌldʒəns] *n* чрезме́рное увлече́ние, злоупотребле́ние

**overissue** ['əuvər'ɪsju:] 1. *n* 1) *фин.* чрезме́рная эми́ссия 2) нераспро́данные экземпля́ры тиража́; чрезме́рный вы́пуск

2. *v* выпуска́ть сверх дозво́ленного коли́чества (*акции, банкноты и т. п.*)

**overjoy** [ˌəuvə'dʒɔɪ] *v* осчастли́вить, о́чень обра́довать

**overjoyed** [ˌəuvə'dʒɔɪd] 1. *p. p. от* overjoy

2. *a* вне себя́ от ра́дости, о́чень дово́льный, счастли́вый (at)

**overjump** [ˌəuvə'dʒʌmp] *v* 1) перепры́гивать, переска́кивать 2) пропуска́ть, игнори́ровать

**overkill** ['əuvəkɪl] *воен.* 1. *n* примене́ние средств пораже́ния избы́точной мо́щности

2. *v* применя́ть сре́дства пораже́ния избы́точной мо́щности

**overknee** ['əuvə'ni:] *a* вы́ше коле́н

**overlabour** ['əuvə'leɪbə] *v* 1) переутомля́ть рабо́той 2) сли́шком тща́тельно отде́лывать

**overladen** ['əuvə'leɪdn] *a* перегру́женный

**overlaid** [ˌəuvə'leɪd] *past и p. p. от* overlay I, 2

**overlain** [ˌəuvə'leɪn] *p. p. от* overlie

**overland** 1. *a* ['əuvəlænd] сухопу́тный; проходя́щий целико́м *или* бо́льшей ча́стью по су́ше

2. *adv* [ˌəuvə'lænd] по су́ше; на су́ше

**overlap** 1. *v* [ˌəuvə'læp] 1) части́чно покрыва́ть; заходи́ть оди́н за друго́й; перекрыва́ть 2) части́чно совпада́ть; his duties and mine ~ мы выполня́ем одни́ и те же обя́занности

2. *n* ['əuvəlæp] 1) совпаде́ние 2) *тех.* нахлёстка; перекры́тие

**overlapping** ['əuvəˌlæpɪŋ] 1. *n* паралле́ли́зм, дубли́рование; повторе́ние

2. *a* паралле́льный, части́чно дубли́рующий

**overlay** I 1. *n* ['əuvəleɪ] 1) покры́шка; салфе́тка; покрыва́ло 2) *шотл.* га́лстук 3) *полигр.* припра́вка

2. *v* [ˌəuvə'leɪ] (overlaid) 1) покрыва́ть (*краской и т. п.*) 2) перекрыва́ть 3) *неправ. вм.* overlie

**overlay** II [ˌəuvə'leɪ] *past от* overlie

**overleaf** ['əuvə'li:f] *adv* на обра́тной стороне́ листа́ *или* страни́цы

**overleap** [ˌəuvə'li:p] *v* 1) перепры́гивать; переска́кивать 2) пропуска́ть ◊ to ~ oneself переоцени́ть свои́ возмо́жности

**overlie** [ˌəuvə'laɪ] *v* (overlay; overlain) 1) лежа́ть на *чём-л.*, над *чем-л.* 2) задуши́ть (*ребёнка*) во вре́мя сна, заспа́ть

**overling** ['əuvəlɪŋ] *n* влия́тельное *или* высокопоста́вленное лицо́

**overlive** [ˌəuvə'lɪv] *v* 1) пережи́ть 2) прожига́ть жизнь

**overload** 1. *n* ['əuvələud] перегру́зка

2. *v* ['əuvə'ləud] перегружа́ть

**overlook** [ˌəuvə'luk] *v* 1) возвыша́ться (*над городом, местностью и т. п.*) 2) обозрева́ть; смотре́ть све́рху (*на что-л.*); a view ~ing the town вид на го́род све́рху 3) выходи́ть на, в; my windows ~ the garden мои́ о́кна выхо́дят в сад 4) надзира́ть; смотре́ть (*за чем-л.*) 5) не заме́тить, прогляде́ть; не обрати́ть внима́ния; упуска́ть и́з виду, не учи́тывать 6) смотре́ть сквозь па́льцы; to ~ an offence проща́ть, не взы́скивать за просту́пок *или* оби́ду

**overlooker** [ˌəuvə'lukə] *n* надзира́тель; надсмо́трщик

**overlord** ['əuvəlɔ:d] 1. *n* сюзере́н; верхо́вный влады́ка; повели́тель, господи́н

2. *v* домини́ровать; госпо́дствовать

**overly** ['əuvəlɪ] *adv разг.* чрезме́рно; ~ cautious сли́шком осторо́жный

**overman** I ['əuvəmæn] *n* 1) деся́тник, бригади́р 2) арби́тр 3) «сверхчелове́к»

**overman** II [ˌəuvə'mæn] *v* нанима́ть сли́шком мно́го рабо́чих; раздува́ть шта́ты

**overmantel** ['əuvəˌmæntl] *n* резно́е украше́ние надками́ном

**overmasted** [ˌəuvə'mɑ:stɪd] *a* име́ющий сли́шком высо́кие *или* сли́шком тяжёлые ма́чты

**overmaster** [ˌəuvə'mɑ:stə] *v* 1) покори́ть, подчини́ть себе́ 2) овладе́ть всеце́ло

**overmastering** [ˌəuvə'mɑ:stərɪŋ] 1. *pres. p. от* overmaster

2. *a* непреодоли́мый; an ~ passion непреодоли́мая страсть

**overmatch** [ˌəuvə'mætʃ] *v* превосходи́ть си́лой, уме́нием

**overmature** ['əuvəmə'tjuə] *a* перезре́лый; ~ forest пересто́йный лес

**over-measure** ['əuvə'meʒə] *n* 1) прида́ча, изли́шек 2) при́пуск

**overmuch** ['əuvə'mʌtʃ] *adv* чрезме́рно, сли́шком мно́го; to praise ~ расхва́ливать; захва́ливать

**over-nice** ['əuvə'naɪs] *a* 1) сли́шком разбо́рчивый; приди́рчивый 2) изощрённый

**overnight** ['əuvə'naɪt] 1. *a* 1) происходи́вший накану́не ве́чером; an ~ conversation разгово́р накану́не ве́чером 2) ночно́й, продолжа́ющийся всю ночь; an ~ journey ночно́е путеше́ствие

2. *adv* 1) накану́не ве́чером 2) с ве́чера (и всю ночь); всю ночь; to stay ~ ночева́ть 3) бы́стро, ско́ро; вдруг, неожи́данно; to rise to fame ~ внеза́пно приобрести́ изве́стность

**overpaid** ['əuvə'peɪd] *past и p. p. от* overpay

**overpass** 1. *n* ['əuvəpɑ:s] эстака́да

2. *v* [ˌəuvə'pɑ:s] 1) переходи́ть, проходи́ть, пересека́ть 2) преодолева́ть 3) превосходи́ть, превыша́ть 4) оставля́ть без внима́ния, проходи́ть ми́мо

**overpast** ['əuvə'pɑ:st] *a predic.* проше́дший, про́шлый

**overpay** ['əuvə'peɪ] *v* (overpaid) перепла́чивать

**overpeopled** ['əuvə'pi:pld] *a* перенаселённый

**over-persuade** ['əuvəpə'sweɪd] *v* переубежда́ть; склоня́ть (*к чему-л.*)

**overplus** ['əuvəplʌs] *n* изли́шек, избы́ток

**overpoise** 1. *n* ['əuvəpɔɪz] переве́с

2. *v* ['əuvə'pɔɪz] переве́шивать

**overpopulation** ['əuvəˌpɔpju'leɪʃən] *n* перенаселённость

**overpower** [ˌəuvə'pauə] *v* переси́ливать, брать верх; подавля́ть; the heat ~ed me жара́ одоле́ла меня́

**overpowering** [ˌəuvə'pauərɪŋ] 1. *pres. p. от* overpower

2. *a* непреодоли́мый, подавля́ющий; неодоли́мый; ~ beauty неотрази́мая красота́

**overpraise** ['əuvə'preɪz] *v* перехва́ливать, захва́ливать

**overpressure** ['əuvə'preʃə] *n* 1) чрезме́рное давле́ние; избы́точное давле́-

ние 2) сли́шком большо́е у́мственное *или* не́рвное напряже́ние

**overprint** [ˈəuvəˈprɪnt] **1.** *v* 1) печа́тать пове́рх рису́нка (*на ма́рке*) *или* те́кста 2) печа́тать сверх тиража́

2. *n* 1) штамп на ма́рке 2) о́ттиск

**overprize** [ˈəuvəˈpraɪz] *v* переоце́нивать

**over-produce** [ˈəuvəprəˈdjuːs] *v* перепроизводи́ть

**over-production** [ˈəuvəprəˈdʌkʃən] *n* перепроизво́дство

**over-proof** [ˈəuvəˈpruːf] *a* вы́ше устано́вленного гра́дуса (*о спи́рте и т. п.*)

**overran** [ˌəuvəˈræn] *past от* overrun

**overreach** **1.** *n* [ˈəuvəriːtʃ] 1) обма́н; хи́трость 2) засе́чка (*у ло́шади*)

2. *v* [ˌəuvəˈriːtʃ] 1) достига́ть; распространя́ть(ся); выходи́ть за преде́лы 2) перехитри́ть; to ~ oneself просчита́ться, обману́ться 3) дости́чь незако́нным, моше́нническим путём 4) овладева́ть (*аудито́рией и т. п.*) 5) *refl.* взять на себя́ непоси́льную зада́чу; зарва́ться 6) *refl.* растяну́ть сухожи́лие; засека́ться (*о ло́шади*)

**over-refine** [ˈəuvərɪˈfaɪn] *v* вдава́ться в изли́шние то́нкости

**overrent** [ˌəuvəˈrent] *v* брать сли́шком высо́кую аре́ндную *или* кварти́рную пла́ту

**overridden** [ˌəuvəˈrɪdn] *p. p. от* override

**override** [ˌəuvəˈraɪd] *v* (overrode; overridden) 1) перее́хать, задави́ть 2) попира́ть (нога́ми) 3) отверга́ть, не принима́ть во внима́ние 4) брать верх, переве́шивать 5) зае́здить (*ло́шадь*)

**overriding** [ˌəuvəˈraɪdɪŋ] **1.** *pres. p. от* override

2. *a* основно́й, первостепе́нный

**overripe** [ˈəuvəˈraɪp] *a* перезре́лый, пересто́йный; ~ wood пересто́йный лес

**overrode** [ˌəuvəˈrəud] *past от* override

**overrotten** [ˈəuvəˈrɔtn] *a* перегни́вший

**overrule** [ˌəuvəˈruːl] *v* 1) госпо́дствовать, верхове́нствовать 2) брать верх 3) аннули́ровать, счита́ть недействи́тельным 4) отверга́ть, отклоня́ть предложе́ние

**overrun** [ˌəuvəˈrʌn] **1.** *v* (overran; overrun) 1) перелива́ться че́рез край; наводня́ть 2) переходи́ть дозво́ленные грани́цы *или* устано́вленные сро́ки 3) кише́ть 4) зараста́ть (*сорняка́ми*) 5) опустоша́ть (*страну́ — о неприя́теле*) 6) *полигр.* перебра́сывать 7) *авто* дви́гаться нака́том

2. *n* перерасхо́д; превыше́ние сто́имости

**oversaw** [ˈəuvəˈsɔː] *past от* oversee

**oversea(s)** [ˈəuvəˈsiː(z)] **1.** *a* замо́рский, заокеа́нский; загранични́й; ~ trade вне́шняя торго́вля; ~ contingents войска́, находя́щиеся вне метропо́лии; ~ service слу́жба радиовеща́ния для зарубе́жных стран, веща́ние на заграни́цу

2. *adv* за́ морем, че́рез мо́ре; за грани́цей, за грани́цу; to go ~ е́хать за́ море; пересе́чь океа́н

**oversee** [ˈəuvəˈsiː] *v* (oversaw; overseen) 1) надзира́ть, наблюда́ть 2) подсма́тривать 3) случа́йно уви́деть

**overseen** [ˈəuvəˈsiːn] *p. p. от* oversee

**overseer** [ˈəuvəsɪə] *n* надзира́тель; надсмо́трщик; ~ of the poor *ист.* прихо́дский попечи́тель по призре́нию бе́дных

**oversell** [ˈəuvəˈsel] *v* (oversold) продава́ть сверх свои́х запа́сов (*това́ры и т. п.*)

**overset** [ˈəuvəˈset] *v* (overset) 1) наруша́ть поря́док; to ~ one's plans наруша́ть пла́ны 2) поверга́ть в смуще́ние, расстро́йство 3) опроки́дывать(ся)

**oversew** [ˈəuvəˈsəu] *v* (oversewed [-d]; oversewed, oversewn) сшива́ть че́рез край

**oversewn** [ˈəuvəˈsəun] *p. p. от* oversew

**overshadow** [ˌəuvəˈʃædəu] *v* 1) затемня́ть; затмева́ть 2) омрача́ть 3) *редк.* защища́ть, предохраня́ть

**overshoe** [ˈəuvəʃuː] *n* гало́ша; бо́т(ик)

**overshoot** [ˈəuvəˈʃuːt] *v* (overshot) 1) промахну́ться (*при стрельбе́*); to ~ the mark взять вы́ше *или* да́льше це́ли; *перен.* зайти́ сли́шком далеко́; «пересоли́ть» [*см. тж.* 3)] 2) стреля́ть лу́чше (*кого-л.*) 3) превыша́ть, превосходи́ть; to ~ the mark превы́сить, превзойти́ (*определённый*) у́ровень [*см. тж.* 1)] ◊ to ~ oneself а) = to ~ the mark 1); б) стать же́ртвой со́бственной глу́пости; to ~ one's stop прое́хать свою́ остано́вку

**overshot** [ˈəuvəˈʃɔt] *past и p. p. от* overshoot

**overside** [ˈəuvəsaɪd] *мор.* **1.** *a* гру́зящийся че́рез борт; ~ delivery вы́грузка на друго́е су́дно

2. *adv* че́рез борт; за́ борт

**oversight** [ˈəuvəsaɪt] *n* 1) недосмо́тр, оплóшность 2) надзо́р, присмо́тр

**over-simplify** [ˈəuvəˈsɪmplɪfaɪ] *v* упроща́ть; понима́ть сли́шком упрощённо

**oversize(d)** [ˈəuvəsaɪz(d)] *a* 1) бо́льше обы́чного разме́ра 2) *тех.* завы́шенного габари́та

**overslaugh** [ˈəuvəslɔː] *v* 1) *воен.* освобожда́ть от до́лжности в связи́ с повыше́нием 2) *амер. воен.* обходи́ть при присвое́нии очередны́х зва́ний 3) *амер.* меша́ть, чини́ть препя́тствия

**oversleep** [ˈəuvəˈsliːp] *v* (overslept) проспа́ть, заспа́ться (*тж.* ~ oneself)

**oversleeve** [ˈəuvəsliːv] *n* нарука́вник

**overslept** [ˈəuvəˈslept] *past и p. p. от* oversleep

**oversmoke** [ˌəuvəˈsməuk] *v* 1) сли́шком мно́го кури́ть 2) *refl.* накури́ться (*до одуре́ния*)

**oversold** [ˈəuvəˈsəuld] *past и p. p. от* oversell

**overspend** [ˈəuvəˈspend] *v* (overspent) 1) тра́тить сли́шком мно́го; сори́ть деньга́ми 2) расстро́ить своё состоя́ние *или* здоро́вье (*тж.* ~ oneself)

**overspent** [ˈəuvəˈspent] *past и p. p. от* overspend

**overspill** [ˈəuvəspɪl] *n* 1) то, что про́лито 2) (эмигри́рующий) избы́ток населе́ния

**overspread** [ˌəuvəˈspred] *v* (overspread) 1) покрыва́ть 2) простира́ть; разбра́сывать; распространя́ть

**overstate** [ˈəuvəˈsteɪt] *v* преувели́чивать

**overstatement** [ˈəuvəˈsteɪtmənt] *n* преувеличе́ние

**overstay** [ˈəuvəˈsteɪ] *v* (overstayed [-d], overstaid) загости́ться, засиде́ться; to ~ one's welcome злоупотребля́ть чьим-л. гостеприи́мством

**overstep** [ˈəuvəˈstep] *v* 1) переступи́ть, перешагну́ть 2) *перен.* переходи́ть грани́цы

**overstock** [ˈəuvəˈstɔk] **1.** *n* изли́шний запа́с, избы́ток (*това́ра*)

2. *v* де́лать сли́шком большо́й запа́с; затова́ривать (*магази́н, ры́нок*)

**overstrain** **1.** *n* [ˈəuvəstreɪn] чрезме́рное напряже́ние

2. *v* [ˈəuvəˈstreɪn] переутомля́ть, перенапряга́ть; to ~ oneself переутомля́ться; this argument is greatly ~ed это сли́шком натя́нутый аргуме́нт

**overstrung** [ˈəuvəˈstrʌŋ] *a* сли́шком напряжённый (*о не́рвах и т. п.*)

**oversubscribe** [ˈəuvəsəbˈskraɪb] *v* превы́сить наме́ченную су́мму (*при подпи́ске и т. п.*); подписа́ться на бо́льшую су́мму, чем тре́буется

**overt** [ˈəuvəːt] *a* 1) откры́тый; не прикры́тый 2) я́вный, очеви́дный, нескрыва́емый

**overtake** [ˈəuvəˈteɪk] *v* (overtook; overtaken) 1) догна́ть, навёрста́ть; to ~ arrears а) погаша́ть задо́лженность; б) наверста́ть упу́щенное 2) засти́гнуть врасплóх; disaster overtook him его́ пости́гло несча́стье 3) овладева́ть; to be ~n by terror быть охва́ченным у́жасом; ~n in (*или* with) drink пья́ный

**overtaken** [ˈəuvəˈteɪkən] *p. p. от* overtake

**overtask** [ˈəuvəˈtɑːsk] *v* перегружа́ть рабо́той; дава́ть непоси́льное зада́ние

**overtax** [ˈəuvəˈtæks] *v* 1) обременя́ть чрезме́рными нало́гами 2) перенапряга́ть; обременя́ть; to ~ smb.'s patience злоупотребля́ть чьим-л. терпе́нием

**over-the-counter** [ˈəuvəðəˈkauntə] *a амер.* продава́емый в ро́зницу; ~ drugs патенто́ванные лека́рства

**overthrew** [ˌəuvəˈθruː] *past от* overthrow 2

**overthrow** **1.** *n* [ˈəuvəθrəu] пораже́ние; ниспроверже́ние; сверже́ние; низверже́ние

2. *v* [ˌəuvəˈθrəu] (overthrew; overthrown) 1) опроки́дывать 2) сверга́ть; побежда́ть; уничтожа́ть

**overthrown** [ˌəuvəˈθrəun] *p. p. от* overthrow 2

**overtime** [ˈəuvətaɪm] **1.** *n* 1) сверхуро́чные часы́; сверхуро́чное вре́мя;

to be on ~ работать сверхурочно 2) *спорт.* дополнительное время 3) *attr.* сверхурочный; ~ pay сверхурочная оплата

2. *adv* сверхурочно; to work ~ работать сверхурочно

3. *v* (*обыкн. фото*) передержать

**overtly** [ˈəuvəːtlɪ] *adv* открыто, публично; откровенно

**overtone** [ˈəuvətəun] *n* 1) *муз.* обертон 2) (*обыкн. pl*) нотка, намёк, подтекст

**overtook** [ˈəuvəˈtuk] *past от* overtake

**overtop** [ˈəuvəˈtɔp] *v* 1) быть выше, возвышаться 2) превышать; превосходить 3) превосходить, затмевать

**overtrain** [ˌəuvəˈtreɪn] *v спорт.* перетренировать(ся)

**overtrump** [ˈəuvətrʌmp] *v* перекрывать старшим козырем

**overture** [ˈəuvətjuə] *n* 1) (*обыкн. pl*) попытка (*примирения, завязывания знакомства*); инициатива (*переговоров, заключения договоров и т. п.*); peace ~s мирные предложения; to make ~s to smb. а) делать попытки к примирению; б) пытаться завязать знакомство; делать авансы 2) *муз.* увертюра

**overturn** 1. *n* [ˈəuvətəːn] поражение; ниспровержение; свержение; переворот

2. *v* [ˌəuvəˈtəːn] 1) опрокидывать (-ся); падать 2) ниспровергать, свергать 3) подрывать; уничтожать; опровергать; to ~ a theory опровергнуть теорию

**overvalue** [ˈəuvəˈvæljuː] 1. *n* переоценка

2. *v* переоценивать, слишком высоко оценивать; придавать слишком большое значение

**overwatched** [ˌəuvəˈwɔtʃt] *a* изнурённый чрезмерным бодрствованием *или* бессонницей

**overweening** [ˌəuvəˈwiːnɪŋ] *a* высокомерный, самонадеянный; ~ ambition чрезмерное тщеславие

**overweight** 1. *n* [ˈəuvəweɪt] 1) излишек веса, избыточный вес 2) перевес, преобладание

2. *a* [ˌəuvəˈweɪt] весящий больше нормы; тяжелее обычного; ~ luggage оплачиваемый излишек багажа

3. *v* [ˈəuvəˈweɪt] (*обыкн. p. p.*) перегружать; обременять; ~ed with packages нагруженный свёртками

**overwhelm** [ˌəuvəˈwelm] *v* 1) заваливать 2) заливать, затоплять 3) забрасывать (*вопросами и т. п.*) 4) подавлять; сокрушать, разбивать (*неприятеля*) 5) овладевать, переполнять (*о чувстве*; with) 6) потрясать, ошеломлять, поражать; his kindness quite ~ed me его доброта меня просто поразила 7) губить, разорять

**overwhelming** [ˌəuvəˈwelmɪŋ] 1. *pres. p. от* overwhelm

2. *a* 1) несметный 2) подавляющий; ~ majority подавляющее большинство 3) непреодолимый; ~ pressure сокрушительный натиск

**overwhelmingly** [ˌəuvəˈwelmɪŋlɪ] *adv* очень, чрезвычайно; в подавляющем большинстве случаев; ~ grateful несказанно благодарен; ~ important чрезвычайно важный

**overwind** [ˈəuvəˈwaɪnd] *v* перекрутить завод (*часов и т. п.*)

**overwinter** [ˌəuvəˈwɪntə] *v* перезимовать

**overwork** 1. *n* 1) [ˈəuvəwəːk] чрезмерная *или* сверхурочная работа 2) [ˈəuvəˈwəːk] перегрузка, перенапряжение; переутомление

2. *v* [ˈəuvəˈwəːk] 1) слишком много работать; переутомляться (*тж.* ~ oneself) 2) переутомлять

**overwrite** [ˈəuvəˈraɪt] *v* (overwrote; overwritten) 1) слишком много писать (*о чём-л.*) 2) *refl.* исписываться (*о писателе и т. п.*)

**overwritten** [ˈəuvəˈrɪtn] *p. p. от* overwrite

**overwrote** [ˈəuvəˈrəut] *past от* overwrite

**overwrought** [ˈəuvəˈrɔːt] *a* 1) переутомлённый работой 2) возбуждённый (*о нервах*) 3) перегруженный деталями 4) слишком тщательно отделанный

**oviduct** [ˈəuvɪdʌkt] *n анат.* яйцевод; фаллопиева труба

**oviform** [ˈəuvɪfɔːm] *a* яйцевидный, яйцеобразный, овальный

**ovine** [ˈəuvaɪn] *a* овечий

**oviparous** [əuˈvɪpərəs] *n* яйценосный

**oviposit** [ˌəuvɪˈpɔzɪt] *v зоол.* откладывать яйца

**ovipositor** [ˌəuvɪˈpɔzɪtə] *n зоол.* яйцеклад

**ovoid** [ˈəuvɔɪd] *a* яйцевидный, яйцеобразный

**ovule** [ˈəuvjuːl] *n* 1) *бот.* семяпочка 2) *биол.* яйцевая клетка, неоплодотворённое яйцо

**ovum** [ˈəuvəm] *n* (*pl* ova) *биол.* яйцо

**owe** [əu] *v* 1) быть должным (*кому-л.*); быть в долгу (*перед кем-л.*) 2) быть обязанным; we ~ to Newton the principle of gravitation открытием закона тяготения мы обязаны Ньютону

**owing** [ˈəuɪŋ] 1. *pres. p. от* owe

2. *a* 1) должный, причитающийся, оставшийся неуплаченным; how much is ~ to you? сколько вам ещё причитается? 2) *редк.* обязанный (*кому-л.*)

3.: ~ to (*употр. как prep*) по причине, вследствие, благодаря

**owl** [aul] *n* 1) сова 2) олух 3) полуночник ◇ ~ train *амер.* ночной поезд; ~ car *амер.* а) ночной трамвай; б) ночное такси

**owlet** [ˈaulɪt] *n* молодая сова, совёнок

**owlish** [ˈaulɪʃ] *a* похожий на сову

**owl-light** [ˈaullaɪt] *n* сумерки

**own** [əun] 1. *a* (*после притяжательных местоимений и существительных в possessive case*) 1) свой собственный; to love truth for its ~ sake любить правду ради неё самой; name your ~ price назовите свою цену; to make one's ~ clothes шить самой себе; he is his ~ man он сам себе хозяин 2) родной; my ~ father мой родной отец 3) любимый; farewell, my ~ прощай, дорогой 4) собственный, оригинальный; it was his ~ idea это была его собственная идея

2. *n*: to come into one's ~ получить должное; to hold one's ~ сохранять свои позиции, своё достоинство, самообладание; стоять на своём; the patient is holding his ~ больной борется с недугом; I have nothing of my ~ у меня ничего нет (*никакой собственности*); on one's ~ *разг.* самостоятельно, на собственную ответственность, по собственной инициативе

3. *v* 1) владеть; иметь, обладать; to ~ lands владеть землёй 2) признавать(ся); to ~ a child признавать своё отцовство; to ~ one's faults признавать свои недостатки; to ~ to smth. признаваться в чём-л.; to ~ to the theft признаваться в краже □ ~ up *разг.* а) откровенно признаваться; б) безропотно подчиняться

**owner** [ˈəunə] *n* 1) владелец; собственник, хозяин 2) (the ~) *мор. жарг.* командир корабля

**ownerless** [ˈəunəlɪs] *a* 1) бесхозяйный, бесхозный 2) беспризорный

**ownership** [ˈəunəʃɪp] *n* 1) собственность; владение 2) право собственности

**ox** [ɔks] *n* (*pl* oxen) 1) бык 2) *всякий представитель семейства быков*: вол, буйвол, бизон *и т. п.* ◇ the black ox а) старость; б) несчастье; the black ox has trod on my foot меня постигло несчастье; you cannot flay the same ox twice *посл.* с одного вола двух шкур не дерут

**oxalic** [ɔkˈsælɪk] *a хим.* щавелевый

**oxbow** [ˈɔksbəu] *n* 1) ярмо 2) старица, слепой рукав реки; заводь

**oxcart** [ˈɔkskaːt] *n* повозка, запряжённая волами

**ox-driver** [ˈɔksˌdraɪvə] *n* погонщик волов

**oxen** [ˈɔksən] *n pl* 1) *pl от* ox 2) *собир.* рогатый скот

**oxer** [ˈɔksə] = ox-fence

**ox-eye** [ˈɔksaɪ] *n* 1) бычий *или* воловий глаз 2) *архит.* круглое *или* овальное окно 3) большая синица

**ox-eyed** [ˈɔksaɪd] *a* волоокий, большеглазый

**ox-fence** [ˈɔksfens] *n* изгородь для рогатого скота

**oxford** [ˈɔksfəd] *n* 1) полуботинок (*тж.* O. shoe) 2) (O.) *attr.* Оксфордский; O. man человек, получивший образование в Оксфордском университете; O. gray серый, стальной цвет

**oxherd** [ˈɔkshəːd] *n* пастух

**oxhide** [ˈɔkshaɪd] *n* воловья шкура

**oxidate** [ˈɔksɪdeɪt] = oxidize

**oxidation** [ˌɔksɪˈdeɪʃən] *n хим.* окисление

**oxide** [ˈɔksaɪd] *n хим.* окись, окисел

**oxidization** [ˌɔksɪdaɪˈzeɪʃən] = oxidation

**oxidize** [ˈɔksɪdaɪz] *v хим.* окислять (-ся); оксидировать

**Oxonian** [ɔk'səunjən] 1. *n* студе́нт (*тж.* бы́вший) Оксфо́рдского университе́та
2. *a* о́ксфо́рдский
**oxtail** ['ɔksteɪl] *n* 1) воло́вий хвост 2) *attr.*: ~ soup суп из бы́чьих хвосто́в
**oxter** ['ɔkstə] *шотл.* 1. *n* подмы́шка; вну́тренняя часть плеча́
2. *v* 1) подде́рживать, взя́вши за́ ру́ки *или* подмы́шки 2) обнима́ть, сжима́ть в объя́тиях
**oxygen** ['ɔksɪdʒən] *n хим.* 1) кислоро́д 2) *attr.* кислоро́дный; ~ mask кислоро́дная ма́ска; ~ cutting *тех.* кислоро́дная ре́зка
**oxygenate** [ɔk'sɪdʒɪneɪt] *v* окисля́ть; насыща́ть кислоро́дом
**oxygenize** [ɔk'sɪdʒɪnaɪz] = oxygenate
**oxygenous** [ɔk'sɪdʒɪnəs] *a* кислоро́дный
**oxygon** ['ɔksɪgən] *n* остроуго́льный треуго́льник
**oxymoron** [,ɔksɪ'mɔ:rɔn] *n ритор.* оксю́морон
**oyster** ['ɔɪstə] *n* у́стрица ◇ close (*или* dumb) as an ~ ≅ нем как ры́ба
**oyster-bank** ['ɔɪstəbæŋk] *n* у́стричная о́тмель; у́стричный садо́к
**oyster-bed** ['ɔɪstəbed] = oyster-bank
**oyster-farm** ['ɔɪstəfɑ:m] *n* у́стричный садо́к
**ozocerite, ozokerite** [əu'zəukərɪt] *n мин.* озокери́т
**ozone** ['əuzəun] *n хим.* озо́н
**ozonize** ['əuzənaɪz] *v хим.* озони́ровать

# P

**P, p** [pi:] *n* (*pl* Ps, P's [pi:z]) *16-я бу́ква англ. алфави́та* ◇ to mind one's P's and Q's соблюда́ть осторо́жность, не вме́шиваться в чужи́е дела́
**pa** [pɑ:] *n* (*сокр. от* papa) *разг.* па́па, па́почка
**pabular(y)** ['pæbjulə(rɪ)] *a* пищево́й, съестно́й; кормово́й
**pabulum** ['pæbjuləm] *n* пи́ща (*преим. перен.*); mental ~ пи́ща для ума́
**pace I** [peɪs] 1. *n* 1) шаг; длина́ ша́га 2) шаг, похо́дка, по́ступь; to put on ~ приба́вить ша́гу; to mend one's ~ ускоря́ть шаг; ~ of the warp *текст.* ход осно́вы 3) ско́рость, темп; ~ of development те́мпы разви́тия; to accelerate the ~ ускоря́ть те́мпы; to go the ~ мча́ться; *перен.* прожига́ть жизнь; to keep ~ with идти́ наравне́ с, не отстава́ть от; to set the ~ задава́ть темп (*в гребле и т. п.*); *перен.* задава́ть тон 4) аллю́р (*лошади*) 5) и́ноходь 6) возвыше́ние на полу́; площа́дка, широ́кая ступе́нька (*лестницы*) ◇ to put smb. through his ~s, to try smb.'s ~s подве́ргнуть кого́-л. испыта́нию; «прощу́пывать» кого́-л.
2. *v* 1) шага́ть; расха́живать 2) измеря́ть шага́ми (*тж.* ~ out) 3) идти́ и́ноходью (*о лошади*) 4) задава́ть темп, вести́ (*в состязании*)
**pace II** ['peɪsɪ] *лат. adv* с позволе́ния (*кого-л.*)
**pace-maker** ['peɪs,meɪkə] *n* задаю́щий темп, ли́дер (*забега и т. п.*)
**pacer** ['peɪsə] *n* 1) иноxо́дец 2) = pace-maker
**pacha** ['pɑ:ʃə] = pasha
**pachyderm** ['pækɪdə:m] *n зоол.* толстоко́жее (живо́тное)
**pachydermatous** [,pækɪ'də:mətəs] *a зоол.* толстоко́жий
**pacific** [pə'sɪfɪk] 1. *a* 1) споко́йный, ти́хий 2) ми́рный, миролюби́вый 3) (P.) тихоокеа́нский
2. *n* (the P.) Ти́хий океа́н
**pacification** [,pæsɪfɪ'keɪʃən] *n* 1) умиротворе́ние, успокое́ние 2) усмире́ние ◇ Edict of P. *ист.* На́нтский эди́кт
**pacificator** [pə'sɪfɪkeɪtə] *n* миротво́рец
**pacificatory** [pə'sɪfɪkətərɪ] *a* 1) примири́тельный 2) успокои́тельный
**pacificism** [pə'sɪfɪsɪzm] = pacifism
**pacificist** [pə'sɪfɪsɪst] = pacifist
**pacifism** ['pæsɪfɪzm] *n* пацифи́зм
**pacifist** ['pæsɪfɪst] *n* пацифи́ст
**pacify** ['pæsɪfaɪ] *v* 1) умиротворя́ть, успока́ивать; укроща́ть (*гнев*) 2) восстана́вливать поря́док *или* мир 3) усмиря́ть
**pack** [pæk] 1. *n* 1) паке́т, па́чка; свя́зка, ки́па, вьюк 2) *воен.* снаряже́ние, вы́кладка, ра́нец 3) гру́ппа; ба́нда; moneyed ~ ку́чка богаче́й; ~ of crooks ба́нда жу́ликов 4) мно́жество, ма́сса; ~ of lies сплошна́я ложь 5) сво́ра (*гончих*); ста́я (*волков и т. п.*); ~ of submarines *воен.* подразделе́ние подво́дных ло́док 6) коло́да (*карт*) 7) = pack-ice 8) *ком.* ки́па (*мера веса*) 9) коли́чество загото́вленных в тече́ние сезо́на консе́рвов (*рыбных, фруктовых*) 10) *горн.* закла́дка 11) *мед.* тампо́н 12) *стр.* бу́товая кла́дка 13) *attr.* упако́вочный; ~ paper обёрточная бума́га 14) *attr.* вью́чный
2. *v* 1) упако́вывать(ся), запако́вывать(ся), укла́дывать ве́щи; тюкова́ть (*часто* ~ up) 2) (легко́) укла́дываться, (хорошо́) поддава́ться упако́вке 3) консерви́ровать 4) заполня́ть, набива́ть, переполня́ть (*пространство*; with) 5) уплотня́ть(ся), ску́чивать(-ся) 6) свори́ть (*гончих*) 7) собира́ться ста́ями (*о волках*) 8) навью́чивать (*лошадь*) 9) заполня́ть свои́ми сторо́нниками (*собрание, съезд и т. п.*); подбира́ть соста́в прися́жных (*для вынесения противозаконного решения*) 10) *мед.* завёртывать в (мо́крые) про́стыни (*пациента*) ▭ ~ **off** выпрова́живать, прогоня́ть; ~ **up** *разг.* а) упако́вывать(ся); б) прекраща́ть (*работу и т. п.*); в) испо́ртиться, вы́йти из стро́я (*о механизме*); г) умере́ть ◇ to send smb. ~ing вы́проводить, прогна́ть кого́-л.; to ~ a thing up поко́нчить с чем-л.; ~ it up! *груб.* (по)придержи́ язы́к!
**package** ['pækɪdʒ] 1. *n* 1) тюк; ки́па; посы́лка; ме́сто (*багажа*) 2) паке́т, свёрток; па́чка (*сигарет*) 3) упако́вка, упако́вочная та́ра; *перен.* упако́вка, вне́шнее оформле́ние 4) расхо́ды по упако́вке 5) по́шлина с това́рных тюко́в
2. *v* упако́вывать; оформля́ть, обрамля́ть
**packaged** ['pækɪdʒd] *a* завёрнутый, упако́ванный ◇ ~ tour *амер. разг.* тури́стская пое́здка с зара́нее соста́вленным маршру́том
**packager** ['pækɪdʒə] *n амер. радио, тлв.* составитель програ́ммы
**pack-animal** ['pæk,ænɪməl] *n* вью́чное живо́тное
**packed** [pækt] 1. *p. p. от* pack 2
2. *a* 1) упако́ванный 2) уплотнённый, слежа́вшийся 3) ску́ченный, перепо́лненный 4) тенденцио́зно подо́бранный (*о суде, собрании и т. п.*) 5) краплёный, подтасо́ванный (*о картах*)
**packer** ['pækə] *n* 1) упако́вщик (*особ. на пищевом комбинате*) 2) (*преим. амер.*) загото́витель; экспортёр пищевы́х проду́ктов (*особ. мясных*) 3) *амер.* рабо́чий (мясо)консе́рвного заво́да 4) маши́на для упако́вки 5) *разг.* шу́лер
**packet** ['pækɪt] *n* 1) паке́т, свя́зка 2) = packet-boat 3) гру́ппа, ку́ча, ма́сса 4) *жарг.* ку́ча де́нег, куш 5) *воен. жарг.* пу́ля; снаря́д; to stop (*или* to catch) a ~ быть ра́ненным *или* уби́тым (пу́лей, оско́лком *и т. п.*)
**packet-boat** ['pækɪtbəut] *n* почто́во-пассажи́рское су́дно, пакетбо́т
**pack-horse** ['pækhɔ:s] *n* вью́чная ло́шадь
**pack-ice** ['pækaɪs] *n* па́ковый лёд, пак
**packing** ['pækɪŋ] 1. *pres. p. от* pack 2
2. *n* 1) упако́вка; укла́дка; уку́порка; I must do my ~ я до́лжен собра́ть ве́щи, уложи́ться; ~ not included цена́ без упако́вки; без та́ры 2) упако́вочный материа́л 3) *тех.* наби́вка (*сальника и т. п.*); прокла́дка; уплотне́ние 4) консерви́рование 5) *attr.* упако́вочный; ~ materials та́рные материа́лы, та́ра
**packing-case** ['pækɪŋkeɪs] *n* я́щик (*для упаковки*)
**packing-needle** ['pækɪŋ,ni:dl] *n* упако́вочная, кулева́я игла́
**packing-sheet** ['pækɪŋʃi:t] *n* 1) упако́вочный холст 2) *мед.* простыня́ для вла́жного обёртывания
**packman** ['pækmən] *n* разно́счик
**pack-running** ['pæk,rʌnɪŋ] *n* ста́дность
**pack-saddle** ['pæk,sædl] *n* вью́чное седло́
**packthread** ['pækθred] *n* бечёвка, шпага́т
**pack-train** ['pæktreɪn] *n* вью́чный обо́з
**pact** [pækt] *n* пакт, догово́р, соглаше́ние; non-aggression ~ догово́р о ненападе́нии; to enter into a ~ заключи́ть догово́р
**pad I** [pæd] 1. *n* 1) мя́гкая прокла́дка *или* наби́вка 2) поду́шка; поду́шечка; sanitary ~ *мед.* гигиени́ческая поду́шечка 3) мя́гкое седло́; се-

дёлка 4) турню́р 5) блокно́т промока́тельной, почто́вой, рисова́льной бума́ги; бюва́р 6) ла́па (*зайца и т. п.*) 7) поду́шечка (*на подошве некоторых животных*) 8) *бот.* пла́вающий лист (*кувшинки и т. п.*) 9) *тех.* подкла́дка, бу́ртик; прили́в 10) *стр.* грунто́вка

2. *v* 1) подбива́ть *или* набива́ть во́лосом *или* ва́той; подкла́дывать что-л. мя́гкое (*тж.* ~ out) 2) перегружа́ть пусты́ми слова́ми, изли́шними подро́бностями (*рассказ, речь и т. п.*; *обыкн.* ~ out) 3) раздува́ть (*штаты и т. п.*) 4) *стр.* грунтова́ть

**pad** II [pæd] *n* плетёная корзи́на (*как мера*)

**padded** [ˈpædɪd] **1.** *p. p. от* pad I, 2

2. *a* 1) подби́тый, оби́тый; ~ cell пала́та, оби́тая во́йлоком (*в психиатрической больнице*) 2): ~ bills разду́тые счета́

**padding** [ˈpædɪŋ] **1.** *pres. p. от* pad I, 2

2. *n* 1) наби́вка, наби́вочный материа́л 2) литерату́рный материа́л, вставля́емый для заполне́ния ме́ста, «вода́»; многосло́вие 3) *текст.* грунтова́ние 4) *тех.* нава́ривание поду́шки

**paddle** I [ˈpædl] **1.** *n* 1) байда́рочное весло́; весло́ для кано́э; double ~ двухло́пастное весло́ 2) гребо́к, фа́за гребка́ (*веслом*) 3) ло́пасть *или* лопа́тка (*гребного колеса*) 4) лопа́тка (*для размешивания*); валёк (*для стирки белья*) 5) затво́р (*шлюза*) 6) *зоол.* плавни́к; ласт; пла́вательная пласти́нка

2. *v* 1) грести́ байда́рочным весло́м; плыть на байда́рке 2) передвига́ться при по́мощи гребны́х колёс ◇ to ~ one's own canoe ни от кого́ не зави́сеть; де́йствовать незави́симо

**paddle** II [ˈpædl] **1.** *n амер. уст.* трость, па́лка для теле́сных наказа́ний

2. *v* 1) шлёпать по воде́, плеска́ться 2) игра́ть, перебира́ть рука́ми (in, on, about) 3) ковыля́ть (*о ребёнке*) 4) *амер. уст.* отшлёпать

**paddle-boat** [ˈpædlbəut] *n* колёсный парохо́д

**paddle-box** [ˈpædlbɔks] *n* кожу́х гребно́го колеса́

**paddle-wheel** [ˈpædlwiːl] *n* гребно́е колесо́

**paddling pool** [ˈpædlɪŋpuːl] *n* «лягуша́тник» (*мелкая часть бассейна для детей*)

**paddock** [ˈpædək] *n* 1) вы́гул, заго́н (*особ. при конном заводе*) 2) падо́к (*при ипподроме*) 3) *австрал.* огоро́женный уча́сток земли́ 4) *горн.* вы́емка у у́стья ша́хты

**Paddy** [ˈpædɪ] *n разг.* Пэ́дди (*шутливое прозвище ирландца*)

**paddy** I [ˈpædɪ] *n* рис-па́дди, необру́шенный рис

**paddy** II [ˈpædɪ] *n разг.* при́ступ гне́ва, я́рость

**paddywhack** [ˈpædɪwæk] = paddy II

**Padishah** [ˈpɑːdɪʃɑː] *перс. n* пади-ша́х

**padlock** [ˈpædlɔk] **1.** *n* вися́чий замо́к

2. *v* запира́ть на вися́чий замо́к

**padre** [ˈpɑːdrɪ] *исп. n* 1) католи́ческий свяще́нник 2) *разг.* полково́й *или* судово́й свяще́нник

**padrone** [pəˈdrəunɪ] *ит. n* (*pl* -ni) 1) капита́н (*средиземноморского торгового судна*) 2) хозя́ин гости́ницы 3) предпринима́тель, эксплуати́рующий у́личных музыка́нтов, ни́щенствующих дете́й, рабо́чих-эмигра́нтов

**padroni** [pəˈdrəuniː] *pl от* padrone

**padronism** [pəˈdrəunɪzm] *n* эксплуата́ция у́личных музыка́нтов *и пр.* [*см.* padrone 3)]

**Padshah** [ˈpɑːdʃɑː] = Padishah

**paean** [ˈpiːən] *n др.-греч.* пеа́н; побе́дная песнь

**paederasty** [ˈpiːdəræstɪ] *n* педера́стия

**paediatrician** [ˌpiːdɪəˈtrɪʃən] *n* педиа́тр, врач по де́тским боле́зням, де́тский врач

**paediatrics** [ˌpiːdɪˈætrɪks] *n pl* (*употр. как sing*) педиатри́я, уче́ние о де́тских боле́знях

**paedology** [pi(ː)ˈdɔlədʒɪ] *n* педоло́гия

**paeon** [ˈpiːən] *n прос.* пео́н

**pagan** [ˈpeɪgən] **1.** *n* 1) язы́чник 2) неве́рующий, ате́ист

2. *a* язы́ческий

**pagandom** [ˈpeɪgəndəm] *n* язы́ческий мир, язы́чество

**paganish** [ˈpeɪgənɪʃ] *a* язы́ческий

**paganism** [ˈpeɪgənɪzm] *n* язы́чество

**paganize** [ˈpeɪgənaɪz] *v* 1) обраща́ть в язы́чество 2) придава́ть язы́ческий хара́ктер

**page** I [peɪdʒ] **1.** *n* 1) страни́ца 2) *полигр.* полоса́

2. *v* нумерова́ть страни́цы

**page** II [peɪdʒ] **1.** *n* 1) паж 2) ма́льчик-слуга́ 3) *амер.* служи́тель (*в законодательном собрании*)

2. *v* 1) сопровожда́ть в ка́честве пажа́ 2) вызыва́ть (*кого-л.*), гро́мко выклика́я фами́лию; ~ Dr. Jones! вы́зовите до́ктора Джо́унза!

**pageant** [ˈpædʒənt] *n* 1) пы́шное зре́лище; пы́шная проце́ссия 2) карнава́льное ше́ствие; маскара́д 3) инсцениро́вка, жива́я карти́на (*представляющая исторический эпизод*) 4) показно́е, бессодержа́тельное зре́лище, пусто́й блеск 5) *ист.* подвижна́я сце́на (*для представления мистерий*)

**pageantry** [ˈpædʒəntrɪ] *n* 1) пы́шное зре́лище, великоле́пие, блеск; шик; по́мпа 2) пуста́я ви́димость; фи́кция, блеф

**pagehood** [ˈpeɪdʒhud] *n* положе́ние пажа́

**pageship** [ˈpeɪdʒʃɪp] *n* до́лжность пажа́

**paginal** [ˈpædʒɪnl] *a* (по)страни́чный; ~ reference ссы́лка на страни́цу

**paginate** [ˈpædʒɪneɪt] *v* нумерова́ть страни́цы

**pagination** [ˌpædʒɪˈneɪʃən] *n* нумера́ция страни́ц, пагина́ция

**pagoda** [pəˈgəudə] *n* 1) па́года 2) па́года (*название старинной индийской золотой монеты с изображением пагоды*) 3) лёгкая постро́йка, кио́ск для прода́жи газе́т, табака́ *и т. п.* (*напоминающие по форме пагоду*)

**pagoda-tree** [pəˈgəudətriː] *n* инди́йская смоко́вница ◇ to shake the ~ бы́стро разбогате́ть

**pagurian** [pəˈgjuərɪən] *зоол.* **1.** *n* рак-отше́льник

2. *a* ракообра́зный, относя́щийся к семе́йству ра́ков-отше́льников

**pah** I [pɑː] *int* тьфу!, фу!

**pah** II [pɑː] *n* укреплённая тузе́мная дере́вня (*в Новой Зеландии*)

**paid** [peɪd] **1.** *past и p. p. от* pay I, 2

2. *a* опла́чиваемый; на́нятый; ~ employee пла́тный аге́нт, наймит

**paid-in** [ˈpeɪdˈɪn] *a* упла́ченный, внесённый (*о деньгах*)

**paid-up** [ˈpeɪdˈʌp] *a* опла́ченный, вы́плаченный; ~ capital опла́ченная часть акционе́рного капита́ла; ~ shares по́лностью опла́ченные а́кции

**pail** [peɪl] *n* ведро́; бадья́; ка́дка

**pailful** [ˈpeɪlful] *n* по́лное ведро́

**paillasse** [ˈpælɪæs] = palliasse

**paillette** [pælˈjet] *n* 1) фо́льга, подкла́дываемая под эма́ль 2) блёстка

**pain** [peɪn] **1.** *n* 1) боль, страда́ние 2) страда́ние, огорче́ние, го́ре; to be in ~ испы́тывать боль, страда́ть 3) *pl* стара́ния, труды́; уси́лия; to take ~s, to be at the ~s прилага́ть уси́лия; брать на себя́ труд, стара́ться; to save one's ~s эконо́мить свои́ си́лы 4) *pl* родовы́е схва́тки ◇ ~s and penalties наказа́ния и взыска́ния; on (*или* under) ~ of death под стра́хом сме́ртной ка́зни; to have one's labour for one's ~s напра́сно потруди́ться; to give smb. a ~ (in the neck) докуча́ть кому́-л.; раздража́ть кого́-л.; a ~ in the neck надое́дливый челове́к

2. *v* 1) му́чить, огорча́ть 2) причиня́ть боль; боле́ть; my tooth doesn't ~ me now сейча́с зуб у меня́ не боли́т

**pained** [peɪnd] **1.** *p. p. от* pain 2

2. *a* 1) огорчённый; оби́женный 2) страда́льческий; he looked ~ его́ лицо́ выража́ло страда́ние

**painful** [ˈpeɪnful] *a* 1) причиня́ющий боль, боле́зненный 2) тя́гостный, мучи́тельный, тяжёлый; ~ problem наболе́вший вопро́с 3) неприя́тный; ~ surprise неприя́тная неожи́данность

**pain-killer** [ˈpeɪnˌkɪlə] *n разг.* болеутоля́ющее сре́дство

**painless** [ˈpeɪnlɪs] *a* безболе́зненный

**painstaking** [ˈpeɪnzˌteɪkɪŋ] **1.** *n* стара́ние, усе́рдие

2. *a* 1) стара́тельный, усе́рдный 2) тща́тельный, кропотли́вый; ~ job трудоёмкая рабо́та

**paint** [peɪnt] **1.** *n* 1) кра́ска; окра́ска 2) *pl* кра́ски; a box of ~s набо́р кра́сок 3) румя́на

2. *v* 1) писа́ть кра́сками, занима́ться жи́вописью 2) кра́сить, окра́шивать; распи́сывать (*стену и т. п.*) 3) опи́сывать, изобража́ть; to ~ in bright colours опи́сывать я́ркими кра́сками; предста́вить в ро́зовом све́те; приукра́сить 4) кра́ситься, румя́нить-

ся □ ~ in вписывать красками; ~ out закрашивать (*надпись и т. п.*) ◇ to ~ the lily заниматься бесплодным делом; to ~ the town red устроить попойку, загулять

**paint-box** [ˈpeɪntbɔks] *n* коробка красок

**paintbrush** [ˈpeɪntbrʌʃ] *n* кисть

**painted** [ˈpeɪntɪd] **1.** *p. p. от* paint 2

**2.** *a* 1) покрашенный; разукрашенный 2) притворный

**painted lady** [ˈpeɪntɪdˈleɪdɪ] *n* репейница (*бабочка*)

**painter** I [ˈpeɪntə] *n* 1) живописец, художник 2) маляр ◇ ~'s colic *мед.* отравление свинцом

**painter** II [ˈpeɪntə] *n мор.* (носовой) фалинь ◇ to cut the ~ отделиться от метрополии, стать автономной (*о колонии*)

**painting** [ˈpeɪntɪŋ] **1.** *pres. p. от* paint 2

**2.** *n* 1) живопись 2) роспись; картина 3) окраска 4) малярное дело

**painty** [ˈpeɪntɪ] *a* 1) свежевыкрашенный; a ~ smell запах краски 2) перегруженный красками (*о картине*) 3) размалёванный

**pair** [pɛə] **1.** *n* 1) пара; in ~s парами; a carriage and ~ карета, запряжённая парой 2) вещь, состоящая из двух частей; парные предметы; пара; a ~ of scissors (spectacles, compasses, scales) ножницы (очки, циркуль, весы); a ~ of socks (shoes, gloves) пара носков (ботинок, перчаток) 3) (супружеская) чета; жених с невестой 4): ~ of stairs (*или* of steps) марш, этаж 5) *pl* партнёры (*в картах*) 6) *парл.* два члена противных партий, не участвующие в голосовании по соглашению 7) смена, бригада (*рабочих*) 8) *attr.* парный

**2.** *v* 1) располагать(ся) парами; подбирать под пару 2) соединять(ся) по двое 3) сочетать(ся) браком 4) спаривать(ся), случать □ ~ **off** а) разделять(ся) на пары; уходить парами; б) *разг.* жениться, выйти замуж (with)

**-pair** [-pɛə] *в сложных словах означает* комната; one- (two-, three-) ~ front (back) комната на втором (третьем, четвёртом) этаже, выходящая на улицу (во двор)

**pair-horse** [ˈpɛəhɔːs] *a* парный, для парной упряжки

**pair-oar** [ˈpɛərɔː] *n спорт.* двойка распашная

**pajamas** [pəˈdʒɑːməz] = pyjamas

**Pakistani** [ˌpɑːkɪsˈtɑːnɪ] **1.** *n* пакистанец; пакистанка

**2.** *a* пакистанский

**pal** [pæl] *разг.* **1.** *n* товарищ, приятель

**2.** *v* дружить, подружиться (*обыкн.* ~ up; with, to — с *кем-л.*)

**palace** [ˈpælɪs] *n* 1) дворец, чертог 2) роскошное здание; особняк 3) официальная резиденция (*короля, высокопоставленного духовного лица*) 4) *attr.* дворцовый

**paladin** [ˈpælədɪn] *n ист.* паладин

**palaeogene** [ˈpælɪədʒiːn] *n геол.* палеоген

**palaeographer** [ˌpælɪˈɔgrəfə] *n* палеограф

**palaeography** [ˌpælɪˈɔgrəfɪ] *n* палеография

**palaeolithic** [ˌpælɪəuˈlɪθɪk] *a* палеолитический; the P. age палеолит

**palaeontologist** [ˌpælɪɔnˈtɔlədʒɪst] *n* палеонтолог

**palaeontology** [ˌpælɪɔnˈtɔlədʒɪ] *n* палеонтология

**palaeozoic** [ˌpælɪəuˈzəuɪk] *геол.* **1.** *a* палеозойский

**2.** *n* палеозой, палеозойская эра

**palaestra** [pəˈlestrə] *n* (*pl* -trae) *др.-греч.* палестра

**palaestrae** [pəˈlestriː] *pl от* palaestra

**palankeen, palanquin** [ˌpælənˈkiːn] *n* паланкин, носилки

**palatable** [ˈpælətəbl] *a* 1) вкусный, аппетитный 2) приятный

**palatal** [ˈpælətl] **1.** *a* 1) нёбный 2) *фон.* палатальный

**2.** *n фон.* палатальный звук

**palatalization** [ˈpælətəlaɪˈzeɪʃən] *n фон.* смягчение, палатализация

**palatalize** [ˈpælətəlaɪz] *v фон.* смягчать, палатализовать

**palate** [ˈpælɪt] *n* 1) *анат.* нёбо 2) вкус 3) склонность, интерес

**palatial** [pəˈleɪʃəl] *a* 1) дворцовый 2) роскошный, великолепный

**palatinate** [pəˈlætɪnɪt] *n ист.* палатинат; пфальцграфство

**palatine** I [ˈpælətaɪn] *n* (P.) *ист.* пфальцграф (*тж.* Count *или* Earl P.); County P. пфальцграфство

**palatine** II [ˈpælətaɪn] *анат.* **1.** *a* нёбный; ~ bones нёбные кости

**2.** *n pl* нёбные кости

**palaver** [pəˈlɑːvə] **1.** *n* 1) совещание, переговоры 2) пустая болтовня 3) лесть; лживые слова 4) *sl.* дело

**2.** *v* 1) болтать 2) льстить; заговаривать зубы

**pale** I [peɪl] **1.** *n* 1) кол; свая 2) частокол; ограда 3) граница, черта, пределы; рамки (*поведения*); beyond (within) the ~ of smth. за пределами (в пределах) чего-л. 4) *ист.* черта оседлости 5): the (English) P. *ист.* часть Ирландии, подвластная Англии 6) *геральд.* широкая вертикальная полоса посредине щита

**2.** *v* обносить палисадом, оградой, частоколом; огораживать

**pale** II [peɪl] **1.** *a* 1) бледный 2) слабый, тусклый (*о свете, цвете и т. п.*)

**2.** *v* 1) бледнеть 2) тускнеть 3) заставить побледнеть; бледнить

**paleaceous** [ˌpeɪlɪˈeɪʃəs] *a* мякинный, похожий на мякину

**paled** I [peɪld] **1.** *p. p. от* pale I, 2

**2.** *a* огороженный (*частоколом*)

**paled** II [peɪld] *p. p. от* pale II, 2

**pale-face** [ˈpeɪlfeɪs] *n* бледнолицый, человек белой расы (*в романах из жизни американских индейцев*)

**Palestinian** [ˌpæləsˈtɪnɪən] **1.** *a* палестинский

**2.** *n* житель Палестины

**palestra** [pəˈlestrə] = palaestra

**paletot** [ˈpæltəu] *фр. n* свободное, широкое пальто

**palette** [ˈpælɪt] *n* 1) палитра 2) *тех.* грудной упор для коловорота

**palette-knife** [ˈpælɪtnaɪf] *n жив.* мастихин

**palfrey** [ˈpɔːlfrɪ] *n уст., поэт.* верховая лошадь (*преим.* дамская)

**Pali** [ˈpɑːlɪ] *n* пали (*индийский диалект; тж. язык священных книг буддистов*)

**palimpsest** [ˈpælɪmpsest] *ист.* **1.** *n* палимпсест

**2.** *a* написанный на месте прежнего текста

**paling** I [ˈpeɪlɪŋ] **1.** *pres. p. от* pale I, 2

**2.** *n* 1) палисад, забор, частокол 2) кол; колья

**paling** II [ˈpeɪlɪŋ] *pres. p. от* pale II, 2

**palingenesis** [ˌpælɪnˈdʒenɪsɪs] *n биол.* палингенез(ис)

**palinode** [ˈpælɪnəud] *греч. n* 1) *стих.* палинодия 2) отречение, отказ от своих слов, взглядов

**palisade** [ˌpælɪˈseɪd] **1.** *n* 1) частокол, палисад 2) *pl* ряд базальтовых столбов

**2.** *v* обносить частоколом

**palisander** [ˌpælɪˈsændə] *n бот.* палисандр; палисандровое дерево

**palish** [ˈpeɪlɪʃ] *a* бледноватый

**pall** I [pɔːl] **1.** *n* 1) покров (*на гробе*) 2) завеса, пелена; покров 3) мантия, облачение

**2.** *v* 1) покрывать, окутывать покровом 2) затемнять

**pall** II [pɔːl] *v* 1) надоедать (*обыкн.* ~ on) 2) пресыщать(ся)

**palladia** [pəˈleɪdjə] *pl от* palladium I

**palladium** I [pəˈleɪdjəm] *лат. n* (*pl* -dia) залог безопасности; защита, оплот

**palladium** II [pəˈleɪdjəm] *n хим.* палладий

**pallet** I [ˈpælɪt] *n* 1) соломенная постель, соломенный тюфяк 2) убогое ложе 3) *уст.* койка, нары

**pallet** II [ˈpælɪt] *n* 1) = palette 1) 2) *тех.* паллет, поддон; шпатель; плита (*конвейера*) 3) якорь телеграфного аппарата

**pallet-bed** [ˈpælɪtbed] = pallet I, 1)

**pallia** [ˈpælɪə] *pl от* pallium

**palliasse** [ˈpælɪæs] *n* соломенный тюфяк

**palliate** [ˈpælɪeɪt] *v* 1) временно облегчать (*боль, болезнь*) 2) извинять, смягчать (*преступление, вину*) 3) покрывать, замалчивать

**palliation** [ˌpælɪˈeɪʃən] *n* 1) временное облегчение (*боли, болезни*) 2) оправдание (*преступления*)

**palliative** [ˈpælɪətɪv] **1.** *a* 1) паллиативный 2) смягчающий

**2.** *n* 1) паллиатив, полумера 2) смягчающее обстоятельство

**pallid** [ˈpælɪd] *a* (мертвенно-)бледный

**pallidness** [ˈpælɪdnɪs] *n* ужасающая бледность

**pallium** [ˈpælɪəm] *лат. n* (*pl* -lia) 1) плащ 2) *зоол.* ма́нтия (*моллюсков*)
**pall-mall** [ˈpælˈmæl] *n* пел-ме́л (*старинная игра в шары*)
**pallor** [ˈpælə] *n* бле́дность
**pally** [ˈpælɪ] *a разг.* 1) дру́жеский, дру́жественный 2) общи́тельный
**palm** I [pɑːm] **1.** *n* 1) ладо́нь 2) *мор.* ла́па (*якоря*) 3) ло́пасть (*весла*) ◇ to have an itching ~ быть взя́точником; быть корыстолюби́вым, жа́дным
**2.** *v* 1) пря́тать в руке́ (*карты и т. п.*) 2) тро́гать ладо́нью, гла́дить 3) подкупа́ть □ ~ **off** всуча́ть; сбыва́ть, подсо́вывать (on, upon — *кому-л.*)
**palm** II [pɑːm] *n* 1) па́льма, па́льмовое де́рево 2) па́льмовая ветвь; *перен.* побе́да, триу́мф; to bear (*или* to carry) the ~ получи́ть па́льму пе́рвенства; одержа́ть побе́ду; to yield the ~ уступи́ть па́льму пе́рвенства; призна́ть себя́ побеждённым 3) ве́точка ве́рбы *и т. п.* 4) *attr.* па́льмовый ◇ P. Sunday *церк.* ве́рбное воскресе́нье
**palmaceous** [pælˈmeɪʃəs] *a бот.* па́льмовый
**Palma Christi** [ˈpælməˈkrɪstɪ] *n бот.* клещеви́на
**palmar** [ˈpælmə] *a анат.* ладо́нный
**palmary** [ˈpælmərɪ] *a* заслу́живающий па́льму пе́рвенства, превосхо́дный
**palmate** [ˈpælmɪt] *a* 1) *бот.* ла́пчатый, па́льчатый 2) *зоол.* снабжённый пла́вательной перепо́нкой
**palm-cat** [ˈpɑːmˈkæt] = palm-civet
**palm-civet** [ˈpɑːmˈsɪvɪt] *n зоол.* па́льмовая куни́ца, страннохво́ст
**palmcrist** [ˈpɑːmkrɪst] = Palma Christi
**palmer** [ˈpɑːmə] *n* 1) пало́мник 2) личи́нка ба́бочки-медве́дицы
**palmetto** [pælˈmetəu] *n* (*pl* -os [-əuz]) *бот.* пальме́тто, ка́рликовая па́льма ◇ P. State *амер. шутливое название штата Южная Каролина*
**palm-grease** [ˈpɑːmgriːs] = palm-oil 2)
**palmiped(e)** [ˈpælmɪpəd(-piːd)] *зоол.* **1.** *a* лапчатоно́гий
**2.** *n* лапчатоно́гая пти́ца
**palmist** [ˈpɑːmɪst] *n* хирома́нт
**palmistry** [ˈpɑːmɪstrɪ] *n* хирома́нтия
**palmitic** [pælˈmɪtɪk] *a хим.* пальмити́новый
**palm-oil** [ˈpɑːmɔɪl] *n* 1) па́льмовое ма́сло 2) *разг.* взя́тка
**palm-tree** [ˈpɑːmtriː] = palm II, 1)
**palm-worm** [ˈpɑːmwəːm] = palmer 2)
**palmy** [ˈpɑːmɪ] *a* 1) *поэт.* па́льмовый; изоби́лующий па́льмами 2) счастли́вый, цвету́щий; (one's) ~ days пери́од расцве́та
**palmyra** [pælˈmaɪərə] *n бот.* па́льма-пальми́ра
**palp** [pælp] *n зоол.* щу́пальце
**palpability** [ˌpælpəˈbɪlɪtɪ] *n* 1) осяза́емость 2) очеви́дность
**palpable** [ˈpælpəbl] *a* 1) осяза́емый, ощути́мый 2) очеви́дный, я́вный
**palpal** [ˈpælpəl] *a зоол.* осяза́тельный
**palpate** [ˈpælpeɪt] *v* 1) ощу́пывать 2) *мед.* пальпи́ровать
**palpation** [pælˈpeɪʃən] *n* 1) ощу́пывание 2) *мед.* пальпа́ция
**palpi** [ˈpælpaɪ] *pl от* palpus
**palpitate** [ˈpælpɪteɪt] *v* 1) би́ться, пульси́ровать 2) трепета́ть; дрожа́ть (*от страха, радости и т. п.*; with)
**palpitating** [ˈpælpɪteɪtɪŋ] **1.** *pres. p. от* palpitate
**2.** *a* 1) животрепе́щущий; ~ interest животрепе́щущий интере́с 2) трепе́щущий
**palpitation** [ˌpælpɪˈteɪʃən] *n* 1) си́льное сердцебие́ние; пульса́ция 2) тре́пет, дрожь
**palpus** [ˈpælpəs] *n* (*pl* -pi) = palp
**palsgrave** [ˈpɔːlzgreɪv] *n ист.* пфальцгра́ф
**palstave** [ˈpɔːlsteɪv] *n археол.* пальста́б (*вид бронзового топора*)
**palsy** [ˈpɔːlzɪ] **1.** *n* 1) парали́ч 2) парали́чное дрожа́ние 3) *перен.* состоя́ние по́лной беспо́мощности
**2.** *v* 1) парализова́ть; разбива́ть параличо́м 2) *перен.* де́лать беспо́мощным
**palter** [ˈpɔːltə] *v* 1) криви́ть душо́й; плутова́ть, хитри́ть; to ~ with facts подтасо́вывать *или* искажа́ть фа́кты 2) торгова́ться 3) занима́ться пустяка́ми
**paltry** [ˈpɔːltrɪ] *a* 1) пустяко́вый, ничто́жный, ме́лкий, незначи́тельный 2) жа́лкий, презре́нный
**paludal** [pəˈljuːdl] *a* 1) боло́тный; боло́тистый 2) маляри́йный
**paly** [ˈpeɪlɪ] *a поэт.* бле́дный; бледнова́тый
**pampas** [ˈpæmpəs] *n pl* пампа́сы
**pampas-grass** [ˈpæmpəsgrɑːs] *n бот.* трава́ пампа́сная
**pamper** [ˈpæmpə] *v* балова́ть, изне́живать
**pampero** [pæmˈpɛərəu] *исп. n* (*pl* -os [-əuz]) памп́еро (*холодный ветер, дующий в пампасах*)
**pamphlet** [ˈpæmflɪt] *n* 1) брошю́ра 2) памфле́т 3) техни́ческий проспе́кт
**pamphleteer** [ˌpæmflɪˈtɪə] **1.** *n* памфлети́ст
**2.** *v* 1) писа́ть брошю́ры 2) полемизи́ровать
**Pan** [pæn] *n* 1) *греч. миф.* Пан 2) язы́чество
**pan** [pæn] **1.** *n* 1) кастрю́ля; ми́ска; таз; сковорода́; про́тивень 2) ча́шка (*весов*) 3) котлови́на 4) небольша́я плаву́чая (бли́нчатая) льди́на 5) *амер. разг.* лицо́ 6) *тех.* лото́к, поддо́н; коры́то 7) *геол.* подпо́чвенный пласт; ортште́йн 8) по́лка (*в кремнёвом ружье*)
**2.** *v* 1) гото́вить *или* подава́ть в кастрю́ле 2) промыва́ть (*золотоносный песок*) 3) *разг.* зада́ть жа́ру, подве́ргнуть ре́зкой кри́тике 4) *кино* панорами́ровать □ ~ **out** а) намыва́ть; б) дава́ть зо́лото (*о песке*); в) преуспева́ть; удава́ться, устраива́ться; the business did not ~ де́ло не вы́горело, не удало́сь
**panacea** [ˌpænəˈsɪə] *n* панаце́я, универса́льное сре́дство
**panache** [pəˈnæʃ] *n* 1) плюма́ж, султа́н 2) рисо́вка, щегольство́
**panada** [pəˈnɑːdə] *n* хле́бный пу́динг
**Panama** [ˌpænəˈmɑː] *n* 1) пана́ма (*шляпа; тж.* ~ hat) 2) пана́ма, кру́пное моше́нничество
**Panamanian** [ˌpænəˈmeɪnjən] **1.** *a* пана́мский
**2.** *n* жи́тель Пана́мы
**Pan-American** [ˈpænəˈmerɪkən] *a* панамерика́нский
**pancake** [ˈpænkeɪk] **1.** *n* 1) блин; ола́дья; flat as a ~ соверше́нно пло́ский 2) *ав. жарг.* поса́дка с парашюти́рованием
**2.** *v ав. жарг.* парашюти́ровать
**panchromatic** [ˈpænkrəuˈmætɪk] *a фото* панхромати́ческий
**pancratium** [pænˈkreɪʃɪəm] *n др.-греч.* состяза́ние по борьбе́ и бо́ксу
**pancreas** [ˈpæŋkrɪəs] *n анат.* поджелу́дочная железа́
**panda** [ˈpændə] *n* па́нда, коша́чий медве́дь; giant ~ гига́нтская па́нда
**Pandean** [pænˈdiːən] *a греч. миф.*: ~ pipe свире́ль Па́на
**pandect** [ˈpændekt] *n* (*обыкн. pl*) 1) *ист.* Юстиниа́новы панде́кты 2) свод зако́нов
**pandemic** [pænˈdemɪk] *мед.* **1.** *n* пандеми́я
**2.** *a* пандеми́ческий
**pandemonium** [ˌpændɪˈməunjəm] *n* 1) обита́лище де́монов; ад 2) *перен.* ад кроме́шный, столпотворе́ние
**pander** [ˈpændə] **1.** *n* 1) сво́дник 2) посо́бник
**2.** *v* 1) сво́дничать 2) потво́рствовать (to — *чему-л.*)
**pandit** [ˈpʌndɪt] = pundit
**Pandora's box** [pænˈdɔːrəzˈbɔks] *n греч. миф.* я́щик Пандо́ры, исто́чник вся́ческих бед
**pandowdy** [pænˈdaudɪ] *n амер.* я́блочный пу́динг *или* пиро́г
**pane** [peɪn] *n* 1) око́нное стекло́ 2) кле́тка (*в узоре*) 3) грань (*бриллианта, гайки*) 4) *тех.* боёк молотка́ 5) = panel 1, 1)
**panegyric** [ˌpænɪˈdʒɪrɪk] **1.** *n* панеги́рик, похвала́
**2.** *a* хвалёбный
**panegyrical** [ˌpænɪˈdʒɪrɪkəl] *a* хвалёбный, панегири́ческий
**panegyrist** [ˌpænɪˈdʒɪrɪst] *n* панегири́ст
**panegyrize** [ˈpænɪdʒɪraɪz] *v* восхваля́ть
**panel** [ˈpænl] **1.** *n* 1) пане́ль, филёнка 2) то́нкая доска́ для жи́вописи; панно́ 3) вста́вка в пла́тье друго́го материа́ла *или* цве́та 4) фотосни́мок дли́нного у́зкого форма́та 5) вы́ставочная витри́на 6) полоса́ перга́мента 7) спи́сок прися́жных (заседа́телей); прися́жные заседа́тели 8) *шотл. юр.* подсуди́мый; обвиня́емый 9) спи́сок враче́й страховы́х касс 10) ли́чный соста́в, персона́л;

комиссия; группа специалистов, экспертов *и т. п.* 11) участники дискуссии *или* викторины (*в радио- или телепередаче*) 12) *тех.* щит управления; распределительный щит; приборная панель 13) *тех.* кессон, ящик

**2.** *v* 1) обшивать панелями, филёнками 2) отделывать полосой другого материала *или* цвета 3) составлять список присяжных (заседателей); включать в список присяжных (заседателей) 4) *шотл.* предъявлять обвинение

**panel doctor** [ˈpænlˈdɔktə] *n* врач страхкассы

**panelling** [ˈpænlɪŋ] **1.** *pres. p. от* panel 2

**2.** *n* панельная обшивка

**panful** [ˈpænful] *n* полная кастрюля *и пр.* [*см.* pan 1, 1)]

**pang** [pæŋ] *n* 1) внезапная острая боль 2) *pl* угрызения (совести)

**pangolin** [pæŋˈgəulɪn] *n зоол.* ящер

**panhandle** [ˈpænˌhændl] **1.** *n* 1) ручка кастрюли 2) *амер.* длинный узкий выступ территории между двумя другими территориями ◊ P. State *амер. шутливое название штата Западная Виргиния*

**2.** *v амер. разг.* просить милостыню, попрошайничать

**panhandler** [ˈpænˌhændlə] *n амер. разг.* нищий, попрошайка

**panic I** [ˈpænɪk] **1.** *n* 1) паника 2) *амер. жарг.* забава, шутка

**2.** *a* панический

**3.** *v* 1) пугать, наводить панику 2) *амер. жарг.* приводить в восторг (*публику*); вызывать смех, насмешки

**panic II** [ˈpænɪk] *n бот.* щетинник итальянский, могар, просо итальянское

**panicky** [ˈpænɪkɪ] *n разг.* панический

**panicle** [ˈpænɪkl] *n бот.* метёлка

**panic-monger** [ˈpænɪkˌmʌŋgə] *n* паникёр

**panic-stricken** [ˈpænɪkˌstrɪkən] *a* охваченный паникой

**paniculate** [pəˈnɪkjuleɪt] *a бот.* метельчатый

**panjandrum** [pənˈdʒændrəm] *n ирон.* важная персона, «шишка»

**panmixia** [pənˈmɪksɪə] *n биол.* беспорядочное скрещивание

**pannage** [ˈpænɪdʒ] *n* 1) право выпаса свиней в лесу 2) плата за право выпаса свиней в лесу 3) плодокорм (*жёлуди, каштаны, орехи*)

**panne** [pæn] *n* панбархат

**pannier** [ˈpænɪə] *n* 1) корзина (*особ. на вьючном животном*); короб 2) панье (*часть юбки*); кринолин 3) *ист.* плетёный щит (*лучника*)

**pannikin** [ˈpænɪkɪn] *n* жестяная кружка; кастрюлька; мисочка ◊ to be off one's ~ сойти с ума, спятить

**panoplied** [ˈpænəplɪd] *a* во всеоружии

**panoply** [ˈpænəplɪ] *n* доспехи (*часто перен.*)

**panopticon** [pænˈɔptɪkən] *n* 1) паноптикум 2) круглая тюрьма с помещением для смотрителя в центре

**panorama** [ˌpænəˈrɑːmə] *n* панорама

**panoramic** [ˌpænəˈræmɪk] *a* панорамный

**pan-pipe** [ˈpænpaɪp] *n* свирель

**pansy** [ˈpænzɪ] **1.** *n* 1) анютины глазки 2) *разг.* гомосексуалист

**2.** *a* женоподобный

**pant** [pænt] **1.** *v* 1) часто и тяжело дышать, задыхаться 2) пыхтеть 3) страстно желать, тосковать (for, after — о *чём-л.*) 4) трепетать, сильно биться (*о сердце*) 5) говорить задыхаясь; выпаливать (*обыкн.* ~ out)

**2.** *n* 1) одышка; тяжёлое, затруднённое дыхание 2) пыхтение 3) биение (*сердца*)

**pantalet(te)s** [ˌpæntəˈlets] *n pl* длинные детские *или* дамские панталоны

**pantaloon** [ˌpæntəˈluːn] *n* 1) *pl* (*особ. амер.*) брюки; *редк.* кальсоны 2) (*тж. pl*) *ист.* панталоны в обтяжку 3) *pl* рейтузы 4) (P.) Панталоне (*персонаж итальянской комедии*) 5) (P.) второй клоун

**pantechnicon** [pænˈteknɪkən] *n* 1) склад для хранения мебели 2) фургон для перевозки мебели (*тж.* ~ van)

**pantheism** [ˈpænθi(ː)ɪzm] *n* пантеизм

**pantheist** [ˈpænθi(ː)ɪst] *n* пантеист

**pantheistic(al)** [ˌpænθi(ː)ˈɪstɪk(əl)] *a* пантеистический

**pantheon** [ˈpænθɪən] *n* пантеон

**panther** [ˈpænθə] *n зоол.* 1) пантера; леопард; барс 2) *амер.* пума; кугуар, ягуар

**pantie girdle** [ˈpæntɪˈgəːdl] *n* дамский пояс-трусы

**panties** [ˈpæntɪz] *n pl разг.* 1) детские штанишки 2) трусики (*детские или женские*)

**pantile** [ˈpæntaɪl] *n стр.* желобчатая черепица

**panto** [ˈpæntəu] *n разг. сокр. от* pantomime 1

**panto-** [ˈpæntəu-] *pref* все-, обще-, панто-

**pantograph** [ˈpæntəugrɑːf] *n* 1) пантограф (*прибор для пересъёмки чертежей и рисунков в другом масштабе*) 2) *эл.* пантограф, токоприёмник

**pantomime** [ˈpæntəmaɪm] **1.** *n* 1) пантомима 2) представление для детей (*на рождестве в Англии*); пьеса-сказка 3) язык жестов; to express oneself in ~ объясняться жестами 4) *ист.* мимический актёр; мим (*в древнем Риме*)

**2.** *v* объясняться жестами

**pantomimic** [ˌpæntəuˈmɪmɪk] *a* пантомимический

**pantry** [ˈpæntrɪ] *n* 1) кладовая (*для провизии*) 2) буфетная (*для посуды и т. п.*)

**pantryman** [ˈpæntrɪmæn] *n* буфетчик

**pants** [pænts] *n pl* (*сокр. от* pantaloons) 1) *амер. разг.* брюки, штаны 2) кальсоны 3) *ав. разг.* обтекатели колёс шасси

**panzer** [ˈpæntsə] *нем. воен.* **1.** *n pl разг.* бронетанковые войска

**2.** *a* бронированный; (броне)танковый; ~ troops бронетанковые войска

**pap I** [pæp] *n* 1) кашка, пюре (*для детей или больных*) 2) полужидкая масса, паста, эмульсия 3) *амер. разг.* доходы *или* привилегии, получаемые от государственной службы

**pap II** [pæp] *n* 1) *уст.* сосок (*груди*) 2) *тех.* круглая бобышка

**papa** [pəˈpɑː] *n детск.* папа

**papacy** [ˈpeɪpəsɪ] *n* папство

**papal** [ˈpeɪpəl] *a* папский

**papaveraceous** [pəˌpeɪvəˈreɪʃəs] *a бот.* маковый, из семейства маковых

**papaverous** [pəˈpeɪvərəs] *a* маковый

**papaya** [pəˈpaɪə] *n* 1) папайя, дынное дерево 2) плод дынного дерева

**paper** [ˈpeɪpə] **1.** *n* 1) бумага; correspondence ~ писчая бумага высокого качества; ruled ~ линованная бумага; section ~ бумага в клетку; rotogravure ~ *полигр.* бумага для глубокой печати 2) газета 3) научный доклад; статья; диссертация; working ~ рабочий доклад 4) экзаменационный билет 5) письменная работа 6) бумажный пакет; a ~ of needles пакетик иголок 7) *собир.* векселя, банкноты, кредитные бумаги; бумажные деньги 8) документ; меморандум; *pl* личные *или* служебные документы; to send in one's ~s подать в отставку; first ~s *амер.* первые документы, подаваемые уроженцем другой страны, ходатайствующим о принятии в гражданство США 9) *pl* папильотки 10) *разг.* пропуск, контрамарка 11) *разг.* контрамарочник(и)

**2.** *a* 1) бумажный; ~ money (*или* currency) бумажные деньги; ~ work а) канцелярская работа; б) проверка документации, письменных работ *и т. п.* 2) существующий только на бумаге 3) газетный; ~ war (*или* warfare) газетная война 4) тонкий как бумага

**3.** *v* 1) завёртывать в бумагу 2) оклеивать обоями, бумагой 3) *разг.* заполнять театр контрамарочниками

**paper-back** [ˈpeɪpəbæk] *n* книга в бумажной обложке

**paper-backed** [ˈpeɪpəbækt] *a* в мягкой бумажной обложке (*о книге*)

**paper-boy** [ˈpeɪpəbɔɪ] = news-boy

**paper-chase** [ˈpeɪpətʃeɪs] *n* игра «заяц и собаки», в которой убегающие оставляют за собой бумагу как след

**paper-cutter** [ˈpeɪpəˌkʌtə] *n* 1) = paper-knife 2) *полигр.* бумагорезальная машина

**paper-fastener** [ˈpeɪpəˌfɑːsnə] *n* скрепка для бумаг

**paper-hanger** [ˈpeɪpəˌhæŋə] *n* обойщик

**paper-hanging** [ˈpeɪpəˌhæŋɪŋ] *n* 1) оклейка комнаты обоями 2) *pl* обои

**paper-knife** [ˈpeɪpənaɪf] *n* разрезной нож, нож для бумаги

**paper-mill** [ˈpeɪpəmɪl] *n* бумажная фабрика

**paper-stainer** [ˈpeɪpəˌsteɪnə] *n* 1) фабрика́нт обо́ев 2) *шутл.* бумагомара́ка

**paper-tiger** [ˈpeɪpəˈtaɪgə] *n воен. жарг.* «бума́жный тигр», неопа́сный проти́вник

**paper-weight** [ˈpeɪpəweɪt] *n* пресс-папье́

**papery** [ˈpeɪpərɪ] *a* похо́жий на бума́гу, то́нкий

**papier mâché** [ˈpæpjeɪˈmɑːʃeɪ] *фр. n* папье́-маше́

**papilionaceous** [pəˌpɪlɪəˈneɪʃəs] *a бот.* мотылько́вый

**papilla** [pəˈpɪlə] *n* (*pl* -lae) *анат., зоол., бот.* сосо́чек, бугоро́к

**papillae** [pəˈpɪliː] *pl от* papilla

**papillary** [pəˈpɪlərɪ] *a* сосковидный

**papillate** [pəˈpɪleɪt] *a* покры́тый сосо́чками; сосковидный

**papillose** [ˈpæpɪləus] *a* покры́тый сосо́чками; бугорчатый, борода́вчатый

**papist** [ˈpeɪpɪst] *n* папи́ст

**papistic(al)** [pəˈpɪstɪk(əl)] *a* папи́стский

**papistry** [ˈpeɪpɪstrɪ] *n* папи́зм

**papoose** [pəˈpuːs] *n* ребёнок (*североамериканских индейцев*)

**pappose** [ˈpæpəus] *a бот.* снабжённый хохолко́м

**pappus** [ˈpæpəs] *n бот.* хохоло́к

**pappy** [ˈpæpɪ] *a* 1) кашицеобра́зный 2) мя́гкий, не́жный

**paprika** [ˈpæpri(ː)kə] *венг. n* па́прика, стручко́вый (*или* кра́сный) пе́рец

**Papuan** [ˈpæpjuən] **1.** *a* папуа́сский

**2.** *n* папуа́с; папуа́ска

**papula** [ˈpæpjulə] *n* (*pl* -lae) *мед.* па́пула, узело́к

**papulae** [ˈpæpjuliː] *pl от* papula

**papular** [ˈpæpjulə] *a мед.* папулёзный

**papule** [ˈpæpju(ː)l] = papula

**papulose, papulous** [ˈpæpjuləus, -ləs] *a мед.* папулёзный; бугорко́вый

**papyraceous** [ˌpæpɪˈreɪʃəs] *a бот.* похо́жий на бума́гу, бумагообра́зный

**papyri** [pəˈpaɪəraɪ] *pl от* papyrus

**papyrus** [pəˈpaɪərəs] *n* (*pl* -ri) папи́рус

**par** I [pɑː] *n* 1) ра́венство; on a ~ наравне́; на одно́м у́ровне (with) 2) *эк.* парите́т (*обыкн.* ~ of exchange) 3) номина́льная цена́, номина́л; at ~ по номина́льной цене́, по номина́лу; above (below) ~ вы́ше (ни́же) номина́льной сто́имости 4) норма́льное состоя́ние; on a ~ в сре́днем; I feel below (*или* under) ~ я себя́ пло́хо чу́вствую; up to ~ в норма́льном состоя́нии

**par** II [pɑː] *n* (*сокр. от* paragraph) *разг.* газе́тная заме́тка

**par** III [pɑː] = parr

**parable** [ˈpærəbl] *n* при́тча, иносказа́ние ◇ to take up one's ~ *уст.* нача́ть рассужда́ть

**parabola** [pəˈræbələ] *n геом.* пара́бола

**parabolic** [ˌpærəˈbɔlɪk] *a* 1) *геом.* параболи́ческий 2) = parabolical 1)

**parabolical** [ˌpærəˈbɔlɪkəl] *a* 1) иносказа́тельный, метафори́ческий 2) *редк.* = parabolic 1)

**paraboloid** [pəˈræbəlɔɪd] *n геом.* параболо́ид

**paracentric(al)** [ˌpærəˈsentrɪk(əl)] *a* парацентри́ческий

**parachronism** [pəˈrækrənɪzm] *n* парахрони́зм, хронологи́ческая оши́бка (*отнесение какого-л. события к более позднему времени*)

**parachute** [ˈpærəʃuːt] **1.** *n* 1) парашю́т 2) *attr.* парашю́тный; ~ jump прыжо́к с парашю́том; ~ landing а) приземле́ние с парашю́том; б) вы́броска парашю́тного деса́нта; ~ troops парашю́тно-деса́нтные войска́

**2.** *v* парашюти́ровать; спуска́ться с парашю́том; сбра́сывать с парашю́том; to ~ to safety спасти́сь с парашю́том

**parachute-jumper** [ˈpærəʃuːtˌdʒʌmpə] = parachutist

**parachutist** [ˈpærəʃuːtɪst] *n* парашюти́ст

**paraclete** [ˈpærəkliːt] *n рел.* параклёт, засту́пник, утеши́тель

**parade** [pəˈreɪd] **1.** *n* 1) пара́д 2) пока́з; a mannequin ~ пока́з мод 3) выставле́ние напока́з; to make a ~ of smth. выставля́ть что-л. напока́з, щеголя́ть, кичи́ться чем-л. 4) *воен.* построе́ние 5) *воен.* плац 6) ме́сто для гуля́нья 7) гуля́ющая пу́блика 8) *амер.* проце́ссия ◇ programme ~ програ́мма переда́ч (*объявляемая на текущий день*)

**2.** *v* 1) *воен.* стро́ить(ся); проходи́ть стро́ем; марширова́ть 2) выставля́ть напока́з 3) ше́ствовать; разгу́ливать; to ~ the streets гуля́ть по у́лицам

**parade-ground** [pəˈreɪdgraund] *n* уче́бный плац

**paradigm** [ˈpærədaɪm] *n* 1) приме́р, образе́ц 2) *лингв.* паради́гма

**paradisaic(al)** [ˌpærədɪˈseɪɪk(əl)] = paradisiac(al)

**paradise** [ˈpærədaɪs] *n* 1) рай (*тж. перен.*) 2) *разг.* галёрка, раёк (*в театре*) 3) *уст.* декорати́вный сад ◇ fool's ~ при́зрачное сча́стье; to live in a fool's ~ жить иллю́зиями

**paradisiac(al), paradisial, paradisian, paradisic(al)** [ˌpærəˈdɪsɪæk (ˌpærədɪˈsaɪəkəl), -ˈdɪsɪəl, -ˈdɪzɪən, -ˈdɪzɪk(əl)] *a* ра́йский

**parados** [ˈpærədɔs] *n воен. ист.* ты́льный тра́верс

**paradox** [ˈpærədɔks] *n* парадо́кс

**paradoxical** [ˌpærəˈdɔksɪkəl] *a* парадокса́льный

**paraffin** [ˈpærəfɪn] **1.** *n* 1) *хим.* парафи́н 2) кероси́н 3) *attr.* парафи́новый

**2.** *v* покрыва́ть *или* пропи́тывать парафи́ном

**paraffin oil** [ˈpærəfɪnˈɔɪl] *n* 1) нефть парафи́нового основа́ния 2) кероси́н

**paragon** [ˈpærəgən] *n* 1) образе́ц (*совершенства, добродетели*) 2) алма́з, бриллиа́нт ве́сом в 100 кара́т и бо́лее 3) *полигр.* параго́н

**paragraph** [ˈpærəgrɑːf] **1.** *n* 1) абза́ц; to begin a new (*или* fresh) ~ нача́ть с но́вой строки́ 2) пара́граф, пункт 3) *полигр.* корректу́рный знак, тре́бующий абза́ца 4) газе́тная заме́тка

**2.** *v* 1) писа́ть *или* помеща́ть ма́ленькие заме́тки 2) разделя́ть на абза́цы

**paragraphic(al)** [ˌpærəˈgræfɪk(əl)] *a* состоя́щий из пара́графов, пу́нктов *или* отде́льных заме́ток

**Paraguayan** [ˌpærəˈgwaɪən] **1.** *a* парагва́йский

**2.** *n* парагва́ец; парагва́йка

**parakeet** [ˈpærəkiːt] *n зоол.* длиннохво́стый попуга́й

**paralinguistics** [ˌpærəlɪŋˈgwɪstɪks] *n* паралингви́стика

**parallax** [ˈpærəlæks] *n астр.* паралла́кс

**parallel** [ˈpærəlel] **1.** *n* 1) паралле́ль; соотве́тствие, анало́гия; in ~ паралле́льно; to draw a ~ between проводи́ть паралле́ль ме́жду 2) паралле́льная ли́ния 3) *геогр.* паралле́ль 4) *эл.* паралле́льное соедине́ние 5) *полигр.* знак ‖

**2.** *a* 1) паралле́льный (to) 2) подо́бный, аналоги́чный; ~ instance подо́бный слу́чай

**3.** *v* 1) проводи́ть паралле́ль (*между чем-л.*); сра́внивать (with) 2) находи́ть паралле́ль (*чему-л.*) 3) соотве́тствовать 4) быть паралле́льным, проходи́ть паралле́льно; the road ~s the river доро́га прохо́дит паралле́льно реке́ 5) *эл.* (при)соединя́ть паралле́льно, шунти́ровать

**parallelepiped** [ˌpærəleˈlepɪped] *n геом.* параллелепи́пед

**parallelism** [ˈpærəlelɪzm] *n* параллели́зм

**parallelogram** [ˌpærəˈleləugræm] *n геом.* параллелогра́мм

**paralogism** [pəˈrælədʒɪzm] *n* паралоги́зм, непра́вильное умозаключе́ние

**paralogize** [pəˈrælədʒaɪz] *v* де́лать ло́жное умозаключе́ние

**paralyse** [ˈpærəlaɪz] *v* парализова́ть (*тж. перен.*)

**paralyses** [pəˈrælɪsiːz] *pl от* paralysis

**paralysis** [pəˈrælɪsɪs] *n* (*pl* -yses) парали́ч

**paralytic** [ˌpærəˈlɪtɪk] **1.** *a* 1) паралити́чный 2) бесси́льный

**2.** *n* парали́тик

**paramagnetic** [ˌpærəmægˈnetɪk] *a эл.* парамагни́тный

**paramatta** [ˌpærəˈmætə] *n* лёгкая полушерстяна́я ткань

**parameter** [pəˈræmɪtə] *n мат., тех.* пара́метр

**paramilitary** [ˌpærəˈmɪlɪtərɪ] *a* военизи́рованный, полувое́нный

**paramo** [ˈpærəməu] *исп. n* (*pl* -os [-əuz]) безле́сное плоскогорье (*в Южной Америке*)

**paramount** [ˈpærəmaunt] *a* 1) верхо́вный; вы́сший 2) первостепе́нный; of ~ importance первостепе́нной ва́жности; his influence became ~ его́ влия́ние сде́лалось преоблада́ющим; ~ arm *воен.* основно́й род войск

**paramour** [ˈpærəmuə] *n* любо́вник; любо́вница

**parang** [ˈpɑːræŋ] *n* паранг, большой малайский нож

**paranoia** [ˌpærəˈnɔɪə] *n мед.* паранойя, параноидная шизофрения

**parapack** [ˈpærəpæk] *n* ранец парашюта

**parapet** [ˈpærəpɪt] *n* 1) парапет, перила 2) *воен.* бруствер

**paraph** [ˈpæræf] *дип.* **1.** *n* параф, инициалы *или* росчерк в подписи

**2.** *v* парафировать, подписывать инициалами

**paraphernalia** [ˌpærəfəˈneɪljə] *n pl* 1) личное имущество 2) убранство 3) принадлежности

**paraphrase** [ˈpærəfreɪz] **1.** *n* 1) пересказ 2) парафраза

**2.** *v* 1) пересказывать 2) парафразировать

**paraphrastic** [ˌpærəˈfræstɪk] *a* парафрастический

**paraplegia** [ˌpærəˈpliːdʒə] *n мед.* параплегия

**paraselenae** [ˌpærəsɪˈliːniː] *pl от* paraselene

**paraselene** [ˌpærəsɪˈliːnɪ] *n* (*pl* -nae) *астр.* парселена, ложная луна

**parashoot** [ˈpærəʃuːt] *v* стрелять по парашютистам

**parasite** [ˈpærəsaɪt] *n* 1) *биол.* паразит 2) паразит, тунеядец

**parasitic(al)** [ˌpærəˈsɪtɪk(əl)] *a* паразитический, паразитный

**parasiticide** [ˌpærəˈsɪtɪsaɪd] *n* средство для уничтожения паразитов

**parasitism** [ˈpærəsaɪtɪzm] *n* паразитизм

**parasitize** [ˈpærəsaɪtaɪz] *v биол.* паразитировать

**parasol** [ˈpærəsɔl] *n* 1) небольшой зонтик (*от солнца*) 2) *ав.* парасоль 3) *воен.* авиационное прикрытие войск

**parataxis** [ˌpærəˈtæksɪs] *n грам.* паратаксис, бессоюзное сочинение *или* подчинение

**parathyroid** [ˌpærəˈθaɪrɔɪd] *n анат.* околощитовидная железа

**paratrooper** [ˈpærəˌtruːpə] *n воен.* парашютист-десантник

**paratroops** [ˈpærətruːps] *n pl* парашютные части

**paratyphoid** [ˈpærəˈtaɪfɔɪd] *n мед.* паратиф

**paravane** [ˈpærəveɪn] *n мор.* параван

**par avion** [ˌpɑːrəˈvjɔːn] *фр. adv* воздушной почтой; авиа

**parboil** [ˈpɑːbɔɪl] *v* 1) обваривать кипятком, слегка отваривать 2) *перен.* перегревать, перекалять

**parbuckle** [ˈpɑːbʌkl] **1.** *n* 1) приспособление для подъёма *или* спуска бочек 2) *мор.* двойной подъёмный строп

**2.** *v мор.* поднимать двойным стропом

**parcel** [ˈpɑːsl] **1.** *n* 1) пакет, свёрток; тюк, узел 2) посылка 3) партия (*товара*) 4) участок (*земли*) 5) группа, кучка; a ~ of scamps шайка негодяев 6) *уст.* часть; part and ~ неотъемлемая часть

**2.** *adv уст.* частично; ~ gilt позолоченный только изнутри (*о посуде*); ~ blind полуслепой; ~ drunk полупьяный

**3.** *v* 1) делить на части, дробить (*обыкн.* ~ out) 2 завёртывать в пакет 3) *мор.* класть клетневину

**parcelling** [ˈpɑːslɪŋ] **1.** *pres. p. от* parcel 3

**2.** *n* 1) раздел, распределение; ~ of land раздел земли 2) *мор.* накладывание клетневины

**parcel post** [ˈpɑːslˈpəust] *n* почтово-посылочная служба

**parcenary** [ˈpɑːsɪnərɪ] *n юр.* сонаследование

**parcener** [ˈpɑːsɪnə] *n юр.* сонаследник

**parch** [pɑːtʃ] *v* 1) слегка поджаривать, подсушивать 2) иссушать, палить, жечь (*о солнце*) 3) пересыхать (*о языке, горле*); запекаться (*о губах*) □ ~ **up** высыхать, сохнуть

**parched** [pɑːtʃt] **1.** *p. p. от* parch

**2.** *a* 1) сожжённый, опалённый 2) пересохший; ~ wayfarer томимый жаждой путник

**parching** [ˈpɑːtʃɪŋ] **1.** *pres. p. от* parch

**2.** *a* палящий

**parchment** [ˈpɑːtʃmənt] *n* 1) пергамент 2) рукопись на пергаменте 3) пергаментная бумага 4) кожура кофейного боба 5) *attr.* пергаментный

**parcook** [ˈpɑːkuk] *v* слегка проварить, наполовину сварить

**pardon** [ˈpɑːdn] **1.** *n* 1) прощание, извинение; I beg your ~ извините 2) *юр.* помилование; general ~ амнистия; to issue ~ for smb. помиловать кого-л. 3) *ист.* индульгенция

**2.** *v* 1) прощать, извинять; ~ me прошу прощения, извините меня 2) (по)миловать; оставлять без наказания

**pardonable** [ˈpɑːdnəbl] *a* простительный

**pardoner** [ˈpɑːdnə] *n ист.* продавец индульгенций

**pare** [pɛə] *v* 1) подрезать (*ногти*) 2) срезать корку, кожуру; чистить; обчищать; 3) урезывать, сокращать (*часто* ~ away, ~ down) □ ~ **away,** ~ **off** а) срезать, обчищать; б) урезывать, сокращать

**paregoric** [ˌpærəˈgɔrɪk] *мед.* **1.** *a* болеутоляющий

**2.** *n* болеутоляющее средство

**parenchyma** [pəˈreŋkɪmə] *n анат., бот.* паренхима

**parent** [ˈpɛərənt] *n* 1) родитель; родительница 2) праотец; предок 3) животное *или* растение, от которого произошли другие 4) источник, причина (*зла и т. п.*) 5) *attr.* родительский 6) *attr.* исходный, являющийся источником; ~ rock *геол.* материнская, маточная порода; ~ plant *с.-х.* исходное растение (*при гибридизации*) 7) *attr.* основной; ~ metal основной металл; ~ station *ав.* своя база, свой аэродром ◇ ~ state метрополия

**parentage** [ˈpɛərəntɪdʒ] *n* 1) происхождение, линия родства, родословная 2) отцовство; материнство

**parental** [pəˈrentl] *a* 1) родительский; отцовский; материнский (*о чувстве*) 2) являющийся источником

**parentheses** [pəˈrenθɪsiːz] *pl от* parenthesis

**parenthesis** [pəˈrenθɪsɪs] *n* (*pl* -theses) 1) *грам.* вводное слово, *или* предложение 2) (*обыкн. pl*) круглые скобки 3) интермедия, вставной эпизод; интервал

**parenthesize** [pəˈrenθɪsaɪz] *v* 1) вставлять (*вводное слово*) 2) заключать в скобки

**parenthetic(al)** [ˌpærənˈθetɪk(əl)] *a* 1) вводный, заключённый в скобки 2) изобилующий вводными предложениями 3) вставленный мимоходом 4) *шутл.* кривой (*о ногах и т. п.*)

**paresis** [ˈpærɪsɪs] *n мед.* парез, полупаралич

**par excellence** [pɑːrˈeksəlɑːns] *фр. adv* по преимуществу; главным образом; в особенности

**parget** [ˈpɑːdʒɪt] **1.** *n* 1) штукатурка 2) гипс

**2.** *v* 1) штукатурить 2) украшать лепкой

**parget(t)ing** [ˈpɑːdʒɪtɪŋ] **1.** *pres. p. от* parget 2

**2.** *n* (орнаментная) штукатурка

**parhelia** [pɑːˈhiːljə] *pl от* parhelion

**parhelion** [pɑːˈhiːljən] *n* (*pl* -lia) *астр.* паргелий, ложное солнце

**pariah** [ˈpærɪə] *n* пария; отверженный

**pariah-dog** [ˈpærɪədɔg] *n* бродячая собака

**Parian** [ˈpɛərɪən] **1.** *a* паросский; ~ marble паросский мрамор

**2.** *n* род фарфора

**paries** [ˈpɛərɪiːz] *n* (*pl* -etes) *биол.* стенка (*полости органа, лабиринта*)

**parietal** [pəˈraɪɪtl] *a анат.* 1) париетальный, пристеночный 2) теменной

**parietes** [pəˈraɪɪtiːz] *pl от* paries

**paring** [ˈpɛərɪŋ] **1.** *pres. p. от* pare

**2.** *n* 1) подрезание, срезывание 2) *pl* обрезки, кожура, корка, шелуха; очистки

**Paris** [ˈpærɪs] *n греч. миф.* Парис [*см. тж. Список географических названий*]

**Paris doll** [ˈpærɪsˈdɔl] *n* манекен; кукла, на которой демонстрируется модель одежды

**parish** [ˈpærɪʃ] *n* 1) церковный приход 2) прихожане 3) *амер.* (гражданский) округ 4) *attr.* приходский; ~ clerk псаломщик ◇ to go on the ~ получать пособие по бедности; ~ lantern *шутл.* луна

**parishioner** [pəˈrɪʃənə] *n* прихожанин; прихожанка

**parish register** [ˈpærɪʃˈredʒɪstə] *n* метрическая книга

**Parisian** [pəˈrɪzjən] **1.** *a* парижский

**2.** *n* парижанин; парижанка

**parity** I [ˈpærɪtɪ] *n* 1) равенство 2) параллелизм, аналогия; соответствие; by ~ of reasoning по аналогии 3) *эк.* паритет

**parity** II [ˈpærɪtɪ] *n биол.* способность к деторождению

**park** [pɑːk] **1.** *n* 1) парк (*тж. автомобильный, артиллерийский и т. п.*) 2) место стоянки автомобилей 3) заповедник (*тж.* national ~) 4) устричный садок 5) *амер.* высокогорная долина

**2.** *v* 1) разбивать парк, огораживать под парк (*землю*) 2) ставить на (длительную) стоянку (*автомобиль и т. п.*) 3) *разг.* оставлять (*вещи*) 4) *воен.* ставить парком (*артиллерию*) (*тж.* to ~ guns)

**parka** [ˈpɑːkə] *n* парка (*одежда эскимосов*)

**parkin** [ˈpɑːkɪn] *n* пряник из овсяной муки на патоке

**parking** [ˈpɑːkɪŋ] **1.** *pres. p. от* park 2

**2.** *n* 1) стоянка; no ~ (allowed) стоянка автотранспорта запрещена (*надпись*) 2) *амер.* газон (с деревьями), идущий по середине улицы

**parking lot** [ˈpɑːkɪŋˈlɔt] *n* место стоянки автотранспорта

**parkway** [ˈpɑːkweɪ] *n амер.* аллея, бульвар

**parky** [ˈpɑːkɪ] *разг.* холодный (*о погоде*)

**parlance** [ˈpɑːləns] *n* язык, манера говорить *или* выражаться; in legal ~ на юридическом языке; in common ~ в просторечии

**parlay** [ˈpɑːleɪ] *амер.* **1.** *n* пари; ставка (*в азартных играх*)

**2.** *v* держать пари; делать ставку (*в азартных играх*)

**parley** [ˈpɑːlɪ] **1.** *n* переговоры (*особ. воен.*); to beat (*или* to sound) a ~ *воен.* давать сигнал барабанным боем *или* звуком трубы о желании вступить в переговоры

**2.** *v* 1) вести переговоры, договариваться; обсуждать 2) говорить (*на иностранном языке*)

**parleyvoo** [ˌpɑːlɪˈvuː] (*испорч. фр.* parlez-vous) *шутл.* **1.** *n* 1) французский язык 2) француз

**2.** *v* болтать по-французски

**parliament** I [ˈpɑːləmənt] *n* 1) парламент 2) *attr.* парламентский

**parliament** II [ˈpɑːləmənt] *n* имбирный пряник

**parliamentarian** [ˌpɑːləmenˈtɛərɪən] **1.** *n* 1) парламентарий 2) знаток парламентской практики 3) *ист.* сторонник парламента (*в Англии в XVII в.*)

**2.** *a* парламентский

**parliamentarism** [ˌpɑːləˈmentərɪzm] *n* парламентаризм

**parliamentary** [ˌpɑːləˈmentərɪ] *a* парламентский, парламентарный; old ~ hand опытный парламентарий; ~ language язык, допустимый в парламенте ◇ ~ train *ист.* установленный парламентом дешёвый поезд, в котором плата за милю не превышала одного пенса

**parliament-cake** [ˈpɑːləməntkeɪk] = parliament II

**parlor** [ˈpɑːlə] (*обыкн. амер.*) = parlour

**parlour** [ˈpɑːlə] *n* 1) скромная гостиная, общая комната (*в квартире*) 2) отдельный кабинет (*в ресторане*) 3) приёмная (*в гостинице и т. п.*) 4) *амер.* зал, ателье, кабинет; beauty (hairdresser's) ~ косметический кабинет (парикмахерская); photographer's ~ фотоателье

**parlour boarder** [ˈpɑːləˌbɔːdə] *n* школьник-пансионер, живущий в семье хозяина пансиона

**parlour car** [ˈpɑːləkɑː] *n амер. ж.-д.* салон-вагон

**parlourmaid** [ˈpɑːləmeɪd] *n* горничная

**parlous** [ˈpɑːləs] **1.** *a* 1) опасный; затруднительный 2) ужасный, потрясающий

**2.** *adv* очень, ужасно

**parly** [ˈpɑːlɪ] *разг. сокр. от* parliamentary train [*см.* parliamentary ◇]

**Parmesan** [ˌpɑːmɪˈzæn] *n* пармезан (*сыр*)

**Parnassian** [pɑːˈnæsɪən] *лит.* **1.** *a* парнасский

**2.** *n* парнасец

**Parnassus** [pɑːˈnæsəs] *n греч. миф.* Парнас

**parochial** [pəˈrəukjəl] *a* 1) приходский 2) узкий, ограниченный; местнический; ~ interests узкие, местнические интересы

**parochialism** [pəˈrəukjəlɪzm] *n* ограниченность интересов, узость; местничество

**parodist** [ˈpærədɪst] *n* пародист

**parody** [ˈpærədɪ] **1.** *n* пародия

**2.** *v* пародировать

**parole** [pəˈrəul] **1.** *n* 1) честное слово, обещание (*тж.* ~ of honour); on ~ (освобождённый) под честное слово 2) обязательство пленных не участвовать в военных действиях 3) *воен.* пароль 4) *attr.*: ~ system *амер.* система, по которой заключённые освобождаются на известных условиях досрочно

**2.** *v* освобождать под честное слово

**parolee** [ˌpærəˈliː] *n* освобождённый под честное слово

**paronomasia** [ˌpærənəˈmeɪzɪə] *греч. n* парономазия, каламбур, игра слов

**paronym** [ˈpærənɪm] *n* 1) *лингв.* пароним 2) *лингв. редк.* омофон

**paroquet** [ˈpærəkɪt] = parakeet

**parotid** [pəˈrɔtɪd] *анат.* **1.** *n* околоушная железа

**2.** *a* околоушный

**parotitis** [ˌpærəˈtaɪtɪs] *n мед.* воспаление околоушных желёз, эпидемический паротит, свинка

**paroxysm** [ˈpærəksɪzm] *n* пароксизм, припадок, приступ (*болезни, смеха и т. п.*)

**paroxysmal** [ˌpærəkˈsɪzməl] *a* проявляющийся пароксизмами; судорожный

**parpen** [ˈpɑːpən] *n архит.* перевязка каменной кладки

**parquet** [ˈpɑːkeɪ] **1.** *n* 1) паркет 2) *амер.* передние ряды партера 3) *attr.* паркетный ◇ ~ circle *амер.* задние ряды партера, амфитеатр

**2.** *v* настилать паркет

**parquetry** [ˈpɑːkɪtrɪ] *n* паркет

**parr** [pɑː] *n* молодой лосось

**parrel** [ˈpærəl] *n мор.* бейфут

**parricidal** [ˌpærɪˈsaɪdl] *a* отцеубийственный

**parricide** [ˈpærɪsaɪd] *n* 1) отцеубийца; матереубийца 2) изменник родины 3) отцеубийство; матереубийство 4) измена родине

**parrot** [ˈpærət] **1.** *n* попугай

**2.** *v* 1) повторять как попугай (*тж.* ~ it) 2) учить (*кого-л.*) бессмысленно повторять (*что-л.*)

**parrotry** [ˈpærətrɪ] *n* бессмысленное повторение чужих слов

**parry** [ˈpærɪ] **1.** *n* парирование, отражение удара, увёртка (*тж. спорт.*)

**2.** *v* отражать, парировать (*удар*); to ~ a question уклоняться от ответа, отвечать на вопрос вопросом

**parse** [pɑːz] *v* делать грамматический разбор

**parsimonious** [ˌpɑːsɪˈməunjəs] *a* 1) бережливый, экономный 2) скупой

**parsimony** [ˈpɑːsɪmənɪ] *n* 1) бережливость, экономия; to exercise ~ of phrase быть скупым на слова 2) скупость, скряжничество

**parsing** [ˈpɑːzɪŋ] **1.** *pres. p. от* parse

**2.** *n* грамматический разбор

**parsley** [ˈpɑːslɪ] *n бот.* петрушка

**parsnip** [ˈpɑːsnɪp] *n бот.* пастернак

**parson** [ˈpɑːsn] *n* 1) приходский священник, пастор 2) *разг.* священник, проповедник

**parsonage** [ˈpɑːsnɪdʒ] *n* дом приходского священника, пасторат

**parsonic** [pɑːˈsɔnɪk] *a* пасторский

**parson's nose** [ˈpɑːsnzˈnəuz] *n разг.* куриная гузка [*ср.* pope's nose, *см.* pope I, ◇]

**part** [pɑːt] **1.** *n* 1) часть, доля; for the most ~ бо́льшей частью; in ~ частично, частью; one's ~ in a conversation чьё-л. высказывание в разговоре 2) часть (*книги*), том, серия, выпуск 3) часть тела, член, орган; the (privy) ~s половые органы 4) участие, доля в работе; обязанность, дело; to take (*или* to have) ~ in smth. участвовать в чём-л.; it was not my ~ to interfere не моё было дело вмешиваться; to do one's ~ (с)делать своё дело 5) роль; to play (*или* to act) a ~ а) играть роль; б) притворяться 6) сторона (*в споре и т. п.*); for my ~ с моей стороны, что касается меня; on the ~ of smb. с чьей-л. стороны; to take the ~ of smb., to take ~ with smb. стать на чью-л. сторону 7) *pl* края, местность; in foreign ~s в чужих краях; in these ~s в этих местах, здесь; in all ~s of the world повсюду в мире, во всём мире 8) запасная часть 9) *pl уст.* способности; a man of (good) ~s способный человек 10) *амер.* пробор (*в волосах*) 11) *грам.*: ~ of speech часть речи; ~ of sentence член предложения 12) *муз.* партия, голос 13) *архит.* $^1/_{30}$ часть модуля ◇ to have neither ~ nor lot in smth. не иметь ничего общего с чем-л.; in good ~ без обиды; благосклонно; милостиво; in bad (*или* evil) ~ с обидой; неблагосклонно; to take smth. in good ~ не обидеться; to take smth. in bad (*или* evil) ~ оби́деться

2. *adv* ча́стью, отча́сти; части́чно

3. *v* 1) разделя́ть(ся); отделя́ть(ся); расступа́ться; разрыва́ть(ся); разнима́ть; разлуча́ть(ся); let us ~ friends расста́немся друзья́ми 2) расчёсывать, разделя́ть на пробо́р 3) *разг.* расстава́ться (*с деньгами и т. п.*); плати́ть; he won't ~ он не запла́тит 4) умира́ть 5) *уст.* дели́ть (*между кем-л.*) ◻ ~ **from** расста́ться (*или* распроща́ться) с *кем-л.*; ~ **with** а) = ~ from; б) отдава́ть, передава́ть *что-л.*; в) отпуска́ть (*прислугу*)

**partake** [pɑ:ˈteɪk] *v* (partook; partaken) 1) принима́ть уча́стие (in, of — в *чём-л.*); разделя́ть (with — с *кем-л.*) 2) воспо́льзоваться (*гостеприимством и т. п.*; of) 3) отве́дать, съесть, вы́пить (of — *что-л.*) 4) име́ть при́месь (*чего-л.*); отдава́ть (*чем-л.*); the vegetation ~s of a tropical character э́та расти́тельность напомина́ет тропи́ческую

**partaken** [pɑ:ˈteɪkən] *p. p. от* partake

**partaker** [pɑ:ˈteɪkə] *n* уча́стник

**partaking** [pɑ:ˈteɪkɪŋ] *n* уча́стие

**parted** [ˈpɑ:tɪd] 1. *p. p. от* part 3

2. *a* 1) разделённый; ~ lips полуоткры́тый рот 2) разлучённый

**parterre** [pɑ:ˈtɛə] *фр. n* 1) парте́р 2) *амер.* за́дние ряды́ парте́ра, амфитеа́тр 3) цветни́к

**parthenogenesis** [ˈpɑ:θɪnəuˈdʒenɪsɪs] *n биол.* партеногене́з

**Parthian** [ˈpɑ:θjən] *a ист.* парфя́нский; ~ shaft (*или* shot, arrow) *перен.* парфя́нская стрела́ (*замечание и т. п., приберегаемое к моменту ухода*)

**parti** [pɑ:ˈti:] *фр. n* па́ртия (*в браке*)

**partial** [ˈpɑ:ʃəl] *a* 1) части́чный, непо́лный; ча́стный 2) пристра́стный 3): ~ to неравноду́шный (*к чему-л., кому-л.*); he is very ~ to sport он о́чень лю́бит спорт

**partiality** [ˌpɑ:ʃɪˈælɪtɪ] *n* 1) пристра́стие 2) скло́нность (for — к)

**partible** [ˈpɑ:tɪbl] *a* 1) дели́мый 2) подлежа́щий деле́нию (*особ. о наследстве*)

**participant** [pɑ:ˈtɪsɪpənt] *n* уча́стник, уча́ствующий

**participate** [pɑ:ˈtɪsɪpeɪt] *v* 1) уча́ствовать (in) 2) разделя́ть (in — *что-л.*, with — с *кем-л.*) 3) по́льзоваться (in — *чем-л.*) 4) *редк.* име́ть о́бщее (of — с *чем-л.*)

**participating country** [pɑ:ˈtɪsɪpeɪtɪŋˈkʌntrɪ] *n* страна́-уча́стница (*договора, конференции и т. п.*)

**participation** [pɑ:ˌtɪsɪˈpeɪʃən] *n* уча́стие; соуча́стие

**participator** [pɑ:ˈtɪsɪpeɪtə] *n* уча́стник

**participial** [ˌpɑ:tɪˈsɪpɪəl] *a грам.* прича́стный; дееприча́стный

**participle** [ˈpɑ:tɪsɪpl] *n грам.* прича́стие; дееприча́стие

**particle** [ˈpɑ:tɪkl] *n* 1) части́ца; крупи́ца; ~ of dust пыли́нка 2) *грам.* неизменя́емая части́ца; су́ффикс; пре́фикс 3) статья́ (*документа*)

**particoloured** [ˈpɑ:tɪˌkʌləd] *a* пёстрый, разноцве́тный

**particular** [pəˈtɪkjulə] 1. *a* 1) специфи́ческий, осо́бый, осо́бенный 2) индивидуа́льный, ча́стный, отде́льный; ~ goals конкре́тные це́ли 3) осо́бый, исключи́тельный; заслу́живающий осо́бого внима́ния; it is of no ~ importance осо́бой ва́жности э́то не представля́ет; he is a ~ friend of mine он мой бли́зкий друг; for no ~ reason без осо́бого основа́ния; ~ qualities осо́бенности 4) подро́бный, дета́льный, обстоя́тельный 5) тща́тельный; to be ~ in one's speech тща́тельно подбира́ть выраже́ния; о́чень следи́ть за свое́й ре́чью 6) разбо́рчивый, приве́редливый; ~ about what (*или* ~ as to what) one eats разбо́рчивый в еде́

2. *n* 1) ча́стность; подро́бность, дета́ль; in ~ в ча́стности, в осо́бенности; to go into ~s вдава́ться в подро́бности 2) *pl* подро́бный отчёт; to give all the ~s дава́ть подро́бный отчёт ◊ London ~ *разг.* ло́ндонский тума́н

**particularism** [pəˈtɪkjulərɪzm] *n* 1) исключи́тельная приве́рженность (*к кому-л., чему-л.*) 2) *полит.* партикуляри́зм

**particularistic** [pəˌtɪkjuləˈrɪstɪk] *a* ча́стный, у́зкий; ~ interests у́зкие интере́сы

**particularity** [pəˌtɪkjuˈlærɪtɪ] *n* 1) осо́бенность, специ́фика, подро́бность 2) тща́тельность; обстоя́тельность 3) *редк.* разбо́рчивость

**particularize** [pəˈtɪkjuləraɪz] *v* подро́бно остана́вливаться (*на чём-л.*), вдава́ться в подро́бности

**particularized** [pəˈtɪkjuləraɪzd] *a* специализи́рованный; осо́бый

**particularly** [pəˈtɪkjuləlɪ] *adv* 1) о́чень, чрезвыча́йно; осо́бенно, в осо́бенности 2) осо́бенно, осо́бым о́бразом 3) индивидуа́льно, ли́чно; в отде́льности; generally and ~ в о́бщем и в ча́стности 4) подро́бно, дета́льно

**parting** [ˈpɑ:tɪŋ] 1. *pres. p. от* part 3

2. *n* 1) расстава́ние, разлу́ка; отъе́зд; проща́ние; at ~ на проща́ние 2) разделе́ние; разветвле́ние; at the ~ of the ways на распу́тье (*часто перен.*) 3) пробо́р (*в волосах*) 4) *уст.* смерть 5) *тех.* отделе́ние; отреза́ние (*резцом*) 6) *геол.* отде́льность, разделя́ющая пласты́; просло́ек

3. *a* 1) проща́льный 2) уходя́щий, умира́ющий; угаса́ющий; ~ day день, клоня́щийся к ве́черу 3) разделя́ющий; разветвля́ющийся, расходя́щийся (*о дороге*)

**parti pris** [pɑ:ˈti:ˈpri:] *фр. n* предвзя́тое мне́ние

**partisan** I [ˌpɑ:tɪˈzæn] 1. *n* 1) приве́рженец, сторо́нник 2) партиза́н

2. *a* 1) партиза́нский 2) узкопарти́йный 3) фанати́чный; сле́по ве́рящий (*чему-л.*)

**partisan** II [ˌpɑ:tɪˈzæn] *n ист.* протаза́н, але́барда

**partisanship** [ˌpɑ:tɪˈzænʃɪp] *n* приве́рженность

**partite** [ˈpɑ:taɪt] *a бот., зоол.* до́льный, разде́льный

**partition** [pɑ:ˈtɪʃən] 1. *n* 1) расчлене́ние; разделе́ние 2) разде́л 3) часть, подразделе́ние 4) отделе́ние (*в шкафу, сумке и т. п.*) 4) перегоро́дка, перебо́рка

2. *v* 1) дели́ть 2) расчленя́ть, разделя́ть 3) ста́вить перегоро́дку ◻ ~ **off** отделя́ть, отгора́живать перегоро́дкой

**partitionist** [pɑ:ˈtɪʃənɪst] *n* сторо́нник разделе́ния страны́

**partitive** [ˈpɑ:tɪtɪv] 1. *a* 1) *грам.* разделе́ние, партити́вный; ~ genitive роди́тельный раздели́тельный 2) дро́бный; ча́стный

2. *n грам.* раздели́тельное сло́во

**partly** [ˈpɑ:tlɪ] *adv* 1) ча́стью, части́чно 2) отча́сти, до не́которой сте́пени

**partner** [ˈpɑ:tnə] 1. *n* 1) уча́стник; соуча́стник (in, of — в *чём-л.*); това́рищ (*по делу, работе*; with) 2) компаньо́н; партнёр; па́йщик; secret (*или* sleeping, dormant) ~ компаньо́н, не уча́ствующий акти́вно в де́ле и ма́ло изве́стный; silent ~ компаньо́н, не уча́ствующий акти́вно в де́ле, но изве́стный; predominant ~ «гла́вный компаньо́н» (*Англия как часть Великобритании*) 3) контраге́нт 4) супру́г(а) 5) партнёр (*в танцах, игре*); напа́рник 6) *pl мор.* пя́ртнерс (*мачты*)

2. *v* 1) быть партнёром 2) де́лать (чьим-л.) партнёром; ста́вить в па́ру (with — с *кем-л.*)

**partnership** [ˈpɑ:tnəʃɪp] *n* 1) уча́стие; сотру́дничество; working ~ те́сное сотру́дничество, совме́стное де́йствие 2) това́рищество, компа́ния

**partook** [pɑ:ˈtuk] *past от* partake

**part-owner** [ˈpɑ:tˌəunə] *n* совладе́лец

**partridge** [ˈpɑ:trɪdʒ] *n зоол.* (се́рая) куропа́тка

**partridge-wood** [ˈpɑ:trɪdʒwud] *n* кра́сное де́рево (*древесина некоторых тропических деревьев*)

**part-song** [ˈpɑ:tsɔŋ] *n муз.* вока́льное произведе́ние для трёх и́ли бо́лее голосо́в

**part time** [ˈpɑ:tˈtaɪm] *n* непо́лный рабо́чий день

**part-time** [ˈpɑ:ttaɪm] *a*: ~ worker рабо́чий, за́нятый непо́лный рабо́чий день

**part-timer** [ˈpɑ:tˈtaɪmə] = part-time worker [*см.* part-time]

**parturient** [pɑ:ˈtjuərɪənt] *a* 1) разреша́ющаяся от бре́мени, рожа́ющая 2) свя́занный с ро́дами; родово́й; послеродово́й; ~ infection роди́льная горя́чка

**parturifacient** [pɑ:ˌtjuərɪˈfeɪʃənt] *n мед.* сре́дство, вызыва́ющее *или* облегча́ющее ро́ды

**parturition** [ˌpɑ:tjuəˈrɪʃən] *n* ро́ды

**party** I [ˈpɑ:tɪ] 1. *n* па́ртия; the Communist Party of the Soviet Union Коммунисти́ческая па́ртия Сове́тского Сою́за

2. *a* парти́йный; ~ affiliation парти́йная принадле́жность; ~ card парти́йный биле́т; ~ leader вождь, ли́дер па́ртии; ~ man (*или* member) член па́ртии; ~ membership парти́й-

ность, принадлежность к партии; ~ organization партийная организация; ~ local (*или* unit) местная, низовая партийная организация; ~ nucleus партийная ячейка

**party** II [ˈpɑːtɪ] *n* 1) отряд, команда; группа, партия 2) компания 3) приём гостей; званый вечер, вечеринка; to give a ~ устроить вечеринку 4) сопровождающие лица; the minister and his ~ министр и сопровождающие его лица 5) *юр.* сторона; the parties to a contract договаривающиеся стороны 6) участник; to be a ~ to smth. участвовать, принимать участие в чём-л. 7) *шутл.* человек, особа, субъект; an old ~ with spectacles старикашка в очках ◊ ~ girl доступная девушка; женщина лёгкого поведения

**party-coloured** [ˈpɑːtɪˌkʌləd] = particoloured

**party-goer** [ˈpɑːtɪˌɡəuə] *n* непременный участник вечеров, завсегдатай вечеринок

**partying** [ˈpɑːtɪɪŋ] *n* гулянка; пикник

**party line** I [ˈpɑːtɪlaɪn] *n* линия партии; политический курс

**party line** II [ˈpɑːtɪlaɪn] *n амер.* 1) граница между частными владениями 2) = party wire

**party-liner** [ˈpɑːtɪˌlaɪnə] *n* сторонник линии партии

**party wall** [ˈpɑːtɪˈwɔːl] *n стр.* брандмауэр

**party wire** [ˈpɑːtɪˌwaɪə] *n амер.* общий телефонный провод (*у нескольких абонентов*)

**parvenu** [ˈpɑːvənjuː] *фр. n* выскочка, парвеню

**pas** [pɑː] *фр. n* 1) первенство, преимущество; to give the ~ уступить первенство; to take the ~ иметь преимущество (of — перед *кем-л.*) 2) па (*в танцах*)

**paschal** [ˈpɑːskəl] *a* 1) относящийся к еврейской пасхе 2) пасхальный

**pas de deux** [ˈpɑːdəˈdəː] *фр. n* па-де-де, балетный номер, исполняемый двумя партнёрами

**pasha** [ˈpɑːʃə] *тур. n* паша; ~ of three tails (of two tails, of one tail) *ист.* трёх- (двух-, одно-) бунчужный паша, паша 1-го (2-го, 3-го) ранга (*по числу бунчуков*)

**pashm** [pʌʃm] *перс. n* подшёрсток кашмирской козы (*употребляется для шалей*)

**pasque-flower** [ˈpɑːskˌflauə] *n бот.* прострел, сон-трава

**pasquinade** [ˌpæskwɪˈneɪd] *n* пасквиль

**pass** [pɑːs] **1.** *v* 1) двигаться вперёд; проходить, проезжать (by — мимо *чего-л.*; along — вдоль *чего-л.*; across, over — через *что-л.*); протекать, миновать 2) пересекать; переходить, переезжать (*через* что-л.); переправлять(ся); to ~ a mountain range перевалить через хребет 3) перевозить 4) превращаться, переходить (*из одного состояния в другое*); it has ~ed into a proverb это вошло в поговорку 5) переходить (*в другие руки и т. п.*; into, to) 6) происходить, случаться, иметь место; I saw (heard) what was ~ing я видел (слышал), что происходило; whether or not this comes to ~ суждено ли этому случиться или нет 7) произносить; few words ~ed было мало сказано 8) обгонять, опережать 9) превышать, выходить за пределы; he has ~ed sixteen ему уже больше шестнадцати; it ~es my comprehension это выше моего понимания; it ~es belief это невероятно 10) выдержать, пройти (*испытание*); удовлетворять (*требованиям*); to ~ the tests пройти испытание; to ~ standards удовлетворять нормам 11) выдержать экзамен (in — по *какому-л. предмету*) 12) ставить зачёт; пропускать (*экзаменующегося*) 13) проводить (*время, лето и т. п.*); to ~ the time, to make time ~ коротать время 14) проходить (*о времени*); time ~es rapidly время быстро летит 15) передавать; read this and ~ it on прочтите (это) и передайте дальше; to ~ the word передавать приказание; to ~ money under the table to smb. дать кому-л. взятку 16) принимать (*закон, резолюцию и т. п.*) 17) быть принятым, получать одобрение (*законодательного органа*); the bill ~ed the Commons палата общин утвердила законопроект 18) выносить (*решение, приговор*; upon, on) 19) быть вынесенным (*о приговоре*); the verdict ~ed for the plaintiff решение было вынесено в пользу истца 20) пускать в обращение 21) быть в обращении, иметь хождение (*о деньгах*); this coin will not ~ эту монету не примут 22) исчезать; прекращаться; the pain ~ed боль прошла; to ~ out of sight исчезать из виду; to ~ out of use выходить из употребления 23) мелькнуть, появиться; a change ~ed over his countenance у него изменилось выражение лица 24) пропускать; опускать 25) кончаться, умирать (*обыкн.* ~ hence, ~ from among us, *etc.*) 26) проходить незамеченным, сходить; but let that ~ не будем об этом говорить; that won't ~ это недопустимо 27) проводить (*рукой*); he ~ed his hand across his forehead он провёл рукой по лбу 28): ~ your eyes (*или* glance) over this letter просмотрите это письмо 29) *карт., спорт.* пасовать 30) *спорт.* делать выпад (*в фехтовании*) 31) давать (*слово, клятву, обещание*); to ~ one's word обещать; ручаться, поручиться (for) 32) *амер.* не объявлять (*дивиденды*) 33): to ~ water *мед.* мочиться □ **~ away** а) исчезать, прекращаться, проходить; б) скончаться, умереть; в) проходить, истекать (*о времени*); **~ by** а) проходить мимо; б) оставлять без внимания, пропускать; to ~ by in silence обходить молчанием; **~ for** считаться, слыть *кем-л.*; **~ in** умереть (*тж.* ~ in one's checks); **~ into** превращаться в, переходить в; делаться; **~ off** а) постепенно прекращаться, проходить (*об ощущениях и т. п.*); б) пронестись, пройти (*о дожде, буре*); в) хорошо пройти (*о мероприятии, событии*); г) сбывать, подсовывать (for, as — за *кого-л.*); he ~ed himself off as a doctor он выдавал себя за доктора; д) отвлекать внимание от *чего-л.*; е) оставлять без внимания, пропускать мимо ушей; ж) *разг.* сдать (*экзамен*); **~ on** а) проходить дальше; ~ on, please! проходите!, не останавливайтесь!; б) переходить (*к другому вопросу и т. п.*); в) передавать дальше; г) умереть; д) выносить (*решение*); **~ out** а) успешно пройти (*курс обучения*); б) сбыть, продать (*товар*); в) *разг.* терять сознание; г) *разг.* умереть; **~ over** а) проходить; переправляться; б) передавать; в) умереть; г) пропускать, оставлять без внимания; обходить молчанием (*тж.* ~ over in silence); д) *хим.* дистиллироваться; **~ round** а) передавать друг другу; пустить по кругу; to ~ round the hat пустить шапку по кругу, устроить сбор пожертвований; б) обматывать; обводить; to ~ a rope round a cask обмотать бочонок канатом; **~ through** а) пересекать; переходить; б) проходить через *что-л.*, испытывать, переживать; they are ~ing through times of troubles они переживают беспокойное время; в) пропускать, просеивать, процеживать сквозь *что-л.*; г) продевать; д) пронзать; **~ up** *амер.* отказываться (*от чего-л.*); отвергать (*что-либо*) ◊ to ~ by the name of... быть известным под именем..., называться...; to ~ by on the other side не оказать помощи, не проявить сочувствия; to ~ on the torch передавать знания, традиции

**2.** *n* 1) проход; путь (*тж. перен.*) 2) ущелье, дефиле; перевал 3) фарватер, пролив, судоходное русло (*особ. в устье реки*) 4) проход для рыбы в плотине 5) сдача экзамена без отличия; посредственная оценка 6) пропуск 7) бесплатный билет; контрамарка 8) пасс (*движение рук гипнотизёра*) 9) фокус 10) (критическое) положение; to bring to ~ совершать, осуществлять; to come to ~ произойти, случиться; things have come to a pretty ~ дела приняли скверный оборот 11) *карт., спорт.* пас 12) *спорт.* выпад (*в фехтовании*); to make a ~ at smb. а) делать выпад, против кого-либо; б) *разг.* приставать к кому-л. 13) *воен.* разрешение не присутствовать на поверке; *амер.* краткосрочный отпуск 14) *метал.* калибр, ручей валка ◊ ~ in review *воен.* прохождение торжественным маршем; to hold the ~ защищать своё дело

**passable** [ˈpɑːsəbl] *a* 1) проходимый; проезжий; судоходный 2) сносный, удовлетворительный 3) имеющий хождение

**passage** I [ˈpæsɪdʒ] **1.** *n* 1) прохождение; проход, проезд, переход 2) переезд; рейс (*морской или воздушный*); поездка (*по морю*); a rough

~ переезд, переход по бурному морю; to book (*или* to pay, to take) one's ~ взять билет на пароход 3) перелёт (*птиц*); bird of ~ перелётная птица (*тж. перен.*) 4) путь, дорога, проход, перевал, переправа 5) коридор, пассаж; галерея; передняя 6) вход, выход; право прохода; no ~ проезд закрыт, прохода нет (*надпись*); he was refused a ~ его не пропустили 7) ход, течение (*событий, времени*) 8) переход, превращение 9) проведение, утверждение (*закона*) 10) происшествие, событие, эпизод 11) *pl* разговор; стычка; to have stormy ~s with smb. иметь крупный разговор с кем-л. 12) место, отрывок (*из книги и т. п.*) 13) *муз.* пассаж 14) *attr.*: ~ days *мор.* дни, проведённые в море ◇ ~ of (*или* at) arms стычка, столкновение

2. *v* совершать переезд; пересекать (*море, канал и т. п.*)

**passage** II [ˈpæsɪdʒ] *v* 1) принимать вправо *или* влево, двигаться боком (*о лошади или всаднике*) 2) заставлять (*лошадь*) принимать вправо *или* влево

**passage boat** [ˈpæsɪdʒbəut] *n* паром

**passage-way** [ˈpæsɪdʒweɪ] *n* 1) коридор, проход; пассаж 2) *горн.* откаточная выработка 3) *тех.* перепускной канал; уравнительный канал

**passant** [ˈpæsənt] *a геральд.* идущий с поднятой правой передней лапой и смотрящий вправо (*о животном*)

**passbook** [ˈpɑːsbuk] *n* 1) банковская расчётная книжка 2) *амер.* заборная книжка

**pass-check** [ˈpɑːstʃek] = pass-out

**pass-degree** [ˈpɑːsdɪˈgriː] *n* диплом без отличия

**passe** [ˈpɑːseɪ] *фр. a* 1) поблёкший 2) устарелый, устаревший

**passementerie** [ˌpɑːsmɑːŋˈtriː] *фр. n* отделка басоном, бисером, галуном

**passenger** [ˈpæsɪndʒə] *n* 1) пассажир; седок 2) *разг.* слабый игрок спортивной команды 3) неспособный член (*организации и т. п.*) 4) *attr.* пассажирский; ~ car легковой автомобиль

**passenger-pigeon** [ˈpæsɪndʒəˌpɪdʒɪn] *n зоол.* странствующий голубь

**passe-partout** [ˈpæspɑːtuː] *фр. n* 1) отмычка 2) картонная рамка; паспарту

**passer** [ˈpɑːsə] *n* 1) = passer-by 2) человек, сдавший экзамены без отличия 3) контролёр готовой продукции; браковщик

**passer-by** [ˈpɑːsəˈbaɪ] *n* (*pl* passers-by) прохожий, проезжий

**passerine** [ˈpæsəraɪn] *зоол.* **1.** *a* воробьиный; относящийся к воробьиным

2. *n* птица из отряда воробьиных

**passers-by** [ˈpɑːsəzˈbaɪ] *pl от* passer-by

**pas seul** [pɑːˈsəːl] *фр. n* сольный балетный номер; сольный танец

**passible** [ˈpæsɪbl] *a* способный чувствовать *или* страдать

**passim** [ˈpæsɪm] *лат. adv* повсюду, везде; в разных местах (*употр. при ссылке на автора и т. п.*)

**passing** [ˈpɑːsɪŋ] **1.** *pres. p. от* pass 1

2. *n* 1) прохождение; in ~ мимоходом; между прочим 2) протекание, полёт; the ~ of time течение времени 3) брод 4) *поэт.* смерть

3. *a* 1) преходящий, мимолётный, мгновенный 2) беглый, случайный; a ~ reference упоминание мимоходом

4. *adv уст.* очень, чрезвычайно; ~ rich чрезвычайно богатый

**passing-bell** [ˈpɑːsɪŋˈbel] *n* похоронный звон

**passingly** [ˈpɑːsɪŋlɪ] *adv* 1) мимоходом 2) *уст.* очень

**passing-note** [ˈpɑːsɪŋnəut] *n муз.* переходная нота

**passing track** [ˈpɑːsɪŋˈtræk] *n ж.-д.* разъездной путь

**passion** [ˈpæʃən] **1.** *n* 1) страсть, страстное увлечение (for — *чем-л., кем-л.*) 2) пыл, страстность, энтузиазм 3) предмет страсти 4) взрыв чувств; сильное душевное волнение; she burst into ~ of tears она разрыдалась; a ~ of grief приступ горя 5) вспышка гнева; to fall (*или* to fly) into a ~ вспылить, прийти в ярость 6) *редк.* пассивное состояние 7) (the P.) *рел.* страсти господни, крестные муки 8) *attr. рел.*: P. Sunday 5-е воскресенье великого поста; P. Week страстная неделя, 6-я неделя великого поста

2. *v поэт.* чувствовать *или* выражать страсть

**passional** I [ˈpæʃənl] *n* мартиролог

**passional** II [ˈpæʃənl] *a* страстный

**passionary** [ˈpæʃnərɪ] = passional I

**passionate** [ˈpæʃənɪt] *a* 1) страстный, пылкий; ~ interest жгучий интерес 2) влюблённый 3) вспыльчивый, горячий; необузданный

**passion-flower** [ˈpæʃənˌflauə] *n бот.* страстоцвет, пассифлора

**passionless** [ˈpæʃənlɪs] *a* бесстрастный, невозмутимый

**passion-play** [ˈpæʃənpleɪ] *n ист.* мистерия, представляющая страсти господни

**passivation** [ˌpæsɪˈveɪʃən] *n тех.* пассивация, поверхностная протравка, декапировка

**passive** [ˈpæsɪv] **1.** *a* 1) пассивный, инертный; бездеятельный 2) покорный 3) *грам.* страдательный (*о залоге*) 4) *фин.* беспроцентный; ~ balance пассивное сальдо; ~ bonds *амер.* беспроцентные облигации

2. *n грам.* страдательный залог; пассивная форма

**passivity** [pæˈsɪvɪtɪ] *n* 1) пассивность, инертность; бездеятельность 2) покорность

**passkey** [ˈpɑːskiː] *n* 1) отмычка 2) ключ от американского замка 3) *attr.*: ~ man вор-взломщик

**passman** [ˈpɑːsmæn] *n* получающий диплом *или* степень без отличия

**pass-out** [ˈpɑːsaut] *n* контрамарка (*для обратного входа*)

**pass-out check** [ˈpɑːsautˈtʃek] *амер.* = pass-out

**Passover** [ˈpɑːsˌəuvə] *n* 1) еврейская пасха 2) пасхальный агнец

**passport** [ˈpɑːspɔːt] *n* 1) паспорт 2) личные качества, дающие доступ куда-л. *или* являющиеся средством достижения чего-л.

**password** [ˈpɑːswəːd] *n* пароль; пропуск

**past** [pɑːst] **1.** *n* 1) прошлое; прошедшее; it is now a thing of the ~ это дело прошлого; a man with a ~ человек с (дурным) прошлым 2) (*обыкн.* the ~) *грам.* прошедшее время

2. *a* 1) прошлый, минувший; истекший; for some time ~ (за) последнее время; his prime is ~ его молодость прошла 2) *грам.* прошедший; ~ participle причастие прошедшего времени

3. *adv* мимо; he walked ~ он прошёл мимо; the years flew ~ годы пролетели

4. *prep* 1) мимо; he ran ~ the house он пробежал мимо дома 2) за, по ту сторону; the station is ~ the river станция находится за рекой 3) после, за; it is ~ two теперь третий час; he stayed till ~ two o'clock было больше двух, когда он ушёл; half ~ two половина третьего; the train is ~ due поезд опоздал; he is ~ sixty ему за шестьдесят 4) свыше, сверх; за пределами (достижимого); ~ the wit of man выше человеческого разумения; he is ~ cure он неизлечим; it is ~ endurance это нестерпимо

**paste** [peɪst] **1.** *n* 1) тесто (*сдобное*) 2) пастила, халва *и т. п.* 3) паста; мастика 4) клей; клейстер 5) страз 6) мятая глина 7) *эл.* активная масса (*для аккумуляторных пластин*) 8) *жарг.* удар кулаком

2. *v* 1) наклеивать, приклеивать *или* склеивать клейстером; обклеивать (with) 2) *разг.* избить, исколотить ▭ ~ **up** расклеивать; to ~ up notices расклеивать объявления

**pasteboard** [ˈpeɪstbɔːd] *n* 1) картон 2) *разг.* визитная карточка 3) игральная карта 4) железнодорожный билет 5) *attr.* картонный; *перен.* непрочный, шаткий

**pastel** [pæsˈtel] *n* 1) пастель 2) *бот.* вайда 3) синяя краска из вайды 4) [ˈpæstl] *attr.* пастельный; ~ shades блёклые краски

**paster** [ˈpeɪstə] *n* 1) рабочий, наклеивающий ярлыки 2) *амер.* полоска клейкой бумаги (*особ. для заклеивания фамилии в избирательном списке*)

**pastern** [ˈpæstəːn] *n* бабка (*лошади*)

**pasteurization** [ˌpæstəraɪˈzeɪʃən] *n* пастеризация

**pasteurize** [ˈpæstəraɪz] *n* 1) пастеризовать (*молоко*) 2) делать прививку по методу Пастера (*преим. от бешенства*)

**pasteurizer** [ˈpæstəraɪzə] *n* пастеризатор, аппарат для пастеризации

**pasticcio, pastiche** [pɑːs'ti(ː)tʃəu, pæs'tiːʃ] *ит. n* смесь; попурри́; стилиза́ция (*особ. литературная*)

**pastil** ['pæstəl] *n* 1) кури́тельная аромати́ческая свеча́ 2) лепёшка, табле́тка

**pastime** ['pɑːstaɪm] *n* прия́тное времяпрепровожде́ние, развлече́ние; игра́

**pastiness** ['peɪstɪnɪs] *n* кле́йкость, ли́пкость

**past master** ['pɑːst'mɑːstə] *n* (непревзойдённый) ма́стер (in — в *чём л.*)

**pastor** ['pɑːstə] *n* 1) духо́вный па́стырь 2) па́стор 3) ро́зовый скворе́ц

**pastoral** ['pɑːstərəl] **1.** *a* 1) пасту́шеский; ~ industry овцево́дство 2) пастора́льный

**2.** *n* 1) пастора́ль 2) *церк.* посла́ние

**pastorale** [ˌpæstə'rɑːlɪ] *n* (*pl* -li, -s [-z]) *муз.* пастора́ль

**pastorali** [ˌpæstə'rɑːlɪ] *pl от* pastorale

**pastorate** ['pɑːstərɪt] *n* 1) пастора́т 2) *собир.* па́сторы

**pastorship** ['pɑːstəʃɪp] = pastorate 1)

**pastry** ['peɪstrɪ] *n* конди́терские изде́лия (*пирожные, печенье и т. п.*)

**pastry-cook** ['peɪstrɪkuk] *n* конди́тер

**pasturable** ['pɑːstjurəbl] *a* па́стбищный

**pasturage** ['pɑːstjurɪdʒ] *n* 1) па́стбище 2) подно́жный корм 3) пастьба́

**pasture** ['pɑːstʃə] **1.** *n* 1) па́стбище, вы́гон 2) подно́жный корм

**2.** *v* пасти́(сь)

**pasty** I ['pæstɪ] *n* пиро́г (*особ. с мясом*)

**pasty** II ['peɪstɪ] *a* 1) тестообра́зный; вя́зкий 2) бле́дный, одутлова́тый; нездоро́вый (*о цвете лица*)

**pasty-faced** ['peɪstɪfeɪst] = pasty II, 2)

**Pat** [pæt] *n разг.* Пэт (*шутливое прозвище ирландца*)

**pat** I [pæt] **1.** *n* 1) похло́пывание; хло́панье, шлёпанье 2) хлопо́к, шлепо́к (*звук*) 3) кусо́к, кружо́чек сби́того ма́сла

**2.** *v* шлёпать, похло́пывать; to ~ smb. on the back похло́пать кого́-л. по спине́, вы́разить кому́-л. одобре́ние

**pat** II [pæt] **1** *adv* 1) кста́ти; «в то́чку»; своевре́менно; уда́чно; the story came ~ to the occasion расска́з оказа́лся о́чень кста́ти 2) бы́стро, свобо́дно; с гото́вностью; to know a lesson off ~ хорошо́ знать уро́к 3) *карт.*: to stand ~ не меня́ть карт в по́кере; *перен.* противиться переме́нам; не меня́ть свое́й пози́ции, держа́ться своего́ реше́ния; проводи́ть свою́ ли́нию

**2.** *a* подходя́щий; уме́стный; уда́чный; своевре́менный

**patch** [pætʃ] **1.** *n* 1) запла́та 2) обры́вок, клочо́к, лоску́т 3) пятно́ непра́вильной фо́рмы 4) кусо́чек накле́енного пла́стыря 5) му́шка (*на лице*) 6) повя́зка (*на глазу*) 7) небольшо́й уча́сток земли́; a ~ of potatoes уча́сток под карто́фелем 8) обры́вок, отры́вок 9) *геол.* включе́ние поро́ды ◇ a purple ~ (*в литературном произведении*) а) я́ркое ме́сто; б) цвети́стый, безвку́сный отры́вок; not a ~ on smth. *разг.* ничто́ в сравне́нии с чем-либо

**2.** *v* лата́ть; ста́вить запла́ты; hills ~ed with snow холмы́, места́ми покры́тые сне́гом □ ~ **up** а) чини́ть на ско́рую ру́ку; заде́лывать; подправля́ть; б) ула́живать (*ссору*)

**patchouli** ['pætʃuli(ː)] *n* пачу́ли (*растение и духи*)

**patch-pocket** ['pætʃˌpɔkɪt] *n* накладно́й карма́н

**patchwork** ['pætʃwəːk] *n* 1) лоску́тная рабо́та; одея́ло, ко́врик *и т. п.* из разноцве́тных лоскуто́в 2) мешани́на; ерала́ш 3) *attr.* сши́тый из лоскуто́в, лоску́тный, пёстрый

**patchy** ['pætʃɪ] *a* 1) испещрённый пя́тнами, пятни́стый 2) неодноро́дный, пёстрый, разношёрстный 3) обры́вочный, случа́йный (*о знаниях*)

**pate** [peɪt] *n разг.* 1) голова́, башка́ 2) маку́шка 3) ум, рассу́док

**pâté** ['pɑːteɪ] *фр. n* паштéт

**patella** [pə'telə] *n* (*pl* -lae) *анат.* коле́нная ча́шечка

**patellae** [pə'teliː] *pl от* patella

**paten** ['pætən] *n* 1) металли́ческий кружо́к, диск 2) *церк.* ди́скос

**patency** ['peɪtənsɪ] *n* 1) я́вность, очеви́дность 2) *мед.* раскры́тое состоя́ние

**patent** ['peɪtənt] **1.** *a* 1) откры́тый; досту́пный 2) я́вный, очеви́дный 3) патенто́ванный 4) *разг.* со́бственного изобрете́ния; остроу́мный, оригина́льный

**2.** *n* [*тж.* 'pætənt] 1) пате́нт; дипло́м; *ист.* жа́лованная гра́мота 2) пра́во (*на что-л.*), получа́емое благодаря́ пате́нту; исключи́тельное пра́во 3) знак, печа́ть (*ума, гениальности*) 4) *амер.* пожа́лование земли́ прави́тельством 5) *attr.*: ~ office бюро́ пате́нтов; ~ right *амер.* пате́нт

**3.** *v* [*тж* 'pætənt] патентова́ть; брать пате́нт (*на что-л.*)

**patentee** [ˌpeɪtən'tiː] *n* владе́лец пате́нта

**patenting** ['peɪtəntɪŋ] **1.** *pres. p. от* patent 3

**2.** *n* 1) патентова́ние 2) *метал.* зака́лка в свинцо́вой ва́нне

**patent leather** ['peɪtənt'leðə] *n* лакиро́ванная ко́жа, лак

**patent-leather** ['peɪtənt'leðə] *a* лакиро́ванный

**patently** ['peɪtəntlɪ] *adv* я́вно, очеви́дно; откры́то

**pater** ['peɪtə] *n школ. жарг.* оте́ц

**patera** ['pætərə] *n* (*pl* -ae) *архит.* пате́ра, кру́глый орна́мент (*в виде тарелки*)

**paterae** ['pætəriː] *pl от* patera

**paterfamilias** ['peɪtəfə'mɪliæs] *n* (*pl* patresfamilias) *шутл.* оте́ц семе́йства, хозя́ин до́ма

**paternal** [pə'təːnl] *a* 1) отцо́вский 2) ро́дственный по отцу́; ~ aunt тётка со стороны́ отца́ 3) оте́ческий ◇ ~ legislation изли́шне ме́лочное законода́тельство

**paternalism** [pə'təːnəlɪzm] *n* 1) оте́ческое попече́ние 2) патернали́зм

**paternity** [pə'təːnɪtɪ] *n* 1) отцо́вство 2) происхожде́ние по отцу́; the ~ of the child is unknown неизве́стно, кто оте́ц ребёнка 3) *перен.* а́вторство; исто́чник

**paternoster** ['pætə'nɔstə] *n* 1) «о́тче наш» (*молитва*) 2) закля́тие; маги́ческая фо́рмула 3) чётки 4) *тех.* но́рия, элева́тор 5) *attr.*: ~ line рыболо́вная ле́са с ря́дом крючко́в

**path** [pɑːθ, *pl* pɑːðz] *n* 1) тропи́нка; тропа́; доро́жка 2) га́ревая *или* бегова́я доро́жка 3) путь; стезя́; to enter on (*или* to take) the ~ вступи́ть на путь; to cross smb.'s ~ стать кому́-л. попере́к доро́ги 4) ли́ния поведе́ния *или* де́йствия 5) траекто́рия

**pathetic** [pə'θetɪk] *a* 1) тро́гательный, жа́лостный, умили́тельный 2) душераздира́ющий 3) *уст.* патети́ческий ◇ the ~ fallacy прида́ние си́лам приро́ды свойств живы́х суще́ств; ~ strike забасто́вка солида́рности

**pathetics** [pə'θetɪks] *n pl* (*употр. как sing*) пате́тика

**pathfinder** ['pɑːθˌfaɪndə] *n* 1) иссле́дователь (*малоизученной страны*); землепрохо́дец; следопы́т 2) указа́тель ку́рса (*в радиолокации*) 3) *ав.* самолёт наведе́ния 4) *мед.* зонд, щуп

**pathless** ['pɑːθlɪs] *a* 1) бездоро́жный, непроходи́мый 2) непроторённый; неиссле́дованный

**pathological** [ˌpæθə'lɔdʒɪkəl] *a* патологи́ческий

**pathologist** [pə'θɔlədʒɪst] *a* пато́лог

**pathology** [pə'θɔlədʒɪ] *n* патоло́гия

**pathos** ['peɪθɔs] *n* 1) па́фос 2) что-л., вызыва́ющее грусть, печа́ль *или* сострада́ние 3) чувстви́тельность

**pathway** ['pɑːθweɪ] *n* 1) тропа́; тропи́нка; доро́жка; доро́га, путь 2) траекто́рия 3) *тех.* мостки́ для сообще́ния, рабо́чий мосто́к

**patience** ['peɪʃəns] *n* 1) терпе́ние, терпели́вость; I have no ~ with him он меня́ выво́дит из терпе́ния; I am out of ~ with him я потеря́л с ним вся́кое терпе́ние 2) насто́йчивость 3) *карт.* пасья́нс; to play ~ раскла́дывать пасья́нс ◇ the ~ of Job ≅ а́нгельское терпе́ние

**patient** ['peɪʃənt] **1.** *a* 1) терпели́вый; he is ~ under adversity он терпели́во перено́сит несча́стье 2) упо́рный; насто́йчивый 3) те́рпящий, допуска́ющий (of); the facts are ~ of various interpretations фа́кты допуска́ют разли́чное толкова́ние

**2.** *n* пацие́нт, больно́й

**patina** ['pætɪnə] *n* пати́на (*налёт на бронзе*), чернь

**patio** ['pætɪəu] *исп. n* (*pl* -os [-əuz]) вну́тренний дво́рик; па́тио

**patois** ['pætwɑː] *фр. n* ме́стный го́вор

**patresfamilias** ['peɪtriːzfə'mɪlɪæs] *pl от* paterfamilias

**patriarch** ['peɪtrɪɑːk] *n* 1) глава́ ро́да, общи́ны, семьи́; старе́йшина, патриа́рх 2) родонача́льник; основа́тель 3) *церк.* патриа́рх

**patriarchal** [ˌpeɪtrɪˈɑːkəl] *a* 1) патриарха́льный 2) *церк.* патриа́рший 3) почте́нный

**patriarchate** [ˈpeɪtrɪɑːkɪt] *n церк.* 1) патриа́ршество 2) резиде́нция патриа́рха; патриа́рхия

**patriarchy** [ˈpeɪtrɪɑːkɪ] *n* 1) патриарха́т 2) = patriarchate 1)

**patrician** [pəˈtrɪʃən] **1.** *n* 1) патри́ций 2) аристокра́т

**2.** *a* 1) патрициа́нский 2) аристократи́ческий

**patricidal** [ˌpætrɪˈsaɪdl] = parricidal

**patricide** [ˈpætrɪsaɪd] *n* 1) отцеуби́йство 2) отцеуби́йца

**patrimonial** [ˌpætrɪˈməunjəl] *a* родово́й, насле́дственный

**patrimony** [ˈpætrɪmənɪ] *n* 1) родово́е, насле́дственное име́ние, во́тчина 2) насле́дство 3) насле́дие

**patriot** [ˈpeɪtrɪət] *n* патрио́т

**patriotic** [ˌpætrɪˈɔtɪk] *a* патриоти́ческий; the Great P. War Вели́кая Оте́чественная война́

**patriotism** [ˈpætrɪətɪzm] *n* патриоти́зм

**patristic** [pəˈtrɪstɪk] *a* принадлежа́щий «отца́м це́ркви»

**patrol** [pəˈtrəul] **1.** *n* 1) *воен.* дозо́р; разъе́зд; патру́ль; on ~ в дозо́ре 2) патрули́рование 3) *attr.* патру́льный, дозо́рный; сторожево́й; ~-dog сторожева́я соба́ка; ~ wagon *амер.* тюре́мная каре́та

**2.** *v* 1) патрули́ровать; охраня́ть 2) стоя́ть на стра́же; надзира́ть 3) *ав.* барражи́ровать

**patrol-bomber** [pəˈtrəulˌbɔmə] *n воен.* патру́льный бомбардиро́вщик

**patrolman** [pəˈtrəulmæn] *n амер.* полице́йский

**patron** [ˈpeɪtrən] *n* 1) покрови́тель, патро́н, шеф; засту́пник 2) постоя́нный покупа́тель, клие́нт; постоя́нный посети́тель

**patronage** [ˈpætrənɪdʒ] *n* 1) покрови́тельство, попечи́тельство, ше́фство; засту́пничество 2) клиенту́ра; постоя́нные покупа́тели *или* посети́тели 3) покрови́тельственное отноше́ние 4) ча́стная фина́нсовая подде́ржка (*учреждений, предприятий, отдельных лиц и т. п.*)

**patroness** [ˈpeɪtrənɪs] *n* покрови́тельница, патроне́сса; засту́пница

**patronize** [ˈpætrənaɪz] *n* 1) покрови́тельствовать, опека́ть 2) относи́ться свысока́, покрови́тельственно, снисходи́тельно 3) быть постоя́нным покупа́телем *или* посети́телем 4) ока́зывать ча́стную фина́нсовую подде́ржку (*учреждениям, предприятиям, отдельным лицам и т. п.*)

**patronymic** [ˌpætrəˈnɪmɪk] **1.** *a* 1) образо́ванный от и́мени отца́, пре́дка (*об имени*) 2) ука́зывающий на происхожде́ние (*о префиксе или суффиксе, как напр.*: Mac-, O', -son)

**2.** *n* 1) фами́лия, образо́ванная от и́мени пре́дка; родово́е и́мя 2) о́тчество

**patten** [ˈpætn] *n* 1) деревя́нный башма́к; башма́к на то́лстой деревя́нной подо́шве, закреплённой металли́ческим кольцо́м (*для ходьбы по грязи*) 2) *стр.* ба́за коло́нны

**patter** I [ˈpætə] **1.** *n* 1) усло́вный язы́к, жарго́н 2) говоро́к; скорогово́рка 3) *разг.* речитати́вные вста́вки в пе́сню; репри́за 4) *разг.* болтовня́, краснобáйство

**2.** *v* говори́ть скорогово́ркой; тарато́рить; бормота́ть (*часто молитвы*)

**patter** II [ˈpætə] **1.** *n* 1) стук (*дождевых капель*) 2) топота́ние, лёгкий то́пот

**2.** *v* 1) бараба́нить, стуча́ть (*о дождевых каплях*) 2) топота́ть, семени́ть (*о ребёнке*)

**pattern** [ˈpætən] **1.** *n* 1) образе́ц, приме́р 2) моде́ль, шабло́н 3) обра́зчик 4) вы́кройка; to take a ~ of скопи́ровать; снять вы́кройку с *чего-л.* 5) рису́нок, узо́р (*на материи и т. п.*) 6) систе́ма, структу́ра; ~ of life о́браз жи́зни; ~ of trade структу́ра *или* хара́ктер торго́вли, систе́ма торго́вых свя́зей 7) стиль, хара́ктер (*литературного произведения и т. п.*) 8) *амер.* отре́з, купо́н на пла́тье 9) *метал.* моде́ль (*для литья*) 10) *attr.* образцо́вый, приме́рный

**2.** *v* 1) де́лать по образцу́, копи́ровать (after, on, upon) 2) украша́ть узо́ром 3) *редк.* сле́довать приме́ру (by)

**pattern-maker** [ˈpætənˌmeɪkə] *n метал.* моде́льщик

**pattern-shop** [ˈpætənʃɔp] *n метал.* моде́льный цех, моде́льная мастерска́я

**patty** [ˈpætɪ] *n* пирожо́к; лепёшечка

**pattypan** [ˈpætɪpæn] *n* фо́рма для пирожко́в

**paucity** [ˈpɔːsɪtɪ] *n* 1) малочи́сленность, ма́лое коли́чество 2) недоста́точность

**paunch** [pɔːntʃ] *n* 1) живо́т, пу́зо; брюшко́ 2) пе́рвый желу́док, рубе́ц (*у жвачных*)

**paunchy** [ˈpɔːntʃɪ] *a* с брюшко́м

**pauper** [ˈpɔːpə] *n* 1) бедня́к, ни́щий 2) живу́щий на посо́бие по бе́дности

**pauperism** [ˈpɔːpərɪzm] *n* нищета́, пауπери́зм

**pauperization** [ˌpɔːpəraɪˈzeɪʃən] *n* обнища́ние, пауπериза́ция

**pauperize** [ˈpɔːpəraɪz] *v* доводи́ть до нищеты́

**pause** [pɔːz] **1.** *n* 1) па́уза, переры́в; остано́вка; переме́на, переды́шка 2) замеша́тельство; to give ~ to приводи́ть в замеша́тельство; at ~ в нереши́тельности, неподви́жно; мо́лча 3) *лит.* цезу́ра 4) *муз.* ферма́та

**2.** *v* 1) де́лать па́узу, остана́вливаться (on, upon); to ~ upon smth. задержа́ться на чём-л.; to ~ upon a note продли́ть но́ту 2) находи́ться в нереши́тельности; ме́длить

**pave** [peɪv] *v* 1) мости́ть, зама́щивать 2) выстила́ть (*пол*) 3) устила́ть, усе́ивать (*цветами и т. п.*) ◇ to ~ the way прокла́дывать путь, подготовля́ть по́чву (for, to — для *проведения чего-л.*)

**pavement** [ˈpeɪvmənt] *n* 1) тротуа́р, пане́ль 2) пол, вы́ложенный моза́икой *и т. п.* 3) *амер.* мостова́я 4) доро́жное покры́тие 5) *горн.* по́чва ◇ on the ~ без приста́нища, на у́лице

**pavement-artist** [ˈpeɪvməntˌɑːtɪst] *n* худо́жник, рису́ющий на тротуа́ре (*чтобы заработать на жизнь*)

**paver** [ˈpeɪvə] *n* 1) мости́льщик 2) ка́мень, кирпи́ч *и т. п.* для моще́ния 3) *стр.* доро́жный бетоноукла́дчик

**pavilion** [pəˈvɪljən] **1.** *n* 1) пала́тка, шатёр 2) павильо́н; бесе́дка 3) ле́тний конце́ртный *или* танцева́льный зал 4) ко́рпус (*больничный, санаторный*)

**2.** *v* 1) укрыва́ть(ся) (*в павильоне, палатке и т. п.*) 2) стро́ить павильо́ны; разбива́ть пала́тки

**paving** [ˈpeɪvɪŋ] **1.** *pres. p. от* pave

**2.** *n* 1) мостова́я; доро́жное покры́тие 2) материа́л для мостово́й 3) *attr.*: ~ stone булы́жник; брусча́тка

**pavonine** [ˈpævənaɪn] *a* 1) павли́ний 2) ра́дужный

**paw** [pɔː] **1.** *n* 1) ла́па 2) *разг.* рука́; по́черк

**2.** *v* 1) тро́гать, скрести́ ла́пой 2) бить копы́том (*о лошади*) 3) *разг.* хвата́ть рука́ми, ла́пать, ша́рить (*часто* ~ over)

**pawky** [ˈpɔːkɪ] *a шотл.* лука́вый, ирони́ческий

**pawl** [pɔːl] **1.** *n* 1) *тех.* соба́чка; предохрани́тель 2) *мор.* пал (*у шпиля*)

**2.** *v тех.* выключа́ть посре́дством соба́чки

**pawn** I [pɔːn] *n шахм.* пе́шка (*тж. перен.*)

**pawn** II [pɔːn] **1.** *n* 1) зало́г, закла́д; in (*или* at) ~ в закла́де

**2.** *v* 1) закла́дывать, отдава́ть в зало́г 2) руча́ться; to ~ one's word дава́ть сло́во; to ~ one's life руча́ться жи́знью

**pawnbroker** [ˈpɔːnˌbrəukə] *n* ростовщи́к, ссужа́ющий де́ньги под зало́г; at the ~'s в ломба́рде

**pawnee** [pɔːˈniː] *n юр.* залогодержа́тель

**pawnshop** [ˈpɔːnʃɔp] *n* ломба́рд

**pax** [pæks] *лат.* **1.** *n* мир; си́мвол ми́ра

**2.** *int школ. жарг.* мир!, переми́рие!; чур-чура́!, чур меня́!; ти́ше!

**pay** I [peɪ] **1.** *n* 1) пла́та, вы́плата, упла́та; *воен.* де́нежное содержа́ние, де́нежное дово́льствие; what is the ~? како́е жа́лованье?; in the ~ of smb. на жа́лованье у кого́-л., на́нятый кем-л.; take-home ~ *амер. разг.* зарпла́та, получа́емая рабо́чим на́ руки (*после вычетов*); call ~ гаранти́рованный ми́нимум зарпла́ты (*при вынужденном простое*) 2) распла́та, возме́здие 3) плате́льщик до́лга; good ~ *разг.* испра́вный плате́льщик 4) *attr. амер.* пла́тный 5) *attr.* рента́бельный, вы́годный для разрабо́тки; промы́шленный (*о месторождении*)

**2.** *v* (paid) 1) плати́ть (for — за *что-л.*) 2) упла́чивать (*долг, налог*); опла́чивать (*работу, счёт*) 3) вознагражда́ть, отпла́чивать; возмеща́ть 4) окупа́ться, быть вы́годным; приноси́ть дохо́д; it will never ~ to work this mine разрабо́тка э́того рудника́ не оку́пится; the shares ~ 5 per cent а́кции прино́сят 5% дохо́да 5) поплати́ться; who breaks ~s ≅ сам завари́л ка́шу, сам и расхлёбывай; вино́вный до́лжен поплати́ться 6) ока́зывать, обраща́ть (*внимание*; to — на); свиде́тельствовать (*почтение*); де́лать (*комплимент*); наноси́ть (*визит*); to ~ serious consideration обраща́ть серьёзное внима́ние; ~ attention to what I tell you слу́шайте, что я вам говорю́; he ~s attention (*или* his addresses, court) to her он уха́живает за ней; he went to ~ his respects to them он пошёл засвиде́тельствовать им своё почте́ние □ ~ **away** = ~ out в); ~ **back** а) возвраща́ть (*деньги*); б) отпла́чивать; ~ **down** плати́ть нали́чными; ~ **for** а) опла́чивать; окупа́ть; it has been paid for за э́то бы́ло упла́чено; б) поплати́ться; ~ **in** вноси́ть на теку́щий счёт; ~ **off** а) распла́чиваться сполна́; рассчи́тываться с *кем-л.*; покрыва́ть (*долг*); окупи́ться; to ~ off handsomely приноси́ть изря́дные бары́ши, дава́ть большу́ю при́быль; б) отплати́ть, отомсти́ть; в) распуска́ть (*команду корабля*); увольня́ть (*рабочих*); г) *мор.* уклоня́ться, ува́ливаться под ве́тер; ~ **out** а) выпла́чивать; б) отпла́чивать; в) *мор.* (*past и p. p. тж.* payed) трави́ть; ~ **up** а) выпла́чивать сполна́ (*недоимку и т. п.*); б) выпла́чивать во́время ◇ to ~ for a dead horse плати́ть за что-л., потеря́вшее свою́ це́ну; броса́ть де́ньги на ве́тер; to ~ one's way жить по сре́дствам

**pay** II [peɪ] *v мор.* смоли́ть

**payable** [ˈpeɪəbl] *a* 1) подлежа́щий упла́те 2) дохо́дный, вы́годный; промы́шленный (*о рудном месторождении и т. п.*) 3) *редк.* могу́щий быть упла́ченным

**pay-as-you-go** [ˈpeɪəzjuˈgəu] *a*: on a ~ basis на осно́ве неме́дленной опла́ты расхо́дов; ~ taxation взима́ние нало́гов по ме́ре поступле́ния дохо́дов

**pay-bill** [ˈpeɪbɪl] = pay-sheet

**pay-box** [ˈpeɪbɔks] *n* театра́льная ка́сса

**pay-day** [ˈpeɪdeɪ] *n* день платежа́, платёжный день; день вы́платы жа́лованья

**pay-desk** [ˈpeɪdesk] = pay-office

**pay-dirt** [ˈpeɪˈdə:t] *n горн.* бога́тая ру́дная полоса́; бога́тая струя́ в ро́ссыпи

**payee** [peɪˈi:] *n* получа́тель (*денег*); предъяви́тель че́ка (*или* ве́кселя)

**pay-envelope** [ˈpeɪˌenvələup] *n* конве́рт с за́работной пла́той; полу́чка

**payer** [ˈpeɪə] *n* плате́льщик

**paying** I [ˈpeɪɪŋ] **1.** *pres. p. от* pay I, 2

2. *a* вы́годный, дохо́дный; ~ well производи́тельная нефтяна́я сква́жина

**paying** II [ˈpeɪɪŋ] *pres. p. от* pay II

**paying capacity** [ˈpeɪɪŋkəˈpæsɪtɪ] *n* платёжеспосо́бность

**pay-list** [ˈpeɪlɪst] = pay-sheet

**pay load** [ˈpeɪləud] *n* поле́зная нагру́зка; final ~ поле́зная нагру́зка после́дней ступе́ни (*многоступенчатой ракеты*)

**paymaster** [ˈpeɪˌmɑ:stə] *n* касси́р, казначе́й

**paymaster general** [ˈpeɪˌmɑ:stəˈdʒenərəl] *n* гла́вный казначе́й

**payment** [ˈpeɪmənt] *n* 1) упла́та, платёж, пла́та; взнос; interest ~ вы́плата проце́нтов 2) вознагражде́ние; возме́здие

**pay-off** [ˈpeɪˈɔf] *n разг.* 1) вы́плата; компенса́ция 2) вре́мя вы́платы 3) неожи́данный результа́т; развя́зка (*событий и т. п.*) 4) вруче́ние взя́тки

**pay-office** [ˈpeɪˌɔfɪs] *n воен.* выплатно́й пункт

**pay-out** [ˈpeɪˈaut] *n* вы́плата

**pay-packet** [ˈpeɪˌpækɪt] = pay-envelope

**pay phone** [ˈpeɪfəun] *n амер.* телефо́н-автома́т

**pay-roll** [ˈpeɪrəul] = pay-sheet; to be off the ~ быть безрабо́тным *или* уво́ленным ◇ ~ stuffer пла́тный писа́ка

**pay-sheet** [ˈpeɪʃi:t] *n* платёжная ве́домость

**pea** [pi:] *n* 1) горо́х; горо́шина; split ~s лущёный горо́х 2) = pea-jacket ◇ as like as two ~s ≅ как две ка́пли воды́

**peace** [pi:s] *n* 1) мир; ~ of the world мир во всём ми́ре; ~ with honour почётный мир; at ~ with в ми́ре с; to make ~ а) заключа́ть мир; б) мири́ть(ся); to make one's ~ with smb. мири́ться с кем-л. 2) споко́йствие, тишина́, обще́ственный поря́док (*тж.* the ~); ~ of mind споко́йствие ду́ха; ~! ти́ше! замолчи́те!; to hold one's ~ а) молча́ть; б) соблюда́ть споко́йствие; in ~ в поко́е; to keep the ~ сохраня́ть мир; соблюда́ть поря́док 3) мир, поко́й; may he rest in ~! мир пра́ху его́! 4) (*обыкн.* P.) ми́рный догово́р 5) *attr.* ми́рный; ~ treaty ми́рный догово́р; ~ movement движе́ние сторо́нников ми́ра; ~ campaigner боре́ц за мир, сторо́нник ми́ра; ~ establishment *воен.* шта́ты ми́рного вре́мени ◇ to be sworn of the ~ быть назна́ченным мировы́м судьёй; commission of the ~ а) пате́нт на зва́ние мирово́го судьи́; б) колле́гия мировы́х суде́й

**peaceable** [ˈpi:səbl] *n* миролюби́вый, ми́рный

**peaceful** [ˈpi:sful] *a* ми́рный, споко́йный; ~ way ми́рный путь

**peace-lover** [ˈpi:sˌlʌvə] *n* сторо́нник ми́ра

**peace-loving** [ˈpi:sˌlʌvɪŋ] *a* миролюби́вый

**peacemaker** [ˈpi:sˌmeɪkə] *n* 1) примири́тель, миротво́рец 2) *шутл.* револьве́р 3) *шутл.* вое́нное су́дно *и т. п.*

**peace-minded** [ˈpi:sˈmaɪndɪd] *a* миролюби́вый

**peacenik** [ˈpi:snɪk] *n амер.* сторо́нник ми́ра

**peace-offering** [ˈpi:sˌɔfərɪŋ] *n* 1) умилостиви́тельная же́ртва 2) искупи́тельная же́ртва

**peace-officer** [ˈpi:sˌɔfɪsə] *n* блюсти́тель поря́дка (*полицейский, шериф*)

**peace-pipe** [ˈpi:spaɪp] *n* тру́бка ми́ра

**peace-time** [ˈpi:staɪm] *n* 1) ми́рное вре́мя 2) *attr.* относя́щийся к ми́рному вре́мени; ми́рного вре́мени; ~ industries гражда́нские о́трасли промы́шленности; ~ strength чи́сленность а́рмии ми́рного вре́мени

**peach** I [pi:tʃ] *n* 1) пе́рсик 2) пе́рсиковое де́рево 3) *разг.* «пе́рвый сорт» 4) *разг.* красо́тка 5) *attr.* пе́рсиковый

**peach** II [pi:tʃ] *v школ. жарг.* ябедничать, доноси́ть (against, on, upon — на *сообщника*)

**peach-coloured** [ˈpi:tʃˌkʌləd] *a* пе́рсикового цве́та

**pea-chick** [ˈpi:tʃɪk] *n* молодо́й павли́н *или* -а́я па́ва

**peach stone** [ˈpi:tʃstəun] *n мин.* хлори́товый сла́нец

**peach-tree** [ˈpi:tʃtri:] *n* пе́рсиковое де́рево

**peachy** [ˈpi:tʃɪ] *a* 1) пе́рсиковый, похо́жий на пе́рсик 2) *разг.* прия́тный, превосхо́дный, отли́чный

**pea coal** [ˈpi:kəul] *n* «горо́шек» (*вид антрацита*)

**pea-coat** [ˈpi:kəut] = pea-jacket

**peacock** [ˈpi:kɔk] **1.** *n* 1) павли́н 2) *attr.* павли́ний ◇ proud as a ~ спеси́вый; ва́жный как павли́н

2. *v* 1) ва́жничать, чва́ниться; задава́ться 2) ва́жно расха́живать; пози́ровать

**peacock blue** [ˈpi:kɔkˈblu:] *n* перели́вчатый си́ний цвет

**peacockery** [pi:ˈkɔkərɪ] *n* чва́нство; позёрство

**peafowl** [ˈpi:faul] *n* павли́н; па́ва

**peahen** [ˈpi:ˈhen] *n* па́ва

**pea-jacket** [ˈpi:ˌdʒækɪt] *n мор.* бушла́т

**peak** I [pi:k] *n* 1) пик; остроконе́чная верши́на; остриё 2) вы́сшая то́чка, ма́ксимум; верши́на (*кривой*); кульминацио́нный пункт 3) козырёк (*кепки, фуражки*) 4) ко́нчик (*бороды*) 5) гре́бень (*волны*) 6) *мор.* концево́й отсе́к; за́дний нок-бе́нзельный у́гол (па́руса) 7) *тех.* ма́ксимум (*нагрузки*)

**peak** II [pi:k] *v* 1) *мор.* ото́пить (*рей*) 2) брать «на валёк» (*вёсла*) 3) поднима́ть хвост пря́мо вверх (*о ките*)

**peak** III [pi:k] *v* ча́хнуть, слабе́ть; to ~ and pine ча́хнуть и томи́ться

**peaked** I [pi:kt] *a* остроконе́чный; ~ cap фура́жка, ке́пка

**peaked** II [pi:kt] **1.** *p. p. от* peak III

2. *a* осу́нувшийся, измождённый

**peaked** III [pi:kt] *p. p. от* peak II

**peaky** I [ˈpi:kɪ] = peaked I

**peaky** II [ˈpi:kɪ] = peaked II, 2

**peal** [pi:l] **1.** *n* 1) звон колоколо́в; трезво́н 2) подбо́р колоколо́в 3) раска́т (*грома*); гро́хот (*орудий*); ~ of laughter взрыв сме́ха

2. *v* 1) раздава́ться, греме́ть, трезво́нить 2) возвеща́ть трезво́ном (*часто* ~ out); to ~ smb.'s fame труби́ть о чьей-л. сла́ве

**peanut** [ˈpiːnʌt] *n* 1) ара́хис, земляно́й оре́х 2) *pl разг.* гроши́, бесце́нок; to get smth. for ~s купи́ть что-л. за бесце́нок 3) *attr.* ара́хисовый ◇ it is not ~s э́то не ме́лочь; ~ politician *амер.* ме́лкий, прода́жный политика́н

**pear** [pɛə] *n* 1) гру́ша 2) гру́шевое де́рево

**pearl** [pəːl] **1.** *n* 1) же́мчуг; Venetian ~ иску́сственный же́мчуг 2) жемчу́жина, перл 3) перламу́тр 4) крупи́нка, зёрнышко 5) ка́пля росы́; слеза́ 6) *полигр.* перл (*шрифт в 5 пунктов*) 7) *attr.* жемчу́жный; перламу́тровый ◇ to cast ~s before swine мета́ть би́сер пе́ред сви́ньями

2. *v* 1) добыва́ть же́мчуг 2) осыпа́ть, украша́ть жемчу́жными ка́плями; ~ed with dew покры́тый жемчу́жными ка́плями росы́ 3) выступа́ть жемчу́жными ка́плями 4) де́лать похо́жим на же́мчуг 5) ру́шить (*ячмень и т. п.*) □ ~ **off** отсе́ивать

**pearl-ash** [ˈpəːlæʃ] = potash

**pearl-barley** [ˈpəːlˈbɑːlɪ] *n* перло́вая крупа́

**pearl-button** [ˈpəːlˈbʌtn] *n* перламу́тровая пу́говица

**pearl-diver** [ˈpəːlˌdaɪvə] *n* иска́тель, лове́ц же́мчуга; водола́з, добыва́ющий же́мчуг

**pearler** [ˈpəːlə] = pearl-fisher

**pearl-fisher** [ˈpəːlˌfɪʃə] *n* лове́ц же́мчуга

**pearl-fishery** [ˈpəːlˌfɪʃərɪ] *n* добыва́ние же́мчуга

**pearlies** [ˈpəːlɪz] *n pl* 1) перламу́тровые пу́говицы 2) *ист.* оде́жда у́личного торго́вца, укра́шенная мно́жеством перламу́тровых пу́говиц

**pearl-oyster** [ˈpəːlˌɔɪstə] *n* жемчу́жница (*моллюск*)

**pearl-powder** [ˈpəːlˌpaudə] *n* жемчу́жные бели́ла (*косметика*)

**pearl-sago** [ˈpəːlˌseɪgəu] *n* са́го (*крупа*)

**pearl-shell** [ˈpəːlʃel] *n* жемчу́жная раковина

**pearl type** [ˈpəːlˈtaɪp] = pearl 1, 6)

**pearl-white** [ˈpəːlwaɪt] = pearl-powder

**pearly** [ˈpəːlɪ] *a* 1) жемчу́жный; похо́жий на же́мчуг 2) жемчу́жного цве́та 3) укра́шенный же́мчугом

**pear-shaped** [ˈpɛəʃeɪpt] *a* грушеви́дный

**peart** [pɪət] *a диал.* 1) в хоро́шем расположе́нии ду́ха, весёлый, оживлённый 2) сообрази́тельный, бы́стро схва́тывающий

**pear-tree** [ˈpɛətriː] *n* гру́шевое де́рево

**peasant** [ˈpezənt] *n* 1) крестья́нин 2) *attr.* крестья́нский, се́льский; ~ woman крестья́нка

**peasantry** [ˈpezəntrɪ] *n* крестья́нство

**pease** [piːz] *n* 1) горо́х 2) *attr.* горо́ховый

**peashooter** [ˈpiːˌʃuːtə] *n* игру́шечное (духово́е) ружьё

**pea soup** [ˈpiːˈsuːp] *n* горо́ховый суп

**pea-souper** [ˈpiːˌsuːpə] *n разг.* густо́й жёлтый тума́н

**pea-soupy** [ˈpiːˈsuːpɪ] *a разг.* густо́й и жёлтый (*о тумане*)

**peat** [piːt] *n* 1) торф 2) брике́т то́рфа 3) *attr.* торфяно́й

**peatbog** [ˈpiːtˈbɔg] *n* торфя́ник, торфяно́е боло́то

**peat-coal** [ˈpiːtkəul] *n* торфяно́й у́голь

**peatery** [ˈpiːtərɪ] *n* торфяни́к

**peat-hag** [ˈpiːthæg] *n* забро́шенные *или* вы́работанные торфяны́е разрабо́тки

**pea-time** [ˈpiːtaɪm] *n амер.*: the last of ~ после́дний эта́п (*чего-л.*); коне́ц жи́зни; ~'s past де́ло ко́нчено

**peatman** [ˈpiːtmən] *n* 1) рабо́чий-торфяни́к 2) продаве́ц то́рфа

**peatmoss** [ˈpiːtˈmɔs] *n* торфяно́й мох, сфа́гнум

**peaty** [ˈpiːtɪ] *a* торфяно́й; похо́жий на торф

**pebble** [ˈpebl] **1.** *n* 1) голы́ш, га́лька 2) го́рный хруста́ль, употребля́емый для очко́в 3) ли́нза из го́рного хрусталя́ ◇ not the only ~ on the beach ≅ на нём, на ней *и т. п.* свет кли́ном не сошёлся

2. *v* мости́ть булы́жником; посыпа́ть га́лькой

**pebblestone** [ˈpeblstəun] = pebble 1, 1)

**pebbly** [ˈpeblɪ] *a* покры́тый га́лькой

**pecan** [pɪˈkæn] *n бот.* оре́х пека́н

**peccability** [ˌpekəˈbɪlɪtɪ] *n* гре́шность, грехо́вность

**peccable** [ˈpekəbl] *a* гре́шный, грехо́вный

**peccadillo** [ˌpekəˈdɪləu] *n* (*pl* -oes, -os [-əuz]) грешо́к; пустя́чный просту́пок

**peccancy** [ˈpekənsɪ] *n* 1) гре́шность, грехо́вность 2) грех, прегреше́ние; просту́пок

**peccant** [ˈpekənt] *a* 1) гре́шный, грехо́вный 2) непра́вильный; the ~ string детони́рующая струна́ 3) вызыва́ющий боле́знь; нездоро́вый, вре́дный

**peccary** [ˈpekərɪ] *n* пе́кари (*разновидность американской дикой свиньи*)

**peck I** [pek] *n* 1) ме́ра сыпу́чих тел (= $^1/_4$ *бушеля или 9,08 л*) 2) мно́жество, ма́сса, ку́ча; a ~ of troubles ма́сса неприя́тностей

**peck II** [pek] **1.** *n* 1) клево́к 2) *шутл.* лёгкий поцелу́й 3) *разг.* пи́ща, еда́

2. *v* 1) клева́ть (at), долби́ть клю́вом; to ~ a hole продолби́ть ды́рку 2) *шутл.* чмо́кнуть 3) *разг.* отщи́пывать (*пищу*); ма́ло есть 4) копа́ть кирко́й (*обыкн.* ~ up, ~ down)

**pecker** [ˈpekə] *n* 1) пти́ца, кото́рая долби́т (*обыкн. в сложных словах, напр.*: wood-~ дя́тел) 2) кирка́ 3) *разг.* клюв; нос; keep your ~ up! не ве́шай но́са! 4) *разг.* едо́к, обжо́ра

**peckish** [ˈpekɪʃ] *a разг.* голо́дный; to feel ~ проголода́ться

**Pecksniff** [ˈpeksnɪf] *n* еле́йный лицеме́р (*по имени персонажа из романа Диккенса «Мартин Чезлвит»*)

**pectin** [ˈpektɪn] *n хим.* пекти́н

**pectinate, pectinated** [ˈpektɪnɪt, ˈpektɪneɪtɪd] *a бот., зоол.* гребе́нчатый

**pectination** [ˌpektɪˈneɪʃən] *n* гребе́нчатость; гре́бень

**pectoral** [ˈpektərəl] **1.** *n* 1) нагру́дное украше́ние 2) *pl* грудны́е плавники́

2. *a* 1) грудно́й; относя́щийся к грудно́й кле́тке 2) де́йствующий на о́рганы грудно́й кле́тки 3) иду́щий от души́; субъекти́вный, вну́тренний 4) нагру́дный; *церк.* напе́рсный

**peculate** [ˈpekjuleɪt] *v* присва́ивать, растра́чивать обще́ственные де́ньги

**peculation** [ˌpekjuˈleɪʃən] *n* растра́та, казнокра́дство

**peculator** [ˈpekjuleɪtə] *n* растра́тчик, казнокра́д, расхити́тель

**peculiar** [pɪˈkjuːljə] **1.** *a* 1) специфи́ческий; осо́бенный, своеобра́зный; необы́чный; a point of ~ interest моме́нт, представля́ющий осо́бый интере́с; ~ properties осо́бенности 2) принадлежа́щий *или* сво́йственный исключи́тельно (to — *кому-л.*, *чему-л.*); ли́чный, со́бственный; индивидуа́льный; my own ~ property моё ли́чное иму́щество 3) стра́нный, эксцентри́чный; he has ~ ways он со стра́нностями ◇ P. People *рел.* «и́збранный наро́д»

2. *n* 1) ли́чная со́бственность 2) осо́бая привиле́гия

**peculiarity** [pɪˌkjuːlɪˈærɪtɪ] *n* 1) специфи́чность; осо́бенность 2) ли́чное ка́чество, сво́йство; характе́рная черта́ 3) стра́нность

**peculiarly** [pɪˈkjuːljəlɪ] *adv* 1) осо́бенно; бо́льше обы́чного 2) стра́нно 3) ли́чно; he is ~ interested in that affair он ли́чно заинтересо́ван в э́том де́ле

**pecuniary** [pɪˈkjuːnjərɪ] *a* 1) де́нежный; ~ aid де́нежная по́мощь 2) пресле́дующий материа́льные интере́сы; и́щущий вы́годы 3) облага́емый штра́фом

**pedagogic(al)** [ˌpedəˈgɔdʒɪk(əl)] *a* педагоги́ческий

**pedagogics** [ˌpedəˈgɔdʒɪks] *n pl* (*употр. как sing*) педаго́гика

**pedagogue** [ˈpedəgɔg] *n* 1) учи́тель, педаго́г (*обыкн. неодобр.*) 2) педа́нт

**pedagogy** [ˈpedəgɔdʒɪ] *n* педаго́гика

**pedal** [ˈpedl] **1.** *n* педа́ль; ножно́й рыча́г

2. *a* 1) педа́льный 2) *анат., зоол.* ножно́й

3. *v* 1) нажима́ть педа́ли, рабо́тать педа́лями 2) е́хать на велосипе́де

**pedant** [ˈpedənt] *n* 1) педа́нт 2) доктринёр

**pedantic** [pɪˈdæntɪk] *a* педанти́чный

**pedantry** [ˈpedəntrɪ] *n* педанти́чность, педанти́зм

**peddle** [ˈpedl] *v* 1) торгова́ть вразно́с 2) занима́ться пустяка́ми, разме́ниваться на ме́лочи

**peddler** [ˈpedlə] = pedlar

**peddlery** [ˈpedlərɪ] = pedlary

**peddling** [ˈpedlɪŋ] **1.** *pres. p. от* peddle

2. *n* ме́лочная торго́вля

3. *a* 1) мéлочный 2) пустякóвый, несущéственный

**pedestal** [ˈpedɪstl] **1.** *n* 1) пьедестáл, поднóжие, подстáвка, цóколь 2) основáние, бáза (*колонны*) 3) тýмба у пи́сьменного столá

2. *v* стáвить, водружáть на пьедестáл

**pedestrian** [pɪˈdestrɪən] **1.** *a* 1) пéший, пешехóдный; ~ crossing мéсто перехóда пешехóдов чéрез ýлицу 2) прозаи́ческий, скýчный

2. *n* 1) пешехóд 2) учáстник соревновáний по спорти́вной ходьбé

**pediatrics** [ˌpiːdɪˈætrɪks] *n pl* (*употр. как sing*) педиатри́я

**pedicel** [ˈpedɪsəl] *n бот.* стебелёк, (цвето)нóжка

**pedicellate** [ˈpedɪsəleɪt] *a бот.* стебелькóвый, стеблевóй

**pedicle** [ˈpedɪkl] = pedicel

**pedicular** [pɪˈdɪkjulə] *a* вши́вый

**pediculous** [pɪˈdɪkjuləs] = pedicular

**pedicure** [ˈpedɪkjuə] **1.** *n* педикю́р

2. *v* дéлать педикю́р

**pedigree** [ˈpedɪgriː] *n* 1) родослóвная, генеалóгия 2) происхождéние; этимолóгия (*слова*) 3) *attr.* племеннóй (*о скоте*)

**pedigreed** [ˈpedɪgriːd] *a* порóдистый

**pediment** [ˈpedɪmənt] *n архит.* фронтóн

**pedlar** [ˈpedlə] *n* 1) коробéйник, разнóсчик 2) разнóсчик сплéтен, сплéтник ◇ ~'s French воровскóй жаргóн

**pedlary** [ˈpedlərɪ] *n* 1) торгóвля вразнóс 2) товáры ýличного торгóвца; мéлкий товáр

**pedology** I [pɪˈdɔlədʒɪ] = paedology

**pedology** II [pɪˈdɔlədʒɪ] *n* почвовéдение

**pedometer** [pɪˈdɔmɪtə] *n* шагомéр

**peduncle** [pɪˈdʌŋkl] *n бот.* цветонóжка; плодонóжка

**peduncular, pedunculate** [pɪˈdʌŋkjulə, -lɪt] *a бот.* снабжённый нóжкой, стебелькóм

**peek** [piːk] **1.** *n* взгляд укрáдкой; бы́стрый взгляд

2. *v* загля́дывать (*обыкн.* ~ in); выгля́дывать (*обыкн.* ~ out)

**peek-a-boo** [ˈpiːkəˈbuː] *n* «ку-кý» (*игра в прятки с ребёнком*)

**peel** I [piːl] **1.** *n* кóрка, кóжица, шелухá

2. *v* 1) снимáть кóрку, кóжицу, шелухý; очищáть (*фрукты, овощи*) 2) шелуши́ться, лупи́ться, сходи́ть (*о коже; тж.* ~ off) 3) *разг.* раздевáть(-ся)

**peel** II [piːl] *n ист.* четырёхугóльная бáшня на грани́це Áнглии и Шотлáндии

**peel** III [piːl] *n* пéкарская лопáта

**peeler** I [ˈpiːlə] *n* инструмéнт *или* маши́на для удалéния шелухи́, коры́ *и т. п.*; шелуши́льная маши́на

**peeling** [ˈpiːlɪŋ] **1.** *pres. p. от* peel I, 2

2. *n* 1) кóрка, кóжа, шелухá; potato ~s картóфельные очи́стки 2) отслáивание

**peep** I [piːp] **1.** *n* 1) взгляд укрáдкой; to get a ~ of уви́деть; to have (*или* to take) a ~ at smth. взглянýть на что-л. 2) пéрвое появлéние; прóблеск; ~ of day (*или* of dawn, of morning) рассвéт 3) сквáжина, щель ◇ without a ~ с мéста в карьéр, срáзу же, с ходý

2. *v* 1) загля́дывать; смотрéть при щýрясь (at, into); смотрéть сквозь мáленькое отвéрстие (through); подгля́дывать 2) прогля́дывать, появля́ться, выгля́дывать (*о солнце*) 3) проявля́ться (*о качестве и т. п.*; *часто* ~ out) ▭ ~ **into** загля́дывать, заходи́ть (*куда-л.*); ~ **out** выгля́дывать

**peep** II [piːp] **1.** *n* писк; чири́канье

2. *v* чири́кать; пищáть

**peeper** [ˈpiːpə] *n* 1) подсмáтривающий; соглядáтай 2) (*обыкн. pl*) *жарг.* глазá, глядéлки

**peep-hole** [ˈpiːphəul] *n* глазóк; смотровóе отвéрстие *или* -áя щель

**Peeping Tom** [ˈpiːpɪŋˈtɔm] *n* 1) чрезмéрно любопы́тный человéк 2) *воен. жарг.* радиолокáтор

**peep-show** [ˈpiːpʃəu] *n* кинетоскóп

**peer** I [pɪə] **1.** *n* 1) рóвня, рáвный; you will not find his ~ вы не найдёте рáвного емý; without ~ несравнéнный; to be tried by one's ~s быть суди́мым рáвными (себé по рáнгу) 2) пэр, лорд

2. *v* дéлать пэ́ром

**peer** II [pɪə] *v* 1) вгля́дываться, всмáтриваться (at, into, through) 2) покáзываться, прогля́дывать, выгля́дывать (*о солнце*)

**peerage** [ˈpɪərɪdʒ] *n* 1) cослóвие пэ́ров; знать 2) звáние пэ́ра 3) кни́га пэ́ров

**peeress** [ˈpɪərɪs] *n* супрýга пэ́ра, лéди

**peerless** [ˈpɪəlɪs] *a* несравнéнный, бесподóбный

**peeve** [piːv] *разг.* **1.** *n* 1) раздражéние, раздражённое состоя́ние 2) жáлоба ◇ my pet ~ ≅ люби́мая мозóль, больнóе мéсто

2. *v* (*обыкн. p. p.*) раздражáть, надоедáть

**peeved** [piːvd] **1.** *p. p. от* peeve 2

2. *a разг.* раздражённый

**peevish** [ˈpiːvɪʃ] *a* 1) сварли́вый, раздражи́тельный, брюзгли́вый 2) капри́зный, неужи́вчивый 3) свидéтельствующий о дурнóм харáктере, настроéнии *и т. п.* (*о замечании, взгляде и т. п.*)

**peewit** [ˈpiːwɪt] = pewit

**peg** [peg] **1.** *n* 1) кóлышек; деревя́нный гвоздь; зату́чка, втýлка (*бочки*) 2) вéшалка; крючóк (*вешалки*) 3) джин с сóдовой водóй 4) *разг.* зуб 5) *разг.* ногá 6) *разг.* деревя́нная ногá 7) колóк (*музыкального инструмента*) 8) *тех.* нáгель, шпи́лька, штифт, чекá ◇ a ~ to hang a thing on предлóг, зацéпка, тéма (*для речи и т. п.*); to take smb. down a ~ or two осади́ть когó-л., сбить спесь с когó-л.; to come down a ~ сбáвить тон; a round ~ in a square hole, a square ~ in a round hole человéк не на своём мéсте; to buy (clothes) off the ~ покупáть готóвое (плáтье)

2. *v* 1) прикрепля́ть кóлышком (*обыкн.* ~ down, ~ in, ~ out) 2) *бирж.* искýсственно поддéрживать цéну на однóм ýровне; охраня́ть от колебáний (*курс, цену*) 3) *разг.* швыря́ть, бросáть 4) протыкáть ▭ ~ **at** *разг.* цéлиться во *что-л.*; бросáть камня́ми в; ~ **away** упóрно, настóйчиво добивáться; упóрно рабóтать, корпéть (at); ~ **down** а) закрепля́ть кóлышками; б) свя́зывать, стесня́ть, ограни́чивать; ~ **in(to)** вбивáть, вколáчивать; ~ **out** а) отмечáть кóлышками (*участок*); б) уби́ть шар (*в крокете в конце игры*); в) *разг.* вы́дохнуться; умерéть; г) *разг.* разори́ться; быть разорённым

**pegamoid** [ˈpegəmɔɪd] *n* пегамóид (*искусственная кожа*)

**Pegasus** [ˈpegəsəs] *n* 1) *греч. миф.* Пегáс 2) *перен.* поэти́ческое вдохновéние

**pegging** [ˈpegɪŋ] **1.** *pres. p. от* peg 2

2. *n* 1) кóлья; материáл для кóльев 2) закреплéние кóльями *или* кóлышками 3): ~ of prices искýсственное поддержáние цен на определённом ýровне

**pegmatite** [ˈpəgmətaɪt] *n мин.* пегмати́т

**peg-top** [ˈpegtɔp] *n* юлá, волчóк (*игрушка*)

**peignoir** [ˈpeɪnwɑː] *фр. n* пеньюáр

**pejorative** [ˈpiːdʒərətɪv] *a* уничижи́тельный

**Pekinese, Pekingese** I [ˌpiːkɪˈniːz, ˌpiːkɪŋˈiːz] **1.** *a* пеки́нский

2. *n* жи́тель Пеки́на

**Pekinese, Pekingese** II [ˌpiːkɪˈniːz, ˌpiːkɪŋˈiːz] *n* китáйский мопс (*порода собак*)

**pekoe** [ˈpiːkəu] *кит. n* вы́сший сорт чёрного чáя

**pelage** [ˈpelɪdʒ] *n* мех, шкýра, шерсть (*животных*)

**pelagian** [pɪˈleɪdʒɪən] **1.** *a* пелаги́ческий, морскóй

2. *n* живóтные и растéния, населя́ющие откры́тое мóре

**pelagic** [peˈlædʒɪk] *a* пелаги́ческий (*о фациях*), морскóй, океани́ческий; ~ sealing охóта на тюлéней в откры́том мóре

**pelargonium** [ˌpeləˈgəunjəm] *n бот.* пеларгóния, гéрань

**pelerine** [ˈpelərіːn] *n* пелери́на

**pelf** [pelf] *n презр.* дéньги, презрéнный метáлл; богáтство

**pelican** [ˈpelɪkən] *n зоол.* пеликáн

**pelisse** [peˈliːs] *n* 1) дли́нная манти́лья; ротóнда 2) дéтское пальтó 3) гусáрский мéнтик

**pellagra** [peˈlægrə] *n мед.* пеллáгра

**pellet** [ˈpelɪt] **1.** *n* 1) шáрик, кáтышек (*из бумаги, хлеба и т. п.*) 2) пилю́ля 3) дроби́нка; пýлька

2. *v* обстрéливать (*бумажными катышками и т. п.*)

**pellicle** [ˈpelɪkl] *n* кóжица, плевá, плёнка

**pell-mell** [ˈpelˈmel] **1.** *n* пýтаница; мешани́на; неразбери́ха

2. *a* беспоря́дочный

3. *adv* 1) беспоря́дочно, вперемёшку, как попа́ло 2) очертя́ го́лову

**pellucid** [pe'lju:sɪd] *a* 1) прозра́чный 2) я́сный, поня́тный

**pelt** I [pelt] *n* 1) шку́ра; ко́жа 2) *шутл.* челове́ческая ко́жа

**pelt** II [pelt] **1.** *n* 1) броса́ние, швыря́ние 2) си́льный уда́р 3) стук дождя́, гра́да ◇ (at) full ~ по́лным хо́дом

**2.** *v* 1) броса́ть (*в кого-л.*), забра́сывать (*камнями, грязью*); обстре́ливать 2) колоти́ть, бараба́нить (*о граде и т. п.*); лить (*о дожде*) 3) обру́шиться (*на кого-л. с упрёками и т. п.*) 4) спеши́ть; бро́ситься, ри́нуться

**peltate** ['pelteɪt] *a бот.* щитови́дный

**pelting** ['peltɪŋ] **1.** *pres. p. от* pelt II, 2

**2.** *a* проливно́й; ~ rain проливно́й дождь

**peltry** ['peltrɪ] *n* 1) меха́, пушни́на 2) шку́рка пушно́го зве́ря

**pelves** ['pelvi:z] *pl от* pelvis

**pelvic** ['pelvɪk] *a анат.* та́зовый

**pelvis** ['pelvɪs] *n* (*pl* -ves) *анат.* 1) таз 2) по́чечная лоха́нка

**Pembroke table** ['pembruk'teɪbl] *n* раскладно́й стол

**pemphigus** ['pemfɪgəs] *n мед.* пузырча́тка, пемфи́гус

**pen** I [pen] **1.** *n* 1) перо́ (*писчее*); ру́чка с перо́м; рейсфе́дер (*чертёжный*); ball point ~ ша́риковая ру́чка; fountain ~ автору́чка 2) литерату́рный стиль; fluent ~ бо́йкое перо́; to live by one's ~ жить литерату́рным трудо́м; to put ~ to paper взя́ться за перо́, нача́ть писа́ть 3) писа́тель; the best ~s of the day лу́чшие совреме́нные писа́тели

**2.** *v* 1) писа́ть перо́м 2) писа́ть, сочиня́ть

**pen** II [pen] **1.** *n* 1) небольшо́й заго́н (*для скота, птицы*) 2) небольша́я огоро́женная площа́дка *и т. п.*; ~ for the accommodation of submarines *мор.* укры́тие для подво́дных ло́док 3) планта́ция, фе́рма (*на Ямайке*) 4) помеще́ние для аресто́ванных при полице́йском уча́стке

**2.** *v* (penned [-d], pent) 1) запира́ть, заключа́ть (*часто* ~ up, ~ in) 2) загоня́ть (*скот*) в заго́н

**pen** III [pen] *n* са́мка ле́бедя

**penal** ['pi:nl] *a* 1) уголо́вный; кара́тельный; ~ servitude ка́торжные рабо́ты 2) уголо́вно наказу́емый (*о преступлении*)

**penalize** ['pi:nəlaɪz] *v* 1) де́лать наказу́емым; нака́зывать; штрафова́ть 2) ста́вить в невы́годное положе́ние 3) *спорт.* штрафова́ть

**penalty** ['penltɪ] *n* 1) наказа́ние; взыска́ние; штраф; on (*или* under) ~ of под стра́хом (*такого-то наказания*) 2) *спорт.* штраф; наказа́ние, пена́льти 3) распла́та 4) *attr.* наказу́емый; ~ envelope *амер.* специа́льный конве́рт для прави́тельственной корреспонде́нции (*использование которого для других целей карается законом*) 5) *attr. спорт.* штрафно́й; ~ area штрафна́я площа́дка; ~ goal гол, заби́тый с пена́льти; ~ kick одиннадцатиметро́вый штрафно́й уда́р

**penance** ['penəns] **1.** *n* 1) *рел.* епити́мья 2) наказа́ние, ка́ра

**2.** *v рел.* налага́ть епитимью

**pen and ink** ['penənd'ɪŋk] *n* 1) пи́сьменные принадле́жности 2) литерату́рная рабо́та 3) рису́нок перо́м

**pen-and-ink** ['penənd'ɪŋk] *a* сде́ланный перо́м (*о рисунке*); напи́санный перо́м; пи́сьменный

**Penates** [pe'nɑ:teɪs] *n pl римск. миф.* пена́ты

**pence** [pens] *pl от* penny 1)

**penchant** ['pɑ:ŋʃɑ:ŋ] *фр. n* скло́нность (for — к *чему-л., кому-л.*); a slight ~ ма́ленькое увлече́ние

**pencil** ['pensl] **1.** *n* 1) каранда́ш; in ~ (напи́санный) карандашо́м 2) кисть (*живописца*) 3) мане́ра, стиль (*живописца*) 4) *опт.* (сходя́щийся) пучо́к луче́й

**2.** *v* рисова́ть, писа́ть карандашо́м; вычёрчивать

**pencil-case** ['penslkeɪs] *n* пена́л

**pencilled** ['pensld] **1.** *p. p. от* pencil 2

**2.** *a* 1) то́нко очёрченный 2) подрисо́ванный, подведённый

**pencil sharpener** ['pensl,ʃɑ:pnə] *n амер.* точи́лка для карандаше́й

**pencraft** ['penkrɑ:ft] *n* 1) иску́сство письма́ 2) литерату́рный стиль

**pendant** ['pendənt] **1.** *n* 1) подве́ска; висю́лька; кулон, брело́к 2) *архит.* орна́ментная отде́лка в ви́де подве́ски 3) па́ра (*к какому-л. предмету*); дополне́ние 4) *мор.* вы́мпел 5) *мор.* шкенте́ль

**2.** *a* = pendent 2

**pendency** ['pendənsɪ] *n* состоя́ние неопределённости, нерешённость

**pendent** ['pendənt] **1.** *n* = pendant 1

**2.** *a* 1) вися́чий, свиса́ющий; нависа́ющий 2) нерешённый, ожида́ющий реше́ния 3) *грам.* незако́нченный (*о предложении*)

**pending** ['pendɪŋ] **1.** *a* незако́нченный, ожида́ющий реше́ния; a suit was then ~ в то вре́мя шла тя́жба; patent ~ пате́нт зая́влен (*заявка на патент сделана*)

**2.** *prep* 1) в продолже́ние; в тече́ние; ~ these negotiations пока́ продолжа́ются э́ти перегово́ры 2) (вплоть) до; в ожида́нии; ~ the completion of the agreement до заключе́ния соглаше́ния; ~ his return в ожида́нии его́ возвраще́ния

**pen-driver** ['pen,draɪvə] *n през.* клерк; канцеляри́ст; писа́ка

**pendulate** ['pendjuleɪt] *v* 1) кача́ться как ма́ятник 2) колеба́ться; быть нерешительным

**pendulous** ['pendjuləs] *a* 1) подвесно́й, вися́чий (*о гнезде, цветке*) 2) кача́ющийся

**pendulum** ['pendjuləm] *n* 1) ма́ятник; the swing of the ~ а) кача́ние ма́ятника; б) *перен.* чередова́ние стоя́щих у вла́сти полити́ческих па́ртий; the ~ of public opinion swung in his favour обще́ственное мне́ние измени́лось в его́ по́льзу; the ~ swung положе́ние измени́лось 2) неусто́йчивый челове́к *или* предме́т

**Penelope** [pɪ'neləpɪ] *n греч. миф.* Пенело́па; (*нарицательно тж.*) ве́рная жена́

**peneplain** ['pi:nɪpleɪn] *n геол.* пенепле́н, преде́льная равни́на

**penes** ['pi:ni:z] *pl от* penis

**penetrability** [,penɪtrə'bɪlɪtɪ] *n* проница́емость

**penetrable** ['penɪtrəbl] *a* проница́емый

**penetralia** [,penɪ'treɪljə] *n pl* святи́лище; тайники́

**penetrate** ['penɪtreɪt] *v* 1) проника́ть внутрь, проходи́ть сквозь, пронизы́вать 2) входи́ть, проходи́ть (into, through, to) 3) пропи́тывать (*чем-л.*; with) 4) глубоко́ тро́гать; охва́тывать (with) 5) постига́ть, понима́ть; вника́ть (*во что-л.*)

**penetrating** ['penɪtreɪtɪŋ] **1.** *pres. p. от* penetrate

**2.** *a* 1) проника́ющий 2) проница́тельный; о́стрый (*о взгляде и т. п.*) 3) прозорли́вый, с о́стрым умо́м 4) пронзи́тельный, ре́зкий (*о звуке*)

**penetration** [,penɪ'treɪʃən] *n* 1) проника́ние; проникнове́ние 2) проница́емость 3) проница́тельность; острота́ (*взгляда и т. п.*) 4) *тех.* глубина́ разруше́ния (*коррозией*); пробивна́я спосо́бность 5) *воен.* проры́в; вторже́ние

**penetrative** ['penɪtrətɪv] *a* 1) проника́ющий 2) пронзи́тельный, ре́зкий (*о звуке*) 3) проница́тельный

**pen-feather** ['pen,feðə] *n* махово́е перо́

**pen friend** ['penfrend] *a* знако́мый *или* друг по перепи́ске

**penguin** ['peŋgwɪn] *n зоол.* пингви́н

**penholder** ['pen,həuldə] *n* ру́чка (*для пера*)

**penicillin** [,penɪ'sɪlɪn] *n фарм.* пеницилли́н

**peninsula** [pɪ'nɪnsjulə] *n* полуо́стров; the P. Пирене́йский полуо́стров

**peninsular** [pɪ'nɪnsjulə] **1.** *a* полуостровно́й

**2.** *n* жи́тель полуо́строва

**penis** ['pi:nɪs] *n* (*pl* penes) *анат.* мужско́й полово́й член

**penitence** ['penɪtəns] *n* раска́яние; покая́ние

**penitent** ['penɪtənt] **1.** *a* раска́ивающийся; ка́ющийся

**2.** *n* ка́ющийся гре́шник

**penitential** [,penɪ'tenʃəl] *a* покая́нный

**penitentiary** [,penɪ'tenʃərɪ] **1.** *n* 1) исправи́тельный дом 2) ка́торжная тюрьма́ 3) *церк.* пенитенциа́рий

**2.** *a* 1) исправи́тельный 2) *юр.* пенитенциа́рный

**penknife** ['pennaɪf] *n* перочи́нный но́жик

**penman** ['penmən] *n* 1) каллигра́ф, пи́сец; he is a good ~ у него́ хоро́ший по́черк 2) писа́тель

**penmanship** ['penmənʃɪp] *n* 1) каллигра́фия, чистописа́ние 2) по́черк 3) стиль *или* мане́ра писа́теля

**penmate** ['penmeɪt] *n* собра́т по перу́

**pen-name** [ˈpenneɪm] *n* литерату́рный псевдони́м

**pennant** [ˈpenənt] *n* 1) = pendant 1, 4); 2) = pennon 3) *амер.* зна́мя (*приз в состязании*)

**pennies** [ˈpenɪz] *pl от* penny

**penniless** [ˈpenɪlɪs] *a* 1) без гроша́, безде́нежный 2) нужда́ющийся; бе́дный

**pennon** [ˈpenən] *n* флажо́к (*часто с длинным узким полотнищем; иногда треугольной формы*); флаг; вы́мпел

**penn'orth** [ˈpenəθ] *разг. см.* pennyworth

**penny** [ˈpenɪ] *n* 1) (*pl* pence — *о денежной сумме, пишется слитно с числительным от* twopence *до* elevenpence; pennies — *об отдельных монетах*) пе́нни, пенс (*условное обозначение после цифр* — d., *от* denarius, *напр.*, 6d шесть пе́нсов) 2) (*pl* pennies) *амер. разг.* моне́та в 1 цент ◇ to turn a useful ~ (by) непло́хо зараба́тывать (*чем-л.*); to turn an honest ~ а) че́стно зараба́тывать; б) подраба́тывать (*тж.* to turn a ~); not a ~ to bless oneself with ни гроша́ за душо́й; not a ~ the worse ниско́лько не ху́же; a ~ for your thoughts! о чём заду́мались?; a ~ saved is a ~ gained *посл.* пе́нни сбережённое — всё равно́, что пе́нни зарабо́танное; a ~ soul never came to twopence *посл.* ≅ ме́лочный челове́к никогда́ не дости́гнет успе́ха; in for a ~, in for a pound *посл.* ≅ назва́лся груздём — поле́зай в ку́зов

**penny-a-line** [ˈpenɪəˈlaɪn] *a* низкопро́бный (*о произведении*); халту́рный

**penny-a-liner** [ˈpenɪəˈlaɪnə] *n* наёмный писа́ка

**penny-in-the-slot (machine)** [ˈpenɪɪnðəˈslɔt(məˌʃiːn)] *n* автома́т для прода́жи шту́чных това́ров (*в который опускают пенни*); торго́вый автома́т

**penny post** [ˈpenɪpəust] *n* почто́вая опла́та в 1 пе́нни

**pennyroyal** [ˈpenɪˈrɔɪəl] *n бот.* 1) мя́та боло́тная 2) *амер.* блохо́вник

**pennyweight** [ˈpenɪweɪt] *n* пе́ннивейт (*мера веса = 1,555 г*)

**penny wise** [ˈpenɪwaɪz] *a* ме́лочный ◇ ~ and pound foolish эконо́мный в мелоча́х и расточи́тельный в кру́пном

**pennywort** [ˈpenɪwəːt] *n бот.* водолю́б; щитоли́стник

**pennyworth, penny-worth** [ˈpenəθ] *n* 1) коли́чество това́ра, кото́рое мо́жно купи́ть на 1 пе́нни 2) *attr.* грошо́вый ◇ a good (bad) ~ вы́годная (невы́годная) сде́лка; not a ~ ни чу́точки; to get one's ~ *разг.* а) получи́ть сполна́; б) получа́ть нагоня́й

**penology** [piːˈnɔlədʒɪ] *n* пеноло́гия, нау́ка о наказа́ниях и тю́рьмах

**pensile** [ˈpensɪl] *a* 1) вися́чий (*о гнезде и т. п.*); свиса́ющий 2) стро́ящий вися́чие гнёзда (*о птице*)

**pension** **1.** *n* 1) [ˈpenʃən] пе́нсия; посо́бие 2) [ˈpɑːŋsɪɔːŋ] пансио́н

2. *v* [ˈpenʃən] назнача́ть пе́нсию; субсиди́ровать ▭ ~ **off** увольня́ть на пе́нсию

**pensionable** [ˈpenʃənəbl] *a* 1) даю́щий пра́во на пе́нсию; ~ age пенсио́нный во́зраст 2) име́ющий пра́во на пе́нсию

**pensionary** [ˈpenʃənərɪ] **1.** *n* 1) пенсионе́р 2) наёмник

2. *a* пенсио́нный

**pensioner** [ˈpenʃənə] *n* 1) пенсионе́р 2) студе́нт, опла́чивающий обуче́ние и содержа́ние (*в Кембриджском университете*) 3) *уст.* наёмник

**pensive** [ˈpensɪv] *a* заду́мчивый; печа́льный

**penstock** [ˈpenstɔk] *n* 1) шлюз, шлю́зный затво́р 2) *тех.* напо́рный трубопрово́д; турби́нный водово́д

**pen-swan** [ˈpenswɔn] = pen III

**pent** [pent] **1.** *past и p. p. от* pen II, 2

2. *a* заключённый, за́пертый

**penta-** [pentə-] *pref* пяти-

**pentachord** [ˈpentəkɔːd] *n муз.* пентахо́рд

**pentad** [ˈpentæd] *n* 1) число́ пять 2) гру́ппа из пяти́ 3) промежу́ток вре́мени в пять дней *или* пять лет 4) *хим.* пятивале́нтный элеме́нт

**pentagon** [ˈpentəgən] *n* 1) пятиуго́льник 2) (the P.) Пентаго́н, зда́ние министе́рства оборо́ны США; министе́рство оборо́ны США; *перен.* америка́нская военщи́на

**pentagonal** [penˈtægənl] *n* пятиуго́льный

**pentagram** [ˈpentəgræm] *n* пентагра́мма

**pentahedral** [ˌpentəˈhiːdrəl] *a геом.* пятигра́нный

**pentahedron** [ˌpentəˈhiːdrən] *n геом.* пента́эдр, пятигра́нник

**pentameter** [penˈtæmɪtə] *n прос.* пента́метр

**pentangular** [penˈtæŋgjulə] *a* пятиуго́льный

**pentasyllable** [ˌpentəˈsɪləbl] *n* пятисло́жное сло́во

**Pentateuch** [ˈpentətjuːk] *n библ.* пятикни́жие

**pentathlon** [penˈtæθlən] *n спорт.* пятибо́рье

**Pentecost** [ˈpentɪkɔst] *n церк.* пятидеся́тница, тро́ицын день

**penthouse** [ˈpenthaus] *n* 1) тент; наве́с над дверя́ми 2) фешене́бельная кварти́ра на кры́ше небоскрёба

**pentode** [ˈpentəud] *n эл.* пятиэлектро́дная ла́мпа, пенто́д

**pent-up** [ˈpentˈʌp] *a* сде́рживаемый; ~ fury сде́рживаемый гнев

**penult(imate)** [pɪˈnʌlt(ɪmɪt)] *грам.* **1.** *a* предпосле́дний

2. *n* предпосле́дний слог

**penumbra** [pɪˈnʌmbrə] *n* полуте́нь, полусве́т

**penurious** [pɪˈnjuərɪəs] *a* 1) скупо́й 2) бе́дный, ску́дный

**penury** [ˈpenjurɪ] *n* 1) бе́дность, нужда́ 2) недоста́ток, отсу́тствие (of)

**penwiper** [ˈpenˌwaɪpə] *n* перочи́стка

**peon** I [pjuːn] *инд. n* 1) пехоти́нец 2) полице́йский 3) вестово́й

**peon** II [ˈpiːən] *n* батра́к, подёнщик, пео́н (*в Южной Америке*)

**peonage** [ˈpiːənɪdʒ] *n* поднево́льный труд пео́нов; батра́чество; кабала́

**peony** [ˈpɪənɪ] *n бот.* пио́н

**people** [ˈpiːpl] **1.** *n* 1) наро́д, на́ция 2) (*употр. как pl*) лю́ди; населе́ние; жи́тели; young ~ молодёжь; country ~ дереве́нские жи́тели; ~ say that говоря́т, что 3) (*употр. как pl*) родны́е, ро́дственники; роди́тели (*обыкн.* my ~, his ~ *и т. п.*) 4) (*употр. как pl*) сви́та; слу́ги; слу́жащие, подчинённые 5) (*употр. как pl*) прихожа́не 6) (P.) *амер. юр.* obще́ственное обвине́ние, госуда́рство (*как обвиняющая сторона на процессе*)

2. *v* 1) заселя́ть, населя́ть 2) расти́ (*о населении*)

**pep** [pep] *разг.* **1.** *n* бо́дрость ду́ха, эне́ргия, жи́вость

2. *v* уси́ливать, подгоня́ть, оживля́ть, стимули́ровать, вселя́ть бо́дрость ду́ха (*обыкн.* ~ up)

**pepper** [ˈpepə] **1.** *n* 1) пе́рец 2) острота́; е́дкость 3) вспы́льчивость 4) жи́вость; эне́ргия, темпера́мент

2. *v* 1) пе́рчить 2) усыпа́ть, усе́ивать 3) осыпа́ть, забра́сывать (*камнями, вопросами и т. п.*) 4) брани́ть, распека́ть; «зада́ть пе́рцу»

**pepper-and-salt** [ˈpepərəndˈsɔːlt] **1.** *n* кра́пчатая шерстяна́я мате́рия

2. *a* 1) кра́пчатый 2) с про́седью (*о волосах*)

**pepperbox** [ˈpepəbɔks] *n* 1) пе́речница 2) *шутл.* ба́шенка 3) *разг.* вспы́льчивый челове́к

**pepper-caster, pepper-castor** [ˈpepəˌkɑːstə] = pepperbox 1)

**peppercorn** [ˈpepəkɔːn] *n* зёрнышко пе́рца, перчи́нка ◇ ~ rent номина́льная аре́ндная пла́та

**peppermint** [ˈpepəmɪnt] *n* 1) *бот.* пе́речная мя́та 2) мя́тная лепёшка

**pepper-pot** [ˈpepəpɔt] *n* 1) = pepperbox 1); 2) вест-и́ндское пря́ное ку́шанье из мя́са *или* ры́бы и овоще́й

**peppery** [ˈpepərɪ] *a* 1) напе́рченный; о́стрый, е́дкий 2) вспы́льчивый, раздражи́тельный

**peppy** [ˈpepɪ] *a разг.* энерги́чный; бо́дрый, живо́й; в хоро́шем настрое́нии

**pepsin** [ˈpepsɪn] *n физиол.* пепси́н

**peptic** [ˈpeptɪk] **1.** *a физиол.* 1) пищевари́тельный; ~ ulcer *мед.* я́зва желу́дка и двенадцатипе́рстной кишки́ 2) пепси́новый

2. *n pl шутл.* пищевари́тельные о́рганы

**peptone** [ˈpeptəun] *n физиол.* пепто́н

**per** [pəː] *prep* 1) по, че́рез, посре́дством; ~ post (rail, steamer, carrier) по по́чте (по желе́зной доро́ге, парохо́дом, че́рез посы́льного) 2) согла́сно (*обыкн.* as ~); as ~ usual *шутл.* по обыкнове́нию 3) за, на, в, с (*каждого*); 60 miles ~ hour 60 миль в час; a shilling ~ man по ши́ллингу с челове́ка; how much are eggs ~ dozen? почём дю́жина яи́ц? 4) в латинских выражениях: ~ capita [pəˈkæpɪtə] на челове́ка, на ду́шу; за ка́ждого; ~ contra [pəˈkɔntrə] на друго́й стороне́ счёта; с друго́й стороны́; ~ diem [pəˈdaɪem] в день; ~ annum [pərˈænəm] в год, ежего́дно; ~ mensem [pəˈmensəm] в ме́сяц; ~ se [pəː'siː] сам по себе́, по существу́; ~ saltum [pəː'sæltəm] сра́зу, одни́м ма́хом

**perambulate** [pə'ræmbjuleɪt] *v* 1) ходи́ть взад и вперёд, расха́живать 2) обходи́ть грани́цы (*владений и т. п.*); объезжа́ть (*территорию с целью проверки, инспектирования и т. п.*) 3) ката́ть коля́ску 4) е́хать в де́тской коля́ске

**perambulation** [pəˌræmbju'leɪʃən] *n* 1) ходьба́, прогу́лка 2) обхо́д (*особ. границ*); пое́здка с це́лью осмо́тра и инспекти́рования

**perambulator** [pə'ræmbjuleɪtə] *n* 1) де́тская коля́ска 2) *уст.* шагоме́р

**percale** [pəː'keɪl] *n текст.* перка́ль

**perceive** [pə'siːv] *v* 1) воспринима́ть, понима́ть, осознава́ть; постига́ть 2) ощуща́ть; чу́вствовать, различа́ть

**per cent** [pə'sent] *n* проце́нт, на со́тню, %; three ~ три проце́нта

**percentage** [pə'sentɪdʒ] *n* 1) проце́нт; проце́нтное отноше́ние; проце́нтное содержа́ние; проце́нтное отчисле́ние 2) *разг.* часть, до́ля; коли́чество

**percentagewise** [pə'sentɪdʒwaɪz] *adv* в проце́нтном отноше́нии

**percept** ['pəːsept] *n филос.* объе́кт *или* результа́т перце́пции

**perceptibility** [pəˌseptə'bɪlɪtɪ] *n* ощути́мость, воспринима́емость

**perceptible** [pə'septəbl] *a* ощути́мый, заме́тный; различи́мый, воспринима́емый

**perception** [pə'sepʃən] *n* 1) восприя́тие, ощуще́ние 2) осозна́ние, понима́ние 3) *филос.* перце́пция 4) *юр.* сбор

**perceptional** [pə'sepʃənl] *a филос.* перцепцио́нный

**perceptive** [pə'septɪv] *a* восприни-ма́ющий, восприи́мчивый

**perceptivity** [ˌpəːsəp'tɪvɪtɪ] *n* восприи́мчивость; поня́тливость

**perch** I [pəːtʃ] **1.** *n* 1) жердь, шест, ве́ха 2) насе́ст 3) высо́кое *или* про́чное положе́ние 4) дрога́ (*в телеге*) 5) ме́ра длины́ (= *5,03 м*); square ~ ме́ра пло́щади (=*25,3 м²*) 6) *архит.* карни́з, вы́ступ ◊ come off your ~ не задира́йте но́са; to hop the ~ умере́ть

**2.** *v* 1) сади́ться (*о птице*) 2) усе́сться, взгромозди́ться; опере́ться (*обо что-л.*) 3) сажа́ть на насе́ст 4) (*обыкн. p. p.*) помеща́ть высоко́; town ~ed on a hill го́род, располо́женный на холме́

**perch** II [pəːtʃ] *n* о́кунь

**perchance** [pə'tʃɑːns] *adv уст.* 1) случа́йно 2) быть мо́жет, возмо́жно

**perchloric** [pə'klɔːrɪk] *a*: ~ acid *хим.* хло́рная кислота́

**percipient** [pə(ː)'sɪpɪənt] **1.** *a* воспринима́ющий, спосо́бный воспринима́ть

**2.** *n* 1) челове́к, спосо́бный легко́ воспринима́ть 2) перципие́нт (*в телепатии*)

**percolate** ['pəːkəleɪt] *v* 1) проса́чиваться, проника́ть сквозь 2) процежи-ва́ть, фильтрова́ть; перколи́ровать

**percolation** [ˌpəːkə'leɪʃən] *n* 1) проса́чивание 2) проце́живание, фильтрова́ние

**percolator** ['pəːkəleɪtə] *n* 1) проце́живатель; фильтрова́льная маши́на; фильтр 2) си́течко в кофе́йнике 3) кофе́йник с си́течком, перколя́тор

**percuss** [pəː'kʌs] *v мед.* высту́кивать

**percussion** [pə'kʌʃən] *n* 1) столкнове́ние (*двух тел*), уда́р; сотрясе́ние 2) *мед.* высту́кивание, перку́ссия 3) *собир. муз.* уда́рные инструме́нты 4) *attr.* уда́рный; взрывно́й; ~ action уда́рное де́йствие (*снаряда*); ~ cap писто́н, уда́рный ка́псюль; ~ fuze взрыва́тель уда́рного де́йствия; ~ instrument *муз.* уда́рный инструме́нт

**percussive** [pə'kʌsɪv] *a* уда́рный

**percutaneous** [ˌpəːkju(ː)'teɪnjəs] *a* подко́жный (*о впрыскивании и т. п.*)

**perdition** [pəː'dɪʃən] *n* 1) ги́бель; поги́бель 2) *рел.* ве́чные му́ки 3) прокля́тие

**perdu(e)** [pəː'djuː] *a predic.* притаи́вшийся; to lie ~ а) *уст.* лежа́ть в заса́де; б) притаи́ться; в) стара́ться не быть в це́нтре внима́ния

**perdurable** [pə'djuərəbl] *a* о́чень про́чный; ве́чный; постоя́нный

**peregrinate** ['perɪgrɪneɪt] *v* путеше́ствовать, стра́нствовать

**peregrination** [ˌperɪgrɪ'neɪʃən] *n* путеше́ствие, стра́нствие

**peregrin(e)** ['perɪgrɪn] **1.** *n зоол.* обыкнове́нный со́кол, сапса́н (*тж.* ~ falcon)

**2.** *a уст.* чужезе́мный; привезённый из-за грани́цы

**peremptory** [pə'remptərɪ] *a* 1) безапелляцио́нный, не допуска́ющий возраже́ния; безоговоро́чный 2) повели́тельный, вла́стный 3) догмати́ческий; доктринёрский 4) *юр.* оконча́тельный, безусло́вный

**perennial** [pə'renjəl] **1.** *a* 1) дливщийся кру́глый год 2) не пересыха́ющий ле́том 3) ве́чный, неувяда́емый; ~ problem иско́нная пробле́ма 4) *бот.* многоле́тний

**2.** *n бот.* многоле́тнее расте́ние

**perennially** [pə'renjəlɪ] *adv* всегда́, ве́чно; постоя́нно

**perfect** **1.** *a* ['pəːfɪkt] 1) соверше́нный, идеа́льный, безупре́чный; безукори́зненный 2) зако́нченный, це́льный 3) то́чный; абсолю́тный, по́лный; ~ fifth *муз.* чи́стая кви́нта; ~ square то́чный квадра́т; a ~ stranger совсе́м чужо́й челове́к; in ~ sincerity вполне́ открове́нно, с по́лной открове́нностью; ~ competition *эк.* свобо́дная конкуре́нция 4) настоя́щий, и́стинный 5) хорошо́ подгото́вленный; дости́гший соверше́нства 6) *грам.* перфе́ктный

**2.** *n* ['pəːfɪkt] *грам.* перфе́кт

**3.** *v* [pə'fekt] 1) соверше́нствовать; улучша́ть 2) заверша́ть, зака́нчивать, выполня́ть

**perfectibility** [pəˌfektɪ'bɪlɪtɪ] *n* спосо́бность к соверше́нствованию

**perfectible** [pə'fektəbl] *a* спосо́бный к соверше́нствованию

**perfection** [pə'fekʃən] *n* 1) соверше́нство, безупре́чность; to ~ в соверше́нстве 2) зако́нченность 3) вы́сшая ступе́нь, верх (*чего-л.*; of) 4) заверше́ние 5) соверше́нствование

**perfectly** ['pəːfɪktlɪ] *adv* соверше́нно, вполне́, отли́чно; ~ well отли́чно

**perfidious** [pəː'fɪdɪəs] *a* вероло́мный, преда́тельский

**perfidy** ['pəːfɪdɪ] *n* вероло́мство, изме́на, преда́тельство

**perforate** ['pəːfəreɪt] *v* 1) просве́рливать *или* пробива́ть отве́рстия, перфори́ровать, пробура́вливать 2) проника́ть (into, through)

**perforated** ['pəːfəreɪtɪd] **1.** *p. p. от* perforate

**2.** *a* перфори́рованный, продыря́вленный, просверлённый

**perforation** [ˌpəːfə'reɪʃən] *n* 1) перфора́ция, просве́рливание, пробива́ние отве́рстий, пробура́вливание 2) отве́рстие 3) *мед.* прободе́ние, перфора́ция

**perforator** ['pəːfəreɪtə] *n* 1) перфора́тор; бура́в, сверло́ 2) сверли́льный стано́к 3) дыропробивно́й стано́к

**perforce** [pə'fɔːs] **1.** *adv* по необходи́мости, во́лей-нево́лей

**2.** *n*: of (*или* by) ~ по необходи́мости

**perform** [pə'fɔːm] *v* 1) исполня́ть, выполня́ть (*обещание, приказание и т. п.*); соверша́ть 2) представля́ть; игра́ть, исполня́ть (*пьесу, роль и т. п.*) 3) де́лать трю́ки (*о дрессированных животных*) 4) *спорт.* выступа́ть

**performance** [pə'fɔːməns] *n* 1) исполне́ние, выполне́ние; сверше́ние 2) игра́, исполне́ние 3) де́йствие; посту́пок; по́двиг 4) *театр.* представле́ние; спекта́кль 5) трю́ки 6) *тех.* характери́стика (*работы машины и т. п.*); эксплуатацио́нные ка́чества 7) *тех.* производи́тельность; коэффицие́нт поле́зного де́йствия 8) *ав.* лётные да́нные, лётные ка́чества

**performer** [pə'fɔːmə] *n* исполни́тель

**performing** [pə'fɔːmɪŋ] **1.** *pres. p. от* perform

**2.** *a* дрессиро́ванный, учёный (*о животном*)

**perfume** **1.** *n* ['pəːfjuːm] 1) благоуха́ние, арома́т; за́пах 2) духи́

**2.** *v* [pə'fjuːm] души́ть (*духами и т. п.*); де́лать благоуха́нным

**perfumed** **1.** [pə'fjuːmd] *p. p. от* perfume 2

**2.** *a* ['pəːfjuːmd] 1) наду́шенный 2) души́стый; благоуха́нный

**perfumer** [pə'fjuːmə] *n* парфюме́р

**perfumery** [pə'fjuːmərɪ] *n* парфюме́рия

**perfunctory** [pə'fʌŋktərɪ] *a* пове́рхностный, невнима́тельный, небре́жный, форма́льный; ~ inspection пове́рхностный, бе́глый осмо́тр; in a ~ manner небре́жно

**perfuse** [pə'fjuːz] *v* 1) обры́згивать (with) 2) залива́ть (*светом и т. п.*)

**pergameneous** [ˌpəːgə'miːnɪəs] *a* перга́ментный

**pergola** ['pəːgələ] *n* бесе́дка *или* кры́тая алле́я из вью́щихся расте́ний

**perhaps** [pə'hæps, præps] *adv* мо́жет быть, возмо́жно

**peri** ['pɪərɪ] *перс. n* 1) *миф.* пе́ри 2) краса́вица

**perianth** ['perıænθ] *n бот.* околоцве́тник

**periapt** ['perıæpt] *n* амуле́т

**pericardia** [ˌperı'kɑːdjə] *pl от* pericardium

**pericarditis** [ˌperıkɑː'daıtıs] *n мед.* перикарди́т

**pericardium** [ˌperı'kɑːdjəm] *n* (*pl* -dia) *анат.* околосерде́чная су́мка, перика́рд(ий)

**pericarp** ['perıkɑːp] *n бот.* перика́рпий, околопло́дник

**pericrania** [ˌperı'kreınıə] *pl от* pericranium

**pericranium** [ˌperı'kreınıəm] *n* (*pl* -nia) 1) *анат.* надко́стница че́репа 2) *шутл.* че́реп; мозг; ум

**peridot** ['perıdɔt] *n мин.* перидо́т, оливи́н

**perigee** ['perıdʒiː] *n астр.* периге́й

**perihelia** [ˌperı'hiːljə] *pl от* perihelion

**perihelion** [ˌperı'hiːljən] *n* (*pl* -lia) *астр.* периге́лий

**peril** ['perıl] **1.** *n* опа́сность; риск; at the ~ of one's life с опа́сностью для жи́зни; at one's ~ на свой со́бственный риск

**2.** *v* подверга́ть опа́сности

**perilous** ['perıləs] *a* опа́сный, риско́ванный

**perimeter** [pə'rımıtə] *n* 1) *геом.* пери́метр 2) вне́шняя грани́ца ла́геря *или* укрепле́ния 3) *attr.* кругово́й

**perimorph** ['perımɔːf] *n геол.* periморфо́за

**perinea** [ˌperı'niːə] *pl от* perineum

**perineum** [ˌperı'niːəm] *n* (*pl* -nea) *анат.* промё́жность

**period** ['pıərıəd] **1.** *n* 1) пери́од; промежу́ток вре́мени; a ~ of years определённый пери́од вре́мени 2) вре́мя, эпо́ха; our own ~ на́ша эпо́ха, на́ше вре́мя; the girl of the ~ тип совреме́нной де́вушки 3) круг, цикл 4) *pl* ритори́ческая речь 5) *pl* менструа́ция 6) *грам.* пери́од, большо́е сло́жное зако́нченное предложе́ние 7) па́уза в конце́ пери́ода; то́чка; to put a ~ to smth. поста́вить то́чку; положи́ть коне́ц чему́-л. 8) *мат., астр., геол.* пери́од

**2.** *a* относя́щийся к определённому пери́оду (*о мебели, платье и т. п.*)

**periodic** I [ˌpıərı'ɔdık] *a* 1) периоди́ческий; ~ law периоди́ческий зако́н хими́ческих элеме́нтов Менделе́ева 2) цикли́ческий 3) ритори́ческий (*о стиле*)

**periodic** II [ˌpəːraı'ɔdık] *a*: ~ acid *хим.* йо́дная кислота́

**periodical** [ˌpıərı'ɔdıkəl] **1.** *a* периоди́ческий; появля́ющийся че́рез определённые промежу́тки вре́мени; выпуска́емый че́рез определённые промежу́тки вре́мени

**2.** *n* периоди́ческое изда́ние, журна́л

**periodically** [ˌpıərı'ɔdıkəlı] *adv* 1) че́рез определённые промежу́тки вре́мени; периоди́чески 2) вре́мя от вре́мени

**periodicity** [ˌpıərıə'dısıtı] *n* 1) периоди́чность, частота́ 2) *физиол.* менструа́ции

**periostea** [ˌperı'ɔstıə] *pl от* periosteum

**periosteum** [ˌperı'ɔstıəm] *n* (*pl* -tea) *анат.* надко́стница

**periostitis** [ˌperıɔs'taıtıs] *n мед.* периости́т, воспале́ние надко́стницы

**peripatetic** [ˌperıpə'tetık] **1.** *a* 1) (*обыкн.* P.) *филос.* аристо́телевский, перипатети́ческий 2) стра́нствующий

**2.** *n* 1) *филос.* перипате́тик 2) *шутл.* стра́нник; стра́нствующий торго́вец

**peripeteia, peripetia** [ˌperıpı'taıjə] *n* перипети́я

**peripheral** [pə'rıfərəl] *a* 1) перифери́йный, окружно́й; ~ speed окружна́я ско́рость 2) ча́стный, второстепе́нный; ~ issue ча́стный вопро́с

**periphery** [pə'rıfərı] *n* перифери́я, окру́жность

**periphrases** [pə'rıfrəsiːz] *pl от* periphrasis

**periphrasis** [pə'rıfrəsıs] *n* (*pl* -ses) перифра́з(а)

**periphrastic** [ˌperı'fræstık] *a* 1) изоби́лующий перифра́зами; околи́чный; иносказа́тельный 2) *грам.*: ~ conjugation спряже́ние с по́мощью вспомога́тельного глаго́ла

**peripteral** [pə'rıptərəl] *a* окружё́нный коло́ннами (*особ. об античном храме*)

**periscope** ['perıskəup] *n* периско́п

**perish** ['perıʃ] *v* 1) погиба́ть; умира́ть 2) (*обыкн. pass.*) губи́ть; изнуря́ть; we were ~ed with hunger (cold *etc.*) мы страда́ли от го́лода (хо́лода *и т. п.*) 3) по́ртить(ся), теря́ть свои ка́чества (*о продуктах и т. п.*)

**perishable** ['perıʃəbl] **1.** *a* 1) тле́нный, бре́нный, непро́чный 2) скоропо́ртящийся

**2.** *n pl* скоропо́ртящийся това́р *или* груз

**perishing** ['perıʃıŋ] **1.** *pres. p. от* perish

**2.** *a* ужа́сный, ско́вывающий (*о холоде*); in ~ cold в ужа́сном хо́лоде

**peristalsis** [ˌperı'stælsıs] *n физиол.* перистальтика

**peristaltic** [ˌperı'stæltık] *a физиол.* перистальти́ческий

**peristyle** ['perıstaıl] *n архит.* перисти́ль

**periton(a)eum** [ˌperıtəu'niːəm] *n* (*pl* -nea) *анат.* брюши́на

**peritonea** [ˌperıtəu'niːə] *pl от* periton(a)eum

**peritoneal** [ˌperıtəu'niːəl] *a анат.* брюши́нный

**peritonitis** [ˌperıtəu'naıtıs] *n мед.* воспале́ние брюши́ны, перитони́т

**periwig** ['perıwıg] *n* пари́к

**periwigged** ['perıwıgd] *a* в парике́, нося́щий пари́к

**periwinkle** I ['perıˌwıŋkl] *n бот.* барви́нок ма́лый

**periwinkle** II ['perıˌwıŋkl] *n зоол.* литори́на (*моллюск*)

**perjure** ['pəːdʒə] *v refl.* 1) ло́жно кля́сться, лжесвиде́тельствовать 2) наруша́ть кля́тву

**perjured** ['pəːdʒəd] **1.** *p. p. от* perjure

**2.** *a* вино́вный в клятвопреступле́нии, клятвопресту́пный

**perjurer** ['pəːdʒərə] *n* клятвопресту́пник, лжесвиде́тель

**perjury** ['pəːdʒərı] *n* 1) клятвопреступле́ние, лжесвиде́тельство 2) вероло́мство, наруше́ние кля́твы

**perk** I [pəːk] *v разг.* (*тж.* ~ up) 1) вски́дывать го́лову с бо́йким *или* наха́льным ви́дом 2) воспря́нуть ду́хом, оживи́ться 3) прихора́шиваться 4) подава́ться вперёд 5) *перен.* задира́ть нос, задава́ться

**perk** II [pəːk] *разг.* (*обыкн. pl*) *сокр. от* perquisite

**perky** ['pəːkı] *a* 1) весёлый, бо́йкий 2) де́рзкий; самоуве́ренный, на́глый

**perlustrate** [pəː'lʌstreıt] *v* перлюстри́ровать

**perm** [pəːm] *n разг.* (*сокр. от* permanent wave) «пермане́нт»

**permafrost** ['pəːməfrɔst] *n* ве́чная мерзлота́

**permalloy** ['pəːməlɔı] *n метал.* пермалло́й

**permanence** ['pəːmənəns] *n* неизме́нность, про́чность, постоя́нство

**permanency** ['pəːmənənsı] *n* 1) = permanence 2) постоя́нная рабо́та, постоя́нная организа́ция *и т. п.*

**permanent** ['pəːmənənt] *a* 1) постоя́нный, неизме́нный; долговре́менный; пермане́нтный; ~ secretary непреме́нный секрета́рь; ~ wave зави́вка «пермане́нт»; ~ way *ж.-д.* ве́рхнее строе́ние пути́; ~ teeth коренны́е зу́бы; ~ repair теку́щий ремо́нт 2) оста́точный; ~ set оста́точная деформа́ция

**permanently** ['pəːmənəntlı] *adv* постоя́нно, надо́лго, пермане́нтно

**permanganate** [pəː'mæŋgənıt] *n хим.* перманганат, соль марганцо́вой кислоты́

**permanganic** [ˌpəːmæŋ'gænık] *a хим.*: ~ acid марганцо́вая кислота́

**permeability** [ˌpəːmjə'bılıtı] *n* проница́емость

**permeable** ['pəːmjəbl] *a* проница́емый

**permeance** ['pəːmıəns] *n эл.* магни́тная проводи́мость

**permeate** ['pəːmıeıt] *v* 1) проника́ть, проходи́ть сквозь, пропи́тывать 2) распространя́ться (among, through, into)

**permeation** [ˌpəːmı'eıʃən] *n* проника́ние

**Permian** ['pəːmıən] *a геол.* пе́рмский

**permissibility** [pəˌmısı'bılıtı] *n* позволи́тельность, допусти́мость

**permissible** [pə'mısəbl] *a* позволи́тельный, допусти́мый

**permission** [pə'mıʃən] *n* позволе́ние, разреше́ние

**permissive** [pə'mısıv] *a* 1) дозволя́ющий; позволя́ющий, разреша́ющий 2) рекоменду́ющий (но не предпи́сывающий в обяза́тельном поря́дке); факультати́вный, необяза́тельный 3) снисходи́тельный, терпи́мый, либера́льный

**permissiveness** [pə'mɪsɪvnɪs] *n* вседозво́ленность

**permit 1.** *n* ['pə:mɪt] 1) про́пуск 2) разреше́ние

**2.** *v* [pə'mɪt] 1) позволя́ть, разреша́ть, дава́ть разреше́ние; I may be ~ted я позво́лю себе́, я беру́ на себя́ сме́лость 2) позволя́ть, дава́ть возмо́жность; the words hardly ~ doubt по́сле э́тих слов едва́ ли мо́жно сомнева́ться в том...; weather ~ting е́сли пого́да бу́дет благоприя́тствовать 3) допуска́ть (of)

**permittance** [pə'mɪtəns] *n* 1) *уст.* разреше́ние, позволе́ние 2) электри́ческая ёмкость

**permittivity** [ˌpə:mɪ'tɪvɪtɪ] *n эл.* 1) диэлектри́ческая постоя́нная; диэлектри́ческая проница́емость 2) уде́льная ёмкость

**permutation** [ˌpə:mju(:)'teɪʃən] *n* 1) *мат.* перестано́вка 2) *лингв.* перемеще́ние, метате́за

**permute** [pə'mju:t] *v мат.* переставля́ть; меня́ть поря́док

**pern** [pə:n] *n* осое́д (*птица*)

**pernicious** [pə:'nɪʃəs] *a* па́губный, вре́дный; ~ habits вре́дные привы́чки; ~ anaemia злока́чественная анеми́я

**pernickety** [pə'nɪkɪtɪ] *a разг.* 1) приди́рчивый, разбо́рчивый, привере́дливый 2) суетли́вый 3) то́нкий, тре́бующий осторо́жности и тща́тельности; щекотли́вый

**perorate** ['perəreɪt] *v* 1) ора́торствовать; разглаго́льствовать 2) де́лать заключе́ние в ре́чи, резюми́ровать

**peroration** [ˌperə'reɪʃən] *n* 1) разглаго́льствование 2) заключе́ние, заключи́тельная часть ре́чи

**peroxide** [pə'rɔksaɪd] *n хим.* пе́рекись, *часто* пе́рекись водоро́да

**perpend** [pə'pend] *v уст., шутл.* обду́мывать, размышля́ть

**perpendicular** [ˌpə:pən'dɪkjulə] **1.** *n* 1) перпендикуля́р; out of the ~ невертика́льный, не под прямы́м угло́м 2) вертика́льное, прямо́е положе́ние 3) *разг.* заку́сывание сто́я, еда́ сто́я; приём а-ля фурше́т

**2.** *a* 1) перпендикуля́рный 2) почти́ вертика́льный, круто́й

**perpendicularity** ['pə:pənˌdɪkju'lærɪtɪ] *n* перпендикуля́рность

**perpetrate** ['pə:pɪtreɪt] *v* 1) соверша́ть (*преступление, ошибку и т. п.*) 2) *шутл.* сотвори́ть; to ~ a pun сочини́ть каламбу́р

**perpetration** [ˌpə:pɪ'treɪʃən] *n* 1) соверше́ние (*преступления*) 2) преступле́ние 3) *шутл.* творе́ние

**perpetrator** ['pə:pɪtreɪtə] *n* наруши́тель, престу́пник

**perpetual** [pə'petʃuəl] *a* 1) ве́чный, бесконе́чный; ~ motion «ве́чное движе́ние», перпе́туум-мо́биле 2) пожи́зненный; бессро́чный 3) беспреста́нный, непрекраща́ющийся; постоя́нный; несконча́емый; this ~ nagging э́то ве́чное нытьё

**perpetuate** [pə'petʃueɪt] *v* увекове́чивать; сохраня́ть навсегда́

**perpetuation** [pəˌpetʃu'eɪʃən] *n* увекове́чение; сохране́ние навсегда́

**perpetuity** [ˌpə:pɪ'tju(:)ɪtɪ] *n* 1) ве́чность, бесконе́чность; in (*или* to, for) ~ навсегда́; наве́чно 2) владе́ние на неограни́ченный срок 3) пожи́зненная ре́нта

**perplex** [pə'pleks] *v* 1) ста́вить в тупи́к, приводи́ть в недоуме́ние; смуща́ть; ошеломля́ть, сбива́ть с то́лку 2) запу́тывать, усложня́ть

**perplexed** [pə'plekst] **1.** *p. p. от* perplex

**2.** *a* 1) ошеломлённый, сби́тый с то́лку, растеря́нный 2) запу́танный; сло́жный; a ~ question запу́танный вопро́с

**perplexedly** [pə'pleksɪdlɪ] *adv* недоуме́нно; растеря́нно

**perplexity** [pə'pleksɪtɪ] *n* 1) недоуме́ние; растеря́нность; смуще́ние 2) затрудне́ние, диле́мма

**perquisite** ['pə:kwɪzɪt] *n* 1) при́работок; случа́йный дохо́д 2) то, что по испо́льзовании перехо́дит в распоряже́ние подчинённых, слуг 3) чаевы́е 4) привиле́гия, прерогати́ва

**perquisition** [ˌpə:kwɪ'zɪʃən] *n* 1) тща́тельный о́быск 2) опро́с; рассле́дование

**perron** ['perən] *n архит.* нару́жная ле́стница подъе́зда, крыльцо́

**perry** ['perɪ] *n* гру́шевый сидр

**perse** [pə:s] *a* серова́то-си́ний

**persecute** ['pə:sɪkju:t] *v* 1) пресле́довать, подверга́ть гоне́ниям (*особ. за убеждения*) 2) докуча́ть, надоеда́ть

**persecution** [ˌpə:sɪ'kju:ʃən] *n* 1) пресле́дование, гоне́ние 2) *attr.*: ~ mania ма́ния пресле́дования

**persecutor** ['pə:sɪkju:tə] *n* пресле́дователь, гони́тель

**Perseus** ['pə:sju:s] *n греч. миф.* Персе́й

**perseverance** [ˌpə:sɪ'vɪərəns] *n* насто́йчивость, сто́йкость, упо́рство

**persevere** [ˌpə:sɪ'vɪə] *v* сто́йко, упо́рно продолжа́ть, упо́рно добива́ться (in, with)

**persevering** [ˌpə:sɪ'vɪərɪŋ] **1.** *pres. p. от* persevere

**2.** *a* упо́рный, сто́йкий

**Persian** ['pə:ʃən] **1.** *a* перси́дский; ира́нский; ~ carpet (*или* rug) перси́дский ковёр ◇ ~ blinds жалюзи́

**2.** *n* 1) перс; персия́нка; the ~s *pl собир.* пе́рсы 2) перси́дский язы́к

**persiennes** [ˌpə:ʃɪ'enz] *фр. n pl* жалюзи́

**persiflage** [ˌpεəsɪ'flɑ:ʒ] *фр. n* подшу́чивание; лёгкая шу́тка

**persilicic** [ˌpə:sɪ'lɪsɪk] *a мин.* ки́слый (*об изверженных породах*)

**persimmon** [pə:'sɪmən] *n бот.* хурма́

**persist** [pə'sɪst] *v* 1) упо́рствовать, насто́йчиво, упо́рно продолжа́ть (in); he ~ed in his opinion он упо́рно стоя́л на своём 2) уде́рживаться, сохраня́ться, продолжа́ть существова́ть; усто́ять; the tendency still ~s э́та тенде́нция всё ещё существу́ет

**persistence, -cy** [pə'sɪstəns, -sɪ] *n* 1) упо́рство, насто́йчивость 2) выно́сливость; живу́честь 3) постоя́нство; продолжи́тельность 4) сохране́ние эффе́кта по́сле устране́ния причи́ны, вызва́вшей его́; ~ of vision ине́рция зри́тельного восприя́тия

**persistent** [pə'sɪstənt] *a* 1) упо́рный, насто́йчивый 2) сто́йкий; усто́йчивый; постоя́нный; to enjoy a ~ superiority про́чно уде́рживать превосхо́дство 3) *бот.* неопада́ющий (*о листве*) 4) *зоол.* непреры́вно возобновля́ющийся (*о рогах, зубах и т. п.*)

**persnickety** [pə:'snɪkɪtɪ] *разг. см.* pernickety

**person** ['pə:sn] *n* 1) челове́к; ли́чность, осо́ба; субъе́кт; in (one's own) ~ ли́чно, со́бственной персо́ной; not a single ~ ни еди́ной живо́й души́, никого́ 2) вне́шность, о́блик; he has a fine ~ он краси́в 3) де́йствующее лицо́; персона́ж 4) *грам.* лицо́ 5) юриди́ческое лицо́ 6) *зоол.* о́собь

**persona** [pə:'səunə] *лат. n*: ~ (non) grata *дип.* персо́на (нон) гра́та

**personable** ['pə:snəbl] *a* краси́вый, с привлека́тельной вне́шностью; представи́тельный

**personage** ['pə:snɪdʒ] *n* 1) выдаю́щаяся ли́чность; (ва́жная) персо́на 2) челове́к; осо́ба 3) персона́ж, де́йствующее лицо́

**personal** ['pə:snl] **1.** *a* 1) ли́чный, персона́льный; ~ income ли́чный дохо́д; ~ discussion обсужде́ние путём ли́чного обще́ния; ~ opinion ли́чное мне́ние; ~ injury claim *юр.* иск о возмеще́нии ли́чного уще́рба 2) задева́ющий, затра́гивающий ли́чность; ~ remarks замеча́ния, име́ющие це́лью заде́ть *или* оби́деть кого́-л.; to become ~ задева́ть кого́-л., переходи́ть на ли́чности 3) *грам.* ли́чный; ~ pronoun ли́чное местоиме́ние 4) *юр.* дви́жимый (*об имуществе*)

**2.** *n* (*обыкн. pl*) *амер.* све́тская хро́ника в газе́те

**personalia** [ˌpə:sə'neɪljə] *n pl* 1) расска́зы, воспомина́ния *и т. п.* о чьей-л. ли́чной жи́зни 2) ли́чные ве́щи

**personality** [ˌpə:sə'nælɪtɪ] *n* 1) ли́чность, индивидуа́льность 2) ли́чные сво́йства, осо́бенности хара́ктера 3) (изве́стная) ли́чность, персо́на; де́ятель 4) (*обыкн. pl*) вы́пад(ы) (*против кого-л.*) ◇ ~ cult культ ли́чности

**personalize** ['pə:snəlaɪz] *v* 1) олицетворя́ть; воплоща́ть 2) относи́ть на свой счёт

**personally** ['pə:snəlɪ] *adv* 1) ли́чно, персона́льно, со́бственной персо́ной, сам 2) что каса́ется меня́ (его́ *и т. п.*); ~ I differ from you что каса́ется меня́, то я расхожу́сь с ва́ми во мне́нии

**personalty** ['pə:snltɪ] *n юр.* движи́мое иму́щество, дви́жимость

**personate** ['pə:səneɪt] *v* 1) игра́ть роль 2) выдава́ть себя́ за *кого-л.*

**personation** [ˌpə:sə'neɪʃən] *n* 1) вы́дача себя́ за друго́го 2) воплоще́ние

**personification** [pə:ˌsɔnɪfɪ'keɪʃən] *n* персонифика́ция, олицетворе́ние; воплоще́ние

**personify** [pə:ˈsɔnɪfaɪ] *v* персонифици́ровать, олицетворя́ть; воплоща́ть

**personnel** [ˌpə:səˈnel] *n* 1) персона́л, ли́чный соста́в; ка́дры (*предприятия, учреждения*) 2) *attr.*: ~ management руково́дство ка́драми; ~ department отде́л ка́дров *или* ли́чного соста́ва; ~ bomb оско́лочная бо́мба; ~ mine противопехо́тная ми́на; ~ shelter укры́тие для ли́чного соста́ва; ~ target жива́я цель

**perspective** [pəˈspektɪv] **1.** *n* 1) перспекти́ва 2) вид

**2.** *a* перспекти́вный; ~ geometry аксономе́трия

**perspicacious** [ˌpə:spɪˈkeɪʃəs] *a* проница́тельный

**perspicacity** [ˌpə:spɪˈkæsɪtɪ] *n* проница́тельность

**perspicuity** [ˌpə:spɪˈkju(:)ɪtɪ] *n* я́сность, поня́тность

**perspicuous** [pəˈspɪkjuəs] *a* 1) я́сный, поня́тный 2) я́сно выража́ющий свои́ мы́сли

**perspirable** [pəsˈpaɪərəbl] *a* 1) пропуска́ющий испа́рину 2) выходя́щий испа́риной

**perspiration** [ˌpə:spəˈreɪʃən] *n* 1) поте́ние 2) пот, испа́рина

**perspire** [pəsˈpaɪə] *v* поте́ть; быть в испа́рине

**persuadable** [pəˈsweɪdəbl] *a* подда́ющийся убежде́нию

**persuade** [pəˈsweɪd] *v* 1) убежда́ть (that, of — *в чём-л.*); урезо́нивать; I am ~d that it is true я убеждён, что э́то ве́рно 2) склони́ть, уговори́ть (into) 3) отговори́ть (from, out of — от *чего-л.*)

**persuader** [pəˈsweɪdə] *n* 1) убежда́ющий, угова́ривающий 2) *жарг.* «сре́дство убежде́ния» (*револьвер, нож и т. п.*)

**persuasion** [pəˈsweɪʒən] *n* 1) убежде́ние 2) убеди́тельность 3) гру́ппа, фра́кция, се́кта; religious ~ религио́зная се́кта 4) *шутл.* род, сорт

**persuasive** [pəˈsweɪsɪv] **1.** *a* убеди́тельный

**2.** *n* побужде́ние, моти́в

**persuasiveness** [pəˈsweɪsɪvnɪs] *n* убеди́тельность

**pert** [pə:t] *a* де́рзкий; наха́льный; бо́йкий; развя́зный

**pertain** [pə:ˈteɪn] *v* 1) принадлежа́ть, име́ть отноше́ние (to — к *чему-либо*) 2) быть сво́йственным 3) подходи́ть, подоба́ть

**pertinacious** [ˌpə:tɪˈneɪʃəs] *a* упря́мый, неусту́пчивый

**pertinacity** [ˌpə:tɪˈnæsɪtɪ] *n* упря́мство, неусту́пчивость

**pertinence, -cy** [ˈpə:tɪnəns, -sɪ] *n* 1) уме́стность (*замечания и т. п.*) 2) связь, отноше́ние; it is of no ~ to us э́то нас не каса́ется

**pertinent** [ˈpə:tɪnənt] **1.** *a* 1) уме́стный; подходя́щий 2) име́ющий отноше́ние, относя́щийся к де́лу; ~ remark замеча́ние по существу́

**2.** *n* (*обыкн. pl*) принадле́жности

**perturb** [pəˈtə:b] *v* 1) возмуща́ть, приводи́ть в смяте́ние, наруша́ть (споко́йствие) 2) волнова́ть, беспоко́ить, смуща́ть

**perturbation** [ˌpə:tə(:)ˈbeɪʃən] *n* 1) волне́ние, расстро́йство, смяте́ние 2) *астр.* пертурба́ция, возмуще́ние

**peruke** [pəˈru:k] *n* пари́к

**perusal** [pəˈru:zəl] *n* 1) внима́тельное чте́ние; прочте́ние 2) *редк.* рассма́тривание

**peruse** [pəˈru:z] *v* 1) внима́тельно прочи́тывать 2) внима́тельно рассма́тривать (*лицо человека и т. п.*)

**Peruvian** [pəˈru·vjən] **1.** *a* перуа́нский ◇ ~ bark хи́нная ко́рка

**2.** *n* перуа́нец; перуа́нка

**pervade** [pə:ˈveɪd] *v* 1) распространя́ться, охва́тывать; пропи́тывать; наполня́ть собо́й 2) *редк.* проходи́ть (*по, через*)

**pervasion** [pə:ˈveɪʒən] *n* распростране́ние *и пр.* [*см.* pervade]

**pervasive** [pə:ˈveɪsɪv] *a* проника́ющий, распространя́ющийся повсю́ду; всеобъе́млющий, глубо́кий (*о влиянии и т. п.*)

**perverse** [pəˈvə:s] *a* 1) упря́мый, упо́рствующий (*особ.* в свое́й неправоте́); несгово́рчивый, капри́зный 2) непра́вильный; превра́тный; оши́бочный (*о приговоре и т. п.*)

**perversion** [pəˈvə:ʃən] *n* 1) извраще́ние; искаже́ние 2) извращённость

**perversity** [pəˈvə:sɪtɪ] *n* 1) упря́мство, своенра́вие; несгово́рчивость 2) извращённость; поро́чность

**perversive** [pəˈvə:sɪv] *a* извраща́ющий

**pervert** **1.** *n* [ˈpə:və:t] 1) извращённый челове́к; челове́к, страда́ющий половы́м извраще́нием 2) отсту́пник, ренега́т

**2.** *v* [pəˈvə:t] 1) извраща́ть 2) совраща́ть, развраща́ть

**perverted** [pəˈvə:tɪd] **1.** *p. p. от* pervert 2

**2.** *a* 1) извращённый; искажённый; by a ~ logic ло́гике вопреки́ 2) страда́ющий половы́м извраще́нием

**pervertible** [pəˈvə:təbl] *a* подда́ющийся совраще́нию

**pervious** [ˈpə:vjəs] *a* 1) проходи́мый, проница́емый (to); пропуска́ющий (*влагу и т. п.*) 2) подда́ющийся (*влиянию и т. п.*); восприи́мчивый

**peseta** [pəˈsetə] *исп. n* песе́та (*испанская денежная единица и монета*)

**pesky** [ˈpeskɪ] *a амер. разг.* надое́дливый, доку́чливый; доса́дный

**peso** [ˈpeɪsəu] *исп. n* (*pl* -os [-əuz]) пе́со (*латиноамериканская денежная единица*)

**pessary** [ˈpesərɪ] *n мед.* песса́рий, ма́точное кольцо́

**pessimism** [ˈpesɪmɪzm] *n* пессими́зм

**pessimist** [ˈpesɪmɪst] *n* пессими́ст

**pessimistic** [ˌpesɪˈmɪstɪk] *a* пессимисти́ческий

**pest** [pest] *n* 1) бич; я́зва, парази́т; ~s of society туне́ядцы, парази́ты 2) что-л. надое́дливое; надое́дливый челове́к 3) *с.-х.* парази́т, вреди́тель 4) *уст.* мор, чума́

**pester** [ˈpestə] *v* докуча́ть, надоеда́ть, донима́ть

**pesthole** [ˈpesthəul] *n* оча́г зара́зы, эпиде́мии

**pest-house** [ˈpesthaus] *n уст.* больни́ца для зара́зных больны́х; чумно́й бара́к

**pesticide** [ˈpestɪsaɪd] *n с.-х.* пестици́д, (хими́ческое) сре́дство для борьбы́ с вреди́телями

**pestiferous** [peˈstɪfərəs] *a* 1) распространя́ющий зара́зу; зловóнный 2) вре́дный, опа́сный 3) *разг.* надое́дливый, доку́чливый; ~ fellow надое́дливый челове́к

**pestilence** [ˈpestɪləns] *n* 1) (бубо́нная) чума́; мор 2) эпиде́мия, пове́трие

**pestilent** [ˈpestɪlənt] *a* 1) смертоно́сный; ядови́тый 2) па́губный, вре́дный; тлетво́рный 3) *разг.* назо́йливый, надое́дливый, неприя́тный

**pestilential** [ˌpestɪˈlenʃəl] *a* 1) чумно́й, распространя́ющий зара́зу 2) тлетво́рный, па́губный 3) *разг.* отврати́тельный; these ~ flies give me no peace э́ти ме́рзкие му́хи не даю́т мне поко́я

**pestle** [ˈpesl] **1.** *n* пе́стик (*ступки*)

**2.** *v* толо́чь в сту́пе

**pet I** [pet] **1.** *n* 1) люби́мец, ба́ловень 2) люби́мое живо́тное; люби́мая вещь 3) *attr.* люби́мый; ~ name ласка́тельное и́мя; ~ corn *шутл.* люби́мая мозо́ль 4) *attr.* ручно́й, ко́мнатный (*о животном*)

**2.** *v* 1) балова́ть, ласка́ть 2) *амер.* обнима́ться, целова́ться

**pet II** [pet] *n* оби́да, раздраже́ние; дурно́е настрое́ние; to be in a ~ серди́ться, ду́ться; быть в дурно́м настрое́нии

**petal** [ˈpetl] *n бот.* лепесто́к

**petard** [peˈtɑ:d] *n* 1) пета́рда; хлопу́шка (*род фейерверка*) 2) *ист.* пета́рда

**peter** [ˈpi:tə] *v*: ~ **out** иссяка́ть, истоща́ться; бедне́ть, уменьша́ться (*о запасах*)

**Peter's fish** [ˈpi:təzfɪʃ] *n зоол.* пи́кша

**petersham** [ˈpi:təʃəm] *n* 1) то́лстое сукно́ 2) пальто́ *или* брю́ки из грубошёрстного сукна́ 3) пло́тная ре́псовая ле́нта (*для шляп*)

**Peter('s)-penny** [ˈpi:tə(z)ˌpenɪ] *n ист.* «ле́пта св. Петра́» (*ежегодная подать в папскую казну*)

**petiole** [ˈpetɪəul] *n бот.* черешо́к (*листа*)

**petition** [pɪˈtɪʃən] **1.** *n* 1) пети́ция; проше́ние, хода́тайство; a ~ in bankruptcy заявле́ние о банкро́тстве 2) моли́тва 3) про́сьба, мольба́

**2.** *v* 1) обраща́ться с пети́цией; подава́ть проше́ние, хода́тайствовать 2) проси́ть, умоля́ть

**petitionary** [pɪˈtɪʃnərɪ] *a* содержа́щий про́сьбу, проси́тельный

**petitioner** [pɪˈtɪʃnə] *n* 1) проси́тель; пода́тель пети́ции 2) *юр.* исте́ц

**petrel** [ˈpetrəl] *n зоол.* буреве́стник

**petrifaction** [ˌpetrɪˈfækʃən] *n* 1) окамене́ние 2) окамене́лость 3) оцепене́ние

**petrify** [ˈpetrɪfaɪ] *v* 1) превраща́ть (-ся) в ка́мень, окаменева́ть 2) приводи́ть в оцепене́ние, поража́ть, ошеломля́ть 3) остолбене́ть, оцепене́ть

**petrochemistry** [ˌpetrəuˈkemɪstrɪ] *n* нефтехи́мия

**petrography** [pɪˈtrɔgrəfɪ] *n* петрогра́фия

**petrol** [ˈpetrəl] **1.** *n* 1) бензи́н; газоли́н; мото́рное то́пливо; to draw ~ заправля́ться горю́чим 2) *уст.* = petroleum 3) *attr.* бензи́новый; ~ consumption расхо́д горю́чего

**2.** *v* чи́стить бензи́ном

**petrolatum** [ˌpetrəˈleɪtəm] *n* вазели́н

**petroleum** [pɪˈtrəuljəm] *n* 1) нефть 2) *attr.* нефтяно́й

**petrolic** [pɪˈtrɔlɪk] *a* полу́ченный из не́фти

**petroliferous** [ˌpetrəuˈlɪfərəs] *a геол.* нефтено́сный

**petrology** [pɪˈtrɔləʤɪ] *n* петроло́гия

**petrous** [ˈpetrəs] *a* окамене́лый, затверде́вший, твёрдый как ка́мень

**petticoat** [ˈpetɪkəut] *n* 1) (ни́жняя) ю́бка 2) де́тская ю́бочка; I have known him since he was in ~s ≅ я зна́ю его́ с пелёнок 3) *шутл.* же́нщина, де́вушка; *pl* же́нский пол 4) *эл.* ю́бка изоля́тора 5) *attr.* же́нский; ~ influence *разг.* же́нское влия́ние; ~ government ≅ ба́бье ца́рство

**pettifog** [ˈpetɪfɔg] *v* 1) занима́ться крючкотво́рством, кля́узами; сутя́жничать 2) вздо́рить из-за пустяко́в

**pettifogger** [ˈpetɪfɔgə] *n* крючкотво́р, кля́узник

**pettifogging** [ˈpetɪfɔgɪŋ] **1.** *pres. p. от* pettifog

**2.** *a* 1) занима́ющийся крючкотво́рством 2) ме́лкий, ничто́жный; ме́лочный

**pettish** [ˈpetɪʃ] *a* оби́дчивый, раздражи́тельный

**pettitoes** [ˈpetɪtəuz] *n pl* свины́е но́жки (*кушанье*)

**petto** [ˈpetəu] *ит. n*: in ~ в секре́те, в та́йне, тайко́м

**petty** [ˈpetɪ] *a* 1) ме́лкий, незначи́тельный, малова́жный; ~ cash ме́лкие статьи́ (*прихода, расхода*) 2) ме́лкий, небольшо́й; ~ bourgeoisie ме́лкая буржуази́я; ~ farmer ме́лкий фе́рмер; ~ warfare ма́лая война́ 3) ме́лочный; у́зкий; ограни́ченный

**petty jury** [ˈpetɪˈʤuərɪ] *n юр.* ма́лое жюри́, суд из 12 прися́жных

**petty officer** [ˈpetɪˈɔfɪsə] *n* старшина́ (*во флоте*)

**petulance** [ˈpetjuləns] *n* раздраже́ние; капри́зность, раздражи́тельность, нетерпели́вость; outburst of ~ вспы́шка раздраже́ния

**petulant** [ˈpetjulənt] *a* 1) раздражи́тельный, нетерпели́вый, оби́дчивый 2) *редк.* де́рзкий, на́глый

**petunia** [pɪˈtjuːnjə] *n* 1) *бот.* пету́ния 2) *attr.* тёмно-лило́вый, тёмно-фиоле́товый

**petuntse** [pɪˈtuntsə] *n мин.* кита́йский ка́мень

**pew** [pjuː] *n* 1) церко́вная скамья́ со спи́нкой 2) постоя́нное отгоро́женное ме́сто в це́ркви (*занимаемое каким-л. важным лицом и его семьей*) 3) *разг.* сиде́нье, стул; take a ~ сади́тесь ◇ in the right church but in the wrong ~ ≅ в о́бщем пра́вильно, но неве́рно в дета́лях

**pewit** [ˈpiːwɪt] *n зоол.* чи́бис, пи́галица

**pew-rent** [ˈpjuːrent] *n* пла́та за ме́сто в це́ркви

**pewter** [ˈpjuːtə] *n* 1) сплав о́лова со свинцо́м; сплав на оловя́нной осно́ве 2) оловя́нная посу́да; оловя́нная кру́жка 3) *attr.* оловя́нный

**pfennig, pfenning** [ˈpfenɪg, ˈpfenɪŋ] *нем. n* пфе́нниг (*немецкая монета* = *0,01 марки*)

**phaeton** [ˈfeɪtn] *n* фаэто́н

**phagocyte** [ˈfægəusaɪt] *n биол.* фагоци́т

**phalange** [ˈfælænʤ] = phalanx 3)

**phalanges** [fæˈlænʤɪz] *pl от* phalanx 3)

**phalanstery** [ˈfælənstərɪ] *n* фаланстер

**phalanx** [ˈfælæŋks] *n* (*pl* -xes [-ksɪz]) 1) фала́нга 2) = phalanstery 3) (*pl обыкн.* -nges) *анат.* фала́нга, суста́в па́льца

**phalli** [ˈfælaɪ] *pl от* phallus

**phallus** [ˈfæləs] *n* (*pl* -li) фа́ллос

**phanerogam** [ˈfænərəugæm] *n бот.* явнобра́чное расте́ние

**phanerogamic, phanerogamous** [ˌfænərəuˈgæmɪk, ˌfænəˈrɔgəməs] *a бот.* явнобра́чный

**phantasm** [ˈfæntæzm] *n* 1) фанто́м, при́зрак 2) иллю́зия

**phantasmagoria** [ˌfæntæzməˈgɔrɪə] *n* фантасмаго́рия

**phantasmagoric** [ˌfæntæzməˈgɔrɪk] *a* фантасмагори́ческий

**phantasmal** [fænˈtæzməl] *a* при́зрачный

**phantasy** [ˈfæntəsɪ] = fantasy

**phantom** [ˈfæntəm] *n* 1) фанто́м, при́зрак 2) иллю́зия 3) *attr.* при́зрачный, иллюзо́рный

**Pharaoh** [ˈfeərəu] *n ист.* фарао́н

**Pharisaic(al)** [ˌfærɪˈseɪɪk(əl)] *a* фарисе́йский, ха́нжеский

**Pharisaism** [ˈfærɪseɪɪzm] *n* фарисе́йство

**Pharisee** [ˈfærɪsiː] *n* фарисе́й, ханжа́

**pharmaceutical** [ˌfɑːməˈsjuːtɪkəl] *a* фармацевти́ческий; ~ scales апте́карские весы́

**pharmaceutics** [ˌfɑːməˈsjuːtɪks] *n pl* (*употр. как sing*) фармаце́втика

**pharmaceutist** [ˌfɑːməˈsjuːtɪst] *n* фармаце́вт

**pharmacologist** [ˌfɑːməˈkɔləʤɪst] *n* фармако́лог

**pharmacology** [ˌfɑːməˈkɔləʤɪ] *n* фармаколо́гия

**pharmacopoeia** [ˌfɑːməkəˈpiːə] *n* фармакопе́я

**pharmacy** [ˈfɑːməsɪ] *n* 1) фармаци́я 2) апте́ка

**pharos** [ˈfeərɔs] *греч. n поэт., ритор.* мая́к, све́точ

**pharyngitis** [ˌfærɪnˈʤaɪtɪs] *n мед.* фаринги́т

**pharynx** [ˈfærɪŋks] *n анат.* гло́тка, зев

**phase** [feɪz] **1.** *n* 1) фа́за 2) перио́д, ста́дия 3) аспе́кт, сторона́; a ~ of the subject сторона́ вопро́са 4) *геол.* фа́ция; разнови́дность

**2.** *v* фази́ровать

**phasic** [ˈfeɪzɪk] *a* фа́зный, стади́йный

**pheasant** [ˈfeznt] *n* фаза́н

**phenol** [ˈfiːnɔl] *n хим.* фено́л, карбо́ловая кислота́

**phenology** [fɪˈnɔləʤɪ] *n* феноло́гия

**phenomena** [fɪˈnɔmɪnə] *pl от* phenomenon

**phenomenal** [fɪˈnɔmɪnl] *a* феномена́льный, необыкнове́нный

**phenomen(al)ism** [fɪˈnɔmɪn(əl)ɪzm] *n филос.* феномenали́зм

**phenomenon** [fɪˈnɔmɪnən] *n* (*pl* -ena) 1) явле́ние, фено́мен 2) необыкнове́нное явле́ние; фено́мен; infant ~ вундерки́нд, чу́до-ребёнок

**phew** [fjuː] *int* фу!; ну и ну́!

**phi** [faɪ] *n* фита́ (*греческая буква* Φ)

**phial** [ˈfaɪəl] *n* 1) скля́нка, пузырёк 2) фиа́л

**philander** [fɪˈlændə] *v* флиртова́ть; волочи́ться

**philanderer** [fɪˈlændərə] *n* волоки́та, донжуа́н

**philanthrope** [ˈfɪlənθrəup] = philanthropist

**philanthropic** [ˌfɪlənˈθrɔpɪk] *a* филантропи́ческий

**philanthropist** [fɪˈlænθrəpɪst] *n* филантро́п

**philanthropize** [fɪˈlænθrəpaɪz] *v* 1) занима́ться филантро́пией 2) покрови́тельствовать (*кому-л.*)

**philanthropy** [fɪˈlænθrəpɪ] *n* филантро́пия

**philatelic** [ˌfɪləˈtelɪk] *a* филателисти́ческий

**philatelist** [fɪˈlætəlɪst] *n* филатели́ст

**philately** [fɪˈlætəlɪ] *n* филатели́я

**philharmonic** [ˌfɪlɑːˈmɔnɪk] **1.** *a* 1) лю́бящий му́зыку 2) филармони́ческий, музыка́льный (*об обществе*)

**2.** *n* филармо́ния

**philhellenic** [ˌfɪlheˈliːnɪk] *a* проэлли́нский

**philippic** [fɪˈlɪpɪk] *n* (*обыкн. pl*) фили́ппика, обличи́тельная речь

**Philippine** [ˈfɪlɪpiːn] *a* филиппи́нский

**Philistine** [ˈfɪlɪstaɪn] **1.** *n* 1) фили́стер, обыва́тель, мещани́н 2) *шутл.* (беспоща́дный) враг (*напр., критик, бейлиф и т. п.*) 3) *библ.* филисти́млянин ◇ to fall among ~s ≅ попа́сть в переде́лку, попа́сть в тяжёлое положе́ние

**2.** *a* фили́стерский, обыва́тельский, меща́нский

**Philistinism** [ˈfɪlɪstɪnɪzm] *n* фили́стерство, меща́нство

**Philistinize** [ˈfɪlɪstɪnaɪz] *v* де́лать фили́стером

**philobiblic** [ˌfɪləuˈbɪblɪk] *a* лю́бящий кни́ги

**philogynist** [fɪˈlɔʤɪnɪst] *n* женолю́б

**philological** [ˌfɪləˈlɔʤɪkəl] *a* филологи́ческий, языкове́дческий

**philologist** [fɪ'lɔlədʒɪst] *n* филóлог, языковéд

**philology** [fɪ'lɔlədʒɪ] *n* филолóгия

**Philomel, Philomela** ['fɪləmel, ˌfɪləu'mi:lə] *n поэт.* филомéла, соловéй

**philoprogenitive** [ˌfɪləuprəu'dʒenɪtɪv] *a* 1) плодовúтый 2) чадолюбúвый

**philosopher** [fɪ'lɔsəfə] *n* 1) филóсоф; natural ~ фúзик; естествоиспытáтель; ~s' stone философский кáмень 2) человéк с филосóфским подхóдом к жúзни

**philosophic** [ˌfɪlə'sɔfɪk] = philosophical

**philosophical** [ˌfɪlə'sɔfɪkəl] *a* филосóфский

**philosophize** [fɪ'lɔsəfaɪz] *v* филосóфствовать, теоретизúровать

**philosophy** [fɪ'lɔsəfɪ] *n* 1) филосóфия 2) филосóфский подхóд к жúзни

**philtre** ['fɪltə] *n* любóвный напúток, приворóтное зéлье

**phiz** [fɪz] *n* (*сокр от* physiognomy) *разг.* лицó, физионóмия, фúзия

**phlebitis** [flɪ'baɪtɪs] *n мед.* воспалéние вéны, флебúт

**phlebotomize** [flɪ'bɔtəmaɪz] *v мед.* пускáть кровь

**phlebotomy** [flɪ'bɔtəmɪ] *n мед.* кровопускáние

**phlegm** [flem] *n* 1) мокрóта, слизь 2) флéгма, флегматúчносгь; хладнокрóвие, бесстрáстие

**phlegmatic** [fleg'mætɪk] *a* флегматúчный, вя́лый

**phlegmon** ['flegmən] *n мед.* флегмóна

**phloem** ['fləuəm] *n бот.* флоэ́ма

**phlogistic** [flɔ'dʒɪstɪk] *a мед.* воспалúтельный

**phlogiston** [flɔ'dʒɪstən] *n хим. ист.* флогистóн

**phlox** [flɔks] *n бот.* флокс

**phobia** ['fəubɪə] *n мед.* неврóз стрáха, фóбия

**Phoebe** ['fi:bɪ] *n* 1) *греч. миф.* Фéба 2) *поэт.* лунá

**Phoebus** ['fi:bəs] *n* 1) *греч. миф.* Феб 2) *поэт.* сóлнце

**Phoenician** [fɪ'nɪʃɪən] **1.** *a* финикúйский

**2.** *n* 1) финикúянин; финикúянка 2) финикúйский язы́к

**phoenix** ['fi:nɪks] *n* 1) *миф.* фéникс 2) образéц совершéнства, чýдо

**phonal** ['fəunəl] *a* голосовóй

**phone I** [fəun] *n лингв.* фóна

**phone II** [fəun] (*сокр. от* telephone) *разг.* **1.** *n* телефóн; on the ~ у телефóна; by (*или* over) the ~ по телефóну; to get smb. on the ~ дозвонúться к комý-л. по телефóну; to hang up the ~ повéсить трýбку

**2.** *v* звонúть по телефóну

**phoneme** ['fəuni:m] *n лингв.* фонéма

**phonemic** [fəu'ni:mɪk] *a лингв.* фонематúческий

**phonetic** [fəu'netɪk] *a* фонетúческий

**phonetician** [ˌfəunɪ'tɪʃən] *n* фонетúст

**phoneticize** [fəu'netɪsaɪz] *v* транскрибúровать фонетúчески

**phonetics** [fəu'netɪks] *n pl* (*употр. как sing*) фонéтика

**phoney** ['fəunɪ] = phony

**phonic** ['fəunɪk] *a* 1) акустúческий, звуковóй 2) голосовóй

**phonics** ['fəunɪks] *n pl* (*употр. как sing*) 1) акýстика 2) применéние фонетúческих мéтодов при обучéнии чтéнию

**phonogram** ['fəunəgræm] *n* 1) фоногрáмма; звукозáпись 2) телефоногрáмма

**phonograph** ['fəunəgrɑ:f] *n* 1) фонóграф 2) *амер.* граммофóн, патефóн

**phonographic** [ˌfəunə'græfɪk] *a* фонографúческий

**phonography** [fəu'nɔgrəfɪ] *n* 1) фоногрáфия 2) стенографúческая зáпись по фонетúческой систéме

**phonologic(al)** [ˌfəunə'lɔdʒɪk(əl)] *a* фонологúческий

**phonology** [fəu'nɔlədʒɪ] *n* фонолóгия

**phonometer** [fəu'nɔmɪtə] *n* фонóметр

**phonopathy** [fəu'nɔpəθɪ] *n мед.* расстрóйство óрганов рéчи

**phonoscope** ['fəunəskəup] *n* фоноскóп

**phony** ['fəunɪ] *разг.* **1.** *a* лóжный, поддéльный; фальшúвый; дýтый

**2.** *n* 1) обмáн; поддéлка 2) жýлик, обмáнщик

**phosgene** ['fɔzdʒi:n] *n хим.* фосгéн

**phosphate** ['fɔsfeɪt] *n хим.* **1.** *n* фосфáт, соль фóсфорной кислоты́

**2.** *a* фосфорнокúслый

**phosphide** ['fɔsfaɪd] *n хим.* фосфúд

**phosphite** ['fɔsfaɪt] *n хим.* фосфúт

**Phosphor** ['fɔsfə] *n поэт.* ýтренняя звездá

**phosphorate** ['fɔsfəreɪt] *v хим.* насыщáть фóсфором, соединя́ть с фóсфором

**phosphor-bronze** ['fɔsfəbrɔnz] *n метал.* фóсфористая брóнза

**phosphoresce** [ˌfɔsfə'res] *v* фосфоресцúровать, светúться

**phosphorescence** [ˌfɔsfə'resns] *n* фосфоресцéнция, свечéние

**phosphorescent** [ˌfɔsfə'resnt] *a* фосфоресцúрующий

**phosphoric** [fɔs'fɔrɪk] *a* 1) фосфорúческий; фосфоресцúрующий 2) *хим.* фóсфорный

**phosphorite** ['fɔsfəraɪt] *n мин.* фосфорúт

**phosphorous** ['fɔsfərəs] *a хим.* фóсфористый

**phosphorus** ['fɔsfərəs] *n хим.* фóсфор

**phot** [fəut] *n физ.* фот (*единица освещённости, яркости*)

**photic** ['fəutɪk] *a* световóй, относя́щийся к свéту

**photo** ['fəutəu] *n* (*pl* -os [-əuz]) *сокр. разг. от* photograph 1

**photoactive** [ˌfəutəu'æktɪv] *a* светочувствúтельный

**photobiotic** [ˌfəutəubaɪ'ɔtɪk] *a биол.* спосóбный жить тóлько при свéте

**photocell** ['fəutəsel] *n* фотоэлемéнт

**photochemistry** [ˌfəutəu'kemɪstrɪ] *n* фотохúмия

**photochromy** ['fəutəkrəumɪ] *n* цветнáя фотогрáфия, фотохрóмия

**photoconductivity** ['fəutəkənˌdʌk'tɪvɪtɪ] *n* фотопроводúмость

**photo-electric** [ˌfəutəuɪ'lektrɪk] *a* фотоэлектрúческий; ~ cell фотоэлемéнт

**photo-electricity** ['fəutəuˌɪlek'trɪsɪtɪ] *n* фотоэлектрúчество

**photofinish** [ˌfəutəu'fɪnɪʃ] *n спорт.* фотофúниш

**photogenic** [ˌfəutəu'dʒenɪk] *a* 1) фотогенúчный 2) *биол.* фосфоресцúрующий

**photograph** ['fəutəgrɑ:f] **1.** *n* фотографúческий снúмок, фотогрáфия

**2.** *v* 1) фотографúровать, снимáть 2) выходúть на фотогрáфии (*хорошо, плохо*); I always ~ badly я всегдá плóхо выхожý на фотогрáфиях

**photographer** [fə'tɔgrəfə] *n* фотóграф

**photographic** [ˌfəutə'græfɪk] *a* фотографúческий

**photography** [fə'tɔgrəfɪ] *n* фотографúрование, фотогрáфия

**photogravure** [ˌfəutəgrə'vjuə] **1.** *n* фотогравю́ра

**2.** *v* фотогравировáть

**photolithography** [ˌfəutəulɪ'θɔgrəfɪ] *n* фотолитогрáфия

**photolysis** [fəu'tɔlɪsɪs] *n хим.* фотóлиз

**photomechanical** [ˌfəutəumɪ'kænɪkəl] *a* фотомеханúческий

**photomechanics** [ˌfəutəumɪ'kænɪks] *n pl* (*употр. как sing*) фотомехáника

**photometer** [fəu'tɔmɪtə] *n* фотóметр

**photometric** [ˌfəutəu'metrɪk] *a* фотометрúческий

**photometry** [ˌfəu'tɔmɪtrɪ] *n* фотомéтрия

**photomicrograph** [ˌfəutəu'maɪkrəugrɑ:f] *n* микрофотографúческий снúмок, микрофотогрáфия

**photomicrography** [ˌfəutəumaɪ'krɔgrəfɪ] *n* микрофотогрáфия, микрофотографúрование

**photomontage** [ˌfəutəumɔn'tɑ:ʒ] *n* фотомонтáж

**photon** ['fəutɔn] *n физ.* фотóн

**photophobia** [ˌfəutəu'fəubjə] *n мед.* светобоя́знь, фотофóбия

**photoplay** ['fəutəupleɪ] *n* 1) фильм-спектáкль 2) сценáрий

**photoprint** ['fəutəuprɪnt] *n* фотогравю́ра

**photosensitive** [ˌfəutəu'sensɪtɪv] *a* светочувствúтельный

**photosphere** ['fəutəusfɪə] *n астр.* фотосфéра

**photostat** ['fəutəustæt] *n* фотостáт

**photosynthesis** [ˌfəutəu'sɪnθɪsɪs] *n биол.* фотосúнтез

**phototelegraphy** [ˌfəutəutɪ'legrəfɪ] *n* фототелегрáфия

**phototherapy** ['fəutəu'θerəpɪ] *n* светолечéние

**phototube** ['fəutəu'tju:b] *n* фотоэлемéнт

**phototype** ['fəutəutaɪp] *n полигр.* 1) фототúпия 2) *attr.* фототипúческий; ~ edition фототипúческое издáние

**photozincography** [ˌfəutəuzɪŋ'kɔgrəfɪ] *n полигр.* фотоцинкогрáфия

**phrase** [freɪz] **1.** *n* 1) фра́за, выраже́ние; оборо́т; идиомати́ческое выраже́ние 2) язы́к, стиль; in simple ~ просты́ми слова́ми, просты́м языко́м 3) *pl* пусты́е слова́ 4) *муз.* фра́за

**2.** *v* 1) выража́ть (слова́ми); thus he ~d it вот как он э́то вы́разил 2) *муз.* фрази́ровать

**phrase-book** [ˈfreɪzbuk] *n* (двуязы́чный) фразеологи́ческий слова́рь

**phrase-man** [ˈfreɪzmæn] = phrase-monger

**phrase-monger** [ˈfreɪzˌmʌŋgə] *n* фразёр

**phrase-mongering** [ˈfreɪzˌmʌŋgərɪŋ] **1.** *n* фразёрство

**2.** *a* фразёрский; ~ statement краси́вая фра́за

**phraseological** [ˌfreɪzɪəˈlɔdʒɪkəl] *a* фразеологи́ческий

**phraseology** [ˌfreɪzɪˈɔlədʒɪ] *n* 1) фразеоло́гия 2) язы́к, слог

**phrenetic** [frɪˈnetɪk] **1.** *a* 1) исступлённый, нейстовый; маниака́льный, безу́мный 2) фанати́чный

**2.** *n* манья́к, безу́мец

**phrenic** [ˈfrenɪk] *a анат.* относя́щийся к диафра́гме, грудобрю́шный

**phrenological** [ˌfrenəˈlɔdʒɪkəl] *a* френологи́ческий

**phrenologist** [frɪˈnɔlədʒɪst] *n* френо́лог

**phrenology** [frɪˈnɔlədʒɪ] *n* френоло́гия

**Phrygian** [ˈfrɪdʒɪən] **1.** *a* фриги́йский; ~ cap фриги́йский колпа́к

**2.** *n* фриги́ец

**phthisic(al)** [ˈθaɪsɪk(əl)] *a мед.* туберкулёзный; чахо́точный

**phthisis** [ˈθaɪsɪs] *n мед.* туберкулёз; чахо́тка

**phut** [fʌt] **1.** *n* свист, треск

**2.** *adv*: to go ~ ло́пнуть; потерпе́ть крах, неуда́чу; ко́нчиться ниче́м

**phyla** [ˈfaɪlə] *pl от* phylum

**phylactery** [fɪˈlæktərɪ] *n* 1) *рел.* филакте́рия 2) амуле́т, талисма́н ◊ to make broad one's ~ (*или* phylacteries) выставля́ть напока́з свою́ на́божность

**phyllophagous** [fɪˈlɔfəgəs] *a* листоя́дный

**phylloxera** [ˌfɪlɔkˈsɪərə] *n зоол.* филлоксе́ра

**phylogenesis** [ˌfaɪləuˈdʒenɪsɪs] *n биол.* филогене́з

**phylum** [ˈfaɪləm] *n* (*pl* phyla) *биол.* тип

**physic** [ˈfɪzɪk] **1.** *n разг.* лека́рство (*обыкн.* слаби́тельное)

**2.** *v разг.* дава́ть лека́рство (*обыкн.* слаби́тельное)

**physical** [ˈfɪzɪkəl] *a* физи́ческий, материа́льный; теле́сный; ~ chemistry физи́ческая хи́мия; ~ culture (training) физи́ческая культу́ра (подгото́вка); ~ examination враче́бный (*или* медици́нский) осмо́тр; ~ exercise моцио́н; ~ drill (*или* jerks) гимнасти́ческие упражне́ния; заря́дка; ~ therapy физиотерапи́я

**physician** [fɪˈzɪʃən] *n* 1) врач, до́ктор 2) (ис)цели́тель

**physicist** [ˈfɪzɪsɪst] *n* фи́зик

**physics** [ˈfɪzɪks] *n pl* (*употр. как sing*) фи́зика

**physiocrat** [ˈfɪzɪəkræt] *n* физиокра́т

**physiognomic(al)** [ˌfɪzɪəˈnɔmɪk(əl)] *a* физиономи́ческий

**physiognomist** [ˌfɪzɪˈɔnəmɪst] *n* физиономи́ст

**physiognomy** [ˌfɪzɪˈɔnəmɪ] *n* 1) физиогно́мика 2) физионо́мия, лицо́; *редк.* о́блик 3) *груб.* ро́жа, фи́зия

**physiographer** [ˌfɪzɪˈɔgrəfə] *n* физио́граф

**physiographic** [ˌfɪzɪəˈgræfɪk] *a* физиографи́ческий

**physiography** [ˌfɪzɪˈɔgrəfɪ] *n* физи́ческая геогра́фия; физиогра́фия

**physiologic(al)** [ˌfɪzɪəˈlɔdʒɪk(əl)] *a* физиологи́ческий

**physiologist** [ˌfɪzɪˈɔlədʒɪst] *n* физио́лог

**physiology** [ˌfɪzɪˈɔlədʒɪ] *n* физиоло́гия

**physiotherapy** [ˌfɪzɪəˈθerəpɪ] *n* физиотерапи́я

**physique** [fɪˈziːk] *n* телосложе́ние, конститу́ция; физи́ческие да́нные

**phytogeny** [faɪˈtɔdʒɪnɪ] *n* происхожде́ние и тео́рия разви́тия расте́ний

**phytophagous** [faɪˈtɔfəgəs] *a* растениея́дный

**pi** I [paɪ] *n* 1) пи (*греч. буква* π) 2) *мат.* π (= 3,1415926)

**pi** II [paɪ] *a школ. жарг.* на́божный, религио́зный ◊ pi jaw нравоуче́ние

**piaffe** [pɪˈæf] *v* идти́ ме́дленной ры́сью

**pia mater** [ˈpaɪəˈmeɪtə] *n анат.* мя́гкая оболо́чка мо́зга

**pianette** [pjæˈnet] *n* ма́ленькое пиани́но

**pianino** [pjæˈniːnəu] *n* (*pl* -os [-əuz]) пиани́но

**pianissimo** [pjæˈnɪsɪməu] *ит. adv, n муз.* пиани́ссимо

**pianist** [ˈpɪənɪst] *n* пиани́ст; пиани́стка

**piano** I [pɪˈænəu] *n* (*pl* -os [-əuz]) фортепья́но

**piano** II [ˈpjɑːnəu] *ит. adv, n муз.* пиа́но

**pianoforte** [ˌpjænəuˈfɔːtɪ] = piano I

**pianola** [pɪəˈnəulə] *n муз.* пиано́ла

**piano organ** [pɪˈænəuˌɔːgən] *n* вид шарма́нки

**piano-player** [pɪˈænəuˌpleɪə] *n* 1) пиано́ла 2) *уст.* пиани́ст

**piaster** [pɪˈæstə] = piastre

**piastre** [pɪˈæstə] *n* пиа́стр (*монета в Турции и в некоторых других странах*)

**piazza** [pɪˈætsə] *ит. n* 1) (база́рная) пло́щадь (*особ. в Италии*) 2) *амер.* вера́нда

**pibroch** [ˈpiːbrɔk] *n шотл. муз.* вариа́ции для волы́нки

**pica** I [ˈpaɪkə] *n мед., вет.* извращённый аппети́т, геофа́гия

**pica** II [ˈpaɪkə] *n полигр.* ци́церо

**picador** [ˌpɪkəˈdɔː] *исп. n* пикадо́р

**picaresque** [ˌpɪkəˈresk] *a* авантю́рный, плутовско́й (*обыкн. о романе*)

**picaroon** [ˌpɪkəˈruːn] **1.** *n* 1) плут, авантюри́ст 2) пира́т 3) пира́тский кора́бль

**2.** *v* 1) жить плутовство́м 2) соверша́ть пира́тские набе́ги

**picayune** [ˌpɪkəˈjuːn] *амер.* **1.** *n* 1) *ист. название серебряной монеты* (=5 *центам*) 2) *разг.* пустя́к

**2.** *a* 1) пустяко́вый, ерундо́вый 2) ни́зкий, презре́нный

**piccalilli** [ˈpɪkəlɪlɪ] *n* о́стрые пи́кули с пря́ностями

**piccaninny** [ˈpɪkənɪnɪ] **1.** *n* 1) негритёнок 2) *шутл.* ребятёнок, малы́ш

**2.** *a* о́чень ма́ленький

**piccolo** [ˈpɪkələu] *n* (*pl* -os [-əuz]) *муз.* пи́кколо, ма́лая фле́йта

**pice** [paɪs] *n* па́йса (*мелкая индийская медная монета*)

**pick** I [pɪk] *n* 1) кирка́; кайла́ 2) остроконе́чный инструме́нт 3) *полигр.* грязь, остаю́щаяся на ли́терах (*при печатании*)

**pick** II [pɪk] **1.** *v* 1) выбира́ть, отбира́ть, подбира́ть; to ~ one's words тща́тельно подбира́ть слова́; to ~ one's way (*или* one's steps) выбира́ть доро́гу (*чтобы не попасть в грязь*); to ~ and choose быть разбо́рчивым 2) иска́ть, выи́скивать; to ~ a quarrel with smb. выи́скивать по́вод для ссо́ры с кем-л. 3) собира́ть, снима́ть (*плоды*); срыва́ть (*цветы, фрукты*); подбира́ть (*зерно — о птицах*) 4) долби́ть, прода́лбливать, протыка́ть, просве́рливать; пробура́вливать 5) ковыря́ть; сковы́ривать; to ~ one's teeth ковыря́ть в зуба́х 6) разрыхля́ть (*киркой*) 7) обгла́дывать (*кость*) 8) чи́стить (*ягоды*); очища́ть, обдира́ть; ощи́пывать (*птицу*) 9) обворо́вывать, красть; очища́ть (*карманы*); to ~ and steal занима́ться ме́лкими кра́жами; to ~ smb.'s brains присва́ивать чужи́е мы́сли 10) открыва́ть замо́к отмы́чкой (*тж.* ~ a lock) 11) расщи́пывать; to ~ to pieces распа́рывать; *перен.* раскритикова́ть; разнести́ в пух и прах 12) клева́ть (*зёрна*); есть (*маленькими кусочками*), отщи́пывать; *разг.* есть 13) *амер.* перебира́ть стру́ны (*банджо и т. п.*) □ **~ at** а) придира́ться; б) ворча́ть, пили́ть; в) верте́ть в рука́х, перебира́ть; **~ off** а) отрыва́ть, сдира́ть; б) стреля́ть, тща́тельно прице́ливаясь; подстрели́ть; в) перестреля́ть (*одного за другим*); **~ on** а) выбира́ть, отбира́ть; б) докуча́ть, дразни́ть; **~ out** а) выдёргивать; б) выбира́ть; в) различа́ть; г) понима́ть, схва́тывать (*значение*); д) подбира́ть по слу́ху (*мотив*); е) оттеня́ть; **~ over** отбира́ть (*лучшие экземпляры*); выбира́ть; **~ up** а) разрыхля́ть (*киркой*); б) поднима́ть, подбира́ть; в) заезжа́ть за *кем-л.*; I'll ~ you up at five o'clock я зае́ду за ва́ми в пять часо́в; г) приобрета́ть; to ~ up a livelihood зараба́тывать на пропита́ние; to ~ up flesh пополне́ть; д) пойма́ть (*прожектором, по радио и т. п.*); е) собира́ть; ж) подцепи́ть (*выражение*); научи́ться (*приёмам*); з) добыва́ть (*сведения*); и) сно́ва найти́ (*дорогу*); to ~ up the trail напа́сть на след; к) познако́миться (with — с *кем-либо*); л) выздора́вливать; восстанавлива́ть си́лы; to ~ oneself up опра́вля́ться (*после болезни, удара и т. п.*); м) подбодри́ть, подня́ть настрое́ние; н) *амер.* прибира́ть ко́мнату; о) ускоря́ть (*движение*) ◇ to ~ up the tab плати́ть по счёту *или* че́ку

2. *n* 1) вы́бор; take your ~ выбира́йте 2) что-л. отбо́рное, лу́чшая часть (*чего-л.*); the ~ of the basket (*или* of the bunch) лу́чшая часть чего́-л.; the ~ of the army цвет а́рмии, отбо́рные войска́ 3) уда́р (*чем-л. острым*)

**pick-a-back** [ˈpɪkəbæk] *adv* на спине́, за плеча́ми

**pickaninny** [ˈpɪkənɪnɪ] = piccaninny

**pickax(e)** [ˈpɪkæks] **1.** *n* киркомоты́га

2. *v* разрыхля́ть киркомоты́гой

**picked** [pɪkt] **1.** *p. p. от* pick II, 1

2. *a* 1) ото́бранный, подо́бранный; со́бранный 2) отбо́рный; ~ troops отбо́рные войска́ 3) *диал.* остроконе́чный

**picker** [ˈpɪkə] *n* 1) сбо́рщик (*хлопка, фруктов и т. п.*) 2) сортиро́вщик 3) тряпи́чник; му́сорщик 4) кирка́, моты́га; кайла́ 5) *горн.* забу́рник 6) *горн.* породоотбо́рочная маши́на 7) *текст.* трепа́льная маши́на 8) *текст.* гоно́к

**pickerel** [ˈpɪkərəl] *n* молода́я щу́ка, щу́чка, щурёнок

**picket** [ˈpɪkɪt] **1.** *n* 1) кол 2) пике́т 3) пике́тчик 4) *воен.* сторожева́я заста́ва

2. *v* 1) выставля́ть пике́т(ы); расставля́ть заста́вы *и т. п.* 2) пикети́ровать 3) обноси́ть частоко́лом 4) привя́зывать к колу́

**picking** [ˈpɪkɪŋ] **1.** *pres. p. от* pick II, 1

2. *n* 1) собира́ние, отбо́р; сбор 2) воровство́; ~ and stealing ме́лкая кра́жа 3) *pl* ме́лкая пожи́ва 4) *pl* оста́тки, объе́дки 5) разбо́рка, сортиро́вка

**pickle** [ˈpɪkl] **1.** *n* 1) рассо́л; у́ксус для марина́да 2) (*обыкн. pl*) соле́нье, марина́д, пи́кули; солёные *или* марино́ванные огурцы́ 3) неприя́тное положе́ние; плаче́вное состоя́ние; to be in a pretty ~ попа́сть в беду́ 4) *разг.* шалу́н, озорни́к 5) *амер. разг.* опьяне́ние 6) *тех.* протра́ва ◇ to have a rod in ~ (for) держа́ть ро́згу нагото́ве; the one in a ~ is the one who's got to tickle ≅ э́то не моя́ забо́та; пусть беспоко́ится тот, кого́ э́то каса́ется

2. *v* 1) соли́ть, маринова́ть 2) *мор. ист.* натира́ть спи́ну со́лью *или* у́ксусом (*после порки*) 3) *тех.* трави́ть кислото́й; протравля́ть, декапи́ровать

**pickled** [ˈpɪkld] **1.** *p. p. от* pickle 2

2. *a* 1) солёный; марино́ванный 2) *разг.* пья́ный

**picklock** [ˈpɪklɔk] *n* 1) взло́мщик 2) отмы́чка

**pick-me-up** [ˈpɪkmi(:)ʌp] *n* возбужда́ющее сре́дство; возбужда́ющий напи́ток; то́ник; что-л. поднима́ющее настрое́ние

**pickpocket** [ˈpɪkˌpɔkɪt] *n* вор-карма́нник

**pick-up** [ˈpɪkʌp] *n* 1) *разг.* случа́йное знако́мство 2) что-л. полу́ченное по слу́чаю; уда́чная поку́пка 3) *разг. см.* pick-me-up 4) *разг.* улучше́ние; восстановле́ние 5) *авто* пика́п 6) *с.-х.* пика́п, подбо́рщик (*хлеба*) 7) *тех.* захва́тывающее приспособле́ние 8) *физ.* ускоре́ние 9) *радио* подхва́тывание (*волны, сигнала*) 10) *тлв.* передаю́щая тру́бка 11) *радио* ада́птер, звукоснима́тель

**Pickwickian** [pɪkˈwɪkɪən] *a*: in a ~ sense не буква́льно, не пря́мо; не совсе́м я́сно

**picnic** [ˈpɪknɪk] **1.** *n* 1) пикни́к 2) *разг.* прия́тное времяпрепровожде́ние; удово́льствие; no ~ нелёгкое де́ло 3) *attr.*: ~ hamper корзи́на с прови́зией для пикника́

2. *v* уча́ствовать в пикнике́

**picnicker** [ˈpɪknɪkə] *n* уча́стник пикника́

**picric** [ˈpɪkrɪk] *a хим.* пикри́новый

**pictography** [pɪkˈtɔgrəfɪ] *n* пиктогра́фия

**pictorial** [pɪkˈtɔ:rɪəl] **1.** *a* 1) живопи́сный; изобрази́тельный; ~ art жи́вопись 2) иллюстри́рованный 3) я́ркий, живо́й (*о стиле и т. п.*)

2. *n* иллюстри́рованное периоди́ческое изда́ние

**picture** [ˈpɪktʃə] **1.** *n* 1) карти́на; изображе́ние; рису́нок 2) портре́т; *перен. тж.* ко́пия; she is a ~ of her mother она́ вы́литая мать 3) что-л. о́чень краси́вое, карти́нка 4) представле́ние, мы́сленный о́браз 5) воплоще́ние, олицетворе́ние (*здоровья, отчаяния и т. п.*); he is the (very) ~ of health он олицетворе́ние, воплоще́ние здоро́вья 6) кинока́др 7): moving ~s, the ~s кино́ ◇ out of (*или* not in) the ~ дисгармони́рующий; to pass from the ~ сойти́ со сце́ны; to put (*или* to keep) smb. in the ~ осведомля́ть, информи́ровать кого́-л.; держа́ть кого́-л. в ку́рсе де́ла

2. *v* 1) изобража́ть на карти́не 2) опи́сывать, обрисо́вывать, живописа́ть 3) представля́ть себе́ (*тж.* ~ to oneself)

**picture-book** [ˈpɪktʃəbuk] *n* (де́тская) кни́жка с карти́нками

**picture-card** [ˈpɪktʃəkɑ:d] *n* 1) *карт.* фигу́рная ка́рта, фигу́ра 2) худо́жественная откры́тка

**picture-gallery** [ˈpɪktʃəˌgælərɪ] *n* карти́нная галере́я

**picture-palace** [ˈpɪktʃəˌpælɪs] *n уст.* кинотеа́тр

**picture postcard** [ˈpɪktʃəˈpəustkɑ:d] *n* худо́жественная откры́тка

**picture show** [ˈpɪktʃəˈʃəu] *n* 1) кинотеа́тр 2) кинофи́льм

**picturesque** [ˌpɪktʃəˈresk] *a* 1) живопи́сный 2) колори́тный 3) я́ркий, о́бразный (*о языке*)

**picture-theatre** [ˈpɪktʃəˈθɪətə] = picture-palace

**picture-writing** [ˈpɪktʃəˌraɪtɪŋ] *n* пиктографи́ческое, рису́ночное письмо́

**piddle** [ˈpɪdl] *v* 1) *разг.* мочи́ться 2) *уст.* занима́ться пустяка́ми

**piddling** [ˈpɪdlɪŋ] **1.** *pres. p. от* piddle

2. *a* ме́лкий, пустя́чный, ничто́жный

**Pidgin English** [ˈpɪdʒɪnˈɪŋglɪʃ] *n* пи́джин-и́нглиш, а́нгло-кита́йский гибри́дный язы́к

**pie** I [paɪ] *n* 1) пиро́г; пирожо́к 2) *амер.* торт, сла́дкий пиро́г; Eskimo ~ эскимо́ (*мороженое*) ◇ ~ in the sky *амер.* пиро́г на том све́те; ≅ жура́вль в не́бе; as easy as ~ ≅ про́ще просто́го

**pie** II [paɪ] *n полигр.* гру́да сме́шанного шри́фта (*тж.* printer's ~); *перен.* хао́с, ерала́ш

**pie** III [paɪ] *n* са́мая ме́лкая инди́йская моне́та (1/12 *анны*)

**piebald** [ˈpaɪbɔ:ld] **1.** *a* 1) пе́гий (*о лошади*) 2) *перен.* пёстрый; разношёрстный

2. *n* пе́гая ло́шадь; пе́гое живо́тное

**piece** [pi:s] **1.** *n* 1) кусо́к, часть; a ~ of water пруд, озерко́; ~ by ~ по куска́м, постепе́нно, частя́ми 2) обло́мок, обры́вок; a ~ of paper клочо́к бума́ги; in ~s разби́тый на ча́сти; to ~s на ча́сти, вдре́безги [*см. тж.* ◇] 3) уча́сток (*земли*) 4) шту́ка, кусо́к, определённое коли́чество; ~ of wallpaper руло́н обо́ев 5) отде́льный предме́т, шту́ка; a ~ of furniture ме́бель (*отдельная вещь, напр., стул, стол и т. п.*); a ~ of plate посу́дина; by the ~ поштучно, сде́льно 6) карти́на; литерату́рное *или* музыка́льное произведе́ние (*обыкн.* коро́ткое); пье́са; a ~ of art худо́жественное произведе́ние; a ~ of music музыка́льное произведе́ние; a ~ of poetry стихотворе́ние; a dramatical ~ дра́ма, драмати́ческое произведе́ние; a museum ~ музе́йная вещь *или* ре́дкость (*тж. перен.*) 7) образе́ц, приме́р; a ~ of impudence образе́ц на́глости 8): a ~ of luck уда́ча; a ~ of news но́вость; a ~ of information сообще́ние; a ~ of work (*отдельно выполненная*) рабо́та, произведе́ние 9) ша́хматная фигу́ра 10) моне́та (*тж.* a ~ of money) 11) *воен.* ору́дие, огнево́е сре́дство; винто́вка; пистоле́т 12) *амер.* музыка́льный инструме́нт 13) бочо́нок вина́ 14) вста́вка, запла́та 15) *тех.* дета́ль; обраба́тываемое изде́лие ◇ of a (*или* of one) ~ with a) одного́ и того́ же ка́чества с; б) в согла́сии с *чем-л.*; в) образу́ющий еди́ное це́лое с *чем-л.*; all to ~s a) вдре́безги; б) изму́ченный, в изнеможе́нии; в) соверше́нно, по́лностью, с нача́ла до конца́ [*см. тж.* 2)]; to go to ~s пропа́сть, погибнуть; a ~ of goods *шутл.* де́вушка, же́нщина

2. *v* 1) чини́ть, лата́ть (*платье; тж.* ~ up) 2) соединя́ть в одно́ це́лое, собира́ть из кусо́чков; комбини́ровать 3) прису́чивать (*нить*) ▭ **~ down** надставля́ть (*одежду*); **~ on** прилажи́вать (to — к *чему-л.*); **~ out** a) восполня́ть; б) надставля́ть; в) составля́ть (*целое из частей*); **~ together** a) соединя́ть; б) систематизи́ровать; **~ up** чини́ть, лата́ть

**piece-goods** [ˈpi:sgudz] *n pl* шту́чный това́р; тка́ни в куска́х

**piecemeal** [ˈpi:smi:l] **1.** *adv* 1) по частя́м, постепе́нно (*тж.* by ~); to work

~ рабо́тать сде́льно 2) на куски́, на ча́сти

2. *a* 1) сде́ланный по частя́м; ~ action несогласо́ванные де́йствия 2) части́чный, постепе́нный

**piece-rate** [ˈpiːsreɪt] *a* сде́льный (*об опла́те*)

**piece-work** [ˈpiːswəːk] *n* 1) сде́льная рабо́та, сде́льщина; шту́чная рабо́та 2) *attr.*: ~ man = piece-worker

**piece-worker** [ˈpiːsˌwəːkə] *n* сде́льщик

**piecrust** [ˈpaɪkrʌst] *n* ко́рочка пирога́ ◊ promises are like ~, made to be broken *посл.* ≅ обеща́ния для того́ и даю́т, что́бы их не выполня́ть

**pied** [paɪd] *a* пёстрый; разноцве́тный

**pieman** [ˈpaɪmən] *n* пиро́жник; продаве́ц пирого́в

**pieplant** [ˈpaɪplɑːnt] *n амер.* реве́нь

**pier** [pɪə] *n* 1) мол; волноло́м; да́мба 2) *мор.* пирс 3) бык (*моста*) 4) усто́й, столб, контрфо́рс 5) просте́нок

**pierage** [ˈpɪərɪdʒ] *n* пла́та за по́льзование ме́стом швартовки

**pierce** [pɪəs] *v* 1) пронза́ть, протыка́ть, прока́лывать 2) пробура́вливать, просве́рливать; пробива́ть отве́рстие 3) постига́ть; проника́ть (*в тайны и т. п.*; through, into) 4) прони́зывать (*о холоде, взгляде и т. п.*) 5) прорыва́ться, проходи́ть (*сквозь что-л.*)

**piercer** [ˈpɪəsə] *n тех.* пробо́йник; бородо́к; ши́ло; бура́в

**piercing** [ˈpɪəsɪŋ] 1. *pres. p. от* pierce

2. *n* 1) проко́л, уко́л 2) *тех.* диа́метр в свету́

3. *a* 1) пронзи́тельный; о́стрый; ре́зкий; ~ dissonance ре́зкий диссона́нс 2) пронизывающий (*о взгляде, холоде*) 3) проница́тельный 4) *воен.* бронебо́йный

**pier-glass** [ˈpɪəglɑːs] *n* трюмо́

**Pierian** [paɪˈerɪən] *a др.-греч.* пиери́йский, относя́щийся к му́зам; ~ spring исто́чник вдохнове́ния

**pierrette** [pɪəˈret] *фр. n* Пьере́тта

**pierrot** [ˈpɪərəu] *фр. n* Пьеро́

**pietism** [ˈpaɪətɪzm] *n* 1) *рел.* пиети́зм 2) ло́жное, притво́рное благоче́стие, ха́нжество

**pietist** [ˈpaɪətɪst] *n* пиети́ст

**piety** [ˈpaɪətɪ] *n* 1) благоче́стие, на́божность 2) почти́тельность к роди́телям, к ста́ршим

**piezochemistry** [paɪˌiːzəuˈkemɪstrɪ] *n* пьезохи́мия

**piezoelectricity** [paɪˈiːzəuˌɪlekˈtrɪsɪtɪ] *n* пьезоэлектри́чество

**piezometer** [ˌpaɪɪˈzɔmɪtə] *n* пьезо́метр

**piffle** [ˈpɪfl] *разг.* 1. *n* болтовня́, вздор

2. *v* 1) болта́ть пустяки́ 2) де́йствовать необду́манно; глу́по поступа́ть

**pig** [pɪg] 1. *n* 1) (молода́я) свинья́; подсви́нок; поросёнок 2) *шутл.* свини́на; порося́тина 3) *разг.* свинья́, наха́л 4) *разг.* неря́ха, грязну́ля 5) до́лька, ло́мтик (*апельсина*) 6) *тех.* болва́нка, чу́шка; брусо́к 7) *ав. жарг.* аэроста́т загражде́ния ◊ in ~ супоро́сая (*о свинье*); to make a ~ of oneself объеда́ться, обжира́ться; to buy a ~ in a poke ≅ покупа́ть кота́ в мешке́; ~s might fly *шутл.* ≅ быва́ет, что коро́вы летáют

2. *v* 1) порос́иться 2): to ~ it *разг.* жить те́сно и неую́тно, юти́ться

**pigeon** [ˈpɪdʒɪn] 1. *n* 1) го́лубь 2) *разг.* проста́к, шля́па; to pluck a ~ обобра́ть простака́ ◊ that's my (his, *etc.*) ~ э́то уж моё (его́ *и т. д.*) де́ло; little ~s can carry great messages *посл.* ≅ мал, да уда́л; ~'s milk «пти́чье молоко́»

2. *v* надува́ть, обма́нывать

**pigeon-breasted** [ˈpɪdʒɪnˌbrestɪd] *a* с кури́ной гру́дью (*о человеке*)

**Pigeon English** [ˈpɪdʒɪnˈɪŋglɪʃ] = Pidgin English

**pigeongram** [ˈpɪdʒɪngræm] *n* сообще́ние, по́сланное с почто́вым го́лубем

**pigeon-hearted** [ˈpɪdʒɪnˈhɑːtɪd] *a* трусли́вый, ро́бкий

**pigeon-hole** [ˈpɪdʒɪnhəul] 1. *n* 1) голуби́ное гнездо́ 2) отделе́ние для бума́г (*в секретере, письменном столе и т. п.*)

2. *v* 1) раскла́дывать (*бумаги*) по я́щикам 2) класть под сукно́, откла́дывать в до́лгий я́щик 3) классифици́ровать, приклéивать ярлыки́

**pigeon pair** [ˈpɪdʒɪnpɛə] *n* ма́льчик и де́вочка (*близнецы или единственные дети в семье*)

**pigeonry** [ˈpɪdʒɪnrɪ] *n* голубя́тня

**pigeon-toed** [ˈpɪdʒɪntəud] *a* с па́льцами ног, обращёнными внутрь

**piggery** [ˈpɪgərɪ] *n* свина́рник, хлев

**piggish** [ˈpɪgɪʃ] *a* 1) свино́й, похо́жий на свинью́ 2) сви́нский, гря́зный 3) жа́дный 4) упря́мый

**piggy** [ˈpɪgɪ] *n* 1) сви́нка, поросёнок 2) игра́ в чижи́

**piggy-wiggy** [ˈpɪgɪˌwɪgɪ] *n* 1) сви́нка, поросёнок 2) грязну́ля, поросёнок (*о ребёнке*)

**pigheaded** [ˈpɪgˈhedɪd] *a* тупоу́мный; упря́мый

**pig-iron** [ˈpɪgˌaɪən] *n* чугу́н в чу́шках или штыка́х

**pigling** [ˈpɪglɪŋ] *n* поросёнок

**pigment** [ˈpɪgmənt] *n* пигме́нт

**pigmental, pigmentary** [pɪgˈmentl, ˈpɪgmɪntərɪ] *a* пигме́нтный

**pigmentation** [ˌpɪgmənˈteɪʃən] *n* пигмента́ция

**pigmy** [ˈpɪgmɪ] = pygmy

**pignut** [ˈpɪgnʌt] *n* земляно́й кашта́н

**pigpen** [ˈpɪgpen] = pigsty

**pigskin** [ˈpɪgskɪn] *n* 1) сви́ная ко́жа 2) *разг.* седло́ 3) *амер. разг.* футбо́льный мяч

**pigsticker** [ˈpɪgˌstɪkə] *n* 1) охо́тник на кабано́в 2) *разг.* большо́й карма́нный нож

**pigsticking** [ˈpɪgˌstɪkɪŋ] *n* охо́та на кабано́в с копьём

**pigsty** [ˈpɪgstaɪ] *n* свина́рник, хлев

**pig's wash** [ˈpɪgzwɔʃ] *n* помо́и

**pigtail** [ˈpɪgteɪl] *n* 1) коси́чка, коса́ 2) таба́к, свёрнутый в тру́бочку

**pigwash** [ˈpɪgwɔʃ] = pig's wash

**pigweed** [ˈpɪgwiːd] *n бот.* марь; амара́нт

**pike** I [paɪk] *n* щу́ка

**pike** II [paɪk] 1. *n* 1) пи́ка, копьё 2) наконе́чник стрелы́ 3) пик (*в местных геогр. названиях*) 4) *диал.* кирка́ 5) шип, колю́чка 6) ви́лы

2. *v* зака́лывать пи́кой

**pike** III [paɪk] *n* 1) заста́ва, где взима́ется подоро́жный сбор 2) подоро́жный сбор

**pikelet** [ˈpaɪklɪt] *n* бу́лочка, пы́шка

**piker** [ˈpaɪkə] *n амер. разг.* 1) осторо́жный или ро́бкий (биржево́й) игро́к 2) трус

**pikestaff** [ˈpaɪkstɑːf] *n* 1) дре́вко пи́ки 2) по́сох ◊ plain as a ~ ≅ я́сный как день, очеви́дный

**pilaff** [ˈpɪlæf] = pilau

**pilaster** [pɪˈlæstə] *n архит.* пиля́стр

**pilau, pilaw** [pɪˈlau] *перс. n* пила́в, плов

**pilch** [pɪltʃ] *n* флане́левая пелёнка или флане́левый подгу́зник

**pilchard** [ˈpɪltʃəd] *n зоол.* сарди́на

**pile** I [paɪl] 1. *n* 1) ку́ча, гру́да, шта́бель; сто́лбик (*монет*); ки́па (*бумаг*); па́чка, свя́зка, паке́т 2) погреба́льный костёр (*тж.* funeral ~) 3) огро́мное зда́ние; грома́да зда́ний 4) *разг.* мно́жество, большо́е коли́чество 5) *разг.* состоя́ние; to make one's ~ нажи́ть состоя́ние 6) *эл.* батаре́я 7) я́дерный реа́ктор (*тж.* atomic ~)

2. *v* 1) скла́дывать, сва́ливать в ку́чу; to ~ arms *воен.* составля́ть винто́вки в ко́злы 2) накопля́ть (*часто* ~ up) 3) нагружа́ть; зава́ливать; громозди́ть (on, upon) □ ~ **in** *разг.* забира́ться (*куда-л.*); ~ **on**: to ~ it on преувели́чивать; «залива́ть»; ~ **up** а) нагроможда́ть(ся); б) накапли́вать; в) разби́ть автомаши́ну; г) *ав.* разби́ть самолёт при взлёте или поса́дке; д) наскочи́ть на мель (*о корабле*)

**pile** II [paɪl] 1. *n* сва́я, столб, кол

2. *v* вбива́ть, вкола́чивать сва́и

**pile** III [paɪl] *n* 1) шерсть, во́лос, пух 2) ворс

**pile** IV [paɪl] *n мед.* 1) геморроида́льная ши́шка 2) *pl* геморро́й

**pile** V [paɪl] *n уст.* обра́тная сторона́ моне́ты; cross or ~ орёл и́ли ре́шка

**piled** I, II [paɪld] *p. p. от* pile I, 2 *и* II, 2

**piled** III [paɪld] *a* ворси́стый (*о ткани*)

**pile-driver** [ˈpaɪlˌdraɪvə] *n тех* копёр

**pile-dwelling** [ˈpaɪlˌdwelɪŋ] *n* сва́йная постро́йка

**pilfer** [ˈpɪlfə] *v* ворова́ть, таска́ть; стяну́ть

**pilferage** [ˈpɪlfərɪdʒ] *n* ме́лкая кра́жа

**pilferer** [ˈpɪlfərə] *n* ме́лкий жу́лик

**pilgrim** [ˈpɪlgrɪm] *n* пилигри́м, пало́мник, стра́нник ◊ P. Fathers *ист.* англи́йские колони́сты, посели́вшиеся в Аме́рике в 1620 г.

**pilgrimage** [ˈpɪlgrɪmɪdʒ] 1. *n* 1) пало́мничество 2) *разг.* стра́нствие, дли́тельное путеше́ствие; *перен.* челове́ческая жизнь

2. *v* пало́мничать

**pill** I [pɪl] **1.** *n* 1) пилю́ля 2) (the P.) противозача́точные табле́тки 3) *разг.* ядро́; пу́ля; ша́рик; мяч; баллотиро́вочный шар 4) *pl* билья́рд 5) *разг.* неприя́тный челове́к 6) (*тж. pl*) *разг.* до́ктор (*тж.* ~ shooter) ◊ a ~ to cure an earthquake жа́лкая полуме́ра; a bitter ~ to swallow го́рькая пилю́ля, тя́гостная необходи́мость

**2.** *v* 1) дава́ть пилю́ли 2) *разг.* забаллоти́ровать

**pill** II [pɪl] *v* 1) *уст.* гра́бить, мародёрствовать 2) *разг.* обобра́ть, обста́вить

**pillage** [ˈpɪlɪdʒ] **1.** *n* грабёж, мародёрство

**2.** *v* гра́бить, мародёрствовать

**pillar** [ˈpɪlə] **1.** *n* 1) столб, коло́нна; сто́йка, опо́ра 2) столп, опо́ра; опло́т; ~s of society столпы́ о́бщества 3) *горн.* цели́к 4) *мор.* пи́ллерс ◊ Pillars of Hercules Геркуле́совы столбы́, Гибралта́рский проли́в; from ~ to post а) от одно́й тру́дности к друго́й; от одного́ де́ла к друго́му; б) туда́-сюда́

**2.** *v* подпира́ть, подде́рживать; украша́ть коло́ннами

**pillar-box** [ˈpɪləbɔks] *n* стоя́чий почто́вый я́щик

**pillbox** [ˈpɪlbɔks] *n* 1) коро́бочка для пилю́ль 2) *шутл.* како́е-л. небольшо́е сооруже́ние; небольшо́й экипа́ж, ма́ленький автомоби́ль; до́мик 3) *воен.* долговре́менное огнево́е сооруже́ние

**pillion** [ˈpɪljən] *n* 1) за́днее сиде́нье (*мотоцикла*) 2) да́мское седло́; *уст.* седе́льная поду́шка

**pilliwinks** [ˈpɪlɪwɪŋks] *n ист.* ору́дие пы́тки для сти́скивания па́льцев

**pillory** [ˈpɪlərɪ] **1.** *n* позо́рный столб; to be in the ~ быть посме́шищем; to put (*или* to set) in the ~ пригвозди́ть к позо́рному столбу́, сде́лать посме́шищем

**2.** *v* 1) поста́вить, пригвозди́ть к позо́рному столбу́ 2) вы́ставить на осмея́ние

**pillow** [ˈpɪləu] **1.** *n* 1) поду́шка 2) *тех.* подши́пник, вкла́дыш; подкла́дка, поду́шка ◊ to take counsel of one's ~ ≅ у́тро ве́чера мудрене́е; отложи́ть реше́ние до утра́

**2.** *v* 1) класть го́лову на *что-л.* 2) служи́ть поду́шкой 3) подложи́ть поду́шку

**pillow-block** [ˈpɪləublɔk] *n тех.* 1) (опо́рный) подши́пник 2) поду́шка, опо́рная плита́

**pillow-case** [ˈpɪləukeɪs] *n* на́волочка

**pillow-sham** [ˈpɪləuʃæm] *n* наки́дка (*на подушку*)

**pillow-slip** [ˈpɪləuslɪp] = pillow-case

**pillowy** [ˈpɪləuɪ] *a* мя́гкий; пода́тливый

**pillule** [ˈpɪlju:l] = pilule

**pilose** [ˈpaɪləus] *a бот., зоол.* волоси́стый, мохна́тый, шерсти́стый

**pilot** [ˈpaɪlət] **1.** *n* 1) ло́цман 2) *ав.* пило́т, лётчик 3) о́пытный проводни́к 4) *поэт.* ко́рмчий 5) *амер. ж.-д.* скотосбра́сыватель 6) *тех.* вспомога́тельный кла́пан, механи́зм 7) *attr.*: ~ plant о́пытный заво́д, о́пытная устано́вка; ~ model о́пытная моде́ль 8) *attr.* ло́цманский; шту́рманский; ~ boat ло́цманский ка́тер; ~ chart *ав.* аэронавигацио́нная ка́рта ◊ to drop the ~ отве́ргнуть ве́рного сове́тчика

**2.** *v* 1) вести́, управля́ть; пилоти́ровать; to ~ one's way прокла́дывать себе́ доро́гу 2) быть проводнико́м

**pilotage** [ˈpaɪlətɪdʒ] *n* 1) прово́дка судо́в; ло́цманское де́ло 2) ло́цманский сбор 3) *ав.* пилоти́рование, пилота́ж

**pilot-balloon** [ˈpaɪlətbəˈlu:n] *n* 1) *метео* шар-пило́т 2) *перен.* про́бный шар

**pilot-cloth** [ˈpaɪlətklɔθ] *n* то́лстое си́нее сукно́

**pilot engine** [ˈpaɪlətˌendʒɪn] *n* 1) вспомога́тельный дви́гатель 2) *ж.-д.* снегоочисти́тель

**pilot-film** [ˈpaɪlətfɪlm] *n тлв.* телепанора́ма (*обзор передач с демонстрацией отрывков*)

**pilot-fish** [ˈpaɪlətfɪʃ] *n зоол.* ры́ба-ло́цман

**pilot-house** [ˈpaɪləthaus] *n мор.* рулева́я ру́бка

**pilous** [ˈpaɪləs] = pilose

**pilule** [ˈpɪlju:l] *n* (небольша́я) пилю́ля

**pimento** [pɪˈmentəu] *n* (*pl* -os [-əuz]) стручко́вый (кра́сный) пе́рец

**pi-meson** [ˈpaɪˈmi:zɔn] *n физ.* пи-мезо́н

**pimp** [pɪmp] **1.** *n* сво́дник

**2.** *v* сво́дничать

**pimpernel** [ˈpɪmpənel] *n бот.* о́чный цвет (полево́й)

**pimping** I [ˈpɪmpɪŋ] *pres. p. от* pimp 2

**pimping** II [ˈpɪmpɪŋ] *a* 1) ма́ленький; жа́лкий 2) боле́зненный, сла́бый

**pimple** [ˈpɪmpl] *n* прыщ, па́пула, у́горь

**pimpled, pimply** [ˈpɪmpld, ˈpɪmplɪ] *a* прыщева́тый, прыща́вый

**pin** [pɪn] **1.** *n* 1) була́вка; шпи́лька; прище́пка; кно́пка; *редк.* гвоздь 2) *pl разг.* но́ги; he is quick on his ~s он бы́стро бе́гает; he is weak on his ~s он пло́хо де́ржится на нога́х 3) бочо́нок в $4^1/_2$ галло́на 4) ке́гля 5) бро́шка, значо́к 6) *муз.* коло́к 7) шпиль 8) ска́лка 9) пробо́йник 10) *тех.* па́лец; штифт, болт; шкво́рень, ось; ца́пфа; ше́йка; чека́; шплинт 11) *эл.* штырь; вы́вод ◊ in (a) merry ~ в весёлом настрое́нии; ~s and needles колотьё в коне́чностях (*после онемения*); to be on ~s and needles сиде́ть как на иго́лках; I don't care a ~ мне наплева́ть; not a ~ to choose between them они́ похо́жи как две ка́пли воды́; not worth a row of ~s никуда́ не годи́тся; you might have heard a ~ fall ≅ слы́шно бы́ло, как му́ха пролети́т

**2.** *v* 1) прика́лывать (*обыкн.* ~ up; to, on); скрепля́ть була́вкой (*обыкн.* ~ together) 2) прока́лывать; пробива́ть 3) пригвожда́ть 4) прижима́ть (*к стене и т. п.*; against); to ~ down (to a promise) свя́зывать (обеща́нием) ◊ to ~ smth. on smb. возлага́ть на кого́-л. вину́ за что-л.; to ~ one's faith on smb., smth. слепо полага́ться на кого́-л., что-л.

**pinafore** [ˈpɪnəfɔ:] *n* пере́дник (*особ.* де́тский), фа́ртук

**pinaster** [ˈpaɪnæstə] *n* примо́рская сосна́

**pince-nez** [ˈpænsneɪ] *фр. n* пенсне́

**pincer movement** [ˈpɪnsəˈmu:vmənt] *n воен.* двойно́й охва́т, захва́т в кле́щи́

**pincers** [ˈpɪnsəz] *n pl* 1) (*тж.* a pair of ~) кле́щи́; щипцы́; щи́пчики; пинце́т 2) клешни́ 3) = pincer movement

**pincette** [pæŋˈset] *фр. n* щи́пчики, пинце́т

**pinch** [pɪntʃ] **1.** *n* 1) щипо́к 2) щепо́тка (*соли и т. п.*) 3) кра́йняя нужда́; стеснённое положе́ние; at a ~, if it comes to the ~ в слу́чае нужды́, в кра́йнем слу́чае; ~ of poverty тиски́ нужды́ 4) суже́ние, сжа́тие 5) *разг.* кра́жа 6) *sl.* аре́ст 7) *геол.* выкли́нивание 8) лом; рыча́г (*тж.* ~ bar) 9) *attr.*: ~ pennies эконо́мия на ка́ждой копе́йке

**2.** *v* 1) ущипну́ть; прищеми́ть; ущеми́ть 2): to be ~ed with cold (hunger) иззя́бнуть (изголода́ться) 3) сда́вливать, сжима́ть; жать (*напр., об обуви*) 4) ограни́чивать, стесня́ть 5) подгоня́ть (*лошадь, особ. на скачках*) 6) скупи́ться 7) вымога́ть (*деньги*) 8) *разг.* укра́сть; огра́бить 9) *sl.* арестова́ть, «зацапа́ть» 10) передвига́ть тя́жести рычаго́м, ва́гой ◊ that is where the shoe ~es ≅ вот в чём загво́здка

**pinchbeck** [ˈpɪntʃbek] **1.** *n* 1) томпа́к 2) фальши́вые драгоце́нности, подде́лка

**2.** *a* подде́льный, показно́й

**pinchers** [ˈpɪntʃəz] = pincers 1)

**pincushion** [ˈpɪnˌkuʃən] *n* поду́шечка для була́вок

**Pindaric** [pɪnˈdærɪk] *др.-греч.* **1.** *a* пиндари́ческий

**2.** *n* (*обыкн. pl*) пиндари́ческие стихи́, о́ды

**pine** I [paɪn] *n* 1) сосна́ 2) *разг. см.* pineapple 3) *attr.* сосно́вый; ~ bath хво́йная ва́нна

**pine** II [paɪn] *v* 1) ча́хнуть, томи́ться; изнемога́ть, изныва́ть, иссыха́ть (*тж.* ~ away) 2) жа́ждать (*чего-л.*), тоскова́ть (for, after — по *чему-л.*)

**pineal** [ˈpɪnɪəl] *a анат.* шишкови́дный

**pineapple** [ˈpaɪnˌæpl] *n* 1) анана́с 2) *воен. жарг.* ручна́я грана́та, «лимо́нка»; бо́мба 3) *attr.* анана́сный

**pine-cone** [ˈpaɪnkəun] *n* сосно́вая ши́шка

**pine-needle** [ˈpaɪnˌni:dl] *n* (*обыкн. pl*) сосно́вая хвоя́

**pinery** [ˈpaɪnərɪ] *n* 1) сосня́к, сосно́вый бор 2) анана́сная тепли́ца

**pine-tree** [ˈpaɪntri:] = pine I, 1)

**pinfold** [ˈpɪnfəuld] **1.** *n* заго́н для скота́

**2.** *v* держа́ть (скот) в заго́не

**ping** [pɪŋ] **1.** *n* 1) свист (*пули*) 2) гуде́ние (*комара*) 3) стук от уда́ра

2. *v* 1) свистéть 2) гудéть 3) ударя́ться со стýком

**ping-pong** [ˈpɪŋpɔŋ] *n* настóльный тéннис, пинг-пóнг

**pinguid** [ˈpɪŋgwɪd] *a* 1) жи́рный, масляни́стый (*обыкн. шутл.*) 2) богáтый, плодорóдный (*о почве*)

**pin-head** [ˈpɪnhed] *n* 1) булáвочная головка 2) мéлочь 3) *разг.* тупи́ца, дурáк

**pin-hole** [ˈpɪnhəul] *n* 1) булáвочное отвéрстие 2) *тех.* отвéрстие под штифт

**pinion** I [ˈpɪnjən] *n тех.* 1) шестерня́, мáлое зубчáтое колесó пáры 2) *ист.* зубéц стены́

**pinion** II [ˈpɪnjən] **1.** *n* 1) оконéчность пти́чьего крылá 2) перó 3) *поэт.* крылó

2. *v* 1) подрезáть кры́лья 2) связывать (*руки*) 3) крéпко привя́зывать

**pinioned** [ˈpɪnjənd] *a* крылáтый

**pink** I [pɪŋk] **1.** *n* 1) *бот.* гвозди́ка 2) рóзовый цвет 3) (the ~) верх, вы́сшая стéпень; in the ~ *разг.* в прекрáсном состоя́нии (*о здоровье*); the ~ of perfection верх совершéнства 4) умéренный радикáл

2. *a* 1) рóзовый 2) либерáльничающий

**pink** II [pɪŋk] *v* 1) протыкáть, прокáлывать 2) украшáть ды́рочками, фестóнами, зубцáми (*тж.* ~ out)

**pink** III [pɪŋk] *v* рабóтать с детонáцией (*о двигателе*)

**pink** IV [pɪŋk] *n* молодóй лóсось

**pink** V [pɪŋk] *n мор. ист.* пи́нка

**pink-eye** [ˈpɪŋkaɪ] *n мед., вет.* óстрый инфекциóнный конъюнктиви́т

**pinkish** [ˈpɪŋkɪʃ] *a* розовáтый

**Pinkster** [ˈpɪŋkstə] *n амер. церк.* трóицын день

**pinkster flower** [ˈpɪŋkstəˌflauə] *n амер. бот.* рóзовая азáлия

**pinky** [ˈpɪŋkɪ] = pinkish

**pin-money** [ˈpɪnˌmʌnɪ] *n* дéньги на мéлкие расхóды, на булáвки

**pinna** [ˈpɪnə] *n* (*pl* pinnae) *анат.* ушнáя рáковина

**pinnace** [ˈpɪnɪs] *n мор. ист.* пинáс, полубаркáс

**pinnacle** [ˈpɪnəkl] **1.** *n* 1) остроконéчная бáшенка, бельведéр, шпиц 2) верши́на; кульминациóнный пункт

2. *v* 1) возноси́ть 2) украшáть бáшенками

**pinnae** [ˈpɪni:] *pl от* pinna

**pinnate, pinnated** [ˈpɪnɪt, ˈpɪnɪtɪd] *a бот.* пери́стый

**pinner** [ˈpɪnə] *n* 1) *уст.* род чéпчика 2) *диал.* передник

**pinniped** [ˈpɪnɪped] *зоол.* **1.** *a* ластонóгий

2. *n* ластонóгое живóтное

**pinnothere** [ˈpɪnəθɪə] *n зоол.* ракýшковый краб

**pinnule** [ˈpɪnju:l] *n* диóптр (*угломерного инструмента*)

**pinny** [ˈpɪnɪ] *n детск.* передничек

**pinoc(h)le** [ˈpi:nəkl] *n амер.* кáрточная игрá, напоминáющая бéзик

**pinole** [pɪˈnəulɪ] *n амер.* кýшанье из поджáренного маи́са с сáхаром *и т. п.*

**pin-point** [ˈpɪnpɔɪnt] **1.** *n* 1) остриё булáвки 2) что-л. óчень мáленькое, незначи́тельное

2. *a воен.* тóчный, прицéльный; with ~ accuracy с большóй тóчностью

3. *v* 1) *воен.* засекáть цель 2) *воен.* бомбардировáть тóчечную цель 3) указáть тóчно; заостри́ть внимáние (*на чём-л.*)

**pinprick** [ˈpɪnprɪk] *n* 1) булáвочный укóл 2) мéлкая неприя́тность, досáда

**pint** [paɪnt] *n* пи́нта (*мера ёмкости; в Англии = 0,57 л; в США = 0,47 л для жидкостей и 0,55 л для сыпучих тел*) ◇ to make a ~ measure hold a quart старáться сдéлать что-л. невозмóжное

**pintado** [pɪnˈtɑ:dəu] *n* (*pl* -os [-əuz]) *зоол.* 1) кáпский голубóк (*тж.* ~ bird, ~ petrel) 2) цесáрка

**pintail** [ˈpɪnteɪl] *n зоол.* 1) шилохвóсть 2) рябóк белобрю́хий

**pintle** [ˈpɪntl] *n* 1) *тех.* вертикáльная ось; штифт; шквóрень; штырь 2) *мор.* рулевóй крюк

**pinto** [ˈpɪntəu] *a амер.* пéгий, пятни́стый

**pin-up** [ˈpɪnʌp] **1.** *n* 1) фотогрáфия красóтки, кинозвезды́, вы́резанная из журнáла и прикреплённая на стéну *и т. п.* 2) хорóшенькая, очаровáтельная дéвушка

2. *a* хорóшенькая, очаровáтельная (*о женщине*)

**piny** [ˈpaɪnɪ] *a* соснóвый; порóсший сóснами

**pioneer** [ˌpaɪəˈnɪə] **1.** *n* 1) пионéр, пéрвый поселéнец *или* исслéдователь; инициáтор; новáтор, зачинáтель 2) пионéр (*член пионерской организации*) 3) сапёр 4) *attr.* пионéрский 5) *attr.* пéрвый; ~ work нововведéние; новáторство 6) *attr. воен.* сапёрный; ~ tools шáнцевый инструмéнт 7) *attr. горн.*: ~ well развéдочная сквáжина

2. *v* 1) проклáдывать путь, быть пионéром 2) вести́, руководи́ть

**pioneering** [ˌpaɪəˈnɪərɪŋ] *n* 1) изыскáния 2) *attr.*: ~ days эпóха национáльного становлéния (*в США*)

**pious** [ˈpaɪəs] *a* 1) нáбожный, благочести́вый; религиóзный 2) хáнжеский

**pip** I [pɪp] *n* типýн (*птичья болезнь*) ◇ to have the ~ *разг.* чýвствовать себя́ плóхо, быть не в своéй тарéлке; быть в плохóм настроéнии

**pip** II [pɪp] *n* кóсточка, зёрнышко (*плода*)

**pip** III [pɪp] *n* 1) очкó (*в картах, домино*) 2) звёздочка (*на погонах*)

**pip** IV [pɪp] *v разг.* 1) подстрели́ть, рáнить 2) победи́ть; разрýшить (*чьи-л.*) плáны 3) забаллоти́ровать 4) провали́ть (*на экзамене*)

**pip** V [pɪp] **1.** *n* высóкий корóткий звук радиосигнáла

2. *v* пищáть, чири́кать

**pipage** [ˈpaɪpɪdʒ] *n* 1) перекáчка по трубопровóду (*нефти, газа и т. п.*) 2) плáта, взимáемая за перекáчку по трубопровóду

**pipe** [paɪp] **1.** *n* 1) трубá; трубопровóд; the ~s радиáтор 2) кури́тельная трýбка 3) свирéль; дýдка; свистóк 4) *pl* волы́нка 5) *мор.* бóцманская дýдка 6) пéние; свист 7) *pl* дыхáтельные пути́ 8) бóчка (*для вина или масла; тж. мера ≅ 491 л*) 9) *метал.* усáдочная рáковина ◇ to smoke the ~ of peace вы́курить трýбку ми́ра; помири́ться: King's (*или* Queen's) ~ *ист.* печь для сжигáния контрабáндного табакá; to hit the ~ *амер.* кури́ть óпиум; put that in your ~ and smoke it ≅ намотáйте себé э́то на ус

2. *v* 1) игрáть на свирéли 2) призывáть свирéлью; примáнивать вáбиком 3) *мор.* вызывáть дýдкой, свистáть 4) свистéть (*о ветре и т. п.*) 5) петь (*о птице*) 6) пищáть (*о человеке*) 7) *разг.* плáкать, ревéть (*тж.* ~ one's eye) 8) отдéлывать кáнтом (*платье*) 9) снабжáть трýбами 10) пускáть по трýбам 11) *метал.* давáть усáдочные рáковины □ ~ **away** *мор.* давáть сигнáл к отплы́тию; ~ **down** сбáвить тон, стать мéнее самоувéренным; ~ **up** заигрáть; запéть; заговори́ть

**pipeclay** [ˈpaɪpkleɪ] **1.** *n* 1) бéлая трýбочная гли́на (*употр. тж. для чистки снаряжения*) 2) *воен. разг.* увлечéние внéшним ви́дом, вы́правкой 3) *attr.* сдéланный из бéлой гли́ны

2. *v* бели́ть трýбочной гли́ной

**pipe dream** [ˈpaɪpdri:m] *n* несбы́точная мечтá; план, пострóенный на пескé

**pipe-fish** [ˈpaɪpfɪʃ] *n зоол.* морскáя иглá

**pipefitter** [ˈpaɪpˌfɪtə] *n* слéсарь-водопровóдчик

**pipeful** [ˈpaɪpful] *n* пóлная трýбка (*табаку*)

**pipe-laying** [ˈpaɪpˌleɪɪŋ] *n* 1) проклáдка труб 2) *амер.* полити́ческие интри́ги, махинáции

**pipeline** [ˈpaɪplaɪn] **1.** *n* трубопровóд; нефтепровóд ◇ diplomatic ~s дипломати́ческие канáлы; in the ~ на пути́ (*о товаре и т. п.*)

2. *v* 1) перекáчивать по трубопровóду 2) проклáдывать трубопровóд

**piper** [ˈpaɪpə] *n* 1) волы́нщик, дýдочник, игрóк на свирéли 2) запалённая лóшадь 3) *горн.* суфля́р ◇ to pay the ~ нести́ расхóды, расплáчиваться; he who pays the ~ calls the tune *посл.* кто плáтит, тот и распоряжáется

**pipette** [pɪˈpet] **1.** *n* пипéтка

2. *v* кáпать из пипéтки □ ~ **off** отсáсывать пипéткой

**piping** [ˈpaɪpɪŋ] **1.** *pres. p. от* pipe 2

2. *n* 1) игрá (*на дудке и т. п.*) 2) насви́стывание; писк 3) пéние (*птиц*) 4) трубопровóд; трýбы, систéма труб 5) кант (*на платье*) 6) сáхарный узóр (*на торте*) 7) *метал.* усáдочная рáковина; образовáние усáдочных рáковин

3. *a* пронзи́тельный, пискли́вый ◇ ~ hot ≅ а) с пы́лу, с жáру; óчень горя́чий; б) совершéнно нóвый *или* свéжий; the ~ time(s) of peace ми́рные временá

4. *adv* со сви́стом, с шипе́нием

**pipit** [ˈpɪpɪt] *n* конёк, щеври́ца (*пти́ца*)

**pipkin** [ˈpɪpkɪn] *n* гли́няный горшо́чек, ми́сочка

**pippin** [ˈpɪpɪn] *n* 1) пепи́н (*сорт я́блок*) 2) *амер. разг.* куми́р

**pippin-faced** [ˈpɪpɪnˈfeɪst] *a* с кру́глым кра́сным лицо́м

**pip-squeak** [ˈpɪpskwiːk] *n разг.* 1) что-л. незначи́тельное, презре́нное 2) ничто́жная ли́чность

**pipy** [ˈpaɪpɪ] *a* 1) тру́бчатый 2) ре́зкий, зы́чный

**piquancy** [ˈpiːkənsɪ] *n* пика́нтность, острота́

**piquant** [ˈpiːkənt] *a* пика́нтный (*тж. перен.*)

**pique** [piːk] **1.** *n* 1) заде́тое самолю́бие; оби́да, доса́да, раздраже́ние 2) *редк.* размо́лвка

2. *v* 1) уколо́ть, заде́ть (*самолю́бие*) 2) возбужда́ть (*любопы́тство*) 3) *ав.* пики́ровать ◇ to ~ oneself on smth. горди́ться, чва́ниться чем-л.

**piqué** [ˈpiːkeɪ] *фр. n* пике́ (*ткань*)

**piquet** I [pɪˈket] *n карт.* пике́т

**piquet** II [ˈpɪkɪt] = picket

**piracy** [ˈpaɪərəsɪ] *n* 1) пира́тство 2) наруше́ние а́вторского пра́ва 3) *геол.* перехва́т одно́й реки́ друго́й

**piragua** [pɪˈrægwə] *n* пиро́га (*ло́дка*)

**pirate** [ˈpaɪərɪt] **1.** *n* 1) пира́т 2) пира́тское су́дно 3) наруши́тель а́вторского пра́ва 4) (ча́стный) авто́бус, курси́рующий по чужи́м маршру́там

2. *v* 1) занима́ться пира́тством; гра́бить; обкра́дывать 2) самово́льно переиздава́ть, наруша́ть а́вторское пра́во

**piratical** [paɪˈrætɪkəl] *a* пира́тский; ~ edition незако́нно переи́зданная кни́га

**pirn** [pəːn] *n текст.* це́вка, шпу́лька

**pirogue** [pɪˈrəug] = piragua

**pirouette** [pɪruˈet] **1.** *n* пиру́эт

2. *v* де́лать пиру́эты

**piscatorial, piscatory** [ˌpɪskəˈtɔːrɪəl, ˈpɪskətərɪ] *a* 1) рыболо́вный 2) рыба́цкий

**Pisces** [ˈpɪsiːz] *n pl* Ры́бы (*созве́здие и знак зодиа́ка*)

**pisciculture** [ˈpɪsɪkʌltʃə] *n* рыбово́дство

**pisciculturist** [ˌpɪsɪˈkʌltʃərɪst] *n* рыбово́д

**piscina** [pɪˈsiːnə] *n* (*pl* -nae, -s [-z]) 1) ры́бный садо́к 2) *др.-рим.* пла́вательный бассе́йн в ба́не 3) *церк.* умыва́льница (*в ри́знице*)

**piscinae** [pɪˈsiːniː] *pl от* piscina

**piscine** I [ˈpɪsiːn] *n* пла́вательный бассе́йн

**piscine** II [ˈpɪsaɪn] *a* ры́бный

**piscivorous** [pɪˈsɪvərəs] *a* рыбоя́дный

**pisé** [ˈpiːzeɪ] *фр. n* 1) гли́на с гра́вием 2) *attr.* глиноби́тный; ~ building глиноби́тная постро́йка

**pish** [pɪʃ] **1.** *int* тьфу!; фи!

2. *v* говори́ть «тьфу», «фи»

**pishogue** [pɪˈʃəug] *ирл. n* колдовство́; заклина́ние

**pisiform** [ˈpɪsɪfɔːm] *a* име́ющий фо́рму горо́шины; горохови́дный; ~ bone *анат.* горохови́дная кость

**pismire** [ˈpɪsmaɪə] *n* мураве́й

**pisolite** [ˈpaɪsəlaɪt] *n мин.* пизоли́т, горо́ховый ка́мень, ооли́т

**piss** [pɪs] *груб.* **1.** *n* моча́

2. *v* 1) мочи́ться 2) обли́ть мочо́й

**pissed** [pɪst] **1.** *p. p. от* piss 2

2. *a груб.* пья́ный

**piss-pot** [ˈpɪspɔt] *n груб.* ночно́й горшо́к

**pistachio** [pɪsˈtɑːʃɪəu] *n* (*pl* -os [-əuz]) 1) *бот.* фиста́шковое де́рево 2) фиста́шка (*плод*) 3) фиста́шковый цвет

**pistil** [ˈpɪstɪl] *n бот.* пе́стик

**pistillate** [ˈpɪstɪleɪt] *a бот.* пе́стиковый, пе́стичный

**pistol** [ˈpɪstl] **1.** *n* 1) пистоле́т; рево́львер 2) *attr.* пистоле́тный; ~ club стрелко́вый клуб *или* кружо́к

2. *v* стреля́ть из пистоле́та *или* рево́львера

**pistole** [pɪsˈtəul] *n ист.* писто́ль (*исп. золота́я моне́та*)

**pistol-shot** [ˈpɪstlʃɔt] *n* пистоле́тный вы́стрел

**piston** [ˈpɪstən] *n* 1) *тех.* по́ршень; плу́нжер 2) писто́н, кла́пан (*в ме́дных духовы́х инструме́нтах*)

**piston-rod** [ˈpɪstənrɔd] *n тех.* поршнево́й шток, шату́н

**pit** I [pɪt] **1.** *n* 1) я́ма; углубле́ние, впа́дина; air ~ возду́шная я́ма 2) ша́хта, копь; карье́р, шурф; open ~ карье́р, откры́тая разрабо́тка 3) во́лчья я́ма; западня́ 4) (the ~) преиспо́дняя (*тж.* the ~ of hell) 5) *анат.* я́мка, впа́дина; the ~ of the stomach подло́жечная я́мка; in the ~ of the stomach под ло́жечкой 6) о́спина, ряби́на (*на ко́же*) 7) ра́ковина (*на отли́вке*) 8) аре́на для петуши́ных боёв 9) парте́р (*особ. за́дние ряды́ за кре́слами*) 10) ме́сто для орке́стра (*в теа́тре*) 11) запра́вочно-ремо́нтный пункт (*в автомоби́льных го́нках*) 12) *амер.* отде́л това́рной би́ржи 13) *уст.* тюрьма́, темни́ца; ~ and gallow *шотл. ист.* пра́во баро́нов топи́ть *или* ве́шать престу́пников 14) *воен.* одино́чный око́п 15) *attr.* ша́хтный; ~ mouth у́стье ша́хты; ~ wood *горн.* крепёжный лес ◇ to dig a ~ for smb. рыть кому́-л. я́му

2. *v* 1) скла́дывать в я́му (*для хране́ния; особ. об овоща́х и т. п.*) 2) рыть я́мы 3) (*особ. p. p.*) покрыва́ть(ся) я́мками; ~ted with smallpox рябо́й 4) стра́вливать (*петухо́в*); выставля́ть в ка́честве проти́вника (against); to ~ one's strength against an enemy срази́ться с враго́м; to ~ oneself against heavy odds боро́ться с огро́мными тру́дностями

**pit** II [pɪt] *амер.* **1.** *n* фрукто́вая ко́сточка

2. *v* вынима́ть ко́сточки

**pit-a-pat** [ˈpɪtəˈpæt] **1.** *adv*: to go ~ затрепета́ть (*о се́рдце*); his feet went ~ но́ги у него́ подкоси́лись

2. *n* бие́ние, тре́пет

**pitch** I [pɪtʃ] **1.** *n* смола́; вар; дёготь; пек ◇ ~ dark(ness) тьма кроме́шная

2. *v* смоли́ть

**pitch** II [pɪtʃ] **1.** *n* 1) высота́ (*то́на, зву́ка и т. п.*); absolute ~ а) абсолю́тная высота́ то́на; б) абсолю́тный слух; the noise rose to a deafening ~ шум сде́лался оглуши́тельным 2) сте́пень, у́ровень, напряже́ние 3) укло́н, скат, накло́н, пока́тость, у́гол накло́на 4) паде́ние; килева́я ка́чка (*су́дна*); the ship gave a ~ кора́бль зары́лся но́сом 5) бросо́к 6) *спорт.* пода́ча 7) па́ртия това́ра 8) обы́чное ме́сто (*у́личного торго́вца и т. п.*) 9) *спорт.* часть крике́тного по́ля ме́жду ли́ниями подаю́щих 10) накло́н самолёта относи́тельно попере́чной оси́ 11) *тех.* шаг (*резьбы́, зу́бчатого зацепле́ния, возду́шного винта́*); мо́дуль; питч 12) *геол.* паде́ние (*пласта́*)

2. *v* 1) разбива́ть (*пала́тки, ла́герь*); располага́ться ла́герем; to ~ one's tent а) разби́ть пала́тку; б) посели́ться (*где-л.*) 2) ста́вить (*крике́тные воро́тца и т. п.*) 3) броса́ть; кида́ть 4) *спорт.* подава́ть 5) выставля́ть на прода́жу 6) па́дать (on, into); погружа́ться 7) подверга́ться килево́й ка́чке (*о корабле́*) 8) *муз.* дава́ть основно́й тон 9) придава́ть определённую высоту́ 10) *разг.* расска́зывать (*ба́сни*); to ~ it strong преувели́чивать; the description is ~ed too high описа́ние преувели́чено 11) мости́ть брусча́ткой 12) *тех.* зацепля́ть (*о зу́бцах*) □ ~ **in** *разг.* энерги́чно бра́ться за *что-л.*, налега́ть на *что-л.*; ~ **into** *разг.* набра́сываться; напада́ть; ~ **upon** а) случа́йно наткну́ться на *что-либо*; б) вы́брать, останови́ться на *чём-л.*

**pitch-black** [ˈpɪtʃˈblæk] *a* чёрный как смоль

**pitchblende** [ˈpɪtʃblend] *n мин.* урагни́т, ура́новая смо́лка, смоляна́я обма́нка

**pitch-dark** [ˈpɪtʃˈdɑːk] *a* о́чень тёмный

**pitched** I [pɪtʃt] **1.** *p. p. от* pitch II, 2

2. *a* 1): a high ~ voice высо́кий го́лос 2): the roof is ~ кры́ша сли́шком крута́ 3): ~ battle зара́нее подгото́вленное сраже́ние на определённом уча́стке

**pitched** II [pɪtʃt] *p. p. от* pitch I, 2

**pitcher** I [ˈpɪtʃə] *n* кувши́н ◇ little ~s have long ears ≅ а) де́ти лю́бят подслу́шивать; б) сте́ны име́ют у́ши; the ~ goes often to the well (but is broken at last) *посл.* пова́дился кувши́н по́ воду ходи́ть (тут ему́ и го́лову сломи́ть)

**pitcher** II [ˈpɪtʃə] *n* 1) *спорт.* подаю́щий мяч 2) у́личный торго́вец (*торгу́ющий на определённом ме́сте*) 3) ка́менный брусо́к

**pitchfork** [ˈpɪtʃfɔːk] **1.** *n* 1) ви́лы 2) камерто́н ◇ it rains ~s *амер.* льёт как из ведра́; идёт проливно́й дождь

2. *v* 1) взбра́сывать ви́лами 1) неожи́данно назна́чить на высо́кую до́лжность

**pitch indicator** [ˈpɪtʃˌɪndɪkeɪtə] *n ав.* указа́тель продо́льного кре́на

**pitchman** [ˈpɪtʃmən] *амер.* = pitcher II, 2)

**pitch-pine** [ˈpɪtʃpaɪn] *n* смоли́стая сосна́

**pitch-pipe** [ˈpɪtʃpaɪp] *n* камерто́н-ду́дка

**pitchy** [ˈpɪtʃɪ] *a* 1) смоли́стый 2) смоляно́й 3) чёрный как смоль

**piteous** [ˈpɪtɪəs] *a* жа́лкий, жа́лобный, досто́йный сожале́ния

**pitfall** [ˈpɪtfɔ:l] *n* 1) во́лчья я́ма 2) ры́твина 3) *перен.* лову́шка, западня́

**pith** [pɪθ] **1.** *n* 1) сердцеви́на (*растения*) 2) спинно́й мозг 3) суть, су́щность (*часто* the ~ and marrow of) 4) си́ла, эне́ргия

**2.** *v* 1) забива́ть (скот) посре́дством прока́лывания спинно́го мо́зга 2) извлека́ть сердцеви́ну (*из растений*)

**pithecanthrope** [ˌpɪθɪkænˈθrəup] *n* питека́нтроп

**pithecoid** [pɪˈθi:kɔɪd] *a* антропо́идный

**pith fleck** [ˈpɪθflek] *n* червото́чина

**pithily** [ˈpɪθɪlɪ] *adv* в то́чку, по существу́

**pithless** [ˈpɪθlɪs] *a* 1) без сердцеви́ны 2) бесхребе́тный; сла́бый, вя́лый 3) бессодержа́тельный

**pithy** [ˈpɪθɪ] *a* 1) с сердцеви́ной; гу́бчатый 2) си́льный, энерги́чный 3) содержа́тельный; сжа́тый (*о стиле*)

**pitiable** [ˈpɪtɪəbl] *a* жа́лкий, несча́стный, ничто́жный

**pitiful** [ˈpɪtɪful] *a* 1) сострада́тельный, жа́лостливый 2) жа́лостный 3) жа́лкий, ничто́жный, презре́нный, несча́стный; ~ move жа́лкий манёвр

**pitiless** [ˈpɪtɪlɪs] *a* безжа́лостный

**pitman** [ˈpɪtmən] *n* 1) (*pl* pitmen) шахтёр; углеко́п; подзе́мный рабо́чий 2) (*pl* -s [-z]) *тех.* шату́н; соедини́тельная тя́га

**pit-pat** [ˈpɪtˈpæt] = pit a pat

**pittance** [ˈpɪtəns] *n* 1) ску́дное вспомоществова́ние *или* жа́лованье; жа́лкие гроши́ (*обыкн.* a mere ~) 2) небольша́я часть *или* небольшо́е коли́чество

**pitter-patter** [ˈpɪtəˈpætə] **1.** *n* ча́стое лёгкое посту́кивание

**2.** *adv* ча́сто и легко́ (*ударять, стучать и т. п.*)

**pittite** [ˈpɪtaɪt] *n* зри́тель после́дних радо́в парте́ра

**pituitary** [pɪˈtju(:)ɪtərɪ] *a* слизи́стый; ~ body (*или* gland) *анат.* гипо́физ

**pity** [ˈpɪtɪ] **1.** *n* 1) жа́лость, сострада́ние, сожале́ние; for ~'s sake! умоля́ю вас!; to take (*или* to have) ~ сжа́литься (on — над *кем-л.*) 2) печа́льный факт; it is a ~ жаль; it is a thousand pities о́чень жаль; more's the ~ тем ху́же; what a ~!, the ~ of it! как жа́лко!

**2.** *v* жале́ть, соболе́зновать

**pitying** [ˈpɪtɪɪŋ] **1.** *pres. p. от* pity 2

**2.** *a* выража́ющий *или* испы́тывающий жа́лость, сожале́ние

**pityingly** [ˈpɪtɪɪŋlɪ] *adv* с жа́лостью, с сожале́нием

**pivot** [ˈpɪvət] **1.** *n* 1) то́чка враще́ния, то́чка опо́ры 2) сте́ржень, (коро́ткая) ось; шкво́рень 3) *перен.* основно́й пункт, центр

**2.** *v* 1) наде́ть на сте́ржень 2) верте́ться; враща́ться (*тж. перен.*; upon)

**pivotal** [ˈpɪvətl] *a* 1) центра́льный; осево́й 2) кардина́льный, основно́й; центра́льный

**pixie** [ˈpɪksɪ] = pixy

**pixilated** [ˈpɪksɪleɪtɪd] *a амер.* 1) одержи́мый, со стра́нностями 2) *диал.* пья́ный

**pixy** [ˈpɪksɪ] *n* эльф, фе́я

**pizzicato** [ˌpɪtsɪˈkɑ:təu] *um. adv, n муз.* пицциќато

**placability** [ˌplækəˈbɪlɪtɪ] *n* кро́тость, незлопа́мятность; благоду́шие

**placable** [ˈplækəbl] *a* кро́ткий, незлопа́мятный; благоду́шный

**placard** [ˈplækɑ:d] **1.** *n* афи́ша, плака́т

**2.** *v* 1) раскле́ивать (*объявления*) 2) испо́льзовать плака́ты для рекла́мы

**placate** [pləˈkeɪt] *v* умиротворя́ть; успока́ивать

**placatory** [ˈplækətərɪ] *a* задабривающий; умиротворя́ющий

**place** [pleɪs] **1.** *n* 1) ме́сто; to give ~ to smb. уступи́ть ме́сто кому́-л., to take the ~ of smb. заня́ть чьё-л. ме́сто, замести́ть кого́-л.; in ~ а) на ме́сте; б) уме́стный; out of ~ а) не на ме́сте; б) неуме́стный [*ср. тж.* 5)] 2) жили́ще; уса́дьба; за́городный дом; резиде́нция; summer ~ ле́тняя резиде́нция; come down to my ~ tonight приходи́ ко мне сего́дня ве́чером 3) го́род, местечко, селе́ние; what ~ do you come from? отку́да вы ро́дом? 4) пло́щадь (*в названиях, напр.*, Gloucester P.) 5) положе́ние, до́лжность, ме́сто, слу́жба; to know one's ~ знать своё ме́сто; out of ~ безрабо́тный [*ср. тж.* 1)] 6) сиде́нье, ме́сто (*в экипаже, за столом и т. п.*); six ~s were laid стол был накры́т на шесть прибо́ров; to engage (*или* to secure) ~s заказа́ть биле́ты 7) ме́сто в кни́ге, страни́ца, отры́вок 8) *мат.*: calculated to five decimal ~s с то́чностью до одно́й стоты́сячной 9) *спорт.* одно́ из пе́рвых мест (*в состязании*); to get a ~ прийти́ к фи́нишу в числе́ пе́рвых 10) *горн.* забо́й ◇ in ~ of вме́сто; in the first (in the second) ~ во-пе́рвых (во-вторы́х); in the next ~ зате́м; to keep smb. in his ~ не дава́ть кому́-л. зазнава́ться; to take ~ случа́ться, име́ть ме́сто; there is no ~ like home ≅ в гостя́х хорошо́, а до́ма лу́чше; another ~ *парл.* пала́та ло́рдов

**2.** *v* 1) помеща́ть, размеща́ть; ста́вить, класть; to ~ in the clearest light по́лностью освети́ть (*вопрос, положение и т. п.*) 2) помеща́ть на до́лжность, устра́ивать 3) помеща́ть де́ньги, капита́л 4) де́лать зака́з; to ~ a call *амер.* заказа́ть разгово́р по телефо́ну 5) определя́ть ме́сто, положе́ние, да́ту; относи́ть к определённым обстоя́тельствам 6) сбыва́ть (*товар*) 7) возлага́ть (*надежды и т. п.*); to ~ confidence in smb. дове́риться кому́-л. 8) *спорт.* заня́ть одно́ из призовы́х мест 9) *спорт.* присуди́ть одно́ из пе́рвых мест; to be ~d прийти́ к фи́нишу в числе́ пе́рвых трёх

**placebo** [pləˈsi:bəu] *n* (*pl* -os, -oes [-əuz]) безвре́дное лека́рство, пропи́сываемое для успокое́ния больно́го

**place-card** [ˈpleɪskɑ:d] *n* ка́рточка на официа́льном приёме, ука́зывающая ме́сто го́стя за столо́м

**place-holder** [ˈpleɪsˌhəuldə] *n* должностно́е лицо́, госуда́рственный слу́жащий

**place-hunter** [ˈpleɪsˌhʌntə] *n* карьери́ст

**placeman** [ˈpleɪsmən] *n* 1) должностно́е лицо́, чино́вник (*обыкн. пренебр.*) 2) карьери́ст

**placement** [ˈpleɪsmənt] *n* 1) размеще́ние, помеще́ние; ~ of furniture расстано́вка ме́бели 2) определе́ние на до́лжность

**place-name** [ˈpleɪsneɪm] *n* географи́ческое назва́ние

**placenta** [pləˈsentə] *n* (*pl* -s [-z], -tae) 1) *анат.* плаце́нта 2) *бот.* семяно́сец

**placentae** [pləˈsenti:] *pl от* placenta

**place of arms** [ˈpleɪsəvˈɑ:mz] *n воен.* плацда́рм

**placer** [ˈpleɪsə] *n* (золото́й) при́иск, ро́ссыпь

**placet** [ˈpleɪset] *лат.* **1.** *n* го́лос «за»

**2.** *int* за!; non ~! про́тив!

**placid** [ˈplæsɪd] *a* споко́йный, ми́рный, безмяте́жный

**placidity** [plæˈsɪdɪtɪ] *n* споко́йствие, безмяте́жность

**placket** [ˈplækɪt] *n* 1) карма́н в ю́бке 2) разре́з в ю́бке (*для застёжки*)

**placket-hole** [ˈplækɪthəul] = placket 2)

**plafond** [plæˈfɔ:ŋ] *фр. n архит.* 1) плафо́н 2) потоло́к

**plage** [plɑ:ʒ] *фр. n* пляж

**plagiarism** [ˈpleɪdʒjərɪzm] *n* плагиа́т

**plagiarist** [ˈpleɪdʒjərɪst] *n* плагиа́тор

**plagiarize** [ˈpleɪdʒjəraɪz] *v* занима́ться плагиа́том

**plagiary** [ˈpleɪdʒjərɪ] *n* 1) плагиа́т 2) плагиа́тор

**plague** [pleɪg] **1.** *n* 1) чума́, морова́я я́зва; мор; the ~ бубо́нная чума́ 2) *перен.* пове́трие 3) бе́дствие, бич, наказа́ние; a ~ of rats наше́ствие крыс 4) *разг.* неприя́тность, доса́да; беспоко́йство ◇ ~ on him! чтоб ему́ пу́сто бы́ло!

**2.** *v* 1) зачумля́ть 2) насыла́ть бе́дствие, му́чить 3) *разг.* досажда́ть, надоеда́ть, беспоко́ить

**plaguesome** [ˈpleɪgsəm] *a разг.* неприя́тный, доса́дный, надое́дливый

**plague-spot** [ˈpleɪgspɔt] *n* 1) чумно́е пятно́ 2) зачумлённая ме́стность 3) *перен.* исто́чник зара́зы; при́знак мора́льного разложе́ния

**plaguy** [ˈpleɪgɪ] *разг.* **1.** *a* неприя́тный, доса́дный; черто́вский

**2.** *adv* черто́вски, о́чень

**plaice** [pleɪs] *n* ка́мбала

**plaid** [plæd] *n* 1) плед 2) *текст.* шотла́ндка

**plain** I [pleɪn] **1.** *a* 1) я́сный, я́вный, очеви́дный; to make it ~ вы́явить, разъясни́ть; the ~ truth (*или* fact) is that... де́ло про́сто в том, что..., соверше́нно очеви́дно, что... 2) просто́й; поня́тный; ~ writing разбо́рчивый по́черк 3) незамыслова́тый, обыкнове́нный; ~ water обыкнове́нная вода́; ~ card нефигу́рная игра́льная ка́рта; ~ clothes шта́тское пла́тье; ~ work просто́е шитьё (*в отличие от вышивания*) 4) одноцве́тный, без узо́ра (*о материи*) 5) гла́дкий, ро́вный (*о местности*) 6) просто́й, скро́мный (*о пище и т. п.*) 7) прямо́й, открове́нный; ~ dealing прямота́, че́стность; to be ~ with smb. говори́ть кому́-л. неприя́тную пра́вду 8) просто́й, незна́тный; ~ folk простонаро́дье 9) некраси́вый ◇ ~ sailing а) *мор.* пла́вание по локсодро́мии; б) лёгкий, просто́й путь; it will be all ~ sailing ≅ всё пойдёт как по ма́слу

**2.** *n* 1) равни́на 2) *поэт.* по́ле бра́ни 3) пло́скость

**3.** *adv* 1) я́сно, разбо́рчиво, отчётливо 2) открове́нно

**plain** II [pleɪn] *v поэт.* се́товать, жа́ловаться, пла́каться; хны́кать

**plain-clothes man** [ˈpleɪnˈkləuðzˈmæn] *n* сы́щик; переоде́тый полице́йский; шпик

**plainly** [ˈpleɪnlɪ] *adv* пря́мо, открове́нно

**plainness** [ˈpleɪnnɪs] *n* 1) простота́; поня́тность 2) очеви́дность 3) прямота́ 4) некраси́вость

**plainsman** [ˈpleɪnzmən] *n* жи́тель равни́н

**plain-spoken** [ˈpleɪnˈspəukən] *a* открове́нный, прямо́й

**plaint** [pleɪnt] *n* 1) *юр.* иск 2) *поэт.* се́тование, плач, стена́ние

**plaintiff** [ˈpleɪntɪf] *n юр.* исте́ц; исти́ца

**plaintive** [ˈpleɪntɪv] *a* жа́лобный, зауны́вный, го́рестный

**plait** [plæt] **1.** *n* 1) коса́ (*волос*) 2) скла́дка (*на платье*)

**2.** *v* 1) заплета́ть, плести́ 2) закла́дывать скла́дки

**plan** [plæn] **1.** *n* 1) план; прое́кт 2) за́мысел, наме́рение; предположе́ние 3) спо́соб де́йствий 4) схе́ма, диагра́мма, чертёж 5) систе́ма

**2.** *v* 1) составля́ть план, плани́ровать, проекти́ровать 2) стро́ить пла́ны; наде́яться 3) намерева́ться; затева́ть

**planch** [plɑːnʃ] *n* доще́чка, пла́нка

**plane** I [pleɪn] **1.** *n* 1) пло́скость (*тж. перен.*); on a new ~ на но́вой осно́ве 2) грань (*кристалла*) 3) прое́кция 4) у́ровень (*развития знаний и т. п.*) 5) *разг.* самолёт 6) *ав.* несу́щая пове́рхность; крыло́ (*самолёта*) 7) *горн.* укло́н, бре́мсберг

**2.** *a* пло́ский; плоскостно́й

**3.** *v* 1) пари́ть 2) *ав.* скользи́ть; плани́ровать 3) *разг.* путеше́ствовать самолётом

**plane** II [pleɪn] **1.** *n* 1) *тех.* руба́нок; струг; калёвка 2) *стр.* глади́лка, мастеро́к

**2.** *v* 1) строга́ть; скобли́ть; выра́внивать 2) *полигр.* выкола́чивать (*форму*) □ ~ **away,** ~ **down** состру́гивать

**plane** III [pleɪn] *n* плата́н

**plane geometry** [ˈpleɪndʒɪˈɔmɪtrɪ] *n* планиме́трия

**planer** [ˈpleɪnə] *n* 1) *тех.* продо́льно-строга́льный стано́к 2) строга́льщик (*рабочий*) 3) *полигр.* вы́колотка 4) *дор.* доро́жный утю́г

**planet** [ˈplænɪt] *n* плане́та; major (minor) ~s больши́е (ма́лые) плане́ты

**plane-table** [ˈpleɪnˌteɪbl] *геод.* **1.** *n* ме́нзула

**2.** *v* производи́ть ме́нзульную съёмку

**planetaria** [ˌplænɪˈtɛərɪə] *pl от* planetarium

**planetarium** [ˌplænɪˈtɛərɪəm] *n* (*pl* -ria) планета́рий

**planetary** [ˈplænɪtərɪ] *a* 1) плане́тный, планета́рный; ~ system со́лнечная систе́ма 2) земно́й, мирско́й 3) блужда́ющий

**planetoid** [ˈplænɪtɔɪd] *n астр.* ма́лая плане́та, астеро́ид

**plane-tree** [ˈpleɪntriː] = plane III

**planet-stricken** [ˈplænɪtˌstrɪkən] = planet-struck

**planet-struck** [ˈplænɪtstrʌk] *a* охва́ченный па́никой, запу́ганный

**plangent** [ˈplændʒənt] *a* протя́жный; зауны́вный

**planish** [ˈplænɪʃ] *v* 1) пра́вить; выправля́ть, рихтова́ть (*металл*) 2) шлифова́ть, полирова́ть, лощи́ть; нака́тывать (*фотографии*)

**plank** [plæŋk] **1.** *n* 1) (обшивна́я) доска́, пла́нка 2) пункт парти́йной програ́ммы

**2.** *v* 1) настила́ть; выстила́ть, обшива́ть доска́ми 2) *амер.* выкла́дывать, плати́ть (*обыкн.* ~ down, ~ out) 3) *амер.* жа́рить ры́бу *или* пти́цу, нани́зывая её на па́лочки

**plank-bed** [ˈplæŋkbed] *n* на́ры

**planking** [ˈplæŋkɪŋ] **1.** *pres. p. от* plank 2

**2.** *n* 1) обши́вка доска́ми 2) *собир.* до́ски

**plankton** [ˈplæŋktɔn] *n биол.* планкто́н

**planless** [ˈplænlɪs] *a* беспла́новый, бессисте́мный

**planned** [plænd] **1.** *p. p. от* plan 2

**2.** *a* пла́новый; плани́рованный; планоме́рный; ~ production пла́новое произво́дство

**planner** [ˈplænə] *n* 1) планиро́вщик; проектиро́вщик 2) планови́к 3) топо́граф

**planoconcave** [ˈpleɪnəuˈkɔnkeɪv] *a* пло́ско-во́гнутый (*о линзе*)

**planoconvex** [ˈpleɪnəuˈkɔnveks] *a* пло́ско-вы́пуклый (*о линзе*)

**plant** I [plɑːnt] **1.** *n* 1) расте́ние; са́женец; in ~ расту́щий; в соку́ 2) *собир.* урожа́й 3) по́за, пози́ция 4) *жарг.* сы́щик 5) *жарг.* полице́йская заса́да

**2.** *v* 1) сажа́ть (*растения*); заса́живать (with); насажда́ть (*сад*) 2) пуска́ть (*рыбу*) для разведе́ния 3) про́чно ста́вить, устана́вливать (in, on); to ~ a standard водрузи́ть зна́мя; to ~ oneself стать, заня́ть пози́цию 4) вса́живать, втыка́ть 5) осно́вывать (*колонию и т. п.*); заселя́ть; поселя́ть 6) внедря́ть, насажда́ть (in) 7) приста́вить (*кого-л., особ. как шпиона*) 8) внуша́ть (*мысль*) 9) наноси́ть (*удар*) 10) *жарг.* пря́тать (*краденое*) 11) *жарг.* подстра́ивать (*махинацию*) 12) броса́ть, покида́ть □ ~ **on** подсо́вывать, сбыва́ть; ~ **out** выса́живать в грунт

**plant** II [plɑːnt] *n* 1) заво́д, фа́брика; ~ and equipment *эк.* основно́й капита́л (*в промышленности*) 2) обору́дование, устано́вка; компле́кт маши́н 3) агрега́т

**plantain** [ˈplæntɪn] *n бот.* подоро́жник

**plantar** [ˈplæntə] *a анат.* подо́швенный

**plantation** [plænˈteɪʃən] *n* 1) планта́ция 2) насажде́ние 3) внедре́ние, насажде́ние 4) *ист.* колониза́ция 5) *ист.* коло́ния 6) *attr.*: ~ owner планта́тор

**planted** [ˈplɑːntɪd] **1.** *p. p. от* plant I, 2

**2.** *a* 1) поса́женный, наса́женный 2) заса́женный 3): ~ informer специа́льно подо́сланный осведоми́тель

**planter** [ˈplɑːntə] *n* 1) планта́тор 2) учреди́тель, основа́тель 3) *с.-х.* сажа́лка 4) *с.-х.* сажа́льщик

**plantigrade** [ˈplæntɪgreɪd] *зоол.* **1.** *a* стопоходя́щий

**2.** *n* стопоходя́щее живо́тное

**plant-louse** [ˈplɑːntˈlaus] *n* тля

**plant pathology** [ˈplɑːntpəˈθɔlədʒɪ] *n* фитопатоло́гия

**plaque** [plɑːk] *n* 1) металли́ческий *или* фарфо́ровый диск, таре́лка (*как стенное украшение*) 2) доще́чка, пласти́нка с фами́лией *или* назва́нием учрежде́ния; memorial ~ мемориа́льная доска́ 3) почётный значо́к 4) *мед.* бля́шка

**plash** I [plæʃ] **1.** *n* 1) плеск, всплеск 2) лу́жа

**2.** *v* плеска́ть(ся)

**plash** II [plæʃ] *v* сплета́ть; плести́

**plasm** [plæzm] = plasma

**plasma** [ˈplæzmə] *n* 1) *физиол.* пла́зма 2) *биол.* протопла́зма 3) *мин.* гелиотро́п, зелёный халцедо́н

**plaster** [ˈplɑːstə] **1.** *n* 1) штукату́рка; ~ of Paris гипс 2) пла́стырь

**2.** *v* 1) штукату́рить 2) накла́дывать пла́стырь 3) нама́зывать; покрыва́ть 4) гру́бо льсти́ть (*тж.* ~ with praise) 5) па́чкать 6) подме́шивать гипс (*в вино*)

**plastered** [ˈplɑːstəd] **1.** *p. p. от* plaster 2

**2.** *a разг.* пья́ный; to get ~ напи́ться, наклю́каться

**plasterer** [ˈplɑːstərə] *n* штукату́р

**plastic** [ˈplæstɪk] **1.** *a* 1) пласти́ческий; ~ art скульпту́ра; иску́сство вая́ния; ~ surgery пласти́ческая (*или* восстанови́тельная) хирурги́я; ~ flow *тех.* пласти́ческая деформа́ция 2) пласти́чный, ги́бкий; ~ clay а) сугли́нок; б) гли́на для ле́пки, горше́чная гли́на; ~ material пластма́сса 3) лепно́й; скульпту́рный 4) послу́шный, пода́тливый

**2.** *n* 1) (*обыкн. pl*) пластма́сса 2) пласти́чность

**plasticine** [ˈplæstɪsiːn] *n* пластили́н

**plasticity** [plæsˈtɪsɪtɪ] *n* пласти́чность, ги́бкость

**plastron** [ˈplæstrən] *n* 1) пластро́н, мани́шка 2) *ист.* ла́тный нагру́дник 3) ни́жний щит черепа́хи

**plat** I [plæt] **1.** *n* 1) (небольшо́й) уча́сток земли́ 2) *амер.* план *или* съёмка в горизонта́льной прое́кции 3) *горн.* ру́дный двор

**2.** *v амер.* снима́ть план

**plat** II [plæt] = plait 1, 1) *и* 2, 1)

**plat** III [plɑː] *n* блю́до с едо́й

**platan** [ˈplætən] = plane III

**platband** [ˈplætbænd] *n* 1) *стр.* нали́чник (*двери*); при́толока 2) *архит.* гла́дкий по́яс

**plate** [pleɪt] **1.** *n* 1) пласти́нка; доще́чка 2) таре́лка 3) столо́вое серебро́; металли́ческая (*преим. серебряная или золотая*) посу́да 4) фотопласти́нка 5) плита́, лист, полоса́ (*металла*); листова́я сталь 6) гравю́ра, эста́мп 7) вкле́йка, иллюстра́ция на отде́льном листе́ 8) экслибрис 9) *полигр.* печа́тная фо́рма; гальваноклише́; стереоти́п 10) призово́й ку́бок 11) ска́чки на приз 12) вставна́я че́люсть 13) *эл.* ано́д (*лампы*) 14) *стр.* мауэрла́т ◊ to have enough on one's ~ ≅ быть сы́тым по го́рло

**2.** *v* 1) обшива́ть металли́ческим листо́м; накла́дывать серебро́, зо́лото; луди́ть 2) *полигр.* изготовля́ть гальваноклише́ *или* стереоти́п 3) плю́щить (*металл*), раско́вывать в листы́ 4) *тех.* плакирова́ть

**plateau** [ˈplætəu] *n* (*pl* -s [-z], -x) плато́, пло́ская возвы́шенность, плоского́рье

**plateaux** [ˈplætəuz] *pl от* plateau

**plate-basket** [ˈpleɪtˌbɑːskɪt] *n* корзи́нка для ви́лок, ноже́й *и т. п.*

**plateful** [ˈpleɪtful] *n* по́лная таре́лка

**plate glass** [ˈpleɪtˈglɑːs] *n* зерка́льное стекло́

**platelayer** [ˈpleɪtˌleɪə] *n* путево́й рабо́чий

**plate-mark** [ˈpleɪtmɑːk] *n* проби́рное клеймо́, про́ба

**platen** [ˈplætən] *n* 1) *полигр.* ти́гель 2) ва́лик (*пишущей машины*) 3) стол (*станка*); сто́лик (*прибора*)

**plate-powder** [ˈpleɪtˌpaudə] *n* 1) порошо́к для чи́стки серебра́ 2) пласти́нчатый по́рох

**plater** I [ˈpleɪtə] *n* луди́льщик

**plater** II [ˈpleɪtə] *n* ло́шадь, пока́зываемая на ска́чках при ко́нном заво́де (*особ.* с це́лью прода́жи)

**plate-rack** [ˈpleɪtræk] *n* суши́лка для посу́ды

**platform** [ˈplætfɔːm] *n* 1) платфо́рма, перро́н 2) платфо́рма; помо́ст; raised ~ возвыше́ние 3) трибу́на; сце́на 4) полити́ческая платфо́рма, пози́ция 5) площа́дка (*трамвая, железнодорожного вагона*) 6) оруди́йная платфо́рма 7) пло́ская возвы́шенность 8) *attr.*: ~ ticket перро́нный биле́т; ~ car ваго́н-платфо́рма

**platform boots** [ˈplætfɔːmˈbuːts] *n pl* сапоги́ на платфо́рме

**platform shoes** [ˈplætfɔːmˈʃuːz] *n pl* ту́фли на платфо́рме

**plating** [ˈpleɪtɪŋ] **1.** *pres. p. от* plate 2

**2.** *n* 1) покры́тие мета́ллом; никелиро́вка, золоче́ние, серебре́ние 2) листова́я обши́вка

**platinize** [ˈplætɪnaɪz] *v* покрыва́ть пла́тиной, платини́ровать

**platinoid** [ˈplætɪnɔɪd] *n* платино́ид (*сплав меди, цинка, никеля и вольфрама*)

**platinum** [ˈplætɪnəm] *n* 1) пла́тина 2) *attr.* пла́тиновый; ~ metal мета́лл пла́тиновой гру́ппы; ~ black пла́тиновая чернь; ~ blonde *разг.* о́чень све́тлая блонди́нка

**platitude** [ˈplætɪtjuːd] *n* бана́льность, пло́скость, по́шлость

**platitudinarian** [ˈplætɪˌtjuːdɪˈnɛərɪən] **1.** *a* бана́льный, по́шлый

**2.** *n* челове́к, говоря́щий по́шлости, пло́скости, бана́льности; пошля́к

**platitudinous** [ˌplætɪˈtjuːdɪnəs] *a* пло́ский, по́шлый, бана́льный

**Plato** [ˈpleɪtəu] *n* Плато́н

**Platonic** [pləˈtɔnɪk] **1.** *a* 1) платони́ческий 2) ограни́чивающийся слова́ми, теорети́ческий

**2.** *n* 1) учени́к Плато́на 2) *pl разг.* платони́ческие разгово́ры; платони́ческая любо́вь

**platoon** [pləˈtuːn] *n воен.* 1) взвод 2) полице́йский отря́д

**platter** [ˈplætə] *n* 1) *амер.* большо́е пло́ское блю́до 2) *уст.* деревя́нная таре́лка

**platypus** [ˈplætɪpəs] *n зоол.* утконо́с

**plaudit** [ˈplɔːdɪt] *n* (*обыкн. pl*) 1) рукоплеска́ния, аплодисме́нты 2) гро́мкое, восто́рженное выраже́ние одобре́ния

**plausibility** [ˌplɔːzəˈbɪlɪtɪ] *n* 1) правдоподо́бие; вероя́тность 2) благови́дность 3) уме́ние внуша́ть дове́рие

**plausible** [ˈplɔːzəbl] *a* 1) правдоподо́бный; вероя́тный; ~ argument (вполне́) состоя́тельный до́вод 2) благови́дный 3) уме́ющий внуша́ть дове́рие

**play** [pleɪ] **1.** *n* 1) игра́; заба́ва, шу́тка; to be at ~ игра́ть; they are at ~ они́ игра́ют; out of ~ вне игры́ 2) аза́ртная игра́ 3) пье́са, дра́ма; представле́ние, спекта́кль; to go to the ~ идти́ в теа́тр 4) шу́тка; a ~ on words игра́ слов, каламбу́р; in ~ в шу́тку 5) де́йствие, де́ятельность; to bring (*или* to call) into ~ приводи́ть в де́йствие, пуска́ть в ход; to come into ~ нача́ть де́йствовать; in full ~ в де́йствии, в разга́ре 6) свобо́да, просто́р; to give free ~ to one's imagination дать по́лный просто́р своему́ воображе́нию 7) перели́вы, игра́; ~ of colours перели́вы кра́сок; ~ of the waves плеск волн 8) *диал.* забасто́вка 9) *тех.* зазо́р; игра́; люфт; свобо́дный ход; шата́ние (*части механизма, прибора*) ◊ fair ~ че́стная игра́; че́стность; foul ~ по́длое поведе́ние; обма́н

**2.** *v* 1) игра́ть, резви́ться, забавля́ться; the cat ~s with its tail ко́шка игра́ет со свои́м хвосто́м 2) игра́ть (*во что-л., на что-л.*), уча́ствовать в игре́; to ~ tennis игра́ть в те́ннис; I ~ed him for championship я игра́л с ним на зва́ние чемпио́на 3) игра́ть в аза́ртные и́гры 4) исполня́ть (*роль, музыкальное произведение*); she ~ed Juliet она́ игра́ла роль Джулье́тты; the boy ~ed a concerto ма́льчик исполня́л конце́рт 5) игра́ть на музыка́льном инструме́нте; he ~s the violin он игра́ет на скри́пке 6) игра́ть роль (*кого-л.*), быть (*кем-л.*); to ~ the man поступа́ть, как подоба́ет мужчи́не 7) дава́ть представле́ние (*о труппе*) 8) сыгра́ть (*шутку*), разыгра́ть, he ~ed a practical joke on us он над на́ми подшути́л 9) поступа́ть, де́йствовать; to ~ fair поступа́ть че́стно; to ~ foul поступа́ть нече́стно, жу́льничать; 10) игра́ть (*на чём-л.*), воспо́льзоваться (*чем-л.*); to ~ in favour of smb., smth. благоприя́тствовать кому́-л., чему́-л. 11) подходи́ть для игры́, быть в хоро́шем состоя́нии; the ground ~s well спорти́вная площа́дка в хоро́шем состоя́нии; the piano ~s well у э́того роя́ля хоро́ший звук; the drama ~s well э́та дра́ма о́чень сцени́чна 12) порха́ть, носи́ться; танцева́ть; butterflies ~ among flowers среди́ цвето́в порха́ют ба́бочки 13) перелива́ться, игра́ть; мелька́ть; lightning ~s in the sky в не́бе сверка́ет мо́лния; a smile ~ed on his lips на его́ губа́х игра́ла улы́бка 14) свобо́дно владе́ть; to ~ a good stick хорошо́ дра́ться на шпа́гах; to ~ a good knife and fork упи́сывать за о́бе щёки; есть с аппети́том 15) приводи́ть в де́йствие, пуска́ть; to ~ a record поста́вить пласти́нку; the engine was ~ed off запусти́ли мото́р 16) бить (*о фонтане*) 17) направля́ть (*свет и т. п.*; on, over, along — на *что-либо*); обстре́ливать (on, upon); to ~ a searchlight upon a boat напра́вить проже́ктор на ло́дку; to ~ guns upon the fort обстре́ливать форт; to ~ a hose полива́ть водо́й из пожа́рного рукава́ 18) ходи́ть (*шашкой, картой*) 19) принима́ть в игру́ (*игрока*) 20) *спорт.* отбива́ть, подава́ть (*мяч*) 21) *тех.* име́ть люфт 22) дать (*время*) (*рыбе*) хорошо́ клю́нуть (*тж. перен.*) 23) *диал.* бастова́ть □ ~ **along** поды́грывать, подда́кивать; ~ **around** а) манипули́ровать, подтасо́вывать; б) *разг.* флиртова́ть, заводи́ть любо́вную интри́жку; ~ **off**

а) разы́грывать (*кого-л.*); б) заставля́ть кого́-л. прояви́ть себя́ с невы́годной стороны́; в) выдава́ть за *что-л.*; г) натра́вливать (against — на); to ~ off one against another стра́вливать кого́-л. в свои́х интере́сах, противопоставля́ть одно́ (*или* одного́) друго́му; д) сыгра́ть повто́рную па́ртию по́сле ничье́й; ~ **on** = ~ upon; ~ **out**: to be ~ed out выдыха́ться; ~ **up** а) принима́ть де́ятельное уча́стие (*в разговоре, деле*); б) *амер.* реклами́ровать; в) вести́ себя́ му́жественно, герои́чески; г) стара́ться игра́ть как мо́жно лу́чше; ~ **upon** игра́ть (*на чьих-л. чувствах*); to ~ upon words каламбу́рить; ~ **up to** поды́грывать; *перен.* подли́зываться ◇ to ~ smb. up а) капри́зничать, пристава́ть; б) разы́грывать (*кого-л.*); в) *амер.* испо́льзовать; to ~ for time оття́гивать вре́мя, пыта́ться вы́играть вре́мя; to ~ hell (*или* the devil, the mischief) разруша́ть, губи́ть; to ~ one's cards well испо́льзовать обстоя́тельства наилу́чшим о́бразом; to ~ one's hand for all it is worth по́лностью испо́льзовать обстоя́тельства; пусти́ть в ход все сре́дства; to ~ into the hands of smb. сыгра́ть на́ руку кому́-л.; to ~ it low on smb. *разг.* по́дло поступи́ть по отноше́нию к кому́-л.; to ~ politics вести́ полити́ческую игру́; to ~ safe де́йствовать наверняка́; to ~ ball *разг.* сотру́дничать; to ~ both ends against the middle в со́бственных интере́сах натра́вливать друг на дру́га сопе́рничающие гру́ппы

**playable** [ˈpleɪbl] *a* го́дный, подходя́щий для игры́ (*о площадке*)

**play-act** [ˈpleɪˈækt] *v* 1) притворя́ться, игра́ть (*обыкн. о детях*) 2) лома́ть коме́дию

**play-actor** [ˈpleɪˌæktə] *n* 1) *пренебр.* актёр, комедиа́нт 2) нейскренний челове́к

**playbill** [ˈpleɪbɪl] *n* 1) театра́льная афи́ша 2) театра́льная програ́мма

**play-boy** [ˈpleɪbɔɪ] *n* пове́са, прожига́тель жи́зни

**play-by-play** [ˈpleɪbaɪˈpleɪ] *a амер.*: ~ story репорта́ж по ра́дио (*о состязании, матче*)

**play-day** [ˈpleɪdeɪ] *n* пра́здник, нерабо́чий день; день, свобо́дный от заня́тий в шко́ле

**played-out** [ˈpleɪdˈaut] *a разг.* измо́танный, вы́дохшийся; устаре́вший, бо́льше ни на что не го́дный

**player** [ˈpleɪə] *n* 1) уча́стник игры́, игро́к 2) актёр 3) музыка́нт 4) картёжник 5) автомати́ческий музыка́льный инструме́нт

**playfellow** [ˈpleɪˌfeləu] *n* друг де́тства; това́рищ де́тских игр

**play-field** [ˈpleɪfi:ld] = playing-field

**playful** [ˈpleɪful] *a* игри́вый, весёлый, шутли́вый, шаловли́вый

**playgame** [ˈpleɪgeɪm] *n* де́тская игра́, пустяки́, ерунда́

**playgoer** [ˈpleɪˌgəuə] *n* театра́л

**playground** [ˈpleɪgraund] *n* площа́дка для игр; спорти́вная площа́дка

**playhouse** [ˈpleɪhaus] *n* теа́тр (*драматический*)

**playing-card** [ˈpleɪɪŋkɑ:d] *n* игра́льная ка́рта

**playing-field** [ˈpleɪɪŋfi:ld] *n спорт.* площа́дка, футбо́льное по́ле *и т. п.*

**playlet** [ˈpleɪlɪt] *n* небольша́я пье́са

**playmate** [ˈpleɪmeɪt] *n* 1) = playfellow 2) партнёр (*в играх и т. п.*)

**play-off** [ˈpleɪˈɔf] *n спорт.* повто́рная игра́ по́сле ничье́й

**plaything** [ˈpleɪθɪŋ] *n* игру́шка (*тж. перен.*)

**playtime** [ˈpleɪtaɪm] *n* 1) вре́мя игр и развлече́ний 2) *амер.* вре́мя нача́ла спекта́кля

**playwright** [ˈpleɪraɪt] *n* драмату́рг

**plaza** [ˈplɑ:zə] *исп. n* (ры́ночная) пло́щадь

**plea** [pli:] *n* 1) мольба́; про́сьба 2) призы́в; peace ~ призы́в к ми́ру 3) оправда́ние, ссы́лка, предло́г; до́вод; a ~ was advanced бы́ло вы́двинуто предложе́ние; on the ~ of под предло́гом 4) *юр.* жа́лоба, проше́ние; иск по суду́

**pleach** [pli:tʃ] *v* сплета́ть (*особ. ветви*)

**plead** [pli:d] *v* (pleaded [-ɪd], pled) 1) защища́ть (*в суде*) 2) отвеча́ть на обвине́ние; обраща́ться к суду́; to ~ (not) guilty (не) призна́ть себя́ вино́вным (to — в *чём-л.*) 3) проси́ть, умоля́ть (with — *кого-л.*, for — о *чём-л.*) 4) обраща́ться с про́сьбой, хода́тайствовать 5) ссыла́ться (на *что-л.*), приводи́ть (*что-л.*) в оправда́ние; to ~ in justification of smth. служи́ть оправда́нием чего́-л. (*в суде*)

**pleader** [ˈpli:də] *n* 1) защи́тник, адвока́т 2) проси́тель; хода́тай

**pleading** [ˈpli:dɪŋ] **1.** *pres. p.* от plead

**2.** *n* 1) защи́та 2) засту́пничество, хода́тайство; мольба́ 3) *pl юр.* заявле́ния истца́ и отве́тчика; суде́бные пре́ния; суде́бная процеду́ра

**3.** *a* умоля́ющий, проси́тельный

**pleasant** [ˈpleznt] *a* 1) прия́тный 2) ми́лый, сла́вный 3) *уст.* шутли́вый

**pleasantly** [ˈplezntlɪ] *adv* 1) любе́зно 2) ве́село, прия́тно

**pleasantness** [ˈplezntnɪs] *n* прия́тность

**pleasantry** [ˈplezntrɪ] *n* 1) шутли́вость 2) шу́тка; шутли́вое замеча́ние; коми́ческая вы́ходка

**please** [pli:z] *v* 1) нра́виться; do as you ~ де́лайте, как хоти́те 2) *pass.* получа́ть удово́льствие; I shall be ~d to do it я с удово́льствием сде́лаю э́то 3) угожда́ть, доставля́ть удово́льствие; ра́довать; she is a hard person to ~ ей тру́дно угоди́ть 4) хоте́ть, изво́лить; it ~d him to do so ему́ бы́ло уго́дно э́то сде́лать; let him say what he ~s пусть (он) говори́т что уго́дно; (may it) ~ your honour с ва́шего разреше́ния; е́сли вам бу́дет уго́дно; ~! пожа́луйста!, бу́дьте добры́!; if you ~! а) с ва́шего позволе́ния, е́сли вы разреши́те; бу́дьте так добры́; б) *ирон.* (то́лько) предста́вьте себе́!; to be ~d to do smth. соизво́лить, соблагоизволи́ть сде́лать что-л.

**pleasing** [ˈpli:zɪŋ] **1.** *pres. p.* от please

**2.** *a* 1) прия́тный, доставля́ющий удово́льствие 2) нра́вящийся, привлека́тельный 3) услу́жливый, уго́дливый

**pleasurable** [ˈpleʒərəbl] *a* доставля́ющий удово́льствие; прия́тный

**pleasure** [ˈpleʒə] **1.** *n* 1) удово́льствие, наслажде́ние; развлече́ние; to take ~ in smth. находи́ть удово́льствие в чём-л.; man of ~ жуи́р, сибари́т 2) во́ля, соизволе́ние; жела́ние; what is your ~? что вам уго́дно?; I shall not consult his ~ я не бу́ду счита́ться с его́ жела́ниями; at ~ по жела́нию; during smb.'s ~ так до́лго, как кому́-л. уго́дно 3) *attr.* увесели́тельный; ~ car спорти́вный автомоби́ль для прогу́лок; ~ trip увесели́тельная пое́здка

**2.** *v* 1) доставля́ть удово́льствие 2) находи́ть удово́льствие (in) 3) *разг.* иска́ть развлече́ний

**pleasure-boat** [ˈpleʒəbəut] *n* ло́дка; я́хта; прогу́лочный ка́тер

**pleasure-ground** [ˈpleʒəgraund] *n* 1) площа́дка для игр 2) сад, парк

**pleat** [pli:t] **1.** *n* скла́дка (*на платье*)

**2.** *v* де́лать скла́дки; плиссирова́ть

**plebeian** [plɪˈbi(:)ən] **1.** *n* плебе́й

**2.** *a* плебе́йский

**plebiscite** [ˈplebɪsɪt] *n* плебисци́т

**pled** [pled] *разг., диал., амер. past и p. p.* от plead

**pledge** [pledʒ] **1.** *n* 1) зало́г; закла́д; to put in ~ заложи́ть; to take out of ~ вы́купить из закла́да; ~ of love (*или* of union) зало́г любви́, сою́за (*ребёнок*) 2) поручи́тельство 3) дар, пода́рок 4) тост 5) обе́т; обеща́ние; under ~ of secrecy с обяза́тельством сохране́ния та́йны 6): to take the ~ дать заро́к воздержа́ния от спиртны́х напи́тков 7) *полит.* публи́чное обеща́ние ли́дера па́ртии приде́рживаться определённой поли́тики

**2.** *v* 1) отдава́ть в зало́г, закла́дывать 2) свя́зывать обеща́нием; дава́ть торже́ственное обеща́ние; заверя́ть; to ~ one's word (*или* one's honour) руча́ться, дава́ть сло́во 3) пить за (*чьё-л.*) здоро́вье

**pledgee** [ˌplɪˈdʒi:] *n* залогодержа́тель

**pledget** [ˈpledʒɪt] *n* 1) компре́сс 2) тампо́н

**Pleiad** [ˈplaɪəd] *n* (*pl* -ds [-dz], -des) 1) *pl астр.* Плея́ды 2) (*тж.* p.) *перен.* плея́да

**Pleiades** [ˈplaɪədi:z] *pl* от Pleiad

**pleistocene** [ˈpli:stəusi:n] *n геол.* плейстоце́н

**plena** [ˈpli:nə] *pl* от plenum 1

**plenary** [ˈpli:nərɪ] *a* 1) по́лный, неограни́ченный, безоговоро́чный; ~ powers неограни́ченные, широ́кие полномо́чия 2) плена́рный (*о заседании и т. п.*)

**plenipotentiary** [ˌplenɪpəu'tenʃərɪ] 1. *a* 1) полномо́чный 2) неограни́ченный, абсолю́тный; ~ power неограни́ченная власть

2. *n* полномо́чный представи́тель

**plenishing** ['plenɪʃɪŋ] *n* (*обыкн. pl*) *шотл.* дома́шняя у́тварь и ме́бель

**plenitude** ['plenɪtjuːd] *n* полнота́; изоби́лие; in the ~ of one's power в расцве́те сил

**plenteous** ['plentjəs] *a поэт.* 1) оби́льный 2) урожа́йный, плодоро́дный

**plentiful** ['plentɪful] *a* 1) оби́льный, изоби́льный; examples are ~ за приме́рами далеко́ ходи́ть не прихо́дится 2) бога́тый (*чем-л.*)

**plenty** ['plentɪ] 1. *n* 1) (из)оби́лие; доста́ток; horn of ~ рог изоби́лия 2) мно́жество; избы́ток; ~ of мно́го; to have ~ of time располага́ть вре́менем; there was food in ~ запа́сов пи́щи бы́ло доста́точно

2. *a* оби́льный; многочи́сленный

3. *adv разг.* 1) вполне́; дово́льно 2) о́чень, чрезвыча́йно; кре́пко, основа́тельно

**plenum** ['pliːnəm] (*pl* -s [-z], -na) 1) пле́нум 2) полнота́ 3) *физ* давле́ние вы́ше атмосфе́рного

**pleonasm** ['pli(ː)ənæzm] *n лингв.* плеона́зм

**pleonastic** [plɪə'næstɪk] *a* изли́шний, многосло́вный

**plethora** ['pleθərə] *n* 1) *мед.* полнокро́вие 2) изоби́лие, большо́й избы́ток

**plethoric** [ple'θɔrɪk] *a* 1) полнокро́вный 2) бью́щий че́рез край

**pleura** ['pluərə] *n* (*pl* -ae) *анат.* пле́вра

**pleurae** ['pluəriː] *pl от* pleura

**pleurisy** ['pluərɪsɪ] *n мед* плеври́т

**pleuritic** [pluə'rɪtɪk] *a мед.* плеври́тный

**plexiglass** ['pleksɪglɑːs] *n* плексигла́с, органи́ческое стекло́

**plexor** ['pleksə] *n мед.* молото́чек для высту́кивания

**plexus** ['pleksəs] *n* 1) *анат.* сплете́ние (*нервов и т. п.*) 2) переплете́ние, запу́танность

**pliability** [ˌplaɪə'bɪlɪtɪ] *n* 1) ги́бкость, пласти́чность, ко́вкость 2) = pliancy 2)

**pliable** ['plaɪəbl] *a* 1) = pliant 1); 2) легко́ поддаю́щийся влия́нию, усту́пчивый, сгово́рчивый (*часто в отрицательном смысле*)

**pliancy** ['plaɪənsɪ] *n* 1) ги́бкость 2) пода́тливость, усту́пчивость, сгово́рчивость

**pliant** ['plaɪənt] *a* 1) ги́бкий 2) пода́тливый, усту́пчивый, мя́гкий

**plica** ['plaɪkə] *n* (*pl* plicae) 1) *анат.* скла́дка 2) *мед.* колту́н

**plicae** ['plaɪsiː] *pl от* plica

**plicate, plicated** ['plaɪkeɪt, -ɪd] *a бот., зоол.* скла́дчатый

**plication** [plɪ'keɪʃən] *n* 1) скла́дка 2) *pl геол.* скла́дки

**pliers** ['plaɪəz] *n pl* щипцы́; клещи́; плоскогу́бцы

**plight I** [plaɪt] 1. *n* 1) обяза́тельство 2) помо́лвка

2. *v* 1) свя́зывать обеща́нием 2) помо́лвить; ~ed lovers помо́лвленные

**plight II** [plaɪt] *n* состоя́ние, положе́ние (*обыкн.* плохо́е, затрудни́тельное); his affairs were in a terrible ~ его́ дела́ находи́лись в ужа́сном состоя́нии

**Plimsoll line** ['plɪmsəl'laɪn] *n мор.* грузова́я ма́рка (*на торговых судах*)

**plimsolls** ['plɪmsəlz] *n pl* лёгкие паруси́новые ту́фли на рези́новой подо́шве

**Plimsoll's mark** ['plɪmsəlz'mɑːk] = Plimsoll line

**plinth** [plɪnθ] *n стр.* 1) пли́нтус 2) цо́коль; постаме́нт

**pliocene** ['plaɪəusiːn] *n геол.* плиоце́н

**pliofilm** ['plaɪəufɪlm] *n* плиофи́льм (*прозрачный материал, идущий на плащи, обёртку и т. п.*)

**plod** [plɔd] 1. *n* 1) тяжёлая похо́дка 2) тяжёлый путь 3) тяжёлая рабо́та

2. *v* 1) брести́, тащи́ться (on, along) 2) упо́рно рабо́тать, корпе́ть (at)

**plodder** ['plɔdə] *n* 1) тру́женик, работя́га 2) флегмати́чный, ску́чный челове́к

**plodding** ['plɔdɪŋ] 1. *pres. p. от* plod 2

2. *a* 1) ме́дленный и тяжёлый (*о походке*) 2) трудолюби́вый, усидчи́вый

**plop** [plɔp] 1. *n* 1) звук от паде́ния в во́ду без вспле́ска 2) паде́ние в во́ду

2. *adv* 1) без вспле́ска 2) внеза́пно

3. *v* бултыхну́ть(ся), хло́пнуть(ся), шлёпнуться

4. *int* бултых!, шлёп!

**plosion** ['pləuʒən] *n фон.* пло́зия, взрыв

**plosive** ['pləusɪv] *фон.* 1. *a* взрывно́й (*о согласном звуке*)

2. *n* взрывно́й звук

**plot I** [plɔt] 1. *n* 1) уча́сток земли́; деля́нка 2) *амер.* план, чертёж; набро́сок; гра́фик, диагра́мма

2. *v* 1) составля́ть план 2) наноси́ть (*на план*); черти́ть, выче́рчивать крив́ую *или* диагра́мму □ ~ out дели́ть на уча́стки, распределя́ть

**plot II** [plɔt] 1. *n* 1) за́говор; интри́га 2) фа́була, сюже́т

2. *v* составля́ть за́говор; интригова́ть, плести́ интри́ги

**plotter** ['plɔtə] *n* 1) загово́рщик; интрига́н 2) построи́тель кривы́х (*прибор*)

**plotting paper** ['plɔtɪŋˌpeɪpə] *n* миллиметро́вая бума́га

**plough** [plau] 1. *n* 1) плуг 2) снегоочисти́тель 3) вспа́ханное по́ле, па́шня 4) *жарг.* прова́л (*на экзамене*) 5) (the P.) *астр.* Больша́я Медве́дица 6) *эл.* токосннма́тель ◇ to put one's hand to the ~ взя́ться за рабо́ту

2. *v* 1) паха́ть 2) поддава́ться вспа́шке; the land ~s hard after the drought по́сле за́сухи зе́млю тру́дно паха́ть 3) борозди́ть 4) пробива́ть, прокла́дывать с трудо́м (*тж.* ~ through); to ~ one's way прокла́дывать себе́ путь 5) рассека́ть (*волны*) 6) *жарг.* провали́ться (*на экзамене*) □ ~ **through** а) продвига́ться с трудо́м; б) осили́ть (*книгу*); ~ **under** а) выкорчёвывать; б) запа́хивать; в) зары́ть; ~ **up** а) взрыва́ть (*землю*); б) распа́хивать ◇ to ~ a lonely furrow ≅ одино́ко сле́довать свои́м со́бственным путём; to ~ the sand(s) ≅ перелива́ть из пусто́го в поро́жнее; зря труди́ться; занима́ться бесполе́зным де́лом

**plough-boy** ['plaubɔɪ] *n* 1) веду́щий ло́шадь с плу́гом 2) крестья́нский па́рень

**plough-land** ['plaulænd] *n* па́хотная земля́

**ploughman** ['plaumən] *n* па́харь

**ploughshare** ['plauʃɛə] *n с.-х.* плу́жный ле́мех

**plough-tail** ['plauteɪl] *n* рукоя́тка плу́га; at the ~ за плу́гом, на полевы́х рабо́тах ◇ from the ~ «от сохи́»

**plover** ['plʌvə] *n зоол.* ржа́нка, зуёк

**plow** [plau] *амер.* = plough

**ploy** [plɔɪ] *n* 1) уло́вка, хи́трость 2) излю́бленное развлече́ние 3) *разг.* заня́тие, де́ло

**pluck** [plʌk] 1. *n* 1) дёрганье, дёргающее уси́лие 2) ли́вер; потроха́ 3) сме́лость, отва́га; му́жество 4) *разг.* прова́л (*на экзамене*)

2. *v* 1) срыва́ть, собира́ть (*цветы*) 2) выдёргивать (*волос, перо*) 3) щипа́ть, перебира́ть (*струны*) 4) ощи́пывать (*птицу*) 5) *разг.* обира́ть; обма́нывать; to ~ a pigeon обобра́ть простака́ 6) *разг.* прова́ливать (*на экзамене*) □ ~ **at** дёргать; хвата́ть(ся); ~ **out:** to ~ out the eye вы́бить глаз; ~ **up:** to ~ up one's heart (*или* courage, spirits) собира́ться с ду́хом, набра́ться хра́брости

**plucky** ['plʌkɪ] *a* сме́лый, отва́жный; реши́тельный

**plug** [plʌg] 1. *n* 1) про́бка; затычка; сто́пор 2) (пожа́рный) кран 3) прессо́ванный таба́к (*для жевания*) 4) *эл.* ште́псельная ви́лка 5) *воен.* затво́р 6) *геол.* экструзи́вный бисмали́т 7) *амер. разг.* цили́ндр (*шляпа*) 8) *амер. разг.* рекла́ма 9) *разг.* кни́га, не име́ющая сбы́та 10) *амер. разг.* нехо́дкий това́р 11) *амер. разг.* кля́ча 12) *sl.* пу́ля

2. *v* 1) затыка́ть, заку́поривать (*часто* ~ up); законопа́чивать 2) *разг.* корпе́ть (*часто* ~ away) 3) *разг.* популяризи́ровать, вводи́ть в мо́ду (*о песне*) 4) *амер. разг.* назо́йливо реклами́ровать 5) *sl.* застрели́ть, подстрели́ть □ ~ **in** вставля́ть ште́псель; to ~ in the wireless set включи́ть ра́дио; ~ **up** заку́поривать

**plug-chain** ['plʌgʧeɪn] *n* цепо́чка сто́пора ва́нны, умыва́льника *и т. п.*

**plug-hat** ['plʌghæt] = plug 1, 7)

**plug-switch** [ˈplʌgswɪtʃ] *n* штéпсельный выключáтель

**plug-ugly** [ˈplʌgˌʌglɪ] *n амер. разг.* хулигáн

**plum** I [plʌm] *n* 1) слúва; French ~ черносли́в 2) сли́вовое дéрево 3) изю́м 4) лáкомый кусóчек; нéчто сáмое лýчшее; «сли́вки»; to pick (*или* to take) the ~s отобрáть сáмое лýчшее 5) *амер. разг.* дохóдное мéсто; вы́годный закáз 6) тёмно-фиолéтовый цвет 7) *attr.* сли́вовый

**plum** II [plʌm] *a диал.* пóлный, тýчный

**plumage** [ˈplu:mɪdʒ] *n* оперéние, пéрья

**plumb** [plʌm] **1.** *n* 1) отвéс; out of ~ не вертикáльно 2) лот, грузи́ло

**2.** *a* 1) вертикáльный, отвéсный 2) абсолю́тный, я́вный

**3.** *adv* 1) отвéсно 2) тóчно, как раз 3) *амер. разг.* совершéнно, окончáтельно, совсéм; ~ crazy абсолю́тно ненормáльный; ~ gone ≅ как в вóду кáнул; I ~ forgot я нáчисто забы́л

**4.** *v* 1) стáвить по отвéсу, устанáвливать вертикáльно 2) измеря́ть глубинý, бросáть лот 3) вскрывáть; проникáть (*в тайну и т. п.*) 4) рабóтать водопровóдчиком

**plumbaginous** [plʌmˈbædʒɪnəs] *n* графи́товый

**plumbago** [plʌmˈbeɪgəu] *n* (*pl* -os [-əuz]) *мин.* графи́т

**plumbeous** [ˈplʌmbɪəs] *a* свинцóвый, свинцóвого цвéта

**plumber** [ˈplʌmə] *n* 1) водопровóдчик 2) пая́льщик

**plumbery** [ˈplʌmərɪ] *n* 1) водопровóдное дéло 2) пая́льная мастерскáя

**plumbic** [ˈplʌmbɪk] *a хим.* свинцóвый, содержáщий свинéц

**plumbing** [ˈplʌmbɪŋ] **1.** *pres. p. от* plumb 4

**2.** *n* 1) водопровóд, водопровóдная систéма 2) водопровóдное дéло 3) проклáдка труб 4) измерéние глубины́ (*океана*) 5) *разг.* убóрная

**plumb-line** [ˈplʌmlaɪn] *n* 1) отвéс 2) мери́ло, критéрий

**plumbum** [ˈplʌmbəm] *n* свинéц

**plum cake** [ˈplʌmkeɪk] *n* кекс с изю́мом

**plum duff** [ˈplʌmdʌf] *n* пýдинг с изю́мом

**plume** [plu:m] **1.** *n* 1) перó 2) плюмáж, султáн 3) струйка, завитóк; a ~ of smoke дымóк ◇ in borrowed ~s ≅ «ворóна в павли́ньих пéрьях»

**2.** *v* 1) украшáть плюмáжем 2) чи́стить клю́вом (*перья*); охорáшиваться 3) ощи́пывать ◇ to ~ oneself on smth. кичи́ться чем-л.

**plumelet** [ˈplu:mlɪt] *n* пёрышко

**plummet** [ˈplʌmɪt] *n* 1) свинцóвый отвéс; ги́рька отвéса 2) лот; грузи́ло (*удочки*) 3) *перен.* тя́жесть, мёртвый груз

**plummy** [ˈplʌmɪ] *a* 1) изоби́лующий сли́вами 2) *разг.* хорóший, вы́годный; зави́дный

**plumose** [ˈplu:məus] *a* оперённый; пéристый

**plump** I [plʌmp] **1.** *a* пóлный; пýхлый, окрýглый

**2.** *v* 1) вскáрмливать (*тж.* ~ up) 2) толстéть, полнéть (*тж.* ~ out, ~ up)

**plump** II [plʌmp] **1.** *a* прямóй, решíтельный, безоговóрочный (*об отказе и т. п.*)

**2.** *adv* 1) внезáпно; he fell ~ into the water он бултыхнýлся в вóду 2) пря́мо, без обинякóв

**3.** *n* тяжёлое падéние

**4.** *v* 1) бýхать(ся) 2) попáсть, влóпаться (into) 3) нагря́нуть (upon) 4) голосовáть тóлько за одногó (*кандидата*) 5) *разг.* решíтельно поддéрживать, выступáть (for)

**plumper** [ˈplʌmpə] *n* голосýющий тóлько за одногó (*кандидата*)

**plum pudding** [ˈplʌmˈpudɪŋ] *n* 1) рождéственский пýдинг 2) пýдинг с изю́мом

**plum-tree** [ˈplʌmtri:] = plum I, 2)

**plumule** [ˈplu:mju(:)l] *n* 1) пёрышко 2) *бот.* первúчная листовáя пóчка

**plumy** [ˈplu:mɪ] *a* 1) пéристый 2) покры́тый *или* укрáшенный пéрьями

**plunder** [ˈplʌndə] **1.** *n* 1) грабёж 2) нагрáбленное добрó, добы́ча 3) *разг.* бары́ш

**2.** *v* грáбить (*особ. на войне*); воровáть; расхищáть

**plunderage** [ˈplʌndərɪdʒ] *n* 1) грабёж 2) хищéние товáров на кораблé 3) добы́ча

**plunge** [plʌndʒ] **1.** *n* 1) ныря́ние 2) погружéние ◇ to take the ~ сдéлать решíтельный шаг

**2.** *v* 1) ныря́ть 2) окунáть(ся); погружáть(ся) 3) бросáться, врывáться (into); to ~ into a difficulty попáсть в трýдное положéние 4) ввергáть (in, into); to ~ one's family into poverty довести́ свою́ семью́ до нищеты́ 5) бросáться вперёд (*о лошади*) 6) *разг.* азáртно игрáть; влезáть в долги́ ▭ ~ **down** крýто спускáться (*о дороге и т. п.*); ~ **up** крýто поднимáться (*о дороге и т. п.*)

**plunge-bath** [ˈplʌndʒbɑ:θ] *n* глубокáя вáнна

**plunger** [ˈplʌndʒə] *n* 1) ныря́льщик; водолáз 2) *разг.* азáртный игрóк 3) *разг.* кавалери́ст 4) *тех.* плýнжер, скáлка, скáльчатый пóршень

**plunging** [ˈplʌndʒɪŋ] **1.** *pres. p. от* plunge 2

**2.** *a воен.* навéсный (*огонь*)

**plunk** [plʌŋk] **1.** *n* 1) звон; перебóр (*струн*) 2) *разг.* си́льный удáр

**2.** *v* 1) перебирáть стрýны 2) звенéть (*о струнах*) 3) бýхнуть(ся); шлёпнуть(ся) 4) рéзко толкáть, бросáть; си́льно ударя́ть

**pluperfect** [ˈplu:ˈpə:fɪkt] *грам.* **1.** *n* давнопрошéдшее врéмя

**2.** *a* давнопрошéдший, предпрошéдший

**plural** [ˈpluərəl] **1.** *a* мнóжественный; многочи́сленный; ~ offices нéсколько дóлжностей по совмести́тельству; ~ vote подáча гóлоса одни́м лицóм в нéскольких избирáтельных округáх

**2.** *n грам.* 1) мнóжественное числó 2) слóво, стоя́щее во мнóжественном числé

**pluralism** [ˈpluərəlɪzm] *n* 1) совмести́тельство 2) *филос.* плюрали́зм

**plurality** [pluəˈrælɪtɪ] *n* 1) мнóжественность 2) мнóжество 3) совмести́тельство (*часто о священнике, обслуживающем несколько приходов*) 4) большинствó голосóв 5) *амер.* относи́тельное большинствó голосóв

**plus** [plʌs] **1.** *n* 1) знак плюс 2) добáвочное коли́чество 3) положи́тельная величинá; to total all the ~es подвести́ итóг 4) положи́тельное кáчество 5) *арт.* перелёт

**2.** *a* 1) добáвочный, дополни́тельный 2) *ком.*: on the ~ side of the account на прихóде счёта 3) *мат., эл.* положи́тельный

**3.** *prep* плюс

**plus-fours** [ˈplʌsˈfɔ:z] *n pl* брю́ки гольф

**plush** [plʌʃ] **1.** *n* 1) плюш; плис 2) *pl* пли́совые штаны́

**2.** *a* 1) плю́шевый; пли́совый 2) *амер. разг.* роскóшный, шикáрный

**plushy** [ˈplʌʃɪ] = plush 2, 2)

**Pluto** [ˈplu:təu] *n* 1) *римск. миф.* Плутóн 2) *астр.* планéта Плутóн

**plutocracy** [plu:ˈtɔkrəsɪ] *n* плутокрáтия

**plutocrat** [ˈplu:təukræt] *n* плутокрáт

**Plutonian** [ˈplu:təunjən] *a* 1) плутóнов, áдский 2) = Plutonic 1)

**Plutonic** [plu:ˈtɔnɪk] *a* 1) *геол.* плутони́ческий, глуби́нный 2) = Plutonian 1)

**plutonium** [plu:ˈtəunjəm] *n хим.* плутóний

**pluvial** [ˈplu:vjəl] *a* 1) дождевóй 2) *геол.* плювиáльный

**pluviometer** [ˌplu:vɪˈɔmɪtə] *n* дождемéр

**pluvious** [ˈplu:vjəs] *a* дождли́вый

**ply** I [plaɪ] *n* 1) сгиб, склáдка, слой 2) прядь (*троса*) 3) оборóт, пéтля, витóк (*верёвки и т. п.*) 4) уклóн; склóнность, спосóбность, жи́лка; to take a ~ взять уклóн, направлéние

**ply** II [plaɪ] *v* 1) усéрдно рабóтать (*чем-л.*); to ~ one's oars налегáть на вёсла 2) занимáться (*работой, ремеслом*) 3) засыпáть, забрáсывать (*вопросами*) 4) пóтчевать, уси́ленно угощáть; to ~ with knowledge прививáть знáния 5) курси́ровать (between— мéжду, from... to — от... до); to ~ a voyage совершáть рейс (*о корабле*) 6) стоя́ть в ожидáнии нанимáтеля, покупáтеля; искáть покупáтелей 7) *мор.* лави́ровать

**Plymouth Rock** [ˈplɪməθˈrɔk] *n* плимутрóк (*порода кур*)

**plywood** [ˈplaɪwud] *n* (клеёная) фанéра

**pneumatic** [pnju(:)ˈmætɪk] **1.** *a* пневмати́ческий; воздýшный; ~ hammer пневмати́ческий мóлот

**2.** *n* пневмати́ческая ши́на

**pneumatics** [nju(:)ˈmætɪks] *n pl* (*употр. как sing*) пневмáтика

**pneumonia** [nju(:)ˈməunjə] *n мед.* воспале́ние лёгких, пневмони́я

**pneumonic** [nju(:)ˈmɔnɪk] *a мед.* пневмони́ческий; ~ plague лёгочная чума́

**poach** I [pəutʃ] *v* 1) браконье́рствовать, незако́нно охо́титься; вторга́ться в чужи́е владе́ния 2) вме́шиваться; to ~ in other people's business вме́шиваться в чужи́е дела́; to ~ on smb.'s preserves вме́шиваться в ли́чную жизнь кого́-л. 3) перенима́ть (*чужие идеи*); захва́тывать не по пра́вилам (*преимущественно в состязании*) 4) тяжело́ ступа́ть; вя́знуть 5) разрыва́ть копы́тами 6) де́латься изры́той (*о почве*) 7) мять (*глину*)

**poach** II [pəutʃ] *v* вари́ть (*яйца*) без скорлупы́ в кипятке́

**poached egg** [ˈpəutʃteg] *n* яйцо́-пашо́т

**poacher** I [ˈpəutʃə] *n* браконье́р

**poacher** II [ˈpəutʃə] *n* сосу́д для ва́рки яи́ц без скорлупы́

**poachy** [ˈpəutʃɪ] *a* вла́жный, сыро́й, то́пкий (*о почве*)

**pochard** [ˈpəutʃəd] *n зоол.* нырок красноголо́вый

**pock** [pɔk] *n* 1) о́спина, ряби́нка 2) вы́боина, щерби́на

**pocket** [ˈpɔkɪt] **1.** *n* 1) карма́н; карма́шек 2) *перен.* де́ньги; empty ~s безде́нежье; deep ~ бога́тство; to be out of ~ а) быть в убы́тке, потеря́ть, прогада́ть; б) не име́ть де́нег; to be in ~ а) быть в вы́игрыше, вы́гадать; б) име́ть де́ньги, быть при деньга́х; to put one's hand in one's ~ раскоше́ливаться 3) мешо́к (*особ. как мера*) 4) лу́за (*бильярда*) 5) возду́шная я́ма 6) райо́н, зо́на, оча́г; ~ of unemployment оча́г безрабо́тицы 7) ларь, бу́нкер 8) вы́боина (*на дорожной поверхности*) 9) *горн., геол.* карма́н, гнездо́ 10) *attr.* карма́нный ◇ in smb.'s ~ в рука́х у кого́-л.; to keep hands in ~s ло́дырничать; to be in one another's ~ быть вы́нужденным не расстава́ться; торча́ть друг у дру́га на глаза́х

**2.** *v* 1) класть в карма́н 2) присва́ивать, прикарма́нивать 3) подавля́ть (*гнев и т. п.*); to ~ an insult проглоти́ть оби́ду 4) загоня́ть в лу́зу (*в бильярде*) 5) *амер.* заде́рживать подписа́ние законопрое́кта до закры́тия се́ссии конгре́сса; «класть под сукно́»

**pocket-book** [ˈpɔkɪtbuk] *n* 1) записна́я кни́жка 2) бума́жник 3) *амер.* пло́ская да́мская су́мочка

**pocket-camera** [ˈpɔkɪtˌkæmərə] *n* карма́нный, портати́вный, малогабари́тный фотоаппара́т

**pocketful** [ˈpɔkɪtful] *n* по́лный карма́н (*чего-л.*)

**pocket-knife** [ˈpɔkɪtnaɪf] *n* карма́нный нож

**pocket-money** [ˈpɔkɪtˌmʌnɪ] *n* де́ньги на ме́лкие расхо́ды, карма́нные де́ньги, ме́лочь

**pocket-piece** [ˈpɔkɪtpi:s] *n* моне́тка, кото́рую на сча́стье но́сят в карма́не

**pocket-pistol** [ˈpɔkɪtˌpɪstl] *n* 1) карма́нный пистоле́т 2) *шутл.* карма́нная фля́жка (*для спиртного*)

**pocket-size** [ˈpɔkɪtsaɪz] *a* карма́нного разме́ра; небольшо́го форма́та; миниатю́рный

**pocket veto** [ˈpɔkɪtˈvi:təu] *n амер.* заде́ржка президе́нтом подписа́ния законопрое́кта до закры́тия се́ссии конгре́сса

**pockety** [ˈpɔkɪtɪ] *a* ду́шный, за́тхлый

**pock-mark** [ˈpɔkmɑ:k] = pock 1)

**pock-marked** [ˈpɔkmɑ:kt] *a* ряб́ой

**pocky** [ˈpɔkɪ] = pock-marked

**pococurante** [ˈpəukəukjuəˈræntɪ] *ит.* **1.** *a* равноду́шный, безразли́чный

**2.** *n* равноду́шный, безразли́чный челове́к

**pod** I [pɔd] **1.** *n* 1) стручо́к; шелуха́, лузга́, кожура́ 2) ко́кон (*шелковичного червя*) 3) ве́рша (*для угрей*) 4) *ав.* отделя́емый грузово́й отсе́к (*транспортного самолёта*) 5) *ав.* гондо́ла дви́гателя 6) *груб.* брю́хо

**2.** *v* 1) покрыва́ться стручка́ми 2) лущи́ть (*горох*)

**pod** II [pɔd] *n* 1) небольшо́е ста́до (*китов, моржей*) 2) ста́йка (*птиц*)

**podagra** [pəˈdægrə] *n* пода́гра

**podagric** [pəˈdægrɪk] *a* подагри́ческий

**podded** [ˈpɔdɪd] **1.** *p. p. от* **pod I**, 2

**2.** *a* 1) стручко́вый 2) *разг.* состоя́тельный

**poddy** [ˈpɔdɪ] *n австрал.* телёнок *или* ягнёнок (*отнятый от матери*)

**podge** [pɔdʒ] *n разг.* толстя́к-коро́тышка

**podgy** [ˈpɔdʒɪ] *a разг.* 1) призе́мистый и то́лстый 2) коро́ткий и то́лстый (*о пальцах*)

**podia** [ˈpəudɪə] *pl от* podium

**podium** [ˈpəudɪəm] *n* (*pl* podia) 1) ска́мьи́ вдоль стен ко́мнаты 2) возвыше́ние (*для дирижёра и т. п.*) 3) *ист.* по́диум

**poem** [ˈpəuɪm] *n* 1) поэ́ма; стихотворе́ние 2) что-л. прекра́сное, поэти́чное

**poet** [ˈpəuɪt] *n* поэ́т; Poets' Corner а) часть Вестми́нстерского абба́тства, где похоро́нены выдаю́щиеся поэ́ты; б) *шутл.* отде́л поэ́зии (*в газете*)

**poetaster** [ˌpəuɪˈtæstə] *n* рифмоплёт

**poetess** [ˈpəuɪtɪs] *n* поэте́сса

**poetic** [pəuˈetɪk] *a* 1) поэти́ческий 2) поэти́чный 3) = poetical 1)

**poetical** [pəuˈetɪkəl] *a* 1) стихотво́рный 2) = poetic 1); 3) = poetic 2)

**poeticize** [pəuˈetɪsaɪz] *v* поэтизи́ровать

**poetics** [pəuˈetɪks] *n pl* (*употр. как sing*) поэ́тика

**poetize** [ˈpəuɪtaɪz] *v* 1) писа́ть стихи́ 2) воспева́ть в стиха́х 3) = poeticize

**poetry** [ˈpəuɪtrɪ] *n* 1) поэ́зия; стихи́ 2) поэти́чность

**poignancy** [ˈpɔɪnənsɪ] *n* 1) острота́, е́дкость, пика́нтность 2) мучи́тельность 3) ре́зкость (*боли*) 4) проница́тельность, острота́

**poignant** [ˈpɔɪnənt] *a* 1) о́стрый, е́дкий, пика́нтный 2) го́рький, мучи́тельный 3) ре́зкий (*о боли*) 4) проница́тельный, о́стрый; ~ wit о́стрый ум 5) живо́й (*об интересе*)

**poignantly** [ˈpɔɪnəntlɪ] *adv* 1) о́стро, ко́лко, е́дко 2) мучи́тельно

**point** [pɔɪnt] **1.** *n* 1) то́чка; four ~ six (4.6) четы́ре и шесть деся́тых (4,6); full ~ то́чка (*знак препинания*); exclamation ~ *амер.* восклица́тельный знак 2) пункт, моме́нт, вопро́с; де́ло; fine ~ дета́ль, ме́лочь; то́нкость; ~ of honour де́ло че́сти; on this ~ на э́тот счёт 3) гла́вное, суть; смысл; «соль» (*рассказа, шутки*); that is just the ~ в э́том-то и де́ло; he does not see my ~ он не понима́ет меня́; to come to the ~ дойти́ до гла́вного, до су́ти де́ла; there is no ~ in doing that не име́ет смы́сла де́лать э́то; the ~ is that... де́ло в том, что... 4) то́чка, ме́сто, пункт; *амер.* ста́нция; a ~ of departure пункт отправле́ния 5) моме́нт (*времени*); at this ~ he went out в э́тот моме́нт он вы́шел; at the ~ of death при́ смерти 6) очко́; to give ~s to дава́ть не́сколько очко́в вперёд; *перен.* ≅ заткну́ть за́ пояс 7) преиму́щество, досто́инство; he has got ~s у него́ есть досто́инства; singing was not his strong ~ он не был силён в пе́нии 8) осо́бенность 9) ко́нчик; остриё, о́стрый коне́ц; наконе́чник 10) ответвле́ние оле́ньего ро́га; a buck of eight ~s оле́нь с рога́ми, име́ющими во́семь ответвле́ний 11) мыс, выступа́ющая морска́я коса́; стре́лка 12) верши́на горы́ 13) (гравирова́льная) игла́, резе́ц (*гравёра*) 14) *ж.-д.* перо́ *или* остря́к (*стрелочного перевода*); стре́лочный перево́д 15) деле́ние шкалы́ 16) *мор.* румб 17) *ист.* едини́ца продово́льственной *или* промтова́рной ка́рточки; free from ~s ненорми́рованный 18) вид кру́жева 19) *мор.* ре́дька (*оплетённый конец снасти*) 20) *ист.* шнуро́к с наконе́чником (*заменявший пуговицы*) 21) статья́ (*животного*); *pl* экстерье́р (*животного*) 22) *охот.* сто́йка (*собаки*); to come to (*или* to make) a ~ де́лать сто́йку [*ср. тж.* ◇] 23) *воен.* головно́й *или* ты́льный дозо́р 24) *полигр.* пункт 25) *attr.*: ~s verdict *спорт.* присужде́ние побе́ды по очка́м (*в боксе и т. д.*) ◇ ~ of view то́чка зре́ния; at the ~ of the sword си́лой ору́жия; at all ~s а) во всех отноше́ниях; б) повсю́ду; armed at all ~s во всеору́жии; at ~ гото́вый (*к чему-л.*); to be on the ~ of doing smth. собира́ться сде́лать что-л.; to carry one's ~ отстоя́ть свои́ пози́ции; доби́ться своего́; to gain one's ~ дости́чь це́ли; off the ~ некста́ти; to the ~ а) кста́ти, уме́стно; б) вплоть до (of); in ~ подходя́щий; in ~ of в отноше́нии; to make a ~ доказа́ть положе́ние [*ср. тж.* 22)]; to make a ~ of smth. счита́ть что-л. обяза́тельным для себя́; not to put too fine a ~ upon it говоря́ напрями́к

2. *v* 1) показывать пальцем; указывать (*тж.* ~ out; at, to) 2) направлять (*оружие*; at); наводить, целиться, прицеливаться 3) быть направленным 4) говорить, свидетельствовать (to — o) 5) (за)точить, (за-) острить; наточить 6) чинить (*карандаш*) 7) оживлять; придавать остроту 8) ставить знаки препинания 9) делать стойку (*о собаке*) 10) *стр.* расшивать швы ▭ ~ **off** отделять точкой; ~ **out** указывать; показывать; обращать (*чьё-л.*) внимание

**point-blank** ['pɔɪnt'blæŋk] **1.** *a* 1) решительный, резкий, категорический 2) *воен.* горизонтальный (*о выстреле*)

2. *adv* 1) прямо, решительно, резко, категорически, наотрез 2) *воен.* прямой наводкой, в упор

**point-duty** ['pɔɪnt,dju:tɪ] *n* обязанности регулировщика (*движения*)

**pointed** ['pɔɪntɪd] **1.** *p. p. от* point 2

2. *a* 1) остроконечный; ~ arch стрельчатая арка, готическая арка; the ~ style готический стиль 2) острый, заострённый 3) колкий, критический (*о замечании*) 4) подчёркнутый; совершенно очевидный 5) направленный против (*о высказывании, эпиграмме и т. п.*) 6) наведённый (*об оружии*)

**pointedly** ['pɔɪntɪdlɪ] *adv* 1) остро 2) по существу 3) стараясь подчеркнуть; многозначительно

**pointer** ['pɔɪntə] *n* 1) указатель 2) стрелка (*часов, весов и т. п.*) 3) указка 4) пойнтер (*порода собак*) 5) *разг.* своевременный намёк, указание 6) *pl астр.* две звезды Большой Медведицы, находящиеся на одной линии с Полярной звездой 7) *воен.* наводчик 8) *attr.* стрелочный; ~ instrument стрелочный прибор

**pointful** ['pɔɪntful] *a* уместный; подходящий

**pointing** ['pɔɪntɪŋ] **1.** *pres. p. от* point 2

2. *n* 1) указание (*направления, места и т. п.*) 2) *разг.* намёк 3) пунктуация, расстановка знаков препинания 4) *стр.* расшивка швов

**pointless** ['pɔɪntlɪs] *a* 1) неостроумный, плоский 2) бессмысленный; бесцельный 3) *спорт.* с неоткрытым счётом 4) *редк.* тупой

**pointsman** ['pɔɪntsmən] *n* 1) *ж.-д.* стрелочник 2) постовой полицейский, регулировщик

**poise** [pɔɪz] **1.** *n* 1) равновесие 2) уравновешенность; самообладание 3) посадка головы; осанка 4) состояние нерешительности, колебание 5) гиря (*часов и т. п.*)

2. *v* 1) уравновешивать 2) балансировать; держать равновесие 3) держать (*голову*) 4) висеть в воздухе; парить 5) поднять для броска (*копьё, пику*) 6) *перен.* взвешивать, обдумывать

**poison** ['pɔɪzn] **1.** *n* яд, отрава (*тж. перен.*) ◊ to hate like ~ смертельно ненавидеть

2. *a* 1) ядовитый 2) отравляющий

3. *v* 1) отравлять 2) портить, развращать

**poisoner** ['pɔɪznə] *n* отравитель

**poison gas** ['pɔɪzn'gæs] *n* ядовитый газ

**poisoning** ['pɔɪznɪŋ] **1.** *pres. p. от* poison 3

2. *n* 1) отравление 2) порча, развращение

**poisonous** ['pɔɪznəs] *a* 1) ядовитый 2) *разг.* отвратительный, противный

**poison pen** ['pɔɪznpen] *n* автор анонимных писем

**poke** I [pəuk] **1.** *n* 1) толчок, тычок 2) поля козырьком (*у женской шляпы*) 3) *амер. разг.* лентяй, лодырь; копуша

2. *v* 1) совать, пихать, тыкать, толкать (*тж.* ~ in, ~ up, ~ down, *etc.*) 2) протыкать (*тж.* ~ through) 3) мешать (*кочергой*); шуровать (*топку*) 4) идти *или* искать (*что-л.*) ощупью (*тж.* ~ about, ~ around) 5) *разг.* ударить кулаком ▭ ~ **about** любопытствовать; ~ **into** исследовать, разузнавать; ~ **through** проткнуть; ~ **up** а) совать, пихать; толкать; б) *разг.* запирать (*в тесном помещении*) ◊ to ~ (one's nose) into other people's business, to ~ and pry совать нос в чужие дела; to ~ fun at smb. подшучивать над кем-л.; to ~ one's head сутулиться

**poke** II [pəuk] *n диал.* мешок

**poker** I ['pəukə] **1.** *n* 1) кочерга 2) прибор для выжигания по дереву ◊ by the holy ~! *шутл.* ≅ ей-богу!

2. *v* выжигать по дереву

**poker** II ['pəukə] *n* покер (*карточная игра*)

**poker face** ['pəukə'feɪs] *n разг.* бесстрастное, ничего не выражающее лицо

**poker-faced** ['pəukə'feɪst] *a разг.* с непроницаемым, каменным лицом

**poker-work** ['pəukəwə:k] *n* выжигание по дереву, коже *и т. п.*

**poky** ['pəukɪ] *a* 1) тесный, убогий; a ~ hole of a place захолустье, дыра 2) незначительный, мелкий, серый 3) неряшливый, неопрятный (*об одежде*) 4) *амер. разг.* медлительный, вялый

**polar** ['pəulə] *a* 1) полярный 2) полюсный 3) диаметрально противоположный

**polar bear** ['pəulə'beə] *n* белый медведь

**polar fox** ['pəulə'fɔks] *n* песец

**polarity** [pəu'lærɪtɪ] *n* 1) *физ.* полярность 2) совершенная противоположность

**polarization** [,pəulərаɪ'zeɪʃən] *n физ.* поляризация

**polarize** ['pəulərаɪz] *v* 1) *физ.* поляризовать 2) придавать определённое направление

**polar lights** ['pəulə'laɪts] *n* северное сияние

**polder** ['pɔldə] *голл. n* польдер

**Pole** [pəul] *n* поляк; полька; the ~s *pl собир.* поляки

**pole** I [pəul] **1.** *n* 1) столб, шест, жердь; кол, веха 2) багор 3) дышло 4) мера длины (= *5,029 м*) ◊ under bare ~s *мор.* без парусов; up the ~ *разг.* а) в затруднительном положении; б) не в своём уме; в) пьяный; г): to be up the ~ забеременеть

2. *v* 1) подпирать шестами 2) отталкивать(ся) шестом *или* вёслами

**pole** II [pəul] *n* 1) полюс; unlike ~s *физ.* разноимённые полюсы 2) *attr.* полюсный; ~ extension *эл.* полюсный наконечник, полюсный башмак ◊ to be ~s asunder быть диаметрально противоположным; as wide as the ~s apart диаметрально противоположные

**pole-ax(e)** ['pəulæks] **1.** *n* 1) боевой топор, бердыш; секира, алебарда 2) резак мясника

2. *v* 1) убивать бердышом *и т. п.* 2) резать (*скот*)

**polecat** ['pəulkæt] *n зоол.* хорёк (*или* хорь) чёрный

**pole jump** ['pəul'dʒʌmp] = pole vault

**pole-jump** ['pəuldʒʌmp] = pole-vault

**pole-jumping** ['pəul,dʒʌmpɪŋ] = pole-vaulting

**polemic** [pɔ'lemɪk] **1.** *a* полемический

2. *n* 1) полемика, спор, дискуссия 2) *pl* полемизирование; искусство полемики 3) полемист

**polemical** [pɔ'lemɪkəl] = polemic 1

**polenta** [pəu'lentə] *ит. n* полента (*каша из кукурузы, ячменя*)

**pole-star** ['pəulsta:] *n* 1) Полярная звезда 2) *перен.* путеводная звезда

**pole vault** ['pəul'vɔ:lt] *n* прыжок с шестом

**pole-vault** ['pəulvɔ:lt] *v* прыгать с шестом

**pole-vaulting** ['pəul,vɔ:ltɪŋ] *n* прыжки с шестом

**police** [pə'li:s] **1.** *n* 1) полиция; military ~ военная полиция 2) (*употр. с гл. во мн. ч.*) полицейские 3) *воен.* наряд 4) *амер. воен.* уборка, поддержание чистоты 5) *attr.* полицейский; ~ constable полицейский; ~ power *амер.* охрана государственного правового порядка

2. *v* 1) охранять 2) поддерживать порядок (*в стране*) 3) обеспечивать полицией (*город, район*) 4) *перен.* управлять 5) *амер. воен.* чистить, приводить в порядок

**police-court** [pə'li:s'kɔ:t] *n* полицейский суд

**police-magistrate** [pə'li:s'mædʒɪstrɪt] *n* председатель полицейского суда

**policeman** [pə'li:smən] *n* полицейский, полисмен

**police-office** [pə'li:s'ɔfɪs] *n* полицейское управление (*города*)

**police-officer** [pə'li:s'ɔfɪsə] *n* полицейский

**police-station** [pə'li:s'steɪʃən] *n* полицейский участок

**policlinic** [,pɔlɪ'klɪnɪk] *n* поликлиника (*при больнице*)

**policy** I ['pɔlɪsɪ] *n* 1) политика; peace ~ политика мира, мирная поли́тика; for reasons of ~ по полити́ческим соображе́ниям; tough ~ твёрдая поли́тика 2) поли́тика, ли́ния поведе́ния, устано́вка, курс 3) благоразу́мие, полити́чность; хи́трость, ло́вкость 4) *шотл.* парк (*вокруг усадьбы*)

**policy** II [ˈpɔlɪsɪ] *n* 1) страхово́й по́лис 2) *амер.* род аза́ртной игры́

**policy-holder** [ˈpɔlɪsɪˌhəuldə] *n* держа́тель страхово́го по́лиса

**policy-making** [ˈpɔlɪsɪˌmeɪkɪŋ] *n* разрабо́тка, формули́рование *или* проведе́ние (определённого) полити́ческого ку́рса

**policy-shop** [ˈpɔlɪsɪʃɔp] *n* *амер.* иго́рный дом

**polio** [ˈpəulɪəu] *n* *разг.* 1) *сокр. от* poliomyelitis 2) больно́й полиомиели́том

**poliomyelitis** [ˈpəulɪəumaɪəˈlaɪtɪs] *n* полиомиели́т, де́тский парали́ч

**Polish** [ˈpəulɪʃ] 1. *a* по́льский
2. *n* по́льский язы́к

**polish** [ˈpɔlɪʃ] 1. *n* 1) гля́нец 2) полиро́вка, шлифо́вка; чи́стка 3) политу́ра; лак; масти́ка (*для полов*) 4) лоск, изы́сканность 5) отде́лка, соверше́нство (*слога и т. п.*)
2. *v* 1) полирова́ть, шлифова́ть, наводи́ть лоск, гля́нец 2) станови́ться гла́дким, шлифо́ванным 3) чи́стить (*обувь*) 4) отёсывать, де́лать изы́сканным; отде́лывать, отта́чивать (*слог и т. п.*) (*тж.* ~ up) □ ~ off *разг.* а) поко́нчить, бы́стро спра́виться (*с чем-л.*); to ~ off a bottle of sherry распи́ть буты́лку хе́реса; б) изба́виться (*от конкурента и т. п.*)

**polished** [ˈpɔlɪʃt] 1. *p. p. от* polish 2
2. *a* 1) (от)полиро́ванный; гла́дкий, блестя́щий 2) изы́сканный; элега́нтный; ~ manners изы́сканные мане́ры 3) безупре́чный

**polite** [pəˈlaɪt] *a* 1) ве́жливый, любе́зный, учти́вый, обходи́тельный; благовоспи́танный; the ~ thing *разг.* благовоспи́танность; to do the ~ *разг.* стара́ться вести́ себя́ благовоспи́танно 2) изя́щный; утончённый; ~ letters (*или* literature) изя́щная литерату́ра, беллетри́стика; ~ learning класси́ческое образова́ние 3) изы́сканный (*об обществе, компании*)

**politely** [pəˈlaɪtlɪ] *adv* ве́жливо, любе́зно

**politeness** [pəˈlaɪtnɪs] *n* ве́жливость, учти́вость

**politic** [ˈpɔlɪtɪk] *a* 1) проница́тельный, благоразу́мный (*о человеке*) 2) расчётливый, обду́манный 3) ло́вкий, хи́трый, полити́чный

**political** [pəˈlɪtɪkəl] 1. *a* 1) полити́ческий; ~ science полити́ческие нау́ки; ~ policy полити́ческий курс; ~ writer публици́ст; ~ realities полити́ческая действи́тельность 2) госуда́рственный; ~ machinery госуда́рственный аппара́т 3) *амер.* (узко-)парти́йный
2. *n* полити́ческий заключённый, политзаключённый

**political economy** [pəˈlɪtɪkəl(:)ˈkɔnəmɪ] *n* политэконо́мия

**politically** [pəˈlɪtɪkəlɪ] *adv* 1) с госуда́рственной *или* полити́ческой то́чки зре́ния 2) расчётливо, обду́манно, хи́тро

**politician** [ˌpɔlɪˈtɪʃən] *n* 1) поли́тик; госуда́рственный де́ятель 2) *презр.* политика́н

**politicize** [pəˈlɪtɪsaɪz] *v* 1) обсужда́ть полити́ческие вопро́сы; рассужда́ть о поли́тике 2) занима́ться поли́тикой 3) придава́ть полити́ческий хара́ктер

**politico** [pəˈlɪtɪkəu] *n* *амер.* политика́н

**politics** [ˈpɔlɪtɪks] *n* *pl* (*тж. употр. как sing*) 1) поли́тика; полити́ческая жизнь 2) полити́ческая де́ятельность; to go into ~ посвяти́ть себя́ полити́ческой де́ятельности 3) полити́ческие убежде́ния; what are his ~? каковы́ его́ полити́ческие убежде́ния? 4) *амер.* полити́ческие махина́ции

**polity** [ˈpɔlɪtɪ] *n* 1) госуда́рственное устро́йство, о́браз *или* фо́рма правле́ния 2) госуда́рство

**polk** [pɔlk] *v* танцева́ть по́льку

**polka** [ˈpɔlkə] *n* по́лька (*танец*)

**polka-dot** [ˈpɔlkədɔt] *n* узо́р «в горо́шек»

**Poll** I [pɔl] *n* *обычная кличка попугая* (≅ по́пка)

**Poll** II [pɔl] *n* *унив. жарг.* 1) (the ~) *pl собир.* студе́нты, око́нчившие без отли́чия (*в Кембридже*); to go out in the ~ получи́ть сте́пень без отли́чия 2) *attr.*: ~ degree сте́пень без отли́чия

**poll** [pəul] 1. *n* 1) спи́сок избира́телей 2) регистра́ция избира́телей 3) голосова́ние; баллотиро́вка; by ~ голосова́нием; exclusion from the ~ лише́ние пра́ва го́лоса; public opinion ~ опро́с обще́ственного мне́ния 4) подсчёт голосо́в 5) число́ голосо́в; heavy (light) ~ высо́кий (ни́зкий) проце́нт уча́стия в вы́борах 6) (*обыкн. pl*) *амер.* помеще́ние для голосова́ния, избира́тельный пункт; to go to the ~s а) идти́ на вы́боры (*голосовать*); б) выставля́ть свою́ кандидату́ру (*на выборах*) 7) *диал., шутл.* голова́ 8) комо́лое живо́тное
2. *v* 1) проводи́ть голосова́ние; подсчи́тывать голоса́; the constituency was ~ed to the last man все до после́днего челове́ка уча́ствовали в вы́борах 2) получа́ть голоса́; he ~ed a large majority он получи́л подавля́ющее большинство́ голосо́в 3) голосова́ть (*тж.* ~ one's vote) 4) подреза́ть верху́шку (*дерева*) 5) (*особ. p. p.*) среза́ть рога́ 6) *уст.* стричь во́лосы

**pollack** [ˈpɔlək] *n* са́йда (*рыба*)

**pollard** [ˈpɔləd] 1. *n* 1) подстри́женное де́рево 2) безро́гое живо́тное; о́лень, сбро́сивший рога́ 3) о́труби (*с мукой*)
2. *v* подстрига́ть (де́рево)

**poll-beast** [ˈpəulbi:st] = poll 1, 8)

**poll-cow** [ˈpəulkau] *n* безро́гая, комо́лая коро́ва

**pollen** [ˈpɔlɪn] 1. *n* *бот.* пыльца́
2. *v* опыля́ть

**pollinate** [ˈpɔlɪneɪt] *v* *бот.* опыля́ть

**pollination** [ˌpɔlɪˈneɪʃən] *n* *бот.* опыле́ние

**polling** [ˈpəulɪŋ] 1. *pres. p. от* poll 2
2. *n* голосова́ние

**polling-booth** [ˈpəulɪŋˈbu:ð] *n* каби́на для голосова́ния

**pollock** [ˈpɔlək] = pollack

**poll-ox** [ˈpəulɔks] *n* безро́гий вол

**poll parrot** [ˈpɔlˌpærət] *n* *разг.* приручённый попуга́й

**poll-tax** [ˈpəultæks] *n* поду́шный нало́г

**pollutant** [pəˈlu:tənt] *n* *спец.* загрязня́ющий аге́нт

**pollute** [pəˈlu:t] *v* 1) загрязня́ть 2) оскверня́ть 3) развраща́ть

**pollution** [pəˈlu:ʃən] *n* 1) загрязне́ние 2) оскверне́ние 3) *физиол.* поллю́ция

**Polly** [ˈpɔlɪ] = Poll I

**polo** [ˈpəuləu] *n* *спорт.* по́ло

**polo mallet** [ˈpəuləuˌmælɪt] = polo-stick

**polonaise** [ˌpɔləˈneɪz] *n* полоне́з (*танец и музыкальная форма*)

**polo-neck** [ˈpəuləunek] *a*: a ~ sweater (*или* shirt) трикота́жная, вя́заная руба́шка, сви́тер, дже́мпер

**polonium** [pəˈləunɪəm] *n* *хим.* поло́ний

**polony** [pəˈləunɪ] *n* варёно-копчёная свина́я колбаса́

**polo-stick** [ˈpəuləustɪk] *n* клю́шка для игры́ в по́ло

**poltroon** [pɔlˈtru:n] *n* трус

**poltroonery** [pɔlˈtru:nərɪ] *n* тру́сость

**poly-** [ˈpɔlɪ-] *в сложных словах означает* много-, поли-; polysemantic полисеманти́чный, многозна́чный

**polyadelphous** [ˌpɔlɪəˈdelfəs] *a* *бот.* многобра́чный

**polyandry** [ˈpɔlɪændrɪ] *n* полиа́ндрия, многому́жие

**polyanthus** [ˌpɔlɪˈænθəs] *n* *бот.* 1) первоцве́т высо́кий 2) нарци́сс константино́польский, нарци́сс таце́тта

**polyatomic** [ˌpɔlɪəˈtɔmɪk] *a* многоа́томный

**polychromatic** [ˌpɔlɪkrəˈmætɪk] *a* полихромати́ческий, многоцве́тный, многокра́сочный

**polychrome** [ˈpɔlɪkrəum] 1. *a* = polychromatic
2. *n* раскра́шенная ста́туя, ва́за *и т. п.*

**polygamous** [pɔˈlɪgəməs] *a* полига́мный, многобра́чный

**polygamy** [pɔˈlɪgəmɪ] *n* полига́мия, многобра́чие

**polyglot** [ˈpɔlɪglɔt] 1. *n* полигло́т
2. *a* многоязы́чный, говоря́щий на мно́гих языка́х; ~ dictionary многоязы́чный слова́рь

**polygon** [ˈpɔlɪgən] *n* многоуго́льник

**polygonal** [pɔˈlɪgənl] *a* многоуго́льный

**polygyny** [pɔˈlɪdʒɪnɪ] *n* полиги́ния, многожёнство

**polyhedra** [ˈpɔlɪˈhedrə] *pl от* polyhedron

**polyhedral** [ˈpɔlɪˈhedrəl] *a* многогра́нный

**polyhedron** [ˈpɔlɪˈhedrən] *n* (*pl* -ra, -s [-z]) многогра́нник

**polymer** [ˈpɔlɪmə] *n хим.* полиме́р

**polymeric** [ˌpɔlɪˈmerɪk] *a хим.* полиме́рный

**polymerization** [pəˌlɪmərаɪˈzeɪʃən] *n хим.* полимериза́ция

**polymerize** [ˈpɔlɪməraɪz] *v хим.* полимеризи́ровать(ся)

**polymorphism** [ˌpɔlɪˈmɔːfɪzm] *n* полиморфи́зм

**polymorphous** [ˌpɔlɪˈmɔːfəs] *a* полимо́рфный

**Polynesian** [ˌpɔlɪˈniːzjən] **1.** *a* полинези́йский

**2.** *n* полинези́ец; полинези́йка

**polynia** [pəuˈlɪnjə] *русск. n* полынья́

**polynomial** [ˌpɔlɪˈnəumjəl] *мат.* **1.** *a* многочле́нный

**2.** *n* многочле́н

**polyp(e)** [ˈpɔlɪp] *n зоол.* поли́п

**polyphonic** [ˌpɔlɪˈfɔnɪk] *a* 1) *муз.* полифони́ческий, многоголо́сный 2) многозву́чный 3) соотве́тствующий не́скольким зву́кам (*о букве в разных положениях*)

**polyphony** [pəˈlɪfənɪ] *n муз.* полифони́я, многоголо́сие

**polypi** [ˈpɔlɪpaɪ] *pl от* polypus

**polypody** [ˈpɔlɪpədɪ] *n бот.* сладкоко́рень

**polypoid, polypous** [ˈpɔlɪpɔɪd, -pəs] *a зоол., мед.* полипообра́зный

**polypus** [ˈpɔlɪpəs] *n* (*pl* -pi, -es [-ɪz]) *мед.* поли́п

**polysemantic** [ˌpɔlɪsɪˈmæntɪk] *a* полисеманти́ческий, многозна́чный

**polysemy** [ˈpɔlɪsi(ː)mɪ] *n* полисеми́я, многозна́чность

**polyspast** [ˈpɔlɪspæst] *n тех.* та́ли, полиспа́ст

**polystyrene** [ˌpɔlɪˈstaɪriːn] *n хим.* полистиро́л

**polysyllabic** [ˈpɔlɪsɪˈlæbɪk] *a грам.* многосло́жный

**polysyllable** [ˈpɔlɪˌsɪləbl] *n грам.* многосло́жное сло́во

**polytechnic** [ˌpɔlɪˈteknɪk] **1.** *a* политехни́ческий

**2.** *n* полите́хникум

**polytheism** [ˈpɔlɪθi(ː)ɪzm] *n* политеи́зм, многобо́жие

**polyvalent** [pɔˈlɪvələnt] *a хим.* многовале́нтный

**polyzonal** [ˌpɔlɪˈzəunl] *a* многозона́льный

**pom** [pɔm] *сокр. от* Pomeranian 2

**pomace** [ˈpʌmɪs] *n* 1) я́блочные вы́жимки (*при изготовлении сидра*) 2) ры́бные оста́тки, тук (*после отжимания жира, используемые в качестве удобрения*) 3) жмых

**pomade** [pəˈmɑːd] **1.** *n* пома́да (*для волос*)

**2.** *v* пома́дить (*волосы*)

**pomander** [pəuˈmændə] *n ист.* 1) аромати́ческий ша́рик (*как средство против заразы*) 2) золото́й, сере́бряный *и т. п.* кру́глый футля́рчик, в кото́ром носи́ли аромати́ческий ша́рик

**pomatum** [pəuˈmeɪtəm] = pomade

**pomegranate** [ˈpɔmˌgrænɪt] *n* 1) грана́т (*плод*) 2) грана́товое де́рево

**pomelo** [ˈpɔmɪləu] *n* (*pl* -os [-əuz]) *бот.* гре́йпфрут

**Pomeranian** [ˌpɔməˈreɪnjən] **1.** *a* помера́нский

**2.** *n* шпиц (*собака*; *тж.* ~ dog)

**pomiculture** [ˈpəumɪkʌltʃə] *n* плодово́дство

**pommel** [ˈpʌml] **1.** *n* 1) голо́вка (*эфеса, шпаги*) 2) пере́дняя лука́ (*седла*)

**2.** *v* бить, колоти́ть, раскола́чивать; размина́ть (*напр., кожу*)

**pommy** [ˈpɔmɪ] *n австрал. sl.* англича́нин, иммигри́ровавший в Австра́лию

**pomology** [pəˈmɔlədʒɪ] *n* помоло́гия

**pomp** [pɔmp] *n* по́мпа, великоле́пие, пы́шность

**pompadour** [ˈpɔmpəduə] *n* 1) высо́кая приче́ска с ва́ликом 2) све́тло-ро́зовый отте́нок

**pompier (ladder)** [ˈpɔmpɪə(ˈlædə)] *n* пожа́рная ле́стница

**pom-pom** [ˈpɔmpɔm] *n воен. разг.* счетверённая малокали́берная зени́тная артиллери́йская устано́вка

**pompon** [ˈpɔːmpɔːŋ] *фр. n* помпо́н

**pomposity** [pɔmˈpɔsɪtɪ] *n* помпе́зность, напы́щенность

**pompous** [ˈpɔmpəs] *a* 1) напы́щенный 2) *редк.* пы́шный, великоле́пный

**ponce** [pɔns] *n жарг.* сутенёр

**ponceau** [ˈpɔnsəu] *фр. n* пунцо́вый цвет, цвет кра́сного ма́ка

**poncho** [ˈpɔntʃəu] *n* (*pl* -os [-əuz]) по́нчо

**pond** [pɔnd] **1.** *n* 1) пруд; водоём, бассе́йн; запру́да 2) *уст.* садо́к (*для разведения рыбы*) 3) *шутл.* мо́ре, океа́н

**2.** *v* 1) запру́живать 2) образо́вывать пруд

**pondage** [ˈpɔndɪdʒ] *n* ёмкость пруда́ *или* резервуа́ра

**ponder** [ˈpɔndə] *v* обду́мывать, взве́шивать, размышля́ть (on, upon, over)

**ponderability** [ˌpɔndərəˈbɪlɪtɪ] *n* весо́мость

**ponderable** [ˈpɔndərəbl] **1.** *a* 1) весо́мый 2) могу́щий быть оценённым, взве́шенным; предви́димый

**2.** *n pl* то, что мо́жно зара́нее взве́сить, предусмотре́ть

**ponderosity** [ˌpɔndəˈrɔsɪtɪ] *n* 1) вес, тя́жесть 2) тяжелове́сность

**ponderous** [ˈpɔndərəs] *a* 1) тяжёлый, громо́здкий, уве́систый 2) тяжелове́сный 3) ску́чный, тягу́чий; a ~ speech ску́чный, ну́дный докла́д

**pone** [pəun] *n* 1) кукуру́зная лепёшка 2) сдо́ба

**pongee** [pɔnˈdʒiː] *n текст.* эпо́нж

**poniard** [ˈpɔnjəd] **1.** *n* кинжа́л

**2.** *v* зака́лывать кинжа́лом

**pontiff** [ˈpɔntɪf] *n* 1) ри́мский па́па (*тж.* sovereign ~, supreme ~) 2) епи́скоп, архиере́й 3) первосвяще́нник ◇ the ~s of science жрецы́ нау́ки

**pontifical** [pɔnˈtɪfɪkəl] **1.** *a* 1) па́пский 2) епископа́льный; епи́скопский

**2.** *n* 1) архиере́йский обря́дник 2) *pl* епи́скопское *или* кардина́льское облаче́ние

**pontificalia** [pɔnˌtɪfɪˈkeɪlɪə] *лат. n pl* епи́скопское *или* па́пское облаче́ние

**pontificate** [pɔnˈtɪfɪkɪt] *n* понтифика́т, первосвяще́нство

**ponton** [ˈpɔntən] *амер.* = pontoon I

**pontoon** I [pɔnˈtuːn] *n* 1) понто́н; понто́нный мост, наплавно́й мост (*тж.* ~ bridge) 2) плашко́ут 3) кессо́н

**pontoon** II [pɔnˈtuːn] *n карт.* два́дцать одно́

**pony** [ˈpəunɪ] **1.** *n* 1) по́ни, малоро́слая ло́шадь; Jerusalem ~ *шутл.* осёл 2) *sl.* 25 фу́нтов сте́рлингов 3) *разг.* небольшо́й стака́нчик для вина́ *или* пи́ва, сто́пка 4) *амер. разг.* подстро́чник, шпарга́лка

**2.** *a* 1) ма́ленький, ма́лого разме́ра; ~ size ма́лого разме́ра, уме́ньшенного габари́та 2) *тех.* вспомога́тельный, дополни́тельный

**3.** *v амер. разг.* отвеча́ть уро́к по шпарга́лке; переводи́ть, по́льзуясь подстро́чником

**pony-tail** [ˈpəunɪteɪl] *n* же́нская приче́ска «ко́нский хвост»

**pooch** [puːtʃ] *n амер. разг.* соба́ка, дворня́жка

**pood** [puːd] *русск. n* пуд

**poodle** [ˈpuːdl] *n* пу́дель

**pooh** [pu] *int* уф!; тьфу!

**Pooh-Bah** [ˈpuːˈbɑː] *n* занима́ющий не́сколько должносте́й; совмести́тель (*по имени персонажа в комической опере «Микадо»*)

**pooh-pooh** [puːˈpuː] *v разг.* относи́ться с пренебреже́нием *или* презре́нием (*к чему-л.*)

**pool** I [puːl] *n* 1) лу́жа; прудо́к 2) о́мут; за́водь 3) *спорт.* (пла́вательный) бассе́йн (*тж.* swimming ~) 4) *гидр.* бьеф 5) *геол.* нефтяна́я за́лежь

**pool** II [puːl] **1.** *n* 1) о́бщий фонд; объединённый резе́рв; о́бщий котёл 2) пул (*соглашение картельного типа между конкурентами*); stock market ~ биржево́е объедине́ние 3) бюро́, объедине́ние; a typing ~ машинопи́сное бюро 4) совоку́пность ста́вок (*в картах, на скачках*); пу́лька (*в карточной игре*) 5) пул (*род бильярдной игры*)

**2.** *v* объединя́ть в о́бщий фонд, скла́дываться; to ~ interests де́йствовать сообща́

**pooled** [puːld] **1.** *p. p. от* pool II, 2

**2.** *a*: ~ experiences коллекти́вный о́пыт

**poolroom** [ˈpuːlrum] *n амер.* 1) поме́щение для игры́ в пул 2) ме́сто, где заключа́ют пари́ (*перед скачками, бегами, спортивными состязаниями и т. п.*)

**poop** I [puːp] *мор.* **1.** *n* полую́т; корма́

**2.** *v* 1) захлёстывать корму́ (*о волне*) 2) черпну́ть кормо́й (*о судне*)

**poop** II [puːp] *sl. см.* nincompoop

**poop** III [puːp] = pope II

**poor** [puə] **1.** *a* 1) бе́дный, неиму́щий, малоиму́щий; ~ peasant крестья́нин-бедня́к 2) бе́дный (in — *чем-либо*) 3) несча́стный; ~ fellow! бедня́га! 4) жа́лкий, невзра́чный 5) ни́зкий, плохо́й, скве́рный (*об урожае; о качестве*) 6) неплодоро́дный (*о почве*) 7) ску́дный, жа́лкий, плохо́й; ничто́жный; убо́гий; in my ~ opinion *шутл.* по моему́ скро́мному мне́нию; a ~ £1 a week жа́лкий фунт сте́рлингов в неде́лю 8) недоста́точный, непита́тельный (*о пище*)

2. *n* (the ~) *pl собир.* бе́дные, бедняки́, беднота́, неиму́щие

**poor-box** [ˈpuəbɔks] *n* кру́жка для сбо́ра на бе́дных

**poor-house** [ˈpuəhaus] *n* богаде́льня; рабо́тный дом

**poor-law** [ˈpuəlɔ:] *n* зако́н о бе́дных

**poorly** [ˈpuəlɪ] **1.** *adv* ску́дно, пло́хо, жа́лко; неуда́чно

2. *a predic. разг.* нездоро́вый; I feel rather ~ мне нездоро́вится

**poor-quality** [ˈpuəˌkwɔlɪtɪ] *a* 1) ни́зкого ка́чества, недоброка́чественный 2) про́стенький (*об изделии и т. п.*)

**poor-rate** [ˈpuəreɪt] *n* нало́г в по́льзу бе́дных

**poor-spirited** [ˈpuəˈspɪrɪtɪd] *a* ро́бкий, трусли́вый

**pop** I [pɔp] **1.** *n* 1) отры́вистый звук (*хлопушки и т. п.*) 2) вы́стрел 3) *разг.* шипу́чий напи́ток 4) *сокр. от* poppycock

2. *v* 1) хло́пать, выстре́ливать (*о пробке*) 2) тре́скаться (*о каштанах в огне и т. п.*) 3) *разг.* пали́ть, стреля́ть (*тж.* ~ off) 4) сова́ть, всо́вывать (in, into) 5) броса́ться; шныря́ть 6) *разг.* внеза́пно спроси́ть, огоро́шить вопро́сом 7) *разг.* закла́дывать 8) *амер.* поджа́ривать кукуру́зные зёрна □ ~ **in** а) всу́нуть; б) внеза́пно появи́ться; ~ **off** а) внеза́пно уйти́; б) *sl.* умере́ть (*тж.* ~ off the hooks); ~ **out** а) внеза́пно удали́ться, отпра́виться; б) внеза́пно пога́снуть; ~ **up** неожи́данно возни́кнуть

3. *adv* с шу́мом, внеза́пно; to go ~ а) хло́пнуть, вы́стрелить; б) внеза́пно умере́ть; в) разори́ться ◇ ~ goes the weasel *название деревенского танца*

4. *int* хлоп

**pop** II [pɔp] *n разг.* популя́рный конце́рт

**pop** III [pɔp] *n амер. разг.* 1) па́па 2) папа́ша (*в обращении*)

**pop-art** [ˈpɔpɑ:t] *n* поп-а́рт; иску́сство в сти́ле «поп»

**popcorn** [ˈpɔpkɔ:n] *n амер.* жа́реные кукуру́зные зёрна; возду́шная кукуру́за

**pope** I [pəup] *n* 1) ри́мский па́па 2) свяще́нник; поп ◇ ~'s eye жи́рная часть бара́ньей ноги́; ~'s head метла́ для обмета́ния потолка́; ~'s nose *разг.* гу́зка (жа́реной) пти́цы [*ср.* parson's nose]; P. Joan *название карточной игры*

**pope** II [pəup] **1.** *n* пах

2. *v* уда́рить в пах

**popery** [ˈpəupərɪ] *n пренебр.* папи́зм, католици́зм

**pop-eyed** [ˈpɔpaɪd] *a разг.* 1) пучегла́зый, с глаза́ми навы́кате 2) с широко́ откры́тыми глаза́ми, напу́ганный, удивлённый

**popgun** [ˈpɔpgʌn] *n* 1) пуга́ч (*игрушка*) 2) плохо́е ружьё

**popinjay** [ˈpɔpɪndʒeɪ] *n* 1) фат, хлыщ, щёголь 2) *диал.* зелёный дя́тел 3) *уст.* попуга́й

**popish** [ˈpəupɪʃ] *a* папи́стский

**poplar** [ˈpɔplə] *n* то́поль; black ~ чёрный то́поль, осоко́рь

**poplin** [ˈpɔplɪn] *n* попли́н (*ткань*)

**popliteal** [pɔpˈlɪtɪəl] *a анат.* подколе́нный

**poppa** [ˈpɔpə] = pop III

**poppet** [ˈpɔpɪt] *n* 1) *ласк.* кро́шка, мила́шка (*особ. как обращение* my ~) 2) *уст.* ку́кла 3) *тех.* за́дняя ба́бка станка́ 4) = poppet-valve

**poppet-head** [ˈpɔpɪthed] = poppet 3)

**poppet-valve** [ˈpɔpɪtˈvælv] *n тех.* таре́льчатый кла́пан

**poppied** [ˈpɔpɪd] *a* 1) поро́сший ма́ком 2) снотво́рный, со́нный

**popple** [ˈpɔpl] **1.** *n* плеска́ние, плеск

2. *v* 1) плеска́ться, волнова́ться 2) вскипа́ть, бурли́ть

**poppy** [ˈpɔpɪ] *n бот.* 1) мак 2) *attr.* ма́ковый

**poppycock** [ˈpɔpɪkɔk] *n амер. разг.* вздор, чепуха́

**pops** [pɔps] *n pl* 1) «поп»-орке́стр; конце́рт «поп»-му́зыки 2) пе́сенки в сти́ле «поп», «по́псы»

**popshop** [ˈpɔpʃɔp] *n разг.* ломба́рд

**popster** [ˈpɔpstə] *n* люби́тель джа́зовой му́зыки

**populace** [ˈpɔpjuləs] *n* 1) просто́й наро́д; ма́ссы 2) населе́ние

**popular** [ˈpɔpjulə] *a* 1) наро́дный; ~ majority большинство́ наро́да, населе́ния; ~ pressure давле́ние наро́дных масс 2) популя́рный; he is ~ with his pupils он по́льзуется любо́вью свои́х ученико́в 3) общедосту́пный; at ~ prices по общедосту́пным це́нам 4) общераспространённый; широко́ изве́стный; ~ newspapers газе́ты с больши́м тиражо́м

**popularity** [ˌpɔpjuˈlærɪtɪ] *n* популя́рность

**popularization** [ˌpɔpjuləraɪˈzeɪʃən] *n* популяриза́ция

**popularize** [ˈpɔpjuləraɪz] *v* 1) популяризи́ровать 2) излага́ть в общедосту́пной фо́рме

**popularly** [ˈpɔpjuləlɪ] *adv* 1) всем наро́дом, всенаро́дно 2) популя́рно

**populate** [ˈpɔpjuleɪt] *v* населя́ть; заселя́ть

**population** [ˌpɔpjuˈleɪʃən] *n* 1) (наро-родо)населе́ние; жи́тели; ~ at large всё населе́ние 2) заселе́ние 3) *attr.*: ~ control ограниче́ние рожда́емости; ~ pressure перенаселённость; ~ explosion стреми́тельный рост (народо-) населе́ния, демографи́ческий взрыв

**populist** [ˈpɔpjulɪst] *n* 1) *ист.* попули́ст (*в США*) 2) *ист.* наро́дник (*в России*)

**populous** [ˈpɔpjuləs] *a* густонаселённый; (много)лю́дный

**porbeagle** [ˈpɔ:bi:gl] *n зоол.* се́льдевая аку́ла

**porcelain** [ˈpɔ:səlɪn] *n* 1) фарфо́р 2) фарфо́ровое изде́лие 3) *attr.* фарфо́ровый; *перен.* хру́пкий; изя́щный; ~ clay фарфо́ровая гли́на, каоли́н

**porcellaneous** [ˌpɔ:səˈleɪnɪəs] *a* фарфо́ровый

**porch** [pɔ:tʃ] *n* 1) подъе́зд, крыльцо́ 2) по́ртик; кры́тая галере́я 3) *амер.* вера́нда; балко́н

**porcine** [ˈpɔ:saɪn] *a* 1) свино́й 2) сви́нский; свинопод́обный

**porcupine** [ˈpɔ:kjupaɪn] *n* 1) *зоол.* дикобра́з 2) *текст.* ножево́й бараба́н

**pore** I [pɔ:] *n* 1) по́ра 2) сква́жина ◇ at every ~ весь, с головы́ до ног

**pore** II [pɔ:] *v* 1) сосредото́ченно изуча́ть, обду́мывать (*over, upon*); poring over books погрузи́вшись, углуби́вшись в кни́ги 2) *уст.* сосредото́ченно разгля́дывать (at, on, over)

**poriferous** [pɔ:ˈrɪfərəs] *a* по́ристый, име́ющий мно́го пор

**pork** [pɔ:k] *n* 1) свини́на 2) *амер. разг.* «корму́шка»; прави́тельственные дота́ции, привиле́гии *и т. п.*, предоставля́емые по полити́ческим соображе́ниям 3) *attr.* сде́ланный из свини́ны, свино́й

**pork-barrel** [ˈpɔ:kˌbærəl] *n* «казённый пиро́г» (*мероприятие, проводимое правительством для завоевания популярности и т. п.*)

**porker** [ˈpɔ:kə] *n* отко́рмленная на убо́й свинья́ (*особ.* молода́я)

**pork pie** [ˈpɔ:kpaɪ] *n* пиро́г со свини́ной

**pork-pie hat** [ˈpɔ:kpaɪˈhæt] *n* шля́па с кру́глой пло́ской тульёй и за́гнутыми кве́рху поля́ми

**porky** [ˈpɔ:kɪ] *a* 1) жи́рный, са́льный 2) *разг.* то́лстый, жи́рный

**pornographic** [ˌpɔ:nəuˈgræfɪk] *a* порнографи́ческий

**pornography** [pɔ:ˈnɔgrəfɪ] *n* порногра́фия

**porosity** [pɔ:ˈrɔsɪtɪ] *n* по́ристость

**porous** [ˈpɔ:rəs] *a* по́ристый, ноздрева́тый; гу́бчатый

**porphyry** [ˈpɔ:fɪrɪ] *n мин.* порфи́р

**porpoise** [ˈpɔ:pəs] **1.** *n* морска́я свинья́; бу́рый дельфи́н

2. *v ав. жарг.* подпры́гивать, ба́рсить, козли́ть

**porpoising** [ˈpɔ:pəsɪŋ] **1.** *pres. p. от* porpoise 2

2. *n ав. жарг.* барс (*подпрыгивание при взлёте*)

**porridge** [ˈpɔrɪdʒ] *n* (овся́ная) ка́ша ◇ to keep one's breath to cool one's ~ пома́лкивать, не сова́ться с сове́том

**porringer** [ˈpɔrɪndʒə] *n* супова́я ча́шка, ми́сочка

**port** I [pɔ:t] *n* 1) порт, га́вань; ~ of call (of destination) порт захо́да (назначе́ния); ~ of entry порт вво́за; free ~ во́льная га́вань, по́рто-фра́нко 2) прию́т, убе́жище 3) *attr.* порто́вый ◇ any ~ in a storm ≅ в беде́ любо́й вы́ход хоро́ш

**port** II [pɔ:t] *n* 1) *ист., шотл.* воро́та (*города*) 2) = porthole 3) *тех.* отве́рстие; прохо́д

**port** III [pɔ:t] **1.** *n* 1) *уст.* оса́нка, мане́ра держа́ться 2) *воен.* строева́я сто́йка с ору́жием

2. *v воен.* держа́ть (*оружие*) в строево́й сто́йке; ~ arms! на грудь!

**port** IV [pɔːt] *мор.* 1. *n* 1) ле́вый борт; (put the) helm to ~! ле́во руля́! 2) *attr.* ле́вый
2. *v* класть (руля́) нале́во
**port** V [pɔːt] *n* портве́йн
**portability** [ˌpɔːtəˈbɪlɪtɪ] *n* портати́вность
**portable** [ˈpɔːtəbl] 1. *a* портати́вный, переносный, передвижно́й; съёмный, складно́й, разбо́рный; ~ engine локомоби́ль
2. *n* 1) портати́вная пи́шущая маши́нка 2) портати́вный (транзи́сторный) приёмник
**port admiral** [ˈpɔːtˈædmərəl] *n* команди́р по́рта
**portage** [ˈpɔːtɪdʒ] 1. *n* 1) перено́ска, перево́зка; прово́з; тра́нспорт 2) сто́имость перево́зки 3) во́лок
2. *v* переправля́ть во́локом
**portal** I [ˈpɔːtl] 1. *n* 1) порта́л, гла́вный вход; воро́та 2) та́мбур (*двере́й*) 3) *attr.* порта́льный; ~ crane порта́льный кран
**portal** II [ˈpɔːtl] *a*: ~ vein *анат.* воро́тная ве́на
**portative** [ˈpɔːtətɪv] = portable 1
**portcrayon** [pɔːtˈkreɪən] *фр. n* держа́тель для гри́феля
**portcullis** [pɔːtˈkʌlɪs] *n* опускна́я решётка (*в крепостных воротах*)
**Porte** [pɔːt] *n*: The (Sublime *или* Ottoman) ~ *ист.* Блиста́тельная (Высо́кая, Оттома́нская) По́рта (*название султанской Турции*)
**portend** [pɔːˈtend] *v* предвеща́ть, предзнаменова́ть
**portent** [ˈpɔːtənt] *n* 1) предзнаменова́ние, зна́мение; ~s of war предве́стники войны́ 2) чу́до
**portentous** [pɔːˈtentəs] *a* 1) предска́зывающий дурно́е; злове́щий 2) удиви́тельный, необыкнове́нный 3) ва́жный, напы́щенный (*о человеке*)
**porter** I [ˈpɔːtə] *n* привра́тник, швейца́р
**porter** II [ˈpɔːtə] *n* 1) носи́льщик; гру́зчик; ~'s knot наплечная поду́шка гру́зчика 2) *амер.* проводни́к (*спального вагона*)
**porter** III [ˈpɔːtə] *n* по́ртер (*чёрное пиво*)
**porterage** [ˈpɔːtərɪdʒ] *n* 1) перено́ска гру́за 2) пла́та носи́льщику
**porter-house** [ˈpɔːtəhaus] *n амер.* 1) пивна́я; дешёвый рестора́н 2) *attr.*: ~ steak отбо́рная часть филе́я
**portfire** [ˈpɔːtfaɪə] *n* запа́л, огнепрово́дный шнур
**portfolio** [pɔːtˈfəuljəu] *n* (*pl* -os [-əuz]) 1) портфе́ль 2) па́пка, «де́ло» 3) до́лжность мини́стра; minister without ~ мини́стр без портфе́ля 4): investment (*или* security) ~ портфе́ль це́нных бума́г (*банка и т. п.*) 5) *attr.*: ~ investments *эк.* портфе́льные инвести́ции
**porthole** [ˈpɔːthəul] *n мор.* 1) (бортово́й) иллюмина́тор 2) оруди́йный порт 3) амбразу́ра (*башни*)
**portico** [ˈpɔːtɪkəu] *n* (*pl* -oes, -os [-əuz]) *архит.* по́ртик, галере́я
**portière** [pɔːˈtjɛə] *фр. n* портье́ра
**portion** [ˈpɔːʃən] 1. *n* 1) часть, до́ля; наде́л 2) по́рция 3) прида́ное 4) уде́л, у́часть
2. *v* 1) дели́ть на ча́сти 2) выделя́ть часть, до́лю 3) наделя́ть, дава́ть прида́ное (with) □ ~ **out** производи́ть разде́л (*имущества*)
**portionless** [ˈpɔːʃənlɪs] *a* без прида́ного (*о невесте*)
**Portland (cement)** [ˈpɔːtlənd (sɪˈment)] *n* портла́нд-цеме́нт
**portliness** [ˈpɔːtlɪnɪs] *n* 1) ту́чность, полнота́ 2) соли́дность; представи́тельность
**portly** [ˈpɔːtlɪ] *a* 1) по́лный, доро́дный 2) представи́тельный; оса́нистый
**portmanteau** [pɔːtˈmæntəu] *n* (*pl* -s [-z], -x) 1) чемода́н; доро́жная су́мка 2) языкова́я контамина́ция, сло́во-гибри́д (*искусственное слово, составленное из двух слов, напр.*: slanguage = slang + language)
**portmanteaux** [pɔːtˈmæntəuz] *pl от* portmanteau
**portrait** [ˈpɔːtrɪt] *n* 1) портре́т 2) изображе́ние; описа́ние
**portraitist** [ˈpɔːtrɪtɪst] *n* портрети́ст
**portraiture** [ˈpɔːtrɪtʃə] *n* 1) портре́тная жи́вопись 2) портре́т 3) *собир.* портре́ты 4) описа́ние, изображе́ние
**portray** [pɔːˈtreɪ] *v* 1) рисова́ть портре́т 2) подража́ть 3) изобража́ть; опи́сывать 4) изобража́ть на сце́не
**portrayal** [pɔːˈtreɪəl] *n* 1) рисова́ние (портре́та) 2) изображе́ние; описа́ние
**portreeve** [ˈpɔːtriːv] *n* 1) помо́щник мэ́ра (*в некоторых городах*) 2) *ист.* мэр го́рода (*преим. Лондона*)
**portress** [ˈpɔːtrɪs] *n* привра́тница
**Portuguese** [ˌpɔːtjuˈgiːz] 1. *a* португа́льский
2. *n* 1) португа́лец; португа́лка; the ~ *pl собир.* португа́льцы 2) португа́льский язы́к
**pose** I [pəuz] 1. *v* 1) пози́ровать 2) принима́ть по́зу, вид (*кого-л.*; as) 3) ста́вить в определённую по́зу (*натурщика*) 4) формули́ровать, излага́ть; ста́вить, предлага́ть (*вопрос, задачу*)
2. *n* по́за (*тж. перен.*)
**pose** II [pəuz] *v* (по)ста́вить в тупи́к, озада́чить
**poser** [ˈpəuzə] *n* тру́дный вопро́с, тру́дная зада́ча, пробле́ма
**poseur** [pəuˈzəː] *фр. n* позёр
**posh** [pɔʃ] *a разг.* превосхо́дный, шика́рный
**posit** [ˈpɔzɪt] *v* 1) класть в осно́ву до́водов, постули́ровать; утвержда́ть 2) ста́вить
**position** [pəˈzɪʃən] 1. *n* 1) положе́ние, местоположе́ние; ме́сто; расположе́ние, пози́ция; in (out of) ~ в пра́вильном (непра́вильном) ме́сте 2) *перен.* положе́ние, пози́ция; to put in a false ~ поста́вить в ло́жное положе́ние 3) обы́чное, пра́вильное ме́сто; the players were in ~ игроки́ бы́ли на свои́х места́х 4) возмо́жность; to be in a ~ to do smth. быть в состоя́нии, име́ть возмо́жность сде́лать что-л. 5) положе́ние; до́лжность 6) отноше́ние, то́чка зре́ния; to define one's ~ on smth. определи́ть своё отноше́ние к чему́-л.; to take up the ~ (that) стать на то́чку зре́ния (что), утвержда́ть (что)
2. *v* 1) ста́вить, помеща́ть 2) определя́ть местоположе́ние
**positional** [pəˈzɪʃənl] *a* позицио́нный
**positive** [ˈpɔzətɪv] 1. *a* 1) положи́тельный 2) определённый, несомне́нный, то́чный 3) уве́ренный; I am ~ that this is so я уве́рен, что э́то так 4) самоуве́ренный 5) *разг.* абсолю́тный, в по́лном смы́сле сло́ва 6) позити́вный; ~ philosophy позитиви́зм 7) *грам.* положи́тельный (*о степени*) 8) *мат.* положи́тельный; ~ sign знак плюс 9) *фото* позити́вный 10) *тех.* принуди́тельный (*о движении*)
2. *n* 1) не́что реа́льное 2) *грам.* положи́тельная сте́пень 3) *фото* позити́в
**positively** [ˈpɔzətɪvlɪ] *adv* 1) положи́тельно, несомне́нно, с уве́ренностью 2) реши́тельно, категори́чески; безусло́вно
**positivism** [ˈpɔzɪtɪvɪzm] *n филос.* позитиви́зм
**positron** [ˈpɔzɪtrɔn] *n физ.* позитро́н
**posse** [ˈpɔsɪ] *n* 1) отря́д (*полицейских*) 2) гру́ппа вооружённых люде́й, наделённая определёнными права́ми
**possess** [pəˈzes] *v* 1) облада́ть, владе́ть; to be ~ed of smth. облада́ть чем-л.; every human being ~ed of reason вся́кий разу́мный челове́к; to ~ oneself of smth. овладе́ть чем-л.; to ~ oneself (*или* one's soul, one's mind) владе́ть собо́й; запасти́сь терпе́нием 2) овладева́ть, захва́тывать (*о чувстве, настроении и т. п.*); to be ~ed by (*или* with) smth. быть одержи́мым чем-л.; you are surely ~ed вы с ума́ сошли́; what ~ed him to do it? что его́ дёрнуло сде́лать э́то?
**possessed** [pəˈzest] 1. *p. p. от* possess
2. *a* одержи́мый; ненорма́льный; рехну́вшийся
**possession** [pəˈzeʃən] *n* 1) владе́ние, облада́ние; in ~ of smth. владе́ющий чем-л.; in the ~ of smb., in smb.'s ~ в чьём-л. владе́нии; to take ~ of вступа́ть во владе́ние; овладе́ть 2) *pl* со́бственность; иму́щество; пожи́тки 3) (*часто pl*) владе́ния, зави́симая террито́рия 4) одержи́мость
**possessive** [pəˈzesɪv] *a* 1) со́бственнический 2) *грам.* притяжа́тельный; ~ case притяжа́тельный паде́ж; ~ pronoun притяжа́тельное местоиме́ние
**possessor** [pəˈzesə] *n* владе́лец, облада́тель
**possessory** [pəˈzesərɪ] *a* относя́щийся к владе́нию; *юр.* владе́льческий
**posset** I [ˈpɔsɪt] *n* горя́чий напи́ток из молока́, вина́ и пря́ностей, по́ссет
**posset** II [ˈpɔsɪt] *v* свёртываться (*о молоке, крови*)
**possibility** [ˌpɔsəˈbɪlɪtɪ] *n* возмо́жность, вероя́тность
**possible** [ˈpɔsəbl] 1. *a* 1) возмо́жный, вероя́тный; if ~ е́сли э́то возмо́жно; as early as ~ как мо́жно ра́ньше; ~ ore *геол.* возмо́жные, неразве́данные запа́сы руды́ 2) *разг.* сно́сный, терпи́мый

2. *n* возмо́жное; to do one's ~ сде́лать всё возмо́жное

**possibly** [ˈpɔsəblɪ] *adv* возмо́жно; мо́жет быть; how can I ~ do it? как я могу́ сде́лать э́то?

**possum** [ˈpɔsəm] *n разг.* опо́ссум ◇ to play ~ а) притворя́ться больны́м *или* мёртвым; б) прики́дываться не понима́ющим *или* не зна́ющим (*чего-л.*); to play ~ with a person обману́ть кого́-л.

**post** I [pəust] **1.** *n* 1) столб, сто́йка, ма́чта, сва́я, подпо́рка 2) *спорт.* столб (у ста́рта *или* фи́ниша); starting ~ ста́ртовый столб; to be beaten on the ~ отста́ть на са́мую ма́лость 3) цели́к у́гля́ *или* руды́ 4) *геол.* мелкозерни́стый песча́ник ◇ as deaf as a ~ глухо́й как пень, соверше́нно глухо́й

2. *v* 1) выве́шивать, раскле́ивать (*афиши*; *обыкн.* ~ up); реклами́ровать с по́мощью афи́ш и плака́тов 2) обкле́ивать афи́шами *или* плака́тами (*стену и т. п.*) 3) объяви́ть о пропа́же бе́з вести, неприбы́тии в срок *или* ги́бели су́дна 4) *амер.* объявля́ть о запреще́нии вхо́да (*куда-л.*), охо́ты *и т. п.*; to ~ the property объявля́ть о запреще́нии вхо́да на террито́рию ча́стного владе́ния 5) включа́ть в вы́вешенные спи́ски имена́ не сда́вших экза́мены студе́нтов

**post** II [pəust] **1.** *n* 1) по́чта 2) почто́вое отделе́ние 3) почто́вый я́щик 4) доста́вка по́чты; by return of ~ с обра́тной по́чтой 5) форма́т бума́ги (*писчей* — $15^{1}/_{2}$ *д.* × *19 д.*; *печатной* — $15^{1}/_{2}$ *д.* × $19^{1}/_{2}$ *д.*) 6) *attr.* почто́вый ◇ Job's ~ челове́к, принося́щий дурны́е ве́сти

2. *v* 1) отправля́ть по по́чте; опусти́ть, в почто́вый я́щик 2) е́хать на почто́вых 3) спеши́ть, мча́ться 4) (*часто pass.*) осведомля́ть, дава́ть по́лную информа́цию (*тж.* ~ up); to be ~ed as to smth. быть в ку́рсе чего́-л. 5) *бухг.* переноси́ть (*запись*) в гроссбу́х (*тж.* ~ up)

3. *adv* 1) по́чтой 2) на почто́вых 3) поспе́шно

**post** III [pəust] **1.** *n* 1) пост, до́лжность; положе́ние 2) *воен.* пост; пози́ция; укреплённый у́зел; форт 3) *амер. воен.* гарнизо́н; постоя́нная стоя́нка (*войск*) 4) торго́вое поселе́ние (*в колонии и т. п.*); trading ~ факто́рия 5) *ж.-д.* блокпо́ст 6) *тех.* пульт управле́ния

2. *v* 1) располага́ть, расставля́ть, ста́вить (*солдат и т. п.*) 2) *воен.* назнача́ть на до́лжность

**post-** [pəust-] *pref* после-, по-; ~-glacial *геол.* послеледнико́вый

**postage** [ˈpəustɪdʒ] *n* почто́вая опла́та, почто́вые расхо́ды; inland ~ вну́тренний почто́вый тари́ф

**postage stamp** [ˈpəustɪdʒˈstæmp] *n* почто́вая ма́рка

**postal** [ˈpəustəl] **1.** *a* почто́вый; ~ card *амер.* почто́вая откры́тка; ~ order де́нежный перево́д по по́чте; ~ authorities почто́вое ве́домство; (Universal) P. Union Междунаро́дный почто́вый сою́з

2. *n амер. разг.* откры́тка

**post-bag** [ˈpəustbæg] *n* су́мка почтальо́на

**post-bellum** [ˈpəustˈbeləm] *a* послевое́нный; происше́дший по́сле войны́, *особ.* по́сле гражда́нской войны́ в США; ~ reforms послевое́нные рефо́рмы

**post-boy** [ˈpəustbɔɪ] *n* 1) почтальо́н 2) форе́йтор

**post captain** [ˈpəustˈkæptɪn] *n мор.* 1) команди́р корабля́ в зва́нии «кэ́птена» 2) *амер.* капита́н 1 ра́нга 3) *ист.* команди́р корабля́ с 20 пу́шками и бо́льше

**postcard** [ˈpəustkɑːd] *n* почто́вая ка́рточка, откры́тка

**post-chaise** [ˈpəustʃeɪz] *n ист.* почто́вая каре́та, дилижа́нс

**post-coach** [ˈpəustkəutʃ] = post-chaise

**post-date** [ˈpəustˈdeɪt] **1.** *n* да́та, проста́вленная бо́лее по́здним число́м

2. *v* дати́ровать бо́лее по́здним число́м

**postdiluvial** [ˈpəustdaɪˈluːvjəl] *a* 1) *геол.* постделювиа́льный 2) = post-diluvian

**post-diluvian** [ˈpəustdaɪˈluːvjən] *a библ.* по́сле пото́па

**poster** [ˈpəustə] **1.** *n* 1) объявле́ние, плака́т, афи́ша 2) раскле́йщик афи́ш 3) мяч, уше́дший за боково́ю сто́йку воро́т (*в футболе и т. п.*)

2. *v* 1) реклами́ровать 2) окле́ивать рекла́мами

**poste restante** [ˈpəustˈrestɑːnt] *фр.* *n* 1) отделе́ние на по́чте для корреспонде́нции до востре́бования 2) «до востре́бования» (*надпись на конверте*)

**posterior** [pɔsˈtɪərɪə] **1.** *a* 1) за́дний 2) последу́ющий; поздне́йший

2. *n шутл.* зад, я́годицы

**posteriority** [pɔsˌtɪərɪˈɔrɪtɪ] *n* сле́дование (*за чем-л.*); поздне́йшее обстоя́тельство

**posteriorly** [pɔsˈtɪərɪəlɪ] *adv* сза́ди

**posterity** [pɔsˈterɪtɪ] *n* пото́мство; после́дующие поколе́ния

**postern** [ˈpəustəːn] *n* 1) за́дняя дверь 2) бокова́я доро́га *или* боково́й вход 3) *attr.* за́дний

**post exchange** [ˈpəustɪksˈtʃeɪndʒ] *n* гарнизо́нный магази́н вое́нно-торго́вой слу́жбы

**post-free** [ˈpəustˈfriː] *a, adv* без почто́вой опла́ты

**post-glacial** [ˈpəustˈgleɪsjəl] *a геол.* послеледнико́вый

**post-graduate** [ˈpəustˈgrædjuɪt] **1.** *n* аспира́нт

2. *a* 1) изуча́емый, проходи́мый по́сле оконча́ния университе́та; ~ courses ку́рсы усоверше́нствования 2) аспира́нтский; ~ studies аспиранту́ра

**post-haste** [ˈpəustˈheɪst] *adv* с большо́й поспе́шностью, сломя́ го́лову

**post-horse** [ˈpəusthɔːs] *n* почто́вая ло́шадь

**post-house** [ˈpəusthaus] *n* почто́вая ста́нция

**posthumous** [ˈpɔstjuməs] *a* 1) посме́ртный 2) рождённый по́сле сме́рти отца́

**postil(l)ion** [pəsˈtɪljən] *n* форе́йтор

**postman** [ˈpəustmən] *n* почтальо́н

**postmark** [ˈpəustmɑːk] **1.** *n* почто́вый ште́мпель

2. *v* штемпелева́ть (*письмо*)

**postmaster** [ˈpəustˌmɑːstə] *n* почтме́йстер; нача́льник почто́вого отделе́ния

**Postmaster General** [ˈpəustˌmɑːstəˈdʒenərəl] *n* мини́стр почт

**postmeridian** [ˈpəustməˈrɪdɪən] *a* послеполу́денный

**post meridiem** [ˈpəustməˈrɪdɪəm] *лат. adv* по́сле полу́дня (*обыкн. сокр.* p. m.)

**postmistress** [ˈpəustˌmɪstrɪs] *n* же́нщина — нача́льник почто́вого отделе́ния

**post mortem** [ˈpəustˈmɔːtem] *лат. adv* по́сле сме́рти

**post-mortem** [ˈpəustˈmɔːtem] **1.** *n* 1) вскры́тие тру́па, аутопси́я 2) *шутл.* обсужде́ние игры́ (*особ.* ка́рточной) по́сле её оконча́ния

2. *a* посме́ртный

3. *v* подверга́ть вскры́тию, производи́ть вскры́тие (*трупа*)

**post-natal** [ˈpəustˈneɪtl] *a* происходя́щий по́сле рожде́ния, послеродово́й

**post-nuptial** [ˈpəustˈnʌpʃəl] *a* происходя́щий по́сле заключе́ния бра́ка

**post-obit** [ˈpəustˈɔbɪt] **1.** *n* обяза́тельство уплати́ть кредито́ру по получе́нии насле́дства

2. *a* вступа́ющий в си́лу по́сле сме́рти (*кого-л.*)

**Post-Office** [ˈpəustˌɔfɪs] *n* министе́рство почт

**post-office** [ˈpəustˌɔfɪs] *n* 1) по́чта, почто́вая конто́ра; почто́вое отделе́ние; general ~ почта́мт 2) *attr.* почто́вый; ~ order де́нежный перево́д; ~ box абонеме́нтный почто́вый я́щик; ~ savings-bank сберега́тельная ка́сса при почто́вом отделе́нии

**post-paid** [ˈpəustˈpeɪd] *a* с опла́ченными почто́выми расхо́дами

**postpone** [pəusˈpəun] *v* откла́дывать; отсро́чивать

**postponement** [pəusˈpəunmənt] *n* откла́дывание; отсро́чка

**postposition** [ˈpəustpəˈzɪʃən] *n* 1) помеще́ние позади́ 2) *лингв.* постпози́ция; энкли́тика; послело́г

**postpositive** [ˈpəustˈpɔzɪtɪv] *a лингв.* постпозити́вный, постпозицио́нный

**post-postscript** [ˈpəustˈpəusskrɪpt] *n* второ́й постскри́птум (*сокр.* P. P. S.)

**postprandial** [ˈpəustˈprændɪəl] *a шутл.* послеобе́денный

**postscript** [ˈpəusskrɪpt] *n* 1) постскри́птум (*сокр.* P. S.) 2) коммента́рий к вы́пуску новосте́й (*по радио*)

**post-town** [ˈpəusttaun] *n* го́род, име́ющий почта́мт

**postulant** [ˈpɔstjulənt] *n* кандида́т (*особ. на поступление в религиозный орден*)

**postulate 1.** *n* [ˈpɔstjulɪt] 1) постула́т 2) предвари́тельное усло́вие

2. *v* [ˈpɔstjuleɪt] 1) постули́ровать, принима́ть без доказа́тельства 2) ста́вить усло́вием (for) 3) (*обыкн. p. p.*)

требовать; обусло́вливать, ста́вить усло́вием

**posture** [ˈpɔstʃə] **1.** *n* 1) по́за, положе́ние; оса́нка 2) состоя́ние, положе́ние; the present ~ of affairs (настоя́щее) положе́ние веще́й

2. *v* 1) ста́вить в по́зу 2) пози́ровать

**post-war** [ˈpəustˈwɔ:] *a* послевое́нный

**posy** [ˈpəuzɪ] *n* 1) (ма́ленький) буке́т цвето́в 2) *уст.* деви́з (*на кольце и т. п.*)

**pot** [pɔt] **1.** *n* 1) горшо́к; котело́к; ба́нка; кру́жка 2) цвето́чный горшо́к 3) ночно́й горшо́к 4) *спорт. разг.* ку́бок, приз 5) напи́ток 6) *разг.* кру́пная су́мма; ~ (*или* ~s) of money больша́я су́мма; ку́ча де́нег 7) *разг.* совоку́пность ста́вок (*на скачках, в картах*) 8) *тех.* ти́гель 9) *тех.* дефле́ктор 10) *геол.* ку́пол 11) *жарг.* марихуа́на 12) *attr.*: ~ flowers ко́мнатные цветы́ ◊ a big ~ ва́жная персо́на, «ши́шка»; to go to ~ а) вы́лететь в трубу́, разори́ться, поги́бнуть; б) разру́шиться; all gone to ~ ≅ всё пошло́ к чертя́м; to keep the ~ boiling (*или* on the boil) а) зараба́тывать на пропита́ние; б) энерги́чно продолжа́ть; to make the ~ boil, to boil the ~ а) зараба́тывать сре́дства к жи́зни; б) подраба́тывать, халту́рить; the ~ calls the kettle black ≅ не сме́йся горо́х, не лу́чше бобо́в; уж кто бы говори́л, а ты бы пома́лкивал (*т. е.* сам то́же хоро́ш)

2. *v* 1) класть в горшо́к *или* котело́к 2) консерви́ровать, заготовля́ть впрок 3) вари́ть в котелке́ 4) сажа́ть в горшо́к (*цветы*) 5) загоня́ть в лу́зу (*шар в бильярде*) 6) стреля́ть, застрели́ть (*на близком расстоянии*) 7) захва́тывать, завладева́ть 8) *разг.* сажа́ть ребёнка на горшо́к

**potability** [ˌpəutəˈbɪlɪtɪ] *n* приго́дность для питья́

**potable** [ˈpəutəbl] **1.** *a* го́дный для питья́; питьево́й; ~ water питьева́я вода́

2. *n pl* напи́тки

**potash** [ˈpɔtæʃ] *n хим.* пота́ш, углеки́слый ка́лий

**potash-soap** [ˈpɔtæʃˈsəup] *n* ка́лиевое мы́ло, зелёное мы́ло

**potass** [ˈpɔtæs] *уст.* = potash

**potassium** [pəˈtæsjəm] *n хим.* 1) ка́лий 2) *attr.* ка́лийный

**potation** [pəuˈteɪʃən] *n* 1) питьё; вы́пивка 2) (*обыкн. pl*) пья́нство 3) глото́к 4) спиртно́й напи́ток

**potato** [pəˈteɪtəu] *n* (*pl* -oes [-əuz]) 1) карто́фель (*растение*) 2) карто́фелина; *pl* карто́фель 3) *attr.* карто́фельный ◊ small ~es а) пустяки́; б) ме́лкие лю́дишки; quite the ~ *разг.* как раз то, что на́до; not (quite) the clean ~ *разг.* подозри́тельная ли́чность, непоря́дочный челове́к

**potato-box** [pəˈteɪtəubɔks] *n груб.* рот

**potatory** [ˈpəutətərɪ] *a* пите́йный

**potato-trap** [pəˈteɪtəutræp] = potato-box

**pot-belly** [ˈpɔtˌbelɪ] *n* 1) большо́й живо́т, пу́зо 2) пуза́тый челове́к

**pot-boiler** [ˈpɔtˌbɔɪlə] *n разг.* 1) халту́ра 2) халту́рщик

**pot-boy** [ˈpɔtbɔɪ] *n* ма́льчик, прислу́живающий в кабаке́

**poteen** [pɔˈti:n] *n* ирла́ндский самого́н

**potency** [ˈpəutənsɪ] *n* 1) си́ла, могу́щество 2) де́йственность, эффекти́вность 3) потенциа́льная возмо́жность, поте́нция

**potent** [ˈpəutənt] *a* 1) могу́щественный; мо́щный 2) сильноде́йствующий; кре́пкий (*о спиртных напитках*); ~ drug сильноде́йствующее лека́рство 3) убеди́тельный

**potentate** [ˈpəutənteɪt] *n* властели́н, мона́рх

**potential** [pəuˈtenʃəl] **1.** *n* 1) возмо́жность 2) потенциа́л 3) *эл.* потенциа́л, напряже́ние

2. *a* 1) потенциа́льный; возмо́жный 2) *эл.*: ~ difference ра́зность потенциа́лов

**potentiality** [pəuˌtenʃɪˈælɪtɪ] *n* 1) потенциа́льность 2) *pl* потенциа́льные возмо́жности

**potentiate** [pəuˈtenʃɪeɪt] *n* 1) придава́ть си́лу 2) де́лать возмо́жным

**potentiometer** [pəuˌtenʃɪˈɔmɪtə] *n эл.* потенцио́метр

**pot hat** [ˈpɔthæt] *n разг.* котело́к (*шляпа*)

**potheen** [pɔˈθi:n] = poteen

**pother** [ˈpɔðə] **1.** *n* 1) шум; сумато́ха, волне́ние 2) уду́шливый дым; о́блако пы́ли

2. *v* 1) волнова́ть; беспоко́ить 2) волнова́ться, суети́ться

**pot-herb** [ˈpɔthə:b] *n* зе́лень, коре́нья

**pot-hole** [ˈpɔthəul] *n* ры́твина, вы́боина

**pot-hook** [ˈpɔthuk] *n* 1) крюк над очаго́м (*для котелка*) 2) крючо́к с дли́нной ру́чкой (*чтобы доставать из очага котелки и т. п.*) 3): ~s and hangers крючки́ и па́лочки (*в обучении письму*); кара́кули

**pot-house** [ˈpɔthaus] *n* пивна́я, каба́к

**pot-hunter** [ˈpɔtˌhʌntə] *n* 1) охо́тник, убива́ющий вся́кую дичь без разбо́ра 2) *спорт.* люби́тель призо́в

**potion** [ˈpəuʃən] *n* 1) до́за лека́рства *или* я́да 2) зе́лье, сна́добье; love ~ любо́вный напи́ток

**pot luck** [ˈpɔtˈlʌk] *n* 1) всё, что име́ется на обе́д; come and take ~ with us ≅ чем бога́ты, тем и ра́ды, пообе́дайте с на́ми 2) возмо́жность, шанс

**potman** [ˈpɔtmən] *n* подру́чный в кабаке́

**pot paper** [ˈpɔtˌpeɪpə] *n* форма́т пи́счей бума́ги ($12^1/_2 \times 15$ *д.*)

**pot-pourri** [pəuˈpuri(:)] *фр. n* 1) попурри́ 2) аромати́ческая смесь (*из сухих лепестков*)

**pot-roast** [ˈpɔtrəust] *n* тушёное мя́со (*обыкн. говядина*)

**potsherd** [ˈpɔtʃə:d] *n уст.* черепо́к

**pot-shot** [ˈpɔtˈʃɔt] *n* 1) вы́стрел по бли́зкой *или* неподви́жной це́ли 2) вы́стрел науга́д 3) попы́тка «на аво́сь»

**pot-still** [ˈpɔtstɪl] *n* перего́нный куб

**pott** [pɔt] = pot paper

**pottage** [ˈpɔtɪdʒ] *n уст.* похлёбка

**potted** [ˈpɔtɪd] **1.** *p. p. от* pot 2

2. *a* 1) консерви́рованный; ~ meat мясны́е консе́рвы 2) ко́мнатный, выра́щиваемый в горшке́ (*о растении*) 3) *разг.* запи́санный на плёнку *или* пласти́нку

**potter** I [ˈpɔtə] *n* гонча́р; ~'s clay гонча́рная *или* горше́чная гли́на; ~'s lathe (wheel) гонча́рный стано́к (круг)

**potter** II [ˈpɔtə] *v* 1) рабо́тать беспоря́дочно (at, in — над *чем-л.*) 2) рабо́тать лени́во, ло́дырничать (*тж.* ~ about) 3) бесце́льно тра́тить вре́мя

**pottery** [ˈpɔtərɪ] *n* 1) гонча́рные изде́лия, кера́мика 2) гонча́рная, гонча́рная мастерска́я 3) гонча́рное де́ло

**pottle** [ˈpɔtl] *n* 1) сосу́д, вмести́мостью о́коло $^1/_2$ галло́на 2) корзи́нка (*для ягод*)

**potto** [ˈpɔtəu] *n* (*pl* -os [-əuz]) *зоол.* 1) западноафрика́нский лему́р, по́тто 2) кинкажу́, цепкохво́стый медве́дь

**potty** I [ˈpɔtɪ] *детск. см.* pot 1, 3)

**potty** II [ˈpɔtɪ] *a разг.* 1) ме́лкий, незначи́тельный 2) лёгкий, пустя́чный 3) поме́шанный (about — на *чём-либо*)

**pot-valiant** [ˈpɔtˌvæljənt] *a* хра́брый во хмелю́

**pot valour** [ˈpɔtˌvælə] *n* хмельно́й задо́р, пья́ная у́даль

**pouch** [pautʃ] **1.** *n* 1) су́мка; мешо́чек; ~es under the eyes мешки́ под глаза́ми 2) *воен.* патро́нная су́мка 3) кисе́т 4) *амер.* мешо́к с по́чтой; diplomatic ~ мешо́к с дипломати́ческой по́чтой, вали́за дипкурье́ра 5) *шотл.* карма́н 6) *уст.* кошелёк

2. *v* 1) класть в су́мку 2) де́лать на́пуск (*на платье*) 3) висе́ть мешко́м 4) *разг.* дава́ть на чай 5) *уст.* присва́ивать, прикарма́нивать

**pouched** [pautʃt] **1.** *p. p. от* pouch 2

2. *a* 1) с су́мкой *или* с карма́нами 2) *зоол.* су́мчатый

**pouchy** [ˈpautʃɪ] *a* мешкова́тый

**poulard** [pu(:)ˈla:d] *фр. n* пуля́рка

**poult** [pəult] *n* птене́ц; цыплёнок, индюшо́нок *и т. п.*

**poulterer** [ˈpəultərə] *n* торго́вец дома́шней пти́цей

**poultice** [ˈpəultɪs] **1.** *n* припа́рка

2. *v* класть припа́рки

**poultry** [ˈpəultrɪ] *n* 1) дома́шняя пти́ца 2) *attr.*: ~ farm птицево́дческая фе́рма; ~ house пти́чник; ~ yard пти́чий двор

**pounce** I [pauns] **1.** *n* 1) ко́готь (*ястреба и т. п.*) 2) внеза́пный прыжо́к, наско́к

2. *v* 1) набра́сываться, налета́ть, обру́шиваться, внеза́пно атакова́ть (on, upon, at) 2) схвати́ть в ко́гти 3) ухвати́ться (upon — за), воспо́льзоваться (*ошибкой, промахом и т. п.*; upon) 4) придира́ться (upon)

**pounce** II [pauns] **1.** *n* порошкообра́зный сандара́к *или* у́голь
**2.** *v* 1) затира́ть сандара́ком 2) переводи́ть, копи́ровать (*узор*) у́гольным порошко́м

**pounce** III [pauns] **1.** *n* вы́тисненное *или* вы́резанное отве́рстие (*узора*)
**2.** *v* пробива́ть, просве́рливать

**pound** I [paund] *n* 1) фунт (*англ.* = *453,6 г*) 2) фунт сте́рлингов (= *20 шиллингам*) 3) фунт (*денежная единица Австралии до 1966 г., Египта и некоторых других стран*) ◇ ~ of flesh то́чное коли́чество, причита́ющееся по зако́ну

**pound** II [paund] **1.** *n* 1) заго́н (*для скота*) 2) тюрьма́
**2.** *v* 1) загоня́ть в заго́н 2) заключа́ть в тюрьму́

**pound** III [paund] **1.** *n* тяжёлый уда́р
**2.** *v* 1) толо́чь 2) бить, колоти́ть 3) колоти́ться, си́льно би́ться (*о сердце*) 4) бомбардирова́ть (at, on) 5) тяжело́ скака́ть; с трудо́м продвига́ться (along) □ **~ out** а) расплю́щивать, распрямля́ть (*ударами*); б) колоти́ть (*по роялю*) ◇ to ~ one's gums болта́ть языко́м

**poundage** [ˈpaundɪdʒ] *n* 1) проце́нт с фу́нта сте́рлингов 2) пла́та, взима́емая за перево́д де́нег по по́чте в зави́симости от переводи́мой су́ммы 3) по́шлина с ве́са

**pound-cake** [ˈpaundkeɪk] *n* торт, в кото́ром по фу́нту *или* по́ровну основны́х составны́х часте́й

**pounder** I [ˈpaundə] *n* предме́т ве́сом в оди́н фунт

**pounder** II [ˈpaundə] *n* 1) пе́стик 2) сту́пка; дроби́лка

**-pounder** [-paundə] *в сложных словах означает*: а) ве́сящий *столько-то* фу́нтов; б) со снаря́дом, ве́сящим *столько-то* фу́нтов (*о пушке*); *напр.*: one-~ 37-мм пу́шка; в) сто́ящий *столько-то* фу́нтов (*о предмете*); г) облада́ющий состоя́нием, ра́вным *стольким то* фу́нтам

**pound foolish** [ˈpaundˈfu:lɪʃ] *a*: penny wise and ~ *см.* penny wise ◇

**pour** [pɔ:] **1.** *v* 1) ли́ть(ся), влива́ть(ся); it is ~ing (wet *или* with rain) льёт как из ведра́ 2) налива́ть (into) 3) разлива́ть (*чай и т. п.*) 4) *метал.* лить, отлива́ть □ **~ forth** изверга́ть (*слова*); сы́пать (*словами*); **~ in** а) вали́ть (*о дыме, о толпе*); б) сы́паться (*о новостях и т. п.*); letters ~ in from all quarters пи́сьма сы́плются отовсю́ду; **~ out** а) налива́ть, разлива́ть (*чай, вино*); отлива́ть; вылива́ть б) вали́ть нару́жу (*о толпе*); **~ through** ли́ться сквозь (*о свете*) ◇ to ~ cold water on smb. расхола́живать кого́-л.
**2.** *n* 1) ли́вень 2) *метал.* ли́тник

**pouring** [ˈpɔ:rɪŋ] **1.** *pres. p. от* pour 1
**2.** *a* 1) проливно́й (*о дожде*) 2) разлива́тельный
**3.** *n* 1) налива́ние, разлива́ние 2) *метал.* разли́вка; зали́вка

**pourparler** [puəˈpɑ:leɪ] *фр. n* (*обыкн. pl*) предвари́тельные неофициа́льные перегово́ры

**pout** [paut] **1.** *n* недово́льная грима́са, надýтые гу́бы; to be in the ~s ду́ться
**2.** *v* наду́ть гу́бы

**pouter** [ˈpautə] *n* 1) недово́льный, наду́тый челове́к 2) зоба́стый го́лубь

**poverty** [ˈpɔvətɪ] *n* 1) бе́дность, нужда́ 2) ску́дность; оскуде́ние

**poverty-ridden** [ˈpɔvətɪˌrɪdn] *a* бе́дствующий

**poverty-stricken** [ˈpɔvətɪˌstrɪkn] *a* бе́дный, бе́дствующий

**powder** [ˈpaudə] **1.** *n* 1) порошо́к; пыль 2) пу́дра 3) по́рох; smokeless ~ бézды́мный по́рох ◇ food for ~ пу́шечное мя́со; put more ~ into it! бе́йте сильне́е!; smell of ~ боево́й о́пыт
**2.** *v* 1) посыпа́ть (*порошком*); присыпа́ть 2) пу́дрить(ся), припу́дривать 3) испещря́ть, усыпа́ть 4) превраща́ть в порошо́к, толо́чь 5) *диал.* соли́ть (*мясо*)

**powdered** [ˈpaudəd] **1.** *p. p. от* powder 2
**2.** *a* 1) порошкообра́зный; ~ milk моло́чный порошо́к; ~ sugar са́харная пу́дра 2) напу́дренный 3) испещрённый, усы́панный (*крапинками и т. п.*) 4) *диал.* солёный; ~ beef солони́на

**powder-flask** [ˈpaudəˌflɑ:sk] *n* пороховни́ца

**powder-horn** [ˈpaudəˈhɔ:n] *n* рог для по́роха

**powder-keg** [ˈpaudəkeg] *n* порохова́я бо́чка

**powder-magazine** [ˈpaudəˌmægəˈzi:n] *n* порохово́й по́греб

**powder-mill** [ˈpaudəˈmɪl] *n* порохово́й заво́д

**powder-monkey** [ˈpaudəˌmʌŋkɪ] *n* 1) *мор. ист.* ма́льчик, поднося́щий по́рох 2) *амер.* рабо́чий-подрывни́к

**powder-puff** [ˈpaudəpʌf] *n* пухо́вка

**powder-room** [ˈpaudərum] *n* 1) да́мская туале́тная ко́мната 2) *мор.* заря́дный по́греб; *ист.* крюйт-ка́мера

**powdery** [ˈpaudərɪ] *a* 1) порошкообра́зный; похо́жий на пу́дру 2) рассы́пчатый 3) посы́панный порошко́м; припу́дренный

**power** [ˈpauə] **1.** *n* 1) си́ла; мо́щность, эне́ргия; производи́тельность; by ~ механи́ческой си́лой, приво́дом от дви́гателя; without ~ с вы́ключенным дви́гателем; the mechanical ~s просты́е маши́ны 2) могу́щество, власть (*тж.* госуда́рственная); влия́ние, мощь; supreme ~ верхо́вная власть; the party in ~ па́ртия, стоя́щая у вла́сти 3) полномо́чие; the ~ of attorney дове́ренность 4) держа́ва; the Great Powers вели́кие держа́вы 5) спосо́бность; возмо́жность; I will do all in my ~ я сде́лаю всё, что в мои́х си́лах; it is beyond my ~ э́то не в мое́й вла́сти; spending ~ покупа́тельная спосо́бность; speech ~ дар ре́чи 6) *разг.* мно́го, мно́жество; a ~ of money ку́ча де́нег; a ~ of good мно́го по́льзы 7) *мат.* сте́пень; eight is the third ~ of two во́семь представля́ет собо́й два в тре́тьей сте́пени 8) *опт.* си́ла увеличе́ния (*линзы, микроскопа и т. п.*) 9) *attr.* силово́й, энергети́ческий; мото́рный; маши́нный 10) *attr.*: ~ politics поли́тика с пози́ции си́лы ◇ more ~ to your elbow! жела́ю успе́ха!; the ~s that be вла́сти предержа́щие, си́льные ми́ра сего́; merciful ~s! си́лы небе́сные!
**2.** *v* снабжа́ть силовы́м дви́гателем

**power-boat** [ˈpauəbəut] *n* мото́рный ка́тер, мото́рная шлю́пка

**power circuit** [ˈpauəˈsə:kɪt] *n эл.* энергети́ческая сеть

**power-dive** [ˈpauəˈdaɪv] *n ав.* пики́рование с рабо́тающим мото́ром

**powerful** [ˈpauəful] *a* 1) си́льный, могу́чий, мо́щный 2) могу́щественный, влия́тельный 3) сильноде́йствующий 4) ве́ский; значи́тельный; ~ evidence ве́ские доказа́тельства; ~ success кру́пный успе́х 5) я́ркий (*о речи, описании*)

**power-house** [ˈpauəhaus] *n* 1) электроста́нция 2) *разг.* о́чень энерги́чный челове́к

**powerless** [ˈpauəlɪs] *a* бесси́льный

**power-plant** [ˈpauəplɑ:nt] *n* 1) силова́я устано́вка 2) электроста́нция

**power-saw** [ˈpauəˈsɔ:] *n тех.* мотопила́

**power-shovel** [ˈpauəˈʃʌvl] *n* экскава́тор

**power-station** [ˈpauəˌsteɪʃən] *n* электроста́нция

**powwow** [ˈpauwau] **1.** *n* 1) зна́харь, колду́н (*у североамериканских индейцев*) 2) церемо́ния заклина́ния (*у североамериканских индейцев*) 3) *шутл.* совеща́ние, конфере́нция; обсужде́ние
**2.** *v* 1) занима́ться зна́харством 2) совеща́ться, разгова́ривать; обсужда́ть

**pox** [pɔks] *n груб.* си́филис

**pozzy** [ˈpɔzɪ] *n жарг.* варе́нье, джем

**praam** [prɑ:m] = pram I

**practicability** [ˌpræktɪkəˈbɪlɪtɪ] *n* 1) осуществи́мость 2) целесообра́зность 3) проходи́мость

**practicable** [ˈpræktɪkəbl] *a* 1) осуществи́мый, реа́льный; to the maximum ~ extent в максима́льно возмо́жных преде́лах 2) поле́зный; могу́щий быть испо́льзованным 3) проходи́мый, прое́зжий (*о дороге*) 4) *театр.* настоя́щий, недекорати́вный (*об окне, двери и т. п.*)

**practical** [ˈpræktɪkəl] *a* 1) практи́ческий, утилита́рный; for all ~ purposes с чи́сто практи́ческой то́чки зре́ния 2) целесообра́зный, поле́зный 3) практи́чный, удо́бный 4) факти́ческий 5) осуществи́мый, реа́льный ◇ ~ joke (гру́бая) шу́тка (*сыгранная с кем-л.*), ро́зыгрыш

**practicality** [ˌpræktɪˈkælɪtɪ] *n* практи́чность, практици́зм

**practically** [ˈpræktɪkəlɪ] *adv* 1) практи́чески 2) [-klɪ] факти́чески, на де́ле, на пра́ктике; ~ speaking в су́щности 3) почти́; ~ no changes почти́ никаки́х измене́ний

**practice** [ˈpræktɪs] **1.** *n* 1) пра́ктика; примене́ние; осуществле́ние на пра́ктике; established ~ установи́вшаяся пра́ктика; in ~ а) на пра́ктике, на де́ле; б) на пове́рку; to put in(to) ~ осуществля́ть 2) пра́ктика, упражне́ние, трениро́вка; to be out of ~ не упражня́ться, не име́ть пра́ктики 3) привы́чка, обы́чай; устано́вленный поря́док; it was then the ~ э́то бы́ло тогда́ при́нято; to put into ~ ввести́ в обихо́д, в обраще́ние 4) пра́ктика, де́ятельность (*юриста, врача*) 5) (*обыкн. pl*) про́иски, интри́ги; corrupt ~s взя́точничество; discreditable ~s тёмные дела́; sharp ~ моше́нничество 6) *воен.* уче́бная боева́я стрельба́ 7) *attr.* уче́бный, практи́ческий; о́пытный; ~ ground а) *воен.* уче́бный плац; б) *с.-х.* о́пытное по́ле; ~ march уче́бный марш ◇ ~ makes perfect *посл.* ≅ на́вык ма́стера ста́вит

2. *v* = practise

**practician** [præk'tɪʃən] *n* 1) пра́ктик 2) практику́ющий врач *или* юри́ст

**practise** ['præktɪs] *v* 1) применя́ть, осуществля́ть; to ~ what one preaches жить согла́сно свои́м взгля́дам; to ~ smb.'s teachings сле́довать чьему́-л. уче́нию 2) занима́ться (*чем-л.*), практикова́ть 3) практикова́ть(ся), упражня́ть(ся); тренирова́ть(ся) □ ~ **upon** обма́нывать; злоупотребля́ть *чем-л.*

**practised** ['præktɪst] 1. *p. p. от* practise

2. *a* о́пытный, уме́лый

**practitioner** [præk'tɪʃnə] *n* практику́ющий врач *или* юри́ст; general ~ врач о́бщей пра́ктики (*терапевт и хирург*)

**praepostor** [pri:'pɔstə] *n* ста́рший учени́к, наблюда́ющий за дисципли́ной

**praetor** ['pri:tə] *n др.-рим. ист.* пре́тор

**praetorian** [pri(:)'tɔ:rɪən] *др.-рим. ист.* 1. *a* преториа́нский

2. *n* преториа́нец

**pragmatic** [præg'mætɪk] *a* 1) *филос.* прагмати́ческий 2) практи́чный, практи́ческий 3) догмати́чный 4) *редк.* = pragmatical 1)

**pragmatical** [præg'mætɪkəl] *a* 1) назо́йливый, вме́шивающийся в чужи́е дела́ 2) *редк.* = pragmatic 1), 2) *и* 3)

**pragmatism** ['prægmətɪzm] *n* 1) *филос.* прагмати́зм 2) назо́йливость догмати́зм

**prairie** ['prɛərɪ] *n* 1) пре́рия, степь 2) *attr.* степно́й, живу́щий в пре́рии

**prairie-chicken** ['prɛərɪ'tʃɪkɪn] *n зоол.* лугово́й те́терев

**prairie-dog** ['prɛərɪ'dɔg] *n зоол.* степна́я соба́чка

**prairie-hen** ['prɛərɪ'hen] *n* са́мка лугово́го те́терева

**prairie-schooner** ['prɛərɪ'sku:nə] *n амер. ист.* фурго́н переселе́нцев

**prairie-wolf** ['prɛərɪwulf] *n* койо́т, лугово́й волк

**praise** [preɪz] 1. *n* (по)хвала́; восхвале́ние; beyond ~ вы́ше вся́кой похвалы́; to be loud in one's ~s, to sing one's ~s восхваля́ть

2. *v* хвали́ть; восхваля́ть; превозноси́ть; to ~ to the skies превозноси́ть до небе́с

**praiseworthy** ['preɪz,wə:ðɪ] *a* досто́йный похвалы́; похва́льный

**Prakrit** ['prɑ:krɪt] *n лингв.* пракри́т

**praline** ['prɑ:li:n] *n* пралине́ (*кондитерские изделия*)

**pram** I [prɑ:m] *n* плоскодо́нное су́дно, плашко́ут

**pram** II [præm] *разг. см.* perambulator 1)

**prance** [prɑ:ns] 1. *n* 1) скачо́к 2) го́рдая похо́дка 3) надме́нная мане́ра (держа́ться)

2. *v* 1) станови́ться на дыбы́; гарцева́ть 2) ходи́ть го́голем, ва́жничать, задава́ться 3) *разг.* танцева́ть; пры́гать

**prancing** ['prɑ:nsɪŋ] 1. *pres. p. от* prance 2

2. *a* 1) ска́чущий 2) ва́жный (*о походке, манере держаться*)

**prandial** ['prændɪəl] *a шутл.* обе́денный

**prang** [præŋ] *ав. жарг.* 1. *n* 1) бомбардиро́вка 2) ава́рия

2. *v* разбомби́ть; сбить (*самолёт*)

**prank** I [præŋk] *n* вы́ходка, прока́за, проде́лка, ша́лость; шу́тка; to play ~s а) отка́лывать шту́ки; б) капри́зничать (*о машине*)

**prank** II [præŋk] *v* украша́ть; наряжа́ть(ся), разряжа́ться (*часто* ~ out, ~ up)

**prankish** ['præŋkɪʃ] *a* 1) шаловли́вый; озорно́й 2) шутли́вый

**praps** [præps] *разг. см.* perhaps

**prase** [preɪz] *n мин.* пра́зем, зеленова́тый кварц

**praseodymium** [,preɪzi:əu'dɪmɪəm] *n хим.* празеоди́мий

**prate** [preɪt] 1. *n* пустосло́вие, болтовня́

2. *v* 1) болта́ть, нести́ чепуху́ 2) разба́лтывать

**praties** ['preɪtɪz] *n pl ирл. разг.* карто́фель

**pratincole** ['prætɪŋkəul] *n* тирку́шка лугова́я (*птица*)

**pratique** ['præti:k] *фр. n мор.* свиде́тельство о сня́тии каранти́на; разреше́ние на сообще́ние с бе́регом

**prattle** ['prætl] 1. *n* 1) ле́пет 2) болтовня́

2. *v* 1) лепета́ть 2) болта́ть

**prattler** ['prætlə] *n* 1) лепе́чущий ребёнок 2) болту́н

**prawn** [prɔ:n] 1. *n зоол.* пи́льчатая креве́тка

2. *v* лови́ть креве́ток

**praxis** ['præksɪs] *n* 1) пра́ктика 2) обы́чай 3) приме́ры, упражне́ния (*по грамматике и т. п.*)

**pray** [preɪ] *v* 1) моли́ться 2) проси́ть, умоля́ть; ~! пожа́луйста!, прошу́ вас!

**prayer** I [prɛə] *n* 1) моли́тва 2) моле́бен 3) про́сьба; мольба́

**prayer** II ['preɪə] *n* проси́тель

**prayer-book** ['prɛəbuk] *n* моли́твенник, тре́бник

**prayerful** ['prɛəful] *a* 1) богомо́льный 2) моли́твенный

**praying** ['preɪɪŋ] 1. *pres. p. от* pray

2. *n* моле́ние ◇ he is beyond ~ он безнадёжен (*о больном или шутл. — о глупце*)

**pre** [pri:-] *pref* до-, пред-, впереди́, зара́нее; *напр.*: prehistoric доистори́ческий; preheat предвари́тельно нагрева́ть

**preach** [pri:tʃ] *v* 1) пропове́довать 2) поуча́ть, чита́ть наставле́ния □ ~ **down** выступа́ть про́тив *чего-л.*, осужда́ть; ~ **up** восхваля́ть

**preacher** ['pri:tʃə] *n* пропове́дник

**preaching** ['pri:tʃɪŋ] 1. *pres. p. от* preach

2. *n* 1) пропове́дование 2) про́поведь

**preachment** ['pri:tʃmənt] *n* про́поведь (*особ. скучная*); нравоуче́ние

**preachy** ['pri:tʃɪ] *a* любящий пропове́довать, поуча́ть

**pre-admission** [,pri:əd'mɪʃən] *n тех.* предваре́ние впу́ска (*пара, горючей смеси*)

**preamble** [pri:'æmbl] 1. *n* 1) преа́мбула; вво́дная часть 2) предисло́вие, вступле́ние

2. *v* де́лать предисло́вие

**pre-arrange** ['pri:ə'reɪndʒ] *v* зара́нее подгота́вливать, плани́ровать

**pre-arranged** ['pri:ə'reɪndʒd] 1. *p. p. от* pre-arrange

2. *a* зара́нее подгото́вленный, заплани́рованный

**pre-audience** [pri:'ɔ:djəns] *n юр.* очерёдность выступле́ния юри́стов в суде́ в соотве́тствии с их зва́ниями

**prebend** ['prebənd] *n* 1) пребе́нда (*в католической церкви*) 2) земля́ *или* нало́г даю́щие пребе́нду

**prebendary** ['prebəndərɪ] *n* пребенда́рий

**pre-capitalist** ['pri:'kæpɪtəlɪst] *a* докапиталисти́ческий

**precarious** [prɪ'kɛərɪəs] *a* 1) случа́йный; ненадёжный, сомни́тельный; to make a ~ living жить случа́йными дохо́дами, ко́е-ка́к перебива́ться 2) риско́ванный, опа́сный 3) необосно́ванный

**precast** [prɪ'kɑ:st] *a стр.* 1) заводско́го изготовле́ния 2) сбо́рного ти́па

**precatory** ['prekətərɪ] *a* проси́тельный

**precaution** [prɪ'kɔ:ʃən] *n* 1) предосторо́жность; предусмотри́тельность; to take ~s against smth. приня́ть ме́ры предосторо́жности про́тив чего́-л. 2) предостереже́ние

**precautionary** [prɪ'kɔ:ʃnərɪ] *a* предупреди́тельный; ~ measures ме́ры предосторо́жности

**precede** [pri(:)'si:d] *v* 1) предше́ствовать, стоя́ть *или* идти́ пе́ред (*чем-л.*), впереди́ (*кого-л.*) 2) превосходи́ть (*по важности и т. п.*); занима́ть бо́лее высо́кое положе́ние (*по должности*); быть впереди́ (*в каком-л. отношении*) 3) предпосыла́ть (by); расчища́ть путь (with, by — для *чего-л.*)

**precedence** [pri(:)'si:dəns] *n* 1) предше́ствование 2) пе́рвенство, превосхо́дство (*в знаниях и т. п.*); бо́лее высо́кое положе́ние (*по должности*); старшинство́; to take ~ of а) превосходи́ть; б) предше́ствовать

**precedent 1.** *n* [ˈpresɪdənt] прецеде́нт

2. *a* [prɪˈsiːdənt] предше́ствующий; condition ~ предвари́тельное усло́вие

**preceding** [pri(ː)ˈsiːdɪŋ] **1.** *pres. p. от* precede

2. *a* предше́ствующий

**precentor** [pri(ː)ˈsentə] *n* ре́гент хо́ра

**precept** [ˈpriːsept] *n* 1) наставле́ние, пра́вило, указа́ние; инстру́кция 2) за́поведь 3) *юр.* предписа́ние; вы́зов в суд

**preceptive** [prɪˈseptɪv] *a* настави́тельный

**preceptor** [prɪˈseptə] *n* наста́вник

**preceptorial** [ˌpriːsepˈtɔːrɪəl] *a* наста́внический

**preceptress** [prɪˈseptrɪs] *n* наста́вница

**precession** [prɪˈseʃən] *n астр.* прецé́ссия (*тж.* ~ of the equinoxes)

**pre-Christian** [ˈpriːˈkrɪstjən] *a* дохристиа́нский

**precinct** [ˈpriːsɪŋkt] *n* 1) огоро́женная террито́рия, прилега́ющая к зда́нию (*особ. к церкви*) 2) *pl* окре́стности 3) *амер.* избира́тельный *или* полице́йский уча́сток, о́круг 4) преде́л, грани́ца ◇ a shopping ~ торго́вый центр; a pedestrian ~ пешехо́дная доро́жка

**preciosity** [ˌpreʃɪˈɔsɪtɪ] *n* изы́сканность, утончённость, изощрённость (*языка, стиля*)

**precious** [ˈpreʃəs] **1.** *a* 1) драгоце́нный; ~ stone драгоце́нный ка́мень 2) дорого́й; люби́мый; a ~ friend you have been! *ирон.* хоро́ш друг! 3) мане́рно-изы́сканный 4) *разг. употр. для усиления*: do not be in such a ~ hurry не спеши́те так; he has got into a ~ mess он попа́л в весьма́ тру́дное положе́ние

2. *n* люби́мый; my ~ мой ми́лый

3. *adv* о́чень, здо́рово; they took ~ little notice они́ и внима́ния не обрати́ли

**precipice** [ˈpresɪpɪs] *n* 1) обры́в, про́пасть 2) *перен.* опа́сное положе́ние

**precipitance, -cy** [prɪˈsɪpɪtəns, -sɪ] *n* 1) стреми́тельность 2) опроме́тчивость; to judge with ~ суди́ть опроме́тчиво

**precipitant** [prɪˈsɪpɪtənt] *a* 1) стреми́тельный 2) де́йствующий опроме́тчиво

**precipitate 1.** *n* [prɪˈsɪpɪtɪt] *хим.* оса́док

2. *a* [prɪˈsɪpɪtɪt] 1) стреми́тельный; поспе́шный 2) опроме́тчивый, неосмотри́тельный

3. *v* [prɪˈsɪpɪteɪt] 1) низверга́ть, поверга́ть; броса́ть; вверга́ть; to ~ oneself броса́ться вниз голово́й 2) ускоря́ть, торопи́ть 3) *хим.* осажда́ть(ся); отму́чивать 4) *метео* выпада́ть (*об осадках*)

**precipitation** [prɪˌsɪpɪˈteɪʃən] *n* 1) низверже́ние 2) стреми́тельность 3) ускоре́ние, увеличе́ние (*темпа*) 4) *хим.* осажде́ние 5) *хим.* оса́док 6) *метео* выпаде́ние оса́дков; оса́дки; annual ~ годово́е коли́чество оса́дков

**precipitous** [prɪˈsɪpɪtəs] *a* круто́й; обры́вистый; отве́сный

**précis** [ˈpreɪsiː] *фр.* **1.** *n* кра́ткое изложе́ние, консе́кт

2. *v* составля́ть конспе́кт, кра́тко излага́ть

**precise** [prɪˈsaɪz] *a* 1) то́чный; определённый 2) аккура́тный, пунктуа́льный 3) чёткий, я́сный 4) тща́тельный 5) педанти́чный; щепети́льный

**precisely** [prɪˈsaɪslɪ] *adv* 1) то́чно 2) и́менно, соверше́нно ве́рно (*как ответ*)

**precisian** [prɪˈsɪʒən] *n* 1) формали́ст, педа́нт 2) *ист.* purита́нин

**precisianism** [prɪˈsɪʒənɪzm] *n* формали́зм, педанти́зм

**precision** [prɪˈsɪʒən] *n* 1) то́чность; чёткость; аккура́тность 2) ме́ткость 3) *attr.* то́чный; ме́ткий; ~ balance то́чные весы́; ~ instrument то́чный инструме́нт; ~ bombing прице́льное бомбомета́ние; ~ fire то́чный, ме́ткий ого́нь

**preclude** [prɪˈkluːd] *v* 1) предотвраща́ть, устраня́ть 2) меша́ть (from); this will ~ me from coming э́то поме́ша́ет мне прийти́

**preclusion** [prɪˈkluːʒən] *n* препя́тствие, поме́ха

**precocious** [prɪˈkəuʃəs] *a* 1) ра́но разви́вшийся; не по года́м разви́той 2) преждевре́менный 3) *с.-х.* скоросп́е́лый

**precocity** [prɪˈkɔsɪtɪ] *n* ра́ннее разви́тие, скороспе́лость

**pre-Columbian** [ˈpriːkəˈlʌmbɪən] *a* 1) предше́ствовавший откры́тию Колу́мбом Аме́рики, доколу́мбовый 2) *перен.* стари́нный, допото́пный

**preconceive** [ˈpriːkənˈsiːv] *v* представля́ть себе́ зара́нее

**preconceived** [ˈpriːkənˈsiːvd] **1.** *p. p. от* preconceive

2. *a* предвзя́тый; ~ notion предвзя́тое мне́ние

**preconception** [ˈpriːkənˈsepʃən] *n* 1) предвзя́тое мне́ние; предубежде́ние 2) предрассу́док

**pre-concert** [ˈpriːkənˈsəːt] *v* усла́вливаться зара́нее

**pre-concerted** [ˈpriːkənˈsəːtɪd] **1.** *p. p. от* pre-concert

2. *a* обусло́вленный зара́нее

**pre-condition** [ˈpriːkənˈdɪʃən] **1.** *n* предвари́тельное *или* непреме́нное усло́вие, предпосы́лка

2. *v* зара́нее обусло́вить, оговори́ть

**pre-conquest** [ˈpriːˈkɔŋkwest] *a ист.* донорма́ннский, относя́щийся к пери́оду до норма́ннского завоева́ния 1066 г.

**pre-contract** [pri(ː)ˈkɔntrækt] **1.** *n* бо́лее ра́нний контра́кт (*как препятствие к заключению нового*)

2. *v* заключи́ть контра́кт зара́нее

**pre-costal** [pri(ː)ˈkɔstəl] *a анат.* предрёберный

**precursor** [pri(ː)ˈkəːsə] *n* 1) предте́ча, предше́ственник 2) предве́стник

**precursory** [pri(ː)ˈkəːsərɪ] *a* 1) предвеща́ющий (of); предше́ствующий 2) предвари́тельный

**predacious** [pri(ː)ˈdeɪʃəs] *a редк.* хи́щный; хи́щнический

**predator** [ˈpredətə] *n* хи́щник (*тж. перен.*)

**predatory** [ˈpredətərɪ] *a* 1) граби́тельский 2) хи́щный

**predawn** [pri(ː)ˈdɔːn] *a* предутренний, предрассве́тный

**predecease** [ˈpriːdɪˈsiːs] **1.** *n* смерть (*кого-л.*), предше́ствовавшая сме́рти друго́го

2. *v* умере́ть ра́ньше друго́го

**predecessor** [ˈpriːdɪsesə] *n* 1) предше́ственник 2) пре́док

**pre-Depression** [ˈpriːdɪˈpreʃən] *a* предше́ствовавший экономи́ческому кри́зису 1929—33 гг.; ~ level докри́зисный у́ровень

**predestination** [pri(ː)ˌdestɪˈneɪʃən] *n* предопределе́ние

**predestine** [pri(ː)ˈdestɪn] *v* предопредели́ть

**predetermine** [ˈpriːdɪˈtəːmɪn] *v* 1) предопределя́ть, предреша́ть 2) повлия́ть (*на кого-л.*); напра́вить (*чьи-либо*) де́йствия *и т. п.* в определённую сто́рону

**predial** [ˈpriːdɪəl] *a* 1) земе́льный; се́льский, агра́рный 2) прикреплённый к земле́ (*о крепостном*)

**predicament** [prɪˈdɪkəmənt] *n* 1) затрудни́тельное положе́ние; затрудне́ние; what a ~! кака́я доса́да! 2) *лог.* катего́рия

**predicant** [ˈpredɪkənt] **1.** *n* пропове́дник

2. *a* пропове́днический

**predicate 1.** *n* [ˈpredɪkɪt] 1) *грам.* сказу́емое, предика́т 2) *лог.* утвержде́ние

2. *v* [ˈpredɪkeɪt] 1) утвержда́ть (*тж. лог.*; of, about) 2) *амер.* осно́вывать (*утверждение и т. п.*) на фа́ктах (upon)

**predication** [ˌpredɪˈkeɪʃən] *n* 1) утвержде́ние (*тж. лог.*) 2) *грам.* предика́ция

**predicative** [prɪˈdɪkətɪv] *грам.* **1.** *a* предикати́вный

2. *n* предикати́вный член, имена́я часть составно́го сказу́емого

**predict** [prɪˈdɪkt] *v* предска́зывать

**predicted** [prɪˈdɪktɪd] **1.** *p. p. от* predict

2. *a*: ~ fire *воен.* стрельба́ по исчи́сленным да́нным

**prediction** [prɪˈdɪkʃən] *n* 1) предсказа́ние; прогно́з; проро́чество 2) *воен.* предвари́тельная подгото́вка да́нных для стрельбы́

**predictive** [prɪˈdɪktɪv] *a* предска́зывающий; проро́ческий

**predictor** [prɪˈdɪktə] *n* 1) предсказа́тель 2) *воен.* прибо́р управле́ния артиллери́йским зени́тным огнём

**predilection** [ˌpriːdɪˈlekʃən] *n* пристра́стие, скло́нность (of — к *чему-л.*)

**predispose** [ˈpriːdɪsˈpəuz] *v* предрасполага́ть (to — к *чему-л.*)

**predisposition** [ˈpriːdɪspəˈzɪʃən] *n* предрасположе́ние, скло́нность

**predominance** [prɪˈdɔmɪnəns] *n* превосхо́дство, преоблада́ние, госпо́дство

**predominant** [prɪˈdɔmɪnənt] *a* преоблада́ющий, домини́рующий, госпо́дствующий (over — над)

**predominate** [prɪ'dɔmɪneɪt] *v* госпо́дствовать, преоблада́ть (over — над)

**predominatingly** [prɪ'dɔmɪneɪtɪŋlɪ] *adv* преиму́щественно

**pre-election** [ˌpri(:)ɪ'lekʃən] *n* 1) предвари́тельные вы́боры 2) *attr.* предвы́борный

**pre-eminence** [pri(:)'emɪnəns] *n* (огро́мное) превосхо́дство, преиму́щество

**pre-eminent** [pri(:)'emɪnənt] *a* выдаю́щийся, превосходя́щий други́х

**pre-empt** [pri(:)'empt] *n* 1) покупа́ть ра́ньше други́х 2) завладева́ть ра́ньше други́х 3) *амер.* приобрета́ть преиму́щественное пра́во на поку́пку госуда́рственной земли́

**pre-emption** [pri(:)'empʃən] *n* 1) поку́пка пре́жде други́х 2) преиму́щественное пра́во на поку́пку (*амер.* на поку́пку госуда́рственной земли́)

**preen** [pri:n] *v* 1) чи́стить (*перья*) клю́вом 2) (*обыкн. refl.*) прихора́шиваться 3) горди́ться собо́й

**pre-establish** ['pri:ɪs'tæblɪʃ] *v* устана́вливать зара́нее

**pre-exist** ['pri:ɪg'zɪst] *v* существова́ть до (*чего-л.*)

**prefab** ['pri:fæb] *сокр. разг. от* prefabricated house [*см.* prefabricated 2]

**prefabricate** ['pri:'fæbrɪkeɪt] *v* изготовля́ть заводски́м спо́собом

**prefabricated** ['pri:'fæbrɪkeɪtɪd] **1.** *p. p. от* prefabricate

2. *a* изгото́вленный заводски́м спо́собом; сбо́рный; ~ house сбо́рный, станда́ртный дом

**preface** ['prefɪs] **1.** *n* 1) предисло́вие; вво́дная часть 2) проло́г

2. *v* 1) снабжа́ть (*книгу и т. п.*) предисло́вием 2) начина́ть (by, with); предпосыла́ть 3) де́лать предвари́тельные замеча́ния

**prefatory** ['prefətərɪ] *a* вступи́тельный, вво́дный, предвари́тельный

**prefect** ['pri:fekt] *n* 1) префе́кт 2) *школ.* ста́рший учени́к, следя́щий за дисципли́ной

**prefecture** ['pri:fektjuə] *n* префекту́ра

**prefer** [prɪ'fə:] *v* 1) предпочита́ть 2) повыша́ть (*в чине*); продвига́ть (*по службе*) 3) представля́ть, подава́ть (*прошение, жалобу*); выдвига́ть (*требование*)

**preferable** ['prefərəbl] *a* предпочти́тельный

**preferably** ['prefərəblɪ] *adv* предпочти́тельно, лу́чше

**preference** I ['prefərəns] *n* 1) предпочте́ние; for ~ предпочти́тельно 2) то, чему́ отдаётся предпочте́ние; what are your ~s? что вы предпочита́ете? 3) преиму́щественное пра́во на опла́ту (*особ. о долге*) 4) льго́тная тамо́женная по́шлина; префере́нция 5) *attr.* привилегиро́ванный; ~ share привилегиро́ванная а́кция

**preference** II ['prefərəns] *n карт.* префера́нс

**preferential** [ˌprefə'renʃəl] *a* 1) по́льзующийся предпочте́нием; предпочти́тельный; ~ shop *амер.* предприя́тие, администра́ция кото́рого обязу́ется по догово́ру с профсою́зом отдава́ть предпочте́ние чле́нам профсою́за (*при приёме на работу, повышении в должности и т. п.*) 2) *эк.* льго́тный, преференциа́льный (*о ввозных пошлинах*)

**preferment** [prɪ'fə:mənt] *n* продвиже́ние по слу́жбе, повыше́ние

**preferred** [prɪ'fə:d] **1.** *p. p. от* prefer

2. *a эк.* привилегиро́ванный; ~ share привилегиро́ванная а́кция

**prefix 1.** *n* ['pri:fɪks] 1) *грам.* пре́фикс, приста́вка 2) сло́во, стоя́щее пе́ред и́менем и ука́зывающее на зва́ние, положе́ние *и т. п.* (*напр.*, Dr., Sir *и т. п.*)

2. *v* [pri:'fɪks] 1) предпосыла́ть 2) приставля́ть спе́реди; прибавля́ть пре́фикс

**preform** [pri:'fɔ:m] *v* формирова́ть зара́нее

**pregnable** ['pregnəbl] *a* ненадёжно укреплённый, не непристу́пный (*о крепости и т. п.*); уязви́мый

**pregnancy** ['prəgnənsɪ] *n* 1) бере́менность 2) чрева́тость 3) бога́тство (*воображения и т. п.*); содержа́тельность

**pregnant** ['pregnənt] *a* 1) бере́менная 2) чрева́тый (with) 3) бога́тый (*о воображении и т. п.*); содержа́тельный 4) по́лный смы́сла, значе́ния

**preheat** [pri:'hi:t] *v* предвари́тельно нагрева́ть, подогрева́ть

**prehensile** [prɪ'hensaɪl] *a зоол.* це́пкий; приспосо́бленный для хвата́ния; хвата́тельный

**prehension** [prɪ'henʃən] *n* 1) *зоол.* хвата́ние; схва́тывание, захва́тывание 2) спосо́бность схва́тывать, понима́ние

**prehistoric** ['pri:hɪs'tɔrɪk] *a* доистори́ческий

**pre-human** [pri:'hju:mən] *a* существова́вший на земле́ до появле́ния челове́ка

**prejudge** ['pri:'dʒʌdʒ] *v* осужда́ть, не вы́слушав; предреша́ть

**prejudgement** ['pri:'dʒʌdʒmənt] *n* предвзя́тость, предвзя́тое мне́ние

**prejudice** ['predʒudɪs] **1.** *n* 1) предубежде́ние, предвзя́тое мне́ние; ~ in favour of smb. пристра́стное, незаслу́женно хоро́шее отноше́ние к кому́-л. 2) предрассу́док 3) уще́рб, вред; to the (*или* in) ~ of в уще́рб; without ~ to без уще́рба для (*кого-л., чего-либо*)

2. *v* 1) предубежда́ть (against — про́тив) 2) располага́ть (in favour of *smb.* — в чью-л. по́льзу) 3) нанос́ить уще́рб, причиня́ть вред

**prejudicial** [ˌpredʒu'dɪʃəl] *a* нанося́щий уще́рб, вре́дный, па́губный

**prelacy** ['preləsɪ] *n* 1) прела́тство 2) епископа́льное управле́ние це́рковью

**prelate** ['prelɪt] *n* прела́т

**prelect** [pri(:)'lekt] *v* чита́ть ле́кцию

**prelection** [pri(:)'lekʃən] *n* ле́кция (*особ. в университете*)

**prelector** [pri(:)'lektə] *n* ле́ктор (*особ. в университете*)

**prelim** [prɪ'lɪm] *сокр. разг. от* preliminary examination [*см.* preliminary 2]

**preliminary** [prɪ'lɪmɪnərɪ] **1.** *n* 1) (*часто pl*) подготови́тельное мероприя́тие 2) *pl* предвари́тельные перегово́ры; прелимина́рии 3) = ~ examination [*см.* 2]

2. *a* предвари́тельный; ~ examination вступи́тельный экза́мен

**prelude** ['prelju:d] **1.** *n* 1) вступле́ние 2) *муз.* прелю́дия

2. *v* 1) служи́ть вступле́нием 2) начина́ть (with)

**prelusive** [pri(:)'lju:sɪv] *a* вступи́тельный

**premature** [ˌpremə'tjuə] **1.** *a* 1) преждевре́менный; ~ death безвре́менная смерть 2) поспе́шный, непроду́манный

2. *n воен.* преждевре́менный разры́в (*снаряда и т. п.*)

**prematurity** [ˌpremə'tjuərɪtɪ] *n* преждевре́менность

**premeditate** [pri(:)'medɪteɪt] *v* обду́мывать, проду́мывать зара́нее

**premeditated** [pri(:)'medɪteɪtɪd] **1.** *p. p. от* premeditate

2. *n* обду́манный зара́нее; преднаме́ренный

**premeditation** [pri(:)ˌmedɪ'teɪʃən] *n* преднаме́ренность

**premier** ['premjə] **1.** *n* премье́р-мини́стр

2. *a* пе́рвый; to take |to secure| (the) ~ place заня́ть пе́рвое ме́сто

**première** ['premɪɛə] *фр. n театр.* премье́ра

**premise 1.** *n* ['premɪs] 1) *лог.* (пред-) посы́лка 2) *pl юр.* вступи́тельная часть докуме́нта 3) *pl* помеще́ние, дом (*с прилегающими пристройками и участком*); владе́ние ◇ to be consumed (*или* drunk) on the ~s продаётся распи́вочно; to be drunk to the ~s ≅ допи́ться до чёртиков; to see smb. off the ~s вы́проводить, спрова́дить кого́-л.

2. *v* [prɪ'maɪz] предпосыла́ть (that)

**premiss** ['premɪs] = premise 1, 1)

**premium** ['pri:mjəm] *n* 1) награ́да; пре́мия; to put a ~ on smth. поощря́ть что-л., подстрека́ть к чему́-л. 2) пла́та (*за обучение и т. п.*) 3) страхова́я пре́мия 4) *фин.* пре́мия; надба́вка ◇ at a ~ в большо́м почёте; в большо́м спро́се; о́чень мо́дный; ≅ крик мо́ды

**premonition** [ˌpri:mə'nɪʃən] *n* 1) предупрежде́ние 2) предчу́вствие

**premonitory** [prɪ'mɔnɪtərɪ] *a* 1) предваря́ющий; предостерега́ющий 2) *мед.* продрома́льный

**pre-natal** ['pri:'neɪtl] *a* происше́дший до рожде́ния; предродово́й; внутриутро́бный; ~ care наблюде́ние за бере́менной же́нщиной; гигие́на бере́менной

**prentice** ['prentɪs] *n уст.* подмасте́рье ◇ a ~ hand а) неуме́лая рука́; б) нело́вкая попы́тка (*сделать что-л.*)

**preoccupation** [pri(:)ˌɔkju'peɪʃən] *n* 1) заня́тие (*места*) ра́ньше (*кого-л.*) 2) рассе́янность, озабо́ченность

**preoccupied** [pri(:)'ɔkjupaɪd] 1. *p. p. от* preoccupy
2. *a* 1) поглощённый мыслями; озабо́ченный 2) ра́нее захва́ченный
**preoccupy** [pri(:)'ɔkjupaɪ] *v* 1) занима́ть, поглоща́ть внима́ние 2) заня́ть, захвати́ть ра́ньше (*кого-л.*)
**pre-ordain** ['pri:ɔ:'deɪn] *v* предопределя́ть
**preordination** ['pri:,ɔ:dɪ'neɪʃən] *n* предопределе́ние
**prep** [prep] *школ. разг.* 1. *n* 1) приготовле́ние уро́ков 2) приготови́тельная шко́ла
2. *a* приготови́тельный
**prepack** ['pri:pæk] *n разг.* расфасо́ванный това́р; полуфабрика́т
**prepackage** ['pri:'pækɪdʒ] *v* расфасова́ть (зара́нее)
**pre-packed** ['pri:'pækt] *a* расфасо́ванный
**prepaid** ['pri:'peɪd] *past и p. p. от* prepay
**preparation** [,prepə'reɪʃən] *n* 1) приготовле́ние, подгото́вка; to make ~s for гото́виться к, проводи́ть подгото́вку к 2) приготовле́ние уро́ков 3) препара́т 4) лека́рство 5) *горн.* обогаще́ние
**preparative** [prɪ'pærətɪv] 1. *a* приготови́тельный, подготови́тельный; подгота́вливающий
2. *n* приготовле́ние
**preparatory** [prɪ'pærətərɪ] 1. *a* 1) приготови́тельный, предвари́тельный, подготови́тельный 2): ~ to (*употр. как prep*) пре́жде чем, до того́ как
2. *n* приготови́тельная шко́ла
**prepare** [prɪ'pɛə] *v* 1) приготовля́ть(ся); I am not ~d to say я ещё не могу́ сказа́ть 2) гото́вить(ся), подгота́вливать(ся) 3) гото́вить (*обед, лекарство*); составля́ть (*смесь и т. п.*)
**prepared** [prɪ'pɛəd] 1. *p. p. от* prepare
2. *a* 1) подгото́вленный, гото́вый 2) *тех.* очи́щенный, предвари́тельно обрабо́танный
**preparedness** [prɪ'pɛədnɪs] *n* гото́вность, подгото́вленность
**prepay** ['pri:'peɪ] *v* (prepaid) 1) плати́ть вперёд 2) *эк.* франки́ровать
**prepense** [prɪ'pens] *a* предумы́шленный; of malice ~ *юр.* со злы́м у́мыслом
**pre-plan** [pri(:)'plæn] *v* предвари́тельно плани́ровать, намеча́ть зара́нее
**preponderance** [prɪ'pɔndərəns] *n* переве́с, превосхо́дство, преоблада́ние
**preponderant** [prɪ'pɔndərənt] *a* преоблада́ющий, име́ющий переве́с, превосхо́дство; ~ position госпо́дствующее положе́ние
**preponderate** [prɪ'pɔndəreɪt] *v* 1) переве́шивать, име́ть переве́с 2) превосходи́ть, превыша́ть (over — *что-л.*), преоблада́ть
**preposition** [,prepə'zɪʃən] *n грам.* 1) предло́г 2) препози́ция
**prepositional** [,prepə'zɪʃənl] *a грам.* предло́жный
**prepositive** [prɪ'pɔzɪtɪv] *a грам.* препозити́вный, препозицио́нный
**prepossess** [,pri:pə'zes] *v* 1) овладева́ть (*о чувстве, идее, мысли и т. п.*) 2) вдохновля́ть; внуша́ть (*чувство, мнение и т. п.*) 3) производи́ть благоприя́тное впечатле́ние; располага́ть к себе́ 4) предрасполага́ть 5) име́ть предубежде́ние
**prepossessing** [,pri:pə'zesɪŋ] 1. *pres. p. от* prepossess
2. *a* располага́ющий, прия́тный
**prepossession** [,pri:pə'zeʃən] *n* 1) предрасположе́ние 2) предвзя́тое отноше́ние; предубежде́ние
**preposterous** [prɪ'pɔstərəs] *a* несообра́зный, неле́пый, абсу́рдный
**prepotency** [prɪ'pəutənsɪ] *n* 1) преоблада́ние 2) *биол.* домини́рование (*признаков*)
**prepotent** [prɪ'pəutənt] *a* 1) могу́щественный 2) бо́лее си́льный 3) *биол.* преоблада́ющий, домина́нтный, домини́рующий
**pre-print** [pri(:)'prɪnt] *n амер.* часть кни́ги *или* статья́ сбо́рника, опублико́ванная до вы́хода в свет всей кни́ги
**pre-production** [,pri:prə'dʌkʃən] *n тех.* 1) вы́пуск о́пытной се́рии 2) *attr.*: ~ model о́пытный образе́ц
**prepuce** ['pri:pju:s] *n анат.* кра́йняя плоть
**Pre-Raphaelite** ['pri:'ræfəlaɪt] *иск.* 1. *n* прерафаэли́т
2. *a* прерафаэли́тский
**prerequisite** ['pri:'rekwɪzɪt] 1. *n* предпосы́лка
2. *a* необходи́мый как усло́вие
**prerogative** [prɪ'rɔgətɪv] 1. *n* прерогати́ва, исключи́тельное пра́во; привиле́гия
2. *a* облада́ющий прерогати́вой; ~ right преиму́щественное пра́во
**presage** ['presɪdʒ] 1. *n* 1) предзнаменова́ние, предсказа́ние 2) предчу́вствие (*особ. дурное*)
2. *v* 1) предзнамено́вывать, предвеща́ть; предска́зывать 2) предчу́вствовать (*особ. дурное*)
**presbyopia** [,prezbɪ'oupjə] *n* пресбио́пия, ста́рческая дальнозо́ркость
**presbyter** ['prezbɪtə] *n рел.* пресви́тер; свяще́нник; старе́йшина
**Presbyterian** [,prezbɪ'tɪərɪən] *рел.* 1. *n* пресвитериа́нин
2. *a* пресвитериа́нский
**presbytery** ['prezbɪtərɪ] *n рел.* 1) пресвите́рия 2) часть це́ркви, где помеща́ется алта́рь 3) дом католи́ческого свяще́нника
**preschool** ['pri:'sku:l] *a* дошко́льный; ~ child дошко́льник, ребёнок дошко́льного во́зраста
**prescience** ['presɪəns] *n* предви́дение
**prescient** ['presɪənt] *a* наделённый да́ром предви́дения, предви́дящий
**prescind** [prɪ'sɪnd] *v* 1) абстраги́ровать 2) отвлека́ть внима́ние (from)
**prescribe** [prɪs'kraɪb] *v* 1) предпи́сывать 2) пропи́сывать (*лекарство*); to, for — *кому-л.*; for — про́тив *чего-л.*) 3) *юр.* приобрета́ть пра́во (*на что-л.*) по да́вности владе́ния
**prescript** ['pri:skrɪpt] *n* предписа́ние, постановле́ние
**prescription** [prɪs'krɪpʃən] *n* 1) предпи́сывание 2) предписа́ние, рекоменда́ция, устано́вка 3) *мед.* реце́пт 4) *юр.* пра́во да́вности (*тж.* positive ~); negative ~ ограниче́ние сро́ка, в продолже́ние кото́рого пра́во име́ет си́лу 5) непи́саный зако́н
**prescriptive** [prɪs'krɪptɪv] *a* 1) предпи́сывающий 2) осно́ванный на пра́ве да́вности *или* да́внем обы́чае
**preselect** [,pri:sɪ'lekt] *v тех.* предвари́тельно отбира́ть
**preselection** [,pri:sɪ'lekʃən] *n* предвари́тельный отбо́р; предвари́тельный подбо́р
**preselector** [,pri:sɪ'lektə] *n тех.* механи́зм предвари́тельного вы́бора
**presence** ['prezns] *n* 1) прису́тствие; нали́чие 2) прису́тствие, сосе́дство, непосре́дственная бли́зость; о́бщество (*какого-л. лица*); I was admitted to his ~ я был допу́щен к нему́; in this ~ в прису́тствии э́того лица́; to be calm in the ~ of danger быть споко́йным пе́ред лицо́м опа́сности 3) оса́нка, вне́шний вид ◇ ~ of mind прису́тствие ду́ха
**presence-chamber** ['prezns,ʧeɪmbə] *n* приёмный зал
**present** I ['preznt] 1. *n* 1) настоя́щее вре́мя; at ~ в да́нное вре́мя; for the ~ на э́тот раз, пока́ 2) *юр.*: these ~s сей докуме́нт; know all men by these ~s настоя́щим объявля́ется 3): those (here) ~ прису́тствующие 4) = ~ tense [*см.* 2, 4)]
2. *a* 1) прису́тствующий, име́ющийся нали́цо́; to be ~ at прису́тствовать на (*собрании и т. п.*); to be ~ to the imagination жить в воображе́нии 2) тепе́решний, настоя́щий; совреме́нный; существу́ющий; ~ boundaries существу́ющие грани́цы 3) да́нный, э́тот са́мый; the ~ volume да́нная кни́га; the ~ writer пи́шущий э́ти стро́ки 4) *грам.*: ~ tense настоя́щее вре́мя; ~ participle прича́стие настоя́щего вре́мени ◇ ~ company excepted о прису́тствующих не говоря́т; all ~ and correct а) *воен.* все нали́цо́ (*доклад начальнику*); б) всё в поря́дке
**present** II 1. *n* ['preznt] пода́рок; to make a ~ of smth. дари́ть что-л.
2. *v* [prɪ'zent] 1) преподноси́ть; дари́ть (with); to ~ one's compliments (*или* regards) свиде́тельствовать своё почте́ние 2) подава́ть; передава́ть на рассмотре́ние (*заявление, законопроект, прошение и т. п.*) 3) представля́ть (to — *кому-л.*); to ~ oneself представля́ться, явля́ться 4) представля́ть, явля́ть собо́й; they ~ed a different aspect они́ вы́глядели ина́че 5) дава́ть, пока́зывать (*спектакль*); пока́зывать (*актёра*)
**present** III [prɪ'zent] *воен.* 1. *n* 1) взя́тие на карау́л 2) взя́тие на прице́л
2. *v* 1) брать на карау́л 2) це́литься
**presentable** [prɪ'zentəbl] *a* прили́чный, респекта́бельный, презента́бельный

**presentation** [ˌprezenˈteɪʃən] *n* 1) представле́ние (to — *кому-л.*) 2) подноше́ние (*подарка*) 3) пода́рок 4) *театр.* пока́з; представле́ние 5) *attr.*: ~ copy экземпля́р, пода́ренный а́втором

**present-day** [ˈprezntdeɪ] *a* совреме́нный

**presentee** I [ˌprezn̩ˈtiː] *n* получа́тель пода́рка

**presentee** II [ˌprezn̩ˈtiː] *n* 1) кандида́т (*на должность*) 2) лицо́, предста́вленное ко двору́

**presenter** [prɪˈzentə] *n* 1) пода́тель, предъяви́тель 2) дари́тель 3) *радио, тлв.* веду́щий програ́мму

**presentiment** [prɪˈzentɪmənt] *n* предчу́вствие (*особ.* дурно́е)

**presently** [ˈprezntlɪ] *adv* 1) вско́ре, немно́го вре́мени спустя́ 2) тепе́рь, сейча́с

**presentment** [prɪˈzentmənt] *n* 1) представле́ние, пока́з (*спектакля*) 2) изложе́ние, изображе́ние 3) *юр.* заявле́ние (*присяжных*) 4) официа́льная жа́лоба епи́скопу

**preservation** [ˌprezə(ː)ˈveɪʃən] *n* 1) сохране́ние, предохране́ние 2) сохра́нность; in (a state of) fair ~ хорошо́ сохрани́вшийся 3) консерви́рование 4) охра́на от браконье́рства

**preservative** [prɪˈzəːvətɪv] **1.** *a* предохраня́ющий, предохрани́тельный

**2.** *n* предохраня́ющее сре́дство

**preserve** [prɪˈzəːv] **1.** *n* 1) (*обыкн. pl*) консе́рвы, презе́рвы; варе́нье 2) охо́тничий *или* рыболо́вный запове́дник

**2.** *v* 1) сохраня́ть, охраня́ть, оберега́ть; to ~ one's existence вы́жить, вы́стоять 2) храни́ть (*овощи, продукты*) 3) заготовля́ть впрок; консерви́ровать 4) охраня́ть от браконье́ров

**preside** [prɪˈzaɪd] *v* 1) председа́тельствовать (at, over — на) 2) осуществля́ть контро́ль, руково́дство

**presidency** [ˈprezɪdənsɪ] *n* 1) председа́тельство 2) президе́нтство 3) *ист.* о́круг (*в Индии*)

**president** [ˈprezɪdənt] *n* 1) президе́нт 2) председа́тель 3) ре́ктор (*университетского колледжа*) 4) дире́ктор ба́нка, компа́нии *или* фи́рмы 5) *ист.* губерна́тор (*колонии*)

**president-elect** [ˈprezɪdəntɪˈlekt] *n* и́збранный, но ещё не вступи́вший в до́лжность президе́нт

**presidential** [ˌprezɪˈdenʃəl] *a* президе́нтский; ~ year *амер.* год вы́боров президе́нта

**presidentship** [ˈprezɪdəntʃɪp] *n* президе́нтство

**presidio** [prɪˈsɪdɪəu] *исп. n* (*pl* -os [-əuz]) кре́пость, форт

**presidium** [prɪˈsɪdɪəm] *n* прези́диум; the Presidium of the Supreme Soviet of the USSR Прези́диум Верхо́вного Сове́та СССР

**press** I [pres] **1.** *n* 1) нада́вливание; give it a slight ~ слегка́ нажми́те 2) пресс 3) *спорт.* жим, вы́жим шта́нги 4) да́вка; сва́лка 5) спе́шка; there is a great ~ of work мно́го неотло́жной рабо́ты

**2.** *v* 1) жать, нажима́ть, прижима́ть 2) дави́ть, выда́вливать, выжима́ть; to ~ home *тех.* вы́жать до конца́, до отка́за 3) прессова́ть; выда́вливать, штампова́ть 4) толка́ть (*тж.* ~ up, ~ down) 5) *уст.* тесни́ть(ся) (*тж.* ~ round, ~ up) 6) (*часто pass.*) стесня́ть, затрудня́ть; hard ~ed в тру́дном положе́нии; to be ~ed for money испы́тывать де́нежные затрудне́ния; to be ~ed for time располага́ть незначи́тельным вре́менем, о́чень торопи́ться 7) торопи́ть, тре́бовать неме́дленных де́йствий; time ~es вре́мя не те́рпит; nothing remains that ~es бо́льше не оста́лось ничего́ спе́шного 8) насtáивать; to ~ the words наста́ивать на буква́льном значе́нии слов; to ~ questions насто́йчиво допы́тываться 9) навя́зывать (on, upon) 10) гла́дить (*утюгом*) 11) *спорт.* жать, выжима́ть шта́нгу ▭ **~ down** прида́вливать, прижима́ть; **~ for** добива́ться (*чего-либо*); стреми́ться (*к чему-л.*); **~ forward** прота́лкиваться; **~ on** спеши́ть; **~ out** а) выжима́ть; б) реши́тельно продолжа́ть; **~ to** понужда́ть; **~ upon** тяготи́ть

**press** II [pres] *n* 1) печа́ть, пре́сса; to have a good ~ получи́ть благоприя́тные о́тзывы в пре́ссе 2) типогра́фия 3) печа́ть, печа́тание; to correct the ~ пра́вить подписну́ю корректу́ру; to go to ~ идти́ в печа́ть, печа́таться

**press** III [pres] *ист.* **1.** *v* 1) вербова́ть си́лой, наси́льно; to ~ into the service of *перен.* испо́льзовать для 2) реквизи́ровать

**2.** *n* вербо́вка си́лой

**press agency** [ˈpresˌeɪdʒənsɪ] *n* газе́тное аге́нтство; аге́нтство печа́ти

**press agent** [ˈpresˌeɪdʒənt] *n* аге́нт по печа́ти и рекла́ме

**press-bed** [ˈpresbed] *n* складна́я крова́ть (*убирающаяся в шкаф*)

**press-box** [ˈpresbɔks] *n* места́ для представи́телей печа́ти (*на состязаниях, спектаклях и т. п.*)

**press-button** [ˈpresˌbʌtn] *n* 1) нажи́мная кно́пка 2) *attr.* кно́почный; ~ war «кно́почная война́»

**press-clipping** [ˈpresˌklɪpɪŋ] = press-cutting

**press-conference** [ˈpresˌkɔnfərəns] *n* пресс-конфере́нция

**press-corrector** [ˈpreskəˌrektə] *n* корре́ктор

**press-cutting** [ˈpresˌkʌtɪŋ] *n* 1) газе́тная вы́резка 2) *attr.*: ~ agency бюро́ вы́резок

**press-gallery** [ˈpresˌgælərɪ] *n* места́ для представи́телей печа́ти (*в парламенте, на съезде и т. п.*)

**press-gang** [ˈpresgæŋ] *ист.* **1.** *n* отря́д вербо́вщиков

**2.** *v* наси́льно вербова́ть

**pressing** I [ˈpresɪŋ] **1.** *pres. p. от* press I, 2

**2.** *a* 1) неотло́жный, спе́шный 2) насто́ятельный; ~ demand о́стрый, большо́й спрос

**3.** *n* 1) сжа́тие, прессова́ние 2) *спорт.* пре́ссинг

**pressing** II [ˈpresɪŋ] *pres. p. от* press III, 1

**pressman** [ˈpresmən] *n* 1) журнали́ст, репортёр, газе́тчик 2) печа́тник 3) прессовщи́к; штампо́вщик

**pressmark** [ˈpresmɑːk] *n* шифр (*книги*)

**press-officer** [ˈpresˌɔfɪsə] *n* осуществля́ющий связь с печа́тью, пресс-атташе́

**press-people** [ˈpresˌpiːpl] *n* журнали́сты, корреспонде́нты

**press-photographer** [ˈpresfəˈtɔgrəfə] *n* фотокорреспонде́нт, фоторепортёр

**press proof** [ˈpresprυːf] *n полигр.* сво́дка

**press-release** [ˈpresrɪˈliːs] *n* сообще́ние для печа́ти, пресс-коммюнике́

**pressroom** [ˈpresrum] *n* 1) ко́мната для журнали́стов 2) *полигр.* печа́тный цех

**pressure** [ˈpreʃə] *n* 1) давле́ние 2) сжа́тие, сти́скивание 3) *перен.* давле́ние; возде́йствие, нажи́м; to act under ~ де́йствовать под давле́нием, недоброво́льно; to bring ~ to bear upon smb., to put ~ upon smb. ока́зывать давле́ние на кого́-л.; time ~ спе́шка; ~ of work загру́женность рабо́той 4) стеснённость, затрудни́тельные обсто́ятельства; financial ~ де́нежные затрудне́ния 5) гнёт 6) *уст.* отпеча́ток 7) *физ.* давле́ние; сжа́тие 8) *метео* атмосфе́рное давле́ние 9) *тех.* прессова́ние 10) *эл.* напряже́ние 11) *attr.*: ~ group влия́тельная гру́ппа, ока́зывающая давле́ние на поли́тику (*преим.* путём закули́сных интри́г) ◇ to work at high (low) ~ рабо́тать бы́стро, энерги́чно (вя́ло, с прохла́дцей)

**pressure-cooker** [ˈpreʃəˌkukə] *n* (кастрю́ля-)скорова́рка

**pressure-cooking** [ˈpreʃəˌkukɪŋ] *n* пригото́вле́ние пи́щи в (кастрю́ле-)скорова́рке

**pressure-gauge** [ˈpreʃəgeɪdʒ] *n* мано́метр

**pressurize** [ˈpreʃəraɪz] *v* 1) гермети-зи́ровать 2) *тех.* подде́рживать повы́шенное давле́ние 3) ока́зывать давле́ние, нажи́м

**prestidigitation** [ˈprestɪˌdɪdʒɪˈteɪʃən] *n* ло́вкость рук; пока́зывание фо́кусов

**prestidigitator** [ˌprestɪˈdɪdʒɪteɪtə] *n* фо́кусник

**prestige** [presˈtiːʒ] *фр. n* 1) прести́ж 2) *attr.*: ~ club клуб, принадле́жность к кото́рому создаёт прести́ж

**presto** [ˈprestəu] *ит. adv, n муз.* пре́сто

**presumable** [prɪˈzjuːməbl] *a* возмо́жный, вероя́тный; ~ success возмо́жная уда́ча

**presumably** [prɪˈzjuːməblɪ] *adv* предположи́тельно; по-ви́димому

**presume** [prɪˈzjuːm] *v* 1) предполага́ть, полага́ть; допуска́ть; счита́ть дока́занным 2) осме́ливаться, позволя́ть себе́ ▭ **~ upon** а) сли́шком полага́ться на; б) злоупотребля́ть; to ~ upon a short acquaintance фамилья́рничать

**presumedly** [prɪ'zju:mɪdlɪ] *adv* предположи́тельно

**presuming** [prɪ'zju:mɪŋ] 1. *pres. p. от* presume

2. *a* самонаде́янный

**presumption** [prɪ'zʌmpʃən] *n* 1) предположе́ние 2) основа́ние для предположе́ния; вероя́тность; there's a strong ~ against it э́то маловероя́тно 3) самонаде́янность 4) *юр.* презу́мпция; ~ of innocence презу́мпция невино́вности

**presumptive** [prɪ'zʌmptɪv] *a* предполага́емый; предположи́тельный; ~ evidence показа́ния, осно́ванные на дога́дках

**presumptuous** [prɪ'zʌmptjuəs] *a* самонаде́янный; де́рзкий, наха́льный

**presuppose** [ˌpri:sə'pəuz] *v* 1) предполага́ть 2) заключа́ть в себе́, включа́ть в себя́

**presupposition** [ˌpri:sʌpə'zɪʃən] *n* предположе́ние

**pretence** [prɪ'tens] *n* 1) отгово́рка; under the ~ of под предло́гом; под ви́дом 2) притво́рство; обма́н; on (*или* under) false ~s обма́нным путём; to make a ~ притворя́ться 3) претéнзия; тре́бование; to make no ~ of smth. не претендова́ть на что-л. 4) претенцио́зность

**pretend** [prɪ'tend] *v* 1) притворя́ться, де́лать вид; симули́ровать 2) прики́дываться, разы́грывать из себя́ 3) ссыла́ться на, испо́льзовать в ка́честве предло́га 4) претендова́ть (to — на *что-л.*) 5) реши́ться, позво́лить себе́; to ~ to oneself убежда́ть себя́

**pretended** [prɪ'tendɪd] 1. *p. p. от* pretend

2. *a* подде́льный, притво́рный, лицеме́рный

**pretender** [prɪ'tendə] *n* 1) притво́рщик, симуля́нт 2) претенде́нт (*на трон, титул и т. п.*); the Old (the Young) P. *ист.* ста́рший сын (внук) Ия́кова II

**pretense** [prɪ'tens] *амер.* = pretence

**pretension** [prɪ'tenʃən] *n* 1) прете́нзия, притяза́ние; предъявле́ние прав (to — на *что-л.*) 2) претенцио́зность

**pretentious** [prɪ'tenʃəs] *a* 1) претенцио́зный, вы́чурный 2) мно́го о себе́ возомни́вший

**pretentiousness** [prɪ'tenʃəsnɪs] *n* претенцио́зность

**preterhuman** [ˌpri:tə'hju:mən] *a* нечелове́ческий, сверхчелове́ческий

**preterit(e)** ['pretərɪt] *n грам.* фо́рма проше́дшего вре́мени, претéрит

**pretermission** [ˌpri:tə'mɪʃən] *n* 1) упуще́ние, небре́жность; ~ of duty небре́жное отноше́ние к свои́м обя́занностям 2) переры́в, вре́менное прекраще́ние

**pretermit** [ˌpri:tə'mɪt] *v* 1) пропусти́ть, не упомяну́ть 2) пренебре́чь; бро́сить 3) прерва́ть

**preternatural** [ˌpri:tə'nætʃrəl] *a* сверхъесте́ственный; противоесте́ственный

**pretext** 1. *n* ['pri:tekst] предло́г, отгово́рка; on (*или* under, upon) the ~ of (*или* that) под тем предло́гом, что

2. *v* [prɪ'tekst] приводи́ть в ка́честве отгово́рки

**pre-trial** ['pri:'traɪəl] *n юр.* предвари́тельное слу́шание *или* разбира́тельство де́ла

**prettify** ['prɪtɪfaɪ] *v* принаряжа́ть, украша́ть

**prettily** ['prɪtɪlɪ] *adv* краси́во; привлека́тельно

**pretty** ['prɪtɪ] 1. *a* 1) хоро́шенький, преле́стный, милови́дный 2) прия́тный; хоро́ший (*тж. ирон.*); a ~ business! хоро́шенькое де́ло! 3) *разг.* значи́тельный, изря́дный; a ~ penny (*или* sum) кру́гленькая су́мма ◊ to be sitting ~ ло́вко, хорошо́ устро́иться

2. *n* 1): my ~! моя́ пре́лесть! (*в обращении*) 2) *pl* краси́вые ве́щи, пла́тья 3) *амер.* безделу́шка, хоро́шенькая вещи́ца

3. *adv разг.* дово́льно, доста́точно, в значи́тельной сте́пени (*тк. с прил. и нареч.*); ~ much о́чень, в большо́й сте́пени; I feel ~ sick about it мне э́то о́чень надое́ло; I'm feeling ~ well я вполне́ прили́чно себя́ чу́вствую; that is ~ much the same thing э́то почти́ то же са́мое

**pretty-pretty** ['prɪtɪˌprɪtɪ] *разг.* 1. *a* слаща́во краси́вый; just a ~ face ку́кольное ли́чико

2. *n pl* безделу́шки

**prevail** [prɪ'veɪl] *v* 1) торжествова́ть (over), одержа́ть побе́ду; достига́ть це́ли 2) преоблада́ть, госпо́дствовать, превали́ровать (over) 3) существова́ть, быть распространённым; бытова́ть □ ~ **(up)on** убеди́ть, уговори́ть

**prevailing** [prɪ'veɪlɪŋ] 1. *pres. p. от* prevail

2. *a* 1) госпо́дствующий; превали́рующий; преоблада́ющий; ~ authorities вла́сти предержа́щие; ~ attitudes госпо́дствующие настрое́ния 2) широко́ распространённый

**prevalence** ['prevələns] *n* 1) широ́кое распростране́ние; распространённость 2) *редк.* госпо́дство, преоблада́ние

**prevalent** ['prevələnt] *a* 1) (широко́) распространённый 2) *редк.* преоблада́ющий; превали́рующий

**prevaricate** [prɪ'værɪkeɪt] *v* говори́ть укло́нчиво, увиливать, криви́ть душо́й

**prevarication** [prɪˌværɪ'keɪʃən] *n* увиливание; укло́нчивость

**prevaricator** [prɪ'værɪkeɪtə] *n* лука́вый челове́к; челове́к, уклоня́ющийся от и́стины

**prevenance** ['prevənəns] *n* услу́жливость; предупреди́тельность

**prevent** [prɪ'vent] *v* 1) предотвраща́ть, предохраня́ть, предупрежда́ть 2) меша́ть, препя́тствовать (from — *чему-л.*); не допуска́ть

**preventer** [prɪ'ventə] *n мор.* предохрани́тель (*тросовый или цепной*); предохрани́тельный трос

**prevention** [prɪ'venʃən] *n* предотвраще́ние, предохране́ние, предупрежде́ние; ~ of accidens те́хника безопа́сности ◊ ~ is better than cure *посл.* предупрежде́ние лу́чше лече́ния

**preventive** [prɪ'ventɪv] 1. *a* 1) предупреди́тельный; ~ measure предупреди́тельная ме́ра 2) *мед.* профилакти́ческий 3) превенти́вный; ~ arrest (*или* detention) превенти́вный аре́ст 4): P. Service слу́жба берегово́й охра́ны

2. *n* 1) предупреди́тельная ме́ра 2) *мед.* профилакти́ческое сре́дство

**preview** ['pri:vju:] *n* 1) предвари́тельный закры́тый просмо́тр кинофи́льма, вы́ставки *и т. п.* 2) ано́нс, рекла́мный пока́з отры́вков из кинофи́льма 3) предвари́тельное рассмотре́ние (*чего-л.*)

**previous** ['pri:vjəs] 1. *a* 1) предыду́щий; предше́ствующий (to); the ~ day накану́не; the ~ night накану́не ве́чером 2) *разг.* преждевре́менный, поспе́шный, опроме́тчивый ◊ P. Examination пе́рвый экза́мен на сте́пень бакала́вра (*в Кембриджском университете*); the ~ question *парл.* вопро́с о постано́вке на голосова́ние гла́вного пу́нкта обсужде́ния (*в Англии — с целью отклонения главного вопроса без голосования, в США — с целью сокращения прений и ускорения голосования*)

2. *adv*: ~ to до, пре́жде, ра́нее

**previously** ['pri:vjəslɪ] *adv* зара́нее, предвари́тельно

**previse** [prɪ(:)'vaɪz] *v редк.* 1) предви́деть 2) предостерега́ть

**prevision** [pri(:)'vɪʒən] *n* предви́дение; ~ of danger предви́дение опа́сности

**pre-war** ['pri:'wɔ:] *a* довое́нный

**prey** [preɪ] 1. *n* 1) добы́ча; beast (bird) of ~ хи́щное живо́тное (хи́щная пти́ца) 2) же́ртва; to be (to become, to fall) a ~ to smth. быть (сде́латься) же́ртвой чего́-л.

2. *v* (*обыкн.* ~ on, ~ upon) 1) охо́титься, лови́ть 2) обма́нывать, вымога́ть 3) гра́бить 4) терза́ть, му́чить; his misfortune ~s on his mind несча́стье гнетёт его́

**price** [praɪs] 1. *n* 1) цена́; above (*или* beyond, without) ~ бесце́нный; at a ~ по дорого́й цене́ 2) це́нность 3) цена́, же́ртва; at any ~ любо́й цено́й, во что бы то ни ста́ло; not at any ~ ни за что́ 4) *attr.*: ~ formation *эк.* ценообразова́ние; ~ maintenance *эк.* установле́ние и поддержа́ние цен; to be a ~ leader *эк.* диктова́ть це́ны (*на рынке, бирже и т. п.*)

2. *v* назнача́ть це́ну, оце́нивать

**price-boom** ['praɪsbu:m] *n* высо́кий у́ровень цен

**price current** ['praɪsˌkʌrənt] *n* прейскура́нт

**price-cutting** ['praɪsˌkʌtɪŋ] *n* сниже́ние цен

**priced** [praɪst] 1. *p. p. от* price 2

2. *a* оценённый; ~ catalogue катало́г с указа́нием цен

**priceless** ['praɪslɪs] *a* 1) бесце́нный; неоцени́мый 2) *разг.* о́чень заба́вный; абсу́рдный, неле́пый

**price level** ['praɪsˌlevl] *n* у́ровень цен

**price-list** ['praɪslɪst] = price current

**price-ring** ['praɪsrɪŋ] *n эк.* монополисти́ческое объедине́ние промы́шленников с це́лью повыше́ния цен

**price-slashing** ['praɪs,slæʃɪŋ] = price-cutting

**price-wave** ['praɪsweɪv] *n* колеба́ние цен

**pricing** ['praɪsɪŋ] **1.** *pres. p. от* price 2

2. *n* калькуля́ция цен

**prick** [prɪk] **1.** *n* 1) уко́л, проко́л 2) остриё, игла́ (*для прочистки*) 3) *бот.* шип, колю́чка, игла́ 4) о́страя боль (как) от уко́ла; the ~s of conscience угрызе́ния со́вести 5) *груб.* мужско́й полово́й о́рган ◇ to kick against the ~s ≅ лезть на рожо́н; сопротивля́ться во вред себе́

2. *v* 1) (у)коло́ть(ся) 2) прока́лывать; просве́рливать, прочища́ть иглой (*отверстие*) 3) му́чить, терза́ть; my toe is ~ing with gout у меня́ подагри́ческая боль в па́льце ноги́; my conscience ~ed me меня́ му́чила со́весть 4) нака́лывать (*узор*) 5) де́лать поме́тки (*в списке и т. п.*); to ~ smb. for sheriff назнача́ть кого́-л. шери́фом (*отмечая его имя в списке*) 6) *уст.* пришпо́ривать (*тж.* ~ on, ~ forward) ▭ **~ in, ~ off** выса́живать расса́ду; пикирова́ть се́янцы; **~ out** а) = ~ in, ~ off; б) пока́зываться, появля́ться (в ви́де то́чек) ◇ to ~ a (*или* the) bladder (*или* bubble) показа́ть пустоту́, ничто́жество (*кого-л., чего-л.*); to ~ up one's ears навостри́ть у́ши; насторожи́ться

**prick-eared** ['prɪk'ɪəd] *a* 1) с торча́щими вверх уша́ми, остроу́хий 2) с откры́тыми уша́ми (*прозвище пуритан XVII в.*)

**prick-ears** ['prɪk'ɪəz] *n pl* 1) остроконе́чные, стоя́чие у́ши 2) *перен.* «у́шки на маку́шке»

**pricker** ['prɪkə] *n* 1) о́стрый инструме́нт, ши́ло, дыроко́л *и т. п.* 2) колю́чка, шип 3) боде́ц, стрека́ло

**pricket** ['prɪkɪt] *n* 1) годова́лый оле́нь 2) остриё, на кото́рое наса́живается свеча́

**pricking** ['prɪkɪŋ] **1.** *pres. p. от* prick 2

2. *n* 1) прока́лывание 2) пока́лывание

**prickle** ['prɪkl] **1.** *n* шип, колю́чка; и́глы (*ежа, дикобраза и т. п.*)

2. *v* 1) коло́ть, прока́лывать 2) испы́тывать пока́лывание, колотьё

**prick-line** ['prɪklaɪn] *n* пункти́р

**prickly** ['prɪklɪ] *a* 1) име́ющий шипы́, колю́чки 2) колю́чий

**prickly heat** ['prɪklɪ'hi:t] *n мед.* тропи́ческий лиша́й; потни́ца

**prickly pear** ['prɪklɪ'pɛə] *n* опу́нция (*род кактуса*)

**pride** [praɪd] **1.** *n* 1) го́рдость; чу́вство го́рдости; to take (a) ~ in smth. а) горди́ться чем-л.; испы́тывать чу́вство го́рдости за что-л.; б) получа́ть удовлетворе́ние от чего́-л. 2) горды́ня; спесь; ~ of place а) высо́кое положе́ние; б) упоённость со́бственным положе́нием 3) чу́вство со́бственного досто́инства (*тж.* proper ~); false ~ чва́нство; тщесла́вие 4) предме́т го́рдости 5) верх, вы́сшая сте́пень; са́мое лу́чшее состоя́ние *или* положе́ние; in the ~ of one's youth в расцве́те сил ◇ ~ of the morning тума́н *или* дождь на рассве́те; to put one's ~ in one's pocket, to swallow one's ~ подави́ть самолю́бие; проглоти́ть оби́ду

2. *v refl.* горди́ться (on, upon — *кем-л., чем-л.*)

**priest** [pri:st] *n* 1) свяще́нник 2) жрец

**priestcraft** ['pri:stkra:ft] *n* вмеша́тельство духове́нства в све́тские дела́; интри́ги и ко́зни духове́нства

**priestess** ['pri:stɪs] *n* жри́ца

**priesthood** ['pri:sthud] *n* 1) свяще́нство 2) духове́нство

**priestling** ['pri:stlɪŋ] *n пренебр.* по́пик, поп

**priestly** ['pri:stlɪ] *a* свяще́ннический; прили́чествующий духо́вному лицу́; ~ garb сута́на

**priest-ridden** ['pri:st,rɪdn] *a* находя́щийся под вла́стью духове́нства, испы́тывающий на себе́ тирани́ю це́ркви

**prig** [prɪg] **1.** *n* 1) педа́нт, формали́ст; ограни́ченный и самодово́льный челове́к 2) *жарг.* вор

2. *v жарг.* ворова́ть

**priggish** ['prɪgɪʃ] *a* педанти́чный; самодово́льный

**prill** [prɪl] *n горн.* 1) саморо́док; небольшо́й кусо́к руды́ 2) образе́ц, про́ба

**prim** [prɪm] **1.** *a* 1) чо́порный; натя́нутый 2) аккура́тный, подтя́нутый ◇ ~ and proper жема́нный; чо́порный

2. *v* 1) принима́ть стро́гий вид; напуска́ть ва́жность 2): to ~ one's lips поджима́ть гу́бы

**primacy** ['praɪməsɪ] *n* 1) пе́рвенство 2) сан архиепи́скопа

**prima donna** ['pri:mə'dɔnə] *ит. n* (*pl* prima donnas) примадо́нна

**primaeval** [praɪ'mi:vəl] = primeval

**primage** ['praɪmɪdʒ] *n мор.* 1) приба́вка к фра́хту (*за пользование грузовыми устройствами судна*) 2) *ист.* вознагражде́ние капита́ну с фра́хта

**primal** ['praɪməl] *a* 1) примити́вный, первобы́тный 2) гла́вный, основно́й

**primarily** ['praɪmərɪlɪ] *adv* 1) первонача́льно, сперва́, снача́ла, пре́жде всего́ 2) пе́рвым де́лом, гла́вным о́бразом

**primary** ['praɪmərɪ] **1.** *n* 1) что-л., име́ющее первостепе́нное значе́ние 2) *амер.* перви́чные, предвари́тельные вы́боры, голосова́ние для определе́ния кандида́та па́ртии на вы́борах 3) основно́й цвет 4) *астр.* плане́та, вража́ющаяся вокру́г со́лнца 5) *эл.* перви́чная обмо́тка (*трансформатора*) 6) *геол.* палеозо́йская э́ра

2. *a* 1) первонача́льный, перви́чный; ~ school о́бщая нача́льная шко́ла (*для детей от 5 до 11 лет*); ~ rocks *геол.* перви́чные поро́ды; ~ products сырьё; ~ producing countries стра́ны, производя́щие сырьё 2) основно́й; важне́йший, гла́вный; ~ colours основны́е цвета́; the ~ planets плане́ты, враща́ющиеся вокру́г со́лнца; of ~ importance первостепе́нной ва́жности; ~ needs са́мые насу́щные потре́бности; ~ right приорите́т 3) *биол.* просте́йший

**primate** ['praɪmɪt] *n церк.* прима́с

**primates** [praɪ'meɪti:z] *n pl зоол.* прима́ты

**prime** [praɪm] **1.** *n* 1) расцве́т; in the ~ of life во цве́те лет 2) лу́чшая часть, цвет 3) нача́ло; *поэт.* весна́; the ~ of the year весна́ 4) *церк.* зау́треня (*у католиков*) 5) пе́рвая пози́ция (*в фехтовании*) 6) *мат.* просто́е число́

2. *a* 1) гла́вный; P. Minister премье́р-мини́стр 2) основно́й, важне́йший; ~ advantage важне́йшее преиму́щество 3) превосхо́дный, лу́чший; in ~ condition в прекра́сном состоя́нии; ~ crop первокла́ссный урожа́й 4) первона́чальный, перви́чный; ~ cause первопричи́на; ~ cost *полит.-эк.* себесто́имость; ~ mover *тех.* перви́чный дви́гатель; *перен.* душа́ како́го-л. де́ла; ~ number *мат.* просто́е число́

3. *v* 1) *воен.* воспламеня́ть; вставля́ть запа́л *или* взрыва́тель 2) заправля́ть (*двигатель*); залива́ть (*насос*) пе́ред пу́ском 3) *разг.* корми́ть, пои́ть 4) зара́нее снабжа́ть информа́цией, инстру́кциями *и т. п.*;ната́скивать, учи́ть гото́вым отве́там 5) *жив., стр.* грунтова́ть

**primely** ['praɪmlɪ] *adv разг.* превосхо́дно

**primer** I ['praɪmə] *n* 1) буква́рь; уче́бник для начина́ющих 2) ['prɪmə] *полигр.*: great ~ шрифт в 18 пу́нктов; long ~ ко́рпус 3) *жив., стр.* грунто́вка

**primer** II ['praɪmə] *n воен.* сре́дство воспламене́ния; ка́псюль, запа́л; детона́тор

**primeval** [praɪ'mi:vəl] *a* первобы́тный

**priming** ['praɪmɪŋ] **1.** *pres. p. от* prime 3

2. *n* 1) *воен.* вставле́ние запа́ла *или* взрыва́теля 2) *тех.* запра́вка, зали́вка 3) *жив., стр.* грунт, грунто́вка

**primitive** ['prɪmɪtɪv] **1.** *a* 1) примити́вный 2) первобы́тный 3) старомо́дный; просто́й, гру́бый 4) основно́й (*о цвете и т. п.*) 5) *геол.* первозда́нный

2. *n* 1) первобы́тный челове́к 2) основно́й цвет 3) *жив.* примити́в 4) *жив.* примитиви́ст

**primness** ['prɪmnɪs] *n* чо́порность; жема́нство

**primogenitor** [,praɪməu'dʒenɪtə] *n* (древне́йший) пре́док, пра́щур

**primogeniture** [,praɪməu'dʒenɪtʃə] *n* 1) первоpо́дство 2) пра́во ста́ршего сы́на на насле́дование недви́жимости

**primordial** [praɪ'mɔ:djəl] *a* 1) искона́льный, иско́нный 2) первобы́тный

**primp** [prɪmp] *v* наряжа́ться, прихора́шиваться

**primrose** ['prɪmrəuz] *n* 1) *бот.* первоцве́т, при́мула 2) *attr.* бле́дно-жёлтый ◇ P. Day 19-е апре́ля (*день памяти Дизраэли*); the ~ path путь насла́ждений

**primula** [ˈprɪmjulə] *n бот.* первоцве́т, при́мула

**primus** [ˈpraɪməs] *n* при́мус

**prince** [prɪns] *n* 1) принц; P. of Wales принц Уэ́льский, насле́дник англи́йского престола́ 2) князь 3) *уст.* госуда́рь, прави́тель 4) выдаю́щийся де́ятель (*литературы, искусства и т. п.*) 5) коро́ль, магна́т, кру́пный предпринима́тель *и т. п.* ◇ P. of Peace Христо́с; P. of the Church кардина́л; P. of darkness (*или* of the air, of the world) сатана́; ~ Albert *амер. разг.* длиннопо́лый сюрту́к, визи́тка; Hamlet without the P. of Denmark что-л., лишённое са́мого ва́жного, са́мой су́ти

**princeling** [ˈprɪnslɪŋ] *n пренебр.* князёк

**princely** [ˈprɪnslɪ] *a* 1) ца́рственный 2) великоле́пный, роско́шный

**princess** I [prɪnˈses] *n* принце́сса; княги́ня; княжна́; ~ royal [ˈprɪnsesˈrɔɪəl] ста́ршая дочь англи́йского короля́

**princess** II [prɪnˈses] *n* вид кро́вельной черепи́цы

**principal** [ˈprɪnsəpəl] **1.** *n* 1) глава́, нача́льник; патро́н; принципа́л 2) ре́ктор университе́та; дире́ктор колле́джа *или* шко́лы 3) веду́щий актёр; веду́щая актри́са 4) *юр.* гла́вный вино́вник 5) *эк.* основна́я су́мма, капита́л (*сумма, на которую начисляются проценты*) 6) *стр.* стропи́льная фе́рма

**2.** *a* 1) гла́вный, основно́й; ~ sum основно́й капита́л 2) веду́щий; ~ staff отве́тственные сотру́дники *или* рабо́тники 3) *грам.* гла́вный; ~ clause гла́вное предложе́ние; ~ parts of the verb основны́е фо́рмы глаго́ла

**principality** [ˌprɪnsɪˈpælɪtɪ] *n* кня́жество; the P. Уэ́льс

**principally** [ˈprɪnsəplɪ] *adv* гла́вным о́бразом; преиму́щественно

**principle** [ˈprɪnsəpl] *n* 1) при́нцип; пра́вило; зако́н; as a matter of ~ в при́нципе; unanimity ~ при́нцип единогла́сия; in ~ в при́нципе; on ~ из при́нципа; on the ~ that исходя́ из того́, что, of ~ принципиа́льный; a question of ~ принципиа́льный вопро́с; man of high(est) ~ высокопринципиа́льный челове́к; a man of no ~s беспринци́пный челове́к 2) первопричи́на; причи́на, исто́чник 3) *хим.* составна́я часть, элеме́нт 4) при́нцип устро́йства (*машины, механизма и т. п.*)

**principled** [ˈprɪnsəpld] *a* принципиа́льный; с твёрдыми усто́ями

**prink** [prɪŋk] *v* 1) чи́стить пе́рья (*о птицах*) 2) наряжа́ться, прихора́шивать(ся)

**print** [prɪnt] **1.** *n* 1) о́ттиск; отпеча́ток; след 2) шрифт, печа́ть; small (large, close) ~ ме́лкая (кру́пная, убо́ристая) печа́ть 3) печа́тание, печа́ть; in ~ а) в печа́ти; б) в прода́же (*о книге, брошюре и т. п.*); out of ~ распро́данный; разоше́дшийся; to get into ~ появи́ться в печа́ти 4) гравю́ра, эста́мп 5) (*преим. амер.*) печа́тное изда́ние; газе́та 6) штамп 7) *фото* отпеча́ток (*с негатива*) 8) набивна́я ткань, си́тец 9) *attr.* си́тцевый 10) *attr.* печа́тный; ~ hand письмо́ печа́тными бу́квами

**2.** *v* 1) печа́тать 2) запечатлева́ть 3) писа́ть печа́тными бу́квами 4) *фото* отпеча́тывать(ся) (*тж.* ~ out, ~ off) 5) набива́ть (*ситец*)

**printable** [ˈprɪntəbl] *a* досто́йный напеча́тания, могу́щий быть напеча́танным

**printed matter** [ˈprɪntɪdˌmætə] *n* 1) печа́тный материа́л 2) бандеро́ль

**printer** [ˈprɪntə] *n* 1) печа́тник; типо́граф 2) *текст.* набо́йщик ◇ to spill ~'s ink печа́таться (*об авторе*); ~'s devil учени́к в типогра́фии

**printing** [ˈprɪntɪŋ] **1.** *pres. p. от* print 2

**2.** *n* 1) печа́тание, печа́ть 2) печа́тное изда́ние 3) тира́ж 4) печа́тное де́ло

**printing-house** [ˈprɪntɪŋhaus] *n* типогра́фия

**printing-ink** [ˈprɪntɪŋˈɪŋk] *n полигр.* печа́тная кра́ска

**printing-machine** [ˈprɪntɪŋməˌʃiːn] = printing-press

**printing-office** [ˈprɪntɪŋˌɔfɪs] *n* типогра́фия

**printing-press** [ˈprɪntɪŋpres] *n* печа́тная маши́на; печа́тный стано́к

**print-seller** [ˈprɪntˌselə] *n* продаве́ц гравю́р и эста́мпов

**print-shop** [ˈprɪntʃɔp] *n* 1) типогра́фия 2) магази́н гравю́р и эста́мпов

**print-works** [ˈprɪntwəːks] *n pl* (*употр. как sing и как pl*) ситценабивна́я фа́брика

**prior** I [ˈpraɪə] *a* 1) пре́жний; предше́ствующий 2) бо́лее ва́жный, ве́ский; a ~ claim бо́лее ве́ская прете́нзия 3): ~ to (*употр. как prep*) ра́ньше, пре́жде, до; ~ to my arrival до моего́ прие́зда

**prior** II [ˈpraɪə] *n* настоя́тель, прио́р

**prioress** [ˈpraɪərɪs] *n* настоя́тельница

**priority** [praɪˈɔrɪtɪ] *n* 1) приорите́т, старшинство́; to consider smth. a ~ придава́ть чему́-л. большо́е значе́ние 2) поря́док сро́чности, очерёдности; order of ~ очерёдность; to take ~ of... а) предше́ствовать...; б) по́льзоваться преиму́ществом...

**priory** [ˈpraɪərɪ] *n* монасты́рь, приора́т

**prise** [praɪz] = prize III

**prism** [prɪzm] *n* при́зма

**prismatic** [prɪzˈmætɪk] *a* призмати́ческий

**prison** [ˈprɪzn] **1.** *n* 1) тюрьма́ 2) *attr.* тюре́мный; ~ hospital тюре́мная больни́ца; ~ camp ла́герь военнопле́нных

**2.** *v* 1) *поэт.* заключа́ть в тюрьму́ 2) *перен.* ско́вывать, лиша́ть свобо́ды

**prison-breaker** [ˈprɪznˌbreɪkə] *n* бежа́вший из тюрьмы́

**prison-breaking** [ˈprɪznˌbreɪkɪŋ] *n* побе́г из тюрьмы́

**prisoner** [ˈprɪznə] *n* 1) заключённый, у́зник; аресто́ванный (*тж.* ~ at the bar); ~ on bail подсуди́мый, отпу́щенный на пору́ки; ~ of State госуда́рственный престу́пник; полити́ческий заключённый 2) подсуди́мый 3) (военно)пле́нный (*тж.* ~ of war) 4) *перен.* челове́к, лишённый свобо́ды де́йствия; he is a ~ to his chair он прико́ван (боле́знью) к кре́слу

**prison-house** [ˈprɪznhaus] *n поэт.* тюрьма́ (*часто перен.*)

**pristine** [ˈprɪstaɪn] *a* 1) дре́вний, первонача́льный 2) чи́стый, нетро́нутый; неиспо́рченный

**prithee** [ˈprɪðɪ(:)] *int* (*сокр. от* I pray thee) *уст.* прошу́

**privacy** [ˈprɪvəsɪ] *n* 1) уедине́ние, уединённость; ~ was impossible бы́ло невозмо́жно побы́ть одному́ 2) та́йна, секре́тность; in the ~ of one's thoughts в глубине́ души́

**private** [ˈpraɪvɪt] **1.** *a* 1) ча́стный; ли́чный; ~ bill парла́ментский законопрое́кт, каса́ющийся отде́льных лиц *или* корпора́ций; ~ industry ча́стный се́ктор промы́шленности; ~ life ча́стная жизнь; ~ means ли́чное состоя́ние; ~ property ча́стная со́бственность; on ~ account на ча́стных нача́лах; ~ office ли́чный кабине́т; ~ (medical) practitioner частнопрактику́ющий врач; ~ secretary ли́чный секрета́рь; ~ view закры́тый просмо́тр (*кинофильма, выставки и т. п.*) 2) не находя́щийся на госуда́рственной слу́жбе, не занима́ющий официа́льного поста́; неофициа́льный; ~ member член парла́мента, не занима́ющий никако́го госуда́рственного поста́; ~ eye *разг.* ча́стный сы́щик 3) уединённый 4) та́йный, конфиденциа́льный; for one's own ~ ear по секре́ту; to keep a thing ~ держа́ть что-л. в та́йне 5) рядово́й (*о солдате*)

**2.** *n* 1) рядово́й 2) *pl* половы́е о́рганы 3): in ~ а) наедине́; конфиденциа́льно; б) в ча́стной жи́зни; в дома́шней обстано́вке; в) втихомо́лку, в душе́, в глубине́ души́

**privateer** [ˌpraɪvəˈtɪə] *n ист.* 1) ка́пер 2) капита́н *или* член экипа́жа ка́пера

**privateering** [ˌpraɪvəˈtɪərɪŋ] *ист.* **1.** *n* ка́перство

**2.** *a* занима́ющийся ка́перством

**privately** [ˈpraɪvɪtlɪ] *adv* 1) ча́стным о́бразом 2) про себя́

**privation** [praɪˈveɪʃən] *n* 1) лише́ние, нужда́ 2) недоста́ток, отсу́тствие (*чего-л.*)

**privative** [ˈprɪvətɪv] *a* 1) ука́зывающий на отсу́тствие чего́-л.; отнима́ющий что-л. 2) *грам.* отрица́тельный (*об аффиксах и т. п.*)

**privet** [ˈprɪvɪt] *n бот.* бирючи́на

**privilege** [ˈprɪvɪlɪdʒ] **1.** *n* привиле́гия; преиму́щество; честь; ~ of Parliament депута́тская неприкоснове́нность и не́которые други́е привиле́гии чле́нов парла́мента; bill of ~ пети́ция пэ́ра о том, что́бы его́ суди́л суд пэ́ров; writ of ~ прика́з об освобожде́нии из-под аре́ста привилеги́рованного лица́, аресто́ванного по гражда́нскому де́лу; to listen to him was a ~ слушать его́ бы́ло исключи́тельным удово́льствием

2. *v* дава́ть привиле́гию; освобожда́ть (*от чего-л.*)

**privileged** ['prɪvɪlɪdʒd] **1.** *p. p. от* privilege 2

2. *a* привилегиро́ванный; least ~ наибо́лее обездо́ленный ◇ ~ communication а) све́дения, сообщённые пацие́нтом врачу́; б) све́дения, сообщённые адвока́ту его́ клие́нтом

**privity** ['prɪvɪtɪ] *n* 1) секре́тность, та́йна 2) осведомлённость; соуча́стие, прикоснове́нность (to); with (without) the ~ с (без) ве́дома

**privy** ['prɪvɪ] **1.** *a* 1) ча́стный; уединённый 2) посвящённый (to — во *что-либо*); ~ to a contract уча́ствующий в контра́кте 3) *уст.* та́йный, сокрове́нный; скры́тый; конфиденциа́льный; P. Council та́йный сове́т; ~ councillor (*или* counsellor) член та́йного сове́та 4): ~ parts половы́е о́рганы ◇ ~ purse а) су́ммы, ассигно́ванные на ли́чные расхо́ды короля́; б) храни́тель де́нег на ли́чные расхо́ды короля́

2. *n* 1) *юр.* заинтересо́ванное лицо́ 2) *уст.* убо́рная

**prize** I [praɪz] **1.** *n* 1) награ́да, приз, пре́мия; the International Lenin Peace P. Междунаро́дная Ле́нинская пре́мия «За укрепле́ние ми́ра ме́жду наро́дами» 2) вы́игрыш; нахо́дка, неожи́данное сча́стье 3) предме́т вожделе́ний; жела́нная добы́ча; the ~s of life бла́га жи́зни 4) *attr.* премиро́ванный, удосто́енный пре́мии, награ́ды; ~ poem стихотворе́ние, удосто́енное пре́мии; ~ fellowship стипе́ндия, назна́ченная за отли́чные успе́хи 5) *attr.* прекра́сный, досто́йный награ́ды (*тж. ирон.*)

2. *v* 1) высоко́ цени́ть 2) оце́нивать

**prize** II [praɪz] *n мор.* 1) приз; трофе́й, захва́ченное су́дно *или* иму́щество; to become a ~ (of) быть захва́ченным; to make (a) ~ of... захвати́ть...; to place in ~ рассма́тривать в ка́честве при́за 2) *attr.* призово́й; ~ proceeding призово́е судопроизво́дство; naval ~ law морско́е призово́е пра́во

**prize** III [praɪz] **1.** *n* рыча́г

2. *v* поднима́ть, взла́мывать *или* передвига́ть посре́дством рычага́ (*обыкн.* ~ open, ~ up)

**prize-court** ['praɪzkɔːt] *n* призово́й суд

**prize-fight** ['praɪzfaɪt] *n* состяза́ние на приз (*в боксе*)

**prize-fighter** ['praɪz,faɪtə] *n* боксёр-профессиона́л

**prize-fighting** ['paɪz,faɪtɪŋ] *n* профессиона́льный бокс

**prize-holder** ['praɪz,həuldə] = prizeman

**prizeman** ['praɪzmən] *n* челове́к, получи́вший пре́мию *или* приз; лауреа́т

**prize-money** ['praɪz,mʌnɪ] *n* призовы́е де́ньги

**prize-ring** ['praɪzrɪŋ] *n спорт.* 1) ринг 2) = prize-fighting

**prizewinner** ['praɪz,wɪnə] *n* призёр; лауреа́т

**pro** [prəu] *сокр. разг. от* professional 2

**pro-** [prəu-] *pref со значением*: а) *являющийся сторонником* за, про-; pro-tariff-reform явля́ющийся сторо́нником тари́фных рефо́рм; б) *замещающий* вме́сто; pro-rector проре́ктор, замести́тель ре́ктора

**proa** ['prəuə] *n* про́а (*малайское парусное судно*)

**pro and con** ['prəuənd'kɔn] **1.** *adv* за́ и про́тив

2. *n pl* аргуме́нты «за» и «про́тив»

**probability** [,prɔbə'bɪlɪtɪ] *n* 1) вероя́тность; in all ~ по всей вероя́тности 2) правдоподо́бие

**probable** ['prɔbəbl] **1.** *a* 1) вероя́тный, возмо́жный 2) предполага́емый 3) правдоподо́бный

2. *n* возмо́жный кандида́т, вероя́тный вы́бор *и т. п.*

**probably** ['prɔbəblɪ] *adv* вероя́тно

**probate** ['prəubɪt] **1.** *n* 1) официа́льное утвержде́ние завеща́ния 2) заве́ренная ко́пия завеща́ния

2. *v амер.* утвержда́ть завеща́ние

**probation** [prə'beɪʃən] *n* 1) испыта́ние; стажиро́вка 2) испыта́тельный срок 3) *юр.* усло́вное освобожде́ние на пору́ки (*особ.* несовершенноле́тнего) престу́пника 4) *церк.* по́слушничество; и́скус

**probationary** [prə'beɪʃnərɪ] *a* 1) испыта́тельный; ~ sentence усло́вный пригово́р; ~ ward *мед.* изоля́тор 2) находя́щийся на испыта́нии, подверга́ющийся испыта́нию

**probationer** [prə'beɪʃnə] *n* 1) испы́туемый; стажёр; кандида́т в чле́ны (*тж.* ~ member) 2) *юр.* усло́вно осуждённый престу́пник 3) *церк.* по́слушник

**probation officer** [prə'beɪʃən,ɔfɪsə] *n* инспе́ктор, наблюда́ющий за поведе́нием усло́вно осуждённых престу́пников

**probative** ['prəubətɪv] *a* 1) доказа́тельный; good ~ evidence доста́точное *или* ве́ское доказа́тельство 2) слу́жащий для испыта́ния

**probe** [prəub] **1.** *n* 1) *мед.* зонд 2) *тех.* зонд, щуп 3) зонди́рование 4) косми́ческая иссле́довательская раке́та; автомати́ческая нау́чно-иссле́довательская ста́нция 5) *амер.* рассле́дование

2. *v* 1) *мед.* зонди́ровать 2) иссле́довать; рассле́довать (into)

**probity** ['prəubɪtɪ] *n* че́стность; неподку́пность

**problem** ['prɔbləm] *n* 1) пробле́ма; вопро́с; зада́ча 2) сло́жная ситуа́ция 3) тру́дный слу́чай 4) *мат., шахм.* зада́ча 5) *attr.* пробле́мный; ~ novel пробле́мный рома́н 6) *attr.*: ~ child тру́дный ребёнок

**problematic(al)** [,prɔblɪ'mætɪk(əl)] *a* проблемати́чный; сомни́тельный

**problematically** [,prɔblɪ'mætɪkəlɪ] *adv* проблемати́чно; сомни́тельно

**problem(at)ist** ['prɔblɪm(ət)ɪst] *n* тот, кто составля́ет *или* реша́ет зада́чи (*особ.* ша́хматные)

**proboscidean, proboscidian** [,prəubə'sɪdɪən] **1.** *a* хо́ботный

2. *n* хо́ботное живо́тное

**proboscis** [prəu'bɔsɪs] *n* 1) хо́бот 2) хобото́к (*насекомых*) 3) *шутл.* дли́нный *или* большо́й нос

**procedural** [prə'sɪdʒərəl] *a* процеду́рный

**procedure** [prə'siːdʒə] *n* 1) о́браз де́йствия 2) технологи́ческий проце́сс 3) мето́дика проведе́ния (*опыта, анализа*) 4) *юр., парл.* процеду́ра

**proceed** [prə'siːd] *v* 1) продолжа́ть (говори́ть); please ~ продолжа́йте, пожа́луйста 2) отправля́ться (да́льше) 3) возобновля́ть (*дело, игру и т. п.*; with, in); приступи́ть, перейти́ (to — к *чему-л., тж. с inf.*); приня́ться (*за что-л.*); to ~ to go to bed отпра́виться спать; he ~ed to give me a good scolding он принялся́ меня́ брани́ть 4) происходи́ть; развива́ться; исходи́ть (from); from what direction did the shots ~? отку́да слы́шались вы́стрелы? 5) де́йствовать, поступа́ть 6) пресле́довать суде́бным поря́дком (against) 7) получа́ть учёную сте́пень

**proceeding** [prə'siːdɪŋ] **1.** *pres. p. от* proceed

2. *n* 1) посту́пок 2) пра́ктика; usual ~ обы́чная пра́ктика 3) рассмотре́ние де́ла в суде́, суде́бное разбира́тельство; судопроизво́дство (*тж.* legal ~s); to take (*или* to institute) legal ~s (against) нача́ть суде́бное пресле́дование 4) *pl* рабо́та (*комиссии*); заседа́ние 5) *pl* труды́, запи́ски (*научного об-ва*)

**proceeds** ['prəusiːdz] *n pl* дохо́д, вы́рученная су́мма

**process** **1.** *n* ['prəuses] 1) проце́сс, ход разви́тия; changes are in ~ происхо́дят переме́ны 2) движе́ние, ход, тече́ние; in ~ of time с тече́нием вре́мени 3) *юр.* вы́зов (*в суд*); предписа́ние; суде́бный проце́сс 4) *анат., зоол., бот.* отро́сток 5) *тех.* технологи́ческий проце́сс, приём, спо́соб 6) *полигр.* фотомехани́ческий спо́соб

2. *v* ['prəuses] 1) *юр.* возбужда́ть проце́сс 2) подверга́ть (како́му-л. техни́ческому) проце́ссу; обраба́тывать 3) [prə'ses] *разг.* уча́ствовать в проце́ссии 4) *полигр.* воспроизводи́ть фотомехани́ческим спо́собом

**process(ed) cheese** ['prəuses(t)'tʃiːz] *n* пла́вленый сыр

**processing** ['prəusesɪŋ] **1.** *pres. p. от* process 2

2. *n* 1) обрабо́тка; automatic data ~ автомати́ческая обрабо́тка да́нных 2) перерабо́тка проду́ктов 3) *attr.*: ~ industry обраба́тывающая промы́шленность

**procession** [prə'seʃən] **1.** *n* проце́ссия; *перен. тж.* верени́ца, карава́н

2. *v* уча́ствовать в проце́ссии

**processional** [prə'seʃənl] **1.** *a* относя́щийся к проце́ссии

2. *n* 1) обря́довая церко́вная кни́га (*у католиков*) 2) церко́вный гимн

**processionist** [prə'seʃənɪst] *n* уча́стник проце́ссии

**process-server** ['prəuses,səːvə] *n* суде́бный курье́р

**procès-verbal** [prəˈseɪvεəˈbɑ:l] *фр.* *n* (*pl* -verbaux) протоко́л

**procès-verbaux** [prəˈseɪvεəˈbəu] *pl от* procès-verbal

**proclaim** [prəˈkleɪm] *v* 1) провозглаша́ть; объявля́ть; проклами́ровать 2) обнаро́довать, опублико́вывать 3) свиде́тельствовать, говори́ть (*о чём-л.*); his manners ~ed him a military man его́ мане́ры облича́ли в нём вое́нного 4) объявля́ть на чрезвыча́йном положе́нии 5) запреща́ть (*собрание и т. п.*); объявля́ть вне зако́на

**proclamation** [ˌprɔkləˈmeɪʃən] *n* 1) официа́льное объявле́ние; деклара́ция; провозглаше́ние 2) воззва́ние, проклама́ция

**proclitic** [prəuˈklɪtɪk] *лингв.* **1.** *a* проклити́ческий

2. *n* прокли́тика

**proclivity** [prəˈklɪvɪtɪ] *n* скло́нность, накло́нность (to, towards; *тж. с inf.*)

**proconsul** [prəuˈkɔnsəl] *n* 1) проко́нсул (*в древнем Риме*) 2) замести́тель ко́нсула 3) *ритор.* губерна́тор коло́нии

**proconsular** [prəuˈkɔnsjulə] *a* проко́нсульский

**proconsulate** [prəuˈkɔnsjulɪt] *n* проко́нсульство

**procrastinate** [prəuˈkræstɪneɪt] *v* откла́дывать (со дня́ на́ день), ме́шкать

**procrastination** [prəuˌkræstɪˈneɪʃən] *n* откла́дывание со дня́ на день; промедле́ние

**procreate** [ˈprəukrɪeɪt] *v* 1) производи́ть пото́мство 2) порожда́ть

**procreation** [ˌprəukrɪˈeɪʃən] *n* 1) произведе́ние пото́мства 2) порожде́ние

**Procrustean** [prəuˈkrʌstɪən] *a*: ~ bed *греч. миф.* прокру́стово ло́же

**proctor** [ˈprɔktə] *n* 1) про́ктор, надзира́тель (*в Оксфордском и Кембриджском университетах*) 2) пове́ренный (*особ. в церковном суде*)

**proctorial** [prɔkˈtɔ:rɪəl] *a* про́кторский

**proctorship** [ˈprɔktəʃɪp] *n* зва́ние, до́лжность про́ктора

**proctoscope** [ˈprɔktəskəup] *n* *мед.* ректоско́п

**procumbent** [prəuˈkʌmbənt] *a* 1) лежа́щий ничко́м, распростёртый 2) *бот.* сте́лющийся; ползу́чий

**procurable** [prəˈkjuərəbl] *a* досту́пный, могу́щий быть приобретённым

**procuration** [ˌprɔkjuəˈreɪʃən] *n* 1) веде́ние дел по дове́ренности 2) полномо́чие, дове́ренность 3) приобрете́ние, получе́ние 4) сво́дничество

**procurator** [ˈprɔkjuəreɪtə] *n* 1) *юр.* пове́ренный; дове́ренное лицо́ 2) *редк.* адвока́т 3) *др.-рим.* прокура́тор

**procure** [prəˈkjuə] *v* 1) достава́ть, доставля́ть; добыва́ть; обеспе́чивать 2) сво́дничать 3) *поэт., уст.* производи́ть, причиня́ть

**procurement** [prəˈkjuəmənt] *n* 1) приобрете́ние 2) поста́вка (*оборудования и т. п.*) 3) сво́дничество

**procurer** [prəˈkjuərə] *n* 1) поставщи́к 2) сво́дник

**procuress** [prəˈkjuərɪs] *n* сво́дница, сво́дня

**prod** [prɔd] **1.** *n* 1) тычо́к; a ~ with a bayonet уко́л штыко́м 2) инструме́нт для прока́лывания; ши́ло, стрека́ло *и т. п.*

2. *v* 1) коло́ть; пронза́ть 2) подгоня́ть, побужда́ть

**prodigal** [ˈprɔdɪgəl] **1.** *a* 1) расточи́тельный 2) ще́дрый; ~ of favours ще́дрый на ми́лости 3) чрезме́рный, оби́льный ◇ the ~ son *библ.* блу́дный сын

2. *n* мот, пове́са

**prodigality** [ˌprɔdɪˈgælɪtɪ] *n* 1) расточи́тельность, мотовство́ 2) ще́дрость 3) изоби́лие

**prodigally** [ˈprɔdɪgəlɪ] *adv* 1) расточи́тельно 2) бога́то, оби́льно

**prodigious** [prəˈdɪdʒəs] *a* 1) удиви́тельный, изуми́тельный 2) грома́дный, огро́мный 3) чудо́вищный

**prodigy** [ˈprɔdɪdʒɪ] *n* 1) чу́до 2) одарённый челове́к; an infant ~ чу́до-ребёнок, вундерки́нд 3) *attr.* необыкнове́нно одарённый; ~ violinist замеча́тельный скрипа́ч

**prodrome** [ˈprəudrəum] *n* 1) кни́га *или* статья́, явля́ющиеся введе́нием к бо́лее обши́рному труду́; введе́ние, вво́дная часть 2) *мед.* при́знак, предше́ствующий нача́лу заболева́ния; продрома́льное явле́ние

**produce** **1.** *n* [ˈprɔdju:s] 1) проду́кция, изде́лия, проду́кт 2) результа́т

2. *v* [prəˈdju:s] 1) производи́ть, дава́ть; выраба́тывать; создава́ть; to ~ woollen goods выраба́тывать шерстяны́е изде́лия 2) написа́ть, изда́ть (*книгу*) 3) поста́вить (*пьесу, кинокартину*) 4) вызыва́ть, быть причи́ной; hard works ~s success успе́х явля́ется результа́том упо́рного труда́ 5) предъявля́ть, представля́ть; to ~ reasons привести́ до́воды; to ~ one's ticket предъяви́ть биле́т 6) *геом.* продолжа́ть (*линию*)

**producer** [prəˈdju:sə] *n* 1) производи́тель, поставщи́к, изготови́тель 2) режиссёр-постано́вщик; продю́сер 3) *амер.* хозя́ин *или* дире́ктор теа́тра; владе́лец киносту́дии 4) *тех.* (газо-)генера́тор 5): ~'s goods а) това́ры произво́дственного назначе́ния; б) *полит.-эк.* сре́дства произво́дства 6) *attr.* генера́торный

**producible** [prəˈdju:səbl] *a* могу́щий быть произведённым; производи́мый

**product** [ˈprɔdʌkt] *n* 1) проду́кт; проду́кция; изде́лие, фабрика́т 2) результа́т, плоды́ 3) *мат.* произведе́ние 4) *хим.* проду́кт реа́кции

**production** [prəˈdʌkʃən] *n* 1) произво́дство; изготовле́ние; ~ on a commercial scale произво́дство в промы́шленном масшта́бе 2) проду́кция; изде́лия 3) производи́тельность; вы́работка, добы́ча 4) (худо́жественное) произведе́ние; постано́вка (*пьесы, кинокартины*) 5) *attr.* произво́дственный; ~ standard но́рма вы́работки; ~ workers рабо́чие (*в отличие от служащих*)

**productive** [prəˈdʌktɪv] *a* 1) производи́тельный, производя́щий; продукти́вный; ~ population часть населе́ния, за́нятая производи́тельным трудо́м; ~ capacity производи́тельность, произво́дственная мо́щность 2) плодоро́дный 3) плодови́тый 4) причиня́ющий, влеку́щий за собо́й (of) 5) плодотво́рный (*о влиянии*)

**productivity** [ˌprɔdʌkˈtɪvɪtɪ] *n* производи́тельность, продукти́вность; вы́ход проду́кции, вы́работка; labour ~ производи́тельность труда́; ~ of land урожа́йность

**proem** [ˈprəuem] *n* 1) предисло́вие, введе́ние, вступле́ние 2) нача́ло; прелю́дия

**prof** [prɔf] *сокр. разг. от* professor 1)

**profanation** [ˌprɔfəˈneɪʃən] *n* профана́ция; оскверне́ние, опошле́ние

**profane** [prəˈfeɪn] **1.** *a* 1) мирско́й; све́тский 2) непосвящённый 3) нечести́вый, богоху́льный 4) язы́ческий

2. *v* оскверня́ть; профани́ровать

**profanity** [prəˈfænɪtɪ] *n* богоху́льство; профана́ция

**profess** [prəˈfes] *v* 1) откры́то признава́ть(ся), заявля́ть 2) испове́довать (*веру*) 3) претендова́ть (*на учёность и т. п.*) 4) притворя́ться, изобража́ть 5) занима́ться како́й-л. де́ятельностью, избра́ть свое́й профе́ссией 6) обуча́ть, преподава́ть 7) (*обыкн. pass.*) принима́ть в религио́зный о́рден

**professed** [prəˈfest] **1.** *p. p. от* profess

2. *a* 1) откры́тый, откры́то заявленный 2) мни́мый

**professedly** [prəˈfesɪdlɪ] *adv* я́вно, откры́то; по со́бственному призна́нию

**profession** [prəˈfeʃən] *n* 1) профе́ссия; the learned ~s богосло́вие, пра́во, медици́на; liberal ~s свобо́дные профе́ссии 2) ли́ца како́й-л. профе́ссии; the ~ *театр. жарг.* актёры 3) заявле́ние (*о своих чувствах и т. п.*) 4) (веро)испове́дание 5) вступле́ние в религио́зный о́рден; обе́т

**professional** [prəˈfeʃənl] **1.** *a* 1) профессиона́льный 2) име́ющий профе́ссию *или* специа́льность; the ~ classes адвока́ты, учителя́ *и т. п.*

2. *n* 1) профессиона́л 2) спортсме́н-профессиона́л

**professionalism** [prəˈfeʃnəlɪzm] *n* 1) профессионали́зм 2) профессионализа́ция

**professionalize** [prəˈfeʃnəlaɪz] *v* превраща́ть (*какое-л. занятие*) в профе́ссию

**professionally** [prəˈfeʃnəlɪ] *adv* профессиона́льно; как специали́ст; we consulted him ~ мы обрати́лись к нему́ как к специали́сту

**professor** [prəˈfesə] *n* 1) профе́ссор (университе́та) 2) преподава́тель 3) испове́дующий (*религию*)

**professorate** [prəˈfesərɪt] *n* 1) профе́ссорство 2) *собир.* профессу́ра

**professorial** [ˌprɔfeˈsɔ:rɪəl] *a* профе́ссорский

**professoriate** [ˌprɔfeˈsɔ:rɪɪt] *n собир.* профессу́ра

**professorship** [prəˈfesəʃɪp] *n* профе́ссорство

**proffer** [ˈprɔfə] **1.** *n* предложе́ние
**2.** *v* предлага́ть

**proficiency** [prəˈfɪʃənsɪ] *n* о́пытность; уме́ние, сноро́вка

**proficient** [prəˈfɪʃənt] **1.** *a* иску́сный, уме́лый, о́пытный
**2.** *n* знато́к, специали́ст

**profile** [ˈprəufaɪl] **1.** *n* 1) про́филь 2) очерта́ние, ко́нтур 3) кра́ткий биографи́ческий о́черк 4) *тех.* вертика́льный разре́з, сече́ние 5) *attr. тех.* фасо́нный
**2.** *v* 1) рисова́ть в про́филь; изобража́ть в про́филе, в разре́зе 2) поверну́ться в про́филь; поверну́ться бо́ком 3) *тех.* профили́ровать; обраба́тывать по шабло́ну

**profiling machine** [ˈprəufaɪlɪŋməˈʃiːn] *n* копирова́льный стано́к

**profit** [ˈprɔfɪt] **1.** *n* 1) по́льза, вы́года; to make a ~ on извле́чь вы́году из 2) (*часто pl*) при́быль, дохо́д; бары́ш, нажи́ва; gross (net) ~ валова́я (чи́стая) при́быль 3) *attr.*: ~ margin разме́р при́были; ~ motive коры́сть; корыстолюби́вые побужде́ния
**2.** *v* 1) приноси́ть по́льзу, быть поле́зным; it ~s little to advise him бесполе́зно дава́ть ему́ сове́ты 2) по́льзоваться, извлека́ть по́льзу, воспо́льзоваться (by — *чем-л.*) 3) получа́ть при́быль

**profitable** [ˈprɔfɪtəbl] *a* 1) при́быльный, вы́годный, дохо́дный 2) поле́зный; благоприя́тный

**profitably** [ˈprɔfɪtəblɪ] *adv* вы́годно; с вы́годой, с при́былью

**profiteer** [ˌprɔfɪˈtɪə] **1.** *n* спекуля́нт; бары́шник
**2.** *v* спекули́ровать

**profiteering** [ˌprɔfɪˈtɪərɪŋ] *n* спекуля́ция; нажи́ва

**profit-seeking** [ˈprɔfɪtˌsiːkɪŋ] *n* стяжа́тельство, пого́ня за нажи́вой

**profit-sharing** [ˈprɔfɪtˌʃeərɪŋ] *n* уча́стие рабо́чих и слу́жащих в при́былях

**profligacy** [ˈprɔflɪgəsɪ] *n* 1) распу́тство 2) расточи́тельность

**profligate** [ˈprɔflɪgɪt] **1.** *a* 1) распу́тный 2) расточи́тельный
**2.** *n* 1) распу́тник 2) расточи́тель

**profound** [prəˈfaund] **1.** *a* 1) глубо́кий, основа́тельный; му́дрый 2) по́лный, абсолю́тный; ~ ignorance по́лное неве́жество 3) проникнове́нный 4) глубо́кий, ни́зкий (*поклон и т п.*)
**2.** *n поэт.* глубина́, бе́здна

**profoundness** [prəˈfaundnɪs] = profundity

**profundity** [prəˈfʌndɪtɪ] *n* 1) (огро́мная) глубина́ 2) про́пасть

**profuse** [prəˈfjuːs] *a* 1) изоби́льный, бога́тый (*чем-л.*) 2) ще́дрый; расточи́тельный (in)

**profusely** [prəˈfjuːslɪ] *adv* оби́льно, ще́дро; чрезме́рно

**profusion** [prəˈfjuːʒən] *n* 1) изоби́лие, бога́тство; избы́ток 2) чрезме́рная ро́скошь 3) ще́дрость, расточи́тельность

**prog I** [prɔg] *n разг.* 1) еда́, пи́ща 2) прови́зия на доро́гу *или* для пикника́ 3) *перен.* пи́ща (*для ума*)

**prog II** [prɔg] *студ. жарг. см.* proctor 1)

**progenitive** [prəuˈdʒenɪtɪv] *a* спосо́бный дать пото́мство

**progenitor** [prəuˈdʒenɪtə] *n* 1) прароди́тель; основа́тель ро́да 2) предше́ственник 3) исто́чник, оригина́л 4) *физ.* исхо́дная части́ца

**progenitress, progenitrix** [prəuˈdʒenɪtrɪs, -trɪks] *n* прароди́тельница; основа́тельница ро́да

**progeny** [ˈprɔdʒɪnɪ] *n* 1) пото́мство; пото́мок 2) после́дователи, ученики́ 3) результа́т, исхо́д 4) *физ.* втори́чная части́ца

**prognathous** [prɔgˈneɪθəs] *a* 1) с выдающимися че́люстями, прогнати́ческий 2) выдаю́щийся (*о челюсти*)

**prognoses** [prɔgˈnəusiːz] *pl от* prognosis

**prognosis** [prɔgˈnəusɪs] *n* (*pl* -ses) прогно́з

**prognostic** [prəgˈnɔstɪk] **1.** *a* слу́жащий предве́стником; предвеща́ющий
**2.** *n* 1) предве́стие, предзнаменова́ние; предве́стник 2) предвеща́ние, предсказа́ние

**prognosticate** [prəgˈnɔstɪkeɪt] *v* предска́зывать, предвеща́ть

**prognostication** [prəgˌnɔstɪˈkeɪʃən] *n* 1) предзнаменова́ние 2) предсказа́ние, прогнози́рование

**program(me)** [ˈprəugræm] **1.** *n* 1) програ́мма 2) представле́ние, спекта́кль 3) план (*работы и т. п.*); what is the ~? *разг.* ну, чем займёмся?; a full ~ мно́жество заня́тий, дел *и т. п.* 4) *attr.* програ́ммный
**2.** *v* 1) составля́ть програ́мму *или* план 2) программи́ровать

**program-music** [ˈprəugræmˌmjuːzɪk] *n* програ́ммная му́зыка

**progress 1.** *n* [ˈprəugrəs] 1) прогре́сс, разви́тие; движе́ние вперёд 2) достиже́ния, успе́хи; to make ~ де́лать успе́хи 3) тече́ние, ход, разви́тие; to be in ~ выполня́ться, быть в проце́ссе становле́ния, в разви́тии; changes are in ~ вво́дятся измене́ния; preparations are in ~ веду́тся приготовле́ния 4) продвиже́ние 5) *редк.* стра́нствие, путеше́ствие 6) *ист.* путеше́ствие короля́ по стране́
**2.** *v* [prəuˈgres] 1) прогресси́ровать, развива́ться; соверше́нствоваться 2) продвига́ться вперёд 3) де́лать успе́хи

**progression** [prəuˈgreʃən] *n* 1) продвиже́ние, движе́ние 2) после́довательность (*событий и т. п.*) 3) *редк.* прогре́сс 4) *мат.* прогре́ссия

**progressionist, progressist** [prəuˈgreʃnɪst, prəuˈgresɪst] *n* прогресси́ст; челове́к, убеждённый в непреры́вности прогре́сса; сторо́нник прогре́сса; прогресси́вный челове́к

**progressive** [prəuˈgresɪv] **1.** *a* 1) прогресси́вный, передово́й 2) поступа́тельный (*о движении*); ~ rotation враща́тельно-поступа́тельное движе́ние 3) прогресси́рующий 4) постепе́нный
**2.** *n* 1) прогресси́вный де́ятель 2) (P.) член прогресси́вной па́ртии

**prohibit** [prəˈhɪbɪt] *v* 1) запреща́ть 2) препя́тствовать, меша́ть (from)

**prohibition** [ˌprəuɪˈbɪʃən] *n* 1) запреще́ние 2) запреще́ние прода́жи спиртны́х напи́тков, сухо́й зако́н

**prohibitionist** [ˌprəuɪˈbɪʃnɪst] *n* сторо́нник запреще́ния прода́жи спиртны́х напи́тков

**prohibitive** [prəˈhɪbɪtɪv] *a* 1) запрети́тельный 2) препя́тствующий, запреща́ющий 3) чрезме́рно, непоме́рно высо́кий (*о цене, издержках и т. п.*)

**prohibitory** [prəˈhɪbɪtərɪ] = prohibitive

**project 1.** *n* [ˈprɔdʒekt] 1) прое́кт, план; програ́мма (*строительства и т. п.*) 2) строи́тельный объе́кт, осуществля́емое строи́тельство
**2.** *v* [prəˈdʒekt] 1) проекти́ровать; составля́ть прое́кт, план 2) броса́ть, отража́ть (*тень, луч света и т. п.*) 3) выбра́сывать, выпуска́ть (*снаряд*) 4) выдава́ться, выступа́ть 5) *refl.* перенести́сь мы́сленно (*в будущее и т. п.*)

**projectile 1.** *n* [ˈprɔdʒɪktaɪl] (реакти́вный) снаря́д; пу́ля
**2.** *a* [prəˈdʒektaɪl] мета́тельный

**projection** [prəˈdʒekʃən] *n* 1) мета́ние, броса́ние 2) проекти́рование 3) прое́кт, план; намётка 4) прое́кция 5) вы́ступ, выдаю́щаяся часть 6) *кино, тлв.* прое́кция изображе́ния

**projector** [prəˈdʒektə] *n* 1) проекти́ро́вщик; составитель прое́ктов, пла́нов 2) прожектёр 3) проекцио́нный фона́рь 4) проже́ктор 5) *воен.* гранатомёт; огнемёт; газомёт

**prolapse** [ˈprəulæps] *мед.* **1.** *n* прола́пс, выпаде́ние (*какого-л. органа*)
**2.** *v* выпада́ть

**prolapsus** [ˈprəulæpsəs] = prolapse I

**prolate** [ˈprəuleɪt] *a* 1) вы́тянутый (*подобно сфероиду*); растя́нутый 2) широко́ распространённый

**prolegomena** [ˌprəuleˈgɔmɪnə] *n pl* введе́ние, предвари́тельные све́дения

**proletarian** [ˌprəulɪˈteərɪən] **1.** *n* пролета́рий
**2.** *a* пролета́рский

**proletarianization** [ˌprəulɪteərɪənaɪˈzeɪʃən] *n* пролетариза́ция

**proletariat(e)** [ˌprəulɪˈteərɪət] *n* пролетариа́т

**proletary** [ˈprəulɪtərɪ] = proletarian

**proliferate** [prəuˈlɪfəreɪt] *v* 1) *биол.* пролифери́ровать, размножа́ться, разраста́ться путём новообразова́ний 2) распространя́ться (*о знаниях и т. п.*) 3) бы́стро увели́чиваться

**proliferation** [prəuˌlɪfəˈreɪʃən] *n* 1) *биол.* пролифера́ция, размноже́ние, разраста́ние путём новообразова́ний 2) распростране́ние; ~ of nuclear weapons распростране́ние я́дерного ору́жия 3) бы́строе увеличе́ние; ~ of radio frequencies усиле́ние радиочасто́тности

**proliferous** [prəuˈlɪfərəs] *a бот.* о́прысковый

**prolific** [prəuˈlɪfɪk] *a* 1) плодоро́дный 2) плодови́тый 3) изоби́лующий (in, of — *чем-л.*)

**prolificacy** [prəuˈlɪfɪkəsɪ] *n* 1) плодоро́дность 2) плодови́тость

**prolix** ['prəulɪks] *a* 1) многосло́вный; ну́дный, тягу́чий; ску́чный 2) (изли́шне) подро́бный

**prolixity** [prəu'lɪksɪtɪ] *n* многосло́вие; ну́дность, тягу́честь

**prolocutor** [prəu'lɔkjutə] *n* председа́тель (*особ.* церко́вного собо́ра)

**prologize** ['prəuləgaɪz] *v* писа́ть *или* произноси́ть проло́г

**prologue** ['prəulɔg] *n* проло́г

**prolong** [prəu'lɔŋ] *v* 1) продлева́ть, отсро́чить, пролонги́ровать 2) продолжа́ть, протя́гивать да́льше

**prolongation** [ˌprəulɔŋ'geɪʃən] *n* 1) продле́ние, отсро́чка, пролонга́ция 2) удлине́ние, продолже́ние (*линии и т. п.*)

**prolonged** [prəu'lɔŋd] **1.** *p. p. от* prolong

**2.** *a* затяну́вшийся, дли́тельный; ~ visit затяну́вшееся посеще́ние

**prolusion** [prəu'lju:ʒən] *n* 1) предвари́тельная попы́тка, про́ба (сил) 2) вступи́тельная статья́; предвари́тельные замеча́ния

**promenade** [ˌprɔmɪ'nɑ:d] **1.** *n* 1) прогу́лка; гуля́нье 2) ме́сто для гуля́нья 3) *амер.* студе́нческий бал 4) *attr.*: ~ deck ве́рхняя па́луба; ~ concert конце́рт, во вре́мя кото́рого пу́блика мо́жет свобо́дно ходи́ть по за́лу, входи́ть и выходи́ть

**2.** *v* 1) прогу́ливаться; разгу́ливать 2) води́ть гуля́ть, выводи́ть на прогу́лку

**Promethean** [prə'mi:θjən] *a*: ~ fire промете́ев ого́нь

**Prometheus** [prə'mi:θju:s] *n* *греч. миф.* Промете́й

**prominence** ['prɔmɪnəns] *n* 1) вы́ступ 2) вы́пуклость, неро́вность, возвыше́ние 3) выдаю́щееся положе́ние; изве́стность; to gain ~ завоева́ть, сниска́ть изве́стность; to rise to ~ заня́ть ви́дное положе́ние 4) = protuberance 2)

**prominency** ['prɔmɪnənsɪ] = prominence 1), 2) *и* 3)

**prominent** ['prɔmɪnənt] *a* 1) высту-па́ющий; торча́щий 2) вы́пуклый, релье́фный 3) изве́стный, выдаю́щийся, ви́дный

**promiscuity** [ˌprɔmɪs'kju(:)ɪtɪ] *n* 1) разноро́дность; разноше́рстность 2) сме́шанность 3) беспоря́дочность, неразбо́рчивость (*в знакомствах, связях и т. п.*) 4) промискуите́т

**promiscuous** [prə'mɪskjuəs] *a* 1) разноро́дный; разноше́рстный; сме́шанный 2) беспоря́дочный, неразбо́рчивый (*в знакомствах, связях и т. п.*) 3) *разг.* случа́йный

**promise** ['prɔmɪs] **1.** *n* 1) обеща́ние, to give (*или* to make) a ~ обеща́ть; to keep one's ~ сдержа́ть обеща́ние, исполня́ть обе́щанное; to break (*или* to go back on) one's ~ не сдержа́ть обеща́ния 2) перспекти́ва; a young man of ~ многообеща́ющий молодо́й челове́к; a pupil of ~ in music учени́к, подаю́щий больши́е наде́жды в му́зыке; to give (*или* to show) ~ подава́ть наде́жды; to hold out ~s сули́ть, обеща́ть ◊ the land of ~ *библ.* земля́ обетова́нная

**2.** *v* 1) обеща́ть 2) *разг.* уверя́ть; I ~ you уверя́ю вас 3) подава́ть наде́жды, сули́ть

**promised** ['prɔmɪst] **1.** *p. p. от* promise 2

**2.** *a* обе́щанный ◊ the ~ land = the land of promise [*см.* promise I, ◊]

**promisee** [ˌprɔmɪ'si:] *n юр.* лицо́, кото́рому даю́т обеща́ние

**promising** ['prɔmɪsɪŋ] **1.** *pres. p. от* promise 2

**2.** *a* многообеща́ющий, подаю́щий наде́жды

**promisor** ['prɔmɪsə] *n* лицо́, даю́щее обеща́ние *или* обяза́тельство

**promissory** ['prɔmɪsərɪ] *a* заключа́ющий в себе́ обеща́ние *или* обяза́тельство; ве́ксель

**promontory** ['prɔməntrɪ] *n* 1) *геогр.* мыс 2) *анат.* вы́ступ

**promote** [prə'məut] *v* 1) выдвига́ть; продвига́ть; повыша́ть в чи́не *или* зва́нии; he was ~d major (*или* to the rank of major) ему́ присво́или зва́ние майо́ра; to ~ legation to the status of an embassy преобразова́ть дипломати́ческую ми́ссию в посо́льство 2) спосо́бствовать, помога́ть, подде́рживать; соде́йствовать распростране́нию, разви́тию *и т. п.*; to ~ general welfare спосо́бствовать обеспе́чению о́бщего благосостоя́ния 3) поощря́ть, стимули́ровать; активизи́ровать 4) переводи́ть в сле́дующий класс (*ученика*) 5) *шахм.* продвига́ть (*пешку*)

**promoter** [prə'məutə] *n* 1) тот, кто *или* то, что спосо́бствует (*чему-л.*); покрови́тель, патро́н 2) подстрека́тель 3) *хим.* промо́тор

**promotion** [prə'məuʃən] *n* 1) продвиже́ние; поощре́ние; соде́йствие, стимули́рование 2) продвиже́ние по слу́жбе; повыше́ние в зва́нии; произво́дство в чин 3) перево́д (*ученика*) в сле́дующий класс

**promotion man** [prə'məuʃənmæn] *n* посре́дник, аге́нт

**prompt** I [prɔmpt] **1.** *a* 1) прово́рный, бы́стрый; исполни́тельный 2) бы́стро *или* неме́дленно сде́ланный; ~ assistance неме́дленная по́мощь 3) опла́ченный *или* доста́вленный неме́дленно; for ~ cash за нали́чный расчёт

**2.** *adv* 1) бы́стро 2) то́чно; ро́вно

**prompt** II [prɔmpt] **1.** *n* подска́зка; напомина́ние

**2.** *v* 1) побужда́ть; толка́ть; внуша́ть; вызыва́ть (*мысль и т. п.*) 2) подска́зывать 3) *театр.* суфли́ровать

**prompt-book** ['prɔmptbuk] *n* суфлёрский экземпля́р пье́сы

**prompt-box** ['prɔmptbɔks] *n* суфлёрская бу́дка

**prompter** ['prɔmptə] *n* 1) суфлёр 2) *разг.* подска́зчик 3) лицо́, побужда́ющее к де́йствию

**prompting** ['prɔmptɪŋ] **1.** *pres. p. от* prompt II, 2

**2.** *n* побужде́ние; the ~ of conscience го́лос со́вести

**promptitude** ['prɔmptɪtju:d] *n* быстрота́, прово́рство; гото́вность; ~ in paying аккура́тность в платежа́х

**promptly** ['prɔmptlɪ] *adv* 1) сра́зу, бы́стро 2) то́чно

**prompt side** ['prɔmptsaɪd] *n* 1) ле́вая (*от актёра*) сторона́ сце́ны 2) *амер.* пра́вая (*от актёра*) сторона́ сце́ны

**promulgate** ['prɔməlgeɪt] *v* 1) объявля́ть, провозглаша́ть, опублико́вывать; обнаро́довать 2) распространя́ть, пропаганди́ровать

**promulgation** [ˌprɔməl'geɪʃən] *n* 1) обнаро́дование; опубликова́ние 2) распростране́ние

**prone** [prəun] *a* 1) (лежа́щий) ничко́м; распростёртый; to fall ~ пасть ниц 2) накло́нный, пока́тый 3) (*обыкн. predic.*) скло́нный; he is ~ to prompt action он скло́нен к бы́стрым де́йствиям; ~ to anger вспы́льчивый

**prong** [prɔŋ] **1.** *n* 1) зубе́ц (*вилки и т. п.*); зуб 2) заострённый инструме́нт 3) *с.-х.* ви́лка; ви́льчатый копа́ч

**2.** *v* 1) поднима́ть, повора́чивать ви́лами 2) протыка́ть

**pronged** [prɔŋd] **1.** *p. p. от* prong 2

**2.** *a* снабжённый зубца́ми, остриём *и т. п.*

**pronominal** [prəu'nɔmɪnl] *a грам.* местоиме́нный

**pronoun** ['prəunaun] *n грам.* местоиме́ние

**pronounce** [prə'nauns] *v* 1) объявля́ть; деклари́ровать; заявля́ть; to ~ a sentence объяви́ть пригово́р; to ~ a curse (upon) проклина́ть 2) выска́зываться (on — о; for — за; against — про́тив) 3) произноси́ть, выгова́ривать

**pronounceable** [prə'naunsəbl] *a* удобопроизноси́мый

**pronounced** [prə'naunst] **1.** *p. p. от* pronounce

**2.** *a* 1) ре́зко вы́раженный 2) я́сный, определённый, я́вный; ~ tendency я́вная тенде́нция

**pronouncedly** [prə'naunstlɪ] *adv* 1) определённо, я́вно 2) подчёркнуто; реши́тельно

**pronouncement** [prə'naunsmənt] *n* 1) произнесе́ние, объявле́ние (*решения или приговора*) 2) официа́льное заявле́ние; деклара́ция

**pronouncing** [prə'naunsɪŋ] **1.** *pres. p. от* pronounce

**2.** *n* 1) произноше́ние; произнесе́ние 2) объявле́ние, заявле́ние 3) *attr.*: ~ dictionary орфоэпи́ческий слова́рь, слова́рь с указа́нием произноше́ния

**pronto** ['prɔntəu] *adv амер. разг.* бы́стро, без промедле́ния

**pronunciation** [prəˌnʌnsɪ'eɪʃən] *n* 1) произноше́ние; вы́говор 2) произнесе́ние; фонети́ческая транскри́пция

**proof** [pru:f] **1.** *n* 1) доказа́тельство; this requires no ~ э́то не тре́бует доказа́тельства 2) свиде́тельское показа́ние 3) испыта́ние; про́ба; to put smth. to the ~ испыта́ть что-л., подве́ргнуть что-л. испыта́нию 4) устано́вленный гра́дус кре́пости спи́рта; above (under) ~ вы́ше (ни́же) устано́вленного гра́дуса 5) проби́рка 6) *мат.* прове́рка 7) корректу́ра; гра́нка; про́бный о́ттиск (*с гравюры*)

2. *a* 1) непроница́емый (against); непробива́емый 2) недосту́пный, не поддаю́щийся (*лести и т. п.*) 3) устано́вленной кре́пости (*о спирте*)

3. *v* де́лать непроница́емым *и пр.* [*см.* 2]

**-proof** [-pru:f] *в сложных словах означает* усто́йчивый, непроница́емый, не поддаю́щийся де́йствию (*чего-л.*); waterproof водонепроница́емый

**proof-read** [ˈpru:fri:d] *v амер.* чита́ть корректу́ру, гра́нки

**proof-reader** [ˈpru:fˌri:də] *n* корре́ктор; ~'s mark *полигр.* корректу́рный знак

**proof-reading** [ˈpru:fˌri:dɪŋ] **1.** *pres. p. от* proof-read

2. *n* чи́тка корректу́ры

**proof-room** [ˈpru:frum] *n* корре́кторская

**proof-sheet** [ˈpru:fʃi:t] *n* корректу́рный о́ттиск, корректу́ра

**prop I** [prɔp] **1.** *n* 1) подпо́рка; опо́ра; сто́йка; подста́вка 2) опо́ра, подде́ржка; he is the ~ of his parents он опо́ра для свои́х роди́телей

2. *v* (*тж.* ~ up) 1) подпира́ть; снабжа́ть подпо́рками 2) подде́рживать, помога́ть

**prop II** [prɔp] *сокр. школ. жарг. см.* proposition 3)

**prop III** [prɔp] *сокр. ав. жарг. см.* propeller

**prop IV** [prɔp] *сокр. театр. жарг. см.* property 4)

**propaedeutic(al)** [ˌprəupi:ˈdju:tɪk(əl)] *a* пропедевти́ческий, вво́дный

**propaedeutics** [ˌprəupi:ˈdju:tɪks] *n pl* (*употр. как sing*) пропеде́втика, вво́дный курс

**propaganda** [ˌprɔpəˈgændə] *n* пропага́нда

**propagandist** [ˌprɔpəˈgændɪst] *n* пропаганди́ст

**propagandize** [ˌprɔpəˈgændaɪz] *v* пропаганди́ровать, вести́ пропага́нду

**propagate** [ˈprɔpəgeɪt] *v* 1) размножа́ть(ся); разводи́ть; to ~ by seeds размножа́ться семена́ми 2) распространя́ть(ся) 3) передава́ть по насле́дству (*качества, свойства*) 4) *физ.* передава́ться че́рез сре́ду, распространя́ть(ся)

**propagation** [ˌprɔpəˈgeɪʃən] *n* 1) размноже́ние; разведе́ние 2) распростране́ние (*тж. физ.*); ~ of sound распростране́ние зву́ка

**propel** [prəˈpel] *v* 1) продвига́ть вперёд; толка́ть; приводи́ть в движе́ние 2) дви́гать, стимули́ровать, побужда́ть

**propellent** [prəˈpelənt] **1.** *n* 1) *воен.* мета́тельное взры́вчатое вещество́ 2) раке́тное то́пливо

2. *a* 1) дви́жущий, спосо́бный дви́гать 2) мета́тельный

**propeller** [prəˈpelə] *n* 1) дви́житель 2) пропе́ллер; возду́шный *или* гребно́й винт 3) *attr.* дви́гательный; ~ turbine турбови́нтово́й дви́гатель

**propelling** [prəˈpelɪŋ] **1.** *pres. p. от* propel

2. *a* дви́жущий; мета́тельный

**propensity** [prəˈpensɪtɪ] *n* скло́нность, расположе́ние (to — к *чему-л.*); пристра́стие (for — к *чему-л.*)

**proper** [ˈprɔpə] *a* 1) прису́щий, сво́йственный 2) пра́вильный, до́лжный; надлежа́щий; подходя́щий; in the ~ way надлежа́щим о́бразом; 3) присто́йный, прили́чный; ~ behaviour хоро́шее поведе́ние 4) то́чный; и́стинный 5) употреблённый в со́бственном смы́сле сло́ва; architecture ~ архитекту́ра в у́зком смы́сле сло́ва 6) *разг.* соверше́нный, настоя́щий; he was in a ~ rage он был в соверше́нном бе́шенстве 7) *уст.* со́бственный; with my own ~ eyes свои́ми со́бственными глаза́ми 8) *уст.* краси́вый 9) *грам.* со́бственный; ~ name (*или* noun) и́мя со́бственное

**properly** [ˈprɔpəlɪ] *adv* 1) до́лжным о́бразом; как сле́дует; пра́вильно 2) присто́йно; прили́чно 3) *разг.* здо́рово; хороше́нько 4) со́бственно; в у́зком смы́сле сло́ва; ~ speaking со́бственно говоря́; стро́го говоря́

**propertied** [ˈprɔpətɪd] *a* име́ющий со́бственность; иму́щий, the ~ classes иму́щие кла́ссы

**property** [ˈprɔpətɪ] *n* 1) иму́щество; со́бственность; хозя́йство; a ~ зе́мельная со́бственность, поме́стье; име́ние; a man of ~ со́бственник; бога́ч; 2) *перен.* достоя́ние; the news soon became a common ~ изве́стие вско́ре ста́ло всео́бщим достоя́нием 3) сво́йство, ка́чество; the chemical properties of iron хими́ческие сво́йства желе́за 4) (*обыкн. pl*) *театр., кино* бутафо́рия; реквизи́т 5) *attr.* иму́щественный; ~ qualification иму́щественный ценз; ~ tax поиму́щественный нало́г

**property-man** [ˈprɔpətɪmæn] *n* бутафо́р, реквизи́тор

**property-master** [ˈprɔpətɪˌma:stə] = property-man

**property-owning** [ˈprɔpətɪˈəunɪŋ] *a* со́бственнический

**property-room** [ˈprɔpətɪrum] *n* бутафо́рская, реквизи́торская

**prophecy** [ˈprɔfɪsɪ] *n* проро́чество, предсказа́ние

**prophesy** [ˈprɔfɪsaɪ] *v* проро́чить, предска́зывать

**prophet** [ˈprɔfɪt] *n* 1) проро́к; the Prophets кни́ги проро́ков Ве́тхого заве́та 2) пропове́дник (*идей и т. п.*) 3) предсказа́тель 4) *жарг.* «жучо́к» (*на скачках*)

**prophetess** [ˈprɔfɪtɪs] *n* проро́чица

**prophetic(al)** [prəˈfetɪk(əl)] *a* проро́ческий

**prophylactic** [ˌprɔfɪˈlæktɪk] **1.** *a* профилакти́ческий; предохрани́тельный

2. *n* профилакти́ческое сре́дство; профилакти́ческая ме́ра

**prophylaxis** [ˌprɔfɪˈlæksɪs] *n* профила́ктика

**prophylaxy** [ˈprɔfɪlæksɪ] = prophylaxis

**propinquity** [prəˈpɪŋkwɪtɪ] *n* 1) бли́зость 2) подо́бие; родство́

**propitiate** [prəˈpɪʃɪeɪt] *v* 1) примиря́ть, успока́ивать, умиротворя́ть 2) умилостивля́ть

**propitiation** [prəˌpɪʃɪˈeɪʃən] *n* 1) примире́ние, успокое́ние, умиротворе́ние 2) *уст.* умилостиви́тельная, искупи́тельная же́ртва

**propitiator** [prəˈpɪʃɪeɪtə] *n* умиротвори́тель; примири́тель

**propitiatory** [prəˈpɪʃɪətərɪ] *a* 1) примири́тельный, утеша́ющий 2) искупи́тельный, умилостиви́тельный

**propitious** [prəˈpɪʃəs] *a* 1) благоскло́нный 2) благоприя́тный; подходя́щий; ~ weather благоприя́тная пого́да

**propolis** [ˈprɔpəlɪs] *n* про́полис, пчели́ный клей

**propone** [prəˈpəun] *v шотл.* 1) излага́ть 2) предлага́ть на обсужде́ние

**proponent** [prəˈpəunənt] *n* 1) защи́тник, сторо́нник 2) предлага́ющий что-либо на обсужде́ние

**proportion** [prəˈpɔ:ʃən] **1.** *n* 1) пропо́рция; коли́чественное (со)отноше́ние 2) пра́вильное соотноше́ние, соразме́рность, пропорциона́льность; in ~ to соразме́рно; соотве́тственно; out of ~ to несоразме́рно, несоизмери́мо; чрезме́рно 3) *pl* разме́р(ы) 4) часть, до́ля 5) *мат.* пропо́рция, тройно́е пра́вило

2. *v* 1) соразмеря́ть (to — с *чем-л.*) 2) распределя́ть

**proportionable** [prəˈpɔ:ʃnəbl] *редк.* = proportional

**proportional** [prəˈpɔ:ʃənl] **1.** *a* пропорциона́льный; ~ representation систе́ма пропорциона́льного представи́тельства

2. *n мат.* член пропо́рции

**proportionality** [prəˌpɔ:ʃəˈnælɪtɪ] *n* пропорциона́льность

**proportionate** [prəˈpɔ:ʃnɪt] **1.** *a* соразме́рный, пропорциона́льный (to)

2. *v* соразмеря́ть, де́лать пропорциона́льным

**proposal** [prəˈpəuzəl] *n* 1) предложе́ние; план 2) предложе́ние (*о браке*) 3) *амер.* зая́вка (*на торгах*)

**propose** [prəˈpəuz] *v* 1) предлага́ть; вноси́ть предложе́ние; to ~ smb.'s health провозгласи́ть тост за кого́-л.; to ~ a riddle загада́ть зага́дку; the object I ~ to myself цель, кото́рую я себе́ ста́влю 2) предполага́ть, намерева́ться; I ~ to make a journey this summer ле́том я наме́рен попутеше́ствовать 3) де́лать предложе́ние (*о браке*; to) 4) представля́ть (*кандидата на должность*)

**proposer** [prəˈpəuzə] *n* 1) созда́тель тео́рии 2) а́втор предложе́ния

**proposition** [ˌprɔpəˈzɪʃən] *n* 1) предложе́ние; план, прое́кт 2) утвержде́ние, заявле́ние 3) *мат.* теоре́ма 4) *разг.* предприя́тие 5) *разг.* де́ло, пробле́ма ◇ he's a tough ~ с ним тру́дно име́ть де́ло

**propound** [prəˈpaund] *v* 1) предлага́ть на обсужде́ние 2) *юр.* предъявля́ть завеща́ние на утвержде́ние

**propraetor** [prəuˈpri:tə] *n др.-рим.* пропре́тор

**proprietary** [prəˈpraɪətərɪ] **1.** *a* 1) со́бственнический; составля́ющий чью-л. со́бственность; ча́стный; ~ rights права́ со́бственности 2) патен-

то́ванный; ~ medicine патенто́ванное сре́дство
2. *n* 1) пра́во со́бственности 2) со́бственник, владе́лец 3) класс со́бственников (*тж.* the ~ classes) 4) патенто́ванное сре́дство
**proprietor** [prəˈpraɪətə] *n* со́бственник, владе́лец; хозя́ин
**proprietorship** [prəˈpraɪətəʃɪp] *n* со́бственность
**proprietress** [prəˈpraɪətrɪs] *n* со́бственница, владе́лица; хозя́йка
**propriety** [prəˈpraɪətɪ] *n* 1) пра́вильность, уме́стность 2) присто́йность; the proprieties прили́чия 3) *уст.* пра́во со́бственности
**props** [prɔps] *n pl* (*сокр. от* properties) *театр., кино* реквизи́т, бутафо́рия
**propulsion** [prəˈpʌlʃən] *n* 1) продвиже́ние, движе́ние вперёд; толчо́к 2) дви́жущая си́ла (*тж. перен.*) 3) силова́я устано́вка
**propulsive** [prəˈpʌlsɪv] *a* приводя́щий в движе́ние; продвига́ющийся, побужда́ющий; ~ force *реакт.* дви́жущая си́ла
**pro rata** [ˈprəuˈrɑːtə] *adv* в соотве́тствии, в пропо́рции, пропорциона́льно; on a ~ basis на пропорциона́льной осно́ве
**pro-rate 1.** *n* [ˈprəureɪt] *амер.* пропорциона́льная до́ля
2. *v* [prəuˈreɪt] (*преим. амер.*) распределя́ть пропорциона́льно
**prorogation** [ˌprəurəˈgeɪʃən] *n* 1) переры́в в рабо́те парла́мента по ука́зу главы́ госуда́рства 2) *уст.* отсро́чка
**prorogue** [prəˈrəug] *v* 1) назна́чить переры́в в рабо́те парла́мента 2) *уст.* отсро́чить, отложи́ть
**prosaic** [prəuˈzeɪɪk] *a* 1) прозаи́ческий 2) прозаи́чный, ску́чный; ~ speaker ску́чный ора́тор
**prosaically** [prəuˈzeɪɪkəlɪ] *adv* прозаи́чно
**prosaism** [ˈprəuzeɪɪzm] *n* прозаи́зм
**prosaist** [ˈprəuzeɪɪst] *n* 1) проза́ик 2) ску́чный, прозаи́ческий челове́к
**proscenia** [prəuˈsiːnjə] *pl от* proscenium
**proscenium** [prəuˈsiːnjəm] *n* (*pl* -ia) 1) авансце́на 2) *ист.* просце́ниум
**proscribe** [prəusˈkraɪb] *v* 1) объявля́ть вне зако́на; изгоня́ть; высыла́ть 2) осуди́ть и запрети́ть 3) *ист.* оглаша́ть (*фамилии преступников*)
**proscription** [prəusˈkrɪpʃən] *n* 1) объявле́ние вне зако́на; изгна́ние; опа́ла 2) *ист.* проскри́пция
**prose** [prəuz] **1.** *n* 1) про́за 2) прозаи́чность; the ~ of existence про́за жи́зни 3) *attr.* прозаи́чный
2. *v* 1) ску́чно говори́ть *или* писа́ть 2) писа́ть про́зой 3) излага́ть стихи́ про́зой
**prosector** [prəuˈsektə] *n* прозе́ктор
**prosecute** [ˈprɔsɪkjuːt] *v* 1) вести́, проводи́ть; выполня́ть; продолжа́ть (*занятие и т. п.*); to ~ an inquiry проводи́ть рассле́дование 2) пресле́довать суде́бным поря́дком; to ~ a claim for damages возбуди́ть иск об убы́тках 3) выступа́ть в ка́честве обвини́теля
**prosecution** [ˌprɔsɪˈkjuːʃən] *n* 1) веде́ние; выполне́ние; рабо́та (of — над *чем-л.*); ~ of war веде́ние войны́ 2) суде́бное пресле́дование 3) *юр.* предъявле́ние и́ска 4) (the ~) обвине́ние (*сторона в судебном процессе*); to appear for the ~ выступа́ть от лица́ истца́ *или* свиде́телем обвине́ния
**prosecutor** [ˈprɔsɪkjuːtə] *n* 1) обвини́тель; public ~ прокуро́р; ~'s office прокурату́ра 2) исте́ц
**proselyte** [ˈprɔsɪlaɪt] **1.** *n* новообращённый, прозели́т
2. *v* = proselytize
**proselytize** [ˈprɔsɪlɪtaɪz] *v* обраща́ть в свою́ ве́ру
**prosify** [ˈprəuzɪfaɪ] *v* 1) излага́ть стихи́ про́зой 2) писа́ть про́зой 3) де́лать прозаи́чным, обы́денным
**prosit** [ˈprəusɪt] *лат. int* пью (пьём) за Ва́ше здоро́вье!
**prosody** [ˈprɔsədɪ] *n* просо́дия
**prosopopoeia** [ˌprɔsəpəuˈpiːjə] *n ритор.* просопопе́я; олицетворе́ние
**prospect 1.** *n* [ˈprɔspekt] 1) вид; панора́ма; перспекти́ва 2) (*часто pl*) перспекти́ва; ви́ды, пла́ны на бу́дущее; in ~ в дальне́йшем, в перспекти́ве; what are your ~s for tomorrow? что вы собира́етесь де́лать за́втра?; no ~s of success никаки́х наде́жд на успе́х; a man of no ~s челове́к, не име́ющий наде́жд на бу́дущее 3) предполага́емый клие́нт, подпи́счик *и т. п.* 4) *горн., геол.* изыска́ние, разве́дка
2. *v* [prəsˈpekt] 1) иссле́довать; де́лать изыска́ния; разве́дывать; to ~ for gold иска́ть зо́лото 2) быть перспекти́вной (*о шахте и т. п.*)
**prospective** [prəsˈpektɪv] *a* 1) бу́дущий; ожида́емый; предполага́емый; my ~ partner мой предполага́емый партнёр 2) относя́щийся к бу́дущему, каса́ющийся бу́дущего
**prospector** [prəsˈpektə] *n горн.* разве́дчик, изыска́тель; стара́тель; золоиска́тель
**prospectus** [prəsˈpektəs] *n* (*pl* -es [-ɪz]) проспе́кт (*книги, издания, учебного заведения, акционерного общества и т. п.*)
**prosper** [ˈprɔspə] *v* 1) процвета́ть, преуспева́ть, благоде́нствовать 2) благоприя́тствовать
**prosperity** [prɔsˈperɪtɪ] *n* 1) процвета́ние, преуспева́ние 2) проспе́рити 3) *pl редк.* благоприя́тные обстоя́тельства
**prosperous** [ˈprɔspərəs] *a* 1) процвета́ющий 2) уда́чливый; успе́шный, уда́чный 3) состоя́тельный, зажи́точный 4) благоприя́тный; попу́тный (*о ветре*)
**prostate** [ˈprɔsteɪt] *n анат.* предста́тельная железа́, проста́та (*тж.* ~ gland)
**prosthesis** [ˈprɔsθɪsɪs] *n* 1) проте́з 2) протези́рование 3) *грам.* про́теза
**prosthetic** [prɔsˈθetɪk] *a* проте́зный; ~ appliance проте́з
**prostitute** [ˈprɔstɪtjuːt] **1.** *n* 1) проститу́тка 2) найми́т, прода́жный челове́к; челове́к, продаю́щий свои́ убежде́ния
2. *v* 1) занима́ться проститу́цией 2) проституи́ровать
**prostitution** [ˌprɔstɪˈtjuːʃən] *n* 1) проститу́ция 2) проституи́рование
**prostrate 1.** *a* [ˈprɔstreɪt] 1) распростёртый; лежа́щий ничко́м 2) пове́рженный; по́пранный 3) изнеможённый, обесси́ленный; в простра́ции; ~ with grief уби́тый го́рем 4) *бот.* сте́лющийся
2. *v* [prɔsˈtreɪt] 1) поверга́ть ниц 2) подчиня́ть, подавля́ть, унижа́ть 3) *refl.* па́дать ниц; унижа́ться 4) истоща́ть (*о болезни, горе и т. п.*)
**prostration** [prɔsˈtreɪʃən] *n* 1) распростёртое положе́ние 2) изнеможе́ние; упа́док сил; простра́ция 3) пове́рженное состоя́ние
**prostyle** [ˈprəustaɪl] *n архит.* прости́ль
**prosy** [ˈprəuzɪ] *a* 1) прозаи́чный, бана́льный; ску́чный 2) прозаи́ческий
**protactinium** [ˌprəutækˈtɪnɪəm] *n хим.* протакти́ний
**protagonist** [prəuˈtægənɪst] *n* 1) гла́вный геро́й; гла́вное де́йствующее лицо́ 2) актёр, игра́ющий гла́вную роль 3) побо́рник, сторо́нник, приверже́нец
**protases** [ˈprɔtəsiːz] *pl от* protasis
**protasis** [ˈprɔtəsɪs] *n* (*pl* -ses) *грам.* про́тазис
**protean** [prəuˈtiːən] *a* 1) подо́бный Проте́ю; многообра́зный, изме́нчивый 2) *амер. театр.* исполня́ющий не́сколько роле́й (*в одной пьесе*)
**protect** [prəˈtekt] *v* 1) защища́ть (from — от, against — про́тив); огражда́ть; предохраня́ть 2) *эк.* проводи́ть поли́тику протекциони́зма
**protection** [prəˈtekʃən] *n* 1) защи́та, охра́на; огражде́ние; прикры́тие 2) покрови́тельство 3) охра́нная гра́мота; про́пуск; па́спорт 4) *эк.* протекциони́зм ◊ to live under the ~ of smb. быть чьей-л. содержа́нкой
**protectionism** [prəˈtekʃənɪzm] *n эк.* протекциони́зм
**protectionist** [prəˈtekʃənɪst] *n* сторо́нник протекциони́зма
**protective** [prəˈtektɪv] *a* 1) защи́тный; прикрыва́ющий; ~ covering (device) защи́тное покры́тие (устро́йство); ~ barrage *воен.* загради́тельный ого́нь 2) *эк.* защи́тный, огради́тельный, защити́тельный; покрови́тельственный; ~ tariff покрови́тельственный тари́ф 3) *зоол., бот.*: ~ colouration (*или* colouring) покрови́тельственная, защи́тная окра́ска
**protector** [prəˈtektə] *n* 1) защи́тник 2) покрови́тель 3) *ист.* ре́гент Англии 4) (P.) *ист.* проте́ктор (*титул Оливера Кромвеля и его сына Ричарда; тж.* Lord P.) 5) защи́тное устро́йство; предохрани́тель; чехо́л 6) *авто* проте́ктор
**protectorate** [prəˈtektərɪt] *n* протектора́т
**protectorship** [prəˈtektəʃɪp] *n* 1) протектора́т 2) покрови́тельство; патрона́т

**protectory** [prəˈtektərɪ] *n* заведе́ние для беспризо́рных дете́й и несовершеннолéтних правонаруши́телей
**protectress** [prəˈtektrɪs] *n* защи́тница, покрови́тельница
**protégé** [ˈprəuteʒeɪ] *фр.* *n* (*ж.* -ée) протеже́
**protégée** [ˈprəuteʒeɪ] *ж. к* protégé
**proteid** [ˈprəutiːd] *n* *хим.* протеи́д
**protein** [ˈprəutiːn] *n* *хим.* протеи́н, бело́к
**pro tem** [prəuˈtem] = pro tempore
**pro tempore** [prəuˈtempərə] *лат.* *adv* на вре́мя, пока́
**protest 1.** *n* [ˈprəutest] 1) проте́ст; to enter (*или* to lodge, to make) a ~ заявля́ть проте́ст; under ~ вы́нужденно, про́тив во́ли 2) *фин.* опротестова́ние, проте́ст (*векселя*) 3) *юр.* торже́ственное заявле́ние
2. *v* [prəˈtest] 1) протестова́ть, возража́ть; заявля́ть проте́ст (against) 2) *фин.* опротесто́вывать (*вексель*) 3) *юр.* торже́ственно заявля́ть; to ~ one's innocence заявля́ть о свое́й невино́вности 4) *уст.* уверя́ть, говори́ть; I ~ I'm sick of the whole business уверя́ю вас, мне всё э́то надое́ло
**Protestant** [ˈprɔtɪstənt] *рел.* **1.** *n* протеста́нт
2. *a* протеста́нтский
**Protestantism** [ˈprɔtɪstəntɪzm] *n* *рел.* протеста́нтство
**protestantize** [ˈprɔtɪstəntaɪz] *v* *рел.* 1) обраща́ть в протеста́нтство 2) испове́довать протеста́нтство
**protestation** [ˌprəutesˈteɪʃən] *n* 1) торже́ственое заявле́ние (of — o; that) 2) *редк.* проте́ст, возраже́ние (against)
**Proteus** [ˈprəutjuːs] *n* *греч.* *миф.* Проте́й
**protista** [prəuˈtɪstə] *n* *pl* *биол.* прoти́сты, простéйшие одноклéточные органи́змы
**protocol** [ˈprəutəkɔl] **1.** *n* 1) протоко́л 2) *дип.* протоко́л; прелимина́рные усло́вия догово́ра *или* соглаше́ния; дополни́тельное междунаро́дное соглаше́ние 3) (the P.) протоко́льный отде́л (*министерства иностранных дел и т. п.*) 4) пра́вила дипломати́ческого этике́та
2. *v* протоколи́ровать, вести́ протоко́л, заноси́ть в протоко́л
**proton** [ˈprəutɔn] *n* *физ.* прото́н
**protoplasm** [ˈprəutəuplæzm] *n* *биол.* протопла́зма
**protoplasmatic** [ˌprəutəuplæzˈmætɪk] = protoplasmic
**protoplasmic** [ˌprəutəuˈplæzmɪk] *a* *биол.* протопла́зменный
**protoplast** [ˈprəutəuplæst] *n* 1) прототи́п, прообра́з 2) пе́рвый челове́к 3) *биол.* протопла́ст
**protoplastic** [ˌprəutəuˈplæstɪk] *a* 1) первообра́зный; первонача́льный 2) *биол.* протопла́зменный
**prototype** [ˈprəutətaɪp] *n* прототи́п
**protoxide** [prəuˈtɔksaɪd] *n* *хим.* за́кись
**protozoa** [ˌprəutəuˈzəuə] *n* *pl* *зоол.* протозо́а, просте́йшие одноклéточные живо́тные органи́змы
**protozoology** [ˌprəutəuzəuˈɔlədʒɪ] *n* протозооло́гия
**protract** [prəˈtrækt] *v* 1) тяну́ть; затя́гивать; ме́длить 2) черти́ть (*план*) 3) *редк.* растя́гивать
**protracted** [prəˈtræktɪd] **1.** *p. p.* от protract
2. *a* затяну́вшийся; дли́тельный, затяжно́й
**protractedly** [prəˈtræktɪdlɪ] *adv* дли́тельно
**protractile** [prəˈtræktaɪl] *a* *зоол.* спосо́бный выдвига́ться (*хобот и т. п.*)
**protraction** [prəˈtrækʃən] *n* 1) проволо́чка, промедле́ние 2) нанесе́ние на план *или* чертёж; начерта́ние 3) де́йствие разгиба́тельной мы́шцы
**protractor** [prəˈtræktə] *n* 1) *тех.* транспорти́р; угломе́р 2) *анат.* разгиба́тельная мы́шца, протра́ктор 3) *хир.* инструме́нт для удале́ния из ра́ны иноро́дного те́ла
**protrude** [prəˈtruːd] *v* 1) высо́вывать(ся) 2) выдава́ться, торча́ть
**protruding** [prəˈtruːdɪŋ] **1.** *pres. p.* от protrude
2. *a* 1) выдаю́щийся, выступа́ющий вперёд, торча́щий; ~ eyes глаза́ навы́кате 2) вы́сунутый нару́жу
**protrusion** [prəˈtruːʒən] *n* 1) вы́ступ 2) высо́вывание, выпя́чивание
**protrusive** [prəˈtruːsɪv] *a* выдаю́щийся вперёд; выступа́ющий, торча́щий
**protuberance** [prəˈtjuːbərəns] *n* 1) вы́пуклость 2) *анат.* бугоро́к, вы́ступ; *мед.* о́пухоль 3) *астр.* протубера́нец
**protuberant** [prəˈtjuːbərənt] *a* вы́пуклый, выдаю́щийся вперёд; ~ eyes глаза́ навы́кате
**proud** [praud] *a* 1) го́рдый; испы́тывающий зако́нную го́рдость; the ~ father счастли́вый оте́ц; to be ~ горди́ться (of, *тж. с inf.*) 2) го́рдый, надме́нный, высокоме́рный, самодово́льный 3) великоле́пный, гордели́вый, велича́вый 4) *поэт.* горя́чий, рети́вый; ~ steed рети́вый конь 5) подня́вшийся (*об уровне воды*); взду́вшийся; ~ sea вздыма́ющееся мо́ре 6): ~ flesh ма́сса избы́точных грануля́ций на ране́вой пове́рхности; ди́кое мя́со ◇ to do smb. ~ ока́зывать честь кому́-л.; you do me ~ вы ока́зываете мне честь
**proudly** [ˈpraudlɪ] *adv* го́рдо; с го́рдостью; вели́чественно
**proud-spirited** [ˈpraudˈspɪrɪtɪd] *a* го́рдый, надме́нный, зано́счивый
**proud-stomached** [ˈpraudˈstʌməkt] *a* надме́нный, высокоме́рный, зано́счивый
**prove** [pruːv] *v* 1) дока́зывать; удостоверя́ть; подтвержда́ть 2) испы́тывать, про́бовать 3) ока́зываться; the play ~d a success пье́са име́ла успе́х 4) *мат.* проверя́ть 5) *юр.* утвержда́ть (*завещание*) 6) *полигр.* де́лать про́бный о́ттиск □ ~ **out** подтвержда́ть (-ся)
**proven** [ˈpruːvən] *a* дока́занный; not ~ *шотл.* *юр.* (преступле́ние) не дока́зано
**provenance** [ˈprɔvɪnəns] *n* происхожде́ние; исто́чник
**Provençal** [ˌprɔvɑːŋˈsɑːl] *фр.* **1.** *a* прова́нский
2. *n* 1) прованса́лец 2) прованса́льский язы́к
**provender** [ˈprɔvɪndə] *n* 1) корм, фура́ж 2) *шутл.* пи́ща
**provenience** [prəuˈviːnɪəns] = provenance
**proverb** [ˈprɔvəb] *n* 1) посло́вица 2) *pl* игра́ в посло́вицы 3) олицетворе́ние (*обыкн. чего-л. дурного*); he is avaricious to a ~ его́ ску́пость вошла́ в погово́рку 4): the Book of Proverbs *библ.* Кни́га при́тчей Соломо́новых ◇ to a ~ преде́льно, в вы́сшей сте́пени
**proverbial** [prəˈvəːbjəl] *a* воше́дший в погово́рку; общеизве́стный; провербиа́льный
**provide** [prəˈvaɪd] *v* 1) снабжа́ть; обеспе́чивать; he has a large family to ~ for он соде́ржит большу́ю семью́ 2) предоставля́ть, дава́ть; his father ~d him with a good education оте́ц дал ему́ хоро́шее образова́ние 3) принима́ть ме́ры (against — про́тив *чего-либо*); предусма́тривать (for) 4) заготовля́ть, запаса́ть(ся); to ~ an excuse (зара́нее) пригото́вить извине́ние 5) ста́вить усло́вием (that)
**provided** I [prəˈvaɪdɪd] **1.** *p. p.* от provide
2. *a* 1) обеспе́ченный, снабжённый 2) предусмо́тренный; ~ by the rules предусмо́тренный пра́вилами 3): ~ school нача́льная шко́ла, кото́рая состои́т на ме́стном бюдже́те
**provided** II [prəˈvaɪdɪd] *cj* (*часто* ~ that) при усло́вии, е́сли то́лько, в том слу́чае, е́сли
**providence** [ˈprɔvɪdəns] *n* 1) предусмотри́тельность 2) *уст.* бережли́вость 3) (P.) провиде́ние
**provident** [ˈprɔvɪdənt] *a* 1) предусмотри́тельный; осторо́жный 2) расчётливый; бережли́вый
**providential** [ˌprɔvɪˈdenʃəl] *a* 1) провиденциа́льный; предопределённый 2) счастли́вый, благоприя́тный
**providently** [ˈprɔvɪdəntlɪ] *adv* 1) предусмотри́тельно, осторо́жно 2) расчётливо
**provider** [prəˈvaɪdə] *n* 1) поставщи́к 2) корми́лец семьи́
**providing** I [prəˈvaɪdɪŋ] *pres. p.* от provide
**providing** II [prəˈvaɪdɪŋ] = provided II
**province** [ˈprɔvɪns] *n* 1) о́бласть, прови́нция 2) *pl* прови́нция, периферия; the ~s вся страна́ за исключе́нием столи́цы 3) о́бласть (*знаний и т. п.*); сфе́ра де́ятельности, компете́нция; it is out of my ~ э́то вне мое́й компете́нции 4) архиепи́скопская епа́рхия ◇ the Provinces *амер.* Кана́да
**provincial** [prəˈvɪnʃəl] **1.** *a* провинциа́льный; перифери́йный; ме́стный
2. *n* 1) провинциа́л 2) *церк.* архиепи́скоп
**provincialism** [prəˈvɪnʃəlɪzm] *n* 1) провинциа́льность 2) провинциали́зм, областно́е выраже́ние

**provinciality** [prəˌvɪnʃɪ'ælɪtɪ] *n* провинциа́льность

**provincialize** [prə'vɪnʃəlaɪz] *v* де́лать (-ся) провинциа́льным

**provision** [prə'vɪʒən] **1.** *n* 1) снабже́ние, обеспе́чение; to make ample ~ for one's family вполне́ обеспе́чить семью́ 2) заготовле́ние, загото́вка 3) *pl* прови́зия; запа́сы провиа́нта 4) положе́ние, усло́вие (*договора и т. п.*); постановле́ние; to agree on the following ~s прийти́ к соглаше́нию по сле́дующим пу́нктам 5) ме́ра предосторо́жности (for, against); to make ~s предусма́тривать, постановля́ть

**2.** *v* снабжа́ть продово́льствием

**provisional** [prə'vɪʒənl] *a* 1) вре́менный; ~ government вре́менное прави́тельство 2) предвари́тельный, усло́вный

**proviso** [prə'vaɪzəu] *n* (*pl* -os, -oes [-əuz]) усло́вие; огово́рка (*в договоре*)

**provisory** [prə'vaɪzərɪ] *a* 1) усло́вный 2) вре́менный

**provitamin** [prəu'vaɪtəmɪn] *n* провитами́н

**provocation** [ˌprɔvə'keɪʃən] *n* 1) вы́зов; побужде́ние; подстрека́тельство 2) провока́ция 3) раздраже́ние

**provocative** [prə'vɔkətɪv] **1.** *a* 1) вызыва́ющий, де́рзкий; соблазни́тельный 2) провокацио́нный 3) вызыва́ющий (of — *что-л.*); стимули́рующий; возбужда́ющий 4) раздража́ющий

**2.** *n* 1) возбуди́тель 2) возбужда́ющее сре́дство

**provoke** [prə'vəuk] *v* 1) вызыва́ть, возбужда́ть 2) провоци́ровать 3) серди́ть, раздража́ть 4) побужда́ть

**provoking** [prə'vəukɪŋ] **1.** *pres. p. от* provoke

**2.** *a* раздража́ющий; доса́дный; неприя́тный; ~ behaviour вызыва́ющее поведе́ние; how ~! кака́я доса́да!, как доса́дно!

**provost** ['prɔvəst] *n* 1) ре́ктор (*в некоторых английских университетских колледжах*) 2) проре́ктор (*в американских университетах*) 3) *шотл.* мэр 4) *церк.* настоя́тель кафедра́льного собо́ра 5) *воен.* [prə'vəu] офице́р вое́нной поли́ции 6) *attr.* вое́нно-полице́йский; ~ marshal нача́льник вое́нной поли́ции; ~ prison вое́нная тюрьма́; ~ corps вое́нная поли́ция, полева́я жандарме́рия

**prow** [prau] *n* 1) нос (*судна, самолёта*) 2) *поэт.* кора́бль, чёлн

**prowess** ['prauɪs] *n* до́блесть, у́даль, отва́га

**prowl** [praul] **1.** *v* 1) кра́сться, броди́ть, ры́скать (*в поисках добычи*; *тж.* ~ about) 2) идти́ кра́дучись 3) маро-дёрствовать

**2.** *n*: on the ~ кра́дучись; to take a ~ round the streets пойти́ броди́ть по у́лицам

**prowl car** ['praulkɑ:] *n амер.* маши́на полице́йского патруля́

**prowler** ['praulə] *n* 1) бродя́га 2) вор 3) маро-дёр

**proximate** ['prɔksɪmɪt] *a* ближа́йший; непосре́дственный; сле́дующий

**proximity** [prɔk'sɪmɪtɪ] *n* бли́зость; ~ of blood бли́зкое родство́

**proximo** ['prɔksɪməu] *лат. a* сле́дующего ме́сяца; on the 10th ~ 10-го числа́ сле́дующего ме́сяца

**proxy** ['prɔksɪ] *n* 1) полномо́чие; переда́ча го́лоса; дове́ренность; by ~ по дове́ренности; to vote by ~ а) переда́ть свой го́лос; б) голосова́ть за друго́го (*по доверенности*) 2) замести́тель, дове́ренное лицо́, уполномо́ченный; to be (*или* to stand) ~ for smb. быть чьим-л. представи́телем, уполномо́ченным 3) *attr.* сде́ланный, совершённый, вы́данный по дове́ренности

**prude** [pru:d] *n* 1) жема́нница; не в ме́ру щепети́льная, притво́рно стыдли́вая же́нщина 2) ханжа́, блюсти́тель нра́вов

**prudence** ['pru:dəns] *n* 1) благоразу́мие, предусмотри́тельность 2) осторо́жность, осмотри́тельность 3) расчётливость, бережли́вость

**prudent** ['pru:dənt] *a* 1) благоразу́мный, предусмотри́тельный 2) осторо́жный 3) расчётливый, бережли́вый

**prudential** [pru(:)'denʃəl] **1.** *a* продикто́ванный благоразу́мием, благоразу́мный

**2.** *n* (*обыкн. pl*) благоразу́мное соображе́ние; благоразу́мный подхо́д

**prudery** ['pru:dərɪ] *n* притво́рная стыдли́вость; изли́шняя щепети́льность

**prudish** ['pru:dɪʃ] *a* не в ме́ру щепети́льный, не в ме́ру стыдли́вый; ха́нжеский

**prune** I [pru:n] *n* 1) чернosли́в 2) красно́вато-лило́вый цвет ◇ ~s and prism(s) жема́нная мане́ра говори́ть

**prune** II [pru:n] *v* 1) обреза́ть; подреза́ть (*деревья и т. п.*) 2) сокраща́ть (*расходы и т. п.*) 3) удаля́ть (*всякого рода излишества*), упроща́ть (*обыкн.* ~ away, ~ down)

**prunella** [pru(:)'nelə] *n* прюне́ль (*материя*)

**prurience, -cy** ['pruərɪəns, -sɪ] *n* 1) непреодоли́мое жела́ние, зуд 2) похотли́вость

**prurient** ['pruərɪənt] *a* похотли́вый

**Prussian** ['prʌʃən] **1.** *a* пру́сский ◇ P. blue берли́нская лазу́рь

**2.** *n* прусса́к

**prussic acid** ['prʌsɪk'æsɪd] *n* сини́льная кислота́

**pry** I [praɪ] **1.** *n* 1) любопы́тный (*шутл. тж.* Paul P.) 2) любопы́тство

**2.** *v* 1) подгля́дывать, подсма́тривать (*часто* ~ about, ~ into) 2) осма́тривать с изли́шним любопы́тством; любопы́тствовать 3) сова́ть нос (*в чужие дела*; *обыкн.* ~ into) □ ~ **out** допы́тываться, вы́ведывать

**pry** II [praɪ] **1.** *n* рыча́г

**2.** *v* 1) поднима́ть, передвига́ть, вскрыва́ть *или* взла́мывать при по́мощи рычага́ 2) извлека́ть с трудо́м

**psalm** [sɑ:m] *n* псало́м

**psalmist** ['sɑ:mɪst] *n* псалмопе́вец

**psalmody** ['sælmədɪ] *n* пе́ние псалмо́в

**psalter** ['sɔ:ltə] *n* псалты́рь

**psaltery** ['sɔ:ltərɪ] *n* псалтерио́н (*древний муз. инструмент типа цитры*)

**pseud(o)-** ['psju:dəu-] *pref* псевдо-, ложно-

**pseudomorphism** ['psju:dəu'mɔ:fɪzm] *n мин.* псевдоморфи́зм

**pseudonym** ['psju:dənɪm] *n* псевдони́м

**pseudonymous** [psju:'dɔnɪməs] *a* пи́шущий *или* и́зданный под псевдони́мом

**pshaw** [pʃɔ:] **1.** *int* фи!, фу!, тьфу! (*выражает пренебрежение или нетерпение*)

**2.** *v* выража́ть пренебреже́ние, фы́ркать (*часто* ~ at)

**psittacosis** [ˌpsɪtə'kəusɪs] *n мед.* попуга́йная боле́знь, пситтако́з

**psora** ['psəurə] *n мед.* 1) чесо́тка 2) = psoriasis

**psoriasis** [psɔ'raɪəsɪs] *n мед.* псориа́з

**Psyche** ['saɪki(:)] *n греч. миф.* Психе́я

**psyche** I ['saɪki(:)] *n* душа́, дух

**psyche** II ['saɪki(:)] *n* высо́кое зе́ркало на но́жках, психе́

**psychiatric(al)** [ˌsaɪkɪ'ætrɪk(əl)] *a* психиатри́ческий

**psychiatrist** [saɪ'kaɪəstrɪst] *n* психиа́тр

**psychiatry** [saɪ'kaɪətrɪ] *n* психиатри́я

**psychic** ['saɪkɪk] **1.** *a* 1) духо́вный 2) психи́ческий 3) облада́ющий телепа́тией, телекине́зом *и т. п.*

**2.** *n* ме́диум

**psychical** ['saɪkɪkəl] *a* психи́ческий

**psychics** ['saɪkɪks] *n pl* (*употр. как sing*) психоло́гия

**psycho** ['saɪkəu] *n разг.* сумасше́дший, психопа́т, псих

**psycho-analysis** [ˌsaɪkəuə'næləsɪs] *n* психоана́лиз

**psycho-analyst** [ˌsaɪkəu'ænəlɪst] *n* специали́ст по психоана́лизу, психоанали́тик

**psychological** [ˌsaɪkə'lɔdʒɪkəl] *a* психологи́ческий; ~ moment *шутл.* са́мый удо́бный моме́нт

**psychologist** [saɪ'kɔlədʒɪst] *n* психо́лог

**psychology** [saɪ'kɔlədʒɪ] *n* психоло́гия

**psychopath** ['saɪkəupæθ] *n* психопа́т

**psychoses** [saɪ'kəusi:z] *pl от* psychosis

**psychosis** [saɪ'kəusɪs] *n* (*pl* -ses) психо́з

**psychosomatic** [ˌsaɪkəusəu'mætɪk] *a* психосомати́ческий

**ptarmigan** ['tɑ:mɪgən] *n* бе́лая куропа́тка

**pterodactyl** [ˌpterəu'dæktɪl] *n зоол.* птерода́ктиль

**pterosaur** ['pterəusɔ:] *n зоол.* птероза́вр

**ptisan** [tɪ'zæn] *n* пита́тельный (*особ.* ячме́нный) отва́р

**Ptolemaic** [ˌtɔlɪ'meɪɪk] *a* птолеме́ев

**ptomaine** ['təumeɪn] *n* птомаи́н, тру́пный яд

**pub** [pʌb] *n* (*сокр. от* public house) *разг.* 1) пивна́я, каба́к; тракти́р 2) гости́ница

**puberty** [ˈpjuːbətɪ] *n* полова́я зре́лость

**pubescence** [pju(ː)ˈbesns] *n* 1) полово́е созрева́ние 2) пушо́к (*на растениях*)

**pubescent** [pju(ː)ˈbesnt] *a* 1) достига́ющий *или* дости́гший полово́й зре́лости 2) *бот., зоол.* покры́тый пушко́м, воло́сиками

**public** [ˈpʌblɪk] **1.** *a* 1) обще́ственный; госуда́рственный; ~ man обще́ственный де́ятель; ~ office госуда́рственное, муниципа́льное *или* обще́ственное учрежде́ние; ~ officer (*или* official) госуда́рственный слу́жащий; ~ opinion обще́ственное мне́ние; ~ opinion poll опро́с населе́ния по како́му-л. вопро́су; ~ peace обще́ственный поря́док; ~ debt госуда́рственный долг 2) наро́дный, общенаро́дный; ~ ownership общенаро́дное достоя́ние; ~ spirit дух патриоти́зма; гражда́нственность 3) публи́чный, общедосту́пный; ~ library (lecture) публи́чная библиоте́ка (ле́кция); ~ road шоссе́, доро́га 4) коммуна́льный; ~ service коммуна́льные услу́ги; ~ utilities а) коммуна́льные сооруже́ния, предприя́тия; б) коммуна́льные услу́ги 5) откры́тый, гла́сный; ~ protest откры́тый проте́ст; to give smth. ~ utterance преда́ть что-л. гла́сности

2. *n* 1) пу́блика; обще́ственность; to appeal to the ~ обрати́ться, апелли́ровать к о́бществу; in ~ откры́то, публи́чно 2) наро́д; the British ~ англи́йский наро́д 3) *разг. см.* public house

**publican** [ˈpʌblɪkən] *n* 1) тракти́рщик 2) *др.-рим.* откупщи́к 3) *библ.* мы́тарь

**publication** [ˌpʌblɪˈkeɪʃən] *n* 1) опублико́вание, изда́ние 2) оглаше́ние; публика́ция 3) изда́ние (*книги и т. п.*)

**public enemy** [ˈpʌblɪkˈenɪmɪ] *n* 1) вра́жеская страна́ 2) социа́льно опа́сный элеме́нт

**public health** [ˈpʌblɪkˈhelθ] *n* здравоохране́ние

**public house** [ˈpʌblɪkˈhaus] *n* тракти́р, каба́к, пивна́я, таве́рна

**publicist** [ˈpʌblɪsɪst] *n* 1) публици́ст, журнали́ст 2) специали́ст по междунаро́дному пра́ву 3) аге́нт по рекла́ме

**publicity** [pʌbˈlɪsɪtɪ] *n* 1) публи́чность, гла́сность; to give ~ to разглаша́ть *что-л.*; предава́ть *что-л.* гла́сности 2) рекла́ма 3) *attr.*: ~ agent аге́нт по рекла́ме

**publicize** [ˈpʌblɪsaɪz] *v* 1) реклами́ровать 2) разглаша́ть; оглаша́ть 3) оповеща́ть; извеща́ть

**publicly** [ˈpʌblɪklɪ] *adv* публи́чно; откры́то

**public relations** [ˈpʌblɪkrɪˈleɪʃənz] *n* 1) обще́ственная информа́ция 2) *attr.* рекла́мный, относя́щийся к рекла́ме *или* информа́ции; ~ department а) пресс-бюро́; отде́л информа́ции; б) отде́л информа́ции комме́рческого предприя́тия; ~ officer слу́жащий отде́ла информа́ции; ~ man аге́нт по рекла́ме

**public school** [ˈpʌblɪkˈskuːl] *n* 1) привилегиро́ванное ча́стное закры́тое сре́днее уче́бное заведе́ние для ма́льчиков (*в Англии*) 2) беспла́тная сре́дняя шко́ла (*в США и Шотландии*)

**publish** [ˈpʌblɪʃ] *v* 1) публикова́ть; оглаша́ть 2) издава́ть, опублико́вывать 3) печа́тать свои́ произведе́ния, печа́таться (*об авторе*) 4) *амер.* пуска́ть в обраще́ние

**publisher** [ˈpʌblɪʃə] *n* 1) изда́тель 2) *амер.* владе́лец газе́ты

**publishing** [ˈpʌblɪʃɪŋ[ **1.** *pres. p. от* publish

2. *a*: ~ house (*или* office) изда́тельство

**publishment** [ˈpʌblɪʃmənt] *n амер. уст.* официа́льное объявле́ние о предстоя́щем бракосочета́нии

**puce** [pjuːs] **1.** *n* краснова́то-кори́чневый цвет

2. *a* краснова́то-кори́чневый

**puck** I [pʌk] *n* эльф, дух-прока́зник (*в фольклоре*)

**puck** II [pʌk] *n спорт.* ша́йба (*в хоккее*)

**pucka** [ˈpʌkə] *инд. a разг.* настоя́щий; первокла́ссный; полнове́сный

**pucker** [ˈpʌkə] **1.** *n* 1) морщи́на 2) скла́дка; сбо́рка 3) *разг.* раздражённое состоя́ние; смуще́ние; расте́рянность; беспоко́йство

2. *v* 1) мо́рщить(ся) 2) де́лать скла́дки, собира́ть в сбо́рку

**puckish** [ˈpʌkɪʃ] *a* плутовско́й; прока́зливый

**pud** [pʌd] *n детск.* ру́чка; ла́пка

**puddening** [ˈpudənɪŋ] *n мор.* кра́нец

**pudding** [ˈpudɪŋ] *n* 1) пу́динг 2) что-л., напомина́ющее пу́динг (*по форме, консистенции*) 3) вид колбасы́; black ~ кровяна́я колбаса́ 4) = puddening ◇ ~ face то́лстая кру́глая физионо́мия; more praise than ~ ≅ из спаси́ба шу́бы не сошьёшь; благода́рность на слова́х; the proof of the ~ is in the eating ≅ не попро́буешь, не узна́ешь

**pudding-head** [ˈpudɪŋhed] *n* о́лух, болва́н

**pudding-stone** [ˈpudɪŋstəun] *n геол.* конгломера́т

**puddingy** [ˈpudɪŋɪ] *a* 1) похо́жий на пу́динг 2) *перен.* тяжелове́сный; тупо́й

**puddle** [ˈpʌdl] **1.** *n* 1) лу́жа 2) *разг.* грязь 3) водонепроница́емая обкла́дка *или* обма́зка из гли́ны с гра́вием для дна прудо́в *и т. п.* 4) *метал.* пу́длинговая кри́ца

2. *v* 1) мути́ть (*воду*) 2) бара́хтаться в воде́ (*тж.* ~ about, ~ in) 3) меси́ть (*глину*) 4) обкла́дывать (*дно канала и т. п.*) сме́сью гли́ны и гра́вия 5) па́чкать, грязни́ть; мара́ть 6) смуща́ть, сбива́ть с то́лку 7) трамбова́ть 8) *метал.* пудлингова́ть

**puddling furnace** [ˈpʌdlɪŋˈfəːnɪs] *n* пу́длинговая печь

**puddly** [ˈpʌdlɪ] *a* гря́зный, покры́тый лу́жами

**pudency** [ˈpjuːdənsɪ] *n* стыдли́вость

**pudenda** [pjuːˈdendə] *pl от* pudendum

**pudendum** [pjuːˈdendəm] *n* (*pl* -da; *обыкн. pl*) *анат.* нару́жные же́нские полов́ые о́рганы

**pudge** [pʌdʒ] *n разг.* толстя́к; коротышка

**pudgy** [ˈpʌdʒɪ] *a* коро́тенький и то́лстый

**pueblo** [puˈebləu] *исп. n* (*pl* -os [-əuz]) 1) инде́йская дере́вня *или* поселе́ние, пуэ́бло 2) жи́тель инде́йской дере́вни

**puerile** [ˈpjuəraɪl] *a* 1) ребя́ческий 2) незре́лый, легкомы́сленный; пусто́й

**puerility** [pjuəˈrɪlɪtɪ] *n* ребя́чество

**puerperal** [pju(ː)ˈəːpərəl] *a* роди́льный; ~ fever роди́льная горя́чка

**Puerto Rican** [ˈpwəːtəuˈriːkən] **1.** *a* пуэрторика́нский

2. *n* пуэрторика́нец; пуэрторика́нка

**puff** [pʌf] **1.** *n* 1) дунове́ние (*ветра*) 2) поры́в, струя́ во́здуха 3) дымо́к, клуб ды́ма 4) пухо́вка 5) буф (*на платье*) 6) стёганое покрыва́ло 7) сло́йка; jam ~ слоёный пирожо́к с варе́ньем 8) незаслу́женная похвала́; ду́тая рекла́ма

2. *v* 1) дуть поры́вами 2) пыхте́ть; to ~ and blow (*или* pant) тяжело́ дыша́ть; to be ~ed запыха́ться 3) дыми́ть, пуска́ть клубы́ ды́ма 4) кури́ть 5) пу́дрить(ся) 6) преувели́ченно расхва́ливать, реклами́ровать 7) кичи́ться, ва́жничать □ ~ **away** а) дви́гаться, оставля́я за собо́й клубы́ ды́ма; б): to ~ away at a cigar попы́хивать сига́рой; ~ **out** а) задува́ть (*свечу*); б) надува́ть, выпя́чивать; ~ed out with self-importance по́лный чва́нства; в) выбива́ться поры́вами, клуба́ми; ~ **up** а) поднима́ться клуба́ми (*о дыме и т. п.*); б): ~ed up самодово́льный, по́лный самомне́ния

**puff-adder** [ˈpʌfˌædə] *n* африка́нская гадю́ка

**puff-ball** [ˈpʌfbɔːl] *n* дождеви́к (*гриб*)

**puff-box** [ˈpʌfbɔks] *n* пу́дреница

**puffed** [pʌft] **1.** *p. p. от* puff 2

2. *a* 1) с бу́фами (*о рукавах*) 2) запыха́вшийся

**puffery** [ˈpʌfərɪ] *n* реклами́рование; ду́тая рекла́ма

**puffin** [ˈpʌfɪn] *n зоол.* ту́пик; топо́рик

**puff pastry** [ˈpʌfpeɪstrɪ] *n* слоёное те́сто

**puffy** [ˈpʌfɪ] *a* 1) запыха́вшийся; страда́ющий оды́шкой 2) одутлова́тый; отёкший; то́лстый 3) поры́вистый (*о ветре*) 4) напы́щенный, высокопа́рный; ~ style напы́щенный стиль 5) *редк.* наду́тый, ва́жный; кичли́вый

**pug** I [pʌg] *n* 1) мопс 2) = pug-nose

**pug** II [pʌg] **1.** *n* 1) мя́тая гли́на 2) обма́зка гли́ной

2. *v* мять гли́ну

**pug** III [pʌg] *инд.* **1.** *n* след зве́ря

2. *v* идти́ по следа́м, пресле́довать

**pug** IV [pʌg] *жарг. сокр. от* pugilist

**pug-dog** [ˈpʌgdɔg] = pug I, 1)

**pugg(a)ree** [ˈpʌgərɪ] *инд. n* 1) лёгкий тюрба́н 2) шарф вокру́г шля́пы, спу́щенный сза́ди (*для защиты шеи от солнца*)

**pugilism** [ˈpju:dʒılızm] *n* кула́чный бой; бокс

**pugilist** [ˈpju:dʒılıst] *n* 1) боре́ц; боксёр 2) я́ростный спо́рщик

**pugilistic** [ˌpju:dʒıˈlıstık] *a* кула́чный

**pug-mill** [ˈpʌgmıl] *n* глиномя́лка

**pugnacious** [pʌgˈneıʃəs] *a* драчли́вый

**pugnacity** [pʌgˈnæsıtı] *n* драчли́вость

**pug-nose** [ˈpʌgnəuz] *n* курно́сый нос

**pug-nosed** [ˈpʌgnəuzd] *a* 1) курно́сый 2) с приплю́снутым но́сом

**puisne** [ˈpju:nı] **1.** *a* 1) *юр.* мла́дший (*по возрасту или рангу*); ~ judge рядово́й судья́, член суда́ 2) *уст.* = puny

2. *n* мла́дший судья́

**puissance** [ˈpju(:)ısns] *n уст., поэт.* могу́щество

**puissant** [ˈpju(:)ısnt] *a уст., поэт.* могу́щественный; влия́тельный

**puke** [pju:k] **1.** *n* рво́та

2. *v* рвать, тошни́ть

**pukka(h)** [ˈpʌkə] = pucka

**pulchritude** [ˈpʌlkrıtju:d] *n редк.* красота́, милови́дность

**pule** [pju:l] *v* хны́кать; скули́ть; пища́ть

**pull** [pul] **1.** *n* 1) тя́га, дёрганье; натяже́ние; тя́нущая си́ла; to give a ~ at the bell дёрнуть звоно́к 2) тя́га (*дымовой трубы*) 3) растяже́ние 4) напряже́ние, уси́лие; a long ~ uphill тру́дный подъём в го́ру 5) гребля́; прогу́лка на ло́дке 6) уда́р весла́ 7) глото́к; затя́жка (*табачным дымом*); to have a ~ at the bottle глотну́ть, вы́пить (*спиртного*) 8) шнуро́к, ру́чка (*звонка и т. п.*) 9) привлека́тельность 10) *разг.* проте́кция, свя́зи, блат 11) *разг.* преиму́щество (on, upon, over — пе́ред *кем-л.*) 12) *полигр.* про́бный о́ттиск

2. *v* 1) тяну́ть, тащи́ть; натя́гивать; to ~ a cart везти́ теле́жку; to ~ the horse натя́гивать пово́дья, во́жжи; the horse ~s ло́шадь натя́гивает пово́дья, во́жжи 2) надвига́ть, натя́гивать; he ~ed his hat over his eyes он нахлобу́чил шля́пу на глаза́ 3) выта́скивать, выдёргивать; to ~ a cork вы́тащить про́бку; he had two teeth ~ed ему́ удали́ли два зу́ба 4) дёргать; to ~ smb.'s hair дёргать кого́-л. за́ волосы; to ~ a bell звони́ть 5) растя́гивать; разрыва́ть; to ~ to pieces разорва́ть на куски́; *перен.* раскритикова́ть, разнести́; he ~ed his muscle in the game во вре́мя игры́ он растяну́л мы́шцу 6) рвать, собира́ть (*цветы, фрукты*) 7) тяну́ть, име́ть тя́гу; my pipe ~s badly моя́ тру́бка пло́хо тя́нет 8) притя́гивать, приса́сывать 9) грести́, идти́ на вёслах; плыть (*о лодке с гребцами*); to ~ a good oar быть хоро́шим гребцо́м 10) *разг.* де́лать обла́ву (*на игорные дома и т. п.*) 11) *полигр.* де́лать о́ттиски 12) *спорт.* отбива́ть мяч (*влево — в крикете, гольфе*) ▭ ~ **about** а) таска́ть туда́ и сюда́; б) гру́бо, бесцеремо́нно обраща́ться; ~ **apart** а) разрыва́ть; б) придира́ться, критикова́ть; ~ **at** а) дёргать; б) затя́гиваться (*папиросой и т. п.*); в) тяну́ть (*из бутылки*); ~ **back** а) оття́гивать; б) отступа́ть; в) *мор.* таба́нить; ~ **down** а) сноси́ть (*здание*); б) сбива́ть (*спесь*); в) понижа́ть, снижа́ть (*в цене, чине и т. п.*); г) изнуря́ть, ослабля́ть; ~ **in** а) оса́живать (*лошадь*); б) втя́гивать; *перен.* зараба́тывать, загреба́ть; I don't know what you are ~ing in now не зна́ю, ско́лько вы тепе́рь зараба́тываете; в) сде́рживать себя́; г) сокраща́ть (*расходы*); д) прибыва́ть (*на станцию и т. п. — о поезде*); ~ **off** а) снима́ть, ста́скивать; б) доби́ться, несмотря́ на тру́дности; спра́виться с зада́чей; в) вы́играть (*приз, состязание*); г) отходи́ть, отъезжа́ть; the boat ~ed off from the shore ло́дка отча́лила от бе́рега; the horseman ~ed off the road вса́дник съе́хал с доро́ги; ~ **on** а) натя́гивать; б) тяну́ть ру́чку на себя́, к себе́; ~ **out** а) выта́скивать; удаля́ть (*зубы*); the drawer won't ~ out я́щик не выдвига́ется; б) вырыва́ть; выщи́пывать; в) удлиня́ть; г) удаля́ться, отходи́ть (*от станции — о поезде*); д) выходи́ть на вёслах; е) *ав.* выходи́ть из пики́рования; ~ **over** а) надева́ть че́рез го́лову; б) перета́скивать; перетя́гивать; ~ **round** а) поправля́ться (*после болезни*); б) вылёчивать; the doctors tried in vain to ~ him round врачи́ безуспе́шно пыта́лись спасти́ его́; ~ **through** а) вы́жить; б) спасти́(сь) от (*опасности и т. п.*), вы́путать(ся); преодоле́ть (*трудности и т. п.*); we shall ~ through somehow мы уж ка́к-нибудь вы́вернемся; ~ **together** а) рабо́тать дру́жно; б) *refl.* взять себя́ в ру́ки; встряхну́ться; собра́ться с ду́хом; ~ **up** а) остана́вливать(ся); б) сде́рживаться; to ~ oneself up собира́ться с си́лами; брать себя́ в ру́ки; в) оса́живать; де́лать вы́говор; г) идти́ впереди́ други́х *или* наравне́ с другими (*в состязаниях*) ◊ to ~ strings (*или* ropes, wires) нажима́ть та́йные пружи́ны; влия́ть на ход де́ла; быть скры́тым дви́гателем (*чего-л.*); to ~ one's weight выполня́ть свою́ до́лю рабо́ты; to ~ anchor сня́ться с я́коря, отпра́виться; to ~ a face (*или* faces) грима́сничать, стро́ить ро́жи; ~ devil!, ~ baker! поднажми́!, дава́й!, а ну ещё! (*возгласы одобрения на состязаниях*); to ~ the nose (о)дура́чить

**pull-back** [ˈpulbæk] *n* 1) препя́тствие; поме́ха 2) приспособле́ние для оття́гивания 3) *воен.* отхо́д

**pulled** [puld] **1.** *p. p. от* pull 2

2. *a*: ~ bread сухари́ из хле́бного мя́киша; ~ chicken ощи́панный цыплёнок; ~ figs прессо́ванный инжи́р, ви́нные я́годы

**puller** [ˈpulə] *n* 1) тот, кто та́щит 2) гребе́ц 3) приспособле́ние для выта́скивания (*клещи, штопор и т. п.*); инструме́нт для выта́скивания; съёмник 4) *ав.* самолёт с тя́нущим винто́м

**pullet** [ˈpulıt] *n* моло́дка (*курица*)

**pulley** [ˈpulı] **1.** *n* шкив, блок; во́рот; driving ~ веду́щий шкив

2. *v* де́йствовать посре́дством бло́ка, шки́ва

**pullicate** [ˈpʌlıkıt] *n* 1) материа́л для цветны́х носовы́х платко́в 2) цветно́й носово́й плато́к

**pull-in** [ˈpulˈın] = pull-up 3)

**Pullman** [ˈpulmən] *n* пу́льмановский спа́льный ваго́н (*тж.* ~ car)

**pull-on** [ˈpulˈɔn] **1.** *n* предме́т оде́жды без застёжек (*перчатки, корсет и т. п.*)

2. *a* натя́гиваемый, надева́емый без застёжек

**pull-out** [ˈpulˈaut] *n* 1) *ав.* вы́ход из пики́рования 2) *полигр.* вкле́йка большо́го форма́та

**pull-over** [ˈpulˌəuvə] *n* пуло́вер, сви́тер

**pull-through** [ˈpulθru:] *n воен.* протирка (*орудия*)

**pullulate** [ˈpʌljuleıt] *v* 1) прораста́ть; размножа́ться 2) кише́ть 3) возника́ть, появля́ться (*о теориях и т. п.*)

**pull-up** [ˈpulˈʌp] *n* 1) натяже́ние (*проводов*) 2) *ав.* перехо́д к набо́ру высоты́ 3) заку́сочная на доро́ге, *особ.* для шофёров

**pulmonary** [ˈpʌlmənərı] *a анат.* лёгочный

**pulp** [pʌlp] **1.** *n* 1) мя́коть плода́ 2) мя́гкая бесфо́рменная ма́сса; кашица 3) *анат.* пу́льпа 4) бума́жная, древе́сная ма́сса 5) *тех* шлам; пу́льпа 6): ~ magazines *разг.* дешёвые журна́лы, публику́ющие сенсацио́нные расска́зы ◊ to beat smb. to a ~ изби́ть кого́-л. до полусме́рти; to be reduced to a ~ быть соверше́нно измоча́ленным, обесси́леть

2. *v* 1) превраща́ть(ся) в мя́гкую ма́ссу 2) очища́ть от шелухи́ (*кофейные зёрна и т. п.*)

**pulpit** [ˈpulpıt] *n* 1) ка́федра (*проповедника*) 2) (the ~) де́ятельность пропове́дника 3) (the ~) *собир.* пропове́дники 4) *ав. жарг.* каби́на лётчика

**pulpiteer** [ˌpulpıˈtıə] *пренебр.* **1.** *n* пропове́дник

2. *v* пропове́довать

**pulpy** [ˈpʌlpı] *a* мя́гкий, мяси́стый; со́чный

**pulsar** [ˈpʌlsə] *n астр.* пульса́р

**pulsate** [pʌlˈseıt] *v* пульси́ровать, би́ться; вибри́ровать

**pulsatile** [ˈpʌlsətaıl] *a* 1) пульси́рующий 2) *муз.* уда́рный (*об инструменте*)

**pulsation** [pʌlˈseıʃən] *n* пульса́ция

**pulsatory** [ˈpʌlsətərı] *a* пульси́рующий

**pulse** I [pʌls] **1.** *n* 1) пульс; пульса́ция; бие́ние; to feel the ~ щу́пать пульс; *перен.* разузнава́ть наме́рения, жела́ния, «прощу́пывать» 2) бие́ние (*жизни и т. п.*) 3) и́мпульс; толчо́к 4) чу́вство, настрое́ние 5) ритм уда́ров (*вёсел и т. п.*) 6) *муз., прос.* ритм

2. *v* пульси́ровать, би́ться

**pulse** II [pʌls] *n собир. бот.* бобо́вые

**pulton, pultun** [ˈpʌltʌn] *n* инди́йский пехо́тный полк

**pulverization** [ˌpʌlvəraɪ'zeɪʃən] *n* 1) пульвериза́ция 2) превраще́ние в порошо́к

**pulverize** ['pʌlvəraɪz] *v* 1) растира́ть, размельча́ть; превраща́ть(ся) в порошо́к 2) распыля́ть(ся) 3) сокруша́ть, разбива́ть (*доводы противника*)

**pulverizer** ['pʌlvəraɪzə] *n* 1) распыли́тель, пульвериза́тор 2) форсу́нка

**pulverulent** [pʌl'verjulənt] *a* порошкообра́зный, пылеви́дный

**pulwar** [pʌl'wɔ:] *инд. n* лёгкая ло́дка

**puma** ['pju:mə] *n зоол.* пу́ма, кугуа́р

**pumice** ['pʌmɪs] **1.** *n* пе́мза

**2.** *v* чи́стить, шлифова́ть пе́мзой

**pumice-stone** ['pʌmɪsstəun] = pumice 1

**pummel** ['pʌml] *v* бить (*особ.* кулака́ми); тузи́ть

**pump** I [pʌmp] **1.** *n* насо́с; по́мпа

**2.** *v* 1) рабо́тать насо́сом; кача́ть; выка́чивать 2) нагнета́ть (*воздух и т. п.*) 3) (*обыкн. p. p.*) приводи́ть в изнеможе́ние (*тж.* ~ out) 4) пульси́ровать, колоти́ться, стуча́ть □ ~ **out** а) выка́чивать; б) выве́дывать, выспра́шивать (of); ~ **up** нака́чивать; to ~ up a tire нака́чивать ши́ну ◇ to ~ ship *sl.* мочи́ться

**pump** II [pʌmp] *n* 1) ту́фля-ло́дочка 2) мужска́я ба́льная ту́фля (*обыкн.* лакиро́ванная)

**pump-handle** ['pʌmpˌhændl] **1.** *n* ру́чка насо́са

**2.** *v разг.* до́лго трясти́ (*чью-л.*) ру́ку

**pumpkin** ['pʌmpkɪn] *n* ты́ква (обыкнове́нная)

**pumpkin-head** ['pʌmpkɪnhed] *n разг.* о́лух, дура́к

**pump-room** ['pʌmpru:m] *n* 1) зал для питья́ минера́льных вод на куро́ртах, бюве́т 2) насо́сное отделе́ние

**pun** [pʌn] **1.** *n* игра́ слов; каламбу́р

**2.** *v* каламбу́рить

**Punch** [pʌntʃ] *n* 1) Панч, Петру́шка; ~ and Judy Панч и Джу́ди (*персонажи кукольной комедии*) 2) «Панч» (*название английского юмористического журнала*) ◇ as pleased as ~ о́чень дово́льный; as proud as ~ о́чень го́рдый

**punch** I [pʌntʃ] **1.** *n* 1) уда́р кулако́м 2) *разг.* си́ла, эне́ргия; эффекти́вность

**2.** *v* 1) бить кулако́м 2) *амер.* гнать скот

**punch** II [pʌntʃ] **1.** *n* 1) компо́стер 2) *тех.* ке́рнер, пробо́йник; пуансо́н; ште́мпель 3) = punch press 4) *полигр.* пуансо́н

**2.** проде́лывать *или* пробива́ть отве́рстия; компости́ровать; штампова́ть □ ~ **in** вбива́ть (*гвоздь и т. п.*); ~ **out** выбива́ть (*гвоздь и т. п.*)

**punch** III [pʌntʃ] *n* пунш

**punch** IV [pʌntʃ] *n диал.* 1) ломова́я ло́шадь, тяжелово́з (*особ.* Suffolk ~) 2) корена́стый *или* по́лный челове́к небольшо́го ро́ста; короты́шка

**punch-bowl** ['pʌntʃbəul] *n* ча́ша для пу́нша

**puncheon** I ['pʌntʃən] *n уст.* больша́я бо́чка

**puncheon** II ['pʌntʃən] *n* 1) подпо́рка 2) *тех.* пуансо́н; чека́н; пробо́йник

**puncher** ['pʌntʃə] *n* 1) компо́стер 2) *амер.* ковбо́й 3) *тех.* пробо́йник; дыроко́л; перфора́тор; пневмати́ческий молото́к 4) *горн.* уда́рная вру́бовая маши́на

**Punchinello** [ˌpʌntʃɪ'neləu] *ит. n* (*pl* -os [-əuz]) Полишине́ль

**punching-ball** ['pʌntʃɪŋbɔ:l] *n спорт.* пенчингбо́л, гру́ша (*для тренировки боксёра*)

**punch press** ['pʌntʃ'pres] *n* 1) дыропробивно́й пресс; штампова́льный пресс 2) *attr.*: ~ operator штампо́вщик; штампо́вщица

**punctate(d)** ['pʌŋkteɪt(ɪd)] *a бот., зоол.* пятни́стый

**punctilio** [pʌŋk'tɪlɪəu] *n* (*pl* -os [-əuz]) форма́льность, педанти́чность; щепети́льность

**punctilious** [pʌŋk'tɪlɪəs] *a* педанти́чный, щепети́льный до мелоче́й

**punctual** ['pʌŋktjuəl] *a* пунктуа́льный, то́чный

**punctuality** [ˌpʌŋktju'ælɪtɪ] *n* пунктуа́льность, то́чность

**punctuate** ['pʌŋktjueɪt] *v* 1) ста́вить зна́ки препина́ния 2) подчёркивать, акценти́ровать 3) прерыва́ть, перемежа́ть; the audience ~d the speech by outbursts of applause собра́ние сопровожда́ло речь взры́вами аплодисме́нтов

**punctuation** [ˌpʌŋktju'eɪʃən] *n* 1) пунктуа́ция 2) *attr.* пунктуацио́нный; ~ marks зна́ки препина́ния

**puncture** ['pʌŋktʃə] **1.** *n* 1) уко́л, проко́л; пу́нкция 2) проко́л (*особ. шины*) 3) *эл.* пробо́й. (*изоляции*)

**2.** *v* 1) прока́лывать; пробива́ть отве́рстие 2) получа́ть проко́л; the tire ~d a mile from home ши́на ло́пнула в ми́ле от до́ма

**punctured** ['pʌŋktʃəd] **1.** *p. p. от* puncture 2

**2.** *a* проко́лотый; ко́лотый; ~ wound ко́лотая ра́на

**pundit** ['pʌndɪt] *n* 1) *инд.* учёный инду́с, брами́н 2) *шутл.* учёный муж

**pungency** ['pʌndʒənsɪ] *n* острота́, е́дкость; ~ of pepper о́стрый вкус пе́рца; ~ of wit острота́, це́пкость ума́

**pungent** ['pʌndʒənt] *a* о́стрый, пика́нтный; е́дкий

**Punic** ['pju:nɪk] *a ист.* пуни́ческий; карфаге́нский ◇ ~ faith вероло́мство

**punish** ['pʌnɪʃ] *v* 1) нака́зывать; кара́ть; налага́ть взыска́ние 2) *разг.* зада́ть пе́рцу 3) причиня́ть поврежде́ния; наноси́ть уда́ры 4) гру́бо обраща́ться (*с кем-л.*) 5) *шутл.* мно́го есть, навали́ться на еду́

**punishable** ['pʌnɪʃəbl] *a* наказу́емый, заслу́живающий наказа́ния

**punishment** ['pʌnɪʃmənt] *n* 1) наказа́ние 2) *воен.* взыска́ние 3) *разг.* суро́вое *или* гру́бое обраще́ние

**punitive** ['pju:nɪtɪv] *a* кара́тельный; ~ expedition кара́тельная экспеди́ция

**Punjabi** [pʌn'dʒa:bɪ] **1.** *a* панджа́бский

**2.** *n* 1) панджа́бец 2) панджа́би (*язык*)

**punk** [pʌŋk] *n* 1) *амер.* гнило́е де́рево; гнилу́шка; гнильё; трут 2) *разг.* что-л. нену́жное, никчёмное; чепуха́ 3) *разг.* нео́пытный юне́ц; простофи́ля 4) *разг.* никчёмный челове́к 5) *attr. разг.* плохо́й

**punnet** ['pʌnɪt] *n* кру́глая корзи́нка (*для фруктов*)

**punster** ['pʌnstə] *n* остря́к; каламбури́ст

**punt** I [pʌnt] **1.** *n* плоскодо́нный я́лик, ма́лая шала́нда

**2.** *v* плыть (на плоскодо́нке), отта́лкиваясь шесто́м

**punt** II [pʌnt] *спорт.* **1.** *n* уда́р ного́й (*по мячу*); выбива́ние (*мяча*) из рук

**2.** *v* поддава́ть ного́й (мяч); выбива́ть (*мяч*) из рук

**punt** III [pʌnt] **1.** *n* ста́вка

**2.** *v* 1) *карт.* понти́ровать 2) ста́вить ста́вку на ло́шадь

**punter** ['pʌntə] *n* профессиона́льный игро́к; понтёр

**puny** ['pju:nɪ] *a* 1) ма́ленький, сла́бый, хи́лый, тщеду́шный 2) незначи́тельный, ничто́жный

**pup** [pʌp] **1.** *n* 1) щено́к 2) тюленёнок; волчо́нок; лисёнок 3) *разг.* самонаде́янный молодо́й челове́к; молокосо́с ◇ to sell smb. a ~ *разг.* наду́ть кого́-л. при прода́же

**2.** *v* щени́ться

**pupa** ['pjupə] *n* (*pl* -ae) *зоол.* ку́колка

**pupae** ['pju:pi:] *pl от* pupa

**pupal** ['pju:pəl] *a*: ~ chamber ко́кон

**pupate** ['pju:peɪt] *v зоол.* оку́кливаться

**pupation** [pju:'peɪʃən] *n зоол.* образова́ние ку́колки, оку́кливание

**pupil** I ['pju:pl] *n* 1) учени́к; уча́щийся; воспи́танник 2) *юр.* малоле́тний; подопе́чный

**pupil** II ['pju:pl] *n* зрачо́к

**pupil(l)age** ['pju:pɪlɪdʒ] *n* 1) учени́чество 2) малоле́тство, несовершенноле́тие

**pupil(l)ary** I ['pju:pɪlərɪ] *a* 1) учени́ческий 2) находя́щийся под опе́кой

**pupil(l)ary** II ['pju:pɪlərɪ] *a* зрачко́вый

**puppet** ['pʌpɪt] *n* 1) марионе́тка, ку́кла 2) *attr.* ку́кольный (*о театре*) 3) *attr.* марионе́точный (*о правительстве и т. п.*)

**puppeteer** ['pʌpɪtɪə] *n* арти́ст ку́кольного теа́тра; ку́кольник, кукłово́д

**puppet-play** ['pʌpɪtpleɪ] *n* 1) ку́кольный спекта́кль 2) ку́кольный теа́тр

**puppetry** ['pʌpɪtrɪ] *n* 1) ку́кольное представле́ние 2) лицеме́рие; ха́нжество

**puppet-show** ['pʌpɪtʃəu] *n* ку́кольный теа́тр

**puppy** ['pʌpɪ] *n* 1) щено́к 2) молодо́й тюле́нь 3) *разг.* молокосо́с; глу́пый юне́ц; самодово́льный фат

**puppyism** ['pʌpɪɪzm] *n* фатовство́

**purblind** [ˈpəːblaɪnd] *a* 1) подслеповáтый 2) недальновидный; тупóй

**purchasable** [ˈpəːtʃəsəbl] *a* 1) могýщий быть кýпленным 2) продáжный, подкýпный

**purchase** [ˈpəːtʃəs] **1.** *n* 1) покýпка; закýпка; приобретéние 2) кýпленная вещь, покýпка 3) годовóй дохóд с землú; the land is bought at 20 years' ~ имéние окýпится в течéние 20 лет 4) цéнность, стóимость 5) вы́игрыш в сúле; преимýщество 6) механúческое приспособлéние для поднятия и перемещéния грýзов (*напр.*, тáли, рычáг, вóрот *и т. п.*) 7) тóчка опóры; тóчка приложéния сúлы; to get a ~ with one's feet найтú тóчку опóры для ног 8) *attr.*: ~ department отдéл снабжéния; ~ tax налóг на покýпки ◇ the man's life is not worth a day's ~ он и дня не проживёт

**2.** *v* 1) покупáть, закупáть; приобретáть 2) приобрестú, завоевáть (*довéрие*) 3) *тех.* тянýть лебёдкой; поднимáть рычагóм

**purchaser** [ˈpəːtʃəsə] *n* покупáтель

**purchasing power** [ˈpəːtʃəsɪŋˈpauə] *n эк.* покупáтельная спосóбность

**purdah** [ˈpəːdɑː] *инд. n* 1) занавéска 2) полосáтая матéрия для занавéсок 3) паранджá; чадрá 4) затвóрничество жéнщин

**pure** [pjuə] *a* 1) чúстый; беспримéсный 2) чистокрóвный 3) непорóчный, целомýдренный 4) безупрéчный; ~ taste безупрéчный вкус 5) простóй (*о стиле*); отчётливый; ясный (*о звуке*) 6) чистéйший, полнéйший; ~ imagination чистéйшая вы́думка; ~ accident чúстая случáйность

**purebred** [ˈpjuəbred] *a* чистокрóвный, порóдистый

**purée** [ˈpjuəreɪ] *фр. n* суп-пюрé; пюрé

**purely** [ˈpjuəlɪ] *adv* 1) исключúтельно, совершéнно, целикóм, вполнé 2) чúсто

**pure-minded** [ˈpjuəˈmaɪndɪd] *a* чúстый душóй

**purgation** [pəːˈgeɪʃən] *n* 1) очищéние 2) *мед.* очищéние кишéчника

**purgative** [ˈpəːgətɪv] **1.** *a* 1) слабúтельный 2) очистúтельный

**2.** *n* слабúтельное (*лекарство*)

**purgatorial** [ˌpəːgəˈtɔːrɪəl] *a* очистúтельный; искупúтельный

**purgatory** [ˈpəːgətərɪ] **1.** *n* 1) *рел.* чистúлище (*тж. перен.*) 2) *амер.* ущéлье

**2.** *a* очистúтельный

**purge** [pəːdʒ] **1.** *n* 1) очищéние; очúстка 2) *полит.* чúстка 3) слабúтельное

**2.** *v* 1) очищáть (of, from — от *чегó-л.*); прочищáть; счищáть, удалять (*что-л.: обыкн.* ~ away, ~ off, ~ out) 2) освобождáть, избавлять (of — от *когó-л.*) 3) искупáть (*винý*); оправдываться; to ~ oneself of suspicion снять с себя подозрéние 4) *полит.* проводúть чúстку 5) давáть слабúтельное 6) слáбить

**purification** [ˌpjuərɪfɪˈkeɪʃən] *n* 1) очищéние, очúстка 2) *хим.* ректификáция, очúстка

**purificatory** [ˈpjuərɪfɪkeɪtərɪ] *a* очистúтельный

**purifier** [ˈpjuərɪfaɪə] *n тех., хим.* очистúтель

**purify** [ˈpjuərɪfaɪ] *v* 1) очищáть(ся) (of, from — от *чегó-л.*) 2) *церк.* совершáть обряд очищéния

**purism** [ˈpjuərɪzm] *n* пурúзм

**purist** [ˈpjuərɪst] *n* пурúст

**puristic** [pjuəˈrɪstɪk] *a* склóнный к пурúзму; пуристúческий

**Puritan** [ˈpjuərɪtən] **1.** *n* 1) пуритáнин 2) (р.) святóша

**2.** *a* (р.) пуритáнский

**puritanic(al)** [ˌpjuərɪˈtænɪk(əl)] *a* пуритáнский

**Puritanism** [ˈpjuərɪtənɪzm] *n* 1) пуритáнство 2) (р.) стрóгие нрáвы

**purity** [ˈpjuərɪtɪ] *n* 1) чистотá; white ~ безупрéчная белизнá 2) непорóчность 3) беспримéсность 4) прóба (*драгоценных металлов*)

**purl** I [pəːl] **1.** *n* 1) галýн; бахромá; вы́шивка 2) вязáние с накúдкой

**2.** *v* 1) нашивáть галýн 2) вязáть с накúдкой

**purl** II [pəːl] **1.** *n* журчáние

**2.** *v* журчáть

**purl** III [pəːl] *разг.* **1.** *n* падéние вниз головóй

**2.** *v* перевернýть(ся); упáсть вниз головóй; тяжелó шлёпнуться

**purler** [ˈpəːlə] *n разг.* падéние вниз головóй; to come (*или* to take) a ~ упáсть вниз головóй

**purlieu** [ˈpəːljuː] *n* 1) *pl* окрéстности, окрáины; предмéстье, прúгород 2) *ист.* королéвские леснóе угóдья, пéреданные чáстным владéльцам

**purlin** [ˈpəːlɪn] *n стр.* обрешéтина

**purloin** [pəːˈlɔɪn] *v* воровáть, похищáть

**purple** [ˈpəːpl] **1.** *n* 1) пýрпýрный цвет, пýрпур; ancient ~ багрéц (*краска из багрянки*) 2) фиолéтовый цвет 3) порфúра 4) одеяние *или* сан кардинáла; to raise to the ~ сдéлать кардинáлом

**2.** *a* 1) пýрпýрный; багрóвый; to turn ~ with rage побагровéть от ярости 2) фиолéтовый 3) пы́шный; изобúлующий украшéниями 4) *поэт.* порфиронóсный; цáрский

**3.** *v* 1) окрáшивать в пýрпурный цвет 2) багровéть

**purple-fish** [ˈpəːplfɪʃ] *n* багрянка (*моллюск*)

**purport** [ˈpəːpət] **1.** *n* 1) смысл, содержáние 2) *юр.* текст докумéнта 3) *редк.* цель, намéрение

**2.** *v* 1) означáть; подразумевáть; this letter ~s to be written by you письмó э́то напúсано якобы вáми 2) *редк.* имéть цéлью, претендовáть

**purpose** [ˈpəːpəs] **1.** *n* 1) намéрение, цель, назначéние; novel with a ~ тенденциóзный ромáн; of set ~ с ýмыслом, предумы́шленно; on ~ нарóчно; on ~ to... с цéлью...; to answer (*или* to serve) the ~ годúться, отвечáть цéли; to the ~ кстáти; к дéлу; beside the ~ нецелесообрáзно; sense of ~ целеустремлённость 2) результáт; успéх; to little ~ почтú безрезультáтно; to no ~ напрáсно, тщéтно; to some ~ не без успéха 3) целеустремлённость, вóля; wanting in ~ слабовóльный, нерешúтельный

**2.** *v* имéть цéлью; намеревáться; I ~ to go to Moscow я намеревáюсь отпрáвиться в Москвý

**purposeful** [ˈpəːpəsful] *a* 1) целеустремлённый; имéющий намéрение 2) умы́шленный; преднамéренный 3) пóлный значéния, вáжный

**purposeless** [ˈpəːpəslɪs] *a* 1) бесцéльный; бесполéзный 2) непреднамéренный

**purposely** [ˈpəːpəslɪ] *adv* нарóчно, с цéлью; преднамéренно

**purposive** [ˈpəːpəsɪv] *a* 1) слýжащий для определённой цéли 2) намéренный 3) решúтельный

**purr** [pəː] **1.** *n* мурлы́канье

**2.** *v* мурлы́кать

**purree** [ˈpʌrɪ] *инд. n* жёлтое крáсящее веществó

**purse** [pəːs] **1.** *n* 1) кошелёк; to open one's ~ раскошéливаться; the public ~ казнá; to have a common ~ делúть пóровну все расхóды 2) дéньги, богáтство, мошнá (*тж.* fat ~, heavy ~, long ~); lean (*или* light, slender) ~ бéдность 3) дéнежный фонд; сóбранные срéдства; приз, прéмия; to make up a ~ собрáть дéньги (*по подписке*); to give (*или* to put up) a ~ присуждáть прéмию, давáть дéньги 4) мешóк, сýмка (*тж. зоол.*); ~s under the eyes мешкú под глазáми 5) мотня (*в неводе*)

**2.** *v*: to ~ (up) one's mouth поджáть гýбы

**purse-bearer** [ˈpəːsˌbɛərə] *n* казначéй

**purse-proud** [ˈpəːspraud] *a* гóрдый своúм богáтством; зазнáвшийся (*богач*)

**purser** [ˈpəːsə] *n* казначéй, эконóм (*на корабле*)

**purse-strings** [ˈpəːsstrɪŋz] *n pl* ремешкú, котóрыми в старинý затягивался кошелёк ◇ to hold the ~ распоряжáться расхóдами; to tighten (to loosen) the ~ скупúться, эконóмить, сокращáть (не скупúться, увелúчивать) расхóды

**purslane** [ˈpəːslɪn] *n бот.* портулáк

**pursuance** [pəˈsju(ː)əns] *n* 1) выполнéние; исполнéние; in ~ of smth. выполняя что-л., слéдуя чемý-л., соглáсно чемý-л., во исполнéние чегó-л. 2) преслéдование

**pursuant** [pəˈsju(ː)ənt] *adv*: ~ to (*употр. как prep*) соотвéтственно, соглáсно (*чему-л.*)

**pursue** [pəˈsjuː] *v* 1) преслéдовать; слéдовать неотстýпно за; гнáться; бежáть за; ill health ~d him till death плохóе здорóвье мýчило егó всю жизнь 2) преслéдовать (*цель*); слéдовать по намéченному путú; to ~ a scheme выполнять план, проéкт, прогрáмму; to ~ the policy of peace вестú, проводúть полúтику мúра; to ~ pleasure искáть удовóльствий 3) продолжáть (*обсуждение, занятие, поездку, путешествие*) 4) занимáться (*чем-л.*);

имéть профéссию 5) (*преим. шотл.*) *юр.* предъявля́ть иск

**pursuer** [pə'sju(:)ə] *n* 1) преслéдователь; преслéдующий 2) гони́тель 3) *шотл. юр.* истéц

**pursuit** [pə'sju:t] *n* 1) преслéдование; погóня 2) стремлéние, пóиски; the ~ of happiness пóиски сча́стья; in ~ of в пóисках; в погóне за, преслéдуя 3) заня́тие; daily ~s повседнéвные делá, заня́тия

**pursuit plane** [pə'sju:tpleın] *n ав.* истреби́тель

**pursuivant** ['pə:sıvənt] *n* 1) *поэт.* послéдователь 2) слу́жащий в коллéгии герóльдии

**pursy** I ['pə:sı] *a* 1) страда́ющий оды́шкой 2) ту́чный

**pursy** II ['pə:sı] *a* 1) богáтый, гóрдый своим богáтством 2) смóрщенный

**purulent** ['pjuərulənt] *a* гнóйный, гноя́щийся

**purvey** [pə:'veı] *v* 1) поставля́ть, снабжáть (*особ. провизией*) 2) быть поставщикóм 3) заготовля́ть

**purveyance** [pə:'veiəns] *n* 1) постáвка, снабжéние 2) запáсы; провиáнт 3) *ист.* реквизи́ция для нужд королéвского двóра

**purveyor** [pə:'veiə] *n* поставщи́к

**purview** ['pə:vju:] *n* 1) *юр.* часть статýта, заключáющая сáмое постановлéние 2) сфéра, компетéнция, óбласть (дéйствия); грани́цы 3) кругозóр

**pus** [pʌs] *n* гной

**push** [puʃ] **1.** *v* 1) толкáть; подвигáть; to ~ aside all obstacles устраня́ть, сметáть все препя́тствия; to ~ a door to закры́ть дверь 2) нажимáть 3) продвигáть(ся); протáлкивать(ся); выдвигáть(ся); to ~ one's way проти́скиваться; проклáдывать себé путь; to ~ one's claims выставля́ть свои́ притязáния; to ~ one's fortune всячески улучшáть своё благосостоя́ние; to ~ oneself старáться вы́двинуться 4) реклами́ровать; to ~ one's wares реклами́ровать свои́ товáры 5): to be ~ed for time (money) имéть мáло врéмени (дéнег) 6) притесня́ть; торопи́ть (*должника и т. п.*) □ ~ **around** *разг.* помыкáть (*кем-л.*); ~ **away** отталкивать; ~ **forward** а) торопи́ться; стреми́ться вперёд; б) продвигáть; спосóбствовать осуществлéнию; ~ **in** приближáться (*к берегу — о лодке и т. п.*); ~ **off** а) оттáлкиваться (*от берега*); б) оттáлкивать; в) *разг.* убирáться, исчезáть; г) сбывáть (*товары*); ~ **on** а) спеши́ть (*вперёд*); б) протáлкивать, ускоря́ть; to ~ things on ускоря́ть ход собы́тий; ~ **out** а) выпускáть; б) давáть ростки́ (*о растении*); в) выступáть, выдавáться вперёд; ~ **through** протáлкивать (-ся); пробивáться; to ~ the matter through довести́ дéло до концá; ~ **upon:** to ~ smth. upon smb. навя́зывать что-л. комý-л.

2. *n* 1) толчóк; удáр 2) давлéние, нажи́м; напóр; нáтиск; напряжéние 3) уси́лие, энерги́чная попы́тка; to make a ~ приложи́ть большóе уси́лие 4) *воен.* атáка 5) поддéржка; протéкция 6) крити́ческое положéние; решáющий момéнт 7) *разг.* увольнéние; to give the ~ увольня́ть; to get the ~ быть уво́ленным 8) *sl.* шáйка, бáнда (*воров, хулиганов*) 9) *тех.* нажи́мная кнóпка

**push-ball** ['puʃbɔ:l] *n спорт.* пушбóл

**push-bicycle** ['puʃ,baısıkl] *n* велосипéд (*в противоположность мотоциклу*)

**push-button** ['puʃ,bʌtn] 1) *n* кнóпка (*звонка и т. п.*) 2) *attr.* кнóпочный (*об управлении*); ~ war «кнóпочная» войнá

**push-cart** ['puʃka:t] *n* 1) ручнáя телéжка 2) дéтский стул на колёсах 3) *attr.*: ~ man *амер.* у́личный торгóвец

**push-chair** ['puʃtʃεə] *n* дéтский складнóй стул на колёсиках

**pusher** ['puʃə] *n* 1) толкáч; толкáтель; эжéктор, выбрáсыватель 2) самоувéренный, напóристый человéк, дéйствующий рáди сóбственной вы́годы 3) *ав.* самолёт с толкáющим винтóм 4) *ав.* толкáющий воздýшный винт 5) маневрóвый паровóз

**pushful** ['puʃful] *a* óчень предприи́мчивый, сверхинициати́вный

**pushing** ['puʃıŋ] **1.** *pres. p. от* push 1

2. *a* 1) предприи́мчивый, энерги́чный, инициати́вный 2) напóристый, пробивнóй

**push-over** ['puʃ,əuvə] *n амер. разг.* 1) пустякóвое дéло; несложная задáча 2) слáбый игрóк; слáбый проти́вник 3) слабовóльный человéк

**push-pin** ['puʃpın] *n* 1) *амер.* кнóпка (*для прикрепления бумаги*) 2) *название детской игры*

**push-pull** ['puʃ'pul] *a радио* двухтáктный

**Pushtoo, Pushtu** ['pʌʃtu:] *n* язы́к пуштý; афгáнский язы́к

**push-up** ['puʃ'ʌp] *n амер. воен. жарг.* заря́дка

**pusillanimity** [,pju:sılə'nımıtı] *n* малодýшие, трýсость

**pusillanimous** [,pju:sı'lænıməs] *a* малодýшный

**puss** [pus] *n* 1) кóшечка, ки́ска 2) *охот.* зáяц 3) *шутл.* (кокéтливая) дéвушка (*особ.* sly ~) ◇ ~ in the corner игрá в «свои́ сосéди»; P. in Boots кот в сапогáх

**pussy** I ['pʌsı] *a* гнóйный; гноеви́дный

**pussy** II ['pusı] *n* 1) = puss 2) серёжка на вéрбе

**pussy-cat** ['pusıkæt] *n* кóшка, кóшечка, ки́ска

**pussyfoot** ['pusıfut] *амер. разг.* **1.** *n* 1) осторóжный человéк 2) сторóнник сухóго закóна

2. *v* 1) крáсться по-кошáчьи 2) дéйствовать осторóжно

**pussy-willow** ['pusı,wıləu] *n* вéрба

**pustular** ['pʌstjulə] *a* прыщáвый

**pustulate** **1.** *v* ['pʌstjuleıt] покрывáться прыщáми

2. *a* ['pʌstjulıt] покры́тый прыщáми

**pustule** ['pʌstju:l] *n мед.* пýстула, прыщ

**pustulous** ['pʌstjuləs] = pustular

**put** I [put] *v* (put) 1) класть, положи́ть; (по)стáвить; ~ more sugar in your tea положи́ ещё сáхару в чай; to ~ a thing in its right place постáвить вещь на мéсто; to ~ smb. in charge of... постáвить когó-л. во главé...; to ~ a child to bed улoжи́ть ребёнка спать 2) помещáть; сажáть; to ~ to prison сажáть в тюрьмý; it's time he was ~ to school порá определи́ть егó в шкóлу; to ~ a boy as apprentice определи́ть мáльчика в учéнье; ~ yourself in his place постáвь себя́ на егó мéсто; to ~ on the market выпускáть в продáжу; he ~ his money into land он помести́л свои́ дéньги в земéльную сóбственность; ~ it out of your mind вы́кинь э́то из головы́ 3) пододвигáть, прислоня́ть; to ~ a glass to one's lips поднести́ стакáн к губáм 4) выражáть (*словами, в письменной форме*); излагáть, переводи́ть (from... into — с *одного языка* на *другой*); класть (*слова на музыку*); to ~ it in black and white написáть чёрным по бéлому; I don't know how to ~ it не знáю, как э́то вы́разить; I ~ it to you that... я говорю́ вам, что... 5) предлагáть, стáвить на обсуждéние; to ~ a question задáть вопрóс; to ~ to vote постáвить на голосовáние 6) направля́ть; заставля́ть дéлать; to ~ a horse to (*или* at) a fence застáвить лóшадь взять барьéр; to ~ one's mind on (*или* to) a problem дýмать над разрешéнием проблéмы; to ~ smth. to use испóльзовать что-л. 7) *спорт.* бросáть, метáть; толкáть 8) всáживать; to ~ a knife into всади́ть нож в; to ~ a bullet through smb. застрели́ть когó-л. 9) придéлать, прилáдить; to ~ a new handle to a knife придéлать нóвую рукоя́тку к ножý 10) приводи́ть (*в определённое состояние или положение*); to ~ in order приводи́ть в порядок; to ~ an end to smth. прекрати́ть что-л.; to ~ a stop to smth. останови́ть что-л.; to ~ to sleep усыпи́ть; to ~ to the blush застáвить покраснéть от стыдá, пристыди́ть; to ~ to shame пристыди́ть; to ~ to death предавáть смéрти, убивáть, казни́ть; to ~ to flight обрати́ть в бéгство; to ~ into a rage разгнéвать; to ~ a man wise (about, of, to) информи́ровать когó-л. о (*чём-л.*), объясни́ть комý-л. (*что-л.*); to ~ smb. at his ease приободри́ть, успокóить когó-л.; to ~ the horse to the cart запрягáть лóшадь 11) подвергáть (to); to ~ to torture подвéргнуть пы́тке; пытáть; to ~ to inconvenience причини́ть неудóбство 12) оцéнивать, исчисля́ть, определя́ть (at — в); считáть; I ~ his income at £ 5000 a year я определя́ю егó годовóй дохóд в 5000 фýнтов стéрлингов □ ~ **about** а) распространя́ть (*слух и т. п.*); б) (*обыкн. p. p.*) *шотл.* волновáть, беспокóить; don't ~ yourself about не беспокóйтесь; в) *мор.* сдéлать поворóт; лечь на другóй галс; ~ **across** а) перевози́ть, переправля́ть (*на лодке, пароме*); б) *разг.* успе́шно заверши́ть како́е-л. де́ло, «провернуть» (*что-л.*), в) обма́нывать, надува́ть (*кого-л.*); ~ aside а) отстраня́ть; б) откла́дывать (в сто́рону); в) отводи́ть (*довод*); г) копи́ть (*деньги*); **~ away** а) убира́ть; пря́тать; б) отде́лываться, избавля́ться; в) откла́дывать (*сбережения*); г) оставля́ть (*привычку и т. п.*); отказа́ться (*от мысли и т. п.*); д) *разг.* помеща́ть (*в тюрьму, сумасшедший дом и т. п.*); е) *разг.* убива́ть; ж) *разг.* поглоща́ть; съеда́ть; выпива́ть; з) *разг.* заложи́ть (*что-л.*), затеря́ть; **~ back** а) ста́вить на ме́сто; б) заде́рживать; в) передвига́ть наза́д (*стрелки часов*); г) *мор.* возвраща́ться (*в гавань, к берегу*); **~ by** а) отстраня́ть; б) откла́дывать на чёрный день; в) избега́ть (*разговора*); г) стара́ться не замеча́ть; игнори́ровать; **~ down** а) опуска́ть, класть; б) выса́живать, дава́ть возмо́жность вы́йти (*пассажирам*); в) запаса́ть (*что-л.*); г) запи́сывать; д) подпи́сываться на определённую су́мму; е) подавля́ть (*восстание и т. п.*); ж) заста́вить замолча́ть; з) уре́зывать (*расходы*); снижа́ть (*цены*); и) *уст.* понижа́ть (*в должности и т. п.*); сверга́ть; к) счита́ть; I ~ him down for a fool я счита́ю его́ глу́пым; л) припи́сывать (*чему-л.*); м) *ав.* сни́зиться; соверши́ть поса́дку; н) сбить (*самолёт противника*); **~ forth** а) пуска́ть (*побеги*); б) напряга́ть (*силы*); испо́льзовать; в) проявля́ть; г) пуска́ть в ход, в обраще́ние; д) пуска́ться (*в море*); **~ forward** а) выдвига́ть, предлага́ть; б) продвига́ть (*кого-л.*), соде́йствовать (*кому-л.*); в) передвига́ть вперёд (*о стрелках часов*); **~ in** а) вставля́ть, всо́вывать; б) представля́ть (*документ*); в) предъявля́ть (*претензию*); подава́ть (*жалобу*); г) вводи́ть (*в действие*); to ~ in the attack предприня́ть наступле́ние; д) *разг.* исполня́ть (*работу*); е) *разг.* проводи́ть вре́мя (*за каким-л. делом*); ж) поста́вить (*у власти, на должность*); з) вы́двинуть свою́ кандидату́ру, претендова́ть (for — на); и) *мор.* заходи́ть в порт; к): to ~ in appearance (at) появи́ться; **~ off** а) откла́дывать; he ~ off going to the dentist он отложи́л визи́т к зубно́му врачу́; б) отде́лываться; to ~ off with a jest отде́латься шу́ткой; в) вызыва́ть отвраще́ние; her face quite ~s me off её лицо́ меня́ отта́лкивает; г) меша́ть, отвлека́ть (*от чего-л.*); д) отбра́сывать (*страхи, сомнения и т. п.*); е) подсо́вывать, всу́чивать (upon — *кому-л.*); ж) *мор.* отча́ливать; **~ on** а) надева́ть; б): to ~ on make-up употребля́ть косме́тику; в) принима́ть вид; напуска́ть на себя́; to ~ on airs and graces мане́рничать; ва́жничать; his modesty is all ~ on его́ скро́мность напускна́я; to ~ on an act *разг.* лома́ться, разы́грывать коме́дию; to ~ on a brave face де́лать вид, что всё в поря́дке; храбри́ться; г) ста́вить (*на сцене*); to ~ a play on the stage поста́вить пье́су; д) ста́вить (*на лошадь и т. п.*); е) облага́ть (*налогом*); ж) возлага́ть; to ~ the blame on smb. возлага́ть вину́ на кого́-л.; з) прибавля́ть(ся); to ~ on pace прибавля́ть ша́гу; to ~ it on α) повыша́ть це́ну; β) преувели́чивать (*свои чувства, боль и т. п.*); и) передвига́ть вперёд (*стрелки часов*); к) побужда́ть; to ~ smb. on doing smth. побужда́ть кого́-л. (с)де́лать что-л.; л) приводи́ть в де́йствие; м) испо́льзовать; применя́ть; to ~ on more trains пусти́ть бо́льше поездо́в; **~ out** а) выгоня́ть; удаля́ть, устраня́ть; убира́ть; б) выкла́дывать (*вещи*); в) вы́тянуть (*руку*); высо́вывать (*рожки — об улитке*); г) дава́ть побе́ги (*о растении*); д) вы́вихнуть (*плечо и т. п.*); е) туши́ть (*огонь*); ж) расхо́довать, тра́тить (*силы*); з) отдава́ть на́ сторону (*вещи — в стирку, в ремонт*); и) причиня́ть неудо́бство; he was very much ~ out by the late arrival of his guests по́здний прие́зд госте́й причини́л ему́ ма́ссу неудо́бств; к) выводи́ть из себя́, смуща́ть, расстра́ивать; л) *амер.* отправля́ться; м) выпуска́ть, издава́ть; н) дава́ть де́ньги под определённый проце́нт (at); о) выходи́ть в мо́ре п) *спорт.* запятна́ть; **~ over** а) переправи́ть(ся); б) успе́шно осуществи́ть (*постановку и т. п.*); в) *refl.* произвести́ впечатле́ние, доби́ться успе́ха у пу́блики; г) откла́дывать; д) *амер. разг.* заверши́ть (*что-л.*); дости́чь це́ли; **~ through** а) вы́полнить, зако́нчить (*работу*); б) соедини́ть (*по телефону*); **~ together** а) соединя́ть; сопоставля́ть; б) компили́ровать; в) собира́ть (*механизм*); **~ up** а) поднима́ть; б) стро́ить, воздвига́ть (*здание и т. п.*); в) ста́вить (*пьесу*); г) пока́зывать, выставля́ть; выве́шивать (*объявление*); д) возноси́ть (*молитвы*); е) продава́ть с аукцио́на; ж) повыша́ть (*цены*); з) убира́ть, пря́тать (*вещи и т. п.*); to ~ up a sword класть в но́жны (меч); и) вкла́дывать (*деньги*); к) пакова́ть; л) консерви́ровать; м) выставля́ть свою́ кандидату́ру (*на выборах*); н) выдвига́ть чью-либо кандидату́ру (*на выборах*), о) устра́ивать: to ~ up a fight устро́ить дра́ку; to ~ up a resistance ока́зывать сопротивле́ние; п) принима́ть, дава́ть прию́т (*гостям*); р) остана́вливаться в гости́нице *и т. п.* (at); с) закла́дывать (*в ломбарде*); т) терпе́ть; мири́ться, примири́ться (with — с); у) фабрикова́ть; ф) вспугну́ть (*дичь*); **~ upon** а) обременя́ть; б) обма́нывать ◊ to ~ it across smb. *разг.* а) провести́, обману́ть кого́-л.; б) нака́зывать кого́-л.; своди́ть счёты с кем-л.; to ~ two and two together сообрази́ть, сде́лать вы́вод из фа́ктов; to ~ smb. up to smth. а) открыва́ть кому́-л. глаза́ на что-л.; б) побужда́ть, подстрека́ть кого́-л. к чему́-л.; to ~ smb. up to the ways of the place знако́мить кого́-л. с ме́стными обы́чаями; to ~ smb. on his guard предостере́чь кого́-л.; to ~ smb. off his guard усыпи́ть чью-л. бди́тельность; to ~ one's name to ока́зывать подде́ржку

**put** II [put] *n* мета́ние (*камня и т. п.*)

**put** III [pʌt] = putt

**putative** [ˈpjuːtətɪv] *a* предполага́емый, мни́мый

**putlog** [ˈputlɔg] *n стр.* па́лец строи́тельных лесо́в

**put-off** [ˈputˈɔf] *n* 1) уло́вка 2) откла́дывание

**putrefaction** [ˌpjuːtrɪˈfækʃən] *n* 1) гние́ние; разложе́ние; гни́лость 2) мора́льное разложе́ние

**putrefactive** [ˌpjuːtrɪˈfæktɪv] *a* вызыва́ющий гние́ние

**putrefy** [ˈpjuːtrɪfaɪ] *v* 1) гнить, разлага́ться (*о трупе*) 2) вызыва́ть гние́ние 3) разлага́ться (*морально*); подве́ргнуться де́йствию корру́пции

**putrescence** [pjuːˈtresns] *n* гние́ние

**putrid** [ˈpjuːtrɪd] *a* 1) гнило́й 2) воню́чий 3) испо́рченный 4) *разг.* отврати́тельный ◊ ~ fever сыпно́й тиф

**putridity** [pjuːˈtrɪdɪtɪ] *n* 1) гниль; гни́лость 2) мора́льное разложе́ние; испо́рченность

**putsch** [putʃ] *нем. n* путч

**putt** [pʌt] 1. *n* (лёгкий) уда́р, загоня́ющий мяч в лу́нку (*в гольфе*)
2. *v* гнать мяч в лу́нку (*в гольфе*)

**puttee** [ˈpʌtɪ] *n* 1) обмо́тка (*для ног*) 2) кра́га

**putter** I [ˈpʌtə] *n* коро́ткая клю́шка (*для гольфа*)

**putter** II [ˈpʌtə] *v* 1) труди́ться впусту́ю (over — над) 2) дви́гаться ме́дленно, вя́ло (about, along) ▭ **~ about** броди́ть без це́ли; слоня́ться

**puttie** [ˈpʌtɪ] = puttee

**puttier** [ˈpʌtɪə] *n* стеко́льщик

**putting** [ˈputɪŋ] 1. *pres. p. от* put I
2. *n спорт.* толка́ние; ~ the shot толка́ние ядра́

**putting-green** [ˈpʌtɪŋgriːn] *n* ро́вная лужа́йка (*вокруг лунки в гольфе*)

**putting-stone** [ˈputɪŋstəun] *n спорт.* ядро́

**putty** [ˈpʌtɪ] 1. *n* 1) (око́нная) зама́зка, шпатлёвка (*тж.* glazier's ~) 2) порошо́к, масти́ка *или* смесь для шлифо́вки *или* полиро́вки (*тж.* jeweller's ~) ◊ ~ medal незначи́тельная награ́да за незначи́тельные услу́ги
2. *v* зама́зывать зама́зкой; шпатлева́ть

**put-up** [ˈputˈʌp] *a разг.* заду́манный, зара́нее сплани́рованный; сфабрико́ванный; a ~ affair (*или* job) махина́ция, суде́бная инсцениро́вка; подстро́енное де́ло

**puzzle** [ˈpʌzl] 1. *n* 1) вопро́с, ста́вящий в тупи́к; зага́дка, головоло́мка 2) головоло́мка (*игрушка*); Chinese ~ кита́йская головоло́мка 3) недоуме́ние, затрудне́ние; замеша́тельство
2. *v* 1) приводи́ть в затрудне́ние, ста́вить в тупи́к; озада́чивать; to ~ one's brains over smth. лома́ть себе́ го́лову над чем-л.; би́ться над чем-л. 2) запу́тывать, усложня́ть ▭ **~ out** распу́тать (*что-л.*), разобра́ться в (*чём-л.*)

**puzzle-headed** [ˈpʌzlˈhedɪd] *a* запу-

тавшийся; не разбира́ющийся в са́мых просты́х веща́х; сумбу́рный
**puzzlement** [ˈpʌzlmənt] *n* 1) замеша́тельство; смуще́ние 2) зага́дка
**puzzle-pated** [ˈpʌzlˈpeɪtɪd] = puzzle-headed
**puzzler** [ˈpʌzlə] *n* тру́дная зада́ча; тру́дный вопро́с
**puzzling** [ˈpʌzlɪŋ] **1.** *pres. p. от* puzzle 2
2. *a* приводя́щий в замеша́тельство; сбива́ющий с то́лку
**pyaemia** [paɪˈi:mjə] *n мед.* пиеми́я
**pyedog** [ˈpaɪdɔg] *n инд.* бродя́чая соба́ка
**pygm(a)ean** [pɪgˈmi:ən] *a* ка́рликовый
**pygmy** [ˈpɪgmɪ] *n* 1) пигме́й, ка́рлик 2) ничто́жество, пигме́й 3) *attr.* ка́рликовый 4) *attr.* незначи́тельный
**pyjamas** [pəˈdʒɑ:məz] *n pl* пижа́ма
**pylon** [ˈpaɪlən] *n* 1) *архит.* пило́н, опо́ра 2) *ав.* каба́нчик
**pylorus** [paɪˈlɔ:rəs] *n анат.* приврáтник желу́дка
**pyorrhoea** [ˌpaɪəˈrɪə] *n мед.* пиоре́я
**pyramid** [ˈpɪrəmɪd] **1.** *n* 1) пирами́да 2) что-л., напомина́ющее по фо́рме пирами́ду 3) *pl* пирами́да, игра́ на билья́рде в 15 шаро́в 4) *бирж.* прода́жа а́кций при повыше́нии ку́рса для поку́пки а́кций на бо́льшую су́мму
2. *v* 1) располага́ть в ви́де пирами́ды 2) *бирж.* продава́ть а́кции при повыше́нии ку́рса для поку́пки а́кций на бо́льшую су́мму 3) ста́вить на ка́рту, рискова́ть
**pyramidal** [pɪˈræmɪdl] *a* пирамида́льный
**pyre** [ˈpaɪə] *n* погреба́льный костёр
**pyretic** [paɪˈretɪk] *a* 1) лихора́дочный 2) жаропонижа́ющий
**pyrites** [paɪˈraɪti:z] *n* се́рный колчеда́н, пири́т
**pyro-electricity** [ˈpaɪrəuˌɪlekˈtrɪsɪtɪ] *n* пироэлектри́чество
**pyrometer** [paɪˈrɔmɪtə] *n тех.* пиро́метр
**pyrotechnic** [ˌpaɪrəuˈteknɪk] *a* пиротехни́ческий; ~ pistol раке́тный пистоле́т
**pyrotechnics** [ˌpaɪrəuˈteknɪks] *n pl* (*употр. как sing*) пироте́хника
**pyrotechnist** [ˌpaɪrəuˈteknɪst] *n* пироте́хник
**pyroxene** [ˈpaɪrɔksi:n] *n мин.* пироксе́н
**pyroxylin** [paɪˈrɔksɪlɪn] *n хим.* пироксили́н
**Pyrrhic** I [ˈpɪrɪk] *n* 1) древнегре́ческий вое́нный та́нец 2) *прос.* пирри́хий (*тж.* ~ foot)
**Pyrrhic** II [ˈpɪrɪk] *a*: ~ victory пи́ррова побе́да
**Pyrrhonism** [ˈpɪrənɪzm] *n* уче́ние гре́ческого фило́софа Пирро́на; скептици́зм
**Pyrrhonist** [ˈpɪrənɪst] *n* после́дователь Пирро́на; ске́птик
**pyrrol** [pɪˈrəul] *n хим.* пирро́л
**Pythagorean** [paɪˌθægəˈri(:)ən] **1.** *a* пифаго́ре́йский; ~ proposition *геом.* пифаго́рова теоре́ма
2. *n* пифагоре́ец
**Pythian** [ˈpɪθɪən] *a др.-греч.* пифи́ческий
**python** [ˈpaɪθən] *n* 1) *зоол.* пито́н 2) *греч. миф.* Пифо́н 3) прорица́тель
**pythoness** [ˈpaɪθənes] *n* пи́фия; прорица́тельница, вещу́нья
**pyx** [pɪks] **1.** *n* 1) *церк.* дарохрани́тельница 2) я́щик для про́бной моне́ты (*на монетном дворе*); the trial of the ~ пробиро́вка, про́ба моне́т
2. *v* производи́ть про́бу (*монет*)
**pyxis** [ˈpɪksɪs] *лат. n* ма́ленький я́щичек (*для драгоценностей и т. п.*)

# Q

**Q, q** [kju:] *n* (*pl* Qs, Q's [kju:z]) *17-я буква англ. алфавита* ◇ Q and reverse Q «восьмёрка» (*элемент фигурного катания*)
**qua** [kweɪ] *лат. adv* в ка́честве
**quack** I [kwæk] **1.** *n* 1) кря́канье (*уток*) 2) *разг.* кря́ква, у́тка
2. *v* 1) кря́кать (*об утках*) 2) треща́ть, болта́ть
**quack** II [kwæk] **1.** *n* 1) зна́харь; шарлата́н 2) *attr.* шарлата́нский; ~ doctor врач-шарлата́н; ~ medicine (*или* remedy) шарлата́нское сна́добье *или* сре́дство
2. *v* 1) лечи́ть сна́добьями 2) шарлата́нить, моше́нничать
**quackery** [ˈkwækərɪ] *n* шарлата́нство, зна́харство
**quackle** [ˈkwækl] *v* кря́кать
**quack-quack** [ˈkwækˈkwæk] *n детск.* кря-кря́, у́тка
**quacksalver** [ˈkwækˌsælvə] = quack II, 1
**quad** [kwɔd] *n* 1) *разг. сокр. от* quadrangle 2) *сокр. от* quadrat 3) *разг. сокр. от* quadruplets 4) четвёрка (*лошадей*) 5) *эл.* четвёрка (*скрученные вместе четыре изолированные жилы в кабелях связи*) 6) *воен. разг.* тягáч; счетверённая зени́тная пулемётная устано́вка
**quadragenarian** [ˌkwɔdrədʒɪˈnɛərɪən] **1.** *a* сорокале́тний
2. *n* сорокале́тний челове́к
**Quadragesima** [ˌkwɔdrəˈdʒesɪmə] *n рел.* 1) воскресе́нье пе́рвой неде́ли вели́кого поста́ (*тж.* ~ Sunday) 2) *уст.* вели́кий пост
**quadragesimal** [ˌkwɔdrəˈdʒesɪməl] *a* 1) сорокадне́вный, для́щийся со́рок дней (*особ. о великом посте*) 2) *рел.* великопо́стный
**quadrangle** [ˈkwɔdræŋgl] *n* 1) четырёхуго́льник 2) четырёхуго́льный двор, окружённый зда́ниями
**quadrangular** [kwɔˈdræŋgjulə] *a* четырёхуго́льный
**quadrant** [ˈkwɔdrənt] *n* 1) *мат.* квадра́нт, че́тверть кру́га 2) *тех.* гита́ра, большо́й тре́нзель
**quadrat** [ˈkwɔdrɪt] *n полигр.* шпа́ция
**quadrate** **1.** *n* [ˈkwɔdrɪt] 1) квадра́т 2) *анат.* квадра́тная кость
2. *a* [ˈkwɔdrɪt] квадра́тный, четырёхуго́льный (*преим. о мышце или кости*)
3. *v* [kwɔˈdreɪt] *редк.* 1) де́лать квадра́тным 2) согласова́ть(ся); соотве́тствовать (with, to)
**quadratic** [kwəˈdrætɪk] *мат.* **1.** *a* квадра́тный; ~ equation квадра́тное уравне́ние, уравне́ние второ́й сте́пени
2. *n* = ~ equation [*см.* 1]
**quadrature** [ˈkwɔdrətʃə] *n мат., астр.* квадрату́ра; ~ of the circle квадрату́ра кру́га
**quadrennial** [kwɔˈdrenɪəl] *a* 1) для́щийся четы́ре го́да 2) происходя́щий раз в четы́ре го́да; ~ election вы́боры, происходя́щие ка́ждые четы́ре го́да
**quadriga** [kwəˈdri:gə] *n* (*pl* -gae) *др.-рим.* квадри́га (*двухколёсная колесница, запряжённая четвёркой лошадей*)
**quadrigae** [kwəˈdri:gi:] *pl от* quadriga
**quadrilateral** [ˌkwɔdrɪˈlætərəl] **1.** *n* четырёхуго́льник
2. *a* четырёхсторо́нний
**quadrille** [kwəˈdrɪl] *n* кадри́ль
**quadrillion** [kwɔˈdrɪljən] *n мат.* 1) квадрильо́н, миллио́н в четвёртой сте́пени (*единица с 24 нулями*) 2) *амер.* ты́сяча в пя́той сте́пени (*единица с 15 нулями*)
**quadripartite** [ˌkwɔdrɪˈpɑ:taɪt] *a* состоя́щий из четырёх часте́й; разделённый на четы́ре ча́сти
**quadripole** [ˈkwɔdrɪpəul] *n радио* четырёхпо́люсник
**quadrisyllable** [ˈkwɔdrɪˈsɪləbl] *n* четырёхсло́жное сло́во
**quadrivalent** [ˌkwɔdrɪˈveɪlənt] *a хим.* четырёхвале́нтный
**quadroon** [kwɔˈdru:n] *n* квартеро́н (*родившийся от мулатки и белого*)
**quadruped** [ˈkwɔdruped] **1.** *n* четвероно́гое живо́тное (*особ.* млекопита́ющее)
2. *a* четвероно́гий
**quadrupedal** [kwɔˈdru:pɪdl] *a* четвероно́гий
**quadruple** [ˈkwɔdrupl] **1.** *n* учетверённое коли́чество
2. *a* 1) четверно́й; учетверённый (of, to); четырёхкра́тный 2) состоя́щий из четырёх часте́й 3) четырёхсторо́нний (*о соглашении*)
3. *v* учетверя́ть
**quadruplets** [ˈkwɔdruplɪts] *n pl* че́тверо близнецо́в
**quadruplicate** **1.** *n* [kwɔˈdru:plɪkɪt] 1): in ~ в четырёх экземпля́рах 2) *pl* четы́ре одина́ковых экземпля́ра
2. *a* [kwɔˈdru:plɪkɪt] учетверённый
3. *v* [kwɔˈdru:plɪkeɪt] учетверя́ть, мно́жить на четы́ре; де́лать в четырёх экземпля́рах
**quads** [kwɔdz] *разг. см.* quadruplets
**quaere** [ˈkwɪərɪ] *лат.* **1.** *n* вопро́с
2. *v* (*обыкн. imp.*) жела́тельно знать, спра́шивается; most interesting, but ~, is it true? э́то о́чень интере́сно, но, спра́шивается, ве́рно ли э́то?

**quaestor** [ˈkwiːstə] *n др.-рим.* квéстор

**quaff** [kwɑːf] *v книжн.* пить больши́ми глотка́ми; осуша́ть за́лпом

**quag** [kwæg] = quagmire 1)

**quaggy** [ˈkwægɪ] *a* 1) тряси́нный, то́пкий, боло́тистый 2) теку́щий по боло́тистой ме́стности 3) дря́блый (*о теле*)

**quagmire** [ˈkwægmaɪə] *n* 1) боло́то, тряси́на 2) затрудни́тельное положе́ние

**quail** I [kweɪl] *n* 1) (*pl без измен.*) пе́репел 2) *амер. унив. sl.* студе́нтка

**quail** II [kweɪl] *v* 1) дро́гнуть; стру́сить, спасова́ть (at, before) 2) *редк.* запуга́ть 3) *уст.* свёртываться, створа́живаться

**quail-call** [ˈkweɪlkɔːl] = quail-pipe

**quail-pipe** [ˈkweɪlpaɪp] *n* ду́дочка для прима́нивания перепело́в, мано́к

**quaint** [kweɪnt] *a* 1) прия́тный, привлека́тельный свое́й необы́чностью *или* старино́й; ~ old customs оригина́льные стари́нные обы́чаи 2) причу́дливый, эксцентри́чный

**quake** [kweɪk] **1.** *n* 1) дрожа́ние, дрожь 2) *разг.* землетрясе́ние

**2.** *v* 1) трясти́сь, дрожа́ть, кача́ться, колеба́ться (*о земле*) 2) дрожа́ть; to ~ with cold (fear, anger, weakness) дрожа́ть от хо́лода (стра́ха, гне́ва, сла́бости)

**Quaker** [ˈkweɪkə] *n* 1)ква́кер 2) (q.) = quaker-gun 3) *attr.* ква́керский; Q. City *амер. уст.* Го́род ква́керов, Филаде́льфия

**Quakeress** [ˈkweɪkərɪs] *n* ква́керша

**quaker-gun** [ˈkweɪkəˈgʌn] *n амер. ист.* бутафо́рское ору́дие

**Quakerish** [ˈkweɪkərɪʃ] *a* ква́керский; по-ква́керски скро́мный

**Quakerism** [ˈkweɪkərɪzm] *n* ква́керство

**Quaker-meeting** [ˈkweɪkəˈmiːtɪŋ] = Quakers' meeting

**Quakers' meeting** [ˈkweɪkəzˈmiːtɪŋ] *n* 1) собра́ние ква́керов 2) собра́ние, на кото́ром ма́ло выступа́ют

**quaking** [ˈkweɪkɪŋ] *a* дрожа́щий, трясу́щийся ◇ ~ asp оси́на

**quaking-grass** [ˈkweɪkɪŋgrɑːs] *n бот.* трясу́нка

**quaky** [ˈkweɪkɪ] *a* дрожа́щий, трясу́щийся

**qualification** [ˌkwɔlɪfɪˈkeɪʃən] *n* 1) ограниче́ние, огово́рка 2) квалифика́ция; подгото́вленность; пра́во занима́ть каку́ю-л. до́лжность; a doctor's ~ профе́ссия врача́ 3) определе́ние, характери́стика (*деятельности, взглядов и т. п.*) 4) избира́тельный ценз 5) *спорт.* квалификацио́нные, отбо́рочные соревнова́ния

**qualificatory** [ˈkwɔlɪfɪkətərɪ] *a* 1) квалифици́рующий 2) ограни́чивающий

**qualified** [ˈkwɔlɪfaɪd] **1.** *p. p. от* qualify

**2.** *a* 1) компете́нтный 2) подходя́щий, приго́дный 3) ограни́ченный

**qualify** [ˈkwɔlɪfaɪ] *v* 1) обуча́ть(ся) (*чему-л.*); приобрета́ть каку́ю-л. специа́льность 2) получа́ть пра́во (*на что-либо*); де́лать *или* стать правомо́чным (as, for); to ~ for the vote получи́ть пра́во го́лоса 3) определя́ть, квалифици́ровать; называ́ть (as) 4) ослабля́ть, смягча́ть 5) разбавля́ть 6) *грам.* определя́ть

**qualifying** [ˈkwɔlɪfaɪɪŋ] **1.** *pres. p. от* qualify

**2.** *a* квалификацио́нный; ~ examination аттестацио́нный, квалификацио́нный экза́мен

**qualitative** [ˈkwɔlɪtətɪv] *a* ка́чественный

**quality** [ˈkwɔlɪtɪ] *n* 1) ка́чество (*тж. филос.*); сорт; of good ~ высокосо́ртный 2) сво́йство; осо́бенность; характе́рная черта́; to give a taste of one's ~ показа́ть себя́, свои́ спосо́бности *и т. п.* 3) высо́кое ка́чество, досто́инство 4) *уст.* положе́ние в о́бществе; people of ~, the ~ вы́сшие кла́ссы о́бщества, знать, господа́ (*противоп.* the common people); a lady of ~ зна́тная да́ма 5) *уст.* актёрская профе́ссия; *собир.* актёры 6) тембр; the ~ of a voice тембр го́лоса

**qualm** [kwɑːm] *n* 1) при́ступ дурноты́, тошноты́ 2) при́ступ малоду́шия *или* растеря́нности 3) (*обыкн. pl*) сомне́ние в свое́й правоте́; ~s of conscience угрызе́ния со́вести

**qualmish** [ˈkwɑːmɪʃ] *a* 1) чу́вствующий при́ступ тошноты́ 2) испы́тывающий угрызе́ния со́вести

**qualmishness** [ˈkwɑːmɪʃnɪs] *n* тошнота́

**quandary** [ˈkwɔndərɪ] *n* затрудни́тельное положе́ние; затрудне́ние; недоуме́ние; to be in a ~ быть в затрудне́нии, не знать, как поступи́ть

**quant** [kwɔnt] *мор.* **1.** *n* шест для отта́лкивания

**2.** *v* отта́лкивать(ся) шесто́м

**quanta** [ˈkwɔntə] *pl от* quantum

**quantify** [ˈkwɔntɪfaɪ] *v* определя́ть коли́чество

**quantitative** [ˈkwɔntɪtətɪv] *a* коли́чественный

**quantity** [ˈkwɔntɪtɪ] *n* 1) коли́чество (*тж. филос.*); negligible ~ незначи́тельное коли́чество; величина́, кото́рой мо́жно пренебре́чь; *перен.* челове́к, с кото́рым не счита́ются; челове́к, не име́ющий ве́са 2) *мат.* величина́; incommensurable quantities несоизмери́мые величи́ны; unknown ~ неизве́стное; *перен.* челове́к, о кото́ром ничего́ не изве́стно *или* де́йствия кото́рого нельзя́ предусмотре́ть 3) большо́е коли́чество; a ~ of мно́жество; in quantities в большо́м коли́честве 4) *фон.* долгота́ зву́ка, коли́чество зву́ка

**quantum** [ˈkwɔntəm] *лат. n* (*pl* -ta) 1) коли́чество, су́мма 2) до́ля, часть 3) *физ.* квант 4) *attr.* ква́нтовый; ~ theory ква́нтовая тео́рия; ~ number ква́нтовое число́

**quarantine** [ˈkwɔrəntiːn] **1.** *n* 1) каранти́н 2) *юр. ист.* сорокадне́вный пери́од 3) *attr.*: ~ flag жёлтый каранти́нный флаг

**2.** *v* 1) подверга́ть каранти́ну 2) подверга́ть изоля́ции (*страну и т. п.*)

**quarrel** I [ˈkwɔrəl] **1.** *n* ссо́ра, перебра́нка (with, between); по́вод к вражде́; раздо́ры, спор; to espouse another's ~ заступа́ться за кого́-л.; to seek (*или* to pick) a ~ with иска́ть по́вод для ссо́ры с; to make up a ~ помири́ться, переста́ть враждова́ть ◇ to find ~ in a straw быть приди́рчивым

**2.** *v* 1) ссо́риться (with — с *кем-л.*, about, for — из-за *чего-л.*) 2) придира́ться, спо́рить; оспа́ривать (*что-л.*); I would find difficulty to ~ with this statement тру́дно не согласи́ться с э́тим утвержде́нием ◇ to ~ with one's bread and butter броса́ть заня́тие, даю́щее сре́дства к существова́нию; идти́ про́тив со́бственных интере́сов

**quarrel** II [ˈkwɔrəl] *n ист.* стрела́ самостре́ла

**quarrelsome** [ˈkwɔrəlsəm] *a* вздо́рный, сварли́вый, приди́рчивый; драчли́вый

**quarry** I [ˈkwɔrɪ] **1.** *n* 1) каменоло́мня, откры́тая разрабо́тка, карье́р 2) исто́чник сведе́ний

**2.** *v* 1) разраба́тывать карье́р, добыва́ть (*камень из карьера*) 2) ры́ться (*в книгах и т. п.*); вы́искивать фа́кты, информа́цию (for)

**quarry** II [ˈkwɔrɪ] *n* 1) добы́ча; пресле́дуемый зверь 2) наме́ченная же́ртва

**quart** *n* 1) [kwɔːt] ква́рта (= 1/4 *галлона* = *2 пинтам* = *1,14 л*); сосу́д ёмкостью в 1 ква́рту 2) [kɑːt] ква́рта (*четвёртая позиция или фигура в фехтовании*) 3) [kɑːt] *карт.* кварт (*четыре карты одной масти подряд в пикете*) ◇ to try to put a ~ into a pint pot ≅ стара́ться сде́лать невозмо́жное

**quartan** [ˈkwɔːtn] *n мед.* четырёхдне́вная маляри́я, кварта́на

**quarter** [ˈkwɔːtə] **1.** *n* 1) че́тверть (of); a ~ of a century че́тверть ве́ка; to divide into ~s раздели́ть на четы́ре ча́сти; for a ~ (of) the price, for ~ the price за че́тверть цены́ 2) че́тверть ча́са; a ~ to one, *амер.* a ~ of one без че́тверти час; a bad ~ of an hour не́сколько неприя́тных мину́т; неприя́тное пережива́ние 3) кварта́л (*года*); *школ.* че́тверть; to be several ~s in arrears задолжа́ть за не́сколько кварта́лов (*квартирную плату и т. п.*) 4) кварта́л (*города*); residential ~ кварта́л жилы́х домо́в 5) страна́ све́та 6) *pl* кварти́ра, помеще́ние, жили́ще; at close ~s в те́сном сосе́дстве (*ср. тж.* ◇); to take up one's ~s with smb. посели́ться у кого́-л. *или* с кем-л. 7) *pl воен.* кварти́ры, каза́рмы; стоя́нка; *мор.* пост; to beat to ~s *мор.* бить сбор; to sound off ~s *мор.* бить отбо́й 8) ме́сто, сторона́; from every ~ со всех сторо́н; from no ~ ниотку́да, ни с чьей стороны́; we learned from the highest ~s мы узна́ли из авторите́тных исто́чников 9) поща́да; to ask for (*или* to cry) ~ проси́ть поща́ды; to give ~ пощади́ть жизнь (*сдавшегося на милость победителя*); no ~ to be given пощáды не бýдет 10) приём, обхождéние 11) чéтверть (*туши*); fore ~ лопáтка; hind ~ зáдняя часть 12) чéтверть (*мера сыпучих тел = 2,9 гектолитра; мера веса = 12,7 кг; мера длины*: ¼ *ярда* = *22,86 см*, ¼ *мили* = *402,24 м*) 13) *мор.* чéтверть рýмба; from what ~ does the wind blow? откýда дýет вéтер? 14) *амер.* (монéта в 25 цéнтов) 15) бег на чéтверть мили 16) *мор.* кормовáя часть сýдна 17) зáдник (*сапога*) 18) *геральд.* чéтверть геральди́ческого щитá 19) *стр.* деревя́нный четырёхгрáнный брус ◊ not a ~ so good as далекó не так хорóш, как; at close ~s в непосрéдственном соприкосновéнии (*особ. с противником*) [*ср. тж.* 6)]; to come to close ~s а) вступи́ть в рукопáшную; б) сцепи́ться в спóре; в) столкнýться лицóм к лицý

2. *v* 1) дели́ть на четы́ре (рáвные) чáсти 2) *ист.* четвертовáть 3) расквартирóвывать (*особ. войска*); помещáть на квартиру; стáвить на постóй (on — к *кому-л.*) 4) квартировáть (at) 5) ры́скать по всем направлéниям (*об охотничьих собаках*) 6) уступáть дорóгу, сворáчивать, чтóбы разъéхаться 7) *геральд.* дели́ть (щит) на чéтверти; помещáть в однóй из четвертéй щитá нóвый герб

**quarterage** [ˈkwɔːtərɪdʒ] *n* 1) расквартировáние 2) вы́плата (*пенсии и т. п.*) по квартáлам

**quarterback** [ˈkwɔːtəbæk] *n* защи́тник (*в американском футболе*)

**quarter-bill** [ˈkwɔːtəbɪl] *n мор.* боевóе расписáние

**quarter binding** [ˈkwɔːtəˌbaɪndɪŋ] *n* переплёт с кóжаным корешкóм

**quarter-day** [ˈkwɔːtədeɪ] *n* день, начинáющий квартáл гóда (*срок платежей в Англии: 25 марта, 24 июня, 29 сентября и 25 декабря*)

**quarter-deck** [ˈkwɔːtədek] *n мор.* шкáнцы; ют

**quarterly** [ˈkwɔːtəlɪ] **1.** *n* журнáл, выходя́щий раз в три мéсяца

2. *a* трёхмéсячный, квартáльный

3. *adv* раз в квартáл, раз в три мéсяца

**quartermaster** [ˈkwɔːtəˌmɑːstə] *n* 1) *воен.* квартирмéйстер; начáльник (хозя́йственного) снабжéния; интендáнт 2) *мор.* старшинá-рулевóй

**quartern** [ˈkwɔːtən] *n* 1) четырёхфунтóвый хлеб (*тж.* ~-loaf) 2) чéтверть пи́нты 3) чéтверть листá (*бумаги*)

**quarter sessions** [ˈkwɔːtəˈseʃənz] *n* суд квартáльных сéссий (*съезды мировых судей графства, созываемые четыре раза в год для разбирательства уголовных и гражданских дел*)

**quartet(te)** [kwɔːˈtet] *n муз.* квартéт

**quarto** [ˈkwɔːtəu] *n* (*pl* -os [-əuz]) (*сокр.* 4to) *полигр.* 1) квáрто, формáт в ¼ дóлю листá 2) кни́га в ¼ дóлю листá

**quartz** [kwɔːts] *n мин.* кварц ◊ a ~ clock сверхтóчные часы́

**quash** [kwɔʃ] *v* 1) *юр.* аннули́ровать, отменя́ть 2) подавля́ть, сокрушáть

**quasi** [ˈkwɑːzi(ː)] *лат. adv* как бýдто; кáк бы, я́кобы; почти́

**quasi-** [ˈkwɑːzɪ-] *в сложных словах* квази-; полу-; a ~ official position полуофициáльное положéние

**quasi-conductor** [ˈkwɑːzɪkənˈdʌktə] *n физ.* полупроводни́к

**Quasimodo** [ˌkwæsɪˈməudəu] *n рел.* фоминó воскресéнье

**quassia** [ˈkwɔʃə] *n* 1) *бот.* кáссия 2) гóрький отвáр из кáссии

**quater-centenary** [ˌkwætəsenˈtiːnərɪ] *n* четырёхсотлéтний юбилéй; четырёхсотлéтие

**quaternary** [kwəˈtəːnərɪ] **1.** *a* 1) состоя́щий из четырёх частéй; четвертнóй 2) *геол.* четверти́чный

2. *n* 1) комплéкт из четырёх предмéтов; четвёртка 2) (Q.) *геол.* четверти́чный перио́д

**quaternion** [kwəˈtəːnjən] *n* 1) четвёрка, четы́ре 2) *мат.* кватерниóн

**quatrain** [ˈkwɔtreɪn] *n* четверости́шие

**quattrocento** [ˌkwætrəuˈtʃentəu] *n иск.* кватрочéнто

**quaver** [ˈkweɪvə] **1.** *n* 1) дрожáние гóлоса 2) трель 3) *муз.* восьмáя нóты

2. *v* 1) дрожáть, вибри́ровать 2) выводи́ть трéли 3) произноси́ть дрожáщим гóлосом

**quavery** [ˈkweɪvərɪ] *a* дрожáщий

**quay** [kiː] *n* причáл, нáбережная; стéнка (*для причаливания судов*)

**quayage** [ˈkiːɪdʒ] *n мор.* 1) сбор за стоя́нку у стéнки 2) длинá причáльной ли́нии

**quayside** [ˈkiːsaɪd] *n* при́стань

**quean** [kwiːn] *n* 1) *уст.* распýтница 2) *шотл.* молодáя жéнщина, дéвушка

**queasily** [ˈkwiːzɪlɪ] *adv* 1) тошнотвóрно 2) в состоя́нии дурноты́ 3) приверéдливо

**queasy** [ˈkwiːzɪ] *a* 1) слáбый (*о желудке*) 2) испы́тывающий тошнотý, недомогáние 3) подвéрженный тошнотé 4) вызывáющий тошнотý (*о пище*) 5) щепети́льный; деликáтный 6) приверéдливый, разбóрчивый

**quebracho** [kəˈbrɑːtʃəu] *n* 1) квебрáхо (*очень твёрдая древесина некоторых южноамериканских деревьев*) 2) корá квебрáхо (*применяется в медицине и в качестве дубителя*)

**queen** [kwiːn] **1.** *n* 1) королéва; Q.'s head мáрка с головóй королéвы 2) боги́ня, цари́ца; ~ of beauty королéва красоты́ 3) *карт.* дáма; ~ of hearts а) дáма червéй; б) *перен.* покори́тельница сердéц 4) *шахм.* ферзь 5) мáтка (*у пчёл*) ◊ Q. Anne is dead! ≅ откры́л Амéрику! (*ответ на запоздавшую новость*); when Q. Anne was alive ≅ при царé Горóхе

2. *v* 1) дéлать королéвой 2) прáвить (over); быть королéвой; цари́ть (*тж.* ~ it) 3) *шахм.* проводи́ть пéшку *или* проходи́ть в ферзи́

**queenhood** [ˈkwiːnhud] *n* 1) положéние королéвы 2) перио́д цáрствования королéвы

**queening** I [ˈkwiːnɪŋ] *pres. p. от* queen 2

**queenly** [ˈkwiːnlɪ] *a* подобáющий королéве, цáрственный

**queer** [kwɪə] **1.** *a* 1) стрáнный, чудаковáтый, эксцентри́чный 2) *разг.* чýвствующий недомогáние, головокружéние *и т. п.* 3) сомни́тельный; подозри́тельный; something ~ about him с ним чтó-то нелáдно; в нём есть чтó-то стрáнное, подозри́тельное 4) *жарг.* пья́ный 5) *жарг.* поддéльный; подлóжный; ~ money фальши́вые дéньги 6) гомосексуáльный ◊ in Q. street *жарг.* а) в затрудни́тельном положéнии; в бедé; б) в долгáх

2. *n* гомосексуали́ст

3. *v жарг.* 1) пóртить; to ~ the pitch for smb. ≅ подложи́ть свинью́ комý-л.; расстрóить чьи-л. плáны; to ~ oneself with smb. постáвить себя́ в нелóвкое положéние пéред кем-л. 2) надувáть, обмáнывать

**quell** [kwel] *v* 1) *поэт., ритор.* подавля́ть (*мятеж, оппозицию*) 2) успокáивать, подавля́ть (*страх и т. п.*)

**quench** [kwentʃ] *v* 1) гаси́ть, туши́ть 2) утоля́ть (*жажду*), удовлетворя́ть (*желание*) 3) охлаждáть (*пыл*) 4) закáливать (*сталь*); бы́стро охлаждáть 5) подавля́ть (*желание, чувства*) 6) *жарг.* застáвить замолчáть, заткнýть рот

**quencher** [ˈkwentʃə] *n* 1) гаси́тель, туши́тель и *пр.* [*см.* quench] 2) *разг.* питьё

**quenchless** [ˈkwentʃlɪs] *a* неугаси́мый; неутоли́мый; a ~ flame вéчный огóнь

**quenelle** [kəˈnel] *n кул.* кнель

**quercitron** [ˈkwəːsɪtrən] *n амер.* 1) дуб бáрхатный 2) корá э́того дéрева 3) кверцитрóн (*жёлтая краска из бархатного дуба*)

**querist** [ˈkwɪərɪst] *n* задаю́щий вопрóсы

**quern** [kwəːn] *n* ручнáя мéльница

**querulous** [ˈkwerulәs] *a* постоя́нно недовóльный, жáлующийся, ворчли́вый

**query** [ˈkwɪərɪ] **1.** *n* 1) вопрóс; I have heard the rumour, but ~, is it true? до меня́ дошёл э́тот слух, но, спрáшивается, вéрен ли он? 2) сомнéние 3) вопроси́тельный знак

2. *v* 1) спрáшивать (if, whether); осведомля́ться 2) выражáть сомнéние, подвергáть сомнéнию (about; as to) 3) стáвить вопроси́тельный знак

**quest** [kwest] **1.** *n* 1) пóиски; in ~ of в пóисках 2) искóмый предмéт 3) отъéзд ры́царя на пóиски приключéний (*в рыцарских романах*) 4) *уст.* дознáние; crowner's ~ (*неправ. вм.* coroner's inquest) дознáние кóронера

2. *v* 1) *поэт.* искáть; производи́ть пóиски, разы́скивать 2) искáть дичь (*о собаках*); искáть пи́щу (*о животных*) 3) производи́ть сбор подая́ний (*в католической церкви*)

**question** [ˈkwestʃən] **1.** *n* 1) вопрóс; ask me no ~s не задавáйте мне вопрóсов; to put a ~ to задавáть вопрóс [*см. тж.* 2)]; indirect (*или* oblique) ~ кóсвенный вопрóс; leading ~ наводящий вопро́с 2) пробле́ма, де́ло, обсужда́емый вопро́с; the ~ is де́ло в том; that is not the ~ де́ло не в э́том; this is out of the ~ об э́том не мо́жет быть и ре́чи; it is merely a ~ of time э́то уже́ то́лько вопро́с вре́мени; it is only a ~ of (*doing smth.*) де́ло то́лько в том (*чтобы*); to come into ~ подверга́ться обсужде́нию; to go into the ~ заня́ться вопро́сом; the person (the matter) in ~ лицо́ (вопро́с), о кото́ром идёт речь; to put the ~ ста́вить на голосова́ние [*см. тж.* 1)] 3) сомне́ние; beyond all (*или* out of, past, without) ~ вне сомне́ния; to call in ~ подверга́ть сомне́нию; возража́ть; тре́бовать доказа́тельств; to make no ~ of не сомнева́ться; вполне́ допуска́ть 4) *ист.* пы́тка; to put to the ~ пыта́ть ◊ ~! а) бли́же к де́лу! (*обраще́ние председа́теля собра́ния к выступа́ющему*); б) э́то ещё вопро́с!; 64 dollar ~ са́мый тру́дный вопро́с

2. *v* 1) спра́шивать, задава́ть вопро́с; вопроша́ть 2) допра́шивать 3) иссле́довать (*явле́ния, фа́кты*) 4) подверга́ть сомне́нию, сомнева́ться; to ~ the honesty of smb. сомнева́ться в чьей-л. че́стности

**questionable** [ˈkwestʃənəbl] *a* сомни́тельный; подозри́тельный; по́льзующийся плохо́й репута́цией

**questioner** [ˈkwestʃənə] *n* 1) тот, кто спра́шивает, ведёт допро́с *и пр.* [*см.* question 2] 2) интервьюе́р, корреспонде́нт

**questionless** [ˈkwestʃənlɪs] **1.** *a* несомне́нный; бесспо́рный

2. *adv* несомне́нно; бесспо́рно

**question-mark** [ˈkwestʃənmɑːk] *n* знак вопро́са, вопроси́тельный знак

**questionnaire** [ˌkwestɪəˈnɛə] *фр. n* вопро́сник, анке́та

**quetzal** [ketˈsɑːl] *n* кетса́ль (*де́нежная едини́ца Гватема́лы*)

**queue** [kjuː] **1.** *n* 1) коси́чка (*парика́*) 2) о́чередь, хвост; to stand in a ~ стоя́ть в о́череди; to form a ~ организова́ть о́чередь; to jump the ~ получи́ть что-л. *или* пройти́ куда́-л. без о́череди 3) *attr.*: ~ jumper *разг.* тот, кто хо́чет получи́ть что-л. *или* пройти́ куда́-л. без о́череди

2. *v* 1) заплета́ть (в) ко́су 2) стоя́ть в о́череди, станови́ться в о́чередь (*ча́сто* ~ up)

**quibble** [ˈkwɪbl] **1.** *n* 1) игра́ слов; каламбу́р 2) софи́зм, увёртка

2. *v* 1) уклоня́ться от су́ти вопро́са, уклоня́ться от прямо́го отве́та посре́дством софи́зма 2) *уст.* игра́ть слова́ми

**quick** [kwɪk] **1.** *a* 1) бы́стрый, ско́рый; ~ step ско́рый шаг; ~ luncheon за́втрак на ско́рую ру́ку; ~ fire *воен.* бе́глый ого́нь; ~ march *воен.* форси́рованный марш; бы́стрый шаг; ~ time *воен.* строево́й, похо́дный шаг; ~ train ско́рый по́езд; to be ~ спеши́ть; do be ~! потороп́итесь! 2) бы́стрый, прово́рный, живо́й; ~ to sympathize отзы́вчивый 3) сообрази́тельный, смышлёный; нахо́дчивый; a ~ child смышлёный ребёнок; ~ to learn бы́стро схва́тывающий 4) о́стрый (*о зре́нии, слу́хе, уме́*); to have ~ wit име́ть о́стрый ум 5) *уст.* живо́й; ~ with child (*первонач.* with ~ child) бере́менная 6) плыву́чий, сыпу́чий; мя́гкий (*о поро́де*)

2. *adv* бы́стро; ско́ро; please come ~ иди́те скоре́й; now then, ~! жи́во!

3. *n* 1) (the ~) *pl собир.* живы́е; the ~ and the dead живы́е и мёртвые 2) наибо́лее чувстви́тельные уча́стки ко́жи (*напр., под ногтя́ми*); *перен.* чу́вства; to cut (to bite) one's finger-nails to the ~ сре́зать (обкуса́ть) но́гти до мя́са; to touch (*или* to wound, to sting) smb. to the ~ заде́ть за живо́е 3) жива́я и́згородь

**quick bread** [ˈkwɪkˈbred] *n амер.* пече́нье из пре́сного те́ста

**quick-change** [ˈkwɪktʃeɪndʒ] *a*: ~ artist трансформа́тор (*арти́ст*)

**quicken I** [ˈkwɪkən] *v* 1) оживля́ть (-ся); ожива́ть 2) начина́ть чу́вствовать движе́ние плода́ (*при бере́менности*) 3) возбужда́ть, стимули́ровать 4) разжига́ть 5) ускоря́ть(ся); his pulse ~ed его́ пульс участи́лся

**quicken II** [ˈkwɪkən] *n* ряби́на обыкнове́нная

**quick-fence** [ˈkwɪkfens] *n* жива́я и́згородь

**quick-firer** [ˈkwɪkˌfaɪərə] *n воен.* скоростре́льное ору́жие

**quick-firing** [ˈkwɪkˌfaɪərɪŋ] *a* скорострéльный

**quick-freeze** [ˈkwɪkfriːz] *v* бы́стро замора́живать (*проду́кты*); бы́стро замерза́ть (*о проду́ктах*)

**quickie** [ˈkwɪkɪ] *n разг.* халту́ра, на́спех вы́пущенная, недоброка́чественная проду́кция (*гл. обр., литерату́рная, театра́льная или кино́*)

**quicklime** [ˈkwɪklaɪm] *n* негашёная и́звесть

**quickly** [ˈkwɪklɪ] *adv* бы́стро

**quickness** [ˈkwɪknɪs] *n* быстрота́ *и пр.* [*см.* quick 1]

**quicksand** [ˈkwɪksænd] *n* плыву́н, зыбу́чий песо́к

**quickset** [ˈkwɪkset] *n* 1) черено́к (*особ. боя́рышника*) 2) жива́я и́згородь

**quicksilver** [ˈkwɪkˌsɪlvə] **1.** *n* ртуть ◊ to have ~ in one's veins быть о́чень живы́м, подви́жным челове́ком

2. *v* наводи́ть рту́тную амальга́му

**quicktempered** [ˈkwɪkˈtempəd] *a* вспы́льчивый, раздражи́тельный

**quickwitted** [ˈkwɪkˈwɪtɪd] *a* 1) нахо́дчивый, сообрази́тельный 2) остроу́мный

**quid I** [kwɪd] *n* кусо́к прессо́ванного табака́ для жева́ния

**quid II** [kwɪd] *n* (*pl без измен.*) *жарг.* совере́н *или* фунт сте́рлингов

**quiddity** [ˈkwɪdɪtɪ] *n* 1) *книжн.* су́щность 2) = quibble 1

**quidnunc** [ˈkwɪdnʌŋk] *лат. n* спле́тник

**quid pro quo** [ˈkwɪdprəuˈkwəu] *лат. n* 1) услу́га за услу́гу, компенса́ция 2) квипрокво́, недоразуме́ние, осно́ванное на приня́тии одно́й ве́щи за другу́ю

**quiescence, -cy** [kwaɪˈesns, -sɪ] *n* поко́й, неподви́жность

**quiescent** [kwaɪˈesnt] *a* находя́щийся в поко́е, неподви́жный; ~ load *тех.* стати́ческая *или* постоя́нная нагру́зка

**quiet** [ˈkwaɪət] **1.** *a* 1) споко́йный; ти́хий, бесшу́мный; неслы́шный; keep ~ не шуми́те; ~! ти́ше!, не шуме́ть!; the sea is ~ мо́ре споко́йно 2) споко́йный, скро́мный; a ~ dinner-party инти́мный обе́д; a ~ wedding скро́мная сва́дьба 3) споко́йный, мя́гкий (*о челове́ке*) 4) нея́ркий, не броса́ющийся в глаза́; ~ colours споко́йные цвета́ 5) та́йный, скры́тый; укро́мный; to keep smth. ~ утаи́вать, ума́лчивать; in a ~ corner в укро́мном уголке́ 6) ми́рный, споко́йный, ниче́м не наруша́емый; a ~ cup of tea ча́шка ча́ю, вы́питая на досу́ге, в тишине́

2. *n* тишина́, безмо́лвие; поко́й, споко́йствие; мир ◊ on the ~ (*сокр. жарг.* on the q. t.) тайко́м, втихомо́лку; под больши́м секре́том

3. *v* успока́ивать(ся); to ~ down утиха́ть, успока́иваться

**quieten** [ˈkwaɪətn] *v* успока́ивать (-ся)

**quietism** [ˈkwaɪɪtɪzm] *n филос.* квиети́зм

**quietly** [ˈkwaɪətlɪ] *adv* споко́йно, ти́хо

**quietness** [ˈkwaɪətnɪs] *n* споко́йствие, тишина́, поко́й

**quietude** [ˈkwaɪɪtjuːd] *n* поко́й, тишина́, мир

**quietus** [kwaɪˈiːtəs] *n* 1) коне́ц, смерть; to get one's ~ умере́ть 2) *уст.* квита́нция, распи́ска в упла́те (*до́лга*)

**quill** [kwɪl] **1.** *n* 1) пти́чье перо́; ствол пера́ 2) игла́ дикобра́за 3) сте́ржень поплавка́ (*у́дочки*) 4) зубочи́стка 5) перо́, употребля́емое как плектр 6) (гуси́ное) перо́ для письма́; 7) *текст.* уто́чная шпу́ля, уто́чный патро́н 8) *тех.* вту́лка; по́лый вал

2. *v* 1) гофрирова́ть, плои́ть 2) *текст.* перема́тывать уто́к

**quill-driver** [ˈkwɪlˌdraɪvə] *n шутл., пренебр.* щелкопёр, писе́ц, писа́ка

**quillet** [ˈkwɪlɪt] *уст. см.* quibble 1

**quilling** [ˈkwɪlɪŋ] **1.** *pres. p. от* quill 2

2. *n* рюш

**quilt** [kwɪlt] **1.** *n* стёганое одея́ло

2. *v* 1) стега́ть; подбива́ть ва́той 2) зашива́ть в подкла́дку пла́тья, в по́яс *и т. п.* 3) *разг.* компили́ровать

**quinary** [ˈkwaɪnərɪ] *a* пятери́чный, состоя́щий из пяти́

**quince** [kwɪns] *n бот.* айва́

**quincentenary** [ˌkwɪnsenˈtiːnərɪ] *n* пятисотле́тний юбиле́й; пятисотле́тие

**quincunx** [ˈkwɪnkʌŋks] **1.** *n* расположе́ние по угла́м квадра́та с пя́тым предме́том посреди́не; расположе́ние в ша́хматном поря́дке

2. *v* располага́ть в ша́хматном поря́дке

**quinine** [kwɪˈniːn] *n* хини́н

**quininize** [ˈkwɪniːnaɪz] *v* хинизи́ровать

**quinism** [ˈkwɪnɪzm] *n мед.* расстро́йство центра́льной не́рвной систе́мы от чрезме́рного употребле́ния хини́на

**quinize** [ˈkwɪnaɪz[ = quininize

**quinquagenarian** [ˈkwɪŋkwədʒɪˈnɛərɪən] **1.** *a* пятидесятиле́тний

**2.** *n* челове́к пяти́десяти лет

**quinquennia** [kwɪŋˈkwenɪə] *pl от* quinquennium

**quinquennial** [kwɪŋˈkwenɪəl] **1.** *a* пятиле́тний

**2.** *n* пятиле́тие

**quinquennium** [kwɪŋˈkwenɪəm] *n* (*pl* -nia) пятиле́тие

**quinquina** [kwɪŋˈkwaɪnə] *n* хи́нное де́рево

**quinquivalent** [ˌkwɪŋkwəˈveɪlənt] *a хим.* пятивале́нтный

**quins** [kwɪnz] *n pl разг. сокр. от* quintuplet 2

**quinsy** [ˈkwɪnzɪ] *n мед.* о́стрый, гно́йный тонзилли́т

**quint** *n* 1) [kwɪnt] *муз.* кви́нта 2) [kɪnt] *карт.* квинт (*пять карт одно́й масти в пикете*) 3) [kɪnt] кви́нта (*пятая позиция в фехтовании*)

**quintain** [ˈkwɪntɪn] *n ист.* столб с мише́нью для уда́ра копьём

**quintal** [ˈkwɪntl] *n* це́нтнер, квинта́л (*англ. = 50,8 кг; амер. = 45,36 кг; метрический = 100 кг*)

**quintan** [ˈkwɪntən] **1.** *n мед.* волы́нская лихора́дка (*с приступами на пятый день*)

**2.** *a* пятидне́вный (*о лихорадке*)

**quintessence** [kwɪnˈtesns] *n* квинтэссе́нция; наибо́лее суще́ственное; the ~ of virtue (politeness) воплоще́ние доброде́тели (ве́жливости)

**quintessential** [ˌkwɪntɪˈsenʃəl] *a* явля́ющийся квинтэссе́нцией

**quintet(te)** [kwɪnˈtet] *n муз.* квинте́т

**quintuple** [ˈkwɪntjupl] **1.** *a* 1) пятикра́тный 2) состоя́щий из пяти́ предме́тов, часте́й

**2.** *v* увели́чивать(ся) в пять раз

**quintuplet** [ˈkwɪntjuplɪt] *n* 1) набо́р из пяти́ предме́тов 2) *pl* пять близнецо́в

**quip** [kwɪp] **1.** *n* 1) саркасти́ческое замеча́ние; ко́лкость 2) остроу́мное замеча́ние *или* отве́т 3) увёртка, софи́зм

**2.** *v* де́лать ко́лкие замеча́ния; насмеха́ться

**quire** I [ˈkwaɪə] *n полигр.* 1) десть (*бумаги*) 2) (сфальцо́ванный) печа́тный лист; in ~s несброшюро́ванный, непереплетённый, в листа́х

**quire** II [ˈkwaɪə] = choir

**quirk** [kwəːk] *n* 1) игра́ слов, каламбу́р 2) причу́да, вы́верт 3) ро́счерк пера́, завито́к (*рисунка*) 4) *архит.* небольшо́й желобо́к; га́лтель

**quirt** [kwəːt] **1.** *n* ара́пник

**2.** *v* хлеста́ть, поро́ть ара́пником

**quisle** [ˈkwɪzl] *v* быть преда́телем, предава́ть ро́дину

**quisling** [ˈkwɪzlɪŋ] *n* кви́слинг, преда́тель

**quit** [kwɪt] **1.** *n амер.* увольне́ние (*с работы*)

**2.** *a predic.* свобо́дный, отде́лавшийся (*от чего-л., от кого-л.*); to get ~ of one's debts разде́латься с долга́ми; he was ~ of a cold in the head он изба́вился от на́сморка

**3.** *v* (quitted [-ɪd], *амер. разг.* quit) 1) покида́ть, оставля́ть; to ~ the army выходи́ть в отста́вку; to ~ hold of отпуска́ть, выпуска́ть (*из рук*); to ~ a house съе́хать с кварти́ры, вы́ехать из до́ма 2) *амер.* броса́ть, прекраща́ть (*работу, службу*) 3) *поэт.* отпла́чивать; *редк.* погаша́ть (*долг*); to ~ love with hate плати́ть не́нави́стью за любо́вь; death ~s all scores смерть прекраща́ет все счёты 4) *уст.* вести́ себя́

**quitch** [kwɪtʃ] *n бот.* пыре́й ползу́чий

**quitch-grass** [ˈkwɪtʃgrɑːs] = quitch

**quitclaim** [ˈkwɪtkleɪm] **1.** *n юр.* отка́з от пра́ва

**2.** *v* отказа́ться от пра́ва

**quite** [kwaɪt] *adv* 1) вполне́, соверше́нно, совсе́м; по́лностью; всеце́ло; I ~ agree я вполне́ согла́сен; she is ~ alone она́ совсе́м одна́; my watch is ~ right мои́ часы́ абсолю́тно пра́вильны 2) дово́льно; до не́которой сте́пени; бо́лее и́ли ме́нее; ~ a few дово́льно мно́го, поря́дочно; ~ a long time дово́льно до́лго 3) действи́тельно, в са́мом де́ле; she is ~ a beauty она́ настоя́щая краса́вица ◇ it is ~ the thing *разг.* а) э́то и́менно то, что ну́жно; б) э́то то, что сейча́с мо́дно; ~ so! о да!, несомне́нно!

**quits** [kwɪts] *a predic.*: to be ~ расквита́ться, быть в расчёте (*с кем-л.*); I will be ~ with him some day я ему́ когда́-нибудь отплачу́; to cry ~ а) предложи́ть мирову́ю, пойти́ на мирову́ю; б) расквита́ться; ~! (бу́дем) квиты!

**quittance** [ˈkwɪtəns] *n уст.* 1) квита́нция 2) возмеще́ние, отпла́та 3) освобожде́ние (*от обязательства, платы и т. п.*)

**quitter** [ˈkwɪtə] *n разг.* 1) челове́к без вы́держки, легко́ броса́ющий на́чатое де́ло; трус 2) прогу́льщик, ло́дырь

**quiver** I [ˈkwɪvə] **1.** *n* 1) дрожь, тре́пет 2) *редк.* дрожа́ние го́лоса

**2.** *v* 1) дрожа́ть ме́лкой дро́жью, трепета́ть; трясти́сь; колыха́ться 2) вызыва́ть дрожь 3) подра́гивать (*чем-л.*); the moth ~ed its wings у мотылька́ трепета́ли кры́лышки

**quiver** II [ˈkwɪvə] *n* колча́н; an arrow left in one's ~ *перен.* сре́дство, оста́вшееся про запа́с ◇ a ~ full of children *см.* quiverful 2)

**quiverful** [ˈkwɪvəful] *n* 1) коли́чество стрел, кото́рое умеща́ется в колча́не 2) *шутл.* больша́я семья́

**qui vive** [kiːˈviːv] *фр. n*: on the ~ насторо́же

**Quixote** [ˈkwɪksət] *n* Дон-Кихо́т (*тж. перен.*)

**quixotic** [kwɪkˈsɔtɪk] *a* донкихо́тский

**quixotics** [kwɪkˈsɔtɪks] = quixotism

**quixotism, quixotry** [ˈkwɪksətɪzm, -trɪ] *n* донкихо́тство

**quiz** I [kwɪz] **1.** *n* 1) насме́шка; шу́тка; мистифика́ция 2) насме́шник 3) *уст.* чуда́к

**2.** *v уст.* 1) насмеха́ться *или* подшу́чивать (*над чем-л.*) 2) смотре́ть насме́шливо *или* с любопы́тством

**quiz** II [kwɪz] **1.** *n* 1) *амер.* экза́мен 2) прове́рочные вопро́сы; опро́с; виктори́на 3) *attr.*: ~ program телевиктори́на, радиовиктори́на

**2.** *v* 1) производи́ть опро́с 2) *амер.* проводи́ть прове́рочные испыта́ния

**quizzee** [kwɪˈziː] *n амер. разг.* 1) уча́ствующий в опро́се 2) уча́стник прове́рочного испыта́ния

**quizzical** [ˈkwɪzɪkəl] *a* 1) насме́шливый, шутли́вый; лука́вый 2) чудакова́тый, коми́чный

**quizzing-glass** [ˈkwɪzɪŋglɑːs] *n уст.* моно́кль

**quoad** [ˈkwəuæd] *лат. prep* что каса́ется, по отноше́нию

**quod** [kwɔd] *жарг.* **1.** *n* тюрьма́

**2.** *v* сажа́ть в тюрьму́

**quoin** [kɔɪn] *n* 1) вне́шний у́гол зда́ния 2) углово́й ка́мень кла́дки 3) *редк.* замо́к сво́да 4) *тех.* клин

**quoit** [kɔɪt] *n* 1) мета́тельное кольцо́ с о́стрыми края́ми 2) *pl* мета́ние коле́ц в цель (*игра*)

**quondam** [ˈkwɔndæm] *лат. a* бы́вший

**Quonset hut** [ˈkwɔnsɪthʌt] *n амер.* сбо́рный дом из гофриро́ванного желе́за

**quorum** [ˈkwɔːrəm] *лат. n* кво́рум

**quota** [ˈkwəutə] *n* до́ля, часть, кво́та

**quotable** [ˈkwəutəbl] *a* 1) заслу́живающий цити́рования 2) допуска́ющий цити́рование

**quotation** [kwəuˈteɪʃən] *n* 1) цити́рование 2) цита́та 3) цена́ 4) *бирж.* котиро́вка, курс

**quotation-marks** [kwəuˈteɪʃənˈmɑːks] *n pl* кавы́чки

**quote** [kwəut] **1.** *v* 1) цити́ровать; ссыла́ться (*на кого-л.*); may I ~ you? мо́жно сосла́ться на вас? 2) открыва́ть кавы́чки; брать в кавы́чки 3) назнача́ть це́ну; дава́ть расце́нку; котирова́ть (at)

**2.** *n разг.* 1) цита́та 2) *pl* кавы́чки

**quoth** [kwəuθ] *v уст. 1-е и 3-е л. прошедшего времени*: ~ I (he, she) я (он, она́) сказа́л(а), (про)мо́лвил(а)

**quotha** [ˈkwəuθə] *int уст. ирон.* действи́тельно!, не́чего сказа́ть!

**quotidian** [kwɔˈtɪdɪən] **1.** *a* 1) ежедне́вный 2) бана́льный; ~ thought бана́льная мысль

**2.** *n* маляри́я с ежедне́вными при́ступами

**quotient** [ˈkwəuʃənt] *n* 1) *мат.* ча́стное 2) коэффицие́нт

**quotum** [ˈkwəutəm] *n* кво́та, до́ля, часть

**R, r** [ɑ:] *n* (*pl* Rs, R's [ɑ:z]) *18-я буква англ. алфавита* ◇ the three R's *разг.* чте́ние, письмо́ и арифме́тика (reading, (w)riting, (a)rithmetic)

**rabbet** ['ræbɪt] **1.** *n* 1) желобо́к, фальц, шпунт, вы́рез 2) *стр.* око́нный притво́р, че́тверть 3) рудни́к

**2.** *v* шпунтова́ть

**rabbi** ['ræbaɪ] *n* равви́н; ра́вви (*обращение*)

**rabbin** ['ræbɪn] *n* равви́н

**rabbinate** ['ræbɪnɪt] *n* 1) сан равви́на 2) *собир.* равви́ны

**rabbinic(al)** [ræ'bɪnɪk(əl)] *a* равви́нский

**rabbit** ['ræbɪt] **1.** *n* 1) кро́лик 2) трусли́вый, сла́бый челове́к 3) *разг.* плохо́й, сла́бый игро́к ◇ to breed like ~s бы́стро размножа́ться; Welsh ~ гренки́ с сы́ром [*см. тж.* rarebit]

**2.** *v* охо́титься на кро́ликов (*тж.* to go ~ting)

**rabbit-fever** ['ræbɪt,fi:və] *n мед.* туляреми́я

**rabbit-fish** ['ræbɪtfɪʃ] *n* химе́ра (*рыба*)

**rabbit hutch** ['ræbɪthʌtʃ] *n* кле́тка для дома́шних кро́ликов

**rabbit-warren** ['ræbɪt,wɔrən] *n* кро́личий садо́к

**rabbity** ['ræbɪtɪ] *a* 1) изоби́лующий кро́ликами 2) кро́личий

**rabble** I ['ræbl] *n* 1) толпа́ 2) (the ~) *презр.* сброд, чернь

**rabble** II ['ræbl] *n метал.* механи́ческая меша́лка (*в печи*); кочерга́

**rabid** ['ræbɪd] *a* 1) бе́шеный (*о собаке*) 2) неи́стовый, я́ростный; ~ hatred безу́мная не́нависть

**rabidity** [ræ'bɪdɪtɪ] *n* я́рость, бе́шенство, неи́стовство

**rabies** ['reɪbi:z] *n* бе́шенство, водобоя́знь

**raccoon** [re'ku:n] = racoon

**race** I [reɪs] **1.** *n* 1) состяза́ние в бе́ге, в ско́рости; го́нки; Marathon ~ марафо́нский бег 2) го́нка, пого́ня; ~ for power борьба́ за власть; armaments (*или* arms) ~ го́нка вооруже́ний 3) *pl* ска́чки; obstacle ~s ска́чки с препя́тствиями 4) бы́строе движе́ние, бы́строе тече́ние (*в море, реке*); стреми́тельный пото́к 5) *книжн.* путь; жи́зненный путь; his ~ is nearly over его́ жи́зненный путь почти́ око́нчен 6) *ав.* пото́к, струя́ за винто́м 7) (иску́сственное) ру́сло; быстрото́к, подводя́щий кана́л 8) *тех.* обо́йма подши́пника; доро́жка каче́ния на кольце́ подши́пника 9) *attr.*: ~ reader радиокоммента́тор по ска́чкам

**2.** *v* 1) состяза́ться в ско́рости (with) 2) уча́ствовать в ска́чках (*о лошадях*) 3) игра́ть на ска́чках 4) мча́ться 5) гнать (*лошадь, автомашину*); дава́ть по́лный газ (*двигателю*) □ ~ **away** промота́ть на ска́чках (*состояние и т. п.*) ◇ to ~ the bill through the House протащи́ть, провести́ законопрое́кт в спе́шном поря́дке че́рез парла́мент

**race** II [reɪs] *n* 1) ра́са; the Mongolian ~ монго́льская ра́са 2) род; племя́; наро́д; the human ~ челове́чество, род челове́ческий; the feathered ~ *шутл.* перна́тые; the ~ of poets поэ́ты 3) происхожде́ние; of Oriental ~ восто́чного происхожде́ния 4) поро́да, сорт 5) осо́бый арома́т, осо́бый стиль; ~ of wine буке́т вина́

**race** III [reɪs] *n* ко́рень (*особ. имбиря*)

**race-card** ['reɪskɑ:d] *n* програ́мма ска́чек

**racecourse** ['reɪskɔ:s] *n* 1) бегова́я доро́жка, трек 2) скаково́й круг; ипподро́м

**race-hatred** ['reɪs,heɪtrɪd] *n* ра́совая, национа́льная вражда́

**racehorse** ['reɪshɔ:s] *n* скакова́я ло́шадь

**raceme** [rə'si:m] *n бот.* кисть

**race-meeting** ['reɪs,mi:tɪŋ] *n* день ска́чек

**racemose** ['ræsɪməus] *a бот.* кистеобра́зный

**racer** ['reɪsə] *n* 1) го́нщик 2) скакова́я *или* бегова́я ло́шадь; го́ночная я́хта, го́ночный автомоби́ль *и т. п.* 3) *зоол.* по́лоз 4) *тех.* кольцо́ подши́пника (*качения*)

**race-suicide** ['reɪs,sjuɪsaɪd] *n* вымира́ние, вырожде́ние наро́да

**racetrack** ['reɪstræk] = racecourse

**race-way** ['reɪsweɪ] *n амер. эл.* кана́л для вну́тренней прокла́дки ка́белей

**rachitis** [ræ'kaɪtɪs] *n мед.* рахи́т

**racial** ['reɪʃəl] *a* ра́совый

**racialism** ['reɪʃəlɪzm] *n* раси́зм

**racialist** ['reɪʃəlɪst] *n* раси́ст

**racing** ['reɪsɪŋ] **1.** *pres. p. от* race I, 2

**2.** *n* 1) состяза́ние в ско́рости 2) игра́ на бега́х, на ска́чках 3) *тех.* набира́ние ско́рости (*двигателем*); разно́с

**racism** ['reɪsɪzm] *n* раси́зм

**racist** ['reɪsɪst] *n* раси́ст

**rack** I [ræk] **1.** *n* 1) корму́шка 2) ве́шалка 3) подста́вка, по́лка; стелла́ж; се́тка для веще́й (*в вагонах, автобусах и т. п.*) 4) сто́йка; штати́в; ра́ма; карка́с; ко́злы 5) решётка ◇ ~ of bones *амер. sl.* ко́жа да ко́сти

**2.** *v* 1) класть (*что-л.*) в се́тку, на по́лку (*вагона и т. п.*); to ~ hay класть се́но в я́сли; to ~ plates ста́вить таре́лки на суши́лку для посу́ды 2) *тех.* перемеща́ть при по́мощи зубча́той ре́йки

**rack** II [ræk] **1.** *n ист.* ды́ба; *перен.* пы́тка, муче́ние; to be on the ~ му́читься; to put to the ~ подверга́ть пы́тке, муче́ниям

**2.** *v* 1) пыта́ть, му́чить 2) заставля́ть рабо́тать сверх сил, изнуря́ть; истоща́ть; to ~ tenants драть с аренда́торов *или* жильцо́в непоме́рно высо́кую пла́ту; to ~ one's wits лома́ть себе́ го́лову

**rack** III [ræk] *v* сце́живать вино́ (*часто* ~ off)

**rack** IV [ræk] *n* 1) *книжн.* несу́щиеся облака́ 2) разоре́ние; ~ and ruin по́лное разоре́ние; to go to ~ and ruin разори́ться, поги́бнуть

**rack** V [ræk] **1.** *n* и́ноходь

**2.** *v* идти́ и́ноходью

**racket** I ['rækɪt] *n* 1) раке́тка (*для игры в теннис*) 2) *pl* род те́нниса

**racket** II ['rækɪt] **1.** *n* 1) шум, гам; to kick up (*или* to make) a ~ подня́ть шум, сканда́л 2) разгу́льный о́браз жи́зни; to go on the ~ загуля́ть, окуну́ться в вихрь удово́льствий 3) *амер. разг.* предприя́тие, организа́ция, осно́ванные с це́лью получе́ния дохо́дов жу́льническим путём 4) *амер. разг.* шанта́ж, вымога́тельство; моше́нничество, обма́н 5) *амер. разг.* лёгкий за́работок, сомни́тельный исто́чник дохо́да ◇ to stand the ~ а) распла́чиваться; б) отвеча́ть (*за что-л.*); в) выде́рживать испыта́ние, бу́рю

**2.** *v* вести́ шу́мный, разгу́льный о́браз жи́зни (*часто* ~ about)

**racketeer** [,rækɪ'tɪə] *n амер.* 1) уча́стник жу́льнического предприя́тия [*см.* racket II, 1, 3)] 2) рэкети́р, (банди́т)-вымога́тель

**racketeering** [,rækɪ'tɪərɪŋ] *n амер.* 1) уча́стие в предприя́тии жу́льнического хара́ктера [*см.* racket II, 1, 3)] 2) банди́ти́зм; полити́ческий по́дкуп и терро́р; вымога́тельство

**rackety** ['rækɪtɪ] *a* 1) шу́мный, беспоря́дочный 2) разгу́льный, беспу́тный; to lead a ~ life вести́ разгу́льную жизнь

**racking** I ['rækɪŋ] **1.** *pres. p. от* rack II, 2

**2.** *a* мучи́тельный; a ~ headache си́льная головна́я боль

**racking** II ['rækɪŋ] *pres. p. от* rack I, 2

**racking** III ['rækɪŋ] *pres. p. от* rack III

**racking** IV ['rækɪŋ] *pres. p. от* rack V, 2

**rack-rail** ['rækreɪl] *n* зубча́тый рельс

**rack-railway** ['ræk,reɪlweɪ] *n* зубча́тая желе́зная доро́га

**rack-rent** ['rækrent] **1.** *n* непоме́рно высо́кая аре́ндная пла́та

**2.** *v* взима́ть непоме́рно высо́кую аре́ндную пла́ту

**rack-wheel** ['rækwi:l] *n* зубча́тое колесо́

**racooon** [rə'ku:n] *n* ено́т

**racquet** ['rækɪt] = racket I

**racy** ['reɪsɪ] *a* 1) я́ркий, живо́й, колори́тный, со́чный (*о речи, стиле*) 2) характе́рный, специфи́ческий; сохрани́вший свои́ есте́ственные ка́чества; a ~ flavour характе́рный при́вкус; ~ of the soil а) сохрани́вший следы́ своего́ происхожде́ния, характе́рный для определённой страны́ *или* наро́да; б) живо́й, энерги́чный 3) о́стрый, пика́нтный; ко́лкий, язви́тельный 4) *амер.* пика́нтный, непристо́йный, скабрёзный

**radar** ['reɪdə] *n* 1) радиолока́тор, рада́р; радиолокацио́нная устано́вка 2) радиолока́ция

**raddle** '[rædl] = ruddle

**radial** [ˈreɪdjəl] *a* 1) радиа́льный; лучево́й; лучеобра́зный 2) *анат.* лучево́й

**radian** [ˈreɪdjən] *n мат.* радиа́н

**radiance, -cy** [ˈreɪdjəns, -sɪ] *n* 1) сия́ние 2) великоле́пие, блеск

**radiant** [ˈreɪdjənt] **1.** *a* 1) светя́щийся, излуча́ющий свет 2) сия́ющий, лучи́стый, лучеза́рный; a ~ face сия́ющее лицо́; ~ eyes лучи́стые глаза́ 3) *физ.* лучи́стый; ~ energy лучи́стая эне́ргия

2. *n* 1) *физ.* исто́чник тепла́, све́та 2) *астр.* исто́чник дождя́ метео́ров, радиа́нт

**radiate** 1. *a* [ˈreɪdɪɪt] расходя́щийся луча́ми; изображённый в ореоле луче́й

2. *v* [ˈreɪdɪeɪt] 1) исходи́ть из це́нтра (*о лучах*); расходи́ться из це́нтра подо́бно ра́диусам 2) излуча́ть (*свет, тепло*); сия́ть (*тж. перен.*); she ~s health она́ пы́шет здоро́вьем

**radiation** [ˌreɪdɪˈeɪʃən] *n* 1) излуче́ние, лучеиспуска́ние, радиа́ция; atomic ~ а́томная радиа́ция 2) облуче́ние 3) сия́ние 4) *attr.* лучево́й; ~ sickness лучева́я боле́знь; ~ hazard опа́сность пораже́ния лучево́й боле́знью

**radiative** [ˈreɪdɪətɪv] *a* излуча́ющий

**radiator** [ˈreɪdɪeɪtə] *n тех.* 1) радиа́тор; батаре́я (*отопления*) 2) излуча́тель

**radical** [ˈrædɪkəl] **1.** *n* 1) *полит.* радика́л 2) *мат.* знак ко́рня, ко́рень (*числа*) 3) *хим.* радика́л 4) *лингв.* ко́рень (*слова*)

2. *a* 1) коренно́й; основно́й 2) фундамента́льный, по́лный; радика́льный 3) *полит.* радика́льный, ле́вый 4) *бот.* расту́щий из ко́рня, корнево́й 5) *мат.* относя́щийся к ко́рню числа́; ~ sign знак ко́рня 6) *лингв.* корнево́й

**radicalism** [ˈrædɪkəlɪzm] *n полит.* радикали́зм

**radices** [ˈreɪdɪsiːz] *pl от* radix

**radicle** [ˈrædɪkl] *n* 1) корешо́к 2) *анат.* корешо́к (*нерва, вены*) 3) *бот.* корешо́к, заро́дышевый ко́рень (*в семени*)

**radii** [ˈreɪdɪaɪ] *pl от* radius

**radio** [ˈreɪdɪəu] **1.** *n* 1) ра́дио; радиовеща́ние 2) радиоприёмник 3) радиогра́мма

2. *v* передава́ть по ра́дио; посыла́ть радиогра́мму, радиро́вать

**radio-** [ˈreɪdɪəu-] *в сложных словах* радио-

**radio-active** [ˈreɪdɪəuˈæktɪv] *a* радиоакти́вный

**radio-activity** [ˈreɪdɪəuækˈtɪvɪtɪ] *n* радиоакти́вность

**radio aerial** [ˈreɪdɪəuˈɛərɪəl] *n* радиоанте́нна

**radio-beacon** [ˈreɪdɪəuˈbiːkən] *n* радиомая́к

**radio biology** [ˈreɪdɪəubaɪˈɔləʤɪ] *n* радиобиоло́гия

**radio(broad)cast** [ˈreɪdɪəu(ˈbrɔːd)kɑːst] *v* передава́ть по ра́дио, вести́ радиопереда́чу

**radio-controlled** [ˈreɪdɪəukənˈtrəuld] *a* управля́емый по ра́дио

**radio engineering** [ˈreɪdɪəuˌen(d)ʒɪˈnɪərɪŋ] *n* радиоте́хника

**radiogenic** [ˈreɪdɪəuˈʤenɪk] *a физ.* радиоге́нный; радиоакти́вного происхожде́ния

**radiogram** [ˈreɪdɪəugræm] *n* 1) радиогра́мма 2) рентге́новский сни́мок 3) радио́ла

**radio-gramophone** [ˈreɪdɪəuˈgræməfəun] = radiogram 3)

**radiograph** [ˈreɪdɪəugrɑːf] **1.** *n* = radiogram 2)

2. *v* де́лать рентге́новский сни́мок

**radio-location** [ˈreɪdɪəuləuˈkeɪʃən] *n* радиолока́ция

**radio-locator** [ˈreɪdɪəuləuˈkeɪtə] *n* радиолока́тор

**radiology** [ˌreɪdɪˈɔləʤɪ] *n* радиоло́гия; рентгеноло́гия

**radioman** [ˈreɪdɪəumæn] *n* ради́ст; радиоте́хник

**radiometer** [ˌreɪdɪˈɔmɪtə] *n* радио́метр

**radio net(work)** [ˈreɪdɪəuˈnet(wəːk)] *n* радиосе́ть

**radionics** [ˌreɪdɪˈɔnɪks] *n* радиоэлектро́ника

**radiophare** [ˈreɪdɪəufɛə] *n* радиомая́к

**radiophone** [ˈreɪdɪəufəun] *n* радиотелефо́н

**radioscopy** [ˌreɪdɪˈɔskəpɪ] *n* радиоскопи́я, рентгеноскопи́я

**radiosensitive** [ˌreɪdɪəuˈsensɪtɪv] *a мед.* чувстви́тельный к облуче́нию

**radio show** [ˈreɪdɪəuʃəu] *n* радиопостано́вка

**radiosonde** [ˈreɪdɪəusɔnd] *n метео* радиозо́нд

**radiospectroscopy** [ˈreɪdɪəuspekˈtrɔskəpɪ] *n* радиоспектроскопи́я, те́хника панора́много приёма (*электромагнитной энергии*)

**radio-telegraph** [ˈreɪdɪəuˈtelɪgrɑːf] *n* радиотелегра́ф

**radio-therapeutics** [ˈreɪdɪəuˌθerəˈpjuːtɪks] = radio-therapy

**radio-therapy** [ˈreɪdɪəuˈθerəpɪ] *n* радиотерапи́я, рентгенотерапи́я

**radiotrician** [ˌreɪdɪəuˈtrɪʃən] *n* радиоте́хник

**radish** [ˈrædɪʃ] *n* реди́ска

**radium** [ˈreɪdjəm] *n хим.* ра́дий

**radius** [ˈreɪdjəs] *n* (*pl* radii) 1) *мат.* ра́диус 2) окру́га, преде́лы; within a ~ of three miles from Oxford на 3 ми́ли вокру́г О́ксфорда; within the ~ of knowledge в преде́лах на́ших зна́ний 3) спи́ца (*колеса*) 4) *анат.* лучева́я кость 5) *тех.* вы́лет (*стрелы крана*) 6) лимб (*угломерного инструмента*)

**radix** [ˈreɪdɪks] *n* (*pl* radices) 1) ко́рень 2) исто́чник (*зла и т. п.*) 3) *мат.* основа́ние систе́мы счисле́ния

**radon** [ˈreɪdɔn] *n хим.* радо́н

**rafale** [rəˈfɑːl] *n воен.* огнево́й шквал

**raff** [ræf] **1.** *n* = riff-raff 1

2. *v* беспу́тничать

**raffia** [ˈræfɪə] *n* ра́фия

**raffish** [ˈræfɪʃ] *a* 1) беспу́тный 2) вульга́рный

**raffle** [ˈræfl] **1.** *n* лотере́я

2. *v* 1) разы́грывать в лотере́е (*часто* ~ off) 2) уча́ствовать в лотере́е

**raft** I [rɑːft] **1.** *n* плот

2. *v* 1) составля́ть *или* гнать плот; сплавля́ть (*лес*) 2) переправля́ть(ся) на плоту́ *или* паро́ме

**raft** II [rɑːft] *n амер. разг.* у́йма, ку́ча; мно́жество; ма́сса

**rafter** I [ˈrɑːftə] = raftsman

**rafter** II [ˈrɑːftə] **1.** *n стр.* стропи́ло; ба́лка

2. *v стр.* ста́вить стропи́ла

**rafting** [ˈrɑːftɪŋ] **1.** *pres. p. от* raft I, 2

2. *n* лесоспла́в; спло́тка ле́са

**raftsman** [ˈrɑːftsmən] *n* плотовщи́к

**rag** I [ræg] *n* 1) тря́пка, лоску́т 2) *pl* тряпьё, ве́тошь, тряпи́чный ути́ль 3) *pl* отре́пья; лохмо́тья; in ~s а) разо́рванный; б) в лохмо́тьях; glad ~s *разг.* лу́чшее пла́тье 4) *пренебр.* тря́пка (*о театральном занавесе*); лоску́т (*о парусе*); бума́жки (*о деньгах*); листо́к (*о газете и т. п.*) 5) обры́вок, клочо́к; there is not a ~ of evidence нет ни мале́йших ули́к 6) *attr.* тря́почный, тряпи́чный; a ~ doll тряпи́чная ку́кла ◇ he has not a ~ to his back у него́ совсе́м нет оде́жды; ему́ не́чего носи́ть

**rag** II [ræg] *унив. разг.* **1.** *n* 1) гру́бые шу́тки; поддра́знивание; ро́зыгрыш; to say smth. for a ~ сказа́ть что-л. с це́лью вы́вести кого́-л. из себя́ 2) сканда́л; шум ◇ to get one's ~ out *разг.* разозли́ться, вы́йти из себя́

2. *v* 1) дразни́ть; разы́грывать 2) шуме́ть, сканда́лить

**rag** III [ræg] **1.** *n* кре́пкий известня́к, крупнозерни́стый песча́ник

2. *v* 1) дроби́ть ка́мни; дроби́ть руду́ (*для сортировки*) 2) *тех.* снима́ть заусе́нцы

**ragamuffin** [ˈrægəˌmʌfɪn] *n* оборва́нец; обо́рвыш

**rag-and-bone-man** [ˌrægənˈbəunmæn] *n* тряпи́чник, старьёвщик

**rag-baby** [ˈrægˌbeɪbɪ] *n* тряпи́чная ку́кла

**rag-bolt** [ˈrægbəult] *n тех.* а́нкерный болт, ёрш

**rage** [reɪʤ] **1.** *n* 1) я́рость, гнев; при́ступ си́льного гне́ва; неи́стовство, to fly into a ~ прийти́ в я́рость 2) страсть, си́льное стремле́ние (for — к *чему-л.*) 3) *разг.* пова́льное увлече́ние (*чем-л., кем-л.*); предме́т о́бщего увлече́ния; all the ~ после́дний крик мо́ды; bicycles were (all) the ~ then в те дни все помеша́лись на велосипе́дах

2. *v* 1) беси́ться, зли́ться (at, against) 2) бушева́ть, свире́пствовать (*о буре, эпидемии*) 3) *refl.*: to ~ itself out успоко́иться, зати́хнуть (*гл. обр. о буре*)

**rag fair** [ˈrægfɛə] *a* бара́холка, толку́чка

**ragged** I [ˈrægɪd] *a* 1) неро́вный, зазу́бренный; шерохова́тый 2) рва́ный, изо́рванный; поно́шенный 3) оде́тый в лохмо́тья; обо́рванный 4) нечёсаный, косма́тый 5) небре́жный, неотдéланный (*о стиле*); ~ rhymes небрéжные ри́фмы 6) рвáный (*о ране*)

**ragged** II [rægd] *p. p. от* rag II, 2

**ragged** III [rægd] *p. p. от* rag III, 2

**ragged robin** [ˈrægɪdˈrɔbɪn] *n бот.* дрёма, куку́шкин цвет

**raggery** [ˈrægərɪ] *n разг.* одéжда (*особ.* жéнская), тря́пки

**ragging** I [ˈrægɪŋ] **1.** *pres. p. от* rag III, 2

**2.** *n горн.* дроблéние руды́

**ragging** II [ˈrægɪŋ] *pres. p. от* rag II, 2

**raging** [ˈreɪdʒɪŋ] **1.** *pres. p. от* rage 2

**2.** *a* я́ростный, си́льный; ~ pain си́льная боль

**Raglan** [ˈræglən] *n* пальтó-реглáн

**ragman** [ˈrægmən] = rag-and-bone-man

**ragout** [ˈrægu:] *фр. n* рагу́

**rag paper** [ˈrægˌpeɪpə] *n* тряпи́чная бумáга

**rag-picker** [ˈrægˌpɪkə] *n* тряпи́чник, старьёвщик

**rags-to-riches** [ˈrægztəˈrɪtʃɪz] *a*: ~ story расскáз, в котóром герои́ня из бéдной семьи́ станóвится богáтой

**ragtag** [ˈrægtæg] *n* (*обыкн.* ~ and bobtail) *разг.* сброд, подóнки óбщества, шу́шера

**ragtime** [ˈrægtaɪm] *n* 1) рéгтайм (*синкопированный танцевальный ритм*) 2) *attr.* нелéпый, смехотвóрный; a ~ army разбóлтанная áрмия

**ragweed** [ˈrægwi:d] *n бот.* амбрóзия полынноли́стная

**rag-wheel** [ˈrægwi:l] *n тех.* цепнóе колесó

**ragwort** [ˈrægwə:t] = ragweed

**rah** [rɑ:] *int* (*сокр от* hurrah) ура́!

**rah-rah** [ˈrɑ:ˈrɑ:] *a амер.* студéнческий; по-студéнчески шу́мный, весёлый; ~ boys студéнты, предпочитáющие заня́тиям весёлое времяпрепровождéние; весёлые бездéльники

**raid** [reɪd] **1.** *n* 1) набéг, внезáпное нападéние, рейд; to make a ~ upon the enemy's camp соверши́ть набéг на лáгерь проти́вника; air ~ возду́шный налёт 2) облáва; a ~ on a gambling-den налёт (*полиции*) на иго́рный притóн

**2.** *v* 1) совершáть налёт, набéг, облáву 2) вторгáться (into)

**raider** [ˈreɪdə] *n* 1) учáстник налёта, набéга, облáвы 2) *мор.* рéйдер 3) *ав.* самолёт, учáствующий в возду́шном налёте

**rail** I [reɪl] *n* 1) пери́ла; огрáда; пóручни 2) рельс 3) железнодорóжный путь; by ~ по желéзной дорóге; off the ~s сошéдший с рéльсов; *перен.* дезорганизóванный, вы́битый из колеи́ 4) поперéчина, переклáдина; рéйка, брусóк 5) вéшалка 6) *pl ком.* железнодорóжные áкции

**2.** *v* 1) обноси́ть пери́лами, забóром, отгорáживать (*обыкн.* ~ in, ~ off) 2) перевози́ть *или* посылáть по желéзной дорóге 3) проклáдывать рéльсы

**rail** II [reɪl] *v* ругáть(ся), брани́ть(-ся) (at, against)

**rail** III [reɪl] *n* водянóй пастушóк (*птица*)

**railage** [ˈreɪlɪdʒ] *n* 1) железнодорóжные перевóзки 2) оплáта железнодорóжных перевóзок

**rail-chair** [ˈreɪltʃɛə] *n ж.-д.* рéльсовая поду́шка

**railhead** [ˈreɪlhed] *n* 1) врéменный конéчный пункт стрóящейся желéзной дорóги 2) *воен.* стáнция снабжéния

**railing** I [ˈreɪlɪŋ] **1.** *pres. p. от* rail I, 2

**2.** *n* (*часто pl*) огрáда, пери́ла

**railing** II [ˈreɪlɪŋ] *pres. p. от* rail II

**raillery** [ˈreɪlərɪ] *n* доброду́шная насмéшка, шу́тка, подшу́чивание

**rail mill** [ˈreɪlmɪl] *n* рельсопрокáтный стан

**railroad** [ˈreɪlrəud] *амер.* **1.** *n* 1) желéзная дорóга 2) *attr.* железнодорóжный

**2.** *v* 1) путешéствовать по желéзной дорóге 2) перевози́ть *или* посылáть по желéзной дорóге 3) стрóить желéзную дорóгу 4) *разг.* лóвко и бы́стро проверну́ть, протолкну́ть (*дело, проект*; to, into, through); to ~ a bill through Congress протащи́ть законопроéкт в конгрéссе 5) *жарг.* посади́ть в тюрьму́ по лóжному обвинéнию

**railroader** [ˈreɪlrəudə] *n амер.* 1) железнодорóжник 2) владéлец желéзной дорóги

**railrolling mill** [ˈreɪlˌrəulɪŋˈmɪl] = rail mill

**railway** [ˈreɪlweɪ] **1.** *n* 1) желéзная дорóга; железнодорóжный путь 2) *attr.* железнодорóжный; ~ mounting *воен.* железнодорóжная оруди́йная установка; ~ system железнодорóжная сеть ◊ at ~ speed óчень бы́стро

**2.** *v* 1) стрóить желéзную дорóгу 2) путешéствовать по желéзной дорóге

**railway-yard** [ˈreɪlweɪˈjɑ:d] *n* сортирóвочная стáнция

**raiment** [ˈreɪmənt] *n поэт., ритор.* одéжда, одея́ние

**rain** [reɪn] **1.** *n* 1) дождь; ~ or shine при любóй погóде; *перен.* что бы то ни́ бы́ло; при всех услóвиях; the ~s пери́од тропи́ческих дождéй; to be caught in the ~ попáсть под дождь, быть засти́гнутым дождём; to keep the ~ out укры́ться от дождя́ 2) потóки; ручьи́ (*слёз*); град (*ударов и т. п.*) 3) *горн.* капёж ◊ right as ~ *разг.* совершéнно здорóвый; в пóлном поря́дке

**2.** *v* 1) (*в безл. оборотах*): it ~s, it is ~ing идёт дождь 2) сы́пать (-ся); ли́ться; blows ~ed upon him удáры сы́пались на негó грáдом ▭ ~ **out** помешáть чему́-л. (*о дожде*) ◊ it ~s cats and dogs ≅ дождь льёт как из ведрá; it never ~s but it pours *посл.* ≅ пришлá бедá — отворя́й ворóта

**rainbow** [ˈreɪnbəu] *n* 1) рáдуга 2) *attr.* рáдужный, многоцвéтный ◊ ~ hunt погóня за недосягáемым

**rainbow trout** [ˈreɪnbəuˈtraut] *n зоол.* рáдужная форéль

**raincoat** [ˈreɪnkəut] *n* непромокáемое пальтó, плащ

**raindrop** [ˈreɪndrɔp] *n* дождевáя кáпля

**rainfall** [ˈreɪnfɔ:l] *n* 1) коли́чество осáдков 2) ли́вень

**rain-gauge** [ˈreɪngeɪdʒ] *n метео* дождемéр

**rain-glass** [ˈreɪnglɑ:s] *n* барóметр

**rainless** [ˈreɪnlɪs] *a* засу́шливый; без дождя́

**rainproof** [ˈreɪnpru:f] *a* непроницáемый для дождя́, непромокáемый

**rain-storm** [ˈreɪnstɔ:m] *n* ли́вень с урагáном

**raintight** [ˈreɪntaɪt] = rainproof

**rain-water** [ˈreɪnˌwɔ:tə] *n* дождевáя водá

**rainwear** [ˈreɪnwɛə] *n* непромокáемая одéжда

**rain-worm** [ˈreɪnwə:m] *n* дождевóй червь

**rainy** [ˈreɪnɪ] *a* 1) дождли́вый; ~ weather дождли́вая погóда 2) дождевóй (*о туче, ветре*) ◊ for a ~ day на чёрный день

**raise** [reɪz] **1.** *v* 1) поднимáть; to ~ one's glass to smb.'s health пить за чьё-л здорóвье; to ~ anchor снимáться с я́коря; to ~ pastry (*или* dough) стáвить тéсто на дрожжáх; to ~ the eyebrows (удивлённо) поднимáть брóви 2) стáвить, поднимáть (*вопрос*); to ~ a question постáвить вопрóс; to ~ objections выдвигáть возражéния; to ~ a claim предъяви́ть претéнзию 3) буди́ть; воскрешáть; to ~ from the dead воскреси́ть из мёртвых 4) воздвигáть (*здание и т. п.*) 5) выра́щивать (*растения*); разводи́ть (*птицу, скот*); расти́ть, воспи́тывать (*детей*) 6) повышáть (*в звании, должности*); to ~ a man to the peerage пожáловать комý-л. ти́тул пэ́ра 7) поднимáть (*на защиту и т. п.*) 8) вызывáть (*смех, сомнение, тревогу*) 9) собирáть (*налоги и т. п.*); to ~ money добывáть дéньги; to ~ troops набирáть войскá; to ~ a unit *воен.* сформировáть часть 10) запéть, начáть (*песню*); издáть (*крик*) 11) *текст.* ворсовáть, начёсывать 12) *горн.* добывáть, выдавáть на-горá ◊ to ~ hell, *амер.* to ~ a big smoke *sl.* подня́ть шум, начáть бу́янить, скандáлить; to ~ a check *амер.* поддéлать чек; to ~ a ghost вы́звать ду́ха

**2.** *n* 1) подъём 2) повышéние, подня́тие; увеличéние 3) *горн.* восстающая вы́работка ◊ to make a ~ раздобы́ть, получи́ть взаймы́

**raised** [reɪzd] **1.** *p. p. от* raise 1

**2.** *a* 1) постáвленный на дрожжáх 2) рельéфный, лепнóй

**raisin** [ˈreɪzn] *n* 1) (*обыкн. pl*) изю́м 2) изю́минка

**rait** [reɪt] = ret

**raj** [rɑ:dʒ] *инд. n* господство; владычество

**raja(h)** [ˈrɑ:dʒə] *инд. n* рáджа

**Rajpoot, Rajput** [ˈrɑ:dʒput] *инд. n* раджпу́т

**rake** I [reɪk] **1.** *n* 1) грáбли; скребóк 2) кочергá 3) лопáточка крупьé 4) óчень худóй человéк, скелéт; as lean (*или* thin) as a ~ худ как щéпка

2. *v* 1) сгребáть, загребáть; зарáвнивать, подчищáть грáблями (*тж.* ~ level, ~ clean); чúстить скребкóм 2) собирáть (*обыкн.* ~ up, ~ together) 3) тщáтельно искáть, рыться (in, among — в *чём-л.*) 4) окúдывать взгля́дом; озирáть 5) *воен.*, *мор.* обстрéливать продóльным огнём, сметáть □ ~ **out** выгребáть; *перен.* выúскивать, добывáть с трудóм; to ~ out the fire выгребáть ýголь, золý; ~ **up** а) сгребáть; to ~ up the fire шуровáть ýголь в тóпке; загребáть жар; б) растравля́ть (*старые раны*); don't ~ up the past не ворошú прóшлое ◇ to ~ over the coals дéлать вы́говор

**rake** II [reɪk] **1.** *n* 1) *мор.* наклóн (*мачты и т. п.*) 2) отклонéние от перпендикуля́ра; уклóн от отвéсной лúнии 3) *тех.* перéдний ýгол (*резца*), ýгол уклóна 4) *тех.* скос

2. *v* отклоня́ться от отвéсной лúнии

**rake** III [reɪk] **1.** *n* повéса, распýтник

2. *v* вестú распýтный óбраз жúзни, повéсничать

**rake-off** [ˈreɪkˈɔf] *n амер. sl.* комиссиóнные (*при незаконной сделке*); взя́тка

**raker** [ˈreɪkə] *n* 1) грáбли 2) рабóтающий грáблями 3) *разг.* гребёнка

**rakish** I [ˈreɪkɪʃ] *a* распýтный; распýщенный

**rakish** II [ˈreɪkɪʃ] *a мор.* 1) быстрохóдный 2) щегольскóй; лихóй, ýхарский

**râle** [rɑ:l] *фр. n мед.* хрип

**rallicar(t)** [ˈrælɪkɑ:(t)] *n* рессóрная двуколка для четверы́х

**rally** I [ˈrælɪ] **1.** *n* 1) восстановлéние (*сил, энергии*) 2) объединéние 3) съезд, собрáние, слёт; мáссовый мúтинг 4) оживлéние (*на бирже, на рынке*) 5) *спорт.* авторáлли 6) бы́стрый обмéн удáрами (*в теннисе*) 7) *воен.* сбор

2. *v* 1) внóвь собирáть(ся) *или* сплáчивать(ся) (*для совместных усилий*); возобновля́ть борьбý пóсле поражéния 2) овладевáть собóй, оправля́ться (*от страха, горя, болезни*) 3) *бирж.* оживля́ться (*о спросе*); крéпнуть (*о ценах*)

**rally** II [ˈrælɪ] *v* шутúть, иронизúровать (*над кем-л.*)

**ram** [ræm] **1.** *n* 1) барáн 2) (the R.) Овéн (*созвездие и знак зодиака*) 3) *ав.* тарáн 4) *тех.* бáба (*молота*); гидравлúческий тарáн 5) *метал.* коксовытáлкиватель 6) *тех.* ползýн, плýнжер 7) подъёмник, силовóй цилúндр

2. *v* 1) тарáнить 2) забивáть, вколáчивать; втúскивать; to ~ into smb. вбивáть комý-л. в гóлову; to ~ it home убедúть, доказáть 3) трамбовáть, утрамбóвывать

**ramble** [ˈræmbl] **1.** *n* 1) прогýлка, поéздка (*без определённой цели*) 2) экскýрсия

2. *v* 1) бродúть без цéли, для удовóльствия 2) говорúть бессвя́зно, перескáкивать с однóй мы́сли на другýю 3) ползтú, вúться (*о растениях*)

**rambler** [ˈræmblə] *n* 1) праздношатáющийся; бродя́га 2) ползýчее растéние, *особ.* вьющаяся рóза

**rambling** [ˈræmblɪŋ] **1.** *pres. p. от* ramble 2

2. *a* 1) слоня́ющийся; бродя́чий 2) разбрóсанный; беспоря́дочно вы́строенный 3) бессвя́зный 4) ползýчий (*о растении*)

**rambunctious** [ræmˈbʌŋkʃəs] *a амер. разг.* 1) сердúтый, раздражúтельный 2) непокóрный; бýйный 3) óчень шýмный

**ramie** [ˈræmi:] *n* 1) рáми, китáйская крапúва 2) волокнó из китáйской крапúвы

**ramification** [ˌræmɪfɪˈkeɪʃən] *n* 1) разветвлéние; ответвлéние; отрóсток 2) *собир.* вéтви дéрева

**ramify** [ˈræmɪfaɪ] *v* разветвля́ться

**ramjet** [ˈræmdʒet] *n воен.* прямотóчный воздýшно-реактúвный двúгатель

**rammer** [ˈræmə] *n* 1) трамбóвка, бáба 2) *арт.* прибóйник; шóмпол

**rammish** [ˈræmɪʃ] *a* 1) дýрно пáхнущий 2) похотлúвый

**ramose** [ˈreɪməs] *a* ветвúстый

**ramp** I [ræmp] **1.** *n* 1) скат, уклóн; наклóнная плóскость; *мор.* аппарéль 2) *воен.* реактúвная пусковáя установка 3) *ж.-д.* остря́к (*рельса*) 4) *авто* борт 5) трап

2. *v* 1) стоя́ть на зáдних лáпах (*о геральдическом животном*); принимáть угрожáющую пóзу 2) *шутл.* неúстовствовать, бросáться, бушевáть; угрожáть (*обыкн.* ~ about) 3) ползтú, вúться (*о растениях*)

**ramp** II [ræmp] *sl.* **1.** *n* вымогáтельство, мошéнничество, грабёж (*особ. о дороговизне*)

2. *v* вымогáть, грáбить

**rampage** [ræmˈpeɪdʒ] **1.** *n* сúльное возбуждéние; неистовство, я́рость; бýйство; to be (*или* to go) on the ~ неúстовствовать

2. *v* быть в сúльном возбуждéнии, неúстовствовать, бýйствовать

**rampageous** [ræmˈpeɪdʒəs] *a* неистовый, бýйный

**rampant** [ˈræmpənt] **1.** *a* 1) стоя́щий на зáдних лáпах (*о геральдическом животном*) 2) сúльно распространённый, свирéпствующий (*о болезнях, пороках*) 3) бýйно разрóсшийся 4) неистовый, безýдержный 5) *архит.* с устóями, располóженными на рáзных ýровнях (*о своде*)

2. *n архит.*, *стр.* 1) ползýчий свод, ползýчая áрка 2) парапéтная стéнка 3) пáндус

**rampart** [ˈræmpɑ:t] **1.** *n* 1) (крепостнóй) вал 2) оплóт, защúта

2. *v* защищáть, укрепля́ть вáлом

**ramrod** [ˈræmrɔd] *n* 1) шóмпол 2) *арт.* прибóйник ◇ straight as a ~ ≅ слóвно аршúн проглотúл

**ramshackle** [ˈræmˌʃækl] *a* вéтхий, развáливающийся; a ~ house полуразвалúвшийся дом; a ~ empire пришéдшая в упáдок импéрия

**ran** [ræn] *past от* run 2

**ranch** [rɑ:ntʃ] **1.** *n амер.* рáнчо; крýпное фéрмерское хозя́йство

2. *v* 1) занимáться скотовóдством 2) жить на фéрме

**rancher** [ˈrɑ:ntʃə] *n* 1) хозя́ин рáнчо 2) рабóтник на рáнчо

**ranchman** [ˈrɑ:ntʃmən] = rancher

**rancid** [ˈrænsɪd] *a* прогóрклый, протýхший (*о жирах*)

**rancidity** [rænˈsɪdɪtɪ] *n* прогóрклость

**rancidness** [ˈrænsɪdnɪs] = rancidity

**rancorous** [ˈræŋkərəs] *a* злóбный, враждéбный

**rancour** [ˈræŋkə] *n* злóба, затаённая враждá

**rand** [rænd] *n* рант

**randan** I [rænˈdæn] *n* четырёхвесéльная лóдка при трёх гребцáх

**randan** II [rænˈdæn] *n sl.* попóйка, кутёж; to go on the ~ кутúть

**random** [ˈrændəm] **1.** *n*: at ~ нагáд, наобýм, наудáчу

2. *a* сдéланный *или* вы́бранный нагáд, случáйный; беспоря́дочный; ~ bullet шальнáя пýля

**randy** [ˈrændɪ] *шотл.* **1.** *a* 1) грýбый, крикливый 2) похотлúвый

2. *n* 1) сварлúвая жéнщина 2) бродя́га; назóйливый нúщий

**ranee** [rɑ:ˈni:] *инд. n* рáни, супрýга рáджи

**rang** [ræŋ] *past от* ring II, 2

**range** [reɪndʒ] **1.** *n* 1) ряд, лúния (*домов*); цепь (*гор и т. п.*) 2) лúния, направлéние 3) обшúрное пáстбище 4) ареáл, óбласть распространéния (*растения, животного*); сфéра, зóна 5) предéл, амплитýда; диапазóн (*голоса*) 6) сфéра, óбласть, круг; that is out of my ~ э́то не по моéй чáсти; в э́той óбласти я не специалúст 7) протяжéние, прострáнство; рáдиус дéйствия; ~ of vision кругозóр, пóле зрéния; (to be) in ~ of... (быть) в предéлах досягáемости... 8) кýхонная плитá (*тж.* kitchen ~) 9) стрéльбище, полигóн, тир 10) *мор.* створ 11) *воен.* дáльность; дальнобóйность; досягáемость 12) *радио* дáльность передáчи 13) *ав.* дáльность полёта 14) *ав.* отнóс бóмбы 15) *attr. воен.*: ~ elevation установка прицéла; ~ table таблúца дáльностей и прицéлов

2. *v* 1) выстрáивать(ся) в ряд; стáвить, располагáть в поря́дке 2) классифицúровать 3) *refl.* примыкáть, присоединя́ться 4) бродúть; стрáнствовать, скитáться; рыскать (*обыкн.* ~ over, ~ through) 5) колебáться в извéстных предéлах; prices ~ from a shilling to a pound цéны колéблются от шúллинга до фýнта 6) плыть (*обыкн.* ~ along, ~ with) 7) простирáться; тянýться (*обыкн.* ~ along, ~ with); the path ~s with the brook дорóжка тя́нется вдоль ручья́ 8) *зоол.*, *бот.* водúться, встречáться в определённый границах 9) быть на однóм ýровне; относúться к числý; he ~s

with the great writers его́ мо́жно поста́вить в оди́н ряд с вели́кими писа́телями 10) *воен.* пристре́ливать цель по да́льности; определя́ть расстоя́ние до це́ли

**range-finder** [ˈreɪndʒˌfaɪndə] *n* 1) дальноме́рщик 2) *тех.* дальноме́р

**range-pole** [ˈreɪndʒpəul] *n* *геод.* дальноме́рная ре́йка; ство́рная ве́ха

**ranger** [ˈreɪndʒə] *n* 1) бродя́га; скита́лец; стра́нник 2) леснúчий 3) смотри́тель короле́вского па́рка (*в Англии*) 4) *pl* *амер.* ко́нная поли́ция 5) *воен.* «ре́йнджер», военнослу́жащий деса́нтного диверсио́нно-разве́дывательного подразделе́ния

**rangy** [ˈreɪndʒɪ] *a* 1) бродя́чий 2) стро́йный, му́скулистый (*о живо́тных*) 3) обши́рный; просто́рный 4) *австрал.* гори́стый, го́рный

**rani** [ˈrɑːnɪ] = ranee

**rank** I [ræŋk] **1.** *n* 1) ряд 2) зва́ние, чин; служе́бное положе́ние; of higher ~ вы́ше чи́ном, вышестоя́щий; honorary ~ почётное зва́ние; to hold ~ занима́ть до́лжность, име́ть чин 3) катего́рия, ранг, разря́д, сте́пень, класс; a poet of the highest ~ первокла́ссный поэ́т; to take ~ with быть в одно́й катего́рии с 4) высо́кое социа́льное положе́ние; persons of ~ аристокра́тия; ~ and fashion вы́сшее о́бщество 5) *воен.* шере́нга; to break ~s вы́йти из строя, нару́шить строй; to fall into ~ постро́иться (*о солда́тах и т. п.*) ◇ the ~s, the ~ and file а) рядово́й и сержа́нтский соста́в а́рмии (*в противоп. офицерскому*); б) рядовы́е чле́ны (*партии и т. п.*); в) обыкнове́нные лю́ди, ма́сса; to rise from the ~s вы́двинуться из рядовы́х в офице́ры; to reduce to the ~s разжа́ловать в рядовы́е

**2.** *v* 1) стро́ить(ся) в шере́нгу, выстра́ивать(ся) в ряд, в ли́нию 2) классифици́ровать; дава́ть определённую оце́нку; I ~ his abilities very high я высоко́ ценю́ его́ спосо́бности 3) занима́ть како́е-л. ме́сто; he ~s high as a lawyer (scholar) он ви́дный адвока́т (учёный); a general ~s with an admiral генера́л по чи́ну (*или* зва́нию) равня́ется адмира́лу 4) *амер.* занима́ть пе́рвое *или* бо́лее высо́кое ме́сто; стоя́ть вы́ше други́х; a captain ~s a lieutenant капита́н по чи́ну (*или* зва́нию) вы́ше лейтена́нта

**rank** II [ræŋk] *a* 1) роско́шный, бу́йный (*о растительности*) 2) заро́сший; a garden ~ with weeds сад, заро́сший со́рными тра́вами 3) жи́рный, плодоро́дный (*о почве*) 4) прого́рклый (*о масле*) 5) отврати́тельный, проти́вный; гру́бый; цини́чный 6) я́вный, су́щий; отъя́вленный; ~ nonsense я́вная чушь

**ranker** [ˈræŋkə] *n* офице́р, вы́служившийся из рядовы́х

**rankle** [ˈræŋkl] *v* терза́ть, му́чить (*об обиде, ревности, зависти*); the memory of the insult still ~s in his heart воспомина́ние об оскорбле́нии всё ещё гло́жет его́ се́рдце

**ransack** [ˈrænsæk] *v* 1) иска́ть; обы́скивать (*дом, комнату*); ры́ться в по́исках поте́рянного 2) очи́стить (*кварти́ру*), огра́бить

**ransom** [ˈrænsəm] **1.** *n* 1) вы́куп; to hold smb. to ~ тре́бовать вы́куп за кого́-л.; a king's ~ огро́мная су́мма, большо́й куш 2) *церк.* искупле́ние

**2.** *v* 1) выкупа́ть, освобожда́ть за вы́куп 2) *церк.* искупа́ть

**rant** [rænt] **1.** *n* 1) напы́щенная речь; гро́мкие слова́; деклама́ция 2) шу́мная про́поведь 3) *диал.* кутёж

**2.** *v* 1) говори́ть напы́щенно; деклами́ровать 2) пропове́довать 3) *диал.* шу́мно весели́ться; гро́мко петь

**ranter** [ˈræntə] *n* 1) пустосло́в 2) напы́щенный пропове́дник

**ranunculi** [rəˈnʌŋkjulaɪ] *pl от* ranunculus

**ranunculus** [rəˈnʌŋkjuləs] *n* (*pl* -ses [-sɪz], -li) лю́тик

**rap** I [ræp] **1.** *n* 1) лёгкий уда́р; to get (to give) a ~ over (*или* on) the knuckles а) получи́ть (дать) по рука́м; б) получи́ть (сде́лать) вы́говор, замеча́ние 2) стук; a ~ on the window негро́мкий стук в окно́ 3) *разг.* отве́тственность (*за проступок*); наказа́ние; to take the ~ for smth. получи́ть вы́говор за что-л.

**2.** *v* 1) слегка́ ударя́ть 2) стуча́ть (at, on) 3) ре́зко отвеча́ть (*обыкн.* ~ out) 4) *амер. sl.* отчита́ть □ ~ **out** а) вы́крикнуть, испусти́ть крик; to ~ out an oath вы́ругаться; б) высту́кивать (*о духах на спиритическом сеансе и т. п.*); to ~ out a message высту́кивать сообще́ние

**rap** II [ræp] *n* *ист.* ме́лкая обесце́ненная моне́та (*в Ирландии в XVII в.*) ◇ not a ~ ≅ ни гроша́; I don't care a ~ мне на э́то наплева́ть; it does not matter a ~ э́то не име́ет никако́го значе́ния

**rap** III [ræp] *n* мото́к пря́жи в 120 я́рдов

**rapacious** [rəˈpeɪʃəs] *a* 1) жа́дный 2) прожо́рливый 3) хи́щный (*о живо́тных*)

**rapacity** [rəˈpæsɪtɪ] *n* 1) жа́дность 2) прожо́рливость

**rape** I [reɪp] **1.** *n* 1) изнаси́лование 2) *поэт.* похище́ние; the ~ of Europa *греч. миф.* похище́ние Евро́пы

**2.** *v* 1) наси́ловать 2) *поэт.* похища́ть

**rape** II [reɪp] *n* *бот.* 1) рапс 2) капу́ста полева́я, суре́пица

**rape** III [reɪp] *n* вы́жимки виногра́да, испо́льзуемые для изготовле́ния у́ксуса

**rape-oil** [ˈreɪpˈɔɪl] *n* суре́пное, ра́псовое ма́сло

**rapid** [ˈræpɪd] **1.** *a* 1) бы́стрый, ско́рый; a ~ pulse учащённый пульс 2) круто́й (*о склоне*)

**2.** *n* (*обыкн. pl*) поро́г реки́, стремни́на

**rapid-fire** [ˈræpɪdˈfaɪə] *a* скорестре́льный

**rapidity** [rəˈpɪdɪtɪ] *n* быстрота́, ско́рость; ~ of fire *воен.* скорострельность

**rapier** [ˈreɪpjə] *n* рапи́ра

**rapier-thrust** [ˈreɪpjəθrʌst] *n* 1) уко́л, уда́р рапи́рой 2) *перен.* ло́вкий вы́пад; остроу́мный, нахо́дчивый отве́т

**rapine** [ˈræpaɪn] *n* *ритор.* 1) грабёж 2) похище́ние

**rappee** [ræˈpiː] *n* сорт кре́пкого ню́хательного табака́

**rapport** [ræˈpɔː] *фр.* *n* 1) связь, взаимоотноше́ния 2) взаимопонима́ние; согла́сие

**rapprochement** [ræˈprɔʃmɑːŋ] *фр.* *n* восстановле́ние *или* возобновле́ние дру́жественных отноше́ний (*особ. между государствами*)

**rapscallion** [ræpˈskæljən] *n* *уст.* моше́нник, безде́льник

**rapt** [ræpt] *a* 1) восхищённый, увлечённый 2) поглощённый (*мыслью и т. п.*); he is ~ in reading он поглощён чте́нием; ~ attention сосредото́ченное внима́ние 3) похи́щенный 4) *библ.* взя́тый живы́м на не́бо

**raptorial** [ræpˈtɔːrɪəl] *a* хи́щный (*о птицах, животных*)

**rapture** [ˈræptʃə] *n* 1) восто́рг, выраже́ние восто́рга; экста́з; to be in ~s, to go into ~s (over *или* about smth.) быть в восто́рге, приходи́ть в восто́рг (от чего́-л.) 2) похище́ние 3) *библ.* взя́тие живы́м на не́бо

**rapturous** [ˈræptʃərəs] *a* восто́рженный

**rara avis** [ˈrɑːrəˈævɪs] *n* (*лат.* «ре́дкая пти́ца») ре́дкость, дико́вина, челове́к *или* вещь, ре́дко встреча́ющиеся

**rare** I [rɛə] **1.** *a* 1) ре́дкий, разрежённый, негусто́й; ~ gas *хим.* ине́ртный газ; the ~ atmosphere of the mountain tops разрежённый во́здух на го́рных верши́нах 2) ре́дкий, необы́чный, необыкнове́нный 3) *разг.* исключи́тельно хоро́ший, замеча́тельный, превосхо́дный; to have a ~ time (*или* fun) здо́рово повесели́ться

**2.** *adv* *разг.* исключи́тельно; a ~ fine view исключи́тельно краси́вый вид

**rare** II [rɛə] *a* недожа́ренный, недова́ренный (*о мясе*); ~ eggs *уст.* я́йца всмя́тку

**rarebit** [ˈrɛəbɪt] *n* гренки́ с сы́ром (*тж.* Welsh ~)

**raree-show** [ˈrɛərɪʃəu] *n* 1) ку́кольный теа́тр; раёк (*ящик с передвижными картинками*) 2) зре́лище 3) у́личное представле́ние

**rarefaction** [ˌrɛərɪˈfækʃən] *n* 1) разреже́ние, разжиже́ние 2) разрежённость

**rarefy** [ˈrɛərɪfaɪ] *v* 1) разрежа́ть (-ся), разжижа́ть(ся) 2) *перен.* очища́ть, утонча́ть

**rarely** [ˈrɛəlɪ] *adv* 1) ре́дко, неча́сто 2) необыча́йно, исключи́тельно; we dined ~ мы исключи́тельно хорошо́ пообе́дали

**rareness** [ˈrɛənɪs] *n* ре́дкостность; ре́дкость

**rareripe** [ˈrɛəraɪp] *амер.* **1.** *a* скоро́спе́лый, ра́нний

**2.** *n* скороспе́лка

**rarity** ['rɛərɪtɪ] *n* 1) рéдкость 2) антиквáрная вещь 3) разрежённость (*воздуха*)

**rascal** ['rɑ:skəl] *n* 1) мошéнник 2) *шутл.* плут, шельмéц (*особ. о ребёнке*); you lucky ~! ну и везýчий ты шельмéц!

**rascaldom** ['rɑ:skəldəm] *n* 1) мошéнничество 2) *собир.* мошéнники

**rascality** [rɑ:s'kælɪtɪ] *n* мошéнничество

**rascally** ['rɑ:skəlɪ] *a* мошéннический, нечéстный

**rase** [reɪz] = raze

**rash** I [ræʃ] *a* стремительный; поспéшный; опромéтчивый, необдýманный, неосторóжный

**rash** II [ræʃ] *n* сыпь

**rash** III [ræʃ] *n* шуршáние

**rasher** ['ræʃə] *n* тóнкий лóмтик бекóна *или* ветчины́ (*для поджаривания*)

**rashness** ['ræʃnɪs] *n* стремительность *и пр.* [*см.* rash I]

**rasp** [rɑ:sp] **1.** *n* 1) дребезжáние; скрéжет; скребýщий звук 2) *тех.* рáшпиль

2. *v* 1) скрести́, терéть; подпиливать, соскáбливать, строгáть (*обыкн.* ~ off, ~ away) 2) дребезжáть, издавáть рéзкий, скрежéщущий звук 3) раздражáть, рéзать ýхо 4) пиликáть (*на скрипке и т. п.*)

**raspberry** ['rɑ:zbərɪ] *n* 1) малина 2) *sl.* пренебрежительное фы́рканье

**raspberry-cane** ['rɑ:zbərɪkeɪn] *n* (*обыкн. pl*) кусты́ малины, малинник

**rasper** ['rɑ:spə] *n* 1) *тех.* большóй рáшпиль *или* тёрка 2) человéк, рабóтающий рáшпилем 3) *разг.* неприя́тный, рéзкий человéк *или* харáктер

**rasping** ['rɑ:spɪŋ] **1.** *pres. p. от* rasp 2

2. *n* (*обыкн. pl*) опилки (*обыкн.* металлические)

**rat** I [ræt] **1.** *n* 1) кры́са 2) предáтель; штрейкбрéхер; человéк, покидáющий организáцию в тяжёлое врéмя 3) *разг.* шпиóн; донóсчик; перебéжчик 4): ~s! *sl.* вздор!, чепухá! 5) *attr.* крысиный, мыши́ный; ~ race мыши́ная возня́ ◇ like a drowned ~ промóкший до костéй; like a ~ in a hole в безвы́ходном положéнии; to smell a ~ чýять недóброе; подозревáть

2. *v* 1) истребля́ть крыс (*обыкн. собаками*) 2) предáть; поки́нуть организáцию в тяжёлое врéмя; to ~ on smb. предáть когó-л., донести́ на когó-л. 3) отрéчься, отказáться

**rat** II [ræt] = drat

**ratable** ['reɪtəbl] = rateable

**ratafee, ratafia** [,rætə'fi:, -'fɪə] *n* 1) миндáльный ликёр; нали́вка, приготóвленная на фруктóвых кóсточках 2) миндáльное печéнье

**ratal** ['reɪtəl] *n* сýмма обложéния

**rataplan** [,rætə'plæn] **1.** *n* 1) барабáнный бой 2) стук

2. *v* бить в барабáн

**rat-a-tat** ['rætə'tæt] = rat-tat

**rat-catcher** ['ræt,kætʃə] *n* крысолóв (*о человеке*)

**ratchet-wheel** ['rætʃɪtwi:l] *n тех.* храповóе колесó, храпóвик

**rate** I [reɪt] **1.** *n* 1) нóрма; стáвка, тари́ф; расцéнка, ценá; the ~ of wages per week стáвка недéльной зáработной плáты; ~ of exchange валю́тный курс; ~ of surplus value *полит.-эк.* нóрма прибáвочной стóимости; average ~ of profit *полит.-эк.* срéдняя нóрма при́были; at an easy ~ дёшево; легкó; to live at a high ~ жить на ширóкую нóгу 2) соотвéтственная часть; пропóрция; коэффициéнт, стéпень, процéнт; дóля; mortality ~ смéртность 3) мéстный налóг 4) темп; ход, скóрость; ~ of increase темп рóста, прирóста; at the ~ of 40 miles an hour со скóростью 40 миль в час; ~ of fire *воен.* скóрость стрельбы́, режи́м огня́; ~ of climb *ав.* скороподъёмность 5) разря́д, класс; сорт 6) паёк, пóрция 7) *тех.* расхóд (*воды*) ◇ at any ~ во вся́ком слýчае; по мéньшей мéре; at this (*или* that) ~ в такóм слýчае; при таки́х услóвиях

2. *v* 1) оцéнивать, исчисля́ть, определя́ть, устанáвливать; the copper coinage was then ~d above it real value мéдная монéта стóила тогдá вы́ше своéй реáльной стóимости 2) считáть; расцéнивать; рассмáтривать; he was ~d the best poet of his time егó считáли лýчшим поэ́том эпóхи; I ~ his speech very high я считáю егó речь óчень удáчной 3) (*преим. pass.*) облагáть (мéстным) налóгом 4) *мор.* определя́ть класс, категóрию (*корабля*)

**rate** II [reɪt] *v* брани́ть; задавáть головомóйку

**rate** III [reɪt] = ret

**rateable** ['reɪtəbl] *a* 1) подлежáщий обложéнию налóгом, сбóром 2) пропорционáльный

**ratepayer** ['reɪt,peɪə] *n* налогоплатéльщик

**rater** ['reɪtə] *n* ругáтель

**-rater** [-,reɪtə] *n в сложных словах*: first-rater я́хта пéрвого разря́да; ten-rater я́хта водоизмещéнием в 10 тонн

**rat-face** ['rætfeɪs] *n амер. sl.* хи́трый, опáсный человéк, продувнáя бéстия

**rath** [rɑ:θ] = rathe

**rathe** [reɪð] *a поэт.* 1) ýтренний 2) рáнний 3) бы́стрый, стремительный

**rather** ['rɑ:ðə] *adv* 1) скорéе, предпочти́тельно, лýчше, охóтнее; would you ~ take tea or coffee? что вы предпочитáете: чай и́ли кóфе?; I'd ~ you came tomorrow меня́ бóльше устрóило бы, éсли бы вы пришли́ зáвтра; he would ~ die than comply он скорéе умрёт, чем соглаcи́тся 2) вернéе, скорéе, прáвильнее; this is not the result, ~ it is the cause э́то не результáт, а скорéе (*или* вернéе) причи́на; late last night or ~ early this morning вчерá пóздно нóчью и́ли, прáвильнее сказáть, сегóдня рáно ýтром 3) до нéкоторой стéпени, слегкá, нéсколько, пожáлуй, довóльно; a ~ (*или* ~ a) surprising result довóльно неожи́данный результáт; I feel ~ better today мне сегóдня, пожáлуй, лýчше; I know him ~ well я егó довóльно хорошó знáю 4) *разг.* (*в ответ на вопрос, предложение*) конéчно, да; ещё бы!; do you know him? — Rather! вы егó знáете? — Да, конéчно

**rathe-ripe** ['reɪðraɪp] = rareripe

**rathskeller** ['rɑ:ts,kelə] *нем. n* пивнáя *или* ресторáн в подвáльном этажé

**raticide** ['rætɪsaɪd] *n* срéдство прóтив крыс

**ratification** [,rætɪfɪ'keɪʃən] *n юр.* утверждéние, ратификáция

**ratify** ['rætɪfaɪ] *v юр.* утверждáть, ратифици́ровать; скрепля́ть (*подписью, печатью*)

**ratine** [ræ'ti:n] *фр. n текст.* эпóнж; буклé

**rating** I ['reɪtɪŋ] **1.** *pres. p. от* rate I, 2

2. *n* 1) оцéнка, отнесéние к томý и́ли инóму клáссу, разря́ду 2) обложéние налóгом; сýмма налóга (*особ. городского*) 3) положéние; класс, разря́д, ранг 4) *амер.* отмéтка (*в школе*) 5) *мор.* звáние *или* специáльность рядовóго *или* старши́нского состáва; the ~s рядовóй и старши́нский состáв 6) класс (*яхты*) 7) цифровы́е дáнные 8) *тех.* (номинáльная) мóщность; производи́тельность; номинáльная характери́стика

**rating** II ['reɪtɪŋ] **1.** *pres. p. от* rate II

2. *n* вы́говор, нагоня́й; to give smb. a severe ~ дать комý-л. здорóвый нагоня́й

**ratio** ['reɪʃɪəu] *n* (*pl* -os [-əuz]) 1) *мат.* отношéние, пропóрция; коэффициéнт; соотношéние; ~ of exchange *эк.* (колúчественное) меновóе отношéние; in direct (in inverse) ~ пря́мо (обрáтно) пропорционáльно 2) *тех.* передáточное числó

**ratiocinate** [,rætɪ'ɔsɪneɪt] *v* рассуждáть формáльно, логи́чески; испóльзовать силлоги́змы в рассуждéниях

**ratiocination** [,rætɪɔsɪ'neɪʃən] *n* логи́ческое рассуждéние с испóльзованием силлоги́змов

**ration** ['ræʃən] **1.** *n* 1) паёк, пóрция, рациóн 2) *pl* продовóльствие (*нормированное; преим. в армии*)

2. *v* 1) выдавáть паёк; снабжáть продовóльствием 2) *редк.* получáть паёк 3) норми́ровать (*продукты, промтовары*)

**rational** ['ræʃənl] *a* 1) разýмный; целесообрáзный, рационáльный 2) *мат.* рационáльный; ~ fraction рационáльная фýнкция

**rationale** [,ræʃə'nɑ:l] *n* 1) разýмное объяснéние; логи́ческое обосновáние 2) основнáя причи́на

**rationalism** ['ræʃnəlɪzm] *n* рационали́зм

**rationalist** ['ræʃnəlɪst] **1.** *n* рационали́ст

2. *a* рационалисти́ческий

**rationalistic** [,ræʃnə'lɪstɪk] = rationalist 2

**rationality** [ˌræʃəˈnælɪtɪ] *n* 1) разу́мность, рациона́льность 2) норма́льность (*умственная*)

**rationalization** [ˌræʃnəlaɪˈzeɪʃən] *n* 1) рационализа́ция 2) рационалисти́ческое объясне́ние 3) *мат.* освобожде́ние от иррациона́льностей

**rationalize** [ˈræʃnəlaɪz] *v* 1) рационализи́ровать 2) дава́ть рационалисти́ческое объясне́ние 3) *мат.* освобожда́ть от иррациона́льностей

**rationalizer** [ˈræʃnəlaɪzə] *n* рационализа́тор

**rationally** [ˈræʃnəlɪ] *adv* рациона́льно; разу́мно

**ration book** [ˈræʃənbuk] *n* продово́льственная *или* промтова́рная кни́жка, забо́рная кни́жка (*на нормированные товары*)

**ration-card** [ˈræʃənkɑːd] *n* продово́льственная *или* промтова́рная ка́рточка

**rationing** [ˈræʃnɪŋ] **1.** *pres. p. от* ration 2

**2.** *n* нормирова́ние проду́ктов *или* промтова́ров

**ratlin(e)** [ˈrætlɪn] *n* (*обыкн. pl*) *мор.* вы́бленка; вы́бленочный трос; линь

**ratsbane** [ˈrætsbeɪn] *n* 1) отра́ва для крыс; крыси́ный яд 2) *разг.* ядови́тое расте́ние

**rat's-tail** [ˈrætsteɪl] *n* 1) крыси́ный хво́стик (*о косичке, верёвочке и т. п.*) 2) *attr.*: ~ file *тех.* то́нкий напи́льник

**rattan** [rəˈtæn] *n* 1) *бот.* рота́нг (*пальма*) 2) трость из рота́нга

**rat-tat** [ˈrætˈtæt] *n* (гро́мкий) стук в дверь

**ratteen** [ræˈtiːn] = ratine

**ratten** [ˈrætən] *v sl.* саботи́ровать; умы́шленно по́ртить обору́дование

**ratter** [ˈrætə] *n* крысоло́в (*особ. о собаке*)

**rattle** [ˈrætl] **1.** *n* 1) треск, гро́хот; дребезжа́ние; стук 2) шу́мная болтовня́, весе́лье, сумато́ха 3) де́тская погрему́шка 4) трещо́тка (*ночного сторожа и т. п.*) 5) ко́льца на хвосте́ грему́чей змеи́ 6) *разг.* трещо́тка, болту́н, пустоме́ля 7) хрипе́ние; death ~ предсме́ртный хрип

**2.** *v* 1) треща́ть, грохота́ть; греме́ть (*посудой, ключами и т. п.*); дребезжа́ть; си́льно стуча́ть 2) дви́гаться, мча́ться *или* па́дать с гро́хотом (*обыкн.* ~ down, ~ over, ~ along, ~ past); the train ~d past по́езд с гро́хотом промча́лся ми́мо 3) говори́ть бы́стро, гро́мко; болта́ть (*обыкн.* ~ on, ~ away, ~ along); отбараба́нить (*урок, речь, стихи, муз. пьесу*; *обыкн.* ~ out, ~ away, ~ over, ~ off) 4) *разг.* смуща́ть, волнова́ть, пуга́ть; to get ~d теря́ть споко́йствие, не́рвничать 5) *охот.* пресле́довать, гнать (*лису и т. п.*)

**rattle-box** [ˈrætlbɔks] *n* 1) де́тская погрему́шка 2) *бот.* погремо́к 3) *разг.* болту́н, трещо́тка, пустоме́ля

**rattle-brain** [ˈrætlbreɪn] *n* пустоголо́вый болту́н, пустоме́ля

**rattlebrained** [ˈrætlbreɪnd] *a* пустоголо́вый и крикли́вый

**rattleheaded** [ˈrætlˌhedɪd] = rattle-brained

**rattle-pate** [ˈrætlpeɪt] = rattle-brain

**rattle-pated** [ˈrætlˌpeɪtɪd] = rattle-brained

**rattler** [ˈrætlə] *n* 1) *разг.* что-л. грохо́чущее: ста́рый, громо́здкий экипа́ж; по́езд 2) болту́н, трещо́тка 3) *разг.* грему́чая змея́ 4) необыча́йное происше́ствие, сенса́ция; не́что потряса́ющее 5) сокруши́тельный уда́р 6) *горн.* ке́ннельский га́зовый у́голь 7) *тех.* бараба́н для очи́стки отли́вок

**rattlesnake** [ˈrætlsneɪk] *n* грему́чая змея́

**rattletrap** [ˈrætltræp] **1.** *n* 1) ста́рая колыма́га (*об автомобиле и т. п.*) 2) = rattle-box 3); 3) *sl.* рот 4) *pl* безделу́шки

**2.** *a* расша́танный, дребезжа́щий, ве́тхий

**rattling** [ˈrætlɪŋ] **1.** *pres. p. от* rattle 2

**2.** *a* 1) грохо́чущий, шу́мный 2) *разг.* си́льный (*о ветре*); бы́стрый, энерги́чный (*о походке, движениях*) 3) *разг.* замеча́тельный; we had a ~ time мы великоле́пно провели́ вре́мя

**rat-trap** [ˈrættræp] *n* 1) крысоло́вка 2) безвы́ходное положе́ние 3) *sl.* рот, пасть

**ratty** [ˈrætɪ] *a* 1) крыси́ный 2) кишáщий кры́сами 3) *sl.* жа́лкий, ми́зерный, ве́тхий 4) *sl.* серди́тый, раздражи́тельный

**raucous** [ˈrɔːkəs] *a* хри́плый

**ravage** [ˈrævɪdʒ] **1.** *n* 1) опустоше́ние, уничтоже́ние; ~ of weeds уничтоже́ние сорняко́в 2) (*обыкн. pl*) разруши́тельное де́йствие

**2.** *v* 1) разруша́ть, по́ртить 2) опустоша́ть, гра́бить

**rave** [reɪv] **1.** *v* 1) бре́дить, говори́ть бессвя́зно 2) неистовствовать (about, at, of, against); to ~ against one's fate проклина́ть судьбу́; to ~ oneself hoarse договори́ться до хрипоты́ 3) говори́ть восто́рженно, с энтузиа́змом (of, about) 4) неистовствовать, реве́ть, выть, бушева́ть (*о море, ветре*); the storm ~d itself out бу́ря ути́хла

**2.** *n* 1) бред, бессвя́зная речь 2) рёв, шум (*ветра, моря*)

**ravel** [ˈrævəl] **1.** *n* 1) пу́таница 2) обры́вок ни́тки

**2.** *v* 1) запу́тывать(ся); усложня́ть (*вопрос и т. п.*) 2) разрыва́ть, распу́тывать (*обыкн.* ~ out) 3) обтрёпываться (*о ткани*) ▭ ~ **out** а) разделя́ть на воло́кна; to ~ all this matter out распу́тать всё э́то де́ло; б) располза́ться, протира́ться

**ravelin** [ˈrævlɪn] *n воен.* раве́лин

**raven** I [ˈreɪvn] **1.** *n* во́рон

**2.** *a* чёрный с блестя́щим отли́вом; цве́та во́ронова крыла́

**raven** II [ˈrævn] *v* 1) ры́скать в по́исках добы́чи (after; набра́сываться (*на что-л.*) 2) пожира́ть 3) есть с жа́дностью; име́ть во́лчий аппети́т (for)

**ravenous** [ˈrævənəs] *a* 1) о́чень голо́дный, изголода́вшийся 2) жа́дный, прожо́рливый; а ~ appetite во́лчий аппети́т 3) хи́щный (*о животных*)

**ravin** [ˈrævɪn] *n уст., поэт.* 1) добы́ча 2) грабёж

**ravine** [rəˈviːn] *n* уще́лье; овра́г, лощи́на; дефиле́

**raving** [ˈreɪvɪŋ] **1.** *pres. p. от* rave 1

**2.** *n* 1) бред 2) неистовство; рёв (*бури*)

**3.** *a* бредово́й; ~ madness бу́йное помеша́тельство

**ravish** [ˈrævɪʃ] *v* 1) *поэт.* похища́ть 2) приводи́ть в восто́рг, восхища́ть 3) гра́бить 4) *уст.* (из)наси́ловать

**ravishing** [ˈrævɪʃɪŋ] **1.** *pres. p. от* ravish

**2.** *a* восхити́тельный

**ravishment** [ˈrævɪʃmənt] *n* 1) похище́ние (*обыкн.* же́нщины) 2) восто́рг, восхище́ние 3) *уст.* изнаси́лование

**raw** [rɔː] **1.** *a* 1) сыро́й, недова́ренный; непропечённый, недожа́ренный 2) необрабо́танный; ~ material (*или* stuff) сырьё; ~ brick необожжённый кирпи́ч; ~ hide а) недублёная, сыромя́тная ко́жа; б) кнут из сыромя́тной ко́жи; ~ ore необогащённая руда́ ~ spirit неразба́вленный спирт; he drank it ~ он вы́пил (*спирт, виски и т. п.*), не добавля́я воды́; ~ sugar нерафини́рованный са́хар; ~ silk шёлк-сыре́ц 3) необу́ченный; нео́пытный 4) обо́дранный, лишённый ко́жи, кровоточа́щий; чувстви́тельный (*о ране, коже*) 5) промо́зглый (*о погоде*) 6) гру́бый, безвку́сный (*в художественном отношении*) 7) *sl.* нече́стный; а ~ deal нече́стная сде́лка ◇ to pull a ~ one *амер. sl.* рассказа́ть неприли́чный анекдо́т; ~ head and bloody bones изображе́ние че́репа с двумя́ скрещёнными костя́ми; что-л. стра́шное (*особ. для детей*)

**2.** *n* 1) что-л. необрабо́танное, сыро́е 2) сса́дина; больно́е ме́сто; to touch smb. on the ~ заде́ть кого́-л. за живо́е

**3.** *v* сдира́ть ко́жу

**raw-boned** [ˈrɔːˈbəund] *a* о́чень худо́й, костля́вый

**rawhide** [ˈrɔːhaɪd] **1.** *n* = raw hide [*см.* raw 1, 2)]

**2.** *a* сде́ланный из сыромя́тной ко́жи

**rawness** [ˈrɔːnɪs] *n* 1) необрабо́танность 2) нео́пытность 3) сса́дина; больно́е ме́сто 4) промо́зглая сы́рость

**ray** I [reɪ] **1.** *n* 1) луч 2) про́блеск; not a ~ of hope ни мале́йшей наде́жды 3) *зоол.* луч (*в плавниках*) 4) *редк.* ра́диус

**2.** *v* 1) излуча́ть(ся) 2) расходи́ться луча́ми 3) подверга́ть де́йствию луче́й; облуча́ть

**ray** II [reɪ] *n* скат (*рыба*)

**Rayah** [ˈraɪə] *n* туре́цкий по́дданный немагомета́нин

**rayon** [ˈreɪɔn] *n* иску́сственный шёлк, виско́за

**raze** [reɪz] *v* 1) разруша́ть до основа́ния; сровня́ть с землёй; to ~ a town to the ground стере́ть го́род с лица́ земли́ 2) изгла́живать; стира́ть, вычёркивать (*обыкн. перен.*) 3) скользи́ть по пове́рхности, слегка́ каса́ться, задева́ть 4) *редк.* соскреба́ть

**razee** [reı'zi:] *ист.* **1.** *n* кора́бль со сре́занной ве́рхней па́лубой

**2.** *v* 1) среза́ть ве́рхнюю па́лубу (*корабля́*) 2) *перен.* сокраща́ть

**razor** ['reızə] **1.** *n* бри́тва

**2.** *v редк.* брить

**razor-back** ['reızəbæk] *n* 1) о́стрый хребе́т 2) полоса́тик (*кит*)

**razor-bill** ['reızəbıl] *n зоол.* гага́рка

**razor-edge** ['reızər'edʒ] *n* 1) остриё бри́твы, ножа́; о́стрый край (*чего-л.*) 2) о́стрый го́рный кряж 3) ре́зкая грань; to keep on the ~ of smth. не преступа́ть грани́цы чего́-л. 4) опа́сное положе́ние; to be on a ~ (*или* razor's edge) быть в опа́сности, на краю́ ги́бели

**razor-strop** ['reızəstrɔp] *n* реме́нь для пра́вки бритв

**razz** [ræz] *v амер. sl.* дразни́ть, подшу́чивать; высме́ивать, насмеха́ться

**razzia** ['ræzıə] *араб.* *n* 1) набе́г 2) полице́йская обла́ва

**razzle-dazzle** ['ræzl͵dæzl] *n sl.* 1) суетня́, сумато́ха 2) кутёж; to go on the ~ кути́ть

**re** I [reı] *n муз.* ре

**re** II [ri:] *prep юр., ком.* относи́тельно, о, ссыла́ясь на (*тж.* in re); *разг.* каса́тельно; re your letter of the 2nd instant... каса́тельно ва́шего письма́ от второ́го числа́ сего́ ме́сяца...

**re-** ['ri:] *pref* сно́ва, за́ново, ещё раз, обра́тно; re-collect сно́ва собира́ть; re-form за́ново формирова́ть; re-import ввози́ть обра́тно; re-read перечи́тывать; renew возобновля́ть

**reach** I [ri:tʃ] **1.** *n* 1) протя́гивание (*руки и т. п.*); to make a ~ for smth. протяну́ть ру́ку, потяну́ться за чем-л. 2) преде́л досяга́емости, досяга́емость; beyond one's ~ вне досяга́емости, недосту́пный; within easy ~ of the railway неподалёку от желе́зной доро́ги; within ~ of one's hand под руко́й; out of ~ of the guns вне досяга́емости огня́ ору́дий 3) о́бласть влия́ния, охва́т; кругозо́р; сфе́ра; such subtleties are beyond my ~ таки́е то́нкости вы́ше моего́ понима́ния 4) протяже́ние, простра́нство; a ~ of woodland широ́кая полоса́ лесо́в 5) плёс; коле́но реки́ 6) бьеф 7) *мор.* галс 8) ра́диус де́йствия

**2.** *v* 1) протя́гивать, вытя́гивать (*часто* ~ out); to ~ one's hand across the table протяну́ть ру́ку че́рез стол 2) достава́ть; дотя́гиваться; брать (*часто* ~ for) 3) передава́ть, подава́ть; ~ me the mustard, please переда́йте мне, пожа́луйста, горчи́цу 4) достига́ть, доходи́ть; he is so tall that he ~es the ceiling он так высо́к, что достаёт до потолка́; to ~ old age дожи́ть до ста́рости; as far as the eye can ~ наско́лько мо́жет охвати́ть взор; the memory ~es back over many years в па́мяти сохраня́ется далёкое про́шлое; your letter ~ed me yesterday ва́ше письмо́ дошло́ (то́лько) вчера́ 5) заста́ть, насти́гнуть; his letter ~ed me его́ письмо́ заста́ло меня́ 6) доезжа́ть до; добира́ться до; the train ~es Oxford at six по́езд прихо́дит в О́ксфорд в 6 часо́в 7) простира́ться 8) составля́ть (*су́мму*) 9) тро́гать; ока́зывать влия́ние 10) связа́ться (*с кем-л., напр., по телефо́ну*); устана́вливать конта́кт; сноси́ться, сообща́ться (*с кем-л.*) □ ~ **after** тяну́ться за *чем-л.*; *перен.* стреми́ться к *чему-л.*; ~ **out** (for) протя́гивать ру́ку за *чем-л.*, достава́ть *что-л.* (*с по́лки, со шка́фа*); he ~ed out for the dictionary он потяну́лся за словарём

**reach** II [ri:tʃ] = retch 2

**reachless** ['ri:tʃlıs] *a* недостижи́мый

**reach-me-down** ['ri:tʃmı'daun] *разг.* **1.** *n* гото́вое пла́тье

**2.** *a* гото́вый (*о пла́тье*)

**react** [ri(:)'ækt] *v* 1) реаги́ровать (to) 2) влия́ть, вызыва́ть отве́тную реа́кцию (on, upon) 3) *хим.* вызыва́ть реа́кцию 4) противоде́йствовать; ока́зывать сопротивле́ние, стреми́ться в обра́тном направле́нии *или* наза́д (against) 5) *воен.* производи́ть контрата́ку

**reactance** [ri(:)'æktəns] *n эл.* реакти́вное сопротивле́ние

**reaction** I [ri(:)'ækʃən] *n* 1) реа́кция; what was his ~ to this news? как он реаги́ровал на э́то?; to suffer a ~ си́льно реаги́ровать 2) обра́тное де́йствие; реакти́вное де́йствие; ~ propelled с реакти́вным дви́гателем 3) влия́ние; возде́йствие (on) 4) противоде́йствие; action and ~ де́йствие и противоде́йствие 5) *ра́дио* де́йствие обра́тной свя́зи 6) *воен.* контруда́р 7) *attr.* реакти́вный

**reaction** II [ri(:)'ækʃən] *n полит.* реа́кция

**reactionary** I [ri(:)'ækʃnərı] *a* противоде́йствующий, даю́щий обра́тную реа́кцию

**reactionary** II [ri(:)'ækʃnərı] *полит.* **1.** *n* реакционе́р

**2.** *a* реакцио́нный

**reactionist** [ri(:)'ækʃnıst] = reactionary II, 1

**reactive** [ri(:)'æktıv] *a* 1) реаги́рующий 2) противоде́йствующий, возвра́тный 3) *эл.* реакти́вный

**reactivity** [͵ri:æk'tıvıtı] *n* реакти́вность

**reactor** [ri(:)'æktə] *n* 1) реа́ктор, а́томный котёл 2) *эл.* стабилиза́тор

**read** I [ri:d] **1.** *v* (read) 1) чита́ть; to ~ aloud, to ~ out (loud) чита́ть вслух; to ~ smb. to sleep усыпля́ть кого́-л. чте́нием; to ~ oneself hoarse (stupid) дочита́ться до хрипоты́ (оду́рения); to ~ to oneself чита́ть про себя́; to ~ a piece of music *муз.* разобра́ть пье́су; the bill was read *парл.* законопрое́кт был предста́влен на обсужде́ние 2) толкова́ть; объясня́ть; my silence is not to be read as consent моё молча́ние не сле́дует принима́ть за согла́сие; it is intended to be read... э́то на́до понима́ть в том смы́сле, что..., to ~ one's thoughts into a poet's words вкла́дывать со́бственный смысл в слова́ поэ́та; to ~ a riddle разгада́ть зага́дку; to ~ the cards гада́ть на ка́ртах; to ~ smb.'s mind (*или* thoughts) чита́ть чужи́е мы́сли; to ~ smb.'s hand (*или* palm) гада́ть по руке́ 3) гласи́ть; the passage quoted ~s as follows цита́та гласи́т сле́дующее 4) пока́зывать (*о прибо́ре и т. п.*); the thermometer ~s three degrees above freezing-point термо́метр пока́зывает три гра́дуса вы́ше нуля́ 5) снима́ть показа́ния (*прибо́ра и т. п.*); to ~ the electric meter снима́ть показа́ния электри́ческого счётчика; to ~ smb.'s blood pressure измеря́ть кровяно́е давле́ние 6) изуча́ть; he is ~ing law он изуча́ет пра́во; to ~ for the Bar гото́виться к адвокату́ре □ ~ **off** *разг.* объясня́ть, выража́ть; his face doesn't ~ off его́ лицо́ ничего́ не выража́ет; ~ **out** исключа́ть из организа́ции; ~ **up** специа́льно изуча́ть; to ~ up for examinations гото́виться к экза́менам; ~ **with** занима́ться с *кем-л.* ◇ to ~ smb. a lesson сде́лать вы́говор, внуше́ние кому́-л.; to ~ between the lines чита́ть ме́жду строк; to ~ the time (*или* the clock) уме́ть определя́ть вре́мя по часа́м (*о ребёнке*)

**2.** *n* чте́ние; вре́мя, проведённое в чте́нии; to have a quite ~ почита́ть в тишине́

**read** II [red] **1.** *past и p. p. от* read I, 1

**2.** *a* (*в сочета́ниях*) начи́танный, све́дущий, зна́ющий, образо́ванный; he is poorly ~ in history он сла́бо зна́ет исто́рию

**readability** [͵ri:də'bılıtı] *n* 1) удобочита́емость 2) чита́бельность

**readable** ['ri:dəbl] *a* 1) хорошо́ напи́санный, интере́сный 2) *редк.* чёткий; удобочита́емый; a ~ handwriting разбо́рчивый по́черк

**reader** ['ri:də] *n* 1) чита́тель; люби́тель книг; he is not much of a ~ он не осо́бенно лю́бит чте́ние 2) чтец 3) рецензе́нт 4) корре́ктор 5) препода́ватель (*университе́та*); ле́ктор 6) хрестома́тия

**readership** ['ri:dəʃıp] *n* 1) до́лжность преподава́теля университе́та 2) *собир.* чита́тели; чита́тельская ма́сса; to achieve a wide ~ завоева́ть популя́рность у чита́телей

**readily** ['redılı] *adv* 1) охо́тно, бы́стро, с гото́вностью 2) легко́, без труда́; the facts may ~ be ascertained фа́кты мо́жно легко́ установи́ть

**readiness** ['redınıs] *n* 1) гото́вность, охо́та 2) подгото́вленность; all is in ~ всё гото́во 3) нахо́дчивость; быстрота́, жи́вость

**reading** ['ri:dıŋ] **1.** *pres. p. от* read I, 1

**2.** *n* 1) чте́ние; close ~ внима́тельное чте́ние 2) начи́танность, зна́ния; a man of wide ~ начи́танный, широко́ образо́ванный челове́к 3) публи́чное чте́ние; ле́кция; penny ~ ле́кция с пла́той за вход в 1 пе́нни 4) вариа́нт те́кста, разночте́ние 5) показа́ние, отсчёт показа́ний измери́тельного прибо́ра 6) толкова́ние, понима́ние (*чего-либо*); what is your ~ of the facts? как вы понима́ете, толку́ете э́ти фа́кты? 7) чте́ние (*стадия прохождения законопроекта*) в парла́менте; first, second, third ~ пе́рвое, второ́е, тре́тье чте́ние

**reading-desk** [ˈri:dɪŋdesk] *n* пюпи́тр

**reading-glass** [ˈri:dɪŋglɑ:s] *n* увеличи́тельное стекло́

**reading-lamp** [ˈri:dɪŋlæmp] *n* насто́льная ла́мпа

**reading-room** [ˈri:dɪŋrum] *n* 1) чита́льный зал, чита́льня 2) корре́кторская

**readjust** [ˈri:əˈdʒʌst] *v* 1) переде́лывать, исправля́ть (за́ново), изменя́ть; сно́ва приводи́ть в поря́док 2) (за́ново) приспоса́бливать, пригоня́ть, прила́живать 3) подрегули́ровать

**readjustee** [ˈri:ədʒʌsˈti:] *n амер. разг.* челове́к, верну́вшийся по́сле до́лгого пребыва́ния в а́рмии и приспосо́бившийся вновь к гражда́нской жи́зни

**readjustment** [ˈri:əˈdʒʌstmənt] *n* 1) переде́лка, исправле́ние 2) приспособле́ние; регулиро́вка 3) реорганиза́ция; перегруппиро́вка

**ready** [ˈredɪ] **1.** *a* 1) гото́вый, пригото́вленный; to get (*или* to make) ~ пригота́вливать 2) согла́сный, гото́вый (*на что-л.*); пода́тливый, скло́нный; he gave a ~ assent он охо́тно согласи́лся; he is ~ to go anywhere он гото́в пойти́ куда́ уго́дно 3) лёгкий, бы́стрый; прово́рный; to have a ~ answer for any question име́ть на всё гото́вый отве́т; ≅ не лезть за сло́вом в карма́н; to have a ~ wit быть нахо́дчивым; he is too ~ to suspect он страда́ет изли́шней подозри́тельностью; ~ solubility in water бы́страя раствори́мость в воде́ 4) име́ющийся под руко́й; ~ at hand, ~ to hand(s) находя́щийся под руко́й; тут же, под руко́й

**2.** *n* (the ~) 1) *sl.* нали́чные (де́ньги) 2) *воен.* положе́ние винто́вки нагото́ве; to have the gun at the ~ держа́ть ору́жие в положе́нии для стрельбы́

**3.** *v* гото́вить, подгота́вливать

**ready-for-service** [ˈredɪfəˈsə:vɪs] = ready-made

**ready-made** [ˈredɪˈmeɪd] *a* 1) гото́вый; ~ clothes гото́вое пла́тье; ~ shop магази́н гото́вого пла́тья 2) неоригина́льный, изби́тый

**ready money** [ˈredɪˌmʌnɪ] *n* нали́чные де́ньги

**ready reckoner** [ˈredɪˈreknə] *n* (арифмети́ческие) табли́цы (*готовых расчётов*)

**ready-to-cook** [ˈredɪtəˈkuk] *a*: ~ food полуфабрика́ты

**ready-to-serve** [ˈredɪtəˈsə:v] *a*: ~ food кулина́рные изде́лия

**ready-to-wear** [ˈredɪtəˈwɛə] = ready-made

**ready-witted** [ˈredɪˈwɪtɪd] *a* сообрази́тельный, нахо́дчивый

**reaffirm** [ˈri:əˈfə:m] *v* вновь подтвержда́ть

**reagent** [ri(:)ˈeɪdʒənt] *n хим.* реакти́в; реаге́нт

**real** I [rɪəl] **1.** *a* 1) действи́тельный, настоя́щий, реа́льный, по́длинный, и́стинный, неподде́льный, несомне́нный; the ~ state of affairs действи́тельное положе́ние веще́й; the actor drank ~ wine on the stage актёр пил настоя́щее вино́ на сце́не 2) недви́жимый (*об имуществе*); ~ property недви́жимость ◇ the ~ thing первокла́ссная вещь; the ~ Simon Pure не подде́лка, не́что настоя́щее

**2.** *n* (the ~) действи́тельность

**3.** *adv разг.* о́чень, действи́тельно, совсе́м

**real** II [reɪˈɑ:l] *n* реа́л (*старая испанская монета*)

**realgar** [rɪˈælgə] *n мин.* реальга́р

**realign** [ˌri:əˈlaɪn] *v* перестра́ивать

**realignment** [ˌri:əˈlaɪnmənt] *n* перестро́йка

**realism** [ˈrɪəlɪzm] *n* реали́зм

**realist** [ˈrɪəlɪst] **1.** *n* реали́ст

**2.** *a* = realistic

**realistic** [rɪəˈlɪstɪk] *a* 1) реалисти́чный; реалисти́ческий 2) практи́ческий, тре́звый; ~ politics тре́звая поли́тика

**reality** [ri(:)ˈælɪtɪ] *n* 1) действи́тельность, реа́льность; не́что реа́льное; objective ~ *филос.* объекти́вная реа́льность; in ~ действи́тельно, факти́чески, на са́мом де́ле 2) и́стинность; по́длинная су́щность 3) неподде́льность 4) реали́зм

**realizable** [ˈrɪəlaɪzəbl] *a* 1) могу́щий быть реализо́ванным; осуществи́мый 2) поддаю́щийся понима́нию *или* осозна́нию

**realization** [ˌrɪəlaɪˈzeɪʃən] *n* 1) осозна́ние, понима́ние; to have a true ~ of one's danger я́сно сознава́ть опа́сность 2) осуществле́ние; выполне́ние (*плана и т. п.*) 3) *ком.* реализа́ция, прода́жа

**realize** [ˈrɪəlaɪz] *v* 1) представля́ть себе́; понима́ть (я́сно, в дета́лях) 2) осуществля́ть; выполня́ть (*план, намерение*) 3) *ком.* реализова́ть; продава́ть

**really** [ˈrɪəlɪ] *adv* 1) действи́тельно, в са́мом де́ле 2) (*выражает интерес, удивление, сомнение и т. п.*) ра́зве?, вот как!, пра́во; ~ and truly да пра́во же; ~? вы так ду́маете?; не мо́жет быть!

**realm** [relm] *n* 1) короле́вство, госуда́рство; *перен.* ца́рство 2) о́бласть, сфе́ра; the ~s of fancy о́бласть фанта́зии, воображе́ния

**realtor** [ˈrɪəltə] *n амер.* аге́нт по прода́же недви́жимости

**realty** [ˈrɪəltɪ] *n юр.* недви́жимое иму́щество

**ream** I [ri:m] *n* 1) стопа́ бума́ги (*480 листов*) 2) (*часто pl*) *разг.* ма́сса, огро́мное коли́чество (*бумаги, напечатанного, написанного*); ~s of verses *пренебр.* ку́ча стихо́в

**ream** II [ri:m] *v* 1) *тех.* рассве́рливать, развёртывать 2) *го́рн.* расширя́ть сква́жину

**reamer** [ˈri:mə] *n* 1) *тех.* развёртка 2) *горн.* инструме́нт для расшире́ния сква́жин

**reanimate** [ˈri:ˈænɪmeɪt] *v* оживи́ть, верну́ть к жи́зни; вдохну́ть но́вую жизнь, воодушеви́ть

**reap** [ri:p] *v* 1) жать, снима́ть урожа́й 2) пожина́ть плоды́ ◇ to ~ as one has sown ≅ что посе́ешь, то и пожнёшь; to ~ where one has not sown пожина́ть плоды́ чужо́го труда́

**reaper** [ˈri:pə] *n* 1) жнец; жни́ца 2) жа́твенная маши́на, жа́тка

**reaping-hook** [ˈri:pɪŋhuk] *n* серп

**reaping-machine** [ˈri:pɪŋməˌʃi:n] *n* жа́твенная маши́на, жа́тка

**reappear** [ˈri:əˈpɪə] *v* сно́ва появля́ться, пока́зываться

**rear** I [rɪə] *v* 1) поднима́ть (*голову, руку*); возвыша́ть (*голос*); возноси́ть 2) воздвига́ть; сооружа́ть 3) воспи́тывать; выводи́ть, культиви́ровать, выра́щивать 4) станови́ться на дыбы́ (*обыкн.* ~ up)

**rear** II [rɪə] *n* 1) тыл; to bring up the ~, to follow in the ~ замыка́ть ше́ствие; to take in the ~ напада́ть с ты́ла 2) за́дняя сторона́; at the ~ of the house позади́ до́ма 3) я́годицы, зад 4) огу́зок 5) *разг.* отхо́жее ме́сто, убо́рная 6) *attr.* за́дний, располо́женный сза́ди; ты́льный; *воен.* тылово́й; ~ arch за́дняя лука́ седла́; ~ sight *воен.* прице́л; ~ party *воен.* ты́льная заста́ва

**rear-admiral** [ˈrɪəˈædmərəl] *n* контр-адмира́л

**rearer** [ˈrɪərə] *n* 1) *с.-х.* культива́тор 2) инкуба́тор 3) задо́к (*телеги*) 4) норови́стая ло́шадь

**rearguard** [ˈrɪəgɑ:d] *n* 1) арьерга́рд 2) *attr.*: ~ action арьерга́рдный бой

**rearm** [ˈri:ˈɑ:m] *v* перевооружа́ть(ся)

**rearmament** [ˈri:ˈɑ:məmənt] *n* перевооруже́ние

**rearmost** [ˈrɪəməust] *a* са́мый за́дний, после́дний; ты́льный

**rearmouse** [ˈrɪəmaus] *n* лету́чая мышь

**rear-view mirror** [ˈrɪəvju:ˈmɪrə] *n авто* зе́ркало за́дней обзо́рности

**rearward** [ˈrɪəwəd] **1.** *n* тыл; замыка́ющая часть; арьерга́рд

**2.** *a* за́дний; тылово́й

**3.** *adv* = rearwards

**rearwards** [ˈrɪəwədz] *adv* наза́д, в тыл, в сто́рону ты́ла

**reason** [ˈri:zn] **1.** *n* 1) ра́зум, рассу́док, благоразу́мие; to bring to ~ образу́мить; to hear (*или* to listen to) ~ прислу́шаться к го́лосу ра́зума; to lose one's ~ сойти́ с ума́; bereft of ~ а) умалишённый; б) без созна́ния, без чувств 2) причи́на, по́вод, основа́ние; соображе́ние, моти́в; до́вод, аргуме́нт; оправда́ние; by ~ of по причи́не; из-за; by ~ of its general sense по своему́ о́бщему смы́слу; with (*или* not without) ~ не без основа́ния; he complains with ~ он име́ет все основа́ния жа́ловаться; to give ~s for smth. объясни́ть причи́ны чего́-л., сообщи́ть свои́ соображе́ния по по́воду чего́-л.

**2.** *v* 1) рассужда́ть (about, of, upon — о *чём-л.*) 2) обсужда́ть

3) убеждáть, уговáривать (into); to ~ out of smth. разубеждáть в чём-л.; to ~ with smb. урезóнивать когó-л. 4) аргументи́ровать; докáзывать □ ~ **out** продýмать до концá

**reasonable** ['ri:znəbl] *a* 1) (благо-) разýмный; рассуди́тельный 2) приéмлемый, снóсный; недорогóй (*о цене*); умéренный 3) облада́ющий рáзумом

**reasonably** ['ri:znəblı] *adv* 1) разýмно 2) умéренно 3) приéмлемо, снóсно; довóльно, достáточно

**reasoning** ['ri:znıŋ] 1. *pres. p. от* reason 2

2. *n* 1) рассуждéние 2) объяснéния; аргументáция; the pupils understood the teacher's ~ ученики́ пóняли объяснéния учи́теля

3. *a* мы́слящий, спосóбный рассуждáть

**reassert** ['ri:ə'sə:t] *v* подтверждáть, внóвь заявля́ть; заверя́ть

**reassurance** [,ri:ə'ʃuərəns] *n* 1) уверéние, заверéние; успокáивание; утешéние 2) восстанóвленное довéрие 3) вновь обретённая увéренность, смéлость

**reassure** [,ri:ə'ʃuə] *v* заверя́ть, уверя́ть, убеждáть; успокáивать; утешáть

**Réaumur** ['reiəmjuə] *n* 1) термóметр Реомю́ра 2) *attr.*: ~ scale *физ.* температýрная шкалá Реомю́ра

**reave** [ri:v] *v* (reft) *уст.*, *поэт.* 1) похищáть (*обыкн.* ~ away, ~ from); отнимáть 2) опустошáть, грáбить

**reaver** ['ri:və] = reiver

**rebate** 1. *n* ['ri:beıt] ски́дка, устýпка

2. *v* [rı'beıt] *уст.* 1) уменьшáть, сбавля́ть, ослабля́ть (*силу, энергию*) 2) дéлать ски́дку, устýпку 3) притупля́ть, тупи́ть

**rebec(k)** ['ri:bek] *n* стари́нная трёхстрýнная скри́пка

**rebel** 1. *n* ['rebl] 1) повстáнец 2) бунтовщи́к; мятéжник 3) *attr.* мятéжный; бунтáрский; повстáнческий

2. *v* [rı'bel] 1) восставáть (against) 2) протестовáть, противодéйствовать; окáзывать сопротивлéние 3) *разг.* возмущáться (against — *чем-л.*)

**rebellion** [rı'beljən] *n* 1) восстáние; бунт; the Great R. граждáнская войнá в Áнглии (*1642—60 гг.*) 2) сопротивлéние 3) возмущéние

**rebellious** [rı'beljəs] *a* 1) мятéжный; повстáнческий, бунтýющий; бунтáрский 2) недисциплини́рованный; непослýшный 3) упóрный; не поддаю́щийся лечéнию (*о болезни*)

**rebellow** [rı'beləu] *v поэт.* отдавáться грóмким э́хом

**rebound** [rı'baund] 1. *n* 1) отскóк, отдáча, рикошéт; to hit on the ~ бить *или* ударя́ть рикошéтом 2) реáкция, подáвленность пóсле возбуждéния; to take smb. on (*или* at) the ~ оказáть давлéние на когó-л., воспóльзовавшись егó слáбостью

2. *v* 1) отскáкивать, рикошети́ровать 2) отпря́нуть, отступи́ть 3) *воен.* накáтываться (*об орудиях*) 4) имéть обрáтное дéйствие

**rebuff** [rı'bʌf] 1. *n* отпóр, рéзкий откáз

2. *v* 1) давáть отпóр; откáзывать наотрéз 2) *воен.* отражáть атáку

**rebuild** ['ri:'bıld] *v* (rebuilt) отстрóить зáново, восстанови́ть

**rebuilt** ['ri:'bılt] *past и p. p. от* rebuild

**rebuke** [rı'bju:k] 1. *n* 1) упрёк; without ~ безупрéчный 2) вы́говор

2. *v* 1) упрекáть 2) дéлать вы́говор

**rebus** ['ri:bəs] *n* рéбус

**rebut** [rı'bʌt] *v* 1) давáть отпóр; отражáть 2) опровергáть (*обвинение и т. п.*)

**rebuttal** [rı'bʌtl] *n* опровержéние (*обвинения и т. п.*)

**rebutter** [rı'bʌtə] *n юр.* возражéние истцá на заявлéние отвéтчика

**recalcitrance, -cy** [rı'kælsıtrəns, -sı] *n* непокóрность; упóрство

**recalcitrant** [rı'kælsıtrənt] 1. *a* непокóрный; упóрный; упóрствующий в неподчинéнии (*чему-л.*)

2. *n* непокóрный человéк

**recalcitrate** [rı'kælsıtreıt] *v* упóрствовать; сопротивля́ться

**recall** [rı'kɔ:l] 1. *n* 1) при́зыв вернýться 2) отозвáние (*депутата, посланника и т. п.*) 3) *воен.* сигнáл к возвращéнию 4) *театр.* вы́зов исполни́теля на бис ◇ beyond (*или* past) ~ a) непоправи́мый; б) забы́тый

2. *v* 1) призывáть обрáтно 2) отзывáть (*депутата, должностное лицо*) 3) выводи́ть (*из задумчивости*) 4) вспоминáть; напоминáть, воскрешáть (*в памяти*) 5) отменя́ть (*приказ и т. п.*) 6) брать обрáтно (*подарок, свои слова*) 7) *воен.* призывáть из запáса

**recant** [rı'kænt] *v* отрекáться; откáзываться от своегó мнéния (*особ.* публи́чно)

**recantation** [,ri:kæn'teıʃən] *n* отречéние

**recap** ['ri:kæp] 1. *n разг. сокр. от* recapitulation

2. *v разг. сокр. от* recapitulate

**recapitulate** [,ri:kə'pıtjuleıt] *v* 1) повторя́ть, перечисля́ть 2) резюми́ровать, сумми́ровать; конспекти́ровать

**recapitulation** ['ri:kə,pıtju'leıʃən] *n* крáткое повторéние; сумми́рование; вы́вод, резюмé

**recapitulative** [,ri:kə'pıtjulətıv] *a* повтори́тельный; конспекти́вный; сумми́рующий

**recapitulatory** [,ri:kə'pıtjulətərı] = recapitulative

**recaption** ['ri:'kæpʃən] *n юр.* возвращéние ми́рным путём товáров *и т. п.*, несправедли́во захвáченных други́м лицóм

**recapture** ['ri:'kæptʃə] 1. *n* 1) взя́тие обрáтно 2) то, что взя́то обрáтно

2. *v* брать обрáтно

**recast** ['ri:'kɑ:st] 1. *n* 1) придáние (*чему-л.*) нóвой, исправленной фóрмы 2) передéлка

2. *v* (recast) 1) придавáть нóвую фóрму (*чему-л.*), исправля́ть; перестрáивать (*предложение, абзац и т. п.*); to ~ a book передéлать (кни́гу 2) перераспределя́ть рóли (*в театре*); постáвить пьéсу с нóвым состáвом исполни́телей 3) пересчи́тывать 4) *тех.* отливáть зáново

**re-cede** [ri(:)'si:d] *v* возвращáть захвáченное

**recede** [ri(:)'si:d] *v* 1) отступáть, удаля́ться; ретировáться; to ~ into the background a) отойти́ на зáдний план; b) теря́ть значéние, интерéс 2) откáзываться (*от договорённости, от мнения*) 3) пáдать в ценé 4) отклоня́ться назáд; быть срéзанным, покáтым (*о лбе, подбородке*) 5) убывáть, идти́ на ýбыль

**receipt** [rı'si:t] 1. *n* 1) распи́ска в получéнии; квитáнция 2) получéние; on ~ по получéнии 3) (*обыкн. pl*) прихóд; ~s and expenses прихóд и расхóд 4) рецéпт (*особ.* кулинáрный) 5) срéдство для достижéния какóй-л. цéли 6) срéдство для излечéния

2. *v* дать распи́ску в получéнии; to ~ a bill расписáться на счёте

**receipt-book** [rı'si:tbuk] *n* квитанциóнная кни́жка

**receivable** [rı'si:vəbl] *a* могýщий быть получéнным; гóдный к приня́тию

**receive** [rı'si:v] *v* 1) получáть 2) принимáть; to ~ stolen goods укрывáть крáденое 3) восприни́мáть 4) вмещáть 5) признавáть прáвильным, принимáть 6) принимáть (*гостей*)

**received** [rı'si:vd] 1. *p. p. от* receive

2. *a* общеприня́тый, общепри́знанный, считáющийся прáвильным, и́стинным

**receiver** [rı'si:və] *n* 1) получáтель 2) *юр.* судéбный исполни́тель 3) укрывáтель крáденого 4) телефóнная трýбка 5) радиоприёмник 6) *тех.* приёмный резервуáр, реси́вер 7) ствóльная корóбка (*винтовки*)

**receivership** [rı'si:vəʃıp] *n юр.* стáтус лицá, управля́ющего имýществом несостоя́тельного должникá *или* спóрным имýществом

**receiving-order** [rı'si:vıŋ'ɔ:də] *n* исполни́тельный лист

**receiving-set** [rı'si:vıŋset] *n* радиоприёмник

**recency** ['ri:snsı] *n* новизнá, свéжесть

**recension** [rı'senʃən] *n* 1) просмóтр и исправлéние тéкста 2) просмóтренный и испрáвленный текст

**recent** ['ri:snt] *a* недáвний, послéдний; нóвый, свéжий, совремéнный

**recently** ['ri:sntlı] *adv* недáвно; на днях

**receptacle** [rı'septəkl] *n* 1) вмести́лище, приёмник; храни́лище 2) корóбка, я́щик; мешóк; сосýд 3) штéпсельная розéтка, патрóн 4) *бот.* цветолóже

**reception** [rı'sepʃən] *n* 1) приём, получéние 2) приём (*тж. в члены*); приня́тие; warm ~ горя́чий приём; *ирон.* си́льное сопротивлéние; the play met with a cold ~ пьéса былá хóлодно принятá 3) приём (*гостей*); вечери́нка, встрéча 4) восприя́тие 5) *радио, тлв.* приём 6) *attr.*: ~ camp (*или* centre) приёмный пункт (*для разме-*

*щения беженцев, эвакуированных и т. п.)*

**receptionist** [rɪ'sepʃənɪst] *n* секретáрь в приёмной (*у врача, фотографа и т. п.*)

**reception-room** [rɪ'sepʃənrum] *n* гостúная, приёмная

**receptive** [rɪ'septɪv] *a* 1) восприúмчивый 2) рецептúвный

**receptivity** [rɪsep'tɪvɪtɪ] *n* 1) восприúмчивость 2) *тех.* поглощáющая спосóбность; ёмкость

**recess** [rɪ'ses] **1.** *n* 1) перерыв в заседáниях (*парламента, суда и т. п.*) 2) *амер.* канúкулы (*в школе, университете*) 3) *амер.* (большáя) перемéна в шкóле 4) уединённое мéсто; глухóе мéсто; укрóмный уголóк; in the secret ∼es of the heart в тайникáх, в глубинé душú 5) углублéние; нúша, альков; in the ∼ в глубинé 6) мáленькая бýхта 7) *анат., бот.* углублéние, я́мка 8) *тех.* прóрезь, вы́емка; вы́точка

**2.** *v* 1) дéлать углублéние 2) помещáть в укрóмном мéсте 3) отодвигáть назáд 4) дéлать перерыв в заня́тиях 5) *тех.* дéлать вы́емку, углубля́ть

**recession** [rɪ'seʃən] *n* 1) удалéние, ухóд 2) отступáние (*моря, ледника*) 3) углублéние 4) спад, снижéние (*цен, спроса на товары, деловой активности*)

**recessional** [rɪ'seʃənl] *a* каникуля́рный

**recessive** [rɪ'sesɪv] *a* удаля́ющийся, отступáющий

**réchauffé** [rɪ'ʃəufeɪ] *фр. n* 1) разогрéтое кýшанье 2) что-л., передéланное из стáрого; переработка своегó *или* чужóго литератýрного произведéния

**recherché** [rə'ʃeəʃeɪ] *фр. a* отбóрный; изы́сканный (*о вкусе, о блюдах и т. п.*)

**recidivism** [rɪ'sɪdɪvɪzm] *n* рецидивúзм

**recidivist** [rɪ'sɪdɪvɪst] *n* рецидивúст

**recipe** ['resɪpɪ] *n* 1) рецéпт (*тж. кулинарный*) 2) срéдство; спóсоб (*достигнуть чего-л.*)

**recipience, -cy** [rɪ'sɪpɪəns, -sɪ] *n* 1) получéние 2) восприúмчивость

**recipient** [rɪ'sɪpɪənt] **1.** *n* 1) получáтель 2) *тех.* приёмник

**2.** *a* 1) получáющий 2) восприúмчивый

**reciprocal** [rɪ'sɪprəkəl] **1.** *a* 1) взаúмный, обоюдный; отвéтный 2) эквивалéнтный; соотвéтственный 3) *юр.* взаúмно обя́зывающий 4) *грам.* взаúмный (*о местоимениях*) 5) *мат.* обрáтный

**2.** *n мат.* обрáтная величинá

**reciprocate** [rɪ'sɪprəkeɪt] *v* 1) отплáчивать; to ∼ smb.'s feeling отвечáть взаúмностью (на чьё-л. чýвство); to every attack he ∼d with a blow на кáждое нападéние он отвечáл удáром 2) обмéниваться (*услугами, любезностями*) 3) двигáть(ся) взад и вперёд; имéть возврáтно-поступáтельное движéние

**reciprocating-engine** [rɪ'sɪprəkeɪtɪŋ'endʒɪn] *n* поршневóй двúгатель

**reciprocation** [rɪˌsɪprə'keɪʃən] *n* 1) возврáтно-поступáтельное движéние 2) отвéтное дéйствие 3) взаúмный обмéн (*услугами, любезностями*)

**reciprocity** [ˌresɪ'prɔsɪtɪ] *n* 1) взаúмность 2) взаимодéйствие 3) взаúмный обмéн (*услугами и т. п.*) 4) *attr.*: ∼ principle прúнцип обратúмости

**recital** [rɪ'saɪtl] *n* 1) изложéние, повествовáние 2) подрóбное перечислéние фáктов 3) расскáз, описáние 4) сóльный концéрт; концéрт из произведéний одногó композúтора

**recitation** [ˌresɪ'teɪʃən] *n* 1) перечислéние (*фактов и т. п.*) 2) декламáция; публúчное чтéние 3) отры́вок *или* стихотворéние для заýчивания 4) *амер.* отвéт ученикá; опрóс ученикóв 5) *attr.*: ∼ room аудитóрия

**recitative** [ˌresɪtə'ti:v] *n* речитатúв

**recite** [rɪ'saɪt] *v* 1) декламúровать; повторя́ть по пáмяти 2) расскáзывать, излагáть 3) перечисля́ть (*факты и т. п.*) 4) *амер.* отвечáть урóк

**reciter** [rɪ'saɪtə] *n* 1) декламáтор; чтец 2) чтец-декламáтор (*книга*); сбóрник для чтéния вслух

**reck** [rek] *v поэт., уст.* (*тк. в отриц. и вопр. предложениях*) обращáть внимáние (*на что-л.*), принимáть во внимáние (of — *что-л.*); he ∼ed not of the danger он и не дýмал об опáсности; it ∼s him not what others think емý безразлúчно, что другúе дýмают; what ∼s him that..? какóе емý дéло, что..?

**reckless** ['reklɪs] *a* 1) безрассýдный, опромéтчивый 2) дéрзкий, отчáянный; ∼ driving неосторóжная ездá 3) пренебрегáющий (*чем-л.*); ∼ of danger пренебрегáющий опáсностью; ∼ of consequences не дýмающий о послéдствиях

**reckling** ['reklɪŋ] *диал.* **1.** *n* 1) слáбый, мáленький, нуждáющийся в ухóде детёныш 2) млáдший ребёнок в семьé

**2.** *a* слáбый, чáхлый

**reckon** ['rekən] *v* 1) считáть; подсчúтывать, исчисля́ть; подводúть итóг (*обыкн.* ∼ up); насчúтывать 2) рассмáтривать, считáть за; дýмать, предполагáть, придéрживаться мнéния; to be ∼ed (as) a clever person считáться ýмным человéком 3) полагáться, рассчúтывать (upon) 4) рассчúтываться, расплáчиваться, сводúть счёты (with — с *кем-л.*) 5) принимáть во внимáние (with); he is to be ∼ed with с ним нáдо считáться □ ∼ **among,** ∼ **in** причисля́ть к; ∼ **up** подсчúтывать

**reckoner** ['reknə] *n* 1) человéк, дéлающий подсчёты 2) = ready reckoner

**reckoning** ['rekənɪŋ] **1.** *pres. p.* от reckon

**2.** *n* 1) счёт, расчёт, вычислéние; by my ∼ по моемý расчёту; to make no ∼ of smth. не принимáть в расчёт что-л.; не придавáть значéния чемý-л.; to be good at ∼ хорошó считáть; to be out in one's ∼ ошибúться в расчётах 2) счёт, *особ.* счёт в гостúнице 3) расплáта; the day of ∼ а) срок расплáты; б) час расплáты, сýдный день 4) определéние местонахождéния *или* счислéния путú (*в штурманском деле*)

**re-claim** ['ri:'kleɪm] *амер.* = reclaim 3)

**reclaim** [rɪ'kleɪm] **1.** *v* 1) исправля́ть; перевоспúтывать; смягчáть; цивилизовáть; to ∼ a drunkard отучúть пья́ницу пить 2) поднимáть (*целину, заброшенные земли*); проводúть мелиорáцию 3) трéбовать обрáтно 4) утилизúровать, испóльзовать 5) регенерúровать

**2.** *n*: it is beyond (*или* past) ∼ это непоправúмо

**reclamation** [ˌreklə'meɪʃən] *n* 1) исправлéние 2) освоéние (*неудобных, целинных, заброшенных земель*); мелиорáция 3) утилизáция, испóльзование отхóдов 4) *ком.* рекламáция, предъявлéние претéнзий

**réclame** [reɪ'klɑ:m] *фр. n* 1) реклáма, реклами́рование 2) стремлéние к извéстности

**recline** [rɪ'klaɪn] *v* 1) облокáчивать(-ся); откúдываться назáд; опирáться; to ∼ against smth. полулежáть, опирáясь на что-л., сидéть, откúнувшись на что-л. 2) полагáться (on — на) 3) откúдывать (*голову*)

**recluse** [rɪ'klu:s] **1.** *n* затвóрник; затвóрница; отшéльник; отшéльница

**2.** *a* живýщий в уединéнии; уединённый

**recognition** [ˌrekəg'nɪʃən] *n* 1) узнавáние; опознáние 2) признáние; одобрéние; to win (to receive, to meet with) ∼ from the public завоевáть (получúть) признáние пýблики 3) официáльное признáние (*независимости и суверенитета страны*)

**recognizable** ['rekəgnaɪzəbl] *a* могýщий быть ýзнанным

**recognizance** [rɪ'kɔgnɪzəns] *n* 1) признáние 2) обязáтельство (*данное суду*) 3) залóг

**recognize** ['rekəgnaɪz] *v* 1) узнавáть 2) признавáть; to ∼ a new government признáть нóвое правúтельство; to ∼ smb. as lawful heir признáть когó-л. закóнным наслéдником 3) выражáть признáние, одобрéние 4) осознавáть; to ∼ one's duty понимáть свой долг

**recoil** [rɪ'kɔɪl] **1.** *n* 1) отскóк; отдáча, откáт 2) ýжас, отвращéние (*к чему-л.*)

**2.** *v* 1) отскочúть; отпря́нуть, отшатнýться 2) отдавáть (*о ружье*); откáтываться (*об орудии*) 3) испы́тывать ýжас (*перед чем-л.*); чýвствовать отвращéние (from — к *чему-л.*) 4) *перен.* отскочúть рикошéтом; his meanness ∼ed upon his own head егó пóдлость обернýлась прóтив негó самогó 5) *редк.* отступáть

**re-collect** ['ri:kə'lekt] *v* 1) вновь собрáть, объединúть 2) *refl.* прийтú в себя́, опóмниться

**recollect** [ˌrekə'lekt] *v* вспоминáть, припоминáть

**recollection** [ˌrekəˈlekʃən] *n* 1) воспомина́ние; па́мять; within (outside) my ~ на (не на) мое́й па́мяти 2) *pl* мемуа́ры

**recommend** [ˌrekəˈmend] *v* 1) рекомендова́ть; сове́товать 2) представля́ть (*к награде и т. п.*) 3) поруча́ть (*чьему-л.*) попече́нию 4) говори́ть в (*чью-л.*) по́льзу

**recommendation** [ˌrekəmenˈdeɪʃən] *n* 1) рекоменда́ция; сове́т 2) представле́ние (for — к *награде и т. п.*) 3) ка́чества, говоря́щие в по́льзу (*кого-л.*)

**recommendatory** [ˌrekəˈmendətərɪ] *a* рекоменда́тельный

**recommit** [ˈriːkəˈmɪt] *v парл.* возвраща́ть законопрое́кт в коми́ссию на втори́чное рассмотре́ние

**recommitment** [ˈriːkəˈmɪtmənt] *n парл.* возвраще́ние законопрое́кта на втори́чное рассмотре́ние в коми́ссию

**recommittal** [ˈriːkəˈmɪtl] = recommitment

**recompense** [ˈrekəmpens] **1.** *n* вознагражде́ние; компенса́ция

**2.** *v* вознагражда́ть; компенси́ровать; отпла́чивать

**reconcilability** [ˈrekənˌsaɪləˈbɪlɪtɪ] *n* 1) совмести́мость 2) *редк.* терпи́мость

**reconcilable** [ˈrekənsaɪləbl] *a* 1) совмести́мый 2) *редк.* примири́тельный

**reconcile** [ˈrekənsaɪl] *v* 1) примиря́ть (with, to); to ~ oneself, to become (*или* to be) ~d to one's lot смири́ться со свое́й судьбо́й 2) ула́живать (*ссору, спор*) 3) согласо́вывать (*мнения, заявления*)

**reconcilement** [ˈrekənsaɪlmənt] = reconsiliation

**reconciliation** [ˌrekənsɪlɪˈeɪʃən] *n* 1) примире́ние 2) ула́живание 3) согласова́ние

**recondite** [rɪˈkɔndaɪt] *a* 1) тёмный, нея́сный; тру́дный для понима́ния; a ~ treatise зау́мный тракта́т 2) малопоня́тный, пи́шущий зау́мно (*о писателе*) 3) *уст.* спря́танный

**recondition** [ˈriːkənˈdɪʃən] *v* 1) ремонти́ровать, переобору́довать, приводи́ть в испра́вное состоя́ние (*особ. судно*) 2) переде́лывать, перестра́ивать 3) восстана́вливать си́лы, здоро́вье

**reconnaissance** [rɪˈkɔnɪsəns] *n* 1) разве́дка; рекогносциро́вка 2) прощу́пывание, зонди́рование 3) *attr.* разве́дывательный

**reconnoitre** [ˌrekəˈnɔɪtə] *v* производи́ть, вести́ разве́дку, разве́дывать; to ~ the ground *перен.* прощу́пать по́чву

**reconsider** [ˈriːkənˈsɪdə] *v* пересма́тривать (за́ново)

**reconstruct** [ˈriːkənsˈtrʌkt] *v* 1) перестра́ивать, реконструи́ровать 2) восстана́вливать (*по данным*), воссоздава́ть

**reconstruction** [ˈriːkənsˈtrʌkʃən] *n* 1) перестро́йка, реконстру́кция; реорганиза́ция 2) восстановле́ние, воссозда́ние 3) (R.) *амер. ист.* реконстру́кция Юга по́сле гражда́нской войны́ 4) что-л. перестро́енное 5) *attr.*: ~ area ме́стность, восстана́вливаемая по́сле войны́

**reconversion** [ˈriːkənˈvəːʃən] *n* возвраще́ние к усло́виям ми́рного вре́мени

**record** **1.** *n* [ˈrekɔːd] 1) за́пись регистра́ция (*фактов*); ле́топись; мемуа́ры, расска́з о собы́тиях; to bear ~ to свиде́тельствовать, удостоверя́ть и́сти́нность (*фактов и т. п.*); a matter of ~ зарегистри́рованный факт; (up)on ~ запи́санный, зарегистри́рованный 2) протоко́л (*заседания и т. п.*); to enter on the ~s занести́ в протоко́л 3) официа́льный докуме́нт, за́пись, отчёт; off the ~ *разг.* а) не подлежа́щий оглаше́нию (*в печати*); б) *разг.* неофициа́льно, неофициа́льным путём 4): to keep to the ~ держа́ться су́ти де́ла; to travel out of the ~ вводи́ть что-л., не относя́щееся к де́лу 5) фа́кты, да́нные (*о ком-л.*); характери́стика; to have a good (bad) ~ име́ть хоро́шую (плоху́ю) репута́цию; his ~ is against him его́ про́шлое говори́т про́тив него́; ~ of service послужно́й спи́сок; трудова́я кни́жка 6) па́мятник про́шлого 7) граммофо́нная пласти́нка; за́пись на граммофо́нной пласти́нке 8) реко́рд; to beat (*или* to break, to cut) the ~ поби́ть реко́рд 9) *юр.* докуме́нт, даю́щий пра́во на владе́ние 10) *attr.* реко́рдный 11) *attr.*: (Public) R. Office Госуда́рственный архи́в

**2.** *v* [rɪˈkɔːd] 1) запи́сывать, регистри́ровать; протоколи́ровать; заноси́ть в спи́сок, в протоко́л 2) запи́сывать на пласти́нку, на плёнку 3) увекове́чивать

**recorder** [rɪˈkɔːdə] *n* 1) регистра́тор; протоколи́ст; учётчик 2) рико́рдер (*мировой судья с юрисдикцией по уголовным и гражданским делам в городах и городках*) 3) *тех.* регистри́рующий, самопи́шущий прибо́р 4) род стари́нной флейты 5) *кино* звукозапи́сывающий аппара́т

**record changer** [ˈrekɔːdˌtʃeɪndʒə] *n* устро́йство для автомати́ческого перевора́чивания пласти́нок на проигрывателе

**record film** [ˈrəkɔːdfɪlm] *n* документа́льный фильм

**record-holder** [ˈrekɔːdˌhəuldə] *n* облада́тель реко́рда, рекордсме́н

**recording** [rɪˈkɔːdɪŋ] **1.** *pres. p. от* record 2

**2.** *n* регистра́ция, за́пись; cinematographic ~ киносъёмка

**3.** *a* регистри́рующий, запи́сывающий

**recordist** [rɪˈkɔːdɪst] *n* звукоопера́тор

**record-player** [ˈrekɔːdˌpleɪə] *n* проигрыватель граммофо́нных пласти́нок

**recordsman** [ˈrekɔːdzmən] *n* рекордсме́н

**re-count** [ˈriːˈkaunt] **1.** *n* пересчёт голосо́в при вы́борах

**2.** *v* пересчи́тывать (*особ.* голоса́ при вы́борах)

**recount** [rɪˈkaunt] *v* расска́зывать, излага́ть подро́бно

**recoup** [rɪˈkuːp] *v* 1) компенси́ровать, возмеща́ть; to ~ a person for loss (*или* damage) возмеща́ть кому́-л. убы́тки 2) *юр.* уде́рживать часть до́лжного, вычита́ть

**recoupment** [rɪˈkuːpmənt] *n* 1) возмеще́ние (*убытков и т. п.*), компенса́ция 2) *юр.* удержа́ние ча́сти до́лжного

**recourse** [rɪˈkɔːs] *n* 1) обраще́ние за по́мощью; to have ~ to прибега́ть к по́мощи 2) прибе́жище; his last ~ will be... еди́нственным вы́ходом, после́дним прибе́жищем для него́ бу́дет...

**re-cover** [ˈriːˈkʌvə] *v* сно́ва покрыва́ть, перекрыва́ть

**recover** [rɪˈkʌvə] *v* 1) обрета́ть сно́ва, возвраща́ть себе́, получа́ть обра́тно; to ~ control of one's temper овладе́ть собо́й; to ~ oneself приходи́ть в себя́; to ~ one's feet (*или* one's legs) встать (*после падения, болезни*) 2) выздора́вливать, оправля́ться (from); he is slowly ~ing from his illness он ме́дленно поправля́ется по́сле боле́зни; I haven't yet ~ed from my astonishment я ещё не пришёл в себя́ от удивле́ния; to ~ from the effects of a war опра́виться от после́дствий войны́ 3) навёрстывать 4) *юр.* добива́ться возвраще́ния (*чего-л.*) *или* возмеще́ния (*убытков*); вы́играть (*дело*); получи́ть по суду́ оправда́ние, возмеще́ние убы́тков *и т. п.* 5) *тех.* регенери́ровать; извлека́ть (*из скважин*); утилизи́ровать (*отходы*)

**recovered** [rɪˈkʌvəd] **1.** *p. p. от* recover

**2.** *a* вы́здоровевший

**recovery** [rɪˈkʌvərɪ] *n* 1) выздоровле́ние 2) восстановле́ние 3) возмеще́ние; возвраще́ние (*утраченного*) 4) *тех.* регенера́ция; извлече́ние (*металла из руды*); утилиза́ция (*отходов*) 5) *горн.* добыва́ние, добы́ча 6) *тех.* упру́гое восстановле́ние фо́рмы по́сле деформа́ции 7) *ав.* вы́ход *или* вы́вод самолёта из што́пора

**recreancy** [ˈrekrɪənsɪ] *n поэт.* 1) тру́сость; малоду́шие 2) изме́на, отсту́пничество

**recreant** [ˈrekrɪənt] *поэт.* **1.** *n* 1) трус 2) отсту́пник, изме́нник

**2.** *a* 1) трусли́вый, малоду́шный 2) преда́тельский, отсту́пнический

**re-create** [ˈriːkrɪˈeɪt] *v* вновь создава́ть

**recreate** [ˈrekrɪeɪt] *v* 1) восстана́вливать си́лы, освежа́ть 2) *refl.* отдыха́ть, освежа́ться 3) занима́ть, развлека́ть 4) *refl.* развлека́ться

**re-creation** [ˈriːkrɪˈeɪʃən] *n* созда́ние за́ново

**recreation** [ˌrekrɪˈeɪʃən] *n* 1) восстановле́ние сил, освеже́ние 2) развлече́ние, о́тдых 3) переме́на (*между уроками*) 4) *attr.*: ~ centre клуб, дворе́ц культу́ры; ~ center *амер. воен.* ба́за о́тдыха; ~ ground площа́дка для игр

**recreational** [ˌrekrɪˈeɪʃənl] *a* развлека́тельный, относя́щийся к сфе́ре развлече́ний; ~ facilities места́ о́тдыха и развлече́ний (*спортплощадки, бассейны и т. п.*)

**recreative** [ˈrekrıeıtıv] *a* 1) восстана́вливающий си́лы, освежа́ющий 2) развлека́ющий, занима́ющий; заба́вный; занима́тельный

**recrement** [ˈrekrımənt] *n* 1) *редк.* отбро́сы, оста́тки 2) при́меси в руде́ 3) *физиол.* секрето́рный проду́кт, кото́рый части́чно сно́ва вса́сывается в кровь

**recriminate** [rıˈkrımıneıt] *v* обвиня́ть друг дру́га; отвеча́ть обвине́нием

**recrimination** [rıˌkrımıˈneıʃən] *n* взаи́мное *или* встре́чное обвине́ние

**recriminative** [rıˈkrımınətıv] = recriminatory

**recriminatory** [rıˈkrımınətərı] *a* отвеча́ющий обвине́нием на обвине́ние

**recrudesce** [ˌri:kru:ˈdes] *v* 1) сно́ва открыва́ться, появля́ться *или* обостря́ться (*после временного улучшения — о ране, нарыве, болезни*); рециди́вировать 2) сно́ва появля́ться, оживля́ться, распространя́ться

**recrudescence** [ˌri:kru:ˈdesns] *n* 1) *мед.* реци́див, но́вая вспы́шка; the ~ of influenza но́вая вспы́шка гри́ппа 2) втори́чное появле́ние, возобновле́ние; a ~ of civil disorder возобновле́ние беспоря́дков

**recruit** [rıˈkru:t] **1.** *n* 1) призывни́к, новобра́нец 2) но́вый член (*партии, общества и т. п.*) 3) новичо́к (*часто* raw ~)

**2.** *v* 1) вербова́ть (*новобранцев, новых членов и т. п.*) 2) комплектова́ть (*часть*); пополня́ть (*ряды, запасы*) 3) укрепля́ть (*здоровье*); take a holiday and try to ~ возьми́те о́тпуск и постара́йтесь попра́виться

**recruitment** [rıˈkru:tmənt] *n* 1) набо́р новобра́нцев 2) пополне́ние, подкрепле́ние 3) восстановле́ние здоро́вья, попра́вка

**recta** [ˈrektə] *pl от* rectum

**rectal** [ˈrektəl] *a анат.* прямокише́чный,ректа́льный

**rectangle** [ˈrekˌtæŋgl] *n* прямоуго́льник

**rectangular** [rekˈtæŋgjulə] *a* прямоуго́льный; ~ co-ordinates прямоуго́льные координа́ты; ~ timber окантова́нный пилёный лесоматериа́л

**rectification** [ˌrektıfıˈkeıʃən] *n* 1) исправле́ние 2) *хим.* ректифика́ция, очище́ние 3) выпрямле́ние (*тока*) 4) *радио* детекти́рование

**rectifier** [ˈrektıfaıə] *n* 1) *хим.* ректифика́тор, очисти́тель 2) *эл.* выпрями́тель 3) *радио* дете́ктор

**rectify** [ˈrektıfaı] *v* 1) исправля́ть; to ~ a chronometer выверя́ть хроно́метр 2) *хим.* ректифици́ровать, очища́ть 3) *эл.* выпрямлять (*ток*) 4) *радио* детекти́ровать

**rectilineal** [ˌrektıˈlınıəl] *a* прямолине́йный

**rectilinear** [ˌrektıˈlınıə] = rectilineal

**rectitude** [ˈrektıtju:d] *n* 1) че́стность, прямота́; высо́кая нра́вственность 2) пра́вильность (*суждений*)

**recto** [ˈrektəu] *n* (*pl* -os [-əuz]) *полигр.* пра́вая страни́ца

**rector** [ˈrektə] *n* 1) ре́ктор 2) прихо́дский свяще́нник; па́стор

**rectorial** [rekˈtɔ:rıəl] *a* ре́кторский

**rectorship** [ˈrektəʃıp] *n* до́лжность *или* зва́ние ре́ктора

**rectory** [ˈrektərı] *n* 1) дохо́д свяще́нника 2) дом прихо́дского свяще́нника, па́стора 3) до́лжность прихо́дского свяще́нника

**rectum** [ˈrektəm] *n* (*pl* -ta) *анат.* пряма́я кишка́

**recumbency** [rıˈkʌmbənsı] *n* лежа́чее положе́ние

**recumbent** [rıˈkʌmbənt] *a* лежа́чий; лежа́щий, отки́нувшийся (*на что-л.*)

**recuperate** [rıˈkju:pəreıt] *v* 1) восстана́вливать си́лы, оправля́ться; выздора́вливать 2) *тех.* рекупери́ровать

**recuperation** [rıˌkju:pəˈreıʃən] *n* 1) восстановле́ние сил; выздоровле́ние 2) *тех.* рекупера́ция 3) *эл.* возвраще́ние эне́ргии в сеть

**recuperative** [rıˈkju:pərətıv] *a* 1) восстана́вливающий си́лы, укрепля́ющий 2) *тех.* рекуперати́вный

**recuperator** [rıˈkju:pəreıtə] *n* 1) *тех.* рекупера́тор 2) *воен.* нака́тчик

**recur** [rıˈkə:] *v* 1) возвраща́ться (to — к *чему-л.*); сно́ва приходи́ть на ум; сно́ва возника́ть 2) повторя́ться, происходи́ть вновь 3) обраща́ться, прибега́ть (to — к *чему-л.*) 4) *мед.* рецидиви́ровать

**recurrence** [rıˈkʌrəns] *n* 1) возвраще́ние, повторе́ние 2) возвра́т, реци́див 3) *редк.* обраще́ние за по́мощью; to have ~ to... обраща́ться за по́мощью к...

**recurrent** [rıˈkʌrənt] *a* 1) повторя́ющийся вре́мя от вре́мени, периоди́ческий; ~ expences теку́щие расхо́ды 2) *мед.* возвра́тный, рециди́вный; ~ fever возвра́тный тиф

**recurring decimal** [rıˈkə:rıŋˈdesıməl] *n мат.* периоди́ческая бесконе́чная десяти́чная дробь

**recurve** [ri:ˈkə:v] *v* загиба́ть(ся) наза́д, в обра́тном направле́нии

**recusancy** [ˈrekjuzənsı] *n* 1) неподчине́ние 2) *ист.* нонконформи́зм

**recusant** [ˈrekjuzənt] **1.** *a* отка́зывающийся подчиня́ться зако́нам, вла́сти

**2.** *n ист.* нонконформи́ст

**red** [red] **1.** *a* 1) кра́сный, а́лый; багря́ный; ~ flag (*или* banner) кра́сный флаг 2) багро́вый; румя́ный; ~ cheeks румя́ные щёки; ~ eyes покрасне́вшие глаза́; get ~ покрасне́ть; to become ~ in the face побагрове́ть; ~ with anger побагрове́вший от гне́ва 3) (*обыкн.* R.) кра́сный, революцио́нный, коммунисти́ческий, сове́тский 4) ры́жий 5) окрова́вленный; ~ hands окрова́вленные ру́ки ◇ to see ~ обезу́меть, прийти́ в я́рость, в бе́шенство

**2.** *n* 1) кра́сный цвет 2) (the Reds) *pl амер.* инде́йцы 3) (R.) «кра́сный»; революционе́р, коммуни́ст; the Reds «кра́сные», сторо́нники революцио́нных иде́й Сове́тского Сою́за 4) кра́сный шар (*в бильярде*); «кра́сный» (*в рулетке*) 5) *sl.* зо́лото ◇ to be in (the) ~ а) *амер.* быть убы́точным, приноси́ть дефици́т; б) име́ть задо́лженность, быть должнико́м; to go into (the) ~ *амер.* приноси́ть дефици́т, станови́ться убы́точным

**redact** [rıˈdækt] *v* облека́ть в литерату́рную фо́рму, редакти́ровать, гото́вить к печа́ти

**redaction** [rıˈdækʃən] *n* 1) редакти́рование 2) но́вое, пересмо́тренное изда́ние

**redactor** [rıˈdæktə] *n* реда́ктор

**red admiral** [ˈredˈædmərəl] *n* адмира́л (*бабочка*)

**redan** [rıˈdæn] *n воен. ист.* реда́н

**Red Army** [ˈredˈɑ:mı] *n* Кра́сная А́рмия

**Red Army Man** [ˈredˈɑ:mımæn] *n* красноарме́ец

**redbait** [ˈredbeıt] *v амер.* пресле́довать прогресси́вные элеме́нты

**redbaiting** [ˈredˌbeıtıŋ] *амер.* **1.** *pres. p. от* redbait

**2.** *n* тра́вля, пресле́дование прогресси́вных элеме́нтов

**red bark** [ˈredˈbɑ:k] *n* кра́сная перуа́нская кора́ (*разновидность хинной коры*)

**red bilberry** [ˈredˈbılbərı] *n* брусни́ка

**red-blindness** [ˈredˌblaındnıs] *n мед.* дальтони́зм, слепота́ на кра́сный цвет

**red-blooded** [ˈredˈblʌdid] *a амер.* 1) си́льный, энерги́чный, хра́брый 2) по́лный собы́тий, захва́тывающий (*о романе и т. п.*)

**red box** [ˈredbɔks] *n* кра́сный ко́жаный я́щик для официа́льных бума́г чле́нов англи́йского прави́тельства

**red brass** [ˈredˈbrɑ:s] *n* томпа́к, кра́сная лату́нь

**redbreast** [ˈredbrest] *n* мали́новка (*птица*)

**redbrick** [ˈredˈbrık] *a* 1) сде́ланный из кра́сного кирпича́ 2) (R.) «но́вый», «кирпи́чный» (*об университетах, основанных в XIX—XX вв. и специализирующихся на технических дисциплинах*)

**red-cap, redcap** [ˈredkæp] *n* 1) вое́нный полице́йский 2) *амер.* носи́льщик

**red cedar** [ˈredˈsi:də] *n* можжеве́льник вирги́нский

**red cent** [ˈredˈsent] *n амер.* (ме́дная) моне́та в 1 цент ◇ I don't care a ~ (for) мне наплева́ть (на); not worth a ~ гроша́ ме́дного не сто́ит

**redcoat** [ˈredkəut] *n ист.* англи́йский солда́т

**Red Crescent** [ˈredˈkresnt] *n* Кра́сный Полуме́сяц

**Red Cross** [ˈredˈkrɔs] *n* 1) Кра́сный Крест 2) крест св. Гео́ргия (*национальная эмблема Англии*)

**red currant** [ˈredˈkʌrənt] *n* кра́сная сморо́дина

**red deer** [ˈredˈdıə] *n зоол.* оле́нь благоро́дный

**redden** [ˈredn] *v* 1) окра́шивать(ся) в кра́сный цвет 2) красне́ть

**reddening** [ˈrednıŋ] **1.** *pres. p. от* redden

**2.** *n* покрасне́ние

**reddish** [ˈredıʃ] *a* краснова́тый

**reddle** [ˈredl] = ruddle

**rede** [ri:d] *уст.* **1.** *n* 1) сове́т; рассужде́ние 2) план 3) расска́з; погово́рка, изрече́ние 4) объясне́ние, разга́дка

2. *v* 1) сове́товать 2) расска́зывать 3) объясня́ть, разга́дывать

**redeem** [rɪˈdi:m] *v* 1) выкупа́ть (*заложенные вещи и т. п.*); выпла́чивать (*долг по закладной*) 2) возмеща́ть 3) возвраща́ть; to ~ one's good name верну́ть себе́ до́брое и́мя 4) выполня́ть (*обещание*) 5) искупа́ть (*грехи и т. п.*); to ~ an error испра́вить оши́бку 6) спаса́ть, избавля́ть, освобожда́ть (за вы́куп); to ~ a prisoner освободи́ть заключённого

**redeemer** [rɪˈdi:mə] *n* 1) избави́тель, спаси́тель 2) (R.) спаси́тель (*о Христе*)

**redemption** [rɪˈdempʃən] *n* 1) вы́куп; вы́плата 2) искупле́ние 3) освобожде́ние; спасе́ние; beyond (*или* past) ~ без наде́жды на исправле́ние, улучше́ние

**Red Ensign** [ˈredˈensaɪn] *n* флаг торго́вого фло́та Великобрита́нии

**re-deploy** [ˈri:dɪˈplɔɪ] *v воен.* передислоци́ровать(ся)

**re-deployment** [ˈri:dɪˈplɔɪmənt] *n воен.* передислока́ция

**redeye** [ˈredaɪ] *n амер. sl.* кре́пкое дешёвое ви́ски

**red gum** [ˈredgʌm] *n* 1) сыпь у дете́й, потни́ца 2) *бот.* эвкали́пт австрали́йский, кра́сное каме́дное де́рево

**red-handed** [ˈredˈhændɪd] *a* 1) с окрова́вленными рука́ми 2) по́йманный на ме́сте преступле́ния; to be caught ~ быть по́йманным на ме́сте преступле́ния, быть захва́ченным с поли́чным

**red hardness** [ˈredˈhɑ:dnɪs] *n метал.* красносто́йкость

**red herring** [ˈredˈherɪŋ] *n* 1) копчёная селёдка 2) отвлека́ющий манёвр; to draw (*или* to track, to trail) a ~ across the path направля́ть по ло́жному сле́ду наме́ренно; отвлека́ть внима́ние от обсужда́емого вопро́са

**red-hot** [ˈredˈhɔt] *a* 1) накалённый до́красна́ 2) разгорячённый, возбуждённый 3) горя́чий, пла́менный 4) све́жий, но́вый

**red huckleberry** [ˈredˈhʌklberɪ] = red bilberry

**re-did** [ˈri:ˈdɪd] *past от* re-do

**Red Indian** [ˈredˈɪndjən] *n* (североамерика́нский) инде́ец, красноко́жий

**redintegrate** [reˈdɪntɪgreɪt] *v* восстана́вливать (*цельность, единство*); воссоединя́ть

**redistribute** [ˈri:dɪsˈtrɪbju(:)t] *v* перераспределя́ть

**redistribution** [ˈri:ˌdɪstrɪˈbju:ʃən] *n* перераспределе́ние, переде́л

**red lamp** [ˈredˈlæmp] *n* 1) кра́сный фона́рь, горя́щий но́чью у кварти́ры до́ктора *или* у двере́й апте́ки 2) = red light 1); 3) *sl.* кра́сный фона́рь, публи́чный дом

**red lane** [ˈredˈleɪn] *n детск.* го́рлышко (*ребёнка*)

**red lead** [ˈredˈled] *n* свинцо́вый су́рик

**red-legged** [ˈredˈlegd] *a* красноно́гий, ~ partridge кра́сная куропа́тка

**red-letter** [ˈredˈletə] *a* отме́ченный кра́сными бу́квами *или* ци́фрами в календаре́; пра́здничный; *перен.* па́мятный, счастли́вый; ~ day пра́здничный *или* счастли́вый день

**red light** [ˈredˈlaɪt] *n* 1) кра́сный свет (*сигнал опасности на транспорте и т. п.*); to see the ~ предчу́вствовать приближе́ние опа́сности, беды́ *и т. п.* 2) = red lamp 3)

**red-light** [ˈredˈlaɪt] *a*: ~ district кварта́л публи́чных домо́в

**redly** [ˈredlɪ] *adv* красновáто

**red man** [ˈredmæn] *n* красноко́жий, (североамерика́нский) инде́ец

**red meat** [ˈredˈmi:t] *n* чёрное мя́со (*баранина, говядина*)

**redneck** [ˈrednek] *n пренебр.* неотёсанный челове́к, дереве́нщина

**red-necked** [ˈredˈnekt] *a* име́ющий кра́сную ше́ю

**redness** [ˈrednɪs] *n* краснота́

**re-do** [ˈri:ˈdu:] *v* (re-did; re-done) де́лать вновь, переде́лывать

**red ochre** [ˈredˈəukə] *n* кра́сная о́хра, гемати́т

**redolence** [ˈredəuləns] *n* благоуха́ние, арома́т

**redolent** [ˈredəulənt] *a* 1) издаю́щий (си́льный) за́пах; арома́тный, благоуха́ющий; flowers ~ of springtime цветы́, распространя́ющие весе́ннее благоуха́ние 2) напомина́ющий, вызыва́ющий воспомина́ния (of — о чём-л.)

**re-done** [ˈri:ˈdʌn] *p. p. от* re-do

**re-double** [rɪˈdʌbl] *v* 1) втори́чно удва́ивать(ся) 2) сложи́ть вче́тверо

**redouble** [rɪˈdʌbl] *v* 1) уси́ливать (-ся), увели́чивать(ся), возраста́ть; to ~ one's efforts удва́ивать свои́ уси́лия 2) усугубля́ть(ся) 3) скла́дывать (-ся) вдвое

**redoubt** [rɪˈdaut] *n воен.* реду́т

**redoubtable** [rɪˈdautəbl] *a* 1) гро́зный, устраша́ющий, опа́сный 2) хра́брый, до́блестный

**redoubted** [rɪˈdautɪd] *уст.* = redoubtable

**redound** [rɪˈdaund] *v* 1) спосо́бствовать, соде́йствовать, помога́ть (to — *чему-л.*); to ~ to smb.'s advantage благоприя́тствовать кому́-л., спосо́бствовать чьей-л. вы́годе; that ~s to his honour э́то де́лает ему́ честь 2) оберну́ться про́тив (upon — *кого-либо*); these crimes will ~ upon their authors э́ти преступле́ния паду́т на го́лову тех, кто их соверши́л

**redout** [ˈredaut] *n* прили́в кро́ви к голове́ (*при вращении*)

**red-pencil** [ˈredˈpensl] *v* 1) подверга́ть цензу́ре 2) исправля́ть

**redpoll** [ˈredpəul] *n* 1) чечётка (*птица*) 2) *pl* кра́сный комо́лый скот (*порода*)

**red rag** [ˈredˈræg] *n* 1) «кра́сная тря́пка»; не́что приводя́щее в бе́шенство (*как быка красный цвет*) 2) *sl.* язы́к

**redress** [rɪˈdres] 1. *n* 1) исправле́ние; восстановле́ние 2) возмеще́ние, удовлетворе́ние

2. *v* 1) исправля́ть; восстана́вливать; to ~ the balance восстана́вливать равнове́сие 2) возмеща́ть, компенси́ровать; to ~ a wrong загла́живать оби́ду 3) *радио* выпрямля́ть 4) выра́внивать (*самолёт в полёте*)

**red-rogue** [ˈredrəug] *n sl.* золота́я моне́та

**red rot** [ˈredˈrɔt] *n* красну́ха, кра́сная гниль (*древесины*)

**redshank** [ˈredʃæŋk] *n зоол.* тра́вник, красноно́жка ◇ to run like a ~ бежа́ть о́чень бы́стро

**red-short** [ˈredʃɔ:t] *a тех.* красноло́мкий

**redskin** [ˈredskɪn] *n уст.* (североамерика́нский) инде́ец, красноко́жий

**red soil** [ˈredˈsɔɪl] *n* краснозём

**redstart** [ˈredstɑ:t] *n зоол.* горихво́стка

**red tape** [ˈredˈteɪp] *n* бюрократи́зм, канцеля́рщина, волоки́та

**red-tape** [ˈredˈteɪp] *n* бюрократи́ческий, канцеля́рский

**reduce** [rɪˈdju:s] *v* 1) понижа́ть, ослабля́ть, уменьша́ть, сокраща́ть; to ~ one's expenditure сократи́ть свои́ расхо́ды; to ~ prices снижа́ть це́ны; to ~ the length of a skirt укороти́ть ю́бку; to ~ the term of imprisonment сократи́ть срок тюре́много заключе́ния; to ~ the temperature сни́зить температу́ру; to ~ the vitality понижа́ть жизнеспосо́бность 2) понижа́ть в до́лжности *и т. п.*; to ~ to a lower rank *воен.* пони́зить в зва́нии 3) приводи́ть в определённое состоя́ние; своди́ть, приводи́ть (to — к); to ~ to begging довести́ до нищеты́; to ~ to silence заста́вить замолча́ть; to ~ to submission прину́дить к повинове́нию; to ~ to an absurdity доводи́ть до абсу́рда; to ~ to elements разложи́ть на ча́сти 4) осла́бить; вы́звать похуде́ние; he is greatly ~d by illness во вре́мя боле́зни он о́чень похуде́л 5) похуде́ть; to be ~d to a shadow (*или* to a skeleton) преврати́ться в тень (в скеле́т) 6) покоря́ть, побежда́ть 7) *мед.* вправля́ть (вы́вих); исправля́ть положе́ние обло́мков ко́сти 8) *мат.* превраща́ть (*именованные числа*); приводи́ть к о́бщему знамена́телю 9) *хим.* раскисля́ть, восстана́вливать

**reduced** [rɪˈdju:st] 1. *p. p. от* reduce

2. *a* 1) уме́ньшенный, пони́женный 2) стеснённый (*об обстоятельствах*) 3) покорённый

**reducible** [rɪˈdju:səbl] *a* допуска́ющий уменьше́ние *и пр.* [*см.* reduce]

**reducing agent** [rɪˈdju:sɪŋˈeɪdʒənt] *n хим.* восстанови́тель

**reducing gear** [rɪˈdju:sɪŋˈgɪə] *n тех.* редукцио́нная переда́ча, реду́ктор

**reduction** [rɪˈdʌkʃən] *n* 1) сниже́ние, пониже́ние; уменьше́ние, сокраще́ние; ~ of armaments сокраще́ние вооруже́ний 2) (*преим. воен.*) пониже́ние в до́лжности *и т. п.*; ~ from rank (*или* to the ranks) разжа́лование; ~ in rank сниже́ние в зва́нии 3) ски́дка 4) превраще́ние; измене́ние фо́рмы *или* состоя́ния 5) покоре́ние, подавле́ние 6) уме́ньшенная ко́пия (*с картины* *и т. п.*) 7) *мед.* вправле́ние (*вывиха*) 8) *хим.* восстановле́ние 9) *мат.* приведе́ние к о́бщему знамена́телю; сокраще́ние 10) *тех.* обжа́тие 11) *метал.* выделе́ние мета́лла из руды́; переде́л

**redundance, -cy** [rɪˈdʌndəns, -sɪ] *n* 1) чрезме́рность; избы́ток 2) многосло́вие 3) изли́шек рабо́чей си́лы 4) сокраще́ние рабо́чих *или* слу́жащих

**redundant** [rɪˈdʌndənt] *a* 1) изли́шний, чрезме́рный; ли́шний 2) многосло́вный 3) уво́ленный по сокраще́нию шта́тов

**reduplicate** [rɪˈdjuːplɪkeɪt] *v* 1) удва́ивать; повторя́ть 2) *грам.* удва́ивать

**reduplication** [rɪˌdjuːplɪˈkeɪʃən] *n* 1) удвое́ние; повторе́ние 2) *грам.* удвое́ние

**reduplicative** [rɪˈdjuːplɪkətɪv] *a* удва́ивающийся

**red-wing** [ˈredwɪŋ] *n зоол.* дрозд-белобро́вик

**redwood** [ˈredwud] *n* 1) кра́сное де́рево 2) *бот.* калифорни́йское ма́монтовое де́рево

**re-echo** [ri(ː)ˈekəu] **1.** *n* э́хо, повто́рное э́хо

2. *v* отдава́ться э́хом

**reed** [riːd] **1.** *n* 1) тростни́к, камы́ш; тростнико́вые за́росли 2) тростни́к *или* соло́ма для крыш 3) *поэт.* стрела́ 4) свире́ль 5) буколи́ческая поэ́зия 6) *муз.* язычо́к 7) *pl* язычко́вые музыка́льные инструме́нты 8) *горн.* запа́льный шнур ◊ a broken ~ а) ненадёжный челове́к; б) непро́чная вещь; to lean on a ~ полага́ться на что-л. ненадёжное

2. *v* покрыва́ть (*крыши*) тростнико́м *или* соло́мой

**reeded** [ˈriːdɪd] **1.** *p. p. от* reed 2

2. 1) заро́сший тростнико́м 2) кры́тый тростнико́м

**re-edify** [ˈriːˈedɪfaɪ] *v* 1) вновь стро́ить, отстра́ивать 2) восстана́вливать; возрожда́ть (*надежды и т. п.*)

**reed-mace** [ˈriːdmeɪs] *n бот.* рого́з

**reed-pipe** [ˈriːdpaɪp] *n* 1) свире́ль 2) *муз.* язычко́вая тру́бка орга́на

**reed-stop** [ˈriːdstɔp] *n муз.* орга́нный реги́стр с язычко́выми тру́бками

**re-educate** [ˈriːˈedju(ː)keɪt] *v* перевоспи́тывать

**re-education** [ˈriːˌedju(ː)ˈkeɪʃən] *n* перевоспита́ние

**reedy** [ˈriːdɪ] *a* 1) заро́сший тростнико́м 2) тростнико́вый 3) то́нкий, стро́йный как тростни́к 4) пронзи́тельный (*о голосе*)

**reef** I [riːf] *n* 1) риф, подво́дная скала́ 2) ру́дная жи́ла; золотоно́сный пласт

**reef** II [riːf] **1.** *n* риф (*на парусе*); to let out a ~ а) отпуска́ть риф; б) *разг.* распусти́ть по́яс (*после сытного обеда*); to take in a ~ а) брать риф; б) де́йствовать осторо́жно; в) *разг.* затяну́ть, подтяну́ть по́яс

2. *v мор.* брать ри́фы

**reefer** [ˈriːfə] *n* 1) матро́с, беру́щий ри́фы 2) *мор.* курса́нт, гардемари́н 3) бушла́т 4) *амер. sl.* сигаре́та с марихуа́ной

**reef-knot** [ˈriːfnɔt] *n* ри́фовый у́зел

**reefy** [ˈriːfɪ] *a* опа́сный из-за мно́жества ри́фов

**reek** [riːk] **1.** *n* 1) вонь, си́льный неприя́тный за́пах 2) *книжн., шотл.* густо́й дым, пар, испаре́ние

2. *v* 1) дыми́ть, кури́ться 2) испуска́ть пар, испаре́ния 3) отдава́ть чем-л. неприя́тным, воня́ть (of); it ~s of murder тут па́хнет уби́йством

**Reekie** [ˈriːkɪ] *n*: Auld ~ *шотл. разг.* *г.* Эдинбург

**reeky** [ˈriːkɪ] *a* 1) дымя́щийся, испуска́ющий пар 2) ды́мный; закопчённый

**reel** I [riːl] **1.** *n* 1) *текст.* кату́шка, шпу́лька, боби́на 2) *тлв.* кату́шка для про́вода 3) *тех.* бараба́н, во́рот, кабеста́н 4) *с.-х.* мотови́ло 5) руле́тка 6) руло́н (*киноплёнки или кинофильма*); часть (*кинофильма; обыкн. около 1000 футов*) ◊ off the ~ безостано́вочно, без переры́ва

2. *v* 1) нама́тывать на кату́шку (*тж.* ~ in, ~ up); разма́тывать, сма́тывать (*тж.* ~ off) 2) расска́зывать *или* чита́ть бы́стро, без остано́вки, треща́ть (*тж.* ~ off)

**reel** II [riːl] **1.** *n* 1) шата́ние, колеба́ние 2) вихрь 3) рил (*быстрый шотландский танец*)

2. *v* 1) кружи́ться, верте́ться; everything ~ed before his eyes всё заверте́лось у него́ пе́ред глаза́ми 2) танцева́ть рил 3) чу́вствовать головокруже́ние 4) кача́ться; покачну́ться, пошатну́ться (*от удара, потрясения и т. п.*) 5) шата́ться, идти́ поша́тываясь, спотыка́ться 6) дро́гнуть (*о войсках*); отступи́ть

**re-elect** [ˈriːɪˈlekt] *v* переизбира́ть, избира́ть сно́ва

**re-election** [ˈriːɪˈlekʃən] *n* переизбра́ние, втори́чное избра́ние

**re-engage** [ˈriːɪnˈgeɪdʒ] *v* 1) *тех.* вновь сцепля́ть(ся), вновь включа́ть 2) *воен.* сно́ва вводи́ть в бой 3) *воен.* остава́ться на сверхсро́чной слу́жбе; сно́ва поступа́ть на вое́нную слу́жбу

**re-entrant** [riːˈentrənt] *геом.* **1.** *a* входя́щий

2. *n* входя́щий у́гол

**re-entry** [riːˈentrɪ] *n* 1) *юр.* обра́тное завладе́ние, восстановле́ние владе́ния недви́жимостью 2) вход *или* возвраще́ние в пло́тные сло́и атмосфе́ры (*о космических кораблях и т. п.*)

**re-establish** [ˈriːɪsˈtæblɪʃ] *v* восстана́вливать

**reeve** I [riːv] *n* 1) *ист.* гла́вный магистра́т (*города или округа в Англии*) 2) *уст.* управля́ющий име́нием 3) церко́вный ста́роста 4) председа́тель се́льского *или* городско́го сове́та (*в Канаде*) 5) ста́рший шахтёр

**reeve** II [riːv] *v* (rove, reeved [-d]) *мор.* пропуска́ть, проводи́ть; быть пропу́щенным, проходи́ть (*о тросе*)

**refection** [rɪˈfekʃən] *n* заку́ска

**refectory** [rɪˈfektərɪ] *n* тра́пезная (*в монастыре*); столо́вая (*в университете, школе*)

**refer** [rɪˈfəː] *v* 1) посыла́ть, отсыла́ть (to — к *кому-л., чему-л.*); направля́ть (*за информацией и т. п.*); I was ~red to the secretary меня́ напра́вили к секретарю́; the asterisk ~s to the foot-note звёздочка отсыла́ет к подстро́чному примеча́нию 2) передава́ть на рассмотре́ние 3) обраща́ться; he ~red to me for help он обрати́лся ко мне за по́мощью 4) наводи́ть спра́вку, справля́ться; the speaker often ~red to his notes ора́тор ча́сто загля́дывал в текст 5) припи́сывать (*чему-л.*), объясня́ть (*чем-л.*) 6) име́ть отноше́ние, относи́ться; his words ~red to me only его́ слова́ относи́лись то́лько ко мне 7) ссыла́ться (to — на *кого-л.*, на *что-л.*) 8) говори́ть (*о чём-л.*), упомина́ть 9) относи́ть (*к классу, периоду и т. п.*) ◊ ~ to drawer обрати́тесь к чекода́телю (*отметка банка на неоплаченном чеке*)

**referable** [rɪˈfəːrəbl] *a* могу́щий быть припи́санным *или* отнесённым (to — к *кому-л., чему-л.*)

**referee** [ˌrefəˈriː] *n* 1) трете́йский судья́; арби́тр 2) *спорт.* судья́, рефери́

**reference** [ˈrefrəns] **1.** *n* 1) ссы́лка; сно́ска; with ~ to ссыла́ясь на [*ср. тж.* 6)]; to make ~ ссыла́ться 2) спра́вка; a book of ~ спра́вочник 3) упомина́ние; намёк; to make no ~ to не упомяну́ть о *чём-л.* 4) рекоменда́ция; highest ~s required необходи́мы отли́чные рекоменда́ции 5) лицо́, даю́щее рекоменда́цию 6) отноше́ние; in (*или* with) ~ to относи́тельно, что каса́ется [*ср. тж.* 1)]; without ~ to безотноси́тельно к; незави́симо от 7) переда́ча на рассмотре́ние в другу́ю инста́нцию, арби́тру *и т. п.* 8) полномо́чия, компете́нция арби́тра *или* инста́нции; terms of ~ компете́нция, ве́дение 9) этало́н 10) *attr.* спра́вочный; ~ book спра́вочник; ~ library спра́вочная библиоте́ка (*без выдачи книг на дом*); ~ point ориенти́р

2. 1) снабжа́ть (*текст*) ссы́лками 2) находи́ть по ссы́лке, справля́ться

**reference mark** [ˈrefrənsˈmɑːk] *n полигр.* знак сно́ски

**referenda** [ˌrefəˈrendə] *pl от* referendum

**referendary** [ˌrefəˈrendərɪ] *n ист.* референда́рий; храни́тель печа́ти

**referendum** [ˌrefəˈrendəm] *n* (*pl тж.* -da) *полит.* рефере́ндум

**refill** **1.** *n* [ˈriːfɪl] 1) дополне́ние, пополне́ние; ~ of fuel запра́вка горю́чим 2) что-л., слу́жащее для перезапра́вки; two ~s for a ball-point pen два запасны́х сте́ржня для ша́риковой ру́чки; a ~ for a lipstick запасна́я па́лочка губно́й пома́ды

2. *v* [ˈriːˈfɪl] наполня́ть вновь; пополня́ть(ся) горю́чим

**refine** [rɪˈfaɪn] *v* 1) очища́ть, рафини́ровать; повыша́ть ка́чество; облагора́живать 2) де́лать(ся) бо́лее изя́щным, утончённым 3) усоверше́нствовать (upon, on) 4) вдава́ться в то́нкости

**refined** [rɪˈfaɪnd] **1.** *p. p. от* refine

2. *a* 1) очи́щенный, рафини́рованный; ~ oil рафини́рованное ма́сло; ~

salt очи́щенная, столо́вая соль; ~ sugar са́хар-рафина́д 2) усоверше́нствованный 3) утончённый, изя́щный, изы́сканный; ~ manners изя́щные мане́ры

**refinement** [rɪ'faɪnmənt] *n* 1) очище́ние, рафини́рование; обрабо́тка, отде́лка; повыше́ние ка́чества 2) усоверше́нствование 3) утончённость, изя́щество; изы́сканность; ~ of cruelty утончённая жесто́кость

**refiner** [rɪ'faɪnə] *n* 1) *метал.* пе́рвая рафини́рующая печь 2) кри́чный ма́стер 3) рафинёр (*в бумажном производстве*) 4) *рез.* рифа́йнер

**refinery** [rɪ'faɪnərɪ] *n* очисти́тельный заво́д; рафиниро́вочный заво́д; рафина́дный заво́д

**refit** ['riː'fɪt] **1.** *n* 1) почи́нка, ремо́нт 2) переобору́дование (*корабля и т. п.*)

2. *v* 1) переобору́довать (*корабль и т. п.*) 2) ремонти́ровать

**refitment** ['riː'fɪtmənt] = refit 1, 2)

**reflect** [rɪ'flekt] *v* 1) отража́ть (*свет, тепло, звук*) 2) отража́ть(ся); дава́ть отраже́ние (*о зеркале и т. п.*) 3) отража́ть, изобража́ть (*в литературе и т. п.*) 4): to ~ credit upon smb. де́лать честь кому́-л. (*о поступке и т. п.*); to ~ discredit upon smb. позо́рить кого́-л. (*о поведении и т. п.*); such behaviour can only ~ discredit upon you тако́е поведе́ние то́лько позо́рит вас 5) размышля́ть, разду́мывать (on, upon) □ ~ **on,** ~ **upon** броса́ть тень; подверга́ть сомне́нию; to ~ upon smb.'s sincerity сомнева́ться в чьей-л. и́скренности; your rude behaviour ~s only upon yourself ва́ше гру́бое поведе́ние вреди́т то́лько вам самому́

**reflection** [rɪ'flekʃən] *n* 1) отраже́ние; о́тблеск; о́тсвет 2) *физиол.* рефле́ксия 3) отраже́ние, о́браз 4) размышле́ние, обду́мывание; разду́мье; on ~ поду́мав 5) порица́ние 6) тень, пятно́

**reflective** [rɪ'flektɪv] *a* 1) отража́ющий 2) размышля́ющий, мы́слящий 3) заду́мчивый (*о виде*)

**reflector** [rɪ'flektə] *n* *физ., тех.* рефле́ктор, отража́тель

**reflet** [rə'fleɪ] *фр.* *n* перели́вчатая глазу́рь на гли́няной посу́де

**reflex** ['riːfleks] **1.** *n* 1) отраже́ние, о́браз 2) отсве́т; о́тблеск 3) *жив.* рефле́кс 4) *физиол.* рефле́кс

2. *a* 1) рефлекто́рный; непроизво́льный 2) отражённый; представля́ющий собо́й реа́кцию 3) *редк.* интроспекти́вный

**reflex camera** ['riːfleks'kæmərə] *n* зерка́льный фотоаппара́т

**reflexion** [rɪ'flekʃən] = reflection

**reflexive** [rɪ'fleksɪv] *грам.* **1.** *a* возвра́тный

2. *n* 1) возвра́тный глаго́л 2) возвра́тное местоиме́ние

**refluent** ['refluənt] *a* отлива́ющий

**reflux** ['riːflʌks] *n* отли́в

**reforest** ['riː'fɔrɪst] *v* восстана́вливать лесны́е масси́вы, насажда́ть леса́

**reforestation** ['riːˌfɔrɪ'steɪʃən] *n* восстановле́ние лесны́х масси́вов, лесонасажде́ние

**re-form** ['riː'fɔːm] *v* 1) вновь формирова́ть, переде́лывать 2) *воен.* перестра́ивать(ся)

**reform** I [rɪ'fɔːm] **1.** *n* 1) рефо́рма, преобразова́ние 2) исправле́ние, улучше́ние 3) *attr.*: R. Bill (*или* Act) рефо́рма избира́тельной систе́мы в А́нглии (*1831—32 гг.*)

2. *v* 1) улучша́ть(ся); реформи́ровать, преобразо́вывать 2) искореня́ть (*злоупотребления*) 3) исправля́ть(ся) (*о людях*)

**reform** II ['riː'fɔːm] = re-form

**reformation** [ˌrefə'meɪʃən] *n* 1) преобразова́ние 2) исправле́ние (*моральное*) 3) (the R.) *ист.* Реформа́ция

**reformative** [rɪ'fɔːmətɪv] *a* 1) реформи́рующий; преобразу́ющий 2) исправи́тельный

**reformatory** [rɪ'fɔːmətərɪ] **1.** *n* исправи́тельное заведе́ние для малоле́тних престу́пников

2. *a* исправи́тельный

**reformed** I [rɪ'fɔːmd] **1.** *p. p.* от reform I, 2

2. *a* 1) испра́вленный, преобразо́ванный 2) испра́вившийся ◇ R. Faith протестанти́зм

**re-formed** II ['riː'fɔːmd] *p. p.* от re-form

**reformer** [rɪ'fɔːmə] *n* 1) преобразова́тель, реформа́тор 2) *ист.* де́ятель эпо́хи Реформа́ции 3) сторо́нник рефо́рмы избира́тельной систе́мы в А́нглии (*1831—32 гг.*)

**reformist** [rɪ'fɔːmɪst] *n* *полит.* реформи́ст

**refract** [rɪ'frækt] *v* *физ.* преломля́ть (*лучи*)

**refraction** [rɪ'frækʃən] *n* *физ.* преломле́ние, рефра́кция

**refractional** [rɪ'frækʃənl] = refractive

**refractive** [rɪ'fræktɪv] *a* преломля́ющий; ~ medium преломля́ющая среда́

**refractor** [rɪ'fræktə] *n* рефра́ктор

**refractoriness** [rɪ'fræktərɪnɪs] *n* 1) стропти́вость, непоко́рность; упо́рство 2) *тех.* тугопла́вкость; огнеупо́рность, огнесто́йкость

**refractory** [rɪ'fræktərɪ] **1.** *n* *тех.* огнеупо́рный материа́л

2. *a* 1) упря́мый, непоко́рный 2) упо́рный (*о болезни*) 3) кре́пкий (*об организме*) 4) *тех.* тугопла́вкий, огнеупо́рный

**refrain** I [rɪ'freɪn] *v* 1) возде́рживаться (from — от *чего-л.*); удержа́ться (from — от *чего-л.*); he could not ~ from saying (going, *etc.*) он не мог не сказа́ть (не пойти́ *и т. п.*) 2) *уст.* сде́рживать; обу́здывать; уде́рживать (*кого-л., что-л.*)

**refrain** II [rɪ'freɪn] *n* припе́в, рефре́н

**refrangible** [rɪ'frændʒɪbl] *a* преломля́емый (*о лучах*)

**refresh** [rɪ'freʃ] *v* 1) освежа́ть, оживля́ть; подкрепля́ть(ся); to ~ oneself подкрепля́ться (*едой, питьём*); to ~ one's memory освежи́ть в па́мяти, вспо́мнить (*что-л.*) 2) за́ново снабжа́ть припа́сами 3) подновля́ть, подправля́ть

**refresher** [rɪ'freʃə] *n* 1) что-л. освежа́ющее; освежа́ющий напи́ток 2) напомина́ние; па́мятка; повтори́тельный курс 3) дополни́тельный гонора́р адвока́ту (*в затянувшемся процессе*) 4) *разг.* вы́пивка 5) *attr.* повто́рный; ~ course ку́рсы повыше́ния квалифика́ции

**refreshment** [rɪ'freʃmənt] *n* 1) подкрепле́ние; восстановле́ние сил; о́тдых 2) что-л. освежа́ющее, восстана́вливающее си́лы 3) (*обыкн. pl*) заку́ска; освежа́ющий напи́ток 4) *attr.*: ~ room буфе́т (*на вокзале и т. п.*); ~ car ваго́н-рестора́н

**refrigerant** [rɪ'frɪdʒərənt] **1.** *n* 1) охлажда́ющее вещество́, охлади́тель 2) *мед.* жаропонижа́ющее сре́дство

2. *a* охлажда́ющий, холоди́льный

**refrigerate** [rɪ'frɪdʒəreɪt] *v* 1) охлажда́ть(ся); замора́живать 2) храни́ть в холо́дном ме́сте

**refrigeration** [rɪˌfrɪdʒə'reɪʃən] *n* охлажде́ние; замора́живание

**refrigerator** [rɪ'frɪdʒəreɪtə] *n* 1) холоди́льник, рефрижера́тор 2) конденса́тор

**refrigerator-car** [rɪ'frɪdʒəreɪtə'kɑː] *n* ваго́н-холоди́льник

**refrigeratory** [rɪ'frɪdʒərətərɪ] **1.** *n* 1) конденса́тор 2) рефрижера́тор

2. *a* холоди́льный

**reft** [reft] *past и p. p.* от reave

**refuel** ['riː'fjuəl] *v* попо́лнить запа́сы то́плива, дозапра́виться

**refuge** ['refjuːdʒ] **1.** *n* 1) убе́жище; *перен.* прибе́жище; to take (to give) ~ найти́ (дать) убе́жище; to take ~ in lying прибе́гнуть ко лжи; to take ~ in silence отма́лчиваться 2) «острово́к безопа́сности» (*на улицах с большим движением*)

2. *v* *редк.* 1) дава́ть убе́жище; *перен.* служи́ть прибе́жищем 2) находи́ть убе́жище

**refugee** [ˌrefju(ː)'dʒiː] *n* 1) бе́женец 2) эмигра́нт

**refulgence** [rɪ'fʌldʒəns] *n* сия́ние, я́ркость

**refulgent** [rɪ'fʌldʒənt] *a* сия́ющий, сверка́ющий

**refund** **1.** *n* ['riːfʌnd] 1) упла́та 2) возвраще́ние (*денег*); возмеще́ние (*расходов*)

2. *v* [riː'fʌnd] возвраща́ть, возмеща́ть

**refusal** [rɪ'fjuːzəl] *n* 1) отка́з; to take no ~ не принима́ть отка́за, быть насто́йчивым 2) пра́во пе́рвого вы́бора; to have (to give) the ~ of smth. име́ть (предоставля́ть) пра́во выбира́ть что-л. пе́рвым

**re-fuse** ['riː'fjuːz] *v* вновь пла́вить; переплавля́ть

**refuse** I [rɪ'fjuːz] *v* 1) отка́зывать, отверга́ть 2) отка́зываться 3) заарта́читься (*о лошади перед препятствием*)

**refuse** II ['refjuːs] **1.** *n* 1) отбро́сы, оста́тки; му́сор; вы́жимки, подо́нки; брак 2) *текст.* очёски, уга́р 3) *горн.* отва́л поро́ды

2. *a* него́дный; ничего́ не сто́ящий; плохо́й

**refutable** [ˈrefjutəbl] *a* опроверожи́мый

**refutation** [ˌrefju(:)ˈteɪʃən] *n* опроверже́ние

**refute** [rɪˈfju:t] *v* опроверга́ть

**regain** [rɪˈgeɪn] *v* 1) получи́ть обра́тно; вновь приобрести́; to ~ one's health попра́виться; to ~ one's footing сно́ва встать на́ ноги 2) сно́ва дости́чь (*берега, дома*); возврати́ться 3) *воен.* сно́ва завладева́ть

**regal** [ˈri:gəl] *a* 1) короле́вский, ца́рский 2) ца́рственный

**regale** [rɪˈgeɪl] 1. *n* 1) пир; угоще́ние 2) изы́сканное блю́до

2. *v* 1) угоща́ть, по́тчевать (with; *тж. ирон.*) 2) пирова́ть 3) ласка́ть, услажда́ть (*слух, зрение*)

**regalia** I [rɪˈgeɪljə] *n pl* 1) рега́лии 2) *ист.* короле́вские права́ и привиле́гии

**regalia** II [rɪˈgeɪljə] *исп. n* больша́я сига́ра хоро́шего ка́чества

**regality** [rɪˈgælɪtɪ] *n* 1) короле́вский суверените́т 2) *ист.* короле́вские привиле́гии

**regally** [ˈri:gəlɪ] *adv* по-ца́рски

**regard** [rɪˈgɑ:d] 1. *n* 1) внима́ние, забо́та; ~ must be paid to... необходи́мо обрати́ть внима́ние на...; to pay no ~ to... не обраща́ть внима́ния на..., пренебрега́ть 2) уваже́ние, расположе́ние; to have a great ~ for smb. быть о́чень располо́женным к кому́-л.; to have a high (low) ~ for smb., to hold smb. in high (low) ~ быть высо́кого (невысо́кого) мне́ния о ком-л.; out of ~ for smb. из уваже́ния к кому́-л. 3) *pl* покло́н, приве́т; give my best ~s (to) переда́йте мой серде́чный приве́т 4) отноше́ние; in (*или* with) ~ to относи́тельно; в отноше́нии; что каса́ется; in this ~ в э́том отноше́нии 5) *книжн., уст.* взгляд, взор (*пристальный, многозначительный*)

2. *v* 1) принима́ть во внима́ние, счита́ться (*с кем-л., чем-л.; обыкн. в вопр. и отриц. предложениях*); he is much ~ed он по́льзуется больши́м уваже́нием; I do not ~ his opinion я не счита́юсь с его́ мне́нием; why do you so seldom ~ my wishes? почему́ вы так ре́дко счита́етесь с мои́ми жела́ниями? 2) рассма́тривать; счита́ть 3) относи́ться; I still ~ him kindly я по-пре́жнему отношу́сь к нему́ хорошо́ 4) каса́ться, име́ть отноше́ние (*к кому-л., чему-л.*); it does not ~ me э́то меня́ не каса́ется; as ~s что каса́ется 5) *книжн., уст.* смотре́ть на (*кого-л., что-л.*), разгля́дывать

**regardant** [rɪˈgɑ:dənt] *a* 1) *книжн.* при́стально наблюда́ющий 2) *геральд.* смотря́щий наза́д

**regardful** [rɪˈgɑ:dful] *a* внима́тельный, забо́тливый

**regarding** [rɪˈgɑ:dɪŋ] 1. *pres. p. от* regard 2

2. *prep* относи́тельно, о

**regardless** [rɪˈgɑ:dlɪs] *a* 1) не обраща́ющий внима́ния, не счита́ющийся (of) 2) ~ of (*употр. как adv*) а) не обраща́я внима́ния, не ду́мая; б) невзира́я на; не счита́сь с; ~ of danger не счита́ясь с опа́сностью

**regatta** [rɪˈgætə] *n* па́русные *или* гребны́е го́нки, рега́та

**regelate** [ˈri:dʒəleɪt] *v* смерза́ться

**regency** [ˈri:dʒənsɪ] *n* ре́гентство

**regenerate** 1. *a* [rɪˈdʒenərɪt] 1) возрождённый духо́вно 2) преобразо́ванный, улу́чшенный

2. *v* [rɪˈdʒenəreɪt] 1) сно́ва порожда́ть 2) перерожда́ть(ся); возрожда́ть(ся) духо́вно 3) *тех. хим.* регенери́ровать; восстана́вливать

**regeneration** [rɪˌdʒenəˈreɪʃən] *n* 1) духо́вное возрожде́ние 2) *тех., хим.* регенера́ция, рекупера́ция; восстановле́ние

**regenerative** [rɪˈdʒenərətɪv] *a* 1) возрожда́ющий, восстана́вливающий 2) *тех.* регенерати́вный, рекуперати́вный

**regenerator** [rɪˈdʒenəreɪtə] *n тех.* регенера́тор; восстанови́тель

**regent** [ˈri:dʒənt] *n* 1) ре́гент 2) *амер.* член правле́ния в не́которых америка́нских университе́тах

**regicide** [ˈredʒɪsaɪd] *n* 1) цареуби́йца 2) цареуби́йство

**régie** [reɪˈʒi:] *фр. n* госуда́рственная монопо́лия, *особ.* на таба́к и соль

**régime, regime** [reɪˈʒi:m] *фр. n* 1) режи́м; строй 2) = regimen 2)

**regimen** [ˈredʒimen] *n* 1) *уст.* правле́ние, систе́ма правле́ния 2) *мед.* режи́м; дие́та 3) *грам.* управле́ние

**regiment** [ˈredʒimənt] 1. *n* 1) полк 2) (*часто pl*) ма́сса, мно́жество 3) *уст.* правле́ние

2. *v* 1) формирова́ть полк; своди́ть в полки́ 2) организо́вывать, распределя́ть по гру́ппам 3) стро́го регламенти́ровать жизнь; вводи́ть стро́гую дисципли́ну и единообра́зие

**regimental** [ˌredʒɪˈmentl] *a* полково́й; ~ order прика́з по полку́

**regimentals** [ˌredʒɪˈmentlz] *n pl* 1) полкова́я фо́рма 2) обмундирова́ние

**regimentation** [ˌredʒɪmenˈteɪʃən] *n* 1) сведе́ние в полк(и́); формирова́ние полко́в 2) распределе́ние по гру́ппам, катего́риям *и т. п.* 3) стро́гая регламента́ция жи́зни; стро́гая дисципли́на и единообра́зие

**region** [ˈri:dʒən] *n* 1) страна́; край; о́бласть; окру́га; *перен.* сфе́ра; о́бласть; in the ~ of а) поблизо́сти; б) в сфе́ре, в о́бласти 2) райо́н (*страны*) 3) слой (*атмосферы*) 4) *мед.* по́лость, часть те́ла; the abdominal ~ брюшна́я по́лость

**regional** [ˈri:dʒənl] *a* областно́й; ме́стный; региона́льный; райо́нный

**register** [ˈredʒɪstə] 1. *n* 1) журна́л (*записей*); официа́льный спи́сок; о́пись; рее́стр; метри́ческая кни́га; to be on the ~ *амер.* находи́ться под подозре́нием; быть взя́тым на заме́тку; ship's ~ судово́й реги́стр 2) за́пись (*в журнале и т. п.*) 3) *муз.* реги́стр 4) *тех.* счётчик, счётный механи́зм; cash ~ ка́ссовый аппара́т 5) засло́нка (*в печи и т. п.*) 6) *полигр.* прив́одка 7) *attr.*: ~ office = registry 1)

2. *v* 1) регистри́ровать(ся); заноси́ть в спи́сок; to ~ oneself а) вноси́ть своё и́мя в спи́сок избира́телей; б) зарегистри́роваться, отме́титься 2) *разг.* выража́ть; пока́зывать; his face ~ed no emotion его́ лицо́ остава́лось невозмути́мым 3) пока́зывать, отмеча́ть, регистри́ровать (*о приборе*) 4) сдава́ть на хране́ние (*багаж*) 5) запечатлева́ть(ся) 6) посыла́ть заказно́е письмо́ *или* заказну́ю бандеро́ль

**registered** [ˈredʒɪstəd] 1. *p. p. от* register 2

2. *a* зарегистри́рованный; отме́ченный; ~ letter заказно́е письмо́

**registrant** [ˈredʒɪstrənt] *n* лицо́, получи́вшее пате́нт (*на что-л.*)

**registrar** [ˌredʒɪsˈtrɑ:] *n* 1) архива́риус 2) чино́вник-регистра́тор

**registration** [ˌredʒɪsˈtreɪʃən] *n* 1) регистра́ция; за́пись 2) *воен.* пристре́лка (*тж.* ~ fire)

**registry** [ˈredʒɪstrɪ] *n* 1) регистрату́ра; отде́л за́писей а́ктов гражда́нского состоя́ния (*тж.* ~ office); servants' ~ бюро́ по приска́нию мест для прислу́ги 2) регистра́ция; регистрацио́нная за́пись 3) журна́л за́писей, рее́стр

**Regius** [ˈri:dʒjəs] *a* ~ Professor профе́ссор, ка́федра кото́рого учреждена́ одни́м из англи́йских короле́й

**regnal** [ˈregnəl] *a* относя́щийся к ца́рствованию короля́; ~ year год ца́рствования; ~ day день вступле́ния на престо́л

**regnant** [ˈregnənt] *a* 1) ца́рствующий 2) преоблада́ющий; широко́ распространённый

**regorge** [ri(:)ˈgɔ:dʒ] *v* 1) изрыга́ть 2) течь обра́тно

**regress** 1. *n* [ˈri:gres] 1) возвраще́ние; обра́тное движе́ние 2) регре́сс; упа́док

2. *v* [rɪˈgres] 1) дви́гаться обра́тно; регресси́ровать 2) *астр.* дви́гаться с восто́ка на за́пад

**regression** [rɪˈgreʃən] *n* 1) = regress 1; 2) возвраще́ние в пре́жнее состоя́ние; возвраще́ние к бо́лее ра́нней ста́дии разви́тия

**regressive** [rɪˈgresɪv] *a* регресси́вный; обра́тный

**regret** [rɪˈgret] 1. *n* 1) сожале́ние, го́ре 2) раска́яние, сожале́ние; to my ~ к моему́ сожале́нию 3) (*обыкн. pl*) извине́ния; to express ~ for smth. сожале́ть о чём-л., извиня́ться, проси́ть проще́ния за что-л.; he sent his ~s он присла́л свои́ извине́ния

2. *v* 1) сожале́ть, горева́ть (*о чём-либо*); I ~ to say к сожале́нию, до́лжен сказа́ть 2) раска́иваться

**regretful** [rɪˈgretful] *a* 1) по́лный сожале́ния, опеча́ленный 2) раска́ивающийся, по́лный раска́яния

**regrettable** [rɪˈgretəbl] *a* приско́рбный

**regroup** [ˈri:ˈgru:p] *v* перегруппиро́вывать

**regrouping** [ˈri:ˈgru:pɪŋ] 1. *pres. p. от* regroup

2. *n* перегруппиро́вка

**regulable** [ˈregjulebl] *a* регули́руемый

**regular** [ˈregjulə] **1.** *a* 1) пра́вильный, норма́льный; регуля́рный; системати́ческий; he keeps ~ hours, he is a ~ man он ведёт разме́ренный о́браз жи́зни 2) очередно́й, обы́чный 3) квалифици́рованный; профессиона́льный 4) согла́сный с этике́том, форма́льный; официа́льный 5) постоя́нный; ~ army регуля́рная а́рмия, постоя́нная а́рмия 6) *разг.* настоя́щий, су́щий; a ~ fellow молоде́ц; сла́вный ма́лый 7) мона́шеский; the ~ clergy чёрное духове́нство 8) *грам.* пра́вильный

2. *n* 1) (*обыкн. pl*) мона́х 2) (*обыкн. pl*) регуля́рные войска́ 3) *разг.* постоя́нный посети́тель *или* клие́нт 4) *амер.* пре́данный сторо́нник (*какой-л. партии*)

**regularity** [ˌregjuˈlærɪtɪ] *n* 1) пра́вильность, регуля́рность 2) непреры́вность 3) поря́док, систе́ма

**regularize** [ˈregjuləraɪz] *v* де́лать пра́вильным, упоря́дочивать

**regulate** [ˈregjuleɪt] *v* 1) регули́ровать, упоря́дочивать 2) приспоса́бливать (*к требованиям, условиям*); соразмеря́ть 3) выверя́ть, регули́ровать (*механизм и т. п.*)

**regulation** [ˌregjuˈleɪʃən] *n* 1) регули́рование; приведе́ние в поря́док; ~ of currency *эк.* регули́рование средств обраще́ния 2) предписа́ние, пра́вило 3) *pl* уста́в; инстру́кция, обяза́тельные постановле́ния 4) *attr.* предпи́санный; устано́вленный; устано́вленного образца́; to exceed the ~ speed превыша́ть устано́вленную ско́рость; of the ~ size поло́женного разме́ра; ~ dress официа́льный костю́м

**regulative** [ˈregjulətɪv] *a* регули́рующий

**regulator** [ˈregjuleɪtə] *n* 1) тот, кто регули́рует; регулиро́вщик 2) *тех.* регуля́тор

**regurgitate** [rɪˈgə:dʒɪteɪt] *v* 1) хлы́нуть обра́тно 2) изверга́ть(ся); изрыга́ть

**rehabilitate** [ˌri:əˈbɪlɪteɪt] *v* 1) реабилити́ровать 2) восстана́вливать в права́х 3) *амер.* исправля́ть, перевоспи́тывать (*преступника*) 4) ремонти́ровать; реконструи́ровать, восстана́вливать 5) восстана́вливать здоро́вье

**rehabilitation** [ˈri:əˌbɪlɪˈteɪʃən] *n* 1) реабилита́ция 2) восстановле́ние в права́х 3) ремо́нт; реконстру́кция, восстановле́ние 4) восстановле́ние здоро́вья

**rehash** [ˈri:ˈhæʃ] **1.** *n* 1) переде́лка (*чего-л. старого*) на но́вый лад 2) что-л., переде́ланное за́ново из ста́рого; за́ново перерабо́танный материа́л

2. *v* переде́лывать; перекра́ивать (по-но́вому); переска́зывать (*что-л. старое*) по-но́вому

**rehear** [ˈri:ˈhɪə] *v* (reheard) 1) слу́шать втори́чно (*судебное дело*) 2) вновь слы́шать

**reheard** [ˈri:ˈhə:d] *past и p. p. от* rehear

**rehearsal** [rɪˈhə:səl] *n* 1) репети́ция; dress ~ генера́льная репети́ция 2) повторе́ние; перечисле́ние 3) переска́з

**rehearse** [rɪˈhə:s] *v* 1) репети́ровать 2) повторя́ть; перечисля́ть 3) переска́зывать

**reheat** [ˈri:ˈhi:t] *v* втори́чно нагрева́ть; подогрева́ть

**rehouse** [ˈri:ˈhaus] *v* переселя́ть в но́вые дома́

**rehousing** [ˈri:ˈhauzɪŋ] **1.** *pres. p. от* rehouse

2. *n* 1) переселе́ние в но́вый дом; предоставле́ние но́вого жилья́ 2) *attr.*: ~ problem пробле́ма обеспе́чения жи́телей трущо́б но́выми жили́щами

**Reich** [raɪk] *нем. n ист.* рейх, герма́нское госуда́рство; Third ~ «тре́тья импе́рия», ги́тлеровский рейх

**Reichschancellor** [raɪkˈtʃɑ:nsələ] *нем. n* рейхска́нцлер

**Reichstag** [ˈraɪkstɑ:g] *нем. n* рейхста́г

**reify** [ˈri:ɪfaɪ] *v* материализова́ть, превраща́ть в не́что конкре́тное

**reign** [reɪn] **1.** *n* 1) ца́рствование; in the ~of smb. в ца́рствование кого́-л. 2) власть; under the ~ под вла́стью; the ~ of law власть зако́на

2. *v* 1) ца́рствовать (over) 2) цари́ть, госпо́дствовать

**reimburse** [ˌri:ɪmˈbə:s] *v* возвраща́ть, возмеща́ть (*сумму*)

**reimbursement** [ˌri:ɪmˈbə:smənt] *n* компенса́ция, возмеще́ние

**rein** [reɪn] **1.** *n* (*часто pl*) 1) по́вод, пово́дья; вожжа́; to draw ~ а) натяну́ть пово́дья; б) уме́ньшить ско́рость; останови́ть ло́шадь; *перен.* останови́ться, сократи́ть расхо́ды; to give a horse the ~(s) отпусти́ть пово́дья, отда́ть по́вод 2) узда́, сде́рживающее сре́дство; контро́ль; the ~s of government бразды́ правле́ния; a tight ~ стро́гая дисципли́на; to keep a tight ~ on smb. стро́го контроли́ровать, держа́ть в узде́ кого́-л.; to give ~ (*или* the ~s) to one's imagination (passions) дать во́лю воображе́нию (чу́вствам) 3) *тех.* рукоя́ть (*клещей и т. п.*)

2. *v* 1) пра́вить, управля́ть вожжа́ми 2) управля́ть, сде́рживать; держа́ть в узде́ (*тж.* ~ in) □ ~ **up** а) остана́вливать(ся); б) останови́ть, осади́ть (*лошадь*)

**reincarnate** **1.** *v* [ri:ˈɪnkɑ:neɪt] перевоплоща́ть, воплоща́ть сно́ва

2. *a* [ˈri:ɪnˈkɑ:nɪt] перевоплощённый

**reincarnation** [ˈri:ɪnkɑ:ˈneɪʃən] *n* перевоплоще́ние

**reindeer** [ˈreɪndɪə] *n* 1) се́верный оле́нь 2) *attr.* оле́ний; ~ moss (*или* lichen) оле́ний мох, я́гель

**reinforce** [ˌri:ɪnˈfɔ:s] *v* 1) уси́ливать; подкрепля́ть; укрепля́ть 2) *стр.* арми́ровать (*бетон*)

**reinforced concrete** [ˌri:ɪnˈfɔ:stˈkɔnkri:t] *n* железобето́н

**reinforcement** [ˌri:ɪnˈfɔ:smənt] *n* 1) укрепле́ние 2) (*обыкн.* **pl**) *воен.* усиле́ние; подкрепле́ние; пополне́ние 3) *стр.* армату́ра (*железобетона*) 4) *attr.*: ~ bar *стр.* сте́ржень армату́ры

**reinless** [ˈreɪnlɪs] *a* 1) без вожже́й, без пово́дьев 2) без контро́ля, без управле́ния, без узды́

**reins** [reɪnz] *n pl уст.* 1) по́чки 2) поясни́ца; чре́сла

**reinstate** [ˈri:ɪnˈsteɪt] *v* 1) восстана́вливать в пре́жнем положе́нии, в права́х (in, to) 2) восстана́вливать (поря́док) 3) поправля́ть, восстана́вливать (*здоровье*)

**reinstatement** [ˈri:ɪnˈsteɪtmənt] *n* восстановле́ние *и пр.* [*см.* reinstate]

**reinsurance** [ˈri:ɪnˈʃuərəns] *n* перестрахова́ние, втори́чная страхо́вка

**reinsure** [ˈri:ɪnˈʃuə] *v* перестрахо́вывать, втори́чно страхова́ть

**reinterment** [ˈri:ɪnˈtə:mənt] *n* втори́чное захороне́ние; перено́с оста́нков на но́вое ме́сто захороне́ния

**reissue** [ˈri:ˈɪʃju:] *n* переизда́ние

**reiterate** [ri:ˈɪtəreɪt] *v* повторя́ть; де́лать сно́ва и сно́ва

**reiteration** [ri:ˌɪtəˈreɪʃən] *n* 1) повторе́ние (*многократное*) 2) то, что повторя́ется

**reiterative** [ri:ˈɪtərətɪv] *a* повторя́ющийся

**reive** [ri:v] = reave

**reiver** [ˈri:və] *n* граби́тель

**reject** **1.** *n* [ˈri:dʒekt] 1) при́знанный него́дным (*особ.* к вое́нной слу́жбе) 2) брако́ванное изде́лие

2. *v* [rɪˈdʒekt] 1) отверга́ть, отка́зывать; to ~ an offer отклоня́ть предложе́ние; отка́зываться от предложе́ния 2) отбра́сывать, забрако́вывать 3) изверга́ть, изрыга́ть

**rejectamenta** [rɪˌdʒektəˈmentə] *лат. n pl* 1) отбро́сы 2) экскреме́нты

**rejectee** [ˌrɪdʒekˈti:] *n* него́дный к вое́нной слу́жбе

**rejection** [rɪˈdʒekʃən] *n* 1) отка́з; отклоне́ние, неприня́тие 2) отсортиро́вка, брако́вка; призна́ние него́дным 3) изверже́ние

**rejector** [rɪˈdʒektə] *n* 1) тот, кто отверга́ет, отка́зывает 2) *тех.* отража́тель 3) *эл.* загражда́ющий фильтр; *радио* фильтр-про́бка

**rejoice** [rɪˈdʒɔɪs] *v* 1) ра́довать(ся), весели́ться; пра́здновать (*событие*); to ~ in (*или* at) smth. наслажда́ться чем-л., ра́доваться чему́-л. 2) *шутл.* облада́ть (in — *чем-л.*); he ~s in the name of Bloggs его́ зову́т Блоггс

**rejoicing** [rɪˈdʒɔɪsɪŋ] **1.** *pres. p. от* rejoice

2. *n* (*часто pl*) весе́лье; пра́зднование

**rejoicingly** [rɪˈdʒɔɪsɪŋlɪ] *adv* ра́достно, с ра́достью; ве́село

**re-join** [ˈri:ˈdʒɔɪn] *v* сно́ва соединя́ть(-ся), воссоединя́ть(ся)

**rejoin** [rɪˈdʒɔɪn] *v* 1) возвраща́ться к; to ~ the colours *воен.* переходи́ть из запа́са на действи́тельную слу́жбу 2) присоедини́ться, примкну́ть; you go on and I will ~ you later вы иди́те, а я приду́ немно́го погодя́ 3) отвеча́ть, возража́ть 4) *юр.* отвеча́ть на обвине́ние

**rejoinder** [rɪ'dʒɔɪndə] *n* 1) отве́т, возраже́ние 2) *юр.* возраже́ния отве́тчика в отве́т на возраже́ние истца́

**rejuvenate** [rɪ'dʒu:vɪneɪt] *v* омола́живать(ся)

**rejuvenation** [rɪˌdʒu:vɪ'neɪʃən] *n* омоложе́ние; восстановле́ние сил, здоро́вья

**rejuvenescence** [ˌri:dʒu:vɪ'nesns] *n* 1) омола́живание; восстановле́ние здоро́вья и сил 2) *биол.* образова́ние кле́ток; формирова́ние но́вых ткане́й

**rejuvenescent** [ˌri:dʒu:vɪ'nesnt] *a* 1) молоде́ющий 2) придаю́щий жи́зненную си́лу, живость

**relapse** [rɪ'læps] **1.** *n* повторе́ние; рециди́в (*особ. мед.*)

2. *v* (сно́ва) впада́ть (*в какое-л. состояние*); (сно́ва, втори́чно) заболева́ть; (сно́ва) предава́ться (*пьянству и т. п.*); to ~ into silence сно́ва замолча́ть

**relapsing fever** [rɪ'læpsɪŋ'fi:və] *n мед.* возвра́тный тиф

**relate** [rɪ'leɪt] *v* 1) расска́зывать 2) устана́вливать связь, определя́ть соотноше́ние (to, with — ме́жду *чем-либо*) 3) (*обыкн. p. p.*) быть свя́занным, состоя́ть в родстве́; we are distantly ~d мы да́льние ро́дственники 4) относи́ться, име́ть отноше́ние

**related** [rɪ'leɪtɪd] **1.** *p. p. от* relate

2. *a* 1) свя́занный 2) ро́дственный

**relation** [rɪ'leɪʃən] *n* 1) отноше́ние; связь, зави́симость; ~ of forces соотноше́ние сил; ~s of production *полит.-эк.* произво́дственные отноше́ния; industrial ~s трудовы́е отноше́ния в промы́шленности; Industrial Relations Act антипрофсою́зный зако́н «Об отноше́ниях в промы́шленности»; it is out of all ~ to, it bears no ~ to э́то не име́ет никако́го отноше́ния к 2) повествова́ние, изложе́ние; расска́з 3) ро́дственник; ро́дственница 4) *редк.* родство́ ◇ in ~ to относи́тельно; что каса́ется

**relational** [rɪ'leɪʃənl] *a* 1) относи́тельный 2) ро́дственный

**relationship** [rɪ'leɪʃənʃɪp] *n* 1) родство́ 2) отноше́ние, взаимоотноше́ние; связь

**relatival** [ˌrelə'taɪvəl] *a грам.* относи́тельный

**relative** ['relətɪv] **1.** *n* 1) ро́дственник; ро́дственница; a remote ~ да́льний ро́дственник 2) *грам.* относи́тельное местоиме́ние (*тж.* ~ pronoun)

2. *a* 1) относи́тельный; сравни́тельный; ~ surplus value *полит.-эк.* относи́тельная приба́вочная сто́имость 2) (to) соотноси́тельный, взаи́мный; свя́занный оди́н с други́м 3) соотве́тственный 4) *грам.* относи́тельный

**relatively** ['relətɪvlɪ] *adv* 1) относи́тельно, по по́воду 2) относи́тельно, сравни́тельно 3) соотве́тственно

**relativism** ['relətɪvɪzm] *n филос.* релятиви́зм

**relativity** [ˌrelə'tɪvɪtɪ] *n* 1) относи́тельность 2) тео́рия относи́тельности

**relax** [rɪ'læks] *v* 1) ослабля́ть(ся); уменьша́ть напряже́ние; расслабля́ть (-ся); to ~ international tension смягчи́ть междунаро́дную напряжённость 2) слабе́ть 3) де́лать переды́шку 4) смягча́ть(ся), де́лать(ся) ме́нее стро́гим 5) де́лать(ся) ме́нее церемо́нным ◇ to ~ the bowels очи́стить кише́чник

**relaxation** [ˌri:læk'seɪʃən] *n* 1) ослабле́ние; расслабле́ние; уменьше́ние напряже́ния 2) о́тдых от рабо́ты, передышка; развлече́ние 3) смягче́ние 4) *юр.* части́чное *или* по́лное освобожде́ние (*от штрафа, налога и т. п.*)

**relaxing** [rɪ'læksɪŋ] **1.** *pres. p. от* relax

2. *a* смягча́ющий, расслабля́ющий; ~ climate расслабля́ющий кли́мат

**re-lay** ['ri:'leɪ] *v* сно́ва класть; перекла́дывать

**relay 1.** *n* [rɪ'leɪ] 1) сме́на (*особ. лошадей*) 2) сме́на (*рабочих*); to work in (*или* by) ~s рабо́тать посме́нно 3) *спорт.* эстафе́та 4) ['ri:'leɪ] *эл.* реле́; переключа́тель 5) *attr.*: ~ system систе́ма смен (*на предприятии*) 6) ['ri:'leɪ] *attr.*: ~ box *эл.* коро́бка реле́

2. *v* [rɪ'leɪ] 1) сменя́ть, обеспе́чивать сме́ну 2) передава́ть (*дальше*) 3) ['ri:'leɪ] *радио* трансли́ровать

**relay-race** ['ri:leɪ'reɪs] *n* эстафе́тный бег, эстафе́тная го́нка

**relay station** ['ri:leɪ'steɪʃən] *n радио* ретрансляцио́нная ста́нция

**release** [rɪ'li:s] **1.** *n* 1) освобожде́ние (*из заключения*) 2) освобожде́ние, избавле́ние (*от забот, обязанностей и т. п.*) 3) облегче́ние (*боли, страданий*) 4) оправда́тельный докуме́нт, распи́ска; докуме́нт о переда́че пра́ва *или* иму́щества 5) вы́пуск фи́льма (*на экран*) 6) но́вый фильм (*выпущенный на экран*) 7) разреше́ние на публика́цию (*книги, сообщения*) *или* демонстра́цию (*фильма*) 8) опублико́ванный материа́л; сообще́ние для печа́ти (*см. тж.* press-release) 9) *тех.* размыка́ющий автома́т; расцепля́ющий механи́зм 10) *тех.* разъедине́ние, расцепле́ние 11) сбра́сывание (*авиабомбы*)

2. *v* 1) освобожда́ть, выпуска́ть на во́лю 2) избавля́ть (from) 3) облегча́ть (*боль, страдания*) 4) *воен.* увольня́ть, демобилизова́ть 5) отпуска́ть, выпуска́ть, пуска́ть; сбра́сывать (*авиабомбы*); to ~ an arrow from a bow пусти́ть стрелу́ из лу́ка 6) выпуска́ть (*из печати и т. п.*); выпуска́ть фильм (на экра́н) 7) разреша́ть публика́цию (*книги, сообщения*), демонстра́цию (*фильма и т. п.*) 8) проща́ть (*долг*); отка́зываться (*от права*); передава́ть друго́му (*имущество*) 9) раскрыва́ть (*парашют*) 10) *тех.* разобща́ть, расцепля́ть

**release gear** [rɪ'li:sgɪə] *n ав.* бомбосбра́сыватель

**relegate** ['relɪgeɪt] *v* 1) отсыла́ть, направля́ть; to ~ to the reserve перевести́ в запа́с 2) относи́ть (*к какому-л. классу*); классифици́ровать 3) переводи́ть в ни́зшую катего́рию; низводи́ть; *спорт.* переводи́ть в ни́зшую ли́гу 4) предава́ть забве́нию, сдава́ть в архи́в 5) ссыла́ть, высыла́ть 6) передава́ть (*дело, вопрос*) для реше́ния *или* исполне́ния

**relegation** [ˌrelɪ'geɪʃən] *n* 1) вы́сылка, изгна́ние 2) перево́д в ни́зшую катего́рию 3) переда́ча (*дела, вопроса*) для реше́ния *или* исполне́ния

**relent** [rɪ'lent] *v* смягча́ться

**relentless** [rɪ'lentlɪs] *a* 1) безжа́лостный, непреклонный, неумоли́мый 2) неослабева́ющий, неосла́бный; неуста́нный; неотсту́пный

**relevance, -cy** ['relɪvəns, -sɪ] *n* уме́стность

**relevant** ['relɪvənt] *a* уме́стный

**reliability** [rɪˌlaɪə'bɪlɪtɪ] *n* 1) надёжность; про́чность 2) достове́рность 3) *attr.*: ~ trial про́бный, испыта́тельный пробе́г (*автомобиля и т. п.*)

**reliable** [rɪ'laɪəbl] *a* 1) надёжный 2) про́чный 3) заслу́живающий дове́рия, достове́рный; ~ information достове́рные све́дения

**reliance** [rɪ'laɪəns] *n* 1) дове́рие, уве́ренность (upon, on, in); to place (*или* to have, to feel) ~ in (*или* upon, on) smb., smth. наде́яться на кого́-л., что-л. 2) опо́ра, наде́жда

**reliant** [rɪ'laɪənt] *a* 1) уве́ренный 2) самоуве́ренный, самонаде́янный

**relic** ['relɪk] *n* 1) след, оста́ток; пережи́ток 2) *pl* мо́щи 3) *pl* рели́квии 4) сувени́р 5) *pl поэт.* оста́нки 6) *геол.* рели́кт

**relict** ['relɪkt] **1.** *n* 1) *уст., шутл.* вдова́ 2) *геол.* рели́кт

2. *a геол.* рели́ктовый

**reliction** [rɪ'lɪkʃən] *n* 1) ме́дленное, и постепе́нное отступа́ние воды́ с образова́нием су́ши 2) земля́, обнажённая отступи́вшим мо́рем

**relief** I [rɪ'li:f] *n* 1) облегче́ние (*боли, страдания, беспокойства*); по́мощь; утеше́ние; to bring (*или* to give) ~ принести́ облегче́ние 2) посо́бие по безрабо́тице; to put on ~ включи́ть в спи́сок для получе́ния посо́бия по безрабо́тице 3) разнообра́зие, переме́на (*приятная*) 4) освобожде́ние (*от уплаты штрафа*) 5) подкрепле́ние 6) сме́на (*дежурных, караульных*); освобожде́ние (*от обязанностей*); in the ~ при сме́не, во вре́мя сме́ны 7) *воен.* сня́тие оса́ды 8) *attr.*: ~ cut сокраще́ние посо́бия; ~ fund фонд по́мощи

**relief** II [rɪ'li:f] *n* 1) релье́ф (*изображение*); релье́фность; in ~ релье́фно, вы́пукло 2) чёткость, контра́ст; in against the sky выступа́ющий на фо́не не́ба 3) релье́ф, хара́ктер ме́стности 4) *attr.* релье́фный; ~ work чека́нная рабо́та

**reliefer** [rɪ'li:fə] *n* получа́ющий посо́бие

**relief-works** [rɪ'li:fwə:ks] *n pl* обще́ственные рабо́ты для безрабо́тных

**relieve** I [rɪ'li:v] *v* 1) облегча́ть, уменьша́ть (*тяжесть, давление*); ослабля́ть (*напряжение*) 2) освобожда́ть (*от чего-л.*); let me ~ you of your suitcase позво́льте мне понести́ ваш чемода́н; to ~ a person of his cash (*или* of his purse) *шутл.* обокра́сть кого́-л. 3) успока́ивать; to ~

one's feelings отвести́ ду́шу 4) ока́зывать по́мощь, выруча́ть 5) *воен.* снима́ть оса́ду 6) сменя́ть (*на посту*) 7) освобожда́ть от до́лжности, увольня́ть; to ~ a person of his position лиши́ть кого́-л. ме́ста; освободи́ть кого́-л. от до́лжности 8) вноси́ть разнообра́зие, оживля́ть 9) *тех.* деблоки́ровать ◇ to ~ oneself (*или* nature) испражни́ться; помочи́ться

**relieve** II [rɪ'li:v] *v* 1) де́лать релье́фным 2) быть релье́фным; выступа́ть (*на фоне*)

**relieving officer** [rɪ'li:vɪŋ'ɔfɪsə] *n* попечи́тель, ве́дающий по́мощью бе́дным (*в приходе, районе*)

**relievo** [rɪ'li:vəu] *ит.* = relief II

**relight** ['ri:'laɪt] *v* 1) сно́ва заже́чь 2) сно́ва загоре́ться

**religion** [rɪ'lɪdʒən] *n* 1) рели́гия; to get ~ *разг.* стать религио́зным 2) мона́шество; to enter into ~ постри́чься в мона́хи; to be in ~ быть мона́хом 3) культ, святы́ня; to make a ~ of smth. счита́ть что-л. свое́й свяще́нной обя́занностью; сде́лать культ из чего́-л.

**religioner** [rɪ'lɪdʒənə] *n* 1) религио́зный челове́к 2) мона́х

**religionism** [rɪ'lɪdʒənɪzm] *n* чрезме́рная на́божность

**religious** [rɪ'lɪdʒəs] **1.** *a* 1) религио́зный 2) ве́рующий, на́божный 3) мона́шеский 4) добросо́вестный, скрупулёзный 5) благогове́йный

**2.** *n* (*pl без измен.*) мона́х

**religiousness** [rɪ'lɪdʒəsnɪs] *n* религио́зность

**relinquish** [rɪ'lɪŋkwɪʃ] *v* 1) сдава́ть, оставля́ть (*территорию и т. п.*) 2) оставля́ть (*надежду*) 3) броса́ть (*привычку*) 4) отка́зываться (*от права*); уступа́ть, передава́ть (*кому-л.*) 5) выпуска́ть; to ~ one's hold выпуска́ть из рук

**reliquary** ['relɪkwərɪ] *n* ра́ка, гробни́ца, ковче́г (*для мощей*)

**reliquiae** [rɪ'lɪkwii:] *лат. n pl* 1) рели́квии, оста́нки 2) *геол.* окамене́лости живо́тных и расте́ний

**relish** ['relɪʃ] **1.** *n* 1) (прия́тный) вкус, при́вкус, за́пах 2) припра́ва, со́ус, гарни́р; заку́ска 3) привлека́тельность; to lose its ~ теря́ть свою́ пре́лесть 4) удово́льствие, пристра́стие, вкус, скло́нность (for — к *чему-л.*); with great ~ с удово́льствием, с увлече́нием 5) чу́точка, ка́пелька, небольшо́е коли́чество ◇ hunger is the best ~ ≅ го́лод — лу́чший по́вар

**2.** *v* 1) получа́ть удово́льствие (*от чего-л.*), наслажда́ться, смакова́ть, находи́ть прия́тным; I do not ~ the prospect мне не улыба́ется э́та перспекти́ва 2) име́ть вкус, отзыва́ться (of — *чем-л.*) 3) *редк.* служи́ть припра́вой, придава́ть вкус, де́лать о́стрым

**reload** ['ri:'ləud] *v* 1) перегружа́ть, нагружа́ть сно́ва 2) перезаряжа́ть

**reluctance** [rɪ'lʌktəns] *n* 1) неохо́та, нежела́ние; нерасположе́ние, отвраще́ние; with ~ неохо́тно 2) *эл.* магни́тное сопротивле́ние

**reluctant** [rɪ'lʌktənt] *a* 1) де́лающий (*что-л.*) с неохо́той; неохо́тный, вы́нужденный (*о согласии и т. п.*) 2) *редк.* сопротивля́ющийся; упо́рный, не поддаю́щийся (*лечению и т. п.*)

**reluctantly** [rɪ'lʌktəntlɪ] *adv* неохо́тно, с неохо́той, без жела́ния

**reluctivity** [,rɪlʌk'tɪvɪtɪ] *n эл.* уде́льное магни́тное сопротивле́ние

**relume** [rɪ'lju:m] *v уст., поэт.* 1) сно́ва зажига́ть 2) вновь освеща́ть

**rely** [rɪ'laɪ] *v* полага́ться, доверя́ть, быть уве́ренным (on, upon); to ~ on it that быть уве́ренным, что; you may ~ upon it that he will be early мо́жете положи́ться на то, что он бу́дет ра́но; ~ upon it бу́дьте уве́рены в э́том; уверя́ю вас

**remade** ['ri:'meɪd] *past и p. p. от* remake 1

**remain** [rɪ'meɪn] *v* 1) остава́ться; after the fire very little ~ed of the house по́сле пожа́ра от до́ма почти́ ничего́ не оста́лось 2) остава́ться, пребыва́ть в пре́жнем состоя́нии *или* на пре́жнем ме́сте; I ~ yours truly остаю́сь пре́данный вам (*в конце письма*); let it ~ as it is пусть всё остаётся как есть

**remainder** [rɪ'meɪndə] **1.** *n* 1) оста́ток; оста́тки 2) нераспро́данные оста́тки тиража́ кни́ги 3) остальны́е; twenty people came in and the ~ stayed outside два́дцать челове́к вошли́, остальны́е оста́лись на у́лице 4) *юр.* после́дующее иму́щественное пра́во

**2.** *v* распродава́ть оста́тки тиража́ кни́ги по дешёвой цене́

**remains** [rɪ'meɪnz] *n pl* 1) оста́ток; оста́тки 2) оста́нки, прах 3) посме́ртные произведе́ния

**remake** ['ri:'meɪk] **1.** *v* (remade) переде́лывать, де́лать за́ново

**2.** *n* 1) переде́лывание, переде́лка 2) что-л. переде́ланное, *особ.* пересня́тый фильм

**reman** ['ri:'mæn] *v* 1) *воен., мор.* (вновь) укомплекто́вывать ли́чным соста́вом 2) *воен.* вновь заня́ть (*войсками, гарнизоном*) 3) подбодря́ть, вселя́ть му́жество

**remand** [rɪ'ma:nd] **1.** *n* 1) *юр.* возвраще́ние (*арестованного*) под стра́жу; a person on ~ подсле́дственный 2) аресто́ванный, оста́вленный под стра́жей (*для продолжения следствия*) 3) *воен.* отчисле́ние, исключе́ние из спи́сков

**2.** *v* 1) *юр.* отсыла́ть обра́тно под стра́жу (*для продолжения следствия*) 2) *юр.* отсыла́ть (*дело*) обра́тно на дoсле́дование 3) *воен.* отчисля́ть

**remand home** [rɪ'ma:nd'həum] *n* дом предвари́тельного заключе́ния для мало́летних престу́пников

**remark** ['rɪ'ma:k] **1.** *n* 1) замеча́ние; to make no ~ ничего́ не сказа́ть; to pass a ~ вы́сказать своё мне́ние 2) внима́ние, наблюде́ния 3) примеча́ние; поме́тка; ссы́лка

**2.** *v* 1) замеча́ть, наблюда́ть, отмеча́ть 2) де́лать замеча́ние, выска́зываться (on, upon — о *чём-л.*)

**remarkable** [rɪ'ma:kəbl] *a* 1) замеча́тельный, удиви́тельный 2) выдаю́щийся

**remarkably** [rɪ'ma:kəblɪ] *adv* замеча́тельно, удиви́тельно; в вы́сшей сте́пени; необыкнове́нно

**remediable** [rɪ'mi:djəbl] *a* поправи́мый, излечи́мый

**remedial** [rɪ'mi:djəl] *a* 1) лече́бный, излечи́вающий; исправля́ющий; корректи́вный; ~ English корректи́вный курс англи́йского языка́ 2) исправи́тельный; ~ measures исправи́тельные ме́ры 3) *тех.* ремо́нтный

**remediless** ['remɪdɪlɪs] *a* неисправи́мый, неизлечи́мый

**remedy** ['remɪdɪ] **1.** *n* 1) сре́дство от боле́зни, лека́рство 2) сре́дство, ме́ра (*против чего-л.*) 3) *юр.* сре́дство суде́бной защи́ты, сре́дство защи́ты пра́ва

**2.** *v* 1) исправля́ть 2) *редк.* вылечи́вать

**remember** [rɪ'membə] *v* 1) по́мнить, вспомина́ть; to ~ oneself опо́мниться 2) передава́ть приве́т; ~ me to your father переда́йте приве́т ва́шему отцу́ 3) дари́ть; завеща́ть; дава́ть на чай; to ~ a child on its birthday посла́ть пода́рок ребёнку ко дню рожде́ния; to ~ smb. in one's will завеща́ть кому́-л. (*что-л.*)

**remembrance** [rɪ'membrəns] *n* 1) воспомина́ние; па́мять; in ~ of в па́мять о; to put in ~ напомина́ть 2) *pl* приве́т (*через кого-л.*) 3) сувени́р, пода́рок на па́мять 4) *attr.*: ~ card откры́тка с напомина́нием о чём-л.

**remilitarization** ['ri:,mɪlɪtəraɪ'zeɪʃən] *n* ремилитариза́ция

**remilitarize** ['ri:'mɪlɪtəraɪz] *v* ремилитаризи́ровать

**remind** [rɪ'maɪnd] *v* напомина́ть (of); he ~s me of his brother он напомина́ет мне своего́ бра́та; please ~ me to answer that letter пожа́луйста, напо́мни мне, что ну́жно отве́тить на то письмо́

**reminder** [rɪ'maɪndə] *n* напомина́ние; gentle ~ намёк

**remindful** [rɪ'maɪndful] *a* напомина́ющий; вызыва́ющий воспомина́ния

**reminisce** [,remɪ'nɪs] *v* предава́ться воспомина́ниям, вспомина́ть про́шлое

**reminiscence** [,remɪ'nɪsns] *n* 1) воспомина́ние 2) черта́, напомина́ющая что-л. 3) *pl* мемуа́ры, воспомина́ния; to write ~s писа́ть мемуа́ры

**reminiscent** [,remɪ'nɪsnt] *a* 1) вспомина́ющий; скло́нный к воспомина́ниям 2) напомина́ющий (of); вызыва́ющий воспомина́ния

**remise** [rɪ'maɪz] *v юр.* уступа́ть, передава́ть (*право, имущество*)

**remiss** [rɪ'mɪs] *a* 1) неради́вый, невнима́тельный; небре́жный 2) вя́лый, сла́бый 3) *тех.* растворённый, разжи́жённый

**remissible** [rɪ'mɪsɪbl] *a* прости́тельный, позволи́тельный

**remission** [rɪ'mɪʃən] *n* 1) проще́ние; отпуще́ние (*грехов*) 2) освобожде́ние от упла́ты, от наказа́ния; отме́на *или* смягче́ние (*приговора*) 3) уменьше́ние, ослабле́ние (*боли*)

**remissive** [rɪ'mɪsɪv] *a* 1) проща́ющий, освобожда́ющий 2) ослабля́ющий, уменьша́ющий

**remit** [rɪ'mɪt] *v* 1) проща́ть; отпуска́ть (*грехи*) 2) возде́рживаться (*от наказания, взыскания долга*); снима́ть (*налог, штраф и т. п.*) 3) *юр.* откла́дывать (*дело*); отсыла́ть обра́тно в ни́зшую инста́нцию 4) передава́ть на реше́ние кому́-л. авторите́тному лицу́ 5) посыла́ть по по́чте (*деньги*); kindly ~ to Mr. N прошу́ (*или* про́сим) уплати́ть ми́стеру N 6) *редк.* уменьша́ть(ся); смягча́ть(ся); ослабля́ть(ся) (*об усилиях и т. п.*); прекраща́ть(ся)

**remittance** [rɪ'mɪtəns] *n* 1) пересы́лка, перево́д де́нег; *воен.* перево́д де́нег по аттеста́ту 2) переводи́мые де́ньги, де́нежный перево́д

**remittance-man** [rɪ'mɪtənsmæn] *n* эмигра́нт, живу́щий на де́ньги, присыла́емые с ро́дины

**remittee** [ˌremɪ'ti:] *n* получа́тель де́нежного перево́да; получа́тель де́нег по аттеста́ту

**remittent** [rɪ'mɪtənt] **1.** *a* перемежа́ющийся; ~ fever = 2

**2.** *n* перемежа́ющаяся лихора́дка

**remitter** [rɪ'mɪtə] *n* 1) отправи́тель де́нежного перево́да 2) *юр.* переда́ча де́ла из одно́й инста́нции в другу́ю

**remnant** ['remnənt] *n* 1) оста́ток (*пищи*) 2) след, пережи́ток 3) отре́з, оста́ток (*ткани*) 4) *attr.*: a ~ sale распрода́жа оста́тков

**remodel** ['ri:'mɔdl] *v* переде́лывать; реконструи́ровать

**remonstrance** [rɪ'mɔnstrəns] *n* 1) проте́ст; возраже́ние 2) увещева́ние

**remonstrant** [rɪ'mɔnstrənt] **1.** *a* протесту́ющий, возража́ющий

**2.** *n* тот, кто протесту́ет, возража́ет

**remonstrate** [rɪ'mɔnstreɪt] *v* 1) протестова́ть, возража́ть (against) 2) убежда́ть, увещева́ть (with — *кому-л.*)

**remontant** [rɪ'mɔntənt] *a бот.* ремонта́нтный

**remorse** [rɪ'mɔ:s] *n* 1) угрызе́ние со́вести; раска́яние 2) сожале́ние, жа́лость; without ~ безжа́лостно, беспоща́дно, бессерде́чно

**remorseful** [rɪ'mɔ:sful] *a* 1) по́лный раска́яния 2) по́лный сожале́ния

**remorseless** [rɪ'mɔ:slɪs] *a* 1) безжа́лостный, беспоща́дный 2) не испы́тывающий раска́яния

**remote** [rɪ'məut] *a* 1) да́льний, далёкий, отдалённый (*во времени и пространстве*); уединённый; the ~ past далёкое про́шлое 2) далёкий, не име́ющий прямо́го отноше́ния; отли́чный 3) сла́бый; небольшо́й, незначи́тельный; ~ resemblance сла́бое схо́дство; not the ~st chance of success ни мале́йшего ша́нса на успе́х 4) *тех.* дистанцио́нный; де́йствующий на расстоя́нии; ~ control дистанцио́нное управле́ние, телеуправле́ние

**remount** I [ri:'maunt] *v* 1) сно́ва всходи́ть, поднима́ться (*по лестнице и т. п.*) 2) сно́ва сесть на ло́шадь 3) сно́ва монти́ровать 4) восходи́ть (*к более раннему периоду*)

**remount** II **1.** *n* ['ri:maunt] 1) запасна́я ло́шадь 2) *воен.* ремо́нтная ло́шадь; ремо́нтные ло́шади, ко́нский ремо́нт, ко́нское пополне́ние

**2.** *v* [ri:'maunt] *воен.* ремонти́ровать (*кавалерию*)

**removability** [rɪˌmu:və'bɪlɪtɪ] *n* сменя́емость; перемеща́емость; подви́жность

**removable** [rɪ'mu:vəbl] **1.** *a* 1) передвига́емый; подвижно́й; съёмный 2) устрани́мый; сменя́емый 3) *тех.* сме́нный

**2.** *n* сменя́емый судья́ (*в Ирландии*)

**removal** [rɪ'mu:vəl] *n* 1) перемеще́ние; перее́зд; ~ of furniture вы́воз ме́бели (*из дома*) 2) смеще́ние (*судьи и т. п.*) 3) устране́ние, удале́ние; снос 4) *горн.* вскры́ша; вы́емка

**removal-van** [rɪ'mu:vəlvæn] *n* фурго́н для перево́зки ме́бели

**remove** [rɪ'mu:v] **1.** *n* 1) ступе́нь, шаг; сте́пень отдале́ния; at many ~s на далёком расстоя́нии; but one ~ from всего́ оди́н шаг до 2) поколе́ние, коле́но 3) перево́д ученика́ в сле́дующий класс; he has not got his ~ он оста́лся на второ́й год 4) класс (*в некоторых английских школах*) 5) сле́дующее блю́до (*за обедом*)

**2.** *v* 1) передвига́ть; перемеща́ть; убира́ть, уноси́ть; to ~ oneself удали́ться 2) снима́ть; to ~ one's hat снять шля́пу (*для приветствия*) 3) отодвига́ть, убира́ть; to ~ one's hand убра́ть ру́ку; to ~ one's eyes отвести́ глаза́ 4) устраня́ть, удаля́ть; to ~ all doubts уничто́жить все сомне́ния 5) стира́ть; выводи́ть (*пятна*) 6) увольня́ть, смеща́ть 7) переезжа́ть; she ~d to Glasgow она́ перее́хала в Гла́зго ◇ to ~ mountains го́ру сдви́нуть, де́лать чудеса́

**removed** [rɪ'mu:vd] **1.** *p. p. от* remove 2

**2.** *a* 1) удалённый, отдалённый; несвя́занный; far ~ from далёкий от 2): once ~ двою́родный; twice ~ трою́родный

**remover** [rɪ'mu:və] *n* 1) перево́зчик ме́бели (*тж.* furniture ~) 2) пятновыводи́тель 3) *тех.* съёмник

**remunerate** [rɪ'mju:nəreɪt] *n* вознагражда́ть, опла́чивать, компенси́ровать

**remuneration** [rɪˌmju:nə'reɪʃən] *n* вознагражде́ние, опла́та, компенса́ция; за́работная пла́та

**remunerative** [rɪ'mju:nərətɪv] *a* 1) вознагражда́ющий 2) хорошо́ опла́чиваемый, вы́годный

**renaissance** [rə'neɪsəns] *n* 1) (the R.) эпо́ха Возрожде́ния, Ренесса́нс 2) возрожде́ние, оживле́ние (*искусства и т. п.*) 3) (R.) *attr.* относя́щийся к эпо́хе Возрожде́ния; R. architecture архитекту́ра Возрожде́ния

**renal** ['ri:nəl] *a* по́чечный

**rename** ['ri:'neɪm] *v* дать но́вое и́мя; переименова́ть

**renascense** [rɪ'næsns] *n* 1) возрожде́ние, оживле́ние, возобновле́ние 2) (R.) = renaissance 1)

**renascent** [rɪ'næsnt] *a* возрожда́ющийся; ~ enthusiasm но́вый энтузиа́зм

**rencontre** [rɑ:ŋ'kɔ:ŋtr] *фр. n редк.* 1) дуэ́ль, сты́чка, столкнове́ние 2) случа́йная встре́ча

**rencounter** [ren'kauntə] **1.** *n уст.* = rencontre

**2.** *v* 1) встреча́ться вражде́бно 2) случа́йно ста́лкиваться

**rend** [rend] *v* (rent) *книжн.* 1) отрыва́ть, отдира́ть (from, away, off) 2) рвать, раздира́ть, разрыва́ть; it ~s my heart у меня́ от э́того се́рдце разрыва́ется 3) расщепля́ть, раска́лывать

**render** ['rendə] **1.** *n* 1) опла́та; ~s in kind распла́та нату́рой 2) пе́рвый слой штукату́рки

**2.** *v* 1) воздава́ть, плати́ть, отдава́ть; to ~ good for evil плати́ть добро́м за зло 2) ока́зывать (*помощь и т. п.*); to ~ a service оказа́ть услу́гу 3) представля́ть; to ~ thanks приноси́ть благода́рность; to ~ an account for payment представля́ть счёт к опла́те; to ~ an account докла́дывать, дава́ть отчёт 4) приводи́ть в како́е-л. состоя́ние; to ~ active активизирова́ть; to be ~ed speechless with rage онеме́ть от я́рости; climbing ~s me giddy подъём вызыва́ет у меня́ головокруже́ние 5) воспроизводи́ть, изобража́ть, передава́ть 6) исполня́ть (*роль*) 7) переводи́ть (*на другой язык*) 8) *уст.* сдава́ть(ся) (*часто* ~ up) 9) топи́ть (*сало*) 10) *мор.* трави́ться; идти́ в раскру́т 11) *стр.* штукату́рить, обма́зывать

**rendering** ['rendərɪŋ] **1.** *pres. p. от* render 2

**2.** *n* 1) перево́д, переда́ча 2) исполне́ние; изображе́ние; толкова́ние (*образа произведения*) 3) оказа́ние (*услуги, помощи и т. п.*) 4) вытаплива́ние (*сала*) 5) *стр.* штукату́рка без дра́ни, обма́зка 6) *мор.* пропуска́ние тро́са че́рез блок

**rendezvous** ['rɔndɪvu:] *фр.* **1.** *n* 1) свида́ние 2) ме́сто свида́ния; ме́сто встреч 3) сбор войск *или* корабле́й в назна́ченном ме́сте

**2.** *v* встреча́ться в назна́ченном ме́сте

**rendition** [ren'dɪʃən] *редк.* = rendering 2, 1) *и* 2)

**renegade** ['renɪgeɪd] **1.** *n* ренега́т, изме́нник, отсту́пник; перебе́жчик

**2.** *a* преда́тельский, изме́ннический

**renew** [rɪ'nju:] *v* 1) обновля́ть; восстана́вливать; реставри́ровать; заменя́ть но́вым 2) повторя́ть 3) возрожда́ть; возобновля́ть; to ~ correspondence возобнови́ть перепи́ску 4) оживи́ть, вы́звать вновь (*чувства и т. п.*) 5) продли́ть срок де́йствия (*договора об аренде и т. п.*) 6) пополня́ть запа́с

**renewal** [rɪ'nju(:)əl] *n* 1) возобновле́ние, возрожде́ние, восстановле́ние 2) повторе́ние 3) обновле́ние 4) заме́на изно́шенного обору́дования но́вым; капита́льный, восстанови́тельный ремо́нт 5) пролонга́ция (*договора*); продле́ние (*срока*)

**rennet** I ['renɪt] *n анат.* сычужо́к

**rennet** II ['renɪt] *n* ране́т (*сорт яблок*)

**renounce** [rɪ'nauns] **1.** *v* 1) отка́зываться (*от своих прав, требований, привычек и т. п.*) 2) отрека́ться (*от друзей*) 3) не признава́ть (*власть*); отверга́ть, отклоня́ть (*мнение и т. п.*) 4) *карт.* де́лать рено́нс

**2.** *n карт.* рено́нс

**renouncement** [rɪ'naunsmənt] *n* отрече́ние, отка́з

**renovate** ['renəuveɪt] *v* 1) восстана́вливать, подновля́ть, ремонти́ровать 2) освежа́ть, обновля́ть; восстана́вливать (*силы*)

**renovation** [ˌrenəu'veɪʃən] *n* 1) восстановле́ние, ремо́нт 2) освеже́ние, обновле́ние

**renovator** ['renəuveɪtə] *n* 1) восстанови́тель 2) реставра́тор

**renown** [rɪ'naun] *n* сла́ва, изве́стность; a man of ~ знамени́тый челове́к

**renowned** [rɪ'naund] *a* изве́стный, знамени́тый, просла́вленный

**rent** I [rent] **1.** *past и p. p. от* rend

**2.** *n* 1) дыра́, проре́ха; про́резь; щель 2) разры́в (*в облаках*) 3) рассе́лина, тре́щина 4) про́йма 5) несогла́сие, разры́в

**rent** II [rent] **1.** *n* 1) аре́ндная пла́та; кварти́рная пла́та 2) ре́нта; ground ~ земе́льная ре́нта; ~ in kind натура́льная ре́нта 3) *амер.* наём, прока́т; пла́та за прока́т; for ~ внаём; напрока́т

**2.** *v* 1) брать в аре́нду, нанима́ть 2) сдава́ть в аре́нду 3) *амер.* дава́ть напрока́т

**rentable** ['rentəbl] *a* 1) могу́щий быть сда́нным в аре́нду 2) могу́щий приноси́ть ре́нтный дохо́д

**rental** ['rentl] *n* 1) су́мма аре́ндной пла́ты; ре́нтный дохо́д 2) спи́сок земе́ль и дохо́дов от их аре́нды

**renter** ['rentə] *n* съёмщик; аренда́тор

**rent-free** ['rent'fri:] **1.** *a* освобождённый от аре́ндной *или* кварти́рной пла́ты

**2.** *adv* с освобожде́нием от аре́ндной *или* кварти́рной пла́ты

**rentier** ['rɔntɪeɪ] *фр. n* рантье́

**rent-roll** ['rentrəul] *n* 1) спи́сок земе́ль и дохо́дов от их аре́нды 2) дохо́д, получа́емый от сда́чи в аре́нду

**renumber** ['ri:'nʌmbə] *v* перенумерова́ть

**renunciaton** [rɪˌnʌnsɪ'eɪʃən] *n* отка́з, (само)отрече́ние

**renunciative** [rɪ'nʌnsɪətɪv] = renunciatory

**renunciatory** [rɪ'nʌnsɪətərɪ] *a* содержа́щий отка́з, усту́пку, отрече́ние

**reopen** ['ri:'əupən] *v* 1) открыва́ть (-ся) вновь 2) возобнови́ть, нача́ть сно́ва

**reorganization** ['ri:ˌɔ:gənaɪ'zeɪʃən] *n* реорганиза́ция, преобразова́ние

**reorganize** ['ri:'ɔ:gənaɪz] *v* реорганизо́вывать, преобразо́вывать; to ~ a ministry реорганизова́ть министе́рство

**rep** I [rep] *n* репс (*ткань*)

**rep** II [rep] *школ. жарг. сокр. от* repetition 2)

**rep** III [rep] *разг. см.* repertory theatre

**rep** IV [rep] *n sl.* развра́тник, распу́тник

**re-paid** ['ri:'peɪd] *past и p. p. от* re-pay

**repaid** [ri:'peɪd] *past и p. p. от* repay

**repair** I [rɪ'pεə] **1.** *n* 1) (*часто pl*) ремо́нт; почи́нка; under ~ в ремо́нте; ~s done while you wait ремо́нт в прису́тствии зака́зчика; closed during ~s закры́то на ремо́нт 2) восстановле́ние; ~ of one's health восстановле́ние здоро́вья, сил 3) го́дность; испра́вность; in good ~ в хоро́шем состоя́нии; in bad ~, out of ~ в неиспра́вном состоя́нии; to keep in ~ содержа́ть в испра́вности 4) *attr.* запа́сный, запасно́й; ~ parts запасны́е ча́сти 5) *attr.* ремо́нтный; ~ shop ремо́нтная мастерска́я

**2.** *v* 1) ремонти́ровать; чини́ть, исправля́ть; to ~ a house ремонти́ровать дом; to ~ clothes чини́ть бельё 2) восстана́вливать; to ~ one's health восстанови́ть своё здоро́вье 3) возмеща́ть 4) исправля́ть; to ~ an injustice испра́вить несправедли́вость

**repair** II [rɪ'pεə] *v* 1) отправля́ться, направля́ться; they ~ed homewards они́ напра́вились домо́й 2) ча́сто посеща́ть, навеща́ть 3) прибега́ть (to — к *чему-л.*)

**repairable** [rɪ'pεərəbl] *a* поддаю́щийся ремо́нту; the house is not ~ дом уже́ нельзя́ отремонти́ровать

**repairer** [rɪ'pεərə] *n* производя́щий почи́нку *или* ремо́нт, ма́стер; watch ~ часово́й ма́стер, часовщи́к; cabinet ~ ма́стер по ремо́нту ме́бели

**reparable** ['repərəbl] *a* поправи́мый; a ~ mistake поправи́мая оши́бка

**reparation** [ˌrepə'reɪʃən] *n* 1) возмеще́ние, компенса́ция 2) (*обыкн. pl*) возмеще́ние, репара́ции 3) загла́живание (*вины и т. п.*)

**repartee** [ˌrepɑ:'ti:] *n* 1) остроу́мный отве́т 2) остроу́мие, нахо́дчивость

**repast** [rɪ'pɑ:st] *n книжн.* 1) еда́ (*обед, ужин и т. п.*) 2) тра́пеза; пи́ршество

**repatriable** [ri:'pætrɪəbl] *a* подлежа́щий репатриа́ции

**repatriate** [ri:'pætrɪeɪt] **1.** *n* репатриа́нт

**2.** *v* возвраща́ть на ро́дину, репатрии́ровать

**repatriation** ['ri:pætrɪ'eɪʃən] *n* возвраще́ние на ро́дину, репатриа́ция

**re-pay** ['ri:'peɪ] *v* (re-paid) плати́ть втори́чно

**repay** [ri:'peɪ] *v* (repaid) 1) отдава́ть долг (to) 2) отпла́чивать; вознагражда́ть; возмеща́ть; I don't know how to ~ you for your kindness не зна́ю, как отблагодари́ть вас за ва́шу доброту́ 3) возвраща́ть; to ~ a visit отда́ть визи́т

**repayable** [ri:'peɪəbl] *a* подлежа́щий упла́те, возмеще́нию

**repayment** [ri:'peɪmənt] *n* 1) опла́та 2) возмеще́ние, вознагражде́ние

**repeal** [rɪ'pi:l] **1.** *n* аннули́рование, отме́на (*закона и т. п.*)

**2.** *v* аннули́ровать, отменя́ть (*закон и т. п.*)

**repealer** [rɪ'pi:lə] *n* 1) тот, кто отменя́ет 2) *ист.* сторо́нник расторже́ния у́нии ме́жду Великобрита́нией и Ирла́ндией

**repeat** [rɪ'pi:t] **1.** *n* 1) *разг.* повторе́ние; то, что повторя́ется 2) исполне́ние на бис 3) *амер. унив. жарг.* студе́нт-второго́дник 4) *муз.* повторе́ние; знак повторе́ния 5) повторе́ние радиопрогра́ммы *или* телепереда́чи

**2.** *v* 1) повторя́ть 2) *refl.* повторя́ться; he does nothing but ~ himself он то́лько повторя́ется; history ~s itself исто́рия повторя́ется 3) говори́ть наизу́сть; to ~ one's lesson отвеча́ть уро́к 4) повторя́ться; вновь случа́ться 5) передава́ть, расска́зывать; to ~ a secret рассказа́ть (*кому-л.*) секре́т 6) *амер.* незако́нно голосова́ть на вы́борах не́сколько раз 7) отры́гиваться (*о пище*); onions ~ лук вызыва́ет отры́жку

**repeated** [rɪ'pi:tɪd] **1.** *p. p. от* repeat 2

**2.** *a* повто́рный; ча́стый; on ~ occasions неоднокра́тно

**repeatedly** [rɪ'pi:tɪdlɪ] *adv* повто́рно, не́сколько раз, неоднокра́тно

**repeater** [rɪ'pi:tə] *n* 1) тот, кто *или* то, что повторя́ет 2) *амер. разг.* студе́нт-второго́дник 3) рецидиви́ст 4) репети́р, часы́ с репети́ром 5) *амер. sl.* незако́нно голосу́ющий не́сколько раз на вы́борах 6) *мат.* периоди́ческая дробь 7) магази́нная винто́вка 8) *радио* трансляцио́нный усили́тель

**repeating rifle** [rɪ'pi:tɪŋˌraɪfl] *n* магази́нная винто́вка

**repeating watch** [rɪ'pi:tɪŋ'wɔtʃ] *n* часы́ с репети́ром

**repel** [rɪ'pel] *v* 1) отгоня́ть; отта́лкивать, отбра́сывать, отража́ть; to ~ an attack отрази́ть нападе́ние 2) отверга́ть, отклоня́ть; to ~ an offer отклони́ть предложе́ние; to ~ an accusation отве́ргнуть обвине́ние 3) вызыва́ть отвраще́ние, неприя́знь 4) *физ.* отта́лкивать; water and oil ~ each other вода́ не сме́шивается с ма́слом 5) *амер. спорт. жарг.* победи́ть

**repellent** [rɪ'pelənt] **1.** *n* репелле́нт, сре́дство, отпу́гивающее насеко́мых *и т. п.*

**2.** *a* 1) вызыва́ющий отвраще́ние, отта́лкивающий; возмути́тельный 2) водоотта́лкивающий, водонепроница́емый (*о материале*)

**repent** I ['ri:pənt] *a* 1) *бот.* ползу́чий 2) *зоол.* пресмыка́ющийся

**repent** II [rɪ'pent] *v* раска́иваться; сокруша́ться; сожале́ть; I ~ я раска́иваюсь; I ~ me (*или* it ~s me) that I did it *уст.* сожале́ю, что сде́лал э́то; you shall ~ this (*или* of this) вы раска́етесь в э́том, вы пожале́ете об э́том; he has nothing to ~ of ему́ не́ в чем раска́иваться

**repentance** [rɪ'pentəns] *n* покая́ние; раска́яние, сожале́ние

**repentant** [rɪ'pentənt] *a* 1) ка́ющийся, раска́ивающийся 2) выража́ющий раска́яние; ~ tears слёзы раска́яния

**repercussion** [ˌri:pə:'kʌʃən] *n* 1) отда́ча (*после удара*) 2) о́тзвук; э́хо 3) (*обыкн. pl*) отраже́ние, влия́ние, после́дствия (*события и т. п.*)

**repertoire** ['repətwɑ:] *фр. n* реперту́ар

**repertory** ['repətərɪ] *n* 1) склад, храни́лище; a ~ of useful information запа́с поле́зных све́дений 2) = repertoire 3) = repertory theatre

**repertory theatre** ['repətərɪ'θɪətə] *n* теа́тр с постоя́нной тру́ппой и подгото́вленным для сезо́на реперту́аром

**repetition** [ˌrepɪ'tɪʃən] *n* 1) повторе́ние 2) повторе́ние наизу́сть; зау́чивание наизу́сть 3) отры́вок, зау́ченный наизу́сть *или* для зау́чивания наизу́сть 4) ко́пия

**repetition work** [ˌrepɪ'tɪʃən'wə:k] *n тех.* ма́ссовое произво́дство; сери́йное произво́дство; шабло́нная рабо́та

**repetitious** [ˌrepɪ'tɪʃəs] = repetitive

**repetitive** [rɪ'petɪtɪv] *a* без конца́ повторя́ющийся, ску́чный

**repine** [rɪ'paɪn] *v* ропта́ть, жа́ловаться (at, against)

**replace** [rɪ'pleɪs] *v* 1) ста́вить *или* класть обра́тно на ме́сто 2) верну́ть; восстанови́ть; to ~ money borrowed верну́ть за́нятые де́ньги 3) заменя́ть, замеща́ть (by, with); impossible to ~ незамени́мый

**replaceable** [rɪ'pleɪsəbl] *a* замени́мый

**replacement** [rɪ'pleɪsmənt] *n* 1) замеще́ние, заме́на 2) *воен.* пополне́ние в ли́чном соста́ве; возмеще́ние войска́м материа́льных средств 3) *геол.* замеще́ние (*руды*); выполне́ние (*магмой*)

**replant** ['ri:'plɑ:nt] *v* 1) переса́живать (*растение*) 2) сно́ва заса́живать (*растениями*)

**replay** ['ri:'pleɪ] *v* перeигрывать (*матч и т. п.*)

**replenish** [rɪ'plenɪʃ] *v* сно́ва наполня́ть, пополня́ть (with)

**replenishment** [rɪ'plenɪʃmənt] *n* повто́рное наполне́ние, пополне́ние

**replete** [rɪ'pli:t] *a* 1) напо́лненный, насы́щенный; перепо́лненный (with); пресы́щенный; to be ~ (with) изоби́ловать 2) хорошо́ обеспе́ченный *или* снабжённый (with — *чем-л.*)

**repletion** [rɪ'pli:ʃən] *n* пресыще́ние, переполне́ние

**replica** ['replɪkə] *n* 1) *жив.* ре́плика, то́чная ко́пия; репроду́кция 2) *тех.* моде́ль; копи́р

**replicate** ['replɪkeɪt] *v жив.* повторя́ть, де́лать ре́плику, копи́ровать

**replication** [ˌreplɪ'keɪʃən] *n* 1) отве́т, возраже́ние 2) копи́рование 3) *жив.* ко́пия; репроду́кция 4) *юр.* отве́т истца́ на возраже́ние по и́ску

**reply** [rɪ'plaɪ] **1.** *n* отве́т; in ~ в отве́т; in ~ to your letter в отве́т на ва́ше письмо́; ~ paid с опла́ченным отве́том

**2.** *v* 1) отвеча́ть 2) *юр.* отвеча́ть на возраже́ние □ ~ **for** отвеча́ть за *кого-л., за что-л.*; ~ **to** отвеча́ть на *что-л.*

**report** [rɪ'pɔ:t] **1.** *n* 1) отчёт (on — о); сообще́ние, докла́д 2) *воен.* донесе́ние; ра́порт 3) молва́, слух; the ~ goes говоря́т; хо́дит слух 4) репута́ция, сла́ва 5) та́бель успева́емости 6) звук взры́ва, вы́стрела

**2.** *v* 1) сообща́ть; расска́зывать, опи́сывать; it is ~ed а) сообща́ется; б) говоря́т 2) де́лать официа́льное сообще́ние; докла́дывать; представля́ть отчёт; to ~ a bill докла́дывать законопрое́кт в парла́менте пе́ред тре́тьим чте́нием; the Commision ~s tomorrow коми́ссия де́лает докла́д за́втра 3) *воен.* доноси́ть; рапорто-ва́ть 4) явля́ться; to ~ oneself докла́дывать о своём прибы́тии (to); to ~ for work явля́ться на рабо́ту; to ~ to the police регистри́роваться в поли́ции 5) передава́ть что-л., ска́занное други́м лицо́м 6) составля́ть, дава́ть отчёт (*для прессы*); to ~ (badly) well дава́ть (не)благоприя́тный о́тзыв (*о чём-л.*) 7) жа́ловаться на, выставля́ть обвине́ние ◇ to ~ progress а) сообща́ть о положе́нии дел; б) *парл.* прекраща́ть пре́ния по законопрое́кту; в) откла́дывать (*что-л.*); to move to ~ progress *парл.* внести́ предложе́ние о прекраще́нии деба́тов (*часто с целью обструкции*)

**reportage** [ˌrepɔ:'tɑ:ʒ] *фр. n* репорта́ж

**report card** [rɪ'pɔ:t'kɑ:d] = report 1, 5)

**report centre** [rɪ'pɔ:t'sentə] *n воен.* пункт сбо́ра донесе́ний

**reported** [rɪ'pɔ:tɪd] **1.** *p. p. от* report 2

**2.** *a грам.*: ~ speech ко́свенная речь

**reporter** [rɪ'pɔ:tə] *n* 1) докла́дчик 2) репортёр; корреспонде́нт

**reposal** I [rɪ'pəuzl] *n* упова́ние, наде́жды; ~ of trust (*или* of confidence) оказа́ние дове́рия

**reposal** II ['rɪ'pəuzl] *n уст.* о́тдых, отдохнове́ние

**repose** I [rɪ'pəuz] *v* полага́ться (*на кого-л., что-л.*); to ~ trust in (*или* on) smb. доверя́ться кому́-л., полага́ться на кого́-л.

**repose** II [rɪ'pəuz] **1.** *n* 1) о́тдых, переды́шка 2) сон; поко́й 3) тишина́, споко́йствие ◇ angle of ~ *тех.* у́гол есте́ственного отко́са

**2.** *v* 1) отдыха́ть, ложи́ться отдохну́ть (*тж.* to ~ oneself) 2) дава́ть о́тдых; класть; to ~ one's head on the pillow положи́ть го́лову на поду́шку 3) лежа́ть, поко́иться (on — на) 4) остана́вливаться, заде́рживаться (*о памяти, воспоминаниях*; on — на *чём-л.*); his mind ~d on the past его́ мы́сли задержа́лись на про́шлом 5) осно́вываться, держа́ться (on — на)

**reposeful** ['rɪ'pəuzful] *a* 1) успокои́тельный 2) споко́йный

**repository** [rɪ'pɔzɪtərɪ] *n* 1) храни́лище; вмести́лище; склад 2) тот, кому́ что-л. доверя́ют 3) склеп

**repoussé** [rə'pu:seɪ] *фр.* **1.** *n* 1) штампо́ванное изде́лие 2) барелье́ф на мета́лле

**2.** *a* 1) штампо́ванный (*о металле*) 2) релье́фный

**repp** [rep] = rep I

**reprehend** [ˌreprɪ'hend] *v* де́лать вы́говор; порица́ть

**reprehensible** [ˌreprɪ'hensəbl] *a* досто́йный порица́ния, предосуди́тельный

**reprehension** [ˌreprɪ'henʃən] *n* порица́ние, осужде́ние

**represent** [ˌreprɪ'zent] *v* 1) изобража́ть, представля́ть в определённом све́те (as) 2) представля́ть, олицетворя́ть 3) символизи́ровать; означа́ть 4) исполня́ть (*роль*) 5) быть представи́телем, представля́ть (*какое-л. лицо или организацию*) 6) излага́ть, формули́ровать; объясня́ть

**representation** [ˌreprɪzen'teɪʃən] *n* 1) изображе́ние; о́браз 2) представле́ние (*тж. театральное*) 3) утвержде́ние, заявле́ние 4) представи́тельство 5) проте́ст

**representative** [ˌreprɪ'zentətɪv] **1.** *n* 1) представи́тель; делега́т; уполномо́ченный 2) обра́зец, типи́чный представи́тель 3) (R.) *амер.* член пала́ты представи́телей; House of Representatives пала́та представи́телей

**2.** *a* 1) характе́рный, показа́тельный 2) представля́ющий, изобража́ющий; символизи́рующий 3) *полит.* представи́тельный

**repress** [rɪ'pres] *v* 1) подавля́ть (*восстание и т. п.*) 2) репресси́ровать 3) сде́рживать (*слёзы и т. п.*)

**represser** [rɪ'presə] *n* 1) угнета́тель, тира́н 2) усмири́тель

**repression** [rɪ'preʃən] *n* 1) подавле́ние 2) репре́ссия 3) сде́рживание (*чувств, импульсов*)

**repressive** [rɪ'presɪv] *a* репресси́вный

**reprieve** [rɪ'pri:v] **1.** *n* 1) отсро́чка приведе́ния в исполне́ние (сме́ртного пригово́ра) 2) переды́шка, вре́менное облегче́ние

**2.** *v* 1) *юр.* откла́дывать приведе́ние в исполне́ние (сме́ртного) пригово́ра 2) дать челове́ку переды́шку, доста́вить вре́менное облегче́ние

**reprimand** ['reprɪmɑ:nd] **1.** *n* вы́говор, замеча́ние

**2.** де́лать *или* объявля́ть вы́говор

**reprint** ['ri:'prɪnt] **1.** *n* 1) переизда́ние; перепеча́тка; но́вое неизменённое изда́ние 2) отде́льный о́ттиск (*статьи и т. п.*)

**2.** *v* выпуска́ть но́вое изда́ние, переиздава́ть; перепеча́тывать

**reprisal** [rɪ'praɪzəl] *n* (*обыкн. pl*) репресса́лия

**reproach** [rɪ'prəutʃ] **1.** *n* 1) упрёк; попрёк; уко́р; to heap ~es on засыпа́ть упрёками 2) позо́р; срам; to bring ~ on позо́рить

**2.** *v* упрека́ть, укоря́ть, попрека́ть, брани́ть (with)

**reproachful** [rɪ'prəutʃful] *a* 1) укори́зненный 2) заслу́живающий упрёков; позо́рный, недосто́йный, посты́дный

**reproachfully** [rɪ'prəutʃfulɪ] *adv* укори́зненно

**reprobate** ['reprəubeɪt] **1.** *n* 1) распу́тник 2) негодя́й, подле́ц 3) *рел.* нечести́вец

**2.** *a* 1) безнра́вственный, распу́тный 2) по́длый, ни́зкий 3) *рел.* отве́рженный, косне́ющий в грехе́

**3.** *v* 1) порица́ть, осужда́ть, кори́ть 2) *рел.* лиша́ть спасе́ния; не принима́ть в своё ло́но

**reprobation** [ˌreprəu'beɪʃən] *n* порица́ние, осужде́ние

**reprocess** ['ri:'prəuses] *v* подве́ргнуть перерабо́тке *или* повто́рной обрабо́тке

**reproduce** [ˌri:prə'dju:s] *v* 1) воспроизводи́ть; to ~ a play возобнови́ть постано́вку 2) де́лать ко́пию 3) производи́ть, порожда́ть; to ~ oneself размножа́ться 4) восстана́вливать; lobsters are able to ~ claws when these are torn off у ра́ков вновь отраста́ют ото́рванные клешни́

**reproducer** [ˌri:prə'dju:sə] *n* 1) воспроизводи́тель 2) репроду́ктор, громкоговори́тель 3) воспроизводя́щее устро́йство; colour ~ цветовоспроизводя́щее устро́йство

**reproduction** [ˌri:prə'dʌkʃən] *n* 1) воспроизведе́ние, размноже́ние 2) ко́пия, репроду́кция 3) *эк.* воспроизво́дство; simple ~ просто́е воспроизво́дство

**reproductive** [ˌri:prə'dʌktɪv] *a* воспроизводи́тельный; ~ organs *биол.* о́рганы размноже́ния

**reproof** I [rɪ'pru:f] *n* порица́ние; вы́говор, уко́р, упрёк; with ~ с укори́зной

**reproof** II ['ri:'pru:f] *v* сно́ва пропи́тывать водоотта́лкивающим соста́вом

**reprove** [rɪ'pru:v] *v* порица́ть; де́лать вы́говор, кори́ть; брани́ть

**reprover** [rɪ'pru:və] *n* тот, кто порица́ет, осужда́ет; хули́тель

**reps** [reps] = rep I

**reptile** ['reptaɪl] **1.** *n* 1) пресмыка́ющееся 2) *редк.* раболе́пный, по́длый челове́к, подхали́м

**2.** *a* 1) пресмыка́ющийся 2) по́длый, прода́жный; the ~ press прода́жная пре́сса

**reptilian** [rep'tɪlɪən] **1.** *n* репти́лия, пресмыка́ющееся

**2.** *a* 1) относя́щийся к репти́лиям, подо́бный репти́лиям 2) по́длый, ни́зкий

**republic** [rɪ'pʌblɪk] *n* 1) респу́блика; People's ~ наро́дная респу́блика 2) гру́ппа люде́й с о́бщими интере́сами; the ~ of letters литерату́рный мир

**republican** [rɪ'pʌblɪkən] **1.** *a* 1) республика́нский 2) (R.) *амер.* республика́нский, свя́занный с республика́нской па́ртией

**2.** *n* 1) республика́нец 2) (R.) *амер.* член республика́нской па́ртии

**republicanism** [rɪ'pʌblɪkənɪzm] *n* 1) республика́нство, республика́нский дух 2) республика́нская систе́ма правле́ния

**repudiate** [rɪ'pju:dɪeɪt] *v* 1) отрека́ться от (*чего-л.*) 2) отверга́ть, не признава́ть (*теорию и т. п.*) 3) отка́зываться призна́ть (*что-л.*) или подчини́ться (*чему-л.*) 4) дать разво́д жене́ 5) отка́зываться от упла́ты до́лга, от обяза́тельства

**repudiation** [rɪˌpju:dɪ'eɪʃən] *n* 1) отрица́ние; отрече́ние (*от чего-л.*) 2) отка́з призна́ть *или* подчини́ться 3) разво́д, дава́емый му́жем жене́ 4) отка́з от до́лга, от обяза́тельств; аннули́рование долго́в

**repugnance, -cy** [rɪ'pʌgnəns, -sɪ] *n* 1) отвраще́ние, антипа́тия; нерасположе́ние (for, to, against) 2) противоре́чие, несовмести́мость; непосле́довательность (between, of)

**repugnant** [rɪ'pʌgnənt] *a* 1) проти́вный, отврати́тельный, невыноси́мый (to) 2) несовмести́мый, противоре́чащий (with, to)

**repulse** [rɪ'pʌls] **1.** *n* 1) отпо́р, отраже́ние; to suffer a ~ терпе́ть пораже́ние 2) отка́з

**2.** *v* 1) отража́ть (*атаку*), разбива́ть (*противника*) 2) отверга́ть, опроверга́ть (*обвинения*) 3) отта́лкивать; не принима́ть; to ~ a request отка́зывать в про́сьбе

**repulsion** [rɪ'pʌlʃən] *n* 1) отвраще́ние, антипа́тия 2) *физ.* отта́лкивание

**repulsive** [rɪ'pʌlsɪv] *a* 1) отта́лкивающий, омерзи́тельный 2) отража́ющий; отверга́ющий 3) *физ.*: ~ force си́ла отта́лкивания

**repurchase** ['ri:pə:tʃəs] *v* покупа́ть обра́тно (*ранее проданный товар*)

**reputable** ['repjutəbl] *a* почте́нный, досто́йный уваже́ния

**reputation** [ˌrepju(:)'teɪʃən] *n* репута́ция; сла́ва, до́брое и́мя; to have a ~ for wit сла́виться остроу́мием; a person of ~ почте́нный челове́к; a person of no ~ тёмная ли́чность; a scientist of world-wide ~ изве́стный всему́ ми́ру учёный, учёный с мировы́м и́менем

**repute** [rɪ'pju:t] **1.** *n* о́бщее мне́ние, репута́ция; authors of ~ изве́стные, знамени́тые писа́тели; bad ~ дурна́я сла́ва; a firm of ~ изве́стная фи́рма

**2.** *v* (*обыкн. pass.*) счита́ть, полага́ть

**reputed** [rɪ'pju:tɪd] **1.** *p. p. от* repute 2

**2.** *a* 1) име́ющий хоро́шую репута́цию; изве́стный 2) счита́ющийся (*кем-либо*); предполага́емый; his ~ father его́ предполага́емый оте́ц; челове́к, кото́рого счита́ют его́ отцо́м

**request** [rɪ'kwest] **1.** *n* 1) про́сьба; тре́бование; at (*или* by) ~ по про́сьбе; to make a ~ обрати́ться с про́сьбой [*ср. тж.* 2)] 2) запро́с; зая́вка; to make a ~ сде́лать зая́вку [*ср. тж.* 1)] 3) *ком.* спрос; in great ~ в большо́м спро́се, популя́рный

**2.** *v* 1) проси́ть позволе́ния, проси́ть (*о чём-л.*) 2) запра́шивать 3) предлага́ть (*вежливо приказывать*); I must ~ you to obey orders предлага́ю вам вы́полнить приказа́ния; your presence is ~ed immediately вас про́сят неме́дленно яви́ться

**requiem** ['rekwɪem] *n* ре́квием

**require** [rɪ'kwaɪə] *v* 1) прика́зывать, тре́бовать; you are ~d to go there вам прика́зано отпра́виться туда́ 2) нужда́ться (*в чём-л.*); тре́бовать (*чего-либо*); it ~s careful consideration э́то тре́бует тща́тельного рассмотре́ния

**required** [rɪ'kwaɪəd] **1.** *p. p. от* require

**2.** *a* необходи́мый; обяза́тельный; ~ studies *амер. унив.* обяза́тельные ку́рсы

**requirement** [rɪ'kwaɪəmənt] *n* 1) тре́бование; необходи́мое усло́вие; what are his ~s? каковы́ его́ усло́вия?; 2) нужда́, потре́бность

**requisite** ['rekwɪzɪt] **1.** *n* то, что необходи́мо; всё необходи́мое; the ~s for a long journey всё необходи́мое для дли́тельного путеше́ствия

**2.** *a* тре́буемый, необходи́мый; the number of votes ~ for election необходи́мое для избра́ния число́ голосо́в

**requisition** [ˌrekwɪ'zɪʃən] **1.** *n* 1) официа́льное предписа́ние 2) тре́бование, зая́вка; спрос; to be in ~ по́льзоваться спро́сом 3) тре́бование, усло́вие 4) реквизи́ция (*особ. для армии*); to put in ~, to bring (*или* to call) into ~ а) реквизи́ровать; б) пуска́ть в оборо́т, испо́льзовать 5) *attr.*: ~ forms бла́нки зая́вок, тре́бований

**2.** *v* 1) реквизи́ровать 2) представля́ть зая́вку

**requital** [rɪ'kwaɪtl] *n* 1) воздая́ние; вознагражде́ние; компенса́ция; in ~ for (*или* of) smth. в ка́честве вознагражде́ния за что-л. 2) возме́здие

**requite** [rɪ'kwaɪt] *v* 1) отпла́чивать (for — за *что-л.*, with — *чем-л.*); вознагражда́ть; to ~ like for like ≅ плати́ть той же моне́той 2) мстить, отомсти́ть

**re-read** ['ri:'ri:d] *v* (re-read ['ri:'red]) перечи́тывать

**rerun** ['ri:'rʌn] *n* повто́рный пока́з (*кинофильма, телевизионного фильма*)

**resale** ['ri:'seɪl] *n* перепрода́жа

**rescind** [rɪ'sɪnd] *v* аннули́ровать, отменя́ть (*закон, договор и т. п.*)

**rescission** [rɪ'sɪʒən] *n* аннули́рование, отме́на

**rescript** ['ri:skrɪpt] *n* рескри́пт

**rescue** ['reskju:] **1.** *n* 1) спасе́ние; освобожде́ние, избавле́ние; to come (*или* to go) to the ~ помога́ть, приходи́ть на по́мощь 2) *attr.* спаса́тельный; ~ party спаса́тельная экспеди́ция

**2.** *v* 1) спаса́ть; избавля́ть, освобожда́ть; выруча́ть 2) *юр.* незако́нно освобожда́ть (*арестованного*) 3) *юр.* отнима́ть си́лой (*своё имущество, находящееся под арестом*)

**rescuer** ['reskjuə] *n* спаси́тель, избави́тель

**research** [rɪ'sə:tʃ] **1.** *n* 1) (*часто pl*) (нау́чное) иссле́дование; изуче́ние; изыска́ние; иссле́довательская рабо́та; to be engaged in ~ занима́ться нау́чно-иссле́довательской рабо́той; his ~es have been fruitful его́ изыска́ния бы́ли плодотво́рными; to carry out a ~ into the causes of cancer исследовать причины заболевания раком 2) тщательные поиски (after, for) 3) *attr.* исследовательский; ~ work (научно-)исследовательская работа

2. *v* исследовать; заниматься исследованиями (into)

**researcher** [rɪ'sə:tʃə] *n* исследователь

**researchist** [rɪ'sə:tʃɪst] = researcher

**reseat** ['ri:'si:t] *v* 1) посадить обратно 2) сделать новое сиденье к стулу 3) поставить новые кресла, ряды (*в театре и т. п.*) 4) *тех.* пригонять, притирать

**resect** [ri:'sekt] *v хир.* произвести резекцию

**resection** [ri:'sekʃən] *n* 1) *хир.* резекция 2) *топ.* обратная засечка

**reseda** ['resɪdə] *n* 1) резеда 2) бледно-зелёный цвет

**resell** ['ri:'sel] *v* (resold) перепродавать

**resemblance** [rɪ'zembləns] *n* сходство; to bear (*или* to show) ~ иметь сходство, быть похожим; to have a strong ~ to smb. быть очень похожим на кого-л.

**resemble** [rɪ'zembl] *v* походить, иметь сходство

**resent** [rɪ'zent] *v* негодовать, возмущаться; обижаться

**resentful** [rɪ'zentful] *a* 1) обиженный; возмущённый 2) обидчивый; ~ person обидчивый человек

**resentment** [rɪ'zentmənt] *n* негодование, возмущение; чувство обиды; to have (*или* to bear) no ~ against smb. не чувствовать обиды на кого-л., не таить злобы против кого-л.

**reservation** [ˌrezə'veɪʃən] *n* 1) оставление, сохранение, резервирование 2) оговорка; without ~ безоговорочно; with a mental ~ мысленно сделав оговорку, подумав про себя 3) *амер.* предварительный заказ (*мест на пароходе, в гостинице и т. п.*); to make a ~ забронировать 4) (*тж. pl*) заранее заказанное место (*на пароходе, в гостинице и т. п.*) 5) *юр.* сохранение какого-л. права 6) *амер.* резервация 7) заповедник (*в США и Канаде*)

**reserve** [rɪ'zə:v] **1.** *n* 1) запас, резерв; the gold ~ золотой запас; in ~ в запасе; to keep a ~ иметь запас 2) (*тж. pl*) *воен., мор.* резерв; запас 3) заповедник 4) оговорка, условие, исключение, изъятие; ограничение; without ~ безоговорочно, полностью [*ср. тж.* 6)] 5) сдержанность, скрытность; осторожность 6) умолчание; without ~ откровенно, ничего не скрывая [*ср. тж* 4)] 7) *фин.* резервный фонд 8) *спорт.* запасной игрок 9) *attr.* запасный, запасной, резервный 10) *attr.*: ~ price резервированная цена; низшая отправная цена (*ниже которой продавец отказывается продать свой товар на аукционе*)

2. *v* 1) сберегать, приберегать; откладывать; запасать; to ~ oneself for беречь свои силы для *чего-л.* 2) резервировать, бронировать, заказывать заранее; to ~ a seat а) заранее взять *или* заказать билет; б) занять *или* обеспечить место 3) предназначать (for); a great future is ~d for you вас ожидает большое будущее 4) откладывать (*на будущее*), переносить (*на более отдалённое время*) 5) *юр.* сохранять за собой (*право владения или контроля*); оговаривать; to ~ the right оговаривать право; сохранять право

**reserved** [rɪ'zə:vd] **1.** *p. p. от* reserve 2

2. *a* 1) скрытный, сдержанный, замкнутый, необщительный; осторожный 2) заказанный заранее; ~ seat а) нумерованное место; б) плацкарта; в) заранее взятый билет в театр 3) резервный, запасный, запасной; ~ list *воен.* список офицеров запаса

**reservedly** [rɪ'zə:vɪdlɪ] *adv* осторожно, сдержанно

**reservist** [rɪ'zə:vɪst] *n* резервист, состоящий в запасе вооружённых сил

**reservoir** ['rezəvwa:] *фр. n* 1) резервуар; бассейн; водохранилище 2) запас, источник (*знаний, энергии и т. п.*); хранилище, сокровищница; ~ of strength источник силы

**reset** ['ri:'set] *v* (reset) 1) вновь устанавливать 2) (вновь) вставлять в оправу 3) вправлять (*сломанную руку и т. п.*)

**resettle** ['ri:'setl] *v* переселять(ся) (*о беженцах, эмигрантах и т. п.*)

**resettlement** ['ri:'setlmənt] *n* переселение

**reshape** ['ri:'ʃeɪp] *v* 1) приобретать новый вид *или* иную форму; меняться 2) придавать новый вид *или* иную форму

**reshuffle** ['ri:'ʃʌfl] **1.** *v* переставлять; перегруппировывать; перетасовывать

2. *n* перестановка; перегруппировка; перетасовка; a cabinet ~ перестановка в кабинете министров

**reside** [rɪ'zaɪd] *v* 1) проживать, жить (*где-л.*); пребывать, находиться (in, at) 2) принадлежать (*о правах и т. п.*; in — *кому-л.*) 3) быть присущим, свойственным (in)

**residence** ['rezɪdəns] *n* 1) местожительство; резиденция; местопребывание; to take up one's ~ поселиться; to have one's ~ проживать 2) проживание; пребывание; ~ is required а) должностное лицо должно жить по месту службы; б) учащийся должен жить при учебном заведении; in ~ а) проживающий по месту службы; б) проживающий по месту учёбы 3) время, длительность пребывания

**residency** ['rezɪdənsɪ] = residence

**resident** ['rezɪdənt] **1.** *n* 1) постоянный житель 2) резидент 3) лицо, проживающее по месту службы 4) неперелётная птица

2. *a* 1) проживающий; постоянно живущий; ~ physician врач, живущий при больнице; the ~ population постоянное население 2) неперелётный (*о птице*) 3) присущий (in) ◇ ~ minister дипломатический представитель, министр-резидент (*тж.* minister ~)

**residential** [ˌrezɪ'denʃəl] *a* 1) жилой (*о районе города*) 2): ~ rental *амер.* квартирная плата 3) связанный с местом жительства; ~ qualification ценз осёдлости

**residentiary** [ˌrezɪ'denʃərɪ] *a* 1) относящийся к месту жительства; связанный с местом жительства 2) *церк.* обязанный проживать в своём приходе

**residua** [rɪ'zɪdjuə] *pl от* residuum

**residual** [rɪ'zɪdjuəl] **1.** *n* 1) остаток, остаточный продукт 2) *мат.* остаток, разность 3) остаточные явления (*после болезни*)

2. *a* 1) *мат.* оставшийся после вычитания 2) остаточный 3) оставшийся необъяснённым (*об ошибке в вычислении*)

**residuary** [rɪ'zɪdjuərɪ] *a* оставшийся; остающийся; ~ legatee *юр.* наследник имущества, оставшегося после уплаты долгов и налогов

**residue** ['rezɪdju:] *n* 1) остаток 2) *хим.* осадок; отстой; вещество, оставшееся после сгорания *или* выпаривания 3) *мат.* остаток от вычитания 4) *юр.* наследство, очищенное от долгов и налогов

**residuum** [rɪ'zɪdjuəm] (*pl* -dua) = residue

**resign** I [rɪ'zaɪn] *v* 1) отказываться (*от должности*); слагать (*с себя обязанности*); уходить в отставку 2) отказываться (*от права, претензий, мысли и т. п.*); to ~ all hope оставить всякую надежду 3) уступать, передавать (*обязанности, права*; to — *кому-либо*) 4): to ~ oneself подчиняться, покоряться (to — *чему-л.*), примиряться (to — *с чем-л.*); to ~ oneself to the inevitable подчиниться неизбежности

**resign** II ['ri:'saɪn] *v* вновь подписывать

**resignation** [ˌrezɪg'neɪʃən] *n* 1) отказ от (*или* уход с) должности; отставка 2) заявление об отставке; to send in one's ~ подать прошение об отставке 3) покорность, смирение; with ~ покорно

**resigned** I [rɪ'zaɪnd] **1.** *p. p. от* resign I

2. *a* покорный, безропотный; смирившийся

**resigned** II ['ri:'saɪnd] *p. p. от* resign II

**resilience, -cy** [rɪ'zɪlɪəns, -sɪ] *n* 1) упругость, эластичность 2) способность быстро восстанавливать физические и душевные силы 3) *тех.* упругая деформация; ударная вязкость

**resilient** [rɪ'zɪlɪənt] *a* 1) упругий, эластичный 2) жизнерадостный, неунывающий

**resin** ['rezɪn] **1.** *n* смола; канифоль; камедь

2. *v* 1) смолить 2) канифолить (*смычок*)

**resinaceous** [ˌrezɪ'neɪʃəs] = resinous

**resinous** ['rezɪnəs] *a* смолистый

**resist** [rɪ'zɪst] *v* 1) сопротивляться; противиться; препятствовать 2) противостоять; устоять против (*чего-л.*); не поддаваться; to ~ disease не поддаваться болезни; thatch ~s heat better than tiles соло́менная кры́ша предохраня́ет от жары́ лу́чше черепи́чной 3) ока́зывать сопротивле́ние, отбива́ть, отбра́сывать; the enemy was ~ed неприя́тель был отби́т 4) (*обыкн. с отрицанием*) возде́рживаться (*от чего-л.*); he can never ~ making a joke он не мо́жет не пошути́ть

**resistance** [rɪ'zɪstəns] *n* 1) сопротивле́ние; противоде́йствие; to offer ~ ока́зывать сопротивле́ние; line of least ~ ли́ния наиме́ньшего сопротивле́ния 2) сопротивля́емость (*организма*) 3) *тех.* сопротивле́ние; ~ to wear сопротивле́ние изно́су, про́чность на изно́с 4) = resistor

**resistance movement** [rɪ'zɪstəns'mu:vmənt] *n полит.* движе́ние Сопротивле́ния

**resistant** [rɪ'zɪstənt] *a* сопротивля́ющийся; сто́йкий, про́чный

**resistible** [rɪ'zɪstəbl] *a* отрази́мый

**resistive** [rɪ'zɪstɪv] *a* могу́щий оказа́ть сопротивле́ние

**resistivity** [ˌrɪzɪs'tɪvɪtɪ] *n эл.* уде́льное сопротивле́ние

**resistless** [rɪ'zɪstlɪs] *a* 1) непреодоли́мый 2) неспосо́бный сопротивля́ться

**resistor** [rɪ'zɪstə] *n эл.* рези́стор; кату́шка сопротивле́ния

**resold** ['ri:'səuld] *past и p. p. от* resell

**resole** ['ri:'səul] *v* ста́вить но́вые подмётки

**resoluble** [rɪ'zɔljubl] *a* разложи́мый (into — на); раствори́мый

**resolute** ['rezəlu:t] *a* твёрдый, реши́тельный, непоколеби́мый

**resolution** [ˌrezə'lu:ʃən] *n* 1) реше́ние, резолю́ция; to pass (*или* to carry, to adopt) a ~ выноси́ть резолю́цию 2) реши́тельность, реши́мость, твёрдость (*характера*) 3) разложе́ние на составны́е ча́сти (into); ана́лиз 4) растворе́ние 5) разбо́рка, демонта́ж 6) разреше́ние (*проблемы, конфликта и т. п.*) 7) развя́зка (*в литературном произведении*) 8) *мед.* расса́сывание; прекраще́ние воспали́тельных явле́ний 9) *прос.* заме́на до́лгого сло́га двумя́ коро́ткими 10) *муз.* разреше́ние, перехо́д в консона́нс

**resolve** [rɪ'zɔlv] **1.** *n* 1) реше́ние, наме́рение; to make good ~s быть по́лным до́брых наме́рений 2) *поэт.* реши́тельность, сме́лость, реши́мость

2. *v* 1) реша́ть(ся); принима́ть реше́ние; he ~d (up)on making an early start он реши́л ра́но отпра́виться в путь; the question ~s itself into this вопро́с сво́дится к э́тому 2) реша́ть голосова́нием; выноси́ть резолю́цию 3) *редк.* побужда́ть 4) разреша́ть (*сомнения и т. п.*) 5) распада́ться, разлага́ть(ся) (into — на); раствори́ть(ся) 6) *мед.* расса́сывать(ся) 7) *муз.* разреша́ть(ся) в консона́нс

**resolved** [rɪ'zɔlvd] **1.** *p. p. от* resolve 2

2. *a* реши́тельный, твёрдый

**resolvent** [rɪ'zɔlvənt] *n* 1) *хим.* раствори́тель 2) *мед.* противовоспали́тельное сре́дство

**resonance** ['reznəns] *n* резона́нс

**resonant** ['reznənt] *a* 1) раздаю́щийся, звуча́щий 2) резони́рующий (with); с хоро́шим резона́нсом

**resonator** ['rezəneɪtə] *n* резона́тор

**re-sort** ['ri:'sɔ:t] *v* пересортирова́ть

**resort** [rɪ'zɔ:t] **1.** *n* 1) прибе́жище; утеше́ние; наде́жда; as a last ~, in the last ~ в кра́йнем слу́чае; как после́днее сре́дство; without ~ to force не прибега́я к наси́лию 2) обраще́ние (*за помощью*) 3) посеща́емое ме́сто; куро́рт (*тж.* health ~); summer ~ да́чное ме́сто

2. *v* 1) прибега́ть (*к чему-л.*), обраща́ться за по́мощью (to); to ~ to force (*или* to compulsion) прибе́гнуть к наси́лию, принужде́нию 2) (ча́сто) посеща́ть

**resound** [rɪ'zaund] *v* 1) звуча́ть, оглаша́ть(ся) (with) 2) повторя́ть, отража́ть (*звук*) 3) греме́ть; производи́ть сенса́цию 4) прославля́ть; to ~ smb.'s praises петь хвалу́ кому́-либо

**resource** [rɪ'sɔ:s] *n* 1) (*обыкн. pl*) ресу́рсы, сре́дства, запа́сы; natural ~s приро́дные бога́тства 2) возмо́жность, спо́соб, сре́дство; to be at the end of one's ~s исчерпа́ть все возмо́жности 3) спо́соб времяпрепровожде́ния; развлече́ние; reading is a great ~ in illness чте́ние — хоро́шее заня́тие во вре́мя боле́зни 4) нахо́дчивость, изобрета́тельность; full of ~ изобрета́тельный

**resourceful** [rɪ'sɔ:sful] *a* нахо́дчивый, изобрета́тельный

**resourcefulness** [rɪ'sɔ:sfulnɪs] *n* нахо́дчивость, изобрета́тельность

**respect** [rɪs'pekt] **1.** *n* 1) уваже́ние; to hold in ~ уважа́ть; to be held in ~ по́льзоваться уваже́нием; to have ~ for one's promise держа́ть сло́во 2) *pl* почте́ние; my best ~s to him переда́йте ему́ мой приве́т; to pay one's ~s засвиде́тельствовать своё почте́ние 3) отноше́ние, каса́тельство; to have ~ to a) каса́ться; б) принима́ть во внима́ние; without ~ to безотноси́тельно, не принима́я во внима́ние; in ~ of (*или* to), with ~ to что каса́ется; in all ~s во всех отноше́ниях; in ~ that учи́тывая, принима́я во внима́ние ◇ ~ of persons лицеприя́тие; without ~ of persons невзира́я на ли́ца

2. *v* 1) уважа́ть; почита́ть; to ~ oneself уважа́ть себя́; to ~ the law уважа́ть зако́н 2) щади́ть, бере́чь

**respectability** [rɪsˌpektə'bɪlɪtɪ] *n* 1) почте́нность, респекта́бельность 2) *pl* све́тские прили́чия

**respectable** [rɪs'pektəbl] *a* 1) почте́нный, представи́тельный; респекта́бельный 2) заслу́живающий уваже́ния 3) прили́чный, прие́млемый, сно́сный 4) поря́дочный, значи́тельный (*о количестве и т. п.*)

**respecter** [rɪs'pektə] *n* уважа́ющий други́х, почти́тельный челове́к ◇ ~ of persons лицеприя́тный челове́к; he is no ~ of persons он беспристра́стный челове́к; он не смо́трит на чины́ и зва́ния

**respectful** [rɪs'pektful] *a* почти́тельный; ве́жливый; at a ~ distance на почти́тельном расстоя́нии

**respectfully** [rɪs'pektfulɪ] *adv* почти́тельно; yours ~ с уваже́нием (*в письмах перед подписью*)

**respectfulness** [rɪs'pektfulnɪs] *n* почти́тельность

**respecting** [rɪs'pektɪŋ] **1.** *pres. p. от* respect 2

2. *prep* относи́тельно

**respective** [rɪs'pektɪv] *a* соотве́тственный; in their ~ places ка́ждый на своём ме́сте

**respectively** [rɪs'pektɪvlɪ] *adv* соотве́тственно; в ука́занном поря́дке

**respiration** [ˌrespə'reɪʃən] *n* 1) дыха́ние 2) вдох и вы́дох

**respirator** ['respəreɪtə] *n* респира́тор; противога́з

**respiratory** [rɪs'paɪərətərɪ] *a* респирато́рный, дыха́тельный

**respire** [rɪs'paɪə] *v* 1) дыша́ть 2) отдыша́ться, перевести́ дыха́ние 3) вздохну́ть с облегче́нием; воспря́нуть ду́хом

**respite** ['respaɪt] **1.** *n* 1) переды́шка 2) отсро́чка (*платежа, наказания, исполнения приговора и т. п.*)

2. *v* 1) дать отсро́чку; to ~ a condemned man отложи́ть казнь 2) доста́вить вре́менное облегче́ние

**resplendence, -cy** [rɪs'plendəns, -sɪ] *n* блеск, великоле́пие

**resplendent** [rɪs'plendənt] *a* 1) блестя́щий, сверка́ющий 2) блиста́тельный, великоле́пный

**respond** [rɪs'pɔnd] *v* 1) отвеча́ть; to ~ with a blow нанести́ отве́тный уда́р 2) реаги́ровать, отзыва́ться (to); to ~ to kindness отзыва́ться на доброту́; to ~ to treatment поддава́ться лече́нию 3) *редк.* соотве́тствовать; быть подходя́щим

**respondent** [rɪs'pɔndənt] **1.** *a* 1) отвеча́ющий; реаги́рующий 2) отзы́вчивый 3) *юр.* выступа́ющий в ка́честве отве́тчика

2. *n юр.* отве́тчик

**response** [rɪs'pɔns] *n* 1) отве́т; in ~ to в отве́т на 2) отве́тное чу́вство; о́тклик, реа́кция

**responsibility** [rɪsˌpɔnsə'bɪlɪtɪ] *n* 1) отве́тственность; a position of ~ отве́тственное положе́ние; on one's own ~ а) по со́бственной инициати́ве; б) на свою́ отве́тственность; to take (*или* to assume) the ~ взять на себя́ отве́тственность 2) обя́занности; обяза́тельства 3) *амер.* платёжеспосо́бность

**responsible** [rɪs'pɔnsəbl] *a* 1) отве́тственный (to — пе́ред *кем-л.*); to be ~ for smth. а) быть отве́тственным за что-л.; б) быть инициа́тором, а́втором чего́-л.; they are ~ for increased output благодаря́ им был увели́чен вы́пуск проду́кции 2) надёжный, досто́йный дове́рия 3) отве́тственный; ва́жный; a ~ post отве́тственный пост 4) платёжеспосо́бный

**responsive** [rɪsˈpɔnsɪv] *a* 1) отве́тный 2) легко́ реаги́рующий; отзы́вчивый, чу́ткий

**rest** I [rest] **1.** *n* 1) поко́й, о́тдых; сон; at ~ а) в состоя́нии поко́я; б) неподви́жный; в) мёртвый; to go (*или* to retire) to ~ ложи́ться отдыха́ть; спать; to take a ~ отдыха́ть; спать; without ~ без о́тдыха, без переды́шки; to set smb.'s mind at ~ успока́ивать кого́-л.; to set a question at ~ ула́живать вопро́с; day of ~ день о́тдыха, выходно́й день, воскресе́нье 2) переры́в, па́уза; переды́шка 3) ве́чный поко́й, смерть; he has gone to his ~ он у́мер; to lay to ~ хорони́ть 4) неподви́жность; to bring to ~ остана́вливать (*экипаж и т. п.*) 5) ме́сто для о́тдыха (*гостиница, отель, мотель и т. п.*) 6) *муз.* па́уза 7) *прос.* цезу́ра 8) опо́ра; подста́вка, подпо́рка; упо́р; сто́йка 9) *тех.* су́ппорт

2. *v* 1) поко́иться, лежа́ть; отдыха́ть; to ~ from one's labours отдыха́ть от трудо́в; never let your enemy ~ не дава́йте поко́я врагу́ 2) дава́ть о́тдых, поко́й; ~ your men for an hour да́йте лю́дям передохну́ть часо́к 3) остава́ться без измене́ний; let the matter ~ не бу́дем э́то тро́гать, оста́вим так, как есть; the matter cannot ~ here де́ло должно́ быть продо́лжено 4) остава́ться споко́йным, не волнова́ться 5) держа́ть(ся), осно́вывать (-ся), лежа́ть на; опира́ться (on, upon, against); the argument ~s on rather a weak evidence до́вод дово́льно сла́бо обосно́ван 6) класть, прислоня́ть; to ~ one's elbow on the table опира́ться ло́ктем о стол 7) поко́иться (*о взгляде*); остана́вливаться, быть прико́ванным (*о внимании, мыслях*; on, upon) 8) быть возло́женным, лежа́ть (*об ответственности, вине и т. п.*); the blame ~s with them вина́ лежи́т на них 9) возлага́ть (*ответственность и т. п. на кого-л.*) 10) *с.-х.* остава́ться, находи́ться под па́ром

**rest** II [rest] **1.** *n* 1) (the ~) оста́ток; остально́е; остальны́е, други́е; the ~ of us остальны́е; the ~ (*или* all the ~) of it и всё друго́е, остально́е, и про́чее; for the ~ что до остально́го, что же каса́ется остально́го 2) *фин.* резе́рвный фонд

2. *v* 1) остава́ться; this ~s a mystery э́то остаётся та́йной; you may ~ assured мо́жете быть уве́рены 2): it ~s with you to decide за ва́ми пра́во реше́ния; the next move ~s with you сле́дующий шаг за ва́ми

**restate** [ˈriːˈsteɪt] *v* вновь заяви́ть

**restaurant** [ˈrestərɔːŋ] *фр. n* рестора́н

**restaurant-car** [ˈrestərɔːŋˈkɑː] *n* ваго́н-рестора́н

**rest-cure** [ˈrestkjuə] *n* лече́ние поко́ем

**rest-day** [ˈrestdeɪ] *n* день о́тдыха

**rested** I [ˈrestɪd] **1.** *p. p. от* rest I, 2

2. *a* отдохну́вший; to feel thoroughly ~ отли́чно отдохну́ть

**rested** II [ˈrestɪd] *p. p. от* rest II, 2

**restful** [ˈrestful] *a* 1) успокои́тельный; успока́ивающий 2) споко́йный, ти́хий; a ~ life споко́йная жизнь

**rest-harrow** [ˈrestˌhærəu] *n бот.* ста́льник

**rest(-)home** [ˈresthəum] *n* 1) дом призре́ния для престаре́лых и инвали́дов 2) санато́рий для выздора́вливающих

**rest-house** [ˈresthaus] *n* гости́ница для путеше́ственников

**resting-place** [ˈrestɪŋpleɪs] *n* 1) ме́сто о́тдыха; one's last ~ моги́ла 2) площа́дка на ле́стнице

**restitution** [ˌrestɪˈtjuːʃən] *n* 1) возвраще́ние (*утраченного*); восстановле́ние 2) возмеще́ние убы́тков; реститу́ция; to make ~ возмести́ть убы́тки 3) *юр.* реститу́ция, восстановле́ние первонача́льного правово́го положе́ния 4) *физ.* восстановле́ние состоя́ния

**restive** [ˈrestɪv] *a* 1) своенра́вный, упря́мый (*о человеке*) 2) норови́стый (*о лошади*) 3) беспоко́йный

**restless** [ˈrestlɪs] *a* 1) беспоко́йный, неугомо́нный 2) неспоко́йный; трево́жный; ~ night бессо́нная ночь

**restlessness** [ˈrestlɪsnɪs] *n* неугомо́нность; нетерпели́вость

**restock** [ˈriːˈstɔk] *v* пополня́ть запа́сы

**restoration** [ˌrestəˈreɪʃən] *n* 1) реставра́ция; the R. *ист.* Реставра́ция (*в 1660 г. в Англии*) 2) восстановле́ние, возобновле́ние, реконстру́кция

**restorative** [rɪsˈtɔrətɪv] **1.** *a* укрепля́ющий, тонизи́рующий

2. *n мед.* 1) укрепля́ющее, тонизи́рующее сре́дство 2) сре́дство для приведе́ния в созна́ние

**restore** [rɪsˈtɔː] *v* 1) восстана́вливать(ся) 2) возвраща́ть (на пре́жнее ме́сто); отдава́ть обра́тно; возмеща́ть 3) реставри́ровать (*картину и т. п.*) 4) реконструи́ровать 5) возрожда́ть (*обычаи, традиции и т. п.*)

**restorer** [rɪsˈtɔːrə] *n* 1) реставра́тор 2) восстанови́тель; hair ~ сре́дство для раще́ния, восстановле́ния воло́с

**re-strain** [ˈriːˈstreɪn] *v* сно́ва натя́гивать

**restrain** [rɪsˈtreɪn] *v* 1) сде́рживать, держа́ть в грани́цах; обу́здывать; уде́рживать (from); to ~ one's temper подавля́ть своё раздраже́ние; сде́рживаться 2) ограни́чивать 3) подверга́ть заключе́нию; заде́рживать; изоли́ровать; mad people have to be ~ed сумасше́дших прихо́дится изоли́ровать

**re-strained** [ˈriːˈstreɪnd] *p. p. от* re-strain

**restrained** [rɪsˈtreɪnd] **1.** *p. p. от* restrain

2. *a* 1) сде́ржанный, уме́ренный 2) ограни́ченный

**restraint** [rɪsˈtreɪnt] *n* 1) сде́ржанность, самооблада́ние 2) за́мкнутость 3) стро́гость (*литературного стиля*) 4) ограниче́ние; стесне́ние; обузда́ние, сде́рживающее нача́ло *или* влия́ние; the ~s of poverty тиски́ нужды́; without ~ а) свобо́дно; б) без у́держу 5) ме́ра пресече́ния; заключе́ние (*в тюрьму, сумасшедший дом и т. п.*)

**restrict** [rɪsˈtrɪkt] *v* ограни́чивать; заключа́ть (*в пределы*); to ~ to a diet посади́ть на дие́ту

**restricted** [rɪsˈtrɪktɪd] **1.** *p. p. от* restrict

2. *a* у́зкий, ограни́ченный; a ~ application у́зкое примене́ние; ~ (publication) (изда́ние) для служе́бного по́льзования; ~ hotel гости́ница для ограни́ченного кру́га лиц, *часто* то́лько для бе́лых

**restriction** [rɪsˈtrɪkʃən] *n* ограниче́ние; without ~ без ограниче́ния; to impose ~s вводи́ть ограниче́ния; to lift ~s снима́ть ограниче́ния

**restrictive** [rɪsˈtrɪktɪv] *a* 1) ограничи́тельный 2) сде́рживающий

**rest-room** [ˈrestrum] *n* 1) ко́мната о́тдыха, помеще́ние для о́тдыха 2) *амер.* убо́рная, туале́т (*в театре и т. п.*)

**result** [rɪˈzʌlt] **1.** *n* 1) результа́т, исхо́д; сле́дствие; without ~ безрезульта́тно; as a ~ of в результа́те 2) результа́т вычисле́ния, ито́г

2. *v* 1) сле́довать, происходи́ть в результа́те, проистека́ть (from); nothing has ~ed from my efforts из мои́х уси́лий ничего́ не вы́шло 2) конча́ться, име́ть результа́том (in)

**resultant** [rɪˈzʌltənt] **1.** *a* 1) получа́ющийся в результа́те; проистека́ющий 2) *физ.* равноде́йствующий

2. *n физ.* равноде́йствующая (*тж.* ~ force)

**resume** [rɪˈzjuːm] *v* 1) возобновля́ть, продолжа́ть (*после перерыва*); to ~ a story продолжа́ть пре́рванный расска́з; well, to ~ ита́к, продо́лжим 2) получа́ть, брать обра́тно; to ~ one's health попра́виться 3) подводи́ть ито́г, резюми́ровать

**résumé** [ˈrezju(ː)meɪ] *фр. n* 1) резюме́; сво́дка; конспе́кт 2) кра́ткие анке́тные да́нные (*о поступающем на работу и т. п.*)

**resumption** [rɪˈzʌmpʃən] *n* 1) возобновле́ние; продолже́ние (*после перерыва*) 2) возвраще́ние; получе́ние обра́тно

**resumptive** [rɪˈzʌmptɪv] *a* сумми́рующий, обобща́ющий

**re-surface** [ˈriːsəːfɪs] *v* 1) покрыва́ть за́ново 2) перекла́дывать покры́тие доро́ги; вновь заасфальти́ровать 3) всплыва́ть на пове́рхность (*о подводной лодке*)

**resurgence** [rɪˈsəːdʒəns] *n* 1) возрожде́ние (*надежд и т. п.*) 2) восстановле́ние (*сил*)

**resurgent** [rɪˈsəːdʒənt] *a* 1) возрожда́ющийся (*о надеждах и т. п.*) 2) оправля́ющийся (*после поражения*); ожива́ющий 3) восста́вший

**resurrect** [ˌrezəˈrekt] *v разг.* 1) воскреса́ть 2) воскреша́ть (*старый обычай, память о чём-л.*) 3) выка́пывать (*тело из могилы*)

**resurrection** [ˌrezəˈrekʃən] *n* 1) воскресе́ние (*из мёртвых*) 2) воскреше́ние (*обычая и т. п.*); восстановле́ние 3) выка́пывание тру́пов 4) *attr.*: ~

man = resurrectionist ◇ ~ pie пиро́г из оста́тков

**resurrectionist** [ˌrezə'rekʃənɪst] *n* похити́тель тру́пов

**resuscitate** [rɪ'sʌsɪteɪt] *v* 1) воскреша́ть, оживля́ть; приводи́ть в созна́ние 2) воскреса́ть, ожива́ть; приходи́ть в созна́ние

**ret** [ret] *v* мочи́ть (*лён, коноплю и т. п.*)

**retail 1.** *n* ['ri:teɪl] 1) ро́зничная прода́жа; at ~ в ро́зницу 2) *attr.* ро́зничный; ~ price ро́зничная цена́; ~ dealer ро́зничный торго́вец

2. *v* [ri:'teɪl] 1) продава́ть(ся) в ро́зницу 2) распространя́ть, переска́зывать (*новости*); to ~ gossip передава́ть спле́тни

3. *adv* ['ri:teɪl] в ро́зницу

**retailer** [ri:'teɪlə] *n* 1) ро́зничный торго́вец, ла́вочник 2) спле́тник, болту́н

**retain** [rɪ'teɪn] *v* 1) уде́рживать; подде́рживать 2) сохраня́ть 3) по́мнить 4) приглаша́ть, нанима́ть (*особ. адвоката*)

**retainer** [rɪ'teɪnə] *n* 1) = retaining fee 2) *ист.* васса́л 3) слуга́

**retaining fee** [rɪ'teɪnɪŋ'fi:] *n* предвари́тельный гонора́р адвока́ту

**retaining wall** [rɪ'teɪnɪŋ'wɔ:l] *n* подпо́рная сте́нка

**retaliate** [rɪ'tælɪeɪt] *v* 1) отпла́чивать, отвеча́ть тем же са́мым; мстить 2) предъявля́ть встре́чное обвине́ние 3) применя́ть репресса́лии

**retaliation** [rɪˌtælɪ'eɪʃən] *n* 1) отпла́та, воздая́ние, возме́здие 2) репресса́лия

**retaliatory** [rɪ'tælɪətərɪ] *a* 1) отве́тный 2) репресси́вный; ~ tariff кара́тельный тари́ф

**retard** [rɪ'tɑ:d] *v* 1) заде́рживать, замедля́ть; тормози́ть (*развитие и т. п.*) 2) запа́здывать; отстава́ть

**retardation** [ˌri:tɑ:'deɪʃən] *n* 1) замедле́ние, заде́ржка, заде́рживание 2) поме́ха; препя́тствие 3) запа́здывание; отстава́ние

**retardment** [rɪ'tɑ:dmənt] = retardation

**retch** [retʃ] **1.** *n* рво́та, позы́вы на рво́ту

2. *v* рыга́ть; ту́житься (*при рвоте*)

**retention** [rɪ'tenʃən] *n* 1) уде́рживание, удержа́ние; сохране́ние 2) спосо́бность запомина́ния, па́мять 3) *мед.* задержа́ние, заде́ржка

**retentive** [rɪ'tentɪv] *a* 1) уде́рживающий, сохраня́ющий; ~ of хорошо́ заде́рживающий (*влагу и т. п.*) 2) хоро́ший (*о памяти*) 3) облада́ющий хоро́шей па́мятью

**reticence** ['retɪsəns] *n* 1) сде́ржанность 2) скры́тность, молчали́вость 3) ума́лчивание

**reticent** ['retɪsənt] *a* 1) сде́ржанный 2) скры́тный 3) ума́лчивающий (*о чём-л.*)

**reticle** ['retɪkl] *n* се́тка, перекре́стье, крест визи́рных ни́тей (*оптического прибора*)

**reticulate 1.** *a* [rɪ'tɪkjulɪt] се́тчатый

2. *v* [rɪ'tɪkjuleɪt] покрыва́ть се́тчатым узо́ром

**reticulated** [rɪ'tɪkjuleɪtɪd] **1.** *p. p. от* reticulate 2

2. *a* се́тчатый

**reticulation** [rɪˌtɪkju'leɪʃən] *n* се́тчатый узо́р; се́тчатое строе́ние

**reticule** ['retɪkju:l] *n* 1) су́мочка, ридикю́ль 2) = reticle

**retina** ['retɪnə] *n* (*pl* -s [-z], -ae) *анат.* сетча́тка, се́тчатая оболо́чка (*глаза*)

**retinae** ['retɪni:] *pl от* retina

**retinue** ['retɪnju:] *n* сви́та

**retire** [rɪ'taɪə] **1.** *v* 1) удаля́ться, уходи́ть; to ~ for the night ложи́ться спать 2) оставля́ть (*должность*); уходи́ть в отста́вку 3) уединя́ться; to ~ into oneself уходи́ть в себя́ 4) *воен.* отступа́ть; дать прика́з об отступле́нии 5) увольня́ть(ся) 6) *эк.* изыма́ть из обраще́ния

2. *n* *воен.* прика́з об отступле́нии; сигна́л отхо́да; отбо́й

**retired** [rɪ'taɪəd] **1.** *p. p. от* retire 1

2. *a* 1) удали́вшийся от дел; отставно́й, в отста́вке; уше́дший на пе́нсию; the ~ list спи́сок офице́ров, находя́щихся в отста́вке; ~ pay пе́нсия офице́рам, находя́щимся в отста́вке 2) уединённый; скры́тый 3) за́мкнутый, скры́тный

**retiree** [rɪˌtaɪə'ri:] *n* отставни́к, офице́р в отста́вке

**retirement** [rɪ'taɪəmənt] *n* 1) отста́вка 2) вы́ход в отста́вку *или* на пе́нсию 3) уедине́ние; уединённая жизнь 4) *воен.* отступле́ние, отхо́д 5) *attr.*: ~ age пенсио́нный во́зраст

**retiring** [rɪ'taɪərɪŋ] **1.** *pres. p. от* retire 1

2. *a* 1) скро́мный, засте́нчивый 2) скло́нный к уедине́нию

**retiring-room** [rɪ'taɪərɪŋrum] *n* убо́рная

**retool** ['ri:'tu:l] *v* переобору́довать; оснаща́ть но́вой те́хникой

**retort** I [rɪ'tɔ:t] **1.** *n* 1) возраже́ние; ре́зкий отве́т 2) остроу́мная ре́плика, нахо́дчивый отве́т ◇ in ~ в отме́стку

2. *v* 1) ре́зко возража́ть; отпари́ровать (*колкость*) 2) отвеча́ть на оскорбле́ние *или* оби́ду тем же; бить проти́вника его́ же ору́жием

**retort** II [rɪ'tɔ:t] *хим.* **1.** *n* рето́рта

2. *v* перегоня́ть

**retortion** [rɪ'tɔ:ʃən] *n* 1) загиба́ние наза́д 2) *дип.* рето́рсия

**retouch** ['ri:'tʌtʃ] **1.** *n* ре́тушь; ретуши́рование

2. *v* 1) ретуши́ровать 2) подкра́шивать (*волосы, ресницы*) 3) де́лать попра́вки (*в картине, стихах и т. п.*)

**retoucher** ['ri:'tʌtʃə] *n* ретушёр

**retrace** [rɪ'treɪs] *v* 1) проследи́ть (*процесс в развитии*) 2) восстана́вливать в па́мяти 3) возвраща́ться (по про́йденному пути́); to ~ one's steps верну́ться

**retract** [rɪ'trækt] *v* 1) втя́гивать; оття́гивать; отводи́ть; the cat ~s its claws ко́шка пря́чет ко́гти 2) брать наза́д (*слова и т. п.*), отрека́ться, отка́зываться (*от чего-л.*); отменя́ть

**retractation** [ˌri:træk'teɪʃən] *n* отрече́ние, отка́з (*от своих слов и т. п.*)

**retractile** [rɪ'træktaɪl] *a* спосо́бный сокраща́ться, втя́гиваться

**retractility** [ˌri:træk'tɪlɪtɪ] *n* спосо́бность сокраща́ться, втя́гиваться

**retraction** [rɪ'trækʃən] *n* 1) втя́гивание 2) стя́гивание, сокраще́ние 3) = retractation

**retractive** [rɪ'træktɪv] *a* 1) *анат.* сократи́тельный 2) втяжно́й

**retractor** [rɪ'træktə] *n* *анат.* сократи́тельная мы́шца

**retraining** ['ri:'treɪnɪŋ] *n* переподгото́вка

**retranslate** ['ri:træns'leɪt] *v* 1) вновь перевести́ 2) сде́лать обра́тный перево́д

**re-tread** ['ri:'tred] *авто* **1.** *n* но́вая покры́шка; но́вый проте́ктор

2. *v* смени́ть покры́шку; возобновля́ть проте́ктор

**retreat** [rɪ'tri:t] **1.** *n* 1) отступле́ние; to intercept the ~ (of) отре́зать путь к отступле́нию; to make good one's ~ благополу́чно отступи́ть; *перен.* уда́чно отде́латься 2) *воен.* сигна́л к отступле́нию, отбо́й; to sound the ~ труби́ть отступле́ние, отбо́й; to beat a ~ бить отбо́й; *перен.* идти́ на попя́тный 3) уедине́ние 4) убе́жище; прию́т, приста́нище 5) *воен.* вече́рняя заря́; спуск фла́га 6) психиатри́ческая больни́ца 7) *горн.* отступа́ющая вы́емка

2. *v* 1) уходи́ть, отходи́ть; отступа́ть 2) удаля́ться

**retreating** [rɪ'tri:tɪŋ] **1.** *pres. p. от* retreat 2

2. *a*: ~ chin сре́занный подборо́док; ~ forehead пока́тый лоб

**retrench** [rɪ'trentʃ] *v* 1) сокраща́ть, уре́зывать (*расходы*); эконо́мить 2) *воен.* ока́пываться

**retrenchment** [rɪ'trentʃmənt] *n* 1) сокраще́ние (*расходов и т. п.*); эконо́мия 2) *воен. ист.* ретранше́мент

**retrial** ['ri:'traɪəl] *n* 1) *юр.* пересмо́тр суде́бного де́ла; повто́рное слу́шание де́ла 2) повто́рный экспериме́нт, но́вая про́ба

**retribution** [ˌretrɪ'bju:ʃən] *n* возме́здие, воздая́ние, ка́ра

**retributive** [rɪ'trɪbjutɪv] *a* кара́тельный, кара́ющий

**retrievable** [rɪ'tri:vəbl] *a* восстанови́мый; поправи́мый

**retrieval** [rɪ'tri:vəl] *n* 1) возвраще́ние 2) исправле́ние

**retrieve** [rɪ'tri:v] **1.** *v* 1) (сно́ва) найти́; верну́ть себе́; взять обра́тно 2) находи́ть и подава́ть (*дичь — о собаке*) 3) восстана́вливать; возвраща́ть в пре́жнее состоя́ние 4) исправля́ть (*ошибку*); загла́живать (*вину*) 5) реабилити́ровать, восстана́вливать; to ~ one's character восстанови́ть свою́ репута́цию 6) спаса́ть

2. *n*: beyond (*или* past) ~ безвозвра́тно, непоправи́мо

**retriever** [rɪ'tri:və] *n* 1) охо́тничья соба́ка 2) челове́к, занима́ющийся сбо́ром чего́-л. 3) *воен.* эвакуацио́нный тяга́ч

**retroaction** [ˌretrəu'ækʃən] *n* 1) обра́тная реа́кция; обра́тное де́йствие 2) *юр.* обра́тная си́ла (*закона*)

**retrograde** ['retrəugreɪd] **1.** *a* 1) напра́вленный наза́д 2) ретрогра́дный; реакцио́нный 3) *воен.* отступа́тельный

**2.** *v* 1) дви́гаться наза́д 2) регресси́ровать 3) ухудша́ться 4) *воен.* отступа́ть, отходи́ть

**retrogress** [ˌretrəu'gres] *v* 1) дви́гаться наза́д 2) регресси́ровать, ухудша́ться

**retrogression** [ˌretrəu'greʃən] *n* 1) обра́тное движе́ние 2) регре́сс, упа́док

**retrogressive** [ˌretrəu'gresɪv] *a* 1) возвраща́ющийся обра́тно 2) регресси́рующий, реакцио́нный

**retrospect** ['retrəuspekt] *n* взгляд наза́д, в про́шлое; in ~ ретроспекти́вно

**retrospection** [ˌretrəu'spekʃən] *n* размышле́ние о про́шлом; ретроспе́кция

**retrospective** [ˌretrəu'spektɪv] *a* 1) обращённый в про́шлое, ретроспекти́вный 2) относя́щийся к про́шлому 3) *юр.* име́ющий обра́тную си́лу

**retroussé** [rə'tru:seɪ] *фр.* *a* вздёрнутый, курно́сый (*о носе*)

**retry** ['ri:'traɪ] *v* 1) сно́ва разбира́ть (*судебное дело*) 2) сно́ва про́бовать

**rettery** ['retərɪ] *n* *с.-х.* мочи́ло, ме́сто рассти́ла и мо́чки льна

**return** [rɪ'tə:n] **1.** *n* 1) возвраще́ние; обра́тный путь; by ~ of post обра́тной по́чтой 2) отда́ча, возвра́т; возмеще́ние; in ~ в опла́ту; в обме́н [*ср. тж.* 3)] 3) возраже́ние, отве́т; in ~ в отве́т [*ср. тж.* 2)] 4) оборо́т; дохо́д, при́быль; small profits and quick ~s небольша́я при́быль, но бы́стрый оборо́т 5) официа́льный отчёт; ра́порт; tax ~ нало́говая деклара́ция (*подаваемая налогоплательщиком для исчисления причитающегося с него налога*) 6) (*обыкн. pl*) результа́т вы́боров 7) избра́ние 8) отве́тная пода́ча (*в теннисе и т. п.*) 9) *pl* возвращённый, непро́данный това́р 10) *эл.* обра́тный про́вод; обра́тная сеть 11) *горн.* вентиляцио́нный про́сек *или* ходо́к 12) *attr.* обра́тный; ~ ticket обра́тный биле́т; ~ match (*или* game) *спорт.* отве́тный матч, отве́тная игра́ ◇ many happy ~s (of the day) ≅ поздравля́ю с днём рожде́ния, жела́ю вам мно́гих лет жи́зни

**2.** *v* 1) возвраща́ть; отдава́ть, опла́чивать; to ~ a ball отби́ть мяч (*в теннисе и т. п.*); to ~ a bow отве́тить на покло́н; to ~ smb.'s love (*или* affection) отвеча́ть кому́-л. взаи́мностью 2) возвраща́ться; идти обра́тно 3) повторя́ться (*о приступах, болезни*) 4) приноси́ть (*доход*) 5) отвеча́ть, возража́ть 6) дава́ть отве́т, докла́дывать; официа́льно заявля́ть; to ~ guilty *юр.* призна́ть вино́вным; to ~ a soldier as killed внести́ солда́та в спи́сок уби́тых 7) избира́ть (*в парламент*) ◇ to ~ like for like ≅ отплати́ть той же моне́той; ~ swords! *воен.* ша́шки в но́жны!

**returnee** [ˌrɪtə:'ni:] *n* 1) верну́вшийся в свою́ часть (*после госпиталя*) 2) при́званный на действи́тельную слу́жбу (*из запаса*) 3) верну́вшийся (*из поездки, ссылки и т. п.*)

**returning officer** [rɪ'tə:nɪŋ'ɔfɪsə] *n* должностно́е лицо́, осуществля́ющее контро́ль над проведе́нием парла́ментских вы́боров

**reunify** ['ri:'ju:nɪfaɪ] *v* воссоединя́ть

**reunion** ['ri:'ju:njən] *n* 1) воссоедине́ние 2) встре́ча друзе́й; вечери́нка; family ~ сбор всей семьи́ 3) примире́ние

**reunite** ['ri:ju:'naɪt] *v* 1) (вос)соединя́ть(ся) 2) собира́ться

**rev** [rev] *разг.* **1.** *n* оборо́т (*двигателя*)

**2.** *v* враща́ть(ся) □ **~ up** увели́чивать ско́рость, число́ оборо́тов; дава́ть газ

**revamp** ['ri:'væmp] *v* 1) *разг.* починя́ть, поправля́ть, ремонти́ровать 2) *амер.* ста́вить но́вую союзку (*на сапог*)

**revanche** [rɪ'vɑ:ŋʃ] *фр.* *n* рева́нш

**reveal** I [rɪ'vi:l] *v* 1) открыва́ть; разоблача́ть; to ~ a secret вы́дать секре́т 2) пока́зывать, обнару́живать; to ~ itself появи́ться, обнару́житься

**reveal** II [rɪ'vi:l] *n* *стр.* при́толока; че́тверть (*окна или двери*)

**reveille** [rɪ'vælɪ] *n* *воен.* побу́дка, подъём, у́тренняя заря́

**revel** ['revl] **1.** *n* 1) весе́лье 2) (*часто pl*) пиру́шка

**2.** *v* 1) пирова́ть, бра́жничать; кути́ть 2) упива́ться, наслажда́ться (in)

**revelation** [ˌrevɪ'leɪʃən] *n* 1) открове́ние; the Revelation(s) *библ.* апока́липсис 2) откры́тие; раскры́тие (*тайны и т. п.*); разоблаче́ние

**revelry** ['revlrɪ] *n* 1) пиру́шка, попо́йка 2) шу́мное весе́лье

**revenge** [rɪ'vendʒ] **1.** *n* 1) мще́ние, месть, отмще́ние; to take (one's) ~ on (*или* upon) smb. отомсти́ть кому́-л.; in ~ в отме́стку 2) рева́нш; to give smb. his ~ дать кому́-л. возмо́жность отыгра́ться

**2.** *v* мстить, отомсти́ть; to ~ an insult отомсти́ть за оскорбле́ние; to ~ oneself отомсти́ть (on, upon — *кому-либо*; for — за *что-л.*)

**revengeful** [rɪ'vendʒful] *a* мсти́тельный

**revenger** [rɪ'vendʒə] *n* мсти́тель

**revenue** ['revɪnju:] *n* 1) годово́й дохо́д (*особ.* госуда́рственный) 2) *pl* дохо́дные статьи́ 3) департа́мент госуда́рственных сбо́ров 4) *attr.* тамо́женный; ~ cutter тамо́женное су́дно; ~ officer тамо́женный чино́вник

**reverberant** [rɪ'və:bərənt] *a* 1) отража́ющийся (*о звуке и т. п.*) 2) звуча́щий, зву́чный

**reverberate** [rɪ'və:bəreɪt] *v* 1) отража́ть(ся); отдава́ться (*о звуке*) 2) пла́вить (*в отражательной печи*) 3) *редк.* возде́йствовать, влия́ть

**reverberating** [rɪ'və:bəreɪtɪŋ] **1.** *pres. p. от* reverberate

**2.** *a* 1) отража́ющийся 2) звуча́щий; ~ peal of thunder грохо́чущий раска́т гро́ма 3) гремя́щий; гро́мкий (*о славе и т. п.*)

**reverberation** [rɪˌvə:bə'reɪʃən] *n* 1) отраже́ние; ревербера́ция 2) раска́т (*грома*) 3) э́хо, о́тзвук

**reverberator** [rɪ'və:bəreɪtə] *n* 1) рефле́ктор 2) = reverberatory furnace

**reverberatory furnace** [rɪ'və:bərətərɪ'fə:nɪs] *n* *метал.* отража́тельная печь

**revere** [rɪ'vɪə] *v* уважа́ть; почита́ть, чтить; благогове́ть

**reverence** ['revərəns] **1.** *n* 1) почте́ние; почти́тельность; благогове́ние; to hold in ~, to regard with ~ почита́ть 2) *редк.* покло́н, рева́нс 3): Your ~ *диал. или шутл.* ва́ше преподо́бие (*обращение к священнику*)

**2.** *v* почита́ть, уважа́ть

**reverend** ['rəvərənd] *a* 1) почте́нный 2) (R.) преподо́бный (*титул священника*); the R. gentleman свяще́нник, о кото́ром идёт речь; the Very R. (его́) высокопреподо́бие (*о настоятеле собора*); the Reight R. (его́) преосвяще́нство (*о епископе*); the Most R. (его́) высокопреосвяще́нство (*об архиепископе*)

**reverent** ['revərənt] *a* почти́тельный, благогове́йный

**reverential** [ˌrevə'renʃəl] = reverent

**reverie** ['revərɪ] *n* 1) мечта́тельность, заду́мчивость 2) мечты́; to be lost in ~ мечта́ть; to indulge in ~ предава́ться мечта́м

**reversal** [rɪ'və:səl] *n* 1) по́лное измене́ние; по́лная перестано́вка 2) отме́на; аннули́рование; the ~ of judgement отме́на реше́ния суда́ 3) *тех.* реверси́рование

**reverse** [rɪ'və:s] **1.** *n* 1) (the ~) противополо́жное, обра́тное; quite the ~, very much the ~ совсе́м наоборо́т 2) обра́тная сторона́ (*монеты и т. п.*) 3) переме́на (*к худшему*) 4) неуда́ча, превра́тность; to meet with a ~ потерпе́ть неуда́чу; to have (*или* to experience) ~s понести́ де́нежные поте́ри 5) пораже́ние, прова́л 6) за́дний *или* обра́тный ход; in ~, on the ~ за́дним хо́дом 7) *тех.* реверси́рование; механи́зм переме́ны хо́да ◇ to take in the ~ *воен.* атакова́ть *или* откры́ть ого́нь с ты́ла

**2.** *a* обра́тный; перевёрнутый; противополо́жный; ~ side обра́тная сторона́; ~ motion движе́ние в обра́тную сто́рону; ~ fire *воен.* ты́льный ого́нь

**3.** *v* 1) перевёртывать; вывёртывать; опроки́дывать; to ~ arms *воен.* поверну́ть винто́вку прикла́дом вверх 2) меня́ть, изменя́ть; positions are ~d пози́ции перемени́лись; to ~ a policy кру́то измени́ть поли́тику; to ~ the order поста́вить в обра́тном поря́дке 3) повора́чивать(ся) в противополо́жном направле́нии 4) аннули́ровать, отменя́ть 5) *тех.* дать за́дний *или* обра́тный ход (*машине*); реверси́ровать

**reversibility** [rɪˌvə:sə'bɪlɪtɪ] *n* 1) обрати́мость 2) *тех.* реверси́вность

**reversible** [rɪ'və:səbl] *a* 1) обрати́мый 2) двусторо́нний (*о ткани*) 3) *тех.* с пере́дним и за́дним хо́дом, реверси́вный

**reversion** [rɪ'vɜːʃən] *n* 1) возвраще́ние (*к прежнему состоянию*) 2) *биол.* атави́зм [*тж.* ~ to type] 3) *юр.* возвраще́ние иму́щества к первонача́льному со́бственнику *или* его́ насле́дникам 4) страхо́вка, выпла́чиваемая по́сле сме́рти

**reversionary** [rɪ'vɜːʃnərɪ] *a* обра́тный, реверси́вный

**revert** [rɪ'vɜːt] *v* 1) возвраща́ться (*в прежнее состояние*) 2) возвраща́ться (*к ранее высказанной мысли*) 3) *юр.* переходи́ть к пре́жнему владе́льцу 4) *редк.* поверну́ть наза́д; to ~ the eyes а) посмотре́ть наза́д; б) отверну́ться; отвести́ глаза́ 5) *биол.* проявля́ть атависти́ческие при́знаки

**revet** [rɪ'vet] *v стр.* облицо́вывать, выкла́дывать ка́мнем; to ~ a trench одева́ть транше́ю мешка́ми с песко́м *и т. п.*

**revetment** [rɪ'vetmənt] *n стр.* облицо́вка, обши́вка; покры́тие, оде́жда отко́сов

**review** [rɪ'vjuː] **1.** *n* 1) обзо́р, обозре́ние; to pass in ~ рассма́тривать, обозрева́ть [*ср. тж.* 6)] 2) просмо́тр, прове́рка 3) реце́нзия 4) периоди́ческий журна́л 5) *школ.* повторе́ние про́йденного материа́ла 6) *воен.* смотр; пара́д; to pass in ~ де́лать смотр; пропуска́ть торже́ственным ма́ршем [*ср. тж.* 1)] 7) *юр.* пересмо́тр 8) *театр.* обозре́ние, ревю́

**2.** *v* 1) обозрева́ть; осма́тривать 2) просма́тривать, проверя́ть 3) пересма́тривать, рассма́тривать 4) рецензи́ровать, де́лать (крити́ческий) обзо́р 5) повторя́ть про́йденный материа́л 6) производи́ть смотр (*войскам и т. п.*); принима́ть пара́д 7) *юр.* пересма́тривать

**reviewer** [rɪ'vju(ː)ə] *n* обозрева́тель; рецензе́нт

**revile** [rɪ'vaɪl] *v* оскорбля́ть; руга́ть (-ся), поноси́ть, брани́ть

**revise** [rɪ'vaɪz] **1.** *n полигр.* втора́я корректу́ра; све́рка

**2.** *v* 1) проверя́ть; исправля́ть 2) изменя́ть, пересма́тривать; перераба́тывать

**revised** [rɪ'vaɪzd] **1.** *p. p. от* revise 2

**2.** *a* испра́вленный; ~ edition пересмо́тренное и испра́вленное изда́ние

**reviser** [rɪ'vaɪzə] *n* ревизио́нный корре́ктор

**revision** [rɪ'vɪʒən] *n* 1) пересмо́тр, реви́зия 2) прове́рка, осмо́тр 3) пересмо́тренное и испра́вленное изда́ние

**revisionism** [rɪ'vɪʒənɪzm] *n полит.* ревизиони́зм

**revisionist** [rɪ'vɪʒənɪst] *полит.* **1.** *n* ревизиони́ст

**2.** *a* ревизиони́стский

**revisit** ['riː'vɪzɪt] *v* сно́ва посети́ть

**revisory** [rɪ'vaɪzərɪ] *a* ревизио́нный

**revival** [rɪ'vaɪvəl] *n* 1) возрожде́ние; оживле́ние; R. of Learning Возрожде́ние, Ренесса́нс (*в литературе*) 2) восстановле́ние (*сил, энергии*) 3) возобновле́ние (*постановки*) 4) *attr.*: R. style *архит.* стиль Ренесса́нс

**revive** [rɪ'vaɪv] *v* 1) приходи́ть в себя́ 2) приводи́ть в чу́вство 3) ожива́ть, воскреса́ть (*о надеждах и т. п.*) 4) оживля́ть; возрожда́ть, воскреша́ть (*моду и т. п.*) 5) восстана́вливать (*силы, энергию*) 6) восстана́вливать, возобновля́ть; to ~ a play возобновля́ть постано́вку

**reviver** [rɪ'vaɪvə] *n* 1) тот, кто оживля́ет, возрожда́ет *и пр.* [*см.* revive] 2) *разг.* кре́пкий напи́ток

**revivification** [ri(ː)ˌvɪvɪfɪ'keɪʃən] *n* 1) возвраще́ние к жи́зни, оживле́ние 2) *хим.* реактива́ция

**revivify** [ri(ː)'vɪvɪfaɪ] *v* 1) возрожда́ть к жи́зни, оживля́ть 2) *хим.* реактиви́ровать

**revocable** ['revəkəbl] *a* подлежа́щий отме́не

**revocation** [ˌrevə'keɪʃən] *n* отме́на, аннули́рование (*закона и т. п.*)

**revoke** [rɪ'vəuk] **1.** *v* 1) отменя́ть, аннули́ровать (*закон, приказ и т. п.*) 2) брать наза́д (*обещание*) 3) *карт.* объявля́ть рено́нс при нали́чии тре́буемой ма́сти

**2.** *n карт.* рено́нс при нали́чии тре́буемой ма́сти

**revolt** [rɪ'vəult] **1.** *n* 1) восста́ние, мяте́ж; in ~ восста́вший; охва́ченный восста́нием; to rise in ~ восстава́ть 2) проте́ст, бунт 3) отвраще́ние

**2.** *v* 1) восстава́ть (against) 2) проти́виться, восстава́ть; чу́вствовать отвраще́ние (at, from, against) 3) отта́лкивать, вызыва́ть отвраще́ние

**revolted** [rɪ'vəultɪd] **1.** *p. p. от* revolt 2

**2.** *a* восста́вший

**revolting** [rɪ'vəultɪŋ] **1.** *pres. p. от* revolt 2

**2.** *a* отврати́тельный; отта́лкивающий

**revolution** I [ˌrevə'luːʃən] *n* 1) револю́ция 2) переворо́т; palace ~ дворцо́вый переворо́т 3) крута́я ло́мка, круто́й перело́м

**revolution** II [ˌrevə'luːʃən] *n* 1) кругово́е враще́ние 2) по́лный оборо́т; цикл; ~s per minute число́ оборо́тов в мину́ту 3) периоди́ческое возвраще́ние; кругооборо́т; the ~ of the seasons сме́на времён го́да 4) севооборо́т 5) *attr.*: ~ counter *тех.* счётчик числа́ оборо́тов

**revolutionary** I [ˌrevə'luːʃnərɪ] **1.** *n* революционе́р

**2.** *a* революцио́нный; ~ ideas революцио́нные иде́и; ~ discoveries откры́тия, производя́щие переворо́т в нау́ке

**revolutionary** II [ˌrevə'luːʃnərɪ] *a* враща́ющийся

**revolutionism** [ˌrevə'luːʃnɪzm] *n* революцио́нность

**revolutionist** [ˌrevə'luːʃnɪst] *n* революционе́р

**revolutionize** [ˌrevə'luːʃnaɪz] *v* 1) революционизи́ровать 2) производи́ть коренну́ю ло́мку

**revolve** [rɪ'vɔlv] *v* 1) враща́ть(ся); верте́ть(ся) 2) периоди́чески возвраща́ться *или* сменя́ться 3) обду́мывать (*тж.* ~ in the mind)

**revolver** [rɪ'vɔlvə] *n* 1) револьве́р 2) *тех.* бараба́н

**revolving** [rɪ'vɔlvɪŋ] **1.** *pres. p. от* revolve

**2.** *a* 1) обраща́ющийся 2) враща́ющийся, поворо́тный; ~ door враща́ющаяся дверь

**revue** [rɪ'vjuː] *фр. n театр.* обозре́ние, ревю́

**revulsion** [rɪ'vʌlʃən] *n* 1) внеза́пное си́льное измене́ние (*чувств и т. п.*) 2) отвраще́ние 3) *мед.* отвлече́ние (*боли и т. п.*); отли́в (*крови*)

**revulsive** [rɪ'vʌlsɪv] *мед.* **1.** *a* отвлека́ющий

**2.** *n* отвлека́ющее сре́дство

**reward** [rɪ'wɔːd] **1.** *n* 1) награ́да 2) вознагражде́ние; in ~ for smth. в награ́ду за что-л.

**2.** *v* 1) награжда́ть 2) вознагражда́ть; воздава́ть до́лжное

**rewarding** [rɪ'wɔːdɪŋ] **1.** *pres. p. от* reward 2

**2.** *a* сто́ящий

**reword** ['riː'wɜːd] *v* 1) выража́ть другими слова́ми; меня́ть формулиро́вку 2) повтори́ть

**rewrite** ['riː'raɪt] *v* (rewrote; rewritten) 1) переписа́ть 2) переде́лать, перерабо́тать

**rewritten** ['riː'rɪtn] *p. p. от* rewrite

**rewrote** ['riː'rəut] *past от* rewrite

**Reynard** ['renəd, 'renɑːd] *n* Ре́йнеке-лис (*прозвище лисы в фольклоре*)

**rhapsode** ['ræpsəud] *др.-греч. n* рапсо́д

**rhapsodic(al)** [ræp'sɔdɪk(əl)] *a* восто́рженный; напы́щенный

**rhapsodize** ['ræpsədaɪz] *v* говори́ть *или* писа́ть напы́щенно (*обыкн.* ~ about, ~ on)

**rhapsody** ['ræpsədɪ] *n* 1) рапсо́дия 2) восто́рженная *или* напы́щенная речь

**Rhenish** ['riːnɪʃ] *уст.* **1.** *a* ре́йнский

**2.** *n* = Rhine wine

**rhenium** ['riːnɪəm] *n хим.* ре́ний

**rheostat** ['riːəustæt] *n эл.* реоста́т

**rhesus** ['riːsəs] *n зоол.* ре́зус

**rhetor** ['riːtə] *n* 1) ри́тор 2) профессиона́льный ора́тор

**rhetoric** ['retərɪk] *n* 1) рито́рика; ора́торское иску́сство 2) краснобо́йство

**rhetorical** [rɪ'tɔrɪkəl] *a* рupи́ческий

**rhetorician** [ˌretə'rɪʃən] *n* 1) ри́тор 2) красноба́й

**rheum** [ruːm] *n уст.* 1) выделе́ния (*слизистых оболочек*) 2) на́сморк

**rheumatic** [ru(ː)'mætɪk] **1.** *a* ревмати́ческий

**2.** *n* 1) ревма́тик 2) *pl разг.* ревмати́зм

**rheumaticky** [ru(ː)'mætɪkɪ] *a разг.* ревмати́ческий

**rheumatism** ['ruːmətɪzm] *n* ревмати́зм

**rheumatiz** ['ruːmətɪz] (*обыкн. диал.*) = rheumatism

**Rhinestone** ['raɪnstəun] *n* 1) го́рный хруста́ль 2) фальши́вый бриллиа́нт

**Rhine wine** ['raɪn'waɪn] *n* ре́йнское (вино́), рейнве́йн

**rhino** I ['raɪnəu] *n* (*pl* -os [-əuz]) *разг. сокр. от* rhinoceros

**rhino** II ['raɪnəu] *n sl.* де́ньги

**rhinoceros** [raɪ'nɔsərəs] *n* носорóг

**rhodium** ['rəudjəm] *n хим.* рóдий

**rhododendron** [ˌrəudə'dendrən] *n бот.* рододéндрон

**rhodonite** ['rəudənaɪt] *n мин.* родонит

**rhomb** [rɔm] *n* ромб

**rhombi** ['rɔmbaɪ] *pl от* rhombus

**rhombic** ['rɔmbɪk] *a* ромби́ческий

**rhomboid** ['rɔmbɔɪd] *n* ромбóид

**rhombus** ['rɔmbəs] *n* (*pl* -es [-ɪz], -bi) ромб

**rhubarb** ['ru:bɑ:b] *n бот.* ревéнь

**rhumb** [rʌm] *n мор.* румб

**rhyme** [raɪm] **1.** *n* 1) ри́фма, рифмóванный стих; double (*или* female, feminine) ~ жéнская ри́фма; single (*или* male, masculine) ~ мужскáя ри́фма; imperfect ~ непóлная ри́фма 2) (*чáсто pl*) рифмóванное стихотворéние 3) поэ́зия ◇ neither ~ nor reason ни склáду ни лáду; without ~ or reason ни с тогó ни с сегó

**2.** *v* 1) писáть рифмóванные стихи́ 2) рифмовáть (with, to — с)

**rhymed** [raɪmd] **1.** *p. p. от* rhyme 2

**2.** *a* рифмóванный

**rhymer** ['raɪmə] = rhymester

**rhymester** ['raɪmstə] *n пренебр.* рифмоплёт

**rhyming** ['raɪmɪŋ] **1.** *pres. p. от* rhyme 2

**2.** *a* рифмýющий; ~ dictionary словáрь рифм

**rhythm** ['rɪðəm] *n* 1) ритм 2) размéр (*стиха*)

**rhythmic(al)** ['rɪðmɪk(əl)] *a* ритми́ческий, ритми́чный, мéрный

**rial** ['ri:əl] *n* риáл (*денежная единица Ирана*)

**riant** ['raɪənt] *a* улыбáющийся, весёлый (*о лице, глазах*)

**rib** [rɪb] **1.** *n* 1) ребрó; false (*или* floating, asternal) ~ лóжное ребрó 2) óстрый край; ребрó (*чего-л.*) 3) прýтик зонтá 4) рýбчик (*в вязанье и т. п.*) 5) *шутл.* женá 6) *бот.* жи́лка листá 7) *стр.* ребрó 8) *мор.* шпангóут 9) *тех.* ребрó (жёсткости) 10) *ав.* нервю́ра 11) *горн.* столб, цели́к

**2.** *v* 1) снабжáть рёбрами, укреплять 2) *амер. разг.* высмéивать, подшýчивать, дразни́ть

**ribald** ['rɪbəld] **1.** *n* сквернослóв; грубия́н

**2.** *a* грýбый, непристóйный; неприли́чный; похáбный; ~ jest непристóйная шýтка

**ribaldry** ['rɪbəldrɪ] *n* сквернослóвие, грýбость, непристóйность

**riband** ['rɪbənd] = ribbon 1

**ribband** ['rɪbənd] *n* строи́тельная ры́бина (*в судостроении*)

**ribbed** [rɪbd] **1.** *p. p. от* rib 2

**2.** *a* 1) ребри́стый; рýбчатый; рифлёный; с насéчкой 2) полосáтый

**ribbing** ['rɪbɪŋ] **1.** *pres. p. от* rib 2

**2.** *n* 1) ребри́стость 2) *спец.* укреплéние рёбрами

**ribbon** ['rɪbən] **1.** *n* 1) лéнта; ýзкая полóска; typewriter ~ лéнта для пи́шущей маши́нки 2) *pl* клóчья; ~s of mist клóчья тумáна; torn to ~s разóрванный в клóчья 3) *pl разг.* вóжжи; to handle (*или* to take) the ~s прáвить лóшадьми́ 4) знак отли́чия, наши́вка; óрденская лéнта 5) *attr.* лéнточный; из лéнт(ы) ◇ R. Society *ист.* североирлáндское тáйное католи́ческое óбщество (*начала XIX в.*); red ~ лéнта óрдена Бáни

**2.** *v* 1) украшáть лéнтами 2) дели́ть, разрывáть на полóски

**ribboned** ['rɪbənd] **1.** *p. p. от* ribbon 2

**2.** *a* укрáшенный лéнтами

**rice** [raɪs] *n* 1) рис 2) *attr.* ри́совый; ~ field ри́совое пóле

**rice-flakes** ['raɪs'fleɪks] *n pl кул.* ри́совые хлóпья

**rice-paper** ['raɪsˌpeɪpə] *n* ри́совая бумáга

**rice-water** ['raɪsˌwɔ:tə] *n* ри́совый отвáр

**rich** [rɪtʃ] **1.** *a* 1) богáтый (in — *чем-л.*) 2) роскóшный 3) цéнный; стóящий; a ~ suggestion цéнное предложéние 4) оби́льный, изоби́лующий; плодорóдный; ~ soil тýчная пóчва; ~ harvest богáтый урожáй 5) жи́рный; сдóбный; ~ milk жи́рное молокó; ~ dish питáтельное блю́до; ~ cream густы́е сли́вки 6) пря́ный; си́льный (*о запахе*) 7) мя́гкий, ни́зкий, глубóкий (*о тоне*); густóй, интенси́вный, я́ркий (*о цвете*) 8) сóчный (*о фруктах*) 9) *разг.* забáвный (*о происшествии, мысли, предложении и т. п.*); that's ~! вот э́то забáвно!

**2.** *n* (the ~) *pl собир.* богачи́, богáтые

**Richard Roe** ['rɪtʃəd'rəu] *n юр.* отвéтчик в судéбном процéссе (*употр. нарицательно о человеке, настоящее имя которого неизвестно*) [*см. тж.* John Doe]

**riches** ['rɪtʃɪz] *n pl* 1) богáтство, оби́лие 2) богáтства, сокрóвища; the ~ of the soil сокрóвища недр

**richly** ['rɪtʃlɪ] *adv* 1) богáто, роскóшно 2) вполнé, основáтельно; пóлностью; he ~ deserves punishment он вполнé заслýживает наказáния

**richness** ['rɪtʃnɪs] *n* 1) богáтство (*чего-л.*); я́ркость, живость (*красок и т. п.*) 2) плодорóдие 3) сдóбность, жи́рность (*пищи*) 2) сóчность (*плода*)

**rick** I [rɪk] **1.** *n* стог; скирдá

**2.** *v* склáдывать в стог

**rick** II [rɪk] = wrick

**rickets** ['rɪkɪts] *n* (*употр. как sing и как pl*) *мед.* рахи́т

**rickety** ['rɪkɪtɪ] *a* 1) рахити́чный 2) расшáтанный; хрýпкий (*о здоровье*) 3) шáткий, неустóйчивый; ~ chair расшáтанный стул; ~ house покоси́вшийся дом

**ricksha(w)** ['rɪkʃɔ:] *яп. n* ри́кша

**ricochet** ['rɪkəʃeɪ] **1.** *n* рикошéт

**2.** *v* дéлать рикошéт; бить рикошéтом

**rictus** ['rɪktəs] *лат. n* ротовóе отвéрстие

**rid** [rɪd] *v* (rid, ridded [-ɪd]) освобождáть, избавля́ть (of — от *чего-л.*); to get ~ of smb., smth. отдéлываться, избавля́ться от когó-л., чегó-л.

**ridable** ['raɪdəbl] *a* пригóдный для верховóй езды́

**riddance** ['rɪdəns] *n* избавлéние; устранéние; a good ~ избавлéние (*от чего-л. неприятного*); good ~! тем лýчше!; хорошó, что избáвились!; ≅ скáтертью дорóга!

**riddel** ['rɪdl] *n церк.* завéса (у алтаря́)

**ridden** ['rɪdn] *p. p. от* ride 2

**-ridden** [-rɪdn] *в сложных словах означает* во влáсти (*чего-л.*); одержи́мый (*чем-л.*); bed-ridden прикóванный к постéли; fear-ridden охвáченный стрáхом

**riddle** I ['rɪdl] **1.** *n* загáдка; to talk in ~s говори́ть загáдками

**2.** *v* 1) говори́ть загáдками 2) разгáдывать (*загадки*)

**riddle** II ['rɪdl] **1.** *n* 1) решетó, грóхот; си́то 2) экрáн; щит

**2.** *v* 1) просéивать, грохоти́ть 2) изрешéчивать (*пулями*) 3) забрáсывать возражéниями; подвергáть сурóвой крити́ке; докáзывать несостоя́тельность, неправотý

**ride** [raɪd] **1.** *n* 1) прогýлка, поéздка, ездá (*верхом, на машине, на велосипеде и т. п.*); to go for a ~ прокати́ться 2) дорóга, аллéя (*особ.* для верховóй езды́) 3) аттракциóн для катáния (*колесо обозрения, карусель и т. п.*) ◇ to take smb. for a ~ *амер. sl.* а) уби́ть, прикóнчить когó-л.; б) обманýть, надýть, одурáчить когó-л.

**2.** *v* (rode, ridden) 1) éхать верхóм; сидéть верхóм (*на чём-л.*); to ~ full speed скакáть во весь опóр; to ~ a race учáствовать в скáчках; to ~ a horse to death загнáть лóшадь; to ~ a joke to death *шутл.* заéздить шýтку 2) éхать (*в автобусе, в трамвае, на велосипеде, в поезде и т. п.*) 3) катáть(ся), качáть(ся); to ~ a child on one's foot качáть ребёнка на ногé 4) пари́ть; плыть; скользи́ть; the moon was riding high лунá плылá высокó; the ship ~s the waves сýдно скользи́т по волнáм 5) стоя́ть на я́коре; the ship ~s (at anchor) корáбль стои́т на я́коре 6) управля́ть; руководи́ть, комáндовать 7) угнетáть; одолевáть (*о чувствах, сомнениях и т. п.*) 8) быть пригóдным для верховóй езды́ (*о грунте*) 9) вéсить (*о жокее*) 10) *разг.* издевáться, дразни́ть, изводи́ть 11) *разг.* жестóко критиковáть 12) пускáть на самотёк; не вмéшиваться; let it ~ пусть бýдет как бýдет 13) быть обуслóвленным (*чем-л.*); зави́сеть от (on) 14) импровизи́ровать (*в джазе*) □ ~ **at** направля́ть на; to ~ one's horse at a fence вести́ лóшадь на барьéр; ~ **down** а) нагоня́ть, настигáть верхóм; б) сшиби́ть с ног, задави́ть; ~ **out** а) благополýчно перенести́ (*шторм — о корабле*); б) вы́йти из затрудни́тельного положéния ◇ to ~ for a fall а) нести́сь как безýмный, неосторóжно éздить верхóм; б) дéйствовать безрассýдно; обрекáть себя́ на неудáчу; to ~ off on a side issue заговори́ть о второстепе́нном, что́бы увильну́ть от гла́вного (вопро́са); to ~ the whirlwind держа́ть в рука́х и направля́ть (*восстание и т. п.*)

**ridel** [ˈrɪdl] = riddel

**rider** [ˈraɪdə] *n* 1) нае́здник, всадни́к 2) седо́к 3) дополне́ние, попра́вка (*к документу*) 4) вы́вод, заключе́ние; *юр.* осо́бое мне́ние 5) предме́т, лежа́щий пове́рх друго́го предме́та 6) *мат.* дополни́тельная зада́ча для прове́рки зна́ний уча́щегося; дополни́тельная теоре́ма, необходи́мая для доказа́тельства основно́й 7) *мор.* ри́дерс

**riderless** [ˈraɪdəlɪs] *a* без вса́дника (*о лошади, потерявшей всадника*)

**ridge** [rɪdʒ] **1.** *n* 1) гре́бень горы́; го́рный кряж, хребе́т; гряда́ гор; водоразде́л 2) подво́дная скала́ 3) конёк (*крыши*) 4) гря́дка; гре́бень борозды́ 5) ру́бчик (*на материи*); то́лстая кро́мка; край, ребро́

2. *v* образо́вывать скла́дки *или* бо́розды; топо́рщиться

**ridged** [rɪdʒd] **1.** *p. p. от* ridge 2

2. *a* 1) остроконе́чный, хребтообра́зный 2) конько́вый (*о крыше*)

**ridge-pole** [ˈrɪdʒpəul] *n* растя́жка, распо́рка (*у палатки*)

**ridgy** [ˈrɪdʒɪ] = ridged 2

**ridicule** [ˈrɪdɪkjuːl] **1.** *n* 1) осмея́ние; насме́шка; to hold up to ~ де́лать посме́шищем 2) смехотво́рность

2. *v* осме́ивать; высме́ивать, поднима́ть на́ смех

**ridiculous** [rɪˈdɪkjuləs] *a* смехотво́рный, смешно́й, неле́пый; don't be ~ не бу́дь(те) посме́шищем, не де́лай(-те) глу́постей

**riding** I [ˈraɪdɪŋ] **1.** *pres. p. от* ride 2

2. *n* 1) верхова́я езда́ 2) доро́га для верхово́й езды́

3. *a* верхово́й; для верхово́й езды́; ~ horse верхова́я ло́шадь

**riding** II [ˈraɪdɪŋ] *n* ра́йдинг (*административная единица графства Йоркшир*)

**riding-breeches** [ˈraɪdɪŋˈbrɪtʃɪz] *n pl* бри́джи для верхово́й езды́, рейту́зы

**riding-habit** [ˈraɪdɪŋˌhæbɪt] *n* амазо́нка (*дамский костюм для верховой езды*)

**riding-hag** [ˈraɪdɪŋhæg] *n разг.* кошма́р

**riding hall** [ˈraɪdɪŋˈhɔːl] *n* (кры́тый) мане́ж

**riding master** [ˈraɪdɪŋˌmaːstə] *n* 1) инстру́ктор по верхово́й езде́ 2) бере́йтор

**Riesling** [ˈriːslɪŋ] *n* ри́слинг

**rife** [raɪf] *a predic.* 1) обы́чный, ча́стый; распространённый; to be (to grow *или* to wax) ~ быть (де́латься) обы́чным 2) изоби́лующий; his language is ~ with maxims его́ язы́к изоби́лует изрече́ниями

**riffle** [ˈrɪfl] *n амер.* 1) поро́г (*на реке*), стремни́на 2) рябь, зыбь 3) *тех.* желобо́к, кана́вка

**riff-raff** [ˈrɪfræf] **1.** *n* подо́нки о́бщества, отбро́сы

2. *a разг.* никчёмный, никуды́шный

**rifle** [ˈraɪfl] **1.** *n* 1) винто́вка, нарезно́е ору́жие 2) *pl воен.* стрелко́вая часть; стрелки́ 3) *attr.* руже́йный; стрелко́вый; винто́вочный; ~ company стрелко́вая ро́та; ~ batallion пехо́тный батальо́н

2. *v* 1) стреля́ть из винто́вки 2) нареза́ть (*ствол оружия*) 3) обы́скивать с це́лью грабежа́ 4) обдира́ть (*кору и т. п.*)

**rifle(-)green** [ˈraɪflˈgriːn] *a* тёмно-зелёный (*цвета мундира английских стрелков*)

**rifle-grenade** [ˈraɪflgrɪˈneɪd] *n воен.* винто́вочная грана́та

**rifleman** [ˈraɪflmən] *n воен.* стрело́к; expert ~ отли́чный стрело́к

**rifle-pit** [ˈraɪflpɪt] *n воен.* стрелко́вая яче́йка, одино́чный око́пчик

**rifle-range** [ˈraɪflreɪndʒ] *n* тир, стре́льбище

**rifle-shot** [ˈraɪflʃɔt] *n* 1) руже́йный вы́стрел 2) да́льность руже́йного вы́стрела 3) стрело́к (из винто́вки)

**rifling** [ˈraɪflɪŋ] **1.** *pres. p. от* rifle 2

2. *n* наре́зка (*в оружии*)

**rift** [rɪft] **1.** *n* 1) тре́щина; рассе́лина; щель; сква́жина; разры́в; просве́т 2) разры́в, размо́лвка 3) уще́лье 4) поро́г, перека́т (*реки*) 5) *геол.* отде́льность, спа́йность, клива́ж ◇ a ~ in the lute а) пе́рвые при́знаки разла́да, отчужде́ния; б) нача́ло боле́зни

2. *v* раска́лывать(ся); отщепля́ть(-ся)

**rig** I [rɪg] **1.** *n* 1) *мор.* осна́стка; па́русное вооруже́ние, рангоу́т и такела́ж 2) *разг.* оде́жда, костю́м, вне́шний вид челове́ка 3) вы́езд, упря́жка 4) бурова́я вы́шка; бурово́й стано́к 5) борозда́ 6) *тех.* приспособле́ние, устро́йство, обору́дование

2. *v* оснаща́ть, вооружа́ть (*судно*) □ ~ **out** *разг.* наряжа́ть; ~ged out разоде́тый; ~ **up** снаряжа́ть *или* стро́ить на́спех, из чего́ попа́ло

**rig** II [rɪg] **1.** *n разг.* 1) проде́лка, уло́вка; плу́тни 2) спекуляти́вная ску́пка това́ров

2. *v* де́йствовать нече́стно; моше́нничать; to ~ the market иску́сственно повыша́ть *или* понижа́ть це́ны

**rigger** [ˈrɪgə] *n* 1) специали́ст по сбо́рке самолётов 2) *мор.* такела́жник

**rigging** I [ˈrɪgɪŋ] **1.** *pres. p. от* rig I, 2

2. *n* 1) *мор.* такела́ж, осна́стка, сна́сти 2) *разг.* снаряже́ние 3) *разг.* оде́жда, «тря́пки»

**rigging** II [ˈrɪgɪŋ] *pres. p. от* rig II, 2

**right** I [raɪt] **1.** *n* 1) пра́во; справедли́вое тре́бование (to); привиле́гия; ~ to work пра́во на труд; ~s and duties права́ и обя́занности; by ~ of по пра́ву (*чего-л.*); in one's own ~ по пра́ву (*благодаря титулу, образованию и т. п.*); to reserve the ~ оставля́ть за собо́й пра́во; under a ~ in international law в соотве́тствии с но́рмами междунаро́дного пра́ва 2) справедли́вость; пра́вильность; to do smb. ~ отдава́ть кому́-л. до́лжное, справедли́вость; to be in the ~ быть пра́вым 3) (*обыкн. pl*) и́стинное положе́ние веще́й, действи́тельность; the ~s of the case положе́ние де́ла 4) *pl* поря́док; to set (*или* to put) to ~s навести́ поря́док; привести́ в поря́док; to be to ~s быть в поря́дке ◇ by ~ or wrong все́ми пра́вдами и непра́вдами

2. *a* 1) пра́вый, справедли́вый; to be ~ быть пра́вым 2) ве́рный, пра́вильный; ~ use of words пра́вильное употребле́ние слов; to do what is ~ де́лать то, что пра́вильно; he is always ~ он всегда́ прав; ~ you are! *разг.* а) ве́рно!, ва́ша пра́вда; б) идёт!, есть тако́е де́ло! 3) и́менно тот, кото́рый ну́жен (*или* име́ется в виду́); подходя́щий, надлежа́щий; уме́стный; be sure you bring the ~ book смотри́те, принеси́те ту кни́гу, кото́рую ну́жно; the ~ size ну́жный разме́р; the ~ man in the ~ place челове́к на своём ме́сте, челове́к, подходя́щий для да́нного де́ла; not the ~ Mr Jones не тот м-р Джо́унз 4) прямо́й (*о линии, об угле*); at the ~ angle под прямы́м угло́м 5) здоро́вый, в хоро́шем состоя́нии; испра́вный; to put ~ испра́вить; are you ~ now? удо́бно ли вам тепе́рь?; I feel all ~ я чу́вствую себя́ хорошо́; to be all ~ а) быть в поря́дке; б) чу́вствовать себя́ хорошо́; if it's all ~ with you е́сли э́то вас устра́ивает, е́сли вы согла́сны ◇ on the ~ side of thirty моло́же 30 лет

3. *adv* 1) пра́вильно, ве́рно; справедли́во; to get it ~ поня́ть пра́вильно; to get (*или* to do) a sum ~ ве́рно реши́ть зада́чу; to guess ~ пра́вильно угада́ть; to set (*или* to put) oneself ~ with smb. а) сниска́ть чью-л. благоскло́нность; б) помири́ться с кем-л. 2) надлежа́щим *или* до́лжным о́бразом 3) пря́мо; go ~ ahead иди́те пря́мо вперёд 4) то́чно, как раз; ~ in the middle как раз в середи́не 5) соверше́нно, по́лностью; ~ to the end до са́мого конца́ 6) о́чень; I know ~ well я о́чень хорошо́ зна́ю □ ~ away, ~ off сра́зу; неме́дленно; ~ off the bat *амер.* ≅ с ме́ста в карье́р, сра́зу же ◇ ~ here а) как раз здесь; б) в э́ту мину́ту; ~ now в э́тот моме́нт; come ~ in *амер.* входи́те

4. *v* 1) выпрямля́ть(ся); исправля́ть(-ся); to ~ oneself а) выпрямля́ться; б) реабилити́ровать себя́; to ~ a wrong испра́вить несправедли́вость; загла́дить оби́ду 2) защища́ть права́; to ~ the oppressed заступа́ться за угнетённых

**right** II [raɪt] **1.** *n* 1) пра́вая сторона́; on the ~ спра́ва (*где*); to the ~ напра́во (*куда*) 2) (the Rights) *pl собир. полит.* пра́вые

2. *a* 1) пра́вый 2) лицево́й, пра́вый (*о стороне материала*) 3) *полит.* пра́вый, реакцио́нный

3. *adv* напра́во; ~ and left а) напра́во и нале́во; б) во все сто́роны; ~ turn (*или* face)! *воен.* напра́во! (*команда*)

**right-about** [ˈraɪtəbaut] *n* 1) противополо́жное направле́ние 2) поворо́т обра́тно, в противополо́жную сто́рону; ~ face а) *воен.* поворо́т круго́м че́рез пра́вое плечо́; б) круто́й поворо́т, по́лная переме́на

**right-and-left** ['raɪtənd'left] **1.** *n* 1) вы́стрел из обо́их стволо́в 2) *спорт.* уда́р обе́ими рука́ми

**2.** *a тех.* име́ющий пра́вый и ле́вый ход; с пра́вой и ле́вой резьбо́й

**right-angled** ['raɪt,æŋgld] *a* прямоуго́льный

**right-down** ['raɪtdaun] *a разг.* соверше́нный; отъя́вленный

**righteous** ['raɪtʃəs] *a* 1) пра́ведный, доброде́тельный 2) справедли́вый; ~ indignation справедли́вое негодова́ние

**righteousness** ['raɪtʃəsnɪs] *n* 1) пра́ведность; доброде́тельность 2) справедли́вость

**rightful** ['raɪtful] *a* 1) зако́нный; ~ heir зако́нный насле́дник 2) принадлежа́щий по пра́ву 3) справедли́вый

**right-hand** ['raɪthænd] *a* 1) пра́вый; ~ man а) сосе́д спра́ва (*в строю*); б) «пра́вая рука́», ве́рный помо́щник 2) *тех.* с пра́вым хо́дом; с пра́вой наре́зкой

**right-handed** ['raɪt'hændɪd] *a* 1) по́льзующийся пра́вой руко́й 2) правосторо́нний

**right-hander** ['raɪt,hændə] *n* 1) тот, кто владе́ет пра́вой руко́й лу́чше, чем ле́вой 2) *разг.* уда́р пра́вой руко́й

**rightist** ['raɪtɪst] *n полит.* пра́вый, реакционе́р

**right-lined** ['raɪt'laɪnd] *a* образо́ванный прямы́ми ли́ниями; прямолине́йный

**rightly** ['raɪtlɪ] *adv* 1) справедли́во 2) пра́вильно 3) до́лжным о́бразом

**right-minded** ['raɪt'maɪndɪd] *a* 1) благонаме́ренный 2) разу́мный

**right-of-way** ['raɪtəv'weɪ] *n* 1) пра́во прохо́да *или* прое́зда че́рез чужу́ю зе́млю 2) полоса́ отчужде́ния

**rightwards** ['raɪtwədz] *adv* напра́во

**right-wing** ['raɪtwɪŋ] *a полит.* пра́вый, реакцио́нный

**rigid** ['rɪdʒɪd] *a* 1) жёсткий, негну́щийся, неги́бкий; твердый 2) неподви́жный; неподви́жно закреплённый 3) непрекло́нный, сто́йкий 4) стро́гий; суро́вый; ~ discipline суро́вая дисципли́на; ~ economy стро́гая эконо́мия 5) ко́сный

**rigidity** [rɪ'dʒɪdɪtɪ] *n* 1) жёсткость; твёрдость 2) сто́йкость, непрекло́нность 3) стро́гость

**rigmarole** ['rɪgmərəul] *n* 1) пуста́я болтовня́, вздор 2) *attr.* бессвя́зный

**rigor** ['raɪgɔ:] *n мед.* 1) озно́б 2) оцепене́ние; окочене́ние ◇ ~ mortis тру́пное окочене́ние

**rigorism** ['rɪgərɪzm] *n* 1) ригори́зм 2) высо́кие тре́бования (*к стилю*)

**rigorous** ['rɪgərəs] *a* 1) суро́вый; ~ climate суро́вый кли́мат 2) стро́гий 3) то́чный; ~ scientific method то́чный нау́чный ме́тод 4) тща́тельный, скрупулёзный

**rigour** ['rɪgə] *n* 1) суро́вость 2) стро́гость 3) *pl* стро́гие ме́ры 4) то́чность 5) тща́тельность

**riksdag** ['rɪksdæg] *швед. n* рикса́г

**rile** [raɪl] *v разг.* 1) серди́ть, раздража́ть 2) мути́ть (*воду и т. п.*) □ ~ **up** серди́ться, раздража́ться

**rill** [rɪl] **1.** *n* ручеёк; родни́к, исто́чник

**2.** *v* течь ручейко́м; струи́ться

**rim** [rɪm] **1.** *n* 1) ободо́к, край; о́бод (*колеса*); банда́ж (*обода*); опра́ва (*очков*) 2) скоба́, опо́рное кольцо́ 3) *мор.* во́дная пове́рхность

**2.** *v* 1) снабжа́ть ободко́м, о́бодом *и т. п.* 2) служи́ть о́бодом, обрамля́ть

**rime I** [raɪm] = rhyme

**rime II** [raɪm] *поэт.* **1.** *n* и́ней; и́зморозь

**2.** *v* покрыва́ть и́неем

**rimer** ['raɪmə] = reamer

**rimless** ['rɪmlɪs] *a* не име́ющий о́бода *или* опра́вы; ~ eye-glasses пенсне́; очки́ без опра́вы

**-rimmed** [-rɪmd] *в сложных словах означает* в опра́ве; gold-~ spectacles очки́ в золото́й опра́ве

**rimy** ['raɪmɪ] *a* заи́ндевевший, моро́зный

**rind** [raɪnd] **1.** *n* 1) кора́; кожура́ 2) ко́рка

**2.** *v* сдира́ть кору́; очища́ть ко́жицу, снима́ть кожуру́

**rinderpest** ['rɪndəpest] *n* чума́ рога́того скота́

**ring I** [rɪŋ] **1.** *n* 1) кольцо́; круг; окру́жность, о́бруч, ободо́к 2) опра́ва (*очков*) 3) цирковая аре́на; площа́дка (*для борьбы*), ринг 4) (the R.) бокс 5) (the ~) *pl собир.* профессиона́льные игроки́ на ска́чках, букме́керы 6) объедине́ние спекуля́нтов для совме́стного контро́ля над ры́нком 7) кли́ка; ша́йка, ба́нда 8) аре́на полити́ческой борьбы́ (*особ. во время выборов*) 9) годи́чное кольцо́ (*дерева*); годи́чный слой (*древесины*) 10) *архит.* архиво́льт (*арки*) 11) *мор.* рым ◇ to run (*или* to make) ~s (a)round *разг.* за́ пояс заткну́ть; намно́го опереди́ть, обогна́ть; to keep (*или* to hold) the ~ соблюда́ть нейтралите́т

**2.** *v* 1) окружа́ть кольцо́м (*обыкн.* ~ in, ~ round, ~ about); обводи́ть кружко́м 2) надева́ть кольцо́ 3) продева́ть кольцо́ в нос (*животному*) 4) кружи́ть; ви́ться ◇ to ~ the rounds *разг.* опереди́ть, обогна́ть

**ring II** [rɪŋ] **1.** *n* 1) звон; звуча́ние; the ~ of his voice звук его́ го́лоса 2) (телефо́нный) звоно́к; to give a ~ позвони́ть по телефо́ну 3) подбо́р колоколо́в (*в церкви*); бла́говест 4) намёк (на); it has the ~ of truth about it э́то звучи́т правдоподо́бно

**2.** *v* (rang, rung; rung) 1) звене́ть; звуча́ть; to ~ true (false *или* hollow) звуча́ть и́скренне (фальши́во) 2) оглаша́ться (with); the air rang with shouts во́здух огласи́лся кри́ками 3) раздава́ться 4) звони́ть; to ~ the alarm уда́рить в наба́т; to ~ the bell звони́ть (в ко́локол); to ~ a chime прозвони́ть (*о башенных часах*); to a ~ peal трезво́нить □ ~ **at** звони́ть (*у дверей дома и т. п.*); ~ **down:** to ~ the curtain down дать звоно́к к спу́ску за́навеса; *перен.* положи́ть коне́ц (*чему-л.*) [*ср. тж.* ~ up в)]; ~ **for** тре́бовать *или* вызыва́ть звонко́м; ~ **in** а) *разг.* вводи́ть, представля́ть; б) ознамено́вывать колоко́льным зво́ном; ~ **off** дава́ть отбо́й (*по телефону*); ве́шать тру́бку; ~ off! *груб.* замолчи́(те)!, заткни́(те)сь!; ~ **out** а) прозвуча́ть; б) провожа́ть колоко́льным зво́ном; ~ **up** а) разбуди́ть звонко́м; б) звони́ть, вызыва́ть по телефо́ну; в): to ~ the curtain up дать звоно́к к подня́тию за́навеса; *перен.* нача́ть (*что-л.*) [*ср. тж.* ~ down]

**ring-bolt** ['rɪŋbəult] *n мор.* рым-бо́лт

**ring-bone** ['rɪŋbəun] *n* мозо́листый наро́ст на ба́бке (*лошади*)

**ring-dove** ['rɪŋdʌv] *n зоол.* вя́хирь, витю́тень

**ringed** [rɪŋd] **1.** *p. p. от* ring I, 2

**2.** *a* 1) отме́ченный кружко́м 2) с кольцо́м, в ко́льцах; *перен.* обручённый (*с кем-л.*); жена́тый; заму́жняя

**ringer** ['rɪŋə] *n* 1) звона́рь 2) тот, кто звони́т 3) *разг.* первокла́ссная вещь; замеча́тельный челове́к 4) *амер. sl.* ло́шадь, незако́нно уча́ствующая в состяза́нии; спортсме́н, незако́нно уча́ствующий в ма́тче 5) *амер. sl* челове́к, незако́нно голосу́ющий не́сколько раз 6) *амер. sl.* то́чная ко́пия (*кого-л.*) (*тж.* dead ~); he is a ~ for his father он вы́литый оте́ц

**ring-fence** ['rɪŋ'fens] *n* огра́да (*окружающая что-л. со всех сторон*)

**ring-finger** ['rɪŋ,fɪŋgə] *n* безымя́нный па́лец (*особ. на левой руке*)

**ringing I** ['rɪŋɪŋ] *pres. p. от* ring I, 2

**ringing II** ['rɪŋɪŋ] **1.** *pres. p. от* ring II, 2

**2.** *n* 1) звон, трезво́н 2) вы́зов; посы́лка вы́зова *или* вызывно́го сигна́ла

**3.** *a* зво́нкий; зву́чный; гро́мкий; a ~ cheer гро́мкое ура́; a ~ frost треску́чий моро́з

**ringleader** ['rɪŋ,li:də] *n* глава́рь, вожа́к, зачи́нщик, коново́д

**ringlet** ['rɪŋlɪt] *n* 1) коле́чко 2) ло́кон

**ringleted, ringlety** ['rɪŋlɪtɪd, -tɪ] *a* завито́й, в ло́конах; курча́вый

**ring-mail** ['rɪŋmeɪl] *n* кольчу́га

**ring-master** ['rɪŋ,ma:stə] *n* инспе́ктор мане́жа (*в цирке*)

**ring-net** ['rɪŋ'net] *n* сачо́к для ло́вли ба́бочек

**ring ouzel** ['rɪŋ'u:zl] *n зоол.* дрозд белозо́бый

**ringtail** ['rɪŋteɪl] *n зоол.* са́мка луня́

**ringworm** ['rɪŋwə:m] *n мед.* стригу́щий лиша́й

**rink** [rɪŋk] **1.** *n* като́к, ске́тинг-ри́нк

**2.** *v* ката́ться на ро́ликах

**rinse** [rɪns] **1.** *n* 1) полоска́ние; to give a ~ прополоска́ть 2) кра́ска для воло́с

**2.** *v* полоска́ть, промыва́ть (*часто* ~ out); to ~ out one's mouth вы́полоскать рот

**rinsing** [ˈrɪnsɪŋ] 1. *pres. p. от* rinse 2

2. *n* 1) полоска́ние 2) *pl* вода́, оста́вшаяся по́сле полоска́ния; опо́лоски 3) *pl* оста́тки, после́дние ка́пли

**riot** [ˈraɪət] 1. *n* 1) бунт; мяте́ж 2) *юр.* наруше́ние обще́ственной тишины́ и поря́дка 3) разгу́л; необу́зданность; to run ~ а) вести́ себя́ бу́йно; б) свире́пствовать (*о болезни*); в) бу́йно разрасти́сь; the grass ran ~ in our garden трава́ бу́йно разросла́сь в на́шем саду́; г) дава́ть во́лю (*фантазии и т. п.*); his fancy ran ~ он дал во́лю своему́ воображе́нию 4) изоби́лие, бу́йство; a ~ of colour бога́тство кра́сок 5) *attr.*: R. Act зако́н об охра́не обще́ственного споко́йствия и поря́дка (*в Англии*); to read the R. Act а) предупреди́ть толпу́ о необходи́мости разойти́сь; б) *разг.* дать нагоня́й; ~ call *амер.* вы́зов подкрепле́ния для подавле́ния восста́ния

2. *v* 1) бунтова́ть; принима́ть уча́стие в бу́нте 2) бу́йствовать, шуме́ть; предава́ться разгу́лу 3) бесчи́нствовать; наруша́ть обще́ственный поря́док 4) растра́чивать по́пусту (*время, деньги и т. п.*)

**rioter** [ˈraɪətə] *n* мяте́жник; бунтовщи́к

**riotous** [ˈraɪətəs] *a* 1) бу́йный; шумли́вый; разгу́льный 2) оби́льный, пы́шный, бу́йный (*о растительности*)

**rip** I [rɪp] 1. *n* разры́в, разре́з

2. *v* 1) разреза́ть, распа́рывать, рвать (*одним быстрым движением; тж.* ~ up) 2) раска́лывать (*дрова*) 3) рва́ться, поро́ться; cloth that ~s at once мате́рия, кото́рая легко́ рвётся 4) ло́паться, раска́лываться 5) распи́ливать вдоль воло́кон (*дерево*) 6) мча́ться, нести́сь вперёд (*о лодке, машине, автомобиле и т. п.*); let her (*или* it) ~ *разг.* а) дава́й по́лный ход!; б) не заде́рживай! □ ~ **off** сдира́ть; ~ **out** а) выдира́ть; вырыва́ть; б) испуска́ть (*крик*); в) отпуска́ть (*ругательство*); ~ **up** а) распа́рывать; б) вскрыва́ть; to ~ up old wounds береди́ть ста́рые ра́ны ◇ to let things ~ не вме́шиваться, не наруша́ть есте́ственный ход собы́тий

**rip** II [rɪp] *n* 1) кля́ча 2) *разг.* распу́тник

**riparian** [raɪˈpɛərɪən] 1. *a* прибре́жный

2. *n* владе́лец прибре́жной полосы́

**rip-cord** [ˈrɪpkɔːd] *n* вытяжно́й трос (*парашюта*); разрывна́я верёвка (*аэростата*)

**ripe** [raɪp] *a* 1) спе́лый; ~ lips гу́бы (кра́сные) как ви́шни 2) зре́лый, возмужа́лый; of ~ age зре́лого во́зраста; persons of ~ years взро́слые лю́ди 3) вы́держанный; ~ cheese вы́держанный сыр 4) гото́вый (for); time is ~ for наступи́ло вре́мя для

**ripen** [ˈraɪpən] *v* 1) зреть; созрева́ть 2) де́лать зре́лым

**ripeness** [ˈraɪpnɪs] *n* 1) зре́лость; спе́лость 2) зако́нченность

**riposte** [rɪˈpəust] 1. *n* отве́тный уда́р, уко́л (*в фехтовании*); *перен. тж.* нахо́дчивый отве́т

2. *v* пари́ровать уда́р, уко́л (*в фехтовании; тж. перен.*)

**ripper** [ˈrɪpə] *n* 1) тот, кто распа́рывает 2) *разг.* превосхо́дный челове́к; превосхо́дная вещь 3) = rip-saw 4) *стр.* рыхли́тель, ри́ппер ◇ Jack the R. *ист.* Джек-Потроши́тель

**ripping** [ˈrɪpɪŋ] 1. *pres. p. от* rip I, 2

2. *a школ. жарг.* потряса́ющий, великоле́пный, превосхо́дный

3. *adv* чрезвыча́йно; a ~ good story превосхо́днейшая исто́рия

**ripple** I [ˈrɪpl] 1. *n* 1) рябь, зыбь 2) волни́стость (*волос*) 3) журча́ние; a ~ of laughter серебри́стый смех 4) пульса́ция

2. *v* 1) покрыва́ть(ся) ря́бью 2) струи́ться 3) журча́ть

**ripple** II [ˈrɪpl] 1. *n* чеса́лка (*для льна*)

2. *v* чеса́ть (*лён*)

**ripply** [ˈrɪplɪ] *a* 1) покры́тый ря́бью 2) волни́стый

**riprap** [ˈrɪpræp] *n стр.* ка́менная набро́ска

**rip-saw** [ˈrɪpsɔː] *n тех.* продо́льная пила́

**rise** [raɪz] 1. *n* 1) повыше́ние, возвыше́ние, подъём, подня́тие; увеличе́ние; to be on the ~ поднима́ться (*о ценах и т. п.*); *перен.* идти́ в го́ру; the ~ to power прихо́д к вла́сти 2) рост (*влияния*); приобрете́ние ве́са (*в обществе*); улучше́ние (*положения*) 3) приба́вка (*к жалованию*) 4) вы́ход на пове́рхность 5) восхо́д (*солнца, луны*) 6) возвы́шенность, холм; to look from the ~ смотре́ть с горы́ 7) происхожде́ние, нача́ло; to take its ~ in smth. брать нача́ло в чём-л. 8) исто́к (*реки*) 9) клёв 10) *горн., геол.* восстаю́щая вы́работка; восста́ние (*пласта*) 11) *тех., стр.* стрела́ (*арки, провеса, подъёма*); вы́нос, прове́с (*провода*) 12) *лес.* сбег (*ствола, бревна*) ◇ to take (*или* to get) a ~ out of smb. раздразни́ть кого́-л.; вы́вести кого́-л. из себя́

2. *v* (rose; risen) 1) поднима́ться; встава́ть 2) возвыша́ться; to ~ above smth. а) возвыша́ться над чем-л.; б) *перен.* быть вы́ше чего́-л.; to ~ above the prejudices быть вы́ше предрассу́дков 3) встава́ть, в(о)сходи́ть; the sun ~s со́лнце всхо́дит 4) поднима́ться (*о ценах, уровне и т. п.*); увели́чиваться 5) возраста́ть, уси́ливаться; the wind ~s ве́тер уси́ливается; her colour rose она́ покрасне́ла 6) приобрета́ть вес, влия́ние (*в обществе*) 7) быть в состоя́нии спра́виться (to — с *чем-л.*) 8) восстава́ть; to ~ in arms восстава́ть с ору́жием в рука́х 9) закрыва́ться, прекраща́ть рабо́ту (*о съезде, сессии и т. п.*); Parliament will ~ next week се́ссия парла́мента закрыва́ется на бу́дущей неде́ле 10) происходи́ть, начина́ться (in, from); the river ~s in the hills река́ берёт своё нача́ло в гора́х 11) поднима́ться на пове́рхность 12) поднима́ться, подходи́ть (*о тесте*) 13) воскреса́ть (*из мёртвых*) ◇ to ~ to the bait (*или* to the fly) попа́сться на у́дочку; to ~ to it отве́тить на вызыва́ющее замеча́ние; his gorge (*или* stomach) ~s он чу́вствует отвраще́ние; ему́ прети́т; to ~ in applause встреча́ть ова́цией

**risen** [ˈrɪzn] *p. p. от* rise 2

**riser** [ˈraɪzə] *n* 1) тот, кто встаёт; he is an early ~ он встаёт ра́но 2) *стр.* по́дступень ле́стницы; подъём ступе́ни ле́стницы 3) *тех.* стоя́к 4) *эл.* колле́кторный гребешо́к *или* петушо́к 5) *ж.-д.* поду́шка 6) *метал.* вы́пор; при́быль (*отливки*)

**risibility** [ˌrɪzɪˈbɪlɪtɪ] *n* смешли́вость

**risible** [ˈrɪzɪbl] *a* 1) смешли́вый 2) смешно́й; смехотво́рный

**rising** [ˈraɪzɪŋ] 1. *pres. p. от* rise 2

2. *n* 1) восста́ние 2) встава́ние 3) восхо́д; the ~ of the sun восхо́д со́лнца 4) возвыше́ние, повыше́ние; подня́тие 5) пры́щик; о́пухоль

3. *a* 1) возраста́ющий 2) поднима́ющийся, восходя́щий 3) приобрета́ющий вес, влия́ние *и т. п.*; ~ lawyer (doctor) юри́ст (врач), начина́ющий приобрета́ть изве́стность 4) приближа́ющийся к определённому во́зрасту; ~ forty приближа́ющийся к сорока́ года́м, под со́рок

**risk** [rɪsk] 1. *n* риск; at one's own ~ на свой страх и риск; at the ~ of one's life риску́я жи́знью; to take (*или* to run) ~s рискова́ть; at owner's ~ *ком.* на риск владе́льца

2. *v* 1) рискова́ть (*чем-л.*); to ~ one's health рискова́ть здоро́вьем 2) отва́живаться (*на что-л.*); to ~ failure не боя́ться пораже́ния; to ~ a stab in the back подставля́ть спи́ну под уда́р

**riskiness** [ˈrɪskɪnɪs] *n* риско́ванность, опа́сность

**risky** [ˈrɪskɪ] *a* риско́ванный, опа́сный

**risotto** [ri(ː)ˈsɔtəu] *ит. n кул.* рисо́тто

**risqué** [ˈrɪskeɪ] *фр. a* риско́ванный; сомни́тельный, непристо́йный (*об остроте, шутке*)

**rissole** [ˈrɪsəul] *n* 1) котле́та, тефте́лька 2) *амер.* пирожо́к с мясно́й *или* ры́бной начи́нкой, обжа́ренный в ма́сле

**rite** [raɪt] *n* обря́д, церемо́ния; ритуа́л; the ~s of hospitality обы́чаи гостеприи́мства

**ritual** [ˈrɪtʃuəl] 1. *n* 1) ритуа́л 2) *церк.* тре́бник

2. *a* обря́довый, ритуа́льный ◇ ~ talk арго́, жарго́н

**ritualism** [ˈrɪtʃuəlɪzm] *n* обря́дность

**ritualist** [ˈrɪtʃuəlɪst] *n* приве́рженец обря́дности

**rival** [ˈraɪvəl] 1. *n* 1) сопе́рник; конкуре́нт; without a ~ а) не име́ющий сопе́рника; б) вне конкуре́нции 2) *воен.* проти́вник

2. *a* сопе́рничающий; конкури́рующий; ~ firms конкури́рующие фи́рмы

3. *v* сопе́рничать; конкури́ровать

**rivalry** [ˈraɪvəlrɪ] *n* сопе́рничество; конкуре́нция; friendly ~ дру́жеское соревнова́ние

**rive** [raɪv] **1.** *n диал.* тре́щина, щель

**2.** *v* (rived [-d]; rived, riven) раска́лывать(ся); расщепля́ть(ся); разруба́ть; разрыва́ть(ся), отрыва́ть(ся) (*тж.* ~ away, ~ off, ~ from)

**riven** [ˈrɪvən] **1.** *p. p. от* rive 2

**2.** *a поэт.* раско́лотый

**river** [ˈrɪvə] *n* 1) река́; пото́к; to cross the ~ а) перепра́виться че́рез ре́ку́ б) *перен.* преодоле́ть препя́тствие; в) умере́ть 2) *attr.* речно́й; во́дный

**riverain** [ˈrɪvəreɪn] **1.** *n* челове́к, живу́щий на берегу́ реки́

**2.** *a* речно́й, прибре́жный

**river-bed** [ˈrɪvəˈbed] *n* ру́сло реки́

**river-horse** [ˈrɪvəˈhɔːs] *n* 1) бегемо́т, гиппопота́м 2) *миф.* водяно́й

**riverine** [ˈrɪvəraɪn] = riverain 2

**riverside** [ˈrɪvəsaɪd] *n* 1) прибре́жная полоса́, бе́рег реки́ 2) *attr.* прибре́жный, находя́щийся на берегу́; ~ villa ви́лла на берегу́ реки́

**rivet** [ˈrɪvɪt] **1.** *n* заклёпка

**2.** *v* 1) клепа́ть, заклёпывать 2) прико́вывать (*взор, внимание*)

**rivière** [riːˈvjɛə] *фр. n* ожере́лье (*обыкн. из нескольких нитей*)

**rivulet** [ˈrɪvjulɪt] *n* руче́й; речу́шка

**roach** I [rəutʃ] *n зоол.* плотва́ (*тж.* European ~ ) ◇ as sound as a ~ ≅ здоро́в как бык

**roach** II [rəutʃ] *n мор.* вы́емка (*у паруса*)

**roach** III [rəutʃ] *сокр. от* cockroach

**road** [rəud] *n* 1) доро́га, путь, шоссе́; country ~ просёлочная доро́га; to be on the ~ быть в пути́ [*см. тж.* ◇] 2) у́лица, мостова́я, прое́зжая часть у́лицы; to cross the ~ перейти́ у́лицу 3) *амер.* желе́зная доро́га 4) путь (*к чему-л.*), спо́соб (*достижения чего-л.*); no royal ~ to smth. нелёгкий спо́соб достиже́ния чего́-л. 5) (*обыкн. pl*) *мор.* рейд 6) *горн.* штрек 7) *attr.* доро́жный ◇ to be on the ~ а) быть на гастро́лях, в турне́; б) *амер.* разъезжа́ть (*о коммивояжёре*); [*см. тж.* 1)]; to go on the ~ отпра́виться в турне́; to be in the ~, to get in smb.'s ~ стоя́ть поперёк доро́ги, меша́ть, препя́тствовать; one for the ~ после́дняя рю́мка, выпива́емая пе́ред ухо́дом, «посошо́к»

**road-bed** [ˈrəudbed] *n* полотно́ доро́ги

**Road-Board** [ˈrəudbɔːd] *n* управле́ние шоссе́йных доро́г

**road-book** [ˈrəudbuk] *n* доро́жный спра́вочник, а́тлас автомоби́льных доро́г

**road capicity** [ˈrəudkəˈpæsɪtɪ] *n* пропускна́я спосо́бность доро́ги

**road clearance** [ˈrəudˈklɪərəns] *n авто* просве́т, клире́нс

**road hog** [ˈrəudhɔg] *n* неосторо́жный автомобили́ст, лиха́ч, наруши́тель доро́жных пра́вил

**road house** [ˈrəudhaus] *n* придоро́жная заку́сочная, буфе́т

**roadless** [ˈrəudlɪs] *a* бездоро́жный

**roadman** [ˈrəudmən] *n* доро́жный рабо́чий

**road-metal** [ˈrəudˌmetl] *n* щёбень, щебёнка

**road roller** [ˈrəudˌrəulə] *n* тяжёлый доро́жный като́к

**road-scraper** [ˈrəudˈskreɪpə] *n тех.* скре́пер; гре́йдер

**road-show** [ˈrəudʃəu] *n амер.* представле́ние гастроли́рующей тру́ппы

**roadside** [ˈrəudsaɪd] **1.** *n* край доро́ги, обо́чина

**2.** *a* придоро́жный

**roadstead** [ˈrəudsted] *n мор.* рейд

**roadster** [ˈrəudstə] *n* 1) доро́жный велосипе́д; экипа́ж *или* ло́шадь для да́льних пое́здок 2) ро́дстер (*автомобиль с открытым двухместным кузовом, складным верхом и откидным задним сиденьем*) 3) завзя́тый путеше́ственник (*по дорогам*) 4) кора́бль, стоя́щий на ре́йде

**road-test** [ˈrəudtest] *v амер.* испы́тывать автомаши́ну в есте́ственных усло́виях

**Road up** [ˈrəudˈʌp] *n* «путь закры́т» (*дорожный знак*)

**roadway** [ˈrəudweɪ] *n* 1) шоссе́; мостова́я; прое́зжая часть доро́ги 2) полоса́ отчужде́ния (*дороги*); железнодоро́жное полотно́

**roam** [rəum] **1.** *n* стра́нствование, скита́ние

**2.** *v* броди́ть, стра́нствовать, скита́ться

**roan** I [rəun] **1.** *n* ча́лая ло́шадь

**2.** *a* ча́лый

**roan** II [rəun] *n* мя́гкая ове́чья ко́жа (*для переплётов*)

**roar** [rɔː] **1.** *n* 1) рёв; шум 2) хо́хот; ~s of laughter взры́вы сме́ха, хохота

**2.** *v* 1) реве́ть, ора́ть; рыча́ть; to ~ with laughter хохота́ть во всё го́рло; to ~ with pain реве́ть от бо́ли 2) храпе́ть (*о больной лошади*)

**roarer** [ˈrɔːrə] *n* 1) *разг.* крику́н, горлопа́н 2) *вет.* запалённая ло́шадь

**roaring** [ˈrɔːrɪŋ] **1.** *pres. p. от* roar 2

**2.** *n* 1) рев; свист; шум 2) *вет.* запа́л (*болезнь лошадей*)

**3.** *a* 1) шу́мный, бу́рный 2) живо́й; кипу́чий; ~ trade оживлённая торго́вля

**roast** [rəust] **1.** *n* 1) жарко́е, жа́реное; (большо́й) кусо́к жа́реного мя́са 2) *амер.* жесто́кая кри́тика 3) *тех.* обжиг ◇ to rule the ~ задава́ть тон; возглавля́ть де́ло; верхово́дить

**2.** *a* жа́реный; ~ beef ро́стбиф

**3.** *v* 1) жа́рить(ся); пе́чь(ся); гре́ть(-ся) 2) *разг.* высме́ивать (*кого-л.*); издева́ться 3) *амер.* жесто́ко критикова́ть 4) *тех.* обжига́ть; выжига́ть; кальцини́ровать

**roaster** [ˈrəustə] *n* 1) жаро́вня 2) суши́лка для ко́фе 3) *тех.* обжига́тельная печь 4) моло́чный поросёнок *или* молодо́й петушо́к (*для жаркого*)

**roasting-jack** [ˈrəustɪŋdʒæk] *n* ве́ртел

**rob** [rɔb] *v* 1) гра́бить; обкра́дывать 2) отнима́ть; лиша́ть (*чего-л.*); to ~ smb. of his rights лиши́ть кого́-либо прав 3) *горн.* вести́ очи́стные рабо́ты 4) хи́щнически выраба́тывать (бога́тую) руду́ ◇ to ~ the cradle *разг.* соврашща́ть младе́нца; to ~ Peter to pay Paul облагоде́тельствовать одного́ за счёт друго́го

**robber** [ˈrɔbə] *n* граби́тель, разбо́йник

**robbery** [ˈrɔbərɪ] *n* кра́жа; грабёж; *перен. тж.* непоме́рно высо́кая цена́

**robe** [rəub] **1.** *n* 1) (*обыкн. pl*) ма́нтия; широ́кая оде́жда; the long ~ ма́нтия судьи́; ря́са свяще́нника; gentlemen of the (long) ~ су́дьи, юри́сты 2) *амер.* хала́т 3) *амер.* же́нское пла́тье 4) *поэт.* одея́ние 5) *амер.* мехова́я по́лость (*у саней*)

**2.** *v* облача́ть(ся); надева́ть

**robin** [ˈrɔbɪn] *n* 1) *зоол.* мали́новка (*тж.* ~ redbreast) 2) *sl.* пе́нни

**Robin Goodfellow** [ˈrɔbɪnˈgudˌfeləu] *n* Ро́бин Гу́дфеллоу (*добрый и проказливый дух; персонаж английских народных сказаний*)

**robot** [ˈrəubɔt] *n* 1) ро́бот 2) автома́т; телемехани́ческое устро́йство 3) автомати́ческий сигна́л у́личного движе́ния 4) *attr.* автомати́ческий; ~ bomb управля́емая авиацио́нная бо́мба; ~ plane беспило́тный самолёт; ~ pilot автопило́т

**robust** [rəuˈbʌst] *a* 1) кре́пкий, здоро́вый; си́льный 2) здра́вый, я́сный (*об уме*) 3) *редк.* гру́бый, шу́мный

**robustious** [rəuˈbʌstʃəs] *a уст., шутл.* бу́йный, шу́мный; экспанси́вный

**roc** [rɔk] *араб. n миф.* пти́ца Рух

**rocambole** [ˈrɔkəmbəul] *n бот.* лук-рокамбо́ль

**rochet** [ˈrɔtʃɪt] *n* 1) стиха́рь с у́зкими рукава́ми 2) пара́дная ма́нтия англи́йских пэ́ров

**rock** I [rɔk] *n* 1) скала́, утёс 2) (the R.) Гибралта́р 3) опо́ра, не́что надёжное 4) го́рная поро́да 5) ка́мень; булы́жник 6) причи́на неуда́чи *или* прова́ла 7) леденцо́вая караме́ль 8) (*обыкн. pl*) *амер. sl.* де́ньги 9) *sl.* брилья́нт 10) *attr.* го́рный; ка́менный ◇ on the ~s ≅ а) «на мели́»; в стеснённых обстоя́тельствах; б) со льдом (*о напитке*); to run (*или* to go) upon the ~s а) потерпе́ть круше́ние; б) натыка́ться на непреодоли́мые препя́тствия; to see ~s ahead ви́деть пе́ред собо́й опа́сности

**rock** II [rɔk] *v* 1) кача́ть(ся); колеба́ть(ся); трясти́(сь); he ~ed with laughter он затря́сся от сме́ха 2) укачивать, убаю́кивать ◇ ~ed in security беспе́чный, не подозрева́ющий об опа́сности

**rock** III [rɔk] *n уст.* пря́лка

**rock-and-roll** [ˈrɔknˈrəul] = rock'n'-roll

**rock-bottom** [ˈrɔkˈbɔtəm] *n* 1) твёрдое основа́ние 2) *attr. разг.* о́чень ни́зкий (*о ценах*)

**rock-cork** [ˈrɔkˈkɔːk] *n мин.* про́бковый ка́мень

**rock-crystal** [ˈrɔkˈkrɪstl] *n* го́рный хруста́ль

**rock-drill** [ˈrɔkdrɪl] *n тех.* долото́ для буре́ния, перфора́тор

**rocker** [ˈrɔkə] *n* 1) кача́лка (*колыбели*) 2) *амер.* кре́сло-кача́лка 3) лото́к (*для промывания золота*) 4) конёк с си́льно изо́гнутым по́лозом 5) = rocking-turn 6) *тех.* баланси́р, коромы́сло; кули́са, шату́н ◇ off one's ~ *sl.* ≅ чо́кнутый, с приве́том, не все до́ма

**rockery** [ˈrɔkərɪ] = rock-garden

**rocket** I [ˈrɔkɪt] **1.** *n* 1) раке́та 2) раке́тный дви́гатель 3) реакти́вный снаря́д 4) *attr.* раке́тный; реакти́вный; ~ projector реакти́вный гранатомёт; ~ airplane реакти́вный самолёт; самолёт, вооружённый раке́тами; ~ bomb управля́емая раке́та; ~ site ста́ртовая площа́дка (*для запуска ракет*)

2. *v* 1) взмыва́ть, взлета́ть 2) пуска́ть раке́ты

**rocket** II [ˈrɔkɪt] *n бот.* вече́рница, ночна́я фиа́лка

**rocketeer** [ˌrɔkɪˈtɪə] *n* 1) специали́ст по раке́тной те́хнике 2) сигна́льщик-раке́тчик

**rocketer** [ˈrɔkɪtə] *n* пти́ца, взлета́ющая пря́мо вверх

**rocket-launcher** [ˈrɔkɪtˈlɔ:ntʃə] *n воен.* 1) противота́нковое реакти́вное ружьё 2) реакти́вная устано́вка

**rocketry** [ˈrɔkɪtrɪ] *n* раке́тная те́хника

**rock-garden** [ˈrɔkˌgɑ:dn] *n* сад с декорати́вными ка́менными го́рками

**rock-hewn** [ˈrɔkˈhju:n] *a* вы́сеченный из ка́мня

**Rockies** [ˈrɔkɪz] *n pl амер. разг.* (*сокр.* от Rocky Mountains) Скали́стые го́ры

**rocking-chair** [ˈrɔkɪŋtʃeə] *n* кре́сло-кача́лка

**rocking-horse** [ˈrɔkɪŋhɔ:s] *n* игру́шечный конь-кача́лка

**rocking-turn** [ˈrɔkɪŋtə:n] *n* «крюк» (*элемент в фигурном катании*)

**rock'n'roll** [ˈrɔknˈrəul] *n* рок-н-ро́лл

**rock-oil** [ˈrɔkˈɔɪl] *n* нефть

**rock-salt** [ˈrɔkˈsɔ:lt] *n* ка́менная соль

**rock-tar** [ˈrɔkˈtɑ:] *n* сыра́я нефть

**rocky** I [ˈrɔkɪ] *a* 1) скали́стый, камени́стый 2) кре́пкий, твёрдый, непоколеби́мый; непода́тливый

**rocky** II [ˈrɔkɪ] *a* 1) неусто́йчивый, кача́ющийся (*о предмете*) 2) *разг.* пошатну́вшийся (*о здоровье, делах и т. п.*)

**rococo** [rəuˈkəukəu] **1.** *n* стиль рококо́

2. *a* 1) в сти́ле рококо́ 2) безвку́сно пы́шный, вы́чурный, претенцио́зный 3) устаре́вший

**rod** [rɔd] *n* 1) прут; сте́ржень; брус 2) ро́зга; *перен.* наказа́ние; the ~ по́рка ро́згами 3) жезл, ски́петр (*атрибут власти*); *перен.* власть, си́ла; тирани́я 4) у́дочка 5) ме́ра длины́ (≅*5 м*) 6) па́лочка (*микроб*) 7) *анат.* па́лочка (*сетчатой оболочки глаза*) 8) *тех.* ре́йка, тя́га, шток; рыча́г; sounding ~ футшто́к 9) *амер. sl.* револьве́р ◇ to make a ~ for one's own back наказа́ть самого́ себя́; to rule with a ~ of iron управля́ть желе́зной руко́й; to spare the ~ and spoil the child ≅ пожале́ешь ро́згу, испо́ртишь ребёнка; баловство́м по́ртить ребёнка

**rode** [rəud] *past от* ride 2

**rodent** [ˈrəudənt] *n зоол.* грызу́н

**rodeo** [rəuˈdeɪəu] *n* (*pl* -os [-əuz]) *амер.* 1) заго́н для клейме́ния скота́ 2) родео́, состяза́ние ковбо́ев

**rodomontade** [ˌrɔdəmɔnˈteɪd] **1.** *n* хвастовство́, бахва́льство

2. *a* хвастли́вый

3. *v* бахва́литься

**roe** I [rəu] *n* косу́ля

**roe** II [rəu] *n* 1) икра́ (*тж.* hard ~) 2) моло́ки (*тж.* soft ~) 3) кососло́й (*в древесине*)

**roebuck** [ˈrəubʌk] *n* саме́ц косу́ли

**Roentgen rays** [ˈrɔntjənˈreɪz] = Röntgen rays

**roe-stone** [ˈrəustəun] *n мин.* икряно́й ка́мень, ооли́т

**rogation** [rəuˈgeɪʃən] *n* (*обыкн. pl*) моле́бствие

**Roger** [ˈrɔdʒə] *n* 1) *название английского деревенского танца* (*тж.* Sir ~ de Coverley) 2): the jolly ~ «Весёлый Ро́джер», пира́тский флаг (*череп и две скрещённые кости на чёрном фоне*) ◇ ~ а) *радио* вас по́нял; б) ла́дно, согла́сен

**rogue** [rəug] **1.** *n* 1) жу́лик, моше́нник; негодя́й 2) бродя́га 3) *шутл.* плути́шка, шалу́н; прока́зник; to play the ~ прока́зничать 4) *с.-х.* сортова́я при́месь; иноро́дная культу́ра 5) норови́стая скакова́я ло́шадь 6) *биол.* экземпля́р, обнару́живающий при́знаки дегенера́ции

2. *a* норови́стый, злой (*о животных*)

**roguery** [ˈrəugərɪ] *n* 1) моше́нничество; жу́льничество 2) прока́зы; ша́лости

**roguish** [ˈrəugɪʃ] *a* 1) жуликова́тый 2) прока́зливый; шаловли́вый

**roil** [rɔɪl] *v* 1) мути́ть (*воду*); взба́лтывать 2) досажда́ть, серди́ть, раздража́ть

**roily** [ˈrɔɪlɪ] *a* му́тный

**roister** [ˈrɔɪstə] *v* бесчи́нствовать

**roisterer** [ˈrɔɪstərə] *n* гуля́ка, бра́жник

**roistering** [ˈrɔɪstərɪŋ] **1.** *pres. p. от* roister

2. *n* бесчи́нство

3. *a* шу́мный; бу́йный

**Roland** [ˈrəulənd] *n ист.* Рола́нд ◇ a ~ for an Oliver досто́йный отве́т; ≅ о́ко за о́ко, зуб за́ зуб; to give smb. a ~ for an Oliver дать досто́йный отве́т, уда́чно отпари́ровать; отве́тить уда́ром на уда́р

**role** [rəul] *фр. n* роль

**roll** [rəul] **1.** *n* 1) сви́ток; свёрток (*материи, бумаги и т. п.*); свя́зка (*соломы*) 2) ка́тышек (*масла, воска*) 3) руло́н; кату́шка 4) рее́стр, катало́г; спи́сок; ве́домость; to be on the ~s быть, состоя́ть в спи́ске; ~ of honour спи́сок уби́тых на войне́; the Rolls *ист.* суде́бный архи́в на Па́рк-Лейн; to call the ~ де́лать перекли́чку; вызыва́ть по спи́ску; to strike off the ~s лиша́ть адвока́та пра́ва пра́ктики 5) враще́ние; ката́ние; ка́чка; крен 6) бу́лочка 7) руле́т (*мясной и т. п.*) 8) *pl разг.* бу́лочник, пе́карь 9) бортова́я ка́чка 10) похо́дка вразва́лку 11) раска́т гро́ма *или* го́лоса; гро́хот бараба́на 12) *амер. sl.* де́ньги, *особ.* па́чка де́нег 13) *воен.* ска́тка 14) *тех.* вало́к (*прокатного стана*); вал, бараба́н, цили́ндр, ро́лик; вальцы́; като́к 15) *ав.* бо́чка, двойно́й переворо́т че́рез крыло́ 16) *архит.* завито́к иони́ческой капите́ли

2. *v* 1) кати́ть(ся); верте́ть(ся), враща́ть(ся); to ~ downhill (с)кати́ться с горы́; to ~ in the mud валя́ться в грязи́; to ~ in money купа́ться в зо́лоте; to ~ one's eyes враща́ть глаза́ми 2) свёртывать(ся); завёртывать (*тж.* ~ up); to ~ a cigarette скрути́ть папиро́су; to ~ oneself up заку́таться, заверну́ться (in — во *что-либо*); to ~ oneself in a rug заку́таться в плед; to ~ smth. in a piece of paper заверну́ть что-л. в бума́гу; to ~ wool into a ball смота́ть шерсть в клубо́к; the kitten ~ed itself into a ball котёнок сверну́лся в клубо́к 3) ука́тывать (*дорогу и т. п.*) 4) раска́тывать (*тесто*) 5) прока́тывать (*металл*); вальцева́ть, плю́щить 6) испы́тывать бортову́ю ка́чку 7) идти́ пока́чиваясь *или* вразва́лку (*часто* ~ along) 8) волнова́ться (*о море*) 9) пла́вно течь, кати́ть свои́ во́лны 10) быть холми́стым (*о местности*) 11) греме́ть, грохота́ть; произноси́ть гро́мко; to ~ one's r's раска́тисто произноси́ть звук «р» □ ~ **away** а) отка́тывать(ся); б) рассе́иваться (*о тумане*); ~ **back** а) отка́тывать(-ся) наза́д; б) снижа́ть це́ны до пре́жнего у́ровня; ~ **by** = ~ on; ~ **in** а) приходи́ть, сходи́ться в большо́м коли́честве; offers ~ed in предложе́ния так и посы́пались; б) *разг.* име́ть в большо́м коли́честве, изоби́ловать; ~ **on** проходи́ть (*о времени и т. п.*); ~ **out** а) раска́тывать; б) произноси́ть отчётливо, внуши́тельно; ~ **over** а) перека́тывать(ся); воро́чаться; б) опроки́нуть *кого-л.*; ~ **round** приходи́ть, возвраща́ться (*о временах года*); ~ **up** а) ска́тывать; свёртывать(ся); завёртывать; б) *разг.* появи́ться внеза́пно, заяви́ться; в) *воен.* атакова́ть фла́нги; расширя́ть уча́сток проры́ва ◇ to ~ logs for smb. де́лать тяжёлую рабо́ту за кого́-л.

**roll-call** [ˈrəulkɔ:l] *n* перекли́чка

**roll-collar** [rəulˌkɔlə] *n* мя́гкий воротничо́к

**rolled** [rəuld] **1.** *p. p. от* roll 2

2. *a тех.* листово́й, прока́тный; ка́таный; ~ gold накладно́е зо́лото, позоло́та

**roller** [ˈrəulə] *n* 1) волна́, вал, бу́рун 2) *разг. см.* roll-call 3) газонокоси́лка 4) *зоол.* сизоворо́нка 5) *тех.* враща́ющийся цили́ндр, ро́лик; вал; бегуно́к 6) *мор.* ро́ульс 7) *attr. тех.* ро́ликовый; вальцо́вый; ~ bearing ро́ликовый подши́пник

**roller-bandage** [ˈrəuləˈbændɪdʒ] *n* бинт, па́чка бинта́

**roller-coaster** [ˈrəuləˌkəustə] *n амер.* америка́нские го́ры (*аттракцион*)

**roller-skate** [ˈrəuləskeɪt] 1. *n* конёк на ро́ликах

2. *v* ката́ться на ро́ликах

**roller towel** [ˈrəuləˈtauəl] *n* полоте́нце на ро́лике

**rollick** [ˈrɔlɪk] 1. *n* 1) шу́мное весе́лье 2) шальна́я вы́ходка

2. *v* весели́ться, резви́ться, шуме́ть

**rollicking** [ˈrɔlɪkɪŋ] 1. *pres. p. от* rollick 2

2. *a* 1) бесшаба́шный (*о людях*) 2) разуха́бистый (*о песнях и т. п.*)

**rolling** [ˈrəulɪŋ] 1. *pres. p. от* roll 2

2. *n* 1) бортова́я ка́чка 2) *тех.* ката́ние, прока́тывание, прока́тка

3. *a* холми́стый

**rolling-mill** [ˈrəulɪŋmɪl] *n тех.* прока́тный стан

**rolling-pin** [ˈrəulɪŋpɪn] *n* ска́лка

**rolling-stock** [ˈrəulɪŋstɔk] *n ж.-д.* подвижно́й соста́в

**rolling-stone** [ˈrəulɪŋstəun] *n* перекати́-по́ле (*о человеке*)

**roll-top desk** [ˈrəultɔpˈdesk] *n* пи́сьменный стол-бюро́ с убира́ющейся кры́шкой

**roly-poly** [ˈrəulɪˈpəulɪ] 1. *n* 1) пу́динг с варе́ньем (*тж.* ~ pudding) 2) *разг.* коро́ты́шка (*обыкн. о ребёнке*)

2. *a разг.* пу́хлый (*о ребёнке*)

**Rom** [rɔm] *n* (*pl* Roma) цыга́н

**Roma** [ˈrɔmə] *pl от* Rom

**Romaic** [rəuˈmeɪɪk] 1. *a* новогре́ческий

2. *n* новогре́ческий язы́к

**Roman** [ˈrəumən] 1. *n* 1) ри́млянин 2) като́лик 3) *полигр.* прямо́й све́тлый шрифт 4) *редк.* лати́нский язы́к

2. *a* 1) ри́мский; лати́нский; ~ alphabet лати́нский алфави́т; ~ law *юр.* ри́мское пра́во; ~ letters (*или* type) *полигр.* прямо́й све́тлый шрифт; ~ nose ри́мский, орли́ный нос; ~ numerals ри́мские ци́фры 2) католи́ческий

**Roman balance** [ˈrəumənˈbæləns] *n* безме́н

**Roman Catholic** [ˈrəumənˈkæθəlɪk] 1. *n* като́лик

2. *a* ри́мско-католи́ческий

**Roman-Catholicism** [ˈrəumənkəˈθɔlɪsɪzm] *n* католи́чество

**Romance** [rəuˈmæns] 1. *n собир.* рома́нские языки́

2. *a* рома́нский

**romance** [rəuˈmæns] 1. *n* 1) ры́царский рома́н (*обыкн. в стихах*) 2) рома́н (*героического жанра*; *противоп.* novel рома́н бытово́й) 3) романи́ческий эпизо́д, любо́вная исто́рия 4) *муз.* рома́нс 5) рома́нтика 6) вы́думка, небыли́ца

2. *v* 1) преувели́чивать; приукра́шивать действи́тельность 2) выду́мывать, фантази́ровать, сочиня́ть 3) *разг.* уха́живать (*за кем-л.*)

**romancer** [rəuˈmænsə] *n* 1) сочини́тель средневеко́вых рома́нов 2) фантазёр, вы́думщик

**Romanes** [ˈrɔmənes] *n* цыга́нский язы́к

**Romanesque** [ˌrəuməˈnesk] *архит.* 1. *a* рома́нский (*о стиле*)

2. *n* рома́нский стиль

**Romanic** [rəuˈmænɪk] 1. *a* рома́нский

2. *n* рома́нские языки́

**Romanism** [ˈrəumənɪzm] *n неодобр.* католици́зм, папи́зм

**Romanist** [ˈrəumənɪst] *n* 1) *неодобр.* като́лик 2) специали́ст по романи́стике, романи́ст

**Romanize** [ˈrəumənaɪz] *v* 1) романизи́ровать; латинизи́ровать 2) обраща́ть в католи́чество 3) переходи́ть в католи́чество

**romantic** [rəuˈmæntɪk] 1. *a* 1) романти́чный; романти́ческий 2) фантасти́ческий (*о проекте и т. п.*) 3) вы́мышленный, вообража́емый

2. *n* 1) рома́нтик 2) *pl* высокопа́рные ре́чи; вы́спренние чу́вства

**romanticism** [rəuˈmæntɪsɪzm] *n* романти́зм

**romanticist** [rəuˈmæntɪsɪst] *n* рома́нтик

**Romany** [ˈrɔmənɪ] 1. *n* 1) цыга́н; цыга́нка; the ~ *собир.* цыга́не 2) цыга́нский язы́к

2. *a* цыга́нский

**Romish** [ˈrəumɪʃ] *a неодобр.* ри́мско-католи́ческий, папи́стский

**romp** [rɔmp] 1. *n* 1) возня́, шу́мная игра́ 2) сорване́ц, сорвиголова́

2. *v* 1) вози́ться, шу́мно игра́ть (*о детях*) 2): to ~ home *разг.*, to ~ in вы́играть с лёгкостью (*о лошади*)

**romper** [ˈrɔmpə] *n* (*обыкн. pl*) де́тский комбинезо́н

**rondeau** [ˈrɔndəu] *n прос.* рондо́

**rondel** [ˈrɔndl] = rondeau

**rondo** [ˈrɔndəu] *n* (*pl* -os [-əuz]) *муз.* ро́ндо

**rondure** [ˈrɔndjuə] *n поэт.* круг

**Röntgen rays** [ˈrɔntjənˈreɪz] *n pl* рентге́новы лучи́

**rood** [ru:d] *n* 1) крест, распя́тие 2) че́тверть а́кра 3) клочо́к земли́

**rood-loft** [ˈru:dlɔft] *n* хо́ры в це́ркви

**rood-screen** [ˈru:dskri:n] *n* перегоро́дка, отделя́ющая алта́рь от це́ркви

**roof** [ru:f] 1. *n* 1) кры́ша, кро́вля; *перен.* кров; under a ~ под кры́шей; under one's ~ в своём до́ме; the ~ of the mouth нёбо; the ~ of heaven небосво́д; ~ of the world кры́ша ми́ра (*о высокой горной цепи*); under a ~ of foliage под се́нью листвы́ 2) империа́л (*дилижанса и т. п.*) 3) *ав.* потоло́к 4) *горн.* потоло́к (*выработки*)

2. *v* 1) крыть, настила́ть кры́шу 2) покрыва́ть (*тж.* ~ in, ~ over); служи́ть кры́шей, кро́вом

**roofer** [ˈru:fə] *n* 1) кро́вельщик 2) *разг.* письмо́, выража́ющее благода́рность за гостеприи́мство

**roofing** [ˈru:fɪŋ] 1. *pres. p. от* roof 2

2. *n* 1) кро́вельный материа́л 2) покры́тие кры́ши; кро́вельные рабо́ты 3) кро́вля

**roofless** [ˈru:flɪs] *a* 1) без кры́ши 2) не име́ющий кро́ва; бездо́мный

**rook** I [ruk] *n шахм.* ладья́

**rook** II [ruk] 1. *n* 1) грач 2) моше́нник, шу́лер

2. *v* обма́нывать; нече́стно игра́ть (*в карты*); выма́нивать де́ньги; обдира́ть (*покупателя*)

**rookery** [ˈrukərɪ] *n* 1) грачо́вник 2) ле́жбище (*тюленей, котиков и т. п.*) 3) пти́чий база́р 4) густонаселённый ве́тхий дом; трущо́бы 5) прито́н (*воровской, игорный*)

**rookie** [ˈrukɪ] *n воен. разг.* новобра́нец, новичо́к

**rooky** [ˈrukɪ] *амер.* — rookie

**room** [ru:m] 1. *n* 1) ко́мната 2) *pl* помеще́ние; кварти́ра 3) ме́сто, простра́нство; there is ~ for one more in the car в маши́не есть ме́сто ещё для одного́ челове́ка; to make ~ for потесни́ться, дать ме́сто; no ~ to turn in, no ~ to swing a cat не́где поверну́ться; ≅ я́блоку не́где упа́сть 4) возмо́жность; there is ~ for improvement могло́ бы быть и лу́чше; there is no ~ for dispute нет по́чвы для разногла́сий ◇ in the ~ of вме́сто; to keep the whole ~ laughing развлека́ть всё о́бщество; to prefer a man's ~ to his presence предпочита́ть не ви́деть кого́-л.; I would rather have his ~ than his company я предпочёл бы, что́бы он ушёл

2. *v* 1) *амер.* жить на кварти́ре; занима́ть ко́мнату; to ~ with smb. жить с кем-л. (*в одной комнате*) 2) дать помеще́ние, размести́ть (*людей*)

**room-and-pillar-system** [ˈru:məndˈpɪləˈsɪstɪm] *n горн.* ка́мерно-столбова́я систе́ма разрабо́тки

**-roomed** [-ru:md] *в сложных словах означает* состоя́щий из *стольких-то* ко́мнат; one-roomed однoко́мнатный; three-roomed трёхко́мнатный

**roomer** [ˈru:mə] *n* жиле́ц

**roomette** [ru:mˈet] *n* купе́ спа́льного ваго́на

**roomful** [ˈru:mful] *n* по́лная ко́мната (*людей, гостей и т. п.*)

**roominess** [ˈru:mɪnɪs] *n* вмести́тельность, ёмкость

**rooming-house** [ˈru:mɪŋhaus] *n амер.* меблиро́ванные ко́мнаты

**room-mate** [ˈru:mmeɪt] *n* това́рищ по ко́мнате

**roomy** [ˈru:mɪ] *a* просто́рный, свобо́дный; вмести́тельный

**roost** [ru:st] 1. *n* 1) насе́ст; куря́тник; at ~ на насе́сте [*ср. тж.* 2)] 2) *разг.* спа́льня; посте́ль; to go to ~ удаля́ться на поко́й, ложи́ться спать; at ~ в посте́ли [*ср. тж.* 1)] ◇ to rule the ~ кома́ндовать, распоряжа́ться; задава́ть тон

2. *v* 1) уса́живаться на насе́ст 2) устра́иваться на ночле́г

**rooster** [ˈru:stə] *n* 1) пету́х 2) зади́ра

**root** I [ru:t] 1. *n* 1) ко́рень; ~ of a mountain подно́жие горы́; to lay axe to ~ выкорчёвывать; to take (*или* to strike) ~ пуска́ть ко́рни, укореня́ться; to pull up by the ~s вырывать с корнем; подрубить под самый корень; выкорчёвывать 2) *pl* корнеплоды 3) причина, источник, корень; the ~ of the matter сущность вопроса 4) прародитель, предок, основатель рода 5) *мат.* корень; square (*или* second) ~ квадратный корень; cube (*или* third) ~ кубический корень 6) *тех.* вершина (*сварного шва*); корень, основание, ножка (*зуба шестерни*) 7) *attr.* коренной, основной; the ~ principle основной принцип ◇ ~ and branch основательно, коренным образом

2. *v* 1) пускать корни; вкоренять (-ся) 2) приковывать; пригвождать; fear ~ed him to the ground страх приковал его к месту 3) внедрять 4) рыть землю рылом, подрывать корни (*о свинье*) □ ~ away = ~ out a); ~ **out**, ~ **up** a) вырывать с корнем, уничтожать; б) выискивать

**root** II [ru:t] *v амер. разг.* поддерживать, поощрять, ободрять (for)

**root crop** ['ru:tkrɔp] *n* корнеплод

**rooted** ['ru:tɪd] 1. *p. p. от* root I, 2

2. *a* 1) вкоренившийся; коренящийся (in — в *чём-л.*); прочный 2) глубокий (*о чувстве*)

**rooter** I ['ru:tə] *n* 1) животное, роющееся в земле 2) тот, кто искореняет, вырывает с корнем 3) дорожный плуг

**rooter** II ['ru:tə] *n амер. разг.* болельщик

**rootless** ['ru:tlɪs] *a* без корней, не имеющий корней

**rootlet** ['ru:tlɪt] *n* корешок

**rooty** I ['ru:tɪ] *a* корнистый; с множеством корней

**rooty** II ['ru:tɪ] *n воен. sl.* хлеб, еда

**rope** [rəup] 1. *n* 1) канат; верёвка; трос; on the ~ связанные верёвкой (*об альпинистах*); the ~s канаты, ограждающие арену (*в цирке*) 2) верёвка (*на виселице*) 3) нитка, вязка; a ~ of onion вязка лука; a ~ of hair жгут волос; a ~ of pearls нитка жемчуга 4) *pl мор.* снасти, такелаж; оснастка 5) тягучая клейкая жидкость 6) *attr.* канатный; верёвочный ◇ to know (*или* to learn) the ~s хорошо ориентироваться (*в чём-л.*); знать все ходы и выходы; ~ of sand обманчивая прочность; иллюзия; give a fool ~ enough and he'll hang himself *посл.* дай дураку волю, он сам себя загубит

2. *v* 1) привязывать канатом; связывать верёвкой; to ~ a box перевязать ящик верёвкой 2) связаться друг с другом верёвкой (*об альпинистах*) 3) тянуть на верёвке, канате 4) ловить арканом 5) умышленно отставать (*в состязании*) 6) густеть, становиться клейким (*о жидкости*) 7) *sl.* вешать □ ~ **in** a) окружать канатом; б) заманивать, втягивать, вовлекать; to ~ smb. in втягивать кого-л. в предприятие; ~ **off** = ~ in a)

**rope-dancer** ['rəup,dɑ:nsə] *n* канатоходец, канатный плясун

**rope-drive** ['rəupdraɪv] *n тех.* канатная передача

**rope-ladder** ['rəup,lædə] *n* 1) верёвочная лестница 2) *мор.* штормтрап

**ropemanship** ['rəupmənʃɪp] *n* 1) искусство хождения по канату 2) искусство альпинизма

**roper** ['rəupə] *n* 1) канатный мастер 2) упаковщик 3) *амер.* ковбой

**rope's-end** ['rəups'end] *n мор.* линёк

**rope-walker** ['rəup,wɔ:kə] = rope-dancer

**ropeway** ['rəupweɪ] *n* канатная дорога

**rope-yarn** ['rəupjɑ:n] *n мор.* каболка

**ropy** ['rəupɪ] *a* тягучий, клейкий (*о жидкости*); липкий

**Roquefort** ['rɔkfɔ:] *n* рокфор (*сорт сыра*)

**roquet** ['rəukɪ] 1. *n* крокировка

2. *v* крокировать (*в крокете*)

**rorqual** ['rɔ:kwəl] *n зоол.* кит полосатик, рорквал

**rosace** ['rəuzeɪs] *n* 1) = rose window 2) розетка (*орнамент*)

**rosaceous** [rəu'zeɪʃəs] *a* 1) *бот.* принадлежащий к семейству роз 2) напоминающий розу

**rosarian** [rəu'zeɪrɪən] *n* любитель роз

**rosarium** [rəu'zeərɪəm] *n* розарий

**rosary** ['rəuzərɪ] *n* 1) сад *или* грядка с розами, розарий 2) чётки 3) молитвы по чёткам

**rose** I [rəuz] 1. *n* 1) роза (*тж. как эмблема Англии*) 2) *pl* румянец; she has ~s in her cheeks румянец играет на её щеках, она пышет здоровьем 3) розовый цвет 4) розетка 5) сетка (*душа или лейки*); разбрызгиватель 6) = rose window 7) (the ~) *разг.* рожа, рожистое воспаление ◇ path strewn with ~s лёгкая, приятная жизнь; life is not all ~s в жизни не одни только удовольствия; under the ~ по секрету, тайком; втихомолку; born under the ~ рождённый вне брака, незаконнорождённый

2. *a* розовый

3. *v редк.* делать розовым, придавать розовый оттенок

**rose** II [rəuz] *past от* rise 2

**roseate** ['rəuzɪɪt] *a* 1) розовый 2) светлый, радостный

**rosebud** ['rəuzbʌd] *n* 1) бутон розы 2) красивая молоденькая девушка 3) *амер.* дебютантка 4) *attr.* похожий на (*или* свежий как) бутон розы

**rose-bush** ['rəuzbuʃ] *n* розовый куст, куст роз

**rose-colour** ['rəuz,kʌlə] *n* 1) розовый цвет 2) привлекательный вид 3) что-л. приятное

**rose-coloured** ['rəuz,kʌləd] *a* 1) розовый 2) радужный; жизнерадостный

**rose-coloured starling** ['rəuz,kʌləd-'stɑ:lɪŋ] *n зоол.* розовый скворец

**rose-drop** ['rəuzdrɔp] *n мед.* розовые угри

**rose-leaf** ['rəuzli:f] *n* лепесток розы ◇ crumpled ~ пустяковая неприятность, омрачающая общую радость

**rosemary** ['rəuzmərɪ] *n бот.* розмарин

**roseola** [rəu'zi:ələ] *n мед.* 1) розеола 2) краснуха

**rose-rash** ['rəuzræʃ] = roseola

**rose-tree** ['rəuztri:] *n* розовый куст

**rosette** [rəu'zet] *n* 1) розетка 2) розочка

**rose-water** ['rəuz,wɔ:tə] *n* 1) розовая вода 2) притворная чувствительность; приторная любезность; слащавость

**rose window** ['rəuz,wɪndəu] *n архит.* круглое окно-розетка

**rosewood** ['rəuzwud] *n* палисандровое дерево, розовое дерево (*древесина*)

**rosin** ['rɔzɪn] 1. *n* смола, канифоль

2. *v* натирать канифолью (*смычок*)

**roster** ['rəustə] *n* 1) *воен.* расписание нарядов, дежурств 2) список

**rostra** ['rɔstrə] *pl от* rostrum

**rostral** ['rɔstrəl] *a* 1) ростральный (*о колонне*) 2) *зоол.* относящийся к клюву; клювовидный

**rostrate(d)** ['rɔstreɪt(ɪd)] *a* 1) = rostral 1); 2) *зоол.* имеющий клюв

**rostrum** ['rɔstrəm] *n* (*pl* -ra, -s [-z]) 1) трибуна; кафедра 2) нос корабля 3) клюв

**rosy** ['rəuzɪ] *a* 1) розовый; румяный; цветущий (*о человеке*) 2) ясный, светлый 3) радужный; благоприятный

**rot** [rɔt] 1. *n* 1) гниение, гниль; труха 2) *разг.* вздор, нелепость (*тж.* tommy ~); don't talk ~ не мелите вздора 3) провал, неудача (*в состязаниях*); a ~ set in началась полоса неудач

2. *v* 1) гнить; портиться; *перен.* разлагаться 2) гноить; портить 3) *с.-х.* мочить (*лён, коноплю*) 4) *sl.* дурачиться, представляться, нести вздор □ ~ **about** растрачивать время; ~ **away** гибнуть; ~ **off** увядать, отмирать

**rota** ['rəutə] *n* расписание дежурств

**rotary** ['rəutərɪ] *a* вращательный; ротационный; ~ engine ротационная машина; ~ press *полигр.* ротация; ~ pump ротационный насос; ~ current *эл.* многофазный ток

**rotate** 1. *v* [rəu'teɪt] 1) вращать(ся) 2) чередовать(ся); сменять(ся) по очереди

2. *a* ['rəuteɪt] *бот.* колесовидный

**rotation** [rəu'teɪʃən] *n* 1) вращение 2) чередование; периодическое повторение; ~ of crops севооборот; by (*или* in) ~ попеременно; по очереди

**rotational** [rəu'teɪʃənl] *a* 1) переменный, чередующийся 2) вращающийся

**rotative** ['rəutətɪv] *a* 1) = rotational 2) вращательный

**rotator** [rəu'teɪtə] *n* 1) *анат.* вращающая мышца 2) поворотное *или* вращающее устройство

**rotatory** ['rəutətərɪ] *a* 1) вращательный, коловратный 2) вращающий

**rote** I [rəut] *n амер.* шум прибо́я

**rote** II [rəut] *n* механи́ческое запомина́ние; by ~ наизу́сть (*не понимая существа вопроса, дела и т. п.*)

**rotogravure** [ˌrəutəugrəˈvjuə] *n* ротогравю́ра

**rotor** [ˈrəutə] *n* 1) *тех.* ро́тор 2) *ав.* несу́щий винт вертолёта

**rotor plane** [ˈrəutəpleɪn] *n* вертолёт

**rotten** [ˈrɔtn] *a* 1) гнило́й, прогни́вший; испо́рченный, ту́хлый 2) нра́вственно испо́рченный; разложи́вшийся 3) непро́чный, сла́бый 4) *разг.* неприя́тный, отврати́тельный, га́дкий; to feel ~ отврати́тельно себя́ чу́вствовать 5) сла́бый, вы́ветрившийся (*о горной породе*)

**rottenness** [ˈrɔtnnɪs] *n* 1) гни́лость; испо́рченность 2) ни́зость, нече́стность

**rotter** [ˈrɔtə] *n sl.* дрянь (*о человеке*)

**rotund** [rəuˈtʌnd] *a* 1) по́лный, то́лстый; кру́глый, пу́хлый 2) зву́чный; полнозву́чный 3) округлённый (*о фразе*); высокопа́рный (*о стиле*)

**rotunda** [rəuˈtʌndə] *n архит.* рото́нда

**rotundity** [rəuˈtʌndɪtɪ] *n* полнота́, округлённость

**rouble** [ˈruːbl] *русск. n* рубль

**roué** [ruːˈeɪ] *фр. n* пове́са, распу́тник

**rouge** I [ruːʒ] *фр.* **1.** *n* 1) румя́на 2) губна́я пома́да

**2.** *v* 1) румя́ниться 2) кра́сить гу́бы

**rouge** II [ruːʒ] *n* схва́тка вокру́г мяча́ (*в футболе*)

**rouge-et-noir** [ˈruːʒeɪˈnwaːr] *фр. n* «кра́сное и чёрное» (*азартная карточная игра*)

**rough** [rʌf] **1.** *a* 1) гру́бый; ~ food гру́бая пи́ща 2) неро́вный, шерша́вый; уха́бистый (*о дороге*); ~ country пересечённая ме́стность; ~ edge зазу́бренный край 3) косма́тый 4) бу́рный (*о море*); ре́зкий (*о ветре*); суро́вый (*о климате, погоде*); ~ passage перее́зд по бу́рному мо́рю 5) ре́зкий, неприя́тный (*о звуке*) 6) гру́бый, неотёсанный, грубова́тый; неве́жливый, неделика́тный; a ~ customer а) гру́бый челове́к; б) тру́дный субъе́кт; ~ usage гру́бое обраще́ние 7) те́рпкий 8) неотде́ланный, необрабо́танный, черново́й; приблизи́тельный; ~ copy черновик; ~ draft эски́з, набро́сок; ~ estimate приблизи́тельная оце́нка; ~ and ready *см.* rough-and-ready 9) тяжёлый; ~ labour тяжёлый физи́ческий труд 10) тру́дный, го́рький, неприя́тный; it is ~ on him э́то незаслу́женно тяжёлая у́часть для него́; to have a ~ time терпе́ть лише́ния *или* плохо́е обраще́ние 11) суро́вый, лишённый комфо́рта (*о жизни*) ◊ to take over a ~ road *амер.* а) дава́ть нагоня́й; б) (по)ста́вить в тяжёлое положе́ние

**2.** *n* 1) неро́вность (*местности*) 2) незако́нченность, неотде́ланность; in the ~ а) в незако́нченном ви́де; б) приблизи́тельно 3) черново́й набро́сок 4) неприя́тная сторона́ (*чего-л.*); to take the ~ with the smooth сто́йко переноси́ть превра́тности судьбы́; споко́йно встреча́ть невзго́ды 5) буя́н, грубия́н; хулига́н, головоре́з 6) *спорт.* неро́вное по́ле (*в гольфе*) 7) шип (*в подкове*)

**3.** *adv* гру́бо *и пр.* [*см.* 1]; to live ~ жить без удо́бств; to treat ~ суро́во обходи́ться (*с кем-л.*)

**4.** *v* 1) де́лать гру́бым, шерохова́тым 2): to ~ it мири́ться с лише́ниями, обходи́ться без (обы́чных) удо́бств 3) отде́лывать вчерне́ 4) подкова́ть на шипы́ 5) объезжа́ть (*лошадь*) 6) допуска́ть гру́бость (*особ. в футболе*; *тж.* ~ up) □ ~ **in** набра́сывать, отде́лывать вчерне́; ~ **out** черти́ть на́черно; ~ **up** *амер. разг.* избива́ть (*кого-л.*)

**roughage** [ˈrʌfɪdʒ] *n* 1) гру́бые корма́ 2) гру́бая пи́ща 3) гру́бый, жёсткий материа́л

**rough-and-ready** [ˈrʌfəndˈredɪ] *a* 1) сде́ланный ко́е-ка́к, на ско́рую ру́ку 2) гру́бый, но эффекти́вный (*о методе, приёме и т. п.*) 3) гру́бый, бесцеремо́нный

**rough-and-tumble** [ˈrʌfəndˈtʌmbl] **1.** *n* 1) сва́лка, дра́ка 2) сумато́ха, неразбери́ха

**2.** *a* беспоря́дочный

**roughcast** [ˈrʌfkaːst] **1.** *n* 1) первонача́льный набро́сок; гру́бая моде́ль 2) га́лечная штукату́рка

**2.** *a* 1) разрабо́танный вчерне́ (*о плане*) 2) гру́бо оштукату́ренный

**3.** *v* 1) набра́сывать (*план*), намеча́ть 2) штукату́рить с добавле́нием ка́менной кро́шки

**rough-dry** [ˈrʌfdraɪ] **1.** *a* вы́сушенный, но не вы́глаженный (*о белье*)

**2.** *v* суши́ть без гла́женья

**roughen** [ˈrʌfn] *v* де́лать(ся) гру́бым, шерохова́тым; грубе́ть

**rough-hew** [ˈrʌfˈhjuː] *v* гру́бо обтёсывать

**rough house** [ˈrʌfhaus] *n sl.* сканда́л, шум

**rough-house** [ˈrʌfhaus] *v sl.* 1) обраща́ться пло́хо 2) буя́нить, хулига́нить, сканда́лить

**roughly** [ˈrʌflɪ] *adv* 1) гру́бо; небре́жно 2) неро́вно 3) бу́рно, ре́зко 4) гру́бо, неве́жливо 5) приблизи́тельно; ~ speaking приме́рно

**rough-neck** [ˈrʌfnek] *n амер. разг.* хулига́н, буя́н

**roughness** [ˈrʌfnɪs] *n* 1) гру́бость; неотде́ланность 2) неро́вность; шерша́вость 3) бу́рность, ре́зкость 4) гру́бость, грубова́тость 5) те́рпкость

**rough-rider** [ˈrʌfˌraɪdə] *n* бере́йтор

**roughshod** [ˈrʌfʃɔd] *a* подко́ванный на шипы́ (*о лошади*) ◊ to ride ~ over де́йствовать деспоти́чески, самоупра́вствовать, обходи́ться гру́бо

**rough-spoken** [ˈrʌfˈspəukən] *a* выража́ющийся гру́бо

**roulade** [ruːˈlaːd] *фр. n* рула́да

**rouleau** [ruːˈləu] *фр. n* (*pl* -s [-z], -leaux) 1) сто́пка моне́т, завёрнутых в бума́гу 2) *мед.* (моне́тный) сто́лбик из эритроци́тов (*в крови*)

**rouleaux** [ruːˈləuz] *pl от* rouleau

**roulette** [ru(ː)ˈlet] *фр. n* руле́тка (*азартная игра*)

**Roumanian** [ru(ː)ˈmeɪnjən] **1.** *a* румы́нский

**2.** *n* 1) румы́н; румы́нка 2) румы́нский язы́к

**round** I [raund] **1.** *a* 1) кру́глый; шарообра́зный; сфери́ческий; ~ back (*или* shoulders) суту́лость; ~ hand (*или* text) кру́глый по́черк; *полигр.* рондо́; ~ timber кругля́к, кру́глый лесоматериа́л; ~ arch *архит.* полукру́глая а́рка 2) кругово́й; ~ game игра́ в ка́рты, в кото́рой принима́ет уча́стие неограни́ченное коли́чество игроко́в; ~ towel = roller towel; ~ trip (*или* tour, voyage) пое́здка в о́ба конца́ 3) мя́гкий, ни́зкий, бархати́стый (*о голосе*) 4) по́лный 5) кру́пный, значи́тельный (*о сумме*) 6) кру́глый (*о цифрах*); округлённый (*о числах*) 7) закруглённый, зако́нченный (*о фразе*); гла́дкий, пла́вный (*о стиле*) 8) прия́тный (*о вине*) 9) прямо́й, открове́нный; грубова́тый, ре́зкий; a ~ oath кре́пкое руга́тельство; in ~ terms в си́льных выраже́ниях 10) бы́стрый, энерги́чный (*о движении*); a ~ trot кру́пная рысь; at a ~ pace кру́пным аллю́ром 11) *фон.* округлённый

**2.** *n* 1) круг, окру́жность; очерта́ние, ко́нтур 2) кругово́е движе́ние; цикл 3) обхо́д; прогу́лка; to go the ~s идти́ в обхо́д, соверша́ть обхо́д; to go (*или* to make) the ~ of обходи́ть; циркули́ровать; to go for a good (*или* long) ~ предприня́ть дли́нную прогу́лку; visiting ~s прове́рка часовы́х; дозо́р для свя́зи 4) цикл, ряд; the daily ~ круг ежедне́вных заня́тий 5) тур; ра́унд; рейс 6) ло́мтик, кусо́чек; ~ of toast кру́глый ло́мтик поджа́ренного хле́ба; ~ of beef ссек говя́дины 7) ступе́нька стремя́нки (*тж.* ~ of a ladder) 8) *воен.* патро́н; вы́стрел; о́чередь; 20 ~s of ball cartridges 20 боевы́х патро́нов 9) по́рция; to eat a ~ of sandwiches съесть по́рцию са́ндвичей; he ordered another ~ of drinks он заказа́л ещё по рю́мочке для всех 10) раке́тный снаря́д; ballistic ~ баллисти́ческий снаря́д ◊ ~ of cheers (*или* applause) взрыв аплодисме́нтов

**3.** *v* 1) округля́ть(ся) (*тж.* ~ off); to ~ a sentence закругли́ть фра́зу 2) огиба́ть, обходи́ть круго́м; повёртывать(ся) 3) *фон.* округля́ть □ ~ **off** округля́ть(ся), закругля́ть(ся); to ~ off the evening with a dance зако́нчить ве́чер та́нцами; ~ **on** набра́сываться, напада́ть (*на кого-л.*); ре́зко критикова́ть, распека́ть; ~ **out** закругля́ть(ся), де́лать(ся) кру́глым; ~ **to** *мор.* приводи́ть к ве́тру; ~ **up** а) сгоня́ть (скот); б) окружа́ть, производи́ть обла́ву; ~ **upon** *см.* ~ on

**4.** *adv* 1) вокру́г; ~ about вокру́г (да о́коло); ~ and ~ круго́м; со всех сторо́н; to argue ~ and ~ the subject верте́ться вокру́г да о́коло, говори́ть не по существу́; all (*или* right) ~ круго́м; all the year ~ кру́глый год; a long way ~ кру́жным путём; the wheel turns ~ колесо́ враща́ется; the wind has gone ~ to the north ве́тер поверну́л на се́вер 2) круго́м 3) обра́тно

5. *prep* вокру́г, круго́м; ~ the world вокру́г све́та; ~ the corner за́ угол, за угло́м

**roundabout** [ˈraundəbaut] **1.** *a* 1) око́льный; кру́жный; обходно́й 2) иносказа́тельный 3) то́лстый, доро́дный

**2.** *n* 1) око́льный путь 2) карусе́ль 3) *амер.* коро́ткая мужска́я ку́ртка

**roundel** [ˈraundl] *n* 1) что-л. кру́глое (*напр.*, кружо́к, медальо́н, кру́глый подно́с) 2) = rondeau

**roundelay** [ˈraundɪleɪ] *n* 1) коро́тенькая пе́сенка с припе́вом 2) пе́ние пти́цы 3) хорово́д

**rounders** [ˈraundəz] *n pl* англи́йская лапта́

**roundhead** [ˈraundhed] *n ист.* круглоголо́вый, пурита́нин

**round-house** [ˈraundhaus] *n* 1) *мор.* кормова́я ру́бка 2) *амер. ж.-д.* парово́зное депо́ 3) *уст.* арестантская

**roundish** [ˈraundɪʃ] *a* круглова́тый, окру́глый

**roundly** [ˈraundlɪ] *adv* 1) кру́гло 2) напрями́к, ре́зко, открове́нно 3) энерги́чно, основа́тельно; по́лностью, оконча́тельно 4) приблизи́тельно

**round robin** [ˈraundˈrɔbɪn] *n* 1) пети́ция с по́дписями, располо́женными кружко́м (*чтобы скрыть, кто подписался первым*) 2) *спорт.* кругова́я систе́ма (*тренировки, соревнований*)

**round-shot** [ˈraundʃɔt] *n* пу́шечное ядро́

**round-shouldered** [ˈraundˈʃouldəd] *a* суту́лый

**roundsman** [ˈraundzmæn] *n* 1) торго́вый аге́нт, принима́ющий и доставля́ющий зака́зы 2) *амер.* ста́рший полице́йский, полице́йский инспе́ктор

**round-table** [ˈraundˈteɪbl] *a* (происходя́щий) за кру́глым столо́м

**round-the-clock** [ˈraundðəklɔk] *a* круглосу́точный

**round-trip ticket** [ˈraundtrɪpˌtɪkɪt] *n амер.* биле́т туда́ и обра́тно

**round-up** [ˈraundʌp] *n* 1) округле́ние, закругле́ние 2) *амер.* заго́н скота́ (*для клеймения и т. п.*) 3) обла́ва 4) сво́дка новосте́й (*по радио, в газете*); press ~ обзо́р печа́ти 5) сбор; сбо́рище; a ~ of old friends встре́ча ста́рых друзе́й

**rouse** I [rauz] **1.** *v* 1) буди́ть 2) пробужда́ться (*тж.* ~ up) 3) побужда́ть (to); воодушевля́ть; возбужда́ть; to ~ oneself стряхну́ть лень, встряхну́ться 4) вспу́гивать дичь 5) раздража́ть, выводи́ть из себя́

**2.** *n* 1) си́льная встря́ска 2) *воен.* подъём, побу́дка

**rouse** II [rauz] *n уст.* 1) тост; to give a ~ пить за здоро́вье 2) попо́йка, пиру́шка

**rousing** [ˈrauzɪŋ] **1.** *pres. p. от* rouse I, 1

**2.** *a* 1) воодушевля́ющий; возбужда́ющий; a ~ welcome горя́чий, восто́рженный приём 2) *разг.* порази́тельный

**roustabout** [ˈraustəbaut] *n* 1) *амер.* рабо́чий (*на пристани, на пароходе*) 2) *австрал.* подсо́бный рабо́чий

**rout** I [raut] **1.** *n* разгро́м, пораже́ние; беспоря́дочное бе́гство; to put to ~ разгроми́ть на́голову, обрати́ть в бе́гство

**2.** *v* разби́ть на́голову; обраща́ть в бе́гство

**rout** II [raut] *n* 1) шу́мное сбо́рище, толпа́ 2) *юр.* незако́нное сбо́рище 3) официа́льный приём, ра́ут 4) *уст.* пиру́шка

**rout** III [raut] *v* 1) рыть зе́млю ры́лом (*о свинье*) 2) обыскивать 3) выка́пывать, обнару́живать (*тж.* ~ out, ~ up) 4) поднима́ть с посте́ли (*тж.* ~ out, ~ up) 5) выгоня́ть

**route** [ru:t] **1.** *n* маршру́т, курс, путь, доро́га; en route [ɑ:ŋˈru:t] по пути́, по доро́ге; в пути́

**2.** *v* [*часто* raut] *воен.* 1) направля́ть (*по определённому маршруту*) 2) распределя́ть

**route-march** [ˈru:tmɑ:tʃ] *n воен.* похо́дный поря́док, движе́ние в похо́дном поря́дке

**routine** [ru:ˈti:n] *n* 1) заведённый поря́док; установи́вшаяся пра́ктика; определённый режи́м 2) рути́на; шабло́н 3) *воен.* распоря́док слу́жбы 4) *attr.* определённый, устано́вленный, обы́чный, шабло́нный; теку́щий (*об осмотре, ремонте и т. п.*)

**rove** I [rəuv] **1.** *n* стра́нствие

**2.** *v* 1) скита́ться; стра́нствовать; броди́ть 2) блужда́ть (*о взгляде, мыслях*)

**rove** II [rəuv] *n* 1) *тех.* ша́йба 2) *текст.* ро́вница

**rove** III [rəuv] *past и p. p. от* reeve II

**rover** [ˈrəuvə] *n* 1) скита́лец; стра́нник 2) пира́т, морско́й разбо́йник 3) разбо́йник (*в крокете*)

**row** I [rəu] *n* 1) ряд; in a ~ в ряд; in ~s ряда́ми 2) ряд домо́в, у́лица ◇ to have a hard ~ to hoe *амер.* стоя́ть пе́ред тру́дной зада́чей; it does not amount to a ~ of beans (*или* pins) *амер.* ≅ ло́маного гроша́ не сто́ит

**row** II [rəu] **1.** *n* 1) гре́бля 2) прогу́лка на ло́дке; to go for a ~ ката́ться на ло́дке

**2.** *v* 1) грести́; to ~ a race уча́ствовать в соревнова́ниях по гре́бле 2) перевози́ть в ло́дке □ ~ **down** обойти́, перегна́ть (*о лодке*); ~ **out** уста́ть от гре́бли; ~ over легко́ победи́ть в го́нке ◇ to ~ up Salt River *амер. sl.* «прокати́ть» на вы́борах; нанести́ пораже́ние

**row** III [rau] *разг.* **1.** *n* 1) шум, гвалт; to make a ~ поднима́ть сканда́л, шум; протестова́ть; what's the ~? в чём де́ло? 2) спор; ссо́ра; сва́лка; to have a ~ with smb. поссо́риться с кем-л. 3) нагоня́й; to get into a ~ получи́ть нагоня́й

**2.** *v* 1) сканда́лить, шуме́ть 2) *разг.* де́лать вы́говор; отчи́тывать

**rowan** [ˈrauən, ˈrəuən] *n* ряби́на

**rowan-tree** [ˈrauəntri:] = rowan

**row-boat** [ˈrəubəut] = rowing-boat

**rowdy** [ˈraudɪ] **1.** *n* хулига́н, бу́ян

**2.** *a* шу́мный; бу́йный

**rowel** [ˈrauəl] *n* колёсико шпо́ры

**rower** [ˈrəuə] *n* гребе́ц

**rowing** I [ˈrəuɪŋ] **1.** *pres. p. от* row II, 2

**2.** *n* гре́бля

**rowing** II [ˈrauɪŋ] **1.** *pres. p. от* row III, 2

**2.** *n* нагоня́й, вы́говор

**rowing-boat** [ˈrəuɪŋbəut] *n* гребна́я шлю́пка

**rowlock** [ˈrɔlək] *n* уклю́чина

**royal** [ˈrɔɪəl] **1.** *a* 1) короле́вский; ца́рский; R. Society Короле́вское (нау́чное) о́бщество; R. Standard короле́вский штанда́рт 2) брита́нский (*о флоте, войсках, авиации и т. п.*) 3) ца́рственный, вели́чественный 4) *разг.* великоле́пный, роско́шный ◇ ~ blue чи́стый, я́ркий отте́нок си́него цве́та; R. Exchange зда́ние ло́ндонской би́ржи; ~ mast *мор.* бом-брам-сте́ньга; ~ road са́мый лёгкий путь (*к достижению чего-л.*)

**2.** *n* 1) (the Royals) *pl собир. уст.* пе́рвый пехо́тный полк 2) *разг.* член короле́вской семьи́ 3) большо́й форма́т бума́ги (*тж.* ~ paper) 4) = ~ stag 5) = ~ mast [*см.* 1 ◇]

**royalist** [ˈrɔɪəlɪst] *n* 1) роялист 2) *амер.* сторо́нник А́нглии (*во время войны за независимость США в 1775-83 гг.*) 3) *attr.* роялистский

**royalistic** [ˌrɔɪəˈlɪstɪk] *a* роялистский

**royal stag** [ˈrɔɪəlˈstæg] *n* благоро́дный оле́нь (*не моложе шести лет*)

**royalty** [ˈrɔɪəltɪ] *n* 1) короле́вское досто́инство; короле́вская власть 2) чле́н(ы) короле́вской семьи́ 3) (*обыкн. pl*) короле́вские привиле́гии и прерогати́вы 4) вели́чие, ца́рственность 5) а́вторский гонора́р (*процент с каждого проданного экземпляра*); отчисле́ние а́втору пье́сы (*за каждую постановку*); отчисле́ния владе́льцу пате́нта 6) *ист.* аре́ндная пла́та землевладе́льцу за разрабо́тку недр

**rub** [rʌb] **1.** *n* 1) тре́ние 2) натира́ние; растира́ние; give it a ~! потри́те! 3) стира́ние; the ~ of a brush чи́стка щёткой 4) натёртое ме́сто 5) неро́вность по́чвы (*мешающая игре*) 6) *разг.* затрудне́ние, препя́тствие, поме́ха; ка́мень преткнове́ния; there is the ~ вот в чём загво́здка 7) *диал.* осело́к

**2.** *v* 1) тере́ть(ся) (against — обо *что-л.*); to ~ one's hands потира́ть ру́ки 2) натира́ть, начища́ть (*тж.* ~ up) 3) стира́ть(ся) (*тж.* ~ away, ~ off) 4) втира́ть, натира́ть (on, over) 5) протира́ть 6) натира́ть; to ~ sore натира́ть до кро́ви 7) соприкаса́ться; задева́ть 8) копи́ровать рису́нок (*с* *меди или камня*); притира́я к нему́ бума́гу карандашо́м □ ~ **along** *разг.* а) ла́дить, ужива́ться; б) продвига́ться, пробира́ться с трудо́м; в) ко́е-ка́к перебива́ться; ~ **away** а) стира́ть (ворс); б) *перен.* лиша́ть(ся) новизны́, стира́ться; ~ **down** а) вытира́ть до́суха; б) чи́стить ло́шадь; в) стира́ть шерохова́тости; г) тсчи́ть, шлифова́ть; ~ **in** а) втира́ть (*мазь*); б) постоя́нно тверди́ть (*о чём-л. неприятном*); don't ~ it in не растравля́йте ра́ну; ~ **off** стира́ть(ся); выводи́ть (*пятно*); ~ **through** пережи́ть, перенести́ (*трудности*); ~ **together** тере́ть (*предметы*) друг о дру́га; ~ **up** а) начища́ть, полирова́ть; б) освежа́ть (*в памяти*); в) растира́ть (*краску*) ◇ to ~ the wrong way гла́дить про́тив ше́рсти; раздража́ть; to ~ smb.'s nose into the fact *амер. разг.* ткнуть кого́-л. но́сом, указа́ть кому́-л. на факт

**rub-a-dub** [ˈrʌbəˈdʌb] *n* бараба́нный бой; ≅ трам-там-та́м

**rubber** I [ˈrʌbə] **1.** *n* 1) рези́на; каучу́к 2) рези́нка, ла́стик 3) *pl* гало́ши 4) *pl* рези́новые изде́лия 5) массажи́ст; массажи́стка 6) *диал.* осело́к 7) приспособле́ние для тре́ния 8) *attr.* рези́новый; прорези́ненный

**2.** *v* 1) покрыва́ть рези́ной, прорези́нивать 2) *амер. sl.* вытя́гивать ше́ю, глазеть; любопы́тствовать

**rubber** II [ˈrʌbə] *n. карт.* ро́ббер

**rubberized** [ˈrʌbəraɪzd] *a* прорези́ненный; покры́тый рези́ной

**rubberneck** [ˈrʌbənek] *амер. разг.* **1.** *n* 1) зева́ка, любопы́тный челове́к (*особ. о туристе*) 2) *attr.*: ~ car, ~ auto, ~ bus автомоби́ль *или* авто́бус для тури́стов

**2.** *v* = rubber I, 2, 2)

**rubber plant** [ˈrʌbəplɑːnt] *n* каучуконо́сное расте́ние, каучуконо́с

**rubber-stamp** [ˈrʌbəˈstæmp] **1.** *n* 1) штамп, печа́ть 2) штамп, стереоти́пная фра́за 3) *перен. разг.* челове́к, не спосо́бный на самостоя́тельные посту́пки, реше́ния; подража́тель

**2.** *v* 1) ста́вить печа́ть 2) *перен. разг.* штампова́ть, механи́чески утвержда́ть (*решения и т. п.*)

**rubber tree** [ˈrʌbəˈtriː] *n* каучу́ковое де́рево, каучуконо́с

**rubbing** [ˈrʌbɪŋ] **1.** *pres. p. от* rub 2

**2.** *n* 1) тре́ние; натира́ние 2) рису́нок, копи́рованный притира́нием [*см.* rub 2, 8]; to take (*или* to make) ~s срисо́вывать, де́лать ко́пии

**rubbish** [ˈrʌbɪʃ] *n* 1) хлам, му́сор 2) вздор, ерунда́; oh, ~! чепуха́! 3) *sl.* де́ньги 4) *горн.* пуста́я поро́да; закла́дка

**rubbishy** [ˈrʌbɪʃɪ] *a* дрянно́й; никуда́ не го́дный; пустяко́вый; вздо́рный

**rubble** [ˈrʌbl] *n* 1) бут, булы́жник, рва́ный ка́мень 2) валу́н 3) *геол.* штыб

**rube** [ruːb] *n амер. разг.* дереве́нщина

**rubefy** [ˈruːbɪfaɪ] *v* де́лать кра́сным; *мед.* вызыва́ть покрасне́ние

**Rubicon** [ˈruːbɪkən] *n*: to pass (*или* to cross) the ~ перейти́ Рубико́н, приня́ть бесповоро́тное реше́ние

**rubicund** [ˈruːbɪkənd] *a* румя́ный

**rubidium** [ru(ː)ˈbɪdɪəm] *n хим.* руби́дий

**rubify** [ˈruːbɪfaɪ] = rubefy

**rubiginous** [ru(ː)ˈbɪdʒɪnəs] *a* ржа́вого цве́та

**rubious** [ˈru(ː)bɪəs] *a поэт.* руби́нового цве́та

**ruble** [ˈruːbl] = rouble

**rubric** [ˈruːbrɪk] *n* 1) ру́брика; заголо́вок 2) абза́ц 3) *церк.* пра́вила богослуже́ния (*в требнике*) 4) *мин. уст.* кра́сный железня́к

**rubricate** [ˈruːbrɪkeɪt] *v* 1) разбива́ть на абза́цы 2) снабжа́ть подзаголо́вками 3) отмеча́ть (*или* выделя́ть) кра́сным цве́том

**ruby** [ˈruːbɪ] **1.** *n* 1) руби́н 2) я́рко-кра́сный цвет 3) кра́сный пры́щик 4) кра́сное вино́ 5) *полигр.* руби́н (*кегль, шрифт размером* $5^1/_2$ *пунктов, амер.* $3^1/_2$ *пункта*) ◇ above rubies неоцени́мый

**2.** *a* руби́новый, я́рко-кра́сный

**3.** *v* окра́шивать в я́рко-кра́сный цвет

**ruche** [ruːʃ] *фр. n* рюш

**ruck** I [rʌk] *n* 1) ма́сса, мно́жество 2) толпа́, толчея́ 3) *пренебр.* безли́кая ма́сса, чернь 4) *спорт.* ло́шади, оста́вшиеся за фла́гом

**ruck** II [rʌk] = ruckle I

**ruckle** I [ˈrʌkl] **1.** *n* скла́дка, морщи́на

**2.** *v* де́лать скла́дки, морщи́ны

**ruckle** II [ˈrʌkl] **1.** *n* хрип, хрипе́ние (*особ. умирающего*)

**2.** *v* хрипе́ть, издава́ть хрипя́щие зву́ки

**rucksack** [ˈruksæk] *нем. n* рюкза́к, похо́дный мешо́к

**ruction** [ˈrʌkʃən] *n разг.* 1) (*обыкн. pl*) ссо́ра; дра́ка, сва́лка 2) нагоня́й 3) шум, гам, гвалт

**rudder** [ˈrʌdə] *n* 1) руль 2) *ав.* руль направле́ния; elevating ~ руль высоты́ 3) руководя́щий при́нцип

**rudderless** [ˈrʌdəlɪs] *a* без руля́; *перен.* без руково́дства

**rudder-post** [ˈrʌdəpəust] *n* 1) *мор.* рудерпо́ст 2) *ав.* ось руля́ направле́ния

**ruddiness** [ˈrʌdɪnɪs] *n* 1) краснота́ 2) румя́нец

**ruddle** [ˈrʌdl] **1.** *n* кра́сная *или* жжёная о́хра

**2.** *v* 1) кра́сить о́хрой 2) ме́тить (*овец*)

**ruddock** [ˈrʌdək] *n диал.* мали́новка (*птица*)

**ruddy** [ˈrʌdɪ] **1.** *a* 1) румя́ный; ~ health цвету́щее здоро́вье 2) кра́сный, краснова́тый 3) *sl.* прокля́тый

**2.** *v* де́лать(ся) кра́сным

**rude** [ruːd] *a* 1) гру́бый; оскорби́тельный; to be ~ to smb. груби́ть кому́-л. 2) неве́жественный, невоспи́танный 3) необрабо́танный, сыро́й 4) гру́бо сде́ланный 5) си́льный, ре́зкий (*о звуке*) 6) неотде́ланный, неотшлифо́ванный 7) примити́вный, гру́бый 8) неприли́чный, гру́бый 9) бу́рный (*о море*); внеза́пный; ~ shock внеза́пный уда́р; ~ reminder неожи́данное напомина́ние; ~ awakening си́льное разочарова́ние 10) кре́пкий (*о здоровье*)

**rudeness** [ˈruːdnɪs] *n* 1) гру́бость *и пр.* [*см.* rude]

**rudiment** [ˈruːdɪmənt] *n* 1) рудимента́рный о́рган 2) *pl* нача́тки, зача́тки; элемента́рные зна́ния

**rudimentary** [ˌruːdɪˈmentərɪ] *a* 1) зача́точный, рудимента́рный, недора́звитый 2) элемента́рный

**rue** I [ruː] **1.** *n уст.* 1) сострада́ние, жа́лость 2) раска́яние, сожале́ние; crowned with ~ *поэт.* по́лный раска́яния

**2.** *v* раска́иваться, сожале́ть; печа́литься, горева́ть; I ~d the day when... я про́клял тот день, когда́...

**rue** II [ruː] *n бот.* ру́та (души́стая)

**rueful** [ˈruːful] *a* 1) уны́лый, печа́льный; го́рестный; a ~ countenance гру́стная ми́на 2) жа́лкий; жа́лобный 3) по́лный сожале́ния, раска́яния

**ruefully** [ˈruːfulɪ] *adv* 1) печа́льно, уны́ло 2) с сожале́нием; с сочу́вствием

**ruff** I [rʌf] *n* 1) бры́жи; рюш 2) кольцо́ пе́рьев *или* ше́рсти вокру́г ше́и (*у птиц и животных*) 3) турухта́н (*птица*) 4) *тех.* гре́бень, кругово́й вы́ступ на валу́

**ruff** II [rʌf] *n* ёрш (*рыба*)

**ruff** III [rʌf] *карт.* **1.** *n* ко́зырь

**2.** *v* бить ко́зырем

**ruffed** I [rʌft] *p. p. от* ruff III, 2

**ruffed** II [rʌft] *a* гри́вистый (*о птицах*)

**ruffian** [ˈrʌfjən] *n* хулига́н, головоре́з, банди́т, негодя́й

**ruffianism** [ˈrʌfjənɪzm] *n* хулига́нство, гру́бость

**ruffianly** [ˈrʌfjənlɪ] *a* хулига́нский

**ruffle** I [ˈrʌfl] **1.** *n* 1) рябь 2) кружевна́я гофриро́ванная манже́тка, обо́рка 3) сумато́ха, шум; сты́чка, ссо́ра; without ~ or excitement без суеты́, споко́йно 4) раздраже́ние, доса́да 5) *pl sl.* нару́чники

**2.** *v* 1) ряби́ть (*воду*) 2) еро́шить (*волосы*); мо́рщить 3) наруша́ть споко́йствие 4) раздража́ть, серди́ть; a man impossible to ~ челове́к, кото́рого невозмо́жно вы́вести из себя́ 5) гофрирова́ть, собира́ть в сбо́рки 6) *разг.* препира́ться 7) *разг.* хорохо́риться, вести́ себя́ зано́счиво, задира́ть; to ~ it out чва́ниться, вести́ себя́ высокоме́рно 8) трепыха́ться

**ruffle** II [ˈrʌfl] *n* дробь бараба́на

**rufous** [ˈruːfəs] *a* краснова́то-кори́чневый; ры́жий

**rug** [rʌg] *n* 1) ковёр, ко́врик 2) плед 3) мехова́я по́лость

**Rugby** [ˈrʌgbɪ] *n спорт.* ре́гби (*тж.* ~ football)

**rugged** [ˈrʌgɪd] *a* 1) неро́вный, негла́дкий, шерохова́тый; шерша́вый; ~ verses неотде́ланные стихи́; ~ country, *амер.* ~ terrain *воен.* пересечённая ме́стность 2) суро́вый, стро́гий, прямо́й (*о человеке*) 3) гру́бый, морщи́нистый; ~ features гру́бые, ре́зкие черты́ лица́ 4) про́чный, масси́вный 5) бу́рный, я́ростный 6) тяжёлый, тру́дный (*о жизни*) 7) *амер.* си́льный, кре́пкий

**rugger** [ˈrʌgə] *разг. см.* Rugby

**rugose** [ˈruːgəus] *a* морщи́нистый; скла́дчатый

**rugosity** [ruːˈgɔsɪtɪ] *n* 1) морщи́нистость; скла́дчатость 2) морщи́на

**rugous** [ˈruːgəs] = rugose

**ruin** [ruɪn] **1.** *n* 1) ги́бель; круше́ние (*надежд и т. п.*); разоре́ние; крах; to bring to ~ разори́ть, погуби́ть 2) (*часто pl*) разва́лины; руи́ны; in ~s в разва́линах 3) причи́на ги́бели

**2.** *v* 1) разруша́ть, разоря́ть; to ~ oneself разори́ться 2) (по)губи́ть; to a ~ girl обесче́стить де́вушку 3) по́ртить 4) *поэт.* ру́хнуть

**ruination** [ruɪˈneɪʃən] *n разг.* (по-) ги́бель; круше́ние; по́лное разоре́ние

**ruinous** [ˈruɪnəs] *a* 1) разори́тельный; губи́тельный, разруши́тельный 2) разру́шенный, развали́вшийся

**rule** [ruːl] **1.** *n* 1) пра́вило; при́нцип; но́рма; обра́зе́ц; it is a ~ with us у нас тако́е пра́вило; ~ of the road а) пра́вила (у́личного) движе́ния; б) *мор.* пра́вила расхожде́ния судо́в; ~ of three *мат.* тройно́е пра́вило; ~s of the game пра́вила игры́; ~s of decorum пра́вила прили́чия, пра́вила этике́та; as a ~ как пра́вило, обы́чно; by ~ по (устано́вленным) пра́вилам; hard and fast ~ твёрдое пра́вило; то́чный крите́рий; international ~s in force де́йствующие но́рмы междунаро́дного пра́ва; standing ~ постоя́нно де́йствующие пра́вила; to make ~s устана́вливать пра́вила; to make it a ~ взять за пра́вило; I make it a ~ to get up early я обы́чно ра́но встаю́ 2) постановле́ние, реше́ние суда́ *или* судьи́; ~ nisi *см.* nisi 3) правле́ние, власть; влады́чество, госпо́дство; the ~ of the people власть наро́да; the ~ of force власть си́лы 4) уста́в (*общества, ордена*) 5) (масшта́бная) лине́йка; науго́льник; масшта́б 6) *полигр.* лине́йка; шпон ◇ ~ of thumb а) практи́ческий спо́соб, ме́тод (*в отличие от научного*); б) приближённый подсчёт

**2.** *v* 1) управля́ть, пра́вить, вла́ствовать; руководи́ть; госпо́дствовать 2) постановля́ть (that); устана́вливать пра́вило 3) линова́ть, графи́ть 4) стоя́ть на определённом у́ровне (*о ценах*) □ ~ **out** исключа́ть

**ruler** I [ˈruːlə] *n* прави́тель

**ruler** II [ˈruːlə] *n* лине́йка

**ruling** [ˈruːlɪŋ] **1.** *pres. p. от* rule 2

**2.** *n* 1) управле́ние 2) постановле́ние; суде́бное реше́ние; постановле́ние судьи́

**3.** *a* госпо́дствующий, пра́вящий; преоблада́ющий; ~ passion преоблада́ющая страсть; ~ gradient *ж.-д.* руководя́щий подъём

**rum** I [rʌm] *n* 1) ром 2) спиртно́й напи́ток

**rum** II [rʌm] *a разг.* стра́нный, чудно́й; подозри́тельный; ~ fellow чуда́к; ~ start удиви́тельный слу́чай; he feels ~ ему́ не по себе́

**Rumanian** [ru(:)ˈmeɪnjən] = Roumanian

**rumba** [ˈrʌmbə] **1.** *n* ру́мба (*танец*)

**2.** *v* танцева́ть ру́мбу

**rumble** [ˈrʌmbl] **1.** *n* 1) громыха́ние, грохота́нье, гро́хот 2) ро́пот, недово́льство 3) сиде́нье, ме́сто для багажа́ *или* слуги́ позади́ экипа́жа 4) *амер. авто* откидно́е сиде́нье (*тж.* ~ seat) 5) *амер. sl.* дра́ка ме́жду ба́ндами

**2.** *v* 1) громыха́ть, грохота́ть 2) сказа́ть гро́мко (*тж.* ~ out, ~ forth) 3) урча́ть

**rumble-tumble** [ˈrʌmblˈtʌmbl] *n* 1) тря́ска 2) громо́здкий тря́ский экипа́ж

**rumbustious** [rʌmˈbʌstjəs] *a разг.* шумли́вый, шу́мный

**rumen** [ˈruːmɪn] *n* рубе́ц (*первый отдел желудка жвачных*)

**ruminant** [ˈruːmɪnənt] **1.** *a* 1) жва́чный 2) заду́мчивый

**2.** *n* жва́чное живо́тное

**ruminate** [ˈruːmɪneɪt] *v* 1) жева́ть жва́чку 2) разду́мывать, размышля́ть (over, of, on, about — о *чём-л.*)

**rumination** [ˌruːmɪˈneɪʃən] *n* 1) жева́ние жва́чки 2) размышле́ние

**rummage** [ˈrʌmɪdʒ] **1.** *n* 1) по́иски, о́быск 2) тамо́женный досмо́тр, осмо́тр (*судна*) 3) хлам, старьё

**2.** *v* 1) ры́ться, иска́ть (*обыкн.* ~ about, ~ in) 2) производи́ть тамо́женный досмо́тр 3) выла́вливать, выта́скивать (*обыкн.* ~ out, ~ up)

**rummage sale** [ˈrʌmɪdʒˈseɪl] *n* распрода́жа случа́йных веще́й (*обыкн.* с благотвори́тельной це́лью)

**rummer** [ˈrʌmə] *n* ку́бок

**rummy** [ˈrʌmɪ] = rum II

**rumormongering** [ˈruːməˌmʌŋgərɪŋ] *n амер.* распростране́ние слу́хов

**rumour** [ˈruːmə] **1.** *n* слух, молва́, то́лки; ~s are about (*или* afloat), ~ has it (that) хо́дят слу́хи; there is a ~ говоря́т

**2.** *v* распространя́ть слу́хи; расска́зывать но́вости; it is ~ed that хо́дят слу́хи, что

**rumoured** [ˈruːməd] **1.** *p. p. от* rumour 2

**2.** *a*: the ~ disaster бе́дствие, о кото́ром прошёл слух

**rump** [rʌmp] *n* 1) кресте́ц; огу́зок 2) (the R.) *ист.* «охво́стье», оста́тки До́лгого парла́мента

**rumple** [ˈrʌmpl] *v* 1) мять; приводи́ть в беспоря́док 2) еро́шить во́лосы

**rump steak** [ˈrʌmpˈsteɪk] *n* кусо́к вы́резки, ромште́кс

**rumpus** [ˈrʌmpəs] *n разг.* сумато́ха; шум, гам; ссо́ра

**rumpus room** [ˈrʌmpəsruːm] *n* ко́мната для игр и развлече́ний (*в квартире*)

**rum-runner** [ˈrʌmˌrʌnə] *n амер. разг.* перево́зчик запрещённых спиртны́х напи́тков

**run** [rʌn] **1.** *n* 1) бег, пробе́г; at a ~ бего́м [*см. тж.* ◇]; on the ~ на ходу́, в движе́нии; on the ~ all day весь день в беготне́; to be on the ~ отступа́ть, бежа́ть; we have the enemy on the ~ мы обрати́ли проти́вника в бе́гство; to keep smb. on the ~ не дава́ть кому́-л. останови́ться; to go for a ~ пробежа́ться; to give smb. a ~ дать пробежа́ться; to come down with a ~ бы́стро па́дать 2) коро́ткая пое́здка; a ~ up to town кратковре́менная пое́здка в го́род 3) рейс, маршру́т 4) расстоя́ние, отре́зок пути́ 5) пока́з, просмо́тр (*фильма, спектакля*) 6) ход, рабо́та, де́йствие (*машины, мотора*) 7) пери́од вре́мени, полоса́; a ~ of luck полоса́ везе́ния, уда́чи; a long ~ of power до́лгое пребыва́ние у вла́сти 8) спрос; ~ on the bank наплы́в в банк тре́бований о возвраще́нии вкла́дов; the book has a considerable ~ кни́га хорошо́ распродаётся 9) сре́дний тип *или* разря́д; the common ~ of men обыкнове́нные лю́ди 10) ста́до живо́тных, кося́к ры́бы (*во время миграции*) 11) тира́ж 12) па́ртия (*изделий*) 13) огоро́женное ме́сто (*для кур и т. п.*); заго́н *или* па́стбище для ове́ц 14) *амер.* руче́й, пото́к 15) жёлоб, лото́к, труба́ *и т. п.* 16) *разг.* разреше́ние по́льзоваться (*чем-л.*), хозя́йничать (*где-л.*); to have the ~ of smb.'s books име́ть пра́во по́льзоваться чьи́ми-л. кни́гами 17) направле́ние; the ~ of the hills is N. E. холмы́ тя́нутся на се́веро-восто́к; the ~ of the market о́бщая тенде́нция ры́ночных цен 18) укло́н; тра́сса 19) *амер.* спусти́вшаяся пе́тля на чулке́ 20) *муз.* рула́да 21) *ж.-д.* пробе́г (*паровоза, вагона*); отре́зок пути́; прого́н 22) *ав.* захо́д на цель 23) *горн.* бре́мсберг 24) длина́ (*провода*) 25) *геол.* направле́ние ру́дной жи́лы 26) кормово́е заостре́ние (*корпуса*) 27) *тех.* пого́н, фра́кция (*напр., нефти*) ◇ at a ~ подря́д [*см. тж.* 1)]; in the long ~ в конце́ концо́в; в о́бщем; to go with a ~ ≅ идти́ как по ма́слу; to take the ~ for one's money получи́ть по́лное удово́льствие за свои́ де́ньги

**2.** *v* (ran; run) 1) бежа́ть; бе́гать 2) дви́гаться, передвига́ться (*обыкн. быстро*); things must ~ their course на́до предоста́вить собы́тия их есте́ственному хо́ду; to ~ before the wind *мор.* идти́ на фордеви́нд 3) ходи́ть; курси́ровать; пла́вать 4) кати́ться 5) спаса́ться бе́гством, убега́ть; to ~ for it *разг.* иска́ть спасе́ния в бе́гстве 6) бы́стро распространя́ться (*об огне, пламени; о новостях*) 7) проходи́ть, бежа́ть, лете́ть (*о времени*); пронести́сь, промелькну́ть (*о мысли*); how fast the years ~ by! как бы́стро летя́т го́ды! 8) течь, ли́ться, сочи́ться, струи́ться 9) пролива́ть(ся) (*о крови*) 10) расплыва́ться (*о чернилах*); линя́ть (*о рисунке на материи*) 11) тяну́ться, проходи́ть, простира́ться, расстила́ться; to ~ zigzag располага́ть(ся) зигзагообра́зно 12) тяну́ться, расти́, обвива́ться (*о растениях*) 13) враща́ться, рабо́тать, де́йствовать, нести́ нагру́зку (*о машине*); to leave the engine (of a motor-car) ~ning не выключа́ть мото́ра 14) идти́ гла́дко; all my arrangements ran smoothly всё шло как по ма́слу 15) гласи́ть (*о документе, тексте*); this is how the verse ~s вот как звучи́т э́то стихотворе́ние 16) быть действи́тельным на изве́стный срок; the lease ~s for seven years аре́нда действи́тельна на семь лет 17) идти́ (*о пьесе*); the play ran for six months пье́са шла шесть ме́сяцев 18) *употр. как глагол-связка*: to ~ cold (по)холоде́ть; to ~ dry высыха́ть; иссяка́ть; to ~ mad сходи́ть с ума́; to ~ high а) подыма́ться (*о приливе*); б) волнова́ться (*о море*); в) возраста́ть (*о ценах*); г) разгора́ться (*о страстях*); to ~ low а) понижа́ться, опуска́ться; б) истоща́ться, иссяка́ть (*о пище, деньгах и т. п.*); to ~ a fever лихора́дить 19) уча́ствовать (*в соревнованиях, скачках, бегах*) 20) выставля́ть (свою́) кандидату́ру на вы́борах (for) 21) *амер.* спусти́ться (*о петле*); her stocking ran у неё на чулке́ спусти́лась пе́тля 22) напра́вить движе́ние *или* тече́ние (*чего-л.*); заста́вить дви́гаться; to ~ the car in the garage ввести́ автомоби́ль в гара́ж 23) направля́ть; управля́ть (*машиной*); to ~ the vacuum cleaner чи́стить пылесо́сом, пылесо́сить 24) руководи́ть, управля́ть; вести́ (*дело, предприятие*); эксплуати́ровать; to ~ a hotel быть владе́льцем гости́ницы 25) лить, налива́ть 26) гнать, подгоня́ть 27) пла́вить, лить (*металл*); выпуска́ть мета́лл (*из печи*) 28) нака́пливаться, образова́ться (*о долге*), to ~ (up) a bill задолжа́ть (at — *портному и т. п.*) 29) втыка́ть, вонза́ть (into); продева́ть (*нитку в иголку*) 30) пресле́довать, трави́ть (*зверя*) 31) пуска́ть ло́шадь (*на бега или скачки*) 32) прорыва́ть; пробива́ться сквозь; преодолева́ть (*препятствие*); to ~ the blockade прорва́ть блока́ду 33) перевози́ть; поставля́ть; ввози́ть (*контрабанду*) 34) прокла́дывать, проводи́ть; to ~ a line on a map провести́ ли́нию на ка́рте ◻ ~ **about** а) суети́ться, бе́гать взад и вперёд б) игра́ть, резви́ться (*о детях*); ~ **across** (случа́йно) встре́титься с *кем-л.*, натолкну́ться на *кого-л.*; ~ **after** а) пресле́довать; б) бе́гать, уха́живать за *кем-л.*; ~ **against** ста́лкиваться; натáлкиваться на; to ~ one's head against a wall сту́кнуться голово́й о́б стену; *перен.* прошиба́ть лбом сте́ну; ~ **at** набра́сываться, наки́дываться на *кого-л.*; ~ **away** а) убега́ть (with — с *кем-л.*, *чем-л.*); похища́ть; б) понести́ (*о лошади*); в) намно́го обогна́ть (*других участников соревнования*); ~ **away with** а) заста́вить потеря́ть самооблада́ние; his temper ran away with him он не суме́л сдержа́ться; б) увле́чься мы́слью; в) приня́ть необду́манное реше́ние; ~ **back** а) восходи́ть к (*определённому периоду*; to); б) просле́живать до (*источника, начала и т. п.*; to); ~ **down** а) сбежа́ть; б) съе́здить ненадо́лго; съе́здить из Ло́ндона в прови́нцию; в) остана́вливаться (*о машине, часах и т. п.*); г) догна́ть, насти́гнуть; д) столкну́ться; е) пренебрежи́тельно отзыва́ться (*о ком-л.*); ж) уничтожа́ть; з) переутомля́ть(ся); истоща́ть(ся), изнуря́ть(ся); и) опроки́дывать; к) (*обыкн. p. p.*) перее́хать, задави́ть; ~ **in** а) навести́ть, загляну́ть; б) *разг.* арестова́ть и посади́ть в тюрьму́; в) *разг.* провести́ кандида́та (*на выборах*); г) броса́ться врукопа́шную; д) *тех.* обка́тывать, производи́ть обка́тку; ~ **into** а) впада́ть в; to ~ into debt влеза́ть в долги́; б) налета́ть, натáлкиваться (*на что-л.*); ста́лкиваться (*с чем-л.*); в) доходи́ть до, достига́ть; the book ran into five editions кни́га вы́держала пять изда́ний; ~ **off** а) удира́ть, убега́ть, сбега́ть (with — с); б) не производи́ть впечатле́ния; the scoldings ~ off him like water off a duck's back его́ руга́ют, а с него́ всё как с гу́ся вода́; в) отце́живать; спуска́ть (*воду*); г) отвлека́ться от предме́та (*разговора*); д) строчи́ть стихи́; бо́йко деклами́ровать; е) реша́ть исхо́д го́нки; ~ **on** а) продолжа́ть(ся); тяну́ть(ся); б) говори́ть без у́молку; в) *полигр.* набира́ть «в подбо́р»; г) писа́ться сли́тно (*о буквах*); ~ **out** а) выбега́ть; б) вытека́ть; в) истоща́ться; истека́ть (*о времени*); г) выдвига́ться, выступа́ть (*о строении и т. п.*); д) зако́нчить го́нку; ~ **out of** истощи́ть свой запа́с; ~ **over** а) перелива́ться че́рез край; б) перее́хать, задави́ть (*кого-л.*); в) просма́тривать; повторя́ть; г) пробега́ть (*глазами*; *пальцами по клавишам и т. п.*); to ~ an eye over smth. оки́нуть взгля́дом, бе́гло просмотре́ть что-л.; д) съе́здить, сходи́ть; ~ **through** а) прока́лывать; б) промота́ть (*состояние*); в) бе́гло прочи́тывать *или* просма́тривать; г) зачеркну́ть (*написанное*); ~ **to** а) достига́ть (*суммы, цифры*); б) ударя́ться (*в крайность и т. п.*); to ~ to extremes впада́ть в кра́йности; в) идти́ (*в листья, семена*); to ~ to fat превраща́ться в жир; *разг.* жире́ть, толсте́ть; to ~ to seed пойти́ в семена́; *перен.* переста́ть развива́ться; опусти́ться; пойти́ пра́хом; г) хвата́ть, быть доста́точным; the money won't ~ to a car э́тих де́нег не хва́тит на маши́ну; ~ **up** а) съе́здить (*в город*); б) бы́стро расти́; увели́чиваться; в) поднима́ть(ся); г) вздува́ть (*цены*); д) доходи́ть (to — до); е) скла́дывать (*столбец цифр*); ж) возводи́ть спе́шно (*постройку*); ~ **upon** а) верте́ться вокру́г *чего-л.*, возвраща́ться к *чему-л.* (*о мыслях*); б) неожи́данно *или* внеза́пно встре́титься ◇ to ~ messages быть на посы́лках; to ~ it close (*или* fine) име́ть в обре́з (*времени, денег и т. п.*); to ~ riot *см.* riot 1, 3); to ~ a thing close быть почти́ ра́вным (*по качеству и т. п.*); to ~ a person close а) быть чьим-л. опа́сным сопе́рником; б) быть почти́ ра́вным кому́-л.; to ~ a person off his legs загоня́ть кого́-л. до изнеможе́ния; to ~ too far заходи́ть сли́шком далеко́

**runabout** [ˈrʌnəbaut] **1.** *n* 1) бродя́га; праздношата́ющийся 2) небольшо́й автомоби́ль 3) мото́рная ло́дка

**2.** *a* скита́ющийся; бродя́чий

**runagate** [ˈrʌnəgeɪt] *n уст.* бродя́га

**runaway** [ˈrʌnəweɪ] **1.** *n* 1) бегле́ц 2) дезерти́р 3) ло́шадь, несу́щаяся закуси́в удила́ 4) побе́г 5) стреми́тельный, неудержи́мый рост

**2.** *a* 1) убежа́вший; бе́глый; ~ marriage сва́дьба уво́дом 2) понёсший (*о лошади*) 3) неудержи́мый, бы́стро расту́щий; ~ inflation безу́держная инфля́ция 4) лёгкий, доста́вшийся легко́; ~ victory *спорт.* лёгкая побе́да

**run-down** [ˈrʌndaun] **1.** *n* 1) кра́ткое изложе́ние 2) сокраще́ние чи́сленности, коли́чества

**2.** *a* 1) захуда́лый, жа́лкий 2) уста́вший, истощённый 3) незаведённый (*о часах*)

**rune** [ruːn] *n лингв.* ру́на

**rung** I [rʌŋ] *n* 1) ступе́нька стремя́нки *или* приставно́й ле́стницы 2) спи́ца колеса́ 3) *attr.*: ~ ladder стремя́нка

**rung** II [rʌŋ] *past и p. p. от* ring II, 2

**runic** [ˈruːnɪk] *a лингв.* руни́ческий

**run-in** [ˈrʌnˈɪn] *n амер. разг.* схва́тка, ссо́ра

**runlet** I [ˈrʌnlɪt] *n* ручеёк

**runlet** II [ˈrʌnlɪt] *n уст.* ви́нный бочо́нок

**runnel** [ˈrʌnl] *n* 1) ручеёк 2) кана́ва, сток

**runner** [ˈrʌnə] *n* 1) бегу́н, уча́стник состяза́ния в бе́ге; a poor ~ плохо́й бегу́н; a fast ~ хоро́ший бегу́н 2) инкасса́тор 3) посы́льный, гоне́ц, курье́р; рассы́льный 4) *уст.* полице́йский 5) контрабанди́ст 6) контраба́ндное су́дно 7) по́лоз (*саней*) 8) ле́звие (*конька*) 9) доро́жка (*на столе, на полу*) 10) *тех.* бегуно́к; ходово́й ро́лик; рабо́чее колесо́ (*турбины*); ро́тор, ве́рхний жёрнов 11) ползу́чее расте́ние; стелю́щийся побе́г (*с корнями*) 12) ус (*земляники, клубники*) 13) *мор.* ходово́й коне́ц (*снасти*)

**runner-up** [ˈrʌnərˈʌp] *n* уча́стник состяза́ния, заня́вший второ́е ме́сто

**running** [ˈrʌnɪŋ] **1.** *pres. p. от* run 2

**2.** *n* 1) бе́ганье; бег(а́), беготня́ 2) ход, рабо́та (*машины, мотора и т. п.*) ◇ to be in the ~ име́ть ша́нсы на вы́игрыш; to be out of the

~ не иметь шансов на выигрыш; to make the ~ а) добиться хороших результатов (*о жокее, скаковой лошади*); б) добиться успеха, преуспевать; to make good one's ~ не отставать; преуспевать; to take up the ~ а) вести (*в гонке*); б) брать инициативу в свои руки

3. *a* 1) бегущий 2) беговой; ~ track (*или* path) беговая дорожка 3) текущий; ~ account текущий счёт 4) последовательный, непрерывный; ~ commentary радиорепортаж; ~ fire беглый огонь; ~ hand беглый почерк 5) плавный 6) текучий 7): ~ eyes слезящиеся глаза; ~ sore гноящаяся рана 8) ползучий, вьющийся (*о растении*) 9) подвижной, работающий; ~ rigging *мор.* бегучий такелаж 10) *predic.* последовательный, идущий подряд; four days ~ четыре дня подряд

**running-board** [ˈrʌnɪŋbɔːd] *n* подножка (*автомобиля*)

**running knot** [ˈrʌnɪŋˈnɔt] *n* затяжной узел, удавка

**running mate** [ˈrʌnɪŋˈmeɪt] *n* 1) человек, которого часто видят в компании другого 2) *амер.* кандидат на пост вице-президента

**running title** [ˈrʌnɪŋˈtaɪtl] *n полигр.* колонтитул

**runny** [ˈrʌnɪ] *a* 1) текучий, жидкий 2) слезящийся

**run-on** [ˈrʌnɔn] **1.** *n полигр.* приложение

2. *a* дополнительный

**run-out** [ˈrʌnaut] *n* 1) изнашивание, износ 2) выход, выпуск 3) движение по инерции 4) *тех.* диффузор

**runt** [rʌnt] *n* 1) низкорослое животное 2) карликовое растение 3) *разг.* человек маленького роста; коротышка

**run-through** [ˈrʌnθruː] *n* 1) просмотр; прослушивание 2) *разг.* репетиция

**run-up** [ˈrʌnʌp] *n* 1) разбег 2) *ав.* заход на цель 3) *тех.* пуск

**runway** [ˈrʌnweɪ] *n* 1) *ав.* взлётно-посадочная полоса 2) спуск для гидросамолётов 3) *тех.* подкрановый путь; *ж.-д.* подъездной путь 4) *спорт.* дорожка разбега 5) тропа к водопою 6) ложе реки 7) огороженное место (*для кур и т. п.*) 8) *театр.* узкая платформа, помост, соединяющий сцену с залом

**rupee** [ruːˈpiː] *n* рупия (*денежная единица некоторых стран Азии*)

**rupture** [ˈrʌptʃə] **1.** *n* 1) прорыв; пролом 2) разрыв; ~ between friends ссора друзей 3) *мед.* грыжа; прободение; разрыв; перелом; the ~ of a blood-vessel разрыв кровеносного сосуда 4) *эл.* пробой (*изоляции*)

2. *v* 1) прорывать (*оболочку*) 2) порывать (*связь, отношения*) 3) *мед.* вызывать грыжу

**rural** [ˈruərəl] *a* сельский, деревенский; ~ economy сельское хозяйство

**ruse** [ruːz] *n* уловка, хитрость

**rush** I [rʌʃ] *n* 1) *бот.* тростник; камыш; ситник 2) совершенный пустяк, мелочь; not to care a ~ быть равнодушным; not to give a ~ for smth. не придавать значения чему-л.; it's not worth a ~ ≅ гроша ломаного не стоит

**rush** II [rʌʃ] **1.** *n* 1) стремительное движение, бросок; натиск, напор; a ~ of customers наплыв покупателей 2) стремление (*к чему-л.*); погоня (*за чем-л.*); ~ for wealth погоня за богатством; ~ of armaments гонка вооружений; gold ~ золотая лихорадка 3) большой спрос (for — на) 4) напряжение, спешка, суета; in a ~ в спешке 5) прилив (*крови и т. п.*) 6) *воен.* стремительная атака 7) *воен.* перебежка 8) *амер. унив.* состязание, соревнование 9) *горн.* внезапная осадка кровли 10) *attr.* спешный, срочный, требующий быстрых действий; ~ work *амер.* напряжённая, спешная работа; ~ meeting *амер.* наспех созванное собрание

2. *v* 1) бросаться, мчаться, нестись, устремляться (*тж. перен.*); an idea ~ed into my mind мне вдруг пришло на ум; words ~ed to his lips слова так и посыпались из его уст 2) действовать, выполнять слишком поспешно; to ~ to a conclusion делать поспешный вывод; to ~ into an undertaking необдуманно бросаться в какое-л. предприятие; to ~ into print слишком поспешно отдавать в печать; to ~ a bill through the House провести в спешном порядке законопроект через парламент 3) нахлынуть (*о чувствах, воспоминаниях и т. п.*) 4) увлекать, стремительно тащить, торопить; to refuse to be ~ed отказываться делать (*что-л.*) второпях 5) *воен.* брать стремительным натиском; to be ~ed подвергнуться внезапному нападению 6) дуть порывами (*о ветре*) 7) быстро доставлять 8) *sl.* обдирать (*покупателя*) 9) *амер. разг.* приударять, ухаживать (*за кем-л.*)

**rush candle** [ˈrʌʃˌkændl] = rushlight 1)

**rush-hours** [ˈrʌʃˌauəz] *n pl* часы пик

**rushlight** [ˈrʌʃlaɪt] *n* 1) свеча с фитилём из сердцевины ситника 2) слабый свет; слабый проблеск (*разума и т. п.*)

**rushy** [ˈrʌʃɪ] *a* 1) поросший камышом, тростником 2) тростниковый; камышовый

**rusk** [rʌsk] *n* сухарь

**russet** [ˈrʌsɪt] **1.** *n* 1) красновато-коричневый цвет; желтовато-коричневый цвет 2) сорт желтовато-коричневых яблок 3) грубая домотканая желтовато-коричневая *или* красновато-коричневая ткань

2. *a* 1) красновато-коричневый; желтовато-коричневый 2) *уст.* деревенский, простой

**Russian** [ˈrʌʃən] **1.** *a* русский

2. *n* 1) русский; русская; the ~s *pl собир.* русские 2) русский язык

**russule** [ˈrʌsjuːl] *n бот.* сыроежка

**rust** [rʌst] **1.** *n* 1) ржавчина 2) *бот.* ржавчина

2. *v* 1) ржаветь, делаться ржавым 2) делать ржавым 3) портиться, притупляться (*от бездействия*) 4) быть поражённым ржавчиной (*о растениях*)

**rustic** [ˈrʌstɪk] **1.** *a* 1) простой, простоватый; грубый 2) сельский, деревенский 3) грубо сработанный; неотёсанный; нескладный; ~ masonry кладка из неотёсанного камня, рустовка

2. *n* 1) сельский житель, крестьянин 2) грубо отёсанный камень, руст

**rusticate** [ˈrʌstɪkeɪt] *v* 1) удалиться в деревню, жить в деревне 2) прививать простые, грубые манеры; огрублять 3) временно исключать (*студента*) из университета 4) *стр.* рустовать

**rustication** [ˌrʌstɪˈkeɪʃən] *n* 1) удаление в деревню 2) временное исключение (*студента*) из университета 3) *стр.* рустовка

**rusticity** [rʌsˈtɪsɪtɪ] *n* 1) безыскусственность, простота 2) деревенские нравы

**rustle** [ˈrʌsl] **1.** *n* шелест, шорох; шуршание

2. *v* 1) шелестеть; шуршать 2) *амер. разг.* действовать быстро и энергично 3) *амер. разг.* красть (*скот*)

**rustler** [ˈrʌslə] *n амер. разг.* 1) человек, занимающийся кражей и клеймением чужого скота 2) *sl.* делец, энергичный человек

**rustless** [ˈrʌstlɪs] = rustproof

**rustproof** [ˈrʌstpruːf] *a* нержавеющий

**rusty** I [ˈrʌstɪ] *a* 1) заржавленный, ржавый 2) цвета ржавчины; порыжевший (*о материи*) 3) запущенный; his French is a little ~ он немного забыл французский язык 4) устаревший 5) хриплый

**rusty** II [ˈrʌstɪ] *a* прогорклый

**rusty** III [ˈrʌstɪ] *a* 1) норовистый (*о лошади*) 2) *разг.* раздражительный, злой, сердитый

**rut** I [rʌt] **1.** *n* 1) колея, борозда 2) привычка; что-л. обычное, привычное; to move in a ~ идти по проторённой дорожке 3) *тех.* жёлоб; фальц, выемка

2. *v* оставлять колеи, проводить борозды

**rut** II [rʌt] *зоол.* **1.** *n* охота, половое возбуждение (*у самцов*)

2. *v* быть в охоте (*о самцах*)

**rutabaga** [ˌruːtəˈbeɪgə] *n* брюква

**ruth** [ruːθ] *n уст.* жалость, сострадание

**ruthenium** [ru(ː)ˈθiːnjəm] *n хим.* рутений

**ruthless** [ˈruːθlɪs] *a* безжалостный, жестокий

**rutted** I [ˈrʌtɪd] **1.** *p. p. от* rut I, 2

2. *a* изрезанный колеями

**rutted** II [ˈrʌtɪd] *p. p. от* rut II, 2

**rutty** [ˈrʌtɪ] = rutted I, 2

**rye** [raɪ] *n* 1) рожь 2) *амер.* хлебная водка 3) *attr.* ржаной

**rye-bread** [ˈraɪˈbred] *n* ржано́й хлеб
**ryot** [ˈraɪət] *n* индийский кре́стья́нин, земледе́лец

# S

**S, s** [es] (*pl* Ss, S's [ˈesɪz]) 1) *19-я буква англ. алфавита* 2) предме́т *или* ли́ния в ви́де бу́квы S; the river makes a great S река́ прихотли́во извива́ется

**'s** [z *после гласных и звонких согласных*, s *после глухих согласных*] *сокр. разг.* 1) = is *в форме Present Continuous, в функции глагола-связки в сложном сказуемом или в обороте* there is: he's (= he is) going to London one of these days он на днях е́дет в Ло́ндон; she's (= she is) gone она́ ушла́; it's (= it is) time to get up пора́ встава́ть; there's (= there is) no use не сто́ит 2) = has *в форме Present Perfect*: she's (= she has) taken it она́ взяла́ э́то 3) = us *в сочетании* let us: let's (= let us) have a look дава́йте посмо́трим 4) = does *в вопр. предл.*: what's (= what does) he say about it? что он говори́т по э́тому по́воду?

**sabbath** [ˈsæbəθ] *n* 1) суббо́та (*у евреев*) 2) воскресе́нье (*у христиан*) 3) *книжн.* поко́й, отдохнове́ние 4) ша́баш ведьм (*тж.* witches' ~)

**sabbath school** [ˈsæbəθˈskuːl] *n* воскре́сная шко́ла

**sabbatic(al)** [səˈbætɪk(əl)] *a* 1) суббо́тний (*у евреев*) 2) воскре́сный (*у христиан*) ◇ ~ year а) *библ.* ка́ждый седьмо́й год; б) *амер.* (ка́ждый седьмо́й) год, когда́ профе́ссор университе́та свобо́ден от ле́кций

**saber** [ˈseɪbə] *амер.* = sabre

**sable I** [ˈseɪbl] *n* 1) со́боль 2) собо́лий мех 3) *attr.* собо́лий

**sable II** [ˈseɪbl] *поэт.* **1.** *n* 1) чёрный цвет 2) *pl* тра́ур

**2.** *a* чёрный, тра́урный; мра́чный ◇ his ~ Majesty дья́вол, сатана́

**sabot** [ˈsæbəu] *фр.* *n* деревя́нный башма́к; сабо́

**sabotage** [ˈsæbətɑːʒ] *фр.* **1.** *n* 1) сабота́ж 2) диве́рсия; act of ~ диверсио́нный акт

**2.** *v* 1) саботи́ровать 2) организо́вывать диве́рсию

**saboteur** [ˌsɑːbəˈtəː] *фр.* *n* диверса́нт

**sabre** [ˈseɪbə] **1.** *n* 1) са́бля, ша́шка 2) *pl* кавалери́сты

**2.** *v* руби́ть са́блей

**sabre-rattle** [ˈseɪbəˌrætl] *v* бряца́ть ору́жием

**sabre-rattling** [ˈseɪbəˌrætlɪŋ] **1.** *pres. p. от* sabre-rattle

**2.** *n* бряца́ние ору́жием

**sabretache** [ˈsæbətæʃ] *n* *воен. ист.* та́шка

**sabre-toothed** [ˈseɪbətuːθt] *a* *зоол.* саблезу́бый; ~ tiger (ископа́емый) саблезу́бый тигр

**sabulous** [ˈsæbjuləs] *a* песча́ный

**sac** [sæk] *n* 1) *биол.* мешо́чек, су́мка 2) сак (*пальто*)

**saccate** [ˈsækeɪt] *a* *биол.* 1) мешкообра́зный 2) заключённый в мешо́чек

**saccharic** [səˈkærɪk] *a*: ~ acid *хим.* са́харная кислота́

**saccharify** [səˈkærɪfaɪ] *v* *хим.* превраща́ть (*крахмал*) в са́хар

**saccharin** [ˈsækərɪn] *n* сахари́н

**saccharine I** [ˈsækərɪn] = saccharin

**saccharine II** [ˈsækəraɪn] *a* 1) са́харный; са́харистый 2) слаща́вый, при́торный

**saccharose** [ˈsækərəus] *n* *хим.* сахаро́за, тростнико́вый са́хар

**sacciform** [ˈsæksɪfɔːm] *a* *биол.* мешкообра́зный

**sacerdotal** [ˌsæsəˈdəutl] *a* свяще́ннический, жре́ческий

**sacerdotalism** [ˌsæsəˈdəutəlɪzm] *n* 1) систе́ма госуда́рственного управле́ния, признаю́щая власть духове́нства 2) *пренебр.* интри́ги духове́нства, вмеша́тельство духове́нства в све́тские дела́

**sachem** [ˈseɪtʃəm] *n* *амер.* 1) вождь (*некоторых индейских племён*) 2) вождь конфедера́ции североамерика́нских инде́йских племён 3) *разг.* полити́ческий босс

**sack I** [sæk] **1.** *n* 1) мешо́к, куль 2) свобо́дное же́нское пла́тье (*модное в XVIII в.*) 3) сак (*пальто*) 4) *амер.* ко́йка; посте́ль ◇ to get the ~ быть уво́ленным; to give smb. the ~ уво́лить кого́-л.

**2.** *v* 1) класть *или* ссыпа́ть в мешо́к 2) *разг.* уво́лить

**sack II** [sæk] **1.** *n* разграбле́ние; to put to the ~ разгра́бить

**2.** *v* 1) гра́бить 2) отдава́ть на разграбле́ние (*побеждённый город*)

**sack III** [sæk] *n* *ист.* бе́лое сухо́е вино́, импорти́ровавшееся из Испа́нии и с Кана́рских острово́в

**sackcloth** [ˈsækklɔθ] *n* 1) холст; мешкови́на; дерю́га 2) власяни́ца

**sack-coat** [ˈsækkəut] *n* широ́кое, свобо́дное пальто́

**sackful** [ˈsækful] *n* по́лный мешо́к (*чего-л.*); ~s of grain по́лные мешки́ зерна́

**sacking I** [ˈsækɪŋ] **1.** *pres. p. от* sack I, 2

**2.** *n* 1) материа́л из мешко́в, мешкови́на 2) насы́пка в мешки́

**sacking II** [ˈsækɪŋ] *pres. p. от* sack II, 2

**sack-race** [ˈsækreɪs] *n* бег в мешка́х (*аттракцион*)

**sacra** [ˈseɪkrə] *pl от* sacrum

**sacral** [ˈseɪkrəl] *a* 1) обря́довый, ритуа́льный 2) *анат.* крестцо́вый

**sacrament** [ˈsækrəmənt] *n* 1) *церк.* та́инство; прича́стие 2) си́мвол, знак 3) кля́тва; обе́т

**sacramental** [ˌsækrəˈmentl] *a* 1) сакрамента́льный, свяще́нный 2) кля́твенный

**sacred** [ˈseɪkrɪd] *a* 1) свяще́нный; свято́й; it's my ~ duty to do this мой свяще́нный долг сде́лать э́то; ~ music духо́вная му́зыка 2) неприкоснове́нный 3) посвящённый (to)

**sacrifice** [ˈsækrɪfaɪs] **1.** *n* 1) же́ртва; to make a ~ приноси́ть же́ртву; at the ~ of smth. поже́ртвовав чем-л.; the great (*или* last) ~ смерть в бою́ за ро́дину 2) убы́ток; to sell at a ~ продава́ть себе́ в убы́ток 3) жертвоприноше́ние

**2.** *v* 1) приноси́ть в же́ртву, же́ртвовать; to ~ oneself же́ртвовать собо́й 2) соверша́ть жертвоприноше́ние

**sacrificial** [ˌsækrɪˈfɪʃəl] *a* же́ртвенный

**sacrilege** [ˈsækrɪlɪdʒ] *n* святота́тство, кощу́нство

**sacrilegious** [ˌsækrɪˈlɪdʒəs] *a* святота́тственный, кощу́нственный

**sacrist, sacristan** [ˈsækrɪst, ˈsækrɪstən] *n* *церк.* ри́зничий

**sacristy** [ˈsækrɪstɪ] *a* ри́зница

**sacrosanct** [ˈsækrəusæŋkt] *a* свяще́нный; неприкоснове́нный

**sacrum** [ˈseɪkrəm] *n* (*pl* -rums [-rəmz], -ra) *анат.* кресте́ц

**sad** [sæd] *a* 1) печа́льный, уны́лый, гру́стный; a ~ mistake доса́дная оши́бка 2) *разг.* ужа́сный, отча́янный; ~ coward отча́янный трус; he writes ~ stuff он пи́шет ужа́сно 3) *диал.* тяжелый, с зака́лом (*о хлебе*) 4) ту́склый, тёмный (*о краске*) ◇ in ~ earnest соверше́нно серьёзно; ~ dog пове́са, шалопа́й

**sadden** [ˈsædn] *v* печа́лить(ся)

**saddle** [ˈsædl] **1.** *n* 1) седло́ 2) седёлка 3) седлови́на (*горной цепи*) 4) *геол.* антиклина́льная скла́дка 5) *тех.* подкла́дка, башма́к; сала́зки; су́ппорт (*станка*); гнездо́ (*клапана*) 6) сою́зка (*башмака*); white shoes with brown ~s бе́лые ту́фли с кори́чневыми сою́зками 7) *кул.* седло́; ~ of mutton седло́ бара́шка ◇ to put the ~ on the right horse обвиня́ть кого́ сле́дует; обвиня́ть справедли́во; to be in the ~ верхово́дить

**2.** *v* 1) седла́ть (*тж.* ~ up); сади́ться в седло́ 2) взва́ливать (upon); обременя́ть (with)

**saddleback** [ˈsædlbæk] *n* седлови́на (*горы́*)

**saddle-bag** [ˈsædlbæg] *n* седе́льный вьюк; переме́тная сума́

**saddle-blanket** [ˈsædlˌblæŋkɪt] *n* потни́к

**saddle-bow** [ˈsædlbəu] *n* седе́льная лука́

**saddle-cloth** [ˈsædlklɔθ] *n* чепра́к

**saddlefast** [ˈsædlfɑːst] *a* кре́пко держа́щийся в седле́

**saddle-girth** [ˈsædlgəːθ] *n* подпру́га

**saddle-horse** [ˈsædlhɔːs] *n* верхова́я ло́шадь

**saddle-pin** [ˈsædlpɪn] *n* опо́рная сто́йка седла́ (*у велосипеда и т. п.*)

**saddler** [ˈsædlə] *n* 1) седе́льный ма́стер, шо́рник 2) *амер.* верхова́я ло́шадь

**saddlery** [ˈsædlərɪ] *n* 1) шо́рное де́ло 2) шо́рная мастерска́я 3) седе́льное снаряже́ние

**saddle shoes** [ˈsædlˈʃuːz] *n pl* ту́фли с цветны́ми сою́зками

**saddle-spring** [ˈsædlsprɪŋ] *n* седе́льный амортиза́тор (*у велосипеда и т. п.*)

**saddle strap** [ˈsædlˈstræp] *n* вью́чный реме́нь

**saddle-tree** [ˈsædltri:] *n* 1) карка́с сиде́нья (*велосипеда и т. п.*) 2) *бот.* тюльпа́нное де́рево

**sad-iron** [ˈsædˌaɪən] *n* масси́вный утю́г

**sadism** [ˈseɪdɪzm] *n* сади́зм

**sadist** [ˈseɪdɪst] *n* сади́ст

**sadness** [ˈsædnɪs] *n* печа́ль, уны́ние

**safari** [səˈfɑ:rɪ] *араб. n* сафа́ри, охо́тничья экспеди́ция (*обыкн. в Восточной Африке*)

**safe** [seɪf] **1.** *n* 1) сейф, несгора́емый я́щик *или* шкаф 2) холоди́льник

**2.** *a* 1) невреди́мый; ~ and sound це́л(ый) и невреди́м(ый) 2) сохра́нный; в безопа́сности; now we are (can feel) ~ тепе́рь мы (мо́жем чу́вствовать себя́) в безопа́сности 3) безопа́сный; ве́рный, надёжный; ~ method надёжный ме́тод; ~ place надёжное ме́сто; it is ~ to say мо́жно с уве́ренностью сказа́ть; I have got him ~ он не убежи́т; он не смо́жет сде́лать ничего́ дурно́го 4) осторо́жный (*о человеке*) ◇ as ~ as houses ≅ мо́жно положи́ться как на ка́менную стену́; соверше́нно надёжный; to be on the ~ side на вся́кий слу́чай; для бо́льшей ве́рности

**safe conduct** [ˈseɪfˈkɔndʌkt] *n* 1) охра́нное свиде́тельство 2) охра́на, эско́рт

**safe deposit** [ˈseɪfdɪˌpɔzɪt] *n* храни́лище; сейф

**safeguard** [ˈseɪfgɑ:d] **1.** *n* 1) гара́нтия; охра́на 2) охра́нное свиде́тельство 3) предосторо́жность 4) предохрани́тель; предохрани́тельное устро́йство 5) *воен.* охра́на, конво́й

**2.** *v* охраня́ть, гаранти́ровать (against)

**safely** [ˈseɪflɪ] *adv* 1) в сохра́нности 2) безопа́сно; благополу́чно; it may ~ be said мо́жно с уве́ренностью сказа́ть

**safety** [ˈseɪftɪ] *n* безопа́сность; сохра́нность; with ~ безопа́сно, без ри́ска; in ~ в безопа́сности; to play for ~ избега́ть ри́ска; ~ first! соблюда́йте осторо́жность!; road ~ пра́вила безопа́сности у́личного движе́ния ◇ there is ~ in numbers *посл.* безопа́снее де́йствовать сообща́; ≅ оди́н в по́ле не во́ин

**safety-belt** [ˈseɪftɪbelt] *n* 1) спаса́тельный по́яс 2) *ав.* привязно́й реме́нь

**safety-bolt** [ˈseɪftɪbəult] *n тех.* предохрани́тельный болт

**safety curtain** [ˈseɪftɪˌkə:tn] *n театр.* противопожа́рный асбе́стовый за́навес

**safety film** [ˈseɪftɪfɪlm] *n* безопа́сная, невоспламеня́ющаяся киноплёнка

**safety fuse** [ˈseɪftɪfju:z] *n* 1) *горн.* огнепрово́дный шнур 2) *эл.* пла́вкий предохрани́тель

**safety glass** [ˈseɪftɪglɑ:s] *n* небью́щееся, безоско́лочное стекло́

**safety island** [ˈseɪftɪˌaɪlənd] *n* острово́к безопа́сности (*для пешеходов*)

**safety lamp** [ˈseɪftɪlæmp] *n* безопа́сная ла́мпа, рудни́чная ла́мпа

**safety match** [ˈseɪftɪmætʃ] *n* (безопа́сная) спи́чка

**safety-nut** [ˈseɪftɪnʌt] *n тех.* контрга́йка

**safety-pin** [ˈseɪftɪpɪn] *n* безопа́сная, англи́йская була́вка

**safety razor** [ˈseɪftɪˌreɪzə] *n* безопа́сная бри́тва

**safety strip** [ˈseɪftɪstrɪp] *n* полоса́ безопа́сности (*вырубка для предупреждения распространения лесного пожара*)

**safety-valve** [ˈseɪftɪvælv] *n* 1) предохрани́тельный кла́пан 2) *перен.* вы́ход, отду́шина ◇ to sit on the ~ а) не дава́ть вы́хода страстя́м; чу́вствам *и т. п.*; б) проводи́ть поли́тику репре́ссий

**saffian** [ˈsæfjən] *русск. n* сафья́н

**saffron** [ˈsæfrən] **1.** *n бот.* шафра́н

**2.** *a* шафра́нный, шафра́новый

**3.** *v* окра́шивать шафра́ном *или* в шафра́новый цвет

**sag** [sæg] **1.** *n* 1) проги́б, прове́с 2) переко́с; оседа́ние 3) паде́ние цен 4) *тех.* стрела́ проги́ба *или* прове́са 5) *мор.* ува́ливание *или* дрейф под ве́тер; уклоне́ние от ку́рса

**2.** *v* 1) прогиба́ть(ся); the beams have begun to ~ ба́лки начина́ют прогиба́ться 2) осе́сть; покоси́ться 3) свиса́ть; обвиса́ть; the dress ~s at the back пла́тье виси́т сза́ди 4) *амер.* ослабева́ть 5) па́дать в цене́ 6) *мор.* отклоня́ться от ку́рса; ува́ливаться под ве́тер

**saga** [ˈsɑ:gə] *n* са́га, сказа́ние

**sagacious** [səˈgeɪʃəs] *a* 1) проница́тельный, дальнови́дный; прозорли́вый 2) здравомы́слящий; благоразу́мный 3) у́мный (*о животном*)

**sagacity** [səˈgæsɪtɪ] *n* 1) проница́тельность; прозорли́вость 2) сообрази́тельность, поня́тливость (*животных*) 3) практи́ческий ум

**sagamore** [ˈsægəmɔ:] = sachem 1) и 2)

**sage** I [seɪdʒ] *n бот.* шалфе́й

**sage** II [seɪdʒ] **1.** *n* мудре́ц

**2.** *a* му́дрый, глубокомы́сленный (*часто ирон.*)

**sage-brush** [ˈseɪdʒbrʌʃ] *n бот.* полы́нь

**sage-green** [ˈseɪdʒˈgri:n] **1.** *a* серова́то-зелёный

**2.** *n* серова́то-зелёный цвет (*цвет шалфейного листа*)

**sage tea** [ˈseɪdʒti:] *n* насто́й шалфе́я

**saggar, sagger** [ˈsægə] *n* ка́псула для о́бжига керами́ческих изде́лий

**sagittal** [ˈsædʒɪtl] *a* 1) стрелови́дный 2) *анат.* сагитта́льный

**Sagittarius** [ˌsædʒɪˈtɛərɪəs] *n* Стреле́ц (*созвездие и знак зодиака*)

**sago** [ˈseɪgəu] *n* (*pl* -os [-əuz]) 1) са́го (*крупа*) 2) *attr.*: ~ palm са́говая па́льма

**sahib** [ˈsɑ:hɪb] *инд. n* 1) (S.) ти́тул, прибавля́емый к имена́м высокопоста́вленных *или* должностны́х лиц (Raja S., the Colonel S.) 2) саги́б, господи́н, хозя́ин (*почтительное обращение к европейцу в колониальной Индии*)

**said** [sed] **1.** *past и p. p. от* say 1

**2.** *a*: the ~ (выше)упомя́нутый, (выше)ука́занный; the ~ witness вышеука́занный свиде́тель; the ~ sum of money вышеупомя́нутая су́мма (*денег*)

**sail** [seɪl] **1.** *n* 1) па́рус(а́); to hoist (*или* to make) ~ ста́вить паруса́; *перен.* уходи́ть, убира́ться восвоя́си; it's time to hoist ~ пора́ уходи́ть (*или* идти́); to crowd ~ форси́ровать паруса́; ста́вить все нали́чные паруса́; to carry ~ нести́ паруса́ (*о корабле*); to shorten ~ убавля́ть паруса́; *перен.* заме́длить ход; to strike ~ убра́ть паруса́; *перен.* призна́ть свою́ неправоту́; призна́ть себя́ побеждённым; (in) full ~ на всех паруса́х; under ~ под паруса́ми; to set ~ отправля́ться в пла́вание; to take in ~ а) убира́ть паруса́; б) уме́рить пыл; сба́вить спе́си 2) па́русное су́дно; ~ ho! ви́ден кора́бль! 3) *собир.* па́русные суда́; a fleet of 30 ~ флоти́лия из 30 корабле́й 4) пла́вание; we went for a ~ мы отпра́вились ката́ться на па́русной ло́дке 5) крыло́ ветряно́й ме́льницы

**2.** *v* 1) идти́ под паруса́ми 2) пла́вать; отплыва́ть 3) нести́сь, лете́ть 4) пла́вно дви́гаться, выступа́ть, «плыть»; ше́ствовать 5) управля́ть (*судном*) 6) пуска́ть (*кораблики*) □ ~ **in** приня́ть реши́тельные ме́ры, вмеша́ться; ~ **into** *разг.* набро́ситься, обру́шиться на *кого-л.* (*с бранью и т. п.*)

**sailboat** [ˈseɪlbəut] *n* па́русная шлю́пка

**sail-cloth** [ˈseɪlklɔθ] *n* паруси́на

**sailer** [ˈseɪlə] *n* па́русное су́дно; bad (good) ~ плохо́й (хоро́ший) ходо́к (*о парусном судне*)

**sailing** [ˈseɪlɪŋ] **1.** *pres. p. от* sail 2

**2.** *n* 1) пла́вание; мореходство 2) отхо́д, отплы́тие 3) кораблевожде́ние; навига́ция 4) па́русный спорт

**3.** *a* 1) па́русный 2) относя́щийся к ре́йду корабля́; ~ orders инстру́кция капита́ну пе́ред вы́ходом в мо́ре

**sailing-craft** [ˈseɪlɪŋkrɑ:ft] *n* па́русное су́дно

**sailing-master** [ˈseɪlɪŋˌmɑ:stə] *n* шту́рман

**sailing-ship** [ˈseɪlɪŋʃɪp] *n* па́русное су́дно, па́русник

**sailing-vessel** [ˈseɪlɪŋˌvesl] = sailing-ship

**sailor** [ˈseɪlə] *n* 1) матро́с, моря́к; freshwater ~ новичо́к, нео́пытный моря́к; ~ before the mast (рядово́й) матро́с 2) *attr.* матро́сский; ~ suit матро́ска; ~ hat да́мская соло́менная шля́па с ни́зкой тулье́й и у́зкими *или* по́днятыми поля́ми ◇ to be ↘

good (bad) ~ хорошо́ (пло́хо) переноси́ть ка́чку на мо́ре

**sailorly** [ˈseɪləlɪ] *a* 1) ло́вкий; спосо́бный 2) характе́рный для моряка́

**sail-plane** [ˈseɪlpleɪn] *n* планёр

**sainfoin** [ˈsænfɔɪn] *n бот.* эспарце́т

**saint** [seɪnt (*полная форма*); sənt, sɪnt, snt (*редуцированные формы*)] *n* свято́й

**sainted** [ˈseɪntɪd] *a* 1) свято́й 2) канонизи́рованный; причи́сленный к ли́ку святы́х

**sainthood** [ˈseɪnthud] *n* свя́тость

**saintlike** [ˈseɪntlaɪk] = saintly

**saintly** [ˈseɪntlɪ] *a* безгре́шный, свято́й

**saith** [seθ] *уст. 3-е л. ед. ч. настоящего времени гл.* to say

**sake** [seɪk] *n*: for the ~ of, for one's ~ ра́ди; do it for Mary's ~ сде́лайте э́то ра́ди Мэ́ри; for our ~s ра́ди нас; for God's ~, for Heaven's ~ ра́ди бо́га, ра́ди всего́ свято́го (*для выражения раздражения, досады, мольбы*); for conscience' ~ для успокое́ния со́вести; for old ~'s ~ в па́мять про́шлого; for the ~ of glory ра́ди сла́вы; for the ~ of making money из-за де́нег ◇ ~s alive! *амер.* вот тебе́ раз!, ну и ну!; вот э́то да!

**sal** [sæl] *n хим., фарм.* соль

**salaam** [səˈlu:m] **1.** *n* селя́м (*восточное приветствие*)

**2.** *v* приве́тствовать

**salable** [ˈseɪləbl] *a* 1) по́льзующийся спро́сом; хо́дкий (*о товаре*) 2) хо́дный (*о цене*)

**salacious** [səˈleɪʃəs] *a* 1) похотли́вый, сладостра́стный 2) непристо́йный

**salacity** [səˈlæsɪtɪ] *n* 1) похотли́вость, сладостра́стие 2) непристо́йность

**salad** [ˈsæləd] *n* сала́т; винегре́т

**salad-bowl** [ˈsælədbəul] *n* сала́тница

**salad-days** [ˈsæləddeɪz] *n* пора́ ю́ношеской нео́пытности; зелёная ю́ность

**salad-dressing** [ˈsæləd,dresɪŋ] *n* запра́вка к сала́ту

**salad-oil** [ˈsælədˈɔɪl] *n* оли́вковое, прова́нское ма́сло; ма́сло для сала́та

**salamander** [ˈsælə,mændə] *n* 1) *зоол.* салама́ндра 2) *метал.* козёл; на́стыль 3) жаро́вня

**salame** [səˈlɑ:mɪ] *ит. n* (*pl* -mi) (*обыкн. pl*) саля́ми (*сорт копчёной колбасы*)

**salami** [səˈlɑ:mi(:)] *pl от* salame

**sal-ammoniac** [,sæləˈməunɪæk] *n* нашаты́рь

**salaried** [ˈsælərɪd] *a* получа́ющий жа́лованье, находя́щийся на жа́лованье, окла́де; ~ personnel слу́жащие

**salary** [ˈsælərɪ] *n* жа́лованье; окла́д

**sale** [seɪl] *n* 1) прода́жа; сбыт; to be for (*или* on) ~ продава́ться 2) прода́жа с аукцио́на, с торго́в; to put up for ~ продава́ть с молотка́ 3) (*обыкн. pl*) распрода́жа по сни́женной цене́ в конце́ сезо́на; bargain (*или* clearance) ~ распрода́жа по сни́женным це́нам

**saleable** [ˈseɪləbl] = salable

**sale-price** [ˈseɪlpraɪs] *n* 1) *эк.* прода́жная цена́ 2) сни́женная цена́; to sell at ~ продава́ть по цене́ сезо́нной распрода́жи

**sale-room** [ˈseɪlrum] *n* аукцио́нный зал

**saleslady** [ˈseɪlz,leɪdɪ] *амер. разг. см.* saleswoman

**salesman** [ˈseɪlzmən] *n* 1) продаве́ц 2) комиссионе́р 3) *амер.* коммивояжёр (*тж.* travelling ~)

**salesmanship** [ˈseɪlzmənʃɪp] *n* 1) уме́ние продава́ть, торгова́ть 2) *перен.* уме́ние заинтересова́ть люде́й; уме́ние преподнести́ материа́л

**salespeople** [ˈseɪlz,pi:pl] *n pl собир. амер.* продавцы́

**salesroom** [ˈseɪlzrum] = sale-room

**saleswoman** [ˈseɪlz,wumən] *n* продавщи́ца

**Salic** [ˈsælɪk] *a ист.* сали́ческий

**salicylic** [,sælɪˈsɪlɪk] *a хим.* салици́ловый; ~ acid салици́ловая кислота́

**salience** [ˈseɪljəns] *n* 1) вы́пуклость 2) вы́ступ; клин

**salient** [ˈseɪljənt] **1.** *a* 1) выдаю́щийся, выступа́ющий; ~ angle выступа́ющий у́гол, ребро́ 2) вы́пуклый, заме́тный; я́ркий, броса́ющийся в глаза́; the ~ points in his speech са́мые я́ркие места́ в его́ ре́чи

**2.** *n воен.* клин; вы́ступ (*обращённый в сторону противника*)

**saline** **1.** *n* [səˈlaɪn] 1) солонча́к 2) солёное о́зеро; солёный исто́чник 3) *хим.* соль 4) соляно́й раство́р

**2.** *a* [ˈseɪlaɪn] 1) соляно́й, солево́й 2) солёный

**salinity** [səˈlɪnɪtɪ] *n* солёность

**saliva** [səˈlaɪvə] *n* слюна́

**salivary** [ˈsælɪvərɪ] *a* слю́нный; ~ glands слю́нные же́лезы

**salivate** [ˈsælɪveɪt] *v* 1) вызыва́ть слюноотделе́ние 2) выделя́ть слюну́

**salivation** [,sælɪˈveɪʃən] *n* слюноотделе́ние

**sallow** I [ˈsæləu] *n бот.* и́ва

**sallow** II [ˈsæləu] **1.** *a* желтова́тый, боле́зненный (*о цвете лица*)

**2.** *v* де́лать(ся) жёлтым, желте́ть

**sally** [ˈsælɪ] **1.** *n* 1) *воен.* вы́лазка 2) прогу́лка, экску́рсия 3) вспы́шка (*гнева и т. п.*) 4) остроу́мная ре́плика, остро́та

**2.** *v* 1) *воен.* де́лать вы́лазку (*часто* ~ out) 2) отправля́ться (*обыкн.* ~ forth, ~ out)

**Sally Lunn** [ˈsælɪˈlʌn] *n разг.* сла́дкая бу́лочка

**sally-port** [ˈsælɪpɔ:t] *n воен.* воро́та для вы́лазок (*в укреплении*)

**salmagundi** [,sælməˈgʌndɪ] *фр. n* 1) салмагу́нди (*мясной салат с анчоусами, яйцами и луком*) 2) смесь, вся́кая вся́чина

**salmi** [ˈsælmi(:)] *фр. n* рагу́ из ди́чи

**salmon** [ˈsæmən] **1.** *n* (*pl без измен.*) ло́со́сь; сёмга; dog ~ *амер.* ке́та; red (*или* blueback) ~ не́рка; humpback ~ *амер.* горбу́ша

**2.** *a* ора́нжево-ро́зовый, цве́та сомо́н

**salmon-coloured** [ˈsæmən,kʌləd] = salmon 2

**salmon trout** [ˈsæmənˈtraut] *n зоол.* ку́мжа, ло́со́сь-таймéнь

**salon** [sæˈlɔ:ŋ] *фр. n* 1) гости́ная; приёмная 2) сало́н 3) (the S.) ежего́дная вы́ставка совреме́нного изобрази́тельного иску́сства в Пари́же

**saloon** [səˈlu:n] *n* 1) *амер.* салу́н, пите́йное заведе́ние; пивна́я 2) сало́н (*на пароходе*); сало́н-ваго́н 3) *уст.* зал 4) *авто* седа́н (*тип закрытого кузова*)

**saloon-car, saloon-carriage** [səˈlu:nkɑ:, səˈlu:n,kærɪdʒ] = saloon 4)

**saloon deck** [səˈlu:ndek] *n* пассажи́рская па́луба I кла́сса

**saloon-keeper** [səˈlu:n,ki:pə] *n амер.* тракти́рщик; владе́лец ба́ра

**Salopian** [səˈləupjən] *n* уроже́нец гра́фства Шро́пшир *или* го́рода Шру́сбери

**salsify** [ˈsælsɪfɪ] *n бот.* козлоборо́дник

**salt** [sɔ:lt] **1.** *n* 1) соль, пова́ренная соль; white ~ пищева́я соль; table ~ столо́вая соль; in ~ засо́ленный 2) *pl мед.* ню́хательная соль (*тж.* smelling ~s); слаби́тельное; Epsom ~s англи́йская соль 3) «изю́минка», пика́нтность 4) остроу́мие 5) *разг.* быва́лый моря́к, морско́й волк (*часто* old ~) 6) соло́нка ◇ to sit above (below) the ~ а) сиде́ть на ве́рхнем (ни́жнем) конце́ стола́; б) занима́ть высо́кое (весьма́ скро́мное) положе́ние в о́бществе; to eat smb.'s ~ а) быть чьим-л. го́стем; б) быть нахле́бником у кого́-л.; быть в зави́симом положе́нии; to earn one's ~ не да́ром есть хлеб; true to one's ~ пре́данный своему́ хозя́ину; to put ~ on smb.'s tail *шутл.* насы́пать со́ли на хвост; излови́ть, пойма́ть; the ~ of the earth а) *библ.* соль земли́; б) лу́чшие, досто́йнейшие лю́ди, гра́ждане; not worth one's ~ никчёмный, не сто́ящий того́, что́бы ему́ плати́ли; to take a story with a grain of ~ отнести́сь к расска́зу крити́чески, с недове́рием; I am not made of ~ ≅ не са́харный, не раста́ю

**2.** *a* 1) солёный; ~ as brine (*или* as a herring) о́чень солёный; ≅ одна́ соль 2) жгу́чий, го́рький; ~ tears го́рькие слёзы 3) засо́ленный 4) морско́й; ~ water морска́я вода́; *перен.* слёзы 5) неприли́чный, непристо́йный; «солёный» 6) *sl.* сли́шком дорого́й

**3.** *v* 1) соли́ть 2) соли́ть, заса́ливать; консерви́ровать 3) *перен.* придава́ть остроту́, пика́нтность □ ~ **away**, ~ **down** а) соли́ть, заса́ливать; б) копи́ть, откла́дывать ◇ to ~ a mine иску́сственно повы́сить соде́ржа́ние проб с це́лью вы́дать рудни́к за бо́лее бога́тый (*при продаже*)

**saltation** [sælˈteɪʃən] *n* 1) пры́ганье, пля́ска 2) скачо́к, прыжо́к 3) неожи́данное измене́ние движе́ния, разви́тия

**saltatory** [ˈsæltətərɪ] *a* 1) пры́гающий, ска́чущий 2) скачкообра́зный, ре́зко меня́ющийся; ~ evolution скачкообра́зное разви́тие

**salt beef** [ˈsɔːltbiːf] *n* солони́на

**salt-cake** [ˈsɔːltkeɪk] *n хим.* сернокислый на́трий, сульфа́т на́трия

**salt-cat** [ˈsɔːltkæt] *n* прима́нка для голубе́й

**salt-cellar** [ˈsɔːltˌselə] *n* соло́нка

**salted** [ˈsɔːltɪd] **1.** *p. p. от* salt 3

**2.** *a* 1) солёный 2) *разг.* закалённый, прожжённый

**saltern** [ˈsɔːltəːn] *n* солева́рня

**salt-glaze** [ˈsɔːltgleɪz] *n* обли́вка, глазу́рь

**salt-horse** [ˈsɔːlthɔːs] *sl. см.* salt beef

**salting** [ˈsɔːltɪŋ] **1.** *pres. p. от* salt 3

**2.** *n* иску́сственное повыше́ние содержа́ния проб [*см.* salt 3 ◇]

**salt junk** [ˈsɔːltdʒʌŋk] *n мор. sl.* солони́на

**salt-lick** [ˈsɔːltlɪk] *n* ме́сто, где собира́ются ди́кие живо́тные, привлека́емые выступа́ющей на пове́рхность земли́ со́лью

**salt-marsh** [ˈsɔːltmɑːʃ] *n* солонча́к; низи́на, затопля́емая солёной водо́й

**salt-mine** [ˈsɔːltmaɪn] *n* соляна́я ша́хта

**salt-pan** [ˈsɔːltpæn] *n* 1) чрен для вы́парки рассо́ла, ва́рница 2) соляное о́зеро

**saltpetre** [ˈsɔːltˌpiːtə] *n хим.* сели́тра

**salt-pond** [ˈsɔːltpɔnd] *n* соляно́й пруд

**salt-spoon** [ˈsɔːltspuːn] *n* ло́жечка для со́ли

**salt-water** [ˈsɔːltˌwɔːtə] *a* морско́й

**salt-works** [ˈsɔːltwəːks] = saltern

**saltwort** [ˈsɔːltwɔːt] *n бот.* соля́нка, солеро́с; пота́шник

**salty** [ˈsɔːltɪ] *a* 1) солёный 2) непристо́йный; пика́нтный, «солёный»

**salubrious** [səˈluːbrɪəs] *a* здоро́вый, поле́зный для здоро́вья; цели́тельный; ~ climate здоро́вый кли́мат

**salubrity** [səˈluːbrɪtɪ] *n* 1) кре́пкое здоро́вье 2) усло́вия *или* сво́йства, благоприя́тные для здоро́вья

**salutary** [ˈsæljutərɪ] *a* цели́тельный; благотво́рный, поле́зный

**salutation** [ˌsælju(ː)ˈteɪʃən] *n* приве́тствие

**salutatory** [səˈljuːtətərɪ] *a* приве́тственный

**salute** [səˈluːt] **1.** *n* 1) приве́тствие 2) салю́т 3) *воен.* отда́ние че́сти 4) *уст., шутл.* поцелу́й

**2.** *v* 1) приве́тствовать, здоро́ваться 2) салютова́ть 3) *воен.* отдава́ть честь 4) *уст.* целова́ть 5) встреча́ть; представа́ть (*перед взглядом*); a gloomy view ~d us нам предста́вилось мра́чное зре́лище

**salvage** [ˈsælvɪdʒ] **1.** *n* 1) спасе́ние иму́щества (*на море или от огня*) 2) вознагражде́ние за спасе́ние иму́щества 3) спасённое иму́щество; to make ~ (of) спаса́ть (*что-л.*) 4) подъём затону́вших судо́в 5) сбор и испо́льзование утильсырья́ 6) ути́ль 7) *воен.* трофе́и; сбор трофе́ев; эвакуа́ция подби́той в бою́ материа́льной ча́сти

**2.** *v* 1) спаса́ть (*корабль, имущество*) 2) *воен.* собира́ть трофе́и; эвакуи́ровать подби́тую в бою́ материа́льную часть

**salvation** [sælˈveɪʃən] *n* спасе́ние

**Salvation Army** [sælˈveɪʃənˈɑːmɪ] *n* А́рмия спасе́ния

**Salvationist** [sælˈveɪʃnɪst] *n* член А́рмии спасе́ния

**salve** I [sɑːv] **1.** *n* 1) целе́бная мазь 2) сре́дство для успокое́ния; *поэт.* бальза́м

**2.** *v* 1) *уст.* сма́зывать (*мазью*); врачева́ть 2) смягча́ть (*боль*), успока́ивать (*совесть*); to ~ difficulties сгла́живать тру́дности

**salve** II [sælv] = salvage 2, 1)

**salver** [ˈsælvə] *n* подно́с (*обыкн.* серебряный)

**salvo** I [ˈsælvəu] *n* (*pl* -os [-əuz]) *редк.* 1) оговорка; with an express ~ с осо́бой огово́ркой 2) увёртка; отгово́рка 3) оправда́ние; утеше́ние

**salvo** II [ˈsælvəu] *n* (*pl* -oes, -os [-əuz]) 1) залп, батаре́йная о́чередь 2) бо́мбовый залп 3) взрыв аплодисме́нтов

**sal volatile** [ˌsælvəˈlætəlɪ] *n* ню́хательная соль

**salvor** [ˈsælvə] *n* 1) спаса́тельный кора́бль 2) челове́к, уча́ствующий в спасе́нии (*корабля, имущества*)

**samara** [səˈmɑːrə] *n бот.* крыла́тка

**samarium** [səˈmeɪrɪəm] *n хим.* сама́рий

**sambo** [ˈsæmbəu] *n* (*pl* -os, -oes [-əuz]) 1) са́мбо (*потомок смешанного брака индейцев и негров в Латинской Америке*) 2) (S.) *пренебр.* негр

**Sam Browne** [ˈsæmˈbraun] *n* 1) *разг.* офице́рский похо́дный поясно́й реме́нь (*тж.* ~ belt) 2) *амер. разг.* офице́р

**same** I [seɪm] *pron demonstr.* **1.** *как прил.* тот (же) са́мый; одина́ковый; the ~ causes produce the ~ effects одни́ и те же причи́ны порожда́ют одина́ковые сле́дствия; the ~ observations are true of the others also э́ти же наблюде́ния верны́ и в отноше́нии други́х слу́чаев; they belong to the ~ family они́ принадлежа́т к одно́й и то́й же семье́; to say the ~ thing twice over повторя́ть одно́ и то́ же два́жды; to me she was always the ~ little girl для меня́ она́ остава́лась всё той же ма́ленькой де́вочкой; a symptom of the ~ nature аналоги́чный симпто́м; much the ~ почти́ тако́й же; the patient is much about the ~ состоя́ние больно́го почти́ тако́е же; the very ~ то́чно тако́й же

**2.** *как сущ.* одно́ и то́ же, то́ же са́мое; we must all say (do) the ~ мы все должны́ говори́ть (де́лать) одно́ и то́ же; he would do the ~ again он бы сно́ва сде́лал то́ же са́мое

**3.** *как нареч.* таки́м же о́бразом, так же; I see the ~ through your glasses as I do through mine в ва́ших очка́х я ви́жу так же, как и в свои́х; all the ~ а) всё-таки; тем не ме́нее; thank you all the ~ всё же разреши́те поблагодари́ть вас; б) всё равно́, безразли́чно; it's all the ~ to me мне всё равно́; just the ~ а) таки́м же о́бразом; б) тем не ме́нее, всё-таки

**same** II [seɪm] **1.** *a* однообра́зный; the life is perhaps a little ~ жизнь, пожа́луй, дово́льно однообра́зна

**2.** *n юр., ком.* вышеупомя́нутый; он, его́ *и т. п.*

**samel** [ˈsæməl] *a* пло́хо обожжённый, мя́гкий (*о черепице, кирпиче и т. п.*)

**sameness** [ˈseɪmnɪs] *n* 1) одина́ковость, схо́дство, единообра́зие; то́ждество 2) однообра́зие

**samite** [ˈsæmaɪt] *n* тяжёлый шёлк; парча́ (*изготовляемые в средние века*)

**samlet** [ˈsæmlɪt] *n* молодо́й ло́со́сь

**Sammy** [ˈsæmɪ] *n sl.* Сэ́мми (*прозвище американского солдата во время первой мировой войны*)

**samp** [sæmp] *n амер.* майсовая крупа́ *или* ка́ша

**sampan** [ˈsæmpæn] *n* сампа́н, кита́йская ло́дка

**samphire** [ˈsæmfaɪə] *n бот.* кри́тмум морско́й

**sample** [ˈsɑːmpl] **1.** *n* 1) образе́ц, обра́зчик; book of ~s альбо́м образцо́в 2) про́ба 3) шабло́н, моде́ль

**2.** *v* 1) отбира́ть образцы́, брать обра́зчик *или* про́бу 2) про́бовать, испы́тывать

**sampler** [ˈsɑːmplə] *n* 1) образе́ц вы́шивки 2) *тех.* моде́ль, шабло́н 3) *тех.* колле́ктор, пробоотбо́рщик

**sampling** [ˈsɑːmplɪŋ] **1.** *pres. p. от* sample 2

**2.** *n* отбо́р проб *или* образцо́в

**Samson** [ˈsæmsn] *n* 1) *библ.* Самсо́н 2) сила́ч

**Samuel** [ˈsæmjuəl] *n библ.* Самуи́л

**samurai** [ˈsæmuraɪ] *яп. n* (*pl без измен.*) самура́й

**sanative** [ˈsænətɪv] *a* целе́бный, оздоровля́ющий

**sanatoria** [ˌsænəˈtɔːrɪə] *pl от* sanatorium

**sanatorium** [ˌsænəˈtɔːrɪəm] *n* (*pl* -ria) санато́рий

**sanatory** [ˈsænətərɪ] = sanative

**sanctified** [ˈsæŋktɪfaɪd] **1.** *p. p. от* sanctify

**2.** *a* 1) посвящённый; освящённый 2) ха́нжеский

**sanctify** [ˈsæŋktɪfaɪ] *v* 1) освяща́ть 2) очища́ть от поро́ка 3) посвяща́ть 4) санкциони́ровать

**sanctimonious** [ˌsæŋktɪˈməunjəs] *a* ха́нжеский

**sanctimony** [ˈsæŋktɪmənɪ] *n* ха́нжество́

**sanction** [ˈsæŋkʃən] **1.** *n* 1) са́нкция, ратифика́ция, утвержде́ние 2) одобре́ние, подде́ржка (*чего-л.*) 3) (*обыкн. pl*) са́нкция, ме́ра 4) *юр.* предусмо́тренная зако́ном ме́ра наказа́ния

**2.** *v* 1) санкциони́ровать, утверди́ть 2) одо́брить

**sanctity** [ˈsæŋktɪtɪ] *n* 1) святость 2) *pl* священные обязанности

**sanctuary** [ˈsæŋktjuərɪ] *n* 1) святилище 2) убежище; to break the ~ нарушать неприкосновенность убежища; to seek ~ искать убежища 3) заповедник; bird ~ птичий заповедник

**sanctum (sanctorum)** [ˈsæŋktəm (sæŋkˈtɔːrəm)] *n* 1) *рел.* святая святых 2) *разг.* рабочий кабинет

**sand** [sænd] **1.** *n* 1) песок; гравий 2) *pl* песчинки; numberless as the ~(s) бесчисленные, как песок морской 3) *pl* песчаный пляж; отмель 4) *pl* пески; пустыня 5) песок в песочных часах; *перен.* (*обыкн. pl*) время; дни жизни; the ~s are running out а) время подходит к концу; б) дни сочтены; конец близок 6) *амер. разг.* мужество, стойкость; выдержка 7) песочный цвет ◇ built on ~ построенный на песке, непрочный; to throw ~ in the wheels *амер.* ≅ ставить палки в колёса; создавать искусственные препятствия

**2.** *v* 1) посыпать песком; зарывать в песок 2) чистить *или* шлифовать песком 3) подмешивать песок; to ~ the sugar подмешивать песок в сахар

**sandal** [ˈsændl] **1.** *n* 1) сандалия 2) ремешок (*сандалии и т. п.*)

**2.** *v* (*особ. р. р.*) надевать сандалии

**sandal (wood)** [ˈsændl(wud)] *n* сандаловое дерево

**sand-bag** [ˈsændbæg] *n* 1) мешок с песком 2) балластный мешок 3) орудие оглушения жертвы

**sandbag** [ˈsændbæg] *v* 1) защищать мешками с песком 2) оглушать ударом мешка с песком 3) *амер. разг.* заставлять, принуждать; одолевать

**sandbank** [ˈsændbæŋk] *n* песчаная отмель, банка

**sand-bar** [ˈsændbɑː] *n* наносный песчаный бар

**sand-bath** [ˈsændbɑːθ] *n тех.* песчаная баня

**sand-bed** [ˈsændbed] *n* песчаное дно, русло

**sand-blast** [ˈsændblɑːst] *тех.* **1.** *n* 1) струя воздуха с песком, выбрасываемая пескоструйным аппаратом 2) пескоструйный аппарат

**2.** *v* обдувать песочной струёй

**sand-blind** [ˈsændblaɪnd] *а уст.* плохо видящий, подслеповатый

**sand-box** [ˈsændbɔks] *n* 1) песочница (*для детских игр*) 2) *тех.* песочница 3) *ист.* песочница с промокательным песком 4) литейная форма с песком

**sandboy** [ˈsændbɔɪ] *n*: jolly (*или* happy) as a ~ жизнерадостный, беззаботный

**sand-crack** [ˈsændkræk] *n* 1) трещина на копыте у лошади 2) трещина в кирпиче (*до обжига*)

**sand-dune** [ˈsændˈdjuːn] *n* дюна

**sanded** [ˈsændɪd] **1.** *p. p. от* sand 2

**2.** *а* 1) посыпанный, покрытый песком 2) смешанный с песком

**sand-eel** [ˈsændˈiːl] *n* песчанка (*рыба*)

**sand-glass** [ˈsændglɑːs] *n* песочные часы

**sand-hill** [ˈsændhɪl] *n* дюна

**sand hog** [ˈsændhɔg] *n амер. sl.* рабочий, занятый на кессонных *или* подземных работах

**sandman** [ˈsændmæn] *n детск.* дрёма; the ~ is about *шутл.* ≅ детям пора спать

**sand-martin** [ˈsændˌmɑːtɪn] *n* береговая ласточка

**sandpaper** [ˈsændˌpeɪpə] *n* наждачная бумага, шкурка

**sandpiper** [ˈsændˌpaɪpə] *n зоол.* перевозчик (*птица*)

**sand-pit** [ˈsændpɪt] *n* песчаный карьер

**sand-shoes** [ˈsændʃuːz] *n* текстильные туфли на резиновой подошве для пляжа

**sand-spout** [ˈsændspaut] *n* песчаный смерч

**sandstone** [ˈsændstəun] *n* песчаник

**sand-storm** [ˈsændstɔːm] *n* самум; песчаная буря

**sandwich** [ˈsænwɪdʒ] **1.** *n* 1) сандвич, бутерброд; ham (egg, caviare, *etc.*) ~ бутерброд с ветчиной (яйцом, икрой *и т. п.*) 2) = sandwich-man 3) *attr. тех.* многослойный ◇ to ride (*или* to sit) ~ ехать (сидеть) стиснутым между двумя соседями

**2.** *v* помещать посередине, вставлять (между)

**sandwich-board** [ˈsænwɪdʒbɔːd] *n* рекламные щиты (*прикрепляемые спереди и сзади к несущему их человеку*)

**sandwich-man** [ˈsænwɪdʒmæn] *n* человек-реклама [*см. тж.* sandwich-board]

**sandy** [ˈsændɪ] *а* 1) песчаный; песочный 2) рыжеватый 3) непрочный, зыбкий

**sane** [seɪn] *а* 1) нормальный, в своём уме 2) здравый; здравомыслящий; разумный

**sanforize** [ˈsænfəraɪz] *v* декатировать (*ткань*)

**sang** [sæŋ] *past от* sing 1

**sanguinary** [ˈsæŋgwɪnərɪ] *а* 1) кровавый, кровопролитный 2) кровожадный 3) проклятый

**sanguine** [ˈsæŋgwɪn] **1.** *а* 1) сангвинический; жизнерадостный 2) оптимистический; ~ of success уверенный в успехе 3) румяный 4) *поэт.* кроваво-красный

**2.** *n иск.* сангвина

**3.** *v поэт.* окрасить(ся) в кроваво-красный цвет

**sanguineous** [sæŋˈgwɪnɪəs] *а* 1) полнокровный 2) *мед.* кровяной 3) кроваво-красный 4) кровопролитный

**sanguivorous** [sæŋˈgwɪvərəs] *а* кровососущий (*о насекомых*)

**sanhedrim** [ˈsænɪdrɪm] *n ист.* синедрион

**sanies** [ˈseɪnɪiːz] *n мед.* ихорозный гной

**sanitaria** [ˌsænɪˈtɛərɪə] *pl от* sanitarium

**sanitarian** [ˌsænɪˈtɛərɪən] **1.** *n* 1) санитарный врач 2) гигиенист

**2.** *а* санитарный

**sanitarium** [ˌsænɪˈtɛərɪəm] *n* (*pl* -ia, -s [-z]) *амер.* = sanatorium

**sanitary** [ˈsænɪtərɪ] *а* санитарный, гигиенический; ~ belt гигиенический пояс; ~ engineering санитарная техника

**sanitate** [ˈsænɪteɪt] *v* 1) улучшать санитарное состояние 2) оборудовать санузел в помещении

**sanitation** [ˌsænɪˈteɪʃən] *n* 1) оздоровление, улучшение санитарных условий 2) санитария

**sanitize** [ˈsænɪtaɪz] = sanitate

**sanity** [ˈsænɪtɪ] *n* 1) нормальная психика 2) здравый ум, здравомыслие

**sank** [sæŋk] *past от* sink 2

**sans** [sænz] *prep уст., поэт.* без; ~ teeth беззубый

**Sanscrit** [ˈsænskrɪt] = Sanskrit

**sansculotte** [ˌsænzkjuˈlɔt] *фр. n* 1) *ист.* санкюлот 2) ярый республиканец, радикал

**Sanskrit** [ˈsænskrɪt] **1.** *n* санскрит

**2.** *а* санскритский

**Santa Claus** [ˌsæntəˈklɔːz] *n* Санта Клаус, дед-мороз, рождественский дед

**sap** I [sæp] **1.** *n* 1) сок (*растений*); живица 2) жизненные силы; жизнеспособность 3) *поэт.* кровь 4) *бот.* заболонь

**2.** *v* 1) лишать сока; сушить 2) истощать 3) стёсывать заболонь

**sap** II [sæp] **1.** *n* 1) *воен.* сапа, подкоп; крытая траншея 2) *перен.* подрыв

**2.** *v воен.* вести сапу (-ы), подкапывать; подрывать (*тж. перен.*)

**sap** III [sæp] *школ. жарг.* **1.** *n* 1) зубрила 2) зубрёжка; скучная работа; it is such a ~, it is too much a ~ скучнейшее занятие

**2.** *v* корпеть (*над чем-л.*), зубрить

**sap** IV [sæp] *n sl.* простак, олух, дурак

**sap-green** [ˈsæpˈgriːn] *n* зелёная краска из ягод крушины

**sap-head** [ˈsæphed] *n* 1) *воен.* голова сапы 2) *sl.* олух, дурак

**sapid** [ˈsæpɪd] *а* 1) вкусный 2) интересный, содержательный

**sapidity** [səˈpɪdɪtɪ] *n* 1) вкус 2) содержательность

**sapience** [ˈseɪpjəns] *n* мудрость (*обыкн. ирон.*)

**sapient** [ˈseɪpjənt] *а* мудрый, мудрствующий (*обыкн. ирон.*)

**sapiential** [ˌseɪpɪˈenʃəl] *а* мудрый, поучительный

**sapless** [ˈsæplɪs] *а* 1) сухой, высохший 2) вялый, безжизненный 3) неинтересный, бессодержательный

**sapling** [ˈsæplɪŋ] *n* 1) молодое деревце 2) молодое существо 3) борзая однолетка

**saponaceous** [ˌsæpəuˈneɪʃəs] *а* 1) мыльный 2) *шутл.* елейный

**saponify** [səˈpɔnɪfaɪ] *v хим.* омылять(ся)

**sapor** [ˈseɪpə] *n* вкус

**sapper** [ˈsæpə] *n* сапёр

**sapphire** [ˈsæfaɪə] **1.** *n* сапфи́р **2.** *a* тёмно-си́ний

**sappy I** [ˈsæpɪ] *a* 1) со́чный 2) си́льный, молодо́й; по́лный сил, в соку́

**sappy II** [ˈsæpɪ] *a* *разг.* глу́пый

**saprogenic, saprogenous** [ˌsæprəuˈdʒenɪk, səˈprɔdʒɪnəs] *a* сапроге́нный, вызыва́ющий гние́ние; гни́лостный

**saprophyte** [ˈsæprəufaɪt] *n* *бот.* сапрофи́т

**sap-rot** [ˈsæprɔt] *n* *бот.* за́болонная гниль

**sap-wood** [ˈsæpwud] *n* *бот.* за́болонь

**saraband** [ˈsærəbænd] *n* сараба́нда (*танец и музыкальная форма*)

**Saracen** [ˈsærəsn] *n* *ист.* сараци́н ◇ ~ corn гречи́ха

**Saracenic** [ˌsærəˈsenɪk] *a* *ист.* сараци́нский

**sarafan** [ˌsærəˈfæn] *русск.* *n* сарафа́н

**Saratoga** [ˌsærəˈtəugə] *n* большо́й чемода́н, доро́жный сунду́к (*тж.* ~ trunk)

**sarcasm** [ˈsɑːkæzm] *n* сарка́зм

**sarcastic** [sɑːˈkæstɪk] *a* саркасти́ческий

**sarcenet** [ˈsɑːsnɪt] *n* подкла́дочный шёлк

**sarcoma** [sɑːˈkəumə] *n* (*pl* -ata) *мед.* сарко́ма

**sarcomata** [sɑːˈkəumətə] *pl от* sarcoma

**sarcophagi** [sɑːˈkɔfəgaɪ] *pl от* sarcophagus

**sarcophagus** [sɑːˈkɔfəgəs] *n* (*pl* -agi) саркофа́г

**Sard** [sɑːd] = Sardinian

**sardine** [sɑːˈdiːn] *n* сарди́на ◇ packed like ~s ≅ (наби́ты) как се́льди в бо́чке

**Sardinian** [sɑːˈdɪnjən] **1.** *a* сарди́нский **2.** *n* 1) сарди́нец 2) сарди́нский диале́кт италья́нского языка́

**sardonic** [sɑːˈdɔnɪk] *a* сардони́ческий

**sardonyx** [ˈsɑːdənɪks] *n* *мин.* сардони́кс

**sargasso** [sɑːˈgæsəu] *n* (*pl* -os, -oes [-əuz]) *бот.* сарга́ссовая во́доросль

**sari** [ˈsɑːri(ː)] *n* са́ри (*индийская женская одежда*)

**sarong** [səˈrɔŋ] *n* саро́нг (*индонезийская национальная одежда*)

**sarsenet** [ˈsɑːsnɪt] = sarcenet

**sartor** [ˈsɑːtɔː] *n* *шутл.* портно́й

**sartorial** [sɑːˈtɔːrɪəl] *a* портня́жный, портно́вский

**sash I** [sæʃ] **1.** *n* 1) куша́к, по́яс 2) о́рденская ле́нта **2.** *v* украша́ть ле́нтой, по́ясом

**sash II** [sæʃ] *n* 1) око́нный переплёт 2) скользя́щая ра́ма в подъёмном окне́

**sash-door** [ˈsæʃˈdɔː] *n* застеклённая дверь

**sash-frame** [ˈsæʃfreɪm] = sash II, 2)

**sash-tool** [ˈsæʃˈtuːl] *n* небольша́я маля́рная кисть

**sash-window** [ˈsæʃˈwɪndəu] *n* подъёмное окно́

**saskatoon** [ˌsæskəˈtuːn] *n* *бот.* ирга́ ольхоли́стная (*тж.* ~ berry)

**sassafras** [ˈsæsəfræs] *n* *бот.* сассафра́с

**Sassenach** [ˈsæsənæk] *n* *ирл.*, *шотл.* *презр.* англича́нин

**sat** [sæt] *past и p. p. от* sit

**Satan** [ˈseɪtən] *n* сатана́

**Satanic** [səˈtænɪk] *a* сатани́нский

**satchel** [ˈsætʃəl] *n* су́мка, ра́нец (*для книг*)

**sate** [seɪt] = satiate 1

**sateen** [sæˈtiːn] *n* сати́н

**sateless** [ˈseɪtlɪs] *a* *поэт.* ненасы́тный

**satellite** [ˈsætəlaɪt] *n* 1) приспе́шник, приве́рженец; сателли́т 2) *астр.* спу́тник 3) иску́сственный спу́тник; manned ~ спу́тник с экипа́жем на борту́ 4) зави́симое госуда́рство; госуда́рство-сателли́т

**satellite town** [ˈsætəlaɪttaun] *n* го́род-спу́тник

**satiable** [ˈseɪʃjəbl] *a* могу́щий быть удовлетворённым; могу́щий насы́титься

**satiate** [ˈseɪʃɪeɪt] **1.** *v* 1) насыща́ть 2) пресыща́ть **2.** *a* пресы́щенный

**satiation** [ˌseɪʃɪˈeɪʃən] *n* 1) насыще́ние 2) пресыще́ние

**satiety** [səˈtaɪətɪ] *n* 1) насыще́ние, сы́тость; to ~ до́сыта, до отва́ла; до отка́за 2) пресыще́ние

**satin** [ˈsætɪn] **1.** *n* 1) атла́с 2) *attr.* атла́сный **2.** *v* сатини́ровать (*бумагу и т. п.*)

**satinet** [ˌsætɪˈnet] *n* *текст.* сатине́т

**satin paper** [ˈsætɪnˌpeɪpə] *n* сатини́рованная бума́га

**satin-wood** [ˈsætɪnwud] *n* атла́сное де́рево *или* его́ древеси́на

**satiny** [ˈsætɪnɪ] *a* атла́сный, шелкови́стый

**satire** [ˈsætaɪə] *n* 1) сати́ра 2) ирони́я, насме́шка (on, upon)

**satiric(al)** [səˈtɪrɪk(əl)] *a* сатири́ческий

**satirist** [ˈsætərɪst] *n* сати́рик

**satirize** [ˈsætəraɪz] *v* высме́ивать

**satis** [ˈsætɪs] *лат.* *adv* доста́точно

**satisfaction** [ˌsætɪsˈfækʃən] *n* 1) удовлетворе́ние (at, with); to the ~ of smb. к чьему́-л. удовлетворе́нию; if you can prove it to my ~ е́сли вы мо́жете убеди́ть меня́ в э́том; it is a ~ to know that прия́тно знать, что 2) сатисфа́кция; to demand ~ тре́бовать сатисфа́кции, вызыва́ть на дуэ́ль; to give ~ а) приня́ть вы́зов на дуэ́ль; б) принести́ извине́ния 3) упла́та до́лга; исполне́ние обяза́тельства; in ~ of в упла́ту; to make ~ возмеща́ть 4) распла́та (for); искупле́ние грехо́в

**satisfactory** [ˌsætɪsˈfæktərɪ] *a* 1) удовлетвори́тельный, доста́точный 2) прия́тный, хоро́ший

**satisfy** [ˈsætɪsfaɪ] *v* 1) удовлетворя́ть; соотве́тствовать, отвеча́ть (*требованиям*); to rest satisfied удовлетвори́ться; не предпринима́ть дальне́йших шаго́в, не предъявля́ть но́вых тре́бований 2) утоля́ть (*голод, любопытство и т. п.*) 3) погаша́ть (*долг*) 4) выполня́ть (*обязательство*) 5) убежда́ть (of — в; that); рассе́ивать сомне́ния; to ~ oneself убеди́ться; I am satisfied that я бо́льше не сомнева́юсь, что

**satrap** [ˈsætrəp] *n* сатра́п

**satrapy** [ˈsætrəpɪ] *n* сатра́пия

**saturate** [ˈsætʃəreɪt] **1.** *v* 1) насыща́ть, пропи́тывать (*тж. перен.*); he is ~d with Greek history он поглощён изуче́нием исто́рии дре́вней Гре́ции 2) *хим.* насыща́ть, сатури́ровать 3) подавля́ть (*оборону противника*); подверга́ть масси́рованному уда́ру **2.** *a* *поэт.* промо́кший, пропи́танный вла́гой

**saturated** [ˈsætʃəreɪtɪd] **1.** *p. p. от* saturate 1 **2.** *a* глубо́кий, интенси́вный (*о цвете*)

**saturation** [ˌsætʃəˈreɪʃən] *n* 1) насыще́ние, насы́щенность; to ~ до (по́лного) насыще́ния 2) *attr.* поглоти́тельный; ~ capacity поглоти́тельная спосо́бность

**Saturday** [ˈsætədɪ] *n* суббо́та

**Saturn** [ˈsætən] *n* *астр.*, *римск. миф.* Сату́рн

**saturnalia** [ˌsætəːˈneɪljə] *n pl* 1) (S.) *др.-рим.* сатурна́лии 2) (*часто употр. как sing*) разгу́л, вакхана́лия

**saturnine** [ˈsætəːnaɪn] *a* 1) мра́чный, угрю́мый 2) свинцо́вый; ~ red су́рик

**saturnism** [ˈsætəːnɪzm] *n* *мед.* отравле́ние свинцо́м, сатурни́зм

**satyr** [ˈsætə] *n* 1) сати́р 2) распу́тник, развра́тник

**sauce** [sɔːs] **1.** *n* 1) со́ус; *перен.* припра́ва 2) *разг.* гарни́р из овоще́й 3) *разг.* на́глость, де́рзость; none of your ~! не дерзи́! 4) то, что придаёт интере́с, остроту́ 5) *амер.* фрукто́вое пюре́ 6) *амер. sl.* спиртно́е, спиртно́й напи́ток ◇ to serve with the same ~ ≅ отплати́ть той же моне́той; what's ~ for the goose is ~ for the gander *посл.* ме́рка, применя́мая к одному́, должна́ применя́ться и к друго́му **2.** *v* 1) приправля́ть со́усом; *перен.* придава́ть пика́нтность 2) *разг.* дерзи́ть

**sause-boat** [ˈsɔːsbəut] *n* со́усник

**saucebox** [ˈsɔːsbɔks] *n* наха́л(ка)

**saucepan** [ˈsɔːspən] *n* кастрю́ля

**saucer** [ˈsɔːsə] *n* 1) блю́дце 2) подо́нник 3) *attr.*: ~ eyes больши́е, кру́глые глаза́

**saucy** [ˈsɔːsɪ] *a* 1) де́рзкий, наха́льный 2) живо́й, весёлый 3) *разг.* наря́дный; мо́дный, сти́льный

**sauerkraut** [ˈsauəkraut] *нем.* *n* ки́слая капу́ста

**sauna** [ˈsaunə] *фин.* *n* фи́нская парна́я ба́ня, са́уна

**saunter** [ˈsɔːntə] **1.** *n* 1) прогу́лка 2) ме́дленная похо́дка **2.** *v* прогу́ливаться, проха́живаться, флани́ровать

**sauntering** [ˈsɔːntərɪŋ] *pres. p. от* saunter 2

**saurian** [ˈsɔːrɪən] *a* относя́щийся к ископа́емым я́щерам

**saury** [ˈsɔːrɪ] *n зоол.* макрелещу́ка

**sausage** [ˈsɔsɪdʒ] *n* 1) колбаса́; соси́ска 2) *воен. разг.* аэроста́т наблюде́ния, «колбаса́»

**sausage-meat** [ˈsɔsɪdʒmiːt] *n* колба́сный фарш

**sausage-poisoning** [ˈsɔsɪdʒˌpɔɪznɪŋ] *n мед.* отравле́ние колба́сным я́дом

**sausage roll** [ˈsɔsɪdʒrəul] *n* 1) пирожо́к с мя́сом 2) соси́ска, запечённая в бу́лочке

**savage** [ˈsævɪdʒ] **1.** *a* 1) ди́кий, первобы́тный 2) свире́пый, жесто́кий, беспоща́дный 3) *разг.* взбешённый

**2.** *n* 1) дика́рь 2) жесто́кий челове́к 3) гру́бый, невоспи́танный челове́к, грубия́н

**3.** *v* 1) жесто́ко обходи́ться, применя́ть си́лу 2) куса́ть, топта́ть (*о лошади*)

**savagery** [ˈsævɪdʒərɪ] *n* 1) ди́кость 2) жесто́кость, свире́пость

**savanna(h)** [səˈvænə] *n* сава́нна

**savant** [ˈsævənt] *фр. n* (кру́пный) учёный

**save** [seɪv] **1.** *v* 1) спаса́ть; my life was ~d by good nursing моя́ жизнь была́ спасена́ благодаря́ хоро́шему ухо́ду; to ~ the situation спасти́ положе́ние 2) бере́чь, эконо́мить (*время, деньги, труд, силы и т. п.*); to ~ oneself бере́чь себя́; бере́чь си́лы; to ~ one's pains не труди́ться понапра́сну 3) откла́дывать, копи́ть (*тж.* ~ up) 4) избавля́ть (*от чего-л.*); you have ~d me trouble вы изба́вили меня́ от хлопо́т 5) отбива́ть нападе́ние (*в футболе*) □ ~ **up** де́лать сбереже́ния; копи́ть ◇ to ~ one's pocket не тра́тить ли́шнего; to ~ one's breath промолча́ть, не тра́тить ли́шних слов

**2.** *n* предотвраще́ние проры́ва (*в футболе, крикете*)

**3.** *prep, cj* 1) за исключе́нием, кро́ме, без; all ~ him все, кро́ме него́; ~ and except исключа́я 2) е́сли бы не

**saveloy** [ˈsævɪlɔɪ] *n* вы́держанная суха́я колбаса́, сервела́т

**saver** [ˈseɪvə] *n* 1) бережли́вый челове́к 2) вещь, помога́ющая сбере́чь де́ньги, труд *и т. п.*; a washing-machine is a ~ of time and strength стира́льная маши́на эконо́мит вре́мя и си́лы

**savin** [ˈsævɪn] *n бот.* можжеве́льник каза́чий

**saving** [ˈseɪvɪŋ] **1.** *pres. p. от* save 1

**2.** *a* 1) спаси́тельный; the ~ grace of humour спаси́тельная си́ла ю́мора 2) бережли́вый, эконо́мный 3) содержа́щий огово́рку; ~ clause статья́, содержа́щая огово́рку

**3.** *n* 1) спасе́ние 2) эконо́мия, сбереже́ние; at a ~ с вы́годой 3) *pl* сбереже́ния

**4.** *prep* исключа́я, кро́ме ◇ ~ your presence при всём уваже́нии к вам (*формула вежливости*); не при вас будь ска́зано

**5.** *cj* е́сли не счита́ть, исключа́я

**savings-bank** [ˈseɪvɪŋzˈbæŋk] *n* сберега́тельная ка́сса; сберега́тельный банк

**savior** [ˈseɪvjə] *амер.* = saviour

**saviour** [ˈseɪvjə] *n* 1) спаси́тель, избави́тель 2) (the S.) *рел.* Иису́с Христо́с, Спаси́тель

**savor** [ˈseɪvə] *амер.* = savour

**savory** I [ˈseɪvərɪ] *n бот.* чабе́р, сатуре́я

**savory** II [ˈseɪvərɪ] *амер.* = savoury

**savour** [ˈseɪvə] **1.** *n* 1) осо́бый вкус *или* за́пах, при́вкус 2) интере́с, вкус (*к чему-л.*) 3) отте́нок, при́месь

**2.** *v* 1) име́ть при́вкус *или* за́пах; отдава́ть (of — *чем-л.*; *тж. перен.*); the soup ~s of onion суп попа́хивает лу́ком; his remarks ~ of insolence в его́ замеча́ниях сквози́т высокоме́рие 2) смакова́ть 3) приправля́ть

**savourless** [ˈseɪvəlɪs] *a* пре́сный (*тж. перен.*)

**savoury** [ˈseɪvərɪ] **1.** *a* 1) вку́сный 2) о́стрый, солёный 3) прия́тный, привлека́тельный (*обыкн. ирон.*); his reputation was anything but ~ он по́льзовался сомни́тельной репута́цией

**2.** *n* о́строе блю́до, подава́емое до *или* по́сле обе́да

**savoy** [səˈvɔɪ] *n* саво́йская капу́ста

**Savoyard** [səˈvɔɪɑːd] *n* савоя́р, уроже́нец Саво́йи

**savvey, savvy** [ˈsævɪ] *sl.* **1.** *n* сообрази́тельность; здра́вый смысл

**2.** *v* понима́ть, соobража́ть; no ~ не понима́ю; не зна́ю

**saw** I [sɔː] *past от* see I

**saw** II [sɔː] *n* посло́вица, афори́зм (*обыкн. в сочетании* old *или* wise ~ ста́рая *или* му́драя посло́вица)

**saw** III [sɔː] **1.** *n* пила́; circular ~ кру́глая пила́; cross-cut ~ попере́чная пила́; crown ~ продо́льная пила́; cylinder ~ цилиндри́ческая пила́; musical (*или* singing) ~ обы́чная двуру́чная пила́, из кото́рой с по́мощью скрипи́чного смычка́ мо́жно извлека́ть музыка́льные зву́ки

**2.** *v* (sawed [-d]; sawed, sawn]) пили́ть(ся); распи́ливать ◇ to ~ the air разма́хивать рука́ми; си́льно жестикули́ровать; to ~ wood занима́ться со́бственными дела́ми, не принима́ть акти́вного уча́стия в полити́ческой жи́зни

**saw-blade** [ˈsɔːbleɪd] *n* полотно́ пилы́

**sawbones** [ˈsɔːbəunz] *n разг., шутл.* хиру́рг

**saw-buck** [ˈsɔːbʌk] = saw-horse

**sawder** [ˈsɔːdə] *n* лесть, комплиме́нты (*тж.* soft ~)

**sawdust** [ˈsɔːdʌst] *n* опи́лки ◇ to let the ~ out of smb. сбить спесь с кого́-л.

**saw-edged** [ˈsɔːedʒd] *a* зазу́бренный; пилообра́зный

**sawfish** [ˈsɔːfɪʃ] *n* пила́-ры́ба

**saw-fly** [ˈsɔːflaɪ] *n* пили́льщик (*насекомое*)

**saw-frame** [ˈsɔːfreɪm] *n тех.* лесопи́льная ра́ма

**saw-horse** [ˈsɔːhɔːs] *n* ко́злы для пи́лки дров

**sawmill** [ˈsɔːmɪl] *n* лесопи́льный заво́д; лесопи́лка

**sawn** [sɔːn] *p. p. от* saw III, 2

**Sawney** [ˈsɔːnɪ] *n* 1) *презр.* шотла́ндец 2) проста́к, простофи́ля

**saw-set** [ˈsɔːset] *n* разво́дка для пилы́ (*инструмент*)

**saw-tones** [ˈsɔːtəunz] *n pl* визгли́вый тон, го́лос; to speak (*или* to utter) in ~ говори́ть визгли́вым го́лосом

**saw-tooth** [ˈsɔːtuːθ] *n* зуб пилы́

**saw-wort** [ˈsɔːwəːt] *n бот.* серпу́ха

**sawyer** [ˈsɔːjə] *n* 1) пи́льщик 2) уса́ч (*насекомое*) 3) *амер.* коря́га (*в реке*)

**sax** I [sæks] *n* ши́ферный молото́к (*для кровельных работ*)

**sax** II [sæks] *сокр. от* saxophone

**saxhorn** [ˈsækshɔːn] *n* саксго́рн (*муз. инструмент*)

**saxifrage** [ˈsæksɪfrɪdʒ] *n бот.* камнело́мка

**Saxon** [ˈsæksn] **1.** *n* 1) *ист.* сакс 2) англича́нин (*в отличие от ирландца или валлийца*) 3) шотла́ндец из Ю́жной Шотла́ндии (*в отличие от шотландца-горца*) 4) древнесаксо́нский язы́к; герма́нский элеме́нт в англи́йском языке́

**2.** *a* (древне)саксо́нский; герма́нский

**Saxon blue** [ˈsæksnˈbluː] *n* темно-голубо́й цвет

**saxony** [ˈsæksnɪ] *n* 1) то́нкая шерстяна́я пря́жа *или* ткань 2) (S.) *ист.* Саксо́ния

**saxophone** [ˈsæksəfəun] *n* саксофо́н

**say** [seɪ] **1.** *v* (said) 1) говори́ть, сказа́ть; they ~, it is said говоря́т; it ~s in the book в кни́ге говори́тся; what do you ~ to a game of billiards? не хоти́те ли сыгра́ть в билья́рд?; (let us) ~ ска́жем, наприме́р; a few of them, ~ a dozen не́сколько из них, ска́жем, дю́жина; well, ~ it were true, what then?, ну, допу́стим, что э́то ве́рно, что же из э́того?; to ~ to oneself сказа́ть себе́, поду́мать про себя́; there is no ~ing кто зна́ет, невозмо́жно сказа́ть; to ~ no a) отрица́ть; б) отказа́ть; to ~ no more замолча́ть; to ~ nothing of не говоря́ о; to ~ smb. nay отказа́ть кому́-л. в про́сьбе; to have nothing to ~ for oneself a) не име́ть, что сказа́ть в свою́ защи́ту; б) *разг.* быть неразгово́рчивым 2) произноси́ть, повторя́ть наизу́сть; деклами́ровать; to ~ one's lesson отвеча́ть уро́к; to ~ grace проче́сть моли́тву (*перед трапезой*) 3) ука́зывать, пока́зывать; the clock ~s five minutes after twelve часы́ пока́зывают пять мину́т пе́рвого □ ~ **over** повторя́ть ◇ I ~!, *амер.* ~! послу́шайте!; ну и ну!; you don't ~ (so)! да ну!, не мо́жет быть!; you said it *разг.* вот и́менно; you may well ~ so соверше́нно ве́рно; what I ~ is по-мо́ему; I should ~ a) я полага́ю; б) ничего́ себе́, не́чего сказа́ть; I should ~ so ещё бы, коне́чно; to hear ~ слы́шать; no sooner said than done ска́зано — сде́лано; that is to ~ то́ есть; to ~ the word приказа́ть, распоряди́ться; when all is said and done в коне́чном счёте; before you could ~ Jack Robinson момента́льно; не успе́ешь огляну́ться, как; и опо́мниться не успе́ешь, как

**2.** *n* 1) мне́ние, сло́во; let him have his ~ пусть он вы́скажется 2) влия́ние, авторите́т; to have no ~ in the matter не уча́ствовать в обсужде́нии; to have the ~ *амер.* распоряжа́ться

**saying** [ˈseɪɪŋ] **1.** *pres. p. от* say 1

**2.** *n* погово́рка, присло́вье; as the ~ is (*или* goes) как говори́тся

**say-so** [ˈseɪsəu] *n разг.* 1) чьё-л. голосло́вное заявле́ние, необосно́ванное утвержде́ние 2) непрекае́мый авторите́т 3) распоряже́ние; авторите́тное заявле́ние

**scab** [skæb] **1.** *n* 1) струп (*на язве*) 2) парша́, чесо́тка, коро́ста 3) парша́ (*болезнь растений*) 4) *разг.* штрейкбре́хер 5) рабо́чий, не жела́ющий вступа́ть в профсою́з 6) *sl.* негодя́й, подле́ц

**2.** *v* 1) покрыва́ться стру́пьями 2) *разг.* быть штрейкбре́хером

**scabbard** [ˈskæbəd] *n* но́жны; to throw away the ~ обнажи́ть меч, взя́ться за ору́жие, вступи́ть в бой

**scabby** [ˈskæbɪ] *a* 1) покры́тый стру́пьями; страда́ющий чесо́ткой 2) *sl.* парши́вый, дрянно́й; по́длый

**scabies** [ˈskeɪbiːz] *n мед.* чесо́тка

**scabious** [ˈskeɪbjəs] *n бот.* скабио́за

**scabrous** [ˈskeɪbrəs] *a* 1) *бот., зоол.* шерша́вый, шерохова́тый 2) щекотли́вый, делика́тный; a ~ problem сло́жная пробле́ма 3) скабрёзный

**scad** [skæd] *n* ставри́да

**scads** [skædz] *n pl амер. sl.* 1) де́ньги 2) о́чень большо́е коли́чество

**scaffold** [ˈskæfəld] **1.** *n* 1) леса́, по́дмости 2) эшафо́т; пла́ха; ви́селица; to go to (*или* to mount) the ~ сложи́ть го́лову на пла́хе; око́нчить жизнь на ви́селице; to bring to the ~ довести́ до ви́селицы; to send to the ~ приговори́ть к сме́рти

**2.** *v* 1) обстра́ивать леса́ми 2) подде́рживать, подпира́ть, нести́ (на себе́) нагру́зку

**scaffolding** [ˈskæfəldɪŋ] **1.** *pres. p. от* scaffold 2

**2.** *n* леса́, по́дмости

**scalar** [ˈskeɪlə] *a мат.* скаля́рный

**scalawag** [ˈskæləwæg] = scallywag

**scald** I [skɔːld] **1.** *n* ожо́г (кипя́щей жи́дкостью *или* па́ром)

**2.** *v* 1) обва́ривать, ошпа́ривать 2) пастеризова́ть; доводи́ть до кипе́ния

**scald** II [skɔːld] *n* скальд

**scald** III [skɔːld] *n уст.* коро́ста, парша́

**scalded** [ˈskɔːldɪd] **1.** *p. p. от* scald I, 2

**2.** *a* 1) обва́ренный 2) пастеризо́ванный; ~ cream пастеризо́ванные сли́вки

**scald-head** [ˈskɔːldhed] = scald III

**scalding** [ˈskɔːldɪŋ] **1.** *pres. p. от* scald I, 2

**2.** *a* 1) обжига́ющий 2) жгу́чий; ~ tears жгу́чие слёзы 3) е́дкий, язви́тельный

**scale** I [skeɪl] **1.** *n* 1) чешуя́ (*у рыб и т. п.*) 2) *pl* щёчки, накла́дки (*на рукоятке складного ножа*) 3) шелуха́ 4) ка́мень (*на зубах*) 5) *тех.* ока́лина, на́кипь ◇ ~s fell from his eyes пелена́ спа́ла с его́ глаз

**2.** *v* 1) чи́стить, соска́бливать чешую́ 2) лущи́ть 3) образо́вывать ока́лину, на́кипь 4) шелуши́ться

**scale** II [skeɪl] **1.** *n* 1) ча́ш(к)а весо́в; to turn (*или* to tip) the ~ at so many pounds ве́сить сто́лько-то фу́нтов 2) *pl* весы́ 3) (the Scales) = Libra ◇ to hold the ~s even суди́ть беспристра́стно

**2.** *v* 1) взве́шивать 2) ве́сить

**scale** III [skeɪl] **1.** *n* 1) ступе́нь, у́ровень (*развития*); to be high in the social ~ занима́ть высо́кое положе́ние в о́бществе; to sink in the ~ опусти́ться на бо́лее ни́зкую ступе́нь; утра́тить (пре́жнее) значе́ние, опусти́ться 2) масшта́б; разме́р; on a large (*или* grand) ~ в большо́м масшта́бе; on a small ~ в ма́леньком масшта́бе; the ~ to be 1 : 50 000 в масшта́бе 1 : 50 000; to ~ по масшта́бу 3) града́ция, шкала́; rate ~ шкала́ расце́нок 4) масшта́бная лине́йка 5) *муз.* га́мма; to practice ~s игра́ть га́ммы 6) *мат.* систе́ма счисле́ния (*тж.* ~ of notation)

**2.** *v* 1) поднима́ться, взбира́ться (*по лестнице и т. п.*) 2) своди́ть к определённому масшта́бу; определя́ть масшта́б; to ~ down prices понижа́ть це́ны; to ~ up wages повыша́ть за́работную пла́ту 3) быть соизмери́мыми, сопостави́мыми

**scale-beam** [ˈskeɪlbiːm] *n* коромы́сло (*весов*)

**scale-board** [ˈskeɪlbɔːd] *n* то́нкая доска́, защища́ющая зе́ркало *или* холст карти́ны с обра́тной стороны́

**scaled** I [skeɪld] **1.** *p. p. от* scale I, 2

**2.** *a* = scaly

**scaled** II, III [skeɪld] *p. p. от* scale II, 2 *и* III, 2

**scalene** [ˈskeɪliːn] *a геом.* неравносторо́нний

**scale-work** [ˈskeɪlwəːk] *n* орна́мент в ви́де чешуи́

**scaling-ladder** [ˈskeɪlɪŋˌlædə] *n* 1) стремя́нка 2) пожа́рная ле́стница

**scallop** [ˈskɔləp] **1.** *n* 1) *зоол.* гребешо́к (*моллюск*) 2) ство́рка ра́ковины гребешка́ 3) *pl* фесто́ны, зубцы́

**2.** *v* 1) запека́ть (*устрицы и т. п.*) в ра́ковине 2) украша́ть фесто́нами; выреза́ть зубцы́

**scallop-shell** [ˈskɔləpʃel] *n* ра́ковина гребешка́

**scallywag** [ˈskælɪwæg] *n* 1) *разг. шутл.* безде́льник, прохво́ст 2) замо́рыш (*о животном*) 3) *амер. ист.* презри́тельная кли́чка южа́н — сторо́нников северя́н

**scalp** [skælp] **1.** *n* 1) ко́жа че́репа 2) скальп ◇ to be out for ~s быть агресси́вно настро́енным; to take smb.'s ~ одержа́ть верх над кем-л.

**2.** *v* 1) скальпи́ровать 2) обдира́ть (*напр., шелуху с зёрен*) 3) раскритикова́ть 4) *амер. разг.* нажива́ться путём ме́лкой спекуля́ции

**scalpel** [ˈskælpəl] *n хир.* ска́льпель

**scalper** [ˈskælpə] *n* 1) *с.-х.* обди́рочный поста́в 2) *амер. разг.* спекуля́нт железнодоро́жными *или* театра́льными биле́тами

**scaly** [ˈskeɪlɪ] *a* 1) чешу́йчатый; чешуеобра́зный 2) покры́тый на́кипью, отложе́ниями 3) *sl.* потрёпанный, обноси́вшийся

**scamp** I [skæmp] *n шутл.* безде́льник, негодя́й

**scamp** II [skæmp] *v* рабо́тать бы́стро и небре́жно

**scamper** [ˈskæmpə] **1.** *n* 1) бы́стрый бег; пробе́жка 2) бе́глое чте́ние 3) поспе́шное бе́гство

**2.** *v* носи́ться (*о детях, животных и т. п.*); бежа́ть стремгла́в

**scampish** [ˈskæmpɪʃ] *a* беспу́тный, непутёвый; плутова́тый

**scan** [skæn] *v* 1) при́стально разгля́дывать, изуча́ть 2) бе́гло просма́тривать 3) сканди́ровать; сканди́роваться (*о стихах*) 4) *тлв.* разлага́ть изображе́ние; скани́ровать

**scandal** [ˈskændl] *n* 1) позо́рный, неприли́чный посту́пок; what a ~!, it is a perfect ~! како́й позо́р! 2) злосло́вие, спле́тни; to talk ~ злосло́вить, спле́тничать

**scandal-bearer** [ˈskændlˌbɛərə] = scandalmonger

**scandalize** [ˈskændəlaɪz] *v* 1) возмуща́ть, шоки́ровать 2) злосло́вить, спле́тничать

**scandalmonger** [ˈskændlˌmʌŋgə] *n* спле́тник

**scandalous** [ˈskændələs] *a* 1) сканда́льный, позо́рный 2) клеветни́ческий

**Scandinavian** [ˌskændɪˈneɪvjən] **1.** *a* скандина́вский

**2.** *n* 1) скандина́в; скандина́вка 2) *собир.* скандина́вские языки́

**scandium** [ˈskændɪəm] *n хим.* ска́ндий

**scanner** [ˈskænə] *n* 1) *тлв.* развёртывающее устро́йство 2) *тех.* многото́чечный измери́тельный прибо́р

**scanning** [ˈskænɪŋ] **1.** *pres. p. от* scan

**2.** *n тлв.* скани́рование; развёртка изображе́ния

**scansion** [ˈskænʃən] *n* сканди́рование (*стиха*)

**scant** [skænt] **1.** *a* ску́дный, недоста́точный; ограни́ченный; ~ eyebrows ре́дкие бро́ви; ~ foothold ненадёжная опо́ра; with ~ courtesy нелюбе́зно; ~ of breath задыха́ющийся

**2.** *v уст.* скупи́ться (*на что-л.*); ограни́чивать

**scantling** [ˈskæntlɪŋ] *n* 1) *уст.* образе́ц; трафаре́т 2) весьма́ небольшо́е коли́чество 3) разме́ры (*строительного камня*) 4) пило- *или* лесоматериа́л ме́лких разме́ров 5) стелла́ж для бо́чек

**scanty** [ˈskæntɪ] *a* ску́дный, недоста́точный, ограни́ченный

**scape** I [skeɪp] *n* 1) стéбель (*растения*); черешóк 2) *архит.* стéржень колóнны

**scape** II [skeɪp] *уст.* = escape I *и* II

**scapegoat** [ˈskeɪpgəut] *n* козёл отпущéния

**scapegrace** [ˈskeɪpgreɪs] *n шутл.* повéса, шалопáй

**scaphander** [skəˈfændə] *n* прóбковый пóяс

**scaphoid** [ˈskæfɔɪd] *a анат.* ладьевúдный

**scapula** [ˈskæpjulə] *n* (*pl* -lae) *анат.* лопáтка

**scapulae** [ˈskæpjuliː] *pl от* scapula

**scapular** [ˈskæpjulə] **1.** *a анат.* лопáточный

**2.** *n* (монáшеский) наплéчник

**scar** II [skɑː] **1.** *n* шрам, рубéц

**2.** *v* 1) оставлять шрам; *перен.* оставлять глубóкий след 2) рубцевáться, зарубцóвываться

**scar** II [skɑː] *n* утёс, скалá

**scarab** [ˈskærəb] *n* скарабéй (*жук*)

**scaramouch** [ˈskærəmautʃ] *n* 1) (S.) Скарамýш (*персонаж итальянской комедии dell'arte*) 2) хвастлúвый трус 3) *шутл.* негóдник, плут

**scarce** [skɛəs] **1.** *a* 1) недостáточный, скýдный; money is ~ дéнег мáло 2) рéдкий, рéдко встречáющийся; дефицúтный; ~ book рéдкая кнúга ◇ to make oneself ~ *разг.* ретировáться; удалúться, уйтú; не попадáться на глазá

**2.** *adv поэт. см.* scarcely

**scarcely** [ˈskɛəslɪ] *adv* 1) едвá, как тóлько; тóлько что; he had ~ arrived when he was told that едвá (*или* как тóлько) он вошёл, емý сказáли, что 2) едвá ли, вряд ли; I ~ think so не дýмаю; I ~ know what to say я прямо не знáю, что сказáть; you will ~ maintain that едвá ли вы стáнете утверждáть э́то 3) едвá, с трудóм; he can ~ speak он с трудóм говорúт

**scarcity** [ˈskɛəsɪtɪ] *n* 1) недостáток, нехвáтка (of); дефицúт 2) рéдкость

**scare** [skɛə] **1.** *n* внезáпный испýг; пáника; to get a ~ перепугáться; to throw a ~ (into) *амер.* пугáть, запýгивать

**2.** *v* 1) пугáть 2) отпýгивать, вспýгивать (*тж.* ~ away, ~ off) □ ~ **up** *амер. разг.* отыскáть

**scarecrow** [ˈskɛəkrəu] *n* пýгало, чýчело

**scared** [skɛəd] **1.** *p. p. от* scare 2

**2.** *a* испýганный; ~ face (*или* expression) испýганное лицó

**scare-head(ing)** [ˈskɛəˌhed(ɪŋ)] *n* сенсациóнный заголóвок (*в газете*)

**scaremonger** [ˈskɛəˌmʌŋgə] *n* паникёр

**scarf** I [skɑːf] *n* (*pl* -s [-s], scarves) 1) шарф 2) гáлстук

**scarf** II [skɑːf] **1.** *n* 1) скос, косóй край *или* срез 2) соединéние замкóм

**2.** *v* 1) рéзать вкось, скáшивать; отёсывать краá, углы́ 2) дéлать пазы́, вы́емки 3) соединять замкóм, сращивать 4) дéлать продóльный разрéз (*при разделке туши кита*)

**scarf-pin** [ˈskɑːfpɪn] *n* булáвка для гáлстука

**scarf-skin** [ˈskɑːfskɪn] *n анат.* надкóжица, эпидéрма

**scarf welding** [ˈskɑːfˌweldɪŋ] *n тех.* свáрка внахлёстку

**scarification** [ˌskɛərɪfɪˈkeɪʃən] *n с.-х.* скарификáция

**scarifier** [ˈskɛərɪfaɪə] *n с.-х.* скарификáтор

**scarify** [ˈskɛərɪfaɪ] *v* 1) *мед.* дéлать насéчки, надрéзы 2) жестóко раскритиковáть 3) разрыхлять пóчву пéред посéвом 4) *с.-х.* скарифицúровать

**scarlet** [ˈskɑːlɪt] **1.** *n* 1) áлый, ярко-крáсный цвет 2) ткань *или* одéжда áлого цвéта

**2.** *a* áлый, ярко-крáсный; to turn ~ гýсто покраснéть

**scarlet fever** [ˈskɑːlɪtˈfiːvə] *n* скарлатúна

**scarlet hat** [ˈskɑːlɪtˈhæt] *n* кардинáльская шáпка

**scarlet runner** [ˈskɑːlɪtˈrʌnə] *n бот.* фасóль óгненная

**scarlet whore** [ˈskɑːlɪthɔː] *n* 1) *библ.* блуднúца в пýрпуре 2) проститýтка 3) *презр.* рúмско-католúческая цéрковь; папúзм

**scarlet woman** [ˈskɑːlɪtˌwumən] = scarlet whore

**scarp** [skɑːp] **1.** *n* 1) крутóй откóс 2) *воен.* эскáрп

**2.** *v* 1) дéлать отвéсным *или* круты́м 2) *воен.* эскарпúровать

**scarring** [ˈskɑːrɪŋ] **1.** *pres. p. от* scar I, 2

**2.** *n* 1) рубцевáние 2) рубцы́

**scarves** [skɑːvz] *pl от* scarf I

**scary** [ˈskɛərɪ] *a разг.* 1) жýткий 2) пуглúвый

**scat** I [skæt] *n* манéра джáзового пéния (*когда певец импровизирует без слов в подражание музыкальному инструменту*)

**scat** II [skæt] *int* брысь!; (подú) прочь!

**scathe** [skeɪð] **1.** *n* ущéрб, вред; without ~ невредúмый

**2.** *v* 1) причинять вред, губúть 2) уничтожáть (*критикой, едкой сатирой и т. п.*)

**scatheless** [ˈskeɪðlɪs] *a* (*обыкн. predic.*) невредúмый

**scathing** [ˈskeɪðɪŋ] **1.** *pres. p. от* scathe 2

**2.** *a* éдкий, злой, жестóкий; ~ criticism рéзкая крúтика; ~ sarcasm éдкий сарказм; ~ look уничтожáющий взгляд

**scatter** [ˈskætə] *v* 1) разбрáсывать (on, over) 2) посыпáть (with) 3) рассéивать, разгонять; the police ~ed the demonstration полúция разогналá демонстрáцию 4) рассéиваться; бросáться врассыпнýю 5) разбивáть, разрушáть; all our hopes and plans were ~ed все нáши надéжды рýхнули, плáны потерпéли крах 6) расточáть; сорúть (деньгáми); to ~ one's inheritance промотáть наслéдство

**scatter-brain** [ˈskætəbreɪn] *n* вертопрáх, легкомы́сленный человéк

**scatter-brained** [ˈskætəbreɪnd] *a* легкомы́сленный, вéтреный

**scattered** [ˈskætəd] **1.** *p. p. от* scatter

**2.** *a* 1) рассы́панный, разбрóсанный (*о домах, предметах*) 2) отдéльный, разрóзненный; ~ instances отдéльные слýчаи; ~ clouds разóрванные облакá

**scaup(-duck)** [ˈskɔːp(dʌk)] *n зоол.* чéрнеть морскáя

**scaur** [skɔː] = scar II

**scavenge** [ˈskævɪndʒ] *v* 1) убирáть мýсор (*с улиц*) 2) *тех.* продувáть (*цилиндр*); удалять отрабóтанные гáзы 3) ры́ться, копáться в отбрóсах (*в поисках пищи и т. п.*)

**scavenger** [ˈskævɪndʒə] *n* 1) убóрщик мýсора, метéльщик ýлиц 2) живóтное, птúца *или* ры́ба, питáющиеся пáдалью 3) писáтель, смакýющий грязные тéмы

**scavenger's daughter** [ˈskævɪndʒəzˈdɔːtə] *n ист.* тискú (*орудие пытки*)

**scavenging** [ˈskævɪndʒɪŋ] **1.** *pres. p. от* scavenge

**2.** *n* 1) убóрка мýсора 2) *тех.* продýвка (*цилиндра*)

**scenario** [sɪˈnɑːrɪəu] *ит. n* (*pl* -os [-əuz]) сценáрий

**scenarist** [ˈsiːnərɪst] *n* сценарúст

**scene** [siːn] *n* 1) мéсто дéйствия (*в пьесе, романе и т. п.*); мéсто происшéствия, собы́тия; the ~ is laid in France дéйствие происхóдит во Фрáнции; the ~ of operations теáтр воéнных дéйствий 2) сцéна, явлéние (*в пьесе*) 3) декорáция; behind the ~s за кулúсами (*тж. перен.*) 4) пейзáж, картúна; зрéлище; a woodland ~ леснóй пейзáж; striking ~ потрясáющее зрéлище 5) сцéна, скандáл; to make a ~ устрóить сцéну 6) *уст.* сцéна, театрáльные подмóстки; to appear on the ~ появúться на сцéне; to quit the ~ сойтú со сцéны; *перен.* умерéть

**scene-designer** [ˈsiːndɪˌzaɪnə] = scene-painter

**scene-dock** [ˈsiːndɔk] *n* склад декорáций

**scene-painter** [ˈsiːnˌpeɪntə] *n* худóжник-декорáтор

**scenery** [ˈsiːnərɪ] *n* 1) декорáции 2) пейзáж

**scene shifter** [ˈsiːnˌʃɪftə] *n* рабóчий сцéны

**scenic** [ˈsiːnɪk] *a* 1) сценúческий; сценúчный; театрáльный 2) живописный 3) декоратúвный

**scent** [sent] **1.** *n* 1) зáпах 2) духú 3) след; to be on the ~ идтú по слéду; *перен.* быть на прáвильном путú; to get the ~ (of) напáсть на след (*тж. перен.*); to put (*или* to throw) off the ~ сбить со слéда; hot blazing ~ свéжий, горячий след; false ~ лóжный след 4) чутьё, нюх

**2.** *v* 1) чýять 2) нюхать 3) наполнять аромáтом 4) душúть (*платок и т. п.*) 5) идтú по слéду 6) заподóзрить (*опасность и т. п.*) □ ~ **out** разузнáть, пронюхать

**sceptic** [ˈskeptɪk] *n* скéптик

**sceptical** [ˈskeptıkəl] *a* скепти́ческий

**scepticism** [ˈskeptısızm] *n* скептици́зм

**sceptre** [ˈseptə] *n* ски́петр; to wield the ~ пра́вить, ца́рствовать

**schedule** [ˈʃedju:l] **1.** *n* 1) спи́сок, пе́речень, катало́г; о́пись 2) расписа́ние, гра́фик; план; to be behind ~ запа́здывать; on ~ то́чно, во́время 3) *тех.* режи́м

**2.** *v* 1) составля́ть (*список, опись и т. п.*) 2) составля́ть (*или* включа́ть в) расписа́ние 3) назнача́ть; намеча́ть; плани́ровать; the journey is ~d for five days путеше́ствие рассчи́тано на пять дней

**schematic** [skıˈmætık] *a* схемати́ческий

**scheme** [ski:m] **1.** *n* 1) план, прое́кт; програ́мма; to lay a ~ составля́ть план, заду́мывать, замышля́ть 2) систе́ма, построе́ние, расположе́ние; under the present ~ of society при совреме́нном устро́йстве о́бщества; a colour ~ сочета́ние цвето́в 3) интри́га, махина́ция; про́иски; bubble ~ ду́тое предприя́тие 4) конспе́кт; кра́ткое изложе́ние 5) схе́ма, черте́ж

**2.** *v* 1) замышля́ть (*недоброе*); плести́ интри́ги 2) плани́ровать, проекти́ровать

**schemer** [ˈski:mə] *n* 1) интрига́н 2) прожекте́р

**Schiedam** [skıˈdæm] *n* голла́ндский джин

**schilling** [ˈʃılıŋ] *нем. n* ши́ллинг (*денежная единица Австрии*)

**schism** [ˈsızm] *n* схи́зма, раско́л, е́ресь

**schismatic** [sızˈmætık] **1.** *a* раско́льнический

**2.** *n* раско́льник, схизма́тик

**schist** [ʃıst] *n* а́спидный сла́нец

**schistose, schistous** [ˈʃıstəus, -təs] *a геол.* 1) сланцева́тый 2) слои́стый

**schizophrenia** [ˌskıtsəuˈfri:njə] *n* шизофрени́я

**scholar** [ˈskɔlə] *n* 1) учёный 2) фило́лог-кла́ссик 3) *разг.* грамоте́й; I'm not much of a ~ я не о́чень-то гра́мотен 4) *разг.* знато́к (*языка*) 5) стипендиа́т 6) *уст.* учени́к

**scholarly** [ˈskɔləlı] *a* учёный; сво́йственный учёным

**scholarship** [ˈskɔləʃıp] *n* 1) учёность, эруди́ция 2) стипе́ндия

**scholastic** [skəˈlæstık] **1.** *a* 1) учи́тельский, преподава́тельский; шко́льный; a ~ institution уче́бное заведе́ние 2) схоласти́ческий; 3) учёный; ~ degree учёная сте́пень

**2.** *n* схола́стик, схола́ст

**scholasticism** [skəˈlæstısızm] *n* схола́стика

**scholia** [ˈskəuljə] *pl от* scholium

**scholiast** [ˈskəulıæst] *n* коммента́тор дре́вних а́второв, схолиа́ст

**scholium** [ˈskəuljəm] *n* (*pl* -lia) коммента́рий к произведе́ниям дре́вних кла́ссиков, схо́лия

**school** I [sku:l] **1.** *n* 1) шко́ла; secondary (*амер.* high) ~ сре́дняя шко́ла; higher ~ вы́сшая шко́ла; elementary (*или* primary) ~ нача́льная шко́ла 2) уче́ние, обуче́ние; to go to ~ а) ходи́ть в шко́лу; б) поступи́ть в шко́лу; to go to ~ to smb. учи́ться у кого́-л.; to attend ~ ходи́ть в шко́лу; учи́ться в шко́ле; to leave ~ броса́ть уче́ние в шко́ле 3) заня́тия в шко́ле, уро́ки; there will be no ~ today сего́дня заня́тий не бу́дет 4) *собир.* уча́щиеся одно́й шко́лы 5) класс, кла́ссная ко́мната 6) шко́ла, направле́ние (*в науке, литературе, искусстве*); of the old ~ а) ста́рой шко́лы (*о произведениях искусства и т. п.*); б) старомо́дный 7) факульте́т университе́та (*дающий право на получение учёной степени*) 8) (the ~s) *pl* средневеко́вые университе́ты 9) *attr.* шко́льный, уче́бный; ~ house а) кварти́ра дире́ктора *или* учи́теля при шко́ле; б) пансиона́т при шко́ле

**2.** *v* 1) дисциплини́ровать, обу́здывать; приуча́ть; шко́лить 2) *уст.* посыла́ть в шко́лу, посыла́ть учи́ться

**school** II [sku:l] **1.** *n* ста́я, кося́к (*рыб*)

**2.** *v* собира́ться косяка́ми

**schoolable** [ˈsku:ləbl] *a* 1) подлежа́щий обяза́тельному шко́льному обуче́нию 2) поддаю́щийся обуче́нию

**school-board** [ˈsku:lbɔ:d] *n ист.* ме́стный шко́льный сове́т

**school-book** [ˈsku:lbuk] *n* уче́бник, уче́бное посо́бие

**schoolboy** [ˈsku:lbɔı] *n* 1) шко́льник, учени́к 2) *attr.* мальчи́шеский

**school-days** [ˈsku:ldeız] *n pl* 1) дни заня́тий в шко́ле 2) шко́льные го́ды

**schoolfellow** [ˈsku:lˌfeləu] *n* шко́льный това́рищ, одноkла́ссник, однока́шник

**schoolgirl** [ˈsku:lgə:l] *n* шко́льница, учени́ца

**schooling** [ˈsku:lıŋ] **1.** *pres. p. от* school I, 2

**2.** *n* 1) (шко́льное) обуче́ние 2) пла́та за обуче́ние 3) *уст.* вы́говор

**school leaver** [ˈsku:lˈli:və] *n* 1) учени́к, бро́сивший шко́лу 2) выпускни́к

**school-ma'am** [ˈsku:lmæm] *n разг.* учи́тельница

**schoolman** [ˈsku:lmən] *n* 1) схола́ст, схола́стик 2) преподава́тель (*в средневековых университетах*)

**school-marm** [ˈsku:lmɑ:m] = school-ma'am

**schoolmaster** [ˈsku:lˌmɑ:stə] *n* шко́льный учи́тель, педаго́г; наста́вник, воспита́тель

**schoolmasterly** [ˈsku:lˌmɑ:stəlı] *a* наста́внический

**school-mate** [ˈsku:lmeıt] *n* шко́льный това́рищ

**school miss** [ˈsku:lmıs] *n* 1) шко́льница 2) засте́нчивая, наи́вная де́вушка

**schoolmistress** [ˈsku:lˌmıstrıs] *n* шко́льная учи́тельница

**school pence** [ˈsku:lpens] *n ист.* еженеде́льный взнос за уче́ние в нача́льной шко́ле

**schoolroom** [ˈsku:lrum] *n* класс, кла́ссная ко́мната; аудито́рия

**schools** [sku:lz] *n pl* экза́мены на учёную сте́пень (*в Оксфордском университете*)

**school-ship** [ˈsku:lʃıp] *n мор.* уче́бное су́дно

**school-teacher** [ˈsku:lˌti:tʃə] *n* шко́льный учи́тель, педаго́г

**school-time** [ˈsku:ltaım] *n* 1) часы́ заня́тий 2) го́ды уче́ния, шко́льные го́ды

**schooner** I [ˈsku:nə] *n* 1) шху́на 2) = prairie-schooner

**schooner** II [ˈsku:nə] *n амер. разг.* высо́кий бока́л для пи́ва

**sciagram, sciagraph** [ˈsaıəgræm, -grɑ:f] *n* рентгеногра́мма

**sciagraphy** [saıˈægrəfı] *n* 1) рентгеноскопи́я 2) наложе́ние тене́й (*в рисунке*)

**sciatic** [saıˈætık] *a анат.* седа́лищный

**sciatica** [saıˈætıkə] *n мед.* и́шиас

**science** [ˈsaıəns] *n* 1) нау́ка; man of ~ учёный; applied ~ прикладна́я нау́ка 2) *собир.* есте́ственные нау́ки (*тж.* natural ~ *или* ~s, physical ~s) 3) уме́ние, ло́вкость; техни́чность; in judo ~ is more important than strength в борьбе́ дзю-до́ ло́вкость важне́е си́лы 4) *уст.* зна́ние

**science fiction** [ˈsaıənsˌfıkʃən] *n* нау́чная фанта́стика

**sciential** [saıˈenʃəl] *a* 1) нау́чный 2) зна́ющий, учёный

**scientific** [ˌsaıənˈtıfık] *a* 1) нау́чный 2) высо́кого кла́сса (*о спортсмене*)

**scientist** [ˈsaıəntıst] *n* 1) учёный 2) естествоиспыта́тель

**scilicet** [ˈsaılıset] *лат. adv* то́ есть; а и́менно

**scimitar** [ˈsımıtə] *n* крива́я туре́цкая са́бля

**scintilla** [sınˈtılə] *n* и́скра; крупи́ца (*тж. перен.*); not a ~ of smth. ни ка́пельки, ни намёка на что-л.

**scintillate** [ˈsıntıleıt] *v* сверка́ть; искри́ться; мерца́ть; to ~ pleasure (*или* delight) сия́ть от удово́льствия; to ~ anger вспы́хнуть от гне́ва

**scintillation** [ˌsıntıˈleıʃən] *n* сверка́ние, блеск; мерца́ние

**sciolism** [ˈsaıəulızm] *n* мни́мая учёность, наукообра́зие

**sciolist** [ˈsaıəulıst] *n* лжеучёный

**scion** [ˈsaıən] *n* 1) побе́г (*растения*) 2) о́тпрыск, пото́мок

**scission** [ˈsıʒən] *n* разреза́ние, разделе́ние

**scissor** [ˈsızə] *v разг.* ре́зать но́жницами (*обыкн.* ~ off, ~ up); выреза́ть но́жницами (*обыкн.* ~ out)

**scissors** [ˈsızəz] *n pl* но́жницы (*тж.* a pair of ~) ◇ ~ and paste компиля́ция

**Sclav, Sclavonic** [sklɑ:v, skləˈvɔnık] = Slav, Slavonic

**scleroses** [sklıəˈrəusi:z] *pl от* sclerosis

**sclerosis** [sklıəˈrəusıs] *n* (*pl* -ses) *мед.* склеро́з

**sclerotic** [sklɪə'rɔtɪk] *a* склероти́ческий

**scobs** [skɔbz] *n pl* 1) опи́лки, стру́жки 2) шлак, ока́лина

**scoff** [skɔf] **1.** *n* 1) насме́шка 2) посме́шище 3) *sl.* еда́, пи́ща

**2.** *v* глуми́ться, насмеха́ться, издева́ться 2) *sl.* жа́дно есть

**scoffer** ['skɔfə] *n* насме́шник, зубоска́л

**scold** [skəuld] **1.** *v* 1) брани́ть(ся), распека́ть 2) ворча́ть, брюзжа́ть

**2.** *n* сварли́вая же́нщина

**scolding** ['skəuldɪŋ] **1.** *pres. p. от* scold 1

**2.** *n* нагоня́й; брань

**scollop** ['skɔləp] = scallop

**scon** [skɔn] = scone

**sconce** I [skɔns] *n* 1) *уст.* убе́жище, прию́т; укры́тие 2) *воен.* ша́нец, отде́льное укрепле́ние

**sconce** II [skɔns] *n* 1) канделя́бр; бра 2) подсве́чник

**sconce** III [skɔns] *n уст.* 1) голова́ *или* че́реп 2) сообрази́тельность, смека́лка

**sconce** IV [skɔns] **1.** *n* штраф (*обыкн. кружка пива*) за наруше́ние пра́вил за столо́м (*в Оксфордском университете*)

**2.** *v* штрафова́ть [*см.* 1]

**scone** [skɔn] *n* ячме́нная *или* пшени́чная лепёшка

**scoop** [sku:p] **1.** *n* 1) сово́к, лопа́тка 2) черпа́к; разлива́тельная ло́жка; ковш (*тж. экскаватора*) 3) че́рпание; with a ~, at one ~ одни́м взма́хом 4) *мед.* ло́жечка 5) котлова́н; углубле́ние, впа́дина 6) *разг.* большо́й куш; больша́я при́быль 7) *разг.* сенсацио́нная но́вость (*опубликованная в газете до её появления в других газетах*)

**2.** *v* 1) че́рпать, заче́рпывать; выче́рпывать (*обыкн.* ~ up, ~ out) 2) копа́ть; выка́пывать 3) выда́лбливать, высве́рливать 4) *разг.* сорва́ть куш 5) *разг.* опубликова́ть сенсацио́нное сообще́ние (*раньше других газет*) □ ~ **in,** ~ **up** сгреба́ть, собира́ть

**scoop-net** ['sku:pnet] *n* сачо́к

**scoot** [sku:t] *v разг., шутл.* бежа́ть, удира́ть

**scooter** ['sku:tə] *n* 1) де́тский самока́т 2) моторо́ллер 3) *спорт.* ску́тер

**scop** [skɔp] *n* средневеко́вый англи́йский поэ́т; менестре́ль

**scope** I [skəup] *n* 1) грани́цы, ра́мки, преде́лы (*возможностей, знаний и т. п.*); a mind of wide ~ челове́к широ́ких взгля́дов, широ́кого кругозо́ра; it is beyond my ~ э́то вне мое́й компете́нции; 2) преде́л, масшта́б, разма́х, сфе́ра; ~ of fire *воен.* по́ле обстре́ла 3) возмо́жности, просто́р (*для передвижения, действий, мысли и т. п.*); to give one's fancy full ~ дать просто́р фанта́зии 4) *уст.* наме́рение, цель

**scope** II [skəup] *n сокр. от* microscope, telescope, periscope

**scorbutic** [skɔ:'bju:tɪk] *мед.* **1.** *a* цинго́тный

**2.** *n* цинго́тный больно́й

**scorch** [skɔ:tʃ] **1.** *n* 1) ожо́г; пятно́ от ожо́га 2) *разг.* езда́ с бе́шеной ско́ростью

**2.** *v* 1) опаля́ть(ся), подпа́ливать (-ся); обжига́ть; выжига́ть 2) выгора́ть; коро́биться (от жары́) 3) ре́зко критикова́ть, руга́ть 4) *разг.* мча́ться с бе́шеной ско́ростью

**scorched** [skɔ:tʃt] **1.** *p. p. от* scorch 2

**2.** *a* спалённый, вы́жженный; ~ earth policy *воен.* та́ктика вы́жженной земли́

**scorcher** ['skɔ:tʃə] *n* 1) жа́ркий день 2) *разг.* лиха́ч (*об автомобилисте и т. п.*)

**scorching** ['skɔ:tʃɪŋ] **1.** *pres. p. от* scorch 2

**2.** *a* 1) паля́щий; зно́йный 2) жесто́кий, уничтожа́ющий (*о критике*)

**score** [skɔ:] **1.** *n* 1) зару́бка, боро́здка, ме́тка; черта́ 2) счёт, задо́лженность (*в лавке, ресторане и т. п.*) 3) счёт очко́в (*в игре*); to keep the ~ вести́ счёт 4) *sl.* остро́та на чужо́й счёт; he is given to making ~s он лю́бит остри́ть на чужо́й счёт 5) уда́ча; what a ~! повезло́! 6) два деся́тка; three ~ and ten се́мьдесят лет (*о библии — нормальная продолжительность человеческой жизни*); a ~ or two of instances не́сколько деся́тков приме́ров 7) *pl* мно́жество; ~s of times мно́го раз 8) причи́на, основа́ние; on the ~ of по причи́не; on that ~ на э́тот счёт, в э́том отноше́нии 9) *муз.* партиту́ра ◇ to go off at full ~, to start off from ~ ри́нуться; с жа́ром начина́ть (*что-л.*); to make a ~ off one's own bat сде́лать что-л. без по́мощи други́х; to pay off (*или* to settle, to wipe off) old ~s свести́ счёты

**2.** *v* 1) де́лать зару́бки, отме́тки; отмеча́ть; оставля́ть глубо́кие следы́ (*тж. перен.*) 2) засчи́тывать (*тж.* ~ up); вести́ счёт (*в игре*) 3) запи́сывать в долг 4) вы́игрывать, име́ть успе́х; to ~ a point вы́играть очко́; to ~ an advantage (a success) получи́ть преиму́щество (дости́гнуть успе́ха); you have ~d вам повезло́; we ~d heavily by it э́то нам бы́ло о́чень кста́ти 5) *амер.* брани́ть 6) *муз.* оркестрова́ть □ ~ **off** *разг.* одержа́ть верх; ~ **out** вычёркивать; ~ **under** подчёркивать

**scorer** ['skɔ:rə] *n* 1) счётчик очко́в, маркёр 2) игро́к, забива́ющий мяч

**scoria** ['skɔ:rɪə] *n* (*pl* -ae) 1) шлак; ока́лина 2) *pl геол.* вулкани́ческие шла́ки

**scoriae** ['skɔ:rɪi:] *pl от* scoria

**scorify** ['skɔ:rɪfaɪ] *v тех.* шлакова́ть

**scorn** [skɔ:n] **1.** *n* 1) презре́ние; to think ~ of презира́ть 2) насме́шка 3) объе́кт презре́ния

**2.** *v* презира́ть; to ~ lying не унижа́ться до лжи

**scornful** ['skɔ:nful] *a* презри́тельный; насме́шливый

**Scorpio** ['skɔ:pɪəu] *n* Скорпио́н (*созвездие и знак зодиака*)

**scorpion** ['skɔ:pjən] *n* 1) скорпио́н 2) *библ.* бич с металли́ческими шипа́ми; to chastise with ~s бичева́ть, суро́во нака́зывать 3) (S.) = Scorpio

**Scot** [skɔt] *n* 1) шотла́ндец 2) *ист.* скотт

**scot** [skɔt] *n ист.* нало́г, по́дать; to pay ~ and lot плати́ть городски́е нало́ги; *перен.* нести́ о́бщее бре́мя

**Scotch** [skɔtʃ] **1.** *a* шотла́ндский ◇ ~ broth перло́вый суп; ~ fir (*или* pine) сосна́ лесна́я (*или* обыкнове́нная); ~ kale краснокоча́нная капу́ста

**2.** *n* 1) (the ~) *собир.* шотла́ндцы 2) шотла́ндский диале́кт 3) *разг.* шотла́ндское ви́ски

**scotch** [skɔtʃ] **1.** *n* 1) надре́з 2) черта́ (*в детской игре в «классы»*) 3) *тех.* башма́к, клин (*как тормоз под колесо и т. п.*)

**2.** *v* 1) ра́нить; кале́чить 2) обезвре́живать; to ~ a snake, вы́рвать жа́ло у змей 3) подавля́ть; to ~ a mutiny подави́ть восста́ние; I don't ~ my mind я говорю́ пря́мо, без обиняко́в 4) тормози́ть

**Scotchman** ['skɔtʃmən] *n* шотла́ндец ◇ Flying ~ экспре́сс Ло́ндон-Эдинбург

**Scotch tape** ['skɔtʃ'teɪp] *n* скле́ивающая ле́нта, «скотч»

**Scotchwoman** ['skɔtʃ,wumən] *n* шотла́ндка

**scoter** ['skəutə] *n зоол.* турпа́н

**scot-free** ['skɔt'fri:] **1.** *a* 1) невреди́мый 2) ненака́занный

**2.** *adv* безнака́занно

**Scotland Yard** ['skɔtlənd'jɑ:d] *n* Ско́тленд-ярд (*центральное управление полиции и сыскного отделения в Лондоне*)

**Scots** [skɔts] **1.** *n* шотла́ндский диале́кт

**2.** *a* шотла́ндский; ~ mile шотла́ндская ми́ля

**Scotsman** ['skɔtsmən] = Scotchman

**Scotswoman** ['skɔts,wumən] = Scotchwoman

**Scotticism** ['skɔtɪsɪzm] *n* шотла́ндское сло́во, выраже́ние, шотланди́зм

**Scotticize** ['skɔtɪsaɪz] *v* подража́ть шотла́ндским обы́чаям *или* шотла́ндскому диале́кту

**Scottish** ['skɔtɪʃ] *a* шотла́ндский; ~ dialect шотла́ндский диале́кт

**scoundrel** ['skaundrəl] *n* негодя́й, подле́ц

**scoundrelly** ['skaundrəlɪ] *a* по́длый

**scour** I ['skauə] **1.** *n* 1) чи́стка, мытьё 2) эрози́йное де́йствие (*воды*) 3) промо́ина, размы́в 4) мо́ющее, чи́стящее сре́дство *или* устро́йство 5) (*обыкн. pl*) поно́с (*у скота*)

**2.** *v* 1) чи́стить, прочища́ть; отчища́ть, оттира́ть 2) мыть, промыва́ть; смыва́ть 3) мездри́ть (*кожу*)

**scour** II ['skauə] *v* ры́скать (*тж.* ~ about); to ~ the woods ры́скать по́ лесу

**scourer** ['skaurə] *n* 1) мездри́льщик (*в кожевенной промышленности*) 2) металли́ческая моча́лка для чи́стки ку́хонной посу́ды

**scourge** [skə:dʒ] **1.** *n* 1) плеть 2) бич, бе́дствие; ка́ра, наказа́ние

**2.** *v* 1) бичева́ть 2) кара́ть, нака́зывать

**scout** I [skaut] **1.** *n* 1) разве́дчик (*тж. о самолёте и корабле*) 2) бойска́ут 3) разве́дка; on the ~ в разве́дке 4) слуга́ (*в Оксфордском университете*) 5) *амер. разг.* па́рень, ма́лый

**2.** *v* производи́ть разве́дку □ ~ **about,** ~ **round** ры́скать в по́исках (*чего-л.*)

**scout** II [skaut] *v* отверга́ть (*что-л.*), пренебрега́ть (*чем-л.*)

**scoutmaster** [ˈskautˌmɑ:stə] *n* нача́льник отря́да бойска́утов

**scow** [skau] *n* шала́нда

**scowl** [skaul] **1.** *n* хму́рый вид; серди́тый взгляд

**2.** *v* хму́риться, смотре́ть серди́то (at)

**scrabble** [ˈskræbl] *v* 1) цара́пать, писа́ть кара́кулями 2) ры́ться (*обыкн.* ~ about) 3) кара́бкаться

**scrag** [skræg] **1.** *n* 1) живо́й скеле́т, коще́й, «ко́жа да ко́сти»; то́щее живо́тное 2) бара́нья ше́я 3) *sl.* ше́я

**2.** *v* 1) *спорт.* примени́ть захва́т ше́и (*противника*) 2) *разг.* задуши́ть, сверну́ть ше́ю; вздёрнуть на ви́селице

**scraggy** [ˈskrægɪ] *a* то́щий

**scram** [skræm] *v амер. разг.* уходи́ть; ~! убира́йся!, кати́сь!, прова́ливай!

**scramble** [ˈskræmbl] **1.** *n* 1) сва́лка, дра́ка, борьба́ (*за овладение*) 2) кара́бканье

**2.** *v* 1) кара́бкаться; продира́ться, проти́скиваться 2) ползти́; цепля́ться (*о растениях*) 3) дра́ться, боро́ться за облада́ние (for — *чем-л.*) 4) швыря́ть в толпу́ (*монеты*) 5) де́лать яи́чницу-болту́нью

**scrambled eggs** [ˈskræmbldˈegz] *n pl* яи́чница-болту́нья

**scrannel** [ˈskrænl] *a уст.* 1) то́щий; жа́лкий 2) скрипу́чий

**scrap** I [skræp] **1.** *n* 1) клочо́к, кусо́чек, лоскуто́к 2) *pl* оста́тки, объе́дки 3) вы́резка из газе́ты 4) *собир.* металли́ческий лом, скрап

**2.** *v* 1) отдава́ть на слом; превраща́ть в лом 2) выбра́сывать за нена́добностью

**scrap** II [skræp] *разг.* **1.** *n* дра́ка, сты́чка; ссо́ра

**2.** *v* дра́ться

**scrap-book** [ˈskræpbuk] *n* альбо́м для накле́ивания вы́резок

**scrape** [skreɪp] **1.** *n* 1) скобле́ние *и пр.* [*см.* 2] 2) цара́пина 3) скрип 4) затрудне́ние, неприя́тная ситуа́ция; to get into a ~ попа́сть в переде́лку

**2.** *v* 1) скобли́ть, скрести́(сь); to ~ one's chin бри́ться; to ~ one's boots счища́ть грязь с подо́шв о желе́зную скобу́ у вхо́да; to ~ one's plate вы́скрести свою́ таре́лку 2) задева́ть (against, along) 3) ша́ркать 4) скрипе́ть; to ~ on a fiddle пили́кать на скри́пке 5) ска́редничать, скопидо́мничать 6) с трудо́м собра́ть, наскрести́ (*средства и т. п.*) (*тж.* up, together) 7) цара́пать, обдира́ть □ ~ **away,** ~ **down** отчища́ть, отска́бливать; ~ **through** а) с трудо́м пробра́ться; б) е́ле вы́держать (*экзамен*); ~ **together,** ~ **up** наскрести́; накопи́ть по мелоча́м ◇ to ~ (up) an acquaintance with smb. навя́зываться в знако́мые к кому́-л.; to bow and ~ раболе́пствовать; to ~ a living с трудо́м зараба́тывать себе́ на жизнь

**scraper** [ˈskreɪpə] *n* 1) желе́зная скоба́, желе́зная се́тка у вхо́да (*для счищения грязи с подошв обуви*) 2) скря́га 3) *тех.* скребо́к; ша́бер; ско́бель 4) *тех.* скре́пер; волоку́ша 5) *attr.* скребко́вый; ~ conveyor *горн.* скребко́вый транспортёр

**scrap-heap** [ˈskræphi:p] *n* сва́лка, помо́йка (*тж. перен.*); to throw on the ~ вы́кинуть за нена́добностью

**scrap-iron** [ˈskræpˈaɪən] = scrap I, 4)

**scrap-metal** [ˈskræpˈmetl] = scrap I, 4)

**scrapple** [ˈskræpl] *n амер.* ку́шанье из свини́ны с кукуру́зной крупо́й и коре́ньями

**scrappy** [ˈskræpɪ] *a* 1) состоя́щий из оста́тков, обры́вков 2) отры́вочный, бессвя́зный

**Scratch** [skrætʃ] *n*: Old ~ дья́вол

**scratch** [skrætʃ] **1.** *n* 1) цара́пина; to get off with a ~ отде́латься цара́пиной; легко́ отде́латься 2) ро́счерк; поме́тка; кара́кули; a ~ of the pen ро́счерк пера́ 3) почёсывание, расчёсывание 4) скрип; цара́панье; чи́рканье 5) *спорт.* ста́ртовая черта́; to come (up) to the ~ а) подойти́ к ста́ртовой черте́; б) реши́ться (*на что-л.*); быть гото́вым к борьбе́; быть в фо́рме; to start from ~ а) *спорт.* не име́ть преиму́щества; б) нача́ть всё с (са́мого) нача́ла 6) *спорт.* уча́стник состяза́ния, не получа́ющий преиму́щества (*тж.* ~ man) 7) *pl вет.* мокре́ц (*у лошади*) 8) насе́чка, ме́тка 9) штрафно́е каса́ние (*в бильярде*); *перен.* счастли́вая случа́йность 10) = scratch-wig ◇ up to ~ на до́лжной высоте́; в хоро́шем ви́де

**2.** *a* 1) случа́йный 2) разношёрстный, сбо́рный; со́бранный на́спех; ~ crew (*или* team, pack) *разг.* случа́йно *или* на́спех подо́бранная спорти́вная кома́нда; ~ dinner обе́д, пригото́вленный на ско́рую ру́ку, импровизи́рованный обе́д 3) испо́льзуемый для черновико́в, набро́сков; ~ paper бума́га для заме́ток

**3.** *v* 1) цара́пать(ся), скрести́(сь); расцара́пать, оцара́пать; to ~ the surface of smth. а) не проника́ть глу́бже пове́рхности чего́-л.; б) относи́ться пове́рхностно к чему́-л. 2) нацара́пать (*письмо, рисунок*) 3) чеса́ть(ся); to ~ one's head почеса́ть заты́лок (*тж. перен.*) 4) рыть когтя́ми 5) скрипе́ть (*о пере*) 6) чи́ркать 7) вычёркивать (*из списка участников, кандидатов*; *тж.* ~ off, ~ out, ~ through) 8) отка́зываться (*от чего-л.*); броса́ть □ ~ **along** перебива́ться; с трудо́м своди́ть концы́ с конца́ми; ~ **out** вычёркивать; ~ **together,** ~ **up** наскрести́, накопи́ть ◇ ~ my back and I will ~ yours ≅ услу́га за услу́гу

**scratch-cat** [ˈscrætʃkæt] *n разг.* злю́ка, меге́ра

**scratch-race** [ˈskrætʃreɪs] *n спорт.* состяза́ние без гандика́па

**scratch-wig** [ˈskrætʃwɪg] *n* накла́дка из воло́с

**scratch-work** [ˈskrætʃwə:k] *n иск.* граффи́то

**scratchy** [ˈskrætʃɪ] *a* 1) гру́бый, неиску́сный (*о рисунке*) 2) скрипу́чий, цара́пающий (*о пере*) 3) шерша́вый, гру́бый (*о ткани*); a ~ woolen sweater колю́чий шерстяно́й сви́тер 4) разношёрстный, пло́хо подо́бранный 5) цара́пающий, колю́чий (*о кустарнике*)

**scrawl** [skrɔ:l] **1.** *n* 1) небре́жно, на́спех напи́санная запи́ска 2) небре́жный по́черк

**2.** *v* 1) писа́ть бы́стро и неразбо́рчиво 2) писа́ть кара́кулями

**scrawny** [ˈskrɔ:nɪ] *a амер.* костля́вый, сухопа́рый, то́щий

**screak** [skri:k] *v* пронзи́тельно скрипе́ть, визжа́ть

**scream** [skri:m] **1.** *n* 1) вопль, пронзи́тельный крик; визг; ~s of laughter взры́вы сме́ха 2) *разг.* умо́ра, заба́вный, умори́тельный челове́к, слу́чай *и т. п.*

**2.** *v* пронзи́тельно крича́ть, вопи́ть; реве́ть (*о свистке, сирене*); to ~ with laughter умира́ть со́ смеху, хохота́ть до упа́ду

**screamer** [ˈskri:mə] *n* 1) тот, кто кричи́т, крику́н 2) *разг.* превосхо́дный экземпля́р 3) *разг.* кни́га, кинофи́льм *и т. п.*, производя́щие си́льное впечатле́ние *или* вызыва́ющие неудержи́мый смех 4) *амер.* сенсацио́нный заголо́вок 5) *спорт.* великоле́пный уда́р, бросо́к, прыжо́к *и т. п.* 6) *полигр. жарг.* восклица́тельный знак

**screaming** [skri:mɪŋ] **1.** *pres. p. от* scream 2

**2.** *a* 1) крича́щий (*о цвете, газетном заголовке и т. п.*) 2) умори́тельный; ~ fun (*или* farce) умори́тельный фарс

**screamy** [ˈskri:mɪ] *a* 1) крикли́вый; визгли́вый 2) крича́щий (*о красках*)

**scree** [skri:] *n* камени́стая о́сыпь; щёбень

**screech** [skri:tʃ] **1.** *n* 1) визгли́вый *или* хри́плый крик 2) скрип, визг (*тормозов и т. п.*)

**2.** *v* 1) визгли́во *или* хри́пло крича́ть 2) скрипе́ть, визжа́ть

**screech-owl** [ˈskri:tʃaul] *n* 1) *зоол.* сипу́ха 2) предве́стник несча́стья

**screechy** [ˈskri:tʃɪ] *a* ре́зкий, визгли́вый, скрипу́чий

**screed** [skri:d] *n* 1) дли́нная ску́чная речь, статья́ *и т. п.* 2) *стр.* маяк (*при штукатурных работах*)

**screen** [skri:n] **1.** *n* 1) ши́рма, экра́н; щит, доска́ (*для объявлений*) 2) *кино, эл., радио* экра́н 3) (the ~)

кино́ 4) прикры́тие, заслóн, завéса (*тж. воен.*); under (the) ~ of night под покрóвом нóчи; to put on a ~ of indifference приня́ть нарочи́то безразли́чный вид 5) сéтка от насекóмых 6) грóхот, си́то, решетó 7) *attr.*: ~ adaptation экраниза́ция литерату́рного произведéния; ~ time врéмя демонстра́ции фи́льма, продолжи́тельность сеа́нса

**2.** *v* 1) прикрыва́ть, укрыва́ть, защища́ть 2) просéивать, сортирова́ть, грохоти́ть 3) производи́ть провéрку полити́ческой благонадёжности 4) *воен.* проводи́ть отбóр новобра́нцев 5) экранизи́ровать 6): to ~ well (badly) а) имéть успéх (не имéть успéха) в кинó; б) быть фотогени́чным (нефотогени́чным) 7) демонстри́ровать на экра́не 8) *радио* экрани́ровать

**screening** [ˈskri:nɪŋ] **1.** *pres. p. от* screen 2

**2.** *n* 1) *pl* вы́севки 2) просéивание 3) отсéв, отбóр 4) провéрка полити́ческой благонадёжности 5) *воен.* прикры́тие, маскирóвка

**screenplay** [ˈskri:npleɪ] *n* сцена́рий

**screen-wiper** [ˈskri:nˌwaɪpə] *n* стеклоочисти́тель ветровóго стекла́ (*в автомобиле*), «двóрник»

**screenwriter** [ˈskri:nˌraɪtə] *n* сценари́ст, кинодрамату́рг

**screw** [skru:] **1.** *n* 1) винт (*тж.* male ~, external ~); болт, шуру́п; female (*или* internal) ~ га́йка; to turn (*или* to apply) the ~, to put the ~(s) on заверну́ть, подкрути́ть га́йку; *перен.* оказа́ть давлéние, нажа́ть 2) *тех.* шнек, червя́к 3) = thumbscrew 1); 4) *ав.* (возду́шный) винт; *мор.* (гребнóй) винт 5) поворóт винта́; to give a nut a (good) ~ покрéпче заверну́ть га́йку 6) небольшóй свёрток, бума́жный пакéт, «фу́нтик»; a ~ of tobacco па́чка табаку́ 7) *разг.* скря́га 8) *разг.* кля́ча 9) *разг.* зарпла́та, жа́лованье 10) *sl.* тюрéмный стóрож, тюрéмщик 11) *attr.* винтовóй ◊ he has a ~ loose у негó ви́нтика не хвата́ет; to have a ~ loose on smth. *разг.* помеша́ться на чём-л.; there is a ~ loose somewhere чтó-то не в поря́дке

**2.** *v* 1) приви́нчивать, зави́нчивать, скрепля́ть винта́ми; нави́нчивать; to ~ the lid on the jar завинти́ть кры́шку ба́нки 2) нарeза́ть резьбу́ 3) выжима́ть; to ~ water out of a sponge вы́жать гу́бку 4) нажима́ть, притесня́ть 5) скря́жничать, ска́редничать 6) крути́ть(ся), вертéть(ся); to ~ smb.'s arm выкру́чивать кому́-л. ру́ку 7): to be ~ed *sl.* быть пья́ным □ ~ **out** а) выви́нчивать; б) вымога́ть (*деньги, согласие*; of — у *кого-л.*); ~ **up** а) зави́нчивать; подви́нчивать (*болт, гайку и т. п.*); нави́нчивать (*крышку и т. п.*); б) подтя́гивать, укрепля́ть; to ~ up one's courage подбодри́ться, набра́ться хра́брости; to ~ oneself up to do smth. заста́вить себя́ сдéлать что-л.; в) мóрщить (*лицо*); поджима́ть (*губы*); to ~ up one's eyes прищу́риться ◊ to have one's head ~ed on the right way имéть хорóшую гóлову на плеча́х

**screw-ball** [ˈskru:bɔ:l] *n амер. sl.* 1) сумасбрóд; эксцентри́чный человéк 2) сумасбрóдство

**screw-bolt** [ˈskru:bəult] *n* болт

**screw coupling** [ˈskru:ˌkʌplɪŋ] *n тех.* винтова́я стя́жка

**screw-cutter** [ˈskru:ˌkʌtə] *n* винторéзный станóк

**screw-die** [ˈskru:daɪ] *n тех.* винторéзная голóвка, клупп

**screwdriver** [ˈskru:ˌdraɪvə] *n* 1) отвёртка 2) вóдка с апельси́новым сóком и льдом

**screwed** [skru:d] **1.** *p. p. от* screw 2

**2.** *a sl.* пья́ный; подвы́пивший

**screw-jack** [ˈskru:dʒæk] *n* винтовóй домкра́т

**screw-nail** [ˈskru:neɪl] *n* шуру́п для дéрева

**screw-nut** [ˈskru:nʌt] *n* га́йка

**screw-plate** [ˈskru:pleɪt] *n тех.* винтова́льная доска́

**screw-propeller** [ˈskru:prəˌpelə] *n* гребнóй винт

**screw steamer** [ˈskru:ˌsti:mə] *n* винтовóй парохóд

**screw-thread** [ˈskru:θred] *n* тех. резьба́, винтова́я нарéзка

**screw valve** [ˈskru:vælv] *n тех.* винтовóй кла́пан

**screw-wheel** [ˈskru:wi:l] *n тех.* винтовóе, зубча́тое колесó

**screw-wrench** [ˈskru:rentʃ] *n тех.* разводнóй га́ечный ключ

**screwy** [ˈskru:ɪ] *a* 1) *sl.* ненормáльный, «чóкнутый» 2) подозри́тельный, стра́нный 3) прижи́мистый, скупóй 4) *sl.* пья́ный

**scribal** [ˈskraɪbəl] *a* относя́щийся к перепи́счику, сдéланный перепи́счиком; ~ error оши́бка перепи́счика

**scribble I** [ˈskrɪbl] **1.** *n* 1) небрéжный *или* неразбóрчивый пóчерк 2) кара́кули; мазня́

**2.** *v* 1) писа́ть бы́стро и небрéжно; писа́ть как ку́рица ла́пой 2) занима́ться бумагомара́нием, быть писа́кой

**scribble II** [ˈskrɪbl] *v текст.* гру́бо чеса́ть

**scribbler I** [ˈskrɪblə] *n* писа́ка, бумагомара́тель

**scribbler II** [ˈskrɪblə] *n текст.* щипа́льная маши́на для шéрсти

**scribe** [skraɪb] **1.** *n* 1) писéц; перепи́счик 2) секрета́рь, клерк 3) *библ.* кни́жник 4) *амер. разг.* писа́тель; журнали́ст

**2.** *v тех.* размеча́ть

**scrim** [skrɪm] *n* 1) *текст.* гру́бый холст 2) маскирóвочная сéтка

**scrimmage** [ˈskrɪmɪdʒ] **1.** *n* 1) дра́ка, сва́лка; ссóра 2) *спорт.* схва́тка вокру́г мяча́ (*в регби*)

**2.** *v* 1) уча́ствовать в схва́тке 2) *спорт.* сгруди́ться вокру́г мяча́

**scrimp** [skrɪmp] *v* скупи́ться (*на что-л.*); урéзывать

**scrimpy** [ˈskrɪmpɪ] *a* 1) ску́дный 2) скупóй

**scrimshank** [ˈskrɪmʃæŋk] *v воен. жарг.* уклоня́ться от обя́занностей, «сачкова́ть»

**scrimshaw** [ˈskrɪmʃɔ:] **1.** *n* резьба́ на ра́ковинах, слонóвой кóсти *и т. п.*

**2.** *v* выреза́ть на ра́ковинах, слонóвой кóсти *и т. п.*

**scrip I** [skrɪp] *n уст.* сума́

**scrip II** [skrɪp] *n фин.* 1) предвари́тельный докумéнт, даю́щий пра́во на официа́льное свидéтельство о владéнии а́кциями 2) бума́жные дéньги, выпуска́емые оккупациóнными властя́ми

**script** [skrɪpt] **1.** *n* 1) пóчерк; рукопи́сный шрифт 2) *юр.* пóдлинник (*документа*) 3) пи́сьменная рабóта экзамену́ющегося 4) *кино, тлв.* сцена́рий 5) *радио* текст лéкции *или* бесéды для переда́чи по ра́дио

**2.** *v* писа́ть сцена́рий (*для кино, телевидения или радио*)

**scriptoria** [skrɪpˈtɔ:rɪə] *pl от* scriptorium

**scriptorium** [skrɪpˈtɔ:rɪəm] *n* (*pl* -s [-z], -ria) помещéние для перепи́ски ру́кописей (*в средневековых монастырях*)

**scriptural** [ˈskrɪptʃərəl] *a* библéйский, относя́щийся к свящéнному писа́нию

**scripture** [ˈskrɪptʃə] *n* 1) би́блия, свящéнное писа́ние 2) *уст.* цита́та из би́блии 3) *уст.* на́дпись 4) свящéнная кни́га 5) *attr.* библéйский

**scriptwriter** [ˈskrɪptˌraɪtə] *n* 1) сценари́ст 2) а́втор бесéды *или* лéкции по ра́дио

**scrivener** [ˈskrɪvnə] *n уст.* 1) писéц 2) нота́риус ◊ ~'s palsy *мед.* пи́счая су́дорога

**scrofula** [ˈskrɔfjulə] *n мед.* золоту́ха

**scrofulous** [ˈskrɔfjuləs] *a* 1) *мед.* золоту́шный 2) мора́льно развращённый

**scroll** [skrəul] **1.** *n* 1) сви́ток, манускри́пт 2) завитóк (*подписи*), рóсчерк 3) спи́сок, пéречень 4) *уст.* спи́сок, скрижа́ли 5) *уст.* письмó, посла́ние 6) *архит.* волю́та, завитóк 7) спира́ль 8) *тех.* плóская резьба́

**2.** *v* украша́ть завитка́ми

**scroll-work** [ˈskrəulwə:k] *n* орна́мент в ви́де завиткóв

**Scrooge** [skru:dʒ] *n разг.* скря́га

**scroop** [skru:p] **1.** *n* скрип

**2.** *v* скрипéть

**scrota** [ˈskroutə] *pl от* scrotum

**scrotum** [ˈskrəutəm] *n* (*pl* -ta) *анат.* мошóнка

**scrounge** [skraundʒ] *v разг.* 1) добы́ть, стяну́ть, укра́сть 2) попроша́йничать; жить на чужóй счёт

**scrub I** [skrʌb] **1.** *n* 1) куста́рник, пóросль 2) малорóслое существó 3) ничтóжный человéк 4) *амер.* мла́дшая *или* сла́бая кома́нда 5) *амер.* игрóк такóй кома́нды

**2.** *a амер.* = scrubby

**scrub II** [skrʌb] **1.** *n* 1) чи́стка щёткой 2) жёсткая щётка 3) подéнщик, выполня́ющий тяжёлую, гря́зную рабóту

2. *v* 1) тере́ть, скрести́, чи́стить, мыть щёткой 2) *тех.* промыва́ть газ 3) *sl.* отменя́ть (out); to ~ out an order отмени́ть прика́з

**scrubber** [ˈskrʌbə] *n* *тех.* 1) газопромыва́тель 2) скребо́к

**scrubbing-brush** [ˈskrʌbɪŋbrʌʃ] *n* жёсткая щётка

**scrub-brush** [ˈskrʌbbrʌʃ] *амер.* = scrubbing-brush

**scrubby** [ˈskrʌbɪ] *a* 1) низкоро́слый 2) захуда́лый, ничто́жный 3) поро́сший куста́рником 4) заро́сший щети́ной

**scrub-up** [ˈskrʌbˈʌp] *n* основа́тельная чи́стка

**scrubwoman** [ˈskrʌbˌwumən] *n* *амер.* подёнщица для рабо́ты по до́му; убо́рщица

**scruff** [skrʌf] *n* загри́вок; to take by the ~ of the neck взять за ши́иворот

**scruffy** [ˈskrʌfɪ] *a* *разг.* гря́зный, неря́шливый

**scrum(mage)** [ˈskrʌm(ɪdʒ] = scrimmage

**scrumptious** [ˈskrʌmpʃəs] *a* *разг.* великоле́пный, восхити́тельный

**scrunch** [skrʌntʃ] = crunch

**scruple** [ˈskru:pl] 1. *n* 1) скру́пул (*аптекарская мера веса = 20 гранам*) 2) *уст.* крупи́ца 3) сомне́ния, колеба́ния; угрызе́ния со́вести; to have no ~ to do smth. де́лать что-л. без колеба́ний; не постесня́ться сде́лать что-л.; without ~ без стесне́ния; to have ~s стесня́ться, со́веститься, не реша́ться (*на что-л.*); a man without ~s челове́к, не разбо́рчивый в сре́дствах; непоря́дочный челове́к

2. *v* стесня́ться, со́веститься, не реша́ться (*на что-л.*)

**scrupulosity** [ˌskru:pjuˈlɔsɪtɪ] *n* 1) щепети́льность 2) добросо́вестность, че́стность

**scrupulous** [ˈskru:pjuləs] *a* 1) щепети́льный; со́вестливый 2) добросо́вестный 3) тща́тельный, скрупулёзный

**scrutator** [skru:ˈteɪtə] *n* внима́тельный иссле́дователь (*чего-л.*)

**scrutineer** [ˌskru:tɪˈnɪə] *n* член коми́ссии, проверя́ющий пра́вильность результа́тов вы́боров

**scrutinize** [ˈskru:tɪnaɪz] *v* 1) внима́тельно рассма́тривать 2) тща́тельно иссле́довать

**scrutiny** [ˈskru:tɪnɪ] *n* 1) испыту́ющий взгляд 2) внима́тельный осмо́тр; иссле́дование 3) прове́рка пра́вильности результа́тов вы́боров

**scry** [skraɪ] *v* смотре́ть в «маги́ческий криста́лл», гада́ть по стеклу́

**scuba** [ˈsku:bə] *n* (*сокр. от* self-contained underwater breathing apparatus) ску́ба, дыха́тельный аппара́т для пла́вания под водо́й

**scud** [skʌd] 1. *n* 1) стреми́тельное пла́вное движе́ние 2) гони́мые ве́тром облака́ 3) поры́в ве́тра; шквал

2. *v* 1) нести́сь, скользи́ть, лете́ть 2) *мор.* идти́ под ве́тром

**scuff** [skʌf] *v* 1) идти́ волоча́ но́ги 2) истере́ть(ся) (*от носки, употребле́ния*)

**scuffle** [ˈskʌfl] 1. *n* 1) дра́ка 2) ша́рканье (*ногами*)

2. *v* 1) дра́ться 2) ходи́ть ша́ркая нога́ми

**scull** [skʌl] 1. *n* 1) па́рное весло́ 2) кормово́е коро́ткое весло́

2. *v* 1) грести́ па́рными вёслами 2) гала́нить, грести́ кормовы́м весло́м

**sculler** [ˈskʌlə] *n* 1) гребе́ц па́рными вёслами 2) ма́ленькая двухвесе́льная ло́дка, я́лик

**scullery** [ˈskʌlərɪ] *n* 1) помеще́ние при ку́хне для мытья́ посу́ды 2) *уст.* буфе́тная

**scullion** [ˈskʌljən] *n* *уст.* 1) поварёнок 2) судомо́йка

**sculp** [skʌlp] *v* *разг.* ва́ять, лепи́ть

**sculpt** [skʌlpt] = sculpture 2

**sculptor** [ˈskʌlptə] *n* ску́льптор, вая́тель

**sculptress** [ˈskʌlptrɪs] *n* же́нщина-ску́льптор

**sculptural** [ˈskʌlptʃərəl] *a* скульпту́рный

**sculpture** [ˈskʌlptʃə] 1. *n* 1) скульпту́ра, вая́ние 2) скульпту́ра, изваа́ние 3) скла́дки на земно́й коре́

2. *v* 1) ва́ять, высека́ть, лепи́ть 2) украша́ть скульпту́рной рабо́той 3) выве́тривать; размыва́ть

**sculpturesque** [ˌskʌlptʃəˈresk] *a* скульпту́рный, пласти́чный

**scum** [skʌm] 1. *n* 1) пе́на, на́кипь 2) отбро́сы, очи́стки 3) опусти́вшийся челове́к; the ~ *собир.* подо́нки (*общества*) 4) мерза́вец 5) *метал.* ока́лина, шла́ки

2. *v* 1) снима́ть пе́ну 2) пе́ниться

**scumble** [ˈskʌmbl] *v* *жив.* слегка́ покрыва́ть кра́ской, лессирова́ть

**scummy** [ˈskʌmɪ] *a* 1) пе́нистый 2) ни́зкий, по́длый

**scunner** [ˈskʌnə] *сев.* 1. *n* отвраще́ние; to take a ~ испы́тывать отвраще́ние (at, against)

2. *v* испы́тывать отвраще́ние

**scupper** [ˈskʌpə] 1. *n* *мор.* шпига́т

2. *v* *sl.* 1) напа́сть врасплóх и переби́ть 2) вы́вести из стро́я 3) потопи́ть (*судно и команду*)

**scurf** [skə:f] *n* 1) пе́рхоть 2) налёт, отложе́ния

**scurfy** [ˈskə:fɪ] *a* 1) покры́тый пе́рхотью 2) покры́тый налётом, отложе́ниями

**scurrility** [skʌˈrɪlɪtɪ] *n* гру́бость, непристо́йность

**scurrilous** [ˈskʌrɪləs] *a* гру́бый, непристо́йный; оскорби́тельный

**scurry** [ˈskʌrɪ] 1. *n* 1) бы́строе, стреми́тельное движе́ние 2) беготня́; суета́ 3) ли́вень *или* снегопа́д с си́льным ве́тром 4) бег, ска́чки на коро́ткую диста́нцию

2. *v* 1) бежа́ть (*обыкн. мелкими шагами*) 2) снова́ть; суети́ться 3) спеши́ть; де́лать ко́е-ка́к, на́спех

**scurvied** [ˈskə:vɪd] *a* цинго́тный

**scurvy** I [ˈskə:vɪ] *n* *мед.* цинга́

**scurvy** II [ˈskə:vɪ] *a* ни́зкий, по́длый

**scut** [skʌt] *n* коро́ткий хвост (*особ. зайца, кролика, оленя*)

**scuta** [ˈskju:tə] *pl от* scutum

**scutate** [ˈskju:teɪt] *a* *бот.* щитови́дный

**scutch** [skʌtʃ] 1. *n* льнотрепа́лка

2. *v* трепа́ть, мять (*лён, коноплю и т. п.*)

**scutcheon** [ˈskʌtʃən] *n* 1) щит герба́ 2) доще́чка с фами́лией

**scutcher** [ˈskʌtʃə] *n* трепа́ло, трепа́льная маши́на; льнотрепа́лка

**scute** [skju:t] = scutum

**scuttle** I [ˈskʌtl] *n* ведёрко *или* я́щик для у́гля

**scuttle** II [ˈskʌtl] 1. *n* 1) люк 2) *мор.* отве́рстие в борту́ *или* в дни́ще су́дна

2. *v* затопи́ть су́дно, откры́в кингсто́ны

**scuttle** III [ˈskʌtl] 1. *n* 1) стреми́тельное бе́гство 2) стремле́ние избежа́ть опа́сности, тру́дностей; тру́сость 3) торопли́вая похо́дка

2. *v* 1) поспе́шно бежа́ть, удира́ть 2) позо́рно бежа́ть от опа́сности, тру́дностей 3) спеши́ть, суети́ться

**scuttle-butt** [ˈskʌtlbʌt] *n* 1) *мор.* бачо́к с питьево́й водо́й 2) *амер. разг.* сплётня

**scutum** [ˈskju:təm] *лат.* *n* (*pl* -ta) *зоол.* щито́к

**scythe** [saɪð] *с.-х.* 1. *n* коса́

2. *v* коси́ть

**Scythian** [ˈsɪðɪən] 1. *a* ски́фский

2. *n* 1) скиф 2) язы́к ски́фов

**sea** [si:] *n* 1) мо́ре; at ~ в мо́ре; beyond (*или* over) the sea(s) за́ морем; за́ море; by ~ мо́рем; by the ~ у мо́ря; to go to ~ стать моряко́м; to follow the ~ быть моряко́м; the high ~s мо́ре за преде́лами территориа́льных вод; откры́тое мо́ре; on the ~ а) в мо́ре; б) на морско́м берегу́; to put out to ~ пуска́ться в пла́вание; free ~ мо́ре, свобо́дное для прохо́да корабле́й всех стран; the four ~s четы́ре мо́ря, окружа́ющие Великобрита́нию; the seven ~s се́верная и ю́жная ча́сти Атланти́ческого океа́на, се́верная и ю́жная ча́сти Ти́хого океа́на, Се́верный Ледови́тый океа́н, моря́ Анта́рктики и Инди́йский океа́н 2) волне́ние (*на море*); волна́; a high (*или* heavy, rolling) ~ си́льное волне́ние (*на море*); a short ~ бу́рное мо́ре с коро́ткими во́лнами; a ~ struck us нас захлестну́ла волна́ 3) *уст.* прили́в; at full ~ в прили́в 4) огро́мное коли́чество (*чего-л.*); a ~ of troubles бесчи́сленные бе́ды; a ~ of flame мо́ре огня́; ~s of blood мо́ре кро́ви 5) *attr.* морско́й, примо́рский; ~ air морско́й во́здух ◇ when the ~ gives up its dead когда́ мо́ре вернёт всех поги́бших в нём (*т. е.* никогда́); there's as good fish in the ~ as ever came out of it не сле́дует опаса́ться недоста́тка (*чего-л.*), всего́ предоста́точно; ≅ хоть пруд пруди́; to be all at ~ не знать, что де́лать, недоумева́ть, быть в по́лной растеря́нности

**sea-anchor** [ˈsi:ˌæŋkə] *n* *мор.* плаву́чий я́корь

**sea-ape** [ˈsiːˈeɪp] *n зоол.* кала́н, морска́я вы́дра

**sea-bathing** [ˈsiːˌbɑːðɪŋ] *n* купа́ние в мо́ре

**sea bear** [ˈsiːˈbɛə] *n зоол.* 1) морско́й ко́тик 2) бе́лый медве́дь

**sea-biscuit** [ˈsiːˌbɪskɪt] *n* суха́рь; гале́та

**seaboard** [ˈsiːbɔːd] *n* 1) бе́рег мо́ря, побере́жье, примо́рье 2) *attr.* примо́рский; прибре́жный

**sea-born** [ˈsiːbɔːn] *a поэт.* рождённый мо́рем; the ~ town Вене́ция

**sea-borne** [ˈsiːbɔːn] *a* перевози́мый мо́рем; ~ trade морска́я торго́вля; a ~ invasion вторже́ние с мо́ря

**sea-breeze** [ˈsiːˈbriːz] *n* ве́тер с мо́ря, морско́й бриз

**sea-calf** [ˈsiːˈkɑːf] *n зоол.* тюле́нь (обыкнове́нный)

**sea captain** [ˈsiːˈkæptɪn] *n* 1) капита́н да́льнего пла́вания 2) *поэт.* знамени́тый морепла́ватель *или* флотово́дец

**seacard** [ˈsiːˈkɑːd] *n* карту́шка ко́мпаса

**sea-chest** [ˈsiːtʃest] *n* матро́сский сундучо́к

**sea-cock** [ˈsiːˈkɔk] *n* 1) *мор.* кингсто́н, забо́ртный кла́пан 2) *шутл.* морско́й волк

**sea cook** [ˈsiːˈkuk] *n мор. sl.*: son of a ~ ≅ су́кин сын

**sea-cow** [ˈsiːˈkau] *n зоол.* 1) ламанти́н 2) дюго́нь 3) морж 4) гиппопота́м

**sea-craft** I [ˈsiːkrɑːft] *n собир.* морски́е суда́, морско́й флот

**sea-craft** II [ˈsiːkrɑːft] *n* иску́сство кораблевожде́ния

**sea cucumber** [ˈsiːˌkjuːkʌmbə] *n зоол.* морско́й огуре́ц

**sea-dog** [ˈsiːdɔg] *n* 1) тюле́нь 2) нали́м 3) свече́ние мо́ря в тума́не 4) о́пытный моря́к, морско́й волк 5) *ист.* пира́т; пира́тское су́дно

**seadrome** [ˈsiːdrəum] *n* гидроаэродро́м

**sea elephant** [ˈsiːˈelɪfənt] *n зоол.* морско́й слон

**seafarer** [ˈsiːˌfɛərə] *n поэт.* моря́к, морепла́ватель

**seafaring** [ˈsiːˌfɛərɪŋ] **1.** *n* морепла́вание

**2.** *a* морехо́дный

**sea-fight** [ˈsiːˈfaɪt] *n* морско́й бой

**sea-fire** [ˈsiːˌfaɪə] *n* ночно́е свече́ние мо́ря, фосфоресце́нция мо́ря

**sea-folk** [ˈsiːfəuk] *n* (*употр. с гл. во мн. ч.*) моряки́

**sea-food** [ˈsiːˈfuːd] *n амер.* блю́да, пригото́вленные из ры́бы, съедо́бных моллю́сков, кра́бов *и т. п.*

**sea front** [ˈsiːˈfrʌnt] *n* примо́рская часть го́рода; примо́рский бульва́р, на́бережная

**sea-gauge** [ˈsiːgeɪdʒ] *n* 1) футшто́к; лот 2) оса́дка су́дна

**sea-girt** [ˈsiːgəːt] *a поэт.* опоя́санный моря́ми

**seagoing** [ˈsiːˌgəuɪŋ] *a* да́льнего пла́вания (*о су́дне*); морехо́дный

**sea-green** [ˈsiːˈgriːn] **1.** *n* цвет морско́й волны́

**2.** *a* цве́та морско́й волны́

**sea-gull** [ˈsiːgʌl] *n* ча́йка

**sea-hare** [ˈsiːhɛə] *n зоол.* морско́й за́яц (*моллю́ск*)

**sea-horse** [ˈsiːˈhɔːs] *n* 1) *зоол.* морско́й конёк 2) морж 3) полуры́ба-полуко́нь (*сказочное морское чудовище*)

**sea-jelly** [ˈsiːˌdʒelɪ] *n* меду́за

**sea kale** [ˈsiːˈkeɪl] *n бот.* кра́мбе примо́рская

**sea-king** [ˈsiːˈkɪŋ] *n* ви́кинг

**seal** I [siːl] **1.** *n* 1) *зоол.* тюле́нь; common ~ тюле́нь обыкнове́нный; eared ~ не́рпа; сиву́ч; fur ~ морско́й ко́тик 2) ко́тиковый мех 3) тюле́нья ко́жа

**2.** *v* охо́титься на тюле́ней, ко́тиков

**seal** II [siːl] **1.** *n* 1) печа́ть; клеймо́; Great S., State S. больша́я госуда́рственная печа́ть; Privy S. ма́лая госуда́рственная печа́ть; to receive (to return) the ~s приня́ть (сдать) до́лжность ка́нцлера *или* мини́стра; to set one's ~ to a) поста́вить печа́ть, удостове́рить; б) одо́брить; under my hand and ~ за мое́й собственнору́чной по́дписью и с приложе́нием печа́ти; under the ~ of secrecy (*или* confidence, silence) с усло́вием храни́ть та́йну, молча́ние 2) знак, доказа́тельство, гара́нтия; the ~ of approval знак одобре́ния 3) *тех.* изоли́рующий слой, изоля́ция 4) *тех.* перемы́чка; затво́р 5) *тех.* обтюра́тор ◇ ~ of love печа́ть любви́ (поцелу́й, рожде́ние ребёнка *и т. п.*); ~ of death in one's face печа́ть сме́рти на лице́

**2.** *v* 1) ста́вить печа́ть, скрепля́ть печа́тью 2) скрепля́ть (*сделку и т. п.*) 3) запеча́тывать (*тж.* ~ up); my lips are ~ed ≅ на мои́х уста́х печа́ть молча́ния; я до́лжен молча́ть 4) опеча́тывать, пломбирова́ть 5) гермети́чески закрыва́ть, изоли́ровать; зама́зывать, запа́ивать (*тж.* ~ up) 6) оконча́тельно реша́ть; his answer ~ed our fate его́ отве́т реши́л на́шу судьбу́ 7) торже́ственно узако́нить; to ~ a marriage сочета́ть бра́ком

**sea-lane** [ˈsiːleɪn] *n* морско́й путь

**sea lawyer** [ˈsiːˈlɔːjə] *n мор. sl.* приди́ра, критика́н

**sealed** [siːld] **1.** *p. p. от* seal II, 2

**2.** *a* 1) запеча́танный 2) неизве́стный, непоня́тный; it is a ~ book to me э́то для меня́ кни́га за семью́ печа́тями, э́то для меня́ зага́дка

**sea-legs** [ˈsiːlegz] *n pl*: to find (*или* to get, to have) one's ~ привы́кнуть к морско́й ка́чке

**sealer** [ˈsiːlə] *n* 1) охо́тник на тюле́ней 2) зверобо́йное су́дно

**sealery** [ˈsiːlərɪ] *n* ле́жбище тюле́ней

**sea-letter** [ˈsiːˌletə] *n* охра́нное свиде́тельство (*выдаваемое нейтральному кораблю во время войны*), морско́й па́спорт

**seal-fishery** [ˈsiːlˌfɪʃərɪ] *n* тюле́ний и ко́тиковый про́мысел

**sea-line** I [ˈsiːlaɪn] *n* 1) берегова́я ли́ния 2) ли́ния горизо́нта (*в мо́ре*)

**sea-line** II [ˈsiːlaɪn] *n* 1) ле́са́, ле́ска (*для рыбной ловли в море*) 2) *мор.* линь

**sealing-wax** [ˈsiːlɪŋwæks] *n* сургу́ч

**seal-ring** [ˈsiːlrɪŋ] *n* пе́рстень с печа́ткой

**seal-rookery** [ˈsiːlˌrukərɪ] = sealery

**sealskin** [ˈsiːlskɪn] *n* 1) ко́тиковый мех 2) тюле́нья ко́жа

**seam** [siːm] **1.** *n* 1) шов 2) рубе́ц; морщи́на 3) *геол.* просло́ек; пласт 4) *тех.* спай, шов

**2.** *v* 1) борозди́ть 2) сшива́ть, соединя́ть шва́ми

**sea-maid** [ˈsiːmeɪd] *n* руса́лка; морска́я ни́мфа

**seaman** [ˈsiːmən] *n* моря́к; матро́с

**seamanship** [ˈsiːmənʃɪp] *n* иску́сство морепла́вания; морска́я пра́ктика

**sea-mark** [ˈsiːmɑːk] *n* 1) навигацио́нный знак; ориентиро́вочный предме́т на берегу́ 2) ли́ния у́ровня по́лной воды́ (*в мо́ре*)

**sea-mew** [ˈsiːmjuː] = sea-gull

**seamless** [ˈsiːmlɪs] *a* 1) без шва; из одного́ куска́ 2) цельнотя́нутый (*о трубах*)

**seamstress** [ˈsemstrɪs] *n* швея́

**seamy** [ˈsiːmɪ] *a* покры́тый шва́ми; the ~ side изна́нка ◇ to know the ~ side of life знать тёмные сто́роны жи́зни

**Seanad Eireann** [ˈsænədˈɛərən] *ирл. n* сена́т, ве́рхняя пала́та

**séance** [ˈseɪɑːns] *фр. n* 1) заседа́ние; собра́ние 2) спирити́ческий сеа́нс

**sea-pay** [ˈsiːpeɪ] *n мор.* жа́лованье во вре́мя пла́вания

**sea-pen** [ˈsiːˈpen] *n зоол.* морско́е перо́ (*полип*)

**sea-piece** [ˈsiːpiːs] *n жив.* мари́на, морско́й пейза́ж

**sea-pike** [ˈsiːpaɪk] *n* морска́я щу́ка

**seaplane** [ˈsiːpleɪn] *n* гидросамолёт

**seaport** [ˈsiːpɔːt] *n* порто́вый го́род; морско́й порт

**sea power** [ˈsiːˌpauə] *n* морска́я держа́ва

**sea-quake** [ˈsiːkweɪk] *n* моретрясе́ние

**sear** I [sɪə] **1.** *a книжн.* увя́дший, сухо́й ◇ the ~ and yellow leaf a) о́сень; б) пожило́й во́зраст, ста́рость

**2.** *v* 1) *редк.* иссуша́ть 2) прижига́ть, опаля́ть 3) ожесточа́ть; his soul has been ~ed by injustice несправедли́вость ожесточи́ла его́

**sear** II [sɪə] *n воен.* спусково́й рыча́г

**search** [səːtʃ] **1.** *n* 1) по́иски; I am in ~ of a house я ищу́ себе́ дом; a ~ for a missing aircraft по́иски пропа́вшего самолёта 2) о́быск; right of ~ *юр.* пра́во о́быска судо́в 3) иссле́дование; изыска́ние 4) *attr.* по́исковый

**2.** *v* 1) иска́ть (for) 2) ша́рить; обы́скивать; to ~ a house производи́ть о́быск в до́ме; to ~ one's memory вспомина́ть, напряга́я па́мять

3) исслéдовать; to ~ one's heart анализи́ровать свои́ чу́вства 4) зонди́ровать (*рану*) 5) проника́ть; the cold ~ed his marrow он продро́г до мо́зга косте́й □ ~ **out** разыска́ть, найти́; to ~ out an old friend разыска́ть ста́рого дру́га ◇ ~ me! *разг.* почём я зна́ю!

**searching** [ˈsəːtʃɪŋ] **1.** *pres. p. от* search 2

**2.** *a* 1) тща́тельный (*об исследовании*) 2) испыту́ющий (*о взгляде*) 3) прони́зывающий (*о ветре*)

**searchlight** [ˈsəːtʃlaɪt] *n* проже́ктор

**search-party** [ˈsəːtʃˌpɑːtɪ] *n* по́исковая гру́ппа

**search-warrant** [ˈsəːtʃˌwɔrənt] *n* о́рдер на о́быск

**seared** [sɪəd] **1.** *p. p. от* sear I, 2

**2.** *a* приту́пленный, осла́бленный; ~ conscience усну́вшая со́весть

**sea-rover** [ˈsiːˌrəuvə] *n* 1) морско́й пира́т 2) пира́тский кора́бль

**sea-sand** [ˈsiːˈsænd] *n* морско́й песо́к; прибре́жный песо́к

**sea-scape** [ˈsiːskeɪp] = sea-piece

**sea serpent** [ˈsiːˌsəːpənt] *n* морска́я змея́

**seashore** [ˈsiːˈʃɔː] *n* морско́й бе́рег; морско́е побере́жье

**seasickness** [ˈsiːˌsɪknɪs] *n* морска́я боле́знь

**seaside** [ˈsiːˈsaɪd] *n* 1) = seashore 2) морско́й куро́рт (*тж.* ~ resort) 3) *attr.* примо́рский

**sea-snake** [ˈsiːsneɪk] = sea serpent

**season** [ˈsiːzn] **1.** *n* 1) вре́мя го́да 2) сезо́н; the (London) ~ ло́ндонский (све́тский) сезо́н (*май — июль*); the dead (*или* the off, the dull) ~ мёртвый сезо́н; *эк.* засто́й (*в делах*), спад делово́й акти́вности 3) *разг. см.* season-ticket 4) пора́, вре́мя, пери́од; in the ~ of my youth в го́ды мое́й ю́ности; for a ~ *уст.* не́которое вре́мя 5) подходя́щее вре́мя, подходя́щий моме́нт; out of ~ не во́время; in ~ and out of ~ а) кста́ти и некста́ти; б) постоя́нно, всегда́; a word in ~ своевре́менный сове́т 6) *attr.* сезо́нный

**2.** *v* 1) закаля́ть, акклиматизи́ровать, приуча́ть; cattle ~ed to diseases скот, не подве́рженный заболева́ниям 2) выде́рживать (*лесной материал, вино и т. п.*); суши́ть(ся) 3) приправля́ть; ~ your egg with salt посоли́(-те) яйцо́ 4) придава́ть интере́с, пика́нтность 5) *уст.* смягча́ть

**seasonable** [ˈsiːznəbl] *a* 1) по сезо́ну 2) своевре́менный

**seasonal** [ˈsiːzənl] *a* сезо́нный

**seasoned** [ˈsiːznd] **1.** *p. p. от* season 2

**2.** *a* 1) вы́держанный (*о вине и т. п.*) 2) закалённый, быва́лый; ~ soldier закалённый бое́ц; with ~ eye намётанным гла́зом 3) припра́вленный (*о пище*)

**seasoning** [ˈsiːznɪŋ] **1.** *pres. p. от* season 2

**2.** *n* 1) выде́рживание (*лесного материала, вина и т. п.*) 2) припра́ва

**season-ticket** [ˈsiːznˌtɪkɪt] *n* 1) сезо́нный биле́т 2) абонеме́нт

**seat** [siːt] **1.** *n* 1) ме́сто для сиде́ния; сиде́нье; to have (*или* to take) a (*или* one's) ~ сади́ться; garden ~ садо́вая скаме́йка; jump ~ откидно́е сиде́нье; to keep one's ~ оста́ться сиде́ть 2) ме́сто (*в театре, на стадионе и т. п.*); биле́т; he has taken two ~s for the theatre он взял два биле́та в теа́тр; to secure (*или* to book) ~s заказа́ть биле́ты 3) ме́сто, до́лжность, пост; to have a ~ in Parliament быть чле́ном парла́мента; to win a ~ быть и́збранным в парла́мент; to lose one's ~ не быть переи́збранным в парла́мент; a ~ on the bench до́лжность судьи́; he has a ~ on the Board он член правле́ния; to keep a ~ warm for smb. сохрани́ть до́лжность для кого́-л. (*временно заняв её*) 4) седа́лище; зад; the ~ of smb.'s trousers зад брюк 5) поса́дка (*на лошади*) 6) местонахожде́ние; the liver is the ~ of the disease, the disease has its ~ in the liver боле́знь локализо́вана в пе́чени; the ~ of war теа́тр вое́нных де́йствий; the ~ of the Government местопребыва́ние прави́тельства; the ~ of the trouble ко́рень зла 7) уса́дьба 8) *тех.* гнездо́ *или* седло́ кла́пана 9) *тех.* опо́рная пове́рхность, основа́ние, подста́вка; подкла́дка 10) *горн.* подстила́ющая поро́да

**2.** *v* 1) уса́живать; to ~ oneself сесть, усе́сться; please be ~ed прошу́ сади́ться, сади́тесь, пожа́луйста 2) предоставля́ть ме́сто; назнача́ть на до́лжность; проводи́ть (*кандидата в парламент и т. п.*) 3) снабжа́ть сту́льями 4) вмеща́ть; this hall will ~ 5000 в э́том за́ле 5000 мест 5) чини́ть сиде́нье 6) быть располо́женным, помеща́ться 7) поселя́ть

**-seater** [-siːtə] *в сложных словах означает* тра́нспортное сре́дство на сто́лько-то мест; two-~, four-~ двухме́стный, четырёхме́стный автомоби́ль, самолёт *и т. п.*

**sea-urchin** [ˈsiːˈəːtʃɪn] *n зоол.* морско́й ёж

**sea-wall** [ˈsiːˈwɔːl] *n* да́мба

**seaward** [ˈsiːwəd] **1.** *a* напра́вленный к мо́рю

**2.** *adv* к мо́рю, в сто́рону мо́ря

**seawards** [ˈsiːwədz] = seaward 2

**sea-way** [ˈsiːweɪ] *n* 1) фарва́тер, судохо́дная часть мо́ря 2) волне́ние на́ море; in a heavy ~ в си́льную волну́

**seaweed** [ˈsiːwiːd] *n* морска́я во́доросль

**seaworthy** [ˈsiːˌwəːðɪ] *a* облада́ющий хоро́шими морехо́дными ка́чествами

**sebaceous** [sɪˈbeɪʃəs] *a физиол.* са́льный; ~ glands са́льные же́лезы; ~ humour секре́т са́льных желёз

**sec** [sek] *фр. a* сухо́й (*о вине*)

**secant** [ˈsiːkənt] *мат.* **1.** *n* секу́щая; сека́нс

**2.** *a* секу́щий, пересека́ющий

**secateur(s)** [ˌsekəˈtəː(z)] *фр. n* (*pl*) садо́вые но́жницы, сека́тор

**secede** [sɪˈsiːd] *v* отделя́ться, отка́лываться, отходи́ть (from — от *союза и т. п.*)

**secernent** [sɪˈsəːnənt] *a физиол.* выдели́тельный

**secession** [sɪˈseʃən] *n* вы́ход (*из партии, союза и т. п.*); раско́л; отделе́ние

**secessionist** [sɪˈseʃnɪst] *n* отсту́пник, раско́льник

**seclude** [sɪˈkluːd] *v* отделя́ть, изоли́ровать (from); to ~ oneself (from society) уединя́ться, вести́ уединённый о́браз жи́зни; жить отше́льником

**secluded** [sɪˈkluːdɪd] **1.** *p. p. от* seclude

**2.** *a* уединённый; укро́мный; изоли́рованный

**seclusion** [sɪˈkluːʒən] *n* уедине́ние; to live in ~ жить в одино́честве, в уедине́нии

**second I** [ˈsekənd] **1.** *num. ord.* второ́й; the ~ seat in the ~ row второ́е кре́сло во второ́м ряду́

**2.** *a* 1) второ́й, друго́й; ~ thoughts пересмо́тр мне́ния, реше́ния; on ~ thoughts по зре́лом размышле́нии 2) повто́рный; втори́чный; ~ ballot перебаллотиро́вка; ~ advent (*или* coming) *рел.* второ́е прише́ствие 3) дополни́тельный; a ~ pair of shoes сме́нная па́ра о́буви 4) второстепе́нный; второсо́ртный, уступа́ющий (по ка́честву) (to); ~ cabin каю́та второ́го кла́сса; ~ violin (*или* fiddle) втора́я скри́пка 5): ~ lieutenant мла́дший лейтена́нт; the ~ officer (on a ship) второ́й помо́щник капита́на; ~ division а) ни́зший разря́д госуда́рственных слу́жащих; б) втора́я (*средняя*) сте́пень тюре́много заключе́ния (*в Англии*) ◇ ~ teeth постоя́нные (не моло́чные) зу́бы; at ~ hand из вторы́х рук; ~ sight ясновиде́ние; ~ to none непревзойдённый; ~ chamber ве́рхняя пала́та (*парламента*)

**3.** *n* 1) помо́щник; сле́дующий по ра́нгу; ~ in command *воен.* замести́тель команди́ра 2) получи́вший второ́й приз, втору́ю пре́мию; he was a good ~ он пришёл к фи́нишу почти́ вме́сте с пе́рвым 3) *унив.* втора́я, не вы́сшая оце́нка 4) второ́й класс (*в поезде, на пароходе и т. п.*); to go ~ е́хать вторы́м кла́ссом 5) секунда́нт 6) второ́е число́ 7) *pl* това́р второ́го со́рта, ни́зшего ка́чества; мука́ гру́бого помо́ла; these stockings are ~s and have some slight defects э́ти чулки́ второ́го со́рта и име́ют незначи́тельные дефе́кты 8) *муз.* второ́й го́лос; альт

**4.** *v* 1) подде́рживать, помога́ть; to ~ a motion поддержа́ть предложе́ние 2) подкрепля́ть; to ~ words with deeds подкрепля́ть слова́ дела́ми 3) быть секунда́нтом 4) петь па́ртию второ́го го́лоса 5) [*обыкн.* sɪˈkɔnd] *воен.* откомандиро́вывать

**5.** *adv* 1) во-вторы́х 2) вторы́м но́мером; во второ́й гру́ппе

**second** II ['sekənd] *n* секу́нда; моме́нт, мгнове́ние; wait a ~ сейча́с; подожди́те мину́тку

**secondary** ['sekəndərɪ] **1.** *a* 1) втори́чный; вспомога́тельный; побо́чный; ~ colours составны́е цвета́; ~ planet спу́тник плане́ты 2) второстепе́нный 3) сре́дний (*об образовании*); ~ school сре́дняя шко́ла 4) *геол.* мезозо́йский

**2.** *n* 1) подчинённый 2) представи́тель

**second-best** ['sekənd'best] *a* второ́го со́рта ◇ to come off ~ потерпе́ть пораже́ние, неуда́чу

**second-class** ['sekənd'klɑ:s] *a* второкла́ссный, второсо́ртный

**seconder** ['sekəndə] *n* поддёрживающий предложе́ние, выступа́ющий за (*проект, предложение*)

**second-hand** I ['sekənd'hænd] *a* 1) поде́ржанный; ~ bookseller букини́ст 2) из вторы́х рук (*об информации и т. п.*)

**second-hand** II ['sekəndhænd] *n* секу́ндная стре́лка

**secondly** ['sekəndlɪ] *adv* во-вторы́х

**second-mark** ['sekəndmɑ:k] *n* значо́к секу́нды (″)

**second-rate** ['sekənd'reɪt] *a* 1) второсо́ртный 2) посре́дственный

**second-rater** ['sekənd'reɪtə] *n* 1) посре́дственность, зауря́дная ли́чность 2) *разг.* посре́дственная вещь (*о картине, драгоценном камне и т. п.*)

**seconds-hand** ['sekəndzhænd] = second-hand II

**secrecy** ['si:krɪsɪ] *n* 1) та́йна; секре́тность; in ~ в секре́те, та́йно; there can be no ~ about it в э́том нет ничего́ секре́тного; he promised ~ он обеща́л храни́ть та́йну 2) уме́ние храни́ть та́йну; скры́тность

**secret** ['si:krɪt] **1.** *n* 1) та́йна, секре́т; to be in the ~ быть посвящённым в та́йну; to keep a ~ сохраня́ть та́йну; an open ~ ≅ секре́т полишине́ля 2) та́йна, зага́дка; the ~s of nature та́йны приро́ды

**2.** *a* 1) та́йный, секре́тный; ~ service секре́тная слу́жба, разве́дка; ~ marriage та́йный брак; ~ treaty та́йный догово́р; to keep a ~ держа́ть в та́йне 2) потайно́й, скры́тый 3) скры́тный 4) уединённый, укро́мный

**secretaire** [ˌsekrɪ'tɛə] *фр. n* секрете́р, бюро́; пи́сьменный стол

**secretarial** [ˌsekrə'tɛərɪəl] *a* секрета́рский

**secretariat(e)** [ˌsekrə'tɛərɪət] *n* 1) секретариа́т 2) до́лжность секретаря́

**secretary** I ['sekrətrɪ] *n* 1) секрета́рь 2) секрета́рь, руководи́тель организа́ции; ~ general генера́льный секрета́рь 3) мини́стр; S. of State мини́стр (*в Англии*); госуда́рственный секрета́рь, мини́стр иностра́нных дел (*в США*); S. of State for Foreign Affairs мини́стр иностра́нных дел (*в Англии*); S. of State for Home Affairs, Home S. мини́стр вну́тренних дел (*в Англии*)

**secretary** II ['sekrətrɪ] *амер.* = secretaire

**secretary-bird** ['sekrətrɪ'bə:d] *n* секрета́рь (*птица*)

**secretaryship** ['sekrətrɪʃɪp] *n* до́лжность, обя́занности *или* квалифика́ция секретаря́

**secrete** [sɪ'kri:t] *v* 1) *физиол.* выделя́ть 2) пря́тать, укрыва́ть

**secretion** [sɪ'kri:ʃən] *n* 1) *физиол.* выделе́ние, секре́ция 2) сокры́тие, укрыва́ние; the ~ of stolen goods укрыва́ние кра́деного

**secretive** [sɪ'kri:tɪv] *a* скры́тный

**secretly** ['si:krɪtlɪ] *adv* незаме́тно для други́х; скры́тно

**secretory** [sɪ'kri:tərɪ] *a физиол.* выдели́тельный, секрето́рный

**sect** [sekt] *n* се́кта

**sectarian** [sek'tɛərɪən] **1.** *a* 1) секта́нтский 2) у́зкий, ограни́ченный

**2.** секта́нт; фана́тик

**sectarianism** [sek'tɛərɪənɪzm] *n* секта́нтство

**sectary** ['sektərɪ] *n* секта́нт

**section** ['sekʃən] **1.** *n* 1) рассече́ние 2) (попере́чное) сече́ние, разре́з, про́филь; срез; microscopic ~ срез для микроскопи́ческого ана́лиза 3) отре́зок; сегме́нт, часть 4) се́кция, дета́ль, часть (*стандартного сооружения, мебели и т. п.*); built in ~s разбо́рный 5) пара́граф, разде́л (*книги и т. п.*) 6) до́лька (*плода*) 7) *амер.* кварта́л (*города*); райо́н 8) уча́сток железнодоро́жного пути́ 9) *амер.* купе́ спа́льного ваго́на

**2.** *v* дели́ть на ча́сти, подразделя́ть

**sectional** ['sekʃnəl] *a* 1) секцио́нный, разбо́рный 2) группово́й, ме́стный 3) да́нный в разре́зе; ~ view вид в разре́зе; ~ area пло́щадь попере́чного сече́ния; ~ drawing вид в разре́зе, разре́з (*чертежа*)

**sectionalism** ['sekʃnəlɪzm] *n* секта́нтство; группове́щина

**section-mark** ['sekʃənmɑ:k] *n* знак пара́графа (§)

**sector** ['sektə] *n* 1) се́ктор 2) часть, уча́сток 3) *тех.* кули́са

**secular** ['sekjulə] **1.** *a* 1) вековой, ве́чный 2) происходя́щий раз в сто лет 3) мирско́й, све́тский; ~ interests мирски́е (*т. е. не церковные*) интере́сы; the ~ arm *ист.* гражда́нская власть, приводи́вшая в исполне́ние пригово́ры церко́вных судо́в ◇ the ~ clergy бе́лое духове́нство; the ~ bird *миф.* пти́ца фе́никс

**2.** *n* 1) миря́нин 2) принадлежа́щий к бе́лому духове́нству

**secularism** ['sekjulərɪzm] *n* борьба́ за отделе́ние шко́лы от це́ркви

**secularist** ['sekjulərɪst] *n* сторо́нник све́тской шко́лы

**secularization** ['sekjuləraɪ'zeɪʃən] *n* секуляриза́ция

**secularize** ['sekjuləraɪz] *v* секуляризова́ть

**secure** [sɪ'kjuə] **1.** *a* 1) споко́йный; to feel ~ about (*или* as to) the future не беспоко́иться о бу́дущем; to live a ~ life жить, ни о чём не забо́тясь 2) уве́ренный (of — в *чём-л.*); ~ of success уве́ренный в успе́хе 3) безопа́сный, надёжный; ~ hiding-place надёжное укры́тие; ~ from (*или* against) attack защищённый от нападе́ния 4) про́чный, надёжный; ве́рный; ~ investment ве́рное помеще́ние капита́ла; the boards of the bridge do not look ~ до́ски моста́ не произво́дят впечатле́ния надёжных; ~ foundation незы́блемая осно́ва; ~ stronghold непристу́пная тверды́ня 5) (*обыкн. predic*) сохра́нный, в надёжном ме́сте; I have got him ~ он не убежи́т 6) гаранти́рованный, застрахо́ванный

**2.** *v* 1) охраня́ть; гаранти́ровать, обеспе́чивать, страхова́ть; to ~ oneself against all risks застрахова́ть себя́ от вся́ких случа́йностей; loan ~d on landed property заём, обеспе́ченный недви́жимостью 2) обеспе́чивать безопа́сность; укрепля́ть (*город и т. п.*) 3) закрепля́ть, прикрепля́ть; запира́ть; загражда́ть; to ~ a vein *хир.* перевя́зывать ве́ну; to ~ a mast укрепи́ть ма́чту 4) брать под стра́жу 5) достава́ть, получа́ть; to ~ tickets for a play получи́ть (*или* доста́ть) биле́ты на спекта́кль 6) овладева́ть, завладева́ть 7) добива́ться; достига́ть (*цели*); to ~ one's object дости́чь це́ли; to ~ a victory одержа́ть побе́ду

**securiform** [sɪ'kjuərɪfɔ:m] *a* име́ющий фо́рму топора́

**security** [sɪ'kjuərɪtɪ] *n* 1) безопа́сность; надёжность 2) уве́ренность 3) охра́на, защи́та 4) обеспе́чение, гара́нтия; зало́г; in ~ for в зало́г; в ка́честве гара́нтии 5) поручи́тель 6) поручи́тельство, пору́ка 7) о́рганы безопа́сности 8) *pl* це́нные бума́ги 9) *attr.* относя́щийся к охра́не, защи́те; ~ suspect обвиня́емый в подрывно́й де́ятельности; ~ officer офице́р контрразве́дки; ~ risk неблагонадёжный челове́к, подозри́тельная ли́чность

**Security Council** [sɪ'kjuərɪtɪ'kaunsl] *n* Сове́т Безопа́сности (*ООН*)

**sedan** [sɪ'dæn] *n* 1) *авто* седа́н (*тип закрытого кузова*) 2) *ист.* портшѐз 3) носи́лки, паланки́н

**sedan-chair** [sɪ'dænʧɛə] = sedan 2)

**sedate** [sɪ'deɪt] *a* споко́йный, степе́нный, уравнове́шенный

**sedation** [sɪ'deɪʃən] *n мед.* успокое́ние

**sedative** ['sedətɪv] **1.** *a* успока́ивающий; болеутоля́ющий

**2.** *n* успока́ивающее сре́дство (*лекарство*)

**sedentary** ['sedntərɪ] *a* сидя́чий; ~ life сидя́чий о́браз жи́зни

**sedge** [sedʒ] *n бот.* осо́ка

**sedgy** ['sedʒɪ] *a* 1) из осо́ки; похо́жий на осо́ку 2) поро́сший осо́кой; ~ brook ручеёк, поро́сший осо́кой

**sediment** ['sedɪmənt] *n* 1) оса́док, отсто́й 2) *геол.* оса́дочная поро́да, отложе́ние

**sedimentary** [ˌsedɪ'mentərɪ] *a* оса́дочный

**sedimentation** [ˌsedɪmen'teɪʃən] *n* осажде́ние; отложе́ние оса́дка

**sedition** [sɪ'dɪʃən] *n* подстрека́тельство к мятежу́, бу́нту; антиправи́тельственная агита́ция

**seditious** [sɪ'dɪʃəs] *a* бунта́рский, мяте́жный

**seduce** [sɪ'dju:s] *v* соблазня́ть, обольща́ть; совраща́ть

**seduction** [sɪ'dʌkʃən] *n* 1) обольще́ние 2) собла́зн

**seductive** [sɪ'dʌktɪv] *a* соблазни́тельный

**sedulity** [sɪ'dju:lɪtɪ] *n* усе́рдие, приле́жа́ние

**sedulous** ['sedjuləs] *a* приле́жный, усе́рдный, стара́тельный

**see** I [si:] *v* (saw; seen) 1) ви́деть; смотре́ть, гляде́ть; наблюда́ть; to ~ well хорошо́ ви́деть; to ~ visions быть ясновидя́щим, провидцем 2) осма́тривать; to ~ the sights осма́тривать достопримеча́тельности; let me ~ the book покажи́те мне кни́гу [*ср. тж.* 4)]; the doctor must ~ him at once врач до́лжен неме́дленно осмотре́ть его́ 3) понима́ть, знать; сознава́ть; I ~ я понима́ю; you ~, it is like this ви́дите ли, де́ло обстои́т таки́м о́бразом; he cannot ~ the joke он не понима́ет э́той шу́тки; now you ~ what it is to be careless тепе́рь ты ви́дишь, что зна́чит быть неосторо́жным; as far as I can ~ наско́лько я могу́ суди́ть; don't you ~? ра́зве вы не понима́ете?; I do not ~ how to do it не зна́ю, как э́то сде́лать 4) поду́мать, размы́слить; let me ~ да́йте поду́мать; позво́льте, посто́йте [*ср. тж.* 2)]; we must ~ what could be done сле́дует поразмы́слить, что мо́жно сде́лать 5) вообрази́ть, предста́вить себе́; I can clearly ~ him doing it я я́сно себе́ представля́ю, как он э́то де́лает 6) приде́рживаться определённого взгля́да; I ~ life (things) differently now я тепе́рь ина́че смотрю́ на жизнь (на ве́щи) 7) повида́ть(ся); навести́ть; we went to ~ her мы пошли́ к ней в го́сти; when will you come and ~ us? когда́ вы придёте к нам?; can I ~ you on business? могу́ я уви́деться с ва́ми по де́лу? 8) узнава́ть, выясня́ть; I don't know but I'll ~ я не зна́ю, но я вы́ясню 9) встреча́ться, вида́ться; we have not ~n each other for ages мы давно́ не ви́делись; to ~ much (little) of smb. ча́сто (ре́дко) быва́ть в чьём-л. о́бществе; you ought to ~ more of him вам сле́дует ча́ще с ним встреча́ться; I'll be ~ing you уви́димся; ~ you later (*или* again, soon) до ско́рой встре́чи 10) сове́товаться, консульти́роваться; to ~ a doctor (a lawyer) посове́товаться с врачо́м (адвока́том) 11) принима́ть (*посетителя*); I am ~ing no one today я сего́дня никого́ не принима́ю 12) провожа́ть; may I ~ you home? мо́жно мне проводи́ть вас домо́й? 13) позабо́титься (*о чём-л.*); посмотре́ть (*за чем-л.*); to ~ the work done, to ~ that the work is done проследи́ть за выполне́нием рабо́ты 14) испыта́ть, пережи́ть; to ~ life повида́ть свет, позна́ть жизнь; to ~ army service отслужи́ть в а́рмии 15) счита́ть, находи́ть; to ~ good (*или* fit, proper, right *и т. п.*) счесть ну́жным (*сделать что-л.*; *с inf.*) ▭ ~ **about** а) позабо́титься о *чём-л.*; проследи́ть за *чем-л.*; б) поду́мать; I will ~ about it поду́маю, посмотрю́; ~ **after** смотре́ть, следи́ть за *чем-л.*; ~ after the luggage присмотри́те за багажо́м; ~ **into** вника́ть в, рассма́тривать; ~ **off** провожа́ть; to ~ smb. off at the station проводи́ть кого́-л. на вокза́л; to ~ smb. off the premises вы́проводить кого́-л.; ~ **out** а) проводи́ть (*до дверей*); б) пережи́ть; в) пересиде́ть (*кого-л.*); г) досиде́ть до конца́; д) доводи́ть до конца́; ~ **over** осма́тривать (*здание*); ~ **through** а) ви́деть насквозь; б) доводи́ть до конца́; to ~ smb. through smth. помога́ть кому́-л. в чём-л.; ~ **to** присма́тривать за, забо́титься о ◇ ~ here! *амер.* послу́шайте!; he will never ~ forty again ему́ уже́ за со́рок; to ~ eye to eye with smb. сходи́ться во взгля́дах с кем-л.; to ~ the back of smb. избა́виться от чьего́-л. прису́тствия; to ~ scarlet прийти́ в я́рость, в бе́шенство; to ~ the red light предчу́вствовать приближе́ние опа́сности, беды́; to ~ service быть в до́лгом употребле́нии; изно́ситься; повида́ть ви́ды; he has ~n better days он ви́дел лу́чшие времена́; these things have ~n better days э́ти ве́щи поизноси́лись, поистрепа́лись; I'll ~ you damned (*или* blowed) first *разг.* ≅ как бы не так!, держи́ карма́н ши́ре!, и не поду́маю!

**see** II [si:] *n* 1) епа́рхия 2) престо́л (*епископа и т. п.*); the Holy S. па́пский престо́л

**seed** [si:d] **1.** *n* 1) се́мя, зерно́; *собир.* семена́; to keep for (as) ~ храни́ть для посе́ва; to go (*или* to run) to ~ пойти́ в семена́; *перен.* переста́ть развива́ться; опусти́ться; обрю́згнуть *и т. п.* 2) исто́чник, нача́ло; to sow the ~s of strife (*или* discord) се́ять семена́ раздо́ра 3) = semen 4) *библ.* пото́мок, пото́мство; to raise up ~ име́ть пото́мство

**2.** *v* 1) семени́ться, пойти́ в се́мя 2) роня́ть семена́ 3) се́ять, засева́ть (*поле*) 4) очища́ть от зёрнышек (*изюм и т. п.*) 5) отделя́ть семена́ от воло́кон (*льна*) 6) *спорт.* равноме́рно распредели́ть си́льных уча́стников по кома́ндам

**seed-bed** ['si:dbed] *n* гря́дка с расса́дой

**seed-cake** ['si:dkeɪk] *n* пече́нье *или* кекс с тми́ном

**seed-corn** ['si:dkɔ:n] *n* посевно́е зерно́

**seed-drill** ['si:ddrɪl] *n с.-х.* рядова́я се́ялка

**seeder** ['si:də] *n* 1) се́ятель; рабо́чий на се́ялке 2) *с.-х.* рядова́я се́ялка 3) приспособле́ние для удале́ния зёрен, ко́сточек из фру́ктов

**seed-fish** ['si:dfɪʃ] *n* нересту́ющая ры́ба

**seeding-machine** ['si:dɪŋmə,ʃi:n] *n* се́ялка

**seed-leaf** ['si:dli:f] *n бот.* семенодо́ля

**seedless** ['si:dlɪs] *a* бессемя́нный; беско́сточковый (*о винограде, хлопке и т. п.*)

**seedling** ['si:dlɪŋ] *n* се́янец; расса́да, са́женец

**seed-lobe** ['si:dləub] *n бот.* семядо́ля

**seed-oil** ['si:dɔɪl] *n* расти́тельное ма́сло

**seed-pearl** ['si:d'pə:l] *n* ме́лкий же́мчуг

**seed-plot** ['si:dplɔt] *n* пито́мник, расса́дник (*тж. перен.*)

**seedsman** ['si:dzmən] *n* торго́вец семена́ми

**seed-time** ['si:dtaɪm] *n* вре́мя се́ва; посевно́й сезо́н

**seed-vessel** ['si:d,vesl] *n бот.* семенна́я коро́бочка; околопло́дник, зерно́ви́к

**seedy** ['si:dɪ] *a* 1) напо́лненный семена́ми 2) изно́шенный, потрёпанный 3) *разг.* нездоро́вый; to feel ~ пло́хо себя́ чу́вствовать; to look ~ пло́хо вы́глядеть

**seeing** ['si:ɪŋ] **1.** *pres. p. от* see I

**2.** *n* ви́дение; зри́тельный проце́сс; ~ is believing ≅ пока́ не уви́жу, не пове́рю

**3.** *prep, cj* ввиду́ того́, что; принима́я во внима́ние, поско́льку; ~ (that) it is ten o'clock, we will not wait for him any longer так как уже́ де́сять часо́в, мы бо́льше не бу́дем ждать его́

**seek** [si:k] *v* (sought) 1) иска́ть, разы́скивать; разузнава́ть; it is yet to ~ э́то ещё не на́йдено; э́того ещё нет, э́то ещё поиска́ть на́до; to ~ safety иска́ть убе́жища 2) добива́ться, стреми́ться; to ~ fame стреми́ться к сла́ве; to ~ damages of smb. тре́бовать возмеще́ния убы́тков с кого́-л.; to ~ to make peace пыта́ться помири́ть 3) проси́ть, обраща́ться; to ~ advice обраща́ться за сове́том ▭ ~ **after**, ~ **for** добива́ться *чего-л.*; to be much sought after а) име́ть большо́й спрос; б) име́ть успе́х, быть популя́рным; ~ **out** а) иска́ть, домога́ться (*чьего-л. общества*); б) разыска́ть *кого-л.*; ~ **through** обы́скивать (*место и т. п.*) ◇ to ~ smb.'s life покуша́ться на чью-л. жизнь; ~ dead! *охот.* ищи́!

**seeker** ['si:kə] *n воен. разг.* самонаводя́щийся снаря́д

**seel** I [si:l] *v уст.* 1) *охот.* сомкну́ть глаза́ (*сокола*) 2) завяза́ть (глаза́)

**seel** II [si:l] *v мор.* дать ре́зкий крен

**seem** [si:m] *v* 1) каза́ться, представля́ться; they ~ to be living in here ка́жется, они́ живу́т здесь; he ~s to be tired он, по-ви́димому, уста́л; I ~ to hear smb. singing мне послы́шалось (*или* показа́лось), что кто́-то поёт 2) *употр. как глагол-связка*: she ~s tired она́ вы́глядит уста́лой; she ~s young она́ вы́глядит мо́лодо ◇ it ~s по-ви́димому, ка́жется; it should (*или* would) ~ каза́лось бы

**seeming** [ˈsi:mɪŋ] **1.** *pres. p. от* seem

**2.** *a* ка́жущийся, ненастоя́щий, мни́мый; притво́рный

**seemingly** [ˈsi:mɪŋlɪ] *adv* 1) на вид 2) по-ви́димому

**seemly** [ˈsi:mlɪ] *a* подоба́ющий, прили́чествующий, прили́чный

**seen** [si:n] *p. p. от* see I

**seep** [si:p] *v* проса́чиваться (*тж. перен.*); протека́ть

**seepage** [ˈsi:pɪdʒ] *n* 1) проса́чивание; течь, уте́чка 2) инфильтра́ция 3) *геол.* вы́ход (*нефти*)

**seer** I [ˈsi:ə] *n* прови́дец, проро́к

**seer** II [sɪə] *n* 1) ме́ра ве́са в Индии (*ок. 2 фунтов*) 2) ме́ра жи́дкости в Индии (*ок. 1 л*)

**seersucker** [ˈsi:əˌsʌkə] *n текст.* инди́йская льняна́я полоса́тая ткань

**seesaw** [ˈsi:sɔ:] **1.** *n* 1) кача́ние на доске́ (*игра*); to play (at) ~ кача́ться на доске́ 2) де́тские каче́ли (*доска, уравновешенная в центре*) 3) возвра́тно-поступа́тельное движе́ние

**2.** *a* дви́гающийся вверх и вниз *или* взад и вперёд (*как пила*); име́ющий возвра́тно-поступа́тельное движе́ние ◇ ~ policy неусто́йчивая поли́тика

**3.** *v* 1) кача́ться (на доске́) 2) дви́гаться вверх и вниз *или* взад и вперёд 3) проявля́ть нереши́тельность, колеба́ться

**4.** *adv* 1) вверх и вниз, взад и вперёд 2) неусто́йчиво; to go ~ колеба́ться

**seethe** [si:ð] *v* (seethed [-d], *уст.* sod; seethed, *уст.* sodden) 1) кипе́ть, бурли́ть 2) быть охва́ченным (*каким-л. чувством*); madness ~d in his brain безу́мие охвати́ло его́ 3) *уст.* кипяти́ть, вари́ть 4) *уст.* мочи́ть, окуна́ть (*в жидкость*)

**segment** **1.** *n* [ˈsegmənt] 1) часть, кусо́к, отре́зок 2) до́ля (*апельсина и т. п.*) 3) *геом.* сегме́нт, отре́зок 4) *тех.* се́ктор 5) *эл.* пласти́на колле́ктора

**2.** *v* [segˈment] дели́ть(ся) на сегме́нты

**segregate** [ˈsegrɪgeɪt] *v* 1) отделя́ть (-ся); выделя́ть(ся); изоли́ровать 2) *тех.* зейгерова́ть 3) *геол.* скопля́ться

**segregation** [ˌsegrɪˈgeɪʃən] *n* 1) отделе́ние, выделе́ние, изоля́ция; сегрега́ция 2) *тех.* сегрега́ция, ликва́ция, зейгерова́ние

**segregative** [ˈsegrɪgeɪtɪv] *a* 1) спосо́бствующий отделе́нию; сегрегацио́нный 2) необщи́тельный

**seiche** [seɪʃ] *n геогр.* сейш (*колебание уровня*)

**seigneur** [seɪˈnjə:] = seignior

**seignior** [ˈseɪnjə] *n ист.* феода́льный власти́тель, сеньо́р ◇ grand ~ ва́жная персо́на

**seigniorage** [ˈseɪnjərɪdʒ] *n ист.* 1) пра́во сеньо́ра 2) нало́г за пра́во чека́нки моне́ты

**seigniorial** [seɪˈnjɔ:rɪəl] *a* сеньора́льный; феода́льный

**seigniory** [ˈseɪnjərɪ] *n ист.* 1) феода́льное владе́ние 2) власть сеньо́ра

**seine** [seɪn] **1.** *n* рыболо́вная сеть, не́вод

**2.** *v* лови́ть не́водом, се́тью

**seiner** [ˈseɪnə] *n* се́йнер

**seise** [si:z] = seize 7)

**seisin** [ˈsi:zɪn] = seizin

**seism** [ˈsaɪzm] *n* землетрясе́ние

**seismic** [ˈsaɪzmɪk] *a* сейсми́ческий

**seismograph** [ˈsaɪzməgrɑ:f] *n* сейсмо́граф

**seismology** [saɪzˈmɔlədʒɪ] *n* сейсмоло́гия

**seize** [si:z] *v* 1) хвата́ть, схвати́ть 2) захва́тывать, завладева́ть; to ~ a fortress взять кре́пость 3) ухвати́ться (*за что-л.*), воспо́льзоваться (*случаем, предлогом; тж.* ~ upon) 4) поня́ть (*мысль*) 5) (*обыкн. pass.*) охвати́ть, обуя́ть (*о страхе, панике;* with) 6) конфискова́ть, налага́ть аре́ст (*на что-л.*) 7) (*обыкн. p. p.*) *юр.* вводи́ть во владе́ние; to be (*или* to stand) ~d of smth. владе́ть чем-л. 8) *мор.* найто́вить 9) *тех.* заеда́ть (*о подшипниках*) (*тж.* ~ up)

**seizin** [ˈsi:zɪn] *n юр.* владе́ние земе́льной со́бственностью, дви́жимым *или* недви́жимым иму́ществом

**seizing** [ˈsi:zɪŋ] **1.** *pres. p. от* seize

**2.** *n мор.* бе́нзель

**seizure** [ˈsi:ʒə] *n* 1) захва́т 2) конфиска́ция, наложе́ние аре́ста 3) припа́док; при́ступ; апоплекси́ческий уда́р

**sejant** [ˈsi:dʒənt] *a геральд.* сидя́щий

**selachian** [sɪˈleɪkɪən] *n* хрящепёрая ры́ба

**seldom** [ˈseldəm] *adv* ре́дко

**select** [sɪˈlekt] **1.** *a* 1) отбо́рный; и́збранный 2) разбо́рчивый 3) досту́пный немно́гим, и́збранным

**2.** *v* отбира́ть, выбира́ть, подбира́ть

**selected** [sɪˈlektɪd] **1.** *p. p. от* select 2

**2.** *a* ото́бранный, подо́бранный

**selectee** [ˌselekˈti:] *n амер.* призванный на вое́нную слу́жбу, призывни́к

**selection** [sɪˈlekʃən] *n* 1) вы́бор, подбо́р 2) набо́р (*каких-л. вещей*) 3) сбо́рник и́збранных произведе́ний 4) *биол.* отбо́р, селе́кция

**selective** [sɪˈlektɪv] *a* 1) отбира́ющий, выбира́ющий 2) отбо́рный 3) селекти́вный, избира́тельный 4): S. Service System *амер.* систе́ма во́инской пови́нности для отде́льных гра́ждан

**selectman** [sɪˈlektmən] *n амер.* член городско́го управле́ния (*в штатах Новой Англии*)

**selector** [sɪˈlektə] *n* 1) отбо́рщик 2) ме́лкий фе́рмер (*в Австралии*) 3) *эл.* селе́ктор, иска́тель 4) *радио* ру́чка настро́йки, переключа́тель

**selenium** [sɪˈli:njəm] *n хим.* селе́н

**selenography** [ˌselɪˈnɔgrəfɪ] *n* селеногра́фия, изуче́ние пове́рхности Луны́

**selenology** [ˌselɪˈnɔlədʒɪ] *n* селеноло́гия, нау́ка о Луне́

**self** [self] **1.** *n* (*pl* selves) 1) со́бственная ли́чность, сам; the study of the ~ самоана́лиз; my own ~, my very ~ я сам, моя́ со́бственная персо́на; to have no thought of ~ не ду́мать о себе́; one's better ~ лу́чшее, что есть в челове́ке; one's former ~ то, чем челове́к был ра́ньше; one's second ~ бли́зкий друг, пра́вая рука́ 2) *ком.* = myself *и т. д.*; cheque drawn to ~ чек, вы́писанный на себя́; your good selves Вы (*в коммерческих письмах*) ◇ ~ comes first, ~ before all ≅ своя́ руба́шка бли́же к те́лу

**2.** *a* 1) сплошно́й, одноро́дный (*о цвете*) 2) одноцве́тный (*о цветке*)

**self-** [self-] *в сложных словах выражает*: 1) *направленность действия на самого себя, связь с самим собой* само-, себя-; свое-; self-violence самоуби́йство; self-love себялю́бие; self-will своево́лие 2) *отсутствие посредничества, самопроизвольность, автоматический характер действия или состояния* само-; self-binder жне́йка-сноповяза́лка; self-loading machine автопогру́зчик; self-healing самозажива́ление; self-winding с автомати́ческим заво́дом

**self-abandonment** [ˈselfəˈbændənmənt] *n* самозабве́ние

**self-abasement** [ˈselfəˈbeɪsmənt] *n* самоуниже́ние

**self-abnegation** [ˈselfˌæbnɪˈgeɪʃən] *n* 1) самоотрече́ние 2) самопоже́ртвование

**self-absorbed** [ˈselfəbˈsɔ:bd] *a* эгоцентри́чный

**self-acting** [ˈselfˈæktɪŋ] *a* автомати́ческий, самоде́йствующий

**self-action** [ˈselfˈækʃən] *n* самопроизво́льное де́йствие

**self-adaptive** [ˈselfəˈdæptɪv] *a* самоприспоса́бливающийся

**self-adjusting** [ˈselfəˈdʒʌstɪŋ] *a* с автомати́ческой регулиро́вкой (*о приборе, устройстве и т. п.*)

**self-affirmation** [ˈselfˌæfə:ˈmeɪʃən] *n* самоутвержде́ние

**self-assertion** [ˈselfəˈsə:ʃən] *n* отста́ивание свои́х прав, притяза́ний

**self-assertive** [ˈselfəˈsə:tɪv] *a* напо́ристый

**self-assumption** [ˈselfəˈsʌmpʃən] *n* чва́нство, высокоме́рие

**self-assurance** [ˈselfəˈʃuərəns] *n* самоуве́ренность; самонаде́янность

**self-balanced** [ˈselfˈbælənst] *a* автомати́чески уравнове́шивающийся

**self-binder** [ˈselfˈbaɪndə] *n* 1) жне́йка-сноповяза́лка 2) скоросшива́тель

**self-centering** [ˈselfˈsentərɪŋ] *a* самоцентри́рующийся

**self-centred** [ˈselfˈsentəd] *a* эгоцентри́чный, эгоисти́чный

**self-closing** [ˈselfˈkləuzɪŋ] *a* закрыва́ющийся автомати́чески, самозамыка́ющийся

**self-cocker** [ˈselfˈkɔkə] *n* пистоле́т-самовзво́д

**self-collected** [ˈselfkəˈlektɪd] *a* сде́ржанный, хорошо́ владе́ющий собо́й; вы́держанный; со́бранный

**self-coloured** [ˈselfˈkʌləd] *a* 1) одноцве́тный 2) есте́ственной окра́ски

**self-command** [ˈselfkəˈmɑ:nd] *n* самооблада́ние, уме́ние владе́ть собо́й

**self-communion** [ˈselfkəˈmju:njən] *n* размышле́ние, разду́мье (о себе́)

**self-complacency** [ˈselfkəmˈpleɪsnsɪ] *n* самодово́льство; самоуспоко́енность
**self-conceit** [ˈselfkənˈsiːt] *n* самомне́ние, зано́счивость
**self-condemnation** [ˈselfˌkɔndemˈneɪʃən] *n* самоосужде́ние
**self-confident** [ˈselfˈkɔnfɪdənt] *a* самоуве́ренный, самонаде́янный
**self-conscious** [ˈselfˈkɔnʃəs] *a* нело́вкий, засте́нчивый
**self-contained** [ˈselfkənˈteɪnd] *a* 1) необщи́тельный, за́мкнутый 2) вы́держанный, хорошо́ владе́ющий собо́й 3) отде́льный (*о квартире*) 4) *тех.* незави́симый, автоно́мный 5) *воен.* снабжённый всем необходи́мым
**self-contradiction** [ˈselfˌkɔntrəˈdɪkʃən] *n* вну́треннее противоре́чие
**self-control** [ˈselfkənˈtrəul] *n* самооблада́ние, сде́ржанность, уме́ние владе́ть собо́й
**self-cooling** [ˈselfˈkuːlɪŋ] *a* *тех.* с возду́шным охлажде́нием
**self-criticism** [ˈselfˈkrɪtɪsɪzm] *n* самокри́тика
**self-cultivation** [ˈselfˌkʌltɪˈveɪʃən] *n* самосоверше́нствование
**self-deceit, self-deception** [ˈselfdɪˈsiːt, ˈselfdɪˈsepʃən] *n* самообма́н
**self-defence** [ˈselfdɪˈfens] *n* самооборо́на, самозащи́та
**self-delusion** [ˈselfdɪˈluːʒən] *n* самообма́н
**self-denial** [ˈselfdɪˈnaɪəl] *n* самоотрече́ние
**self-destruction** [ˈselfdɪsˈtrʌkʃən] *n* самоуничтоже́ние; самоуби́йство
**self-determination** [ˈselfdɪˌtəːmɪˈneɪʃən] *n* самоопределе́ние
**self-determined** [ˈselfdɪˈtəːmɪnd] *a* незави́симый, де́йствующий по своему́ усмотре́нию
**self-devotion** [ˈselfdɪˈvəuʃən] *n* 1) пре́данность, посвяще́ние себя́ всего́ (*какому-л. делу*) 2) самопоже́ртвование
**self-drive** [ˈselfˈdraɪv] *a*: ~ cars for hire прока́т автомаши́н
**self-educated** [ˈselfˈedju(ː)keɪtɪd] *a* вы́учившийся самостоя́тельно, самоу́чкой
**self-effacement** [ˈselfɪˈfeɪsmənt] *n* самоуничиже́ние; жела́ние стушева́ться
**self-esteem** [ˈselfɪsˈtiːm] *n* уваже́ние к себе́; чу́вство со́бственного досто́инства; самолю́бие
**self-evident** [ˈselfˈevɪdənt] *a* очеви́дный, не тре́бующий доказа́тельств
**self-explanatory** [ˈselfɪksˈplænətərɪ] *a* самоочеви́дный, я́сный
**self-expression** [ˈselfɪksˈpreʃən] *n* самовыраже́ние
**self-feeder** [ˈselfˈfiːdə] *n* *тех.* самопода́ющий механи́зм; автомати́ческий пита́тель
**self-firer** [ˈselfˈfaɪərə] *n* *воен.* автомати́ческое ору́жие
**self-flagellation** [ˈselfˌflædʒeˈleɪʃən] *n* самобичева́ние
**self-governing** [ˈselfˈgʌvənɪŋ] *a* самоуправля́ющийся
**self-government** [ˈselfˈgʌvnmənt] *n* самоуправле́ние
**self-heal** [ˈselfˈhiːl] *n* *бот.* черноголо́вка обыкнове́нная
**self-healing** [ˈselfˈhiːlɪŋ] *n* самозаживле́ние
**self-help** [ˈselfˈhelp] *n* самопо́мощь
**selfhood** [ˈselfhud] *n* 1) ли́чность; индивидуа́льность 2) эгои́зм
**self-humiliation** [ˈselfhju(ː)ˌmɪlɪˈeɪʃən] *n* самоуничиже́ние
**self-immolation** [ˈselfˌɪməuˈleɪʃən] *n* 1) самосожже́ние 2) самопоже́ртвование
**self-importance** [ˈselfɪmˈpɔːtəns] *n* самомне́ние, ва́жничанье
**self-induction** [ˈselfɪnˈdʌkʃən] *n* *эл.* самоинду́кция
**self-indulgence** [ˈselfɪnˈdʌldʒəns] *n* потака́ние свои́м сла́бостям, потво́рство свои́м жела́ниям
**self-infection** [ˈselfɪnˈfekʃən] *n* *мед.* аутоинфе́кция
**self-interest** [ˈselfˈɪntrɪst] *n* своекоры́стие; эгои́зм
**self-invited** [ˈselfɪnˈvaɪtɪd] *a* напроси́вшийся, незва́ный (*о госте*)
**selfish** [ˈselfɪʃ] *a* эгоисти́чный
**selfishness** [ˈselfɪʃnɪs] *n* эгои́зм
**self-knowledge** [ˈselfˈnɔlɪdʒ] *n* самопозна́ние
**selfless** [ˈselflɪs] *a* самоотве́рженный
**self-lighting** [ˈselfˈlaɪtɪŋ] *a* самовоспламеня́ющийся
**self-loading** [ˈselfˈləudɪŋ] *a* самозаря́дный
**self-love** [ˈselfˈlʌv] *n* себялю́бие
**self-luminous** [ˈselfˈluːmɪnəs] *a* самосветя́щийся
**self-made** [ˈselfˈmeɪd] *a* обя́занный всем самому́ себе́; a ~ man челове́к, доби́вшийся успе́ха, сла́вы *и т. п.* свои́ми со́бственными си́лами
**self-maiming** [ˈselfˈmeɪmɪŋ] *n* членовреди́тельство
**self-mastery** [ˈselfˈmɑːstərɪ] *n* уме́ние владе́ть собо́й
**self-motion** [ˈselfˈməuʃən] *n* самопроизво́льное движе́ние
**self-murder** [ˈselfˈməːdə] *n* самоуби́йство
**self-offence** [ˈselfəˈfens] *n* 1) то, что де́лается в уще́рб со́бственным интере́сам 2) недооце́нка самого́ себя́
**self-opinionated** [ˈselfəˈpɪnjəneɪtɪd] *a* самоуве́ренный, упря́мый
**self-partiality** [ˈselfˌpɑːʃɪˈælɪtɪ] *n* переоце́нка свои́х со́бственных досто́инств
**self-pity** [ˈselfˈpɪtɪ] *n* жа́лость к себе́
**self-pollination** [ˈselfˌpɔlɪˈneɪʃən] *n* *бот.* самоопыле́ние
**self-portrait** [ˈselfˈpɔːtrɪt] *n* автопортре́т
**self-possessed** [ˈselfpəˈzest] *a* име́ющий самооблада́ние, хладнокро́вный, вы́держанный
**self-possession** [selfpəˈzeʃən] *n* самооблада́ние, хладнокро́вие
**self-praise** [ˈselfˈpreɪz] *n* самовосхвале́ние
**self-preservation** [ˈselfˌprezə(ː)ˈveɪʃən] *n* самосохране́ние
**self-propelled, self-propelling** [ˈselfprəˈpeld, -prəˈpelɪŋ] *a* самохо́дный (*об артиллерии, орудиях*)
**self-realization** [ˈselfˌrɪəlaɪˈzeɪʃən] *n* разви́тие свои́х спосо́бностей
**self-recording** [ˈselfrɪˈkɔːdɪŋ] *a* самопи́шущий
**self-regard** [ˈselfrɪˈgɑːd] *n* 1) эгои́зм 2) = self-respect
**self-reliance** [ˈselfrɪˈlaɪəns] *n* уве́ренность в свои́х си́лах
**self-reliant** [ˈselfrɪˈlaɪənt] *a* уве́ренный в себе́
**self-renunciation** [ˈselfrɪˌnʌnsɪˈeɪʃən] *n* самоотрече́ние, самопоже́ртвование
**self-respect** [ˈselfrɪsˈpekt] *n* чу́вство со́бственного досто́инства
**self-restraint** [ˈselfrɪsˈtreɪnt] *n* воздержа́ние, сде́ржанность
**self-righteous** [ˈselfˈraɪtʃəs] *a* 1) самодово́льный; уве́ренный в свое́й правоте́ 2) фарисе́йский
**self-righting** [ˈselfˈraɪtɪŋ] *a* osто́йчивый (*о судне*)
**self-rigorous** [ˈselfˈrɪgərəs] *a* тре́бовательный к себе́
**self-sacrifice** [ˈselfˈsækrɪfaɪs] *n* самопоже́ртвование
**selfsame** [ˈselfseɪm] *a* тот же са́мый
**self-satisfied** [ˈselfˈsætɪsfaɪd] *a* самодово́льный
**self-seeker** [ˈselfˈsiːkə] *n* своекоры́стный челове́к; карьери́ст
**self-seeking** [ˈselfˈsiːkɪŋ] *a* своекоры́стный
**self-service** [ˈselfˈsəːvɪs] *n* 1) самообслу́живание 2) *attr.*: ~ shop магази́н самообслу́живания
**self-sown** [ˈselfˈsəun] *a* самосе́вный, вы́росший самосе́вом
**self-starter** [ˈselfˈstɑːtə] *n* *тех.* автомати́ческий заво́д, ста́ртер, самопу́ск
**self-styled** [ˈselfˈstaɪld] *a* самозва́ный; мни́мый
**self-sufficiency** [ˈselfsəˈfɪʃənsɪ] *n* 1) незави́симость, самостоя́тельность 2) самонаде́янность 3) *эк.* самообеспе́ченность
**self-sufficient** [ˈselfsəˈfɪʃənt] *a* 1) самостоя́тельный; самодовле́ющий 2) незави́симый в экономи́ческом отноше́нии 3) самонаде́янный
**self-sufficing** [ˈselfsəˈfaɪsɪŋ] = self-sufficient
**self-suggestion** [ˈselfsəˈdʒestʃən] *n* самовнуше́ние
**self-support** [ˈselfsəˈpɔːt] *n* незави́симость, самостоя́тельность
**self-supporting** [ˈselfsəˈpɔːtɪŋ] *a* самостоя́тельный
**self-surviving** [ˈselfsəˈvaɪvɪŋ] *a* пережи́вший самого́ себя́
**self-taught** [ˈselfˈtɔːt] *a* вы́учившийся самостоя́тельно, самоу́чкой
**self-violence** [ˈselfˈvaɪələns] *n* самоуби́йство
**self-will** [ˈselfˈwɪl] *n* своево́лие, упря́мство
**self-willed** [ˈselfˈwɪld] *a* своево́льный, упря́мый
**self-winding** [ˈselfˈwaɪndɪŋ] *a* с автомати́ческим заво́дом
**sell** [sel] **1.** *v* (sold) 1) продава́ть(-ся); the house is to ~ дом продаётся; to ~ like wildfire (*или* hot

cakes) быть нарасхва́т (*о товаре*) 2) торгова́ть 3) реклами́ровать; популяризова́ть 4) *разг.* обма́нывать, надува́ть; разы́грывать 5) предава́ть (*дело и т. п.*) 6) *амер. разг.* внуша́ть (*мысль*) □ ~ **off** распродава́ть со ски́дкой; ~ **on** уговори́ть, улома́ть; couldn't I ~ you on one more coffee? неуже́ли вы не вы́пьете ещё ча́шку ко́фе?; ~ **out** а) прода́ть, распрода́ть; б) преда́ть кого́-л.; стать преда́телем; ~ **up** продава́ть с торго́в ◊ I'm not sold on this я от э́того отню́дь не в восто́рге; to ~ the pass обману́ть дове́рие; измени́ть своему́ де́лу, соверши́ть преда́тельство

2. *n разг.* надува́тельство, обма́н, «поку́пка»

**seller** ['selə] *n* 1) торго́вец, продаве́ц 2) хо́дкий това́р; хо́дкая кни́га (*тж.* best ~)

**seller's market** ['seləz'mɑ:kɪt] *n эк.* ры́нок, на кото́ром спрос превыша́ет предложе́ние

**sell-out** ['selaut] *n разг.* 1) *амер.* распрода́жа 2) пье́са, вы́ставка, по́льзующаяся больши́м успе́хом 3) преда́тельство; Munich ~ *ист.* Мю́нхенский сго́вор

**seltzer** ['seltsə] *n* се́льтерская вода́ (*тж.* ~ water)

**selvage, selvedge** ['selvɪdʒ] *n* 1) кро́мка; кайма́ 2) *горн.* краева́я часть (жи́лы); за́льбанд

**selves** [selvz] *pl от* self 1

**semanteme** [sɪ'mænti:m] *n лингв.* семанте́ма

**semantic** [sɪ'mæntɪk] *a лингв.* семанти́ческий

**semantics** [sɪ'mæntɪks] *n pl* (*употр. как sing*) *лингв.* сема́нтика

**semaphore** ['seməfɔ:] 1. *n* 1) семафо́р 2) ручна́я сигнализа́ция (*флажками и т. п.*)

2. *v* сигнализи́ровать, семафо́рить

**semasiology** [sɪ,meɪsɪ'ɔlədʒɪ] *n лингв.* семасиоло́гия

**semblance** ['sembləns] *n* 1) вид, нару́жность 2) ви́димость; under the ~ of под ви́дом; to put on a ~ (of) сде́лать вид 3) подо́бие, схо́дство; a feeble ~ of smth. сла́бое подо́бие чего́-л.

**seme** [si:m] *n лингв.* се́ма

**sememe** ['semi:m] *n лингв.* семе́ма

**semen** ['si:men] *n* се́мя, спе́рма

**semester** [sɪ'mestə] *n* семе́стр

**semi-** ['semɪ-] *pref* полу-

**semi-annual** ['semɪ'ænjuəl] *a* полугодово́й

**semi-automatic** ['semɪ,ɔ:tə'mætɪk] *a* полуавтомати́ческий

**semi-basement** ['semɪ'beɪsmənt] *n* полуподва́л

**semi-centennial** ['semɪsen'tenjəl] 1. *a* полувеково́й

2. *n* пятидесятиле́тний юбиле́й

**semicircle** ['semɪ,sə:kl] *n* полукру́г

**semicircular** ['semɪ'sə:kjulə] *a* полукру́глый; ~ canals *анат.* полукру́жные кана́лы

**semicolon** ['semɪ'kəulən] *n* то́чка с запято́й

**semiconductor** ['semɪkən'dʌktə] *n физ.* полупроводни́к

**semi-conscious** ['semɪ'kɔnʃəs] *a* полубессозна́тельный

**semi-detached** ['semɪdɪ'tætʃt] *a* име́ющий о́бщую сте́ну; ~ house оди́н из двух особняко́в, име́ющих о́бщую сте́ну

**semi-diurnal** ['semɪdaɪ'ə:nl] *a астр.* полусу́точный

**semifinal** ['semɪ'faɪnl] *n спорт.* полуфина́л

**semi-fluid** ['semɪ'flu:ɪd] *a* полужи́дкий, вя́зкий

**semi-manufactured** ['semɪ,mænju'fæktʃəd] *a*: ~ goods полуфабрика́ты

**semimanufactures** ['semɪ,mænju'fæktʃəz] *n pl* полуфабрика́ты

**semi-monthly** ['semɪ'mʌnθlɪ] 1. *a* выходя́щий два ра́за в ме́сяц (*о периодическом издании*)

2. *n* журна́л, бюллете́нь *и т. п.*, выходя́щий два ра́за в ме́сяц

3. *adv* два́жды в ме́сяц

**seminal** ['si:mɪnl] *a* 1) семенно́й; заро́дышевый; ~ fluid *физиол.* се́мя 2) плодотво́рный; конструкти́вный

**seminar** ['semɪnɑ:] *n* семина́р

**seminary** ['semɪnərɪ] *n* 1) духо́вная семина́рия (*особ. католическая*) 2) семина́рия, шко́ла (*особ. для девочек*) 3) питомник, расса́дник (*тж. перен.*)

**semination** [,semɪ'neɪʃən] *n биол.* обсемене́ние; оплодотворе́ние

**seminiferous** [,semɪ'nɪfərəs] *a биол.* семено́сный

**semi-official** ['semɪə'fɪʃəl] *a* полуофициа́льный; официо́зный; ~ newspaper официо́з

**semiprecious** ['semɪ,preʃəs] *a* полудрагоце́нный; самоцве́тный; ~ stone самоцве́т

**semiquaver** ['semɪ,kweɪvə] *n муз.* шестна́дцатая но́та

**semi-rigid** ['semɪ'rɪdʒɪd] *a* полужёсткий (*о дирижабле*)

**Semite** ['si:maɪt] *n* семи́т

**Semitic** [sɪ'mɪtɪk] *a* семити́ческий

**semitone** ['semɪtəun] *n муз.* полуто́н

**semitrailer** ['semɪ'treɪlə] *n* полуприце́п

**semivowel** ['semɪ,vauəl] *n* полугла́сный (звук)

**semolina** [,semə'li:nə] *n* ма́нная крупа́

**sempiternal** [,sempɪ'tə:nl] *a ритор.* ве́чный

**sempstress** ['sempstrɪs] = seamstress

**sen** [sen] *n* сен (*разменная монета Японии, Индонезии, Камбоджи*)

**senary** ['si:nərɪ] *a* шестерно́й

**senate** ['senɪt] *n* 1) сена́т 2) сове́т (*в университетах*)

**senator** ['senətə] *n* сена́тор

**senatorial** [,senə'tɔ:rɪəl] *a* сена́торский

**send** [send] *v* (sent) 1) посыла́ть, отправля́ть; отсыла́ть; to ~ a letter airmail посла́ть письмо́ авиапо́чтой; she sent the children into the garden она́ отпра́вила дете́й в сад погуля́ть; 2) ниспосыла́ть (*дождь*); насыла́ть (*чуму*) 3) броса́ть, посыла́ть (*мяч и т. п.*); to ~ a bullet through прострели́ть 4) приводи́ть в како́е-л. состоя́ние; to ~ flying а) сообщи́ть предме́ту стреми́тельное движе́ние; б) рассе́ять; разброса́ть; обрати́ть в бе́гство; в) отшвырну́ть (*см. тж.* ◊); to ~ smb. sprawling сбить кого́-л. с ног; the punch sent the fighter reeling боксёр зашата́лся от уда́ра; to ~ to sleep усыпи́ть 5) *радио* передава́ть □ ~ **away** а) посыла́ть; to ~ away for smth. посыла́ть за чем-л.; б) прогоня́ть; увольня́ть; ~ **down** а) исключа́ть *или* вре́менно отчисля́ть из университе́та; б) понижа́ть (*напр., цены*); ~ **for** посыла́ть за, вызыва́ть; to ~ for a doctor посла́ть за врачо́м; ~ **forth** испуска́ть, издава́ть; ~ **in** подава́ть (*заявление*); представля́ть (*экспонат на выставку*); to ~ in one's name запи́сываться (*на конкурс и т. п.*); ~ **off** а) отсыла́ть (*письмо, посылку и т. п.*); б) прогоня́ть; в) устра́ивать про́воды; ~ **out** а) выпуска́ть, испуска́ть; излуча́ть; the trees ~ out leaves дере́вья покрыва́ются листво́й; б) отправля́ть, рассыла́ть; ~ **up** а) направля́ть вверх; б) *амер. sl.* приговори́ть к тюре́мному заключе́нию ◊ to ~ word сообща́ть, извеща́ть; to ~ smb. to Coventry прекрати́ть обще́ние с кем-л., бойкоти́ровать кого́-л.; to ~ smb. packing (*или* flying), to ~ smb. to the right-about прогна́ть, вы́проводить кого́-л. (*см. тж.* 4)

**sender** ['sendə] *n* 1) отправи́тель 2) передаю́щий прибо́р; телегра́фный аппара́т, переда́тчик

**send-off** ['send'ɔf] *n* 1) про́воды 2) хвале́бная реце́нзия

**senega** ['senɪgə] *n бот.* сене́га

**senescence** [sɪ'nesəns] *n* старе́ние

**senescent** [sɪ'nesənt] *a* старе́ющий

**seneschal** ['senɪʃəl] *n ист.* сенеша́ль

**senile** ['si:naɪl] *a* ста́рческий; дря́хлый

**senility** [sɪ'nɪlɪtɪ] *n* ста́рость; дря́хлость

**senior** ['si:njə] 1. *a* 1) ста́рший (*противоп.* junior мла́дший); John Smith ~ Джон Смит оте́ц; he is two years ~ to me он ста́рше меня́ на два го́да; ~ classic (wrangler) студе́нт, заня́вший пе́рвое ме́сто по класси́ческой литерату́ре (по матема́тике) в Ке́мбриджском университе́те; ~ man старшеку́рсник; ~ partner глава́ фи́рмы; the ~ service англи́йский вое́нно-морско́й флот (*старший из трёх видов вооружённых сил*) 2) *амер.* выпускно́й, после́дний (*о классе, курсе, семестре*); the ~ class после́дний год уче́ния в шко́ле; the Senior Prom ве́чер выпускнико́в шко́лы

2. *n* 1) пожило́й челове́к 2) ста́рший; вышестоя́щий; he is my ~ он ста́рше меня́ 3) лауреа́т Ке́мбриджского университе́та 4) *амер.* учени́к выпускно́го кла́сса; студе́нт после́днего ку́рса; старшекла́ссник; старшеку́рсник

**seniority** [,si:nɪ'ɔrɪtɪ] *n* 1) старшинство́ 2) трудово́й стаж

**senna** [ˈsenə] *n фарм.* александрийский лист

**sennet** [ˈsenɪt] *n уст.* трýбный сигнáл, возвещáвший вы́ход артúстов на сцéну (*в пьесах Елизаветинского периода*)

**sennight** [ˈsenaɪt] *n уст.* недéля; today ~ а) чéрез недéлю; б) недéлю томý назáд

**sennit** [ˈsenɪt] *n мор.* плетёнка

**sensation** [senˈseɪʃən] *n* 1) ощущéние, чýвство 2) сенсáция

**sensational** [senˈseɪʃənl] *a* 1) сенсациóнный 2) *predic.* великолéпный, поразúтельный 3) *филос.* сенсуáльный

**sensationalism** [senˈseɪʃnəlɪzm] *n филос.* сенсуалúзм

**sensation-monger** [senˈseɪʃənˌmʌŋgə] *n* распространúтель сенсациóнных слýхов

**sense** [sens] **1.** *n* 1) чýвство; ощущéние; the five ~s пять чувств; sixth ~ шестóе чýвство, интуúция; to have keen (*или* quick) ~s óстро чýвствовать, ощущáть; a ~ of duty чýвство дóлга; a ~ of humour чýвство юмора; a ~ of failure сознáние неудáчи; a ~ of proportion чýвство мéры 2) *pl* сознáние; рáзум; in one's ~s в своём умé; have you taken leave (*или* are you out) of your ~s? с умá вы сошлú?; to come to one's ~s а) прийтú в себя́; б) взя́ться за ум; to frighten (*или* to scare) smb. out of his ~s напугáть когó-л. до потéри сознáния 3) здрáвый смысл (*тж.* common ~, good ~); ум; a man of ~ разýмный человéк; to talk ~ говорúть дéльно, разýмно; he is talking ~ он дéло говорúт 4) смысл, значéние; it makes no ~ в э́том нет смы́сла; in the strict(est) (*или* true) ~ of the word в (сáмом) тóчном значéнии слóва; in a good ~ в хорóшем смы́сле (слóва); in a literal ~ в буквáльном смы́сле слóва; in a ~ в извéстном смы́сле, до извéстной стéпени; in all ~s во всех смы́слах, во всех отношéниях; in no ~ ни в какóм отношéнии 5) настроéние; to take the ~s of the meeting определúть настроéние собрáния посрéдством голосовáния

**2.** *v* 1) ощущáть, чýвствовать 2) понимáть

**senseless** [ˈsenslɪs] *a* 1) бесчýвственный, нечувствúтельный; to knock ~ оглушúть 2) бессмы́сленный; бессодержáтельный

**sense-organ** [ˈsensˌɔːgən] *n* óрган чувств (*зрения, слуха и т. п.*)

**sensibility** [ˌsensɪˈbɪlɪtɪ] *n* 1) чувствúтельность 2) тóчность (*прибора*)

**sensible** [ˈsensəbl] *a* 1) (благо)разýмный, здравомы́слящий 2) сознаю́щий, чýвствующий (of); to be ~ of one's peril сознавáть опáсность 3) ощутúмый, замéтный; a ~ change for the better замéтное улучшéние; a ~ rise in the temperature значúтельное повышéние температýры

**sensitive** [ˈsensɪtɪv] *a* 1) чувствúтельный; восприúмчивый; a ~ ear (болéзненно) тóнкий слух; ~ market *эк.* неустóйчивый ры́нок; ~ paper светочувствúтельная бумáга; ~ plant *бот.* мимóза стыдлúвая 2) óчень нéжный, легкó поддаю́щийся раздражéнию; a ~ skin нéжная кóжа 3) впечатлúтельный, чýткий 4) обúдчивый 5) *тех.* прецизиóнный, тóчный

**sensitiveness, sensitivity** [ˈsensɪtɪvnɪs, ˌsensɪˈtɪvɪtɪ] *n* чувствúтельность

**sensitize** [ˈsensɪtaɪz] *v* 1) дéлать чувствúтельным, повышáть чувствúтельность 2) дéлать светочувствúтельной (*бумагу*)

**sensor** [ˈsensə] *n тех.* дáтчик; чувствúтельный (*или* воспринимáющий) элемéнт

**sensory** [ˈsensərɪ] *a* чувствúтельный, сенсóрный

**sensual** [ˈsensjuəl] *a* 1) чýвственный, плóтский 2) сладострáстный 3) *филос.* сенсуалистúческий

**sensualist** [ˈsensjuəlɪst] *n* 1) сластолю́бец 2) *филос.* сенсуалúст

**sensuality** [ˌsensjuˈælɪtɪ] *n* чýвственность

**sensuous** [ˈsensjuəs] *a* 1) чýвственный (*о восприятии*) 2) эстетúческий

**sent** [sent] *past и p. p. от* send

**sentence** [ˈsentəns] **1.** *n* 1) пригово́р; to pass a ~ upon smb. выносúть приговóр комý-л.; to serve one's ~ отбывáть срок наказáния 2) *грам.* предложéние 3) *уст.* сентéнция, изречéние

**2.** *v* осуждáть, приговáривать

**sententious** [senˈtenʃəs] *a* нравоучúтельный; сентенциóзный

**sentience** [ˈsenʃəns] *n* чувствúтельность

**sentient** [ˈsenʃənt] *a* чýвствующий, ощущáющий

**sentiment** [ˈsentɪmənt] *n* 1) чýвство; отношéние, настроéние, мнéние; the ~ of pity (of respect) чýвство жáлости (уважéния); these are (*или шутл.* them's) my ~s вот моё мнéние 2) сентиментáльность

**sentimental** [ˌsentɪˈmentl] *a* сентиментáльный

**sentimentality** [ˌsentɪmenˈtælɪtɪ] *n* сентиментáльность

**sentinel** [ˈsentɪnl] **1.** *n* часовóй; страж; to stand ~ over охраня́ть

**2.** *v* охраня́ть, стоя́ть на стрáже

**sentry** [ˈsentrɪ] *n воен.* 1) часовóй 2) караýл

**sentry-box** [ˈsentrɪbɔks] *n* бýдка часовóго

**sentry-go** [ˈsentrɪgəu] *n* караýльная слýжба; to be on ~ быть в караýле

**sentry-line** [ˈsentrɪlaɪn] *n воен.* цепь сторожевы́х постóв

**sentry-unit** [ˈsentrɪˌjuːnɪt] *n воен.* сторожевóе подразделéние

**sepal** [ˈsepəl] *n бот.* чашелúстик

**separability** [ˌsepərəˈbɪlɪtɪ] *n* отделúмость

**separable** [ˈsepərəbl] *a* отделúмый

**separata** [ˌsepəˈreɪtə] *pl от* separatum

**separate 1.** *a* [ˈseprɪt] 1) отдéльный; cut it into four ~ parts разрéжьте э́то на четы́ре чáсти; ~ maintenance содержáние, назначáемое женé при развóде 2) осóбый, индивидуáльный; самостоя́тельный; these are two entirely ~ questions э́то два совершéнно самостоя́тельных вопрóса 3) изолúрованный; уединённый 4) сепарáтный

**2.** *n* [ˈseprɪt] отдéльный óттиск (*статьи*)

**3.** *v* [ˈsepəreɪt] 1) отделя́ть(ся), разделя́ть(ся); разлучáть(ся); расходúться 2) сортировáть, отсéивать; to ~ chaff from grain очищáть зернó от мякúны 3) разлагáть (*на части*) 4) *воен.* увольня́ть, демобилизóвывать

**separatee** [ˌsepərəˈtiː] *n* демобилизóванный

**separation** [ˌsepəˈreɪʃən] *n* 1) отделéние, разделéние; разлучéние, разобщéние 2) разложéние на чáсти 3) раздéльное жúтельство супрýгов 4) *горн.* обогащéние 5) *воен.* увольнéние, демобилизáция 6) *attr.*: ~ allowance посóбие женé солдáта *или* матрóса (*во время войны*)

**separatism** [ˈsepərətɪzm] *n* сепаратúзм

**separatist** [ˈsepərətɪst] *n* сепаратúст

**separator** [ˈsepəreɪtə] *n* 1) сепарáтор, сортирóвочный аппарáт 2) решетó, сúто, грóхот 3) зерноочистúтель; молотúлка (*в комбайне*) 4) *тех.* проклáдка, разделúтель

**separatum** [ˌsepəˈreɪtəm] (*pl* -ta) = separate 2

**sepia** [ˈsiːpjə] *n* сéпия (*краска*)

**sepoy** [ˈsiːpɔɪ] *n* сипáй

**sepsis** [ˈsepsɪs] *n мед.* сéпсис

**sept** [sept] *n* (ирлáндский) клан

**septa** [ˈseptə] *pl от* septum

**septan** [ˈseptən] *a* семиднéвный; ~ fever семиднéвная перемежáющаяся лихорáдка

**septate** [ˈseptɪt] *a биол.* разделённый перегорóдкой

**September** [sepˈtembə] *n* 1) сентя́брь 2) *attr.* сентя́брьский

**septenary** [sepˈtenərɪ] *a* семерúчный

**septennial** [sepˈtenjəl] *a* 1) семилéтний 2) происходя́щий раз в семь лет

**septentrional** [sepˈtentrɪənəl] *a редк.* сéверный

**septet(te)** [sepˈtet] *n муз.* септéт

**septic** [ˈseptɪk] *a мед.* септúческий

**septicaemia** [ˈseptɪˈsiːmɪə] *n мед.* заражéние крóви, сéпсис, септицемúя

**septilateral** [ˈseptɪˈlætərəl] *a* семисторóнний

**septuagenarian** [ˌseptjuədʒɪˈneərɪən] **1.** *a* семидесятилéтний; в вóзрасте мéжду 70 и 79 годáми

**2.** *n* человéк в вóзрасте мéжду 70 и 79 годáми

**septum** [ˈseptəm] *n* (*pl* -ta) *биол.* перегорóдка

**septuple** [ˈseptjupl] **1.** *a* семикрáтный

**2.** *n* семикрáтное колúчество

**3.** *v* мнóжить на семь; увелúчивать в семь раз

**sepulchral** [sɪˈpʌlkrəl] *a* 1) могúльный; погребáльный; ~ mound могúльный холм 2) мрáчный; ~ voice замогúльный гóлос

**sepulchre** [ˈsepəlkə] **1.** *n* могúла, гробнúца; склеп; whited (*или* painted) ~ а) *библ.* гроб повáпленный; б) лицемéр

2. *v* погреба́ть, предава́ть земле́, хорони́ть

**sepulture** [ˈsepəltʃə] *n* погребе́ние

**sequacious** [sɪˈkweɪʃəs] *a уст.* 1) послу́шный, пода́тливый; ~ zeal рабо-ле́пное усе́рдие 2) после́довательный

**sequel** [ˈsiːkwəl] *n* 1) продолже́ние; the book is a ~ to (*или* of) the author's last novel э́та кни́га явля́ется продолже́нием после́днего рома́на писа́теля 2) после́дующее собы́тие; in the ~ впосле́дствии 3) после́дствие, результа́т

**sequela** [sɪˈkwiːlə] *лат. n* (*pl* -lae; *обыкн. pl*) после́дствие, осложне́ние (*болезни*)

**sequelae** [sɪˈkwiːliː] *pl от* sequela

**sequence** [ˈsiːkwəns] *n* 1) после́довательность; ряд; поря́док (сле́дования); ~ of events ход собы́тий; ~ of tenses *грам.* после́довательность времён; in ~ оди́н за други́м; in historical ~ в истори́ческой (*или* хронологи́ческой) после́довательности 2) (по-)сле́дствие, результа́т 3) *муз.* секве́нция 4) *кино* после́довательный ряд кинока́дров, эпизо́д

**sequent** [ˈsiːkwənt] *a* 1) сле́дующий 2) явля́ющийся сле́дствием

**sequential** [sɪˈkwenʃəl] *a* 1) явля́ющийся продолже́нием 2) после́довательный

**sequester** [sɪˈkwestə] *v* 1) уединя́ть, изоли́ровать 2) = sequestrate

**sequestered** [sɪˈkwestəd] 1. *p. p. от* sequester

2. *a* изоли́рованный; уединённый; ~ life уединённая жизнь

**sequestra** [sɪˈkwestrə] *pl от* sequestrum

**sequestrable** [sɪˈkwestrəbl] *a юр.* подлежа́щий секве́стру

**sequestrate** [sɪˈkwestreɪt] *v юр.* секвестрова́ть; конфискова́ть

**sequestration** [ˌsiːkwesˈtreɪʃən] *n* 1) *юр.* секве́стр; конфиска́ция 2) *мед.* изоля́ция, каранти́н

**sequestrum** [sɪˈkwestrəm] *n* (*pl* -ra) *мед.* омертве́вшая часть ко́сти, секве́стр

**sequin** [ˈsiːkwɪn] *n* 1) *ист.* цехи́н (*золотая монета в Италии и Турции*) 2) блёстка на пла́тье

**sequoia** [sɪˈkwɔɪə] *n бот.* секво́йя

**sera** [ˈsɪərə] *pl от* serum

**seraglio** [seˈrɑːlɪəu] *n* (*pl* -os [-əuz]) сера́ль

**serai** [seˈraɪ] *n* карава́н-сара́й

**seraph** [ˈserəf] *n* (*pl* -phim, -phs [-fs]) серафи́м

**seraphic** [seˈræfɪk] *a* серафи́ческий, а́нгельский, неземно́й

**seraphim** [ˈserəfɪm] *pl от* seraph

**Serb** [səːb] = Serbian

**Serbian** [ˈsəːbjən] 1. *a* се́рбский

2. *n* 1) серб; се́рбка 2) се́рбский язы́к

**Serbonian bog** [səːˈbəunjənˈbɔg] *n* 1) *название ныне высохшего огромного болота в Египте* 2) безвы́ходное положе́ние

**sere** I [sɪə] *a* сухо́й, увя́дший

**sere** II [sɪə] = sear II

**serein** [səˈræŋ] *фр. n* морося́щий дождь при безо́блачном не́бе по́сле захо́да со́лнца

**serenade** [ˌserɪˈneɪd] 1. *n* серена́да

2. *v* исполня́ть серена́ду

**serene** [sɪˈriːn] 1. *a* 1) я́сный, споко́йный, ти́хий; безо́блачный; безмяте́жный; all ~ *разг.* всё в поря́дке 2): His S. Highness его́ све́тлость (*титул*)

2. *n поэт.* безо́блачное не́бо; споко́йное мо́ре

3. *v поэт.* проясня́ть; вселя́ть споко́йствие

**serenity** [sɪˈrenɪtɪ] *n* 1) я́сность, безмяте́жность 2) (S.) све́тлость (*титул*)

**serf** [səːf] *n ист.* 1) крепостно́й 2) раб

**serfage, serfdom, serfhood** [ˈsəːfɪdʒ, -dəm, -hud] *n* 1) крепостно́е пра́во 2) ра́бство

**serge** [səːdʒ] *n текст.* 1) са́ржа 2) серж (*шерстяная костюмная ткань*)

**sergeant** [ˈsɑːdʒənt] *n* 1) сержа́нт 2) сержа́нт поли́ции 3) = Serjeant-at-law

**sergeant-major** [ˈsɑːdʒəntˈmeɪdʒə] *n* 1) гла́вный сержа́нт 2) старшина́

**serial** [ˈsɪərɪəl] 1. *a* 1) сери́йный 2) после́довательный; ~ number поря́дковый но́мер 3) выходя́щий вы́пусками

2. *n* 1) периоди́ческое изда́ние 2) рома́н в не́скольких частя́х (*печатающийся в журнале или газете*); (теле)фи́льм в не́скольких се́риях, сериа́л

**serialize** [ˈsɪərɪəlaɪz] *v* издава́ть вы́пусками, се́риями

**seriate, seriated** [ˈsɪərɪeɪt, ˈsɪərɪeɪtɪd] *a* 1) в ви́де се́рий 2) располо́женный по поря́дку 3) периоди́ческий

**seriatim** [ˌsɪərɪˈeɪtɪm] *лат. adv* пункт за пу́нктом, по поря́дку; to consider (to examine, to discuss) ~ рассма́тривать (изуча́ть, обсужда́ть) по пу́нктам

**sericeous** [sɪˈrɪʃəs] *a бот., зоол.* шелкови́стый

**sericulture** [ˈserɪkʌltʃə] *n* шелково́дство

**series** [ˈsɪəriːz] *n* (*pl без измен.*) 1) ряд; се́рия; a ~ of stamps (coins) се́рия ма́рок (моне́т); a ~ of misfortunes полоса́ неуда́ч; in ~ после́довательно, по поря́дку 2) *геол.* сви́та, отде́л; гру́ппа, систе́ма 3) *эл.* после́довательное соедине́ние

**serin** [ˈserɪn] *n зоол.* вьюро́к канаре́ечный

**seringa** [sɪˈrɪŋgə] *n бот.* гeвéя

**serio-comic** [ˈsɪərɪəuˈkɔmɪk] *a* трагикоми́ческий

**serious** [ˈsɪərɪəs] *a* 1) серьёзный; and now to be ~ одна́ко, шу́тки в сто́рону 2) ва́жный 3) вызыва́ющий опасе́ние; опа́сный; a ~ illness опа́сная боле́знь

**seriousness** [ˈsɪərɪəsnɪs] *n* серьёзность

**Serjeant-at-arms** [ˈsɑːdʒəntətˈɑːmz] *n* парла́ментский при́став

**Serjeant-at-law** [ˈsɑːdʒəntətˈlɔː] *n уст.* ба́рристер вы́сшего ра́нга

**sermon** [ˈsəːmən] *n* про́поведь; поуче́ние

**sermonize** [ˈsəːmənaɪz] *v* 1) пропове́довать 2) поуча́ть, чита́ть мора́ль, нота́цию

**serotinous** [sɪˈrɔtɪnəs] *a бот.* по́здний

**serous** [ˈsɪərəs] *a физиол.* серо́зный

**serpent** [ˈsəːpənt] *n* 1) змея́, змей 2) злой, кова́рный челове́к 3) змий, дья́вол (*тж.* the old S.)

**serpent-charmer** [ˈsəːpəntˌtʃɑːmə] *n* заклина́тель змей

**serpentine** [ˈsəːpəntaɪn] 1. *a* 1) змеи́ный 2) змееви́дный; извива́ющийся, изви́листый 3) хи́трый; кова́рный, преда́тельский

2. *n* 1) *мин.* серпенти́н, змееви́к 2) *тех.* змееви́к

3. *v* извива́ться

**serrate, serrated** [ˈserɪt, seˈreɪtɪd] *a* зубча́тый; зазу́бренный

**serration** [seˈreɪʃən] *n* 1) зубча́тость 2) зу́бец

**serried** [ˈserɪd] *a* со́мкнутый (*плечом к плечу*); in ~ ranks со́мкнутыми ряда́ми

**serrulate, serrulated** [ˈserjuleɪt, -leɪtɪd] *a* мелкозу́бчатый

**serum** [ˈsɪərəm] *n* (*pl* -s [-z], sera) *физиол.* сы́воротка

**servant** [ˈsəːvənt] *n* 1) слуга́, служи́тель, прислу́га (*тж.* domestic ~); to engage (to dismiss) a ~ наня́ть (рассчита́ть) прислу́гу; general ~ «прислу́га за всё» 2) слу́жащий (*государственного учреждения*); public ~ лицо́, находя́щееся на госуда́рственной слу́жбе; civil ~ чино́вник, должностно́е лицо́

**servant-maid** [ˈsəːvəntmeɪd] *n* служа́нка

**serve** [səːv] 1. *v* 1) служи́ть; быть поле́зным; to ~ one's country служи́ть свое́й ро́дине; to ~ two masters быть слуго́й двух госпо́д; to ~ as smb., smth. служи́ть в ка́честве кого́-л., чего́-л. 2) годи́ться, удовлетворя́ть; it will ~ а) э́то то, что ну́жно; б) э́того бу́дет доста́точно; as occasion ~s когда́ представля́ется слу́чай; to ~ no purpose никуда́ не годи́ться 3) благоприя́тствовать (*о ветре и т. п.*) 4) служи́ть в а́рмии; he ~d in North Africa он проходи́л вое́нную слу́жбу в Се́верной А́фрике; to ~ in the ranks служи́ть рядовы́м; to ~ under smb. служи́ть под нача́льством кого́-л. 5) подава́ть (*на стол*); dinner is ~d! обе́д по́дан! 6) обслу́живать; снабжа́ть; to ~ a customer занима́ться с покупа́телем, клие́нтом; this busline ~s a large district э́та авто́бусная ли́ния обслу́живает большо́й райо́н; to ~ a town with water снабжа́ть го́род водо́й 7) обслу́живать, управля́ть; to ~ a gun стреля́ть из ору́дия 8) отбыва́ть срок (*службы, наказания и т. п.*); to ~ one's apprenticeship (*или* time) проходи́ть курс учени́чества 9) быть поле́зным, помога́ть 10) обходи́ться с, поступа́ть; he ~d me shamefully он обошёлся со мной отврати́тельно

11) *церк.* служи́ть слу́жбу 12) *юр.* вруча́ть (*повестку кому-л.*; on); to ~ notice форма́льно, официа́льно извеща́ть 13) подава́ть мяч (*в теннисе и т. п.*) 14) *мор.* клетнева́ть □ ~ **for** a) годи́ться для *чего-л.*; б) служи́ть в ка́честве *чего-л.*; the bundle ~d him for a pillow свёрток служи́л ему́ поду́шкой; ~ **out** a) раздава́ть, распределя́ть; б) *разг.* отплати́ть; ~ **round** обноси́ть круго́м (*блюда*); ~ **with** подава́ть; снабжа́ть ◊ it ~s him (her) right! подело́м ему́ (ей)!; to ~ smb. a trick сыгра́ть с кем-л. шу́тку

**2.** *n спорт.* пода́ча (*мяча*)

**Servian** ['sə:vjən] = Serbian

**service** I ['sə:vɪs] **1.** *n* 1) слу́жба; to take into one's ~ нанима́ть; to take ~ with smb. поступа́ть на слу́жбу к кому́-л. 2) обслу́живание, се́рвис 3) сообще́ние, связь, движе́ние; ре́йсы 4) услу́га, одолже́ние; at your ~ к ва́шим услу́гам; to be of ~ быть поле́зным 5) слу́жба (*область работы и т. п.*); Civil S. госуда́рственная (гражда́нская) слу́жба; National S. во́инская *или* трудова́я пови́нность (*в Англии*) 6) *воен.* род войск; the (fighting) ~s а́рмия, флот и вое́нная авиа́ция 7) серви́з 8) суде́бное извеще́ние 9) *мор.* клетнева́ние 10) *спорт.* пода́ча (*мяча*) 11) *церк.* слу́жба; to say a ~ отправля́ть богослуже́ние 12) *attr.* служе́бный; ~ record послужно́й спи́сок

**2.** *v* 1) обслу́живать 2) проводи́ть осмо́тр и теку́щий ремо́нт (*машины и т. п.*) 3) заправля́ть (горю́чим) 4) случа́ть

**service** II ['sə:vɪs] = service-tree

**serviceable** ['sə:vɪsəbl] *a* 1) поле́зный, приго́дный 2) про́чный; ~ fabric про́чная мате́рия 3) *уст.* услу́жливый

**service-book** ['sə:vɪsbuk] *n* моли́твенник

**service dress** ['sə:vɪs'dres] *n* фо́рменная оде́жда

**service entrance** ['sə:vɪs'entrəns] *n* 1) служе́бный вход 2) чёрный ход

**service flat** ['sə:vɪs'flæt] *n* кварти́ра с гости́ничным обслу́живанием

**serviceman** ['sə:vɪsmæn] *n* 1) военнослу́жащий 2) ма́стер по ремо́нту; a television ~ телевизио́нный ма́стер

**service medal** ['sə:vɪs'medl] *n амер. воен.* па́мятная меда́ль (*за участие в какой-л. кампании или военной операции*)

**service pipe** ['sə:vɪs'paɪp] *n* домо́вая водопрово́дная *или* газопрово́дная труба́

**service shop** ['sə:vɪs'ʃɔp] *n* мастерска́я теку́щего ремо́нта

**service stair** ['sə:vɪs'stɛə] *n* чёрная ле́стница

**service station** ['sə:vɪs'steɪʃən] *n* ста́нция обслу́живания (автомоби́лей)

**service-tree** ['sə:vɪstri:] *n бот.* ряби́на дома́шняя

**service uniform** ['sə:vɪs'ju:nɪfɔ:m] *n амер. воен.* повседне́вная фо́рма оде́жды

**serviette** [ˌsə:vɪ'et] *фр. n* салфе́тка

**servile** ['sə:vaɪl] *a* ра́бский; раболе́пный, подобостра́стный, холо́пский

**servility** [sə:'vɪlɪtɪ] *n* раболе́пие, подобостра́стие

**servitor** ['sə:vɪtə] *n* 1) *уст.* слуга́; приближённый 2) *ист.* студе́нт, рабо́тающий служи́телем за стипе́ндию

**servitude** ['sə:vɪtju:d] *n* ра́бство; порабоще́ние; to deliver from ~ освобожда́ть от ра́бства

**servo** ['sə:vəu] **1.** *n сокр. разг. от* servo-mechanism *и* servo-motor

**2.** *a* вспомога́тельный

**servo-mechanism** ['sə:vəu'mekənɪzm] *n тех.* сервомехани́зм; следя́щая систе́ма

**servo-motor** ['sə:vəu'məutə] *n тех.* серводви́гатель; сервоприво́д

**sesame** ['sesəmɪ] *n бот.* кунжу́т, сеза́м

**sesquialteral** [ˌseskwɪ'æltərəl] *a* полу́торный

**sesquipedalian** ['seskwɪpɪ'deɪljən] *a* 1) полуторафу́товый 2) о́чень дли́нный, неудобопоня́тный (*о слове*)

**sessile** ['sesaɪl] *a бот.*, *зоол.* сидя́чий

**session** ['seʃən] *n* 1) заседа́ние; to be in ~ заседа́ть, быть в сбо́ре 2) се́ссия (*парламентская, судебная*); Court of S. Шотла́ндский Верхо́вный гражда́нский суд; petty ~s суде́бное заседа́ние в прису́тствии не́скольких мировы́х су́дей без прися́жных заседа́телей 3) уче́бный семе́стр (*в шотл. и американских университетах*); summer ~ ле́тние ку́рсы при университе́те 4) *амер.* заня́тия, уче́бное вре́мя в шко́ле 5) *разг.* вре́мя, за́нятое чем-л. (*особ.* чем-л. неприя́тным)

**sesterce** ['sestə:s] *n ист.* сесте́рций (*римская монета*)

**sestertii** [ses'tə:tɪaɪ] *pl от* sestertius

**sestertius** [ses'tə:tjəs] *n* (*pl* -tii) = sesterce

**sestet** [ses'tet] *n* 1) = sextet(te) 2) шесть после́дних строк италья́нского соне́та

**set** [set] **1.** *n* 1) набо́р, компле́кт; a chess ~ ша́хматы; a ~ of golf-clubs компле́кт клю́шек для го́льфа; a dressing-table ~ туале́тный прибо́р; a ~ of false teeth вставны́е зу́бы; вставна́я че́люсть; a ~ of Shakespeare's plays собра́ние произведе́ний Шекспи́ра 2) круг люде́й, свя́занных о́бщими интере́сами; the smart ~ фешене́бельное о́бщество; the fast ~ картёжники 3) радиоприёмник; телеви́зор 4) направле́ние (*течения, ветра*) 5) напра́вленность, тенде́нция 6) конфигура́ция, очерта́ния; строе́ние; ли́нии; оса́нка; the ~ of one's shoulders ли́ния плеч; the ~ of one's head поса́дка головы́; I don't like the ~ of his coat мне не нра́вится, как на нём сиди́т пальто́ 7) *поэт.* зака́т 8) сет (*в теннисе*) 9) сто́йка (*собаки*) 10) декора́ции; съёмочная площа́дка 11) са́женец; поса́дочный материа́л; onion ~s лук-са́женец 12) молодо́й побе́г (*растения*) 13) укла́дка (*волос*) 14) *психол.* настро́й 15) *горн.* окла́д кре́пи 16) *тех.* ширина́ разво́да (*пилы*) 17) *стр.* оса́дка 18) *тех.* оста́точная деформа́ция 19) *тех.* обжи́мка 20) *текст.* съём ◊ to make a dead ~ at a) подверга́ть ре́зкой кри́тике; напада́ть на; б) домога́ться любви́, внима́ния *и т. п.* (*обыкн. о женщине*)

**2.** *a* 1) неподви́жный, засты́вший (*о взгляде, улыбке*) 2) обду́манный (*о намерении*); of ~ purpose с у́мыслом; предумы́шленный 3) зара́нее пригото́вленный, соста́вленный (*о речи*) 4) устано́вленный, назна́ченный; предпи́санный 5) постро́енный 6) установи́вшийся; ~ fair установи́вшийся (*о погоде*) 7) твёрдый, реши́тельный, непоколеби́мый 8) сложённый; a heavy ~ man челове́к пло́тного сложе́ния 9) сверну́вшийся (*о молоке*) 10) затверде́вший (*о цементе*) 11) заше́дший (*о солнце*) 12) реши́вшийся дости́чь (on, upon — *чего-л.*); all ~ *шутл.* ≅ в по́лной боево́й гото́вности

**3.** *v* (set) 1) ста́вить, класть, помеща́ть; расставля́ть, устана́вливать; располага́ть, размеща́ть; to ~ foot on smth. наступи́ть на что-л.; not to ~ foot in smb.'s house не переступа́ть поро́га чьего́-л. до́ма; to ~ sail a) ста́вить паруса́; б) пуска́ться в пла́вание; to ~ the signal пода́ть, установи́ть сигна́л; to ~ the table накрыва́ть на стол; to ~ to zero a) установи́ть на нуль; б) привести́ к нулю́; to ~ on stake ста́вить на ка́рту; to ~ one's name (*или* hand) to a document поста́вить свою́ по́дпись под докуме́нтом 2) приводи́ть в определённое состоя́ние; to ~ in motion приводи́ть в движе́ние; to ~ in order приводи́ть в поря́док; to ~ smb. at (his) ease успоко́ить, ободри́ть кого́-л.; he ~ people at once on their ease with him лю́дям в его́ прису́тствии сра́зу станови́лось легко́; to ~ at rest a) успоко́ить; б) ула́дить (*вопрос*); to ~ at variance поссо́рить; вы́звать конфли́кт; to ~ free освобожда́ть; to ~ loose отпуска́ть; to ~ right a) приводи́ть в поря́док, исправля́ть; б) выводи́ть из заблужде́ния; to ~ one's hat (tie, *etc.*) straight (*или* right) попра́вить шля́пу (га́лстук *и т. п.*); to ~ laughing рассмеши́ть; to ~ on fire поджига́ть; the news ~ her heart beating при э́том изве́стии у неё заби́лось се́рдце; the answer ~ the audience in a roar услы́шав отве́т, все прису́тствующие разрази́лись хо́хотом; to ~ a machine going пуска́ть маши́ну 3) устана́вливать, нала́живать; to ~ the hands of a clock установи́ть стре́лки часо́в; to ~ a razor пра́вить бри́тву 4) пригоня́ть; вправля́ть, прикрепля́ть 5) вправля́ть (*кость*) 6) сажа́ть (*растение*) 7) посади́ть (*курицу на яйца*) 8) вставля́ть в ра́му *или* опра́ву; оправля́ть (*драгоценные камни*) 9) точи́ть, разводи́ть (*пилу*) 10) дви́гаться в изве́стном направле́нии;

име́ть скло́нность; to ~ course лечь на курс; opinion is ~ting against it обще́ственное мне́ние про́тив э́того 11) поверну́ть, напра́вить; to ~ one's face towards the sun поверну́ться лицо́м к со́лнцу; to ~ one's mind (*или* brain) on (*или* to) smth. сосредото́чить мысль на чём-л. 12) подноси́ть, приставля́ть, приближа́ть; to ~ a glass to one's lips поднести́ стака́н к губа́м; to ~ a pen to paper нача́ть писа́ть; to ~ a seal to ста́вить печа́ть 13) укла́дывать (*волосы*) 14) сти́скивать, сжима́ть (*зубы*) 15) назнача́ть, устана́вливать, определя́ть (*цену, время и т. п.*); to ~ the value of smth. at a certain sum оцени́ть что-л.; установи́ть це́ну чего́-л.; to ~ bounds (to) ограни́чивать; to ~ a limit (to) положи́ть преде́л, пресе́чь 16) задава́ть (*работу, задачу*); to ~ to work усади́ть за де́ло; you have ~ me a difficult job вы за́дали мне тру́дную зада́чу; to ~ oneself a task поста́вить пе́ред собо́й зада́чу 17) подава́ть (*пример*) 18) сиде́ть (*о платье*) 19) сади́ться, заходи́ть (*о солнце, луне; тж. перен.*); his star has ~ его́ звезда́ закати́лась 20) положи́ть на му́зыку (*тж.* ~ to music) 21) де́лать твёрдым, густы́м, про́чным; to ~ milk for cheese створа́живать молоко́ для сы́ра 22) тверде́ть, застыва́ть, затвердева́ть; схва́тываться (*о цементе, бетоне*); the jelly has (*или* is) ~ желе́ засты́ло 23) офо́рмиться, сложи́ться; приня́ть определённые очерта́ния; his character has (*или* is) ~ у него́ уже́ вполне́ сложи́вшийся хара́ктер 24) завя́зываться (*о плоде*) 25) коро́биться 26) де́лать сто́йку (*о собаке*) 27) *мор.* пеленгова́ть 28) *мор.* тяну́ть (*такелаж*) 29) *полигр.* набира́ть 30) *стр.* производи́ть кла́дку □ ~ **about** а) начина́ть, приступа́ть к *чему-л.*; б) побужда́ть (*кого-л.*) нача́ть; в) *разг.* напа́сть, нача́ть дра́ку с *кем-л.*; г) распространя́ть (*слух*); ~ **against** а) противопоставля́ть; б) восстана́вливать про́тив *кого-л.*; ~ **apart** а) откла́дывать в сто́рону; б) приберега́ть; в) отделя́ть; г) разнима́ть (*дерущихся*); ~ **aside** а) откла́дывать; б) отверга́ть, оставля́ть без внима́ния; в) аннули́ровать; ~ **at** а) напада́ть, набра́сываться на; б) натра́вливать на; ~ **back** а) препя́тствовать, заде́рживать; б) переводи́ть наза́д стре́лки часо́в; ~ **before** представля́ть, излага́ть (*факты*); ~ **by** откла́дывать, приберега́ть; ~ **down** а) положи́ть, бро́сить (*на землю*); б) отложи́ть; в) выса́живать (*пассажира*); г) запи́сывать, пи́сьменно излага́ть; д) *разг.* осади́ть, обре́зать (*кого-л.*); е): ~ down as счита́ть *чем-л.*; ж) припи́сывать (to — *чему-л.*); ~ **forth** а) излага́ть, объясня́ть; б) отправля́ться в) выставля́ть (напока́з); ~ **forward** а) выдвига́ть (*предложение*); б) отправля́ться; ~ **in** начина́ться; наступа́ть; устана́вливаться; the tide ~ in начался́ прили́в; rain ~ in пошёл обложно́й дождь; установи́лась дождли́вая пого́да; winter has ~ in наступи́ла зима́; ~ **off** а) отмеча́ть; размеча́ть; б) отправля́ть(ся); в) откла́дывать; г) уравнове́шивать; д) противопоставля́ть; е) выделя́ть(ся); оттеня́ть; the frame ~s off the picture карти́на в э́той ра́ме выи́грывает; ж) пуска́ть (*ракету*); з) побуди́ть к *чему-л.*; to ~ off laughing рассмеши́ть; ~ **on** а) подстрека́ть, натра́вливать; б) напада́ть; в) навести́ (*на след*); ~ **out** а) выставля́ть напока́з; б) выставля́ть на прода́жу; в) излага́ть; г) отпра́виться, вы́ехать, вы́лететь; д) намерева́ться; ~ **over** ста́вить во главе́; ~ **to** а) вступа́ть в бой; б) бра́ться за (*работу, еду*); to ~ oneself to smth. принима́ться за что-л.; ~ **up** а) воздвига́ть; б) учрежда́ть; в) осно́вывать, открыва́ть (*дело, предприятие и т. п.*); г) возвы́сить(ся) (over — над *кем-л.*); д) вызыва́ть (*что-л.*); причиня́ть (*боль и т. п.*); е) снабжа́ть, обеспе́чивать (in, with — *чем-л.*); ж) поднима́ть (*шум*); з) выдвига́ть (*теорию*); и) восстана́вливать си́лы, оживля́ть; к) *полигр.* набира́ть; л) тренирова́ть; физи́чески развива́ть; ~ **up for** выдава́ть себя́ за *кого-л.*; he ~s up for a scholar он претенду́ет на учёность; ~ **upon** = ~ on; ~ **with** усыпа́ть (*блёстками, цветами и т. п.*) ◊ to ~ oneself against (a proposal, *etc.*) реши́тельно воспроти́виться (приня́тию предложе́ния *и т. п.*); to ~ on foot пусти́ть в ход, нача́ть, организова́ть; to ~ smb. on his feet поста́вить кого́-л. на́ ноги; помо́чь кому́-л. в дела́х; to ~ one's mind on smth. стра́стно жела́ть чего́-л.; стреми́ться к чему́-л.; to ~ one's hopes on smb., smth. возлага́ть наде́жды на кого́-л., что-л.; to ~ one's life on a chance рискова́ть жи́знью; to ~ much by smth. (высоко́) цени́ть что-л.; to ~ little by smth. быть невысо́кого мне́ния о чём-л.; this man will never ~ the Thames on fire ≅ э́тот челове́к по́роха не вы́думает; to ~ eyes on уви́деть

**seta** [ˈsi:tə] *n* (*pl* -tae) *бот., зоол.* щети́н(к)а

**setaceous** [si(:)ˈteɪʃəs] *a бот., зоол.* щети́нистый

**setae** [ˈsi:ti:] *pl от* seta

**set-back** [ˈsetbæk] *n* 1) заде́ржка (*развития и т. п.*); регре́сс; препя́тствие 2) неуда́ча; to suffer a ~ потерпе́ть неуда́чу

**set-down** [ˈsetˈdaun] *n* 1) отпо́р; ре́зкий отка́з 2) упрёк; вы́говор

**set-off** [ˈsetˈɔf] *n* 1) украше́ние 2) контра́ст; противопоставле́ние, противове́с 3) *стр.* усту́п, вы́ступ

**setose** [ˈsi:təus] = setaceous

**set-out** [ˈsetˈaut] *n* 1) нача́ло; at the first ~ в са́мом нача́ле 2) вы́ставка; витри́на 3) накры́тый стол; заку́ска «а-ля́ фурше́т» 4) приём госте́й

**set square** [ˈsetskweə] *n* уго́льник

**sett** [set] *n* брусча́тка, ка́менная ша́шка

**settee** [seˈti:] *n* дива́н

**setter** [ˈsetə] *n* 1) се́ттер (*собака*) 2) разво́дка (*для пилы*) 3) механи́зм для устано́вки 4) устано́вщик

**setting** [ˈsetɪŋ] **1.** *pres. p. от* set I, 3

**2.** *n* 1) окружа́ющая обстано́вка, окруже́ние 2) декора́ции и костю́мы; худо́жественное оформле́ние (*спектакля*) 3) опра́ва (*камня*) 4) му́зыка на слова́ (*стихотворения*) 5) сочине́ние му́зыки на слова́ (*стихотворения*) 6) захо́д (*солнца*) 7) кла́дка (*каменная*) 8) сгуще́ние, затвердева́ние, застыва́ние; схва́тывание (*цемента*) 9) регули́рование, устано́вка; пуск в ход 10) *стр.* оса́дка, оседа́ние фунда́мента

**setting-rule** [ˈsetɪŋru:l] *n полигр.* набо́рная лине́йка

**setting-stick** [ˈsetɪŋstɪk] *n полигр.* верста́тка

**setting-up** [ˈsetɪŋˈʌp] *n тех.* сбо́рка, монта́ж

**settle** I [ˈsetl] *n* скамья́(-ларь)

**settle** II [ˈsetl] *v* 1) посели́ть(ся), водвори́ть(ся), обоснова́ться (*тж.* ~ down) 2) регули́ровать(ся); приводи́ть(ся) в поря́док; ула́живать(ся); устана́вливать(ся); to ~ one's affairs а) устро́ить свои́ дела́; б) соста́вить завеща́ние; things will soon ~ into shape положе́ние ско́ро определи́тся 3) успока́ивать(ся) (*тж.* ~ down); to ~ (one's) nerves успока́иваться 4) уса́живать(ся); укла́дывать(ся); устра́ивать(ся); to ~ oneself in the arm-chair усе́сться в кре́сло; to ~ an invalid among the pillows усади́ть больно́го в поду́шках 5) бра́ться за определённое де́ло (*часто* ~ down) 6) реша́ть, назнача́ть, определя́ть; приходи́ть *или* приводи́ть к реше́нию; to ~ smb.'s doubts разреши́ть чьи-л. сомне́ния; that ~s the matter (*или* the question) вопро́с исче́рпан; to ~ the day определи́ть срок, назна́чить день 7) заселя́ть, колонизи́ровать 8) отста́иваться; осажда́ться, дава́ть оса́док 9) оседа́ть; опуска́ться ко дну; сади́ться; the dust ~ed on everything всё покры́лось пы́лью 10) дава́ть отсто́яться; очища́ть от му́ти 11) разде́лываться; to ~ smb.'s hash разде́латься с кем-л., уби́ть кого́-л.; погуби́ть кого́-л. 12) опла́чивать (счёт); распла́чиваться; to ~ an old score свести́ ста́рые счёты 13) *юр.* закрепля́ть (*за кем-л.*); завеща́ть; to ~ an annuity on smb. назна́чить ежего́дную ре́нту кому́-л. □ ~ **down** а) посели́ть(ся), обоснова́ться; б) успоко́иться; остепени́ться; угомони́ться; в) устро́иться, привы́кнуть к окружа́ющей обстано́вке; to ~ down to married life обзавести́сь семьёй; г) приступа́ть (*к чему-л.*); бра́ться (*за что-л.*); the boy couldn't ~ down to his homework ма́льчик ника́к не мог сесть за уро́ки; ~ **in** всели́ть(-ся)

**settled** [ˈsetld] **1.** *p. p. от* settle II

**2.** *a* 1) усто́йчивый 2) твёрдый, определённый; a man of ~ convictions челове́к твёрдых убежде́ний

3) постоя́нный; ~ melancholy постоя́нная грусть 4) осе́длый 5) споко́йный, уравнове́шенный

**settlement** [ˈsetlmənt] *n* 1) поселе́ние, коло́ния 2) заселе́ние, колониза́ция 3) *ист.* се́ттльмент (*европейский квартал в некоторых городах стран Востока*) 4) упла́та, расчёт 5) оса́дка (*грунта*); оседа́ние 6) урегули́рование; реше́ние; to tear up the ~ порва́ть (*или* нару́шить) соглаше́ние 7) да́рственная за́пись; Act of S. зако́н о престолонасле́дии в А́нглии (*1701 г.*) 8) небольшо́й посёлок, гру́ппа домо́в

**settler** [ˈsetlə] *n* 1) поселе́нец 2) *sl.* реша́ющий до́вод; реша́ющий уда́р 3) *тех.* отсто́йник; сепара́тор

**settling** [ˈsetlɪŋ] **1.** *pres. p. от* settle II

**2.** *n* 1) (*обыкн. pl*) оса́док, отсто́й; налёт 2) стабилиза́ция

**settling-day** [ˈsetlɪŋˈdeɪ] *n* расчётный день (*на бирже*)

**set-to** [ˈsetˈtu:] *n* (*pl* -tos, -to's [-tu:z]) *разг.* 1) кула́чный бой; схва́тка 2) шу́мная ссо́ра

**set-up** [ˈsetʌp] **1.** *n* 1) оса́нка; конститу́ция 2) организа́ция, устро́йство; систе́ма, структу́ра 3) *разг.* положе́ние, ситуа́ция 4) *разг.* соревнова́ние, рассчи́танное на лёгкую побе́ду 5) план, прое́кт

**2.** *a* 1) сложённый (*о человеке*); a well ~ figure стро́йная фигу́ра 2) весёлый; навеселе́

**seven** [ˈsevn] **1.** *num. card.* семь

**2.** *n* 1) семёрка 2) *pl* седьмо́й но́мер (*размер перчаток и т. п.*)

**sevenfold** [ˈsevnfəuld] **1.** *a* семикра́тный

**2.** *adv* в семь раз (бо́льше)

**seven-league** [ˈsevnˈli:g] *a*: ~ steps *разг.* ≅ семими́льные шаги́

**seventeen** [ˈsevnˈti:n] *num. card.* семна́дцать

**seventeenth** [ˈsevnˈti:nθ] **1.** *num. ord.* семна́дцатый

**2.** *n* 1) семна́дцатая часть 2) (the ~) семна́дцатое число́

**seventh** [ˈsevnθ] **1.** *num. ord.* седьмо́й

**2.** *n* 1) седьма́я часть 2) (the ~) седьмо́е число́

**seventies** [ˈsevntɪz] *n pl* 1) (the ~) семидеся́тые го́ды 2) се́мьдесят лет; восьмо́й деся́ток (*возраст между 70 и 79 годами*)

**seventieth** [ˈsevntɪɪθ] **1.** *num. ord.* семидеся́тый

**2.** *n* семидеся́тая часть

**seventy** [ˈsevntɪ] **1.** *num. card.* се́мьдесят; ~-one се́мьдесят оди́н; ~-two се́мьдесят два *и т. д.*; he is over ~ ему́ за се́мьдесят

**2.** *n* се́мьдесят (*единиц, штук*)

**sever** [ˈsevə] *v* 1) разъединя́ть, отделя́ть, разлуча́ть; to ~ oneself from отдели́ться, отколо́ться от 2) рва́ть (-ся); перереза́ть; отруба́ть; отка́лывать 3) разрыва́ть, порыва́ть (*отношения*); to ~ a friendship порва́ть дру́жбу; to ~ diplomatic relations разорва́ть дипломати́ческие отноше́ния

**several** [ˈsevrəl] *a* **1.** 1) не́сколько; ~ people не́сколько челове́к 2) отде́льный, осо́бый, свой; they went their ~ ways ка́ждый из них пошёл свое́й доро́гой; each has his ~ ideal у ка́ждого свой идеа́л; collective and ~ responsibility солида́рная и ли́чная отве́тственность; the ~ members of the Board отде́льные чле́ны правле́ния

**2.** *как сущ.* не́сколько, не́которое коли́чество; ~ of you не́которые из вас

**severance** [ˈsevərəns] *n* 1) отделе́ние, разделе́ние, разры́в 2) *attr.*: ~ pay выходно́е посо́бие

**severe** [sɪˈvɪə] *a* 1) стро́гий, суро́вый; ~ punishment суро́вое наказа́ние; to be ~ with относи́ться со стро́гостью к; to be ~ upon критикова́ть, брани́ть 2) жесто́кий, тяжёлый (*о болезни, утрате и т. п.*); ~ loss кру́пный убы́ток 3) ре́зкий, си́льный; ~ storm си́льный шторм; ~ weather суро́вая пого́да; ~ headache си́льная головна́я боль; ~ competition жесто́кая конкуре́нция 4) стро́гий, просто́й, сжа́тый (*о стиле, манерах, одежде и т. п.*); ~ pattern незате́йливый узо́р 5) е́дкий, саркасти́ческий 6) тру́дный; ~ test тяжёлое испыта́ние

**severely** [sɪˈvɪəlɪ] *adv* стро́го *и пр.* [*см.* severe]; to leave (*или* to let) ~ alone оста́вить без внима́ния в знак неодобре́ния; *шутл.* оста́вить в поко́е (*что-л. трудное*)

**severity** [sɪˈverɪtɪ] *n* 1) стро́гость, суро́вость; жесто́кость 2) *pl* тру́дности, тя́готы (*испытаний и т. п.*)

**Sèvres** [seɪvr] *n* се́врский фарфо́р

**sew I** [səu] *v* (sewed [-d]; sewed, sewn) шить, сшива́ть, зашива́ть, пришива́ть □ ~ **down** пришива́ть; ~ **in** вшива́ть; to ~ in a patch наложи́ть запла́т(к)у; ~ **on** = ~ down; ~ **together** сшива́ть; ~ **up** а) зашива́ть; б) *разг.* по́лностью контроли́ровать ◇ ~ed up *sl.* пья́ный

**sew II** [sju:] *v* 1) спуска́ть (*воду*) 2): to be ~ed up *мор.* стоя́ть на мели́

**sewage** [ˈsju(:)ɪdʒ] *n* сто́чные во́ды; нечисто́ты

**sewage-farm** [ˈsju(:)ɪdʒfɑ:m] *n* поля́ ороше́ния

**sewer I** [ˈsəuə] *n* шве́ц; швея́

**sewer II** [ˈsjuə] **1.** *n* колле́ктор, канализацио́нная труба́; сто́чная труба́

**2.** *v* обеспе́чивать канализа́цией

**sewer III** [ˈsjuə] *n ист.* мажордо́м

**sewerage** [ˈsjuərɪdʒ] *n* канализа́ция

**sewing-cotton** [ˈsəuɪŋˌkɔtn] *n* бума́жная ни́тка

**sewing kit** [ˈsəuɪŋˈkɪt] *n воен.* набо́р принадле́жностей для почи́нки обмундирова́ния

**sewing-machine** [ˈsəuɪŋməˌʃi:n] *n* шве́йная маши́на

**sewing silk** [ˈsəuɪŋsɪlk] *n* кручёные шёлковые ни́тки

**sewn** [səun] *p. p. от* sew I

**sex** [seks] *n* 1) *биол.* пол; the weaker ~ сла́бый пол, же́нщины; the stronger (*или* stronger) ~ си́льный пол, мужчи́ны; the ~ *шутл.* же́нщины 2) секс 3) *attr.* полово́й, сексуа́льный; ~ instinct полово́й инсти́нкт; ~ intergrade гермафроди́т

**sexagenarian** [ˌseksədʒɪˈnɛərɪən] **1.** *a* шестидесятиле́тний (*в возрасте между 59 и 70 годами*)

**2.** *n* челове́к в во́зрасте ме́жду 59 и 70 года́ми

**sexagenary** [sekˈsædʒɪnərɪ] **1.** *a* 1) относя́щийся к шести́десяти; образу́ющий шестьдеся́т; ~ cycle шестидесятиле́тний *или* шестидесятидне́вный пери́од 2) = saxagenarian 1

**2.** *n* = sexagenarian 2

**sexagesimal** [ˌseksəˈdʒesɪməl] **1.** *a* шестидеся́тый

**2.** *n* шестидеся́тая часть

**sex appeal** [ˈseksəˌpi:l] *n* физи́ческая, сексуа́льная привлека́тельность (*обыкн. женщины*)

**sexennial** [seksˈenjəl] *a* шестиле́тний; происходя́щий ка́ждые шесть лет

**sexiness** [ˈseksɪnɪs] *n* чу́вственность; сексуа́льность

**sexless** [ˈsekslɪs] *a* 1) беспо́лый 2) холо́дный в сексуа́льном отноше́нии

**sexology** [sekˈsɔlədʒɪ] *n* сексоло́гия

**sextain** [ˈsekstein] *n прос.* строфа́ из шести́ строк

**sextan** [ˈsekstən] *мед.* **1.** *a* происходя́щий на шесто́й день; шестидне́вный

**2.** *n* шестидне́вная лихора́дка

**sextant** [ˈsekstənt] *n* 1) секста́нт 2) шестая часть окру́жности

**sextet(te)** [seksˈtet] *n муз.* сексте́т

**sexto** [ˈsekstəu] *n* (pl -os [-əuz]) форма́т кни́ги в $^1/_6$ до́лю листа́

**sextodecimo** [ˈsekstəuˈdesɪməu] *n* (*pl* -os [-əuz]) форма́т кни́ги в $^1/_{16}$ до́лю листа́

**sexton** [ˈsekstən] *n* церко́вный сто́рож; понома́рь; моги́льщик

**sextuple** [ˈsekstjupl] *a* шестикра́тный

**sexual** [ˈseksjuəl] *a* полово́й, сексуа́льный

**sexy** [ˈseksɪ] *a разг.* сексуа́льный, чу́вственный, эроти́ческий

**Seym** [seɪm] *польск. n* сейм

**sgraffito** [zgrɑ:ˈfi:təu] *ит. n архит.* сграффи́то

**shabby** [ˈʃæbɪ] *a* 1) потёртый, потрёпанный, поно́шенный 2) обноси́вшийся 3) запу́щенный, захуда́лый, убо́гий (*о доме и т. п.*) 4) жа́лкий, ничто́жный 5) ни́зкий, по́длый; ~ treatment гну́сное обраще́ние

**shabby-genteel** [ˈʃæbɪdʒenˌti:l] *a* стара́ющийся замаскирова́ть бе́дность

**shabrack** [ˈʃæbræk] *n* чепра́к

**shack I** [ʃæk] *n* 1) лачу́га, хи́жина 2) бу́дка

**shack II** [ʃæk] *v sl.* 1) жить, прожива́ть (*тж.* ~ up) 2) жить, сожи́тельствовать (*с кем-л.*)

**shackle** [ˈʃækl] **1.** *n* 1) (*обыкн. pl*) кандалы́ 2) *pl* око́вы, у́зы 3) *тех.* хому́т(ик); соедини́тельная скоба́

**2.** *v* 1) зако́вывать в кандалы́ 2) меша́ть, стесня́ть, ско́вывать 3) сцепля́ть, соединя́ть

**shad** [ʃæd] *n* шэд (*западноевропейская сельдь*)

**shadberry** [ˈsædbərɪ] *n бот.* ирга́

**shaddock** [ˈʃædək] *n бот.* помпе́льмус

**shade** [ʃeɪd] **1.** *n* 1) тень; полумра́к; light and ~ *жив.* свет и те́ни (*тж. перен.*); to throw (*или* to cast, to put) into the ~ затмева́ть 2) тень, намёк; отте́нок, нюа́нс; незначи́тельное отли́чие; silks in all ~s of blue шёлковые ни́тки всех отте́нков си́него цве́та; people of all ~s of opinion лю́ди са́мых ра́зных убежде́ний; there is not a ~ of doubt нет и те́ни сомне́ния 3) незначи́тельное коли́чество; a ~ better чуть-чу́ть лу́чше 4) *миф., поэт.* беспло́тный дух; тень уме́ршего; among the ~s в ца́рстве тене́й 5) экра́н, щит; абажу́р; стекля́нный колпа́к 6) марки́за, полотня́ный наве́с над витри́ной магази́на 7) *амер.* што́ра 8) защи́тное стекло́ (*на опт. приборе*); бле́нда 9) тень, прохла́да; in the ~ of a tree в тени́ де́рева

**2.** *v* 1) заслоня́ть от све́та; затеня́ть 2) омрача́ть; затума́нивать 3) штрихова́ть, тушева́ть 4) незаме́тно переходи́ть (into — в *другой цвет*); незаме́тно исчеза́ть (*обыкн.* ~ away, ~ off); смягча́ть (*обыкн.* ~ away, ~ down) 5) *амер.* слегка́ понижа́ть (*цену*)

**shadoof** [ʃəˈduːf] *араб. n* жура́вль (*у колодца*)

**shadow** [ˈʃædəu] **1.** *n* 1) тень; to cast a ~ отбра́сывать *или* броса́ть тень; to be afraid of one's own ~ боя́ться со́бственной те́ни; to live in the ~ остава́ться в тени́; the ~s of evening ночны́е те́ни 2) тень, полумра́к; her face was in deep ~ лицо́ её скрыва́лось в глубо́кой тени́; to sit in the ~ сиде́ть в полумра́ке, не зажига́ть огня́ 3) постоя́нный спу́тник; he is his mother's ~ он как тень хо́дит за ма́терью 4) при́зрак; to catch at ~s гоня́ться за при́зраками, мечта́ть о несбы́точном; a ~ of death при́зрак сме́рти; he is a mere ~ of his former self от него́ оста́лась одна́ тень 5) тень, намёк; there is not a ~ of doubt нет ни мале́йшего сомне́ния 6) сень, защи́та 7) шпик ◇ the ~ of a shade не́что соверше́нно нереа́льное

**2.** *v* 1) *поэт.* осеня́ть, затеня́ть 2) излага́ть тума́нно *или* аллегори́чески (*обыкн.* ~ forth, ~ out) 3) следова́ть по пята́м; та́йно следи́ть 4) омрача́ть 5) предвеща́ть, предска́зывать (*тж.* ~ forth)

**shadow-boxing** [ˈʃædəuˌbɔksɪŋ] *n* 1) *спорт.* трениро́вочный бой с вообража́емым проти́вником (*в боксе*) 2) показна́я борьба́, ви́димость борьбы́

**shadow cabinet** [ˈʃædəuˈkæbɪnɪt] *n полит.* «теново́й кабине́т» (*состав кабинета министров, намечаемый лидерами оппозиции*)

**shadow factory** [ˈʃædəuˈfæktərɪ] *n* предприя́тие, кото́рое легко́ мо́жет перейти́ с ми́рного произво́дства на вое́нное

**shadowgraph** [ˈʃædəugrɑːf] *n* 1) рентге́новский сни́мок 2) теа́тр тене́й 3) силуэ́т, фигу́ра, образо́ванные те́нью на освещённом экра́не

**shadow pantomime** [ˈʃædəuˈpæntəmaɪm] *n театр.* представле́ние теа́тра тене́й (*тж.* shadow play)

**shadowy** [ˈʃædəuɪ] *a* 1) при́зрачный 2) сму́тный, нея́сный; ~ past тума́нное про́шлое 3) тени́стый, тёмный 4) мра́чный

**shady** [ˈʃeɪdɪ] *a* 1) тени́стый 2) сомни́тельный; ~ transaction тёмное де́ло 3) плохо́й; ~ egg несве́жее яйцо́ ◇ on the ~ side of forty (fifty, *etc.*) за со́рок (за пятьдеся́т *и т. д.*) лет

**shaft** [ʃɑːft] *n* 1) дре́вко (*копья*) 2) *поэт.* копьё; стрела́ (*тж. перен.*); ~s of satire стре́лы сати́ры 3) ру́чка, рукоя́тка; черено́к 4) луч (*света*) 5) вспы́шка мо́лнии 6) ствол, сте́бель 7) коло́нна; сте́ржень коло́нны; столб 8) шпиль 9) ды́шло, огло́бля 10) печна́я труба́ 11) *горн.* ша́хта, ствол ша́хты 12) *тех.* вал, ось, шпи́ндель

**shaft furnace** [ˈʃɑːftˈfəːnɪs] *n тех.* ша́хтная печь

**shaft-horse** [ˈʃɑːfthɔːs] *n* коренна́я ло́шадь, коренни́к

**shafting** [ˈʃɑːftɪŋ] *n тех.* трансмиссио́нная переда́ча

**shag I** [ʃæg] *n* таба́к ни́зшего со́рта; махо́рка

**shag II** [ʃæg] *n зоол.* баклáн хохла́тый *или* длинноно́сый

**shaggy** [ˈʃægɪ] *a* 1) косма́тый, лохма́тый; волоса́тый; ~ eyebrows мохна́тые бро́ви 2) ворси́стый, с начёсом 3) шерша́вый, шерохова́тый 4) *перен.* неопря́тный; гру́бый, неотёсанный

**shaggy-dog story** [ˈʃægɪˈdɔgˌstɔːrɪ] *n sl.* 1) дли́нный и ску́чный анекдо́т (*весь юмор которого заключается в его нелепости*) 2) анекдо́т, де́йствующими ли́цами кото́рого явля́ются живо́тные

**shagreen** [ʃæˈgriːn] *n* шагре́нь

**shah** [ʃɑː] *перс. n* шах

**shake** [ʃeɪk] **1.** *n* 1) встря́ска; to give smth. a good ~ хороше́нько встряхну́ть что-л.; with a ~ of the head покача́в голово́й 2) *разг.* потрясе́ние, шок 3) = earthquake 4) дрожь; дрожа́ние; вибра́ция; all of a ~ дрожа́ 5): the ~s *разг.* а) лихора́дка, озно́б; б) страх; to give smb. the ~s нагна́ть на кого́-л. стра́ху 6) тре́щина, щель 7) *разг.* мгнове́ние; in a brace of ~s, in two ~s в оди́н миг 8) морозо́бина 9) *муз* трель ◇ no great ~s нева́жный, нестоя́щий

**2.** *v* (shook; shaken) 1) трясти́(сь); встря́хивать; сотряса́ть(ся); кача́ть (-ся); to ~ hands пожа́ть друг дру́гу ру́ки; обменя́ться рукопожа́тием; to ~ smb. by the hand пожа́ть кому́-л. ру́ку; to ~ oneself free from smth. стряхну́ть с себя́ что-л.; to ~ one's head покача́ть голово́й (*в знак неодобрения или отрицания*; at, over); to ~ one's sides трясти́сь от сме́ха; to ~ dice встря́хивать ко́сти в руке́ (*перед тем, как бросить*) 2) дрожа́ть; to ~ with fear (cold) дрожа́ть от стра́ха (хо́лода) 3) потряса́ть, волнова́ть 4) поколеба́ть, осла́бить □ ~ **down** а) стря́хивать (*плоды с дерева*); б) разруша́ть (*дом*); в) постила́ть (*на полу — солому, одеяло и т. п.*); г) утряса́ть(ся); д) осво́иться; сжи́ться; е) вымога́ть (де́ньги); заста́вить раскоше́литься; ~ **off** а) стря́хивать (*пыль*); to ~ off the dust from one's feet отрясти́ прах от ног свои́х; б) избавля́ться; to ~ off a bad habit избáвиться от дурно́й привы́чки; ~ **out** а) вытря́хивать; to ~ smth. out of one's head вы́бросить что-л. из головы́; отмахну́ться от неприя́тной мы́сли о чём-л.; б) развёртывать (*парус, флаг*); в): to ~ out into a fighting formation *воен.* разверну́ться в боево́й поря́док; ~ **up** а) встря́хивать; взба́лтывать; б) *перен.* расшевели́ть; в) раздража́ть ◇ to ~ in one's shoes дрожа́ть от стра́ха; to ~ a leg *разг.* а) танцева́ть; б) торопи́ться; ~ a leg! живе́й!, живе́й повора́чивайся!; to ~ the plum-tree *амер. разг.* предоставля́ть госуда́рственные до́лжности за полити́ческие услу́ги

**shakedown** [ˈʃeɪkdaun] *n* 1) импровизи́рованная посте́ль (*из соломы и т. п.*) 2) *амер.* вымога́ние (*денег*) 3) *attr. мор.*: ~ cruise пе́рвый рейс, про́бное пла́вание

**shaken** [ˈʃeɪkən] *p. p. от* shake 2

**shaker** [ˈʃeɪkə] *n* 1) (S.) ше́кер (*член американской религиозной секты*) 2) *тех.* вибрацио́нный гро́хот 3) ше́йкер, сосу́д для приготовле́ния кокте́йля

**Shakespearian** [ʃeɪksˈpɪərɪən] *a* шекспи́ровский; ~ scholar шекспирове́д

**shake-up** [ˈʃeɪkˈʌp] *n* 1) встря́ска 2) перемеще́ние должностны́х лиц

**shako** [ˈʃækəu] *n* (*pl* -os [-əuz]) *воен.* ки́вер

**shaky** [ˈʃeɪkɪ] *a* 1) ша́ткий, нетвёрдый; to feel ~ чу́вствовать себя́ пло́хо, неуве́ренно; to be ~ on one's pins нетвёрдо держа́ться на нога́х 2) трясу́щийся; дрожа́щий, вибри́рующий 3) тря́ский 4) ненадёжный; сомни́тельный 5) тре́снувший, растре́скавшийся (*о дереве*)

**shale** [ʃeɪl] *n мин.* (гли́нистый) сла́нец, сланцева́тая гли́на

**shale-oil** [ˈʃeɪlˈɔɪl] *n* сла́нцевый дёготь

**shall** [ʃæl (*полная форма*); ʃəl, ʃl (*редуцированные формы*)] *v* (should) 1) *вспомогательный глагол; служит для образования будущего времени в 1 л. ед. и мн. ч.*: I ~ go я пойду́ 2) *модальный глагол; выражает решимость, приказание, обещание, угрозу во 2 и 3 л. ед. и мн. ч.*: you ~ not catch me again я вам не дам себя́ пойма́ть сно́ва; he ~ be told about it ему́ непреме́нно ска́жут об э́том; they ~ not pass! они́ не пройду́т!; you ~ pay for this! ты за э́то запла́тишь!

**shalloon** [ʃəˈluːn] *n* лёгкая камво́льная са́ржа «шаллу́н»

**shallop** [ˈʃæləp] *n* 1) шлюп, я́лик 2) *поэт.* ло́дка, ладья́

**shallot** [ʃə'lɔt] *n бот.* шало́т (*лук*)
**shallow** ['ʃæləu] **1.** *a* 1) ме́лкий; ~ draft *мор.* небольша́я оса́дка 2) пове́рхностный, пусто́й; ~ mind пове́рхностный, неглубо́кий ум
**2.** *n* ме́лкое ме́сто, мель; о́тмель
**3.** *v* 1) меле́ть 2) уменьша́ть глубину́
**shalt** [ʃælt] *уст. 2-е л. ед. ч. настоящего времени гл.* shall
**sham** [ʃæm] **1.** *n* 1) притво́рство 2) обма́н, моше́нничество 3) подде́лка 4) притво́рщик, симуля́нт 5) обма́нщик; моше́нник
**2.** *a* 1) притво́рный 2) подде́льный, фальши́вый; ~ diamond подде́льный брилья́нт 3) бутафо́рский; ~ battle *амер.* показно́й, уче́бный бой 4) притворя́ющийся, прики́дывающийся; ~ doctor врач-шарлата́н
**3.** *v* притворя́ться, прики́дываться, симули́ровать; to ~ illness притворя́ться больны́м; he ~med dead (*или* death) он притвори́лся мёртвым ◇ to ~ Abraham притворя́ться больны́м, симули́ровать
**shaman** ['ʃæmən] *n* шама́н
**shamble** ['ʃæmbl] **1.** *n* неуклю́жая похо́дка
**2.** *v* волочи́ть но́ги, тащи́ться
**shambles** ['ʃæmblz] *n* (*употр. с гл. в ед. ч.*) 1) бо́йня 2) разруше́ния, руи́ны; to turn cities into ~ преврати́ть города́ в руи́ны 3) *разг.* каварда́к
**shame** [ʃeɪm] **1.** *n* 1) стыд; ~!, for ~!, fie, for ~! сты́дно!; ~ on you! как вам не сты́дно!; to think ~ to do smth. постыди́ться сде́лать что-л. 2) позо́р; to put to ~ посрами́ть; to bring to ~ опозо́рить; to bring ~ to (*или* on, upon) smb. покры́ть позо́ром кого́-л. 3) доса́да; неприя́тность; it is a ~ he is so clumsy жаль, что он так нело́вок; what a ~ you can't come earlier кака́я доса́да, что вы не мо́жете прийти́ пора́ньше
**2.** *v* 1) стыди́ть; пристыди́ть; to ~ a man into apologizing пристыди́ть челове́ка и заста́вить его́ извини́ться 2) посрами́ть; позо́рить ◇ to tell (*или* to say) the truth and ~ the devil сказа́ть всю пра́вду
**shamefaced** ['ʃeɪmfeɪst] *a* 1) засте́нчивый, ро́бкий, стыдли́вый 2) *поэт.* скро́мный, незаме́тный (*о цветке и т. п.*)
**shameful** ['ʃeɪmful] *a* позо́рный; сканда́льный
**shameless** ['ʃeɪmlɪs] *a* бессты́дный; ~ liar на́глый лжец
**shammer** ['ʃæmə] *n* притво́рщик, симуля́нт
**shammy** ['ʃæmɪ] *n* за́мша
**shammy-leather** ['ʃæmɪˌleðə] = shammy
**shampoo** [ʃæm'pu:] **1.** *n* 1) шампу́нь 2) мытьё головы́
**2.** *v* (shampooed [-d], shampoo'd [-d]) 1) мыть (*голову*) 2) *уст.* масси́ровать
**shamrock** ['ʃæmrɔk] *n* 1) *бот.* кисли́ца обыкнове́нная 2) *бот.* кле́вер ползу́чий 3) трили́стник (*эмблема Ирландии*)
**shandrydan** ['ʃændrɪdæn] *n шутл.* ве́тхая колыма́га
**shandy(gaff)** ['ʃændɪ(gæf)] *n* смесь просто́го пи́ва с имби́рным *или* с лимона́дом
**shanghai** [ʃæŋ'haɪ] *v sl.* 1) опои́в, отпра́вить матро́сом в пла́вание 2) *амер.* доби́ться (*чего-л.*) нече́стным путём *или* принужде́нием
**Shangri-La** ['ʃæŋgri(:)'lɑ:] *n* 1) ра́йский уголо́к 2) *амер.* секре́тная вое́нно-возду́шная ба́за 3) *амер.* засекре́ченный райо́н
**shank** [ʃæŋk] **1.** *n* 1) го́лень 2) нога́ 3) плюсна́ 4) у́зкая часть подо́швы ме́жду каблуко́м и стопо́й 5) сте́ржень; ствол 6) черено́к, хвостови́к (*инструмента*) 7) тру́бка (*ключа*) 8) веретено́ (*якоря*) 9) но́жка (*литеры*) 10) *амер. разг.* оста́ток; оста́вшаяся часть; the ~ of the evening коне́ц ве́чера ◇ on Shanks's mare (*или* pony) на свои́х на двои́х, пешко́м
**2.** *v* опада́ть (*обыкн.* ~ off)
**shan't** [ʃɑ:nt] *сокр. разг.* = shall not
**shantung** [ʃæn'tʌŋ] *n текст.* род чесучи́
**shanty** I ['ʃæntɪ] *n* хиба́рка, лачу́га
**shanty** II ['ʃæntɪ] *n* хорова́я рабо́чая пе́сня матро́сов
**shape** [ʃeɪp] **1.** *n* 1) фо́рма, очерта́ние; вид; о́браз; in the ~ of smth. в фо́рме чего́-л.; a reward in the ~ of a sum of money награ́да в ви́де су́ммы де́нег; spherical in ~ сфери́ческий по фо́рме; in no ~ or form а) ни в како́м ви́де; б) нико́им о́бразом 2) определённая, необходи́мая фо́рма; поря́док; to get one's ideas into ~ привести́ в поря́док свои́ мы́сли; to put into ~ а) придава́ть фо́рму; б) приводи́ть в поря́док; to take ~ приня́ть определённую фо́рму, воплоти́ться 3) при́зрак 4) *разг.* состоя́ние, положе́ние; in bad ~ в плохо́м состоя́нии; to be in good (bad) ~ быть в хоро́шей (плохо́й) спорти́вной фо́рме; to keep oneself in ~ сохраня́ть хоро́шую фо́рму 5) образе́ц, моде́ль, шабло́н 6) фо́рма (*для торта, желе и т. п.*) 7) фигу́ра
**2.** *v* 1) создава́ть, де́лать (*из чего-л.*) 2) придава́ть фо́рму, формирова́ть; де́лать по како́му-л. образцу́; to ~ into a ball придава́ть фо́рму ша́ра; to ~ one's course устана́вливать курс; брать курс 3) принима́ть фо́рму, вид; получа́ться; to ~ well скла́дываться уда́чно 4) приспоса́бливать (to) 5) *уст.* крои́ть
**shaped** [ʃeɪpt] **1.** *p. p. от* shape 2
**2.** *a* име́ющий определённую фо́рму; ~ like a pear грушеви́дный
**-shaped** [-ʃeɪpt] *в сложных словах означает* име́ющий *такую-то* фо́рму; *напр.*: cone-shaped конусообра́зный
**shapeless** ['ʃeɪplɪs] *a* бесфо́рменный
**shapely** ['ʃeɪplɪ] *a* хорошо́ сложённый; стро́йный; прия́тной фо́рмы; a ~ pair of legs краси́вые но́ги
**shapen** ['ʃeɪpən] *уст. p. p. от* shape 2
**shaping** ['ʃeɪpɪŋ] **1.** *pres. p. от* shape 2
**2.** *n* 1) прида́ние фо́рмы; 2) *тех.* фасони́рование
**shaping-machine** ['ʃeɪpɪŋməˌʃi:n] *n* попере́чно-строга́льный стано́к, ше́пинг
**shard** [ʃɑ:d] *n* надкры́лье (*жука*)
**share** I [ʃɛə] **1.** *n* 1) до́ля, часть; he has a large ~ of self-esteem у него́ о́чень ра́звито чу́вство со́бственного досто́инства; to go ~s in smth. with smb. дели́ться чем-л. с кем-л. по́ровну 2) уча́стие; he does more than his ~ of the work он де́лает бо́льше, чем до́лжен (*или* чем от него́ тре́буется) 3) а́кция; пай; on ~s на пая́х; preferred ~s привилегиро́ванные а́кции ◇ ~ and ~ alike на ра́вных права́х; ~s! чур, по́ровну!
**2.** *v* 1) дели́ть(ся), распределя́ть (*тж.* ~ out); to ~ money among five men подели́ть де́ньги на пять челове́к; they ~d the secret они́ бы́ли посвящены́ в э́ту та́йну; he would ~ his last penny with me он подели́лся бы со мной после́дним пе́нсом; to ~ a room with smb. жить в одно́й ко́мнате с кем-л. 2) уча́ствовать; быть па́йщиком (*тж.* ~ in); to ~ profits уча́ствовать в при́былях 3) разделя́ть (*мнение, вкусы и т. п.*)
**share** II [ʃɛə] *n* ле́мех, сошни́к (*плуга*)
**share bone** ['ʃɛəbəun] *n анат.* лобко́вая кость
**sharecropper** ['ʃɛəˌkrɔpə] *n амер.* испо́льщик; издо́льщик
**shareholder** ['ʃɛəˌhəuldə] *n* акционе́р; па́йщик
**share-list** ['ʃɛəlɪst] *n* 1) фо́ндовая курсова́я табли́ца 2) спи́сок а́кций
**share-out** ['ʃɛəraut] *n* распределе́ние дохо́да
**sharepusher** ['ʃɛəˌpuʃə] *n разг.* ма́клер, занима́ющийся распростране́нием ненадёжных а́кций
**shark** [ʃɑ:k] **1.** *n* 1) аку́ла 2) вымога́тель; моше́нник; шу́лер 3) *амер. sl.* блестя́щий знато́к (*чего-л.*)
**2.** *v* 1) пожира́ть 2) моше́нничать; вымога́ть
**shark-oil** ['ʃɑ:k'ɔɪl] *n* аку́лий жир
**sharkskin** ['ʃɑ:kskɪn] *n* 1) аку́лья ко́жа 2) гла́дкая блестя́щая ткань (*обыкн. синтетическая*)
**sharp** [ʃɑ:p] **1.** *a* 1) о́стрый; остроконе́чный, отто́ченный 2) определённый, отчётливый (*о различии, очертании и т. п.*) 3) круто́й, ре́зкий (*о повороте, подъёме и т. п.*) 4) е́дкий, о́стрый (*о вкусе*) 5) ре́зкий (*о боли, звуке, ветре*); пронзи́тельный; ~ frost си́льный моро́з 6) о́стрый, то́нкий (*о зрении, слухе и т. п.*) 7) ко́лкий (*о замечаниях, словах*); раздражи́тельный (*о характере*); to have ~ words with smb. кру́пно поговори́ть с кем-л. 8) жесто́кий (*о борьбе*) 9) о́стрый, проница́тельный, наблюда́тельный 10) продувно́й, хи́трый; недобросо́вестный; he was too ~ for me он меня́ перехитри́л; ~ practice моше́нничество 11) бы́стрый, энерги́чный; ~ work горя́чая рабо́та 12) *муз.* повы-

шенный на полтóна; диéзный ◇ as ~ as a needle óчень ýмный, проницáтельный

**2.** *n* 1) рéзкий, пронзи́тельный звук 2) *муз.* диéз 3) дли́нная тóнкая швéйная иглá 4) *разг.* жýлик 5) *шутл.* знатóк 6) *pl с.-х.* вы́севки, мéлкие óтруби

**3.** *adv* 1) тóчно, рóвно; at six o'clock ~ рóвно в 6 часóв 2) крýто; to turn ~ round крýто повернýться 3) *муз.* в сли́шком высóком тóне ◇ look ~! а) живéй!; б) смотри́(те) в óба!

**4.** *v* 1) плутовáть 2) *муз.* стáвить диéз

**sharp-cut** [ˈʃɑːpˈkʌt] *a* 1) оттóченный, óстрый 2) отчётливый, оттóченный, чёткий, определённый (*о выражении, формулировке*)

**sharpen** [ˈʃɑːpən] *v* 1) точи́ть, заостря́ть 2) обостря́ть

**sharper** [ˈʃɑːpə] *n* шýлер, жýлик

**sharp-eyed** [ˈʃɑːpˈaɪd] *a* обладáющий óстрым зрéнием

**sharp-set** [ˈʃɑːpˈset] *a* 1) óчень голóдный 2) жáдный, пáдкий (*на что-л.*) 3) располóженный под óстрым углóм

**sharp-shooter** [ˈʃɑːpˌʃuːtə] *n* мéткий стрелóк, снáйпер

**sharp-witted** [ˈʃɑːpˈwɪtɪd] *a* 1) ýмный, сообрази́тельный 2) остроýмный

**sharpy** [ˈʃɑːpɪ] *n* 1) остронóсая плоскодóнная шлю́пка 2) шýлер, мошéнник

**shatter** [ˈʃætə] **1.** *v* 1) разби́ть(ся) вдрéбезги; раздроби́ть 2) расстрáивать (*здоровье*); разрушáть (*надежды*); to ~ confidence подорвáть довéрие

**2.** *n* облóмок, оскóлок; to be in ~s быть разби́тым вдрéбезги

**shatter-brain** [ˈʃætəbreɪn] = scatter-brain

**shave** [ʃeɪv] **1.** *n* 1) бритьё; to have a ~ побри́ться; to get a close ~ чи́сто вы́бриться 2): near (*или* narrow) ~ опáсность, котóрую с трудóм удалóсь избежáть; he had a close ~ of it, he missed it by a close ~ он был на волосóк от э́того; we won by a close ~ мы чуть не проигрáли 3) *разг.* обмáн, мистификáция 4) стрýжка; щепá

**2.** *v* (shaved [-d]; shaved, shaven) 1) бри́ть(ся) 2) строгáть; скобли́ть 3) срезáть, стричь; коси́ть 4) почти́ *или* слегкá задéть; we managed to ~ past нам удалóсь проскользнýть, не задéв 5) *разг.* обирáть 6) *амер.* сни́зить (*цену*)

**shaveling** [ˈʃeɪvlɪŋ] *n* 1) *уст.* «бри́тый» (*пренебрежительное прозвище католических монахов*) 2) ю́ноша, юнéц

**shaven** [ˈʃeɪvn] *p. p. от* shave 2

**shaver** [ˈʃeɪvə] *n* 1) бри́тва; electric ~ электри́ческая бри́тва 2) *разг.* юнéц, паренёк (*обыкн.* young ~)

**shavetail** [ˈʃeɪvteɪl] *n* 1) необъéзженный мул 2) *воен. sl.* (млáдший) лейтенáнт (*тж.* ~ lieutenant)

**Shavian** [ˈʃeɪvjən] **1.** *n* послéдовáтель, поклóнник Бернáрда Шóу

**2.** *a* в сти́ле, в манéре Шóу; имéющий отношéние к твóрчеству *или* ли́чности Бернáрда Шóу

**shaving** [ˈʃeɪvɪŋ] **1.** *pres. p. от* shave 2

**2.** *n* 1) бритьё 2) *pl* стрýжка 3) *тех.* шевинговáние (*зубчатых колёс*); обрéзка (*заусенцев*)

**shaving-brush** [ˈʃeɪvɪŋbrʌʃ] *n* ки́сточка для бритья́

**shaving-cream** [ˈʃeɪvɪŋkriːm] *n* крем для бритья́

**shawl** [ʃɔːl] **1.** *n* шаль, платóк

**2.** *v* надевáть платóк, укýтывать в шаль

**shawm** [ʃɔːm] *n* средневекóвый музыкáльный инструмéнт ти́па гобóя

**shay** [ʃeɪ] *n шутл., разг.* фаэтóн

**she** [ʃiː] **1.** *pron pers.* 1) онá (*о существе женского пола, тж. о некоторых неодушевлённых предметах при персонификации*; *косв. п.* her её *и т. п.*); *косв. п. употр. в разговорной речи как именит. п.*: that's her э́то онá 2) *поэт.* та (котóрая); ~ of the golden hair та с золоти́стыми волосáми

**2.** *n* жéнщина; the not impossible ~ бýдущая избрáнница

**she-** [ʃiː-] *в сложных словах означает самку животного*; *напр.*: she-goat козá; she-wolf волчи́ца

**shea** [ʃɪə] *n бот.* мáсляное дéрево (*тж.* shea tree)

**sheading** [ˈʃiːdɪŋ] *n* óкруг (*на о-ве Мэн*)

**sheaf** [ʃiːf] **1.** *n* (*pl* sheaves) 1) сноп; вязáнка 2) пáчка, свя́зка (*бумаг, денег*); пучóк 3) *воен.* сноп траектóрий; батарéйный вéер (*тж.* ~ of fire)

**2.** *v* вязáть в снопы́

**sheaf-binder** [ˈʃiːfˌbaɪndə] *n* сноповязáлка

**shear** [ʃɪə] **1.** *n* 1) *pl* нóжницы 2) стри́жка; a sheep of one ~ овцá-однолéтка 3) *тех.* сдвиг, срез; срéзывающая си́ла 4) *горн.* вертикáльный вруб (*в забое*) 5) *pl* = shear-legs 1)

**2.** *v* (sheared [-d], *уст.* shore; shorn, sheared) 1) стричь (*обыкн. овец*) 2) рéзать; срезáть 3) лишáть чегó-л. (of) 4) (*обыкн. p. p.*) обдирáть как ли́пку 5) *поэт.* рассекáть, руби́ть; the sword shore its way меч проложи́л себé дорóгу 6) *горн.* дéлать вертикáльный вруб

**-shear** [-ʃɪə] *в сложных словах означает* стри́женный *столько-то раз*; *напр.*: a two-shear ram двухлéтний барáн (*дважды стриженный*)

**shear-legs** [ˈʃɪəlegz] *n pl* 1) *мор.* врéменная стрелá 2) тренóга

**shearling** [ˈʃɪəlɪŋ] *n* барáшек пóсле пéрвой стри́жки

**sheat-fish** [ˈʃiːtfɪʃ] *n* сом

**sheath** [ʃiːθ; *pl* ʃiːðz] *n* 1) нóжны 2) футля́р 3) презервати́в 4) ýзкое, облегáющее фигýру плáтье 5) *анат.* оболóчка 6) *зоол.* надкры́лье 7) *тех.* обши́вка

**sheathe** [ʃiːð] *v* 1) вклáдывать в нóжны, в футля́р 2) заключáть в оболóчку, защищáть 3) *тех.* обшивáть

**sheave** I [ʃiːv] *n* 1) *тех.* шкив, рóлик 2) шпýля, катýшка 3) *с.-х.* кострá

**sheave** II [ʃiːv] = sheaf 2

**sheaves** [ʃiːvz] *pl от* sheaf 1

**shebang** [ʃɪˈbæŋ] *n амер. разг.* 1) лачýга, хибáрка 2) заведéние 3) дéло 4) вещь; приспособлéние

**shebeen** [ʃɪˈbiːn] *шотл., ирл. n* кабáк, где незакóнно торгýют спиртны́ми напи́тками

**shed** I [ʃed] *v* (shed) 1) роня́ть, теря́ть (*зубы, шерсть, волосы, листья*); сбрáсывать (*одежду, кожу*) 2) проливáть, лить (*слёзы, кровь*) 3) распространя́ть; излучáть (*свет, тепло и т. п.*)

**shed** II [ʃed] *n* 1) навéс, сарáй 2) ангáр; э́ллинг; гарáж; депó 3) *эл.* ю́бка (*изолятора*)

**sheen** [ʃiːn] **1.** *n* 1) блеск, сия́ние 2) блестя́щий, сверкáющий наря́д

**2.** *a поэт.* краси́вый; блестя́щий

**sheeny** [ˈʃiːnɪ] *a* блестя́щий, сия́ющий

**sheep** [ʃiːp] *n* (*pl без измен.*) 1) овцá, барáн; to follow like ~ слéпо слéдовать (*за кем-л.*) 2) рóбкий, застéнчивый человéк 3) (*обыкн. pl*) пáства (*часто шутл.*) 4) шеврó (*сорт кожи*) ◇ wolf in ~'s clothing волк в овéчьей шкýре; the black ~ (of a family) вы́родок (в семьé); to cast (*или* to make) ~'s eyes at smb. бросáть влюблённые взгля́ды на когó-л; as well be hanged for a ~ as (for) a lamb ≅ семь бед — оди́н отвéт

**sheep-cote** [ˈʃiːpkəut] = sheep-fold

**sheep-dog** [ˈʃiːpdɔg] *n* овчáрка

**sheep-faced** [ˈʃiːpfeɪst] *a* рóбкий, застéнчивый

**sheep-fold** [ˈʃiːpfəuld] *n* загóн для овéц, овчáрня

**sheepish** [ˈʃiːpɪʃ] *a* 1) рóбкий, застéнчивый 2) глуповáтый

**sheepman** [ˈʃiːpmən] *n амер.* овцевóд

**sheep-run** [ˈʃiːprʌn] *n* овéчье пáстбище

**sheepshank** [ˈʃiːpʃæŋk] *n мор.* кóлышка (*узел для временного укорочения снасти*)

**sheep's-head** [ˈʃiːpshed] *n* «барáнья головá», дурáк

**sheepskin** [ˈʃiːpskɪn] *n* 1) овчи́на 2) барáнья кóжа 3) пергáмент 4) *амер. студ. разг.* диплóм

**sheep-walk** [ˈʃiːpwɔːk] *n* овéчий загóн

**sheer** I [ʃɪə] **1.** *a* 1) сýщий, я́вный 2) абсолю́тный, полнéйший; by ~ force однóй тóлько си́лой; ~ waste of time совершéнно бесполéзная трáта врéмени; ~ exhaustion пóлное истощéние; a ~ impossibility абсолю́тная невозмóжность 3) отвéсный, перпендикуля́рный 4) прозрáчный, лёгкий (*о тканях*) 5) чи́стый, несмéшанный, неразбáвленный

**2.** *adv* 1) пóлностью, абсолю́тно 2) отвéсно, перпендикуля́рно

**sheer** II [ʃɪə] *мор.* **1.** *n* 1) отклоне́ние от ку́рса 2) кривизна́ бо́рта, продо́льная по́гибь

**2.** *v* отклоня́ться от ку́рса □ ~ **off** убега́ть, исчеза́ть

**sheer-legs** [ˈʃɪəlegz] = shear-legs 1)

**sheet** I [ʃiːt] **1.** *n* 1) простыня́; between the ~s в посте́ли; as white as a ~ бле́дный как полотно́ 2) лист (*бумаги, стекла, металла*); листо́к 3) печа́тный лист (*тж.* printer's ~) 4) газе́та 5) широ́кая полоса́, пелена́, обши́рная пове́рхность (*воды, снега, пламени*) 6) ве́домость, табли́ца 7) *поэт.* па́рус 8) *геол.* пласт 9) *эл.* пласти́на колле́ктора 10) *attr.* листово́й; ~ iron (то́нкое) листово́е желе́зо; ~ rubber листова́я рези́на ◇ clean ~ безупре́чное про́шлое

**2.** *v* покрыва́ть (простынёй, брезе́нтом, сне́гом *и т. п.*)

**sheet** II [ʃiːt] *мор.* **1.** *n* шкот ◇ three ~s in (*или* to) the wind, three ~s in the wind's eye *sl.* вдрызг пья́ный

**2.** *v* выбира́ть шко́ты

**sheet-anchor** [ˈʃiːtˌæŋkə] *n* 1) *мор.* запа́сный станово́й я́корь 2) я́корь спасе́ния; еди́нственная наде́жда

**sheeted** I [ˈʃiːtɪd] **1.** *p. p. от* sheet I, 2

**2.** *a* 1) покры́тый 2) сплошно́й; ~ rain сплошна́я пелена́ дождя́

**sheeted** II [ˈʃiːtɪd] *p. p. от* sheet II, 2

**sheeting** I [ˈʃiːtɪŋ] **1.** *pres p. от* sheet I, 2

**2.** *n* 1) защи́тное покры́тие 2) просты́нное полотно́

**sheeting** II [ˈʃiːtɪŋ] *pres. p. от* sheet II, 2

**sheet lightning** [ˈʃiːtˌlaɪtnɪŋ] *n* зарни́ца

**sheet music** [ˈʃiːtˌmjuːzɪk] *n* небольшо́е, отде́льно и́зданное музыка́льное произведе́ние

**sheet-proofs** [ˈʃiːtpruːfs] *n pl* корректу́ра

**sheik(h)** [ʃeɪk] *араб. n* 1) шейх 2) *sl.* неотрази́мый мужчи́на

**shekel** [ˈʃekl] *n* 1) си́кель (*др.-евр. мера веса и монета*) 2) *pl разг.* де́ньги

**sheldrake** [ˈʃeldreɪk] *n зоол.* пега́нка

**shelf** [ʃelf] *n* (*pl* shelves) 1) по́лка 2) усту́п; вы́ступ 3) риф; (о́т)мель, шельф 4) *геол.* бедро́к 5) *мор.* прива́льный брус 6) *attr.*: ~ ice пла́вающие глы́бы прибре́жного льда ◇ to lay (*или* to put) on the ~ сдава́ть в архи́в; класть под сукно́; to be on the ~ а) быть изъя́тым из употребле́ния; б) быть отстранённым от дел (за нена́добностью); в) оста́ться в деви́цах

**shell** [ʃel] **1.** *n* 1) скорлупа́, шелуха́ 2) оболо́чка; ко́рка 3) ра́ковина 4) па́нцирь, щит (*черепахи*) 5) о́стов; карка́с 6) ги́льза (*патрона*); патро́н; тру́бка (*ракеты*) 7) артиллери́йский снаря́д 8) гроб 9) *тех.* оши́вка; кожу́х 10) *pl sl.* де́ньги 11) *амер.* шелл, го́ночная восьмёрка 12) *attr.* име́ющий оболо́чку; ~ egg натура́льное яйцо́ (*в противоположность яичному порошку и т. п.*) ◇ to come out of one's ~ вы́йти из своей скорлупы́, переста́ть быть за́мкнутым, стесни́тельным; to retire into one's ~ замкну́ться в себе́, уйти́ в свою́ скорлупу́

**2.** *v* 1) очища́ть от скорлупы́; лущи́ть 2) лущи́ться, шелуши́ться 3) обстре́ливать артиллери́йским огнём □ ~ **off** шелуши́ться; ~ **out** а) *воен.* выбива́ть огнём артилле́рии; б) *разг.* раскоше́ливаться

**shellac** [ʃəˈlæk] **1.** *n* шелла́к

**2.** *v* 1) покрыва́ть шелла́ком 2) *амер. sl.* поби́ть, одержа́ть побе́ду в дра́ке

**shellback** [ˈʃelbæk] *n sl.* ста́рый моря́к, «морско́й волк»

**shell crater** [ˈʃelˌkreɪtə] *n* воро́нка от снаря́да

**shelled** [ʃeld] **1.** *p. p. от* shell 2

**2.** *a* име́ющий ра́ковину, па́нцирь

**shellfish** [ˈʃelfɪʃ] *n* моллю́ск; ракообра́зное

**shell-gun** [ˈʃelgʌn] *n воен.* малокали́берная автомати́ческая пу́шка

**shell-hit** [ˈʃelhɪt] *n воен.* попада́ние снаря́да

**shell-hole** [ˈʃelhəul] *n* пробо́ина; воро́нка от снаря́да

**shell-pit** [ˈʃelpɪt] = shell crater

**shell-proof** [ˈʃelpruːf] *a* защищённый от артиллери́йского огня́, бронирова́нный

**shell-shock** [ˈʃelʃɔk] *n* конту́зия

**shell-work** [ˈʃelwəːk] *n* украше́ние из ра́ковин

**shelly** [ˈʃelɪ] *a* 1) изоби́лующий ра́ковинами 2) похо́жий на ра́ковину

**shelter** [ˈʃeltə] **1.** *n* 1) прию́т, кров; убе́жище; to find (*или* to take) ~ найти́ себе́ прию́т, убе́жище 2) прикры́тие, укры́тие; under the ~ (of) под прикры́тием, под защи́той 3) бомбоубе́жище

**2.** *v* 1) приюти́ть, дать прию́т; служи́ть убе́жищем, прикры́тием; укрыва́ть; прикрыва́ть 2) спря́таться, укры́ться (under, in, from)

**sheltered** [ˈʃeltəd] **1.** *p. p. от* shelter 2

**2.** *a эк.* покрови́тельствуемый; ~ trades о́трасли промы́шленности, свобо́дные от иностра́нной конкуре́нции

**shelter tent** [ˈʃeltətent] *n воен.* полева́я двухме́стная пала́тка

**shelve** [ʃelv] *v* 1) ста́вить на по́лку 2) откла́дывать, класть в до́лгий я́щик 3) увольня́ть, отстраня́ть от дел 4) обору́довать по́лками 5) отло́го спуска́ться

**shelved** [ʃelvd] **1.** *p. p. от* shelve

**2.** *a* 1) находя́щийся на по́лке 2) отло́гий

**shelves** [ʃelvz] *pl от* shelf

**shepherd** [ˈʃepəd] **1.** *n* 1) пасту́х; ~'s crook пасту́шеский по́сох с крючко́м 2) па́стырь ◇ ~'s pie карто́фельная запека́нка с мя́сом; ~'s plaid (шерстяна́я) ткань в ме́лкую чёрную и бе́лую кле́тку (*тж.* ~'s check)

**2.** *v* 1) пасти́ 2) смотре́ть, присма́тривать (*за кем-л.*) 3) вести́, гнать (*людей*) 4) держа́ть под наблюде́нием, следи́ть

**shepherdess** [ˈʃepədɪs] *n* пасту́шка

**Sheraton** [ˈʃerətn] *n* шерато́н (*стиль мебели XVIII в.*)

**sherbet** [ˈʃəːbət] *n* шербе́т

**sherd** [ʃəːd] = shard

**sheriff** [ˈʃerɪf] *n* шери́ф

**sherry** [ˈʃerɪ] *n* хе́рес

**sherry-cobbler** [ˈʃerɪˌkɔblə] *n* ше́рри-ко́блер (*название коктейля*)

**shew** [ʃəu] *v* (shewed [-d]; shewn) = show 2

**shewn** [ʃəun] *p. p. от* shew

**shibboleth** [ˈʃɪbəleθ] *n* 1) устаре́вшее пове́рье 2) *амер.* осо́бенность произноше́ния, мане́ра одева́ться, привы́чки, сво́йственные определённому кру́гу люде́й 3) *амер.* мо́дное слове́чко, име́ющее хожде́ние среди́ определённого кру́га люде́й 4) та́йный паро́ль

**shield** [ʃiːld] **1.** *n* 1) щит 2) защи́та; защи́тник 3) *амер.* значо́к полице́йского 4) *тех.* экра́н ◇ the other side of the ~ друга́я сторона́ вопро́са

**2.** *v* 1) защища́ть, заслоня́ть 2) покрыва́ть, укрыва́ть 3) *тех.* экрани́ровать

**shieling** [ˈʃiːlɪŋ] *n шотл.* 1) па́стбище 2) хи́жина пастуха́ 3) наве́с для ове́ц

**shift** [ʃɪft] **1.** *n* 1) измене́ние, перемеще́ние, сдвиг; ~ of fire *воен.* перено́с огня́ 2) сме́на, переме́на; чередова́ние; ~ of clothes сме́на белья́; ~ of crops севооборо́т; the ~s and changes of life превра́тности жи́зни 3) (рабо́чая) сме́на; eight-hour ~ восьмичасово́й рабо́чий день 4) рабо́чие одно́й сме́ны 5) сре́дство, спо́соб; the last ~(s) после́днее сре́дство 6) уло́вка, хи́трость; to make one's way by ~s изворо́чиваться; to make (a) ~ а) ухитря́ться; б) перебива́ться ко́е-ка́к, дово́льствоваться (with — *чем-л.*); в) обходи́ться (without — без *чего-л.*) 7) же́нское пла́тье «руба́шка» 8) *уст.* соро́чка 9) *геол.* косо́е смеще́ние 10) *стр.* разго́нка швов в кла́дке

**2.** *v* 1) перемеща́ть(ся); передвига́ть(ся); передава́ть (*другому*); перекла́дывать (*в другую руку*); to ~ the fire *воен.* переноси́ть ого́нь 2) перекла́дывать (*ответственность и т. п.*) 3) меня́ть; to ~ one's lodging перемени́ть кварти́ру; to ~ one's ground измени́ть то́чку зре́ния; to ~ the scene *театр.* меня́ть декора́ции 4) меня́ться; the wind ~ed ве́тер перемени́лся 5) изворо́чиваться; ухищря́ться; to ~ for oneself обходи́ться без посторо́нней по́мощи 6) *тех.* переключа́ть; переводи́ть □ ~ **off** снима́ть с себя́ (*ответственность и т. п.*); избавля́ться (*от чего-л.*)

**shifting** [ˈʃɪftɪŋ] **1.** *pres. p. от* shift 2

**2.** *a* 1) непостоя́нный, меня́ющийся 2) дви́жущийся; ~ sands дви́жущиеся пески́

**shift-key** [ˈʃɪftkiː] *n* кла́виша в пи́шущей маши́нке для сме́ны реги́стра

**shiftless** [ˈʃɪftlɪs] *a* 1) беспо́мощный, неуме́лый 2) бесхи́тростный 3) лени́вый

**shifty** [ˈʃɪftɪ] *a* 1) изобрета́тельный; ло́вкий 2) изворо́тливый, хи́трый 3) нече́стный, ненадёжный; ~ eyes бе́гающие глаза́

**shikar** [ʃɪˈkɑː] *инд.* **1.** *n* охо́та **2.** *v* охо́титься

**shikaree, shikari** [ʃɪˈkærɪ] *инд. n* охо́тник(-тузе́мец)

**shillelagh** [ʃɪˈleɪlə] *ирл. n* дуби́нка

**shilling** [ˈʃɪlɪŋ] *n* 1) ши́ллинг (*англ. серебряная монета* = $^1/_{20}$ *фунта стерлингов* = *12 пенсам*); every ~ всё до после́днего ши́ллинга 2) *attr.*: ~ shocker = shocker 1) ◇ to cut off with a ~ лиши́ть насле́дства; to take the King's (*или* the Queen's) ~ поступи́ть на вое́нную слу́жбу

**shilling's-worth** [ˈʃɪlɪŋzwəːθ] *n* что-л. сто́имостью в ши́ллинг; на ши́ллинг чего́-л.

**shilly-shally** [ˈʃɪlɪˌʃælɪ] **1.** *n* нереши́тельность

**2.** *a* нереши́тельный

**3.** *v* колеба́ться, быть нереши́тельным

**shim** [ʃɪm] *тех.* **1.** *n* 1) клин 2) то́нкая прокла́дка 3) ша́йба

**2.** *v* закли́нивать

**shimmer** [ˈʃɪmə] **1.** *n* мерца́ние; мерца́ющий свет

**2.** *v* мерца́ть

**shimmy** [ˈʃɪmɪ] **1.** *n* 1) ши́мми (*танец*) 2) *разг.* же́нская соро́чка 3) *тех.* вибра́ция, колеба́ние управля́емых колёс автомоби́ля

**2.** *v* вибри́ровать, колеба́ться

**shin** [ʃɪn] **1.** *n* го́лень

**2.** *v* 1) кара́бкаться, ла́зить (*обыкн.* ~ up) 2) ударя́ть в го́лень; ударя́ться го́ленью 3) *разг.* ходи́ть, бе́гать

**shin-bone** [ˈʃɪnbəun] *n анат.* большебе́рцо́вая кость

**shindig** [ˈʃɪndɪg] *n амер. разг.* весе́лье; шу́мная вечери́нка

**shindy** [ˈʃɪndɪ] *n разг.* 1) шум, сканда́л, сумато́ха, сва́лка; to kick up a ~ зате́ять сканда́л; подня́ть шум 2) весе́лье

**shine** [ʃaɪn] **1.** *n* 1) сия́ние; (со́лнечный, лу́нный) свет 2) блеск, гля́нец, лоск; to get a ~ почи́стить сапоги́ (*у чистильщика*); to take the ~ out of smth. а) снять, удали́ть блеск, гля́нец с чего́-л.; б) лиши́ть что-л. бле́ска, новизны́; to take the ~ out of smb. затми́ть, превзойти́ кого́-л. 3) блеск, великоле́пие 4) (*обыкн. pl*) *амер. разг.* глу́пая вы́ходка, проде́лка 5) *амер. разг.* расположе́ние; he took a ~ to you вы ему́ понра́вились

**2.** *v* (shone) 1) свети́ть(ся); сия́ть, блесте́ть 2) блиста́ть (*в обществе, разговоре*) 3) (*амер. past и p. p.* shined [-d]) *разг.* придава́ть блеск, полирова́ть; чи́стить (*обувь, металл и т. п.*)

**shiner** [ˈʃaɪnə] *n sl.* 1) (золота́я) моне́та 2) *pl* де́ньги 3) *амер. sl.* подби́тый глаз, «фона́рь»

**shingle** I [ˈʃɪŋgl] **1.** *n* 1) кро́вельная дра́нка, гонт 2) коро́ткая да́мская стри́жка 3) *амер. разг.* вы́веска; to hang out a ~ заня́ться ча́стной пра́ктикой (*о враче, адвокате*)

**2.** *v* 1) крыть, обшива́ть го́нтом, крыть щепо́й 2) ко́ротко стричь во́лосы

**shingle** II [ˈʃɪŋgl] *n* га́лька, голы́ши

**shingles** [ˈʃɪŋglz] *n pl мед.* опоя́сывающий лиша́й

**shingly** [ˈʃɪŋglɪ] *a* покры́тый га́лькой

**shining** [ˈʃaɪnɪŋ] **1.** *pres. p. от* shine 2

**2.** *a* 1) я́ркий; сия́ющий; блестя́щий; a ~ example я́ркий (*или* блестя́щий) приме́р 2) великоле́пный; выдаю́щийся; ~ talents выдаю́щиеся тала́нты

**shinny, shinty** [ˈʃɪnɪ, ˈʃɪntɪ] *n* вид хокке́я

**shiny** [ˈʃaɪnɪ] *a* 1) блестя́щий 2) лосня́щийся

**ship** [ʃɪp] **1.** 1) кора́бль, су́дно; to take ~ сесть на кора́бль 2) экипа́ж корабля́ 3) (го́ночная) ло́дка 4) *амер.* самолёт 5) *attr.* корабе́льный, судово́й ◇ old ~ старина́, дружи́ще (*шутливое обращение к моряку*); ~ of the desert «кора́бль пусты́ни» (*верблюд*); ~s that pass in the night мимолётные, случа́йные встре́чи; when my ~ comes home (*или* in) когда́ я разбогате́ю

**2.** *v* 1) грузи́ть, производи́ть поса́дку (*на корабль*) 2) перевози́ть, отправля́ть (*груз и т. п.*) любы́м ви́дом тра́нспорта 3) сади́ться на кора́бль 4) нанима́ть (*матросов*) 5) поступа́ть матро́сом 6) ста́вить (*мачту, руль*) 7) вставля́ть в уклю́чины (*вёсла*) □ ~ **off** посыла́ть, отсыла́ть; отправля́ть ◇ to ~ a sea черпну́ть воды́ (*о корабле, лодке*)

**ship biscuit** [ˈʃɪpˌbɪskɪt] *n* суха́рь; гале́та

**shipboard** [ˈʃɪpbɔːd] *n*: on ~ на корабле́; на борту́

**ship-broker** [ˈʃɪpˌbrəukə] *n* судово́й ма́клер

**shipbuilder** [ˈʃɪpˌbɪldə] *n* кораблестро́итель, судострои́тель

**shipbuilding** [ˈʃɪpˌbɪldɪŋ] *n* судострое́ние, кораблестрое́ние

**ship-chandler** [ˈʃɪpˌʧɑːndlə] *n* судово́й поставщи́к

**shipmaster** [ˈʃɪpˌmɑːstə] *n* хозя́ин, капита́н *или* ши́кипер торго́вого су́дна

**shipmate** [ˈʃɪpmeɪt] *n* това́рищ по пла́ванию

**shipment** [ˈʃɪpmənt] *n* 1) погру́зка (*на корабль*); отпра́вка (*товаров*) 2) груз; па́ртия това́ра 3) перево́зка това́ров

**ship-money** [ˈʃɪpˌmʌnɪ] *n ист.* корабе́льная по́дать

**shipowner** [ˈʃɪpˌəunə] *n* судовладе́лец

**shipper** [ˈʃɪpə] *n* грузоотправи́тель

**shipping** [ˈʃɪpɪŋ] **1.** *pres. p. от* ship 2

**2.** *n* 1) (торго́вый) флот, суда́ 2) погру́зка, перево́зка гру́за 3) судохо́дство

**shipping-articles** [ˈʃɪpɪŋˌɑːtɪklz] *n pl* догово́р о на́йме на су́дно

**shipshape** [ˈʃɪpʃeɪp] **1.** *a predic.* находя́щийся в по́лном поря́дке, аккура́тный

**2.** *adv* в по́лном поря́дке, аккура́тно

**ship-way** [ˈʃɪpweɪ] *n* ста́пель

**shipwreck** [ˈʃɪprek] **1.** *n* 1) кораблекруше́ние; *перен.* круше́ние (*надежд и т. п.*); ги́бель; to make ~ поги́бнуть, разори́ться 2) обло́мки кораблекруше́ния

**2.** *v* 1) потерпе́ть кораблекруше́ние; *перен.* потерпе́ть неуда́чу, круше́ние 2) быть причи́ной кораблекруше́ния; потопи́ть (*судно*) 3) причини́ть вред; губи́ть, разоря́ть

**shipwright** [ˈʃɪpraɪt] *n* 1) корабе́льный пло́тник 2) кораблестрои́тель

**shipyard** [ˈʃɪpjɑːd] *n* верфь, судострои́тельный заво́д

**shir** [ʃəː] = shirr

**shire** [ˈʃaɪə] *n уст.* гра́фство; the ~s центра́льные гра́фства Англии

**shirk** [ʃəːk] **1.** *v* увíливать, уклоня́ться (*от чего-л.*); to ~ responsibility уклоня́ться от отве́тственности; to ~ school прогу́ливать заня́тия в шко́ле

**2.** *n* = shirker

**shirker** [ˈʃəːkə] *n* челове́к, увíливающий, уклоня́ющийся (*от чего-л.*)

**shirr** [ʃəː] *амер.* **1.** *n* сбо́рки

**2.** *v* собира́ть (*материю*) в сбо́рки

**shirt** [ʃəːt] *n* руба́шка (*мужская*); блу́за; in one's ~ в одно́й руба́хе ◇ to have not a ~ to one's back жить в кра́йней нищете́; to get one's ~ out вы́йти из себя́; to keep one's ~ on сохраня́ть споко́йствие; to put one's ~ (on a horse) поста́вить всё на ка́рту, рискну́ть всем, что име́ешь; to give smb. a wet ~ заста́вить кого́-л. рабо́тать до седьмо́го по́та

**shirt-band** [ˈʃəːtbænd] *n* во́рот руба́шки

**shirt-front** [ˈʃəːtfrʌnt] *n* 1) крахма́льная грудь руба́шки, пластро́н 2) мани́шка

**shirting** [ˈʃəːtɪŋ] *n* руба́шечная ткань

**shirt-sleeve** [ˈʃəːtsliːv] **1.** *n* (*обыкн. pl*); in one's ~s без пиджака́ (*в рубашке*)

**2.** *a* 1) просто́й, незамыслова́тый 2) просто́й, прямо́й, нецеремо́нный; ~ diplomacy диплома́тия без перча́ток

**shirt-tail** [ˈʃəːtteɪl] *n* низ руба́шки

**shirt-waist** [ˈʃəːtweɪst] *n амер.* 1) англи́йская блу́зка 2) *attr.*: ~ dress пла́тье спорти́вного покро́я (*тж.* shirt-dress)

**shirty** [ˈʃəːtɪ] *a разг.* рассе́рженный, раздражённый

**shiver** I [ˈʃɪvə] **1.** *n* (*часто pl*) дрожь, тре́пет; to give a (little) ~ заста́вить поёжиться; to give smb. the ~s *разг.* нагна́ть стра́ху на кого́-л.

**2.** *v* 1) дрожа́ть, вздра́гивать; трясти́сь; трепета́ть 2) полоска́ть(ся) (*о парусах*)

**shiver** II [ˈʃɪvə] **1.** *n* 1) (*обыкн. pl*) обло́мок, оско́лок; to break to ~s разбива́ться вдре́безги 2) *мин.* сла́нец, ши́фер

**2.** *v* разбива́ть(ся) вдре́безги

**shivery** I [ˈʃɪvərɪ] *a* дрожа́щий, трепе́щущий

**shivery** II [ˈʃɪvərɪ] *a* хру́пкий, ло́мкий

**shoal** I [ʃəul] **1.** *n* 1) ме́лкое ме́сто, мелково́дье 2) мель, ба́нка 3) (*обыкн. pl*) скры́тая опа́сность

**2.** *a* ме́лкий, мелково́дный

**3.** *v* меле́ть

**shoal** II [ʃəul] **1.** *n* 1) ста́я, кося́к (*рыбы*) 2) ма́сса, толпа́, мно́жество

**2.** *v* 1) собира́ться в косяки́ (*о рыбе*) 2) толпи́ться

**shock** I [ʃɔk] **1.** *n* 1) уда́р, толчо́к; сотрясе́ние; ~s of earthquake подзе́мные толчки́ (*при землетрясении*); to collide (*или* to clash) with a tremendous ~ столкну́ться со стра́шной си́лой 2) потрясе́ние; the news came upon him with a ~ но́вость потрясла́ его́ 3) *мед.* шок 4) *attr.* уда́рный; сокруши́тельный; ~ wave *физ.* уда́рная взрывна́я волна́; ~ absorber амортиза́тор; ~ tactics *воен.* та́ктика сокруши́тельных уда́ров; ~ troops *воен.* уда́рные войска́ 5) *attr. мед.* шо́ковый; ~ treatment шокотерапи́я

**2.** *v* 1) потряса́ть, поража́ть 2) возмуща́ть, шоки́ровать 3) *поэт.* ста́лкиваться

**shock** II [ʃɔk] **1.** *n* копна́, скирда́ (*из снопов*)

**2.** *v* ста́вить в ко́пны, скирды́

**shock** III [ʃɔk] *n* 1) копна́ воло́с 2) мохна́тая соба́ка (*тж.* ~ dog)

**shock-brigade** [ˈʃɔkbrɪˌgeɪd] *n* уда́рная брига́да

**shocker** [ˈʃɔkə] *n разг.* 1) дешёвый бульва́рный рома́н 2) о́чень плохо́й экземпля́р *или* образе́ц (*чего-л.*)

**shocking** I [ˈʃɔkɪŋ] **1.** *pres. p. от* shock I, 2

**2.** *a* потряса́ющий, сканда́льный, ужаса́ющий

**3.** *adv разг.* о́чень; a ~ bad cold ужа́сный хо́лод

**shocking** II [ˈʃɔkɪŋ] *pres. p. от* shock II, 2

**shock-worker** [ˈʃɔkˌwəːkə] *n* уда́рник

**shod** [ʃɔd] *past и p. p. от* shoe 2

**shoddy** [ˈʃɔdɪ] **1.** *n* 1) *текст.* шо́дди (*пряжа и ткань*) 2) дешёвая подде́лка; дешёвка с прете́нзией 3) претенцио́зность

**2.** *a* 1) сде́ланный из шо́дди 2) притво́рный, фальши́вый, подде́льный 3) дрянно́й, низкопро́бный

**shoe** [ʃuː] **1.** *n* 1) полуботи́нок, ту́фля; high ~ *амер.* боти́нок; low ~ *амер.* полуботи́нок, ту́фля 2) подко́ва 3) желе́зный по́лоз 4) *тех.* коло́дка, башма́к ◇ to be in smb.'s ~s быть в тако́м же положе́нии, как и кто-л.; I wouldn't be in your ~s я бы не хоте́л оказа́ться в твое́й шку́ре; to know where the ~ pinches знать, в чём тру́дность (*или* загво́здка); to put the ~ on the right foot обвини́ть кого́ сле́дует, справедли́во обвиня́ть; to wait for dead man's ~s наде́яться получи́ть насле́дство по́сле чьей-л. сме́рти; наде́яться заня́ть чьё-л. ме́сто по́сле его́ сме́рти; to fill smb.'s ~s занима́ть ме́сто своего́ предше́ственника; to step into smb.'s ~s заня́ть чьё-л. ме́сто; the ~ is on the other foot а) тепе́рь не то, обстоя́тельства измени́лись; б) отве́тственность лежи́т на друго́м; that's another pair of ~s ≅ э́то совсе́м друго́е де́ло

**2.** *v* (shod) 1) обува́ть 2) подко́вывать 3) подбива́ть (*чем-л.*)

**shoeblack** [ˈʃuːblæk] *n* чи́стильщик сапо́г

**shoehorn** [ˈʃuːhɔːn] *n* рожо́к (*для обуви*)

**shoe-lace** [ˈʃuːleɪs] *n* шнуро́к для боти́нок

**shoe-leather** [ˈʃuːˌleðə] *n* сапо́жная ко́жа ◇ as good a man as ever trod ~ прекра́снейший челове́к

**shoeless** [ˈʃuːlɪs] *a* 1) без о́буви, боси́ком 2) не име́ющий о́буви

**shoemaker** [ˈʃuːˌmeɪkə] *n* сапо́жник

**shoe-nail** [ˈʃuːneɪl] *n* 1) сапо́жный гвоздь 2) ко́вочный гвоздь

**shoe polish** [ˈʃuːˈpɔlɪʃ] *n* крем для (чи́стки) о́буви

**shoe-shine boy** [ˈʃuːʃaɪnˈbɔɪ] *n амер.* чи́стильщик сапо́г

**shoestring** [ˈʃuːstrɪŋ] *n* 1) шнуро́к для боти́нок 2) *разг.* небольша́я су́мма де́нег; on a ~ с небольши́ми сре́дствами

**shoe-thread** [ˈʃuːθred] *n* дра́тва

**shoe tree** [ˈʃuːtriː] *n* распо́рка для о́буви

**shone** [ʃɔn] *past и p. p. от* shine 2

**shoo** [ʃuː] **1.** *int* кш-ш! (*при вспугивании птиц*)

**2.** *v* вспу́гивать, прогоня́ть

**shook** [ʃuk] *past от* shake 2

**shoot** [ʃuːt] **1.** *n* 1) охо́та 2) гру́ппа охо́тников 3) охо́тничье уго́дье 4) пра́во на отстре́л 5) стрельба́ 6) состяза́ние в стрельбе́ 7) за́пуск (*ракеты или управляемого снаряда*) 8) рыво́к, бросо́к 9) стремни́на, стреми́тельный пото́к 10) росто́к, побе́г 11) *тех.* накло́нный сток, жёлоб, лото́к 12) фотографи́ческая съёмка

**2.** *v* (shot) 1) стреля́ть; застрели́ть (*тж.* ~ down); расстреля́ть; he was shot in the chest пу́ля попа́ла ему́ в грудь; to ~ in sight расстре́ливать на ме́сте 2) внеза́пно появи́ться, пронести́сь, промелькну́ть, промча́ться (*тж.* ~ along, ~ forth, ~ out, ~ past) 3) распуска́ться (*о деревьях, почках*); пуска́ть ростки́ (*тж.* ~ out) 4) стреля́ть (*о боли*), дёргать 5) сбра́сывать, ссыпа́ть (*мусор и т. п.*); слива́ть; выбра́сывать 6) задвига́ть (*засов*) 7) фотографи́ровать 8) снима́ть фильм 9) броса́ть, кида́ть; посыла́ть (*мяч*); to ~ dice игра́ть в ко́сти □ ~ **away** расстреля́ть (патро́ны); ~ **down** а) сбить огнём; застрели́ть; расстреля́ть; б) *разг.* одержа́ть верх в спо́ре; ~ **forth** а) пронести́сь, промелькну́ть; б) пуска́ть (*почки*); ~ **in** пристре́ливаться; ~ **out** а) выска́кивать, вылета́ть; б) выдава́ться (*о мысе и т. п.*); в) выбра́сывать; высо́вывать; пуска́ть (*ростки*); to ~ out one's lips презри́тельно выпя́чивать гу́бы; г): to ~ a way out пробиться, вы́рваться (*из окружения и т. п.*); ~ **up** а) бы́стро расти́; б) взлета́ть, вздыма́ться (*о пламени и т. п.*); в) *воен.* расстреля́ть; разби́ть огнём; г) *амер. разг.* терроризи́ровать (*жителей*) стрельбо́й ◇ to ~ the cat *sl.* рвать, блева́ть; to ~ fire мета́ть и́скры (*о глазах*); to ~ the breeze *sl.* трепа́ться, болта́ть; to ~ Niagara реши́ться на отча́янный шаг; подверга́ться огро́мному ри́ску; I'll be shot if... провали́ться мне на э́том ме́сте, е́сли...; to ~ the sun *мор.* определя́ть высоту́ со́лнца; to ~ the moon *sl.* съе́хать с кварти́ры но́чью, не заплати́в за неё; to ~ oneself clear *ав. жарг.* катапульти́роваться из самолёта

**shooter** [ˈʃuːtə] *n* 1) стрело́к 2) револьве́р 3) *sl.* чёрная визи́тка

**-shooter** [ˌʃuːtə] *в сложных словах*: six-shooter шестизаря́дный револьве́р

**shooting** [ˈʃuːtɪŋ] **1.** *pres. p. от* shoot 2

**2.** *n* 1) стрельба́ 2) охо́та 3) пра́во на охо́ту 4) внеза́пная о́страя боль 5) *горн.* пале́ние шпу́ров 6) *кино* съёмка

**shooting-box** [ˈʃuːtɪŋbɔks] *n* охо́тничий до́мик

**shooting-gallery** [ˈʃuːtɪŋˌgælərɪ] *n* тир

**shooting-iron** [ˈʃuːtɪŋˌaɪən] *n sl.* огнестре́льное ору́жие

**shooting-range** [ˈʃuːtɪŋreɪndʒ] *n* стре́льбище, полиго́н

**shooting star** [ˈʃuːtɪŋˈstɑː] *n* метео́р, па́дающая звезда́

**shooting-stick** [ˈʃuːtɪŋstɪk] *n* трость-сиде́нье

**shooting war** [ˈʃuːtɪŋˈwɔː] *n* вое́нный конфли́кт, боевы́е де́йствия (*в противоположность «холодной» войне*)

**shop** [ʃɔp] **1.** *n* 1) ла́вка, магази́н 2) мастерска́я, цех; closed ~ *амер.* предприя́тие, принима́ющее на рабо́ту то́лько чле́нов профсою́за; open ~ *амер.* предприя́тие, принима́ющее на рабо́ту как чле́нов, так и не чле́нов профсою́за 3) *разг.* заведе́ние, учрежде́ние, предприя́тие 4) профе́ссия, заня́тие; дела́, вопро́сы, те́мы, свя́занные с чьей-л. профе́ссией; stop thinking of ~! хва́тит ду́мать о дела́х (*или* рабо́те)!; to talk ~ говори́ть о дела́х, говори́ть на узкопрофессиона́льные те́мы во вре́мя о́бщего разгово́ра (*в гостях и т. п.*) 5) *attr.* цехово́й; ~ committee цехово́й комите́т; ~ chairman *амер.* цехово́й ста́роста ◇ all over the ~ разбро́санный повсю́ду, в беспоря́дке; to come to the wrong ~ обрати́ться не по а́дресу; to get a ~ *театр.* получи́ть ангажеме́нт; to lift a ~ соверши́ть кра́жу в магази́не; to shut up ~ закры́ть ла́вочку; прекрати́ть де́ятельность

**2.** *v* 1) де́лать поку́пки (*обыкн.* go ~ping) 2) *амер.* ходи́ть по магази́нам, что́бы ознако́миться с це́нами, присмотре́ть вещь 3) *sl.* сажа́ть в тюрьму́ 4) *sl.* выдава́ть (*сообщника*) □ ~ **around** *амер.* иска́ть рабо́ту, ме́сто

**shop-assistant** [ˈʃɔpəˌsɪstənt] *n* продаве́ц; продавщи́ца

**shop floor** [ˈʃɔpflɔː] *n* профсою́зные ма́ссы; рядовы́е чле́ны профсою́за; on the ~ среди́ рядовы́х чле́нов профсою́за, на у́ровне перви́чной проф-союзной организа́ции

**shop-girl** [ˈʃɔpgəːl] *n* продавщи́ца

**shop hours** [ˈʃɔpauəz] *n pl* вре́мя рабо́ты магази́нов

**shopkeeper** [ˈʃɔpˌkiːpə] *n* ла́вочник; владе́лец (небольшо́го) магази́на

**shop-lifter** [ˈʃɔpˌlɪftə] *n* магази́нный вор

**shopman** [ˈʃɔpmən] *n* 1) продаве́ц 2) ла́вочник 3) *амер.* рабо́чий

**shopper** [ˈʃɔpə] *n* покупа́тель

**shopping** [ˈʃɔpɪŋ] **1.** *pres. p. от* shop 2

**2.** *n* посеще́ние магази́на с це́лью поку́пки (*чего-л.*); to do one's ~ де́лать поку́пки

**shoppy** [ˈʃɔpɪ] *a* 1) с больши́м коли́чеством магази́нов (*о районе города*) 2) *разг.* профессиона́льный (*о разговоре и т. п.*)

**shop-steward** [ˈʃɔpˈstjuəd] *n* цехово́й ста́роста

**shopwalker** [ˈʃɔpˌwɔːkə] *n* дежу́рный администра́тор универма́га

**shop window** [ˈʃɔpˈwɪndəu] *n* витри́на ◇ to have everything in the ~, to have all one's goods in the ~ а) быть пове́рхностным челове́ком; б) выставля́ть всё напока́з

**shore** I [ʃɔː] *n* бе́рег (*моря, озера*); on ~ на берегу́; in ~ у бе́рега; бли́же к бе́регу

**shore** II [ʃɔː] **1.** *n* подпо́рка, опо́ра; подко́с; крепле́ние

**2.** *v* подпира́ть; ока́зывать подде́ржку (*обыкн.* ~ up)

**shore** III [ʃɔː] *уст. past от* shear 2

**shore dinner** [ˈʃɔːˌdɪnə] *n* обе́д из ры́бных блюд

**shore-leave** [ˈʃɔːliːv] *n мор.* о́тпуск на бе́рег

**shoreless** [ˈʃɔːlɪs] *a* безбре́жный

**shoreman** [ˈʃɔːmən] = shoresman

**shore patrol** [ˈʃɔːpəˌtrəul] *n амер.* берегово́й дозо́р

**shoresman** [ˈʃɔːzmən] *n* 1) прибре́жный рыба́к 2) ло́дочник 3) портово́й гру́зчик

**shoreward** [ˈʃɔːwəd] **1.** *a* дви́жущийся по направле́нию к бе́регу

**2.** *adv* по направле́нию к бе́регу

**shorn** [ʃɔːn] *p. p. от* shear 2

**short** [ʃɔːt] **1.** *a* 1) коро́ткий; кра́ткий; краткосро́чный; a ~ way off недалеко́; a ~ time ago неда́вно; time is ~ вре́мя не те́рпит; ~ cut а) кратча́йшее расстоя́ние; to take (*или* to make) a ~ cut избра́ть кратча́йший путь; б) наиме́ньшая затра́та вре́мени 2) ни́зкий, невысо́кий (*о человеке*) 3) недоста́точный, непо́лный; име́ющий недоста́ток (of — в *чём-л.*); не достига́ющий (of — *чего-л.*); ~ weight недове́с; ~ measure недоме́р; in ~ supply дефици́тный; ~ sight близору́кость; ~ views недальнови́дность; ~ memory коро́ткая па́мять; ~ of breath запыха́вшийся; страда́ющий оды́шкой; to keep smb. ~ ску́дно снабжа́ть кого́-л.; we are ~ of cash у нас не хвата́ет де́нег; to jump ~ недопры́гнуть; to run ~ истоща́ться; иссяка́ть; не хвата́ть; to come (*или* to fall) ~ of smth. а) не хвата́ть, име́ть недоста́ток в чём-л.; б) уступа́ть в чём-л.; this book comes ~ of satisfactory э́та кни́га оставля́ет жела́ть мно́го лу́чшего; в) не дости́гнуть це́ли; г) не оправда́ть ожида́ний 4) кра́ткий; отры́вистый, сухо́й (*об ответе, приёме*); гру́бый, ре́зкий (*о речи*); ~ word бра́нное сло́во 5) хру́пкий, ло́мкий; рассы́пчатый (*о печенье, о глине*); pastry eats ~ пече́нье рассыпа́ется во рту 6) *sl.* кре́пкий (*о напитке*); something ~ спиртно́е ◇ in the ~ run вско́ре; at ~ notice неме́дленно; ~ wind оды́шка; to make a long story ~ коро́че говоря́; to make ~ work of smth. бы́стро спра́виться, бы́стро разде́латься с чем-л.; this is nothing ~ of a swindle э́то пря́мо надува́тельство; ~ of а) исключа́я; б) не доезжа́я; somewhere ~ of London где́-то не доезжа́я Ло́ндона

**2.** *adv* ре́зко, кру́то, внеза́пно; преждевре́менно; to stop ~ внеза́пно останови́ться

**3.** *n* 1) кра́ткость; for ~ для кра́ткости; in ~ коро́че говоря́; вкра́тце 2) кра́ткий гла́сный *или* слог 3) знак кра́ткости 4) *разг.* коро́ткое замыка́ние 5) *воен.* недолёт 6) короткометра́жный фильм 7) *pl* ме́лкие о́труби 8) *pl* отхо́ды 9) рю́мка, глото́к спиртно́го

**shortage** [ˈʃɔːtɪdʒ] *n* нехва́тка, недоста́ток; дефици́т

**shortbread** [ˈʃɔːtbred] *n* песо́чное пече́нье

**shortcake** [ˈʃɔːtkeɪk] *n* 1) = shortbread 2) *амер.* слоёный торт с фрукто́вой начи́нкой

**shortchange** [ˈʃɔːtˈʧeɪndʒ] *v амер.* 1) обсчи́тывать, недодава́ть (*сдачу*) 2) обма́нывать

**short circuit** [ˈʃɔːtˈsəːkɪt] *n эл.* коро́ткое замыка́ние

**short-circuit** [ˈʃɔːtˈsəːkɪt] *v эл.* 1) замкну́ть на́коротко, сде́лать коро́ткое замыка́ние 2) упрости́ть; укороти́ть 3) препя́тствовать, меша́ть; срыва́ть (*планы*) 4) де́йствовать в обхо́д (*правил и т. п.*)

**shortcoming** [ʃɔːtˈkʌmɪŋ] *n* недоста́ток; дефе́кт

**short-cut** **1.** *n* [ˈʃɔːtkʌt] 1) ме́лкая кро́шка (*сорт табака*) 2) = short cut [*см.* short 1, 1)]

**2.** *a* [ˈʃɔːtˈkʌt] 1) укоро́ченный; сокращённый 2) ме́лко накро́шенный (*о табаке и т. п.*)

**short-dated** [ˈʃɔːtˈdeɪtɪd] *a* краткосро́чный (*о векселе и т. п.*)

**shorten** [ˈʃɔːtn] *v* 1) укора́чивать (-ся), сокраща́ть(ся) 2) добавля́ть к те́сту жир для рассы́пчатости

**shortening** [ˈʃɔːtnɪŋ] **1.** *pres. p. от* shorten

**2.** *n* жир, добавля́емый в те́сто для рассы́пчатости

**shorthand** [ˈʃɔːthænd] *n* стеногра́фия

**short-handed** [ˈʃɔːtˈhændɪd] *a* испы́тывающий недоста́ток в рабо́чих рука́х, нужда́ющийся в рабо́чей си́ле

**shorthorn** [ˈʃɔːthɔːn] *n* шортго́рнская поро́да скота́

**shortlived** [ˈʃɔːtˈlɪvd] *a* недолгове́чный; мимолётный; ~ commodities скоропо́ртящиеся проду́кты

**shortly** [ˈʃɔːtlɪ] *adv* 1) вско́ре; незадо́лго 2) ко́ротко, сжа́то 3) отры́висто, ре́зко

**short order** [ˈʃɔːtˈɔːdə] *n* блю́до (*в ресторане и т. п.*), не тре́бующее вре́мени на приготовле́ние

**short-paid** [ˈʃɔːtˈpeɪd] *a* доплатно́й (*о почтовом отправлении*)

**shorts** [ʃɔːts] *n pl* 1) тру́сики 2) шо́рты

**short-sighted** [ˈʃɔːtˈsaɪtɪd] *a* 1) близору́кий 2) недальнови́дный

**short-spoken** [ˈʃɔːtˈspəukən] *a* неразгово́рчивый, немногосло́вный

**short-tempered** [ˈʃɔːtˈtempəd] *a* несде́ржанный, вспы́льчивый

**short-term** [ˈʃɔːtˈtəːm] *a* краткосро́чный

**short ton** [ˈʃɔːtˈtʌn] *n* коро́ткая (ма́лая) то́нна (*=907,2 кг*)

**short wave** [ˈʃɔːtˈweɪv] *n радио* коро́ткая волна́

**short-wave** [ˈʃɔːtˈweɪv] *a радио* коротково́лновый; ~ set коротково́лновый приёмник

**short-winded** [ˈʃɔːtˈwɪndɪd] *a* 1) страда́ющий оды́шкой 2) кра́ткий, сжа́тый

**shorty** [ˈʃɔːtɪ] *n разг.* короты́шка

**shot** I [ʃɔt] **1.** *n* 1) пу́шечное ядро́ 2) (*pl без измен.*) дроби́нка; *собир.* дробь 3) *спорт.* ядро́ для толка́ния 4) вы́стрел; *перен.* уда́р; preliminary ~ *воен.* пристре́лка 5) попы́тка (*угадать и т. п.*); to take (*или* to have, to try) a ~ сде́лать попы́тку; to make a good (bad) ~ at smth. отгада́ть (не отгада́ть) что-л.; не ошиби́ться (ошиби́ться) в чём-л. 6) стрело́к 7) небольша́я до́за 8) уко́л, инъе́кция; a ~ in the arm впры́скивание нарко́тика; *перен.* сти́мул 9) глото́к спиртно́го 10) *кино* кадр 11) фотосни́мок 12) *горн.* взрыв; вы́пал (*шпура*); шпур ◇ like a ~ бы́стро, стремительно, сра́зу; в одну́ мину́ту; о́чень охо́тно; a ~ in the blue ≅ оплошность, про́мах; by a long ~ намно́го; not by a long ~ отню́дь не

**2.** *v* 1) заряжа́ть 2) подве́шивать дроби́нки (*к лесе*)

**shot** II [ʃɔt] **1.** *past и p. p. от* shoot 2

**2.** *a* 1) перели́вчатый; ~ with silver с серебри́стым отли́вом 2) потрёпанный, изно́шенный; his morale is ~ он оконча́тельно упа́л ду́хом

**shot** III [ʃɔt] *n* счёт; to pay one's ~ распла́чиваться (*в гостинице, ресторане и т. п.*)

**shot-gun** [ˈʃɔtgʌn] *n* дробови́к (*ружьё*) ◇ ~ marriage вы́нужденный брак

**shotput** [ˈʃɔtput] *n спорт.* толка́ние ядра́

**should** [ʃud (*полная форма*); ʃəd, ʃd (*редуцированные формы*)] (*past от* shall) 1) *вспомогательный глагол; служит для образования будущего в прошедшем в 1 л. ед. и мн. ч.*: I said I ~ be at home next week я сказа́л, что бу́ду до́ма на сле́дующей неде́ле

2) *вспомогательный глагол; служит для образования*: а) *условного наклонения в 1 л. ед. и мн. ч.*: I ~ be glad to play if I could я бы сыгра́л, е́сли бы уме́л; б) *сослагательного наклонения*: it is necessary that he ~ go home at once необходи́мо, что́бы он сейча́с же шёл домо́й 3) *модальный глагол, выражающий*: а) *долженствование, уместность, целесообразность*; you ~ not do that э́того де́лать не сле́дует; we ~ be punctual мы должны́ быть аккура́тны; б) *предположение* (*вытекающее из обстоятельств*); they ~ be there by now сейча́с они́, наве́рное, уже́ там

**shoulder** [ˈʃəuldə] **1.** *n* 1) плечо́; ~ to ~ плечо́м к плечу́ 2) лопа́тка (*в мясной туше*) 3) усту́п, вы́ступ 4) обо́чина (*дороги*) 5) *тех.* бу́ртик; поясо́к 6) пле́чики для оде́жды, ве́шалка ◇ to rub ~s with обща́ться с; straight from the ~ сплеча́, пря́мо, без обиняко́в, открове́нно; to give the cold ~ to smb. оказа́ть холо́дный приём кому́-л., хо́лодно встре́тить кого́-л.

**2.** *v* 1) отта́лкивать в сто́рону, прота́лкиваться (*тж.* ~ one's way) 2) взвали́ть на пле́чи; брать на себя́ (*ответственность, вину*); to ~ arms брать к плечу́ (*винтовку*)

**shoulder-belt** [ˈʃəuldəbelt] *n* 1) пе́ревязь че́рез плечо́ 2) *воен.* портупе́я

**shoulder-blade** [ˈʃəuldəbleɪd] *n анат.* лопа́тка

**shoulder-loop** [ˈʃəuldəlu:p] *амер.* = shoulder-strap 1)

**shoulder-mark** [ˈʃəuldəmɑ:k] *n мор.* наплечный знак разли́чия (*в военно-морском флоте США*)

**shoulder-strap** [ˈʃəuldəstræp] *n* 1) *воен.* пого́н 2) *pl* брете́льки; пле́чики; a dress without ~s пла́тье с откры́тыми плеча́ми

**shout** [ʃaut] **1.** *n* крик, во́зглас ◇ my ~ *австрал. разг.* моя́ о́чередь плати́ть

**2.** *v* крича́ть (at — на); to ~ with laughter гро́мко хохота́ть □ ~ **down** перекрича́ть; заглуша́ть кри́ком; ~ **for**, ~ **to** гро́мко позва́ть *кого-л.*

**shouting** [ˈʃautɪŋ] **1.** *pres. p. от* shout 2

**2.** *n* кри́ки; во́згласы одобре́ния, приве́тствия; it's all over but the ~ все тру́дности позади́, мо́жно ликова́ть

**shove** [ʃʌv] **1.** *n* 1) толчо́к; толка́ние 2) *с.-х.* костра́ (льна)

**2.** *v* 1) пиха́ть; толка́ть(ся) 2) *разг.* сова́ть; засо́вывать 3) *разг.* спихну́ть; всучи́ть (onto — *кому-л.*) □ ~ **off** а) отта́лкиваться (*от берега — в лодке*); б) *sl.* уходи́ть; убира́ться

**shovel** [ˈʃʌvl] **1.** *n* 1) лопа́та; сово́к 2) *с.-х.* сошни́к

**2.** *v* 1) копа́ть, рыть 2) сгреба́ть (*тж.* ~ up, ~ in); to ~ up food *разг.* уплета́ть

**shovel hat** [ˈʃʌvlhæt] *n* шля́па с широ́кими поля́ми, за́гнутыми по бока́м (*у англ. духовных лиц*)

**shoveller** [ˈʃʌvlə] *n зоол.* у́тка-широконо́ска

**show** [ʃəu] **1.** *n* 1) пока́з, демонстра́ция; to vote by ~ of hands голосова́ть подня́тием руки́ 2) зре́лище; спекта́кль; moving-picture ~ киносеа́нс 3) вы́ставка 4) витри́на 5) вне́шний вид, ви́димость; for ~ для ви́димости; there is a ~ of reason in it в э́том есть ви́димость смы́сла; he made a great ~ of zeal он де́лал вид, что о́чень стара́ется 6) показна́я пы́шность, пара́дность 7) *разг.* де́ло, предприя́тие, организа́ция; to put up a good ~ доби́ться положи́тельных результа́тов; to give away the ~ *разг.* вы́дать, разболта́ть секре́т; разболта́ть о недоста́тках (*какого-л. предприятия*); to run (*или* to boss) the ~ заправля́ть (*чем-л.*); хозя́йничать 8) *разг.* возмо́жность прояви́ть свои́ си́лы; удо́бный слу́чай 9) *воен. sl.* бой, опера́ция

**2.** *v* (showed [-d]; showed, shown) 1) пока́зывать; to ~ oneself появля́ться в о́бществе; to ~ the way провести́, показа́ть доро́гу; *перен.* надоу́мить 2) проявля́ть; выставля́ть, демонстри́ровать; to ~ cause привести́ оправда́ние; he ~ed me great kindness он прояви́л ко мне большо́е уча́стие 3) дока́зывать 4) проводи́ть, ввести́ (into — *куда-л.*); вы́вести (out of — *откуда-л.*) 5) быть ви́дным; появля́ться; каза́ться; the strain will never ~ пятно́ бу́дет незаме́тно; buds are just ~ing по́чки то́лько ещё появля́ются; your slip is ~ing у вас видна́ ни́жняя ю́бка □ ~ **down** откры́ть ка́рты; ~ **in** ввести́, провести́ (*в комнату*); ~ **off** а) пока́зывать в вы́годном све́те; б) пуска́ть пыль в глаза́; рисова́ться; ~ **out** проводи́ть, вы́вести (*из комнаты*); ~ **round** пока́зывать (*кому-л. город, музей*); ~ **up** а) изоблича́ть; разоблача́ть; б) выделя́ться (*на фоне*); в) *разг.* (по)явля́ться; объяви́ться неожи́данно ◇ to ~ a leg *разг.* встать с посте́ли; to ~ smb. the door указа́ть кому́-л. на дверь; to ~ one's hand (*или* cards) раскры́ть свои́ ка́рты; to ~ one's teeth прояви́ть вражде́бность; огрызну́ться; to have nothing to ~ for it не дости́чь никаки́х результа́тов; the picture ~s to good advantage in this light карти́на о́чень выи́грывает при э́том све́те

**show-bill** [ˈʃəubɪl] *n* афи́ша

**showboat** [ˈʃəubəut] *n* плаву́чий теа́тр (*напр., на Миссисипи*)

**show-card** [ˈʃəukɑ:d] *n* 1) рекла́ма 2) щито́к с образца́ми това́ров

**show-case** [ˈʃəukeɪs] *n* витри́на

**show-down** [ˈʃəudaun] *n* 1) раскры́тие карт 2) раскры́тие со́бственных пла́нов

**shower** I [ˈʃəuə] *n* тот, кто пока́зывает

**shower** II [ˈʃauə] **1.** *n* 1) ли́вень; а ~ of hail град 2) душ 3) град (*пуль, вопросов*) 4) *физ.* пото́к (*электронов*)

**2.** *v* 1) ли́ть(ся) ли́внем 2) полива́ть, ороша́ть 3) осыпа́ть; забра́сывать; to be ~ed with telegrams быть засы́панным телегра́ммами; to ~ stones upon smb. заброса́ть кого́-л. камня́ми 4) приня́ть душ

**shower-bath** [ˈʃauəbɑ:θ] *n* душ

**shower-party** [ˈʃauəˌpɑ:tɪ] *n амер. разг.* приём госте́й для преподнесе́ния пода́рков (*невесте, будущей матери и т. п.*)

**showery** [ˈʃauərɪ] *a* дождли́вый

**show-girl** [ˈʃəugə:l] *n* стати́стка

**showground** [ˈʃəugraund] *n театр.* игрова́я площа́дка

**showing** [ˈʃəuɪŋ] **1.** *pres. p. от* show 2

**2.** *n* 1) пока́з 2) вы́ставка 3) впечатле́ние; to make a good (bad) ~ производи́ть хоро́шее (плохо́е) впечатле́ние 4) све́дения, да́нные; показа́тели

**showman** [ˈʃəumən] *n* 1) хозя́ин ци́рка, аттракцио́на *и т. п.*; балага́нщик 2) специали́ст по организа́ции публи́чных зре́лищ

**showmanship** [ˈʃəumənʃɪp] *n* 1) иску́сство организа́ции публи́чных зре́лищ 2) уме́ние произвести́ эффе́кт, показа́ть това́р лицо́м

**shown** [ʃəun] *p. p. от* show 2

**show-room** [ˈʃəurum] *n* вы́ставочный зал; демонстрацио́нный зал для пока́за образцо́в това́ра

**show-window** [ˈʃəuˈwɪndəu] *n* окно́ магази́на, витри́на

**showy** [ˈʃəuɪ] *a* 1) эффе́ктный, я́ркий 2) крича́щий; бью́щий на эффе́кт 3) пёстрый, безвку́сный

**shram** [ʃræm] *v* (*обыкн. p. p.*) *диал.* приводи́ть в оцепене́ние; ~med with cold окочене́вший от хо́лода

**shrank** [ʃræŋk] *past от* shrink

**shrapnel** [ˈʃræpnl] *n* шрапне́ль

**shred** [ʃred] **1.** *n* 1) лоскуто́к, клочо́к, кусо́к; to tear to ~s разорва́ть в клочки́; to tear an argument to ~s по́лностью опрове́ргнуть до́вод 2) части́ца; мизе́рное коли́чество; not a ~ of truth ни ка́пли пра́вды

**2.** *v* (shredded [-ɪd], shred) 1) кромса́ть; ре́зать *или* рвать на клочки́ 2) располза́ться (*о материи*)

**shredded** [ˈʃredɪd] **1.** *past и p. p. от* shred 2

**2.** *a* дроблёный; расщеплённый

**shrew** [ʃru:] *n* 1) *зоол.* землеро́йка 2) сварли́вая же́нщина

**shrewd** [ʃru:d] *a* 1) проница́тельный, у́мный; тре́звый, практи́чный 2) *уст.* си́льный, жесто́кий (*о боли, холоде*) 3) *уст.* зло́бный; ~ tongue зло́й язы́к

**shrewish** [ˈʃru:ɪʃ] *a* сварли́вый

**shrew mole** [ˈʃru:məul] *n амер.* крот

**shrew-mouse** [ˈʃru:maus] = shrew 1)

**shriek** [ʃri:k] **1.** *n* пронзи́тельный крик, визг

**2.** *v* пронзи́тельно крича́ть, визжа́ть; to ~ with laughter истери́чески хохота́ть

**shrievalty** [ˈʃri:vəltɪ] *n* 1) до́лжность шери́фа 2) сфе́ра полномо́чий шери́фа 3) срок пребыва́ния шери́фа в до́лжности

**shrift** [ʃrɪft] *n* 1) *уст.* и́споведь 2): short ~ коро́ткий срок ме́жду пригово́ром и ка́знью; to give short ~ to smb. бы́стро распра́виться с кем-л.

**shrike** [ʃraɪk] *n* сорокопу́т (*птица*)

**shrill** [ʃrɪl] **1.** *a* 1) пронзи́тельный, ре́зкий 2) насто́йчивый, назо́йливый

2. *v* пронзи́тельно крича́ть, визжа́ть

**shrimp** [ʃrɪmp] **1.** *n* 1) *зоол.* креве́тка 2) *шутл.* ма́ленький, тщеду́шный челове́чек 3) ничто́жный челове́чек, козя́вка

2. *v* лови́ть креве́ток (*обыкн.* to go ~ing)

**shrine** [ʃraɪn] **1.** *n* 1) ра́ка; гробни́ца, усыпа́льница 2) ме́сто поклоне́ния, святы́ня

2. *v* 1) заключа́ть в ра́ку 2) благогове́йно храни́ть

**shrink** [ʃrɪŋk] *v* (shrank, shrunk; shrunk) 1) сокраща́ть(ся), смо́рщивать(ся) 2) сади́ться (*о материи*), дава́ть уса́дку 3) усыха́ть 4) отпря́нуть, отступи́ть (*от чего-л.*) 5) избега́ть; уклоня́ться (from — от *чего-л.*); I ~ from telling her у меня́ не хвата́ет ду́ху сказа́ть ей □ ~ **on** *метал.* насади́ть (*бандаж*) в горя́чем состоя́нии ◇ to ~ into oneself уйти́ в себя́

**shrinkage** [ˈʃrɪŋkɪdʒ] *n* 1) сокраще́ние; сжа́тие 2) усу́шка, уса́дка

**shrive** [ʃraɪv] *v* (shrived [-d], shrove; shrived, shriven) *уст.* исповедовать, отпуска́ть грехи́

**shrivel** [ˈʃrɪvl] *v* 1) смо́рщивать(-ся); съёживаться, ссыха́ться 2) де́лать(ся) бесполе́зным

**shriven** [ˈʃrɪvn] *p. p. от* shrive

**shroff** [ʃrɔf] *инд. n* 1) меня́ла; банки́р 2) специали́ст по распознава́нию фальши́вых моне́т

**shroud** [ʃraud] **1.** *n* 1) са́ван 2) пелена́; покро́в; wrapped in a ~ of mystery оку́танный та́йной 3) *pl мор.* ва́нты 4) *тех.* кожу́х, колпа́к

2. *v* 1) завёртывать в са́ван 2) оку́тывать

**shrove** [ʃrəuv] *past от* shrive

**Shrovetide** [ˈʃrəuvtaɪd] *n* ма́сленица

**shrub** I [ʃrʌb] *n* куст, куста́рник

**shrub** II [ʃrʌb] *n уст.* напи́ток из фрукто́вого со́ка и ро́ма

**shrubbery** [ˈʃrʌbərɪ] *n* 1) куста́рник 2) алле́я, обса́женная куста́рником

**shrubby** [ˈʃrʌbɪ] *a* 1) поро́сший куста́рником 2) куста́рниковый

**shrug** [ʃrʌg] **1.** *n* пожима́ние (*плечами*)

2. *v* пожима́ть (*плечами*); to ~ smth. off игнори́ровать, не обраща́ть внима́ния

**shrunk** [ʃrʌŋk] *past и p. p. от* shrink

**shrunken** [ˈʃrʌŋkən] *a* смо́рщенный

**shuck** [ʃʌk] **1.** *n амер.* 1) шелуха́ 2) ство́рка у́стрицы, жемчу́жницы *и т. п.* ◇ ~! *разг.* а) чёрт!; б) ерунда́!; no great ~s не блестя́щий, не выдаю́щийся

2. *v* 1) лущи́ть, очища́ть от шелухи́ 2) сбра́сывать, снима́ть; to ~ off one's clothes сбро́сить оде́жду

**shudder** [ˈʃʌdə] **1.** *n* дрожь, содрога́ние

2. *v* вздра́гивать, содрога́ться; I ~ to think of it я содрога́юсь при (одно́й) мы́сли об э́том

**shuffle** [ˈʃʌfl] **1.** *n* 1) ша́рканье 2) тасова́ние (*карт*) 3) трюк, увёртка 4) перемеще́ние; a ~ of the Cabinet перераспределе́ние портфе́лей внутри́ кабине́та мини́стров

2. *v* 1) волочи́ть (*ноги*); ша́ркать (*ногами*) 2) ёрзать 3) тасова́ть (*карты*) 4) переме́шивать; перемеща́ть 5) колеба́ться, виля́ть, изворáчиваться, хитри́ть □ ~ **off** а) сбро́сить (*одежду*); б) свали́ть (*ответственность*); в) изба́виться; ~ **on** наки́нуть (*одежду*)

**shuffler** [ˈʃʌflə] *n* 1) игро́к, тасу́ющий ка́рты 2) пройдо́ха

**shun** [ʃʌn] *v* избега́ть, остерега́ться; to ~ danger избежа́ть опа́сности

**'shun** [ʃən] *int* (*сокр. от* attention) *воен. разг.* сми́рно!

**shunless** [ˈʃʌnlɪs] *a поэт.* неизбе́жный

**shunt** [ʃʌnt] **1.** *n* 1) *ж.-д.* перево́д на запа́сный путь 2) стре́лка 3) *эл.* шунт

2. *v* 1) *ж.-д.* переводи́ть *или* переходи́ть на запа́сный путь, маневри́ровать 2) *эл.* шунти́ровать 3) *разг.* откла́дывать, класть под сукно́; избега́ть обсужде́ния (*чего-л.*)

**shunter** [ˈʃʌntə] *n ж.-д.* стре́лочник; сце́пщик; состави́тель поездо́в

**shunting-yard** [ˈʃʌntɪŋjɑ:d] *n ж.-д.* сортиро́вочная ста́нция, маневро́вый парк

**shush** [ʃʌʃ] *v разг.* заста́вить замолча́ть, заши́кать

**shut** [ʃʌt] **1.** *v* (shut) 1) затворя́ть (-ся), закрыва́ть(ся), запира́ть(ся) 2) скла́дывать, закрыва́ть; to ~ a fan сложи́ть ве́ер; to ~ an umbrella закры́ть зо́нтик □ ~ **down** а) закрыва́ть; захло́пывать; б) прекраща́ть рабо́ту (*на предприятии*); в) опуска́ться (*о тумане и т. п.*); ~ **in** а) запира́ть; б) загора́живать (*свет и т. п.*); ~ **into** а) запира́ть; б) прищемля́ть; ~ **off** а) выключа́ть (*воду, ток, пар и т. п.*); б) изоли́ровать (from); ~ **out** а) не допуска́ть; не впуска́ть; б) исключа́ть (*возможность*); в) загора́живать; ~ **to** закрыва́ть(ся) на́глухо; ~ the box to закро́йте я́щик; ~ **up** а) заби́ть, заколоти́ть; to be ~ up сиде́ть взаперти́; б) закры́ть (*магазин, предприятие*); в) заключи́ть (*в тюрьму*); г) *груб.* (заста́вить) замолча́ть; ~ up! замолчи́!, заткни́сь! ◇ to ~ one's ears to smth. не слу́шать, игнори́ровать, пропуска́ть ми́мо уше́й; to ~ one's eyes to smth. закрыва́ть глаза́ на что-л., не замеча́ть чего́-л.

2. *a* закры́тый, за́пертый

**shut-down** [ˈʃʌtdaun] *n* 1) закры́тие (*предприятия*) 2) выключе́ние

**shut-eye** [ˈʃʌtaɪ] *n sl.* сон

**shut-in** [ˈʃʌtˈɪn] **1.** *n амер.* лежа́чий больно́й

2. *a* 1) не выходя́щий из дому; лежа́чий (*о больном*) 2) за́мкнутый

**shut-out** [ˈʃʌtˈaut] *n* локау́т

**shutter** [ˈʃʌtə] **1.** *n* 1) ста́вень; *pl* жалюзи́; to put up the ~s *перен.* закры́ть предприя́тие 2) задви́жка, засло́нка; затво́р (*напр., фотообъектива*)

2. *v* закрыва́ть ста́внями

**shuttle** [ˈʃʌtl] **1.** *n* 1) челно́к (*ткацкого станка, швейной машины*) 2) затво́р шлю́за 3) *амер.* = shuttle train

2. *v* дви́гать(ся) взад и вперёд

**shuttle bus** [ˈʃʌtlbʌs] *n* при́городный авто́бус

**shuttlecock** [ˈʃʌtlkɔk] *n* вола́н (*для игры в бадминтон*)

**shuttle service** [ˈʃʌtlˌsə:vɪs] *n* движе́ние туда́ и обра́тно (*поездов, автобусов и т. п.*), ма́ятниковое движе́ние

**shuttle train** [ˈʃʌtltreɪn] *n* при́городный по́езд

**shy** I [ʃaɪ] **1.** *a* 1) пугли́вый 2) засте́нчивый, ро́бкий; осторо́жный, нереши́тельный; to be ~ of smth. а) избега́ть чего́-л.; не реша́ться на что-л.; б) *амер.* недостава́ть, не хвата́ть (*тж.* to be ~ on smth.)

2. *v* броса́ться в сто́рону, пуга́ться

**shy** II [ʃaɪ] *разг.* **1.** *n* 1) бросо́к 2) *разг.* попы́тка; to have a ~ at smth. попро́бовать доби́ться чего́-л. 3) *разг.* насме́шливое, ко́лкое замеча́ние

2. *v* броса́ть (*камень, мяч*)

**shyer** [ˈʃaɪə] *n* пугли́вая ло́шадь

**shyster** [ˈʃaɪstə] *n амер. разг.* стря́пчий по тёмным дела́м

**si** [si:] *n муз.* си

**Siamese** [ˌsaɪəˈmi:z] **1.** *a* сиа́мский; ~ twins сиа́мские близнецы́

2. *n* (*прежнее название жителей Таиланда*) сиа́мец; сиа́мка; the ~ *pl собир.* сиа́мцы

**Siberian** [saɪˈbɪərɪən] **1.** *a* сиби́рский; ~ dog сиби́рская ла́йка; ~ plague сиби́рская я́зва

2. *n* сибиря́к; сибиря́чка

**sibilant** [ˈsɪbɪlənt] **1.** *a* свистя́щий, шипя́щий

2. *n фон.* свистя́щий *или* шипя́щий звук

**sibling** [ˈsɪblɪŋ] *n* брат *или* сестра́; ~s де́ти одни́х роди́телей; ~ rivalry сопе́рничество ме́жду детьми́ (*одних родителей*), де́тская ре́вность

**sibyl** [ˈsɪbɪl] *n* сиви́лла; предсказа́тельница; колду́нья

**sibylline** [sɪˈbɪlaɪn] *a* проро́ческий

**siccative** [ˈsɪkətɪv] *хим.* **1.** *a* суши́льный

2. *n* суши́льное вещество́, сиккати́в

**sice** I [saɪs] *n* шесть очко́в (*на игральных костях*)

**sice** II [saɪs] *инд. n* грум; ко́нюх

**Sicilian** [sɪˈsɪljən] **1.** *a* сицили́йский

2. *n* жи́тель Сици́лии

**sick** I [sɪk] *a* 1) *преим. амер.* больно́й 2) *predic.* чу́вствующий тошноту́; to feel (*или* to turn) ~ испы́тывать тошноту́; he is ~ его́ тошни́т (рвёт) 3) боле́зненный; нездоро́вый; ~ fancies боле́зненные фанта́зии 4) относя́щийся к больно́му; свя́занный с боле́знью 5) *разг.* пресы́щенный; уста́вший (of — от *чего-л.*); I am ~ of waiting мне надое́ло ждать 6) тоску́ющий (for — по *чему-л.*); to be ~ at heart тоскова́ть 7) *разг.* раздоса́дованный 8) бле́дный, сла́бый (*о цвете, свете и т. п.*)

**sick** II [sɪk] *v* натра́вливать (*соба́ку*); ~ him! *охот.* ату́!, возьми́ его́!

**sick-bay** ['sɪkbeɪ] *n* корабе́льный лазаре́т

**sick-bed** ['sɪkbed] *n* посте́ль больно́го

**sick-benefit** ['sɪk'benɪfɪt] *n* посо́бие по боле́зни

**sick-call** ['sɪk'kɔ:l] *n воен.* 1) враче́бный приём больны́х 2) посеще́ние санита́рной ча́сти 3) построе́ние больны́х для сле́дования в санита́рную часть

**sicken** ['sɪkn] *v* 1) заболева́ть 2) чу́вствовать тошноту́, отвраще́ние 3) пресы́титься (of)

**sickener** ['sɪknə] *n* 1) *разг.* то, что вызыва́ет отвраще́ние, тошноту́ 2) *школ. жарг.* зану́да

**sickening** ['sɪknɪŋ] *a* отврати́тельный, тошнотво́рный; a ~ smell тошнотво́рный за́пах

**sick-flag** ['sɪkflæg] *n* каранти́нный флаг

**sick headache** ['sɪk,hedeɪk] *n* мигре́нь

**sickle** ['sɪkl] *n* серп

**sick-leave** ['sɪkli:v] *n* о́тпуск по боле́зни

**sick-list** ['sɪklɪst] *n* 1) спи́сок больны́х 2) больни́чный лист; to be on the ~ не прису́тствовать по боле́зни, быть на больни́чном листе́

**sickly** ['sɪklɪ] *a* 1) боле́зненный 2) нездоро́вый (*о кли́мате*) 3) тошнотво́рный 4) сентимента́льный, слаща́вый

**sickness** ['sɪknɪs] *n* 1) боле́знь 2) тошнота́

**sick-room** ['sɪkrum] *n* ко́мната больно́го

**side** [saɪd] **1.** *n* 1) сторона́; бок; край; ~ by ~ ря́дом; бок о́ бок; from all ~s, from every ~ со всех сторо́н, отовсю́ду; ~ of the page по́ле страни́цы; the right (wrong) ~ of cloth пра́вая (ле́вая) сторона́ мате́рии, лицо́ (изна́нка) мате́рии 2) пози́ция, то́чка зре́ния, подхо́д 3) склон (*горы*) 4) полови́на те́ла, мясно́й ту́ши *и т. п.* 5) сте́нка 6) сторона́ (*в проце́ссе, споре и т. п.*) 7) ли́ния родства́; relatives on the maternal ~ ро́дственники по матери́нской ли́нии 8) *мор.* борт 9) *разг.* чва́нство, высокоме́рие; to put on ~ ва́жничать 10) *attr.* боково́й 11) *attr.* побо́чный; a ~ effect побо́чное де́йствие (*лекарства, лече́ния и т. п.*) ◇ to put on one ~ игнори́ровать; to get on the right ~ of smb. расположи́ть кого́-л. к себе́; to take ~s стать на чью-л. сто́рону; примкну́ть к той и́ли друго́й па́ртии; the weather is on the cool ~ пого́да дово́льно прохла́дная; on the ~ попу́тно, ме́жду про́чим; дополни́тельно, в прида́чу; to make a little money on the ~ подрабо́тать немно́го де́нег на стороне́; to be on the heavy ~ быть перегру́женным; to be on the ~ of the angels приде́рживаться традицио́нных (ненау́чных) взгля́дов

2. *v* примкну́ть к кому́-л., быть на чьей-л. стороне́ (with)

**side-arms** ['saɪdɑ:mz] *n воен.* ору́жие, носи́мое на портупе́е *или* поясно́м ремне́ (*ша́шка, са́бля, амер. тж. револьве́р, пистоле́т*)

**sideboard** ['saɪdbɔ:d] *n* буфе́т; серва́нт

**sideburns** ['saɪdbə:nz] *n pl амер.* ба́чки, ба́ки

**side-car** ['saɪdkɑ:] *n* 1) коля́ска мотоци́кла 2) род кокте́йля

**side-dish** ['saɪddɪʃ] *n* гарни́р, сала́т

**side-issue** ['saɪd,ɪsju:] *n* побо́чный *или* второстепе́нный, несуще́ственный вопро́с

**sidelight** ['saɪdlaɪt] *n* 1) боково́й фона́рь 2) случа́йная информа́ция, пролива́ющая свет на что-л. 3) *мор.* отличи́тельный ого́нь

**side-line** ['saɪdlaɪn] *n* 1) побо́чная рабо́та 2) това́ры, не составля́ющие гла́вный предме́т торго́вли в да́нном магази́не 3) *ж.-д.* бокова́я ве́тка 4) *спорт.* бокова́я ли́ния игрово́го по́ля

**sideling** ['saɪdlɪŋ] *a* накло́нный; непрямо́й (*тж. перен.*)

**sidelong** ['saɪdlɔŋ] **1.** *a* боково́й; косо́й, напра́вленный в сто́рону; a ~ glance косо́й взгляд

2. *adv* вкось; бо́ком; в сто́рону

**sidereal** [saɪ'dɪərɪəl] *a* звёздный

**siderography** [,sɪdə'rɔgrəfɪ] *n* гравирова́ние на ста́ли

**side-saddle** ['saɪd,sædl] *n* да́мское седло́

**side-show** ['saɪdʃəu] *n* интерме́дия, вставно́й но́мер

**side-slip** ['saɪdslɪp] **1.** *n* 1) *авто, спорт.* боково́е скольже́ние 2) *ав.* скольже́ние на крыло́

2. *v* 1) *авто* заноси́ть 2) *ав.* скользи́ть на крыло́

**sidesman** ['saɪdzmən] *n* церко́вный служи́тель

**side-splitting** ['saɪd,splɪtɪŋ] *a разг.* 1) умори́тельный 2) громово́й (*о хо́хоте*)

**side-step** ['saɪdstep] **1.** *n* 1) шаг в сто́рону 2) *спорт.* подъём «ле́сенкой» (*на лы́жах*)

2. *v* 1) отступа́ть в сто́рону; уступа́ть доро́гу 2) уклоня́ться от уда́ра 3) уклоня́ться, обходи́ть; to ~ an issue обходи́ть вопро́с; to ~ a decision откла́дывать реше́ние

**side-track** ['saɪdtræk] **1.** *n* запа́сный путь; разъе́зд; обхо́дный путь

2. *v* 1) переводи́ть на запа́сный путь 2) уводи́ть в сто́рону; отвлека́ть (*кого́-л.*) от це́ли; to ~ attention отвле́чь внима́ние 3) откла́дывать рассмотре́ние (*предложе́ния*)

**side-view** ['saɪdvju:] *n* про́филь, вид сбо́ку

**sidewalk** ['saɪdwɔ:k] *n* тротуа́р

**sideward(s)** ['saɪdwəd(z)] = sideways

**sideways** ['saɪdweɪz] *adv* в сто́рону, вкось, бо́ком

**side wind** ['saɪdwɪnd] *n* 1) боково́й ве́тер 2) непрямо́е влия́ние; by a ~ око́льным путём, стороно́й

**side-winder** ['saɪd,wɪndə] *n* уда́р сбо́ку

**siding** ['saɪdɪŋ] **1.** *pres. p. от* side 2

2. *n* 1) *ж.-д.* запа́сный, подъездно́й путь; ве́тка 2) *амер.* нару́жная обши́вка

**sidle** ['saɪdl] *v* (под)ходи́ть бочко́м, ро́бко, укра́дкой (up to, away from, along)

**sidy** ['saɪdɪ] *a разг.* ва́жничающий

**siege** [si:dʒ] *n* 1) оса́да; to lay ~ to осади́ть; to raise the ~ снять оса́ду; to stand a ~ выде́рживать оса́ду 2) до́лгий, тя́гостный пери́од вре́мени

**siege-train** ['si:dʒtreɪn] *n воен.* оса́дный парк

**sienna** [sɪ'enə] *n* сие́на, о́хра (*кра́ска*)

**sierra** ['sɪərə] *исп. n* го́рная цепь

**siesta** [sɪ'estə] *исп. n* сие́ста, полу́денный о́тдых (*в ю́жных стра́нах*)

**sieve** [sɪv] **1.** *n* 1) решето́, си́то; he has a memory like a ~ ≅ у него́ о́чень плоха́я па́мять 2) болту́н

2. *v* просе́ивать

**sift** [sɪft] *v* 1) просе́ивать; отсе́ивать (from) 2) сы́пать, посыпа́ть (*са́харом и т. п.*) 3) тща́тельно рассма́тривать, анализи́ровать (*фа́кты*) 4) подро́бно допра́шивать (*кого́-л.*)

**sigh** [saɪ] **1.** *n* вздох

2. *v* 1) вздыха́ть 2) тоскова́ть (for — по *ком-л.*)

**sight** [saɪt] **1.** *n* 1) зре́ние; long ~ дальнозо́ркость; short (*или* near) ~ близору́кость; loss of ~ поте́ря зре́ния, слепота́ 2) по́ле зре́ния; in ~ в по́ле зре́ния; to come in ~ появи́ться; to put out of ~ пря́тать; to lose ~ of а) потеря́ть и́з виду; б) забы́ть, упусти́ть и́з виду; out of my ~! прочь с глаз мои́х! 3) взгляд; рассма́тривание; at (*или* on) ~ при ви́де; payable at ~ подлежа́щий опла́те по предъявле́нии; at first ~ с пе́рвого взгля́да; to know by ~ знать то́лько в лицо́; to catch (*или* to gain, to get) ~ of уви́деть, заме́тить 4) вид; зре́лище; I hate the ~ of him я ви́деть его́ не могу́; it was a ~ to see э́то бы́ло настоя́щее зре́лище, э́то сто́ило посмотре́ть 5) *разг.* смехотво́рное *или* непригля́дное зре́лище; to make a ~ of oneself де́лать из себя́ посме́шище; you look a perfect ~! ну и вид у тебя́! 6) *pl* достопримеча́тельности; to see the ~s осма́тривать достопримеча́тельности 7) взгляд, то́чка зре́ния; do what is right in your own ~ де́лайте так, как счита́ете ну́жным 8) *диал.* большо́е коли́чество; to cost a ~ of money сто́ить больши́х де́нег; a long ~ better мно́го лу́чше 9) прице́л; to take a careful ~ тща́тельно прице́литься 10) *pl разг.* очки́ 11) *геод.* маркше́йдерский знак ◇ out of ~ out of mind ≅ с глаз доло́й — из се́рдца вон; not by a long ~ отню́дь нет; ~ unseen *амер.* за глаза́; at ~ с листа́; to translate at ~ переводи́ть с листа́; to shoot at (*или* on) ~ стреля́ть без предупрежде́ния

2. *v* 1) уви́деть, вы́смотреть 2) наблюда́ть 3) *воен.* прице́ливаться

**sightless** [ˈsaɪtlɪs] *a* 1) неви́дящий, слепо́й 2) *поэт.* неви́димый

**sightly** [ˈsaɪtlɪ] *a* краси́вый, прия́тный на вид; ви́дный

**sightseeing** [ˈsaɪtˌsiːɪŋ] *n* осмо́тр достопримеча́тельностей; to go ~ осма́тривать достопримеча́тельности

**sightseer** [ˈsaɪtˌsiːə] *n* тури́ст, осма́тривающий достопримеча́тельности

**sign** [saɪn] **1.** *n* 1) знак; си́мвол; to give a ~ сде́лать знак; ~ and countersign паро́ль и о́тзыв; ~ manual собственнору́чная по́дпись (*монарха*) 2) при́знак, приме́та; to make no ~ а) не подава́ть при́знаков жи́зни; б) не протестова́ть 3) зна́мение, предзнаменова́ние; the ~s of the times зна́мение вре́мени 4) вы́веска (*тж.* ~board) 5) *мед.* симпто́м 6) след

**2.** *v* 1) подпи́сывать(ся) 2) выража́ть же́стом; подава́ть знак (to — *кому-л.*) 3) отмеча́ть; ста́вить знак □ ~ **away** передава́ть (*право, собственность*); завеща́ть (*что-л.*), отка́зываться в чью-л. по́льзу; ~ **off** а) *радио* дать знак оконча́ния переда́чи; б) *разг.* переста́ть разгова́ривать, замолча́ть; ~ **over** = ~ away; ~ **on** а) нанима́ть(ся) на рабо́ту; б) *радио* дать знак нача́ла переда́чи; ~ **up** = ~ on

**signal** [ˈsɪgnl] **1.** *n* 1) сигна́л, знак 2) *pl воен.* связь; войска́ свя́зи 3) *attr.*: ~ service *воен.* слу́жба свя́зи

**2.** *a* 1) выдаю́щийся, замеча́тельный; ~ victory блестя́щая побе́да 2) сигна́льный

**3.** *v* сигнализи́ровать, дава́ть сигна́л; the train is ~led дан сигна́л о прибы́тии по́езда

**signal-book** [ˈsɪgnlbuk] *n* код, сигна́льная кни́га, сбо́рник сигна́лов

**signal-box** [ˈsɪgnlbɔks] *n ж.-д.* блокпо́ст; пост централиза́ции

**signalize** [ˈsɪgnəlaɪz] *v* 1) отмеча́ть; ознаменова́ть 2) сигнализи́ровать

**signaller** [ˈsɪgnələ] *n воен.* 1) связи́ст 2) сигна́льщик

**signal-man** [ˈsɪgnlmən] *n* сигна́льщик

**signatory** [ˈsɪgnətərɪ] **1.** *n* сторона́, подписа́вшая како́й-л. докуме́нт (*особ. договор*); joint ~ совме́стно подписа́вший

**2.** *a* подписа́вший (*какой-л. документ, особ. договор*)

**signature** [ˈsɪgnɪtʃə] *n* 1) по́дпись; to bear the ~ (of) быть подпи́санным (*кем-л.*); over the ~ за по́дписью 2) *полигр.* сигнату́ра 3) *муз.* ключ 4) *радио* музыка́льная ша́пка

**signboard** [ˈsaɪnbɔːd] *n* вы́веска

**signer** [ˈsaɪnə] *n* лицо́ *или* сторона́, подписа́вшие како́й-л. докуме́нт

**signet** [ˈsɪgnɪt] *n* печа́тка, печа́ть

**significance** [sɪgˈnɪfɪkəns] *n* 1) значе́ние, смысл 2) ва́жность, значи́тельность; to attach ~ to smth. придава́ть значе́ние чему́-л. 3) многозначи́тельность; вырази́тельность

**significant** [sɪgˈnɪfɪkənt] *a* 1) значи́тельный, ва́жный, суще́ственный; знамена́тельный 2) многозначи́тельный; вырази́тельный 3) зна́чимый (*о суффиксе и т. п.*)

**signification** [ˌsɪgnɪfɪˈkeɪʃən] *n* (то́чное) значе́ние, (то́чный) смысл

**significative** [sɪgˈnɪfɪkətɪv] *a* ука́зывающий (of — на *что-л.*); свиде́тельствующий (of — о *чём-л.*)

**signify** [ˈsɪgnɪfaɪ] *v* 1) зна́чить, означа́ть 2) име́ть значе́ние; it doesn't ~ э́то не име́ет значе́ния, э́то нева́жно 3) выка́зывать; to ~ one's consent вы́разить своё согла́сие 4) предвеща́ть

**sign-painter** [ˈsaɪnˌpeɪntə] *n* худо́жник, рису́ющий вы́вески

**signpost** [ˈsaɪnpəust] *n* указа́тельный столб, указа́тель

**sign-writer** [ˈsaɪnˌraɪtə] = sign-painter

**Sikh** [siːk] *инд. n* сикх

**silage** [ˈsaɪlɪdʒ] *n* си́лос

**silence** [ˈsaɪləns] **1.** *n* 1) молча́ние; безмо́лвие, тишина́; to break (to keep) ~ наруша́ть (храни́ть) молча́ние; to put to ~ заста́вить замолча́ть 2) забве́ние; отсу́тствие све́дений; to pass into ~ быть пре́данным забве́нию

**2.** *v* 1) заста́вить замолча́ть 2) заглуша́ть

**silencer** [ˈsaɪlənsə] *n тех.* глуши́тель

**silent** [ˈsaɪlənt] *a* 1) безмо́лвный; немо́й; ~ film немо́й фильм 2) молчали́вый, to be (*или* to keep) ~ молча́ть; ума́лчивать 3) не выска́зывающий; the report was ~ on that point об э́том в докла́де ничего́ не́ было ска́зано 4) не вы́сказанный вслух 5) непроизноси́мый (*о букве*) 6) бесшу́мный, ти́хий ◇ ~ partner *см.* partner I, 2); the ~ service *разг.* подво́дный флот

**silhouette** [ˌsɪlu(ː)ˈet] *фр.* **1.** *n* силуэ́т

**2.** *v* (*обыкн. p. p.*) 1) изобража́ть в ви́де силуэ́та 2) вырисо́вываться (*на фоне чего-л.*)

**silica** [ˈsɪlɪkə] *n хим., мин.* кремнезём, кварц

**silicate** [ˈsɪlɪkɪt] *n* 1) силика́т 2) *attr.* силика́тный

**siliceous** [sɪˈlɪʃəs] *a* кремни́стый, содержа́щий кре́мний

**silicic** [sɪˈlɪsɪk] *a* кре́мниевый

**silicon** [ˈsɪlɪkən] *n хим.* кре́мний

**silk** [sɪlk] **1.** *n* 1) шёлк 2) *pl* шёлковые ни́тки 3) *разг.* короле́вский адвока́т; to take ~ стать короле́вским адвока́том

**2.** *a* шёлковый; ~ **hat** цили́ндр; ~ stocking шёлковый чуло́к [*ср. тж.* silk-stocking]

**silken** [ˈsɪlkən] *a* 1) *поэт.* шёлковый 2) шелкови́стый, блестя́щий; гла́дкий 3) мя́гкий, вкра́дчивый 4) не́жный, мя́гкий 5) элега́нтный, шика́рный

**silk-mill** [ˈsɪlkmɪl] *n* шелкопряди́льная фа́брика

**silk-stocking** [ˈsɪlkˌstɔkɪŋ] **1.** *n амер.* роско́шно оде́тый челове́к, бога́ч

**2.** *a* 1) элега́нтный, роско́шный 2) фешене́бельный, аристократи́ческий; ~ section фешене́бельный райо́н го́рода

**silkworm** [ˈsɪlkwəːm] *n зоол.* ту́товый шелкопря́д

**silky** [ˈsɪlkɪ] *a* 1) шелкови́стый 2) вкра́дчивый 3) бархати́стый (*о вине и т. п.*)

**sill** [sɪl] *n* 1) подоко́нник 2) *стр.* ле́жень, ни́жний брус 3) *горн.* по́чва у́гольного пласта́

**sillabub** [ˈsɪləbʌb] *n* (сби́тые) сли́вки с вино́м и са́харом

**siller** [ˈsɪlə] *n шотл.* 1) серебро́ 2) де́ньги

**silliness** [ˈsɪlɪnɪs] *n* глу́пость

**silly** [ˈsɪlɪ] **1.** *a* 1) глу́пый; слабоу́мный 2) *уст.* просто́й, бесхи́тростный; безоби́дный ◇ the ~ season зати́шье в пре́ссе (*особ. в конце лета*)

**2.** *n разг.* глупы́ш, несмышлёныш

**silo** [ˈsaɪləu] **1.** *n* (*pl* -os [-əuz]) си́лосная я́ма *или* ба́шня

**2.** *v* силосова́ть

**silt** [sɪlt] **1.** *n* ил, оса́док, нано́сы

**2.** *v* засоря́ть(ся) и́лом (*обыкн.* ~ up) □ ~ **through** проса́чиваться

**Silurian** [saɪˈljuərɪən] *зоол.* **1.** *a* силури́йский

**2.** *n* силури́йский пери́од

**silvan** [ˈsɪlvən] *a* лесно́й, леси́стый

**silver** [ˈsɪlvə] **1.** *n* 1) серебро́; sterling ~ чи́стое серебро́ 2) сере́бряные моне́ты; де́ньги 3) сере́бряные изде́лия; table ~ столо́вое серебро́ 4) цвет серебра́

**2.** *a* 1) сере́бряный 2) серебри́стый; ~ sand то́нкий бе́лый песо́к 3) седо́й (*о волосах*)

**3.** *v* 1) серебри́ть 2) покрыва́ть (*зеркало*) амальга́мой рту́ти 3) серебри́ться 4) седе́ть

**silver fir** [ˈsɪlvəˈfəː] *n бот.* пи́хта благоро́дная

**silver fox** [ˈsɪlvəˈfɔks] *n* черно-бу́рая лиси́ца

**silver gilt** [ˈsɪlvəˈgɪlt] *a* из позоло́ченного серебра́

**silvern** [ˈsɪlvən] *a поэт.* сере́бряный

**silver paper** [ˈsɪlvəˌpeɪpə] *n* 1) то́нкая папиро́сная бума́га 2) оловя́нная фо́льга, станио́ль

**silver-plate** [ˈsɪlvəˈpleɪt] *v* покрыва́ть серебро́м, серебри́ть (*гальваническим способом*)

**silver point** [ˈsɪlvəˈpɔɪnt] *n* рису́нок сере́бряным карандашо́м

**silver side** [ˈsɪlvəsaɪd] *n* лу́чшая часть ссе́ка говя́дины

**silversmith** [ˈsɪlvəsmɪθ] *n* сере́бряных дел ма́стер

**silver-tongued** [ˈsɪlvəˈtʌŋd] *a* сладкоречи́вый; красноречи́вый

**silverware** [ˈsɪlvəwɛə] *n* изде́лия из серебра́, *особ.* столо́вое серебро́

**silvery** [ˈsɪlvərɪ] *a* серебри́стый

**silviculture** [ˈsɪlvɪkʌltʃə] *n* лесово́дство

**simian** [ˈsɪmɪən] **1.** *a* обезья́ний, обезьяноподо́бный

**2.** *n* обезья́на

**similar** [ˈsɪmɪlə] *a* 1) подо́бный (to); схо́дный, похо́жий 2) *геом.* подо́бный; ~ triangles подо́бные треуго́льники

**similarity** [ˌsɪmɪˈlærɪtɪ] *n* 1) схо́дство, подо́бие 2) *геом.* подо́бие

**similarly** [ˈsɪmɪlǝlɪ] *adv* так же, подо́бным о́бразом

**simile** [ˈsɪmɪlɪ] *n лит.* сравне́ние

**similitude** [sɪˈmɪlɪtju:d] *n* 1) схо́дство, подо́бие 2) о́браз, вид; in the ~ of smb., smth. в о́бразе кого́-л., чего́-л.; to assume the ~ of приня́ть вид 3) = simile

**similize** [ˈsɪmɪlaɪz] *v* по́льзоваться стилисти́ческим приёмом сравне́ния

**simitar** [ˈsɪmɪtǝ] = scimitar

**simmer** [ˈsɪmǝ] **1.** *n* закипа́ние

**2.** *v* 1) закипа́ть; кипе́ть на ме́дленном огне́ 3) е́ле сде́рживать (*гнев или смех*); he was ~ing with anger он е́ле сде́рживал свой гнев □ ~ **down** перестава́ть кипе́ть, остыва́ть

**simon-pure** [ˈsaɪmǝnˈpjuǝ] *a* настоя́щий, по́длинный

**simony** [ˈsaɪmǝnɪ] *n ист.* симони́я

**simoom, simoon** [sɪˈmu:m, sɪˈmu:n] *n* саму́м

**simp** [sɪmp] *n* (*сокр. от* simpleton) *разг.* проста́к, простофи́ля

**simper** [ˈsɪmpǝ] **1.** *n* жема́нная *или* глу́пая улы́бка

**2.** *v* притво́рно *или* глу́по улыба́ться

**simple** [ˈsɪmpl] **1.** *a* 1) просто́й, несло́жный 2) элемента́рный, неразложи́мый; ~ fraction *мат.* проста́я дробь; a ~ quantity *мат.* однозна́чное число́; ~ equation *мат.* уравне́ние 1-й сте́пени 3) простоду́шный, наи́вный; глупова́тый; he is not so ~ as you suppose он не так прост, как вы ду́маете; ~ Simon проста́к 4) прямо́й, че́стный 5) незамыслова́тый, незате́йливый; просто́й, скро́мный; ~ food проста́я пи́ща 6) просто́й, незна́тный 7) я́вный; и́стинный; it is a ~ lie э́то про́сто ложь; the ~ truth и́стинная пра́вда

**2.** *n уст.* лека́рственная трава́

**simple-hearted** [ˈsɪmplˈhɑ:tɪd] *a* простоду́шный

**simple-minded** [ˈsɪmplˈmaɪndɪd] *a* 1) бесхи́тростный 2) тупова́тый, глу́пый

**simpleton** [ˈsɪmpltǝn] *n* проста́к

**simplicity** [sɪmˈplɪsɪtɪ] *n* 1) простота́ 2) простоду́шие, наи́вность 3) скро́мность, непритяза́тельность ◇ she is ~ itself *разг.* она́ сама́ простота́

**simplification** [ˌsɪmplɪfɪˈkeɪʃǝn] *n* упроще́ние

**simplify** [ˈsɪmplɪfaɪ] *v* упроща́ть

**simplism** [ˈsɪmplɪzm] *n* упроще́нчество

**simply** [ˈsɪmplɪ] *adv* 1) про́сто, легко́; I did it quite ~ я сде́лал э́то о́чень про́сто 2) глу́по 3) *употр. для усиления:* I ~ wouldn't stand it я про́сто не мог перенести́ э́то

**simulacra** [ˌsɪmjuˈleɪkrǝ] *pl от* simulacrum

**simulacrum** [ˌsɪmjuˈleɪkrǝm] *лат. n* (*pl* -cra) подо́бие; ви́димость

**simulate** [ˈsɪmjuleɪt] *v* 1) симули́ровать; притворя́ться 2) име́ть вид (*чего-л.*), походи́ть (*на что-л.*) 3) модели́ровать, воспроизводи́ть (*реальные условия работы при испытании*)

**simulated** [ˈsɪmjuleɪtɪd] *a* 1) подде́льный, фальши́вый 2) моделиру́ющий, воспроизводя́щий; ~ conditions иску́сственно со́зданные усло́вия

**simulation** [ˌsɪmjuˈleɪʃǝn] *n* 1) симуля́ция; притво́рство 2) модели́рование; воспроизведе́ние

**simulator** [ˈsɪmjuleɪtǝ] *n* 1) притво́рщик; симуля́нт 2) модели́рующее, имити́рующее устро́йство 3) *ав.* трена́жёр

**simultaneity** [ˌsɪmǝltǝˈnɪǝtɪ] *n* одновре́ме́нность

**simultaneous** [ˌsɪmǝlˈteɪnjǝs] *a* одновре́ме́нный

**sin** [sɪn] **1.** *n* грех; to live in ~ жить в незако́нном бра́ке

**2.** *v* 1) (со)греши́ть 2) наруша́ть (*правила, нормы*); to ~ against the laws of society наруша́ть зако́ны о́бщества

**sinapism** [ˈsɪnǝpɪzm] *n* горчи́чник

**since** [sɪns] **1.** *adv* 1) с тех пор; I have not seen him ~ я его́ не ви́дел с тех пор; he has (*или* had) been healthy ever ~ с тех пор он (всё вре́мя) был здоро́в 2) тому́ наза́д; he died many years ~ он у́мер мно́го лет наза́д; I saw him not long ~ я ви́дел его́ неда́вно

**2.** *prep* с; по́сле; I have been here ~ ten o'clock я здесь с 10 часо́в; ~ seeing you I have (*или* had) heard... по́сле того́, как я ви́дел вас, я узна́л...

**3.** *cj* 1) с тех пор как; it is a long time ~ I saw him last прошло́ мно́го вре́мени с тех пор, как я его́ ви́дел в после́дний раз 2) так как; ~ you are ill, I will go alone поско́льку вы больны́, я пойду́ оди́н

**sincere** [sɪnˈsɪǝ] *a* и́скренний

**sincerity** [sɪnˈserɪtɪ] *n* и́скренность

**sinciput** [ˈsɪnsɪpʌt] *n анат.* пере́дняя и ве́рхняя часть че́репа, те́мя

**sine** I [saɪn] *n мат.* си́нус

**sine** II [ˈsaɪnɪ] *лат. prep* без; ~ die [ˈsaɪnɪˈdaɪi(:)] на неопределённый срок; ~ qua non [ˈsaɪnɪkweɪˈnɔn] обяза́тельное усло́вие

**sinecure** [ˈsaɪnɪkjuǝ] *n* синеку́ра

**sinew** [ˈsɪnju:] **1.** *n* 1) сухожи́лие 2) *pl* мускулату́ра; физи́ческая си́ла 3) *pl* дви́жущая си́ла; the ~s of war де́ньги и материа́льные ресу́рсы (*необходимые для ведения войны*)

**2.** *v* укрепля́ть, уси́ливать

**sinewy** [ˈsɪnju(:)ɪ] *a* 1) му́скулистый 2) я́ркий, живо́й (*о стиле*)

**sinful** [ˈsɪnful] *a* гре́шный, грехо́вный

**sing** [sɪŋ] **1.** *v* (sang; sung) 1) петь; to ~ flat (*или* sharp) фальши́вить; to ~ to a guitar петь под гита́ру; to ~ smb. to sleep убаю́кать кого́-л. пе́нием 2) воспева́ть (*обыкн.* ~ of) 3) ликова́ть 4) гуде́ть (*о ветре*); свисте́ть (*о пуле*); звене́ть (*в ушах*) □ ~ **out** выклика́ть; крича́ть ◇ to ~ small, to ~ another song сба́вить тон; присмире́ть; to make one's head ~ *sl.* расколо́ться; вы́дать соо́бщников преступле́ния

**2.** *n* 1) свист (*пули*); шум (*ветра*); звон (*в ушах*) 2) *разг.* спе́вка, пе́ние

**singe** [sɪndʒ] **1.** *n* ожо́г

**2.** *v* опаля́ть(ся); пали́ть; to ~ one's reputation запятна́ть свою́ репута́цию ◇ to ~ one's feathers (*или* wings) обже́чься на чём-л.

**singer** [ˈsɪŋǝ] *n* 1) пев́ец; певи́ца 2) поэ́т, бард 3) пе́вчая пти́ца

**Singhalese** [ˌsɪŋhǝˈli:z] = Sinhalese

**singing** [ˈsɪŋɪŋ] **1.** *pres. p. от* sing 1

**2.** *n* пе́ние

**singing-master** [ˈsɪŋɪŋˌmɑ:stǝ] *n* учи́тель пе́ния

**single** [ˈsɪŋgl] **1.** *a* 1) оди́н; еди́нственный; одино́кий; there is not a ~ one left не оста́лось ни одного́; a ~ eye-glass моно́кль; ~ combat единобо́рство; by instalments or in a ~ sum в рассро́чку и́ли сра́зу всю су́мму 2) одино́чный, предназна́ченный для одного́; ~ bed односпа́льная крова́ть; ~ room ко́мната на одного́ челове́ка 3) еди́ный 4) го́дный в оди́н коне́ц (*о билете*) 5) одино́кий; холосто́й; незаму́жняя 6) прямо́й, и́скренний; бесхи́тростный; безразде́льный (*о привязанности*)

**2.** *n* 1) па́ртия (*в теннисе, гольфе*), в кото́рой уча́ствуют то́лько два проти́вника 2) биле́т в оди́н коне́ц

**3.** *v* выбира́ть, отбира́ть (*тж.* ~ out)

**single-acting** [ˈsɪŋglˈæktɪŋ] *a тех.* односторо́ннего де́йствия

**single-breasted** [ˈsɪŋglˈbrestɪd] *a* однобо́ртный

**single-eyed** [ˈsɪŋglˈaɪd] *a* 1) одногла́зый 2) че́стный, прямо́й, прямолине́йный 3) целеустремлённый

**single-gauge** [ˈsɪŋglgeɪdʒ] *a ж.-д.* однопу́тный, одноколе́йный

**single-handed** [ˈsɪŋglˈhændɪd] **1.** *a* 1) одноту́кий 2) сде́ланный без посторо́нней по́мощи

**2.** *adv* без посторо́нней по́мощи

**single-hearted** [ˈsɪŋglˈhɑ:tɪd] *a* 1) прямоду́шный 2) пре́данный своему́ де́лу, целеустремлённый

**single-minded** [ˈsɪŋglˈmaɪndɪd] = single-hearted

**singleness** [ˈsɪŋglnɪs] *n* 1) одино́чество 2) прямоду́шие, и́скренность 3) целеустремлённость (*тж.* ~ of purpose)

**single-seater** [ˈsɪŋglˌsi:tǝ] *n* одноме́стный автомоби́ль *или* самолёт

**single-stage** [ˈsɪŋglsteɪdʒ] *a* одноступе́нчатый

**singlestick** [ˈsɪŋglstɪk] *n* 1) па́лка с рукоя́ткой (*для фехтования*) 2) фехтова́ние

**single-sticker** [ˈsɪŋglˌstɪkǝ] *n мор. разг.* однома́чтовое су́дно

**singlet** [ˈsɪŋglɪt] *n* 1) фуфа́йка 2) ма́йка

**singleton** [ˈsɪŋgltǝn] *n* 1) *карт.* еди́нственная ка́рта да́нной ма́сти 2) одино́чка 3) еди́нственный ребёнок 4) едини́чный предме́т

**single-tree** [ˈsɪŋgltri:] *n* валёк (*конной упряжи*)

**single-winged** [ˈsɪŋglˈwɪŋd] *a* одноство́рчатый

**singly** [ˈsɪŋglɪ] *adv* 1) отде́льно, поодино́чке 2) самостоя́тельно, без по́мощи други́х

**singsong** [ˈsɪŋsɔŋ] **1.** *n* 1) моното́нное чте́ние *или* пе́ние 2) импровизи́рованный конце́рт

**2.** *a* моното́нный

**3.** *v* чита́ть стихи́, говори́ть *или* петь моното́нно

**singular** [ˈsɪŋgjulə] **1.** *n грам.* 1): the ~ еди́нственное число́ 2) сло́во в еди́нственном числе́

**2.** *a* 1) необыча́йный, исключи́тельный 2) стра́нный, своеобра́зный 3) *грам.* еди́нственный

**singularity** [ˌsɪŋgjuˈlærɪtɪ] *n* оригина́льность, стра́нность; своеобра́зие; осо́бенность

**Sinhalese** [ˌsɪnhəˈliːz] **1.** *a* синга́льский

**2.** *n* 1) синга́лец 2) синга́льский язы́к

**sinister** [ˈsɪnɪstə] *a* 1) злове́щий 2) злой, дурно́й 3) *уст., шутл.* ле́вый 4) *геральд.* находя́щийся на пра́вой (*от зрителя*) стороне́ герба́

**sink** [sɪŋk] **1.** *n* 1) ра́ковина (*для стока воды*) 2) сто́чная труба́ 3) клоа́ка; ~ of iniquity прито́н, верте́п 4) низи́на

**2.** *v* (sank; sunk) 1) опуска́ть(ся), снижа́ть(ся); па́дать (*о цене, стоимости, барометре и т. п.*); my spirits (*или* heart) sank я упа́л ду́хом; to ~ in smb.'s estimation упа́сть в чьём-л. мне́нии; the sun sank below a cloud со́лнце зашло́ за ту́чу 2) тону́ть (*о корабле и т. п.*); погружа́ться (*тж. перен.*); he sank into a chair он опусти́лся в кре́сло; to ~ into a reverie заду́маться; to ~ into a faint упа́сть в о́бморок 3) топи́ть (*судно*); затопля́ть (*местность*) 4) спада́ть (*о воде*); убыва́ть, уменьша́ться; the lake ~s вода́ в о́зере убыва́ет 5) оседа́ть (*о фундаменте*) 6) впи́тываться (*о жидкостях, краске*) 7) ослабева́ть, ги́бнуть; he is ~ing он умира́ет 8) впада́ть; запада́ть 9) проника́ть; запечатле́ться; to ~ into poverty впасть в нищету́ 11) погря́знуть 12) зама́лчивать (*факт*); скрыва́ть (*своё имя и т. п.*); забыва́ть, предава́ть забве́нию; to ~ one's own interests не ду́мать о свои́х интере́сах; to ~ the shop скрыва́ть свои́ заня́тия, свою́ профе́ссию 13) невы́годно помести́ть (*капитал*); to ~ money in smth. ухло́пать де́ньги на что-л. 14) погаша́ть (*долг*) 15) проходи́ть (*шахту*); рыть (*колодец*); прокла́дывать (*трубу*) 16) выреза́ть (*штамп*) ◊ ~ or swim ≅ ли́бо пан, ли́бо пропа́л

**sinker** [ˈsɪŋkə] *n* 1) грузи́ло 2) *амер. sl.* по́нчик, ола́дья, жа́реный пирожо́к 3) *горн.* прохо́дчик (*вертикальных и наклонных выработок*)

**sinking** [ˈsɪŋkɪŋ] **1.** *pres. p. от* sink 2

**2.** *n* 1) опуска́ние *и пр.* [*см.* sink 2] 2) внеза́пная сла́бость

**sinking-fund** [ˈsɪŋkɪŋˈfʌnd] *n* амортизацио́нный фонд, фонд погаше́ния

**sinner** [ˈsɪnə] *n* гре́шник

**Sinn Fein** [ˈʃɪnˈfeɪn] *n* движе́ние шинфе́йнеров (*в Ирландии*)

**Sinn Feiner** [ˈʃɪnˈfeɪnə] *n* шинфе́йнер

**sin-offering** [ˈsɪnˌɔfərɪŋ] *n* искупи́тельная же́ртва

**sinologist** [sɪˈnɔlədʒɪst] *n* китаи́ст, сино́лог

**sinologue** [ˈsɪnəlɔg] = sinologist

**sinology** [sɪˈnɔlədʒɪ] *n* китаеве́дение, синоло́гия

**sinter** [ˈsɪntə] *n* 1) шлак, ока́лина 2) *геол.* туф

**sinuosity** [ˌsɪnjuˈɔsɪtɪ] *n* 1) изви́листость 2) изви́лина, изги́б

**sinuous** [ˈsɪnjuəs] *a* 1) изви́листый; волнообра́зный, волни́стый 2) сло́жный, запу́танный

**sinus** [ˈsaɪnəs] (*pl* -es [-ɪz]) *n* 1) *анат.* па́зуха 2) *мед.* свищ

**Sioux** [suː] *n* (*pl* Sioux [suːz]) си́у (*племя североамериканских индейцев и индеец этого племени*)

**sip** [sɪp] **1.** *n* ма́ленький глото́к

**2.** *v* потя́гивать, прихлёбывать

**siphon** [ˈsaɪfən] **1.** *n* сифо́н

**2.** *v* 1) перелива́ть че́рез сифо́н 2) течь че́рез сифо́н

**sippet** [ˈsɪpɪt] *n* 1) кусо́чек хле́ба, обмакну́тый в подли́вку; молоко́ *и т. п.* 2) грено́к

**sir** [səː (*полная форма*); sə (*редуцированная форма*)] **1.** *n* сэр, господи́н, су́дарь (*как обращение; перед именем обозначает титул* knight *или* baronet, *напр.*, S. John); dear ~ ми́лостивый госуда́рь

**2.** *v* велича́ть сэ́ром

**sircar** [ˈsəːkɑː] *инд. n* 1) индийское прави́тельство 2) глава́ прави́тельства 3) глава́ семьи́

**sirdar** [ˈsəːdɑː] *n* 1) команди́р, нача́льник (*на Востоке*) 2) *ист.* главнокома́ндующий (а́нгло-)еги́петской а́рмией

**sire** [ˈsaɪə] **1.** *n* 1) ва́ше вели́чество, сир (*обращение к королю*) 2) *поэт.* оте́ц; пре́док 3) производи́тель (*о жеребце и т. п.*)

**2.** *v* быть производи́телем (*о жеребце и т. п.*)

**siren** [ˈsaɪərən] *n* 1) сире́на 2) сигна́л возду́шной трево́ги 3) *миф.* сире́на; *перен.* краси́вая безду́шная же́нщина

**sirloin** [ˈsəːlɔɪn] *n* филе́й, филе́йная часть (*туши*)

**sirocco** [sɪˈrɔkəu] *n* (*pl* -os [-əuz]) сиро́кко

**sirrah** [ˈsɪrə] *n уст. презр.* эй, ты (су́дарь)!

**sirup** [ˈsɪrəp] = syrup

**sisal** [ˈsaɪsəl] *n* сиза́ль (*обработанные волокна текстильных агав*)

**siskin** [ˈsɪskɪn] *n* чиж

**sissy** [ˈsɪsɪ] = cissy

**sister** [ˈsɪstə] *n* 1) сестра́; full (*или* german) ~ родна́я сестра́; half ~ сестра́ то́лько по одному́ из роди́телей 2) ста́ршая медици́нская сестра́; сиде́лка 3) *разг.* де́вушка (*как обращение*) 4) член религио́зной о́бщи́ны; мона́хиня 5) *attr.* ро́дственный; па́рный; материа́льно и организацио́нно свя́занный (*о предприятии*); ~ ships однoти́пные суда́

**sisterhood** [ˈsɪstəhud] *n* 1) ро́дственная связь сестёр; they lived in loving ~ они́ бы́ли лю́бящими сёстрами 2) религио́зная се́стринская о́бщи́на

**sister-in-law** [ˈsɪstərɪnlɔː] *n* (*pl* sisters-in-law) неве́стка (*жена брата*); золо́вка (*сестра мужа*); своя́ченица (*сестра жены*)

**sisterly** [ˈsɪstəlɪ] *a* се́стринский

**Sisyphean** [ˌsɪsɪˈfiː(ː)ən] *a греч. миф.* сизи́фов (*труд*)

**sit** [sɪt] *v* (sat) 1) сиде́ть; to ~ oneself сади́ться, уса́живаться 2) сажа́ть, уса́живать 3) вмеща́ть; быть рассчи́танным на; the table ~s six people за столо́м уса́живается шесть челове́к 4) сиде́ть на я́йцах (*о птице*) 5) сажа́ть на я́йца (*птицу*) 6) пози́ровать 7) находи́ться, быть располо́женным; стоя́ть 8) остава́ться в безде́йствии; the car ~s in the garage маши́на стои́т в гараже́ 9) сиде́ть (*о платье*); to ~ ill on пло́хо сиде́ть на 10) обременя́ть; his principles ~ loosely on him он себя́ свои́ми при́нципами не стесня́ет 11) заседа́ть (*о суде или парламенте; тж.* ~ in session) 12) присма́тривать за ребёнком в отсу́тствие роди́телей (*тж.* ~ in) 13) держа́ться на ло́шади 14) име́ть пра́вильную пози́цию (*о гребце*) 15) *уст.* прожива́ть ▭ ~ **back** а) отки́дываться (*на спинку стула и т. п.*); б) безде́льничать; ~ **down** а) сади́ться; б) сиде́ть; в) *разг.* приземля́ться, де́лать поса́дку (*о самолёте*); г) мири́ться, терпе́ть (under); to ~ down under insults сноси́ть оскорбле́ния; ~ **for** а) представля́ть в парла́менте (*округ*); б): to ~ for an examination экзаменова́ться; ~ **in** а) присма́тривать за ребёнком в отсу́тствие роди́телей; б) наблюда́ть, прису́тствовать, уча́ствовать (on); ~ **on** а) быть чле́ном (*комиссии*); б) разбира́ть (*дело*); в) *разг.* осади́ть; вы́бранить; ~ **out** а) не уча́ствовать (*в танцах*); б) вы́сидеть, пересиде́ть; to ~ smb. out пересиде́ть кого́-л.; ~ **through** вы́держать, вы́сидеть до конца́; ~ **under** слу́шать про́поведи; ~ **up** а) приподня́ться, сесть (*в постели*); б) не ложи́ться спать; засиживаться до по́здней но́чи; бо́дрствовать; в) сиде́ть пря́мо; выпрями́ться; г) *разг.* (внеза́пно) заинтересова́ться (*тж.* ~ up and take notice); to make smb. ~ up расшевели́ть, встряхну́ть кого́-л.; ~ **upon** = ~ on ◊ to ~ in judgement осужда́ть; критикова́ть; to ~ tight *разг.* твёрдо держа́ться; не сдава́ть свои́х пози́ций; to ~ on one's hands а) не аплоди́ровать; возде́рживаться от выраже́ния одобре́ния; б) безде́йствовать, сиде́ть сложа́ ру́ки; to ~ at smb.'s feet быть чьим-л. ученико́м, после́дователем; учи́ться у кого́-л.; to ~ down hard on smth. реши́тельно воспроти́виться чему́-л.

**sit-down** ['sɪtdaun] *a* сидя́чий; ~ strike сидя́чая (*или* италья́нская) забасто́вка

**site** [saɪt] **1.** *n* 1) местоположе́ние, местонахожде́ние 2) уча́сток (*для строительства*)

**2.** *v* 1) располага́ть 2) выбира́ть ме́сто

**sit-in** ['sɪt'ɪn] *n* 1) сидя́чая (*или* италья́нская) забасто́вка 2) *амер.* демонстра́ция про́тив ра́совой дискримина́ции (*путём занятия мест в кафе и т. п., куда не пускают негров*)

**sitter** ['sɪtə] *n* 1) тот, кто пози́рует худо́жнику, фото́графу; нату́рщик 2) насе́дка 3) = sitter-in 4) сидя́щая дичь 5) *разг.* лёгкая рабо́та, несло́жное де́ло

**sitter-in** ['sɪtər'ɪn] *n* ня́ня, присма́тривающая за детьми́ в отсу́тствие роди́телей

**sitting** ['sɪtɪŋ] **1.** *pres. p. от* sit

**2.** *n* 1) заседа́ние 2) сеа́нс (*позирования и т. п.*); at a ~ в оди́н присе́ст 3) выси́живание цыпля́т

**sitting-room** ['sɪtɪŋrum] *n* 1) о́бщая ко́мната в кварти́ре; гости́ная 2) ме́сто, помеще́ние для сиде́ния

**situated** ['sɪtjueɪtɪd] *a* располо́женный; находя́щийся в определённых обстоя́тельствах, усло́виях; thus ~ в таки́х обстоя́тельствах

**situation** [ˌsɪtju'eɪʃən] *n* 1) местоположе́ние, ме́сто 2) положе́ние, обстано́вка, состоя́ние, ситуа́ция; to come out of a difficult ~ with credit с че́стью вы́йти из тру́дного положе́ния 3) слу́жба, до́лжность, ме́сто (*особ. о прислуге*); to find a ~ найти́ рабо́ту, устро́иться на ме́сто

**sitzkrieg** ['sɪtskri:g] *нем. n* «сидя́чая» война́ (*о начальном периоде второй мировой войны*)

**six** [sɪks] **1.** *num. card.* шесть

**2.** *n* 1) шестёрка 2) *pl* шесто́й но́мер (*размер перчаток и т. п.*) ◊ at ~es and sevens в беспоря́дке, вверх дном; it is ~ of one and half a dozen of the other э́то одно́ и то́ же, ра́зница то́лько в назва́нии

**six-by-six** ['sɪksbaɪ'sɪks] *n амер. разг.* шестиколёсный грузови́к

**sixer** ['sɪksə] *n разг.* шесть очко́в

**sixfold** ['sɪksfəuld] **1.** *a* шестикра́тный

**2.** *adv* вше́стеро

**six-footer** ['sɪks'futə] *n разг.* 1) челове́к шести́ фу́тов ро́стом 2) что-л. длино́ю в шесть фу́тов

**sixpence** ['sɪkspəns] *n* серебряная моне́та в 6 пе́нсов *или* ½ ши́ллинга ◊ it doesn't matter ~ нева́жно, не обраща́йте внима́ния

**six-shooter** ['sɪks'ʃu:tə] *n* шестизаря́дный револьве́р

**sixteen** ['sɪks'ti:n] *num. card.* шестна́дцать

**sixteenmo** [sɪks'ti:nməu] = sextodecimo

**sixteenth** ['sɪks'ti:nθ] **1.** *num. ord.* шестна́дцатый

**2.** *n* 1) шестна́дцатая часть 2) (the ~) шестна́дцатое число́

**sixth** [sɪksθ] **1.** *num. ord.* шесто́й ◊ ~ column а) «шеста́я коло́нна», посо́бники «пя́той коло́нны»; б) организа́ция, бо́рющаяся про́тив «пя́той коло́нны»

**2.** *n* 1) шеста́я часть 2) (the ~) шесто́е число́

**sixthly** ['sɪksθlɪ] *adv* в-шесты́х

**sixties** ['sɪkstɪz] *n pl* 1) (the ~) шестидеся́тые го́ды 2) шестьдеся́т лет; седьмо́й деся́ток (*возраст между 60 и 69 годами*)

**sixtieth** ['sɪkstɪɪθ] **1.** *num. ord.* шестидеся́тый

**2.** *n* шестидеся́тая часть

**sixty** ['sɪkstɪ] **1.** *num. card.* шестьдеся́т; ~-one шестьдеся́т оди́н; ~-two шестьдеся́т два *и т. д.*; he is over ~ ему́ за шестьдеся́т

**2.** *n* шестьдеся́т (*единиц, штук*) ◊ like ~ *амер. разг.* стреми́тельно, с большо́й си́лой; чрезвыча́йно

**sizable** ['saɪzəbl] *a* поря́дочного разме́ра

**sizar** ['saɪzə] *n* студе́нт, получа́ющий стипе́ндию (*в Кембридже и Дублине*)

**size** I [saɪz] **1.** *n* 1) разме́р, величина́; объём 2) форма́т, кали́бр 3) *полигр.* кегль 4) но́мер (*перчаток и т. п.*) 5) *разг.* и́стинное положе́ние веще́й ◊ that's about the ~ of it вот что э́то тако́е

**2.** *v* сортирова́ть по величине́ □ ~ **up** а) определя́ть разме́р, величину́; б) *разг.* соста́вить мне́ние (*о ком-л.*)

**size** II [saɪz] **1.** *n* клей, шли́хта

**2.** *v* прокле́ивать, шлихтова́ть

**sizzle** ['sɪzl] *разг.* **1.** *n* шипе́ние; шипя́щий звук (*при жаренье на огне*)

**2.** *v* 1) шипе́ть (*при жаренье*) 2) обжига́ть, испепеля́ть

**sizzling** ['sɪzlɪŋ] **1.** *pres. p. от* sizzle 2

**2.** *a* испепеля́ющий, обжига́ющий; ~ hot раскалённый

**sjambok** ['ʃæmbɔk] *южно-афр.* **1.** *n* плеть, бич

**2.** *v* стега́ть бичо́м

**skald** [skɔ:ld] = scald II

**skat** [skɑ:t] *n карт.* скат

**skate** I [skeɪt] *n* скат (*рыба*)

**skate** II [skeɪt] **1.** *n* 1) конёк 2) ката́ние на конька́х

**2.** *v* 1) ката́ться на конька́х 2) скользи́ть; to ~ over smth. упомяну́ть что-л. вскользь

**skater** ['skeɪtə] *n* 1) тот, кто ката́ется на конька́х 2) конькобе́жец

**skating-rink** ['skeɪtɪŋrɪŋk] *n* като́к

**skedaddle** [skɪ'dædl] *v* (*обыкн. в imp.*) *разг.* удира́ть, улепётывать

**skein** [skeɪn] *n* 1) мото́к пря́жи; tangled ~ *перен.* запу́танный клубо́к 2) ста́я ди́ких гусе́й (*в полёте*)

**skeletal** ['skelɪtəl] *a* 1) скеле́тный 2) скелетообра́зный

**skeleton** ['skelɪtn] *n* 1) скеле́т, костя́к; о́стов, карка́с 2) набро́сок, план ◊ ~ at the feast то, что по́ртит весе́лье; ~ in the cupboard, family ~ семе́йная та́йна; та́йна, тща́тельно скрыва́емая от посторо́нних

**skeletonize** ['skelɪtənaɪz] *v* 1) оста́вить оди́н о́стов 2) сокраща́ть, своди́ть до ми́нимума 3) де́лать набро́сок

**skeleton key** ['skelɪtnki:] *n* отмы́чка

**skeptic** ['skeptɪk] = sceptic

**skerry** ['skerɪ] *n* шхе́ра, риф

**sketch** [sketʃ] **1.** *n* 1) эски́з, набро́сок; кроки́ 2) бе́глый о́черк; отры́вок 3) *театр.* скетч

**2.** *v* рисова́ть эски́зы, де́лать набро́ски

**sketch-book** ['sketʃbuk] *n* альбо́м

**sketch-map** ['sketʃmæp] *n* схемати́ческая ка́рта

**sketchy** ['sketʃɪ] *a* 1) эски́зный; отры́вочный; схемати́ческий; to be on the ~ side быть негла́дким, неро́вным (*о речи*) 2) пове́рхностный

**skew** [skju:] **1.** *n* укло́н, накло́н, скос

**2.** *a* 1) косо́й 2) асимметри́чный

**3.** *v* 1) уклоня́ться, отклоня́ться; свора́чивать в сто́рону 2) перека́шивать 3) искажа́ть; извраща́ть 4) смотре́ть и́скоса; коси́ть глаза́ми

**skewbald** ['skju:bɔ:ld] *a* пе́гий

**skewer** ['skjuə] **1.** *n* 1) небольшо́й ве́ртел 2) *шутл.* шпа́га 3) *текст.* неподви́жное веретено́; шпи́лька для ро́вницы

**2.** *v* 1) наса́живать (*на что-л.*) 2) пронза́ть

**skew-eyed** ['skju:'aɪd] *a* косогла́зый

**ski** [ski:] **1.** *n* (*pl* skis *или без измен.*) лы́жа

**2.** *v* (ski'd) ходи́ть на лы́жах

**skiagram, skiagraph** ['skaɪəgræm, -grɑ:f] *n* рентге́новский сни́мок

**skiborne** ['ski:bɔ:n] *a воен.* передвига́ющийся на лы́жах (*о войсках*)

**skid** [skɪd] **1.** *n* 1) тормозно́й башма́к 2) ска́ты, по́лоз, сала́зки, направля́ющий рельс 3) *ав.* лы́жа 4) *авто* юз, буксова́ние, зано́с ◊ to put the ~s under *амер. sl.* изба́виться, бы́стро отде́латься; on the ~s обречённый на прова́л, ги́бель *и т. п.*

**2.** *v* 1) буксова́ть 2) *авто* заноси́ть; the car ~ded маши́ну занесло́

**ski'd** [ski:d] *past и p. p. от* ski 2

**skier** ['ski:ə] *n* лы́жник

**skiff** [skɪf] *n* я́лик; *спорт.* скиф-одино́чка

**skiffle-group** ['skɪflgru:p] *n* самоде́ятельный вока́льно-инструмента́льный анса́мбль

**skiffle-player** ['skɪflˌpleɪə] *n* арти́ст самоде́ятельного вока́льно-инструмента́льного анса́мбля

**skiing lodge** ['ski:ɪŋlɔdʒ] *n* лы́жная ба́за

**ski-joring** ['ski:ˌdʒɔ:rɪŋ] *n* лы́жная буксиро́вка ло́шадью *и т. п.*

**ski-jumping** ['ski:ˌdʒʌmpɪŋ] *n* прыжки́ на лы́жах с трампли́на

**skilful** ['skɪlful] *a* иску́сный, уме́лый

**skill** [skɪl] *n* иску́сство, мастерство́, уме́ние; ло́вкость, сноро́вка

**skilled** [skɪld] *a* квалифици́рованный, иску́сный

**skillet** ['skɪlɪt] *n* небольша́я кастрю́ля с дли́нной ру́чкой (*обыкн. на ножках*)

**skilly** ['skɪlɪ] *n* жи́дкая похлёбка

**skim** [skɪm] **1.** *v* 1) снима́ть (*накипь и т. п.*); to ~ milk снима́ть сли́вки с молока́; to ~ the cream off снима́ть сли́вки (*тж. перен.*) 2) едва́ каса́ться, нести́сь, скользи́ть (along, over — по *чему-л.*) 3) бе́гло прочи́тывать; перели́стывать (*книгу*; through, over)

**2.** *a*: ~ milk снято́е молоко́

**skimble-skamble** ['skɪmbl,skæmbl] *a* бессвя́зный

**skimmer** ['skɪmə] *n* 1) шумо́вка 2) *зоол.* водоре́з, ножеклю́в 3) ширококо́лая соло́менная шля́па с ни́зкой тульёй

**skimp** [skɪmp] *v* ску́дно снабжа́ть; уре́зывать; скупи́ться

**skimpy** ['skɪmpɪ] *a* 1) ску́дный 2) у́зкий; коро́ткий (*об одежде*) 3) скупо́й, эконо́мный

**skin** [skɪn] **1.** *n* 1) ко́жа; шку́ра; outer ~ *анат.* эпиде́рма 2) кожура́, ко́жица; baked potatoes in their ~s карто́фель в мунди́ре 3) нару́жный слой, оболо́чка 4) мех (*для вина*) 5) *sl.* кля́ча 6) *амер. sl.* скря́га 7) *sl.* жу́лик 8) *sl.* до́ллар 9) *метал.* плена́ (*при прокате*); ко́рка (*слитка*) ◇ in (*или* with) a whole ~ цел и невреди́м; to escape with (*или* by) the ~ of one's teeth е́ле-е́ле спасти́сь; to get under the ~ досажда́ть, раздража́ть, де́йствовать на не́рвы; to change one's ~ неузнава́емо измени́ться; to have a thick (thin) ~ быть нечувстви́тельным (о́чень чувстви́тельным); to jump out of one's ~ быть вне себя́ (*от радости, удивления и т. п.*); to keep a whole ~, to save one's ~ спасти́ свою́ шку́ру; mere (*или* only) ~ and bone ко́жа да ко́сти

**2.** *v* 1) покрыва́ть(ся) ко́жей (*обыкн.* ~ over); зарубцева́ться (*обыкн.* ~ over) 2) сдира́ть ко́жу, шку́ру; снима́ть кожуру́ 3) *sl.* обобра́ть до́чиста 4) ссади́ть, содра́ть ко́жу ◇ to ~ a flint скря́жничать, быть скаре́дным; to keep one's eyes ~ned *sl.* смотре́ть в о́ба

**skin-deep** ['skɪn'di:p] **1.** *a* пове́рхностный, неглубо́кий (*о чувствах и т. п.*)

**2.** *adv* пове́рхностно

**skin-diver** ['skɪn,daɪvə] *n* 1) лове́ц же́мчуга 2) акваланги́ст, спортсме́н, занима́ющийся подво́дным пла́ванием

**skinflint** ['skɪnflɪnt] *n* скря́га

**skinful** ['skɪnful] *n* по́лный мех (*вина*)

**skin-game** ['skɪngeɪm] *n sl.* моше́нничество, обма́н

**skin-grafting** ['skɪn,grɑ:ftɪŋ] *n мед.* переса́дка ко́жи

**skinner** ['skɪnə] *n* 1) скорня́к 2) *амер.* пого́нщик вью́чного живо́тного 3) *разг.* обма́нщик 4) *амер.* води́тель (*трактора или бульдозера*)

**skinny** ['skɪnɪ] *a* то́щий, ко́жа да ко́сти

**skin-tight** ['skɪntaɪt] *a* пло́тно облега́ющий, обтя́гивающий (*об одежде*)

**skip** I [skɪp] **1.** *n* прыжо́к, скачо́к

**2.** *v* 1) скака́ть, пры́гать 2) переска́кивать (*в разговоре*; *обыкн.* ~ off, ~ from); to ~ a grade перескочи́ть че́рез класс (*в школе*) 3) пропуска́ть; he ~s as he reads он чита́ет не всё подря́д 4) *разг.* съе́здить, махну́ть 5) *sl.* удра́ть; скры́ться ◇ ~ it! ла́дно!, нева́жно!

**skip** II [skɪp] *n горн.* бадья́; скип; ваго́не́тка с отки́дывающимся ку́зовом

**skipjack** ['skɪpdʒæk] *n* 1) пры́гающая игру́шка 2) *общее название прыгающих жуков и рыб*

**skipper** ['skɪpə] *n* 1) шки́пер, капита́н (*торгового судна*); *мор. разг.* команди́р корабля́ 2) *амер. ав. разг.* команди́р корабля́ *или* ста́рший пило́т 3) капита́н (*спорти́вной кома́нды*) ◇ ~'s daughters высо́кие во́лны с бе́лыми гре́бнями

**skipping-rope** ['skɪpɪŋrəup] *n* скака́лка

**skirl** [skə:l] **1.** *n* 1) звук волы́нки 2) ре́зкий, пронзи́тельный звук

**2.** *v* игра́ть на волы́нке

**skirmish** ['skə:mɪʃ] **1.** *n* 1) перестре́лка ме́жду ме́лкими отря́дами 2) схва́тка, сты́чка, перепа́лка 3) *attr.*: ~ line стрелко́вая цепь

**2.** *v* 1) перестре́ливаться 2) сража́ться ме́лкими отря́дами

**skirmisher** ['skə:mɪʃə] *n* 1) стрело́к в цепи́ 2) *ист.* застре́льщик

**skirt** [skə:t] **1.** *n* 1) ю́бка; divided ~ широ́кие брю́ки 2) пола́, подо́л 3) *sl.* же́нщина 4) (*часто pl*) край, окра́ина; on the ~s of the wood на опу́шке ле́са 5) *тех.* ю́бка (*изолятора*)

**2.** *v* 1) быть располо́женным на опу́шке, на краю́ 2) огиба́ть; идти́ вдоль кра́я 3) проходи́ть; проезжа́ть

**skirting** ['skə:tɪŋ] *n* 1) край, кайма́ 2) ю́бочная ткань 3) *стр.* бордю́р, пли́нтус, борт

**ski-run** ['ski:rʌn] *n* лыжня́

**ski-running** ['ski:,rʌnɪŋ] *n* ходьба́ на лы́жах

**skit** I [skɪt] *n* 1) шу́тка; сати́ра, паро́дия 2) скетч

**skit** II [skɪt] *n разг.* мно́жество, толпа́

**skitter** ['skɪtə] *v* легко́ и бы́стро нести́сь (*едва касаясь поверхности*)

**skittish** ['skɪtɪʃ] *a* 1) норови́стый *или* пугли́вый (*о лошади*) 2) живо́й, игри́вый; коке́тливый; капри́зный

**skittle** ['skɪtl] **1.** *n pl* ке́гли ◇ ~! *разг.* вздор!; not all beer and ~s не всё заба́вы и развлече́ния

**2.** *v*: to ~ away *разг.* растранжи́рить; упусти́ть

**skittle-alley** ['skɪtl,ælɪ] *n* кегельба́н

**skittle-ground** ['skɪtlgraund] = skittle-alley

**skive** [skaɪv] *v* 1) разреза́ть, слои́ть (*кожу, резину*) 2) ста́чивать (*грань драгоценного камня*)

**skiver** ['skaɪvə] *n* 1) нож для разреза́ния ко́жи 2) то́нкая ко́жа

**skivvies** ['skɪvɪz] *n pl sl.* мужско́е ни́жнее бельё

**skivvy** ['skɪvɪ] *n разг. пренебр.* прислу́га

**sklent** [sklent] *шотл.* **1.** *n* 1) непра́вда 2) *attr.* лжи́вый, неве́рный

**2.** *v* лгать

**skoal** [skəul] *int* ва́ше здоро́вье!

**skua** ['skju:ə] *n зоол.* помо́рник большо́й

**skulduggery** ['skʌl,dʌgərɪ] *n амер. шутл.* надува́тельство

**skulk** [skʌlk] *v* 1) скрыва́ться; пря́таться (за чужу́ю спи́ну); уклоня́ться от отве́тственности, рабо́ты *и т. п.* 2) кра́сться

**skull** [skʌl] *n* че́реп; ~ and cross-bones че́реп и две ко́сти (*эмблема смерти*) ◇ thick ~ ≅ ме́дный лоб, ту́пость

**skull-cap** ['skʌlkæp] *n* ермо́лка, тюбете́йка

**skunk** [skʌŋk] **1.** *n* 1) *зоол.* воню́чка, скунс 2) ску́нсовый мех 3) *разг.* подле́ц

**2.** *v амер. sl.* обыгра́ть в пух и прах

**sky** [skaɪ] **1.** *n* 1) не́бо, небеса́ 2) (*обыкн. pl*) кли́мат; under warmer skies в бо́лее тёплом кли́мате ◇ to laud (*или* to extol) to the skies превозноси́ть до небе́с; if the skies fall we shall catch larks *разг.* ≅ е́сли бы, да кабы́; out of a clear ~ соверше́нно неожи́данно; ни с того́ ни с сего́

**2.** *v* 1) высо́ко́ забро́сить (*мяч*) 2) ве́шать под потоло́к (*картину*)

**sky-blue** ['skaɪ'blu:] **1.** *n* лазу́рь

**2.** *a* лазу́рный

**sky-born** ['skaɪ'bɔ:n] *a поэт.* боже́ственного (*или* небе́сного) происхожде́ния

**sky-clad** ['skaɪklæd] *a шутл.* наго́й

**skyer** ['skaɪə] *n* высо́ко́ забро́шенный мяч

**skyey** ['skaɪɪ] *a* 1) небе́сный; возвы́шенный 2) небе́сно-голубо́й

**sky-high** ['skaɪ'haɪ] **1.** *a* высо́кий, достига́ющий не́ба

**2.** *adv* до небе́с; о́чень высо́ко́

**skylark** ['skaɪlɑ:k] **1.** *n* жа́воронок

**2.** *v* забавля́ться, выки́дывать шту́ки, резви́ться

**skylight** ['skaɪlaɪt] *n* 1) *стр.* ве́рхний свет, застеклённая кры́ша 2) *мор.* светово́й люк

**skyline** ['skaɪlaɪn] *n* 1) горизо́нт, ли́ния горизо́нта 2) очерта́ние на фо́не не́ба

**sky pilot** ['skaɪ,paɪlət] *n sl.* свяще́нник, *особ.* капелла́н

**sky-rocket** ['skaɪ,rɔkɪt] **1.** *n* сигна́льная раке́та

**2.** *v* 1) устремля́ться ввысь 2) стреми́тельно поднима́ться, бы́стро расти́ (*о ценах, продукции и т. п.*)

**skyscape** ['skaɪskeɪp] *n* карти́на, изобража́ющая не́бо

**sky-scraper** ['skaɪ,skreɪpə] *n* небоскрёб

**sky troops** ['skaɪtru:ps] *n* парашю́тно-деса́нтные войска́

**sky truck** ['skaɪ'trʌk] *n амер. разг.* тра́нспортный самолёт

**skyward(s)** ['skaɪwəd(z)] *adv* к не́бу

**sky wave** ['skaɪweɪv] *n радио* волна́, отражённая от ве́рхних слоёв атмосфе́ры

**sky-wave** [ˈskaɪweɪv] *a*: ~ communication *радио* связь на отражённой волне́

**skyway** [ˈskaɪweɪ] *n* 1) возду́шная тра́сса, авиатра́сса 2) доро́га на эстака́де

**sky-writer** [ˈskaɪˌraɪtə] *n* самолёт для возду́шной рекла́мы

**sky-writing** [ˈskaɪˌraɪtɪŋ] *n* на́дпись, выче́рчиваемая в во́здухе самолётом; возду́шная рекла́ма

**slab** [slæb] **1.** *n* 1) плита́; пласти́на 2) кусо́к; a ~ of cheese кусо́к сы́ра 3) *стр.* горбы́ль 4) *метал.* сляб; пло́ская загото́вка

2. *v* мости́ть пли́тами

**slab-sided** [ˈslæbˈsaɪdɪd] *a* 1) име́ющий пло́ские сто́роны 2) *разг.* худоща́вый; высо́кий и то́нкий

**slack** I [slæk] **1.** *a* 1) сла́бый; дря́блый; to feel ~ чу́вствовать себя́ разби́тым 2) вя́лый (*о торговле, рынке*); неакти́вный; a ~ season пери́од зати́шья 3) ненатя́нутый (*о канате, вожжах*); вя́лый (*о мышцах*) 4) ме́дленный; at a ~ pace ме́дленным ша́гом 5) *разг.* расхля́банный; небре́жный; ~ in duty неради́вый 6) недопечённый (*о хлебе*) 7) сла́бый, неси́льный; ~ oven негоря́чая печь 8) расслабля́ющий (*о погоде*) ◇ to keep a ~ hand (*или* rein) опусти́ть пово́дья; ~ water а) стоя́чая вода́; б) вре́мя ме́жду прили́вом и отли́вом

2. *n* 1) осла́бнувшая верёвка, слабина́ 2) зати́шье (*в торговле*) 3) безде́йствие; безде́лье; to have a good ~ безде́льничать, ничего́ не де́лать 4) = ~ water [*см.* 1, ◇]

3. *v* 1) ослабля́ть, распуска́ть 2) сла́бнуть 3) замедля́ть(ся) 4) утоля́ть (*жажду*) 5) *разг.* ло́дырничать 6) гаси́ть (*известь*) □ ~ **away** *мор.* трави́ть (*канат*); ~ **off** а) ослабля́ть своё рве́ние, напряже́ние *и т. п.*; б) = ~ away; ~ **up** замедля́ть ход

**slack** II [slæk] *n* у́гольная пыль

**slack-baked** [ˈslækbeɪkt] *a* 1) непропечённый 2) недора́звитый

**slacken** [ˈslækən] *v* 1) ослабля́ть 2) сла́бнуть 3) замедля́ть

**slacker** [ˈslækə] *n разг.* 1) ло́дырь, безде́льник 2) *воен.* уклоня́ющийся от слу́жбы в а́рмии

**slack lime** [ˈslæklaɪm] *n* гашёная и́звесть

**slacks** [slæks] *n pl* широ́кие брю́ки

**slack suit** [ˈslæksjuːt] *n* широ́кий костю́м спорти́вного покро́я

**slag** [slæg] *n* шлак, вы́гарки, ока́лина

**slain** [sleɪn] *p. p. от* slay I

**slake** [sleɪk] *v* 1) утоля́ть (*жажду*); удовлетворя́ть (*жажду мести и т. п.*) 2) гаси́ть (*известь*) 3) туши́ть (*огонь*)

**slalom** [ˈsleɪləm] *n спорт.* сла́лом

**slam** [slæm] **1.** *n* 1) хло́панье (*дверьми*) 2) *карт.* шлем 3) *амер. разг.* ре́зкая кри́тика

2. *v* 1) хло́пать, захло́пывать(ся) 2) броса́ть со сту́ком; швыря́ть 3) *амер. разг.* раскритикова́ть 4) *амер.* руга́ться

**slander** [ˈslɑːndə] **1.** *n* клевета́, злосло́вие

2. *v* клевета́ть, поро́чить репута́цию

**slanderous** [ˈslɑːndərəs] *a* клеветни́ческий

**slang** [slæŋ] **1.** *n* сленг, жарго́н

2. *a* относя́щийся к сле́нгу, жарго́нный; ~ word вульгари́зм

3. *v разг.* обруга́ть

**slanguage** [ˈslæŋgwɪdʒ] *шутл. см.* slang 1

**slangy** [ˈslæŋɪ] *a* 1) жарго́нный 2) употребля́ющий жарго́нные выраже́ния, сленг

**slant** [slɑːnt] **1.** *n* 1) склон, укло́н; on the ~ ко́со; в накло́нном положе́нии 2) *амер. разг.* бы́стрый взгляд; to take a ~ взгляну́ть 3) *амер. разг.* то́чка зре́ния, мне́ние, отноше́ние; подхо́д; тенде́нция

2. *v* 1) наклоня́ть(ся), отклоня́ть(-ся) 2) *амер.* тенденцио́зно освеща́ть; искажа́ть (*факты, информацию*)

**slanting** [ˈslɑːntɪŋ] *a* косо́й; накло́нный

**slantingdicular** [ˌslɑːntɪŋˈdɪkjulə] *a шутл.* косо́й

**slantwise** [ˈslɑːntwaɪz] *adv* ко́со

**slap** [slæp] **1.** *n* 1) шлепо́к; a ~ in (*или* on) the face пощёчина (*тж. перен.*)

2. *v* хло́пать, шлёпать

3. *adv разг.* вдруг; пря́мо; to hit smb. ~ in the eye уда́рить кого́-л. пря́мо в глаз; to run ~ into smb. налете́ть с разма́ху на кого́-л.

**slap-bang** [ˈslæpˈbæŋ] *adv* 1) со всего́ разма́ха; с шу́мом 2) опроме́тчиво, очертя́ го́лову

**slapdash** [ˈslæpdæʃ] **1.** *a* стреми́тельный, поспе́шный; небре́жный; ~ work небре́жная рабо́та

2. *adv* очертя́ го́лову, как попа́ло, ко́е-ка́к

**slapjack** [ˈslæpdʒæk] *n* 1) *амер.* блин, ола́дья 2) де́тская ка́рточная игра́

**slapping** [ˈslæpɪŋ] **1.** *pres. p. от* slap 2

2. *a разг.* сногсшиба́тельный

**slapstick** [ˈslæpstɪk] *n* 1) хлопу́шка 2) гру́бый, дешёвый фарс (*тж.* ~ comedy)

**slap-up** [ˈslæpʌp] *a sl.* шика́рный

**slash** I [slæʃ] **1.** *n* 1) уда́р сплеча́ 2) разре́з; про́резь 3) глубо́кая ра́на 4) вы́рубка 5) *амер.* уре́зывание, сокраще́ние, сниже́ние (*цен и т. п.*)

2. *v* 1) руби́ть (*саблей*); полосова́ть 2) коси́ть 3) хлеста́ть 4) ре́зко критикова́ть 5) *разг.* сокраща́ть; снижа́ть (*цены, налоги и т. п.*) 6) де́лать разре́зы (*в платье*)

**slash** II [slæʃ] *n амер.* боло́тистое ме́сто

**slashing** [ˈslæʃɪŋ] **1.** *pres. p. от* slash I, 2

2. *n* ру́бка са́блей; се́ча

3. *a* 1) стреми́тельный, си́льный; ~ rain хле́щущий дождь 2) сокруши́тельный, ре́зкий; ~ criticism беспоща́дная кри́тика 3) *разг.* отли́чный, великоле́пный; ~ dinner о́чень сы́тный обе́д

**slat** I [slæt] *n* 1) перекла́дина, пла́нка, филёнка, доще́чка 2) *ав.* предкры́лок 3) *pl sl.* рёбра

**slat** II [slæt] *v* хло́пать (*о парусе*)

**slate** [sleɪt] **1.** *n* 1) *мин.* сла́нец, ши́фер; ши́ферная плита́ 2) гри́фельная доска́ 3) *амер.* спи́сок кандида́тов (*на выборах*) 4) синева́то-се́рый цвет ◇ a clean ~ безупре́чная репута́ция; to have a ~ loose ≅ ви́нтика не хвата́ет; to clean the ~, to wipe off the ~ а) сбро́сить груз ста́рых оши́бок, заблужде́ний; б) изба́виться от всех ста́рых обяза́тельств

2. *v* 1) крыть ши́ферными пли́тами 2) *амер.* выдвига́ть в кандида́ты 3) заноси́ть в спи́сок 4) *разг.* раскритикова́ть; вы́бранить 5) *амер.* плани́ровать, намеча́ть, назнача́ть 6) *разг.* стро́го нака́зывать

**slate-club** [ˈsleɪtklʌb] *n* ка́сса взаимопо́мощи

**slate-pencil** [ˈsleɪtˈpensl] *n* гри́фель

**slater** [ˈsleɪtə] *n* 1) кро́вельщик 2) суро́вый кри́тик

**slather** [ˈslæðə] **1.** *n* (*обыкн. pl*) *амер. разг.* большо́е коли́чество

2. *v* 1) тра́тить, расхо́довать в больши́х коли́чествах 2) нама́зывать то́лстым сло́ем

**slattern** [ˈslætə(ː)n] *n* неря́ха, грязну́ля

**slatternly** [ˈslætə(ː)nlɪ] *a* неря́шливый

**slaty** [ˈsleɪtɪ] *a* 1) сланцева́тый 2) синева́то-се́рый 3) слои́стый

**slaughter** [ˈslɔːtə] **1.** *n* 1) резня́, кровопроли́тие; избие́ние; ма́ссовое уби́йство 2) убо́й (*скота*)

2. *v* 1) устра́ивать резню́, кровопроли́тие; соверша́ть ма́ссовое уби́йство 2) убива́ть, ре́зать (*скот*)

**slaughter-house** [ˈslɔːtəhaus] *n* бо́йня

**slaughterous** [ˈslɔːtərəs] *a ритор.* 1) кровопроли́тный 2) кровожа́дный

**Slav** [slɑːv] **1.** *n* славяни́н; славя́нка; the ~s *pl собир.* славя́не

2. *a* славя́нский

**Slavdom** [ˈslɑːvdəm] *n* славя́нство, славя́не

**slave** [sleɪv] **1.** *n* 1) раб, нево́льник 2) *attr.* ра́бский; ~ labour поднево́льный труд

2. *v* рабо́тать как раб

**slave-born** [ˈsleɪvbɔːn] *a* рождённый в ра́бстве

**slave-driver** [ˈsleɪvˌdraɪvə] *n* 1) надсмо́трщик над раба́ми 2) эксплуата́тор

**slave-holder** [ˈsleɪvˌhəuldə] *n* рабовладе́лец

**slaver** I [ˈsleɪvə] *n* 1) работорго́вец 2) = slave-ship

**slaver** II [ˈslævə] **1.** *n* 1) слю́ни 2) гру́бая лесть

2. *v* 1) пуска́ть слюну́; слюня́вить 2) подли́зываться

**slavery** [ˈsleɪvərɪ] *n* 1) ра́бство 2) тяжёлый поднево́льный труд

**slave-ship** [ˈsleɪvʃɪp] *n* нево́льничье су́дно

**slave-trade** [ˈsleɪvtreɪd] *n* работорго́вля

**slavey** [ˈslævɪ] *n разг.* прислу́га за всё
**Slavic** [ˈslævɪk, ˈslɑ:vɪk] = Slavonic
**slavish** [ˈsleɪvɪʃ] *a* ра́бский; ~ imitation ра́бское подража́ние
**Slavonian** [sləˈvəunjən] **1.** *a* 1) слове́нский 2) славя́нский
**2.** *n* 1) слове́нец; слове́нка 2) славяни́н; славя́нка 3) славя́нская гру́ппа языко́в
**Slavonic** [sləˈvɔnɪk] **1.** *a* славя́нский **2.** *n* славя́нская гру́ппа языко́в
**Slavophil** [ˈslævəufɪl, ˈslɑ:vəufɪl] *n* славянофи́л
**Slavophobe** [ˈslævəufəub, ˈslɑ:vəufəub] *n* славянофо́б
**slaw** [slɔ:] *n амер.* сала́т из шинко́ванной капу́сты (*тж.* cold ~)
**slay I** [sleɪ] *v* (slew; slain) *книжн., шутл.* убива́ть; slain by a bullet сражённый пу́лей
**slay II** [sleɪ] *n текст.* бата́н
**slayer** [ˈsleɪə] *n* уби́йца
**sleazy** [ˈsli:zɪ] *a* 1) то́нкий, непро́чный (*о ткани; тж. перен.*) 2) *разг.* неря́шливый
**sled** [sled] = sledge I
**sledding** [ˈsledɪŋ] *n* 1) езда́, ката́ние на саня́х, на сала́зках 2) са́нный путь 3) успе́хи, достиже́ния ◇ hard ~ *амер.* тру́дное положе́ние, затрудне́ние
**sledge I** [sledʒ] **1.** *n* са́ни, сала́зки
**2.** *v* 1) е́хать на саня́х 2) вози́ть на саня́х
**sledge II** [sledʒ] = sledge-hammer
**sledge-car** [ˈsledʒkɑ:] *n* автоса́ни
**sledge-hammer** [ˈsledʒˌhæmə] *n* 1) кува́лда, кузне́чный мо́лот 2) *attr.* сокруши́тельный; ~ blow сокруши́тельный уда́р; ~ argument уничтожа́ющий аргуме́нт
**sleek** [sli:k] **1.** *a* 1) гла́дкий, лосня́щийся; прили́занный 2) еле́йный
**2.** *v* пригла́живать; наводи́ть лоск
**sleeken** [ˈsli:kn] = sleek 2
**sleeky** [ˈsli:kɪ] *a* 1) гла́дкий, прили́занный 2) *шотл.* вкра́дчивый; хи́трый
**sleep** [sli:p] **1.** *n* 1) сон; to go to ~ засну́ть; to get a ~ поспа́ть; to get enough ~ вы́спаться; in one's ~ во сне; to send smb. to ~ усыпи́ть кого́-л.; to put to ~ уложи́ть спать; to get to ~ заста́вить себя́ засну́ть; the last ~, ~ that knows not breaking ве́чный сон, смерть 2) спя́чка
**2.** *v* (slept) 1) спать, засыпа́ть; to ~ with one eye open чу́тко спать; to ~ like a log (*или* top) спать мёртвым сном; to ~ the sleep of the just спать сном пра́ведника; to ~ the clock round проспа́ть двена́дцать часо́в 2) поко́иться (*в могиле*) 3) ночева́ть (at, in) 4) *разг.* предоставля́ть ночле́г; the hotel can ~ 300 men в гости́нице мо́жет размести́ться 300 челове́к 5) безде́йствовать □ ~ **away** проспа́ть; to ~ the day away проспа́ть весь день; ~ **in** а) ночева́ть на рабо́те; б): to be slept in быть за́нятым, испо́льзованным для сна; his bed has not been slept in он не ночева́л до́ма; в) спать до́льше обы́чного; ~ **off** отоспа́ться; ~ **out** а) спать, ночева́ть не до́ма; б): ~ oneself out вы́спаться ◇ to ~ on (*или* over) a question (*или* problem) отложи́ть реше́ние вопро́са до утра́
**sleeper** [ˈsli:pə] *n* 1) спя́щий; light (heavy) ~ спя́щий чу́тко (кре́пко) 2) со́ня 3) = sleeping-car 4) не́что, неожи́данно получи́вшее широ́кое призна́ние (*напр., лошадь, неожиданно пришедшая первой на скачках, неожиданно нашумевшая книга, кинокартина и т. п.*) 5) *амер.* залежа́вшийся това́р 6) (*обыкн. pl*) де́тская пижа́ма 7) спа́льное ме́сто (*в вагоне*) 8) *ж.-д.* шпа́ла
**sleeperette** [ˌsli:pəˈret] *n* отки́дывающееся кре́сло в самолёте *или* междугоро́дном авто́бусе
**sleeping-bag** [ˈsli:pɪŋbæg] *n* спа́льный мешо́к
**sleeping-car** [ˈsli:pɪŋkɑ:] *n* спа́льный ваго́н
**sleeping-draught** [ˈsli:pɪŋdrɑ:ft] *n* снотво́рное сре́дство
**sleeping partner** [ˈsli:pɪŋˌpɑ:tnə] *см.* partner 1, 2)
**sleeping-pills** [ˈsli:pɪŋpɪlz] *n pl* снотво́рные табле́тки
**sleeping-sickness** [ˈsli:pɪŋˌsɪknɪs] *n мед.* 1) со́нная боле́знь 2) *амер.* летарги́ческий энцефали́т
**sleepless** [ˈsli:plɪs] *a* бессо́нный; бо́дрствующий
**sleep-walker** [ˈsli:pˌwɔ:kə] *n* луна́тик
**sleepy** [ˈsli:pɪ] *a* 1) со́нный, сонли́вый; a ~ little town ти́хий, со́нный городо́к; ~ sickness *мед.* летарги́ческий энцефали́т 2) вя́лый, лени́вый; ~ trade вя́ло иду́щая торго́вля 3) усыпля́ющий, нагоня́ющий сон
**sleepyhead** [ˈsli:pɪhed] *n разг.* со́ня
**sleet** [sli:t] **1.** *n* дождь со сне́гом, крупа́
**2.** *v* (*в безл. оборотах*): it ~s идёт дождь со сне́гом
**sleety** [ˈsli:tɪ] *a* сля́котный
**sleeve** [sli:v] *n* 1) рука́в; to turn (*или* to roll) up one's ~s засучи́ть рукава́; *перен.* пригото́виться к борьбе́, к рабо́те 2) *тех.* му́фта, вту́лка, ги́льза ◇ to have smth. up one's ~ незаме́тно держа́ть что-л. нагото́ве; име́ть что-л. про запа́с; he has smth. up his ~ у него́ что́-то на уме́; to laugh in (*или* up) one's ~ сме́яться в кула́к, исподтишка́; ра́доваться втихомо́лку
**sleeve-protectors** [ˈsli:vprəˌtektəz] *n pl* нарука́вники
**sleigh** [sleɪ] = sledge I
**sleigh-bell** [ˈsleɪbel] *n* бубе́нчик
**sleight-of-hand** [ˈslaɪtəvˈhænd] *n* ло́вкость рук, жонглёрство
**slender** [ˈslendə] *a* 1) то́нкий, стро́йный 2) ску́дный, сла́бый; небольшо́й, незначи́тельный; ~ means ску́дные сре́дства; ~ income ма́ленький дохо́д; ~ hope сла́бая наде́жда
**slenderize** [ˈslendəraɪz] *v* 1) худе́ть, теря́ть в ве́се 2) де́лать то́нким
**slept** [slept] *past и p. p. от* sleep 2
**sleuth** [slu:θ] **1.** *n* 1) соба́ка-ище́йка 2) *разг.* сы́щик
**2.** *v* 1) идти́ по сле́ду (*тж. перен.*) 2) *разг.* быть сы́щиком
**sleuth-hound** [ˈslu:θˈhaund] = sleuth 1
**slew I** [slu:] **1.** *n* поворо́т, поворо́тное движе́ние
**2.** *v*: ~ round повора́чивать(ся); враща́ть(ся)
**slew II** [slu:] *past от* slay I
**slew III** [slu:] *n амер.* за́водь; боло́то
**slew IV** [slu:] *n амер. разг.* большо́е коли́чество, о́чень мно́го
**slice** [slaɪs] **1.** *n* 1) ло́мтик, ломо́ть; то́нкий слой (*чего-л.*) 2) часть; до́ля; a ~ of territory (of the profits) часть террито́рии (при́были) 3) широ́кий нож 4) непра́вильный уда́р (*в гольфе*)
**2.** *v* 1) ре́зать ло́мтиками, нареза́ть (*тж.* ~ up) 2) дели́ть на ча́сти 3) *спорт.* среза́ть (*мяч*)
**slick** [slɪk] *разг.* **1.** *a* 1) гла́дкий, блестя́щий 2) ло́вкий, бы́стрый 3) хи́трый 4) *амер.* превосхо́дный, отли́чный; прия́тный 5) ско́льзкий 6) *амер. разг.* легкий, неглубо́кий, развлека́тельный; ~ fiction лёгкое чти́во
**2.** *adv* пря́мо, ло́вко, гла́дко; the machine goes very ~ маши́на рабо́тает без перебо́ев
**3.** *v* 1) де́лать гла́дким, блестя́щим 2) *амер. разг.* убира́ть, приукра́шивать; приводи́ть в поря́док (*обыкн.* ~ up)
**4.** *n* 1) плёнка, пятно́ (*нефти, масла на воде*) 2) *амер. разг.* популя́рный иллюстри́рованный журна́л (*на мелованной бумаге*)
**slicker** [ˈslɪkə] *n амер.* 1) макинто́ш; непромока́емый плащ 2) *разг.* ло́вкий обма́нщик, пройдо́ха 3) *разг.* городско́й хлыщ
**slid** [slɪd] *past и p. p. от* slide 2
**slide** [slaɪd] **1.** *n* 1) скольже́ние 2) ледяна́я гора́ *или* доро́жка; като́к 3) спускно́й жёлоб; накло́нная пло́скость 4) о́ползень 5) диапозити́в; слайд 6) предме́тное стекло́ (*микроскопа*) 7) затво́рная ра́ма пулемёта 8) *тех.* скользя́щая часть механи́зма; сала́зки; золотни́к 9) *attr.*: ~ lecture ле́кция, сопровожда́емая демонстра́цией диапозити́вов
**2.** *v* (slid) 1) скользи́ть; to ~ over delicate questions обойти́ щекотли́вые вопро́сы 2) ката́ться по льду 3) поскользну́ться; вы́скользнуть 4) незаме́тно проходи́ть ми́мо; кра́сться; the years ~ past (*или* by) го́ды прохо́дят незаме́тно 5) незаме́тно переходи́ть из одного́ состоя́ния в друго́е 6) вдвига́ть, всо́вывать; to ~ the drawer into its place задви́нуть я́щик (*шкафа, комода*) ◇ let things ~ относи́ться к чему́-л. небре́жно, спустя́ рукава́
**slide-block** [ˈslaɪdblɔk] *n тех.* ползу́н
**slide-fastener** [ˈslaɪdˌfɑ:snə] *n* застёжка-мо́лния
**slide rule** [ˈslaɪdru:l] = sliding rule
**slide-valve** [ˈslaɪdvælv] *n тех.* золотни́к
**sliding rule** [ˈslaɪdɪŋˈru:l] *n* логарифми́ческая лине́йка

**sliding scale** [ˈslaɪdɪŋˈskeɪl] *n* 1) скользя́щая шкала́ 2) движо́к логарифми́ческой *или* счётной лине́йки

**sliding seat** [ˈslaɪdɪŋˈsi:t] *n* слайд, подвижна́я ба́нка (*подвижное сиденье в гоночной лодке*)

**slight** [slaɪt] **1.** *n* пренебреже́ние, неуваже́ние; to put a ~ upon smb. прояви́ть, вы́казать неуваже́ние к кому́-л.

**2.** *a* 1) незначи́тельный, лёгкий, сла́бый; not the ~est doubt ни мале́йшего сомне́ния; a ~ cold небольшо́й на́сморк; not in the ~est ни на йо́ту 2) то́нкий; хру́пкий

**3.** *v* пренебрега́ть; трети́ровать; to ~ one's work недобросо́вестно относи́ться к свои́м обя́занностям

**slightly** [ˈslaɪtlɪ] *adv* слегка́, немно́го; I know him ~ я немно́го зна́ю его́

**slim** [slɪm] **1.** *a* 1) то́нкий, стро́йный 2) *разг.* сла́бый, ску́дный; незначи́тельный; a ~ chance of success сла́бая наде́жда на успе́х 3) *амер.* лёгкий (*о завтраке и т. п.*) 4) хи́трый

**2.** *v* (по)худе́ть, (по)теря́ть в ве́се

**slime** [slaɪm] **1.** *n* слизь; ли́пкий ил; шлам, муть

**2.** *v* 1) покрыва́ть(ся) сли́зью 2) *амер.* удаля́ть слизь

**slimy** [ˈslaɪmɪ] *a* 1) сли́зистый, вя́зкий; ско́льзкий 2) *разг.* подобостра́стный, еле́йный 3) *амер.* гну́сный, оскорби́тельный

**sling I** [slɪŋ] **1.** *n* 1) праща́; *тж.* рога́тка 2) броса́ние, швыря́ние 3) реме́нь, кана́т 4) пе́ревязь; he had his arm in a ~ у него́ рука́ была́ на пе́ревязи 5) *мор.* строп

**2.** *v* (slung) 1) швыря́ть; to ~ a man out of the room вы́швырнуть кого́-л. из ко́мнаты 2) мета́ть из праща́ 3) подве́шивать (*гамак и т. п.*) 4) ве́шать че́рез плечо́ 5) *воен.* взять на реме́нь 6) поднима́ть с по́мощью ремня́, кана́та ◇ to ~ ink *sl.* ча́сто выступа́ть в печа́ти; попи́сывать (*в газете и т. п.*); to ~ mud at smb. оскорбля́ть, облива́ть гря́зью кого́-л.

**sling II** [slɪŋ] *n амер.* напи́ток из джи́на, воды́, са́хара, муска́тного оре́ха

**slingshot** [ˈslɪŋʃɔt] *n амер.* рога́тка

**slink I** [slɪŋk] *v* (slunk) кра́сться, идти́ кра́дучись (*обыкн.* ~ off, ~ away, ~ by)

**slink II** [slɪŋk] **1.** *n* недоно́сок (*о животном*)

**2.** *v* (slunk) вы́кинуть (*о животном*)

**slip** [slɪp] **1.** *n* 1) скольже́ние; сполза́ние 2) сдвиг; смеще́ние 3) оши́бка, про́мах; ~ of the pen (tongue) опи́ска (обмо́лвка) 4) ни́жняя ю́бка; комбина́ция (*бельё*) 5) чехо́л (*для мебели*); на́волочка (*тж.* pillow-~) 6) *pl* пла́вки 7) побе́г, черено́к; отро́сток; a ~ of a girl ху́денькая (*или* стро́йная) де́вочка 8) *поэт.* о́тпрыск 9) дли́нная у́зкая поло́ска (*чего-л.*); лучи́на, щепа́; a ~ of paper поло́ска бума́ги 10) листо́к, бланк; ка́рточка (*регистрационная и т. п.*); to get the pink ~ *разг.* получи́ть уведомле́ние об увольне́нии 11) (*обыкн. pl*) сво́ра (*для охотничьих собак*) 12) *амер.* дли́нная у́зкая скамья́ (*в церкви*) 13) *pl театр.* кули́сы 14) *полигр.* гра́нка (*оттиск*) 15) *мор.* э́ллинг, ста́пель 16) *тех.* уменьше́ние числа́ оборо́тов (*колеса и т. п.*); буксо́вка; скольже́ние (*винта*) ◇ there is many a ~ 'twixt the cup and the lip ≅ не говори́ «гоп», пока́ не перепры́гнешь; to give smb. the ~ *разг.* ускользну́ть, улизну́ть от кого́-л.

**2.** *v* 1) скользи́ть, поскользну́ться; my foot ~ped я поскользну́лся 2) проскользну́ть; исче́знуть 3) вы́скользнуть; соскользну́ть (*тж.* ~ off); ускользну́ть (*тж.* ~ away); the knot ~ped у́зел развяза́лся; the dog ~ped the chain соба́ка сорвала́сь с це́пи; it has ~ped my attention я э́того ка́к-то не заме́тил; it ~ped my memory, it ~ped from my mind я совсе́м забы́л об э́том; to let the chance ~ упусти́ть удо́бный слу́чай 4) проноси́ться, лете́ть (*о времени*; *тж.* ~ away) 5) пла́вно переходи́ть (*из одного состояния в другое, от одного к другому*); the tango ~ped into a waltz та́нго перешло́ в вальс 6) су́нуть (*руку в карман, записку в книгу и т. п.*); she ~ped the letter into her pocket она́ су́нула письмо́ в карма́н 7) ошиба́ться; he ~s in his grammar он де́лает граммати́ческие оши́бки 8) *разг.* ухудша́ться, уменьша́ться 9) буксова́ть (*о колёсах*) 10) вытравить (*якорную цепь*) 11) спуска́ть (*собак*) 12) выпуска́ть (*стрелу*) 13) вы́кинуть (*о животном*) 14) спуска́ть пе́тлю (*в вязанье*) □ ~ **along** *разг.* мча́ться; ~ **away** а) ускользну́ть; б) уйти́, не проща́ясь; в) проноси́ться, лете́ть (*о времени*); ~ **by** бежа́ть (*о времени*); ~ **in** а) вкра́сться (*об ошибке*); б) незаме́тно войти́; в) легко́ задвига́ться (*о ящике*); ~ **off** а) ускользну́ть; б) соскользну́ть; в) сбро́сить (*платье*); ~ **on** наки́нуть, наде́ть; ~ **out** а) вы́скользнуть, незаме́тно уйти́; б) легко́ выдвига́ться (*о ящике*); в) бы́стро сбро́сить с себя́ (*одежду*); г) сорва́ться (*тж. перен.*); he let the name ~ out и́мя сорвало́сь у него́ с языка́; ~ **up** а) споткну́ться; б) *разг.* соверши́ть оши́бку ◇ to ~ one's trolley *амер. sl.* свихну́ться

**slip-carriage** [ˈslɪpˌkærɪdʒ] *n* ваго́н, отцепля́емый на ста́нции без остано́вки по́езда

**slip-cover** [ˈslɪpˌkʌvə] *n* 1) чехо́л (*для мебели*) 2) суперобло́жка

**slip-knot** [ˈslɪpnɔt] *n* 1) скользя́щий у́зел 2) передвижна́я пе́тля на верёвке

**slip-on** [ˈslɪpˈɔn] **1.** *n* 1) сви́тер; блу́зка (*надевающаяся через голову*) 2) свобо́дное пла́тье

**2.** *a* 1) надева́ющийся че́рез го́лову 2) широ́кий, свобо́дный

**slipover** [ˈslɪpˌəuvə] *n* 1) футля́р, чехо́л *и т. п.* 2) сви́тер, пуло́вер

**slipper** [ˈslɪpə] **1.** *n* 1) ко́мнатная ту́фля 2) *ж.-д.* (тормозно́й) башма́к

**2.** *v разг.* отшлёпать ту́флей

**slippery** [ˈslɪpərɪ] *a* 1) ско́льзкий 2) увёртливый 3) ненадёжный, беспринци́пный (*о человеке*)

**slippy** [ˈslɪpɪ] *a разг.* 1) ско́льзкий 2) бы́стрый, прово́рный; be ~ about it!, look ~! шевели́сь!, побыстре́е!

**slipshod** [ˈslɪpʃɔd] *a* неря́шливый, небре́жный

**slipslop** [ˈslɪpslɔp] *разг.* **1.** *n* 1) сла́бый напи́ток; по́йло; бурда́ 2) глу́пая *или* сентимента́льная болтовня́ (*книга и т. п.*)

**2.** *a* 1) вздо́рный, глу́пый; сентимента́льный (*о книге, болтовне*)

**slipsole** [ˈslɪpsəul] *n* сте́лька

**slip-up** [ˈslɪpˈʌp] *n разг.* оши́бка, про́мах

**slipway** [ˈslɪpweɪ] *n мор.* слип, судоподъёмный э́ллинг

**slit** [slɪt] **1.** *n* 1) дли́нный разре́з; щель 2) *attr.*: ~ skirt ю́бка с разре́зом

**2.** *v* (slitted [-ɪd], slit) 1) разреза́ть в длину́; нареза́ть у́зкими полоса́ми; to ~ an envelope open вскрыть конве́рт 2) рва́ться 3) расщепля́ть, раска́лывать

**slither** [ˈslɪðə] *v* скользи́ть; ска́тываться

**slit trench** [ˈslɪtˈtrentʃ] *n воен.* щель-убе́жище

**sliver** [ˈslɪvə] **1.** *n* 1) ще́пка, лучи́на 2) прядь (*шерсти*)

**2.** *v* отка́лываться, расщепля́ть(-ся)

**slob** [slɔb] *n* 1) *ирл.* грязь, сля́коть 2) *презр.* неря́ха, растрёпа

**slobber** [ˈslɔbə] **1.** *n* 1) слю́ни 2) сентимента́льная болтовня́

**2.** *v* 1) пуска́ть слю́ни, слюня́вить 2) распусти́ть ню́ни; расчу́вствоваться

**slobbery** [ˈslɔbərɪ] *a* 1) слюня́вый 2) сентимента́льный, слезли́вый

**sloe** [sləu] *n* тёрн, терно́вая я́года

**slog** [slɔg] **1.** *n* 1) си́льный уда́р 2) тяжёлая, утоми́тельная рабо́та

**2.** *v* 1) си́льно ударя́ть 2) упо́рно рабо́тать (*тж.* ~ at one's work; ~ away, ~ on)

**slogan** [ˈsləugən] *n* 1) ло́зунг, призы́в; деви́з 2) боево́й клич (*шотл. горцев*)

**sloop** [slu:p] *n мор.* 1) шлюп 2) сторожево́й кора́бль; ~ of war вое́нный шлюп

**slop I** [slɔp] **1.** *n* 1) жи́дкая грязь; сля́коть 2) *pl* помо́и; to empty the ~s выноси́ть помо́и 3) *pl* жи́дкая пи́ща (*для больных и т. п.*) 4) *pl* санти́менты, излия́ния (*чувств*)

**2.** *v* 1) пролива́ть(ся), расплёскивать(ся) (*часто* ~ over, ~ out) 2) шлёпать, хлю́пать (*по грязи и т. п.*) □ ~ **over** излива́ть свои́ чу́вства

**slop II** [slɔp] *n* (*обыкн. pl*) 1) оде́жда и посте́льные принадле́жности, отпуска́емые моряка́м на корабле́ 2) дешёвая гото́вая оде́жда

**slop-basin** [ˈslɔpˌbeɪsn] *n* полоска́тельница

**slope** [sləup] **1.** *n* 1) накло́н, склон, скат; ~ of a roof скат кры́ши; ~ of a river паде́ние реки́ 2) *горн.* накло́нная вы́работка 3) *воен.* положе́ние с винто́вкой на плечо́

2. *v* 1) клони́ться; име́ть накло́н; отло́го поднима́ться (*обыкн.* ~ up) *или* опуска́ться (*обыкн.* ~ down) 2) ста́вить в накло́нное положе́ние 3) ска́шивать; сре́зывать 4) *разг.* удра́ть; улизну́ть 5) слоня́ться (*обыкн.* ~ about)

**sloping** [ˈsləupɪŋ] **1.** *pres. p. от* slope 2

**2.** *a* накло́нный, пока́тый

**slop-pail** [ˈslɔppeɪl] *n* помо́йное ведро́

**sloppy** [ˈslɔpɪ] *a* 1) покры́тый лу́жами, мо́крый (*о дороге*); забры́зганный, зали́тый (*о столе, скатерти*) 2) замы́зганный (*об одежде*) 3) жи́дкий (*о пище*) 4) неря́шливый, небре́жный (*о работе и т. п.*) 5) сентимента́льный

**slop-shop** [ˈslɔpʃɔp] *n* магази́н дешёвого гото́вого пла́тья

**slopwork** [ˈslɔpwəːk] *n* 1) произво́дство дешёвого гото́вого пла́тья 2) неря́шливо, на́спех сде́ланная рабо́та

**slosh** [slɔʃ] = slush

**slot** I [slɔt] **1.** *n* 1) щёлка, щель, про́резь, паз; отве́рстие (*автомата*) для опуска́ния моне́ты 2) *театр.* люк

**2.** *v* проре́зать, желоби́ть; прода́лбливать

**slot** II [slɔt] *n* след (*оленя и т. п.*)

**sloth** [sləuθ] *n* 1) лень, ле́ность 2) медли́тельность 3) *зоол.* лени́вец

**sloth-bear** [ˈsləuθbɛə] *n* медве́дь-губа́ч

**slothful** [ˈsləuθful] *a* лени́вый, ине́ртный

**slot-machine** [ˈslɔtməˌʃiːn] *n* торго́вый автома́т; иго́рный автома́т

**slouch** [slautʃ] **1.** *n* 1) неуклю́жая похо́дка 2) суту́лость 3) лентя́й; he is no ~ он неплохо́й рабо́тник 4) у́вален́ь 5) опу́щенные поля́ (*шляпы*)

**2.** *v* 1) неуклю́же держа́ться, суту́литься 2) свиса́ть (*о полях шляпы*) 3) надвига́ть (*шляпу*); опуска́ть поля́ □ ~ **about** слоня́ться

**slouch hat** [ˈslautʃˈhæt] *n* шля́па с широ́кими опу́щенными поля́ми

**slough** I [slau] *n* 1) боло́то, топь, тряси́на 2) депре́ссия, уны́ние, отча́яние (*тж.* the S. of Despond)

**slough** II [slʌf] **1.** *n* 1) сбро́шенная ко́жа (*змеи*) 2) струп 3) забы́тая привы́чка

**2.** *v* 1) сбра́сывать ко́жу (*о змее*) 2) сходи́ть (*о коже*), шелуши́ться (*часто* ~ off, ~ away)

**sloughy** I [ˈslauɪ] *a* то́пкий

**sloughy** II [ˈslʌfɪ] *a* стру́пный

**Slovak** [ˈsləuvæk] **1.** *n* 1) слова́к; слова́чка 2) слова́цкий язы́к

**2.** *a* слова́цкий

**sloven** [ˈslʌvn] *n* неря́ха

**Slovene** [ˈsləuviːn] *n* слове́нец; слове́нка

**Slovenian** [sləuˈviːnjən] **1.** *a* слове́нский

**2.** *n* слове́нский язы́к

**slovenliness** [ˈslʌvnlɪnɪs] *n* неря́шливость

**slovenly** [ˈslʌvnlɪ] *a* неря́шливый

**slow** [sləu] **1.** *a* 1) ме́дленный, ти́хий; постепе́нный 2) медли́тельный, неторопли́вый 3) неспеша́щий; he was ~ in arriving он запозда́л; he is not ~ to defend himself он себя́ в оби́ду не даст 4) (*обыкн. predic.*): the clock is 20 minutes ~ часы́ отстаю́т на 20 мину́т 5) иду́щий с ма́лой ско́ростью (*о поезде и т. п.*) 6) тупо́й, несообрази́тельный (*тж.* ~ of wit) 7) ску́чный, неинтере́сный 8) *амер.* отста́лый 9) вя́лый (*о торговле*) 10) затрудня́ющий бы́строе движе́ние (*о поверхности, дороге*) ◇ ~ but steady ме́дленно, но ве́рно; ~ and steady wins the race ≅ ти́ше е́дешь, да́льше бу́дешь

**2.** *adv* ме́дленно; to go ~ быть осмотри́тельным

**3.** *v* замедля́ть(ся) (*обыкн.* ~ down, ~ up, ~ off)

**slowcoach** [ˈsləukəutʃ] *n* медли́тельный, тупова́тый *или* отста́лый челове́к

**slowdown** [ˈsləudaun] *n разг.* 1) замедле́ние 2) сниже́ние те́мпа рабо́ты (*вид забастовки*)

**slow goods** [ˈsləugudz] *n pl* груз ма́лой ско́рости

**slow-match** [ˈsləumætʃ] *n* огнепрово́дный шнур (*для взрывных работ и т. п.*)

**slow-poke** [ˈsləupəuk] *n разг. амер.* копу́ша

**slow-witted** [ˈsləuˈwɪtɪd] *a* тупо́й, тупоголо́вый

**slubber** [ˈslʌbə] *v* де́лать небре́жно, ко́е-ка́к

**sludge** [slʌdʒ] *n* 1) густа́я грязь 2) са́ло (*плавающий лёд*) 3) ти́на, ил 4) отсто́й, шлам 5) *attr.*: ~ pump *горн.* желóнка; грязево́й нано́с

**sludgy** [ˈslʌdʒɪ] *a* гря́зный; и́листый

**slue** [sluː] = slew I

**slug** I [slʌg] **1.** *n* 1) *зоол.* сли́зень, слизня́к 2) *амер.* личи́нка 3) ме́дленно передвига́ющееся живо́тное, автомоби́ль-тихохо́д *и т. п.* 4) *уст.* лентя́й 5) кусо́к мета́лла (*неправильной формы*) 6) пу́ля (*неправильной формы*) 7) *амер.* жето́н (*для торговых автоматов*) 8) *амер. sl.* глото́к (*спиртного*) 9) *полигр.* строка́, отли́тая на линоти́пе 10) *полигр.* шпон

**2.** *v* 1) *разг.* си́льно ударя́ть, бить 2) идти́ с трудо́м, тащи́ться 3) *разг.* не́житься, валя́ться (*в постели*)

**slug-abed** [ˈslʌgəˈbed] *n* со́ня, лежебо́ка; лентя́й

**sluggard** [ˈslʌgəd] *n* лентя́й, безде́льник

**sluggish** [ˈslʌgɪʃ] *a* 1) ме́дленный, вя́лый 2) медли́тельный; ине́ртный

**sluice** [sluːs] **1.** *n* 1) шлюз, перемы́чка; затво́р шлю́за 2) (иску́сственный) кана́л, водово́д 3) промы́вка 4) *горн.* рудопромыва́льный жёлоб

**2.** *v* 1) снабжа́ть шлю́зами; шлюзова́ть 2) отводи́ть во́ду шлю́зами, выпуска́ть, спуска́ть (че́рез шлюз) (*обыкн.* ~ off) 3) залива́ть; облива́ть 4) вытека́ть (*обыкн.* ~ out) 5) мыть, промыва́ть

**sluice-gate** [ˈsluːsˈgeɪt] *n* шлю́зные воро́та

**sluice-way** [ˈsluːsweɪ] = sluice 1, 2)

**slum** [slʌm] **1.** *n* (*обыкн. pl*) трущо́бы

**2.** *v* посеща́ть трущо́бы (*с благотворительной целью*; *обыкн.* go ~ming)

**slumber** [ˈslʌmbə] *поэт.* **1.** *n* (*часто pl*) сон; дремо́та

**2.** *v* спать; дрема́ть □ ~ **away** проспа́ть, да́ром потеря́ть вре́мя

**slumberous** [ˈslʌmbərəs] *a* 1) навева́ющий сон 2) со́нный

**slumber-suit** [ˈslʌmbəsjuːt] *n* пижа́ма

**slumlord** [ˈslʌmlɔːd] *n* владе́лец трущо́б (*взимающий с жильцов непомерно высокую квартплату*)

**slummock** [ˈslʌmək] *v разг.* 1) жа́дно прогла́тывать 2) говори́ть бессвя́зно, сумбу́рно

**slump** [slʌmp] **1.** *n* 1) ре́зкое паде́ние цен, спро́са *или* интере́са; кри́зис 2) оползáние (*грунта*); о́ползень

**2.** *v* 1) ре́зко па́дать 2) тяжело́ опуска́ться, сади́ться, па́дать; he ~ed into a chair он тяжело́ опусти́лся на стул 3) го́рбиться, суту́литься

**slung** [slʌŋ] *past и p. p. от* sling I, 2

**slunk** [slʌŋk] *past и p. p. от* slink I *и* II 2

**slur** [sləː] **1.** *n* 1) пятно́ (*на репутации*); to put a ~ (upon) опоро́чить 2) (расплы́вшееся) пятно́ 3) *полигр.* мара́шка 4) слия́ние (*звуков, слов*) 5) *муз.* ли́га

**2.** *v* 1) произноси́ть невня́тно, глота́ть (*слова*) 2) писа́ть неразбо́рчиво 3) сма́зывать, стира́ть (*различие и т. п.*; *часто* ~ over) 4) опуска́ть, пропуска́ть (over) 5) *уст.* клевета́ть, хули́ть, черни́ть 6) *муз.* свя́зывать зву́ки

**slurry** [ˈslʌrɪ] *n стр.* жи́дкое цеме́нтное те́сто; жи́дкая гли́на

**slush** [slʌʃ] **1.** *n* 1) сля́коть, грязь 2) та́лый снег; шуга́, ледяно́е са́ло 3) *разг.* (сентимента́льный) вздор 4) оста́тки, отбро́сы жи́ра 5) *тех.* смесь свинцо́вых бели́л с и́звестью 6) *тех.* защи́тное покры́тие

**2.** *v* 1) сма́зывать 2) ока́тывать гря́зью *или* водо́й 3) *стр.* цементи́ровать (*обыкн.* ~ up) 4) *стр.* расшива́ть швы

**slush fund** [ˈslʌʃˈfʌnd] *n* 1) *воен., мор.* экономи́ческие су́ммы 2) *амер.* де́ньги, предназна́ченные для взя́ток

**slushy** [ˈslʌʃɪ] *a* 1) сля́котный 2) *разг.* сентимента́льный

**slut** [slʌt] *n* 1) неря́ха (*о женщине*) 2) проститу́тка 3) *шутл.* девчо́нка; a saucy ~ озорни́ца 4) су́ка

**sluttish** [ˈslʌtɪʃ] *a* неря́шливый

**sly** [slaɪ] **1.** *a* 1) хи́трый, ло́вкий, кова́рный; a ~ dog хитре́ц, ловка́ч 2) озорно́й, лука́вый 3) та́йный, скры́тый

**2.** *n*: on the ~ тайко́м

**slyboots** [ˈslaɪbuːts] *n шутл.* хитре́ц, плут, проны́ра

**slype** [slaɪp] *n* кры́тая арка́да

**smack** I [smæk] **1.** *n* 1) вкус; при́вкус; за́пах; при́месь 2) немно́го еды́, глото́к питья́

**2.** *v* па́хнуть, отдава́ть, отзыва́ться (*чем-л.*); име́ть при́месь (of — *чего-л.*)

**smack** II [smæk] **1.** *n* 1) чмо́канье 2) зво́нкий поцелу́й 3) зво́нкий шлепо́к; хлопо́к

**2.** *v* 1) чмо́кать губа́ми (*тж.* ~ one's lips) 2) хло́пать; шлёпать

**3.** *adv разг.* 1) с тре́ском 2) в са́мую то́чку, пря́мо

**smack** III [smæk] *n мор.* смэк (*одномачтовое рыболовное судно*)

**smacker** ['smækə] *n sl.* 1) зво́нкий поцелу́й *или* шлепо́к 2) кру́пный экземпля́р чего́-л. 3) *амер.* до́ллар

**small** [smɔ:l] **1.** *a* 1) ма́ленький; небольшо́й; ~ boy малы́ш; ~ craft ме́лкие суда́, ло́дки; ~ capitals *полигр.* капите́ль; ~ tools ручно́й инструме́нт, слеса́рный инструме́нт 2) ме́лкий; ~ coal штыб, у́гольная пыль; ~ rock щёбень 3) незначи́тельный, ма́лый, ничто́жный; he has ~ Latin он пло́хо зна́ет латы́нь; he drank a ~ whiskey он вы́пил глото́к ви́ски; on the ~ side бо́лее чем скро́мных разме́ров 4) пристыжённый, уни́женный; to feel ~ чу́вствовать себя́ принижённым; чу́вствовать себя́ нело́вко; to look ~ име́ть глу́пый вид 5) то́нкий; ~ waist то́нкая та́лия 6) разба́вленный, сла́бый (*о напитке*) 7) ти́хий, негро́мкий (*о звуке*); ~ voice сла́бый го́лос 8) ме́лкий, ни́зменный; it is ~ of you э́то по́дло с ва́шей стороны́ 9) немногочи́сленный 10) непродолжи́тельный 11) скро́мный, бе́дный; незна́тного происхожде́ния ◇ (and) ~ wonder (и) неудиви́тельно, нет ничего́ удиви́тельного; the ~ hours пе́рвые часы́ по́сле полу́ночи; the still ~ voice со́весть; ~ talk пусто́й, бессодержа́тельный, све́тский разгово́р

**2.** *n* 1): ~ of the back поясни́ца 2) *pl* = small-clothes 3) *pl разг.* пе́рвый экза́мен на сте́пень бакала́вра (*в Оксфорде*) ◇ in ~ а) в небольши́х разме́рах; б) *жив.* в миниатю́ре

**small arms** ['smɔ:l'ɑ:mz] *n pl* стрелко́вое ору́жие

**small beer** ['smɔ:lbɪə] *n* 1) *уст.* сла́бое пи́во 2) пустяки́, ме́лочи; to think no ~ of oneself быть о себе́ высо́кого мне́ния; to chronicle ~ отмеча́ть вся́кие ме́лочи; занима́ться пустяка́ми

**small-bore** ['smɔ:lbɔ:] *a воен.* малокали́берный

**small-clothes** ['smɔ:lkləuðz] *n pl ист.* коро́ткие штаны́ в обтя́жку

**small holder** ['smɔ:l'həuldə] *n* ме́лкий со́бственник; ме́лкий аренда́тор

**small-minded** ['smɔ:l'maɪndɪd] *a* 1) ме́лкий, ме́лочный 2) ограни́ченный, недалёкий

**smallpox** ['smɔ:lpɔks] *n* о́спа

**small-sword** ['smɔ:lsɔ:d] *n* рапи́ра, шпа́га

**small-time** ['smɔ:ltaɪm] *a амер. разг.* ме́лкий, незначи́тельный; второсо́ртный

**small-tooth comb** ['smɔ:ltu:θ'kəum] *n* ча́стый гре́бень

**smalt** [smɔ:lt] *n* сма́льта

**smarm** [smɑ:m] *v* 1) прили́зывать, пригла́живать 2) ублажа́ть; прислу́живаться, подли́зываться

**smarmy** ['smɑ:mɪ] *a разг.* льсти́вый; еле́йный, вкра́дчивый

**smart** [smɑ:t] **1.** *n* 1) жгу́чая боль 2) го́ре, печа́ль

**2.** *a* 1) ре́зкий, си́льный (*об ударе, боли*) 2) суро́вый (*о наказании*) 3) бы́стрый, прово́рный; you'd better be pretty ~ about the job с э́тим вам ну́жно поспеши́ть; to make a ~ job of it бы́стро и хорошо́ вы́полнить рабо́ту 4) остроу́мный, нахо́дчивый 5) ло́вкий, продувно́й 6) щеголева́тый; наря́дный; мо́дный; the ~ set *разг.* фешене́бельное о́бщество ◇ a ~ few дово́льно мно́го

**3.** *adv* изя́щно, щеголева́то

**4.** *v* 1) испы́тывать жгу́чую боль; боле́ть; страда́ть 2) вызыва́ть жгу́чую боль; the insult ~s yet оби́да ещё жива́ □ ~ **for** поплати́ться за *что-л.*

**smart aleck** ['smɑ:t'ælɪk] *n амер. разг.* самоуве́ренный челове́к; хлыщ

**smart-alecky** ['smɑ:t'ælɪkɪ] *a амер. разг.* наха́льный; развя́зный и самоуве́ренный

**smarten** ['smɑ:tn] *v* 1): ~ (oneself) up а) прихора́шивать(ся); б) хороше́ть 2) отшлифова́ть (*манеры и т. п.*)

**smart-money** ['smɑ:t,mʌnɪ] *n* 1) компенса́ция за уве́чье 2) отступны́е де́ньги

**smash** [smæʃ] **1.** *n* 1) внеза́пное паде́ние; гро́хот 2) ги́бель, уничтоже́ние, разруше́ние 3) столкнове́ние; катастро́фа 4) банкро́тство 5) сокруши́тельный уда́р 6) *амер.* огро́мный успе́х 7) уда́р по мячу́ све́рху вниз, смэш (*в теннисе*) 8) *attr. разг.* успе́шный, бы́стро завоева́вший популя́рность; a ~ song мо́дная пе́сенка

**2.** *v* 1) разбива́ть(ся) вдре́безги (*часто* ~ up) 2) ста́лкиваться (into, against, through) 3) разби́ть, сокруши́ть, уничто́жить (*противника и т. п.*) 4) обанкро́титься 5) *разг.* ударя́ть изо всех сил 6) ударя́ть по мячу́ све́рху вниз, гаси́ть (*в теннисе*) □ ~ **in** вломи́ться, ворва́ться си́лой; to ~ in a door взлома́ть дверь; ~ **up** разбива́ть(ся) вдре́безги

**3.** *adv* с разма́ху; вдре́безги; to go (*или* to come) ~ а) вре́заться с разма́ху; б) потерпе́ть по́лный прова́л; разори́ться

**smasher** ['smæʃə] *n разг.* 1) не́что сногсшиба́тельное 2) сокруши́тельный уда́р, тяжёлое паде́ние (*тж. перен.*) 3) ре́зкий отве́т; разгро́мная реце́нзия

**smashing** ['smæʃɪŋ] **1.** *pres. p. от* smash 2

**2.** *a* 1) сокруши́тельный; ~ blow сокруши́тельный уда́р 2) *разг.* превосхо́дный, великоле́пный

**smattering** ['smætərɪŋ] *n* 1) пове́рхностное зна́ние 2) *разг.* небольшо́е число́; ко́е-что́

**smear** [smɪə] **1.** *n* 1) вя́зкое *или* ли́пкое вещество́ 2) пятно́; мазо́к 3) клевета́, бесче́стье

**2.** *v* 1) ма́зать, па́чкать 2) позо́рить, бесче́стить 3) *амер. sl.* (раз)громи́ть; подави́ть

**smear-sheet** ['smɪəʃi:t] *n амер.* гря́зная газетёнка

**smeary** ['smɪərɪ] *a* гря́зный

**smectite** ['smektaɪt] *n* сукнова́льная гли́на

**smell** [smel] **1.** *n* 1) обоня́ние; to have a good sense of ~ име́ть то́нкое обоня́ние 2): to take a ~ (at) поню́хать 3) за́пах

**2.** *v* (smelt, smelled [-d]) 1) чу́вствовать за́пах, чу́ять; обоня́ть 2) ню́хать (at) 3) па́хнуть; the perfume ~s good э́ти духи́ хорошо́ па́хнут; to ~ of paint па́хнуть кра́ской □ ~ **about** приню́хиваться; разню́хивать, высле́живать; ~ **out** разню́хать, вы́следить, учу́ять; ~ **round** = ~ about ◇ to ~ powder «поню́хать по́роху»; to ~ of the lamp (*или* of the candle, of oil) быть вы́мученным (*о слоге и т. п.*)

**smeller** ['smelə] *n sl.* 1) нос 2) уда́р по́ носу

**smelling-bottle** ['smelɪŋ,bɔtl] *n* флако́н с ню́хательной со́лью

**smelling-salts** ['smelɪŋsɔ:lts] *n* ню́хательная соль

**smelly** ['smelɪ] *a разг.* зловонный

**smelt** I [smelt] **1.** *n* пла́вка; распла́вленный мета́лл

**2.** *v* пла́вить (*руду*); расплавля́ть (*металл*)

**smelt** II [smelt] *n* ко́рюшка

**smelt** III [smelt] *past и p. p. от* smell 2

**smeltery** ['smeltərɪ] *n* плави́льня, плави́льный заво́д

**smew** [smju:] *n* лу́ток (*птица*)

**smile** [smaɪl] **1.** *n* 1) улы́бка; to be all ~s име́ть дово́льный вид 2) благоволе́ние; the ~s of fortune ≅ улы́бка форту́ны, ми́лость судьбы́

**2.** *v* 1) улыба́ться 2) выража́ть улы́бкой (*согласие и т. п.*); to ~ farewell улыбну́ться на проща́ние □ ~ **at** пренебрега́ть *чем-л.*; ~ **on**, ~ **upon** выка́зывать благоволе́ние; благоприя́тствовать; fortune has ~d upon him from his birth сча́стье улыба́лось ему́ с колыбе́ли

**smirch** [smə:tʃ] **1.** *n* пятно́ (*тж. перен.*)

**2.** *v* па́чкать, пятна́ть

**smirk** [smə:k] **1.** *n* самодово́льная, де́ланная *или* глу́пая улы́бка; ухмы́лка

**2.** *v* ухмыля́ться

**smite** [smaɪt] **1.** *v* (smote; smitten) 1) *поэт., шутл.* ударя́ть 2) разбива́ть; разруша́ть; to ~ (enemies) hip and thigh беспоща́дно бить (враго́в), разби́ть (врага́) на́голову 3) (*обыкн. p. p.*) охва́тывать, поража́ть; smitten with palsy разби́тый параличо́м; smitten with fear охва́ченный стра́хом; he seems to be quite smitten with her он, ка́жется, без па́мяти влюблён в неё; an idea smote her её осени́ло 4) кара́ть; нака́зывать; his conscience smote him он почу́вствовал угрызе́ния со́вести, со́весть му́чила его́

**2.** *n разг.* 1) си́льный уда́р 2) попы́тка

**smith** [smɪθ] *n* 1) кузне́ц 2) рабо́чий по мета́ллу

**smithereens** ['smɪðə'ri:nz] *n pl* оско́лки; черепки́; to smash to (*или* into) ~ разби́ть вдре́безги

**smithy** ['smɪðɪ] *n* 1) ку́зница 2) *амер.* кузне́ц

**smitten** ['smɪtn] *p. p. от* smite 1

**smock** [smɔk] **1.** *n* 1) де́тский комбинезо́н 2) толсто́вка (*мужская блуза*) 3) рабо́чий хала́т

**2.** *v* украша́ть сбо́рками *или* бу́фами

**smock-frock** ['smɔk'frɔk] *n* холщо́вый хала́т (*для работы*)

**smog** [smɔg] *n* густо́й тума́н с ды́мом и ко́потью; смог

**smoke** [sməuk] **1.** *n* 1) дым, ко́поть 2) куре́ние; to have a ~ покури́ть 3) *разг.* сигаре́та, папиро́са, сига́ра 4) тума́н; ды́мка ◇ to end (*или* to go up) in ~ ко́нчиться ниче́м; like ~ а) бы́стро, момента́льно; б) с лёгкостью; there is no ~ without fire нет ды́ма без огня́; to sell ~ занима́ться моше́нничеством

**2.** *v* 1) дыми́ть(ся) 2) копти́ть (*о лампе и т. п.*) 3) кури́ть 4) оку́ривать 5) выку́ривать (*тж.* ~ out) 6) подверга́ть копче́нию 7) *уст.* подозрева́ть, чу́ять 8) *уст.* дразни́ть ▭ ~ **out** а) выку́ривать; б) разоблача́ть

**smoke-ball** ['sməukbɔ:l] *n воен.* дымово́й снаря́д, дымова́я бо́мба

**smoke-black** ['sməukblæk] *n* са́жа

**smoke-cloud** ['sməukklaud] *n* дымово́е о́блако, дымова́я заве́са

**smoke-consumer** ['sməukkən,sju:mə] *n* дымопоглоща́ющее устро́йство

**smoked** [sməukt] **1.** *p. p. от* smoke 2

**2.** *a* 1) ды́мчатый 2) закопчённый 3) копчёный; ~ fish копчёная ры́ба

**smoke-dried** ['sməukdraɪd] *a* копчёный

**smoke-dry** ['sməukdraɪ] *v* копти́ть

**smoke-house** ['sməukhaus] *n* копти́льня

**smokeless** ['sməuklɪs] *a* безды́мный; ~ powder безды́мный по́рох

**smoker** ['sməukə] *n* 1) кури́льщик 2) копти́льщик 3) = smoking-car

**smoke-screen** ['sməukskri:n] *n воен.* дымова́я заве́са (*тж. перен.*)

**smoke-stack** ['sməukstæk] *n* дымова́я труба́

**smoking-car** ['sməukɪŋkɑ:] *n* ваго́н для куря́щих

**smoking-carriage** ['sməukɪŋ,kærɪdʒ] = smoking-car

**smoking-room** ['sməukɪŋrum] *n* кури́тельная (ко́мната)

**smoky** ['sməukɪ] *a* 1) ды́мный; закопте́лый; коптя́щий 2) ды́мчатый

**smolder** ['sməuldə] *амер.* = smoulder

**smooth** [smu:ð] **1.** *a* 1) гла́дкий, ро́вный 2) одноро́дный; ~ paste те́сто без комко́в 3) пла́вный, споко́йный; беспрепя́тственный 4) нете́рпкий (*о вине*) 5) уравнове́шенный, споко́йный 6) вкра́дчивый, льсти́вый 7) *разг.* о́чень прия́тный, привлека́тельный ◇ to get to ~ water вы́браться из затрудни́тельного положе́ния

**2.** *n* 1) пригла́живание 2) гла́дкая пове́рхность

**3.** *v* 1) пригла́живать; сгла́живать(-ся), разгла́живать(ся) (*часто* ~ out, ~ over, ~ down, ~ away) 2) смягча́ть, сма́зывать (*обыкн.* ~ over) 3) успока́ивать(ся) (*обыкн.* ~ down) 4) *тех.* полирова́ть, шлифова́ть, лощи́ть

**smooth-bore** ['smu:ðbɔ:] *n воен.* гладкоство́льное ору́жие

**smoothfaced** ['smu:ðfeɪst] *a* 1) бри́тый 2) вкра́дчивый, лицеме́рный

**smoothspoken** ['smu:ð,spəukən] = smooth-tongued

**smooth-tongued** ['smu:ðtʌŋd] *a* сладкоречи́вый, льсти́вый

**smote** [sməut] *past от* smite 1

**smother** ['smʌðə] **1.** *v* 1) души́ть 2) задохну́ться 3) туши́ть 4) подавля́ть (*зевок, гнев*) 5): to ~ up a scandal замя́ть сканда́л 6) гу́сто покрыва́ть 7) оку́тывать (*дымом*) 8) *кул.* туши́ть

**2.** *n* 1) густо́е о́блако ды́ма *или* пы́ли 2) тле́ющая зола́

**smothered mate** ['smʌðədmeɪt] *n шахм.* спёртый мат

**smothery** ['smʌðərɪ] *a* ду́шный; удушли́вый

**smoulder** ['sməuldə] **1.** *n* тле́ющий ого́нь

**2.** *v* 1) тлеть 2) те́плиться (*о чувствах*)

**smouldering** ['sməuldərɪŋ] **1.** *pres. p. от* smoulder 2

**2.** *a* тле́ющий; раскалённый под пе́плом; ~ hatred затаённая не́нависть

**smudge** I [smʌdʒ] **1.** *n* гря́зное пятно́

**2.** *v* па́чкать(ся), ма́зать(ся)

**smudge** II [smʌdʒ] **1.** *n* (*обыкн. амер.*) костёр (*зажигаемый, чтобы отогнать насекомых*)

**2.** *v амер.* 1) отгоня́ть ды́мом 2) оку́ривать

**smudgy** ['smʌdʒɪ] *a* гря́зный

**smug** [smʌg] **1.** *a* 1) самодово́льный и ограни́ченный 2) чо́порный

**2.** *n* 1) *sl.* необщи́тельный челове́к 2) *унив. sl.* неспортсме́н; студе́нт, отдаю́щий всё своё вре́мя заня́тиям и избега́ющий развлече́ний

**smuggle** ['smʌgl] *v* 1) провози́ть контраба́ндой (into, out, through) 2) занима́ться контраба́ндой 3) та́йно проноси́ть; to ~ a letter into a prison та́йно пронести́ письмо́ в тюрьму́

**smuggler** ['smʌglə] *n* контрабанди́ст

**smut** [smʌt] **1.** *n* 1) са́жа 2) гря́зное пятно́ 3) непристо́йность 4) *с.-х.* ржа́вчина, головня́

**2.** *v* 1) па́чкать(ся) са́жей 2) заража́ть(ся) головнёй

**smutch** [smʌtʃ] = smudge I

**smutty** ['smʌtɪ] *a* 1) гря́зный, чёрный 2) непристо́йный 3) *с.-х.* заражённый головнёй

**snack** [snæk] *n* лёгкая заку́ска; to have a ~ перекуси́ть на ходу́

**snack bar** ['snækbɑ:] *n* заку́сочная, буфе́т

**snaffle** I ['snæfl] *n* тре́нзель; узде́чка ◇ to ride smb. on (*или* in, with) the ~ руководи́ть кем-л. без нажи́ма

**snaffle** II ['snæfl] *v sl.* 1) сворова́ть, стяну́ть; урва́ть 2) пойма́ть, задержа́ть

**snaffle-bit** ['snæflbɪt] = snaffle I

**snag** [snæg] **1.** *n* 1) коря́га, топля́к (*на дне реки*); сучо́к, пенёк 2) обло́манный зуб 3) *разг.* препя́тствие, загво́здка; to strike (*или* to come upon) a ~ натолкну́ться на препя́тствие 4) вы́ступ

**2.** *v* 1) налете́ть на коря́гу 2) очища́ть от коря́г *или* сучко́в

**snaggy** ['snægɪ] *a* 1) сучкова́тый 2) изоби́лующий коря́гами, засорённый (*о реке*)

**snail** [sneɪl] *n* 1) ули́тка 2) *разг.* тихохо́д; медли́тельный челове́к 3) *тех.* спира́ль ◇ at a ~'s pace ≅ черепа́шьим ша́гом

**snake** [sneɪk] *n* 1) змея́ 2) преда́тель, вероло́мный челове́к ◇ ~ in the grass скры́тая опа́сность; скры́тый враг; to raise (*или* to wake) ~s подня́ть сканда́л, зате́ять ссо́ру; to see ~s *разг.* ≅ допи́ться до чёртиков

**snakebite** ['sneɪkbaɪt] *n* уку́с ядови́той змеи́

**snake-charmer** ['sneɪk,tʃɑ:mə] *n* заклина́тель змей

**snaky** ['sneɪkɪ] *a* 1) змеи́ный 2) кише́щий змея́ми 3) изви́листый 4) кова́рный

**snap** [snæp] **1.** *n* 1) треск; щёлканье, щелчо́к 2) застёжка, защёлка, замо́чек (*браслета*), кно́пка (*для одежды*) 3) ре́зкая отры́вистая речь 4) кусо́чек 5) момента́льный сни́мок 6) ре́зкое внеза́пное похолода́ние (*обыкн.* cold ~) 7) *разг.* эне́ргия, жи́вость, предприи́мчивость 8) *амер. разг.* лёгкая при́быльная рабо́та (*обыкн.* soft ~) 9) сухо́е хрустя́щее пече́нье 10) *тех.* обжи́мка (*клепальная*) 11) *attr.* поспе́шный; неожи́данный, без предупрежде́ния; ~ elections внеочередны́е вы́боры 12) *attr. амер.* просто́й, лёгкий ◇ not a ~ ниско́лько; ничу́ть

**2.** *v* 1) щёлкать, ля́згать, хло́пать (*чем-л.*); the pistol ~ped пистоле́т дал осе́чку 2) защёлкивать(ся) (*тж.* ~ to) 3) ца́пнуть, укуси́ть (at) 4) огрыза́ться (at) 5) ухвати́ться (at — за *предложение и т. п.*) 6) слома́ть(ся), порва́ть(ся) 7) де́лать момента́льный сни́мок ▭ ~ **off** а) отлома́ть(ся); б) укуси́ть; ~ **out** отре́зать; ~ **to** защёлкивать(ся); ~ **up** а) подхвати́ть, перехвати́ть; б) ре́зко останови́ть, переби́ть (*говорящего*) ◇ to ~ one's fingers at smb. игнори́ровать, «плева́ть» на кого́-л.; to ~ off smb.'s nose (*или* head) оборва́ть кого́-л.; огрызну́ться, ре́зко отве́тить кому́-л.; to ~ into it *амер. sl.* бро́ситься бежа́ть; to ~ out of it *амер. разг.* отде́латься от привы́чки; освободи́ться (от дурно́го настрое́ния *и т. п.*)

**3.** *adv* внеза́пно, с тре́ском; ~ went an oar весло́ с тре́ском слома́лось

**snap-beans** ['snæpbi:nz] *n pl* ло́мкая фасо́ль

**snapdragon** ['snæp,drægən] *n* 1) *бот.* льви́ный зев 2) рожде́ственская игра́, в кото́рой хвата́ют изю́минки с блю́да с горя́щим спи́ртом

**snappish** ['snæpɪʃ] *a* раздражи́тельный, приди́рчивый

**snappy** ['snæpɪ] *a* 1) = snappish 2) живо́й, энерги́чный; make it ~! *разг.* бы́стро!, жи́во! 3) *разг.* мо́дный; щегольско́й

**snap-roll** ['snæprəul] *n ав.* бо́чка

**snap shot** ['snæpʃɔt] *n* вы́стрел навски́дку

**snapshot** ['snæpʃɔt] 1. *n* сни́мок, фотогра́фия

2. *v* де́лать сни́мок, фотографи́ровать

**snare** [snεə] 1. *n* сило́к, западня́, лову́шка

2. *v* пойма́ть в лову́шку

**snarl** I [snɑ:l] 1. *n* 1) рыча́ние 2) ворча́ние

2. *v* 1) рыча́ть; огрыза́ться 2) серди́то ворча́ть

**snarl** II [snɑ:l] 1. *n* 1) спу́танные ни́тки, спу́танный клубо́к 2) пу́таница, беспоря́док

2. *v* 1) сме́шивать, спу́тывать 2) приводи́ть в беспоря́док

**snatch** [snætʃ] 1. *n* 1) хвата́ние; to make a ~ at smth. пыта́ться схвати́ть что-л. 2) обры́вок; ~es of conversation обры́вки разгово́ра 3) (*обыкн. pl*) коро́ткий промежу́ток (вре́мени); to work in (*или* by) ~es рабо́тать уры́вками

2. *v* 1) хвата́ть(ся), ухвати́ть(ся) (at); to ~ at a chance воспо́льзоваться слу́чаем 2) срыва́ть, вырыва́ть (up, from, out, away) 3) урыва́ть; to ~ an hour's sleep урва́ть часо́к для сна 4) *амер. sl.* похища́ть (*кого-л.*)

**snatchy** ['snætʃɪ] *a* отры́вистый; отры́вочный

**snath** [snæθ] *n амер.* косови́ще

**snathe** [sneɪð] = snath

**sneak** [sni:k] 1. *n* 1) *разг.* трус; подле́ц 2) *школ. sl.* я́беда, фиска́л 3) *разг.* вори́шка 4) *разг.* незаме́тный ухо́д 5) *разг.* предвари́тельный просмо́тр фи́льма (*тж.* ~ preview)

2. *v* 1) кра́сться; to ~ out of danger ускользну́ть от опа́сности 2) *школ. sl.* я́бедничать, фиска́лить 3) де́лать что́-либо тайко́м, укра́дкой 4) *разг.* стащи́ть, укра́сть

**sneakers** ['sni:kəz] *n pl* та́почки, ту́фли на рези́новой подо́шве; те́ннисные ту́фли

**sneaking** ['sni:kɪŋ] 1. *pres. p. от* sneak 2

2. *a* 1) по́длый; трусли́вый 2) та́йный; неосо́знанный (*о чувстве*)

**sneaky** ['sni:kɪ] *a* трусли́вый; по́длый

**sneer** [snɪə] 1. *n* 1) презри́тельная усме́шка 2) насме́шка; глумле́ние

2. *v* 1) насме́шливо улыба́ться; усмеха́ться 2) насмеха́ться, глуми́ться (at — над)

**sneering** ['snɪərɪŋ] 1. *pres. p. от* sneer 2

2. *a* насме́шливый

**sneeze** [sni:z] 1. *n* чиха́нье

2. *v* чиха́ть ◇ he is not to be ~d at с ним на́до счита́ться; to ~ into a basket *эвф.* быть гильотини́рованным

**snick** [snɪk] 1. *n* надре́з, зару́бка

2. *v* слегка́ надре́зать

**snicker** ['snɪkə] 1. *n* 1) ржа́ние 2) хихи́канье, смешо́к

2. *v* 1) ти́хо ржать 2) хихи́кать

**snickersnee** ['snɪkə'sni:] *n шутл.* дли́нный нож, кинжа́л

**snide** [snaɪd] *sl.* 1. *n* фальши́вая драгоце́нность *или* моне́та

2. *a* 1) фальши́вый 2) нече́стный, моше́ннический 3) ни́зкий, по́длый

**sniff** [snɪf] 1. *n* 1) сопе́ние 2) (презри́тельное) фы́рканье 3) вдох, втя́гивание но́сом

2. *v* 1) сопе́ть 2) (презри́тельно) фы́ркать 3) вдыха́ть, втя́гивать но́сом 4) ню́хать, чу́five

**sniffy** ['snɪfɪ] *a разг.* 1) фы́ркающий, презри́тельный 2) попа́хивающий, с запашко́м

**snifter** ['snɪftə] *n* 1) *sl.* глото́к спиртно́го 2) бока́л, су́женный кве́рху

**snifting-valve** ['snɪftɪŋvælv] *n* выдувно́й кла́пан

**snigger** ['snɪgə] 1. *n* хихи́канье, пода́вленный смешо́к

2. *v* хихи́кать

**sniggle** ['snɪgl] *v* лови́ть угре́й

**snip** [snɪp] 1. *n* 1) надре́з 2) обре́зок; кусо́к 3) *разг.* портня́жка 4) *pl* но́жницы (*для металла, проволоки*)

2. *v* ре́зать (но́жницами)

**snipe** [snaɪp] 1. *n* 1) (*pl без измен.*) бека́с; great (*или* double) ~ ду́пель; half ~ га́ршнеп 2) вы́стрел из укры́тия 3) ничто́жество

2. *v* стреля́ть из укры́тия

**sniper** ['snaɪpə] *n* ме́ткий стрело́к, сна́йпер

**snipper** ['snɪpə] *n* портно́й

**snipper-snapper** ['snɪpə,snæpə] *n* нессто́ящий челове́к, наду́тое ничто́жество

**snippet** ['snɪpɪt] *n* 1) отре́зок; лоску́т 2) *pl* обры́вки (све́дений *и т. п.*)

**snippy** ['snɪpɪ] *a* 1) обры́вочный; кра́ткий 2) *разг.* надме́нный, ва́жничающий 3) ре́зкий, гру́бый

**snip-snap** ['snɪpsnæp] *n разг.* остро-у́мный, нахо́дчивый отве́т

**snitch** [snɪtʃ] *v sl.* 1) укра́сть, стащи́ть 2) я́бедничать; доноси́ть

**snivel** ['snɪvl] 1. *n* 1) хны́канье 2) слезли́вое лицеме́рие 3) со́пли

2. *v* 1) хны́кать, пла́каться 2) причита́ть; лицеме́рно выража́ть сочу́вствие 3) распуска́ть со́пли

**snob** [snɔb] *n* сноб

**snobbery** ['snɔbərɪ] *n* снобизм

**snood** [snu:d] *n* се́тка (*для волос*)

**snook** [snu:k] *n* «дли́нный нос»; to cock (*или* to make, to cut) a ~ (*или* ~s) at smb. показа́ть кому́-л. дли́нный нос

**snooker** ['snu:kə] *n* вид билья́рдной игры́

**snoop** [snu:p] *разг.* 1. *n* челове́к, ве́чно сую́щий нос в чужи́е дела́

2. *v* сова́ть нос в чужи́е дела́

**snooper** ['snu:pə] = snoop 1

**snoopy** ['snu:pɪ] *a амер. разг.* высле́живающий; назо́йливо любопы́тный

**snoot** [snu:t] *разг.* 1. *n* 1) = snout 1); 2) = snout 2); 3) грима́са; to make a ~ грима́сничать 4) *разг.* сноб

2. *v* относи́ться свысока́

**snooty** ['snu:tɪ] *a разг.* презри́тельный, высокоме́рный

**snooze** [snu:z] *разг.* 1. *n* коро́ткий сон (*днём*)

2. *v* вздремну́ть

**snore** [snɔ:] 1. *n* храп

2. *v* храпе́ть

**snorkel** ['snɔ:kəl] *n* 1) *мор.* шно́ркель 2) тру́бка (*для плавания с маской под водой*)

**snort** [snɔ:t] 1. *n* фы́рканье; храпе́ние

2. *v* 1) фы́ркать; храпе́ть 2) пыхте́ть (*о машине*)

**snorter** ['snɔ:tə] *n разг.* 1) не́что сногсшиба́тельное, о́чень шу́мное, большо́е *и т. п.* 2) си́льный што́рм; бу́ря

**snorting** ['snɔ:tɪŋ] 1. *pres. p. от* snort 2

2. *a* необыкнове́нный, сногсшиба́тельный

**snot** [snɔt] *n груб.* со́пли

**snot-rag** ['snɔtræg] *n груб.* носово́й плато́к

**snotty** ['snɔtɪ] 1. *a груб.* 1) сопли́вый 2) злой, раздражи́тельный

2. *n мор. sl.* корабе́льный гардемари́н

**snout** [snaut] *n* 1) ры́ло; мо́рда 2) *пренебр.* нос 3) *тех.* сопло́, мундшту́к

**snow** I [snəu] 1. *n* 1) снег; to be caught in the ~ попа́сть в мете́ль, застря́ть из-за сне́жных зано́сов 2) *поэт.* белизна́; седина́ 3) *sl.* кокаи́н; герои́н 4) *attr.* сне́жный

2. *v* 1) (*в безл. оборотах*): it ~s, it is ~ing идёт снег 2) сы́паться (как снег); gifts ~ed in пода́рки сы́пались со всех сторо́н 3) (*обыкн. p. p.*) заноси́ть сне́гом (*часто* ~ up, ~ in, ~ under) □ ~ **under** *амер.* провали́ть (*огромным большинством*)

**snow** II [snəu] *n мор. ист.* сно́у, шня́ва (*парусное судно*)

**snowball** ['snəubɔ:l] 1. *n* 1) снежо́к, сне́жный ком 2) де́нежный сбор, при кото́ром ка́ждый уча́стник обязу́ется привле́чь ещё не́сколько уча́стников

2. *v* 1) игра́ть в снежки́ 2) расти́ как сне́жный ком

**snow-bank** ['snəubæŋk] *n* сне́жный нано́с, сугро́б

**snow-bird** ['snəubə:d] *n* 1) юнко́ зи́мний (*птица*) 2) дрозд-ряби́нник (*птица*) 3) *sl.* кокаини́ст

**snow-blind** ['snəublaɪnd] *a* страда́ющий сне́жной слепото́й

**snow-boots** ['snəubu:ts] *n pl* бо́ты
**snow-bound** ['snəubaund] *a* 1) заснежённый, заснеженный, занесённый сне́гом 2) заде́ржанный сне́жными зано́сами
**snow-break** ['snəubreɪk] *n* 1) о́ттепель; та́яние сне́га 2) снегозащи́тное загражде́ние (*у шоссе, полотна железной дороги*)
**snow-broth** ['snəubrɔθ] *n* 1) сне́жная сля́коть 2) *амер.* си́льно охлаждённая жи́дкость
**snowbunny** ['snəu,bʌnɪ] *n* нео́пытная лы́жница
**snow-capped** ['snəukæpt] *a* покры́тый сне́гом (*о горах*)
**snow-drift** ['snəudrɪft] *n* сне́жный сугро́б
**snowdrop** ['snəudrɔp] *n* подсне́жник
**snow-fall** ['snəufɔ:l] *n* снегопа́д
**snow-fence** ['snəufens] *n ж.-д.* снегозащи́тное загражде́ние
**snow-flake** ['snəufleɪk] *n* снежи́нка; *pl* хло́пья сне́га
**snow man** ['snəumæn] *n* ≅ сне́жная ба́ба
**snowman** ['snəumən] *n* сне́жный челове́к
**snowmobile** ['snəu'məubaɪl] *n* аэроса́ни
**snow-plough** ['snəuplau] *n* снегово́й плуг; снегоочисти́тель
**snow-shoes** ['snəuʃu:z] *n pl* снегосту́пы
**snow-slide** ['snəuslaɪd] = snow-slip
**snow-slip** ['snəuslɪp] *n* лави́на
**snow-storm** ['snəustɔ:m] *n* мете́ль, бура́н, вью́га
**snow-white** ['snəu'waɪt] *a* белосне́жный
**snowy** ['snəuɪ] *a* 1) сне́жный, покры́тый сне́гом 2) белосне́жный
**snub** I [snʌb] **1.** *n* 1) пренебрежи́тельное обхожде́ние 2) ре́зкое оскорби́тельное замеча́ние
**2.** *v* 1) относи́ться с пренебреже́нием; унижа́ть 2) осади́ть, обре́зать 3) *тех., мор.* кру́то засто́порить; погаси́ть ине́рцию хо́да
**snub** II [snʌb] *a* вздёрнутый (*о носе*)
**snub-nosed** ['snʌbnəuzd] *a* курно́сый
**snuff** I [snʌf] **1.** *n* 1) ню́хательный таба́к *или* порошо́к 2) поню́шка; to take ~ ню́хать таба́к ◇ he is up to ~ *разг.* его́ не проведёшь
**2.** *v* 1) вдыха́ть 2) ню́хать (*табак*)
**snuff** II [snʌf] **1.** *n* нага́р на свече́
**2.** *v* снима́ть нага́р (*со свечи*) ▭ **~ out** а) потуши́ть (*свечу*); б) *sl.* разру́шить; подави́ть; в) *разг.* умере́ть
**snuff-box** ['snʌfbɔks] *n* табаке́рка
**snuff-colour** ['snʌf,kʌlə] *n* таба́чный цвет
**snuffers** ['snʌfəz] *n pl* щипцы́ (*для снятия нагара*)
**snuffle** ['snʌfl] **1.** *n* 1) сопе́ние 2) гнуса́вость 3) (the ~s) *pl* на́сморк
**2.** *v* 1) сопе́ть 2) говори́ть в нос, гнуса́вить
**snuffle valve** ['snʌflvælv] *n тех.* выдувно́й *или* фы́ркающий кла́пан
**snuffy** ['snʌfɪ] *a* 1) пожелте́вший от ню́хательного табака́ 2) *разг.* серди́тый, недово́льный 3) *разг.* раздражи́тельный
**snug** [snʌg] **1.** *a* 1) ую́тный; удо́бный 2) аккура́тный, чи́стый 3) доста́точный; а ~ income прили́чный дохо́д 4) пло́тно лежа́щий, прилега́ющий 5) та́йный, укро́мный; укры́тый ◇ to be as ~ as a bug in a rug о́чень ую́тно устро́иться
**2.** *v* приводи́ть в поря́док, придава́ть ую́т; устра́ивать ую́тно, удо́бно
**snuggery** ['snʌgərɪ] *n* ую́тная ко́мната; небольшо́й удо́бный кабине́т
**snuggle** ['snʌgl] *v* 1) прижа́ть(ся), ую́тно устро́ить(ся), сверну́ться кала́чиком 2) приюти́ться (*о доме, деревне и т. п.*)
**so** [səu] **1.** *adv* 1) так, таки́м о́бразом; that's not so э́то не так; that's certainly so э́то, безусло́вно, так; if so! раз так!; is that so? ра́зве? 2) то́же, та́кже; you are young and so am I вы мо́лоды и я то́же 3) так, насто́лько; why are you so late? почему́ вы так опозда́ли? 4) ита́к; so you are back ита́к, мы верну́лись 5) поэ́тому, таки́м о́бразом; так что; I was ill and so I could not come я был бо́лен, поэ́тому я не мог прийти́ 6) *употр. для усиления:* why so? почему́?; how so? как так?; so what? ну и что?, ну так что? 7): or so (*после указания количества*) приблизи́тельно, о́коло э́того; a day or so денька́ два; he must be forty or so ему́ лет со́рок и́ли что́-то в э́том ро́де ▭ so as to, so that с тем что́бы; I tell you that so as to avoid trouble я предупрежда́ю вас об э́том, с тем что́бы избежа́ть неприя́тностей; so far as насто́лько, наско́лько; so far as I know наско́лько мне изве́стно ◇ so be it быть по сему́; so far до сих по́р; пока́; so much for that дово́льно (говори́ть) об э́том; so that's that *разг.* та́к-то вот; so to say так сказа́ть; and so on, and so forth и так да́лее, и тому́ подо́бное
**2.** *int* так!, ла́дно!, ну!
**soak** [səuk] **1.** *n* 1) зама́чивание, мо́чка; to give a ~ вымочить 2) впи́тывание, вса́сывание 3) *разг.* проливно́й дождь 4) *разг.* запо́й 5) *разг.* пья́ница 6) *sl.* закла́д; to put in ~ отдава́ть в закла́д
**2.** *v* 1) впи́тывать(ся), вса́сывать(-ся) (*тж.* ~ up, ~ in) 2) пропи́тывать(ся); погружа́ть в жи́дкость; прома́чивать насквозь (*о дожде*); to ~ oneself in a subject погрузи́ться в рабо́ту 3) проса́чиваться 4) *разг.* пья́нствовать 5) *sl.* выка́чивать де́ньги (*с помощью высоких цен, налогов и т. п.*) 6) *sl.* отдава́ть в закла́д 7) *амер. sl.* отколоти́ть, вздуть
**soaker** ['səukə] *n разг.* 1) проливно́й дождь 2) пья́ница
**so-and-so** ['səuənsəu] **1.** *n* тако́й-то (*вместо имени*); Mr. ~ господи́н тако́й-то
**2.** *adv* та́к-то
**soap** [səup] **1.** *n* 1) мы́ло; a bar (*или* a cake) of ~ кусо́к мы́ла 2) *разг.* лесть 3) *амер. sl.* де́ньги (*особ. идущие на взятку*) ◇ to wash one's hands in invisible ~ потира́ть ру́ки; по ~ *sl.* не пойдёт
**2.** *v* 1) намы́ливать; мы́ть(ся) мы́лом 2) *разг.* льсти́ть
**soap-boiler** ['səup,bɔɪlə] *n* мылова́р
**soap-box** ['səupbɔks] *n* 1) я́щик из-под мы́ла 2) *разг.* импровизи́рованная трибу́на 3) *attr.*: ~ orator = soapboxer
**soapboxer** ['səup,bɔksə] *n* у́личный ора́тор
**soap-bubble** ['səup,bʌbl] *n* мы́льный пузы́рь (*тж. перен.*)
**soap opera** ['səup'ɔpərə] *n амер. разг.* многосери́йная телепостано́вка на семе́йные и бытовы́е те́мы (*обыкн. сентиментального характера*)
**soap powder** ['səup,paudə] *n* стира́льный порошо́к
**soap-stone** ['səupstəun] *n мин.* мы́льный ка́мень, стеати́т
**soap-suds** ['səupsʌdz] *n pl* 1) мы́льная пе́на 2) обмы́лки
**soap-works** ['səupwə:ks] *n pl* (*употр. как sing и как pl*) мылова́ренный заво́д
**soapy** ['səupɪ] *a* 1) мы́льный 2) *разг.* еле́йный, вкра́дчивый
**soar** [sɔ:] *v* 1) пари́ть, высоко́ лета́ть; поднима́ться ввысь 2) (стреми́тельно) повыша́ться; поднима́ться (*выше обычного уровня*) 3) *ав.* плани́ровать
**soaring** ['sɔ:rɪŋ] **1.** *pres. p. от* soar
**2.** *n ав.* паре́ние, паря́щий полёт (*тж.* ~ flight)
**3.** *a* 1) паря́щий; летя́щий ввысь 2) высо́кий, вы́ше обы́чного у́ровня; ~ prices бы́стро расту́щие це́ны 3) высо́кий, возвыша́ющийся
**s-o-b** ['esəu'bi:] *n* (*pl* s-o-b's) (*сокр. от* son of a bitch) *эвф.* су́кин сын
**sob** [sɔb] **1.** *n* рыда́ние; всхли́пывание
**2.** *n* рыда́ть; всхли́пывать
**sober** ['səubə] **1.** *a* 1) тре́звый 2) уме́ренный 3) рассуди́тельный; здра́вый, здравомы́слящий 4) споко́йный (*о красках*) ◇ as ~ as a judge абсолю́тно тре́звый; ≅ ни в одно́м глазу́
**2.** *v* протрезвля́ть(ся); отрезвля́ть (*часто* ~ down) (*тж. перен.*)
**sober-blooded** ['səubə'blʌdɪd] *a* споко́йный, хладнокро́вный
**sober-minded** ['səubə'maɪndɪd] *a* уравнове́шенный; здравомы́слящий
**sober-sides** ['səubəsaɪdz] *n разг.* степе́нный челове́к
**sobriety** [səu'braɪətɪ] *n* 1) тре́звость 2) уме́ренность 3) рассуди́тельность; уравнове́шенность
**sobriquet** ['səubrɪkeɪ] *фр. n* прозва́ние, про́звище, кли́чка
**sob-sister** ['sɔb,sɪstə] *n амер. разг.* писа́тельница душещипа́тельных *или* сенсацио́нных стате́й, расска́зов
**sob-stuff** ['sɔbstʌf] *n разг.* сентимента́льщина
**so-called** ['səu'kɔ:ld] *a* так называ́емый

**soccer** [ˈsɔkə] *n разг.* 1) футбóл 2) *attr.*: ~ player футболи́ст
**sociability** [ˌsəuʃəˈbɪlɪtɪ] *n* общи́тельность
**sociable** [ˈsəuʃəbl] **1.** *a* 1) общи́тельный 2) дру́жеский (*о встрече и т. п.*)
**2.** *n* 1) *ист.* откры́тый экипа́ж с боковы́ми сиде́ньями друг про́тив дру́га 2) трёхколёсный велосипе́д с двумя́ сиде́ньями 3) козе́тка 4) *амер. разг.* вечери́нка, встре́ча
**social** [ˈsəuʃəl] **1.** *a* 1) обще́ственный; социа́льный; ~ science социоло́гия; ~ security социа́льное обеспе́чение; ~ welfare а) социа́льное обеспе́чение; б) патрона́ж (*с благотворительными и воспитательными целями*); ~ evil проститу́ция 2) общи́тельный 3) све́тский; ~ evening вечери́нка
**2.** *n* 1) собра́ние, встре́ча (*членов общества и т. п.*) 2) *разг.* вечери́нка
**social climber** [ˈseuʃəlˌklaɪmə] *n* карьери́ст
**social democracy** [ˈsəuʃəldɪˈmɔkrəsɪ] *n* социа́л-демокра́тия
**social democrat** [ˈsəuʃəlˈdeməkræt] *n* социа́л-демокра́т
**social democratic** [ˈsəuʃəlˌdeməˈkrætɪk] *a* социа́л-демократи́ческий
**socialism** [ˈsəuʃəlɪzm] *n* социали́зм
**socialist** [ˈsəuʃəlɪst] **1.** *n* социали́ст
**2.** *a* социалисти́ческий
**socialistic** [ˌsəuʃəˈlɪstɪk] *a* социалисти́ческий
**socialite** [ˈsəuʃəlaɪt] *n амер. разг.* лицо́, занима́ющее ви́дное положе́ние в о́бществе
**sociality** [ˌsəuʃɪˈælɪtɪ] *n* 1) обще́ственный хара́ктер; обще́ственный инсти́нкт 2) общи́тельность
**socialization** [ˌsəuʃəlaɪˈzeɪʃən] *n* обобществле́ние; национализа́ция
**socialize** [ˈsəuʃəlaɪz] *v* 1) обобществля́ть; национализи́ровать 2) подгота́вливать к жи́зни в коллекти́ве, о́бществе 3) обща́ться
**socially** [ˈsəuʃəlɪ] *adv* 1) социа́льно; в обще́ственном отноше́нии 2) в о́бществе 3) неофициа́льно, приве́тливо
**society** [səˈsaɪətɪ] *n* 1) о́бщество; socialist ~ социалисти́ческое о́бщество 2) обще́ственность 3) свет, све́тское о́бщество 4) о́бщество, объедине́ние, организа́ция 5) *attr.* све́тский ◇ S. of Jesus иезуи́ты
**sociologist** [ˌsəusɪˈɔlədʒɪst] *n* социо́лог
**sociology** [ˌsəusɪˈɔlədʒɪ] *n* социоло́гия
**sock** I [sɔk] *n* 1) носо́к 2) сте́лька 3) *ист.* санда́лия актёра (*в античной комедии*) ◇ the buskin and the ~ траге́дия и коме́дия
**sock** II [sɔk] *sl.* **1.** *n* уда́р; to give smb. ~(s) вздуть кого́-л.
**2.** *v*: ~ smb. *разг.* дать тумака́ кому́-л.
**3.** *adv* с разма́ху, пря́мо
**sock** III [sɔk] *n школ. sl.* еда́, *особ.* сла́дкое, сла́дости
**sock** IV [sɔk] *n с.-х.* ле́ме́х, сошни́к
**sockdolager** [sɔkˈdɔlədʒə] *n амер. sl.* 1) реша́ющий уда́р *или* до́вод 2) не́что огро́мное
**socket** [ˈsɔkɪt] *n* 1) впа́дина; углубле́ние, гнездо́ 2) патро́н (*электрической лампы*); розе́тка 3) *тех.* му́фта, растру́б, па́трубок
**socle** [ˈsɔkl] *n* 1) цо́коль, ту́мба 2) пли́нтус
**sod** I [sɔd] **1.** *n* 1) дёрн; дерни́на 2) *поэт.* земля́; under the ~ в моги́ле
**2.** *v* обкла́дывать дёрном
**sod** II [sɔd] *past от* seethe
**sod** III [sɔd] *груб. см.* sodomite
**soda** [ˈsəudə] *n* 1) со́да, углеки́слый на́трий 2) со́довая вода́; газиро́ванная вода́
**soda biscuit** [ˈsəudəˌbɪskɪt] *n* пече́нье на со́де
**soda-fountain** [ˈsəudəˌfauntɪn] *n* сатура́тор, теле́жка с сатура́тором для прода́жи газиро́ванной воды́; сто́йка, где продаётся газиро́ванная вода́
**soda jerk** [ˈsəudədʒəːk] *n разг.* продаве́ц газиро́ванной воды́
**sodality** [səuˈdælɪtɪ] *n* бра́тство, о́бщи́на
**soda-water** [ˈsəudəˌwɔːtə] = soda 2)
**sodden** I [ˈsɔdn] *a* 1) промо́кший, пропи́танный 2) непропечённый, сыро́й (*о хлебе*) 3) отупе́вший (*от усталости, пьянства*) 4) перева́ренный, разва́ренный (*об овощах*)
**sodden** II [ˈsɔdn] *p. p. от* seethe
**sodium** [ˈsəudjəm] *n хим.* на́трий
**sodomite** [ˈsɔdəmaɪt] *n* педера́ст; гомосексуали́ст
**sodomy** [ˈsɔdəmɪ] *n* педера́стия
**soever** [səuˈevə] *adv* 1) любы́м спо́собом 2) *присоединяясь к словам who, what, when, how, where служит для усиления*: in what place ~ где бы то ни́ было
**sofa** [ˈsəufə] *n* софа́, дива́н
**sofa bed** [ˈsəufəbed] *n* дива́н-крова́ть
**soffit** [ˈsɔfɪt] *n архит.* софи́т
**soft** [sɔft] **1.** *a* 1) мя́гкий; ~ palate за́днее (*или* мя́гкое) нёбо 2) не́жный, ла́сковый; ти́хий (*о звуке*); ~ nothings (*или* things, words) комплиме́нты, не́жности 3) прия́тный 4) до́брый, отзы́вчивый, кро́ткий 5) *разг.* влюблённый (on) 6) неусто́йчивый; легко́ поддаю́щийся влия́нию 7) дря́блый, сла́бый (*о мускулах*) 8) сла́бый, сла́бого здоро́вья 9) нея́ркий (*о цвете и т. п.*) 10) мя́гкий (*о линии*); неконтра́стный (*о фотоснимке*) 11) мя́гкий, тёплый (*о климате, погоде*); a ~ breeze тёплый ветеро́к 12) *разг.* слабоу́мный, придуркова́тый 13) мя́гкий, терпи́мый 14) *разг.* лёгкий; ~ thing (*амер.* snap) лёгкая рабо́та 15) *разг.* безалкого́льный (*о напитках*) 16) *фон.* палатализо́ванный, смягчённый 17) *тех.* ко́вкий; ги́бкий 18) ры́хлый (*о почве*) ◇ ~ corn мо́кнущая мозо́ль; to boil an egg ~ вари́ть яйцо́ всмя́тку; the ~er sex сла́бый пол
**2.** *adv* мя́гко, ти́хо; to lie ~ лежа́ть на мя́гкой посте́ли
**3.** *int уст.* ти́ше!, тихо́нько!
**soften** [ˈsɔfn] *v* смягча́ть(ся) □ ~ up *воен.* обраба́тывать (*оборону*) артогнём
**softening** [ˈsɔfnɪŋ] **1.** *pres. p. от* soften
**2.** *n* 1) смягче́ние 2) *фон.* ослабле́ние ◇ ~ of the brain *мед.* размягче́ние головно́го мо́зга
**soft goods** [ˈsɔftˈgudz] *n pl* тексти́льные изде́лия
**softhead** [ˈsɔfthed] *n* дурачо́к, придуркова́тый челове́к
**soft-headed** [ˈsɔftˌhedɪd] *a* придуркова́тый
**softhearted** [ˈsɔftˈhɑːtɪd] *a* мягкосерде́чный, отзы́вчивый
**soft money** [ˈsɔftˈmʌnɪ] *n амер. разг.* бума́жные де́ньги
**soft pedal** [ˈsɔftˈpedl] *n* 1) *муз.* ле́вая педа́ль 2) *разг.* запре́т, ограниче́ние
**soft-pedal** [ˈsɔftˈpedl] *v* 1) *муз.* брать ле́вую педа́ль 2) *разг.* смягча́ть
**soft sawder** [ˈsɔftˈsɔːdə] *n* лесть, комплиме́нты
**soft soap** [ˈsɔftsəup] **1.** *n* 1) жи́дкое мы́ло; зелёное мы́ло 2) *разг.* лесть
**2.** *v разг.* льстить
**soft-spoken** [ˈsɔftˌspəukən] *a* 1) произнесённый ти́хо 2) сладкоречи́вый
**softwood** [ˈsɔftwud] *n* мя́гкая древеси́на
**softy** [ˈsɔftɪ] *n разг.* 1) дура́к 2) слабохара́ктерный челове́к, тря́пка
**soggy** [ˈsɔgɪ] *a* 1) сыро́й, мо́крый, пропи́танный водо́й 2) тяжелове́сный, ну́дный, ску́чный (*о стиле, произведении и т. п.*)
**soil** I [sɔɪl] *n* по́чва, земля́; one's native ~ ро́дина
**soil** II [sɔɪl] *v* па́чкать(ся), грязни́ть(ся); *перен.* запятна́ть; to ~ one's hands with smth. мара́ть ру́ки чем-л.
**soil** III [sɔɪl] *v* дава́ть скоту́ зелёный корм
**soilage** [ˈsɔɪlɪdʒ] *n* зелёные корма́
**soilless** [ˈsɔɪllɪs] *a* незапя́тнанный
**soil-pipe** [ˈsɔɪlpaɪp] *n* канализацио́нная труба́
**soirée** [ˈswɑːreɪ] *фр. n* зва́ный ве́чер
**sojourn** [ˈsɔdʒəːn] **1.** *n* (вре́менное) пребыва́ние
**2.** *v* (вре́менно) жить, прожива́ть
**Sol** [sɔl] *n шутл.* со́лнце (*часто* old ~)
**sol** I [sɔl] *n муз.* соль
**sol** II [sɔl] *n хим.* золь
**sol** III [sɔl] *n* соль (*денежная единица Перу*)
**solace** [ˈsɔləs] **1.** *n* утеше́ние
**2.** *v* утеша́ть; успока́ивать
**solan(-goose)** [ˈsəulən(guːs)] *n* олу́ша (*морская птица*)
**solar** [ˈsəulə] *a* со́лнечный ◇ ~ plexus *анат.* со́лнечное сплете́ние
**solaria** [seuˈlɛərɪə] *pl от* solarium
**solarium** [səuˈlɛərɪəm] *лат. n* (*pl* -ria) соля́рий
**solarize** [ˌsəuləraɪz] *v* 1) подверга́ть возде́йствию со́лнца 2) *фото* передержа́ть

**solatia** [səu'leıʃjə] *pl от* solatium

**solatium** [səu'leıʃjəm] *лат.* *n* (*pl* -tia) возмеще́ние, компенса́ция

**sold** [səuld] *past и p. p. от* sell 1

**solder** ['sɔldə] **1.** *n* *тех.* припо́й

**2.** *v* пая́ть, спа́ивать

**soldering-iron** ['sɔldərıŋ,aıən] *n* пая́льник

**soldi** ['sɔldi:] *pl от* soldo

**soldier** ['səuldʒə] **1.** *n* 1) солда́т; рядово́й; to go for a ~ *разг.* пойти́ на вое́нную слу́жбу доброво́льно; to play at ~s игра́ть в солда́тики 2) военнослу́жащий, вое́нный 3) во́ин 4) полково́дец 5) *sl.* копчёная селёдка ◇ ~ of fortune наёмник; кондотье́р; old ~ а) быва́лый челове́к; to come the old ~ over кома́ндовать (*кем-л.*) на права́х о́пытного челове́ка; б) пуста́я буты́лка; в) оку́рок

**2.** *v* 1) служи́ть в а́рмии 2) *разг.* увиливать от рабо́ты; создава́ть ви́димость де́ятельности

**soldier crab** ['səuldʒəkræb] *n* рак-отше́льник

**soldierlike** ['səuldʒəlaık] = soldierly

**soldierly** ['səuldʒəlı] *a* 1) во́инский; с вое́нной вы́правкой 2) войнственный 3) му́жественный, хра́брый, реши́тельный

**soldiership** ['səuldʒəʃıp] *n* вое́нное иску́сство

**soldiery** ['səuldʒərı] *n* *собир.* солда́ты; вое́нные

**soldo** ['sɔldəu] *n* (*pl* -di) со́льдо (*итальянская монета, равная* $^1/_{20}$ *лиры*)

**sole** I [səul] **1.** *n* 1) подо́шва 2) подмётка 3) ни́жняя часть 4) *тех.* ле́жень, пята́, основа́ние

**2.** *v* ста́вить подмётку

**sole** II [səul] *n* морско́й язы́к (*рыба*); ка́мбала; па́лтус

**sole** III [səul] *a* 1) еди́нственный 2) исключи́тельный 3) *уст., поэт.* одино́кий; уединённый 4) *юр.* не состоя́щий в бра́ке ◇ ~ weight со́бственный вес

**solecism** ['sɔlısızm] *n* 1) солеци́зм, синтакси́ческая оши́бка 2) наруше́ние прили́чий

**solely** ['səullı] *adv* еди́нственно; то́лько, исключи́тельно

**solemn** ['sɔləm] *a* 1) торже́ственный; on ~ occasions в торже́ственных слу́чаях 2) ва́жный, серьёзный 3) официа́льный; форма́льный; отвеча́ющий всем тре́бованиям зако́на; to take a ~ oath торже́ственно покля́сться 4) тёмный, мра́чный ◇ ~ fool напы́щенный дура́к

**solemnity** [sə'lemnıtı] *n* 1) торже́ственность 2) ва́жность, серьёзность 3) (*обыкн. pl*) торжество́, торже́ственная церемо́ния 4) *юр.* форма́льность

**solemnization** [,sɔləmnaı'zeıʃən] *n* пра́зднование

**solemnize** ['sɔləmnaız] *v* 1) пра́здновать; торже́ственно отмеча́ть 2) придава́ть серьёзность, торже́ственность 3) соверша́ть торже́ственную церемо́нию

**solenoid** ['səulınɔıd] *n* *эл.* солено́ид

**sol-fa** [sɔl'fɑ:] *муз.* **1.** *n* сольфе́джио

**2.** *v* петь сольфе́джио

**soli** ['səuli:] *pl от* solo

**solicit** [sə'lısıt] *v* 1) проси́ть, упра́шивать; выпра́шивать 2) тре́бовать; хода́тайствовать 3) пристава́ть к мужчи́не на у́лице (*о проститутках*) 4) подстрека́ть

**solicitation** [sə,lısı'teıʃən] *n* 1) насто́йчивая про́сьба, хода́тайство 2) пристава́ние к мужчи́не на у́лице 3) подстрека́тельство

**solicitor** [sə'lısıtə] *n* 1) соли́ситор, адвока́т (*дающий советы клиенту, подготавливающий дела для барристера и выступающий только в судах низшей инстанции*) 2) *амер.* аге́нт фи́рмы по распростране́нию зака́зов 3) юриско́нсульт

**Solicitor-General** [sə'lısıtə'dʒenərəl] *n* 1) вы́сший чино́вник министе́рства юсти́ции 2) *амер.* замести́тель мини́стра юсти́ции, защища́ющий интере́сы госуда́рства в суде́бных проце́ссах 3) *амер.* гла́вный прокуро́р (*некоторых штатов*)

**solicitous** [sə'lısıtəs] *a* 1) по́лный жела́ния (*сделать что-л.*), жела́ющий (of — *чего-л.*) 2) добива́ющийся (*чего-л.*), стремя́щийся (*к чему-л.*) 3) забо́тливый, внима́тельный (about, concerning, for)

**solicitude** [sə'lısıtju:d] *n* 1) забо́тливость; беспоко́йство, забо́та (for — о *чём-л.*) 2) *pl* забо́ты, волне́ния

**solid** ['sɔlıd] **1.** *a* 1) твёрдый (*не жидкий, не газообразный*); ~ state твёрдое состоя́ние; to become ~ on cooling тверде́ть при охлажде́нии 2) сплошно́й; це́льный; ~ colour ро́вный цвет; ~ printing *полигр.* набо́р без шпо́нов; ~ square *воен.* (сплошно́е) каре́ 3) непреры́вный; ~ line of defence непреры́вная ли́ния оборо́ны; for a ~ hour (day) в тече́ние ча́са (дня) без переры́ва 4) масси́вный (*не полый*) 5) про́чный, кре́пкий; пло́тный, соли́дный; to have a ~ meal пло́тно пое́сть; a man of ~ build челове́к пло́тного сложе́ния 6) основа́тельный, надёжный; соли́дный; ве́ский; ~ argument ве́ский до́вод; ~ grounds реа́льные основа́ния; a man of ~ sense челове́к тре́звого ума́ 7) сплочённый, единогла́сный; ~ party сплочённая па́ртия; the decision was passed by a ~ vote реше́ние бы́ло при́нято единогла́сно; to be ~ for стоя́ть твёрдо за 8) пи́шущийся вме́сте, без дефи́са 9) чи́стый, неразба́вленный; без приме́сей; ~ gold чи́стое зо́лото 10) *sl.* хоро́ший, отли́чный 11) *мат.* трёхме́рный, простра́нственный, куби́ческий; ~ angle теле́сный (*или* простра́нственный) у́гол; ~ foot куби́ческий фут ◇ to be ~ with smb. быть в ми́лости у кого́-л.; the S. South *амер.* ю́жные шта́ты, традицио́нно голосу́ющие за демократи́ческую па́ртию

**2.** *n* 1) *физ.* твёрдое те́ло 2) *мат.* те́ло; regular ~ пра́вильное (геометри́ческое) те́ло 3) *pl* твёрдая пи́ща 4) поро́да, масси́в (*угля или руды*)

**3.** *adv* единогла́сно; to vote ~ голосова́ть единогла́сно

**solidarity** [,sɔlı'dærıtı] *n* солида́рность; сплочённость

**solid geometry** ['sɔlıddʒı'ɔmıtrı] *n* стереоме́трия

**solid-hoofed** ['sɔlıdhu:ft] *a* *зоол.* однокопы́тный

**solidify** [sə'lıdıfaı] *v* де́лать(ся) твёрдым, тверде́ть, застыва́ть

**solidity** [sə'lıdıtı] *n* твёрдость *и пр.* [*см.* solid 1]

**soliloquize** [sə'lıləkwaız] *v* 1) говори́ть с сами́м собо́й 2) произноси́ть моноло́г

**soliloquy** [sə'lıləkwı] *n* 1) разгово́р с сами́м собо́й 2) моноло́г

**solipsism** ['səulıpsızm] *n* *филос.* солипси́зм

**solitaire** [,sɔlı'tɛə] *n* 1) солите́р (*бриллиант*) 2) пасья́нс

**solitary** ['sɔlıtərı] **1.** *a* 1) одино́кий; уединённый; a ~ life уединённая жизнь 2) едини́чный, отде́льный; ~ instance едини́чный слу́чай; ~ confinement одино́чное заключе́ние

**2.** *n* 1) отше́льник 2) *sl.* *см.* solitary confinement [*см.* 1, 2)]

**solitude** ['sɔlıtju:d] *n* 1) одино́чество; уедине́ние 2) (*обыкн. pl*) уединённые, безлю́дные места́

**solo** ['səuləu] **1.** *n* (*pl* -os [-əuz], -li) 1) *муз.* со́ло, со́льный но́мер 2) *ав.* самостоя́тельный полёт 3) *attr.* со́льный 4) *attr. ав.* самостоя́тельный (*о полёте без инструктора или механика*)

**2.** *v* 1) исполня́ть со́ло; соли́ровать 2) *ав.* выполня́ть самостоя́тельный полёт

**soloist** ['səuləuıst] *n* 1) соли́ст 2) лётчик, лета́ющий самостоя́тельно

**Solomon** ['sɔləmən] *n* 1) *библ.* Соломо́н 2) мудре́ц

**Solomon's Seal** ['sɔləmənz'si:l] *n* 1) соломо́нова печа́ть (*шестиконечная звезда, образованная из двух переплетённых треугольников*) 2) *бот.* купёна

**so long** ['səu'lɔŋ] *разг.* пока́!, до свида́ния!

**solstice** ['sɔlstıs] *n* *астр.* солнцестоя́ние

**solubility** [,sɔlju'bılıtı] *n* раствори́мость

**soluble** ['sɔljubl] *a* 1) раствори́мый 2) разреши́мый, объясни́мый

**solus** ['səuləs] *лат.* *a predic.* оди́н, в еди́нственном числе́

**solute** ['sɔlju:t] *n* раство́р

**solution** [sə'lu:ʃən] *n* 1) раство́р 2) растворе́ние; распуска́ние 3) реше́ние, разреше́ние (*вопроса и т. п.*); объясне́ние; his ideas are in ~ его́ взгля́ды ещё не установи́лись 4) *мед.* оконча́ние боле́зни, разреше́ние 5) *мед.* миксту́ра, жи́дкое лека́рство

**solvability** [,sɔlvə'bılıtı] *n* разреши́мость

**solvable** ['sɔlvəbl] *a* разреши́мый

**solve** [sɔlv] *v* 1) реша́ть, разреша́ть (*проблему и т. п.*); находи́ть выход; объяснять; to ~ a crossword puzzle (an equation) решить кроссворд (уравнение) 2) оплатить (*долг*)

**solvency** ['sɔlvənsɪ] *n* платёжеспособность

**solvent** ['sɔlvənt] 1. *n* растворитель 2. *a* 1) растворяющий 2) платёжеспособный

**somatic** [sə'mætɪk] *a* телесный, соматический

**sombre** ['sɔmbə] *a* 1) тёмный, мрачный; ~ sky пасмурное небо 2) угрюмый; a man of ~ character угрюмый человек

**sombrero** [sɔm'brɛərəu] *исп. n* (*pl* -os [-əuz]) сомбреро

**some** [sʌm] *pron indef.* 1. *как сущ.* 1) кое-кто, некоторые, одни, другие; ~ came early некоторые пришли рано 2) некоторое количество; ~ of these books are quite useful некоторые из этих книг очень полезны ◇ and (then) ~ *разг.* и ещё много в придачу; вдобавок; ~ of these days вскоре, на днях, в ближайшие дни

2. *как прил.* 1) некий, некоторый, какой-то, какой-нибудь; I saw it in ~ book (or other) я видел это в какой-то книге; ~ day, ~ time (or other) когда-нибудь; ~ one какой-нибудь (один); ~ people некоторые люди; ~ place где-нибудь; ~ way out какой-нибудь выход 2) некоторый, несколько; *часто не переводится*; I have ~ money to spare у меня есть лишние деньги; I saw ~ people in the distance я увидел людей вдали; I woud like ~ strawberries мне хотелось бы клубники 3) несколько, немного; ~ few несколько; ~ miles more to go осталось пройти ещё несколько миль; ~ years ago несколько лет тому назад 4) немало, порядочно; you'll need ~ courage вам потребуется немало мужества 5) *разг.* замечательный, в полном смысле слова, стоящий (*часто ирон.*); ~ battle крупное сражение; ~ scholar! ну и учёный!; this is ~ picture! вот это действительно картина!; she's ~ girl! вот это девушка!

3. *как нареч.* 1) *разг.* несколько, до некоторой степени, отчасти; ~ colder немного холоднее; he seemed annoyed ~ он казался немного раздосадованным 2) около, приблизительно; there were ~ 20 persons present присутствовало около 20 человек

**somebody** ['sʌmbədɪ] 1. *pron indef.* кто-то, кто-нибудь

2. *n* важная персона

**somehow** ['sʌmhau] *adv* как-нибудь; как-то; почему-то; ~ or other так или иначе

**someone** ['sʌmwʌn] = somebody 1

**someplace** ['sʌmpleɪs] *adv разг.* где-нибудь, куда-нибудь

**somersault** ['sʌməsɔ:lt] 1. *n* прыжок кувырком, кувырканье; to turn (*или* to throw) a ~ перекувырнуться

2. *v* кувыркаться

**somerset** ['sʌməsɪt] = somersault

**something** ['sʌmθɪŋ] *pron indef.* 1. *как сущ.* что-то, кое-что, нечто, что-нибудь; ~ else что-нибудь другое; to be up to ~ замышлять что-то недоброе; he is ~ in the Record Office он занимает какую-то должность в Архиве; he is ~ of a painter он до некоторой степени художник; I felt there was a little ~ wanting я чувствовал, что чего-то не хватает; it is ~ to be safe home again приятно вернуться домой целым и невредимым; there is ~ about it in the papers об этом упоминается в газетах; there is ~ in what you say в ваших словах есть доля правды; the train gets in at two ~ поезд прибывает в два с чем-то ◇ to think oneself ~, to think ~ of oneself быть высокого мнения о себе

2. *как нареч. разг.* 1) до некоторой степени, несколько, немного; ~ like немного похожий; ~ too much of this слишком много этого 2) приблизительно; it must be ~ like six o'clock должно быть около шести часов 3) великолепно; that's ~ like a hit! вот это удар!

**some time** ['sʌmtaɪm] 1. *n* некоторое время

2. *adv* 1) в течение некоторого времени 2) = sometime 1, 1)

**sometime** ['sʌmtaɪm] 1. *adv* 1) когда-нибудь 2) *уст.* когда-то; некогда, прежде

2. *a* бывший, прежний

**sometimes** ['sʌmtaɪmz] *adv* иногда, по временам

**someway** ['sʌmweɪ] *adv* каким-то образом; как-нибудь

**somewhat** ['sʌmwɔt] *pron indef.* 1. *как сущ.* что-то; кое-что; he is ~ of a connoisseur он до некоторой степени знаток

2. *как нареч.* отчасти, до некоторой степени; he answered ~ hastily он ответил несколько поспешно; it is ~ difficult это довольно трудно

**somewhere** ['sʌmwɛə] *adv* где-то, где-нибудь; куда-то, куда-нибудь; ~ else где-то в другом месте

**somewise** ['sʌmwaɪz] *adv уст.* каким-то образом

**somite** ['səumaɪt] *n зоол.* сегмент, сомит

**somnambulism** [sɔm'næmbjulɪzm] *n* сомнамбулизм, лунатизм

**somnambulist** [sɔm'næmbjulɪst] *n* лунатик

**somnifacient** [ˌsɔmnɪ'feɪʃənt] 1. *a* снотворный

2. *n* снотворное средство

**somniferous** [sɔm'nɪfərəs] *a* снотворный, усыпляющий

**somnolence, -cy** ['sɔmnələns, -sɪ] *n* сонливость; дремота, сонное состояние

**somnolent** ['sɔmnələnt] *a* 1) сонный, дремлющий 2) усыпляющий, убаюкивающий

**son** [sʌn] *n* 1) сын; ~ and heir старший сын; he is a true ~ of his father, he is his father's own ~ он вылитый отец 2) сынок (*в обращении*) 3) уроженец; выходец; потомок; ~ of the soil а) уроженец данной местности; б) земледелец; ~ of toil трудящийся; труженик; the ~s of men человеческий род ◇ ~ of a bitch *груб.* сукин сын

**sonant** ['səunənt] *фон.* 1. *a* звонкий 2. *n* звонкий согласный

**sonar** ['səunɑ:] *n амер.* сонар, гидролокатор

**sonata** [sə'nɑ:tə] *n муз.* соната

**song** [sɔŋ] *n* 1) пение; to burst forth (*или* to break) into ~ запеть 2) песня; романс 3) стихотворение ◇ to buy (или to get) for a mere ~ (*или* for an old ~) купить за бесценок; not worth an old ~ грош цена; nothing to make a ~ about что-л., не заслуживающее внимания; it's no use making a ~ about it из этого не стоит создавать истории

**song-bird** ['sɔŋbə:d] *n* певчая птица

**songful** ['sɔŋful] *a* мелодичный

**songster** ['sɔŋstə] *n* 1) певец 2) певчая птица 3) поэт 4) песенник, сборник песен

**songstress** ['sɔŋstrɪs] *n* певица

**sonic** ['sɔnɪk] *a* 1) акустический 2) звуковой, имеющий скорость звука; ~ barrier звуковой барьер

**soniferous** [sə'nɪfərəs] *a* 1) передающий звук; звучащий 2) звучный, звонкий

**son-in-law** ['sʌnɪnlɔ:] *n* (*pl* sons-in-law) зять (*муж дочери*)

**sonnet** ['sɔnɪt] *n* сонет

**sonneteer** [ˌsɔnɪ'tɪə] 1. *n* сочинитель сонетов; *пренебр.* стихоплёт

2. *v* писать сонеты

**sonny** ['sʌnɪ] *n разг.* сынок (*в обращении*)

**sonometer** [səu'nɔmɪtə] *n* сонометр, прибор для исследования слуха

**sonority** [sə'nɔrɪtɪ] *n* звучность, звонкость

**sonorous** [sə'nɔ:rəs] *a* 1) звучный, звонкий 2) высокопарный (*о стиле, языке*)

**sons-in-law** ['sʌnzɪnlɔ:] *pl от* son-in-law

**sonsy** ['sɔnsɪ] *a шотл.* полный и добродушный (*преим. о женщине*)

**soon** [su:n] *adv* 1) скоро, вскоре; быстро; as ~ as как только, не позже; do it as ~ as possible сделайте это как можно быстрее; so ~ as (ever) как только; no ~er than как только; he had no ~er got well than he fell ill again не успел он выздороветь, как снова заболел 2) рано; if we come too ~ we'll have to wait если мы придём слишком рано, нам придётся ждать; the ~er, the better чем раньше, тем лучше; ~er or later рано или поздно, в конце концов; it's too ~ to tell what's the matter with him сейчас ещё трудно сказать, что с ним 3) охотно; I would just as ~ not go there я охотно не пошёл бы туда совсем

**soot** [sut] 1. *n* сажа; копоть

2. *v* покрывать сажей

**sooth** [su:θ] *n уст.* истина, правда; in (good) ~ в самом деле, поистине; ~ to say по правде говоря

**soothe** [su:ð] *v* 1) успока́ивать, утеша́ть 2) смягча́ть; облегча́ть (*боль*) 3) те́шить (*тщеславие*)

**soother** ['su:ðə] *n* льстец

**soothing** ['su:ðɪŋ] **1.** *pres. p. от* soothe

**2.** *a* успокои́тельный; успока́ивающий

**soothsay** ['su:θseɪ] *v* предска́зывать

**soothsayer** ['su:θ,seiə] *n* предсказа́тель; гада́лка

**soot pit** ['sutpɪt] *n тех.* зо́льник

**sooty** ['sutɪ] *a* 1) покры́тый ко́потью, запа́чканный са́жей, закопчённый 2) чёрный как са́жа 3) чернова́тый

**sooty shearwater** ['sutɪ,ʃɪəwɔ:tə] *n зоол.* буреве́стник се́рый

**sop** [sɔp] **1.** *n* 1) кусо́к (*хлеба и т. п.*), обмакну́тый в подли́вку, молоко́ *и т. п.*; ~ in the pan поджа́ренный хлеб; грено́к 2) пода́рок *или* пода́чка (*чтобы задобрить*); to give (*или* to throw) a ~ to Cerberus умиротворя́ть пода́рком 3) *разг.* бесхара́ктерный челове́к, «тря́пка»

**2.** *v* 1) мака́ть, обма́кивать (*хлеб и т. п.*) 2) впи́тывать, вбира́ть; to ~ up подбира́ть жи́дкость (*губкой и т. п.*) 3) нама́чивать, мочи́ть 4) промока́ть; his clothes are ~ping wet его́ оде́жда промо́кла до ни́тки

**soph** [sɔf] *сокр. разг. от* sophomore

**sophism** ['sɔfɪzm] *n* софи́зм

**sophist** ['sɔfɪst] *n* софи́ст

**sophistic(al)** [sə'fɪstɪk(əl)] *a* софи́стский

**sophisticate** [sə'fɪstɪkeɪt] *v* 1) извраща́ть, фальсифици́ровать, подде́лывать 2) лиша́ть простоты́, есте́ственности; де́лать искушённым в жите́йских дела́х 3) занима́ться софи́стикой

**sophisticated** [sə'fɪstɪkeɪtɪd] **1.** *p. p. от* sophisticate

**2.** *a* 1) лишённый простоты́, есте́ственности; изощрённый, утончённый (*о вкусе, манерах*) 2) искушённый в жите́йских дела́х, о́пытный 3) отвеча́ющий изощрённому вку́су (*о книге, музыке и т. п.*) 4) обма́нчивый, вводя́щий в заблужде́ние 5) сло́жный, то́нкий (*о приборе, машине, системе и т. п.*)

**sophistication** [sə,fɪstɪ'keɪʃən] *n* 1) изощрённость, утончённость 2) искушённость, о́пыт 3) фальсифика́ция, подде́лка 4) упражне́ние в софи́стике

**sophistry** ['sɔfɪstrɪ] *n* софи́стика

**sophomore** ['sɔfəmɔ:] *n амер.* студе́нт-второку́рсник

**sopor** ['səupə] *n* тяжёлый, глубо́кий сон; летарги́ческий сон

**soporific** [,səpə'rɪfɪk] **1.** *a* усыпля́ющий, наркоти́ческий

**2.** *n* снотво́рное, нарко́тик

**sopping** ['sɔpɪŋ] **1.** *pres. p. от* sop 2

**2.** *a* мо́крый, промо́кший (насквозь)

**soppy** ['sɔpɪ] *a* 1) мо́крый, промо́кший насквозь 2) *разг.* сентимента́льный, слаща́вый; to be ~ on smb. быть влюблённым в кого́-л.

**soprani** [sə'prɑ:ni(:)] *pl от* soprano

**soprano** [sə'prɑ:nəu] *n* (*pl* -os [-əuz], -ni) сопра́но; ди́скант

**sorb** [sɔ:b] *n* ряби́на

**sorcerer** ['sɔ:sərə] *n* колду́н, чароде́й, волше́бник

**sorceress** ['sɔ:sərɪs] *n* колду́нья, чароде́йка

**sorcery** ['sɔ:sərɪ] *n* колдовство́, волшебство́; ча́ры

**sordid** ['sɔ:dɪd] *a* 1) гря́зный, проти́вный 2) жа́лкий, убо́гий 3) ни́зкий, по́длый; коры́стный; ~ desires ни́зменные жела́ния

**sordine** ['sɔ:di:n] *n муз.* сурди́нка

**sore** [sɔ:] **1.** *n* 1) боля́чка, ра́на, я́зва 2) больно́е ме́сто; to re-open old ~s береди́ть ста́рые ра́ны ◇ an open ~ обще́ственное зло

**2.** *a* 1) чувстви́тельный,боле́зненный 2) больно́й, воспалённый; ~ feet стёртые, уста́лые от ходьбы́ но́ги; I have a ~ throat у меня́ боли́т го́рло 3) огорчённый, опеча́ленный; to feel ~ about smth. страда́ть, му́читься; with a ~ heart с тяжёлым се́рдцем, с бо́лью в се́рдце 4) больно́й, тяжёлый; ~ news тяжёлое изве́стие; ~ point (*или* subject) больно́й вопро́с 5) тя́жкий, мучи́тельный; to be in ~ need of о́чень нужда́ться в 6) *разг.* оби́женный; раздражённый, обозли́вшийся ◇ like a bear with a ~ head о́чень серди́тый; разъярённый; a sight for ~ eyes прия́тное зре́лище

**3.** *adv поэт.* жесто́ко, тя́жко; ~ afflicted в большо́м го́ре

**sorehead** ['sɔ:hed] *разг.* **1.** *n* ны́тик, брюзга́

**2.** *a* недово́льный, раздражённый

**sorely** ['sɔ:lɪ] *adv* 1) жесто́ко, тя́жко 2) о́чень; I am ~ perplexed я в кра́йнем недоуме́нии

**soreness** ['sɔ:nɪs] *n* 1) чувстви́тельность, боле́зненность 2) раздражи́тельность 3) чу́вство оби́ды

**sorgho** ['sɔ:gəu] = sorghum

**sorghum** ['sɔ:gəm] *n* со́рго (*хлебный злак*)

**sorgo** ['sɔ:gəu] = sorghum

**sorites** [səu'raɪti:z] *n филос.* сори́т

**sorority** [sə'rɔrɪtɪ] *n амер.* университе́тский же́нский клуб

**sorrel** I ['sɔrəl] *n* щаве́ль

**sorrel** II ['sɔrəl] **1.** *n* гнеда́я ло́шадь

**2.** *a* 1) гнедо́й 2) краснова́то-кори́чневый

**sorrow** ['sɔrəu] **1.** *n* 1) печа́ль, го́ре, скорбь; to feel ~ испы́тывать печа́ль 2) сожале́ние, грусть; to express ~ at (*или* for) smth. вы́разить сожале́ние по по́воду чего́-л. ◇ the Man of Sorrows *библ.* Христо́с

**2.** *v* горева́ть, скорбе́ть, печа́литься

**sorrowful** ['sɔrəful] *a* 1) печа́льный; уби́тый го́рем; ско́рбный 2) плаче́вный, приско́рбный

**sorry** ['sɔrɪ] *a* 1) *predic.* огорчённый, по́лный сожале́ния; (I'm) ~, (I'm) so ~ винова́т, прости́те; to feel ~ for smb. сочу́вствовать кому́-л.; you will be ~ for this some day вы пожале́ете об э́том когда́-нибудь; I am so ~ мне так жаль; I am ~ to say he is ill он, к сожале́нию, бо́лен 2) жа́лкий, несча́стный; плохо́й; ~ excuse неуда́чное оправда́ние; ~ sight жа́лкое зре́лище 3) мра́чный, гру́стный

**sort** [sɔ:t] **1.** *n* 1) род, сорт, вид, разря́д; of ~s ра́зных сорто́в, сме́шанный; I need all ~s of things мне ну́жно мно́го ра́зных веще́й; all ~s and conditions of men, people of every ~ and kind всевозмо́жные лю́ди 2) ка́чество, хара́ктер; a good ~ *разг.* сла́вный ма́лый; he's not a bad ~ он па́рень неплохо́й; the better ~ *разг.* выдаю́щиеся лю́ди; he's not my ~ *разг.* он не в моём ду́хе; what ~ of man is he? что он за челове́к? 3) о́браз, мане́ра; after (*или* in) a ~ а) не́которым о́бразом; б) в не́которой сте́пени 4) *pl полигр.* ли́теры ◇ ~ of *разг.* а) отча́сти; I'm ~ of glad things happened the way they did я отча́сти рад, что так вы́шло; б) как бы, вро́де; he ~ of hinted *разг.* он вро́де бы намекну́л; a ~ of что́-то вро́де; that ~ of thing тому́ подо́бное; nothing of the ~ ничего́ подо́бного; to be out of ~s а) быть не в ду́хе; б) пло́хо себя́ чу́вствовать

**2.** *v* сортирова́ть; разбира́ть; классифици́ровать □ ~ **out,** ~ **over** распределя́ть по сорта́м, рассортиро́вывать ◇ to ~ well (ill) with соотве́тствовать (не соотве́тствовать) (*чему-л.*); his actions ~ ill with his professions его́ де́йствия пло́хо вя́жутся с его́ слова́ми

**sorter** ['sɔ:tə] *n* сортиро́вщик

**sortie** ['sɔ:ti(:)] *фр. n* 1) *воен.* вы́лазка 2) *ав.* вы́лет, самолёто-вы́лет 3) *разг.* вы́ход из каби́ны (*космонавта*); a ~ into space вы́ход в ко́смос

**sortilege** ['sɔ:tɪlɪdʒ] *n* колдовство́; ворожба́, гада́ние

**sortition** [sɔ:'tɪʃən] *n* жеребьёвка; распределе́ние по жре́бию

**SOS** [,es,əu'es] **1.** *n* (радио)сигна́л бе́дствия

**2.** *v* дава́ть (радио)сигна́л бе́дствия

**so-so** ['səusəu] *разг.* **1.** *a predic.* нева́жный, та́к себе; сно́сный

**2.** *adv* та́к себе́, нева́жно

**sot** [sɔt] **1.** *n* го́рький пья́ница

**2.** *v* пить, напива́ться

**sottish** ['sɔtɪʃ] *a* отупе́вший от пья́нства

**sotto voce** ['sɔtəu'vəutʃɪ] *um. adv* вполго́лоса; про себя́

**sou** [su:] *фр. n* су (*мелкая монета*); he hasn't a ~ *разг.* у него́ нет ни гроша́

**sou'** [sau] *в сложных словах* юго-; sou'east юго-восто́к; sou'west юго-за́пад

**souchong** ['su:'ʃɔŋ] *кит. n* сорт ча́я

**Soudanese** [,su:də'ni:z] = Sudanese

**sou'easter** [sau'i:stə] = south-easter

**souffle** ['su:fl] *n мед.* шум; дыха́тельный шум

**soufflé** ['su:fleɪ] *фр. n* суфле́

**sough** I [sau] **1.** *n* ше́лест, лёгкий шум (*ветра*)

**2.** *v* шелесте́ть

**sough** II [sau] *n* 1) сто́чный кана́л; дрена́жная труба́ 2) *горн.* водоотли́вная што́льня

**sought** [sɔ:t] *past и p. p. от* seek

**sought-after** [ˈsɔ:tˈɑ:ftə] *a* 1) име́ющий большо́й спрос (*о товаре*) 2) по́льзующийся успе́хом; жела́нный

**soul** [səul] *n* 1) душа́, дух; that man has no ~ э́то безду́шный челове́к; twin ~ ро́дственная душа́ 2) челове́к; he is a simple (an honest) ~ он простоду́шный (че́стный) челове́к; the poor little ~ бедня́жка; the ship was lost with two hundred ~s on board затону́л парохо́д, на борту́ кото́рого бы́ло две́сти пассажи́ров; don't tell a ~ никому́ не говори́; be a good ~ and help me будь добр, помоги́ мне 3) воплоще́ние, образе́ц; she is the ~ of kindness она́ воплоще́ние доброты́ 4) эне́ргия; энтузиа́зм; she put her whole ~ into her work она́ вкла́дывала всю ду́шу в свою́ рабо́ту ◇ not to be able to call one's ~ one's own быть в по́лном подчине́нии; I wonder how he keeps body and ~ together удивля́юсь, в чём у него́ душа́ де́ржится; upon my ~! а) че́стное сло́во!, кляну́сь!; б) не мо́жет быть!

**soulful** [ˈsəulful] *a* эмоциона́льный; душе́вный

**soulless** [ˈsəullɪs] *a* безду́шный

**sound** I [saund] **1.** *n* 1) звук; шум; within ~ of в преде́лах слы́шимости 2) (*тк. sing*) смысл, значе́ние, содержа́ние (*чего-л. услышанного, прочитанного и т. п.*); the news has a sinister ~ но́вость звучи́т злове́ще 3) *attr.* звуково́й

**2.** *v* 1) звуча́ть, издава́ть звук; it ~s like thunder похо́же на гром; the trumpets ~ раздаю́тся зву́ки труб 2) извлека́ть звук; дава́ть сигна́л; to ~ a bell звони́ть в ко́локол 3) звуча́ть, каза́ться, создава́ть впечатле́ние; the excuse ~s very hollow извине́ние звучи́т о́чень неубеди́тельно 4) произноси́ть; the "h" in "hour" is not ~ed в сло́ве "hour" "h" не произно́сится 5) провозглаша́ть; прославля́ть 6) высту́кивать (*о колесе вагона и т. п.*) 7) *мед.* выслу́шивать; высту́кивать (*больного*) □ ~ **off** *разг.* а) болта́ть, шуме́ть; б) хва́статься, преувели́чивать

**sound** II [saund] **1.** *a* 1) здоро́вый, кре́пкий 2) неиспо́рченный; про́чный; ~ fruit неиспо́рченные фру́кты; ~ machine испра́вная маши́на 3) кре́пкий, глубо́кий (*о сне*) 4) пра́вильный; здра́вый, логи́чный; ~ argument обосно́ванный до́вод 5) спосо́бный, уме́лый; ~ scholar серьёзный учёный 6) си́льный; ~ flogging изря́дная по́рка 7) глубо́кий, тща́тельный (*об анализе и т. п.*) 8) платёжеспосо́бный, надёжный; his financial position is perfectly ~ его́ фина́нсовое положе́ние о́чень про́чно 9) *юр.* зако́нный, действи́тельный; ~ title to land зако́нное пра́во на зе́млю ◇ ~ as a bell вполне́ здоро́вый; ~ in life (*или* in wind) and limb ≅ здоро́в как бык

**2.** *adv* кре́пко; to be ~ asleep кре́пко спать

**sound** III [saund] **1.** *n* зонд; щуп

**2.** *v* 1) измеря́ть глубину́ (*лотом*) 2) *мед.* иссле́довать (*рану и т. п.*) 3) зонди́ровать, осторо́жно выспра́шивать (on, as to, about); стара́ться вы́яснить (*мнение, взгляд*) 4) испыта́ть, прове́рить 5) ныря́ть (*особ. о ките*); опуска́ться на дно

**sound** IV [saund] *n* 1) у́зкий проли́в 2) пла́вательный пузы́рь (*у рыб*)

**sound-box** [ˈsaundbɔks] *n* звукосниматель (*граммофона*)

**sound engineer** [ˈsaundˌendʒɪˈnɪə] *n* звукоопера́тор

**sounder** [ˈsaundə] *n тлф.* кло́пфер

**sound-film** [ˈsaundfɪlm] *n* звуково́й фильм

**sounding** I [ˈsaundɪŋ] **1.** *pres. p. от* sound I, 2

**2.** *a* 1) звуча́щий, издаю́щий звук 2) зву́чный; гро́мкий 3) пусто́й; высокопа́рный; ~ promises гро́мкие обеща́ния; ~ rhetoric треску́чие фра́зы

**sounding** II [ˈsaundɪŋ] **1.** *pres. p. от* sound III, 2

**2.** *n* 1) проме́р глубины́ ло́том 2) глубина́ по ло́ту 3) *pl* ме́сто, где возмо́жен проме́р ло́том 4) *перен.* зонди́рование

**sounding-balloon** [ˈsaundɪŋbəˈlu:n] *n метео* шар-зо́нд

**sounding-board** [ˈsaundɪŋbɔ:d] *n* резона́тор, де́ка

**soundless** [ˈsaundlɪs] *a* беззву́чный

**sound-locator** [ˈsaundləuˈkeɪtə] *n* шумопеленга́тор

**sound man** [ˈsaundmæn] *n амер. радио, тлв.* 1) звукоопера́тор 2) звукорежиссёр

**sound-proof** [ˈsaundpru:f] **1.** *a* звуконепроница́емый

**2.** *v* де́лать звуконепроница́емым

**sound rocket** [ˈsaundˈrɔkɪt] *n воен.* звукова́я сигна́льная раке́та

**sound-track** [ˈsaundtræk] *n кино* звукова́я доро́жка

**sound-wave** [ˈsaundweɪv] *n* звукова́я волна́

**soup** I [su:p] *n* 1) суп 2) *разг.* густо́й тума́н 3) *sl.* нитроглицери́н ◇ in the ~ *разг.* в затрудне́нии; в беде́

**soup** II [su:p] *v sl.*: ~ **up** а) увели́чивать мо́щность (*двигателя и т. п.*); б) увели́чивать ско́рость (*самолёта, ракеты и т. п.*); в) придава́ть си́лу, жи́вость

**soup-kitchen** [ˈsu:pˌkɪtʃɪn] *n* 1) беспла́тная столо́вая для нужда́ющихся 2) *амер. воен. разг.* похо́дная ку́хня

**soup-plate** [ˈsu:ppleɪt] *n* глубо́кая таре́лка

**soupspoon** [ˈsu:pspu:n] *n* столо́вая ло́жка

**soup-ticket** [ˈsu:pˌtɪkɪt] *n* тало́н на беспла́тный обе́д

**sour** [ˈsauə] **1.** *a* 1) ки́слый; ~ cream смета́на 2) прокі́сший 3) угрю́мый 4) ки́слый, боло́тистый (*о почве*)

**2.** *v* 1) закиса́ть, прокиса́ть; скиса́ть 2) заква́шивать 3) озлобля́ть(-ся); ~ed by misfortunes ожесточённый неуда́чами 4) *хим.* окисля́ть

**source** [sɔ:s] *n* 1) исто́к, верхо́вье 2) ключ, исто́чник 3) первопричи́на, нача́ло, исто́чник; reliable ~ of information надёжный исто́чник информа́ции

**sourdine** [suəˈdi:n] = sordine

**sourdough** [ˈsauədəu] *n* 1) *диал.* закваска 2) *амер.* старожи́л (*на Аляске*)

**souse** I [saus] **1.** *n* 1) рассо́л 2) соле́нье (*свинины, рыбы и т. п.*) 3) погруже́ние в во́ду, в рассо́л 4) *sl.* кутёж, вы́пивка 5) *амер. sl.* пья́ница, пропо́йца

**2.** *v* 1) соли́ть; маринова́ть 2) окуна́ть(ся), ока́чивать; мочи́ть; промочи́ть; to ~ to the skin промо́кнуть до косте́й 3) *sl.* напи́ться, нализа́ться

**souse** II [saus] **1.** *n ав.* пики́рование

**2.** *v ав.* пики́ровать

**3.** *adv* с налёту, стреми́тельно, пря́мо

**soused** I [saust] **1.** *p. p. от* souse I, 2

**2.** *a sl.* пья́ный

**soused** II [saust] *p. p. от* souse II, 2

**sousing** I [ˈsausɪŋ] **1.** *pres. p. от* souse I, 2

**2.** *n*: to get a (thorough) ~ промо́кнуть до ни́тки

**sousing** II [ˈsausɪŋ] *pres. p. от* souse II, 2

**soutache** [su:ˈtɑ:ʃ] *фр. n* сута́ж

**soutane** [su:ˈtɑ:n] *фр. n* сута́на

**souteneur** [sutˈnə:] *фр. n* сутенёр

**south** [sauθ] **1.** *n* 1) юг; *мор.* зюйд 2) (S.) ю́жная часть страны́, *особ.* юг, ю́жные шта́ты США 3) зюйд; ю́жный ве́тер

**2.** *a* 1) ю́жный 2) обращённый к ю́гу

**3.** *adv* на юг, к ю́гу, в ю́жном направле́нии

**4.** *v* [sauð] 1) дви́гаться к ю́гу 2) *астр.* пересека́ть меридиа́н

**southdown** [ˈsauθdaun] *n* англи́йская поро́да безро́гих короткошёрстных ове́ц

**south-east** [ˈsauθˈi:st, *мор.* sauˈi:st] **1.** *n* ю́го-восто́к; *мор.* зюйд-о́ст

**2.** *a* ю́го-восто́чный

**3.** *adv* на ю́го-восто́к, в ю́го-восто́чном направле́нии, к ю́го-восто́ку

**south-easter** [ˈsauθˈi:stə] *n* ю́го-восто́чный ве́тер; *мор.* зюйд-о́ст

**south-easterly** [ˈsauθˈi:stəlɪ] **1.** *a* 1) располо́женный к ю́го-восто́ку 2) ду́ющий с ю́го-восто́ка

**2.** *adv* в ю́го-восто́чном направле́нии

**south-eastern** [ˈsauθˈi:stən] *a* ю́го-восто́чный

**south-eastward** [ˈsauθˈi:stwəd] **1.** *adv* в ю́го-восто́чном направле́нии

**2.** *a* располо́женный на ю́го-восто́ке

**3.** *n* ю́го-восто́к

**south-eastwards** [ˈsauθˈi:stwədz] = south-eastward 1

**souther** [ˈsʌðə] *n* сильный южный ветер

**southerly** [ˈsʌðəlı] **1.** *a* южный

**2.** *adv* к югу, в южном направлении

**southern** [ˈsʌðən] **1.** *a* южный

**2.** *n* = southerner

**southerner** [ˈsʌðənə] *n* 1) южанин; житель юга 2) (S.) житель южных штатов США

**southernmost** [ˈsʌðənməust] *a* самый южный

**southernwood** [ˈsʌðənwud] *n бот.* кустарниковая полынь

**southing** [ˈsauðıŋ] **1.** *pres. p. от* south 4

**2.** *n* 1) *мор.* зюйдовая разность широт; продвижение на зюйд 2) *астр.* прохождение через меридиан

**southland** [ˈsauθlənd] *n* страна, область на юге

**southpaw** [ˈsauθpɔ:] *n спорт. sl.* спортсмен-левша

**southron** [ˈsʌðrən] *n шотл.* 1) южанин 2) англичанин

**southward** [ˈsauθwəd] **1.** *adv* к югу, на юг

**2.** *a* расположенный к югу от; обращённый на юг

**3.** *n* южное направление

**southwardly** [ˈsauθwədlı] *adv* к югу, на юг

**southwards** [ˈsauθwədz] = southward 1

**south-west** [ˈsauθˈwest, *мор.* sauˈwest] *n* юго-запад; мор. зюйд-вест

**2.** *a* юго-западный

**3.** *adv* на юго-запад, в юго-западном направлении, к юго-западу

**south-wester** [ˈsauθˈwestə, *мор.* sauˈwestə] *n* юго-западный ветер; *мор.* зюйд-вест

**south-westerly** [ˈsauθˈwestəlı, *мор.* sauˈwestəlı] **1.** *a* 1) расположенный к юго-западу от 2) дующий с юго-запада

**2.** *adv* в юго-западном направлении

**south-western** [ˈsauθˈwestən] *a* юго-западный

**south-westward** [ˈsauθˈwestwəd] **1.** *adv* в юго-западном направлении

**2.** *a* расположенный на юго-западе

**3.** *n* юго-запад

**south-westwards** [ˈsauθˈwestwədz] = south-westward 1

**souvenir** [ˈsu:vənıə] *фр. n* сувенир, подарок на память

**sou'wester** [sauˈwestə] *n мор.* 1) = south-wester 2) зюйдвестка

**sovereign** [ˈsɔvrın] **1.** *n* 1) монарх; повелитель 2) соверен (*золотая монета в один фунт стерлингов*)

**2.** *a* 1) верховный, наивысший; ~ power верховная власть 2) суверенный, державный, полновластный; независимый; ~ States суверенные государства 3) высокомерный; ~ contempt беспредельное презрение 4) превосходный; ~ remedy великолепное средство

**sovereignty** [ˈsɔvrəntı] *n* 1) верховная власть 2) суверенитет 3) суверенное государство

**Soviet** [ˈsəuvıət] *русск.* **1.** *n* совет (*орган государственной власти в СССР*)

**2.** *a* советский; ~ Government Советское правительство; ~ power советская власть; ~ Union Советский Союз

**sow** I [səu] *v* (sowed [-d]; sown, sowed) 1) сеять; засевать; to ~ the field with wheat засеять поле пшеницей 2) сеять, распространять; насаждать; to ~ (the seeds of) dissention сеять раздор □ ~ **out** высевать ◇ to ~ the wind and to reap the whirlwind ≅ посеешь ветер — пожнёшь бурю

**sow** II [sau] *n* 1) свинья; свиноматка 2) *метал.* козёл; настыль ◇ to take (*или* to get) the wrong ~ by the ear ≅ попасть пальцем в небо; обратиться не по адресу; напасть не на того, на кого следует; to take (*или* to get) the right ~ by the ear ≅ попасть в точку; напасть на нужного человека *или* вещь

**sowar** [sʌˈwɑ:] *n* кавалерист, конный полицейский, конный ординарец (*в Индии*)

**sowbelly** [ˈsauˌbelı] *n амер. разг.* бекон

**sowbread** [ˈsaubred] *n бот.* дикий цикламен

**sower** [ˈsəuə] *n* 1) сеятель 2) сеялка

**sowing** [ˈsəuıŋ] **1.** *pres. p. от* sow I

**2.** *n* 1) сев, посев, засев; засевание 2) *attr.*: ~ time время сева

**sowing-machine** [ˈsəuıŋməˌʃi:n] *n* сеялка

**sown** [səun] *p. p. от* sow I; the sky ~ with stars небо, усеянное звёздами

**sow-thistle** [ˈsauˌθısl] *n бот.* осот

**soy** [sɔı] *n* соевый соус

**soya** [ˈsɔıə] *n* 1) соя 2) соевый боб

**soy-bean** [ˈsɔıbi:n] = soya

**sozzled** [ˈsɔzld] *a разг.* вдрызг пьяный

**spa** [spɑ:] *n* 1) курорт с минеральными водами 2) минеральный источник 3) *амер.* киоск с прохладительными напитками

**space** [speıs] **1.** *n* 1) пространство; to vanish into ~ исчезать 2) расстояние; протяжение; for the ~ of a mile на протяжении мили 3) место, площадь; for want of ~ за недостатком места; open ~s открытые пространства, пустыри 4) интервал; промежуток времени, срок; after a short ~ вскоре; within the ~ of в течение (*определённого промежутка времени*); in the ~ of an hour в течение часа; через час 5) космос, космическое пространство 6) место, сиденье (*в поезде, самолёте и т. п.*) 7) количество строк, отведённое под объявления (*в газете, журнале*) 8) *полигр.* шпация

**2.** *v* 1) оставлять промежутки, расставлять с промежутками 2) *полигр.* разбивать на шпации; набирать в разрядку (*часто* ~ out) □ ~ **out**: to be ~d out *амер. sl.* накуриться марихуаны

**space-bar** [ˈspeısbɑ:] *n* клавиша для интервалов (*на пишущей машинке*)

**spacecraft** [ˈspeıskrɑ:ft] = spaceship

**space fiction** [ˈspeısˈfıkʃən] *n* фантастические романы и рассказы о межпланетных путешествиях

**spaceless** [ˈspeıslıs] *a* 1) бесконечный, беспредельный 2) замкнутый, закрытый, лишённый пространства

**spaceman** [ˈspeısmæn] *n* 1) космонавт, астронавт 2) пришелец с другой планеты

**spaceport** [ˈspeıspɔ:t] *n* космодром

**spacer** [ˈspeısə] *n* распорка, прокладка

**space rocket** [ˈspeısˈrɔkıt] *n* космическая ракета

**space satellite** [ˈspeısˈsætəlaıt] *n* искусственный спутник

**spaceship** [ˈspeısʃıp] *n* космический летательный аппарат, космический корабль

**spaceward** [ˈspeıswəd] *adv* в космос

**space-writer** [ˈspeısˌraıtə] *n* репортёр, получающий построчный гонорар

**spacious** [ˈspeıʃəs] *a* 1) просторный, обширный; поместительный 2) всеобъемлющий, широкий, разносторонний; ~ mind широкий кругозор

**spade** I [speıd] **1.** *n* 1) лопата; заступ 2) *pl карт.* пики 3) *воен.* сошник орудия ◇ to call a ~ a ~ называть вещи своими именами

**2.** *v* копать лопатой

**spade** II [speıd] = spado

**spadeful** [ˈspeıdful] *n* полная лопата

**spade-work** [ˈspeıdwə:k] *n* кропотливая подготовительная работа

**spado** [ˈspeıdəu] *лат. n* (*pl* -dones) 1) кастрат 2) кастрированное животное 3) *юр.* импотент

**spadones** [speıˈdəuni:z] *pl от* spado

**spaghetti** [spəˈgetı] *ит. n* спагетти

**spake** [speık] *уст. past от* speak

**spall** [spɔ:l] **1.** *n* осколок; обломок

**2.** *n горн.* 1) обтёсывать (*камень*) 2) разбивать (*руду*); дробить (*породу*)

**spalpeen** [spælˈpi:n] *ирл. n* негодяй

**spam** [spæm] *n разг.* консервированный колбасный фарш

**span** I [spæn] *past от* spin 2

**span** II [spæn] **1.** *n* 1) пядь (= *9 дюймам*) 2) промежуток времени; период времени; his life had well-nigh completed its ~ жизнь его уже близилась к концу 3) короткое расстояние 4) длина моста, ширина реки, размах рук *и т. п.* 5) *ав.* размах (*крыла*) 6) пролёт (*моста*); расстояние между опорами (*арки, свода*) 7) *мор.* штаг-корнак 8) *амер.* пара лошадей, волов *и т. п.* (*как упряжка*) 9) *ж.-д.* перегон 10) *мат.* хорда

**2.** *v* 1) измерять пядями; *перен.* измерять; охватывать; his eye ~ned the intervening space он глазами смерил расстояние 2) перекрывать (*об арке, крыше и т. п.*); соединять берега (*о мосте*); to ~ a river with a bridge постро́ить мост че́рез ре́ку 3) простира́ться, охва́тывать 4) *муз.* взять окта́ву 5) *мор.* крепи́ть; привя́зывать; затя́гивать

**spandrel** ['spændrəl] *n архит.* па́зуха сво́да; надсво́дное строе́ние

**spang** [spæŋ] *adv разг.* пря́мо; he ran ~ into me он наткну́лся на меня́

**spangle** ['spæŋgl] **1.** *n* блёстка

**2.** *v* украша́ть блёстками; the heavens ~d with stars не́бо, усы́панное звёздами

**Spaniard** ['spænjəd] *n* испа́нец; испа́нка

**spaniel** ['spænjəl] *n* 1) спание́ль (*поро́да соба́к*) 2) подхали́м; низкопокло́нник; a tame ~ льстец

**Spanish** ['spænɪʃ] **1.** *a* испа́нский ◇ ~ fly шпа́нская му́ха

**2.** *n* испа́нский язы́к

**spank** [spæŋk] **1.** *n* шлепо́к

**2.** *v* 1) хло́пать, (от)шлёпать (ладо́нью) 2) бы́стро дви́гаться (*тж.* ~ along); бы́стро бежа́ть (*о ло́шади*)

**spanker** ['spæŋkə] *n* 1) тот, кто шлёпает 2) *разг.* хоро́ший бегу́н; рыса́к 3) *разг.* выдаю́щийся экземпля́р (*чего́-л.*)

**spanking** ['spæŋkɪŋ] **1.** *pres. p. от* spank 2

**2.** *n* си́льные шлепки́; трёпка

**3.** *a* 1) бы́стрый; ~ trot кру́пная рысь 2) *разг.* све́жий, си́льный (*о ве́тре*) 3) *разг.* превосхо́дный

**spanless** ['spænlɪs] *a поэт.* неизмери́мый; необъя́тный

**spanner** ['spænə] *n* га́ечный ключ

**span-new** ['spænnju:] *a* соверше́нно но́вый; то́лько что ку́пленный

**span roof** ['spæn'ru:f] *n* двуска́тная кры́ша

**span-worm** ['spænwə:m] *n зоол.* гу́сеница пяде́ницы

**spar** I [spɑ:] **1.** *n* 1) *мор.* рангоу́тное де́рево 2) *ав.* лонжеро́н (крыла́)

**2.** *v мор.* устана́вливать перекла́дины

**spar** II [spɑ:] *n мин.* шпат

**spar** III [spɑ:] **1.** *n* 1) трениро́вочное состяза́ние в бо́ксе 2) наступа́тельный *или* оборони́тельный приём в бо́ксе 3) петуши́ный бой

**2.** *v* 1) бокси́ровать; дра́ться; би́ться на кула́чках; де́лать (притво́рный) вы́пад кулако́м (at) 2) дра́ться шпо́рами (*о петуха́х*) 3) спо́рить, препира́ться; to ~ at each other пики́роваться, препира́ться друг с дру́гом

**sparable** ['spærəbl] *n* ме́лкий сапо́жный гвоздь

**spar-deck** ['spɑ:'dek] *n мор.* спарде́к

**spare** [spɛə] **1.** *n* 1) запасна́я часть (*маши́ны*) 2) запасна́я ши́на 3) *спорт.* запасно́й игро́к

**2.** *a* 1) запасно́й, запа́сный; резе́рвный; ли́шний, свобо́дный; ~ cash ли́шние де́ньги; ~ parts запасны́е ча́сти; ~ room ко́мната для госте́й; ~ time свобо́дное вре́мя 2) ску́дный, скро́мный; ~ diet ску́дное пита́ние 3) худоща́вый; ~ frame сухоща́вое телосложе́ние

**3.** *v* 1) эконо́мить, жале́ть; to ~ neither trouble nor expense не жале́ть ни трудо́в, ни расхо́дов 2) обходи́ться (*без чего́-л.*); уделя́ть (*что-л. кому́-л.*); I have no time to ~ today у меня́ нет сего́дня свобо́дного вре́мени; I cannot ~ another shilling мне нужны́ все мои́ де́ньги до после́днего ши́ллинга 3) щади́ть, бере́чь; избавля́ть (*от чего́-л.*); ~ his blushes не заставля́йте его́ красне́ть; ~ me пощади́те меня́; to ~ oneself не утружда́ть себя́; not to ~ oneself а) быть тре́бовательным к себе́; б) не жале́ть свои́х сил 4) *редк.* возде́рживаться (*от чего́-л.*); you need not ~ to ask my help не стесня́йтесь проси́ть меня́ о по́мощи ◇ if I am ~d е́сли мне суждено́ ещё прожи́ть

**sparge** [spɑ:dʒ] *v* обры́згивать, бры́згать

**sparger** ['spɑ:dʒə] *n* разбры́згиватель

**sparing** ['spɛərɪŋ] **1.** *pres. p. от* spare 3

**2.** *a* 1) ску́дный, недоста́точный 2) уме́ренный 3) бережли́вый

**spark** I [spɑ:k] **1.** *n* 1) и́скра 2) вспы́шка, про́блеск; he showed not a ~ of interest он не вы́сказал ни мале́йшего интере́са 3) *pl разг.* ради́ст 4) *attr.*: ~ guard *амер.* ками́нная решётка ◇ the vital ~ жизнь; to strike ~s out of smb. заста́вить кого́-л. блесну́ть (*чем-л.*; *осо́б. в разгово́ре*)

**2.** *v* 1) и́скри́ться 2) зажига́ть и́скрой 3) искри́ть, дава́ть и́скры; вспы́хивать 4) зажига́ть, воодушевля́ть, побужда́ть (*тж.* ~ off)

**spark** II [spɑ:k] **1.** *n* 1) щёголь; a gay young ~ молодо́й франт 2): to play the ~ to уха́живать за

**2.** *v разг.* уха́живать

**spark-arrester** ['spɑ:kə,restə] *n тех.* искроулови́тель, искрогаси́тель

**spark-coil** ['spɑ:k'kɔɪl] *n эл.* индукцио́нная кату́шка

**spark-gap** ['spɑ:kgæp] *n эл.* 1) искрово́й промежу́ток 2) разря́дник

**sparking-plug** ['spɑ:kɪŋplʌg] *n авто* запа́льная свеча́, свеча́ зажига́ния

**sparkle** ['spɑ:kl] **1.** *n* 1) и́скорка 2) блеск, сверка́ние 3) жи́вость, оживлённость

**2.** *v* 1) и́скри́ться; сверка́ть 2) игра́ть, и́скри́ться (*о вине́*) 3) быть оживлённым; блиста́ть

**sparklet** ['spɑ:klɪt] *n* и́скорка

**sparkling** ['spɑ:klɪŋ] **1.** *pres. p. от* sparkle 2

**2.** *a* 1) сверка́ющий, блестя́щий, и́скря́щийся 2) шипу́чий, игри́стый, пе́нистый

**spark-plug** ['spɑ:kplʌg] *n амер.* 1) = sparking-plug 2) *разг.* челове́к, заража́ющий други́х свое́й кипу́чей эне́ргией

**sparring** I ['spɑ:rɪŋ] *pres. p. от* spar I, 2

**sparring** II ['spɑ:rɪŋ] **1.** *pres. p. от* spar III, 2

**2.** *a* уче́бный, трениро́вочный (*в бо́ксе*); ~ bout уче́бный бой; ~ partner партнёр для трениро́вки; ~ ring уче́бно-трениро́вочный ринг; ~ gloves трениро́вочные перча́тки

**sparrow** ['spærəu] *n* воробе́й

**sparrow-grass** ['spærəugrɑ:s] *n разг.* спа́ржа

**sparrow-hawk** ['spærəuhɔ:k] *n* я́стреб-перепеля́тник

**sparry** ['spɑ:rɪ] *a мин.* шпа́товый

**sparse** [spɑ:s] *a* ре́дкий, разбро́санный

**Spartan** ['spɑ:tən] **1.** *n* спарта́нский

**2.** *n* спарта́нец

**spasm** ['spæzm] *n* 1) спа́зма, су́дорога 2) при́ступ; поры́в

**spasmodic** [spæz'mɔdɪk] *a* 1) спазмати́ческий, су́дорожный 2) нерегуля́рный, неритми́чный, неро́вный

**spastic** ['spæstɪk] *a мед.* спасти́ческий

**spat** I [spæt] **1.** *n* 1) у́стричная икра́ 2) мо́лодь у́стриц

**2.** *v* мета́ть икру́ (*об у́стрицах*)

**spat** II [spæt] *past и p. p. от* spit II, 2

**spat** III [spæt] *амер.* **1.** *n* 1) небольша́я ссо́ра 2) лёгкий уда́р, шлепо́к

**2.** *v* 1) (по)хло́пать, (по)шлёпать 2) (по)брани́ться, слегка́ поссо́риться

**spatchcock** ['spætʃkɔk] **1.** *n* заре́занная и сра́зу зажа́ренная (на ра́шпере) пти́ца

**2.** *v* 1) жа́рить свежезаре́занную пти́цу 2) *разг.* на́спех вставля́ть (*фра́зу, слова́ в гото́вый текст*)

**spate** [speɪt] *n* 1) (внеза́пный) разли́в реки́, наводне́ние 2) внеза́пный ли́вень 3) пото́к, наплы́в (*зака́зов и т. п.*) 4) излия́ние (*чувств*)

**spathic** ['spæθɪk] *a* шпа́товый

**spatial** ['speɪʃəl] *a* простра́нственный

**spatio-temporal** ['speɪʃɪəu'tempərəl] *a* простра́нственно-временно́й

**spats** [spæts] *n pl* коро́ткие ге́тры

**spatter** ['spætə] **1.** *n* 1) бры́зги (*грязи́, дождя́*) 2) бры́зганье

**2.** *v* 1) забры́згивать, разбры́згивать, бры́згать; расплёскивать 2) возводи́ть клевету́, черни́ть; to ~ a man's good name опоро́чить челове́ка

**spatterdashes** ['spætə,dæʃɪz] *n pl* дли́нные ге́тры

**spatter-dock** ['spætədɔk] *n бот.* кубы́шка, кувши́нка

**spatula** ['spætjulə] *n* шпа́тель, лопа́точка

**spavin** ['spævɪn] *n вет.* ко́стный шпат

**spavined** ['spævɪnd] *a вет.* страда́ющий ко́стным шпа́том

**spawn** [spɔ:n] **1.** *n* 1) икра́ 2) *презр.* пото́мство, порожде́ние, отро́дье 3) *бот.* мице́лий, грибни́ца

**2.** *v* 1) мета́ть икру́ 2) размножа́ться, плоди́ться (*презр. о лю́дях*) 3) порожда́ть, вызыва́ть (*что-л.*)

**spawning** ['spɔ:nɪŋ] **1.** *pres. p. от* spawn 2

**2.** *n* не́рест

**spay** [speɪ] *v* удаля́ть я́ичники (*у живо́тных*)

**speak** [spi:k] *v* (spoke, *уст.* spake; spoken) 1) говори́ть, разгова́ривать, изъясня́ться; the baby is learning to ~ ребёнок у́чится говори́ть; English is spoken here здесь говоря́т по-англи́йски; Dixon ~ing Ди́ксон у телефóна 2) сказáть; выскáзывать(ся); отзывáться; to ~ the truth говорить прáвду; to ~ ill (*или* evil) of smb. дýрно отзывáться о кóм-л.; to ~ the word вы́разить желáние; to ~ for oneself а) говори́ть о сóбственных чýвствах; б) говори́ть за себя́; ~ for yourself не говори́те за други́х, не припи́сывайте други́м вáших мнéний 3) произноси́ть речь, выступáть (*на собрании*); ~ to the subject! не отклоня́йтесь от тéмы! 4) говори́ть, свидéтельствовать; the facts ~ for themselves фáкты говоря́т сáми за себя́; this ~s him generous э́то говори́т о егó щéдрости 5): legally ~ing с юриди́ческой тóчки зрéния; strictly ~ing стрóго говоря́; generally ~ing вообщé говоря́; roughly ~ing приблизи́тельно, примéрно 6) звучáть (*о музыкальных инструментах, орудиях*) 7) *мор.* окликáть; переговáриваться с други́м сýдном □ ~ **at** выговáривать *кому-л.*; ~ **for** а) говори́ть за (*или* от лицá) *кого-л.*; б): to ~ well for говори́ть в пóльзу; ~ **of** упоминáть; nothing to ~ of сýщий пустя́к; ~ **out** а) выскáзываться; б) говори́ть грóмко; ~ **to** а) обращáться к *кому-л.*, говори́ть с *кем-л.*; б) подтверждáть *что-л.*; ~ **up** а) говори́ть грóмко и отчётливо; б) вы́сказаться ◇ so to ~ так сказáть

**speakeasy** [ˈspiːkˌiːzɪ] *n амер. разг.* бар, где незакóнно торгýют спиртны́ми напи́тками

**speaker** [ˈspiːkə] *n* 1) орáтор; he is no ~ он плохóй орáтор 2) тот, кто говори́т, говоря́щий 3) (the S.) спи́кер (*председатель палаты общин в Англии, председатель палаты представителей в США*) 4) *радио* ди́ктор 5) громкоговори́тель 6) рýпор

**speaking** [ˈspiːkɪŋ] **1.** *pres. p. от* speak

**2.** *a* 1) говоря́щий; ~ acquaintance официáльное знакóмство 2) вырази́тельный; ~ likeness живóй портрéт; ~ look вырази́тельный взгляд ◇ to be not on ~ terms with smb. а) знать человéка не настóлько хорошó, чтóбы заговори́ть с ним; б) не разговáривать; поссóриться

**3.** *n* разговóр; plain ~ разговóр начистотý; in a manner of ~ éсли мóжно так вы́разиться; course in public ~ курс орáторского искýсства

**speaking-trumpet** [ˈspiːkɪŋˌtrʌmpɪt] *n* рýпор, мегафóн

**speaking-tube** [ˈspiːkɪŋtjuːb] *n* переговóрная трýбка

**spear** [spɪə] **1.** *n* 1) копьё; дрóтик 2) острогá; гарпýн 3) *поэт.* копéйщик 4) *бот.* побéг, óтпрыск; стрéлка ◇ ~ side мужскáя ли́ния (рóда)

**2.** *v* 1) пронзáть копьём 2) бить острогóй (*рыбу*) 3) *бот.* пойти́ в стрéлку, выбрáсывать стрéлку

**spearhead** [ˈspɪəhed] *n* 1) остриё, наконéчник копья́ 2) *воен.* передовáя часть

**spearman** [ˈspɪəmən] *n* копьенóсец

**spearmint** [ˈspɪəmɪnt] *n бот.* мя́та курчáвая

**spec** [spek] *n разг.* спекуля́ция; on ~ а) наудáчу, на риск; б) с расчётом на вы́году

**special** [ˈspeʃəl] **1.** *a* 1) специáльный; осóбый; to be of ~ interest представля́ть осóбый интерéс; ~ course of study специáльный предмéт; ~ anatomy анатóмия отдéльных óрганов; ~ hospital специализи́рованная больни́ца; ~ correspondent специáльный корреспондéнт; ~ pleading предвзя́тая односторóнняя аргументáция 2) осóбенный; индивидуáльный; my ~ chair мой люби́мый стул 3) э́кстренный; ~ edition э́кстренный вы́пуск; ~ train а) дополни́тельный пóезд; б) пóезд специáльного назначéния 4) определённый

**2.** *n* 1) э́кстренный вы́пуск 2) э́кстренный пóезд 3) специáльный корреспондéнт

**specialism** [ˈspeʃəlɪzm] *n* 1) специализáция 2) óбласть специализáции

**specialist** [ˈspeʃəlɪst] *n* специали́ст

**speciality** [ˌspeʃɪˈælɪtɪ] *n* 1) специáльность; to make a ~ of smth. специализи́роваться в чём-л. 2) отличи́тельная чертá, осóбенность 3) *pl* детáли, подрóбности 4) специáльный ассортимéнт (*товаров*)

**specialization** [ˌspeʃəlaɪˈzeɪʃən] *n* специализáция

**specialize** [ˈspeʃəlaɪz] *v* 1) специализи́ровать(ся) 2) приспосáбливать(ся) 3) *амер.* тóчно укáзывать, называ́ть *или* перечисля́ть 4) *биол.* приспосáбливать(ся), адапти́роваться

**specially** [ˈspeʃəlɪ] *adv* 1) специáльно 2) осóбенно

**specialty** [ˈspeʃəltɪ] *n* 1) осóбенность 2) специáльность 3) специáльный ассортимéнт 4) *юр.* докумéнт, договóр

**specie** [ˈspiːʃiː] *n* 1) (*тк. sing*) звóнкая монéта 2) *attr.*: ~ payments уплáта звóнкой монéтой

**species** [ˈspiːʃiːz] *n* (*pl без измен.*) 1) *биол.* вид 2) род; порóда; the ~, our ~ человéческий род 3) вид, разнови́дность; ~ of cunning своегó рóда хи́трость

**specific** [spɪˈsɪfɪk] **1.** *a* 1) осóбый, осóбенный, специфи́ческий; with no ~ aim без какóй-л. осóбой цéли; ~ cause специфи́ческая причи́на (*определённой болезни*); ~ remedy (medicine) специфи́ческое срéдство (лекáрство) 2) характéрный, осóбенный 3) определённый, тóчный, конкрéтный; ограни́ченный; ~ aim определённая цель; ~ statement тóчно сформули́рованное утверждéние 4) *биол.* видовóй; ~ difference видовóе разли́чие; the ~ name of a plant видовóе назвáние растéния 5) *физ.* удéльный; ~ gravity (*или* weight) удéльный вес; ~ heat удéльная теплоёмкость

**2.** *n* 1) специфи́ческое срéдство, лекáрство 2) специáльное сообщéние

**specification** [ˌspesɪfɪˈkeɪʃən] *n* 1) спецификáция, детализáция; детализи́рование 2) детáль, подрóбность (*контракта и т. п.*) 3) *pl* спецификáция, инстрýкция по обращéнию

**specify** [ˈspesɪfaɪ] *v* 1) тóчно определя́ть, устанáвливать; he specified the reasons of their failure он проанализи́ровал причи́ны их неудáчи 2) укáзывать, отмечáть; специáльно упоминáть; уточня́ть 3) специфици́ровать, давáть спецификáцию; приводи́ть номинáльные *или* пáспортные дáнные 4) придавáть осóбый харáктер

**specimen** [ˈspesɪmɪn] *n* 1) образéц, образчик; экземпля́р 2) *разг. ирон.* субъéкт; тип; what a ~! вот так тип!; a queer ~ чудáк 3) *attr.* прóбный; ~ page прóбная страни́ца

**specious** [ˈspiːʃəs] *a* 1) благови́дный, правдоподóбный; ~ excuse благови́дный предлóг; ~ tale правдоподóбный расскáз 2) показнóй, обмáнчивый

**speck I** [spek] **1.** *n* 1) пя́тнышко, крáпинка 2) части́чка, крупи́нка; a ~ of dust пыли́нка

**2.** *v* пятнáть, испещря́ть

**speck II** [spek] *n амер., южно-афр.* 1) вóрвань 2) жи́рное мя́со, шпик, бекóн

**speckle** [ˈspekl] **1.** *n* пя́тнышко, крáпинка

**2.** *v* пятнáть, испещря́ть

**speckled** [ˈspekld] **1.** *p. p. от* speckle 2

**2.** *a* крáпчатый; ~ hen пёстрая, ряба́я кýрица

**specs** [speks] *n pl разг.* очки́

**spectacle** [ˈspektəkl] *n* 1) зрéлище; to be a sad ~ возбуждáть жáлость; to make a ~ of oneself обращáть на себя́ внимáние 2) *pl* очки́ (*тж.* pair of ~s); to see through rose-coloured ~s ви́деть всё в рóзовом свéте 3) *pl* цветны́е стёкла светофóра 4) спектáкль, представлéние

**spectacled** [ˈspektəkld] *a* 1) нося́щий очки́, в очкáх 2) очкóвый (*о змее*)

**spectacular** [spekˈtækjulə] **1.** *a* 1) эффéктный, импозáнтный 2) захвáтывающий

**2.** *n* эффéктное зрéлище

**spectator** [spekˈteɪtə] *n* 1) зри́тель 2) очеви́дец, наблюдáтель

**spectatress** [spekˈteɪtrɪs] *n* зри́тельница

**spectra** [ˈspektrə] *pl от* spectrum

**spectral** [ˈspektrəl] *a* 1) при́зрачный 2) *физ.* спектрáльный

**spectre** [ˈspektə] *n* 1) привидéние, при́зрак 2) дурнóе предчýвствие

**spectrometer** [spekˈtrɔmɪtə] *n* спектрóметр

**spectroscope** [ˈspektrəskəup] *n* спектроскóп

**spectrum** [ˈspektrəm] *n* (*pl* -ra) *физ.* 1) спектр 2) *attr.* спектрáльный; ~ analysis спектрáльный анáлиз

**specula** [ˈspekjulə] *pl от* speculum

**specular** [ˈspekjulə] *a* 1) зеркáльный; ~ surface отражáющая повéрхность 2) *мед.* произведённый с пóмощью расши́рителя

**speculate** [ˈspekjuleɪt] *v* 1) размышля́ть, раздýмывать, дéлать предположéния (on, upon, as to, about) 2) спекули́ровать; игрáть на би́рже; to ~ in shares спекули́ровать áкциями

**speculation** [ˌspekjuˈleɪʃən] *n* 1) размышлéние 2) теóрия, предположéние

3) спекуля́ция; игра́ на би́рже; on ~ = on spec [*см.* spec]

**speculative** [ˈspekjulətɪv] *a* 1) умозри́тельный 2) теорети́ческий 3) спекуляти́вный 4) риско́ванный

**speculator** [ˈspekjuleɪtə] *n* 1) спекуля́нт 2) биржево́й деле́ц 3) мысли́тель

**speculum** [ˈspekjuləm] *n* (*pl* -la) 1) рефле́ктор 2) *мед.* расшири́тель, зе́ркало 3) глазо́к (*на крыле птицы*)

**sped** [sped] *past и p. p. от* speed 2

**speech** [spiːtʃ] *n* 1) речь, дар ре́чи; речева́я де́ятельность; слова́; sometimes gestures are more expressive than ~ иногда́ же́сты вырази́тельнее слов 2) го́вор, произноше́ние; мане́ра говори́ть; to be slow of ~ говори́ть ме́дленно; his ~ is indistinct он говори́т невня́тно, у него́ плоха́я ди́кция 3) речь, ора́торское выступле́ние; to deliver (*или* to make, to give) a ~ произноси́ть речь; set ~ зара́нее соста́вленная речь; ~ from the throne тро́нная речь 4) язы́к; диале́кт 5) *театр.* ре́плика 6) звуча́ние (*муз. инструмента*) 7) *attr.* речево́й; ~ habits речевы́е на́выки

**speech-day** [ˈspiːtʃdeɪ] *n* акт, а́ктовый день (*в школе*)

**speechify** [ˈspiːtʃɪfaɪ] *v ирон.* ора́торствовать, разглаго́льствовать; произноси́ть напы́щенную речь

**speechless** [ˈspiːtʃlɪs] *a* 1) немо́й 2) безмо́лвный; ~ entreaty нема́я мольба́ 3) онеме́вший; ~ with rage онеме́вший от я́рости 4) невырази́мый

**speed** [spiːd] **1.** *n* 1) ско́рость; ско́рость хо́да; быстрота́; with all ~ поспе́шно; at full ~ по́лным хо́дом; at great ~ на большо́й ско́рости; to gather ~ ускоря́ть ход, набира́ть ско́рость; to put in the first (second) ~ включи́ть пе́рвую (втору́ю) ско́рость 2) *уст.* успе́х; to wish good ~ жела́ть успе́ха 3) *тех.* число́ оборо́тов

2. *v* (sped) 1) спеши́ть, идти́ поспе́шно; an arrow sped past ми́мо пролете́ла стрела́; he sped down the street он поспе́шно напра́вился вниз по у́лице 2) (speeded [-ɪd]) ускоря́ть (*особ.* ~ up) 3) торопи́ть, потора́пливать 4) (speeded [-ɪd]) устана́вливать ско́рость 5) увели́чивать (*выпуск продукции*)

**-speed** [-spiːd] *в сложных словах*: three-speed engine трёхскоростно́й дви́гатель

**speed-boat** [ˈspiːdbəut] *n* быстрохо́дный ка́тер

**speed-cop** [ˈspiːdkɔp] *n sl.* полице́йский, следя́щий за ско́ростью движе́ния

**speeder** [ˈspiːdə] *n* 1) *тех.* повыша́ющее устро́йство 2) *текст.* ро́вничная маши́на

**speedily** [ˈspiːdɪlɪ] *adv* бы́стро, поспе́шно

**speeding** [ˈspiːdɪŋ] **1.** *pres. p. от* speed 2

2. *n* езда́ с недозво́ленной ско́ростью

**speed-limit** [ˈspiːdˌlɪmɪt] *n* дозво́ленная ско́рость (*езды*)

**speedometer** [spɪˈdɔmɪtə] *n* спидо́метр

**speed-reducer** [ˈspiːdrɪˌdjuːsə] *n тех.* реду́ктор

**speedster** [ˈspiːdstə] *n* 1) *разг.* быстрохо́дное су́дно 2) *авто* спи́дстер

**speed-up** [ˈspiːdˈʌp] *n* 1) ускоре́ние 2) повыше́ние но́рмы вы́работки без повыше́ния зарпла́ты

**speed-up system** [ˈspiːdʌpˈsɪstɪm] = sweating system

**speedway** [ˈspiːdweɪ] *n* 1) доро́га со скоростны́м движе́нием 2) доро́жка для мотоцикле́тных го́нок, го́ночный трек

**speedwell** [ˈspiːdwel] *n бот.* веро́ника

**speedy** [ˈspiːdɪ] *a* 1) бы́стрый, ско́рый; прово́рный 2) поспе́шный 3) безотлага́тельный

**spelaean** [spɪˈliːən] *a* 1) пеще́рный, живу́щий в пеще́ре 2) спелеологи́ческий

**spell** I [spel] **1.** *n* 1) заклина́ние 2) ча́ры; обая́ние; under a ~ зачаро́ванный; to cast a ~ on (*или* over) smb. очарова́ть, околдова́ть кого́-л.

2. *v* очаро́вывать

**spell** II [spel] *v* (spelt, spelled [-d]) 1) писа́ть *или* произноси́ть (*слово*) по бу́квам; how do you ~ your name? как пи́шется ва́ше и́мя?; we do not pronounce as we ~ мы произно́сим не так, как пи́шем; to ~ backward писа́ть *или* чита́ть (*буквы слова*) в обра́тном поря́дке; *перен.* извраща́ть смысл; толкова́ть непра́вильно 2) образо́вывать, составля́ть (*слово по буквам*; *напр.*: o-n-e ~s one) 3) означа́ть, влечь за собо́й □ ~ **out** а) чита́ть по склада́м, с трудо́м; б) расшифрова́ть, разобра́ть (*обыкн.* с трудо́м); в) продиктова́ть *или* произнести́ по бу́квам

**spell** III [spel] **1.** *n* 1) коро́ткий промежу́ток вре́мени; ~ of fine weather пери́од хоро́шей пого́ды; leave it alone for a ~ оста́вьте э́то в поко́е на вре́мя 2) при́ступ (*болезни, дурного настроения*) 3) очерёдность, заме́на (*в работе, дежурстве и т. п.*); to take ~s at the wheel вести́ маши́ну по о́череди

2. *v* (*обыкн. амер.*) 1) сменя́ть; заменя́ть 2) дать переды́шку 3) передохну́ть, отдохну́ть

**spellbind** [ˈspelbaɪnd] *v* (spellbound) очаро́вывать

**spellbinder** [ˈspelˌbaɪndə] *n разг.* ора́тор, увлека́ющий свою́ аудито́рию

**spellbound** [ˈspelbaund] **1.** *past и p. p. от* spellbind

2. *a* 1) очаро́ванный 2) ошеломлённый

**spelldown** [ˈspeldaun] *n амер.* ко́нкурс на лу́чшее правописа́ние

**speller** [ˈspelə] *n* 1): a good (bad) ~ гра́мотно (негра́мотно) пи́шущий челове́к 2) = spelling-book

**spelling** I [ˈspelɪŋ] *pres. p. от* spell I, 2

**spelling** II [ˈspelɪŋ] **1.** *pres. p. от* spell II

2. *n* 1) правописа́ние, орфогра́фия; variant ~ of a word вариа́нт написа́ния сло́ва 2) произнесе́ние сло́ва по бу́квам

**spelling** III [ˈspelɪŋ] *pres. p. от* spell III, 2

**spelling-bee** [ˈspelɪŋbiː] = spelldown

**spelling-book** [ˈspelɪŋbuk] *n* 1) орфографи́ческий спра́вочник 2) сбо́рник упражне́ний по правописа́нию

**spelt** I [spelt] *n бот.* пшени́ца спе́льта, по́лба настоя́щая

**spelt** II [spelt] *past и p. p. от* spell II

**spelter** [ˈspeltə] *n* 1) техни́ческий цинк (*в чушках или плитках*) 2) *тех.* ци́нковый припо́й

**spencer** [ˈspensə] *n* спе́нсер (*короткий шерстяной жакет*)

**spend** [spend] *v* (spent) 1) тра́тить, расхо́довать; to ~ much trouble on smth. тра́тить нема́ло труда́ на что-л. 2) проводи́ть (*время*); to ~ a sleepless night провести́ бессо́нную ночь 3) истоща́ть; to ~ oneself уста́ть, вы́мотаться; the storm has spent itself бу́ря улегла́сь 4) *мор.* потеря́ть (*мачту*)

**spender** [ˈspendə] *n* мот, транжи́ра

**spendthrift** [ˈspendθrɪft] **1.** *n* расточи́тель, мот

2. *a* расточи́тельный

**Spenserian** [spenˈsɪərɪən] *a*: ~ stanza *прос.* спе́нсерова строфа́

**spent** [spent] **1.** *past и p. p. от* spend

2. *a* 1) истощённый; испо́льзованный; ~ bullet пу́ля на излёте; ~ steam отрабо́танный пар; the night is far ~ *поэт.* ночь на исхо́де; a well ~ life хорошо́ про́житая жизнь 2) уста́лый, вы́дохшийся

**sperm** I [spəːm] *n биол.* спе́рма

**sperm** II [spəːm] = sperm-whale

**spermaceti** [ˌspəːməˈsetɪ] *n* спермаце́т

**spermatic** [spəːˈmætɪk] *a биол.* семенно́й

**spermatorrhoea** [ˌspəːmətəˈriːə] *n мед.* сперматоре́я

**spermatozoa** [ˌspəːmətəuˈzəuə] *pl от* spermatozoon

**spermatozoon** [ˌspəːmətəuˈzəuɔn] *n* (*pl* -zoa) *биол.* сперматозо́ид

**sperm-whale** [ˈspəːmweɪl] *n зоол.* кашало́т

**spew** [spjuː] **1.** *n* рво́та, блево́тина

2. *v* блева́ть, изрыга́ть

**sphacelate** [ˈsfæsɪleɪt] *v* вызыва́ть гангре́ну, омертве́ние

**sphagna** [ˈsfægnə] *pl от* sphagnum

**sphagnum** [ˈsfægnəm] *n* (*pl* -na) *бот.* сфа́гнум

**sphenoid** [ˈsfiːnɔɪd] *анат.* **1.** *a* клинови́дный

2. *n* сфено́ид, клинови́дная кость

**spheral** [ˈsfɪərəl] *a* 1) сфери́ческий 2) симметри́чный; гармони́чный

**sphere** [sfɪə] **1.** *n* 1) сфе́ра; шар 2) гло́бус 3) плане́та; небе́сное свети́ло 4) *поэт.* не́бо, небеса́ 5) небе́сная сфе́ра (*тж.* celestial ~) 6) сфе́ра, круг, по́ле де́ятельности; he has done much in his particular ~ он мно́гое сде́лал в свое́й о́бласти; that is not in my ~ э́то вне мое́й компете́нции 7) социа́льная среда́, круг; he moves in quite another ~ он вращáется в совершéнно другóй средé

**2.** *v* 1) замыкáть в круг 2) придавáть фóрму шáра 3) *поэт.* превозноси́ть (до небéс)

**spheric** ['sferɪk] = spherical

**spherical** ['sferɪkəl] *a* сфери́ческий, шарообрáзный

**sphericity** [sfɪ'rɪsɪtɪ] *n* сфери́чность, шарообрáзность

**spherics** ['sferɪks] *n pl* (*употр. как sing*) сфери́ческая геомéтрия и тригономéтрия

**spheroid** ['sfɪərɔɪd] *n* сферóид

**spheroidal** [sfɪə'rɔɪdl] *n* сфероидáльный, шарови́дный

**spherule** ['sferju:l] *n* шáрик, небольшóй шар

**sphincter** ['sfɪŋktə] *n анат.* сфи́нктер

**sphinges** ['sfɪndʒi:z] *pl от* sphinx

**sphinx** [sfɪŋks] *n* (*pl* -es [-ɪz], sphinges) 1) сфинкс 2) загáдочное существó; непоня́тный человéк

**spice** [spaɪs] **1.** *n* 1) спéция, пря́ность; *собир.* спéции 2) оттéнок (*чего-л.*); при́вкус, при́месь (of) 3) острoтá, пикáнтность

**2.** *v* 1) приправля́ть (*пряностями*) 2) придавáть пикáнтность

**spick and span** ['spɪkənd'spæn] *a* 1) безупрéчно чи́стый 2) нóвый, свéжий; с игóлочки

**spicy** ['spaɪsɪ] *a* 1) пря́ный, арома-ти́чный 2) пикáнтный, óстрый; ~ bits of scandal пикáнтные подрóбности 3) *разг.* живóй, энерги́чный

**spider** ['spaɪdə] *n* 1) паýк; ~'s web = spider-web 2) тагáн 3) *тех.* звездá; крестови́на

**spider-crab** ['spaɪdəkræb] *n зоол.* морскóй паýк

**spider-web** ['spaɪdəweb] *n* паути́на

**spidery** ['spaɪdərɪ] *a* 1) паýчий, паукообрáзный 2) тóнкий

**spiel** [spi:l] *нем.* **1.** *n* 1) *амер. разг.* разглагóльствование; хвастли́вая болтовня́ 2) *attr.*: ~ truck агитациóнный автомоби́ль

**2.** *v амер. разг.* разглагóльствовать, орáторствовать

**spieler** ['spi:lə] *нем. n амер. sl.* 1) трепáч 2) зазывáла

**spier** ['spaɪə] *n* шпиóн

**spigot** ['spɪgət] *n тех.* 1) втýлка, втýлочное соединéние, прóбка (*крана*); центри́рующий бýртик 2) кран

**spike** [spaɪk] **1.** *n* 1) óстрый вы́ступ, остриё 2) шип, гвоздь (*на подошве*) 3) косты́ль, гвоздь 4) клин 5) неразветвлённый рог молодóго олéня 6) каблýк «шпи́лька» (*тж.* ~ heel) 7) *бот.* кóлос

**2.** *v* 1) снабжáть остриями́, шипáми 2) закрепля́ть *или* прибивáть гвоздя́ми *или* шипáми 3) пронзáть, прокáлывать 4) дéлать бесполéзным; to ~ smb.'s plans расстрóить чьи-л. плáны 5) *sl.* отвéргнуть статью́ ◇ to ~ a rumour *амер. разг.* опровергáть слух; to ~ smb.'s guns расстрóить чьи-л. зáмыслы

**spiked** [spaɪkt] **1.** *p. p. от* spike 2

**2.** *a* с остриями́, с шипáми; ~ shoes боти́нки на шипáх

**spikenard** ['spaɪknɑ:d] *n* нард (*растение и ароматическое масло*)

**spikewise** ['spaɪkwaɪz] *adv* в ви́де острия́

**spiky** ['spaɪkɪ] *a* 1) заострённый, остроконéчный; усáженный остриями́ 2) сварли́вый; несговóрчивый 3) *разг.* непримири́мый в вопрóсах религии

**spile** [spaɪl] *n* 1) втýлка; деревя́нная заты́чка 2) кол, свáя

**spill I** [spɪl] **1.** *n* 1) *разг.* падéние (*с лошади, из экипажа*); to have (*или* to get) a ~ упáсть 2) *разг.* потóк, ли́вень 3) = spillway

**2.** *v* (spilt, spilled [-d]) 1) проливáть(ся), разливáть(ся), расплёскивать(ся); рассыпáть(ся); to ~ blood проливáть кровь; to ~ the blood of smb. уби́ть *или* рáнить когó-л. 2) *разг.* проболтáться 3) сбрóсить, вы́валить (*седока*) 4) *мор.* обезвéтрить (*парус*)

**spill II** [spɪl] *n* 1) лучи́на; скрýченный кусóчек бумáги (*для зажигания трубки и т. п.*) 2) заты́чка, деревя́нная прóбка

**spillikin** ['spɪlɪkɪn] *n* 1) бирю́лька 2) *pl* игрá в бирю́льки

**spillway** ['spɪlweɪ] *n гидр.* водосли́в

**spilt** [spɪlt] *past и p. p. от* spill I, 2

**spilth** [spɪlθ] *n уст.* то, что прóлито

**spin** [spɪn] **1.** *n* 1) кружéние, верчéние 2) корóткая прогýлка; бы́страя ездá (*на автомашине, велосипеде, лодке*); to go for a ~ in a car прокати́ться на автомаши́не 3) *ав.* штóпор 4) *физ.* спин

**2.** *v* (spun, span; spun) 1) прясть, сучи́ть 2) прясть, плести́ (*о пауке*); to ~ a cocoon запря́сться (*о шелковичном черве*) 3) крути́ть(ся), вертéть(ся), опи́сывать кругú; to ~ a top пускáть волчóк; to ~ a coin подбрáсывать монéту; to send smb. ~ning отбрóсить когó-л. удáром 4) *sl.* провáливать (*на экзамене*) 5) *разг.* нести́сь, бы́стро дви́гаться (*на велосипеде и т. д.*) 6) лови́ть (*рыбу*) на блеснý 7) *тех.* выдáвливать (*на токарно-давильном станке*) □ ~ **in** *ав.* войти́ в штóпор; ~ **off** *ав.* вы́йти из штóпора; ~ **out** а) растя́гивать; дóлго и нýдно расскáзывать *что-л.*; б) эконóмить; to ~ out money не транжи́рить дéньги, растя́гивать на определённый срок ◇ to ~ a story (*или* a yarn) плести́ небыли́цы

**spinach** ['spɪnɪdʒ] *n* шпинáт

**spinal** ['spaɪnl] *a анат.* спиннóй; ~ column спиннóй хребéт; позвонóчный столб; ~ cord спиннóй мозг; ~ fluid спинномозговáя жи́дкость

**spindle** ['spɪndl] **1.** *n* 1) веретенó 2) *амер.* игóлка для накáлывания бумáг 3) мéра пря́жи 4) стóйка пери́л 5) *тех.* ось, вал, шпи́ндель ◇ ~ side жéнская ли́ния (рóда)

**2.** *v* вытя́гиваться; дéлаться дли́нным и тóнким

**spindle-legged** ['spɪndllegd] *a* 1) с журавли́ными ногáми (*о человеке*) 2) с тóнкими нóжками (*о столе и т. п.*)

**spindle-legs** ['spɪndllegz] = spindle-shanks

**spindle-shanked** ['spɪndlʃæŋkt] = spindle-legged 1)

**spindle-shanks** ['spɪndlʃæŋks] *n pl* (*употр. как sing и как pl*) *разг.* долговя́зый человéк

**spindling** ['spɪndlɪŋ] **1.** *pres. p. от* spindle 2

**2.** *n* 1) долговя́зый человéк 2) тóнкий побéг; тóнкое и высóкое дéрево

**3.** *a* 1) худóй и высóкий (*о человеке*) 2) тóнкий и высóкий (*о дереве и т. п.*)

**spindly** ['spɪndlɪ] *a* дли́нный и тóнкий; веретенообрáзный

**spindrift** ['spɪndrɪft] *n* 1) пéна *или* бры́зги морскóй воды́ 2) *attr.*: ~ clouds пéристые облакá

**spine** [spaɪn] *n* 1) *анат.* спиннóй хребéт; позвонóчный столб 2) сýщность 3) *бот.* шип, иглá, колю́чка 4) *зоол.* иглá 5) грéбень (*горы*) 6) корешóк (*переплёта*)

**spinel** [spɪ'nel] *n мин.* шпинéль

**spineless** ['spaɪnlɪs] *a* 1) *зоол.* беспозвонóчный 2) бесхребéтный, бесхарáктерный, мягкотéлый 3) *бот., зоол.* не имéющий колю́чек *или* игл

**spinet** [spɪ'net] *n* спинéт (*род клавикордов*)

**spinnaker** ['spɪnəkə] *n мор.* спи́накер (*треугольный парус*)

**spinner** ['spɪnə] *n* 1) пряди́льщик; пряди́льщица; пря́ха 2) пряди́льная маши́на 3) пряди́льный óрган (*у паука, шелковичного червя*) 4) *ав.* обтекáтель втýлки

**spinneret** ['spɪnəret] = spinner 3)

**spinney** ['spɪnɪ] *n* рóщица, зáросль

**spinning** ['spɪnɪŋ] **1.** *pres. p. от* spin 2

**2.** *n* прядéние

**3.** *a* пряди́льный

**spinning-machine** ['spɪnɪŋmə,ʃi:n] *n* пряди́льная маши́на

**spinning-wheel** ['spɪnɪŋwi:l] *n* пря́лка, самопря́лка

**spinster** ['spɪnstə] *n* стáрая дéва; *юр.* незамýжняя (жéнщина)

**spinthariscope** [spɪn'θærɪskəup] *n физ.* спинтарискóп

**spiny** ['spaɪnɪ] *a* 1) колю́чий; покры́тый шипáми *или* и́глами 2) затрудни́тельный, щекотли́вый

**spiracle** ['spaɪərəkl] *n* 1) отдýшина 2) ды́хальце (*у насекомых*) 3) ды́хало (*у кита и т. п.*)

**spiraea** [spaɪ'rɪə] *n бот.* тáволга

**spiral** ['spaɪərəl] **1.** *n* 1) спирáль; heating ~ нагревáтельный элемéнт 2) *ав.* спирáльный спуск 3) *эк.* постепéнно ускоря́ющееся падéние *или* повышéние (*цен, зарплаты и т. п.*)

**2.** *a* спирáльный, винтовóй, винтообрáзный; ~ balance пружи́нные весы́, безмéн

**spirant** ['spaɪərənt] *n фон.* спирáнт

**spire I** ['spaɪə] *n* 1) шпиль, шпиц 2) остриё, стрéлка 3) остроконéчная верхýшка

**spire II** ['spaɪə] *n* 1) спирáль 2) витóк

**spirilla** [spaɪ'rɪlə] *pl от* spirillum

**spirillum** ['spaɪrɪləm] *n* (*pl* -la) *бакт.* спири́лла

**spirit** ['spɪrɪt] **1.** *n* 1) дух; духо́вное нача́ло; душа́; in (the) ~ мы́сленно, в душе́ 2) привиде́ние, дух 3) челове́к (*с точки зрения душевных или нравственных качеств*); one of the greatest ~s of his day оди́н из велича́йших умо́в своего́ вре́мени 4) су́щность, смысл; to take smth. in the wrong ~ непра́вильно толкова́ть что-л.; you don't go about it in the right ~ у вас к э́тому непра́вильный подхо́д 5) мора́льная си́ла, дух, хара́ктер; a man of an unbending ~ несгиба́емый челове́к, непрекло́нный хара́ктер 6) (*часто pl*) настрое́ние, душе́вное состоя́ние; to be in high (*или* good) ~s быть в весёлом, припо́днятом настрое́нии; to be in low ~s, to be out of ~s быть в пода́вленном настрое́нии; it shows a kindly ~ э́то пока́зывает доброжела́тельное отноше́ние; to keep up smb.'s ~s поднима́ть чьё-л. настрое́ние, ободря́ть кого́-л.; try to keep up your ~s не па́дайте ду́хом 7) хра́брость; воодушевле́ние, жи́вость; to go at smth. with ~ энерги́чно взя́ться за что-л.; people of ~ му́жественные, хра́брые лю́ди; to speak with ~ говори́ть с жа́ром 8) дух, о́бщая тенде́нция; the ~ of progress дух прогре́сса; the ~ of times дух вре́мени 9) (*обыкн. pl*) алкого́ль, спирт, спиртно́й напи́ток; ~ of camphor камфа́рный спирт; ~(s) of wine ви́нный спирт 10) *attr.* спирити́ческий 11) *attr.* спиртово́й ◇ that's the right ~! вот молоде́ц!

**2.** *v* 1) воодушевля́ть, ободря́ть; одобря́ть (*часто* ~ up) 2) та́йно похища́ть (*обыкн.* ~ away, ~ off)

**spirited** ['spɪrɪtɪd] **1.** *p. p. от* spirit 2

**2.** *a* живо́й, сме́лый, энерги́чный; горя́чий (*о лошади*); ~ reply бо́йкий отве́т; ~ translation я́ркий перево́д; ~ speech пы́лкая речь

**-spirited** [-ˌspɪrɪtɪd] *в сложных словах означает* име́ющий *такой-то* хара́ктер *или* находя́щийся в *таком-то* расположе́нии ду́ха; low-spirited в пода́вленном состоя́нии

**spiritism** ['spɪrɪtɪzm] *n* спирити́зм

**spirit-lamp** ['spɪrɪtlæmp] *n* спирто́вка

**spiritless** ['spɪrɪtlɪs] *a* безжи́зненный, вя́лый

**spirit-level** ['spɪrɪtˌlevl] *n* спиртово́й у́ровень, ватерпа́с

**spirit-rapping** ['spɪrɪtˌræpɪŋ] *n* столоверче́ние, спирити́зм

**spiritual** ['spɪrɪtjuəl] **1.** *a* 1) духо́вный 2) одухотворённый, возвы́шенный 3) свято́й, боже́ственный 4) религио́зный, церко́вный; ~ court церко́вный суд; lords ~ епи́скопы — чле́ны парла́мента

**2.** *n* 1) *амер.* спири́чуал, негритя́нский религио́зный гимн 2) *pl* церко́вные дела́

**spiritualism** ['spɪrɪtjuəlɪzm] *n* 1) *филос.* спиритуали́зм 2) = spiritism

**spiritualistic** [ˌspɪrɪtjuə'lɪstɪk] *a* 1) *филос.* спиритуалисти́ческий 2) спирити́ческий

**spirituality** [ˌspɪrɪtju'ælɪtɪ] *n* 1) духо́вность 2) одухотворённость

**spiritualize** ['spɪrɪtjuəlaɪz] *v* одухотворя́ть

**spirituous** ['spɪrɪtjuəs] *a* спиртно́й, алкого́льный (*о напитках*)

**spirt** [spəːt] **1.** *n* = spurt 1, 1)

**2.** *v* = spurt 2, 1)

**spit I** [spɪt] **1.** *n* 1) ве́ртел 2) дли́нная о́тмель; намывна́я коса́, стре́лка

**2.** *v* наса́живать на ве́ртел; пронза́ть, протыка́ть

**spit II** [spɪt] **1.** *n* 1) плева́ние 2) слюна́, плево́к 3) небольшо́й до́ждик *или* снег ◇ ~ and polish а) *воен. разг.* вне́шний вид; б) *мор.* идеа́льная чистота́; the ~ and image of smb. живо́й портре́т, то́чная ко́пия кого́-л.; to be the dead (*или* the very) ~ быть то́чной ко́пией; he is the very ~ of his father он вы́литый оте́ц

**2.** *v* (spat) 1) плева́ть(ся); to ~ blood ха́ркать кро́вью 2) фы́ркать 3) треща́ть, шипе́ть (*об огне, свечке и т. п.*) 4) мороси́ть; бры́згать □ ~ **at** проявля́ть вражде́бность к *кому-л.*; ~ **out** а) выплёвывать; б) *разг.* выдава́ть (*секрет*); в): to ~ it out *разг.* говори́ть, выска́зывать; ~ it out! говори́те гро́мче!; ~ **upon** наплева́ть на *что-л.*; относи́ться с презре́нием к *кому-л.*

**spit III** [spɪt] *n* штык (*слой земли на глубину лопаты*)

**spite** [spaɪt] **1.** *n* 1) зло́ба, злость; to have a ~ against smb. име́ть зуб про́тив кого́-л.; in (*или* for, from) ~ на́зло́ 2): in ~ of (*употр. как prep и cj*) несмотря́ на

**2.** *v* досажда́ть, де́лать на́зло́

**spiteful** ['spaɪtful] *a* 1) зло́бный 2) злора́дный, недоброжела́тельный 3) язви́тельный

**spitfire** ['spɪtˌfaɪə] *n* злю́чка; вспы́льчивый, раздражи́тельный челове́к

**spitting image** ['spɪtɪŋ'ɪmɪdʒ] *n разг.* вы́литый портре́т, «ко́пия»

**spittle** ['spɪtl] *n* слюна́; плево́к

**spittoon** [spɪ'tuːn] *n* плева́тельница

**spitz** [spɪts] *n* шпиц

**spitz-dog** ['spɪtsdɔg] = spitz

**spiv** [spɪv] *n sl.* 1) спекуля́нт; фарцо́вщик; тёмная ли́чность 2) *attr.* спекуляти́вный

**spivvery** ['spɪvərɪ] *n sl.* спекуля́ция; тёмные дели́шки

**splanchnic** ['splæŋknɪk] *a* относя́щийся к вну́тренностям, вну́тренностный

**splash** [splæʃ] **1.** *n* 1) бры́зги, бры́зганье 2) плеск, всплеск; to fall into water with a ~ бултыхну́ться в во́ду 3) пятно́ 4) кра́сочное пятно́ 5) *разг.* небольшо́е коли́чество, ка́пелька (*жидкости*) 6) выставле́ние напока́з, рисо́вка ◇ to make a ~ вы́звать сенса́цию; front-page ~ газе́тная сенса́ция

**2.** *v* 1) забры́згивать; бры́згать(ся); to ~ a page with ink зали́ть страни́цу черни́лами 2) плеска́ть(ся) 3) шлёпать (*по грязи или воде; обыкн.* ~ through, ~ across); to ~ one's way through the mud шлёпать по гря́зи 4) шлёпнуться, бултыхну́ться (into) 5) расцве́чивать; fields ~ed with poppies поля́, усе́янные ма́ками □ ~ **down** приводни́ться (*о космическом корабле*)

**splash-board** ['splæʃbɔːd] *n* 1) крыло́, щито́к (*автомобиля, экипажа*) 2) *гидр.* шлю́зный щит

**splashdown** ['splæʃdaun] *n* приводне́ние (*космического корабля*)

**splasher** ['splæʃə] *n авто* грязево́й щито́к

**splatter** ['splætə] *v* 1) плеска́ться; журча́ть 2) говори́ть невня́тно, бормота́ть

**splay** [spleɪ] **1.** *n* скос, отко́с

**2.** *a* 1) косо́й, ско́шенный, расширя́ющийся 2) вы́вернутый нару́жу 3) неуклю́жий

**3.** *v* 1) ска́шивать края́ (*отверстия*) 2) расширя́ть(ся) 3) вы́вихнуть 4) вывора́чивать носки́ нару́жу (*при ходьбе*)

**splay-foot(ed)** ['spleɪ'fut(ɪd)] *a* косола́пый, име́ющий пло́ские вы́вернутые ступни́

**spleen** [spliːn] *n* 1) *анат.* селезёнка 2) зло́ба; раздраже́ние; to vent one's ~ upon smb. сорва́ть зло́бу на ком-л. 3) *уст.* сплин, хандра́

**spleenful** ['spliːnful] *a* раздражи́тельный, зло́бный, жёлчный

**splendent** ['splendənt] *a* блестя́щий, сверка́ющий

**splendid** ['splendɪd] 1) великоле́пный; роско́шный; блестя́щий 2) *разг.* отли́чный, превосхо́дный

**splendiferous** [splen'dɪfərəs] *a разг.* прекра́снейший, отли́чный, превосхо́днейший

**splendour** ['splendə] *n* 1) блеск 2) великоле́пие; пы́шность 3) вели́чие, сла́ва; благоро́дство

**splenetic** [splɪ'netɪk] **1.** *a* 1) селезёночный 2) раздражи́тельный, жёлчный 3) *уст.* хандря́щий

**2.** *n* 1) страда́ющий боле́знью селезёнки 2) раздражи́тельный, серди́тый челове́к

**splenic** ['spliːnɪk] *a* селезёночный

**splice** [splaɪs] **1.** *n* 1) *мор.* сплёсень 2) *стр.* соедине́ние внакро́й, сра́щивание

**2.** *v* 1) *мор.* сплёснивать, сра́щивать (*концы тросов*) 2) *стр.* соединя́ть внакро́й; сра́щивать 3) *разг.* (по)жени́ть

**splint** [splɪnt] **1.** *n* 1) оско́лок; щепа́ 2) лубо́к (*для плетения корзин*) 3) *хир.* лубо́к, ши́на 4) = splint-bone 5) *вет.* нако́стник 6) *тех.* чека́, шплинт

**2.** *v хир.* накла́дывать ши́ну

**splint-bone** ['splɪntbəun] *n анат.* малоберцо́вая кость

**splinter** ['splɪntə] **1.** *n* 1) оско́лок 2) зано́за 3) ще́пка, лучи́на 4) *attr.* оско́лочный; ~ effect *воен.* оско́лочное де́йствие

**2.** *v* расщепля́ть(ся); раска́лывать (-ся); разбива́ться

**splinter group** ['splɪntəgruːp] *n* отколо́вшаяся (полити́ческая) группиро́вка

**splintery** ['splɪntərɪ] *a* 1) похо́жий на ще́пку *или* оско́лок 2) легко́ расщепля́ющийся *или* разлета́ющийся на оско́лки

**split** [splɪt] **1.** *n* 1) раска́лывание 2) тре́щина, щель, расще́лина; про́резь 3) раско́л 4) ще́пка, лучи́на (*для корзин*) 5) полбуты́лки *или* ма́ленькая буты́лка (*газированной воды, водки и т. п.*) 6) *эл.* расщеплённость 7) *pl спорт.* шпага́т 8) сла́дкое блю́до (*из фруктов, мороженого, орехов*)

**2.** *a* расщеплённый, раско́лотый; раздро́бленный; разделённый попола́м; ~ decision реше́ние, при кото́ром голоса́ раздели́лись; ~ second кака́я-то до́ля секу́нды; мгнове́ние

**3.** *v* (split) 1) раска́лывать(ся); расщепля́ть(ся) (*тж.* ~ asunder) 2) разбива́ть(ся), тре́скаться; to ~ one's forces дроби́ть си́лы; my head is ~ting у меня́ раска́лывается голова́ от бо́ли 3) дели́ть на ча́сти; распределя́ть (*обыкн.* ~ up); дели́ться с кем-л. (with); to ~ one's vote (*или* ticket) голосова́ть одновре́ме́нно за кандида́тов ра́зных па́ртий; to ~ the profits подели́ть дохо́ды; to ~ a bottle *разг.* раздави́ть буты́лочку на двои́х 4) поссо́рить; раска́лывать (*на группы, фракции и т. п.*) □ ~ **off** отка́лывать(ся); отделя́ть; ~ **on** *sl.* выдава́ть (*сообщника*); ~ **up** разделя́ть(ся), раска́лывать(ся) ◇ to ~ one's sides надрыва́ться от хо́хота; the rock on which we ~ ка́мень преткнове́ния; причи́на несча́стий; to ~ smb.'s ears оглуша́ть кого́-л.; to ~ the difference а) брать сре́днюю величину́; б) идти́ на компроми́сс

**split infinitive** ['splɪtɪn'fɪnɪtɪv] *n грам.* инфинити́в с отделённой части́цей to (*напр.*: I wish to highly recommend him)

**split mind** ['splɪtmaɪnd] = split personality

**split personality** ['splɪt,pə:sə'nælɪtɪ] *n* раздвое́ние ли́чности

**split pin** ['splɪt'pɪn] *n тех.* шплинт

**split ring** ['splɪt'rɪŋ] *n* кольцо́ для ключе́й

**splitter** ['splɪtə] *n* 1) раско́льник 2) ме́лочный челове́к; педа́нт 3) си́льная головна́я боль

**split ticket** ['splɪt'tɪkɪt] *n амер.* бюллете́нь, в кото́ром избира́тель голосу́ет за представи́телей двух или не́скольких па́ртий

**splitting** ['splɪtɪŋ] **1.** *pres. p. от* split 3

**2.** *a* 1) пронзи́тельный, оглуши́тельный 2) головокружи́тельный 3) о́стрый, си́льный (*о головной боли*) 4) раско́льнический

**split vote** ['splɪt'vəut] = split ticket

**splodge** [splɔdʒ] = splotch

**splosh** [splɔʃ] *n* 1) *разг.* про́литая вода́ 2) *sl.* де́ньги

**splotch** [splɔtʃ] *n* 1) гря́зное пятно́ 2) большо́е неро́вное пятно́

**splotchy** ['splɔtʃɪ] *a* покры́тый пя́тнами; запа́чканный

**splurge** [splə:dʒ] *разг.* **1.** *n* выставле́ние напока́з, хвастовство́ (*особ. богатством*)

**2.** *v* выставля́ть напока́з, хва́стать, пуска́ть пыль в глаза́

**splutter** ['splʌtə] **1.** *n* 1) бессвя́зная речь, лопота́нье 2) бры́зги 3) шипе́ние

**2.** *v* 1) говори́ть бы́стро и бессвя́зно, лопота́ть 2) бры́згать слюно́й, плева́ться 3) шипе́ть, треща́ть (*об огне, жире и т. п.*)

**spoil** [spɔɪl] **1.** *n* 1) (*обыкн. pl или собир.*) добы́ча, награ́бленное добро́; the ~s of war вое́нная добы́ча, трофе́и 2) при́быль, вы́года, полу́ченная в результа́те конкуре́нции с кем-л. 3) предме́т иску́сства, ре́дкая кни́га *и т. п.*, приобретённые с трудо́м 4) *pl* госуда́рственные до́лжности, распределя́емые среди́ сторо́нников па́ртии, победи́вшей на вы́борах 5) вы́нутый грунт; пуста́я поро́да 6) *attr.*: ~s system распределе́ние госуда́рственных должносте́й среди́ сторо́нников па́ртии, победи́вшей на вы́борах; предоставле́ние госуда́рственных должносте́й за полити́ческие услу́ги

**2.** *v* (spoilt, spoiled [-d]) 1) по́ртить 2) балова́ть 3) по́ртиться (*о продуктах*) 4) *уст., книжн.* гра́бить, отбира́ть; to ~ the Egyptians *библ.* обкра́дывать свои́х враго́в *или* угнета́телей; поживи́ться за счёт врага́ ◇ to be ~ing for *разг.* си́льно жела́ть *чего-л.*; изголода́ться по *чему-л.*; to be ~ing for a fight лезть в дра́ку

**spoilage** ['spɔɪlɪdʒ] *n* 1) по́рча 2) испо́рченный това́р, брак

**spoilsman** ['spɔɪlzmən] *n амер.* челове́к, получа́ющий до́лжность в награ́ду за полити́ческие услу́ги

**spoil-sport** ['spɔɪlspɔ:t] *n* тот, кто по́ртит удово́льствие други́м

**spoilt** [spɔɪlt] **1.** *past и p. p. от* spoil 2

**2.** *a* испо́рченный; избало́ванный; the ~ child of fortune ба́ловень судьбы́

**spoke** I [spəuk] **1.** *n* 1) спи́ца (*колеса*) 2) ступе́нька, перекла́дина (*приставной лестницы*) ◇ to put a ~ in smb.'s wheel ста́вить кому́-л. па́лки в колеса

**2.** *v* снабжа́ть спи́цами

**spoke** II [spəuk] *past от* speak

**spoke-bone** ['spəukbəun] *n анат.* лучева́я кость

**spoken** ['spəukən] **1.** *p. p. от* speak

**2.** *a* у́стный; ~ language у́стная речь

**spokesman** ['spəuksmən] *n* представи́тель, делега́т; ора́тор

**spoliation** [,spəulɪ'eɪʃən] *n* 1) грабёж, захва́т иму́щества (*особ.* нейтра́льных судо́в во вре́мя войны́) 2) *юр.* преднаме́ренное уничтоже́ние *или* искаже́ние докуме́нта (*чтобы он не мог служить доказательством*)

**spondaic** [spɔn'deɪɪk] *a прос.* спонде́йческий

**spondee** ['spɔndi:] *n прос.* спонде́й

**spondulicks** [spɔn'dju:lɪks] *n pl амер. sl.* де́ньги

**sponge** [spʌndʒ] **1.** *n* 1) гу́бка 2) гу́бчатое вещество́ 3) обтира́ние гу́бкой; to have a ~ down обтере́ться гу́бкой 4) что-л., похо́жее на гу́бку, *напр.*, ноздрева́тое подня́вшееся те́сто, взби́тые белки́ *и т. п.* 5) = sponger 1); 6) «гу́бка», челове́к, легко́ восприни-ма́ющий *что-л.*, бы́стро усва́ивающий зна́ния 7) *мед.* тампо́н (*из марли и ваты*) ◇ to pass the ~ over smth. преда́ть забве́нию что-л.; to chuck (*или* to throw) up the ~ призна́ть себя́ побеждённым

**2.** *v* 1) вытира́ть, мыть, чи́стить гу́бкой 2) собира́ть гу́бки 3) *разг.* одалживать у кого́-л. (*без отдачи*); по́льзоваться чем-л. чужи́м, приобрета́ть за чужо́й счёт □ ~ **down** обтира́ть(-ся) мо́крой гу́бкой; ~ **off** чи́стить гу́бкой; ~ **on** *разг.* жить на чужо́й счёт; ~ **out** а) стира́ть гу́бкой; б) изгла́дить из па́мяти; ~ **up** впи́тывать гу́бкой; ~ **upon** = ~ on

**sponge-cake** ['spʌndʒ'keɪk] *n* бискви́т

**sponger** ['spʌndʒə] *n* 1) прижива́л; парази́т, нахле́бник 2) лове́ц гу́бок

**spongy** ['spʌndʒɪ] *a* 1) гу́бчатый, по́ристый, ноздрева́тый 2) то́пкий, боло́тистый

**sponsion** ['spɔnʃən] *n* поручи́тельство

**sponsor** ['spɔnsə] **1.** *n* 1) поручи́тель 2) попечи́тель, покрови́тель 3) крёстный (оте́ц); крёстная (мать) 4) устро́итель, организа́тор 5) зака́зчик радиорекла́мы

**2.** *v* 1) руча́ться (*за кого-л.*) 2) устра́ивать, организо́вывать (*концерты, митинги и т. п.*) 3) подде́рживать; субсиди́ровать

**spontaneity** [,spɔntə'ni:ɪtɪ] *n* 1) самопроизво́льность, спонта́нность 2) непосре́дственность

**spontaneous** [spɔn'teɪnjəs] *a* 1) самопроизво́льный, спонта́нный; ~ combustion самовозгора́ние; ~ generation самозарожде́ние 2) доброво́льный 3) непосре́дственный, непринуждённый; стихи́йный; ~ enthusiasm и́скренний энтузиа́зм; ~ movement а) поры́в; б) стихи́йное движе́ние

**spontoon** [spɔn'tu:n] *n воен. ист.* эспонто́н, полупи́ка

**spoof** [spu:f] *разг.* **1.** *n* 1) мистифика́ция, ро́зыгрыш 2) *attr.* вы́думанный; сфабрико́ванный

**2.** *v* мистифици́ровать; обма́нывать; you've been ~ed вас разыгра́ли

**spook** [spu:k] *n шутл.* привиде́ние

**spool** [spu:l] **1.** *n* шпу́лька, кату́шка; боби́на

**2.** *v* нама́тывать (*на катушку, шпульку и т. п.*)

**spoon** I [spu:n] **1.** *n* 1) ло́жка 2) широ́кая изо́гнутая ло́пасть (*весла*) 3) *спорт.* вид клю́шки 4) блесна́ 5) *горн.* жело́нка ◇ to be born with a silver ~ in one's mouth ≅ роди́ться в соро́чке

**2.** *v* 1) че́рпать ло́жкой (*обыкн.* ~ up, ~ out) 2) *спорт.* подта́лкивать (*шар в крокете*); слегка́ подки́дывать мяч (*в крикете*) 3) лови́ть ры́бу на блесну́

**spoon** II [spu:n] *v шутл.* любе́зничать (*о влюблённых*)

**spoon-bait** ['spu:nbeɪt] *n* блесна́

**spoon-bill** ['spu:nbɪl] *n зоол.* колпи́ца

**spoon-drift** [ˈspuːndrɪft] = spindrift

**spoonerism** [ˈspuːnərɪzm] *n* непроизво́льная перестано́вка зву́ков (*напр.*, blushing crow *вм.* crushing blow)

**spoon-fed** [ˈspuːnfed] *a* 1) получа́ющий пи́щу с ло́жки (*о больном и т. п.*) 2) нужда́ющийся в постоя́нной опе́ке и по́мощи; находя́щийся на госуда́рственной дота́ции (*об отрасли промышленности*) 3) *амер. разг.* избало́ванный

**spoonful** [ˈspuːnful] *n* по́лная ло́жка (*чего-л.*)

**spoon-meat** [ˈspuːnmiːt] *n* жи́дкая пи́ща для младе́нца

**spoony** [ˈspuːnɪ] *a разг.* 1) глу́пый 2) влюблённый; сентимента́льный

**spoor** [spuə] **1.** *n* след (*зверя*)

**2.** *v* высле́живать, идти́ по сле́ду

**sporadic** [spəˈrædɪk] *a* спориди́ческий, едини́чный, случа́йный

**sporangia** [spəˈrændʒɪə] *pl от* sporangium

**sporangium** [spəˈrændʒɪəm] *n* (*pl* -gia) *бот.* спора́нгий

**spore** [spɔː] *n биол.* спо́ра

**sporran** [ˈspɔrən] *n* ко́жаная су́мка с ме́хом (*часть костюма шотландского горца*)

**sport** [spɔːt] **1.** *n* 1) спорт, спорти́вные и́гры; охо́та; ры́бная ло́вля; athletic ∼s атле́тика; to go in for ∼s занима́ться спо́ртом; to have good ∼ хорошо́ поохо́титься 2) *pl* спорти́вные соревнова́ния 3) *разг.* спортсме́н 4) *разг.* сла́вный ма́лый 5) *амер.* игро́к 6) заба́ва, развлече́ние; шу́тка; to become the ∼ of fortune стать игру́шкой судьбы́; in ∼ в шу́тку; what ∼! как ве́село! 7) посме́шище; to make ∼ of высме́ивать 8) *биол.* мута́ция

**2.** *a* спорти́вный; ∼ clothes спорти́вная оде́жда

**3.** *v* 1) игра́ть, весели́ться, резви́ться; развлека́ться 2) занима́ться спо́ртом 3) шути́ть 4) *разг.* носи́ть, выставля́ть напока́з; щеголя́ть; to ∼ a rose in one's buttonhole щеголя́ть ро́зой в петли́це 5) *биол.* дава́ть мута́цию □ ∼ **away** прома́тывать, растра́чивать ◇ to ∼ one's oak *унив. sl.* закры́ть дверь для посети́телей; не принима́ть госте́й

**sportful** [ˈspɔːtful] *a* весёлый; заба́вный

**sporting** [ˈspɔːtɪŋ] **1.** *pres. p. от* sport 3

**2.** *a* спорти́вный; охо́тничий ◇ ∼ chance риско́ванный шанс; ∼ house а) иго́рный дом; б) публи́чный дом

**sportive** [ˈspɔːtɪv] *a* 1) игри́вый, весёлый 2) спорти́вный

**sports** [spɔːts] = sport 2

**sportsman** [ˈspɔːtsmən] *n* 1) спортсме́н; охо́тник; рыболо́в 2) че́стный, поря́дочный челове́к

**sportsmanlike** [ˈspɔːtsmənlaɪk] *a* 1) спортсме́нский 2) че́стный, поря́дочный, благоро́дный; му́жественный

**sportsmanship** [ˈspɔːtsmənʃɪp] *n* 1) спорти́вное мастерство́ 2) увлече́ние спо́ртом 3) че́стность, прямота́

**sportswoman** [ˈspɔːtsˌwumən] *n* спортсме́нка

**sporty** [ˈspɔːtɪ] *a* 1) спортсме́нский 2) лихо́й, удало́й 3) показно́й, щегольско́й

**spot** [spɔt] **1.** *n* 1) пятно́; пя́тнышко; кра́пинка 2) позо́р, пятно́; without a ∼ on his reputation с незапя́тнанной репута́цией 3) пры́щик; a face covered with ∼s прыщева́тое лицо́ 4) ка́пля (*дождя*) 5) ме́сто; a retired ∼ уедине́нное ме́сто; on the ∼ на ме́сте; сра́зу, неме́дленно [*ср. тж.* 7)]; to act on the ∼ де́йствовать без промедле́ния; to be on the ∼ быть очеви́дцем; the people on the ∼ лю́ди, живу́щие на ме́сте и знако́мые с обстоя́тельствами 6) *разг.* небольшо́е коли́чество еды́ *или* питья́; how about a ∼ of lunch? не поза́втракать ли?; will you have a ∼ of whisky? хоти́те немно́го ви́ски? 7) *разг.* затрудни́тельное положе́ние; on (*или* upon) the ∼, in a ∼ в опа́сности, в затрудни́тельном положе́нии [*ср. тж.* 5)]; to put smb. on the ∼ поста́вить кого́-л. в затрудни́тельное положе́ние 8) *pl* = ∼ goods [*см.* 9)] 9) *attr.* нали́чный; име́ющийся на скла́де; ∼ cash нали́чный расчёт; ∼ goods нали́чный това́р; това́р с неме́дленной сда́чей; ∼ price цена́ при усло́вии неме́дленной упла́ты нали́чными 10) *attr. радио* ме́стный; ∼ broadcasting переда́ча ме́стной радиоста́нции ◇ blind ∼ а) мёртвая то́чка; б) о́бласть, в кото́рой да́нное лицо́ пло́хо разбира́ется; в) *радио* зо́на молча́ния

**2.** *v* 1) пятна́ть, па́чкать, покрыва́ть (-ся) пя́тнами; this silk ∼s with water на э́том шёлке от воды́ остаю́тся пя́тна 2) пятна́ть, позо́рить 3) *разг.* уви́деть, узна́ть; определи́ть, опозна́ть; to ∼ the cause of the trouble определи́ть причи́ну непола́док; to ∼ the winner определи́ть зара́нее бу́дущего победи́теля в состяза́нии; I ∼ted his roguery as soon as I met him я догада́лся о его́ моше́нничестве, как то́лько его́ уви́дел 4) определи́ть местонахожде́ние, обнару́жить 5) выводи́ть пя́тна 6) *разг.* накра́пывать (*о дожде*); it's beginning to ∼, it is ∼ting with rain пошёл до́ждик 7) *воен.* корректи́ровать стрельбу́

**spotless** [ˈspɔtlɪs] *a* 1) без еди́ного пя́тнышка 2) безупре́чный; незапя́тнанный

**spotlight** [ˈspɔtlaɪt] **1.** *n* 1) *театр.* проже́ктор для подсве́тки 2) *авто* подвижна́я фа́ра ◇ to be in the ∼ быть в це́нтре внима́ния

**2.** *v* 1) освети́ть 2) помести́ть в центр внима́ния

**spotted** [ˈspɔtɪd] **1.** *p. p. от* spot 2

**2.** *a* 1) пятни́стый, кра́пчатый 2) запа́чканный, запя́тнанный

**spotted fever** [ˈspɔtɪdˈfiːvə] *n* 1) сыпно́й тиф 2) цереброспина́льный менинги́т

**spotter** [ˈspɔtə] *n* 1) наблюда́тель 2) *амер.* сы́щик, детекти́в 3) *воен.* корректиро́вщик (*огня*)

**spotty** [ˈspɔtɪ] *a* 1) пятни́стый; пёстрый 2) прыщева́тый 3) неодноро́дный

**spouse** [spauz] *n поэт., уст.* 1) супру́г; супру́га 2) *pl* супру́жеская чета́

**spout** [spaut] **1.** *n* 1) но́сик, го́рлышко, ры́льце 2) водосто́чная труба́ *или* жёлоб; выпускно́е отве́рстие 3) жёлоб *или* небольшо́й лифт в ломба́рде для подъёма зало́женных веще́й 4) струя́; столб воды́; водяно́й смерч 5) *зоол.* дыха́тельное отве́рстие (*у кита*) ◇ up the ∼ а) в закла́де; his watch is put up the ∼ он заложи́л свои́ часы́; б) разорённый; обанкро́тившийся

**2.** *v* 1) бить струёй; струи́ться, ли́ться пото́ком 2) изверга́ть; the volcano ∼s lava вулка́н изверга́ет ла́ву 3) *разг.* разглаго́льствовать, ора́торствовать; to ∼ poetry деклами́ровать стихи́ 4) *sl.* закла́дывать

**spraddle** [ˈsprædl] *v* широко́ расставля́ть но́ги

**sprain** [spreɪn] **1.** *n* растяже́ние свя́зок

**2.** *v* растяну́ть свя́зки

**sprang** [spræŋ] *past от* spring I, 2

**sprat** [spræt] *n* 1) ки́лька, шпрот; вся́кая ме́лкая ры́ба, похо́жая на ки́льку 2) *шутл.* ху́денький ребёнок 3) *презр.* ме́лкая со́шка ◇ to throw (*или* to risk) a ∼ to catch a whale ≅ рискну́ть ма́лым ра́ди большо́го

**sprat-day** [ˈsprætdeɪ] *n* 9 ноября́, день нача́ла ло́ва ки́льки

**sprawl** [sprɔːl] **1.** *n* неуклю́жая по́за; неуклю́жее движе́ние

**2.** *v* 1) растяну́ть(ся); развали́ться (*о человеке*); to send one ∼ing сбить кого́-л. с ног 2) раски́дывать (*руки, ноги*) небре́жно *или* неуклю́же 3) располза́ться во все сто́роны

**sprawling** [ˈsprɔːlɪŋ] **1.** *pres. p. от* sprawl 2

**2.** *a* располза́ющийся; ползу́чий; ∼ handwriting разма́шистый по́черк; ∼ shoots сте́лющиеся побе́ги

**spray** I [spreɪ] *n* 1) ве́тка, побе́г 2) узо́р в ви́де ве́точки

**spray** II [spreɪ] **1.** *n* 1) водяна́я пыль, бры́зги 2) жи́дкость для пульвериза́ции 3) пульверiза́тор, распыли́тель 4) *воен.* сноп разлёта оско́лков

**2.** *v* распыля́ть, пульверизи́ровать; обры́згивать, опры́скивать, опыля́ть

**sprayer** [ˈspreɪə] *n* 1) пульвериза́тор, распыли́тель 2) *тех.* форсу́нка

**spread** [spred] **1.** *n* 1) распростране́ние; the ∼ of learning распростране́ние зна́ний 2) разма́х (*крыльев и т. п.*) 3) протяже́ние, простра́нство; простира́ние; протяжённость; a wide ∼ of country широ́кий просто́р 4) пастообра́зные проду́кты (*джем, паштет, масло и т. п.*) 5) *разг.* оби́льное угоще́ние, пир горо́й; he gave us no end of a ∼ он нас роско́шно угости́л 6) расшире́ние, растяже́ние 7) покрыва́ло; ска́терть 8) материа́л *или* объявле́ние (*длиной в несколько газетных столбцов*) 9) разворо́т газе́ты 10) *амер. эк.* ра́зница, разры́в (*между ценами, курсами, издержками и т. п.*)

**2.** *v* (spread) 1) развёртывать(ся); раски́дывать(ся); простира́ть(ся);

расстила́ть(ся); to ~ a banner развернýть знáмя; to ~ one's hands to the fire протянýть рýки к огню́; to ~ a sail подня́ть пáрус; a broad plain ~s before us пéред нáми расстилáется ширóкая равни́на; the peacock ~s its tail павли́н распускáет хвост; the river here ~s to a width of half a mile ширинá реки́ в э́том мéсте достигáет полуми́ли 2) распространя́ть(ся), разноси́ть(ся); the fire ~ from the factory to the house nearby огóнь перекíнулся с фáбрики на сосéдний дом; to ~ rumours (disease) распространя́ть слýхи (болéзнь) 3): to ~ oneself а) разбрáсываться (*о спящем*); б) распространя́ться, разглагóльствовать; в) дать вóлю сóбственному гостеприи́мству; «вы́ложиться»; г) *разг.* старáться понрáвиться, лезть вон из кóжи 4) покрывáть, устилáть, усéивать; to ~ the table накрывáть на стол; to ~ a carpet on the floor расстилáть ковёр на полý; to ~ manure over a field разбрáсывать навóз по́ полю; a meadow ~ with daisies луг, усéянный маргари́тками 5) размáзывать(ся); намáзывать(ся); to ~ butter on bread намáзать хлеб мáслом; the paint ~s well крáска хорошó ложи́тся 6) продолжáться; продлевáть; the course of lectures ~s over a year курс лéкций продолжáется год 7) *амер.* запи́сывать; to ~ on the records внести́ в зáписи 8) *тех.* растя́гивать, расширя́ть, вытя́гивать, расплю́щивать □ ~ **out** а) развёртывать(ся); to ~ out a map разложи́ть кáрту; to ~ out one's legs вы́тянуть нóги; the branches ~ out like a fan вéтви расхóдятся вéером; б) разбрáсывать

**spread eagle** ['spred'i:gl] *n* орёл с распростёртыми кры́льями (*на государственных гербах*)

**spread-eagle** ['spred'i:gl] **1.** *a* 1) распла́станный 2) *амер. разг.* высокопа́рный; хвастли́вый; ура́-патриоти́ческий

**2.** *v* распласта́ть

**spread-eagleism** ['spred'i:glɪzm] *n амер. разг.* ура́-патриоти́зм

**spreader** ['spredə] *n* 1) распространи́тель 2) *тех.* приспособле́ние для раскла́дки; распредели́тель; распо́рка 3) *с.-х.* навозоразбра́сыватель 4) *ж.-д.* спре́дер

**spree** [spri:] *n* весе́лье, ша́лости; кутёж; to go (*или* to be) on the ~ кути́ть; what a ~! как ве́село!

**sprig** [sprɪg] **1.** *n* 1) ве́точка, побе́г 2) узо́р в ви́де ве́точки 3) штифт; гвоздь без шля́пки 4) молодо́й челове́к, ю́ноша 5) *пренебр.* о́тпрыск

**2.** *v* 1) украша́ть узо́ром в ви́де ве́точек 2) закрепля́ть штифто́м

**sprightly** ['spraɪtlɪ] **1.** *a* оживлённый, весёлый

**2.** *adv* оживлённо, ве́село

**spring** I [sprɪŋ] **1.** *n* 1) прыжо́к, скачо́к; to take a ~ пры́гнуть; to rise with a ~ подскочи́ть 2) пружи́на; рессо́ра 3) упру́гость, эласти́чность 4) жи́вость, эне́ргия; his mind has lost its ~ он стал ту́го сообража́ть 5) исто́чник, родни́к, ключ 6) (*обыкн. pl*) моти́в, причи́на; нача́ло; the ~s of action побуди́тельные причи́ны 7) тре́щина, течь

**2.** *v* (sprang, sprung; sprung) 1) пры́гать, вска́кивать; броса́ться; to ~ at (*или* upon) smb. набро́ситься на кого́-л.; to ~ to one's feet вскочи́ть на́ ноги; to ~ over a fence перескочи́ть че́рез забо́р; to ~ up into the air подскочи́ть в во́здух 2) бить ключо́м 3) брать нача́ло; происходи́ть, возника́ть (*обыкн.* ~ up); his mistakes ~ from carelessness его́ оши́бки — результа́т небре́жности; he is sprung from royal blood он происхо́дит из короле́вского ро́да 4) появля́ться; many new houses have sprung in this district в э́том райо́не появи́лось мно́го но́вых домо́в; where have you sprung from? отку́да вы появи́лись? 5) возвыша́ться 6) бы́стро и неожи́данно перейти́ в друго́е состоя́ние; to ~ into fame стать изве́стным 7) дава́ть ростки́, побе́ги; прораста́ть; всходи́ть; the buds are ~ing появля́ются по́чки 8) коро́биться (*о доске*) 9) дава́ть тре́щину, тре́скаться, раска́лываться(ся) 10) взрыва́ть (*мину*) 11) вспу́гивать (*дичь*) 12) отпуска́ть пружи́ну; the door sprang to дверь захло́пнулась (*на пружине*) 13) пружи́нить 14) прилива́ть, бры́знуть (*о крови*); blood sprang to my cheeks кровь бро́силась мне в лицо́ 15) внеза́пно откры́ть, сообщи́ть (upon); to ~ surprises де́лать сюрпри́зы; the news was sprung upon me но́вость заста́ла меня́ врасплóх 16) *тех.* снабжа́ть пружи́ной *или* рессо́рами, подрессо́ривать; устана́вливать на пружи́не □ ~ **back** отпря́нуть; ~ **out** *перен.* вытека́ть, сле́довать (*из чего-л.*); ~ **up** возника́ть (*об обычае, городах и т. п.*), появля́ться

**spring** II [sprɪŋ] *n* 1) весна́ 2) *attr.* весе́нний

**spring balance** ['sprɪŋ'bæləns] *n* пружи́нные весы́, безме́н

**spring bed** ['sprɪŋ'bed] *n* пружи́нный матра́ц

**spring-board** ['sprɪŋbɔ:d] *n* 1) трампли́н 2) *воен.* плацда́рм

**springbok** ['sprɪŋbɔk] *n зоол.* прыгу́н, газе́ль, антидо́рка

**springbuck** ['sprɪŋbʌk] = springbok

**spring chicken** ['sprɪŋ'tʃɪkɪn] *n* 1) цыплёнок 2) *sl.* наи́вный, нео́пытный челове́к (*особ. о женщине*)

**springe** [sprɪndʒ] *n* сило́к, западня́

**springer** ['sprɪŋə] *n* 1) прыгу́н 2) соба́ка из поро́ды спание́лей 3) цыплёнок 4) *стр.* пя́товый ка́мень а́рки

**spring-halt** ['sprɪŋhɔ:lt] *n вет.* шпат

**springhead** ['sprɪŋhed] *n* исто́чник

**spring tide** ['sprɪŋtaɪd] *n мор.* сизиги́йный прили́в

**springtide** ['sprɪŋtaɪd] *n поэт.* весна́

**springtime** ['sprɪŋtaɪm] *n* весна́, весе́нняя пора́

**spring water** ['sprɪŋ,wɔ:tə] *n* ключева́я вода́

**springy** ['sprɪŋɪ] *a* упру́гий, эласти́чный; пружи́нистый

**sprinkle** ['sprɪŋkl] **1.** *n* 1) бры́зганье, обры́згивание 2) ме́лкий до́ждик 3) небольшо́е коли́чество; ка́пля

**2.** *v* 1) бры́згать, кропи́ть 2) посыпа́ть (with — *чем-л.*); разбра́сывать (on) 3) бры́згать, накра́пывать

**sprinkler** ['sprɪŋklə] *n* 1) разбры́згиватель 2) = sprinkling-machine; street ~ поли́вочная маши́на 3) *attr.*: ~ system противопожа́рная систе́ма

**sprinkling** ['sprɪŋklɪŋ] **1.** *pres. p. от* sprinkle 2

**2.** *n* = sprinkle 1

**sprinkling-machine** ['sprɪŋklɪŋmə,ʃi:n] *n* дождева́льная устано́вка; дождева́льная маши́на

**sprint** [sprɪnt] **1.** *n* бег на коро́ткую диста́нцию, спринт

**2.** *v* бежа́ть на коро́ткую диста́нцию, спринтова́ть

**sprinter** ['sprɪntə] *n* бегу́н на коро́ткие диста́нции, спри́нтер

**sprit** [sprɪt] *n мор.* шпринто́в

**sprite** [spraɪt] *n* эльф; фе́я

**sprocket** ['sprɔkɪt] *n тех.* цепно́е колесо́; звёздочка

**sprocket-wheel** ['sprɔkɪtwi:l] = sprocket

**sprout** [spraut] **1.** *n* 1) отро́сток, росто́к, побе́г 2) *pl* брюссе́льская капу́ста (*тж.* Brussels ~s)

**2.** *v* 1) пуска́ть ростки́, расти́ 2) отра́щивать

**spruce** I [spru:s] **1.** *a* щеголева́тый; элега́нтный, наря́дный

**2.** *v* 1) приводи́ть в поря́док (*обыкн.* ~ up) 2) принаряжа́ться

**spruce** II [spru:s] *n* ель

**sprue** I [spru:] *n метал.* вертика́льный ли́тник

**sprue** II [spru:] *n мед.* спру, тропи́ческие а́фты

**spruit** ['spru:ɪt, spreɪt] *n южно-афр.* ручеёк (*обыкн.* пересо́хший)

**sprung** [sprʌŋ] **1.** *past и p. p. от* spring I, 2

**2.** *a* 1) тре́снувший (*о бите, ракетке*) 2) *разг.* захмеле́вший

**spry** [spraɪ] *a* живо́й, подви́жный; прово́рный; look ~! шевели́тесь!

**spud** [spʌd] **1.** *n* 1) моты́га; ца́пка 2) *разг.* карто́фелина; *pl* карто́шка 3) *тех.* прижи́мная пла́нка

**2.** *v* ока́пывать, оку́чивать

**spuddle** ['spʌdl] *v диал.* копа́ться в земле́

**spue** [spju:] = spew

**spume** [spju:m] **1.** *n* пе́на; на́кипь

**2.** *v* пе́ниться

**spumous** ['spju:məs] *a* пе́нистый; покры́тый пе́ной

**spumy** ['spju:mɪ] = spumous

**spun** [spʌn] **1.** *past и p. p. от* spin 2

**2.** *a*: ~ casting *метал.* центробе́жное литьё; ~ cotton бума́жная пря́жа; ~ gold кани́тель, золота́я нить; ~ yarn *мор.* шки́мушка

**spunk** [spʌŋk] *n* 1) *разг.* пыл; му́жество 2) трут

**spunky** ['spʌŋkɪ] *a* му́жественный, хра́брый; пы́лкий

**spur** [spə:] **1.** *n* 1) шпо́ра; to put (*или* to set) ∼s to пришпо́ривать; *перен.* подгоня́ть, потора́пливать; to win one's ∼s *ист.* заслужи́ть зва́ние ры́царя; *перен.* доби́ться призна́ния, приобрести́ и́мя 2) отро́сток (*на крыле или лапе у птиц*); петуши́ная шпо́ра 3) верши́на, отро́г *или* усту́п горы́ 4) сти́мул, побужде́ние; on the ∼ of the moment а) под влия́нием мину́ты; б) экспро́мтом, сра́зу 5) *горн.* ответвле́ние жи́лы 6) *бот.* спорынья́ 7) = ∼ track ◇ to need the ∼ быть медли́тельным

**2.** *v* 1) пришпо́ривать 2) снабжа́ть шпо́рами 3) побужда́ть, подстрека́ть (to — к *чему-л.*) 4) спеши́ть, мча́ться (*тж.* ∼ oh, ∼ forward) ◇ to ∼ a willing horse подгоня́ть, понука́ть и без того́ добросо́вестного рабо́тника

**spurge** [spə:dʒ] *n бот.* молоча́й

**spur gear** [ˈspə:ˈgɪə] *n тех.* цилиндри́ческое прямозу́бое колесо́

**spurious** [ˈspjuərɪəs] *a* 1) подде́льный; подло́жный; ∼ coin фальши́вая моне́та; ∼ manuscript непо́длинная ру́копись; ∼ sentiment притво́рное чу́вство 2) незаконнорождённый 3) *бот.* ло́жный

**spurn** [spə:n] **1.** *v* 1) отверга́ть с презре́нием; отта́лкивать 2) отпи́хивать ного́й 3) презри́тельно относи́ться (*к кому-л.*)

**2.** *n* 1) презри́тельный отка́з, отклоне́ние 2) пино́к ного́й

**spurrier** [ˈspə:rɪə] *n* рабо́чий-шпо́рник

**spurt** [spə:t] **1.** *n* 1) струя́; ∼s of flame языки́ пла́мени 2) внеза́пное ре́зкое уси́лие, рыво́к

**2.** *v* 1) бить струёй (*тж.* ∼ down, ∼ out); выбра́сывать (*пламя*) 2) де́лать внеза́пное уси́лие, рыво́к

**spur track** [ˈspə:ˈtræk] *n ж.-д.* подъездна́я ве́тка

**spur-wheel** [ˈspə:ˈwi:l] = spur gear

**sputa** [ˈspju:tə] *pl от* sputum

**sputnik** [ˈsputnɪk] *русск. n* (иску́сственный) спу́тник

**sputter** [ˈspʌtə] **1.** *n* 1) бры́зги 2) шипе́ние 3) = splutter 1; 4) сумато́ха; шум

**2.** *v* 1) бры́згать слюно́й; плева́ться; де́лать кля́ксы (*о пере*) 2) шипе́ть, треща́ть (*об огне, жире и т. п.*) 3) = splutter 2, 1)

**sputum** [ˈspju:təm] *n* (*pl* -ta) 1) слюна́ 2) *мед.* мокро́та

**spy** [spaɪ] **1.** *n* шпио́н; та́йный аге́нт; диверса́нт

**2.** *v* 1) шпио́нить, следи́ть 2) заме́тить, уви́деть, разгляде́ть; to ∼ faults замеча́ть недоста́тки ▭ ∼ **into** расс́ледовать та́йно; ∼ **out** высле́живать, разузнава́ть; to ∼ out the land иссле́довать ме́стность; ∼ **upon** следи́ть за *кем-л.*

**spyglass** [ˈspaɪglɑ:s] *n* подзо́рная труба́

**spyhole** [ˈspaɪhəul] *n* глазо́к

**squab** [skwɔb] **1.** *n* 1) неопери́вшийся го́лубь 2) невысо́кого ро́ста толстя́к *или* толсту́шка 3) ту́го наби́тая поду́шка 4) куше́тка

**2.** *a* коро́ткий и то́лстый; призе́мистый

**squabble** [ˈskwɔbl] **1.** *n* перебра́нка, ссо́ра из-за пустяко́в

**2.** *v* 1) вздо́рить, препира́ться из-за пустяко́в 2) *полигр.* рассыпа́ть(ся) (*о наборе*)

**squabby** [ˈskwɔbɪ] *a* коро́ткий и то́лстый

**squab pie** [ˈskwɔbpaɪ] *n* 1) пиро́г с голубя́ми 2) пиро́г с бара́ниной, я́блоками и лу́ком

**squad** [skwɔd] **1.** *n* 1) *воен.* гру́ппа; кома́нда; отделе́ние; оруди́йный расчёт; awkward ∼ *разг.* взвод новобра́нцев; *перен.* новички́; flying ∼ а) лету́чий отря́д; б) дежу́рная полице́йская маши́на 2) брига́да (*рабочих*) 3) *амер.* спорти́вная кома́нда

**2.** *v воен.* своди́ть в кома́нды, гру́ппы, отделе́ния

**squad car** [ˈskwɔdˈkɑ:] *n* полице́йская автомаши́на

**squad drill** [ˈskwɔdˈdrɪl] *n* обуче́ние новобра́нцев стро́ю

**squadron** [ˈskwɔdrən] **1.** *n* 1) *воен.* эскадро́н 2) (артиллери́йский) дивизио́н 3) *мор.* эска́дра, соедине́ние (*кораблей*) 4) *ав.* эскадри́лья 5) отря́д 6) *attr. воен.* эскадро́нный; дивизио́нный 7) *attr. мор.* эска́дренный

**2.** *v воен.* своди́ть в эскадро́ны

**squadron-leader** [ˈskwɔdrənˌli:də] *n* 1) майо́р авиа́ции 2) *амер.* команди́р эскадри́льи

**squalid** [ˈskwɔlɪd] *a* 1) гря́зный, запу́щенный 2) ни́щенский; жа́лкий; убо́гий; ∼ lodgings убо́гая кварти́ра 3) опусти́вшийся

**squall** I [skwɔ:l] **1.** *n* вопль, пронзи́тельный крик; визг

**2.** *v* вопи́ть, пронзи́тельно крича́ть; визжа́ть (*о детях*)

**squall** II [skwɔ:l] *n* 1) шквал 2) *разг.* волне́ние, беспоря́дки ◇ look out for ∼s береги́тесь опа́сности; бу́дьте настороже́

**squally** [ˈskwɔ:lɪ] *a* бу́рный; поры́вистый

**squalor** [ˈskwɔlə] *n* 1) грязь, запу́щенность 2) нищета́; убо́жество

**squama** [ˈskweɪmə] *n* (*pl* -mae) чешуя́

**squamae** [ˈskweɪmi:] *pl от* squama

**squander** [ˈskwɔndə] **1.** *n* расточи́тельство

**2.** *v* расточа́ть, прома́тывать; to ∼ time тра́тить вре́мя зря

**square** [skwɛə] **1.** *n* 1) квадра́т 2) прямоуго́льник; кле́тка; ∼ of glass кусо́к стекла́ 3) пло́щадь, сквер 4) кварта́л (*города*) 5) *воен.* каре́ 6) науго́льник 7) *мат.* квадра́т величины́; three ∼ is nine три в квадра́те равно́ девяти́ 8) *стр.* едини́ца пло́щади (= *100 футам² = 9,29 м²*) 9) *пренебр.* мещани́н, обыва́тель; консерва́тор ◇ on the ∼ че́стно, без обма́на; out of ∼ а) ко́со, не под прямы́м угло́м; б) непра́вильно, нето́чно; в беспоря́дке

**2.** *a* 1) квадра́тный; в квадра́те; ∼ inch квадра́тный дюйм; a table four feet ∼ стол в 4 фу́та в длину́ и 4 в ширину́ 2) прямоуго́льный 3) паралле́льный *или* перпендикуля́рный (with, to — *чему-л.*); keep your face ∼ to the camera держи́те лицо́ пря́мо про́тив фотоаппара́та; the picture is not ∼ with the ceiling карти́на виси́т кри́во 4) пра́вильный, ро́вный, то́чный; to get one's accounts ∼ привести́ счета́ в поря́док 5) *разг.* справедли́вый, че́стный, прямо́й, недвусмы́сленный; ∼ deal че́стная сде́лка; ∼ refusal категори́ческий отка́з 6) *разг.* пло́тный, оби́льный; to have a ∼ meal пло́тно пое́сть 7) *пренебр.* традицио́нный; консервати́вный; меща́нский, обыва́тельский ◇ to get ∼ with smb. свести́ счёты с кем-л.; to call it ∼ расквита́ться, рассчита́ться; all ∼ а) с ра́вным счётом (*в игре*); б) *разг.* че́стно, справедли́во

**3.** *adv* 1) пря́мо; to stand ∼ стоя́ть пря́мо 2) че́стно; справедли́во 3) лицо́м к лицу́ 4) пря́мо, непосре́дственно 5) твёрдо

**4.** *v* 1) придава́ть квадра́тную фо́рму; де́лать прямоуго́льным 2) выпрямля́ть, распрямля́ть; to ∼ one's elbows вы́ставить ло́кти; to ∼ one's shoulders распра́вить пле́чи 3) обтёсывать по науго́льнику (*бревно*) 4) приводи́ть в поря́док, ула́живать, урегули́ровать 5) рассчита́ться, расплати́ться; *перен.* расквита́ться (*тж.* ∼ up) 6) согласо́вывать(ся), прино-ра́вливать(ся); his description does not ∼ with yours его́ описа́ние не схо́дится с ва́шим; you should ∼ your practice with your principles вам сле́дует поступа́ть согла́сно ва́шим при́нципам 7) удовлетворя́ть (*напр., кредиторов*) 8) *разг.* подкупа́ть 9) *спорт.* выра́внивать счёт (*в игре*) 10) *мат.* возводи́ть в квадра́т ▭ ∼ **off** а) приня́ть боеву́ю сто́йку (*в боксе*); б) пригото́виться к нападе́нию *или* к защи́те; ∼ **up** а) расплати́ться, урегули́ровать расчёты (*с кем-л.*); б) изгото́виться к бо́ю (*о боксёре*) ◇ to ∼ the circle добива́ться невозмо́жного; пыта́ться найти́ квадрату́ру кру́га

**square-built** [ˈskwɛəˈbɪlt] *a* широкопле́чий

**squarehead** [ˈskwɛəhed] *n амер. sl.* *бранная кличка немца или скандинава*

**square-rigged** [ˈskwɛəˈrɪgd] *a мор.* с прямы́м па́русным вооруже́нием

**square shooter** [ˈskwɛəˈʃu:tə] *n разг.* че́стный, справедли́вый челове́к

**square-toed** [ˈskwɛəˈtəud] *a* 1) с тупы́ми, широ́кими носка́ми (*об обуви*) 2) педанти́чный; чо́порный 3) старомо́дный, консервати́вный

**square-toes** [ˈskwɛətəuz] *n* 1) формали́ст; педа́нт 2) старомо́дный челове́к

**squarson** [ˈskwɑ:sn] *n* (*сокр. от* squire *и* parson) *шутл.* поме́щик, одновреме́нно исполня́ющий обя́занности прихо́дского свяще́нника

**squash** I [skwɔʃ] **1.** *n* 1) разда́вленная ма́сса, «ка́ша» 2) фрукто́вый напи́ток; lemon (orange) ∼ лимона́д (апельси́новый напи́ток) 3) толпа́;

да́вка, су́толока 4) игра́ в мяч (*вроде тенниса; тж.* ~ rackets)

**2.** *v* 1) разда́вливать, расплю́щивать, сжима́ть 2) толпи́ться 3) прота́лкиваться; вти́скиваться 4) *разг.* заста́вить замолча́ть, обре́зать 5) *разг.* подави́ть

**squash** II [skwɔʃ] *n бот.* кабачо́к; ты́ква

**squash hat** [ˈskwɔʃˈhæt] *n* мя́гкая фе́тровая шля́па

**squashy** [ˈskwɔʃɪ] *a* 1) мя́гкий, мяси́стый 2) то́пкий, боло́тистый

**squat** [skwɔt] **1.** *n* 1) сиде́ние на ко́рточках 2) нора́

**2.** *v* 1) сиде́ть на ко́рточках; припада́ть к земле́ (*о животных*) 2) сели́ться самово́льно на чужо́й земле́; незако́нно вселя́ться в дом 3) *разг.* сади́ться 4) сели́ться на госуда́рственной земле́

**3.** *a* коро́ткий и то́лстый, призе́мистый

**squatter** [ˈskwɔtə] *n* 1) сидя́щий на ко́рточках 2) посели́вшийся незако́нно на неза́нятой земле́; незако́нно всели́вшийся в дом 3) посели́вшийся на госуда́рственной земле́ с це́лью приобрете́ния ти́тула 4) *австрал.* овцево́д

**squatty** [ˈskwɔtɪ] = squat 3

**squaw** [skwɔ:] *n* 1) индиа́нка (*жительница Северной Америки*) 2) *амер. шутл.* же́нщина, жена́

**squawk** [skwɔ:k] **1.** *n* 1) пронзи́тельный крик (*птицы*) 2) *разг.* гро́мкая жа́лоба, проте́ст

**2.** *v* 1) пронзи́тельно крича́ть (*о птице*) 2) *разг.* гро́мко жа́ловаться, протестова́ть

**squaw-man** [ˈskwɔ:mæn] *n амер.* бе́лый, жена́тый на индиа́нке

**squeak** [skwi:k] **1.** *n* 1) писк 2) скрип

**2.** *v* 1) пища́ть; пропища́ть 2) скрипе́ть 3) *разг.* доноси́ть, выдава́ть

**squeaker** [ˈskwi:kə] *n разг.* доно́счик

**squeaky** [ˈskwi:kɪ] *a* 1) пискли́вый 2) скрипу́чий

**squeal** [skwi:l] **1.** *n* 1) визг, пронзи́тельный крик 2) *sl.* доно́счик

**2.** *v* 1) визжа́ть, пронзи́тельно крича́ть; визгли́во произноси́ть 2) *sl.* жа́ловаться, протестова́ть 3) *sl.* доноси́ть; выдава́ть (on — *кого-л.*); to make smb. ~ шантажи́ровать, вымога́ть де́ньги

**squealer** [ˈskwi:lə] *n* 1) визгу́н 2) = squeaker 3) ны́тик

**squeamish** [ˈskwi:mɪʃ] *a* 1) подве́рженный тошноте́; сла́бый (*о желудке*); I feel ~ меня́ тошни́т 2) щепети́льный; брезгли́вый, привере́дливый, разбо́рчивый 3) оби́дчивый

**squeegee** [ˈskwi:ˈdʒi:] *n* 1) деревя́нный скребо́к с рези́новой пласти́нкой (*тж.* ~ mop) 2) рези́новый ва́лик для нака́тывания фотоотпеча́тков

**squeezability** [ˌskwi:zəˈbɪlɪtɪ] *n* сжима́емость

**squeezable** [ˈskwi:zəbl] *a* 1) сжима́ющийся, вда́вливающийся 2) легко́ подда́ющийся давле́нию; пода́тливый, усту́пчивый; ~ person пода́тливый челове́к

**squeeze** [skwi:z] **1.** *n* 1) сжа́тие, пожа́тие; давле́ние, сда́вливание; to give a ~ (of the hand) пожа́ть (ру́ку) 2) вы́давленный сок 3) *разг.* давле́ние, принужде́ние; вымога́тельство; шанта́ж 4) теснота́, да́вка 5) *разг.* тяжёлое положе́ние; затрудне́ние (*тж.* tight ~) 6) о́ттиск (*монеты и т. п.*) 7) *горн.* оса́дка кро́вли

**2.** *v* 1) сжима́ть; сда́вливать; сти́скивать; to ~ smb.'s hand пожа́ть кому́-л. ру́ку; to ~ moist clay мять сыру́ю гли́ну 2) выжима́ть(ся); выда́вливать; the sponge ~s well э́та гу́бка легко́ выжима́ется; to ~ out a tear притво́рно пла́кать 3) вынужда́ть; вымога́ть (out of); to ~ a confession вы́нудить призна́ние 4) обременя́ть (*налогами и т. п.*) 5) вти́скивать, впи́хивать (in, into); проти́скиваться (past, through) 6) де́лать о́ттиск (*монеты и т. п.*)

**squeezed** [skwi:zd] **1.** *p. p. от* squeeze 2

**2.** *a* вы́жатый ◊ ~ orange ≅ «вы́жатый лимо́н»; нену́жный бо́льше (*или* испо́льзованный) челове́к

**squeezer** [ˈskwi:zə] *n* 1) тот, кто сжима́ет, выжима́ет *и пр.* [*см.* squeeze 2] 2) соковыжима́лка 3) *pl* игра́льные ка́рты с обозначе́нием досто́инства в пра́вом ве́рхнем углу́ 4) *тех.* фальцо́вочный *или* ги́бочный стано́к

**squelch** [skweltʃ] **1.** *n* 1) хлю́панье 2) отпо́р, уничтожа́ющий отве́т

**2.** *v* 1) хлю́пать; to ~ through the mud хлю́пать по гря́зи 2) раздави́ть ного́й, уничто́жить 3) подави́ть 4) заста́вить замолча́ть

**squelcher** [ˈskweltʃə] = squelch 1, 2)

**squib** [skwɪb] **1.** *n* 1) пета́рда, шути́ха 2) эпигра́мма; памфле́т; па́сквиль 3) *воен.* пиропатро́н

**2.** *v* 1) писа́ть памфле́ты, эпигра́ммы, па́сквили 2) взрыва́ться 3) мета́ться

**squiffed** [skwɪft] *a sl.* пья́ный

**squiffer** [ˈskwɪfə] *n sl.* концерти́но (*шестигранная гармоника*)

**squiffy** [ˈskwɪfɪ] *a sl.* слегка́ подвы́пивший

**squill** [skwɪl] *n бот.* морско́й лук

**squint** [skwɪnt] **1.** *n* 1) косогла́зие; to have a bad ~ си́льно коси́ть 2) *разг.* взгляд укра́дкой, и́скоса; let me have a ~ at it да́йте мне взгляну́ть

**2.** *v* 1) коси́ть (*глазами*) 2) *разг.* (при)щу́риться (*от избытка света и т. п.*) 3) смотре́ть и́скоса, укра́дкой (at)

**3.** *a* косо́й, раско́сый

**squint-eyed** [ˈskwɪntaɪd] *a* 1) косо́й, косогла́зый 2) злой; предубеждённый

**squire** [ˈskwaɪə] **1.** *n* 1) сквайр, поме́щик; the ~ а) гла́вный землевладе́лец прихо́да; б) *амер.* мирово́й судья́; ме́стный судья́ *или* адвока́т 2) *ист.* оруженосец 3) *шутл.* галантный кавале́р

**2.** *v* уха́живать; to ~ a dame сопровожда́ть да́му

**squirearchy** [ˈskwaɪərɑ:kɪ] *n* 1) агра́рии, поме́щичий класс 2) власть поме́щиков, землевладе́льцев

**squireen** [ˌskwaɪəˈri:n] *n* мелкопоме́стный поме́щик (*преим. в Ирландии*)

**squirm** [skwə:m] *v* 1) извива́ться, ко́рчиться 2) чу́вствовать себя́ непри́ятно заде́тым; испы́тывать нело́вкость, смуще́ние *и т. п.*

**squirrel** [ˈskwɪrəl] *n* бе́лка

**squirt** [skwə:t] **1.** *n* 1) струя́ 2) шприц; спринцо́вка 3) *разг.* ничто́жный, самодово́льный челове́к; вы́скочка; нагле́ц 4) *sl. см.* squirt-job

**2.** *v* 1) пуска́ть струю́, бить струёй 2) спринцева́ть; разбры́згивать

**squirt-job** [ˈskwə:tdʒɔb] *n sl.* реакти́вный самолёт

**squish** [skwɪʃ] *v* хлю́пать

**stab** [stæb] **1.** *n* 1) уда́р (*острым оружием*); ~ in the back а) уда́р в спи́ну, преда́тельское нападе́ние; б) клевета́ 2) внеза́пная о́страя боль 3) *разг.* попы́тка; to have (*или* to make) a ~ at smth. попыта́ться сде́лать что-л.

**2.** *v* 1) вонза́ть (into); ра́нить (*острым оружием*), зака́лывать; наноси́ть уда́р (*кинжалом и т. п.*; at); to ~ in the back а) всади́ть нож в спи́ну; нанести́ преда́тельский уда́р; б) злосло́вить за спино́й; his conscience ~bed him он чу́вствовал угрызе́ния со́вести 2) напада́ть; вреди́ть; наноси́ть уще́рб; to ~ smb.'s reputation повреди́ть чьей-л. репута́ции 3) стреля́ть, пронза́ть (*о боли*)

**stabile** [ˈsteɪbaɪl] *n иск.* стаби́ль (*абстрактная скульптура из листового железа, проволоки и дерева*)

**stability** [stəˈbɪlɪtɪ] *n* 1) усто́йчивость, стаби́льность; про́чность 2) постоя́нство, твёрдость (*характера*); непоколеби́мость (*решения*) 3) *мор.* усто́йчивость

**stabilization** [ˌsteɪbɪlaɪˈzeɪʃən] *n* 1) стабилиза́ция, упро́чение 2) *воен.* образова́ние усто́йчивой ли́нии фро́нта; перехо́д к позицио́нной войне́

**stabilizator** [ˈsteɪbɪlaɪzeɪtə] = stabilizer

**stabilize** [ˈsteɪbɪlaɪz] *v* стабилизи́ровать, де́лать усто́йчивым

**stabilized** [ˈsteɪbɪlaɪzd] **1.** *p. p. от* stabilize

**2.** *a* стаби́льный, усто́йчивый; ~ warfare позицио́нная война́

**stabilizer** [ˈsteɪbɪlaɪzə] *n ав.* стабилиза́тор

**stable** I [ˈsteɪbl] *a* 1) сто́йкий; усто́йчивый 2) про́чный, кре́пкий; ~ foundation кре́пкий фунда́мент 3) постоя́нный 4) твёрдый, непоколеби́мый; реши́тельный

**stable** II [ˈsteɪbl] **1.** *n* 1) коню́шня; хлев 2) бегово́й ло́шади, принадлежа́щие одному́ владе́льцу, коню́шня

**2.** *v* ста́вить в коню́шню *или* хлев; держа́ть в коню́шне *или* в хлеву́

**stable-companion** [ˈsteɪblkəmˈpænjən] *n* 1) ло́шадь той же коню́шни 2) *разг.* това́рищ (*по школе, клубу*); однока́шник

**stable-man** [ˈsteɪblmən] *n* ко́нюх

**stabling** [ˈsteɪblɪŋ] **1.** *pres. p. от* stable II, 2

**2.** *n* конюшня; конюшни

**staccato** [stəˈkɑːtəu] *ит. adv, n муз.* стаккато

**stack** [stæk] **1.** *n* 1) стог, скирда, омёт 2) куча, груда; ~ of wood штабель дров; поленница; ~ of papers куча бумаг 3) *разг.* масса, множество; ~s (*или* a whole ~) of work масса работы; ~ of bones *амер. sl.* измождённый человек; «скелет», кожа да кости 4) *воен.* винтовки, составленные в козлы 5) *амер.* стеллаж; *pl* книгохранилище 6) стек (*единица объёма для дров и угля = 4 ярдам³ = 3,05 м³*) 7) дымовая труба; ряд дымовых труб

**2.** *v* 1) складывать в стог *и пр.* [*см.* 1] 2) *воен.*: ~ arms! составь! 3): ~ the cards подтасовывать карты (*тж. перен.*) □ ~ **up** располагать(ся) один над другим

**stack-yard** [ˈstækjɑːd] *n* гумно

**stadia** I [ˈsteɪdjə] *n* дальномерная линейка

**stadia** II [ˈsteɪdjə] *pl от* stadium

**stadium** [ˈsteɪdjəm] *n* (*pl* -dia) 1) стадион 2) стадий (*др.-греч. мера длины*) 3) *мед.* стадия

**staff** I [stɑːf] *n* 1) (*pl тж.* staves) посох, палка; with swords and staves с мечами и дрекольем 2) жезл 3) флагшток; древко 4) столп, опора, поддержка 5) (*pl* staves) *муз.* нотный стан 6) *геод.* нивелирная рейка ◇ the ~ of life хлеб насущный

**staff** II [stɑːf] **1.** *n* 1) штат служащих; служебный персонал; личный состав; кадры; to be on the ~ быть в штате; the ~ of a newspaper сотрудники газеты 2) *воен.* штаб

**2.** *a* 1) штатный; ~ writer штатный сотрудник газеты 2) *воен.* штабной 3) используемый персоналом; ~ room преподавательская (комната)

**3.** *v* укомплектовывать штаты; набирать кадры

**stag** [stæg] *n* 1) олень-самец (*с пятого года*) 2) вол 3) биржевой спекулянт 4) холостяцкая вечеринка 5) кавалер без дамы (*на вечеринке и т. п.*) 6) *attr.* холостяцкий

**stag-beetle** [ˈstæg,biːtl] *n* жук-олень

**stage** [steɪdʒ] **1.** *n* 1) подмости, помост; платформа; hanging ~ люлька (*для маляров*) 2) сцена, эстрада, театральные подмостки 3) (the ~) театр, драматическое искусство, профессия актёра; to be on the ~ быть актёром; to quit the ~ уйти со сцены; *перен.* умереть 4) арена, поприще; место действия 5) фаза, стадия, период, этап, ступень; initial (final) ~ начальная (конечная) стадия 6) перегон; остановка, станция 7) = stage-coach 8) *эл.* каскад 9) предметный столик (*микроскопа*) 10) ступень (*многоступенчатой ракеты*) 11) *attr.* сценический, театральный ◇ by easy ~s не спеша, с перерывами

**2.** *v* 1) ставить (*пьесу*); инсценировать 2) быть сценичным; the play ~s well эта пьеса сценична 3) организовывать, осуществлять; to ~ a demonstration устроить демонстрацию

**stage-coach** [ˈsteɪdʒkəutʃ] *n* почтовая карета, дилижанс

**stagecraft** [ˈsteɪdʒkrɑːft] *n* мастерство драматурга *или* режиссёра

**stage direction** [ˈsteɪdʒdɪˈrekʃən] *n* 1) сценическая ремарка 2) режиссёрское искусство 3) режиссура

**stage director** [ˈsteɪdʒdɪ,rektə] *n* режиссёр, постановщик

**stage door** [ˈsteɪdʒdɔː] *n* служебный вход в театр

**stage effect** [ˈsteɪdʒɪ,fekt] *n* сценический эффект

**stage fever** [ˈsteɪdʒ,fiːvə] *n* непреодолимое влечение к сцене

**stage fright** [ˈsteɪdʒfraɪt] *n* волнение перед выходом на сцену; страх перед аудиторией

**stagehand** [ˈsteɪdʒhænd] *n* рабочий сцены

**stage-manage** [ˈsteɪdʒ,mænɪdʒ] *v* 1) ставить (*пьесу и т. п.*) 2) быть распорядителем (*на свадьбе и т. п.*)

**stage manager** [ˈsteɪdʒ,mænɪdʒə] *n* режиссёр

**stager** [ˈsteɪdʒə] *n*: an old ~ опытный, бывалый человек

**stage right** [ˈsteɪdʒraɪt] *n* исключительное право театра на постановку пьесы

**stage-struck** [ˈsteɪdʒstrʌk] *a* увлекающийся театром, стремящийся к сценической деятельности

**stage whisper** [ˈsteɪdʒ,wɪspə] *n* 1) театральный шёпот 2) слова, предназначенные не тому, к кому они обращены

**stagey** [ˈsteɪdʒɪ] = stagy

**stagger** [ˈstægə] **1.** *n* 1) шатание, пошатывание 2) *тех.* зигзагообразное расположение 3) *pl вет.* колер (*у лошадей*); вертячка (*у овец*) 4) *ав.* вынос крыла

**2.** *v* 1) шататься; идти шатаясь 2) расшатать, лишить устойчивости 3) колебаться, быть в нерешительности 4) поколебать; вызвать сомнения 5) потрясать, поражать; ошеломлять 6) регулировать часы работы, время отпусков *и т. п.*; ~ed hours разные часы начала работы (*для разгрузки городского транспорта в часы пик*) 7) *тех.* располагать в шахматном порядке; располагать по ступеням

**staggerer** [ˈstægərə] *n* 1) сильный удар; потрясающее известие *или* событие 2) трудный вопрос

**stagger formation** [ˈstægəfɔːˈmeɪʃən] *n ав.* эшелонированный строй уступами

**staging** [ˈsteɪdʒɪŋ] **1.** *pres. p. от* stage 2

**2.** *n* 1) постановка пьесы 2) *стр.* подмости, леса

**stagnancy** [ˈstægnənsɪ] *n* 1) застой, косность 2) инертность

**stagnant** [ˈstægnənt] *a* 1) стоячий (*о воде*) 2) косный 3) инертный, вялый; тупой

**stagnate** [stægˈneɪt] *v* 1) делаться застойным, застаиваться (*о воде*) 2) коснеть, быть бездеятельным

**stagnation** [stægˈneɪʃən] *n* 1) застой, застойность 2) косность

**stag-party** [ˈstæg,pɑːtɪ] = stag 4)

**stagy** [ˈsteɪdʒɪ] *a* театральный, неестественный

**staid** [steɪd] *a* положительный, степенный, уравновешенный

**stain** [steɪn] **1.** *n* 1) пятно 2) позор, пятно; without a ~ on one's character с незапятнанной репутацией 3) краска, красящее вещество; цветная политура, протрава

**2.** *v* 1) пачкать(ся) 2) пятнать, портить (*репутацию и т. п.*) 3) красить; окрашивать(ся) 4) набивать (*рисунок*)

**stained** [steɪnd] **1.** *p. p. от* stain 2

**2.** *a* 1) испачканный, в пятнах 2) запятнанный, опозоренный 3) окрашенный, подкрашенный; ~ glass цветное стекло; витражное стекло

**stainless** [ˈsteɪnlɪs] *a* 1) честный 2) безупречный, незапятнанный 3) *тех.* устойчивый против коррозии; ~ steel нержавеющая сталь

**stair** [stɛə] *n* 1) ступенька (*лестницы*); flight of ~s лестничный марш 2) (*преим. pl*) лестница; сходни; *мор.* трап; the ~s are steep лестница крутая; winding ~ винтовая лестница; below ~s а) в полуподвальном помещении; б) кухня и помещение для прислуги

**staircase** [ˈstɛəkeɪs] *n* 1) лестница; corkscrew (*или* spiral) ~ винтовая лестница; open ~ лестница без перил; principal ~ парадная лестница 2) лестничная клетка

**stairhead** [ˈstɛəhed] *n* верхняя площадка лестницы

**stair-rod** [ˈstɛərɔd] *n* металлический прут для укрепления ковра на лестнице

**stairway** [ˈstɛəweɪ] = staircase

**stake** [steɪk] **1.** *n* 1) кол, столб; стойка 2) столб, к которому привязывали присуждённого к сожжению 3) (the ~) смерть на костре, сожжение заживо 4) небольшая переносная наковальня 5) (*часто pl*) ставка (*в картах и т. п.*); заклад (*в пари*); he plays for high (low) ~s он играет по большой (по маленькой) 6) доля, участие (*в прибыли и т. п.*) 7) *pl* приз (*на скачках и т. п.*) 8) *pl* скачки на приз ◇ to be at ~ быть поставленным на карту; быть в опасности; to pull up ~s *амер.* сняться с места

**2.** *v* 1) укреплять *или* подпирать колом, стойкой 2) сажать на кол 3) ставить на карту, рисковать (*чем-л.*) 4) *карт.* делать ставку 5) *амер. sl.* поддерживать материально, финансировать (*что-л.*) □ ~ **in** огораживать кольями; ~ **off** = ~ out; ~ **out** отмечать границу (*чего-л.*) вехами; to ~ out a claim а) отмечать вехами границу земельного участка в подтверждение своего права на него; б) заявлять свои права (*на что-л.*); ~ **up** загораживать кольями

**stalactite** [ˈstæləktaɪt] *n геол.* сталактит

**stalagmite** ['stæləgmaɪt] *n геол.* сталагми́т

**stale** I [steɪl] **1.** *a* 1) несве́жий; ~ bread чёрствый хлеб 2) спёртый; ~ air спёртый, тяжёлый во́здух 3) вы́дохшийся; перетренирова́вшийся (*о спортсмене*) 4) изби́тый, утра́тивший новизну́

**2.** *v* 1) изна́шивать(ся) 2) лиша́ть(-ся) све́жести, черстве́ть 3) утра́чивать новизну́, устарева́ть, станови́ться неинтере́сным

**stale** II [steɪl] **1.** *n* моча́ (*скота*)

**2.** *v* мочи́ться (*о скоте*)

**stalemate** ['steɪl'meɪt] **1.** *n* 1) *шахм.* пат 2) мёртвая то́чка; безвы́ходное положе́ние, тупи́к

**2.** *v* 1) *шахм.* де́лать пат 2) поста́вить в безвы́ходное положе́ние

**stalk** I [stɔ:k] *n* 1) сте́бель, черено́к; cabbage ~ кочеры́жка 2) *зоол.* но́жка 3) но́жка (*рюмки и т. п.*) 4) ствол (*пера*) 5) фабри́чная труба́

**stalk** II [stɔ:k] **1.** *n* 1) го́рдая, велича́вая по́ступь 2) подкра́дывание

**2.** *v* 1) ше́ствовать, го́рдо выступа́ть (*часто* ~ along) 2) подкра́дываться (*к дичи*); идти́ кра́дучись

**stalking-horse** ['stɔ:kɪŋhɔ:s] *n* 1) *охот.* засло́нная ло́шадь 2) личи́на; предло́г, отгово́рка

**stall** [stɔ:l] **1.** *n* 1) сто́йло 2) ларёк, пала́тка, прила́вок 3) кре́сло в парте́ре; orchestra (pit) ~ кре́сло в пе́рвых (в за́дних) ряда́х 4) сиде́нье в алтаре́ *или* на хо́рах (*для духовных лиц*) 5) сан кано́ника 6) ме́сто стоя́нки автомаши́н 7) = finger-stall 8) *горн.* забо́й 9) *ав.* поте́ря ско́рости

**2.** *v* 1) ста́вить в сто́йло 2) де́лать сто́йло в коню́шне 3) застрева́ть (*в грязи, глубоком снеге и т. п.*); the car was ~ed in the mud маши́на застря́ла в грязи́ 4) *амер.* остана́вливать, заде́рживать 5) *разг.* вводи́ть в заблужде́ние, обма́нывать 6) *ав.* теря́ть ско́рость

**stall-feed** ['stɔ:lfi:d] *v с.-х.* 1) поста́вить на отко́рм 2) отка́рмливать гру́быми корма́ми

**stallion** ['stæljən] *n* жеребе́ц

**stalwart** ['stɔ:lwət] **1.** *n* 1) сто́йкий приве́рженец; ве́рный после́дователь 2) челове́к кре́пкого здоро́вья

**2.** *a* 1) сто́йкий, ве́рный, реши́тельный 2) ро́слый, дю́жий, здоро́вый

**stamen** ['steɪmen] *n бот.* тычи́нка

**stamina** ['stæmɪnə] *n* запа́с жи́зненных сил, выно́сливость; вы́держка, сто́йкость

**stammer** ['stæmə] **1.** *n* заика́ние

**2.** *v* 1) заика́ться 2) запина́ться (*тж.* ~ out); to ~ out an excuse заика́ясь, запина́ясь принести́ извине́ние

**stammerer** ['stæmərə] *n* заи́ка

**stamp** [stæmp] **1.** *n* 1) штамп, ште́мпель, печа́ть; клеймо́ 2) о́ттиск, отпеча́ток 3) пло́мба *или* ярлы́к (*на товаре*) 4) ма́рка; ге́рбовая ма́рка 5) печа́ть, отпеча́ток, след; the statement bears the ~ of truth утвержде́ние похо́же на пра́вду 6) род, сорт; men of that ~ лю́ди тако́го скла́да 7) то́панье, то́пот

**2.** *v* 1) штампова́ть, штемпелева́ть; клейми́ть, чека́нить 2) отпеча́тывать, отти́скивать 3) запечатлева́ть(ся); отража́ть(ся); the scene is ~ed on my memory э́та сце́на запечатле́лась в мое́й па́мяти 4) характеризова́ть; his acts ~ him as an honest man его́ посту́пки характеризу́ют его́ как че́стного челове́ка 5) то́пать ного́й; бить копы́тами (*о лошади*); to ~ the grass flat примя́ть траву́ 6) накле́ивать ма́рку 7) дроби́ть (*руду и т. п.*) □ ~ **down** притопта́ть; ~ **out** подавля́ть, уничтожа́ть; to ~ a fire out потуши́ть ого́нь; to ~ out a rebellion подави́ть восста́ние

**stamp act** ['stæmp'ækt] *n ист.* зако́н о ге́рбовом сбо́ре

**stamp-collector** ['stæmpkəˌlektə] *n* коллекционе́р почто́вых ма́рок

**stamp-duty** ['stæmpˌdju:tɪ] *n* ге́рбовый сбор

**stampede** [stæm'pi:d] **1.** *n* 1) пани́ческое бе́гство 2) стихи́йное ма́ссовое движе́ние 3) *амер.* ежего́дный пра́здник с состяза́нием ковбо́ев, с вы́ставкой сельскохозя́йственных проду́ктов, с та́нцами *и т. п.*

**2.** *v* обраща́ть(ся) в пани́ческое бе́гство

**stamped paper** ['stæmptˌpeɪpə] *n* ге́рбовая бума́га

**stamping-ground** ['stæmpɪŋgraund] *n разг.* ча́сто посеща́емое ме́сто

**stamp-mill** ['stæmpmɪl] *n спец.* толче́я

**stanch** I [stɑ:ntʃ] *v* остана́вливать кровотече́ние (*из раны*)

**stanch** II [stɑ:ntʃ] = staunch I

**stanchion** ['stɑ:nʃən] *n* 1) сто́йка; столб; подпо́рка 2) *мор.* пи́ллерс

**stand** [stænd] **1.** *n* 1) остано́вка; to come to a ~ останови́ться; to bring to a ~ останови́ть 2) сопротивле́ние; to make a ~ for вы́ступить в защи́ту; to make a ~ against ока́зывать сопротивле́ние; вы́ступить про́тив 3) пози́ция, ме́сто; to take one's ~ a) заня́ть ме́сто; б) осно́вываться (on, upon — на) [*ср. тж.* 5)] 4) стоя́нка (*такси и т. п.*) 5) взгляд, то́чка зре́ния; to take one's ~ стать на каку́ю-л. то́чку зре́ния [*ср. тж.* 3)] 6) пьедеста́л; подста́вка; этаже́рка; подпо́ра, консо́ль, сто́йка 7) ларёк, кио́ск; стенд 8) трибу́на (*на скачках и т. п.*) 9) = standing 2, 1); 10) урожа́й на корню́; a good ~ of clover густо́й кле́вер 11) лесонасажде́ние 12) *амер.* ме́сто свиде́теля в суде́ 13) *театр.* остано́вка в како́м-л. ме́сте для гастро́льных представле́ний; ме́сто гастро́льных представле́ний 14) *тех.* стани́на

**2.** *v* (stood) 1) стоя́ть; he is too weak to ~ он е́ле де́ржится на нога́х от сла́бости; to ~ out of the path сойти́ с доро́ги 2) ста́вить, помеща́ть, водружа́ть 3) встава́ть (*обыкн.* ~ up); we stood up to see better мы вста́ли, что́бы лу́чше ви́деть (происходя́щее) 4) остана́вливаться (*обыкн.* ~ still) 5) быть высото́й в...; he ~s six feet three его́ рост 6 фу́тов 3 дю́йма 6) быть располо́женным, находи́ться 7) держа́ться; быть усто́йчивым, про́чным; устоя́ть; to ~ fast сто́йко держа́ться; the house still ~s дом ещё де́ржится; these boots have stood a good deal of wear э́ти сапоги́ хорошо́ послужи́ли; this colour will ~ э́та кра́ска не слиня́ет; not a stone was left ~ing ка́мня на ка́мне не оста́лось 8) выде́рживать, выноси́ть, терпе́ть; подверга́ться; to ~ the test вы́держать испыта́ние; how does he ~ pain? как он перено́сит боль?; I can't ~ him я его́ не выношу́ 9) занима́ть определённое положе́ние; to ~ well with smb. а) быть в хоро́ших отноше́ниях с кем-л.; б) быть на хоро́шем счету́ у кого́-л. 10) (*обыкн. как глагол-связка*) находи́ться, быть в определённом состоя́нии; he ~s first in his class он занима́ет пе́рвое ме́сто в кла́ссе; to ~ alone а) быть одино́ким; б) быть выдаю́щимся, непревзойдённым; to ~ convicted of treason быть осуждённым за изме́ну; to ~ corrected призна́ть оши́бку; осозна́ть справедли́вость (*замечания и т. п.*); to ~ in need of smth. нужда́ться в чём-л.; to ~ one's friend быть дру́гом; to ~ godmother to the child быть крёстной ма́терью ребёнка; to ~ high а) быть в почёте; б): corn ~s high this year в э́том году́ це́ны на кукуру́зу высо́кие 11) занима́ть определённую пози́цию; here I ~ вот моя́ то́чка зре́ния 12) остава́ться в си́ле, быть действи́тельным (*тж.* ~ good); that translation may ~ э́тот перево́д мо́жет оста́ться без измене́ний 13) де́лать сто́йку (*о собаке*) 14) *мор.* идти́, держа́ть курс 15) *разг.* угоща́ть; who's going to ~ treat? кто бу́дет плати́ть за угоще́ние?; to ~ smb. a good dinner угости́ть кого́-л. вку́сным обе́дом □ ~ **against** проти́виться, сопротивля́ться; ~ **away, ~ back** отступа́ть, держа́ться сза́ди; ~ **behind** отстава́ть; ~ **between** быть посре́дником ме́жду; ~ **by** а) прису́тствовать; быть безуча́стным зри́телем; б) защища́ть, помога́ть, подде́рживать; to ~ by one's friend быть ве́рным дру́гом; в) держа́ть, выполня́ть; приде́рживаться; to ~ by one's promise сдержа́ть обеща́ние; г) быть наготове́; д) *радио* быть гото́вым нача́ть *или* принима́ть переда́чу; ~ **down** покида́ть свиде́тельское ме́сто (*в суде*); ~ **for** а) подде́рживать, стоя́ть за; б) символизи́ровать, означа́ть; в) быть кандида́том; баллоти́роваться; г) *разг.* терпе́ть, выноси́ть; ~ **in** а) сто́ить; б) быть в хоро́ших отноше́ниях, подде́рживать хоро́шие отноше́ния; в) принима́ть уча́стие, помога́ть (with); г) *мор.* идти́ к бе́регу, подходи́ть к по́рту; ~ **off** а) держа́ться на расстоя́нии от; отодви́нуться от; б) отстрани́ть, уво́лить (на вре́мя); в) *мор.* удаля́ться от бе́рега; ~ **on** а) зави́сеть от *чего-л.*; б) *мор.* идти́ пре́жним ку́рсом; в) то́чно соблюда́ть (*условности и т. п.*); ~ **out** а) выделя́ться, выступа́ть; to ~ out against a background выделя́ться на фо́не; б) не сдава́ться; держа́ться; he stood out for better terms он стара́лся доби́ться лу́чших усло́вий; в) *мор.* удаля́ться от бе́рега; ~ **over** остава́ться нерешённым; быть отло́женным, отсро́ченным; let the matter ~ over отложи́те э́то де́ло; ~ **to** а) держа́ться *чего-л.*; to ~ to one's colours не отступа́ть, твёрдо держа́ться свои́х при́нципов; to ~ to it твёрдо наста́ивать на чём-л.; б) подде́рживать *что-л.*; в) выполня́ть (*обещание и т. п.*); ~ **up** а) встава́ть; б) ока́зываться про́чным *и т. п.*; в) *sl.*: to ~ smb. up подвести́ кого́-л.; ~ **up for** защища́ть, отста́ивать; ~ **upon** = ~ on; to ~ upon one's right отста́ивать (*или* стоя́ть за) свои́ права́; ~ **up to** а) сме́ло встреча́ть; быть на высоте́; б) перечи́ть, прекосло́вить ◇ to ~ Sam *sl.* плати́ть за угоще́ние; how do matters ~? как обстоя́т дела́?; I don't know where I ~ не зна́ю, что да́льше со мной бу́дет (*или* что меня́ ждёт); to ~ on end стоя́ть ды́бом (*о волосах*); ~ and deliver! ру́ки вверх!; «кошелёк или жизнь»!; to ~ to lose идти́ на ве́рное пораже́ние; it ~s to reason that само́ собо́й разуме́ется, что; to ~ to win име́ть все ша́нсы на вы́игрыш

**standard** ['stændəd] **1.** *n* 1) зна́мя, штанда́рт; to raise the ~ of revolt подня́ть зна́мя восста́ния; to march under the ~ of smb. *перен.* быть после́дователем кого́-л. 2) станда́рт, но́рма, образе́ц, мери́ло; ~ of culture (*или* of education) культу́рный у́ровень; ~ of life (*или* of living) жи́зненный у́ровень; ~ of price *эк.* у́ровень цен; ~s of weight ме́ры ве́са; to fall short of accepted ~s не соотве́тствовать при́нятым но́рмам; up to (below) ~ соотве́тствует (не соотве́тствует) при́нятому станда́рту 3) сто́йка, подста́вка, опо́ра 4) класс (*в начальной школе*) 5) шта́мбовое расте́ние 6) де́нежная систе́ма, де́нежный станда́рт; the gold ~ золото́й станда́рт 7) *тех.* стани́на 8) *attr.*: ~ lamp торше́р

**2.** *a* 1) станда́ртный, типово́й; норма́льный; ~ shape (size) станда́ртная фо́рма (-ный разме́р); ~ gauge *ж.-д.* норма́льная колея́ 2) общепри́нятый, нормати́вный; образцо́вый; the ~ book on the subject образцо́вый труд по да́нному вопро́су 3) шта́мбовый (*о растениях*)

**standard-bearer** ['stændəd,bɛərə] *n* 1) знамено́сец 2) руководи́тель движе́ния, вождь

**standardization** [,stændədaɪ'zeɪʃən] *n* стандартиза́ция, нормализа́ция

**standardize** ['stændədaɪz] *v* стандартизи́ровать; калиброва́ть

**standard time** ['stændəd'taɪm] *n* станда́ртное, декре́тное вре́мя

**stand-by** ['stændbaɪ] **1.** *n* 1) надёжная опо́ра 2) запа́с

**2.** *a* запа́сный, запасно́й, резе́рвный

**standee** [stæn'di:] *n амер. разг.* 1) стоя́щий пассажи́р 2) *театр.* зри́тель на стоя́чих места́х

**standfast** ['stændfɑ:st] *n* про́чное положе́ние

**stand-in** ['stænd'ɪn] *n* 1) благоприя́тное положе́ние 2) *кино* дублёр (*заменяющий актёра, пока идут приготовления к съёмке*) 3) заме́на, подме́на

**standing** ['stændɪŋ] **1.** *pres. p. от* stand 2

**2.** *n* 1) продолжи́тельность; a quarrel of long ~ давни́шняя ссо́ра 2) положе́ние; репута́ция; вес в о́бществе; a person of high ~ высокопоста́вленное лицо́ 3) стаж 4) нахожде́ние, (ме́сто)положе́ние 5) стоя́ние ◇ to have no ~ не име́ть ве́са; быть неубеди́тельным

**3.** *a* 1) стоя́щий; ~ corn хлеб на корню́ 2) постоя́нный; устано́вленный; ~ army постоя́нная а́рмия; ~ committee постоя́нная коми́ссия; ~ dish дежу́рное блю́до; *перен.* обы́чная те́ма; ~ joke шу́тка, неизме́нно вызыва́ющая смех; ~ menace ве́чная угро́за 3) неподви́жный, стациона́рный; ~ barrage *воен.* неподви́жный загради́тельный ого́нь 4) проста́ивающий, нерабо́тающий 5) производи́мый из стоя́чего положе́ния 6) стоя́чий, непрото́чный (*о воде*)

**standing order** ['stændɪŋ,ɔ:də] *n* 1) *воен.* постоя́нный прика́з-инстру́кция 2) *pl парл.* пра́вила процеду́ры

**standing-room** ['stændɪŋrum] *n* стоя́чее ме́сто, ме́сто для стоя́ния (*особ. в театре*)

**stand-off** ['stænd'ɔf] **1.** *n* 1) хо́лодность, сде́ржанность (*в отношениях с окружающими*) 2) нейтрализа́ция 3) *спорт.* ничья́

**2.** *a* сде́ржанный; холо́дный, неприве́тливый

**stand-offish** ['stænd'ɔ:fɪʃ] *a* сде́ржанный; неприве́тливый; надме́нный

**stand-out** ['stændaut] *n* 1) что-л. замеча́тельное (*по качеству, вкусу и т. п.*) 2) *разг.* челове́к, отлича́ющийся от други́х самостоя́тельностью сужде́ний, посту́пков *и т. п.*

**standpatter** ['stænd,pætə] *n амер. разг.* консерва́тор, реакционе́р

**stand-pipe** ['stændpaɪp] *n тех.* напо́рная труба́

**standpoint** ['stændpɔɪnt] *n* то́чка зре́ния

**standstill** ['stændstɪl] *n* остано́вка, безде́йствие, засто́й; to come to a ~ оказа́ться в тупике́; work was at a ~ рабо́та совсе́м останови́лась

**stand-up** ['stændʌp] *a* 1) стоя́чий; ~ collar стоя́чий воротничо́к; 2): ~ fight кула́чный бой; ~ meal заку́ска стоя́, на ходу́; ~ buffet буфе́т, где едя́т стоя́

**stanhope** ['stænəp] *n* лёгкий откры́тый одноме́стный экипа́ж

**stank** [stæŋk] *past от* stink 2

**stannary** ['stænərɪ] *n* оловя́нный рудни́к

**stannic** ['stænɪk] *a хим.* оловя́нный

**stanniferous** [stæ'nɪfərəs] *n* содержа́щий о́лово

**stanza** ['stænzə] *n прос.* строфа́, станс

**staple** I ['steɪpl] *n* ско́бка, скоба́, крюк; коле́но

**staple** II ['steɪpl] **1.** *n* 1) гла́вный проду́кт *или* оди́н из гла́вных проду́ктов, производи́мых в да́нном райо́не 2) основно́й предме́т торго́вли 3) гла́вный элеме́нт (*чего-л.*); the ~ of conversation гла́вная те́ма разгово́ра 4) сырьё 5) *уст.* важне́йший ры́нок 6) *текст.* волокно́ 7) *текст.* шта́пель (*воло́кна*); шта́пельная длина́ (*волокна́*)

**2.** *a* 1) основно́й (*о продуктах потребления или предметах торговли*) 2) гла́вный, основно́й

**star** [stɑ:] **1.** *n* 1) звезда́; свети́ло; fixed ~s неподви́жные звёзды; 2) звезда́, веду́щий актёр *или* актри́са; выдаю́щаяся ли́чность; literary ~ изве́стный писа́тель; soccer ~ знамени́тый футболи́ст 3) *полигр.* звёздочка 4) что-л., напомина́ющее звезду́; звёздочка (*белая отметина на лбу животного*) 5) судьба́, рок; to have one's ~ in the ascendant преуспева́ть; to thank (*или* to bless) one's ~s благодари́ть судьбу́ ◇ ~s and stripes госуда́рственный флаг США; I saw ~s ≅ у меня́ и́скры посы́пались из глаз

**2.** *a* 1) звёздный 2) выдаю́щийся; великоле́пный; веду́щий; ~ witness гла́вный свиде́тель 3): ~ system *театр.* тру́ппа с одни́м, двумя́ первокла́ссными актёрами и сла́бым анса́мблем

**3.** *v* 1) украша́ть звёздами 2) отмеча́ть звёздочкой 3) игра́ть гла́вные ро́ли, быть звездо́й; to ~ in the provinces гастроли́ровать в прови́нции в гла́вных роля́х 4) предоставля́ть гла́вную роль

**starboard** ['stɑ:bəd] *мор.* **1.** *n* пра́вый борт

**2.** *a* лежа́щий напра́во; пра́вого бо́рта

**3.** *v* положи́ть пра́во руля́

**starch** [stɑ:tʃ] **1.** *n* 1) крахма́л 2) чо́порность, церемо́нность 3) *амер. разг.* эне́ргия, жи́вость ◇ to take the ~ out of smb. *амер.* осади́ть, сбить спесь с кого́-л.

**2.** *v* крахма́лить

**Star Chamber** ['stɑ:'tʃeɪmbə] *n ист.* Звёздная пала́та

**starchy** ['stɑ:tʃɪ] *a* 1) крахма́листый, содержа́щий крахма́л 2) накрахма́ленный 3) чо́порный

**star connection** ['stɑ:kə,nekʃən] *n эл.* соедине́ние звездо́й

**stardom** ['stɑ:dəm] *n* 1) веду́щее положе́ние в теа́тре *или* кино́, положе́ние звезды́ 2) *собир.* звёзды (*в театре, кино*)

**stare** [stɛə] **1.** *n* изумлённый *или* при́стальный взгляд

**2.** *v* 1) смотре́ть при́стально; глазе́ть; тара́щить *или* пя́лить глаза́ (at, upon — на); to ~ smb. out of countenance смути́ть кого́-л. при́стальным взгля́дом; to ~ straight before one смотре́ть в одну́ то́чку; to ~ with astonishment широко́ откры́ть глаза́ от удивле́ния; to make people ~ удивля́ть, поража́ть люде́й 2) торча́ть (*о волосах и т. п.*) □ ~ **down** смути́ть взгля́дом ◇ to ~ smb. in the face а) угрожа́ть, надвига́ться; б) быть я́вным, очеви́дным; в): the book I was looking for was staring me in the face кни́га, кото́рую я иска́л, лежа́ла пе́редо мно́й

**starfish** [ˈstɑːfɪʃ] *n зоол.* морска́я звезда́

**star-gazer** [ˈstɑːˌgeɪzə] *n шутл.* 1) астро́лог; звездочёт; астроно́м 2) идеали́ст, мечта́тель

**star-gazing** [ˈstɑːˌgeɪzɪŋ] *n шутл.* 1) созерца́ние звёзд; астроно́мия 2) мечта́тельность 3) рассе́янность

**staring** [ˈsteərɪŋ] **1.** *pres. p. от* stare 2

**2.** *a* 1) широко́ раскры́тый (*о глазах*); при́стальный (*о взгляде*) 2) крича́щий, броса́ющийся в глаза́, я́ркий

**stark** [stɑːk] **1.** *a* 1) окочене́вший, засты́вший 2) по́лный, абсолю́тный; ~ nonsense чисте́йший вздор 3) *поэт.* си́льный, реши́тельный, непреклóнный

**2.** *adv* совершéнно, пóлностью; ~ naked абсолю́тно го́лый

**starless** [ˈstɑːlɪs] *a* беззвёздный

**starlet** [ˈstɑːlɪt] *n* 1) небольша́я звезда́ 2) тала́нтливая молода́я киноактри́са, бу́дущая, восходя́щая звезда́

**starlight** [ˈstɑːlaɪt] **1.** *n* свет звёзд

**2.** *a* звёздный; ~ night звёздная ночь

**starling** I [ˈstɑːlɪŋ] *n* скворе́ц

**starling** II [ˈstɑːlɪŋ] *n* водоре́з, волноре́з; ледоре́з

**starlit** [ˈstɑːlɪt] *a* звёздный, освещённый све́том звёзд

**starred** [stɑːd] **1.** *p. p. от* star 3

**2.** *a* 1) усе́янный, усы́панный звёздами; укра́шенный, отме́ченный звездо́й 2) *театр., кино* являю́щийся звездо́й

**starry** [ˈstɑːrɪ] *a* 1) звёздный 2) я́ркий; сия́ющий как звёзды, лучи́стый (*о глазах*) 3) звездообра́зный

**starry-eyed** [ˈstɑːrɪˈaɪd] *a* мечта́тельный; не от ми́ра сего́

**star shell** [ˈstɑːʃel] *n воен.* освети́тельный снаря́д

**star-spangled** [ˈstɑːˈspæŋgld] *a* 1) усы́панный звёздами; the Star-Spangled Banner Звёздное зна́мя (*государственный флаг и гимн США*) 2) ура́-патриоти́ческий, настро́енный шовинисти́чески (*об американцах*)

**start** [stɑːt] **1.** *n* 1) отправле́ние; нача́ло; to make a ~ нача́ть; отпра́виться; from ~ to finish с нача́ла до конца́; a ~ in life нача́ло карье́ры; to give smb. a ~ in life помо́чь кому́-л. встать на́ ноги 2) *спорт.* старт 3) преиму́щество; to get the ~ of smb. опереди́ть кого́-л., получи́ть преиму́щество пе́ред кем-л.; he gave me a ~ of 10 yards он дал мне фо́ру 10 я́рдов 4) пуск в ход; за́пуск 5) *ав.* взлёт 6) вздра́гивание; толчо́к; to give smb. a ~ испуга́ть кого́-л.; to give a ~ вздро́гнуть

**2.** *v* 1) начина́ть; бра́ться (*за что-л.*); to ~ a quarrel затея́ть ссо́ру; to ~ a subject нача́ть разгово́р о чём-л.; to ~ working взя́ться за рабо́ту 2) начина́ться; the fire ~ed in the kitchen снача́ла загоре́лось в ку́хне 3) отправля́ться, пуска́ться в путь; тро́гаться (*о трамвае, поезде и т. п.*); the train has just ~ed по́езд то́лько что ушёл; to ~ on a journey отпра́виться путеше́ствовать; to ~ for Leningrad отпра́виться в Ленингра́д 4) учрежда́ть, открыва́ть (*предприятие и т. п.*) 5) пуска́ть (*машину; тж.* ~ up) 6) *спорт.* дава́ть старт 7) *спорт.* стартова́ть 8) помога́ть (*кому-л.*) нача́ть (*какое-л. дело и т. п.*) 9) *ав.* взлета́ть 10) вздра́гивать, содрога́ться; to ~ in one's seat привскочи́ть на сту́ле 11) вскочи́ть, бро́ситься (*тж.* ~ up); to ~ back отпря́нуть, отскочи́ть наза́д; to ~ forward бро́ситься вперёд 12) вспу́гивать; to ~ a hare *охот.* подня́ть за́йца 13) расшата́ть(ся) 14) коро́биться (*о древесине*) 15) расходи́ться (*о шве*) □ ~ **in** *разг.* начина́ть, принима́ться; just ~ in and clean the room прими́тесь-ка за убо́рку ко́мнаты; ~ **out** а) *разг.* собира́ться сде́лать (*что-л.*); he ~ed out to write a book он собира́лся написа́ть кни́гу; б) отправля́ться в путь; в) *разг.* начина́ть; ~ **up** а) вскакивать; б) появля́ться; a new idea has ~ed up возни́кла но́вая иде́я; в) пуска́ть в ход; to ~ up an engine запусти́ть мото́р; ~ **with** а): to ~ with нача́ть с того́...; пре́жде всего́; you have no right to go there, to ~ with (ну́жно) нача́ть с того́, что вы не име́ете пра́ва ходи́ть туда́; б) начина́ть с *чего-л.*; we had six members to ~ with у нас сперва́ бы́ло шесть чле́нов ◇ to ~ another hare подня́ть но́вый вопро́с для обсужде́ния; перемени́ть те́му разгово́ра

**starter** [ˈstɑːtə] *n* 1) *спорт.* ста́ртер 2) уча́стник состяза́ния 3) *авто* пусково́й прибо́р, ста́ртер 4) диспе́тчер

**starting-gate** [ˈstɑːtɪŋgeɪt] *n* передвижно́й барье́р на ста́рте (*конный спорт*)

**starting-lever** [ˈstɑːtɪŋˌliːvə] *n тех.* пусково́й рыча́г

**starting-point** [ˈstɑːtɪŋpɔɪnt] *n* отправно́й пункт, отправна́я то́чка

**starting-post** [ˈstɑːtɪŋpəust] *n* ста́ртовый столб

**startle** [ˈstɑːtl] **1.** *n* испу́г

**2.** *v* 1) испуга́ть, си́льно удиви́ть; I was ~d by the news я был поражён изве́стием; to ~ a person out of his apathy вы́вести кого́-л. из состоя́ния апа́тии 2) вздра́гивать

**startler** [ˈstɑːtlə] *n* сенсацио́нное собы́тие *или* заявле́ние

**startling** [ˈstɑːtlɪŋ] **1.** *pres. p. от* startle 2

**2.** *a* потряса́ющий, порази́тельный

**star turn** [ˈstɑːtəːn] *n* гла́вный но́мер програ́ммы

**starvation** [stɑːˈveɪʃən] *n* 1) го́лод; голода́ние 2) голо́дная смерть

**starve** [stɑːv] *v* 1) умира́ть от го́лода 2) голода́ть 3) *разг.* чу́вствовать го́лод 4) мори́ть го́лодом; to ~ into surrender взять измо́ром 5) лиша́ть пи́щи, истоща́ть (*тж. перен.*) 6) жа́ждать (for — *чего-л.*) 7) *уст.* умира́ть; to ~ with cold умира́ть от хо́лода

**starveling** [ˈstɑːvlɪŋ] **1.** *n* 1) изнурённый, голо́дный челове́к; истощённое живо́тное 2) замо́рыш

**2.** *a* голо́дный, изнурённый

**stash** [stæʃ] *v разг.* копи́ть, припря́тывать (*тж.* ~ away)

**state** I [steɪt] **1.** *n* 1) состоя́ние; ~ of mind душе́вное состоя́ние; ~ of health состоя́ние здоро́вья; things were in an untidy ~ всё бы́ло в беспоря́дке; what a ~ you are in! *разг.* в како́м вы ви́де! 2) строе́ние, структу́ра, фо́рма 3) положе́ние, ранг; in a style befitting his ~ как подоба́ет челове́ку его́ положе́ния; persons in every ~ of life лю́ди ра́зного зва́ния 4) великоле́пие, пы́шность; in ~ с по́мпой; to lie in ~ быть вы́ставленным для проща́ния (*о покойнике*); to receive in ~ устра́ивать торже́ственный приём ◇ in a ~ а) в беспоря́дке; б) в затрудне́нии; в) в волне́нии, в возбужде́нии; to work oneself into a ~ взвинти́ть себя́; don't get into a ~! *разг.* не заводи́сь!

**2.** *a* пара́дный; торже́ственный; ~ coach пара́дная каре́та; ~ call *разг.* официа́льный визи́т

**3.** *v* 1) заявля́ть, утвержда́ть 2) устана́вливать, то́чно определя́ть; this condition was expressly ~d э́то усло́вие бы́ло специа́льно оговорено́ 3) констати́ровать; формули́ровать; излага́ть; to ~ one's case изложи́ть своё де́ло 4) *мат.* формули́ровать, выража́ть зна́ками

**state** II [steɪt] **1.** *n* (*тж.* S) 1) госуда́рство 2) штат

**2.** *a* 1) госуда́рственный; ~ business де́ло госуда́рственной ва́жности; ~ prisoner госуда́рственный престу́пник; ~ trial суд над госуда́рственным престу́пником 2) *амер.* относя́щийся к отде́льному шта́ту (*в отличие от* federal); S. rights автоно́мия отде́льных шта́тов США; S. Board of Education управле́ние по дела́м образова́ния в шта́те

**state-aided** [ˈsteɪtˈeɪdɪd] *a* получа́ющий субси́дию от госуда́рства

**statecraft** [ˈsteɪtkrɑːft] *n* иску́сство управля́ть госуда́рством

**stated** [ˈsteɪtɪd] **1.** *p. p. от* state 1, 3

**2.** *a* 1) устано́вленный; назна́ченный; регуля́рный; at ~ intervals че́рез определённые промежу́тки вре́мени; ~ office hours определённые часы́ рабо́ты (*в учреждении*) 2) сформули́рованный; зафикси́рованный 3) вы́сказанный

**State-house** [ˈsteɪthaus] *n амер.* зда́ние законода́тельного о́ргана шта́та

**stately** [ˈsteɪtlɪ] *a* велича́вый, вели́чественный, по́лный досто́инства

**statement** [ˈsteɪtmənt] *n* 1) утвержде́ние, заявле́ние; to make a ~ заявля́ть, де́лать заявле́ние 2) изложе́ние, формулиро́вка 3) официа́льный отчёт, бюллете́нь

**state-room** [ˈsteɪtrum] *n* 1) пара́дный зал 2) отде́льная каю́та 3) *амер.* купе́

**stateside** [ˈsteɪtsaɪd] *разг.* **1.** *a* относя́щийся к США; полу́ченный из США; направля́ющийся в США

**2.** *adv* из США; в США

**statesman** [ˈsteɪtsmən] *n* госуда́рственный де́ятель

**statesmanship** [ˈsteɪtsmənʃɪp] = statecraft

**static(al)** [ˈstætɪk(əl)] *a* стати́ческий, стациона́рный, неподви́жный

**statics** I [ˈstætɪks] *n pl* (*употр. как sing*) ста́тика

**statics** II [ˈstætɪks] *n pl радио* атмосфе́рные поме́хи

**station** [ˈsteɪʃən] **1.** *n* 1) ме́сто, пост; battle ~ боево́й пост; he took up a convenient ~ он за́нял удо́бную пози́цию; they returned to their several ~s они́ верну́лись на свои́ места́ 2) ста́нция, пункт; life-boat ~ спаса́тельная ста́нция; broadcasting ~ радиоста́нция 3) железнодоро́жная ста́нция, вокза́л (*тж.* railway ~) 4) вое́нно-морска́я ба́за (*тж.* naval ~); авиаба́за 5) обще́ственное положе́ние 6) *австрал.* овцево́дческая фе́рма; ове́чье па́стбище 7) *биол.* ареа́л 8) *attr.* стацио́нный

**2.** *v* 1) ста́вить на (определённое) ме́сто; помеща́ть; to ~ oneself расположи́ться 2) *воен.* размеща́ть; to ~ a guard вы́ставить карау́л

**stationary** [ˈsteɪʃnərɪ] *a* 1) неподви́жный, закреплённый, стациона́рный; ~ troops ме́стные войска́ 2) постоя́нный, неизме́нный; ~ air во́здух, остаю́щийся в лёгких по́сле норма́льного вы́доха; ~ temperature постоя́нная температу́ра 3): ~ warfare позицио́нная война́

**stationer** [ˈsteɪʃnə] *n* 1) торго́вец канцеля́рскими принадле́жностями 2) *уст.* книгоизда́тель; книготорго́вец

**stationery** [ˈsteɪʃnərɪ] *n* 1) канцеля́рские принадле́жности 2) почто́вая бума́га

**station-house** [ˈsteɪʃənhaus] *n* полице́йский уча́сток

**station-master** [ˈsteɪʃənˌmɑːstə] *n ж.-д.* нача́льник ста́нции

**station-wagon** [ˈsteɪʃənˌwæɡən] *n* многоме́стный легково́й автомоби́ль (*с откидными сиденьями и задним откидным бортом*)

**statist** [ˈsteɪtɪst] = statistician

**statistic(al)** [stəˈtɪstɪk(əl)] *a* статисти́ческий

**statistician** [ˌstætɪsˈtɪʃən] *n* стати́стик

**statistics** [stəˈtɪstɪks] *n pl* 1) (*употр. как sing*) стати́стика 2) (*употр. как pl*) статисти́ческие да́нные

**statuary** [ˈstætjuərɪ] **1.** *n* 1) *собир.* скульпту́ра 2) скульпту́ра (*вид искусства*)

**2.** *a* 1) скульпту́рный 2) приго́дный для скульпту́рных рабо́т (*о материале*)

**statue** [ˈstætʃuː] *n* ста́туя, извая́ние

**statuesque** [ˌstætjuˈesk] *a* 1) засты́вший, похо́жий на извая́ние 2) велича́вый

**statuette** [ˌstætjuˈet] *n* статуэ́тка

**stature** [ˈstætʃə] *n* рост, стан, фигу́ра; to grow in ~ расти́; above average ~ вы́ше сре́днего ро́ста

**status** [ˈsteɪtəs] *n* 1) ста́тус, обще́ственное положе́ние 2) состоя́ние, положе́ние дел 3) *юр.* ста́тус; гражда́нское состоя́ние

**status quo** [ˈsteɪtəsˈkwəu] *лат. n* ста́тус-кво́

**statute** [ˈstætjuːt] *n* 1) стату́т; законода́тельный акт парла́мента 2) уста́в

**statute-book** [ˈstætjuːtbuk] *n* свод зако́нов

**statute law** [ˈstætjuːtˈlɔː] *n* пи́саный зако́н (*противоп.* common law)

**statutory** [ˈstætjutərɪ] *a* устано́вленный (зако́ном)

**staunch** I [stɔːntʃ] *a* 1) ве́рный, сто́йкий; лоя́льный 2) про́чный, основа́тельный 3) водонепроница́емый

**staunch** II [stɔːntʃ] = stanch I

**stave** [steɪv] **1.** *n* 1) боча́рная клёпка 2) перекла́дина (*приставной лестницы*) 3) па́лка, шест 4) *прос.* строфа́ 5) = staff I, 5)

**2.** *v* (staved [-d], stove) снабжа́ть боча́рными клёпками □ ~ **in** разби́ть, пролома́ть (*бочку, лодку и т. п.*); ~ **off** а) предотврати́ть *или* отсро́чить (*бедствие и т. п.*); б) отбро́сить (*противника*)

**staves** [steɪvz] *pl от* staff I, 5)

**stay** I [steɪ] **1.** *n* 1) пребыва́ние; I shall make a week's ~ there я пробу́ду там неде́лю 2) остано́вка; стоя́нка 3) *юр.* отсро́чка, приостано́вка судопроизво́дства 4) *разг.* выно́сливость; вы́держка 5) опо́ра, подде́ржка; he is the ~ of his old age он его́ опо́ра в ста́рости (*о ком-л.*) 6) связь; оття́жка 7) *pl уст.* корсе́т (*тж.* pair of ~s) 8) *тех.* люне́т

**2.** *v* 1) остава́ться, заде́рживаться (*тж.* ~ on); ~ here till I return побу́дьте здесь, пока я не верну́сь; to ~ calm (cool) сохраня́ть споко́йствие (хладнокро́вие); to come to ~ войти́ в употребле́ние, укорени́ться, приви́ться, получи́ть призна́ние; it has come to ~ *разг.* э́то надо́лго; to ~ put *разг.* а) остава́ться неподви́жным, замере́ть на ме́сте; остава́ться на ме́сте; б) остава́ться неизме́нным 2) остана́вливаться, жить (at); align гости́ть (with) 3) остана́вливать, сде́рживать; заде́рживать; to ~ one's hand возде́рживаться от де́йствия 4) (*особ. в повел. накл.*) ме́длить, ждать; ~! not so fast! подожди́те!, не так бы́стро!; куда́ вы торо́питесь? 5) *разг.* вы́держивать, выноси́ть, быть в состоя́нии продолжа́ть; не отстава́ть 6) утоля́ть (*боль, голод и т. п.*); to ~ one's hunger (*или* stomach) ≅ замори́ть червячка́ 7) придава́ть жёсткость, сто́йкость *или* про́чность констру́кции; подде́рживать, укрепля́ть, свя́зывать 8) затя́гивать в корсе́т 9) *юр.* приостана́вливать судопроизво́дство □ ~ **away** не приходи́ть, не явля́ться; to ~ away from smb., smth. держа́ться пода́льше от кого́-л., чего́-л.; ~ **in** остава́ться до́ма, не выходи́ть; ~ **on** продолжа́ть остава́ться; заде́рживаться; ~ **out** а) не возвраща́ться домо́й; б) отсу́тствовать; в) пересиде́ть (*других гостей*); ~ **up** не ложи́ться спать ◊ to ~ the course вы́держать до конца́ (*борьбу и т. п.*)

**stay** II [steɪ] *v мор.* 1) укрепля́ть; оття́гивать 2) де́лать поворо́т овершта́г

**stay-at-home** [ˈsteɪəthəum] *n* 1) домосе́д(ка) 2) *attr.*: he is not the ~ sort он не лю́бит сиде́ть до́ма

**stay-bolt** [ˈsteɪbəult] *n тех.* а́нкерный болт, распо́рная связь

**stayed** I [steɪd] **1.** *p. p. от* stay I, 2

**2.** *a* затя́нутый в корсе́т

**stayed** II [steɪd] *p. p. от* stay II

**stayer** [ˈsteɪə] *n* 1) выно́сливый челове́к *или* живо́тное 2) *спорт.* ста́йер

**stay-in** [ˈsteɪˈɪn] *n* италья́нская забасто́вка (*тж.* ~ strike)

**staying** I [ˈsteɪɪŋ] **1.** *pres. p. от* stay I, 2

**2.** *a* 1) остана́вливающий(ся), заде́рживающий(ся); сде́рживающий (-ся) 2) остаю́щийся неизме́нным; неослабева́ющий; ~ power(s) выно́сливость, вы́держка

**staying** II [ˈsteɪɪŋ] *pres. p. от* stay II

**stay-lace** [ˈsteɪleɪs] *n* шнуро́вка для корсе́та

**staysail** [ˈsteɪseɪl, ˈsteɪsl] *n мор.* ста́ксель

**stead** [sted] *n*: in smb.'s ~, in ~ of smb. вме́сто кого́-л., за кого́-л.; to stand smb. in good ~ пригоди́ться, оказа́ться поле́зным кому́-л.

**steadfast** [ˈstedfəst] *a* 1) твёрдый; про́чный; усто́йчивый; ~ gaze при́стальный взгляд 2) сто́йкий, непоколеби́мый; ~ faith непоколеби́мая ве́ра

**steading** [ˈstedɪŋ] *n диал.* фе́рма, уса́дьба, ху́тор

**steady** [ˈstedɪ] **1.** *a* 1) усто́йчивый; про́чный 2) равноме́рный, ро́вный 3) постоя́нный, неизме́нный, неукло́нный; ~ flow of talk непреры́вный пото́к слов 4) твёрдый, ве́рный, непоколеби́мый; надёжный; ~ hand а) твёрдая, уве́ренная рука́; б) твёрдое руково́дство; ~ resolve непреклóнное реше́ние; ~ as a rock твёрдый как скала́ 5) уравнове́шенный, споко́йный; a ~ young fellow уравнове́шенный молодо́й челове́к

**2.** *v* 1) де́лать(ся) твёрдым, усто́йчивым; the boat steadied ло́дка пришла́ в равнове́сие 2) остепени́ться; he will soon ~ (down) он ско́ро остепени́тся

**3.** *n разг.* жени́х; неве́ста; возлю́бленный; возлю́бленная

**4.** *int* осторо́жно!

**steak** [steɪk] *n* 1) кусо́к мя́са *или* ры́бы (*для жаренья*) 2) бифште́кс

**steal** [stiːl] **1.** *v* (stole; stolen) 1) ворова́ть, красть 2) сде́лать (*что-л.*) незаме́тно, укра́дкой; тайко́м доби́ться (*чего-л.*); to ~ a glance взгляну́ть укра́дкой; to ~ a ride е́хать зайце́м 3) кра́сться, прокра́дываться (*тж.* ~

up) 4) постепе́нно овладева́ть, захва́тывать (*о чувстве и т. п.*); a sense of peace stole over him им овладе́ло чу́вство поко́я □ ~ **away** незаме́тно ускользну́ть; ~ **by** проскользну́ть ми́мо; ~ **in** войти́ кра́дучись; ~ **out** улизну́ть; ~ **up** подкра́сться ◇ to ~ a march on smb. опереди́ть кого́-л. (*в чём-л.*)

2. *n разг.* 1) воровство́ 2) укра́денный предме́т 3) что-л., ку́пленное о́чень дёшево

**stealing** [ˈsti:lɪŋ] 1. *pres. p. от* steal 1

2. *n* 1) воровство́ 2) (*обыкн. pl*) укра́денное, кра́деные ве́щи

**stealth** [stelθ] *n*: by ~ укра́дкой, втихомо́лку, тайко́м

**stealthily** [ˈstelθɪlɪ] *adv* укра́дкой, та́йно, втихомо́лку

**stealthy** [ˈstelθɪ] *a* та́йный, скры́тый; ~ whisper осторо́жный шёпот; ~ footsteps бесшу́мные шаги́

**steam** [sti:m] 1. *n* 1) пар; live (saturated, wet) ~ о́стрый (насы́щенный, вла́жный) пар; full ~ ahead! вперёд на всех пара́х!; to get up ~ развести́ пары́; *перен.* собра́ться с си́лами; разви́ть эне́ргию; to let (*или* to blow) off ~ вы́пустить пары́; *перен.* дать вы́ход свои́м чу́вствам; to put on ~ подба́вить па́ру; *перен.* потора́пливаться 2) испаре́ние 3) *разг.* энтузиа́зм; эне́ргия

2. *a* парово́й

3. *v* 1) выпуска́ть пар 2) поднима́ться в ви́де па́ра 3) дви́гаться посре́дством па́ра; идти́ под пара́ми 4) *разг.* развива́ть большу́ю эне́ргию, «жа́рить» 5) вари́ть на пару́ 6) запотева́ть, отпотева́ть 7) подверга́ть де́йствию па́ра; па́рить; выпа́ривать; to ~ open откле́ивать с по́мощью па́ра □ ~ **away** выкипа́ть

**steamboat** [ˈsti:mbəut] *n* парохо́д

**steam-boiler** [ˈsti:mˌbɔɪlə] *n* парово́й котёл

**steam-coal** [ˈsti:mkəul] *n* парови́чный у́голь

**steam-driven** [ˈsti:mˌdrɪvn] *a* приводи́мый в движе́ние па́ром

**steam-engine** [ˈsti:mˌendʒɪn] *n* парова́я маши́на, парово́й дви́гатель

**steamer** [ˈsti:mə] *n* 1) парохо́д 2) парова́рка

**steam-gauge** [ˈsti:mgeɪdʒ] *n* мано́метр

**steam-hammer** [ˈsti:mˈhæmə] *n* парово́й мо́лот ◇ to use a ~ to crack nuts ≅ стреля́ть из пу́шек по воробья́м

**steam-heat** [ˈsti:mhi:t] *n физ.* теплота́ конденса́ции

**steam-jacket** [ˈsti:mˈdʒækɪt] *n тех.* парова́я руба́шка

**steam-launch** [ˈsti:mˈlɔ:ntʃ] *n* парово́й ка́тер

**steam-power** [ˈsti:mˌpauə] *n* эне́ргия па́ра

**steam-roller** [ˈsti:mˌrəulə] *n* 1) парово́й като́к 2) *перен.* всесокруша́ющая си́ла

**steamship** [ˈsti:mʃɪp] *n* парохо́д

**steamshop** [ˈsti:mʃɔp] *n* коте́льная; кочега́рка

**steam shovel** [ˈsti:mˈʃʌvl] *n* парово́й экскава́тор

**steam table** [ˈsti:mˌteɪbl] *n* марми́т (*подогревательный шкаф в столовых, ресторанах*)

**steam-tight** [ˈsti:mtaɪt] *a* паронепроница́емый

**steam-turbine** [ˈsti:mˌtə:bɪn] *n* парова́я турби́на

**steamy** [ˈsti:mɪ] *a* 1) парообра́зный 2) насы́щенный пара́ми 3) испаря́ющийся

**stearin** [ˈstɪərɪn] *n* стеари́н

**steatite** [ˈstɪətaɪt] *n мин.* мы́льный ка́мень, стеати́т, жирови́к

**steed** [sti:d] *n поэт., шутл.* конь

**steel** [sti:l] 1. *n* 1) сталь; a grip of ~ желе́зная хва́тка 2) меч, шпа́га; an enemy worthy of one's ~ досто́йный проти́вник 3) огни́во 4) стальна́я пласти́нка 5) *тех.* стально́й бур 6) твёрдость ◇ true as ~ абсолю́тно пре́данный и ве́рный

2. *a* 1) стально́й 2) жесто́кий

3. *v* 1) покрыва́ть ста́лью; снабжа́ть стальны́м наконе́чником *и т. п.* 2) закаля́ть; *перен.* ожесточа́ть; to ~ one's heart, to ~ oneself against pity заста́вить себя́ забы́ть жа́лость; ожесточи́ться

**steel-blue** [ˈsti:lˈblu:] 1. *n* синева́то-стально́й цвет

2. *a* синева́то-стально́го цве́та

**steel-clad** [ˈsti:lklæd] *a* брониро́ванный, зако́ванный в броню́

**steel-engraving** [ˈsti:lɪnˈgreɪvɪŋ] *n* гравю́ра на ста́ли

**steel-gray** [ˈsti:lˈgreɪ] 1. *n* се́рый цвет с голубы́м отли́вом

2. *a* се́рый с голубы́м отли́вом

**steel-plated** [ˈsti:lˈpleɪtɪd] *a* брониро́ванный; обши́тый ста́лью

**steel wool** [ˈsti:lˈwul] *n* то́нкая стальна́я стру́жка для чи́стки кастрю́ль *и т. п.*

**steelwork** [ˈsti:lwə:k] *n* 1) *собир.* стальны́е изде́лия 2) стальна́я констру́кция, фе́рма *и т. п.* 3) *pl* (*употр. как sing и как pl*) сталелите́йный заво́д

**steely** [ˈsti:lɪ] *a* 1) стально́й, из ста́ли 2) непрекло́нный, суро́вый; твёрдый как сталь

**steelyard** [ˈsti:ljɑ:d] *n* безме́н

**steep** I [sti:p] 1. *a* 1) круто́й 2) *разг.* чрезме́рный, непоме́рно высо́кий (*о требованиях, ценах и т. п.*); it seems a bit ~ э́то уже́ сли́шком 3) невероя́тный, преувели́ченный, неправдоподо́бный

2. *n* кру́ча; обры́в

**steep** II [sti:p] 1. *n* 1) погруже́ние (в жи́дкость); пропи́тка 2) ва́нна для пропи́тки

2. *v* 1) погружа́ть (в жи́дкость); пропи́тывать 2) погружа́ться, уходи́ть с голово́й; погря́знуть; to ~ in prejudice погря́знуть в предрассу́дках; to ~ in slumber погрузи́ться в сон; to be ~ed in literature уйти́ с голово́й в литерату́ру 3) бу́чить, выщела́чивать

**steepen** [ˈsti:pən] *v* де́лать(ся) кру́че

**steeple** [ˈsti:pl] *n* 1) пирамида́льная кры́ша, шпиц, шпиль 2) колоко́льня

**steeplechase** [ˈsti:pltʃeɪs] *n* бег *или* ска́чки с препя́тствиями

**steeplechaser** [ˈsti:plˌtʃeɪsə] *n* 1) уча́стник ска́чек *или* бе́га с препя́тствиями 2) ло́шадь, уча́ствующая в ска́чках с препя́тствиями

**steeplejack** [ˈsti:pldʒæk] *n* верхола́з

**steer** I [stɪə] 1. *v* 1) пра́вить рулём, управля́ть (*автомобилем и т. п.*); вести́ су́дно 2) слу́шаться управле́ния; this car ~s easily э́той маши́ной легко́ пра́вить 3) сле́довать, идти́ (*по определённому курсу*); to ~ clear избега́ть, сторони́ться; to ~ a middle course избега́ть кра́йностей; to ~ a steady course неукло́нно идти́ свое́й доро́гой 4) направля́ть, руководи́ть

2. *n амер. разг.* намёк, подска́зка

**steer** II [stɪə] *n* кастри́рованный бычо́к; молодо́й вол

**steerage** [ˈstɪərɪdʒ] *n* 1) управле́ние рулём 2) рулево́е управле́ние 3) *уст.* тре́тий класс (*самые дешёвые места на океанских судах*)

**steering committee** [ˈstɪərɪŋkəˈmɪtɪ] *n* коми́ссия по вы́работке регла́мента *или* поря́дка дня

**steering-gear** [ˈstɪərɪŋgɪə] *n* рулево́й механи́зм; *мор.* рулево́е устро́йство

**steering-wheel** [ˈstɪərɪŋwi:l] *n* рулево́е колесо́; штурва́л

**steersman** [ˈstɪəzmən] *n* рулево́й

**stein** [staɪn] *n* (*обыкн. амер.*) гли́няная пивна́я кру́жка

**stelae** [ˈsti:li(:)] *pl от* stele I

**stele** I [ˈsti:li:] *греч. n* (*pl* -ae) 1) сте́ла, надгро́бный обели́ск; коло́нна с на́дписями *или* изображе́ниями 2) *бот.* сте́ла

**stele** II [ˈsti:li(:)] *n* рукоя́тка; дре́вко копья́

**stellar** [ˈstelə] *a* 1) звёздный; ~ navigation навига́ция по звёздам 2) звёздообра́зный 3) *амер.* веду́щий, гла́вный (*об артисте, роли и т. п.*)

**stellate, stellated** [ˈstelɪt, ˈsteleɪtɪd] *a* звездообра́зный, расходя́щийся луча́ми в ви́де звезды́

**stellular** [ˈsteljulə] *a* 1) = stellate 2) усы́панный, покры́тый звёздочками

**stem** I [stem] 1. *n* 1) ствол; сте́бель 2) черено́к, рукоя́тка (*инструмента*) 3) но́жка (*бокала и т. п.*) 4) голо́вка часо́в 5) род; пле́мя 6) *бот.* сопло́дие; a ~ of bananas гроздь бана́нов 7) *грам.* осно́ва 8) *мор.* форште́вень, нос; from ~ to stern во всю длину́ корабля́ 9) *тех.* сте́ржень, коро́ткая соедини́тельная дета́ль 10) *полигр.* основно́й штрих (*очка литеры*); но́жка (*литеры*)

2. *v* 1) происходи́ть (from, out of) 2) чи́стить я́годы 3) приде́лывать стебельки́ (*к искусственным цветам*) 4) *уст.* расти́ пря́мо (*как стебель*)

**stem** II [stem] *v* 1) запру́живать; заде́рживать 2) ока́зывать сопротивле́ние; to ~ the tide идти́ про́тив тече́ния; to ~ difficulties преодолева́ть тру́дности

**stem-plough** [ˈstemplau] *n спорт.* поворо́т на лы́жах плу́гом

**stem-turn** [ˈstemtə:n] *n спорт.* поворо́т (на лы́жах) упо́ром

**stemware** ['stemwɛə] *n* рю́мки, бока́лы, фуже́ры

**stench** [stentʃ] *n* злово́ние

**stencil** ['stensl] **1.** *n* 1) шабло́н, трафаре́т 2) узо́р *или* на́дпись по трафаре́ту

**2.** *v* наноси́ть узо́р *или* на́дпись по трафаре́ту

**stencil-plate** ['stenslpleɪt] = stencil 1, 1)

**stenograph** ['stenəgrɑ:f] **1.** *n* 1) стенографи́ческий знак 2) стенографи́ческая за́пись

**2.** *v* стенографи́ровать

**stenographer** [ste'nɔgrəfə] *n* стенографи́ст(ка)

**stenographic** [,stenəu'græfɪk] *a* стенографи́ческий

**stenography** [ste'nɔgrəfɪ] *n* стеногра́фия

**stenosis** [ste'nəusɪs] *n мед.* стено́з

**stentorian** [sten'tɔ:rɪən] *a* громоподо́бный, зы́чный (*о голосе*)

**step** [step] **1.** *n* 1) шаг; ~ by ~ шаг за ша́гом; at every ~ на ка́ждом шагу́; in ~ a) в но́гу; б): to be in ~ соотве́тствовать; out of ~ не в но́гу; to keep ~ with идти́ в но́гу с; to turn one's ~s напра́виться; to bring into ~ согласова́ть во вре́мени 2) звук шаго́в 3) по́ступь, похо́дка 4) след (*ноги*); to follow smb.'s ~s, to tread in the ~s of smb. *перен.* идти́ по чьим-л. стопа́м 5) коро́ткое расстоя́ние; it is but a few ~s to my house до моего́ до́ма всего́ два шага́ 6) па (*в танцах*) 7) шаг, посту́пок; ме́ра; a false ~ ло́жный шаг; to take ~s принима́ть ме́ры 8) ступе́нь, ступе́нька; подно́жка; присту́пка; поро́г; подъём; flight of ~s марш ле́стницы 9) *pl* стремя́нка (*тж.* a pair of ~s) 10) *мор.* степс, гнездо́ (*мачты*) 11) *тех.* ход (*спирали*) ◇ to get one's ~ получи́ть повыше́ние; it is the first ~ that costs *посл.* ≅ тру́ден то́лько пе́рвый шаг

**2.** *v* 1) шага́ть, ступа́ть; to ~ high высоко́ поднима́ть но́ги (*особ. о рысаке*); to ~ short не рассчита́ть длину́ ша́га; to ~ lightly ступа́ть легко́; to ~ out briskly идти́ бы́стро; ~ lively! живе́й!; торо́пливайтесь! 2) де́лать па (*в танце*); to ~ it a) танцева́ть; б) идти́ пешко́м 3) измеря́ть шага́ми (*тж.* ~ out) 4) *мор.* ста́вить, устана́вливать (*мачту*) □ ~ **aside** посторони́ться; *перен.* уступи́ть доро́гу друго́му; ~ **back** a) отступи́ть; б) уступи́ть; ~ **down** a) спусти́ться; б) вы́йти (*из экипажа*); в) *эл.* понижа́ть напряже́ние; ~ **in** a) входи́ть; б) включа́ться (*в дело и т. п.*); в) вме́шиваться; ~ **into** входи́ть; ~ **off** a) сходи́ть; б) *амер. sl.* сде́лать оши́бку; ~ **on** наступа́ть на́ ноги (*в танце и т. п.*; *тж. перен.*); I hate to be ~ped on я не переношу́ толкотни́; ~ **out** a) выходи́ть (*особ. ненадолго*); б) шага́ть больши́ми шага́ми; прибавля́ть ша́гу; в) ме́рить шага́ми; г) *амер. разг.* развле́чься; ~ **up** a) подойти́; б) продвига́ть; выдвига́ть; в) увели́чивать; ускоря́ть; г) *эл.* повыша́ть напряже́ние ◇ ~ on it! *разг.* живе́й!, торо́пливайся, повора́чивайся!

**stepbrother** ['step,brʌðə] *n* сво́дный брат

**stepchild** ['steptʃaɪld] *n* па́сынок; па́дчерица

**stepdaughter** ['step,dɔ:tə] *n* па́дчерица

**step-down transformer** ['stepdauntræns'fɔ:mə] *n эл.* понижа́ющий трансформа́тор

**stepfather** ['step,fɑ:ðə] *n* о́тчим

**step-ins** ['step'ɪnz] *n pl разг.* 1) предме́т же́нского туале́та без застёжек (*резиновый пояс, трусики и т. п.*) 2) ту́фли без за́дников; шлёпанцы

**step-ladder** ['step,lædə] *n* (ле́стница-)стремя́нка

**stepmother** ['step,mʌðə] *n* ма́чеха

**stepmotherly** ['step,mʌðəlɪ] *a* незабо́тливый; неприя́зненный

**stepney** ['stepnɪ] *n уст.* запасно́е автомоби́льное колесо́

**steppe** [step] *русск. n* степь

**stepping-stone** ['stepɪŋstəun] *n* 1) ка́мень, поло́женный для перехо́да че́рез ре́чку 2) что-л., спосо́бствующее улучше́нию положе́ния *или* состоя́ния; сре́дство к достиже́нию це́ли

**stepsister** ['step,sɪstə] *n* сво́дная сестра́

**stepson** ['stepsʌn] *n* па́сынок

**step-up transformer** ['stepʌptræns'fɔ:mə] *n эл.* повыша́ющий трансформа́тор

**stereo** ['stɪərɪəu] *n сокр. разг.* 1) *см.* stereoscope 2) *см.* stereoscopic 3) *см.* stereotype

**stereochemistry** [,stɪərɪə'kemɪstrɪ] *n* стереохи́мия

**stereography** [,stɪərɪ'ɔgrəfɪ] *n* стереогра́фия

**stereometry** [,stɪərɪ'ɔmɪtrɪ] *n* стереоме́трия

**stereophonic** [,stɪərɪə'fɔnɪk] *a* стереофони́ческий

**stereoscope** ['stɪərɪəskəup] *n* стереоско́п

**stereoscopic** [,stɪərɪəs'kɔpɪk] *a* стереоскопи́ческий; ~ telescope стереотруба́

**stereotype** ['stɪərɪətaɪp] **1.** *n* 1) *полигр.* стереоти́п 2) стереоти́пность; шабло́н; изби́тость

**2.** *a* 1) *полигр.* стереоти́пный 2) шабло́нный, станда́ртный, изби́тый

**3.** *v* 1) *полигр.* стереотипи́ровать 2) *полигр.* печа́тать со стереоти́па 3) придава́ть шабло́нность, де́лать изби́тым, станда́ртным

**stereotyped** ['stɪərɪətaɪpt] **1.** *p. p. от* stereotype 3

**2.** *a* 1) *полигр.* стереоти́пный 2) стереоти́пный, неоригина́льный, шабло́нный

**sterile** ['steraɪl] *a* 1) беспло́дный; неспосо́бный к деторожде́нию 2) безрезульта́тный 3) стери́льный, стерилизо́ванный

**sterility** [ste'rɪlɪtɪ] *n* 1) беспло́дие 2) беспло́дность 3) стери́льность

**sterilization** [,sterɪlaɪ'zeɪʃən] *n* стерилиза́ция

**sterilize** ['sterɪlaɪz] *v* 1) де́лать беспло́дным 2) стерилизова́ть

**sterilizer** ['sterɪlaɪzə] *n* стерилиза́тор

**sterlet** ['stə:lɪt] *русск. n* сте́рлядь

**sterling** ['stə:lɪŋ] **1.** *a* 1) сте́рлинговый; pound ~ фунт сте́рлингов; ~ area сте́рлинговая зо́на 2) устано́вленной про́бы (*о серебре*; *925 частей серебра на 75 частей меди*); полноце́нный (*об англ. монетах*); in ~ coin of the realm полнове́сной англи́йской моне́той 3) надёжный; по́длинный; безукори́зненный; ~ fellow надёжный челове́к; a work of ~ merit по́длинное произведе́ние иску́сства

**2.** *n* 1) англи́йская валю́та; сте́рлинги, фу́нты сте́рлингов 2) серебро́ устано́вленной про́бы; a set of ~ набо́р столо́вого серебра́

**stern** I [stə:n] *a* стро́гий, суро́вый; неумоли́мый; ~ resolve непреклонное реше́ние ◇ the ~er sex си́льный пол (*о мужчинах*)

**stern** II [stə:n] *n* 1) *мор.* корма́ 2) за́дняя часть како́го-л. предме́та 3) хвост, прави́ло (*у гончей*) 4) *attr.* кормово́й, за́дний

**sterna** ['stə:nə] *pl от* sternum

**stern-post** ['stə:npəust] *n* 1) *мор.* ахтерште́вень 2) *ав.* хвостова́я замыка́ющая сто́йка

**sternum** ['stə:nəm] *n* (*pl* -na) *анат.* груди́на

**sternutation** [,stə:nju(:)'teɪʃən] *n* чиха́нье

**sternutative, sternutatory** [stə(:)'nju:tətɪv, -tərɪ] *a* вызыва́ющий чиха́нье

**stertorous** ['stə:tərəs] *a* тяжёлый, хрипя́щий, затруднённый (*о дыхании*)

**stethoscope** ['steθəskəup] *мед.* **1.** *n* стетоско́п

**2.** *v* выслу́шивать стетоско́пом

**stevedore** ['sti:vɪdɔ:] **1.** *n* порто́вый гру́зчик

**2.** *v* грузи́ть *или* разгружа́ть кора́бль

**stew** I [stju:] **1.** *n* 1) тушёное мя́со; Irish ~ тушёная бара́нина с лу́ком и карто́фелем 2) *разг.* беспоко́йство, волне́ние; in a ~ в беспоко́йстве; как на иго́лках

**2.** *v* 1) туши́ть(ся), вари́ть(ся) 2) изнемога́ть от жары́ 3) волнова́ться, беспоко́иться; взви́нчивать себя́ (*тж.* ~ up) ◇ to ~ in one's own juice самому́ расхлёбывать после́дствия со́бственной неосмотри́тельности

**stew** II [stju:] *n* ры́бий *или* у́стричный садо́к

**stew** III [stju:] *n* (*обыкн. pl*) *уст.* публи́чный дом

**steward** [stjuəd] *n* 1) управля́ющий (*крупным хозяйством, имением и т. п.*); эконо́м (*клуба и т. п.*) 2) стю́ард (*официант или коридорный на пассажирском судне*; *бортпроводник на самолёте*) 3) распоряди́тель (*на скачках, балах и т. п.*) 4) сенеша́ль; Lord High S. of England a) лорд-распоряди́тель на корона́ции; б) председа́тель суда́ пэ́ров; Lord S. of the Household гла́вный камерге́р

**stewardess** [ˈstjuədɪs] *n* го́рничная (*на пассажирском судне*); стюарде́сса, бортпроводни́ца (*на самолёте*)

**stewardship** [ˈstjuədʃɪp] *n* 1) до́лжность управля́ющего *и пр.* [*см.* steward] 2) управле́ние

**stewed** [stju:d] **1.** *p. p. от* stew I, 2

**2.** *a* 1) тушёный; ~ fruit компо́т 2) *sl.* пья́ный

**stew-pan** [ˈstju:pæn] *n* соте́йник

**stew-pot** [ˈstju:pɔt] = stew-pan

**stick** [stɪk] **1.** *n* 1) па́лка; прут; трость; стек; ко́лышек; по́сох; жезл 2) брусо́к, па́лочка (*сургуча, мыла для бритья и т. п.*); ~ of chocolate пли́тка шокола́да; ~ of chewing gum пли́точка жева́тельной рези́нки 3) ве́точка, ве́тка 4) *разг.* вя́лый *или* тупова́тый челове́к; тупи́ца; недалёкий *или* ко́сный челове́к 5) *муз.* дирижёрская па́лочка 6) (the ~s) *pl амер. разг.* захолу́стье 7) *pl разг.* ме́бель (*обыкн. грубая*) 8) *тех.* рукоя́тка 9) *текст.* трепа́ло, мя́ло 10) *полигр.* верста́тка 11) *мор. разг.* ма́чта 12) *воен.* се́рия бомб ◇ to cut one's ~ *sl.* удра́ть, улизну́ть; the big ~ поли́тика си́лы, поли́тика большо́й дуби́нки; cross as two ~s не в ду́хе

**2.** *v* (stuck) 1) втыка́ть, вка́лывать, вонза́ть; натыка́ть, наса́живать (*на остриё*); утыка́ть 2) торча́ть (*тж.* ~ out) 3) коло́ть, зака́лывать; to ~ pigs а) зака́лывать свине́й; б) охо́титься на кабано́в верхо́м с копьём 4) *разг.* класть, ста́вить, сова́ть 5) прикле́ивать; накле́ивать, раскле́ивать 6) ли́пнуть; приса́сываться; прикле́иваться; to be stuck with smth. не име́ть возмо́жности отде́латься от чего́-л.; the envelope won't ~ конве́рт не закле́ивается; the nickname stuck (to him) про́звище приста́ло к нему́; to ~ on (a horse) *разг.* кре́пко сиде́ть (на ло́шади) 7) остава́ться; to ~ at home торча́ть до́ма 8) держа́ться, приде́рживаться (to — *чего-л.*); упо́рствовать (to — в *чём-л.*); остава́ться ве́рным (*другу, слову, долгу;* to); to ~ to one's friends in trouble не оставля́ть друзе́й в беде́; friends ~ together друзья́ де́ржатся вме́сте; to ~ to business не отвлека́ться; to ~ to it упо́рствовать, стоя́ть на чём-л.; to ~ to the point держа́ться бли́же к де́лу 9) застря́ть, завя́знуть; to ~ fast основа́тельно застря́ть; the door ~s дверь заеда́ет; the key has stuck in the lock ключ застря́л в замке́ 10) *разг.* терпе́ть, выде́рживать; ~ it! держи́сь!, мужа́йся!; I could not ~ it any longer я бо́льше не смог э́того вы́терпеть 11) озада́чить, поста́вить в тупи́к 12) всучи́ть, навяза́ть (with) 13) *разг.* обма́нывать 14) *разг.* заста́вить (*кого-л.*) заплати́ть; вводи́ть в расхо́д 15) *полигр.* вставля́ть в верста́тку □ ~ **around** *разг.* слоня́ться побли́зости, не уходи́ть; ~ **at** упо́рно продолжа́ть; he ~s at his work ten hours a day он упо́рно рабо́тает по де́сять часо́в в день; to ~ at nothing ни перед че́м не остана́вливаться; ~ **down** а) *разг.* класть; б) *разг.* запи́сывать; в) прикле́ивать; ~ **out** а) высо́вывать(ся); торча́ть; to ~ out one's chest выпя́чивать грудь; б) мири́ться, терпе́ть; держа́ться до конца́; в) бастова́ть; ~ **out for** наста́ивать на *чём-л.*; ~ **up** а) выдава́ться, торча́ть; his hair stuck up on end у него́ во́лосы стоя́ли торчко́м; б) ста́вить торчко́м; в) *sl.* остана́вливать с це́лью ограбле́ния; огра́бить; to ~ up the bank огра́бить банк; ~ **up for** защища́ть, подде́рживать; to ~ up for one's rights защища́ть свои́ права́; ~ **up to** не подчиня́ться; ока́зывать сопротивле́ние ◇ stuck on *амер. sl.* влюблённый; to ~ it on *sl.* запра́шивать большу́ю це́ну; to ~ to one's ribs *разг.* быть пита́тельным, поле́зным (*о пище*)

**sticker** [ˈstɪkə] *n* 1) колю́чка, шип 2) раскле́йщик афи́ш 3) афи́ша; объявле́ние (*расклеиваемое на улице*); накле́йка; этике́тка 4) *разг.* тру́дный вопро́с, зага́дка 5) упо́рный, насто́йчивый челове́к

**stickful** [ˈstɪkful] *n полигр.* по́лная верста́тка

**sticking-plaster** [ˈstɪkɪŋˌplɑ:stə] *n* ли́пкий пла́стырь, лейкопла́стырь

**stick-in-the-mud** [ˈstɪkɪnðəmʌd] *разг.* **1.** *n* ко́сный, отста́лый челове́к

**2.** *a* отста́лый; ко́сный

**stickjaw** [ˈstɪkdʒɔ:] *n разг.* тяну́чка

**stickle** [ˈstɪkl] *v* 1) возража́ть, упря́мо спо́рить (*по мелочам*) 2) сомнева́ться, колеба́ться

**stickleback** [ˈstɪklbæk] *n* ко́люшка (*рыба*)

**stickler** [ˈstɪklə] *n* я́рый сторо́нник, приве́рженец (for — *чего-л.*)

**stickpin** [ˈstɪkpɪn] *n амер.* була́вка для га́лстука

**stick-up** [ˈstɪkʌp] *n sl.* налёт, ограбле́ние

**sticky** [ˈstɪkɪ] *a* 1) ли́пкий, кле́йкий 2) *разг.* несгово́рчивый 3) жа́ркий и вла́жный 4) *разг.* о́чень неприя́тный; he will come to a ~ end он пло́хо ко́нчит; to be on a ~ wicket находи́ться в щекотли́вом положе́нии

**stiff** [stɪf] **1.** *a* 1) туго́й, неги́бкий, неэласти́чный; жёсткий; ~ cardboard негну́щийся карто́н 2) окостене́вший; окочене́вший (*о трупе*); he has a ~ leg у него́ нога́ онеме́ла; I have a ~ neck мне наду́ло в ше́ю; I feel ~ ≅ не могу́ ни согну́ться, ни разогну́ться 3) пло́тный, густо́й; ~ dough густо́е те́сто 4) непреклóнный, непоколеби́мый; ~ denial реши́тельный отка́з 5) натя́нутый, холо́дный, чо́порный; ~ bow церемо́нный покло́н 6) тру́дный; ~ task нелёгкая зада́ча; ~ examination тру́дный экза́мен 7) си́льный (*о ветре*) 8) сильноде́йствующий; кре́пкий (*о напитке*); a ~ doze of medicine си́льная до́за лека́рства 9) чрезме́рный (*о требовании и т. п.*) 10) усто́йчивый (*о ценах, рынке*) 11) стро́гий (*о наказании, приговоре и т. п.*) 12) нело́вкий, неуклю́жий 13) *predic. разг.* до изнеможе́ния, до́ смерти; they bored me ~ я чуть не у́мер от тоски́, ску́ки; I was scared ~ я перепуга́лся до́ смерти ◇ to keep a ~ upper lip а) проявля́ть твёрдость хара́ктера; б) сохраня́ть прису́тствие ду́ха; держа́ться молодцо́м; as ~ as a poker чо́порный; ≅ сло́вно арши́н проглоти́л

**2.** *n sl.* 1) подде́льный чек 2) ве́ксель 3) бродя́га 4) формали́ст, педа́нт 5) труп

**stiffen** [ˈstɪfn] *v* де́лать(ся) неги́бким, жёстким *и пр.* [*см.* stiff 1]; to ~ linen with starch крахма́лить бельё; his resolution ~ed его́ реше́ние ста́ло бо́лее твёрдым

**stiff-necked** [ˈstɪfˈnekt] *a* упря́мый

**stifle** I [ˈstaɪfl] *v* 1) души́ть, удуша́ть 2) задыха́ться 3) туши́ть (*огонь*) 4) замя́ть (*дело и т. п.*) 5) сде́рживать, подавля́ть; to ~ a rebellion подави́ть восста́ние; to ~ a yawn сдержа́ть зево́ту

**stifle** II [ˈstaɪfl] *n* коле́нная ча́шка *или* коле́нный суста́в (*у лошади*)

**stifle-joint** [ˈstaɪfldʒɔɪnt] = stifle II

**stifling** [ˈstaɪflɪŋ] **1.** *pres. p. от* stifle I

**2.** *a* ду́шный

**stigma** [ˈstɪgmə] *n* (*pl* -s [-z], -ta) 1) *ист.* вы́жженное клеймо́ (*у преступника*) 2) позо́р, пятно́ 3) (*pl* -ta; *обыкн. pl*) *церк.* стигма́ты 4) *бот.* ры́льце

**stigmata** [ˈstɪgmətə] *pl от* stigma

**stigmatize** [ˈstɪgmətaɪz] *v* клейми́ть, поноси́ть, бесче́стить

**stile** [staɪl] *n* 1) ступе́ньки для перехо́да че́рез забо́р *или* сте́ну; переле́з 2) турнике́т

**stiletto** [stɪˈletəu] *ит. n* (*pl* -os, -oes [-əuz]) 1) стиле́т 2) *attr.*: ~ heels *разг.* высо́кие и то́нкие каблуки́, «гво́здики», «шпи́льки»

**still** I [stɪl] **1.** *a* 1) ти́хий, бесшу́мный; to keep ~ не шуме́ть 2) неподви́жный, споко́йный; to stand ~ останови́ться; keep ~! не шевели́сь! 3) не игри́стый (*о вине*) ◇ to keep ~ about smth. молча́ть о чём-л.; a ~ small voice го́лос со́вести

**2.** *n* 1) *поэт.* тишина́, безмо́лвие; in the ~ of (the) night в ночно́й тиши́ 2) = still picture 3) рекла́мный кадр

**3.** *v* 1) успока́ивать; утихоми́ривать; to ~ a child убаю́кивать ребёнка 2) успока́ивать, утоля́ть; to ~ hunger утоли́ть го́лод 3) *редк.* успока́иваться; when the tempest ~s когда́ бу́ря ути́хнет

**4.** *adv* 1) до сих по́р, (всё) ещё, по-пре́жнему 2) всё же, тем не ме́нее, одна́ко 3) ещё (*в сравнении*); ~ longer ещё длинне́е; ~ further ещё да́льше; бо́лее того́

**still** II [stɪl] **1.** *n* 1) перего́нный куб; дистилля́тор 2) виноку́ренный заво́д

**2.** *v* перегоня́ть, опресня́ть, дистилли́ровать

**still birth** [ˈstɪlbə:θ] *n* рожде́ние мёртвого плода́

**still-born** [ˈstɪlbɔ:n] *a* мертворождённый

**still life** [ˈstɪllaɪf] *n жив.* натюрмо́рт

**still picture** [ˈstɪlˌpɪktʃə] *n* фотоснимок

**still-room** [ˈstɪlrum] *n* кладовая; буфетная

**stilly** [ˈstɪlɪ] **1.** *adv* тихо, безмолвно

**2.** *a поэт.* тихий

**stilt** [stɪlt] *n* 1) (*обыкн. pl*) ходули; on ~s на ходулях; *перен.* высокопарный 2) ходулочник (*птица*)

**stilted** [ˈstɪltɪd] *a* ходульный, напыщенный, высокопарный, неестественный

**Stilton** [ˈstɪltn] *n* стильтон (*сорт жирного сыра; тж.* ~ cheese)

**stimulant** [ˈstɪmjulənt] **1.** *n* 1) возбуждающее средство 2) спиртной напиток; he never takes ~s он никогда не употребляет спиртных напитков 3) стимул

**2.** *a* возбуждающий, стимулирующий

**stimulate** [ˈstɪmjuleɪt] *v* 1) возбуждать, стимулировать 2) побуждать; поощрять

**stimulation** [ˌstɪmjuˈleɪʃən] *n* 1) возбуждение 2) поощрение

**stimuli** [ˈstɪmjulaɪ] *pl от* stimulus

**stimulus** [ˈstɪmjuləs] *n* (*pl* -li) 1) стимул, побудитель; влияние 2) *физиол.* стимул, раздражитель

**sting** [stɪŋ] **1.** *n* 1) жало 2) *бот.* жгучий волосок 3) укус; ожог крапивой 4) муки; острая боль; the ~s of hunger муки голода 5) ядовитость, колкость 6) острота, сила; his service has no ~ in it у него слабая подача (*в теннисе*)

**2.** *v* (stung) 1) жалить; жечь (*о крапиве и т. п.*) 2) причинять острую боль 3) чувствовать острую боль 4) уязвлять, терзать; to be stung by remorse мучиться угрызениями совести 5) возбуждать; побуждать; the insult stung him into a reply оскорбление побудило его ответить 6) (*обыкн. pass*) *разг.* обмануть, надуть; обобрать, «нагреть»; he was stung for £ 5 его надули на 5 фунтов

**stinger** [ˈstɪŋə] *n* 1) жало (*насекомого*) 2) жалящее насекомое *и т. п.* 3) *разг.* резкий удар 4) язвительный ответ 5) *разг.* виски с содовой 6) *амер. разг.* коктейль из виски и мятного ликёра со льдом

**stinging** [ˈstɪŋɪŋ] **1.** *pres. p. от* sting 2

**2.** *a* 1) жалящий; жгучий; ~ words язвительные слова 2) имеющий жало

**stingo** [ˈstɪŋgəu] *n уст.* крепкое пиво

**stingy** [ˈstɪndʒɪ] *a* 1) скаредный, скупой 2) ограниченный, скудный; ~ crop скудный урожай

**stink** [stɪŋk] **1.** *n* 1) зловоние, вонь 2) *pl школ. жарг.* химия; естественные науки 3) *sl.* скандал, шумиха; to raise a ~ поднять шум, устроить скандал

**2.** *v* (stank, stunk; stunk) 1) вонять; смердеть 2) *амер. sl.* быть отталкивающим, омерзительным; this book ~s это отвратительная книга □ ~ out выгонять, выкуривать ◇ to ~ of money *sl.* быть очень богатым

**stinkard** [ˈstɪŋkəd] *n* 1) *уст.* низкий, подлый человек 2) *зоол.* вонючка

**stink-ball** [ˈstɪŋkbɔːl] *n воен. жарг.* ручная химическая граната

**stinker** [ˈstɪŋkə] *n sl.* 1) кляузное письмо 2) мерзкий тип

**stinking** [ˈstɪŋkɪŋ] **1.** *pres. p. от* stink 2

**2.** *a* 1) вонючий 2) *разг.* противный, отвратительный

**stinkpot** [ˈstɪŋkpɔt] *n воен. жарг.* химическая шашка

**stink-stone** [ˈstɪŋkstəun] *n мин.* вонючий камень

**stint** [stɪnt] **1.** *n* 1) ограничение; предел, граница; to labour without ~ работать не жалея сил 2) урочная работа; определённая норма (*работы*); to do one's daily ~ выполнить дневную норму (*работы*)

**2.** *v* урезывать, ограничивать, скупиться; he does not ~ his praise он не скупится на похвалы

**stipe** [staɪp] *n бот.* ножка, пенёк (*гриба*)

**stipend** [ˈstaɪpend] *n* 1) жалованье (*особ. священника*) 2) *редк.* стипендия

**stipendiary** [staɪˈpendjərɪ] **1.** *a* 1) оплачиваемый 2) получающий жалованье

**2.** *n* должностное лицо, находящееся на жалованье правительства

**stipple** [ˈstɪpl] **1.** *n* работа, гравирование пунктиром

**2.** *v* рисовать *или* гравировать пунктиром

**stipulate** [ˈstɪpjuleɪt] *v* ставить условием, обусловливать, оговаривать в качестве особого условия (that) □ ~ for выговаривать себе *что-л.*

**stipulation** [ˌstɪpjuˈleɪʃən] *n* 1) обусловливание 2) условие

**stipule** [ˈstɪpjuːl] *n бот.* прилистник

**stir** I [stəː] **1.** *n* 1) шевеление; движение; not a ~ ничто не шелохнётся 2) размешивание 3) суматоха, суета, переполох; to create (*или* to make) a ~ произвести сенсацию; возбудить общий интерес; наделать шуму

**2.** *v* 1) шевелить(ся); двигать(ся); he never ~s out of the house он никогда не выходит из дому 2) мешать, помешивать, размешивать; взбалтывать (*тж.* ~ up) 3) волновать, возбуждать (*тж.* ~ up); to ~ the blood возбуждать энтузиазм □ ~ up а) хорошенько размешивать, взбалтывать; б) возбуждать (*любопытство и т. п.*); в) раздувать (*ссору*) ◇ not to ~ an eyelid глазом не моргнуть; not to ~ a finger пальцем не пошевелить; to ~ one's stumps *разг.* пошевеливаться, поторапливаться

**stir** II [stəː] *n sl.* тюрьма, кутузка

**stir-about** [ˈstəːrəbaut] *n* каша

**stirrer-up** [ˈstəːrərˈʌp] *n* виновник; возбудитель

**stirring** [ˈstəːrɪŋ] **1.** *pres. p. от* stir I, 2

**2.** *n* помешивание, взбалтывание

**3.** *a* 1) деятельный, активный; занятый 2) волнующий; ~ times времена, полные событий

**stirrup** [ˈstɪrəp] *n* 1) стремя 2) *тех.* скоба, серьга, бугель, хомут 3) *мор.* подпёрток

**stirrup-cup** [ˈstɪrəpkʌp] *n* прощальный кубок

**stirrup-leather** [ˈstɪrəpˌleðə] *n* путлище, стремянный ремень

**stitch** [stɪtʃ] **1.** *n* 1) стежок, стёжка; шов 2) *мед.* шов; to put ~es into a wound наложить швы на рану; to take ~es out of a wound снять швы с раны 3) петля (*в вязанье*); to drop (to take up) a ~ спустить (поднять) петлю 4) *разг.* малость, немножко; he has not done a ~ of work он не сделал ровно ничего 5) острая боль, колотьё в боку ◇ without a ~ of clothing, not a ~ on совершенно голый; he has not a dry ~ on он промок до нитки; he has not a ~ to his back ≅ он гол как сокол; a ~ in time saves nine *посл.* один стежок, сделанный вовремя, стоит девяти

**2.** *v* шить; стегать; вышивать □ ~ up а) зашивать; б) *полигр.* брошюровать

**stitcher** [ˈstɪtʃə] *n* 1) строчильщик 2) строчильная машина 3) брошюровщик

**stithy** [ˈstɪðɪ] *n уст.* 1) кузница 2) наковальня

**stiver** [ˈstaɪvə] *n* мелкая голландская монета ◇ not worth a ~ гроша не стоит

**St-John's-wort** [sntˈdʒɔnzwəːt] *n бот.* зверобой

**stoat** [stəut] *n* горностай (*в летнем одеянии*)

**stock** [stɔk] **1.** *n* 1) главный ствол (*дерева*) 2) опора, подпора 3) рукоятка, ручка; ружейная ложа 4) *уст.* пень; бревно 5) род, семья; of good ~ из хорошей семьи 6) *биол.* порода, племя 7) раса 8) группа родственных языков 9) запас; инвентарь; word ~ запас слов; basic word ~ основной словарный фонд; dead ~ (мёртвый) инвентарь; in ~ в наличии (*о товарах и т. п.*); под рукой; out of ~ распродано; to lay in ~ делать запасы; to take ~ а) инвентаризировать; делать переучёт товара; б) критически оценивать, рассматривать (of — *что-л.*); приглядываться (of — *к чему-л.*) 10) ассортимент (*товаров*) 11) скот, поголовье скота (*тж.* live ~) 12) парк (*вагонов и т. п.*); подвижной состав 13) сырьё; paper ~ бумажное сырьё (*тряпьё и т. п.*) 14) *эк.* акционерный капитал (*тж.* joint ~); основной капитал; фонды; the ~s государственный долг 15) *амер.* акции; to take ~ in покупать акции; вступать в пай [*см. тж.* ◇] 16) левкой 17) широкий галстук *или* шарф 18) крепкий бульон из костей 19) часть колоды карт, не розданная игрокам 20) = ~ company 2); 21) *pl ист.* колодки 22) *pl мор.* стапель; to be on the ~s стоять на стапеле; *перен.* готовиться, быть в работе (*о литературном произведе-*

нии) 23) *тех.* ба́бка (*станка*) 24) *тех.* при́пуск 25) шток (*якоря*) 26) *метал.* ши́хта, коло́ша 27) *бот.* подво́й ◇ ~s and stones а) неодушевлённые предме́ты; б) бесчу́вственные лю́ди; to take ~ in *жарг.* а) ве́рить; б) придава́ть значе́ние [*см. тж.* 15)]

2. *v* 1) снабжа́ть; to ~ a farm обору́довать хозя́йство 2) име́ть в нали́чии, в прода́же; the shop ~s only cheap goods в э́той ла́вке продаю́тся то́лько дешёвые това́ры 3) храни́ть на скла́де 4) приде́лывать ру́чку *и т. п.*

3. *a* 1) име́ющийся в нали́чии, нагото́ве 2) изби́тый, шабло́нный, заезженный

**stockade** [stɔ'keɪd] **1.** *n* 1) частоко́л 2) *амер.* укрепле́ние, форт 3) *амер.* тюрьма́ для военнослу́жащих

2. *v* огора́живать *или* укрепля́ть частоко́лом

**stock-breeder** ['stɔk,bri:də] *n* животново́д

**stockbroker** ['stɔk,brəukə] *n* биржево́й ма́клер

**stock-car** ['stɔk'kɑ:] *n* 1) сери́йный *или* станда́ртный автомоби́ль 2) ваго́н для скота́

**stock company** ['stɔk,kʌmpənɪ] *n* 1) акционе́рная компа́ния 2) театра́льная тру́ппа, обы́чно выступа́ющая в одно́м теа́тре с определенным репертуа́ром; театра́льная тру́ппа со сре́дним соста́вом актёров (*без звёзд*)

**stockdove** ['stɔkdʌv] *n* кли́нтух (*птица*)

**stock exchange** ['stɔkɪks,ʧeɪndʒ] *n* фо́ндовая би́ржа

**stock-farm** ['stɔkfɑ:m] *n* животново́дческое хозя́йство, скотово́дческая фе́рма

**stockfish** ['stɔkfɪʃ] *n* вя́леная ры́ба

**stockholder** ['stɔk,həuldə] *n* акционе́р

**stockinet** [,stɔkɪ'net] *n* 1) трикота́ж, трикота́жное полотно́ 2) чуло́чная вя́зка

**stocking I** ['stɔkɪŋ] *n* 1) чуло́к 2) *attr.*: ~ cap де́тская *или* спорти́вная вя́заная ша́почка; in one's ~ feet в одни́х чулка́х

**stocking II** ['stɔkɪŋ] *pres. p. от* stock 2

**stockinged** ['stɔkɪŋd] *a* в чулке́

**stock-in-trade** ['stɔkɪn'treɪd] *n* 1) запа́с това́ров 2) арсена́л средств, кото́рым располага́ют представи́тели определённой профе́ссии; a sense of style is part of the ~ of any writer ка́ждому писа́телю неизме́нно прису́ще чу́вство сти́ля 3) обору́дование, инвента́рь

**stockjobber** ['stɔk,dʒɔbə] *n пренебр.* биржево́й спекуля́нт, ма́клер

**stockjobbery, stockjobbing** ['stɔk-,dʒɔbərɪ, -,dʒɔbɪŋ] *n пренебр.* спекуляти́вные биржевы́е сде́лки

**stockman** ['stɔkmæn] *n* (*преим. австрал.*) скотово́д; пасту́х

**stock-market** ['stɔk,mɑ:kɪt] *n* 1) фо́ндовая би́ржа 2) у́ровень цен на би́рже

**stockpile** ['stɔkpaɪl] **1.** *n* 1) запа́с, резе́рв 2) *горн.* шта́бель; отва́л

2. *v* 1) нака́пливать, де́лать запа́сы 2) *горн.* штабели́ровать

**stockpiling** ['stɔk,paɪlɪŋ] **1.** *pres. p. от* stockpile 2

2. *n* накопле́ние

**stock-raising** ['stɔk,reɪzɪŋ] **1.** *n* животново́дство, скотово́дство

2. *a* животново́дческий, скотово́дческий

**stockrider** ['stɔk,raɪdə] *n австрал.* ко́нный пасту́х, ковбо́й

**stockroom** ['stɔkrum] *n* склад, кладова́я

**stock-still** ['stɔk'stɪl] *adv* неподви́жно; как столб; he stood ~ он стоя́л как вко́панный

**stock-taking** ['stɔk,teɪkɪŋ] *n* 1) переучёт това́ра; прове́рка инвентаря́ 2) обзо́р, оце́нка, крити́ческий ана́лиз (*событий, успехов, достижений и т. п.*)

**stock-whip** ['stɔkwɪp] *n* бич пастуха́

**stocky** ['stɔkɪ] *a* призе́мистый, корена́стый

**stockyard** ['stɔk'jɑ:d] *n* скотоприго́нный двор

**stodge** [stɔdʒ] *sl.* **1.** *n* тяжёлая, сы́тная еда́

2. *v* жа́дно есть, уплета́ть

**stodgy** ['stɔdʒɪ] *a* 1) тяжёлый (*о пище*) 2) перегру́женный (*деталями*); ску́чный; тяжелове́сный (*о произведении*) 3) ску́чный, ну́дный (*о человеке*)

**stogie, stogy** ['stəudʒɪ] *n амер.* 1) тяжёлый сапо́г 2) дешёвая сига́ра

**stoic** ['stəuɪk] **1.** *n* сто́ик

2. *a* стои́ческий

**stoical** ['stəuɪkəl] = stoic 2

**stoicism** ['stəuɪsɪzm] *n* стоици́зм

**stoke** [stəuk] *v* подде́рживать ого́нь (*в топке*); забра́сывать то́пливо; шурова́ть; топи́ть (*тж.* ~ up)

**stokehold** ['stəukhəuld] *n* кочега́рка

**stokehole** ['stəukhəul] = stokehold

**stoker** ['stəukə] *n* 1) кочега́р; истопни́к; коте́льный машини́ст 2) механи́ческая то́пка, сто́кер

**stole I** [stəul] *n* 1) *др.-рим.* сто́ла 2) паланти́н, мехова́я наки́дка 3) *церк.* епитрахи́ль, ора́рь

**stole II** [stəul] *past от* steal 1

**stolen** ['stəulən] *p. p. от* steal 1

**stolid** ['stɔlɪd] *a* флегмати́чный, бесстра́стный

**stolidity** [stɔ'lɪdɪtɪ] *n* флегмати́чность

**stomach** ['stʌmək] **1.** *n* 1) желу́док; on an empty ~ на пусто́й, голо́дный желу́док; to turn one's ~ вызыва́ть тошноту́; прети́ть 2) живо́т 3) аппети́т, вкус, скло́нность (*к чему-л.*); to have ~ for име́ть жела́ние 4) *уст.* отва́га, му́жество ◇ pround (*или* high) ~ высокоме́рие

2. *v* 1) быть в состоя́нии съесть; быть в состоя́нии перевари́ть 2) стерпе́ть, снести́; to ~ an insult проглоти́ть оби́ду

**stomach-ache** ['stʌməkeɪk] *n* боль в животе́

**stomacher** ['stʌməkə] *n ист.* су́живающийся книзу пе́ред корса́жа; корса́ж

**stomachic** [stəu'mækɪk] **1.** *a* 1) желу́дочный 2) спосо́бствующий пищеваре́нию

2. *n* желу́дочное сре́дство

**stomach-pump** ['stʌməkpʌmp] *n* желу́дочный зонд

**stomach-tooth** ['stʌməktu:θ] *n* ни́жний клык (*молочный*)

**stomatitis** [,stɔmə'taɪtɪs] *n мед.* стомати́т

**stomatology** [,stɔmə'tɔlədʒɪ] *n* стоматоло́гия

**stone** [stəun] **1.** *n* 1) ка́мень; to break ~s бить щёбень; *перен.* выполня́ть тяжёлую рабо́ту; зараба́тывать тяжёлым трудо́м 2) драгоце́нный ка́мень 3) ка́мень (*материал*); to build of ~ стро́ить из ка́мня; heart of ~ ка́менное се́рдце 4) ко́сточка (*сливы и т. п.*); зёрнышко (*плода*) 5) гра́дина 6) *мед.* ка́мень 7) ка́менная боле́знь 8) (*pl обыкн. без измен.*) сто́ун (= *14 фунтам* = *6,34 кг*) ◇ to leave no ~ unturned испро́бовать всевозмо́жные сре́дства; приложи́ть все стара́ния

2. *a* ка́менный; ~ implements ка́менные ору́дия

3. *v* 1) облицо́вывать *или* мости́ть ка́мнем 2) вынима́ть ко́сточки (*из фруктов*) 3) побива́ть камня́ми

**Stone Age** ['stəun'eɪdʒ] *n* ка́менный век

**stone-blind** ['stəun'blaɪnd] *a* соверше́нно слепо́й

**stone-broke** ['stəun'brəuk] = stony-broke

**stone-cast** ['stəunkɑ:st] = stone's cast

**stone-coal** ['stəunkəul] *n* кусково́й антраци́т

**stone-cold** ['stəun'kəuld] *a* ≅ холо́дный как лёд

**stone-cutter** ['stəun,kʌtə] *n* каменоте́с

**stoned** [stəund] **1.** *p. p. от* stone 3

2. *a* очи́щенный от ко́сточек

**stone-dead** ['stəun'ded] *a* мёртвый

**stone-deaf** ['stəun'def] *a* соверше́нно глухо́й

**stone-fruit** ['stəunfru:t] *n бот.* костя́нка, ко́сточковый плод

**stone-jug** ['stəundʒʌg] *n sl.* тюрьма́

**stone-mason** ['stəun,meɪsn] *n* ка́менщик

**stone-pine** ['stəunpaɪn] *n бот.* пи́ния

**stone-pit** ['stəunpɪt] *n* каменоло́мня, карье́р

**stone's cast** ['stəunzkɑ:st] *n* 1) расстоя́ние, на кото́рое мо́жно бро́сить ка́мень 2) небольшо́е расстоя́ние

**stone's throw** ['stəunz'θrəu] = stone's cast

**stone-still** ['stəun'stɪl] *a* как вко́панный

**stonewall** ['stəun'wɔ:l] *v* устра́ивать обстру́кцию в парла́менте

**stonewalling** ['stəun'wɔ:lɪŋ] *n* (*особ. австрал.*) парла́ментская обстру́кция; оппози́ция, сопротивле́ние

**stoneware** ['stəunwɛə] *n* керами́ческие изде́лия, гли́няная посу́да

**stonework** [ˈstəunwə:k] *n* ка́менная кла́дка; ка́менные рабо́ты

**stony** [ˈstəunɪ] *a* 1) камени́стый 2) ка́менный; твёрдый 3) холо́дный, неподви́жный; ~ stare неподви́жный, неузна́ющий взгляд 4) = stony-broke

**stony-broke** [ˈstəunɪbrəuk] *a sl.* по́лностью разорённый, оста́вшийся без вся́ких средств

**stony-hearted** [ˈstəunɪˌhɑ:tɪd] *a* жестокосе́рдный

**stood** [stud] *past и p. p. от* stand 2

**stooge** [stu:dʒ] *разг.* **1.** *n* 1) партнёр ко́мика (*в театре*) 2) *разг.* зави́симое *или* подчинённое лицо́; марионе́тка 3) подставно́е лицо́; провока́тор, осведоми́тель

**2.** *v* игра́ть подчинённую роль; to ~ for smb. быть марионе́ткой

**stool** [stu:l] *n* 1) табуре́т(ка); ~ of repentance *ист.* позо́рный стул в шотла́ндских церква́х; *перен.* публи́чное униже́ние 2) скаме́ечка 3) су́дно, стульча́к 4) *мед.* стул, де́йствие кише́чника; to go to ~ испражня́ться 5) ко́рень *или* пень, пуска́ющий побе́ги ◇ to fall between two ~s сиде́ть ме́жду двух сту́льев

**stool-pigeon** [ˈstu:lˈpɪdʒɪn] *n* 1) го́лубь, слу́жащий для прима́нивания други́х голубе́й 2) провока́тор, осведоми́тель

**stoop** I [stu:p] **1.** *n* 1) суту́лость 2) снисхожде́ние 3) униже́ние 4) стреми́тельный полёт вниз, паде́ние (*сокола и т. п.*) 5) *горн.* предохрани́тельный цели́к

**2.** *v* 1) наклоня́ть(ся), нагиба́ть(ся) 2) суту́литься 3) унижа́ть(ся) 4) снисходи́ть (to — до) 5) устремля́ться вниз (*тж.* ~ down)

**stoop** II [stu:p] *n амер.* крыльцо́ со ступе́ньками; вера́нда

**stop** [stɔp] **1.** *n* 1) остано́вка, заде́ржка, прекраще́ние; коне́ц; to bring to a ~ останови́ть; to come to a ~ останови́ться; to put a ~ to smth. положи́ть чему́-л. коне́ц; the train goes through without a ~ по́езд идёт без остано́вок 2) па́уза, переры́в 3) коро́ткое пребыва́ние, остано́вка 4) остано́вка (*трамвая и т. п.*); request ~ остано́вка по тре́бованию 5) знак препина́ния; full ~ то́чка 6) = stopper 1, 1); 7) кла́пан, ве́нтиль (*духового инструмента*); реги́стр (*орга́на*) 8) прижима́ние па́льца к струне́ (*на скрипке и т. п.*) 9) *фон.* взрывно́й согла́сный звук (*тж.* ~ consonant) 10) = stop-order 1); 11) *тех.* остано́в, ограничи́тель, сто́пор 12) *фото* диафра́гма

**2.** *v* 1) остана́вливать(ся); to ~ dead внеза́пно, ре́зко останови́ться; to ~ short at smth. не переступа́ть гра́ни чего́-л.; not to ~ short of anything ни пе́ред че́м не остана́вливаться; ~ the thief! держи́ во́ра!; do not ~ продолжа́йте; the train ~s five minutes по́езд стои́т пять мину́т; ~ a moment! посто́йте! 2) прекраща́ть (-ся); конча́ть(ся); ~ grumbling! переста́ньте ворча́ть!; to ~ payment прекрати́ть платежи́, обанкро́титься 3) *разг.* остана́вливаться, остава́ться непродолжи́тельное вре́мя; гости́ть; to ~ with friends гости́ть у друзе́й; to ~ at home остава́ться до́ма 4) уде́рживать, вычита́ть; уре́зывать; the cost must be ~ped out of his salary сто́имость должна́ быть уде́ржана из его́ жа́лованья 5) уде́рживать (from — от *чего-л.*); I could not ~ him from doing it я не мог удержа́ть его́ от э́того 6) прегражда́ть; блоки́ровать; to ~ the way прегражда́ть доро́гу 7) затыка́ть, заде́лывать (*тж.* ~ up); зама́зывать, шпаклева́ть; to ~ a hole заде́лывать отве́рстие; to ~ a leak останови́ть течь; to ~ one's ears затыка́ть у́ши; to ~ smb.'s mouth заткну́ть кому́-л. рот; to ~ a tooth запломбирова́ть зуб; to ~ a wound остана́вливать кровотече́ние из ра́ны 8) ста́вить зна́ки препина́ния 9) отража́ть (*удар в боксе*) 10) *муз.* прижима́ть струну́ (*скрипки и т. п.*); нажима́ть кла́пан, ве́нтиль (*духового инструмента*) 11) *мор.* сто́порить, закрепля́ть □ ~ **by** *амер.* загляну́ть, зайти́; ~ **down** *фото* затемня́ть ли́нзу диафра́гмой; ~ **in** = ~ by; ~ **off** *разг. см.* ~ over; ~ **out** покрыва́ть предохрани́тельным сло́ем (*при травлении на металле*); ~ **over** останови́ться в пути́, сде́лать остано́вку; ~ **up** а) затыка́ть, заде́лывать; б) *разг.* не ложи́ться спать ◇ to ~ a blow with one's head *шутл.* получи́ть уда́р в го́лову; to ~ bullet (*или* a shell) *sl.* быть ра́неным *или* уби́тым

**stopcock** [ˈstɔpkɔk] *n* запо́рный кран

**stopgap** [ˈstɔpgæp] *n* 1) заты́чка 2) вре́менная ме́ра (*тж.* ~ measure); паллиати́в 3) заме́на; вре́менный замести́тель

**stop-light** [ˈstɔplaɪt] *n* 1) кра́сный сигна́л светофо́ра 2) *авто* стоп-сигна́л

**stop-off** [ˈstɔpˈɔf] = stop-over

**stop-order** [ˈstɔpˌɔ:də] *n* 1) инстру́кция ба́нку о прекраще́нии платеже́й 2) поруче́ние биржево́му ма́клеру прода́ть *или* купи́ть це́нные бума́ги в свя́зи с измене́нием ку́рса на би́рже

**stop-over** [ˈstɔpˌəuvə] *n амер.* 1) остано́вка в пути́ (*с правом использования того же билета*) 2) биле́т, допуска́ющий остано́вку в пути́; транзи́тный биле́т

**stoppage** [ˈstɔpɪdʒ] *n* 1) остано́вка, заде́ржка 2) *тех.* засоре́ние 3) прекраще́ние рабо́ты, забасто́вка 4) вы́чет, удержа́ние

**stopper** [ˈstɔpə] **1.** *n* 1) про́бка; заты́чка 2) *мор.* сто́пор ◇ to put a ~ on smth. *разг.* положи́ть коне́ц чему́-л.

**2.** *v* заку́поривать, затыка́ть

**stopping** [ˈstɔpɪŋ] **1.** *pres. p. от* stop 2

**2.** *n* 1) остано́вка, затыка́ние *и пр.* [*см.* stop 2] 2) зубна́я пло́мба

**stopple** [ˈstɔpl] *редк.* **1.** *n* заты́чка, про́бка

**2.** *v* затыка́ть, заку́поривать

**stop-press** [ˈstɔppres] *n* э́кстренное сообще́ние в газе́те, «в после́днюю мину́ту»

**stop-watch** [ˈstɔpwɔtʃ] *n* секундоме́р с остано́вом

**storage** [ˈstɔ:rɪdʒ] *n* 1) хране́ние 2) склад, храни́лище 3) пла́та за хране́ние в холоди́льнике *или* на скла́де 4) накопле́ние; аккумули́рование 5) запомина́ющее устро́йство, па́мять (*вычислительной машины*)

**storage battery** [ˈstɔ:rɪdʒˌbætərɪ] *n эл.* аккумуля́торная батаре́я

**storage reservoir** [ˈstɔrɪdʒˈrezəvwɑ:] *n* водохрани́лище

**store** [stɔ:] **1.** *n* 1) запа́с, резе́рв; in ~ наготове́, про запа́с; to lay in ~ for the winter запаса́ть на́ зиму; I have a surprise in ~ for you у меня́ для вас пригото́влен сюрпри́з 2) *pl* запа́сы, припа́сы; иму́щество; marine ~s ста́рое корабе́льное иму́щество 3) склад, пакга́уз; to deposit one's furniture in a ~ сдать ме́бель на хране́ние на склад 4) (*преим. амер.*) магази́н, ла́вка 5) (the ~s) *pl* универма́г 6) большо́е коли́чество; изоби́лие 7) *attr.* запа́сный, запасно́й; оста́вленный про запа́с; оста́вленный для испо́льзования впосле́дствии 8) *attr.* (*преим. амер.*) гото́вый, ку́пленный в магази́не; ~ clothes гото́вое пла́тье ◇ to set (great) ~ by придава́ть (большо́е) значе́ние; (высоко́) цени́ть

**2.** *v* 1) снабжа́ть; наполня́ть; his mind is well ~d with knowledge он о́чень мно́го зна́ет 2) запаса́ть, откла́дывать (*тж.* ~ up); the harvest has been ~d урожа́й у́бран 3) отдава́ть на хране́ние, храни́ть на скла́де 4) вмеща́ть

**store cattle** [ˈstɔ:ˌkætl] *n* скот, предназна́ченный для отко́рма

**storehouse** [ˈstɔ:haus] *n* 1) склад; амба́р; кладова́я 2) сокро́вищница; кла́дезь; a ~ of information энциклопе́дия

**storekeeper** [ˈstɔ:ˌki:pə] *n* 1) ла́вочник 2) кладовщи́к

**store-room** [ˈstɔ:rum] *n* кладова́я; цейхга́уз

**store-ship** [ˈstɔ:ʃɪp] *n мор.* тра́нспорт с запа́сами

**storey** [ˈstɔ:rɪ] *n* эта́ж; я́рус; to add a ~ to a house надстро́ить дом ◇ the upper ~ *см.* upper 1, 1)

**-storeyed** [-ˈstɔ:rɪd] *в сложных словах* -эта́жный; one-storeyed одноэта́жный

**storied** [ˈstɔ:rɪd] *a* 1) легенда́рный; изве́стный по преда́ниям 2) укра́шенный истори́ческими *или* легенда́рными сюже́тами

**-storied** [-ˈstɔ:rɪd] = -storeyed

**storiette** [ˌstɔ:rɪˈet] *n* коро́ткий расска́з

**stork** [stɔ:k] *n* а́ист

**storm** [stɔ:m] **1.** *n* 1) бу́ря, гроза́, урага́н; *мор.* шторм 2) взрыв, град (*чего-л.*); ~ of applause взрыв аплодисме́нтов; ~ of arrows град стрел; ~ of shells урага́н снаря́дов; 3) си́льное волне́ние, смяте́ние 4) *воен.* штурм; to take by ~ взять штурмом; *перен.* увлéчь, захватить 5) *радио* возмущéние ◇ a ~ in a teacup бýря в стакáне воды́

**2.** *v* 1) бушевáть, свирéпствовать 2) кричáть, горячи́ться (at) 3) стреми́тельно нести́сь, проноси́ться 4) *воен.* брать при́ступом, штурмовáть

**storm-beaten** [ˈstɔːmˌbiːtn] *a* 1) потрёпанный бýрей(-ями) 2) мнóго переживший, видáвший ви́ды

**storm-belt** [ˈstɔːmbelt] *n метео* пóяс бурь

**storm-boat** [ˈstɔːmbəut] *n мор.* десáнтный кáтер

**stormbound** [ˈstɔːmbaund] *a* задéржанный штóрмом

**storm-centre** [ˈstɔːmˌsentə] *n* 1) *метео* центр циклóна 2) центр спóров 3) очáг (*восстания, эпидемии*)

**storm-cloud** [ˈstɔːmklaud] *n* 1) грозовáя тýча 2) нéчто, предвещáющее бедý; «тýча на горизóнте»

**storm-cone** [ˈstɔːmkəun] *n* штормовóй сигнáл

**storm-drum** [ˈstɔːmdrʌm] *n* штормовóй сигнáльный цили́ндр

**storm-finch** [ˈstɔːmfɪntʃ] = stormy petrel

**storm-ladder** [ˈstɔːmˌlædə] *n мор.* штормтрáп

**storm-petrel** [ˈstɔːmˌpetrəl] = stormy petrel

**storm-proof** [ˈstɔːmpruːf] *a* спосóбный вы́держать штóрм

**storm-trooper** [ˈstɔːmˌtruːpə] *n* 1) боéц удáрных частéй 2) *ист.* штурмови́к; боéц из фаши́стских отря́дов СА

**storm-troops** [ˈstɔːmtruːps] *n pl* штурмовы́е отря́ды; удáрные чáсти

**storm-window** [ˈstɔːmˌwɪndəu] *n* вторáя окóнная рáма

**stormy** [ˈstɔːmɪ] *a* бýрный; штормовóй 2) предвещáющий бýрю (*тж. перен.*); ~ sunset закáт, предвещáющий бýрю 3) я́ростный, неистóвый

**stormy petrel** [ˈstɔːmɪˌpetrəl] *n зоол.* буревéстник, качýрка мáлая

**stort(h)ing** [ˈstɔːtɪŋ] *n* стóртинг (*парламент Норвегии*)

**story** I [ˈstɔːrɪ] *n* 1) расскáз, пóвесть; short ~ корóткий расскáз, новéлла; a good (*или* funny) ~ анекдóт; Canterbury ~ = Canterbury tale [*см.* tale ◇] 2) истóрия; предáние; скáзка; the ~ goes that предáние гласи́т; his ~ is an eventful one егó биогрáфия богáта собы́тиями; according to his ~ по егó словáм; they all tell the same ~ они́ все говоря́т однó и тó же 3) фáбула, сюжéт 4) *разг., преим. детск.* вы́думка; ложь; don't tell stories не сочиня́йте 5) *амер.* газéтный материáл ◇ that is another ~ э́то другóе дéло; it is quite another ~ now положéние тепéрь измени́лось

**story** II [ˈstɔːrɪ] = storey

**story-book** [ˈstɔːrɪbuk] *n* сбóрник расскáзов, скáзок

**story-teller** [ˈstɔːrɪˌtelə] *n* 1) расскáзчик 2) áвтор расскáзов 3) скáзочник 4) *разг.* лгун, вы́думщик

**stout** [staut] **1.** *a* 1) крéпкий, прóчный, плóтный 2) отвáжный, реши́тельный, си́льный; ~ heart смéлость; ~ opponent стóйкий проти́вник; ~ resistance упóрное сопротивлéние 3) пóлный, тýчный, дорóдный

**2.** *n* 1) пóлный человéк 2) крéпкий пóртер

**stout-hearted** [ˈstautˌhɑːtɪd] *a* стóйкий, смéлый

**stoutness** [ˈstautnɪs] *n* 1) прóчность, крéпость 2) отвáга, стóйкость 3) полнотá, тýчность

**stove** I [stəuv] *n* 1) печь, пéчка; кýхонная плитá 2) тепли́ца 3) суши́лка 4) *attr.* печнóй; ~ heating печнóе отоплéние

**stove** II [stəuv] *past и p. p. от* stave 2

**stove-pipe** [ˈstəuvpaɪp] *n* 1) дымохóд, желéзная дымовáя трубá 2) *амер. разг.* цили́ндр (*шляпа; тж.* ~ hat)

**stover** [ˈstəuvə] *n* грýбые кормá для скотá

**stow** [stəu] *v* 1) уклáдывать, склáдывать 2) наполня́ть, набивáть (with); to ~ a ship грузи́ть сýдно 3) *sl.* прекращáть; ~ that nonsense! брóсьте э́ти глýпости! □ ~ **away** а) прятать; б) éхать на парохóде без билéта

**stowage** [ˈstəuɪdʒ] *n* 1) склáдывание, уклáдка 2) *мор.* шти́вка 3) склáдочное мéсто 4) плáта за уклáдку *или* хранéние на склáде 5) *горн.* заклáдка

**stowaway** [ˈstəuəweɪ] *n* безбилéтный пассажи́р (*на пароходе, самолёте*)

**straddle** [ˈstrædl] **1.** *n* 1) стоя́ние, сидéние *или* ходьбá с широкó расстáвленными ногáми 2) *амер. разг.* колебáния, двóйственная поли́тика 3) *бирж.* двойнóй опциóн, стеллáж 4) *арт.* накрывáющая грýппа (разры́вов снаря́дов); *мор.* накрывáющий залп

**2.** *v* 1) широкó расставля́ть нóги 2) *амер. разг.* колебáться, вести́ двóйственную поли́тику 3) *воен.* накрывáть (*огнём*); захвáтывать цель в ви́лку

**strafe** [strɑːf] *sl.* **1.** *n* 1) атáка с брéющего полёта 2) наказáние

**2.** *v* 1) атаковáть с брéющего полёта 2) разноси́ть, ругáть; накáзывать

**straggle** [ˈstrægl] **1.** *n* разбрóсанная грýппа (*предметов*)

**2.** *v* 1) быть разбрóсанным, тянýться беспоря́дочно 2) отставáть, идти́ вразбрóд, дви́гаться в беспоря́дке

**straggler** [ˈstræglə] *n* отстáвший (солдáт); отстáвшее сýдно

**straggling** [ˈstræglɪŋ] **1.** *pres. p. от* straggle 2

**2.** *n* разбрóсанный, беспоря́дочный; ~ village широкó раски́нувшаяся дерéвня

**straight** [streɪt] **1.** *a* 1) прямóй, неизóгнутый 2) прямóй, невью́щийся (*о волосах*) 3) прáвильный; рóвный; находя́щийся в поря́дке; ~ eye вéрный глаз, хорóший глазомéр; put the picture ~ попрáвьте карти́ну; to put a room ~ привести́ кóмнату в поря́док; is my hat on ~? у меня́ шля́па прáвильно надéта?; to put things ~ привести́ делá в поря́док 4) чéстный, прямóй, и́скренний; a ~ question прямóй вопрóс; ~ talk откровéнный разговóр; ~ fight а) чéстный бой; б) *полит.* (предвы́борная) борьбá, в котóрой учáствуют тóлько два кандидáта; ~ speaking и́скренность; прямотá; to keep ~ оставáться чéстным 5) *разг.* надёжный, вéрный; ~ tip свéдения из достовéрных истóчников 6) *амер. полит.* неуклóнно поддéрживающий решéния своéй пáртии; прéданный своéй пáртии; to vote the ~ ticket голосовáть за спи́сок кандидáтов своéй пáртии 7) *амер.* неразбáвленный; ~ whisky неразбáвленное ви́ски 8) *амер. разг.* поштýчный (*о цене*); cigars ten cents ~ сигáры стóимостью дéсять цéнтов за штýку

**2.** *adv* 1) пря́мо, по прямóй ли́нии; to ride ~ éхать напрями́к; to hit ~ нанести́ прямóй удáр 2) прáвильно, тóчно, мéтко; to shoot ~ мéтко стреля́ть 3) пря́мо, чéстно, откры́то; tell me ~ what you think скажи́те мне пря́мо, что вы дýмаете 4) немéдленно, срáзу □ ~ away *разг.* срáзу, тóтчас; ~ off срáзу, не обдýмав; ~ out напрями́к, пря́мо ◇ to go (*или* to run) ~ (начáть) вести́ чéстный óбраз жи́зни

**3.** *n* (the ~) *тк. sing* 1) прямизнá 2) прямáя ли́ния 3) прямáя (*перед финишем на скачках*) 4) *разг.* прáвильный, чéстный óбраз жи́зни; to be on the ~ жить чéстно (*о бывшем преступнике*)

**straightaway** [ˈstreɪtəweɪ] *a* 1) прямóй 2) бы́стрый

**straight-edge** [ˈstreɪtedʒ] *n* линéйка, прави́ло

**straighten** [ˈstreɪtn] *v* 1) выпрямля́ть(ся) 2) выправля́ть, приводи́ть в поря́док 3) *разг.* испрáвиться

**straightforward** [ˌstreɪtˈfɔːwəd] **1.** *a* 1) прямóй; дви́жущийся *или* вéдущий пря́мо вперёд 2) чéстный, прямóй, откровéнный 3) простóй; ~ style простóй стиль

**2.** *adv* пря́мо, откры́то

**straight-out** [ˈstreɪtˈaut] *a амер. разг.* 1) прямóй, откры́тый 2) бескомпроми́ссный

**straightway** [ˈstreɪtweɪ] *adv* срáзу, немéдленно

**strain** I [streɪn] **1.** *n* 1) натяжéние, растяжéние; the rope broke under the ~ верёвка лóпнула от натяжéния 2) напряжéние; to bear the ~ вы́держивать напряжéние 3) *тех.* деформáция

**2.** *v* 1) натя́гивать; растя́гивать (-ся); to ~ a tendon растянýть сухожи́лие 2) напрягáть(ся); переутомля́ть(ся); старáться изо всéх сил; the masts ~ and groan мáчты гнýтся и скрипя́т; to ~ under a load напря́чь уси́лия под тя́жестью нóши; to ~ at the oars налегáть на вёсла 3) превыша́ть; злоупотребля́ть; наси́ловать; to ~ the law допусти́ть натя́жку в истолкова́нии зако́на; to ~ a person's patience испы́тывать чьё-л. терпе́ние 4) обнима́ть, сжима́ть; to ~ smb. in one's arms сжать кого́-л. в объя́тиях; to ~ to one's heart прижа́ть к се́рдцу 5) проце́живать(ся); фильтрова́ть(ся); проса́чиваться 6) *тех.* вызыва́ть оста́точную деформа́цию □ ~ **after** тяну́ться за *чем-л.*; стреми́ться к *чему-л.*; ~ **at** быть чрезме́рно щепети́льным; ~ **off** отце́живать

**strain** II [streɪn] *n* 1) поро́да, пле́мя, род 2) насле́дственная черта́; черта́ хара́ктера; накло́нность; a ~ of cruelty не́которая жесто́кость, элеме́нт жесто́кости 3) *биол.* штамм 4) стиль, тон ре́чи; much more in the same ~ и мно́го ещё в том же ду́хе; he spoke in a dismal ~ он говори́л в меланхоли́ческом то́не 5) (*обыкн. pl*) *муз., поэт.* напе́в, мело́дия; поэ́зия, стихи́; the ~s of the harp зву́ки а́рфы; martial ~s воинственные напе́вы

**strained** [streɪnd] **1.** *p. p. от* strain I, 2

**2.** *a* 1) натя́нутый, напряжённый; неесте́ственный; ~ cordiality напускна́я серде́чность; ~ relations натя́нутые отноше́ния; ~ smile де́ланная улы́бка 2) искажённый 3) профильтро́ванный, проце́женный 4) *тех.* деформи́рованный

**strainer** ['streɪnə] *n* 1) си́то; фильтр 2) стя́жка; натяжно́е устро́йство

**straining** ['streɪnɪŋ] **1.** *pres. p. от* strain I, 2

**2.** *n* напряже́ние *и пр.* [*см.* strain I, 2]; do your best without ~ сде́лайте что мо́жете, но не напряга́йтесь

**strait** [streɪt] *n* 1) (*часто pl*) проли́в 2) (*обыкн. pl*) затрудни́тельное положе́ние, стеснённые обстоя́тельства, нужда́; in great ~s в бе́дственном положе́нии 3) *редк.* переше́ек

**straiten** ['streɪtn] *v* 1) ограни́чивать; стесня́ть 2) *уст.* су́живать

**straitened** ['streɪtnd] **1.** *p. p. от* straiten

**2.** *a* стеснённый; ~ circumstances стеснённые обстоя́тельства

**strait jacket** ['streɪt,dʒækɪt] *n* смири́тельная руба́шка

**strait-laced** [,streɪt'leɪst] *a* стро́гий, пурита́нский, нетерпи́мый в вопро́сах нра́вственности

**strait waistcoat** [,streɪt'weɪskəut] = strait jacket

**stramineous** [strə'mɪnɪəs] *a* 1) соло́менный 2) соло́менно-жёлтый 3) не име́ющий значе́ния, ве́са

**stramonium** [strə'məunɪəm] *n* 1) *бот.* дурма́н 2) *фарм.* страмо́ний

**strand** I [strænd] **1.** *n* бе́рег, прибре́жная полоса́

**2.** *v* 1) сесть на мель (*тж. перен.*) 2) посади́ть на мель (*тж. перен.*) 3) вы́бросить на бе́рег

**strand** II [strænd] **1.** *n* 1) прядь; стре́нга (*троса, кабеля*); ~s of hair пря́ди воло́с 2) ни́тка (*бус*)

**2.** *v* вить, скру́чивать

**stranded** I ['strændɪd] **1.** *p. p. от* strand I, 2

**2.** *a* 1) сидя́щий на мели́; вы́брошенный на бе́рег 2) без средств, в затрудни́тельном положе́нии

**stranded** II ['strændɪd] **1.** *p. p. от* strand II, 2

**2.** *a* скру́ченный, вито́й

**strange** [streɪndʒ] *a* 1) чужо́й; чу́ждый; незнако́мый, неизве́стный; in ~ lands в чужи́х края́х; this handwriting is ~ to me э́тот по́черк мне неизве́стен 2) стра́нный, необыкнове́нный; удиви́тельный; чудно́й; ~ to say удиви́тельно, что 3) *predic.* непривы́чный, незнако́мый; to feel ~ in company стесня́ться в о́бществе; he is ~ to the job он незнако́м с де́лом; I feel ~ мне не по себе́ 4) сде́ржанный, холо́дный ◇ ~ woman *уст.* блудни́ца

**stranger** ['streɪndʒə] *n* 1) чужестра́нец, чужо́й; незнако́мец; посторо́нний (челове́к); you are quite a ~ here вы ре́дко здесь пока́зываетесь 2) челове́к, не знако́мый (*с чем-л.*); he is a ~ to fear он не зна́ет стра́ха; he is no ~ to sorrow он зна́ет, что тако́е го́ре ◇ the little ~ *шутл.* новорождённый; to make a ~ of smb. хо́лодно обходи́ться с кем-л.; to spy (*или* to see) ~s *парл.* тре́бовать удале́ния посторо́нней пу́блики (*из палаты общин*)

**strangle** ['stræŋgl] *v* 1) задуши́ть, удави́ть 2) задыха́ться 3) жать (*о воротничке и т. п.*) 4) подавля́ть

**stranglehold** ['stræŋglhəuld] *n* удуше́ние; мёртвая хва́тка (*обыкн. перен.*)

**strangulate** ['stræŋgjuleɪt] *v* 1) *мед.* сжима́ть, перехва́тывать (*кишку, вену и т. п.*) 2) *редк.* души́ть

**strangulation** [,stræŋgju'leɪʃən] *n* 1) *мед.* зажима́ние, перехва́тывание; ущемле́ние 2) удуше́ние

**strangury** ['stræŋgjurɪ] *n* боле́зненное, затруднённое мочеиспуска́ние

**strap** [stræp] **1.** *n* 1) реме́нь, ремешо́к 2) поло́ска мате́рии *или* мета́лла; штри́пка 3) завя́зка 4) *воен.* пого́н 5) реме́нь для пра́вки бритв 6) (the ~) по́рка ремнём 7) *тех.* крепи́тельная пла́нка; скоба́ 8) *мор. ав.* строп

**2.** *v* 1) стя́гивать ремнём (*тж.* ~ down, ~ up) 2) пра́вить (бри́тву) на ремне́ 3) хлеста́ть ремнём 4) стя́гивать края́ ра́ны ли́пким пла́стырем

**straphanger** ['stræp,hæŋə] *n разг.* стоя́щий пассажи́р, держа́щийся за реме́нь

**strapontin** [,stræpɔn'tæŋ] *фр. n* приставно́й стул (*в театре*); откидно́е сиде́нье

**strappado** [strə'peɪdəu] *n* (*pl* -os, -oes [-əuz]) *ист.* ды́ба

**strapper** ['stræpə] *n* здоро́вый, ро́слый челове́к

**strapping** ['stræpɪŋ] **1.** *pres. p. от* strap 2

**2.** *n* 1) *собир.* ремни́ 2) прикрепле́ние *или* стя́гивание ремня́ми 3) ли́пкий пла́стырь в ви́де ле́нты 4) наложе́ние повя́зки из ли́пкого пла́стыря 5) по́рка ремнём

**3.** *a* ро́слый; си́льный; здоро́вый

**strata** ['strɑ:tə] *pl от* stratum

**stratagem** ['strætɪdʒəm] *n* (вое́нная) хи́трость; уло́вка; he devised a ~ он приду́мал уло́вку

**strategic(al)** [strə'ti:dʒɪk(əl)] *a* стратеги́ческий; операти́вный; ~ map операти́вная ка́рта; ~ raw material стратеги́ческое сырьё

**strategics** [strə'ti:dʒɪks] *n pl* (*употр. как sing*) страте́гия

**strategist** ['strætɪdʒɪst] *n* страте́г

**strategy** ['strætɪdʒɪ] *n* страте́гия; операти́вное иску́сство

**strath** [stræθ] *n шотл.* широ́кая го́рная доли́на с протека́ющей по ней реко́й

**strathspey** [stræθ'speɪ] *n* шотла́ндский та́нец (*медленнее, чем* reel)

**strati** ['streɪtaɪ] *pl от* stratus

**stratification** [,strætɪfɪ'keɪʃən] *n геол.* стратифика́ция; напластова́ние, залега́ние

**stratify** ['strætɪfaɪ] *v геол.* насла́иваться, напласто́вываться

**stratigraphy** [strə'tɪgrəfɪ] *n* стратигра́фия (*отдел геологии*)

**stratocracy** [strə'tɔkrəsɪ] *n* вое́нная диктату́ра

**stratosphere** ['strætəusfɪə] *n* страто- сфе́ра

**stratum** ['strɑ:təm] *n* (*pl* -ta) 1) *геол.* пласт, напластова́ние, форма́ция 2) (*обыкн. pl*) слой (*общества*)

**stratus** ['streɪtəs] *n* (*pl* -ti) слои́стое о́блако

**straw** [strɔ:] **1.** *n* 1) соло́ма; соло́мка 2) соло́минка 3) соло́менная шля́па 4) пустя́к, ме́лочь; not worth a ~ ничего́ не сто́ящий ◇ to catch at a ~ хвата́ться за соло́минку; the last ~ после́дняя ка́пля; a man of ~ а) соло́менное чу́чело; б) ненадёжный челове́к; в) подставно́е, фикти́вное лицо́; г) вообража́емый проти́вник; not to care a ~ относи́ться соверше́нно безразли́чно; a ~ in the wind намёк, указа́ние

**2.** *a* 1) соло́менный 2) желтова́тый, цве́та соло́мы 3) ненадёжный, сомни́тельный; ~ bail *амер.* ненадёжное, «ли́повое» поручи́тельство ◇ ~ vote неофициа́льный опро́с обще́ственного мне́ния для выясне́ния настрое́ний обще́ственности

**strawberry** ['strɔ:bərɪ] *n* 1) земляни́ка; клубни́ка; wild ~ лесна́я земляни́ка; crushed ~ цвет да́вленой земляни́ки 2) *attr.* земляни́чный; клубни́чный; ~ leaves земляни́чные ли́стья; *перен.* ге́рцогское досто́инство (*от эмблемы в виде листьев земляники на герцогской короне*)

**strawberry-mark** ['strɔ:bərɪ'mɑ:k] *n* красновáтое роди́мое пятно́

**strawberry-tree** ['strɔ:bərɪtri:] *n бот.* земляни́чное де́рево

**strawberry vine** ['strɔ:bərɪvaɪn] *n* ус земляни́чного куста́

**straw-colour** ['strɔ:ˌkʌlə] *n* блéдно-жёлтый, солóменный цвет

**straw-coloured** ['strɔ:ˌkʌləd] *a* блéдно-жёлтый

**strawy** ['strɔ:ɪ] *a* 1) солóменный, похóжий на солóму 2) покры́тый солóмой (*о крыше*)

**stray** [streɪ] **1.** *n* 1) заблуди́вшееся *или* отби́вшееся от стáда живóтное 2) заблуди́вшийся ребёнок 3) *pl радио* помéхи, побóчные сигнáлы

**2.** *a* 1) заблуди́вшийся, заблýдший; бездóмный 2) случáйный; ~ bullet шальнáя пýля; ~ thoughts бессвя́зные мы́сли; a few ~ instances нéсколько отдéльных примéров

**3.** *v* 1) сби́ться с пути́, заблуди́ться; отби́ться; don't ~ from the road не сбéйтесь с дорóги; the sheep has ~ed from the flock овцá отби́лась от стáда 2) отклони́ться от тéмы 3) *поэт.* блуждáть; броди́ть, скитáться 4) *перен.* сби́ться с пути́ и́стинного

**strayed** [streɪd] **1.** *p. p. от* stray 3

**2.** *a* заблуди́вшийся

**streak** [stri:k] **1.** *n* 1) полóска (*обыкн. неровная, изогнутая*); жи́лка, прожи́лка; a ~ of lightning вспы́шка мóлнии; like a ~ of lightning с быстротóю мóлнии 2) чертá (*характера*); he has a ~ of obstinacy емý присýще (нéкоторое) упря́мство 3) *разг.* пери́од, промежýток; ~ of luck полосá везéния, удáч ◇ the silver ~ Ла-Мáнш

**2.** *v* 1) проводи́ть пóлосы, испещря́ть; прочерти́ть (*о молнии*) 2) пронóситься, мелькáть

**streaked** [stri:kt] **1.** *p. p. от* streak 2

**2.** *a* с полосáми, с прожи́лками; marble ~ with red мрáмор с крáсными прожи́лками

**streaky** ['stri:kɪ] *a* 1) полосáтый 2) с прослóйками 3) *разг.* измéнчивый, непостоя́нный

**stream** [stri:m] **1.** *n* 1) потóк, рекá, ручéй; струя́; a ~ of blood (lava) потóк крóви (лáвы); the ~ of time течéние врéмени; in a ~ потóком; in ~s ручья́ми 2) потóк, верени́ца; a ~ of cars потóк маши́н 3) направлéние, течéние 4) *школ.* класс, сформирóванный с учётом спосóбностей учáщихся (*в англ. школах*) ◇ to go with (against) the ~ плыть по течéнию (прóтив течéния)

**2.** *v* 1) течь, вытекáть, ли́ться, струи́ться; light ~ed through the window свет струи́лся в окнó; people ~ed out of the building пýблика толпóй повали́ла из здáния 2) лить, источáть; his eyes ~ed tears слёзы текли́ по егó щекáм; wounds ~ing blood кровоточáщие рáны 3) развевáть(ся) 4) проноси́ться

**streamer** ['stri:mə] *n* 1) вы́мпел; дли́нная ýзкая лéнта 2) транспарáнт, лóзунг 3) *амер.* газéтный заголóвок во всю ширинý страни́цы, «шáпка» 4) столб сéверного сия́ния

**stream-gold** ['stri:mgəuld] *n* рóссыпное зóлото

**streaming** ['stri:mɪŋ] **1.** *pres. p. от* stream 2

**2.** *a* текýчий *и пр.* [*см.* stream 2]; ~ eyes слезя́щиеся глазá

**3.** *n* распределéние учáщихся по параллéльным клáссам с учётом их спосóбностей (*в англ. школах*)

**streamlet** ['stri:mlɪt] *n* ручеёк

**streamline** ['stri:mlaɪn] **1.** *n* 1) направлéние (*воздушного течения*) 2) ли́ния обтекáния, ли́ния воздýшного потóка 3) обтекáемая фóрма 4) *воен.* речнóй рубéж

**2.** *a* обтекáемый

**3.** *v* 1) придавáть обтекáемую фóрму 2) упрощáть, модернизи́ровать, рационализи́ровать (*производственные процессы и т. п.*)

**streamlined** ['stri:mlaɪnd] **1.** *p. p. от* streamline 3

**2.** *a* 1) обтекáемый 2) хорошó налáженный; модернизи́рованный

**streamliner** ['stri:mˌlaɪnə] *n* пóезд, автóбус, автомоби́ль *и т. п.* обтекáемой фóрмы

**streamy** ['stri:mɪ] *a* 1) изоби́лующий ручья́ми, потóками 2) струя́щийся, бегýщий

**street** [stri:t] *n* 1) ýлица 2) (the S.) *амер. sl.* деловóй *или* финáнсовый центр (*обыкн.* Уóлл-стрит) 3) *attr.* ýличный; ~ fighting ýличные бои́; ~ cries кри́ки разнóсчиков ◇ the man in the ~ обывáтель; зауря́дный человéк; to walk the ~s, to be on the ~s занимáться проститýцией; to be in the same ~ with smb. быть в одинáковом положéнии с кем-л.; not in the same ~ with несравнéнно ни́же, слабéе *или* хýже; it's not up my ~ *разг.* я в э́том не разбирáюсь

**street Arab** ['stri:t'ærəb] *n* беспризóрник

**streetcar** ['stri:t'kɑ:] *n амер.* трамвáй

**street-door** ['stri:tdɔ:] *n* парáдное, парáдная дверь

**street orderly** ['stri:tˌɔ:dəlɪ] *n* метéльщик ýлиц

**street-railway** ['stri:tˌreɪlweɪ] *n амер.* трамвáйная ли́ния *или* автóбусный маршрýт

**street-singer** ['stri:tˌsɪŋə] *n* ýличный певéц

**street-sweeper** ['stri:tˌswi:pə] *n* 1) маши́на для подметáния ýлиц 2) метéльщик ýлиц

**streetwalker** ['stri:tˌwɔ:kə] *n* проститýтка

**strength** [streŋθ] *n* 1) си́ла; ~ of mind си́ла дýха 2) прóчность; крéпость 3) *тех.* сопротивлéние; ~ of materials сопротивлéние материáлов 4) неприступность 5) чи́сленность, чи́сленный состáв; in full ~ в пóлном состáве; on the ~ *воен.* в штáте, в спи́сках; what is your ~? скóлько вас? ◇ on the ~ of smth. в си́лу чегó-л., на основáнии чегó-л., исходя́ из чегó-л.

**strengthen** ['streŋθən] *v* уси́ливать(-ся); укрепля́ть(ся); крепи́ть

**strenuous** ['strenjuəs] *a* си́льный, энерги́чный; усéрдный; напряжённый; трéбующий уси́лий; ~ efforts всемéрные уси́лия; ~ life дéятельная жизнь

**streptococci** [ˌstreptəu'kɔkaɪ] *pl от* streptococcus

**streptococcus** [ˌstreptəu'kɔkəs] *n* (*pl* -ci) стрептокóкк

**streptomycin** [ˌstreptəu'maɪsɪn] *n фарм.* стрептомици́н

**stress** [stres] **1.** *n* 1) давлéние, нажи́м; under the ~ of poverty под гнётом нищеты́; under the ~ of weather под влия́нием непогóды 2) напряжéние 3) ударéние; *перен.* значéние; to lay ~ on подчёркивать, придавáть осóбое (*или* большóе) значéние 4) *муз.* акцéнт 5) *психол.* стресс

**2.** *v* 1) подчёркивать; стáвить ударéние 2) *тех.* подвергáть напряжéнию

**stretch** [stretʃ] **1.** *n* 1) вытя́гивание, растя́гивание, удлинéние; with a ~ and a yawn потя́гиваясь и зевáя 2) напряжéние; nerves on the ~ напряжённые нéрвы 3) натя́жка; преувеличéние; ~ of authority превышéние влáсти; a ~ of imagination полёт фантáзии 4) промежýток врéмени; at a ~ без переры́ва, подря́д; в оди́н присéст 5) протяжéние, простирáние; пространство; ~ of open country открытая мéстность; home ~ послéдний, заключи́тельный этáп 6) прогýлка, рази́нка 7) *sl.* срок заключéния 8) *мор.* галс кýрсом бейдеви́нд

**2.** *v* 1) растя́гивать(ся), вытя́гивать(ся); удлиня́ть; тянýть(ся); to ~ oneself потя́гиваться 2) натя́гивать(-ся); напрягáть(ся) 3) имéть протяжéние, простирáться, тянýться 4) увели́чивать, уси́ливать 5) допускáть натя́жки; to ~ the law допусти́ть натя́жку в истолковáнии закóна; to ~ a point вы́йти за предéлы дозвóленного; не так стрóго соблюдáть прáвила; заходи́ть далекó в устýпках 6) преувели́чивать (*тж.* ~ the truth) 7) разбавля́ть, подмéшивать; to ~ gin with water разбавля́ть джин водóй 8) *разг.* свали́ть, повали́ть (*ударом*); to ~ smb. on the ground повали́ть когó-л. □ ~ **out** а) протя́гивать; б) удлиня́ть шаг; в): he ~ed himself out on the sands он растянýлся на пескé ◇ to ~ one's legs размя́ть нóги, прогуля́ться

**stretcher** ['stretʃə] *n* 1) приспособлéние для растя́гивания 2) носи́лки 3) упóр для ног гребцá 4) ложóк (*кирпичная кладка*) 5) *жив.* подрáмник 6) *разг.* преувеличéние

**stretcher-bearer** ['stretʃəˌbɛərə] *n* санитáр-носи́льщик

**stretch-out** ['stretʃ'aut] *n амер. разг.* систéма, при котóрой рабóчий выполня́ет дополни́тельную рабóту без осóбой оплáты *или* за незначи́тельную оплáту

**strew** [stru:] *v* (strewed [-d]; strewed, strewn) 1) разбрáсывать; разбры́згивать 2) посыпáть (*песком*), усыпáть (*цветами*) 3) расстилáть

**strewn** [stru:n] *p. p. от* strew

**stria** ['straɪə] *n* (*pl* striae) *биол.* полóска, борóздка

**striae** ['straɪi:] *pl от* stria

**striated** [straɪ'eɪtɪd] *a биол.* борóздчатый, полосáтый

**stricken** ['strɪkən] **1.** *p. p. от* strike I, 1

**2.** *a* 1) поражённый (*чем-л.*); ~ with paralysis разбитый параличом; ~ with grief убитый горем 2) *уст.* раненый ◊ ~ in years престарелый; ~ field решительное сражение; поле брани

**-stricken** [-strɪkən] *в сложных словах означает* охваченный, поражённый *чем-л.*; подвергшийся *чему-л.*; terror-stricken охваченный ужасом; drought-stricken поражённый засухой

**strickle** ['strɪkl] *n* 1) гребок (*для сгребания лишнего зерна в мере*) 2) точильный брусок, оселок 3) скобель

**strict** [strɪkt] *a* 1) точный, определённый; ~ truth истинная правда; in the ~ sense в строгом смысле 2) строгий, требовательный; he was given ~ orders ему было строго-настрого приказано

**strictly** ['strɪktlɪ] *adv* строго *и пр.* [*см.* strict]; smoking is ~ prohibited курить строго воспрещается

**stricture** ['strɪktʃə] *n* 1) (*обыкн. pl*) строгая критика, осуждение 2) *мед.* сужение сосудов

**stridden** ['strɪdn] *p. p. от* stride 2

**stride** [straɪd] **1.** *n* 1) большой шаг 2) расстояние между расставленными ногами 3) *pl* успехи; to make great ~s делать большие успехи; great ~s in education большие успехи в области образования ◊ to get into one's ~ приниматься за дело; to take smth. in one's ~ а) преодолевать что-л. без усилий; б) считать что-л. естественным, относиться спокойно к чему-л.

**2.** *v* (strode; stridden) 1) шагать (большими шагами) 2) перешагнуть (*тж.* ~ across, ~ over) 3) сидеть верхом

**strident** ['straɪdənt] *a* резкий, скрипучий

**strife** [straɪf] *n* борьба; спор, раздор

**strike** I [straɪk] **1.** *v* (struck; struck, *уст.* stricken) 1) ударять(ся); бить; to ~ a blow нанести удар; to ~ back нанести ответный удар, дать сдачи; to ~ a blow for smb., smth. выступить в защиту кого-л., чего-л.; to ~ the first blow быть зачинщиком; the ship struck a rock судно наскочило на скалу 2) ударять (*по клавишам, струнам*) 3) бить (*о часах*); it has just struck four только что пробило четыре; the hour has struck пробил час, настало время; his hour has struck его (смертный) час пробил 4) высекать (*огонь*); зажигать(ся); to ~ a match чиркнуть спичкой, зажечь спичку; the match won't ~ спичка не зажигается 5) чеканить, выбивать 6) найти; наткнуться на, случайно встретить; to ~ the eye бросаться в глаза; to ~ oil открыть нефтяной источник; *перен.* достичь успеха; преуспевать 7) приходить в голову; an idea suddenly struck me меня внезапно осенила мысль 8) производить впечатление: the story ~s me as ridiculous рассказ поражает меня своей нелепостью; how does it ~ you? что вы об этом думаете?; how does his suggestion ~ you? как вам нравится его предложение? 9) вселять (*ужас и т. п.*) 10) поражать, сражать; to ~ dumb лишить дара слова; ошарашить (*кого-л.*) 11) спускать (*флаг*); убирать (*паруса и т. п.*); to ~ camp, to ~ one's tent сняться с лагеря 12) подводить (*баланс*); заключать (*сделку*); to ~ an average выводить среднее число 13) *амер. sl.* шантажировать, вымогать 14) *sl.* просить, искать протекции; he struck his friend for a job он попросил приятеля подыскать ему работу 15) пускать (*корни*) 16) сажать 17) направляться (*тж.* ~ out); ~ to the left поверните налево 18) добираться, достигать 19) проникать; пронизывать; the light ~s through the darkness свет пробивается сквозь темноту 20) ровнять гребком (*меру зерна*) 21) подсекать (*рыбу*) □ ~ **at** наносить удар, нападать; ~ **down** свалить с ног, сразить; ~ **in** вмешиваться (*в разговор*); ~ **into** а) вонзать; б) вселять (*ужас и т. п.*); в) направляться, углубляться; г) начинать; to ~ into a gallop пускаться в галоп; ~ **off** а) отрубать (*ударом меча, топора*); б) вычёркивать; в) вычитать (*из счёта*); г) делать что-л. быстро и энергично; д) *полигр.* отпечатывать; ~ **out** а) вычеркнуть; б) изобрести, придумать; to ~ out a new idea изобрести новый план; в) энергично двигать руками и ногами (*при плавании*); to ~ out for the shore быстро поплыть к берегу; ~ **through** зачёркивать; ~ **up** начинать; to ~ up an acquaintance завязать знакомство; the band struck up оркестр заиграл; ~ **upon** а) падать на (*о свете*); б) достигать (*о звуке*); в) придумывать (*план*); г) напасть на (*мысль*) ◊ to ~ a note вызвать определённое впечатление; to ~ it rich а) напасть на жилу; б) преуспевать; to ~ out a new line for oneself выработать для себя новую линию поведения (теорию *и т. п.*); to ~ smb. all of a heap ошеломлять кого-л.; to ~ home а) попасть в цель; б) больно задеть, задеть за живое; to ~ hands ударить по рукам; to ~ an attitude принять (театральную) позу; ~ the iron while it is hot *посл.* куй железо, пока горячо

**2.** *n* 1) удар 2) открытие месторождения (*нефти, руды и т. п.*) 3) неожиданная удача (*тж.* lucky ~) 4) *геол.* простирание жилы *или* пласта 5) мера ёмкости (*разная в разных районах Англии*)

**strike** II [straɪk] **1.** *n* 1) забастовка, стачка; to be on ~ бастовать; to go on ~ объявлять забастовку, забастовать 2) коллективный отказ (*от чего-л.*), бойкот; buyers' ~ бойкотирование покупателями определённых товаров *или* магазинов 3) *attr.* забастовочный, стачечный; ~ action стачечная борьба

**2.** *v* бастовать; объявлять забастовку (for, against)

**strike benefit** ['straɪk,benɪfɪt] = strike pay

**strikebound** ['straɪkbaund] *a* охваченный забастовкой

**strike-breaker** ['straɪk,breɪkə] *n* штрейкбрехер

**strike-breaking** ['straɪk,breɪkɪŋ] *n* подавление забастовки

**strike-committee** ['straɪkkə'mɪtɪ] *n* стачечный комитет

**strike pay** ['straɪkpeɪ] *n* пособие, выдаваемое профсоюзом забастовщикам

**striker** I ['straɪkə] *n* 1) молотобоец 2) *воен., тех.* ударник 3) *амер. воен.* ординарец 4) гарпунёр

**striker** II ['straɪkə] *n* забастовщик

**striking** I ['straɪkɪŋ] **1.** *pres. p. от* strike I, 1

**2.** *a* 1) (по)разительный, замечательный 2) ударный; ~ force *воен.* ударная группа

**striking** II ['straɪkɪŋ] *pres. p. от* strike II, 2

**string** [strɪŋ] **1.** *n* 1) верёвка, бечёвка; тесёмка, завязка, шнурок 2) тетива (*лука*) 3) *муз.* струна; to touch the ~s играть на струнном инструменте 4) (the ~s) *pl муз.* струнные инструменты оркестра 5) нитка (*бус и т. п.*) 6) вереница, ряд; a ~ of people вереница людей; a ~ of bursts пулемётная очередь 7) волокно, жилка 8) *амер. разг.* условие, ограничение 9) лошади, принадлежащие одному владельцу (*на скачках*) 10) тетива, косоур (*лестницы*) 11) *attr.* струнный; ~ orchestra струнный оркестр ◊ on a ~ в полной зависимости; на поводу; first ~ главный ресурс; second ~ а) запасной ресурс; б) *театр.* дублёр; to have two ~s to one's bow иметь на всякий случай какие-л. дополнительные ресурсы, средства; to harp on one (*или* on the same) ~ ≅ тянуть всё ту же песню; твердить одно и то же; to touch a ~ затронуть чью-л. слабую струнку

**2.** *v* (strung) 1) завязывать, привязывать; шнуровать 2) снабжать струной, тетивой *и т. п.* 3) натягивать (*струну*) 4) напрягать (*тж.* ~ up) 5) нанизывать (*бусы*) 6) вешать; to ~ a picture повесить картину 7) *амер. sl.* обманывать; водить за нос □ ~ **along with** быть преданным *кому-л.*; следовать за *кем-л.*; ~ **out** растягивать(ся) вереницей; the programme was strung out too long программа была слишком растянута; ~ **together** связывать; ~ **up** а) взвинчивать, напрягать (*нервы и т. п.*); б) *разг.* вздёрнуть, повесить

**string-bag** ['strɪŋbæg] *n* сетка (*сумка для продуктов*)

**string-course** ['strɪŋkɔ:s] *n архит.* поясок

**stringed** ['strɪŋd] *a* струнный (*особ. о муз. инструментах*)

**stringency** [ˈstrɪndʒənsɪ] *n* 1) стро́гость 2) *эк.* недоста́ток де́нег 3) убеди́тельность, ве́скость

**stringent** [ˈstrɪndʒənt] *a* 1) стро́гий; обяза́тельный, то́чный; ~ regulations обяза́тельные постановле́ния 2) стеснённый недоста́тком средств 3) убеди́тельный, ве́ский

**stringer** [ˈstrɪŋə] *n* 1) продо́льная ба́лка; тетива́ (*лестницы*) 2) *мор., ав.* стри́нгер

**string-halt** [ˈstrɪŋhɔ:lt] = spring-halt

**stringy** [ˈstrɪŋɪ] *a* 1) волокни́стый 2) тягу́чий, вя́зкий

**strip** [strɪp] **1.** *n* 1) дли́нный у́зкий кусо́к; полоса́; ле́нта; поло́ска; ~ of board пла́нка; ~ of garden поло́ска са́да 2) страни́чка ю́мора (*в газете, журнале*) 3) взлётно-поса́дочная полоса́ (*тж.* air ~, landing ~) 4) по́рча, разруше́ние

**2.** *v* 1) сдира́ть, обдира́ть; снима́ть; обнажа́ть 2) лиша́ть (*чего-л.*); to ~ smb. of his title лиши́ть кого́-л. зва́ния; ~ped of fine names, it is a swindle выража́ясь по́просту — э́то надува́тельство 3) отнима́ть; гра́бить 4) раздева́ть(ся); снима́ть, срыва́ть; ~ped to the skin разде́тый донага́; to be ~ped of leaves стоя́ть го́лым (*о дереве*) 5) разбира́ть, демонти́ровать 6) *тех.* срыва́ть резьбу́ □ ~ **off** сдира́ть; соска́бливать

**stripe** [straɪp] **1.** *n* 1) полоса́ 2) наши́вка; шевро́н; to get (to lose) one's ~s быть произведённым (разжа́лованным) 3) *уст.* уда́р бичо́м; *pl* по́рка 4) полоса́тый материа́л 5) *амер.* тип, хара́ктер 6) *pl разг.* тигр

**2.** *v* испещря́ть полоса́ми

**striped** [straɪpt] **1.** *p. p.* от stripe 2

**2.** *a* полоса́тый

**striper** [ˈstraɪpə] *n воен. жарг.* морско́й офице́р

**-striper** [-ˌstraɪpə] *амер. в сложных словах означает* име́ющий *столько-то* наши́вок (*о морском офицере*); four-striper капита́н 2 ра́нга

**stripling** [ˈstrɪplɪŋ] *n* ю́ноша, подро́сток

**strip map** [ˈstrɪpˈmæp] *n ав.* маршру́тная ка́рта

**strip mining** [ˈstrɪpˌmaɪnɪŋ] *n горн.* откры́тая добы́ча

**strip-tease** [ˈstrɪpti:z] *n* стрипти́з

**strive** [straɪv] *v* (strove; striven) 1) стара́ться; прилага́ть уси́лия; to ~ for victory стреми́ться к побе́де 2) боро́ться (against, with — про́тив)

**striven** [ˈstrɪvn] *p. p. от* strive

**strode** [strəud] *past от* stride 2

**stroke** [strəuk] **1.** *n* 1) уда́р; a finishing ~ а) уда́р, сража́ющий проти́вника; б) реша́ющий до́вод; [*ср. тж.* 6)] 2) *мед.* уда́р, парали́ч; heat ~ теплово́й уда́р; he had a ~ у него́ был уда́р 3) взмах; отде́льное движе́ние *или* уси́лие; the ~ of an oar взмах весла́; they have not done a ~ of work ≅ они́ па́лец о па́лец не уда́рили; with one ~ of the pen одни́м ро́счерком пера́ 4) приём, ход; a clever ~ ло́вкий ход; it was a ~ of genius э́то бы́ло гениа́льно; a ~ of luck уда́ча 5) *тех.* ход по́ршня; up (down) ~ ход по́ршня вверх (вниз) 6) штрих, мазо́к, черта́; finishing ~s после́дние штрихи́, отде́лка [*ср. тж.* 1)]; to portray with a few ~s обрисова́ть не́сколькими штриха́ми 7) бой часо́в; it is on the ~ of nine сейча́с пробьёт де́вять 8) погла́живание (*рукой*) 9) загребно́й; to row (*или* to pull) the ~ задава́ть такт гребца́м

**2.** *v* 1) гла́дить (*рукой*), погла́живать, ласка́ть; to ~ smb. down успоко́ить, утихоми́рить кого́-л. 2) задава́ть такт (*гребцам*) ◇ to ~ smb. the wrong way, to ~ smb.'s hair (*или* fur) the wrong way гла́дить кого́-л. про́тив ше́рсти; раздража́ть кого́-л.

**stroll** [strəul] **1.** *n* прогу́лка

**2.** *v* 1) прогу́ливаться, броди́ть 2) стра́нствовать, дава́ть представле́ния (*об актёрах*)

**stroller** [ˈstrəulə] *n* 1) прогу́ливающийся 2) бродя́га 3) стра́нствующий актёр 4) лёгкая де́тская коля́ска

**strolling** [ˈstrəulɪŋ] **1.** *pres. p. от* stroll 2

**2.** *a* бродя́чий; ~ musicians бродя́чие музыка́нты

**strong** [strɔŋ] **1.** *a* 1) си́льный, облада́ющий большо́й физи́ческой си́лой 2) здоро́вый; are you quite ~ again? вы вполне́ окре́пли? 3) си́льный; име́ющий си́лу, преиму́щество, ша́нсы *и т. п.*; ~ candidate кандида́т, име́ющий больши́е ша́нсы; ~ literary style энерги́чный, вырази́тельный стиль 4) си́льный (*в чём-л.*); he is ~ in chemistry он хорошо́ зна́ет хи́мию 5) реши́тельный, энерги́чный, круто́й, стро́гий; ~ measures круты́е ме́ры; ~ man а) вла́стный челове́к; б) реши́тельный администра́тор 6) про́чный; выно́сливый; ~ castle хорошо́ укреплённый за́мок; ~ design про́чная констру́кция 7) кре́пкий; неразведённый; ~ coffee кре́пкий ко́фе; ~ remedy сильноде́йствующее сре́дство; ~ drinks спиртны́е напи́тки 8) о́стрый, е́дкий; ~ cheese о́стрый сыр 9) кре́пкий, гру́бый; ~ language си́льные выраже́ния, руга́тельства 10) твёрдый, убеждённый; ре́вностный, усе́рдный (*приверженец, сторонник и т. п.*) 11) си́льный, ве́ский; серьёзный; ~ sense of disappointment си́льное разочарова́ние; ~ reason ве́ская причи́на 12) я́сный, си́льный, определённый; a ~ resemblance большо́е схо́дство 13) гро́мкий (*о голосе*) 14) усто́йчивый, твёрдый (*о рынке, ценах*); расту́щий (*о ценах*) 15) облада́ющий определённой чи́сленностью; battalions a thousand ~ батальо́ны чи́сленностью в ты́сячу челове́к ка́ждый; how many ~ are you? ско́лько вас? 16) *грам.* си́льный ◇ by the ~ arm (*или* hand) си́лой; ~ meat ≅ оре́шек не по зуба́м

**2.** *n* (the ~) *pl собир.* 1) си́льные, здоро́вые 2) си́льные, власть иму́щие

**3.** *adv разг.* си́льно, реши́тельно; to be going ~ *разг.* быть в по́лной си́ле; to come (*или* to go) it (*или* rather, a bit) ~ *разг.* а) зайти́ сли́шком далеко́; хвати́ть че́рез край; б) си́льно преувели́чивать; в) де́йствовать реши́тельно, быть напо́ристым

**strong-arm** [ˈstrɔŋɑ:m] *разг.* **1.** *a.* применя́ющий си́лу

**2.** *v* применя́ть си́лу

**strong-box** [ˈstrɔŋbɔks] *n* сейф

**stronghold** [ˈstrɔŋhəuld] *n* 1) кре́пость, тверды́ня, цитаде́ль; опло́т 2) *воен.* опо́рный пункт

**strong-minded** [ˈstrɔŋˈmaɪndɪd] *a* у́мный, энерги́чный (*особ. о женщине*)

**strong point** [ˈstrɔŋˈpɔɪnt] *n* 1) *воен.* опо́рный пункт 2) *перен.* си́льное ме́сто

**strong-room** [ˈstrɔŋrum] *n* ко́мната-сейф; кладова́я (*для хранения ценностей в банке и т. п.*)

**strong-willed** [ˈstrɔŋˈwɪld] *a* 1) реши́тельный; волево́й 2) упря́мый

**strontium** [ˈstrɔnʃjəm] *n хим.* стро́нций

**strop** [strɔp] **1.** *n* 1) реме́нь для пра́вки бритв 2) *мор.* строп

**2.** *v* пра́вить (*бритву*)

**strophe** [ˈstrəufɪ] *n прос.* строфа́

**strove** [strəuv] *past от* strive

**struck** [strʌk] *past и p. p. от* strike I, 1

**structural** [ˈstrʌktʃərəl] *a* 1) структу́рный; ~ formula *хим.* структу́рная фо́рмула 2) строи́тельный; ~ features конструкти́вные дета́ли; ~ mechanics строи́тельная меха́ника

**structure** [ˈstrʌktʃə] *n* 1) структу́ра; устро́йство; social ~ социа́льный строй; the ~ of a language строй языка́; the ~ of a sentence структу́ра предложе́ния 2) зда́ние, сооруже́ние, строе́ние

**struggle** [ˈstrʌgl] **1.** *n* 1) борьба́; class ~ кла́ссовая борьба́; the ~ for existence борьба́ за существова́ние 2) напряже́ние, уси́лие

**2.** *v* 1) боро́ться; to ~ for peace боро́ться за мир; to ~ against difficulties боро́ться с тру́дностями; to ~ for one's living би́ться из-за куска́ хле́ба 2) би́ться, отбива́ться 3) де́лать уси́лия; стара́ться изо всех сил; to ~ to one's feet с трудо́м встать на́ ноги; to ~ with a mathematical problem би́ться над зада́чей; he ~d to make himself heard он вся́чески стара́лся, что́бы его́ услы́шали 4) пробива́ться (through)

**strum** [strʌm] **1.** *n* бренча́ние, тре́ньканье

**2.** *v* бренча́ть, тре́нькать

**strumpet** [ˈstrʌmpɪt] *n уст.* прости-ту́тка

**strung** [strʌŋ] **1.** *past и p. p. от* string 2

**2.** *a* 1) снабжённый стру́нами 2) взви́нченный, напряжённый; a highly ~ person взви́нченный челове́к; highly ~ nerves натя́нутые не́рвы

**strut** I [strʌt] **1.** *n* ва́жная *или* нее́стественная похо́дка

**2.** *v* ходи́ть с ва́жным, напы́щенным ви́дом

**strut** II [strʌt] **1.** *n стр.* сто́йка; подко́с, распо́рка

**2.** *v* подпира́ть

**strutter** ['strʌtə] *n разг.* задава́ка

**strychnine** ['strɪkni:n] *n* стрихни́н

**stub** [stʌb] **1.** *n* 1) пень 2) коро́ткий тупо́й обло́мок *или* оста́ток; the ~ of a tooth пенёк зу́ба; the ~ of a pencil огры́зок карандаша́; the ~ of a cigar (of a cigarette) оку́рок 3) *амер.* корешо́к (*квитанционной книжки и т. п.*)

**2.** *v* 1) выкорчёвывать, вырыва́ть с ко́рнем (*тж.* ~ up) 2) ударя́ться ного́й обо что-л. твёрдое; to ~ one's toe on (*или* against) smth. споткну́ться обо что-л. 3) погаси́ть оку́рок (*тж.* ~ out)

**stubble** ['stʌbl] *n* 1) жнивьё, стерня́ 2) ко́ротко остри́женные во́лосы; давно́ не бри́тая борода́, щети́на

**stubbly** ['stʌblɪ] *a* 1) по́жнивный, покры́тый стернёй 2) торча́щий, щети́нистый (*о бороде и т. п.*)

**stubborn** ['stʌbən] *a* 1) упря́мый, неподатливый 2) упо́рный; ~ resistance упо́рное сопротивле́ние

**stubbornness** ['stʌbənnɪs] *n* 1) упря́мство 2) упо́рство

**stubby** ['stʌbɪ] *a* 1) усе́янный пня́ми 2) похо́жий на обру́бок; корена́стый; a short ~ figure корена́стая фигу́ра

**stucco** ['stʌkəu] **1.** *n* (*pl* -oes [-əuz]) отде́лочный, штукату́рный гипс

**2.** *v* штукату́рить

**stucco-work** ['stʌkəuwə:k] *n* лепна́я рабо́та

**stuck** [stʌk] *past и p. p. от* stick 2

**stuck-up** ['stʌk'ʌp] *a разг.* высокоме́рный, самодово́льный, зано́счивый

**stud** I [stʌd] **1.** *n* 1) гвоздь с большо́й шля́пкой; штифт; кно́пка 2) за́понка 3) *тех.* распо́рка; сто́йка; ко́ся́к; обвя́зка

**2.** *v* 1) обива́ть 2) усе́ивать, усыпа́ть

**stud** II [stʌd] *n* 1) ко́нный заво́д; коню́шня 2) *амер.* = stud-horse

**stud-book** ['stʌdbuk] *n* племенна́я кни́га (*лошадей*)

**studding-sail** ['stʌdɪŋseɪl, 'stʌnsl] *n мор.* ли́сель

**student** ['stju:dənt] *n* 1) студе́нт 2) изуча́ющий (*что-л.*; of); учёный

**studentship** ['stju:dəntʃɪp] *n* 1) студе́нческие го́ды 2) стипе́ндия

**stud farm** ['stʌdfɑ:m] *n* ко́нный заво́д

**stud-horse** ['stʌdhɔ:s] *n* племенно́й жеребе́ц

**studied** ['stʌdɪd] **1.** *p. p. от* study 2

**2.** *a* 1) обду́манный, преднаме́ренный; ~ insult умы́шленное оскорбле́ние 2) де́ланный; ~ politeness нарочи́тая любе́зность 3) изуча́емый 4) *редк.* начи́танный, зна́ющий

**studio** ['stju:dɪəu] *n* (*pl* -os [-əuz]) 1) сту́дия; ателье́, мастерска́я 2) радиосту́дия; киносту́дия; телесту́дия

**studio couch** ['stju:dɪəukautʃ] *n* дива́н-крова́ть

**studious** ['stju:djəs] *a* 1) за́нятый нау́кой 2) стара́тельный, приле́жный, усе́рдный 3) = studied 2, 1) *и* 2)

**study** ['stʌdɪ] **1.** *n* 1) изуче́ние, иссле́дование (of); нау́чные заня́тия; to make a ~ of тща́тельно изуча́ть; much given to ~ увлека́ющийся нау́чными заня́тиями 2) (*обыкн. pl*) приобрете́ние зна́ний; to begin one's studies приступа́ть к учёбе 3) нау́ка; о́бласть нау́ки 4) предме́т (досто́йный) изуче́ния; his face was a perfect ~ на его́ лицо́ сто́ило посмотре́ть 5) нау́чная рабо́та, моногра́фия 6) глубо́кая заду́мчивость (*обыкн.* brown ~) 7) рабо́чий кабине́т 8) о́черк 9) *иск.* этю́д, эски́з, набро́сок 10) *муз.* этю́д, упражне́ние 11) *уст.* забо́та, стара́ние; her constant ~ was to work well она́ всегда́ стара́лась хорошо́ рабо́тать 12) *театр.* тот, кто зау́чивает роль; he is a good (a slow) ~ он бы́стро (ме́дленно) зау́чивает роль

**2.** *v* 1) изуча́ть, иссле́довать; рассма́тривать; обду́мывать 2) занима́ться, учи́ться 3) гото́виться (*к экзамену и т. п.*; for); he is ~ing for the bar он гото́вится к карье́ре адвока́та 4) забо́титься (*о чём-л.*); стреми́ться (*к чему-л.*), стара́ться; ~ to wrong no man стара́йтесь никого́ не оби́деть; to ~ another's comfort забо́титься об удо́бстве други́х; to ~ one's own interests пресле́довать со́бственные интере́сы 5) зау́чивать наизу́сть 6) *уст.* размышля́ть □ ~ **out** вы́яснить; разобра́ть; ~ **up** гото́виться к экза́мену

**stuff** [stʌf] **1.** *n* 1) материа́л; вещество́; to collect the ~ for a book собира́ть материа́л для кни́ги; green (*или* garden) ~ о́вощи; he is made of sterner ~ than his father у него́ бо́лее реши́тельный хара́ктер, чем у его́ отца́; a man with plenty of good ~ in him челове́к больши́х досто́инств; this book is poor ~ э́то никчёмная книжо́нка 2) ве́щи, иму́щество 3) *разг.* лека́рство (*тж.* doctor's ~) 4) дрянь, хлам, чепуха́; ~ and nonsense! вздор!; do you call this ~ butter? неуже́ли вы называ́ете э́ту дрянь ма́слом? 5) *уст.* мате́рия (*особ.* шерстяна́я) 6) *тех.* наби́вка, наполни́тель 7) *sl.* обраще́ние, поведе́ние; this is the sort of ~ to give them то́лько так и на́до поступа́ть с ни́ми; они́ не заслу́живают лу́чшего обраще́ния ◇ small ~ ме́лочи жи́зни, пустяки́

**2.** *v* 1) набива́ть, заполня́ть; начиня́ть, фарширова́ть 2) набива́ть чу́чело живо́тного *или* пти́цы 3) набива́ть, переполня́ть (*тж. перен.*); to ~ one's head with silly ideas забива́ть себе́ го́лову глу́пыми иде́ями 4) впи́хивать, засо́вывать; to ~ one's clothes into a suitcase запи́хивать ве́щи в чемода́н 5) затыка́ть (*тж.* ~ up); he ~ed his fingers into his ears он заткну́л у́ши па́льцами; my nose is ~ed up у меня́ нос зало́жен 6) объеда́ться; жа́дно есть 7) зака́рмливать, корми́ть на убо́й; to ~ a child with sweets пи́чкать ребёнка сла́достями 8) пломбирова́ть зуб 9) *разг.* мистифици́ровать, обма́нывать 10) *амер.* наполня́ть избира́тельные у́рны фальши́выми бюллете́нями

**stuffed shirt** ['stʌft'ʃə:t] *n sl.* напы́щенное ничто́жество

**stuffing** ['stʌfɪŋ] **1.** *pres. p. от* stuff 2

**2.** *n* 1) наби́вка (*подушки и т. п.*); прокла́дка 2) начи́нка 3) *амер.* наполне́ние избира́тельных урн фальши́выми бюллете́нями ◇ to knock the ~ out of smb. а) сбить спесь с кого́-л.; б) осла́бить, изнури́ть кого́-л. (*о болезни и т. п.*)

**stuffing-box** ['stʌfɪŋbɔks] *n тех.* са́льник

**stuffy** ['stʌfɪ] *a* 1) спёртый, ду́шный 2) *разг.* серди́тый; сварли́вый 3) зало́женный (*о носе при простуде*) 4) ску́чный, неинтере́сный 5) чва́нли́вый, ва́жничающий 6) *разг.* щепети́льный, пурита́нский, старомо́дный; консервати́вный

**stultification** [ˌstʌltɪfɪ'keɪʃən] *n* выставле́ние в смешно́м ви́де *и пр.* [*см.* stultify]

**stultify** ['stʌltɪfaɪ] *v* 1) выставля́ть в смешно́м ви́де 2) своди́ть на не́т (*результаты работы и т. п.*)

**stum** [stʌm] **1.** *n* муст, виногра́дное су́сло

**2.** *v* подправля́ть вино́ прибавле́нием виногра́дного су́сла

**stumble** ['stʌmbl] **1.** *n* 1) спотыка́ние; запи́нка; заде́ржка 2) ло́жный шаг, оши́бка

**2.** *v* 1) спотыка́ться, оступа́ться (*тж. перен.*) 2) запина́ться; ошиба́ться; to ~ through a lesson отвеча́ть уро́к с запи́нками □ ~ **across** случа́йно найти́, натолкну́ться на; ~ **along** ковыля́ть; идти́ спотыка́ясь; ~ **at** усомни́ться в *чём-л.*; сомнева́ться, колеба́ться; ~ **upon** наткну́ться на

**stumbling-block** ['stʌmblɪŋblɔk] *n* ка́мень преткнове́ния

**stumbling-stone** ['stʌmblɪŋstəun] *редк.* = stumbling-block

**stumer** ['stju:mə] *n sl.* 1) фальши́вая моне́та, подде́льный банкно́т *или* чек 2) фальши́вка, подде́лка

**stump** [stʌmp] **1.** *n* 1) пень 2) обру́бок; культя́, ампути́рованная коне́чность 3) пенёк (*зуба*) 4) оку́рок 5) огры́зок (*карандаша*) 6) коротышка 7) *pl шутл.* но́ги; to stir one's ~s *разг.* потора́пливаться, пошеве́ливаться 8) тяжёлый шаг 9) импровизи́рованная трибу́на; to go (*или* to be) on the ~ *разг.* вести́ агита́цию 10) *амер.* вы́зов на соревнова́ние (*в спорте, танце и т. п.*) 11) спи́ца кри́кетных воро́т; to draw ~s конча́ть игру́ (*в крикете*) 12) растушёвка, па́лочка для тушёвки 13) *горн.* це́лик ◇ to be up a ~ находи́ться в расте́рянности

**2.** *v* 1) сруба́ть (*дерево*); обруба́ть (*сучья*) 2) корчева́ть 3) ковыля́ть, тяжело́ ступа́ть (*тж.* ~ along) 4) *разг.* ста́вить в тупи́к; I am ~ed for an answer не зна́ю, что отве́тить 5) соверша́ть пое́здки, выступа́я с речáми, агитúровать 6) *амер.* вызывáть на соревновáние; подзадóривать 7) выбивáть из игры́ (*в крикете*) □ ~ **up** *sl.* выклáдывать дéньги, платúть; расплáчиваться

**stumper** [ˈstʌmpə] *n разг.* озадáчивающий вопрóс; трýдная задáча

**stump orator** [ˈstʌmpˈɔrətə] *n* орáтор, выступáющий с импровизúрованной трибýны; агитáтор

**stump oratory** [ˈstʌmpˈɔrətərɪ] = stump speeches

**stump speeches** [ˈstʌmpˌspiːtʃɪz] *n* 1) рéчи с импровизúрованной трибýны 2) напы́щенные, ходýльные рéчи

**stumpy** [ˈstʌmpɪ] *a* коренáстый, призéмистый; корóткий и тóлстый; ~ fingers корóткие, тóлстые пáльцы

**stun** [stʌn] *v* оглушáть, ошеломля́ть

**stung** [stʌŋ] *past и p. p. от* sting 2

**stunk** [stʌŋk] *past и p. p. от* stink 2

**stunner** [ˈstʌnə] *n разг.* 1) изумúтельный экземпля́р 2) красúвый, привлекáтельный; человéк, производя́щий на окружáющих сúльное впечатлéние 3) потрясáющее зрéлище

**stunning** [ˈstʌnɪŋ] **1.** *pres. p. от* stun

**2.** *a* 1) оглушáющий, ошеломля́ющий; a ~ blow стрáшное потрясéние 2) *разг.* сногсшибáтельный; великолéпный

**stunt** I [stʌnt] **1.** *n* останóвка в рóсте, задéржка рóста

**2.** *v* останáвливать рост

**stunt** II [stʌnt] *разг.* **1.** *n* 1) удáчное, эффéктное выступлéние (*на спортивных соревнованиях*) 2) штýка, трюк, фóкус 3) *ав.* фигýра вы́сшего пилотáжа

**2.** *v* 1) демонстрúровать смéлость, лóвкость 2) покáзывать фóкусы; выкúдывать номерá 3) *ав.* выполня́ть фигýры вы́сшего пилотáжа

**stunted** I [ˈstʌntɪd] **1.** *p. p. от* stunt I, 2

**2.** *a* низкорóслый, чáхлый

**stunted** II [ˈstʌntɪd] *p. p. от* stunt II, 2

**stupe** I [stjuːp] **1.** *n* горя́чий компрéсс

**2.** *v* стáвить горя́чий компрéсс

**stupe** II [stjuːp] *n sl.* дурáк

**stupefaction** [ˌstjuːpɪˈfækʃən] *n* 1) оцепенéние, остолбенéние 2) изумлéние

**stupefy** [ˈstjuːpɪfaɪ] *v* 1) изумля́ть, поражáть; ошеломля́ть 2) притупля́ть ум *или* чýвства

**stupendous** [stju(:)ˈpendəs] *a* изумúтельный; громáдный; огрóмной вáжности

**stupid** [ˈstjuːpɪd] **1.** *a* 1) глýпый, тупóй, бестолкóвый; дурáцкий 2) оцепенéвший; ~ with sleep осовéлый

**2.** *n разг.* дурáк

**stupidity** [stju(:)ˈpɪdɪtɪ] *n* глýпость, тýпость

**stupor** [ˈstjuːpə] *n* 1) оцепенéние, остолбенéние 2) *мед.* стýпор

**sturdy** [ˈstəːdɪ] *a* 1) сúльный, крéпкий, здорóвый; a ~ child крепы́ш 2) стóйкий, твёрдый, отвáжный

**sturgeon** [ˈstəːdʒən] *n* осётр

**stutter** [ˈstʌtə] **1.** *n* заикáние

**2.** *v* заикáться; запинáться; to ~ an apology неувéренно проборомотáть извинéние

**stutterer** [ˈstʌtərə] *n* заúка

**sty** I [staɪ] *n* свинáрник (*тж. перен.*)

**sty** II [staɪ] *n мед.* ячмéнь (*на глазу*)

**stye** [staɪ] = sty II

**Stygian** [ˈstɪdʒɪən] *a греч. миф.* стигúйский, относя́щийся к рекé Стúксу; *перен.* áдский, мрáчный

**style** [staɪl] **1.** *n* 1) стиль; слог; манéра (*петь и т. п.*) 2) направлéние, шкóла (*в искусстве*) 3) мóда, фасóн; покрóй 4) изя́щество, вкус; шик, блеск; in ~ с шúком; to live in grand ~ жить на ширóкую нóгу 5) род, сорт, тип; that ~ of thing такóго рóда вещь; a gentleman of the old ~ джентльмéн стáрой шкóлы 6) стиль (*способ летосчисления*) 7) стиль (*остроконечная палочка для писания у древних греков и римлян*) 8) *поэт.* перó, карандáш 9) граммофóнная игóлка 10) гравировáльная иглá 11) *мед.* иглá 12) тúтул; give him his full ~ величáйте егó пóлным тúтулом

**2.** *v* 1) титуловáть; величáть 2) конструúровать по мóде; вводúть в мóду 3) модернизúровать

**stylet** [ˈstaɪlɪt] *n* 1) стилéт 2) *мед.* зонд

**stylish** [ˈstaɪlɪʃ] *a* 1) стúльный, вы́держанный в определённом стúле 2) мóдный, элегáнтный; шикáрный

**stylist** [ˈstaɪlɪst] *n* 1) стилúст 2) модельéр 3) специалúст по интерьéру

**stylistic** [staɪˈlɪstɪk] *a* стилистúческий

**stylize** [ˈstaɪlaɪz] *v иск.* изображáть в традициóнном стúле, стилизовáть

**stylo** [ˈstaɪləu] *сокр. см.* stylograph

**stylograph** [ˈstaɪləugrɑːf] *n* стилогрáф; вéчное перó

**stylus** [ˈstaɪləs] *n* граммофóнная игóлка

**stymie, stymy** [ˈstaɪmɪ] *v* стáвить в безвы́ходное положéние, загнáть в ýгол

**styptic** [ˈstɪptɪk] **1.** *a* кровоостанáвливающий

**2.** *n* кровоостанáвливающее срéдство

**Styx** [stɪks] *n греч. миф.* Стикс (*река*) ◇ to cross the ~ умерéть

**suability** [ˌsju(:)əˈbɪlɪtɪ] *n* возмóжность привлéчь к судý

**suable** [ˈsju(:)əbl] *a* могýщий быть привлечённым к судý

**suasion** [ˈsweɪʒən] *n* уговáривание; moral ~ увещевáние

**suave** [swɑːv] *a* учтúвый, обходúтельный; вéжливый

**suavity** [ˈswɑːvɪtɪ] *n* обходúтельность *и пр.* [*см.* suave]

**sub** [sʌb] *сокр. разг.* **1.** *n* 1) *см.* submarine 1; 2) *см.* subordinate 2; 3) *см.* subway 4) *см.* subaltern 1; 5) *см.* sublieutenant 6) *см.* subscription 7) *см.* substriber 8) *см.* substitute 1

**2.** *v см.* substitute 2

**sub-** [sʌb] *pref указывает на:* 1) *положение ниже чего-л. или под чем-л.*: subway а) тоннéль; подзéмный перехóд; б) *амер.* подзéмная желéзная дорóга, метрó; subcutaneous подкóжный 2) *подчинение по службе, низший чин*: subeditor помóщник редáктора 3) *более мелкое подразделение*: subcommittee подкомúссия; subdivide подразделя́ть(ся) 4) *передачу другому лицу*: subcontract субдоговóр; sublease субарéнда 5) *недостаточное количество вещества в данном соединении*: suboxide нéдокись 6) *незначительную степень, малое количество*: subaudible едвá слы́шный

**subaltern** [ˈsʌbltən] **1.** *n воен.* млáдший офицéр

**2.** *a* подчинённый

**subaqueous** [ˈsʌbˈeɪkwɪəs] *a* подвóдный

**subarctic** [ˈsʌbˈɑːktɪk] *a* субарктúческий, предполя́рный

**subaudition** [ˈsʌbɔːˈdɪʃən] *n* подразумевáние

**subchaser** [ˈsʌbˌtʃeɪsə] *n амер.* охóтник за подвóдными лóдками

**subcommittee** [ˈsʌbkəˌmɪtɪ] *n* подкомúссия

**subconscious** [ˈsʌbˈkɔnʃəs] *a* подсознáтельный

**subcontract** **1.** *n* [ˈsʌbˈkɔntrækt] субдоговóр

**2.** *v* [ˈsʌbkənˈtrækt] заключáть субдоговóр

**subcutaneous** [ˈsʌbkju(:)ˈteɪnjəs] *a* подкóжный

**subdivide** [ˈsʌbdɪˈvaɪd] *v* подразделя́ть(ся)

**subdivisible** [ˈsʌbdɪˈvɪzəbl] *a* поддающийся дальнéйшему подразделéнию

**subdivision** [ˈsʌbdɪˌvɪʒən] *n* подразделéние

**subdual** [səbˈdju(:)əl] *n* подчинéние, покорéние

**subduct** [səbˈdʌkt] *v редк.* вычитáть

**subdue** [səbˈdjuː] *v* 1) подчиня́ть, покоря́ть; to ~ nature покоря́ть прирóду 2) смягчáть; снижáть, ослабля́ть; to ~ the enemy fire подавúть огóнь протúвника 3) обрабáтывать зéмлю

**subdued** [səbˈdjuːd] **1.** *p. p. от* subdue

**2.** *a* 1) подчинённый, подáвленный; ~ spirits подáвленное настроéние 2) смягчённый, приглушённый; ~ voices приглушённые голосá

**subeditor** [ˈsʌbˈedɪtə] *n* помóщник редáктора

**subfamily** [ˈsʌbˌfæmɪlɪ] *n биол.* подсемéйство

**subgroup** [ˈsʌbgruːp] *n* подгрýппа

**subhead** [ˈsʌbhed] *n* 1) подзаголóвок 2) заместúтель дирéктора шкóлы

**subjacent** [sʌbˈdʒeɪsənt] *n* 1) располóженный нúже (*чего-л.*) 2) лежáщий в оснóве

**subject** **1.** *n* [ˈsʌbdʒɪkt] 1) тéма; предмéт разговóра; сюжéт; to dwell on a sore ~ останáвливаться на бо́льном вопро́се; to change the ~ перемени́ть те́му разгово́ра; to traverse a ~ обсуди́ть вопро́с 2) по́вод (for — к *чему-л.*); a ~ for pity по́вод для сожале́ния 3) объе́кт, предме́т (of) 4) предме́т, дисципли́на; mathematics is my favourite ~ матема́тика — мой люби́мый предме́т 5) по́дданный 6) субъе́кт, челове́к; a hysterical ~ истери́ческий тип 7) *грам.* подлежа́щее 8) *филос.* субъе́кт 9) *муз.* гла́вная те́ма 10) труп (*для вскрытия*) ◇ on the ~ of каса́ясь чего́-л.; while we are on the ~ of money may I ask you... раз уж мы заговори́ли о деньга́х, могу́ я узна́ть...

2. *a* [ˈsʌbdʒɪkt] 1) подчинённый, подвла́стный; ~ nations несамостоя́тельные госуда́рства 2) подве́рженный (to) 3) подлежа́щий (to) 4): ~ to (*употр. как adv*) при усло́вии, допуска́я, е́сли

3. *v* [səbˈdʒekt] 1) подчиня́ть, покоря́ть (to) 2) подверга́ть (*воздействию, влиянию и т. п.*) 3) представля́ть; to ~ a plan for consideration предста́вить план на рассмотре́ние

**subject-heading** [ˈsʌbdʒɪktˈhedɪŋ] *n* предме́тный указа́тель, и́ндекс

**subjection** [səbˈdʒekʃən] *n* 1) покоре́ние, подчине́ние 2) зави́симость

**subjective** [səbˈdʒektɪv] *a* 1) субъекти́вный 2) *грам.* сво́йственный подлежа́щему; ~ case имени́тельный паде́ж

**subjectivism** [səbˈdʒektɪvɪzm] *n филос.* субъективи́зм

**subjectivity** [ˌsʌbdʒekˈtɪvɪtɪ] *n* субъекти́вность

**subject-matter** [ˈsʌbdʒɪktˌmætə] *n* те́ма, содержа́ние (*книги, разговора и т. п.*); предме́т (*обсуждения и т. п.*)

**subjoin** [ˈsʌbˈdʒɔɪn] *v* добавля́ть; припи́сывать в конце́

**subjugate** [ˈsʌbdʒugeɪt] *v* покоря́ть, порабоща́ть, подчиня́ть

**subjugation** [ˌsʌbdʒuˈgeɪʃən] *n* покоре́ние, подчине́ние

**subjugator** [ˈsʌbdʒugeɪtə] *n* покори́тель, поработи́тель

**subjunctive** [səbˈdʒʌŋktɪv] *грам.* **1.** *n* сослага́тельное наклоне́ние

2. *a* сослага́тельный

**sublease** [ˈsʌbˈli:s] **1.** *n* субаре́нда

2. *v* заключа́ть догово́р субаре́нды

**sublessee** [ˈsʌbleˈsi:] *n* субарендáтор

**sublessor** [ˈsʌbleˈsɔ:] *n* отдаю́щий в субаре́нду

**sublet** [ˈsʌbˈlet] *v* передава́ть в субаре́нду

**sublibrarian** [ˈsʌblaɪˈbrɛərɪən] *n* помо́щник библиоте́каря

**sublieutenant** [ˈsʌbleˈtenənt] *n мор.* мла́дший лейтена́нт

**sublimate 1.** *n* [ˈsʌblɪmɪt] *хим.* возго́н; corrosive ~ сулема́

2. *v* [ˈsʌblɪmeɪt] 1) *хим.* возгоня́ть 2) *перен.* возвыша́ть, очища́ть

**sublimation** [ˌsʌblɪˈmeɪʃən] *n* 1) *хим.* возго́нка, сублима́ция 2) *перен.* возвыше́ние, очище́ние

**sublime** [səˈblaɪm] **1.** *a* 1) вели́чественный, высо́кий, возвы́шенный, грандио́зный; the S. Porte *см.* Porte 2) го́рдый, надме́нный; ~ indifference высокоме́рное равноду́шие

2. *n*: the ~ возвы́шенное, вели́кое

3. *v* = sublimate 2

**subliminal** [sʌbˈlɪmɪnl] *a* 1) подсозна́тельный 2) де́йствующий на подсозна́ние; ~ advertizing рекла́ма, де́йствующая на подсозна́ние; реклами́рование с по́мощью внуше́ния

**sublimity** [səˈblɪmɪtɪ] *n* возвы́шенность, вели́чественность

**sublunar** [sʌbˈlu:nə] *редк.* = sublunary

**sublunary** [sʌbˈlu:nərɪ] *a* подлу́нный, земно́й

**submachine-gun** [ˈsʌbməˈʃi:ngʌn] *n* пистоле́т-пулемёт, автома́т

**submarine** [ˌsʌbməˈri:n] **1.** *n* 1) подво́дная ло́дка 2) подво́дное расте́ние

2. *a* подво́дный; ~ speed ско́рость под водо́й; ~ force подво́дный флот; ~ base ба́за подво́дных ло́док; ~ chaser морско́й охо́тник (*корабль*)

3. *v* потопи́ть подво́дной ло́дкой

**submerge** [səbˈmə:dʒ] *v* 1) затопля́ть 2) погружа́ть(ся)

**submerged** [səbˈmə:dʒd] **1.** *p. p. от* submerge

2. *a* зато́пленный; погружённый ◇ the ~ tenth бедне́йшая часть населе́ния

**submergence** [səbˈmə:dʒəns] *n* 1) погруже́ние в во́ду 2) затопле́ние

**submerse** [səbˈmə:s] = submerge

**submersed** [səbˈmə:st] **1.** *p. p. от* submerse

2. *a* расту́щий под водо́й, подво́дный

**submersible** [səbˈmə:səbl] *a* приго́дный для де́йствия под водо́й

**submersion** [səbˈmə:ʃən] = submergence

**submission** [səbˈmɪʃən] *n* 1) подчине́ние 2) повинове́ние, поко́рность; with all due ~ с до́лжным смире́нием и уваже́нием 3) представле́ние, пода́ча (*документов и т. п.*)

**submissive** [səbˈmɪsɪv] *a* поко́рный; смире́нный

**submit** [səbˈmɪt] *v* 1) подчиня́ть(ся), покоря́ть(ся); I will not ~ to such treatment я не потерплю́ тако́го обраще́ния 2) представля́ть на рассмотре́ние; to ~ a question зада́ть вопро́с в пи́сьменном ви́де 3) предлага́ть (*своё мнение и т. п.*); дока́зывать, утвержда́ть; I ~ that a material fact has been passed over я сме́ю утвержда́ть, что суще́ственный факт был пропу́щен

**submontane** [sʌbˈmɔnteɪn] *a* находя́щийся у подно́жия горы́

**subnormal** [ˈsʌbˈnɔ:məl] **1.** *a* ни́же норма́льного

2. *n мат.* поднорма́ль

**suborder** [ˈsʌbˈɔ:də] *n зоол.* подотря́д

**subordinate 1.** *a* [səˈbɔ:dnɪt] 1) подчинённый (to) 2) второстепе́нный, ни́зший 3) *грам.* прида́точный; ~ clause прида́точное предложе́ние

2. *n* [səˈbɔ:dnɪt] подчинённый

3. *v* [səˈbɔ:dɪneɪt] подчиня́ть, ста́вить в зави́симость

**subordination** [səˌbɔ:dɪˈneɪʃən] *n* 1) подчине́ние, субордина́ция; подчинённость 2) *грам.* подчине́ние

**suborn** [sʌˈbɔ:n] *v* покупа́ть; склоня́ть к преступле́нию (*особ. к лжесвидетельству*)

**subornation** [ˌsʌbɔ:ˈneɪʃən] *n* по́дкуп; взя́тка; попы́тка склони́ть к незако́нному де́йствию (*особ. к лжесвидетельству*)

**suborner** [sʌˈbɔ:nə] *n* даю́щий взя́тку, взяткода́тель

**subpoena** [səbˈpi:nə] **1.** *n* пове́стка с вы́зовом в суд

2. *v* вызыва́ть в суд

**subpolar** [ˈsʌbˈpəulə] *a* субполя́рный

**subreption** [səbˈrepʃən] *n* получе́ние чего́-л. путём сокры́тия каки́х-л. фа́ктов

**subscribe** [səbˈskraɪb] *v* 1) же́ртвовать де́ньги 2): to ~ to (*или* for) подпи́сываться на (*газеты, журналы и т. п.*) 3) подпи́сывать(ся) (*под чем-л.*) 4) присоединя́ться (*к чьему-л. мнению*; to)

**subscriber** [səbˈskraɪbə] *n* 1) подпи́счик 2) абоне́нт 3) же́ртвователь

**subscription** [səbˈskrɪpʃən] *n* 1) поже́ртвование; (подписно́й) взнос; to take up (*или* to make) a ~ собира́ть де́ньги (*для кого-л.*) 2) подпи́ска (*на газету и т. п.*) 3) подписа́ние 4) по́дпись (*на документе*) 5) *attr.* подписно́й; ~ list подписно́й лист

**subsection** [ˈsʌbˌsekʃən] *n* подсе́кция; подразде́л

**subsequent** [ˈsʌbsɪkwənt] *a* после́дующий; ~ to his death по́сле его́ сме́рти; ~ upon smth. явля́ющийся результа́том чего́-л.

**subsequently** [ˈsʌbsɪkwəntlɪ] *adv* впосле́дствии, пото́м, по́зже

**subserve** [səbˈsə:v] *v* соде́йствовать

**subservience** [səbˈsə:vjəns] *n* 1) подхали́мство, раболе́пство 2) поле́зность, соде́йствие (*цели*)

**subservient** [səbˈsə:vjənt] *a* 1) подчинённый 2) раболе́пный 3) слу́жащий сре́дством, соде́йствующий (to)

**subside** [səbˈsaɪd] *v* 1) па́дать, убыва́ть; the fever has ~d температу́ра спа́ла 2) утиха́ть, умолка́ть; the gale ~d бу́ря ути́хла 3) оседа́ть (*о почве и т. п.*) 4) (*обыкн. шутл.*) опуска́ться; he ~d into an arm-chair он опусти́лся в кре́сло

**subsidence** [səbˈsaɪdəns] *n* паде́ние *и пр.* [*см.* subside]

**subsidiary** [səbˈsɪdjərɪ] **1.** *a* 1) вспомога́тельный, дополни́тельный 2) второстепе́нный

2. *n* доче́рняя, подконтро́льная компа́ния (*тж.* ~ company)

**subsidize** [ˈsʌbsɪdaɪz] *v* субсиди́ровать

**subsidy** [ˈsʌbsɪdɪ] *n* субси́дия, де́нежное ассигнова́ние, дота́ция

**subsist** [səbˈsɪst] *v* 1) существова́ть 2) жить, корми́ться; to ~ on a vegetable diet быть вегетариа́нцем; to ~ by begging жить попроша́йничеством 3) прокорми́ть; содержа́ть

**subsistence** [səb'sɪstəns] *n* 1) существова́ние 2) сре́дства к существова́нию (*тж.* means of ~); пропита́ние

**subsoil** ['sʌbsɔɪl] *n* подпо́чва

**subsonic** ['sʌb'sɔnɪk] *a* дозвуково́й (*о скорости*)

**substance** ['sʌbstəns] *n* 1) вещество́ 2) *филос.* мате́рия, вещество́, субста́нция 3) су́щность, суть, содержа́ние; in ~ по существу́; по су́ти; to come to the ~ of the matter перейти́ к существу́ вопро́са 4) твёрдость, пло́тность; густота́; soup without much ~ жи́дкий суп 5) иму́щество, состоя́ние; a man of ~ состоя́тельный челове́к

**substandard** ['sʌb'stændəd] *a* 1) нестанда́ртный, ни́же ка́чества, устано́вленного станда́ртом 2) *лингв.* не соотве́тствующий языково́й но́рме

**substantial** [səb'stænʃəl] *a* 1) реа́льный, веще́ственный 2) суще́ственный, ва́жный, значи́тельный; ~ contribution большо́й вклад; ~ improvement заме́тное улучше́ние 3) про́чный, кре́пкий 4) состоя́тельный 5) пита́тельный

**substantiality** [səb,stænʃɪ'ælɪtɪ] *n* реа́льность *и пр.* [*см.* substantial]

**substantially** [səb'stænʃəlɪ] *adv* 1) по существу́, в основно́м, в значи́тельной сте́пени 2) про́чно, основа́тельно

**substantiate** [səb'stænʃɪeɪt] *v* 1) приводи́ть доста́точные основа́ния, дока́зывать, подтвержда́ть; this view is ~d э́та то́чка зре́ния подтвержда́ется 2) придава́ть конкре́тную фо́рму, де́лать реа́льным

**substantiation** [səb,stænʃɪ'eɪʃən] *n* 1) дока́зывание 2) доказа́тельство

**substantival** [,sʌbstən'taɪvəl] *a грам.* субстанти́вный

**substantive** ['sʌbstəntɪv] **1.** *a* 1) самостоя́тельный, незави́симый; ~ rank *воен.* действи́тельное зва́ние 2) *грам.* субстанти́вный ◇ a ~ motion предложе́ние по существу́ (*в ООН и т. п.*)

**2.** *n грам.* и́мя существи́тельное

**substation** ['sʌb'steɪʃən] *n эл.* подста́нция

**substitute** ['sʌbstɪtju:t] **1.** *n* 1) замести́тель 2) заме́на 3) замени́тель; суррога́т

**2.** *v* 1) заменя́ть; замеща́ть (for — *кого-л.*) 2) подставля́ть

**substitute** ['sʌbstɪtju:t] **1.** *n* 1) заме́на, замеще́ние 2) *мат.* подстано́вка 3) *attr.* подстано́вочный; ~ tables подстано́вочные табли́цы

**substrata** ['sʌb'strɑ:tə] *pl от* substratum

**substratosphere** [sʌb'strætəsfɪə] *n* субстратосфе́ра

**substratum** ['sʌb'strɑ:təm] *n* (*pl* -ta) 1) ни́жний слой 2) основа́ние 3) подпо́чва 4) *филос.* субстра́т

**substruction** ['sʌb,strʌkʃən] = substructure

**substructure** ['sʌb,strʌktʃə] *n* фунда́мент, основа́ние

**subsume** [səb'sju:m] *v* относи́ть к како́й-л. катего́рии

**subsurface** ['sʌb'sə:fɪs] *a* 1) находя́щийся, лежа́щий под пове́рхностью 2) подво́дный

**subtenant** ['sʌb'tenənt] *n* субаренда́тор

**subtend** [səb'tend] *v геом.* стя́гивать (дугу́); противолежа́ть

**subtense** [səb'tens] *n геом.* хо́рда *или* сторона́ треуго́льника (*противоположная углу*)

**subterfuge** ['sʌbtəfju:dʒ] *n* увёртка, отгово́рка

**subterranean** [,sʌbtə'reɪnjən] *a* 1) подзе́мный 2) секре́тный, подпо́льный; та́йный, скры́тый

**subterraneous** [,sʌbtə'reɪnjəs] = subterranean

**subtil(e)** ['sʌtl] *уст.* = subtle

**subtilize** ['sʌtɪlaɪz] *v* 1) возвыша́ть, облагора́живать 2) обостря́ть (*чувства, восприятие и т. п.*) 3) вдава́ться в то́нкости, мудри́ть

**subtitle** ['sʌb,taɪtl] *n* 1) подзаголо́вок 2) субти́тр

**subtle** ['sʌtl] *a* 1) то́нкий, не́жный, неулови́мый 2) о́стрый, то́нкий, проница́тельный (*об уме, замечании и т. п.*) 3) утончённый; ~ delight утончённое наслажде́ние 4) иску́сный; ~ device хитроу́мное приспособле́ние; ~ fingers ло́вкие па́льцы 5) едва́ различи́мый, тру́дно улови́мый 6) хи́трый; вкра́дчивый

**subtlety** ['sʌtltɪ] *n* 1) то́нкость, не́жность 2) острота́, то́нкость (*ума, восприятия*) 3) утончённость 4) то́нкое разли́чие 5) иску́сность 6) хи́трость

**subtorrid** ['sʌb'tɔrɪd] = subtropical

**subtract** [səb'trækt] *v мат.* вычита́ть

**subtraction** [səb'trækʃən] *n мат.* вычита́ние

**subtrahend** ['sʌbtrəhend] *n мат.* вычита́емое

**subtropical** ['sʌb'trɔpɪkəl] *a* субтропи́ческий

**subulate** ['sju:bju:leɪt] *a бот.* шилови́дный

**suburb** ['sʌbə:b] *n* 1) при́город 2) *pl* предме́стья, окре́стности 3) *attr.* при́городный

**suburban** [sə'bə:bən] **1.** *a* 1) при́городный 2) *презр.* у́зкий, ограни́ченный, провинциа́льный

**2.** *n* жи́тель при́города

**suburbanite** [sə'bə:bənaɪt] *n* жи́тель при́города

**subvene** [səb'vi:n] *v амер.* прийти́ на по́мощь, случа́йно оказа́вшись ря́дом

**subvention** [səb'venʃən] *n* субси́дия, дота́ция

**subversion** [səb'və:ʃən] *n* ниспроверже́ние, сверже́ние

**subversive** [səb'və:sɪv] *a* 1) разруши́тельный, ги́бельный, губи́тельный 2) подрывно́й; ~ activities подрывна́я де́ятельность

**subvert** [sʌb'və:t] *v* сверга́ть, ниспроверга́ть; разруша́ть

**subway** ['sʌbweɪ] *n* 1) тонне́ль; подзе́мный перехо́д 2) *амер.* подзе́мная желе́зная доро́га, метро́

**succeed** [sək'si:d] *v* 1) сле́довать за *чем-л., кем-л.*; сменя́ть; the generation that ~s us бу́дущее поколе́ние 2): to ~ oneself *амер.* быть переи́збранным 3) насле́довать, быть прее́мником (to) 4) достига́ть це́ли, преуспева́ть (in); име́ть успе́х; to ~ in life преуспе́ть в жи́зни, сде́лать карье́ру, вы́двинуться

**success** [sək'ses] *n* 1) успе́х, уда́ча; to be crowned with ~ увенча́ться успе́хом 2) челове́к, по́льзующийся успе́хом; произведе́ние, получи́вшее призна́ние *и т. п.*; the experiment is a ~ о́пыт уда́лся; I count that book among my ~es я счита́ю, что э́та кни́га моя́ больша́я уда́ча; she was a great ~ as a singer её пе́ние име́ло большо́й успе́х ◇ nothing succeeds like ~ *посл.* успе́х влечёт за собо́й но́вый успе́х; ~ is never blamed *посл.* ≅ победи́теля не су́дят

**successful** [sək'sesful] *a* 1) успе́шный, уда́чный; to be ~ име́ть успе́х 2) уда́чливый, преуспева́ющий

**succession** [sək'seʃən] *n* 1) после́довательность 2) непреры́вный ряд; in ~ подря́д; a ~ of disasters непреры́вная цепь несча́стий 3) прее́мственность; пра́во насле́дования; поря́док престолонасле́дия; in ~ to smb. в ка́честве чьего́-л. прее́мника, насле́дника 4) *attr.*: ~ duty нало́г на насле́дство ◇ the S. States *ист.* госуда́рства, образова́вшиеся по́сле распа́да А́встро-Ве́нгрии

**successive** [sək'sesɪv] *a* 1) после́дующий 2) сле́дующий оди́н за други́м, после́довательный; it has rained for three ~ days дождь идёт три дня подря́д

**successor** [sək'sesə] *n* прее́мник, насле́дник (to, of)

**succinct** [sək'sɪŋkt] *a* 1) сжа́тый, кра́ткий 2) *поэт.* опоя́санный

**succinite** ['sʌksɪnaɪt] *n мин.* сукцини́т; *уст.* янта́рь

**succory** ['sʌkərɪ] *n* цико́рий

**succotash** ['sʌkətæʃ] *n амер.* блю́до из молодо́й кукуру́зы и бобо́в

**succour** ['sʌkə] **1.** *n* по́мощь, ока́занная в тяжёлую мину́ту

**2.** *v* помога́ть, приходи́ть на по́мощь, подде́рживать (*в тяжёлую минуту*)

**succulence** ['sʌkjuləns] *n* со́чность, мяси́стость

**succulent** ['sʌkjulənt] **1.** *a* 1) со́чный 2) *бот.* со́чный, мяси́стый

**2.** *n бот.* суккуле́нт

**succumb** [sə'kʌm] *v* 1) подда́ться, уступи́ть (to); to ~ to temptation подда́ться искуше́нию 2) стать же́ртвой (*чего-л.*), умере́ть (to — от *чего-л.*); to ~ to pneumonia умере́ть от воспале́ния лёгких

**such** [sʌtʃ] **1.** *a* 1) тако́й; don't be in ~ a hurry не спеши́те так; there are no ~ doings now тепе́рь подо́бных веще́й не быва́ет; and ~ things и тому́ подо́бное; ~ as а) как наприме́р; б) тако́й, как; her conduct was ~ as might be expected она́ вела́ себя́ так, как э́того мо́жно бы́ло ожида́ть; в) тот, кото́рый; he will have no books but ~ as I'll let him have он не полу́чит никаки́х книг, кро́ме тех, кото́рые я разрешу́ ему́ взять; г) тако́й, что́бы; his illness is not ~ as to cause anxiety его́ боле́знь не насто́лько серьёзна, что́бы вызыва́ть беспоко́йство; ~ that а) тако́й, что; his behaviour was ~ that everyone disliked him он так себя́ вёл, что все его́ невзлюби́ли; б) так что; he said it in ~ way that I couldn't help laughing он так э́то сказа́л, что я не мог удержа́ться от сме́ха 2) тако́й-то; определённый (*но не назва́нный*); allow ~ an amount for food, ~ an amount for rent and the rest for other things вы́делите сто́лько-то де́нег на еду́, сто́лько-то на кварти́ру, а остальны́е де́ньги пойду́т на други́е расхо́ды ◇ ~ master ~ servant *посл.* како́в хозя́ин, тако́в и слуга́

2. *pron demonstr.* 1) таково́й; ~ was the agreement таково́ бы́ло соглаше́ние; and ~ *разг.* и тому́ подо́бные; as ~ как таково́й; по существу́; there are no hotels as ~ in this town в э́том го́роде нет настоя́щих гости́ниц; we note your remarks and in reply to ~ ... мы принима́ем к све́дению ва́ши замеча́ния и в отве́т на них...; ~ as he is како́й бы он там ни́ был 2) тот, тако́й; те, таки́е; all ~ таки́е лю́ди; all ~ as are of my opinion... пусть те, кто со мной согла́сен...

**such-and-such** [ˈsʌtʃənsʌtʃ] *a* тако́й-то

**suchlike** [ˈsʌtʃlaɪk] *разг.* **1.** *a* подо́бный, тако́й

2. *pron*: and ~ а) и тому́ подо́бное; б) и таки́е лю́ди

**suck** [sʌk] **1.** *n* 1) соса́ние; to take a ~ пососа́ть 2) вса́сывание, заса́сывание 3) небольшо́й глото́к 4) матери́нское молоко́; to give ~ (to) корми́ть гру́дью 5) *школ. жарг.* неприя́тность; прова́л (*тж.* ~-in); what a ~ (*или* ~s)! попа́лся! 6) *школ. sl* сла́сти

2. *v* 1) соса́ть; вса́сывать (*тж.* ~ in); the pump ~s насо́с вбира́ет во́здух вме́сто воды́ 2): to ~ dry вы́сосать, истощи́ть □ ~ **at** соса́ть, поса́сывать (*тру́бку и т. п.*); ~ **in** а) вса́сывать, впи́тывать (*тж. зна́ния и т. п.*); б) заса́сывать (*о водоворо́те*); в) *sl.* обману́ть, обста́вить; ~ **out** выса́сывать; to ~ advantage out of smth. извлека́ть вы́году из чего́-л.; ~ **up** а) вса́сывать; поглоща́ть; б) *школ. жарг.* подли́зываться (to)

**sucked** [sʌkt] **1.** *p. p. от* suck 2

2. *a* вы́сосанный ◇ a ~ orange ≅ вы́жатый лимо́н

**sucker** [ˈsʌkə] *n* 1) сосу́н(о́к) (*особ. моло́чный поросёнок или детёныш кита́*) 2) *разг.* ледене́ц на па́лочке 3) *разг.* молокосо́с, проста́к 4) *зоол.* присо́сок 5) *бот.* отро́сток; боково́й побе́г 6) *тех.* по́ршень насо́са 7) *тех.* вса́сывающий па́трубок

**sucking** [ˈsʌkɪŋ] **1.** *pres. p. от* suck 2

2. *a* 1) грудно́й (*о ребёнке*) 2) нео́пытный, начина́ющий 3) *тех.* вса́сывающий

**sucking-pig** [ˈsʌkɪŋpɪg] *n* моло́чный поросёнок

**suckle** [ˈsʌkl] *v* 1) корми́ть гру́дью 2) дава́ть соса́ть вы́мя 3) вска́рмливать

**suckling** [ˈsʌklɪŋ] *n* 1) грудно́й ребёнок 2) сосу́н(о́к)

**suck-up** [ˈsʌkˈʌp] *n школ. жарг.* подли́за

**suction** [ˈsʌkʃən] *n* 1) соса́ние, вса́сывание; приса́сывание 2) *attr.* вса́сывающий

**suctorial** [sʌkˈtɔːrɪəl] *a зоол.* сосу́щий; приспосо́бленный для соса́ния

**Sudanese** [ˌsuːdəˈniːz] **1.** *a* суда́нский

2. *n* суда́нец; суда́нка; the ~ *pl собир.* суда́нцы

**Sudani** [su(:)ˈdɑːnɪ] *n* суда́нский диале́кт ара́бского языка́

**sudatoria** [ˌsju(:)dəˈtɔːrɪə] *pl от* sudatorium

**sudatorium** [ˌsju(:)dəˈtɔːrɪəm] *n* (*pl* -ria) пари́льня (*в ба́не*)

**sudd** [sʌd] *n* ма́сса плаву́чих расте́ний на Бе́лом Ни́ле, меша́ющая судохо́дству

**sudden** [ˈsʌdn] **1.** *a* 1) внеза́пный, неожи́данный 2) стреми́тельный, поспе́шный; to be ~ in one's actions быть о́чень стреми́тельным в свои́х де́йствиях

2. *n*: (all) of a ~, on a ~ внеза́пно, вдруг

**suddenly** [ˈsʌdnlɪ] *adv* внеза́пно, вдруг

**sudoriferous** [ˌsjuːdəˈrɪfərəs] *a* 1) *анат.* потово́й 2) *мед.* потого́нный

**sudorific** [ˌsjuːdəˈrɪfɪk] **1.** *a* потого́нный

2. *a* потого́нное сре́дство

**suds** [sʌdz] *n pl* мы́льная пе́на *или* вода́ ◇ to be in the ~ *sl.* быть в затрудне́нии, в замеша́тельстве

**sudsy** [ˈsʌdzɪ] *a* мы́льный, пе́нистый

**sue** [sjuː] *v* 1) пресле́довать суде́бным поря́дком; возбужда́ть де́ло (*про́тив кого́-л.*); to ~ a person for libel возбужда́ть про́тив кого́-л. де́ло за клевету́ 2) проси́ть (to — *кого́-л.*, for — о *чём-л.*); to ~ to a law-court for redress иска́ть защи́ты у суда́ □ ~ **out** вы́хлопотать (*в суде́*)

**suède** [sweɪd] *фр. n* 1) за́мша 2) *attr.* за́мшевый

**suet** [sjuɪt] *n* по́чечное *или* нутряно́е са́ло

**suffer** [ˈsʌfə] *v* 1) страда́ть; испы́тывать, претерпева́ть; he ~s from headaches он страда́ет от головны́х бо́лей; to ~ a loss потерпе́ть убы́ток 2) позволя́ть, дозволя́ть; to ~ them to come позво́лить им прийти́ 3) терпе́ть, сноси́ть; I cannot ~ him я его́ не выношу́ ◇ to ~ fools gladly терпи́мо относи́ться к дурака́м

**sufferance** [ˈsʌfərəns] *n* 1) терпе́ние, терпели́вость; it is beyond ~ э́то невозмо́жно терпе́ть 2) *уст.* молчали́вое согла́сие, попусти́тельство; he is here on ~ его́ здесь те́рпят

**sufferer** [ˈsʌfərə] *n* 1) страда́лец 2) пострада́вший

**suffering** [ˈsʌfərɪŋ] **1.** *pres. p. от* suffer

2. *n* страда́ние

3. *a* страда́ющий

**suffice** [səˈfaɪs] *v* быть доста́точным, хвата́ть; удовлетворя́ть ◇ ~ it to say доста́точно сказа́ть

**sufficiency** [səˈfɪʃənsɪ] *n* (*обыкн.* a ~) доста́точность; доста́ток

**sufficient** [səˈfɪʃənt] **1.** *a* доста́точный; he had not ~ courage for it на э́то у него́ не хвати́ло сме́лости

2. *n разг.* доста́точное коли́чество

**suffix** [ˈsʌfɪks] *грам.* **1.** *n* су́ффикс

2. *v* прибавля́ть (су́ффикс)

**suffocant** [ˈsʌfəkənt] **1.** *a* уду́шливый, удуша́ющий

2. *n* отравля́ющее вещество́ удуша́ющего де́йствия

**suffocate** [ˈsʌfəkeɪt] *v* 1) души́ть, удуша́ть 2) задыха́ться

**suffocation** [ˌsʌfəˈkeɪʃən] *n* 1) удуше́ние 2) уду́шье

**suffragan** [ˈsʌfrəgən] *n* вика́рный епи́скоп (*тж.* ~ bishop)

**suffrage** [ˈsʌfrɪdʒ] *n* 1) пра́во го́лоса, избира́тельное пра́во; female ~ избира́тельное пра́во для же́нщин; universal ~ всео́бщее избира́тельное пра́во 2) го́лос (*при голосова́нии*) 3) одобре́ние, согла́сие 4) (*тж. pl*) *церк.* ектенья́

**suffragette** [ˌsʌfrəˈdʒet] *n* суфражи́стка

**suffragist** [ˈsʌfrədʒɪst] *n* сторо́нник равнопра́вия же́нщин

**suffuse** [səˈfjuːz] *v* залива́ть (*слеза́ми*); покрыва́ть (*румя́нцем, кра́ской*)

**suffusion** [səˈfjuːʒən] *n* 1) кра́ска, румя́нец 2) покры́тие (*кра́ской*)

**sugar** [ˈʃugə] **1.** *n* 1) са́хар 2) лесть 3) *разг.* ми́лый, голу́бчик; ми́лочка, ду́шечка *и т. п.* 4) *sl.* де́ньги 5) *хим.* сахаро́за 6) *attr.* са́харный

2. *v* 1) обса́харивать; подсла́щивать (*тж. перен.*) 2) *sl.* рабо́тать с прохла́дцей, фило́нить

**sugar-basin** [ˈʃugəˌbeɪsn] *n* са́харница

**sugar-beet** [ˈʃugəbiːt] *n* са́харная свёкла

**sugar-bowl** [ˈʃugəbəul] = sugar-basin

**sugar candy** [ˈʃugəˌkændɪ] *n* леденец

**sugar-cane** [ˈʃugəkeɪn] *n* са́харный тростни́к

**sugar-coat** [ˈʃugəkəut] *v* 1) покрыва́ть са́харом 2) приукра́шивать

**sugar-daddy** [ˈʃugəˈdædɪ] *n разг.* пожило́й покло́нник молодо́й же́нщины, де́лающий бога́тые пода́рки

**sugar-loaf** [ˈʃugələuf] *n* 1) голова́ са́хару 2) со́вка, остроко́не́чный холм 3) шля́па с конусообра́зной тулье́й

**sugarplum** [ˈʃugəplʌm] *n* кру́глый леде́нец

**sugar-refinery** [ˈʃugərɪˌfaɪnərɪ] *n* (са́харо)рафина́дный заво́д

**sugar-tongs** [ˈʃugətɔŋz] *n* щипцы́ для са́хара

**sugary** [ˈʃugərɪ] *a* 1) са́харный, сла́дкий 2) сахари́стый 3) при́торный, льсти́вый

**suggest** [səˈdʒest] *v* 1) предлага́ть, сове́товать; I ~ that we should go to the theatre я предлага́ю пойти́ в теа́тр; the architect ~ed restoring the building архите́ктор предложи́л восстанови́ть зда́ние; he ~ed a visit to the gallery он посове́товал посети́ть галере́ю 2) внуша́ть, вызыва́ть; подска́зывать (*мысль*); намека́ть; наводи́ть на мысль; говори́ть о, означа́ть; does the name ~ nothing to you? ра́зве э́то и́мя вам ничего́ не говори́т?; an idea ~ed itself to me мне пришла́ в го́лову мысль; what does this shape ~ to you? что вам напомина́ет э́та фо́рма?

**suggestibility** [sə͵dʒestɪ'bɪlɪtɪ] *n* внуша́емость

**suggestible** [sə'dʒestəbl] *a* 1) поддаю́щийся внуше́нию 2) могу́щий быть внушённым

**suggestion** [sə'dʒestʃən] *n* 1) сове́т, предложе́ние; to make a ~ а) пода́ть мысль; б) внести́ предложе́ние 2) намёк, указа́ние; there was a ~ of truth in what he said в его́ слова́х была́ до́ля пра́вды; full of ~ многозначи́тельный; наводя́щий на размышле́ние 3) внуше́ние; hypnotic ~ внуше́ние гипно́зом

**suggestive** [sə'dʒestɪv] *a* 1) вызыва́ющий мы́сли; this book is very ~ э́та кни́га заставля́ет ду́мать 2) намека́ющий на что-л. непристо́йное; неприли́чный

**suicidal** [sjuɪ'saɪdl] *a* 1) самоуби́йственный 2) уби́йственный; губи́тельный, ги́бельный; a ~ policy губи́тельная поли́тика

**suicide** ['sjuɪsaɪd] **1.** *n* 1) самоуби́йство; to commit ~ поко́нчить с собо́й 2) самоуби́йца 3) прова́л пла́нов, крах наде́жд по со́бственной вине́

**2.** *v разг.* поко́нчить с собо́й (*тж.* to ~ oneself)

**suit** [sju:t] **1.** *n* 1) мужско́й костю́м (*тж.* ~ of clothes); a ~ of dittos по́лный костю́м из одного́ материа́ла; dress ~ мужско́й вече́рний костю́м; a two-piece ~ да́мский костю́м (*юбка и жакет*) 2) набо́р, компле́кт 3) проше́ние; хода́тайство о поми́ловании; to grant smb.'s ~ испо́лнить чью-л. про́сьбу; to make ~ to смире́нно проси́ть; to press one's ~ насто́ятельно проси́ть [*см. тж.* 4)] 4) сватовство́; уха́живание; to plead (*или* to press) one's ~ with smb. *уст.* добива́ться чьей-л. благоскло́нности [*см. тж.* 3)]; to prosper in one's ~ доби́ться успе́ха в сватовстве́ 5) *юр.* тя́жба, проце́сс; to bring (*или* to institute) a ~ against smb. предъяви́ть иск кому́-л.; to be at ~ суди́ться 6) *карт.* масть; to follow ~ ходи́ть в масть; *перен.* сле́довать приме́ру; подража́ть; long (short) ~ си́льная (сла́бая) масть 7) согла́сие, гармо́ния; in ~ with smb. заодно́ с кем-л.; of a ~ with схо́дный, гармони́рующий с чем-л.

**2.** *v* 1) удовлетворя́ть тре́бованиям; быть удо́бным, устра́ивать; will that time ~ you? э́то вре́мя вас устро́ит?; to ~ oneself выбира́ть по вку́су; ~ yourself де́лайте, как вам нра́вится 2) быть поле́зным, приго́дным; meat does not ~ me мя́со мне вре́дно 3) годи́ться; соотве́тствовать, подходи́ть; he is not ~ed to be (*или* for) a teacher учи́теля из него́ не полу́чится 4) быть к лицу́ 5) приспоса́бливать; to ~ the action to the word подкрепля́ть слова́ дела́ми; приводи́ть в исполне́ние; ≅ ска́зано — сде́лано

**suitable** ['sju:təbl] *a* подходя́щий, соотве́тствующий, го́дный

**suitcase** ['sju:tkeɪs] *n* небольшо́й пло́ский чемода́н

**suite** [swi:t] *n* 1) сви́та 2) набо́р, компле́кт; ~ of furniture гарниту́р ме́бели; ~ of rooms а) анфила́да ко́мнат, апарта́менты; б) но́мер-люкс (*в гостинице*) 3) *муз.* сю́ита 4) *геол.* се́рия, сви́та

**suited** ['sju:tɪd] **1.** *p. p. от* suit 2

**2.** *a* подходя́щий, соотве́тствующий, го́дный

**suiting** ['sju:tɪŋ] **1.** *pres. p. от* suit 2

**2.** *n* (*часто pl*) материа́л для костю́мов

**suitor** ['sju:tə] *n* 1) покло́нник 2) проси́тель 3) *юр.* исте́ц

**sulk** [sʌlk] **1.** *n* (*обыкн.* the ~s) дурно́е настрое́ние; to have (a fit of) the ~s ду́ться; быть серди́тым; in the ~s в плохо́м настрое́нии

**2.** *v* ду́ться; быть серди́тым, мра́чным

**sulky** I ['sʌlkɪ] *a* 1) наду́тый, угрю́мый, мра́чный 2) мра́чный, гнету́щий (*о погоде и т. п.*); a ~ day су́мрачный день

**sulky** II ['sʌlkɪ] *n амер.* одноме́стная двуко́лка

**sullen** ['sʌlən] *a* 1) угрю́мый, за́мкнутый, серди́тый 2) мра́чный; злове́щий; гнету́щий 3) ме́дленно теку́щий (*о ручье и т. п.*)

**sully** ['sʌlɪ] *v* па́чкать, пятна́ть

**sulpha** ['sʌlfə] = sulpha drugs

**sulpha drugs** ['sʌlfə'drʌgz] *n pl фарм.* сульфами́дные препара́ты

**sulphate** ['sʌlfeɪt] *n хим.* сульфа́т, соль се́рной кислоты́; ~ of copper (iron, zinc) ме́дный (желе́зный, ци́нковый) купоро́с

**sulphide** ['sʌlfaɪd] *n хим.* сульфи́д, серни́стое соедине́ние

**sulphite** ['sʌlfaɪt] *n хим.* сульфи́т, соль серни́стой кислоты́

**sulphur** ['sʌlfə] **1.** *n* 1) *хим.* се́ра; flowers of ~ се́рный цвет 2) зеленова́то-жёлтый цвет 3) ба́бочка из семе́йства беля́нок

**2.** *a* зеленова́то-жёлтый

**3.** *v* оку́ривать се́рой

**sulphurate** ['sʌlfjureɪt] *v* 1) пропи́тывать се́рой 2) оку́ривать се́рой

**sulphureous** [sʌl'fjuərɪəs] *a* 1) *хим.* се́рный 2) зеленова́то-жёлтый

**sulphuretted** ['sʌlfjuretɪd] *a хим.* сульфи́рованный; ~ hydrogen сероводоро́д

**sulphuric** [sʌl'fjuərɪk] *a хим.* се́рный; ~ acid се́рная кислота́

**sulphurize** ['sʌlfəraɪz] = sulphurate

**sulphurous** ['sʌlfərəs] *a* 1) = sulphureous 2) *перен.* а́дский 3) е́дкий, зло́бный, язви́тельный

**sulphur-spring** ['sʌlfə'sprɪŋ] *n* се́рный исто́чник

**sulphury** ['sʌlfərɪ] *a* похо́жий на се́ру; се́рный, серни́стый

**sultan** ['sʌltən] *n* 1) султа́н 2) поро́да бе́лых кур

**sultana** [sʌl'tɑ:nə] *n* 1) султа́нша; жена́, дочь, сестра́ *или* мать султа́на 2) фавори́тка 3) [səl'tɑ:nə] кишми́ш

**sultanate** ['sʌltənɪt] *n* султана́т, султа́нство, владе́ния *и* власть султа́на

**sultriness** ['sʌltrɪnɪs] *n* духота́

**sultry** ['sʌltrɪ] *a* 1) зно́йный, ду́шный 2) стра́стный (*о темпераменте и т. п.*)

**sum** [sʌm] **1.** *n* 1) су́мма, коли́чество; ито́г; ~ total о́бщая су́мма 2) су́щность 3) арифмети́ческая зада́ча 4) *pl* арифме́тика, реше́ние зада́ч; he is good at ~s он силён в арифме́тике ◇ ~ and substance са́мая суть; in ~ в о́бщем, ко́ротко говоря́

**2.** *v* скла́дывать, подводи́ть ито́г (*часто* ~ up) □ ~ **up** резюми́ровать, сумми́ровать

**sumac(h)** ['su:mæk] *n бот.* сума́х

**summarize** ['sʌməraɪz] *v* сумми́ровать, резюми́ровать, подводи́ть ито́г

**summary** ['sʌmərɪ] **1.** *n* кра́ткое изложе́ние, резюме́, конспе́кт, сво́дка

**2.** *a* 1) сумма́рный, кра́ткий; ~ account кра́ткий отчёт 2) ско́рый, бы́стрый, сде́ланный без дальне́йших отлага́тельств и промедле́ния 3) *юр.* ско́рый, сумма́рный; ~ jurisdiction сумма́рное произво́дство; ~ court дисциплина́рный суд; ~ punishment дисциплина́рное взыска́ние

**summation** [sʌ'meɪʃən] *n* 1) подведе́ние ито́га, сумми́рование 2) совоку́пность, ито́г

**summer** I ['sʌmə] **1.** *n* 1) ле́то 2) пери́од цвете́ния, расцве́та 3) *поэт.* год; a woman of some twenty ~s же́нщина лет двадцати́ 4) *attr.* ле́тний; ~ camp ле́тний ла́герь; ~ cottage да́ча; ~ time «ле́тнее вре́мя» (*когда часы переведены на час вперёд*) [*ср. тж.* summer-time]; ~ sausage суха́я копчёная колбаса́

**2.** *v* 1) проводи́ть ле́то 2) пасти́ (*скот*) ле́том

**summer** II ['sʌmə] *n стр.* ба́лка, перекла́дина

**summer-house** ['sʌməhaus] *n* бесе́дка

**summer lightning** ['sʌmə'laɪtnɪŋ] *n* зарни́ца

**summerly** ['sʌməlɪ] *a* ле́тний

**summersault** ['sʌməsɔ:lt] = somersault

**summer school** ['sʌməsku:l] *n* се́рия ле́кций в университе́те (*во время летних каникул*)

**summerset** ['sʌməset] = somersault

**summer-time, summertime** ['sʌmətaɪm] *n* ле́тнее вре́мя, ле́то [*ср. тж.* summer I, 1, 4)]

**summer-tree** ['sʌmətri:] = summer II

**summit** ['sʌmɪt] *n* 1) верши́на, верх; *перен.* зени́т, вы́сшая сте́пень, преде́л 2) встре́ча *или* совеща́ние глав прави́тельств 3) диплома́тия на вы́сшем у́ровне 4) *attr. дип.* проходя́щий на вы́сшем у́ровне; ~ talks перегово́ры на вы́сшем у́ровне; ~ conference (*или* meeting) встре́ча глав прави́тельств, конфере́нция на вы́сшем у́ровне

**summon** ['sʌmən] *v* 1) вызыва́ть (*в суд*) 2) тре́бовать исполне́ния (*че-*

*го-л.*); to ~ the garrison to surrender требовать сдачи крепости 3) созывать (*собрание и т. п.*) 4) собирать, призывать (*часто* ~ up); to ~ up courage собраться с духом

**summons** [ˈsʌmənz] **1.** *n* 1) вызов (*особ.* в суд) 2) судебная повестка; to serve a witness with a ~ вызывать свидетеля повесткой в суд 3) *воен.* ультиматум о сдаче (*тж.* ~ to surrender)

**2.** *v* вызывать в суд повесткой

**sump** [sʌmp] *n* 1) выгребная яма; сточный колодец 2) *тех.* грязевик; маслосборник 3) *горн.* зумпф, отстойник

**sumpter-horse** [ˈsʌmptəhɔːs] *n* вьючная лошадь

**sumption** [ˈsʌmpʃən] *n лог.* большая посылка (*силлогизма*)

**sumptuary** [ˈsʌmptjuərɪ] *a* касающийся расходов, регулирующий расходы

**sumptuous** [ˈsʌmptjuəs] *a* 1) роскошный; дорогостоящий; пышный; великолепный

**sun** [sʌn] **1.** *n* 1) солнце; to take (*или* to shoot) the ~ *мор.* измерять высоту солнца секстантом; mock ~ *астр.* ложное солнце 2) солнечный свет; солнечные лучи; ~'s backstays (*или* eyelashes), ~ drawing water *мор.* солнечные лучи, прорезающие облака; in the ~ на солнце; to bask in the ~ греться на солнце; to take the ~ загорать; to close the shutters to shut out the ~ закрыть ставни, чтобы затемнить комнату 3) *уст.* восход *или* закат солнца; to rise with the ~ рано вставать; from ~ to ~ от восхода (и) до заката (солнца) 4) *поэт.* год, день ◊ against the ~ против часовой стрелки; with the ~ по часовой стрелке; under the ~ на нашей планете, в этом мире; to hail (*или* to adore) the rising ~ заискивать перед новой властью; his ~ is rising (is set) его звезда восходит (закатилась); a place in the ~ ≅ тёпленькое местечко; выгодное положение; to hold a candle to the ~ заниматься ненужным делом, зря тратить силы; let not the ~ go down upon your wrath *шутл.* не сердитесь больше одного дня; the morning ~ never lasts a day *посл.* ≅ ничто не вечно под луной

**2.** *v* 1) греть(ся) на солнце; to ~ oneself греться на солнце 2) выставлять на солнце; подвергать действию солнца

**sun-and-planet gear** [ˈsʌnəndˈplænɪtˈgɪə] *n тех.* планетарный механизм

**sun-baked** [ˈsʌnbeɪkt] *a* высушенный на солнце

**sun-bath** [ˈsʌnbɑːθ] *n* солнечная ванна

**sunbeam** [ˈsʌnbiːm] *n* 1) солнечный луч 2) *разг.* жизнерадостный человек (*особ.* ребёнок)

**sun-blind** [ˈsʌnblaɪnd] *n* тент, навес, маркиза

**sun-blinkers** [ˈsʌnˈblɪŋkəz] *n pl* защитные очки от солнца

**sunburn** [ˈsʌnbəːn] *n* загар

**sunburnt** [ˈsʌnbəːnt] *a* загорелый

**sunburst** [ˈsʌnbəːst] *n* 1) яркие солнечные лучи, неожиданно появившиеся из-за туч 2) ювелирное изделие в виде солнца с лучами

**sun-cult** [ˈsʌnkʌlt] *n* поклонение солнцу, культ солнца

**sun-cured** [ˈsʌnkjuəd] *a* вяленый на солнце

**sundae** [ˈsʌndeɪ] *n* сливочное мороженое с фруктами, сиропом, орехами *и т. п.*

**Sunday** [ˈsʌndɪ] *n* 1) воскресенье 2) *attr.* воскресный; ~ best *разг.* лучший костюм *или* платье; праздничное платье ◊ to look two ways to find ~ *разг.* косить (*глазами*)

**Sunday-school** [ˈsʌndɪskuːl] *n* воскресная церковная школа

**sunder** [ˈsʌndə] *v поэт.* разделять (-ся); разъединять, разлучать

**sundew** [ˈsʌndjuː] *n бот.* росянка

**sun-dial** [ˈsʌndaɪəl] *n* солнечные часы

**sun-dog** [ˈsʌndɔg] *n астр.* ложное солнце

**sundown** [ˈsʌndaun] *n* 1) закат, заход солнца 2) *амер.* широкополая дамская шляпа 3) *attr.*: ~ party ранняя вечеринка

**sundowner** [ˈsʌnˌdaunə] *n* 1) *австрал.* бродяга, безработный, перебивающийся случайными заработками 2) *разг.* рюмка спиртного, выпиваемая вечером

**sun-dried** [ˈsʌndraɪd] *a* высушенный на солнце; вяленый

**sundry** [ˈsʌndrɪ] **1.** *a* различный, разный; to talk of ~ matters говорить о разных вещах

**2.** *n* 1) *pl* всякая всячина, разное 2): all and ~ все вместе и каждый в отдельности; все без исключения

**sunflower** [ˈsʌnˌflauə] *n* 1) подсолнечник 2) *attr.* подсолнечный; ~ seeds семечки; to nibble ~ seeds грызть семечки

**sung** [sʌŋ] *p. p. от* sing 1

**sun-hat** [ˈsʌnhæt] *n* широкополая шляпа от солнца

**sunk** [sʌŋk] **1.** *p. p. от* sink 2

**2.** *a* 1) ниже уровня; погружённый, потопленный; ~ fence изгородь по дну канавы 2) *разг.* в затруднительном положении; I'm ~ влип, попался

**sunken** [ˈsʌŋkən] *a* 1) затонувший; погружённый; ~ rock подводная скала; ~ battery *воен.* батарея, врытая в землю 2) осевший 3) впалый, запавший; ~ cheeks впалые щёки; ~ eyes запавшие глаза

**sunlight** [ˈsʌnlaɪt] *n* солнечный свет

**sunlit** [ˈsʌnlɪt] *a* освещённый солнцем

**sunn** [sʌn] *n бот.* кроталярия индийская (*тж.* ~ hemp)

**sunny** [ˈsʌnɪ] *a* 1) солнечный, освещённый солнцем 2) радостный, весёлый; ~ disposition жизнерадостный характер; to look on the ~ side of things смотреть бодро на жизнь, быть оптимистом ◊ she is on the ~ side of forty (fifty, *etc.*) ей ещё нет сорока (пятидесяти *и т. д.*) (лет)

**sun-parlour** [ˈsʌnˌpɑːlə] *n* застеклённая терраса; комната с большим количеством окон, расположенная на солнечной стороне

**sunproof** [ˈsʌnpruːf] *a* 1) непроницаемый для солнечных лучей 2) не выгорающий на солнце

**sunrise** [ˈsʌnraɪz] *n* восход солнца; утренняя заря

**sunset** [ˈsʌnset] *n* 1) заход солнца; закат; вечерняя заря 2) закат, конец; последний период (*жизни и т. п.*) 3) *attr.* закатный; *перен.* преклонный

**sunshade** [ˈsʌnʃeɪd] *n* 1) зонтик (*от солнца*) 2) навес, тент

**sunshine** [ˈsʌnʃaɪn] *n* 1) солнечный свет; in the ~ на солнце 2) хорошая погода 3) веселье, радость; счастье 4) источник радости, счастья *и т. п.*

**sun-spot** [ˈsʌnspɔt] *n* 1) *астр.* пятно на солнце 2) веснушка 3) *attr.*: ~ activity действие солнечных пятен

**sun-stone** [ˈsʌnstəun] *n мин.* солнечный камень

**sunstroke** [ˈsʌnstrəuk] *n* солнечный удар

**sun-tan** [ˈsʌntæn] *n* загар; to get a ~ загорать

**sun-up** [ˈsʌnˈʌp] *n амер.* восход солнца

**sunward** [ˈsʌnwəd] **1.** *a* обращённый к солнцу

**2.** *adv* по направлению к солнцу

**sunwards** [ˈsʌnwədz] = sunward 2

**sunwise** [ˈsʌnwaɪz] *adv* по часовой стрелке

**sun-worship** [ˈsʌnˌwəːʃɪp] *n* солнцепоклонничество, культ солнца

**sup** [sʌp] **1.** *n* глоток ◊ neither bite nor ~ не пивши, не евши

**2.** *v* 1) отхлёбывать, прихлёбывать; to ~ sorrow хлебнуть горя 2) *редк.* ужинать; to ~ on (*или* off) есть на ужин что-л.

**super** [ˈsjuːpə] **1.** *n разг.* 1) (*сокр. от* supernumerary) *театр.* статист 2) лишний *или* ненужный человек 3) (*сокр. от* superintendent) директор, управляющий 4) первоклассный товар 5) *см.* super-film

**2.** *a sl.* 1) первосортный, отличный, превосходный 2) огромный, исключительный по силе, интенсивности *и т. п.*; ~ secrecy сверхсекретность

**super-** [ˈsjuːpə-] *pref.* над-, сверх-; supernatural сверхъестественный; superimpose накладывать

**superannuate** [ˌsjuːpəˈrænjueɪt] *v* 1) увольнять по старости *или* по нетрудоспособности переводить на пенсию 2) изымать из употребления (*за ненужностью*) 3) устареть; выйти из употребления

**superannuated** [ˌsjuːpəˈrænjueɪtɪd] **1.** *p. p. от* superannuate

**2.** *a* 1) престарелый 2) вышедший на пенсию 3) *разг.* устарелый

**superannuation** [ˌsjuːpəˌrænjuˈeɪʃən] *n* 1) увольнение по старости 2) пенсия лицу, уволенному по старости

**superb** [sju(ː)ˈpəːb] *a* великолепный, роскошный, прекрасный; благородный, величественный

**superbomb** ['sju:pəbɔm] *n* водоро́дная бо́мба

**supercargo** ['sju:pə,kɑ:gəu] *n* (*pl* -oes [-əuz]) *мор.* суперка́рго

**supercharge** ['sju:pətʃɑ:dʒ] *v* *тех.* 1) перегружа́ть 2) рабо́тать с надду́вом

**supercharger** ['sju:pə,tʃɑ:dʒə] *n* *тех.* нагнета́тель, компре́ссор надду́ва

**superciliary** [,sju:pə'sɪlɪərɪ] *a* *анат.* надбро́вный, надгла́зный

**supercilious** [,sju:pə'sɪlɪəs] *a* высокоме́рный, надме́нный, презри́тельный

**superconductivity** [,sju:pə,kɔndʌk'tɪvɪtɪ] *n* *физ.* сверхпроводи́мость

**supercool** ['sju:pəku:l] *v* переохлажда́ть(ся)

**superelevation** [,sju:pər,elɪ'veɪʃən] *n* 1) *дор.* подъём виража́ (*на закругле́ниях доро́г*) 2) возвыше́ние нару́жного ре́льса на криво́й 3) *арт.* ра́зность настоя́щего и упреждённого угло́в ме́ста

**supererogation** [,sju:pər,erə'geɪʃən] *n* превыше́ние тре́бований до́лга; выполне́ние изли́шнего

**supererogatory** [,sju:pəre'rɔgətərɪ] *a* превыша́ющий тре́бование до́лга; изли́шний, дополни́тельный

**superette** [,sju:pə'ret] *n* бакале́йный магази́н самообслу́живания

**superfatted** ['sju:pə'fætɪd] *a* пережи́ренный (*о мы́ле и т. п.*)

**superficial** [,sju:pə'fɪʃəl] *a* 1) пове́рхностный, неглубо́кий, вне́шний; ~ knowledge пове́рхностные зна́ния 2) *геол.* нано́сный, аллювиа́льный

**superficiality** [,sju:pə,fɪʃɪ'ælɪtɪ] *n* пове́рхностность

**superficies** [,sju:pə'fɪʃi:z] *n* (*pl без измен.*) 1) пове́рхность 2) террито́рия, о́бласть 3) вне́шний вид

**super-film** ['sju:pə'fɪlm] *n* *кино* супербоеви́к

**superfine** ['sju:pə'faɪn] *a* 1) чрезме́рно утончённый; сли́шком то́нкий 2) вы́сшего со́рта; тонча́йший

**superfluidity** ['sju:pəflu(:)'ɪdɪtɪ] *n* *физ.* сверхтеку́честь

**superfluity** [,sju:pə'flu(:)ɪtɪ] *n* 1) избы́точность, оби́лие 2) избы́ток; изли́шек 3) (*обыкн. pl*) изли́шество

**superfluous** [sju(:)'pə:fluəs] *a* изли́шний, чрезме́рный, нену́жный

**superfortress** [,sju:pə'fɔ:trɪs] *n* *ав.* сверхмо́щная лета́ющая кре́пость

**superheat** ['sju:pəhi:t] **1.** *n* перегре́в **2.** *v* перегрева́ть

**superheater** ['sju:pə,hi:tə] *n* *тех.* пароперегрева́тель

**superheterodyne** ['sju:pə'heterədaɪn] *n* *радио* супергетероди́н; супергетероди́нный приёмник

**superhuman** [,sju:pə'hju:mən] *a* сверхчелове́ческий

**superimpose** ['sju:pərɪm'pəuz] *v* накла́дывать (одно́ на друго́е)

**superincumbent** [,sju:pərɪn'kʌmbənt] *a* 1) лежа́щий, поко́ящийся (*на чём-л.*) 2) выступа́ющий (*над чем-л.*)

**superinduce** [,sju:pərɪn'dju:s] *v* вводи́ть дополни́тельно, привноси́ть

**superintend** [,sju:pərɪn'tend] *v* 1) управля́ть, заве́довать, руководи́ть 2) смотре́ть (*за чем-л.*); надзира́ть

**superintendence** [,sju:pərɪn'tendəns] *n* надзо́р, контро́ль; управле́ние

**superintendent** [,sju:pərɪn'tendənt] *n* 1) управля́ющий, дире́ктор, руководи́тель 2) ста́рший полице́йский офице́р (*сле́дующий чин по́сле инспе́ктора*)

**superior** [sju(:)'pɪərɪə] **1.** *a* 1) вы́сший, ста́рший 2) лу́чший, превосхо́дный, вы́сшего ка́чества; made of ~ cloth сде́ланный из сукна́ вы́сшего ка́чества; a very ~ man незауря́дный челове́к 3) превосходя́щий; бо́льший; ~ forces превосходя́щие си́лы; ~ strength превосходя́щая си́ла 4) самодово́льный, высокоме́рный 5) *зоол.* располо́женный над други́м о́рганом; ~ wings надкры́лья (*у насеко́мых*) 6) *астр.* отстоя́щий от Со́лнца да́льше, чем Земля́ 7) *полигр.* надстро́чный ◇ ~ to а) быть лу́чше, чем (*что-л.*); б) быть вы́ше (*чего-л.*); to be ~ to prejudice быть вы́ше предрассу́дков

**2.** *n* 1) ста́рший, нача́льник 2) превосходя́щий друго́го; he has no ~ in wit никто́ его́ не превзойдёт в остроу́мии 3) настоя́тель(ница); Father S. игу́мен; Mother S. игу́менья 4) *полигр.* надстро́чный знак

**superioress** [sju(:)'pɪərɪərɪs] *n* *редк.* игу́менья, настоя́тельница (*монасты́ря*)

**superiority** [sju(:),pɪərɪ'ɔrɪtɪ] *n* 1) старшинство́; превосхо́дство 2) *attr.*: ~ complex *психол.* чу́вство превосхо́дства над окружа́ющими, ма́ния вели́чия

**superiorly** [sju(:)'pɪərɪəlɪ] *adv* 1) све́рху, вы́ше 2) лу́чше

**superlative** [sju(:)'pə:lətɪv] **1.** *a* 1) велича́йший, высоча́йший; a ~ chapter in the history of architecture блестя́щая страни́ца в исто́рии зо́дчества 2) *грам.* превосхо́дный (*о сте́пени*)

**2.** *n* 1) верши́на, кульмина́ция, вы́сшая то́чка 2) *грам.* превосхо́дная сте́пень 3) *грам.* прилага́тельное *или* наре́чие в превосхо́дной сте́пени ◇ to speak in ~s преувели́чивать

**superlunary** [,sju:pə'lu:nərɪ] *a* 1) *астр.* надлу́нный 2) неземно́й

**superman** ['sju:pəmæn] *n* 1) сверхчелове́к 2) суперме́н, геро́й ко́миксов

**supermarket** ['sju:pə,mɑ:kɪt] *n* большо́й магази́н самообслу́живания, универса́м

**supermundane** [,sju:pə'mʌndeɪn] *a* неземно́й; не от ми́ра сего́

**supernaculum** [,sju:pə'nækjuləm] *лат.* *adv* до после́дней ка́пли (*до дна*)

**supernal** [sju(:)'pə:nl] *a* *поэт.* боже́ственный, небе́сный; ~ loveliness боже́ственная красота́

**supernatant** [,sju:pə'neɪtənt] *a* *спец.* всплыва́ющий, пла́вающий на пове́рхности

**supernatural** [,sju:pə'nætʃrəl] *a* сверхъесте́ственный

**supernormal** ['sju:pə'nɔ:məl] *a* превыша́ющий но́рму (*по коли́честву, ка́честву и т. п.*); ~ pupil одарённый учени́к

**supernumerary** [,sju:pə'nju:mərərɪ] **1.** *n* 1) сверхшта́тный рабо́тник; вре́менный замести́тель 2) *театр.* стати́ст(ка)

**2.** *a* сверхшта́тный, ли́шний; дополни́тельный

**superphosphate** [,sju:pə'fɔsfeɪt] *n* *хим.* суперфосфа́т

**superpose** ['sju:pə'pəuz] *v* накла́дывать (*одну́ вещь на другу́ю*)

**superposition** ['sju:pəpə'zɪʃən] *n* 1) *мат.* наложе́ние 2) *геол.* напластова́ние

**superpower** ['sju:pə,pauə] *n* 1) си́ла, не име́ющая себе́ ра́вной 2) сверхдержа́ва; одна́ из наибо́лее мо́щных вели́ких держа́в

**superprofit** [,sju:pə'prɔfɪt] *n* сверхпри́быль

**superrealism** [,sju:pə'rɪəlɪzm] = surrealism

**supersaturate** [,sju:pə'sætʃəreɪt] *v* перенасыща́ть (*раство́р*)

**superscribe** ['sju:pə'skraɪb] *v* надпи́сывать; адресова́ть; де́лать на́дпись све́рху

**superscription** [,sju:pə'skrɪpʃən] *n* на́дпись (*на чём-л.*); а́дрес

**supersede** [,sju:pə'si:d] *v* 1) заменя́ть; смеща́ть 2) вытесня́ть, занима́ть (*чьё-л.*) ме́сто

**supersensible** ['sju:pə'sensəbl] *a* сверхчу́вственный

**supersonic** ['sju:pə'sɔnɪk] *a* сверхзвуково́й, ультразвуково́й

**supersound** ['sju:pəsaund] *n* *физ.* ультразву́к

**superstition** [,sju:pə'stɪʃən] *n* суеве́рие, религио́зный предрассу́док

**superstitious** [,sju:pə'stɪʃəs] *a* суеве́рный

**superstrata** [,sju:pə'streɪtə] *pl от* superstratum

**superstratum** [,sju:pə'streɪtəm] *n* (*pl* -ta) *геол.* вышележа́щий пласт *или* слой

**superstructure** ['sju:pə,strʌktʃə] *n* 1) надстро́йка; часть зда́ния вы́ше фунда́мента 2) *филос.* надстро́йка 3) пролётное строе́ние (*моста́*) 4) ве́рхнее строе́ние (*ж.-д. пути́*) 5) *мор.* надпа́лубные сооруже́ния

**supertax** ['sju:pətæks] *n* нало́г на сверхпри́быль

**supervacaneous** [,sju:pəvə'keɪnjəs] *a* изли́шний, нену́жный

**supervene** [,sju:pə'vi:n] *v* происходи́ть вслед за *чем-л.*; вытека́ть из *чего-л.*, сле́довать за *чем-л.*

**supervenient** [,sju:pə'vi:nɪənt] *a* сле́дующий за *чем-л.*; возника́ющий как не́что но́вое в дополне́ние к пре́жнему *или* изве́стному

**supervention** [,sju:pə'venʃən] *n* появле́ние в дополне́ние к *чему-л.*, за *чем-л.*; де́йствие *и т. п.*, возника́ющее как сле́дствие друго́го

**supervise** ['sju:pəvaɪz] *v* смотре́ть, наблюда́ть (*за чем-л.*); надзира́ть; заве́довать

**supervising** ['sju:pəvaɪzɪŋ] **1.** *pres. p. от* supervise

2. *a* наблюда́ющий, надзира́ющий (*за чем-л., кем-л.*); ~ instructor кла́ссный наста́вник

**supervision** [ˌsjuːpəˈvɪʒən] *n* надзо́р, наблюде́ние; заве́дование; under the ~ of smb. в ве́дении кого́-л.; под наблюде́нием, под руково́дством кого́-л.

**supervisor** [ˈsjuːpəvaɪzə] *n* 1) надсмо́трщик, надзира́тель; контролёр 2) инспе́ктор шко́лы

**supervisory** [ˌsjuːpəˈvaɪzərɪ] *a* наблюда́тельный, контроли́рующий; a ~ body контро́льный о́рган

**supine** I [sjuːˈpaɪn] *a* 1) лежа́щий на́взничь 2) лени́вый, безде́ятельный 3) безразли́чный, ине́ртный, вя́лый

**supine** II [ˈsjuːpaɪn] *n грам.* супи́н

**supper** [ˈsʌpə] *n* у́жин

**supplant** [səˈplɑːnt] *v* вы́жить, вытеснить; заня́ть (*чьё-л.*) ме́сто (*особ. хитростью*)

**supple** [ˈsʌpl] **1.** *a* 1) ги́бкий; ~ leather мя́гкая ко́жа; ~ mind ги́бкий ум 2) пода́тливый, усту́пчивый; ~ horse хорошо́ вы́езженная ло́шадь 3) льсти́вый; уго́дливый

2. *v* де́лать(ся) ги́бким, мя́гким

**supple-jack** [ˈsʌpldʒæk] *n* 1) оди́н из ви́дов ползу́чих расте́ний, отлича́ющихся про́чным ги́бким сте́блем 2) трость из стебле́й ползу́чих расте́ний

**supplement** **1.** *n* [ˈsʌplɪmənt] 1) добавле́ние, дополне́ние; приложе́ние 2) *геом.* дополни́тельный у́гол

2. *v* [ˈsʌplɪment] пополня́ть, добавля́ть

**supplemental** [ˌsʌplɪˈmentl] = supplementary

**supplementary** [ˌsʌplɪˈmentərɪ] *a* дополни́тельный; ~ angle = supplement 1, 2); ~ estimates дополни́тельные бюдже́тные ассигнова́ния

**suppliant** [ˈsʌplɪənt] **1.** *a* умоля́ющий, проси́тельный

2. *n* проси́тель

**supplicant** [ˈsʌplɪkənt] = suppliant

**supplicate** [ˈsʌplɪkeɪt] *v* моли́ть, проси́ть

**supplication** [ˌsʌplɪˈkeɪʃən] *n* мольба́, про́сьба

**supplicatory** [ˈsʌplɪkətərɪ] *a* умоля́ющий, проси́тельный

**supply** I [səˈplaɪ] **1.** *n* 1) снабже́ние; поста́вка 2) *pl* припа́сы, продово́льствие, провиа́нт (*особ. для армии*) 3) запа́с 4) *эк.* предложе́ние 5) *pl* содержа́ние (*денежное*) 6) *pl* утверждённые парла́ментом ассигнова́ния 7) вре́менный замести́тель (*напр., учителя*) 8) *тех.* пода́ча, пита́ние, подво́д, прито́к; 9) *attr.* пита́ющий, подаю́щий; снабжа́ющий; ~ canal подводя́щий кана́л; ~ pressure *эл.* напряже́ние в сети́; ~ ship, ~ train *и т. п.* тра́нспорт снабже́ния 10) *attr.*: S. Day день рассмотре́ния прое́кта (госуда́рственного) бюдже́та в пала́те о́бщин

2. *v* 1) снабжа́ть (with) 2) поставля́ть; доставля́ть; дава́ть 3) восполня́ть, возмеща́ть (*недостаток*); удовлетворя́ть (*нужду*) 4) замеща́ть; to ~ the place of smb. заменя́ть кого́-л. 5) *тех.* подава́ть, подводи́ть (*напр., ток*); пита́ть

**supply** II [ˈsʌplɪ] *adv* ги́бко *и пр.* [*см.* supple 1]

**support** [səˈpɔːt] **1.** *n* 1) подде́ржка; in ~ of в подтвержде́ние; to speak in ~ of... подде́рживать, защища́ть...; to lend (*или* to give) ~ (to) ока́зывать подде́ржку; price ~s *амер.* субси́дии, дава́емые прави́тельством фе́рмерам 2) корми́лец (семьи́) 3) опо́ра, опло́т 4) сре́дства к существова́нию; without means of ~ без средств к существова́нию 5) *тех.* опо́рная сто́йка; кронште́йн; штати́в 6) *воен.* прикры́тие артилле́рии

2. *v* 1) подде́рживать; спосо́бствовать, соде́йствовать 2) помога́ть, подде́рживать (*материально*); содержа́ть (*напр., семью*); to ~ an institution же́ртвовать на учрежде́ние 3) подде́рживать, подкрепля́ть; подтвержда́ть 4) подде́рживать; подпира́ть 5) выде́рживать, сноси́ть 6) *театр. редк.* игра́ть (*роль*)

**supporter** [səˈpɔːtə] *n* 1) сторо́нник, приве́рженец 2) подвя́зка; подтя́жка 3) *геральд.* изображе́ние челове́ка *или* живо́тного на гербе́

**supporting** [səˈpɔːtɪŋ] **1.** *pres. p. от* support 2

2. *a* 1) подде́рживающий, помога́ющий; ~ point опо́рный пункт 2) *театр., кино* вспомога́тельный; ~ actor актёр вспомога́тельного соста́ва; ~ programme кинофи́льмы, иду́щие в дополне́ние к основно́му

**suppose** [səˈpəuz] *v* 1) предполага́ть, полага́ть, допуска́ть, ду́мать; I ~ so вероя́тно, должно́ быть; what do you ~ this means? что э́то, по-ва́шему, зна́чит? 2) подразумева́ть в ка́честве усло́вия 3) *в imp. выражает предложение*: ~ we go to the theatre! а не пойти́ ли нам в теа́тр? 4) *pass.*: to be ~d (*с inf.*) име́ть определённые обя́занности, забо́ты *и т. п.*; she is not ~d to do the cooking приготовле́ние пи́щи не вхо́дит в её обя́занности

**supposed** [səˈpəuzd] **1.** *p. p. от* suppose

2. *a* 1) мни́мый 2) предполага́емый

**supposedly** [səˈpəuzɪdlɪ] *adv* по о́бщему мне́нию; предположи́тельно

**supposing** [səˈpəuzɪŋ] **1.** *pres. p. от* suppose

2. *cj* е́сли (бы); предполо́жим, что...; допу́стим, что...; ~ it were true, how we should laugh! как бы мы смея́лись, е́сли бы э́то была́ пра́вда!; always ~ при усло́вии, что...

**supposition** [ˌsʌpəˈzɪʃən] *n* предположе́ние; on the ~ of smth. предполага́я что-л., в ожида́нии чего́-л.; on this ~, on the ~ that... предполо́жим, что...

**suppositional** [ˌsʌpəˈzɪʃənl] *a* предположи́тельный, предполага́емый

**supposititious** [səˌpɔzɪˈtɪʃəs] *a* подде́льный, подло́жный, фальши́вый; подменённый

**suppository** [səˈpɔzɪtərɪ] *n мед.* суппозито́рий, свеча́

**suppress** [səˈpres] *v* 1) пресека́ть; сде́рживать; to ~ a yawn подави́ть зево́ту 2) подавля́ть (*восстание и т. п.*) 3) запреща́ть (*газету*); конфискова́ть, изыма́ть из прода́жи (*книгу и т. п.*) 4) скрыва́ть, зама́лчивать (*правду и т. п.*)

**suppression** [səˈpreʃən] *n* 1) подавле́ние *и пр.* [*см.* suppress] 2): ~ of civic rights *юр.* пораже́ние в права́х

**suppurate** [ˈsʌpjuəreɪt] *v* гнои́ться

**suppuration** [ˌsʌpjuəˈreɪʃən] *n* нагное́ние

**supra** [ˈsjuːprə] *лат. adv* вы́ше, ра́нее (*в книгах, документах и т. п.*)

**supremacy** [sjuˈpreməsɪ] *n* 1) верхове́нство; верхо́вная власть; Act of S. *ист.* зако́н о главе́нстве англи́йского короля́ над це́рковью 2) превосхо́дство

**supreme** [sju(ː)ˈpriːm] *a* 1) верхо́вный; вы́сший; Supreme Soviet of the USSR Верхо́вный Сове́т СССР 2) высоча́йший; велича́йший; ~ courage велича́йшее му́жество 3) после́дний, кра́йний, преде́льный; at the ~ moment в после́дний, крити́ческий моме́нт

**sura(h)** [ˈsjuərə] *араб. n* су́ра (*глава корана*)

**surcease** [səːˈsiːs] *уст.* **1.** *n* прекраще́ние, остано́вка

2. *v* прекраща́ть(ся)

**surcharge** **1.** *n* [ˈsəːtʃɑːdʒ] 1) доба́вочная нагру́зка, перегру́зка 2) припла́та, допла́та (*за письмо*) 3) дополни́тельный нало́г 4) штраф, пе́ня 5) перерасхо́д, изде́ржки сверх сме́ты 6) надпеча́тка (*на марке*)

2. *v* [səːˈtʃɑːdʒ] 1) перегружа́ть 2) штрафова́ть; взы́скивать (*перерасходованные суммы*) 3) взима́ть дополни́тельную пла́ту *или* дополни́тельный нало́г 4) запра́шивать сли́шком высо́кую це́ну 5) надпеча́тывать (*марку*)

**surcingle** [ˈsəːˌsɪŋgl] **1.** *n* подпру́га

2. *v* стя́гивать подпру́гой

**surd** [səːd] **1.** *n* 1) *мат.* иррациона́льное число́ 2) *фон.* глухо́й звук

2. *a* 1) *мат.* иррациона́льный 2) *фон.* глухо́й

**sure** [ʃuə] **1.** *a* 1) ве́рный, безоши́бочный; надёжный, безопа́сный; a ~ method ве́рный ме́тод; ~ shot ме́ткий стрело́к 2) *predic.* несомне́нный; be ~ to (*или* and) tell me непреме́нно скажи́те мне, не забу́дьте сказа́ть мне; he is ~ to come он обяза́тельно придёт 3) уве́ренный; ~ of убеждённый в; ~ of oneself самоуве́ренный; to feel ~ (that) быть уве́ренным (что) ◇ well, I am ~! вот те ра́з!; одна́ко!; ~ thing! безусло́вно!, коне́чно!; to be ~ разуме́ется, коне́чно; a ~ draw а) лес, в кото́ром наверняка́ есть лиси́цы; б) замеча́ние, кото́рое рассчи́тано на то, что́бы заста́вить кого́-л. проболта́ться, вы́дать себя́; for ~ а) обяза́тельно; б) то́чно, наверняка́; to make ~ of (*или* that) а) быть уве́ренным (*в чём-л.*); б) убеди́ться, удостове́риться; в) доста́ть; обеспе́чить (of); I must make ~ of a house for winter я до́лжен обеспе́чить себе́ жильё на́ зиму; ~ bind, ~ find *посл.* ≅ кре́пче запрёшь, верне́е найдёшь

**2.** *adv* 1): ~ enough действи́тельно, коне́чно; без сомне́ния; as ~ as ве́рно, как 2) *употр. для усиления*: I ~ am sorry about it я о́чень сожале́ю об э́том 3) *амер. разг.* коне́чно, непреме́нно, безусло́вно (*в ответе на вопрос*) ◊ as ~ as eggs is eggs ≅ ве́рно, как два́жды два четы́ре; as ~ as a gun *sl.* безусло́вно; as ~ as fate (*или* as death) несомне́нно

**3.** *int* безусло́вно!

**sure-fire** [ˈʃuəˌfaɪə] *a разг.* безоши́бочный, ве́рный, надёжный

**sure-footed** [ˈsuəˈfutɪd] *a* усто́йчивый, не спотыка́ющийся (*тж. перен.*)

**surely** [ˈʃuəlɪ] *adv* 1) коне́чно, непреме́нно; he will ~ fail он наверняка́ поте́рпит неуда́чу 2) несомне́нно; ~ I've met you before somewhere несомне́нно я где́-то вас ви́дел 3) твёрдо, ве́рно; надёжно; slowly but ~ ме́дленно, но ве́рно; to know full ~ твёрдо знать 4) (*обыкн. амер.*) *разг.* обяза́тельно, непреме́нно (*в ответах*)

**surety** [ˈʃuərətɪ] *n* 1) поручи́тель; to stand ~ for smb. взять кого́-л. на пору́ки; поручи́ться за кого́-л. 2) пору́ка, гара́нтия, зало́г; поручи́тельство 3) *уст.* уве́ренность; of a ~ наве́рно, несомне́нно

**surf** [sə:f] **1.** *n* прибо́й; буру́ны

**2.** *v спорт.* занима́ться сёрфингом

**surface** [ˈsə:fɪs] **1.** *n* 1) пове́рхность; an uneven ~ неро́вная пове́рхность 2) вне́шность; he looks at the ~ only он обраща́ет внима́ние то́лько на вне́шнюю сто́рону веще́й; on the ~ вне́шне 3) *геом.* пове́рхность 4) *attr.* вне́шний; пове́рхностный; ~ politeness показна́я любе́зность

**2.** *v* 1) отде́лывать пове́рхность; отёсывать 2) всплыва́ть на пове́рхность (*о подводной лодке*) 3) заста́вить всплыть

**surface-car** [ˈsə:fɪsˈkɑ:] *n амер.* трамва́йный ваго́н (*в отличие от вагонов воздушной и подземной железных дорог*)

**surface mail** [ˈsə:fɪsmeɪl] *n* обы́чная по́чта (*в отличие от авиапочты*)

**surface-man** [ˈsə:fɪsmən] *n* 1) *ж.-д.* путево́й рабо́чий 2) *горн.* рабо́чий на пове́рхности

**surface-tension** [ˈsə:fɪsˌtenʃən] *n физ.* пове́рхностное натяже́ние

**surface-to-air** [ˈsə:fɪstuˈɛə] *a*: ~ (guided) missile *воен.* раке́та кла́сса «земля́ — во́здух»

**surface-to-surface** [ˈsə:fɪstəˈsə:fɪs] *a*: ~ (guided) missile *воен.* раке́та кла́сса «земля́ — земля́»

**surface-water** [ˈsə:fɪsˌwɔ:tə] *n геол.* пове́рхностная вода́, ве́рхняя вода́

**surfeit** [ˈsə:fɪt] **1.** *n* 1) изли́шество, неуме́ренность (*особ. в пище и питье*) 2) избы́ток, изли́шек; a ~ of advice сли́шком мно́го сове́тов 3) пресыще́ние

**2.** *v* 1) перееда́ть, объеда́ться 2) пресыща́ть(ся) (with) 3) перека́рмливать

**surfing** [ˈsə:fɪŋ] = surf-riding

**surf-riding** [ˈsə:fˌraɪdɪŋ] *n спорт.* сёрфинг

**surge** [sə:dʒ] **1.** *n* 1) больша́я волна́; во́лны; a ~ of anger волна́ гне́ва 2) *поэт.* мо́ре

**2.** *v* 1) поднима́ться, вздыма́ться 2) волнова́ться (*о толпе*) 3) (на-) хлы́нуть (*тж. перен.*) 4) *мор.* трави́ть □ ~ **forward** ри́нуться вперёд

**surgeon** [ˈsə:dʒən] *n* 1) хиру́рг 2) вое́нный, вое́нно-морско́й врач, офице́р медици́нской слу́жбы

**surgeoncy** [ˈsə:dʒənsɪ] *n* до́лжность вое́нного врача́

**surgery** [ˈsə:dʒərɪ] *n* 1) хирурги́я 2) кабине́т *или* приёмная врача́ с апте́кой

**surgical** [ˈsə:dʒɪkəl] *a* хирурги́ческий; ~ treatment хирурги́ческое вмеша́тельство; ~ fever травмати́ческая лихора́дка; ~ bag санита́рная су́мка; ~ boot ортопеди́ческий боти́нок

**surly** [ˈsə:lɪ] *a* угрю́мый, серди́тый; гру́бый

**surma** [ˈsuəmə] *инд. n* сурьма́

**surmise** **1.** *n* [ˈsə:maɪz] предположе́ние, подозре́ние, дога́дка

**2.** *v* [sə:ˈmaɪz] предполага́ть, подозрева́ть, выска́зывать дога́дку

**surmount** [sə:ˈmaunt] *v* 1) преодолева́ть; to ~ difficulties (an obstacle) преодолева́ть тру́дности (препя́тствие) 2) (*преим. pass.*) увенчивать; peaks ~ed with snow остроконе́чные сне́жные верши́ны

**surmountable** [sə:ˈmauntəbl] *a* преодоли́мый

**surmullet** [sə:ˈmʌlɪt] *n* барабу́лька (*рыба*)

**surname** [ˈsə:neɪm] *n* фами́лия

**surpass** [sə:ˈpɑ:s] *v* 1) превосходи́ть, превыша́ть (in) 2) перегоня́ть

**surpassing** [sə:ˈpɑ:sɪŋ] **1.** *pres. p. от* surpass

**2.** *a* превосхо́дный, исключи́тельный

**surplice** [ˈsə:pləs] *n церк.* стиха́рь

**surplice-fee** [ˈsə:pləsˈfi:] *n* вознагражде́ние, получа́емое духо́вным лицо́м за обря́д бракосочета́ния, похоро́н *и т. п.*

**surplus** [ˈsə:pləs] **1.** *n* изли́шек, оста́ток

**2.** *a* 1) изли́шний, избы́точный; доба́вочный; ~ kit *амер. воен.* компле́кт запасно́го обмундирова́ния 2) *полит.-эк.* приба́вочный; ~ value приба́вочная сто́имость

**surplusage** [ˈsə:pləsɪdʒ] *n* изли́шек, избы́ток

**surprise** [səˈpraɪz] **1.** *n* 1) удивле́ние; to my great ~ к моему́ велича́йшему удивле́нию; to show ~ удиви́ться 2) неожи́данность, сюрпри́з 3) неожи́данное нападе́ние; by ~ врасплóх; to take smb. by ~ захвати́ть кого́-л. врасплóх 4) *attr.* неожи́данный, внеза́пный; a ~ visit неожи́данный визи́т; ~ effect эффе́кт внеза́пности; ~ attack внеза́пная ата́ка

**2.** *v* 1) удивля́ть, поража́ть; I am ~d at you вы меня́ удивля́ете; I shouldn't be ~d if... меня́ ниско́лько не удиви́ло бы, е́сли... 2) нагря́нуть неожи́данно; напада́ть *или* застава́ть врасплóх; I ~d him in the act я накры́л его́ на ме́сте преступле́ния 3): to ~ smb. into doing smth. вы́нудить кого́-л. сде́лать что-л. (*неожиданным вопросом и т. п.*); to ~ a person into a confession вы́нудить призна́ние у кого́-л., заста́в его́ врасплóх

**surprising** [səˈpraɪzɪŋ] **1.** *pres. p. от* surprise 2

**2.** *a* неожи́данный; удиви́тельный, порази́тельный

**surprisingly** [səˈpraɪzɪŋlɪ] *adv* удиви́тельно, необыча́йно; неожи́данно

**surra** [ˈsu:rə] *n вет.* трипаносомо́з

**surrealism** [səˈrɪəlɪzm] *n иск.* сюрреали́зм

**surrebutter** [ˌsʌrɪˈbʌtə] *n юр.* отве́т истца́ на возраже́ние отве́тчика

**surrejoinder** [ˌsʌrɪˈdʒɔɪndə] *n юр.* отве́т истца́ на отве́тное возраже́ние отве́тчика

**surrender** [səˈrendə] **1.** *n* 1) сда́ча, капитуля́ция 2) отка́з (*от чего-л.*) 3) *attr.*: ~ value су́мма, возвраща́емая лицу́, отказа́вшемуся от страхово́го по́лиса

**2.** *v* 1) сдава́ть(ся); to ~ at discretion сдава́ться на ми́лость победи́теля 2) уступа́ть, подчиня́ться; to ~ one's bail яви́ться в срок, бу́дучи отпу́щенным на пору́ки 3) (*обыкн. refl.*) поддава́ться, предава́ться; to ~ (oneself) to despair впасть в отча́яние; to ~ (oneself) over to smb.'s influence подпа́сть под чьё-л. влия́ние 4) отка́зываться; to ~ hope отка́зываться от наде́жды; to ~ a right отка́зываться от пра́ва

**surreptitious** [ˌsʌrəpˈtɪʃəs] *a* та́йный; сде́ланный тайко́м, исподтишка́; ~ look взгляд исподтишка́; by ~ methods та́йными ме́тодами

**surrey** [ˈsʌrɪ] *a амер. ист.* лёгкий двухме́стный экипа́ж

**surrogate** [ˈsʌrəgɪt] **1.** *n* 1) замести́тель (*особ. епископа*) 2) замени́тель, суррога́т 3) *амер.* судья́ по дела́м о насле́дстве и опе́ке

**2.** *v* замеща́ть; заменя́ть

**surround** [səˈraund] *v* окружа́ть; обступа́ть

**surrounding** [səˈraundɪŋ] **1.** *pres. p. от* surround

**2.** *a* близлежа́щий, сосе́дний

**surroundings** [səˈraundɪŋz] *n pl* 1) окре́стности 2) среда́; окруже́ние

**surtax** [ˈsə:tæks] **1.** *n* доба́вочный подохо́дный нало́г

**2.** *v* облага́ть доба́вочным подохо́дным нало́гом

**surveillance** [sə:ˈveɪləns] *n* надзо́р, наблюде́ние (*за подозреваемым в чём-л.*); under ~ под надзо́ром (*особ. полиции*)

**survey** **1.** *n* [ˈsə:veɪ] 1) обозре́ние, осмо́тр 2) обзо́р 3) обсле́дование; инспекти́рование 4) отчёт об обсле́довании 5) межева́ние, съёмка; проме́р; aerial ~ аэросъёмка 6) (S.) о́рган, руководя́щий изыска́ниями в о́бласти геоло́гии, геоде́зии и гидрогра́фии (*в США*) 7) *attr.* обзо́рный; a ~ course in history обзо́рные ле́кции по исто́рии

2. *v* [sə:ˈveɪ] 1) обозрева́ть, осма́тривать; изуча́ть с како́й-л. це́лью; to ~ the situation ознако́миться с положе́нием 2) де́лать обзо́р 3) инспекти́ровать 4) производи́ть землеме́рную съёмку; межева́ть 5) производи́ть изыска́ния *или* иссле́дования

**surveyor** [sə(:)ˈveɪə] *n* 1) землеме́р; топо́граф, маркше́йдер; геодези́ст 2) инспе́ктор; ~ of weights and measures контролёр мер и весо́в 3) *амер. уст.* тамо́женный чино́вник

**survey vessel** [sə:ˈveɪˌvesl] *n* гидрографи́ческое су́дно

**survival** [səˈvaɪvəl] *n* 1) выжива́ние; the ~ of the fittest *биол.* есте́ственный отбо́р 2) пережи́ток; a ~ of times past пережи́ток про́шлого

**survive** [səˈvaɪv] *v* 1) пережи́ть (*современников, свою славу и т. п.*); he ~d his wife for many years он пережи́л свою́ жену́ на мно́го лет; to ~ one's usefulness стать бесполе́зным, нену́жным 2) пережи́ть, вы́держать, перенести́ 3) оста́ться в живы́х; продолжа́ть существова́ть; уцеле́ть; the custom still ~s э́тот обы́чай ещё существу́ет

**survivor** [səˈvaɪvə] *n* оста́вшийся в живы́х, уцеле́вший

**susceptibility** [səˌseptəˈbɪlɪtɪ] *n* 1) впечатли́тельность, восприи́мчивость 2) чувстви́тельность; оби́дчивость 3) *pl* больно́е, уязви́мое ме́сто

**susceptible** [səˈseptəbl] *a* 1) впечатли́тельный, восприи́мчивый 2) чувстви́тельный (to); оби́дчивый 3) влю́бчивый 4) *predic.* допуска́ющий; поддаю́щийся (of); a theory ~ of proof легко́ доказу́емая тео́рия

**susceptive** [səˈseptɪv] *a* впечатли́тельный; чувстви́тельный

**suslik** [ˈsʌslɪk] *русск. n* су́слик

**suspect** 1. *n* [ˈsʌspekt] подозрева́емый *или* подозри́тельный челове́к

2. *a predic.* [ˈsʌspekt] подозри́тельный; подозрева́емый

3. *v* [səsˈpekt] 1) подозрева́ть; to ~ smb. of smth. подзрева́ть кого́-л. в чём-л. 2) сомнева́ться в и́стинности, не доверя́ть; I ~ the authenticity of the document я сомнева́юсь в по́длинности докуме́нта 3) ду́мать, полага́ть, предполага́ть; you are pretty tired after your journey, I ~ я полага́ю, вы о́чень уста́ли от пое́здки

**suspend** [səsˈpend] *v* 1) ве́шать, подве́шивать 2) приостана́вливать; откла́дывать; (вре́менно) прекраща́ть; to ~ judgement откла́дывать пригово́р; to ~ one's judgement воздержа́ться от реше́ния; to ~ payment прекрати́ть платежи́ 3) вре́менно отстраня́ть, исключа́ть *и т. п.*; to ~ a student вре́менно исключи́ть студе́нта

**suspended** [səsˈpendɪd] 1. *p. p. от* suspend

2. *a* 1) подве́шенный, вися́щий 2) подвесно́й, вися́чий 3) приостано́вленный; ~ sentence *юр.* усло́вный пригово́р 4) *хим.* взве́шенный; ~ matter взвесь

**suspender** [səsˈpendə] *n* 1) подвя́зка 2) *pl амер.* подтя́жки, по́мочи

**suspense** [səsˈpens] *n* 1) неизве́стность, неопределённость; беспоко́йство; трево́га ожида́ния; нерешённость; the question is in ~ вопро́с ещё не решён 2) вре́менное прекраще́ние, приостано́вка

**suspension** [səsˈpenʃən] *n* 1) ве́шание; подве́шивание 2) приостано́вка; прекраще́ние; вре́менная отста́вка; ~ of arms *воен.* коро́ткое переми́рие 3) *эк.* приостановле́ние платеже́й (*тж.* ~ of payment(s); банкро́тство 4) *хим.* взве́шенное состоя́ние; суспе́нзия 5) *attr.* подвесно́й, вися́чий; ~ bridge вися́чий мост

**suspension points** [səsˈpenʃənˈpɔɪnts] *n* многото́чие

**suspensive** [səsˈpensɪv] *a* 1) приостана́вливающий 2) нереши́тельный

**suspensory** [səsˈpensərɪ] *мед.* 1. *a* подде́рживающий, подве́шивающий

2. *n* подде́рживающая повя́зка; суспензо́рий

**suspicion** [səsˈpɪʃən] *n* 1) подозре́ние; his character is above ~ он вы́ше подозре́ний; on ~ по подозре́нию 2) (a~) чу́точка; при́вкус, отте́нок

**suspicious** [səsˈpɪʃəs] *a* подозри́тельный

**suspire** [səsˈpaɪə] *v поэт.* вздыха́ть

**sustain** [səsˈteɪn] *v* 1) подде́рживать, подпира́ть 2) подкрепля́ть, подде́рживать; to ~ life подде́рживать жизнь; to ~ a conversation подде́рживать разгово́р 3) испы́тывать, выноси́ть; выде́рживать; to ~ injuries получи́ть уве́чье; to ~ a loss понести́ поте́рю 4) подтвержда́ть, дока́зывать, подде́рживать; the court ~ed his claim суд реши́л в его́ по́льзу; to ~ a theory подде́рживать, подтвержда́ть тео́рию 5) вы́держивать (*роль, характер и т. п.*)

**sustained** [səsˈteɪnd] 1. *p. p. от* sustain

2. *a* дли́тельный, непреры́вный; ~ effort дли́тельное уси́лие; ~ fire непреры́вный ого́нь; ~ defence долговре́менная оборо́на

**sustaining** [səsˈteɪnɪŋ] 1. *pres. p. от* sustain

2. *a* 1) подде́рживающий, подпира́ющий; ~ power сто́йкость, выно́сливость; ~ program радиопрогра́мма, составля́емая и опла́чиваемая само́й радиокомпа́нией 2) подтвержда́ющий, дока́зывающий

**sustenance** [ˈsʌstɪnəns] *n* 1) сре́дства к существова́нию 2) пита́ние; пи́ща 3) пита́тельность 4) поддержа́ние, подде́ржка

**sustention** [səsˈtenʃən] *n* подде́ржка; поддержа́ние в том же состоя́нии

**sustentive** [səsˈtentɪv] *a* даю́щий, ока́зывающий подде́ржку; подкрепля́ющий

**susurration** [ˌsju:səˈreɪʃən] *n редк.* 1) шёпот 2) лёгкий шо́рох

**sutler** [ˈsʌtlə] *n* маркита́нт

**Sutra** [ˈsu:trə] *санскр. n* су́тры, собра́ние изрече́ний (*в древней санскритской литературе*)

**suttee** [ˈsʌti(:)] *инд. n* 1) обы́чай самосожже́ния вдовы́ вме́сте с тру́пом му́жа 2) вдова́, сжига́ющая себя́ вме́сте с тру́пом му́жа

**suture** [ˈsju:tʃə] 1. *n* 1) *анат., бот.* шов 2) *хир.* наложе́ние шва 3) нить для сшива́ния ра́ны

2. *v хир.* накла́дывать шов, зашива́ть

**suzerain** [ˈsu:zəreɪn] *n* 1) феода́льный власти́тель, сюзере́н 2) сюзере́нное госуда́рство

**suzerainty** [ˈsu:zəreɪntɪ] *n* 1) власть сюзере́на 2) сюзерените́т

**svelte** [svelt] *a* стро́йный, ги́бкий (*о женщине*)

**swab** [swɔb] 1. *n* 1) шва́бра 2) *мед.* тампо́н 3) *мед.* мазо́к; to take a ~ взять мазо́к 4) *мор. sl.* офице́рский пого́н 5) *sl.* у́валень 6) *воен.* щётка ба́нника 7) *тех.* помазо́к; ба́нник

2. *v* мыть шва́брой (*тж.* ~ down); подтира́ть шва́брой (*тж.* ~ up)

**swabber** [ˈswɔbə] *n* 1) убо́рщик 2) у́валень

**swaddle** [ˈswɔdl] 1. *n* = swaddling-clothes

2. *v* пелена́ть, свива́ть (*младенца*)

**swaddling-bands** [ˈswɔdlɪŋbændz] = swaddling-clothes

**swaddling-clothes** [ˈswɔdlɪŋkləuðz] *n* 1) *pl* свива́льники, пелёнки 2) нача́льный пери́од разви́тия; незре́лость 3) ограниче́ние, контро́ль ◇ still in ~, hardly (*или* just) out of ~ ≅ ещё молоко́ на губа́х не обсо́хло

**Swadeshi** [swəˈdeɪʃɪ] *инд. n ист.* сваде́ши (*бойкот английских товаров с целью поощрения индийской промышленности*)

**swag** [swæg] *n sl.* 1) награ́бленное добро́; добы́ча 2) де́ньги, це́нности, добы́тые незако́нным путём 3) *австрал.* пожи́тки, покла́жа

**swage** [sweɪdʒ] *тех.* 1. *n* 1) штампо́вочный мо́лот; ко́вочный штамп; ма́трица 2) обжи́мка

2. *v* штампова́ть в горя́чем ви́де

**swagger** [ˈswægə] 1. *n* 1) чванли́вая и самодово́льная мане́ра держа́ться, похо́дка *и т. п.* 2) развя́зность

2. *v* 1) расха́живать с ва́жным ви́дом (*тж.* ~ about, ~ in, ~ out); ва́жничать; чва́ниться 2) хва́стать (about)

3. *a разг.* щегольско́й, наря́дный, шика́рный; ~ society шика́рное о́бщество

**swagger-cane** [ˈswægəkeɪn] *n* офице́рская тро́сточка

**swaggerer** [ˈswægərə] *n* 1) хвасту́н 2) щёголь

**swagger-stick** [ˈswægəstɪk] = swagger-cane

**swain** [sweɪn] *n уст.* 1) дереве́нский па́рень 2) пастушо́к (*в буколической поэзии*) 3) *шутл.* обожа́тель

**swale** [sweɪl] *n амер.* боло́тистая низи́на

**swallow** I [ˈswɔləu] 1. *n* 1) глото́к; at a ~ одни́м глотко́м; за́лпом 2) глота́ние 3) гло́тка 4) прожо́рливость

**2.** *v* 1) глотáть, проглáтывать; to ~ words проглáтывать словá, говорúть неразбóрчиво 2) поглощáть (*обыкн.* ~ up) 3) стерпéть; to ~ an insult проглотúть обúду 4) принимáть на вéру ◇ to ~ one's words брать своú словá обрáтно

**swallow** II [ˈswɔləu] *n* лáсточка ◇ one ~ does not make a summer *посл.* однá лáсточка ещё не дéлает весны́

**swallow dive** [ˈswɔləudaɪv] *n* прыжóк в вóду лáсточкой

**swallow-tail** [ˈswɔləuteɪl] *n* 1) раздвоéнный хвост 2) (*тж. pl*) *разг.* фрак (*тж.* swallow-tailed coat)

**swam** [swæm] *past от* swim 2

**swamp** [swɔmp] **1.** *n* 1) болóто, топь 2) *attr.* болóтный; болóтистый; ~ fever малярúя; ~ ore болóтная желéзная рудá, лимонúт

**2.** *v* 1) заливáть, затоплять 2) (*обыкн. p. p.*) засыпáть, завáливать (*письмами, заявлениями и т. п.*) 3) (*обыкн. p. p.*) засáсывать

**swamper** [ˈswɔmpə] *n амер.* 1) жúтель болóтистой мéстности 2) разнорабóчий

**swampy** [ˈswɔmpɪ] *a* болóтистый

**swan** [swɔn] *n* 1) лéбедь; black ~ чёрный лéбедь; *перен.* аномáлия, стрáнное явлéние; mute ~ лéбедь-шипу́н; whooping ~ лéбедь-клику́н 2) (S.) *астр.* созвéздие Лéбедя 3) бард, поэ́т; the S. of Avon Шекспúр

**swank** [swæŋk] *разг.* **1.** *n* 1) хвастовствó, бахвáльство 2) шик

**2.** *v* 1) хвáстать, бахвáлиться 2) щеголя́ть

**swanky** [ˈswæŋkɪ] *a разг.* шикáрный, мóдный, щегольскóй

**swannery** [ˈswɔnərɪ] *n* садóк для лебедéй

**swan's-down** [ˈswɔnzdaun] *n* 1) лебя́жий пух 2) тёплая полушерстянáя ткань 3) хлопчатобумáжная ткань с большúм начёсом

**swan-shot** [ˈswɔnʃɔt] *n* крýпная дробь

**swan-skin** [ˈswɔnskɪn] *n* шерстянáя *или* хлопчатобумáжная фланéль

**swan song** [ˈswɔnsɔŋ] *n* лебедúная песнь

**swap** [swɔp] = swop

**Swaraj** [swəˈrɑːdʒ] *санскр. n ист.* сварáдж (*движение за самоуправление Индии*)

**Swarajist** [swəˈrɑːdʒɪst] *санскр. n ист.* свараджúст (*сторонник самоуправления Индии*)

**sward** [swɔːd] **1.** *n* газóн; дёрн

**2.** *v* покрывáть дёрном, травóй; засáживать газóн

**sware** [swɛə] *уст. past от* swear 2

**swarf** [swɔːf] *n* мéлкая металлúческая стрýжка

**swarm** I [swɔːm] **1.** *n* 1) рой; стáя; толпá 2) пчелúный рой 3) (*часто pl*) кýча, мáсса

**2.** *v* 1) толпúться; to ~ over the position *воен.* массúрованно прорвáть позúцию 2) кишéть (with) 3) роúться

**swarm** II [swɔːm] *v* лезть, карáбкаться (*тж.* ~ up)

**swart** [swɔːt] *уст.* = swarthy

**swarthy** [ˈswɔːðɪ] *a* смýглый; тёмный

**swash** [swɔʃ] **1.** *n* 1) плеск 2) прибóй, сúльное течéние 3) óтмель 4) сúльный удáр

**2.** *v* 1) плескáть(ся) 2) ударять с сúлой 3) вáжничать, бахвáлиться

**swashbuckler** [ˈswɔʃˌbʌklə] *n* 1) головорéз; хулигáн 2) хвастýн

**swasher** [ˈswɔʃə] = swashbuckler

**swashing** [ˈswɔʃɪŋ] **1.** *pres. p. от* swash 2

**2.** *a* сúльный (*об ударе*)

**swastika** [ˈswɔstɪkə] *n* свáстика

**swat** [swɔt] **1.** *n* удáр; шлепóк, хлопóк

**2.** *v* ударять; шлёпать, хлóпать; to ~ a fly прихлóпнуть мýху

**swatch** [swɔtʃ] *n* (*преим. сев.*) образчик (*ткани*)

**swath** [swɔːθ] *n* 1) полосá скóшенной травы́, прокóс, ряд 2) *редк.* взмах косы́ ◇ to cut a wide ~ *амер.* щеголя́ть, красовáться; бахвáлиться, пускáть пыль в глазá

**swathe** [sweɪð] **1.** *n* бинт; обмóтка

**2.** *v* 1) бинтовáть 2) закýтывать, обмáтывать, пеленáть

**swatter** [ˈswɔtə] *n* хлопýшка для мух (*тж.* fly ~)

**sway** [sweɪ] **1.** *n* 1) качáние, колебáние, взмах 2) власть, влия́ние; правлéние

**2.** *v* 1) качáть(ся), колебáть(ся); to ~ to and fro а) качáться из стороны́ в стóрону; б) вестúсь с перемéнным успéхом (*о бое*) 2) имéть влия́ние (*на кого-л., что-л.*); склоня́ть (*кого-л. к чему-л.*); he is not to be ~ed by argument or entreaty егó нельзя́ поколебáть ни дóводами, ни мольбóй 3) *поэт.* управля́ть; прáвить; to ~ the sceptre цáрствовать 4) *тех.* направля́ть, перетя́гивать; поворáчивать в горизонтáльном направлéнии

**sway-beam** [ˈsweɪbiːm] *n тех.* балансúр

**swear** [swɛə] **1.** *n разг.* 1) кля́тва 2) богохýльство; ругáтельство

**2.** *v* (swore, *уст.* sware; sworn) 1) кля́сться; присягáть; to ~ an oath давáть кля́тву; to ~ allegiance кля́сться в вéрности 2) давáть покáзáния под присягóй; to ~ a charge (*или* accusation) against smb. подтвердúть обвинéние когó-л. присягóй 3) заставля́ть покля́сться (to — в *чём-л.*); приводúть к присяге (*тж.* ~ in); to ~ a person to secrecy (fact) застáвить когó-л. покля́сться в сохранéнии тáйны (в прáвильности фáкта); to ~ (in) a witness привестú свидéтеля к прися́ге 4) ругáться; ругáть (at — *кого-л.*); богохýльствовать □ ~ **by** а) кля́сться *чем-л.*; б) *разг.* постоя́нно обращáться к *чему-л.*, рекомендовáть *что-л.*; безгранúчно вéрить *чему-л.*; he ~s by quinine for malaria он óчень рекомендýет принимáть хинúн от малярúи; ~ **in** приводúть к прися́ге при вступлéнии в дóлжность; ~ **off** *разг.* давáть зарóк; to ~ off drink дать зарóк не пить; ~ **to** утверждáть под прися́гой ◇ it is enough to make smb. ~ э́того достáточно, чтóбы вы́вести когó-л. из себя́; (not) enough to ~ by ≅ кот наплáкал; незначúтельное колúчество

**swear-word** [ˈswɛəwəːd] *n* ругáтельство, брáнное слóво

**sweat** [swet] **1.** *n* 1) пот, испáрина; in a ~ весь в потý; all of a ~ взмóкший от пóта [*см. тж.* 4)] 2) потéние 3) *разг.* тяжёлый труд 4) *разг.* волнéние, беспокóйство; all of a ~ взволнóванный *или* испýганный [*см. тж.* 1)] 5) запотевáние, выделéние *или* осаждéние влáги (*на поверхности чего-л.*) ◇ in (*или* by) the ~ of one's brow (*или* face) в пóте лицá своегó

**2.** *v* 1) потéть; to ~ blood рабóтать до изнеможéния; to ~ with fear обливáться холóдным пóтом от стрáха 2) заставля́ть потéть; to ~ a horse загнáть лóшадь 3) *разг.* трудúться, «потéть» (*над чем-л.*) 4) *разг.* эксплуатúровать 5) страдáть; волновáться; испы́тывать раздражéние *или* нетерпéние 6) выделя́ть влáгу; сырéть; запотевáть (*о стекле*) 7) *амер. sl.* допрáшивать с применéнием пы́ток 8) *тех.* припáивать (in, on) □ ~ **out** а) *разг.* вымогáть; вымáливать; б) избавля́ться; to ~ out a cold пропотéть, чтóбы избáвиться от простýды; в) *разг.* выдéрживать (до концá)

**sweat-band** [ˈswetbænd] *n* кóжаная лéнта внутрú шля́пы

**sweat-box** [ˈswetbɔks] *n sl.* кáрцер

**sweat-cloth** [ˈswetklɔθ] *n* потнúк

**sweated** [ˈswetɪd] **1.** *past и p. p. от* sweat 2

**2.** *a* 1) потогóнный *или* применя́ющий потогóнную систéму; ~ industry óтрасль промы́шленности, в которóй применя́ется потогóнная систéма 2) подвергáющийся жестóкой эксплуатáции, явля́ющийся жéртвой потогóнной систéмы

**sweater** I [ˈswetə] *n* свúтер

**sweater** II [ˈswetə] *n* эксплуатáтор

**sweater girl** [ˈswetəgəːl] *n sl.* дéвушка с высóким бю́стом

**sweat-gland** [ˈswetglænd] *n анат.* потовáя железá

**sweating system** [ˈswetɪŋˌsɪstɪm] *n* усúленная эксплуатáция; потогóнная систéма

**sweat shirt** [ˈswetˈʃəːt] *n* бумáжный спортúвный свúтер

**sweat-shop** [ˈswetʃɔp] *n* предприя́тие, на котóром существýет потогóнная систéма

**sweat suit** [ˈswetsjuːt] *n спорт.* тренирóвочный костю́м

**sweaty** [ˈswetɪ] *a* пóтный

**Swede** [swiːd] *n* швед; швéдка

**swede** [swiːd] *n бот.* брю́ква

**Swedish** [ˈswiːdɪʃ] **1.** *a* швéдский

**2.** *n* швéдский язы́к

**Swedish turnip** [ˈswiːdɪʃˈtəːnɪp] = swede

**sweeny** [ˈswiːnɪ] *n амер. вет.* атрофúя мýскула (*особ. плечевого — у лошади*)

**sweep** [swi:p] **1.** *n* 1) вымета́ние; подмета́ние; чи́стка 2) трубочи́ст; a regular little ~ чума́зый ребёнок 3) *pl* му́сор 4) *sl.* негодя́й 5) тече́ние; непреста́нное движе́ние 6) разма́х, взмах 7) охва́т, кругозо́р 8) распростране́ние, охва́т; разви́тие 9) протяже́ние, пролёт 10) крива́я; изги́б; поворо́т (*дороги*); the graceful ~ of draperies краси́вые скла́дки драпри́ 11) *разг. см.* sweepstake(s) 12) по́лная побе́да 13) лека́ло 14) дли́нное весло́ 15) крыло́ ветряно́й ме́льницы 16) жура́вль (*колодца*) 17) *тех.* шабло́н ◇ as black as a ~ чёрный как са́жа; to make a clean ~ of smth. изба́виться, оконча́тельно отде́латься от чего́-л.

**2.** *v* (swept) 1) мести́, подмета́ть, чи́стить, прочища́ть; to ~ a chimney чи́стить дымохо́д; to ~ (out) a room подмета́ть ко́мнату; to ~ the seas очи́стить мо́ре от неприя́теля [*ср. тж.* 5)] 2) смета́ть, уничтожа́ть, сноси́ть; смыва́ть (*волной*) (*тж.* ~ away, ~ off, ~ down); he was swept off his feet by a wave волна́ сби́ла его́ с ног [*ср. тж.* ◇]; to ~ away slavery уничто́жить ра́бство 3) увлека́ть (*тж.* ~ along, ~ away); he swept his audience along with him он увлёк свои́х слу́шателей; to ~ a constituency получи́ть большинство́ голосо́в 4) обуя́ть, охвати́ть; a deadly fear swept over him его́ обуя́л смерте́льный страх 5) нести́сь, мча́ться, проноси́ться (*тж.* ~ along, ~ over); the cavalry swept down the valley кавале́рия устреми́лась в доли́ну; to ~ the seas избороздить все моря́ и океа́ны [*ср. тж.* 1)] 6) охва́тывать; оки́дывать взгля́дом; he swept the valley он оки́нул взгля́дом доли́ну 7) каса́ться, проводи́ть (*рукой*); to ~ one's hand across one's face провести́ руко́й по лицу́ 8) простира́ться, тяну́ться 9) ходи́ть велича́во 10) гнуть в дугу́; изгиба́ть(ся) 11) одержа́ть по́лную побе́ду 12) *мор.* тра́лить 13) *воен.* обстре́ливать, простре́ливать ◇ to be swept off one's feet быть захва́ченным, увлечённым, покорённым (*чем-л.*) [*ср. тж.* 2)]; to ~ all before one по́льзоваться неизме́нным успе́хом

**sweeping** ['swi:pɪŋ] **1.** *pres. p. от* sweep 2

**2.** *n* 1) убо́рка, подмета́ние 2) *pl* му́сор

**3.** *a* 1) широ́кий; с больши́м охва́том; ~ changes радика́льные переме́ны 2) стреми́тельный, бы́стрый 3) не де́лающий разли́чий, огу́льный; ~ statements огу́льные утвержде́ния

**sweep-net** ['swi:pnet] *n* 1) не́вод 2) сачо́к для ба́бочек

**sweepstake(s)** ['swi:psteɪk(s)] *n* пари́ на ска́чках, тотализа́тор

**sweet** [swi:t] **1.** *a* 1) сла́дкий 2) души́стый 3) све́жий; неиспо́рченный; ~ butter несолёное ма́сло; ~ water пре́сная вода́; is the milk ~? молоко́ не ски́сло?; to keep the room ~ хорошо́ прове́тривать ко́мнату 4) мелоди́чный, благозву́чный 5) люби́мый; ми́лый; ~ one люби́мый, люби́мая (*в обращении*) 6) прия́тный; ла́сковый; ~ disposition мя́гкий хара́ктер; ~ face привлека́тельное лицо́; ~ words ла́сковые слова́ 7) слаща́вый, сентимента́льный 8) плодоро́дный (*о почве*) ◇ to have a ~ tooth быть сластёной; at one's own ~ will как взду́мается, наобу́м; to be ~ on smb. *разг.* быть влюблённым в кого́-л.

**2.** *n* 1) ледене́ц; конфе́та 2) (*обыкн. pl*) сла́дкое (*как блюдо*) 3) сла́дость, сла́дкий вкус 4) *pl* наслажде́ния; the ~s of life ра́дости жи́зни 5) (*обыкн. pl*) арома́ты 6) (*обыкн. в обращении*) дорого́й, дорога́я; ми́лый; ми́лая; люби́мый, люби́мая

**sweet bay** ['swi:t'beɪ] *n бот.* 1) лавр благоро́дный 2) магно́лия вирги́нская

**sweetbread** ['swi:tbred] *n* зо́бная и поджелу́дочная же́лезы телёнка, ягнёнка *и т. п.*, употребля́емые в пи́щу

**sweet-briar** ['swi:t'braɪə] = sweet-brier

**sweet-brier** ['swi:t'braɪə] *n* ро́за эглантерия

**sweeten** ['swi:tn] *v* 1) подсла́щивать 2) наполня́ть благоуха́нием 3) смягча́ть 4) освежа́ть, прове́тривать 5) удобря́ть 6) *карт.* увели́чивать ста́вку

**sweetening** ['swi:tnɪŋ] **1.** *pres. p. от* sweeten

**2.** *n* 1) подсла́щивание 2) то, что придаёт сла́дость

**sweetheart** ['swi:thɑ:t] *n* 1) возлю́бленный, возлю́бленная 2) дорого́й, дорога́я (*в обращении*)

**sweetie** ['swi:tɪ] *n разг.* 1) = sweetheart (*особ. о женщине*) 2) конфе́тка

**sweeting** ['swi:tɪŋ] *n* 1) сорт сла́дких я́блок 2) *уст.* = sweetheart

**sweetish** ['swi:tɪʃ] *a* сладкова́тый

**sweetly** ['swi:tlɪ] *adv* сла́дко *и пр.* [*см.* sweet 1]; ~ pretty *разг.* очарова́тельный

**sweetmeat** ['swi:tmi:t] *n* 1) конфе́та; ледене́ц 2) *pl* заса́харенные фру́кты

**sweet oil** ['swi:t'ɔɪl] *n* прова́нское, оли́вковое ма́сло

**sweet pea** ['swi:tpi:] *n бот.* души́стый горо́шек

**sweet-scented** ['swi:t'sentɪd] *a* души́стый

**sweet-shop** ['swi:tʃɔp] *n* конди́терская

**sweet-stuff** ['swi:tstʌf] *n* сла́сти, конфе́ты

**sweet-tempered** ['swi:t'tempəd] *a* прия́тный, с мя́гким хара́ктером

**sweet-william** ['swi:t'wɪljəm] *n бот.* туре́цкая гвозди́ка

**sweety** ['swi:tɪ] *n* конфе́тка

**swell** [swel] **1.** *n* 1) возвыше́ние, вы́пуклость; the ~ of the ground приго́рок, хо́лм(ик) 2) нараста́ние, разбуха́ние 3) припу́хлость, о́пухоль 4) волне́ние, зыбь 5) постепе́нное нараста́ние и ослабле́ние зву́ка 6) *разг.* щёголь; све́тский челове́к 7) *разг.* ва́жная персо́на, ши́шка ◇ to come the heavy ~ over smb. *sl.* ва́жничать пе́ред кем-л.

**2.** *a разг.* 1) щегольско́й; шика́рный 2) *амер.* отли́чный, превосхо́дный; some ~ fellows замеча́тельные ребя́та; ~ society вы́сшее о́бщество

**3.** *v* (swelled [-d]; swollen) 1) надува́ть(ся); раздува́ться 2) увели́чивать(ся); разраста́ться; набуха́ть; опуха́ть; the river is swollen река́ взду́лась 3) возвыша́ться, поднима́ться 4) быть перепо́лненным чу́вствами; the heart ~s се́рдце перепо́лнено; to ~ with indignation едва́ сде́рживать негодова́ние; to ~ with pride наду́ться от го́рдости 5) *разг.* ва́жничать 6) нараста́ть (*о звуке*) 7) то уси́ливаться, то затуха́ть (*о звуке*)

**swelldom** ['sweldəm] *n разг.* фешене́бельное о́бщество

**swelled head** ['sweld'hed] *n разг.* самомне́ние; to suffer from ~ страда́ть самомне́нием

**swelling** ['swelɪŋ] **1.** *pres. p. от* swell 3

**2.** *n* 1) о́пухоль 2) вы́пуклость, возвыше́ние 3) разбуха́ние, увеличе́ние

**3.** *a* 1) вздыма́ющийся, набуха́ющий; нараста́ющий 2) высокопа́рный; ~ oratory напы́щенное красноре́чие

**swell mob** ['swel'mɔb] *n sl.* шика́рно оде́тые жу́лики; афери́сты

**swelter** ['sweltə] **1.** *n* зной, духота́

**2.** *v* изнемога́ть от зно́я

**swept** [swept] *past и p. p. от* sweep 2

**swerve** [swə:v] **1.** *n* отклоне́ние

**2.** *v* отклоня́ться от прямо́го пути́, свора́чивать в сто́рону (*тж. перен.*)

**swift** [swɪft] **1.** *a* ско́рый, бы́стрый; ~ anger скоропроходя́щий гнев; ~ to anger вспы́льчивый; ~ to take offence оби́дчивый ◇ be ~ to hear, slow to speak побо́льше слу́шай, поме́ньше говори́

**2.** *adv* бы́стро, поспе́шно

**3.** *n* 1) *зоол.* стриж 2) *текст.* бараба́н, мотови́ло

**4.** *v мор.* 1) зари́фить 2) обтя́гивать; стя́гивать

**swift-handed** ['swɪft'hændɪd] *a* ско́рый, ло́вкий

**swig** [swɪg] *разг.* **1.** *n* большо́й глото́к (*спиртного*); to take a ~ at a bottle of beer вы́пить пи́ва из буты́лки

**2.** *v* потя́гивать (*вино*); to ~ off a glass of rum вы́пить за́лпом стака́н ро́ма

**swill** [swɪl] **1.** *n* 1) полоска́ние, облива́ние водо́й 2) помо́и (*для свиней*), по́йло

**2.** *v* 1) полоска́ть, облива́ть водо́й (*часто* ~ out) 2) *разг.* жа́дно пить, лака́ть

**swim** [swɪm] **1.** *n* 1) пла́вание; to go for a ~ (пойти́) попла́вать; to have (*или* to take) a ~ попла́вать 2) (the ~) тече́ние (*событий, общественной жизни и т. п.*); to be in the ~ быть в ку́рсе де́ла; быть в це́нтре (*событий, общественной жизни и т. п.*); to be out of the ~ быть не в ку́рсе де́ла; стоя́ть вне жи́зни; to put smb. in the ~ ввести́ кого́-л. в курс де́ла 3) головокруже́ние; о́бморок 4) о́мут, в кото́ром во́дится ры́ба

2. *v* (swam; swum) 1) пла́вать, плыть; переплыва́ть; to ~ like a stone *шутл.* ≅ пла́вать как топо́р; идти́ ко дну; to ~ a person a hundred yards состяза́ться с кем-л. в пла́вании на сто я́рдов; to ~ a race уча́ствовать в состяза́нии по пла́ванию 2) заставля́ть плыть; to ~ a horse across a river заста́вить ло́шадь переплы́ть ре́ку́ 3) быть зали́тым (in, with — *чем-л.*); пла́вать (*в чём-л.*); the meat ~s in gravy мя́со за́лито подли́вкой; to ~ in luxury утопа́ть в ро́скоши 4) чу́вствовать головокруже́ние; кружи́ться (*о голове*); my head began to ~ у меня́ закружи́лась голова́; everything swam before his eyes всё поплы́ло у него́ пе́ред глаза́ми ◇ to ~ with (*или* down) the tide (*или* the stream) примкну́ть к большинству́; to ~ against the stream идти́ про́тив большинства́; sink or ~ *см.* sink 2, ◇

**swimmer** [ˈswɪmə] *n* 1) плове́ц 2) поплаво́к

**swimming** [ˈswɪmɪŋ] **1.** *pres. p. от* swim 2

**2.** *n* 1) пла́вание 2) головокруже́ние

**3.** *a* 1) пла́вающий 2) предназна́ченный для пла́вания, пла́вательный 3) зали́тый; ~ eyes глаза́, зали́тые слеза́ми 4) испы́тывающий головокруже́ние

**swimming-bath** [ˈswɪmɪŋbɑːθ] *n* закры́тый бассе́йн для пла́вания

**swimming-bladder** [ˈswɪmɪŋˌblædə] *n* пла́вательный пузы́рь (*у рыб*)

**swimmingly** [ˈswɪmɪŋlɪ] *adv* гла́дко, без поме́х; превосхо́дно; things went ~ всё шло как по ма́слу

**swimming-pool** [ˈswɪmɪŋpuːl] *n* откры́тый бассе́йн для пла́вания

**swindle** [ˈswɪndl] **1.** *n* надува́тельство

**2.** *v* обма́нывать, надува́ть; to ~ money out of a person, to ~ a person out of his money взять у кого́-л. де́ньги обма́нным путём, вы́манить у кого́-л. де́ньги

**swindler** [ˈswɪndlə] *n* моше́нник, жу́лик

**swine** [swaɪn] *n* (*pl без измен.*) 1) *уст.* = pig 1, 1); 2) *зоол.* дома́шняя свинья́ 3) свинья́, наха́л

**swine-breeding** [ˈswaɪnˌbriːdɪŋ] *n* свиново́дство

**swineherd** [ˈswaɪnhəːd] *n* свинопа́с

**swinery** [ˈswaɪnərɪ] *n* свина́рник

**swing** [swɪŋ] **1.** *n* 1) кача́ние; колеба́ние; the ~ of the pendulum *см.* pendulum 1, 1); a ~ of public opinion измене́ние обще́ственного мне́ния 2) разма́х; взмах; ход; in full ~ в по́лном разга́ре; to give full ~ to smth. дать во́лю чему́-л. 3) есте́ственный ход; let it have its ~ пусть исче́рпает свой запа́с эне́ргии 4) свобо́да де́йствий; he gave us a full ~ in the matter в э́том де́ле он предоста́вил нам по́лную свобо́ду де́йствий 5) ритм 6) ме́рная, ритми́чная похо́дка 7) каче́ли 8) поворо́т 9) *физ.* амплиту́да кача́ния 10) *тех.* максима́льное отклоне́ние стре́лки (*прибора*) 11) свинг (*в боксе*) 12) = swing music ◇ to go with a ~ идти́ как по ма́слу; what you lose on the ~s you make up on the roundabouts поте́ри в одно́м возмеща́ются вы́игрышем в друго́м

**2.** *v* (swung) 1) кача́ть(ся), колеба́ть(ся); разма́хивать; to ~ a bell раска́чивать ко́локол; to ~ one's legs болта́ть нога́ми; to ~ one's arms разма́хивать рука́ми 2) ве́шать, подве́шивать; *разг.* быть пове́шенным; he shall ~ for it *разг.* его́ пове́сят за э́то 3) верте́ть(ся); повора́чивать(ся); to ~ into line *мор.* заходи́ть в ли́нию, вступа́ть в строй; to ~ a ship about повора́чивать су́дно; to ~ open распа́хиваться; to ~ shut (*или* to) захло́пываться 4) идти́ ме́рным ша́гом 5) *амер.* успе́шно провести́ (*что-л.*) 6) исполня́ть джа́зовую му́зыку в сти́ле суи́нга ◇ to ~ the lead *sl.* симули́ровать

**swing bridge** [ˈswɪŋbrɪdʒ] *n* разводно́й мост

**swing-door** [ˈswɪŋdɔː] *n* враща́ющаяся дверь; дверь, открыва́ющаяся в любу́ю сто́рону (*обыкн. двустворчатая*)

**swinge** [swɪndʒ] *v уст.* си́льно ударя́ть

**swingeing** [ˈswɪndʒɪŋ] **1.** *pres. p. от* swinge

**2.** *a* 1) *разг.* грома́дный; ~ majority подавля́ющее большинство́ 2) *уст.* си́льный, ошеломля́ющий (*об ударе*)

**swinging** [ˈswɪŋɪŋ] **1.** *pres. p. от* swing 2

**2.** *n* кача́ние, колеба́ние; разма́хивание

**3.** *a* кача́ющийся, коле́блющийся; поворо́тный

**swing joint** [ˈswɪŋˈdʒɔɪnt] *n тех.* шарни́рное соедине́ние

**swingle** [ˈswɪŋgl] *с.-х.* **1.** *n* трепа́ло

**2.** *v* трепа́ть (*лён*)

**swing music** [ˈswɪŋˌmjuːzɪk] *n* суи́нг (*разновидность джазовой музыки*)

**swing shift** [ˈswɪŋˈʃɪft] *n амер. разг.* втора́я сме́на на фа́брике *или* заво́де (*с 4 часов дня до 12 часов ночи*)

**swinish** [ˈswaɪnɪʃ] *a* сви́нский

**swipe** [swaɪp] **1.** *n* 1) *разг.* си́льный уда́р 2) *тех.* во́рот, коромы́сло

**2.** *v* 1) *разг.* ударя́ть с си́лой 2) *шутл.* красть

**swipes** [swaɪps] *n pl разг.* водяни́стое му́тное пи́во, испо́рченное пи́во

**swirl** [swəːl] **1.** *n* 1) водоворо́т; круже́ние 2) *амер.* завито́к, ло́кон

**2.** *v* 1) кружи́ть(ся) в водоворо́те 2) образо́вывать водоворо́т 3) обвива́ть 4) испы́тывать головокруже́ние

**swish I** [swɪʃ] **1.** *n* 1) свист (*хлыста и т. п.*); взмах (*косы и т. п.*) со сви́стом 2) ше́лест, шурша́ние

**2.** *v* 1) рассека́ть во́здух со сви́стом 2) разма́хивать (*тростью, палкой*) 3) шелесте́ть, шурша́ть 4) сечь (*розгой*) ▭ ~ **off** ска́шивать, сбива́ть со сви́стом

**swish II** [swɪʃ] *a разг.* шика́рный

**Swiss** [swɪs] **1.** *a* швейца́рский ◇ ~ roll руле́т с варе́ньем

**2.** *n* швейца́рец; швейца́рка; the ~ *pl собир.* швейца́рцы

**switch** [swɪtʃ] **1.** *n* 1) прут; хлыст 2) фальши́вая коса́; накла́дка (*волос*) 3) переключе́ния; *перен.* поворо́т, измене́ние (*темы разговора и т. п.*) 4) *эл.* выключа́тель; переключа́тель; коммута́тор 5) *ж.-д.* стре́лка

**2.** *v* 1) ударя́ть пруто́м *или* хлысто́м; отстега́ть пруто́м 2) маха́ть, разма́хивать 3) *амер. разг.* меня́ть (-ся) 4) напра́вить (*мысли, разговор*) в другу́ю сто́рону (to, over to) 5) ре́зко хвата́ть (*что-л.*); to ~ smth. out of smb.'s hand вы́хватить что-л. у кого́-л. из рук 6) переводи́ть (*поезд*) на друго́й путь 7) *эл.* переключа́ть; включа́ть; выключа́ть ▭ ~ **off** а) выключа́ть ток; б) разъединя́ть телефо́нного абоне́нта; в) дава́ть отбо́й; г) выключа́ть радиоприёмник; ~ **on** а) включа́ть (*свет, радио и т. п.*); б) соединя́ть абоне́нта

**switchback** [ˈswɪtʃbæk] *n* америка́нские го́ры (*аттракцион*)

**switchboard** [ˈswɪtʃbɔːd] *n эл.* 1) коммута́тор; распредели́тельный щит 2) щит управле́ния

**switch lamp** [ˈswɪtʃlæmp] *n ж.-д.* стре́лочный фона́рь

**switch-man** [ˈswɪtʃmən] *n* стре́лочник

**switch-over** [ˈswɪtʃˌəuvə] *n* перехо́д (*к чему-л. другому*), переключе́ние

**switch-plug** [ˈswɪtʃplʌg] *n эл.* ште́псель

**switch tender** [ˈswɪtʃˈtendə] *амер.* = switch-man

**switch tower** [ˈswɪtʃˈtauə] *n амер.* бу́дка стре́лочника

**switchyard** [ˈswɪtʃjɑːd] *амер.* = shunting-yard

**swivel** [ˈswɪvl] *n* 1) *тех.* вертлю́г, шарни́рное соедине́ние 2) *attr.* враща́ющийся, поворо́тный; ~ chair враща́ющийся стул

**swivel-eyed** [ˈswɪvlˈaɪd] *a разг.*褐 кося́щий, раско́сый

**swizzle** [ˈswɪzl] *n разг.* род кокте́йля

**swob** [swɔb] = swab

**swollen** [ˈswəulən] **1.** *p. p. от* swell 3

**2.** *a* 1) взду́тый, разду́тый 2) непоме́рно высо́кий (*о ценах и т. п.*)

**swoon** [swuːn] **1.** *n* о́бморок

**2.** *v* 1) па́дать в о́бморок 2) *поэт.* замира́ть (*о звуке*)

**swoop** [swuːp] **1.** *n* 1) устремле́ние вниз (*хищной птицы на жертву*) 2) внеза́пное нападе́ние, налёт ◇ at one fell ~ одни́м уда́ром, одни́м ма́хом

**2.** *v* 1) устремля́ться вниз (*обыкн.* ~ down) 2) налета́ть, броса́ться (*обыкн.* ~ on, ~ upon) 3) хвата́ть, подхва́тывать (*обыкн.* ~ up) ▭ ~ **down** *ав.* пики́ровать

**swop** [swɔp] *разг.* **1.** *n* обме́н

**2.** *v* меня́ть, обме́ниваться; will you ~ places? не поменя́етесь ли вы местáми? ◇ never ~ horses while crossing the stream не слéдует производи́ть крýпные перемéны в неподходя́щее врéмя

**sword** [sɔ:d] *n* 1) меч; шпáга, рапи́ра; палáш; шáшка; сáбля; cavalry ~ сáбля; court ~ шпáга; duelling ~ рапи́ра; the ~ of justice меч правосýдия, судéбная власть; at ~s' points на ножáх; враждéбный, готóвый к враждéбным дéйствиям; to cross (*или* to measure) ~s начáть борьбý; скрести́ть мечи́; to put to the ~ предáть мечý; to sheathe the ~ вложи́ть меч в нóжны; *перен.* кóнчить войнý 2) (the ~) си́ла орýжия; войнá ◇ to throw one's ~ into the scale поддержáть свои́ притязáния си́лой орýжия; to beat ~s into ploughshares *библ.* перековáть мечи́ на орáла

**sword-arm** ['sɔ:dɑ:m] *n* прáвая рукá

**sword-bayonet** ['sɔ:d͵beiənit] *n* клинкóвый штык, штык-тесáк

**sword-bearer** ['sɔ:d͵bɛərə] *n* оруженóсец; меченóсец

**sword-belt** ['sɔ:dbelt] *n* портупéя

**sword-cane** ['sɔ:dkeɪn] *n* трость с вкладнóй шпáгой

**sword-cut** ['sɔ:dkʌt] *n* 1) рéзаная рáна 2) рубéц

**sword-dance** ['sɔ:ddɑ:ns] *n* тáнец с мечáми *или* с сáблями

**sword-fish** ['sɔ:dfɪʃ] *n* меч-ры́ба

**sword-guard** ['sɔ:dgɑ:d] *n* чáшка шпáги

**sword-hand** ['sɔ:dhænd] = sword-arm

**sword-hilt** ['sɔ:dhɪlt] *n* эфéс

**sword-knot** ['sɔ:dnɔt] *n* темля́к

**sword-law** ['sɔ:dlɔ:] *n* прáво си́льного

**sword-lily** ['sɔ:d͵lɪlɪ] *n бот.* гладиóлус

**sword-play** ['sɔ:dpleɪ] *n* 1) фехтовáние 2) пикирóвка; состязáние в остроýмии

**swordsman** ['sɔ:dzmən] *n* фехтовáльщик

**swordsmanship** ['sɔ:dzmənʃɪp] *n* искýсство фехтовáния

**sword-stick** ['sɔ:dstɪk] = sword-cane

**swore** [swɔ:] **1.** *past от* swear 2

**2.** *a* присягнýвший; покля́вшийся; ~ broker прися́жный мáклер; ~ brothers назвáные брáтья; побрати́мы; ~ friends закады́чные друзья́; ~ enemies закля́тые враги́; ~ evidence (*или* oath) показáния под при́сягой

**swot** [swɔt] *разг.* **1.** *n* 1) тяжёлая рабóта 2) зубрёжка 3) зубри́ла

**2.** *v* зубри́ть, долби́ть; подзубри́ть (*обыкн.* ~ up)

**swum** [swʌm] *p. p. от* swim 2

**swung** [swʌŋ] *past и p. p. от* swing 2

**sybarite** ['sɪbəraɪt] *n* сибари́т

**sybaritic** [͵sɪbə'rɪtɪk] *a* сибари́тский; изнéженный

**sybil** ['sɪbɪl] = sibyl

**sycamine** ['sɪkəmaɪn] *n библ.* смокóвница

**sycamore** ['sɪkəmɔ:] *n бот.* 1) сикамóр (*тж.* ~fig) 2) клён я́вор (*тж.* ~ maple) 3) платáн

**syce** [saɪs] = sice II

**sycophancy** ['sɪkəfənsɪ] *n* низкопоклóнство, лесть

**sycophant** ['sɪkəfənt] *n* льстец, подхали́м; лизоблю́д

**sycosis** [saɪ'kəusɪs] *n мед.* сикóз

**syenite** ['saɪɪnaɪt] *n мин.* сиени́т

**syllabary** ['sɪləbərɪ] *n* слоговáя áзбука

**syllabi** ['sɪləbaɪ] *pl от* syllabus

**syllabic** [sɪ'læbɪk] *a* слоговóй; силлаби́ческий

**syllabicate** [sɪ'læbɪkeɪt] *v* разделя́ть на слóги; произноси́ть по слогáм

**syllabication** [sɪ͵læbɪ'keɪʃən] = syllabification

**syllabification** [sɪ͵læbɪfɪ'keɪʃən] *n* разделéние на слóги

**syllabify** ['sɪ'læbɪfaɪ] = syllabicate

**syllabize** ['sɪləbaɪz] = syllabicate

**syllable** ['sɪləbl] **1.** *n* 1) слог 2) *перен.* звук, слóво; he never uttered a ~ он не произнёс ни звýка

**2.** *v* произноси́ть по слогáм

**-syllabled** [-sɪləbld] *в слóжных словáх означает* состоя́щий из *стóльких-то* слогóв; one-syllabled однослóжный; two-syllabled двуслóжный *и т. п.*

**syllabub** ['sɪləbʌb] = sillabub

**syllabus** ['sɪləbəs] *n* (*pl* -bi, -es [-ɪz]) 1) прогрáмма (*кýрса, лéкций*) 2) конспéкт, план 3) расписáние

**syllogism** ['sɪlədʒɪzm] *n* 1) *лог.* силлоги́зм 2) тóнкий, хи́трый ход для подтверждéния *или* доказáтельства (*чегó-л.*)

**syllogize** ['sɪlədʒaɪz] *v* выражáть в фóрме силлоги́зма

**sylph** [sɪlf] *n* 1) сильф 2) грациóзная жéнщина

**sylvan** ['sɪlvən] = silvan

**sylviculture** ['sɪlvɪkʌltʃə] = silviculture

**symbiosis** [͵sɪmbɪ'əusɪs] *n биол.* симбиóз

**symbol** ['sɪmbəl] *n* 1) си́мвол, эмблéма 2) обозначéние, знак 3) *воен.* знак разли́чия

**symbolic(al)** [sɪm'bɔlɪk(əl)] *a* символи́ческий

**symbolism** ['sɪmbəlɪzm] *n* символи́зм

**symbolist** ['sɪmbəlɪst] *n* символи́ст

**symbolize** ['sɪmbəlaɪz] *v* 1) символизи́ровать 2) изображáть символи́чески

**symmetric(al)** [sɪ'metrɪk(əl)] *a* симметри́чный, симметри́ческий

**symmetrize** ['sɪmɪtraɪz] *v* дéлать симметри́чным; располагáть симметри́чно

**symmetry** ['sɪmɪtrɪ] *n* 1) симмéтрия 2) соразмéрность

**sympathetic** [͵sɪmpə'θetɪk] *a* 1) сочýвственный; пóлный сочýвствия; вы́званный сочýвствием; ~ strike забастóвка солидáрности 2) симпати́чный 3) *физиол.* симпати́ческий 4) *физ.* отвéтный; ~ vibration отвéтная вибрáция

**sympathetic ink** [͵sɪmpə'θetɪk'ɪŋk] *n* симпати́ческие черни́ла

**sympathize** ['sɪmpəθaɪz] *v* 1) сочýвствовать, выражáть сочýвствие (with) 2) благожелáтельно относи́ться; симпатизи́ровать (with)

**sympathizer** ['sɪmpəθaɪzə] *n* сочýвствующий; сторóнник

**sympathy** ['sɪmpəθɪ] *n* 1) сочýвствие (with); сострадáние (for); симпáтия; a man of wide sympathies отзы́вчивый человéк; you have my sympathies, my sympathies are with you а) я на вáшей сторонé; б) я вам сочýвствую 2) взаи́мное понимáние; óбщность (*в чём-л.*); in ~ with в пóлном соглáсии с; out of ~ в разлáде

**sympathy strike** ['sɪmpəθɪstraɪk] = sympathetic strike [*см.* sympathetic 1)]

**symphonic** [sɪm'fɔnɪk] *a* симфони́ческий; ~ music симфони́ческая мýзыка; симфони́ческое произведéние

**symphony** ['sɪmfənɪ] *n* 1) симфóния 2) *attr.* симфони́ческий; ~ orchestra симфони́ческий оркéстр

**symposia** [sɪm'pəuzjə] *pl от* symposium

**symposium** [sɪm'pəuzjəm] *n* (*pl* -sia) 1) симпóзиум, совещáние по определённому наýчному вопрóсу 2) филосóфская *или* инáя дрýжеская бесéда 3) сбóрник статéй разли́чных áвторов на óбщую тéму 4) *др.-греч.* пир

**symptom** ['sɪmptəm] *n* симптóм; при́знак

**symptomatic** [͵sɪmptə'mætɪk] *a* симптомати́ческий; to be ~ of smth. быть симптомати́чным

**synagogue** ['sɪnəgɔg] *n* синагóга

**sync, synch** [sɪŋk] *кино, тлв. разг.* **1.** *n* синхронизáция звýка и изображéния

**2.** *v* синхронизи́ровать

**synchrocyclotron** ['sɪŋkrəu'saɪklətrɔn] *n физ.* синхроциклотрóн

**synchronism** ['sɪŋkrənɪzm] *n* синхрони́зм, одноврéменность

**synchronize** ['sɪŋkrənaɪz] *v* 1) синхронизи́ровать; совпадáть по врéмени 2) координи́ровать, согласóвывать во врéмени 3) устанáвливать одноврéменность собы́тий 4) покáзывать одинáковое врéмя (*о часáх*) 5) сверя́ть (*часы́*) 6) *кино* озвýчивать

**synchronizer** ['sɪŋkrənaɪzə] *n* синхронизáтор

**synchronous** ['sɪŋkrənəs] *a* синхрóнный, одноврéменный

**synchrophasotron** ['sɪŋkrəu'feɪzəutrɔn] *n физ.* синхрофазотрóн

**synchrotron** ['sɪŋkrəutrɔn] *n физ.* синхротрóн

**syncopate** ['sɪŋkəpeɪt] *v* 1) *муз.* синкопи́ровать 2) *грам.* сокращáть слóво, опускáя звук *или* слог в середи́не егó

**syncope** ['sɪŋkəpɪ] *n* 1) *мед.* óбморок 2) *грам.* синкóпа

**syncretism** ['sɪŋkrətɪzm] *n* синкрети́зм

**syncro-mesh** ['sɪŋkrəu'meʃ] *n* 1) *авто* синхронизáтор (*корóбки передáч*) 2) *тех.* синхронизи́рующее приспособлéние

**syndetic** [sɪnˈdetɪk] *a грам.* сою́зный; соедини́тельный; ~ word сою́зное сло́во

**syndic** [ˈsɪndɪk] *n* си́ндик; член магистра́та

**syndicalism** [ˈsɪndɪkəlɪzm] *n* синдикали́зм

**syndicalist** [ˈsɪndɪkəlɪst] *n* синдикали́ст

**syndicate 1.** *n* [ˈsɪndɪkɪt] 1) синдика́т 2) аге́нтство печа́ти, приобрета́ющее информа́цию, статьи́ *и т. п.* и продаю́щее их разли́чным газе́там для одновре́ме́нной публика́ции

**2.** *v* [ˈsɪndɪkeɪt] 1) объединя́ть в синдика́ты, синдици́ровать 2) приобрета́ть информа́цию *и пр.* [*см.* 1, 2)]

**syndrome** [ˈsɪndrəum] *n мед.* синдро́м, совоку́пность симпто́мов

**syne** [saɪn] *шотл.* = since

**synecdoche** [sɪˈnekdəkɪ] *n прос.* сине́кдоха

**syngenesis** [sɪnˈdʒenɪsɪs] *n* 1) *биол.* полово́е размноже́ние 2) *геол.* сингене́з

**synod** [ˈsɪnəd] *n* 1) собо́р духове́нства; сино́д 2) съезд, сове́т

**synonym** [ˈsɪnənɪm] *n* сино́ним

**synonymic** [ˌsɪnəˈnɪmɪk] = synonymous

**synonymous** [sɪˈnɔnɪməs] *a* синоними́ческий, синоними́чный

**synonymy** [sɪˈnɔnɪmɪ] *n* 1) синоними́чность 2) синони́мика

**synopses** [sɪˈnɔpsi:z] *pl от* synopsis

**synopsis** [sɪˈnɔpsɪs] *n* (*pl* -ses) конспе́кт, кра́ткий обзо́р; сино́псис

**synoptic(al)** [sɪˈnɔptɪk(əl)] *a* синопти́ческий, обзо́рный

**syntactic(al)** [sɪnˈtæktɪk(əl)] *a* синтакси́ческий

**syntax** [ˈsɪntæks] *n* си́нтаксис

**syntheses** [ˈsɪnθɪsi:z] *pl от* synthesis

**synthesis** [ˈsɪnθɪsɪs] *n* (*pl* -ses) си́нтез

**synthetic(al)** [sɪnˈθetɪk(əl)] *a* 1) *лингв., хим.* синтети́ческий 2) иску́сственный

**synthetics** [sɪnˈθetɪks] *n pl* синтети́ческие материа́лы, синте́тика

**syntonize** [ˈsɪntənaɪz] *v радио* настра́ивать в тон, на волну́

**syphilis** [ˈsɪfɪlɪs] *n* си́филис

**syphilitic** [ˌsɪfɪˈlɪtɪk] *a* сифилити́ческий

**syphon** [ˈsaɪfən] = siphon

**syren** [ˈsaɪərən] = siren

**Syrian** [ˈsɪrɪən] **1.** *a* сири́йский

**2.** *n* сири́ец; сири́йка

**syringe** [ˈsɪrɪndʒ] **1.** *n* 1) шприц; спринцо́вка; hypodermic ~ шприц для подко́жных впры́скиваний 2) пожа́рный насо́с 3) опры́скиватель

**2.** *v* спринцева́ть; впры́скивать, вводи́ть посре́дством шпри́ца

**syringes I** [ˈsɪrɪndʒɪz] *pl от* syringe 1

**syringes II** [sɪˈrɪndʒi:z] *pl от* syrinx

**syringitis** [ˌsɪrɪnˈdʒaɪtɪs] *n мед.* воспале́ние евста́хиевой трубы́

**syrinx** [ˈsɪrɪŋks] *n* (*pl* -es [-ɪz], -inges) 1) свире́ль (Па́на); фле́йта 2) ни́жняя горта́нь пе́вчих птиц 3) *анат.* евста́хиева труба́ 4) *мед.* фи́стула, свищ

**syrup** [ˈsɪrəp] *n* 1) сиро́п 2) очи́щенная па́тока; golden ~ све́тлая па́тока

**systaltic** [sɪsˈtæltɪk] *a физиол.* попереме́нно расширя́ющийся и сокраща́ющийся; пульси́рующий

**system** [ˈsɪstɪm] *n* 1) систе́ма; ме́тод; ~ of axes систе́ма координа́т; what ~ do you go on? како́му ме́тоду вы сле́дуете? 2) систе́ма, устро́йство; political ~ госуда́рственный строй 3) сеть (*дорог и т. п.*) 4) органи́зм 5) мир, вселе́нная 6) *геол.* систе́ма, форма́ция

**systematic(al)** [ˌsɪstɪˈmætɪk(əl)] *a* 1) системати́ческий 2) методи́чный

**systematize** [ˈsɪstɪmətaɪz] *v* 1) систематизи́ровать 2) приводи́ть в поря́док

**systemic** [sɪsˈtemɪk] *a физиол.* системати́ческий; относя́щийся ко всему́ органи́зму; сомати́ческий

**systole** [ˈsɪstəlɪ] *n физиол.* си́стола

# T

**T, t** [ti:] *n* (*pl* Ts, T's [ti:z]) *20-я буква англ. алфавита* ◇ to mark with a T *ист.* выжига́ть во́ру клеймо́ в ви́де бу́квы Т (*по первой букве слова* thief); to cross the T's *перен.* ≅ ста́вить то́чку над i; (right) to a T в соверше́нстве; то́чь-в-то́чь; как раз; в то́чности

**T-** [ti:-] *в сложных словах, обозначающих предметы, имеющие форму буквы T, напр.*: T-beam тавро́вая ба́лка; T-square рейсши́на

**'t** [-t] *сокр. разг.* = it *в сочетаниях* 'tis, 'twas, on't *и т. п.*

**tab** [tæb] **1.** *n* 1) ве́шалка; пе́телька; ушко́ (*сапога*) 2) наконе́чник (*шнурка для обуви*) 3) этике́тка, ярлы́к 4) петли́ца (*на воротнике*); red ~ *разг.* штабно́й офице́р, штаби́ст 5) учёт; to keep (a) ~ on smth., to keep ~s on smth. а) вести́ учёт чего́-либо; б) *перен.* следи́ть за чем-л. 6) *амер. разг.* счёт; чек 7) *ав.* три́ммер

**2.** *v разг.* 1) пришива́ть ве́шалку, пе́тельку *и т. п.* 2) обознача́ть; называ́ть 3) своди́ть в табли́цы; располага́ть в ви́де табли́ц, диагра́мм

**tabard** [ˈtæbəd] *n ист.* 1) плащ, носи́мый ры́царями пове́рх лат 2) камзо́л геро́льда

**tabby** [ˈtæbɪ] *n* 1) полоса́тая ко́шка 2) зла́я спле́тница 3) ста́рая де́ва 4) муа́р 5) земляно́й бето́н

**tabernacle** [ˈtæbə(:)nækl] *n* 1) шатёр, пала́тка 2) сосу́д, челове́к (*как вместилище души*) 3) храм; моле́льня 4) *церк.* дарохрани́тельница 5) *церк.* ра́ка 6) *библ.* ски́ния ◇ Feast of Tabernacles пра́здник ку́щей

**tabes** [ˈteɪbi:z] *n мед.* та́бес, сухо́тка спинно́го мо́зга

**tabescence** [təˈbesns] *n мед.* исхуда́ние, истоще́ние

**tabetic** [təˈbetɪk] *мед.* **1.** *n* табе́тик

**2.** *a* страда́ющий та́бесом

**table** [ˈteɪbl] **1.** *n* 1) стол; to be (*или* to sit) at ~ быть за столо́м, обе́дать *и т. п.* 2) пи́ща, стол; еда́, ку́хня; to keep a good ~ име́ть хоро́шую ку́хню; хорошо́ гото́вить; unfit for ~ несъедо́бный 3) о́бщество за столо́м; to keep the ~ amused развлека́ть госте́й за столо́м 4) доска́ (*тж. для настольных игр*) 5) плита́; доще́чка; на́дпись на плите́, доще́чке; скрижа́ль; the ten ~s *библ.* де́сять за́поведей 6) табли́ца; расписа́ние; та́бель; ~ of contents оглавле́ние 7) пло́ская пове́рхность 8) го́рное плато́, плоского́рье (*тж.* ~-land) 9) грань (*драгоце́нного ка́мня*) 10) *тех.* стол (*станка*); планша́йба; рольга́нг 11) *архит.* карни́з 12) *attr.* столо́вый ◇ to lay on the ~ *парл.* отложи́ть обсужде́ние (*законопроекта*); to lie (up) on the ~ *парл.* быть отло́женным, не обсужда́ться (*о законопроекте*); upon the ~ публи́чно обсужда́емый; общеизве́стный; to take from the ~ *амер.* верну́ться к обсужде́нию (*законопроекта*); to turn the ~s on (*или* upon) smb. бить проти́вника его́ же ору́жием; поменя́ться роля́ми; under the ~ «под столо́м», пья́ный

**2.** *v* 1) класть на стол 2) предлага́ть, выноси́ть на обсужде́ние 3) составля́ть табли́цы, расписа́ние 4) откла́дывать в до́лгий я́щик, положи́ть под сукно́

**tableau** [ˈtæbləu] *фр. n* (*pl* -aux) 1) живопи́сная карти́на, я́ркое изображе́ние 2) жива́я карти́на (*тж.* ~ vivant) 3) неожи́данная сце́на 4) *attr.*: ~ curtains *театр.* раздвижно́й за́навес

**tableaux** [ˈtæbləuz] *pl от* tableau

**table-beer** [ˈteɪblˈbɪə] *n* столо́вое пи́во

**table-book** [ˈteɪblbuk] *n* 1) хорошо́ и́зданная кни́га с иллюстра́циями (*лежащая обычно на виду в гостиной*) 2) сбо́рник табли́ц *и т. п.*

**table-cloth** [ˈteɪblklɔθ] *n* ска́терть

**table-cover** [ˈteɪblˌkʌvə] *n* наря́дная ска́терть

**table d'hôte** [ˈtɑ:blˈdəut] *фр. n* табльдо́т

**table-flap** [ˈteɪblflæp] *n* откидна́я доска́ стола́

**tableful** [ˈteɪblful] *n* 1) по́лный стол (*угощений*) 2) по́лный стол госте́й, засто́лье

**table-knife** [ˈteɪblnaɪf] *n* столо́вый нож

**tableland** [ˈteɪbllænd] *n* плоского́рье, плато́

**table-leaf** [ˈteɪblli:f] *n* 1) вкладна́я доска́ раздвижно́го стола́ 2) = table-flap

**table-lifting** [ˈteɪblˌlɪftɪŋ] *n* столоверче́ние, спирити́зм

**table-linen** [ˈteɪblˌlɪnɪn] *n* столо́вое бельё

**tableman** [ˈteɪblmən] *n* та́бельщик

**table-money** [ˈteɪblˌmʌnɪ] *n воен.* столо́вые де́ньги

**table-napkin** [ˈteɪbl,næpkɪn] *n* салфе́тка

**table-spoon** [ˈteɪblspu:n] *n* столо́вая ло́жка

**table-stone** [ˈteɪblstəun] *n археол.* дольме́н

**tablet** [ˈtæblɪt] *n* 1) доще́чка (*с надписью*) 2) блокно́т 3) табле́тка 4) кусо́к (*мыла и т. п.*)

**table-talk** [ˈteɪbltɔ:k] *n* засто́льная бесе́да

**table tennis** [ˈteɪblˈtenɪs] *n* насто́льный те́ннис

**table-ware** [ˈteɪblwɛə] *n* посу́да, ви́лки, ло́жки *и т. п.*

**table-water** [ˈteɪbl,wɔ:tə] *n* минера́льная вода́ (*для стола*)

**table-work** [ˈteɪblwə:k] *n полигр.* табли́чный набо́р

**tabloid** [ˈtæblɔɪd] **1.** *n* 1) малоформа́тная газе́та со сжа́тым те́кстом 2) бульва́рная газе́та 3) резюме́, конспе́кт, кра́ткий обзо́р 4) табле́тка

**2.** *a* 1) сжа́тый; ~ in form а) в сжа́том ви́де; б) в фо́рме табле́тки 2) бульва́рный, низкопро́бный; ~ press бульва́рная пре́сса

**taboo** [təˈbu:] **1.** *n* табу́; запреще́ние, запре́т

**2.** *a* 1) запрещённый 2) свяще́нный

**3.** *v* подверга́ть табу́; бойкоти́ровать; запреща́ть

**tabor** [ˈteɪbə] *n ист.* ма́ленький бараба́н

**tabouret** [ˈtæbərɪt] *n* 1) скаме́ечка, табуре́т 2) пя́льцы

**tabu** [təˈbu:] = taboo

**tabular** [ˈtæbjulə] *a* 1) в ви́де табли́ц, табли́чный 2) име́ющий пло́скую фо́рму *или* пове́рхность 3) пласти́нчатый, слои́стый

**tabulate** [ˈtæbjuleɪt] **1.** *v* 1) своди́ть в табли́цы 2) придава́ть пло́скую пове́рхность

**2.** *a* пло́ский; пласти́нчатый

**tabulation** [,tæbjuˈleɪʃən] *n* составле́ние табли́ц, сведе́ние в табли́цы

**tabulator** [ˈtæbjuleɪtə] *n* 1) тот, кто составля́ет табли́цы 2) табуля́тор (*в пишущих машинках*)

**tachometer** [tæˈkɔmɪtə] *n тех.* тахо́метр

**tacit** [ˈtæsɪt] *a* 1) не вы́раженный слова́ми; подразумева́емый 2) молчали́вый

**taciturn** [ˈtæsɪtə:n] *a* молчали́вый, неразгово́рчивый

**taciturnity** [,tæsɪˈtə:nɪtɪ] *n* молчали́вость, неразгово́рчивость

**tack I** [tæk] **1.** *n* 1) гво́здик с широ́кой шля́пкой 2) стежо́к (*особ. при намётке*); *pl* намётка (*при шитье*) 3) *мор.* галс 4) курс, полити́ческая ли́ния; to take a wrong (right) ~ взять непра́вильный (пра́вильный) курс 5) ли́пкость, кле́йкость

**2.** *v* 1) прикрепля́ть гво́здиками, кно́пками (*часто* ~ down) 2) смётывать на живу́ю ни́тку (*тж. перен.*); приметывать (to) 3) добавля́ть, присоедини́ть (to, on to); *парл.* внести́ попра́вку в законопрое́кт 4) *мор.* повора́чивать на друго́й галс 5) измени́ть ли́нию поведе́ния; измени́ть мне́ние; меня́ть полити́ческий курс □ ~ **about** *мор.* де́лать поворо́т овершта́г

**tack II** [tæk] *n мор.* пи́ща; hard ~ морско́й суха́рь; soft ~ хлеб

**tackle** [ˈtækl] **1.** *n* 1) принадле́жности, инструме́нт; обору́дование; снаряже́ние 2) *мор.* такела́ж; та́ли 3) *тех.* полиспа́ст 4) игро́к, отбира́ющий мяч (*в футболе и т. п.*)

**2.** *v* 1) закрепля́ть снастя́ми 2) схвати́ть, пыта́ться удержа́ть 3) энерги́чно бра́ться (*за что-л.*); би́ться (*над чем-л.*); we ~d the cold beef мы набро́сились на холо́дную говя́дину; to ~ the problem взя́ться за де́ло, за реше́ние зада́чи 4) пыта́ться убеди́ть (*кого-л.*) 5) перехва́тывать, отбира́ть (*мяч в футболе и т. п.*)

**tacky** [ˈtækɪ] *a* ли́пкий

**tact** [tækt] *n* такт, такти́чность

**tactful** [ˈtæktful] *a* такти́чный

**tactical** [ˈtæktɪkəl] *a* 1) *воен.* такти́ческий; боево́й; ~ efficiency а) боева́я гото́вность; б) такти́ческие да́нные 2) ло́вкий, расчётливый

**tactician** [tækˈtɪʃən] *n* та́ктик

**tactics** [ˈtæktɪks] *n pl* (*употр. как sing и как pl*) та́ктика

**tactile** [ˈtæktaɪl] *a* 1) осяза́тельный 2) ощути́мый, осяза́емый

**tactless** [ˈtæktlɪs] *a* беста́ктный

**tactual** [ˈtæktjuəl] *a* осяза́тельный

**tad** [tæd] *n амер.* ребёнок

**Ta(d)jik** [ˈtɑ:dʒɪk] **1.** *a* таджи́кский

**2.** *n* 1) таджи́к; таджи́чка; the ~(s) *pl собир.* таджи́ки 2) таджи́кский язы́к

**tadpole** [ˈtædpəul] *n* голова́стик

**ta'en** [teɪn] *поэт. см.* taken

**taffeta** [ˈtæfɪtə] *n* тафта́

**Taffy** [ˈtæfɪ] *n разг.* валли́ец

**taffy** [ˈtæfɪ] *n амер.* 1) = toffee 2) *разг.* лесть

**tafia** [ˈtæfɪə] *n* вид дешёвого ро́ма

**tag** [tæg] **1.** *n* 1) свобо́дный, болта́ющийся коне́ц 2) ярлы́к (*тж. перен.*); этике́тка; би́рка 3) пе́тля, ушко́ 4) металли́ческий наконе́чник на шнурке́ 5) изби́тая фра́за, цита́та 6) рефре́н 7) припе́в 8) игра́ в са́лки, в пятна́шки 9) коне́ц *или* заключи́тельная часть 10) заключи́тельные слова́ ре́чи, моноло́га; слова́, произнесённые под за́навес 11) заключе́ние, эпило́г; мора́ль (*басни и т. п.*)

**2.** *v* 1) прикрепля́ть ярлы́к, снабжа́ть ярлыко́м (*тж. перен.*) 2) *разг.* сле́довать по пята́м (after — за) 3) соединя́ть (*что-л.*); свя́зывать; скрепля́ть 4) добавля́ть, прилага́ть (*к книге, документу и т. п.*) 5) назнача́ть це́ну

**tag day** [ˈtægˈdeɪ] *n амер.* день сбо́ра средств, поже́ртвований (*в какой-л. фонд*)

**tagged** [tægd] **1.** *p. p. от* tag 2

**2.** *a* 1) снабжённый ярлыко́м, этике́ткой 2) *физ.* ме́ченый; ~ atoms ме́ченые а́томы

**tagger** [ˈtægə] *n* 1) водя́щий (*в салках*) 2) *pl* (о́чень) то́нкие листы́ желе́за

**taiga** [ˈtaɪgɑ:] *русск. n* тайга́

**tail I** [teɪl] **1.** *n* 1) хвост; at the ~ of smb., close on smb.'s ~ сле́дом, по пята́м за кем-л. 2) коса́, коси́чка 3) ни́жняя за́дняя часть, оконе́чность; ~ of a cart задо́к теле́ги; ~ of one's eye вне́шний у́гол глаза́; out of (*или* with) the ~ of one's eye укра́дкой, уголко́м гла́за 4) пола́, фа́лда; *pl разг.* фрак; to go into ~s нача́ть носи́ть оде́жду взро́слых (*о мальчиках*) 5) сви́та 6) о́чередь, «хвост» 7) коне́ц, заключи́тельная часть (*чего-л.*) 8) *амер. разг.* сы́щик 9) *pl* отбро́сы, оста́тки 10) ме́нее влия́тельная часть (*политической партии*); бо́лее сла́бая часть (*спортивной команды*) 11) *pl sl.* зад 12) *ав.* хвостово́е опере́ние, хвост 13) *разг.* обра́тная сторона́ моне́ты 14) *полигр.* ни́жний обре́з страни́цы 15) *attr.* за́дний; хвосто́вой ◇ ~s up *разг.* весёлый; в хоро́шем настрое́нии; to turn one's ~ дать стрекача́, удра́ть, убежа́ть (*струсив*); with one's ~ between the legs поджа́в хвост, стру́сив

**2.** *v* 1) снабжа́ть хвосто́м 2) отруба́ть *или* подреза́ть хвост; острига́ть хво́стики плодо́в, я́год 3) *амер. разг.* идти́ сле́дом; высле́живать 4) тяну́ться дли́нной ле́нтой (*о процессии и т. п.*) □ ~ **after** неотсту́пно сле́довать за *кем-л.*; тащи́ться за *кем-л.*; ~ **away** а) постепе́нно уменьша́ться; исчеза́ть вдали́; б) убыва́ть; затиха́ть, замира́ть; рассе́иваться; в) отстава́ть

**tail II** [teɪl] *юр.* **1.** *n* ограничи́тельное усло́вие насле́дования иму́щества; ~ male (female) владе́ние с пра́вом переда́чи то́лько по мужско́й (же́нской) ли́нии

**2.** *a* ограни́ченный определённым усло́вием при переда́че по насле́дству

**tail-board** [ˈteɪlbɔ:d] *n* откидно́й задо́к (*телеги*); откидно́й борт (*грузовика*)

**tail-coat** [ˈteɪlˈkəut] *n* фрак

**tail-end** [ˈteɪlˈend] *n* 1) коне́ц; хвост (*процессии*) 2) заключи́тельная часть (*чего-л.*)

**tailings** [ˈteɪlɪŋz] *n pl* 1) оста́тки; отбро́сы 2) *метал.* хвосты́, шлам 3) *с.-х.* схо́ды с си́та, недомоло́ченные коло́сья

**tail-lamp** [ˈteɪllæmp] = tail-light

**tailless** [ˈteɪllɪs] *a* бесхво́стый

**tail-light** [ˈteɪllaɪt] *n* 1) *ж.-д.* бу́ферный фона́рь (*красный*) 2) *авто* за́дний фона́рь 3) *ав.* хвосто́вой ого́нь

**tailor** [ˈteɪlə] **1.** *n* портно́й ◇ the ~ makes the man *посл.* челове́ка де́лает портно́й; оде́жда кра́сит челове́ка

**2.** *v* 1) шить, быть портны́м 2) шить на кого́-л. 3) выде́рживать в сти́ле мужско́й оде́жды (*о строгой женской одежде*) 4) специа́льно приспоса́бливать (*для определённой цели, для чьих-л. нужд, вкусов*)

**tailored** [ˈteɪləd] **1.** *p. p. от* tailor 2

**2.** *a* 1) сде́ланный портны́м; a faultlessly ~ man безупре́чно оде́тый человéк 2) сдéланный на закáз 3) вы́полненный в стрóгом стúле (*о женской одежде*) 4) офóрмленный в стрóгом стúле

**tailoring** [ˈteɪlərɪŋ] 1. *pres. p. от* tailor 2

2. *n* портня́жное дéло, шитьё одéжды

**tailor-made** [ˈteɪləmeɪd] 1. *a* 1) мужскóго покрóя (*особ. о строгой женской одежде*) 2) специáльно приготóвленный, сдéланный по закáзу; приспосóбленный (*для определённой цели*); a score ~ for radio мýзыка, напи́санная по закáзу рáдио 3) фабри́чного произвóдства; маши́нной наби́вки (*о сигарете*)

2. *n разг.* сигарéта *или* папирóса фабри́чного произвóдства

**tailpiece** [ˈteɪlpiːs] *n* 1) зáдний конéц, хвостовáя часть (*чего-л.*) 2) струнодержáтель (*у скрипки*) 3) *полигр.* концóвка

**tail-plane** [ˈteɪlpleɪn] *n ав.* хвостовóй стабилизáтор; хвостовóе оперéние

**tail-slide** [ˈteɪlslaɪd] *n ав.* скольжéние на хвост

**tail-spin** [ˈteɪlspɪn] *n* 1) *ав.* нормáльный штóпор 2) *ав.* неуправля́емый штóпор 3) рéзкий спад в экonóмике

**tail-wind** [ˈteɪlwɪnd] *n* попýтный вéтер

**tain** [teɪn] *n* оловя́нная амальгáма

**taint** [teɪnt] 1. *n* 1) пятнó, позóр 2) налёт, при́месь (*чего-л. нежелательного, неприятного*) 3) зарáза; испóрченность 4) болéзнь в скры́том состоя́нии

2. *v* заражáть(ся); пóртить(ся)

**tainted** [ˈteɪntɪd] 1. *p. p. от* taint 2

2. *a* испóрченный

**taintless** [ˈteɪntlɪs] *a* безупрéчный

**take** [teɪk] 1. *v* (took; taken) 1) брать 2) взять, захвати́ть, овладéть; to ~ prisoner взять в плен; to ~ in charge арестовáть 3) лови́ть; to ~ fish лови́ть ры́бу; to ~ in the act (of) застáть на мéсте преступлéния 4) получи́ть; вы́играть; to ~ a prize получи́ть приз 5) доставáть, добывáть; to ~ coal добывáть ýголь 6) принимáть, соглашáться (*на что-л.*); to ~ an offer приня́ть предложéние; they will not ~ such treatment они́ не потéрпят такóго обращéния 7) потребля́ть; принимáть внутрь, глотáть; to ~ wine пить винó 8) занимáть, отнимáть (*место, время; тж.* ~ up); трéбовать (*терпения, храбрости и т. п.*); it will ~ two hours to translate this article перевóд э́той статьи́ займёт два часá; he took half an hour over his dinner обéд óтнял у негó полчасá 9) пóльзоваться (*транспортом*); испóльзовать (*средства передвижения*); to ~ a train (a bus) сесть в пóезд (в автóбус); éхать пóездом (автóбусом) 10) снимáть (*квартиру, дачу и т. п.*) 11) выбирáть (*путь, способ*); to ~ the shortest way вы́брать кратчáйший путь 12) доставля́ть (*куда-л.*); брать с собóй; сопровождáть; провожáть; to ~ smb. home провожáть когó-л. домóй; I'll ~ her to the theatre я поведý её в теáтр 13) полагáть, считáть; понимáть; you were late, I ~ it вы опоздáли, нáдо полагáть; do you ~ me? *разг.* вы меня́ понимáете? 14) восприни́мать, реаги́ровать (*на что-л.*); относи́ться (*к чему-л.*); how did he ~ it? как он отнёсся к э́тому?; to ~ coolly относи́ться хладнокрóвно 15) воздéйствовать, окáзывать дéйствие; the vaccination did not ~ óспа не привилáсь 16) имéть успéх; нрáвиться, увлекáть; she took his fancy онá завладéла егó воображéнием; the play didn't ~ пьéса не имéла успéха 17) подвергáться; поддавáться (*обработке и т. п.*) 18) выпи́сывать; получáть регуля́рно (*тж.* ~ in); I ~ a newspaper and two magazines я получáю газéту и два журнáла 19) отнимáть, вычитáть (*тж.* ~ off; from) 20) фотографи́ровать; изображáть; рисовáть 21) выходи́ть на фотогрáфии; he does not ~ well он плóхо выхóдит на фотогрáфии 22) измеря́ть; to ~ measurements снимáть мéрку 23) уноси́ть (*жизни*); the flood took many lives во врéмя наводнéния поги́бло мнóго людéй 24) преодолевáть; брать препя́тствие; the horse took the hedge easily лóшадь легкó взялá препя́тствие 25) заболéть; зарази́ться; I ~ cold easily я легкó простужáюсь; to be ~n ill заболéть 26) *тех.* твердéть, схвáтываться (*о цементе и т. п.*) 27) *образует с рядом конкретных и абстрактных существительных фразовые глаголы*: to ~ action дéйствовать; принимáть мéры; to ~ part учáствовать, принимáть учáстие; to ~ effect вступи́ть в си́лу; возымéть дéйствие; to ~ leave уходи́ть; прощáться (of); to ~ notice замечáть; to ~ a holiday отдыхáть; to ~ a breath вдохнýть; перевести́ дыхáние; to ~ root укореня́ться; to ~ vote голосовáть; to ~ offence обижáться; to ~ pity on smb. сжáлиться над кем-л.; to ~ place случáться; to ~ shelter укры́ться; to ~ a shot вы́стрелить; to ~ steps принимáть мéры; to ~ a step шагнýть; to ~ a tan загорéть □ ~ **aback** захвати́ть враспло́х; порази́ть, ошеломи́ть; ~ **after** походи́ть на *кого-л.*; ~ **away** а) удаля́ть; б) вычитáть; в) отнимáть; г) уноси́ть; уводи́ть; забирáть; ~ **down** а) снимáть (*со стены, полки и т. п.*); б) сноси́ть, разрушáть; в) разбирáть (*машину и т. п.*); г) *полигр.* разбирáть (*набор*); д) запи́сывать; е) проглáтывать; ж) снижáть (*цену*); з) унижáть; сбивáть спесь (*с кого-л.*); ~ **for** принимáть за; ~ **in** а) принимáть гóстя; б) брать (*жильца; работу на дом и т. п.*); в) регуля́рно получáть; г) занимáть (*территорию*); д) включáть, содержáть; е) поня́ть сýщность (*факта, довода*); ж) повéрить (*ложным заявлениям*); з) обманýть; to be ~n in быть обмáнутым; и) ушивáть (*одежду*); к) убирáть (*паруса*); л) смотрéть, ви́деть; м) *амер.* посети́ть, побывáть; осмáтривать (*достопримечательности*); to ~ in a movie пойти́ в кинó; ~ **off** а) снимáть; to ~ smth. off one's hands избáвиться от чегó-л.; сбыть с рук; б) уменьшáть(ся); потеря́ть (*в весе*); в) сбавля́ть (*цену*); г) уничтожáть, губи́ть, убивáть; д) подражáть; передрáзнивать; е) *ав.* взлетéть, оторвáться от земли́ *или* воды́; ж) вычитáть; з) удаля́ть; и) уводи́ть (*кого-л. куда-л.*); ~ **on** а) принимáть на слýжбу; б) брать (*работу*); брáться (*за дело и т. п.*); в) вáжничать, задирáть нос; г) имéть успéх, станови́ться популя́рным; д) полнéть; е) *разг.* си́льно волновáться, огорчáться, расстрáиваться; ж) *воен.* откры́ть огóнь; ~ **out** а) вынимáть; б) выводи́ть (*пятно*); в) выводи́ть на прогýлку; г) пригласи́ть, повести́ (*в театр, ресторан*); д) выбирáть, выпи́сывать (*цитаты*); е) брать (*патент*); ~ **over** а) принимáть (*должность и т. п.*) от другóго, б) вступáть во владéние (*вместо другого лица*); when did the government ~ over the railways in Great Britain? когдá в Великобритáнии бы́ли национализи́рованы желéзные дорóги?; в) перевози́ть на другóй бéрег; ~ **to** а) привязáться к *кому-л.*; пристрасти́ться к *чему-л.*; приобрести́ привы́чку; we took to him right away он нам срáзу пришёлся по душé; б) прибéгнуть к *чему-л.*; to ~ to one's bed заболéть, слечь; ~ **up** а) обсуждáть (*план и т. п.*); б) поднимáть; в) занимáть, принимáть; to ~ up an attitude заня́ть пози́цию; г) занимáть, отнимáть (*время, место и т. п.*); д) принимáть (*пассажира*); е) принимáть под покрови́тельство; ж) брáться за *что-л.*; з) возвращáться к нáчатому; и) прервáть, одёрнуть; к) арестóвывать; л) впи́тывать влáгу; м) to ~ up with smb. *разг.* сближáться с кем-л.; н) I'll ~ you up on that ловлю́ вас на слóве; ~ **upon**: to ~ upon oneself брать на себя́ (*ответственность, обязательства*) ◇ to ~ it into one's head забрáть себé в гóлову, возымéть желáние; to ~ it lying down безрóпотно сноси́ть что-л.; to ~ kindly to относи́ться доброжелáтельно; to ~ oneself off уходи́ть, уезжáть; to ~ the sea выходи́ть в мóре; пускáться в плáвание; to ~ to the woods *амер.* уклоня́ться от свои́х обя́занностей (*особ. от голосования*); ~ it from me *разг.* вéрьте мне; to ~ too much подвы́пить, хлебнýть ли́шнего; to ~ the biscuit *sl.* взять пéрвый приз; ~ it or leave it как хоти́те; ли́бо да, ли́бо нет

2. *n* 1) захвáт, взя́тие 2) улóв (*рыбы*); добы́ча (*на охоте*) 3) сбор (*театральный*) 4) бары́ш, вы́ручка 5) *полигр.* урóк наборщика 6) *кино* кинокáдр; дубль

**take-down** [ˈteɪkˈdaun] 1. *n* 1) *разг.* унижéние 2) разбóрка

2. *a* разбóрный

**take-home pay** ['teɪkhəum'peɪ] *n* зарплáта за вы́четом налóгов; чи́стый зáработок

**take-in** ['teɪk'ɪn] *n разг.* обмáн

**taken** ['teɪkən] *p. p. от* take 1

**take-off** ['teɪkɔf] *n* 1) *разг.* подражáние; карикатýра 2) *ав.* подъём, взлёт; отры́в от земли́ 3) мéсто, с котóрого произвóдится взлёт, отры́в от земли́

**take-over** ['teɪk,əuvə] *n* 1) захвáт, овладéние 2) вступлéние во владéние (*вместо прежнего владельца*)

**taker** ['teɪkə] *n* 1) берýщий *и пр.* [*см.* take 1] 2) тот, кто принимáет пари́

**taking** ['teɪkɪŋ] **1.** *pres. p. от* take 1

**2.** *n* 1) захвáт 2) арéст 3) *уст.* волнéние, беспокóйство 4) *pl* бары́ши́ 5) улóв

**3.** *a* привлекáтельный, замáнчивый

**talari** ['tɑ:lərɪ] *n* тáлари (*денежная единица Эфиопии*)

**talc** [tælk] **1.** *n мин.* тальк, жировик, стеати́т

**2.** *v* посыпáть, обрабáтывать тáльком

**talcum** ['tælkəm] = talc 1

**talcum powder** ['tælkəm,paudə] *n* тальк, гигиени́ческая пýдра

**tale** [teɪl] *n* 1) расскáз; пóвесть; a twice told ~ стáрая истóрия 2) (*часто pl*) вы́думки, рóсказни 3) сплéтня; to tell ~s сплéтничать; to tell ~s out of school ≅ выноси́ть сор из избы́ 4) *уст.* счёт, числó; коли́чество; the ~ is complete все в сбóре ◇ Canterbury ~ вы́мысел, скáзки, бáсни; an old wives' ~ неправдоподóбная истóрия, бáбьи скáзки

**talebearer** ['teɪl,bɛərə] *n* 1) сплéтник 2) я́бедник, донóсчик

**talent** ['tælənt] *n* 1) талáнт 2) *собир.* талáнтливые лю́ди 3) *ист.* талáнт (*денежная и весовая единица*)

**talented** ['tæləntɪd] *a* талáнтливый, одарённый

**talentless** ['tæləntlɪs] *a* бездáрный, лишённый талáнта

**tales** ['teɪli:z] *лат. n pl юр.* 1) (*употр. как sing*) вы́зов запасны́х прися́жных заседáтелей для учáстия в судéбном заседáнии 2) спи́сок запасны́х прися́жных

**talesman** ['teɪli:zmən] *n* запаснóй прися́жный заседáтель

**taleteller** ['teɪl,telə] *n* 1) расскáзчик; вы́думщик 2) = talebearer

**tali** I, II ['teɪlaɪ] *pl от* talus I *и* II

**taliped** ['tælɪped] *a мед.* страдáющий косолáпостью

**talipes** ['tælɪpi:z] *n мед.* изурóдованная стопá; косолáпость

**talipot** ['tælɪpɔt] *n* вéерная пáльма

**talisman** ['tælɪzmən] *n* талисмáн

**talk** [tɔ:k] **1.** *n* 1) разговóр; бесéда; a heart-to-heart ~ разговóр по душáм; to fall into ~ разговори́ться 2) *pl* перегово́ры 3) лéкция, бесéда 4) пустóй разговóр, болтовня́; it will end in ~ э́то дáльше разговóров не пойдёт 5) слýхи, тóлки; предмéт разговóров, тóлков; it is the ~ of the town об э́том толкýет весь гóрод 6) *attr.* говоря́щий; ~ film звуковóй фильм

**2.** *v* 1) говори́ть; разговáривать (about, of — о *чём-л.*; with — с *кем-л.*); to ~ English говори́ть по-англи́йски; to ~ oneself hoarse договори́ться до хрипоты́; to get oneself ~ed about застáвить заговори́ть о себé; to ~ politics говори́ть о поли́тике 2) болтáть, говори́ть пустóе 3) сплéтничать, распространя́ть слýхи 4) читáть лéкцию (on) 5) заговори́ть (*о допрашиваемом*) □ ~ **at** говори́ть дýрно о ком-л. в расчёте на то, что он э́то услы́шит; ~ **away** заговори́ться, заболтáться; болтáть без ýмолку; ~ **back** возражáть, дерзи́ть; ~ **down** а) перекричáть (*кого-л.*); застáвить (*кого-л.*) замолчáть; б): to ~ down to smb. говори́ть с кем-л. свысокá; ~ **into** уговори́ть, убеди́ть; to ~ smb. into doing smth. уговори́ть когó-л. сдéлать что-л.; ~ **out** а) исчéрпать тéму разговóра; б) вы́яснить что-л. в хóде бесéды; в) *парл.* затя́гивать прéния с тем, чтóбы отсрóчить голосовáние; ~ out of отговори́ть, разубеди́ть; to ~ smb. out of doing smth. отговори́ть когó-л. от чегó-л.; ~ **over** а) обсуди́ть (подрóбно); б) убеди́ть; ~ **round** а) говори́ть прострáнно, не касáясь существá дéла; б) переубеди́ть (*кого-л.*); ~ **to** выговáривать, брани́ть; ~ **up** а) хвали́ть, расхвáливать; б) говори́ть пря́мо и откровéнно ◇ to ~ big (*или* large, tall) *разг.* хвáстать, бахвáлиться; to ~ against time а) говори́ть с цéлью вы́играть врéмя; б) старáться уложи́ться в установленное врéмя (*об ораторе*); to ~ smb.'s head off, to ~ a donkey's hind leg off *разг.* заговори́ть дó смерти; how you ~! расскáзывай!, ври бóльше!; to ~ turkey *амер. разг.* а) говори́ть дéло, разговáривать по-деловóму; б) говори́ть начистотý; now you are ~ing! *разг.* вот сейчáс ты говори́шь дéло!; you can't ~ *разг.* не тебé говори́ть, ты бы лýчше помáлкивал

**talkathon** ['tɔ:kəθən] *n амер.* чрезвычáйно дли́нная речь *или* дискýссия

**talkative** ['tɔ:kətɪv] *a* разговóрчивый; словоохóтливый

**talker** ['tɔ:kə] *n* 1) тот, кто говори́т 2) разговóрчивый человéк; болтýн 3) хорóший орáтор ◇ good ~s are little doers *посл.* тот, кто мнóго говори́т, мáло дéлает

**talkie** ['tɔ:kɪ] *n разг.* звуковóе кинó

**talking** ['tɔ:kɪŋ] **1.** *pres. p. от* talk 2

**2.** *a* 1) говоря́щий; ~ film звуковóй фильм 2) разговóрчивый 3) вырази́тельный; ~ eyes вырази́тельные глазá

**talking machine** ['tɔ:kɪŋmə'ʃi:n] *n* граммофóн; фонóграф

**talking-to** ['tɔ:kɪŋtu:] *n* вы́говор

**tall** [tɔ:l] *a* 1) высóкий 2) *разг.* невероя́тный; чрезмéрный; a ~ story небыли́ца 3) *разг.* хвастли́вый; ~ talk а) хвастовствó; б) преувеличéние

**tallboy** ['tɔ:lbɔɪ] *n* высóкий комóд

**tallow** ['tæləu] **1.** *n* 1) жир, сáло (*для свечей, мыла*) 2) колёсная мазь

**2.** *v* смáзывать (*жиром*)

**tallow-chandler** ['tæləu,tʃɑ:ndlə] *n* торгóвец сáльными свечáми

**tallow-face** ['tæləufeɪs] *n* человéк с блéдным одутловáтым лицóм

**tallowy** ['tæləuɪ] *a* 1) сáльный 2) жи́рный

**tally** ['tælɪ] **1.** *n* 1) би́рка; этикéтка, ярлы́к; квитáнция 2) кóпия, дубликáт 3) счёт (*в игре*) 4) едини́ца счёта (*напр., десяток, дюжина, двадцать штук*)

**2.** *v* 1) подсчи́тывать (*часто* ~ up); *уст.* вести́ счёт по би́ркам 2) соотвéтствовать, совпадáть (with) 3) прикрепля́ть ярлы́к

**tally-ho** ['tælɪ'həu] **1.** *int охот.* атý!

**2.** *v* наýськивать собáк

**3.** *n* большáя карéта, запряжённая четвёркой

**tally-shop** ['tælɪʃɔp] *n* магази́н, где товáры продаю́тся в рассрóчку

**tally trade** ['tælɪtreɪd] *n* торгóвля в рассрóчку

**talma** ['tælmə] *фр. n* тáльма

**talon** ['tælən] *n* 1) (*обыкн. pl*) кóготь; дли́нный нóготь 2) талóн (*от квитанции, банковского билета*) 3) кáрты, остáвшиеся в колóде пóсле сдáчи

**taluk** [tɑ:'lu(:)k] *инд. n* 1) налóговый óкруг 2) наслéдственное имéние

**talus** I ['teɪləs] *n* (*pl* -li) *анат.* тарáнная кость

**talus** II ['teɪləs] *n* (*pl* -li) 1) откóс, скат 2) *геол.* óсыпь, делю́вий

**tamable** ['teɪməbl] *a* укроти́мый

**tamarack** ['tæməræk] *n бот.* ли́ственница америкáнская

**tamarind** ['tæmərɪnd] *n бот.* тамари́нд

**tamarisk** ['tæmərɪsk] *n бот.* тамари́ск

**tambour** ['tæmbuə] **1.** *n* 1) *уст.* барабáн 2) крýглые пя́льцы (*для вышивания*) 3) вы́шивка тáмбурным швом 4) *стр.* тáмбур

**2.** *v* вышивáть (*на пяльцах*)

**tambourine** [,tæmbə'ri:n] *n* тамбури́н, бýбен

**tame** [teɪm] **1.** *a* 1) ручнóй; приручённый 2) покóрный, пасси́вный 3) скýчный; неинтерéсный; банáльный 4) *с.-х.* культýрный, культиви́руемый (*о растении*)

**2.** *v* 1) приручáть, дрессировáть 2) смиря́ть 3) смягчáть 4) дéлать неинтерéсным 5) культиви́ровать

**tameable** ['teɪməbl] = tamable

**tameless** ['teɪmlɪs] *a* 1) ди́кий, неприручённый 2) неукроти́мый

**tamer** ['teɪmə] *n* укроти́тель; дрессирóвщик

**Tamil** ['tæmɪl] **1.** *n* 1) тами́л 2) тами́льский язы́к

**2.** *a* тами́льский

**Tamilian** [tə'mɪljən] *a* тами́льский

**Tammany** ['tæmənɪ] *n амер.* 1) независимая организáция демократи́ческой пáртии в Нью-Йóрке 2) систéма пóдкупов в полити́ческой жи́зни

**Tammany Hall** ['tæmənɪhɔ:l] *n амер.* 1) штаб демократи́ческой пáртии в Нью-Йóрке 2) = Tammany 1)

**tammy** I [ˈtæmɪ] = tam-o'-shanter

**tammy** II [ˈtæmɪ] *n* цеди́лка, си́то (*из ткани*)

**tam-o'-shanter** [ˌtæməˈʃæntə] *n* шотла́ндский бере́т

**tamp** [tæmp] *v* 1) набива́ть 2) трамбова́ть 3) *горн.* забива́ть шпур гли́ной *и т. п.* 4) *ж.-д.* подбива́ть

**tampan** [ˈtæmpæn] *n* южноафрика́нский ядови́тый клещ

**tamper** I [ˈtæmpə] *v* 1) вме́шиваться; сова́ться во что-л. (with) 2) тро́гать, по́ртить; somebody had ~ed with the lock кто́-то пыта́лся откры́ть замо́к 3) искажа́ть, подде́лывать (*что-л. в документе*; with) 4) подкупа́ть, ока́зывать та́йное давле́ние (with)

**tamper** II [ˈtæmpə] *n* трамбо́вка; пест

**tampion** [ˈtæmpɪən] *n* заты́чка, вту́лка

**tampon** [ˈtæmpən] *мед.* **1.** *n* тампо́н

**2.** *v* вставля́ть тампо́н

**tamtam** [ˈtæmtæm] = tomtom

**tan** [tæn] **1.** *n* 1) дуби́льная кора́ 2) желтова́то-кори́чневый цвет 3) зага́р 4) (the ~) *разг.* цирк

**2.** *a* желтова́то-кори́чневый

**3.** *v* 1) дуби́ть (*кожу*) 2) загора́ть 3) обжига́ть ко́жу (*о солнце*) 4) *разг.* дуба́сить; to ~ smb.'s hide отдуба́сить, исполосова́ть кого́-л.

**tana** [ˈtɑːnə] *инд.* *n* 1) полице́йский уча́сток 2) *уст.* вое́нный пост

**tanadar** [ˈtɑːnədɑː] *инд.* *n* нача́льник полице́йского уча́стка

**tandem** [ˈtændəm] **1.** *n* 1) та́нде́м, расположе́ние гусько́м 2) упря́жка цу́гом 3) та́нде́м (*велосипед для двоих или троих*)

**2.** *adv* цу́гом, гусько́м

**tang** I [tæŋ] *n* 1) ре́зкий при́вкус; о́стрый за́пах 2) характе́рная черта́, осо́бенность 3) хвост, хвостови́к (*инструментов, имеющих деревянную ручку*)

**tang** II [tæŋ] **1.** *n* звон

**2.** *v* 1) звене́ть; гро́мко звуча́ть 2) звони́ть

**tangent** [ˈtændʒənt] **1.** *n* 1) *мат.* каса́тельная 2) *мат.* та́нгенс 3) *амер. разг.* прямо́й уча́сток железнодоро́жного пути́ ◇ to fly (*или* to go) off at (*или* on) a ~ внеза́пно отклони́ться (*от темы и т. п.*); сорва́ться, стра́нно себя́ повести́

**2.** *a мат.* каса́тельный

**tangential** [tænˈdʒenʃəl] *a мат.* 1) напра́вленный по каса́тельной к да́нной криво́й 2) тангенциа́льный 3) отклоня́ющийся (*от темы и т. п.*)

**Tangerine** [ˌtændʒəˈriːn] *n* уроже́нец Танже́ра

**tangerine** [ˌtændʒəˈriːn] *n* 1) мандари́н (*плод*) 2) ора́нжевый цвет

**tangibility** [ˌtændʒɪˈbɪlɪtɪ] *n* 1) осяза́емость 2) реа́льность

**tangible** [ˈtændʒəbl] **1.** *a* 1) осяза́емый, материа́льный 2) я́сный; ощути́мый, заме́тный; реа́льный

**2.** *n pl* не́что ощути́мое, реа́льное, осяза́емое

**tangle** [ˈtæŋgl] **1.** *n* 1) спу́танный клубо́к 2) сплете́ние, пу́таница, неразбери́ха; in a ~ запу́танный 3) дра́га для иссле́дования морско́го дна 4) конфли́кт, ссо́ра; to get into a ~ with smb. повздо́рить, поссо́риться с кем-л.

**2.** *v* запу́тывать(ся), усложня́ть(ся)

**tanglefoot** [ˈtæŋglfut] *n амер.* 1) *sl.* ви́ски 2) ли́пкая бума́га от мух

**tangleleg** [ˈtæŋglleg] = tanglefoot

**tangly** [ˈtæŋglɪ] *a* запу́танный

**tango** [ˈtæŋgəu] *n* (*pl* -os [-əuz]) та́нго

**tank** I [tæŋk] **1.** *n* 1) цисте́рна, бак, резервуа́р 2) иску́сственный *или* есте́ственный водоём 3) *радио* колеба́тельный ко́нтур

**2.** *v* 1) налива́ть в бак 2) сохраня́ть в ба́ке; обраба́тывать в ба́ке

**tank** II [tæŋk] *n* 1) танк 2) *attr.* та́нковый; ~ destroyer самохо́дное противота́нковое ору́дие

**tankage** [ˈtæŋkɪdʒ] *n* 1) ёмкость цисте́рны, ба́ка *и т. п.* 2) хране́ние в цисте́рнах, ба́ках *и т. п.* 3) пла́та за хране́ние в цисте́рнах 4) оса́док в ба́ке 5) отбро́сы бо́ен, иду́щие на удобре́ние (*мясокостная мука*)

**tankard** [ˈtæŋkəd] *n* высо́кая пивна́я кру́жка (*часто с крышкой*) ◇ cold (*или* cool) ~ прохлади́тельный напи́ток (*из вина, воды и лимонного сока*)

**tank-borne** [ˈtæŋkbɔːn] *a*: ~ infantry пехо́та, поса́женная на та́нки

**tank-car** [ˈtæŋkkɑː] *n* 1) *ж.-д.* цисте́рна 2) автоцисте́рна

**tanked** [tæŋkt] **1.** *p. p.* от tank I, 2

**2.** *a амер. sl.* пья́ный

**tank engine** [ˈtæŋkˈendʒɪn] *n* парово́з без те́ндера, танк-парово́з

**tanker** I [ˈtæŋkə] *n* 1) та́нкер, наливно́е су́дно 2) цисте́рна 3) самолёт-запра́вщик

**tanker** II [ˈtæŋkə] *n амер. воен.* танки́ст

**tanner** I [ˈtænə] *n* дуби́льщик

**tanner** II [ˈtænə] *n sl.* моне́та в 6 пе́нсов

**tannery** [ˈtænərɪ] *n* коже́венный заво́д, сыромя́тня

**tannin** [ˈtænɪn] *n* тани́н

**tansy** [ˈtænzɪ] *n бот.* пи́жма

**tantalize** [ˈtæntəlaɪz] *v* подверга́ть танта́ловым му́кам, дразни́ть ло́жными наде́ждами

**tantalum** [ˈtæntələm] *n хим.* танта́л

**Tantalus** [ˈtæntələs] *n греч. миф.* Танта́л

**tantalus** [ˈtæntələs] *n* подста́вка для графи́нов с вино́м (*из которой их нельзя вынуть без ключа*)

**tantamount** [ˈtæntəmaunt] *a* равноси́льный, равноце́нный (to)

**tantivy** [tænˈtɪvɪ] **1.** *n* бы́стрый гало́п

**2.** *a* бы́стрый

**3.** *adv* вскачь

**tantrum** [ˈtæntrəm] *n разг.* вспы́шка раздраже́ния; to fly into a ~ вспы́хнуть, разрази́ться гне́вом

**tap** I [tæp] **1.** *n* 1) про́бка, заты́чка 2) кран (*водопроводный, газовый и т. п.*); to leave the ~ running оста́вить кран откры́тым 3) сорт, ма́рка (*вина, пива*); beer of the first ~ пи́во вы́сшего со́рта 4) = taproom 5) *тех.* ме́тчик 6) *эл.* отво́д, ответвле́ние; отпа́йка ◇ on ~ а) распи́вочно (*о вине*); б) гото́вый к неме́дленному употребле́нию, испо́льзованию; находя́щийся под руко́й

**2.** *v* 1) вставля́ть кран, снабжа́ть вту́лкой *и т. п.* 2) налива́ть пи́во, вино́ *и т. п.* 3) вынима́ть про́бку, заты́чку *и т. п.* 4) *мед.* де́лать проко́л, выка́чивать (*жидкость*) 5) де́лать надре́з на де́реве 6) перехва́тывать (*сообщения*); to ~ the wire перехва́тывать телегра́фные сообще́ния; to ~ the line подслу́шивать телефо́нный разгово́р 7) выпра́шивать, выу́живать де́ньги; to ~ smb. for money выкола́чивать де́ньги из кого́-л. 8) *тех.* нареза́ть вну́треннюю резьбу́ 9) *метал.* пробива́ть лётку; выпуска́ть распла́вленный мета́лл (*из печи*) ◇ to ~ the house соверши́ть кра́жу со взло́мом

**tap** II [tæp] **1.** *n* 1) лёгкий стук *или* уда́р 2) *pl амер. воен.* сигна́л туши́ть огни́ (*в казармах*); отбо́й 3) набо́йка (*на каблуке*)

**2.** *v* 1) стуча́ть, посту́кивать, обсту́кивать; хло́пать; to ~ at the door тихо́нько постуча́ть в дверь; to ~ on the shoulder похло́пать по плечу́ 2) набива́ть набо́йку (*на каблук*)

**tap-dance** [ˈtæpdɑːns] *n* чечётка

**tape** [teɪp] **1.** *n* 1) тесьма́ 2) ле́нта; adhesive ~ изоляцио́нная ле́нта 3) телегра́фная ле́нта 4) ле́нточка у фи́ниша; to breast the ~ прийти́ к фи́нишу 5) = tape-line 6) *сокр. от* red tape 7) магнитофо́нная ле́нта

**2.** *v* 1) свя́зывать шнуро́м, тесьмо́й 2) измеря́ть руле́ткой □ ~ up бинтова́ть, забинто́вывать

**tape-line** [ˈteɪplaɪn] *n* руле́тка, ме́рная ле́нта

**tape-machine** [ˈteɪpməˌʃiːn] *n* буквопеча́тающий телегра́фный аппара́т

**tape-measure** [ˈteɪpˌmeʒə] = tape-line

**taper** [ˈteɪpə] **1.** *n* 1) то́нкая све́чка 2) сла́бый свет 3) ко́нус, кони́ческая фо́рма 4) постепе́нное ослабле́ние, спад

**2.** *v* су́живать(ся) к концу́ (*часто* ~ off); заостря́ть

**tape-record** [ˈteɪprɪˌkɔːd] *v* запи́сывать на магнитофо́нную плёнку

**tape-recorder** [ˈteɪprɪˌkɔːdə] *n* магнитофо́н

**tapering** [ˈteɪpərɪŋ] *a* 1) су́живающийся к одному́ концу́, конусообра́зный 2) то́нкий и дли́нный (*о пальцах руки и т. п.*)

**tapestry** [ˈtæpɪstrɪ] *n* 1) за́тканная от руки́ мате́рия; гобеле́н 2) декорати́вная ткань, имити́рующая гобеле́н

**tapeworm** [ˈteɪpwəːm] *n мед.* ле́нточный червь, солитёр

**tap-hole** [ˈtæphəul] *n метал.* лётка; выпускно́е отве́рстие

**taphouse** [ˈtæphaus] = taproom

**tapioca** [ˌtæpɪˈəukə] *n* тапио́ка (*крупа*)

**tapir** [ˈteɪpə] *n зоол.* тапи́р

**tapis** [ˈtæpiː] *фр. n*: to be (*или* to come) on the ~ быть на рассмотре́нии, обсужда́ться

**tapper** [ˈtæpə] *n* телегра́фный ключ

**tappet** [ˈtæpɪt] *n тех.* толка́тель кла́пана; кулачо́к

**taproom** [ˈtæprum] *n* пивна́я, бар

**tap-root** [ˈtæpruːt] *n бот.* стержнево́й ко́рень

**tapster** [ˈtæpstə] *n* буфе́тчик; ба́рмен

**tar** [tɑː] **1.** *n* смола́; дёготь; гудро́н ◇ to beat (*или* to knock, to whale) the ~ out of smb. *амер. sl.* изби́ть кого́-л. до полусме́рти, исколоти́ть, исколошма́тить кого́-л.

**2.** *v* ма́зать дёгтем; смоли́ть; to ~ and feather вы́мазав дёгтем, обваля́ть в пе́рьях (*способ самосуда в США*) ◇ ~red with the same brush (*или* stick) ≅ одни́м ми́ром ма́заны; одни́м лы́ком ши́ты

**taradiddle** [ˈtærədɪdl] *n разг.* ложь, враньё

**tarantella** [ˌtærənˈtelə] *n* таранте́лла

**tarantula** [təˈræntjulə] *n зоол.* тара́нтул

**taraxacum** [təˈræksəkəm] *n* 1) *бот.* одува́нчик 2) *мед.* лека́рство из одува́нчика

**tarboosh** [tɑːˈbuːʃ] *n* фе́ска

**tar-brush** [ˈtɑːbrʌʃ] *n* 1) кисть для сма́зки дёгтем 2) *амер. sl.* при́месь негритя́нской кро́ви

**tardigrade** [ˈtɑːdɪgreɪd] *a зоол.* ме́дленно передвига́ющийся

**tardy** [ˈtɑːdɪ] *a* 1) медли́тельный 2) *амер.* запозда́лый, по́здний; to make a ~ appearance прийти́ с опозда́нием; to be ~ for school опозда́ть в шко́лу

**tare** I [tɛə] *n* 1) *бот.* ви́ка (посевна́я) 2) *pl библ.* пле́велы

**tare** II [tɛə] *n* 1) вес та́ры, та́ра 2) ски́дка на та́ру; ~ and tret пра́вила учёта ве́са та́ры

**targe** [tɑːdʒ] *n ист.* ма́ленький кру́глый щит

**target** [ˈtɑːgɪt] *n* 1) цель, мише́нь (*тж. перен.*); off the ~ ми́мо це́ли 2) зада́ние, контро́льная ци́фра; to beat the ~ перевы́полнить план 3) = targe 4) *ж.-д.* сигна́л (*стрелки*) 5) *attr.* пла́новый; ~ figure пла́новая *или* контро́льная ци́фра 6) *attr. воен.*: ~ hit попада́ние в цель *или* мише́нь; ~ practice уче́бная стрельба́

**Tarheel(er)** [ˈtɑːˌhiːl(ə)] *n амер. разг.* про́звище уроже́нца *или* жи́теля Се́верной Кароли́ны

**tariff** [ˈtærɪf] **1.** *n* 1) тари́ф; preferential ~ преференциа́льный тамо́женный тари́ф 2) расце́нка 3) *attr.* тари́фный; ~ reform протекциони́стская рефо́рма (*в Англии*)

**2.** *v* 1) включи́ть в тари́ф 2) установи́ть расце́нку

**tarlatan** [ˈtɑːlətən] *n* тарлата́н (*жёстко прокрахмаленная кисея*)

**tarmac** [ˈtɑːmæk] *сокр. см.* tar macadam

**tar macadam** [ˈtɑːməˈkædəm] *n* гудрони́рованное шоссе́

**tarn** [tɑːn] *n геол.* ка́ровое о́зеро

**tarnation** [tɑːˈneɪʃən] = damnation

**tarnish** [ˈtɑːnɪʃ] **1.** *n* 1) ту́склость 2) *перен.* пятно́

**2.** *v* 1) лиша́ть(ся) бле́ска, тускне́ть 2) поро́чить, пятна́ть

**tar paper** [ˈtɑːˌpeɪpə] *n стр.* толь

**tarpaulin** [tɑːˈpɔːlɪn] *n* 1) брезе́нт, просмолённая паруси́на 2) матро́сская ша́пка *или* ку́ртка; штормо́вка 3) *уст.* моря́к; матро́с

**tarpon** [ˈtɑːpɔn] *n зоол.* тарпо́н

**tarragon** [ˈtærəgən] *n бот.* полы́нь эстраго́н

**tarrock** [ˈtærək] *n название нескольких северных морских птиц*: кра́чка; моёвка

**tarry** I [ˈtærɪ] *v книжн.* 1) ме́длить, ме́шкать 2) *амер.* ждать, дожида́ться (for) 3) жить, прожива́ть (at, in)

**tarry** II [ˈtɑːrɪ] *a* покры́тый *или* вы́мазанный дёгтем

**tarsi** [ˈtɑːsaɪ] *pl от* tarsus

**tarsia** [ˈtɑːsɪə] *ит. n* инта́рсия, деревя́нная моза́ика

**tarsus** [ˈtɑːsəs] *n* (*pl* -si) 1) *анат.* предплюсна́ 2) *зоол.* плюсна́ (*птицы*); ла́пка насеко́мого

**tart** I [tɑːt] *a* 1) ки́слый; те́рпкий; е́дкий 2) ре́зкий, ко́лкий (*об ответе, возражении и т. п.*)

**tart** II [tɑːt] *n* 1) пиро́г (*с фруктами, ягодами или вареньем*), дома́шний торт; jam ~ пиро́г с варе́ньем 2) фрукто́вое пиро́жное

**tart** III [tɑːt] *n sl.* проститу́тка

**tartan** [ˈtɑːtən] *n* 1) клетча́тая шерстяна́я мате́рия, шотла́ндка 2) шотла́ндский плед 3) шотла́ндский го́рец 4) *attr.* сде́ланный из шотла́ндки

**Tartar** [ˈtɑːtə] **1.** *n* 1) тата́рин; тата́рка 2) челове́к ди́кого, необу́зданного нра́ва 3) меге́ра, фу́рия ◇ young ~ тру́дный, капри́зный ребёнок; to catch a ~ столкну́ться с бо́лее си́льным проти́вником, встре́тить си́льный отпо́р

**2.** *a* тата́рский

**tartar** [ˈtɑːtə] *n хим.* ви́нный ка́мень

**Tartarean** [tɑːˈtɛərɪən] *a* а́дский

**tartar emetic** [ˈtɑːtərɪˈmetɪk] *n хим.* рво́тный ка́мень

**Tartarian** [tɑːˈtɛərɪən] *a* тата́рский

**Tartarus** [ˈtɑːtərəs] *n греч. миф.* та́ртар, преиспо́дняя

**tartlet** [ˈtɑːtlɪt] *n* тартале́тка, небольшо́й откры́тый пиро́г

**task** [tɑːsk] **1.** *n* 1) уро́чная рабо́та; зада́ча; зада́ние; уро́к; to set a ~ before smb. дать кому́-л. зада́ние, поста́вить зада́чу пе́ред кем-л.; ~ in hand а) на́чатая рабо́та; б) ближа́йшая зада́ча 2) *амер.* но́рма (*рабочего*) ◇ to take (*или* to call) smb. to ~ сде́лать вы́говор, дать нагоня́й кому́-л.; ~ force *воен.* операти́вная (*или* такти́ческая) гру́ппа

**2.** *v* 1) зада́ть рабо́ту 2) обременя́ть, перегружа́ть; it ~s my power э́то мне не под си́лу, э́то сли́шком тру́дно

**taskmaster** [ˈtɑːskˌmɑːstə] *n* 1) бригади́р, деся́тник 2) надсмо́трщик

**taskwork** [ˈtɑːskwəːk] *n* 1) уро́чная рабо́та 2) сде́льная рабо́та

**tassel** [ˈtæsəl] *n* 1) ки́сточка (*как украшение*) 2) закла́дка (*в виде ленточки в книге*)

**taste** [teɪst] **1.** *n* 1) вкус (*чувство*); sour to the ~ ки́слый на вкус 2) вкус (*отличительная особенность пищи*); this medicine has no ~ э́то лека́рство безвку́сно; to leave a bad ~ in the mouth оста́вить дурно́й вкус во рту; *перен.* оста́вить неприя́тное впечатле́ние 3) скло́нность, пристра́стие (for — к *чему-л.*); she has expensive ~s in clothes она́ лю́бит носи́ть дороги́е ве́щи; to have a ~ for music име́ть скло́нность к му́зыке; ~s differ, there is no accounting for ~s о вку́сах не спо́рят 4) вкус, понима́ние; to dress in good (bad) ~ одева́ться со вку́сом (безвку́сно) 5) мане́ра, стиль; the Baroque ~ стиль баро́кко 6) немно́го, чу́точка; кусо́чек, глото́чек (*на пробу*); give me a ~ of the pudding да́йте мне кусо́чек пу́динга 7) представле́ние; пе́рвое знако́мство (*с чем-л.*); to have a ~ of skin-diving име́ть представле́ние о пла́вании под водо́й

**2.** *v* 1) (по)про́бовать (на вкус); отве́дать; *перен.* вкуси́ть, испыта́ть; to ~ of danger *книжн.* подве́ргнуться опа́сности 2) различа́ть на вкус 3) име́ть вкус, при́вкус; to ~ sour быть ки́слым на вкус, име́ть ки́слый вкус; the soup ~s of onions в су́пе (о́чень) чу́вствуется лук

**tasteful** [ˈteɪstful] *a* 1) сде́ланный со вку́сом 2) облада́ющий хоро́шим вку́сом

**tasteless** [ˈteɪstlɪs] *a* 1) безвку́сный; пре́сный 2) с дурны́м вку́сом 3) беста́ктный

**taster** [ˈteɪstə] *n* 1) дегуста́тор 2) рецензе́нт изда́тельства 3) дегустацио́нный прибо́р

**tasty** [ˈteɪstɪ] *a* 1) вку́сный 2) прия́тный 3) *разг.* име́ющий хоро́ший вкус; изя́щный

**tat** [tæt] *v* плести́ кру́жево

**Tatar** [ˈtɑːtə] = Tartar

**tatter** [ˈtætə] **1.** *n* 1) (*обыкн. pl*) лохмо́тья, кло́чья; to tear to ~s изорва́ть в кло́чья; *перен.* разби́ть в пух и прах 2) тря́пка 3) старьёвщик

**2.** *v* превраща́ть(ся) в лохмо́тья; рва́ть(ся) в кло́чья

**tatterdemalion** [ˌtætədəˈmeɪljən] *n* оборва́нец

**tattered** [ˈtætəd] **1.** *p. p. от* tatter 2

**2.** *a* обо́рванный, в лохмо́тьях

**tatting** [ˈtætɪŋ] **1.** *pres. p. от* tat

**2.** *n* плетёное кру́жево

**tattle** [ˈtætl] **1.** *n* болтовня́; пусто́й разгово́р; спле́тни

**2.** *v* болта́ть, суда́чить; спле́тничать

**tattler** [ˈtætlə] *n* болту́н; спле́тник

**tattoo** I [təˈtuː] **1.** *n* сигна́л вече́рней зари́

**2.** *v* 1) бить, игра́ть зо́рю 2) бараба́нить па́льцами; отбива́ть такт ного́й (*тж.* beat the devil's ~)

**tattoo** II [təˈtuː] **1.** *n* татуиро́вка

**2.** *v* татуи́ровать

**tatty** [ˈtætɪ] *инд. n* намо́ченная цино́вка из души́стой травы́ (*вешается на окно или на дверь для охлаждения воздуха в комнате*)

**taught** [tɔ:t] *past и p. p. от* teach

**taunt I** [tɔ:nt] **1.** *n* 1) насме́шка, язви́тельное замеча́ние; «шпи́лька» 2) *уст.* предме́т насме́шек

**2.** *v* насмеха́ться, говори́ть ко́лкости

**taunt II** [tɔ:nt] *a мор.* о́чень высо́кий (*о мачте*)

**tauromachy** [tɔ:ˈrɔməkɪ] *греч. n* бой быко́в

**Taurus** [ˈtɔ:rəs] *n* Теле́ц (*созвездие и знак зодиака*)

**taut** [tɔ:t] *a* 1) ту́го натя́нутый, упру́гий 2) напряжённый; ~ nerves взви́нченные не́рвы 3) в хоро́шем состоя́нии; испра́вный; подтя́нутый; аккура́тный

**tauten** [ˈtɔ:tən] *v* ту́го натя́гивать (-ся)

**tautologize** [tɔ:ˈtɔlədʒaɪz] *v* повторя́ться

**tautology** [tɔ:ˈtɔlədʒɪ] *n* тавтоло́гия

**tavern** [ˈtævən] *n* таве́рна; заку́сочная, бар

**taw I** [tɔ:] *n* 1) ша́рики (*детская игра*) 2) черта́, с кото́рой броса́ют ша́рики

**taw II** [tɔ:] *v* выде́лывать ко́жу без дубле́ния

**tawdry** [ˈtɔ:drɪ] **1.** *a* мишу́рный, кри́чаще безвку́сный

**2.** *n* дешёвый шик; безвку́сные украше́ния

**tawny** [ˈtɔ:nɪ] *a* рыжева́то-кори́чневый; тёмно-жёлтый

**tawny owl** [ˈtɔ:nɪˈaul] *n зоол.* нея́сыть се́рая (*или* обыкнове́нная)

**tax** [tæks] **1.** *n* 1) (госуда́рственный) нало́г; по́шлина; сбор; direct (indirect) ~es прямы́е (ко́свенные) нало́ги; single ~ еди́ный земе́льный нало́г; to levy a ~ on smb., smth. облага́ть кого́-л., что-л. нало́гом; heavy ~ большо́й, обремени́тельный нало́г; nuisance ~ *амер.* небольшо́й нало́г, выпла́чиваемый по частя́м 2) напряже́ние, бре́мя, испыта́ние; it is a great ~ on my time э́то тре́бует от меня́ сли́шком мно́го вре́мени

**2.** *v* 1) облага́ть нало́гом; такси́ровать 2) чрезме́рно напряга́ть, подверга́ть испыта́нию; утомля́ть; the work ~es my powers э́та рабо́та сли́шком тяжела́ для меня́; I cannot ~ my memory не могу́ вспо́мнить; to ~ smb.'s patience испы́тывать чьё-л. терпе́ние 3) *амер. разг.* спра́шивать, назнача́ть це́ну; what will you ~ me? ско́лько э́то бу́дет (мне) сто́ить? 4) де́лать вы́говор, отчи́тывать (*кого-л.*); обвиня́ть, осужда́ть (with) 5) *юр.* определя́ть разме́р убы́тков, штра́фа *и т. п.*; определя́ть разме́р суде́бных изде́ржек

**taxability** [ˌtæksəˈbɪlɪtɪ] *n* облага́емость

**taxable** [ˈtæksəbl] *a* облага́емый нало́гом; подлежа́щий обложе́нию нало́гом

**taxation** [tækˈseɪʃən] *n* 1) обложе́ние нало́гом; взима́ние нало́га 2) разме́р, су́мма нало́га

**tax-collector** [ˈtækskəˌlektə] *n* сбо́рщик нало́гов

**tax evasion** [ˈtæksɪˈveɪʒən] *n* уклоне́ние от упла́ты нало́гов

**tax-exempt** [ˈtæksɪgˈzempt] *a* не подлежа́щий обложе́нию нало́гом

**tax-farmer** [ˈtæksˌfɑ:mə] *n* откупщи́к

**tax-free** [ˈtæksˈfri:] *a* освобождённый от нало́гов

**tax-gatherer** [ˈtæksˌgæðərə] = tax-collector

**taxi** [ˈtæksɪ] **1.** *n* такси́

**2.** *v* 1) е́хать на такси́ 2) везти́ на такси́ 3) *ав.* рули́ть

**taxi-cab** [ˈtæksɪkæb] = taxi 1

**taxi-dance hall** [ˈtæksɪdɑ:nsˈhɔ:l] *n амер.* да́нсинг с профессиона́льными партнёршами *или* партнёрами

**taxi-dancer** [ˈtæksɪˌdɑ:nsə] *n амер.* профессиона́льная партнёрша, профессиона́льный партнёр (*в дансинге*)

**taxidermist** [ˈtæksɪdə:mɪst] *n* наби́вщик чу́чел, таксидерми́ст

**taxidermy** [ˈtæksɪdə:mɪ] *n* наби́вка чу́чел

**taxi-driver** [ˈtæksɪˌdraɪvə] = taxi-man

**taxi-man** [ˈtæksɪmən] *n* шофёр такси́

**taximeter** [ˈtæksɪˌmi:tə] *n* таксо́метр, счётчик

**taxing** [ˈtæksɪŋ] **1.** *pres. p. от* tax 2

**2.** *n* обложе́ние нало́гом

**3.** *a* нало́говый; ~ district нало́говый о́круг

**taxing-master** [ˈtæksɪŋˌmɑ:stə] *n* чино́вник, определя́ющий разме́ры суде́бных изде́ржек

**taxis** [ˈtæksɪs] *n биол.* отве́тная реа́кция органи́зма, та́ксис

**taxpayer** [ˈtæksˌpeɪə] *n* налогоплате́льщик

**tea** [ti:] *n* 1) чай; afternoon ~, high (*или* meat) ~ пло́тный у́жин с ча́ем; tile ~ кирпи́чный пли́точный чай; Russian ~ чай с лимо́ном (*подаётся в стаканах*); to make (the) ~ зава́ривать чай 2) насто́й; кре́пкий отва́р *или* бульо́н 3) *амер. sl.* марихуа́на ◇ not smb.'s cup of ~ *разг.* не по вку́су кому́-л.

**tea-biscuit** [ˈti:ˌbɪskɪt] *n* пече́нье к ча́ю

**tea-board** [ˈti:bɔ:d] = tea-tray

**tea-bread** [ˈti:bred] *n* сдо́бный хле́бец *или* бу́лочка к ча́ю

**tea-caddy** [ˈti:ˌkædɪ] *n* ча́йница

**tea-cake** [ˈti:keɪk] *n* бу́лочка к ча́ю

**teach** [ti:tʃ] *v* (taught) 1) учи́ть, обуча́ть; дава́ть уро́ки, преподава́ть; to ~ smb. French обуча́ть кого́-л. францу́зскому языку́ 2) учи́ть, приуча́ть; to ~ smb. discipline приуча́ть кого́-л. к дисципли́не 3) проучи́ть; I will ~ him a lesson я проучу́ его́

**teachable** [ˈti:tʃəbl] *a* 1) досту́пный, усва́иваемый (*о предмете*) 2) спосо́бный к уче́нию; поня́тливый; приле́жный

**teacher** [ˈti:tʃə] *n* учи́тель(ница); преподава́тель(ница)

**teachers college** [ˈti:tʃəzˌkɔlɪdʒ] *n* педагоги́ческий институ́т

**teaching** [ˈti:tʃɪŋ] **1.** *pres. p. от* teach

**2.** *n* 1) обуче́ние; to take up ~ стать преподава́телем 2) уче́ние, доктри́на

**tea-cloth** [ˈti:klɔθ] *n* 1) ча́йная ска́терть *или* салфе́тка 2) полоте́нце для ча́йной посу́ды

**tea-cosy** [ˈti:ˌkəuzɪ] *n* стёганый чехо́льчик (*на чайник*)

**teacup** [ˈti:kʌp] *n* (ча́йная) ча́шка

**tea-dealer** [ˈti:ˌdi:lə] *n* чаеторго́вец

**tea-fight** [ˈti:faɪt] *sl. см.* tea-party 1)

**tea-garden** [ˈti:ˌgɑ:dn] *n* 1) кафе́ *или* рестора́н на откры́том во́здухе 2) ча́йная планта́ция

**tea-house** [ˈti:haus] *n* 1) ча́йная (*на Востоке*) 2) кафе́; заку́сочная

**teak** [ti:k] *n* ти́к(овое де́рево)

**tea-kettle** [ˈti:ˌketl] *n* ча́йник (*для кипячения воды*)

**teal** [ti:l] *n зоол.* чиро́к

**tea-leaf** [ˈti:li:f] *n* 1) ча́йный лист 2) *pl* спито́й чай

**team** [ti:m] **1.** *n* 1) упря́жка, запря́жка (*лошадей, волов*); *амер.* упря́жка с экипа́жем, вы́езд 2) спорти́вная кома́нда 3) брига́да, арте́ль (*рабочих*) 4) экипа́ж су́дна 5) *воен.* кома́нда

**2.** *v* 1) запряга́ть 2) объединя́ться в брига́ду, кома́нду *и т. п.*; to ~ up with smb. *амер.* объедини́ться с кем-л. 3) быть пого́нщиком, возни́цей

**team-mate** [ˈti:mmeɪt] *n* игро́к той же кома́нды; член той же брига́ды, того́ же звена́ *и т. п.*

**teamster** [ˈti:mstə] *n* 1) пого́нщик; возни́ца 2) *амер.* води́тель грузовика́

**teamwise** [ˈti:mwaɪz] *adv* сообща́, вме́сте

**team-work** [ˈti:mwə:k] *n* 1) брига́дная *или* арте́льная рабо́та 2) согласо́ванная рабо́та; совме́стные уси́лия; взаимоде́йствие

**tea-party** [ˈti:ˌpɑ:tɪ] *n* 1) зва́ный чай 2) о́бщество, приглашённое на чай

**teapot** [ˈti:pɔt] *n* ча́йник (*для заварки*)

**teapoy** [ˈti:pɔɪ] *инд. n* небольшо́й сто́лик на трёх но́жках (*особ. для чая*)

**tear I** [teə] **1.** *n* 1) разры́в; дыра́, проре́ха 2) стреми́тельное движе́ние; спе́шка; full ~ о́прометью 3) неи́стовство 4) *амер. sl.* кутёж 5) *тех.* задира́ние

**2.** *v* (tore; torn) 1) рва́ть(ся), срыва́ть, отрыва́ть(ся) (*тж.* ~ off); to ~ smth. to pieces изорва́ть что-л. в кло́чки́; *перен.* ≅ разби́ть в пух и прах; раскритикова́ть 2) отнима́ть; выхва́тывать (*тж.* ~ out) 3) пора́нить, оцара́пать; I have torn my finger я пора́нил себе́ па́лец 4) *перен.* разди-ра́ть; a heart torn by anxiety се́рдце, разрыва́ющееся от трево́ги; to be torn between разрыва́ться на ча́сти; колеба́ться ме́жду (*двумя желаниями и т. п.*) 5) рва́ться; изна́шиваться 6) мча́ться (*тж.* ~ along, ~ down) 7) неи́стовствовать, бушева́ть □ ~ **about** носи́ться сломя́ го́лову; ~ **along** броса́ться, устремля́ться, мча́ться; to ~ along the street мча́ться по у́лице; ~ **at** тащи́ть, тяну́ть с си́лой; ~ **away** отрыва́ть; to ~ oneself away с трудо́м оторва́ться; ~ **down** а) срыва́ть, сноси́ть (*постройку*); б) опроверга́ть (*пункт за пунктом*); в) нести́сь; мча́ться; ~ **out** вырыва́ть; выхва́тывать; ~ **up** а) вы́рвать; a tree torn up by the roots де́рево, вы́рванное с ко́рнем; б) изорва́ть

**tear** II [tɪə] *n* 1) слеза́; in ~s в слеза́х; bitter (*или* poignant) ~s го́рькие слёзы; to move smb. to ~s растро́гать кого́-л. до слёз 2) ка́пля (*росы*)

**tear-drop** [ˈtɪədrɔp] *n* слеза́, слези́нка

**tear-duct** [ˈtɪədʌkt] *n анат.* слёзный прото́к

**tearful** [ˈtɪəful] *a* 1) пла́чущий 2) по́лный слёз; гото́вый распла́каться 3) печа́льный

**tear-gas** [ˈtɪəgæs] *n* слезоточи́вый газ

**tearing** [ˈtɛərɪŋ] **1.** *pres. p. от* tear I, 2

**2.** *a разг.* неи́стовый, бе́шеный

**tearless** [ˈtɪəlɪs] *a* 1) без слёз 2) бесчу́вственный

**tea-room** [ˈtiːrum] *n* кафе́-конди́терская

**tea-rose** [ˈtiːrəuz] *n* ча́йная ро́за

**tear-sheet** [ˈtɛəʃiːt] *n амер.* рекла́мное объявле́ние в газе́те, кото́рое мо́жет быть вы́резано чита́телем и напра́влено фи́рме в ка́честве зака́за

**tear-shell** [ˈtɪəˈʃel] *n* снаря́д со слезоточи́вым га́зом

**tear-stained** [ˈtɪəsteɪnd] *a* со следа́ми слёз, запла́канный

**tease** [tiːz] **1.** *v* 1) дразни́ть; поддра́знивать 2) надоеда́ть, пристава́ть; надоеда́ть про́сьбами; выпра́шивать

**2.** *n* 1) = teaser 1); 2) попы́тка раздразни́ть

**teasel** [ˈtiːzl] **1.** *n* 1) *бот.* ворся́нка 2) *текст.* ворсова́льная ши́шка

**2.** *v* ворси́ть

**teaseler** [ˈtiːzlə] *n* ворси́льщик

**teaser** [ˈtiːzə] *n* 1) люби́тель подразни́ть; зади́ра 2) *разг.* тру́дная зада́ча, головоло́мка

**tea-service** [ˈtiːˌsəːvɪs] *n* ча́йный серви́з

**tea-set** [ˈtiːset] = tea-service

**tea-shop** [ˈtiːʃɔp] *n* кафе́, заку́сочная

**tea-spoon** [ˈtiːspuːn] *n* ча́йная ло́жка

**tea-strainer** [ˈtiːˌstreɪnə] *n* ча́йное си́течко

**teat** [tiːt] *n* 1) coсо́к 2) *тех.* бобы́шка

**tea-table** [ˈtiːˌteɪbl] *n* 1) ча́йный стол 2) о́бщество за ча́ем 3) *attr.*: ~ conversation бесе́да за ча́ем

**tea-things** [ˈtiːθɪŋz] *n pl* ча́йная посу́да

**tea-tray** [ˈtiːtreɪ] *n* ча́йный подно́с

**tea-urn** [ˈtiːəːn] *n* кипяти́льник, тита́н; бак для воды́

**tea wagon** [ˈtiːˌwægən] *n* сто́лик на колёсиках для ча́я *или* лёгкой заку́ски

**teazel, teazle** [ˈtiːzl] = teasel

**tec** [tek] *n разг.* 1) *сокр. от* detective 1; 2) *сокр. от* technical school [*см.* technical 1, 1)]

**technical** [ˈteknɪkəl] **1.** *a* 1) техни́ческий; промы́шленный; ~ school (*или* institute) техни́ческое учи́лище 2) специа́льный; относя́щийся к определённой о́бласти зна́ний *или* определённому ви́ду иску́сства (*о терминологии*); ~ terms of law юриди́ческая терминоло́гия 3) форма́льно-юриди́ческий

**2.** *n pl* 1) специа́льная терминоло́гия 2) техни́ческие подро́бности

**technicality** [ˌteknɪˈkælɪtɪ] *n* 1) техни́ческая сторона́ де́ла 2) техни́ческая дета́ль, форма́льность 3) *pl* специа́льная терминоло́гия

**technician** [tekˈnɪʃən] *n* 1) челове́к, зна́ющий своё де́ло; специали́ст 2) челове́к, хорошо́ владе́ющий те́хникой (*в живописи, музыке и т. п.*)

**technics** [ˈteknɪks] *n pl* (*употр. как sing*) те́хника, техни́ческие нау́ки

**technique** [tekˈniːk] *n* 1) те́хника, техни́ческие приёмы 2) ме́тод; спо́соб

**technologist** [tekˈnɔlədʒɪst] *n* техно́лог

**technology** [tekˈnɔlədʒɪ] *n* 1) те́хника; техни́ческие и прикладны́е нау́ки 2) техноло́гия 3) специа́льная терминоло́гия

**techy** [ˈtetʃɪ] = tetchy

**tectonic** [tekˈtɔnɪk] *a* 1) архитекту́рный 2) *геол.* тектони́ческий

**tectonics** [tekˈtɔnɪks] *n pl* (*употр. как sing*) текто́ника

**ted** [ted] *v* вороши́ть (*сено*)

**tedder** [ˈtedə] *n* сеновороши́лка

**Teddy bear** [ˈtedɪˈbɛə] *n* медвежо́нок (*детская игрушка*)

**teddy boy** [ˈtedɪˈbɔɪ] *n разг.* пижо́н (*одевающийся в костюмы, которые были модны в Англии в начале XX в.*)

**tedious** [ˈtiːdjəs] *a* ску́чный, утоми́тельный

**tedium** [ˈtiːdjəm] *n* ску́ка; утоми́тельность

**tee** I [tiː] **1.** *n* 1) *название буквы* T 2) вещь, име́ющая фо́рму бу́квы T; тройни́к

**2.** *a тех.* тавро́вый; T-обра́зный

**tee** II [tiː] **1.** *n* мише́нь (*в играх*); ме́тка для мяча́ в го́льфе ◊ to a ~ в то́чности, то́чно, точь-в-то́чь; в соверше́нстве

**2.** *v* класть мяч для пе́рвого уда́ра □ ~ **off** де́лать пе́рвый уда́р (*в гольфе*); ~ **up** = ~ off

**teem** I [tiːm] *v* кише́ть, изоби́ловать (with — *чем-л.*)

**teem** II [tiːm] *v метал.* разлива́ть (*слитки*)

**teeming** I [ˈtiːmɪŋ] **1.** *pres. p. от* teem I

**2.** *a* перепо́лненный, битко́м наби́тый

**teeming** II [ˈtiːmɪŋ] *pres. p. от* teem II

**teen** [tiːn] *n уст.* го́ре, несча́стье

**teen-age** [ˈtiːneɪdʒ] *a* 1) находя́щийся в во́зрасте от 13 до 19 лет 2) ю́ношеский

**teen-ager** [ˈtiːnˌeɪdʒə] *n* подро́сток; ю́ноша *или* де́вушка

**teener** [ˈtiːnə] = teen-ager

**teens** [tiːnz] *n pl* во́зраст от 13 до 19 лет (*включительно*); she is still in her ~ ей ещё нет двадцати́ лет; she is out of her ~ ей уже́ испо́лнилось два́дцать лет

**teeny** [ˈtiːnɪ] *a разг.* кро́шечный

**teeny-weeny** [ˈtiːnɪˈwiːnɪ] *детск. см.* teeny

**teeter** [ˈtiːtə] *амер.* **1.** *n* 1) де́тские каче́ли (*доска, положенная на бревно*) 2) колеба́ние, кача́ние, поша́тывание

**2.** *v* 1) кача́ться на каче́лях 2) кача́ться, колеба́ться; поша́тываться

**teeth** [tiːθ] *pl от* tooth 1

**teethe** [tiːð] *v* 1) проре́зываться (*о зубах*) 2) начина́ться; намеча́ться

**teethridge** [ˈtiːθrɪdʒ] *n* альвео́лы

**teetotal** [tiːˈtəutl] *a* 1) тре́звый, непью́щий 2) *разг.* по́лный, абсолю́тный

**teetotaller** [tiːˈtəutlə] *n* тре́звенник

**teetotum** [ˈtiːtəuˈtʌm] *n* вид волчка́

**teg** [teg] *n* 1) овца́ на второ́м году́ 2) оле́нья са́мка на второ́м году́

**tegular** [ˈtegjulə] *a* черепи́чный

**tegument** [ˈtegjumənt] *n* (*сокр. от* integument) оболо́чка, покро́в

**tehee** [tiːˈhiː] **1.** *n* хихи́канье

**2.** *v* хихи́кать

**telautogram** [teˈlɔːtəgræm] *n* фототелегра́мма

**telautograph** [teˈlɔːtəgrɑːf] *n* фототелегра́ф

**tele** [ˈtelɪ] *разг. сокр. от* television

**telecast** [ˈtelɪkɑːst] **1.** *n* телевизио́нная переда́ча; телевизио́нное веща́ние

**2.** *v* передава́ть телевизио́нную програ́мму

**telecasting** [ˈtelɪˌkɑːstɪŋ] **1.** *pres. p. от* telecast 2

**2.** *n* 1) = telecast 1; 2) *attr.* телевизио́нный; ~ studio телевизио́нная сту́дия

**telecommunication** [ˈtelɪkəˌmjuː(ː)nɪˈkeɪʃən] *n* да́льняя связь; телефо́н, телегра́ф *или* ра́дио

**telecontrol** [ˈtelɪkənˌtrəul] *n* телеуправле́ние, дистанцио́нное управле́ние

**telecruiser** [ˈtelɪˌkruːzə] *n* передвижна́я телевизио́нная ста́нция

**telefilm** [ˈtelɪfɪlm] *n* 1) телевизио́нный фильм, телефи́льм 2) фильм, передава́емый по телеви́дению

**telegenic** [ˌtelɪˈdʒenɪk] *a* телегени́чный; хорошо́ вы́глядящий на экра́не телеви́зора

**telegram** [ˈtelɪgræm] *n* телегра́мма

**telegraph** [ˈtelɪgrɑːf] **1.** *n* 1) телегра́ф 2) *attr.* телегра́фный

**2.** *v* телеграфи́ровать

**telegrapher** [tɪˈlegrəfə] = telegraphist

**telegraphese** [ˈtelɪgrɑːˈfiːz] *n разг.* «телегра́фный» стиль

**telegraphic** [ˌtelɪˈgræfɪk] *a* телегра́фный

**telegraphist** [tɪˈlegrəfɪst] *n* телеграфи́ст

**telegraph-line** [ˈtelɪgrɑːflaɪn] *n* телегра́фная ли́ния

**telegraph-pole** [ˈtelɪgrɑːfpəul] *n* телегра́фный столб

**telegraph-post** [ˈtelɪgrɑːfpəust] = telegraph-pole

**telegraph-wire** [ˈtelɪɡrɑːfˌwaɪə] *n* телегра́фный про́вод

**telegraphy** [tɪˈleɡrəfɪ] *n* телеграфи́я; телеграфи́рование

**telekinesis** [ˌtelɪkaɪˈniːsɪs] *n* телекине́з

**telemechanics** [ˌtelɪmɪˈkænɪks] *n pl* (*употр. как sing*) телемеха́ника

**telemeter** [ˈtelɪmiːtə] *n* телеме́тр; дистанцио́нный измери́тельный прибо́р

**teleology** [ˌtelɪˈɔləʤɪ] *n* телеоло́гия

**telepathy** [tɪˈlepəθɪ] *n* телепа́тия

**telephone** [ˈtelɪfəun] **1.** *n* 1) телефо́н 2) *attr.* телефо́нный

**2.** *v* 1) телефони́ровать 2) звони́ть, говори́ть по телефо́ну

**telephone set** [ˈtelɪfəunˈset] *n* телефо́нный аппара́т

**telephonic** [ˌtelɪˈfɔnɪk] *a* телефо́нный

**telephonist** [tɪˈlefənɪst] *n* телефони́ст(ка)

**telephony** [tɪˈlefənɪ] *n* телефони́я; телефони́рование

**telephotography** [ˈtelɪfəˈtɔɡrəfɪ] *n* телефотогра́фия

**teleprinter** [ˈtelɪˌprɪntə] *n* телета́йп, телегра́фный буквопеча́тающий аппара́т

**telescope** [ˈtelɪskəup] **1.** *n* опти́ческая (подзо́рная) труба́; телеско́п

**2.** *v* 1) скла́дывать(ся) (*подобно телескопу*) 2) вреза́ться (*о вагонах столкнувшихся поездов*) 3) сжима́ть, сокраща́ть (into — *текст, рассказ и т. п.*)

**telescreen** [ˈtelɪskriːn] *n* экра́н телеви́зора

**telethon** [ˈtelɪθən] *n* многочасова́я телевизио́нная програ́мма в подде́ржку камп́ании по сбо́ру средств *или* предвы́борной камп́ании

**teletype** [ˈtelɪtaɪp] *n* телета́йп

**teleview** [ˈtelɪvjuː] *v* смотре́ть телевизио́нную переда́чу

**televiewer** [ˈtelɪvjuːə] *n* телезри́тель

**televise** [ˈtelɪvaɪz] *v* передава́ть телевизио́нную програ́мму

**television** [ˈtelɪˌvɪʒən] *n* 1) телеви́дение 2) *attr.* телевизио́нный; ~ viewer = televiewer; ~ broadcasting телевизио́нная переда́ча; ~ receiver (*или* set) телеви́зор

**televisional** [ˌtelɪˈvɪʒənl] *a* телевизио́нный

**televisor** [ˈtelɪvaɪzə] *n* телеви́зор

**televisual** [ˌtelɪˈvɪʒjuəl] = televisional

**telewriter** [ˈtelɪˌraɪtə] *n* дальнопи́шущий аппара́т

**tell** [tel] *v* (told) 1) расска́зывать; to ~ a lie (*или* a falsehood) говори́ть непра́вду; this fact ~s its own tale (*или* story) э́тот факт говори́т сам за себя́ 2) говори́ть, сказа́ть; I am told мне сказа́ли, я слы́шал; to ~ good-bye *амер.* проща́ться 3) ука́зывать, пока́зывать; свиде́тельствовать; to ~ the time пока́зывать вре́мя (*о часах*) 4) уверя́ть; заверя́ть 5) сообща́ть, выдава́ть (*тайну*), выба́лтывать 6) прика́зывать; ~ the driver to wait for me пусть шофёр меня́ подождёт; I was told to show my passport у меня́ потре́бовали па́спорт 7) отлича́ть, различа́ть; he can be told by his dress его́ мо́жно отличи́ть *или* узна́ть по оде́жде; to ~ apart понима́ть ра́зницу, различа́ть; to ~ one thing from another отлича́ть одну́ вещь от друго́й 8) выделя́ться; her voice ~s remarkably in the choir её го́лос удиви́тельно выделя́ется в хо́ре 9) ска́зываться, отзыва́ться (on); the strain begins to ~ on her напряже́ние начина́ет ска́зываться на ней 10) де́лать сообще́ние, докла́дывать (of) 11) *уст.* счита́ть; подсчи́тывать; пересчи́тывать; to ~ one's beads чита́ть моли́твы, перебира́я чётки; all told в о́бщей сло́жности, в о́бщем; включа́я всех *или* всё

□ ~ **off** а) отсчи́тывать, отбира́ть (*для определённого задания*); six of us were told off to get fuel ше́стеро из нас бы́ли отряжены́ за то́пливом; б) *воен.* производи́ть строево́й расчёт; в) *разг.* вы́ругать, отде́лать (*кого-л.*); ~ **on** *разг.* доноси́ть; я́бедничать, фиска́лить; ~ **over** пересчи́тывать ◇ don't (*или* never) ~ me не расска́зывайте ска́зок; to ~ smb. where to get off *амер.* поста́вить кого́-л. на ме́сто, осади́ть кого́-л.; дать нагоня́й кому́-л.; to ~ the world *разг.* категори́чески утвержда́ть; do ~! *амер.* вот те на́!, не мо́жет быть!; I'll ~ you what *разг.* зна́ете что; you never can ~ вся́кое быва́ет; почём знать?; you're ~ing me! кому́ вы расска́зываете?, я сам зна́ю!

**tellable** [ˈteləbl] *a* 1) могу́щий быть расска́занным 2) сто́ящий того́, что́бы о нём рассказа́ли

**teller** [ˈtelə] *n* 1) расска́зчик 2) *парл.* счётчик голосо́в 3) касси́р (*в банке*)

**telling** [ˈtelɪŋ] **1.** *pres. p. от* tell

**2.** *a* де́йственный; впечатля́ющий; вырази́тельный; a ~ speech я́ркая речь; a ~ argument убеди́тельный аргуме́нт; a ~ blow уда́р в цель

**telling-off** [ˈtelɪŋˈɔf] *n разг.* вы́говор, нагоня́й

**telltale** [ˈtelteɪl] **1.** *n* 1) спле́тник, болту́н 2) я́бедник 3) *тех.* контро́льное, сигна́льное *или* регистри́рующее устро́йство; часы́-та́бель

**2.** *a* 1) преда́тельский, выдаю́щий (*что-л.*); a ~ blush преда́тельский румя́нец 2) *тех.* сигна́льный, контро́льный

**tellurian** [teˈljuərɪən] **1.** *n* жи́тель Земли́

**2.** *a* относя́щийся к Земле́, земно́й

**telluric** [teˈljuərɪk] *a* теллури́ческий, земно́й

**tellurium** [teˈljuərɪəm] *n хим.* теллу́р

**telly** [ˈtelɪ] *n разг.* телеви́зор

**telpher** [ˈtelfə] **1.** *n тех.* те́льфер

**2.** *v* перевози́ть по подвесно́й доро́ге

**telpherage** [ˈtelfərɪʤ] *n* 1) перемеще́ние гру́зов по подвесно́й доро́ге 2) подвесна́я доро́га

**temblor** [ˈtemblɔː] *n амер.* землетрясе́ние

**temerarious** [ˌteməˈrεərɪəs] *a книжн.* безрассу́дный; безрассу́дно сме́лый; отча́янный

**temerity** [tɪˈmerɪtɪ] *n* безрассу́дство, опроме́тчивость; безрассу́дная сме́лость

**temper** [ˈtempə] **1.** *n* 1) нрав, хара́ктер; quick (*или* short) ~ вспы́льчивость, горя́чность 2) настрое́ние; to be in a good (bad) ~ быть в хоро́шем (плохо́м) настрое́нии 3) сде́ржанность, самооблада́ние; to put smb. out of ~ вы́вести кого́-л. из себя́; to keep (*или* to control) one's ~ владе́ть собо́й; to lose one's ~ вы́йти из себя́; to recover (*или* to regain) one's ~ успоко́иться, овладе́ть собо́й 4) раздражи́тельность; вспы́льчивость; to show ~ проявля́ть раздраже́ние; to get into a ~ рассерди́ться 5) *хим.* соста́в 6) *метал.* содержа́ние углеро́да; сте́пень твёрдости и упру́гости

**2.** *v* 1) регули́ровать, умеря́ть, смягча́ть 2) де́лать смесь 3) *муз.* темпери́ровать 4) *метал.* отпуска́ть; закаля́ть(ся) (*тж. перен.*); ~ed in battle закалённый в бою

**tempera** [ˈtempərə] *n жив.* те́мпера, жи́вопись те́мперой

**temperament** [ˈtempərəmənt] *n* темпера́мент

**temperamental** [ˌtempərəˈmentl] *a* 1) темпера́ментный 2) сво́йственный определённому темпера́менту

**temperance** [ˈtempərəns] *n* 1) сде́ржанность, уме́ренность (*особ. в еде и употреблении спиртных напитков*) 2) воздержа́ние от спиртны́х напи́тков, тре́звенность 3) *attr.*: ~ hotel гости́ница, в кото́рой не подаю́тся спиртны́е напи́тки

**temperate** [ˈtempərɪt] *a* 1) уме́ренный, возде́ржанный 2) уме́ренный (*о климате и т. п.*)

**temperature** [ˈtemprɪʧə] *n* 1) температу́ра; сте́пень нагре́ва; to take one's ~ измеря́ть температу́ру 2) *разг.* повы́шенная температу́ра; to have (*или* to run) a ~ име́ть повы́шенную температу́ру

**tempest** [ˈtempɪst] **1.** *n* бу́ря; ~ in a teapot бу́ря в стака́не воды́; ~ of laughter взрыв сме́ха

**2.** *v* бушева́ть

**tempestuous** [temˈpestjuəs] *a* бу́рный, бу́йный

**tempi** [ˈtempiː] *pl от* tempo

**templar** [ˈtemplə] *n* 1) (T.) *ист.* тамплие́р, храмо́вник (*тж.* Knight T.) 2) юри́ст, живу́щий в Те́мпле [*см.* temple I, 2)]

**template** [ˈtemplɪt] *n тех.* шабло́н, лека́ло

**temple** I [ˈtempl] *n* 1) храм 2) (the T.) Темпл, одно́ из двух ло́ндонских о́бществ адвока́тов и зда́ние, в кото́ром оно́ помеща́ется [*см.* inn ◇ the Inns of Court]

**temple** II [ˈtempl] *n* висо́к

**temple** III [ˈtempl] *n* 1) *текст.* шпару́тка 2) *тех.* прижи́мная пла́нка

**templet** [ˈtemplɪt] = template

**tempo** [ˈtempəu] *n* (*pl* -os [-əuz], -pi) 1) *муз.* темп 2) ритм, темп (*жизни и т. п.*)

**temporal** I [ˈtempərəl] *a* 1) вре́менный, преходя́щий 2) све́тский, мирско́й; ~ peers, lords ~ све́тские чле́-

ны пала́ты ло́рдов 3) *грам.* временно́й

**temporal** II ['tempərəl] *анат.* 1. *a* височный

2. *n* висо́чная кость

**temporality** [ˌtempə'rælɪtɪ] *n* 1) вре́менный хара́ктер 2) *pl* церко́вные владе́ния и дохо́ды

**temporary** ['tempərərɪ] 1. *a* вре́менный

2. *n* вре́менный рабо́чий *или* слу́жащий

**temporize** ['tempəraɪz] *v* 1) приспоса́бливаться ко вре́мени и обстоя́тельствам 2) стара́ться вы́играть вре́мя; ме́длить, колеба́ться; выжида́ть; a temporizing policy выжида́тельная поли́тика

**tempt** [tempt] *v* 1) искуша́ть, соблазня́ть; one is ~ed to ask the question нево́льно напра́шивается вопро́с 2) *уст.* испы́тывать, проверя́ть; to ~ fate (*или* providence) испы́тывать судьбу́

**temptation** [temp'teɪʃən] *n* искуше́ние, собла́зн

**tempter** ['temptə] *n* искуси́тель; соблазни́тель

**tempting** ['temptɪŋ] 1. *pres. p. от* tempt

2. *a* зама́нчивый, соблазни́тельный

**temptress** ['temptrɪs] *n* искуси́тельница; соблазни́тельница

**ten** [ten] 1. *num. card.* де́сять; ~ times as big в де́сять раз бо́льше ◇ ~ to one почти́ наверняка́

2. *n* 1) деся́ток; in ~s деся́тками 2) *pl* деся́тый но́мер (*размер перчаток и т. п.*) 3) *разг.* десятидо́лларовая бума́жка 4) *карт.* деся́тка ◇ take ~ *разг.* передохни́ немно́го

**tenable** ['tenəbl] *a* 1) логи́чный, здра́вый 2) про́чный, надёжный (*о позиции*) 3) могу́щий быть за́нятым (*о посте, должности*); this office is ~ for a period of three years э́ту до́лжность мо́жно занима́ть в тече́ние трёх лет

**tenacious** [tɪ'neɪʃəs] *a* 1) це́пкий, кре́пкий; ~ memory хоро́шая па́мять 2) упо́рный; ~ of life живу́чий 3) вя́зкий, ли́пкий

**tenacity** [tɪ'næsɪtɪ] *n* 1) це́пкость 2) упо́рство, сто́йкость, твёрдость во́ли 3) вя́зкость, ли́пкость 4) кре́пость, про́чность

**tenancy** ['tenənsɪ] *n* 1) наём помеще́ния; владе́ние на права́х аре́нды 2) срок аре́нды 3) арендо́ванная земля́; арендо́ванный дом

**tenant** ['tenənt] 1. *n* 1) нанима́тель, аренда́тор; (вре́менный) владе́лец; съёмщик; ~ at will бессро́чный аренда́тор 2) жи́тель, жиле́ц 3) *юр.* владе́лец недви́жимого иму́щества

2. *v* нанима́ть, арендова́ть

**tenantry** ['tenəntrɪ] *n собир.* аренда́торы, нанима́тели

**tench** [tenʃ] *n* линь (*рыба*)

**tend** I [tend] *v* 1) име́ть тенде́нцию (*к чему-л.*); клони́ться (*к чему-л.*); it ~s to become cold at night вероя́тно к но́чи похолода́ет 2) име́ть скло́нность (*к чему-л.*); he ~s to exaggerate он скло́нен (всё) преувели́чивать 3) направля́ться; вести́ в определённом направле́нии (*о дороге, курсе и т. п.*)

**tend** II [tend] *v* (*сокр. от* attend) 1) забо́титься (*о ком-л.*); уха́живать (*за больным, за растениями и т. п.*) 2) обслу́живать; to ~ shop *амер.* обслу́живать покупа́телей

**tendance** ['tendəns] *n* (*сокр. от* attendance) 1) забо́та (*о ком-л.*); присмо́тр 2) *уст.* сви́та, прислу́жники

**tendency** ['tendənsɪ] *n* 1) стремле́ние, скло́нность, тенде́нция; a ~ to corpulence скло́нность к полноте́ 2) *attr.* тенденцио́зный; ~ writings тенденцио́зные статьи́

**tendentious** [ten'denʃəs] *a* тенденцио́зный

**tender** I ['tendə] 1. *n* 1) предложе́ние (*официальное*) 2) заявка на подря́д 3) су́мма (*вносимая в уплату долга и т. п.*); legal ~ *юр.* зако́нное платёжное сре́дство

2. *v* 1) предлага́ть; to ~ one's thanks приноси́ть благода́рность; to ~ an apology принести́ извине́ния; to ~ one's resignation подава́ть в отста́вку 2) предоставля́ть; вноси́ть (*деньги*) 3) подава́ть зая́вку (*на торгах*); подава́ть заявле́ние о подпи́ске (*на ценные бумаги*)

**tender** II ['tendə] *n* 1) лицо́, присма́тривающее за кем-л., обслу́живающее кого́-л., что-л.; baby ~ ня́ня; invalid ~ сиде́лка 2) *ж.-д.* те́ндер 3) *мор.* посы́льное су́дно; плаву́чая ба́за

**tender** III ['tendə] *a* 1) не́жный, мя́гкий; ~ touch лёгкое прикоснове́ние 2) молодо́й, незре́лый; of ~ years не́жного во́зраста 3) хру́пкий, сла́бый (*о здоровье*) 4) не́жный, лю́бящий; ~ passion (*или* sentiment) любо́вь, не́жные чу́вства; ~ heart до́брое се́рдце 5) чувстви́тельный, боле́зненный; уязви́мый; ~ spot (*или* place) уязви́мое ме́сто 6) делика́тный, щекотли́вый 7) чу́ткий, забо́тливый; to be ~ of smb. не́жно *или* забо́тливо относи́ться к кому́-л. 8) нея́ркий, мя́гкий (*о тоне, цвете, краске*) 9) мя́гкий (*о мясе*)

**tender-eyed** ['tendəraɪd] *a* 1) с мя́гким ла́сковым взгля́дом 2) име́ющий сла́бое зре́ние

**tenderfoot** ['tendəfut] *n разг.* новоприбы́вший, не осво́ившийся с но́вой обстано́вкой; нович́ок

**tender-hearted** ['tendə'hɑːtɪd] *a* до́брый, мягкосерде́чный; отзы́вчивый

**tenderling** ['tendəlɪŋ] *n* 1) ма́ленький ребёнок 2) *ист.* не́женка

**tenderloin** ['tendəlɔɪn] *n амер.* 1) филе́й, вы́резка 2) (T.) городско́й райо́н, по́льзующийся дурно́й сла́вой

**tenderness** ['tendənɪs] *n* не́жность *и пр.* [*см.* tender III]

**tendinous** ['tendɪnəs] *a* жи́листый; му́скулистый

**tendon** ['tendən] *n анат.* сухожи́лие

**tendril** ['tendrɪl] *n бот.* у́сик

**tenebrous** ['tenɪbrəs] *a* тёмный, мра́чный

**tenement** ['tenɪmənt] *n* 1) многоква́рти́рный дом, сдава́емый в аре́нду (*тж.* ~ house) 2) аренду́емое иму́щество; аренду́емая земля́ 3) аренду́емое помеще́ние; кварти́ра (*снимаемая семьёй*) 4) *поэт.* оби́тель

**tenet** ['tiːnet] *лат. n* до́гмат, при́нцип, доктри́на

**tenfold** ['tenfəuld] 1. *a* десятикра́тный

2. *adv* вде́сятеро

**tenner** ['tenə] *n* 1) *разг.* банкно́т в 10 фу́нтов; *амер.* банкно́т в 10 до́лларов 2) *sl.* де́сять лет (тюре́много заключе́ния)

**tennis** ['tenɪs] *n* те́ннис

**tennis-ball** ['tenɪsbɔːl] *n* те́ннисный мяч

**tennis-court** ['tenɪskɔːt] *n* (те́ннисный) корт

**tenon** ['tenən] 1. *n* 1) *стр.* шип; замо́к с шипо́м 2) *тех.* шпи́лька, язычо́к, ла́пка

2. *v* соединя́ть на шипа́х

**tenor** I ['tenə] *n* 1) тече́ние, направле́ние; разви́тие 2) о́бщее содержа́ние, смысл ре́чи, статьи́ *и т. п.* 3) ко́пия; дублика́т 4) *горн.* содержа́ние руды́

**tenor** II ['tenə] *n муз.* 1) те́нор 2) *attr.* теноро́вый

**tenpins** ['tenpɪnz] *n pl* (*употр. как sing*) ке́гли

**tense** I [tens] *n грам.* вре́мя

**tense** II [tens] 1. *a* 1) натя́нутый; туго́й 2) возбуждённый, напряжённый; ~ anxiety не́рвное напряже́ние

2. *v* 1) натя́гивать(ся) 2) создава́ть напряже́ние

**tensely** ['tenslɪ] *adv* с напряже́нием, напряжённо

**tensile** ['tensaɪl] *a* растяжи́мый; ~ strength *тех.* преде́л про́чности на разры́в

**tensility** [ten'sɪlɪtɪ] *n* растяжи́мость

**tension** ['tenʃən] *n* 1) напряже́ние, напряжённое состоя́ние; international ~ междунаро́дная напряжённость; to ease (*или* to relax, to reduce, to slacken) ~ осла́бить напряже́ние 2) натя́нутость, нело́вкость 3) растяже́ние, натяже́ние, натя́гивание 4) *эл.* напряже́ние; high (low) ~ высо́кое (ни́зкое) напряже́ние 5) *тех.* упру́гость; давле́ние (*пара*)

**tensity** ['tensɪtɪ] *n* напряжённое состоя́ние, напряжённость

**tensive** ['tensɪv] *a* создаю́щий напряже́ние

**ten-spot** ['tenspɔt] *n амер. разг.* десятидо́лларовая бума́жка

**ten-strike** ['tenstraɪk] *n амер.* 1) уда́р, сбива́ющий сра́зу все ке́гли 2) *разг.* сокруши́тельный уда́р; кру́пный успе́х

**tent** I [tent] 1. *n* пала́тка

2. *v* разби́ть пала́тку; жить в пала́тках

**tent** II [tent] *мед.* 1. *n* тампо́н

2. *v* вставля́ть тампо́н

**tent** III [tent] *n* сла́бое кра́сное испа́нское вино́

**tentacle** ['tentəkl] *n* 1) *зоол.* щу́пальце (*тж. перен.*) 2) *бот.* у́сик

**tentacular** [ten'tækjulə] *a* име́ющий фо́рму щу́пальца; подо́бный щу́пальцу

**tentaculated** [ten'tækjuleɪtɪd] *a* 1) *зоол.* снабжённый щу́пальцами 2) *бот.* снабжённый у́сиками

**tentative** ['tentətɪv] *a* про́бный, о́пытный, эксперимента́льный

**tent-bed** ['tentbed] *n* похо́дная крова́ть

**tenter** ['tentə] *n текст.* шири́льная ра́ма ◇ to be on the ~s *уст.* = to be on tenterhooks [*см.* tenterhooks ◇]

**tenterhooks** ['tentəhuks] *n pl текст.* натяжны́е крючки́ ◇ to be on ~ ≅ сиде́ть как на иго́лках; му́читься неизве́стностью; to keep smb. on ~ держа́ть кого́-л. в состоя́нии неизве́стности *или* беспоко́йства

**tenth** [tenθ] **1.** *num. ord.* деся́тый ◇ ~ wave ≅ девя́тый вал

**2.** *n* 1) деся́тая часть 2) (the ~) деся́тое число́

**tent-peg** ['tentpeg] *n* ко́лышек для пала́тки

**tenuity** [te'nju(:)ɪtɪ] *n* 1) разрежённость (*воздуха*) 2) то́нкость 3) бе́дность; нужда́; ску́дость 4) сла́бость (*звука*) 5) простота́ (*стиля*)

**tenuous** ['tenjuəs] *a* 1) незначи́тельный, то́нкий (*о различиях*) 2) разрежённый (*о воздухе*)

**tenure** ['tenjuə] *n* 1) владе́ние 2) пребыва́ние (*в должности*) 3) срок владе́ния; срок пребыва́ния (*в должности*)

**tepee** ['ti:pi:] *n* вигва́м североамерика́нских инде́йцев

**tepefy** ['tepɪfaɪ] *v* слегка́ подогрева́ть(ся)

**tepid** ['tepɪd] *a* теплова́тый; *перен.* прохла́дный

**teratology** [ˌterə'tɔlədʒɪ] *n биол.* тератоло́гия

**terbium** ['tə:bɪəm] *n хим.* те́рбий

**tercel** ['tə:səl] *n* со́кол (*самец*)

**tercentenary** [ˌtə:sen'ti:nərɪ] **1.** *n* трёхсотле́тняя годовщи́на, трёхсотле́тие

**2.** *a* трёхсотле́тний

**tercentennial** [ˌtə:sen'tenjəl] = tercentenary

**tercet** ['tə:sɪt] *n* 1) *прос.* трёхсти́шие; терци́на 2) *муз.* терце́т

**terebinth** ['terəbɪnθ] *n* терпенти́нное де́рево

**teredo** [tə'ri:dəu] *n зоол.* корабе́льный червь, древото́чец

**terete** [te'ri:t] *a* цилиндри́ческий, кру́глый в сече́нии

**tergal** ['tə:gəl] *a зоол. анат.* спинно́й

**tergiversate** ['tə:dʒɪvə:seɪt] *v* 1) быть отсту́пником, преда́телем 2) увёртываться, увиливать

**tergiversation** [ˌtə:dʒɪvə:'seɪʃən] *n* 1) отсту́пничество; ренега́тство 2) увёртка

**term** [tə:m] **1.** *n* 1) срок, определённый пери́од; for ~ of life пожи́зненно; ~ of office срок полномо́чий (*президента, сенатора и т. п.*); to serve one's ~ отбы́ть срок наказа́ния 2) назна́ченный день упла́ты аре́нды, проце́нтов *и т. п.* 3) *уст.* преде́л, грани́ца 4) те́рмин; *pl* выраже́ния, язы́к, спо́соб выраже́ния; in set ~s определённо; in the simplest ~s са́мым просты́м, поня́тным о́бразом; in ~s of на языке́, с то́чки зре́ния; in ~s of figures языко́м цифр; in ~s of money в де́нежном выраже́нии 5) *pl* усло́вия соглаше́ния; догово́р; to come to ~s (*или* to make ~s) with smb. прийти́ к соглаше́нию с кем-л.; to bring smb. to ~s заста́вить кого́-л. приня́ть усло́вия; to stand upon one's ~s насtáивать на выполне́нии усло́вий 6) семе́стр 7) суде́бная се́ссия 8) *pl* усло́вия опла́ты; гонора́р; inclusive ~s цена́, включа́ющая опла́ту услу́г (*в гостинице и т. п.*); ~s of trade соотноше́ние и́мпортных и э́кспортных цен 9) *pl* ли́чные отноше́ния; to be on good (bad) ~s быть в хоро́ших (плохи́х) отноше́ниях 10) *мед.* срок разреше́ния от бре́мени 11) *мат., лог.* член, элеме́нт

**2.** *v* выража́ть, называ́ть

**termagant** ['tə:məgənt] **1.** *n* гру́бая, сварли́вая же́нщина, меге́ра

**2.** *a* сварли́вый

**termer** ['tə:mə] *n* престу́пник, отбыва́ющий наказа́ние (*обычно в сочетаниях*: first ~ отбыва́ющий заключе́ние в пе́рвый раз *и т. п.*)

**terminable** ['tə:mɪnəbl] *a* ограни́ченный сро́ком, сро́чный; ~ ten years from now действи́телен на де́сять лет, начина́я с настоя́щего моме́нта

**terminal** ['tə:mɪnl] **1.** *n* 1) коне́чная ста́нция; коне́чный пункт 2) *pl* пла́та за погру́зку това́ров на коне́чной железнодоро́жной ста́нции 3) коне́чный слог *или* сло́во 4) *эл.* кле́мма; ввод *или* вы́вод

**2.** *a* 1) заключи́тельный, коне́чный; ~ station коне́чная ста́нция 2) периоди́ческий; периоди́чески повторя́ющийся 3) семестро́вый

**terminate** ['tə:mɪneɪt] *v* 1) ста́вить преде́л, положи́ть коне́ц 2) конча́ть (-ся), заверша́ть(ся) (in) 3) ограни́чивать

**termination** [ˌtə:mɪ'neɪʃən] *n* 1) коне́ц; оконча́ние, истече́ние сро́ка, преде́л 2) *грам.* оконча́ние 3) исхо́д, результа́т

**termini** ['tə:mɪnaɪ] *pl от* terminus

**terminology** [ˌtə:mɪ'nɔlədʒɪ] *n* терминоло́гия

**terminus** ['tə:mɪnəs] *n* (*pl* -es [-ɪz], -ni) коне́чная ста́нция; вокза́л (*на конечной станции*)

**termitary** ['tə:mɪtərɪ] *n* терми́тник, гнездо́ терми́тов

**termite** ['tə:maɪt] *n зоол.* терми́т

**termless** ['tə:mlɪs] *a* 1) не име́ющий грани́ц, безграни́чный 2) бессро́чный 3) не ограни́ченный усло́виями, незави́симый

**term-time** ['tə:mtaɪm] *n* пери́од заня́тий (*в школе, колледже и т. п.*)

**tern I** [tə:n] *n* кра́чка (*птица*)

**tern II** [tə:n] *n* 1) три предме́та; три числа́ *и т. п.*; тро́йка 2) три вы́игрышных биле́та в лотере́е

**ternary** ['tə:nərɪ] **1.** *n* три, тро́йка, триа́да

**2.** *a* 1) тройно́й 2) *хим., мин.* состоя́щий из трёх составны́х часте́й

**Terpsichore** [tə:p'sɪkərɪ] *n греч. миф.* Терпсихо́ра

**terra** ['terə] *лат. n* земля́; ~ incognita а) неизве́стная страна́; б) неизве́стная о́бласть (*знания и т. п.*)

**terrace** ['terəs] **1.** *n* 1) терра́са; на́сыпь; усту́п 2) терра́са, вера́нда 3) ряд домо́в вдоль у́лицы 4) газо́н посреди́ у́лицы 5) пло́ская кры́ша

**2.** *v* устра́ивать в ви́де терра́сы

**terracotta** ['terə'kɔtə] **1.** *n* террако́та

**2.** *a* террако́товый

**terrain** ['tereɪn] *n* 1) ме́стность, террито́рия; ~ of attack *амер.* райо́н наступле́ния 2) физи́ческие осо́бенности ме́стности; топогра́фия 3) *attr.* земно́й; ~ flying полёт по назе́мным ориенти́рам

**terraneous** [tɪ'reɪnɪəs] *a бот.* назе́мный

**terrapin** ['terəpɪn] *n* 1) водяна́я черепа́ха 2) автомоби́ль-амфи́бия

**terraqueous** [te'reɪkwɪəs] *a* 1) состоя́щий из земли́ и воды́ 2) земново́дный 3) сухопу́тно-морско́й (*о путешествии*)

**terrene** [te'ri:n] **1.** *a* земно́й

**2.** *n топ.* пове́рхность земли́

**terrestrial** [tɪ'restrɪəl] **1.** *a* 1) земно́й; ~ magnetism земно́й магнети́зм 2) сухопу́тный; назе́мный 3) земно́й, све́тский

**2.** *n* обита́тель земли́

**terrible** ['terəbl] *a* 1) внуша́ющий страх, у́жас 2) *разг.* (*с усил. знач.*) стра́шный, ужа́сный; грома́дный

**terrier I** ['terɪə] *n* 1) терье́р (*порода собак*) 2) (T.) *амер.* «Терье́р», реакти́вный управля́емый снаря́д кла́сса «кора́бль — во́здух»

**terrier II** ['terɪə] *n ист.* поземе́льная кни́га

**terrific** [tə'rɪfɪk] *a* 1) ужаса́ющий 2) *разг.* (*с усил. знач.*) огро́мный, необыча́йный *и т. п.*

**terrify** ['terɪfaɪ] *v* ужаса́ть, вселя́ть у́жас

**territorial** [ˌterɪ'tɔ:rɪəl] **1.** *a* 1) земе́льный 2) территориа́льный; ~ claims территориа́льные притяза́ния; ~ waters территориа́льные во́ды 3) *воен.* относя́щийся к территориа́льным вооружённым си́лам; T. Army территориа́льная а́рмия 4) *амер.* относя́щийся к террито́рии [*см.* territory 2)]

**2.** *n* солда́т территориа́льной а́рмии

**territory** ['terɪtərɪ] *n* 1) террито́рия; земля́ 2) (T.) *амер.* террито́рия (*административная единица в США, Канаде, Австралии, не имеющая прав штата или провинции*) 3) о́бласть, сфе́ра (*науки и т. п.*)

**terror** ['terə] *n* 1) страх, у́жас 2) терро́р 3) лицо́ *или* вещь, внуша́ющие страх 4) *разг.* тяжёлый челове́к; беспоко́йный ребёнок; a holy ~ челове́к с тяжёлым, беспоко́йным хара́ктером; надое́дливый ребёнок ◇ the king of ~s смерть

**terror-haunted** ['terə'hɔ:ntɪd] *a* пресле́дуемый стра́хом

**terrorism** ['terərɪzm] *n* террори́зм

**terrorist** ['terərɪst] *n* террори́ст

**terrorize** ['terəraɪz] *v* 1) терроризи́ровать 2) вселя́ть страх

**terror-stricken, terror-struck** ['terəstrɪkən, -strʌk] *a* объя́тый *или* охва́ченный у́жасом

**terry** ['terɪ] *n тест.* 1) вытяжно́й *или* була́вчатый ворс 2) *амер.* = terry-cloth

**terry-cloth** ['terɪklɔθ] *n* махро́вая ткань (*для купальных халатов, простынь и т. п.*)

**terry-cloth robe** ['terɪklɔθ'rəub] *n* купа́льный хала́т

**terse** [tə:s] *a* 1) сжа́тый, кра́ткий (*о стиле*) 2) немногосло́вный (*об ораторе*)

**tertian** ['tə:ʃən] *n мед.* маляри́я, трёхдне́вная лихора́дка

**tertiary** ['tə:ʃərɪ] *a геол., мед.* трети́чный

**terza rima** ['tə:tsə'ri:mə] *ит. n прос.* терци́на

**terzetto** [tə:t'setəu] *n муз.* терце́т

**tessellated** ['tesɪleɪtɪd] *a* мозаи́чный; мощённый разноцве́тными пли́тками

**tessellation** [,tesɪ'leɪʃən] *n* мозаи́чная рабо́та в ша́хматную кле́тку

**tessera** ['tesərə] *n* (*pl* -rae) ку́бик (*в мозаике*)

**tesserae** ['tesəri:] *pl от* tessera

**tessitura** [,tesɪ'tuərə] *n муз.* тесситу́ра

**test** [test] **1.** *n* 1) испыта́ние; to put to ~ подверга́ть испыта́нию; to bear the ~ вы́держать испыта́ние; to stand the ~ of time вы́держать испыта́ние вре́менем 2) мери́ло; крите́рий 3) прове́рочная, контро́льная рабо́та; a ~ in English контро́льная рабо́та по англи́йскому языку́ 4) *психол.* тест 5) *мед., хим.* иссле́дование, ана́лиз; прове́рка; a ~ for the amount of butter in milk определе́ние жи́рности молока́ 6) *хим.* реакти́в 7) *attr.* испыта́тельный, про́бный; контро́льный, прове́рочный; ~ station контро́льная ста́нция

**2.** *v* 1) подверга́ть испыта́нию, прове́рке 2) *хим.* подверга́ть де́йствию реакти́ва 3) производи́ть о́пыты

**testa** ['testə] *n* (*pl* -ae) 1) *бот.* те́ста, семенна́я кожура́ 2) па́нцирь (*беспозвоночных животных*)

**testaceous** [tes'teɪʃəs] *a* 1) *зоол.* па́нцирный; защищённый па́нцирем 2) кирпи́чного цве́та (*о животных и растениях*)

**testae** ['testi:] *pl от* testa

**testament** ['testəmənt] *n* 1) *юр.* завеща́ние 2) (T.) *рел.* заве́т (*обыкн.* Но́вый заве́т, ева́нгелие; *тж.* New T.); Old T. Ве́тхий заве́т

**testamentary** [,testə'mentərɪ] *a* завеща́тельный, пе́реданный по завеща́нию

**testamur** [tes'teɪmə] *лат. n* удостовере́ние о сда́че университе́тского экза́мена

**testate** ['testɪt] **1.** *a* оста́вивший по сме́рти завеща́ние; to die ~ умере́ть, оста́вив завеща́ние

**2.** *n* уме́рший завеща́тель

**testator** [tes'teɪtə] *n* завеща́тель

**testatrices** [tes'teɪtrɪsi:z] *pl от* testatrix

**testatrix** [tes'teɪtrɪks] *n* (*pl* -rices) завеща́тельница

**test ban** ['testbæn] *n* запреще́ние испыта́ний я́дерного ору́жия

**tester** I ['testə] *n* 1) лицо́, производя́щее испыта́ние, ана́лиз; лабора́нт 2) прибо́р для испыта́ния; щуп, те́стер

**tester** II ['testə] *n* балдахи́н (*над кроватью, алтарём и т. п.*)

**tester** III ['testə] *n* тесто́н (*старинная серебряная монета*)

**testicle** ['testɪkl] *n анат.* яи́чко

**testification** [,testɪfɪ'keɪʃən] *n* да́ча показа́ний

**testify** ['testɪfaɪ] *v* 1) дава́ть показа́ния, свиде́тельствовать (to — в по́льзу, against — про́тив), кля́твенно утвержда́ть 2) торже́ственно заявля́ть (*о своих убеждениях, о вере*) 3) свиде́тельствовать (*о чём-л.*); быть свиде́тельством

**testily** ['testɪlɪ] *adv* раздражи́тельно, вспы́льчиво

**testimonial** [,testɪ'məunjəl] **1.** *n* 1) характери́стика, рекоменда́тельное письмо́; рекоменда́ция 2) коллекти́вный дар, подноше́ние, награ́да (*особ. преподнесённые публично*)

**2.** *a* благода́рственный; приве́тственный; ~ dinner обе́д *или* банке́т в честь кого́-л.

**testimony** ['testɪmənɪ] *n* 1) показа́ние свиде́теля; false ~ ло́жные показа́ния; to give (*или* to bear) ~ дава́ть показа́ния; to call smb. in ~ вы́звать кого́-л. в ка́честве свиде́теля 2) доказа́тельство; свиде́тельство 3) утвержде́ние; (торже́ственное) заявле́ние 4) *pl библ.* скрижа́ли

**test-mixer** ['test,mɪksə] *n* мензу́рка

**test-paper** ['test,peɪpə] *n* 1) *хим.* реакти́вная бума́га 2) *амер. юр.* докуме́нт, испо́льзуемый для сличе́ния по́дписи лица́

**test pilot** ['test'paɪlət] *n* лётчик-испыта́тель

**test pit** ['testpɪt] *n геол.* про́бный шурф, разве́дочная сква́жина

**test-tube** ['testtju:b] *n* 1) проби́рка 2) *attr.* роди́вшийся в результа́те иску́сственного оплодотворе́ния

**test-type** ['testtaɪp] *n* табли́цы для определе́ния остроты́ зре́ния

**testy** ['testɪ] *a* вспы́льчивый, раздражи́тельный

**tetanic** [tɪ'tænɪk] *a мед.* столбня́чный

**tetanus** ['tetənəs] *n мед.* столбня́к

**tetchy** ['tetʃɪ] *a* оби́дчивый; раздражи́тельный; ~ horse ло́шадь с но́ровом ◇ ~ subject щекотли́вая те́ма

**tête-à-tête** ['teɪtɑ:'teɪt] *фр.* **1.** *n* 1) свида́ние *или* разгово́р наедине́ 2) небольшо́й дива́н для двои́х

**2.** *a* конфиденциа́льный, ча́стный; a ~ conversation разгово́р с гла́зу на гла́з

**3.** *adv* с гла́зу на гла́з, наедине́

**tether** ['teðə] **1.** *n* 1) при́вязь (*для пасущегося животного*) 2) *перен.* преде́л; грани́ца; to come to the end of one's ~ дойти́ до преде́ла (сил); исче́рпать свои́ возмо́жности; дойти́ до то́чки

**2.** *v* 1) привяза́ть (*пасущееся животное*) 2) *перен.* ограни́чивать, ста́вить преде́л

**tetra-** ['tetrə-] *pref* четырёх-

**tetragon** ['tetrəgən] *n геом.* четырёхуго́льник; regular ~ квадра́т

**tetragonal** [te'trægənəl] *a геом.* четырёхуго́льный

**tetrahedron** ['tetrə'hedrən] *n геом.* четырёхгра́нник, тетра́эдр

**tetralogy** [tə'trælədʒɪ] *n* 1) тетрало́гия (*четыре произведения, объединённые общим замыслом или темой*) 2) *др.-греч. иск.* тетрало́гия

**tetrameter** [te'træmɪtə] *n* четырёхсто́пный разме́р, тетра́метр

**tetrastich** ['tetrəstɪk] *n* строфа́, эпигра́мма, стихотворе́ние из четырёх строк

**tetrasyllable** ['tetrə,sɪləbl] *n* четырёхсло́жное сло́во

**tetter** ['tetə] *n* лиша́й, экзе́ма, парша́; eating ~ волча́нка

**Teuton** ['tju:tən] *n* 1) тевто́н 2) тевто́нец

**Teutonic** [tju(:)'tɔnɪk] **1.** *a* прагерма́нский, тевто́нский

**2.** *n* герма́нский (*особ.* прагерма́нский) язы́к

**text** [tekst] *n* 1) текст 2) цита́та из би́блии 3) те́ма (*речи, проповеди*); to stick to one's ~ не отклоня́ться от те́мы 4) *полигр.* текст (*шрифт*) 5) *сокр. от* textbook

**textbook** ['tekstbuk] *n* уче́бник, руково́дство

**text-hand** ['teksthænd] *n* кру́пный кру́глый по́черк

**textile** ['tekstaɪl] **1.** *a* тексти́льный; тка́цкий

**2.** *n* (*обыкн. pl*) тексти́ль(ное изде́лие); ткань

**textual** ['tekstjuəl] *a* 1) текстово́й; относя́щийся к те́ксту; ~ criticism текстоло́гия, крити́ческое изуче́ние те́кста (*особ. с целью восстановления его первоначальной формы*) 2) тексту́альный, буква́льный

**texture** ['tekstʃə] *n* 1) строе́ние ткани, сте́пень пло́тности тка́ни; coarse (fine) ~ гру́бая (то́нкая) ткань 2) структу́ра, строе́ние; the ~ of a mineral структу́ра минера́ла 3) своеобра́зие, осо́бенности худо́жественной те́хники в произведе́ниях иску́сства; факту́ра, ткань (*произведения*); the ~ of verse факту́ра стиха́ 4) *жив.* текстура 5) *анат., биол.* ткань

**thaler** ['tɑ:lə] *n ист.* та́лер (*немецкая серебряная монета*)

**Thalia** [θə'laɪə] *n греч. миф.* Та́лия

**thallium** ['θælɪəm] *n хим.* та́ллий

**than** [ðæn (*полная форма*); ðən, ðn, n (*редуцированные формы*)] *cj* чем; he is taller ~ you are он вы́ше вас; I'd rather stay ~ go я предпочёл бы оста́ться ◇ none other ~ не кто ино́й, как

**thane** [θeɪn] *n ист.* тан

**thank** [θæŋk] **1.** *n* (*обыкн. pl*) 1) благода́рность; ~s спаси́бо; many ~s большо́е спаси́бо; to give ~s возблагодари́ть; to return ~s прочита́ть молитву (*до или после еды*) 2): ~s to (*употр. как prep*) благодаря

2. *v* благодарить; ~ you благодарю; ~ you ever so much *разг.* очень вам благодарен; ~ you for nothing! спасибо и на том! (*иронически, в ответ на отказ*); you may ~ yourself for that вы сами в этом виноваты; I'll ~ you to mind your own business я бы предпочёл обойтись без ваших советов (*или* помощи)

**thankee** ['θæŋkɪ] *сокр. разг. от* thank you [*см.* thank 2]

**thankful** ['θæŋkful] *a* благодарный

**thankless** ['θæŋklɪs] *a* неблагодарный; ~ job неблагодарная работа

**thank-offering** ['θæŋk,ɔfərɪŋ] *n* благодарственная жертва

**thanksgiving** ['θæŋks,gɪvɪŋ] *n* 1) благодарственный молебен 2) благодарение ◊ T. Day *амер.* официальный праздник в память первых колонистов Массачусетса (*последний четверг ноября*)

**thankworthy** ['θæŋk,wə:ðɪ] *a* заслуживающий благодарности

**that 1.** *pron* (*pl* those) 1) [ðæt] *demonstr.* тот, та, то (*иногда* этот *и пр.*); а) *указывает на лицо, понятие, событие, предмет, действие, отдалённые по месту или времени*: ~ house beyond the river тот дом за рекой; ~ day тот день; ~ man тот человек; б) *противопоставляется* this: this wine is better than ~ это вино лучше того; в) *указывает на что-л. уже известное говорящему*: ~ is true это правда; ~'s done it это решило дело, переполнило чашу; г) *заменяет сущ. во избежание его повторения*: the climate here is like ~ of France здешний климат похож на климат Франции 2) [ðæt (*полная форма*); ðət, ðt (*редуцированные формы*)] *rel.* а) который, кто, тот который *и т. п.*; the members ~ were present те из членов, которые присутствовали; the book ~ I'm reading книга, которую я читаю; б) *часто* = in (*или* on, at, for *и т. п.*) which: the year ~ he died год его смерти, the book ~ I spoke of книга, о которой я говорил ◊ and all ~ и тому подобное, и всё такое прочее; by ~ тем самым, этим; like ~ таким образом; ~'s that *разг.* ничего не поделаешь; так-то вот; ~ is то есть; not ~ не потому (*или* не то), чтобы; ~'s it! вот именно!, правильно!; ~'s all there is to it ну, вот и всё; this and ~ разные; I went to this doctor and ~ я обращался к разным врачам; now ~ теперь, когда; with ~ вместе с тем

2. *adv* [ðæt] так, до такой степени; ~ far настолько далеко; на такое расстояние; ~ much столько; he was ~ angry he couldn't say a word он был до того рассержен, что слова не мог вымолвить

3. *cj* [ðæt (*полная форма*); ðət (*редуцированная форма*)] что, чтобы (*служит для введения придаточных предложений дополнительных, цели, следствия и др.*); I know ~ it was so я знаю, что это было так; we eat ~ we may live мы едим, чтобы поддерживать жизнь; the explosion was so loud ~ he was deafened взрыв был настолько силен, что оглушил его ◊ oh, ~ I knew the truth! о, если бы я знал правду!

**thatch** [θætʃ] **1.** *n* 1) соломенная *или* тростниковая крыша, крыша из пальмовых листьев 2) солома *или* тростник (*для кровли*) 3) *разг.* густые волосы

2. *v* крыть соломой *или* тростником

**thaumaturge** ['θɔ:mətə:dʒ] *n* чудотворец, волшебник, маг

**thaw** [θɔ:] **1.** *n* 1) оттепель; таяние 2) потепление (*в отношениях*); смягчение международной напряжённости

2. *v* 1) таять; оттаивать; *перен.* согреваться; it is ~ing тает 2) растапливать (*снег и т. п.*) 3) смягчаться, становиться дружелюбней, сердечней

**the** [ði: (*полная форма*); ðɪ (*редуцированная форма, употр. перед гласными*), ðə (*редуцированная форма, употр. перед согласными*)] **1.** *определённый артикль* 1) *употр. перед сущ. для выделения предмета или явления внутри данной категории, данного класса предметов и явлений*: the book you mention упоминаемая вами книга; I'll speak to the teacher я поговорю с преподавателем (*тем, который преподаст в нашем классе*) 2) *указывает на то, что данный предмет или лицо известны говорящему*: I dislike the man я не люблю этого человека; how is the score? какой сейчас счёт? 3) *указывает на то, что данный предмет или лицо являются исключительными, наиболее подходящими, самыми лучшими и т. п.*: (of all the men I know) he is the man for the position (из всех, кого я знаю,) он самый подходящий человек для этого поста 4) *придаёт сущ. значение родового понятия*: the horse is a useful animal лошадь—полезное животное 5) *употр. перед сущ., обозначающими предметы или понятия, являющиеся единственными в своём роде*: the sun солнце, the moon луна 6) *служит грамматическим средством оформления частично субстантивизированных прилагательных* а) *с абстрактным значением*: it is only a step from the sublime to the ridiculous от великого до смешного только один шаг; б) *с собир. значением*: the poor бедняки; the wise мудрецы 7) *придаёт конкретному сущ. обобщающее значение*: the stage сценическая деятельность; the saddle верховая езда

2. *adv употр. при сравн. ст. со значением* чем... тем; тем; the more the better чем больше, тем лучше; the less said the better чем меньше слов, тем лучше; (so much) the worse for him тем хуже для него

**theater** ['θɪətə] *амер.* = theatre

**theatre** ['θɪətə] *n* 1) театр 2) аудитория в виде амфитеатра; operating ~ операционная 3) поле действий; the ~ of operations (*или* war) театр военных действий 4) *собир.* драматическая литература, пьесы 5) *predic.*: the play is good ~ пьеса очень сценична

**theatre-goer** ['θɪətə,gəuə] *n* театрал

**theatrical** [θɪ'ætrɪkəl] **1.** *a* 1) театральный, сценический; ~ column театральный отдел в газете 2) театральный, неестественный, напыщенный; показной

2. *n* 1) профессиональный актёр 2) *pl* спектакль (*особ. любительский*)

**theatricality** [θɪ,ætrɪ'kælɪtɪ] *n* театральность, неестественность

**theatricalize** [θɪ'ætrɪkəlaɪz] *v* инсценировать, театрализовать

**theatrics** [θɪ'ætrɪks] *n pl* (*употр. как sing*) сценическое искусство

**thé dansant** ['teɪdɑ:ŋ'sɑ:ŋ] *фр. n* вечерний чай (*или* файвоклок) с танцами

**thee** [ði:] *pron pers.* (*косв. п. от* thou) *уст., поэт.* тебя, тебе

**theft** [θeft] *n* 1) воровство, кража 2) *уст.* украденные вещи, покража

**their** [ðɛə] *pron poss.* (*употр. атрибутивно*; *ср.* theirs) их; свой, свои

**theirs** [ðɛəz] *pron poss.* (*абсолютная форма*; *не употр. атрибутивно*; *ср.* their) их; this book is ~ это их книга; ~ is a good house их дом хорош

**theism** ['θi:zm] *n* теизм

**them** [ðem (*полная форма*); ðəm, ðm (*редуцированные формы*)] *pron pers. косв. п. от* they

**thematic** [θɪ'mætɪk] *a* 1) тематический; ~ catalogue предметный каталог 2) *грам.* относящийся к основе; основообразующий

**theme** [θi:m] *n* 1) тема, предмет (*разговора, сочинения*) 2) *амер.* сочинение на заданную тему 3) *муз.* тема 4) *грам.* основа 5) *радио* позывные

**theme song** ['θi:msɔŋ] *n* 1) *муз.* повторяющаяся тема 2) = theme 5)

**Themis** ['θi:mɪs] *n греч. миф.* Фемида

**themselves** [ðəm'selvz] *pron* 1) *refl.* себя, -ся; себе; they wash ~ они моются; they have built ~ a house они выстроили себе дом 2) *emph.* сами; they built the house ~ они сами построили дом

**then** [ðen] **1.** *adv* 1) тогда; he was a little boy ~ тогда он был ребёнком 2) потом, затем; the noise stopped and ~ began again шум прекратился, затем начался снова 3) в таком случае, тогда; if you are tired ~ you'd better stay at home если вы устали, лучше оставайтесь дома 4) кроме того, к тому же; I love my job and ~ it pays so well я люблю свою работу, к тому же она хорошо оплачивается; and ~ you should remember кроме того, вам следует помнить 5) *употр. для усиления значения при выражении согласия*: all right ~, do as you like ну ладно, поступайте, как хотите

2. *n* то время; by ~ к тому времени; since ~ с того времени ◊ every now and ~ время от времени

**3.** *a* тогда́шний, существова́вший в то вре́мя; the ~ prime minister тогда́шний премье́р-мини́стр

**thence** [ðens] *adv* 1) *уст.* отту́да 2) отсю́да, из э́того 3) с того́ вре́мени

**thenceforth** ['ðens'fɔ:θ] *adv* с э́того вре́мени, впредь

**thenceforward** ['ðens'fɔ:wəd] = thenceforth

**theocracy** [θɪ'ɔkrəsɪ] *n* теокра́тия

**theocratic** [θɪə'krætɪk] *a* теократи́ческий

**theodolite** [θɪ'ɔdəlaɪt] *n геод.* теодоли́т

**theologian** [θɪə'ləudʒjən] *n* богосло́в

**theological** [θɪə'lɔdʒɪkəl] *a* богосло́вский

**theology** [θɪ'ɔlədʒɪ] *n* богосло́вие

**theorbo** [θɪ'ɔ:bəu] *n* (*pl* -os [-əuz]) теорба (*род большой лютни XVII в.*)

**theorem** ['θɪərəm] *n* теоре́ма

**theoretic(al)** [θɪə'retɪk(əl)] *a* 1) теорети́ческий 2) спекуляти́вный, умозри́тельный

**theoretics** [θɪə'retɪks] *n pl* (*употр. как sing*) тео́рия (*в противоп. практике*)

**theorist** ['θɪərɪst] *n* теоре́тик

**theorize** ['θɪəraɪz] *v* теоретизи́ровать

**theory** ['θɪərɪ] *n* 1) тео́рия; numbers ~ тео́рия чи́сел 2) *разг.* предположе́ние; to have a ~ that... полага́ть, что...

**therapeutic(al)** [ˌθerə'pju:tɪk(əl)] *a* терапевти́ческий

**therapeutics** [ˌθerə'pju:tɪks] *n pl* (*употр. как sing*) терапи́я, терапе́втика

**therapeutist** [ˌθerə'pju:tɪst] *n* терапе́вт

**therapy** ['θerəpɪ] *n* лече́ние, терапи́я

**there** I [ðεə] **1.** *adv* 1) там; I shall meet you ~ я бу́ду ждать вас там; are you ~? вы слу́шаете? (*по телефону*) 2) туда́; ~ and back туда́ и обра́тно 3) здесь, тут, на э́том ме́сте; he came to the fourth chapter and ~ he stopped он дошёл до четвёртой главы́ и на ней застря́л ◇ ~ and then, then and ~ то́тчас же, на ме́сте; ~ it is та́к-то; таки́е-то дела́; ~ you are! а) вот вы где!; б) вот и вы!; в) вот вам!; вот то, что вам ну́жно; держи́те, получа́йте!; г) и вот что получи́лось!; not all ~ не в своём уме́; to get ~ дости́чь це́ли, преуспе́ть

**2.** *n* (*после предлога*): from ~ отту́да; up to ~ до того́ ме́ста; (he lives) near ~ (он живёт) в тех места́х, побли́зости

**3.** *int* ну, вот; на́до же!; ~!, ~! ну, ну, не пла́чь(те)!; ~, now! What did I tell you? ну, что́ я тебе́ говори́л?; ~! I've upset the ink! на́до же! Черни́ла я разли́л!; ~! та́к-то вот!

**there** II [ðεə (*полная форма*); ðə (*редуцированная форма*)] *лишённое лексического знач. слово, употр. в основном с гл.* to be (~ is, ~ are есть, име́ется, име́ются) *и с некоторыми другими глаголами, напр.*: to seem, to appear, to live, to exist, to come, to pass, to fall *и т. п.*; ~ are many universities in our country в на́шей стране́ мно́го университе́тов; ~ came a knock on the door разда́лся стук в дверь ◇ ~ is a good fellow (boy, *etc.*) ну и молоде́ц!, вот у́мница!; ~ is no telling (understanding, *etc.*) нельзя́, тру́дно сказа́ть (поня́ть *и т. п.*)

**thereabout(s)** ['ðεərəbaut(s)] *adv* 1) побли́зости; неподалёку; he lives in R or ~ он живёт в Р. и́ли где́-то в э́том райо́не 2) о́коло э́того; приблизи́тельно; в э́том ро́де; it's three o'clock or ~ сейча́с три часа́ и́ли о́коло того́ ◇ there or ~ о́коло э́того, приблизи́тельно

**thereafter** [ðεər'ɑ:ftə] *adv книжн.* 1) по́сле э́того; впосле́дствии 2) соотве́тственно

**thereat** [ðεər'æt] *adv книжн.* 1) там, в том ме́сте 2) тогда́, в то вре́мя 3) по э́той причи́не

**thereby** ['ðεə'baɪ] *adv* 1) таки́м о́бразом 2) в связи́ с э́тим; (and) ~ hangs a tale к э́тому мо́жно ещё ко́е-что́ приба́вить

**therefor** [ðεə'fɔ:] *adv уст.* за э́то; в обме́н на э́то

**therefore** ['ðεəfɔ:] *adv* поэ́тому, сле́довательно

**therefrom** [ðεə'frɔm] *adv уст.* отту́да

**therein** [ðεər'ɪn] *adv уст.* 1) здесь, там, в э́том, в том *и т. д.*; the earth and all ~ земно́й шар и всё на нём существу́ющее 2) в э́том отноше́нии

**thereof** [ðεər'ɔv] *adv уст.* 1) из э́того, из того́ 2) э́того; того́

**thereon** [ðεər'ɔn] *adv уст.* 1) на том, на э́том 2) по́сле того́, вслед за тем

**thereout** [ðεər'aut] *adv уст.* 1) отту́да 2) из того́

**there's** [ðεəz (*полная форма*); ðəz (*редуцированная форма*)] *сокр. разг.* = there is, there has

**thereto** [ðεə'tu:] *adv уст.* 1) к тому́, к э́тому; туда́ 2) кро́ме того́, к тому́ же, вдоба́вок

**theretofore** ['ðεətəfɔ:] *adv уст.* до того́ вре́мени

**thereunder** [ðεər'ʌndə] *adv книжн.* 1) под тем, под э́тим 2) на основа́нии э́того *или* в соотве́тствии с э́тим

**thereunto** [ðεər'ʌntu(:)] *adv уст.* к тому́ же, вдоба́вок

**thereupon** ['ðεərə'pɔn] *adv* 1) *уст.* на том, на э́том 2) вслед за тем 3) всле́дствие того́ 4) в отноше́нии того́

**therewith** [ðεə'wɪθ] *adv уст.* 1) с тем, с э́тим 2) к тому́ же 3) то́тчас, неме́дленно

**therewithal** [ˌðεəwɪ'ðɔ:l] = therewith

**therm** [θə:m] *n* терм (*единица теплоты*)

**thermae** ['θə:mi:] *лат. n pl* 1) горя́чие исто́чники 2) те́рмы, анти́чные обще́ственные ба́ни

**thermal** ['θə:məl] *a* 1) терми́ческий, теплово́й; калори́ческий 2) горя́чий, терма́льный (*об источнике*)

**thermal capacity** ['θə:məlkə'pæsɪtɪ] *n* теплоёмкость

**thermal conductivity** ['θə:məlˌkɔndʌk'tɪvɪtɪ] *n* теплопрово́дность

**thermal unit** ['θə:məl'ju:nɪt] *n* едини́ца теплоты́, кало́рия

**thermic** ['θə:mɪk] *a* теплово́й, терми́ческий

**thermit** ['θə:mɪt] *n тех.* терми́т

**thermite** ['θə:maɪt] = thermit

**thermo-** ['θə:məu-] *в сложных словах* термо-; thermodynamics термодина́мика

**thermochemistry** ['θə:məu'kemɪstrɪ] *n* термохи́мия

**thermo-couple** ['θə:məuˌkʌpl] *n эл.* термоэлеме́нт, термопа́ра

**thermodynamics** ['θə:məudaɪ'næmɪks] *n pl* (*употр. как sing*) термодина́мика

**thermo-electric** ['θə:məuɪ'lektrɪk] *a* термоэлектри́ческий

**thermo-electricity** ['θə:məuɪlek'trɪsɪtɪ] *n* термоэлектри́чество

**thermograph** ['θə:məugrɑ:f] *n* термо́граф, самопи́шущий термо́метр

**thermolysis** [θə:'mɔlɪsɪs] *n хим.* термо́лиз

**thermometer** [θə'mɔmɪtə] *n* термо́метр, гра́дусник

**thermonuclear** ['θə:məu'nju:klɪə] *a* термоя́дерный; ~ weapon термоя́дерное ору́жие; ~ bomb водоро́дная бо́мба

**thermopile** ['θə:məupaɪl] *n* термоэлеме́нт; термосто́лбик

**thermoplastic** ['θə:məu'plæstɪk] **1.** *a* термопласти́ческий

**2.** *n* термопла́ст (*материал*)

**thermoplegia** ['θə:məu'pli:dʒɪə] *n мед.* теплово́й *или* со́лнечный уда́р

**thermos** ['θə:mɔs] *n* те́рмос (*тж.* ~ bottle, ~ flask, ~ jug)

**thermostable** [ˌθə:məu'steɪbl] *a* теплоусто́йчивый

**thermostat** ['θə:məstæt] *n* термоста́т

**thermotechnics** ['θə:məu'teknɪks] *n pl* (*употр. как sing*) теплоте́хника

**thermotropism** [θə:'mɔtrəpɪzm] *n бот.* термотропи́зм

**thesauri** [θi(:)'sɔ:raɪ] *pl от* thesaurus

**thesaurus** [θi(:)'sɔ:rəs] *n* (*pl* -ri) 1) сокро́вищница, храни́лище (*тж. перен.*) 2) слова́рь; энциклопе́дия, спра́вочник 3) идеологи́ческий слова́рь, теза́урус

**these** [ði:z] *pl от* this

**theses** ['θi:si:z] *pl от* thesis

**thesis** ['θi:sɪs] *n* (*pl* -ses) 1) те́зис; положе́ние 2) диссерта́ция 3) те́ма для сочине́ния, о́черка *и т. п.* 4) [*тж.* 'θesɪs] *прос.* безуда́рный слог стопы́

**Thespian** ['θespɪən] **1.** *n* драмати́ческий, траги́ческий актёр *или* актри́са

**2.** *a* драмати́ческий, траги́ческий

**Thetis** ['θetɪs] *n греч. миф.* Фети́да

**theurgy** ['θi:ə:dʒɪ] *n* ма́гия, волшебство́

**thews** [θju:z] *n pl* 1) му́скулы 2) му́скульная си́ла 3) си́ла ума́

**they** [ðeɪ] *pron pers* 1) они́; *косв. п* them их, им *и т. п.*; ~ who те, кто 2) (*в неопределённо-личных оборотах*): ~ say говоря́т

**they'd** [ðeɪd] *сокр. разг.* = they had; they would

**they'll** [ðeɪl] *сокр. разг.* = they will; they shall

**they're** [ðeə] *сокр. разг.* = they are

**thick** [θɪk] **1.** *a* 1) то́лстый; a foot ~ толщино́й в оди́н фут 2) жи́рный (*о шрифте, почерке и т. п.*) 3) густо́й, ча́стый; ~ hair густы́е во́лосы; ~ forest густо́й лес; ~ as blackberries ≅ хоть пруд пруди́; в изоби́лии 4) пло́тный; густо́й; ~ soup густо́й суп; ~ with dust покры́тый густы́м сло́ем пы́ли 5) изоби́лующий (*чем-л.*); запо́лненный (*чем-л.*); the air was ~ with snow па́дал густо́й снег 6) ча́стый, повторя́ющийся; ~ shower of blows сы́плющиеся гра́дом уда́ры 7) му́тный (*о жидкости*) 8) ту́склый; нея́сный, тума́нный (*о погоде*) 9) хри́плый, ни́зкий (*о голосе*) 10) глу́пый, тупо́й 11) *predic. разг.* бли́зкий, неразлу́чный; to be ~ with smb. дружи́ть с кем-л.; to be ~ as thieves ≅ быть закады́чными друзья́ми 12) неразбо́рчивый, невня́тный (*о речи*); the patient's speech is still quite ~ больно́й говори́т ещё совсе́м невня́тно ◇ to give smb. a ~ ear дать кому́-л. в у́хо; that is a bit (*или* too) ~ э́то чересчу́р, э́то уж сли́шком

**2.** *n* 1) гу́ща; in the ~ of the crowd в гу́ще толпы́ 2) разга́р, пе́кло; to plunge into the ~ of the battle бро́ситься в са́мое пе́кло би́твы 3) *разг.* тупи́ца ◇ through ~ and thin упо́рно, несмотря́ на все препя́тствия

**3.** *adv* 1) гу́сто; оби́льно 2) ча́сто 3) нея́сно, заплета́ющимся языко́м; хри́пло ◇ ~ and fast бы́стро, стреми́тельно, оди́н за други́м; to lay it on ~ *разг.* гру́бо льстить, хвати́ть че́рез край (*в похвалах*)

**thicken** ['θɪkən] *v* 1) утолща́ть(ся) 2) сгуща́ть(ся) 3) уча́щаться 4) мутне́ть 5) расти́, уплотня́ть(ся); the crowd is ~ing толпа́ растёт 6) усложня́ться

**thicket** ['θɪkɪt] *n* ча́ща; за́росли

**thickhead** ['θɪkhed] *n* тупи́ца

**thick-headed** ['θɪk'hedɪd] *a* тупоголо́вый

**thickly** ['θɪklɪ] = thick 3

**thickness** ['θɪknɪs] *n* 1) толщина́, пло́тность *и пр.* [*см.* thick 1] 2) слой

**thickset** ['θɪk'set] **1.** *a* 1) гу́сто наса́женный 2) корена́стый

**2.** *n* густа́я за́росль

**thick-skinned** ['θɪk'skɪnd] *a* толстоко́жий (*тж. перен.*)

**thick-skulled** ['θɪk'skʌld] *a* глу́пый, тупоголо́вый

**thick-witted** ['θɪk'wɪtɪd] = thick-skulled

**thief** I [θi:f] *n* (*pl* thieves) вор

**thief** II [θi:f] *n* нага́р

**thieve** [θi:v] *v* (у)кра́сть, (с)ворова́ть

**thievery** ['θi:vərɪ] *n* 1) воровство́, кра́жа 2) укра́денная вещь

**thieves** [θi:vz] *pl от* thief I

**thievish** ['θi:vɪʃ] *a* ворова́тый

**thievishly** ['θi:vɪʃlɪ] *adv* 1) ворова́то 2) бесче́стно

**thigh** [θaɪ] *n* бедро́

**thigh-bone** ['θaɪbəun] *n* бе́дренная кость

**thill** [θɪl] *n* огло́бля

**thimble** ['θɪmbl] *n* 1) напёрсток 2) наконе́чник; *тех.* му́фта, вту́лка 3) *мор.* ко́уш

**thimbleful** ['θɪmblful] *n* глото́чек, щепо́тка, небольшо́е коли́чество

**thin** [θɪn] **1.** *a* 1) то́нкий; ~ sheet то́нкий лист 2) худо́й, худоща́вый; ~ as a lath (*или* a rail, a whipping-post) худо́й как ще́пка 3) ре́дкий (*о волосах, лесе*) 4) малочи́сленный (*о населении, публике*) 5) незапо́лненный, полупусто́й; ~ house полупусто́й теа́тр 6) ме́лкий (*о дожде*); 7) разрежённый (*о газах*) 8) жи́дкий, сла́бый, водяни́стый (*о чае, супе и т. п.*); разба́вленный, разведённый; ненасы́щенный 9) неубеди́тельный, ша́ткий; ~ excuse (story) неубеди́тельная отгово́рка (исто́рия) 10) *разг.* неприя́тный; to have a ~ time пло́хо провести́ вре́мя 11) сла́бый, то́нкий (*о голосе*) 12) ту́склый, сла́бый (*о свете*) ◇ that is too ~ э́то бе́лыми ни́тками ши́то

**2.** *v* 1) худе́ть (*тж.* ~ down) 2) де́лать(ся) то́нким, утонча́ть(ся); заостря́ть 3) оскудева́ть; реде́ть; разжижа́ться; пусте́ть (*о помещении, месте*); сокраща́ть(ся) в числе́ 4) проре́живать (*растения, посевы; тж.* ~ out) □ ~ **down** худе́ть, заостря́ть (-ся); ~ **out** а) реде́ть; б) пусте́ть (*о помещении*); в) проре́живать

**thine** [ðaɪn] *pron poss. уст.* 1) = thy 2) (*абсолютная форма; не употр. атрибутивно; ср.* thy) твой

**thing** [θɪŋ] *n* 1) вещь, предме́т; what are those black ~s in the field? что э́то там черне́ется в по́ле?; ~ in itself *филос.* вещь в себе́ 2) (*обыкн. pl*) де́ло, факт, слу́чай, обстоя́тельство; ~s look promising положе́ние обнадёживающее; other ~s being equal при про́чих ра́вных усло́виях; a strange ~ стра́нное де́ло; how are ~s? *разг.* ну, как дела́?; as ~s go при сложи́вшихся обстоя́тельствах; all ~s considered учи́тывая всё (*или* все обстоя́тельства) 3) *pl* ве́щи (*дорожные*); бага́ж 4) *pl* оде́жда; ли́чные ве́щи; take off your ~s сними́те пальто́, разде́ньтесь 5) *pl* у́тварь, принадле́жности; tea ~s ча́йная посу́да 6) литерату́рное, худо́жественное *или* музыка́льное произведе́ние; расска́з, анекдо́т 7) созда́ние, существо́; he is a mean ~ он по́длая тварь; oh, poor ~! о бедня́жка!, dumb ~s бессслове́сные живо́тные 8) не́что са́мое ну́жное, ва́жное, подходя́щее, настоя́щее; it is just the ~ э́то как раз то (, что на́до); a good rest is just the ~ for you хоро́ший о́тдых — вот что вам нужне́е всего́; the best ~ са́мое лу́чшее, лу́чше всего́; the next best ~ сле́дующий по ка́честву, лу́чший из остальны́х; (quite) the ~ как раз то, что ну́жно [*см. тж.* ◇] ◇ to see ~s бре́дить, галлюцини́ровать; above all ~s пре́жде всего́, гла́вным о́бразом; among other ~s ме́жду про́чим; and ~s и тому́ подо́бное; to know a ~ or two ко́е-что́ знать; понима́ть что к чему́; no such ~ ничего́ подо́бного, во́все нет; near ~ опа́сность, кото́рую едва́ удало́сь избежа́ть; good ~s ла́комства; to make a good ~ of smth. извле́чь по́льзу из чего́-л.; to make a regular ~ of smth. регуля́рно занима́ться чем-л.; it amounts to the same ~ э́то одно́ и то же; I am not quite the ~ today мне сего́дня нездоро́вится; (quite) the ~ мо́дный [*см. тж.* 8)]; too much of a good ~ э́то уж сли́шком; we must do that first ~ мы должны́ сде́лать э́то в пе́рвую о́чередь

**thingamy, thingum(a)bob, thingumajig, thingummy** ['θɪŋəmɪ, 'θɪŋəm(ɪ)bɔb, 'θɪŋəmɪdʒɪg, 'θɪŋəmɪ] *n разг. употр. вм. слова* (*особ. вм. имени*), *которое не можешь вспомнить* ≅ как бишь его́?

**think** [θɪŋk] *v* (thought) 1) ду́мать, обду́мывать (about, of — о *ком-л., чём-л.*); мы́слить 2) приду́мывать, находи́ть (of); I cannot ~ of the right word не могу́ приду́мать подходя́щего сло́ва 3) счита́ть, полага́ть; to ~ fit (*или* good) счесть возмо́жным, уме́стным; I ~ no harm in it я не ви́жу в э́том вреда́ 4) понима́ть, представля́ть себе́; I can't ~ how you did it не могу́ себе́ предста́вить, как вы э́то сде́лали; I cannot ~ what he means не могу́ поня́ть, что он хо́чет сказа́ть 5) ожида́ть, предполага́ть; I thought as much я так и предполага́л 6) вспомина́ть; I ~ how we were once friends я вспомина́ю о том, как мы когда́-то дружи́ли; I can't ~ of his name не могу́ припо́мнить его́ и́мени 7) постоя́нно ду́мать, мечта́ть □ ~ **out** проду́мать до конца́; ~ **over** обсуди́ть, обду́мать; ~ **up** *амер.* вы́думать, сочини́ть, приду́мать ◇ to ~ much of быть высо́кого мне́ния; высоко́ цени́ть; to ~ well (highly, badly) of smb. быть хоро́шего (высо́кого, дурно́го) мне́ния о ком-л.; to ~ no end of smb. о́чень высоко́ цени́ть кого́-л.; to ~ better of а) передýмать; отказа́ться от наме́рения (*сделать что-л.*); б) быть лу́чшего мне́ния о *ком-л.*; he ~s he is it *разг.* он о себе́ высо́кого мне́ния; I ~ little (*или* nothing) of 30 miles a day де́лать 30 миль в день для меня́ су́щий пустя́к; I don't ~ (*прибавляется к ирон. утверждению*) не́чего сказа́ть; ни дать ни взять

**thinkable** ['θɪŋkəbl] *a* 1) мы́слимый 2) осуществи́мый, возмо́жный

**thinker** ['θɪŋkə] *n* мысли́тель

**thinking** ['θɪŋkɪŋ] **1.** *pres. p. от* think

**2.** *n* 1) размышле́ние; to do some hard ~ как сле́дует призаду́маться; поразмы́слить 2) мне́ние; to my ~ по моему́ мне́нию

**3.** *a* мы́слящий, разу́мный ◇ ~ part *театр.* роль без слов; to put on one's ~ cap *разг.* серьёзно обду́мать (*что-л.*)

**think piece** [ˈθɪŋkˈpi:s] *n разг.* обзо́рная статья́ (*в газете, журнале*), в кото́рой даётся исто́рия вопро́са, ана́лиз собы́тий *и т. п.*

**think-tank** [ˈθɪŋkˈtæŋk] *n sl.* голова́, башка́

**thinning** [ˈθɪnɪŋ] **1.** *pres. p. от* thin 2

**2.** *n с.-х.* проре́живание посе́вов

**thin-skinned** [ˈθɪnˈskɪnd] *a* 1) тонкоко́жий 2) оби́дчивый, легкорани́мый

**third** [θə:d] **1.** *num. ord.* тре́тий; ~ person а) *грам.* тре́тье лицо́; б) *юр.* тре́тья сторона́, свиде́тель (*тж.* ~ party)

**2.** *n* 1) треть, тре́тья часть 2) (the ~) тре́тье число́ 3) *муз.* те́рция

**thirdly** [ˈθə:dlɪ] *adv* в-тре́тьих

**third-rate** [ˈθə:dˈreɪt] *a разг.* плохо́й, никуды́шный, «тре́тий сорт»

**thirst** [θə:st] **1.** *n* жа́жда; ~ for knowledge жа́жда зна́ний

**2.** *v* 1) хоте́ть пить 2) жа́ждать (for, *библ.* after — *чего-л.*)

**thirsty** [ˈθə:stɪ] *a* 1) томи́мый жа́ждой; I am ~ я хочу́ пить 2) *разг.* вызыва́ющий жа́жду 3) иссо́хший (*о почве*) 4) жа́ждущий (for—*чего-л.*)

**thirteen** [ˈθə:ˈti:n] *num. card.* трина́дцать

**thirteenth** [ˈθə:ˈti:nθ] **1.** *num. ord.* трина́дцатый

**2.** *n* 1) трина́дцатая часть 2) (the ~) трина́дцатое число́

**thirties** [ˈθə:tɪz] *n pl* 1) (the ~) тридца́тые го́ды 2) четвёртый деся́ток (*возраст между 30 и 39 годами*); she is just out of her ~ ей то́лько что ми́нуло 40 лет

**thirtieth** [ˈθə:tɪɪθ] **1.** *num. ord.* тридца́тый

**2.** *n* 1) тридца́тая часть 2) (the ~) тридца́тое число́

**thirty** [ˈθə:tɪ] **1.** *num. card.* три́дцать; ~-one три́дцать оди́н; ~-two три́дцать два *и т. д.*; he is over ~ ему́ за три́дцать

**2.** *n* три́дцать (*единиц, штук*)

**this** [ðɪs] *pron demonstr.* (*pl* these) э́тот, э́та, э́то а) *указывает на лицо, понятие, событие, предмет, действие, близкие по месту или времени*: ~ day сего́дня; these days в на́ши дни; ~ week на э́той неде́ле; ~ day week (month, year) ро́вно че́рез неде́лю (ме́сяц, год); ~ day last week ро́вно неде́лю наза́д; ~ country страна́, в кото́рой мы живём, нахо́димся (*обыкн. переводится названием страны, в которой находится говорящий или пишущий*); ~ house *парл.* э́та пала́та (*палата общин или лордов в зависимости от того, к какой палате обращается выступающий*); б) *противополагается* that: take ~ book and I'll take that one возьми́те э́ту кни́гу, а я возьму́ ту; в) *указывает на что-л., уже известное говорящему*: ~ is what I think вот что я ду́маю; ~ will never do э́то (ника́к) не годи́тся, не подхо́дит ◇ ~ much сто́лько-то; I know ~ much, that this story is exaggerated я зна́ю по кра́йней ме́ре то, что э́та исто́рия преувели́чена; ~ long так до́лго; the meeting isn't going to last ~ long собра́ние не продли́тся так уж до́лго; ~ side (of) ра́ньше, до (*определённого срока*); ~ side of midnight до полу́ночи; ~ way сюда́; like ~ так, вот так; таки́м о́бразом; ~, that and the other то одно́, то друго́е, то тре́тье; by ~ к э́тому вре́мени; ~ many a day давно́, уже́ мно́го дней; these ten minutes э́ти де́сять мину́т

**thistle** [ˈθɪsl] *n бот.* чертополо́х (*тж. как эмблема Шотландии*)

**thistle-down** [ˈθɪsldaun] *n* пушо́к семя́н чертополо́ха ◇ as light as ~ ≅ лёгкий как пух

**thistly** [ˈθɪslɪ] *a* 1) заро́сший чертополо́хом 2) колю́чий

**thither** [ˈðɪðə] *adv уст.* туда́, в ту сто́рону

**thitherto** [ˈðɪðəˈtu:] *adv уст.* до того́ вре́мени

**thitherward(s)** [ˈðɪðəwəd(z)] *adv уст.* в ту сто́рону, туда́

**tho'** [ðəu] = though

**thole** [θəul] *n* уклю́чина

**thole-pin** [ˈθəulpɪn] = thole

**Thomas** [ˈtɔməs] *n библ.* Фома́; doubting ~ Фома́ неве́рный

**thong** [θɔŋ] **1.** *n* реме́нь; плеть

**2.** *v* стега́ть

**thorax** [ˈθɔ:ræks] *a анат.* грудна́я кле́тка

**thorite** [ˈθəuraɪt] *n мин.* тори́т

**thorium** [ˈθɔ:rɪəm] *n хим.* то́рий

**thorn** [θɔ:n] *n* 1) шип, колю́чка 2) торн (*старое название рунической буквы* þ, *соответствующей* th) ◇ a ~ in one's side (*или* flesh) ≅ бельмо́ на глазу́; исто́чник постоя́нного раздраже́ния

**thorn-apple** [ˈθɔ:nˌæpl] *n бот.* дурма́н

**thorny** [ˈθɔ:nɪ] *a* 1) колю́чий 2) терни́стый; тяжёлый; ~ path (*или* way) терни́стый путь 3) тру́дный, противоречи́вый (*о вопросе и т. п.*); a ~ subject щекотли́вая, опа́сная те́ма

**thorough** [ˈθʌrə] **1.** *a* 1) по́лный, соверше́нный; основа́тельный, доскона́льный; тща́тельный 2) зако́нченный, по́лный; a ~ scoundrel зако́нченный негодя́й

**2.** *prep уст.* = through 1

**3.** *adv уст.* = through 2

**thorough-bass** [ˈθʌrəˈbeɪs] *n муз.* 1) генера́л-ба́с 2) *распр.* гармо́ния

**thoroughbred** [ˈθʌrəbred] **1.** *a* 1) чистокро́вный, поро́дистый 2) хорошо́ воспи́танный; безупре́чный, безукори́зненный (*о манерах и т. п.*); элега́нтный

**2.** *n* чистокро́вное, поро́дистое живо́тное

**thoroughfare** [ˈθʌrəfɛə] *n* 1) оживлённая у́лица; гла́вная арте́рия (*города*) 2) прохо́д, прое́зд; путь сообще́ния; no ~ прое́зд закры́т (*надпись*)

**thoroughgoing** [ˈθʌrəˌgəuɪŋ] *a* 1) иду́щий напроло́м, без компроми́ссов 2) радика́льный

**thoroughly** [ˈθʌrəlɪ] *adv* вполне́, соверше́нно, до конца́; основа́тельно, тща́тельно

**thoroughness** [ˈθʌrənɪs] *n* основа́тельность, доскона́льность, тща́тельность, зако́нченность

**thoroughpaced** [ˈθʌrəpeɪst] *a* 1) хорошо́ вы́езженный 2) зако́нченный, отъя́вленный

**thorp** [θɔ:p] *n уст.* дере́вня

**those** [ðəuz] *pl от* that 1

**thou** [ðau] *pron pers.* (*косв. п.* thee) *уст., поэт.* ты

**though** [ðəu] **1.** *cj* 1) хотя́, несмотря́ на 2) да́же, е́сли бы, хотя́ бы; it is worth attempting, ~ we fail сто́ит попро́бовать, да́же е́сли нам и не уда́стся

**2.** *adv* тем не ме́нее; одна́ко (же); всё-таки

**thought** I [θɔ:t] *n* 1) мысль; мышле́ние; размышле́ние; to collect (*или* to compose) one's ~s собра́ться с мы́слями; (lost) in ~ погружённый в размышле́ния; to read smb.'s ~s чита́ть чьи-л. мы́сли; to take ~ заду́маться; опеча́литься 2) наме́рение 3) забо́та; внима́ние; to take (*или* to show) ~ for smb. забо́титься о ком-л.; thank you for your kind ~ of me благодарю́ вас за внима́ние ко мне 4) (a ~) чу́точка (*обыкн. употр. как adv* чу́точку); a ~ more polite чуть ве́жливей ◇ (as) quick as ~ ≅ с быстрото́й мо́лнии; мгнове́нно; second ~s are best *посл.* ≅ семь раз отме́рь, оди́н раз отре́жь

**thought** II [θɔ:t] *past и p. p. от* think

**thoughtful** [ˈθɔ:tful] *a* 1) заду́мчивый, погружённый в размышле́ния 2) глубо́кий по мы́сли, содержа́тельный (*о книге и т. п.*) 3) забо́тливый, чу́ткий, внима́тельный (of — к *другим*)

**thoughtless** [ˈθɔ:tlɪs] *a* 1) беспе́чный, безрассу́дный 2) необду́манный, глу́пый 3) невнима́тельный (of — к *другим*)

**thought-out** [ˈθɔ:tˈaut] *a* проду́манный; a well ~ argument хорошо́ проду́манный аргуме́нт

**thought-reading** [ˈθɔ:tˌri:dɪŋ] *n* чте́ние чужи́х мы́слей

**thought-transference** [ˈθɔ:tˈtrænsfərəns] *n* переда́ча мы́слей на расстоя́ние, телепа́тия

**thousand** [ˈθauzənd] **1.** *num. card.* ты́сяча

**2.** *n* 1) ты́сяча; one in a ~ оди́н на ты́сячу, исключи́тельный 2) мно́жество, ма́сса; many ~s of times (*или* a ~ times) мно́жество раз; a ~ times easier в ты́сячу раз ле́гче; the ~ and one small worries of life ма́сса ме́лких забо́т; ≅ суета́ сует; he made a ~ and one excuses он ты́сячу раз извиня́лся; a ~ thanks ≅ большо́е спаси́бо

**thousandfold** [ˈθauzəndfəuld] **1.** *a* в ты́сячу раз бо́льший

**2.** *adv* в ты́сячу раз бо́льше

**thousandth** [ˈθauzəntθ] **1.** *num. ord.* ты́сячный

**2.** *n* ты́сячная часть

**thraldom** [ˈθrɔːldəm] *n ист.* ра́бство

**thrall** [θrɔːl] **1.** *n* 1) раб 2) *ист.* ра́бство; to hold smb. in ~ плени́ть, очарова́ть кого́-л.

**2.** *v ист.* порабоща́ть

**thrash** [θræʃ] *v* 1) бить, поро́ть 2) победи́ть (*в борьбе, состязании*) 3) = thresh 1) □ ~ **about** мета́ться (*о больном*); ~ **out** тща́тельно обсужда́ть, выясня́ть, прораба́тывать (*вопросы и т. п.*); ~ **over** = ~ out

**thrasher** [ˈθræʃə] *n* 1) тот, кто бьёт 2) = thresher 1); 3) = thresher 2); 4) *зоол.* морска́я лиси́ца

**thrashing** [ˈθræʃɪŋ] **1.** *pres. p. от* thrash

**2.** *n* 1) по́рка, трёпка, взбу́чка; to give smb. a (sound) ~ вздуть кого́-л. 2) = threshing 2, 1)

**thrashing-floor** [ˈθræʃɪŋflɔː] = threshing-floor

**thrashing-machine** [ˈθræʃɪŋməˌʃiːn] = threshing-machine

**thrasonical** [θrəˈsɔnɪkəl] *a* хвастли́вый

**thread** [θred] **1.** *n* 1) ни́тка; нить (*тж. перен.*); the ~ of the story основна́я нить, ли́ния расска́за; to lose the ~ of потеря́ть нить (*рассказа и т. п.*); to resume (*или* to take up) the ~ (of) возобнови́ть (*беседу, рассказ*); the ~ of life нить жи́зни; to pick up the ~ (of acquaintance with smb.) возобнови́ть (знако́мство с кем-л.) 2) *тех.* резьба́, наре́зка; шаг (*винта*) 3) *эл.* жи́ла про́вода 4) *геол.* прожи́лок 5) *attr.* ни́тяный; нитеви́дный ◇ ~ and thrum всё вме́сте — и хоро́шее и плохо́е; worn to the ~ потёртый, изно́шенный; потрёпанный

**2.** *v* 1) продева́ть ни́тку (*в иголку*) 2) нани́зывать (*бусы и т. п.*) 3) пробира́ться; прокла́дывать путь; to ~ one's way through the crowd пробира́ться сквозь толпу́ 4) прони́зывать, проходи́ть кра́сной ни́тью 5) заправля́ть ни́тью (*ткацкий станок, швейную машину и т. п.*) 6): to ~ a film into the camera *кино* заряжа́ть аппара́т киноле́нтой 7) *тех.* нареза́ть (*резьбу*)

**threadbare** [ˈθredbɛə] *a* 1) потёртый, изно́шенный 2) бе́дно оде́тый 3) изби́тый (*о шутке, доводе и т. п.*)

**threaded** [ˈθredɪd] **1.** *p. p. от* thread 2

**2.** *a тех.* с наре́зкой, с резьбо́й, нарезно́й

**threader** [ˈθredə] *n* винторе́зный стано́к

**threadlike** [ˈθredlaɪk] *a* 1) нитеви́дный 2) волокни́стый

**thread-mark** [ˈθredmɑːk] *n* водяно́й знак (*на деньгах и т. п.*)

**thread-needle** [ˈθredˌniːdl] *n* «ручеёк» (*детская игра*)

**threadworm** [ˈθredwəːm] *n* остри́ца (*глист*)

**thready** [ˈθredɪ] *a* 1) ни́тяный; нитеви́дный 2) волокни́стый 3) то́нкий (*о голосе*)

**threat** [θret] *n* угро́за; there is a ~ of rain собира́ется дождь

**threaten** [ˈθretn] *v* грози́ть, угрожа́ть (with — *чем-л.*); to ~ punishment угрожа́ть наказа́нием

**threatening** [ˈθretnɪŋ] **1.** *pres. p. от* threaten

**2.** *a* угрожа́ющий; грозя́щий; нави́сший (*об опасности и т. п.*)

**three** [θriː] **1.** *num. card.* три; ~ times ~ а) три́жды три; б) девятикра́тное ура́

**2.** *n* 1) тро́йка; in ~s по́ три 2) *pl* тре́тий но́мер, разме́р 3) три очка́

**three-colour process** [ˈθriːˌkʌləˈprəuses] *n полигр.* трёхкра́сочная печа́ть

**three-cornered** [ˈθriːˈkɔːnəd] *a* 1) треуго́льный 2) происходя́щий с уча́стием трёх челове́к, па́ртий *и т. п.* (*о борьбе, диспуте и т. п.*) 3) *перен.* нескла́дный, углова́тый

**three-decker** [ˈθriːˈdekə] *n* 1) трёхпа́лубное су́дно 2) трило́гия; трёхто́мный рома́н 3) трёсло́йный са́ндвич

**three-dimensional** [ˈθriːdɪˈmenʃənl] *a* трёхме́рный, простра́нственный; стереоскопи́ческий

**three-field** [ˈθriːfiːld] *a с.-х.* трёхпо́льный; ~ system трёхпо́льная систе́ма, трёхпо́лье

**threefold** [ˈθriːfəuld] **1.** *a* утро́енный; тройно́й

**2.** *adv* втро́е (бо́льше), втройне́

**three halfpence** [ˈθriːheɪpəns] *n* полтора́ пе́нни

**three-handed** [ˈθriːˈhændɪd] *a* происходя́щий с уча́стием трёх игроко́в

**three-lane** [ˈθriːleɪn] *a*: ~ motorway движе́ние тра́нспорта в три ря́да

**three-legged** [ˈθriːˈlegd] *a* треного́й; а ~ race бег па́рами (*игра, в которой нога одного бегуна связана с ногой другого*), бег «на трёх нога́х»

**three-master** [ˈθriːˈmɑːstə] *n* трёхма́чтовое су́дно

**three-mile** [ˈθriːmaɪl] *a* трёхми́льный; ~ limit грани́ца трёхми́льной полосы́ (*территориальных вод*)

**threepence** [ˈθrepəns] *n* три пе́нса; трёхпе́нсовая моне́та

**threepenny** [ˈθrepənɪ] *a* 1) сто́ящий три пе́нса; ~ bit (*или* piece) трёхпе́нсовая моне́та 2) дешёвый, грошо́вый

**three-per-cents** [ˈθriːpəˈsents] *n pl* трёхпроце́нтные це́нные бума́ги

**three-phase** [ˈθriːfeɪz] *a эл.* трёхфа́зный

**three-piece** [ˈθriːpiːs] *a* состоя́щий из трёх предме́тов (*обыкн. о дамском костюме*)

**three-ply** [ˈθriːplaɪ] **1.** *n* трёхсло́йная фане́ра

**2.** *a* трёхсло́йный (*о фанере*)

**three-quarter** [ˈθriːˈkwɔːtə] *a* 1) трёхчетвертно́й 2) с поворо́том лица́ в три че́тверти (*о портрете, фотографии*)

**threescore** [ˈθriːˈskɔː] *n* шестьдеся́т (*о возрасте*); ~ and ten се́мьдесят лет (*как нормальный срок человеческой жизни*)

**threesome** [ˈθriːsəm] **1.** *n* 1) три челове́ка, тро́йка 2) гольф (*или другая игра*) для трёх игроко́в

**2.** *a* состоя́щий из трёх; осуществля́емый тремя́

**three-throw** [ˈθriːθrəu] *a тех.* стро́енный, трёхколе́нчатый

**three-way** [ˈθriːweɪ] *a* 1) *тех.* трёхходово́й 2) *ж.-д.* трёхпу́тный

**thremmatology** [ˌθreməˈtɔlədʒɪ] *n* тремматоло́гия, нау́ка о разведе́нии дома́шних живо́тных и культу́рных расте́ний

**threnode, threnody** [ˈθrenəud, ˈθrenədɪ] *n* погреба́льная песнь; погреба́льное пе́ние

**thresh** [θreʃ] *v* 1) молоти́ть 2) = thrash 1); 3) = thrash 2) ◇ to ~ over old straw ≅ толо́чь во́ду в сту́пе

**thresher** [ˈθreʃə] *n* 1) моло́тильщик 2) молоти́лка 3) = thrasher 4)

**threshold** [ˈθreʃhəuld] *n* 1) поро́г 2) *перен.* преддве́рие, отправно́й пункт, нача́ло; to stumble on (*или* at) the ~ пло́хо нача́ть (*дело*) 3) *психол.* поро́г (*сознания*)

**threshing** [ˈθreʃɪŋ] **1.** *pres. p. от* thresh

**2.** *n* 1) молотьба́ 2) = thrashing 2, 1)

**threshing-floor** [ˈθreʃɪŋflɔː] *n с.-х.* ток

**threshing-machine** [ˈθreʃɪŋməˌʃiːn] *n с.-х.* молоти́лка

**threw** [θruː] *past от* throw 2

**thrice** [θraɪs] *adv уст.* три́жды; в высо́кой сте́пени; ~ happy о́чень сча́стлив

**thrice-** [θraɪs-] *в сложных словах означает* в вы́сшей сте́пени, о́чень; thrice-told мно́го раз расска́занный; thrice-noble в вы́сшей сте́пени благоро́дный

**thrift** [θrɪft] *n* 1) эконо́мность, бережли́вость 2) *уст.* процвета́ние, зажи́точность 3) *редк.* бы́стрый, бу́йный рост 4) *бот.* арме́рия

**thriftless** [ˈθrɪftlɪs] *a* расточи́тельный, неэконо́мный

**thrifty** [ˈθrɪftɪ] *a* 1) эконо́мный, бережли́вый 2) цвету́щий, процвета́ющий

**thrill** [θrɪl] **1.** *n* 1) возбужде́ние, глубо́кое волне́ние 2) не́рвная дрожь, тре́пет 3) что-л. волну́ющее, захва́тывающее 4) колеба́ние, вибра́ция

**2.** *v* 1) вызыва́ть тре́пет; си́льно взволнова́ть 2) испы́тывать тре́пет; си́льно взволнова́ться 3) дрожа́ть (*от страха, радости и т. п.*); трепета́ть; my heart ~ed with joy моё се́рдце затрепета́ло от ра́дости 4) колеба́ться, вибри́ровать

**thrilled** [θrɪld] **1.** *p. p. от* thrill 2

**2.** *a* 1) взволно́ванный, возбуждённый 2) заинтриго́ванный, захва́ченный

**thriller** [ˈθrɪlə] *n разг.* кни́га, пье́са *или* фильм, рассчи́танные на то, что́бы взволнова́ть, захвати́ть чита́теля, зри́теля

**thrilling** [ˈθrɪlɪŋ] **1.** *pres. p. от* thrill 2

2. *a* 1) волну́ющий, захва́тывающий 2) дрожа́щий, вибри́рующий

**thrive** [θraɪv] *v* (throve, *редк.* -d [-d]; thriven, *редк.* -d [-d]) 1) процвета́ть, преуспева́ть 2) бу́йно, пы́шно расти́, разраста́ться

**thriven** ['θrɪvn] *p. p. от* thrive

**thro, thro'** [θru:] = through

**throat** [θrəut] **1.** *n* 1) го́рло, горта́нь, гло́тка; to clear one's ~ отка́шливаться; full to the ~ сыт по го́рло; to stick in one's ~ застря́ть в го́рле (*о кости и т. п.*) [*см. тж.* ◇] 2) у́зкий прохо́д, у́зкое отве́рстие; жерло́ вулка́на 3) *тех.* горлови́на, зев, соедини́тельная часть; расчётный разме́р (в свету́) 4) *метал.* колошни́к (*домны*); горлови́на (*конвертора*) 5) *мор.* пя́тка (*гафеля*) ◇ to cut one another's ~s смерте́льно враждова́ть; разоря́ть друг дру́га конкуре́нцией; to give smb. the lie in his ~ изобличи́ть кого́-л. в гру́бой лжи; to jump down smb.'s ~ перебива́ть кого́-л., гру́бо возража́ть; затыка́ть гло́тку кому́-л.; to thrust (*или* to ram) smth. down smb.'s ~ си́лой навяза́ть что-л. кому́-л.; to stick in one's ~ а) застрева́ть в го́рле (*о словах*); б) прети́ть; [*см. тж.* 1)]

2. *v* 1) бормота́ть 2) напева́ть хри́плым го́лосом

**throaty** ['θrəutɪ] *a* горта́нный; хри́плый

**throb** [θrɔb] **1.** *n* 1) бие́ние, пульса́ция 2) тре́пет, волне́ние

2. *v* 1) си́льно би́ться *или* пульси́ровать 2) трепета́ть, волнова́ться

**throe** [θrəu] *n* (*обыкн. pl*) 1) си́льная боль; in the ~s of в му́ках (*творчества и т. п.*); ~s of childbirth родовы́е му́ки 2) аго́ния

**Throgmorton Street** [θrɔg'mɔ:tn-'stri:t] *n* 1) у́лица в Ло́ндоне, где располо́жена би́ржа 2) ло́ндонская би́ржа; биржевики́

**thrombosis** [θrɔm'bəusɪs] *n мед.* тромбо́з

**thrombus** ['θrɔmbəs] *n* тромб

**throne** [θrəun] **1.** *n* 1) трон; престо́л 2) (the ~) короле́вская, ца́рская власть 3) высо́кое положе́ние

2. *v* 1) возводи́ть на престо́л 2) занима́ть высо́кое положе́ние

**throng** [θrɔŋ] **1.** *n* 1) толпа́, толчея́ 2) ма́сса, мно́жество

2. *v* толпи́ться; заполня́ть (*о толпе*); переполня́ть (*помещение*)

**throstle** ['θrɔsl] *n* 1) пе́вчий дрозд 2) *текст.* гребённая пряди́льная маши́на (*для шерсти*)

**throttle** ['θrɔtl] **1.** *n тех.* дро́ссель ◇ at full ~ на по́лной ско́рости, на по́лной мо́щности

2. *v* 1) души́ть 2) задыха́ться 3) *тех.* дроссели́ровать, мять (*пар*) ▭ ~ **down** уме́ньшить газ

**through** [θru:] **1.** *prep* 1) *указывает на пространственные отношения* че́рез, сквозь, по; ~ the gate че́рез воро́та; they marched ~ the town они́ прошли́ по го́роду; ~ this country по всей стране́ 2) *указывает на временные отношения:* а) в тече́ние, в продолже́ние; ~ the night всю ночь; to wait ~ ten long years прожда́ть де́сять до́лгих лет; б) *амер.* включи́тельно; May 10 ~ June 15 с 10 ма́я по 15 ию́ня включи́тельно 3) *в сочетаниях, имеющих переносное значение* в, че́рез; to flash ~ the mind промелькну́ть в голове́; to go ~ many trials пройти́ че́рез мно́го испыта́ний 4) че́рез (посре́дство), от; I heard of you ~ your sister я слы́шал о вас от ва́шей сестры́; he was examined ~ an interpreter его́ допра́шивали че́рез перево́дчика 5) по причи́не, всле́дствие, из-за, благодаря́; we lost ourselves ~ not knowing the way мы заблуди́лись из-за того́, что не зна́ли доро́ги

2. *adv* 1) насквозь; соверше́нно; I am wet ~ я наскво́зь промо́к 2) от нача́ла до конца́; *в сочетании с глаголами передаётся приставками* пере-, про-; he slept the whole night ~ он проспа́л всю ночь; to carry ~ довести́ до конца́; I have read the book ~ я прочёл всю кни́гу; to get ~ пройти́; to look ~ просмотре́ть ◇ to be ~ (with) а) зако́нчить (*что-л.*); б) поко́нчить (с *чем-л.*); в) *разг.* пресы́титься (*чем-л.*); уста́ть (от *чего-л.*); to put a person ~ соедини́ть кого́-л. (*по телефону*); you are ~! абоне́нт у телефо́на, говори́те!; ~ and ~ а) соверше́нно, наскво́зь, до конца́, во всех отноше́ниях; an aristocrat ~ and ~ аристокра́т до ко́нчиков па́льцев; б) сно́ва и сно́ва

3. *a* 1) прямо́й, беспереса́дочный; ~ ticket сквозно́й биле́т; ~ service беспереса́дочное сообще́ние 2) свобо́дный, беспрепя́тственный; ~ passage свобо́дный прохо́д

**throughly** ['θru:lɪ] *уст.* = thoroughly

**throughout** [θru(:)'aut] **1.** *adv* 1) во всех отноше́ниях; соверше́нно 2) повсю́ду; на всём протяже́нии; the dictionary has been revised ~ слова́рь был с нача́ла до конца́ пересмо́трен

2. *prep* че́рез; по всему́; в продолже́ние (*всего времени и т. п.*); ~ the 19th century че́рез весь XIX век

**through-put** ['θru:put] *n* коли́чество сырья́, материа́ла *и т. п.*, израсхо́дованного за определённый срок

**throve** [θrəuv] *past от* thrive

**throw** [θrəu] **1.** *n* 1) броса́ние; бросо́к 2) да́льность броска́; расстоя́ние, на кото́рое мо́жно метну́ть диск *и т. п.* 3) риск, риско́ванное де́ло 4) покрыва́ло (*на кровати*) 5) *разг.* шарф, лёгкая наки́дка 6) *спорт.* бросо́к (*при борьбе*) 7) гонча́рный круг 8) *геол.* вертика́льное перемеще́ние, сброс 9) *тех.* ход (*поршня, шатуна*); разма́х

2. *v* (threw; thrown) 1) броса́ть, кида́ть; мета́ть; набра́сывать (*тж.* ~ on); to ~ oneself броса́ться, кида́ться; to ~ oneself at smb., smth. набра́сываться на кого́-л., что-л.; to ~ stones at smb. швыря́ть в кого́-л. камня́ми; *перен.* осужда́ть кого́-л.; to ~ a glance бро́сить взгляд; to ~ kisses at smb. посыла́ть кому́-л. возду́шные поцелу́и 2) сбра́сывать (*всадника*) 3) меня́ть (*кожу — о змее*) 4) бы́стро, неожи́данно приводи́ть (into — в *определённое состояние*); to ~ into confusion приводи́ть в смяте́ние 5) отели́ться, ожереби́ться *и т. п.* 6) верте́ть; крути́ть (*шёлк*) 7) *разг.* дава́ть (*обед и т. п.*); устра́ивать (*вечеринку*) 8) положи́ть на о́бе лопа́тки (*в борьбе*) 9) *спорт. разг.* наме́ренно прои́грывать соревнова́ние 10) навести́ (*мост*) ▭ ~ **about** разбра́сывать, раски́дывать; to ~ one's money about сори́ть деньга́ми; ~ **aside** отбра́сывать, отстраня́ть; ~ **away** а) броса́ть, отбра́сывать; б) тра́тить впусту́ю (*деньги*); в) упусти́ть, не воспо́льзоваться; to ~ away an advantage упусти́ть возмо́жность; ~ **back** а) отбра́сывать наза́д; б) замедля́ть разви́тие; в) (ре́зко) отверга́ть; ~ **down** а) сбра́сывать; броса́ть; to ~ oneself down бро́ситься, лечь на зе́млю; to ~ down one's arms сдава́ться; to ~ down one's tools забастова́ть; б) сноси́ть, разруша́ть (*здание*); в) ниспроверга́ть; г) *хим.* вызыва́ть оседа́ние; д) *амер.* отклоня́ть (*предложение и т. п.*); отверга́ть; to ~ down one's brief *юр.* отка́зываться от дальне́йшего веде́ния де́ла; ~ **in** а) добавля́ть, вставля́ть (*замечание*); б) *тех.* включа́ть; в) броса́ть (*в крикете*); ~ **off** а) отверга́ть; б) сверга́ть; в) сбра́сывать; избавля́ться; to ~ off an illness popра́виться, вы́лечиться; г) изверга́ть; д) легко́ и бы́стро наброса́ть (*эпиграмму и т. п.*); е) *охот.* спуска́ть соба́к; ж) начина́ть (*что-л.*); з) *тех.* выключа́ть; ~ **on** а) наки́нуть, наде́ть (*пальто и т. п.*); б) подбра́сывать, подбавля́ть; to ~ on coals подбра́сывать у́голь (*в топку*); ~ **out** а) выбра́сывать; б) выгоня́ть; увольня́ть; в) испуска́ть, излуча́ть (*свет*); г) мимохо́дом выска́зывать (*предложение*); д) *парл.* отверга́ть (*законопроект*); е) сбить, запу́тать (*напр., в расчётах*); ж) *воен.* выставля́ть, высыла́ть; з) *спорт.* перегоня́ть; и) пристра́ивать; to ~ out a new wing пристро́ить но́вое крыло́ (к зда́нию); ~ **over** а) броса́ть; покида́ть (*друзей*); б) отка́зываться (*от плана, намерения и т. п.*); в) *тех.* переключа́ть; ~ **together** а) на́спех составля́ть, компили́ровать; б) своди́ть вме́сте, ста́лкивать (*о людях*); ~ **up** а) подбра́сывать; б) вски́дывать (*глаза*); поднима́ть (*руки*); в) возводи́ть, бы́стро стро́ить (*дом, баррикады*); г) выделя́ть, оттеня́ть; д) броса́ть, отка́зываться от уча́стия; е) *амер.* упрека́ть, критикова́ть; ж) изверга́ть; *разг.* рвать; he threw up его́ вы́рвало ◇ to ~ the great cast сде́лать реши́тельный шаг; to ~ a fit прийти́ в я́рость; закати́ть исте́рику; to ~ oneself at the head of smb. *разг.* ве́шаться кому́-л. на ше́ю; to ~ the cap over the mill пуска́ться во все тя́жкие; to ~ the bull *амер. sl.* трепа́ться; бессо́вестно врать; to

~ a chest *разг.* выпячивать грудь; to ~ good money after bad, to ~ the handle after the blade рисковать последним; упорствовать в безнадёжном деле; to ~ cold water on (a plan, *etc.*) *см.* cold 1, ◇

**throwaway** ['θrəuə,weɪ] *n* рекламное объявление, проспект *и т. п.* (*распространяемые среди покупателей бесплатно*)

**throw-back** ['θrəubæk] *n* 1) регресс; возврат к прошлому 2) атавизм

**thrower** ['θrəuə] *n* 1) метатель; гранатомётчик; discus ~ метатель диска, дискобол 2) гончар 3) = throwster 4) метательный аппарат

**throw-in** ['θrəu'ɪn] *n* вбрасывание (*мяча в игру*)

**thrown** [θrəun] *p. p. от* throw 2

**thrown silk** ['θrəun'sɪlk] *n* кручёный натуральный шёлк

**throw-off** ['θrəu'ɔf] *n* начало (*охоты, бегов*)

**throw-out** ['θrəu'aut] *n разг.* отбросы; что-л. ненужное

**throwster** ['θrəustə] *n текст.* шёлкокрутильщик

**thru** [θru:] *амер.* = through

**thrum** I [θrʌm] *n текст.* 1) незатканный конец нити 2) бахрома

**thrum** II [θrʌm] **1.** *n* бренчание

**2.** *v* 1) бренчать, тренькать 2) барабанить пальцами

**thrush** I [θrʌʃ] *n* дрозд

**thrush** II [θrʌʃ] *n* 1) *мед.* молочница (*болезнь*) 2) *вет.* гниение стрелки (*у лошади*)

**thrust** [θrʌst] **1.** *n* 1) толчок 2) удар, выпад 3) резкое выступление (*против кого-л.*); выпад, колкость 4) вооружённое нападение, атака 5) *тех.* опора, упор 6) *тех.* осевая нагрузка 7) *геол.* горизонтальное *или* боковое давление; надвиг

**2.** *v* (thrust) 1) толкать; тыкать 2) колоть, пронзать 3) совать, засовывать; to ~ one's hands into one's pockets засунуть руки в карманы 4) протискиваться, лезть, пролезать; to ~ one's way пробивать себе дорогу; to ~ oneself into a well-paid position пролезть на хорошо оплачиваемую должность; to ~ oneself into smb.'s society втереться в чьё-л. общество 5) навязывать (*кому-л.*); I don't want such things ~ on me я не хочу, чтобы мне навязывали такие вещи ▭ ~ **aside** отталкивать; отбрасывать; ~ **forth** выталкивать; проталкивать; ~ **in** втыкать, всовывать, вонзать; to ~ in a word вставить слово; ~ **out** выгонять, выселять; вышвыривать ◇ to ~ oneself forward обращать на себя внимание

**thud** [θʌd] **1.** *n* глухой звук, стук (*от падения тяжёлого тела*)

**2.** *v* 1) свалиться, шлёпнуться, бухнуться 2) ударяться с глухим стуком; bullets ~ed into the sandbags пули глухо ударялись по мешкам с песком

**thug** [θʌg] *n* 1) убийца; головорез 2) *ист.* разбойник-душитель (*член религиозной секты в северной Индии*)

**thuggee, thuggery** ['θʌgi:, 'θʌgərɪ] *n* удушение

**thuja** ['θju:jə] *n бот.* туя

**thulium** ['θju:lɪəm] *n хим.* тулий

**thumb** [θʌm] **1.** *n* большой палец (*руки*); палец (*рукавицы*) ◇ under smb.'s ~ всецело под влиянием *или* во власти кого-л.; под башмаком; Tom T. мальчик с пальчик; ~s up! недурно!, подходяще!; to be all ~s быть неловким, неуклюжим; to be ~s down быть против, запрещать, бойкотировать (on)

**2.** *v* 1) листать, смотреть (*журнал, книгу*; *тж.* ~ through) 2) захватать, загрязнить 3) *разг.* остановить проезжающий автомобиль, подняв большой палец (*тж.* ~ a lift) ◇ to ~ one's nose at smb. показать нос кому-л.

**thumb-index** ['θʌm,ɪndeks] *n* буквенный указатель (*на переднем обрезе справочника, словаря и т. п.*)

**thumb-mark** ['θʌmma:k] *n* 1) след пальцев (*на страницах книги*) 2) = thumb-print

**thumb-nail** ['θʌmneɪl] **1.** *n* 1) ноготь большого пальца 2) что-л., имеющее размер ногтя

**2.** *a* 1) маленький 2) краткий; ~ sketch краткое описание (*чего-л.*)

**thumb-print** ['θʌmprɪnt] *n* отпечаток большого пальца (*в дактилоскопии*)

**thumbscrew** ['θʌmskru:] *n* 1) *ист.* тиски для больших пальцев (*орудие пытки*) 2) *тех.* винт с накатанной головкой

**thumb-tack** ['θʌmtæk] *n амер.* чертёжная кнопка

**thump** [θʌmp] **1.** *n* тяжёлый удар (*кулаком, дубинкой*); глухой звук (*удара*)

**2.** *v* 1) наносить тяжёлый удар, ударять; стучать 2) ударяться; биться с глухим шумом; his heart ~ed его сердце глухо билось

**thumper** ['θʌmpə] *n разг.* 1) что-л. очень большое 2) явная ложь

**thumping** ['θʌmpɪŋ] **1.** *pres. p. от* thump 2

**2.** *a* громадный, подавляющий; ~ majority явное большинство

**3.** *adv разг.* очень; ~ good play чертовски хорошая пьеса

**thunder** ['θʌndə] **1.** *n* 1) гром 2) грохот, шум 3) *pl* резкое осуждение, угрозы (*обыкн. со стороны газет, официальных лиц и т. п.*)

**2.** *v* 1) греметь (*тж. в безл. оборотах*); it ~s гром гремит 2) стучать, колотить 3) громить, грозить (against); метать громы и молнии 4) говорить громогласно

**thunderbolt** ['θʌndəbəult] *n* 1) удар молнии; *перен.* как гром среди ясного неба; to come like a ~, to be a ~ поразить, быть совершенно неожиданным 2) белемнит, чёртов палец (*остатки ископаемых моллюсков*)

**thunderclap** ['θʌndəklæp] *n* удар грома; *перен.* неожиданное событие; ужасная новость

**thundercloud** ['θʌndəklaud] *n* грозовая туча

**Thunderer** ['θʌndərə] *n* (the ~) громовержец (*Юпитер, Тор*)

**thundering** ['θʌndərɪŋ] **1.** *pres. p. от* thunder 2

**2.** *a* 1) громоподобный; оглушающий 2) *разг.* громадный; ~ ass ужасный болван

**thunderous** ['θʌndərəs] *a* 1) грозовой, предвещающий грозу 2) громовой, оглушительный

**thunder-peal** ['θʌndəpi:l] *n* удар *или* раскат грома

**thunderstorm** ['θʌndəstɔ:m] *n* гроза

**thunderstroke** ['θʌndəstrəuk] *n* удар грома

**thunderstruck** ['θʌndəstrʌk] *a* 1) сражённый ударом молнии 2) ошеломлённый, оглушённый; как громом поражённый

**thundery** ['θʌndərɪ] = thunderous 1)

**thurible** ['θjuərɪbl] *n* кадило

**thurify** ['θjuərɪfaɪ] *v* кадить

**Thursday** ['θə:zdɪ] *n* четверг

**thus** [ðʌs] *adv* 1) так, таким образом; поэтому (*амер. тж.* ~ and so); ~ and ~ так-то и так-то 2) до, до такой степени; ~ far до сих пор; ~ much столько; ~ much at least is clear хоть это, по крайней мере, ясно

**thwack** [θwæk] **1.** *n* (сильный) удар

**2.** *v* бить, колотить

**thwart** [θwɔ:t] **1.** *n* банка на гребной шлюпке

**2.** *a* 1) поперечный, косой; ~ motion поперечное движение 2) *уст.* несговорчивый, упрямый

**3.** *v* 1) (по)мешать исполнению (*желаний*); расстраивать, разрушать (*планы и т. п.*) 2) перечить 3) *уст.* пересекать

**thy** [ðaɪ] *pron poss. уст.* (*употр. атрибутивно*; *ср.* thine) твой

**thyme** [taɪm] *n бот.* тимьян, чабрец

**thyroid** ['θaɪrɔɪd] *анат.* **1.** *n* щитовидная железа

**2.** *a* щитовидный; ~ cartilage щитовидный хрящ; ~ gland щитовидная железа

**thyrsi** ['θə:saɪ] *pl от* thyrsus

**thyrsus** ['θə:səs] *n* (*pl* -si) *греч. миф.* тирс, жезл Вакха

**thyself** [ðaɪ'self] *уст. pron* 1) *refl.* себя, -ся 2) *emph.* сам, сама

**tiara** [tɪ'a:rə] *n* 1) тиара 2) диадема

**tibia** ['tɪbɪə] *лат. n* (*pl* -ae) *анат.* большеберцовая кость

**tibiae** ['tɪbɪi:] *pl от* tibia

**tic** [tɪk] *n мед.* тик; ~ douloureux [-,du:lu'rə:] невралгия тройничного нерва

**ticca** ['tɪkə] *инд. a* наёмный

**tick** I [tɪk] *n* 1) чехол (*матраца, подушки*) 2) тик (*материя*)

**tick** II [tɪk] **1.** *n* 1) тиканье 2) отметка, птичка, галочка 3) *разг.* мгновение; in a ~ моментально, немедленно; to (*или* on) the ~ точно, пунктуально

**2.** *v* 1) тикать 2) делать отметку, ставить птичку (*тж.* ~ off) ▭ ~ **off** а) отмечать, ставить галочку; б) *разг.* отделать, распушить; ~ **out** выстукивать (*о телеграфном аппарате*); ~ **over** *авто* ехать с выключенным дви́гателем ◇ what makes him ~? чем он живёт?, что придаёт ему́ си́лы?

**tick** III [tɪk] **1.** *n* 1) *разг.* креди́т; to go (*или* to run) (on) ~ брать в креди́т; влеза́ть в долги́; to buy (to sell) on ~ покупа́ть (продава́ть) в креди́т 2) счёт

**2.** *v* 1) брать в долг; покупа́ть в креди́т 2) отпуска́ть в долг; продава́ть в креди́т

**tick** IV [tɪk] *n зоол.* клещ

**ticker** [ˈtɪkə] *n* 1) ма́ятник 2) *разг.* часы́ 3) *шутл.* се́рдце 4) *радио* ти́ккер 5) *тлг.* зу́ммер 6) биржево́й телегра́фный аппара́т (*тж.* stock ~)

**ticker-tape** [ˈtɪkəteɪp] *n* телегра́фная ле́нта

**ticker-tape reception** [ˈtɪkəteɪprɪˌsepʃən] *n* торже́ственная встре́ча, торже́ственный прое́зд по у́лицам го́рода (*с осыпанием героя серпантином из тиккерной ленты*)

**ticket** [ˈtɪkɪt] **1.** *n* 1) биле́т; single (*амер.* one-way) ~ биле́т в оди́н коне́ц 2) ярлы́к; price ~ этике́тка с цено́й 3) объявле́ние (*о сдаче внаём*) 4) удостовере́ние; ка́рточка; квита́нция; pawn ~ зало́говая квита́нция 5) *амер. разг.* пове́стка в суд за наруше́ние пра́вил у́личного движе́ния; to get a ~ быть оштрафо́ванным за наруше́ние пра́вил у́личного движе́ния 6) *воен.*: to get one's ~ *sl.* получи́ть увольне́ние; ~ of discharge увольни́тельное свиде́тельство 7) *амер.* спи́сок кандида́тов како́й-л. па́ртии на вы́борах; straight ~ избира́тельный бюллете́нь с имена́ми кандида́тов како́й-л. одно́й па́ртии; mixed (*или* split) ~ бюллете́нь с кандида́тами из спи́сков ра́зных па́ртий; scratch ~ бюллете́нь с не́сколькими вы́черкнутыми фами́лиями; to carry a ~ провести́ свои́х кандида́тов; to be ahead (behind) of one's ~ получи́ть наибо́льшее (наиме́ньшее) коли́чество голосо́в по спи́ску свое́й па́ртии 8) *attr.* биле́тный; ~ scalper (*или* skinner) *амер. разг.* спекуля́нт театра́льными биле́тами; ~ window *амер.* ка́сса (*железнодорожного, воздушного или автобусного сообщения*) ◇ the ~ то, что на́до; that's the ~ как раз то, что ну́жно; that's not quite the ~ не совсе́м то; непра́вильно; what's the ~? ну, каковы́ ва́ши пла́ны?; to work one's ~ *разг.* а) добива́ться увольне́ния из а́рмии, освобожде́ния от рабо́ты (*часто нечестным путём*); б) отрабо́тать свой прое́зд на парохо́де

**2.** *v* 1) прикрепля́ть ярлы́к 2) *амер.* снабжа́ть биле́тами

**ticket of leave** [ˈtɪkɪtəvˈliːv] *n* досро́чное освобожде́ние заключённого

**ticket-of-leave** [ˈtɪkɪtəvˈliːv] *a*: ~ man (*или* convict) досро́чно освобождённый

**ticking** I [ˈtɪkɪŋ] = tick I, 2)

**ticking** II [ˈtɪkɪŋ] *pres. p. от* tick II, 2

**ticking** III [ˈtɪkɪŋ] *pres p. от* tick III, 2

**tickle** [ˈtɪkl] **1.** *n* щекота́ние, щеко́тка

**2.** *v* 1) щекота́ть 2) чу́вствовать щекота́ние; my nose ~s у меня́ щеко́чет в носу́ 3) угожда́ть; доставля́ть удово́льствие; весели́ть; to ~ to death а) умори́ть со́ смеху; б) угоди́ть как нельзя́ лу́чше; до́ смерти обра́довать 4) лови́ть (*форель*) рука́ми

**tickler** [ˈtɪklə] *n* 1) затрудне́ние; щекотли́вое положе́ние 2) тру́дная зада́ча

**ticklish** [ˈtɪklɪʃ] *a разг.* 1) смешли́вый 2) оби́дчивый 3) тру́дный, делика́тный, щекотли́вый; риско́ванный; а ~ question щекотли́вый вопро́с

**tick-tack** [ˈtɪkˈtæk] *n* 1) ти́канье, ти́к-та́к 2) *детск.* часы́, ча́сики 3) звук бие́ния се́рдца 4) ручна́я сигнализа́ция помо́щника букме́кера о хо́де ска́чек 5) *attr.*: ~ man помо́щник букме́кера

**tick-tack-toe** [ˈtɪktækˈtəu] *n* игра́ в кре́стики и но́лики

**tidal** [ˈtaɪdl] *a* свя́занный с прили́вом и отли́вом; прили́во-отли́вный; подве́рженный де́йствию прили́вов; ~ boat су́дно, прихо́д и отправле́ние кото́рого свя́заны с прили́вом; ~ river прили́вно-отли́вная река́; ~ waters во́ды прили́ва; ~ wave прили́вная волна́; *перен.* взрыв о́бщего чу́вства; волна́ увлече́ния ◇ ~ breath коли́чество во́здуха, обме́ниваемого за одно́ дыха́ние

**tidbit** [ˈtɪdbɪt] *амер.* = titbit

**tiddly-winks** [ˈtɪdlɪwɪŋks] *n pl* игра́ в бло́шки

**tide** [taɪd] **1.** *n* 1) морско́й прили́в и отли́в; high (low) ~ по́лная (ма́лая) вода́ 2) пото́к, тече́ние, направле́ние; the ~ turns собы́тия принима́ют ино́й оборо́т; to go with the ~ *перен.* плыть по тече́нию 3) волна́; the ~ of public discontent волна́ наро́дного возмуще́ния 4) *уст.* вре́мя, пери́од 5) *поэт.* пото́к, мо́ре ◇ double ~s о́чень напряжённо; неи́стово; to work double ~s рабо́тать день и ночь; рабо́тать не покладая рук

**2.** *v*: ~ **over** преодолева́ть; to ~ over a difficulty преодоле́ть затрудне́ние

**-tide** [-taɪd] *в сложных словах означает* вре́мя го́да, сезо́н; Christmas-tide свя́тки

**tide-gauge** [ˈtaɪdgeɪdʒ] *n гидр.* мареогра́ф, приливоме́р

**tide-waiter** [ˈtaɪdˌweɪtə] *n* чино́вник порто́вой тамо́жни

**tidewater** [ˈtaɪdˌwɔːtə] *n* 1) прили́вная вода́ 2) *attr.* примо́рский, прибре́жный

**tideway** [ˈtaɪdweɪ] *n мор.* направле́ние прили́во-отли́вного тече́ния; фарва́тер, подве́рженный прили́вам и отли́вам

**tidiness** [ˈtaɪdɪnɪs] *n* опря́тность

**tidings** [ˈtaɪdɪŋz] *n pl* (*часто употр. как sing*) *книжн.* но́вость, изве́стие; но́вости, изве́стия

**tidy** [ˈtaɪdɪ] **1.** *a* 1) опря́тный, аккура́тный 2) *разг.* значи́тельный; а ~ sum кру́гленькая су́мма 3) *разг.* неплохо́й, дово́льно хоро́ший

**2.** *n* 1) салфе́точка (*на спинке мягкой мебели, на столе*) 2) *диал.* де́тский пере́дник 3) мешо́чек для лоскуто́в и вся́кой вся́чины

**3.** *v* убира́ть, приводи́ть в поря́док (*тж.* ~ up)

**tie** [taɪ] **1.** *n* 1) связь, соедине́ние; у́зел 2) *pl* у́зы; the ~s of friendship у́зы дру́жбы 3) га́лстук 4) завя́зка, шнуро́к 5) *pl* полуботи́нки 6) тягота́, обу́за 7) ра́вный счёт (*голосов избирателей или очков в игре*); игра́ вничью́; to end in a ~ зако́нчиться вничью́ 8) *амер.* шпа́ла; to count the ~s *разг.* идти́ по шпа́лам 9) *муз.* ли́га 10) *стр.* растя́нутый элеме́нт, затя́жка 11) *тех.* связь

**2.** *v* 1) завя́зывать(ся); привя́зывать (*тж.* ~ down; to — к *чему-л.*); шнурова́ть (*ботинки*); **перевя́зывать** (*голову и т. п.*; часто ~ up); ~ it in a knot завяжи́те узло́м 2) скрепля́ть 3) свя́зывать, стесня́ть свобо́ду; обя́зывать (*тж.* ~ down, ~ up); ~d to (*или* for) time свя́занный вре́менем 4) ограни́чивать усло́виями 5) сравня́ть счёт, сыгра́ть вничью́; прийти́ голова́ в го́лову (*о лошадях на бегах или скачках*); the teams ~d кома́нды сыгра́ли вничью́ □ ~ **down** а) привяза́ть; б) свя́зывать, стесня́ть; ~ **in** а) присоедини́ть; б) связа́ться (with — с *кем-л.*); ~ **up** а) привяза́ть; перевяза́ть; связа́ть; I don't ~ it up э́то не вызыва́ет у меня́ никаки́х ассоциа́ций, воспомина́ний; б) ограни́чить свобо́ду де́йствий; меша́ть, препя́тствовать; to be ~d up а) *разг.* жени́ться, вы́йти за́муж; б) быть свя́занным; в) совпада́ть, сходи́ться; it ~s up with what you were told before э́то совпада́ет с тем, что вам рассказа́ли ра́нее; г) объединя́ться, соединя́ть уси́лия (with); те́сно примыка́ть (with); д) прекрати́ть рабо́ту, забастова́ть; е) швартова́ться

**tie-beam** [ˈtaɪbiːm] *n* а́нкерная ба́лка

**tied cottage** [ˈtaɪdˈkɔtɪdʒ] *n* жили́ще, предоставля́емое рабо́чему *или* слу́жащему (*фирмы и т. п.*) на вре́мя рабо́ты

**tie-in** [ˈtaɪɪn] *n* принуди́тельный ассортиме́нт

**tie-plate** [ˈtaɪpleɪt] *n тех.* 1) а́нкерная плита́ 2) путева́я подкла́дка

**tier** I [ˈtaɪə] *n* 1) тот, кто (*или* то, что) свя́зывает 2) крепле́ние 3) *амер.* де́тский фа́ртук

**tier** II [tɪə] **1.** *n* 1) ряд; я́рус 2) бу́хта (*каната*)

**2.** *v* располага́ть я́русами (*тж.* ~ up)

**tierce** [tɪəs] *n* 1) бо́чка (*ок. 200 л*) 2) тре́тья пози́ция и защи́та (*в фехтовании*) 3) [tɜːs] *карт.* терц, три ка́рты одно́й ма́сти подря́д

**tiercel** [ˈtəːsəl] = tercel

**tie-up** [ˈtaɪˈʌp] *n* 1) свя́занность, пу́ты 2) *разг.* связь, сою́з 3) остано́вка, заде́ржка (*движения и т. п.*); прекраще́ние рабо́ты (*в результате забастовки*)

**tie-wig** ['taɪwɪg] *n* парик, перевязанный сзади лентой
**tiff** I [tɪf] *n* размолвка; стычка
**tiff** II [tɪf] *n мин.* кальцит
**tiffany** ['tɪfənɪ] *n текст.* шёлковый газ
**tiffin** ['tɪfɪn] *инд.* **1.** *n* второй завтрак
**2.** *v* завтракать
**tig** [tɪg] **1.** *n* 1) прикосновение 2) игра в салки
**2.** *v* «салить»
**tiger** ['taɪgə] *n* 1) тигр 2) опасный противник (*в спорте*) 3) задира, хулиган 4) *амер. разг.* крик одобрения, завершающий троекратное «ура» 5) *уст.* ливрейный грум
**tiger-cat** ['taɪgəkæt] *n зоол.* сумчатая куница
**tiger-eye** ['taɪgəraɪ] = tiger's-eye
**tigerish** ['taɪgərɪʃ] *a* 1) тигриный 2) свирепый и кровожадный, как тигр
**tiger-moth** ['taɪgəmɔθ] *n* медведица (*бабочка*)
**tiger's-eye** ['taɪgəzaɪ] *n* тигровый глаз (*полудрагоценный камень*)
**tight** [taɪt] **1.** *a* 1) плотный, компактный; сжатый 2) непроницаемый 3) тугой; туго натянутый; туго завязанный (*узел*) 4) плотно прилегающий, тесный (*о платье, обуви*) 5) трудный, тяжёлый; to be in a ~ place (*или* corner) быть в трудном положении 6) *разг.* скупой 7) скудный, недостаточный (*о средствах и т. п.*); money is ~ мало денег 8) сжатый (*о стиле и т. п.*) 9) *диал.* аккуратный, опрятный (*об одежде*) 10) *разг.* пьяный; ~ as a drum (*или* a brick) мертвецки пьяный ◇ to get smb. in a ~ corner загнать кого-л. в угол, прижать кого-л. к стенке
**2.** *adv* 1) тесно 2) туго, плотно 3) крепко; to sit ~ твёрдо держаться; не сдавать своих позиций
**-tight** [-taɪt] *в сложных словах означает* непроницаемый; water-tight водонепроницаемый
**tighten** ['taɪtn] *v* сжимать(ся); натягивать(ся); уплотнять; to ~ one's belt потуже затянуть пояс (*тж. перен.*)
**tightener** ['taɪtnə] *n тех.* натяжное устройство
**tight-fisted** ['taɪt'fɪstɪd] *a* скупой, скаредный
**tight-lipped** ['taɪt'lɪpt] *a* молчаливый
**tightly** ['taɪtlɪ] = tight 2
**tightness** ['taɪtnɪs] *n* напряжённость; ~ in the air напряжённая атмосфера
**tightrope** ['taɪtrəup] *n* туго натянутый канат; туго натянутая проволока
**tightrope-dancer** ['taɪtrəup,dɑːnsə] *n* канатоходец
**tights** [taɪts] *n pl* 1) трико 2) колготки
**tightwad** ['taɪtwɔd] *n разг.* скупец, скряга
**tigress** ['taɪgrɪs] *n* тигрица
**tigrish** ['taɪgrɪʃ] = tigerish
**tike** [taɪk] = tyke
**til** [tɪl] *n бот.* сезам, кунжут
**tilbury** ['tɪlbərɪ] *n ист.* тильбюри (*лёгкий открытый двухколёсный экипаж*)
**tilde** [tɪld] *n* 1) *полигр.* тильда (~) 2) знак над буквой n, обозначающий мягкость (ñ) (*в испанском языке*)
**tile** [taɪl] **1.** *n* 1) черепица 2) кафель, изразец, плитка 3) *разг.* цилиндр (*шляпа*) 4) гончарная труба ◇ to have a ~ loose *sl.* ≅ винтика не хватает; to be (out) on the ~s *sl.* кутить, дебоширить
**2.** *v* крыть черепицей *или* кафелем
**tiler** ['taɪlə] *n* мастер по кладке черепицы
**tilery** ['taɪlərɪ] *n* 1) черепичный завод 2) печь для обжига черепицы
**tiling** ['taɪlɪŋ] **1.** *pres. p. от* tile 2
**2.** *n* черепичная кровля
**till** I [tɪl] **1.** *prep* 1) до; ~ then до тех пор 2) до, не раньше; he did not write us ~ last week до прошлой недели он ничего не писал нам
**2.** *cj* (до тех пор) пока (не); wait ~ I come подожди, пока я приду
**till** II [tɪl] *n* денежный ящик, касса (*в магазине или банке*)
**till** III [tɪl] *v* возделывать землю, пахать
**till** IV [tɪl] *n геол.* тиль; валунная глина
**tillable** ['tɪləbl] *a с.-х.* пахотный
**tillage** ['tɪlɪdʒ] *n* 1) обработка почвы 2) возделанная земля; пашня
**tiller** I ['tɪlə] *n* 1) земледелец 2) *амер.* культиватор
**tiller** II ['tɪlə] *n* 1) *мор.* румпель 2) *тех.* рукоятка
**tiller** III ['tɪlə] *бот.* **1.** *n* побег
**2.** *v* выбрасывать побеги
**tilt** I [tɪlt] **1.** *n* 1) наклон(ное положение); to give a ~ наклонить 2) ссора, спор, стычка 3) *ист.* нападение всадника с копьём наперевес ◇ (at) full ~ изо всех сил, полным ходом
**2.** *v* 1) наклонять(ся) 2) опрокидывать(ся); откидывать, поворачивать 3) ковать 4) *ист.* биться на копьях, сражаться на турнире; to ~ at (*или* against) бороться с (*особ. на турнире*); делать выпад; *перен.* критиковать *кого-л., что-л.* (*в выступлении, в печати и т. п.*)
**tilt** II [tɪlt] **1.** *n* тент, парусиновый навес (*над телегой, лодкой, ларьком*)
**2.** *v* покрывать парусиновым навесом
**tilth** [tɪlθ] *n* 1) обработка почвы 2) пашня 3) глубина возделанного слоя
**tilt-hammer** ['tɪlt,hæmə] *n тех.* хвостовой молот
**tilt-yard** ['tɪltjɑːd] *n ист.* арена для турниров
**timber** ['tɪmbə] **1.** *n* 1) лесоматериалы; строевой лес 2) бревно, брус; балка 3) *амер.* личное качество, достоинство; a man of the right sort of ~ человек высоких качеств; he is good presidential ~ *разг.* он обладает всеми качествами, необходимыми для президента 4) *охот.* изгородь 5) *мор.* тимберс; шпангоут 6) *горн.* крепёжный лес
**2.** *v* обшивать деревом
**timbered** ['tɪmbəd] **1.** *p. p. от* timber 2
**2.** *a* 1) деревянный 2) лесистый
**timber-headed** ['tɪmbə'hedɪd] *a sl.* глупый, тупой
**timbering** ['tɪmbərɪŋ] **1.** *pres. p. от* timber 2
**2.** *n* 1) лесоматериалы 2) плотничество, столярничество 3) *стр.* деревянная конструкция, опалубка (*для бетонных работ*) 4) *горн.* деревянная крепь; крепление
**timber-land** ['tɪmbəlænd] *n* лесные участки
**timber-line** ['tɪmbəlaɪn] *n* верхняя граница распространения леса
**timber-man** ['tɪmbəmən] *n* крепильщик
**timber-toe(s)** ['tɪmbətəu(z)] *n разг.* 1) человек с деревянной ногой 2) человек с тяжёлой поступью
**timber-yard** ['tɪmbəjɑːd] *n* лесной склад
**timbre** ['tæmbə] *фр. n муз.* тембр
**timbrel** ['tɪmbrəl] *n* бубен, тамбурин
**time** [taɪm] **1.** *n* 1) время; what is the ~? который час?; the ~ of day время дня, час; from ~ to ~ время от времени; in ~ вовремя; to be in ~ поспеть, прийти вовремя; in course of ~ со временем; out of ~ несвоевременно; to have a good ~, to make a ~ of it хорошо провести время; in good ~ а) точно, своевременно; б) заранее, заблаговременно; all in good ~ всё в своё время; in bad ~ не вовремя, с опозданием, поздно; to keep (good) ~ идти хорошо (*о часах*); to keep bad ~ идти плохо (*о часах*); in no ~ необыкновенно быстро, моментально; before ~ слишком рано; in a short ~ в скором времени; for a short ~ на короткое время, ненадолго; to while away the ~ коротать время; to have ~ on one's hands иметь массу свободного времени; there is no ~ to lose нельзя терять ни минуты; in (*или* on) one's own ~ в свободное время; to make ~ *амер.* а) спешить, пытаясь наверстать упущенное; б) ехать на определённой скорости; on ~ *амер.* точно, вовремя; at one ~ некогда; at ~s временами; some ~ or other когда-нибудь; at no ~ никогда; at the same ~ а) в то же самое время; б) вместе с тем; тем не менее; for the ~ being пока, до поры до времени 2) срок; it is ~ we were going нам пора идти; ~ is up срок истёк; to do ~ *разг.* отбывать тюремное заключение; to serve one's ~ а) отбыть срок службы; б) отбыть срок наказания; she is near her ~ она скоро родит, она на сносях; to work against ~ стараться уложиться в срок 3) (*часто pl*) эпоха, времена; hard ~s тяжёлые времена; ~ out of mind с незапамятных времён; Shakespeare's ~s эпоха Шекспира; before one's ~ до кого-л.; до чьего-л. рождения; ~s to come будущее; as ~s go по нынешним временам; before (behind) the ~s (*или* one's ~) передовой (отсталый) по взглядам 4) рабочее время; to work full (part) ~

рабо́тать по́лный (непо́лный) рабо́чий день *или* по́лную (непо́лную) рабо́чую неде́лю 5) жизнь, век; it will last my ~ э́того на мой век хва́тит 6): at my ~ of life в мои́ го́ды, в моём во́зрасте 7) раз; six ~s five is thirty шестью пять — три́дцать; ten ~s as large в де́сять раз бо́льше; ~ after ~ раз за ра́зом; повто́рно; ~s out of (*или* without) number бесчи́сленное коли́чество раз; many a ~ ча́сто, мно́го раз 8) *муз.* темп; такт; to beat ~ отбива́ть такт; to keep ~ а) = to beat ~; б) выде́рживать ритм; в) идти́ ве́рно (*о часах*) 9): ~! вре́мя! (*в боксе*) 10) *attr.* относя́щийся к определённому вре́мени 11) *attr.* повреме́нный ◇ it beats my ~ э́то вы́ше моего́ понима́ния; to sell ~ *амер.* предоставля́ть вре́мя для выступле́ния по ра́дио *или* телеви́дению (*за плату*); lost ~ is never found again *посл.* потёрянного вре́мени не воро́тишь; one (two) at a ~ по одному́ (по́ двое); to give smb. the ~ of day, to pass the ~ of day with smb. здоро́ваться; обме́ниваться приве́тствиями; so that's the ~ of day! таки́е-то дела́!; take your ~! не спеши́те!; to kill ~ уби́ть вре́мя; to go with the ~s не отстава́ть от жи́зни; идти́ в но́гу со вре́менем

2. *v* 1) уда́чно выбира́ть вре́мя; рассчи́тывать (по вре́мени); приуро́чивать; to ~ to the minute рассчи́тывать до мину́ты 2) назнача́ть вре́мя; the train ~d to leave at 6.30 по́езд, отходя́щий по расписа́нию в 6 ч. 30 м. 3) *спорт.* пока́зывать вре́мя (*в забеге, заезде и т. п.*) 4) танцева́ть *и т. п.* в такт

**-time** [-taɪm] *в сложных словах означает* пери́од, пора́; summer-time ле́то

**time-and-a-half** [ˈtaɪməndəˈhɑːf] *n* опла́та сверхуро́чной рабо́ты в полу́торном разме́ре

**time-bargain** [ˈtaɪmˌbɑːgɪn] *n бирж.* сде́лка на срок, сро́чная сде́лка

**time-bill** [ˈtaɪmbɪl] *n* перево́дный ве́ксель, подлежа́щий опла́те в определённый день

**time bomb** [ˈtaɪmbɔm] *n воен.* бо́мба заме́дленного де́йствия

**time-book** [ˈtaɪmbuk] = time-card

**time-card** [ˈtaɪmkɑːd] *n* ка́рточка учёта прихо́да на рабо́ту и ухо́да с рабо́ты

**time-clock** [ˈtaɪmklɔk] *n* часы́-та́бель

**time-consuming** [ˈtaɪmkənˈsjuːmɪŋ] *a* отнима́ющий мно́го вре́мени (*о работе, занятии и т. п.*)

**time-expired** [ˈtaɪmɪksˌpaɪəd] *a воен., мор.* вы́служивший срок

**time-exposure** [ˈtaɪmɪksˌpəuʒə] *n фото* вы́держка

**time-fire** [ˈtaɪmˌfaɪə] *n воен.* дистанцио́нная стрельба́

**time-fuse** [ˈtaɪmfjuːz] *n воен.* дистанцио́нная тру́бка, дистанцио́нный взрыва́тель

**time-honoured** [ˈtaɪmˌɔnəd] *a* освящённый века́ми

**timekeeper** [ˈtaɪmˌkiːpə] *n* 1) та́бельщик 2) часы́; хроно́метр 3) *спорт.* судья́-хронометри́ст

**time-lag** [ˈtaɪmlæg] *n* промежу́ток вре́мени ме́жду двумя́ непосре́дственно свя́занными явле́ниями *или* собы́тиями (*напр.*, вспы́шкой мо́лнии и раска́том грома)

**timeless** [ˈtaɪmlɪs] *a* 1) несвоевре́менный 2) не относя́щийся к определённому вре́мени 3) *поэт.* ве́чный

**timeliness** [ˈtaɪmlɪnɪs] *n* своевре́менность

**timely** [ˈtaɪmlɪ] *a* своевре́менный

**time-out** [ˈtaɪmˈaut] *n* переры́в (*в работе, спортивных играх и т. п.*)

**timepiece** [ˈtaɪmpiːs] *n* часы́; хроно́метр

**timer** [ˈtaɪmə] *n* 1) хронометри́ст (*на скачках*) 2) часы́; хроно́метр 3) *тех.* та́ймер, регуля́тор вы́держки вре́мени

**-timer** [-taɪmə] *в сложных словах означает* за́нятый *столько-то* вре́мени; half-timer рабо́чий, за́нятый непо́лную неде́лю

**time-saving** [ˈtaɪmˌseɪvɪŋ] *a* эконо́мящий вре́мя, ускоря́ющий; ~ device *тех.* усоверше́нствование, даю́щее эконо́мию времени

**time-server** [ˈtaɪmˌsəːvə] *n* приспосо́бле́нец; оппортуни́ст

**time-serving** [ˈtaɪmˌsəːvɪŋ] **1.** *n* приспосо́бле́нчество; оппортуни́зм

2. *a* приспоса́бливающийся; оппортунисти́ческий; приспосо́бле́нческий

**time-signal** [ˈtaɪmˌsɪgnl] *n* сигна́л то́чного вре́мени, пове́рка вре́мени

**time-study** [ˈtaɪmˌstʌdɪ] *n* хронометра́ж

**time-table** [ˈtaɪmˌteɪbl] *n* 1) расписа́ние (*железнодорожное, школьное и т. п.*) 2) гра́фик (*работы и т. п.*)

**time-work** [ˈtaɪmwəːk] *n* повреме́нная рабо́та; подённая *или* почасова́я рабо́та

**time-worker** [ˈtaɪmˌwəːkə] *n* повреме́нщик; рабо́чий, за́нятый на подённой *или* почасово́й рабо́те

**time-worn** [ˈtaɪmwɔːn] *a* 1) поно́шенный, обветша́лый 2) ста́рый, устаре́вший

**timid** [ˈtɪmɪd] *a* ро́бкий; засте́нчивый

**timidity** [tɪˈmɪdɪtɪ] *n* ро́бость; засте́нчивость

**timing** [ˈtaɪmɪŋ] **1.** *pres. p. от* time 2

2. *n* 1) вы́бор определённого вре́мени 2) расчёт вре́мени 3) согласо́ванное де́йствие; синхро́нность (*тж. тех.*) 4) расписа́ние 5) регули́рование моме́нта зажига́ния (*в двигателях внутреннего сгорания*)

**timorous** [ˈtɪmərəs] *a* ро́бкий, о́чень боязли́вый

**timothy** [ˈtɪməθɪ] *n бот.* тимофе́евка лугова́я (*тж.* ~ grass)

**timpani** [ˈtɪmpənɪ] *pl от* timpano

**timpano** [ˈtɪmpənəu] *ит. n* (*pl* -ni) *муз.* набо́р лита́вр

**tin** [tɪn] **1.** *n* 1) о́лово 2) бе́лая жесть 3) оловя́нная посу́да 4) жестя́нка; консе́рвная ба́нка; a ~ of sardines коро́бка сарди́н 5) *sl.* де́ньги; бога́тство ◇ straight from the ~ из пе́рвых рук; све́женький

2. *a* 1) оловя́нный 2) ненастоя́щий, подде́льный; a (little) ~ god *разг.* челове́к, по́льзующийся незаслу́женным поклоне́нием ◇ ~ Lizzie *амер. разг.* фо́рдик, дешёвый автомоби́ль; ~ wedding деся́тая годовщи́на сва́дьбы

3. *v* 1) луди́ть, покрыва́ть о́ловом 2) консерви́ровать

**tinctorial** [tɪŋkˈtɔːrɪəl] *a* краси́льный

**tincture** [ˈtɪŋktʃə] **1.** *n* 1) отте́нок; при́месь (*какого-л. цвета*) 2) *фарм.* тинкту́ра, насто́йка 3) при́вкус; при́месь 4) *перен.* налёт

2. *v* 1) слегка́ окра́шивать 2) придава́ть (*запах, вкус и т. п.*)

**tinder** [ˈtɪndə] *n* 1) трут 2) сухо́е, гнило́е де́рево

**tinder-box** [ˈtɪndəbɔks] *n ист.* трутни́ца; *перен.* оча́г напряжённости

**tindery** [ˈtɪndərɪ] *a* легковоспламеня́ющийся

**tine** [taɪn] *n* зубе́ц вил, бороны́; остриё

**tinea** [ˈtɪnɪə] *n мед.* опоя́сывающий лиша́й

**tin fish** [tɪnˈfɪʃ] *n мор. sl.* торпе́да

**tin foil** [ˈtɪnˈfɔɪl] *n* оловя́нная фольга́, станио́ль

**tin-foil** [ˈtɪnfɔɪl] *v* покрыва́ть фольго́й

**ting** [tɪŋ] *разг. см.* tinkle

**tinge** [tɪndʒ] **1.** *n* 1) лёгкая окра́ска; отте́нок, тон 2) при́вкус, след

2. *v* слегка́ окра́шивать, придава́ть отте́нок

**tingle** [ˈtɪŋgl] **1.** *n* звон в уша́х; пока́лывание, пощи́пывание; колотьё

2. *v* 1) испы́тывать пока́лывание (*в онемевших частях тела*), пощи́пывание (*на морозе*), боль, зуд *и т. п.* 2) вызыва́ть звон (*в ушах*), ощуще́ние колотья́, щипа́ть *и т. п.*; the reply ~d in her ears отве́т ещё звене́л в её уша́х 3) горе́ть (with — от *стыда, негодования*) 4) дрожа́ть, трепета́ть (with — от) 5) *редк.* = tinkle 2

**tin hat** [ˈtɪnˈhæt] *n воен. sl.* стально́й шлем ◇ to put the ~ on положи́ть коне́ц (*чему-л.*)

**tinhorn** [ˈtɪnhɔːn] *амер. sl.* **1.** *n* хвасту́н

2. *a* показно́й, дешёвый

**tinker** [ˈtɪŋkə] **1.** *n* 1) ме́дник, луди́льщик 2) плохо́й рабо́тник, «сапо́жник» 3) попы́тка ко́е-ка́к почини́ть что-л. ◇ I don't care a ~'s damn мне соверше́нно наплева́ть; not worth a ~'s damn гроша́ ло́маного не сто́ит

2. *v* 1) луди́ть, пая́ть 2) чини́ть ко́е-ка́к, на ско́рую ру́ку (*тж.* ~ up, ~ at); to ~ at smth. чини́ть ко́е-ка́к что-л., вози́ться с чем-л.

**tinkle** [ˈtɪŋkl] **1.** *n* звон колоко́льчика *или* металли́ческих предме́тов друг о дру́га; звя́канье

2. *v* звене́ть; звони́ть; звя́кать

**tinkler** I [ˈtɪŋklə] *n разг.* колоко́льчик

**tinkler** II [ˈtɪŋklə] *n* ме́дник, луди́льщик (*обыкн. цыган*)

**tinman** [ˈtɪnmən] *n* жестя́н(щ)ик

**tinned** [tɪnd] **1.** *p. p. от* tin 3

2. *a* 1) запа́янный в жестяну́ю коро́бку; консерви́рованный; ~ goods консе́рвы 2) покры́тый сло́ем о́лова ◇ ~ music *разг.* му́зыка в механи́ческой за́писи

**tinner** [ˈtɪnə] *n* 1) рабо́чий на оловя́нных рудника́х 2) = tinman 3) рабо́чий консе́рвной фа́брики

**tinnitus** [tɪˈnaɪtəs] *n мед.* звон в уша́х

**tinny** [ˈtɪnɪ] *a* 1) оловоно́сный, оловосодержа́щий 2) име́ющий при́вкус же́сти 3) издаю́щий ре́зкий металли́ческий звук 4) *жив.* жёсткий (*о колорите*)

**tin-opener** [ˈtɪnˌəupnə] *n* консе́рвный нож

**tin-pan** [ˈtɪnpæn] *a* металли́ческий, ре́зкий, неприя́тный (*о звуке*)

**Tin-Pan Alley** [ˈtɪnpænˈælɪ] *n разг.* 1) райо́н го́рода, в кото́ром располо́жены музыка́льные изда́тельства 2) а́вторы и изда́тели лёгкой му́зыки

**tin-plate** [ˈtɪnpleɪt] **1.** *n* (бе́лая) жесть

2. *v* луди́ть

**tinsel** [ˈtɪnsəl] **1.** *n* 1) блёстки, мишура́ 2) показно́й блеск 3) ткань с блестя́щей ни́тью

2. *a* мишу́рный; показно́й

3. *v* (*обыкн. p. p.*) 1) украша́ть мишуро́й 2) придава́ть дешёвый блеск

**tin-smith** [ˈtɪnsmɪθ] = tinman

**tinstone** [ˈtɪnstəun] *n мин.* касситери́т, оловя́нный ка́мень

**tint** [tɪnt] **1.** *n* 1) кра́ска; отте́нок, тон 2) бле́дный, све́тлый, ненасы́щенный тон (*с примесью белил*)

2. *v* слегка́ окра́шивать; подцвечи́вать

**tinted** [ˈtɪntɪd] **1.** *p. p. от* tint 2

2. *a* окра́шенный; ~ paper то́новая окра́шенная бума́га; ~ glasses тёмные очки́

**tintinnabulation** [ˈtɪntɪˌnæbjuˈleɪʃən] *n* звон колоколо́в

**tintometer** [tɪnˈtɔmɪtə] *n тех.* колори́метр

**tintype** [ˈtɪntaɪp] *n фото* ферроти́пия

**tinware** [ˈtɪnwɛə] *n* жестяны́е изде́лия; оловя́нная посу́да

**tiny** [ˈtaɪnɪ] *a* о́чень ма́ленький, кро́шечный (*часто* ~ little)

**tip** I [tɪp] **1.** *n* 1) то́нкий коне́ц; ко́нчик; I had it on the ~ of my tongue у меня́ э́то верте́лось на языке́; to walk on the ~s of one's toes ходи́ть на цы́почках; to touch with the ~s of one's fingers слегка́ косну́ться, едва́ дотро́нуться 2) наконе́чник (*напр., зонта*) 3) верху́шка

2. *v* 1) приставля́ть *или* надева́ть наконе́чник 2) среза́ть верху́шки (*куста, дерева*)

**tip** II [tɪp] **1.** *n* 1) лёгкий толчо́к, прикоснове́ние 2) накло́н 3) ме́сто сва́лки (*мусора, отходов и т. п.*)

2. *v* 1) наклоня́ть(ся); the boat ~ped ло́дка накрени́лась 2) переве́шивать; to ~ the scale(s) ≅ склони́ть ча́шу весо́в; реши́ть исхо́д де́ла 3) слегка́ каса́ться *или* ударя́ть 4) опроки́дывать; сва́ливать, сбра́сывать; опорожня́ть 5) запроки́дываться □ ~ **off** налива́ть из сосу́да; ~ **out** celeва́ливать(ся); ~ **over**, ~ **up** опроки́дывать(ся); to ~ up a seat отки́дывать сиде́нье ◇ to ~ over the perch *разг.* ≅ протяну́ть но́ги, умере́ть

**tip** III [tɪp] **1.** *n* 1) чаевы́е; to give a ~ дава́ть «на чай» [*см. тж.* 2)] 2) намёк, сове́т; take my ~ послу́шайтесь меня́; to give a ~ намекну́ть [*см. тж.* 1)] 3) све́дения, полу́ченные ча́стным о́бразом (*особ. на бегах или в биржевых делах*) ◇ to miss one's ~ а) не дости́чь успе́ха; не доби́ться це́ли; б) *театр. sl.* пло́хо игра́ть

2. *v* 1) дава́ть «на чай» 2) дава́ть ча́стную информа́цию 3) предупрежда́ть, предостерега́ть (*кого-л.*; *обыкн.* ~ off) ◇ to ~ the wink сде́лать (*кому-л.*) знак укра́дкой, подмигну́ть

**tip-and-run** [ˈtɪpəndˈrʌn] *n* молниено́сная ата́ка с после́дующим отхо́дом

**tip-cart** [ˈtɪpkɑːt] *n тех.* опроки́дывающаяся теле́жка

**tipcat** [ˈtɪpkæt] *n* игра́ в чи́жика

**tiplorry** [ˈtɪpˈlɔrɪ] *n* самосва́л

**tip-off** [ˈtɪpɔf] *n разг.* намёк, предупрежде́ние; to give a ~ намекну́ть; во́время предупреди́ть

**tip-over** [ˈtɪpˌəuvə] *a* опроки́дывающийся

**tipper** [ˈtɪpə] *n* самосва́л

**tippet** [ˈtɪpɪt] *n уст.* 1) паланти́н 2) капюшо́н ◇ Tyburn ~ пе́тля, верёвка (*на виселице*)

**tipple** I [ˈtɪpl] **1.** *n* 1) алкого́льный напи́ток 2) *шутл.* напи́ток, питьё

2. *v* пить, пья́нствовать

**tipple** II [ˈtɪpl] *амер. n горн.* 1) надша́хтное сооруже́ние 2) приёмная площа́дка

**tippler** [ˈtɪplə] *n* пья́ница

**tippy** [ˈtɪpɪ] *a разг.* неусто́йчивый (*о предмете*)

**tipstaff** [ˈtɪpstɑːf] *n* 1) *уст.* жезл (*с металлическим наконечником*) как эмбле́ма до́лжности помо́щника шери́фа 2) помо́щник шери́фа

**tipster** [ˈtɪpstə] *n* «жучо́к» (*на скачках*)

**tipsy** [ˈtɪpsɪ] *a разг.* подвы́пивший; a ~ lurch нетвёрдая похо́дка

**tipsy-cake** [ˈtɪpsɪkeɪk] *n* пропи́танный ро́мом *или* вино́м бискви́т с варе́ньем и кре́мом

**tiptoe** [ˈtɪptəu] **1.** *n* ко́нчики па́льцев ног, цы́почки; on ~ а) на цы́почках; б) укра́дкой; в) в ожида́нии; to be on ~ with curiosity сгора́ть от любопы́тства

2. *v* 1) ходи́ть на цы́почках 2) кра́сться

3. *adv* = on ~ [*см.* 1]

**tiptop** [ˈtɪpˈtɔp] **1.** *n* вы́сшая то́чка, преде́л

2. *a разг.* превосхо́дный

3. *adv разг.* превосхо́дно

**tip-truck** [ˈtɪptrʌk] = tiplorry

**tip-up** [ˈtɪpʌp] *a*: ~ seat откидно́е сиде́нье (*в театре и т. п.*)

**tirade** [taɪˈreɪd] *n* тира́да

**tirailleur** [ˌtiːraɪˈəː] *фр. n* сна́йпер

**tire** I [ˈtaɪə] = tyre I

**tire** II [ˈtaɪə] *уст.* **1.** *n* головно́й убо́р; оде́жда

2. *v* одева́ть (*кого-л.*); наряжа́ть; украша́ть

**tire** III [ˈtaɪə] *v* 1) утомля́ть(ся), устава́ть (of — от *чего-л.*); I am ~d я уста́л 2) надоеда́ть; прискучи́ть, наску́чить

**tired** I [ˈtaɪəd] **1.** *p. p. от* tire III

2. *a* уста́лый, утомлённый; пресы́щенный; ~ out изму́ченный, изнурённый; I am ~ to the bone ≅ я уста́л как соба́ка

**tired** II [ˈtaɪəd] *p. p. от* tire II, 2

**tireless** [ˈtaɪəlɪs] *a* неутоми́мый; неуста́нный

**tiresome** [ˈtaɪəsəm] *a* 1) надое́дливый, утоми́тельный 2) ску́чный

**tirewoman** [ˈtaɪəˌwumən] *n уст.* камери́стка

**tiring** I [ˈtaɪərɪŋ] **1.** *pres. p. от* tire III

2. *a* утоми́тельный, изнури́тельный

**tiring** II [ˈtaɪərɪŋ] *pres. p. от* tire II, 2

**tiring-house** [ˈtaɪərɪŋhaus] = tiring-room

**tiring-room** [ˈtaɪərɪŋrum] *n уст.* артисти́ческая убо́рная

**tiro** [ˈtaɪərəu] *лат. n* (*pl* -os [-ouz]) новичо́к

**tirocinium** [ˌtaɪərəuˈsɪnɪəm] *лат. n* учени́чество, обуче́ние

**'tis** [tɪz] *сокр. разг.* = it is

**tisane** [ti(ː)ˈzæn] = ptisan

**tissue** [ˈtɪʃuː] *n* 1) *текст.* ткань (*особ. тонкая, прозрачная*) 2) *биол.* ткань 3) паути́на, сеть, сплете́ние; a ~ of lies паути́на лжи 4) = tissue-paper 5) бума́жный носово́й плато́к, бума́жная салфе́тка *и т. п.*

**tissue-paper** [ˈtɪʃuːˌpeɪpə] *n* 1) кита́йская шёлковая бума́га; папиро́сная бума́га 2) космети́ческая бума́га 3) то́нкая обёрточная бума́га

**tit** I [tɪt] *n* 1) сини́ца 2) *уст.* лошадёнка 3) *уст. пренебр.* де́вка

**tit** II [tɪt] *n*: ~ for tat «зу́б за́ зуб», отпла́та

**tit** III [tɪt] *разг. см.* teat

**Titan** [ˈtaɪtən] *n* 1) *греч. миф.* Тита́н 2) (t.) тита́н, коло́сс, исполи́н

**titanic** I [taɪˈtænɪk] *a* титани́ческий, колосса́льный

**titanic** II [taɪˈtænɪk] *a хим.* тита́новый

**titanium** [taɪˈteɪnjəm] *n хим.* тита́н

**titbit** [ˈtɪtbɪt] *n* 1) ла́комый кусо́к 2) пика́нтная но́вость

**tithe** [taɪð] **1.** *n* 1) деся́тая часть 2) *разг.* кро́шечка, ка́пелька 3) *ист.* десяти́на (*церковная*)

2. *v ист.* облага́ть десяти́ной (*церковной*)

**Titian** [ˈtɪʃɪən] *a* золоти́сто-кашта́новый (*особ. о волосах*)

**titillate** [ˈtɪtɪleɪt] *v* щекота́ть; прия́тно возбужда́ть

**titivate** [ˈtɪtɪveɪt] *v разг.* прихора́шивать(ся), наряжа́ть(ся)

**titlark** [ˈtɪtlɑːk] *n* конёк (*птица*)

**title** [ˈtaɪtl] **1.** *n* 1) загла́вие, назва́ние 2) ти́тул; зва́ние 3) пра́во (to — на *что-л.*); *юр.* пра́во собственности (to — на *что-л.*); докуме́нт, даю́щий пра́во со́бственности 4) *кино* на́дпись, титр 5) *спорт.* зва́ние чемпио́на

2. *v* 1) называ́ть, дава́ть загла́вие 2) присва́ивать ти́тул, зва́ние 3) *кино* снабжа́ть ти́трами

**titled** ['taɪtld] **1.** *p. p. от* title 2

2. *a* титуло́ванный

**title-deed** ['taɪtldiːd] *n юр.* докуме́нт, подтвержда́ющий пра́во со́бственности

**title-holder** ['taɪtlˌhəuldə] *n спорт.* чемпио́н

**title-page** ['taɪtlpeɪdʒ] *n полигр.* ти́тульный лист

**title-role** ['taɪtlrəul] *n* загла́вная роль

**titmouse** ['tɪtmaus] *n* сини́ца

**titrate** ['taɪtreɪt] *v хим.* титрова́ть

**titter** ['tɪtə] **1.** *n* хихи́канье

2. *v* хихи́кать

**tittle** ['tɪtl] *n* 1) мельча́йшая части́ца; чу́точка; ка́пелька; not one jot or ~ ни ка́пельки, ни чу́точки 2) *уст.* диакрити́ческий знак

**tittlebat** ['tɪtlbæt] *n* ко́люшка (*рыба*)

**tittle-tattle** ['tɪtlˌtætl] **1.** *n* спле́тни, болтовня́, слу́хи

2. *v* спле́тничать, распространя́ть слу́хи

**tittup** ['tɪtəp] **1.** *n* 1) весе́лье, ре́звость 2) гарцу́ющая похо́дка 3) лёгкий гало́п

2. *v* 1) весели́ться, резви́ться 2) пры́гать, гарцева́ть 3) идти́ лёгким гало́пом (*о лошади*)

**titular** ['tɪtjulə] **1.** *a* 1) титуло́ванный 2) номина́льный 3) свя́занный с ти́тулом *или* с занима́емой до́лжностью; полага́ющийся по до́лжности

2. *n* лицо́, номина́льно нося́щее ти́тул *или* име́ющее зва́ние

**titulary** ['tɪtjulərɪ] *редк.* = titular

**tizzy** I ['tɪzɪ] *n sl.* шестипе́нсовая моне́та

**tizzy** II ['tɪzɪ] *n разг.* волне́ние, трево́га (*особенно по пустякам*); to get (*или* to work) oneself into a ~ взволнова́ться, встрево́житься

**tmesis** ['tmiːsɪs] *греч. n* тме́зис (*расчленение сложного слова посредством другого слова, напр.*: what man soever *вм.* whatsoever man)

**to** [tuː (полная форма); tu (*редуцированная форма, употр. перед гласными*); tə (*редуцированная форма, употр. перед согласными*)] **1.** *prep* 1) *указывает на направление* к, в, на; the way to Moscow доро́га в Москву́; turn to the right поверни́те напра́во; I am going to the University я иду́ в университе́т; the windows look to the south о́кна выхо́дят на юг 2) *указывает на предел движения, расстояния, времени, количества* на, до; to climb to the top взобра́ться на верши́ну; (from Saturday) to Monday (с суббо́ты) до понеде́льника; he could be anywhere from 40 to 60 ему́ мо́жно дать и 40 и 60 лет 3) *указывает на высшую степень (точности, аккуратности, качества и т. п.)* до, в; to the best advantage наилу́чшим о́бразом; в са́мом вы́годном све́те; to the minute мину́та в мину́ту; с то́чностью до мину́ты 4) *указывает на цель действия* на, для; to the rescue на по́мощь; to that end с э́той це́лью 5) *указывает на лицо, по отношению к которому или в интересах которого совершается действие; передаётся дат. падежом*: a letter to a friend письмо́ дру́гу; a party was thrown to the children де́тям устро́или пра́здник 6) *передаётся род. падежом и указывает на отношения*: а) *родственные*: he has been a good father to them он был им хоро́шим отцо́м; б) *подчинения по службе*: secretary to the director секрета́рь дире́ктора; assistant to the professor ассисте́нт профе́ссора 7) *указывает на результат, к которому приводит данное действие, или на изменение состояния* на, к, до; to bring to poverty довести́ до бе́дности; to fall to decay (*или* ruin) разру́шиться, прийти́ в упа́док 8) *указывает на принадлежность к чему-л. или на прикрепление к чему-л.* к; to fasten to the wall прикрепи́ть к стене́; key to the door ключ от две́ри; there is an outpatient department attached to our hospital при на́шей больни́це есть поликли́ника 9) *указывает на сравнение, числовое соотношение или пропорцию* пе́ред, к; 3 is to 4 as 6 is to 8 три отно́сится к четырём, как шесть к восьми́; ten to one he will find it out де́вять из десяти́ за то, что он э́то узна́ет; the score was 1 to 3 *спорт.* счёт был 1 : 3; it was nothing to what I had expected э́то пустяки́ в сравне́нии с тем, что я ожида́л 10) *указывает на близость, соприкосновение с чем-л., соседство* к, в; shoulder to shoulder плечо́ к плечу́; face to face лицо́м к лицу́ 11) *указывает на*: а) *связь между действием и ответным действием* к, на; to this he answered на э́то он отве́тил; deaf to all entreaties глух ко всем про́сьбам; б) *эмоциональное восприятие* к; to my disappointment к моему́ разочарова́нию; to my surprise к моему́ удивле́нию; в) *соответствие* по, в; to one's liking по вку́су 12) под (*аккомпанемент*); в (*сопровождении*); to dance to music танцева́ть под му́зыку; he sang to his guitar он пел под гита́ру 13) *указывает на лицо, в честь которого совершается действие*: we drink to his health мы пьём за его́ здоро́вье

2. *adv указывает на приведение в определённое состояние*: shut the door to закро́йте дверь; I can't get the lid of the trunk quite to я не могу́ закры́ть кры́шку сундука́ ◇ to bring to привести́ в созна́ние; to come to прийти́ в созна́ние; to and fro взад и вперёд

3. 1) *частица при инфинитиве* 2) *употребляется вместо подразумеваемого инфинитива, чтобы избежать повторения*: "I am sorry I can't come today" — "Oh! but you have promised to" «Извини́те, но я не могу́ прийти́ сего́дня» — «Но ведь вы обеща́ли»

**toad** [təud] *n* 1) жа́ба 2) отврати́тельный челове́к, га́дина ◇ ~ in the hole бифште́кс, запечённый в те́сте; to eat smb.'s ~s быть чьим-л. прижива́льщиком

**toad-eater** ['təudˌiːtə] *n* льстец, подхали́м, низкопокло́нник

**toad-eating** ['təudˌiːtɪŋ] **1.** *n* низкопокло́нство

2. *a* низкопокло́нничающий, уго́дливый, льсти́вый

**toadflax** ['təudflæks] *n бот.* льня́нка

**toadstool** ['təudstuːl] *n* пога́нка (*гриб*)

**toady** ['təudɪ] **1.** *n* 1) подхали́м 2) лизоблю́д, прижива́льщик

2. *v* льсти́ть, низкопокло́нничать (to)

**toadyism** ['təudɪɪzm] *n* 1) раболе́пство, льсти́вость 2) прожива́ние на чужо́й счёт

**toast** I [təust] **1.** *n* 1) ло́мтик хле́ба, подрумя́ненный на огне́; грено́к; тост 2) *уст.* подрумя́ненный хлеб в вине́ ◇ as warm as a ~ о́чень тёплый, согре́вшийся; to have smb. on ~ *sl.* име́ть власть над кем-л.

2. *v* 1) подрумя́нивать(ся) на огне́; поджа́ривать 2) суши́ться, гре́ться (*у огня*); to ~ one's feet (*или* toes) греть но́ги

**toast** II [təust] **1.** *n* 1) тост; предложе́ние то́ста; to drink a ~ to smb. пить за чьё-л. здоро́вье; to give (*или* to propose) a ~ to smb. провозгласи́ть тост в честь кого́-л. 2) лицо́, учрежде́ние, собы́тие, в честь *или* па́мять кото́рого предлага́ется тост

2. *v* пить *или* провозглаша́ть тост за (*чьё-л.*) здоро́вье; to ~ smb. пить за кого́-л.

**toaster** I ['təustə] *n* прибо́р для поджа́ривания гренко́в, то́стер

**toaster** II ['təustə] *n* 1) = toast-master 2) провозглаша́ющий тост (*в честь кого-л.*)

**toasting fork** ['təustɪŋfɔːk] *n* 1) длинная металли́ческая ви́лка для поджа́ривания хле́ба на огне́ 2) *шутл.* шпа́га

**toasting-iron** ['təustɪŋˌaɪən] = toasting-fork

**toast-master** ['təustˌmaːstə] *n* лицо́, кото́рое провозглаша́ет то́сты (*на официальных приёмах*); тамада́

**tobacco** [tə'bækəu] (*pl* -os [-əuz]) *n* 1) таба́к 2) *attr.* таба́чный

**tobacco-box** [tə'bækəubɔks] *n* табаке́рка

**tobacconist** [tə'bækənɪst] *n* 1) владе́лец таба́чной фа́брики 2) торго́вец таба́чными изде́лиями

**tobacco-pipe** [tə'bækəupaɪp] *n* (кури́тельная) тру́бка

**tobacco-pouch** [tə'bækəupautʃ] *n* кисе́т

**to-be** [tə'biː] **1.** *n* бу́дущее

2. *a* бу́дущий

**toboggan** [tə'bɔgən] **1.** *n* тобо́гган, са́ни

2. *v* 1) ката́ться на саня́х (*особ. с горы*) 2) ре́зко па́дать; prices ~ed це́ны ре́зко упа́ли

**toboggan-slide** [tə'bɔgənslaɪd] *n* гора́ для ката́ния на саня́х

**toby** [ˈtəubɪ] *n* 1) пивна́я кру́жка (*изображающая толстяка в костюме XVIII в.*) 2) (T.) учёная соба́ка в англи́йских ку́кольных теа́трах 3) *амер. разг.* сорт то́нких дешёвых сига́р 4) *attr.*: ~ collar гофриро́ванный воротничо́к

**toccata** [təˈkɑːtə] *n муз.* токка́та

**tocher** [ˈtɔkə] *n диал.* прида́ное

**toco** [ˈtəukəu] *n sl.* по́рка, наказа́ние

**tocology** [təˈkɔlədʒɪ] *n* акуше́рство

**tocsin** [ˈtɔksɪn] *n* 1) наба́т 2) наба́тный ко́локол

**tod** [tɔd] *n диал.* лиси́ца

**today, to-day** [təˈdeɪ] **1.** *adv* 1) сего́дня 2) в на́ши дни

**2.** *n* сего́дняшний день; the writers of ~ совреме́нные писа́тели

**toddle** [ˈtɔdl] **1.** *n* 1) ковыля́ние 2) *разг.* прогу́лка 3) *разг. см.* toddler

**2.** *v* 1) ковыля́ть, учи́ться ходи́ть 2) *разг.* прогу́ливаться, броди́ть 3) *разг.* уходи́ть

**toddler** [ˈtɔdlə] *n* ребёнок, начина́ющий ходи́ть

**toddy** [ˈtɔdɪ] *n* 1) то́дди, пунш 2) па́льмовый сок (*особ. перебродивший*)

**to-do** [təˈduː] *n разг.* сумато́ха, суета́, шум; what a ~ about nothing? из-за чего́ тако́й шум и сумато́ха?

**tody** [ˈtəudɪ] *n* плоскоклю́в (*птица*)

**toe** [təu] **1.** *n* 1) па́лец на ноге́ (*у человека, животного, птицы*) 2) носо́к (*ноги, башмака, чулка*); to turn one's ~s out (in) вывора́чивать но́ги носка́ми нару́жу (внутрь) 3) ни́жний коне́ц, ни́жняя часть (*чего-л.*) 4) пере́дняя часть копы́та 5) *тех.* пята́ ◇ to turn up one's ~s *sl.* протяну́ть но́ги, умере́ть; to be on one's ~s а) быть жизнера́достным; б) быть де́ятельным; в) быть реши́тельным

**2.** *v* 1) каса́ться, ударя́ть носко́м *или* (*в гольфе*) ко́нчиком клю́шки; to ~ the line *спорт.* встать на ста́ртовую черту́; *перен.* стро́го приде́рживаться пра́вил, подчиня́ться требова́ниям 2) надвя́зывать носо́к (*чулка*) 3) кри́во забива́ть (*гвоздь и т. п.*) □ ~ **in** ста́вить но́ги носка́ми внутрь; ~ **out** ста́вить но́ги носка́ми врозь

**toe-cap** [ˈtəukæp] *n* носо́к (*обуви*)

**toe-in** [ˈtəuˈɪn] *n авто* сходи́мость пере́дних колёс

**toe-nail** [ˈtəuneɪl] *n* но́готь на па́льце ноги́

**toff** [tɔf] *n sl.* 1) джентльме́н; the ~s «сли́вки о́бщества» 2) франт

**toffee, toffy** [ˈtɔfɪ] *n* ири́ска ◇ not for ~ *разг.* а) во́все нет; б) ни за что́; he can't shoot for ~ стрело́к он никуды́шный

**toft** [tɔft] *n уст.* уса́дьба

**tog** [tɔg] *разг.* **1.** *n* (*обыкн. pl*) оде́жда

**2.** *v* одева́ть; to ~ oneself up (*или* out) щегольски́ одева́ться

**toga** [ˈtəugə] *лат. n* 1) то́га 2) *разг.* ма́нтия (*судьи и т. п.*)

**together** [təˈgeðə] *adv* 1) вме́сте; сообща́; to get ~ а) собира́ть(ся); б) накопля́ть; в) объединя́ться 2) друг с дру́гом; compared ~ сра́внивая одно́ с други́м; the foes rushed ~ враги́ столкну́лись 3) подря́д, непреры́вно; for hours ~ часа́ми 4) одновре́ме́нно 5) *разг. как усил. слово после некоторых глаголов*: to add ~ прибавля́ть; to join ~ объединя́ть (-ся); to cooperate ~ сотру́дничать □ ~ with вме́сте с, наряду́ с; в добавле́ние к

**toggery** [ˈtɔgərɪ] *n разг.* оде́жда (*особ.* специа́льная); bishop's ~ епи́скопское облаче́ние

**toggle** [ˈtɔgl] *n* продолгова́тая деревя́нная пу́говица (*на спортивной одежде*)

**toggle-joint** [ˈtɔgldʒɔɪnt] *n тех.* коле́нно-рыча́жное соедине́ние

**toil** [tɔɪl] **1.** *n* тяжёлый труд

**2.** *v* 1) уси́ленно труди́ться (at, on, through — над *чем-л.*) 2) с трудо́м идти́, тащи́ться (*обыкн.* ~ up, ~ along)

**toiler** [ˈtɔɪlə] *n* тру́женик

**toilet** [ˈtɔɪlɪt] *n* 1) туале́т, одева́ние 2) туале́тный сто́лик с зе́ркалом 3) убо́рная 4) *амер.* ва́нная 5) *амер.* гардеро́бная, ко́мната для одева́ния 6) *уст.* туале́т, костю́м 7) *attr.* туале́тный; относя́щийся к туале́ту; ~ soap туале́тное мы́ло; ~ water туале́тная вода́; ~ stall каби́на в убо́рной

**toilet-paper** [ˈtɔɪlɪtˌpeɪpə] *n* туале́тная бума́га

**toiletry** [ˈtɔɪlɪtrɪ] *n амер.* принадле́жности туале́та

**toilet-service** [ˈtɔɪlɪtˌsəːvɪs] = toilet-set

**toilet-set** [ˈtɔɪlɪtset] *n* туале́тный прибо́р

**toilette** [twɑːˈlet] *фр.* = toilet 1) *и* 6)

**toiletware** [ˈtɔɪlɪtwɛə] *n* предме́ты туале́та (*расчёски, щётки и т. п.*)

**toilful** [ˈtɔɪlful] *a* тру́дный

**toilless** [ˈtɔɪllɪs] *a* лёгкий, нетру́дный

**toils** [tɔɪlz] *n pl* 1) сеть, тенёта 2) *перен.* лову́шка; taken (*или* caught) in the ~ а) по́йманный; б) очаро́ванный

**toilsome** [ˈtɔɪlsəm] *a* тру́дный, утоми́тельный

**toil-worn** [ˈtɔɪlwɔːn] *a* изнурённый тяжёлым трудо́м

**Tokay** [təuˈkeɪ] *n* тока́йское (вино́)

**token** [ˈtəukən] *n* 1) знак; in ~ of respect в знак уваже́ния 2) приме́та, при́знак 3) пода́рок на па́мять 4) тало́н, жето́н (*тж. для автомата*) 5) опознава́тельный знак 6) *attr.* име́ющий ви́димость, подо́бие (*чего-л.*); ка́жущийся; символи́ческий; ~ smile подо́бие улы́бки; ~ resistance ви́димость сопротивле́ния; ~ payment символи́ческий взнос в счёт до́лга; ~ vote *парл.* голосова́ние символи́ческой су́ммы ассигнова́ния с после́дующим её уточне́нием ◇ by the same ~, by this ~, (more) by ~ к тому́ же; кро́ме того́; и ещё ли́шнее доказа́тельство того́, что; ~ money *фин.* билло́нные де́ньги

**toko** [ˈtəukəu] = toco

**tokology** [təˈkɔlədʒɪ] = tocology

**tola** [ˈtəulɑː] *n* едини́ца ве́са в И́ндии (= *180 гранам*)

**told** [təuld] *past и p. p. от* tell

**tolerable** [ˈtɔlərəbl] *a* 1) сно́сный; терпи́мый 2) удовлетвори́тельный, дово́льно хоро́ший 3) *разг.* чу́вствующий себя́ вполне́ удовлетвори́тельно

**tolerance** [ˈtɔlərəns] *n* 1) терпи́мость 2) *фин.* допусти́мое отклоне́ние от станда́ртного разме́ра и ве́са моне́ты 3) *тех.* до́пуск 4) *мед.* толера́нтность

**tolerant** [ˈtɔlərənt] *a* 1) терпи́мый; to be ~ of criticism относи́ться терпи́мо к кри́тике 2) *мед.* толера́нтный

**tolerate** [ˈtɔləreɪt] *v* 1) терпе́ть, выноси́ть 2) допуска́ть; дозволя́ть 3) *мед.* быть толера́нтным

**toleration** [ˌtɔləˈreɪʃən] *n* терпи́мость

**toll** I [təul] **1.** *n* 1) (колоко́льный) звон; бла́говест 2) погреба́льный звон

**2.** *v* 1) ме́дленно и ме́рно ударя́ть в ко́локол, бла́говестить 2) звони́ть по поко́йнику 3) отбива́ть часы́

**toll** II [təul] *n* 1) по́шлина; *перен.* дань 2) пла́та за междугоро́дный телефо́нный разгово́р, прое́зд по желе́зной доро́ге *и т. п.* 3) пра́во взима́ния по́шлины *и т. п.* 4) *ист.* уде́ржа́ние (*мельником*) ча́сти зерна́ за помо́л; to take ~ of уде́рживать часть (*чего-л.*); *перен.* наноси́ть тяжёлый уро́н (*чему-л.*) 5) *воен.* поте́ри; heavy ~ больши́е поте́ри ◇ road ~ несча́стные слу́чаи в результа́те доро́жных происше́ствий

**tollable** [ˈtəuləbl] *a* облага́емый по́шлиной

**toll-bar** [ˈtəulbɑː] *n* заста́ва, шлагба́ум, где взима́ется сбор

**toll call** [ˈtəulˈkɔːl] *n* 1) телефо́нный разгово́р с при́городом 2) *амер.* междугоро́дный телефо́нный разгово́р

**toller** [ˈtəulə] *n* 1) звона́рь 2) ко́локол

**toll-gate** [ˈtəulgeɪt] = toll-bar

**tollhouse** [ˈtəulhaus] *n* пост у заста́вы, где взима́ется доро́жный сбор

**toll line** [ˈtəullaɪn] *n* 1) при́городная телефо́нная ли́ния 2) *амер.* междугоро́дная телефо́нная ли́ния

**tollman** [ˈtəulmən] *n* сбо́рщик по́шлины

**tol-lol** [tɔlˈlɔl] *a разг.* сно́сный; та́к себе

**tolly** [ˈtɔlɪ] *n школ. sl.* свеча́

**toluene** [ˈtɔljuiːn] *n хим.* толуо́л

**Tom** [tɔm] *n* 1) обыкнове́нный, просто́й челове́к 2) *название большого колокола или орудия, напр.*: Long ~ *ист.* «Дли́нный Том» 3) (t.) саме́ц разли́чных живо́тных и птиц; ~ turkey индю́к ◇ Old ~ кре́пкий джин; ~ Dick and Harry а) вся́кий, ка́ждый; пе́рвый встре́чный; б) обыкнове́нные, просты́е лю́ди

**tom-** [tɔm-] *в названиях животных и птиц означает самца, напр.*: tom-cat кот; tom-swan ле́бедь-саме́ц

**tomahawk** [ˈtɔməhɔːk] **1.** *n* томага́вк ◇ to bury the ~ заключи́ть мир

**2.** *v* 1) бить *или* убива́ть томага́вком 2) жесто́ко критикова́ть

**toman** [təu'mɑ:n] *перс.* *n* тума́н (*иранская монета*)

**tomato** [tə'mɑ:təu] *n* (*pl* -oes [-əuz]) 1) помидо́р, тома́т 2) *sl.* «пе́рсик» (*о женщине или девушке*)

**tomb** [tu:m] **1.** *n* 1) моги́ла 2) моги́ла с надгро́бием ◇ the ~ смерть

**2.** *v* хорони́ть, класть в моги́лу

**tombac** ['tɔmbæk] *n* томпа́к

**tombola** ['tɔmbələ] *ит.* *n* вид лотере́и (*где разыгрываются безделушки*)

**tomboy** ['tɔmbɔɪ] *n* де́вочка с мальчи́шескими ухва́тками, сорване́ц

**tombstone** ['tu:mstəun] *n* надгро́бный па́мятник, надгро́бная плита́

**tom-cat** ['tɔm'kæt] *n* кот

**tome** [təum] *n* том, больша́я кни́га

**tomfool** ['tɔm'fu:l] **1.** *n* 1) дура́к 2) шут

**2.** *v* дура́читься, валя́ть дурака́

**tomfoolery** [tɔm'fu:lərɪ] *n* 1) дура́чества; шутовство́ 2) глу́пая шу́тка

**tommy** ['tɔmɪ] *n* 1) солда́т, рядово́й (*прозвище английского солдата*; *тж.* T., T. Atkins) 2) *ист.* проду́кты, выдава́емые рабо́чим (*вместо денег*) 3) *sl.* хлеб; brown ~ чёрный хлеб

**tommy-bar** ['tɔmɪbɑ:] *n* *тех.* лом

**tommy-gun** ['tɔmɪgʌn] *n* *воен.* пистоле́т-пулемёт

**tommy rot** ['tɔmɪ'rɔt] *n* *разг.* вздор, чепуха́

**tomnoddy** [tɔm'nɔdɪ] *n* проста́к

**tomorrow, to-morrow** [tə'mɔrəu] **1.** *adv* за́втра

**2.** *n* 1) за́втрашний день 2) бу́дущее 3) *attr.* за́втрашний; ~ morning за́втра у́тром

**tomtit** ['tɔm'tɪt] *n* сини́ца

**tomtom** ['tɔmtɔm] *n* тамта́м

**ton** I [tʌn] *n* 1) то́нна; long (*или* gross) ~ дли́нная то́нна (= *1016 кг*); metric ~ метри́ческая то́нна (= *1000 кг*); short (*или* net) ~ коро́ткая то́нна (= *907,2 кг*); displacement ~ то́нна водоизмеще́ния (= *весу 35 футов³ воды*); freight ~ фрахто́вая то́нна (= *1,12 м³*); register ~ реги́стровая то́нна (= *2,83 м³*) 2) *разг.* ма́сса; ~s of people ма́сса наро́ду

**ton** II [tɔ:ŋ] *фр.* *n* мо́да, стиль

**tonality** [təu'nælɪtɪ] *n* тона́льность

**tone** [təun] **1.** *n* 1) тон; deep (thin) ~ ни́зкий (высо́кий) тон; heart ~s *мед.* то́ны се́рдца 2) тон, выраже́ние; хара́ктер, стиль; to give ~ (to), to set the ~ придава́ть хара́ктер (*чему-л.*); задава́ть тон 3) о́бщая атмосфе́ра, обстано́вка 4) настрое́ние 5) интона́ция, модуля́ция (*голоса*) 6) *фон.* музыка́льное ударе́ние 7) *мед.* то́нус; to give ~ придава́ть си́лы 8) *жив.* тон, отте́нок; града́ция тонов 9) стиль, элега́нтность 10) *муз.* тон; whole ~ це́лый тон

**2.** *v* 1) придава́ть жела́тельный тон (*звуку или краске*); изменя́ть (*тон, цвет*) 2) настра́ивать (*муз. инструмент*) 3) гармонизи́ровать (in, with — с *чем-л.*) ▭ ~ **down** смягча́ть (*краски, выражение*); смягча́ться, ослабева́ть; ~ **up** а) уси́ливать, повыша́ть тон (*чего-л.*); б) тонизи́ровать, повыша́ть то́нус

**tone-arm** ['təun'ɑ:m] *n* звукосннма́тель прои́грывателя

**toneless** ['təunlɪs] *a* невырази́тельный

**tonga** ['tɔŋgə] *инд.* *n* лёгкая двуко́лка

**tongs** [tɔŋz] *n pl* (*обыкн.* a pair of ~) щипцы́; sugar ~ щи́пчики для са́хара; coal (*или* fire) ~ ками́нные щипцы́ ◇ I wouldn't touch him with a pair of ~ ≅ я не хочу́ име́ть с ним никако́го де́ла

**tongue** [tʌŋ] *n* 1) язы́к; furred (*или* dirty, foul, coated) ~ обло́женный язы́к (*у больного*); to put out one's ~ пока́зывать язы́к (*врачу или из озорства*); his ~ failed him у него́ отня́лся язы́к, он лиши́лся да́ра ре́чи 2) язы́к (*речь*); the mother ~ родно́й язы́к 3) речь, мане́ра говори́ть; glib ~ бо́йкая речь 4) язы́к (*как кушанье*); smoked ~ копчёный язы́к 5) что-л., име́ющее фо́рму языка́, напомина́ющее язы́к, *напр.*, язы́к пла́мени, ко́локола; язычо́к (*духового инструмента, обуви*) 6) *геогр.* коса́ 7) стре́лка весо́в 8) *тех.* шпунт, шип 9) дышло 10) *ж.-д.* остря́к стре́лки ◇ to give ~ а) говори́ть, выска́зываться; б) подава́ть го́лос (*о собаках на охоте*); to have too much ~ ≅ что на уме́, то и на языке́; to speak with one's ~ in one's cheek, to put one's ~ in one's cheek а) говори́ть нейскренне; б) говори́ть с насме́шкой, ирони́чески; he has a ready ~ он за сло́вом в карма́н не поле́зет; to find one's ~ сно́ва заговори́ть; (сно́ва) обрести́ дар ре́чи; to hold one's ~, to keep a still ~ in one's head молча́ть; держа́ть язы́к за зуба́ми; his ~ is too long for his teeth у него́ сли́шком дли́нный язы́к; to oil one's ~ льсти́ть; to have lost one's ~ молча́ть, проглоти́ть язы́к

**tongue-in-cheek** ['tʌŋɪn'tʃi:k] *a* нейскренний; насме́шливый; ~ candour напускна́я открове́нность

**tongue-tied** ['tʌŋtaɪd] *a* 1) косноязы́чный 2) лиши́вшийся да́ра ре́чи (*от смущения и т. п.*)

**tongue-twister** ['tʌŋ,twɪstə] *n* скорогово́рка; труднопроизноси́мое сло́во

**tonic** ['tɔnɪk] **1.** *n* 1) *мед.* тонизи́рующее, укрепля́ющее сре́дство 2) *муз.* то́ника

**2.** *a* 1) *мед.* тонизи́рующий, укрепля́ющий 2) *муз.* тони́ческий

**tonight, to-night** [tə'naɪt] **1.** *adv* сего́дня ве́чером (*реже* но́чью)

**2.** *n* сего́дняшний ве́чер, наступа́ющая ночь

**tonkin** ['tɔnkɪn] *n* кре́пкий бамбу́к

**tonnage** ['tʌnɪdʒ] *n* 1) тонна́ж; грузовмести́мость 2) корабе́льный сбор

**-tonner** [-tʌnə] *в сложных словах означает* водоизмеще́нием в *столько-то* тонн; two-thousand-tonner водоизмеще́нием в две ты́сячи тонн

**tonometer** [təu'nɔmɪtə] *n* 1) *муз.* каме́ртон 2) *мед.* тоно́метр

**tonsil** ['tɔnsl] *n* миндалеви́дная железа́

**tonsillitis** [,tɔnsɪ'laɪtɪs] *n* *мед.* воспале́ние минда́лин, тонзилли́т

**tonsure** ['tɔnʃə] **1.** *n* тонзу́ра

**2.** *v* выбрива́ть тонзу́ру

**tontine** [tɔn'ti:n] *ит.* *n* *фин.* тонти́на

**tony** ['təunɪ] *a* *амер.* *разг.* изы́сканный, фешене́бельный

**too** [tu:] *adv* 1) сли́шком; ~ good to be true сли́шком хорошо́, что́бы мо́жно бы́ло пове́рить; it is ~ much (of a good thing) ≅ хоро́шенького понемно́жку; э́то уже́ чересчу́р; none ~ pleasant не сли́шком прия́тный 2) о́чень; ~ bad о́чень жаль; I am only ~ glad я о́чень, о́чень рад 3) та́кже, то́же; к тому́ же; won't you come ~? не придёте ли и вы? 4) действи́тельно; they say he is the best student. And he is ~ говоря́т, он лу́чший студе́нт, и э́то действи́тельно так

**took** [tuk] *past от* take 1

**tool** [tu:l] **1.** *n* 1) рабо́чий (ручно́й) инструме́нт; резе́ц 2) ору́дие (*в чьих-л. руках*) 3) стано́к ◇ to sharpen one's ~s гото́виться, подгота́вливаться; to play with edged ~s ≅ игра́ть с огнём; a bad workman quarrels with his ~s *посл.* ≅ ма́стер глуп, нож туп; у плохо́го ма́стера всегда́ инструме́нт винова́т

**2.** *v* 1) де́йствовать (*орудием, инструментом*) 2) обтёсывать (*камень*); обраба́тывать резцо́м (*металл*) 3) вытисня́ть узо́р (*на переплёте, коже и т. п.*) 4) *разг.* е́хать в экипа́же 5) *разг.* везти́ в экипа́же ▭ ~ **up** обору́довать (*интрументами, станками фабрику и т. п.*)

**tooled** [tu:ld] **1.** *p. p. от* tool 2

**2.** *a* *тех.* 1) механи́чески обрабо́танный 2) обору́дованный (*инструментами*) 3) нала́женный (*станок*)

**tooling** ['tu:lɪŋ] **1.** *pres. p. от* tool 2

**2.** *n* механи́ческая обрабо́тка

**toolroom** ['tu:lrum] п инструмента́льный цех

**toon** [tu:n] *n* инди́йское кра́сное де́рево

**toot** I [tu:t] **1.** *n* звук ро́га; гудо́к, свисто́к

**2.** *v* труби́ть в рог *или* в рожо́к; дава́ть гудо́к

**toot** II [tu:t] *n* *амер.* *разг.* кутёж, весе́лье

**tooth** [tu:θ] **1.** *n* (*pl* teeth) 1) зуб; crown (neck) of the ~ коро́нка (ше́йка) зу́ба; root of the ~ ко́рень зу́ба; false teeth иску́сственные зу́бы; a loose ~ шата́ющийся зуб; he cut a ~ у него́ проре́зался зуб; to set (*или* to clench) one's teeth сти́снуть зу́бы; to pull a ~ out удали́ть зуб; I had my ~ out мне удали́ли зуб 2) *тех.* зуб, зубе́ц ◇ ~ and nail изо всех сил; to fight ~ and nail боро́ться не на жизнь, а на смерть; to go at it ~ and nail энерги́чно приня́ться за что-л.; to get one's teeth into smth. горячо́ взя́ться за что-л.; to cast smth. in smb.'s teeth ≅ броса́ть кому́-л. в лицо́ упрёк; in the teeth of а) наперекор, вопреки́; б) пе́ред лицо́м (*чего-л.*); fed to the teeth ≅ сыт по го́рло; надое́ло, осточерте́ло; long in the ~ ста́рый

2. *v* 1) нарезáть зубцы́ 2) зацепля́ть(ся)

**toothache** [ˈtu:θeɪk] *n* зубнáя боль

**tooth-brush** [ˈtu:θbrʌʃ] *n* зубнáя щётка

**tooth-comb** [ˈtu:θkəum] *n* чáстый грéбень ◇ to go through with a ~ «прочёсывать», осмáтривать, обы́скивать

**toothed** [tu:θt] **1.** *p. p. от* tooth 2

2. *a* 1) имéющий зу́бы 2) зубчáтый

**toother** [ˈtu:θə] *n разг.* удáр в зу́бы

**toothful** [ˈtu:θful] *n* глотóк спиртнóго

**toothing** [ˈtu:θɪŋ] **1.** *pres. p. от* tooth 2

2. *n тех.* зубчáтое зацеплéние

**toothless** [ˈtu:θlɪs] *a* беззу́бый

**tooth-paste** [ˈtu:θpeɪst] *n* зубнáя пáста

**toothpick** [ˈtu:θpɪk] *n* зубочи́стка

**tooth-powder** [ˈtu:θˌpaudə] *n* зубнóй порошóк

**toothsome** [ˈtu:θsəm] *a* прия́тный на вкус

**tootle** [ˈtu:tl] **1.** *n* звук трубы́, флéйты *и т. п.*

2. *v* издавáть негрóмкие зву́ки, негрóмко труби́ть, игрáть на флéйте *и т. п.*

**tootsy(-wootsy)** [ˈtu(:)tsɪ(ˈwu(:)tsɪ)] *n детск.* нóжка

**top** I [tɔp] **1.** *n* 1) верху́шка, верши́на (*горы*); маку́шка (*головы, дерева*) 2) вéрхний конéц, вéрхняя повéрхность; верх (*экипажа, лестницы, страницы*); кры́шка (*кастрюли*); вéрхний обрéз (*книги*); ~ of milk пéнка молокá; from ~ to toe с ног до головы́; с головы́ до пят; from ~ to bottom свéрху дóнизу 3) (*обыкн. pl*) ботвá (*корнеплодов*) 4) шпиль, ку́пол 5) вы́сшее, пéрвое мéсто; to come out on ~ а) победи́ть в состязáнии, вы́йти на пéрвое мéсто; б) преуспевáть в жи́зни; to come (*или* to rise) to the ~ всплы́ть на повéрхность; *перен.* отличи́ться; to take the ~ of the table сидéть во главé столá 6) вы́сшая ступéнь, вы́сшая стéпень; вы́сшее напряжéние; at the ~ of one's voice (speed) во весь гóлос (опóр) 7) *pl* отворóты (*сапог*); высóкие сапоги́ с отворóтами 8) *pl карт.* две стáршие кáрты какóй-л. мáсти (*в бридже*) 9) *горн.* крóвля (*выработки*) 10) *метал.* колошни́к 11) *мор.* марс ◇ (a little bit) off the ~ не в своём умé; to go over the ~ а) *воен.* идти́ в атáку; б) сдéлать реши́тельный шаг; начáть реши́тельно дéйствовать; on ~ of everything else в добавлéние ко всему́; to be (*или* to sit) on ~ of the world быть на седьмóм нéбе; to be at the ~ of the ladder (*или* tree) занимáть ви́дное положéние (*особ. в какой-л. профессии*)

2. *a* 1) вéрхний; the ~ shelf вéрхняя пóлка 2) наивы́сший, максимáльный; ~ speed сáмая большáя скóрость; ~ price сáмая высóкая ценá 3) сáмый глáвный; ~ men лю́ди, занимáющие сáмое высóкое положéние ◇ ~ secret совершéнно секрéтно

3. *v* 1) покрывáть (*сверху*); снабжáть верху́шкой, ку́полом *и т. п.*; the mountain was ~ped with snow верши́на горы́ былá покры́та снéгом; to ~ one's fruit уклáдывать наверху́ лу́чшие фру́кты 2) подня́ться на верши́ну; перевали́ть (*через гору*); перепры́гнуть (*через что-л.*) 3) покрывáть (*новой краской и т. п.*) 4) увéнчивать, доводи́ть до совершéнства; to ~ one's part прекрáсно сыгрáть свою́ роль 5) превосходи́ть; быть во главé, быть пéрвым; this picture ~s all I have ever seen э́та карти́на — лу́чшее из тогó, что я когдá-л. ви́дел 6) превышáть; достигáть какóй-л. величины́, вéса *и т. п.*; he ~s his father by a head он на цéлую гóлову вы́ше отцá; he ~s six feet он шести́ фу́тов рóстом 7) обрезáть верху́шку (*дереза и т. п.*; *тж.* ~ up) 8) *с.-х.* покрывáть ▭ ~ **off** а) отдéлывать; украшáть; б) закáнчивать, завершáть; they ~ped off their dinner with fruit в концé обéда им бы́ли пóданы фру́кты; ~ **up** доливáть, досыпáть (*доверху*)

**top** II [tɔp] *n* волчóк (*игрушка*); the ~ sleeps (*или* is asleep) волчóк вéртится так, что вращéние егó незамéтно ◇ old ~ старинá, дружи́ще

**topaz** [ˈtəupæz] *n* топáз

**top-boot** [ˈtɔpˈbu:t] *n* высóкий сапóг с отворóтом

**topcoat** [ˈtɔpˈkəut] *n* пальтó

**top-drawer** [ˈtɔpˌdrɔ:ə] **1.** *n* вы́сшее óбщество

2. *a разг.* принадлежáщий к вы́сшему óбществу; великолéпный, первоклáссный

**top-dress** [ˈtɔpˈdres] *v с.-х.* подкáрмливать (*растения*)

**tope** I [təup] *n* ку́нья аку́ла

**tope** II [təup] *v* пья́нствовать

**tope** III [təup] *инд. n* рóща (*преим.* мáнговая)

**topee** [ˈtəupɪ] = topi

**toper** [ˈtəupə] *n* пья́ница

**topflight** [ˈtɔpflaɪt] *a разг.* наилу́чший, первоклáссный

**topfull** [ˈtɔpˈful] *a* пóлный до краёв, дóверху

**topgallant** [tɔpˈgælənt] *n* 1) *мор.* брам-стéньга 2) *перен.* верх, вы́сшая тóчка; зени́т

**top gas** [ˈtɔpˈgæs] *n метал.* колошникóвый газ

**top hat** [ˈtɔpˈhæt] *n* цили́ндр (*шляпа*)

**top-heavy** [ˈtɔpˈhevɪ] *a* перевéшивающий в своéй вéрхней чáсти; неустóйчивый

**tophi** [ˈtəufaɪ] *pl от* tophus

**top-hole** [ˈtɔpˈhəul] *a разг.* первоклáссный, превосхóдный

**tophus** [ˈtəufəs] *n* (*pl* tophi) *мед.* 1) подагри́ческие отложéния в сустáвах 2) отложéние виннокáменной кислоты́ на зубáх

**topi** [ˈtəupɪ] *инд. n* тропи́ческий шлем (*от солнца*)

**topiary** [ˈtəupjərɪ] **1.** *n* 1) иску́сство фигу́рной стри́жки садóвых дерéвьев 2) сад с подстри́женными дерéвьями

2. *a*: ~ art = 1, 1); ~ garden = 1, 2)

**topic** [ˈtɔpɪk] *n* тéма, предмéт обсуждéния; the ~ of the day злободнéвная тéма

**topical** [ˈtɔpɪkəl] *a* 1) актуáльный, животрепéщущий 2) темати́ческий 3) мéстный (*тж. мед.*); имéющий лишь мéстное *или* врéменное значéние

**topicality** [ˌtɔpɪˈkælɪtɪ] *n* актуáльность

**topknot** [ˈtɔpnɔt] *n* 1) пучóк волóс, пéрьев *или* лент (*венчающий женскую причёску*) 2) хохолóк (*на голове птицы*)

**topless** [ˈtɔplɪs] *a* 1) не имéющий верху́шки; без вéрха 2) с обнажённой гру́дью 3) *уст.* óчень высóкий

**top level** [ˈtɔpˈlevl] *n*: negotiations at ~ перегово́ры на вы́сшем у́ровне

**top-light** [ˈtɔplaɪt] *n мор.* тóповый (*или* флáгманский) огóнь

**top liner** [ˈtɔpˌlaɪnə] *n* популя́рный актёр, «звездá»

**toplofty** [ˈtɔpˈlɔftɪ] *a разг.* надмéнный, занóсчивый; напы́щенный

**topmast** [ˈtɔpmɑ:st] *n мор.* стéньга

**topmost** [ˈtɔpməust] *a* 1) сáмый вéрхний 2) сáмый вáжный

**top-notch** [ˈtɔpˈnɔtʃ] *a разг.* превосхóдный, первоклáссный

**topographer** [təˈpɔgrəfə] *n* топóграф

**topography** [təˈpɔgrəfɪ] *n* топогрáфия

**toponymy** [təˈpɔnɪmɪ] *n геогр., лингв.* топони́мика

**topper** [ˈtɔpə] *n разг.* 1) цили́ндр (*шляпа*) 2) то, что лежи́т наверху́ корзи́ны, я́щика (*обыкн. о фруктах*) 3) превосхóдный человéк; превосхóдная вещь 4) ширóкое дáмское пальтó

**topping** [ˈtɔpɪŋ] **1.** *pres. p. от* top I, 3

2. *n* 1) верху́шка, вéрхняя часть 2) удалéние верху́шки (*дерева*), прощи́пывание (*растения*) 3) *pl* чáсти, срéзанные с верху́шки (*дерева и т. п.*)

3. *a* 1) вздымáющийся 2) главéнствующий, первенству́ющий 3) *разг.* превосхóдный 4) *амер.* высокомéрный ◇ ~ cove *sl.* палáч

**toppingly** [ˈtɔpɪŋlɪ] *adv разг.* великолéпно, превосхóдно

**topple** [ˈtɔpl] *v* 1) вали́ться, пáдать (головóй вниз); опроки́дывать(ся) (*часто* ~ over, ~ down) 2) грози́ть падéнием

**tops** [tɔps] *a predic. разг.* прекрáсный, великолéпный, отли́чный

**topsail** [ˈtɔpsl] *n мор.* мáрсель

**top-sawyer** [ˈtɔpˈsɔ:jə] *n* 1) вéрхний из двух пи́льщиков 2) человéк, занимáющий высóкое положéние

**top sergeant** [ˈtɔpˈsɑ:dʒənt] *n амер. воен. разг.* старшинá рóты

**topside** [ˈtɔpˈsaɪd] *adv* 1) на пáлубе 2) в главéнствующей рóли

**top-soil** [ˈtɔpsɔɪl] *n с.-х.* пáхотный слой пóчвы

**topsyturvy** [ˈtɔpsɪˈtə:vɪ] **1.** *n* неразбери́ха, кутерьмá, «дым коромы́слом»

2. *a* перевёрнутый вверх дном; беспоря́дочный

3. *adv* вверх дном, ши́ворот-навы́ворот

4. *v* перевёртывать всё вверх дном

**topsyturvydom** [ˈtɔpsɪˈtə:vɪdəm] = topsyturvy 1

**toque** [təuk] *фр. n* 1) ток (*женская шляпа без полей*) 2) *зоол.* мака́ка

**tor** [tɔ:] *n* скали́стая верши́на холма́

**torch** [tɔ:tʃ] **1.** *n* 1) фа́кел; pocket (*или* electric) ~ карма́нный фона́рь 2) *перен.* све́точ; the ~ of learning све́точ зна́ний 3) *тех.* пая́льная ла́мпа; горе́лка ◇ to put to the ~ преда́ть огню́; to hand on the ~ передава́ть зна́ния, тради́ции

2. *v* освеща́ть фа́келами

**torchère** [tɔ:ˈʃɛə] *фр. n* торше́р

**torch-fishing** [ˈtɔ:tʃˌfɪʃɪŋ] *n* луче́ние (*лов рыбы с подсветом*)

**torchlight** [ˈtɔ:tʃlaɪt] *n* свет фа́кела; свет электри́ческого фонаря́

**torchon** [ˈtɔ:ʃən] *фр. n* 1) род гру́бого льняно́го *или* хлопчатобума́жного кру́жева (*тж.* ~ lace) 2) торшо́н (*плотная крупнозернистая бумага*; *тж.* ~ paper)

**torch-singer** [ˈtɔ:tʃˌsɪŋə] *n* исполни́тельница сентимента́льных пе́сенок о несча́стной любви́

**torch-song** [ˈtɔ:tʃsɔŋ] *n* сентимента́льная пе́сенка о несча́стной любви́

**tore** I [tɔ:] *past от* tear I, 2

**tore** II [tɔ:] = torus 1)

**toreador** [ˈtɔrɪədɔ:] *исп. n* тореадо́р

**torero** [təˈreɪrəu] = toreador

**toreutic** [təˈru:tɪk] *a* резно́й, чека́нный, вы́битый (*о металле*)

**tori** [ˈtəuraɪ] *pl от* torus

**torment** **1.** *n* [ˈtɔ:mənt] 1) муче́ние, му́ка; to suffer ~s испы́тывать му́ки 2) исто́чник муче́ний

2. *v* [tɔ:ˈment] 1) му́чить; причиня́ть боль 2) досажда́ть, изводи́ть, раздража́ть

**tormentor** [tɔ:ˈmentə] *n* 1) мучи́тель 2) колёсная борона́ 3) *театр.* пе́рвая кули́са

**tormentress** [tɔ:ˈmentrɪs] *n* мучи́тельница

**tormina** [ˈtɔ:mɪnə] *n pl мед.* схваткообра́зные бо́ли в кише́чнике, ко́лики

**torn** [tɔ:n] *p. p. от* tear I, 2

**tornado** [tɔ:ˈneɪdəu] *исп. n* (*pl* -oes, -os [-əuz]) торна́до, шквал, смерч

**torpedo** [tɔ:ˈpi:dəu] **1.** *n* (*pl* -oes [-əuz]) 1) торпе́да 2) *амер. sl.* профессиона́льный уби́йца; га́нгстер-телохрани́тель 3) *зоол.* электри́ческий скат 4) *ж.-д.* сигна́льная пета́рда 5) *attr.* торпе́дный

2. *v* 1) подорва́ть торпе́дой, торпеди́ровать 2) *перен.* уничто́жить, разби́ть, подорва́ть; to ~ a project провали́ть прое́кт

**torpedo-boat** [tɔ:ˈpi:dəubəut] *n* торпе́дный ка́тер

**torpedo-net(ting)** [tɔ:ˈpi:dəuˌnet(ɪŋ)] *n* противоми́нная сеть

**torpedo-plane** [tɔ:ˈpi:dəupleɪn] *n* самолёт-торпедоно́сец

**torpedo-tube** [tɔ:ˈpi:dəutju:b] *n* торпе́дный аппара́т; труба́ торпе́дного аппара́та

**torpid** [ˈtɔ:pɪd] *a* 1) онеме́лый, оцепене́вший 2) безде́ятельный, вя́лый, апати́чный 3) *зоол.* находя́щийся в спя́чке

**torpidity** [tɔ:ˈpɪdɪtɪ] *n* онеме́лость *и пр.* [*см.* torpid 1) *и* 2)]

**torpids** [ˈtɔ:pɪdz] *n pl* гребны́е го́нки (*в Оксфордском университете после рождественских каникул*)

**torpor** [ˈtɔ:pə] *n* 1) онеме́лость, оцепене́ние 2) безразли́чие, апа́тия 3) тупость

**torque** [tɔ:k] *n* 1) *археол.* кручёное металли́ческое ожере́лье 2) *физ.* враща́ющий моме́нт

**torrefy** [ˈtɔrɪfaɪ] *v* 1) суши́ть, поджа́ривать (*на огне и т. п.*) 2) обжига́ть

**torrent** [ˈtɔrənt] *n* 1) стреми́тельный пото́к 2) *pl* ли́вень 3) пото́к (*ругательств и т. п.*)

**torrential** [təˈrenʃəl] *a* 1) теку́щий бы́стрым пото́ком 2) проливно́й 3) оби́льный

**Torricellian** [ˌtɔrɪˈtʃelɪən] *a*: ~ vacuum *физ.* торриче́ллиева пустота́

**torrid** [ˈtɔrɪd] *a* жа́ркий, зно́йный, вы́жженный со́лнцем; ~ zone тропи́ческий по́яс

**torse** [tɔ:s] *n геральд.* гирля́нда

**torsi** [ˈtɔ:si:] *pl от* torso

**torsion** [ˈtɔ:ʃən] *n* 1) *тех.* круче́ние, перека́шивание; скру́чивание 2) скру́ченность

**torsion balance** [ˈtɔ:ʃənˈbæləns] *n* мото́р-весы́, дина́мо-весы́

**torso** [ˈtɔ:səu] *ит. n* (*pl* -os [-əuz], -si) 1) ту́ловище 2) торс (*статуи*)

**tort** [tɔ:t] *n юр.* дели́кт, гражда́нское правонаруше́ние

**torticollis** [ˌtɔ:tɪˈkɔlɪs] *фр. n мед.* кривоше́я

**tortile** [ˈtɔ:tɪl] *a* кручёный, скру́ченный

**tortilla** [tɔ:ˈtɪljə] *исп. n* пло́ская маи́совая лепёшка (*заменяющая в Мексике хлеб*)

**tortoise** [ˌtɔ:təs] *n* черепа́ха (*сухопу́тная*)

**tortoise-shell** [ˈtɔ:təʃel] *n* 1) па́нцирь черепа́хи 2) черепа́ха (*материал*) 3) *attr.* черепа́ховый

**tortuosity** [ˌtɔ:tjuˈɔsɪtɪ] *n* 1) изви́листость; кривизна́ 2) укло́нчивость; нei скренность

**tortuous** [ˈtɔ:tjuəs] *a* 1) изви́листый 2) укло́нчивый, нейскренний

**torture** [ˈtɔ:tʃə] **1.** *n* 1) пы́тка; to put to the ~ подверга́ть пы́тке 2) му́ки, аго́ния

2. *v* 1) пыта́ть 2) му́чить; he is ~d with headaches его́ му́чают головны́е бо́ли

**torturer** [ˈtɔ:tʃərə] *n* мучи́тель; пала́ч

**torus** [ˈtɔ:rəs] *n* (*pl* -ri) 1) *архит.* то́рус; полукру́глый фриз 2) *бот.* цветоло́же

**Tory** [ˈtɔ:rɪ] *n* 1) то́ри, консерва́тор 2) *attr.* консервати́вный

**Toryism** [ˈtɔ:rɪɪzm] *n* тори́зм, консервати́зм

**tosh** [tɔʃ] *n sl.* вздор, ерунда́

**tosher** [ˈtɔʃə] *n sl.* студе́нт-экстерн

**toss** [tɔs] **1.** *n* 1) мета́ние, броса́ние *и пр.* [*см.* 2]; the ~ of the coin жеребьёвка; to win (to lose) the ~ а) вы́играть (проигра́ть) в орля́нку; б) вы́играть (проигра́ть) пари́ 2) толчо́к; сотрясе́ние 3) = toss-up 1)

2. *v* (-ed [-t], *поэт.* tost) 1) броса́ть, кида́ть; мета́ть; подбра́сывать 2) отбра́сывать, швыря́ть (*тж.* ~ away, ~ aside) 3) поднима́ться и опуска́ться (*о судне*); носи́ться (*по волнам*); ре́ять 4) беспоко́йно мета́ться (*о больном*; *часто* ~ about) 5) вски́дывать (*голову*); поднима́ть на рога́ (*о быке*) 6) сбра́сывать (*седока*) 7) *горн.* промыва́ть (*руду*) □ ~ **off** а) сде́лать на́спех; б) вы́пить за́лпом; ~ **up** а) = 1); б) броса́ть жре́бий; в) на́скоро пригото́вить (*еду*)

**tosspot** [ˈtɔspɔt] *n sl.* пья́ница

**toss-up** [ˈtɔsʌp] *n* 1) подбра́сывание моне́ты (*в орлянке*); жеребьёвка 2) что-л. неопределённое, сомни́тельное; it's a ~ whether he comes or not э́то ещё вопро́с, придёт он и́ли нет

**tossy** [ˈtɔsɪ] *a разг.* де́рзкий, высокоме́рный

**tost** [tɔst] *past и p. p. от* toss 2

**tot** I [tɔt] *n* 1) малы́ш (*обыкн.* tiny ~) 2) *разг.* ма́ленькая рю́мка (*вина и т. п.*); глото́к вина́

**tot** II [tɔt] *разг.* **1.** *n* су́мма

2. *v* сумми́ровать, скла́дывать (*тж.* ~ up)

**total** [ˈtəutl] **1.** *n* це́лое, су́мма; ито́г; the grand ~ о́бщий ито́г

2. *a* 1) весь, це́лый; совоку́пный, сумма́рный 2) по́лный, абсолю́тный; ~ eclipse *астр.* по́лное затме́ние; ~ failure по́лная неуда́ча 3) тота́льный

3. *v* 1) подводи́ть ито́г, подсчи́тывать 2) доходи́ть до, равня́ться, насчи́тывать (*о сумме, числе*)

**totalitarian** [ˌtəutælɪˈtɛərɪən] *a* тоталита́рный

**totality** [təuˈtælɪtɪ] *n* 1) вся су́мма целико́м, всё коли́чество 2) *астр.* вре́мя по́лного затме́ния

**totalizator** [ˈtəutəlaɪzeɪtə] *n* тотализа́тор (*аппарат*)

**totalize** [ˈtəutəlaɪz] *v* 1) соединя́ть воеди́но 2) подводи́ть ито́г, сумми́ровать

**totalizer** [ˈtəutəlaɪzə] *n* сумми́рующее устро́йство

**tote** I [təut] *n sl. сокр. от* totalizator

**tote** II [təut] *разг.* **1.** *v* нести́; перевози́ть

2. *n* 1) груз 2) перево́зка

**totem** [ˈtəutəm] *n* тоте́м

**tother, t'other** [ˈtʌðə] *разг.* остальны́е, други́е

**totter** [ˈtɔtə] *v* 1) идти́ неве́рной, дрожа́щей похо́дкой, ковыля́ть 2) трясти́сь; шата́ться; угрожа́ть паде́нием 3) ги́бнуть, разруша́ться

**tottering** [ˈtɔtərɪŋ] **1.** *pres. p. от* totter

2. *a* нетвёрдый (*о походке*)

**tottery** [ˈtɔtərɪ] *a* трясу́щийся; грозя́щий паде́нием

**toucan** [ˈtu:kən] *n зоол.* тука́н (*птица*)

**touch** [tʌtʃ] **1.** *n* 1) прикоснове́ние 2) соприкоснове́ние, обще́ние; in ~ with smb. в конта́кте с кем-л.; to get in ~ with smb. связа́ться с кем-л.; to lose ~ with smb. потеря́ть связь, конта́кт с кем-л. 3) осяза́ние; soft to the ~ мя́гкий на о́щупь 4) штрих; to put the finishing ~es (to) де́лать после́дние штрихи́, отде́лывать; зака́нчивать 5) характе́рная черта́; the ~ of a poet поэти́ческая стру́нка; personal ~ характе́рные черты́ (*челове́ка*) 6) подхо́д (*к лю́дям*); такт; he has a marvellous ~ in dealing with children он прекра́сно ла́дит с детьми́ 7) чу́точка; при́месь; отте́нок, налёт; a ~ of salt чу́точка со́ли; there was a ~ of bitterness in what he said в его́ слова́х чу́вствовалась го́речь 8) лёгкий при́ступ (*боле́зни*); небольшо́й ушиб *и т. п.*; a ~ of the sun перегре́в 9) мане́ра, приёмы (*худо́жника и т. п.*) 10) про́ба, испыта́ние; to put (*или* to bring) to the ~ подве́ргнуть испыта́нию 11) *sl.* вымога́тельство; получе́ние де́нег обма́нным путём 12) са́лки (*де́тская игра́; тж.* ~ and run) 13) *муз.* туше́ 14) *спорт.* пло́щадь за боковы́ми ли́ниями футбо́льного *и т. п.* по́ля; in ~ за боково́й ли́нией ◇ ~ typist машини́стка, рабо́тающая по слепо́му ме́тоду; common ~ чу́вство ло́ктя; in (*или* within) ~ а) бли́зко, под руко́й; б) досту́пно, достижи́мо; near ~ опа́сность, кото́рую едва́ удало́сь избежа́ть; no ~ to smth. ничто́ по сравне́нию с чем-л., не выде́рживает никако́й кри́тики

**2.** *v* 1) (при)каса́ться, тро́гать, притра́гиваться; соприкаса́ться; to ~ one's hat to smb. приве́тствовать кого́-л., приподнима́я шля́пу 2) притра́гиваться к еде́, есть; he has not ~ed food for two days он два дня ничего́ не ел; I couldn't ~ anything я не мог ничего́ есть 3) каса́ться, слегка́ затра́гивать (*те́му*) 4) (*обыкн. pass.*) слегка́ по́ртить; leaves are ~ed with frost ли́стья тро́нуты моро́зом; he is slightly ~ed ≅ у него́ не все до́ма 5) ока́зывать возде́йствие; nothing will ~ these stains э́тих пя́тен ниче́м не вы́ведешь 6) тро́гать, волнова́ть, задева́ть за живо́е 7) каса́ться, име́ть отноше́ние (*к чему́-л.*); how does this ~ me? како́е э́то име́ет отноше́ние ко мне? 8) *разг.* получа́ть, добыва́ть (*де́ньги, особ. в долг или моше́нничеством*; for); he ~ed me for a large sum of money он за́нял, вы́клянчил у меня́ большу́ю су́мму (де́нег) 9) получа́ть (*жа́лованье*); he ~es £ 2 6 s a week он получа́ет 2 фу́нта 6 ши́ллингов в неде́лю 10) сравни́ться; дости́чь тако́го же высо́кого у́ровня; there is nothing to ~ sea air for bracing you up нет ничего́ поле́знее морско́го во́здуха для укрепле́ния здоро́вья 11) слегка́ окра́шивать; придава́ть отте́нок; clouds ~ed with rose розова́тые облака́ 12) *геом.* каса́ться, быть каса́тельной □ ~ **at** *мор.* заходи́ть (*в порт*); ~ **down** приземли́ться, косну́ться земли́; ~ **off** а) бы́стро наброса́ть; переда́ть схо́дство; б) вы́палить (*из пу́шки*); в) дать отбо́й (*по телефо́ну*); г) вы́звать (*спор и т. п.*); ~ **on** а) затра́гивать, каса́ться вкра́тце (*вопро́са и т. п.*); б) грани́чить с *чем-л.* (*напр., с де́рзостью*); ~ **up** а) исправля́ть, зака́нчивать, отде́лывать, класть после́дние штрихи́, мазки́; б) подстегну́ть (*ло́шадь*); в) напо́мнить, натолкну́ть; г) взволнова́ть; ~ **upon** = ~ on ◇ to ~ shore подплы́ть к бе́регу; to ~ pitch име́ть де́ло с сомни́тельным предприя́тием *или* субъе́ктом; to ~ the spot попа́сть в цель; соотве́тствовать своему́ назначе́нию; to ~ smb. on a sore (*или* tender) place заде́ть кого́-л. за живо́е; he ~es six feet он шести́ фу́тов ро́стом; to ~ wood пыта́ться умилостиви́ть судьбу́, предотврати́ть дурно́е предзнаменова́ние; ~ wood! не сгла́зьте!

**touchable** [ˈtʌtʃəbl] *a* осяза́тельный, осяза́емый

**touch-and-go** [ˈtʌtʃənˈgəu] **1.** *n* риско́ванное, опа́сное де́ло *или* положе́ние; it was ~ for a while како́е-то вре́мя всё висе́ло на волоске́

**2.** *a* 1) риско́ванный, опа́сный 2) отры́вочный

**touch-down** [ˈtʌtʃdaun] *n* 1) *ав.* поса́дка; to make a ~ соверши́ть поса́дку 2) гол (*в ре́гби*)

**touched** [tʌtʃt] **1.** *p. p. от* touch 2

**2.** *a* 1) взволно́ванный, тро́нутый 2) слегка́ поме́шанный, «тро́нутый» (*тж.* ~ in the upper storey) ◇ ~ in the wind страда́ющий оды́шкой

**toucher** [ˈtʌtʃə] *n* тот, кто прикаса́ется ◇ near ~ опа́сность, кото́рую едва́ удало́сь избежа́ть; as near as a ~ бли́зко, почти́, на волосо́к от; to a ~ то́чно

**touchiness** [ˈtʌtʃɪnɪs] *n* оби́дчивость *и пр.* [*см.* touchy]

**touching** [ˈtʌtʃɪŋ] **1.** *pres. p. от* touch 2

**2.** *a* тро́гательный

**3.** *prep. уст., книжн.* каса́тельно, относи́тельно (*тж.* as ~)

**touch-line** [ˈtʌtʃlaɪn] *n спорт.* бокова́я ли́ния (*в футбо́ле и т. п.*)

**touch-me-not** [ˈtʌtʃmɪˈnɔt] *n* 1) недотро́га 2) запрещённая те́ма 3) *бот.* недотро́га

**touch-needle** [ˈtʌtʃˌniːdl] *n* проби́рная игла́

**touchstone** [tʌtʃstəun] *n* 1) проби́рный ка́мень; осело́к 2) крите́рий; про́бный ка́мень

**touchwood** [ˈtʌtʃwud] *n* 1) трут 2) гнило́е де́рево; гнилу́шка

**touchy** [ˈtʌtʃɪ] *a* 1) оби́дчивый; раздражи́тельный 2) повы́шенно чувстви́тельный 3) легковоспламеня́ющийся

**tough** [tʌf] **1.** *a* 1) жёсткий; пло́тный, упру́гий; (as) ~ as leather (жёсткий) как подо́шва (*о мя́се и т. п.*) 2) вя́зкий 3) кре́пкий, си́льный, несгиба́емый 4) сто́йкий, выно́сливый, упо́рный; ~ resistance упо́рное сопротивле́ние 5) тру́дный; упря́мый, несгово́рчивый; ~ customer *разг.* челове́к, с кото́рым тру́дно име́ть де́ло; непокла́дистый челове́к; ~ policy *полит.* жёсткий курс; a ~ problem трудноразреши́мая пробле́ма 6) закорене́лый, неиспра́вимый; a ~ criminal закорене́лый престу́пник 7) *амер. разг.* престу́пный, хулига́нский, банди́тский 8) гру́бый, круто́й (*о челове́ке*) 9) *геол.* кре́пкий (*о поро́де*)

**2.** *n разг.* хулига́н, банди́т

**toughen** [ˈtʌfn] *v* де́лать(ся) жёстким *и т. д.* [*см.* tough 1]

**toupee** [ˈtuːpeɪ] *n* 1) хохо́л; тупе́й 2) небольшо́й пари́к, фальши́вый ло́кон, накла́дка из иску́сственных воло́с

**tour** [tuə] **1.** *n* 1) путеше́ствие; пое́здка; турне́; экску́рсия; to make a ~ of the Soviet Union путеше́ствовать по Сове́тскому Сою́зу; a foreign ~ путеше́ствие за грани́цу; the grand ~ *ист.* путеше́ствие по Фра́нции, Ита́лии, Швейца́рии и др. стра́нам для заверше́ния образова́ния 2) тур, объе́зд 3) обхо́д карау́ла 4) обраще́ние, оборо́т; цикл 5) круг (*обя́занностей*) 6) сме́на (*на фа́брике и т. п.*) 7): ~ of duty а) стажиро́вка; пребыва́ние в до́лжности; б) дежу́рство; наря́д

**2.** *v* 1) соверша́ть путеше́ствие, театра́льное *и т. п.* турне́ (through, about, of); to ~ (through) a country путеше́ствовать по стране́ 2) соверша́ть объе́зд, обхо́д 3) *театр.* пока́зывать (спекта́кль) на гастро́лях; they ~ed «Othello» они́ игра́ли «Оте́лло» на гастро́лях

**tourer** [ˈtuərə] *n* 1) = touring-car 2) = tourist

**touring** [ˈtuərɪŋ] **1.** *pres. p. от* tour 2

**2.** *n* тури́зм

**touring-car** [ˈtuərɪŋkɑː] *n* тури́стский автомоби́ль

**tourist** [ˈtuərɪst] *n* 1) тури́ст, путеше́ственник 2) *attr.* тури́стский, относя́щийся к тури́зму, путеше́ствиям; ~ agency бюро́ путеше́ствий; ~ class второ́й класс (*на океа́нском парохо́де или в самолёте*); ~ ticket обра́тный биле́т без указа́ния да́ты (*де́йствительный в тече́ние определённого вре́мени*)

**tourmalin, tourmaline** [ˈtuəməlɪn, -liːn] *n мин.* турмали́н

**tournament** [ˈtuənəmənt] *n* турни́р ◇ ~ standard у́ровень спорти́вного мастерства́, позволя́ющий уча́ствовать в соревнова́ниях

**tourney** [ˈtuənɪ] *ист.* **1.** *n* (средневеко́вый) турни́р

**2.** *v* сража́ться на турни́ре

**tourniquet** [ˈtuənɪkeɪ] *n мед.* турнике́т, жгут

**tousle** [ˈtauzl] *v* еро́шить, взъеро́шивать

**tout** [taut] **1.** *n* 1) челове́к, усиле́нно предлага́ющий това́р; коммивояжёр; челове́к, зазыва́ющий клие́нтов в гости́ницу, иго́рный дом *и т. п.* 2) челове́к, добыва́ющий и продаю́щий сведе́ния о лошадя́х пе́ред ска́чками

**2.** *v* 1) навя́зывать това́р 2) зазыва́ть (*покупателей, клиентов и т. п.*) 3) расхва́ливать, реклами́ровать 4) *амер.* агити́ровать за кандида́та 5) добыва́ть и сообща́ть све́дения о скаковы́х лошадя́х для испо́льзования их при заключе́нии пари́ 6) *разг.* шпио́нить

**tow** I [təu] **1.** *n* 1) бечева́; букси́р (-ный кана́т, трос) 2) буксиро́вка 3) букси́руемое су́дно 4) букси́рный карава́н ◇ to take in ~ а) брать на букси́р; б) брать на попече́ние; to take a ~ быть на букси́ре; to have smb. in ~ а) име́ть кого́-л. на своём попече́нии, опека́ть; б) име́ть кого́-л. в числе́ сопровожда́ющих; име́ть кого́-л. в числе́ свои́х покло́нников

**2.** *v* 1) тяну́ть (*баржу*) на бечеве́; тащи́ть (*сломанную автомашину*) 2) букси́ровать

**tow** II [təu] *n текст.* 1) очёс, куде́ль 2) па́кля

**towage** [ˈtəuɪdʒ] *n* 1) буксиро́вка 2) пла́та за буксиро́вку

**toward** I [ˈtəuəd] *a уст.* 1) происходя́щий; предстоя́щий 2) послу́шный; благонра́вный 3) спосо́бный к уче́нию

**toward** II [təˈwɔːd] *prep поэт. см.* towards

**towards** [təˈwɔːdz] *prep* 1) к, по направле́нию к; he edged ~ the door он пробира́лся к две́ри; the windows look ~ the sea о́кна обращены́ к мо́рю; his back was turned ~ me он стоя́л ко мне спино́й 2) к, по отноше́нию к; attitude ~ art отноше́ние к иску́сству 3) *указывает на цель действия* для; с тем, что́бы; to save money ~ an education откла́дывать де́ньги для получе́ния образова́ния; to make efforts ~ a reconcilation стара́ться доби́ться примире́ния 4) *указывает на совершение действия к определённому моменту* о́коло, к; ~ the end of November к концу́ ноября́; ~ morning (evening) к утру́ (ве́черу)

**tow-boat** [ˈtəubəut] *n* букси́рное су́дно

**towel** [ˈtauəl] **1.** *n* полоте́нце ◇ oaken ~ *уст. sl.* дуби́нка; to throw in the ~ сда́ться, призна́ть себя́ побеждённым

**2.** *v* 1) вытира́ть(ся) полоте́нцем 2) *sl.* бить

**towel-horse** [ˈtauəlhɔːs] *n* ве́шалка для полоте́нец

**towelling** [ˈtauəlɪŋ] **1.** *pres. p. от* towel 2

**2.** *n* 1) материа́л для полоте́нец 2) *sl.* побо́и, по́рка

**towel-rack** [ˈtauəlræk] = towel-horse

**tower** [ˈtauə] **1.** *n* 1) ба́шня; вы́шка 2) цитаде́ль, кре́пость 3) *перен.* оплот, опо́ра; a ~ of strength надёжная опо́ра; защи́тник, на кото́рого мо́жно по́лностью положи́ться 4): the T. (of London) Та́уэр (*ранее — тюрьма, где содержались коронованные и др. знатные преступники, ныне — арсенал и музей средневекого оружия и орудий пытки*) 5) *тех.* вы́шка 6) *архит.* пило́н

**2.** *v* 1) вы́ситься, возвыша́ться (*часто* ~ up) 2) быть вы́ше други́х (*тж. перен.*; above, over)

**towering** [ˈtauərɪŋ] **1.** *pres. p. от* tower 2

**2.** *a* 1) высо́кий, вздыма́ющийся; возвыша́ющийся (*над чем-л.*) 2) увели́чивающийся, расту́щий 3) ужа́сный, неи́стовый; in a ~ rage в я́рости

**tow-head** [ˈtəuhed] *n* 1) све́тлые во́лосы 2) светловоло́сый челове́к

**towing-line** [ˈtəuɪŋlaɪn] = tow-line

**towing-path** [ˈtəuɪŋpɑːθ] *n мор.* бечёвник

**towing-rope** [ˈtəuɪŋrəup] = tow-line

**tow-line** [ˈtəulaɪn] *n* букси́р, букси́рный трос

**town** [taun] *n* 1) го́род; городо́к; *амер. тж.* местечко 2) го́род (*в противоп. сельской местности*); out of ~ а) в дере́вне; б) в отъе́зде (*обыкн. из Лондона*) 3) *собир.* жи́тели го́рода; he became the talk of the ~ о нём говори́т весь го́род 4) администрати́вный центр (*района, округа и т. п.*); са́мый большо́й из близлежа́щих городо́в 5) центр делово́й *или* торго́вой жи́зни го́рода 6) *attr.* городско́й; ~ house городска́я кварти́ра; ~ water вода́ из городско́го водопрово́да ◇ a man about ~ челове́к, веду́щий све́тский о́браз жи́зни; on the ~ а) в ви́хре све́тских удово́льствий; б) *амер.* получа́ющий посо́бие по безрабо́тице; ~ and gown жи́тели О́ксфорда *или* Ке́мбриджа, включа́я студе́нтов и профессу́ру; to paint the ~ red *sl.* предава́ться весе́лью, кути́ть; to go to ~ *разг.* а) кути́ть; б) преуспева́ть; в) уме́ло и бы́стро рабо́тать

**town clerk** [ˈtaunˈklɑːk] *n* секрета́рь городско́й корпора́ции

**town council** [ˈtaunˈkaunsl] *n* городско́й (*или* муниципа́льный) сове́т

**town councillor** [ˈtaunˈkaunsɪlə] *n* член городско́го (*или* муниципа́льного) сове́та

**townee** [ˈtauˈniː] *n* 1) *унив. sl.* жи́тель О́ксфорда *или* Ке́мбриджа, не име́ющий отноше́ния к университе́ту 2) *презр.* горожа́нин

**town hall** [ˈtaunˈhɔːl] *n* ра́туша

**town planning** [ˈtaunˈplænɪŋ] *n* градострои́тельство

**townsfolk** [ˈtaunzfəuk] *n* (*употр. с гл. во мн. ч.*) горожа́не

**township** [ˈtaunʃɪp] *n* 1) *амер.* местечко; райо́н (*часть округа*); уча́сток пло́щадью в 6 кв. миль 2) посёлок, городо́к 3) уча́сток, отведённый под городско́е строи́тельство 4) *ист.* церко́вный прихо́д *или* поме́стье (*особ. как административная единица в Англии*); ма́ленький городо́к *или* дере́вня, входи́вшие в соста́в большо́го прихо́да

**townsman** [ˈtaunzmən] *n* 1) горожа́нин 2) жи́тель того́ же го́рода, согражда́нин

**townspeople** [ˈtaunzˌpiːpl] = townsfolk

**tow-path** [ˈtəupɑːθ] = towing-path

**tow-rope** [ˈtəurəup] = tow-line

**toxaemia** [tɔkˈsiːmɪə] *n мед.* заraже́ние кро́ви, токсеми́я

**toxic** [ˈtɔksɪk] **1.** *n* яд

**2.** *a* ядови́тый, токси́ческий

**toxicant** [ˈtɔksɪkənt] = toxic 2

**toxicology** [ˌtɔksɪˈkɔlədʒɪ] *n* токсиколо́гия, уче́ние о я́дах и отравле́ниях

**toxicosis** [ˌtɔksɪˈkəusɪs] *n мед.* токсико́з

**toxin** [ˈtɔksɪn] *n* токси́н

**toy** [tɔɪ] **1.** *n* 1) игру́шка, заба́ва; to make a ~ of smth. забавля́ться чем-л. 2) безделу́шка; пустя́к 3) что-л. ма́ленькое, ку́кольное; a ~ of a church церквушка 4) *sl.* часы́; ~ and tackle ча́сики с цепо́чкой 5) *attr.* игру́шечный, ку́кольный; миниатю́рный; ~ dog ма́ленькая ко́мнатная соба́чка; ~ fish ры́бка для аква́риума; ~ soldier оловя́нный солда́тик; *перен.* солда́т безде́йствующей а́рмии

**2.** *v* 1) игра́ть, забавля́ться, несерьёзно относи́ться 2) верте́ть в рука́х (with) 3) флиртова́ть

**toyman** [ˈtɔɪmən] *n* 1) торго́вец игру́шками 2) игру́шечный ма́стер

**toyshop** [ˈtɔɪʃɔp] *n* магази́н игру́шек

**trace** I [treɪs] **1.** *n* 1) след; to keep ~ of smth. следи́ть за чем-л.; without a ~ бессле́дно; hot on the ~s of smb. по чьим-л. горя́чим следа́м 2) *уст.* стезя́ 3) *амер.* (исхо́женная) тропа́ 4) черта́ 5) незначи́тельное коли́чество, следы́ 6) чертёж на ка́льке 7) за́пись прибо́ра-самопи́сца 8) *амер. воен.* равне́ние в заты́лок 9) *attr.*: ~ elements *мин.* рассе́янные элеме́нты, микроэлеме́нты

**2.** *v* 1) набра́сывать (*план*), черти́ть (*карту, диаграмму и т. п.*) 2) снима́ть ко́пию; кальки́ровать (*тж.* ~ over) 3) тща́тельно выпи́сывать, выводи́ть (*слова и т. п.*) 4) следи́ть (*за кем-л., чем-л.*), высле́живать 5) усма́тривать, находи́ть; I cannot ~ any connection to the event я не нахожу́ никако́й свя́зи с э́тим собы́тием 6) обнару́жить, установи́ть; the police were unable to ~ the whereabouts of the missing girl поли́ция не могла́ установи́ть местонахожде́ние пропа́вшей де́вочки 7) с трудо́м рассмотре́ть, различи́ть 8) просле́живать (-ся); восходи́ть к определённому исто́чнику *или* пери́оду в про́шлом (to, back to); this custom has been ~d to the twelfth century э́тот обы́чай восхо́дит к двена́дцатому ве́ку; this family ~s to the Norman Conquest э́тот род восхо́дит к времена́м норма́нского завоева́ния 9) восстана́вливать расположе́ние *или* разме́ры (*древних сооружений, памятников и т. п. по сохранившимся развалинам*) 10) фикси́ровать, запи́сывать (*о кардиографе и т. п.*) 11) (*обыкн. р. р.*) украша́ть узо́рами

**trace** II [treɪs] *n* 1) (*обыкн. pl*) построма 2) *стр.* подко́с

**tracer** I [ˈtreɪsə] *n* 1) аге́нт по ро́зыску утеря́нных веще́й (*особ. на железной дороге*) 2) запро́с о поте́рянных (*при перевозке*) веща́х, о грузе *и т. п.* 3) чертёжник-копиро́вщик 4) иссле́дователь 5) ме́ченый а́том (*тж.* ~ element) 6) прибо́р для отыска́ния поврежде́ний 7) *воен.* трасси́рующий снаря́д

**tracer** II [ˈtreɪsə] *n* 1) пристяжна́я ло́шадь 2) форе́йтор на пристяжно́й

**tracery** [ˈtreɪsərɪ] *n* 1) узо́р, рису́нок 2) ажу́рная рабо́та (*особ. в средневековой архитектуре*)

**trachea** [trəˈki(:)ə] *n* (*pl* -cheae) *анат.* трахе́я

**tracheae** [trəˈki:i:] *pl от* trachea

**tracheotomy** [ˌtrækɪˈɔtəmɪ] *n мед.* трахеотоми́я

**trachoma** [trəˈkoumə] *n мед.* трахо́ма

**trachyte** [ˈtreɪkaɪt] *n мин.* трахи́т

**tracing** [ˈtreɪsɪŋ] **1.** *pres. p. от* trace I, 2

**2.** *n* 1) просле́живание 2) копиро́вка, калькиро́вка 3) скальки́рованный чертёж, рису́нок 4) за́пись (*регистрирующего прибора*) 5) трасси́рование

**3.** *a* трасси́рующий

**tracing-paper** [ˈtreɪsɪŋˌpeɪpə] *n* воско́вка, ка́лька

**track** [træk] **1.** *n* 1) след; to be on the ~ of а) пресле́довать; б) напа́сть на след; to be in the ~ of smb. идти́ по стопа́м, сле́довать приме́ру кого́-л.; to lose ~ of а) потеря́ть след; б) потеря́ть нить (*чего-л.*); to keep ~ of следи́ть; to keep the ~ of events быть в ку́рсе собы́тий 2) просёлочная доро́га; тропи́нка 3) жи́зненный путь; off the ~ сби́вшийся с пути́, на ло́жном пути́ [*см. тж.* 6) *и* ◇] 4) курс, путь; the ~ of a comet путь коме́ты 5) ярд, верени́ца (*событий, мыслей*) 6) *ж.-д.* колея́, ре́льсовый путь; single (double) ~ одноколе́йный (двухколе́йный) путь; to leave the ~ сойти́ с ре́льсов; off the ~ соше́дший с ре́льсов [*см. тж.* 3) *и* ◇] 7) *тех.* направля́ющее устро́йство 8) *спорт.* лыжня́; бегова́я доро́жка; трек 9) *спорт.* лёгкая атле́тика 10) гу́сеница (*трактора, танка*) 11) *ав.* путь, тра́сса, маршру́т полёта 12) доро́жка (*фонограммы*); фоногра́мма ◇ in one's ~s *sl.* на ме́сте; неме́дленно, то́тчас же; to make ~s *разг.* дать тя́гу, улизну́ть, убежа́ть; to make ~s for *разг.* отпра́виться, напра́вить свои́ стопы́; on the inside ~ *амер.* в вы́годном положе́нии; off the ~ уклони́вшийся от те́мы [*см. тж.* 3) *и* 6)]

**2.** *v* 1) следи́ть, просле́живать; высле́живать (*обыкн.* ~ out, ~ up, ~ down) 2) *амер.* оставля́ть следы́; наследи́ть, напа́чкать 3) прокла́дывать путь; намеча́ть курс 4) кати́ться по колее́ (*о колёсах*) 5) име́ть определённое расстоя́ние ме́жду колёсами; this car ~s 46 inches у э́той маши́ны расстоя́ние ме́жду колёсами равно́ 46 дю́ймам 6) прокла́дывать колею́; укла́дывать ре́льсы 7) тяну́ть бечево́й (*тж.* ~ up) ▭ ~ **down** вы́следить и пойма́ть

**trackage** [ˈtrækɪdʒ] *n амер.* 1) железнодоро́жная сеть 2) пра́во одно́й железнодоро́жной компа́нии на по́льзование желе́зной доро́гой, принадлежа́щей друго́й компа́нии

**track-and-field (athletics)** [ˈtrækənˈfi:ld(æθˈletɪks)] *n спорт.* лёгкая атле́тика

**tracker** I [ˈtrækə] *n* 1) охо́тник, высле́живающий ди́ких звере́й 2) филёр

**tracker** II [ˈtrækə] *n мор.* 1) ля́мочник 2) букси́р

**tracklayer** [ˈtrækˌleiə] *n* рабо́чий по укла́дке железнодоро́жных путе́й

**trackless** [ˈtræklɪs] *a* 1) бездоро́жный 2) непроторённый 3) не оставля́ющий следо́в 4) *тех.* безре́льсовый; ~ trolley (line) тролле́йбус(ная ли́ния)

**trackman** [ˈtrækmən] = trackwalker

**track-shoe** [ˈtrækʃu:] *n* звено́ гу́сеницы, башма́к гу́сеничного полотна́

**trackwalker** [ˈtrækˌwɔ:kə] *n амер. ж.-д.* путево́й обхо́дчик

**trackway** [ˈtrækweɪ] *n* 1) тропи́нка 2) доро́га с колеёй

**tract** I [trækt] *n* тракта́т; брошю́ра (*особ. на политические или религиозные темы*)

**tract** II [trækt] *n* 1) полоса́ простра́нства (*земли, леса, воды*) 2) *анат.* тракт; the digestive ~ желу́дочно-кише́чный тракт 3) *уст.* непреры́вный пери́од вре́мени

**tractable** [ˈtræktəbl] *n* 1) послу́шный, сгово́рчивый 2) легко́ поддаю́щийся обрабо́тке, *напр.*, ко́вкий *и т. п.*

**tractate** [ˈtrækteɪt] *n* тракта́т

**tractile** [ˈtræktaɪl] *a* вытя́гивающийся (*в длину*)

**traction** [ˈtrækʃən] *n* 1) тя́га; волоче́ние; electric ~ электри́ческая тя́га 2) си́ла сцепле́ния 3) *амер.* городско́й тра́нспорт

**traction-engine** [ˈtrækʃənˌendʒɪn] *n* тра́ктор-тяга́ч

**tractor** [ˈtræktə] *n* 1) тра́ктор 2) *ав.* самолёт с тя́нущим винто́м

**tractor-driver** [ˈtræktəˌdraɪvə] *n* трактори́ст

**trade** [treɪd] **1.** *n* 1) заня́тие; ремесло́; профе́ссия; the ~ of war вое́нная профе́ссия; a saddler by ~ шо́рник по профе́ссии 2) торго́вля; fair ~ а) торго́вля на осно́ве взаи́мной вы́годы; б) *sl.* контраба́нда 3) (the ~) *собир.* торго́вцы *или* предпринима́тели (*в какой-л. отрасли*); *разг.* ли́ца, име́ющие пра́во прода́жи спиртны́х напи́тков; пивова́ры, виноку́ры; the woollen ~ торго́вцы ше́рстью 4) ро́зничная торго́вля (*в противоп. оптовой* — commerce); магази́н, ла́вка; his father was in ~ его́ оте́ц был торго́вцем, име́л ла́вку 5) (the ~) *собир.* ро́зничные торго́вцы; he sells only to the ~ он продаёт то́лько о́птом, то́лько ро́зничным торго́вцам 6) клиенту́ра, покупа́тели 7) сде́лка; обме́н 8) *pl* = trade winds 9) *attr.* торго́вый; ~ balance торго́вый бала́нс 10) *attr.* профсою́зный; ~(s) committee профсою́зный комите́т

**2.** *v* 1) торгова́ть (in — *чем-л.*; with — с *кем-л.*) 2) обме́нивать(ся); a boy ~d his knife for a pup ма́льчик обменя́л свой но́жик на щенка́; they ~d insults они́ осыпа́ли друг дру́га оскорбле́ниями; we ~d seats мы обменя́лись места́ми ▭ ~ **in** сдава́ть ста́рую вещь (*автомобиль и т. п.*) в счёт поку́пки но́вой; ~ **off** а) сбыва́ть; б) обме́нивать; ~ **(up)on** извлека́ть вы́году, испо́льзовать в ли́чных це́лях; to ~ on the credulity of a client испо́льзовать дове́рчивость покупа́теля, обману́ть покупа́теля

**Trade Board** [ˈtreɪdˈbɔ:d] *n* коми́ссия по вопро́сам за́работной пла́ты (*в какой-л. отрасли промышленности*)

**trade mark** [ˈtreɪdmɑ:k] *n* фабри́чная ма́рка

**trade mission** [ˈtreɪdˈmɪʃən] *n* торго́вое представи́тельство, торгпре́дство

**trade name** [ˈtreɪdneɪm] *n* 1) торго́вое назва́ние това́ра 2) назва́ние фи́рмы

**trade price** [ˈtreɪdˈpraɪs] *n* фабри́чная цена́, опто́вая цена́

**trader** [ˈtreɪdə] *n* 1) торго́вец (*особ. опто́вый*) 2) торго́вое су́дно 3) биржево́й ма́клер; спекуля́нт

**trade-route** [ˈtreɪdˈru:t] *n* торго́вый путь

**trade school** [ˈtreɪdˈsku:l] *n* произво́дственная шко́ла, реме́сленное учи́лище

**tradesfolk** [ˈtreɪdzfəuk] = tradespeople

**trade show** [ˈtreɪdʃəu] *n* пока́з но́вого фи́льма у́зкому кру́гу (*кинокритикам и представителям проката*)

**tradesman** [ˈtreɪdzmən] *n* 1) торго́вец, ла́вочник; купе́ц 2) *диал.* реме́сленник

**tradespeople** [ˈtreɪdzˌpi:pl] *n pl* купцы́, ла́вочники, их се́мьи и слу́жащие; торго́вое сосло́вие

**tradeswoman** [ˈtreɪdzˌwumən] *n* торго́вка; ла́вочница

**trades union** [ˈtreɪdzˈju:njən] = trade union

**trade union** [ˈtreɪdˈju:njən] *n* тред-юнио́н; профсою́з

**trade-union** [ˈtreɪdˈju:njən] *a* профсою́зный

**trade-unionism** [ˈtreɪdˈju:njənɪzm] *n* тред-юниони́зм

**trade-unionist** [ˈtreɪdˈju:njənɪst] *n* тред-юниони́ст; член профсою́за

**trade winds** [ˈtreɪdwɪndz] *n pl* пасса́ты

**trading** [ˈtreɪdɪŋ] **1.** *pres. p. от* trade 2

**2.** *n* торго́вля; комме́рция

**3.** *a* 1) занима́ющийся торго́влей; торго́вый

**trading post** [ˈtreɪdɪŋˈpəust] *n* факто́рия

**tradition** [trəˈdɪʃən] *n* 1) тради́ция; ста́рый обы́чай; by ~ по тради́ции 2) преда́ние

**traditional** [trəˈdɪʃənl] *a* традицио́нный; передава́емый из поколе́ния в поколе́ние, осно́ванный на обы́чае

**traditionalism** [trəˈdɪʃnəlɪzm] *n* приве́рженность к тради́циям

**traditionally** [trəˈdɪʃnəlɪ] *adv* по тради́ции

**traditionary** [trəˈdɪʃnərə] = traditional

**traduce** [trəˈdju:s] *v* злосло́вить, клевета́ть

**traffic** [ˈtræfɪk] **1.** *n* 1) движе́ние; тра́нспорт 2) фрахт, гру́зы; коли́чество перевезённых пассажи́ров за определённый пери́од 3) торго́вля; to carry on ~ вести́ торго́влю; ~ in votes торго́вля голоса́ми (*на выборах*) 4) *attr.* относя́щийся к тра́нспорту; ~ manager (*или* officer), *разг.* ~ cop полице́йский, регули́рующий у́личное движе́ние; ~ controller диспе́тчер

**2.** *v* торгова́ть (in — *чем-л.*)

**trafficator** [ˈtræfɪkeɪtə] *n дор.* указа́тель поворо́та

**traffic-circle** [ˈtræfɪkˈsə:kl] *n дор.* кольцева́я тра́нспортная развя́зка

**trafficker** [ˈtræfɪkə] *n* торго́вец (*обыкн. в отриц. значении*); ~ in slaves работорго́вец; drug ~ торго́вец нарко́тиками

**traffic-light** [ˈtræfɪkˈlaɪt] *n* светофо́р

**tragedian** [trəˈdʒi:djən] *n* 1) тра́гик, траги́ческий актёр 2) а́втор траге́дий

**tragedienne** [trəˌdʒi:dɪˈen] *фр. n* траги́ческая актри́са

**tragedy** [ˈtrædʒɪdɪ] *n* 1) траге́дия 2) *attr.* относя́щийся к траге́дии; ~ king актёр, исполня́ющий в траге́дии роль короля́; гла́вный траги́ческий актёр тру́ппы

**tragic(al)** [ˈtrædʒɪk(əl)] *a* 1) траги́ческий; трагеди́йный 2) *разг.* ужа́сный; катастрофи́ческий; приско́рбный, печа́льный

**tragicomedy** [ˈtrædʒɪˈkɔmɪdɪ] *n* трагикоме́дия

**tragicomic(al)** [ˈtrædʒɪˈkɔmɪk(əl)] *a* трагикоми́ческий

**trail** [treɪl] **1.** *n* 1) след, хвост; the car left a ~ of dust маши́на оста́вила позади́ себя́ столб пы́ли 2) след (*челове́ка, живо́тного*); to be on the ~ of smb. высле́живать кого́-л.; to foul the ~ запу́тывать следы́; to get on the ~ напа́сть на след; to get off the ~ сби́ться со сле́да 3) тропа́ 4) *бот.* сте́лющийся побе́г 5) *воен.* хо́бот лафе́та 6) *воен.* положе́ние напереве́с (*оружия, снаряжения*) 7) *ав.* лине́йное отстава́ние бо́мбы

**2.** *v* 1) тащи́ть(ся), волочи́ть(ся) 2) отстава́ть, идти́ сза́ди; плести́сь 3) идти́ по сле́ду; высле́живать 4) протопта́ть (*тропинку*) 5) прокла́дывать путь 6) свиса́ть (*о волосах*) 7) трелева́ть (*лес*) 8) стели́ться (*о растениях*) 9) тяну́ться сза́ди (*чего-л.*); a cloud of dust ~ed behind the car маши́на оставля́ла позади́ себя́ о́блако пы́ли ◇ to ~ one's coat держа́ться вызыва́юще, лезть в дра́ку

**trail-blazer** [ˈtreɪlˌbleɪzə] *n* пионе́р, нова́тор

**trailer** [ˈtreɪlə] *n* 1) тот, кто та́щит, волочи́т *и пр.* [*см.* trail 2] 2) прице́п; тре́йлер 3) жило́й автоприце́п 4) сте́лющееся расте́ние 5) киноафи́ша, ано́нс

**trail-net** [ˈtreɪlnet] *n мор.* тра́ловая сеть

**train** I [treɪn] *v* 1) воспи́тывать, учи́ть, приуча́ть к хоро́шим на́выкам, к дисципли́не 2) тренирова́ть(ся); to ~ for races гото́виться к ска́чкам 3) обуча́ть, гото́вить 4) дрессирова́ть (*собаку*); объезжа́ть (*лошадь*) 5) направля́ть рост расте́ний (*обыкн.* ~ up, ~ along, ~ over) 6) наводи́ть (*орудие, объектив и т. п.*) ▭ ~ **down** сбавля́ть вес специа́льной трениро́вкой

**train** II [treɪn] **1.** *n* 1) по́езд, соста́в; by ~ по́ездом; mixed ~ това́ро-пассажи́рский по́езд; goods ~ това́рный по́езд; up ~ по́езд, иду́щий в Ло́ндон; down ~ по́езд, иду́щий из Ло́ндона; wild ~ по́езд, иду́щий не по расписа́нию; the ~ is off по́езд уже́ отошёл; to make the ~ поспе́ть на по́езд 2) проце́ссия, корте́ж; funeral ~ похоро́нная проце́ссия 3) карава́н; *воен.* обо́з 4) цепь, ряд, верени́ца (*событий, мыслей*); ~ of thought ход мы́слей; a ~ of misfortunes цепь несча́стий 5) после́дствие; in the (*или* in its) ~ в результа́те, всле́дствие 6) шлейф (*платья*); хвост (*павлина, кометы*) 7) сви́та; толпа́ (*поклонников и т. п.*) 8) *метал.* прока́тный стан 9) *тех.* зубча́тая переда́ча

**2.** *v разг.* е́хать по желе́зной доро́ге

**trainband** [ˈtraɪnbænd] *n ист.* ополче́ние англи́йских горожа́н (*в XVI—XVIII вв.*)

**train-bearer** [ˈtreɪnˌbɛərə] *n* паж

**trained** [treɪnd] **1.** *p. p. от* train I

**2.** *a* 1) вы́ученный, вы́школенный; обу́ченный; трениро́ванный 2) дрессиро́ванный

**trainee** [treɪˈni:] *n* проходя́щий подгото́вку, обуче́ние; стажёр, практика́нт

**trainer** [ˈtreɪnə] *n* 1) инстру́ктор; тре́нер 2) дрессиро́вщик 3) *ист.* ополче́нец [*см.* trainband] 4) *воен.* горизонта́льный наво́дчик

**train-ferry** [ˈtreɪnˈferɪ] *n* железнодоро́жный паро́м

**training** I [ˈtreɪnɪŋ] **1.** *pres. p. от* train I

**2.** *n* 1) воспита́ние 2) обуче́ние; on-the-job ~ обуче́ние по ме́сту рабо́ты 3) трениро́вка 4) дрессиро́вка

**3.** *a* трениро́вочный, уче́бный

**training** II [ˈtreɪnɪŋ] *pres. p. от* train II, 2

**training-college** [ˈtreɪnɪŋˈkɔlɪdʒ] *n* педагоги́ческий институ́т

**training-school** [ˈtreɪnɪŋsku:l] *n* 1) специа́льное учи́лище (*медицинское и т. п.*) 2) исправи́тельно-трудова́я коло́ния

**training-ship** [ˈtreɪnɪŋʃɪp] *n мор.* уче́бное су́дно

**trainman** [ˈtreɪnmən] *n амер.* тормозно́й конду́ктор; проводни́к

**trainmaster** [ˈtreɪnˌma:stə] *n амер.* нача́льник по́езда; гла́вный конду́ктор

**train-oil** [ˈtreɪnɔɪl] *n* во́рвань

**train-service** [ˈtreɪnˌsə:vɪs] *n ж.-д.* слу́жба движе́ния

**train staff** [ˈtreɪnsta:f] *n* поездна́я брига́да

**train table** [ˈtreɪnˈteɪbl] *n* гра́фик движе́ния поездо́в

**traipse** [treɪps] = trapse

**trait** [treɪ] *n* 1) характе́рная черта́, осо́бенность 2) штрих

**traitor** [ˈtreɪtə] *n* преда́тель, изме́нник

**traitorous** [ˈtreɪtərəs] *a* преда́тельский, вероло́мный

**traitress** [ˈtreɪtrɪs] *n* преда́тельница

**trajectory** [ˈtrædʒɪktərɪ] *n* траекто́рия

**tram** I [træm] **1.** *n* 1) трамва́й 2) = tram-line 3) = tram-car 4) *горн.* ваго-не́тка, теле́жка 5) *attr.* трамва́йный

**2.** *v* 1) е́хать в трамва́е 2) отка́тывать на вагоне́тках

**tram** II [træm] *n текст.* шёлковый кручёный уто́к

**tram-car** [ˈtræmka:] *n* трамва́й (*вагон*)

**tram-driver** [ˈtræmˌdraɪvə] *n* вагоновожа́тый

**tram-line** [ˈtræmlaɪn] *n* трамва́йная ли́ния

**trammel** [ˈtræməl] **1.** *n* 1) *pl* поме́ха, препя́тствие; что-л. сде́рживающее 2) не́вод, трал 3) се́тка для ло́вли птиц 4) эллипсо́граф; штангенци́ркуль 5) крючо́к для подве́шивания котла́ над огнём

**2.** *v* 1) лови́ть не́водом, се́тью 2) меша́ть; препя́тствовать

**trammer** [ˈtræmə] *n* 1) трамва́йщик 2) ло́шадь в ко́нке

**tramontane** [træˈmɔnteɪn] **1.** *a* 1) заальпи́йский 2) иностра́нный, чужезе́мный; ва́рварский

**2.** *n* иностра́нец, чужезе́мец; ва́рвар

**tramp** [træmp] **1.** *n* 1) бродя́га 2) до́лгое и утоми́тельное путеше́ствие пешко́м 3) звук тяжёлых шаго́в 4) *мор.* грузово́й парохо́д, не рабо́тающий на определённых ре́йсах

**2.** *v* 1) тяжело́ ступа́ть, гро́мко то́пать 2) идти́ пешко́м; тащи́ться с трудо́м, с неохо́той 3) бродя́жничать 4) топта́ть, ута́птывать, утрамбо́вывать

**trample** [ˈtræmpl] **1.** *n* 1) топта́ние 2) то́панье 3) попра́ние

**2.** *v* 1) топта́ть (*траву, посевы*); раста́птывать 2) дави́ть (*виноград*) 3) тяжело́ ступа́ть 4) подавля́ть, попира́ть (on, upon); to ~ under foot попира́ть

**tram-road** [ˈtræmrəud] *n* ре́льсовый путь (*для трамвая, вагонетки и т. п.*)

**tramway** [ˈtræmweɪ] = tram-line

**trance** [tra:ns] *n* 1) *мед.* транс 2) состоя́ние экста́за

**tranquil** [ˈtræŋkwɪl] *a* споко́йный

**tranquillity** [træŋˈkwɪlɪtɪ] *n* споко́йствие

**tranquillize** [ˈtræŋkwɪlaɪz] *v* успока́ивать(ся)

**tranquillizer** [ˈtræŋkwɪlaɪzə] *n фарм.* успока́ивающее сре́дство, транквилиза́тор

**trans-** [trænz-, træns-] *pref* 1) за, по ту сто́рону; че́рез, транс-; transatlantic трансатланти́ческий 2) *указывает на изменение формы, состояния* *и т. п.* пере-; to transform превраща́ть; to transplant переса́живать; to transshape изменя́ть фо́рму 3) *указывает на превышение предела, переход границы* пере-, пре-; to transcend превыша́ть; to transgress преступа́ть (*или* наруша́ть) зако́н

**transact** [træn'zækt] *v* 1) вести́ (*де́ла*) 2) заключа́ть (*сде́лки*)

**transaction** [træn'zækʃən] *n* 1) де́ло; сде́лка 2) веде́ние (*де́ла*) 3) *pl* труды́, протоко́лы (*нау́чного о́бщества*) 4) *юр.* урегули́рование спо́ра путём соглаше́ния сторо́н *или* компроми́сса

**transalpine** ['trænz'ælpaɪn] *a* трансальпи́йский, находя́щийся се́вернее Альп

**transatlantic** ['trænzət'læntɪk] **1.** *a* 1) трансатланти́ческий; ~ line трансатланти́ческая парохо́дная ли́ния 2) находя́щийся, живу́щий по другу́ю сто́рону Атланти́ческого океа́на

**2.** *n* трансатланти́ческий парохо́д

**transcalent** [træns'keɪlənt] *a* теплопрово́дный

**transceiver** [træn'siːvə] *n* (*сокр. от* transmitter-receiver) *амер.* приёмо-переда́тчик, радиопереда́тчик и радиоприёмник в о́бщем ко́рпусе

**transcend** [træn'send] *v* 1) переступа́ть преде́лы 2) превосходи́ть, превыша́ть

**transcendent** [træn'sendənt] *a* 1) превосходя́щий 2) превосхо́дный; необыкнове́нный 3) = transcendental 1)

**transcendental** [ˌtrænsen'dentl] *a* 1) *филос.* трансцендента́льный 2) *мат.* трансценде́нтный 3) *распр.* абстра́ктный; нея́сный, тума́нный

**transcendentalism** [ˌtrænsen'dentəlɪzm] *n* трансцендента́льная филосо́фия

**transcountinental** ['trænzˌkɔntɪ'nentl] *a* пересека́ющий контине́нт, трансконтинента́льный

**transcribe** [træns'kraɪb] *v* 1) перепи́сывать 2) расшифро́вывать стенографи́ческую за́пись 3) запи́сывать на плёнку (*для передачи*); передава́ть по ра́дио грамза́пись 4) *фон.* транскриби́ровать 5) *муз.* аранжи́ровать

**transcript** ['trænskrɪpt] *n* 1) ко́пия 2) расшифро́вка (*стенограммы*)

**transcription** [træns'krɪpʃən] *n* 1) перепи́сывание 2) ко́пия 3) *радио* за́пись; electrical ~ механи́ческая за́пись 4) *фон.* транскри́пция; транскриби́рование 5) *муз.* аранжиро́вка

**transducer** [trænz'djuːsə] *n эл.* преобразова́тель; да́тчик; приёмник

**transect** [træn'sekt] *v* де́лать попере́чный надре́з

**transept** ['trænsept] *n архит.* трансе́пт, попере́чный неф готи́ческого собо́ра

**transfer** **1.** *n* ['trænsfə(:)] 1) перено́с; перемеще́ние 2) перево́д (*по службе*) 3) *юр.* усту́пка, переда́ча (*имущества, права и т. п.*); це́ссия; трансфе́рт; ~ of authority переда́ча прав, полномо́чий 4) перево́д рису́нка *и т. п.* на другу́ю пове́рхность 5) *pl* переводны́е карти́нки 6) *полигр.* зерка́льный о́ттиск 7) перево́д кра́сок на холст (*при реставрировании*) 8) переса́дка (*на железной дороге и т. п.*) 9) *амер.* переса́дочный биле́т

**2.** *v* [træns'fəː] 1) переноси́ть, перемеща́ть (from — из; to — в); to ~ a child to another school перевести́ ребёнка в другу́ю шко́лу 2) передава́ть (*имущество и т. п.*) 3) переходи́ть (*с одной работы на другую*); переводи́ться 4) переводи́ть рису́нок на другу́ю пове́рхность, *особ.* наноси́ть рису́нок на литогра́фский ка́мень 5) переса́живаться (*на другой трамвай, автобус и т. п.*); де́лать переса́дку (*на железной дороге*)

**transferable** [træns'fəːrəbl] *a* допуска́ющий переда́чу, перемеще́ние, заме́ну; all parts of the machine were standard and ~ все ча́сти маши́ны бы́ли станда́ртны и заменя́емы; ~ vote го́лос, кото́рый мо́жет быть пе́редан друго́му кандида́ту (*при пропорциональной системе представительства*)

**transferal** [træns'fəːrəl] *n* перево́д, перено́с, перемеще́ние

**transferee** [ˌtrænsfə(:)'riː] *n* лицо́, кото́рому передаётся что-л. *или* пра́во на что-л.

**transference** ['trænsfərəns] *n* 1) переда́ча 2) перенесе́ние

**transfer-ink** [træns'fə(:)ɪŋk] *n* типогра́фская кра́ска

**transferor** [træns'fəːrə] *n* лицо́, передаю́щее что-л. (*право, вещь*); цеде́нт

**transfiguration** [ˌtrænsfɪgju'reɪʃən] *n* 1) видоизмене́ние, преобразова́ние 2) (T.) *церк.* преображе́ние (госпо́дне)

**transfigure** [træns'fɪgə] *v* 1) видоизменя́ть 2) преобража́ть

**transfix** [træns'fɪks] *v* 1) пронза́ть; прока́лывать; прони́зывать 2) *перен.* прикова́ть к ме́сту; he was ~ed with horror у́жас прикова́л его́ к ме́сту

**transform** [træns'fɔːm] *v* 1) превраща́ть(ся) 2) изменя́ть(ся), преобража́ть(ся), де́лать(ся) неузнава́емым; to ~ smth. beyond recognition измени́ть что-л. до неузнава́емости

**transformation** [ˌtrænsfə'meɪʃən] *n* 1) превраще́ние 2) *эл.* трансформа́ция 3) *мат.* преобразова́ние 4) же́нский пари́к

**transformer** [træns'fɔːmə] *n* 1) преобразова́тель 2) *эл.* трансформа́тор

**transfuse** [træns'fjuːz] *v* 1) перелива́ть 2) де́лать перелива́ние (*крови*) 3) передава́ть (*чувства и т. п.*) 4) пропи́тывать; прони́зывать

**transfusion** [træns'fjuːʒən] *n* перелива́ние (*особ.* кро́ви)

**transgress** [træns'gres] *v* 1) переступа́ть, наруша́ть (*закон и т. п.*) 2) переходи́ть грани́цы (*терпения, приличия и т. п.*) 3) греши́ть

**transgression** [træns'greʃən] *n* 1) просту́пок; наруше́ние (*закона и т. п.*) 2) грех 3) *геол.* трансгре́ссия

**transgressor** [træns'gresə] *n* 1) правонаруши́тель 2) гре́шник

**tranship** [træn'ʃɪp] = trans-ship

**transience, -cy** ['trænzɪəns, -sɪ] *n* быстроте́чность, мимолётность

**transient** ['trænzɪənt] **1.** *a* 1) преходя́щий, мимолётный, скороте́чный 2) *амер.* вре́менный (*о жильце в гостинице*)

**2.** *n амер.* вре́менный жиле́ц

**transient agent** ['trænzɪənt'eɪdʒənt] *n* несто́йкое отравля́ющее вещество́

**transit** ['trænsɪt, 'trænzɪt] **1.** *n* 1) прохожде́ние; прое́зд; rapid ~ бы́стрый перее́зд 2) транзи́т, перево́зка; in ~ в пути́ 3) переме́на; перехо́д (*в другое состояние*) 4) *астр.* прохожде́ние плане́ты че́рез меридиа́н 5) теодоли́т 6) *attr.* транзи́тный 7) *attr.* кратковре́менный; преходя́щий

**2.** *v* 1) переходи́ть, переезжа́ть 2) переходи́ть в ино́й мир, умира́ть 3) *астр.* проходи́ть че́рез меридиа́н

**transit-duty** ['trænsɪtˌdjuːtɪ] *n* транзи́тная по́шлина

**transition** [træn'sɪʒən] *n* 1) перехо́д, перемеще́ние 2) перехо́дный пери́од 3) *муз.* модуля́ция 4) *attr.* перехо́дный; ~ period перехо́дный пери́од; ~ curve *мат.* перехо́дная крива́я

**transitional** [træn'sɪʒənl] *a* перехо́дный; промежу́точный

**transitive** ['trænsɪtɪv] *a грам.* перехо́дный

**transitory** ['trænsɪtərɪ] *a* мимолётный, вре́менный, преходя́щий ◇ ~ action *юр.* де́ло, кото́рое мо́жет быть возбуждено́ в любо́м суде́бном о́круге

**transit point** ['trænsɪt'pɔɪnt] *n физ.* то́чка перехо́да

**translatable** [træns'leɪtəbl] *a* переводи́мый

**translate** [træns'leɪt] *v* 1) переводи́ть(ся) (*с одного языка на другой*; from — с, into — на); poetry does not ~ easily стихи́ тру́дно переводи́ть 2) объясня́ть, толкова́ть 3) осуществля́ть, претворя́ть в жизнь; to ~ promises into actions выполня́ть обеща́ния 4) *амер.* приводи́ть кого́-л. в восто́рг, экзальта́цию 5) преобразо́вывать 6) *радио* трансли́ровать 7) обновля́ть, переде́лывать из ста́рого

**translation** [træns'leɪʃən] *n* 1) перево́д *и пр.* [*см.* translate] 2) *радио* трансля́ция 3) перемеще́ние, смеще́ние 4) пересчёт из одни́х мер *или* едини́ц в други́е 5) поступа́тельное движе́ние

**translator** [træns'leɪtə] *n* перево́дчик

**transliterate** [trænz'lɪtəreɪt] *n* транслитери́ровать, передава́ть бу́квами друго́го алфави́та

**transliteration** [ˌtrænzlɪtə'reɪʃən] *n* транслитера́ция

**translocate** [træns'ləukeɪt] *v* смеща́ть, перемеща́ть

**translucent** [trænz'luːsnt] *a* просве́чивающий; полупрозра́чный

**transmarine** [ˌtrænsmə'riːn] *a* 1) замо́рский 2) простира́ющийся че́рез мо́ре

**transmigrant** [trænz'maɪgrənt] *n* иностра́нец, находя́щийся в стране́ прое́здом на но́вое местожи́тельство

**transmigrate** ['trænzmaɪ'greɪt] *v* переселя́ть(ся)

**transmigration** [,trænzmaɪ'greɪʃən] *n* переселе́ние

**transmissible** [trænz'mɪsəbl] *a* 1) передаю́щийся 2) зара́зный

**transmission** [trænz'mɪʃən] *n* 1) переда́ча; radio ~ радиопереда́ча; picture ~ телеви́дение 2) пересы́лка 3) *тех.* переда́ча; коро́бка переда́ч; трансми́ссия; приво́д 4) *attr.* переда́точный; ~ line *эл.* ли́ния переда́чи

**transmit** [trænz'mɪt] *v* 1) передава́ть 2) отправля́ть, посыла́ть 3) передава́ть по насле́дству

**transmitter** [trænz'mɪtə] *n* 1) отправи́тель, переда́тчик 2) (радио)переда́тчик 3) *тлф.* микрофо́н

**transmogrification** [,trænzmɔgrɪfɪ'keɪʃən] *n шутл.* удиви́тельное превраще́ние, метаморфо́за

**transmogrify** [trænz'mɔgrɪfaɪ] *v шутл.* превраща́ть(ся), изменя́ть(ся) (*необыкновенным, таинственным образом*)

**transmutation** [,trænzmju(:)'teɪʃən] *n* превраще́ние; ~s of fortune превра́тности судьбы́

**transmute** [trænz'mju:t] *v* превраща́ть

**transoceanic** ['trænz,əuʃɪ'ænɪk] *a* 1) заокеа́нский 2) трансокеа́нский, пересека́ющий океа́н

**transom** ['trænsəm] *n* 1) *стр.* фраму́га 2) попере́чный брусо́к 3) *мор.* тра́нец

**transom-bar** ['trænsəmba:] *n стр.* и́мпост (*окна, двери*)

**transonic** [træn'sɔnɪk] = trans-sonic

**transpacific** [,trænspə'sɪfɪk] *a* 1) пересека́ющий Ти́хий океа́н 2) по другу́ю сто́рону Ти́хого океа́на

**transparency** [træns'pɛərənsɪ] *n* 1) прозра́чность 2) транспара́нт

**transparent** [træns'pɛərənt] *a* 1) прозра́чный, просве́чивающий 2) я́сный, поня́тный; очеви́дный, я́вный 3) открове́нный

**transpicuous** [træns'pɪkjuəs] = transparent 1) *и* 2)

**transpierce** [træns'pɪəs] *v* пронза́ть насквозь

**transpiration** [,trænspə'reɪʃən] *n* 1) испа́рина; выделе́ние по́та 2) испаре́ние

**transpire** [træns'paɪə] *v* 1) испаря́ться 2) проса́чиваться (*о газе*); проступа́ть в ви́де ка́пель по́та 3) обнару́живаться, станови́ться изве́стным 4) *разг.* случа́ться, происходи́ть

**transplant** [træns'pla:nt] *v* 1) переса́живать (*растения*) 2) переселя́ть 3) *хир.* де́лать переса́дку (*ткани или органов*)

**transplantation** [,trænspla:n'teɪʃən] *n* 1) переса́дка *и пр.* [*см.* transplant] 2) *хир.* трансплantáция

**transpontine** ['trænz'pɔntaɪn] *a* 1) располо́женный за мосто́м; находя́щийся по ту сто́рону ло́ндонских мосто́в, к ю́гу от Те́мзы 2) мелодрамати́ческий; ~ drama дешёвая мелодра́ма

**transport 1.** *n* ['trænspɔ:t] 1) тра́нспорт, перево́зка 2) тра́нспорт, сре́дства сообще́ния; тра́нспорт(ное су́дно); тра́нспортный самолёт 3) поры́в (чувств); in a ~ of rage в поры́ве гне́ва 4) *ист.* ссы́льный; ка́торжник 5) *attr.* тра́нспортный

**2.** *v* [træns'pɔ:t] 1) перевози́ть; переноси́ть, перемеща́ть 2) (*обыкн. p. p.*) приводи́ть в состоя́ние восто́рга, у́жаса *и т. п.*; ~ed with joy не по́мня себя́ от ра́дости 3) *ист.* ссыла́ть на ка́торгу

**transportable** [træns'pɔ:təbl] *a* подвижно́й, передвижно́й, перено́сный, транспорта́бельный

**transportation** [,trænspɔ:'teɪʃən] *n* 1) перево́зка, тра́нспорт; транспорти́рование 2) тра́нспортные сре́дства 3) *амер.* сто́имость перево́зки 4) *амер.* биле́т (*железнодорожный, трамвайный и т. п.*) 5) *ист.* ссы́лка на ка́торгу

**transporter** [træns'pɔ:tə] *n тех.* транспортёр, конве́йер

**transpose** [træns'pəuz] *v* 1) перемеща́ть; переставля́ть (*слова в предложении*) 2) *мат.* переноси́ть в другу́ю часть уравне́ния с обра́тным зна́ком 3) *муз.* транспони́ровать

**transposition** [,trænspə'zɪʃən] *n* 1) перемеще́ние, перестано́вка; перено́с 2) *муз.* транспониро́вка

**trans-ship** [træns'ʃɪp] *v мор., ж.-д.* 1) перегружа́ть 2) переса́живать(ся)

**trans-shipment** [træns'ʃɪpmənt] *n мор., ж.-д.* 1) перегру́зка 2) переса́дка

**trans-sonic** [trænz'sɔnɪk] *a физ.* околозвуково́й; ~ speed околозвукова́я ско́рость

**transuranium** [',trænsju'reɪnjəm] *n хим.* трансура́новый элеме́нт

**transvalue** [trænz'vælju:] *v* переоце́нивать

**transversal** [trænz'və:səl] **1.** *a* попере́чный; секу́щий

**2.** *n* пересека́ющая, секу́щая ли́ния

**transverse** ['trænzvə:s] *a* попере́чный; ~ section попере́чный разре́з, попере́чное сече́ние

**tranter** ['træntə] *n диал.* во́зчик; разно́счик

**trap** I [træp] **1.** *n* 1) лову́шка; сило́к; капка́н, западня́; to set a ~ ста́вить лову́шку; to bait a ~ класть прима́нку в лову́шку; *перен.* зама́нивать; to fall into a ~ попа́сться в лову́шку 2) = trapdoor 3) *sl.* сы́щик; полице́йский 4) рессо́рная двуко́лка 5) *sl.* рот 6) *pl амер.* уда́рные инструме́нты в орке́стре 7) *тех.* сифо́н; трап 8) *радио* загражда́ющий фильтр 9) (вентиляцио́нная) дверь (*в шахте*)

**2.** *v* 1) ста́вить лову́шки, капка́ны; лови́ть в лову́шки, капка́ны 2) зама́нивать; обма́нывать 3) *тех.* улавлива́ть, поглоща́ть, отделя́ть (*тж.* ~ out)

**trap** II [træp] *n* 1) *pl разг.* ли́чные ве́щи, пожи́тки, бага́ж 2) *уст.* попо́на

**trap** III [træp] *n геол.* 1) трапп 2) моноклина́ль

**trapdoor** ['træp'dɔ:] *n* люк; опускна́я дверь

**trapes** [treɪps] = trapse

**trapeze** [trə'pi:z] *n* трапе́ция

**trapezia** [trə'pi:zjə] *pl от* trapezium

**trapezium** [trə'pi:zjəm] *n* (*pl* -s [-z], -zia) *геом.* трапе́ция

**trap-line** ['træplaɪn] *n охот.* систе́ма капка́нов

**trapper** ['træpə] *n* охо́тник, ставя́щий капка́ны

**trappings** ['træpɪŋz] *n pl* 1) вне́шние атрибу́ты (*занимаемой должности и т. п.*) 2) украше́ния 3) ко́нская сбру́я, попо́на (*особ. парадная*)

**trappy** ['træpɪ] *a разг.* преда́тельский, опа́сный

**trapse** [treɪps] *разг.* **1.** *n* 1) утоми́тельная прогу́лка 2) неря́ха

**2.** *v* 1) ходи́ть без де́ла 2) тащи́ться 3) волочи́ть по земле́ (*подол*)

**trap-shooting** ['træp,ʃu:tɪŋ] *n* стрельба́ по дви́жущейся мише́ни (*мячу, глиняному голубю и т. п.*)

**trash** [træʃ] *n* 1) *разг.* плоха́я литерату́рная *или* худо́жественная рабо́та; халту́ра; ерунда́; вздор 2) *амер.* отбро́сы, хлам; му́сор; макулату́ра 3) *амер.* несто́ящие лю́ди, дрянь; white ~ *презр.* бедняки́ из бе́лого населе́ния ю́жных шта́тов 4) вы́жатый са́харный тростни́к

**trash-ice** ['træʃ'aɪs] *n* плаву́чие льди́ны (*во время ледохода*)

**trashy** ['træʃɪ] *a* дрянно́й

**trass** [tra:s] *n мин.* трас

**trauma** ['trɔ:mə] *n* (*pl* -ata, -s [-z]) *мед.* тра́вма

**traumata** ['trɔ:mətə] *pl от* trauma

**traumatic** [trɔ:'mætɪk] *a мед.* травмати́ческий

**traumatize** ['trɔ:mətaɪz] *v мед.* травми́ровать

**travail** ['træveɪl] *уст.* **1.** *n* 1) родовы́е му́ки 2) тяжёлый труд

**2.** *v* 1) му́читься в ро́дах 2) напряга́ться, выполня́ть тру́дную рабо́ту

**travel** ['trævl] **1.** *n* 1) путеше́ствие 2) *pl* описа́ние путеше́ствия; a book of ~s кни́га о путеше́ствиях 3) движе́ние; продвиже́ние 4) движе́ние (*снаряда по каналу ствола*) 5) *тех.* пода́ча, ход; длина́ хо́да

**2.** *v* 1) путеше́ствовать 2) дви́гаться, передвига́ться 3) перемеща́ться; распространя́ться; light ~s faster than sound ско́рость све́та превыша́ет ско́рость зву́ка 4) перебира́ть (*в памяти*); переходи́ть от предме́та к предме́ту (*о взгляде*); his eye ~led over the picture он рассма́тривал карти́ну 5) е́здить в ка́честве коммивояжёра

**travel-bureau** ['trævl'bjuərəu] *n* бюро́ путеше́ствий

**travel-film** ['trævlfɪlm] *n* фильм о путеше́ствиях

**travelled** ['trævld] **1.** *p. p. от* travel 2

2. *a* 1) мно́го путеше́ствовавший 2) прое́зжий (*о дороге*)

**traveller** [ˈtrævlə] *n* 1) путеше́ственник; ~'s cheque тури́стский чек; ~'s tales «охо́тничьи» расска́зы 2) *тех.* бегуно́к 3) коммивояжёр (*тж.* commercial ~)

**traveller's-joy** [ˈtrævləzˈdʒɔɪ] *n бот.* ломоно́с

**travelling** [ˈtrævlɪŋ] **1.** *pres. p. от* travel 2

**2.** *n* путеше́ствие

**3.** *a* 1) путеше́ствующий; свя́занный с путеше́ствием; ~ salesman коммивояжёр; ~ speed ско́рость движе́ния 2) подвижно́й; ~ kitchen похо́дная ку́хня; ~ library передвижна́я библиоте́ка

**travelling-bag** [ˈtrævlɪŋbæg] *n* несессе́р

**travelling crane** [ˈtrævlɪŋkreɪn] *n* мостово́й кран

**travelling-dress** [ˈtrævlɪŋdres] *n* доро́жный костю́м

**travelogue** [ˈtrævəlɔg] *n* 1) ле́кция о путеше́ствии с диапозити́вами *или* кино́ 2) = travel-film

**traverse** [ˈtrævə(:)s] **1.** *n* 1) попере́чина, перекла́дина 2) *юр.* возраже́ние отве́тчика по существу́ и́ска 3) *воен.* у́гол горизонта́льной наво́дки 4) *ав.* тра́верз 5) *мор.* галс 6) тра́верс (*в альпинизме*)

**2.** *v* 1) пересека́ть; класть поперёк 2) (подро́бно) обсужда́ть; to ~ a subject обсуди́ть вопро́с со всех сторо́н 3) возража́ть 4) *юр.* отрица́ть [*см.* 1, 2)] 5) *воен.* повора́чиваться на вертика́льной оси́, враща́ться

**travertin** [ˈtrævətɪn] = travertine

**travertine** [ˈtrævətɪn] *n мин.* травертѝн, известко́вый туф

**travesty** [ˈtrævɪstɪ] **1.** *n* паро́дия; карикату́ра; a ~ of justice паро́дия на справедли́вость

**2.** *v* представля́ть паро́дию; пароди́ровать; искажа́ть

**trawl** [trɔ:l] **1.** *n* тра́ловая сеть; трал

**2.** *v* 1) тра́лить, лови́ть ры́бу тра́ловой се́тью 2) тащи́ть по дну

**trawler** [ˈtrɔ:lə] *n* тра́улер

**tray** [treɪ] *n* 1) подно́с; to serve (breakfast, dinner, *etc.*) on a ~ подава́ть (за́втрак, обе́д *и т. п.*) на подно́се 2) жёлоб, лото́к 3) *тех.* подд́он

**treacherous** [ˈtretʃərəs] *a* 1) преда́тельский, вероло́мный 2) ненадёжный; ~ ice ненадёжный лёд

**treachery** [ˈtretʃərɪ] *n* преда́тельство, вероло́мство

**treacle** [ˈtri:kl] **1.** *n* 1) па́тока 2) слаща́вость, лесть

**2.** *v* нама́зывать па́токой

**treacly** [ˈtri:klɪ] *a* 1) па́точный 2) при́торный, еле́йный

**tread** [tred] **1.** *n* 1) по́ступь, похо́дка 2) спа́ривание (*о птицах*) 3) *стр.* ступе́нь 4) ширина́ хо́да, коле́я 5) *тех.* пове́рхность ката́ния; проте́ктор (*покрышки*); звено́ (гу́сеницы)

**2.** *v* (trod; trodden) 1) ступа́ть, шага́ть, идти́; to ~ in smb.'s steps идти́ по чьим-л. стопа́м; сле́довать приме́ру 2) топта́ть, наступа́ть, дави́ть (*тж.* ~ down; on, upon); to ~ under foot уничтожа́ть, попира́ть; притесня́ть 3) протаптывать (*дорожку*) 4) *уст.* танцева́ть 5) спа́риваться (*о птицах*) □ ~ **down** дави́ть, топта́ть, зата́птывать; *перен.* попира́ть; подавля́ть; ~ **in** вта́птывать; ~ **out** а) дави́ть (*виноград*); б) зата́птывать (*огонь*); в) *перен.* подавля́ть ◇ to ~ on the heels of сле́довать непосре́дственно за; to ~ on smb.'s corns (*или* toes) наступи́ть кому́-л. на люби́мую мозо́ль; бо́льно заде́ть кого́-л.; заде́ть чьи-л. чу́вства; to ~ (as) on eggs а) ступа́ть, де́йствовать осторо́жно; б) быть в щекотли́вом положе́нии; to ~ on the neck of притесня́ть, подавля́ть; to ~ the boards (the deck) быть актёром (моряко́м); to ~ lightly де́йствовать осторо́жно, такти́чно; to ~ water плыть сто́я

**treadle** [ˈtredl] **1.** *n* педа́ль (*велосипеда*); подно́жка (*швейной машины*); ножно́й приво́д

**2.** *v* рабо́тать педа́лью

**treadmil** [ˈtredmɪl] *n* 1) топча́к 2) однообра́зный механи́ческий труд

**treason** [ˈtri:zn] *n* 1) изме́на, преда́тельство 2) госуда́рственная изме́на (*тж.* high ~)

**treasonable** [ˈtri:znəbl] *a* изме́ннический

**treasonous** [ˈtri:znəs] = treasonable

**treasure** [ˈtreʒə] **1.** *n* сокро́вище (*тж. перен.*); buried ~ клад; my ~! люби́мый!, моё сокро́вище!

**2.** *v* 1) храни́ть как сокро́вище; сберега́ть, храни́ть (*тж.* ~ up) 2) высоко́ цени́ть

**treasure-house** [ˈtreʒəhaus] *n* 1) сокро́вищница (*особ. библиотека, музей*) 2) казначе́йство

**treasurer** [ˈtreʒərə] *n* 1) казначе́й; Lord High T. *ист.* госуда́рственный казначе́й 2) храни́тель (*ценностей, коллекции и т. п.*)

**treasure trove** [ˈtreʒətrəuv] *n* не име́ющие владе́льца драгоце́нности, на́йденные в земле́

**treasury** [ˈtreʒərɪ] *n* 1) сокро́вищница 2) (the T.) госуда́рственное казначе́йство; министе́рство фина́нсов 3) казна́ 4) *attr.* казначе́йский; ~ note казначе́йский биле́т ◇ T. bench скамья́ мини́стров (*в англ. парламенте*)

**treat** [tri:t] **1.** *n* 1) удово́льствие, наслажде́ние 2) угоще́ние; this is to be my ~ сего́дня я угоща́ю, плачу́ за угоще́ние; to stand ~ угоща́ть, плати́ть за угоще́ние 3) *школ.* пикни́к, экску́рсия

**2.** *v* 1) обраща́ться, обходи́ться; относи́ться; he ~ed my words as a joke он обрати́л мои́ слова́ в шу́тку 2) обраба́тывать, подверга́ть де́йствию (with) 3) лечи́ть (for — от *чего-л.*; with — *чем-л.*) 4) трактова́ть; the book ~s of poetry в э́той кни́ге говори́тся о поэ́зии 5) угоща́ть (to); пригласи́ть в теа́тр, кино́ *и т. п.* (to) 6) име́ть де́ло, вести́ перегово́ры (with — с *кем-л.*; for — о *чём-л.*) 7) *горн.* обогаща́ть

**treatise** [ˈtri:tɪz] *n* 1) тракта́т 2) нау́чный труд; курс (*учебник*)

**treatment** [ˈtri:tmənt] *n* 1) обраще́ние 2) обрабо́тка (*чем-л.*) 3) лече́ние, ухо́д; to take ~s проходи́ть курс лече́ния; manipulation ~ лече́бные процеду́ры 4) пропи́тка, пропи́тывание 5) *горн.* обогаще́ние

**treaty** [ˈtri:tɪ] *n* 1) догово́р 2) перегово́ры; to be in ~ with smb. for smth. вести́ с кем-л. перегово́ры о чём-л. 3) *attr.* догово́рный, существу́ющий на основа́нии догово́ра; ~ port порт, откры́тый по догово́ру для вне́шней торго́вли

**treble** [ˈtrebl] **1.** *a* 1) тройно́й, утро́енный 2) *муз.* дисканто́вый

**2.** *n* 1) тройно́е коли́чество 2) *муз.* ди́скант; сопра́но

**3.** *v* 1) утра́ивать(ся) 2) петь ди́скантом

**trecentist** [treɪˈtʃentɪst] *ит. n* италья́нский худо́жник *или* писа́тель *XIV в.*

**trecento** [treɪˈtʃentəu] *ит. n иск.* тре́ченто

**tree** [tri:] **1.** *n* 1) де́рево 2) родосло́вное де́рево (*тж.* family ~) 3) *др*е́во; the ~ of knowledge дре́во позна́ния 4) *sl.* ви́селица (*тж.* Tyburn ~) 5) распо́рка для о́буви 6) *тех.* сто́йка, подпо́рка 7) *тех.* вал; ось ◇ to be at the top of the ~ стоя́ть во главе́; занима́ть ви́дное положе́ние; up a ~ *разг.* в безвы́ходном положе́нии

**2.** *v* 1) загна́ть на де́рево 2) влезть на де́рево 3) поста́вить в безвы́ходное положе́ние 4) растя́гивать, расправля́ть о́бувь (*на колодке*)

**tree-creeper** [ˈtri:ˌkri:pə] *n* пищу́ха обыкнове́нная (*птица*)

**tree-fern** [ˈtri:ˈfə:n] *n* древови́дный па́поротник

**tree-frog** [ˈtri:frɔg] *n* древе́сная лягу́шка

**treeless** [ˈtri:lɪs] *a* безле́сный, го́лый, лишённый расти́тельности (*о земельном участке*)

**treenail** [ˈtri:neɪl] *n мор.* на́гель

**trefoil** [ˈtrefɔɪl] *n* 1) кле́вер 2) орна́мент в ви́де трили́стника

**trek** [trek] *южно-афр.* **1.** *n* 1) переселе́ние (*особ.* в фурго́нах, запряжённых вола́ми) 2) перехо́д, путеше́ствие

**2.** *v* 1) переселя́ться; е́хать в фурго́нах, запряжённых вола́ми 2) де́лать большо́й перехо́д; пересека́ть (*пустыню, горную местность и т. п.*)

**trellis** [ˈtrelɪs] *n* 1) решётка 2) шпале́ра

**tremble** [ˈtrembl] **1.** *n* дрожь, дрожа́ние; all in (*или* on, of) a ~ *разг.* дрожа́, в си́льном волне́нии

**2.** *v* 1) дрожа́ть; трясти́сь; 2) страши́ться, опаса́ться; трепета́ть; to ~ for one's life опаса́ться, дрожа́ть за свою́ жизнь; to ~ at the thought of трепета́ть при мы́сли о 3) колыха́ться, развева́ться (*о флагах*)

**trembler** [ˈtremblə] *n эл.* прерыва́тель

**trembling** [ˈtremblɪŋ] **1.** *pres. p. от* tremble 2

**2.** *n* 1) дрожь 2) страх, тре́пет; in fear and ~ трепеща́

**trembly** [ˈtremblɪ] *a разг.* 1) дрожа́щий, неро́вный (*о почерке и т. п.*) 2) засте́нчивый, ро́бкий

**tremendous** [trɪˈmendəs] *a* 1) стра́шный; ужа́сный 2) *разг.* огро́мный, грома́дный; потряса́ющий

**tremor** [ˈtremə] *n* 1) = tremble 1; 2) сотрясе́ние; толчки́; earth ~s толчки́ землетрясе́ния

**tremulant** [ˈtremjulənt] = tremulous

**tremulous** [ˈtremjuləs] *a* 1) дрожа́щий, неро́вный (*о голосе, почерке и т. п.*) 2) ро́бкий, тре́петный

**trenail** [ˈtri:neɪl] = treenail

**trench** [trentʃ] **1.** *n* 1) ров, кана́ва; борозда́; котлова́н 2) (*обыкн. pl*) транше́я, око́п 3) *attr.* транше́йный, око́пный; ~ warfare позицио́нная война́

**2.** *v* 1) рыть рвы, кана́вы, око́пы, транше́и 2) вска́пывать 3) проре́за́ть (*желобки, борозды*) 4) прорубать □ ~ **about,** ~ **around** ока́пываться; ~ **upon** а) посяга́ть; to ~ upon smb.'s time отнима́ть чьё-л. вре́мя; б) грани́чить; his answer ~ed upon insolence его́ отве́т грани́чил с де́рзостью

**trenchant** [ˈtrentʃənt] *a* 1) *поэт.* о́стрый, ре́жущий 2) *перен.* ре́зкий; ко́лкий; о́стрый; ~ style ре́зкая мане́ра 3) я́сный, чёткий, определённый; ~ policy реши́тельная поли́тика

**trench-bomb** [ˈtrentʃbɔm] *n воен.* ручна́я грана́та

**trench coat** [ˈtrentʃkəut] *n* 1) тёплая полушине́ль 2) *амер.* плащ свобо́дного покро́я с по́ясом

**trencher** I [ˈtrentʃə] *n* 1) солда́т, ро́ющий транше́и 2) = trencher cap

**trencher** II [ˈtrentʃə] *n* доска́, на кото́рой ре́жут хлеб

**trencher cap** [ˈtrentʃəkæp] *n* головно́й убо́р с квадра́тным ве́рхом (*у студентов и профессоров в Англии*)

**trencherman** [ˈtrentʃəmən] *n* 1) едо́к; a good (poor) ~ хоро́ший (плохо́й) едо́к 2) прихлеба́тель

**trench foot** [ˈtrentʃˈfut] *n мед.* транше́йная стопа́

**trench mortar** [ˈtrentʃˈmɔ:tə] *n* миномёт

**trend** [trend] **1.** *n* 1) направле́ние 2) о́бщее направле́ние, тенде́нция

**2.** *v* 1) отклоня́ться, склоня́ться (*в каком-л. направлении*); the road ~s to the north доро́га идёт на се́вер 2) име́ть тенде́нцию

**trepan** [trɪˈpæn] *мед.* **1.** *n* трепа́н

**2.** *v* трепани́ровать

**trephine** [trɪˈfi:n] *v мед.* производи́ть трепана́цию

**trepidation** [ˌtrepɪˈdeɪʃən] *n* 1) тре́пет, дрожь; дрожа́ние 2) трево́га, беспоко́йство

**trespass** [ˈtrespəs] **1.** *n* 1) посяга́тельство, злоупотребле́ние 2) *юр.* нарушение владе́ния 3) *юр.* правонаруше́ние, просту́пок 4) *рел.* грех, прегреше́ние

**2.** *v* 1) посяга́ть, злоупотребля́ть (on, upon); to ~ upon smb.'s hospitality (time) злоупотребля́ть чьим-л. гостеприи́мством (вре́менем) 2) *юр.* наруша́ть чужо́е пра́во владе́ния 3) *юр.* соверша́ть просту́пок *или* правонаруше́ние

**trespasser** [ˈtrespəsə] *n* 1) лицо́, вторга́ющееся в чьи-л. владе́ния 2) правонаруши́тель

**tress** [tres] *n* 1) дли́нный ло́кон; коса́ 2) *pl* распу́щенные же́нские во́лосы

**tressed** [trest] *a* 1) име́ющий ко́сы 2) заплетённый в ко́су

**trestle** [ˈtresl] *n* 1) эстака́да 2) ко́злы; по́дмости

**trestle-work** [ˈtreslwə:k] *n стр.* по́дмости; эстака́да

**trews** [tru:z] *n pl* клётчатые штаны́ (*шотл. горцев*)

**trey** [treɪ] *n* тро́йка (*в картах*); три очка́ (*на игральных костях*)

**triable** [ˈtraɪəbl] *a* 1) допуска́ющий испыта́ние 2) *юр.* подсу́дный

**triad** [ˈtraɪəd] *n* 1) что-л., состоя́щее из трёх часте́й, предме́тов; гру́ппа из трёх челове́к; триа́да 2) *муз.* трезву́чие

**triage** [ˈtraɪɪdʒ] *n* 1) сортиро́вка 2) ко́фе ни́зшего со́рта

**trial** [ˈtraɪəl] *n* 1) испыта́ние, про́ба; to give a ~ а) взять на испыта́ние, на испыта́тельный срок (*рабочего*); б) испы́тывать (*прибор, машину и т. п.*); on ~ а) находя́щийся на испыта́тельном сро́ке; б) взя́тый на про́бу (*о предметах*) 2) пережива́ние, тяжёлое испыта́ние; искуше́ние; злоключе́ние; to put on ~ подверга́ть серьёзному испыта́нию [*ср. тж.* 3)] 3) *юр.* суде́бное разбира́тельство; суде́бный проце́сс; суд; to bring to (*или* to put on) ~ привлека́ть к суду́ [*ср. тж.* 2)]; to be on one's ~, to stand (*или* to undergo) ~ быть под судо́м; to give a fair ~ суди́ть по зако́ну, справедли́во 4) *спорт.* попы́тка 5) *геол.* разве́дка 6) *attr.* про́бный, испыта́тельный; ~ period испыта́тельный срок; ~ run про́бный пуск, пробе́г; ~ trip про́бное пла́вание; *перен.* экспериме́нт ◇ that child is a real ~ to me э́тот ребёнок — су́щее наказа́ние для меня́

**trial jury** [ˈtraɪəlˈdʒuərɪ] *n юр.* ма́лое жюри́; суд из 12 прися́жных

**triangle** [ˈtraɪæŋgl] *n* треуго́льник

**triangular** [traɪˈæŋgjulə] *a* 1) треуго́льный 2) трёхгра́нный; ~ pyramid трёхгра́нная пирами́да 3) происходя́щий с уча́стием трёх челове́к, па́ртий, групп *и т. п.*; ~ fight борьба́ трёх сторо́н ме́жду собо́й; ~ agreement трёхсторо́ннее соглаше́ние

**triangulate** [traɪˈæŋgjuleɪt] *v геод.* производи́ть триангуля́цию, де́лать тригонометри́ческую съёмку

**triarchy** [ˈtraɪɑ:kɪ] *n* триумвира́т

**Trias** [ˈtraɪæs] *n геол.* триа́с

**tribal** [ˈtraɪbəl] *a* племенно́й, родово́й

**tribe** [traɪb] *n* 1) пле́мя; клан 2) *др.-рим.* три́ба 3) *пренебр.* ша́тия, компа́ния 4) *биол.* три́ба

**tribesman** [ˈtraɪbzmən] *n* член ро́да, соро́дич, соплеме́нник

**tribrach** [ˈtrɪbræk] *n прос.* трибра́хий

**tribulation** [ˌtrɪbjuˈleɪʃən] *n* го́ре, несча́стье

**tribunal** [traɪˈbju:nl] *n* 1) суд; трибуна́л; the ~ of public opinion суд обще́ственного мне́ния 2) ме́сто судьи́ 3) *уст.* коми́ссия по освобожде́нию от призы́ва в а́рмию

**tribunate** [ˈtrɪbjunɪt] *n др.-рим.* трибуна́т, до́лжность трибу́на

**tribune** I [ˈtrɪbju:n] *n др.-рим.* трибу́н (*тж. перен.*)

**tribune** II [ˈtrɪbju:n] *n* трибу́на, ка́федра

**tribunicial** [ˌtrɪbjuˈnɪʃəl] *a др.-рим.* трибу́нский

**tributary** [ˈtrɪbjutərɪ] **1.** *n* 1) да́нник; госуда́рство, платя́щее дань 2) прито́к

**2.** *a* 1) платя́щий дань; подчинённый 2) являю́щийся прито́ком; ~ stream прито́к 3) *геол.* второстепе́нный, подчинённый (*о породе*)

**tribute** [ˈtrɪbju:t] *n* 1) дань; to lay under ~ наложи́ть дань 2) дань, до́лжное; to pay a ~ to smb. отдава́ть дань (*уважения, восхищения*) кому́-л. 3) коллекти́вный дар, подноше́ние, награ́да; floral ~s цвето́чные подноше́ния

**tricar** [ˈtraɪkɑ:] = tricycle

**trice** I [traɪs] *n* мгнове́ние; in a ~ мгнове́нно, в оди́н миг

**trice** II [traɪs] *v мор.* подтя́гивать и привя́зывать (*обыкн.* ~ up)

**tricentenary** [ˌtraɪsenˈti:nərɪ] = tercentenary

**triceps** [ˈtraɪseps] *n анат.* трёхгла́вая мы́шца

**trichina** [trɪˈkaɪnə] *n* (*pl* -ae) *зоол., мед.* трихи́на

**trichinae** [trɪˈkaɪni:] *pl от* trichina

**trichinosis** [ˌtrɪkɪˈnəusɪs] *n мед.* трихинеллёз

**trichord** [ˈtraɪkɔ:d] *n* трёхстру́нный музыка́льный инструме́нт

**trichotomy** [traɪˈkɔtəmɪ] *n* деле́ние на три ча́сти, на три элеме́нта

**trichromatic** [ˌtraɪkrəuˈmætɪk] *a* трёхцве́тный

**trick** [trɪk] **1.** *n* 1) хи́трость, обма́н; by ~ обма́нным путём; ~ of senses (imagination) обма́н чувств (воображе́ния); to play smb. a ~ обману́ть, наду́ть кого́-л.; сыгра́ть с кем-л. шу́тку; you shall not serve that ~ twice второ́й раз э́тот но́мер не пройдёт 2) фо́кус, трюк 3) шу́тка; ша́лость; вы́ходка; none of your ~s! без фо́кусов!; a dirty ~ по́длость, га́дость; shabby ~s га́дкие шу́тки; ~s of fortune превра́тности судьбы́ 4) сноро́вка, ло́вкий приём; уло́вка; don't know (*или* have not got) the ~ of it не зна́ю, как э́то де́лается, не зна́ю «секре́та»; he's done the ~ *разг.* ему́ э́то удало́сь; I know a ~ worth two of that у меня́ есть сре́дство получ-че; all the ~s and turns все приемы, уло́вки; ~s of the trade специфи́ческие приёмы в како́м-л. де́ле *или* профе́ссии 5) осо́бенность, характе́рное выраже́ние (*лица, голоса*); мане́ра, привы́чка (*часто дурная*) 6) *карт.* взя́тка; the odd ~ реша́ющая взя́тка 7) *мор.* о́чередь, сме́на у руля́; to take (*или* to have, to stand) one's ~ отстоя́ть сме́ну 8) *амер.* безделу́шка, заба́ва, игру́шка 9) *амер. разг.* ребёнок (*часто* little *или* pretty ~) 10) *attr.* сло́жный; ~ photography комбини́рованные съёмки 11) *attr.* обма́нчивый ◇ to do the ~ *sl.* дости́чь це́ли, доби́ться своего́

2. *v* 1) обма́нывать, надува́ть; выма́нивать (out of); обма́ном заста́вить (*что-л. сделать*; into) 2) подводи́ть (*кого-л.*) □ ~ **out**, ~ **up** иску́сно *или* причу́дливо украша́ть

**trickery** [ˈtrɪkərɪ] *n* 1) надува́тельство; обма́н 2) хи́трость, ло́вкая проде́лка

**trickle** [ˈtrɪkl] **1.** *n* стру́йка

2. *v* 1) течь то́нкой стру́йкой, сочи́ться (*тж.* ~ out, ~ down, ~ through, ~ along); ка́пать; the news ~d out но́вость просочи́лась 2) лить то́нкой стру́йкой

**trickster** [ˈtrɪkstə] *n* обма́нщик; ловка́ч

**tricksy** [ˈtrɪksɪ] *a* 1) шаловли́вый, игри́вый 2) ненадёжный, обма́нчивый 3) *уст.* разоде́тый; наря́дный

**tricky** [ˈtrɪkɪ] *a* 1) хи́трый, ло́вкий; нахо́дчивый, иску́сный 2) сло́жный; мудрёный 3) ненадёжный

**triclinia** [traɪˈklɪnɪə] *pl от* triclinium

**triclinium** [traɪˈklɪnɪəm] *n* (*pl* -ia) *др.-рим.* трикли́ний

**tricolour** [ˈtrɪkələ] **1.** *n* трёхцве́тный флаг; the French ~ трёхцве́тный флаг Фра́нции

2. *a* трёхцве́тный

**tricot** [ˈtrɪkəu] *фр. n* 1) трико́ (*материя*) 2) трикота́ж(ное изде́лие)

**tricycle** [ˈtraɪsɪkl] **1.** *n* трёхколёсный велосипе́д; мотоци́кл с коля́ской

2. *v* е́здить на трёхколёсном велосипе́де *или* мотоци́кле

**trident** [ˈtraɪdənt] *n* трезу́бец

**tried** [traɪd] **1.** *past и p. p. от* try 2

2. *a* испы́танный, прове́ренный, надёжный

**triennial** [traɪˈenjəl] **1.** *a* 1) продолжа́ющийся три го́да 2) повторя́ющийся че́рез три го́да

2. *n* 1) собы́тие, происходя́щее раз в три го́да 2) проце́сс, пери́од *и т. п.*, для́щийся три го́да 3) трёхле́тняя годовщи́на 4) трёхле́тнее расте́ние

**trifle** [ˈtraɪfl] **1.** *n* 1) пустя́к, ме́лочь; a ~ немно́го, слегка́; he seems a ~ annoyed он, ка́жется, немно́жко раздражён 2) небольшо́е коли́чество, небольша́я су́мма; it cost a ~ э́то недо́рого сто́ило; put a ~ of sugar in my tea положи́те мне немно́го са́хару в чай 3) бискви́т, пропи́танный вино́м и зали́тый сби́тыми сли́вками

2. *v* 1) шути́ть; относи́ться несерьёзно; he is not a man to ~ with с ним шу́тки пло́хи 2) вести́ себя́ легкомы́сленно; занима́ться пустяка́ми 3) игра́ть, верте́ть в рука́х; теребить; he ~d with his pencil он верте́л в рука́х каранда́ш 4) тра́тить понапра́сну (*время, силы, деньги*; *обыкн.* ~ away); to ~ away one's time зря тра́тить вре́мя

**trifling** [ˈtraɪflɪŋ] **1.** *pres. p. от* trifle 2

2. *n* 1) подшу́чивание, шутли́вая бесе́да; лёгкий разгово́р 2) тра́та вре́мени

3. *a* 1) пустя́чный, пустяко́вый; незначи́тельный; a ~ talk несерьёзный разгово́р 2) несто́ящий, никуды́шный; неинтере́сный; a ~ joke пло́ская шу́тка

**trifocal** [traɪˈfəukəl] *опт.* **1.** *a* трифока́льный

2. *n pl* трифока́льные очки́

**trifoliate** [traɪˈfəulɪɪt] *a* 1) *бот.* трёхли́стный 2) *архит.* укра́шенный трили́стником

**triform** [ˈtraɪfɔːm] *a* име́ющий три фо́рмы

**trig** I [trɪg] **1.** *a* 1) опря́тный, наря́дный, щеголева́тый 2) *диал.* кре́пкий, здоро́вый 3) аккура́тный, испра́вный

2. *v* 1) держа́ть в поря́дке (*часто* ~ up) 2) наряжа́ть (*часто* ~ out) 3) набива́ть, наполня́ть

**trig** II [trɪg] *тех.* **1.** *n* закли́нивающая подкла́дка

2. *v* тормози́ть, закли́нивать

**trig** III [trɪg] *школ. sl. сокр. от* trigonometry

**trigger** [ˈtrɪgə] **1.** *n* 1) *воен.* спусково́й крючо́к; to pull the ~ спусти́ть куро́к; *перен.* пусти́ть в ход, привести́ в движе́ние 2) *тех.* соба́чка, защёлка ◇ easy on the ~ *амер.* вспы́льчивый, легко́ возбуди́мый; quick on the ~ бы́стро реаги́рующий, импульси́вный

2. *v*: ~ **off** приводи́ть в движе́ние (*какие-л. силы*); начина́ть, вызыва́ть

**trigger-happy** [ˈtrɪgəˌhæpɪ] *a* 1) *разг.* легкомы́сленный в обраще́нии с ору́жием; to be ~ стреля́ть без разбо́ра 2) вои́нственный, агресси́вный

**trigonal** [ˈtrɪgənəl] 1) = triangular 2) = trigonous

**trigonometric(al)** [ˌtrɪgənəˈmetrɪk(əl)] *a* тригонометри́ческий

**trigonometry** [ˌtrɪgəˈnɔmɪtrɪ] *n* тригономе́трия

**trigonous** [ˈtrɪgənəs] *a* треуго́льный; име́ющий в сече́нии треуго́льник

**trihedral** [traɪˈhiːdrəl] *a* трёхгра́нный, трёхсторо́нний

**trihedral** [traɪˈhiːdrəl] *a* трёхгра́нный,

**trilateral** [ˈtraɪˈlætərəl] *a* трёхсторо́нний

**trilby** [ˈtrɪlbɪ] *n* мя́гкая фе́тровая шля́па

**trilingual** [ˈtraɪˈlɪŋgwəl] *a* 1) трёхъязы́чный 2) говоря́щий на трёх языка́х

**trill** [trɪl] **1.** *n* 1) *муз.* трель 2) *фон.* вибри́рующее r

2. *v* 1) выводи́ть трель 2) *фон.* произноси́ть звук r с вибра́цией

**trilling** [ˈtrɪlɪŋ] *n* близне́ц из тро́йни; тро́йняшка

**trillion** [ˈtrɪljən] *num. card.*, *n* квинтильо́н ($10^{18}$); *амер.* триллио́н ($10^{12}$)

**trilobate** [traɪˈləubɪt] *a бот.* трёхло́пастный

**trilogy** [ˈtrɪlədʒɪ] *n* трило́гия

**trim** [trɪm] **1.** *n* 1) поря́док, гото́вность; in fighting ~ в боево́й гото́вности; in good ~ а) в поря́дке; в хоро́шем состоя́нии; б) в хоро́шей фо́рме (*о спортсмене*) 2) наря́д; украше́ние; отде́лка 3) *амер.* украше́ние витри́ны 4) подре́зка, стри́жка 5) *авто* вну́тренняя отде́лка 6) *мор.* пра́вильное размеще́ние балла́ста 7) *ав.* диффере́нт, продо́льный накло́н

2. *a* 1) аккура́тный, опря́тный, приведённый в поря́док 2) наря́дный; элега́нтный 3) *уст.* в состоя́нии гото́вности

3. *v* 1) приводи́ть в поря́док; to ~ oneself up приводи́ть себя́ в поря́док 2) подреза́ть (*напр., фитиль лампы*); подстрига́ть; обреза́ть кро́мки; обтёсывать, торцева́ть (*доски*) 3) отде́лывать (*платье*); украша́ть (*блюдо гарниром и т. п.*) 4) приспоса́бливаться; баланси́ровать ме́жду противополо́жными па́ртиями 5) *разг.* отчита́ть, сде́лать вы́говор; поби́ть 6) *разг.* обма́нывать; вымога́ть де́ньги 7) *мор.* уравнове́шивать, удифференто́вывать (*судно*) 8) *тех.* снима́ть заусе́нцы ◇ to ~ the sails to the wind ≅ держа́ть нос по ве́тру

**trimester** [traɪˈmestə] *n* 1) триме́стр 2) трёхме́сячный срок

**trimeter** [ˈtrɪmɪtə] *n прос.* триме́тр

**trimmer** [ˈtrɪmə] *n* 1) приводя́щий в поря́док *и пр.* [*см.* trim 3] 2) приспосо́бленец; оппортуни́ст 3) *стр.* нака́тина, подба́лочник 4) *мор.* укла́дка гру́за

**trimming** [ˈtrɪmɪŋ] **1.** *pres. p. от* trim 3

2. *n* 1) (*обыкн. pl*) отде́лка (*на платье*) 2) *pl* припра́ва, гарни́р 3) *разг.* побо́и 4) обре́зки 5) запра́вка (*ламп*) 6) *тех.* сня́тие заусе́нцев

**trine** [traɪn] *a* 1) тройно́й 2) благоприя́тный

**Trinitarian** [ˌtrɪnɪˈtɛərɪən] *n рел.* ве́рующий в до́гмат тро́ицы

**trinitrotoluene** [traɪˈnaɪtrəuˈtɔljuiːn] = trinitrotoluol

**trinitrotoluol** [traɪˈnaɪtrəuˈtɔljuɔl] *n* тринитротолуо́л (*взрывчатое вещество*)

**trinity** [ˈtrɪnɪtɪ] *n* 1) что-л., состоя́щее из трёх часте́й 2) (the T.) *рел.* тро́ица 3) (T.) *attr.* свя́занный с тро́ицей; T. Sunday тро́ицын день; T. Sittings суде́бная се́ссия в нача́ле ле́та; T. term ле́тний триме́стр (*в университете*) ◇ T. House «Три́нити Ха́ус» (*правление маячно-лоцманской корпорации*)

**trinket** [ˈtrɪŋkɪt] *n* 1) безделу́шка, брело́к 2) пустя́к

**trinomial** [traɪˈnəumjəl] **1.** *a* 1) *мат.* трёхчле́нный 2) *биол.* триномиа́льный

2. *n мат.* трёхчле́н

**trio** [ˈtri(:)əu] *n* 1) *муз.* трио 2) трое, тройка (*людей*); три (*предмета*) 3) *ав.* звено из трёх самолётов
**triolet** [ˈtri(:)əulet] *n* триолет
**trip** [trɪp] **1.** *n* 1) путешествие; поездка, экскурсия, рейс; round ~ поездка туда и обратно; business ~ командировка; to take a ~ съездить 2) быстрая лёгкая походка, лёгкий шаг 3) спотыкание, падение (*зацепившись за что-л.*) 4) ложный шаг, ошибка, обмолвка 5) *спорт.* подножка 6) *тех.* расцепляющее устройство 7) *горн.* состав (*вагонеток*)
**2.** *v* 1) идти быстро и легко, бежать вприпрыжку 2) спотыкаться, падать (*зацепившись за что-л.*); опрокинуть(ся) (*тж.* ~ over, ~ up) 3) сделать ложный шаг, обмолвиться, ошибиться, споткнуться; all are apt to ~ всем свойственно ошибаться 4) запутать, сбить с толку; to ~ (up) a witness by artful questions запутать свидетеля хитро поставленными вопросами 5) ставить подножку (*тж. перен.*) 6) поймать, уличить во лжи *и т. п.* (*часто* ~ up) 7) *уст.* отправляться в путешествие, совершать экскурсию 8) *тех.* расцеплять; выключать 9) *мор.* выворачивать из грунта (*якорь*)
**tripartite** [ˈtraɪˈpɑ:taɪt] *a* 1) тройственный, трёхсторонний; ~ conference конференция трёх держав 2) состоящий из трёх частей
**tripe** [traɪp] *n* 1) рубец (*кушанье*) 2) *sl.* дрянь, чушь, чепуха, вздор
**trip-hammer** [ˈtrɪpˌhæmə] *n* *тех.* падающий молот
**triphibious** [traɪˈfɪbɪəs] *a* происходящий на земле, на море и в воздухе; ~ warfare война, ведущаяся на суше, на море и в воздухе
**triphthong** [ˈtrɪfθɔŋ] *n* *фон.* трифтонг
**triple** [ˈtrɪpl] **1.** *a* тройной; утроенный; T. Alliance *ист.* Тройственный союз; T. Entente *ист.* Антанта, Тройственное согласие; ~ time *муз.* трёхдольный размер
**2.** *v* утраивать(ся); to ~ one's efforts утраивать свои усилия
**triplet** [ˈtrɪplɪt] *n* 1) тройка (*три предмета, лица*) 2) близнец (*из тройни*); *pl* тройня 3) *прос.* триплет
**triplex** [ˈtrɪpleks] **1.** *a* 1) тройной; состоящий из трёх частей 2) *тех.* строенный; тройного действия
**2.** *n* 1) безосколочное стекло, триплекс 2) *муз.* трёхдольный размер
**triplicate** **1.** *n* [ˈtrɪplɪkɪt] одна из трёх копий; in ~ в трёх экземплярах
**2.** *a* [ˈtrɪplɪkɪt] тройной
**3.** *v* [ˈtrɪplɪkeɪt] утраивать; составлять в трёх экземплярах
**triplication** [ˌtrɪplɪˈkeɪʃən] *n* утроение
**tripod** [ˈtraɪpɔd] **1.** *n* 1) треножник; тренога; штатив 2) стул, стол на трёх ножках
**2.** *a* треногий
**tripos** [ˈtraɪpɔs] *n* экзамен для получения отличия (*в Кембридже*)
**tripper** [ˈtrɪpə] *n* (*часто пренебр.*) экскурсант, турист
**tripping** [ˈtrɪpɪŋ] **1.** *pres. p. от* trip 2
**2.** *n* 1) лёгкая походка 2) *тех.* отключение 3) опрокидывание (*вагонетки*)
**3.** *a* 1) быстроногий 2) *тех.* выключающий; отключающий
**trippingly** [ˈtrɪpɪŋlɪ] *adv* 1) быстро, живо, ловко 2) бойко, свободно (*говорить*)
**triptych** [ˈtrɪptɪk] *n* *жив.* триптих
**triquetrous** [traɪˈkwetrəs] *a* 1) треугольный 2) *бот.* трёхгранный (*о стебле*)
**trireme** [ˈtraɪri:m] *n* *мор. ист.* трирема
**trisect** [traɪˈsekt] *v* делить на три равные части
**trishaw** [ˈtraɪʃɔ:] *n* велорикша
**tristful** [ˈtrɪstful] *a* *уст.* печальный
**trisyllabic** [ˈtraɪsɪˈlæbɪk] *a* трёхсложный
**trisyllable** [ˈtraɪˈsɪləbl] *n* трёхсложное слово
**trite** [traɪt] *a* банальный, избитый; ~ phrase избитая фраза; ~ metaphor стёршаяся метафора
**tritium** [ˈtrɪtɪəm] *n* *хим.* тритий
**Triton** [ˈtraɪtn] *n* 1) *греч. миф.* тритон 2) (t.) *зоол.* тритон
**triturate** [ˈtrɪtjureɪt] *v* растирать в порошок
**triumph** [ˈtraɪəmf] **1.** *n* триумф; торжество, победа
**2.** *v* 1) праздновать (триумф), ликовать 2) победить; восторжествовать (over — над)
**triumphal** [traɪˈʌmfəl] *a* триумфальный
**triumphant** [traɪˈʌmfənt] *a* 1) победоносный 2) торжествующий; ликующий
**triumvir** [trɪˈumvə] *n* (*pl* -s [-z] -ri) *ист.* триумвир
**triumvirate** [traɪˈʌmvɪrɪt] *n* триумвират
**triumviri** [trɪˈumvɪri:] *pl от* triumvir
**triune** [ˈtraɪju:n] *a* триединый
**trivet** [ˈtrɪvɪt] *n* 1) таган 2) подставка (*для блюда, кастрюли*) 3) *редк.* треножник 4) *attr.* треногий; ~ table стол на трёх ножках ◇ (as) right as a ~ а) здоровый; в полном порядке; б) всё в порядке, очень хорошо
**trivia** [ˈtrɪvɪə] *лат. n pl* мелочи, пустяки
**trivial** [ˈtrɪvɪəl] *a* 1) обыденный, банальный, тривиальный; the ~ round обыдёнщина, рутина 2) незначительный, мелкий, пустой; a ~ loss незначительная потеря 3) ограниченный, пустой (*о человеке*) 4) ненаучный, народный (*о названиях растений и животных*) 5) относящийся к названию вида (*в отличие от названия рода*)
**triviality** [ˌtrɪvɪˈælɪtɪ] *n* 1) тривиальность; банальность 2) незначительность
**triweekly** [traɪˈwi:klɪ] **1.** *a* 1) происходящий через каждые три недели 2) происходящий три раза в неделю
**2.** *n* периодическое издание, выходящее через каждые три недели *или* три раза в неделю
**trocar** [ˈtrəukɑ:] *n* *мед.* троакар
**trochaic** [trəuˈkeɪɪk] *a* *прос.* хореический
**troche** [trəuʃ] *n* таблетка
**trochee** [ˈtrəuki:] *n* *прос.* хорей, трохей
**trod** [trɔd] *past от* tread 2
**trodden** [ˈtrɔdn] *p. p. от* tread 2
**troglodyte** [ˈtrɔglədaɪt] *n* 1) троглодит, пещерный человек 2) отшельник
**Trojan** [ˈtrəudʒən] **1.** *a* троянский
**2.** *n* 1) троянец 2) храбрый, энергичный, выносливый человек ◇ to work like a ~ работать очень усердно
**troll I** [trəul] **1.** *n* 1) куплеты, исполняемые певцами поочерёдно 2) блесна
**2.** *v* 1) распевать; петь (вступая по очереди) 2) ловить рыбу на блесну 3) катить(ся), вращать(ся)
**troll II** [trəul] *n* *сканд. миф.* тролль
**trolley** [ˈtrɔlɪ] *n* 1) тележка (*разносчика*); столик на колёсиках для подачи пищи 2) вагонетка; дрезина 3) *амер.* трамвай 4) *эл.* роликовый токосниматель; троллей
**trolley-bus** [ˈtrɔlɪbʌs] *n* троллейбус
**trolley-car** [ˈtrɔlɪkɑ:] *n* *амер.* трамвай
**trolley-pole** [ˈtrɔlɪpəul] *n* *эл.* штанга троллея
**trollop** [ˈtrɔləp] *n* 1) неряха 2) проститутка
**trombone** [trɔmˈbəun] *n* тромбон
**trommel** [ˈtrɔməl] *n* *горн.* барабан
**tromometer** [trəuˈmɔmɪtə] *n* микросейсмометр
**troop** [tru:p] **1.** *n* 1) отряд, группа людей 2) *pl* войска 3) стадо 4) кавалерийский взвод, батарея; *амер.* эскадрон 5) сбор (*при барабанном бое*) 6) (*обыкн. pl*) большое количество 7) *редк.* труппа
**2.** *v* 1) собираться толпой (*часто* ~ up, ~ together) 2) двигаться толпой (~ along, ~ in, ~ out) 3) проходить строем 4) строить(ся), формировать(ся) (*об отряде*) □ ~ **away**, ~ **off** а) удаляться; б) *воен.* спешно выступать; ~ **round** окружить (*кого-л.*) ◇ to ~ the colour торжественно проносить знамя перед строем
**troop-carrier** [ˈtru:pˌkærɪə] *n* *ав.* 1) транспортно-десантный самолёт 2) *воен.* транспортёр для перевозки личного состава
**troop duty** [ˈtru:pˈdju:tɪ] *n* *воен.* строевая служба
**trooper** [ˈtru:pə] *n* 1) кавалерист 2) солдат бронетанковых войск 3) солдат парашютно-десантных войск 4) *австрал.*, *амер.* конный полицейский 5) *амер. разг.* полицейский 6) = troop-horse 7) = troopship ◇ to swear like a ~ ≅ ругаться как извозчик
**troop-horse** [ˈtru:phɔ:s] *n* кавалерийская лошадь
**trooping** [ˈtru:pɪŋ] **1.** *pres. p. от* troop 2

2. *n* перево́зка войск за преде́лы метропо́лии

**troopship** [ˈtru:pʃɪp] *n* тра́нспорт для перево́зки войск

**troop-train** [ˈtru:ptreɪn] *n* во́инский эшело́н

**trope** [trəup] *n лит.* троп

**trophic** [ˈtrɔfɪk] *a физиол.* трофи́ческий

**trophy** [ˈtrəufɪ] *n* 1) трофе́й; добы́ча 2) приз, награ́да, па́мятный пода́рок

**tropic** [ˈtrɔpɪk] **1.** *n* тро́пик; the ~s тро́пики

2. *a* = tropical I, 1)

**tropical** I [ˈtrɔpɪkəl] *a* 1) тропи́ческий 2) горя́чий, стра́стный

**tropical** II [ˈtrɔpɪkəl] *a* фигура́льный, метафори́ческий

**tropicalize** [ˈtrɔpɪkəlaɪz] *v* приспоса́бливать для жи́зни *или* де́йствий в тропи́ческих усло́виях

**tropology** [treuˈpɔlədʒɪ] *n* о́бразная речь

**troposphere** [ˈtrɔpəsfɪə] *n* тропосфе́ра

**trot** [trɔt] **1.** *n* 1) рысь 2) бы́страя похо́дка 3) ребёнок, кото́рый у́чится ходи́ть 4) *презр.* ста́рая карга́ 5) *амер. студ. sl.* перево́д, подстро́чник; шпарга́лка ◇ to keep smb. on the ~ не дава́ть кому́-л. поко́я; загоня́ть кого́-л.

2. *v* 1) идти́ ры́сью 2) пуска́ть ры́сью; to ~ a horse пусти́ть ло́шадь ры́сью; to ~ a person off his legs загоня́ть челове́ка 3) бежа́ть, спеши́ть □ ~ **about** суети́ться; ~ **out** а) пока́зывать рысь (*ло́шади*); б) пока́зывать (*това́ры*); в) щеголя́ть (*чем-л.*); ~ **round** води́ть, пока́зывать (*го́род и т. п.*)

**troth** [trəuθ] *n уст.*: by my ~ че́стное сло́во; in ~ действи́тельно, в са́мом де́ле; to plight one's ~ дать сло́во (*особ. при обруче́нии*)

**trotter** [ˈtrɔtə] *n* 1) рыса́к 2) *pl* но́жки (*свины́е и т. п. — как блю́до*) 3) *pl шутл.* но́ги

**trotyl** [ˈtrəutɪl] *n хим.* троти́л

**troubadour** [ˈtru:bəduə] *фр. n* труба-ду́р

**trouble** [ˈtrʌbl] **1.** *n* 1) беспоко́йство, волне́ние; трево́га; забо́ты, хло́поты; to give smb. ~, to put smb. to ~ причиня́ть беспоко́йство кому́-л. 2) затрудне́ние; уси́лие; to take the ~ потруди́ться, взять на себя́ труд; he takes much ~ он о́чень стара́ется; he did not take the ~ to come он не потруди́лся прийти́; no ~ at all ниско́лько не затрудни́т (*отве́т на про́сьбу*); I had some ~ in reading his handwriting мне бы́ло тру́дно чита́ть его́ по́черк 3) неприя́тности, го́ре, беда́; to be in ~ быть в го́ре, в беде́; to get into ~ попа́сть в беду́; to make ~ for smb. причиня́ть кому́-л. неприя́тности 4) волне́ния, беспоря́дки; racial ~s ра́совые волне́ния, беспоря́дки 5) боле́знь; heart ~ боле́знь се́рдца 6) *диал.* ро́ды 7) *тех.* наруше́ние пра́вильности хо́да *или* де́йствия; ава́рия; поме́ха 8) *attr.* авари́йный; ~ crew авари́йная брига́да ◇ what's the ~? в чём де́ло?; to ask (*или* to look) for ~ напра́шиваться на неприя́тности, лезть на рожо́н; вести́ себя́ неосторо́жно

2. *v* 1) беспоко́ить(ся), трево́жить (-ся); му́чить; my leg ~s моя́ нога́ беспоко́ит меня́ (*боли́т*) 2) затрудня́ть; пристава́ть, надоеда́ть; may I ~ you to shut the door? закро́йте, пожа́луйста, дверь; may I ~ you for the salt? переда́йте, пожа́луйста, соль 3) (*обыкн. в отриц. предложе́ниях*) труди́ться, стара́ться; he never even ~d to answer он да́же не потруди́лся отве́тить 4) дава́ться с трудо́м; mathematics doesn't ~ me at all матема́тика даётся мне легко́ 5) *уст.* баламу́тить 6) (*преим. тех.*) наруша́ть, поврежда́ть ◇ don't ~ trouble until trouble ~s you *посл.* ≅ не буди́ ли́ха, пока́ ли́хо спит

**troubled** [ˈtrʌbld] **1.** *p. p. от* trouble 2

2. *a* 1) беспоко́йный; ~ look беспоко́йный, встрево́женный взгляд 2) штормово́й, предвеща́ющий бу́рю ◇ ~ waters запу́танное, сло́жное положе́ние; волне́ние, беспоко́йство; to fish in ~ waters лови́ть ры́бку в му́тной воде́

**trouble-free** [ˈtrʌblfri:] *a* надёжный, безотка́зный

**troublemaker** [ˈtrʌblˌmeɪkə] *n* наруши́тель споко́йствия, поря́дка; смутья́н

**trouble-shooter** [ˈtrʌblˌʃu:tə] *n* 1) авари́йный монтёр 2) специа́льный уполномо́ченный по ула́живанию конфли́ктов

**troublesome** [ˈtrʌblsəm] *a* 1) причиня́ющий беспоко́йство; беспоко́йный; тру́дный 2) мучи́тельный; ~ cough мучи́тельный ка́шель 3) недисциплини́рованный, беспоко́йный; ~ child беспоко́йный ребёнок

**troublous** [ˈtrʌbləs] *a книжн.* беспоко́йный, трево́жный; взволно́ванный; ~ times сму́тные времена́

**trough** [trɔf] *n* 1) коры́то, корму́шка 2) квашня́ 3) жёлоб, лото́к (*для сто́ка воды́*) 4) впа́дина; котлови́на 5) подо́шва (*волны́*) 6) *геол.* му́льда, синклина́ль

**trounce** [trauns] *v* 1) бить, поро́ть; нака́зывать 2) суро́во брани́ть

**troupe** [tru:p] *фр. n* тру́ппа

**trousered** [ˈtrauzəd] *a* оде́тый в брю́ки; в брю́ках

**trousering** [ˈtrauzərɪŋ] *n* брю́чная ткань

**trouser-leg** [ˈtrauzəleg] *n* штани́на

**trousers** [ˈtrauzəz] *n pl* брю́ки, штаны́; шарова́ры

**trouser-stretcher** [ˈtrauzəˌstretʃə] *n* держа́тель для брюк

**trouser stripe** [ˈtrauzəstraɪp] *n* лампа́с

**trousseau** [ˈtru:səu] *фр. n* (*pl* -s [-z], -x) прида́ное

**trousseaux** [ˈtru:səuz] *pl от* trousseau

**trout** [traut] *n* (*pl без измен.*) форе́ль

**trouvaille** [tru:ˈvaɪ] *фр. n* нахо́дка

**trover** [ˈtrəuvə] *n юр.* присвое́ние (на́йденной) чужо́й со́бственности; action of ~ иск о возмеще́нии убы́тков (*возни́кших вследствие незако́нного завладе́ния чем-л.*)

**trow** [trəu] *v уст., шутл.* полага́ть, ду́мать; ве́рить

**trowel** [ˈtrauəl] **1.** *n* 1) *стр.* ке́льма, лопа́тка, мастеро́к 2) садо́вый сово́к ◇ to lay (it) on with a ~ а) гру́бо льсти́ть; б) де́лать (что-л.) о́чень гру́бо, утри́ровать, хвати́ть че́рез край

2. *v* накла́дывать *или* разгла́живать ке́льмой

**troy** [trɔɪ] *n* 1) тро́йская систе́ма мер и весо́в 2) *attr.*: ~ weight моне́тный, тро́йский вес; ~ pound тро́йский фунт (= *373,24 г или 12 у́нциям*; *ср.* avoirdupois)

**truancy** [ˈtru(:)ənsɪ] *n* 1) манки́рование слу́жбой, шко́лой 2) прогу́л

**truant** [ˈtru(:)ənt] **1.** *n* 1) прогу́льщик; шко́льник, прогу́ливающий уро́ки; to play ~ прогу́ливать (*особ. уро́ки*) 2) лентя́й

2. *a* 1) лени́вый; пра́здный 2) манки́рующий свои́ми обя́занностями

**truce** [tru:s] *n* 1) переми́рие; ~ of God *ист.* прекраще́ние вражде́бных де́йствий в дни, устано́вленные це́рковью (*в сре́дние века́*) 2) коне́ц; прекраще́ние; ~ to jesting! дово́льно шу́ток!, бу́дет шути́ть! 3) переды́шка, зати́шье

**truck** I [trʌk] **1.** *n* 1) обме́н, ме́на; товарообме́н 2) мелочно́й това́р 3) = ~ system [*см.* 8)] 4) отноше́ния, свя́зи; to have no ~ with smb. не подде́рживать отноше́ний с кем-л., избега́ть кого́-л. 5) *разг.* хлам, нену́жные ве́щи 6) *разг.* ерунда́, вздор 7) *амер.* о́вощи (*выра́щиваемые для прода́жи*) 8) *attr.*: ~ system опла́та труда́ това́рами вме́сто де́нег; T. Acts *ист.* зако́ны, ограни́чивающие систе́му опла́ты труда́ това́рами

2. *v* 1) обме́нивать (with — с кем-л.; for — на что-л.); вести́ менову́ю торго́влю 2) торгова́ть вразно́с 3) плати́ть нату́рой, това́рами 4) *амер.* выра́щивать о́вощи, занима́ться огоро́дничеством

**truck** II [trʌk] **1.** *n* 1) грузово́й автомоби́ль, грузови́к 2) *ж.-д.* откры́тая това́рная платфо́рма 3) бага́жная теле́жка, вагоне́тка 4) *тех.* колесо́, като́к

2. *v* 1) перевози́ть на грузовика́х 2) грузи́ть на платфо́рму, на грузови́к

**truckage** [ˈtrʌkɪdʒ] *n* 1) перево́зка на грузовика́х 2) пла́та за перево́зку на грузовика́х

**trucker** I [ˈtrʌkə] *n амер.* фе́рмер-овощево́д

**trucker** II [ˈtrʌkə] *n* води́тель грузовика́

**truck-farm** [ˈtrʌkfɑ:m] *n амер.* овощево́дческая фе́рма

**truckle** [ˈtrʌkl] **1.** *n* = truckle-bed

2. *v* раболе́пствовать, трусли́во подчиня́ться (to)

**truckle-bed** [ˈtrʌklbed] *n* ни́зенькая крова́ть (*слуги́, подма́стерья*) на колёсиках, на́ день задвига́вшаяся под крова́ть хозя́ина

**truckler** [ˈtrʌklə] *n* подхали́м

**truckman** I [ˈtrʌkmən] = trucker I

**truckman** II [ˈtrʌkmən] = trucker II

**truck tractor** [ˈtrʌkˈtræktə] *n* тра́ктор-тяга́ч

**truck-trailer** [ˈtrʌkˌtreɪlə] *n* грузово́й автомоби́ль с прице́пом; прице́п грузовика́

**truculent** [ˈtrʌkjulənt] *a* 1) свире́пый 2) гру́бый; ре́зкий; агресси́вный

**trudge** [trʌdʒ] **1.** *n* дли́нный тру́дный путь; утоми́тельная прогу́лка

**2.** *v* идти́ с трудо́м, уста́ло тащи́ться

**trudgen** [ˈtrʌdʒən] *n* тре́джен (*стиль плавания*)

**true** [tru:] **1.** *a* 1) ве́рный, пра́вильный; ~ time сре́днее со́лнечное вре́мя; it is not ~ э́то непра́вда 2) и́стинный, настоя́щий, по́длинный 3) ве́рный, пре́данный (to); a ~ friend пре́данный друг 4) правди́вый, и́скренний, непритво́рный 5) то́чный (*об изображении, копии и т. п.*; to); ~ to life реалисти́ческий, жи́зненно правди́вый; то́чно воспроизведённый 6) зако́нный, действи́тельный; ~ copy заве́ренная ко́пия ◇ ~ as I stand here *разг.* су́щая пра́вда

**2.** *v* *тех.* пра́вить, пригоня́ть, выверя́ть, регули́ровать (*тж.* ~ up)

**3.** *adv* 1) правди́во; tell me ~ скажи́ мне че́стно; his words ring ~ его́ слова́ звуча́т правди́во 2) то́чно; to aim ~ це́литься то́чно; to breed ~ сохрани́ть чистоту́ поро́ды

**true bill** [ˈtru:ˈbɪl] *n* *юр.* утверждённый обвини́тельный акт

**true-blue** [ˈtru:ˈblu:] *a* после́довательный; сто́йкий, ре́вностный, пре́данный

**true-born** [ˈtru:ˈbɔ:n] *a* 1) чистокро́вный 2) прирождённый

**true-bred** [ˈtru:ˈbred] *a* 1) хорошо́ воспи́танный 2) чистокро́вный

**true-hearted** [ˈtru:ˈhɑ:tɪd] *a* и́скренний; пре́данный

**true-love** [ˈtru:lʌv] *n* 1) возлю́бленный; возлю́бленная 2) двойно́й у́зел (*тж.* ~ knot *или* true-lover's knot)

**truepenny** [ˈtru:ˌpenɪ] *n* *уст.* че́стный, надёжный челове́к

**truffle** [ˈtrʌfl] *n* *бот.* трю́фель

**truffled** [ˈtrʌfld] *a* пригото́вленный с трюфеля́ми

**truism** [ˈtru(:)ɪzm] *n* трюи́зм

**trull** [trʌl] *n* *уст.* проститу́тка

**truly** [ˈtru:lɪ] *adv* 1) правди́во; и́скренне 2) ве́рно; лоя́льно 3) пои́стине 4) то́чно ◇ yours ~ пре́данный вам (*в конце письма*)

**trump** I [trʌmp] **1.** *n* 1) ко́зырь; to play a ~ козырну́ть; to put a person to his ~s заста́вить козыря́ть; *перен.* заста́вить прибе́гнуть к после́днему сре́дству; to have all the ~s in one's hand име́ть на рука́х все ко́зыри; *перен.* быть хозя́ином положе́ния 2) *разг.* сла́вный ма́лый 3) *attr.* козырно́й; ~ card ко́зырь, козырна́я ка́рта; *перен.* ве́рное де́ло, ве́рное сре́дство ◇ to turn up ~s *разг.* (неожи́данно) око́нчиться благополу́чно, сча́стли́во

**2.** *v* 1) козыря́ть; бить ко́зырем 2) превзойти́ (*кого-л.*) □ ~ **up** вы́думать; сфабрикова́ть; to ~ up a charge against smb. сфабрикова́ть обвине́ние про́тив кого́-л.

**trump** II [trʌmp] *n* *уст.*, *поэт.* тру́бный глас

**trumpery** [ˈtrʌmpərɪ] **1.** *n* мишура́; дрянь, ерунда́

**2.** *a* мишу́рный, показно́й; него́дный

**trumpet** [ˈtrʌmpɪt] **1.** *n* 1) труба́ 2) слухова́я тру́бка 3) растру́б 4) ру́пор 5) звук трубы́; тру́бный звук 6) рёв слона́ ◇ to blow one's own ~ хвали́ться, занима́ться самореклáмой

**2.** *v* 1) труби́ть 2) возвеща́ть 3) реве́ть (*о слоне*)

**trumpet-call** [ˈtrʌmpɪtkɔ:l] *n* звук трубы́; *перен.* призы́в к де́йствию

**trumpeter** [ˈtrʌmpɪtə] *n* 1) труба́ч 2) го́лубь-труба́ч ◇ to be one's own ~ хвали́ться, занима́ться саморекла́мой

**trumpet major** [ˈtrʌmpɪtˌmeɪdʒə] *n* штаб-труба́ч

**truncate** [ˈtrʌŋkeɪt] *v* 1) среза́ть верху́шку; усека́ть, обре́зывать 2) уре́зывать, сокраща́ть (*речь и т. п.*) 3) кале́чить, уве́чить

**truncated** [ˈtrʌŋkeɪtɪd] **1.** *p. p.* от truncate

**2.** *a* *геом.* усечённый; ~ pyramid усечённая пирами́да

**truncheon** [ˈtrʌntʃən] *n* 1) жезл 2) дуби́нка полице́йского 3) *уст.* дуби́на

**trundle** [ˈtrʌndl] **1.** *n* колёсико

**2.** *v* кати́ть(ся); везти́ (*тачку*)

**trundle-bed** [ˈtrʌndlbed] = truckle-bed

**trunk** [trʌŋk] *n* 1) ствол (*дерева*) 2) ту́ловище 3) магистра́ль; гла́вная ли́ния (*железнодорожная, телефонная и т. п.*) 4) доро́жный сунду́к; чемода́н; to live in one's ~s жить на чемода́нах 5) хо́бот (*слона*) 6) *pl* спорти́вные трусы́ 7) *pl* = trunk hose 8) *архит.* сте́ржень коло́нны 9) *анат.* гла́вная арте́рия 10) вентиляцио́нная ша́хта; жёлоб; труба́ 11) бага́жник (*в автомобиле*) 12) *sl.* нос 13) *attr.* гла́вный, магистра́льный

**trunk-call** [ˈtrʌŋkˈkɔ:l] *n* вы́зов по междугоро́дному телефо́ну

**trunk drawers** [ˈtrʌŋkˈdrɔ:z] *n* кальсо́ны до коле́н

**trunk hose** [ˈtrʌŋkˈhəuz] *n* коро́ткие штаны́ (*XVI—XVII вв.*)

**trunk-line** [ˈtrʌŋklaɪn] *n* магистра́льная ли́ния, магистра́ль

**trunk-railway** [ˈtrʌŋkˌreɪlweɪ] *n* железнодоро́жная магистра́ль

**trunnion** [ˈtrʌnjən] *n* *тех.* ца́пфа

**truss** [trʌs] **1.** *n* 1) свя́зка; большо́й пук (*соломы, сена и т. п.*) 2) гроздь, кисть; пучо́к 3) *мед.* грыжево́й банда́ж 4) *стр.* фе́рма, связь, стропи́льная фе́рма 5) *мор.* борг; желе́зный бе́йфут

**2.** *v* 1) увя́зывать в пуки́ (*тж.* ~ up) 2) свя́зывать кры́лышки и но́жки пти́цы при жа́ренье 3) свя́зывать (*преступника*) 4) *стр.* свя́зывать, укрепля́ть

**trust** [trʌst] **1.** *n* 1) дове́рие, ве́ра; to have (*или* to put, to repose) ~ in доверя́ть; to take on ~ принима́ть на ве́ру 2) отве́тственность, долг, обяза́тельство; a position of ~ отве́тственный пост; breach of ~ наруше́ние дове́ренным лицо́м свои́х обяза́тельств 3) наде́жда; he puts ~ in the future он наде́ется на бу́дущее 4) *ком.* креди́т; to supply goods on ~ отпуска́ть това́р в креди́т 5) опе́ка (*над имуществом и т. п.*); to have smth. in ~ получи́ть опе́ку над чем-л. 6) *юр.* довери́тельная со́бственность; иму́щество, управля́емое по дове́ренности; управле́ние иму́ществом по дове́ренности; to hold in ~ сохраня́ть 7) трест

**2.** *a* дове́ренный (*кому-л. или кем-л.*)

**3.** *v* 1) доверя́ть(ся); полага́ться (*на кого-л.*); a man not to be ~ed челове́к, на кото́рого нельзя́ положи́ться; ненадёжный челове́к; he may be ~ed to do the work well мо́жно быть уве́ренным, что он вы́полнит рабо́ту хорошо́ 2) вверя́ть, поруча́ть попече́нию; to ~ smb. with smth., to ~ smth. to smb. поруча́ть, вверя́ть что-л. кому́-л. 3) наде́яться; полага́ть; I ~ you will be better soon я наде́юсь, вы ско́ро попра́витесь 4) дава́ть в креди́т

**trust-deed** [ˈtrʌstˈdi:d] *n* *юр.* акт учрежде́ния довери́тельной со́бственности

**trustee** [trʌsˈti:] **1.** *n* 1) *юр.* попечи́тель, опеку́н; довери́тельный со́бственник; Public T. госуда́рственный попечи́тель (*по управлению имуществом частных лиц*) 2) госуда́рство, осуществля́ющее опе́ку 3) член правле́ния, сове́та *и т. п.*; Board of ~s сове́т попечи́телей

**2.** *v* передава́ть на попече́ние

**trusteeship** [trʌsˈti:ʃɪp] *n* опе́ка, опеку́нство, попечи́тельство

**trusteeship territory** [trʌsˈti:ʃɪpˈterɪtərɪ] = trust territory

**trustful** [ˈtrʌstful] *a* дове́рчивый

**trustify** [ˈtrʌstɪfaɪ] *v* *эк.* трести́ровать

**trustiness** [ˈtrʌstɪnɪs] *n* ве́рность, лоя́льность; надёжность

**trustingly** [ˈtrʌstɪŋlɪ] *adv* дове́рчиво

**trustless** [ˈtrʌstlɪs] *a* 1) ненадёжный 2) недове́рчивый

**trust territory** [ˈtrʌstˈterɪtərɪ] *n* *полит.* подопе́чная террито́рия

**trustworthy** [ˈtrʌstˌwə:ðɪ] *a* заслу́живающий дове́рия; надёжный

**trusty** [ˈtrʌstɪ] **1.** *a* *уст.* ве́рный, надёжный

**2.** *n* 1) надёжный челове́к 2) *уст.* заключённый, заслужи́вший определённые привиле́гии свои́м образцо́вым поведе́нием

**truth** [tru:θ] *n* (*pl* -s [tru:ðz]) 1) пра́вда; и́стина; to tell the ~ а) говори́ть пра́вду; б) по пра́вде говоря́; the home (*или* bitter) ~ го́рькая пра́вда; the ~s of science нау́чные и́стины; in ~ действи́тельно, пои́стине; the ~

is that I am very tired де́ло в том, что (*или* по пра́вде сказа́ть) я о́чень уста́л 2) правди́вость 3) то́чность, соотве́тствие; ~ to nature то́чность воспроизведе́ния; реали́зм 4) *тех.* соо́сность, пра́вильность устано́вки

**truthful** [ˈtru:θful] *a* 1) правди́вый (*о человеке*) 2) ве́рный, пра́вильный

**truthless** [ˈtru:θlɪs] *a* 1) ненадёжный (*о человеке*) 2) ло́жный

**try** [traɪ] **1.** *n* 1) попы́тка; to have (*или* to make) a ~ at (*или* for) smth. попыта́ться сде́лать что-л. 2) испыта́ние, про́ба; to give smth. a ~ испыта́ть что-л.; to give smb. a ~ дать кому́-л. возмо́жность показа́ть, прове́рить себя́ 3) *спорт.* вы́игрыш трёх очко́в при прохо́де игрока́ с мячо́м до ли́нии воро́т проти́вника (*в регби*)

**2.** *v* 1) про́бовать, испы́тывать (*тж.* ~ out); to ~ one's fortune попыта́ть сча́стья 2) подверга́ть испыта́нию; проверя́ть на о́пыте 3) пыта́ться, стара́ться; to ~ one's best а) сде́лать всё от себя́ зави́сящее; б) прояви́ть ма́ксимум эне́ргии; do ~ to (*или* and) come постара́йтесь прийти́ обяза́тельно 4) рассле́довать (*дело*), суди́ть; he is tried for murder его́ су́дят за уби́йство 5) утомля́ть; удруча́ть; the small print tries my eyes э́тот ме́лкий шрифт утомля́ет мои́ глаза́ 6) раздража́ть, му́чить; to ~ smb.'s patience испы́тывать чьё-л. терпе́ние 7) очища́ть (*металл*; *тж.* ~ out); вытáпливать (*сало*; *тж.* ~ out) 8) отве́дывать (*пищу и т. п.*) ▭ ~ **back** верну́ться на пре́жнее ме́сто (*о собаках, потерявших след*); *перен.* заме́тив оши́бку, нача́ть снача́ла; ~ **for** добива́ться, иска́ть; to ~ for the navy добива́ться поступле́ния во флот; ~ **on** а) примеря́ть (*платье*); б) *разг.* про́бовать, примеря́ться; it's no use ~ing it on with me со мной э́тот но́мер не пройдёт

**trying** [ˈtraɪɪŋ] **1.** *pres. p. от* try 2

**2.** *a* 1) тру́дный, тяжёлый; мучи́тельный; a ~ situation тру́дное положе́ние 2) раздража́ющий, доку́чливый; тру́дно выноси́мый; ~ to the health вре́дный для здоро́вья

**trying-plane** [ˈtraɪɪŋpleɪn] *n* фуга́нок

**try-on** [ˈtraɪˈɔn] *n* 1) приме́рка 2) *разг.* попы́тка обману́ть

**try-out** [ˈtraɪˈaut] *n разг.* про́ба, репети́ция; прове́рка

**trysail** [ˈtraɪsl] *n мор.* три́сель

**tryst** [traɪst] *n уст.* 1) назна́ченная встре́ча; to keep (to break) the ~ прийти́ (не прийти́) на свида́ние 2) ме́сто встре́чи

**tsar** [zɑ:] = czar

**tsarina** [zɑ:ˈri:nə] *n* цари́ца

**tsetse** [ˈtsetsɪ] *n* му́ха цеце́

**T-shirt** [ˈti:ʃə:t] *n* те́нниска

**T-square** [ˈti:skwɛə] *n* рейсши́на

**tsunami** [tsu:ˈnɑ:mɪ] *яп. n* цуна́ми

**tub** [tʌb] **1.** *n* 1) ка́дка, лоха́нь, бадья́, уша́т; бочо́нок (*тж. как мера ёмкости*) 2) *разг.* ва́нна; мытьё в ва́нне 3) уче́бная шлю́пка 4) *разг.* тихохо́дное неуклю́жее су́дно; ≅ ста́рая кало́ша 5) *горн.* ша́хтная ваго́нетка; я́щик для руды́ ◇ let every ~ stand on its own bottom ≅ пусть ка́ждый забо́тится о себе́ сам

**2.** *v* 1) *разг.* мы́ться в ва́нне 2) сажа́ть расте́ние в ка́дку 3) накла́дывать ма́сло в ка́дку 4) *разг.* упражня́ться в гре́бле

**tuba** [ˈtju:bə] *n* ту́ба (*муз. инструмент*)

**tubbing** [ˈtʌbɪŋ] **1.** *pres. p. от* tub 2

**2.** *n горн.* водонепроница́емая крепь

**tubby** [ˈtʌbɪ] *a* 1) бочкообра́зный 2) коротконо́гий и то́лстый (*о человеке*) 3) издаю́щий глухо́й звук (*о муз. инструменте*)

**tube** [tju:b] **1.** *n* 1) труба́, тру́бка 2) тю́бик 3) тунне́ль 4) метрополите́н (*в Лондоне*) 5) ка́мера (*шины*) 6) *радио* электро́нная ла́мпа

**2.** *v* 1) заключа́ть в трубу́ 2) придава́ть тру́бчатую фо́рму

**tuber** [ˈtju:bə] *n бот.* клу́бень

**tubercle** [ˈtju:bə:kl] *n* 1) *бот.* клубенёк 2) *мед.* бугорo̍к... туб́еркул

**tubercular** [tju(:)ˈbə:kjulə] = tuberculous

**tuberculin** [tju(:)ˈbə:kjulɪn] *n фарм.* туберкули́н

**tuberculosis** [tju(:)ˌbə:kjuˈləusɪs] *n* туберкулёз

**tuberculous** [tju(:)ˈbə:kjuləs] *a* туберкулёзный

**tuberose** [ˈtju:bərouz] *n бот.* тубеpо́за

**tuberous** [ˈtju:bərəs] *a* 1) *бот.* клубнево́й 2) *мед.* бугóрчатый

**tubing** [ˈtju:bɪŋ] **1.** *pres. p. от* tube 2

**2.** *n тех.* 1) *собир.* тру́бы; трубопрово́д 2) прокла́дка труб 3) тю́бинг

**tub-thumper** [ˈtʌbˌθʌmpə] *n* пропове́дник, произнося́щий напы́щенные ре́чи; пустосло́в

**tub-thumping** [ˈtʌbˌθʌmpɪŋ] **1.** *n* напы́щенные ре́чи

**2.** *a* напы́щенный (*о речи*)

**tubular** [ˈtju:bjulə] *a* тру́бчатый; ~ steelwork тру́бчатые металли́ческие констру́кции; ~ railway подзе́мная желе́зная доро́га

**tubulate** [ˈtju:bjuleɪt] *v* 1) придава́ть тру́бчатую фо́рму 2) снабжа́ть тру́бкой

**tubule** [ˈtju:bju:l] *n* ма́ленькая тру́бка

**tuck** I [tʌk] **1.** *n* 1) скла́дка (*на платье*); to make a ~ in a sleeve сде́лать скла́дку на рукаве́ (*чтобы укоротить*) 2) *sl.* еда́, *особ.* сла́сти, пиро́жное

**2.** *v* 1) де́лать скла́дки (*на платье*); собира́ть в скла́дки 2) подгиба́ть; подбира́ть под себя́, подсо́вывать, подвора́чивать (*тж.* ~ in) 3) засо́вывать, пря́тать; запря́тать (*тж.* ~ away) 4) укры́ть (*ребёнка*) одея́лом; подоткну́ть одея́ло (*тж.* ~ in, ~ up) ▭ ~ **in** *sl.* жа́дно есть, дави́ться (at); ~ **into** су́нуть в, засу́нуть; ~ **up** а) засу́чивать (*рукава*); подбира́ть (*подол*); б) *sl.* ве́шать (*преступника*)

**tuck** II [tʌk] *n* 1) *шотл.* бараба́нный бой 2) *уст.* тру́бный звук

**tucker** I [ˈtʌkə] *n* 1) *уст.* шемизе́тка; best bib and ~ лу́чшая оде́жда 2) *sl.* еда́, сла́сти

**tucker** II [ˈtʌkə] *v амер. разг.* утомля́ть до изнеможе́ния (*обыкн.* ~ out)

**tucket** [ˈtʌkɪt] *n уст.* фанфа́ры

**tuck-in** [ˈtʌkˈɪn] *n sl.* основа́тельная заку́ска, пло́тная еда́

**tuck-out** [ˈtʌkˈaut] = tuck-in

**tuck-shop** [ˈtʌkʃɔp] *n sl.* конди́терская

**Tudor** [ˈtju:də] *a* тюдо́ровский; эпо́хи Тюдо́ров; ~ architecture стиль по́здней англи́йской го́тики

**Tuesday** [ˈtju:zdɪ] *n* вто́рник

**tufa** [ˈtju:fə] *n мин.* известко́вый туф

**tuff** [tʌf] *n мин.* вулкани́ческий туф

**tuft** [tʌft] **1.** *n* 1) пучо́к 2) хохоло́к 3) эспаньо́лка 4) *ист.* золота́я ки́сточка (*на головном уборе титулованного студента*) 5) титуло́ванный студе́нт

**2.** *v* 1) стега́ть (*одеяло, матрац и т. п.*) 2) расти́ пучка́ми

**tufted** [ˈtʌftɪd] **1.** *p. p. от* tuft 2

**2.** *a* с хохолко́м

**tuft-hunter** [ˈtʌftˌhʌntə] *n* при́хвостень титуло́ванной зна́ти

**tufty** [ˈtʌftɪ] *a* расту́щий пучка́ми, клочка́ми

**tug** [tʌg] **1.** *n* 1) тя́нущее *или* дёргающее уси́лие; рыво́к; to give a ~ at smth. дёрнуть, потяну́ть за что-л. 2) напряже́ние сил, уси́лие; I had a great ~ to persuade him мне сто́ило больши́х уси́лий уговори́ть его́ 3) = tugboat 4) ля́мка; гуж 5) ду́жка (*ведра*) 6) состяза́ние, упо́рная борьба́; ~ of war перетя́гивание на кана́те

**2.** *v* 1) тащи́ть с уси́лием 2) дёргать изо всех сил (at) 3) букси́ровать

**tugboat** [ˈtʌgbəut] *n* букси́рное су́дно

**tuition** [tju(:)ˈɪʃən] *n* 1) обуче́ние 2) пла́та за обуче́ние

**tuition-fee** [tju(:)ˈɪʃənfi:] = tuition 2)

**tulip** [ˈtju:lɪp] *n* тюльпа́н

**tulle** [tju:l] *n* тюль

**tulwar** [ˈtʌlwɑ:] *n* крива́я инди́йская са́бля

**tumble** [ˈtʌmbl] **1.** *n* 1) паде́ние 2) беспоря́док, смяте́ние ◇ to take a ~ *амер. sl.* поня́ть, догада́ться

**2.** *v* 1) па́дать (*тж.* ~ down); ру́шиться; упа́сть, споткну́вшись (over, off — обо *что-л.*) 2) кувырка́ться, де́лать акробати́ческие трю́ки 3) валя́ться; воро́чаться, мета́ться (*в постели*) 4) швыря́ть (*тж.* ~ up, ~ down, ~ out) 5) приводи́ть в беспоря́док; мять; еро́шить (*волосы*) 6) броса́ться; выска́кивать; to ~ into bed бро́ситься в посте́ль; to ~ out of bed вы́скочить из посте́ли ▭ ~ **in** а) вва́ливаться; б) *разг.* ложи́ться спать; ~ **to** *sl.* поня́ть; догада́ться; заме́тить

**tumbledown** [ˈtʌmbldaun] *a* полуразру́шенный, развали́вшийся

**tumbler** [ˈtʌmblə] *n* 1) акроба́т 2) го́лубь-верту́н 3) бока́л (*без ножки*); высо́кий стака́н 4) неваля́шка (*игрушка*) 5) *тех.* реверси́вный механи́зм 6) *метал.* бараба́н для очи́стки отли́вок

**tumblerful** [ˈtʌmbləful] *n* по́лный стака́н

**tumbler switch** ['tʌmbləswɪtʃ] *n* выключа́тель (*с перекидной головкой*)

**tumble-weed** ['tʌmblwi:d] *n амер. бот.* перекати́-по́ле

**tumbling** ['tʌmblɪŋ] **1.** *pres. p. от* tumble 2

**2.** *n* акроба́тика

**tumbrel, tumbril** ['tʌmbrəl, 'tʌmbrɪl] *n* 1) самосва́льная теле́жка 2) *воен.* кры́тая двуко́лка

**tumefaction** [ˌtju:mɪ'fækʃən] *n* 1) опуха́ние, распуха́ние 2) о́пухоль

**tumefy** ['tju:mɪfaɪ] *v* 1) опуха́ть 2) вызыва́ть о́пухоль

**tumid** ['tju:mɪd] *a* 1) распу́хший 2) напы́щенный

**tummy** ['tʌmɪ] *n разг.* живо́т(ик)

**tumour** ['tju:mə] *n* о́пухоль

**tump** [tʌmp] *диал.* **1.** *n* хо́лмик, бугоро́к

**2.** *v* ока́пывать, оку́чивать

**tumuli** ['tju:mjulaɪ] *pl от* tumulus

**tumult** ['tju:mʌlt] *n* 1) шум и кри́ки; сумато́ха 2) мяте́ж, бу́йство 3) си́льное душе́вное волне́ние; смяте́ние чувств

**tumultuary** [tju(:)'mʌltjuərɪ] *a* 1) беспоря́дочный 2) шу́мный, бу́йный 3) недисциплини́рованный

**tumultuous** [tju(:)'mʌltjuəs] *a* 1) = tumultuary 2) возбуждённый

**tumulus** ['tju:mjuləs] *n* (*pl* -li) моги́льный холм, курга́н

**tun** [tʌn] **1.** *n* больша́я бо́чка

**2.** *v* налива́ть в бо́чку, храни́ть в бо́чке

**tuna** ['tu:nə] *n* туне́ц (*рыба*)

**tunable** ['tju:nəbl] *a* 1) мелоди́чный; гармони́чный 2) легко́ настра́иваемый 3) *радио* настра́иваемый с подстро́йкой

**tundra** ['tʌndrə] *русск. n* ту́ндра

**tune** [tju:n] **1.** *n* 1) мело́дия, моти́в; напе́в 2) строй, настро́енность; the piano is in (out of) ~ пиани́но настро́ено (расстро́ено) 3) гармо́ния, согла́сие; to be in ~ with smth. гармони́ровать с чем-л.; to be out of ~ (with) идти́ вразре́з (с *чем-л.*), быть не в ладу́ (*с кем-л.*) 4) настрое́ние; to be in ~ for smth. быть настро́енным на что-л. 5) *уст.* тон, звук ◇ to sing another ~, to change one's ~ перемени́ть тон; заговори́ть по-ино́му; to call the ~ задава́ть тон; to the ~ of в разме́ре; на су́мму

**2.** *v* 1) настра́ивать (*инструмент*) 2) приспоса́бливать (*к чему-л.*); приводи́ть в соотве́тствие (*с чем-л.*) 3) звуча́ть; петь, игра́ть □ ~ **in** настра́ивать приёмник; ~ **up** а) настра́ивать инструме́нты; б) нала́дить, отрегули́ровать маши́ну; в) запе́ть, заигра́ть; г) *шутл.* запла́кать (*о ребёнке*)

**tuneful** ['tju:nful] *a* мелоди́чный; гармони́чный

**tuneless** ['tju:nlɪs] *a* 1) немелоди́чный 2) беззву́чный

**tuner** ['tju:nə] *n* 1) настро́йщик 2) *радио* механи́зм настро́йки

**tung oil** ['tʌŋ'ɔɪl] *n тех.* ту́нговое ма́сло

**tungsten** ['tʌŋstən] *n хим.* вольфра́м

**tunic** ['tju:nɪk] *n* 1) блу́зка *или* жаке́т (*обыкн. с поясом*) 2) туни́ка 3) *воен.* ки́тель; мунди́р 4) *биол.* оболо́чка; покро́в

**tunica** ['tju:nɪkə] = tunic 4)

**tunicate** ['tju:nɪkɪt] *a* покры́тый оболо́чкой

**tuning** ['tju:nɪŋ] **1.** *pres. p. от* tune 2

**2.** *n* 1) *радио* настро́йка 2) *тех.* регулиро́вка (*двигателя*)

**tuning-fork** ['tju:nɪŋfɔ:k] *n* камерто́н

**Tunisian** [tju(:)'nɪzɪən] **1.** *a* туни́сский

**2.** *n* туни́сец; туни́ска

**tunnel** ['tʌnl] **1.** *n* 1) тонне́ль 2) *горн.* што́льня 3) *воен.* ми́нная галере́я 4) дымохо́д

**2.** *v* прокла́дывать тонне́ль

**tunny** ['tʌnɪ] *n* туне́ц (*рыба*)

**tuny** ['tju:nɪ] *a* легко́ запомина́ющийся (*о мотиве*); мелоди́чный

**tup** [tʌp] **1.** *n* 1) бара́н 2) *тех.* ба́ба (*молота*)

**2.** *v с.-х.* покрыва́ть (*овцу*)

**tuppence** ['tʌpəns] *разг. см.* twopence

**tuppenny** ['tʌpnɪ] *разг. см.* twopenny

**tuque** [tju:k] *канад. n* вя́заная шерстяна́я ша́почка

**Turanian** [tjuə'reɪnjən] **1.** *a лингв.* ура́ло-алта́йский

**2.** *n* ура́ло-алта́йские языки́

**turban** ['tə:bən] *n* 1) тюрба́н, чалма́ 2) да́мская *или* де́тская шля́па без поле́й

**turbary** ['tə:bərɪ] *n* торфя́ник, торфяно́е боло́то

**turbid** ['tə:bɪd] *a* 1) му́тный (*о жидкости*); пло́тный, густо́й (*о дыме, тумане*) 2) тума́нный; запу́танный

**turbidity** [tə:'bɪdɪtɪ] *n* му́тность *и пр.* [*см.* turbid]

**turbine** ['tə:bɪn] *n* турби́на

**turboblower** ['tə:bəu'bləuə] *n тех.* турбовоздуходу́вка

**turbodrill** ['tə:bəu'drɪl] *n тех.* турбобу́р

**turbogenerator** ['tə:bəu'dʒenəreɪtə] *n тех.* турбогенера́тор

**turbo-jet** ['tə:bəu'dʒet] *a ав.* турбореакти́вный

**turbo-prop** ['tə:bəu'prɔp] *a ав.* турбовинтово́й

**turbulence** ['tə:bjuləns] *n* бу́рность *и пр.* [*см.* turbulent]

**turbulent** ['tə:bjulənt] *a* 1) бу́рный 2) бу́йный; беспоко́йный; непоко́рный

**Turcoman** ['tə:kəmən] = Turkoman

**tureen** [tə'ri:n] *n* су́пник, су́пница

**turf** [tə:f] **1.** *n* 1) дёрн 2) *ирл.* торф 3) (*обыкн.* the ~) бегова́я доро́жка (*на ипподроме*); ска́чки; to be on the ~ быть завсегда́таем ска́чек, игра́ть на ска́чках

**2.** *v* 1) дернова́ть 2) *sl.* вы́бросить, вы́швырнуть (*тж.* ~ out)

**turf-clad** ['tə:fklæd] *a* покры́тый дёрном

**turfite** ['tə:faɪt] *разг. см.* turfman

**turfman** ['tə:fmən] *n* завсегда́тай ска́чек

**turfy** ['tə:fɪ] *a* покры́тый дёрном *или* то́рфом; дерни́стый; торфяно́й

**turgid** ['tə:dʒɪd] *a* 1) опу́хший 2) напы́щенный (*о стиле*)

**Turk** [tə:k] *n* 1) ту́рок; турча́нка; Young ~ *ист.* младоту́рок 2) *шутл.* непослу́шный ребёнок 3) *уст.* мусульма́нин

**turkey** ['tə:kɪ] *n* 1) индю́к; инде́йка (*тж. кул.*) 2) *sl.* неуда́ча, прова́л ◇ Norfolk ~ жи́тель Но́рфолка; to talk ~ *амер. sl.* говори́ть пря́мо, без обиняко́в

**turkey buzzard** ['tə:kɪ'bʌzəd] *n зоол.* гриф-инде́йка

**turkey-cock** ['tə:kɪkɔk] *n* 1) индю́к 2) наду́тый, ва́жный челове́к

**turkey-poult** ['tə:kɪpəult] *n* индюшо́нок

**Turkey red** ['tə:kɪ'red] *n* я́рко-кра́сный цвет

**Turkic** ['tə:kɪk] *a* тю́ркский

**Turkish** ['tə:kɪʃ] **1.** *a* туре́цкий ◇ ~ towel мохна́тое полоте́нце

**2.** *n* туре́цкий язы́к

**Turkish delight** ['tə:kɪʃdɪ'laɪt] *n* раха́т-луку́м

**Turkman** ['tə:kmən] *n* 1) туркме́н 2) туркме́нский язы́к

**Turkoman** ['tə:kəmən] *n* (*pl* -s [-z]) 1) тюрк 2) туркме́н

**turmeric** ['tə:mərɪk] *n бот.* курку́ма

**turmeric-paper** ['tə:mərɪkˌpeɪpə] *n хим.* курку́мовая реакти́вная бума́га

**turmoil** ['tə:mɔɪl] *n* шум, сумато́ха; беспоря́док

**turn** [tə:n] **1.** *n* 1) оборо́т (*колеса*); at each ~ при ка́ждом оборо́те 2) поворо́т; right (left, about) ~! *воен.* напра́во! (нале́во!, круго́м!) 3) измене́ние направле́ния; *перен.* поворо́тный пункт 4) изги́б (*дороги*); излу́чина (*реки*) 5) переме́на; измене́ние (*состояния*); a ~ for the better измене́ние к лу́чшему; the milk is on the ~ молоко́ скиса́ет; he hopes for a ~ in his luck он наде́ется, что ему́ повезёт; my affairs have taken a bad ~ мои́ дела́ при́няли дурно́й оборо́т 6) о́чередь; ~ and ~ about, in ~, by ~s по о́череди; to take ~s де́лать поочерёдно, сменя́ться; to wait one's ~ ждать свое́й о́череди; out of ~ вне о́череди 7) услу́га; to do smb. a good (an ill) ~ оказа́ть кому́-л. хоро́шую (плоху́ю) услу́гу 8) очередно́й но́мер програ́ммы, вы́ход; сце́нка, интерме́дия 9) коро́ткая прогу́лка, пое́здка; to take (*или* to go for) a ~ прогуля́ться 10) спосо́бность; склад (*характера*); стиль, мане́ра, отличи́тельная черта́; she has a ~ for music у неё есть музыка́льные спосо́бности; he has an optimistic ~ of mind он оптими́ст 11) (рабо́чая) сме́на 12) коро́ткий пери́од де́ятельности 13) *разг.* не́рвное потрясе́ние, шок, при́ступ, припа́док; a ~ of anger припа́док гне́ва; to give smb. a ~ взволнова́ть кого́-л. 14) строе́ние, фо́рма; the ~ of the ankle фо́рма лоды́жки 15) оборо́т, построе́ние (*фразы*); a ~ of speech оборо́т ре́чи 16) вито́к (*проволоки, резьбы*) 17) *pl* менструа́ции 18) *полигр.* мара́шка 19) *ав.* разворо́т ◇ at every ~ на ка́ждом шагу́, постоя́нно; to serve one's ~ годи́ться (*для определённой цели*); to a ~ то́чно; (meat is) done to a ~ (мя́со) зажа́рено как раз в ме́ру; one good ~ deserves another *посл.* услу́га за услу́гу; not to do a hand's ~ сиде́ть сложа́ ру́ки

2. *v* 1) враща́ть(ся), верте́ть(ся) 2) повора́чивать(ся); обраща́ться; повёртывать(ся); to ~ to the right поверну́ть напра́во; to ~ on one's heel(s) кру́то поверну́ться (и уйти́) 3) огиба́ть, обходи́ть; to ~ an enemy's flank а) *воен.* обойти́ проти́вника с фла́нга; б) перехитри́ть кого́-л. 4) направля́ть, сосредото́чивать (*тж. внимание, усилия*); to ~ the hose on the fire напра́вить струю́ на ого́нь; to ~ one's hand to smb. принима́ться за что-л.; to ~ one's mind to smth. ду́мать о чём-л., обрати́ть внима́ние на что-л., сосредото́читься на чём-л. 5) перевёртывать(ся); перевора́чиваться, кувырка́ться; to ~ upside down перевора́чивать вверх дном 6) вспа́хивать, паха́ть 7) вывора́чивать наизна́нку; перелицо́вывать (*платье*); to ~ inside out вывора́чивать наизна́нку 8) расстра́ивать (*пищеварение, психику, здоровье и т. п.*); вызыва́ть отвраще́ние 9) изменя́ть (-ся); luck has ~ed форту́на измени́ла 10) превраща́ть(ся) (into); to ~ milk into butter сбива́ть ма́сло 11) по́ртить(ся); the leaves ~ed early ли́стья ра́но пожелте́ли; the milk has ~ed молоко́ прокис́ло 12) переводи́ть (*на другой язык*, into) 13) дости́гнуть (*известного момента, возраста, количества*); he is ~ed fifty ему́ за пятьдеся́т 14) точи́ть (*на токарном станке*); обта́чивать 15) отта́чивать, придава́ть изя́щную фо́рму 16) обду́мывать (*вопрос, проблему*) 17) подверну́ть, вы́вихнуть (*ногу*) 18) *как глагол-связка* де́латься, станови́ться; to ~ red покрасне́ть; to ~ sick почу́вствовать тошноту́; to ~ teacher стать учи́телем □ ~ **about** обора́чиваться; поверну́ть круго́м (*на 180°*); ~ **against** а) восста́ть про́тив; б) восстанови́ть про́тив; ~ **aside** а) отвора́чиваться; б) отклоня́ть(ся); ~ **away** а) отвора́чивать(ся); отвраща́ть; б) прогоня́ть, увольня́ть; ~ **back** а) прогна́ть; б) поверну́ть наза́д; в) оберну́ться; ~ **down** а) отверга́ть (*предложение*); отка́зывать (*кому-л.*); б) уба́вить (*свет*); в) загну́ть; отогну́ть; to ~ down a collar отогну́ть воротни́к; ~ **in** а) зайти́ мимохо́дом; б) *разг.* лечь спать; в) *разг.* возвраща́ть, отдава́ть; сдава́ть; you must ~ in your uniform when you leave the army вам ну́жно бу́дет верну́ть обмундирова́ние, когда́ вы демобилизу́етесь; г) повора́чивать вовну́трь; to ~ in one's toes поста́вить но́ги носка́ми внутрь; ~ **off** а) закрыва́ть (*кран*); выключа́ть (*свет*); б) увольня́ть; в) отвлека́ть внима́ние; г) бы́стро сде́лать (*что-л.*); д) *sl.* пове́сить; е) свора́чивать (*о дороге*); ~ **on** а) открыва́ть (*кран, шлюз*); включа́ть (*свет*); б) зави́сеть (*от*); much ~s on his answer мно́гое зави́сит от его́ отве́та; в) = ~ upon; ~ **out** а) выгоня́ть, увольня́ть; исключа́ть; б) выпуска́ть (*изделия*); в) вывёртывать (*карман, перчатку*); г) украша́ть, наряжа́ть; снаряжа́ть; д) выгоня́ть в по́ле (*скотину*); е) туши́ть (*свет*); ж) *разг.* встава́ть (*с постели*); з) прибы́ть; the fire-brigade ~ed out as soon as the fire broke out пожа́рная кома́нда прибыла́, как то́лько начался́ пожа́р; и) ока́зываться; he ~ed out an excellent actor он оказа́лся прекра́сным актёром; as it ~ed out как оказа́лось; к) бастова́ть; л) вызыва́ть; ~ out the guard вы́зовите карау́л; ~ **over** а) перевёртывать(ся); б) опроки́дывать(ся); в) передава́ть (*дело, доверенность и т. п.*) друго́му; г) *ком.* име́ть оборо́т; д) обду́мывать; е) *тех.* перекрыва́ть кран; ~ **round** а) обора́чиваться; повора́чиваться; б) изменя́ть (*свои взгляды, политику и т. п.*); ~ **to** а) приня́ться за рабо́ту; б) обрати́ться к *кому-л.*; в) преврати́ться; г) око́нчиться *чем-л.*, быть результа́том *чего-л.*; ~ **up** а) поднима́ть(ся) вверх; загиба́ть (-ся); her nose ~s up у неё вздёрнутый нос; б) внеза́пно появля́ться; приходи́ть, приезжа́ть; в) случа́ться; подверну́ться, оказа́ться; something will ~ up что́-нибудь да подвернётся; г) вска́пывать, выка́пывать; д) откры́ть (*карту*); е) *разг.* вызыва́ть тошноту́; ж): to ~ up the radio сде́лать ра́дио гро́мче; ~ **upon** внеза́пно измени́ть отноше́ние к *кому-л.* ◇ to ~ smb.'s head вскружи́ть кому́-л. го́лову; to ~ loose а) спуска́ть (*живо́тное*) с це́пи; б) освобожда́ть; to ~ yellow стру́сить; to ~ the scale (*или* the balance) реши́ть исхо́д де́ла; not to know which way to ~ не знать, что предприня́ть; to ~ out in the cold ≅ окати́ть холо́дной водо́й; to ~ up one's heels *sl.* протяну́ть но́ги, сконча́ться

**turnabout** [ˈtə:nəˌbaut] *n* 1) поворо́т 2) измене́ние пози́ции, взгля́дов *и т. п.*; перехо́д на другу́ю сто́рону 3) *амер.* карусе́ль

**turnaround** [ˈtə:nəˌraund] *n мор.* оборо́т (*судна*) с учётом вре́мени на погру́зку и вы́грузку

**turnback** [ˈtə:nbæk] *n* 1) малоду́шный челове́к; трус 2) ото́гнутая часть (*чего-л.*)

**turncoat** [ˈtə:nkəut] *n* ренега́т; перебе́жчик

**turncock** [ˈtə:nkɔk] *n* 1) сто́порный кран 2) челове́к, распределя́ющий во́ду по магистра́лям

**turn-down** [ˈtə:ndaun] **1.** *a* отложно́й (*о воротнике*)

**2.** *n* 1) отложно́й воротни́к 2) отка́з; отклоне́ние

**turned** [tə:nd] **1.** *p. p. от* turn 2

**2.** *a* 1) изгото́вленный на станке́, маши́нного произво́дства 2) перелицо́ванный 3) прокис́ший 4): a man ~ fifty челове́к, кото́рому за пятьдеся́т 5) *полигр.* перевёрнутый (*о литере*) ◇ a well ~ phrase отто́ченная фра́за; a beautifully ~ out woman прекра́сно оде́тая же́нщина

**turned comma** [ˈtə:ndˈkɔmə] *n полигр.* перевёрнутая запята́я (*вид кавычек*)

**turner** [ˈtə:nə] *n* 1) то́карь 2) *амер.* гимна́ст

**turnery** [ˈtə:nərɪ] *n* 1) тока́рное ремесло́ 2) тока́рная мастерска́я 3) тока́рные изде́лия

**turning** [ˈtə:nɪŋ] **1.** *pres. p. от* turn 2

**2.** *n* 1) враще́ние 2) излу́чина (*реки*); перекрёсток; поворо́т (*улицы, дороги*) 3) тока́рное ремесло́; тока́рная рабо́та 4) обто́чка 5) превраще́ние 6) вспа́шка

**3.** *a* 1) тока́рный; ~ lathe тока́рный стано́к 2) враща́ющийся, поворо́тный

**turning-point** [ˈtə:nɪŋpɔɪnt] *n* поворо́тный пункт; перело́м; кри́зис

**turnip** [ˈtə:nɪp] *n* 1) ре́па 2) *sl.* больши́е стари́нные карма́нные часы́, «лу́ковица»

**turnkey** [ˈtə:nki:] *n* тюре́мщик; надзира́тель (*в тюрьме*)

**turn-out** [ˈtə:nˈaut] *n* 1) собра́ние, пу́блика 2) объём выпуска́емой проду́кции 3) забасто́вка 4) забасто́вщик 5) вы́езд; smart ~ щегольско́й вы́езд 6) подъём, встава́ние с посте́ли 7) оде́жда, мане́ра одева́ться 8) оде́жда, экипиро́вка 9) вы́зов к исполне́нию служе́бных обя́занностей 10) *ж.-д.* разъе́зд; стре́лочный перево́д

**turnover** [ˈtə:nˌəuvə] *n* 1) опроки́дывание 2) *эк.* оборо́т 3) часть газе́тной статьи́, напеча́танная на сле́дующей страни́це 4) реорганиза́ция шта́тов 5) теку́честь рабо́чей си́лы; коэффицие́нт теку́чести рабо́чей си́лы 6) полукру́глый пиро́г *или* торт с начи́нкой

**turnpenny** [ˈtə:nˌpenɪ] *n* стяжа́тель

**turnpike** [ˈtə:npaɪk] *n* 1) заста́ва, где взима́ется подоро́жный сбор 2) *attr.*: ~ road гла́вная магистра́ль

**turn-round** [ˈtə:nraund] *n* поворо́т

**turn-screw** [ˈtə:nskru:] *n* отвёртка

**turnskin** [ˈtə:nskɪn] *n* о́боротень

**turnsole** [ˈtə:nsəul] *n* 1) *бот.* хрозофо́ра краси́льная 2) *хим.* ла́кмус

**turnspit** [ˈtə:nspɪt] *n* тот, кто повора́чивает ве́ртел с мя́сом

**turnstile** [ˈtə:nstaɪl] *n* 1) турнике́т 2) крестови́на

**turn-table** [ˈtə:nˌteɪbl] *n* 1) *ж.-д.* поворо́тный круг 2) диск (*патефона*) 3) прои́грыватель (*для пластинок*)

**turn-up** [ˈtə:nˈʌp] *n* 1) что-л. за́гнутое, ото́гнутое, завёрнутое (*манжеты, отвороты, поля шляпы и т. п.*); манже́та (*на брюках*) 2) шум, дра́ка 3) счастли́вый слу́чай, уда́ча; неожи́данность 4) ка́рта, откры́тая как ко́зырь

**turpentine** [ˈtə:pəntaɪn] **1.** *n* скипида́р; oil of ~ очи́щенный скипида́р

**2.** *v* 1) натира́ть скипида́ром 2) *амер.* подса́чивать (*дерево*); добыва́ть живи́цу

**turpitude** [ˈtə:pɪtju:d] *n* 1) ни́зость, по́длость 2) поро́чность, развращённость

**turps** [tə:ps] *разг. см.* turpentine 1

**turquoise** [ˈtəːkwɑːz] *n* 1) бирюза́ 2) бирюзо́вый цвет
**turret** [ˈtʌrɪt] *n* 1) ба́шенка 2) ору-ди́йная ба́шня 3) *ав.* туре́ль 4) *тех.* револьве́рная голо́вка (*станка*)
**turret-lathe** [ˈtʌrɪtleɪð] *n* револьве́р-ный стано́к
**turtle** I [ˈtəːtl] *n* 1) черепа́ха (*преим. морская*) 2) суп из черепа́хи 3) *attr.* черепа́ховый ◇ to turn ~ *мор. sl.* опроки́нуться
**turtle** II [ˈtəːtl] *n уст.* го́рлица
**turtle-dove** [ˈtəːtldʌv] *n* 1) го́рлица 2) возлю́бленный; люби́мый
**turtle-neck sweater** [ˈtəːtlnekˌswetə] *n* сви́тер с высо́ким во́ротом
**turtle-shell** [ˈtəːtlʃel] = tortoise-shell
**Tuscan** [ˈtʌskən] **1.** *a* тоска́нский
**2.** *n* 1) тоска́нец 2) тоска́нский диа-ле́кт
**tush** I [tʌʃ] *n* клык (*лошади, собаки и т. п.*)
**tush** II [tʌʃ] *int* фу!, тьфу!
**tusk** [tʌsk] **1.** *n* клык, би́вень (*слона, моржа*)
**2.** *v* ра́нить клыко́м
**tusker** [ˈtʌskə] *n* слон *или* каба́н с больши́ми клыка́ми
**tussive** [ˈtʌsɪv] *a мед.* кашлево́й, вы-зва́нный *или* сопровожда́ющийся ка́ш-лем
**tussle** [ˈtʌsl] **1.** *n* борьба́; дра́ка
**2.** *v* боро́ться; дра́ться
**tussock** [ˈtʌsək] *n* 1) трава́, расту́-щая пучко́м; ко́чка; дернови́на 2) хо-холо́к 3) кистехво́ст (*бабочка*)
**tussock-moth** [ˈtʌsəkmɔθ] = tussock 3)
**tussore** [ˈtʌsə] *n* 1) инди́йский шел-кови́чный червь 2) тусс́ор (*шёлк типа чесучи*)
**tut** [tʌt] **1.** *int* ах ты! (*выражает нетерпение, досаду или упрёк*)
**2.** *v* выража́ть нетерпе́ние *или* до-са́ду восклица́нием
**tutelage** [ˈtjuːtɪlɪdʒ] *n* 1) опеку́нство; опе́ка; попечи́тельство 2) нахожде́ние под опе́кой 3) обуче́ние
**tutelar(y)** [ˈtjuːtɪlə(rɪ)] *a* 1) опеку́н-ский 2) охраня́ющий; опека́ющий
**tutor** [ˈtjuːtə] **1.** *n* 1) дома́шний учи́-тель; репети́тор; *школ.* наста́вник 2) руководи́тель гру́ппы студе́нтов (*в англ. университетах*) 3) *амер.* мла́д-ший преподава́тель вы́сшего уче́бного заведе́ния 4) *юр.* опеку́н
**2.** *v* 1) обуча́ть 2) руководи́ть, на-ставля́ть; поуча́ть 3) дава́ть ча́стные уро́ки 4) *амер. разг.* брать уро́ки 5) отчи́тывать, брани́ть ◇ to ~ oneself (to be patient) сде́рживаться; обу́здывать себя́
**tutorage** [ˈtjuːtərɪdʒ] *n* 1) рабо́та учи́-теля 2) до́лжность наста́вника 3) пла́-та за обуче́ние 4) опеку́нство
**tutoress** [ˈtjuːtərɪs] *n* 1) наста́вница, учи́тельница 2) опеку́нша
**tutorial** [tju(ː)ˈtɔːrɪəl] **1.** *a* 1) наста́в-нический; ~ system университе́тская систе́ма обуче́ния путём прикрепле́-ния студе́нтов к отде́льным консуль-та́нтам 2) опеку́нский
**2.** *n* 1) консульта́ция, встре́ча с ру-ководи́телем 2) пери́од обуче́ния в колле́дже
**tutorship** [ˈtjuːtəʃɪp] *n* до́лжность на-ста́вника; обя́занности наста́вника *или* опекуна́ [*см.* tutor 1]
**tutsan** [ˈtʌtsən] *n бот.* зверобо́й
**tutti-frutti** [ˈtuːti(ː)ˈfruːti(ː)] *n* 1) мо-ро́женое с фру́ктами 2) заса́харенные фру́кты
**tutu** [ˈtuːtuː] *фр. n* па́чка (балери́ны)
**tu-whit** [tuˈwɪt] = tu-whoo
**tu-whoo** [tuˈwuː] **1.** *n подражание крику совы*
**2.** *v* подража́ть кри́ку совы́
**tux** [tʌks] *сокр. от* tuxedo
**tuxedo** [tʌkˈsiːdəu] *n* (*pl* -os, -oes [-əuz]) *амер.* смо́кинг
**tuyère** [twiːˈjɛə] *фр. n метал.* фу́рма
**twaddle** [ˈtwɔdl] **1.** *n* пуста́я бол-товня́
**2.** *v* пустосло́вить
**twain** [tweɪn] *уст., поэт.* **1.** *num. card.* два
**2.** *n* два (*предмета*); дво́е; in ~ на́-двое; попола́м
**twang** I [twæŋ] **1.** *n* 1) ре́зкий звук натя́нутой струны́ 2) гнуса́вый вы́го-вор; American ~ гнуса́вый вы́говор америка́нцев 3) *разг.* ме́стный го́вор
**2.** *v* 1) звуча́ть (*о струне*) 2) пере-бира́ть стру́ны; *разг.* бренча́ть; to ~ (on) a violion пили́кать на скри́пке 3) гнуса́вить
**twang** II [twæŋ] *n* 1) сто́йкий за́-пах *или* при́вкус 2) *перен.* при́вкус, налёт
**'twas** [twɔz (*полная форма*); twəz (*редуцированная форма*)] *сокр. уст., поэт.* = it was
**tweak** [twiːk] **1.** *n* щипо́к
**2.** *v* ущипну́ть, щипа́ть, дёргать; to ~ a child's ears надра́ть ребёнку у́ши
**tweaker** [ˈtwiːkə] *n sl.* рога́тка (*для стрельбы*)
**tweed** [twiːd] *n* 1) твид (*материя*) 2) *pl* костю́м из тви́да
**tweedledum** [ˈtwiːdlˈdʌm] *n*: ~ and tweedledee двойники́; две тру́дно раз-личи́мые ве́щи; ве́щи, различа́ющиеся всего́ лишь по назва́нию
**'tween** [twiːn] *сокр. разг.* between
**tweeny** [ˈtwiːnɪ] *n разг.* молоде́нькая служа́нка, помога́ющая други́м слу́-гам
**tweet** [twiːt] **1.** *n* пти́чий ще́бет
**2.** *v* щебета́ть, чири́кать
**tweeter** [ˈtwiːtə] *n радио* небольшо́й репроду́ктор для переда́чи высо́кого то́на
**tweezer** [ˈtwiːzə] *v* вы́щипывать пин-це́том, щи́пчиками
**tweezers** [ˈtwiːzəz] *n pl* пинце́т
**twelfth** [twelfθ] **1.** *num. ord.* двена́д-цатый
**2.** *n* 1) двена́дцатая часть 2): the ~ а) двена́дцатое число́; б) 12 а́вгу-ста (*начало охоты на куропаток*)
**Twelfth-day** [ˈtwelfθdeɪ] *n церк.* кре-ще́ние
**Twelfth-night** [ˈtwelfθnaɪt] *n церк.* кану́н креще́ния
**twelve** [twelv] **1.** *num. card.* двена́д-цать
**2.** *n* 1) двена́дцать (*единиц, штук*) 2) (the T.) *церк.* 12 апо́столов 3) *pl* кни́ги форма́том в двена́дцатую до́лю листа́
**twelvefold** [ˈtwelvfəuld] **1.** *a* в две-на́дцать раз бо́льший
**2.** *adv* в двена́дцать раз бо́льше
**twelvemo** [ˈtwelvməu] *n* форма́т кни́-ги в двена́дцатую до́лю листа́ (*пишется обычно 12 mo*)
**twelvemonth** [ˈtwelvmʌnθ] *n* год; this day ~ а) ро́вно че́рез год; б) ро́вно год наза́д
**twelver** [ˈtwelvə] *n sl.* ши́ллинг
**twencenter** [ˈtwenˌsentə] *n разг.* че-лове́к XX ве́ка
**twenties** [ˈtwentɪz] *n pl* 1) (the ~) двадца́тые го́ды 2) два́дцать лет; тре́-тий деся́ток (*возраст между 20 и 29 годами*)
**twentieth** [ˈtwentɪɪθ] **1.** *num. ord.* двадца́тый
**2.** *n* 1) двадца́тая часть 2) (the ~) двадца́тое число́
**twenty** [ˈtwentɪ] **1.** *num. card.* два́-дцать; ~-one два́дцать оди́н; ~-two два́дцать два *и т. д.*
**2.** *n* два́дцать (*единиц, штук*)
**twentymo** [ˈtwentɪməu] *n* форма́т кни́ги в двадца́тую до́лю листа́ (*пишется обычно 20 mo*)
**'twere** [twəː, twɛə (*полные формы*); twə (*редуцированная форма*)] *сокр. уст. поэт.* = it were
**twerp** [twəːp] *n sl.* грубия́н, хам
**twice** [twaɪs] *adv* 1) два́жды; ~ two is four два́жды два — четы́ре 2) вдво́е; ~ as good (as much) вдво́е лу́чше (бо́льше) ◇ to think ~ (before doing smth.) хорошо́ обду́мать что-л. (пре́жде чем сде́лать); not to think ~ about smth. а) не ду́мать бо́льше, за-бы́ть о чём-л.; б) сде́лать что-л. без колеба́ний
**twice-laid** [ˈtwaɪsleɪd] *a* сде́ланный из обре́зков, отхо́дов
**twicer** [ˈtwaɪsə] *n* 1) рабо́чий, яв-ля́ющийся одновре́ме́нно набо́рщиком и печа́тником 2) *sl.* челове́к, два́жды посеща́ющий це́рковь по воскресе́ньям
**twice-told** [ˈtwaɪsˈtəuld] *a* 1) расска́-занный два́жды 2) изве́стный, изби́-тый; ~ tale ста́рая исто́рия
**twiddle** [ˈtwɪdl] **1.** *n* 1) верче́ние 2) завито́к, украше́ние
**2.** *v* 1) верте́ть, крути́ть (*что-л.*), игра́ть (*чем-л.*) 2) безде́льничать, бить баклу́ши (*тж.* ~ one's thumbs)
**twiddler** [ˈtwɪdlə] *n* безде́льник
**twig** I [twɪg] *n* ве́точка, прут; хво-рости́нка
**twig** II [twɪg] *v разг.* 1) поня́ть, разгада́ть 2) наблюда́ть, замеча́ть
**twig** III [twɪg] *n разг.* мо́да; стиль
**twiggy** [ˈtwɪgɪ] *a* 1) то́нкий, хру́п-кий 2) ветви́стый
**twilight** [ˈtwaɪlaɪt] *n* 1) су́мерки; по-лумра́к 2) *перен.* далёкое про́шлое, о кото́ром ма́ло что изве́стно; нето́ч-ное представле́ние (*о чём-л.*) 3) пе-ри́од упа́дка, зака́та 4) *attr.* су́мереч-ный, нея́сный; ~ vision *мед.* су́мереч-ное зре́ние; ~ sleep *мед.* а) полу-со́н (*способ обезболивания родов*); б) су́меречное состоя́ние

**twill** [twɪl] *текст.* **1.** *n* твил; са́ржа **2.** *v* ткать твил, са́ржу; переплета́ть по диагона́ли

**'twill** [twɪl] *сокр. разг.* = it will

**twin** [twɪn] **1.** *n* 1) (*обыкн. pl*) близнецы́; дво́йня 2) двойни́к 3) па́рная вещь

**2.** *a* 1) двойно́й; сдво́енный, спа́ренный; состоя́щий из двух одноро́дных часте́й; составля́ющий па́ру, явля́ющийся близнецо́м; ~ soul *шутл.* ро́дственная душа́; ~ set гарниту́р, состоя́щий из жаке́та и дже́мпера (*одинакового цвета или гармонирующих цветов*) 2) одина́ковый, похо́жий; ~ tasks одина́ковые зада́чи

**3.** *v* 1) роди́ть дво́йню 2) соединя́ть

**twin-birth** ['twɪnbə:θ] *n* рожде́ние дво́йни

**twine** [twaɪn] **1.** *n* 1) бечёвка, шпага́т, шнуро́к 2) *pl* ко́льца (*змеи*) 3) сплете́ние, скру́чивание

**2.** *v* 1) вить; плести́, сплета́ть (*венок и т. п.*); свива́ть, скру́чивать 2) обвива́ть(ся) (*тж.* ~ round, ~ about) 3) опоя́сывать, окружа́ть, обноси́ть

**twin-engined** ['twɪn'endʒɪnd] *a* двухмото́рный, с двумя́ дви́гателями

**twiner** ['twaɪnə] *n* 1) вью́щееся расте́ние 2) *текст.* крути́льная маши́на

**twinge** [twɪndʒ] **1.** *n* при́ступ бо́ли; a ~ of toothache о́страя зубна́я боль; ~s of conscience угрызе́ния со́вести

**2.** *v* 1) испы́тывать при́ступ бо́ли 2) вызыва́ть при́ступ бо́ли

**twinkle** ['twɪŋkl] **1.** *n* 1) мерца́ние 2) мига́ние 3) мелька́ние 4) огонёк (*в глазах*); a mischievous ~ озорно́й огонёк (*в глазах*) 5) мгнове́ние

**2.** *v* 1) мерца́ть, сверка́ть 2) мига́ть 3) мелька́ть

**twinkling** ['twɪŋklɪŋ] **1.** *pres. p. от* twinkle 2

**2.** *n* 1) мерца́ние 2) мгнове́ние; in a ~, in the ~ of an eye, in the ~ of a bedpost в мгнове́ние о́ка

**twin-screw** ['twɪnskru:] *a мор.* двухвинтово́й

**twirl** [twə:l] **1.** *n* 1) враще́ние, круче́ние 2) вихрь 3) ро́счерк, завиту́шка

**2.** *v* верте́ть, кружи́ть (*часто* ~ round); крути́ть; to ~ one's moustache теребить усы́

**twist** [twɪst] **1.** *n* 1) изги́б, поворо́т 2) верёвка; шнуро́к 3) круче́ние, кру́тка; скру́чивание, суче́ние 4) что-л. свёрнутое, *напр.*, скру́ченный бума́жный паке́т, «фу́нтик» 5) вито́й хлеб; ха́ла, плетёнка 6) искаже́ние, искривле́ние; ~ of the tongue косноязы́чие 7) вы́вих 8) характе́рная осо́бенность; отличи́тельная черта́ (*ума, характера и т. п.; часто неодобр.*) 9) *sl.* сме́шанный напи́ток 10) твист (*танец*) 11) трюк, уло́вка 12) *разг.* аппети́т 13) *тех.* ход (*витка*) ◇ ~ of the wrist ло́вкость рук; ло́вкость, сноро́вка

**2.** *v* 1) крути́ть, сучи́ть, сплета́ть (-ся) 2) ви́ться; изгиба́ть(ся); the road ~s a good deal доро́га петля́ет 3) скру́чивать (*руки*); выжима́ть (*бельё*) 4) верте́ть; повора́чивать(ся) 5) искажа́ть, искривля́ть 6) *разг.* обма́нывать □ ~ **off** отла́мывать, откру́чивать; ~ **up** скру́чивать (*в трубочку*)

**twister** ['twɪstə] *n* 1) *разг.* обма́нщик, лгун 2) *разг.* вопро́с *или* зада́ча, ста́вящие в тупи́к 3) сучи́льщик; кана́тный ма́стер 4) сучи́льная маши́на 5) ше́нкель 6) *амер.* урага́н, смерч, торна́до

**twit** [twɪt] **1.** *n* 1) упрёк, попрёк 2) насме́шка, ко́лкость

**2.** *v* 1) упрека́ть, попрека́ть (with — *чем-л.*) 2) насмеха́ться, говори́ть ко́лкости

**twitch** [twɪtʃ] **1.** *n* 1) подёргивание, су́дорога 2) ре́зкое дёргающее уси́лие; рыво́к 3) *горн.* пережи́м жи́лы

**2.** *v* 1) дёргать, тащи́ть (at — за *что-л.*) 2) дёргать(ся), подёргивать (-ся); his face ~ed with emotion у него́ дёргалось лицо́ от волне́ния; a horse ~es ears ло́шадь прядёт уша́ми □ ~ **from** выдёргивать; ~ **off** сдёргивать

**twite** [twaɪt] *n* го́рная чечётка (*птица*)

**twitter** ['twɪtə] **1.** *n* 1) щёбет, щебета́ние 2) *разг.* возбужде́ние, волне́ние; in a ~ дрожа́, трепеща́, в возбужде́нии

**2.** *v* 1) щебета́ть, чири́кать 2) болта́ть, хихи́кать

**'twixt** [twɪkst] *сокр. разг.* = betwixt

**two** [tu:] **1.** *num. card.* два

**2.** *n* 1) дво́йка 2) *pl* второ́й но́мер, разме́р 3) дво́е; па́ра; ~ and ~, by ~s, ~ by ~ по́ двое, попа́рно; in ~s and threes небольши́ми гру́ппами; ~ of a trade два конкуре́нта ◇ in ~ а) на́двое, попола́м; б) врозь, отде́льно; in ~ ~s *разг.* неме́дленно, в два счёта; to put ~ and ~ together сообрази́ть что к чему́; ~ can play at that game посмо́трим ещё, чья возьмёт

**two bits** ['tu:'bɪts] *n амер. разг.* 1) моне́та в 25 це́нтов 2) что-л. незначи́тельное, несто́ящее

**two-by-four** ['tu:baɪ'fɔ:] *a амер. разг.* ме́лкий, незначи́тельный

**two-decker** ['tu:'dekə] *n* 1) двухпа́лубное су́дно 2) двухэта́жный авто́бус *или* тролле́йбус

**two-edged** ['tu:'edʒd] *a* 1) обоюдоо́стрый 2) спосо́бный оберну́ться друго́й стороно́й; двусмы́сленный (*комплимент и т. п.*)

**two-faced** ['tu:'feɪst] *a* двули́чный, лжи́вый

**two-fisted** ['tu:'fɪstɪd] *a разг.* 1) неуклю́жий 2) си́льный, энерги́чный

**twofold** ['tu:fəuld] **1.** *a* двойно́й; удво́енный

**2.** *adv* вдво́е (бо́льше); вдвойне́

**two-footed** ['tu:'futɪd] *a* двуно́гий

**two-handed** ['tu:'hændɪd] *a* 1) двуру́чный (*о мече*) 2) для двои́х (*об игре*) 3) свобо́дно владе́ющий обе́ими рука́ми

**two-master** ['tu:,ma:stə] *n* двухма́чтовое су́дно

**two-part** ['tu:'pa:t] *a* состоя́щий из двух часте́й

**twopence** ['tʌpəns] *n* два пе́нса ◇ not to care ~ относи́ться безразли́чно

**twopenny** ['tʌpnɪ] **1.** *n* 1) *sl.* голова́, башка́ 2) *уст.* дешёвый сорт пи́ва

**2.** *a* 1) двухпе́нсовый 2) дешёвый; дрянно́й ◇ ~ tube *уст.* ло́ндонское метро́

**twopenny-halfpenny** ['tʌpnɪ'heɪpnɪ] *a* грошо́вый, дрянно́й, ничто́жный

**two-piece** ['tu:'pi:s] *a* состоя́щий из двух часте́й *или* куско́в

**two-ply** ['tu:plaɪ] *a* двойно́й; двухсло́йный

**two-seater** ['tu:'si:tə] *n* двухме́стный автомоби́ль *или* самолёт

**two-sided** ['tu:'saɪdɪd] *a* двухсторо́нний

**twosome** ['tu:səm] *n* 1) *разг.* тет-а-тёт 2) па́ра 3) игра́ *или* та́нец для двои́х

**two-step** ['tu:step] *n* тусте́п (*танец*)

**two-storied** ['tu:'stɔrɪd] *a* двухэта́жный

**two-time** ['tu:taɪm] *v амер. sl.* обма́нывать, изменя́ть (*мужу, жене*)

**two-tongued** ['tu:'tʌŋd] *a* двули́чный, лжи́вый

**'twould** [twud, twəd] *сокр. разг.* = it would

**two-way** ['tu:'weɪ] *a* дву(х)сторо́нний; ~ deal (trade) двухсторо́нняя сде́лка (торго́вля); ~ radio приёмо-переда́точная радиоустано́вка

**tycoon** [taɪ'ku:n] *n* (*преим. амер.*) *разг.* промы́шленный *или* фина́нсовый магна́т

**tying** ['taɪɪŋ] *pres. p. от* tie 2

**tyke** [taɪk] *n* 1) дворня́жка 2) грубия́н, хам

**tympana** ['tɪmpənə] *pl от* tympanum

**tympanic** [tɪm'pænɪk] *a*: ~ membrane *анат.* бараба́нная перепо́нка

**tympanitis** [,tɪmpə'naɪtɪs] *n мед.* воспале́ние бараба́нной перепо́нки

**tympanum** ['tɪmpənəm] *n* (*pl* -s [-z], -na) 1) *анат.* бараба́нная по́лость; сре́днее у́хо 2) *архит.* тимпа́н

**type** [taɪp] **1.** *n* 1) тип; типи́чный образе́ц *или* представи́тель (*чего-л.*); true to ~ типи́чный; характе́рный 2) род, класс, гру́ппа; blood ~ гру́ппа кро́ви 3) моде́ль, образе́ц; си́мвол 4) изображе́ние на моне́те *или* меда́ли 5) *полигр.* ли́тера; шрифт; black (*или* bold, fat) ~ жи́рный шрифт 6) *attr.*: ~ page полоса́ набо́ра

**2.** *v* писа́ть на маши́нке

**type-form** ['taɪpfɔ:m] *n полигр.* тексто́вая печа́тная фо́рма

**type-founder** ['taɪp,faundə] *n* словоли́тчик

**type-foundry** ['taɪp,faundrɪ] *n* словоли́тня

**type-metal** ['taɪp,metl] *n полигр.* гарт

**typescript** ['taɪpskrɪpt] **1.** *n* машинопи́сный текст

**2.** *a* машинопи́сный

**type-setter** ['taɪp,setə] *n* 1) набо́рщик 2) набо́рная маши́на

**type-setting** ['taɪp,setɪŋ] *n* 1) типогра́фский набо́р 2) *attr.* набо́рный; ~ machine набо́рная маши́на

**typewrite** ['taɪpraɪt] *v* писа́ть на маши́нке

**typewriter** [ˈtaɪpˌraɪtə] *n* 1) пи́шущая маши́нка 2) *редк.* машини́стка

**typewriting** [ˈtaɪpˌraɪtɪŋ] **1.** *pres. p. от* typewrite

**2.** *n* = typing 2

**typewritten** [ˈtaɪpˌrɪtn] **1.** *p. p. от* typewrite

**2.** *a* машинопи́сный, напеча́танный на маши́нке

**typewrote** [ˈtaɪprəut] *past от* typewrite

**typhlitis** [tɪfˈlaɪtɪs] *n мед.* тифли́т

**typhoid** [ˈtaɪfɔɪd] **1.** *n* брюшно́й тиф

**2.** *a* тифо́зный; ~ fever брюшно́й тиф

**typhoon** [taɪˈfuːn] *n* тайфу́н

**typhous** [ˈtaɪfəs] *a* (сыпно)тифо́зный

**typhus** [ˈtaɪfəs] *n* сыпно́й тиф

**typical** [ˈtɪpɪkəl] *a* 1) типи́чный (of) 2) символи́ческий

**typify** [ˈtɪpɪfaɪ] *v* быть типи́чным представи́телем; служи́ть типи́чным приме́ром *или* образцо́м; быть прообра́зом; олицетворя́ть

**typing** [ˈtaɪpɪŋ] **1.** *pres. p. от* type 2

**2.** *n* перепи́ска на маши́нке

**typist** [ˈtaɪpɪst] *n* машини́стка

**typographer** [taɪˈpɔgrəfə] *n* печа́тник

**typographic(al)** [ˌtaɪpəˈgræfɪk(əl)] *a* типогра́фский; книгопеча́тный

**typography** [taɪˈpɔgrəfɪ] *n* 1) книгопеча́тание 2) оформле́ние (*книги*)

**tyrannical** [tɪˈrænɪkəl] *a* тирани́ческий; деспоти́чный; вла́стный

**tyrannicide** [tɪˈrænɪsaɪd] *n* 1) тираноуби́йство 2) тираноуби́йца

**tyrannize** [ˈtɪrənaɪz] *v* тира́нствовать

**tyrannous** [ˈtɪrənəs] = tyrannical

**tyranny** [ˈtɪrənɪ] *n* 1) тирани́я, деспоти́зм 2) тира́нство, жесто́кость

**tyrant** [ˈtaɪərənt] *n* тира́н; де́спот

**tyre I** [ˈtaɪə] **1.** *n* 1) колёсный банда́ж 2) ши́на; покры́шка

**2.** *v* надева́ть ши́ну (*на колесо*)

**tyre II** [ˈtaɪə] *инд. n* простоква́ша

**tyro** [ˈtaɪərəu] = tiro

**Tyrolean** [tɪˈrəuli(ː)ən] **1.** *n* тиро́лец

**2.** *a* тиро́льский

**Tyrrhene, Tyrrhenian** [tɪˈriːn, tɪˈriːnjən] **1.** *a* этру́сский

**2.** *n* этру́ск

**tzar** [zɑː] = czar

**Tzigane** [tsɪˈgɑːn] **1.** *a* цыга́нский

**2.** *n* цыга́н(ка) (*особ. из Венгрии*)

# U

**U, u** [juː] *n* (*pl* Us, U's [juːz]) *21-я буква англ. алфавита* ◇ U. P. *sl. см.* up 1; it's all U. P. всё ко́нчено, всё пропа́ло

**ubiety** [ju(ː)ˈbiːətɪ] *n* местонахожде́ние

**ubiquitous** [ju(ː)ˈbɪkwɪtəs] *a* вездесу́щий; повсеме́стный

**ubiquity** [ju(ː)ˈbɪkwɪtɪ] *n* вездесу́щность; повсеме́стность

**U-boat** [ˈjuːbəut] *n* неме́цкая подво́дная ло́дка

**udder** [ˈʌdə] *n* вы́мя

**udometer** [ju(ː)ˈdɔmɪtə] *n* дождеме́р

**ugh** [uh, əːh] *int* тьфу!; ах!

**uglify** [ˈʌglɪfaɪ] *v* уро́довать, обезобра́живать

**ugliness** [ˈʌglɪnɪs] *n* уро́дство; некраси́вая вне́шность

**ugly** [ˈʌglɪ] *a* 1) уро́дливый, безобра́зный; ~ as a scarecrow (*или* as sin) ≅ стра́шен как сме́ртный грех; the ~ duckling га́дкий утёнок 2) непри́ятный; проти́вный, скве́рный; отта́лкивающий; an ~ task непри́ятная зада́ча; an ~ disposition дурно́й хара́ктер; ~ news плохи́е ве́сти 3) угрожа́ющий, опа́сный; an ~ tongue зло́й язы́к; ~ symptoms опа́сные симпто́мы 4) *разг.* вздо́рный; скло́чный, зади́ристый; an ~ customer *разг.* непри́ятный, тру́дный *или* опа́сный челове́к

**uhlan** [ˈulɑːn] *n ист.* ула́н

**Uigur** [ˈwiːgə] *n* 1) уйгу́р(ка) 2) уйгу́рский язы́к

**ukase** [juːˈkeɪz] *русск. n* ука́з

**Ukrainian** [ju(ː)ˈkreɪnjən] **1.** *a* украи́нский

**2.** *n* 1) украи́нец; украи́нка; the ~s *pl собир.* украи́нцы 2) украи́нский язы́к

**ukulele** [ˌjuːkəˈleɪlɪ] *n* укуле́ле (*четырёхструнная гавайская гитара*)

**ulcer** [ˈʌlsə] *n* я́зва; *перен. тж.* зло

**ulcerate** [ˈʌlsəreɪt] *v* 1) изъязвля́ть (-ся) 2) губи́ть, по́ртить

**ulcered, ulcerous** [ˈʌlsəd, ˈʌlsərəs] *a* изъязвлённый, я́звенный

**uliginose, uliginous** [ju(ː)ˈlɪdʒɪnəus, -nəs] *a* 1) и́листый; боло́тистый 2) боло́тный, расту́щий на боло́те

**ullage** [ˈʌlɪdʒ] *n* 1) незапо́лненная часть объёма (*бочки, резервуара и т. п.*) 2) уте́чка, нехва́тка

**ulna** [ˈʌlnə] *n* (*pl* -nae) *анат.* локтева́я кость

**ulnae** [ˈʌlniː] *pl от* ulna

**ulster** [ˈʌlstə] *n* дли́нное свобо́дное пальто́ (*обыкн. с поясом*)

**ulterior** [ʌlˈtɪərɪə] *a* 1) скры́тый, невы́раженный; ~ motive (plan, object, *etc.*) скры́тый моти́в (план, цель *и т. п.*) 2) дальне́йший, после́дующий; ~ steps will be taken бу́дут при́няты дальне́йшие ме́ры 3) лежа́щий по ту сто́рону, располо́женный да́льше

**ultima** [ˈʌltɪmə] *лат.* **1.** *n лингв.* исхо́д сло́ва

**2.** *a* после́дний; ~ ratio после́дний до́вод, реши́тельный аргуме́нт

**ultimate** [ˈʌltɪmɪt] *a* 1) са́мый отдалённый 2) после́дний, коне́чный; оконча́тельный; ~ result оконча́тельный результа́т 3) максима́льный; преде́льный; ~ load преде́льная нагру́зка; ~ output максима́льная мо́щность 4) перви́чный, элемента́рный; основно́й; ~ particle *физ.* элемента́рная части́ца; ~ analysis *хим.* элемента́рный ана́лиз

**ultimately** [ˈʌltɪmɪtlɪ] *adv* в коне́чном счёте, в конце́ концо́в

**ultimatum** [ˌʌltɪˈmeɪtəm] *n* 1) ультима́тум 2) заключи́тельное сло́во (заявле́ние, предложе́ние *и т. п.*)

**ultimo** [ˈʌltɪməu] *adv* про́шлого ме́сяца; the 20th ult. 20-го числа́ истёкшего ме́сяца

**ultimogeniture** [ˌʌltɪməuˈdʒenɪtʃə] *n юр.* пра́во мла́дшего сы́на на насле́дование

**ultra** [ˈʌltrə] **1.** *a* кра́йний (*об убеждениях, взглядах*)

**2.** *n* челове́к кра́йних взгля́дов; у́льтра

**ultra-** [ˈʌltrə-] *pref* сверх-, у́льтра-; кра́йне; ultraconservative ультраконсервати́вный; ultrafashionable сверхмо́дный

**ultralong-range missile** [ˈʌltrəlɔŋˈreɪndʒˈmɪsaɪl] *воен.* снаря́д с о́чень большо́й да́льностью де́йствия

**ultramarine** [ˌʌltrəməˈriːn] *n* ультрамари́н

**ultramodern** [ˈʌltrəˈmɔdən] *a* сверхсовреме́нный, ультрасовреме́нный

**ultramontane** [ˌʌltrəˈmɔnteɪn] *a* явля́ющийся сторо́нником абсолю́тного авторите́та ри́мского па́пы

**ultramundane** [ˌʌltrəˈmʌndeɪn] *a* располо́женный за преде́лами со́лнечной систе́мы

**ultra-short** [ˈʌltrəˈʃɔːt] *a* ультракоро́ткий; ~ waves ультракоро́ткие во́лны

**ultrasonic** [ˈʌltrəˈsɔnɪk] *a* сверхзвуково́й

**ultrasound** [ˌʌltrəˈsaund] *n* ультразву́к

**ultra-violet** [ˈʌltrəˈvaɪəlɪt] *a* ультрафиоле́товый

**ultra vires** [ˈʌltrəˈvaɪəriːz] *adv:* to act ~ превыша́ть свои́ права́, полномо́чия

**ululate** [ˈjuːljuleɪt] *v* выть, завыва́ть

**umbel** [ˈʌmbəl] *n бот.* зо́нтик

**umbellate** [ˈʌmbəlɪt] *a бот.* зо́нтичный

**umbelliferous** [ˌʌmbeˈlɪfərəs] = umbellate

**umber** [ˈʌmbə] **1.** *n* у́мбра (*краска*)

**2.** *a* тёмно-кори́чневый

**3.** *v* кра́сить у́мброй

**umbilical** [ˌʌmbɪˈlaɪkəl] *a* пупо́чный; ~ cord пупови́на

**umbilicus** [ʌmˈbɪlɪkəs] *n* пупо́к

**umbra** [ˈʌmbrə] *n астр.* по́лная тень

**umbrage** [ˈʌmbrɪdʒ] *n* 1) *поэт.* тень, сень 2) оби́да; to take ~ оби́деться

**umbrageous** [ʌmˈbreɪdʒəs] *a* 1) тени́стый 2) оби́дчивый, подозри́тельный

**umbrella** [ʌmˈbrelə] *n* 1) зо́нтик 2) *воен.* барра́ж; загради́тельный ого́нь 3) *воен.* авиацио́нное прикры́тие 4) *перен.* прикры́тие, ши́рма 5) *attr.* зо́нтичный; ~ antenna *радио* зо́нтичная анте́нна

**umbrella-stand** [ʌmˈbreləstænd] *n* подста́вка для зонто́в

**umbrella-tree** [ʌmˈbrelətriː] *n* магно́лия трёхлепестная

**umiak** [ˈuːmɪæk] *n* эскимо́сская ло́дка из шкур

**umlaut** [ˈumlaut] *n лингв.* умля́ут

**umpire** [ˈʌmpaɪə] **1.** *n* 1) посре́дник, трете́йский судья́; суперарби́тр 2) *спорт.* судья́, рефери́

**2.** *v* быть трете́йским судьёй *и пр.* [*см.* 1]

**umpteen** [ˈʌmptiːn] *a разг.* многочи́сленный, бесчи́сленный

**umpteenth** [ˈʌmptiːnθ] *a разг.*: for the ~ time в сóтый раз

**un-** [ʌn-] *pref* 1) *придаёт глаголу противоположное значение*: to undo уничтожáть сдéланное; to undeceive выводи́ть из заблуждéния 2) *глаголам, образованным от существительных, придаёт обыкновенно значение* лишáть, освобождáть от: to uncage выпускáть из клéтки; to unmask снимáть мáску 3) *придаёт прилагательным, причастиям и существительным с их производными, а тж. наречиям отриц. значение* не-, без-; happy счастли́вый, unhappy несчáстный; unhappily несчастли́во; unsuccess неудáча 4) *усиливает отриц. значение глагола, напр.*, to unloose

**'un** [ʌn] *разг. см.* one 4

**unabashed** [ˈʌnəˈbæʃt] *a* 1) нерастеря́вшийся, несмути́вшийся 2) бессóвестный 3) незапу́ганный

**unabated** [ˈʌnəˈbeɪtɪd] *a* неослáбленный (*о буре и т. п.*)

**unabbreviated** [ˈʌnəˈbriːvɪeɪtɪd] = unabridged

**unabiding** [ˈʌnəˈbaɪdɪŋ] *a* преходя́щий, непостоя́нный

**unable** [ˈʌnˈeɪbl] *a* 1) неспосóбный (to — к *чему-л.*) 2) *predic.*: to be ~ не быть в состоя́нии; I shall be ~ to go there я не смогу́ пойти́ тудá

**unabridged** [ˈʌnəˈbrɪdʒd] *a* пóлный, несокращённый

**unaccented** [ˈʌnækˈsentɪd] *a* неудáрный (*слог, звук*)

**unacceptable** [ˈʌnəkˈseptəbl] *a* неприéмлемый

**unaccommodating** [ˈʌnəˈkɔmədeɪtɪŋ] *a* неустýпчивый, несговóрчивый, неподáтливый

**unaccompanied** [ˈʌnəˈkʌmpənɪd] *a* 1) не сопровождáемый (by, with) 2) без аккомпанемéнта

**unaccomplished** [ˈʌnəˈkɔmplɪʃt] *a* 1) незакóнченный, незавершённый 2) неискýсный, неумéлый 3) лишённый внéшнего лóска

**unaccountable** [ˈʌnəˈkauntəbl] *a* необъясни́мый; стрáнный

**unaccredited** [ˈʌnəˈkredɪtɪd] *a* неаккредитóванный, неуполномóченный

**unaccustomed** [ˈʌnəˈkʌstəmd] *a* 1) не привы́кший (to — к *чему-л.*) 2) непривы́чный, необы́чный

**unachievable** [ˈʌnəˈtʃiːvəbl] *a* недосягáемый, недостижи́мый

**unachieved** [ˈʌnəˈtʃiːvd] *a* недости́гнутый; незавершённый

**unacknowledged** [ˈʌnəkˈnɔlɪdʒd] *a* 1) непри́знанный 2) остáвшийся без отвéта (*о поклоне, письме*)

**unacquainted** [ˈʌnəˈkweɪntɪd] *a* не знакóмый (*с кем-л., чем-л.*), не знáющий (*чего-л.*)

**unactable** [ˈʌnˈæktəbl] *a* несцени́чный (*о пьесе и т. п.*)

**unacted** [ˈʌnˈæktɪd] *a* 1) невы́полненный, несдéланный 2) не стáвившийся на сцéне (*о пьесе и т. п.*)

**unadaptable** [ˈʌnəˈdæptəbl] *a* непримени́мый, не могýщий быть приспосóбленным, неприспосáбливаемый

**unadmitted** [ˈʌnədˈmɪtɪd] *a* непри́знанный

**unadopted** [ˈʌnəˈdɔptɪd] *a* 1) неусыновлённый 2) не находя́щийся в вéдении мéстных властéй (*о дорогах*)

**unadulterated** [ˌʌnəˈdʌltəreɪtɪd] *a* 1) настоя́щий, нефальсифици́рованный 2) чи́стый, чистéйший; ~ nonsense чистéйший вздор

**unadvised** [ˈʌnədˈvaɪzd] *a* 1) поспéшный, неразýмный; неосмотри́тельный 2) не получи́вший совéта

**unadvisedly** [ˌʌnədˈvaɪzɪdlɪ] *adv* безрассýдно; необдýманно

**unaffable** [ˈʌnˈæfəbl] *a* непривéтливый; нелюбéзный

**unaffected** *a* 1) [ˌʌnəˈfektɪd] неподдéльный, лишённый аффектáции, непосрéдственный, и́скренний 2) [ˈʌnəˈfektɪd] не затрóнутый (by — *чем-л.*) 3) [ˈʌnəˈfektɪd] не трóнутый (by — *чем-л.*); остáвшийся безучáстным (by — к)

**unagreeable** [ˈʌnəˈgriːəbl] *a редк.* 1) неприя́тный 2) непоследóвательный; несоглáсный

**unaided** [ˈʌnˈeɪdɪd] *a* лишённый пóмощи; без (посторóнней) пóмощи

**unallowable** [ˈʌnəˈlauəbl] *a* недопусти́мый; непозволи́тельный

**unallowed** [ˈʌnəˈlaud] *a* неразрешённый, запрещённый

**unalloyed** [ˈʌnəˈlɔɪd] *a* беспри́месный, чи́стый; ~ happiness ничéм не омрачённое счáстье

**unalterable** [ʌnˈɔːltərəbl] *a* неизмéнный, не допускáющий перемéн; устóйчивый

**unaltered** [ˈʌnˈɔːltəd] *a* неизменённый; неизмéнный

**unambiguous** [ˈʌnæmˈbɪgjuəs] *a* недвусмы́сленный

**unamenable** [ˈʌnəˈmiːnəbl] *a* 1) неподáтливый 2) непослýшный

**un-American** [ˈʌnəˈmerɪkən] *a* 1) чýждый америкáнским обы́чаям *или* поня́тиям 2) *амер.* антиамерикáнский; U. Activities Committee коми́ссия по расслéдованию антиамерикáнской дéятельности

**unanalysable** [ˈʌnˈænəlaɪzəbl] *a* не поддающийся анáлизу

**unanimity** [ˌjuːnəˈnɪmɪtɪ] *n* единодýшие

**unanimous** [ju(ː)ˈnænɪməs] *a* единодýшный, единоглáсный

**unannounced** [ˈʌnəˈnaunst] *a* (яви́вшийся) без объявлéния, без доклáда; he walked into the room ~ он вошёл в кóмнату без доклáда

**unanswerable** [ʌnˈɑːnsərəbl] *a* 1) такóй, на котóрый невозмóжно отвéтить (*о вопросе и т. п.*) 2) неопровержи́мый

**unanswered** [ˈʌnˈɑːnsəd] *a* остáвшийся без отвéта (*о письмах, просьбах*); ~ love любóвь без взаи́мности

**unappealable** [ˈʌnəˈpiːləbl] *a юр.* не подлежáщий апелля́ции; окончáтельный

**unappeasable** [ˈʌnəˈpiːzəbl] *a* 1) непримири́мый 2) неутоми́мый, неукроти́мый

**unappetizing** [ˈʌnˈæpɪtaɪzɪŋ] *a* невкýсный, неаппети́тный; ~ kitchen неую́тная кýхня

**unappreciated** [ˈʌnəˈpriːʃɪeɪtɪd] *a* непоня́тный, недооценённый

**unapprehensive** [ˈʌnˌæprɪˈhensɪv] *a* 1) непоня́тливый, несообрази́тельный 2) бесстрáшный

**unapproachable** [ˌʌnəˈprəutʃəbl] *a* 1) недостýпный, недостижи́мый 2) непристýпный 3) несравни́мый, бесподóбный, не имéющий рáвных

**unappropriated** [ˈʌnəˈprəuprɪeɪtɪd] *a* не предназнáченный (*для какой-л. цели*); свобóдный; ~ balance нераспределённая при́быль (*в балансах акционерных обществ*) ◇ ~ blessing *шутл.* стáрая дéва

**unapproving** [ˈʌnəˈpruːvɪŋ] *a* неодобри́тельный; осуждáющий

**unapprovingly** [ˈʌnəˈpruːvɪŋlɪ] *adv* неодобри́тельно

**unapt** [ˈʌnˈæpt] *a* 1) неподходя́щий; an ~ quotation неподходя́щая цитáта 2) неспосóбный, неумéлый; ~ to learn не спосóбный к учéнию; ~ at games нелóвкий в и́грах 3) несклóнный

**unarm** [ˈʌnˈɑːm] *v* разоружáть(ся)

**unarmed** [ˈʌnˈɑːmd] **1.** *p. p. от* unarm **2.** *a* 1) безорýжный; невооружённый 2) *бот., зоол.* неколю́чий

**unartful** [ˈʌnˈɑːtful] *a* 1) безыскýсственный 2) неискýсный

**unashamed** [ˈʌnəˈʃeɪmd] *a* бессóвестный, нáглый

**unasked** [ˈʌnˈɑːskt] *a* добровóльный, непрóшенный

**unaspiring** [ˈʌnəsˈpaɪərɪŋ] *a* нечестолюби́вый, не претендýющий на что-л.

**unassailable** [ˌʌnəˈseɪləbl] *a* 1) непристýпный; an ~ fortress непристýпная крéпость 2) неопровержи́мый

**unassertive** [ˈʌnəˈsəːtɪv] *a* скрóмный, застéнчивый

**unassisted** [ˈʌnəˈsɪstɪd] *a* без пóмощи; he did it ~ он сдéлал э́то сам

**unassuming** [ˈʌnəˈsjuːmɪŋ] *a* скрóмный, непритязáтельный

**unassured** [ˈʌnəˈʃuəd] *a* 1) неувéренный 2) сомни́тельный; ненадёжный 3) незастрахóванный

**unatonable** [ˈʌnəˈtəunəbl] *a* 1) не могýщий быть заглáженным (*о вине*) 2) невозмести́мый

**unattached** [ˈʌnəˈtætʃt] *a* 1) непривя́занный; неприкреплённый 2) незамýжняя; неженáтый 3) не прикреплённый к определённому коллéджу (*о студенте*) 4) *воен.* непри́данный, не прикреплённый к определённому полкý 5) не арестóванный (*за долги*)

**unattainable** [ˈʌnəˈteɪnəbl] *a* недостижи́мый, недосягáемый

**unattended** [ˈʌnəˈtendɪd] *a* 1) не сопровождáемый (*слугами, свитой и т. п.*) 2) остáвленный без ухóда; ~ wound неперевя́занная рáна 3) непосещáемый

**unattending** [ˈʌnəˈtendɪŋ] *a* невнимáтельный

**unattractive** [ˌʌnəˈtræktɪv] *a* непривлекáтельный

**unauthorized** [ˈʌnˈɔːθəraɪzd] *a* 1) неразрешённый 2) неправомóчный

**unavailable** [ˈʌnəˈveɪləbl] *a* 1) не имéющийся в нали́чии 2) недействи́тельный

**unavailing** [ˈʌnəˈveɪlɪŋ] *a* бесполéзный, тщéтный, бесплóдный

**unavenged** [ˈʌnəˈvendʒd] *a* неотомщённый

**unavoidable** [ˌʌnəˈvɔɪdəbl] *a* неизбéжный, немину́емый

**unaware** [ˈʌnəˈwɛə] *a predic.* не знáющий, не подозревáющий (of — *чего-л.*); I was ~ of it я ничегó не знал об э́том

**unawares** [ˈʌnəˈwɛəz] *adv* 1) неожи́данно, врасплóх (*тж.* at ~); to catch (*или* to take) ~ засти́гнуть врасплóх 2) непредумы́шленно, нечáянно

**unbacked** [ˈʌnˈbækt] *a* 1) не имéющий сторóнников, поддéржки 2) такóй, на котóрого не дéлают стáвок (*напр., о лошади*) 3) необъéзженный (*о лошади*)

**unbaked** [ˈʌnˈbeɪkt] *a* невы́печенный

**unbalance** [ˈʌnˈbæləns] *v* лиши́ть душéвного равновéсия; вы́вести из равновéсия

**unbalanced** [ˈʌnˈbælənst] **1.** *p. p. от* unbalance

**2.** *a* неуравновéшенный; неустóйчивый (*о психике*)

**unballast** [ˈʌnˈbæləst] *v мор.* выгружáть баллáст

**unballasted** [ˈʌnˈbæləstɪd] **1.** *p. p. от* unballast

**2.** *a* 1) *мор.* не имéющий баллáста 2) *ж.-д.* незабалласти́рованный (*о пути*) 3) неустóйчивый

**unbar** [ˈʌnˈbɑː] *v* отодви́нуть засóв; откры́ть (*дверь, путь и т. п.*)

**unbare** [ʌnˈbɛə] *v* оголя́ть, обнажáть

**unbearable** [ʌnˈbɛərəbl] *a* невыноси́мый

**unbearded** [ˈʌnˈbɪədɪd] *a* 1) безборóдый 2) *бот.* лишённый у́сиков, остéй

**unbeaten** [ˈʌnˈbiːtn] *a* 1) не испытáвший поражéния; непревзойдённый 2) непроторённый; ~ track непроторённый путь; неизвéданная óбласть (*знаний и т. п.*) 3) нетолчёный

**unbecoming** [ˈʌnbɪˈkʌmɪŋ] *a* 1) неприли́чествующий; неподходя́щий 2) не иду́щий к лицу́ 3) неприли́чный; ~ conduct неприли́чное поведéние

**unbefitting** [ˈʌnbɪˈfɪtɪŋ] *a* неподходя́щий

**unbegun** [ˈʌnbɪˈgʌn] *a* 1) (ещё) не нáчатый 2) не имéющий начáла, существу́ющий вéчно, извéчный

**unbeknown, unbeknownst** [ˈʌnbɪˈnəun, -ˈnəunst] *predic. a разг.* невéдомый; he did it ~st to me он сдéлал э́то без моегó вéдома

**unbelief** [ˈʌnbɪˈliːf] *n* невéрие

**unbelievable** [ˌʌnbɪˈliːvəbl] *a* невероя́тный

**unbeliever** [ˈʌnbɪˈliːvə] *n* 1) невéрующий 2) скéптик

**unbelt** [ˈʌnˈbelt] *v* снимáть *или* расстёгивать пóяс

**unbend** [ˈʌnˈbend] *v* (unbent) 1) выпрямля́ть(ся); разгибáть(ся) 2) ослабля́ть напряжéние; давáть óтдых; to ~ one's mind дать óтдых головé 3) *refl.* стать просты́м, привéтливым, отбрóсить чóпорность 4) *мор.* отдавáть (*снасть*) 5) *тех.* рихтовáть, прáвить

**unbending** [ˈʌnˈbendɪŋ] **1.** *pres. p. от* unbend

**2.** *a* 1) негну́щийся 2) непреклóнный 3) простóй, нечóпорный, нецеремóнный

**unbeneficed** [ˈʌnˈbenɪfɪst] *a церк.* не имéющий бенефи́ция, прихóда

**unbent** [ˈʌnˈbent] *past и p. p. от* unbend

**unbeseeming** [ˈʌnbɪˈsiːmɪŋ] *a* неприли́чествующий, неподобáющий, неподходя́щий

**unbetterable** [ˈʌnˈbetərəbl] *a* 1) не могу́щий быть превзойдённым 2) непоправи́мый

**unbias(s)ed** [ˈʌnˈbaɪəst] *a* беспристрáстный

**unbidden** [ˈʌnˈbɪdn] *a* непрóшеный, незвáный

**unbind** [ˈʌnˈbaɪnd] *v* (unbound) 1) развя́зывать; распускáть; to ~ hair распускáть вóлосы 2) освобождáть; to ~ a prisoner освобождáть заключённого 3) снимáть повя́зку (*с раны и т. п.*)

**unblamable** [ˈʌnˈbleɪməbl] *a* безупрéчный

**unbleached** [ˈʌnˈbliːtʃt] *a* небелёный, неотбелённый

**unblemished** [ʌnˈblemɪʃt] *a* незапя́тнанный, безупрéчный

**unblended** [ˈʌnˈblendɪd] *a* чи́стый, несмéшанный

**unblessed** [ˈʌnˈblest] *a* 1) лишённый благословéния 2) несчáстный, злополу́чный

**unblock** [ˈʌnˈblɔk] *v* откры́ть; устрани́ть препя́тствие

**unblooded** [ˈʌnˈblʌdɪd] *a* нечистокрóвный; an ~ horse нечистокрóвная лóшадь

**unbloody** [ˈʌnˈblʌdɪ] *a* 1) не запя́тнанный крóвью 2) бескрóвный 3) некровожáдный

**unblown** I [ˈʌnˈbləun] *a* 1) ещё не прозвучáвший 2) незапыхáвшийся

**unblown** II [ˈʌnˈbləun] *a* нераспусти́вшийся, нерасцвéтший

**unblushing** [ʌnˈblʌʃɪŋ] *a* бессты́дный, нáглый

**unbodied** [ˈʌnˈbɔdɪd] *a* бесплóтный, бестелéсный

**unboiled** [ˈʌnˈbɔɪld] *a* некипячёный; не вскипéвший

**unbolt** [ˈʌnˈbəult] *v* снимáть засóв, отпирáть

**unbone** [ˈʌnˈbəun] *v* вынимáть кóсти (*из мяса и т. п.*)

**unbooked** [ˈʌnˈbukt] *a* 1) незарегистри́рованный, не занесённый в кни́гу 2) не закáзанный зарáнее 3) малообразóванный; неграмóтный

**unbookish** [ˈʌnˈbukɪʃ] *a* 1) не увлекáющийся чтéнием; неначи́танный 2) почéрпнутый не из книг

**unborn** [ˈʌnˈbɔːn] *a* 1) (ещё) не рождённый 2) бу́дущий

**unbosom** [ʌnˈbuzəm] *v* поверя́ть (*тайну*), изливáть (*чувства*); to ~ oneself открывáть ду́шу

**unbound** [ˈʌnˈbaund] **1.** *past и p. p. от* unbind

**2.** *a* 1) свобóдный, не свя́занный обязáтельствами 2) непереплетённый (*о книге*)

**unbounded** [ʌnˈbaundɪd] *a* неограни́ченный; безграни́чный, беспредéльный

**unbowed** [ˈʌnˈbaud] *a* непокорённый

**unbrace** [ˈʌnˈbreɪs] *v* ослабля́ть, расслабля́ть

**unbred** [ˈʌnˈbred] *a* плóхо воспи́танный

**unbridle** [ʌnˈbraɪdl] *v* 1) распрягáть 2) *перен.* распускáть

**unbridled** [ʌnˈbraɪdld] **1.** *p. p. от* unbridle

**2.** *a* разну́зданный; необу́зданный; распу́щенный

**unbroken** [ˈʌnˈbrəukən] *a* 1) неразби́тый, цéлый 2) непреры́вный (*о сне и т. п.*) 3): ~ record непоби́тый рекóрд 4) необъéзженный (*о лошади*) 5) непокорённый; ~ spirit неслóмленный дух 6) сдéржанный (*об обещании и т. п.*)

**unbuckle** [ˈʌnˈbʌkl] *v* расстёгивать пря́жку, застёжку

**unbuild** [ˈʌnˈbɪld] *v* 1) разрушáть, сноси́ть 2) *эл.* размагни́чивать

**unburden** [ʌnˈbəːdn] *v* 1) облегчáть брéмя, нóшу 2) *перен.* сбрóсить тя́жесть; to ~ one's mind вы́сказать то, что накопи́лось; to ~ oneself отвести́ ду́шу

**unbusinesslike** [ʌnˈbɪznɪslaɪk] *a* неделовóй, непракти́чный

**unbutton** [ˈʌnˈbʌtn] *v* расстёгивать

**unbuttoned** [ˈʌnˈbʌtnd] *a* 1) расстёгнутый 2) непринуждённый

**uncage** [ˈʌnˈkeɪdʒ] *v* выпускáть из клéтки

**uncalled-for** [ʌnˈkɔːldfɔː] *a* непрóшеный; неумéстный; ничéм не вы́званный; ~ remark неумéстное замечáние

**uncanny** [ʌnˈkænɪ] *a* жу́ткий, сверхъестéственный

**uncap** [ʌnˈkæp] *v* 1) снимáть шля́пу 2) снимáть кры́шку, открывáть, отку́поривать 3) *воен.* вынимáть кáпсюль

**uncared-for** [ˈʌnˈkɛədfɔː] *a* заброшéнный; ~ appearance запу́щенный вид; ~ children забрóшенные дéти

**uncart** [ˈʌnˈkɑːt] *v* разгружáть телéжку

**uncase** [ˈʌnˈkeɪs] *v* 1) вынимáть из я́щика, футля́ра, нóжен 2) распакóвывать

**uncaused** [ˈʌnˈkɔːzd] *a* 1) беспричи́нный 2) извéчный

**unceasing** [ʌnˈsiːsɪŋ] *a* непрекращáющийся, непреры́вный, безостанóвочный

**uncelebrated** [ˈʌnˈselɪbreɪtɪd] *a* 1) не пóльзующийся извéстностью 2) неотмечáемый, непрáзднуемый

**unceremonious** [ˈʌnˌserɪˈməunjəs] *a* 1) простóй; неофициáльный 2) бесцеремóнный

**uncertain** [ʌnˈsəːtn] *a* 1) тóчно не извéстный; сомни́тельный; the result is ~ результáт нея́сен 2) неувéренный; колéблющийся, находя́щийся в нерешительности; сомневающийся 3) неопределённый; in no ~ terms в недвусмысленных выражениях; a lady of ~ age дама неопределённого возраста 4) изменчивый, ненадёжный

**uncertainty** [ʌn'sə:tntı] *n* 1) неуверенность, нерешительность; сомнения; to be in a state of ~ сомневаться, колебаться 2) неизвестность, неопределённость 3) изменчивость

**unchain** ['ʌn'ʧeın] *v* 1) спускать с цепи 2) расковывать, освобождать

**unchallengeable** ['ʌn'ʧælındʒəbl] *a* неоспоримый

**unchancy** ['ʌn'ʧɑ:nsı] *a преим. шотл.* 1) неудачный, случившийся некстати 2) небезопасный

**unchanged** ['ʌn'ʧeındʒd] *a* неизменившийся, оставшийся прежним

**uncharitable** [ʌn'ʧærıtəbl] *a* жестокий, немилосердный; злостный

**uncharted** ['ʌn'ʧɑ:tıd] *a* не отмеченный на карте

**unchecked** ['ʌn'ʧekt] *a* 1) необузданный 2) беспрепятственный 3) непроверенный

**unchristian** ['ʌn'krıstjən] *a* 1) недобрый 2) *разг.* неудобный; to call on smb. at an ~ hour *разг.* прийти к кому-л. в неподходящее время

**unchurch** ['ʌn'ʧə:ʧ] *v* отлучать от церкви

**uncial** ['ʌnsıəl] **1.** *a* унциальный

**2.** *n* 1) унциальный шрифт 2) рукопись, написанная унциальным шрифтом

**uncivil** ['ʌn'sıvl] *a* 1) невежливый, грубый 2) *редк.* нецивилизованный

**uncivilized** ['ʌn'sıvılaızd] *a* нецивилизованный, варварский

**unclad** ['ʌn'klæd] *a* голый

**unclasp** ['ʌn'klɑ:sp] *v* 1) отстёгивать застёжку 2) разжимать (*объятия*); выпускать (*из рук, из объятий*)

**uncle** ['ʌŋkl] *n* 1) дядя 2) пожилой человек; «дядюшка» (*особ. в обращении*) 3) *шутл.* ростовщик; my ~'s лавка ростовщика ◇ U. Sam «дядя Сэм», США

**unclean** ['ʌn'kli:n] *a* 1) неопрятный; нечистый 2) отвратительный, грязный; аморальный 3) *рел.* нечистый (*о пище*)

**uncleared** ['ʌn'klıəd] *a* 1) неубранный; нерасчищенный 2) неоправданный

**unclench** ['ʌn'klenʧ] *v* разжать (*кулак и т. п.*)

**uncloak** ['ʌn'kləuk] *v* 1) снимать плащ 2) срывать маску, разоблачать

**unclose** ['ʌn'kləuz] *v* открывать(ся)

**unclosed** ['ʌn'kləuzd] **1.** *p. p. от* unclose

**2.** *a* 1) открытый 2) незаконченный; ~ argument спор, оставшийся незаконченным

**unclothe** ['ʌn'kləuð] *v* 1) раздевать 2) раскрывать, обнажать

**unclouded** ['ʌn'klaudıd] *a* безоблачный; ~ happiness безоблачное счастье

**unco** ['ʌŋkəu] *шотл.* **1.** *a* странный

**2.** *adv* необыкновенно; очень

**3.** *n* (*pl* -os [-əuz]) 1) незнакомец 2) *pl* новости

**uncock** ['ʌn'kɔk] *v* спускать с боевого взвода без выстрела

**uncoil** ['ʌn'kɔıl] *v* разматывать(ся); раскручивать(ся)

**uncoined** ['ʌn'kɔınd] *a* 1) нечеканный 2) подлинный, непритворный

**uncome-at-able** ['ʌnkʌm'ætəbl] *a* *разг.* неприступный

**uncomely** ['ʌn'kʌmlı] *a* 1) некрасивый, непривлекательный 2) *уст.* непристойный

**uncomfortable** [ʌn'kʌmfətəbl] *a* 1) неудобный; ~ chair неудобный стул; ~ position неудобное положение 2) испытывающий неудобство, стеснённый; he felt ~ он (по)чувствовал себя неловко

**uncommitted** ['ʌnkə'mıtıd] *a* 1) несвязавший себя (*чем-л.*); не принявший на себя обязательства; an ~ nation неприсоединившееся государство 2) не переданный в комиссию (*парламента*) 3) не совершённый (*об ошибке, преступлении и т. п.*) 4) не находящийся в заключении

**uncommon** [ʌn'kɔmən] **1.** *a* 1) необыкновенный, замечательный, недюжинный 2) редкий, редко встречающийся *или* случающийся

**2.** *adv* *разг. см.* uncommonly

**uncommonly** [ʌn'kɔmənlı] *adv* замечательно, удивительно

**uncommunicative** ['ʌnkə'mju:nıkətıv] *a* необщительный, молчаливый

**uncompanionable** ['ʌnkəm'pænjənəbl] *a* необщительный

**uncomplaining** ['ʌnkəm'pleınıŋ] *a* безропотный

**uncompliant** ['ʌnkəm'plaıənt] *a* неподатливый, несговорчивый

**uncomplying** ['ʌnkəm'plaııŋ] *a* не поддающийся (*на что-л.*), не склоняющийся (*к чему-л.*)

**uncompromising** [ʌn'kɔmprəmaızıŋ] *a* 1) не идущий на компромиссы 2) непреклонный, стойкий

**unconcealed** ['ʌnkən'si:ld] *a* нескрываемый, явный

**unconceivable** ['ʌnkən'si:vəbl] = inconceivable

**unconcern** ['ʌnkən'sə:n] *n* 1) беззаботность 2) равнодушие; безразличие

**unconcerned** ['ʌnkən'sə:nd] *a* 1) беспечный, беззаботный (about — в отношении *чего-л.*) 2) равнодушный, незаинтересованный; не интересующийся (with — *чем-л.*) 3) не замешанный (in — в *чём-л.*)

**unconditional** ['ʌnkən'dıʃənl] *a* не ограниченный условиями, безоговорочный, безусловный; ~ surrender безоговорочная капитуляция

**unconditioned** ['ʌnkən'dıʃənd] *a* 1) неограниченный, неоговорённый, необусловленный 2) абсолютный; безусловный; ~ reflex безусловный рефлекс

**unconforming** ['ʌnkən'fɔ:mıŋ] *a* не соответствующий (требованиям); вызывающий возражения

**unconformity** ['ʌnkən'fɔ:mıtı] *n* 1) несоответствие 2) *геол.* несогласное напластование

**uncongenial** ['ʌnkən'dʒi:njəl] *a* 1) чуждый по духу, неконгениальный 2) неподходящий; неблагоприятный

**unconnected** ['ʌnkə'nektıd] *a* 1) не связанный (*с чем-л.*) 2) неродственный, не имеющий связей 3) бессвязный

**unconquerable** [ʌn'kɔŋkərəbl] *a* непобедимый

**unconscionable** [ʌn'kɔnʃnəbl] *a* 1) бессовестный; ~ bargain *юр.* незаконная сделка 2) неумеренный, чрезмерный

**unconscious** [ʌn'kɔnʃəs] **1.** *a* 1) не сознающий (of — *чего-л.*); to be ~ of а) не сознавать; б) не видеть, не замечать 2) бессознательный; she is ~ она без сознания, в обмороке 3) невольный; нечаянный

**2.** *n* (the ~) подсознательное (*в психоанализе*)

**unconstitutional** ['ʌn,kɔnstı'tju:ʃənl] *a* противоречащий конституции, неконституционный

**unconstrained** ['ʌnkən'streınd] *a* 1) действующий не по принуждению; добровольный 2) непринуждённый, естественный

**uncontemplated** ['ʌn'kɔntempleıtıd] *a* неожиданный; непредвиденный

**uncontented** ['ʌnkən'tentıd] *a* недовольный, неудовлетворённый

**uncontrollable** [,ʌnkən'trəuləbl] *a* 1) неудержимый; не поддающийся контролю 2) не поддающийся регулировке 3) *уст.* неоспоримый

**unconventional** ['ʌnkən'venʃənl] *a* чуждый условности; нешаблонный ◇ ~ weapons особые виды вооружения (*ядерное, химическое и бактериологическое оружие*), средства массового поражения

**unconversable** ['ʌnkən'və:səbl] *a* неразговорчивый; необщительный

**unconverted** ['ʌnkən'və:tıd] *a* 1) неизменённый; оставшийся прежним 2) *рел.* необращённый

**unconvertible** ['ʌnkən'və:tə:bl] = inconvertible

**unconvincing** ['ʌnkən'vınsıŋ] *a* неубедительный

**uncooked** ['ʌn'kukt] *a* сырой, неприготовленный (*о пище*)

**uncord** ['ʌn'kɔ:d] *v* развязывать, отвязывать

**uncork** ['ʌn'kɔ:k] *v* 1) откупоривать 2) *разг.* давать выход, волю (*чувствам*)

**uncorruptible** ['ʌnkə'rʌptəbl] *a* неподкупный

**uncostly** ['ʌn'kɔstlı] *a* дешёвый

**uncountable** ['ʌn'kauntəbl] *a* бесчисленный, неисчислимый

**uncounted** ['ʌn'kauntıd] *a* несчётный, бесчисленный

**uncouple** ['ʌn'kʌpl] *v* 1) расцеплять; разъединять 2) спускать (*собак*) со своры

**uncouth** [ʌn'ku:θ] *a* 1) неуклюжий 2) грубоватый, неотёсанный 3) *уст.* странный

**uncover** [ʌn'kʌvə] *v* 1) снима́ть (*крышку, покров и т. п.*) 2) открыва́ть (*лицо и т. п.*) 3) обнару́живать; раскрыва́ть; the police have ~ed a plot поли́ция раскры́ла за́говор 4) *уст.* обнажа́ть го́лову 5) *воен.* оставля́ть без прикры́тия

**uncovered** [ʌn'kʌvəd] **1.** *p. p. от* uncover

**2.** *a* 1) неприкры́тый, откры́тый 2) с непокры́той голово́й; to stand ~ стоя́ть с непокры́той голово́й 3) *фин.* необеспе́ченный; ~ paper money необеспе́ченные бума́жные де́ньги 4) *горн.* вскры́тый (*о полезном ископаемом*)

**uncreated** ['ʌnkri(:)'eɪtɪd] *a* 1) существу́ющий изве́чно 2) (ещё) не со́зданный

**uncrippled** ['ʌn'krɪpld] *a* неповреждённый

**uncritical** ['ʌn'krɪtɪkəl] *a* 1) принима́ющий сле́по, без кри́тики 2) некрити́чный; an ~ estimate некрити́чная оце́нка

**uncrossed** ['ʌn'krɔst] *a* 1) неперечёркнутый; an ~ cheque *фин.* некросси́рованный чек 2) беспрепя́тственный

**uncrown** ['ʌn'kraun] *v* сверга́ть с престо́ла; *перен.* разве́нчивать

**uncrowned** ['ʌn'kraund] **1.** *p. p. от* uncrown

**2.** *a* 1) некороно́ванный 2) незако́нченный, незавершённый

**unction** ['ʌŋkʃən] *n* 1) пома́зание (*обряд*) 2) втира́ние ма́зи 3) мазь 4) на́божность 5) еле́йность 6) пыл, рве́ние

**unctuous** ['ʌŋktjuəs] *a* 1) масляни́стый 2) жи́рный и ли́пкий (*о почве*) 3) еле́йный

**uncultivated** ['ʌn'kʌltɪveɪtɪd] *a* 1) невозде́ланный (*о земле*) 2) нера́звитый (*о способностях и т. п.*) 3) гру́бый, неотёсанный; некульту́рный

**uncultured** ['ʌn'kʌltʃəd] *a* некульту́рный, невоспи́танный

**uncurb** ['ʌn'kə:b] *v* 1) разну́здывать 2) дава́ть во́лю (*чувствам и т. п.*)

**uncurl** ['ʌn'kə:l] *v* развива́ть(ся) (*о локонах*)

**uncurtain** ['ʌn'kə:tn] *v* 1) раздви́нуть, подня́ть занаве́ски 2) обнару́жить

**uncurtained** ['ʌn'kə:tnd] **1.** *p. p. от* uncurtain

**2.** *a* незанаве́шенный; с раздви́нутыми, по́днятыми занаве́сками

**uncustomary** ['ʌn'kʌstəmərɪ] *a* непривы́чный

**uncustomed** ['ʌn'kʌstəmd] *a* не опла́ченный тамо́женной по́шлиной

**uncut** ['ʌn'kʌt] *a* 1) неразре́занный 2) с необре́занными поля́ми (*о книге*) 3) по́лный, несокращённый (*о тексте и т. п.*)

**undamped** ['ʌn'dæmpt] *a радио* недемпфи́рованный

**undated** ['ʌn'deɪtɪd] *a* недати́рованный

**undaunted** [ʌn'dɔ:ntɪd] *a* неустраши́мый, бесстра́шный

**undeceive** ['ʌndɪ'si:v] *v* выводи́ть из заблужде́ния, открыва́ть глаза́ (*на что-л.*)

**undecided** ['ʌndɪ'saɪdɪd] *a* 1) нерешённый 2) нереши́тельный 3) не реши́вшийся, не приня́вший реше́ния; I am ~ whether to go or stay я не зна́ю, идти́ мне и́ли остава́ться

**undecipherable** ['ʌndɪ'saɪfərəbl] *a* не поддаю́щийся расшифро́вке; неразбо́рчивый

**undecisive** ['ʌndɪ'saɪsɪv] *a* нерешаю́щий, неоконча́тельный

**undecked** ['ʌn'dekt] *a* 1) неукра́шенный, без украше́ний 2) беспа́лубный

**undeclared** ['ʌndɪ'klɛəd] *a* 1) необъя́вленный, непровозглашённый 2) непредъя́вленный на тамо́жне (*о вещах, подлежащих таможенному сбору*)

**undeclinable** ['ʌndɪ'klaɪnəbl] *a* 1) не могу́щий быть отве́ргнутым 2) *грам.* несклоня́емый

**undefended** ['ʌndɪ'fendɪd] *a* 1) незащищённый 2) не подкреплённый доказа́тельствами, неаргументи́рованный 3) *юр.* без защи́ты, без защи́тника (*об обвиняемом*)

**undelivered** ['ʌndɪ'lɪvəd] *a* 1) недоста́вленный 2) непроизнесённый; an ~ speech непроизнесённая речь

**undemocratic** ['ʌnˌdemə'krætɪk] *a* антидемократи́ческий, недемократи́ческий

**undemonstrative** ['ʌndɪ'mɔnstrətɪv] *a* сде́ржанный

**undeniable** [ˌʌndɪ'naɪəbl] *a* неоспори́мый; несомне́нный; я́вный; ~ truth неопровержи́мая и́стина

**undenominational** ['ʌndɪˌnɔmɪ'neɪʃənl] *a* не относя́щийся к како́му-л. вероисповеда́нию

**under** ['ʌndə] **1.** *prep* 1) *указывает на положение одного предмета ниже другого или на направление действия вниз* под, ни́же; ~ the table под столо́м; ~ one's feet под нога́ми; put the suitcase ~ the table поста́вьте чемода́н под стол 2) *указывает на нахождение под бременем, тяжестью чего-л.* под; ~ the load под тя́жестью; he broke down ~ the burden of sorrow го́ре сломи́ло его́ 3) *указывает на пребывание под властью, контролем, командованием* под; to work ~ a professor рабо́тать под руково́дством профе́ссора; England ~ the Stuarts А́нглия в эпо́ху Стю́артов; an office ~ Government госуда́рственная слу́жба 4) *указывает на нахождение в движении, процессе, осуществлении, определённом состоянии и т. п.*: the question is ~ consideration вопро́с обсужда́ется; the road is ~ repair доро́га ремонти́руется; ~ arrest под аре́стом 5) *указывает на условия, обстоятельства, при которых совершается действие* при, под, на; ~ fire под огнём; ~ arms вооружённый; ~ heavy penalty под стра́хом суро́вого наказа́ния; ~ the necessity of smth. под давле́нием каки́х-л. обстоя́тельств; ~ cover под прикры́тием; ~ an assumed name под вы́мышленным и́менем; ~ a mask под ма́ской; ~ the protection of smth. под защи́той чего́-л. 6) *указывает на соответствие, согласованность* по; ~ the present agreement по настоя́щему соглаше́нию; ~ the new law по но́вому зако́ну; ~ right in international law в соотве́тствии с междунаро́дным пра́вом; to operate (*или* to act) ~ a principle де́йствовать по при́нципу 7) *указывает на включение в графу, параграф, пункт и т. п.* под, к; the subject falls ~ the head of grammar э́та те́ма отно́сится к грамма́тике; this rule goes ~ point five э́то пра́вило отно́сится к пу́нкту пя́тому 8) *указывает на меньшую степень, более низкую цену, на меньший возраст и т. п.* ни́же, ме́ньше; ~ two hundred people were there там бы́ло ме́ньше двухсо́т челове́к; the child is ~ five ребе́нку ещё нет пяти́ лет; I cannot reach the village ~ two hours я не могу́ добра́ться до дере́вни ме́ньше, чем за два часа́; ~ age не дости́гший определённого во́зраста; несовершенноле́тний; to sell ~ cost продава́ть ни́же сто́имости 9) *указывает на использование площади, участка земли в определённых целях* под; field ~ clover по́ле, засе́янное кле́вером

**2.** *adv* 1) ни́же, вниз 2) внизу́ ◇ to bring ~ подчиня́ть; to keep ~ искореня́ть, не дава́ть распространя́ться

**3.** *a* 1) ни́жний 2) ни́зший, нижестоя́щий, подчинённый 3) ме́ньший, ни́же устано́вленной но́рмы

**4.** *n арт.* недолёт

**under-** ['ʌndə-] *pref* 1) *в значении* ни́же, под, *присоединяясь к существительному, образует разные части речи*: underground а) под землёй; б) подзе́мный; underclothes ни́жнее бельё 2) *присоединяясь к существительному, придаёт значение подчинённости*: under-secretary замести́тель *или* помо́щник мини́стра 3) *присоединяясь к глаголу и прилагательному, придаёт значение недостаточности, неполноты* недо-; ни́же чем; to undervalue недооце́нивать; underdone недожа́ренный; to undernourish недока́рмливать

**underact** ['ʌndə'rækt] *v* исполня́ть роль бле́дно, сла́бо

**underaction** ['ʌndə'rækʃən] *n* 1) побо́чная интри́га, эпизо́д 2) неэнерги́чные де́йствия

**under-age** ['ʌndə'reɪdʒ] *a* несовершенноле́тний

**underbade** ['ʌndə'beɪd] *past от* underbid

**underbid** ['ʌndə'bɪd] *v* (underbade, underbid; underbidden, underbid) сбива́ть, снижа́ть це́ну; назнача́ть бо́лее ни́зкую це́ну (*особ. на аукционе*)

**underbidden** ['ʌndə'bɪdn] *p. p. от* underbid

**underbought** ['ʌndə'bɔ:t] *past и p. p. от* underbuy

**underbred** [ˈʌndəˈbred] *a* 1) ду́рно воспи́танный; гру́бый 2) нечистокро́вный, непоро́дистый

**underbrush** [ˈʌndəbrʌʃ] = underwood

**underbuy** [ˈʌndəˈbaɪ] *v* (underbought) покупа́ть ни́же сто́имости

**undercarriage** [ˈʌndəˌkærɪdʒ] *n* *ав.*, *авто* шасси́

**undercharge** [ˈʌndəˈtʃɑːdʒ] **1.** *n* 1) сли́шком ни́зкая цена́ 2) *воен.* уме́ньшенный заря́д

**2.** *v* 1) назнача́ть сли́шком ни́зкую це́ну 2) *воен.* заряжа́ть уме́ньшенным заря́дом 3) недогружа́ть

**underclassman** [ˈʌndəˈklɑːsmæn] *n* (*обыкн. pl*) *амер. унив.* студе́нт пе́рвого *или* второ́го ку́рса

**underclothes** [ˈʌndəkləuðz] *n pl* ни́жнее бельё

**underclothing** [ˈʌndəˌkləuðɪŋ] = underclothes

**undercoat** [ˈʌndəkəut] *n* 1) оде́жда, носи́мая под друго́й оде́ждой 2) подшёрсток

**undercooling** [ˈʌndəˌkuːlɪŋ] *n* 1) недоста́точное охлажде́ние 2) *физ.* переохлажде́ние

**undercover** [ˈʌndəˌkʌvə] *a* та́йный, секре́тный; ~ agent та́йный аге́нт

**undercroft** [ˈʌndəkrɔft] *n* 1) подва́л со сво́дами 2) *церк.* крипта

**undercurrent** [ˈʌndəˌkʌrənt] *n* 1) низово́е подво́дное тече́ние 2) скры́тая тенде́нция; не вы́раженное я́вно настрое́ние, мне́ние *и т. п.*

**undercut** **1.** *n* [ˈʌndəkʌt] 1) вы́резка (*часть туши*) 2) *спорт.* бросо́к *или* уда́р сни́зу 3) *тех.* поднутре́ние 4) *горн.* подру́бка, зару́бка

**2.** *v* [ˈʌndəˈkʌt] (undercut) 1) подреза́ть 2) сбива́ть це́ны; продава́ть по бо́лее ни́зким це́нам (*чем конкурент*)

**underdeveloped** [ˈʌndədɪˈveləpt] *a* 1) недора́звитый; слабора́звитый; ~ countries развива́ющиеся стра́ны 2) *фото* недопроя́вленный

**underdid** [ˈʌndəˈdɪd] *past от* underdo

**underdo** [ˈʌndəˈduː] *v* (underdid; underdone) 1) недоде́лывать 2) недожа́ривать

**underdog** [ˈʌndədɔg] *n* 1) соба́ка, побеждённая в дра́ке 2) побеждённая *или* подчини́вшаяся сторона́ 3) неуда́чник

**underdone** [ˈʌndəˈdʌn] *p. p. от* underdo

**underdose** [ˈʌndədəus] **1.** *n* недоста́точная до́за

**2.** *v* дава́ть недоста́точную до́зу

**underemployment** [ˈʌndərɪmˈplɔɪmənt] *n* 1) непо́лная за́нятость (*рабочей силы*) 2) непо́лный рабо́чий день

**underestimate** **1.** *n* [ˈʌndərˈestɪmɪt] недооце́нка

**2.** *v* [ˈʌnderˈestɪmeɪt] недооце́нивать

**under-expose** [ˈʌndərɪksˈpəuz] *v фото* недодержа́ть

**under-exposure** [ˈʌndərɪksˈpəuʒə] *n* *фото* недоде́ржка

**underfed** [ˈʌndəˈfed] **1.** *past и p. p. от* underfeed

**2.** *a* недоко́рмленный

**underfeed** [ˈʌndəˈfiːd] *v* (underfed) 1) недока́рмливать 2) недоеда́ть

**underfoot** [ˌʌndəˈfut] *adv* 1) под нога́ми 2) в подчине́нии, под контро́лем; to keep smb. ~ держа́ть кого́-л. в подчине́нии

**undergarment** [ˈʌndəˌgɑːmənt] *n* предме́т ни́жнего белья́

**undergo** [ˌʌndəˈgəu] *v* (underwent; undergone) испы́тывать, переноси́ть, подверга́ться (*чему-л.*); to ~ an operation подве́ргнуться опера́ции

**undergone** [ˌʌndəˈgɔn] *p. p. от* undergo

**undergraduate** [ˌʌndəˈgrædjuɪt] *n* студе́нт

**underground** **1.** *n* [ˈʌndəgraund] (the ~) 1) метрополите́н 2) подпо́льная организа́ция; подпо́лье

**2.** *a* [ˈʌndəgraund] 1) подзе́мный 2) та́йный, подпо́льный

**3.** *adv* [ˌʌndəˈgraund] 1) под землёй 2) та́йно, подпо́льно, нелега́льно

**undergrowth** [ˈʌndəgrəuθ] *n* подле́сок, подро́ст, подле́сье

**underhand** [ˈʌndəhænd] **1.** *a* 1) та́йный, закули́сный; ~ intrigues закули́сные интри́ги 2) хи́трый, кова́рный

**2.** *adv* та́йно, за спино́й

**underhanded** [ˌʌndəˈhændɪd] = underhand 1

**underhung** [ˈʌndəˈhʌŋ] *a* 1) выступа́ющий вперёд (*о нижней челюсти*) 2) име́ющий выступа́ющую вперёд ни́жнюю че́люсть

**underlaid** [ˌʌndəˈleɪd] *past и p. p. от* underlay II

**underlain** [ˌʌndəˈleɪn] *p. p. от* underlie

**underlay** I [ˌʌndəˈleɪ] *past от* underlie

**underlay** II [ˌʌndəˈleɪ] *v* (underlaid) подкла́дывать, подпира́ть

**underlet** [ˈʌndəˈlet] *v* (underlet) 1) передава́ть в субаре́нду 2) сдава́ть в аре́нду за бо́лее ни́зкую пла́ту

**underlie** [ˌʌndəˈlaɪ] *v* (underlay; underlain) 1) лежа́ть под *чем-л.* 2) лежа́ть в осно́ве (*чего-л.*)

**underline** **1.** *n* [ˈʌndəlaɪn] 1) ли́ния, подчёркивающая сло́во 2) объясни́тельная на́дпись под карти́нкой, чертежо́м *и т. п.* 3) *pl* транспара́нт (*для письма*)

**2.** *v* [ˌʌndəˈlaɪn] подчёркивать

**underling** [ˈʌndəlɪŋ] *n* 1) *презр.* ме́лкий чино́вник; ме́лкая со́шка 2) сла́бое, хи́лое существо́

**underload** [ˈʌndəˈləud] *v* недоста́точно нагружа́ть, недогружа́ть

**underloading** [ˈʌndəˌləudɪŋ] **1.** *pres. p. от* underload

**2.** *n* непо́лная нагру́зка, недогру́зка

**underlying** [ˌʌndəˈlaɪɪŋ] **1.** *pres. p. от* underlie

**2.** *a* 1) лежа́щий *или* располо́женный под *чем-л.* 2) основно́й; лежа́щий в осно́ве

**undermanned** [ˈʌndəˈmænd] *a* *воен. мор.* име́ющий некомпле́кт ли́чного соста́ва

**undermentioned** [ˈʌndəˈmenʃənd] *a* нижеупомя́нутый

**undermine** [ˌʌndəˈmaɪn] *v* 1) подка́пывать, де́лать подко́п 2) миниро́вать; подрыва́ть 3) подмыва́ть (*берега*) 4) разруша́ть, подрыва́ть; to ~ one's health разруша́ть здоро́вье; to ~ smb.'s reputation повреди́ть чьей-л. репута́ции

**undermost** [ˈʌndəməust] *a* са́мый ни́жний; ни́зший

**underneath** [ˌʌndəˈniːθ] **1.** *adv* вниз; внизу́; ни́же

**2.** *prep* под

**undernourish** [ˈʌndəˈnʌrɪʃ] *v* недока́рмливать

**underpaid** [ˈʌndəˈpeɪd] *past и p. p. от* underpay

**underpass** [ˈʌndəpɑːs] *n* 1) прое́зд под полотно́м доро́ги 2) *амер.* подзе́мный ход; тонне́ль

**underpay** [ˈʌndəˈpeɪ] *v* (underpaid) опла́чивать по бо́лее ни́зкой ста́вке

**underpin** [ˌʌndəˈpɪn] *v* 1) подпира́ть (*стены*); подводи́ть фунда́мент 2) подде́рживать, подкрепля́ть (*тезис, аргумент и т. п.*)

**underplay** [ˈʌndəˈpleɪ] *v* 1) *карт.* умы́шленно не брать взя́тку 2) = underact

**underplot** [ˈʌndəplɔt] *n* 1) побо́чная, второстепе́нная интри́га (*в пьесе, романе*) 2) та́йный за́мысел

**underpopulated** [ˈʌndəˈpɔpjuleɪtɪd] *a* малонаселённый (*о районе и т. п.*)

**underpressure** [ˈʌndəˈpreʃə] *n* *физ.* разреже́ние; вакуумметри́ческое давле́ние

**underprivileged** [ˈʌndəˈprɪvɪlɪdʒd] *a* 1) по́льзующийся ме́ньшими права́ми 2) неиму́щий, бе́дный

**underprize** [ˈʌndəˈpraɪz] *v* недооце́нивать

**underproduce** [ˈʌndəprəˈdjuːs] *v* выпуска́ть проду́кцию в недоста́точном коли́честве

**under-production** [ˈʌndəprəˈdʌkʃən] *n* недопроизво́дство

**underproof** [ˈʌndəˈpruːf] *a*: ~ spirit спирт ни́же устано́вленного гра́дуса

**underquote** [ˌʌndəˈkwəut] *v* предлага́ть по бо́лее ни́зкой цене́

**underrate** [ˌʌndəˈreɪt] *v* 1) недооце́нивать 2) дава́ть зани́женные показа́ния (*о приборе*)

**under-ripe** [ˈʌndəˈraɪp] *a* недоспе́лый, недозре́лый

**underscore** [ˌʌndəˈskɔː] *v* подчёркивать

**undersea** **1.** *a* [ˈʌndəsiː] подво́дный

**2.** *adv* [ˌʌndəˈsiː] под водо́й

**under-secretary** [ˈʌndəˈsekrətərɪ] *n* 1) замести́тель *или* помо́щник мини́стра; Parliamentary ~ замести́тель мини́стра (*член кабинета*); permanent ~ несменя́емый помо́щник мини́стра 2) замести́тель секретаря́

**undersell** [ˈʌndəˈsel] *v* (undersold) продава́ть деше́вле други́х

**underset** **1.** *n* [ˈʌndəset] 1) *мор.* подво́дное тече́ние, противополо́жное тече́нию на пове́рхности 2) *геол.* ни́жняя жи́ла

**2.** *v* [ˌʌndəˈset] (underset) подпира́ть (*стену и т. п.*)

**under-shirt** [ˈʌndəʃəːt] *n* ни́жняя руба́ха

**undershot** [ˈʌndəʃɔt] *a* 1) подливно́й (*о мельничном колесе*) 2) = underhung

**undersign** [ˌʌndəˈsaɪn] *v* ста́вить свою́ по́дпись, подпи́сывать(ся)

**undersigned** [ˌʌndəˈsaɪnd] **1.** *p. p. от* undersign

**2.** *a* нижеподписа́вшийся

**3.** *n pl* нижеподписа́вшиеся; we the ~... мы, нижеподписа́вшиеся...

**undersized** [ˈʌndəˈsaɪzd] *a* маломе́рный; ка́рликовый; низкоро́слый

**underskirt** [ˈʌndəskəːt] *n* ни́жняя ю́бка

**undersoil** [ˈʌndəsɔɪl] *n* подпо́чва

**undersold** [ˈʌndəˈsəuld] *past и p. p. от* undersell

**undersong** [ˈʌndəsɔŋ] *n* 1) припе́в, рефре́н; сопровожда́ющая мело́дия 2) скры́тый смысл

**understaffed** [ˈʌndəˈstɑːft] *a* неукомплекто́ванный (*штатами*)

**understand** [ˌʌndəˈstænd] *v* (understood) 1) понима́ть; to make oneself understood уме́ть объясня́ться 2) истолко́вывать, понима́ть; no one could ~ that from my words никто́ не мог сде́лать тако́го заключе́ния из мои́х слов; to give to ~ дать поня́ть 3) подразумева́ть; what do you ~ by this? что вы под э́тим подразумева́ете? 4) (у)слы́шать, узна́ть; I ~ that you are going abroad я слы́шал, что вы е́дете за грани́цу 5) предпола-га́ть, дога́дываться 6) усла́вливаться; it was understood we were to meet at dinner бы́ло усло́влено, что мы встре́тимся за обе́дом 7) уме́ть, смы́слить (*в чём-л.*)

**understanding** [ˌʌndəˈstændɪŋ] **1.** *pres. p. от* understand

**2.** *n* 1) понима́ние; to get an ~ of the question поня́ть вопро́с 2) ра́зум, спосо́бность понима́ть; a person of ~ челове́к с голово́й 3) соглаше́ние; взаимопонима́ние; согла́сие (*между сторонами*); to come to (*или* to reach) an ~ найти́ о́бщий язы́к; on the ~ that на том усло́вии, что; on this ~ при э́том усло́вии 4) *pl sl.* но́ги; башмаки́

**3.** *a* 1) понима́ющий, разу́мный 2) чу́ткий, отзы́вчивый

**understate** [ˈʌndəˈsteɪt] *v* 1) преуменьша́ть 2) не выска́зывать откры́то, до конца́

**understatement** [ˈʌndəˈsteɪtmənt] *n* 1) преуменьше́ние 2) сде́ржанное выска́зывание, зама́лчивание

**understock** I [ˈʌndəˈstɔk] *n с.-х.* приви́тое расте́ние

**understock** II [ˈʌndəˈstɔk] *v* снабжа́ть недоста́точным коли́чеством инвентаря́ (*ферму*), недоста́точным коли́чеством това́ра (*магазин*) *и т. п.*

**understood** [ˌʌndəˈstud] *past и p. p. от* understand

**understrapper** [ˈʌndəˌstræpə] = underling

**understratum** [ˈʌndəˈstrɑːtəm] *n* ни́жний слой

**understudy** [ˈʌndəˌstʌdɪ] *театр.* **1.** *n* дублёр

**2.** *v* дубли́ровать, заменя́ть

**undertake** [ˌʌndəˈteɪk] *v* (undertook; undertaken) 1) предпринима́ть 2) брать на себя́ определённые обяза́тельства, фу́нкции *и т. п.*; to ~ a task взять на себя́ зада́чу; to ~ too much брать на себя́ сли́шком мно́го 3) гаранти́ровать, руча́ться 4) [ˈʌndəteɪk] *разг.* быть владе́льцем похоро́нного бюро́

**undertaken** [ˌʌndəˈteɪkən] *p. p. от* undertake

**undertaker** *n* 1) [ˈʌndəˌteɪkə] владе́лец похоро́нного бюро́ 2) [ˌʌndəˈteɪkə] предпринима́тель

**undertaking** [ˌʌndəˈteɪkɪŋ] **1.** *pres. p. от* undertake

**2.** *n* 1) предприя́тие; де́ло 2) обяза́тельство; соглаше́ние 3) [ˈʌndəˌteɪkɪŋ] похоро́нное бюро́; ла́вка гробовщика́

**under-tenant** [ˈʌndəˈtenənt] *n* субаренда́тор

**under-the-counter** [ˈʌndəðəˈkauntə] *a* продаю́щийся из-под полы́

**under-the-table** [ˈʌndəðəˈteɪbl] *a* та́йный, подпо́льный, незако́нный (*о сделке и т. п.*)

**undertint** [ˈʌndətɪnt] *n жив.* полуто́н

**undertone** [ˈʌndətəun] *n* 1) полуто́н; to speak in ~s говори́ть вполго́лоса 2) отте́нок 3) подте́кст, скры́тый смысл

**undertook** [ˌʌndəˈtuk] *past от* undertake

**undertow** [ˈʌndətəu] *n* 1) отли́в прибо́я 2) = underset 1, 1)

**undervalue** [ˈʌndəˈvæljuː] *v* недооце́нивать

**underwear** [ˈʌndəwɛə] *n* ни́жнее бельё

**underwent** [ˌʌndəˈwent] *past от* undergo

**underwit** [ˈʌndəwɪt] *n* слабоу́мный (челове́к)

**underwood** [ˈʌndəwud] *n* подле́сок, по́росль

**underwork** **1.** *n* [ˈʌndəwəːk] рабо́та ме́нее квалифици́рованная *или* ху́дшего ка́чества

**2.** *v* [ˈʌndəˈwəːk] 1) рабо́тать недоста́точно 2) рабо́тать за бо́лее ни́зкую пла́ту 3) недоста́точно по́лно испо́льзовать (*что-л.*); to ~ a machine эксплуати́ровать маши́ну не на по́лную мо́щность 4) *уст.* подка́пываться, та́йно подрыва́ть

**underworld** [ˈʌndəwəːld] *n* 1) преиспо́дняя 2) подо́нки о́бщества, «дно» 3) *поэт.* антипо́ды 4) *attr.*: ~ language воровско́й жарго́н

**underwrite** [ˈʌndəraɪt] *v* (underwrote; underwritten) 1) (*чаще p. p.*) подпи́сывать(ся) 2) *ком.* принима́ть на страх (*суда, товары*) 3) гаранти́ровать 4) подтвержда́ть (*письменно*)

**underwriter** [ˈʌndəˌraɪtə] *n* 1) страхова́я компа́ния; страхо́вщик 2) гара́нт размеще́ния (*займа, акций и т. п.*)

**underwritten** [ˈʌndəˌrɪtn] **1.** *p. p. от* underwrite

**2.** *a* 1) нижеизло́женный 2) нижеподписа́вшийся

**underwrote** [ˈʌndərəut] *past от* underwrite

**undeserved** [ˈʌndɪˈzəːvd] *a* незаслу́женный

**undeservedly** [ˈʌndɪˈzəːvɪdlɪ] *adv* незаслу́женно

**undeserving** [ˈʌndɪˈzəːvɪŋ] *a* не заслу́живающий (*чего-л.*); ~ of respect не заслу́живающий уваже́ния

**undesigned** [ˈʌndɪˈzaɪnd] *a* неумы́шленный

**undesirable** [ˈʌndɪˈzaɪərəbl] **1.** *a* 1) нежела́тельный 2) неудо́бный, неподходя́щий; he did it at a most ~ moment он сде́лал э́то в са́мый неподходя́щий моме́нт

**2.** *n* нежела́тельное лицо́

**undeterminable** [ˈʌndɪˈtəːmɪnəbl] *a* неопредели́мый

**undetermined** [ˈʌndɪˈtəːmɪnd] *a* 1) нерешённый; неопределённый; the question remained ~ вопро́с оста́лся откры́тым 2) нереши́тельный

**undeveloped** [ˈʌndɪˈveləpt] *a* 1) неразвито́й 2) необрабо́танный (*о земле*) 3) незастро́енный (*о земле*)

**undid** [ˈʌnˈdɪd] *past от* undo

**undies** [ˈʌndɪz] *n pl* (*сокр. от* underclothes) *разг.* же́нское ни́жнее бельё

**undigested** [ˈʌndɪˈdʒestɪd] *a* 1) непереváренный 2) неусво́енный 3) непроду́манный, непосле́довательный, хаоти́чный

**undignified** [ʌnˈdɪgnɪfaɪd] *a* недосто́йный (*о поступке и т. п.*)

**undine** [ˈʌndiːn] *n* унди́на, руса́лка

**undiplomatic** [ˈʌnˌdɪpləˈmætɪk] *a* недипломати́чный; беста́ктный

**undipped** [ˈʌnˈdɪpt] *a* некрещёный

**undischarged** [ˈʌndɪsˈʧɑːdʒd] *a* 1) невы́полненный (*о долге и т. п.*) 2) неупла́ченный 3) не восстано́вленный в права́х (*о банкроте*) 4) неразряжённый

**undisciplined** [ʌnˈdɪsɪplɪnd] *a* 1) недисциплини́рованный 2) необу́ченный

**undiscriminated** [ˈʌndɪsˈkrɪmɪneɪtɪd] *a* 1) недискримини́рованный, по́льзующийся ра́вными права́ми 2) неразличи́мый

**undisguised** [ˈʌndɪsˈgaɪzd] *a* 1) незамаскиро́ванный 2) откры́тый, я́вный

**undisposed** [ˈʌndɪsˈpəuzd] *a* 1) нерасполо́женный (to) 2) нераспределённый (*об имуществе*) 3) *уст.* пло́хо себя́ чу́вствующий

**undisputed** [ˈʌndɪsˈpjuːtɪd] *a* неоспори́мый; бесспо́рный

**undistinguished** [ˈʌndɪsˈtɪŋgwɪʃt] *a* 1) неразличи́мый, нея́сный 2) невыдаю́щийся, незаме́тный, непримеча́тельный

**undisturbedly** [ˈʌndɪsˈtəːbdlɪ] *adv* поко́йно

**undiverted** [ˈʌndaɪˈvəːtɪd] *a* при́стальный (*о внимании*)

**undivided** [ˈʌndɪˈvaɪdɪd] *a* 1) неразделённый, це́лый; ~ opinion единоду́шное мне́ние 2) = undiverted

**undo** [ˈʌnˈduː] *v* (undid; undone) 1) открыва́ть, развя́зывать, расстёгивать 2) уничтожа́ть сде́ланное; to ~

the seam распоро́ть шов; to ~ a treaty расто́ргнуть догово́р; what is done cannot be undone сде́ланного не попра́вишь 3) губи́ть; по́ртить 4) разбира́ть (*машину*)

**undoing** [ˈʌnˈdu(:)ɪŋ] **1.** *pres p. от* undo

**2.** *n* 1) уничтоже́ние; ги́бель 2) развя́зывание, расстёгивание 3) аннули́рование

**undone** [ˈʌnˈdʌn] **1.** *p. p. от* undo

**2.** *a* 1) несде́ланный; незако́нченный 2) погу́бленный; we are ~ мы поги́бли 3) расстёгнутый, развя́занный

**undoubted** [ʌnˈdautɪd] *a* несомне́нный, бесспо́рный

**undraw** [ˈʌnˈdrɔ:] *v* открыва́ть, раздвига́ть (*шторы, занавески*)

**undreamed-of, undreamt-of** [ʌnˈdremtɔv] *a* и во сне не сни́вшийся; невообрази́мый, неожи́данный

**undress** [ˈʌnˈdres] **1.** *n* 1) дома́шний костю́м 2) *воен.* повседне́вная фо́рма оде́жды 3) *attr.* повседне́вный, непара́дный (*об одежде*)

**2.** *v* раздева́ть(ся)

**undressed** [ˈʌnˈdrest] **1.** *p. p. от* undress 2

**2.** *a* 1) разде́тый, неоде́тый 2) необрабо́танный; ~ leather невы́деланная ко́жа; ~ logs неокорённые брёвна; ~ wound неперевя́занная ра́на 3) неу́бранный (*о витрине*)

**undue** [ˈʌnˈdju:] *a* 1) чрезме́рный; ~ haste чрезме́рная поспе́шность 2) несвоевре́менный; неподходя́щий 3) по сро́ку не подлежа́щий опла́те (*о векселе, долге*)

**undulate** [ˈʌndjuleɪt] **1.** *a* волни́стый, волнообра́зный

**2.** *v* 1) быть волни́стым 2) быть холми́стым (*о местности*)

**undulated** [ˈʌndjuleɪtɪd] = undulate 1

**undulation** [ˌʌndjuˈleɪʃən] *n* 1) волни́стость 2) волнообра́зное движе́ние 3) неро́вность пове́рхности

**unduly** [ˈʌnˈdju:lɪ] *adv* 1) непра́вильно, незако́нно 2) чрезме́рно

**undying** [ʌnˈdaɪɪŋ] *a* бессме́ртный; ве́чный; ~ glory ве́чная сла́ва

**unearned** [ˈʌnˈə:nd] *a* незарабо́танный; ~ praise незаслу́женная похвала́; ~ income *эк.* непроизво́дственный дохо́д, ре́нтный дохо́д; ~ increment *эк.* повыше́ние це́нности иму́щества, *особ.* земе́льного, не свя́занное с вложе́нием труда́

**unearth** [ˈʌnˈə:θ] *v* 1) вырыва́ть из земли́ 2) выгоня́ть из норы́ 3) *перен.* раска́пывать, извлека́ть; to ~ a mystery (a secret, *etc.*) раскры́ть та́йну (секре́т *и т. п.*)

**unearthly** [ʌnˈə:θlɪ] *a* 1) неземно́й, сверхъесте́ственный; таи́нственный 2) *разг.* стра́нный; абсу́рдный; кра́йне неподходя́щий; ~ hour кра́йне неудо́бное вре́мя; чересчу́р ра́нний час

**uneasiness** [ʌnˈi:zɪnɪs] *n* 1) неудо́бство 2) беспоко́йство, трево́га 3) нело́вкость, стеснённость

**uneasy** [ʌnˈi:zɪ] *a* 1) неудо́бный 2) беспоко́йный, трево́жный; I am ~ я беспоко́юсь, мне не по себе́ 3) нело́вкий, стеснённый, свя́занный (*о движениях и т. п.*); I felt ~ я почу́вствовал себя́ нело́вко

**uneatable** [ˈʌnˈi:təbl] *a* несъедо́бный

**unedited** [ˈʌnˈedɪtɪd] *a* неи́зданный

**uneducated** [ˈʌnˈedjukeɪtɪd] *a* необразо́ванный, неучёный

**unemployed** [ˈʌnɪmˈplɔɪd] **1.** *a* 1) безрабо́тный 2) неза́нятый; неиспо́льзованный

**2.** *n* (the ~) *pl собир.* безрабо́тные

**unemployment** [ˈʌnɪmˈplɔɪmənt] *n* 1) безрабо́тица 2) *attr.*: ~ benefit посо́бие по безрабо́тице

**unencumbered** [ˈʌnɪnˈkʌmbəd] *a* 1) необременённый 2) незало́женный (*об имении, имуществе*)

**unending** [ʌnˈendɪŋ] *a* бесконе́чный, несконча́емый

**unendowed** [ˈʌnɪnˈdaud] *a* не обеспе́ченный капита́лом

**unendurable** [ˈʌnɪnˈdjuərəbl] *a* нестерпи́мый

**un-English** [ˈʌnˈɪŋglɪʃ] *a* неангли́йский; не типи́чный для англича́н

**unenlightened** [ˈʌnɪnˈlaɪtnd] *a* 1) непросвещённый 2) неосведомлённый

**unenlivened** [ˈʌnɪnˈlaɪvnd] *a* однообра́зный, не оживлённый (*чем-л.*)

**unenterprising** [ˈʌnˈentəpraɪzɪŋ] *a* непредприи́мчивый, безынициати́вный

**unequable** [ˈʌnˈi:kwəbl] *a* неусто́йчивый; неуравнове́шенный

**unequal** [ˈʌnˈi:kwəl] *a* 1) нера́вный; неравноце́нный; пло́хо подо́бранный; ~ match нера́вный брак 2) несоотве́тствующий, неадеква́тный; ~ to the work неподходя́щий для да́нной рабо́ты 3) неро́вный (*в поведении, отношении и т. п.*)

**unequalled** [ˈʌnˈi:kwəld] *a* бесподо́бный; непревзойдённый

**unequipped** [ˈʌnɪˈkwɪpt] *a* неподгото́вленный; неприспосо́бленный; не име́ющий ну́жных приспособле́ний, неэкипиро́ванный

**unequivocal** [ˈʌnɪˈkwɪvəkəl] *a* недвусмы́сленный, определённый; я́сный; to count on ~ support рассчи́тывать на определённую подде́ржку; to give ~ expression я́сно заяви́ть

**unerring** [ˈʌnˈə:rɪŋ] *a* безоши́бочный, ве́рный; непогреши́мый; ~ judgement безоши́бочное сужде́ние

**uneven** [ˈʌnˈi:vən] *a* 1) неро́вный; шерохова́тый 2) неуравнове́шенный; of ~ temper име́ющий неуравнове́шенный хара́ктер 3) нечётный

**uneventful** [ˈʌnɪˈventful] *a* не бога́тый собы́тиями; ~ life ти́хая, не бога́тая собы́тиями жизнь

**unexampled** [ˌʌnɪgˈzɑ:mpld] *a* бесприме́рный; беспрецеде́нтный

**unexcelled** [ˈʌnɪkˈseld] *a* непревзойдённый

**unexceptionable** [ˌʌnɪkˈsepʃnəbl] *a* превосхо́дный, замеча́тельный

**unexecuted** [ˈʌnˈeksɪkju:tɪd] *a* 1) невы́полненный 2) неофо́рмленный (*о документе*)

**unexpected** [ˈʌnɪksˈpektɪd] *a* неожи́данный, непредви́денный; внеза́пный

**unexperienced** [ˈʌnɪksˈpɪərɪənst] *a* нео́пытный

**unexplored** [ˈʌnɪksˈplɔ:d] *a* неиссле́дованный

**unfabled** [ˈʌnˈfeɪbld] *a* невы́мышленный; настоя́щий

**unfading** [ʌnˈfeɪdɪŋ] *a* 1) неувяда́емый, неувяда́ющий 2) нелиня́ющий

**unfailing** [ʌnˈfeɪlɪŋ] *a* 1) неизме́нный; ве́рный; an ~ friend ве́рный друг 2) неисчерпа́емый

**unfair** [ˈʌnˈfɛə] *a* 1) несправедли́вый; пристра́стный; непра́вильный 2) нече́стный; ~ player нече́стный игро́к

**unfaithful** [ˈʌnˈfeɪθful] *a* 1) неве́рный, вероло́мный; to be ~ to one's husband (wife) изменя́ть му́жу (жене́) 2) не соотве́тствующий действи́тельности; нето́чный

**unfaltering** [ʌnˈfɔ:ltərɪŋ] *a* недро́гнувший; твёрдый, реши́тельный; with ~ steps твёрдым ша́гом; ~ determination непоколеби́мое реше́ние

**unfamiliar** [ˈʌnfəˈmɪljə] *a* 1) незнако́мый, неве́домый 2) неприви́чный, чужо́й, чу́ждый 3) незнако́мый (with — *с чем-л.*), не зна́ющий (*чего-л.*)

**unfashionable** [ˈʌnˈfæʃnəbl] *a* немо́дный

**unfasten** [ˈʌnˈfɑ:sn] *v* открепля́ть, отстёгивать, расстёгивать

**unfathered** [ˈʌnˈfɑ:ðəd] *a* 1) *поэт.* незаконнорождённый 2) неизве́стного происхожде́ния; ~ theory тео́рия, а́втор кото́рой неизве́стен

**unfathomable** [ʌnˈfæðəməbl] *a* 1) неизмери́мый, бездо́нный 2) необъясни́мый, непостижи́мый

**unfavourable** [ˈʌnˈfeɪvərəbl] *a* 1) неблагоприя́тный; неблагоскло́нный 2) неприя́тный

**unfavoured** [ˈʌnˈfeɪvəd] *a* не по́льзующийся благоскло́нностью *или* по́мощью

**unfed** [ˈʌnˈfed] *n* неко́рмленый, нека́рмленный

**unfee'd** [ˈʌnˈfi:d] *a* не опла́ченный гонора́ром

**unfeeling** [ʌnˈfi:lɪŋ] *a* бесчу́вственный, жесто́кий

**unfeigned** [ʌnˈfeɪnd] *a* неподде́льный, и́скренний, и́стинный

**unfetter** [ˈʌnˈfetə] *v* снима́ть око́вы; освобожда́ть

**unfinished** [ˈʌnˈfɪnɪʃt] *a* 1) незако́нченный, незавершённый 2) гру́бый, необрабо́танный, неотшлифо́ванный

**unfit** **1.** *a* [ˈʌnˈfɪt] 1) него́дный, неподходя́щий; a house ~ to live in дом, неприго́дный для жилья́; he is ~ for work он неспосо́бен, не мо́жет рабо́тать 2) нездоро́вый; него́дный (*по состоянию здоровья*)

**2.** *v* [ʌnˈfɪt] де́лать неприго́дным (for)

**unfix** [ˈʌnˈfɪks] *v* 1) открепля́ть 2) де́лать неусто́йчивым, расша́тывать, подрыва́ть

**unflagging** [ʌnˈflægɪŋ] *a* неослабева́ющий

**unflappable** [ʌnˈflæpəbl] *a* невозмути́мый; ~ temperament невозмути́мый хара́ктер

**unfleshed** [ˈʌnˈfleʃt] *a* не зна́ющий вку́са кро́ви; *перен.* нео́пытный ◇ an

~ sword меч, ещё не обагрённый кро́вью

**unfold** [ˈʌnˈfəuld] *v* 1) развёртывать(ся); раскрыва́ть(ся) 2) распуска́ться (*о почках*) 3) раскрыва́ть, открыва́ть (*планы, замыслы*)

**unforeseen** [ˈʌnfɔːˈsiːn] *a* непредви́денный

**unforgettable** [ˈʌnfəˈgetəbl] *a* незабве́нный; незабыва́емый

**unforgivable** [ˈʌnfəˈgɪvəbl] *a* непрости́тельный

**unformed** [ˈʌnˈfɔːmd] *a* 1) бесфо́рменный 2) (ещё) не сформирова́вшийся

**unfortunate** [ʌnˈfɔːtʃnɪt] **1.** *a* 1) несча́стный; несчастли́вый 2) неуда́чный

**2.** *n* 1) горемы́ка; неуда́чник 2) *уст. эвф.* проститу́тка

**unfounded** [ˈʌnˈfaundɪd] *a* неоснова́тельный, необосно́ванный

**unfreeze** [ˈʌnˈfriːz] *v* 1) размора́живать 2) прекрати́ть «замора́живание» зарпла́ты 3) снять контро́ль с произво́дства *или* прода́жи проду́кции

**unfrequented** [ˈʌnfrɪˈkwentɪd] *a* ре́дко посеща́емый

**unfriended** [ˈʌnˈfrendɪd] *a* не име́ющий друзе́й

**unfriendly** [ˈʌnˈfrendlɪ] *a* 1) недружелю́бный; неприве́тливый 2) неблагоприя́тный

**unfrock** [ˈʌnˈfrɔk] *v* лиша́ть духо́вного са́на

**unfulfilled** [ˈʌnfulˈfɪld] *a* невы́полненный; неосуществлённый

**unfunded** [ˈʌnˈfʌndɪd] *a* теку́щий (*о долге*)

**unfurnished** [ˈʌnˈfəːnɪʃt] *a* немебли́рованный

**ungainly** [ʌnˈgeɪnlɪ] *a* нело́вкий, неуклю́жий, нескла́дный

**ungear** [ˈʌnˈgɪə] *v тех.* выключа́ть

**unget-at-able** [ˈʌngetˈætəbl] *a* непристу́пный; недосту́пный

**ungloved** [ˈʌnˈglʌvd] *a* без перча́ток

**ungodly** [ʌnˈgɔdlɪ] *a* 1) неве́рующий 2) *разг.* ужа́сный, возмути́тельный 3) *разг.* неле́пый

**ungovernable** [ʌnˈgʌvənəbl] *a* непоко́рный; неукроти́мый; необу́зданный

**ungraceful** [ˈʌnˈgreɪsful] *a* неизя́щный, нело́вкий

**ungracious** [ˈʌnˈgreɪʃəs] *a* 1) нелюбе́зный, гру́бый 2) неприя́тный

**ungrateful** [ʌnˈgreɪtful] *a* 1) неблагода́рный 2) неприя́тный, неблагода́рный (*о работе*)

**ungrounded** [ˈʌnˈgraundɪd] *a* беспо́чвенный, необосно́ванный

**ungrudging** [ˈʌnˈgrʌdʒɪŋ] *a* 1) ще́дрый, до́брый; широ́кий (*о натуре*) 2) оби́льный

**unguarded** [ˈʌnˈgɑːdɪd] *a* 1) беспе́чный; неосмотри́тельный; неосторо́жный 2) незащищённый

**unguent** [ˈʌŋgwənt] *n* мазь

**ungulate** [ˈʌŋgjuleɪt] *зоол.* **1.** *a* копы́тный

**2.** *n* копы́тное живо́тное

**unhackneyed** [ˈʌnˈhæknɪd] *a* све́жий, оригина́льный

**unhallowed** [ʌnˈhæləud] *a* 1) неосвящённый 2) гре́шный

**unhand** [ʌnˈhænd] *v* отнима́ть ру́ки (*от чего-л.*); выпуска́ть из рук

**unhandsome** [ˈʌnˈhænsəm] *a* 1) уро́дливый 2) нелюбе́зный, гру́бый 3) неблагоро́дный, невеликоду́шный

**unhang** [ˈʌnˈhæŋ] *v* (unhung) снима́ть (*что-л. висящее*)

**unhappy** [ʌnˈhæpɪ] *a* 1) несчастли́вый; несча́стный; he looks ~ у него́ печа́льный вид 2) неуда́чный; an ~ remark неуме́стное замеча́ние

**unharmed** [ˈʌnˈhɑːmd] *a* нетро́нутый, невреди́мый; he will be ~ ему́ не причиня́т вреда́

**unharness** [ˈʌnˈhɑːnɪs] *v* распряга́ть

**unhealthy** [ʌnˈhelθɪ] *a* 1) боле́зненный; больно́й; ~ complexion нездоро́вый цвет лица́ 2) вре́дный, нездоро́вый; ~ occupation вре́дное заня́тие 3) *воен. разг.* опа́сный

**unheard** [ˈʌnˈhəːd] *a* 1) неслы́шный 2) невы́слушанный 3) неизве́стный

**unheard-of** [ʌnˈhəːdɔv] *a* неслы́ханный

**unheeded** [ˈʌnˈhiːdɪd] *a* незаме́ченный, не при́нятый во внима́ние

**unheeding** [ˈʌnˈhiːdɪŋ] *a* невнима́тельный, небре́жный

**unhesitating** [ʌnˈhezɪteɪtɪŋ] *a* реши́тельный, неколе́блющийся

**unhesitatingly** [ʌnˈhezɪteɪtɪŋlɪ] *adv* без колеба́ния, реши́тельно, уве́ренно

**unhewn** [ˈʌnˈhjuːn] *a* 1) неотде́ланный, нео(б)тёсанный 2) *перен.* гру́бый

**unhinge** [ʌnˈhɪndʒ] *v* 1) снима́ть с пе́тель (*дверь*) 2) вноси́ть беспоря́док; расстра́ивать; выбива́ть из колеи́ ◊ his mind is ~d он помеша́лся

**unholy** [ʌnˈhəulɪ] *a* 1) нечести́вый 2) зло́бный; поро́чный 3) *разг.* ужа́сный, стра́шный; an ~ row жу́ткий сканда́л

**unhook** [ˈʌnˈhuk] *v* 1) снять с крючка́ 2) расстегну́ть (крючки́) 2) отцепи́ть

**unhoped(-for)** [ʌnˈhəupt(fɔː)] *a* неожи́данный

**unhorse** [ˈʌnˈhɔːs] *v* сбра́сывать с ло́шади

**unhoused** [ˈʌnˈhauzd] *a* бездо́мный, лишённый кро́ва, и́згнанный и́з дому

**unhung** [ˈʌnˈhʌŋ] *past и p. p. от* unhang

**unhurried** [ˈʌnˈhʌrɪd] *a* ме́дленный, нетороплӣвый

**unhurt** [ˈʌnˈhəːt] *a* це́лый и невреди́мый

**unhygienic** [ˈʌnhaɪˈdʒiːnɪk] *a* негигиени́чный, нездоро́вый

**uni-** [ˈjuːnɪ-] *в сложных словах* одно-, едино-; unicameral однопала́тный; unicolour одноцве́тный

**unicellular** [ˈjuːnɪˈseljulə] *a биол.* одноклёточный

**unicorn** [ˈjuːnɪkɔːn] *n миф.* единоро́г

**unicorn-fish** [ˈjuːnɪkɔnfɪʃ] *n зоол.* нарва́л

**unification** [ˌjuːnɪfɪˈkeɪʃən] *n* 1) объедине́ние 2) унифика́ция

**uniform** [ˈjuːnɪfɔːm] **1.** *n* фо́рменная оде́жда, фо́рма

**2.** *a* 1) единообра́зный; однообра́зный; одноро́дный; ~ prices еди́ные це́ны 2) постоя́нный 3) фо́рменный (*об одежде*)

**3.** *v* одева́ть в фо́рму

**uniformed** [ˈjuːnɪfɔːmd] **1.** *p. p. от* uniform 3

**2.** *a* оде́тый в фо́рму

**uniformity** [ˌjuːnɪˈfɔːmɪtɪ] *n* единообра́зие

**unify** [ˈjuːnɪfaɪ] *v* 1) объединя́ть 2) унифици́ровать

**unilateral** [ˈjuːnɪˈlætərəl] *a* односторо́нний; ~ disarmament односторо́ннее разоруже́ние

**unimaginable** [ˌʌnɪˈmædʒɪnəbl] *a* невообрази́мый

**unimaginative** [ˈʌnɪˈmædʒɪnətɪv] *a* лишённый воображе́ния, прозаи́ческий

**unimpaired** [ˈʌnɪmˈpɛəd] *a* нетро́нутый, незатро́нутый, непострада́вший

**unimpeachable** [ˌʌnɪmˈpiːtʃəbl] *a* безупре́чный; безукори́зненный

**unimpeded** [ˈʌnɪmˈpiːdɪd] *a* беспрепя́тственный

**unimportant** [ˈʌnɪmˈpɔːtənt] *a* нева́жный

**unimprovable** [ˈʌnɪmˈpruːvəbl] *a* 1) неисправи́мый 2) безупре́чный, идеа́льный

**unimproved** [ˈʌnɪmˈpruːvd] *a* 1) неипра́вленный, неулу́чшенный 2) необрабо́танный (*о земле*) 3) неупотребля́емый; неиспо́льзованный; ~ opportunities неиспо́льзованные возмо́жности

**uninfluenced** [ˈʌnˈɪnfluənst] *a* не находя́щийся под влия́нием, непредубеждённый

**uninformed** [ˈʌnɪnˈfɔːmd] *a* несве́дущий, неосведомлённый

**uninhabitable** [ˈʌnɪnˈhæbɪtəbl] *a* неприго́дный для жилья́

**uninhabited** [ˈʌnɪnˈhæbɪtɪd] *a* необита́емый

**uninhibited** [ˈʌnɪnˈhɪbɪtɪd] *a* несде́рживаемый, свобо́дный

**uninjured** [ˈʌnˈɪndʒəd] *a* неповреждённый, непострада́вший

**uninspired** [ˈʌnɪnˈspaɪəd] *a* 1) невдохновлённый, невоодушевлённый 2) неинспири́рованный

**uninsured** [ˈʌnɪnˈʃuəd] *a* незастрахо́ванный

**unintelligent** [ˈʌnɪnˈtelɪdʒənt] *a* 1) неу́мный 2) неве́жественный

**unintelligible** [ˈʌnɪnˈtelɪdʒəbl] *a* неразбо́рчивый

**uninterested** [ˈʌnˈɪntrɪstɪd] *a* 1) не заинтересо́ванный (в *чём-л.* — in); не интересу́ющийся (*чем-л.*) 2) безразли́чный, равноду́шный

**uninterrupted** [ˈʌnˌɪntəˈrʌptɪd] *a* 1) непрерыва́емый 2) непреры́вный

**uninuclear** [ˈjuːnɪˈnjuːklɪə] *a* одноя́дерный

**uninvited** [ˈʌnɪnˈvaɪtɪd] *a* неприглашённый, незва́ный

**uninviting** [ˈʌnɪnˈvaɪtɪŋ] *a* непривлека́тельный; неаппети́тный

**union** [ˈjuːnjən] *n* 1) сою́з (*государственное объединение*); the Soviet U. Сове́тский Сою́з; the U. a) *амер.* Соединённые шта́ты; б) Соединённое Короле́вство; [*см. тж.* 2) *и* 6)] 2) объедине́ние, соедине́ние; сою́з; the U. а) у́ния А́нглии с Шотла́ндией; б) у́ния Великобрита́нии с Ирла́ндией; [*см. тж.* 1) *и* 6)] 3) профессиона́льный сою́з, тред-юнио́н; closed ~ профсою́з с ограни́ченным число́м чле́нов; to join the ~ вступи́ть в профсою́з 4) едине́ние, согла́сие; in perfect ~ в по́лном согла́сии 5) бра́чный сою́з; ~ of hearts брак по любви́ 6) (the U.) студе́нческий клуб [*см. тж.* 1) *и* 2)] 7) *уст.* объедине́ние не́скольких прихо́дов для по́мощи бе́дным 8) *тех.* ни́ппель; шту́цер; му́фта 9) *attr.* профсою́зный; ~ shop предприя́тие, на кото́ром мо́гут рабо́тать то́лько чле́ны профсою́за; ~ label этике́тка, удостоверя́ющая, что това́р изгото́влен чле́нами профсою́за

**union card** [ˈjuːnjənˈkɑːd] *n* профсою́зный биле́т

**union cloth** [ˈjuːnjənˈklɔθ] *n* полушерстяна́я ткань

**Union flag** [ˈjuːnjənˈflæg] *n* госуда́рственный флаг Соединённого Короле́вства

**unionism** [ˈjuːnjənɪzm] *n* 1) тред-юниони́зм 2) *ист.* униони́зм

**unionist** [ˈjuːnjənɪst] *n* 1) член профсою́за 2) *ист.* унио́ни́ст (*проти́вник предоставле́ния самоуправле́ния Ирла́ндии*; *амер. сторо́нник федера́ции во вре́мя гражда́нской войны́*)

**unionize** [ˈjuːnjənaɪz] *v* 1) объединя́ть 2) объединя́ть в профсою́зы

**Union Jack** [ˈjuːnjənˈdʒæk] = Union flag

**union-smashing** [ˈjuːnjənˌsmæʃɪŋ] *n* разгро́м профсою́зов

**union suit** [ˈjuːnjənˈsjuːt] *n амер.* мужско́й на́тельный комбинезо́н

**unique** [juːˈniːk] **1.** *a* 1) еди́нственный в своём ро́де; уника́льный; ~ feature *тех.* осо́бенность констру́кции *или* моде́ли 2) *разг.* необыкнове́нный, замеча́тельный

**2.** *n* у́никум

**unisexual** [ˈjuːnɪˈseksjuəl] *a бот.* однopо́лый

**unison** [ˈjuːnɪzn] *n* 1) *муз.* унисо́н; to sing in ~ петь в унисо́н 2) согла́сие; to act in ~ де́йствовать в согла́сии

**unit** [ˈjuːnɪt] *n* 1) едини́ца; це́лое 2) едини́ца измере́ния; a ~ of length едини́ца длины́ 3) *амер.* коли́чество часо́в кла́ссной рабо́ты, тре́буемое для получе́ния зачёта 4) *мат.*, *мед.* едини́ца 5) *воен.* часть; подразделе́ние; соедине́ние 6) *тех.* агрега́т, се́кция, блок, у́зел, элеме́нт ◊ ~ rule *амер.* положе́ние, по кото́рому все делега́ты шта́та голосу́ют за кандида́та большинства́; to be a ~ *амер.* быть единоду́шным

**unite** [juːˈnaɪt] *v* 1) соединя́ть(ся) 2) объединя́ть(ся)

**united** [juːˈnaɪtɪd] **1.** *p. p. от* unite

**2.** *a* 1) соединённый; объединённый 2) совме́стный; ~ actions совме́стные де́йствия 3) дру́жный; ~ family дру́жная семья́

**United Nations** [juːˈnaɪtɪd ˈneɪʃənz] *n* Организа́ция Объединённых На́ций

**unity** [ˈjuːnɪtɪ] *n* 1) еди́нство; ~ of purpose еди́нство це́ли; the dramatic unities, the unities of time, place and action еди́нство вре́мени, ме́ста и де́йствия (*в класси́ческой дра́ме*) 2) еди́нство, сплочённость, едине́ние; indestructible ~ of the working people неруши́мое еди́нство рабо́чего кла́сса 3) согла́сие, дру́жба; to live in ~ жить в согла́сии, дру́жбе 4) *юр.* совме́стное владе́ние 5) *мат.* едини́ца

**univalve** [ˈjuːnɪvælv] *зоол.* **1.** *n* одноство́рчатый моллю́ск

**2.** *a* одноство́рчатый

**universal** [ˌjuːnɪˈvəːsəl] *a* 1) всео́бщий; всеми́рный 2) универса́льный

**universe** [ˈjuːnɪvəːs] *n* 1) мир, вселе́нная; ко́смос 2) челове́чество; населе́ние земли́

**university** [ˌjuːnɪˈvəːsɪtɪ] *n* 1) университе́т 2) *собир.* преподава́тели и студе́нты университе́та 3) университе́тская спорти́вная кома́нда 4) *attr.* университе́тский

**unjoin** [ˈʌnˈdʒɔɪn] *v* разъединя́ть

**unjust** [ˈʌnˈdʒʌst] *a* несправедли́вый

**unjustifiable** [ʌnˈdʒʌstɪfaɪəbl] *a* не име́ющий оправда́ния

**unkempt** [ˈʌnˈkempt] *a* 1) нечёсаный 2) неопря́тный, неря́шливый 3) небре́жный (*о сти́ле*)

**unkennel** [ˈʌnˈkenl] *v* 1) выгоня́ть из норы́ *или* конуры́ 2) открыва́ть, разоблача́ть

**unkind** [ʌnˈkaɪnd] *a* злой, недо́брый

**unking** [ʌnˈkɪŋ] *v* све́ргнуть с престо́ла

**unknown** [ˈʌnˈnəun] **1.** *a* неизве́стный; address ~ а́дрес неизве́стен

**2.** *n* (the ~) 1) неизве́стное 2) незнако́мец; the Great U. «вели́кий незнако́мец» (*про́звище В. Ско́тта до раскры́тия его́ псевдони́ма*) 3) *мат.* неизве́стное, неизве́стная величина́

**3.** *adv* та́йно, без ве́дома; he did it ~ to me он сде́лал э́то та́йно от меня́ *или* без моего́ ве́дома

**unlaboured** [ˈʌnˈleɪbəd] *a* дости́гнутый без уси́лия; лёгкий, непринуждённый, не вы́мученный (*осо́б. о сти́ле*)

**unlace** [ˈʌnˈleɪs] *v* расшнуро́вывать, распуска́ть шнуро́вку

**unlade** [ˈʌnˈleɪd] *v* (unladed [-ɪd]; unladed, unladen) разгружа́ть

**unladen** [ˈʌnˈleɪdn] **1.** *p. p. от* unlade

**2.** *a* не обременённый (*чем-л.*); ~ with anxieties не обременённый забо́тами; ~ weight вес порожняко́м

**unladylike** [ˈʌnˈleɪdɪlaɪk] *a* 1) неже́нственный 2) несво́йственный, неподоба́ющий ле́ди

**unlaid** [ˈʌnˈleɪd] *past и p. p. от* unlay

**unlawful** [ˈʌnˈlɔːful] *a* 1) незако́нный, противозако́нный 2) внебра́чный

**unlay** [ˈʌnˈleɪ] *v* (unlaid) распуска́ть на пря́ди (*трос*)

**unlearn** [ˈʌnˈləːn] *v* (unlearnt, unlearned [-d]) разучи́ться; забы́ть то, что знал

**unlearned** **1.** [ˈʌnˈləːnd] *p. p. от* unlearn

**2.** *a* [ˈʌnˈləːnɪd] 1) неучёный, негра́мотный 2) невы́ученный, незау́ченный

**unlearnt** [ˈʌnˈləːnt] *past и p. p. от* unlearn

**unleash** [ˈʌnˈliːʃ] *v* 1) спуска́ть с привя́зи 2) развяза́ть, дать во́лю; to ~ war развяза́ть войну́

**unleavened** [ˈʌnˈlevnd] *a* пре́сный (*о те́сте*); ~ bread *церк.* просфора́; маца́

**unless** [ənˈles] **1.** *cj* е́сли не; пока́ не; I shall not go ~ the weather is fine я не пое́ду, е́сли не бу́дет хоро́шей пого́ды; ~ and until до тех пор пока́

**2.** *prep* кро́ме, за исключе́нием

**unlettered** [ˈʌnˈletəd] *a* негра́мотный; необразо́ванный

**unlike** [ˈʌnˈlaɪk] **1.** *a* непохо́жий на, не тако́й, как; ~ poles (charges) *физ.* разноимённые по́люсы (заря́ды); ~ sings *мат.* зна́ки плюс и ми́нус

**2.** *prep* в отли́чие от

**unlikely** [ʌnˈlaɪklɪ] **1.** *a* 1) неправдоподо́бный, невероя́тный, маловероя́тный; recovery is ~ выздоровле́ние маловероя́тно 2) ничего́ хоро́шего не обеща́ющий; малообеща́ющий 3) неприглека́тельный

**2.** *adv* вряд ли, едва́ ли

**unlimited** [ʌnˈlɪmɪtɪd] *a* безграни́чный, неограни́ченный; беспреде́льный

**unlink** [ˈʌnˈlɪŋk] *v* разъединя́ть; расцепля́ть; размыка́ть

**unlit** [ˈʌnˈlɪt] *a* 1) незажжённый 2) тёмный, неосвещённый

**unlive** [ˈʌnˈlɪv] *v* измени́ть о́браз жи́зни, жить и́наче; стара́ться загла́дить *или* забы́ть (*про́шлое*)

**unload** [ˈʌnˈləud] *v* 1) разгружа́ть(-ся); выгружа́ть 2) *воен.* разряжа́ть 3) отде́лываться, избавля́ться (*от чего́-л. невы́годного*), *осо́б.* сбыва́ть а́кции

**unlock** [ˈʌnˈlɔk] *v* 1) отпира́ть; открыва́ть; she ~ed her secret она́ откры́ла свой секре́т 2) *тех.* размыка́ть; разъединя́ть

**unlooked-for** [ʌnˈluktfɔː] *a* неожи́данный, непредви́денный

**unloose, unloosen** [ˈʌnˈluːs, ʌnˈluːsn] = loose 3

**unlovable** [ˈʌnˈlʌvəbl] *a* 1) недосто́йный любви́, не вызыва́ющий симпа́тии 2) неприя́тный, непривлека́тельный

**unlovely** [ˈʌnˈlʌvlɪ] *a* неприя́тный, непривлека́тельный, проти́вный

**unlucky** [ʌnˈlʌkɪ] *a* 1) неуда́чный; an ~ day for their arrival неуда́чный день для их прие́зда 2) несчастли́вый

**unmade** [ˈʌnˈmeɪd] *past и p. p. от* unmake

**unmake** [ˈʌnˈmeɪk] *v* (unmade) 1) уничтожа́ть (*сде́ланное*); аннули́ровать 2) переде́лывать 3) понижа́ть (*в чи́не, зва́нии*)

**unman** [ˈʌnˈmæn] *v* 1) лиша́ть му́жественности, му́жества 2) кастри́ровать 3) оста́вить без люде́й, оголи́ть

**unmanageable** [ʌnˈmænɪdʒəbl] *a* 1) тру́дно поддаю́щийся контро́лю или обрабо́тке 2) тру́дный (*о ребёнке, о положе́нии и т. п.*); непоко́рный

**unmanly** [ˈʌnˈmænlɪ] *a* недосто́йный мужчи́ны; нему́жественный; трусли́вый; сла́бый

**unmanned** [ˈʌnˈmænd] **1.** *p. p. от* unman

**2.** *a* 1) не укомплекто́ванный (*шта́том*) 2) безлю́дный 3) *ав.* беспило́тный; управля́емый автомати́чески

**unmannerly** [ʌnˈmænəlɪ] *a* невоспи́танный, неве́жливый

**unmapped** [ˈʌnˈmæpt] *a* не нанесённый на ка́рту

**unmarked** [ˈʌnˈmɑːkt] *a* 1) незаме́ченный 2) неме́ченый, неотме́ченный

**unmarketable** [ˈʌnˈmɑːkɪtəbl] *a* него́дный для ры́нка, для прода́жи

**unmarried** [ˈʌnˈmærɪd] *a* холосто́й, нежена́тый; незаму́жняя

**unmarrigeable** [ˈʌnˈmærɪdʒəbl] *a* не могу́щий жени́ться; не могу́щая вы́йти за́муж; не дости́гший бра́чного во́зраста

**unmask** [ˈʌnˈmɑːsk] *v* 1) снима́ть *или* срыва́ть ма́ску; *перен. тж.* разоблача́ть 2) *воен.* обнару́живать 3) *воен.* демаски́ровать

**unmatched** [ˈʌnˈmætʃt] *a* не име́ющий себе́ ра́вного, бесподо́бный

**unmeaning** [ʌnˈmiːnɪŋ] *a* бессмы́сленный

**unmeant** [ˈʌnˈment] *a* ненаме́ренный; неумы́шленный

**unmeasured** [ʌnˈmeʒəd] *a* 1) неизме́ренный 2) неизмери́мый, безме́рный 3) чрезме́рный, непоме́рный

**unmeet** [ˈʌnˈmiːt] *a* неподходя́щий

**unmentionable** [ʌnˈmenʃnəbl] **1.** *a* нецензу́рный, неприли́чный

**2.** *n pl уст. шутл.* «невырази́мые», брю́ки, штаны́

**unmerchantable** [ˈʌnˈməːtʃəntəbl] = unmarketable

**unmerciful** [ʌnˈməːsɪful] *a* немилосе́рдный, безжа́лостный

**unmerited** [ˈʌnˈmerɪtɪd] *a* незаслу́женный

**unmindful** [ʌnˈmaɪndful] *a* забы́вчивый, невнима́тельный; ~ of one's duties невнима́тельный к свои́м обя́занностям; to be ~ of others забыва́ть о други́х

**unmistakable** [ˈʌnmɪsˈteɪkəbl] *a* безоши́бочный, несомне́нный, я́сный, очеви́дный

**unmitigated** [ʌnˈmɪtɪgeɪtɪd] *a* 1) несмягчённый; неосла́бленный 2) я́вный, абсолю́тный; an ~ liar отъя́вленный лгун

**unmoor** [ˈʌnˈmuə] *v мор.* отда́ть шварто́вы, сня́ться с я́коря

**unmoral** [ˈʌnˈmɔrəl] *a* безнра́вственный

**unmounted** [ˈʌnˈmauntɪd] *a* 1) пе́ший 2) неопра́вленный (*о драгоценном камне*) 3) неоканто́ванный (*о карти́не*)

**unmoved** [ˈʌnˈmuːvd] *a* 1) неподви́жный; несдви́нутый, нетро́нутый 2) нерастро́ганный, оста́вшийся равноду́шным 3) непреклóнный

**unmurmuring** [ˈʌnˈməːmərɪŋ] *a* беспро́потный

**unmusical** [ˈʌnˈmjuːzɪkəl] *a* немузыка́льный

**unmuzzle** [ˈʌnˈmʌzl] *v* 1) снима́ть намо́рдник 2) *разг.* дать возмо́жность говори́ть, выска́зываться

**unnamed** [ˈʌnˈneɪmd] *a* 1) безымя́нный 2) неупомя́нутый

**unnatural** [ʌnˈnætʃrəl] *a* 1) неесте́ственный 2) противоесте́ственный, чудо́вищный 3) бессерде́чный 4) необы́чный, стра́нный

**unnecessary** [ʌnˈnesɪsərɪ] *a* нену́жный, изли́шний

**unnerve** [ˈʌnˈnəːv] *v* нерви́ровать, расстра́ивать, лиша́ть прису́тствия ду́ха, си́лы *или* реши́мости, расслабля́ть

**unnoted** [ˈʌnˈnəutɪd] *a* незаме́ченный, неотме́ченный

**unnoticed** [ˈʌnˈnəutɪst] *a* незаме́ченный

**unnumbered** [ˈʌnˈnʌmbəd] *a* 1) ненумеро́ванный; несчи́танный 2) несме́тный, бесчи́сленный, бессчётный

**unnurtured** [ˈʌnˈnəːtʃəd] *a* необразо́ванный; невоспи́танный

**unobjectionable** [ˈʌnəbˈdʒekʃnəbl] *a* не вызыва́ющий возраже́ний; не вызыва́ющий неприя́тного чу́вства

**unobservant** [ˈʌnəbˈzəːvənt] *a* невнима́тельный, ненаблюда́тельный

**unobstructed** [ˈʌnəbˈstrʌktɪd] *a* беспрепя́тственный, свобо́дный; ~ sight по́лная ви́димость

**unobtainable** [ˈʌnəbˈteɪnəbl] *a* недосту́пный; тако́й, кото́рого нельзя́ доста́ть *или* получи́ть

**unobtrusive** [ˈʌnəbˈtruːsɪv] *a* скро́мный, ненавя́зчивый

**unoccupied** [ˈʌnˈɔkjupaɪd] *a* 1) свобо́дный, neза́нятый, пра́здный (*о лю́дях*) 2) неза́нятый, необита́емый; пусто́й

**unoffending** [ˈʌnəˈfendɪŋ] *a* безоби́дный, неви́нный

**unofficial** [ˈʌnəˈfɪʃəl] *a* неофициа́льный

**unoriginal** [ˈʌnəˈrɪdʒənl] *a* неоригина́льный; заи́мствованный

**unostentatious** [ˈʌnˌɔstenˈteɪʃəs] *a* ненавя́зчивый, не броса́ющийся в глаза́, скро́мный

**unowned** [ˈʌnˈəund] *a* 1) не име́ющий владе́льца *или* хозя́ина 2) непри́знанный

**unpack** [ʌnˈpæk] *v* распако́вывать; to ~ a trunk выкла́дывать ве́щи из чемода́на

**unpaged** [ˈʌnˈpeɪdʒd] *a* с ненумеро́ванными страни́цами

**unpaid** [ˈʌnˈpeɪd] *a* 1) неупла́ченный; неопла́ченный; ~ for взя́тый в креди́т 2) не получа́ющий пла́ты 3) беспла́тный; ~ work беспла́тная рабо́та

**unpaired** [ˈʌnˈpɛəd] *a* непа́рный; не име́ющий па́ры

**unpalatable** [ʌnˈpælətəbl] *a* 1) невку́сный 2) неприя́тный

**unparalleled** [ʌnˈpærəleld] *a* не име́ющий себе́ ра́вного, бесприме́рный, бесподо́бный

**unpardonable** [ʌnˈpɑːdnəbl] *a* непрости́тельный

**unparented** [ˈʌnˈpɛərəntɪd] *a* не име́ющий роди́телей; осироте́лый; бро́шенный роди́телями

**unparliamentary** [ˈʌnˌpɑːləˈmentərɪ] *a* непарла́ментский, проти́вный парла́ментским обы́чаям; ~ language си́льные выраже́ния; гру́бости, оскорбле́ния

**unpatriotic** [ˈʌnˌpætrɪˈɔtɪk] *a* непатриоти́чный

**unpeg** [ˈʌnˈpeg] *v* 1) вынима́ть, выдёргивать ко́лышки 2) *бирж.* прекрати́ть иску́сственную подде́ржку (*цен, курсов*)

**unpenetrable** [ˈʌnˈpenɪtrəbl] *a* непроница́емый

**unpeople** [ˈʌnˈpiːpl] *v* обезлю́дить

**unperformed** [ˈʌnpəˈfɔːmd] *a* невы́полненный, неосуществлённый

**unpersuadable** [ˈʌnpəˈsweɪdəbl] *a* не поддаю́щийся убежде́нию

**unperturbed** [ˈʌnpə(ː)ˈtəːbd] *a* невозмути́мый

**unpick** [ˈʌnˈpɪk] *v* распа́рывать

**unpicked** [ˈʌnˈpɪkt] **1.** *p. p. от* unpick

**2.** *a* 1) распо́ротый 2) неподо́бранный, неото́бранный 3) несо́рванный

**unpin** [ˈʌnˈpɪn] *v* отка́лывать; вынима́ть була́вки (*из чего-л.*)

**unplaced** [ˈʌnˈpleɪst] *a* 1) не име́ющий ме́ста; не находя́щийся на ме́сте 2) не назна́ченный на до́лжность 3) не заня́вший ни одного́ из пе́рвых трёх мест (*на скачках или бегах*)

**unpleasant** [ʌnˈpleznt] *a* неприя́тный, отта́лкивающий

**unpleasantness** [ʌnˈplezntnɪs] *n* 1) непривлека́тельность 2) неприя́тность 3) ссо́ра, недоразуме́ние; to have a slight ~ with smb. повздо́рить с кем-л. ◇ the late ~ *шутл.* гражда́нская война́ в США

**unpointed** [ˈʌnˈpɔɪntɪd] *a* 1) тупо́й, неотто́ченный (*о карандаше и т. п.*) 2) пло́ский, неостроу́мный 3) не относя́щийся к де́лу (*о замечании*) 4) без зна́ков препина́ния

**unpolished** [ˈʌnˈpɔlɪʃt] *a* неотполиро́ванный; неотшлифо́ванный

**unpolitical** [ˈʌnpəˈlɪtɪkəl] *a* 1) не относя́щийся к поли́тике 2) аполити́чный

**unpopular** [ˈʌnˈpɔpjulə] *a* непопуля́рный, не по́льзующийся любо́вью (with — у *кого-л.*)

**unposted** [ˈʌnˈpəustɪd] *a* 1) (ещё) не отпра́вленный (*по почте*), не опу́щенный в почто́вый я́щик 2) неосведомлённый

**unpractical** [ˈʌnˈpræktɪkəl] *a* непракти́чный

**unpractised** [ʌnˈpræktɪst] *a* 1) не применённый на пра́ктике 2) нео́пытный, неиску́сный

**unprecedented** [ʌnˈpresɪdəntɪd] *a* не име́ющий прецеде́нта, беспрецеде́нтный; бесприме́рный

**unpredictable** [ˈʌnprɪˈdɪktəbl] *a* не могу́щий быть предска́занным; не поддаю́щийся прогнози́рованию

**unprefaced** [ˈʌnˈprefɪst] *a* без предисло́вия

**unprejudiced** [ʌnˈpredʒudɪst] *a* непредубеждённый, беспристра́стный

**unpremeditated** [ˈʌnprɪˈmedɪteɪtɪd] *a* 1) непреднаме́ренный, неумы́шленный, не обду́манный зара́нее 2) *юр.* непредумы́шленный
**unprepared** [ˈʌnprɪˈpɛəd] *a* неподгото́вленный, негото́вый; без подгото́вки
**unprepossessed** [ˈʌnˌpriːpəˈzest] = unprejudiced
**unpresentable** [ˈʌnprɪˈzentəbl] *a* непрезента́бельный, непредстави́тельный, невзра́чный
**unpretending** [ˈʌnprɪˈtendɪŋ] = unpretentious
**unpretentious** [ˈʌnprɪˈtenʃəs] *a* скро́мный, просто́й, без прете́нзий
**unpriced** [ʌnˈpraɪst] *a* 1) без определённой, без обозна́ченной цены́ 2) бесце́нный
**unprincipled** [ʌnˈprɪnsəpld] *a* беспринци́пный; безнра́вственный
**unprintable** [ˈʌnˈprɪntəbl] *a* неприго́дный для печа́ти; непеча́тный, нецензу́рный
**unprivileged** [ˈʌnˈprɪvɪlɪdʒd] *a* не име́ющий привиле́гий, непривилегиро́ванный
**unprized** [ˈʌnˈpraɪzd] *a* неоценённый
**unprocurable** [ˈʌnprəˈkjuərəbl] *a* недосту́пный; тако́й, кото́рого нельзя́ доста́ть
**unproductive** [ˈʌnprəˈdʌktɪv] *a* непродукти́вный; ~ capital мёртвый капита́л
**unprofessional** [ˈʌnprəˈfeʃənl] *a* 1) непрофессиона́льный; ~ advice сове́т неспециали́ста 2) не соотве́тствующий э́тике да́нной профе́ссии
**unprofitable** [ʌnˈprɔfɪtəbl] *a* 1) не принося́щий при́были, нерента́бельный, невы́годный 2) непромы́шленный (*о руде*)
**unpromising** [ˈʌnˈprɔmɪsɪŋ] *a* не обеща́ющий ничего́ хоро́шего; не подаю́щий никаки́х наде́жд
**unprompted** [ˈʌnˈprɔmptɪd] *a* 1) не подска́занный, не внушённый, сде́ланный по со́бственному почи́ну 2) самопроизво́льный, спонта́нный
**unproportional** [ˈʌnprəˈpɔːʃənl] *a* непропорциона́льный
**unprotected** [ˈʌnprəˈtektɪd] *a* 1) незащищённый; беззащи́тный 2) откры́тый (*о местности*)
**unprovided** [ˈʌnprəˈvaɪdɪd] *a* 1) не снабжённый, не обеспе́ченный (*деньгами и т. п.*; *тж.* ~ for); he was left ~ for он оста́лся без средств 2) неподгото́вленный; непредусмо́тренный
**unprovoked** [ˈʌnprəˈvəukt] *a* ниче́м не вы́званный, неспровоци́рованный
**unpublished** [ˈʌnˈpʌblɪʃt] *a* неопублико́ванный, неи́зданный
**unpunishable** [ˈʌnˈpʌnɪʃəbl] *a* ненаказу́емый
**unpunished** [ˈʌnˈpʌnɪʃt] *a* безнака́занный
**unqualified** [ˈʌnˈkwɔlɪfaɪd] *a* 1) не име́ющий соотве́тствующей подгото́вки, образова́ния *или* квалифика́ции 2) неподходя́щий, него́дный (*к чему-л.*) 3) безогово́рочный, неограни́ченный; an ~ refusal реши́тельный отка́з; ~ praise чрезме́рная похвала́ 4) [ʌnˈkwɔlɪfaɪd] *разг.* я́вный, я́рко выраженный; an ~ liar отъя́вленный лгун
**unquenchable** [ʌnˈkwentʃəbl] *a* 1) неутоли́мый; ~ thirst неутоли́мая жа́жда 2) неиссяка́емый (*об энтузиазме и т. п.*)
**unquestionable** [ʌnˈkwestʃənəbl] *a* несомне́нный, неоспори́мый
**unquestioned** [ʌnˈkwestʃənd] *a* 1) неоспа́риваемый, не вызыва́ющий сомне́ния 2) неопро́шенный
**unquestioning** [ʌnˈkwestʃənɪŋ] *a* 1) не задающий вопро́сов 2) несомне́нный, по́лный; ~ obedience по́лное повинове́ние
**unquiet** [ˈʌnˈkwaɪət] **1.** *n* беспоко́йство
**2.** *a* 1) беспоко́йный 2) взволно́ванный
**unquotable** [ˈʌnˈkwəutəbl] *a* нецензу́рный
**unquote** [ˈʌnˈkwəut] *v* закрыва́ть кавы́чки
**unquoted** [ˈʌnˈkwəutɪd] **1.** *p. p.* от unquote
**2.** *a* нецити́рованный
**unravel** [ʌnˈrævəl] *v* 1) распу́тывать (*нитки и т. п.*) 2) разга́дывать, объясня́ть; to ~ a mystery разгада́ть та́йну
**unrazored** [ˈʌnˈreɪzəd] *a* *амер.* небритый
**unread** [ˈʌnˈred] *a* непрочи́танный
**unreadable** [ˈʌnˈriːdəbl] *a* 1) неразбо́рчивый (*о почерке*), неудобочита́емый 2) ску́чный, неприго́дный для чте́ния
**unready** [ˈʌnˈredɪ] *a* 1) негото́вый 2) непрово́рный, несообрази́тельный 3) нереши́тельный
**unreal** [ˈʌnˈrɪəl] *a* 1) ненастоя́щий, подде́льный 2) нереа́льный, вообража́емый
**unreality** [ˈʌnrɪˈælɪtɪ] *n* 1) нереа́льность 2) что-л. нереа́льное, вообража́емое
**unrealizable** [ˈʌnˈrɪəlaɪzəbl] *a* 1) неосуществи́мый 2) *ком.* не могу́щий быть реализо́ванным
**unrealized** [ˈʌnˈrɪəlaɪzd] *a* неосуществлённый, невы́полненный
**unreason** [ˈʌnˈriːzn] *n* неразу́мность, глу́пость, безу́мие; абсу́рдность
**unreasonable** [ʌnˈriːznəbl] *a* 1) неблагоразу́мный, безрассу́дный 2) непоме́рный, чрезме́рный; непоме́рно высо́кий (*о цене и т. п.*); an ~ demand необосно́ванное тре́бование
**unreasoned** [ˈʌnˈriːznd] *a* непроду́манный; неаргументи́рованный
**unreciprocated** [ˈʌnrɪˈsɪprəkeɪtɪd] *a* не встреча́ющий отве́та *или* взаи́мности
**unreclaimed** [ˈʌnrɪˈkleɪmd] *a* 1) неосво́енный, необрабо́танный (*о земле*) 2) неиспра́вленный 3) незатре́бованный
**unrecognizable** [ˈʌnˈrekəgnaɪzəbl] *a* неузнава́емый
**unrecognized** [ˈʌnˈrekəgnaɪzd] *a* 1) неу́знанный 2) непри́знанный
**unrecorded** [ˈʌnrɪˈkɔːdɪd] *a* незафикси́рованный; незапротоколи́рованный
**unredeemed** [ˈʌnrɪˈdiːmd] *a* 1) неиспо́лненный (*об обещании*) 2) невы́купленный (*о закладе*); неопла́ченный (*о векселе*); непога́шенный (*о платеже*) 3) неиску́пленный (by)
**unreel** [ˈʌnˈriːl] *v* разма́тывать(ся)
**unrefined** [ˈʌnrɪˈfaɪnd] *a* 1) неочи́щенный, нерафини́рованный 2) гру́бый; ~ manners гру́бые мане́ры
**unreflecting** [ˈʌnrɪˈflektɪŋ] *a* 1) неотража́ющий (*свет*) 2) легкомы́сленный; неразмышля́ющий, безду́мный
**unregistered** [ˈʌnˈredʒɪstəd] *a* незарегистри́рованный
**unregulated** [ˈʌnˈregjuleɪtɪd] *a* нерегули́руемый, неконтроли́руемый; беспоря́дочный
**unrehearsed** [ˈʌnrɪˈhəːst] *a* 1) неожи́данный; непредви́денный 2) неотрепети́рованный
**unrein** [ˈʌnˈreɪn] *v* 1) отпусти́ть по́вод, разнузда́ть 2) освободи́ть (*от чего-л.*), дать во́лю
**unrelated** [ˈʌnrɪˈleɪtɪd] *a* несвя́занный, не име́ющий отноше́ния (to)
**unrelenting** [ˈʌnrɪˈlentɪŋ] *a* 1) безжа́лостный, жесто́кий 2) неуменьша́ющийся, неослабева́ющий
**unreliable** [ˈʌnrɪˈlaɪəbl] *a* ненадёжный
**unrelieved** [ˈʌnrɪˈliːvd] *a* 1) не освобождённый (*от каких-л. обязанностей или обязательств*) 2) не получа́ющий по́мощи, облегче́ния; необлегчённый 3) моното́нный 4) несменённый (*о часовом и т. п.*) ◇ ~ boredom смерте́льная ску́ка
**unremitting** [ˌʌnrɪˈmɪtɪŋ] *a* неосла́бный; беспреста́нный; упо́рный; ~ toil упо́рный труд
**unrepeatable** [ˈʌnrɪˈpiːtəbl] *a* 1) неповтори́мый 2) неприли́чный, нецензу́рный
**unrepentant** [ˈʌnrɪˈpentənt] *a* нека́ющийся; нераска́явшийся
**unrepresented** [ˈʌnˌreprɪˈzentɪd] *a* непредста́вленный
**unrequited** [ˈʌnrɪˈkwaɪtɪd] *a* 1) невознаграждённый, неопла́ченный; ~ love любо́вь без взаи́мности 2) неотомщённый
**unreserve** [ˈʌnrɪˈzəːv] *n* 1) открове́нность 2) несде́ржанность
**unreserved** [ˈʌnrɪˈzəːvd] *a* 1) открове́нный; ~ admiration открове́нное восхище́ние 2) несде́ржанный 3) не ограни́ченный (*какими-л. условиями*) 4) незаброни́рованный, не зака́занный зара́нее
**unreservedly** [ˌʌnrɪˈzəːvɪdlɪ] *adv* 1) откры́то, свобо́дно, открове́нно 2) безогово́рочно
**unresolved** [ˈʌnrɪˈzɔlvd] *a* 1) нереши́тельный; не реши́вшийся (*на что-л.*), не приня́вший реше́ния 2) неразрешённый; my doubts are still ~ мои́ сомне́ния ещё не разрешены́
**unresponsive** [ˈʌnrɪsˈpɔnsɪv] *a* не реаги́рующий, не отвеча́ющий (*на что-л.*); неотзы́вчивый; невосприи́мчивый
**unrest** [ˈʌnˈrest] *n* 1) беспоко́йство, волне́ние 2) беспоря́дки, волне́ния
**unresting** [ˈʌnˈrestɪŋ] *a* неутоми́мый
**unrestrained** [ˈʌnrɪsˈtreɪnd] *a* 1) несде́ржанный, необу́зданный 2) непри-

нуждённый; ~ laughter естественный смех

**unrestraint** [ˈʌnrɪsˈtreɪnt] *n* несдержанность, необузданность; свобода

**unrestricted** [ˈʌnrɪsˈtrɪktɪd] *a* неограниченный

**unrewarded** [ˈʌnrɪˈwɔːdɪd] *a* невознаграждённый

**unriddle** [ˈʌnˈrɪdl] *v* разгадать, объяснить

**unrig** [ˈʌnˈrɪg] *v* *мор.* расснащивать; разоружать

**unrighteous** [ʌnˈraɪtʃəs] **1.** *a* 1) нечестивый; неправедный 2) нечестный 3) несправедливый; незаслуженный

**2.** *n* (the ~) *pl собир.* нечестивцы

**unrighteousness** [ʌnˈraɪtʃəsnɪs] *n* нечестивость; неправедность

**unrip** [ˈʌnˈrɪp] *v* распарывать; разрывать

**unripe** [ˈʌnˈraɪp] *a* неспелый; незрелый

**unrivalled** [ʌnˈraɪvəld] *a* не имеющий себе равных, непревзойдённый

**unrobe** [ˈʌnˈrəub] *v* снимать одеяние *или* мантию

**unroll** [ʌnˈrəul] *v* развёртывать(ся)

**unroof** [ˈʌnˈruːf] *v* сносить крышу

**unroot** [ˈʌnˈruːt] *v* выкорчёвывать; искоренять

**unround** [ˈʌnˈraund] *v* *фон.* делабиализовать (*гласный звук*)

**unroyal** [ˈʌnˈrɔɪəl] *a* некоролевский; недостойный королевского сана

**unruffled** [ˈʌnˈrʌfld] *a* 1) гладкий (*о поверхности, море и т. п.*) 2) спокойный, невзволнованный

**unruled** [ˈʌnˈruːld] *a* 1) неуправляемый, неконтролируемый 2) нелинованный (*о бумаге*)

**unruly** [ʌnˈruːlɪ] *a* непокорный, непослушный, буйный ◇ ~ locks непокорные кудри

**unsaddle** [ˈʌnˈsædl] *v* 1) расседлать (*лошадь*) 2) сбросить (*седока*)

**unsafe** [ˈʌnˈseɪf] *a* ненадёжный, опасный

**unsaid** [ˈʌnˈsed] **1.** *past и p. p. от* unsay

**2.** *a* непроизнесённый, невысказанный; things better left ~ то, о чём лучше не говорить, не упоминать

**unsatisfactorily** [ˈʌnˌsætɪsˈfæktərɪlɪ] *adv* неудовлетворительно

**unsatisfactory** [ˈʌnˌsætɪsˈfæktərɪ] *a* неудовлетворительный

**unsatisfied** [ˈʌnˈsætɪsfaɪd] *a* неудовлетворённый; неуспокоенный; ~ demand неудовлетворённый спрос

**unsatisfying** [ˈʌnˈsætɪsfaɪɪŋ] *a* неудовлетворяющий, ненасыщающий

**unsavoury** [ˈʌnˈseɪvərɪ] *a* 1) невкусный 2) отталкивающий, отвратительный

**unsay** [ˈʌnˈseɪ] *v* (unsaid) брать назад свои слова; отрекаться от слов

**unscalable** [ˈʌnˈskeɪləbl] *a* неприступный (*о крутом подъёме и т. п.*)

**unscathed** [ˈʌnˈskeɪðd] *a* невредимый

**unschooled** [ˈʌnˈskuːld] *a* 1) необученный, неопытный 2) естественный, прирождённый; ~ talent природный талант

**unscientific** [ˈʌnˌsaɪənˈtɪfɪk] *a* ненаучный, антинаучный

**unscramble** [ˈʌnˈskræmbl] *v* 1) разлагать на составные части 2) расшифровывать (*секретное послание и т. п.*)

**unscreened** [ˈʌnˈskriːnd] *a* 1) не защищённый ширмой *или* решёткой 2) не просеянный сквозь грохот

**unscrew** [ˈʌnˈskruː] *v* отвинчивать (-ся); развинчивать(ся)

**unscrupulous** [ʌnˈskruːpjuləs] *a* 1) неразборчивый в средствах; нещепетильный 2) беспринципный; бессовестный

**unseal** [ˈʌnˈsiːl] *v* 1) распечатывать 2) раскрывать

**unseam** [ˈʌnˈsiːm] *v* распарывать

**unsearchable** [ʌnˈsəːtʃəbl] *a* непостижимый, таинственный

**unseasonable** [ʌnˈsiːznəbl] *a* 1) не по сезону 2) несвоевременный, неуместный

**unseasoned** [ˈʌnˈsiːznd] *a* 1) неприправленный (*о пище*) 2) несозревший; невыдержанный 3) непривыкший, неприученный

**unseat** [ˈʌnˈsiːt] *v* 1) сбросить с седла; ссадить со стула *и т. п.* 2) лишить парламентского мандата 3) лишать места, должности *и т. п.*; to ~ a government свергнуть правительство

**unseeing** [ˈʌnˈsiːɪŋ] *a* 1) невидящий; слепой 2) ненаблюдательный

**unseemly** [ʌnˈsiːmlɪ] *a* неподобающий; непристойный

**unseen** [ˈʌnˈsiːn] **1.** *a* 1) невидимый 2): ~ translation перевод с листа 3) невиданный

**2.** *n* 1) (an ~) отрывок для перевода с листа 2) (the ~) духовный мир

**unselfish** [ˈʌnˈselfɪʃ] *a* бескорыстный, неэгоистичный

**unsettle** [ˈʌnˈsetl] *v* 1) нарушать распорядок (*чего-л.*); выбивать из колей 2) расстраивать(ся)

**unsettled** [ˈʌnˈsetld] **1.** *p. p. от* unsettle

**2.** *a* 1) неустроенный; неустановившийся; the weather is ~ погода не установилась 2) нерешённый, неурегулированный 3) неоплаченный 4) незаселённый

**unshackle** [ˈʌnˈʃækl] *v* снимать кандалы; *перен.* освобождать

**unshaded** [ˈʌnˈʃeɪdɪd] *a* 1) не защищённый от солнца, без тени 2) без теней, контурный, линейный (*о рисунке*)

**unshadowed** [ˈʌnˈʃædəud] *a* безоблачный, ясный; неомрачённый

**unshakable** [ʌnˈʃeɪkəbl] *a* непоколебимый

**unshaken** [ˈʌnˈʃeɪkən] *a* непоколебленный, твёрдый

**unshapely** [ˈʌnˈʃeɪplɪ] *a* бесформенный, некрасивый; ~ figure нескладная фигура

**unshared** [ˈʌnˈʃɛəd] *a* неразделённый (*о чувстве и т. п.*)

**unshaven** [ˈʌnˈʃeɪvn] *a* небритый

**unsheathe** [ˈʌnˈʃiːð] *v* вынимать из ножен; to ~ the sword обнажить меч; *перен.* объявить войну

**unshed** [ˈʌnˈʃed] *a* непролитый; ~ tears невыплаканные слёзы

**unsheltered** [ˈʌnˈʃeltəd] *a* 1) неприкрытый, незащищённый 2) не имеющий приюта, убежища 3) *ком.*: ~ industries непокровительствуемые отрасли промышленности

**unshielded** [ˈʌnˈʃiːldɪd] *a* незащищённый

**unship** [ˈʌnˈʃɪp] *v* 1) сгружать с корабля 2) высаживать на берег 3) убирать, снимать (*вёсла, руль*)

**unshod** [ˈʌnˈʃɔd] **1.** *past и p. p. от* unshoe

**2.** *a* 1) неподкованный, раскованный (*о лошади*) 2) необутый

**unshoe** [ˈʌnˈʃuː] *v* (unshod) 1) снимать обувь (*с кого-л.*) 2) расковывать (*лошадь*)

**unshorn** [ˈʌnˈʃɔːn] *a* нестриженный; неподстриженный

**unshrinkable** [ˈʌnˈʃrɪŋkəbl] *a* не садящийся при стирке (*о материи*), безусадочный

**unshrinking** [ʌnˈʃrɪŋkɪŋ] *a* непоколебимый, неустрашимый, твёрдый

**unshutter** [ˈʌnˈʃʌtə] *v* открывать, снимать ставни

**unsighted** [ˈʌnˈsaɪtɪd] *a* 1) не попавший в поле зрения 2) не снабжённый прицелом 3) неприцельный

**unsightly** [ʌnˈsaɪtlɪ] *a* неприглядный; вызывающий отвращение (своим видом); уродливый

**unsigned** [ˈʌnˈsaɪnd] *a* неподписанный; ~ letter анонимное письмо

**unsized** [ˈʌnˈsaɪzd] *a* не сортированный по величине

**unskilful** [ˈʌnˈskɪlful] *a* 1) неумелый, неискусный 2) неуклюжий, нескладный, неловкий

**unskilled** [ˈʌnˈskɪld] *a* 1) неквалифицированный; ~ labour а) неквалифицированный труд, чёрная работа; б) *собир.* неквалифицированная рабочая сила 2) неумелый; ~ work неумелая работа

**unsleeping** [ˈʌnˈsliːpɪŋ] *a* недремлющий, бдительный

**unsnarl** [ˈʌnˈsnɑːl] *v* распутывать (*тж. перен.*)

**unsociable** [ʌnˈsəuʃəbl] *a* необщительный; сдержанный

**unsocial** [ˈʌnˈsəuʃəl] *a* 1) необщительный 2) антиобщественный

**unsold** [ˈʌnˈsəuld] *a* непроданный, нераспроданный, залежавшийся (*о товаре*)

**unsolder** [ˈʌnˈsɔldə] *v* распаивать

**unsolved** [ˈʌnˈsɔlvd] *a* нерешённый (*о задаче, проблеме*)

**unsophisticated** [ˈʌnsəˈfɪstɪkeɪtɪd] *a* 1) простой, простодушный, безыскусственный, наивный 2) нефальсифицированный; чистый, без примеси

**unsought** [ˈʌnˈsɔːt] *a* 1) непрошенный 2) полученный без усилий с чьей-л. стороны

**unsound** [ˈʌnˈsaund] *a* 1) нездоровый, больной; болезненный; of ~ mind сумасшедший, душевнобольной 2) испорченный, гнилой 3) необоснованный, ошибочный; ~ arguments необоснованные доводы 4) ненадёжный

5) неглубо́кий (сон) 6) *тех.* дефе́ктный

**unsounded** [ˈʌnˈsaundɪd] *a* неизме́ренный (*о глубине*)

**unsown** [ˈʌnˈsəun] *a* незасе́янный

**unsparing** [ʌnˈspɛərɪŋ] *a* 1) расточи́тельный, ще́дрый (of, in) 2) усе́рдный, не щадя́щий сил 3) беспоща́дный

**unspeakable** [ʌnˈspiːkəbl] *a* 1) невырази́мый (слова́ми); ~ joy невырази́мая ра́дость 2) о́чень плохо́й; ~ manners отврати́тельные мане́ры

**unspent** [ˈʌnˈspent] *a* 1) неистра́ченный; нерастра́ченный 2) неутомлённый

**unspoiled, unspoilt** [ˈʌnˈspɔɪlt] *a* неиспо́рченный

**unspoken** [ˈʌnˈspəukən] *a* невы́сказанный, невы́раженный

**unsportsmanlike** [ˈʌnˈspɔːtsmənlaɪk] *a* 1) неспорти́вный, недосто́йный спортсме́на; не соотве́тствующий пра́вилам спо́рта 2) непоря́дочный, нече́стный

**unspotted** [ˈʌnˈspɔtɪd] *a* незапа́чканный; незапя́тнанный (*тж. перен.*)

**unsprung** [ˈʌnˈsprʌŋ] *a* не име́ющий пружи́н, неподрессо́ренный

**unstable** [ˈʌnˈsteɪbl] *a* 1) нетвёрдый; неусто́йчивый 2) колеблющийся, изме́нчивый 3) *хим.* нест́ойкий

**unstained** [ˈʌnˈsteɪnd] *a* незапя́тнанный (*тж. перен.*)

**unstamped** [ˈʌnˈstæmpt] *a* 1) не опла́ченный ма́ркой 2) нештемпелёванный, без ште́мпеля

**unstarched** [ˈʌnˈstaːtʃt] *a* 1) ненакрахма́ленный 2) непринуждённый, есте́ственный, нечо́порный

**unstatutable** [ˈʌnˈstætjuːtəbl] *a* не дозво́ленный стату́том, уста́вом

**unsteady** [ˈʌnˈstedɪ] *a* 1) неусто́йчивый, нетвёрдый; ша́ткий, колеблю́щийся 2) непостоя́нный

**unstick** [ˈʌnˈstɪk] *v* (unstuck) откле́ивать, отдира́ть

**unstirred** [ˈʌnˈstəːd] *a* невозмути́мый

**unstitch** [ˈʌnˈstɪtʃ] *v* распа́рывать (*шов*)

**unstop** [ˈʌnˈstɔp] *v* 1) прочища́ть (*раковину и т. п.*) 2) отку́поривать

**unstrained** [ˈʌnˈstreɪnd] *a* 1) непринуждённый 2) непроце́женный

**unstrap** [ˈʌnˈstræp] *v* отстёгивать, развя́зывать (*ремень и т. п.*)

**unstressed** [ˈʌnˈstrest] *a* 1) безуда́рный (*звук, слог*) 2) неподчёркнутый

**unstring** [ˈʌnˈstrɪŋ] *v* (unstrung) 1) снять *или* ссла́бить стру́ны (*муз. инструмента*) *или* тетиву́ (*лука*) 2) распусти́ть (*бусы и т. п.*) 3) расша́тывать (*нервы*)

**unstrung** [ˈʌnˈstrʌŋ] **1.** *past и p. p. от* unstring

2. *a* расша́танный (*о нервах*)

**unstuck** [ˈʌnˈstʌk] **1.** *past и p. p. от* unstick

2. *a* откле́енный (*о конверте и т. п.*) ◇ our plan has come ~ *разг.* наш план не уда́лся

**unstudied** [ˈʌnˈstʌdɪd] *a* есте́ственный, непринуждённый

**unsubmissive** [ˈʌnsəbˈmɪsɪv] *a* непоко́рный, не жела́ющий подчиня́ться

**unsubstantial** [ˈʌnsəbˈstænʃəl] *a* 1) несуще́ственный 2) невесо́мый, бестеле́сный, невеще́ственный 3) нереа́льный 4) непро́чный 5) непита́тельный; лёгкий (*о пище*)

**unsuccessful** [ˈʌnsəkˈsesful] *a* 1) безуспе́шный, неуда́чный 2) неуда́чливый

**unsuitable** [ˈʌnˈsjuːtəbl] *a* неподходя́щий, неподоба́ющий

**unsullied** [ˈʌnˈsʌlɪd] *a* незапя́тнанный (*о репутации и т. п.*)

**unsung** [ˈʌnˈsʌŋ] *a поэт.* 1) неспе́тый 2) невоспе́тый

**unsunned** [ˈʌnˈsʌnd] *a* не освещённый *или* не согре́тый со́лнцем

**unsure** [ˈʌnˈʃuə] *a* 1) ненадёжный 2) неопределённый 3) неуве́ренный; колеблю́щийся

**unsurpassable** [ˈʌnsə(ː)ˈpaːsəbl] *a* не могу́щий быть превзойдённым

**unsurpassed** [ˈʌnsə(ː)ˈpaːst] *a* непревзойдённый

**unsusceptible** [ˈʌnsəˈseptəbl] *a* невосприи́мчивый, нечувстви́тельный (to)

**unsuspected** [ˈʌnsəsˈpektɪd] *a* 1) не вызыва́ющий подозре́ний; незаподо́зренный 2) неожи́данный, непредви́денный

**unsuspecting** [ˈʌnsəsˈpektɪŋ] *a* не подозрева́ющий (of — о)

**unsuspicious** [ˈʌnsəsˈpɪʃəs] *a* 1) неподозрева́ющий 2) не вызыва́ющий подозре́ний

**unswathe** [ˈʌnˈsweɪð] *v* распелёнывать; разбинто́вывать

**unswayed** [ˈʌnˈsweɪd] *a* 1) не поддаю́щийся влия́нию 2) непредубеждённый

**unswerving** [ʌnˈswəːvɪŋ] *a* непоколеби́мый

**unsworn** [ˈʌnˈswɔːn] *a* 1) не да́вший прися́ги 2) не свя́занный кля́твой

**unsympathetic** [ˈʌnˌsɪmpəˈθetɪk] *a* 1) несочу́вствующий; чёрствый 2) несимпати́чный, неприя́тный, антипати́чный

**untamable** [ˈʌˈteɪməbl] *a* не поддаю́щийся прируче́нию

**untangle** [ˈʌnˈtæŋgl] *v* распу́тывать

**untaught** [ˈʌnˈtɔːt] *a* 1) необу́ченный; неве́жественный 2) врождённый, есте́ственный

**untenable** [ˈʌnˈtenəbl] *a* 1) неприго́дный для оборо́ны 2) неприго́дный для жилья́

**untenantable** [ˈʌnˈtenəntəbl] *a* него́дный для жилья́; нежило́й

**unthankful** [ˈʌnˈθæŋkful] *a* неблагода́рный

**unthinkable** [ʌnˈθɪŋkəbl] *a* 1) невообрази́мый; немы́слимый 2) *разг.* неправдоподо́бный; невероя́тный; it's quite ~ э́то невероя́тно

**unthinking** [ˈʌnˈθɪŋkɪŋ] *a* безду́мный, легкомы́сленный

**unthread** [ˈʌnˈθred] *v* 1) вы́нуть ни́тку (*из иголки*) 2) *перен.* вы́браться из лабири́нта

**unthrifty** [ˈʌnˈθrɪftɪ] *a* небережли́вый, расточи́тельный

**unthrone** [ˈʌnˈθrəun] *v* све́ргнуть с престо́ла

**untidiness** [ʌnˈtaɪdɪnɪs] *n* неопря́тность, неаккура́тность; беспоря́док

**untidy** [ʌnˈtaɪdɪ] *a* неопря́тный, неаккура́тный; в беспоря́дке (*о комнате*)

**untie** [ˈʌnˈtaɪ] *v* 1) развя́зывать 2) освобожда́ть

**untied** [ˈʌnˈtaɪd] **1.** *p. p. от* untie

2. *a* несвя́занный; развя́занный

**untight** [ˈʌnˈtaɪt] *a* непло́тный; негермети́ческий

**until** [ənˈtɪl] = till I

**untile** [ˈʌnˈtaɪl] *v* снима́ть черепи́цу

**untimely** [ʌnˈtaɪmlɪ] **1.** *a* 1) безвре́менный; преждевре́менный 2) несвоевре́менный; неуме́стный

2. *adv* 1) безвре́менно; преждевре́менно 2) несвоевре́менно; неуме́стно

**unto** [ˈʌntu] *поэт. см.* to 1

**untold** [ˈʌnˈtəuld] *a* 1) нерасска́занный; he left the secret ~ он не рассказа́л секре́та; он не раскры́л та́йны 2) несосчи́танный; бессчётный; ~ wealth несме́тные бога́тства

**untouchable** [ʌnˈtʌtʃəbl] **1.** *a* 1) неприкосновéнный 2) недосту́пный, недосяга́емый 3) *инд.* неприкаса́емый

2. *n инд.* член ка́сты неприкаса́емых; the ~s ка́ста неприкаса́емых

**untoward** [ʌnˈtəuəd] *a* 1) неблагоприя́тный, неуда́чный; несчастли́вый; if nothing ~ happens е́сли ничего́ плохо́го не случи́тся 2) *уст.* непоко́рный, своенра́вный

**untrained** [ˈʌnˈtreɪnd] *a* необу́ченный; неподгото́вленный

**untrammelled** [ʌnˈtræməld] *a* беспрепя́тственный; ~ right неоспори́мое пра́во

**untransferable** [ˈʌntrænsˈfəːrəbl] *a* не могу́щий быть пе́реданным, без пра́ва переда́чи

**untranslatable** [ˈʌntrænsˈleɪtəbl] *a* непереводи́мый

**untried** [ˈʌnˈtraɪd] *a* 1) непрове́ренный, неиспы́танный 2) не разбира́вшийся в суде́ (*о деле*)

**untrodden** [ˈʌnˈtrɔdn] *a* непрото́птанный, неисхо́женный; забро́шенный, пусты́нный

**untrue** [ˈʌnˈtruː] *a* 1) неве́рный (*кому-л.*; to) 2) ло́жный; непра́вильный 3) несоотве́тствующий; ~ to type не соотве́тствующий образцу́; ти́пу

**untrustworthy** [ˈʌnˈtrʌstˌwəːðɪ] *a* ненадёжный

**untruth** [ˈʌnˈtruːθ] *n* 1) непра́вда, ложь; to tell an ~ солга́ть 2) *уст.* неве́рность

**untuck** [ˈʌnˈtʌk] *v* 1) распуска́ть (*складки*) 2) отгиба́ть, расправля́ть (*что-л. подвёрнутое, подогнутое*)

**untune** [ˈʌnˈtjuːn] *v* расстра́ивать (*муз. инструмент*)

**unturned** [ˈʌnˈtəːnd] *a* неперевёрнутый, оста́вленный на ме́сте ◇ to leave no stone ~ *см.* stone 1 ◇

**untutored** [ˈʌnˈtjuːtəd] *a* 1) необу́ченный 2) наи́вный, простоду́шный, неискушённый 3) врождённый, приро́дный (*о таланте*)

**untwine** [ˈʌnˈtwaɪn] *v* 1) распу́тывать(ся); расплета́ть(ся) 2) отделя́ть(-ся)

**untwist** [ˈʌnˈtwɪst] *v* раскру́чивать (-ся); расплета́ть(ся); рассу́чивать(ся)

**unusable** [ˈʌnˈjuːzəbl] *a* неподходя́щий, неприго́дный, не могу́щий быть испо́льзованным

**unused** *a* 1) [ˈʌnˈjuːst] непривы́кший (to — к *чему-л.*) 2) [ˈʌnˈjuːzd] неиспо́льзованный; неиспо́льзуемый

**unusual** [ʌnˈjuːʒuəl] *a* 1) необыкнове́нный; необы́чный, стра́нный; ре́дкий 2) замеча́тельный

**unutilized** [ʌnˈjuːtɪlaɪzd] *a* неиспо́льзованный

**unutterable** [ʌnˈʌtərəbl] *a* 1) непроизноси́мый 2) *разг.* невырази́мый, неопису́емый

**unvalued** [ˈʌnˈvæljuːd] *a* 1) неоценённый 2) неоцени́мый

**unvarnished** *a* 1) [ˈʌnˈvɑːnɪʃt] нелакиро́ванный 2) [ʌnˈvɑːnɪʃt] неприкра́шенный; ~ truth го́лая пра́вда

**unveil** [ʌnˈveɪl] *v* 1) снима́ть покрыва́ло (*с чего-л*); раскрыва́ть; *перен.* предста́ть в и́стинном све́те 2) торже́ственно открыва́ть (*памятник*) 3) открыва́ть (*тайну, планы и т. п.*)

**unversed** [ˈʌnˈvəːst] *a* несве́дущий, нео́пытный, неиску́сный (in — в *чём-л.*)

**unvoice** [ˈʌnˈvɔɪs] *v* *фон.* оглуша́ть

**unvoiced** [ˈʌnˈvɔɪst] *a* 1) непроизнесённый 2) *фон.* глухо́й

**unvote** [ˈʌnˈvəut] *v* отменя́ть повто́рным голосова́нием

**unwanted** [ˈʌnˈwɔntɪd] *a* нежела́нный, нежела́тельный; нену́жный, ли́шний

**unwarned** [ˈʌnˈwɔːnd] *a* непредупреждённый

**unwarrantable** [ʌnˈwɔrəntəbl] *a* неопра́вданный, непрости́тельный

**unwarranted** [ˈʌnˈwɔrəntɪd] *a* 1) негаранти́рованный 2) недозво́ленный

**unwary** [ʌnˈwɛərɪ] *a* неосторо́жный, опроме́тчивый

**unwashed** [ˈʌnˈwɔʃt] *a* немы́тый; нести́ранный

**unwavering** [ʌnˈweɪvərɪŋ] *a* недро́гнувший

**unwearied** [ʌnˈwɪərɪd] *a* 1) неутомлённый 2) неутоми́мый

**unwearying** [ʌnˈwɪərɪŋ] *a* неутоми́мый; насто́йчивый

**unweave** [ˈʌnˈwiːv] *v* (unwove; unwoven) распуска́ть (*ткань*), разотка́ть; расплета́ть

**unwed** [ˈʌnˈwed] *a* невéнчанный; холосто́й; незаму́жняя

**unwelcome** [ʌnˈwelkəm] *a* нежела́нный, нежела́тельный; непро́шенный

**unwell** [ˈʌnˈwel] *a* нездоро́вый; she is ~ а) ей нездоро́вится; б) *эвф.* у неё менструа́ция

**unwept** [ˈʌnˈwept] *a* *поэт.* неопла́канный

**unwholesome** [ˈʌnˈhəulsəm] *a* нездоро́вый, неполе́зный, вре́дный

**unwieldy** [ʌnˈwiːldɪ] *a* громо́здкий, неуклю́жий

**unwilled** [ˈʌnˈwɪld] *a* нево́льный, неумы́шленный, ненаме́ренный

**unwilling** [ˈʌnˈwɪlɪŋ] *a* несклóнный, нерасполо́женный

**unwillingly** [ʌnˈwɪlɪŋlɪ] *adv* неохо́тно, про́тив жела́ния

**unwind** [ˈʌnˈwaɪnd] *v* (unwound) 1) разма́тывать(ся); раскру́чивать (-ся) 2) *мор.* трави́ть (*лебёдкой*) 3) развива́ть(ся) (*о сюжете*)

**unwinking** [ˈʌnˈwɪŋkɪŋ] *a* 1) немига́ющий 2) бди́тельный

**unwisdom** [ˈʌnˈwɪzdəm] *n* глу́пость, неблагоразу́мие

**unwise** [ˈʌnˈwaɪz] *a* не(благо)разу́мный

**unwished** [ʌnˈwɪʃt] *a* нежела́нный (for)

**unwitnessed** [ˈʌnˈwɪtnɪst] *a* 1) незаме́ченный 2) не подтверждённый свиде́тельскими показа́ниями

**unwitting** [ʌnˈwɪtɪŋ] *a* 1) не зна́ющий (*чего-л.*) 2) нево́льный, непреднаме́ренный; нечая́нный

**unwittingly** [ʌnˈwɪtɪŋlɪ] *adv* нево́льно, непреднаме́ренно; нечая́нно

**unwonted** [ʌnˈwəuntɪd] *a* 1) непривы́чный, необы́чный; ре́дкий 2) не привы́кший (to — к *чему-л.*)

**unworkable** [ˈʌnˈwəːkəbl] *a* неприме́нимый, него́дный для рабо́ты

**unworkmanlike** [ˈʌnˈwəːkmənlaɪk] *a* сде́ланный по-люби́тельски, неуме́ло

**unworldly** [ˈʌnˈwəːldlɪ] *a* 1) не от ми́ра сего́ 2) духо́вный; несве́тский

**unworn** [ˈʌnˈwɔːn] *a* 1) нено́шеный 2) непоно́шенный

**unworthy** [ʌnˈwəːðɪ] *a* недосто́йный (of — *чего-л.*)

**unwound** [ˈʌnˈwaund] *past и p. p. от* unwind

**unwove** [ˈʌnˈwəuv] *past от* unweave

**unwoven** [ˈʌnˈwəuvən] *p. p. от* unweave

**unwrap** [ˈʌnˈræp] *v* развёртывать (-ся)

**unwritten** [ˈʌnˈrɪtn] *a* 1) непи́саный; ~ law а) непи́саный зако́н; б) *юр.* прецеде́нтное пра́во 2) незапи́санный, ненапи́санный 3) чи́стый (*о странице*)

**unyielding** [ʌnˈjiːldɪŋ] *a* твёрдый, упо́рный; непода́тливый, несгиба́емый

**unyoke** [ˈʌnˈjəuk] *v* снима́ть ярмо́ (*с кого-л.*); освобожда́ть от и́га

**unyoked** [ˈʌnˈjəukt] **1.** *p. p. от* unyoke

**2.** *a* не впряжённый в ярмо́

**unzip** [ʌnˈzɪp] *v* расстегну́ть мо́лнию

**up** [ʌp] **1.** *adv* 1) *указывает на нахождение наверху или на более высокое положение* наверху́; вы́ше; high up in the air высоко́ в не́бе *или* в во́здухе; she lives three floors up она́ живёт тремя́ этажа́ми вы́ше 2) *указывает на подъём* наве́рх, вверх; he went up он пошёл наве́рх; up and down вверх и вниз; взад и вперёд [*см. тж.* up and down]; hands up! ру́ки вверх! 3) *указывает на увеличение, повышение в цене, в чине, в значении и т. п.* вы́ше; the corn is up хлеб подорожа́л; age 12 up от 12 лет и ста́рше 4) *указывает на приближение*: a boy came up подошёл ма́льчик 5) *указывает на близость или сходство*: he is up to his father as a scientist как учёный он не уступа́ет своему́ отцу́ 6) *указывает на переход из горизонтального положения в вертикальное или от состояния покоя к деятельности*: he is up он встал; he was up all night он не спал, был на нога́х всю ночь 7) *указывает на истечение срока, завершение или результат действия*: Parliament is up се́ссия парла́мента закры́лась; it is all up with him с ним всё поко́нчено; the house burned up дом сгоре́л дотла́; to eat up съесть; to save up скопи́ть 8) *указывает на совершение действия*: something is up что-то происхо́дит; что́-то затева́ется; what's up? в чём де́ло?, что случи́лось? 9) *спорт.* впереди́; he is two points up он на два очка́ впереди́ своего́ проти́вника □ **up in** а) све́дущий; she is well up in history она́ сильна́ в исто́рии; б) гото́вый; up in arms *см.* arm II, 1, 1); **up to** а) *указывает на пригодность, соответствие*: he is not up to this job он не годи́тся для э́той рабо́ты; he is up to a thing or two зна́ний *или* уме́ния ему́ не занима́ть стать; to act up to one's promise поступа́ть согла́сно обеща́нию; исполня́ть обеща́ние; б) *указывает на временной предел* вплоть до; up to the middle of January до середи́ны января́ ◇ it's up to you (him, *etc.*) to decide (to act, *etc.*) реша́ть (де́йствовать *и т. п.*) предстои́т вам (ему́ *и т. п.*); up with ..! да здра́вствует..!; to be up and about быть на нога́х, встать, попра́виться по́сле боле́зни; up against smth. лицо́м к лицу́ с чем-л.

**2.** *prep* 1) вверх по, по направле́нию к (*источнику, центру, столице и т. п.*); up the river вверх по реке́; up the hill в го́ру; up the steps вверх по ле́стнице 2) вдоль по; вглубь; up the street по у́лице; to travel up (the) country е́хать в глубь страны́ 3) про́тив (*течения, ветра и т. п.*); ~ the wind про́тив ве́тра; to row up the stream грести́ про́тив тече́ния 4) к се́веру, в се́верном направле́нии

**3.** *a* 1) иду́щий, поднима́ющийся вверх 2) повыша́ющийся 3) направля́ющийся в кру́пный центр *или* на се́вер (*особ. о поезде*); up train по́езд, иду́щий в Ло́ндон *или* большо́й го́род 4) шипу́чий (*о напитках*)

**4.** *n* 1) подъём; ups and downs а) взлёты и паде́ния; б) превра́тности судьбы́ 2) успе́х 3) вздорожа́ние 4) по́езд, авто́бус *и т. п.*, иду́щий в Ло́ндон, в большо́й го́род *или* на се́вер

**5.** *v* *разг.* 1) поднима́ть; повыша́ть (*цены*) 2) вска́кивать

**up-** [ʌp-] *pref* 1) *в значении* вверх, кве́рху *прибавляется к существительным, образуя разные части речи*: up-grade подъём; upland наго́рный; upstairs наве́рх 2) *прибавляется к глаголам и отглагольным существительным, образуя существительные со значением* рост, подъём, измене́ние состоя́ния *и т. п.*: upheaval сдвиг; переворо́т; upswing улучше́ние 3) *прибавляется к глаголам, образуя новые глаголы, указывающие на полноту*

*действия*: to uproot вырыва́ть с ко́рнем, выкорчёвывать; to upset опроки́дывать; to upturn переверты́вать
**up-and-coming** ['ʌpənd'kʌmɪŋ] *a* 1) напо́ристый, предприи́мчивый; энерги́чный 2) подаю́щий наде́жды, многообеща́ющий
**up and down** ['ʌpən'daun] *adv* 1) пря́мо, откры́то 2) там и сям; [*см. тж.* up 1, 2)]
**up-and-down** ['ʌpən'daun] *a* 1) холми́стый 2) дви́гающийся вверх и вниз, с ме́ста на ме́сто 3) *амер.* прямо́й, открове́нный 4) перпендикуля́рный
**upas** ['ju:pəs] *n* 1) *бот.* анча́р 2) па́губное влия́ние
**upas-tree** ['ju:pəstri:] = upas 1)
**upbear** [ʌp'bɛə] *v* (upbore; upborne) подде́рживать
**up-beat** [ʌp'bi:t] *n муз.* неуда́рный звук в та́кте
**upbore** [ʌp'bɔ:] *past от* upbear
**upborne** [ʌp'bɔ:n] *p. p. от* upbear
**upbraid** [ʌp'breɪd] *v* брани́ть, укоря́ть (with, for — за *что-л.*)
**upbringing** ['ʌp,brɪŋɪŋ] *n* воспита́ние
**upbuild** [ʌp'bɪld] *v* вы́строить, построи́ть
**upcast** ['ʌpkɑ:st] **1.** *n* 1) *геол.* взброс 2) *горн.* вентиляцио́нная ша́хта
**2.** *a* восходя́щий, напра́вленный вверх
**upchuck** [ʌp'tʃʌk] *v разг.* рвать, страда́ть рво́той
**up country** [ʌp'kʌntrɪ] *adv* внутри́ страны́; внутрь страны́
**up-country** ['ʌp'kʌntrɪ] **1.** *n* вну́тренние райо́ны страны́
**2.** *a* располо́женный внутри́ страны́; вну́тренний
**up-date** [ʌp'deɪt] *v* модернизи́ровать
**updo** ['ʌpdu:] *n* причёска, при кото́рой во́лосы зачёсываются наве́рх
**up-grade** ['ʌp'greɪd] **1.** *n* подъём; on the ~ на подъёме
**2.** *v* повыша́ть в до́лжности, переводи́ть на бо́лее высокоопла́чиваемую рабо́ту *и т. п.*
**upgrowth** ['ʌpgrəuθ] *n* 1) рост, разви́тие 2) то, что растёт, тя́нется вверх
**upheaval** [ʌp'hi:vəl] *n* 1) сдвиг 2) переворо́т 3) *геол.* смеще́ние пласто́в
**upheave** [ʌp'hi:v] *v* (upheaved [-d], uphove) поднима́ть(ся)
**upheld** [ʌp'held] *past и p. p. от* uphold
**uphill** ['ʌp'hɪl] **1.** *adv* в го́ру
**2.** *a* 1) иду́щий в го́ру 2) *перен.* тяжёлый, тру́дный; an ~ task тру́дная зада́ча
**uphold** [ʌp'həuld] *v* (upheld) подде́рживать, защища́ть; поощря́ть; to ~ the view приде́рживаться взгля́да
**upholder** [ʌp'həuldə] *n* сторо́нник
**upholster** [ʌp'həulstə] *v* 1) обива́ть (*мебель*; with, in — *чем-л.*) 2) ве́шать (*портьеры, ковры и т. п.*)
**upholsterer** [ʌp'həulstərə] *n* обо́йщик; драпиро́вщик
**upholstery** [ʌp'həulstərɪ] *n* 1) ремесло́ обо́йщика *или* драпиро́вщика 2) оби́вочный материа́л, оби́вка
**uphove** [ʌp'həuv] *past и p. p. от* upheave

**upkeep** ['ʌpki:p] *n* 1) содержа́ние (*в исправности*); ремо́нт 2) сто́имость содержа́ния
**upland** ['ʌplənd] **1.** *n* (*обыкн. pl*) наго́рная страна́; гори́стая часть страны́
**2.** *a* 1) наго́рный 2) отдалённый; лежа́щий внутри́ страны́
**uplift 1.** *n* ['ʌplɪft] 1) подъём (*культуры и т. п.*); духо́вный подъём 2) *геол.* взброс
**2.** *v* [ʌp'lɪft] поднима́ть (*настроение*)
**upon** [ə'pɔn] (*полная форма*); əpən (*редуцировинная форма*)] = on 1 ◇ ~ my Sam! *sl.* че́стное сло́во!
**upper** ['ʌpə] **1.** *a* 1) ве́рхний; вы́сший; the U. House ве́рхняя пала́та; the ~ servants ста́ршая прислу́га (*дворецкий и т. п.*); the ~ ten (thousand) верху́шка о́бщества; ~ crust а) ве́рхняя ко́рка (*буханки*); б) верху́шка о́бщества, аристокра́тия; в) *разг.* голова́; шля́па; the ~ storey а) ве́рхний эта́ж; б) *разг.* башка́, «черда́к»; he is a little wrong in the ~ storey ≅ у него́ не все до́ма 2) *горн.* восстаю́щий (*о шпуре*)
**2.** *n* 1) передо́к боти́нка 2) *pl* ге́тры; гама́ши 3) *разг.* ве́рхняя по́лка (*в вагоне*) 4) ве́рхний зуб 5) *горн.* восстаю́щий шпур ◇ to be (down) on one's ~s а) ходи́ть в сто́птанных башмака́х; б) быть без гроша́; быть в стеснённых обстоя́тельствах
**upper-cut** ['ʌpəkʌt] *n* апперко́т, уда́р сни́зу (*в боксе*)
**uppermost** ['ʌpəməust] **1.** *a* 1) са́мый ве́рхний; вы́сший 2) преоблада́ющий, гла́вный
**2.** *adv* 1) наверху́ 2) пре́жде всего́; I said whatever came ~ я сказа́л пе́рвое, что пришло́ в го́лову
**upper works** ['ʌpəwə:ks] *n pl* надво́дная часть су́дна
**uppish** ['ʌpɪʃ] *a разг.* чва́нный, спеси́вый; на́глый
**uppity** ['ʌpɪtɪ] *разг. см.* uppish
**upraise** [ʌp'reɪz] *v* поднима́ть, воздева́ть; возвыша́ть
**upright 1.** *n* ['ʌpraɪt] 1) подпо́рка; коло́нна; сто́йка 2) *сокр. от* upright piano
**2.** *a* 1) ['ʌp'raɪt] вертика́льный, прямо́й, отве́сный 2) ['ʌpraɪt] че́стный
**3.** *adv* ['ʌp'raɪt] пря́мо, вертика́льно, стойм́я
**uprightly** ['ʌp,raɪtlɪ] *adv* пря́мо, че́стно
**upright piano** ['ʌpraɪtpɪ'ænəu] *n* пиани́но
**uprise 1.** *n* ['ʌpraɪz] 1) восхо́д 2) появле́ние 3) подъём 4) = uprising 2
**2.** *v* [ʌp'raɪz] (uprose; uprisen) *поэт.* 1) восстава́ть 2) поднима́ться
**uprisen** [ʌp'rɪzn] *p. p. от* uprise 2
**uprising** [ʌp'raɪzɪŋ] **1.** *pres. p. от* uprise 2
**2.** *n* восста́ние
**uproar** ['ʌprɔ:] *n* 1) шум, гам 2) волне́ние, беспоря́дки
**uproarious** [ʌp'rɔ:rɪəs] *a* шу́мный, бу́йный

**uproot** [ʌp'ru:t] *v* вырыва́ть с ко́рнем; искореня́ть
**uprose** [ʌp'rəuz] *past от* uprise 2
**upset** [ʌp'set] **1.** *v* (upset) 1) опроки́дывать(ся) 2) расстра́ивать, наруша́ть (*порядок и т. п.*); to ~ smb.'s plans расстра́ивать чьи-л. пла́ны 3) расстра́ивать, огорча́ть, выводи́ть из душе́вного равнове́сия; I am ~ я расстро́ен 4) наруша́ть пищеваре́ние 5) *тех.* обжима́ть, оса́живать
**2.** *n* 1) опроки́дывание 2) беспоря́док 3) расстро́йство, огорче́ние 4) *разг.* ссо́ра 5) недомога́ние; stomach ~ расстро́йство желу́дка 6) *спорт.* неожи́данное пораже́ние
**3.** *a*: ~ price ни́зшая отправна́я цена́ (*на аукционе*)
**upshot** ['ʌpʃɔt] *n* развя́зка, заключе́ние; результа́т; in the ~ в конце́ концо́в
**upside** ['ʌpsaɪd] *n* ве́рхняя сторона́ *или* часть
**upside-down** ['ʌpsaɪd'daun] **1.** *a* переве́рнутый вверх дном
**2.** *adv* вверх дном, в беспоря́дке
**upstage** ['ʌp'steɪdʒ] **1.** *a* 1) относя́щийся к за́дней ча́сти сце́ны 2) *разг.* надме́нный, высокоме́рный
**2.** *adv* в глубине́ сце́ны
**upstair** ['ʌp'stɛə] = upstairs 1, 1) *и* 3
**upstairs** ['ʌp'stɛəz] **1.** *adv* 1) вверх (по ле́стнице), наве́рх; наверху́, в ве́рхнем этаже́ 2) *ав.* на большо́й высоте́; в во́здухе
**2.** *n* 1) ве́рхняя часть зда́ния 2) челове́к, живу́щий в ве́рхнем этаже́
**3.** *a* находя́щийся в ве́рхнем этаже́, наверху́
**upstanding** ['ʌp'stændɪŋ] *a* 1) стоя́чий; стоя́щий; прямо́й 2) с прямо́й оса́нкой 3) здоро́вый; ~ children здоро́вые де́ти 4) че́стный и прямо́й
**upstart 1.** *n* ['ʌpstɑ:t] вы́скочка
**2.** *v* [ʌp'stɑ:t] 1) вска́кивать 2) заста́вить вскочи́ть, спугну́ть
**upstate** ['ʌp'steɪt] *n амер.* се́верная часть шта́та
**up-stream** ['ʌp'stri:m] **1.** *adv* 1) про́тив тече́ния 2) вверх по тече́нию
**2.** *a* 1) плыву́щий про́тив тече́ния 2) располо́женный вверх по тече́нию
**upstroke** ['ʌpstrəuk] *n* 1) черта́, напра́вленная вверх (*в письме, в рукописи*) 2) *тех.* движе́ние (*поршня*) вверх
**upsurge** [ʌp'sə:dʒ] **1.** *n* рост, повыше́ние, подъём; ~ of anger волна́ гне́ва
**2.** *v* поднима́ться, повыша́ться
**upsweep** ['ʌpswi:p] **1.** *n* = updo
**2.** *v* зачёсывать, убира́ть наве́рх (*волосы*)
**upswing** ['ʌpswɪŋ] **1.** *n* подъём; улучше́ние
**2.** *v* поднима́ться; улучша́ться
**uptake** ['ʌpteɪk] *n* 1) понима́ние; to be quick (slow) in the ~ бы́стро (ме́дленно) соображáть 2) *тех.* вертика́льный кана́л

**upthrow** [ˈʌpθrəu] *n* 1) бросо́к вверх 2) = upheaval 3)
**up-to-date** [ˈʌptəˈdeɪt] *a* совреме́нный; соотве́тствующий совреме́нным тре́бованиям; нове́йший
**uptown** [ˈʌpˈtaun] **1.** *n* 1) ве́рхняя часть го́рода 2) *амер.* жилы́е кварта́лы го́рода
2. *a* располо́женный *или* находя́щийся в ве́рхней ча́сти го́рода
3. *adv* в ве́рхней ча́сти го́рода
**uptrend** [ˈʌpˈtrend] *n* тенде́нция к повыше́нию
**upturn** [ʌpˈtə:n] **1.** *n* 1) подъём; улучше́ние (*усло́вий и т. п.*) 2) рост (*цен и т. п.*)
2. *v* перевёртывать
**upward** [ˈʌpwə:d] **1.** *a* напра́вленный *или* дви́жущийся вверх
2. *adv* = upwards
**upwards** [ˈʌpwədz] *adv* 1) вверх; to follow the river ~ идти́ вверх по реке́ 2) бо́льше; ста́рше; вы́ше; children of five years and ~ де́ти пяти́ лет и ста́рше ◇ ~ of свы́ше; ~ of 50 people бо́лее 50 челове́к
**uraemia** [juəˈri:mjə] *n мед.* уреми́я
**Ural-Altaic** [ˈjuərəlælˈteɪɪk] **1.** *a* ура́ло-алта́йский
2. *n* ура́ло-алта́йская гру́ппа языко́в
**uranium** [juˈreɪnjəm] *n хим.* 1) ура́н 2) *attr.* ура́новый; ~ reactor ура́новый реа́ктор
**Uranus** [ˈjuərənəs] *n греч. миф., астр.* Ура́н
**urban** [ˈə:bən] *a* городско́й; ~ population городско́е населе́ние
**urbane** [ə:ˈbeɪn] *a* ве́жливый; с изы́сканными мане́рами
**urbanity** [ə:ˈbænɪtɪ] *n* 1) ве́жливость, любе́зность, учти́вость 2) городска́я жизнь
**urbanize** [ˈə:bənaɪz] *v* 1) де́лать ве́жливым, учти́вым 2) превраща́ть в го́род (*посёлок и т. п.*)
**urchin** [ˈə:tʃɪn] *n* 1) мальчи́шка, постре́л 2) ёж 3) *уст.* домово́й
**Urdu** [ˈuədu:] *n* язы́к урду́
**urea** [ˈjuərɪə] *n хим.* мочеви́на
**ureter** [juəˈri:tə] *n анат.* мочеточник
**urethra** [juəˈri:θrə] *n* мочеиспуска́тельный кана́л, уре́тра
**urge** [ə:dʒ] **1.** *n* толчо́к, побужде́ние
2. *v* 1) понужда́ть, подгоня́ть (*тж.* ~ on) 2) побужда́ть; подстрека́ть 3) убежда́ть, наста́ивать на; настоя́тельно сове́товать; to ~ smth. upon smb. убежда́ть кого́-л. в чём-л. 4) надоеда́ть, тверди́ть одно́ и то же
**urgency** [ˈə:dʒənsɪ] *n* 1) настоя́тельность, безотлага́тельность; a matter of great ~ сро́чное де́ло 2) насто́йчивость; назо́йливость
**urgent** [ˈə:dʒənt] *a* 1) сро́чный, настоя́тельный 2) кра́йне необходи́мый; to be in ~ need of smth. кра́йне нужда́ться в чём-л. 3) насто́йчивый, упо́рный; назо́йливый
**uric** [ˈjuərɪk] *a* мочево́й
**urinal** [ˈjuərɪnl] *n* 1) писсуа́р 2) мочеприёмник
**urinary** [ˈjuərɪnərɪ] *a* мочево́й
**urinate** [ˈjuərɪneɪt] *v* мочи́ться
**urination** [ˌjuərɪˈneɪʃən] *n* мочеиспуска́ние
**urine** [ˈjuərɪn] *n* моча́
**urinology** [ˌjuərɪˈnɔlədʒɪ] = urology
**urn** [ə:n] *n* 1) у́рна 2) электри́ческий самова́р *или* кофе́йник
**urology** [juəˈrɔlədʒɪ] *n* уроло́гия
**Ursa** [ˈə:sə] *n*: ~ Major (Minor) *астр.* Больша́я (Ма́лая) Медве́дица
**ursine** [ˈə:saɪn] *a* медве́жий
**Uruguayan** [ˌuruˈgwaɪən] **1.** *a* уругва́йский
2. *n* уругва́ец; уругва́йка
**us** [ʌs (*по́лная фо́рма*); əs (*редуци́рованная фо́рма*)] *pron pers. косв. п. от* we
**usable** [ˈju:zəbl] *a* 1) го́дный к употребле́нию 2) удо́бный, практи́чный
**usage** [ˈju:zɪdʒ] *n* 1) употребле́ние 2) обхожде́ние, обраще́ние; harsh ~ гру́бое обраще́ние 3) обы́чай, обыкнове́ние 4) словоупотребле́ние
**usance** [ˈju:zəns] *n* устано́вленный торго́вым обы́чаем срок платежа́ по иностра́нным векселя́м
**use 1.** *n* [ju:s] 1) употребле́ние; примене́ние; in ~ в употребле́нии; in daily ~ в ча́стом употребле́нии; в обихо́де; to be (*или* to fall) out of ~ вы́йти из употребле́ния; to put knowledge to ~ применя́ть зна́ния на пра́ктике 2) (ис)по́льзование; спосо́бность *или* пра́во по́льзования (*чем-л.*); to have the ~ of smth. по́льзоваться чем-л.; he put the ~ of his house at my disposal он предложи́л мне по́льзоваться свои́м до́мом; to lose the ~ of smth. потеря́ть спосо́бность по́льзоваться чем-л.; he lost the ~ of his eyes он осле́п; to make ~ of, to put to ~ испо́льзовать, воспо́льзоваться 3) по́льза; толк; to be of (no) ~ быть (бес)поле́зным; is there any ~? сто́ит ли?; what's the ~ of arguing? к чему́ спо́рить?; I have no ~ for it *разг.* а) мне э́то соверше́нно не ну́жно; б) я э́того не выношу́ 4) обыкнове́ние, привы́чка; long ~ and wont обы́чная пра́ктика; long ~ has reconciled me to it я примири́лся с э́тим благодаря́ давни́шней привы́чке 5) цель, назначе́ние; a tool with many ~s инструме́нт, применя́емый для разли́чных це́лей 6) ритуа́л це́ркви, епа́рхии 7) *юр.* управле́ние иму́ществом по дове́ренности; дохо́д от управле́ния иму́ществом по дове́ренности
2. *v* [ju:z] 1) употребля́ть, по́льзоваться, применя́ть; to ~ one's brains (*или* one's wits) «шевели́ть мозга́ми»; may I ~ your name? могу́ я на вас сосла́ться? 2) испо́льзовать, израсхо́довать; they use 10 tons of coal a month они́ расхо́дуют 10 тонн у́гля́ в ме́сяц 3) обраща́ться, обходи́ться (*с кем-л.*); to ~ smb. like a dog третировать кого́-л.; he thinks himself ill ~d он счита́ет, что с ним пло́хо обошли́сь 4) (*тк. past* [*обыкн.* ju:st]): I ~d to see him often я ча́сто его́ встреча́л; it ~d to be said (быва́ло) говори́ли; there ~d to be a house here ра́ньше здесь стоя́л дом □ ~ up а) израсхо́довать, испо́льзовать; истра́тить; б) истоща́ть; to feel ~d up чу́вствовать себя́ соверше́нно обесси́ленным
**used 1.** [ju:zd] *p. p. от* use 2
2. *a* 1) поде́ржанный, ста́рый 2) *тех.* отрабо́танный, отрабо́тавший
**used to** [ˈju:sttu(:)] *a* привы́кший; you'll soon get ~ it вы ско́ро привы́кните к э́тому
**used-up** [ˈju:zdˈʌp] *a* 1) изму́ченный, изнурённый 2) *амер.* оконча́тельный; по́лностью обсуждённый
**useful** [ˈju:sful] *a* 1) поле́зный, приго́дный; ~ effect *тех.* поле́зное де́йствие, отда́ча 2) *разг.* спосо́бный; успе́шный; весьма́ похва́льный
**useless** [ˈju:slɪs] *a* 1) бесполе́зный; никуда́ не го́дный 2) *разг.* пло́хо себя́ чу́вствующий, в плохо́м настрое́нии; I am feeling ~ я чу́вствую себя́ отврати́тельно, я ни на что не гожу́сь
**user** [ˈju:zə] *n* 1) потреби́тель 2) употребля́ющий (*что-л.*) 3) *юр.* пра́во по́льзования; пра́во да́вности
**usher** [ˈʌʃə] **1.** *n* 1) швейца́р 2) капельди́нер; биле́тёр 3) при́став (*в суде́*) 4) церемонийме́йстер 5) *амер.* ша́фер 6) *уст., шутл.* мла́дший учи́тель
**2.** *v* 1) проводи́ть; вводи́ть (in) 2) объявля́ть, возвеща́ть (*прихо́д, наступле́ние; тж.* ~ in)
**usherette** [ˌʌʃəˈret] *n* капельди́нерша; билетёрша
**usquebaugh** [ˈʌskwɪbɔ:] *n* 1) *шотл., ирл.* ви́ски 2) ирла́ндский напи́ток из коньяка́ с пря́ностями
**usual** [ˈju:ʒuəl] **1.** *a* обыкнове́нный, обы́чный; as ~ как обы́чно; the ~ thing то, что обы́чно при́нято (*говори́ть, де́лать*)
2. *n* (the ~) = the ~ thing [*см.* 1]
**usually** [ˈju:ʒuəlɪ] *adv* обы́чно, обыкнове́нно
**usufruct** [ˈju:sju(:)frʌkt] *n юр.* узуфру́кт (*пра́во по́льзования чужо́й со́бственностью и дохо́дами от неё без причине́ния уще́рба*)
**usufructuary** [ˌju:sju(:)ˈfrʌktjuərɪ] *юр.* **1.** *a* относя́щийся к узуфру́кту [*см.* usufruct]
2. *n* челове́к, по́льзующийся узуфру́ктом
**usurer** [ˈju:ʒərə] *n* ростовщи́к
**usurious** [ju:ˈzjuərɪəs] *a* ростовщи́ческий
**usurp** [ju:ˈzə:p] *v* узурпи́ровать, незако́нно захва́тывать
**usurpation** [ˌju:zə:ˈpeɪʃən] *n* узурпа́ция, незако́нный захва́т
**usurper** [ju:ˈzə:pə] *n* узурпа́тор, захва́тчик
**usury** [ˈju:ʒurɪ] *n* 1) ростовщи́чество 2) ростовщи́ческий проце́нт 3): with ~ с лихво́й
**utensil** [ju(:)ˈtensl] *n* посу́да, у́тварь; принадле́жность; kitchen ~s ку́хонная посу́да; writing ~s пи́сьменные принадле́жности
**uteri** [ˈju:tərаɪ] *pl от* uterus
**uterine** [ˈju:təraɪn] *a* утро́бный; ~ brother единоутро́бный брат
**uterus** [ˈju:tərəs] *n* (*pl* -ri) *анат.* ма́тка

**utilitarian** [ˏju:tɪlɪˈtɛərɪən] **1.** *a* утилита́рный

**2.** *n* (U.) утилитари́ст

**utilitarianism** [ˏju:tɪlɪˈtɛərɪənɪzm] *n* *филос.* утилитари́зм

**utility** [ju(:)ˈtɪlɪtɪ] *n* 1) поле́зность; вы́годность; of no ~ бесполе́зный 2) *pl* (*тж.* public utilities) коммуна́льные сооруже́ния, предприя́тия; коммуна́льные услу́ги 3) *pl* а́кции и облига́ции предприя́тий обще́ственного по́льзования 4) *эк.* обще́ственная поле́зность 5) *attr.* утилита́рный 6) *attr.* свя́занный с коммуна́льными услу́гами 7) *attr.* практи́чный (*о товарах*)

**utility-man** [ju(:)ˈtɪlɪtɪmən] *n* 1) *театр. sl.* актёр на выходны́х роля́х 2) ма́стер на все ру́ки

**utilization** [ˏju:tɪlaɪˈzeɪʃən] *n* испо́льзование, утилиза́ция

**utilize** [ˈju:tɪlaɪz] *v* испо́льзовать, утилизи́ровать

**utmost** [ˈʌtməust] **1.** *a* 1) са́мый отдалённый; the ~ ends of earth са́мые отдалённые райо́ны земли́ 2) кра́йний, преде́льный; величайший; ~ secrecy глубо́кая та́йна; with the ~ pleasure с превели́ким удово́льствием

**2.** *n* са́мое большо́е, всё возмо́жное; to do one's ~ сде́лать всё возмо́жное; he did the ~ of his power он сде́лал всё, что бы́ло в его́ си́лах

**Utopia** [ju:ˈtəupjə] *n* уто́пия

**Utopian** [ju:ˈtəupjən] **1.** *a* утопи́ческий

**2.** *n* утопи́ст

**utricle** [ˈju:trɪkl] *n* *анат.* перепо́нчатый мешо́чек ушно́го лабири́нта

**utter** I [ˈʌtə] *v* 1) издава́ть (*звук*); произноси́ть 2) выража́ть слова́ми; to ~ a lie солга́ть 3) пуска́ть в обраще́ние (*особ. фальшивые деньги*)

**utter** II [ˈʌtə] *a* 1) по́лный, соверше́нный, абсолю́тный; кра́йний; ~ darkness абсолю́тная темнота́; an ~ scoundrel отъя́вленный негодя́й 2): ~ barrister адвока́т, не име́ющий зва́ния короле́вского адвока́та и выступа́ющий в суде́ «за барье́ром»

**utterance** [ˈʌtərəns] *n* 1) выраже́ние в слова́х, произнесе́ние; he gave ~ to his rage он разрази́лся гне́вом 2) выска́зывание; public ~ публи́чное заявле́ние 3) ди́кция; произноше́ние, мане́ра говори́ть 4) дар сло́ва

**utterly** [ˈʌtəlɪ] *adv* кра́йне, чрезвыча́йно; ~ ruined соверше́нно, по́лностью разорённый

**uttermost** [ˈʌtəməust] = utmost

**uvula** [ˈju:vjulə] *n* (*pl* -lae) *анат.* язычо́к

**uvulae** [ˈju:vjuli:] *pl от* uvula

**uvular** [ˈju:vjulə] *a* язычко́вый

**uxorious** [ʌkˈsɔ:rɪəs] *a* о́чень *или* сли́шком лю́бящий свою́ жену́

**Uzbek** [ˈuzbek] **1.** *a* узбе́кский

**2.** *n* 1) узбе́к; узбе́чка 2) узбе́кский язы́к

# V

**V, v** [vi:] *n* (*pl* Vs, V's [vi:z]) 1) *22-я буква англ. алфавита* 2) что-л., име́ющее фо́рму бу́квы V 3) ри́мская ци́фра 5; 4) *амер. разг.* пятидо́лларовая бума́жка

**V-** [vi:-] *в сложных словах* 1) *означает* свя́занный с побе́дой (*во второй мировой войне*); V-Day День побе́ды 2) име́ющий фо́рму бу́квы V; V-neck вы́рез (*на платье*) в ви́де бу́квы V 3) *тех.* V-обра́зный; клинови́дный; V-belt клиново́й реме́нь

**vac** [væk] *n* *разг.* 1) *сокр. от* vacation 1; 2) *сокр. от* vacuum-cleaner

**vacancy** [ˈveɪkənsɪ] *n* 1) пустота́ 2) неза́нятый, незастро́енный уча́сток *или* промежу́ток; пусто́е, неза́нятое ме́сто 3) пробе́л; про́пуск; a ~ in one's knowledge пробе́л в зна́ниях 4) вака́нсия, свобо́дное ме́сто 5) безуча́стность; рассе́янность 6) бездея́тельность 7) помеще́ние, сдаю́щееся внаём; "no vacancies" «мест нет» (*объявление в гостинице и т. п.*)

**vacant** [ˈveɪkənt] *a* 1) пусто́й, неза́нятый, свобо́дный; to be ~ пустова́ть; "~ possession" «помеще́ние гото́во для въе́зда» (*объявление*) 2) вака́нтный неза́нятый (*о должности*) 3) рассе́янный, бессмы́сленный, безуча́стный, отсу́тствующий (*взгляд и т. п.*); a ~ smile отсу́тствующая улы́бка 4) безде́ятельный 5) *тех.* холосто́й (*ход*)

**vacantly** [ˈveɪkəntlɪ] *adv* бессмы́сленно, безуча́стно, рассе́янно

**vacate** [vəˈkeɪt] *v* 1) освобожда́ть; покида́ть, оставля́ть 2) упраздня́ть; аннули́ровать 3) *амер. разг.* проводи́ть о́тпуск, кани́кулы

**vacation** [vəˈkeɪʃən] **1.** *n* 1) оставле́ние; освобожде́ние 2) кани́кулы; the long ~ ле́тние кани́кулы 3) о́тпуск 4) *attr.* отпускно́й; каникуля́рный; ~ pay опла́та о́тпуска

**2.** *v* *амер.* отдыха́ть, брать о́тпуск

**vacationist** [vəˈkeɪʃənɪst] *n* *амер.* отдыха́ющий, отпускни́к

**vaccinate** [ˈvæksɪneɪt] *v* *мед.* 1) привива́ть о́спу (*тж.* to ~ smb. against smallpox 2) применя́ть вакци́ну, вакцини́ровать, де́лать приви́вку

**vaccination** [ˏvæksɪˈneɪʃən] *n* *мед.* 1) приви́вка о́спы 2) вакцина́ция

**vaccine** [ˈvæksi:n] *n* *мед.* 1) вакци́на 2) *attr.* вакци́нный; ~ therapy вакцинотерапи́я

**vaccinia** [vækˈsɪnɪə] *n* коро́вья о́спа

**vacillate** [ˈvæsɪleɪt] *v* 1) колеба́ться; проявля́ть нереши́тельность 2) кача́ться, колеба́ться

**vacillating** [ˈvæsɪleɪtɪŋ] **1.** *pres. p. от* vacillate

**2.** *a* коле́блющийся; нереши́тельный

**vacillation** [ˏvæsɪˈleɪʃən] *n* 1) колеба́ние; непостоя́нство 2) шата́ние

**vacua** [ˈvækjuə] *pl от* vacuum

**vacuity** [væˈkju(:)ɪtɪ] *n* 1) отсу́тствие мы́сли; бессодержа́тельность (*взгляда и т. п.*) 2) пусты́е, бессодержа́тельные слова́; «вода́»

**vacuous** [ˈvækjuəs] *a* 1) пусто́й (*преим. перен.*); ~ stare бессмы́сленный взгляд 2) безде́ятельный, пра́здный

**vacuum** [ˈvækjuəm] **1.** *n* (*pl* -s [-z], -cua) 1) *физ.* ва́куум, безвозду́шное простра́нство 2) *разг.* пони́женное давле́ние (*по сравнению с атмосферным*) 3) *перен.* пустота́; to fill the ~ запо́лнить пустоту́; воспо́лнить пробе́л 4) *разг.* пылесо́с 5) *attr.* ва́куумный

**2.** *v* *разг.* чи́стить пылесо́сом

**vacuum brake** [ˈvækjuəmˈbreɪk] *n* ва́куумный то́рмоз

**vacuum cleaner** [ˈvækjuəmˏkli:nə] *n* пылесо́с

**vacuum fan** [ˈvækjuəmˈfæn] *n* *тех.* эксга́устер, вытяжно́й вентиля́тор

**vacuum flask** [ˈvækjuəmˈflɑ:sk] *n* те́рмос

**vacuum-gauge** [ˈvækjəmˈgeɪdʒ] *n* вакуумме́тр

**vacuum-pump** [ˈvækjuəmˈpʌmp] *n* ва́куум-насо́с

**vacuum-tube** [ˈvækjuəmˈtju:b] *n* *радио* электро́нная ла́мпа

**vacuum-valve** [ˈvækjuəmˈvælv] = vacuum-tube

**vade-mecum** [ˈveɪdɪˈmi:kəm] *лат.* *n* карма́нный спра́вочник; путеводи́тель

**vagabond** [ˈvægəbɔnd] **1.** *n* 1) бродя́га 2) *разг.* безде́льник; мерза́вец

**2.** *a* бродя́чий; to live a ~ life вести́ бродя́чий о́браз жи́зни, скита́ться

**3.** *v* скита́ться; бродя́жничать

**vagabondage** [ˈvægəbɔndɪdʒ] *n* 1) бродя́жничество 2) *собир.* бродя́ги

**vagabondism** [ˈvægəbɔndɪzm] *n* бродя́жничество

**vagabondize** [ˈvægəbɔndaɪz] *v* скита́ться; бродя́жничать

**vagarious** [vəˈgɛərɪəs] *a* капри́зный, стра́нный

**vagary** [ˈveɪgərɪ] *n* 1) капри́з, причу́да; вы́ходка 2) *pl* превра́тности

**vagina** [vəˈdʒaɪnə] *n* (*pl* -nae, -s [-z]) *анат.*, *бот.* влага́лище

**vaginae** [vəˈdʒaɪni:] *pl от* vagina

**vaginal** [vəˈdʒaɪnəl] *a* *анат.* влага́лищный

**vagrancy** [ˈveɪgrənsɪ] *n* 1) бродя́жничество; taken up for ~ аресто́ванный за бродя́жничество 2) вы́ходка, причу́да

**vagrant** [ˈveɪgrənt] **1.** *n* бродя́га; праздношата́ющийся

**2.** *a* 1) бродя́чий; стра́нствующий; ~ tribes кочевы́е племена́ 2) изме́нчивый; блужда́ющий (*о взгляде и т. п.*); ~ thoughts пра́здные мы́сли

**vague** [veɪg] *a* 1) неопределённый, нея́сный, сму́тный; неуловимый; ~ hopes сму́тные наде́жды; ~ rumours неопределённые слу́хи; ~ resemblance отдалённое схо́дство; I have not the ~st notion what to do не име́ю ни мале́йшего представле́ния, что де́лать; he was very ~ on this point по э́тому вопро́су он не вы́сказал определённого мне́ния 2) рассе́янный; отсу́тствующий (*о взгляде и т. п.*)

**vail** [veɪl] *v* *уст.*, *поэт.* 1) склоня́ть (*оружие, знамёна*) 2) уступа́ть; склоня́ться (to — пе́ред *кем-л.*) 3) снима́ть (*шляпу*) 4) наклоня́ть (*голову*); опуска́ть (*глаза*)

**vain** [veın] *a* 1) тщéтный; напрáсный; ~ efforts напрáсные усúлия 2) пустóй; сýетный 3) мишýрный, показнóй 4) тщеслáвный, пóлный самомнéния; to be ~ of smth. гордúться чем-л. 5) *уст.* глýпый ◇ in ~ а) напрáсно, тщéтно; б) всýе; to take smb.'s name in ~ говорúть о ком-л. без дóлжного уважéния; to take God's name in ~ богохýльствовать

**vainglorious** [veın'glɔ:rıəs] *a* тщеслáвный; хвастлúвый

**vainglory** [veın'glɔ:rı] *n* тщеслáвие; хвастлúвость

**vainly** ['veınlı] *adv* 1) напрáсно, тщéтно 2) тщеслáвно

**vakeel, vakil** [væ'ki:l] *инд.* *n* 1) представúтель 2) послáнник 3) адвокáт

**valance** ['væləns] *n* подзóр (*у кровати*); балдахúн

**vale** I [veıl] *n* 1) *поэт.* дол. долúна; this ~ of tears (*или* of woe, of misery) «юдóль слёз», «юдóль печáли» 2) канáвка для стóка воды́

**vale** II ['veılı] *лат. ритор.* **1.** *n* прощáние; to say (*или* to take) one's ~ прощáться

**2.** *int* прощáй(те)!

**valediction** [ˌvælı'dıkʃən] *n* 1) прощáние 2) прощáльная речь, прощáльные пожелáния

**valedictorian** [ˌvælıdık'tɔ:rıən] *n* *амер.* студéнт-выпускнúк, произнося́щий прощáльную речь

**valedictory** [ˌvælı'dıktərı] **1.** *n* 1) прощáльная речь 2) *амер.* прощáльное слóво, напýтствие

**2.** *a* прощáльный; ~ speech прощáльная речь

**valence** I ['væləns] = valance

**valence** II ['veıləns] = valency

**Valenciennes** [ˌvælənsı'en] *фр.* *n* валансьéнские кружевá

**valency** ['veılənsı] *n хим.* 1) валéнтность 2) *attr.* валéнтный; ~ link валéнтная связь

**-valent** [-'veılənt] *в сложных словах* -валéнтный

**valentine** ['væləntaın] *n* 1) возлю́бленный, возлю́бленная (*выбираемые в шутку обыкн. 14-го февраля, в день св. Валентина*) 2) любóвное *или* шутлúвое послáние, стихú, посылáемые в день св. Валентúна [*см.* 1)]

**valerian** [və'lıərıən] *n* 1) *бот.* валериáна 2) валериáновые кáпли (*тж.* ~ drops)

**valeric** [və'lıərık] *a*: ~ acid валериáновая кислотá

**valet** ['vælıt] **1.** *n* 1) слугá, камердúнер 2) слýжащий гостúницы, занимáющийся чúсткой, утю́жкой одéжды

**2.** *v* 1) служúть камердúнером 2) занимáться чúсткой, утю́жкой одéжды (*в гостинице*)

**valetudinarian** ['vælıˌtju:dı'nɛərıən] **1.** *a* болéзненный; мнúтельный

**2.** *n* болéзненный *или* мнúтельный человéк; человéк слáбого здорóвья

**valetudinarianism** ['vælıˌtju:dı'nɛərıənızm] *n* болéзненность; мнúтельность

**valetudinary** [ˌvælı'tju:dınərı] = valetudinarian

**Valhalla** [væl'hælə] *n* 1) *сканд. миф.* Валгáлла 2) пантеóн

**valiancy** ['væljənsı] *n* хрáбрость, дóблесть

**valiant** ['væljənt] **1.** *a* 1) хрáбрый, дóблестный (*человек*) 2) герóический (*поступок*)

**2.** *n* хрáбрый человéк

**valid** ['vælıd] *a* 1) *юр.* действúтельный, имéющий сúлу; the contract is ~ договóр в сúле; the ticket is ~ for a month билéт действúтелен в течéние мéсяца 2) вéский, обоснóванный (*довод, возражение*) 3) *спорт.* зачётный; ~ trial зачётная попы́тка

**validate** ['vælıdeıt] *v* 1) утверждáть, ратифицúровать 2) объявля́ть действúтельным, придавáть закóнную сúлу; обоснóвывать; to ~ a policy обосновáть политúческий курс

**validation** [ˌvælı'deıʃən] *n* 1) утверждéние, ратификáция 2) легализáция; придáние закóнной сúлы

**validity** [və'lıdıtı] *n* 1) действúтельность, закóнность 2) вéскость, обоснóванность; without ~ несостоя́тельный, необоснóванный

**valise** [və'li:z] *n* 1) саквоя́ж, чемодáн 2) *воен. ист.* рáнец; перемётная сумá

**Valkyr(ie)** ['vælkıər(ı)] *n* *сканд. миф.* валькúрия

**valley** ['vælı] *n* 1) долúна 2) *архит.* ендовá, разжелобóк 3) *тех.* жёлоб

**valor** ['vælə] *амер.* = valour

**valorize** ['væləraız] *эк.* *v* 1) устанáвливать цéны путём государственных мероприя́тий 2) ревалоризúровать (*валюту*)

**valorous** ['vælərəs] *a поэт.* дóблестный

**valour** ['vælə] *n* дóблесть

**valuable** ['væljuəbl] **1.** *a* 1) цéнный; дорогóй; a ~ picture цéнная картúна 2) цéнный, полéзный; he gave me ~ information он сообщúл мне цéнные свéдения 3) *редк.* поддаю́щийся оцéнке

**2.** *n* (*обыкн. pl*) цéнные вéщи; драгоцéнности

**valuation** [ˌvælju'eıʃən] *n* оцéнка (*имущества*); to take smb. at his own ~ принимáть когó-л. за тогó, за когó он себя́ выдаёт

**value** ['vælju:] **1.** *n* 1) цéнность; of no ~ нестóящий, не имéющий цéнности; to put much (little) ~ upon smth. высокó (нúзко) ценúть что-л. 2) стóимость; ценá; справедлúвое возмещéние; they paid him the ~ of his lost property онú возместúли емý стóимость егó пропáвшего имýщества; to get good ~ for one's money получúть сполнá за свой дéньги, вы́годно купúть; to go down in ~ понúзиться в ценé, подешевéть; обесцéниться 3) *эк.* стóимость; surplus (exchange) ~ прибáвочная (меновáя) стóимость 4) оцéнка 5) значéние, смысл (*слова*); to give full ~ to each word отчекáнивать словá 6) *мат.* величинá, значéние 7) *муз.* длúтельность (*ноты*) 8) *жив.* сочетáние свéта и тéни в картúне 9) *pl* цéнности, достóинства; cultural ~s культýрные цéнности; sense of ~s морáльные критéрии

**2.** *v* 1) оцéнивать 2) дорожúть, ценúть; he ~s himself on his knowledge он гордúтся своúми знáниями; I do not ~ that a brass farthing ≅ по-мóему, э́то грошá лóманого не стóит

**valued** ['vælju:d] **1.** *p. p. от* value 2

**2.** *a* цéнный; ценúмый; высокó оценённый; ~ opinion цéнное мнéние

**valueless** ['væljulıs] *a* ничегó не стóящий, бесполéзный

**valuer** ['væljuə] *n* оцéнщик

**valuta** [və'lu:tə] *n* валю́та

**valve** [vælv] *n* 1) клáпан, вéнтиль; золотнúк 2) створка (*раковины*) 3) *бот.* вáльва; створка 4) клáпан (*сердца*) 5) *радио* электрóнная лáмпа 6) *муз.* пистóн, вéнтиль 7) *attr.* лáмповый 8) *attr.* клáпанный

**valve set** ['vælv'set] *n радио* лáмповый приёмник

**valvular** ['vælvjulə] *a* 1) *мед.*: ~ defect порóк клáпанов (сéрдца) 2) клáпанный

**vamoose, vamose** [və'mu:s, və'məus] *v sl.* уходúть, убирáться; удирáть

**vamp** I [væmp] **1.** *n* 1) передóк (*ботинка*); сою́зка 2) заплáта 3) что-л., починённое на скóрую рýку 4) *муз.* импровизúрованный аккомпанемéнт

**2.** *v* 1) стáвить нóвый передóк (*на ботинок*) 2) чинúть, латáть (*обыкн.* ~ up) 3) (*тж.* ~ up) компилúровать; мастерúть из старья́; дéлать на скóрую рýку 4) *муз.* импровизúровать аккомпанемéнт

**vamp** II [væmp] *разг.* **1.** *n* соблазнúтельница; (жéнщина-)вамп

**2.** *v* завлекáть (*мужчину, особ. с корыстной целью*)

**vampire** ['væmpaıə] *n* 1) вампúр, упы́рь 2) вампúр (*южноамериканская летучая мышь*) 3) вымогáтель, кровопúйца 4) = vamp II, 1; 5) *театр.* лю́к, «провáл»

**vampire bat** ['væmpaıəbæt] = vampire 2)

**van** I [væn] *n* (*сокр. от* vanguard) авангáрд; to be in (*или* to lead) the ~ быть впередú, в авангáрде

**van** II [væn] **1.** *n* 1) фургóн 2) багáжный *или* товáрный вагóн

**2.** *v* перевозúть в фургóне, товáрном вагóне *и т. п.*

**vanadium** [və'neıdjəm] *n хим.* ванáдий

**vandal** ['vændəl] **1.** *n* 1) вандáл, вáрвар 2) (V.) *ист.* вандáл 3) хулигáн

**2.** *a* вáрварский

**vandalism** ['vændəlızm] *n* вандалúзм, вáрварство

**vandalize** ['vændəlaız] *v* 1) бесчúнствовать, хулигáнить 2) вáрварски относúться к произведéниям искýсства, разрушáть

**Vandyke** [væn'daık] 1) борóдка клúном (*тж.* ~ beard) 2) кружевнóй воротнúк с зубцáми (*тж.* ~ collar)

**Vandyke brown** [væn'daɪk'braun] *n* оттéнок тёмно-кори́чневой крáски

**vane** [veɪn] *n* 1) флю́гер 2) крыло́ (*ветряной мельницы, вентилятора*); ло́пасть (*винта*); лопáтка (*турбины*); стабилизáтор (*авиабомбы*) 3) ползу́н, визи́рка (*на нивелирной рейке*); диóптр

**vanguard** ['vængɑːd] *n воен.* головнóй отря́д, авангáрд

**vanilla** [və'nɪlə] *n* 1) вани́ль 2) *разг.* вани́льное морóженое 3) *attr.* вани́льный

**vanillin** [və'nɪlɪn] *n хим.* ванили́н

**vanish** ['vænɪʃ] **1.** *v* 1) исчезáть, пропадáть; to ~ in the crowd смешáться с толпóй 2) *мат.* стреми́ться к нулю́

**2.** *n фон.* скольжéние

**vanishing** ['vænɪʃɪŋ] **1.** *pres. p. от* vanish 1

**2.** *a* исчезáющий; ~ fraction *мат.* дробь, стремя́щаяся к нулю́; ~ cream бы́стро впи́тывающийся космети́ческий крем, крем под пу́дру

**vanishing-line** ['vænɪʃɪŋ'laɪn] *n* ли́ния схóда (*параллельных плоскостей*)

**vanishing-point** ['vænɪʃɪŋpɔɪnt] *n* тóчка схóда (*параллельных линий*); *перен.* крáйний предéл

**vanity** ['vænɪtɪ] *n* 1) суетá, су́етность; тщетá 2) тщеслáвие; injured ~ уязвлённое самолю́бие 3) = vanity bag ◊ V. Fair я́рмарка тщеслáвия

**vanity bag** ['vænɪtɪbæg] *n* дáмская су́мочка; кармáнный несессéр

**vanity box** ['vænɪtɪbɔks] = vanity bag

**vanity case** ['vænɪtɪkeɪs] = vanity bag

**vanquish** ['væŋkwɪʃ] *v* 1) побеждáть; покоря́ть 2) преодолевáть, подавля́ть (*какое-л. чувство и т. п.*)

**vanquisher** ['væŋkwɪʃə] *n* победи́тель; покори́тель

**vantage** ['vɑːntɪdʒ] *n* преиму́щество; to have (*или* to hold, to take) smb. at a (*или* the) ~ имéть преиму́щество пéред кем-л.

**vantage-ground** ['vɑːntɪdʒ'graund] *n* удóбная, вы́годная пози́ция, пункт наблюдéния

**vantage-point** ['vɑːntɪdʒpɔɪnt] = vantage-ground

**vapid** ['væpɪd] *a* 1) безвку́сный, прéсный; ~ beer вы́дохшееся пи́во 2) плóский; ску́чный, вя́лый, бессодержáтельный; ~ conversation пустóй разговóр

**vapidity** [væ'pɪdɪtɪ] *n* безвку́сность *и пр.* [*см.* vapid]

**vapor** ['veɪpə] *амер.* = vapour

**vaporarium** [ˌveɪpə'rɛərɪəm] = vapour bath

**vaporescense** [ˌveɪpə'resns] *n* парообразовáние

**vaporization** [ˌveɪpəraɪ'zeɪʃən] *n* испарéние; парообразовáние; выпáривание

**vaporize** ['veɪpəraɪz] *v* испаря́ть(ся)

**vaporizer** ['veɪpəraɪzə] *n* испари́тель

**vaporous** ['veɪpərəs] *a* 1) парообрáзный 2) напóлненный парáми 3) *уст.* нереáльный, пустóй

**vapour** ['veɪpə] **1.** *n* 1) пар; пары́; испарéния 2) нéчто нереáльное, химéра, фантáзия; the ~s of a disordered mind фантáзии безу́мца

**2.** *v* 1) испаря́ться 2) болтáть пó пусту 3) бахвáлиться

**vapour bath** ['veɪpəbɑːθ] *n* паровáя вáнна *или* бáня; пари́льня

**vapourish** ['veɪpərɪʃ] *a* 1) хвастли́вый 2) страдáющий ипохóндрией

**vapour trail** ['veɪpətreɪl] *n* след самолёта в разрежённом вóздухе

**vapoury** ['veɪpərɪ] *a* 1) тумáнный; затумáненный 2) уны́лый 3) гáзовый (*о материи*)

**varan** ['værən] *n зоол.* варáн

**Varangian** [və'rændʒɪən] *ист.* **1.** *a* варя́жский

**2.** *n* варя́г

**variability** [ˌvɛərɪə'bɪlɪtɪ] *n* измéнчивость, непостоя́нство

**variable** ['vɛərɪəbl] *a* 1) измéнчивый, непостоя́нный; ~ weather неустóйчивая погóда 2) перемéнный (*тж. мат.*) 3) *биол.* аберрáнтный; измéнчивый

**2.** *n* 1) *мат.* перемéнная (величинá) 2) *мор.* нерóвный вéтер 3) *pl мор.* райóны океáна, где нет постоя́нного вéтра

**variance** ['vɛərɪəns] *n* 1) разноглáсие; размóлвка; to be at ~ а) расходи́ться во мнéниях; находи́ться в противорéчии; б) быть в ссóре; to set at ~ вызывáть конфли́кт, приводи́ть к столкновéнию; ссóрить 2) изменéние 3) расхождéние, несоотвéтствие 4) *биол.* отклонéние от ви́да, ти́па

**variant** ['vɛərɪənt] **1.** *n* вариáнт

**2.** *a* 1) отли́чный от други́х; инóй; ~ reading разночтéние 2) разли́чный; ~ results разли́чные результáты; ~ spellings of a word орфографи́ческие вариáнты слóва

**variation** [ˌvɛərɪ'eɪʃən] *n* 1) изменéние, перемéна; ~s of temperature изменéния температу́ры; ~s in public opinion колебáния общéственного мнéния; ~ in (*или* of) prices рáзница в цéнах 2) разнови́дность; вариáнт 3) отклонéние; permissible ~ допусти́мое отклонéние 4) *мат., муз.* вариáция 5) склонéние магни́тной стрéлки

**varicella** [ˌværɪ'selə] *n мед.* вéтряная óспа

**varicoloured** ['vɛərɪˌkʌləd] *a* 1) разноцвéтный 2) разнообрáзный

**varicose** ['værɪkəus] *a мед.* расши́ренный, варикóзный (*о вене*)

**varied** ['vɛərɪd] **1.** *p. p. от* vary

**2.** *a* 1) разли́чный; дифференци́рованный; with ~ success с перемéнным успéхом 2) разнообрáзный

**variegate** ['vɛərɪgeɪt] *v* 1) дéлать пёстрым, раскрáшивать в рáзные цветá 2) разнообрáзить

**variegated** ['vɛərɪgeɪtɪd] **1.** *p. p. от* variegate

**2.** *a* 1) разноцвéтный; пёстрый 2) разнообрáзный; неоднорóдный, смéшанный, разносторóнний

**variegation** [ˌvɛərɪ'geɪʃən] *n* пёстрая раскрáска

**variety** [və'raɪətɪ] *n* 1) разнообрáзие; ~s of fortune перипети́и судьбы́; great (*или* vast) ~ многообрáзие 2) многосторóнность; I was struck by the ~ of his attainments меня́ поразúла егó разносторóнность 3) (of) ряд, мнóжество; for a ~ of reasons по цéлому ря́ду причи́н 4) сорт, вид 5) = variety show 6) *биол.* разнови́дность

**variety entertainment** [və'raɪətɪˌentə'teɪnmənt] = variety show

**variety show** [və'raɪətɪ'ʃəu] *n* варьетé, эстрáдное представлéние, эстрáдный концéрт

**variety store** [və'raɪətɪ'stɔː] *n амер.* универсáльный магази́н

**variform** ['vɛərɪfɔːm] *a* имéющий разли́чные фóрмы

**variola** [və'raɪələ] *n мед.* óспа

**variolate** ['vɛərɪəleɪt] *v мед.* прививáть óспу

**variometer** [ˌvɛərɪ'ɔmɪtə] *n радио* вариóметр

**variorum** [ˌvɛərɪ'ɔːrəm] *n* 1) издáние с примечáниями разли́чных комментáторов 2) издáние, содержáщее разли́чные вариáнты однóго тéкста

**various** ['vɛərɪəs] **1.** *a* 1) разли́чный, рáзный; known under ~ names извéстный под рáзными именáми 2) (*с сущ. во мн. ч.*) мнóгие, рáзные; there are ~ reasons for believing so есть ряд основáний так ду́мать 3) разнообрáзный; разносторóнний

**2.** *n разг.* нéкоторые (ли́ца)

**varment, varmint** ['vɑːmɪnt] *n* 1) *разг., шутл.* шалопáй, шалу́н 2) (the ~) *охот. sl.* лисá 3) *диал.* = vermin

**varnish** ['vɑːnɪʃ] **1.** *n* 1) лак 2) гля́нец 3) лоск, внéшний налёт; to take the ~ off покáзать в и́стинном свéте, разоблачи́ть 4) *перен.* прикры́тие, маскирóвка 5) *тех.* глазу́рь

**2.** *v* 1) лакировáть, покрывáть лáком (*тж.* ~ over) 2) придавáть лоск 3) прикрывáть, прикрáшивать (*недостатки*)

**varnishing-day** ['vɑːnɪʃɪŋdeɪ] *n* день наканý́не откры́тия вы́ставки (*когда художники могут подправить картины, покрыть их лаком и т. п.*)

**varsity, 'varsity** ['vɑːsɪtɪ] *n разг.* 1) университéт 2) *attr.* университéтский; ~ team университéтская спорти́вная комáнда

**vary** ['vɛərɪ] *v* 1) меня́ть(ся), изменя́ть(ся); to ~ directly (inversely) *мат.* изменя́ться пря́мо (обрáтно) пропорционáльно 2) рáзниться; расходи́ться; opinions ~ on this point мнéния по э́тому вопрóсу расхóдятся 3) разнообрáзить; варьи́ровать; to ~ one's diet разнообрáзить диéту 4) *муз.* украшáть вариáциями; исполня́ть вариáции

**vascular** ['væskjulə] *a анат.* сосу́дистый; ~ system сосу́дистая систéма

**vase** [vɑːz] *n* вáза

**vaseline** ['vɑːsɪliːn] *n* вазели́н

**vase-painting** [ˈvɑːzˌpeɪntɪŋ] *n* ва́зовая жи́вопись

**vassal** [ˈvæsəl] *n* 1) *ист.* васса́л 2) васса́л, зави́симое лицо́ 3) слуга́ 4) *attr.* васса́льный; подчинённый

**vassalage** [ˈvæsəlɪdʒ] *n* 1) *ист.* васса́льная зави́симость 2) *перен.* зави́симость, ра́бство

**vast** [vɑːst] **1.** *a* 1) обши́рный, грома́дный; безбре́жный; ~ plains необозри́мые равни́ны; ~ scheme грандио́зный план 2) многочи́сленный; ~ interests широ́кий круг интере́сов 3) *разг.* огро́мный; it makes a ~ difference э́то по́лностью меня́ет де́ло

**2.** *n поэт.* просто́р; the ~ of ocean просто́р океа́на

**vastly** [ˈvɑːstlɪ] *adv* 1) значи́тельно, в значи́тельной сте́пени 2) *разг.* о́чень, кра́йне; I shall be ~ obliged я бу́ду о́чень благода́рен

**vasty** [ˈvɑːstɪ] = vast 1, 1)

**vat** [væt] *n* 1) чан, бак, цисте́рна 2) бо́чка, ка́дка, уша́т 3) *attr.* ку́бовый; ~ colours ку́бовые краси́тели

**vatic** [ˈvætɪk] *a* проро́ческий

**Vatican** [ˈvætɪkən] *n* Ватика́н

**Vaticanism** [ˈvætɪkənɪzm] *n* до́гмат непогреши́мости па́пы

**vaticinate** [væˈtɪsɪneɪt] *v ритор.* проро́чествовать, предска́зывать

**vaticination** [ˌvætɪsɪˈneɪʃən] *n ритор.* проро́чество, предсказа́ние

**vaudeville** [ˈvəudəvɪl] *n* 1) водеви́ль 2) *амер.* варьете́, эстра́дное представле́ние

**vault** I [vɔːlt] **1.** *n* 1) свод; the ~ of heaven небе́сный свод 2) подва́л, по́греб, склеп (*со сводом*); wine ~ ви́нный по́греб; family ~ фами́льный склеп

**2.** *v* возводи́ть свод (*над чем-л.*)

**vault** II [vɔːlt] **1.** *n спорт.* опо́рный прыжо́к, прыжо́к с шесто́м

**2.** *v* 1) пры́гать, перепры́гивать (*особ. опираясь на что-л.*) 2) вольтижи́ровать

**vaulted** I [ˈvɔːltɪd] **1.** *p. p. от* vault I, 2

**2.** *a* сво́дчатый

**vaulted** II [ˈvɔːltɪd] *p. p. от* vault II, 2

**vaulting** I [ˈvɔːltɪŋ] **1.** *pres. p. от* vault I, 2

**2.** *n* 1) возведе́ние сво́да 2) свод, сво́ды

**vaulting** II [ˈvɔːltɪŋ] **1.** *pres. p. от* vault II, 2

**2.** *n* прыжки́; вольтижиро́вка

**vaulting-horse** [ˈvɔːltɪŋhɔːs] *n* гимнасти́ческий конь

**vaunt** [vɔːnt] *книжн.* **1.** *n* хвастовство́

**2.** *v* 1) хва́статься (of — *чем-л.*) 2) превозноси́ть

**vavasour** [ˈvævəsuə] *n ист.* подвасса́л

**V-Day** [ˈviːdeɪ] *n* День побе́ды (*во второй мировой войне*)

**'ve** [v] *сокр. разг.* = have

**veal** [viːl] *n* 1) теля́тина 2) *attr.* теля́чий (*о кушанье*)

**vector** [ˈvektə] **1.** *n* 1) *мат.* ве́ктор 2) перено́счик инфе́кции 3) *attr. мат.* ве́кторный; ~ equation ве́кторное уравне́ние

**2.** *v* направля́ть, наводи́ть, придава́ть направле́ние

**Veda** [ˈveɪdə] *n*: the ~(s) Ве́ды (*священные книги древних индусов*)

**V-E Day** [ˈviːˈiːdeɪ] *n* Victory in Europe Day день побе́ды в Евро́пе (*во второй мировой войне*)

**vedette** [vɪˈdet] *n* 1) ко́нный часово́й; кавалери́йский пост 2) торпе́дный ка́тер (*тж.* ~ boat)

**veer** I [vɪə] **1.** *n* переме́на направле́ния

**2.** *v* 1) меня́ть направле́ние 2) меня́ть направле́ние по часово́й стре́лке (*о ветре*); the wind ~s aft ве́тер отхо́дит 3) *мор.* меня́ть курс 4) изменя́ть (*взгляды и т. п.*); to ~ left полеве́ть

**veer** II [vɪə] *v мор.* трави́ть (*канат*; *тж.* ~ away, ~ out); ~ and haul потра́вливать и выбира́ть

**veering** I [ˈvɪərɪŋ] **1.** *pres. p. от* veer I, 2

**2.** *n* поворо́т

**veering** II [ˈvɪərɪŋ] *pres. p. от* veer II

**vegetable** [ˈvedʒɪtəbl] **1.** *n* о́вощ; green ~s зе́лень, о́вощи ◇ to become a mere ~ прозяба́ть, жить расти́тельной жи́знью

**2.** *a* 1) расти́тельный; ~ physiology физиоло́гия расте́ний; ~ oil расти́тельное ма́сло; ~ life а) расти́тельная жизнь; прозяба́ние; б) *собир.* расте́ния; расти́тельность 2) овощно́й; ~ dish овощно́е блю́до

**vegetal** [ˈvedʒɪtl] *a* расти́тельный

**vegetarian** [ˌvedʒɪˈtɛərɪən] **1.** *n* вегетариа́нец

**2.** *a* вегетариа́нский; ~ restaurant вегетариа́нский рестора́н

**vegetarianism** [ˌvedʒɪˈtɛərɪənɪzm] *n* вегетариа́нство

**vegetate** [ˈvedʒɪteɪt] *v* 1) расти́, произраста́ть 2) прозяба́ть; жить расти́тельной жи́знью

**vegetation** [ˌvedʒɪˈteɪʃən] *n* 1) расти́тельность; tropical ~ тропи́ческая расти́тельность 2) произраста́ние 3) прозяба́ние; расти́тельная жизнь 4) *attr.* вегетацио́нный; ~ period вегетацио́нный пери́од (*растения*)

**vegetative** [ˈvedʒɪtətɪv] *a* 1) расти́тельный, вегетацио́нный; *физиол.* вегетати́вный 2) прозяба́ющий; живу́щий расти́тельной жи́знью

**vehemence** [ˈviːɪməns] *n* си́ла; стра́стность, горя́чность

**vehement** [ˈviːɪmənt] *a* си́льный; неи́стовый; стра́стный

**vehicle** [ˈviːɪkl] *n* 1) перево́зочное сре́дство (*автомобиль, вагон, повозка и т. п.*) 2) лета́тельный аппара́т; space ~ косми́ческий кора́бль 3) сре́дство выраже́ния и распростране́ния (*мыслей*) 4) проводни́к (*звука, света, инфекции и т. п.*) 5) раствори́тель; связу́ющее вещество́

**vehicular** [vɪˈhɪkjulə] *a* 1) перево́зочный; ~ transport автогужево́й тра́нспорт 2) автомоби́льный

**veil** [veɪl] **1.** *n* 1) покрыва́ло; вуа́ль; чадра́ 2) покро́в, заве́са; пелена́; to draw (*или* to cast, to throw) a ~ over smth. опусти́ть заве́су над чем-л.; обойти́ молча́нием что-л. 3) предло́г; ма́ска; under the ~ of под предло́гом; под ви́дом ◇ to take the ~ постри́чься в мона́хини; to pass beyond the ~ умере́ть

**2.** *v* 1) закрыва́ть покрыва́лом, вуа́лью 2) скрыва́ть, прикрыва́ть; маскирова́ть; to ~ one's designs скрыва́ть свои́ за́мыслы

**veiling** [ˈveɪlɪŋ] **1.** *pres. p. от* veil 2

**2.** *n* 1) *текст.* вуа́ль 2) материа́л для вуа́ли

**vein** [veɪn] *n* 1) ве́на; кровено́сный сосу́д 2) жи́лка (*листа*); прожи́лка (*крылышка насекомого*) 3) жи́лка, скло́нность 4) настрое́ние; to be in the ~ for smth. быть в настрое́нии де́лать что-л.; in the same ~ в том же ду́хе, в том же ро́де 5) *мин.* жи́ла

**veined** [veɪnd] *a* испещрённый жи́лками, прожи́лками

**veinstone** [ˈveɪnstəun] *n геол.* руда́ из жи́лы, жи́льная поро́да

**veiny** [ˈveɪnɪ] *a* 1) = veined 2) жи́листый; с разбу́хшими ве́нами

**vela** [ˈviːlə] *pl от* velum

**velar** [ˈviːlə] *фон.* **1.** *a* веля́рный, задненёбный

**2.** *n* веля́рный, задненёбный звук

**velaria** [vɪˈlɛərɪə] *pl от* velarium

**velarium** [vɪˈlɛərɪəm] *n* (*pl* -ria) наве́с (*над амфитеатром в древнем Риме*)

**veld(t)** [velt] *n южно-афр.* вельд, степь

**vellum** [ˈveləm] *n* 1) то́нкий перга́мент 2) ка́лька, воско́вка 3) *attr.*: ~ paper веле́невая бума́га; ~ cloth полотня́ная ка́лька

**velocipede** [vɪˈlɔsɪpiːd] *n* 1) *амер.* трёхколёсный велосипе́д 2) дрези́на

**velocity** [vɪˈlɔsɪtɪ] *n* 1) ско́рость; быстрота́; initial ~ нача́льная ско́рость; at the ~ of sound со ско́ростью зву́ка 2) *attr.* скоростно́й; ~ gauge *тех.* тахо́метр

**velodrome** [ˈviːlədrəum] *n* велодро́м

**velours** [vəˈluə] *фр. n* 1) велю́р; драп-велю́р 2) велю́ровая шля́па 3) *attr.* велю́ровый

**velum** [ˈviːləm] *n* (*pl* vela) *анат.* па́рус; нёбная занаве́ска

**velvet** [ˈvelvɪt] **1.** *n* 1) ба́рхат (*тж.* silk ~); cotton ~ вельве́т, плис 2) *перен.* бархати́стость, мя́гкость 3) *разг.* вы́года, неожи́данный дохо́д, вы́игрыш; to be on ~ а) материа́льно преуспева́ть; б) быть гаранти́рованным от случа́йностей и неуда́ч (*особ. в денежных вопросах*)

**2.** *a* 1) ба́рхатный 2) бархати́стый ◇ a ~ tread мя́гкая, неслы́шная по́ступь

**velveteen** [ˌvelvɪˈtiːn] *n* вельве́т

**velveting** [ˈvelvɪtɪŋ] *n собир.* изде́лия из ба́рхата

**velvety** [ˈvelvɪtɪ] *a* бархати́стый

**vena** [ˈviːnə] *n* (*pl* venae) *анат.* ве́на

**venae** [ˈviːniː] *pl от* vena

**venal** ['vi:nl] *a* прода́жный; подкупно́й; коры́стный; ~ practices корру́пция

**venality** [vi:'nælɪtɪ] *n* прода́жность

**venation** [vi:'neɪʃən] *n бот.* нерва́ция, жилкова́ние

**vend** [vend] *v* продава́ть; торгова́ть

**vendee** [ven'di:] *n юр.* покупа́тель

**vender** ['vendə] = vendor 1)

**vendetta** [ven'detə] *ит. n* венде́тта, кро́вная месть

**vendible** ['vendəbl] **1.** *a* 1) го́дный для прода́жи 2) = venal

**2.** *n pl* това́ры для прода́жи

**vending machine** ['vendɪŋmə,ʃi:n] *n* торго́вый автома́т

**vendor** ['vendɔ:] *n* 1) продаве́ц; торго́вец, продаю́щий това́р вразно́с 2) = vending machine

**veneer** [vɪ'nɪə] **1.** *n* 1) шпон; однослойная фане́ра 2) (кирпи́чная) облицо́вка; нару́жный слой 3) вне́шний лоск, налёт; a ~ of culture ви́димость культу́ры 4) *attr.* фане́рный

**2.** *v* 1) обкле́ивать фане́рой 2) покрыва́ть то́нким сло́ем (*чего-л.*); облицо́вывать 3) придава́ть вне́шний лоск (*чему-л.*); маскирова́ть (*что-л.*)

**venerable** ['venərəbl] *a* 1) почте́нный; ~ age почте́нный во́зраст 2) *церк.* преподо́бный (*как титул*) 3) дре́вний, освящённый века́ми

**venerate** ['venəreɪt] *v* благогове́ть (*перед кем-л.*), чтить

**veneration** [,venə'reɪʃən] *n* благогове́ние, почита́ние

**venerator** ['venəreɪtə] *n* почита́тель

**venereal** [vɪ'nɪərɪəl] *a* 1) сладостра́стный 2) *мед.* венери́ческий

**venereologist** [vɪ,nɪərɪ'ɔlədʒɪst] *n* венеро́лог

**venesection** [,venɪ'sekʃən] *n мед.* вскры́тие ве́ны, кровопуска́ние

**Venetian** [vɪ'ni:ʃən] **1.** *a* венециа́нский; ~ window венециа́нское окно́; ~ blind подъёмные жалюзи́; ~ mast декорати́вная ма́чта со спира́льным разноцве́тным рису́нком; ~ pearl иску́сственный же́мчуг

**2.** *n* венециа́нец; венециа́нка

**Venezuelan** [,vene'zweɪlən] **1.** *a* венесуэ́льский

**2.** *n* венесуэ́лец, венесуэ́лка

**vengeance** ['vendʒəns] *n* месть, мще́ние; fearful ~ стра́шная месть; to take (*или* to inflict) ~ on (*или* upon) smb. отомсти́ть кому́-л.; to seek ~ upon smb. стреми́ться отомсти́ть кому́-л. ◇ with a ~ *разг.* а) здо́рово; вовсю́; чрезвыча́йно; that was luck with a ~! нам черто́вски повезло́!; б) в большо́м коли́честве, с лихво́й; в по́лном смы́сле сло́ва; the rain came down with a ~ дождь поли́л как из ведра́

**vengeful** ['vendʒful] *a* мсти́тельный

**venial** ['vi:njəl] *a* прости́тельный; a ~ error прости́тельная оши́бка

**venire** [vɪ'naɪərɪ] *n юр.* предписа́ние, вызыва́ющее прися́жного в суд

**venison** ['venzn] *n* оле́нина

**venom** ['venəm] *n* 1) яд (*живо́тного происхожде́ния, особ. змеи́ный*) 2) зло́ба, яд

**venomous** ['venəməs] *a* 1) ядови́тый 2) зло́бный

**venose** ['vi:nəus] *a бот.* жилкова́тый

**venous** ['vi:nəs] *a* 1) *анат.* вено́зный 2) = venose

**vent** [vent] **1.** *n* 1) входно́е *или* выходно́е отве́рстие; вентиляцио́нное отве́рстие; отду́шина 2) вы́ход, выраже́ние; to give ~ to one's feelings отвести́ ду́шу, дать вы́ход свои́м чу́вствам; to find ~ for smth. in smth. найти́ вы́ход чему́-л. в чём-л.; he found (a) ~ for his anger in smashing the crockery он изли́л свой гнев, переби́в всю посу́ду 3) кла́пан (*духово́го инструме́нта*) 4) за́дний прохо́д (*у птиц и рыб*) 5) *воен.* запа́льный кана́л 6) по́люсное отве́рстие (*парашю́та*)

**2.** *v* 1) сде́лать отве́рстие (*в чём-л.*) 2) выпуска́ть (*дым и т. п.*); испуска́ть 3) дава́ть вы́ход (*напр., чу́вству*); излива́ть (*зло́бу и т. п.*, upon — на кого́-л.) 4) выска́зывать, выража́ть; to ~ one's opinion откры́то вы́сказать своё мне́ние

**ventage** ['ventɪdʒ] *n* 1) отду́шина 2) кла́пан (*духово́го инструме́нта*)

**venter** ['ventə] *n* 1) *анат., зоол.* живо́т 2) *юр.*: by one ~ единоутро́бный

**vent-hole** ['venthəul] = vent 1, 1)

**ventiduct** ['ventɪdʌkt] *n* вентиляцио́нная труба́, отве́рстие

**ventilate** ['ventɪleɪt] *v* 1) прове́тривать, вентили́ровать 2) снабжа́ть кла́паном, отду́шиной 3) обсужда́ть, выясня́ть (*вопро́с*) 4) выска́зывать, доводи́ть до све́дения; предава́ть гла́сности

**ventilation** [,ventɪ'leɪʃən] *n* 1) прове́тривание; вентиля́ция 2) обсужде́ние, выясне́ние (*вопро́са*)

**ventilator** ['ventɪleɪtə] *n* вентиля́тор

**vent-peg** ['ventpeg] *n тех.* вту́лка

**vent-pipe** ['ventpaɪp] *n* вытяжна́я труба́

**ventral** ['ventrəl] *a анат., зоол.* брюшно́й; ~ fin брюшно́й плавни́к

**ventricle** ['ventrɪkl] *n анат.* желу́дочек (*се́рдца, мо́зга*)

**ventriloquism** [ven'trɪləkwɪzm] *n* чревовеща́ние

**ventriloquist** [ven'trɪləkwɪst] *n* чревовеща́тель

**ventriloquize** [ven'trɪləkwaɪz] *v* чревовеща́ть

**venture** ['ventʃə] **1.** *n* 1) риско́ванное предприя́тие *или* начина́ние; to run the ~ рискова́ть 2) спекуля́ция 3) су́мма, подверга́емая ри́ску; ста́вка ◇ at a ~ науга́д; нау́дачу

**2.** *v* 1) рискова́ть (*чем-л.*); ста́вить на ка́рту; to ~ one's life рискова́ть жи́знью 2) отва́житься, реши́ться; осме́литься (*тж.* ~ on, ~ upon); he ~d (upon) a remark он позво́лил себе́ сде́лать замеча́ние

**venturer** ['ventʃərə] *n* 1) предпринима́тель, иду́щий на риск 2) авантюри́ст 3) *ист.* купе́ц, веду́щий замо́рскую торго́влю

**venturesome** ['ventʃəsəm] *a* 1) сме́лый; безрассу́дно хра́брый 2) аза́ртный; иду́щий на риск 3) риско́ванный, опа́сный

**venturous** ['ventʃərəs] = venturesome

**venue** ['venju:] *n* 1) *юр.* суде́бный о́круг, в кото́ром должно́ слу́шаться де́ло 2) *разг.* ме́сто сбо́ра, встре́чи; to shift the ~ измени́ть ме́сто сбо́ра (*спорти́вного состяза́ния и т. п.*)

**Venus** ['vi:nəs] *n миф., астр.* Вене́ра; *перен. тж.* краса́вица

**veracious** [və'reɪʃəs] *a* 1) правди́вый 2) достове́рный, ве́рный

**veracity** [və'ræsɪtɪ] *n* 1) правди́вость 2) то́чность, достове́рность 3) пра́вда, правди́вое выска́зывание

**veranda(h)** [və'rændə] *n* 1) вера́нда, терра́са 2) места́ под наве́сом для зри́телей на стадио́не

**verb** [və:b] *n* глаго́л

**verbal** ['və:bəl] **1.** *a* 1) у́стный; ~ contract у́стное соглаше́ние 2) слове́сный; his sympathy is only ~ его́ сочу́вствие не идёт да́льше слов 3) буква́льный; ~ translation буква́льный перево́д 4) глаго́льный; отглаго́льный; ~ noun отглаго́льное существи́тельное 5) многосло́вный 6) *дип.* верба́льный; ~ note верба́льная но́та

**2.** *n* нели́чная фо́рма глаго́ла

**verbalism** ['və:bəlɪzm] *n* 1) педанти́зм, буквое́дство 2) пусты́е слова́ 3) многосло́вие

**verbalist** ['və:bəlɪst] *n* педа́нт, буквое́д

**verbalize** ['və:bəlaɪz] *v* 1) быть многосло́вным 2) выража́ть слова́ми 3) *грам.* превраща́ть в глаго́л (*другу́ю часть ре́чи*)

**verbally** ['və:bəlɪ] *adv* у́стно

**verbatim** [və:'beɪtɪm] **1.** *n* 1) досло́вная переда́ча 2) стенографи́ческий отчёт (*тж.* ~ transcripts)

**2.** *a* досло́вный; ~ report = 1, 2)

**3.** *adv* досло́вно, сло́во в сло́во; to report a speech ~ переда́ть речь сло́во в сло́во

**verbena** [və(:)'bi:nə] *n бот.* вербе́на

**verbiage** ['və:bɪɪdʒ] *n* многосло́вие; пустосло́вие; to lose oneself in ~ запу́таться в со́бственном красноре́чии

**verbify** ['və:bɪfaɪ] = verbalize 3)

**verbose** [və:'bəus] *a* многосло́вный

**verbosity** [və:'bɔsɪtɪ] *n* многосло́вие

**verdancy** ['və:dənsɪ] *n* 1) зе́лень, зелёный цвет 2) незре́лость, нео́пытность

**verdant** ['və:dənt] *a* 1) зелёный, зелене́ющий 2) нео́пытный, незре́лый, «зелёный»

**verdict** ['və:dɪkt] *n* 1) верди́кт; реше́ние прися́жных заседа́телей; to return (*или* to bring in) a ~ of guilty (not guilty) призна́ть вино́вным (невино́вным) 2) мне́ние, сужде́ние; my ~ differs from yours моё мне́ние расхо́дится с ва́шим

**verdigris** ['və:dɪgrɪs] *n* я́рь-медя́нка (*кра́ска*)

**verdure** ['və:dʒə] *n книжн.* 1) зе́лень 2) зелёная листва́ 3) зе́лень (*о́вощи*)

**verdurous** ['və:dʒərəs] *a* заро́сший, поро́сший зе́ленью; зелёный и све́жий

**Verey light** ['vɪərɪ'laɪt] = Very light

**verge** [və:dʒ] **1.** *n* 1) край 2) *перен.* грань; on the ~ of на гра́ни 3) кайма́ из дёрна вокру́г клу́мбы 4) *архит.* край кры́шки у фронто́на, стёржень коло́нны 5) обо́чина (*дороги*) 6) *церк.* жезл, по́сох

**2.** *v* клони́ться, приближа́ться (to, towards — к *чему-л.*) □ ~ **on,** ~ **upon** грани́чить с *чем-л.*; it ~s on madness э́то грани́чит с безу́мием

**verger** [ˈvəːdʒə] *n* 1) жезлоно́сец (*в процессиях*) 2) церко́вный служи́тель

**veridical** [veˈrɪdɪkəl] *a* 1) правди́вый (*часто ирон.*) 2) соотве́тствующий действи́тельности

**verifiable** [ˈverɪfaɪəbl] *a* поддаю́щийся прове́рке; неголосло́вный

**verification** [ˌverɪfɪˈkeɪʃən] *n* 1) прове́рка 2) подтвержде́ние (*предсказания, сомнения*) 3) *юр.* засвиде́тельствование

**verify** [ˈverɪfaɪ] *v* 1) проверя́ть 2) подтвержда́ть 3) исполня́ть (*обещание*) 4) *юр.* удостоверя́ть (*подлинность*); скрепля́ть (*присягой*)

**verily** [ˈverɪlɪ] *adv уст.* и́стинно, пои́стине

**verisimilar** [ˌverɪˈsɪmɪlə] *a* правдоподо́бный; вероя́тный

**verisimilitude** [ˌverɪsɪˈmɪlɪtjuːd] *n* правдоподо́бие

**veritable** [ˈverɪtəbl] *a* настоя́щий, и́стинный, по́длинный

**verity** [ˈverɪtɪ] *n* 1) и́стина; пра́вда; и́стинность; in all ~, *уст.* of a ~ пои́стине 2) правди́вость

**verjuice** [ˈvəːdʒuːs] *n* 1) ки́слый сок (*незрелых фруктов*) 2) неприве́тливость; ре́зкость; a look of ~ неприве́тливый, недово́льный взгляд, ки́слое выраже́ние лица́

**vermeil** [ˈvəːmeɪl] **1.** *n* 1) *поэт. см.* vermilion 1; 2) позоло́ченное серебро́, бро́нза, медь

**2.** *a поэт. см.* vermillion 2

**vermicelli** [ˌvəːmɪˈselɪ] *ит. n* вермише́ль

**vermicide** [ˈvəːmɪsaɪd] = vermifuge

**vermicular** [vəːˈmɪkjulə] = vermiform

**vermiform** [ˈvəːmɪfɔːm] *a* червеобра́зный; ~ appendix *анат.* червеобра́зный отро́сток

**vermifuge** [ˈvəːmɪfjuːdʒ] *n мед.* глистого́нное сре́дство

**vermilion** [vəˈmɪljən] **1.** *n* 1) ки́новарь 2) я́рко-кра́сный цвет

**2.** *a* я́рко-кра́сный; а́лый

**3.** *v* 1) кра́сить ки́новарью 2) окра́шивать в я́рко-кра́сный цвет

**vermin** [ˈvəːmɪn] *n* 1) *собир.* пара́зиты (*клопы, вши и т. п.*) 2) *собир. с.-х.* вреди́тели, пара́зиты 3) хи́щное живо́тное; хи́щная пти́ца 4) престу́пный элеме́нт, престу́пник 5) *собир.* сброд, подо́нки

**verminous** [ˈvəːmɪnəs] *a* 1) кища́щий пара́зитами 2) передава́емый пара́зитами 3) отврати́тельный; вре́дный

**verm(o)uth** [ˈvəːməθ] *n* ве́рмут

**vernacular** [vəˈnækjulə] **1.** *a* 1) наро́дный; тузе́мный; родно́й (*о языке*); ме́стный (*о диалекте*) 2) напи́санный на родно́м языке́ *или* диале́кте 3) сво́йственный да́нной ме́стности, характе́рный для да́нной ме́стности (*о болезни и т. п.*) 4) наро́дный, общеупотреби́тельный (*о названии растения, животного и т. п. — в противоположность научному названию*)

**2.** *n* 1) родно́й язы́к; ме́стный диале́кт; профессиона́льный жарго́н 2) *шутл.* си́льные выраже́ния, брань 3) наро́дное, общеупотреби́тельное назва́ние (*растения и т. п.*)

**vernacularism** [vəˈnækjulərɪzm] *n* 1) ме́стное сло́во *или* выраже́ние 2) употребле́ние ме́стного диале́кта

**vernal** [ˈvəːnl] *a* 1) весе́нний; the ~ equinox весе́ннее равноде́нствие 2) молодо́й, све́жий

**vernalization** [ˌvəːnəlaɪˈzeɪʃən] *n* ярoвиза́ция

**vernation** [vəːˈneɪʃən] *n бот.* листорасположе́ние в по́чке

**vernier** [ˈvəːnjə] *n тех.* но́ниус, верньéр

**Veronese** [ˌverəˈniːz] **1.** *a* веро́нский

**2.** *n* веро́нец, жи́тель Веро́ны

**veronica** [vɪˈrɔnɪkə] *n бот.* веро́ника

**versatile** [ˈvəːsətaɪl] *a* 1) многосторо́нний; ги́бкий; ~ talent разносторо́нний тала́нт; ~ mind ги́бкий ум 2) непостоя́нный, изме́нчивый 3) *бот., зоол.* подви́жный

**versatility** [ˌvəːsəˈtɪlɪtɪ] *n* многосторо́нность *и пр.* [*см.* versatile]

**verse** [vəːs] **1.** *n* 1) строфа́; стих 2) стихи́, поэ́зия; in ~ or prose в стиха́х и́ли в про́зе; lyrical ~ лири́ческая поэ́зия

**2.** *v* 1) писа́ть стихи́ 2) выража́ть в стиха́х

**versed** I [vəːst] *a* о́пытный, све́дущий (in — в *чём-л.*)

**versed** II [vəːst] *p. p. от* verse 2

**verse-monger** [ˈvəːsˌmʌŋgə] *n* рифмоплёт; версифика́тор

**versicoloured** [ˈvəːsɪˌkʌləd] *a* разноцве́тный, перелива́ющийся ра́зными цвета́ми, ра́дужный

**versification** [ˌvəːsɪfɪˈkeɪʃən] *n* 1) стихосложе́ние; просо́дия 2) переложе́ние в стихотво́рную фо́рму

**versifier** [ˈvəːsɪfaɪə] *n* версифика́тор

**versify** [ˈvəːsɪfaɪ] *v* 1) писа́ть стихи́ 2) перелага́ть в стихи́

**version** [ˈvəːʃən] *n* 1) ве́рсия; вариа́нт 2) перево́д 3) текст (*перевода или оригинала*); the Russian ~ of the treaty ру́сский текст догово́ра

**verso** [ˈvəːsəu] *лат. n* (*pl* -os [-əuz]) 1) ле́вая страни́ца раскры́той кни́ги 2) оборо́тная сторона́ (*монеты, медали*)

**versus** [ˈvəːsəs] *лат. prep* 1) (*обыкн. сокр.* v.) *юр., спорт.* про́тив; Smith v. Robinson де́ло, возбуждённое Сми́том про́тив Ро́бинсона; Lancashire v. Yorkshire матч ме́жду кома́ндами Ла́нкашира и Йо́ркшира 2) в сравне́нии с

**vert** I [vəːt] (*сокр. от* convert *или* pervert) *разг.* **1.** *n* обращённый *или* совращённый в другу́ю ве́ру

**2.** *v* переходи́ть в другу́ю ве́ру

**vert** II [vəːt] *n геральд.* зелёный цвет

**vertebra** [ˈvəːtɪbrə] *n* (*pl* -rae) 1) позвоно́к 2) *pl разг.* позвоно́чник

**vertebrae** [ˈvəːtɪbriː] *pl от* vertebra

**vertebral** [ˈvəːtɪbrəl] *a* позвоно́чный; ~ column позвоно́чный столб; спинно́й хребе́т

**vertebrate** [ˈvəːtɪbrɪt] **1.** *n* позвоно́чное живо́тное

**2.** *a* позвоно́чный

**vertex** [ˈvəːteks] *n* (*pl* -tices) 1) верши́на; ~ of an angle верши́на угла́ 2) ве́ртекс, маку́шка головы́ (*в антропометрии*) 3) *астр.* зени́т

**vertical** [ˈvəːtɪkəl] **1.** *a* 1) вертика́льный; ~ take-off aircraft самолёт с вертика́льным взлётом 2) отве́сный ◇ ~ union *амер.* произво́дственный профсою́з, охва́тывающий всех рабо́тников, за́нятых в да́нной о́трасли промы́шленности

**2.** *n* вертика́льная ли́ния; перпендикуля́р

**vertices** [ˈvəːtɪsiːz] *pl от* vertex

**verticil** [ˈvəːtɪsɪl] *n бот.* муто́вка

**vertiginous** [vəːˈtɪdʒɪnəs] *a* 1) головокружи́тельный 2) страда́ющий головокруже́нием; to feel ~ испы́тывать головокруже́ние 3) крутя́щийся, враща́ющийся; ~ current водоворо́т

**vertigo** [ˈvəːtɪgəu] *n* (*pl* -os [-əuz]) головокруже́ние

**vervain** [ˈvəːveɪn] *n бот.* вербе́на

**verve** [vəːv, vɛəv] *n* 1) жи́вость и я́ркость (*описания*); си́ла (*изображения*); to set to do smth. with ~ принима́ться за что-л. с жа́ром 2) индивидуа́льность худо́жника

**very** [ˈverɪ] **1.** *a* 1) и́стинный, настоя́щий, су́щий; the ~ truth су́щая пра́вда; the veriest coward отъя́вленный трус 2) *как усиление подчёркивает тождественность, совпадение* са́мый, тот са́мый; this ~ day в э́тот же день; the ~ man I want тот са́мый челове́к, кото́рый мне ну́жен 3) са́мый, преде́льный; at the ~ end в са́мом конце́; a ~ little more чуть-чу́ть бо́льше 4) *подчёркивает важность, значительность* са́мый, сам по себе́; да́же; his ~ absence is eloquent са́мое его́ отсу́тствие знамена́тельно

**2.** *adv* 1) о́чень; ~ well отли́чно; I don't swim ~ well я пла́ваю дово́льно скве́рно; ~ much о́чень; in a ~ torn condition истрёпанный, изо́рванный в кло́чья 2) *служит для усиления; часто в сочетании с превосх. ст. прилагательного* са́мый; it is the ~ best thing you can do э́то са́мое лу́чшее, что вы мо́жете сде́лать; he came the ~ next day он пришёл на сле́дующий же день 3) *подчёркивает тождественность или противоположность:* he used the ~ same words as I had он в то́чности повтори́л мои́ слова́; the ~ opposite to what I expected пря́мо противополо́жное тому́, что я ожида́л; ~ much the other way как раз наоборо́т 4) *подчёркивает близость, принадлежность:* my (his, *etc.*) ~ own моё (его́ *и т. д.*) са́мое бли́зкое, дорого́е; you may keep the book for your ~ own мо́жете оста́вить э́ту кни́гу себе́ — я дарю́ её вам

**Very light** [ˈvɪərɪˈlaɪt] *n воен.* сигна́льная раке́та Вери́

**vesicant** [ˈvesɪkənt] **1.** *a* нарывно́й

2. *n* боевóе отравля́ющее веществó кóжно-нарывнóго дéйствия

**vesicate** ['vesɪkeɪt] *v* нарывáть

**vesicle** ['vesɪkl] *n* 1) *анат., биол.* пузырёк 2) *геол.* пóлость в порóде *или* минерáле

**vesicular** [vɪ'sɪkjulə] *a мед.* пузы́рчатый; ~ disease пузырчáтка

**vesper** ['vespə] *n* 1) (V.) вечéрняя звездá 2) *поэт.* вéчер 3) *pl церк.* вечéрня 4) = vesper-bell

**vesper-bell** ['vespəbel] *n* вечéрний звон

**vespertine** ['vespətaɪn] *a* 1) вечéрний 2) *бот.* распускáющийся вéчером 3) *зоол.* ночнóй (*о птицах*)

**vespiary** ['vespɪərɪ] *n* осиное гнездó

**vessel** ['vesl] *n* 1) сосýд 2) сýдно, корáбль 3) самолёт 4) = blood-vessel ◇ weak ~ ненадёжный человéк; the weaker ~ *библ.* а) сосýд скудéльный; брéнное существó; б) нéмощнейший сосýд (*женщина*); слáбое, беззащи́тное существó

**vest** [vest] **1.** *n* 1) (*обыкн. амер.*) жилéт; coat, ~ and trousers костю́м-трóйка 2) встáвка спéреди (*в женском платье*) 3) натéльная фуфáйка 4) *уст., поэт.* одея́ние; наря́д 5) *церк.* облачéние

2. *v* 1) облекáть; to ~ smb. with power облекáть когó-л. влáстью; to ~ rights in a person наделя́ть когó-л. правáми 2) переходи́ть (*об имуществе, наследстве и т. п.*; in) 3) наделя́ть (*имуществом и т. п.*; with) 4) *поэт.* облачáть(ся)

**Vesta** ['vestə] *n римск. миф.* Вéста

**vesta** ['vestə] *n* восковáя спи́чка (*тж.* wax ~); fusee ~ не гáснущая на ветрý спи́чка

**vestal** ['vestl] **1.** *n* 1) *др.-рим.* вестáлка 2) дéвственница 3) монáхиня 4) *ирон.* стáрая дéва

2. *a* 1) дéвственный, целомýдренный, непорóчный; ~ virgin вестáлка 2) *ирон.* стародеви́ческий

**vested** ['vestɪd] **1.** *p. p. от* vest 2

2. *a* 1) облачённый 2) закóнный, принадлежáщий по прáву; ~ rights безуслóвные правá; ~ interests а) закреплённые закóном имýщественные правá; б) капиталовложéния; в) крýпные предпринимáтели; корпорáции, монопóлии

**vestiary** ['vestɪərɪ] = vestry 1)

**vestibule** ['vestɪbju:l] *n* 1) вестибю́ль; перéдняя 2) *анат.* преддвéрие 3) церкóвная пáперть 4) *ж.-д.* вагóнный тáмбур с кры́тым переходом 5) *attr.*: ~ train *амер.* пóезд с кры́тыми перехóдами мéжду вагóнами

**vestibule school** ['vestɪbju:lsku:l] *n амер.* произвóдственная шкóла (*при фабрике или заводе*)

**vestige** ['vestɪdʒ] *n* 1) след, остáток; при́знак; not a ~ of evidence ни малéйших доказáтельств *или* ули́к 2) *поэт.* след ноги́ 3) *биол.* рудимéнт, остáток

**vestigia** [ves'tɪdʒɪə] *pl от* vestigium

**vestigial** [ves'tɪdʒɪəl] *a* остáточный, исчезáющий; ~ organs *биол.* рудиментáрные óрганы

**vestigium** [ves'tɪdʒɪəm] *n* (*pl* -gia) = vestige 1)

**vestment** ['vestmənt] *n* 1) *ритор.* одея́ние, одéжда 2) *церк.* облачéние, ри́за

**vest-pocket** ['vest'pɔkɪt] *n* 1) жилéтный кармáн 2) *attr.* кармáнный; небольшóго размéра, мáленький; а ~ camera миниатю́рная фотокáмера

**vestry** ['vestrɪ] *n* 1) *церк.* ри́зница 2) помещéние для моли́твенных и други́х собрáний 3) собрáние налогоплатéльщиков прихóда (*тж.* common ~, general ~, ordinary ~); select ~ собрáние представи́телей налогоплатéльщиков прихóда

**vestry-clerk** ['vestrɪklɑ:k] *n* прихóдский казначéй (*избираемый прихожанами*)

**vestryman** ['vestrɪmən] *n* член прихóдского управлéния

**vesture** ['vestʃə] *поэт.* **1.** *n* 1) одея́ние 2) покрóв

2. *v* одевáть, облачáть

**vestured** ['vestʃəd] **1.** *p. p. от* vesture 2

2. *a поэт.* 1) одéтый 2) покры́тый

**vet** [vet] *разг.* **1.** *n* 1) *сокр. от* veterinary surgeon [*см.* veterinary] 2) *амер. сокр. от* veteran

2. *v* 1) дéлать ветеринáрный осмóтр; лечи́ть (*животных*) 2) быть ветеринáром 3) *разг.* подвергáть медици́нскому осмóтру 4) просмáтривать (*рукопись*); рассмáтривать, исслéдовать; проверя́ть (*прибор*)

**vetch** [vetʃ] *n бот.* ви́ка

**veteran** ['vetərən] *n* 1) ветерáн; бывáлый солдáт 2) *амер.* фронтови́к; учáстник войны́ 3) *амер.* демобилизóванный военнослýжащий 4) *attr.* заслýженный, масти́тый; со стáжем; óпытный, умудрённый óпытом; а ~ teacher стáрый, óпытный педагóг 5) *attr.* многолéтний, долголéтний

**veterinarian** [,vetərɪ'nɛərɪən] = veterinary

**veterinary** ['vetərɪnərɪ] *a* ветеринáрный; ~ surgeon ветеринáрный врач

**veto** ['vi:təu] **1.** *n* (*pl* -oes [-əuz]) 1) вéто, запрещéние; to put (*или* to set) a ~ on smth. наложи́ть вéто (*или* запрéт) на что-л. 2) прáво вéто; to exercise the ~ воспóльзоваться прáвом (налагáть) вéто

2. *v* 1) налагáть вéто (*на что-л.*) 2) запрещáть; to ~ a plan воспрепя́тствовать намéрению

**vex** [veks] *v* 1) досаждáть, раздражáть; серди́ть; to be ~ed серди́ться; ~ed with (*или* at) smb., smth. серди́тый на когó-л., что-л.; this silly chatter would ~ a saint э́та идиóтская болтовня́ мóжет и святóго вы́вести из себя́ 2) беспокóить, волновáть 3) дразни́ть (*животное*) 4) без концá обсуждáть, дебати́ровать

**vexation** [vek'seɪʃən] *n* 1) досáда, раздражéние 2) неприя́тность

**vexatious** [vek'seɪʃəs] *a* 1) сопряжённый с неприя́тностями; беспокóйный 2) досáдный 3) стесни́тельный, неудóбный, обремени́тельный; ~ rules and regulations нескончáемые парáграфы прáвил и распоряжéний 4) *юр.* крючкотвóрный, сутя́жнический (*о процессе*)

**vexed** [vekst] **1.** *p. p. от* vex

2. *a* 1) раздосáдованный 2): ~ question (point) спóрный, горячó дебати́руемый вопрóс (пункт); ~ problem óстрая проблéма

**vexing** ['veksɪŋ] **1.** *pres. p. от* vex

2. *a* раздражáющий, неприя́тный; how ~! какáя досáда!

**via** ['vaɪə] *лат. prep* чéрез

**viable** ['vaɪəbl] *a* жизнеспосóбный

**viaduct** ['vaɪədʌkt] *n* виадýк; путепровóд

**vial** ['vaɪəl] *n* пузырёк, буты́лочка ◇ to pour out the ~s of wrath on smb. изли́ть свой гнев на когó-л.

**viands** ['vaɪəndz] *n pl ритор.* 1) прови́зия 2) я́ства

**viatic** [vaɪ'ætɪk] *a* дорóжный

**viaticum** [vaɪ'ætɪkəm] *n* 1) *церк.* причáстие, давáемое умирáющему 2) *уст.* дéньги *или* прови́зия на дорóгу

**viator** [vaɪ'eɪtə] *n* путешéственник

**vibes** [vaɪbz] = vibraphone

**vibrancy** ['vaɪbrənsɪ] = vibration

**vibrant** ['vaɪbrənt] *a* 1) вибри́рующий 2) резони́рующий (*о звуке*) 3) трепéщущий, дрожáщий (with — от); ~ with passion дрожáщий от волнéния *или* стрáсти

**vibraphone** ['vaɪbrəfəun] *n муз.* вибрафóн

**vibrate** [vaɪ'breɪt] *v* 1) вибри́ровать, дрожáть (with — от) 2) качáться, колебáться 3) трепетáть (at — при) 4) звучáть (*в ушах, в памяти*) 5) вызывáть вибрáцию (*в чём-л.*) 6) сомневáться, колебáться, быть в нереши́тельности

**vibration** [vaɪ'breɪʃən] *n* вибрáция *и пр.* [*см.* vibrate]

**vibrator** [vaɪ'breɪtə] *n тех.* 1) вибрáтор 2) прерывáтель

**vibratory** ['vaɪbrətərɪ] *a* 1) вибри́рующий; вызывáющий вибрáцию 2) колéблющийся, дрожáщий

**vibrio** ['vɪbrɪəu] *n* (*pl* -os [-əuz]) *биол.* вибриóн

**viburnum** [vaɪ'bə:nəm] *n бот.* кали́на

**vicar** ['vɪkə] *n* 1) прихóдский свящéнник (*не получающий десятины*) 2) викáрий, замести́тель; намéстник; the V. of Crist Пáпа Ри́мский ◇ ~ of Bray беспринци́пный человéк, ренегáт (*по имени полулегендарного викария XVI в., четыре раза менявшего свою религию*)

**vicarage** ['vɪkərɪdʒ] *n* 1) дóлжность прихóдского свящéнника 2) дом свящéнника

**vicarial** [vaɪ'kɛərɪəl] *a церк.* 1) викáрный 2) пáстырский

**vicarious** [vaɪ'kɛərɪəs] *a* 1) замещáющий другóго; ~ authority (*или* power) власть *или* прáво дéйствовать по чьему́-л. уполномóчию; довéренность 2) сдéланный за другóго; ~ atonement искуплéние чужóй вины́

**vice** I [vaɪs] *n* 1) порóк, зло 2) недостáток (*в характере и т. п.*) 3) нóров (*у лошади*) 4) (the V.) *ист.* Поро́к (*шутовская фигура в моралите*)

**vice** II [vaɪs] **1.** *n тех.* тиски́, зажимно́й патро́н

**2.** *v* сжима́ть, сти́скивать; зажима́ть в тиски́ (*тж. перен.*)

**vice** III [ˈvaɪsɪ] *prep* вме́сто

**vice** IV [vaɪs] *сокр. разг. от* vice-chancellor, vice-president *и т. п.*

**vice-** [vaɪs-] *pref* вице-

**vice-admiral** [ˈvaɪsˈædmərəl] *n* вице-адмира́л

**vice-chairman** [ˈvaɪsˈtʃɛəmən] *n* замести́тель председа́теля

**vice-chancellor** [ˈvaɪsˈtʃɑːnsələ] *n* вице-ка́нцлер

**vice-consul** [ˈvaɪsˈkɔnsəl] *n* вице-ко́нсул

**vicegerent** [ˈvaɪsˈdʒerənt] *n* наме́стник

**vice-governor** [ˈvaɪsˈɡʌvənə] *n* вице-губерна́тор

**vice-minister** [ˈvaɪsˈmɪnɪstə] *n* това́рищ *или* замести́тель мини́стра

**vicennial** [vaɪˈsenɪəl] *a* 1) двадцатиле́тний (*срок, период*) 2) происходя́щий ка́ждые 20 лет

**vice-president** [ˈvaɪsˈprezɪdənt] *n* вице-президе́нт

**viceregal** [ˈvaɪsˈriːɡəl] *a* вице-короле́вский

**vicereine** [ˈvaɪsˈreɪn] *n* супру́га вице-короля́

**viceroy** [ˈvaɪsrɔɪ] *n* вице-коро́ль; наме́стник короля́

**vice squad** [ˈvaɪsˈskwɔd] *n амер.* отря́д поли́ции, занима́ющийся борьбо́й с незако́нной торго́влей спиртны́ми напи́тками, проститу́цией *и т. п.*

**vice versa** [ˈvaɪsɪˈvəːsə] *лат. adv* наоборо́т; обра́тно; I dislike him and ~ он мне неприя́тен, и э́то взаи́мно

**vicinage** [ˈvɪsɪnɪdʒ] *n книжн.* 1) сосе́дство 2) окре́стности

**vicinal** [ˈvɪsɪnəl] *a* 1) ме́стный 2) сосе́дний

**vicinity** [vɪˈsɪnɪtɪ] *n* 1) сосе́дство, бли́зость; in close ~ бли́зко, по сосе́дству; in the ~ of а) поблизо́сти; б) о́коло, приблизи́тельно; (he is) in the ~ of fifty (ему́) о́коло пятидеся́ти 2) окре́стности; окру́га; райо́н

**vicious** [ˈvɪʃəs] *a* 1) поро́чный 2) оши́бочный, непра́вильный; дефе́ктный; ~ habits дурны́е привы́чки; a ~ argument несостоя́тельный до́вод; ~ union *мед.* непра́вильное сраще́ние 3) злой; зло́бный (*о взгляде, словах*); a most ~ enemy зле́йший враг 4) норови́стый 5) ужа́сный; ~ headache ужа́сная головна́я боль 6) *уст.* гря́зный, загрязнённый (*о воде, воздухе и т. п.*); ◇ ~ circle поро́чный круг

**vicissitude** [vɪˈsɪsɪtjuːd] *n* 1) превра́тность; the ~s of fate (*или* life) превра́тности судьбы́ 2) *уст., поэт.* переме́на, сме́на; чередова́ние

**victim** [ˈvɪktɪm] *n* же́ртва; the ~ of his own foolishness же́ртва со́бственной глу́пости; to fall a ~ to стать же́ртвой *кого-л., чего-л.*

**victimization** [ˌvɪktɪmaɪˈzeɪʃən] *n* 1) пресле́дование 2) увольне́ние рабо́чих и слу́жащих за уча́стие в забасто́вке, в полити́ческом выступле́нии *и т. п.*

**victimize** [ˈvɪktɪmaɪz] *v* 1) де́лать свое́й же́ртвой; му́чить; to be ~d by smb., smth. стать же́ртвой кого́-л., чего́-л. 2) обма́нывать 3) подверга́ть пресле́дованию 4) увольня́ть рабо́чих и слу́жащих [*см.* victimization 2)]

**victor** [ˈvɪktə] *n* 1) победи́тель 2) *attr.* победоно́сный

**victoria** [vɪkˈtɔːrɪə] *n* 1) лёгкий двухме́стный экипа́ж 2) легкова́я автомаши́на с откидны́м ве́рхом

**Victoria Cross** [vɪkˈtɔːrɪəˈkrɔs] *n* крест о́рдена Викто́рии (*высшая военная награда в Англии*)

**Victorian** [vɪkˈtɔːrɪən] **1.** *a* 1) викториа́нский (*относящийся к эпохе королевы Виктории 1837—1901 гг.*) 2) старомо́дный; добропоря́дочный, консервати́вный

**2.** *n* челове́к, *особ.* писа́тель викториа́нской эпо́хи

**victoria plum** [vɪkˈtɔːrɪəplʌm] *n* сорт сли́вы

**victorious** [vɪkˈtɔːrɪəs] *a* победоно́сный; побе́дный

**victory** [ˈvɪktərɪ] *n* побе́да; to gain (*или* to win) a ~ (over) одержа́ть побе́ду ◇ ~ gardens огоро́ды городски́х жи́телей А́нглии (*во время второй мировой войны*)

**victress** [ˈvɪktrɪs] *n* победи́тельница

**victual** [ˈvɪtl] **1.** *n* (*обыкн. pl*) пи́ща, прови́зия

**2.** *v* 1) снабжа́ть прови́зией 2) запаса́ться прови́зией 3) *разг.* пита́ться

**victualler** [ˈvɪtlə] *n* 1) поставщи́к продово́льствия; licensed ~ тракти́рщик, име́ющий пате́нт на прода́жу спиртны́х напи́тков 2) *воен., мор.* тра́нспорт с продово́льствием

**victualling** [ˈvɪtlɪŋ] **1.** *pres. p. от* victual 2

**2.** *n* снабже́ние продово́льствием

**victualling-yard** [ˈvɪtlɪŋjɑːd] *n* продово́льственные скла́ды (*при доках*)

**vicugna, vicuña** [vɪˈkjuːnjə] *n* 1) *зоол.* вику́нья 2) ткань (*из шерсти викуньи*)

**vide** [ˈvaɪdi(ː)] *лат. v imp.* смотри́; ~ supra (infra) смотри́ вы́ше (ни́же)

**videlicet** [vɪˈdiːlɪset] *лат. adv* (*сокр.* viz., *обыкн. читается* namely) а и́менно

**video** [ˈvɪdɪəu] *амер.* **1.** *n* телеви́дение

**2.** *a* телевизио́нный, свя́занный с телеви́дением; ~ picture изображе́ние на экра́не лучево́й тру́бки; ~ tape recordings за́пись изображе́ния и зву́ка на магни́тную ле́нту

**vidimus** [ˈvaɪdɪməs] *n* 1) официа́льная прове́рка докуме́нтов 2) заве́ренная ко́пия

**vie** [vaɪ] *v* сопе́рничать; to ~ with smb. for smth. сопе́рничать с кем-л. в чём-л.; to ~ in doing smth. состяза́ться в чём-л.

**Viennese** [ˌvɪəˈniːz] **1.** *a* ве́нский

**2.** *n* (*pl без измен.*) жи́тель Ве́ны

**Viet-Namese, Vietnamese** [ˌvjetnəˈmiːz] **1.** *a* вьетна́мский

**2.** *n* вьетна́мец; вьетна́мка; the ~ *pl собир.* вьетна́мцы

**view** [vjuː] **1.** *n* 1) вид; пейза́ж; a house with a ~ of the sea дом с ви́дом на́ море 2) по́ле зре́ния, кругозо́р; we came in ~ of the bridge а) мы уви́дели мост; б) нас ста́ло ви́дно с моста́; to burst (*или* to come) into ~ внеза́пно появи́ться; to pass from smb.'s ~ скры́ться из чьего́-л. по́ля зре́ния; out of ~ вне по́ля зре́ния; to be in ~ а) быть ви́димым; б) предви́деться; certain modifications may come in ~ предви́дятся не́которые измене́ния; in full ~ of everybody у всех на виду́; to the ~ (of) откры́то, на виду́; to have (*или* to keep) in ~ не теря́ть и́з виду; име́ть в виду́; in ~ of ввиду́; принима́я во внима́ние 3) взгляд, мне́ние, то́чка зре́ния; in my ~ по моему́ мне́нию; to form a clear ~ of the situation соста́вить себе́ я́сное представле́ние о положе́нии дел; to hold extreme ~s in politics приде́рживаться кра́йних взгля́дов в поли́тике; short ~s недальнови́дность; to take a rose-coloured ~ of smth. смотре́ть сквозь ро́зовые очки́ на что-л.; to exchange ~s on smth. обменя́ться взгля́дами *или* мне́ниями по по́воду чего́-л. 4) наме́рение; will this meet your ~s? не противоре́чит ли э́то ва́шим наме́рениям?; to have ~s on smth. име́ть ви́ды на что-л.; with the ~ of, with a ~ to с наме́рением; с це́лью 5) осмо́тр; to have (*или* to take) a ~ of smth. осмотре́ть что-л.; on ~ вы́ставленный для обозре́ния; private ~ вы́ставка *или* просмо́тр карти́н (*частной коллекции*); on the ~ во вре́мя осмо́тра, при осмо́тре; at first ~ при бе́глом осмо́тре; upon a closer ~ при внима́тельном рассмотре́нии 6) карти́на (*особ. пейзаж*)

**2.** *v* 1) осма́тривать; an order to ~ разреше́ние на осмо́тр (*дома, участка и т. п.*) 2) *поэт.* узре́ть 3) рассма́тривать, оце́нивать, суди́ть (*о чём-л.*); he ~s the matter in a diffrent light он и́наче смо́трит на э́то 4) смотре́ть (*кинофильм, телепередачу и т. п.*)

**viewer** [ˈvjuːə] *n* 1) зри́тель (*особ.* телезри́тель) 2) осмо́трщик 3) окуля́р стереоско́па *и т. п.*

**view-finder** [ˈvjuːˌfaɪndə] *n фото* видоиска́тель

**viewing stand** [ˈvjuːɪŋstænd] *n* трибу́на для зри́телей

**viewless** [ˈvjuːlɪs] *a* 1) *поэт.* неви́димый 2) *поэт.* слепо́й 3) *амер.* не име́ющий убежде́ний

**view-point** [ˈvjuːpɔɪnt] *n* то́чка зре́ния

**viewy** [ˈvjuːɪ] *a разг.* 1) чудакова́тый, стра́нный 2) эффе́ктный, я́ркий; шика́рный

**vigesimal** [ˈvɪdʒesɪməl] *a* разделённый на два́дцать часте́й; состоя́щий из двадцати́ часте́й

**vigil** [ˈvɪdʒɪl] *n* 1) бо́дрствование; дежу́рство; to keep ~ бо́дрствовать; дежу́рить; to keep ~ over a sick child не отходи́ть от (посте́ли) больно́го ребёнка 2) пикети́рование (*здания* *суда, посольства и т. п.*) 3) *церк.* канýн прáздника; пост наканýне прáздника

**vigilance** [ˈvɪdʒɪləns] *n* 1) бди́тельность 2) *мед.* бессóнница 3) *психол.* вигильность

**vigilance committee** [ˈvɪdʒɪlənskəˈmɪtɪ] *n* (*преим. амер.*) «комитéт бди́тельности» (*организация линчевателей*)

**vigilant** [ˈvɪdʒɪlənt] *a* бди́тельный; неусы́пный

**vigilante gang** [ˌvɪdʒɪˈlæntɪˈgæŋ] = vigilance committee

**vignette** [vɪˈnjet] *фр.* **1.** *n* виньéтка **2.** *v* рисовáть виньéтки

**vigogne** [vɪˈgəun] *n текст.* вигóнь

**vigor** [ˈvɪgə] *амер.* = vigour

**vigorous** [ˈvɪgərəs] *a* си́льный, энерги́чный; ~ protest энерги́чный, реши́тельный протéст; physically ~ физи́чески крéпкий; бóдрый; the movement grew ~ движéние при́няло мóщный размáх

**vigorously** [ˈvɪgərəslɪ] *adv* си́льно, энерги́чно, реши́тельно; to oppose ~ реши́тельно проти́виться *или* воспрепя́тствовать (*чему-л.*)

**vigour** [ˈvɪgə] *n* 1) си́ла, энéргия 2) закóнность, действи́тельность; a law still in ~ закóн, ещё сохрани́вший си́лу

**viking** [ˈvaɪkɪŋ] *n ист.* ви́кинг

**vilayet** [vɪˈlɑːjet] *тур. n* вилайéт

**vile** [vaɪl] *a* 1) пóдлый, ни́зкий 2) *разг.* отврати́тельный

**vilification** [ˌvɪlɪfɪˈkeɪʃən] *n* поношéние

**vilify** [ˈvɪlɪfaɪ] *v* поноси́ть, черни́ть (*кого-л.*)

**vilipend** [ˈvɪlɪpend] *v* пренебрежи́тельно отзывáться (*о ком-л.*); пренебрежи́тельно относи́ться (*к кому-л.*)

**villa** [ˈvɪlə] *n* ви́лла

**village** [ˈvɪlɪdʒ] *n* 1) деревня; селó 2) *амер.* городóк 3) *собир.* деревéнские жи́тели 4) *attr.* деревéнский

**villager** [ˈvɪlɪdʒə] *n* сéльский жи́тель

**villain** [ˈvɪlən] *n* 1) злодéй, негодя́й; ~ of the piece глáвный злодéй (*в драме*) 2) *шутл.* хитрéц, плути́шка 3) = villein

**villainage** [ˈvɪlɪnɪdʒ] = villeinage

**villainous** [ˈvɪlənəs] *a* 1) мéрзкий; отврати́тельный 2) пóдлый 3) злодéйский

**villainy** [ˈvɪlənɪ] *n* 1) мéрзость 2) пóдлость 3) злодéйство

**villein** [ˈvɪlɪn] *n ист.* виллáн, крепостнóй

**villeinage** [ˈvɪlɪnɪdʒ] *n ист.* крепостнóе состоя́ние; крепостнáя зави́симость

**vim** [vɪm] *n разг.* энéргия, си́ла; напóр; put more ~ into it! поднатýжься!, давáй, давáй!

**vinaigrette** [ˌvɪneɪˈgret] *n* 1) припрáва из ýксуса и оли́вкового мáсла к зелёному салáту (*тж.* ~ sauce) 2) флакóн с ню́хательной сóлью *или* туалéтным ýксусом

**vincible** [ˈvɪnsɪbl] *a редк.* преодоли́мый

**vindicate** [ˈvɪndɪkeɪt] *v* 1) докáзывать; to ~ one's courage доказáть своё мýжество; 2) отстáивать (*право и т. п.*); to ~ one's judgement защити́ть *или* отстоя́ть свою пози́цию, утверждéние *и т. п.*

**vindication** [ˌvɪndɪˈkeɪʃən] *n* 1) доказáтельство 2) защи́та 3) оправдáние

**vindicative** [ˈvɪndɪkətɪv] = vindicatory 1)

**vindicator** [ˈvɪndɪkeɪtə] *n* защи́тник, побóрник

**vindicatory** [ˈvɪndɪkətərɪ] *a* 1) защити́тельный 2) карáтельный

**vindictive** [vɪnˈdɪktɪv] *a* 1) мсти́тельный 2) *редк.* карáтельный; ~ damages *юр.* штраф

**vine** [vaɪn] *n* виногрáдная лозá

**vinedresser** [ˈvaɪnˌdresə] *n* виногрáдарь

**vinegar** [ˈvɪnɪgə] *n* 1) ýксус 2) неприя́тный харáктер; нелюбéзный отвéт *и т. п.* 3) *attr.* ýксусный; *перен.* ки́слый, неприя́тный

**vinegary** [ˈvɪnɪgərɪ] *a* 1) ýксусный 2) ки́слый, неприя́тный; ~ smile ки́слая улы́бка

**vine-prop** [ˈvaɪnprɔp] *n* шпалéра

**vinery** [ˈvaɪnərɪ] *n* виногрáдная тепли́ца

**vineyard** [ˈvɪnjəd] *n* виногрáдник

**viniculture** [ˈvɪnɪkʌltʃə] = viticulture

**vino** [ˈvɪnəu] *n* (*pl* -oes [-əuz]) *n разг.* дешёвое винó

**vin-ordinaire** [ˈvæŋˌɔːdɪˈnɛə] *фр. n* дешёвое крáсное винó

**vinous** [ˈvaɪnəs] *a* 1) ви́нный 2) вы́званный опьянéнием; ~ mirth пья́ное весéлье 3) бордóвый

**vintage** [ˈvɪntɪdʒ] *n* 1) сбор *или* урожáй виногрáда 2) винó из сбóра определённого гóда 3) модéль, тип; склад харáктера; men of his ~ лю́ди егó склáда 4) *attr.*: ~ wine мáрочное винó, винó вы́сшего кáчества ◇ ~ cars автомоби́ли стáрых мáрок

**vintager** [ˈvɪntɪdʒə] *n* сбóрщик виногрáда

**vintner** [ˈvɪntnə] *n уст.* виноторгóвец

**viol** [ˈvaɪəl] *n* виóла (*муз. инструмент*)

**viola** I [vɪˈəulə] *n* альт (*муз. инструмент*)

**viola** II [ˈvaɪələ] *n бот.* фиáлка

**violaceous** [ˌvaɪəˈleɪʃəs] *a* 1) *бот.* фиáлковый 2) фиолéтовый

**violate** [ˈvaɪəleɪt] *v* 1) нарушáть, попирáть, преступáть (*клятву, закон*); to ~ a treaty нарýшить договóр 2) оскверня́ть (*могилу и т. п.*) 3) наси́ловать, применя́ть наси́лие; изнаси́ловать 4) вторгáться, врывáться; нарушáть (*тишину и т. п.*)

**violation** [ˌvaɪəˈleɪʃən] *n* нарушéние *и пр.* [*см.* violate]

**violator** [ˈvaɪəleɪtə] *n* наруши́тель

**violence** [ˈvaɪələns] *n* 1) си́ла, неи́стовство; стреми́тельность 2) жестóкость, наси́лие; to do ~ to... оскорбля́ть дéйствием, наси́ловать...; he did ~ to his feelings он дéйствовал вопреки́ свои́м убеждéниям

**violent** [ˈvaɪələnt] *a* 1) неи́стовый; я́ростный; ~ efforts отчáянные уси́лия; he was in a ~ temper он был в я́рости; ~ competition ожесточённая конкурéнция; ~ measures жёсткие мéры 2) си́льный, интенси́вный; ~ pain си́льная боль; ~ heat ужáсная жарá; ~ yellow я́рко-жёлтый цвет; ~ contrast рéзкий контрáст 3) наси́льственный; to resort to ~ means прибéгнуть к наси́лию; to lay ~ hands on smth. захвати́ть что-л. си́лой; to meet a ~ death умерéть наси́льственной смéртью 4) вспы́льчивый, горя́чий; ~ language брань, рéзкие словá 5) стрáстный, горя́чий; ~ speech стрáстная речь; a ~ demonstration бýрная демонстрáция 6) искажённый, непрáвильный; ~ interpretation лóжная интерпретáция; ~ assumption невероя́тное предположéние

**violently** [ˈvaɪələntlɪ] *adv* 1) си́льно, óчень; to sneeze ~ грóмко чихнýть; to run ~ бежáть стреми́тельно, без огля́дки 2) неи́стово, я́ростно; to be ~ criticized подвéргнуться рéзкой кри́тике 3) жестóко; бесчеловéчно; to die ~ поги́бнуть при траги́ческих обстоя́тельствах

**violet** [ˈvaɪəlɪt] **1.** *n* 1) фиáлка 2) фиолéтовый цвет

**2.** *a* фиолéтовый, тёмно-лилóвый

**violin** [ˌvaɪəˈlɪn] *n* 1) скри́пка (*инструмент*) 2) скри́пка, скрипáч (*в оркестре*) ◇ to play first ~ игрáть пéрвую скри́пку, быть глáвным, занимáть ведýщее положéние

**violinist** [ˈvaɪəlɪnɪst] *n* скрипáч

**violoncellist** [ˌvaɪələnˈtʃelɪst] = 'cellist

**violoncello** [ˌvaɪələnˈtʃeləu] *n* (*pl* -os [-əuz]) = 'cello

**viper** [ˈvaɪpə] *n* 1) *зоол.* гадю́ка, випéра 2) змея́, верolóмный человéк; to cherish a ~ in one's bosom ≅ отогрéть змéю на груди́

**viperous** [ˈvaɪpərəs] *a* ядови́тый, злóбный, ехи́дный

**virago** [vɪˈrɑːgəu] *n* (*pl* -os, -oes [-əuz]) 1) сварли́вая жéнщина, мегéра 2) бой-бáба, реши́тельная осóба

**viral** [ˈvaɪərəl] *a* ви́русный

**virgin** [ˈvəːdʒɪn] **1.** *n* 1) дéва; дéвственница; the V. *библ.* дéва Мари́я 2) (V.) = Virgo

**2.** *a* 1) деви́чий 2) дéвственный 3) саморóдный (*о металле*); неразрабáтывавшийся (*о месторождении*) 4) нетрóнутый, чи́стый, дéвственный; ~ soil новь, цели́нá; ~ forest дéвственный лес 5) чи́стый, несмéшанный; ~ wool чи́стая шерсть 6) не бы́вший в употреблéнии; пéрвый ◇ the V. Queen *ист.* королéва Елизавéта I

**virginal** I [ˈvəːdʒɪnl] *a* дéвственный; неви́нный, непорóчный

**virginal** II [ˈvəːdʒɪnl] *n ист. муз.* спинéт без нóжек (*тж.* ~s, pair of ~s)

**Virginia** [vəˈdʒɪnjə] *a* вирги́нский; ~ creeper ди́кий виногрáд (пятили́стный)

**virginity** [vəːˈdʒɪnɪtɪ] *n* дéвственность

**Virgo** [ˈvəːgəu] *n* Дéва (*созвездие и знак зодиака*)

**viridity** [vɪˈrɪdɪtɪ] *n* 1) зéлень 2) свéжесть; незрéлость

**virile** [ˈvɪraɪl] *a* 1) возмужа́лый; зре́лый 2) дости́гший полово́й зре́лости 3) му́жественный; си́льный; ~ mind о́стрый ум; ~ government си́льное прави́тельство

**virility** [vɪˈrɪlɪtɪ] *n* 1) му́жество 2) возмужа́лость; му́жественность 3) полова́я зре́лость

**virology** [ˌvaɪəˈrɔləʤɪ] *n* вирусоло́гия

**virtu** [vəːˈtuː] *ит. n*: articles of ~ худо́жественные ре́дкости

**virtual** [ˈvəːtjuəl] *a* 1) факти́ческий, не номина́льный, действи́тельный 2) *уст.* эффекти́вный

**virtually** [ˈvəːtjuəlɪ] *adv* факти́чески; в су́щности; пои́стине

**virtue** [ˈvəːtjuː] *n* 1) доброде́тель; a man of ~ доброде́тельный челове́к; the cardinal ~s (prudence, fortitude, temperance, justice) (четы́ре) гла́вные доброде́тели (благоразу́мие, хра́брость, уме́ренность во всём, справедли́вость); to make it a point of ~ возводи́ть что-л. в доброде́тель 2) досто́инство, хоро́шее ка́чество 3) си́ла, де́йствие; a remedy of great ~ о́чень хорошо́ де́йствующее сре́дство 4) целому́дрие; a woman of easy ~ досту́пная же́нщина 5) сво́йство ◇ by (*или* in) ~ of smth. посре́дством чего́-л.; благодаря́ чему́-л.; в си́лу чего́-л., на основа́нии чего́-л.; to make a ~ of necessity из нужды́ де́лать доброде́тель

**virtuosi** [ˌvəːtjuˈəuziː] *pl от* virtuoso

**virtuosity** [ˌvəːtjuˈɔsɪtɪ] *n* 1) виртуо́зность 2) понима́ние то́нкостей иску́сства

**virtuoso** [ˌvəːtjuˈəuzəu] *ит. n* (*pl* -os [-əuz], -si) 1) виртуо́з 2) знато́к худо́жественных ре́дкостей; цени́тель иску́сства

**virtuous** [ˈvəːtjuəs] *a* 1) доброде́тельный 2) целому́дренный

**virulence** [ˈvɪruləns] *n* 1) ядови́тость; си́ла, вируле́нтность (*яда*) 2) зло́ба, зло́бность

**virulent** [ˈvɪrulənt] *a* 1) ядови́тый; вируле́нтный (*о яде*) 2) опа́сный, стра́шный (*о болезни*) 3) зло́бный; вражде́бный; жесто́кий; ~ abuse зло́бные вы́пады, оскорбле́ния

**virus** [ˈvaɪərəs] *лат. n* 1) ви́рус; filterable ~ фильтру́ющийся ви́рус 2) *перен.* зара́за, яд 3) *attr.* ви́русный; ~ warfare бактериологи́ческая война́

**visa** [ˈviːzə] **1.** *n* ви́за; to grant a ~ вы́дать ви́зу; entrance (*или* entry) ~ ви́за на въезд; exit ~ выездна́я ви́за

**2.** *v* визи́ровать

**visage** [ˈvɪzɪʤ] *n лит.* лицо́; выраже́ние лица́, вид

**-visaged** [-ˈvɪzɪʤd] *в сложных словах* -ли́цый; dark-~ смуглоли́цый; long-~ длинноли́цый

**visard** [ˈvɪzəd] = visor

**vis-à-vis** [ˈviːzɑːviː] *фр.* **1.** *n* визави́

**2.** *adv* друг про́тив дру́га, напро́тив

**3.** *prep* в отноше́нии, по отноше́нию

**viscera** [ˈvɪsərə] *лат. n pl* вну́тренности (*особ.* кишки́)

**visceral** [ˈvɪsərəl] *a* относя́щийся к вну́тренностям

**viscid** [ˈvɪsɪd] = viscous

**viscidity** [vɪˈsɪdɪtɪ] = viscosity

**viscose** [ˈvɪskəus] *n текст.* виско́за

**viscosity** [vɪsˈkɔsɪtɪ] *n* вя́зкость, ли́пкость, кле́йкость; тягу́честь

**viscount** [ˈvaɪkaunt] *n* вико́нт

**viscountess** [ˈvaɪkauntɪs] *n* вико́нте́сса

**viscous** [ˈvɪskəs] *a* вя́зкий, ли́пкий, кле́йкий; тягу́чий, густо́й

**vise** [vaɪz] *амер.* = vice II

**visé** [ˈviːzeɪ] *фр.* = visa

**Vishnu** [ˈvɪʃnuː] *санскр. n миф.* Ви́шну

**visibility** [ˌvɪzɪˈbɪlɪtɪ] *n* ви́димость; обзо́р

**visible** [ˈvɪzəbl] *a* 1) ви́димый; ~ image ви́димое изображе́ние 2) я́вный, очеви́дный; the trends became ~ вы́явились (скры́тые) тенде́нции; without any ~ cause без вся́кой ви́димой причи́ны

**visibly** [ˈvɪzəblɪ] *adv* я́вно, ви́димо, заме́тно

**Visigoth** [ˈvɪzɪgɔθ] *n ист.* вестго́т

**vision** [ˈvɪʒən] *n* 1) зре́ние; to lose one's ~ теря́ть зре́ние, сле́пнуть; beyond our ~ вне на́шего по́ля зре́ния 2) проникнове́ние, проница́тельность, предви́дение; дальнови́дность; a man of ~ проница́тельный челове́к 3) вид, зре́лище; I had only a momentary ~ of the sea я то́лько на мгнове́ние уви́дел мо́ре 4) виде́ние, мечта́; the romantic ~s of youth романти́ческие грёзы ю́ности; to have another ~ смотре́ть (на ве́щи) ина́че

**visional** [ˈvɪʒənl] *a* 1) зри́тельный 2) вообража́емый

**visionary** [ˈvɪʒnərɪ] **1.** *a* 1) при́зрачный; вообража́емый, фантасти́ческий 2) скло́нный к галлюцина́циям 3) мечта́тельный 4) непракти́чный; неосуществи́мый

**2.** *n* 1) мечта́тель; фантазёр 2) визионе́р, ми́стик; прови́дец

**visit** [ˈvɪzɪt] **1.** *n* 1) посеще́ние, визи́т; пое́здка; to go on a ~ to the seaside пое́хать к мо́рю; to be on a ~ гости́ть; to make (*или* to pay) a ~ to smb. навеща́ть, посеща́ть кого́-л. 2) *амер. разг.* дру́жеская бесе́да 3) *юр.* осмо́тр, досмо́тр (*судна нейтральной страны*)

**2.** *v* 1) навеща́ть; посеща́ть 2) *амер.* остана́вливаться, гости́ть, быть (*чьим-л.*) го́стем; to ~ at a place гости́ть где-л.; to ~ with smb. гости́ть у кого́-л.; to ~ in the country остана́вливаться в дере́вне 3) навеща́ть ча́сто, быть постоя́нным посети́телем 4) (*обыкн. амер.*) осма́тривать, инспекти́ровать 5) постига́ть, поража́ть (*о болезни, бедствии и т. п.*) 6) *библ.* кара́ть; отмща́ть (upon — *кому-л.*, with — *чем-л.*); the sins of the fathers are ~ed upon the children ≅ грехи́ отцо́в па́дают на го́ловы дете́й □ ~ **with** (*преим. амер.*) *разг.* поговори́ть, поболта́ть; she loves ~-ing with her neighbours and having a good gossip она́ лю́бит поболта́ть и поспле́тничать с сосе́дями

**visitable** [ˈvɪzɪtəbl] *a* 1) откры́тый для посети́телей 2) привлека́ющий (большо́е число́) посети́телей

**visitant** [ˈvɪzɪtənt] *n* 1) *поэт.* гость; высо́кий гость 2) перелётная пти́ца

**visitation** [ˌvɪzɪˈteɪʃən] *n* 1) официа́льное посеще́ние; объе́зд 2) *разг.* продолжи́тельный визи́т 3) = visit 1, 3); 4) испыта́ние; ка́ра; «бо́жье наказа́ние»

**visitatorial** [ˌvɪzɪtəˈtɔːrɪəl] *a* инспекти́рующий, инспе́кторский

**visiting** [ˈvɪzɪtɪŋ] **1.** *pres. p. от* visit 2

**2.** *a* посеща́ющий; навеща́ющий на дому́; ~ nurse сестра́ по́мощи на дому́ ◇ ~ fireman ва́жный посети́тель (*для которого устраивают специальный приём*)

**visiting-card** [ˈvɪzɪtɪŋˈkɑːd] *n* визи́тная ка́рточка

**visiting-day** [ˈvɪzɪtɪŋˈdeɪ] *n* приёмный день; день приёма госте́й

**visiting professor** [ˈvɪzɪtɪŋprəˈfesə] *n* специали́ст, приглаша́емый для чте́ния ци́кла ле́кций в университе́те

**visiting-round** [ˈvɪzɪtɪŋˈraund] *n* обхо́д (*караулов; пациентов*)

**visiting teacher** [ˈvɪzɪtɪŋˈtiːʧə] *n амер.* шко́льный учи́тель, на обя́занности кото́рого лежи́т наблюде́ние за посеща́емостью и обуче́ние на дому́ дете́й-инвали́дов *или* больны́х

**visitor** [ˈvɪzɪtə] *n* 1) посети́тель, гость; the ~s' book кни́га посети́телей 2) инспе́ктор, ревизо́р

**visor** [ˈvaɪzə] *n* 1) козырёк (*фуражки*) 2) *ист.* забра́ло (*шлема*) 3) солнцезащи́тный щито́к (*в автомобиле; тж.* sun-~) 4) *перен.* ма́ска, личи́на

**vista** [ˈvɪstə] *ит. n* 1) перспекти́ва, вид (*в конце аллеи, долины и т. п.*) 2) алле́я, про́сека 3) верени́ца (*воспоминаний и т. п.*); to look back through the ~s of the past огля́дываться на далёкое про́шлое 4) возмо́жности, ви́ды на бу́дущее; a discovery that opens up new ~s изобрете́ние, открыва́ющее широ́кие перспекти́вы

**visual** [ˈvɪzjuəl] *a* 1) зри́тельный; ~ nerve зри́тельный нерв; ~ memory зри́тельная па́мять 2) ви́димый 3) нагля́дный; ~ instruction нагля́дное обуче́ние 4) опти́ческий; ~ angle у́гол зре́ния, опти́ческий у́гол; ~ signal опти́ческий сигна́л

**visualization** [ˌvɪzjuəlaɪˈzeɪʃən] *n* 1) отчётливый зри́тельный о́браз 2) спосо́бность вызыва́ть зри́тельные о́бразы

**visualize** [ˈvɪzjuəlaɪz] *v* 1) отчётливо представля́ть себе́, мы́сленно ви́деть 2) де́лать ви́димым

**vita** [ˈvaɪtə] *n* кра́ткая автобиогра́фия

**vita glass** [ˈvaɪtəˈglɑːs] *n* стекло́, пропуска́ющее ультрафиоле́товые лучи́

**vital** [ˈvaɪtl] *a* 1) жи́зненный; жи́зненно ва́жный; ~ functions жи́зненные отправле́ния; ~ power жи́зненная эне́ргия; 2) насу́щный, суще́ственный; ~ choice ва́жный вы́бор; ~ needs животрепе́щущие *или* насу́щные ну́жды; a question of ~ importance вопро́с первостепе́нной ва́жности; ~ industries важнейшие отрасли промышленности 3) энергичный, полный жизни 4) гибельный, роковой; ~ wound смертельная рана ◇ ~ statistics а) статистика естественного движения населения (*рождаемости, смертности, браков*); б) *шутл.* объём груди, талии и бёдер (*женщины*)

**vitalism** [ˈvaɪtəlɪzm] *n биол.* витализм

**vitality** [vaɪˈtælɪtɪ] *n* 1) жизнеспособность; жизненность 2) живучесть 3) энергия, живость

**vitalize** [ˈvaɪtəlaɪz] *v* оживлять; обновлять

**vitally** [ˈvaɪtəlɪ] *adv*: to be ~ concerned быть кровно заинтересованным

**vitals** [ˈvaɪtlz] *n pl* 1) жизненно важные органы 2) наиболее важные части, центры *и т. п.*; to tear the ~ out of a subject дойти до самой сути предмета

**vitamin** [ˈvɪtəmɪn] *n* 1) витамин 2) *attr.* витаминный; ~ tablets витамины в таблетках; ~ deficiency *мед.* авитаминоз

**vitiate** [ˈvɪʃɪeɪt] *v* 1) портить; искажать 2) делать недействительным (*контракт, аргумент*); this admission ~s your argument это допущение (начисто) опровергает ваше суждение

**vitiation** [ˌvɪʃɪˈeɪʃən] *n* 1) порча 2) *юр.* лишение силы, признание недействительным

**viticulture** [ˈvɪtɪkʌltʃə] *n* виноградарство

**vitreous** [ˈvɪtrɪəs] *a* 1) стекловидный; ~ body (*или* humour) *анат.* стекловидное тело (*глаза*); ~ silver *мин.* аргентит 2) стеклянный

**vitrification** [ˌvɪtrɪfɪˈkeɪʃən] *n* превращение в стекло *или* в стекловидное вещество

**vitrify** [ˈvɪtrɪfaɪ] *v* превращать(ся) в стекло *или* в стекловидное вещество

**vitriol** [ˈvɪtrɪəl] *n* 1) купорос; blue (green) ~ медный (железный) купорос 2) купоросное масло (*тж.* oil of ~) 3) язвительность, сарказм

**vitriolic** [ˌvɪtrɪˈɔlɪk] *a* 1) купоросный 2) резкий, едкий, саркастический; a ~ remark язвительное замечание

**vituperate** [vɪˈtjuːpəreɪt] *v* бранить, поносить

**vituperation** [vɪˌtjuːpəˈreɪʃən] *n* брань, поношение

**vituperative** [vɪˈtjuːpərətiv] *a* бранный, ругательный

**viva** I [ˈviːvə] *ит.* **1.** *int* да здравствует!

**2.** *n* 1) приветственный возглас 2) *pl* приветствия

**viva** II [ˈvaɪvə] = viva voce

**vivacious** [vɪˈveɪʃəs] *a* живой, оживлённый

**vivacity** [vɪˈvæsɪtɪ] *n* живость, оживлённость

**vivaria** [vaɪˈvɛərɪə] *pl от* vivarium

**vivarium** [vaɪˈvɛərɪəm] *n* (*pl* -ia) 1) виварий 2) садок

**viva voce** [ˈvaɪvəˈvəusɪ] *лат.* **1.** *n* устный экзамен

**2.** *a* устный; ~ examination устный экзамен

**3.** *adv* устно

**vivid** [ˈvɪvɪd] *a* 1) яркий; ясный; a ~ flash of lightning яркая вспышка молнии 2) живой, яркий; пылкий; ~ imagination пылкое воображение

**vivify** [ˈvɪvɪfaɪ] *v* оживлять

**viviparous** [vɪˈvɪpərəs] *a зоол.* живородящий

**vivisect** [ˌvɪvɪˈsekt] *v* подвергать вивисекции

**vivisection** [ˌvɪvɪˈsekʃən] *n* вивисекция

**vixen** [ˈvɪksn] *n* 1) самка лисицы 2) сварливая женщина, мегера

**vixenish** [ˈvɪksnɪʃ] *a* сварливый, злой

**viz** [vɪz] *adv* а именно

**vizard** [ˈvɪzɑːd] = visor

**vizi(e)r** [vɪˈzɪə] *n* визирь

**vizor** [ˈvaɪzə] = visor

**V-J Day** [ˈviːˈdʒeɪdeɪ] *n* День победы над Японией (*во второй мировой войне*)

**V-mail** [ˈviːmeɪl] *n* корреспонденция на микроплёнке (*посылаемая военнослужащим*)

**V-neck** [ˈviːnek] *n* вырез мысом (*в платье*)

**vocable** [ˈvəukəbl] **1.** *n лингв.* вокабула

**2.** *a* произносимый

**vocabulary** [vəuˈkæbjulərɪ] *n* 1) словарь, список слов (и фраз), расположенных в алфавитном порядке и снабжённых пояснениями 2) запас слов; лексикон 3) словарный состав (*языка*); лексика; словарь (*писателя, группы лиц и т. п.*) 4) *attr.* словарный; ~ entry словарная статья

**vocal** [ˈvəukəl] *a* 1) голосовой; ~ organ голос 2) вокальный; для голоса 3) шумный, крикливый 4) звучащий; звучный; наполненный звуками; woods ~ with the sound of birds леса, оглашаемые пением птиц 5) устный 6) высказывающийся (открыто); public opinion has become ~ общественное мнение подняло свой голос 7) *фон.* звонкий; гласный

**vocalic** [vəuˈkælɪk] **1.** *a* гласный; богатый гласными (*о языке, слове*)

**2.** *n* гласный звук

**vocalist** [ˈvəukəlɪst] *n* вокалист; певец; певица

**vocalization** [ˌvəukəlaɪˈzeɪʃən] *n* 1) применение голоса 2) *фон.* вокализация; озвончение

**vocalize** [ˈvəukəlaɪz] *v* 1) *фон.* вокализировать; произносить звонко 2) издавать звуки 3) исполнять вокализы 4) выражать, высказывать

**vocation** [vəuˈkeɪʃən] *n* 1) призвание; склонность (for — к *чему-л.*); he has little or no ~ for teaching ≅ у него душа не лежит к профессии учителя 2) профессия; to mistake one's ~ ошибиться в выборе профессии

**vocational** [vəuˈkeɪʃənl] *a* профессиональный; ~ school ремесленное училище; ~ training профессиональное обучение; профессионально-техническое образование

**vocative** [ˈvɔkətɪv] *грам.* **1.** *a* звательный

**2.** *n* звательный падеж

**voces** [ˈvəusiːz] *pl от* vox

**vociferate** [vəuˈsɪfəreɪt] *v* кричать, горланить, орать

**vociferation** [vəuˌsɪfəˈreɪʃən] *n* крик(и); шум

**vociferous** [vəuˈsɪfərəs] *a* 1) громкоголосый; горластый 2) многоголосый 3) громкий, шумный; громогласный; ~ cheers громкие приветствия

**voder** [ˈvəudə] *n* электронный аппарат (*воспроизводящий звучание, близкое к человеческой речи*), «воудер»

**vodka** [ˈvɔdkə] *русск. n* водка

**vogue** [vəug] *n* 1) мода; all the ~ последний крик моды; in ~ в моде; to go out of ~ выйти из моды; to come into ~ войти в моду; to bring into ~ вводить в моду 2) популярность; to have a ~ быть популярным; to acquire ~ приобрести популярность

**voice** [vɔɪs] **1.** *n* 1) голос; I did not recognize his ~ я не узнал его голоса; to be in good (bad) ~ быть (не) в голосе; at the top of one's ~ громко, громогласно; to teach ~ заниматься постановкой голоса; ставить голос; to lift up one's ~ заговорить 2) голос, мнение; to give ~ to smth. выражать, высказывать что-л.; to give one's ~ for smth. подавать голос, высказываться за что-л.; to have (to demand) a ~ in smth. иметь право (заявлять о своём праве) выразить мнение по какому-л. поводу; I have no ~ in the matter это от меня не зависит; with one ~ единогласно 3) *грам.* залог

**2.** *v* 1) выражать (*словами*); to ~ one's protest выразить протест 2) *фон.* произносить звонко; озвончать

**voicecast** [ˈvɔɪskɑːst] *n* магнитная плёнка с записью голоса (*говорящего*)

**voiced** [vɔɪst] **1.** *p. p. от* voice 2

**2.** *a фон.* звонкий

**-voiced** [-vɔɪst] *в сложных словах означает* обладающий *таким-то* голосом; sweet-~ обладающий приятным голосом; loud-~ громкоголосый

**voiceless** [ˈvɔɪslɪs] *a* 1) не имеющий голоса, потерявший голос 2) безгласный, немой 3) безмолвный 4) *фон.* глухой

**voice vote** [ˈvɔɪsvəut] *n* принятие (*решения, резолюции и т. п.*) путём опроса участвующих в голосовании

**void** [vɔɪd] **1.** *n* пустота; вакуум; пробел; there was a ~ in his heart он чувствовал пустоту в сердце

**2.** *a* 1) пустой, свободный, незанятый 2) лишённый (of — *чего-л.*) 3) бесполезный, неэффективный 4) *юр.* недействительный; to consider (null and) ~ считать не имеющим силы

**3.** *v* 1) опорожнять (*кишечник, мочевой пузырь*); выделять (*мочу*) 2) *уст.* оставлять, покидать (*место*) 3) *юр.* делать недействительным, аннулировать

**voile** [vɔɪl] *n текст.* тонкая прозрачная ткань; вуаль

**volant** [ˈvəulənt] *a* 1) *зоол.* летáющий 2) проносящийся; бы́стрый, подви́жный 3) *геральд.* с расправленными кры́льями, летящий

**volatile** [ˈvɔlətaɪl] *a* 1) *хим.* летýчий, бы́стро испаряющийся 2) непостоянный, измéнчивый; неулови́мый

**volatility** [ˌvɔləˈtɪlɪtɪ] *n* 1) *хим.* летýчесть 2) измéнчивость, непостоянство

**volatilization** [vɔˌlætɪlaɪˈzeɪʃən] *n* 1) улетýчивание 2) выпáривание; привeдéние в состоя́ние летýчести

**volatilize** [vɔˈlætɪlaɪz] *v* улетýчивать(ся); испаря́ть(ся)

**volcanic** [vɔlˈkænɪk] *a* 1) вулкани́ческий; ~ rock вулкани́ческая порóда 2) бýрный (*о темпераменте и т. п.*)

**volcano** [vɔlˈkeɪnəu] *n* (*pl* -oes [-əuz]) вулкáн; active (dormant) ~ дéйствующий (бездéйствующий) вулкáн

**vole** I [vəul] *n* полёвка (*мышь*; *тж.* field ~)

**vole** II [vəul] *n* *карт.* вы́игрыш всех взя́ток; to win the ~ взять все взя́тки; to go the ~ а) рисковáть всем рáди большóго вы́игрыша; б) мнóго испытáть в жи́зни

**volet** [ˈvɔleɪ] *фр. n* *жив.* крылó три́птиха

**volition** [vəuˈlɪʃən] *n* 1) волевóй акт, хотéние; to do smth. by (*или* of) one's own ~ сдéлать что-л. по дóброй вóле, по сóбственному желáнию 2) вóля, си́ла вóли

**volitional** [vəuˈlɪʃnəl] *a* волевóй

**volley** [ˈvɔlɪ] **1.** *n* 1) залп 2) град, потóк (*упрёков и т. п.*) 3) удáр с лёта (*в теннисе и т. п.*)

**2.** *v* 1) стреля́ть зáлпами 2) сы́паться грáдом 3) испускáть (*крики, жалобы*; *обыкн.* ~ forth, ~ off, ~ out) 4) удáрить (*мяч*) с лёта

**volley-ball** [ˈvɔlɪbɔ:l] *n* волейбóл

**volplane** [ˈvɔlpleɪn] *ав.* **1.** *n* плани́рование (*самолёта*)

**2.** *v* плани́ровать

**volt** I [vɔlt] = volte

**volt** II [vəult] *n* *эл.* вольт

**voltage** [ˈvəultɪdʒ] *n* *эл.* вольтáж, напряжéние

**voltaic** [vɔlˈteɪɪk] *a* *эл.* гальвани́ческий; ~ arc электри́ческая дугá

**Voltairian** [vɔlˈtɛərɪən] **1.** *a* вольтéровский; вольтерья́нский

**2.** *n* вольтерья́нец

**Voltairianism** [vɔlˈtɛərɪənɪzm] *n* вольтерья́нство

**Voltairism** [vɔlˈtɛərɪzm] = Voltairianism

**voltameter** [vɔlˈtæmɪtə] *n* вольтáметр (*в электрохимии*)

**volte** [vɔlt] *n* 1) вольт (*конный спорт*) 2) уклонéние от удáра проти́вника (*при фехтовании*)

**volte-face** [ˈvɔltˈfɑ:s] *фр. n* 1) *воен.* поворóт кругóм 2) рéзкая перемéна (*взглядов, политики и т. п.*); to make a ~ переметнýться в лáгерь проти́вника

**voltmeter** [ˈvəultˌmi:tə] *n* *эл.* вольтмéтр

**volubility** [ˌvɔljuˈbɪlɪtɪ] *n* говорли́вость, разговóрчивость

**voluble** [ˈvɔljubl] *a* 1) говорли́вый, многоречи́вый; речи́стый 2) вью́щийся (*о растении*)

**volume** [ˈvɔljum] *n* 1) том, кни́га 2) *ист.* сви́ток 3) объём, мáсса (*какого-л. вещества*) 4) (*обыкн. pl*) значи́тельное коли́чество; ~s of smoke клубы́ ды́ма 5) ёмкость, вмести́тельность 6) си́ла, полнотá (*звука*); ~ of sound грóмкость 7) *attr.* объёмный; относя́щийся к объёму ◇ to tell (*или* to speak) ~s говори́ть красноречи́вее вся́ких слов (*о выражении лица и т. п.*); быть весьмá многозначи́тельным

**volumenometer** [vɔˌljumɪˈnɔmɪtə] *n* волюминóметр (*прибор для измерения объёма твёрдых тел*)

**volumeter** [vɔˈlju:mɪtə] *n* волюмéтр (*прибор для измерения объёма жидких и газообразных тел*)

**volumetric** [ˌvɔljuˈmetrɪk] *a* объёмный; ~ capacity ёмкость; ~ flask *физ.* мéрная кóлба

**voluminous** [vəˈlju:mɪnəs] *a* 1) многотóмный (*об издании*) 2) плодови́тый (*о писателе*) 3) объёмистый, масси́вный; обши́рный; a ~ correspondence обши́рная перепи́ска

**voluntarism** [ˈvɔləntərɪzm] *n* 1) *филос.* волюнтари́зм 2) = voluntaryism

**voluntary** [ˈvɔləntərɪ] **1.** *a* 1) добровóльный; добровóльческий 2) содержáщийся на добровóльные взнóсы; ~ school шкóла, содержáщаяся на добровóльные взнóсы 3) сознáтельный, умы́шленный; ~ waste умы́шленная пóрча 4) *физиол.* произвóльный; ~ muscles произвóльные мы́шцы

**2.** *n* 1) добровóльные дéйствия, добровóльная рабóта 2) сторóнник при́нципа добровóльности [*см.* voluntaryism] 3) сóло на оргáне (*в начале или в конце церковной службы*)

**voluntaryism** [ˈvɔləntərɪɪzm] *n* 1) при́нцип, соглáсно котóрому шкóлы и цéрковь должны́ содержáться на добровóльные взнóсы 2) при́нцип добровóльности (*службы в армии и т. п.*)

**volunteer** [ˌvɔlənˈtɪə] **1.** *n* 1) добровóлец, волонтёр 2) *attr.* добровóльный, добровóльческий 3) *attr.* растýщий самопроизвóльно; ~ plant растéние, вы́росшее самопроизвóльно, самосéвное растéние

**2.** *v* 1) предлагáть (*свою помощь, услуги*); вы́зваться добровóльно (*сделать что-л.*; for) 2) поступи́ть добровóльцем на воéнную слýжбу

**voluptuary** [vəˈlʌptjuərɪ] *n* сластолю́бец

**voluptuous** [vəˈlʌptjuəs] *a* 1) чýвственный; сластолюби́вый, сладострáстный 2) пы́шный, роскóшный; возбуждáющий чýвственное желáние (*о фигуре, формах тела*)

**volute** [vəˈlju:t] *n* 1) *архит.* волю́та; спирáль, завитóк 2) *зоол.* сви́ток (*моллюск*) 3) *attr.* спирáльный

**volution** [vəˈlju:ʃən] *n* завитóк

**volvulus** [ˈvɔlvjuləs] *n* зáворот ки́шóк

**vomit** [ˈvɔmɪt] **1.** *n* 1) рвóта 2) рвóтная мáсса 3) рвóтное (срéдство)

**2.** *v* 1) страдáть рвóтой; he was ~ing blood егó рвалó крóвью 2) извергáть; to ~ curses извергáть проклятия; to ~ (forth) smoke извергáть клубы́ ды́ма (*напр., о фабричной трубе*)

**vomitive** [ˈvɔmɪtɪv] = vomitory

**vomitory** [ˈvɔmɪtərɪ] **1.** *n* рвóтное

**2.** *a* рвóтный

**voodoo** [ˈvu:du:] (*преим. в Вест-Индии*) **1.** *n* 1) вéра в колдовствó, шамáнство 2) знáхарь, шамáн 3) *attr.* колдовскóй; знáхарский; ~ doctor (*или* priest) знáхарь, шамáн

**2.** *v* околдовáть

**voracious** [vəˈreɪʃəs] *a* прожóрливый; жáдный; ненасы́тный

**voracity** [vɔˈræsɪtɪ] *n* прожóрливость

**vortex** [ˈvɔ:teks] *n* (*pl* -tices, -es [-ɪz]) 1) водоворóт; вихрь 2) *attr.* вихревóй; ~ motion *физ.* вихревóе движéние

**vortical** [ˈvɔ:tɪkəl] *a* вихревóй; вращáтельный

**vortices** [ˈvɔ:tɪsi:z] *pl от* vortex

**vorticose** [ˈvɔ:tɪkəus] = vortical

**votaress** [ˈvəutərɪs] *n* 1) почитáтельница; сторóнница 2) монáхиня

**votary** [ˈvəutərɪ] *n* 1) почитáтель; привéрженец; сторóнник 2) монáх

**vote** [vəut] **1.** *n* 1) голосовáние; баллотирóвка; to cast a ~ голосовáть; to put to the ~ стáвить на голосовáние; to get out the (*или* a) ~ *амер.* доби́ться акти́вного учáстия в голосовáнии свои́х предполагáемых сторóнников 2) (избирáтельный) гóлос; to count the ~s производи́ть подсчёт голосóв 3) прáво гóлоса; to have the ~ имéть прáво гóлоса; one man one ~ кáждый избирáтель имéет прáво голосовáть тóлько оди́н раз 4) óбщее числó голосóв; голосá 5) вóтум; решéние (*принятое большинством*); ~ of non-confidence вóтум недовéрия 6) избирáтельный бюллетéнь 7) ассигновáния, креди́ты (*принятые законодательным органом*); educational ~ ассигновáния на образовáние 8) *уст.* избирáтель

**2.** *v* 1) голосовáть (for — за, against — прóтив) 2) постановля́ть большинствóм голосóв 3) признавáть; the play was ~d a failure пьéса былá при́знана неудáчной 4) *разг.* предлагáть, вноси́ть предложéние; I ~ that we go home я за то, чтóбы пойти́ домóй □ ~ **down** провали́ть (*предложение*); ~ **in** избрáть голосовáнием (*куда-л.*); ~ **into:** to ~ smb. into a committee голосовáнием избрáть когó-л. в коми́ссию; ~ **through** провести́ путём голосовáния; to ~ a measure (a bill, *etc.*) through провести́ мероприя́тие (закóн *и т. п.*) голосовáнием

**voter** [ˈvəutə] *n* 1) избирáтель 2) учáстник голосовáния

**voting** [ˈvəutɪŋ] **1.** *pres. p. от* vote 2

**2.** *n* голосовáние

**voting machine** [ˈvəutɪŋməˌʃi:n] *n* 1) маши́на для подсчёта голосóв (*на*

*выборах*) 2) *перен.* маши́на голосова́ния
**voting paper** [ˈvəutɪŋˌpeɪpə] *n* избира́тельный бюллете́нь
**votive** [ˈvəutɪv] *a* испо́лненный по обе́ту
**vouch** [vautʃ] *v* 1) руча́ться, поручи́ться (for) 2) подтвержда́ть
**voucher** [ˈvautʃə] *n* 1) поручи́тель 2) распи́ска; оправда́тельный докуме́нт 3) руча́тельство, поручи́тельство (*в письменном виде*) ◇ hotel ~ кни́жечка (*или* путёвка) с отрывными тало́нами для прожива́ния в гости́нице (*оплаченная в турбюро*); meal ~ курсо́вка на пита́ние (*оплаченная в турбюро*)
**vouchsafe** [vautʃˈseɪf] *v* удоста́ивать; соизво́лить; he ~d no answer он не снизошёл до отве́та
**vow** [vau] **1.** *n* обе́т, кля́тва; to be under a ~ быть свя́занным кля́твой; to make (*или* to take) a ~ дать кля́тву ◇ to take the ~s а) постри́чься в мона́хи; б) связа́ть себя́ бра́чными у́зами
**2.** *v* дава́ть обе́т; кля́сться (*в чём-л.*)
**vowel** [ˈvauəl] *n* гла́сный (звук)
**vox** [vɔks] *лат. n* (*pl* voces) го́лос; ~ populi обще́ственное мне́ние
**voyage** [ˈvɔɪɪdʒ] **1.** *n* 1) пла́вание, морско́е путеше́ствие; to make a ~ соверши́ть путеше́ствие (*по морю*) 2) полёт, перелёт (*на самолёте*)
**2.** *v* 1) пла́вать, путеше́ствовать (*по морю*) 2) лета́ть (*на самолёте*)
**voyager** [ˈvɔɪədʒə] *n уст.* морепла́ватель
**voyeur** [vwaɪˈjəː] *n* челове́к, чьё боле́зненное любопы́тство удовлетворя́ется созерца́нием эроти́ческих сцен
**vug** [vʌg] *n геол.* впа́дина, пустота́ в поро́де, жео́да
**Vulcan** [ˈvʌlkən] *n римск. миф.* Вулка́н
**vulcanic** [vʌlˈkænɪk] = volcanic
**vulcanite** [ˈvʌlkənaɪt] *n* вулканизи́рованная рези́на, эбони́т
**vulcanization** [ˌvʌlkənaɪˈzeɪʃən] *n* вулканиза́ция (*резины*)
**vulcanize** [ˈvʌlkənaɪz] *v* вулканизи́ровать (*резину*)
**vulgar** [ˈvʌlgə] **1.** *a* 1) гру́бый; вульга́рный; по́шлый 2) простонаро́дный; плебе́йский; the ~ herd *презр.* чернь 3) наро́дный, родно́й (*о языке*) 4) широко́ распространённый, о́бщий (*об ошибке и т. п.*) ◇ ~ fraction проста́я дробь
**2.** *n* (the ~) *уст.* простонаро́дье
**vulgarian** [vʌlˈgɛərɪən] *n* 1) вульга́рный, невоспи́танный челове́к 2) парвеню́, вы́скочка
**vulgarism** [ˈvʌlgərɪzm] *n* 1) вульга́рность 2) вульга́рное выраже́ние; вульгари́зм
**vulgarity** [vʌlˈgærɪtɪ] *n* вульга́рность
**vulgarization** [ˌvʌlgəraɪˈzeɪʃən] *n* опошле́ние; вульгариза́ция
**vulgarize** [ˈvʌlgəraɪz] *v* опошля́ть; вульгаризи́ровать
**Vulgate** [ˈvʌlgɪt] *n* (the ~) *ист.* вульга́та (*латинский перевод библии IV в.*)
**vulnerability** [ˌvʌlnərəˈbɪlɪtɪ] *n* уязви́мость; рани́мость
**vulnerable** [ˈvʌlnərəbl] *a* уязви́мый; рани́мый
**vulnerary** [ˈvʌlnərərɪ] *a* целительный; ~ plants целе́бные тра́вы
**vulpicide** [ˈvʌlpɪsaɪd] *n* 1) охо́та на лиси́цу без го́нчих 2) охо́тник, уби́вший лиси́цу не по пра́вилам охо́ты, без соба́к
**vulpine** [ˈvʌlpaɪn] *a* 1) ли́сий 2) хи́трый, кова́рный
**vulture** [ˈvʌltʃə] *n* 1) гриф (*птица*); Egyptian ~ стервя́тник 2) хи́щник (*о человеке*)
**vulturous** [ˈvʌltʃurəs] *a* хи́щный
**vulva** [ˈvʌlvə] *n анат.* ву́льва, нару́жные же́нские половы́е о́рганы
**vying** [ˈvaɪɪŋ] *pres. p. от* vie

# W

**W, w** [ˈdʌblju(:)] *n* (*pl* Ws, W's [ˈdʌblju(:)z]) *23-я буква англ. алфавита*
**wabble** [ˈwɔbl] = wobble
**wabbly** [ˈwɔblɪ] = wobbly
**wacky** [ˈwækɪ] *a разг.* чо́кнутый; юро́дивый
**wad** [wɔd] **1.** *n* 1) кусо́к, комо́к (*ваты, шерсти и т. п.*) 2) *разг.* па́чка бума́жных де́нег; де́ньги
**2.** *v* набива́ть *или* подбива́ть ва́той
**wadding** [ˈwɔdɪŋ] **1.** *pres. p. от* wad 2
**2.** *n* 1) ва́та, шерсть (*для набивки*) 2) наби́вка, подби́вка 3) подкла́дка
**waddle** [ˈwɔdl] **1.** *n* похо́дка впереева́лку
**2.** *v* ходи́ть вперева́лку
**wade** [weɪd] **1.** *n* 1) перехо́д вброд 2) брод
**2.** *v* 1) переходи́ть вброд 2) пробира́ться, идти́ (*по грязи, снегу и т. п.*; *тж.* ~ through) 3) преодолева́ть (*что-л. трудное, скучное*; *тж.* ~ through) □ ~ **in** а) набро́ситься; приня́ться за *что-л.*; б) вступи́ть (*в спор, дискуссию, борьбу*); ~ **into** а) ре́зко критикова́ть; б) = ~ in а); ~ **through** одоле́ть (*что-л. трудное, скучное*)
**wader** [ˈweɪdə] *n* 1) боло́тная пти́ца 2) *pl* боло́тные сапоги́
**wading bird** [ˈweɪdɪŋbəːd] *n* боло́тная пти́ца
**wafer** [ˈweɪfə] *n* 1) ва́фля 2) обла́тка 3) сургу́чная печа́ть
**waff** [wɔf] *n диал.* 1) лёгкое движе́ние 2) мимолётное виде́ние
**waffle I** [ˈwɔfl] *n* ва́фля
**waffle II** [ˈwɔfl] *разг.* **1.** *n* (пуста́я) болтовня́, трёп
**2.** *v* болта́ть по́пусту, трепа́ться бе́з толку (*тж.* to ~ on)
**waffle-iron** [ˈwɔflˌaɪən] *n* ва́фельница
**waft** [wɑːft] **1.** *n* 1) взмах (*крыла*) 2) дунове́ние (*ветра*) 3) о́тзвук, донёсшийся звук 4) струя́ (*запаха*) 5) мимолётное ощуще́ние
**2.** *v* 1) нести́; the leaves were ~ed along by the breeze ветеро́к гнал ли́стья 2) нести́сь (*по воздуху, по воде*) 3) доноси́ть; a song was ~ed to our ears до нас донесли́сь зву́ки пе́сни
**wag I** [wæg] **1.** *n* взмах; киво́к; with a ~ of its (*или* the) tail вильну́в хвосто́м
**2.** *v* 1) маха́ть; кача́ть(ся); to ~ the tail виля́ть хвосто́м (*о собаке*) 2) *разг.* болта́ть, сплётничать; to set tongues (*или* chins, jaws, beards) ~ging дать по́вод для сплётен; вы́звать то́лки 3) кива́ть, де́лать знак ◇ to ~ one's finger at smb. грози́ть кому́-л. па́льцем; that's the way the world ~s таковы́ дела́; how ~s the world? как дела́?
**wag II** [wæg] **1.** *n* 1) шутни́к 2) *разг.* прогу́льщик; безде́льник, лентя́й; to play (the) ~ уви́ливать от заня́тий, прогу́ливать
**2.** *v* прогу́ливать
**wage I** [weɪdʒ] *n* (*обыкн. pl*) 1) за́работная пла́та; living ~ прожи́точный ми́нимум; nominal (real) ~s номина́льная (реа́льная) за́работная пла́та 2) *уст.* возме́здие 3) *attr.* свя́занный с за́работной пла́той, относя́щийся к за́работной пла́те; ~ scale шкала́ за́работной пла́ты; ~ labour наёмный труд
**wage II** [weɪdʒ] *v* вести́ (*войну*); проводи́ть (*кампанию*); боро́ться (*за что-л.*)
**wage-cut** [ˈweɪdʒkʌt] *n* сниже́ние за́работной пла́ты
**wage-earner** [ˈweɪdʒˌəːnə] *n* 1) (наёмный) рабо́тник, рабо́чий 2) тот, кто обеспе́чивает семью́, корми́лец
**wage-freeze** [ˈweɪdʒfriːz] *n* замора́живание за́работной пла́ты
**wage-fund** [ˈweɪdʒfʌnd] = wages-fund
**wager** [ˈweɪdʒə] **1.** *n* пари́; ста́вка; to lay a ~ держа́ть пари́
**2.** *v* 1) держа́ть пари́ 2) рискова́ть (*чем-л.*)
**wage-rate** [ˈweɪdʒreɪt] *n* ста́вка, тари́ф за́работной пла́ты
**wages-fund** [ˈweɪdʒɪzfʌnd] *n* фонд за́работной пла́ты
**wage-slavery** [ˈweɪdʒˌsleɪvərɪ] *n* поднево́льный наёмный труд
**wage-work** [ˈweɪdʒwəːk] *n* наёмный труд
**wage-worker** [ˈweɪdʒˌwəːkə] = wage-earner 1)
**waggery** [ˈwægərɪ] *n* 1) ша́лость; (гру́бая) шу́тка 2) шутли́вость
**waggish** [ˈwægɪʃ] *a* 1) шаловли́вый; озорно́й 2) заба́вный, коми́чный
**waggle** [ˈwægl] **1.** *n* пома́хивание; пока́чивание
**2.** *v* пома́хивать; пока́чивать(ся)
**waggly** [ˈwæglɪ] *a* неусто́йчивый
**wag(g)on** [ˈwægən] **1.** *n* 1) теле́жка; пово́зка; фурго́н; автофурго́н; пика́п 2) *ж.-д.* ваго́н-платфо́рма (*в Англии*) 3) *амер. разг.* де́тская коля́ска 4) (the ~) *амер.* полице́йская автомаши́на 5) *горн.* ваго́нетка 6) = station-wagon 7) сервиро́вочный сто́лик на колёсах 8) *амер. мор. sl.* кора́бль

◇ to go (*или* to be) on the (water) ~ *разг.* перестáть пить; to be off the (water) ~ *разг.* запи́ть, снóва пья́нствовать; to hitch one's ~ to a star ≅ далекó мéтить; быть одержи́мым честолюби́вой мечтóй

2. *v* 1) грузи́ть в фургóн, на железнодорóжную платфóрму-гондóлу 2) перевози́ть в фургóне, на железнодорóжной платфóрме-гондóле *и т. п.*

**wag(g)oner** [ˈwægənə] *n* вóзчик

**wag(g)onette** [ˌwægəˈnet] *n* экипáж с двумя́ продóльными сидéньями

**wagon-lit** [ˈwægɔːŋˈliː] *фр. n* спáльный вагóн

**wagon-train** [ˈwægənˈtreɪn] *n* обóз

**wagtail** [ˈwægteɪl] *n зоол.* трясогу́зка

**waif** [weɪf] *n* 1) никомý не принадлежáщая, брóшенная вещь 2) заблуди́вшееся домáшнее живóтное 3) бездóмный человéк; беспризóрный ребёнок ◇ ~s and strays а) беспризóрные дéти; б) остáтки, отбрóсы

**wail** [weɪl] **1.** *n* 1) вопль 2) завывáние (*ветра*) 3) причитáния, стенáния

**2.** *v* 1) вопи́ть; выть 2) причитáть, стенáть; оплáкивать (over)

**wailful** [ˈweɪlful] *a* грýстный, печáльный

**wain** [weɪn] *n* 1) *поэт.* телéга 2) (the W.) *астр.* Большáя Медвéдица (*тж.* Charles's *или* Arthur's W.)

**wainscot** [ˈweɪnskət] **1.** *n* деревя́нная стеннáя панéль

**2.** *v* обшивáть панéлью

**waist** [weɪst] *n* 1) тáлия; to strip to the ~ раздéться до пóяса 2) перехвáт, сужéние; ýзкая часть (*скрипки и т. п.*) 3) *амер.* корсáж, лиф; дéтский ли́фчик 4) *мор.* шкафýт

**waistband** [ˈweɪstbænd] *n* пóяс (*юбки, брюк*)

**waist-belt** [ˈweɪstbelt] *n* пояснóй ремéнь

**waistcoat** [ˈweɪskəut] *n* жилéт

**waist-deep** [ˈweɪstˈdiːp] **1.** *a* доходя́щий до пóяса

**2.** *adv* по пóяс; ~ in the water в водé по пóяс

**waistline** [ˈweɪstlaɪn] *n* тáлия, ли́ния тáлии; low ~ зани́женная тáлия

**wait** [weɪt] **1.** *n* 1) ожидáние; a long ~ дóлгое ожидáние 2) засáда; выжидáние; to lay ~ for smb. подстерéчь когó-л.; устрóить комý-л. засáду; to lie in ~ for smb. быть в засáде, поджидáть когó-л. 3) (the ~s) *pl* христослáвы (*певцы, ходящие по домам в сочельник*)

**2.** *v* 1) ждать (for); ~ until he comes дожди́тесь егó прихóда; don't keep me ~ing не заставля́йте меня́ ждать 2) прислýживать (*за столом и т. п.*; on, upon — *кому-л.*); быть официáнтом; to ~ at table (*амер.* to ~ on table) обслýживать посети́телей ресторáна, прислýживать за столóм 3) сопровождáть, сопýтствовать (upon); may success ~ upon you! да сопýтствует вам успéх! 4) *разг.* отклáдывать (*о трапезе*); we shall ~ dinner for you мы подождём вас с обéдом □ ~ **off** *спорт.* приберегáть си́лы к концý состязáния; ~ **on** а) являться результáтом (*чего-л.*); б) *уст.* наноси́ть визи́т, явля́ться к *кому-л.*; ~ **up** *разг.* не ложи́ться спать (до *чьего-л. прихода*; for); ~ **upon** = ~ on

**wait-a-bit** [ˈweɪtəbɪt] *n разг.* колю́чий кустáрник

**wait-and-see** [ˈweɪtənˈsiː] *a*: ~ policy выжидáтельная поли́тика

**waiter** [ˈweɪtə] *n* 1) официáнт 2) посети́тель, дожидáющийся приёма *и т. п.* 3) поднóс 4) = dumb-waiter

**waiting** [ˈweɪtɪŋ] **1.** *pres. p. от* wait 2

**2.** *n* ожидáние

**3.** *a* 1) выжидáтельный 2) ждýщий; ~ list спи́сок кандидáтов (*на должность, на получение жилплощади и т. п.*) 3) прислýживающий

**waiting-room** [ˈweɪtɪŋrum] *n* 1) приёмная 2) *ж.-д.* зал ожидáния

**waitress** [ˈweɪtrɪs] *n* официáнтка, подавáльщица

**waive** [weɪv] *v* 1) откáзываться (*от права, требования*; *тж. юр.*) 2) врéменно откла́дывать

**waiver** [ˈweɪvə] *n юр.* откáз от прáва, трéбования

**wake** I [weɪk] **1.** *v* (woke, waked [-t]; waked, woken, woke) 1) просыпáться (*тж.* ~ up) 2) буди́ть (*тж.* ~ up) 3) пробуждáть, возбуждáть (*желание, подозрение и т. п.*); to ~ the memories of the past пробуди́ть воспоминáния 4) бóдрствовать 5) опóмниться, очнýться; to ~ from a stupor вы́йти из забытья́, очнýться 6) осознáть (to); he woke to danger он осознáл опáсность 7) *ирл.* справля́ть пои́нки (*перед погребением*)

**2.** *n* 1) *поэт.* бóдрствование 2) (*обыкн. pl*) храмовóй прáздник 3) *ирл.* пои́нки (*перед погребением*)

**wake** II [weɪk] *n мор.* кильвáтер; in the ~ of... в кильвáтер за...; *перен.* в кильвáтере, по пятáм, по следáм; in the ~ of smb. на поводý у когó-л.

**wakeful** [ˈweɪkful] *a* 1) бóдрствующий 2) бессóнный 3) бди́тельный

**wakeless** [ˈweɪklɪs] *a* крéпкий, непробýдный (*о сне*)

**waken** [ˈweɪkən] *v* 1) просыпáться, пробуждáться 2) буди́ть, пробуждáть

**wakening** [ˈweɪknɪŋ] **1.** *pres. p. от* waken

**2.** *n* пробуждéние

**wakey** [ˈweɪkɪ] *int разг.* вставáй!, подъём!

**waking** [ˈweɪkɪŋ] **1.** *pres. p. от* wake I, 1

**2.** *n* = wakening 2

**3.** *a* 1) бóдрствующий 2) бди́тельный; недрéмлющий

**wale** [weɪl] **1.** *n* 1) полосá, рубéц (*от удара плетью, прутом*) 2) *мор.* вельс 3) *текст.* рýбчик (*выработка ткани*)

**2.** *v* 1) полосовáть (*плетью, прутом*); оставля́ть рубцы́ 2) *текст.* вырабáтывать ткань в рýбчик

**walk** [wɔːk] **1.** *n* 1) ходьбá 2) расстоя́ние; a mile's ~ from на расстоя́нии ми́ли от 3) шаг; to go at a ~ идти́ шáгом 4) похóдка 5) прогýлка пешкóм; to go for a ~ идти́ гуля́ть; to take a ~ прогуля́ться; to go ~s with children води́ть детéй гуля́ть 6) обхóд своегó райóна (*разносчиком и т. п.*) 7) тропá, аллéя; (люби́мое) мéсто для прогýлки 8) *уст.* вы́пас (*особ.* для овéц) 9) *спорт.* состязáние в ходьбé ◇ ~ of life общéственное положéние; заня́тие, профéссия; people from all ~s of life лю́ди всех слоёв óбщества

**2.** *v* 1) ходи́ть, идти́ 2) идти́ пешкóм; идти́ *или* éхать шáгом; ходи́ть по, обходи́ть; I have ~ed the country for many miles round я обошёл всю мéстность на протяжéнии мнóгих миль; to ~ a mile пройти́ ми́лю; to ~ the floor ходи́ть взад и вперёд 3) води́ть гуля́ть, прогýливать (*кого-л.*); to ~ a baby учи́ть ребёнка ходи́ть; to ~ a dog выводи́ть гуля́ть собáку 4) вывáживать (*лошадь после быстрой езды*) 5) дéлать обхóд (*о стороже, путевом обходчике и т. п.*); to ~ the rounds ходи́ть дозóром 6) появля́ться (*о привидениях*) 7) *уст.* вести́ себя́ □ ~ **about** прогýливаться, прохáживаться, флани́ровать; ~ **away** а) уходи́ть; to ~ away from smb. обгоня́ть когó-л. без трудá; б) уводи́ть; в) *разг.* унести́, укрáсть (with); ~ **back** откáзываться от (*своих слов, своей позиции и т. п.*); ~ **in** входи́ть; ~ **into** а) входи́ть; б) *разг.* брани́ть, набрáсываться с брáнью (*на кого-л.*); в) *sl.* есть, уплетáть; г) *разг.* натолкнýться, попáсть; he ~ed into the ambush он натолкнýлся на засáду; ~ **off** а) уходи́ть; б) уводи́ть; в) *разг.* унести́, укрáсть (with); г) одержáть лёгкую побéду (with); ~ **on** а) идти́ вперёд; б) продолжáть ходьбý; в) *театр.* игрáть роль без слов; ~ **out** а) выходи́ть; б) забастовáть; в) to ~ out with smb. *разг.* ухáживать, «гуля́ть» с кем-л. (*обыкн. о прислуге*); ~ **over** а) перешагнýть; б) без трудá опереди́ть сопéрников (*на бегах и т. п.*); в) не считáться (*с чувствами кого-л. и т. п.*); плóхо обращáться; ~ **up** подойти́ (to — *к кому-л.*) ◇ to ~ in on smb. огорóшить, застáть врасплóх когó-л.; to ~ out on smb. поки́нуть когó-л. в бедé; улизнýть от когó-л.; to ~ the boards быть актёром; to ~ the hospitals проходи́ть студéнческую прáктику в больни́це; to ~ smb. round обвести́ когó-л. вокрýг пáльца; to ~ in golden (*или* silver) slippers ≅ купáться в рóскоши

**walkaway** [ˈwɔːkəweɪ] *n* лёгкая побéда (*в состязании*)

**Walker** [ˈwɔːkə] *int sl.* врёшь!, не мóжет быть!

**walker** [ˈwɔːkə] *n* 1) ходóк; I am not much of a ~ я плохóй ходóк 2) *спорт.* скороxóд

**walkie-lookie** [ˈwɔːkɪˈlukɪ] *n разг.* портати́вный телевизиóнный передáтчик

**walkie-talkie** [ˈwɔːkɪˈtɔːkɪ] *n разг.* перенóсная рáция

**walking** [ˈwɔːkɪŋ] **1.** *pres. p. от* walk 2

**2.** *n* 1) ходьба́ 2) похо́дка

**3.** *a* 1) гуля́ющий; ходя́чий; ~ case *мед.* ходя́чий больно́й 2) *тех.* на шага́ющем ходу́; ~ excavator шага́ющий экскава́тор ◇ ~ corpse живы́е мо́щи; ~ dictionary ходя́чая энциклопе́дия; ~ delegate представи́тель профсою́за; ~ gentleman (lady) *театр.* стати́ст (стати́стка); ~ part роль без слов

**walking-orders** [ˈwɔːkɪŋˌɔːdəz] = walking-papers

**walking-papers** [ˈwɔːkɪŋˌpeɪpəz] *n pl разг.* увольне́ние с рабо́ты; to get the ~ получи́ть докуме́нт об увольне́нии, быть уво́ленным

**walking-race** [ˈwɔːkɪŋreɪs] *n* соревнова́ния по спорти́вной ходьбе́

**walking-stick** [ˈwɔːkɪŋstɪk] *n* трость

**walking-ticket** [ˈwɔːkɪŋˌtɪkɪt] = walking-papers

**walking-tour** [ˈwɔːkɪŋtuə] *n* экску́рсия пешко́м

**walk-on** [ˈwɔːkˈɔn] *n театр.* арти́ст «на выхода́х»; стати́ст

**walk-out** [ˈwɔːkˈaut] *n* 1) забасто́вка 2) вы́ход из организа́ции *или* ухо́д с собра́ния (*в знак протеста*)

**walk-over** [ˈwɔːkˌauvə] *n* лёгкая побе́да

**walk-up** [ˈwɔːkˈʌp] *n амер. разг.* кварти́ра в до́ме без ли́фта

**walkway** [ˈwɔːkweɪ] *n* доро́жка; алле́я

**wall** [wɔːl] **1.** *n* 1) стена́; a blank ~ глуха́я стена́ 2) сте́нка (*сосуда*) 3) *перен.* барье́р, прегра́да; ~ of partition стена́; про́пасть 4) *pl воен.* укрепле́ния 5) *геол.* бок (*месторождения*) 6) *attr.* стенно́й; ~ box насте́нный (почто́вый) я́щик ◇ to give smb. the ~ посторони́ться; уступи́ть доро́гу, преиму́щество *и т. п.* кому́-л.; to take the ~ of smb. не уступи́ть доро́ги кому́-л.; to go to the ~ потерпе́ть неуда́чу; обанкро́титься; the weakest goes to the ~ *посл.* ≅ сла́бых бьют; to see through (*или* into) a brick ~ облада́ть необыча́йной проница́тельностью; with one's back to the ~ в безвы́ходном положе́нии; to push (*или* to drive, to thrust) to the ~ припере́ть к сте́нке; поста́вить в безвы́ходное положе́ние; to hang by the ~ не быть в употребле́нии; ~s have ears сте́ны име́ют у́ши

**2.** *v* 1) обноси́ть стено́й 2) укрепля́ть, стро́ить укрепле́ния 3) разделя́ть стено́й □ ~ **up** заде́лывать (*дверь, окно*); замуро́вывать

**wallaby** [ˈwɔləbɪ] *n* 1) кенгуру́ (*малый*) 2) *pl разг.* австрали́йцы ◇ on the ~ (track) *австрал.* скита́ющийся; безрабо́тный

**wallah** [ˈwɔlə] *инд. n* 1) *разг.* челове́к, па́рень 2) слу́жащий, слуга́ 3) хозя́ин

**wallaroo** [ˌwɔləˈruː] *n австрал.* кенгуру́ (*крупный*)

**wallet** [ˈwɔlɪt] *n* 1) бума́жник 2) футля́р, су́мка (*для инструментов и т. п.*) 3) *уст.* кото́мка

**wall-eye** [ˈwɔːlaɪ] *n* 1) бельмо́ 2) глаз с бельмо́м 3) *редк.* глауко́ма

**wall-eyed** [ˈwɔːlaɪd] *a* 1) с бельмо́м на глазу́ 2) косо́й, косогла́зый 3) свире́пый (*о взгляде*) 4) *sl.* окосе́вший, пья́ный

**wallflower** [ˈwɔːlˌflauə] *n* 1) *бот.* желтофио́ль (садо́вая) 2) *шутл.* да́ма, оста́вшаяся без кавале́ра (*на вечеринке, балу и т. п.*) 3) *мор. sl.* кора́бль, до́лго стоя́щий у сте́нки

**Walloon** [wɔˈluːn] **1.** *n* 1) валло́н; валло́нка 2) валло́нский язы́к

**2.** *a* валло́нский

**wallop** [ˈwɔləp] *разг.* **1.** *n* 1) си́льный уда́р; to land (*или* to strike) a ~ си́льно уда́рить 2) гро́хот, шум (*от падения*) 3) кре́пкий кула́к, физи́ческая си́ла 4) пи́во

**2.** *v* 1) зада́ть трёпку, поколоти́ть; бить (*палкой*) 2) тяжело́ ступа́ть; ходи́ть вперева́лку (*тж.* ~ along)

**walloper** [ˈwɔləpə] *n разг.* не́что огро́мное, грома́дное

**walloping** [ˈwɔləpɪŋ] **1.** *pres. p. от* wallop 2

**2.** *a разг.* большо́й, кру́пный

**3.** *n разг.* 1) побо́и, взбу́чка, трёпка 2) по́лное пораже́ние

**wallow** [ˈwɔləu] **1.** *n* 1) пы́льная поля́нка *или* лу́жа, куда́ прихо́дят валя́ться живо́тные 2) валя́ние (*в грязи и т. п.*)

**2.** *v* 1) валя́ться, бара́хтаться 2) передвига́ться тяжело́, неуклю́же 3) *перен.* купа́ться; погря́знуть; to ~ in money купа́ться в зо́лоте

**wall-painting** [ˈwɔːlˌpeɪntɪŋ] *n* насте́нная жи́вопись; фре́ска, фре́сковая жи́вопись

**wallpaper** [ˈwɔːlˌpeɪpə] *n* обо́и

**wall pier** [ˈwɔːlpɪə] *n архит.* пиля́стра

**Wall Street** [ˈwɔːlˈstriːt] *n* Уо́лл-стрит (*улица в Нью-Йорке, где находится биржа*); *перен.* америка́нский фина́нсовый капита́л, фина́нсовая олига́рхия

**walnut** [ˈwɔːlnʌt] *n* 1) гре́цкий оре́х 2) оре́ховое де́рево 3) древеси́на оре́хового де́рева 4) *attr.* оре́ховый ◇ over the ~s and the wine *шутл.* во вре́мя послеобе́денной бесе́ды

**walnut-tree** [ˈwɔːlnʌttriː] = walnut 2)

**Walpurgis-night** [vælˈpuəgɪsˈnaɪt] *n* вальпу́ргиева ночь

**walrus** [ˈwɔːlrəs] *n* 1) морж 2) *attr.*: ~ moustache *разг.* отви́сшие усы́ «как у моржа́»

**waltz** [wɔːls] **1.** *n* вальс

**2.** *v* 1) вальси́ровать 2) пляса́ть от ра́дости (*тж.* ~ in, ~ out, ~ round)

**wamble** [ˈwɔmbl] *v диал.* 1) поша́тываться, идти́ нетвёрдой похо́дкой 2) перевора́чивать(ся) 3) урча́ть (*в животе*) 4) испы́тывать чу́вство тошноты́

**wampum** [ˈwɔmpəm] *n* ожере́лье из ра́ковин (*у индейцев*)

**wampus** [ˈwɔmpəs] *n sl.* неприя́тный, несгово́рчивый *или* глу́пый челове́к

**wamus** [ˈwɔməs] *n амер.* жаке́т (*вязаный или из грубошёрстной ткани*)

**wan** [wɔn] **1.** *a* 1) бле́дный, изнурённый; боле́зненный 2) се́рый, ту́склый

**2.** *v* 1) изнуря́ть 2) станови́ться ту́склым, се́рым

**wand** [wɔnd] *n* 1) прут, па́лочка 2) дирижёрская па́лочка 3) волше́бная па́лочка 4) жезл 5) *уст.* ски́петр

**wander** [ˈwɔndə] **1.** *v* 1) броди́ть; стра́нствовать, скита́ться 2) блужда́ть (*о мыслях, взгляде и т. п.*) 3) заблуди́ться; to ~ out of one's way сби́ться с доро́ги 4) *перен.* отклоня́ться; to ~ from the point отойти́ (*или* отклони́ться) от те́мы 5) стать непосле́довательным, невнима́тельным, рассе́янным 6) бре́дить (*тж.* ~ in one's mind) 7) извива́ться (*о реке, дороге и т. п.*)

**2.** *n* стра́нствие

**wanderer** [ˈwɔndərə] *n* стра́нник; скита́лец

**wandering** [ˈwɔndərɪŋ] **1.** *pres. p. от* wander 1

**2.** *n* 1) стра́нствие; путеше́ствие; скита́ния 2) (*обыкн. pl*) бред, бессвя́зные ре́чи

**3.** *a* 1) бродя́чий; блужда́ющий 2) изви́листый (*о реке, дороге и т. п.*) 3) *мед.* блужда́ющий; ~ kidney блужда́ющая по́чка

**wanderlust** [ˈwɔndəlʌst] *n* страсть к путеше́ствиям

**wane** [weɪn] **1.** *n* 1) убыва́ние; to be on the ~ убыва́ть; быть на уще́рбе (*о луне*) 2) спад, упа́док; his power was on the ~ власть постепе́нно ускольза́ла из его́ рук 3) *лес.* обзо́л

**2.** *v* 1) быть на уще́рбе (*о луне*); убыва́ть 2) идти́ на у́быль, па́дать; уменьша́ться; подходи́ть к концу́; ослабева́ть

**wangle** [ˈwæŋgl] *разг.* **1.** *n* хи́трость, уло́вка; нече́стная сде́лка

**2.** *v* 1) доби́ться, вы́просить, ухитри́ться получи́ть; to ~ an extra week's holiday ухитри́ться получи́ть ли́шнюю неде́лю о́тпуска 2) хи́тростью вы́нудить *или* побуди́ть 3) подтасо́вывать фа́кты, искажа́ть

**want** [wɔnt] **1.** *n* 1) недоста́ток (of — в); for (*или* from) ~ of smth. из-за недоста́тка, нехва́тки чего́-л.; to be in ~ of smth. нужда́ться в чём-л. 2) необходи́мость (of — в) 3) (*часто pl*) потре́бность; жела́ние, жа́жда; my ~s are few мои́ потре́бности невелики́ 4) нужда́, бе́дность; the family was perpetually in ~ семья́ пребыва́ла в постоя́нной нужде́

**2.** *v* 1) хоте́ть, жела́ть 2) испы́тывать недоста́ток (*в чём-л.*); he certainly does not ~ intelligence ума́ ему́ не занима́ть; it ~s ten minutes to four без десяти́ четы́ре; he never ~s for friends у него́ всегда́ мно́го друзе́й 3) нужда́ться (*тж.* ~ for); let him ~ for nothing пусть он ни в чём не нужда́ется 4) тре́бовать; he is ~ed by the police его́ разы́скивает поли́ция 5) испы́тывать необходи́мость; быть ну́жным, тре́боваться; you ~ to see a doctor вам сле́дует пойти́ к врачу́

**want-ad** [ˈwɔntˈæd] *n* (коро́ткое) объявле́ние (*в газете*) в отде́ле спро́са и предложе́ния

**wantage** [ˈwɔntɪdʒ] *n* нехвáтка; недостаю́щее коли́чество

**wanting** [ˈwɔntɪŋ] **1.** *pres. p. от* want 2

**2.** *a* 1) нуждáющийся; ~ in initiative безынициати́вный 2) отсу́тствующий, недостаю́щий; a month ~ two days без двух дней мéсяц 3) придурковáтый; he seems to be slightly ~ у негó, по-мóему, не все дóма

**3.** *prep* без; ~ mutual trust business is impossible без взаи́много довéрия невозмóжны деловы́е отношéния

**wanton** [ˈwɔntən] **1.** *a* 1) *поэт.* рéзвый 2) *поэт.* бу́йный (*о росте, развитии и т. п.*) 3) *поэт.* измéнчивый, непостоя́нный (*о ветре и т. п.*) 4) бессмы́сленный, беспричи́нный; произвóльный, безотвéтственный; своенрáвный 5) экстравагáнтный; шикáрный 6) распу́тный

**2.** *n* распу́тница

**3.** *v* 1) резви́ться 2) бу́йно разрастáться 3) *редк.* расточáть

**wapiti** [ˈwɔpɪtɪ] *n* вапи́ти (*олень*)

**war** [wɔ:] **1.** *n* 1) войнá; civil ~ граждáнская войнá; ideological ~ идеологи́ческая войнá; ~ of manoeuvre манёвренная войнá; in the ~ а) на войнé; б) во врéмя войны́; ~ to the knife войнá на истреблéние; борьбá не на живóт, а на смéрть; at ~ в состоя́нии войны́; to carry the ~ into the enemy's country (*или* camp) перенести́ войну́ на террито́рию проти́вника; *перен.* предъявля́ть встрéчное обвинéние; отвечáть обвинéнием на обвинéние; to declare ~ on smb. объяви́ть войну́ комý-л.; to levy (*или* to make, to wage) ~ on smb. вести́ войну́ с кем-л.; art of ~ воéнное искýсство; the Great W., World W. I пéрвая мировáя войнá (*1914—1918 гг.*); World W. II вторáя мировáя войнá (*1939—1945 гг.*) 2) борьбá; ~ of the elements борьбá стихи́й; ~ between man and nature борьбá человéка с прирóдой 3) *attr.* воéнный; W. Office воéнное министéрство (*в Англии*); ~ seat теáтр воéнных дéйствий; on a ~ footing в боевóй готóвности; ~ effort воéнные уси́лия, мобилизáция всех сил для оборóны страны́; ~ loan воéнный заём; ~ crimes воéнные преступлéния; ~ hawk поджигáтель войны́, «я́стреб»

**2.** *v уст.* воевáть □ ~ **down** завоевáть, покори́ть

**warble** [ˈwɔ:bl] **1.** *n* 1) трель 2) песнь

**2.** *v* издавáть трéли; петь (*о птицах*)

**warbler** [ˈwɔ:blə] *n* пéвчая пти́ца

**war-cloud** [ˈwɔ:klaud] *n* предвоéнная атмосфéра; при́зрак надвигáющейся войны́

**war-cry** [ˈwɔ:kraɪ] *n* боевóй клич; лóзунг

**ward** [wɔ:d] **1.** *n* 1) опéка; to be in ~ находи́ться под опéкой 2) опекáемый; подопéчный 3) администрати́вный райóн гóрода 4) палáта (*больничная*); кáмера (*тюремная*) 5) *уст.* заключéние 6) вы́ступ *или* вы́емка (*в бородке ключа и в замке*) 7) *attr.*: ~ round обхóд палáт (*врачом*) ◇ watch and ~ неусы́пная бди́тельность; to keep watch and ~ (over) охраня́ть

**2.** *v*: ~ **off** отражáть, отвращáть (*удар, опасность*)

**warden** [ˈwɔ:dn] *n* 1) начáльник; дирéктор, рéктор (*в некоторых английских колледжах*) 2) начáльник тюрьмы́ 3) смотри́тель, надзирáтель; служи́тель 4) церкóвный стáроста 5) (*преим. ист.*) губернáтор; высóкое должностнóе лицó

**warder** [ˈwɔ:də] *n* 1) тюрéмный надзирáтель; тюрéмщик 2) *уст.* стóрож, стрáжник 3) *ист.* жезл (*эмблема власти*)

**war-devastated** [ˈwɔ:ˈdevəsteɪtɪd] *a* разорённый, опустошённый войнóй

**war-dog** [ˈwɔ:dɔg] *n* 1) *воен.* служéбная собáка 2) бывáлый солдáт 3) *амер.* милитари́ст

**Wardour Street English** [ˈwɔ:dəstri:tˈɪŋglɪʃ] *n* англи́йская речь, насыщённая архаи́змами (*по названию лондонской улицы — средоточию антикварных магазинов*)

**wardress** [ˈwɔ:drɪs] *n* тюрéмная надзирáтельница; тюрéмщица

**wardrobe** [ˈwɔ:drəub] *n* 1) гардерóб (*шкаф*) 2) гардерóбная 3) гардерóб, одéжда 4) *attr.* платянóй; ~ dealer торгóвец понóшенной одéждой; ~ mistress а) гардерóбщица; б) кастеля́нша; ~ trunk кофр, сундýк-шкаф для вéрхней одéжды

**wardroom** [ˈwɔ:drum] *n* 1) офицéрская каю́т-компáния 2) (the ~) *собир.* офицéры корабля́

**wardship** [ˈwɔ:dʃɪp] *n* опéка

**ware I** [wɛə] *n* 1) издéлия; china ~ фарфóр; delft ~ фая́нсовая посýда 2) *pl* товáр(ы), продýкты произвóдства

**ware II** [wɛə] **1.** *a predic. уст., поэт.* бди́тельный, осторóжный

**2.** *v разг.* остерегáться, *особ. imp. охот.* береги́сь!

**-ware** [-wɛə] *в сложных словах означает* издéлие; earthenware гончáрные издéлия, керáмика; glassware стекля́нная посýда; silverware столóвое серебрó

**warehouse 1.** *n* [ˈwɛəhaus] 1) товáрный склад; пакгáуз 2) большóй магази́н 3) *attr.* складскóй

**2.** *v* [ˈwɛəhauz] помещáть в склад; храни́ть на склáде

**warehouseman** [ˈwɛəhausmən] *n* 1) владéлец склáда 2) слýжащий на склáде 3) оптóвый торгóвец

**warfare** [ˈwɔ:fɛə] *n* 1) войнá; приёмы ведéния войны́ 2) столкновéние, борьбá

**war-game** [ˈwɔ:geɪm] *n* воéнная игрá

**war-head** [ˈwɔ:hed] *n реакт.* боевáя голóвка; головнáя часть с заря́дным устрóйством

**war-horse** [ˈwɔ:hɔ:s] *n* 1) *уст.* боевóй конь 2) ветерáн (войны́); бывáлый, óпытный солдáт 3) óпытный полити́ческий дéятель *и т. п.*

**warily** [ˈwɛərɪlɪ] *adv* осторóжно

**wariness** [ˈwɛərɪnɪs] *n* осмотри́тельность, осторóжность

**warlike** [ˈwɔ:laɪk] *a* 1) вои́нственный; ~ attitude вои́нственность 2) воéнный

**warlock** [ˈwɔ:lɔk] *n уст.* волшéбник, маг, колдýн

**war-lord** [ˈwɔ:lɔ:d] *n* 1) верхóвный главá áрмии 2) военачáльник 3) я́рый милитари́ст

**warm** [wɔ:m] **1.** *a* 1) тёплый; согрéтый, подогрéтый 2) жáркий; ~ countries жáркие стрáны 3) тёплый, сохраня́ющий теплó 4) горя́чий, сердéчный (*о приёме, поддержке и т. п.*); ~ heart дóброе сéрдце 5) разгорячённый; горя́чий, стрáстный; ~ with wine разгорячённый винóм; in ~ blood сгорячá; в сердцáх) 6) раздражённый 7) *охот.* свéжий (*след*); to follow a ~ scent идти́ по горя́чему слéду 8) *разг.* зажи́точный, богáтый; хорошó устрóенный 9) *жив.* тёплый (*о цвете — с преобладанием красного, оранжевого или жёлтого*) ◇ ~ language *разг.* брань; ~ work напряжённая *или* опáсная рабóта; to make things ~ for smb. досаждáть комý-л.; сдéлать чьё-л. положéние невыноси́мым; ~ corner жáркий учáсток (*боя и т. п.*); to get ~ а) согрéться; б) разгорячи́ться; в) напáсть на след; you are getting ~! горячó! (*т. е. близко к цели — в детской игре*); вы на прáвильном пути́

**2.** *n разг.* согревáние; to have a ~ (по)грéться; I must give the milk a ~ нáдо подогрéть молокó ◇ British ~ корóткая зи́мняя шинéль

**3.** *v* 1) грéть(ся), нагревáть(ся), согревáть(ся) (*тж.* ~ up) 2) разгорячáть(ся), воодушевля́ться, оживля́ться (*часто* ~ to, ~ toward); my heart ~s to him я емý сочýвствую; to ~ to one's work жи́во заинтересовáться своéй рабóтой; to ~ to one's role входи́ть в роль; to ~ to one's subject увлéчься проблéмой □ ~ **up** а) разогревáть(ся), подогревáть(ся); б) воодушевля́ть(ся); разжигáть; to ~ up to smth. прояви́ть заинтересóванность в чём-л.; в) *спорт.* разминáться ◇ to ~ the bench *спорт.* отси́живаться на скамьé для запасны́х игрокóв; быть в резéрве

**warm-blooded** [ˈwɔ:mˈblʌdɪd] *a* 1) *зоол.* теплокрóвный 2) горя́чий (*о темпераменте*)

**warmed-over** [ˈwɔ:mdˌəuvə] *a* подогрéтый, разогрéтый ◇ that is ~ cabbage э́то стáрая истóрия

**warmer** [ˈwɔ:mə] *n* 1) грéлка 2) подогревáтельный *или* нагревáтельный прибóр

**warm-hearted** [ˈwɔ:mˈhɑ:tɪd] *a* сердéчный, учáстливый; дóбрый

**warm-house** [ˈwɔ:mhaus] *n* тепли́ца, оранжерéя

**warming** [ˈwɔ:mɪŋ] **1.** *pres. p. от* warm 3

**2.** *n* 1) согревáние; подогревáние 2) *разг.* побóи, трёпка

**warming-pan** [ˈwɔ:mɪŋpæn] *n* 1) грéлка (*металлическая с углями, для со-*

*гревания постели*) 2) *разг.* временный заместитель

**warming-up** ['wɔ:mɪŋ'ʌp] *n* 1) *спорт.* разминка 2) *тех.* прогрев

**warmish** ['wɔ:mɪʃ] *a* тепловатый

**warmonger** ['wɔ:,mʌŋgə] **1.** *n* поджигатель войны

**2.** *v* подстрекать к войне

**warmth** [wɔ:mθ] *n* 1) тепло 2) сердечность 3) горячность; запальчивость 4) *жив.* тёплый колорит

**warm-up** ['wɔ:mʌp] *a амер. спорт.* разминка

**warn** [wɔ:n] *v* предупреждать; предостерегать (of)

**warning** ['wɔ:nɪŋ] **1.** *pres. p. от* warn

**2.** *n* 1) предупреждение; предостережение; to give a ~ предупредить; it must be a ~ to you пусть это послужит вам предостережением 2) знак, признак (*чего-л. предстоящего*) 3) предупреждение об уходе *или* увольнении с работы; to give a month's ~ за месяц предупредить об увольнении

**3.** *a* 1) предупреждающий, предостерегающий 2) предупредительный

**warp** [wɔ:p] **1.** *n* 1) основа (*ткани*) 2) коробление; деформация (*древесины*) 3) извращённость; неправильное, отклоняющееся от нормы суждение *и т. п.*; предубеждение 4) *мор.* верповальный трос *или* перлинь 5) наносный ил

**2.** *v* 1) коробить(ся); искривляться; деформироваться, перекашиваться (*о древесине*); the table-top has ~ed крышка стола покоробилась 2) извращать, искажать (*взгляды и т. п.*); to ~ one's judgement мешать быть объективным; to ~ one's whole life исковеркать, испортить свою жизнь 3) *мор.* верповать(ся) 4) удобрять наносным илом

**war-paint** ['wɔ:peɪnt] *n* 1) раскраска тела перед походом (*у индейцев*) 2) *разг.* парадный костюм, полная боевая форма 3) *театр. разг.* грим 4) *шутл.* помада, румяна *и т. п.*

**war-path** ['wɔ:pɑ:θ] *n ист.* тропа войны (*поход североамериканских индейцев*) ◇ to be (*или* to go) on the ~ вести войну, быть в воинственном настроении, рваться в бой

**warped** [wɔ:pt] **1.** *p. p. от* warp 2

**2.** *a* 1) покоробленный 2) искажённый; извращённый (*об информации и т. п.*)

**warper** ['wɔ:pə] *n текст.* сновальщик

**war-plane** ['wɔ:pleɪn] *n* военный самолёт

**warrant** ['wɔrənt] **1.** *n* 1) ордер (*на арест и т. п.*); предписание 2) основание; правомочие; оправдание; he had no ~ for saying that у него не было основания говорить это 3) *воен.* приказ о присвоении звания уорент-офицера

**2.** *v* 1) оправдывать, служить оправданием; подтверждать 2) ручаться, гарантировать; I'll ~ him a perfectly honest man ручаюсь, что он совершенно честный человек; the colours of all stuffs ~ed fast прочность окраски всех тканей гарантируется; I'll ~ (you that...) я уверен (в том, что...); we shall win the game, I ~ не сомневаюсь в нашей победе, игра будет наша 3) давать право, полномочия

**warrantable** ['wɔrəntəbl] *a* законный; допустимый

**warrantee** [,wɔrən'ti:] *n юр.* лицо, которому даётся гарантия *или* ручательство

**warranter** ['wɔrəntə] = warrantor

**warrant-officer** ['wɔrənt,ɔfɪsə] *n* 1) *воен.* уорент-офицер (*промежуточная категория между сержантским и офицерским составом*) 2) *мор.* мичман

**warrantor** ['wɔrəntɔ:] *n* лицо, дающее гарантию; поручитель

**warranty** ['wɔrəntɪ] *n* 1) основание 2) *ком.* гарантия; ручательство 3) *тех.* приёмное техническое испытание (*тж.* ~ test)

**warren** ['wɔrən] *n* 1) участок, где водятся кролики 2) кроличий садок 3) перенаселённый дом, район *и т. п.*; a ~ of passages лабиринт переходов

**warring** ['wɔ:rɪŋ] **1.** *pres. p. от* war 2

**2.** *a* 1) противоречивый, непримиримый 2) воюющий

**warrior** ['wɔrɪə] *n поэт.* воин; боец; воитель

**warship** ['wɔ:ʃɪp] *n* военный корабль

**wart** [wɔ:t] *n* 1) бородавка 2) кап, нарост, наплыв (*на дереве*) ◇ to paint smb. with his ~s изображать кого-л. без прикрас

**wart-hog** ['wɔ:thɔg] *n зоол.* бородавочник

**war-time** ['wɔ:taɪm] *n* 1) военное время; in ~ во время войны 2) *attr.* военный, связанный с войной; военного времени; ~ industry промышленное производство военного времени

**warty** ['wɔ:tɪ] *a* покрытый бородавками, бородавчатый

**war-whoop** ['wɔ:hu:p] *n шутл.* боевой клич

**war-worn** ['wɔ:wɔ:n] *a* опустошённый войной; истощённый войной

**wary** ['wɛərɪ] *a* 1) осторожный 2) подозрительный; настороженный

**was** [wɔz (*полная форма*); wəz, wz (*редуцированные формы*)] *прошедшее время ед. ч. гл.* to be

**was-bird** ['wɔzbə:d] *n sl.* человек, утративший свои былые качества, опустившийся человек

**wash** [wɔʃ] **1.** *n* 1) (a ~) мытьё; to have a ~ помыться; to give a ~ вымыть, помыть 2) (the ~) стирка; to send clothes to the ~ отдать бельё в стирку; at the ~ в стирке 3) (the ~) *разг.* бельё; to hang out the ~ to dry вывесить бельё сушиться 4) прибой; шум прибоя 5) попутная струя, кильватер; волна 6) помои; бурда; жидкий суп; слабый чай 7) *разг.* трепотня, переливание из пустого в порожнее 8) примочка; туалетная вода 9) тонкий слой (*металла, жидкой краски*) 10) песок, гравий; аллювий; наносы 11) золотоносный песок 12) старое русло (*реки*) 13) болото; лужа 14) овраг, балка 15) *attr.* предназначенный для мытья 16) *attr.* стирающийся, нелиняющий; ~ goods нелиняющие ткани ◇ it'll all come out in the ~ всё образуется

**2.** *v* 1) мыть(ся); обмывать, отмывать, смывать, промывать; стирать; to ~ clean отмыть дочиста 2) *перен.* очищать, обелять 3) стираться (*о материи*); не линять (*в стирке*) 4) быть (достаточно) убедительным; that theory won't ~ эта теория не выдерживает критики 5) плескаться, омывать (*берега; тж.* ~ upon); разбиваться о берег (*о волнах; тж.* ~ against) 6) размывать 7) нести, сносить (*о воде*); to ~ ashore прибивать к берегу; to ~ overboard смыть за борт 8) литься, струиться; вливаться, переливаться 9) смачивать; flowers ~ed with dew цветы, омытые росой 10) заливать; покрывать тонким слоем 11) белить (*потолок, стены*) 12) *горн.* обогащать (*руду, уголь*) 13) промывать золотоносный песок □ ~ **away** а) смывать; сносить; вымывать; б) очищать, обелять; to ~ away one's sin искупить свой грех; ~ **down** а) вымыть; б) окатить (водой); в) смыть; снести; г) запивать (*еду, лекарство водой, вином и т. п.*); ~ **off** смывать (*тж. перен.*); ~ **out** а) смывать(ся) (*тж. перен.*); б) бросить, махнуть рукой на *что-л.*; в) размывать; г) (*обыкн. p. p.*) лишать сил, изматывать; to be ~ed out, to look ~ed out α) полинять; β) быть *или* чувствовать себя измождённым; быть бледным, чувствовать утомление; д) провалить(ся), засыпать(ся) (*на экзамене*); е) признать непригодным (*к военной службе, полёту и т. п.*); ~ **over** переливаться через край; ~ **up** мыть посуду ◇ to ~ one's hands умыть руки; to ~ one's dirty linen in public ≅ выносить сор из избы

**washable** ['wɔʃəbl] *a* стирающийся, нелиняющий

**wash-and-wear** ['wɔʃən'wɛə] **1.** *n* одежда из ткани, не требующей глаженья после стирки

**2.** *a* не требующий глаженья после стирки (*о ткани*)

**wash-basin** ['wɔʃ,beɪsn] *n* (умывальный) таз; умывальная раковина

**wash-board** ['wɔʃbɔ:d] *n* 1) стиральная доска 2) *стр.* плинтус 3) колейный износ дороги

**wash-boiler** ['wɔʃ,bɔɪlə] *n* бак для кипячения белья

**wash-bowl** ['wɔʃbəul] *n* таз

**washcloth** ['wɔʃklɔθ] *n* 1) мочалка из махровой ткани

**wash-day** ['wɔʃdeɪ] *n* день стирки

**wash-drawing** ['wɔʃ,drɔ:ɪŋ] *n* 1) акварель 2) рисунок тушью размывкой

**washed-out** ['wɔʃt'aut] *a* 1) полинявший 2) *разг.* утомлённый, выдохшийся (*о человеке*); to feel ~ чувствовать упадок сил; обессилеть, вымотаться

**washed-up** ['wɔʃt'ʌp] *a* 1) = washed out 2); 2) *sl.* конченый; отвергнутый, ненужный

**washer** [ˈwɔʃə] *n* 1) мо́йщик 2) промывно́й аппара́т; мо́йка 3) стира́льная маши́на 4) *тех.* ша́йба

**washerwoman** [ˈwɔʃəˌwumən] *n* пра́чка

**wash-hand** [ˈwɔʃhænd] *a* умыва́льный; ~ basin а) таз для умыва́ния; б) умыва́льная ра́ковина; ~ stand = wash-stand

**wash-house** [ˈwɔʃhaus] *n* пра́чечная

**washiness** [ˈwɔʃɪnɪs] *n* 1) водяни́стость 2) сла́бость

**washing** [ˈwɔʃɪŋ] **1.** *pres. p. от* wash 2

**2.** *n* 1) мытьё; сти́рка 2) бельё (для сти́рки) 3) обмы́лки 4) то́нкий слой (*металла, краски и т. п.*)

**3.** *a* 1) стира́ющийся 2) употребля́емый для сти́рки, мо́ющий; ~ powder стира́льный порошо́к

**washing-day** [ˈwɔʃɪŋdeɪ] = wash-day

**washig-house** [ˈwɔʃɪŋhaus] = wash-house

**washing-machine** [ˈwɔʃɪŋməˌʃiːn] *n* стира́льная маши́на

**washing-soda** [ˈwɔʃɪŋˌsəudə] *n* стира́льная со́да

**washing-stand** [ˈwɔʃɪŋstænd] = wash-stand

**washing-up** [ˈwɔʃɪŋˈʌp] *n* 1) мытьё посу́ды 2) гря́зная посу́да, со́бранная для мытья́

**wash-leather** [ˈwɔʃˌleðə] *n* за́мша

**wash-out** [ˈwɔʃaut] *n* 1) размы́в; смыв 2) *разг.* неуда́ча 3) *разг.* неуда́чник

**wash-room** [ˈwɔʃrum] *n* 1) умыва́льня 2) *амер.* убо́рная, туале́т

**wash-stand** [ˈwɔʃstænd] *n* умыва́льник

**wash-tub** [ˈwɔʃtʌb] *n*loха́нь для сти́рки

**wash-up** [ˈwɔʃˈʌp] *n* 1) = washing-up 2) что-л., вы́кинутое на бе́рег (*волной, прибоем и т. п.*)

**washwoman** [ˈwɔʃˌwumən] = washerwoman

**washy** [ˈwɔʃɪ] *a* 1) жи́дкий, водяни́стый; разба́вленный 2) бле́дный, блёклый 3) сла́бый, вя́лый

**wasp** [wɔsp] *n* оса́

**waspish** [ˈwɔspɪʃ] *a* 1) язви́тельный, ядови́тый; раздражи́тельный, злой 2) оси́ный (*о талии*)

**wassail** [ˈwɔseɪl] *уст.* **1.** *n* 1) пиру́шка, попо́йка 2) здра́вица

**2.** *v* пирова́ть, бра́жничать

**wassailing** [ˈwɔsəlɪŋ] *n* свя́точное хожде́ние из до́ма в дом с пе́нием рожде́ственских ги́мнов

**wast** [wɔst (*полная форма*); wəst (*редуцированная форма*)] *уст. форма 2 л. ед. ч. прошедшего времени гл.* to be

**wastage** [ˈweɪstɪdʒ] *n* 1) изна́шивание; поте́ри, уте́чка, усу́шка, у́быль; normal ~ есте́ственная у́быль, обы́чная уте́чка 2) расточи́тельность

**waste** [weɪst] **1.** *n* 1) пусты́ня 2) поте́ри; у́быль, уще́рб, убы́ток, по́рча 3) изли́шняя тра́та; oil ~ перерасхо́д ма́сла; to run (*или* to go) to ~ быть потра́ченным по́пусту ≅ идти́ коту́ под хвост 4) отбро́сы, отхо́ды, уга́р, обре́зки, лом 5) *юр.* разоре́ние, по́рча; небре́жное отноше́ние (*особ. арендатора к чужому имуществу*) 6) *горн.* пуста́я поро́да

**2.** *a* 1) пусты́нный, незаселённый; невозде́ланный; опустошённый; ~ land (*или* ground) пусты́рь, пу́стошь; to lay ~ опустоша́ть; to lie ~ быть невозде́ланным (*о земле*) 2) ли́шний, нену́жный; ~ effort напра́сное уси́лие; ~ products отхо́ды; ~ paper макулату́ра 3) *тех.* отрабо́танный; ~ steam отрабо́танный пар 4) него́дный, брако́ванный

**3.** *v* 1) расточа́ть (*деньги, энергию и т. п.*); теря́ть (*время*); тра́тить впусту́ю; to ~ money броса́ть де́ньги на ве́тер; to ~ words говори́ть на ве́тер; тра́тить слова́ по́пусту; my joke was ~d upon him он не по́нял мое́й шу́тки 2) по́ртить; to be entirely ~ed стать по́лностью непригóдным к употребле́нию 3) опустоша́ть 4) изнуря́ть; he was ~d by disease боле́знь изнури́ла его́ 5) ча́хнуть; истоща́ться, приходи́ть к концу́ (*тж.* ~ away)

**waste-basket** [ˈweɪstˌbɑːskɪt] = waste-paper-basket

**wasteful** [ˈweɪstful] *a* расточи́тельный

**waste-paper-basket** [weɪstˈpeɪpəˌbɑːskɪt] *n* корзи́на для (нену́жных) бума́г; fit for the ~ никуды́шный, никчёмный

**waste-pipe** [ˈweɪstpaɪp] *n* сто́чная труба́

**waster** [ˈweɪstə] *n* 1) расточи́тель 2) брак, брако́ванное изде́лие 3) *разг.* никуды́шный челове́к

**wasting** [ˈweɪstɪŋ] **1.** *pres. p. от* waste 3

**2.** *a* 1) опустоши́тельный; разори́тельный; ~ war опустоши́тельная война́ 2) изнури́тельный (*о болезни*)

**wastrel** [ˈweɪstrəl] = waster

**watch** I [wɔtʃ] *n* 1) часы́ (*карманные, наручные*); a dress ~ часы́-брошь; by (*или* on) my ~ по мои́м часа́м; he set his ~ by mine он поста́вил свои́ часы́ по мои́м 2) *attr.* ~ band ремешо́к для нару́чных часо́в

**watch** II [wɔtʃ] **1.** *n* 1) внима́ние; наблюде́ние; бди́тельность; to keep ~ over smb., smth. а) наблюда́ть за кем-л., чем-л.; б) карау́лить, сторожи́ть кого́-л., что-л.; to be on the ~ for подкарау́ливать, поджида́ть 2) сто́рож; *уст.* страж; стра́жа, дозо́р 3) *уст.* бо́дрствование; in the ~es of the night в бессо́нные ночны́е часы́ 4) *ист.* стра́жа (*часть ночи*) 5) *мор.* ва́хта ◊ to pass as a ~ in the night исче́знуть без следа́

**2.** *v* 1) наблюда́ть, следи́ть; смотре́ть; to ~ it *разг.* быть осторо́жным; ~ that he doesn't fall смотри́, что́бы он не упа́л; to ~ TV смотре́ть телеви́зор 2) бо́дрствовать; дежу́рить 3) карау́лить; сторожи́ть, охраня́ть (*тж.* ~ over) 4) выжида́ть, ждать (*тж.* ~ for) ▭ ~ **in** встреча́ть Но́вый год; ~ **out** остерега́ться; ~ out! осторо́жно!; ~ **over** охраня́ть ◊ a ~ed pot never boils ≅ когда́ ждёшь, вре́мя тя́нется; to ~ one's step а) ступа́ть осторо́жно; б) де́йствовать осмотри́тельно

**watch-box** [ˈwɔtʃbɔks] *n* карау́льная бу́дка

**watch-case** [ˈwɔtʃkeɪs] *n* ко́рпус часо́в

**watch-chain** [ˈwɔtʃtʃeɪn] *n* цепо́чка для часо́в

**watch-crystal** [ˈwɔtʃˌkrɪstl] = watch-glass

**watchdog** [ˈwɔtʃdɔg] *n* 1) сторожево́й пёс 2) *attr.*: ~ committee *амер.* наблюда́тельная коми́ссия (*по выборам и т. п.*)

**watcher** [ˈwɔtʃə] *n* 1) сто́рож 2) наблюда́тель 3) *амер.* наблюда́тель за пра́вильностью проведе́ния вы́боров 4) знато́к, иссле́дователь

**watch-fire** [ˈwɔtʃˌfaɪə] *n* 1) бива́чный костёр 2) сигна́льный костёр

**watchful** [ˈwɔtʃful] *a* бди́тельный; осторо́жный

**watch-glass** [ˈwɔtʃglɑːs] *n* стекло́ для часо́в

**watch-guard** [ˈwɔtʃgɑːd] *n* цепо́чка *или* шнуро́к для часо́в

**watch-house** [ˈwɔtʃhaus] *n* *воен.* карау́льное помеще́ние

**watch-key** [ˈwɔtʃkiː] *n* ключ для заво́да часо́в

**watch-maker** [ˈwɔtʃˌmeɪkə] *n* 1) часовщи́к 2): ~'s часова́я мастерска́я

**watchman** [ˈwɔtʃmən] *n* 1) ночно́й сто́рож 2) карау́льный

**watch-night** [ˈwɔtʃnaɪt] *n* 1) ночь под Но́вый год 2) *церк.* новогóдняя всено́щная

**watch-pocket** [ˈwɔtʃˌpɔkɪt] *n* карма́н для часо́в

**watch-spring** [ˈwɔtʃsprɪŋ] *n* часова́я пружи́на

**watch-tower** [ˈwɔtʃˌtauə] *n* сторожева́я ба́шня

**watchword** [ˈwɔtʃwəːd] *n* 1) паро́ль 2) ло́зунг; призы́в, клич

**water** [ˈwɔːtə] **1.** *n* 1) вода́; by ~ во́дным путём; on the ~ на ло́дке, парохо́де *и т. п.*; let's go on the ~ поката́емся на ло́дке; to hold ~ а) не пропуска́ть во́ду; б) выде́рживать кри́тику (*о теории и т. п.*); в) быть логи́чески после́довательным; to make ~ дать течь (*о корабле*) [*ср. тж.* 7)]; ~ bewitched *шутл.* ≅ а) води́чка (*слабый чай и т. п.*); б) вода́ (*о пустословии*) 2) водоём 3) (*часто pl*) во́ды; мо́ре; во́лны 4) (*часто pl*) (минера́льные) во́ды; to drink the ~s побыва́ть на во́дах, пить лече́бные во́ды (*на курорте*) 5) прили́в и отли́в 6) па́водок 7) жи́дкие выделе́ния (*организма*); слёзы, слюна́, пот, моча́, околопло́дная жи́дкость, во́ды; to make (*или* to pass) ~ мочи́ться [*ср. тж.* 1)]; red ~ крова́вая моча́; ~ on the brain водя́нка мо́зга 8) вода́ (*качество драгоценного камня*); of the first ~ чи́стой воды́ (*о драгоценных камнях, особ. о бриллиантах*); *перен.* замеча́тельный; genius of the first ~ исключи́тельный тала́нт 9) *жив. сокр. от* water-colour ◊ the ~s of forgetfulness Ле́та, забве́ние, смерть; to draw ~ in a sieve носи́ть во́ду решето́м; to get into (*или* to be in) hot ~ попа́сть в беду́ (*обыкн. по собственной вине*); in deep ~(s) в бедé; in low ~ «на мели́», бли́зкий к разоре́нию; in smooth ~ преуспева́ющий; like a fish out of ~ не в свое́й стихи́и; как ры́ба, вы́нутая из воды́; to spend money like ~ сори́ть деньга́ми; to shed blood like ~ проли́ть мо́ре кро́ви; written in ~ недолгове́чный, преходя́щий (*о славе и т. п.*)

**2.** *v* 1) мочи́ть, сма́чивать 2) полива́ть, ороша́ть; снабжа́ть вла́гой 3) пои́ть (*животных*) 4) ходи́ть на водопо́й 5) набира́ть во́ду (*о корабле и т. п.*) 6) разбавля́ть (*водой*; *тж.* ~ down) 7) сгла́живать, смягча́ть (*тж.* ~ down); to ~ down the differences затушёвывать разногла́сия 8) слези́ться; поте́ть; выделя́ть во́ду, вла́гу; it made his mouth ~ у него́ слю́нки потекли́ 9) разводня́ть (*об акционерном капитале*) 10) *текст.* муари́ровать

**water aerodrome** [ˈwɔːtəˈɛədrəum] *n* гидроаэродро́м

**waterage** [ˈwɔːtərɪdʒ] *n* 1) перево́зка гру́зов по воде́ 2) пла́та за перево́зку гру́зов по воде́

**water-anchor** [ˈwɔːtəˌæŋkə] *n* *мор.* плаву́чий я́корь

**water-bailiff** [ˈwɔːtəˈbeɪlɪf] *n* 1) инспе́ктор рыбнадзо́ра 2) *уст.* порто́вый тамо́женный чино́вник

**water-bearer** [ˈwɔːtəˌbɛərə] *n* водоно́с

**water-bearing** [ˈwɔːtəˌbɛərɪŋ] *a* водоно́сный

**water-bed** [ˈwɔːtəbed] *n* рези́новый матра́ц, напо́лненный водо́й (*для больных*)

**water-bird** [ˈwɔːtəbəːd] *n* водяна́я пти́ца

**water-blister** [ˈwɔːtəˌblɪstə] *n* водяно́й волды́рь

**water-borne** [ˈwɔːtəbɔːn] *a* 1) перевози́мый по воде́, мо́рем (*о товарах*) 2) *мед.* передаю́щийся с водо́й (*об инфекции*)

**water-bottle** [ˈwɔːtəˌbɔtl] *n* 1) графи́н для воды́ 2) фля́га

**water bus** [ˈwɔːtəbʌs] *n* речно́й трамва́й

**water-butt** [ˈwɔːtəbʌt] *n* бо́чка для дождево́й воды́

**water-can** [ˈwɔːtəkæn] *n* бидо́н

**water-carriage** [ˈwɔːtəˌkærɪdʒ] *n* во́дный тра́нспорт

**water-carrier** [ˈwɔːtəˌkærɪə] *n* 1) водоно́с; водово́з 2) водоналивно́е су́дно 3) (W.) Водоле́й (*созвездие и знак зодиака*)

**water-cart** [ˈwɔːtəkɑːt] *n* 1) цисте́рна для поли́вки у́лиц 2) теле́жка водово́за

**water-closet** [ˈwɔːtəˌklɔzɪt] *n* убо́рная

**water-colour** [ˈwɔːtəˌkʌlə] *n* 1) (*обыкн. pl*) акваре́ль(ные кра́ски) 2) акваре́ль (*рисунок*) 3) *attr.* акваре́льный

**water-cooled** [ˈwɔːtəkuːld] *a* *тех.* с водяны́м охлажде́нием

**watercourse** [ˈwɔːtəkɔːs] *n* 1) пото́к; ре́(ч)ка; руче́й; кана́л 2) ру́сло

**water-craft** [ˈwɔːtəkrɑːft] *n* су́дно; *собир.* суда́

**watercress** [ˈwɔːtəkres] *n* *бот.* кресс водяно́й, жеру́ха

**water-cure** [ˈwɔːtəkjuə] *n* водолече́ние

**water-dog** [ˈwɔːtədɔg] *n* *разг.* быва́лый моря́к; хоро́ший плове́ц

**water-drinker** [ˈwɔːtəˌdrɪŋkə] *n* тре́звенник

**water-drop** [ˈwɔːtədrɔp] *n* 1) ка́пля воды́ 2) слеза́

**watered** [ˈwɔːtəd] **1.** *p. p. от* water 2

**2.** *a* 1) муа́ровый 2) разба́вленный (*водой*) 3): ~ stock *фин.* разводнённый акционе́рный капита́л

**water-engine** [ˈwɔːtəˌendʒɪn] *n* 1) водоподъёмная маши́на 2) *уст.* пожа́рная маши́на

**waterfall** [ˈwɔːtəfɔːl] *n* водопа́д

**waterfowl** [ˈwɔːtəfaul] *n* (*обыкн. собир.*) водяны́е пти́цы

**water-front** [ˈwɔːtəfrʌnt] *n* 1) порт; райо́н по́рта; городско́й райо́н, располо́женный на берегу́ (*реки, моря и т. п.*) 2) бе́рег

**water-gas** [ˈwɔːtəˈgæs] *n* *хим.* водяно́й газ

**water-gate** [ˈwɔːtəgeɪt] *n* затво́р (*шлюза*)

**water-gauge** [ˈwɔːtəgeɪdʒ] *n* водоме́р

**water-glass** [ˈwɔːtəglɑːs] *n* 1) водоме́рное стекло́ 2) *хим.* раствори́мое стекло́ 3) стекля́нный сосу́д для воды́; ва́за

**water-hammer** [ˈwɔːtəˌhæmə] *n* *тех.* гидравли́ческий уда́р

**water-hen** [ˈwɔːtəhen] *n* водяна́я ку́рочка; камы́шница

**water-ice** [ˈwɔːtəraɪs] *n* фрукто́вое моро́женое

**watering** [ˈwɔːtərɪŋ] **1.** *pres. p. от* water 2

**2.** *n* 1) поли́вка 2) разбавле́ние водо́й 3) слезотече́ние 4) слюнотече́ние 5) *фин.* разводне́ние акционе́рного капита́ла

**watering-can** [ˈwɔːtərɪŋkæn] = water-can

**watering-cart** [ˈwɔːtərɪŋkɑːt] = water-cart 1)

**watering-place** [ˈwɔːtərɪŋpleɪs] *n* 1) водопо́й 2) во́ды, куро́рт с минера́льными во́дами 3) морско́й куро́рт

**watering-pot** [ˈwɔːtərɪŋpɔt] = water-can

**water-jacket** [ˈwɔːtəˌdʒækɪt] *n* *тех.* водяна́я руба́шка

**waterless** [ˈwɔːtəlɪs] *a* безво́дный

**water-level** [ˈwɔːtəˌlevl] *n* 1) у́ровень воды́; у́ровень грунтовы́х вод 2) ватерпа́с

**water-lily** [ˈwɔːtəˌlɪlɪ] *n* водяна́я ли́лия, кувши́нка

**water-line** [ˈwɔːtəlaɪn] *n* *мор.* ватерли́ния

**waterlog** [ˈwɔːtəlɔg] *v* 1) затопля́ть 2) забола́чивать 3) пропи́тывать(ся) водо́й 4) по́ртиться (*от избытка воды*)

**waterlogged** [ˈwɔːtəlɔgd] *a* 1) полузато́пленный 2) заболо́ченный 3) пропи́танный водо́й

**water-main** [ˈwɔːtəmeɪn] *n* водопрово́дная магистра́ль

**waterman** [ˈwɔːtəmən] *n* 1) ло́дочник, перево́зчик 2) гребе́ц

**watermanship** [ˈwɔːtəmənʃɪp] *n* уме́ние хорошо́ грести́

**watermark** [ˈwɔːtəmɑːk] **1.** *n* 1) водяно́й знак (*на бумаге*) 2) *гидр.* отме́тка у́ровня воды́

**2.** *v* де́лать водяны́е зна́ки (*на бумаге*)

**water-meadow** [ˈwɔːtəˌmedəu] *n* заливно́й луг

**water-melon** [ˈwɔːtəˌmelən] *n* арбу́з

**water-meter** [ˈwɔːtəˌmiːtə] *n* водоме́р

**water-mill** [ˈwɔːtəmɪl] *n* водяна́я ме́льница

**water-nymph** [ˈwɔːtəˈnɪmf] *n* руса́лка; наяда

**water-parting** [ˈwɔːtəˌpɑːtɪŋ] *n* водоразде́л

**water-pipe** [ˈwɔːtəpaɪp] *n* водопрово́дная труба́

**water-plant** [ˈwɔːtəplɑːnt] *n* водо́росль

**water-point** [ˈwɔːtəpɔɪnt] *n* пункт водоснабже́ния

**water polo** [ˈwɔːtəˈpəuləu] *n* *спорт.* во́дное по́ло

**water-power** [ˈwɔːtəˌpauə] *n* 1) гидроэне́ргия 2) *attr.* гидросилово́й; ~ plant гидроэлектроста́нция

**waterproof** [ˈwɔːtəpruːf] **1.** *a* водонепроница́емый, непромока́емый

**2.** *n* непромока́емый плащ

**3.** *v* придава́ть водонепроница́емость

**water pump** [ˈwɔːtəpʌmp] *n* водяно́й насо́с

**water-ram** [ˈwɔːtəræm] *n* *тех.* гидравли́ческий тара́н

**water-rat** [ˈwɔːtəræt] *n* 1) водяна́я кры́са 2) *пренебр.* корабе́льная кры́са (*о моряке*) 3) *sl.* вор (*орудующий на пристанях и т. п.*); *мор. sl.* бич

**water-rate** [ˈwɔːtəreɪt] *n* пла́та за во́ду

**water-repellent** [ˈwɔːtərɪˈpelənt] = waterproof 1

**waterscape** [ˈwɔːtəskeɪp] *n* морско́й пейза́ж

**water-seal** [ˈwɔːtəsiːl] *n* *тех.* гидравли́ческий затво́р

**water-service** [ˈwɔːtəˌsəːvɪs] *n* водоснабже́ние

**watershed** [ˈwɔːtəʃed] *n* 1) водоразде́л 2) бассе́йн реки́

**water-shoot** [ˈwɔːtəʃuːt] *n* водосто́чная труба́

**waterside** [ˈwɔːtəsaɪd] *n* 1) бе́рег 2) *attr.* располо́женный на берегу́, проходя́щий по бе́регу

**water-skin** [ˈwɔːtəskɪn] *n* ко́жаный мешо́к *или* мех для воды́

**water-skis** [ˈwɔːtəskiːz] *n* во́дные лы́жи

**water-softener** [ˈwɔːtəˌsɔfnə] *n* сре́дство для смягче́ния воды́

**water-soluble** [ˈwɔːtəˌsɔljubl] *a* раствори́мый в воде́

**waterspout** [ˈwɔːtəspaut] *n* 1) водяно́й смерч 2) водосто́чная труба́

**water-supply** [ˈwɔːtəsəˌplaɪ] *n* водоснабже́ние

**water-system** [ˈwɔːtəˌsɪstɪm] *n* 1) река́ со свои́ми прито́ками 2) = water-supply

**water-table** [ˈwɔːtəˌteɪbl] *n* 1) во́дная пове́рхность 2) у́ровень грунтовы́х вод 3) *архит.* сливна́я плита́

**water-tap** [ˈwɔːtətæp] *n* кран

**watertight** ['wɔːtətaɪt] *a* 1) водонепроница́емый; гермети́ческий 2) неопровержи́мый, выде́рживающий кри́тику, вполне́ обосно́ванный (*о теории и т. п.*) 3) не допуска́ющий двойно́го толкова́ния, соверше́нно определённый (*о юридическом документе и т. п.*)

**water-to-air missile** ['wɔːtətu'ɛə'mɪsaɪl] *n воен.* раке́та кла́сса «кора́бль—во́здух»

**water-tower** ['wɔːtəˌtauə] *n* водонапо́рная ба́шня

**water-trough** ['wɔːtətrɔf] *n* пои́лка для скота́

**water-vole** ['wɔːtəvəul] *n* водяна́я кры́са

**water-wag(g)on** ['wɔːtəˌwægən] *n* 1) пово́зка водово́за 2) железнодоро́жная цисте́рна для перево́зки воды́, «водя́нка» ◇ to be on the ~ возде́рживаться от спиртны́х напи́тков

**water-wave** ['wɔːtəweɪv] *n* 1) больша́я волна́, вал 2) холо́дная зави́вка

**water-way** ['wɔːtəweɪ] *n* 1) во́дный путь; inland (international) ~s вну́тренние (междунаро́дные) во́дные пути́ 2) судохо́дное ру́сло, фарва́тер 3) *мор.* ватерве́йс, водопрото́к

**water-wheel** ['wɔːtəwiːl] *n* водяно́е колесо́

**water-wings** ['wɔːtəwɪŋz] *n* спаса́тельный по́яс (*для начинающих плавать*)

**waterworks** ['wɔːtəwəːks] *n pl* (*употр. как sing и как pl*) 1) водопрово́дная ста́нция; водопрово́дные сооруже́ния 2) во́дные сооруже́ния; фонта́н ◇ to turn on the ~ *разг.* распла́каться, зали́ться слеза́ми

**watery** ['wɔːtərɪ] *a* 1) водяно́й; мо́крый 2) водяни́стый, жи́дкий (*о пище*) 3) бле́дный, бесцве́тный (*о красках и т. п.*) 4) предвеща́ющий дождь 5) по́лный слёз (*о глазах*)

**watt** [wɔt] *n эл.* ватт

**wattle I** ['wɔtl] *n* серёжка (*у птиц*); боро́дка (*индюка, петуха*)

**wattle II** ['wɔtl] **1.** *n* 1) плете́нь; ~ and daub ма́занка 2) *бот.* австрали́йская ака́ция *или* мимо́за

**2.** *v* 1) плести́ (*плетень*) 2) стро́ить из плетня́

**wattled** ['wɔtld] **1.** *p. p. от* wattle II, 2

**2.** *a* плетёный

**wattless** ['wɔtlɪs] *a эл.* реакти́вный, «безва́ттный»

**wattmeter** ['wɔtˌmiːtə] *n эл.* ваттме́тр

**waul** [wɔːl] *v* крича́ть, мяу́кать

**wave** [weɪv] **1.** *n* 1) волна́, вал; the ~s *поэт.* мо́ре 2) волна́; подъём; a ~ of enthusiasm волна́ энтузиа́зма 3) колеба́ние 4) волни́стость; she has a natural ~ in her hair у неё вью́тся во́лосы 5) зави́вка (*тж.* hair ~); to get a ~ сде́лать причёску 6) маха́ние; a ~ of the hand взмах руки́ 7) *воен.* атаку́ющая цепь; эшело́н *или* волна́ деса́нта 8) *радио* сигна́л; волна́; long (medium, short) ~s дли́нные (сре́дние, коро́ткие) во́лны 9) *attr.* волново́й; ~ mechanics волнова́я меха́ника

**2.** *v* 1) развева́ться (*о флагах*); волнова́ться (*о ниве и т. п.*); кача́ться (*о ветках*) 2) ви́ться (*о волосах*) 3) завива́ть (*волосы*) 4) разма́хивать, маха́ть (*рукой, платком*); подава́ть знак руко́й; to ~ in farewell, to ~ a farewell помаха́ть руко́й на проща́ние □ ~ **aside** не принима́ть (*во внимание и т. п.*); отмахну́ться (*от чего-л.*); ~ **away** сде́лать (*кому-л.*) знак удали́ться; *перен.* отмахну́ться; не соглаша́ться (*на что-л.*), не принима́ть (*предложения*); ~ **off** отма́хиваться (*тж. перен.*)

**waved** [weɪvd] **1.** *p. p. от* wave 2

**2.** *a* волни́стый (*о волосах*); завито́й

**waveguide** ['weɪvgaɪd] *n радио* волново́д

**wave-length** ['weɪvleŋθ] *n физ.* длина́ волны́

**wavelet** ['weɪvlɪt] *n* небольша́я волна́

**waver** ['weɪvə] *v* 1) колеба́ться 2) дро́гнуть (*о войсках*) 3) колыха́ться (*о пламени*) 4) развева́ться, полоска́ться (*о флаге и т. п.*)

**wavering** ['weɪvərɪŋ] **1.** *pres. p. от* waver

**2.** *n* нереши́тельность; колеба́ния

**3.** *a* неусто́йчивый, колеблю́щийся

**wavy** ['weɪvɪ] *a* 1) волни́стый 2) колеблю́щийся 3) *тех.* рифлёный

**wax I** [wæks] **1.** *n* 1) воск; mineral ~ минера́льный воск, озокери́т 2) ушна́я се́ра 3) *attr.* восково́й; ~ candle восковая свеча́

**2.** *v* вощи́ть

**wax II** [wæks] *v* прибыва́ть (*о луне; тж. перен.*) ◇ to ~ angry разозли́ться

**wax III** [wæks] *n разг.* при́ступ гне́ва; я́рость; to be in a ~ быть в бе́шенстве; to get into a ~ взбеси́ться, рассвирепе́ть

**waxcloth** ['wæksklɔθ] *n* лино́леум

**waxen** ['wæksən] *a* 1) восково́й 2) бле́дный, бесцве́тный 3) вощёный 4) мя́гкий как воск

**wax-end** ['wæksend] *n* дра́тва

**wax-paper** ['wæksˌpeɪpə] *n* вощёная бума́га

**waxwork** ['wækswəːk] *n* 1) ле́пка из во́ска 2) восково́я фигу́ра; муля́ж 3) *pl* пано́птикум

**waxy** ['wæksɪ] *a* 1) восково́й 2) похо́жий на воск 3) вощёный

**way** [weɪ] **1.** *n* 1) путь; доро́га; to take one's ~ идти́; уходи́ть; to lead the ~ идти́ впереди́; быть вожако́м, пока́зывать приме́р; to lose one's ~ сби́ться с пути́; back ~ око́льный путь; on the ~ а) в пути́; on the ~ home по пути́ домо́й; б) попу́тно; to be on one's ~ быть в пути́; to go one's ~(s) уходи́ть, отправля́ться; to be in the ~ а) стоя́ть поперёк доро́ги, меша́ть; б) быть под руко́й; by the ~ а) по доро́ге, по пути́; б) кста́ти, ме́жду про́чим; to get out of smb.'s ~ уйти́ с доро́ги; to make ~ for smb., smth. дать доро́гу, уступи́ть ме́сто кому́-л., чему́-л.; to see one's ~ понима́ть, как на́до де́йствовать; быть в состоя́нии сде́лать что-л.; now I see my ~ тепе́рь я зна́ю, что де́лать; to try one's own ~ поступа́ть по-сво́ему; to have (*или* to get) one's own ~ доби́ться своего́, настоя́ть на своём, поступа́ть по-сво́ему; to have it one's own ~ де́йствовать по-сво́ему, добива́ться своего́; she had it her own ~ in the end в конце́ концо́в хозя́йкой положе́ния оказа́лась она́; have it your (own) ~ поступа́й, как зна́ешь, твоё де́ло; to be in the ~ of doing smth. быть бли́зким к тому́, что́бы соверши́ть что-л.; out of the ~ а) не по пути́; в стороне́; б) необыкнове́нный; необы́чный, незауря́дный; he has done nothing out of the ~ он не сде́лал ничего́ из ря́да вон выходя́щего 2) сторона́, направле́ние; look this ~ посмотри́те сюда́; this ~, please (пройди́те) сюда́, пожа́луйста; (are you) going my ~? нам по пути́?; the other ~ round наоборо́т 3) расстоя́ние; a little ~, *амер. разг.* a little ~s недалеко́; a long ~, *амер. разг.* a long ~s далеко́ 4) движе́ние вперёд; ход; to make one's ~ а) продвига́ться; пробира́ться; б) сде́лать карье́ру, завоева́ть положе́ние в о́бществе (*тж.* to make one's ~ in the world); to make the best of one's ~ идти́ как мо́жно скоре́е, спеши́ть; to have ~ on дви́гаться вперёд (*о корабле, автомобиле и т. п.*); under ~ *мор.* на ходу́ (*тж. перен.*); preparations are under ~ идёт подгото́вка; to be well under ~ зайти́ доста́точно далеко́ 5) ме́тод, сре́дство, спо́соб; мане́ра; о́браз де́йствия; ~ of living о́браз жи́зни; усло́вия существова́ния; I will find a ~ to do it я найду́ спо́соб э́то сде́лать; to my ~ of thinking по моему́ мне́нию; one ~ or another так и́ли ина́че; the other ~ и́наче; ~s and means а) пути́ и спо́собы; пути́ и возмо́жности; б) *парл.* пути́ и спо́собы изыска́ния де́нежных средств; to put smb. in the ~ of (doing) smth. дать кому́-л. возмо́жность зарабо́тать, сде́лать что-л. *и т. п.*; to see one's ~ (clear) to doing smth. знать, как сде́лать что-л.; to have a ~ with smb. име́ть осо́бый подхо́д к кому́-л., уме́ть убежда́ть кого́-л. 6) обы́чай, привы́чка; осо́бенность; it is not in his ~ to be communicative общи́тельность не в его́ хара́ктере; to stand in the ancient ~s быть проти́вником всего́ но́вого 7) о́браз жи́зни; to live in a great (small) ~ жить на широ́кую но́гу (скро́мно) 8) о́бласть, сфе́ра; to be in the retail ~ занима́ться ро́зничной торго́влей 9) состоя́ние; in a bad ~ в плохо́м состоя́нии 10) *sl.* волне́ние; she is in a terrible ~ она́ ужа́сно взволно́вана 11) отноше́ние; bad in every ~ плохо́й во всех отноше́ниях; in a ~ в не́котором отноше́нии; в изве́стном смы́сле; до изве́стной сте́пени; in many ~s во мно́гих отноше́ниях 12) *pl мор.* ста́пель 13) *тех.* направля́ющая (*станка*) 14) *attr.*: the Ways and Means Committee а) бюдже́тная коми́ссия брита́нского парла́мента; б) постоя́нная бюдже́тная коми́ссия конгре́сса США ◇ ~ out вы́ход из положе́ния; by ~ of а) ра́ди, с це́лью; б) в ви́де, в ка́честве; to give ~ а) поддава́ться, уступа́ть; б) поддава́ться, предава́ться (*отчаянию и т. п.*); в) по́ртиться, сдава́ть; г) па́дать (*об акциях*); one ~ or the other тем и́ли ины́м путём, так и́ли ина́че; no two ~s about it а) э́то неизбе́жно; б) об э́том не мо́жет быть двух мне́ний; to put smb. in the ~ of smth. предоста́вить кому́-л. слу́чай, дать возмо́жность сде́лать что-л.; pay your own ~ плати́те за себя́; to go the ~ of all flesh (*или* of nature, of all the earth) умере́ть; to go out of one's ~..., to put oneself out of the ~... постара́ться изо всех сил (*чтобы оказать помощь, содействие другому*); she went out of the ~ to please her future mother-in-law она́ изо все́х сил стара́лась понра́виться свое́й бу́дущей свекро́ви; to put smb. out of the ~ убра́ть кого́-л., уби́ть кого́-л.; to come smb.'s ~ попада́ться, встреча́ться кому́-л. (*на жизненном пути*); the longest ~ round is the shortest way home *посл.* ≅ ти́ше е́дешь, да́льше бу́дешь; to have a ~ with oneself облада́ть обая́нием

**2.** *adv разг.* далеко́, значи́тельно, чересчу́р; ~ behind далеко́ позади́; ~ back давно́; ~ back in the nineties ещё в 90-х года́х; ~ ahead далеко́ впереди́; the runner was ~ ahead of his opponents бегу́н значи́тельно опереди́л свои́х сопе́рников; ~ over чересчу́р; to go ~ over one's budget вы́йти из бюдже́та, перерасхо́довать сре́дства

**way-bill** [ˈweɪbɪl] *n* 1) спи́сок пассажи́ров 2) маршру́т (*туристический и т. п.*) 3) накладна́я; путево́й лист

**wayfarer** [ˈweɪˌfɛərə] *n* пу́тник, стра́нник

**wayfaring** [ˈweɪˌfɛərɪŋ] **1.** *n* стра́нствие

**2.** *a* стра́нствующий; перебира́ющийся с ме́ста на ме́сто

**waygoing** [ˈweɪˌgəuɪŋ] *диал.* **1.** *n* проща́ние

**2.** *a* отбыва́ющий

**waylay** [weɪˈleɪ] *v* 1) подстерега́ть; устра́ивать заса́ду (*на кого-л.*) 2) перехвати́ть по пути́ (*кого-л. — для разговора и т. п.*)

**way-leave** [ˈweɪliːv] *n* 1) пра́во перево́зки по чужо́й земле́ 2) пра́во полёта над террито́рией

**way-out** [ˈweɪˈaut] *a разг.* 1) необыкнове́нный 2) нове́йший, совреме́нный (*о музыке и т. п.*) 3) отдалённый

**wayside** [ˈweɪsaɪd] **1.** *n* 1) придоро́жная полоса́; обо́чина 2) *pl ж.-д.* полоса́ отчужде́ния

**2.** *a* придоро́жный

**way-station** [ˈweɪˈsteɪʃən] *n амер.* небольша́я промежу́точная ста́нция; полуста́нок

**wayward** [ˈweɪwəd] *a* 1) своенра́вный; капри́зный 2) изме́нчивый, непостоя́нный 3) сби́вшийся с пути́

**way-worn** [ˈweɪwɔːn] *a* утомлённый (*о путнике*)

**we** [wiː] *pron pers* (*косв. п.* us) мы

**weak** [wiːk] *a* 1) сла́бый; in a ~ moment застигнутый врасплох; ~ point (*или* spot) сла́бое ме́сто; he is ~ in English он отстаёт, слаб в англи́йском языке́; ~ in the head у́мственно отста́лый 2) нереши́тельный; слабово́льный; ~ refusal нереши́тельный отка́з 3) неубеди́тельный 4) сла́бый, водяни́стый (*о чае и т. п.*) 5) *грам.* сла́бый 6) *фон.* неуда́рный, редуци́рованный ◇ the ~er sex сла́бый пол (*о женщинах*)

**weaken** [ˈwiːkən] *v* 1) ослабля́ть 2) слабе́ть 3) поддава́ться, сдава́ться

**weak-eyed** [ˈwiːkaɪd] *a* со сла́бым (*или* с плохи́м) зре́нием

**weak-headed** [ˈwiːkˈhedɪd] *a* 1) слабоу́мный 2) легко́ пьяне́ющий

**weak-kneed** [ˈwiːkniːd] *a* слабово́льный, малоду́шный

**weakling** [ˈwiːklɪŋ] *n* сла́бый *или* слабово́льный челове́к

**weakly** [ˈwiːklɪ] **1.** *a* хи́лый, боле́зненный

**2.** *adv* сла́бо

**weak-minded** [ˈwiːkˈmaɪndɪd] = weak-headed 1)

**weakness** [ˈwiːknɪs] *n* 1) сла́бость 2) сла́бость, скло́нность, приста́стие (for — к *чему-л.*) 3) сла́бое ме́сто, недоста́ток; отста́лость, отстава́ние 4) неубеди́тельность, необосно́ванность

**weak-spirited** [ˈwiːkˈspɪrɪtɪd] *a* малоду́шный

**weal** I [wiːl] *n* благосостоя́ние, бла́го; for the public (*или* general) ~ для о́бщего бла́га; common ~ благосостоя́ние о́бщества ◇ in ~ and woe в сча́стье и в го́ре

**weal** II [wiːl] = wale

**weald** [wiːld] *n* 1) поля́; пу́стошь 2) (the W.) райо́н ю́жной А́нглии, в кото́рый вхо́дят ча́сти графств Кент, Су́ссекс, Су́ррей, Ге́мпшир

**wealth** [welθ] *n* 1) бога́тство; a man of ~ бога́тый челове́к 2) изоби́лие; ~ of hair пы́шные во́лосы; ~ of experience богате́йший о́пыт 3) *собир.* материа́льные це́нности, бога́тства; сокро́вища 4) *уст.* благосостояние ◇ great ~ кру́пные капитали́сты

**wealthy** [ˈwelθɪ] *a* 1) бога́тый; состоя́тельный 2) изоби́лующий, оби́льный (in); language ~ in nuances вырази́тельный язы́к

**wean** I [wiːn] *v* 1) отнима́ть от груди́ 2) отуча́ть (from, of, away — от)

**wean** II [wiːn] *n шотл.* ребёнок

**weanling** [ˈwiːnlɪŋ] *n* ребёнок, неда́вно о́тнятый от груди́

**weapon** [ˈwepən] *n* 1) ору́жие; *перен.* сре́дство; ~ of mass destruction ору́жие ма́ссового уничтоже́ния 2) сре́дства самозащи́ты (*у животных и насекомых*)

**weaponless** [ˈwepənlɪs] *a* безору́жный

**weaponry** [ˈwepənrɪ] *n* вооруже́ние, ору́жие; atomic ~ а́томное ору́жие

**wear** I [wɛə] **1.** *n* 1) ноше́ние, но́ска (*одежды*); in ~ в но́ске, в употребле́нии; this is now in (general) ~ э́то тепе́рь мо́дно; a dress for summer ~ ле́тнее пла́тье 2) оде́жда, пла́тье; men's ~ мужска́я оде́жда; working ~ рабо́чее пла́тье 3) но́ска, но́скость; there is still much ~ in these shoes э́ти боти́нки ещё бу́дут до́лго носи́ться 4) изно́с, изна́шивание; to show ~ износи́ться ◇ ~ and tear а) изно́с; амортиза́ция; изна́шивание; б) *эк.* изно́с основно́го капита́ла; в) утомле́ние; ~ and tear of life жи́зненные передря́ги

**2.** *v* (wore; worn) 1) быть оде́тым (*во что-л.*); носи́ть (*одежду и т. п.*); to ~ scent души́ться; to ~ one's hair loose ходи́ть с распу́щенными волоса́ми 2) носи́ться (*об одежде*); to ~ well хорошо́ носи́ться [*см. тж.* 3)] 3) вы́глядеть, име́ть вид; to ~ well вы́глядеть моло́же свои́х лет [*см. тж.* 2)]; to ~ a troubled look име́ть смущённый *или* взволно́ванный, озабо́ченный вид 4) изна́шивать, стира́ть, протира́ть; пробива́ть; размыва́ть; the water has worn a channel вода́ промы́ла кана́ву; to ~ a track across a field протопта́ть тропи́нку в по́ле 5) утомля́ть; изнуря́ть 6) подвига́ться, приближа́ться (*о времени*); the day ~s towards its close день бли́зится к концу́ 7) *мор.*: to ~ the ensign (*или* the flag) пла́вать под фла́гом □ ~ **away** а) стира́ть(ся); б) ме́дленно тяну́ться (*о времени*); ~ **down** а) стира́ть(ся), изна́шивать(ся); the record is worn down э́та пласти́нка истёрлась; б) преодолева́ть (*сопротивление и т. п.*); опроверга́ть (*аргументы*); в) утомля́ть (*кого-л.*); ~ **off** а) стира́ть(ся); б) смягча́ться; проходи́ть; the effect of the medicine will ~ off in a few hours лека́рство переста́нет де́йствовать че́рез не́сколько часо́в; ~ **on** ме́дленно тяну́ться (*о времени*); ~ **out** а) изна́шивать(ся); б) истоща́ть(ся) (*о терпении и т. п.*); в) соста́рить; г) изнури́ть ◇ to ~ the King's (*или* the Queen's) coat служи́ть в англи́йской а́рмии; to ~ the breeches (*или амер.* the pants) облада́ть мужски́м хара́ктером (*о женщине*); верховоди́ть в до́ме

**wear** II [wɪə] = weir

**wearer** [ˈwɛərə] *n* владе́лец (шля́пы, пальто́ *и т. п.*); тот, на ком наде́то пла́тье, пальто́ *и т. п.*

**weariful** [ˈwɪərɪful] *a* ску́чный, утоми́тельный

**weariless** [ˈwɪərɪlɪs] *a* неутоми́мый

**weariness** [ˈwɪərɪnɪs] *n* 1) уста́лость, утомлённость 2) утоми́тельность, ску́ка

**wearing** [ˈwɛərɪŋ] **1.** *pres. p. от* wear I, 2

**2.** *a* 1) предназна́ченный для но́ски; ~ apparel оде́жда, пла́тье 2) утоми́тельный; ску́чный, ну́дный

**wearisome** [ˈwɪərɪsəm] *a* 1) изнури́тельный, изнуря́ющий 2) ску́чный, наводя́щий тоску́

**wearproof** [ˈwɛəpruːf] *a* износосто́йкий, ме́дленно сраба́тывающийся

**weary** [ˈwɪərɪ] **1.** *a* 1) утомлённый 2) уста́вший, потеря́вший терпе́ние (of — от *чего-л.*); изныва́ющий от ску́ки; I am ~ of it мне э́то надое́ло 3) утоми́тельный; ~ hours томи́тельные часы́

2. *v* 1) утомля́ть(ся) 2) уста́ть, потеря́ть терпе́ние (of — от *чего-л.*); изныва́ть от ску́ки *и т. п.* □ ~ for тоскова́ть по *ком-л.*, по *чём-л.*; стреми́ться к *чему-л.*

**weasel** ['wi:zl] *n зоол.* ла́ска ◇ to catch a ~ asleep заста́ть враспло́х челове́ка, обы́чно насторо́жённого

**weather** ['weðə] **1.** *n* 1) пого́да; ~ permitting при усло́вии благоприя́тной пого́ды; good ~ хоро́шая пого́да; bad ~ непого́да 2) непого́да, шторм; to make good (bad) ~ *мор.* хорошо́ (пло́хо) выде́рживать шторм (*о корабле*) 3) *attr.* относя́щийся к пого́де; ~ conditions метеорологи́ческие усло́вия; ~ report метеосво́дка ◇ in the ~ на у́лице, на дворе́; to make heavy ~ of smth. находи́ть что-л. тру́дным, утоми́тельным; under the ~ а) нездоро́вый, больно́й; б) в беде́, в затрудни́тельном положе́нии; в) *амер.* вы́пивший; to have the ~ (of) а) *мор.* идти́ с наве́тренной стороны́; б) име́ть преиму́щество (пе́ред *кем-л.*)

2. *a мор.* наве́тренный ◇ to keep one's ~ eye open смотре́ть в о́ба; держа́ть у́хо востро́

3. *v* 1) выве́тривать(ся), подверга́ть(ся) атмосфе́рным влия́ниям 2) выде́рживать (*бурю, натиск, испытание и т. п.*) 3) *мор.* обходи́ть с наве́тренной стороны́ □ ~ on *мор.* идти́ с наве́тренной стороны́; ~ out, ~ through выде́рживать (*испытание и т. п.*)

**weather-beaten** ['weðə,bi:tn] *a* 1) поврежде́нный бу́рями 2) обве́тренный; загоре́лый 3) вида́вший ви́ды, потрёпанный

**weather-board** ['weðəbɔ:d] *n мор.* наве́тренный борт

**weather-bound** ['weðəbaund] *a* заде́ржанный непого́дой

**weather-bureau** ['weðə'bjuərəu] *n* бюро́ пого́ды

**weather-chart** ['weðə'tʃɑ:t] *n* синопти́ческая ка́рта

**weather-cloth** ['weðəklɔθ] *n мор.* обве́с; защи́тный брезе́нт

**weathercock** ['weðəkɔk] *n* 1) флю́гер 2) непостоя́нный, ненадёжный челове́к, флю́гер

**weathered** ['weðəd] **1.** *p. p. от* weather 3

2. *a* 1) подве́ргшийся атмосфе́рным влия́ниям 2) *геол.* вы́ветрившийся 3) *стр.* име́ющий сток для дождево́й воды́ (*о крыше*)

**weather-forecast** ['weðə'fɔ:kɑ:st] *n* прогно́з пого́ды

**weather-glass** ['weðəglɑ:s] *n* баро́метр

**weathering** ['weðərɪŋ] **1.** *pres. p. от* weather 3

2. *n* 1) *стр.* скос *или* накло́н для сто́ка дождево́й воды́, слив 2) *геол.* выве́тривание, эро́зия

**weatherman** ['weðəmæn] *n разг.* метеоро́лог

**weather-map** ['weðəmæp] = weather-chart

**weather-proof** ['weðəpru:f] *a* защищённый от непого́ды; усто́йчивый про́тив атмосфе́рных влия́ний

**weather-prophet** ['weðə,prɔfɪt] *n* предсказа́тель пого́ды (*по местным приметам*)

**weather-side** ['weðəsaɪd] *n мор.* наве́тренная сторона́

**weather-sign** ['weðəsaɪn] *n* приме́та пого́ды

**weather-stained** ['weðəsteɪnd] *a* вы́цветший

**weather-station** ['weðə,steɪʃən] *n* метеорологи́ческая ста́нция

**weather-strip** ['weðəstrɪp] *n* прокла́дка (*из поролона и т. п. для сохранения тепла или герметизации*)

**weather-vane** ['weðəveɪn] = weathercock 1)

**weatherwear** ['weðəwɛə] *n* защи́тная оде́жда (*на случай дождя и т. п.*)

**weather-wise** ['weðəwaɪz] *a* уме́ющий предска́зывать пого́ду

**weather-worn** ['weðəwɔ:n] *a* пострада́вший от непого́ды

**weave** [wi:v] **1.** *v* (wove, woven) 1) ткать 2) плести́; вплета́ть 3) *перен. разг.* плести́, сочиня́ть 4) сплета́ть(ся), соединя́ть(ся), слива́ть(ся) 5) пока́чиваться, кача́ться

2. *n* 1) узо́р, вы́работка (*ткани*); переплете́ние ни́тей в тка́ни 2) *attr.* тка́цкий

**weaver** ['wi:və] *n* ткач; ткачи́ха

**weazen(ed)** ['wi:zn(d)] = wizen(-ed)

**web** [web] **1.** *n* 1) паути́на 2) сплете́ние, сеть (*лжи, интриг*) 3) перепо́нка (*у утки, летучей мыши и т. п.*) 4) ткань; шту́ка тка́ни 5) руло́н (*бумаги*) 6) ребро́ (*балки*); сте́ржень (*рельса*); диск (*колеса*); полотно́ (*пилы*) 7) щека́ кривоши́па 8) перемы́чка, перебо́рка 9) *анат.* соедини́тельная ткань

2. *v* 1) плести́ паути́ну 2) окружа́ть, опу́тывать паути́ной 3) зама́нивать в се́ти; втя́гивать, вовлека́ть

**webbed** [webd] **1.** *p. p. от* web 2

2. *a* перепо́нчатый

**webbing** ['webɪŋ] **1.** *pres. p. от* web 2

2. тка́ная ле́нта; тесьма́

**wed** [wed] *v* (wedded [-ɪd], *редк.* wed) 1) выдава́ть за́муж; жени́ть 2) вступа́ть в брак 3) сочета́ть, соединя́ть

**we'd** [wi:d] *сокр. разг.* = we had; we should; we would

**wedded** ['wedɪd] **1.** *p. p. от* wed

2. *a* 1) супру́жеский; a ~ pair супру́жеская па́ра 2) пре́данный (to — *чему-л.*)

**wedding** ['wedɪŋ] **1.** *pres. p. от* wed

2. *n* 1) сва́дьба; венча́ние, бракосочета́ние; жени́тьба 2) *attr.* сва́дебный

**wedding-breakfast** ['wedɪŋ,brekfəst] *n* приём госте́й по́сле бракосочета́ния (*в любое время дня*)

**wedding-cake** ['wedɪŋkeɪk] *n* сва́дебный пиро́г

**wedding-day** ['wedɪŋdeɪ] *n* день сва́дьбы; годовщи́на сва́дьбы

**wedding-dress** ['wedɪŋdres] *n* подвене́чное пла́тье

**wedding-favour** ['wedɪŋ,feɪvə] *n* бант ша́фера

**wedding-ring** ['wedɪŋrɪŋ] *n* обруча́льное кольцо́

**wedge** [wedʒ] **1.** *n* 1) клин; to force (*или* to drive) a ~ вбива́ть клин 2) что-л., име́ющее фо́рму кли́на 3) *радио* лине́йчатый клин ◇ the thin end of the ~ ≅ скро́мное, но многообеща́ющее нача́ло; пе́рвый шаг (*к чему-л.*)

2. *v* 1) закрепля́ть кли́ном 2) раска́лывать при по́мощи кли́на 3) размина́ть *или* раска́тывать рука́ми гли́ну (*в гончарном производстве*) □ ~ in вкли́нивать; to ~ oneself in вти́скиваться; ~ off раста́лкивать

**wedge writing** ['wedʒ'raɪtɪŋ] *n* кли́нопись

**wedgies** ['wedʒɪz] *n pl* танке́тки (*обувь*)

**Wedgwood** ['wedʒwud] *n* ве́джвуд (*фарфор и фаянс англ. фабрики Веджвуд*)

**wedlock** ['wedlɔk] *n* супру́жество; брак; children born in (out of) ~ законнорождённые (внебра́чные) де́ти

**Wednesday** ['wenzdɪ] *n* среда́ (*день недели*)

**wee** I [wi:] *a шотл.* кро́шечный, ма́ленький; a ~ bit немно́жко

**wee** II [wi:] *эвф.* **1.** *n* моча́, пи-пи́ (*тж.* ~-wee)

2. *v* мочи́ться, де́лать пи-пи́

**weed** I [wi:d] **1.** *n* 1) со́рная трава́, сорня́к 2) (the ~) таба́к 3) *разг.* сига́ра 4) *разг.* то́щий, долговя́зый челове́к 5) *разг.* кля́ча ◇ ill ~s grow apace *посл.* дурна́я трава́ в рост идёт

2. *v* 1) поло́ть 2) очища́ть; избавля́ть □ ~ away, ~ out удаля́ть, вычища́ть; отбира́ть

**weed** II [wi:d] *n* 1) *pl* вдо́вий тра́ур (*обыкн.* widow's ~s) 2) тра́урная повя́зка, креп

**weedy** ['wi:dɪ] *a* 1) заро́сший сорняка́ми 2) расту́щий как со́рная трава́ 3) худосо́чный, то́щий, сла́бый; нескла́дный

**week** [wi:k] *n* 1) неде́ля; in a ~ че́рез неде́лю; в неде́льный срок; he came back Saturday ~ в суббо́ту была́ *или* бу́дет неде́ля, как он верну́лся 2) шесть рабо́чих дней неде́ли ◇ a ~ of Sundays *разг.* а) семь неде́ль; б) ≅ це́лая ве́чность; ~ in, ~ out беспреры́вно

**week-day** ['wi:kdeɪ] *n* бу́дний день

**week-end** ['wi:k'end] **1.** *n* вре́мя о́тдыха с пя́тницы *или* суббо́ты до понеде́льника, уике́нд; to go to the country for the ~ пое́хать за́ город на уике́нд

2. *v* отдыха́ть (*где-л.*) с пя́тницы *или* суббо́ты до понеде́льника

**week-ender** ['wi:k'endə] *n* уезжа́ющий отдыха́ть на вре́мя с пя́тницы *или* суббо́ты до понеде́льника

**weekly** ['wi:klɪ] **1.** *n* еженеде́льник

2. *a* еженеде́льный; неде́льный

3. *adv* еженеде́льно; раз в неде́лю

**ween** [wiːn] *v уст.* 1) ду́мать, полага́ть 2) наде́яться

**weep** [wiːp] *v* (wept) 1) пла́кать, рыда́ть 2) опла́кивать (for) 3) покрыва́ться ка́плями; запотева́ть, выделя́ть вла́гу; the pipes have wept тру́бы запоте́ли □ ~ **away** пропла́кать; ~ **out** вы́плакать; to ~ oneself out вы́плакаться

**weeper** [ˈwiːpə] *n* 1) пла́кса 2) пла́кальщик 3) тра́урная повя́зка, креп 4) *pl разг.* бакенба́рды

**weeping** [ˈwiːpɪŋ] **1.** *pres. p. от* weep

**2.** *a* 1) пролива́ющий слёзы 2) плаку́чий; ~ willow плаку́чая и́ва 3) запоте́вший 4) *мед.* мо́кнущий, вла́жный; ~ eczema *мед.* мо́кнущая экзе́ма ◇ W. Cross *ист.* крест, у кото́рого моли́лись ка́ющиеся; to come home by W. Cross раска́яться

**3.** *n* 1) плач, рыда́ние 2) запотева́ние (*о стекле и т. п.*)

**weepy** [ˈwiːpɪ] *n разг.* сентимента́льное произведе́ние ≅ слеза́ с соплёй (*книга, фильм, пьеса*)

**weevil** [ˈwiːvɪl] *n зоол.* долгоно́сик

**weevilly** [ˈwiːvɪlɪ] *a* поражённый долгоно́сиком (*о зерне*)

**weft** [weft] *n* 1) *текст.* уто́к 2) *разг.* ткань

**weigh** [weɪ] *v* 1) взве́шивать(ся) 2) взве́шивать, обду́мывать, оце́нивать; to ~ the advantages and disadvantages взве́сить все за и про́тив; to ~ one's words взве́шивать свои́ слова́, тща́тельно подбира́ть слова́ 3) сра́внивать (with, against) 4) ве́сить; how much do you ~? ско́лько вы ве́сите? 5) име́ть вес, значе́ние, влия́ть □ ~ **down** а) отягоща́ть; переве́шивать; б) угнета́ть, тяготи́ть; ~ **in** а) *спорт.* взве́шиваться до соревнова́ния (*о спортсмене*); б): to ~ in with вы́двинуть (*убедительные доводы, факты и т. п.*); to ~ in with an argument привести́ реша́ющий до́вод; ~ **on** тяготи́ть; ~ **out** а) отве́шивать, разве́шивать; б) *спорт.* взве́шиваться по́сле соревнова́ния (*о спортсмене*); ~ **up** а) уравнове́шивать; б) взве́сить и реши́ть; ~ **upon** = ~ on; ~ **with** име́ть значе́ние; влия́ть на (*решение и т. п.*)

**weighbridge** [ˈweɪbrɪdʒ] *n* мостовы́е весы́

**weigher** [ˈweɪə] *n* 1) весовщи́к 2) весы́, безме́н

**weigh-in** [ˈweɪɪn] *n* взве́шивание спортсме́на пе́ред соревнова́ниями

**weighing** [ˈweɪɪŋ] **1.** *pres. p. от* weigh

**2.** *n* взве́шивание; ~ in = weigh-in

**weighing-machine** [ˈweɪɪŋməˌʃiːn] *n* весы́

**weigh-out** [ˈweɪaut] *n* взве́шивание спортсме́на по́сле соревнова́ний

**weight** [weɪt] **1.** *n* 1) вес; ма́сса; to put on ~ толсте́ть, поправля́ться; to lose ~ худе́ть 2) тя́жесть; груз 3) бре́мя 4) влия́ние, значе́ние, авторите́т; men of ~ влия́тельные лю́ди; an argument of great ~ убеди́тельный до́вод; to throw one's ~ about *разг.* кома́ндовать; подавля́ть свои́м авторите́том 5) си́ла, тя́жесть; a (great) ~ off one's mind ≅ ка́мень с души́, гора́ с плеч 6) ги́ря; *pl* разнове́с 7) *спорт.* ги́ря, шта́нга 8) *спорт.* весова́я катего́рия ◇ Weights and Measures Department Пала́та мер и весо́в

**2.** *v* 1) нагружа́ть; увели́чивать вес; подве́шивать ги́рю 2) отягоща́ть, обременя́ть (with) 3) подме́шивать (*для веса*) 4) придава́ть вес, си́лу □ ~ **down** а) тяну́ть вниз, оття́гивать; б) отягоща́ть (*заботами и т. п.*)

**weightless** [ˈweɪtlɪs] *a* невесо́мый

**weightlessness** [ˈweɪtlɪsnɪs] *n* невесо́мость; состоя́ние невесо́мости

**weight-lifter** [ˈweɪtˌlɪftə] *n* гиреви́к, штанги́ст

**weight-lifting** [ˈweɪtˌlɪftɪŋ] *n спорт.* подня́тие тя́жестей; тяжёлая атле́тика

**weighty** [ˈweɪtɪ] *a* 1) тяжёлый 2) обремени́тельный 3) ва́жный, ве́ский

**weir** [wɪə] **1.** *n* плоти́на, запру́да; водосли́в

**2.** *v* устра́ивать плоти́ну, запру́живать

**weird** [wɪəd] **1.** *n уст., шотл.* 1) судьба́, рок 2) предзнаменова́ние, предсказа́ние

**2.** *a* 1) роково́й, фата́льный 2) таи́нственный, сверхъесте́ственный 3) *разг.* стра́нный, непоня́тный; причу́дливый ◇ the ~ sisters *миф.* боги́ни судьбы́, па́рки; ве́дьмы

**weirdie** [ˈwɪədɪ] *n разг.* чуда́к, стра́нная ли́чность

**weirdy** [ˈwɪədɪ] *амер.* = weirdie

**Welch** [welʃ] = Welsh

**welch** [welʃ] = welsh

**welcome** [ˈwelkəm] **1.** *n* 1) приве́тствие 2) гостеприи́мство, раду́шный приём; to give a warm ~ оказа́ть серде́чный приём; to find a ready ~ быть раду́шно при́нятым; to wear out (*или* to outstay) smb.'s ~ злоупотребля́ть чьим-л. гостеприи́мством; надоеда́ть хозя́евам

**2.** *a* 1) жела́нный; прия́тный; ~ news прия́тная но́вость; to make smb. ~ раду́шно принима́ть кого́-л. 2): ~ to *predic.* охо́тно разреша́емый; he is ~ to use my library я охо́тно позволя́ю ему́ по́льзоваться мое́й библиоте́кой ◇ (you are) ~ а) добро́ пожа́ловать; б) пожа́луйста, не сто́ит благода́рности (*в ответ на благодарность*)

**3.** *v* 1) приве́тствовать; раду́шно принима́ть; I ~ you to my house рад вас ви́деть у себя́ 2) приве́тствовать, одобря́ть (*предложение, начинание и т. п.*)

**4.** *int* добро́ пожа́ловать! (*тж.* you are ~!); ~ home! с прие́здом!

**weld** [weld] **1.** *n тех.* сварно́й шов

**2.** *v* 1) *тех.* сва́ривать(ся) 2) спла́чивать, объединя́ть

**welder** [ˈweldə] *n* 1) сва́рщик 2) сва́рочный агрега́т

**welding** [ˈweldɪŋ] **1.** *pres. p. от* weld 2

**2.** *n тех.* сва́рка

**welfare** [ˈwelfeə] *n* 1) благосостоя́ние, благоде́нствие 2) = welfare work [*см.* 3)] 3) *attr.*: the W. State *полит.* «госуда́рство всео́бщего благосостоя́ния»; ~ work мероприя́тия по улучше́нию бытовы́х усло́вий (*неимущих и т. п.*); благотвори́тельность

**welkin** [ˈwelkɪn] *n поэт.* не́бо, небосво́д

**well** I [wel] **1.** *n* 1) родни́к 2) коло́дец, водоём 3) *перен.* исто́чник 4) ле́стничная кле́тка 5) ша́хта ли́фта 6) места́ адвока́тов (*в английском суде*) 7) *горн.* сква́жина; отсто́йник, зумпф

**2.** *v* хлы́нуть, бить ключо́м (*часто* ~ up, ~ out, ~ forth)

**well** II [wel] **1.** *adv* (better; best) 1) хорошо́; ~ done! отли́чно; здо́рово!; she is ~ spoken of у неё отли́чная репута́ция 2) как сле́дует; хороше́нько; основа́тельно; we ought to examine the results ~ сле́дует тща́тельно изучи́ть результа́ты; to talk ~ наговори́ться вдо́воль 3) хорошо́, разу́мно, пра́вильно; to behave ~ хорошо́ вести́ себя́; you can't ~ refuse to help him у вас нет доста́точных основа́ний отказа́ть ему́ в по́мощи 4) соверше́нно, по́лностью; he was ~ out of sight он совсе́м исче́з из ви́ду 5) о́чень, значи́тельно, далеко́, вполне́; the work is ~ on рабо́та значи́тельно продви́нулась; he is ~ past forty ему́ далеко́ за́ сорок; it may ~ be true весьма́ возмо́жно, что так оно́ и есть на са́мом де́ле; this may ~ be so э́то весьма́ вероя́тно ◇ as ~ as так же как, а та́кже; заодно́ и; it's just as ~ ну что же, пусть бу́дет так ≅ жале́ть не сто́ит; ~ enough дово́льно хорошо́; the girl speaks French ~ enough to act as our interpreter де́вушка доста́точно хорошо́ владе́ет францу́зским языко́м, что́бы быть на́шим перево́дчиком

**2.** *a* (better; best) 1) *predic.* хоро́ший; all is ~ всё в поря́дке, всё прекра́сно; all turned out ~ всё сошло́ благополу́чно; to be ~ out of smth. счастли́во отде́латься от чего́-л. 2) *predic.* здоро́вый; I am quite ~ я соверше́нно здоро́в 3): ~ up *predic.* зна́ющий, толко́вый; he isn't ~ up in psychology он не силён в психоло́гии 4) *attr. редк.* (*не имеет степеней сравнения*) здоро́вый

**3.** *n* добро́; I wish him ~ я жела́ю ему́ добра́ ◇ let ~ alone, *амер.* let ~ enough alone ≅ от добра́ добра́ не и́щут

**4.** *int* ну! (*выражает удивление, уступку, согласие, ожидание и т. п.*); ~ and good! хорошо́!, ла́дно!; if you promise that, ~ and good е́сли вы обеща́ете э́то, тогда́ хорошо́; ~, to be sure вот тебе ра́з! ~, what next? ну, а что да́льше?; ~, now tell me all about it ну, тепе́рь расскажи́те мне всё об э́том

**we'll** [wiːl] *сокр. разг.* = we shall; we will

**well-advised** [ˈwelədˈvaɪzd] *a* благоразу́мный

**well-appointed** [ˈweləˈpɔɪntɪd] *a* хорошо́ снаряжённый, хорошо́ обору́дованный

**well-armed** [ˈwelˈɑːmd] *a* хорошо́ вооружённый
**well-balanced** [ˈwelˈbælənst] *a* 1) уравнове́шенный, рассуди́тельный 2) гармони́ческий; симметри́чный
**well-becoming** [ˈwelbɪˈkʌmɪŋ] *a* подходя́щий, пра́вильный
**well-behaved** [ˈwelbɪˈheɪvd] *a* 1) благонра́вный 2) вы́дрессированный (*о живо́тном*)
**well-being** [ˈwelˈbiːɪŋ] *n* 1) здоро́вье 2) благополу́чие; процвета́ние, благосостоя́ние
**well-boring** [ˈwelˈbɔːrɪŋ] *n горн.* буре́ние сква́жин
**well-born** [ˈwelˈbɔːn] *a* родови́тый
**well-bred** [ˈwelˈbred] *a* 1) благовоспи́танный 2) поро́дистый, чистокро́вный (*о живо́тном*)
**well-built** [ˈwelˈbɪlt] *a* кре́пкий; хорошо́ сложённый
**well-conducted** [ˈwelkənˈdʌktɪd] *a* воспи́танный; такти́чный
**well-connected** [ˈwelkəˈnektɪd] *a* с больши́ми свя́зями в вы́сшем све́те
**well-defined** [ˈweldɪˈfaɪnd] *a* чёткий; вполне́ определённый, стро́го оче́рченный
**well-directed** [ˈweldɪˈrektɪd] *a* ме́ткий (*о вы́стреле и т. п.*); то́чно напра́вленный
**well-dish** [ˈwelˈdɪʃ] *n* блю́до с углубле́нием для со́уса
**well-disposed** [ˈweldɪsˈpəuzd] *a* благожела́тельный, благоскло́нный (to, towards)
**well-doer** [ˈwelˈdu(ː)ə] *n* 1) доброде́тельный челове́к 2) благоде́тель
**well-doing** [ˈwelˈdu(ː)ɪŋ] *n* до́брые дела́ и посту́пки
**well-done** [ˈwelˈdʌn] *a* 1) хорошо́, уда́чно сде́ланный 2) хорошо́ прожа́ренный
**well-earned** [ˈwelˈəːnd] *a* заслу́женный
**well-educated** [ˈwelˈedjuːkeɪtɪd] *a* образо́ванный
**well-favoured** [ˈwelˈfeɪvəd] *a уст.* краси́вый, привлека́тельный
**well-fed** [ˈwelˈfed] *a* отко́рмленный; то́лстый
**well-found** [ˈwelˈfaund] *a* хорошо́ обору́дованный; хорошо́ снаряжённый
**well-founded** [ˈwelˈfaundɪd] = well-grounded 1)
**well-groomed** [ˈwelˈgruːmd] *a* 1) хорошо́ ухо́женный (*о ло́шади*) 2) хо́леный; вы́холенный
**well-grounded** [ˈwelˈgraundɪd] *a* 1) обосно́ванный 2) (in) хорошо́ подгото́вленный (по *како́му-л. предме́ту*); све́дущий (в *чём-л.*)
**well-head** [ˈwelhed] *n* исто́чник
**well-heeled** [ˈwelˈhiːld] *a разг.* бога́тый
**well-informed** [ˈwelɪnˈfɔːmd] *a* хорошо́ осведомлённый
**Wellingtons** [ˈwelɪŋtənz] *n pl* высо́кие сапоги́
**well-intentioned** [ˈwelɪnˈtenʃənd] *a* испо́лненный благи́х наме́рений; де́йствующий из са́мых лу́чших побужде́ний
**well-judged** [ˈwelˈdʒʌdʒd] *a* во́время, иску́сно *или* такти́чно сде́ланный; ~ reply проду́манный отве́т; ~ blow уда́р, попа́вший в цель
**well-knit** [ˈwelˈnɪt] *a* 1) кре́пко сколо́ченный 2) кре́пкого сложе́ния 3) сплочённый
**well-known** [ˈwelˈnəun] *a* 1) изве́стный, популя́рный 2) хорошо́ знако́мый, общеизве́стный 3) пресловýтый
**well-lined** [ˈwelˈlaɪnd] *a* ту́го наби́тый (*о бума́жнике*)
**well-made** [ˈwelˈmeɪd] *a* 1) хорошо́ сложённый 2) иску́сный; уда́чный в композицио́нном отноше́нии
**well-mannered** [ˈwelˈmænəd] *a* (благо)воспи́танный
**well-marked** [ˈwelˈmɑːkt] *a* отчётливый
**well-meaning** [ˈwelˈmiːnɪŋ] *a* име́ющий хоро́шие наме́рения; благонаме́ренный
**well-meant** [ˈwelˈment] = well-intentioned
**well-minded** [ˈwelˈmaɪndɪd] = well-disposed
**well-natured** [ˈwelˈneɪtʃəd] = good-natured
**well-nigh** [ˈwelnaɪ] *adv* почти́
**well-off** [ˈwelˈɔf] *a* 1) состоя́тельный, зажи́точный 2) хорошо́ снабжённый, обеспе́ченный (for); ~ for books по́лностью обеспе́ченный кни́гами
**well-oiled** [ˈwelˈɔɪld] *a* 1) хорошо́ сма́занный 2) льсти́вый 3) *sl.* подвы́пивший
**well-ordered** [ˈwelˈɔːdəd] *a* упоря́доченный
**well-paid** [ˈwelˈpeɪd] *a* хорошо́ опла́чиваемый
**well-proportioned** [ˈwelprəˈpɔːʃənd] *a* пропорциона́льный, соразме́рный
**well-read** [ˈwelˈred] *a* 1) начи́танный 2) облада́ющий обши́рными зна́ниями в како́й-л. о́бласти (in); he is ~ in English literature он хорошо́ зна́ет англи́йскую литерату́ру
**well-regulated** [ˈwelˈregjuleɪtɪd] *a* находя́щийся под надлежа́щим контро́лем; урегули́рованный
**well-room** [ˈwelrum] *n* бюве́т
**well-run** [ˈwelˈrʌn] *a* отли́чно де́йствующий (*о предприя́тии, ла́вке и т. п.*)
**well-seeming** [ˈwelˈsiːmɪŋ] *a* хоро́ший на вид
**well-set** [ˈwelˈset] *a* 1) корена́стый 2) пра́вильно приѓнанный, кре́пкий
**well-sinking** [ˈwelˈsɪŋkɪŋ] *n* рытьё коло́дца; буре́ние сква́жины
**well-spoken** [ˈwelˈspəukən] *a* 1) ска́занный кста́ти, к ме́сту 2) изы́сканный (*о мане́ре говори́ть*)
**well-spring** [ˈwelsprɪŋ] = well-head
**well-tailored** [ˈwelˈteɪləd] *a* 1) хорошо́ оде́тый 2) хорошо́ сши́тый
**well-thought-of** [ˈwelˈθɔːtɔv] *a* име́ющий хоро́шую репута́цию; уважа́емый
**well-thought-out** [ˈwelˈθɔːtˈaut] *a* проду́манный, обосно́ванный
**well-timed** [ˈwelˈtaɪmd] *a* своевре́менный
**well-to-do** [ˈweltəˈduː] *a* состоя́тельный, зажи́точный
**well-tried** [ˈwelˈtraɪd] *a* испы́танный
**well-trodden** [ˈwelˈtrɔdn] *a* проторённый; ча́сто посеща́емый; *перен.* изби́тый
**well-turned** [ˈwelˈtəːnd] *a* 1) уда́чный, уда́чно вы́раженный 2) скла́дный
**well-water** [ˈwelˌwɔːtə] *n* коло́дезная *или* роднико́вая вода́
**well-wisher** [ˈwelˈwɪʃə] *n* доброжела́тель
**well-wishing** [ˈwelˈwɪʃɪŋ] *a* доброжела́тельный
**well-worn** [ˈwelˈwɔːn] *a* поно́шенный; *перен.* иста́сканный, изби́тый (*о шу́тке и т. п.*); a ~ story ≅ анекдо́т с бородо́й
**Welsh** [welʃ] **1.** *a* валли́йский, уэ́льский ◇ ~ rabbit (*или* rarebit) гренки́ с сы́ром
**2.** *n* 1) (the ~) *pl собир.* валли́йцы, уэ́льсцы 2) валли́йский язы́к
**welsh** [welʃ] *v* скры́ться, не уплати́в про́игрыша
**Welshman** [ˈwelʃmən] *n* уроже́нец Уэ́льса; валли́ец, уэ́льсец
**Welshwoman** [ˈwelʃˈwumən] *n* уроже́нка Уэ́льса; валли́йка
**welt** [welt] **1.** *n* 1) рант (*башмака́*) 2) след, рубе́ц (*от уда́ра кнуто́м*) 3) уда́р 4) *тех.* фальц; бордю́р
**2.** *v* 1) шить на ранту́ (*о́бувь*) 2) *разг.* полосова́ть, бить 3) обшива́ть; окаймля́ть
**welter** I [ˈweltə] **1.** *n* столпотворе́ние, сумбу́р; неразбери́ха; (по́лная) пу́таница (*во взгля́дах, мы́слях и т. п.*)
**2.** *v* 1) валя́ться, бара́хтаться; to ~ in one's blood пла́вать в лу́же кро́ви; to ~ in pleasure предава́ться удово́льствиям; to ~ in vice погря́знуть в поро́ке 2) вздыма́ться и па́дать (*о волна́х*) 3) волнова́ться
**welter** II [ˈweltə] = welter-weight
**welter-weight** [ˈweltəweɪt] *n* 1) доба́вочный груз (*на ска́чках*) 2) *спорт.* второ́й полусре́дний вес; боксёр *или* боре́ц второ́го полусре́днего ве́са
**wen** [wen] *n* 1) *мед.* жирова́я ши́шка, жирови́к 2) *мед.* стеато́ма 3) большо́й перенаселённый го́род; the great ~ Ло́ндон
**wench** [wentʃ] **1.** *n* 1) *шутл.* де́вушка, молода́я же́нщина 2) *уст.* служа́нка (*особ. о крестья́нке*) 3) *уст.* де́вка (*проститу́тка*)
**2.** *v разг.* таска́ться по ба́бам, распу́тничать
**wend** [wend] *v уст.* идти́; to ~ one's way держа́ть путь, направля́ться (to)
**went** [went] *past от* go 1
**wept** [wept] *past и p. p. от* weep
**were** [wəː (*по́лная фо́рма*); wə (*редуци́рованная фо́рма*)] *проше́дшее вре́мя мн. ч. гл.* to be
**we're** [wɪə] *сокр. разг.* = we are
**weren't** [wəːnt] *сокр. разг.* = were not
**wer(e)wolf** [ˈwɪəwulf] *n* о́боротень
**west** [west] **1.** *n* 1) за́пад; *мор.* вест 2) за́падный ве́тер; *мор.* вест 3) (the W.) *амер.* за́падные шта́ты

2. *a* за́падный; ~ country а) за́падная часть страны́; б) гра́фства, располо́женные к юго-за́паду от Ло́ндона

3. *adv* к за́паду, на за́пад ◇ to go ~ *разг.* умере́ть; поги́бнуть

**West End** ['west'end] *n* Уэст-Энд, за́падная, аристократи́ческая часть Ло́ндона

**West-Ender** ['west'endə] *n* жи́тель Уэст-Энда

**westering** ['westərıŋ] *a* 1) на зака́те (*о солнце*) 2) напра́вленный на за́пад

**westerly** ['westəlı] **1.** *a* за́падный

2. *adv* с за́пада; на за́пад

3. *n pl мор.* за́падные ве́тры, ве́сты

**western** ['westən] **1.** *a* за́падный; относя́щийся к за́паду

2. *n* 1) = westerner 1); 2) *амер. разг.* ве́стерн, ковбо́йский фильм, ковбо́йская пье́са, телепереда́ча *и т. п.* 3) приве́рженец за́падной, ри́мско-католи́ческой це́ркви

**westerner** ['westənə] *n* 1) жи́тель *или* уроже́нец за́пада (*особ. в США*) 2) представи́тель за́пада (*о стране, культуре и т. п.*)

**westernize** ['westənaız] *v* (наси́льственно) европеизи́ровать

**westernmost** ['westənməust] *a* са́мый за́падный

**westing** ['westıŋ] *n мор.* дрейф на вест

**westward** ['westwəd] **1.** *a* напра́вленный к за́паду

2. *adv* на за́пад

3. *n* за́падное направле́ние; за́падный райо́н

**westwards** ['westwədz] = westward 2

**wet** [wet] **1.** *a* 1) мо́крый, вла́жный; непросо́хший; ~ paint непросо́хшая кра́ска; ~ to the skin, ~ through промо́кший до ни́тки 2) дождли́вый, сыро́й; ~ weather промо́зглая пого́да 3) жи́дкий (*о грязи, смоле*) 4) слезли́вый, плакси́вый; ~ smile улы́бка сквозь слёзы 5) *амер.* «мо́крый», разреша́ющий *или* стоя́щий за разреше́ние прода́жи спиртны́х напи́тков; ~ state штат, в кото́ром разрешена́ прода́жа спиртны́х напи́тков 6) *разг.* глу́пый, несура́зный; to talk ~ нести́ околе́сицу 7) *разг.* пья́ный; ~ night попо́йка

2. *n* 1) вла́жность, сы́рость 2) дождли́вая пого́да 3) *разг.* вы́пивка; спиртны́е напи́тки 4) *амер.* сторо́нник разреше́ния прода́жи спиртны́х напи́тков 5) *разг.* никчёмный челове́к, сопля́к 6) *разг.* пла́кса

3. *v* 1) мочи́ть, сма́чивать, увлажня́ть; to ~ one's bed мочи́ться в посте́ли, страда́ть недержа́нием мочи́ 2) *разг.* вспры́снуть; to ~ a bargain вспры́снуть сде́лку; to ~ one's whistle промочи́ть го́рло, вы́пить □ ~ **out** а) промочи́ть; б) промыва́ть

**wetback** ['wetbæk] *n амер. разг.* сельскохозя́йственный рабо́чий, незако́нно прие́хавший *или* доста́вленный из Ме́ксики в США

**wet blanket** ['wet'blæŋkıt] *n разг.* челове́к, отравля́ющий други́м удово́льствие, ра́дость *и т. п.*

**wet-blanket** ['wet'blæŋkıt] *v разг.* обескура́живать; отравля́ть удово́льствие

**wet bob** ['wetbɔb] *n* уча́щийся, занима́ющийся во́дным спо́ртом

**wether** ['weðə] *n* валу́х, кастри́рованный бара́н

**wet-nurse** ['wetnə:s] *n* 1) корми́лица 2) ня́нька; to play ~ ня́ньчиться

**we've** [wi:v] *сокр. разг.* = we have

**whack** [wæk] **1.** *n* 1) си́льный уда́р; звук от уда́ра 2) *разг.* причита́ющаяся до́ля; to go ~s войти́ в до́лю (*с кем-л.*); to have one's ~ of smth. получи́ть вдо́воль чего́-л. ◇ to have a ~ at smth. *разг.* попро́бовать, попыта́ться сде́лать что-л.; out of ~ *разг.* не в поря́дке

2. *v* 1) ударя́ть, колоти́ть 2) *разг.* дели́ть(ся) (*тж.* ~ up)

**whacked** [wækt] *a разг.* измо́танный, изму́ченный

**whacker** ['wækə] *n разг.* 1) грома́дина 2) на́глая ложь

**whacking** ['wækıŋ] **1.** *pres. p. от* whack 2

2. *a разг.* огро́мный

**whale I** [weıl] **1.** *n* 1) кит; bull ~ кит-саме́ц; cow ~ са́мка кита́ 2): a ~ of *разг.* что-л. огро́мное, колосса́льное *или* о́чень хоро́шее; a ~ of a story прекра́сный расска́з 3): a ~ at (*или* on) *разг.* ма́стер (своего́ де́ла); знато́к; маста́к; he is a ~ on (*или* at) history он знато́к исто́рии ◇ very like a ~ *ирон.* ну, коне́чно!, так я и пове́рил!

2. *v* (*обыкн. pres. p.*) бить кито́в

**whale II** [weıl] *v амер. разг.* бить, поро́ть

**whale-boat** ['weılbəut] *n* 1) китобо́йное су́дно 2) вельбо́т

**whalebone** ['weılbəun] *n* 1) кито́вый ус 2) изде́лие из кито́вого у́са

**whale-fin** ['weılfın] = whalebone

**whale-fishery** ['weıl,fıʃərı] *n* китобо́йный про́мысел

**whaleman** ['weılmən] *n* 1) китоло́в, китобо́й 2) китобо́йное су́дно

**whale-oil** ['weılɔıl] *n* во́рвань, кито́вый жир

**whaler** ['weılə] *n* 1) китобо́йное су́дно 2) *мор.* вельбо́т 3) китоло́в, китобо́й

**whaling I** ['weılıŋ] **1.** *pres. p. от* whale I, 2

2. *n* охо́та на кито́в; китобо́йный про́мысел

3. *a разг.* грома́дный, необыкнове́нный

**whaling II** ['weılıŋ] *амер.* **1.** *pres. p. от* whale II

2. *n разг.* по́рка

**whaling-gun** ['weılıŋgʌn] *n* гарпу́нная пу́шка

**whang** [wæŋ] *разг.* **1.** *n* гро́мкий уда́р

2. *v* ударя́ть, бить

**wharf** [wɔ:f] *n* (*pl* -ves, -fs [-fs]) при́стань; прича́л

**wharfage** ['wɔ:fıdʒ] *n мор.* прича́льный сбор

**wharfinger** ['wɔ:fındʒə] *n* владе́лец при́стани *или* его́ управля́ющий

**wharves** [wɔ:vz] *pl от* wharf

**what** [wɔt] *pron* 1) *inter.* како́й?, что?, ско́лько?; ~ is it? что э́то (тако́е?); ~ did he pay for it? ско́лько он заплати́л за э́то?; ~ is he? кто он тако́й? (*по профессии*); ~? ~ did you say? repeat, please что? что вы сказа́ли? повтори́те; ~ about...? что но́вого о...?, ну как...?; ~ about your promise? ну, так как же насчёт ва́шего обеща́ния?; ~'s his name? как его́ зову́т?; ~ for? заче́м?; ~ good (*или* use) is it? кака́я по́льза от э́того?, како́й толк в э́том?; ~ if...? а что, е́сли...?; ~ manner (*или* kind, sort) of? что за?; како́й?; ~ kind of man is he? како́в он?, что он собо́й представля́ет?; ~ next? ну, а да́льше что?; ~ of...? = ~ about...?; well, ~ of it?, *разг.* so ~? ну и что из того́?, ну, так что ж?; ~ though...? что из того́, что...?; ~ are we the better for it all? что нам от того́? 2) *conj.* како́й, что, ско́лько; I don't know ~ she wants я не зна́ю, что ей ну́жно; like ~'s in your workers' eyes? наприме́р, что ду́мают ва́ши рабо́чие?; he gave her ~ money he had он дал ей все де́ньги, каки́е у него́ бы́ли; I know ~ to do я зна́ю, что ну́жно де́лать; do you know him ~ came yesterday? (*неправ. вместо* who) вы зна́ете челове́ка, кото́рый приходи́л вчера́? 3) *emph.* како́й!; как!; что!; ~ a strange phenomenon! како́е необы́чное явле́ние!; ~ an interesting book it is! кака́я интере́сная кни́га!; ~ a pity! как жаль! ◇ (and) ~ not и так да́лее; ~ ho! *оклик или приветствие*; ~ matter? э́то несуще́ственно!; ~ with вследствие, из-за; ~ gives! что я ви́жу!; да ну!; I know ~ у меня́ есть предложе́ние, иде́я; ~ is ~ что к чему́; I know ~'s ~ я отли́чно всё понима́ю; this isn't easy ~? э́то не легко́, а? как вы счита́ете?; ~ the hell? а) како́го чёрта?; б) ну и что?, поду́маешь!; come ~ may будь, что бу́дет; ~ on earth (*или* in the blazes, in the world)...? чёрт возьми́, бо́га ра́ди...; ~ on earth is he doing here? како́го чёрта ему́ ну́жно здесь?, что он, чёрт побери́, де́лает здесь?

**what-d'ye-call-em** ['wɔtdju,kɔ:ləm] *шутл.* как их, бишь, там?

**whate'er** [wɔt'εə] *поэт. см.* whatever

**whatever** [wɔt'evə] **1.** *a* како́й бы ни, любо́й

2. *pron* 1) *conj.* всё что; что бы ни; I am right, ~ you think я прав, что бы вы там ни ду́мали; ~ the appearances.. как бы э́то ни вы́глядело со стороны́...; что бы там ни говори́ли...; ~ the reason... каковы́ бы ни́ были причи́ны... 2) *emph.* (*после* no) никако́й; (*после* any) како́й-нибудь; is there any hope ~? есть ли хоть кака́я-нибудь наде́жда? 3) *разг.* (хоть) что́-нибудь

**what-for** ['wɔtfɔ:] *n разг.* взбу́чка, наказа́ние

**Whatman** ['wɔtmən] *n* ва́тманская бума́га (*тж.* ~ paper)

**what-not** [ˈwɔtnɔt] *n* 1) этажéрка для безделýшек 2) вся́кая вся́чина, пустяки́, безделýшки

**whatsis, whatsit** [ˈwɔtzɪs, ˈwɔtsɪt] *амер. разг.* ну как э́то (называ́ется)?

**whatsoe'er** [ˌwɔtsəuˈɛə] *поэт. см.* whatsoever

**whatsoever** [ˌwɔtsəuˈevə] *эмфатическая форма от* whatever

**wheat** [wi:t] *n* пшени́ца; winter (summer) ~ ози́мая (ярова́я) пшени́ца

**Wheatstone bridge** [ˈwi:tstənˈbrɪdʒ] *n эл.* мóст(ик) сопротивлéния

**wheedle** [ˈwi:dl] *v* 1) подольща́ться 2) обха́живать 3) выма́нивать лéстью; to ~ smb. into doing smth. лéстью заста́вить когó-л. сдéлать что-л.; to ~ smth. out of smb. вы́манить что-л. у когó-л.

**wheedling** [ˈwi:dlɪŋ] **1.** *pres. p. от* wheedle

**2.** *a* льсти́вый; умéющий уговори́ть с пóмощью лéсти

**wheel** [wi:l] **1.** *n* 1) колесó; колёсикo; Geneva ~ *тех.* мальти́йский крест 2) рулевóе колесó, штурва́л; man at the ~ рулевóй; *перен.* кóрмчий, руководи́тель 3) *pl перен.* механи́зм; the ~s of state госуда́рственная маши́на 4) кружéние, круг, оборóт 5) пря́лка 6) гонча́рный круг (*тж.* potter's ~) 7) колесó фортýны, сча́стье (*тж.* Fortune's ~) 8) припéв, рефрéн 9) *уст.* велосипéд 10) *воен.*: left (right) ~! пра́вое (лéвое) плечó вперёд! 11) *амер.* дóллар ◇ to break on the ~ *ист.* колесова́ть; to break a butterfly (*или* a fly) on the ~ ≅ стреля́ть из пýшек по воробья́м; to go on ~s идти́ как по ма́слу; ~s within ~s слóжная взаимосвя́зь; слóжное положéние; to put one's shoulder to the ~ энерги́чно взя́ться за рабóту

**2.** *v* 1) кати́ть, везти́ (*тачку и т. п.*) 2) опи́сывать круги́ 3) повора́чивать (-ся) 4) éхать на велосипéде 5) *воен.* заходи́ть *или* заезжа́ть фла́нгом ◇ to ~ and deal *амер. разг.* обдéлывать дели́шки, соверша́ть махина́ции; заправля́ть дела́ми

**wheel and axle** [ˈwi:lənd'æksl] *n тех.* вóрот

**wheelbarrow** [ˈwi:lˌbærəu] *n* та́чка

**wheel-base** [ˈwi:lbeɪs] *n авто* колёсная ба́за

**wheel chair** [ˈwi:lˈtʃɛə] *n* крéсло на колёсах (*для инвалидов*)

**wheeled** [wi:ld] **1.** *p. p. от* wheel 2

**2.** *a* колёсный, имéющий колёса

**wheeler** [ˈwi:lə] *n* 1) коренни́к, коренна́я лóшадь 2) = wheelwright 3) *attr.*: ~ team коренна́я па́ра

**wheeler-dealer** [ˈwi:ləˈdi:lə] *n амер. разг.* 1) заправи́ла 2) махина́тор, ловка́ч; пройдóха (*тж.* wheeler and dealer) 3) *attr.* жуликова́тый

**wheel-horse** [ˈwi:lhɔ:s] = wheeler 1)

**wheel-house** [ˈwi:lhaus] *n мор.* рулева́я рýбка

**wheeling** [ˈwi:lɪŋ] **1.** *pres. p. от* wheel 2

**2.** *n* 1) ездá на велосипéде 2) поворóт; оборóт

**wheelman** [ˈwi:lmən] *n разг.* велосипеди́ст

**wheelsman** [ˈwi:lzmən] *n* рулевóй

**wheelwright** [ˈwi:lraɪt] *n* колёсный ма́стер

**wheeze** [wi:z] **1.** *n* 1) тяжёлое дыха́ние, оды́шка, хрип 2) *театр.* отсебя́тина 3) *разг.* трюк, улóвка 4) *разг.* блестя́щая идéя

**2.** *v* дыша́ть с при́свистом; хрипéть ▭ ~ **out** прохрипéть

**wheezy** [ˈwi:zɪ] *a* 1) страда́ющий оды́шкой, а́стмой 2) хри́плый

**whelk** [welk] *n* прыщ

**whelm** [welm] *v поэт.* залива́ть; поглоща́ть; подавля́ть

**whelp** [welp] **1.** *n* 1) щенóк; детёныш 2) щенóк, отрóдье

**2.** *v* щени́ться; производи́ть детёнышей

**when** [wen] **1.** *adv* 1) *inter.* когда́? 2) *rel.* когда́; during the time ~ you were away во врéмя ва́шего отсýтствия 3) *conj.* когда́; I don't know ~ she will come не зна́ю, когда́ она́ придёт

**2.** *cj* 1) когда́, в то врéмя как, как тóлько, тогда́ как; ~ seated си́дя; ~ speaking говоря́ 2) хотя́, несмотря́ на, тогда́ как; he is reading the book ~ he might be out playing он чита́ет кни́гу, хотя́ мог бы игра́ть во дворé 3) éсли; how can he buy it ~ he has no money? как он мóжет э́то купи́ть, éсли у негó нет дéнег?

**3.** *n* врéмя, да́та; he told me the ~ and the why of it он рассказа́л мне когда́ и отчегó э́то произошлó; till ~ can you stay? до какóго врéмени вы мóжете оста́ться? ◇ say ~ скажи́те (са́ми), когда́ довóльно (*при наливании вина*)

**whence** [wens] **1.** *adv inter.* 1) откýда? (*обыкн.* from ~?); from ~ is he? откýда он? 2) как?; каки́м óбразом?; ~ comes it that...? как э́то получа́ется, что...

**2.** *cj* откýда; go back ~ you came возвраща́йтесь тудá, откýда вы при́были

**whene'er** [wenˈɛə] *поэт. см.* whenever

**whenever** [wenˈevə] **1.** *adv разг.* когда́ же; ~ will you learn? когда́ же ты вы́учишь?

**2.** *cj* вся́кий раз когда́; когда́ бы ни; I'll be at home ~ he arrives когда́ бы он ни приéхал, я бýду дóма; ~ I see her she is smiling когда́ бы я ни встрéтил её, она́ (всегда́) улыба́ется

**whensoever** [ˌwensəuˈevə] *эмфатическая форма от* whenever

**where** [wɛə] **1.** *adv* 1) *inter.* где?; куда́? 2) *rel.* где; the place ~ we lived is not far from here мéсто, где мы жи́ли, недалекó отсю́да 3) *conj.* где ▭ ~ from? откýда?; ~ do you come from? откýда вы?; ask her ~ she comes from? спроси́ её, откýда она́?; ~ to куда́?

**2.** *cj* тудá; тудá кудá; тудá где; где; send him ~ he will be well taken care of пошли́те егó тудá, где за ним бýдет харóший ухóд

**3.** *n* мéсто происшéствия; the ~s and whens are important ва́жно, где и когда́ э́то случи́лось

**whereabouts 1.** *n* [ˈwɛərəbauts] (приблизи́тельное) местонахождéние; can you tell me his ~? мóжете вы сказа́ть мне, где егó найти́?

**2.** *adv inter.* [ˈwɛərəˈbauts] где?; óколо какóго мéста?; в каки́х края́х?

**whereas** [wɛərˈæz] *cj* 1) тогда́ как 2) несмотря́ на то, что 3) (*в преамбулах официальных документов*) принима́я во внима́ние, поскóльку

**whereat** [wɛərˈæt] *adv* на э́то; затéм; пóсле э́того; о чём, на что

**whereby** [wɛəˈbaɪ] *adv* 1) *rel.* посрéдством чегó 2) *inter. уст.* посрéдством чегó?; как?, каки́м óбразом?

**where'er** [wɛərˈɛə] *поэт. см.* wherever

**wherefore** [ˈwɛəfɔ:] **1.** *adv inter. поэт.* почемý?, по какóй причи́не?; для чегó?

**2.** *n* причи́на

**wherein** [wɛərˈɪn] *adv* 1) *rel.* там, где 2) *inter. уст.* в чём?

**whereof** [wɛərˈɔv] *adv* 1) из котóрого 2) о котóром, о чём

**wheresoe'er** [ˌwɛəsəuˈɛə] *поэт. см.* wheresoever

**wheresoever** [ˌwɛəsəuˈevə] *эмфатическая форма от* wherever

**whereupon** [ˌwɛərəˈpɔn] **1.** *adv* на чём?; где?

**2.** *cj* пóсле чегó; вслéдствие чегó; тогда́

**wherever** [wɛərˈevə] **1.** *adv* 1) где? 2) кудá?

**2.** *cj* где бы ни; кудá бы ни

**wherewith** [wɛəˈwɪθ] *adv уст.* чем, с пóмощью чегó

**wherewithal** [ˈwɛəwɪðɔ:l] *n* (the ~) *разг.* необходи́мые срéдства, дéньги

**wherry** [ˈwerɪ] *n* лóдка, я́лик; ба́ржа́; ба́рка

**whet** [wet] **1.** *n* 1) тóчка, пра́вка (*бритвы и т. п.*) 2) срéдство для возбуждéния аппети́та; глотóк спиртнóго

**2.** *v* 1) точи́ть, пра́вить (*на оселке*) 2) разжига́ть, раззадóрить; возбужда́ть (*аппетит, желание*) ◇ to ~ one's whistle глотнýть спиртнóго, вы́пить, промочи́ть глóтку

**whether** [ˈweðə] **1.** *cj* ли; I don't know ~ he is here я не зна́ю, здесь ли он ◇ ~ or no так и́ли и́наче; во вся́ком слýчае

**2.** *pron уст.* котóрый (из двух)

**whetstone** [ˈwetstəun] *n* точи́льный ка́мень

**whew** [hwu:] *int шутл.* вот так та́к!

**whey** [weɪ] *n* сы́воротка

**whey-faced** [ˈweɪfeɪst] *a* блéдный (*особ. от страха*)

**which** [wɪtʃ] *pron* 1) *inter.* котóрый?; какóй?; кто? (*подразумевается выбор*); ~ of you am I to thank? когó из вас мне благодари́ть?; ~ way shall we go? в какýю стóрону мы пойдём? 2) *rel.* какóвой, котóрый, что; the book ~ you are talking about... кни́га, о котóрой вы говори́те... 3) *conj.* котóрый, какóй; что; I don't know ~ way we must take я не зна́ю; по како́й доро́ге нам на́до е́хать

**whichever** [wɪtʃ'evə] *pron* 1) *inter.* како́й? 2) *conj.* како́й уго́дно, како́й бы ни

**whichsoever** [ˌwɪtʃsəu'evə] *эмфатическая форма от* whichever

**whicker** ['wɪkə] *v диал.* ржать

**whiff** I [wɪf] **1.** *n* 1) дунове́ние, струя́; a ~ of fresh air струя́ све́жего во́здуха 2) дымо́к 3) сла́бый за́пах (*часто неприятный*) 4) *разг.* небольша́я сига́ра 5) *разг.* миг, мгнове́ние 6) затя́жка (*при курении*); to take a ~ or two затяну́ться разо́к-друго́й

**2.** *v* 1) ве́ять, слегка́ дуть 2) пуска́ть клубы́ (*дыма*); попы́хивать 3) издава́ть неприя́тный за́пах, пова́нивать

**whiff** II [wɪf] *n* пло́ская ры́ба (*общее название камбаловых рыб*)

**whiff** III [wɪf] *n* уче́бная го́ночная ло́дка-кли́нкер

**whiffet** ['wɪfɪt] *n амер. разг.* ничто́жество

**whiffle** ['wɪfl] *v* 1) дуть сла́бо (*особ. порывами — о ветре*) 2) развева́ть, рассе́ивать 3) дрейфова́ть 4) посви́стывать, свисте́ть 5) *амер.* колеба́ться; увиливать; проявля́ть нереши́тельность

**whiffy** ['wɪfɪ] *a* попа́хивающий

**Whig** [wɪg] *n ист.* 1) виг 2) (*тж.* w.) либера́л

**while** [waɪl] **1.** *n* вре́мя, промежу́ток вре́мени; a long ~ до́лго; a short ~ недо́лго; for a ~ на вре́мя; for a good ~ на дово́льно до́лгий срок; in a little ~ ско́ро; the ~ *поэт.* поку́да; в то вре́мя как

**2.** *v*: □ ~ **away** безде́льничать; to ~ away the time (*или* a few hours) проводи́ть, корота́ть вре́мя

**3.** *cj* 1) пока́, в то вре́мя как; ~ in London he studied music когда́ он был в Ло́ндоне, он занима́лся му́зыкой 2) несмотря́ на то, что; тогда́ как; ~ the book was terribly dull, he would read it to the end хотя́ кни́га была́ невыноси́мо скучна́, он упря́мо продолжа́л чита́ть её до конца́

**whiles** [waɪlz] *cj уст.* пока́, в то вре́мя как

**whilom** ['waɪləm] **1.** *a* бы́вший, пре́жний

**2.** *adv уст.* не́когда, во вре́мя о́но

**whilst** [waɪlst] *cj* пока́

**whim** [wɪm] *n* при́хоть, капри́з; причу́да

**whimper** ['wɪmpə] **1.** *n* хны́канье

**2.** *v* хны́кать

**whimsical** ['wɪmzɪkəl] *a* 1) причу́дливый, эксцентри́чный; he turned ~ в его́ поведе́нии ста́ли появля́ться стра́нности 2) капри́зный; прихотли́вый

**whimsicality** [ˌwɪmzɪ'kælɪtɪ] *n* причу́ды, капри́зы; прихотли́вость

**whimsy** ['wɪmzɪ] **1.** *n* при́хоть, причу́да, капри́з

**2.** *a* = whimsical

**whin** I [wɪn] *n бот.* утёсник обыкнове́нный

**whin** II [wɪn] *n геол.* твёрдая компа́ктная поро́да

**whine** [waɪn] **1.** *n* жа́лобный вой; хны́канье

**2.** *v* 1) скули́ть, хны́кать, пла́каться 2) подвыва́ть, завыва́ть

**whinger** ['wɪŋə] *n* кинжа́л, коро́ткий меч

**whinny** ['wɪnɪ] **1.** *n* ти́хое *или* ра́достное ржа́ние

**2.** *v* ти́хо ржать

**whip** [wɪp] **1.** *n* 1) кнут, хлыст 2) ку́чер; I am no ~ я не уме́ю хорошо́ пра́вить 3) *охот.* выжля́тник 4) *полит.* парла́ментский организа́тор па́ртии (*в Англии тж.* party ~) 5) пове́стка парти́йного организа́тора о необходи́мости прису́тствовать на заседа́нии парла́мента; the ~s are off чле́ны парла́мента име́ют пра́во голосова́ть по своему́ усмотре́нию 6) ко́нный во́рот 7) *мор.* подъёмный го́рдень 8) крыло́ ветряно́й ме́льницы 9) обмётка (*петель и т. п.*) 10) взби́тые сли́вки, крем *и т. п.*

**2.** *v* 1) хлеста́ть, сечь 2) подгоня́ть (*тж.* ~ up) 3) руга́ть; ре́зко критикова́ть 4) уди́ть ры́бу на му́шку (*тж.* to ~ a stream) 5) сбива́ть, взбива́ть (*сливки, яйца*) 6) *разг.* поби́ть, победи́ть; превзойти́ to ~ creation превзойти́ всех сопе́рников 7) собира́ть, объединя́ть (*людей*) 8) де́йствовать бы́стро 9) вбежа́ть, влете́ть; юркну́ть 10) поднима́ть груз посре́дством во́рота, го́рденя 11) заде́лывать коне́ц (*троса*) ма́ркой 12) обмётывать, сшива́ть че́рез край 13) трепа́ться (*о парусе, флаге и т. п.*) 14) *разг.* пропусти́ть стака́нчик, опроки́нуть рю́мочку □ ~ **away** а) сбежа́ть; уе́хать; б) вы́хватить (*оружие*); ~ **in** сгоня́ть; объединя́ть; ~ **off** а) сбро́сить, сдёрнуть; б) убежа́ть; в) вы́гнать плётью; г) = 14); ~ **on** подстёгивать; ~ **out** а) вы́хватить (*оружие*); б) вы́скочить; сбежа́ть; в) вы́гнать плётью; г) произнести́ (*что-л.*) ре́зко и неожи́данно; to ~ out a reply ре́зко отве́тить; ~ **round** бы́стро поверну́ться; ~ **up** а) подстёгивать; подгоня́ть; б) взбива́ть; в) расшевели́ть; to ~ up emotions разжига́ть стра́сти; г) хвата́ть, выхва́тывать (*оружие*); д) привлека́ть (*большую аудиторию, толпу и т. п.*) ◇ to ~ into shape *амер. разг.* обучи́ть, «натаска́ть»; привести́ в ну́жный вид; to ~ round for subscriptions собира́ть де́ньги для кого́-л.

**whipcord** ['wɪpkɔːd] *n* 1) бечёвка (*из которой делается плеть*) 2) *текст.* тяжёлый габарди́н 3) ткань для джи́нсов

**whip hand** ['wɪp'hænd] *n* рука́, держа́щая кнут; *перен.* преиму́щество, контро́ль; to have the ~ of (*или* over) smb. име́ть кого́-л. в по́лном подчине́нии

**whip handle** ['wɪpˌhændl] *n* кнутови́ще; *перен.* преиму́щество, контро́ль

**whiplash** ['wɪplæʃ] *n* реме́нь кнута́; бечева́ плёти; to work under the ~ рабо́тать из-под па́лки

**whipper-in** ['wɪpər'ɪn] *n* 1) *охот.* выжля́тник, доезжа́чий 2) ло́шадь, пришёдшая после́дней (*на скачках, бегах*)

**whipper-snapper** ['wɪpəˌsnæpə] *n* ничто́жество; «мальчи́шка»

**whippet** ['wɪpɪt] *n* го́нчая (соба́ка)

**whipping** ['wɪpɪŋ] **1.** *pres. p. от* whip 2

**2.** *n* 1) побо́и 2) пораже́ние 3) обмётка, подши́вка че́рез край 4) *тех.* проги́б; провиса́ние

**whipping-boy** ['wɪpɪŋbɔɪ] *n* козёл отпуще́ния

**whipping-top** ['wɪpɪŋtɔp] *n* волчо́к (*подстёгиваемый кнутиком*)

**whip-poor-will** ['wɪppuəˌwɪl] *n* козодо́й жа́лобный (*птица*)

**whippy** ['wɪpɪ] *a* ги́бкий; упру́гий

**whip-saw** ['wɪpsɔː] *n* лучко́вая пила́

**whipster** ['wɪpstə] *n* молокосо́с

**whipstitch** ['wɪpstɪtʃ] = whip 2, 12)

**whir** [wəː] = whirr

**whirl** [wəːl] **1.** *n* 1) круже́ние 2) вихрево́е движе́ние; вихрь; завихре́ние 3) спе́шка, сумато́ха 4) смяте́ние (*чувств*)

**2.** *v* 1) верте́ть(ся); кружи́ть(ся) 2) проноси́ться; the car ~ed out of sight маши́на бы́стро скры́лась из ви́ду 3) быть в смяте́нии □ ~ **away** уноси́ть(ся); ви́хрем промча́ться

**whirlabout** ['wəːləbaut] *n* 1) враще́ние 2) юла́, волчо́к 3) *attr.* враща́ющийся

**whirligig** ['wəːlɪgɪg] **1.** *n* 1) юла́, верту́шка 2) карусе́ль 3) водоворо́т (*событий*); бы́страя сме́на (*впечатлений и т. п.*); ~ of time превра́тности судьбы́

**2.** *a* вихрево́й

**whirlpool** ['wəːlpuːl] *n* водоворо́т

**whirlwind** ['wəːlwɪnd] *n* 1) вихрь; смерч, урага́н 2) *attr.* вихрево́й; урага́нный

**whirr** [wəː] **1.** *n* 1) шум (*машин, крыльев*) 2) жужжа́ние

**2.** *v* 1) шуме́ть (*о машинах и т. п.*) 2) проноси́ться с шу́мом, сви́стом; вспа́рхивать (*с шумом*) 3) жужжа́ть

**whisht** [wɪʃt] *int* (*особ. ирл.*) шш!

**whisk** [wɪsk] **1.** *n* 1) ве́ничек; метёлочка 2) муто́вка, сбива́лка (*для яиц, крема и т. п.*) 3) коро́ткое бы́строе движе́ние

**2.** *v* 1) сма́хивать, сгоня́ть (*часто* ~ away, ~ off) 2) сбива́ть (*белки и т. п.*) 3) бы́стро уноси́ть 4) бы́стро удаля́ться; юркну́ть (*тж.* ~ out) 5) пома́хивать (*хвостом*)

**whisker** ['wɪskə] *n* (*обыкн. pl*) 1) бакенба́рды 2) усы́ (*кошки, тигра и т. п.*)

**whiskered** ['wɪskəd] *a* 1) с бакенба́рдами 2) с уса́ми (*о кошке, тигре и т. п.*)

**whisky** ['wɪskɪ] *n* ви́ски

**whisky sour** ['wɪskɪˌsauə] *n* вид кокте́йля

**whisper** ['wɪspə] **1.** *n* 1) шёпот; to speak in a ~ говори́ть шёпотом 2) слух, слушо́к, молва́; to give the ~ *разг.* намекну́ть 3) шо́рох, шурша́ние

**2.** *v* 1) говори́ть шёпотом, шепта́ть 2) сообща́ть по секре́ту; шепта́ться;

it is ~ed хо́дит слух 3) шелесте́ть, шурша́ть

**whisperer** [ˈwɪspərə] *n* спле́тник

**whispering** [ˈwɪspərɪŋ] **1.** *pres. p. от* whisper 2

**2.** *n* 1) шёпот; разгово́р шёпотом; перешёптывание, шушу́канье 2) слух, слушо́к, спле́тня, молва́

**whispering campaign** [ˈwɪspərɪŋkæmˈpeɪn] *n* распростране́ние ло́жных слу́хов про своего́ проти́вника

**whisperous** [ˈwɪspərəs] *a* похо́жий на шёпот

**whist** [wɪst] *n карт.* вист

**whistle** [ˈwɪsl] **1.** *n* 1) свист 2) свисто́к; penny (*или* tin) ~ свисту́лька 3) *разг.* го́рло, горта́нь; гло́тка ◇ to pay for one's ~ до́рого плати́ть за свою́ при́хоть

**2.** *v* 1) свисте́ть; дава́ть свисто́к (*как сигнал*) 2) насви́стывать (*мотив и т. п.*) 3) проноси́ться со сви́стом; a bullet ~d past him ми́мо него́ просвисте́ла пу́ля □ ~ **away** насви́стывать; ~ **up** вызыва́ть, подзыва́ть ◇ to ~ for smth. тще́тно иска́ть *или* жела́ть чего́-л.; to let smb. go ~ не счита́ться с чьи́ми-л. жела́ниями; to ~ for a wind выжида́ть удо́бного слу́чая; to ~ in the dark а) ободря́ть, подба́дривать; б) напуска́ть на себя́ споко́йствие, маскирова́ть волне́ние, страх *и т. п.*

**whistler** [ˈwɪslə] *n жарг.* доно́счик

**whistle stop** [ˈwɪslstɔp] *n амер. разг.* 1) полуста́нок 2) остано́вка в ма́леньких месте́чках для встре́чи с избира́телями (*во время избирательной кампании*)

**whistling** [ˈwɪslɪŋ] **1.** *pres. p. от* whistle 2

**2.** *n* свист ◇ ~ in the dark показно́й оптими́зм; подба́дривание

**3.** *a* свистя́щий

**Whit** [wɪt] *a церк.*: ~ Monday ду́хов день; ~ Sunday тро́ицын день

**whit** [wɪt] *n* ка́пелька, йо́та; he is not a (*или* no) ~ better ему́ ничу́ть не лу́чше

**white** [waɪt] **1.** *a* 1) бе́лый; ~ heat бе́лое кале́ние 2) бле́дный; to turn ~ побледне́ть, побеле́ть 3) седо́й; серебри́стый 4) прозра́чный; бесцве́тный 5) неви́нный, незапя́тнанный, чи́стый 6) безвре́дный; без зло́го у́мысла 7) *разг.* че́стный, прямо́й, благоро́дный; ~ man поря́дочный челове́к 8) бе́лый, реакцио́нный 9) бе́лый (*человек*) ◇ ~ fury нейстовство, бе́шенство, я́рость (*тж.* ~ heat); ~ light а) дневно́й свет; б) беспристра́стное сужде́ние; ~ night ночь без сна; ~ sheet *уст.* покая́нная оде́жда; to stand in a ~ sheet публи́чно ка́яться; ~ slave «бе́лая рабы́ня», проститу́тка; ~ crow бе́лая воро́на, ре́дкость; ~ squall внеза́пный шквал (*в тропиках*)

**2.** *n* 1) бе́лый цвет; белизна́ 2) бе́лая кра́ска, бели́ла 3) бе́лый материа́л; бе́лое пла́тье *и т. п.* 4) бело́к (*яйца*; *тж.* ~ of the egg) 5) бело́к (*глаза*; *тж.* ~ of the eye) 6) бе́лый (челове́к); белоко́жий 7) *полигр.* пробе́л 8) *бот.* за́болонь 9) чистота́, непоро́чность 10) *шахм.* бе́лые фигу́ры; игро́к, игра́ющий бе́лыми

**whitebait** [ˈwaɪtbeɪt] *n* малёк; мо́лодь; снето́к

**white-book** [ˈwaɪtˈbuk] *n* Бе́лая кни́га (*сборник официальных документов*)

**white coal** [ˈwaɪtˈkəul] *n* бе́лый у́голь, гидроэне́ргия

**white-collar** [ˈwaɪtˈkɔlə] *a разг.* конто́рский; ~ job рабо́та в конто́ре; ~ worker конто́рский слу́жащий

**white-fish** [ˈwaɪtfɪʃ] *n* сиг

**white frost** [ˈwaɪtfrɔst] *n* и́ней

**Whitehall** [ˈwaɪtˈhɔ:l] *n* Уа́йтхолл (*улица в Лондоне, на которой расположены правительственные учреждения*); *перен.* англи́йское прави́тельство

**white-handed** [ˈwaɪtˈhændɪd] *a* че́стный

**white-headed** [ˈwaɪtˈhedɪd] *a* 1) седо́й 2) светловоло́сый

**white horses** [ˈwaɪtˈhɔ:sɪz] *n* бара́шки (*на море*)

**white-hot** [ˈwaɪtˈhɔt] *a* раскалённый добела́, доведённый до бе́лого кале́ния

**White House** [ˈwaɪtˈhaus] *n* Бе́лый дом (*резиденция президента США*)

**white lady** [ˈwaɪtˈleɪdɪ] *n* вид кокте́йля

**white lead** [ˈwaɪtˈled] *n* свинцо́вые бели́ла

**white-lipped** [ˈwaɪtˈlɪpt] *a* с побеле́вшими (от стра́ха) губа́ми

**white-livered** [ˈwaɪtˌlɪvəd] *a* малоду́шный, трусли́вый

**white meat** [ˈwaɪtmi:t] *n* бе́лое мя́со (*курица, телятина и т. п.*)

**whiten** [ˈwaɪtn] *v* 1) бели́ть 2) отбе́ливать 3) побеле́ть; (по)бледне́ть

**whiteness** [ˈwaɪtnɪs] *n* 1) белизна́; бе́лый цвет 2) бле́дность 3) чистота́, незапя́тнанность

**whitening** [ˈwaɪtnɪŋ] **1.** *pres. p. от* whiten

**2.** *n* 1) мел 2) беле́ние, побе́лка

**white paper** [ˈwaɪtˈpeɪpə] *n* «бе́лая кни́га» (*англ. официальное издание*)

**whites** [waɪts] *n pl* 1) бе́лая мука́ вы́сшего со́рта 2) *мед.* бе́ли 3) *pl* хала́т, оде́жда (*медработника*)

**whitesmith** [ˈwaɪtsmɪθ] *n* жестя́н(щ)ик; луди́льщик

**whitethorn** [ˈwaɪtθɔ:n] *n* боя́рышник

**white-throat** [ˈwaɪtθrəut] *n* сла́вка (*птица*)

**whitewash** [ˈwaɪtwɔʃ] **1.** *n* 1) известко́вый раство́р (*для побелки*) 2) побе́лка 3) обеле́ние, зама́зывание чьих-л. недоста́тков 4) реабилита́ция; восстановле́ние (*банкрота*) в права́х 5) *спорт. разг.* «суха́я» 6) *разг.* стака́н ше́рри (*выпитый после других вин*)

**2.** *v* 1) бели́ть 2) пыта́ться обели́ть (*кого-л.*), скрыть недоста́тки 3) *спорт.* вы́играть «всуху́ю»

**white wedding** [ˈwaɪtˈwedɪŋ] *n амер. разг.* сва́дебная церемо́ния, все атрибу́ты кото́рой подчёркивают непоро́чность неве́сты

**white whale** [ˈwaɪtˈweɪl] *n зоол.* белу́ха

**white wing** [ˈwaɪtˈwɪŋ] *n амер.* убо́рщик у́лиц

**whither** [ˈwɪðə] *уст.* **1.** *adv inter.* куда́?; ~ did they go? куда́ они́ отпра́вились?

**2.** *cj* куда́; go ~ you will иди́те, куда́ вам уго́дно

**3.** *n* ме́сто назначе́ния

**withersoever** [ˌwɪðəsəuˈevə] *adv уст.* куда́ бы ни

**whiting** I [ˈwaɪtɪŋ] *n* мел (*для побелки*)

**whiting** II [ˈwaɪtɪŋ] *n* мерла́нг (*рыба*)

**whitish** [ˈwaɪtɪʃ] *a* белёсый, бел(е-с)ова́тый

**whitlow** [ˈwɪtləu] *n мед.* панари́ций

**Whitsuntide** [ˈwɪtsntaɪd] *n церк.* неде́ля по́сле тро́ицына дня (*особ. первые три дня*)

**whittle** [ˈwɪtl] **1.** *n уст.* нож мясника́

**2.** *v* строга́ть *или* отта́чивать ножо́м (*дерево*); to ~ at smth. снима́ть стру́жку с чего́-л. □ ~ **away** сточи́ть; *перен.* свести́ на не́т; to ~ away the distinction between уничто́жить разли́чие ме́жду; ~ **down** = ~ away

**whity-** [ˈwaɪtɪ-] *в сложных словах* светло-, белова́то-; ~-brown светло-кори́чневый

**whiz(z)** [wɪz] **1.** *n* 1) свист (*рассекаемого воздуха*) 2) *амер. sl.* ло́вкая сде́лка 3) *амер. sl.* не́что замеча́тельное 4) *амер. sl.* молодчи́на; ло́вкий челове́к

**2.** *v* 1) просвисте́ть 2) проноси́ться со сви́стом; bullets ~ed past пу́ли просвисте́ли ря́дом

**whizz-bang** [ˈwɪzbæŋ] *n воен. разг.* снаря́д, грана́та

**whizz-kid** [ˈwɪzkɪd] *n sl.* одарённый челове́к (*который несмотря на молодость уже пользуется известностью*), ≅ восходя́щая звезда́

**who** [hu:] *pron* (*косв. п.* whom) 1) *inter.* кто?; ~ is there? кто там?; whom did you see? кого́ вы ви́дели?; whom (*или разг.* ~) do you mean? кого́ вы име́ете в виду́?; ~ did you give it to? кому́ вы э́то да́ли? 2) *rel.* кото́рый, кто; the man whom you saw... челове́к, кото́рого вы ви́дели... 3) *conj.* а) кото́рый, кто; do you know ~ has come? зна́ете ли вы, кто пришёл?; to know ~ is ~ знать, что ка́ждый собо́й представля́ет; б) тот, кто; те, кто; ~ breaks pays кто разобьёт, тот запла́тит ◇ W.'S W. биографи́ческий спра́вочник совреме́нников; W. was W. биографи́ческий спра́вочник уме́рших

**whoa** [wəu] = wo

**whodun(n)it** [ˈhu:dʌnɪt] *n разг.* детекти́вный рома́н, фильм *и т. п.*

**whoe'er** [hu(:)ˈɛə] *поэт. см.* whoever

**whoever** [hu(:)ˈevə] *pron indef.* (*косв. п.* whomever) кто бы ни, кото́рый бы ни

**whole** [həul] **1.** *n* 1) це́лое; on (*или* upon) the ~ в це́лом; в о́бщем; taken as a ~ рассма́триваемый в це́лом 2) всё (*часто* ~ of); I cannot tell you the ~ (of it) я не могу́ сказа́ть вам всего́ 3) ито́г

2. *a* 1) це́лый, весь; ~ number *мат.* це́лое число́; a ~ lot *разг.* мно́го; the ~ world весь мир; with one's ~ heart всем се́рдцем; ре́вностно 2) невреди́мый, це́лый 3) *уст.* здоро́вый; ~ effect поле́зное де́йствие 4) родно́й, кро́вный; a ~ brother родно́й брат 5) це́льный, несня́той (*о молоке*) 6) непросе́янный (*о муке*) ◇ to be the ~ show *амер.* игра́ть гла́вную роль

**whole-coloured** [ˈhəulˈkʌləd] *a* одноцве́тный

**whole-hearted** [ˈhəulˈhɑːtɪd] *a* и́скренний; иду́щий от всего́ се́рдца, от всей души́

**whole-hogger** [ˈhəulˈhɔgə] *n* 1) челове́к, де́лающий всё основа́тельно 2) *полит.* убеждённый сторо́нник (*чего-л.*)

**whole-hoofed** [ˈhəulˈhuːft] *a зоол.* однокопы́тный

**whole-length** [ˈhəulˈleŋθ] **1.** *n* портре́т во весь рост

2. *a* во весь рост

**wholemeal** [ˈhəulmiːl] *n* 1) непросе́янная мука́ 2) *attr.* сде́ланный из непросе́янной муки́; ~ bread хлеб из непросе́янной муки́

**wholesale** [ˈhəulseɪl] **1.** *n* опто́вая торго́вля; by (*амер.* at) ~ о́птом; в больши́х коли́чествах

2. *a* 1) опто́вый; ~ dealers опто́вые торго́вцы; ~ prices опто́вые це́ны 2) ма́ссовый, в больши́х разме́рах; ~ slaughter резня́

3. *v* вести́ опто́вую торго́влю

4. *adv* о́птом; в больши́х разме́рах; to sell ~ продава́ть о́птом

**wholesome** [ˈhəulsəm] *a* 1) поле́зный; благотво́рный; здоро́вый; здра́вый; ~ advice поле́зный сове́т 2) *sl.* безопа́сный

**whole-souled** [ˈhəulˈsəuld] *a* 1) благоро́дный; и́скренний 2) безразде́льный

**wholly** [ˈhəulɪ] *adv* по́лностью, целико́м; I do not ~ agree я не совсе́м согла́сен

**whom** [huːm] *косв. п. от* who

**whomever** [hu(ː)mˈevə] *косв. п. от* whoever

**whomsoever** [ˌhuːmsəuˈevə] *косв. п. от* whosoever

**whoop** [huːp] **1.** *n* 1) во́зглас, восклица́ние; ~ of laughter взрыв сме́ха 2) коклю́шный ка́шель ◇ not worth a ~ гроша́ ло́маного не сто́ит

2. *v* 1) крича́ть, выкри́кивать 2) ка́шлять 3) приве́тствовать ра́достными во́згласами; to ~ with joy вскри́кнуть от ра́дости 4) ги́кать ◇ to ~ it (*или* things) up затея́ть ссо́ру; шуме́ть, буя́нить

**whoopee** [ˈwupiː] *n разг.* 1) во́зглас (*восторга и т. п.*) 2) кутёж; гуля́нка; to make ~ кути́ть

**whooping-cough** [ˈhuːpɪŋkɔf] *n* коклю́ш

**whop** [wɔp] *v разг.* 1) бить, колоти́ть 2) одоле́ть, победи́ть 3) шлёпнуться 4) кру́то поверну́ть; бро́ситься в сто́рону

**whopper** [ˈwɔpə] *n разг.* 1) грома́дина 2) на́глая ложь

**whopping** [ˈwɔpɪŋ] **1.** *pres. p. от* whop

2. *a разг.* огро́мный; a ~ lie чудо́вищная ложь

3. *adv разг.* о́чень, ужа́сно; a ~ big fish здорове́нная ры́бина

**whore** [hɔː] **1.** *n* 1) *уст.* блудни́ца 2) *груб.* шлю́ха; проститу́тка

2. *v уст.* развра́тничать, распу́тничать

**whoredom** [ˈhɔːdəm] *n* 1) блуд, распу́тство; проститу́ция 2) *рел.* е́ресь

**whorehouse** [ˈhɔːhaus] *n груб.* борде́ль, барда́к

**whoreson** [ˈhɔːsn] *n* 1) *уст.* незаконнорождённый 2) *разг.* подле́ц, су́кин сын

**whorl** [wəːl] *n* 1) кольцо́ ли́стьев (*вокруг стебля*); муто́вка 2) завито́к (*раковины, улитки*) 3) пальцево́й узо́р; to identify a criminal by the ~s of his finger-prints установи́ть ли́чность престу́пника по отпеча́ткам па́льцев 4) *текст.* блок веретена́

**whortleberry** [ˈwəːtlˌberɪ] *n* черни́ка; bog ~ голуби́ка; red ~ брусни́ка

**whose** [huːz] *pron poss.* чей, чья, чьё, чьи

**whosesoever** [ˌhuːzsəuˈevə] *pron poss.* чей бы ни

**whoso** [ˈhuːsəu] *уст.* = whoever

**whosoe'er** [ˌhuːsəuˈɛə] *поэт. см.* whosoever

**whosoever** [ˌhuːsəuˈevə] *pron indef.* (*косв. п.* whomsoever) кто бы ни, кото́рый бы ни

**why** [waɪ] **1.** *adv* 1) *inter.* почему́?; ~ so? по како́й причи́не?; на како́м основа́нии? 2) *rel.* почему́; I can think of no reason ~ you shouldn't go there почему́ бы вам не пойти́ туда́? 3) *conj.* почему́; I don't know ~ they are late не зна́ю, почему́ они́ опа́здывают

2. *int выражает*: 1) *удивление*: ~, it is Jones! да ведь э́то Джо́унз! 2) *нетерпение*: ~, of course I do ну коне́чно, да 3) *нерешительность*: ~, yes, I think so как вам сказа́ть? Я ду́маю, да 4) *возражение или аргумент*: ~, what is the harm? ну так что же за беда́?

3. *n* (*pl* ~s [-z]) 1) основа́ние, причи́на; to go into the ~s and wherefores of it углубля́ться в причи́ны 2) зага́дка, зада́ча

**wick** [wɪk] *n* 1) фити́ль 2) тампо́н

**wicked** [ˈwɪkɪd] **1.** *a* 1) злой; нехоро́ший; безнра́вственный; испо́рченный 2) гре́шный; нечи́стый; the ~ one нечи́стый, дья́вол, сатана́ 3) озорно́й, шаловли́вый, плутовско́й 4) свире́пый (*о животном*) 5) опа́сный (*о ране, ударе и т. п.*) 6) неприя́тный, проти́вный (*о запахе и т. п.*)

2. *n* (the ~) *pl собир.* нечести́вцы

**wickedness** [ˈwɪkɪdnɪs] *n* 1) зло́бность 2) зла́я вы́ходка, злой посту́пок

**wicker** [ˈwɪkə] *n* 1) пру́тья для плете́ния 2) плетёная корзи́нка 3) *attr.* плетёный; ~ chair плетёный стул

**wicker-work** [ˈwɪkəwɔːk] *n* плете́ние, плетёные изде́лия

**wicket** [ˈwɪkɪt] *n* 1) кали́тка 2) турнике́т 3) воро́тца (*в крикете*) 4) задвижно́е око́шко (*в двери*); око́шко (*кассы*)

**wicket-keeper** [ˈwɪkɪtˌkiːpə] *n* игро́к, охраня́ющий воро́тца (*в крикете*)

**wickiup** [ˈwɪkɪʌp] *n амер.* 1) хи́жина (*индейцев*) 2) хиба́рка, шала́ш

**wide** [waɪd] **1.** *a* 1) широ́кий 2) *такой-то* ширины́; 3 ft. ~ в 3 фу́та ширино́й 3) большо́й, обши́рный; просто́рный; the ~ world весь свет; ~ interests разносторо́нние интере́сы 4) широко́ откры́тый (*о глазах и т. п.*) 5) далёкий

2. *adv* 1) широко́, повсю́ду (*тж.* far and ~) 2) далеко́; ~ apart на большо́м расстоя́нии друг от дру́га; ~ of the truth далеко́ от и́стины 3) ми́мо це́ли (*тж.* ~ of the mark) 4) широко́; to open the window ~ распахну́ть на́стежь окно́

**wide awake** [ˈwaɪdəˈweɪk] *a* 1) бо́дрствующий, недре́млющий 2) начеку́, бди́тельный; осмотри́тельный

**wide-awake** [ˈwaɪdəweɪk] *n разг.* широкопо́лая фе́тровая шля́па

**wide-eyed** [ˈwaɪdˈaɪd] *a* с широко́ откры́тыми глаза́ми (*от изумления и т. п.*)

**widen** [ˈwaɪdn] *v* расширя́ть(ся); to ~ one's outlook расширя́ть свой кругозо́р

**wide-open** [ˈwaɪdˈəupən] *a* 1) широко́ откры́тый; with ~ eyes с широко́ раскры́тыми глаза́ми (*от изумления и т. п.*) 2) *разг.* незащищённый 3) *амер.* допуска́ющий аза́ртные и́гры, прода́жу спиртны́х напи́тков *и т. п.*; ~ town го́род, в кото́ром разрешена́ прода́жа спиртны́х напи́тков и аза́ртные и́гры

**widespread** [ˈwaɪdspred] *a* широко́ распространённый

**widgeon** [ˈwɪdʒən] *n* ди́кая у́тка

**widish** [ˈwaɪdɪʃ] *a* широкова́тый

**widow** [ˈwɪdəu] **1.** *n* вдова́ ◇ ~'s mite вдо́вья ле́пта; скро́мная до́ля; ~'s cruse неиссяка́емый запа́с

2. *v* 1) де́лать вдово́й, вдовцо́м 2) *поэт.* лиша́ть, отнима́ть; обездо́лить

**widowed** [ˈwɪdəud] **1.** *past и p. p. от* widow 2

2. *a* овдове́вший

**widower** [ˈwɪdəuə] *n* вдове́ц

**widowhood** [ˈwɪdəuhud] *n* вдовство́

**widow's walk** [ˈwɪdəuzwɔːk] *n* площа́дка с пери́льцами на кры́ше до́ма

**width** [wɪdθ] *n* 1) ширина́; широта́; расстоя́ние 2) поло́тнище, полоса́ 3) *тех.* пролёт 4) *горн.* мо́щность (*жилы или пласта*)

**wield** [wiːld] *v* владе́ть, име́ть в рука́х (*тж. перен.*); to ~ an axe рабо́тать топоро́м; to ~ the sceptre пра́вить госуда́рством; to ~ power (*или* authority) облада́ть вла́стью; to ~ a formidable pen владе́ть о́стрым перо́м

**wieldly** [ˈwiːldlɪ] *a* легко́ управля́емый; послу́шный

**Wienerwurst** [ˈwiːnəwəːst] *нем. n* копчёные колбáски

**wife** [waɪf] *n* (*pl* wives) 1) женá; to take to ~ взять в жёны, жени́ться 2) *уст.* жéнщина; old wives' tales бáбьи сплéтни, бáбушкины скáзки ◇ all the world and his ~ *шутл.* все причисля́ющие себя́ к и́збранному óбществу

**wifeless** [ˈwaɪflɪs] *a* 1) овдовéвший 2) холостóй

**wifely** [ˈwaɪflɪ] *a* свóйственный, подобáющий женé

**wig** [wɪg] *n* 1) пари́к 2) *шутл.* вóлосы ◇ ~s on the green óбщая свáлка, дрáка

**wigging** [ˈwɪgɪŋ] *n разг.* разнóс, нахлобу́чка, нагоня́й

**wiggle** [ˈwɪgl] **1.** *n* покáчивание; ёрзание

**2.** *v* покáчивать(ся); извивáться, ёрзать

**wiggle-waggle** [ˈwɪglˌwægl] = wiggle

**wight** [waɪt] *n уст.* человéк, существó

**wigwag** [ˈwɪgwæg] *спец.* **1.** *n* сигнализáция флажкáми

**2.** *v* сигнализи́ровать флажкáми, семафóрить

**wigwam** [ˈwɪgwæm] *n* 1) вигвáм 2) *амер.* помещéние для полити́ческих собрáний

**wild** [waɪld] **1.** *a* 1) ди́кий; ~ flower полевóй цветóк 2) невоздéланный; необитáемый 3) пугли́вый (*о живóтных, птицах и т. п.*) 4) бу́рный, бу́йный, необу́зданный; 5) бéшеный, неи́стовый; раздражённый; безу́мный; исступлённый; to be ~ about smth. быть без умá от чегó-л.; in ~ spirits в возбуждённом состоя́нии; it drives me ~ э́то приводи́т меня́ в бéшенство; ~ with joy вне себя́ от рáдости 6) штормовóй, бу́рный 7) необду́манный, сдéланный наугáд; ~ scheme сумасбрóдный план; ~ shot вы́стрел наугáд; ~ guesses а) дóмыслы; б) сму́тные догáдки 8) *разг.* распу́щенный, безнрáвственный; ~ fellow повéса 9) находя́щийся в беспоря́дке, растрёпанный; ~ hair растрёпанные вóлосы ◇ to run ~ а) зарастáть; б) расти́ нéдоростлем, без образовáния; в) вести́ распу́тный óбраз жи́зни

**2.** *adv* наугáд, как попáло

**3.** *n* (the ~s) пусты́ня, дéбри; in the ~s of Africa в дéбрях Áфрики

**wildcat** [ˈwaɪldkæt] **1.** *n* 1) ди́кая кóшка 2) вспы́льчивый, необу́зданный человéк 3) рискóванное предприя́тие 4) сквáжина, пробурённая наугáд

**2.** *a* 1) рискóванный, фантасти́ческий (*план и т. п.*) 2) незакóнный, не соотвéтствующий договóру, несанкциони́рованный; ~ strike забастóвка, проведённая рабóчими без разрешéния профсою́за 3) *амер. ж.-д.* иду́щий не по расписáнию

**wild duck** [ˈwaɪldˈdʌk] *n* ди́кая у́тка, кря́ква

**wildebeest** [ˈwɪldɪbiːst] *южно-афр. n* гну (*живóтное*)

**wilderness** [ˈwɪldənɪs] *n* 1) пусты́ня; ди́кая мéстность 2) запу́щенная часть сáда 3) мáсса, мнóжество ◇ a voice in the ~ *библ.* глас вопию́щего в пусты́не

**wildfire** [ˈwaɪldˌfaɪə] *n* грéческий огóнь; to spread like ~ распространя́ться со сверхъестéственной быстротóй (*о слухах, сплетнях и т. п.*)

**wildfowl** [ˈwaɪldfaul] *n* дичь

**wild-goose** [ˈwaɪldˈguːs] *n* ди́кий гусь ◇ ~ chase сумасбрóдная затéя, погóня за недостижи́мым, за несбы́точным

**wilding** [ˈwaɪldɪŋ] *n бот.* 1) дичóк 2) плод ди́кой я́блони, гру́ши *и т. п.* 3) *attr.* ди́кий

**wildlife** [ˈwaɪldlaɪf] *n* 1) живáя прирóда (*лес, поле, пустыня, океан и их обитатели*) 2) *attr.*: a ~ sanctuary закáзник, заповéдник

**wild oat(s)** [ˈwaɪldˈəut(s)] *n бот.* овсю́г ◇ to sow one's ~s отдавáться увлечéниям ю́ности; he has sown his ~s он перебеси́лся, остепени́лся

**wile** [waɪl] **1.** *n* (*обыкн. pl*) хи́трость, улóвка; обмáн

**2.** *v* замáнивать, завлекáть ◇ to ~ away the time прия́тно проводи́ть врéмя, развлекáться

**wilful** [ˈwɪlful] *a* 1) упря́мый; своенрáвный, своевóльный 2) преднамéренный; ~ murder предумы́шленное уби́йство

**will** I [wɪl] **1.** *n* 1) вóля; си́ла вóли; the ~ to live вóля к жи́зни; ~ can conquer habit (дурну́ю) привы́чку мóжно преодолéть си́лой вóли 2) вóля, твёрдое намéрение; желáние; against one's ~ прóтив вóли; at ~ по желáнию, как угóдно; what is your ~? каковó вáше желáние?; to have one's ~ доби́ться своегó; a ~ of one's own своевóлие; of one's own free ~ добровóльно, по сóбственному желáнию 3) энéргия, энтузиáзм; to work with a ~ рабóтать с энтузиáзмом 4) завещáние; to make (*или* to draw up) one's ~ сдéлать завещáние; one's last ~ and testament послéдняя вóля (*юридическая формула в завещании*) ◇ where there is a ~ there is a way ≅ где хотéние, там и умéние; бы́ло бы желáние, а возмóжность найдётся; to take the ~ for the deed довóльствоваться обещáниями

**2.** *v* (willed [-d]) 1) проявля́ть вóлю; хотéть, желáть; let him do what he ~ пусть он дéлает, что хóчет; he who ~s success is half-way to it вóля к успéху есть залóг успéха 2) заставля́ть, велéть, внушáть; to ~ oneself to fall asleep застáвить себя́ засну́ть 3) завещáть

**will** II [wɪl] *v* (would) 1) *вспомогательный глагол; служит для образования будущего времени во 2 и 3л. ед. и мн. ч.*: he ~ come at two o'clock он придёт в два часá 2) *в сочетании с другими глаголами выражает привычное действие; часто не переводится*: boys ~ be boys мáльчики — всегдá мáльчики; accidents ~ happen всегдá бывáют несчáстные слу́чаи; he ~ smoke his pipe after dinner пóсле обéда он обыкновéнно ку́рит тру́бку 3) *модальный глагол выражает*: а) *намерение, решимость, обещание* (*особ. в 1 л. ед. и мн. ч.*): I ~ let you know я непремéнно извещу́ вас; б) *предположение, вероятность*: you ~ be Mrs. Smith? вы, верóятно, ми́ссис Смит?

**-willed** [-wɪld] *в сложных словах*: self-willed своевóльный; ill-willed злонамéренный

**willies** [ˈwɪlɪz] *n pl* (*обыкн.* the ~) *sl.* нéрвное состоя́ние, нéрвная дрожь; to give the ~ вызывáть нéрвную дрожь

**willing** [ˈwɪlɪŋ] **1.** *pres. p. от* will I, 2

**2.** *a* 1) готóвый (*сделать что-л.*); охóтно дéлающий что-л. 2) добровóльный; ~ help охóтно окáзанная пóмощь 3) старáтельный; ~ worker старáтельный рабóтник ◇ ~ horse работя́га

**willingly** [ˈwɪlɪŋlɪ] *adv* охóтно, с готóвностью

**willingness** [ˈwɪlɪŋnɪs] *n* готóвность

**will-o'-the-wisp** [ˈwɪləðwɪsp] *n* 1) блуждáющий огонёк 2) нéчто обмáнчивое, неулови́мое

**willow** [ˈwɪləu] *n* 1) и́ва 2) *разг.* битá (*в крикете, бейсболе*) 3) *текст.* угароочищáющая маши́на; пылевыколáчивающая маши́на ◇ to wear the ~ носи́ть трáур; горевáть по возлю́бленному

**willow-herb** [ˈwɪləuhəːb] *n бот.* кипрéй узколи́стный; ивáн-чáй

**willow-pattern** [ˈwɪləuˌpætən] *n* 1) трафарéтный китáйский рису́нок на фарфóре 2) посу́да с трафарéтным китáйским рису́нком

**willowy** [ˈwɪləuɪ] *a* 1) зарóсший ивнякóм 2) ги́бкий и тóнкий (*о человеке*)

**will-power** [ˈwɪlˌpauə] *n* си́ла вóли

**willy-nilly** [ˈwɪlɪˈnɪlɪ] *adv* вóлей-невóлей

**willy-willy** [ˈwɪlɪˈwɪlɪ] *n австрал.* тропи́ческий штóрм; ураган

**wilt** I [wɪlt] *уст. 2-е л. ед. ч. настоящего времени гл.* will II

**wilt** II [wɪlt] **1.** *n* слáбость, вя́лость

**2.** *v* 1) вя́нуть, поникáть 2) (по-)губи́ть (*цветы*) 3) слабéть, ослабевáть 4) теря́ть прису́тствие ду́ха

**Wilton** [ˈwɪltən] *n* род пуши́стого коврá (*тж.* ~ carpet)

**wily** [ˈwaɪlɪ] *a* лукáвый, хи́трый; ковáрный

**wimble** [ˈwɪmbl] *n* 1) бурáв 2) коловорóт

**wimple** [ˈwɪmpl] *n* плат, апóстольник (*на голове монахини*)

**win** [wɪn] **1.** *n* вы́игрыш; побéда (*в игре и т. п.*)

**2.** *v* (won) 1) вы́играть; победи́ть, одержáть побéду; to ~ the battle вы́играть сражéние; to ~ the day (*или* the field) *уст.* одержáть побéду; to ~ all hearts завоевáть, покори́ть все сердцá (*или* всех); to ~ by a head опереди́ть на гóлову (*на скачках*); вы́рвать побéду; to ~ clear (*или* free) с трудо́м вы́путаться, освободи́ться; вы́рваться; to ~ hands down, to ~ in a canter вы́играть с лёгкостью; легко́ дости́гнуть побе́ды 2) добира́ться, достига́ть; to ~ the shore дости́гнуть бе́рега, добра́ться до бе́рега 3) доби́ться; дости́гнуть; приобрести́, получи́ть, зарабо́тать; to ~ consent доби́ться согла́сия; to ~ one's way проби́ть себе́ доро́гу; доби́ться успе́ха; to ~ respect доби́ться уваже́ния 4) уговори́ть, убеди́ть; you have won me вы меня́ убеди́ли 5) добыва́ть (*руду*) □ ~ **out** преодоле́ть все тру́дности, доби́ться успе́ха; ~ **over** склони́ть на свою́ сто́рону; расположи́ть к себе́; ~ **through** проби́ться; преодоле́ть (*тру́дности*); ~ **upon** постепе́нно завоёвывать (*симпа́тию, призна́ние и т. п.*)

**wince** [wɪns] **1.** *n* содрога́ние, вздра́гивание

**2.** *v* вздра́гивать, мо́рщиться (*от бо́ли*)

**wincey** [ˈwɪnsɪ] *n* про́чная полушерстяна́я мате́рия, иду́щая на соро́чки, ю́бки *и т. п.*

**winch** [wɪntʃ] *тех.* **1.** *n* 1) лебёдка, во́рот 2) рукоя́тка в ви́де кривоши́па

**2.** *v* поднима́ть с по́мощью лебёдки

**Winchester** [ˈwɪntʃɪstə] *n* винче́стер (*род винто́вки; тж.* ~ rifle)

**wind** I [wɪnd, *поэт. ча́сто* waɪnd] **1.** *n* 1) ве́тер; fair (strong) ~ попу́тный (си́льный) ве́тер; ~ and weather непого́да; before (*или* down) the ~ по ве́тру; in the ~'s eye, in the teeth of the ~ пря́мо про́тив ве́тра; close to (*или* near) the ~ а) *мор.* в круто́й бейдеви́нд; б) на гра́ни поря́дочности *или* присто́йности, на ско́льзком пути́; like the ~ бы́стро, как ве́тер, стреми́тельно; to take the ~ out of one's sails а) *мор.* отня́ть ве́тер; б) ≅ вы́бить по́чву из-под ног; поста́вить в безвы́ходное положе́ние; помеша́ть 2) ток во́здуха (*напр., в орга́не*), возду́шная струя́ 3) за́пах, дух 4) (the ~) духовы́е инструме́нты 5) дыха́ние; to get (*или* to recover) one's ~ отдыша́ться; to lose ~ запыха́ться; he has a bad ~ он страда́ет оды́шкой; second ~ а) *спорт.* второ́е дыха́ние; б) споко́йствие и уве́ренность; to fetch one's second ~ опра́виться, спра́виться с после́дствиями; прийти́ в себя́ 6) пусты́е слова́; вздор; his speech was ~ его́ речь была́ бессодержа́тельна 7) слух; намёк; there is smth. in the ~ а) в во́здухе что́-то но́сится; б) хо́дят каки́е-то слу́хи; to get ~ of smth. проню́хать, почу́ять что-л.; узна́ть (*по слу́хам и т. п.*) 8) *мед.* ве́тры, га́зы, метеори́зм 9) *тех.* дутьё ◇ the four ~s стра́ны све́та; from the four ~s со всех сторо́н; to fling (*или* to cast) to the ~s отбро́сить (*благоразу́мие и т. п.*); to get (*или* to take) ~ стать изве́стным, распространи́ться; to get the ~ of име́ть преиму́щество пе́ред; to get the ~ up *sl.* утра́тить споко́йствие, испуга́ться; to put the ~ up *sl.* испуга́ть (*кого-л.*); to raise the ~ *sl.* раздобы́ть де́нег; between ~ and water наибо́лее уязви́мое ме́сто; to be in the ~ *sl.* подвы́пить; to catch the ~ in a net ≅ перелива́ть из пусто́го в поро́жнее; зря стара́ться; gone with the ~ исче́знувший бессле́дно; to hang in the ~ колеба́ться; to scatter to the ~s а) нанести́ сокруши́тельное пораже́ние; б) промота́ть

**2.** *v* (winded [-ɪd]) 1) суши́ть на ветру́; прове́тривать 2) чу́ять; идти́ по сле́ду 3) заста́вить задохну́ться; вы́звать оды́шку; I am ~ed by running я задыха́юсь от бе́га 4) дать переве́сти́ дух; a brief stop to ~ the horses ма́ленькая остано́вка, что́бы дать передохну́ть лошадя́м 5) [waɪnd] (*past и p. p. тж.* wound) игра́ть на духово́м инструме́нте, труби́ть

**wind** II [waɪnd] **1.** *n* 1) оборо́т 2) поворо́т 3) вито́к; изви́лина

**2.** *v* (wound) 1) ви́ться, извива́ться 2) нама́тывать(ся); обма́тывать(ся), обвива́ть(ся); мота́ть; she wound her arms round the child она́ заключи́ла ребёнка в свои́ объя́тия 3) заводи́ть (*часы́; тж.* ~ up) 4) поднима́ть, тяну́ть при по́мощи лебёдки *и т. п.* 5) верте́ть, повора́чивать, крути́ть □ ~ **off** разма́тывать(ся); ~ **up** а) сма́тывать; б) заводи́ть (*часы́*); в) заводи́ться; I'm afraid he's wound up ну, он тепе́рь заведён (на час); тепе́рь его́ не остано́вишь; г) подтя́гивать (*дисципли́ну*); д) взви́нчивать; е) конча́ть; ж) ула́дить, разреши́ть (*вопро́с*); зако́нчить (*пре́ния*); заключи́ть (*выступле́ние*); з) ликвиди́ровать (*предприя́тие и т. п.*) ◇ to ~ oneself (*или* one's way) into smb.'s trust (affection, *etc.*) вкра́дываться, втира́ться в чьё-л. дове́рие (расположе́ние *и т. п.*); to ~ round one's little finger обвести́ вокру́г па́льца

**windage** [ˈwɪndɪdʒ] *n* 1) сопротивле́ние во́здуха 2) снос (*снаря́да*) ве́тром 3) надво́дная часть су́дна

**windbag** [ˈwɪndbæg] *n* 1) *разг.* болту́н, пустозво́н 2) *шутл.* грудна́я кле́тка

**wind-bound** [ˈwɪndbaund] *a мор.* заде́ржанный проти́вными ве́трами

**wind-break** [ˈwɪndbreɪk] *n* 1) щит, ветроло́м 2) защи́тная лесополоса́ (*вдоль доро́ги и т. п.*)

**wind-breaker** [ˈwɪndˌbreɪkə] *n* ветронепроница́емая ку́ртка (*с вя́заными манже́тами и воротнико́м*)

**wind-cheater** [ˈwɪndˌtʃiːtə] *n* ветронепроница́емая ку́ртка

**winder** I [ˈwaɪndə] *n* 1) выю́щееся расте́ние 2) заводно́й ключ 3) ступе́нька винтово́й ле́стницы 4) *текст.* мота́льная маши́на 5) *текст.* мота́льщик

**winder** II [ˈwaɪndə] *n* труба́ч

**winder** III [ˈwɪndə] *n sl.* си́льный уда́р

**windfall** [ˈwɪndfɔːl] *n* 1) плод, сби́тый ве́тром; па́данец 2) ветрова́л, бурело́м 3) неожи́данная уда́ча, *особ.* неожи́данно полу́ченные де́ньги

**windflaw** [ˈwɪndflɔː] *n* поры́в ве́тра

**wind-flower** [ˈwɪndˌflauə] *n* анемо́н (*цвето́к*)

**wind-ga(u)ge** [ˈwɪndgeɪdʒ] *n* анемо́метр

**windhover** [ˈwɪndˌhɔvə] *n* пустельга́ (*пти́ца*)

**winding** I [ˈwɪndɪŋ] *pres. p. от* wind I, 2, 1), 2), 3) *и* 4)

**winding** II [ˈwaɪndɪŋ] **1.** *pres. p. от* wind I, 2, 5) *и* II, 2

**2.** *n* 1) изви́лина, изги́б, поворо́т 2) нама́тывание 3) *эл.* обмо́тка

**3.** *a* изви́листый; вито́й, спира́льный

**winding-sheet** [ˈwaɪndɪŋʃiːt] *n* са́ван

**wind-instrument** [ˈwɪndˌɪnstrumənt] *n* духово́й инструме́нт

**wind-jammer** [ˈwɪndˌdʒæmə] *n разг.* 1) па́русное су́дно 2) болту́н

**windlass** [ˈwɪndləs] *n тех.* бра́шпиль; лебёдка, во́рот

**windless** [ˈwɪndlɪs] *a* безве́тренный; ~ day безве́тренный день

**windmill** [ˈwɪnmɪl] *n* 1) ветряна́я ме́льница; to fight (*или* to tilt at) ~s сража́ться с ветряны́ми ме́льницами, донкихо́тствовать 2) *ав. sl.* вертолёт

**window** [ˈwɪndəu] *n* 1) окно́ 2) *attr.* око́нный ◇ to have all one's goods in the (front) ~ а) выставля́ть всё напока́з; б) быть пове́рхностным челове́ком

**window-case** [ˈwɪndəukeɪs] *n* витри́на

**window-dressing** [ˈwɪndəuˌdresɪŋ] *n* 1) украше́ние витри́н 2) уме́ние показа́ть това́р лицо́м

**window-pane** [ˈwɪndəupeɪn] *n* око́нное стекло́

**window-shopping** [ˈwɪndəuˌʃɔpɪŋ] *n разг.* рассма́тривание витри́н

**window-sill** [ˈwɪndəusɪl] *n* подоко́нник

**windpipe** [ˈwɪndpaɪp] *n анат.* дыха́тельное го́рло

**wind rose** [ˈwɪndrəuz] *n метео* ро́за ветро́в

**windrow** [ˈwɪndrəu] *n с.-х.* полоса́ ско́шенного хле́ба, се́на *и т. п.*

**wind-screen** [ˈwɪndskriːn] *n* 1) *авто* пере́днее стекло́, ветрово́е стекло́ 2) *ав.* козырёк 3) *attr.*: ~ wiper *авто* стеклоочисти́тель, «дво́рник»

**windshield** [ˈwɪndʃiːld] *амер.* = wind-screen 1)

**Windsor** [ˈwɪnzə] *n* 1) дешёвое тёмное туале́тное мы́ло (*тж.* brown ~ soap, ~ soap) 2) = Windsor chair

**Windsor chair** [ˈwɪnzəˈtʃɛə] *n* резно́е деревя́нное кре́сло

**windstorm** [ˈwɪndstɔːm] *n* бу́ря, мете́ль

**wind-swept** [ˈwɪndswept] *a* незащищённый от ве́тра, откры́тый (всем) ветра́м

**wind-tunnel** [ˈwɪndˌtʌnl] *n* аэродинами́ческая труба́

**wind-up** I [ˈwaɪndʌp] *n* коне́ц, заверше́ние

**wind-up** II [ˈwɪndʌp] *n sl.* страх, не́рвное возбужде́ние; to get (*или* to have) the ~ испуга́ться

**windward** [ˈwɪndwəd] **1.** *a* наве́тренный

**2.** *adv* с наве́тренной стороны́

**3.** *n* наве́тренная сторона́ ◇ to get to ~ of smb. обойти́, обскака́ть кокó-л., имéть преимýщество пéред кем-л.

**windy** [ˈwɪndɪ] *a* 1) вéтреный; ~ day вéтреный день 2) обдувáемый вéтром; W. City *амер.* Гóрод ветрóв (*о Чикаго*) 3) пустóй, несерьёзный 4) многослóвный; хвастли́вый; болтли́вый 5) *sl.* испýганный 6) *мед.* страдáющий метеори́змом 7) *мед.* вызывáющий пýчение животá

**wine** [waɪn] **1.** *n* 1) винó; green (*или* new) ~ молодóе винó; thin ~ плохóе винó; to take ~ with smb. обменя́ться тóстами с кем-л.; in ~ пья́ный, опьянéвший 2) *унив.* студéнческая пирýшка 3) тёмно-крáсный цвет, цвет крáсного винá 4) *attr.* ви́нный ◇ Adam's ~ *шутл.* водá; good ~ needs no (ivy) bush ≅ хорóший товáр сам себя́ хвáлит; to put new ~ in old bottles втúскивать нóвое содержáние в стáрую фóрму

**2.** *v* 1) пить винó 2) угощáть, поúть винóм; to ~ and dine угощáть, пóтчевать

**winebag** [ˈwaɪnbæg] *n* 1) бурдю́к, мех для винá 2) *разг.* пья́ница

**winebowl** [ˈwaɪnbəul] *n ритор.* чáша

**wine-cellar** [ˈwaɪnˌselə] *n* ви́нный пóгреб

**wine-coloured** [ˈwaɪnˌkʌləd] *a* тёмно-крáсный; вишнёвый; цвéта крáсного винá

**wine-cooler** [ˈwaɪnˌkuːlə] *n* ведёрко для охлаждéния винá

**wineglass** [ˈwaɪnglɑːs] *n* 1) бокáл; рю́мка; фужéр 2) = wine-glassful

**wine-glassful** [ˈwaɪnˌglɑːsful] *n* четы́ре столóвых лóжки (*лекарства*)

**wine-grower** [ˈwaɪnˌgrəuə] *n* винодéл; виногрáдарь

**winepress** [ˈwaɪnpres] *n* дави́льный пресс

**winery** [ˈwaɪnərɪ] *n* ви́нный завóд

**wineshop** [ˈwaɪnʃɔp] *n* ви́нный погребóк

**wineskin** [ˈwaɪnskɪn] = winebag 1)

**wine-vault** [ˈwaɪnvɔːlt] = wineshop

**wing** [wɪŋ] **1.** *n* 1) крылó; to add (*или* to lend) ~s (to) придавáть кры́лья; ускоря́ть; to be on the ~ а) летéть; б) *разг.* переезжáть с мéста на мéсто; путешéствовать; to take ~ взлетéть; on the ~s of the wind на кры́льях вéтра, стреми́тельно 2) *амер. разг.* рукá; a touch in the ~ рáна в рýку 3) *архит.* фли́гель, крылó дóма 4) *воен.* фланг 5) авиакрылó (*тактическая единица*) 6) *pl театр.* кули́сы; to stand (*или* to wait) in the ~s а) ждать своегó вы́хода на сцéну (*об актёре*); б) ждать своегó чáса, быть наготóве 7) *pl* «кры́лья» (*нашивка, эмблема у лётчиков*) 8) крылó (*политической партии*) 9) *спорт.* крáйний нападáющий (*в футболе и т. п.*) ◇ to take to itself ~s исчéзнуть, улетýчиться, смы́ться; to take smb. under one's ~ взять когó-л. под своё покрови́тельство; to clip one's ~s подрéзать кры́лья (*или* кры́лышки), лиши́ть акти́вности, не дать развернýться; his ~s are sprouting он пари́т в облакáх

**2.** *v* 1) снабжáть кры́льями 2) подгоня́ть, ускоря́ть; fear ~ed his steps страх застáвил егó ускóрить шаги́ 3) пускáть (*стрелу*) 4) летéть; a bird ~s the sky пти́ца лети́т в поднебéсье 5) рáнить (*в крыло или руку*)

**wing-beat** [ˈwɪŋbiːt] *n* взмах кры́льев

**wing-case** [ˈwɪŋˈkeɪs] *n зоол.* надкры́лье (*у жуков и т. п.*)

**wing-commander** [ˈwɪŋkəˌmɑːndə] *n* команди́р авиациóнного крылá

**winged** [wɪŋd] **1.** *p. p. от* wing 2

**2.** *a* 1) крылáтый 2) окрылённый 3) бы́стрый

**wing flap** [ˈwɪŋˈflæp] *n ав.* крыльевóй закры́лок

**wing-footed** [ˈwɪŋˌfutɪd] *a поэт.* быстронóгий, бы́стрый

**wingless** [ˈwɪŋlɪs] *a* бескры́лый

**wing-over** [ˈwɪŋˈəuvə] *n ав.* полубóчка

**wing-sheath** [ˈwɪŋˈʃiːθ] = wing-case

**wing-span** [ˈwɪŋspæn] *n ав.* размáх крылá

**wing-spread** [ˈwɪŋspred] = wing-span

**wing-stroke** [ˈwɪŋstrəukl = wing-beat

**wink** [wɪŋk] **1.** *n* 1) моргáние 2) подми́гивание; to give a ~ а) подмигнýть; б) намекнýть 3) миг; in a ~ моментáльно ◇ not to sleep a ~, not to get a ~ of sleep не сомкнýть глаз; a ~ is as good as a nod ≅ стóит лишь глáзом моргнýть

**2.** *v* 1) моргáть, мигáть 2) мерцáть □ ~ at а) подми́гивать *кому-л.*; б) смотрéть сквозь пáльцы на *что-л.*; закрывáть глазá на *что-л.*

**winkers** [ˈwɪŋkəz] *n pl разг.* 1) моргáлки (*о глазах, ресницах*) 2) шóры 3) *авто разг.* = winking lights

**winking** [ˈwɪŋkɪŋ] **1.** *pres p. от* wink 2

**2.** *n* 1) мигáние; моргáние; like ~ *разг.* в мгновéние óка 2) корóткий сон, дремóта

**winking lights** [ˈwɪŋkɪŋlaɪts] *n авто* указáтель поворóтов, сигнáл маневри́рования, «мигáлки»

**winkle** [ˈwɪŋkl] **1.** *n* береговичóк (*моллюск*)

**2.** *v*: ~ **out** *разг.* вы́ковырять, извлéчь

**winner** [ˈwɪnə] *n* победи́тель; (пéрвый) призёр

**winning** [ˈwɪnɪŋ] **1.** *pres. p. от* win 2

**2.** *n* 1) вы́игрыш, побéда 2) *pl* вы́игрыш, вы́игранные дéньги 3) *горн.* прохóдка нóвой шáхты

**3.** *a* 1) вы́игрывающий, побеждáющий; to play a ~ game а) игрáть наверняќа; б) дéйствовать наверняќа 2) решáющий (*об ударе и т. п.*) 3) привлекáтельный, обая́тельный; ~ smile обая́тельная улы́бка

**winning-post** [ˈwɪnɪŋpəust] *n* фи́нишный столб

**winnow** [ˈwɪnəu] *v* 1) вéять (*зерно*); отвéивать (*мякину*; *тж.* ~ out, ~ away, ~ from) 2) отсéивать (*тж.* ~ out, ~ away); разбирáть, проверя́ть 3) *поэт.* махáть (*крыльями*)

**winsome** [ˈwɪnsəm] *a* привлекáтельный, обая́тельный

**winter** [ˈwɪntə] **1.** *n* 1) зимá; a hard (*или* severe) ~ холóдная зимá 2) *поэт.* год; of fifty ~s 50-лéтний 3) *attr.* зи́мний 4) *attr.* ози́мый

**2.** *v* 1) проводи́ть зи́му, зимовáть 2) перезимовáть (*о растениях*) 3) содержáть зимóй (*скот и т. п.*)

**winter-crop** [ˈwɪntəkrɔp] *n с.-х.* ози́мая культýра

**winterer** [ˈwɪntərə] *n* зимóвщик

**wintering** [ˈwɪntərɪŋ] **1.** *pres. p. от* winter 2

**2.** *n* 1) зимóвка 2) *attr.* зимýющий

**winterize** [ˈwɪntəraɪz] *v разг.* приспосáбливать к зи́мним услóвиям

**winterkill** [ˈwɪntəkɪl] *v амер.* погибáть в зи́мних услóвиях (*о растениях*)

**winterly** [ˈwɪntəlɪ] = wintry

**winter quarters** [ˈwɪntəˈkwɔːtəz] *n pl воен.* зи́мние кварти́ры

**winter sports** [ˈwɪntəˈspɔːts] *n pl* зи́мние ви́ды спóрта

**winter-tide** [ˈwɪntətaɪd] *n поэт.* зимá

**wintry** [ˈwɪntrɪ] *a* 1) зи́мний; холóдный 2) неприветливый (*об улыбке и т. п.*) 3) безрáдостный

**winy** [ˈwaɪnɪ] *a* ви́нный, имéющий вкус *или* зáпах винá

**winze** [wɪnz] *n горн.* гезéнк, подзéмная вы́работка

**wipe** [waɪp] **1.** *n* 1) вытирáние; to give a ~ вы́тереть 2) *разг.* носовóй платóк 3) издёвка, глумлéние

**2.** *v* 1) вытирáть, протирáть, утирáть; to ~ one's eyes осуши́ть слёзы; to ~ one's hands on a towel вытирáть рýки полотéнцем 2) *sl.* удáрить с размáху; замахнýться (at — на *кого-л.*) □ ~ **away,** ~ **off** стирáть; вытирáть, утирáть; ~ **out** а) вытирáть, протирáть (*внутри*); б) смывáть (*обиду*); в) уничтóжить (*противника и т. п.*); ~ **up** подтирáть ◇ to ~ smb.'s eye *sl.* а) ≅ утерéть нос комý-л.; нанести́ комý-л. пóлное поражéние; б) уни́зить когó-л.; to ~ the slate clean начáть всё сы́знова; сбрóсить груз стáрых оши́бок; to ~ the floor (*или* the ground) with smb. изничтóжить когó-л.; уни́зить

**wiper** [ˈwaɪpə] *n* 1) полотéнце 2) тря́пка для вытирáния; приспособлéние для чи́стки 3) *разг.* носовóй платóк 4) *авто* стеклоочисти́тель

**wire** [ˈwaɪə] **1.** *n* 1) прóволока; прóвод 2) телегрáф; by ~ по телегрáфу, телегрáммой; I'll reply by ~ я отвéчу телегрáммой 3) *разг.* телегрáмма; send me a ~ извести́те меня́ телегрáммой 4) *attr.* прóволочный; ~ hanger прóволочная вéшалка для одéжды ◇ to give smb. the ~ тáйно предупреди́ть когó-л.; to be on ~s быть в состоя́нии нéрвного возбуждéния

**2.** *v* 1) свя́зывать *или* скрепля́ть прóволокой 2) устанáвливать *или* монти́ровать проводá 3) телеграфи́ровать 4) *воен.* устрáивать прóволочные заграждéния; окружáть прóволокой □ ~ **in** а) = 4); б) *sl.* старáться изо всех сил

**wire-cutter** [ˈwaɪəˌkʌtə] *n тех.* куса́чки

**wire-dancer** [ˈwaɪəˌdɑːnsə] *n* канато-хо́дец

**wiredrawn** [ˈwaɪədrɔːn] *a* сли́шком то́нкий (*о различии и т. п.*); наду́манный

**wire entanglement** [ˈwaɪəɪnˈtæŋglmənt] *n* про́волочное загражде́ние

**wire gauge** [ˈwaɪəgeɪdʒ] *n* про́волочный кали́бр

**wire-haired** [ˈwaɪəhɛəd] *a* жестко-ше́рстный, с жёсткой ше́рстью

**wireless** [ˈwaɪəlɪs] **1.** *n* 1) ра́дио; by ~ по ра́дио 2) радиоприёмник

**2.** *a* 1) беспро́волочный 2) ра́дио-; ~ office *мор.* пункт радиосвя́зи

**3.** *v* передава́ть по ра́дио

**wire netting** [ˈwaɪəˌnetɪŋ] *n* се́тка из то́нкой про́волоки

**wirepuller** [ˈwaɪəˌpulə] *n* лицо́, держа́щее ни́ти в свои́х рука́х; полити́ческий интрига́н

**wire stitcher** [ˈwaɪəˌstɪtʃə] *n* проволокошве́йная маши́на

**wire tapping** [ˈwaɪəˌtæpɪŋ] *n* перехва́т телефо́нных сообще́ний; подслу́шивание телефо́нных разгово́ров

**wiring** [ˈwaɪərɪŋ] **1.** *pres. p. от* wire 2

**2.** *n* 1) прокла́дка электри́ческих проводо́в; электропрово́дка 2) *воен.* про́волочные загражде́ния

**wiry** [ˈwaɪərɪ] *a* 1) похо́жий на про́волоку, ги́бкий, кре́пкий 2) жили́стый; выно́сливый

**wisdom** [ˈwɪzdəm] *n* 1) му́дрость; to pour forth ~ изрека́ть сенте́нции 2) здра́вый смысл

**wisdom-tooth** [ˈwɪzdəmˈtuːθ] *n* зуб му́дрости; to cut one's wisdom-teeth стать благоразу́мным; приобрести́ жи́зненный о́пыт

**wise I** [waɪz] **1.** *a* 1) му́дрый; благоразу́мный 2) осведомлённый, зна́ющий; to put smb. ~ to smth. вы́вести кого́-л. из заблужде́ния, объясни́ть, надоу́мить; to be (*или* to get) ~ to smth. узна́ть, поня́ть что-л. ◇ ~ after the event ≅ за́дним умо́м кре́пок

**2.** *v разг.* надоу́мить, подбро́сить иде́ю (*обыкн.* ~ up)

**wise II** [waɪz] *n уст.* о́браз, спо́соб; in no ~ нико́им о́бразом

**wiseacre** [ˈwaɪzˌeɪkə] *n ирон.* мудре́ц, у́мник

**wisecrack** [ˈwaɪzkræk] *амер. разг.* **1.** *n* уда́чное замеча́ние; острота́, саркасти́ческое замеча́ние

**2.** *v* остри́ть

**wise guy** [ˈwaɪzgaɪ] *n разг.* самодово́льный тип, наха́л

**wise woman** [ˈwaɪzˌwumən] *n* 1) колду́нья, ворожея́; зна́харка 2) повива́льная ба́бка

**wish** [wɪʃ] **1.** *n* 1) жела́ние, пожела́ние; she expressed a ~ to be alone она́ пожела́ла оста́ться одна́ 2) про́сьба; to carry out smb.'s ~ выполня́ть чью-л. про́сьбу 3) предме́т жела́ния ◇ if ~es were horses beggars might ride *посл.* ≅ е́сли бы да кабы́ во рту росли́ грибы́

**2.** *v* 1) жела́ть, хоте́ть; вы́сказать пожела́ния; I ~ it to be done я хочу́, что́бы э́то бы́ло сде́лано; I ~ you to understand я хочу́, что́бы вы по́няли; I ~ you joy жела́ю вам сча́стья; I ~ you were with us мне бы хоте́лось, что́бы вы бы́ли вме́сте с на́ми 2): to ~ smb. well (ill) жела́ть кому́-л. добра́ (зла); he ~es well он настро́ен доброжела́тельно □ ~ **for** жела́ть, стреми́ться; what more can you ~ for? о чём ещё вы мо́жете мечта́ть?, чего́ ещё вам не хвата́ет?; long ~ed for давно́ жела́нный; ~ **on** *разг.* навяза́ть (*кому-л. кого-л. или что-л.*); we had Peter's son ~ed on us for the week-end Пи́тер подки́нул нам своего́ сы́на на выходно́й день

**wish-bone** [ˈwɪʃbəun] = wishing-bone

**-wisher** [-wɪʃə] *в сложных словах означает* жела́ющий (*чего-л.*); well-wisher доброжела́тель

**wishful** [ˈwɪʃful] *a* 1) жела́емый; ~ thinking приня́тие жела́емого за действи́тельное 2) жела́ющий, жа́ждущий

**wishing-bone** [ˈwɪʃɪŋbəun] *n* ду́жка (*грудная кость птицы*)

**wish-wash** [ˈwɪʃwɔʃ] *n разг.* 1) бурда́ 2) болтовня́

**wishy-washy** [ˈwɪʃɪˌwɔʃɪ] *a разг.* 1) жи́дкий 2) сла́бый, бле́дный; невырази́тельный

**wisp** [wɪsp] *n* 1) пучо́к, жгут (*соломы, сена и т. п.*) 2) клочо́к, обры́вок 3) мете́лка 4) что-л. сла́бое, неразви́вшееся, скоропреходя́щее; a ~ of a smile едва́ заме́тная улы́бка; a ~ of smoke лёгкая стру́йка ды́ма; a ~ of a girl то́ненькая девчу́шка

**wispy** [ˈwɪspɪ] *a* то́нкий

**wist** [wɪst] *past и p. p. от* wit 2

**wistaria** [wɪsˈtɛərɪə] *n бот.* глици́ния

**wistful** [ˈwɪstful] *a* 1) тоску́ющий, тосkли́вый 2) заду́мчивый (*о взгляде, улыбке*)

**wit** [wɪt] **1.** *n* 1) (*часто pl*) ум, ра́зум; he has quick (slow) ~s он сообрази́телен (несообрази́телен) 2) остроу́мие 3) остря́к; he sets up for a ~ он хо́чет каза́ться остроу́мным ◇ to be at one's ~'s end стать в тупи́к; не знать, что де́лать; to have (*или* to keep) one's ~s about one а) быть начеку́; б) понима́ть что к чему́; to live by one's ~s ко́е-ка́к извора́чиваться; out of one's ~s обезу́мевший

**2.** *v* (*pres.* wot, *past и p. p.* wist) *уст.* знать, ве́дать ◇ to ~ *юр.* то́ есть, а и́менно

**witch** [wɪtʃ] **1.** *n* 1) колду́нья; ве́дьма; ~'s broom помело́ 2) *уст.* колду́н, зна́харь 3) *шутл.* чароде́йка

**2.** *v поэт.* околдова́ть, обворожи́ть

**witchcraft** [ˈwɪtʃkrɑːft] *n* колдовство́; чёрная ма́гия

**witch-doctor** [ˈwɪtʃˌdɔktə] *n* колду́н, зна́харь

**witchery** [ˈwɪtʃərɪ] *n* 1) = witchcraft 2) очарова́ние, ча́ры

**witch-hunt** [ˈwɪtʃhʌnt] *n* 1) *ист.* охо́та за ве́дьмами 2) пресле́дование прогресси́вных де́ятелей

**witching** [ˈwɪtʃɪŋ] **1.** *pres. p. от* witch 2

**2.** *a поэт.* колдовско́й; the ~ time of night по́лночь

**with** [wɪð] *prep* 1) *указывает на связь, совместность, согласованность во взглядах, пропорциональность* с; he came ~ his brother он пришёл вме́сте с бра́том; to deal ~ smb. име́ть де́ло с кем-л.; to mix ~ the crowd смеша́ться с толпо́й; to grow wiser ~ age станови́ться умне́е с года́ми; I am entirely ~ you in this в э́том вопро́се я с ва́ми по́лностью согла́сен; to rise ~ the sun встава́ть на зо́рьке, вме́сте с со́лнцем 2) *указывает на предмет действия или орудие, с помощью которого совершается действие; передаётся тв. падежом*: to adorn ~ flowers украша́ть цвета́ми; ~ a pencil карандашо́м; to cut ~ a knife ре́зать ножо́м 3) *указывает на наличие чего-л., характерный признак*: ~ no hat on без шля́пы; ~ blue eyes с голубы́ми глаза́ми 4) *указывает на обстоятельства, сопутствующие действию*: ~ care с осторо́жностью; ~ thanks с благода́рностью 5) *указывает на причину* от, из-за; to die ~ pneumonia умере́ть от воспале́ния лёгких; her flat was gay ~ flowers цветы́ оживля́ли ее кварти́ру 6) *указывает на лицо, по отношению к которому совершается действие* у, каса́тельно, с(о); it is holiday time ~ us у нас кани́кулы; things are different ~ me со мной де́ло обстои́т и́наче; to be honest ~ oneself быть че́стным пе́ред сами́м собо́й; be patient ~ them прояви́те терпе́ние по отноше́нию к ним 7) несмотря́ на; ~ all his gifts he failed несмотря́ на все свои́ тала́нты, он не име́л успе́ха ◇ ~ child бере́менная; away ~ him! вон его́!; to be (*или* to get) ~ it *разг.* идти́ в но́гу с мо́дой

**with-** [wɪð-] *pref прибавляется к глаголам со значением* 1) наза́д; to withdraw отдёргивать 2) про́тив; to withstand противостоя́ть, сопротивля́ться *и т. п.*

**withal** [wɪˈðɔːl] *уст.* **1.** *adv* к тому́ же, вдоба́вок; в то же вре́мя

**2.** *prep* с(о); the sword he used to defend himself ~ меч, кото́рым он защища́лся

**withdraw** [wɪðˈdrɔː] *v* (withdrew; withdrawn) 1) отдёргивать; to ~ one's hand отдёрнуть ру́ку 2) брать наза́д; ~! возьми́те наза́д свои́ слова́!; to ~ a privilege лиша́ть привиле́гии 3) забира́ть; отзыва́ть; отводи́ть (*войска*); to ~ a boy from school взять ма́льчика из шко́лы 4) изыма́ть (*монету из обращения*) 5) уходи́ть, удаля́ться, ретирова́ться 6) извлека́ть; to ~ a cigarette out of one's case извле́чь сигаре́ту из портсига́ра

**withdrawal** [wɪðˈdrɔːəl] *n* 1) отдёргивание 2) взя́тие наза́д; изъя́тие 3) отозва́ние, уво́д 4) ухо́д; удале́ние 5) *воен.* отхо́д; вы́вод во́йск; ~ from action вы́ход из бо́я; to conduct a ~ осуществля́ть отхо́д

**withdrawn** [wɪðˈdrɔːn] **1.** *p. p. от* withdraw

2. *a* зáмкнутый, ушéдший в себя (*человек*)

**withdrew** [wɪð'dru:] *past от* withdraw

**withe** [wɪθ, w(a)ɪð] *n* ивовый прут; лозá

**wither** ['wɪðə] *v* 1) вя́нуть, сóхнуть; блёкнуть 2) иссушáть, лишáть сúлы *или* свéжести 3) ослабевáть, умéньшáться 4) (*обыкн. шутл.*) уничтожáть; to ~ smb. with a look испепелúть когó-л. взгля́дом

**withers** ['wɪðəz] *n pl* хóлка (*у лошади*) ◇ my ~ are unwrung ≅ моё дéло — сторонá

**withheld** [wɪð'held] *past и p. p. от* withhold

**withhold** [wɪð'həuld] *v* (withheld) 1) откáзывать (*в чём-л.*); воздéрживаться (*от чего-л.*); to ~ one's consent не давáть соглáсия 2) удéрживать, останáвливать; what withheld him from making the attempt? что помешáло емý сдéлать э́ту попы́тку? 3) не сообщáть, утáивать; disagreeable facts were withheld from him от негó скры́ли неприя́тные фáкты

**within** [wɪ'ðɪn] **1.** *prep* 1) в, в предéлах; ~ sight в предéлах вúдимости; it is true ~ limits до извéстной стéпени вéрно; to come ~ the terms of reference относúться к вéдению, к компетéнции; to keep ~ the law не выходúть из рáмок закóна 2) в, внутрú; ~ the building внутрú дóма; hope sprang up ~ him у негó появúлась надéжда 3) не дáлее (как), не позднéе; в течéние; ~ a year в течéние гóда; чéрез год

2. *adv уст.* внутрú; to stay ~ оставáться дóма; is Mrs. Jones ~? дóма мúссис Джóунз?

3. *n* внýтренняя сторонá; the door opens from ~ дверь открывáется изнутрú

**withindoors** [wɪ'ðɪn'dɔ:z] *adv уст.* внутрú, в помещéнии

**with-it** [wɪ'ðɪt] *a разг.* мóдный, совремéнный; ~ clothes мóдная одéжда

**without** [wɪ'ðaut] **1.** *prep* 1) без; ~ friends без друзéй; to do (*или* to go) ~ smth. обходúться без чегó-л. 2) вне, за; things ~ us внéшний мир 3) (*перед герундием и отглагольным сущ.*) без тогó, чтóбы; ~ taking leave не прощáясь

2. *adv уст.* вне, снарýжи; listening to the wind ~ прислýшиваясь к вéтру на ýлице; I heard footsteps ~ за двéрью послы́шались шагú

3. *n* нарýжная сторонá; from ~ снарýжи, извнé

4. *cj уст. разг.* éсли не; без тогó, чтóбы

**withstand** [wɪð'stænd] *v* (withstood) 1) противостоя́ть, вы́держать 2) (*обыкн. поэт.*) сопротивля́ться

**withstood** [wɪð'stud] *past и p. p. от* withstand

**withy** ['wɪðɪ] = withe

**witless** ['wɪtlɪs] *a* 1) безмóзглый, глýпый 2) слабоýмный

**witling** ['wɪtlɪŋ] *n презр.* остря́к

**witness** ['wɪtnɪs] **1.** *n* 1) свидéтель (*особ. в суде*); to call to ~ ссылáться на; призывáть в свидéтели 2) очевúдец 3) понятóй 4) доказáтельство, свидéтельство (to, of); to bear ~ to (*или* of) свидéтельствовать, удостоверя́ть; in ~ of smth. в доказáтельство чегó-л.

2. *v* 1) быть свидéтелем (*чего-л.*); вúдеть; Europe ~ed many wars Еврóпа не раз былá арéной войн 2) давáть показáния (against, for) 3) заверя́ть (*подпись и т. п.*); to ~ a document завéрить докумéнт 4) свидéтельствовать; служúть улúкой, доказáтельством

**witness-box** ['wɪtnɪsbɔks] *n* мéсто для дáчи свидéтельских показáний (*в суде*)

**witness-stand** ['wɪtnɪsstænd] *амер.* = witness-box

**-witted** [-'wɪtɪd] *в сложных словах означает* обладáющий *такими-то* ýмственными спосóбностями; half-witted слабоýмный; quick-witted находчивый, сообразúтельный

**witticism** ['wɪtɪsɪzm] *n* острóта; шýтка

**wittily** ['wɪtɪlɪ] *adv* остроýмно

**wittingly** ['wɪtɪŋlɪ] *adv* сознáтельно, умы́шленно

**witty** ['wɪtɪ] *a* остроýмный

**wive** [waɪv] *v уст.* брать в жёны

**wives** [waɪvz] *pl от* wife

**wizard** ['wɪzəd] **1.** *n* 1) колдýн, маг, чародéй, кудéсник, волшéбник; the W. of the North Чародéй Сéвера (*прозвище Вальтера Скотта*) 2) фóкусник 3) *текст.* ремизоподъёмная карéтка

2. *a* 1) колдовскóй 2) *sl.* великолéпный

**wizardry** ['wɪzədrɪ] *n* колдовствó; чáры (*тж. перен.*)

**wizen(ed)** ['wɪzn(d)] *a* 1) высохший (*о растении*) 2) иссóхший и морщúнистый (*о человеке*)

**wo** [wəu] *int* тпру!

**wobble** ['wɔbl] **1.** *n* 1) качáние 2) *перен.* колебáние; виля́ние 3) *авто* вихля́ние перéдних колёс

2. *v* 1) качáться из стороны́ в стóрону; вихля́ть; идтú шатáясь 2) *перен.* колебáться; виля́ть 3) дрожáть (*о голосе, звуке*)

**wobbler** ['wɔblə] *n* ненадёжный человéк

**wobbly** ['wɔblɪ] *a* шáткий, шатáющийся

**Woden** ['wəudn] *n* Вóтан, Óдин (*в германской и скандинавской мифологии*)

**woe** [wəu] *n поэт., шутл.* гóре, скорбь; несчáстья; ~ is me! гóре мне!; ~ be to him!, ~ betide him! будь он прóклят!

**woebegone** ['wəubɪ,gɔn] *a* удручённый гóрем, мрáчный

**woeful** ['wəuful] *a* 1) скóрбный, горéстный; несчáстный 2) óчень плохóй, жáлкий, стрáшный; ~ ignorance вопиющее невéжество

**woesome** ['wəusəm] = woeful

**woke** [wəuk] *past и p. p. от* wake I, 1

**woken** ['wəukən] *p. p. от* wake I, 1

**wold** [wəuld] *n* 1) пусты́нное нагóрье; пýстошь 2) низúна

**wolf** [wulf] **1.** *n* (*pl* wolves) 1) волк 2) обжóра 3) жестóкий, злой человéк 4) *разг.* бáбник, волокúта 5) *амер. воен. sl.* старшинá (*роты и т. п.*) ◇ to cry ~ поднимáть лóжную тревóгу; to keep the ~ from the door перебивáться; борóться с нищетóй; to have the ~ in the stomach быть голóдным, умирáть с гóлоду

2. *v разг.* пожирáть с жáдностью (*часто* ~ down)

**wolf-cub** ['wulfkʌb] *n* 1) волчóнок 2) бойскáут (*8—10 лет*)

**wolf-dog** ['wulfdɔg] *n* волкодáв

**wolf-hound** ['wulfhaund] = wolf-dog

**wolfish** ['wulfɪʃ] *a* вóлчий, звéрский; ~ appetite вóлчий аппетúт

**wolfram** ['wulfrəm] *n* 1) *хим.* вольфрáм 2) = wolframite

**wolframite** ['wulfrəmaɪt] *n мин.* вольфрамúт

**wolfskin** ['wulfskɪn] *n* 1) вóлчья шкýра 2) дохá из вóлчьих шкур

**wolf-whistle** ['wulf,wɪsl] *n* свист, как знак восхищéния (*при виде красивой женщины*)

**wolverene** ['wulvəri:n] = wolverine

**wolverine** ['wulvəri:n] *n* 1) *зоол.* росомáха 2) (W.) *амер. разг.* урожéнец штáта Мичигáн

**wolves** [wulvz] *pl от* wolf 1

**woman** ['wumən] *n* (*pl* women) 1) жéнщина; women's rights жéнское равнопрáвие; a ~ of the world а) жéнщина, умудрённая жúзненным óпытом; б) свéтская жéнщина; a single ~ незамýжняя жéнщина 2) *груб.* бáба 3) жéнственный мужчúна, «бáба»; to play the ~ плáкать; трýсить 4) (*без артикля*) жéнщины, жéнский пол; man born of ~ смéртный 5) (the ~) жéнственность, жéнское начáло 6) служáнка, убóрщица 7) любóвница 8) *attr.* жéнский; ~ suffrage избирáтельные правá для жéнщин; ~ artist худóжница; ~ friend приятельница

**woman-hater** ['wumən,heɪtə] *n* женоненавúстник

**womanhood** ['wumənhud] *n* 1) жéнская зрéлость 2) жéнские кáчества; жéнственность 3) жéнский пол, жéнщины

**womanish** ['wumənɪʃ] *a* женоподóбный; жéнский

**womankind** ['wumən'kaɪnd] *n собир.* жéнщины; one's ~ жéнская половúна семьú

**womanlike** ['wumənlaɪk] *a* женоподóбный; жéнственный

**womanly** ['wumənlɪ] *a* жéнственный; нéжный, мя́гкий

**womb** [wu:m] *n* 1) *анат.* мáтка 2) *перен.* лóно ◇ in the ~ of time когдá-нибудь в далёком бýдущем

**wombat** ['wɔmbət] *n зоол.* вомбáт

**women** ['wɪmɪn] *pl от* woman

**womenfolk** ['wɪmɪnfəuk] *n pl* жéнщины; one's ~ жéнская половúна семьú

**won** [wʌn] *past и p. p. от* win 2

**wonder** ['wʌndə] **1.** *n* 1) удивлéние, изумлéние; (it is) no ~ (that) неудивительно (, что); what a ~! поразительно!; what ~? что удивительного? 2) чудо; нечто удивительное; for a ~ как это ни странно, каким-то чудом; to work ~s творить чудеса

2. *v* 1) удивляться (at) 2) интересоваться; желать знать; I ~ who it was интересно знать, кто это мог быть ◇ I ~! сомневаюсь!, не знаю, не знаю — может быть; I shouldn't ~ if неудивительно будет, если

**wonderful** ['wʌndəful] *a* удивительный, замечательный

**wonderland** ['wʌndəlænd] *n* страна чудес

**wonderment** ['wʌndəmənt] *n* 1) удивление, изумление 2) нечто удивительное

**wonder-stricken** ['wʌndə,strɪkən] = wonder-struck

**wonder-struck** ['wʌndəstrʌk] *a* поражённый, изумлённый

**wonder-work** ['wʌndəwə:k] *n* чудо

**wonder-worker** ['wʌndə,wə:kə] *n* 1) чудотворец 2) человек, творящий чудеса (*о враче и т. п.*)

**wondrous** ['wʌndrəs] *уст.* **1.** *a* удивительный, чудесный

2. *adv* (*тк. с прил.*) удивительно; ~ kind удивительно добрый

**wonky** ['wɔŋkɪ] *a sl.* 1) шаткий, ненадёжный (*о вещах*) 2) нетвёрдый на ногах (*после болезни и т. п.*)

**wont** [wəunt] **1.** *n* обыкновение, привычка; he rose to greet them as was his ~ по своему обыкновению он поднялся, чтобы приветствовать их

2. *a predic.* имеющий обыкновение (*с inf.*); as he was ~ to say как он обыкновенно говорил

3. *v* (wont; wont, wonted [-ɪd]) *уст.* иметь обыкновение

**won't** [wəunt] *сокр. разг.* = will not

**wonted** ['wəuntɪd] **1.** *p. p. от* wont 3

2. *a* 1) привычный; обычный 2) привыкший к новым условиям

**woo** [wu:] *v* 1) ухаживать; свататься 2) добиваться 3) уговаривать, докучать просьбами

**wood** [wud] **1.** *n* 1) (*часто pl*) лес; роща; a clearing in the ~s лесная прогалина; поляна; to prune the old ~ away подчищать лес 2) дерево (*материал*); древесина; лесоматериал 3) дрова 4) (the ~) *pl собир.* деревянные духовые инструменты 5) (the ~) бочка, бочонок (*для вина*); wine from the ~ вино в разлив из бочки 6) *attr.* лесной; ~ lot лесной участок 7) *attr.* деревянный ◇ to get (*или* to be) out of the ~ выпутаться из затруднения; быть вне опасности; to go to the ~s быть изгнанным из общества; to take in ~ *амер. sl.* выпить; to be unable to see the ~ for the trees за деревьями леса не видеть

2. *v* 1) сажать лес 2) запасаться топливом

**wood alcohol** ['wud'ælkəhɔl] *n* метиловый спирт

**woodbind, woodbine** ['wudbaɪnd, 'wudbaɪn] *n* 1) *бот.* жимолость 2) дешёвая сигарета

**wood-block** ['wudblɔk] *n* 1) колода 2) *дор.* торец

**woodcock** ['wudkɔk] *n* вальдшнеп

**woodcraft** ['wudkrɑ:ft] *n* 1) знание леса 2) умение мастерить из дерева

**woodcut** ['wudkʌt] *n* гравюра на дереве

**woodcutter** ['wud,kʌtə] *n* 1) дровосек 2) гравёр по дереву

**wood-cutting** ['wud,kʌtɪŋ] *n* ксилография

**wooded** ['wudɪd] **1.** *p. p. от* wood 2

2. *a* лесистый

**wooden** ['wudn] *a* 1) деревянный; ~ ware деревянные изделия; ~ walls *уст.* военные корабли 2) деревянный, безжизненный; ~ smile деревянная улыбка 3) топорный (*о слоге*) ◇ ~ head *разг.* дурак; ~ horse троянский конь; ~ spoon последнее место (*в состязании*)

**wood-engraver** ['wudɪn,greɪvə] = woodcutter 2)

**wood-fibre** ['wud,faɪbə] *n* древесное волокно

**wood-grouse** ['wudgraus] *n зоол.* тетерев-глухарь

**woodland** ['wudlənd] *n* 1) лесистая местность 2) *attr.* лесной; ~ scenery лесной пейзаж; ~ choir птицы

**woodless** ['wudlɪs] *a* безлесный

**wood-louse** ['wudlaus] *n* мокрица

**woodman** ['wudmən] *n* 1) лесник 2) лесоруб 3) лесной житель 4) *уст.* охотник

**wood-nymph** ['wud'nɪmf] *n миф.* дриада

**woodpecker** ['wud,pekə] *n* дятел

**woodpile** ['wudpaɪl] *n* охапка дров

**woodprint** ['wudprɪnt] = woodcut

**wood-pulp** ['wudpʌlp] *n* пульпа, древесная масса

**woodruff** ['wudrʌf] *n бот.* ясменник (душистый)

**woodshed** ['wudʃed] *n* дровяной сарай

**woodsman** ['wudzmən] = woodman

**wood spirit** ['wud'spɪrɪt] = wood alcohol

**woodsy** ['wudzɪ] *a амер.* лесной

**woodward** ['wudwəd] *n* лесничий

**woodwax(en)** ['wud,wæks(ən)] *n бот.* дрок красильный

**wood-winds** ['wudwɪndz] *n pl собир.* деревянные духовые инструменты

**wood-wool** ['wudwul] *n тех.* древесная шерсть; тонкая, упаковочная стружка

**woodwork** ['wudwə:k] *n* 1) деревянные изделия 2) деревянные части строения (*двери, оконные рамы и т. п.*)

**woodworker** ['wud,wə:kə] *n* 1) плотник; столяр; токарь по дереву 2) деревообделочный станок

**woody** ['wudɪ] *a* 1) лесистый 2) древесный 3) лесной

**wood-yard** ['wud'jɑ:d] *n* лесной, дровяной склад

**wooer** ['wu(:)ə] *n* поклонник

**woof** I [wu:f] = weft

**woof** II [wu:f] *n* 1) гавканье 2) *радио* низкий тон настройки репродуктора

**woofer** ['wu:fə] *n радио* репродуктор низкого тона

**wool** [wul] *n* 1) шерсть; руно; dyed in the ~ а) окрашенный в пряже; б) отъявленный, закоренелый; a dyed in the ~ Tory заядлый консерватор 2) шерстяная пряжа *или* ткань; шерстяные изделия; Berlin ~ цветной гарус, шерстяная вязальная пряжа (*ярких цветов*) 3) *шутл.* волосы ◇ to pull the ~ over smb.'s eyes обманывать, вводить кого-л. в заблуждение; to lose one's ~ *разг.* рассердиться; to keep one's ~ on сохранять самообладание; all ~ and a yard wide *амер. разг.* настоящий; отличный, заслуживающий доверия; to go for ~ and come home shorn ≅ пойти по шерсть, а вернуться стриженным; ничего не приобрести

**woolen** ['wulən] *амер.* = woollen

**wool-gathering** ['wul,gæðərɪŋ] **1.** *n* рассеянность, витание в облаках

2. *a* рассеянный

**woollen** ['wulən] **1.** *a* шерстяной

2. *n pl* 1) шерстяная ткань 2) шерстяное изделие

**woolly** ['wulɪ] **1.** *a* 1) покрытый шерстью; шерстистый 2) неясный, путаный (*о доводах и т. п.*) 3) ~ hair густые и курчавые волосы; ~ painting *жив.* письмо грубым мазком; ~ voice сиплый голос 4) *разг.* грубый, неотёсанный

2. *n разг.* 1) шерстяной свитер 2) *pl* шерстяное бельё

**woolsack** ['wulsæk] *n* набитая шерстью подушка, на которой сидит председатель (лорд-канцлер) в палате лордов ◇ to reach the ~ стать лордом-канцлером

**wool-work** ['wulwə:k] *n* вышивка гарусом

**wop** [wɔp] *n презр. прозвище, даваемое американцами иммигрантам из Италии*

**word** [wə:d] **1.** *n* 1) слово; ~ for ~ слово в слово; буквально; by ~ of mouth устно; на словах; in a ~, in one ~ одним словом; короче говоря; to put in (*или* to say) a ~ for smb. замолвить за кого-л. словечко; a ~ in one's ear на ухо, по секрету; it is not the ~ не то слово, это ещё слабо сказано; to take smb. at his ~ поймать кого-л. на слове; on (*или* with) the ~ вслед за словами 2) (*часто pl*) речь, разговор; can I have a ~ with you? мне надо поговорить с вами; to have ~s with smb. крупно поговорить, поссориться с кем-л.; warm (*или* hot) ~s брань, крупный разговор; fair ~s комплименты 3) замечание; to say a few ~s высказать несколько замечаний (*по поводу чего-л. — на собрании и т. п.*); she had the last ~ её слово было последним, ≅ она в долгу не осталась 4) обещание, слово; to give one's ~ обещать; a man of his ~ человек слова; upon my ~! честное слово! to be as good as one's ~ сдержать слово; to be better than one's ~ сделать больше обещанного 5) вести; известие, сообщение

ние; to receive ~ of smb.'s coming получи́ть изве́стие о чьём-л. прие́зде 6) приказа́ние; ~ of command *воен.* кома́нда; to give (*или* to send) ~ отда́ть распоряже́ние 7) паро́ль; to give the ~ сказа́ть паро́ль 8) деви́з; ло́зунг ◇ big ~s хвастовство́; the last ~ in (*или* on) smth. a) ≅ после́дний крик мо́ды; б) после́днее сло́во (*в како́й-л. области*); the last ~ has not yet been said on this subject вопро́с ещё не решён; sharp's the ~! поторáпливайся!, живе́й!; in so many ~s я́сно, недвусмы́сленно; hard ~s break no bones *посл.* ≅ брань на воро́ту не ви́снет; he hasn't a ~ to throw at a dog a) от него́ сло́ва не добьёшься; б) он и разгова́ривать не жела́ет; a ~ spoken is past recalling *посл.* ≅ сло́во не воробе́й, вы́летит — не пойма́ешь; a ~ to the wise ≅ у́мный с полусло́ва понима́ет

2. *v* выража́ть слова́ми; подбира́ть выраже́ния; to ~ a telegram соста́вить телегра́мму; I should ~ it rather differently я сказа́л бы э́то, пожа́луй, ина́че; a beautifully ~ed address прекра́сно соста́вленная речь

**word-book** ['wə:dbuk] *n* 1) слова́рь 2) либре́тто (*оперы*)

**wording** ['wə:dɪŋ] **1.** *pres. p. от* word 2

2. *n* реда́кция, фо́рма выраже́ния, формулиро́вка

**wordless** ['wə:dlɪs] *a* 1) без слов; молчали́вый 2) невы́раженный; не могу́щий быть вы́раженным; не выразимый слова́ми

**word-painting** ['wə:d,peɪntɪŋ] *n* о́бразное описа́ние

**word-perfect** ['wə:d'pə:fɪkt] *a* зна́ющий наизу́сть

**word-play** ['wə:dpleɪ] *n* игра́ слов; каламбу́р

**word-splitting** ['wə:d,splɪtɪŋ] *n* то́нкое слове́сное разли́чие; софи́стика

**wordy** ['wə:dɪ] *a* 1) многосло́вный 2) слове́сный

**wore** [wɔ:] *past от* wear I, 2

**work** [wə:k] **1.** *n* 1) рабо́та; труд; заня́тие; де́ло; at ~ за рабо́той; to be at ~ upon smth. быть за́нятым чем-л.; in ~ име́ющий рабо́ту; out of ~ безрабо́тный; to set smb. to ~ дать рабо́ту, засади́ть за рабо́ту; to set (*или* to get) to ~ приня́ться за де́ло; to have one's ~ cut out for one име́ть мно́го дел, забо́т, рабо́ты; I've had my ~ cut out for me у меня́ де́ла по го́рло 2) де́йствие, посту́пок; wild ~ ди́кий посту́пок 3) *pl* обще́ственные рабо́ты (*тж.* public ~s) 4) произведе́ние, сочине́ние, труд; a ~ of art произведе́ние иску́сства 5) *pl* механи́зм (*особ. часов*); there is something wrong with the ~s механи́зм не в поря́дке 6) обрабо́тка 7) *pl* техни́ческие сооруже́ния; строи́тельные рабо́ты 8) (*обыкн. pl*) *воен.* фортификацио́нные сооруже́ния, укрепле́ния 9) *pl библ.* дела́, дея́ния 10) рукоде́лие, шитьё, вышива́ние 11) броже́ние 12) *физ.* рабо́та; unit of ~ едини́ца рабо́ты 13) *attr.* рабо́чий; ~ station (*или* position) рабо́чее ме́сто (*у конвейера*); ~ horse рабо́чая ло́шадь ◇ all in the day's ~ в поря́дке веще́й; норма́льный; to make hard ~ of smth. преувели́чивать тру́дности (*мероприятия и т. п.*); it was the ~ of a moment to call him вы́звать его́ бы́ло де́лом одно́й мину́ты; to make short ~ of smth., smb. (бы́стро) разде́латься с чем-л., распра́виться с кем-л.; ~ to rule стро́гое выполне́ние усло́вий трудово́го соглаше́ния (коллекти́вного догово́ра *и т. п.*); to make sure ~ with smth. обеспе́чить свой контро́ль над чем-л.; to get the ~s *амер.* ≅ попа́сть в переплёт; to give smb. the ~s ≅ взять кого́-л. в оборо́т, в рабо́ту

2. *v* (*в некоторых значениях past и p. p.* wrought) 1) рабо́тать, занима́ться (at — *чем-л.*); to ~ like a horse (*или* a navvy, a nigger, a slave) рабо́тать как вол; to ~ side by side with smb. те́сно сотру́дничать с кем-л.; to ~ towards smth. спосо́бствовать чему́-л. 2) рабо́тать, быть специали́стом, рабо́тать в како́й-л. о́бласти 3) де́йствовать, быть *или* находи́ться в де́йствии; the pump will not ~ насо́с не рабо́тает 4) де́йствовать, ока́зывать де́йствие; возыме́ть де́йствие (on, upon — на); the medicine did not ~ лека́рство не помогло́ 5) броди́ть *или* вызыва́ть броже́ние 6) быть в движе́нии; his face ~ed with emotion его́ лицо́ подёргивалось от волне́ния 7) заслужи́ть; отрабо́тать (*тж.* ~ out); to ~ one's passage отрабо́тать свой прое́зд на парохо́де 8) пробива́ться, проника́ть, прокла́дывать себе́ доро́гу (*тж.* ~ in, ~ out, ~ through *и др.*); the dye ~s its way in кра́ска впи́тывается; to ~ one's way прокла́дывать себе́ доро́гу; пробива́ться 9) распу́тать, вы́простать (*из чего-л.*; *обыкн.* ~ loose, ~ free of) 10) приводи́ть в движе́ние *или* де́йствие; управля́ть (*машиной и т. п.*); вести́ (*предприятие*) 11) заставля́ть рабо́тать; he ~ed them long hours он заставля́л их до́лго рабо́тать 12) (*past и p. p. тж.* wrought) причиня́ть, вызыва́ть; to ~ changes вызыва́ть *или* производи́ть измене́ния; to ~ miracles де́лать чудеса́ 13) (*past и p. p. обыкн.* wrought) обраба́тывать; отде́лывать; разраба́тывать; to ~ the soil обраба́тывать по́чву; to ~ a vein разраба́тывать жи́лу 14) (*past и p. p. обыкн.* wrought) придава́ть определённую фо́рму *или* консисте́нцию; меси́ть; кова́ть 15) (*past и p. p. часто* wrought) (иску́сственно) приводи́ть себя́ в како́е-л. состоя́ние (*тж.* ~ up; into); to ~ oneself into a rage довести́ себя́ до исступле́ния 16) вычисля́ть; реша́ть (*пример и т. п.*) 17) занима́ться рукоде́лием, вышива́ть 18) испо́льзовать в свои́х це́лях 19) *разг.* обма́нывать, вымога́ть, добива́ться (*чего-л.*) обма́нным путём ▭ ~ **against** де́йствовать про́тив; ~ **away** продолжа́ть рабо́тать; ~ **for** стреми́ться к *чему-л.*; to ~ for peace боро́ться за мир; ~ **in** a) проника́ть, прокла́дывать себе́ доро́гу; б) вставля́ть, вводи́ть; he ~ed in a few jokes in his speech он вста́вил не́сколько шу́ток в свою́ речь; в) пригна́ть; г) соотве́тствовать; his plans do not ~ in with ours его́ пла́ны расхо́дятся с на́шими; ~ **off** a) освободи́ться, отде́латься от *чего-л.*; to ~ off one's excess weight ≅ сбро́сить ли́шний вес, похуде́ть; б) распрода́ть; в) вымеща́ть; to ~ off one's bad temper on smb. срыва́ть своё плохо́е настрое́ние на ком-л.; ~ **on** a) продолжа́ть рабо́тать; б) = ~ upon; ~ **out** a) реша́ть (*задачу*); б) составля́ть, выража́ться (*в такой-то цифре*); the costs ~ out at £ 50 изде́ржки составля́ют 50 фу́нтов сте́рлингов; в) истоща́ть; г) разраба́тывать (*план*); составля́ть (*документ*); подбира́ть ци́фры, цита́ты *и т. п.*; д) с трудо́м доби́ться; е) отрабо́тать (*долг и т. п.*); ж) сраба́тывать; быть успе́шным, реа́льным; the plan ~ed out план оказа́лся реа́льным; ~ **over** перераба́тывать; to ~ over a letter переде́лывать письмо́; ~ **up** (*past и p. p. часто* wrought) a) разраба́тывать; б) отде́лывать, придава́ть зако́нченный вид; в) возбужда́ть, вызыва́ть; to ~ up an appetite нагуля́ть себе́ аппети́т; to ~ up a rebellion подстрека́ть к бу́нту; г) де́йствовать на *кого-л.*; д) сме́шивать (*составные части*); е) собира́ть сведе́ния (*по какому-л. вопросу*); ж) добива́ться, завоёвывать; to ~ up a reputation завоева́ть репута́цию; ~ **upon** *smth.* влия́ть на *что-л.*; to ~ upon smb.'s conscience поде́йствовать на чью-л. со́весть ◇ to ~ one's will поступа́ть, как вздума́ется; де́лать по-сво́ему; to ~ one's will upon smb. заставля́ть кого́-л. де́лать по-сво́ему; to ~ against time стара́ться ко́нчить к определённому сро́ку; to ~ it *sl.* дости́гнуть це́ли; it won't ~ ≅ э́тот но́мер не пройдёт; э́то не вы́йдет; to ~ up to the curtain *театр.* игра́ть под за́навес

**workability** [,wə:kə'bɪlɪtɪ] *n* примени́мость; го́дность (к обрабо́тке)

**workable** ['wə:kəbl] *a* 1) рента́бельный 2) выполни́мый; осуществи́мый; реа́льный

**workaday** ['wə:kədeɪ] *a* бу́дничный; повседне́вный

**workaway** ['wə:kə,weɪ] *n sl.* челове́к, отраба́тывающий свой прое́зд (*особ. на пароходе*)

**work-bag** ['wə:kbæg] *n* рабо́чая су́мка; мешо́чек с рукоде́лием

**work-basket** ['wə:k,bɑ:skɪt] *n* рабо́чая корзи́нка (*для рукоделия*)

**work-book** ['wə:kbuk] *n* 1) конспе́кт (*курса лекций и т. п.*) 2) тетра́дь для запи́си произведённой рабо́ты 3) сбо́рник упражне́ний

**work-box** ['wə:kbɔks] = work-basket

**workday** ['wə:kdeɪ] *n* бу́дний день; рабо́чий день

**worker** ['wə:kə] *n* 1) рабо́чий; рабо́тник; workers of the world, unite!

пролета́рии всех стран, соединя́йтесь! 2) *attr.* рабо́чий, трудово́й

**workhouse** [ˈwə:khaus] *n* 1) *ист.* рабо́тный дом 2) *амер.* исправи́тельная тюрьма́

**work-in** [ˈwɔ:kˈɪn] *n* «уорк-и́н» (*новая форма забастовки, когда рабочие не прекращают работу на ликвидируемом предприятии и не покидают фабрики, завода и т. п.*)

**working** [ˈwə:kɪŋ] **1.** *pres. p. от* work 2

**2.** *n* 1) рабо́та, де́йствие; де́ятельность; пра́ктика 2) эксплуата́ция; разрабо́тка 3) обрабо́тка 4) *pl горн.* вы́работки

**3.** *a* 1) рабо́тающий, рабо́чий; ~ woman рабо́тница 2) отведённый для рабо́ты; ~ hours рабо́чее вре́мя, рабо́чие часы́ 3) де́йствующий, эксплуатацио́нный; приго́дный для рабо́ты; ~ conditions а) усло́вия труда́; б) *тех.* эксплуатацио́нный режи́м; ~ efficiency производи́тельность труда́

**working capital** [ˈwə:kɪŋˈkæpɪtl] *n* оборо́тный капита́л

**working class** [ˈwə:kɪŋˈklɑ:s] *n* рабо́чий класс

**working-class** [ˈwə:kɪŋklɑ:s] *a* относя́щийся, принадлежа́щий к рабо́чему кла́ссу; ~ solidarity солида́рность трудя́щихся

**working day** [ˈwə:kɪŋdeɪ] = workday

**working-man** [ˈwə:kɪŋmæn] *n* рабо́чий

**working-out** [ˈwə:kɪŋˈaut] *n* дета́льная разрабо́тка (*плана и т. п.*)

**working people** [ˈwə:kɪŋˌpi:pl] *n* трудя́щиеся; трудово́й люд

**workman** [ˈwə:kmən] *n* рабо́чий, рабо́тник

**workmanlike** [ˈwə:kmənlaɪk] *a* иску́сный

**workmanship** [ˈwə:kmənʃɪp] *n* иску́сство, мастерство́; квалифика́ция; exquisite ~ то́нкое мастерство́

**work-out** [ˈwə:kaut] *n спорт.* трениро́вка

**work-people** [ˈwə:kˌpi:pl] *n* рабо́чий люд

**work-room** [ˈwə:krum] *n* рабо́чая ко́мната; помеще́ние для рабо́ты

**works** [wə:ks] *n pl* (*употр. как sing и как pl*) заво́д, фа́брика

**workshop** [ˈwə:kʃɔp] *n* 1) мастерска́я; цех 2) се́кция; семина́р; симпо́зиум 3) *attr.* цехово́й; ~ committee цехово́й комите́т

**work-shy** [ˈwə:kʃaɪ] **1.** *n* лентя́й, безде́льник

**2.** *a* лени́вый, уклоня́ющийся от рабо́ты

**work-table** [ˈwə:kˌteɪbl] *n* рабо́чий сто́лик

**workweek** [ˈwə:kwi:k] *n* рабо́чая неде́ля

**workwoman** [ˈwə:kˌwumən] *n* рабо́тница

**work-worn** [ˈwə:kwɔ:n] *a* 1) изнурённый тяжёлым трудо́м 2) натру́женный

**world** [wə:ld] *n* 1) мир, свет; вселе́нная; to bring into the ~ произвести́ на свет, роди́ть; the Old (New) W. Ста́рый (Но́вый) свет; the ~ at large весь мир; the ~ over во всём ми́ре, в це́лом ми́ре 2) о́бщество; the great ~ све́тское о́бщество 3) определённая сфе́ра де́ятельности, мир; the ~ of letters (of sport) литерату́рный (спорти́вный) мир 4) мир, ца́рство; the animal (vegetable) ~ живо́тный (расти́тельный) мир 5) мир, кругозо́р; his ~ is a very narrow one его́ кругозо́р (*или* миро́к) о́чень у́зок 6) мно́жество, ку́ча; he has had a ~ of troubles у него́ была́ про́пасть хлопо́т 7) *служит для усиления*: what in the ~ does he mean? что, наконе́ц, он хо́чет сказа́ть?; a ~ too сли́шком 8) *attr.* мирово́й, всеми́рный; ~ problems мировы́е пробле́мы; ~ peace мир во всём ми́ре; ~ line-up расстано́вка сил в ми́ре; ~ market мирово́й ры́нок; ~ trade междунаро́дная торго́вля; ~ outlook (*или* view) мировоззре́ние, миропонима́ние ◇ to begin the ~ вступа́ть в но́вую жизнь; not for the ~ ни за что на све́те; not of this ~ ≅ не от ми́ра сего́; he would give the ~ to know он бы всё о́тдал, то́лько бы узна́ть; to think the ~ of smb. быть о́чень высо́кого мне́ния о ком-л.; ~ without end на ве́ки ве́чные; all the ~ and his wife а) все без исключе́ния; б) всё све́тское о́бщество; for all the ~ like похо́жий во всех отноше́ниях; for all the ~ as if то́чно так, как е́сли бы; how goes the ~ with you? как ва́ши дела́?; to know the ~ име́ть о́пыт; the lower ~ преиспо́дняя, ад; to the ~ *sl.* кра́йне, соверше́нно; drunk to the ~ ≅ мертве́цки пьян; so goes (*или* wags) the ~ такова́ жизнь; to come down in the ~ опусти́ться, утра́тить бы́лое положе́ние; to come up (*или* to rise) in the ~ сде́лать карье́ру; out of this ~ *разг.* великоле́пный

**worldling** [ˈwə:ldlɪŋ] *n* челове́к, поглощённый земны́ми интере́сами

**worldly** [ˈwə:ldlɪ] *a* 1) мирско́й; земно́й; ~ goods иму́щество, со́бственность 2) лю́бящий жи́зненные бла́га 3) о́пытный, искушённый; ~ wisdom жите́йская му́дрость 4) *редк.* све́тский

**worldly-minded** [ˈwə:ldlɪˈmaɪndɪd] = worldly 2)

**worldly-wise** [ˈwə:ldlɪˈwaɪz] *a* о́пытный, быва́лый, искушённый

**world-old** [ˈwə:ldˈəuld] *a* ста́рый как мир

**world-power** [ˈwə:ldˌpauə] *n* мирова́я держа́ва

**world series** [ˈwə:ldˈsɪəri:z] *n pl амер.* ежего́дный чемпиона́т США по бейсбо́лу

**world-weary** [ˈwə:ldˈwɪərɪ] *a* уста́вший от жи́зни, пресы́тившийся

**world-wide** [ˈwə:ldwaɪd] *a* распространённый по всему́ све́ту; всеми́рно изве́стный, мирово́й; ~ fame всеми́рная изве́стность; on a ~ scale в общемирово́м масшта́бе; ~ organization всеми́рная организа́ция

**worm** [wə:m] **1.** *n* 1) червя́к, червь; глист 2) ни́зкий челове́к, презре́нная ли́чность; a poor ~ like him тако́е жа́лкое существо́, как он 3) *тех.* червя́к, шнек, червя́чный винт ◇ the ~ of conscience угрызе́ния со́вести; I am a ~ today мне сего́дня не по себе́; to have a ~ in one's tongue ворча́ть, быть сварли́вым; even a ~ will turn ≅ вся́кому терпе́нию прихо́дит коне́ц

**2.** *v* 1) ползти́, пробира́ться ползко́м; продира́ться (through) 2) вполза́ть; проника́ть; to ~ oneself into smb.'s confidence вкра́сться в дове́рие к кому́-л. 3) вы́пытать, разузна́ть; to ~ a secret out of smb. вы́ведать у кого́-л. та́йну 4) гнать глисто́в

**worm-eaten** [ˈwə:mˌi:tn] *a* 1) исто́ченный червя́ми 2) устаре́лый

**worm-fishing** [ˈwə:mˌfɪʃɪŋ] *n* ры́бная ло́вля на червя́

**worm-gear** [ˈwə:mgɪə] *n тех.* червя́чная переда́ча

**worm-hole** [ˈwə:mhəul] *n* червото́чина

**worm-seed** [ˈwə:msi:d] *n* цитва́рное се́мя

**worm's-eye view** [ˈwə:mzˈaɪvju:] *n* преде́льно ограни́ченное по́ле зре́ния; неспосо́бность ви́деть да́льше своего́ но́са

**worm-wheel** [ˈwə:mwi:l] *n тех.* червя́чное колесо́

**wormwood** [ˈwə:mwud] *n* 1) полы́нь го́рькая 2) го́речь, исто́чник го́речи; the thought was ~ to him э́та мысль была́ ему́ о́чень горька́

**wormy** [ˈwə:mɪ] *a* 1) черви́вый 2) по́длый, ни́зкий

**worn** [wɔ:n] *p. p. от* wear I, 2

**worn-out** [ˈwɔ:nˈaut] *a* 1) поно́шенный, изно́шенный 2) уста́лый, изму́ченный

**worrier** [ˈwʌrɪə] *n* беспоко́йный челове́к

**worrisome** [ˈwʌrɪsəm] *a* 1) беспоко́йный 2) причиня́ющий беспоко́йство; назо́йливый

**worrit** [ˈwʌrɪt] *диал. см.* worry

**worry** [ˈwʌrɪ] **1.** *n* 1) беспоко́йство, трево́га; муче́ние 2) забо́та

**2.** *v* 1) надоеда́ть; пристава́ть 2) му́чить(ся), терза́ть(ся), беспоко́ить(ся); don't let that ~ you пусть э́то вас не трево́жит 3) беспоко́ить, боле́ть; his wound worries him ра́на беспоко́ит его́ 4) держа́ть в зуба́х и трепа́ть (*обыкн. о собаке*) ▭ ~ **along** продвига́ться, пробива́ться вперёд (че́рез все тру́дности)

**worse** [wə:s] **1.** *a* (*сравн. ст. от* bad 1) ху́дший; he is ~ today ему́ сего́дня ху́же; to be none the ~ for smth. ничу́ть не пострада́ть от чего́-л.; he is none the ~ for it а ему́ хоть бы что; to be the ~ for wear а) износи́ться, быть поно́шенным; б) истощи́ться

**2.** *adv* (*сравн. ст. от* badly) ху́же; сильне́е; none the ~ ничу́ть не ху́же, ещё лу́чше; I like him none the ~ for being outspoken я ещё бо́льше люблю́ его́ за и́скренность ▭ ~ **off**: to be ~ off оказа́ться в бо́лее затрудни́тельном положе́нии

**3.** *n* ху́дшее; to go from bad to ~ станови́ться всё ху́же и ху́же; to have the ~ потерпе́ть пораже́ние; to put to the ~ нанести́ пораже́ние; a change (*или* a turn) for the ~ переме́на к ху́дшему; ~ cannot happen ничего́ ху́дшего не мо́жет случи́ться

**worsen** [ˈwəːsn] *v* ухудша́ть(ся)

**worship** [ˈwəːʃɪp] **1.** *n* 1) культ; почита́ние; поклоне́ние 2) богослуже́ние; public (*или* divine) ~ церко́вная слу́жба; place of ~ це́рковь 3) *уст.* почёт; a man of great ~ челове́к, по́льзующийся больши́м почётом; to win ~ дости́чь сла́вы 4): your W. ва́ша ми́лость (*при обращении к судье, мэру*) ◇ freedom of ~ свобо́да со́вести

**2.** *v* 1) поклоня́ться, почита́ть; боготвори́ть, обожа́ть; 2) быва́ть в це́ркви

**worshipful** [ˈwəːʃɪpful] *a уст.* почте́нный, уважа́емый (*в обращении*); ~ sir ми́лостивый госуда́рь

**worst** [wəːst] **1.** *a* (*превосх. ст. от* bad 1) наиху́дший

**2.** *adv* (*превосх. ст. от* badly) ху́же всего́

**3.** *n* наиху́дшее, са́мое ху́дшее; the ~ of the storm is over бу́ря начина́ет утиха́ть; at (the) ~ в са́мом ху́дшем положе́нии *или* слу́чае; на худо́й коне́ц; if the ~ comes to the ~ е́сли случи́тся са́мое ху́дшее; в са́мом ху́дшем слу́чае; he always thinks the ~ of everybody он всегда́ ду́мает о лю́дях са́мое плохо́е; to get the ~ of it потерпе́ть пораже́ние

**4.** *v* одержа́ть верх, победи́ть

**worsted** [ˈwustɪd] *n* ткань из гребенно́й ше́рсти; камво́льная ткань

**worth** I [wəːθ] **1.** *n* 1) цена́, сто́имость, це́нность, досто́инство; give me a shilling's ~ of stamps да́йте мне ма́рок на ши́ллинг; to be aware of one's ~ ≅ знать себе́ це́ну 2) досто́инства; a man of ~ досто́йный, заслу́живающий уваже́ния челове́к; he was never aware of her ~ он никогда́ не цени́л её по заслу́гам 3) *уст.* бога́тство, иму́щество ◇ to put in one's two cents ~ вы́сказаться

**2.** *a predic.* 1) сто́ящий; is ~ nothing ничего́ не сто́ит; little ~ *поэт.* ма́ло сто́ящий; what is it ~? ско́лько э́то сто́ит? 2) заслу́живающий; ~ attention заслу́живающий внима́ния; ~ while, *разг.* ~ it сто́ящий затра́ченного вре́мени *или* труда́; this play is ~ seeing э́ту пье́су сто́ит посмотре́ть; it is not ~ taking the trouble об э́том не сто́ит беспоко́иться; take the story for what is ~ не принима́йте всего́ на ве́ру в э́том расска́зе 3) облада́ющий (*чем-л.*); he is ~ over a million у него́ де́нег бо́льше миллио́на ◇ for all one is ~ изо всех сил; not ~ a button ≅ гроша́ ме́дного не сто́ит; not ~ the trouble ≅ игра́ не сто́ит свеч; not ~ powder and shot ≅ овчи́нка вы́делки не сто́ит

**worth** II [wəːθ] *v уст.*: woe (well) ~ the day! будь про́клят (благослове́н) день!

**worthless** [ˈwəːθlɪs] *a* ничего́ не сто́ящий; никуды́шный; бесполе́зный, никчёмный

**worth-while** [ˈwəːθˈwaɪl] *a* сто́ящий; де́льный; ~ experiment интере́сный о́пыт; to be ~ име́ть смысл

**worthy** [ˈwəːðɪ] **1.** *a* 1) досто́йный; заслу́живающий (of; *с inf.*); ~ of the name тако́й, о кото́ром сто́ило бы говори́ть; ~ of praise, ~ to be praised досто́йный похвалы́ 2) соотве́тствующий, подоба́ющий 3) (*обыкн. ирон.*) достопочте́нный

**2.** *n* 1) досто́йный челове́к 2) знамени́тость 3) *уст.* геро́й 4) *шутл.* осо́ба; тип

**-worthy** [-ˌwəːðɪ] *в сложных словах означает* заслу́живающий; noteworthy заслу́живающий внима́ния; blameworthy заслу́живающий порица́ния

**wot** I [wɔt] *pres. от* wit 2

**wot** II [wɔt] *v уст.* знать; God ~ бог зна́ет

**would** [wud (*полная форма*); wəd, əd, d (*редуцированные формы*)] 1) *вспомогательный глагол; служит для образования будущего в прошедшем во 2 и 3 лице*: he told us he ~ come at two он сказа́л нам, что придёт в два часа́ 2) *вспомогательный глагол; служит для образования условного наклонения*: it ~ be better бы́ло бы лу́чше 3) *служебный глагол, выражающий привычное действие, относящееся к прошедшему времени*: he ~ stand for hours watching the machine work он, быва́ло, це́лыми часа́ми наблюда́л за рабо́той маши́ны 4) *модальный глагол, выражающий*: а) *упорство, настойчивость*: I warned you, but you ~ do it я предостерега́л вас, но вы непреме́нно хоте́ли поступи́ть так; б) *желание*: ~ I were a child хоте́л бы я сно́ва стать ребёнком; come when you ~ приходи́те, когда́ захоти́те; I ~ rather (*или* sooner), I ~ just as soon я бы предпочёл; в) *вероятность*: that ~ be his house э́то, вероя́тно, его́ дом; г) *вежливую просьбу*: ~ you help me, please? не помо́жете ли вы мне?

**would-be** [ˈwudbiː] **1.** *a* 1) *разг.* претенду́ющий (*на что-л.*); с претензией (*на что-л.*); мечта́ющий (*о чём-л.*) 2) предполага́емый; потенциа́льный 3) притво́рный

**2.** *adv* притво́рно

**wouldn't** [ˈwudnt] *сокр. разг.* = would not

**wound** I [wuːnd] **1.** *n* 1) ра́на; ране́ние 2) оби́да, оскорбле́ние; уще́рб

**2.** *v* 1) ра́нить 2) причини́ть боль, заде́ть; to ~ smb.'s feelings заде́ть чьи-л. чу́вства; he was ~ed in his deepest affections он был оскорблён в свои́х лу́чших чу́вствах

**wound** II [waund] *past и p. p. от* wind I, 2, 5

**wound** III [waund] *past и p. p. от* wind II, 2

**wove** [wəuv] *past от* weave 1

**woven** [ˈwəuvən] *p. p. от* weave 1

**wow** [wau] *sl.* **1.** *n* 1) не́что из ря́да вон выходя́щее 2) *театр.* огро́мный успе́х

**2.** *v* порази́ть, ошеломи́ть

**3.** *int* здо́рово!, красота́!

**wowser** [ˈwauzə] *n австрал.* стро́гий purита́нин

**wrack** [ræk] **1.** *n* 1) оста́тки кораблекруше́ния 2) *уст., поэт.* разоре́ние, разруше́ние; to go to ~ разру́шиться; ~ and ruin по́лное разоре́ние 3) водо́росль (*выброшенная на берег моря*)

**2.** *v* разруша́ть(ся)

**wraith** [reɪθ] *n* дух (*кого-л.*), явля́ющийся незадо́лго до сме́рти *или* вско́ре по́сле неё; виде́ние

**wrangle** [ˈræŋgl] **1.** *n* препира́ния, спор; to have a ~ with smb. about (*или* over) smth. поспо́рить *или* повздо́рить с кем-л. о чём-л.

**2.** *v* 1) (по)спо́рить, повздо́рить; препира́ться (*с кем-л. о чём-л.*); what are they wrangling about? о чём они́ спо́рят? 2) *амер.* пасти́ ста́до, табу́н лошаде́й (*обыкн. верхом*)

**wrangler** [ˈræŋglə] *n* 1) крику́н, спо́рщик 2) студе́нт, осо́бо отличи́вшийся на экза́мене по матема́тике (*в Кембриджском университете*) 3) *амер. разг.* ковбо́й

**wrap** [ræp] **1.** *n* 1) шаль, плато́к; мехова́я пелери́на; одея́ло, плед 2) обёртка

**2.** *v* 1) завёртывать, свора́чивать, скла́дывать, заку́тывать (*часто* ~ up); to ~ oneself тепло́ одева́ться 2) оку́тывать, обёртывать (round, about); to ~ in paper оберну́ть бума́гой □ ~ **over** перекрыва́ть; ~ **up** а) ку́таться б) заверша́ть; дава́ть кра́ткое заключе́ние ◇ ~ped up in а) погружённый в (*себя, во что-л.*), за́нятый *чем-л.*; ~ped up in slumber погружённый в сон; б) скрыва́емый; the affair is ~ped up in mystery э́то де́ло оку́тано та́йной

**wrapper** [ˈræpə] *n* 1) хала́т; капо́т 2) обёртка; бандеро́ль 3) суперобло́жка

**wrapping** [ˈræpɪŋ] **1.** *pres. p. от* wrap 2

**2.** *n* (*часто pl*) обёртка; обёрточная бума́га

**wrapping-paper** [ˈræpɪŋˌpeɪpə] *n* обёрточная бума́га

**wrapt** [ræpt] = rapt

**wrap-up** [ˈræpˈʌp] *n амер. радио* кра́ткая сво́дка новосте́й

**wrasse** [ræs] *n* губа́н (*рыба*)

**wrath** [rɔθ] *n* гнев, я́рость; глубо́кое возмуще́ние

**wrathful** [ˈrɔθful] *a* гне́вный, рассе́рженный

**wreak** [riːk] *v ритор.* дава́ть вы́ход, во́лю (*чувству*); to ~ vengeance upon one's enemy отомсти́ть врагу́

**wreath** [riːθ, *pl* -ðz] *n* 1) вено́к, гирля́нда 2) завито́к, кольцо́ (*дыма*)

**wreathe** [riːð] *v* 1) свива́ть, сплета́ть (*венки*) 2) обвива́ть(ся) 3) клуби́ться (*о дыме*) 4) покрыва́ть (*морщинами и т. п.*)

**wreathed** [riːðd] **1.** *past и p. p. от* wreathe

**2.** *a* 1) сплетённый 2) покры́тый; a face ~ in wrinkles лицо́, покры́тое морщи́нами; a face ~ in smiles лицо́, расплы́вшееся в улы́бке

**wreck** [rek] **1.** *n* 1) круше́ние, ава́рия; ги́бель, уничтоже́ние; the house was a ~ after the party в до́ме бы́ло всё вверх дном по́сле вечери́нки 2) о́стов разби́того су́дна, оста́тки кораблекруше́ния (*выброшенные на берег*); обло́мки (*самолёта*) 3) разва́лина; what a ~ of his former self he is! како́й он стал разва́линой! 4) крах, круше́ние (*надежд и т. п.*) 5) *attr.* авари́йный; ~ mark *мор.* знак, огражда́ющий ме́сто затону́вшего су́дна

**2.** *v* 1) вы́звать круше́ние, разруше́ние; потопи́ть (*судно*) 2) потерпе́ть круше́ние 3) ру́хнуть (*о планах, надеждах*) 4) разруша́ть (*здоровье и т. п.*) 5) сноси́ть (*здание*)

**wreckage** ['rekɪdʒ] *n* 1) обло́мки круше́ния 2) = wreck 1, 4)

**wrecked** [rekt] **1.** *p. p. от* wreck 2

**2.** *a* потерпе́вший кораблекруше́ние, ава́рию

**wrecker** ['rekə] *n* 1) мародёр, *особ.* граби́тель разби́тых судо́в 2) *амер. ж.-д.* рабо́чий ремо́нтной (авари́йной) брига́ды 3) маши́на техни́ческой по́мощи 4) *амер.* рабо́чий по сно́су домо́в; *pl* фи́рма по сно́су домо́в

**wrecking** ['rekɪŋ] **1.** *pres. p. от* wreck 2

**2.** *n* 1) разруше́ние 2) снесе́ние (*зданий*) 3) *амер.* авари́йно-спаса́тельные рабо́ты

**3.** *a* 1) спаса́тельный; ~ car = wrecker 3); 2): ~ crew брига́да по сно́су зда́ний 3) разруши́тельный, губи́тельный; ~ policy разори́тельная поли́тика

**Wren** [ren] *n разг.* военнослу́жащая же́нской вспомога́тельной слу́жбы ВМС (*во время второй мировой войны*)

**wren** [ren] *n* крапи́вник (*птица*)

**wrench** [rentʃ] **1.** *n* 1) дёрганье; скру́чивание 2) вы́вих; to give one's ankle a ~ вы́вихнуть лоды́жку 3) щемя́щая тоска́, боль (*при разлуке*); the ~ of saying good-bye боль разлу́ки 4) искаже́ние (*истины, текста и т. п.*) 5) *тех.* га́ечный ключ

**2.** *v* 1) вывёртывать, вырыва́ть (*тж.* ~ off, ~ away; from, out of); to ~ open взла́мывать 2) вы́вихнуть 3) искажа́ть (*факты, истину*)

**wrest** [rest] *v* 1) вырыва́ть (*силой*); вывора́чивать 2) вырыва́ть (*оружие, победу у врага*); исторга́ть (*согласие*; from — у *кого-л.*) 3) искажа́ть, истолко́вывать непра́вильно (*закон, текст*)

**wrestle** ['resl] **1.** *n* 1) *спорт.* борьба́; соревнова́ние по борьбе́ 2) упо́рная борьба́ (*с трудностями и т. п.*)

**2.** *v* боро́ться; to ~ against (*или* with) temptation (adversity) боро́ться с искуше́нием (бедо́й); to ~ with a problem би́ться, лома́ть го́лову над зада́чей

**wrestler** ['reslə] *n спорт.* боре́ц

**wrestling** ['reslɪŋ] **1.** *pres. p. от* wrestle 2

**2.** *n спорт.* борьба́

**wretch** [retʃ] *n* 1) несча́стный; poor ~ бедня́га 2) негодя́й 3) него́дник

**wretched** ['retʃɪd] *a* 1) несча́стный; жа́лкий; ~ existence жа́лкое существова́ние, прозяба́ние 2) никуда́ не го́дный, никуды́шный, плохо́й; гну́сный; ~ hovel жа́лкая лачу́га; ~ state of things скве́рное положе́ние веще́й; ~ weather ме́рзкая пого́да 3) *разг.* о́чень си́льный, ужа́сный; ~ toothache отча́янная зубна́я боль

**wrick** [rɪk] **1.** *n* растяже́ние (*мышцы*)

**2.** *v* растяну́ть (*мышцу*)

**wriggle** ['rɪgl] **1.** *n* изги́б, изви́в

**2.** *v* 1) извива́ться (*о черве и т. п.*); изгиба́ться (*тж.* ~ oneself) 2) пробира́ться, продвига́ться вперёд (*тж.* ~ along) 3) втира́ться, прима́зываться; to ~ into office пробра́ться на како́й-л. пост; to ~ into favour втере́ться в дове́рие 4) виля́ть, увилива́ть; to ~ out of an engagement уклоня́ться от обяза́тельства; to ~ out of a difficulty вы́путаться из затрудни́тельного положе́ния

**wriggler** ['rɪglə] *n* 1) личи́нка кома́ра 2) челове́к, уви́ливающий от свои́х обяза́тельств 3) проны́ра; интрига́н

**-wright** [-raɪt] *в сложных словах в названиях профессий*: shipwright кораблестрои́тель; playwright драмату́рг

**wring** [rɪŋ] **1.** *n* скру́чивание, выжима́ние *и пр.* [*см.* 2]

**2.** *v* (wrung) 1) скру́чивать; to ~ one's hands лома́ть себе́ ру́ки; to ~ smb.'s hand кре́пко сжать, пожа́ть кому́-л. ру́ку 2) жать (*об обуви*) 3) терза́ть 4) выжима́ть (*тж.* ~ out); ~ing wet мо́крый, хоть вы́жми 5) вымога́ть, исторга́ть (*тж.* ~ out; from, out of); to ~ consent принуди́ть согласи́ться; to ~ a promise from smb. вы́рвать у кого́-л. обеща́ние

**wringer** ['rɪŋə] *n* маши́на для отжима́ния белья́ ◇ to put smb. through the ~ а) (жесто́ким обраще́нием) исто́ргнуть призна́ние; б) выжима́ть все со́ки (*из подчинённых и т. п.*)

**wrinkle I** ['rɪŋkl] **1.** *n* морщи́на; скла́дка; to fit without a ~ сиде́ть без еди́ной морщи́нки, как влито́е (*об одежде*)

**2.** *v* мо́рщить(ся) (*тж.* ~ up); смина́ть(ся), мя́ть(ся)

**wrinkle II** ['rɪŋkl] *n разг.* поле́зный сове́т; намёк

**wrinkly** ['rɪŋklɪ] *a* морщи́нистый, в морщи́нах

**wrist** [rɪst] *n* 1) запя́стье 2) *тех.* ца́пфа 3) *attr.* нару́чный; ~ watch нару́чные часы́

**wristband** ['rɪstbænd] *n* 1) манже́та, обшла́г 2) брасле́т

**wristlet** ['rɪstlɪt] *n* 1) брасле́т 2) ремешо́к для часо́в 3) *attr.*: ~ watch нару́чные часы́, часы́-брасле́т

**wrist-pin** ['rɪstpɪn] *n тех.* ца́пфа

**writ I** [rɪt] *n* 1) *уст.* писа́ние 2) *юр.* предписа́ние, пове́стка; исково́е заявле́ние; to serve ~ on smb. посла́ть кому́-л. суде́бную пове́стку

**writ II** [rɪt] *уст. past и p. p. от* write ◇ ~ large а) я́вный, я́сно выра́женный; б) усугублённый, уху́дшенный

**write** [raɪt] *v* (wrote, *уст.* writ; written, *уст.* writ) 1) писа́ть; to ~ a good (legible) hand име́ть хоро́ший (чёткий) по́черк; to ~ large (small, plain) писа́ть кру́пно (ме́лко, разбо́рчиво); to ~ in ink (in pencil) писа́ть черни́лами (карандашо́м); to ~ shorthand стенографи́ровать 2) написа́ть, вы́писать; to ~ a cheque вы́писать чек; to ~ an application написа́ть заявле́ние 3) сочиня́ть (*музыку, рассказы и т. п.*); to ~ for a living быть писа́телем; to ~ out of one's own head насочиня́ть; приду́мать 4) выража́ть, пока́зывать; fear is written on his face страх напи́сан у него́ на лице́ 5) печа́тать на маши́нке; диктова́ть на маши́нку □ ~ **down** а) запи́сывать; б) отзыва́ться (*о ком-л.*) пренебрежи́тельно *или* неодобри́тельно в печа́ти; в) описа́ть, изобрази́ть; ~ **for** а) быть корреспонде́нтом, сотру́дничать в газе́те; б) вы́звать письмо́м; we wrote for his mother мы вы́звали его́ мать; в) вы́писать, сде́лать пи́сьменный зака́з; to ~ for a fresh supply заказа́ть но́вую па́ртию (*товара и т. п.*); ~ **in** а) вписа́ть, вста́вить (*в текст, бланк и т. п.*), запо́лнить (*графу анкеты и т. п.*); б) *полит.* вписа́ть фами́лию кандида́та в избира́тельный бюллете́нь; ~ **off** а) писа́ть с лёгкостью; б) написа́ть и отосла́ть письмо́; в) спи́сывать со счёта; вычёркивать, аннули́ровать (*долг и т. п.*); г) *перен.* сбра́сывать со счето́в, не принима́ть во внима́ние; ~ **out** а) перепи́сывать; to ~ out fair написа́ть на́чисто; б) выпи́сывать; to ~ out in full выпи́сывать по́лностью; to ~ out a check вы́писать чек; в): to ~ oneself out исписа́ться; ~ **up** а) подро́бно опи́сывать; б) восхваля́ть в печа́ти; в) зака́нчивать, дописывать, доводи́ть до сего́дняшнего дня (*отчёт, дневник*); г) назнача́ть; to ~ smb. up for рекомендова́ть кому́-л. (*курс лечения, отдых и т. п.*)

**write-in** ['raɪt'ɪn] *n* 1) систе́ма голосова́ния, при кото́рой голосу́ющий впи́сывает в бюллете́нь и́мя кандида́та 2) кандида́т, дополни́тельно внесённый в спи́сок 3) *attr.*: ~ votes голоса́, по́данные за кандида́та, кото́рого нет в спи́ске; ~ campaign кампа́ния за внесе́ние в спи́сок но́вого кандида́та

**write-off** ['raɪt'ɔf] *n* 1) аннули́рование; пи́сьменный отка́з 2) *pl* су́ммы, спи́санные со счёта 3) *разг.* него́дное иму́щество; брак; обло́мки

**writer** ['raɪtə] *n* 1) писа́тель; а́втор; the present ~ пи́шущий э́ти стро́ки 2) писе́ц, клерк ◇ ~ to the signet прися́жный стря́пчий (*в Шотландии*); ~'s cramp (*или* palsy) *мед.* пи́счая су́дорога

**write-up** ['raɪt'ʌp] *n* 1) хвале́бная статья́; реклами́рование 2) подро́бный газе́тный отчёт 3) описа́ние (*события, состояния больного и т. п.*)

**writhe** [raɪð] *v* ко́рчиться (*от боли*); to ~ with shame му́читься от стыда́; to ~ under (*или* at) the insult терза́ться оби́дой

**writing** [ˈraɪtɪŋ] **1.** *pres. p. от* write

**2.** *n* 1) писа́ние; at the present ~ в то вре́мя, когда́ пи́шутся э́ти стро́ки; in ~ в пи́сьменной фо́рме; ~ down *ком.* списа́ние су́ммы 2) (литерату́рное) произведе́ние; the ~s of Jonathan Swift произведе́ния Джонатана Сви́фта 3) докуме́нт 4) по́черк 5) стиль, фо́рма (*литературного произведения*); мане́ра письма́ ◇ the ~ on the wall а) *библ.* письмена́ на стене́; б) злове́щее предзнаменова́ние

**3.** *a* пи́счий; для письма́; пи́сьменный

**writing-case** [ˈraɪtɪŋkeɪs] *n* несессе́р для пи́сьменных принадле́жностей

**writing-desk** [ˈraɪtɪŋdesk] *n* конто́рка; пи́сьменный стол

**writing-ink** [ˈraɪtɪŋˈɪŋk] *n* черни́ла (*в противоп.* printing-ink)

**writing-master** [ˈraɪtɪŋˌmɑːstə] *n* учи́тель чистописа́ния

**writing-materials** [ˈraɪtɪŋməˌtɪərɪəlz] *n pl* пи́сьменные принадле́жности

**writing-pad** [ˈraɪtɪŋpæd] *n* блокно́т

**writing-paper** [ˈraɪtɪŋˌpeɪpə] *n* почто́вая бума́га; пи́счая бума́га

**writing-table** [ˈraɪtɪŋˌteɪbl] *n* пи́сьменный стол

**written** [ˈrɪtn] *p. p. от* write

**wrong** [rɔŋ] **1.** *n* 1) непра́вда; непра́вильность, оши́бочность, заблужде́ние; to do ~ заблужда́ться; греши́ть; to be in the ~ быть непра́вым 2) зло; несправедли́вость; оби́да; to put smb. in the ~ свали́ть вину́ на кого́-л. 3) *юр.* правонаруше́ние

**2.** *a* 1) непра́вильный, оши́бочный; the whole calculation is ~ весь расчёт неве́рен; my watch is ~ мои́ часы́ неве́рны; I can prove you ~ я могу́ доказа́ть, что вы непра́вы; to be quite ~ жесто́ко ошиба́ться 2) дурно́й, несправедли́вый 3) не тот (кото́рый ну́жен); несоотве́тствующий; at the ~ time в неподходя́щее вре́мя; he took the ~ street он пошёл не по той у́лице; to talk to the ~ man обраща́ться не по а́дресу; what's ~ with it? а) почему́ э́то вам не нра́вится *или* не подхо́дит?; б) что же тут тако́го?; в) почему́ бы не...; what's ~ with a cup of coffee? почему́ бы не вы́пить ча́шечку ко́фе? 4) ле́вый, изна́ночный (*о стороне*); ~ side out наизна́нку; ~ side foremost за́дом наперёд 5) неспра́вный; something is ~ with the motor мото́р неспра́вен; my liver is ~ у меня́ что́-то не в поря́дке с пе́ченью ◇ to go ~ а) сби́ться с пути́ и́стинного, согреши́ть; опусти́ться (*морально*); б) не удава́ться; everything went ~ всё шло не так; в) вы́йти из стро́я (*о машине и т. п.*); to get hold of the ~ end of the stick непра́вильно поня́ть, преврáтно истолкова́ть (*что-л.*); to get off on the ~ foot произвести́ плохо́е впечатле́ние; неуда́чно нача́ть; on the ~ side of 40 за со́рок (лет)

**3.** *adv* непра́вильно, неве́рно; I'm afraid you got me ~ бою́сь, вы меня́ не так по́няли

**4.** *v* 1) вреди́ть; причиня́ть зло, обижа́ть 2) быть несправедли́вым (*к кому-л.*); припи́сывать дурны́е побужде́ния (*кому-л.*)

**wrongdoer** [ˈrɔŋˈduə] *n* 1) оби́дчик, оскорби́тель 2) гре́шник 3) престу́пник; правонаруши́тель

**wrongdoing** [ˈrɔŋˈdu(ː)ɪŋ] *n* 1) грех; просту́пок 2) преступле́ние; правонаруше́ние

**wrongful** [ˈrɔŋful] *a* 1) непра́вильный, несправедли́вый 2) вре́дный 3) незако́нный, престу́пный; неправоме́рный; ~ dismissal незако́нное увольне́ние

**wrong-headed** [ˈrɔŋˈhedɪd] *a* заблужда́ющийся; упо́рствующий в заблужде́ниях

**wrote** [rəut] *past от* write

**wroth** [rəuθ] *a predic. поэт., шутл.* разгне́ванный

**wrought** [rɔːt] *past и p. p. от* work 2, 12), 13), 14) *и* 15)

**wrought iron** [ˈrɔːtˈaɪən] *n* сва́рочная сталь, ко́вкая мя́гкая сталь

**wrought-up** [ˈrɔːtˈʌp] *a* не́рвный; взви́нченный

**wrung** [rʌŋ] *past и p. p. от* wring 2

**wry** [raɪ] *a* 1) криво́й, переко́шенный; to make a ~ face (*или* mouth) сде́лать ки́слую ми́ну; a ~ smile крива́я улы́бка 2) непра́вильный; противоречи́вый; искажённый

**wryneck** [ˈraɪnek] *n* 1) вертише́йка (*птица*) 2) *мед.* кривоше́я

**wych-elm** [ˈwɪtʃˈelm] *n бот.* ильм го́рный *или* шерша́вый

**wye** [waɪ] *n* 1) *название буквы* Y 2) *эл.* звезда́; соедине́ние звездо́й 3) *ж.-д.* поворо́тный треуго́льник 4) *тех.* тройни́к

**Wykehamist** [ˈwɪkəmɪst] *n* воспи́танник Уинче́стерского колле́джа

# X

**X, x** [eks] *n* (*pl* Xs, X's [ˈeksɪz]) 1) *24-я буква англ. алфавита* 2) что-либо, напомина́ющее по фо́рме бу́кву X 3) *мат.* икс, неизве́стная величина́; *перен.* не́что таи́нственное *или* неизве́стное 4) (X) *амер.* де́сять до́лларов (*бумажные*) 5) крест 6) оши́бка 7) катего́рия фи́льмов, на кото́рые де́ти не допуска́ются

**Xanthippe** [zænˈθɪpɪ] *n* Ксанти́ппа; *перен.* зла́я, сварли́вая жена́

**xanthous** [ˈzænθəs] *a* жёлтый

**X-axis** [ˈeksˈæksɪs] *n мат.* ось абсци́сс

**X-bit** [ˈeksbɪt] *n горн.* кресто́вая голо́вка бу́ра

**X-bracing** [ˈeksˌbreɪsɪŋ] *n тех.* кресто́вые свя́зи

**xebec** [ˈziːbek] *n ист.* шебе́ка (*тип парусного судна на Средиземном море*)

**X-engine** [ˈeksˌendʒɪn] *n тех.* дви́гатель с X-обра́зным расположе́нием цили́ндров

**xenial** [ˈziːnɪəl] *a* свя́занный с гостеприи́мством, относя́щийся к гостеприи́мству; ~ customs зако́ны гостеприи́мства

**xenogamy** [zi(ː)ˈnɔgəmɪ] *n бот.* ксенога́мия, перекрёстное опыле́ние

**xenomania** [ˌzenəuˈmeɪnjə] *n редк.* страсть ко всему́ иностра́нному

**xenon** [ˈzenɔn] *n хим.* ксено́н

**xenophobia** [ˌzenəuˈfəubɪə] *n* неприя́зненное отноше́ние к иностра́нцам

**Xerox** [ˈzɪərɔks] *n* 1) ксе́рокс (*аппарат для снятия фотокопий*) 2) фотоко́пия

**Xerxes** [ˈzəːksiːz] *n ист.* Ксеркс

**xiphoid** [ˈzɪfɔɪd] *a анат.* мечеви́дный

**X-line** [ˈekslaɪn] *n мат.* ось и́ксов, ось абсци́сс

**Xmas** [ˈkrɪsməs] = Christmas

**X-ray** [ˈeksˈreɪ] **1.** *n* 1) (*обыкн. pl*) рентге́новы лучи́ 2) *attr.* рентге́новский; ~ therapy рентгенотерапи́я; ~ picture рентгеногра́мма; ~ photograph рентге́новский сни́мок

**2.** *v* просве́чивать, иссле́довать рентге́новыми луча́ми

**xylanthrax** [zaɪˈlænθræks] *n* древе́сный у́голь

**xylograph** [ˈzaɪləgrɑːf] *n* гравю́ра на де́реве

**xylography** [zaɪˈlɔgrəfɪ] *n* ксилогра́фия

**xylonite** [ˈzaɪlənaɪt] *n* целлуло́ид

**xylophone** [ˈzaɪləfəun] *n* ксилофо́н

**xylose** [ˈzaɪləus] *n хим.* ксило́за

**xyster** [ˈzɪstə] *n мед.* распа́тор

# Y

**Y, y** [waɪ] *n* (*pl* Ys, Y's [waɪz]) 1) *25-я буква англ. алфавита* 2) что-л., напомина́ющее по фо́рме бу́кву Y 3) *мат.* и́грек, неизве́стная величина́

**yacht** [jɔt] **1.** *n* я́хта

**2.** *v* пла́вать, ходи́ть на я́хте

**yacht-club** [ˈjɔtklʌb] *n* яхт-клу́б

**yachting** [ˈjɔtɪŋ] **1.** *pres p. от* yacht 2

**2.** *n* па́русный спорт (*тж.* ~ sport)

**yachtsman** [ˈjɔtsmən] *n* 1) владе́лец я́хты 2) *спорт.* яхтсме́н

**yaffil, yaffle** [ˈjæfl] *n* зелёный дя́тел

**yah** [jɑː] *int* да ну? (*выражает насмешку, презрение*)

**yahoo** [jəˈhuː] *n* 1) е́еху [*слово, созданное Свифтом, см. «Путешествие Гулливера»*] 2) отврати́тельное существо́, га́дина 3) *амер.* дереве́нщина, мужла́н

**yak** [jæk] *n зоол.* як

**Yakut** [jæˈkut] **1.** *n* 1) яку́т; яку́тка 2) яку́тский язы́к

**2.** *a* яку́тский

**yale lock** [ˈjeɪllɔk] *n* автомати́ческий «америка́нский» замо́к

**yam** [jæm] *n бот.* 1) ямс 2) бата́т

**yammer** [ˈjæmə] *v амер. разг.* 1) жа́ловаться, ныть 2) болта́ть без у́молку; говори́ть глу́пости, нести́ вздор

**Yank** [jæŋk] *n разг.* я́нки

**yank** [jæŋk] **1.** *n* рыво́к, дёрганье

**2.** *v разг.* налега́ть с разма́ху на рыча́г; дёргать (*обыкн.* ~ out, ~ off)

**Yankee** ['jæŋkɪ] *n* 1) я́нки, америка́нец 2) уроже́нец *или* жи́тель Но́вой А́нглии 3) *attr.* америка́нский

**yankeefied** ['jæŋkɪfaɪd] *a* обамерика́нившийся

**yap** [jæp] **1.** *n* 1) лай; тя́вканье 2) *разг.* болтовня́ 3) *sl.* трепло́ 4) *sl.* рот; ха́йло

**2.** *v* 1) пронзи́тельно ла́ять; тя́вкать 2) *разг.* болта́ть

**yapp** [jæp] *n* мя́гкий ко́жаный переплёт

**yard** I [jɑ:d] *n* 1) ярд (= *3 футам или 914,4 мм*); by the ~ в я́рдах; can you still buy cloth by the ~ in Britain? в А́нглии ещё ме́рят тка́ни на я́рды? 2) *мор.* рей

**yard** II [jɑ:d] **1.** *n* 1) двор 2) лесно́й склад 3) *ж.-д.* парк; сортиро́вочная ста́нция 4) заго́н 5) (the Y.) = Scotland Yard

**2.** *v* загоня́ть (*скотину на двор*)

**yard-arm** ['jɑ:dɑ:m] *n мор.* нок-ре́я

**yard-bird** ['jɑ:dbə:d] *n воен. разг.* новобра́нец

**yardman** ['jɑ:dmən] *n ж.-д.* рабо́чий депо́ *или* па́рка

**yard-master** ['jɑ:d,mɑ:stə] *n ж.-д.* составитель поездо́в; диспе́тчер ста́нции

**yard-measure** ['jɑ:d,meʒə] *n* измери́тельная лине́йка *или* руле́тка, «метр» длино́й в оди́н ярд

**yardstick** ['jɑ:dstɪk] *n* 1) = yard-measure 2) *перен.* ме́рка; мери́ло; крите́рий; to measure (*или* to judge) others by one's own ~ ≅ ме́рить всех на свой арши́н

**yard-wand** ['jɑ:dwɔnd] = yard-measure

**yarn** [jɑ:n] **1.** *n* 1) пря́жа, нить 2) *разг.* расска́з, анекдо́т; слух

**2.** *v* расска́зывать ба́йки; болта́ть

**yarn-beam** ['jɑ:nbi:m] *n текст.* тка́цкий наво́й с пря́жей

**yarn-dyed** ['jɑ:ndaɪd] *a* кра́шенный в пря́же

**yarovization** [,jærəvaɪ'zeɪʃən] *русск. n* яровиза́ция

**yarovize** ['jærəvaɪz] *русск. v* яровизи́ровать

**yarrow** ['jærəu] *n бот.* тысячели́стник обыкнове́нный

**yashmak** ['jæʃmæk] *араб. n* чадра́

**yataghan** ['jætəgən] *тур. n* ятага́н

**yaw** [jɔ:] *мор., ав.* **1.** *n* отклоне́ние от направле́ния движе́ния, ры́скание

**2.** *v* отклоня́ться от ку́рса

**yawl** [jɔ:l] *n мор.* ял; ио́л

**yawn** [jɔ:n] **1.** *n* 1) зево́та 2) *тех.* зазо́р

**2.** *v* 1) зева́ть; he ~ed good night зева́я, он пожела́л до́брой но́чи 2) зия́ть 3) разверза́ться; a gulf ~ed at our feet бе́здна разве́рзлась у на́ших ног ◊ to make a person ~ нагна́ть сон *или* ску́ку на кого́-л.

**Y-axis** ['waɪ'æksɪs] *n мат.* ось орди́нат

**yclept** [ɪ'klept] *a уст., шутл.* называ́емый, имену́емый

**ye** [ji:] *pron pers. уст., поэт.* = you ◊ how d'ye do? здра́вствуйте; как пожива́ете?

**yea** [jeɪ] **1.** *n* 1) согла́сие; утверди́тельный отве́т 2) *парл.* го́лос «за»; ~s and nays поимённое голосова́ние

**2.** *adv* 1) да 2) *уст.* бо́льше того́, да́же; I will give you a pound, ~ two pounds я дам вам фунт, да́же бо́льше, два фу́нта сте́рлингов

**3.** *int уст.* действи́тельно?(!), пра́вда?(!) (*выражает недоверие, иронию и т. п.*)

**yeah** [jeə] *part sl.* да

**yean** [ji:n] *v* ягни́ться

**yeanling** ['ji:nlɪŋ] *n* козлёнок; ягнёнок

**year** [jə:] *n* 1) год; ~ by ~ ка́ждый год; ~ in ~ out из го́да в го́д; from ~ to ~, ~ by ~, ~ after ~ с ка́ждым го́дом; ка́ждый год; год о́т году; ~s (and ~s) ago о́чень давно́; це́лую ве́чность; the ~ of grace год на́шей э́ры; in the ~ of grace (*или* of our Lord) 1975 в 1975 году́ от рождества́ Христо́ва 2) *pl* во́зраст, го́ды; he looks young for his ~s он мо́лодо вы́глядит для свои́х лет; in ~s пожило́й

**year-book** ['jə:buk] *n* ежего́дник

**yearling** ['jə:lɪŋ] **1.** *n* 1) годови́к, годова́лое живо́тное; са́женец 2) *амер. воен. sl.* призывни́к

**2.** *a* годова́лый

**yearlong** ['jə:lɔŋ] *a* для́щийся це́лый год

**yearly** ['jə:lɪ] **1.** *a* ежего́дный

**2.** *adv* ка́ждый год; раз в год

**yearn** [jə:n] *v* 1) томи́ться, тоскова́ть (for, after — по *ком-л., чём-л.*); he ~ed to be home again он рва́лся домо́й 2) жа́ждать, стреми́ться (for, to — к *чему-л.*)

**yearning** ['jə:nɪŋ] **1.** *pres. p. от* yearn

**2.** *n* си́льное жела́ние; о́страя тоска́; popular ~s наро́дные ча́яния

**yeast** [ji:st] *n* дро́жжи, заква́ска

**yeasty** ['ji:stɪ] *a* 1) пе́нистый 2) бродя́щий 3) пусто́й (*о словах и т. п.*)

**yegg** [jeg] *n амер.* взло́мщик, граби́тель

**yelk** [jelk] = yolk

**yell** [jel] **1.** *n* 1) пронзи́тельный крик 2) *амер.* во́згласы одобре́ния, при́нятые в ка́ждом колле́дже (*выкрикиваемые на студенческих спортивных состязаниях*)

**2.** *v* 1) крича́ть, вопи́ть 2) выкри́кивать; to ~ out curses изрыга́ть прокля́тия

**yellow** ['jeləu] **1.** *a* 1) жёлтый 2) *разг.* трусли́вый; he has a ~ streak in him он трусова́т 3) *уст.* зави́стливый, ревни́вый, подозри́тельный (*о взгляде и т. п.*) ◊ the ~ press жёлтая пре́сса; ~ flag каранти́нный флаг

**2.** *n* 1) желтизна́, жёлтый цвет 2) желто́к 3) *разг.* тру́сость

**3.** *v* 1) желте́ть 2) желти́ть

**yellowback** ['jeləubæk] *n* 1) дешёвый бульва́рный рома́н 2) францу́зский рома́н (*в жёлтой обложке*)

**yellow-bark oak** ['jeləubɑ:k'əuk] *n бот.* ба́рхатный дуб

**yellow-bellied** ['jeləu,belɪd] *a* трусли́вый

**yellow dog** ['jeləudɔg] *n амер.* по́длый челове́к, трус; презре́нная ли́чность

**yellow-dog contract** ['jeləudɔg'kɔntrækt] *n амер.* обяза́тельство рабо́чего о невступле́нии в профсою́з

**yellow-dog fund** ['jeləudɔg'fʌnd] *n амер.* су́ммы, испо́льзуемые для по́дкупа

**yellow fever** ['jeləu,fi:və] *n мед.* жёлтая лихора́дка

**yellow-hammer** ['jeləu,hæmə] *n* овся́нка обыкнове́нная (*птица*)

**yellowish** ['jeləuɪʃ] *a* желтова́тый

**yellow Jack** ['jeləudʒæk] 1) = yellow fever 2) каранти́нный флаг

**yellow-livered** ['jeləu,lɪvəd] *a разг.* трусли́вый

**yellowness** ['jeləunɪs] *n* желтизна́

**Yellow Pages** ['jeləu'peɪdʒɪz] *n амер.* «жёлтый спра́вочник» (*торгово-промышленный раздел телефонного справочника на бумаге жёлтого цвета*)

**yellow spot** ['jeləu'spɔt] *n анат.* жёлтое пятно́

**yellowy** ['jeləuɪ] = yellowish

**yelp** [jelp] **1.** *n* визг; лай

**2.** *v* визжа́ть; ла́ять, тя́вкать

**Yemeni** ['jemənɪ] = Yemenite

**Yemenite** ['jemənaɪt] **1.** *a* йе́менский

**2.** *n* йе́менец; йе́менка

**yen** I [jen] *n* (*pl без измен.*) ие́на (*денежная единица Японии*)

**yen** II [jen] *разг.* **1.** *n* си́льное жела́ние

**2.** *v* жа́ждать, стреми́ться (*сделать что-л.*)

**yeoman** ['jəumən] *n* 1) *ист.* йо́мен 2) фе́рмер сре́дней руки́, ме́лкий землевладе́лец 3) *амер. мор.* пи́сарь 4): ~ of signals *мор.* старшина́-сигна́льщик; ~ of the Guard англи́йский дворцо́вый страж ◊ ~'s service а) по́мощь в нужде́; б) безупре́чная слу́жба

**yeomanry** ['jəumənrɪ] *n* 1) *ист.* сосло́вие йо́менов 2) *ист.* территориа́льная ко́нница 3) *воен.* территориа́льная доброво́льческая часть

**yep** [jep] *int амер. разг.* да

**yes** [jes] **1.** *adv* да

**2.** *n* утвержде́ние; согла́сие

**yes-man** ['jesmæn] *n разг.* подхали́м, подпева́ла

**yesterday** ['jestədɪ] **1.** *adv* 1) вчера́; ~ morning вчера́ у́тром 2) совсе́м неда́вно

**2.** *n* вчера́шний день; ~'s incident вчера́шний слу́чай

**yester-evening** ['jestər'i:vnɪŋ] *поэт.* **1.** *n* вчера́шний ве́чер

**2.** *adv* вчера́ ве́чером

**yesternight** ['jestə'naɪt] = yester-evening

**yester-year** ['jestə'jə:] *поэт.* **1.** *n* про́шлый год

**2.** *adv* в про́шлом году́

**yestreen** [jes'tri:n] *шотл.* = yester-evening

**yet** [jet] **1.** *adv* 1) ещё; всё ещё; he has not come ~ он ещё не пришёл; not ~ ещё не(т); never ~ никогда́ ещё не; ~ more ещё бо́льше 2) ещё, кро́ме того́; he has ~ much to say ему́ ещё мно́гое на́до сказа́ть 3) уже́ (*в вопросительных предложениях*); need you go ~? вам уже́ на́до идти́? 4) да́же, да́же бо́лее; this question is more important ~ э́тот вопро́с да́же важне́е; he will not accept help nor ~ advice он не при́мет ни по́мощи, ни да́же сове́та 5) до сих по́р, когда́-либо; it is the largest specimen ~ found э́то са́мый кру́пный экземпля́р из на́йденных до сих по́р; as ~ всё ещё, пока́, до сих по́р; the scheme has worked well as ~ пока́ э́та схе́ма вполне́ себя́ опра́вдывает 6) тем не ме́нее, всё же, всё-таки; it is strange and ~ true э́то стра́нно, но (тем не ме́нее) ве́рно

**2.** *cj* одна́ко, всё же, несмотря́ на э́то; но

**yew** [ju:] *n бот.* тис

**yew-tree** [ˈju:tri:] = yew

**Yiddish** [ˈjıdıʃ] *n* евре́йский язы́к, и́диш

**yield** [ji:ld] **1.** *n* 1) сбор плодо́в, урожа́й; a good ~ of wheat хоро́ший урожа́й пшени́цы 2) разме́р вы́работки; коли́чество добы́того *или* произведённого проду́кта; вы́ход (*продукции*); milk ~ надо́й молока́ 3) *эк.* дохо́д; дохо́дность 4) теку́честь (*металла*)

**2.** *v* 1) производи́ть, приноси́ть, дава́ть (*плоды, урожай, доход*); this land ~s poorly э́та земля́ даёт плохо́й урожа́й; to ~ no results не дава́ть никаки́х результа́тов 2) уступа́ть; соглаша́ться (*на что-л.*); to ~ a point сде́лать усту́пку (*в споре*); to ~ to the advice после́довать сове́ту; to ~ to none не уступа́ть никому́ (*по красоте, доброте и т. п.*) 3) сдава́ть(ся); to ~ oneself prisoner сда́ться в плен 4) поддава́ться; подава́ться; пружи́нить; the door ~ed to a strong push от си́льного толчка́ дверь подала́сь; the disease ~s to treatment э́та боле́знь поддаётся лече́нию 5) *амер. парл.* уступи́ть трибу́ну, прерва́ть ора́тора (*тж.* to ~ the floor); Will Mr. N. ~? Прошу́ разреше́ния прерва́ть речь ми́стера Н. ▭ ~ **up** а) отка́зываться от; б) сдава́ться; в) сдава́ть, уступа́я си́ле; to ~ up a fort сдать кре́пость ◇ to ~ up the ghost отда́ть бо́гу ду́шу, умере́ть

**yielding** [ˈji:ldıŋ] **1.** *pres. p. от* yield 2

**2.** *a* 1) усту́пчивый, покла́дистый 2) мя́гкий, пода́тливый (*о материале*) 3) упру́гий; пружи́нистый 4) неусто́йчивый; оседа́ющий

**yip** [jıp] *a амер.* тя́вканье, лай

**yippee** [ˈjıpı] *int* ура́

**yobbo** [ˈjɔbəu] *n sl. презр.* молокосо́с, парши́вец

**yodel** [ˈjəudl] **1.** *n* йо́дль (*манера пения тирольцев*)

**2.** *v* петь йо́длем

**yoga** [ˈjəugə] *инд. n* йо́га (*религиозная система йогов*)

**yogi** [ˈjəugı] *инд. n* йог

**yog(h)urt** [ˈjɔgə(:)t] *тур. n* йогу́рт (*простокваша*)

**yo-heave-ho** [ˈjəuˈhi:vˈhəu] *int* ≅ взя́ли!, дру́жно! (*возглас матросов при работе*)

**yoke** [jəuk] **1.** *n* 1) ярмо́ 2) па́ра запряжённых воло́в 3) и́го, ра́бство; to endure (to shake off) the ~ терпе́ть (сбро́сить) и́го; to pass (*или* to come) under the ~ примири́ться с пораже́нием 4) *редк.* у́зы 5) коромы́сло 6) коке́тка (*на платье*) 7) па́рная упря́жка 8) *тех.* скоба́; бу́гель; хому́т, обо́йма 9) *ав.* ру́чка управле́ния

**2.** *v* 1) впряга́ть в ярмо́ 2) *перен.* соединя́ть, сочета́ть

**yokefellow** [ˈjəukˌfeləu] *n* това́рищ (*по работе*); супру́г(а)

**yokel** [ˈjəukəl] *n* деревенщина; неотёсанный па́рень

**yokemate** [ˈjəukmeıt] = yokefellow

**yolk** [jəuk] *n* желто́к

**yolk-bag** [ˈjəukbæg] = yolk-sac

**yolk-sac** [ˈjəuksæk] *n биол.* желто́чный мешо́к (*зародыша*)

**yon** [jɔn] *уст., диал.* = yonder

**yonder** [ˈjɔndə] **1.** *a* вон тот

**2.** *adv* вон там

**yore** [jɔ:] *n уст.*: of ~ давны́м-давно́; in days of ~ во вре́мя о́но

**Yorkist** [ˈjɔ:kıst] *n ист.* сторо́нник Йо́ркской дина́стии

**Yorkshire** [ˈjɔ:kʃıə] *n* 1) йоркши́рская поро́да бе́лой свиньи́ 2) пиро́г из взби́того те́ста, запечённого под куско́м мя́са (*тж.* ~ pudding) [*см. тж. Список географических названий*)

**you** [ju: (*полная форма*); ju, jə (*редуцированные формы*)] *pron pers.* (*косв. п. без измен.*) 1) ты, вы 2) (*в безличных оборотах*): ~ never can tell *разг.* никогда́ нельзя́ сказа́ть, как знать 3) *уст. см.* yourself 4) *употр. для усиления восклицания*: you fool! дура́к!

**you'd** [ju:d] *сокр. разг.* = you had; you would

**you-know-what** [juˈnəuwɔt] *n эвф. формула, служащая для выражения чего-л. крайне неприличного или того, что говорящий считает излишним называть*

**you'll** [ju:l] *сокр. разг.* = you will; you shall

**young** [jʌŋ] **1.** *a* 1) молодо́й, ю́ный; ю́ношеский; he is ~ for his age он мо́лодо вы́глядит для своего́ во́зраста; ~ man молодо́й челове́к (*тж. шутл.*); my ~ man (woman) *разг.* мой возлю́бленный (моя́ возлю́бленная); ~ one's детёныши; птенчики; зверёныши 2) но́вый, неда́вний; the night is ~ ещё не по́здно 3) нео́пытный 4) молодо́й, мла́дший (*для обозначения двух людей в одной семье, носящих одно и то же имя*) ◇ ~ blood а) молодёжь; б) но́вые ве́яния *или* иде́и

**2.** *n* (*тж.* the ~) *pl собир.* 1) молодёжь; old and ~ стар и млад 2) детёныши ◇ to be with ~ быть супоро́сой, сте́льной *и пр.*

**youngish** [ˈjʌŋıʃ] *a* моложа́вый

**youngling** [ˈjʌŋlıŋ] **1.** *n поэт.* 1) ребёнок; детёныш; птене́ц 2) нео́пытный челове́к

**2.** *a* молодо́й

**youngster** [ˈjʌŋstə] *n* 1) ма́льчик, ю́ноша; юне́ц 2) *амер.* курса́нт второ́го ку́рса вое́нно-морско́го учи́лища

**your** [jɔ: (*полная форма*); ju, jə (*редуцированные формы*)] *pron poss* (*употр. атрибутивно*; *ср.* yours) ваш; твой

**you're** [juə] *сокр. разг.* = you are

**yours** [jɔ:z] *pron poss.* (*абсолютная форма*; *не употр. атрибутивно*; *ср.* your) ваш, твой; this book is ~ э́та кни́га ва́ша; I saw a friend of ~ я ви́дел ва́шего дру́га; you and ~ вы и ва́ши (родны́е); ~ sincerely *или* sincerely ~ с и́скренним уваже́нием (*в письме*); ~ of the 7th ва́ше письмо́ от 7-го числа́

**yourself** [jɔ:ˈself] *pron* (*pl* yourselves) 1) *refl.* себя́, -ся, -сь; себе́; have you hurt ~? вы уши́блись?; how's ~? *sl.* как вы пожива́ете? 2) *emph.* сам, са́ми; you told me so ~ вы са́ми мне э́то сказа́ли; have you been all by ~ the whole day? вы бы́ли одни́ це́лый день?; you are sure to do it all by ~ вы, коне́чно, мо́жете сде́лать э́то без посторо́нней по́мощи ◇ you are not quite ~ вы не в свое́й таре́лке

**yourselves** [jɔ:ˈselvz] *pl от* yourself

**youth** [ju:θ] *n* 1) ю́ность; мо́лодость; the fountain of ~ исто́чник мо́лодости 2) ю́ноша 3) молодёжь 4) *attr.* молодёжный; ~ organizations молодёжные организа́ции; a ~ festival фестива́ль молодёжи

**youthful** [ˈju:θful] *a* 1) ю́ный, молодо́й 2) ю́ношеский 3) но́вый; ра́нний 4) энерги́чный, живо́й

**you've** [ju:v] *сокр. разг.* = you have

**yowl** [jaul] **1.** *n* вой

**2.** *v* выть

**yoyo** [ˈjəujəu] *n* йо-йо́ (*чёртик на ниточке*)

**Y-shaped** [ˈwaıʃeıpt] *a* Y-обра́зный, вилкообра́зный

**ytterbium** [ıˈtə:bjəm] *n хим.* итте́рбий

**yttrium** [ˈıtrıəm] *n хим.* и́ттрий

**yucca** [ˈjʌkə] *n бот.* ю́кка

**Yugoslav(ian)** [ˈju:gəuˈsla:v(jən)] **1.** *a* югосла́вский

**2.** *n* югосла́в; югосла́вка

**yule** [ju:l] *n* свя́тки

**yule-log** [ˈju:llɔg] *n* большо́е поле́но, сжига́емое в соче́льник

**yule-tide** [ˈju:ltaıd] = yule

# Z

**Z, z** [zed] *n* (*pl* Zs, Z's [zedz]) 1) *последняя, 26-я буква англ. алфавита* 2) что-л., напомина́ющее по фо́рме бу́кву Z 3) *мат.* зет, неизве́стная величина́

**zany** [ˈzeını] *ит. n* 1) *уст.* шут 2) сумасбро́д, дура́к; фигля́р 3) дза́ни (*слуга просцениума в итальянской комедии масок*)

## СПИСОК ЛИЧНЫХ ИМЕН

**Abel** [ˈeɪbəl] Э́йбел, А́бель

**Abraham** [ˈeɪbrəhæm] Э́йбрахам, А́брахам; Авраа́м

**Ada** [ˈeɪdə] А́да

**Adalbert** [ˈædəlbəːt] Адальбе́рт

**Adam** [ˈædəm] Ада́м

**Adrian** [ˈeɪdrɪən] Адриа́н

**Agatha** [ˈægəθə] Ага́та

**Agnes** [ˈægnɪs] Агне́сса

**Alan** [ˈælən] А́лан

**Albert** [ˈælbət] Альбе́рт

**Alec(k)** [ˈælɪk] *уменьш. от* Alexander; А́лек

**Alexander** [ˌælɪgˈzɑːndə] Алекса́ндр

**Alfred** [ˈælfrɪd] Альфре́д

**Algernon** [ˈældʒənən] Э́лджернон

**Alice** [ˈælɪs] Э́лис; Али́са

**Allan** [ˈælən] Алла́н

**Aloys** [æˈlɔɪs] Ало́из

**Amabel** [ˈæməbel] Амабе́ль

**Ambrose** [ˈæmbrəuz] Э́мброуз

**Amelia** [əˈmiːljə] Аме́лия; Эми́лия

**Amy** [ˈeɪmɪ] Э́ми

**Andrew** [ˈændruː] Э́ндрю

**Andromache** [ænˈdrɔməkɪ] Андрома́ха

**Andy** [ˈændɪ] *уменьш. от* Andrew; Э́нди

**Angelica** [ænˈdʒelɪkə] Анжели́ка

**Angelina** [ˌændʒɪˈliːnə] Анджели́на

**Ann, Anna** [æn, ˈænə] Энн; А́нна

**Annabel** [ˈænəbel] Э́ннабел, А́ннабел

**Annie** [ˈænɪ] *уменьш. от* Ann, Anna; Э́нни

**Anthony** [ˈænθənɪ] Э́нтони; Анто́ний

**Antoinette** [ˌæntwɑːˈnet] Антуане́тта

**Antony** [ˈæntənɪ] = Anthony

**Arabella** [ˌærəˈbelə] Арабе́лла

**Archibald** [ˈɑːtʃɪbəld] Арчиба́льд

**Archie** [ˈɑːtʃɪ] *уменьш. от* Archibald; А́рчи

**Arnold** [ˈɑːnld] Арно́льд

**Arthur** [ˈɑːθə] Арту́р

**Aubrey** [ˈɔːbrɪ] О́бри

**August** [ɔːˈgʌst] А́вгуст

**Augustus** [ɔːˈgʌstəs] Ога́стес; Авгу́ст

**Aurora** [ɔːˈrɔːrə] Авро́ра

**Austin** [ˈɔstɪn] О́стин

**Bab** [bæb] *уменьш. от* Barbara; Бэб

**Baldwin** [ˈbɔːldwɪn] Бо́лдуин

**Barbara** [ˈbɑːbərə] Ба́рбара

**Bart** [bɑːt] *уменьш.* от Bartholomew; Барт

**Bartholomew** [bɑːˈθɔləmjuː] Барто́лмью; Варфоломе́й

**Basil** [ˈbæzl] Бэ́зил, Бе́зил

**Beatrice, Beatrix** [ˈbɪətrɪs, -ɪks] Бе́атрис; Беатри́са

**Beck, Becky** [bek, ˈbekɪ] *уменьш. от* Rebecca; Бек, Бе́кки

**Bel, Bella** [bel, ˈbelə] *уменьш. от* Isabel, Isabella, Annabel *и* Arabella; Бел(л), Бе́лла

**Ben** [ben] *уменьш. от* Benjamin; Бен

**Benedict** [ˈbenɪdɪkt] Бенеди́кт

**Benjamin** [ˈbendʒəmɪn] Бенджамин, Бенджаме́н; Вениами́н

**Benny** [ˈbenɪ] *уменьш. от* Benjamin; Бе́нни

**Bernard** [ˈbəːnəd] Бе́рна́рд

**Bert, Bertie** [bəːt, ˈbəːtɪ] *уменьш. от* Albert, Bertram, Herbert *и* Robert; Берт, Бе́рти

**Bertram** [ˈbəːtrəm] Бе́ртра́м

**Bess, Bessie, Bessy** [bes, ˈbesɪ] *уменьш. от* Elisabeth; Бесс, Бе́сси

**Betsey, Betsy** [ˈbetsɪ] *уменьш. от* Elisabeth; Бе́тси

**Betty** [ˈbetɪ] *уменьш. от* Elisabeth; Бе́тти

**Bex** [beks] *уменьш. от* Rebecca; Бекс

**Biddy** [ˈbɪdɪ] *уменьш. от* Bridget; Би́дди

**Bill, Billy** [bɪl, ˈbɪlɪ] *уменьш. от* William; Билл, Би́лли

**Blanch(e)** [blɑːntʃ] Бланш

**Bob, Bobbie, Bobby** [bɔb, ˈbɔbɪ] *уменьш. от* Robert; Боб, Бо́бби

**Brian** [ˈbraɪən] Бра́йан; Бриа́н

**Bridget** [ˈbrɪdʒɪt] Бри́джит, Бриги́тта

**Candida** [ˈkændɪdə] Канди́да

**Carol** [ˈkærəl] Кэ́рол

**Caroline** [ˈkærəlaɪn] Кароли́на

**Carrie** [ˈkærɪ] *уменьш. от* Caroline; Кэ́рри

**Caspar** [ˈkæspə] Каспа́р

**Catherine** [ˈkæθərɪn] Кэ́трин; Екатери́на

**Cathie** [ˈkæðɪ] *уменьш. от* Catherine; Кэ́ти

**Cecil** [ˈsesl] Се́сил

**Cecilia, Cecily** [sɪˈsɪljə, ˈsɪsɪlɪ, ˈsesɪlɪ] Сеси́лия, Цеци́лия

**Charles** [tʃɑːlz] Чарл(ь)з; Карл

**Charley, Charlie** [ˈtʃɑːlɪ] *уменьш. от* Charles; Ча́рли

**Charlotte** [ˈʃɑːlət] Шарло́тта

**Chris** [krɪs] *уменьш. от* Christian, Christi(a)na, Christine *и* Christopher; Крис

**Christian** [ˈkrɪstjən] Кри́стиан; Христиа́н

**Christiana** [ˌkrɪstɪˈɑːnə] Кристиа́на

**Christie** [ˈkrɪstɪ] *уменьш. от* Christian; Кри́сти

**Christina, Christine** [krɪsˈtiːnə, ˈkrɪstiːn, krɪsˈtiːn] Кристи́на, Кри́стин

**Christopher** [ˈkrɪstəfə] Кри́стофер; Христофо́р

**Christy** [ˈkrɪstɪ] = Christie

**Clara** [ˈklɛərə] Кла́ра

**Clare** [klɛə] Клэр

**Clarence** [ˈklærəns] Клэ́ренс, Кла́ренс

**Claud(e)** [klɔːd] Клод

**Claudius** [ˈklɔːdjəs] Кла́вдий

**Clem** [klem] *уменьш. от* Clement; Клем

**Clement** [ˈklemənt] Кле́ме́нт

**Clementina, Clementine** [ˌklemənˈtiːnə, ˈkleməntaɪn, -tiːn] Клементи́на

**Clifford** [ˈklɪfəd] Кли́фford

**Clot(h)ilda** [kləuˈtɪldə] Клоти́льда

**Colette** [kɔˈlet] *уменьш. от* Nicola; Коле́тт(а)

**Connie** [ˈkɔnɪ] *уменьш. от* Constance; Ко́нни

**Connor** [ˈkɔnə] Ко́ннор

**Constance** [ˈkɔnstəns] Ко́нстанс; Конста́нция

**Cora** [ˈkɔːrə] Ко́ра

**Cordelia** [kɔːˈdiːljə] Корде́лия

**Cornelia** [kɔːˈniːljə] Корне́лия

**Cornelius** [kɔːˈniːljəs] Корне́лий

**Cyril** [ˈsɪrəl] Си́рил

**Cyrus** [ˈsaɪərəs] Са́йрус, Са́йрес; *ист.* Кир

**Dan** [dæn] *уменьш. от* Daniel; Дэн, Дан

**Daniel** [ˈdænjəl] Дэ́ниел; *библ.* Дании́л

**Dannie** [ˈdænɪ] *уменьш. от* Daniel; Дэ́нни, Да́нни

**Dave** [deɪv] *уменьш. от* David; Дейв

**David** [ˈdeɪvɪd] Дэ́вид; *библ.* Дави́д

**Davy** [ˈdeɪvɪ] *уменьш. от* David; Дэ́ви

**Deborah** [ˈdebərə] Дебо́ра

**Den(n)is** [ˈdenɪs] Де́н(н)ис

**Desmond** [ˈdezmənd] Де́смонд

**Diana** [daɪˈænə] Диа́на

**Dick** [dɪk] *уменьш. от* Richard; Дик

**zariba** [zə'ri:bə] *араб.* *n* колю́чая и́згородь; палиса́д

**Z-bar** ['zedbɑ:] *n* *метал.* зе́товая сталь

**zeal** [zi:l] *n* рве́ние, усе́рдие

**zealot** ['zelət] *n* фанати́ческий приве́рженец; фана́тик

**zealotry** ['zelətrɪ] *n* фанати́зм

**zealous** ['zeləs] *a* 1) рья́ный, усе́рдный 2) жа́ждущий; to be ~ for smth. стра́стно жела́ть чего́-л.

**zebra** ['zi:brə] *n* *зоол.* зе́бра

**zebu** ['zi:bu:] *n* *зоол.* зе́бу

**zed** [zed] *n* *название буквы* Z

**zee** [zi:] *n* *амер.* *название буквы* Z

**Zeitgeist** ['tsaɪtgaɪst] *нем.* *n* дух вре́мени

**zemindar** ['zemɪndɑ:] *инд.* *n* земе́льный со́бственник

**Zen** [zen] *n* будди́йская се́кта «дзэн» (*в Японии*), пропове́дующая созерца́ние и интуи́цию как осно́ву прозре́ния

**zenana** [ze'nɑ:nə] *инд.* *n* же́нская полови́на (*в доме*)

**Zend** [zend] *n* язы́к Аве́сты

**Zend-Avesta** [ˌzendə'vestə] *n* *лит.* Зенд-Аве́ста

**zenith** ['zenɪθ] *n* зени́т; at ~ of fame в зени́те сла́вы

**zenithal** ['zenɪθəl] *a* *астр.* зени́тный

**zenith-distance** ['zenɪθˌdɪstəns] *n* углово́е расстоя́ние (небе́сного те́ла) от зени́та; зени́тное расстоя́ние

**zeolite** ['zi:əulaɪt] *n* *геол.* цеоли́т

**zephyr** ['zefə] *n* 1) зефи́р, ласка́ющий ветеро́к 2) *поэт.* за́падный ве́тер 3) зефи́р (*ткань*) 4) наки́дка, лёгкая шаль

**Zeppelin** ['zepəlɪn] *n* цеппели́н

**zero** ['zɪərəu] *n* (*pl* -os [-əuz]) 1) нуль, ничто́; to reduce to ~ свести́ на нет 2) нулева́я то́чка; пе́рвая основна́я то́чка температу́рной шкалы́; below ~ ни́же нуля́ 3) *attr.*: ~ setting устано́вка прибо́ра на нуль ◇ ~ hour а) *воен.* час нача́ла ата́ки, выступле́ния *и т. п.*; б) реши́тельный час

**zero-gravity** ['zɪərəuˌgrævɪtɪ] *n* невесо́мость

**zest** [zest] **1.** *n* 1) то, что придаёт вкус; пика́нтность; «изю́минка»; to give ~ to smth. придава́ть вкус (*или* пика́нтность, интере́с) чему́-л. 2) *разг.* интере́с; жар; he entered into the game with ~ он с жа́ром принялся́ игра́ть 3) *разг.* эне́ргия, жи́вость 4) скло́нность

**2.** *v* *разг.* придава́ть пика́нтность; придава́ть интере́с

**zeugma** ['zju:gmə] *n* *лингв.* зе́вгма

**Zeus** [zju:s] *n* *греч. миф.* Зевс

**zibet** ['zɪbɪt] *n* *зоол.* цибе́т, азиа́тская виве́рра

**zigzag** ['zɪgzæg] **1.** *n* зигза́г

**2.** *a* зигзагообра́зный

**3.** *adv* зигзагообра́зно

**4.** *v* де́лать зигза́ги

**zinc** [zɪŋk] **1.** *n* 1) цинк 2) *attr.* ци́нковый

**2.** *v* оцинко́вывать

**zinciferous** [zɪŋ'kɪfərəs] *a* содержа́щий цинк

**zincography** [zɪŋ'kɔgrəfɪ] *n* цинкогра́фия

**zing** [zɪŋ] *sl.* **1.** *n* высо́кий ре́зкий звук

**2.** *v* производи́ть высо́кий ре́зкий звук

**zinnia** ['zɪnjə] *n* *бот.* ци́нния

**Zionism** ['zaɪənɪzm] *n* сиони́зм

**zip** [zɪp] **1.** *n* 1) свист пу́ли 2) треск разрыва́емой тка́ни 3) *разг.* эне́ргия, темпера́мент 4) = zipper 1)

**2.** *v* 1) застёгивать(ся) на мо́лнию 2) *разг.* быть энерги́чным, по́лным эне́ргии 3) промелькну́ть

**zip code** ['zɪpkəud] *n* *амер.* почто́вый и́ндекс

**zip-fastener** ['zɪpˌfɑ:snə] = zipper 1)

**zipper** ['zɪpə] *n* 1) застёжка-мо́лния 2) *pl* боти́нки *или* сапоги́ на мо́лнии

**zippy** ['zɪpɪ] *a* *разг.* живо́й, я́ркий, энерги́чный

**zircon** ['zə:kɔn] *n* *мин.* цирко́н

**zirconium** [zə:'kəunjəm] *n* *хим.* цирко́ний

**zither** ['zɪðə] *n* ци́тра

**zodiac** ['zəudɪæk] *n* *астр.* зодиа́к; signs of the ~ зна́ки зодиа́ка

**zodiacal** [zəu'daɪəkəl] *a* *астр.* зодиака́льный; ~ light зодиака́льный свет

**zoic** ['zəuɪk] *a* *геол.* соде
окамене́лости

**zombi(e)** ['zɔmbɪ] *n* 1) зо́м
ший мертве́ц 2) *sl.* ску́чный
пый челове́к; чудно́й тип 3)
новобра́нец 4) кокте́йль
фрукто́вого со́ка с со́довой

**zonal** ['zəunl] *a* зона́льный

**zone** [zəun] **1.** *n* 1) зо́на,
лоса́; райо́н; temperate ~s
пояса́ 2) *амер.* райо́н отделе́
3) *уст.*, *поэт.* по́яс, куша́к 4
на́льный; поясно́й; региона́
time поясно́е вре́мя

**2.** *v* 1) опоя́сывать 2) ра
зо́ны 3) устана́вливать зон
ри́ф *или* зона́льные це́ны

**zoo** [zu:] *n* *разг.* зоопа́
зоопа́рк в Ло́ндоне

**zoogeography** [ˌzəudʒɪ'ɔg
геогра́фия

**zoological** [ˌzəuə'lɔdʒɪkəl]
ческий; ~ garden(s) зооп

**zoologist** [zəu'ɔlədʒɪst] *n*

**zoology** [zəu'ɔlədʒɪ] *n* зо

**zoom** [zu:m] *ав.* *sl.* **1.**
«све́чка»

**2.** *v* 1) взмыть, ре́зко
сде́лать «го́рку» *или* «св
*рен.* ре́зко подня́ться,
prices ~ed це́ны ре́зко п

**zoophyte** ['zəuəufaɪt] *n*

**zoster** ['zɔstə] *n* опоя́с
ша́й

**zouave** [zu(:)'ɑ:v] *n* *в*

**zounds** [zaundz] *int* *у*
ми́!

**Zulu** ['zu:lu:] **1.** *a* зул

**2.** *n* 1) зулу́с; зулу́с
ский язы́к

**zygoma** [zaɪ'gəumə] *n*
лова́я кость

**zygomata** [zaɪ'gəumət
ma

**zymosis** [zaɪ'məusɪs]
2) зара́зная боле́знь

**zymotic** [zaɪ'mɔtɪk] *a*
ный 2) зара́зный; ~
цио́нные боле́зни

**zariba** [zəˈri:bə] *араб. n* колю́чая и́згородь; палиса́д
**Z-bar** [ˈzedbɑ:] *n метал.* зе́товая сталь
**zeal** [zi:l] *n* рве́ние, усе́рдие
**zealot** [ˈzelət] *n* фанати́ческий приве́рженец; фана́тик
**zealotry** [ˈzelətrı] *n* фанати́зм
**zealous** [ˈzeləs] *a* 1) рья́ный, усе́рдный 2) жа́ждущий; to be ~ for smth. стра́стно жела́ть чего́-л.
**zebra** [ˈzi:brə] *n зоол.* зе́бра
**zebu** [ˈzi:bu:] *n зоол.* зе́бу
**zed** [zed] *n название буквы* Z
**zee** [zi:] *n амер. название буквы* Z
**Zeitgeist** [ˈtsaıtgaıst] *нем. n* дух вре́мени
**zemindar** [ˈzemındɑ:] *инд. n* земе́льный со́бственник
**Zen** [zen] *n* будди́йская се́кта «дзэн» (*в Японии*), пропове́дующая созерца́ние и интуи́цию как осно́ву прозре́ния
**zenana** [zeˈnɑ:nə] *инд. n* же́нская полови́на (*в доме*)
**Zend** [zend] *n* язы́к Аве́сты
**Zend-Avesta** [ˌzendəˈvestə] *n лит.* Зенд-Аве́ста
**zenith** [ˈzenıθ] *n* зени́т; at ~ of fame в зени́те сла́вы
**zenithal** [ˈzenıθəl] *a астр.* зени́тный
**zenith-distance** [ˈzenıθˌdıstəns] *n* углово́е расстоя́ние (небе́сного те́ла) от зени́та; зени́тное расстоя́ние
**zeolite** [ˈzi:əulaıt] *n геол.* цеоли́т
**zephyr** [ˈzefə] *n* 1) зефи́р, ласка́ющий ветеро́к 2) *поэт.* за́падный ве́тер 3) зефи́р (*ткань*) 4) наки́дка, лёгкая шаль
**Zeppelin** [ˈzepəlın] *n* цеппели́н
**zero** [ˈzıərəu] *n* (*pl* -os [-əuz]) 1) нуль, ничто́; to reduce to ~ свести́ на не́т 2) нулева́я то́чка; пе́рвая основна́я то́чка температу́рной шкалы́; below ~ ни́же нуля́ 3) *attr.*: ~ setting устано́вка прибо́ра на нуль ◇ ~ hour а) *воен.* час нача́ла ата́ки, выступле́ния *и т. п.*; б) реши́тельный час
**zero-gravity** [ˈzıərəuˌgrævıtı] *n* невесо́мость
**zest** [zest] **1.** *n* 1) то, что придаёт вкус; пика́нтность; «изю́минка»; to give ~ to smth. придава́ть вкус (*или* пика́нтность, интере́с) чему́-л. 2) *разг.* интере́с; жар; he entered into the game with ~ он с жа́ром принялся́ игра́ть 3) *разг.* эне́ргия, жи́вость 4) скло́нность
**2.** *v разг.* придава́ть пика́нтность; придава́ть интере́с
**zeugma** [ˈzju:gmə] *n лингв.* зе́вгма
**Zeus** [zju:s] *n греч. миф.* Зевс
**zibet** [ˈzıbıt] *n зоол.* цибе́т, азиа́тская виве́рра
**zigzag** [ˈzıgzæg] **1.** *n* зигза́г
**2.** *a* зигзагообра́зный
**3.** *adv* зигзагообра́зно
**4.** *v* де́лать зигза́ги
**zinc** [zıŋk] **1.** *n* 1) цинк 2) *attr.* ци́нковый
**2.** *v* оцинко́вывать
**zinciferous** [zıŋˈkıfərəs] *a* содержа́щий цинк
**zincography** [zıŋˈkɔgrəfı] *n* цинкогра́фия
**zing** [zıŋ] *sl.* **1.** *n* высо́кий ре́зкий звук
**2.** *v* производи́ть высо́кий ре́зкий звук
**zinnia** [ˈzınjə] *n бот.* ци́нния
**Zionism** [ˈzaıənızm] *n* сиони́зм
**zip** [zıp] **1.** *n* 1) свист пу́ли 2) треск разрыва́емой тка́ни 3) *разг.* эне́ргия, темпера́мент 4) = zipper 1)
**2.** *v* 1) застёгивать(ся) на мо́лнию 2) *разг.* быть энерги́чным, по́лным эне́ргии 3) промелькну́ть
**zip code** [ˈzıpkəud] *n амер.* почто́вый и́ндекс
**zip-fastener** [ˈzıpˌfɑ:snə] = zipper 1)
**zipper** [ˈzıpə] *n* 1) застёжка-мо́лния 2) *pl* боти́нки *или* сапоги́ на мо́лнии
**zippy** [ˈzıpı] *a разг.* живо́й, я́ркий, энерги́чный
**zircon** [ˈzə:kɔn] *n мин.* цирко́н
**zirconium** [zə:ˈkəunjəm] *n хим.* цирко́ний
**zither** [ˈzıðə] *n* ци́тра
**zodiac** [ˈzəudıæk] *n астр.* зодиа́к; signs of the ~ зна́ки зодиа́ка
**zodiacal** [zəuˈdaıəkəl] *a астр.* зодиака́льный; ~ light зодиака́льный свет
**zoic** [ˈzəuık] *a геол.* содержа́щий окамене́лости
**zombi(e)** [ˈzɔmbı] *n* 1) зо́мби, ожи́вший мертве́ц 2) *sl.* ску́чный *или* глу́пый челове́к; чудно́й тип 3) *воен. sl.* новобра́нец 4) кокте́йль из ро́ма, фрукто́вого со́ка с со́довой водо́й
**zonal** [ˈzəunl] *a* зона́льный
**zone** [zəun] **1.** *n* 1) зо́на, по́яс; полоса́; райо́н; temperate ~s уме́ренные пояса́ 2) *амер.* райо́н отделе́ния свя́зи 3) *уст.*, *поэт.* по́яс, куша́к 4) *attr.* зона́льный; поясно́й; региона́льный; ~ time поясно́е вре́мя
**2.** *v* 1) опоя́сывать 2) разделя́ть на зо́ны 3) устана́вливать зона́льный тари́ф *или* зона́льные це́ны
**zoo** [zu:] *n разг.* зоопа́рк; the Z. зоопа́рк в Ло́ндоне
**zoogeography** [ˌzəudʒıˈɔgrəfı] *n* зоогеогра́фия
**zoological** [ˌzəuəˈlɔdʒıkəl] *a* зоологи́ческий; ~ garden(s) зоопа́рк, зооса́д
**zoologist** [zəuˈɔlədʒıst] *n* зоо́лог
**zoology** [zəuˈɔlədʒı] *n* зооло́гия
**zoom** [zu:m] *ав. sl.* **1.** *n* «го́рка», «све́чка»
**2.** *v* 1) взмыть, ре́зко подня́ться; сде́лать «го́рку» *или* «све́чку» 2) *перен.* ре́зко подня́ться, «взлете́ть»; prices ~ed це́ны ре́зко повы́сились
**zoophyte** [ˈzəuəufaıt] *n биол.* зоофи́т
**zoster** [ˈzɔstə] *n* опоя́сывающий лиша́й
**zouave** [zu(:)ˈɑ:v] *n воен. ист.* зуа́в
**zounds** [zaundz] *int уст.* чёрт возьми́!
**Zulu** [ˈzu:lu:] **1.** *a* зулу́сский
**2.** *n* 1) зулу́с; зулу́ска 2) зулу́сский язы́к
**zygoma** [zaıˈgəumə] *n* (*pl* -ata) скулова́я кость
**zygomata** [zaıˈgəumətə] *pl от* zygoma
**zymosis** [zaıˈməusıs] *n* 1) броже́ние 2) зара́зная боле́знь
**zymotic** [zaıˈmɔtık] *a* 1) броди́льный 2) зара́зный; ~ diseases инфекцио́нные боле́зни

## СПИСОК ЛИЧНЫХ ИМЕН

**Abel** [ˈeɪbəl] Э́йбел, А́бель
**Abraham** [ˈeɪbrəhæm] Э́йбрахам, А́брахам; Авраа́м
**Ada** [ˈeɪdə] А́да
**Adalbert** [ˈædəlbəːt] Адальбе́рт
**Adam** [ˈædəm] Ада́м
**Adrian** [ˈeɪdrɪən] Адриа́н
**Agatha** [ˈægəθə] Ага́та
**Agnes** [ˈægnɪs] Агне́сса
**Alan** [ˈælən] А́лан
**Albert** [ˈælbət] Альбе́рт
**Alec(k)** [ˈælɪk] *уменьш. от* Alexander; А́лек
**Alexander** [ˌælɪgˈzɑːndə] Алекса́ндр
**Alfred** [ˈælfrɪd] Альфре́д
**Algernon** [ˈældʒənən] Элджернон
**Alice** [ˈælɪs] Элис; Али́са
**Allan** [ˈælən] Алла́н
**Aloys** [æˈlɔɪs] Ало́из
**Amabel** [ˈæməbel] Амабе́ль
**Ambrose** [ˈæmbrəuz] Эмброуз
**Amelia** [əˈmiːljə] Аме́лия; Эми́лия
**Amy** [ˈeɪmɪ] Э́ми
**Andrew** [ˈændruː] Эндрю
**Andromache** [ænˈdrɔməkɪ] Андрома́ха
**Andy** [ˈændɪ] *уменьш. от* Andrew; Энди
**Angelica** [ænˈdʒelɪkə] Анжели́ка
**Angelina** [ˌændʒɪˈliːnə] Анджели́на
**Ann, Anna** [æn, ˈænə] Энн; А́нна
**Annabel** [ˈænəbel] Э́ннабел, Аннабе́л
**Annie** [ˈænɪ] *уменьш. от* Ann, Anna; Э́нни
**Anthony** [ˈænθənɪ] Энтони; Анто́ний
**Antoinette** [ˌæntwɑːˈnet] Антуане́тта
**Antony** [ˈæntənɪ] = Anthony
**Arabella** [ˌærəˈbelə] Арабе́лла
**Archibald** [ˈɑːtʃɪbəld] Арчиба́льд
**Archie** [ˈɑːtʃɪ] *уменьш. от* Archibald; А́рчи
**Arnold** [ˈɑːnld] Арно́льд
**Arthur** [ˈɑːθə] Арту́р
**Aubrey** [ˈɔːbrɪ] О́бри
**August** [ɔːˈgʌst] А́вгуст
**Augustus** [ɔːˈgʌstəs] Ога́стес; А́вгуст
**Aurora** [ɔːˈrɔːrə] Авро́ра
**Austin** [ˈɔstɪn] О́стин

**Bab** [bæb] *уменьш. от* Barbara; Бэб
**Baldwin** [ˈbɔːldwɪn] Бо́лдуин
**Barbara** [ˈbɑːbərə] Ба́рбара
**Bart** [bɑːt] *уменьш.* от Bartholomew; Барт
**Bartholomew** [bɑːˈθɔləmjuː] Барто́ломью; Варфоломе́й
**Basil** [ˈbæzl] Бэ́зил, Бе́зил
**Beatrice, Beatrix** [ˈbɪətrɪs, -ɪks] Бе́атрис; Беатри́са
**Beck, Becky** [bek, ˈbekɪ] *уменьш. от* Rebecca; Бек, Бе́кки
**Bel, Bella** [bel, ˈbelə] *уменьш. от* Isabel, Isabella, Annabel *и* Arabella; Бел(л), Бе́лла
**Ben** [ben] *уменьш. от* Benjamin; Бен
**Benedict** [ˈbenɪdɪkt] Бенеди́кт
**Benjamin** [ˈbendʒəmɪn] Бенджамин, Бенджаме́н; Вениами́н
**Benny** [ˈbenɪ] *уменьш. от* Benjamin; Бе́нни
**Bernard** [ˈbəːnəd] Бе́рна́рд
**Bert, Bertie** [bəːt, ˈbəːtɪ] *уменьш. от* Albert, Bertram, Herbert *и* Robert; Берт, Бе́рти
**Bertram** [ˈbəːtrəm] Бе́ртра́м
**Bess, Bessie, Bessy** [bes, ˈbesɪ] *уменьш. от* Elisabeth; Бесс, Бе́сси
**Betsey, Betsy** [ˈbetsɪ] *уменьш. от* Elisabeth; Бе́тси
**Betty** [ˈbetɪ] *уменьш. от* Elisabeth; Бе́тти
**Bex** [beks] *уменьш. от* Rebecca; Бекс
**Biddy** [ˈbɪdɪ] *уменьш. от* Bridget; Би́дди
**Bill, Billy** [bɪl, ˈbɪlɪ] *уменьш. от* William; Билл, Би́лли
**Blanch(e)** [blɑːntʃ] Бланш
**Bob, Bobbie, Bobby** [bɔb, ˈbɔbɪ] *уменьш. от* Robert; Боб, Бо́бби
**Brian** [ˈbraɪən] Бра́йан; Бриа́н
**Bridget** [ˈbrɪdʒɪt] Бри́джит, Бри́гитта

**Candida** [ˈkændɪdə] Канди́да
**Carol** [ˈkærəl] Кэ́рол
**Caroline** [ˈkærəlaɪn] Кароли́на
**Carrie** [ˈkærɪ] *уменьш. от* Caroline; Кэ́рри
**Caspar** [ˈkæspə] Каспа́р
**Catherine** [ˈkæθərɪn] Кэ́трин; Екатери́на
**Cathie** [ˈkæθɪ] *уменьш. от* Catherine; Кэ́ти
**Cecil** [ˈsesl] Се́сил
**Cecilia, Cecily** [sɪˈsɪljə, ˈsɪsɪlɪ, ˈsesɪlɪ] Сеси́лия, Цеци́лия
**Charles** [tʃɑːlz] Чарл(ь)з; Карл
**Charley, Charlie** [ˈtʃɑːlɪ] *уменьш. от* Charles; Ча́рли
**Charlotte** [ˈʃɑːlət] Шарло́тта
**Chris** [krɪs] *уменьш. от* Christian, Christi(a)na, Christine *и* Christopher; Крис
**Christian** [ˈkrɪstjən] Кри́стиан; Христиа́н
**Christiana** [ˌkrɪstɪˈɑːnə] Кристиа́на
**Christie** [ˈkrɪstɪ] *уменьш. от* Christian; Кри́сти
**Christina, Christine** [krɪsˈtiːnə, ˈkrɪstiːn, krɪsˈtiːn] Кристи́на, Кри́стин
**Christopher** [ˈkrɪstəfə] Кри́стофер; Христофо́р
**Christy** [ˈkrɪstɪ] = Christie
**Clara** [ˈklɛərə] Кла́ра
**Clare** [klɛə] Клэр
**Clarence** [ˈklærəns] Клэ́ренс, Кла́ренс
**Claud(e)** [klɔːd] Клод
**Claudius** [ˈklɔːdjəs] Кла́вдий
**Clem** [klem] *уменьш. от* Clement; Клем
**Clement** [ˈklemənt] Кле́ме́нт
**Clementina, Clementine** [ˌkleməntiːnə, ˈkleməntaɪn, -tiːn] Клементи́на
**Clifford** [ˈklɪfəd] Клиффорд
**Clot(h)ilda** [kləuˈtɪldə] Клоти́льда
**Colette** [kɔˈlet] *уменьш. от* Nicola; Коле́тт(а)
**Connie** [ˈkɔnɪ] *уменьш. от* Constance; Ко́нни
**Connor** [ˈkɔnə] Ко́ннор
**Constance** [ˈkɔnstəns] Ко́нстанс; Конста́нция
**Cora** [ˈkɔːrə] Ко́ра
**Cordelia** [kɔːˈdiːljə] Корде́лия
**Cornelia** [kɔːˈniːljə] Корне́лия
**Cornelius** [kɔːˈniːljəs] Корне́лий
**Cyril** [ˈsɪrəl] Си́рил
**Cyrus** [ˈsaɪərəs] Са́йрус, Са́йрес; *ист.* Кир

**Dan** [dæn] *уменьш. от* Daniel; Дэн, Дан
**Daniel** [ˈdænjəl] Дэ́ниел; *библ.* Дании́л
**Dannie** [ˈdænɪ] *уменьш. от* Daniel; Дэ́нни, Да́нни
**Dave** [deɪv] *уменьш. от* David; Дейв
**David** [ˈdeɪvɪd] Дэ́вид; *библ.* Дави́д
**Davy** [ˈdeɪvɪ] *уменьш. от* David; Дэ́ви
**Deborah** [ˈdebərə] Дебо́ра
**Den(n)is** [ˈdenɪs] Де́н(н)ис
**Desmond** [ˈdezmənd] Де́смонд
**Diana** [daɪˈænə] Диа́на
**Dick** [dɪk] *уменьш. от* Richard; Дик

**Dickie** [ˈdɪkɪ] *уменьш. от* Richard; Дик(к)и
**Dickon** [ˈdɪkən] *уменьш. от* Richard; Дикон
**Dicky** [ˈdɪkɪ] = Dickie
**Dinah** [ˈdaɪnə] Дина
**Dob, Dobbin** [dɔb, ˈdɔbɪn] *уменьш. от* Robert; Доб, Доббин
**Doll, Dolly** [dɔl, ˈdɔlɪ] *уменьш. от* Dorothy; Долл, Долли
**Dolores** [dəˈləurɪz] Долорес
**Donald** [ˈdɔnld] Дональд
**Dora** [ˈdɔːrə] *уменьш. от* Theodora, Dorothy; Дора
**Dorian** [ˈdɔːrɪən] Дориан
**Doris** [ˈdɔrɪs] Дорис
**Dorothy** [ˈdɔrəθɪ] Дороти
**Douglas** [ˈdʌgləs] Дуглас

**Ed** [ed] *уменьш. от* Edgar, Edmund, Edward *и* Edwin; Эд
**Eddie, Eddy** [ˈedɪ] *уменьш. от* Edward *и* Edwin; Эдди
**Edgar** [ˈedgə] Эдгар
**Edith** [ˈiːdɪθ] Эдит
**Edmund** [ˈedmənd] Эдмунд
**Edna** [ˈednə] Эдна
**Edward** [ˈedwəd] Эдвард; Эдуард
**Edwin** [ˈedwɪn] Эдвин
**Eleanor** [ˈelɪnə] Элинор; Элеонора
**Elijah** [ɪˈlaɪdʒə] Элайджа; *библ.* Илия
**Elinor** [ˈelɪnə] = Eleanor
**Elisabeth, Elizabeth** [ɪˈlɪzəbəθ] Элизабет; Елизавета
**Ella** [ˈelə] *уменьш. от* Eleanor; Элла
**Ellen** [ˈelɪn] *уменьш. от* Eleanor; Эллен
**Elliot** [ˈeljət] Эллиот
**Elmer** [ˈelmə] Элмер
**Elsie** [ˈelsɪ] *уменьш. от* Elisabeth *и* Alice; Элси
**Elvira** [elˈvaɪərə, elˈvɪərə] Эльвира
**Em** [em] *уменьш. от* Emily; Эм
**Emery** [ˈemərɪ] Эмери
**Emilia** [ɪˈmɪlɪə] Эмилия
**Emily** [ˈemɪlɪ] Эмили; Эмилия
**Emm** [em] *уменьш. от* Emma; Эм(м)
**Emma** [ˈemə] Эмма
**Emmanuel** [ɪˈmænjuəl] Эм(м)ануэль; Эммануил
**Emmie** [ˈemɪ] *уменьш. от* Emma; Эмми
**Emory** [ˈemərɪ] = Emery
**Enoch** [ˈiːnɔk] Инок; *библ.* Енох
**Erasmus** [ɪˈræzməs] Эразм
**Ernest** [ˈəːnɪst] Эрн(е)ст
**Ernie** [ˈəːnɪ] *уменьш. от* Ernest; Эрни
**Essie** [ˈesɪ] *уменьш. от* Esther; Эсси
**Esther** [ˈestə] Эстер; *библ.* Эсфирь
**Ethel** [ˈeθəl] Этель
**Etta** [ˈetə] *уменьш. от* Henrietta; Этта
**Eugene** [juːˈʒeɪn, ˈjuːdʒiːn] Юджин; Евгений
**Eustace** [ˈjuːstəs] Юстас
**Eva, Eve** [ˈiːvə, iːv] Ева
**Evelina, Eveline, Evelyn** [ˌevɪˈliːnə, ˈiːvlɪn, ˈevlɪn, ˈevɪliːn] Эвелина, Эвелин

**Fanny** [ˈfænɪ] *уменьш. от* Frances; Фанни
**Felicia, Felice** [fɪˈlɪsɪə, fɪˈliːs] Фелиция
**Felix** [ˈfiːlɪks] Феликс
**Ferdinand** [ˈfəːdɪnənd] Фердинанд
**Fidelia** [fɪˈdiːljə] Фиделия
**Flo** [fləu] *уменьш. от* Florence *и* Flora; Фло
**Flora** [ˈflɔːrə] Флора
**Florence** [ˈflɔrəns] Флоренс
**Flossie** [ˈflɔsɪ] *уменьш. от* Florence; Флосси
**Floy** [flɔɪ] *уменьш. от* Florence; Флой
**Frances** [ˈfrɑːnsɪs] Франсис; Франсес; Франческа, Франциска
**Francis** [ˈfrɑːnsɪs] Франсис, Фрэнсис; Франциск; Франц
**Frank** [fræŋk] *уменьш. от* Francis; Фрэнк
**Fred, Freddie, Freddy** [fred, ˈfredɪ] *уменьш. от* Frederic(k); Фред, Фредди
**Frederic(k)** [ˈfredrɪk] Фредерик; Фридрих
**Fr(i)eda** [ˈfriːdə] *уменьш. от* Winifred; Фрида

**Gabriel** [ˈgeɪbrɪəl] Габриель; *библ.* Гавриил
**Geffrey, Geoffrey** [ˈdʒefrɪ] Джеффри
**George** [dʒɔːdʒ] Джордж, Георг
**Gerald** [ˈdʒerəld] Джеральд
**Gertie** [ˈgəːtɪ] *уменьш. от* Gertrude; Герти
**Gertrude** [ˈgəːtruːd] Гертруда
**Gideon** [ˈgɪdɪən] Гидеон
**Gil** [gɪl] *уменьш. от* Gilbert; Гил
**Gilbert** [ˈgɪlbət] Гил(ь)берт
**Gladys** [ˈglædɪs] Глэдис
**Gloria** [ˈglɔːrɪə] Глория
**Godfrey** [ˈgɔdfrɪ] Годфри
**Godwin** [ˈgɔdwɪn] Годвин
**Gordon** [ˈgɔːdn] Гордон
**Grace** [greɪs] Грейс
**Graham** [ˈgreɪəm] Грейам, Грэхем
**Gregory** [ˈgregərɪ] Грегори
**Greta** [ˈgriːtə, ˈgretə] *уменьш. от* Margaret; Грета
**Griffith** [ˈgrɪfɪθ] Гриффит
**Guy** [gaɪ] Гай
**Gwendolen, Gwendoline, Gwendolyn** [ˈgwendəlɪn] Гвендолин

**Hadrian** [ˈheɪdrɪən] = Adrian
**Hal** [hæl] *уменьш. от* Henry; Хэл
**Hannah** [ˈhænə] = Anna
**Harold** [ˈhærəld] Гарольд
**Harriet, Harriot** [ˈhærɪət] Харриет; Генриетта
**Harry** [ˈhærɪ] Гарри
**Hatty** [ˈhætɪ] *уменьш. от* Harriet, Harriot; Хэтти
**Helen, Helena** [ˈhelɪn, ˈhelɪnə, heˈliːnə] Элен; Елена
**Henrietta** [ˌhenrɪˈetə] Генриетта
**Henry** [ˈhenrɪ] Генри; Генрих
**Herbert** [ˈhəːbət] Герберт
**Herman(n)** [ˈhəːmən] Герман
**Hester** [ˈhestə] = Esther
**Hetty** [ˈhetɪ] *уменьш. от* Henrietta *и* Hester; Хэтти, Хетти
**Hilary** [ˈhɪlərɪ] Хилари
**Hilda** [ˈhɪldə] Хильда
**Hope** [həup] Хоуп
**Horace, Horatio** [ˈhɔrəs, hɔˈreɪʃɪəu] Горас, Горацио; Гораций
**Howard** [ˈhauəd] Говард
**Hubert** [ˈhjuːbə(ː)t] Хьюберт
**Hugh, Hugo** [hjuː, ˈhjuːgəu] Хью, Хьюго
**Humphr(e)y** [ˈhʌmfrɪ] Хамфри, Хэмфри, Гемфри

**Ida** [ˈaɪdə] Ида
**Ik, Ike** [ɪk, aɪk] *уменьш. от* Isaac; Айк
**Ira** [ˈaɪərə] Айра
**Irene** [aɪˈriːniː, ˈaɪriːn] Айрин, Ирэн; Ирина
**Isaac** [ˈaɪzək] Айзек; Исаак
**Isabel, Isabella** [ˈɪzəbel, ˌɪzəˈbelə] Изабелла
**Isaiah** [aɪˈzaɪə] Исай(я)
**Isidore** [ˈɪzɪdɔː] Исидор
**Isold(e)** [ɪˈzɔld(ə)] Изольда
**Israel** [ˈɪzreɪəl] Израиль

**Jack** [dʒæk] *уменьш. от* John; Джек
**Jacob** [ˈdʒeɪkəb] Дже(й)коб; *библ.* Иаков
**Jake** [dʒeɪk] *уменьш. от* Jacob; Джейк
**James** [dʒeɪmz] Дже(й)мс; *библ.* Иаков
**Jane** [dʒeɪn] Джейн
**Janet** [ˈdʒænɪt] Дженет, Жанет
**Jasper** [ˈdʒæspə] Джаспер
**Jean** [dʒiːn] Джин
**Jeff** [dʒef] *уменьш. от* Jeffrey; Джефф
**Jeffrey** [ˈdʒefrɪ] Джеффри
**Jem** [dʒem] *уменьш. от* James; Джем
**Jemima** [dʒɪˈmaɪmə] Джемайма
**Jen, Jennie** [dʒen, ˈdʒenɪ] *уменьш. от* Jane; Джен, Дженни
**Jennifer** [ˈdʒenɪfə] Дженифер
**Jenny** [ˈdʒenɪ] *уменьш. от* Jane; Дженни
**Jeremiah** [ˌdʒerɪˈmaɪə] Джереми; *библ.* Иеремия
**Jerome** [dʒəˈrəum, ˈdʒerəm] Джером
**Jerry** [ˈdʒerɪ] Джерри
**Jess** [dʒes] *уменьш. от* Jessica; Джесс
**Jessica** [ˈdʒesɪkə] Джессика
**Jessie, Jessy** [ˈdʒesɪ] *уменьш. от* Janet, Jessica; Джесси
**Jim, Jimmy** [dʒɪm, ˈdʒɪmɪ] *уменьш. от* James; Джим, Джимми
**Jo** [dʒəu] *уменьш. от* Joseph *и* Josephine; Джо
**Joachim** [ˈjəuəkɪm] Иоахим
**Joan, Joanna** [dʒəun, dʒəuˈænə] Джоан, Джоанна; ~ of Arc *ист.* Жанна д'Арк
**Job** [dʒəub] Джоб; *библ.* Иов
**Jock** [dʒɔk] *уменьш. от* John; Джок
**Joe** [dʒəu] *уменьш. от* Joseph *и* Josephine; Джо
**Joey** [ˈdʒəuɪ] *уменьш. от* Joseph; Джо
**John** [dʒɔn] Джон; Иоанн
**Johnny** [ˈdʒɔnɪ] *уменьш. от* John; Джонни
**Jonathan** [ˈdʒɔnəθən] Джонатан; *библ.* Ионафан
**Joseph** [ˈdʒəuzɪf] Джозеф; Иосиф
**Josephine** [ˈdʒəuzɪfiːn] Джозефин; Жозефина
**Joshua** [ˈdʒɔʃwə] Джошуа, *библ.* Исус

**Joy** [dʒɔɪ] Джой
**Joyce** [dʒɔɪs] Джойс
**Jozy** [ˈdʒəuzɪ] *уменьш. от* Josephine; Джóзи
**Judith** [ˈdʒu:dɪθ] Джýдит; *библ.* Юдифь
**Judy** [ˈdʒu:dɪ] *уменьш. от* Judith; Джýди
**Julia** [ˈdʒu:ljə] Джýлия; Юлия
**Julian** [ˈdʒu:ljən] Джýлиан; Юлиáн
**Juliana** [ˌdʒu:lɪˈɑ:nə] Джулиáна; Юлиáна
**Juliet** [ˈdʒu:ljət] Джульéтта
**Julius** [ˈdʒu:ljəs] Джýлиус; Юлий

**Kate** [keɪt] *уменьш. от* Catherine; Кейт
**Katharine** [ˈkæθərɪn] = Catherine
**Kathleen** [ˈkæθli:n] Кэ́тлин
**Katie** [ˈkeɪtɪ] = Cathie
**Katrine** [ˈkætrɪn] *уменьш. от* Catherine; Кэ́трин
**Keith** [ki:θ] Кит
**Kenneth** [ˈkenɪθ] Кéннет
**Kit** [kɪt] *уменьш. от* Christopher *и* Catherine; Кит
**Kitty** [ˈkɪtɪ] *уменьш. от* Catherine; Кúтти

**Lambert** [ˈlæmbə(:)t] Лáмбéрт
**Laura** [ˈlɔ:rə] Лóра; Лаýра
**Laurence** [ˈlɔrəns] Лóренс
**Lauretta** [lɔ:ˈretə] *уменьш. от* Laura; Лорéтта
**Lawrence** [ˈlɔrəns] = Laurence
**Lazarus** [ˈlæzərəs] Лáзарь
**Leila** [ˈli:lə] Лéйла
**Leo** [ˈli(:)əu] Лéо
**Leonard** [ˈlenəd] Леонáрд
**Leonora** [ˌli(:)əˈnɔ:rə] Леонóра
**Leopold** [ˈlɪəpəuld] Леопóльд
**Lesley, Leslie** [ˈlezlɪ] Лéсли
**Lew, Lewie** [lu(:), ˈlu(:)ɪ] *уменьш. от* Lewis; Лу, Луú
**Lewis** [ˈlu(:)ɪs] Льюис
**Lillian** [ˈlɪlɪən] Лúлиан; Лилиáна
**Lily** [ˈlɪlɪ] Лúли
**Linda** [ˈlɪndə] Лúнда
**Lionel** [ˈlaɪənl] Лáйонел; Лионéль
**Liz, Liza, Lizzie** [lɪz, ˈlaɪzə, ˈlɪzɪ] *уменьш. от* Elisabeth; Лиз, Лúза, Лúззи
**Lola** [ˈləulə] *уменьш. от* Dolores; Лóла
**Lolly** [ˈlɔlɪ] *уменьш. от* Laura; Лóлли
**Lottie** [ˈlɔtɪ] *уменьш. от* Charlotte; Лóтти
**Louie** [ˈlu(:)ɪ] *уменьш. от* Louis; Луú
**Louis** [ˈlu(:)ɪs] Лýис, Луú
**Louisa, Louise** [lu(:)ˈi:zə, lu(:)ˈi:z] Луúза
**Lucas** [ˈlu:kəs] Лýкас
**Lucy** [ˈlu:sɪ] Люси
**Luke** [lu:k] Л(ь)юк; *библ.* Лукá

**Mabel** [ˈmeɪbəl] Мейбл
**Madeleine** [ˈmædlɪn] Мáделейн; Маделúна
**Madge** [mædʒ] *уменьш. от* Margaret; Мэдж, Мадж
**Mag** [mæg] *уменьш. от* Margaret; Мэг
**Maggie** [ˈmægɪ] *уменьш. от* Margaret; Мэ́гги
**Magnus** [ˈmægnəs] Мáгнус
**Malcolm** [ˈmælkəm] Мáльколъм
**Mamie** [ˈmeɪmɪ] *уменьш. от* Mary; Мéйми
**Marcus** [ˈmɑ:kəs] Мáркус
**Margaret** [ˈmɑ:gərɪt] Мáргарет; Маргарúта
**Margery** [ˈmɑ:dʒərɪ] *уменьш. от* Margaret; Мáрджери
**Margie** [ˈmɑ:dʒɪ] *уменьш. от* Margaret; Мáрджи
**Maria** [məˈraɪə, məˈrɪə] Марúя
**Marian** [ˈmɛərɪən] Мэ́риан
**Marianne** [ˌmɛərɪˈæn] Мариáнна
**Marina** [məˈri:nə] Марúна
**Marion** [ˈmɛərɪən] Мариóн, Мэ́рион
**Marjory** [ˈmɑ:dʒərɪ] *уменьш. от* Margaret; Мáрджори
**Mark** [mɑ:k] Марк
**Martha** [ˈmɑ:θə] Мáрта
**Martin** [ˈmɑ:tɪn] Мáртин
**Mary** [ˈmɛərɪ] Мэ́ри; Марúя
**Mat** [mæt] *уменьш. от* Matthew, Matthias, Mat(h)ilda *и* Martha; Мэт
**Mat(h)ilda** [məˈtɪldə] Матúльда
**Matthew, Matthias** [ˈmæθju:, məˈθaɪəs] Мэ́тью, Мáтиас; *библ.* Матфéй
**Matty** [ˈmætɪ] *уменьш. от* Martha *и* Mat(h)ilda; Мэ́тти
**Maud(e)** [mɔ:d] *уменьш. от* Madeleine *и* Mat(h)ilda; Мод
**Maurice** [ˈmɔrɪs] Мóрис
**Max** [mæks] *уменьш. от* Maximilian; Макс
**Maximilian** [ˌmæksɪˈmɪljən] Максимилиáн
**May** [meɪ] *уменьш. от* Mary *и* Margaret; Мэй, Мей
**Meg, Meggy** [meg, ˈmegɪ] *уменьш. от* Margaret; Мэг, Мег, Мэ́гги, Мéгги
**Mercy** [ˈmə:sɪ] Мéрси
**Meredith** [ˈmerədɪθ] Мéредит
**Michael** [ˈmaɪkl] Майкл; *библ.* Михаúл
**Micky** [ˈmɪkɪ] *уменьш. от* Michael; Мúки
**Mike** [maɪk] *уменьш. от* Michael; Майк
**Mildred** [ˈmɪldrɪd] Мúлдред
**Millie** [ˈmɪlɪ] *уменьш. от* Mildred, Emilia *и* Amelia; Мúлли
**Mima** [ˈmaɪmə] *уменьш. от* Jemima; Мáйма
**Minna** [ˈmɪnə] Мúнна
**Minnie** [ˈmɪnɪ] *уменьш. от* Minna; Мúнни
**Mirabel** [ˈmɪrəbel] Мúрабéл(ь)
**Miranda** [mɪˈrændə] Мирáнда
**Miriam** [ˈmɪrɪəm] Мúриáм
**Moll, Molly** [mɔl, ˈmɔlɪ] *уменьш. от* Mary; Молл, Мóлли
**Monica** [ˈmɔnɪkə] Мóника
**Montagu(e)** [ˈmɔntəgju:] Мóнтегю
**Monty** [ˈmɔntɪ] *уменьш. от* Montagu(e); Мóнти
**Morgan** [ˈmɔ:gən] Мóрган
**Morris** [ˈmɔrɪs] Мóррис
**Mortimer** [ˈmɔ:tɪmə] Мóртимер
**Moses** [ˈməuzɪz] Мóзес; *библ.* Моисéй
**Muriel** [ˈmjuərɪəl] Мюриéль

**Nance, Nancy** [næns, ˈnænsɪ] *уменьш. от* Agnes *и* Ann, Anna; Нэнс, Нэ́нси
**Nannie, Nanny** [ˈnænɪ] *уменьш. от* Ann, Anna; Нэ́нни
**Nat** [næt] *уменьш. от* Nathaniel, Nathan *и* Natalia, Natalie; Нат
**Natalia, Natalie** [nəˈtælɪə, ˈnætəlɪ] Натáлия, Нэ́тали, Натáлú
**Nathan** [ˈneɪθən] Нáтáн
**Nathaniel** [nəˈθænjəl] Натаниэ́ль
**Ned, Neddie, Neddy** [ned, ˈnedɪ] *уменьш. от* Edgar, Edmund, Edwin *и* Edward; Нед, Нéдди
**Nell, Nellie, Nelly** [nel, ˈnelɪ] *уменьш. от* Eleanor *и* Helen, Helena; Нел, Нéлли
**Net, Nettie, Netty** [net, ˈnetɪ] *уменьш. от* Antoinette, Henrietta *и* Janet; Нет, Нéтти
**Neville** [ˈnevɪl] Нéвиль
**Nicholas** [ˈnɪkələs] Нúколас; *библ.* Николáй
**Nick** [nɪk] *уменьш. от* Nicholas; Ник
**Nicola** [ˈnɪkələ] Нúкола
**Nina, Ninette, Ninon** [ˈni:nə, ni:ˈnet, ni:ˈnɔ:ŋ] *уменьш. от* Ann, Anna; Нúна, Нинéтта, Нинóн
**Noah** [ˈnəuə] Ной
**Noel** [ˈnəuəl] Ноэ́ль
**Noll, Nolly** [nɔl, ˈnɔlɪ] *уменьш. от* Olive, Olivia *и* Oliver; Нол, Нóлли
**Nora** [ˈnɔ:rə] *уменьш. от* Eleanor *и* Leonora; Нóра
**Norman** [ˈnɔ:mən] Нóрман

**Odette** [əuˈdet] Одéтта
**Olive** [ˈɔlɪv] Óлив, Олúвия
**Oliver** [ˈɔlɪvə] Óливер
**Olivia** [ɔˈlɪvɪə] Олúвия
**Ophelia** [ɔˈfi:ljə] Офéлия
**Oscar** [ˈɔskə] Óскáр
**Osmond, Osmund** [ˈɔzmənd] Óсмунд
**Oswald** [ˈɔzwəld] Óсвальд
**Ottilia** [ɔˈtɪlɪə] Оттúлия
**Owen** [ˈəuɪn] Óуэн

**Paddy** [ˈpædɪ] *уменьш. от* Patrick *и* Patricia; Пэ́дди, Пáдди
**Pat** [pæt] *уменьш. от* Patrick, Patricia *и* Martha; Пэт, Пат
**Patricia** [pəˈtrɪʃə] Патрúция
**Patrick** [ˈpætrɪk] Пáтрик
**Patty** [ˈpætɪ] *уменьш. от* Martha *и* Mat(h)ilda; Пэ́тти, Пáтти
**Paul** [pɔ:l] Пол(ь); *библ.* Пáвел
**Paula** [ˈpɔ:lə] Пóла, Пáула
**Paulina, Pauline** [pɔ:ˈli:nə, pɔ:ˈli:n] Паулúна; Полúна
**Peg, Peggy** [peg, ˈpegɪ] *уменьш. от* Margaret; Пэг, Пег, Пэ́гги, Пéгги
**Pen** [pen] *уменьш. от* Penelope; Пен
**Penelope** [pɪˈneləpɪ] Пенелóпа
**Penny** [ˈpenɪ] *уменьш. от* Penelope; Пéнни
**Persy** [ˈpə:sɪ] Пéрси
**Pete** [pi:t] *уменьш. от* Peter; Пит
**Peter** [ˈpi:tə] Пúтер; *библ.* Пётр
**Phil** [fɪl] *уменьш. от* Philip; Фил
**Philip** [ˈfɪlɪp] Фúлип; Филúпп
**Pip** [pɪp] *уменьш. от* Philip; Пип
**Pius** [ˈpaɪəs] Пий
**Pol, Polly** [pɔl, ˈpɔlɪ] *уменьш. от* Mary; Полл, Пóлли
**Portia** [ˈpɔ:ʃjə] Пóрция

**Rachel** [ˈreɪtʃəl] Ре́(й)чел; *библ.* Рахи́ль
**Ralph** [reɪf, rælf] Ральф
**Ranald** [ˈrænəld] Рэ́на́льд
**Randolph** [ˈrændɔlf] Ра́ндольф
**Raphael** [ˈræfeɪəl, ˈreɪfl] Рафаэ́ль
**Rasmus** [ˈræzməs] *уменьш. от* Erasmus; Ра́смус
**Ray** [reɪ] *уменьш. от* Rachel *и* Raymond; Рей
**Raymond** [ˈreɪmənd] Раймо́нд
**Rebecca** [rɪˈbekə] Ребе́кка; *библ.* Реве́кка
**Reg, Reggie** [redʒ, ˈredʒɪ] *уменьш. от* Reginald; Редж, Ре́джи
**Reginald** [ˈredʒɪnld] Ре́джина́льд
**Reynold** [ˈrenld] Ре́йно́льд
**Richard** [ˈrɪtʃəd] Ри́чард
**Rita** [ˈriːtə] *уменьш. от* Margaret; Ри́та
**Rob, Robbie** [rɔb, ˈrɔbɪ] *уменьш. от* Robert; Роб, Ро́бби
**Robert** [ˈrɔbət] Ро́берт
**Robin** [ˈrɔbɪn] *уменьш. от* Robert; Ро́бин
**Roddy** [ˈrɔdɪ] *уменьш. от* Roderick; Ро́дди
**Roderick** [ˈrɔdərɪk] Ро́дерик
**Rodney** [ˈrɔdnɪ] Ро́дни
**Roger** [ˈrɔdʒə, ˈrəudʒə] Ро́джер
**Roland** [ˈrəulənd] Ро́ла́нд
**Rolf** [rɔlf, rəuf] Рольф
**Romeo** [ˈrəumɪəu] Ромео
**Ronald** [ˈrɔnld] Ро́на́льд
**Rosa** [ˈrəuzə] Ро́за
**Rosabel, Rosabella** [ˈrəuzəbel, ˌrəuzəˈbelə] Ро́забел, Розабе́лла
**Rosalia, Rosalie** [rəuˈzeɪlɪə, ˈrɔzəlɪ] Роза́лия, Розали́
**Rosalind, Rosaline** [ˈrɔzəlɪnd, ˈrɔzəlaɪn] Розали́на
**Rosamond, Rosamund** [ˈrɔzəmənd] Розаму́нда
**Rose** [rəuz] Ро́уз; Ро́за
**Rosemary** [ˈrəuzmərɪ] Розмари́
**Rowland** [ˈrəulənd] = Roland
**Roy** [rɔɪ] Рой
**Rudolf, Rudolph** [ˈruːdɔlf] Ру́до́льф
**Rupert** [ˈruːpət] Ру́перт
**Ruth** [ruːθ] Рут

**Sadie** [ˈseɪdɪ] *уменьш. от* Sara(h); Се́йди, Сэ́ди
**Sal, Sally** [sæl, ˈsælɪ] *уменьш. от* Sara(h); Сэл, Сэ́лли, Са́лли
**Salome** [səˈləumɪ] Саломе́я
**Sam, Sammy** [sæm, ˈsæmɪ] *уменьш. от* Samuel; Сэм, Сэ́мми
**Sam(p)son** [ˈsæm(p)sn] Сэ́мпсон; *библ.* Самсо́н
**Samuel** [ˈsæmjuəl] Сэ́мюел(ь); *библ.* Самуи́л
**Sanders** [ˈsɑːndəz] *уменьш. от* Alexander; Са́ндерс
**Sandy** [ˈsændɪ] *уменьш. от* Alexander; Сэ́нди, Са́нди
**Sara(h)** [ˈsɛərə] Са́ра
**Saul** [sɔːl] Сол; *библ.* Сау́л
**Sebastian** [sɪˈbæstjən] Себа́стиан
**Septimus** [ˈseptɪməs] Се́птимус
**Sibil, Sibyl, Sibylla** [ˈsɪbɪl, sɪˈbɪlə] Си́бил, Сиби́лла
**Sidney** [ˈsɪdnɪ] Си́дней
**Siegfried** [ˈsiːgfriːd] Зи́гфрид
**Silas** [ˈsaɪləs] Са́йлас
**Silvester** [sɪlˈvestə] Сильве́стр
**Silvia** [ˈsɪlvɪə] Си́львия; Си́льва
**Sim** [sɪm] *уменьш. от* Simeon *и* Simon; Сим
**Simeon** [ˈsɪmɪən] Симео́н
**Simmy** [ˈsɪmɪ] *уменьш. от* Simeon *и* Simon; Си́мми
**Simon** [ˈsaɪmən] Са́ймон
**Sol, Solly** [sɔl, ˈsɔlɪ] *уменьш. от* Solomon; Сол, Со́лли
**Solomon** [ˈsɔləmən] Со́ломо́н
**Sophia** [səuˈfaɪə] Софи́я
**Sophie, Sophy** [ˈsəufɪ] *уменьш. от* Sophia; Софи́
**Stanislas, Stanislaus** [ˈstænɪsləs, ˈstænɪslɔːs] Станисла́в
**Stanley** [ˈstænlɪ] Стэ́нли, Ста́нли
**Stella** [ˈstelə] Сте́лла
**Stephana, Stephanie** [ˈstefənə, ˈstefənɪ] Стефа́ния
**Stephen** [ˈstiːvn] Сти́в(е)н; Сте́фа́н
**Steve** [stiːv] *уменьш. от* Stephen; Стив
**Sue** [sjuː] *уменьш. от* Susan *и* Susanna(h); Сью
**Susan** [ˈsuːzn] Сью́зен; Сюза́нна
**Susanna(h)** [su(ː)ˈzænə] Сюза́нна
**Susie, Susy** [ˈsuːzɪ] *уменьш. от* Susan *и* Susanna(h); Сю́зи
**Sylvester** [sɪlˈvestə] = Silvester
**Sylvia** [ˈsɪlvɪə] = Silvia

**Ted, Teddy** [ted, ˈtedɪ] *уменьш. от* Theodore; Тед, Те́дди
**Terry** [ˈterɪ] *уменьш. от* T(h)eresa; Те́рри
**Tessa** [ˈtesə] *уменьш. от* T(h)eresa; Те́сса
**Theobald** [ˈθɪəbɔːld] Теоба́льд
**Theodora** [θiːəuˈdɔːrə] Теодо́ра
**Theodore** [ˈθɪədɔː] Теодо́р
**T(h)eresa** [təˈriːzə] Тере́за
**Thomas** [ˈtɔməs] То́мас; *библ.* Фома́
**Tib, Tibbie** [tɪb, ˈtɪbɪ] *уменьш. от* Isabel, Isabella; Тиб, Ти́бби
**Tilda** [ˈtɪldə] *уменьш. от* Mat(h)ilda; Ти́лда
**Tilly** [ˈtɪlɪ] *уменьш. от* Mat(h)ilda; Ти́лли
**Tim** [tɪm] *уменьш. от* Timothy; Тим
**Timothy** [ˈtɪməθɪ] Ти́моти
**Tina** [ˈtiːnə] *уменьш. от* Christina; Ти́на
**Tobias** [təˈbaɪəs] Таба́йас, Тоба́йсс
**Toby** [ˈtəubɪ] *уменьш. от* Tobias; То́би
**Tom** [tɔm] *уменьш. от* Thomas; Том
**Tommy** [ˈtɔmɪ] *уменьш. от* Thomas; То́мми
**Tony** [ˈtəunɪ] *уменьш. от* Anthony, Antony; То́ни
**Tristan** [ˈtrɪstən] Триста́н
**Trudy** [ˈtruːdɪ] *уменьш. от* Gertrude; Тру́ди
**Tybalt** [ˈtɪbəlt] Тиба́льт

**Valentine** [ˈvæləntaɪn] Валенти́н
**Veronica** [vɪˈrɔnɪkə] Веро́ника
**Victor** [ˈvɪktə] Ви́кто́р
**Victoria** [vɪkˈtɔːrɪə] Викто́рия
**Vincent** [ˈvɪnsənt] Ви́нсе́нт
**Viola** [ˈvaɪələ] Ви́ола
**Violet** [ˈvaɪəlɪt] Виоле́тта
**Virginia** [vəˈdʒɪnjə] Вирджи́ния, Вирги́ния
**Vivian, Vivien** [ˈvɪvɪən] Ви́вьен

**Wallace** [ˈwɔlɪs] Уо́ллес, Уо́ллас
**Walt** [wɔːlt] *уменьш. от* Walter; Уо́лт
**Walter** [ˈwɔːltə] Уо́лтер; Ва́льтер
**Wat, Watty** [wɔt, ˈwɔtɪ] *уменьш. от* Walter; Уо́т, Уо́тти
**Wilfred, Wilfrid** [ˈwɪlfrɪd] Уи́лфред
**Will** [wɪl] *уменьш. от* William; Уи́лл
**William** [ˈwɪljəm] Уи́льям, Вилья́м; Вильге́льм
**Willy** [ˈwɪlɪ] *уменьш. от* William; Уи́лли, Би́лли
**Win** [wɪn] *уменьш. от* Winifred; Уи́н
**Winifred** [ˈwɪnɪfrɪd] Уи́нифред
**Winnie** [ˈwɪnɪ] *уменьш. от* Winifred; Уи́нни

# СПИСОК ГЕОГРАФИЧЕСКИХ НАЗВАНИЙ

**Aberdeen** [ˌæbəˈdi:n] Аберди́н (*графство и город*)
**Abidjan** [ˌæbɪˈdʒɑ:n] *г.* Абиджа́н; *см.* Yamoussoukro
**Abu Dhabi** [əˈbu:ˈdɑ:bɪ] *г.* Абу́-Да́би
**Abudja** [əˈbu:dʒə] *г.* Абу́джа
**Accra** [əˈkrɑ:] *г.* А́ккра
**Addis Ababa** [ˈædɪsˈæbəbə] *г.* Адди́с-Абе́ба
**Adelaide** [ˈædleɪd] *г.* Аделаи́да
**Aden** [ˈeɪdn] *г.* А́ден
**Adirondack Mts** * [ˌædɪˈrɔndækˈmauntɪnz] го́ры Адиро́ндак
**Admiralty Isls** [ˈædmərəltɪˈaɪləndz] острова́ Адмиралте́йства
**Adriatic Sea** [ˌeɪdrɪˈætɪkˈsi:] Адриати́ческое мо́ре
**Aegean Sea** [i(:)ˈdʒi:ənˈsi:] Эге́йское мо́ре
**Aetna** [ˈetnə] = Etna
**Afghanistan** [æfˈgænɪstæn] Афганиста́н
**Africa** [ˈæfrɪkə] А́фрика
**Alabama** [ˌæləˈbæmə] Алаба́ма
**Åland Isls** [ˈɑ:ləndˈaɪləndz] Ала́ндские острова́
**Alaska** [əˈlæskə] Аля́ска
**Albania** [ælˈbeɪnjə] Алба́ния; **People's Socialist Republic of Albania** Наро́дная Социалисти́ческая Респу́блика Алба́ния, НСРА
**Albany** [ˈɔ:lbənɪ] *г.* О́лбани
**Aleutian Isls** [əˈlu:ʃjənˈaɪləndz] Алеу́тские острова́
**Alexandria** [ˌælɪgˈzɑ:ndrɪə] *г.* Александри́я
**Algeria** [ælˈdʒɪərɪə] Алжи́р
**Algiers** [ælˈdʒɪəz] *г.* Алжи́р
**Al Kuwait** [elkuˈweɪt] *г.* Эль-Куве́йт
**Allegheny Mts** [ˈælɪgenɪˈmauntɪnz] Аллега́нские го́ры
**Alma-Ata** [ˈɑ:lməəˈtɑ:] *г.* Алма́-Ата́
**Alps** [ælps] А́льпы
**Altai** [ælˈteɪaɪ] Алта́й
**Amazon** [ˈæməzən] *р.* Амазо́нка
**America** [əˈmerɪkə] Аме́рика
**Amman** [əˈmɑ:n] *г.* Амма́н
**Amsterdam** [ˈæmstəˈdæm] *г.* Амстерда́м
**Amu Darya** [əˈmu:dəˈrjɑ:] *р.* Амударья́
**Amur** [əˈmuə] *р.* Аму́р
**Andaman Isls** [ˈændəmænˈaɪləndz] Андама́нские острова́

* Слова Mountain, Mountains, Island, Islands даны в сокращении Mt, Mts, Isl, Isls

**Andes** [ˈændi:z] А́нды
**Andorra** [ænˈdɔrə] Андо́рра
**Angara** [ʌŋgʌˈrɑ:] *р.* Ангара́
**Anglesey** [ˈæŋglsɪ] А́нглси
**Angola** [æŋˈgəulə] Анго́ла
**Angora** [ˈæŋgərə] *см.* Ankara
**Angus** [ˈæŋgəs] А́нгус
**Ankara** [ˈæŋkərə] *г.* Анкара́
**Antananarivo** [ˈæntəˌnænəˈri:vəu] *г.* Антананари́ву, Тананари́ве
**Antarctic Continent** [æntˈɑ:ktɪkˈkɔntɪnənt] Антаркти́да
**Antarctic Region** [æntˈɑ:ktɪkˈri:dʒən] Анта́рктика
**Antigua and Barbuda** [ænˈti:gə ənbɑ:ˈbudə] Анти́гуа и Барбу́да
**Antilles** [ænˈtɪli:z] Анти́льские острова́; **Greater Antilles** Больши́е Анти́льские острова́; **Lesser Antilles** Ма́лые Анти́льские острова́
**Antrim** [ˈæntrɪm] А́нтрим
**Antwerp** [ˈæntwə:p] *г.* Антве́рпен
**Apennines** [ˈæpɪnaɪnz] Апенни́ны
**Apia** [æˈpɪə, ˈæpɪə] *г.* А́пиа
**Appalachian Mts, Appalachians** [ˌæpəˈleɪtʃjənˈmauntɪnz, ˌæpəˈleɪtʃjənz] Аппала́чские го́ры, Аппала́чи
**Arabia** [əˈreɪbjə] *п-ов* Ара́вия
**Arabian Sea** [əˈreɪbjənˈsi:] Арави́йское мо́ре
**Aral Sea** [ˈɑ:rəlˈsi:] Ара́льское мо́ре
**Ararat** [ˈærəræt] Арара́т (*гора*)
**Arctic Ocean** [ˈɑ:ktɪkˈəuʃən] Се́верный Ледови́тый океа́н
**Arctic Region** [ˈɑ:ktɪkˈri:dʒən] А́рктика
**Argentina** [ˌɑ:dʒənˈti:nə] Аргенти́на
**Argyll(shire)** [ɑ:ˈgaɪl(ʃɪə)] Арга́йлл(шир)
**Arizona** [ˌærɪˈzəunə] Аризо́на
**Arkansas** [ˈɑ:kənsɔ:] Арканза́с (*река и штат*)
**Arkansas City** [ˈɑ:kənsɔ:ˈsɪtɪ] *г.* Арканза́с-Си́ти
**Arkhangelsk** [ʌrˈkhɑ:ngɪljsk] *г.* Арха́нгельск
**Arlington** [ˈɑ:lɪŋtən] *г.* А́рлингтон
**Armagh** [ɑ:ˈmɑ:] Арма́
**Armenia** [ɑ:ˈmi:njə] Арме́ния; **Armenian Soviet Socialist Republic** Армя́нская Сове́тская Социалисти́ческая Респу́блика
**Ascot** [ˈæskət] *г.* Э́скот
**Ashkhabad** [ˌæʃkəˈbɑ:d] *г.* Ашхаба́д
**Asia** [ˈeɪʃə] А́зия
**Asia Minor** [ˈeɪʃəˈmaɪnə] *п-ов* Ма́лая А́зия

**Asmara** [æzˈmɑ:rə] *г.* Асма́ра
**Assam** [ˈæsæm] Асса́м
**Assouan, Aswan** [ˌæsuˈæn] *г.* Асуа́н
**Assyria** [əˈsɪrɪə] *ист.* Асси́рия
**Astrakhan** [ˌæstrəˈkæn] *г.* А́страхань
**Asunción** [əˌsunsɪˈəun] *г.* Асунсьо́н
**Athens** [ˈæθɪnz] *г.* Афи́ны
**Atlanta** [ətˈlæntə] *г.* Атла́нта
**Atlantic City** [ətˈlæntɪkˈsɪtɪ] *г.* Атла́нтик-Си́ти
**Atlantic Ocean** [ətˈlæntɪkˈəuʃən] Атланти́ческий океа́н
**Atlas Mts** [ˈætləsˈmauntɪnz] Атла́сские го́ры
**Auckland** [ˈɔ:klənd] *г.* О́кленд
**Austin** [ˈɔstɪn] *г.* О́стин
**Australia** [ɔsˈtreɪljə] Австра́лия
**Australia, Commonwealth of** [ˈkɔmənwelθəvɔsˈtreɪljə] Австрали́йский Сою́з
**Austria** [ˈɔstrɪə] А́встрия
**Avon** [ˈeɪvən] *р.* Э́йвон
**Ayr(shire)** [ˈɛə(ʃɪə)] Эр(шир)
**Azerbaijan** [ˌæzəbaɪˈdʒɑ:n] Азербайджа́н; **Azerbaijan Soviet Socialist Republic** Азербайджа́нская Сове́тская Социалисти́ческая Респу́блика
**Azof, Sea of** [ˈsi:əvˈɑ:zɔf] = Azov, Sea of
**Azores** [əˈzɔ:z] Азо́рские острова́
**Azov, Sea of** [ˈsi:əvˈɑ:zɔv] Азо́вское мо́ре

**Bab el Mandeb** [ˈbæbelˈmændeb] Баб-эль-Манде́бский проли́в
**Babylon** [ˈbæbɪlən] *ист.* Вавило́н
**Baffin Bay** [ˈbæfɪnˈbeɪ] Ба́ффинов зали́в
**Bag(h)dad** [bægˈdæd] *г.* Багда́д
**Bahama Isls, Bahamas** [bəˈhɑ:məˈaɪləndz, bəˈhɑ:məz] Бага́мские Острова́, Бага́мы
**Bahrain, Bahrein** [bəˈreɪn] Бахре́йн
**Baikal** [baɪˈkɑ:l] *оз.* Байка́л
**Baku** [bʌˈku:] *г.* Баку́
**Balearic Isls** [ˌbælɪˈærɪkˈaɪləndz] Балеа́рские острова́
**Balkan Mts** [ˈbɔ:lkənˈmauntɪnz] Балка́нские го́ры, Балка́ны
**Balkan Peninsula** [ˈbɔ:lkənpɪˈnɪnsjulə] Балка́нский полуо́стров
**Baltic Sea** [ˈbɔ:ltɪkˈsi:] Балти́йское мо́ре
**Baltimore** [ˈbɔ:ltɪmɔ:] *г.* Ба́лтимор
**Bamako** [ˌbɑ:ˌmɑ:ˈkəu] *г.* Бамако́
**Banff** [bæmf] Банф (*графство и город*)

**Bangkok** [bæŋ'kɔk] *г.* Бангко́к
**Bangladesh** ['bæŋglə'deʃ] Бангладе́ш
**Bangui** [ˌbɑ:ŋ'gi:] *г.* Банги́
**Banjoul, Banjul** [ˌbæn'dʒu:l] *г.* Банджу́л
**Barbados** [bɑ:'beɪdəuz] Барба́дос
**Barcelona** [ˌbɑ:sɪ'ləunə] *г.* Барсело́на
**Barents Sea** ['bɑ:rənts'si:] Ба́ренцево мо́ре
**Basel, Basle** ['bɑ:zəl, 'bɑ:sl] *г.* Ба́зель
**Basra** ['bæzrə] *г.* Ба́сра
**Basseterre** [ˌbɑ:s'tɛə] *г.* Бастéр
**Basse-Terre** [ˌbɑ:s'tɛə] *г.* Бас-Тéр
**Bass Strait** ['bæs'streɪt] Ба́ссов проли́в
**Bath** [bɑ:θ] *г.* Бат
**Batumi** [bɑ:'tu:mɪ] *г.* Бату́ми
**Bedford(shire)** ['bedfəd(ʃɪə)] Бе́дфорд(шир)
**Beds** [bedz] *см.* Bedford(shire)
**Beirut** [beɪ'ru:t] *г.* Бейру́т
**Belfast** ['belfɑ:st] *г.* Бе́лфаст
**Belgium** ['beldʒəm] Бе́льгия
**Belgrade** [bel'greɪd] *г.* Белгра́д
**Belize** [be'li:z] Бели́з
**Bellingshausen Sea** ['belɪŋzˌhauzn-'si:] мо́ре Беллинсга́узена
**Bengal, Bay of** ['beɪəvbeŋ'gɔ:l] Бенга́льский зали́в
**Bengasi, Benghazi** [ben'gɑ:zɪ] *г.* Бенга́зи
**Benin** [bə'ni(:)n, 'benɪn] Бени́н
**Bering Sea** ['berɪŋ'si:] Бе́рингово мо́ре
**Bering Strait** ['berɪŋ'streɪt] Бе́рингов проли́в
**Berks** [bɑ:ks] *см.* Berkshire
**Berkshire** ['bɑ:kʃɪə] Бе́ркшир
**Berlin** [bə:'lɪn] *г.* Берли́н
**Bermuda Isls, Bermudas** [bə(:)'mju:-də'aɪləndz, bə(:)'mju:dəz] Берму́дские Острова́
**Bern(e)** [bə:n] *г.* Берн
**Berwick(shire)** ['berɪk(ʃɪə)] Бе́рик(шир)
**Beyrouth** [beɪ'ru:t] = Beirut
**Bhutan** [bu'tɑ:n] Бута́н
**Bikini** [bɪ'ki:nɪ] *атолл* Бики́ни
**Bilbao** [bɪl'bɑ:əu] *г.* Бильба́о
**Birmingham** ['bə:mɪŋəm] *г.* Би́рмингем
**Biskay, Bay of** ['beɪəv'bɪskeɪ] Биска́йский зали́в
**Bissau** [bɪ'sau] *г.* Биса́у
**Blackpool** ['blækpu:l] *г.* Блэ́кпул
**Black Sea** ['blæk'si:] Чёрное мо́ре
**Blue Mts** ['blu:'mauntɪnz] Голубы́е го́ры
**Bogota** [ˌbɔgəu'tɑ:] *г.* Богота́
**Bolivia** [bə'lɪvɪə] Боли́вия
**Bombay** [bɔm'beɪ] *г.* Бомбе́й
**Bonn** [bɔn] *г.* Бонн
**Bordeaux** [bɔ:'dəu] *г.* Бордо́
**Borneo** ['bɔ:nɪəu] *о-в* Борне́о; *см.* Kalimantan
**Bosporus** ['bɔspərəs] Босфо́р
**Boston** ['bɔstən] *г.* Бо́стон
**Bothnia, Gulf of** ['gʌlfəv'bɔθnɪə] Ботни́ческий зали́в
**Botswana** [bɔ'tswɑ:nə] Ботсва́на
**Boulogne** [bu'lɔɪn] *г.* Було́нь
**Bournemouth** ['bɔ:nməθ] *г.* Бо́рнмут
**Bradford** ['brædfəd] *г.* Брэ́дфорд
**Brahmaputra** [ˌbrɑ:mə'pu:trə] *р.* Брахмапу́тра
**Brasilia** [brə'zɪlɪə] *г.* Брази́лия
**Brazil** [brə'zɪl] Брази́лия
**Brazzaville** ['bræzəvɪl] *г.* Браззави́ль
**Brecknock(shire)** ['breknək(ʃɪə)] Бре́кнок(шир)
**Brecon** ['brekən] *см.* Brecknock-(shire)
**Bremen** ['breɪmən] *г.* Бре́мен
**Brest** [brest] *г.* Брест
**Bridgeport** ['brɪdʒpɔ:t] *г.* Бри́джпорт
**Bridgetown** ['brɪdʒtaun] *г.* Бри́джтаун
**Brighton** ['braɪtn] *г.* Бра́йтон
**Brisbane** ['brɪzbən] *г.* Бри́сбен
**Bristol** ['brɪstl] *г.* Бри́столь
**Britain** ['brɪtn] *см.* Great Britain
**Brittany** ['brɪtnɪ] *ист.* Брета́нь
**Bronx** [brɔŋks] Бронкс
**Brooklyn** ['bruklɪn] Бру́клин
**Bruges** [bru:ʒ] *г.* Брю́гге
**Brunei** [bru:'neɪ] Бруне́й
**Brussels** ['brʌslz] *г.* Брюссе́ль
**Bucharest** [ˌbju:kə'rest] *г.* Бухаре́ст
**Buckingham(shire)** ['bʌkɪŋəm(ʃɪə)] Ба́кингем(шир)
**Bucks** [bʌks] *см.* Buckingham(shire)
**Budapest** ['bju:də'pest] *г.* Будапе́шт
**Buenos Aires** ['bwenəs'aɪərɪz] *г.* Буэ́нос-А́йрес
**Buffalo** ['bʌfələu] *г.* Бу́ффало
**Bug** [bu:g] *р.* Буг
**Bujumbura** [ˌbu:dʒəm'buərə] *г.* Бужумбу́ра
**Bukhara** [bu'kɑ:rə] *г.* Бухара́
**Bulgaria** [bʌl'gɛərɪə] Болга́рия; **People's Republic of Bulgaria** Наро́дная Респу́блика Болга́рия, НРБ
**Burkina Faso** [buə'ki:nə'fɑ:sɔ:] Буркина-Фа́со
**Burma** ['bə:mə] Би́рма
**Burundi** [bu'rundɪ] Буру́нди
**Bute(shire)** ['bju:t(ʃɪə)] Бьют(шир)
**Byelorussia** [ˌbjeləu'rʌʃə] Белору́ссия; **Byelorussian Soviet Socialist Republic** Белору́сская Сове́тская Социалисти́ческая Респу́блика, БССР
**Byzantium** [bɪ'zæntɪəm] *ист.* Византи́я

**Cadiz** [kə'dɪz] *г.* Ка́дис
**Caernarvon(shire)** [kə'nɑ:vən(ʃɪə)] Карна́рвон(шир)
**Cairo** ['kaɪərəu] *г.* Каи́р
**Caithness** ['keɪθnes] Ке́йтнесс
**Calais** ['kæleɪ] *г.* Кале́
**Calcutta** [kæl'kʌtə] *г.* Кальку́тта
**California** [ˌkælɪ'fɔ:njə] Калифо́рния
**Cambridge** ['keɪmbrɪdʒ] *г.* Ке́мбридж
**Cambridgeshire** ['keɪmbrɪdʒʃɪə] Ке́мбриджшир
**Cameroon** ['kæməru:n] Камеру́н
**Campuchea** [kæm'pu:tʃɪə] Кампучи́я
**Canada** ['kænədə] Кана́да
**Canary Isls** [kə'nɛərɪ'aɪləndz] Кана́рские острова́
**Canaveral, Cape** ['keɪpkə'nævərəl] мыс Кана́верал
**Canberra** ['kænbərə] *г.* Ка́нберра
**Cannae** ['kæni:] *ист.* *г.* Ка́нны
**Cannes** [kæn] *г.* Канн
**Canterbury** ['kæntəbərɪ] *г.* Ке́нтербери
**Cape of Good Hope** ['keɪpəv'gud-həup] мыс До́брой Наде́жды
**Cape Town, Capetown** ['keɪptaun] *г.* Ке́йптаун
**Cape Verde Isls** ['keɪp'və:d'aɪləndz] Острова́ Зелёного Мы́са
**Caracas** [kə'rækəs] *г.* Кара́кас
**Cardiff** ['kɑ:dɪf] *г.* Ка́рдифф
**Cardigan(shire)** ['kɑ:dɪgən(ʃɪə)] Ка́рдиган(шир)
**Caribbean (Sea)** [ˌkærɪ'bi(:)ən('si:)] Кари́бское мо́ре
**Carlisle** [kɑ:'laɪl] *г.* Карла́йл
**Carmarthen(shire)** [kə'mɑ:ðən(ʃɪə)] Карма́ртен(шир)
**Carnarvon(shire)** [kə'nɑ:vən(ʃɪə)] = Caernarvon(shire)
**Caroline Isls, Carolines** ['kærəlaɪn-'aɪləndz, 'kærəlaɪnz] Кароли́нские острова́
**Carpathian Mts, Carpathians** [kɑ:-'peɪθjən'mauntɪnz, kɑ:'peɪθjənz] Карпа́тские го́ры, Карпа́ты
**Carpentaria, Gulf of** ['gʌlfəvˌkɑ:-pən'tɛərɪə] зали́в Карпента́рия
**Carthage** ['kɑ:θɪdʒ], **Carthago** [kɑ:-'θeɪgəu] *ист.* Карфаге́н
**Caspian Sea** ['kæspɪən'si:] Каспи́йское мо́ре
**Castries** ['kæstri:z] *г.* Ка́стри
**Caucasus, the** ['kɔ:kəsəs] Кавка́з
**Cayenne** [keɪ'en] *г.* Кайе́нна
**Celebes** [se'li:bɪz] *о-в* Це́лебес; *см.* Sulawesi
**Central African Republic** ['sentrəl-'æfrɪkənrɪ'pʌblɪk] Центральноафрика́нская Респу́блика
**Central America** ['sentrələ'merɪkə] Центра́льная Аме́рика
**Chad** [tʃæd] Чад
**Channel, the** ['tʃænl] *см.* English Channel
**Channel Isls** ['tʃænl'aɪləndz] Норма́ндские острова́
**Charleston** ['tʃɑ:lstən] *г.* Ча́рлстон
**Chatham** ['tʃætəm] *г.* Ча́тем
**Cheltenham** ['tʃeltnəm] *г.* Че́лтнем
**Cherbourg** [ˌʃɛə'buəg] *г.* Шербу́р
**Cheshire** ['tʃeʃə] *г.* Че́шир
**Chester** ['tʃestə] *г.* Че́стер
**Cheviot Hills** ['tʃevɪət'hɪlz] Че́виот-Хилс (*горы*)
**Chicago** [ʃɪ'kɑ:gəu] *г.* Чика́го
**Chile** ['tʃɪlɪ] Чи́ли
**China** ['tʃaɪnə] Кита́й; **the People's Republic of China** Кита́йская Наро́дная Респу́блика, КНР
**Chomolungma** [ˌtʃəuməu'luŋmɑ:] Джомолу́нгма; *см.* Everest
**Chuckchee Sea** ['tʃuktʃɪ'si:] Чуко́тское мо́ре
**Chungking** [tʃuŋ'kɪŋ] *г.* Чунци́н
**Cincinnati** [ˌsɪnsɪ'nætɪ] *г.* Цинцинна́ти
**Clackmannan** [klæk'mænən] Клакма́ннан
**Cleveland** ['kli:vlənd] *г.* Кли́вленд
**Clyde** [klaɪd] *р.* Клайд
**Cologne** [kə'ləun] *г.* Кёльн
**Colombia** [kə'lɔmbɪə] Колу́мбия (*страна*)
**Colombo** [kə'lʌmbəu] *г.* Коло́мбо
**Colorado** [ˌkɔlə'rɑ:dəu] Колора́до
**Columbia** [kə'lʌmbɪə] Колу́мбия (*город и река*)

**Comoro Isls** [ˈkɔməuˈrəuˈaɪləndz] Комо́рские Острова́
**Conakry** [ˈkɔnəkrɪ] *г.* Ко́накри
**Congo, the** [ˈkɔŋgəu] *р.* Ко́нго
**Connecticut** [kəˈnetɪkət] Конне́ктикут
**Constantinople** [ˌkɔnstæntɪˈnəupl] *ист. г.* Константино́поль
**Constantsa** [kɔnˈstɑːntsə] *г.* Конста́нца
**Copenhagen** [ˌkəupnˈheɪgən] *г.* Копенга́ген
**Corfu** [kɔːˈfuː] *о-в* Ко́рфу
**Corinth** [ˈkɔrɪnθ] *ист.* Кори́нф
**Cork** [kɔːk] *г.* Корк
**Cornwall** [ˈkɔːnwəl] Ко́рнуолл
**Corsica** [ˈkɔːsɪkə] *о-в* Ко́рсика
**Costa Rica** [ˈkɔstəˈriːkə] Ко́ста-Ри́ка
**Coventry** [ˈkɔvəntrɪ] *г.* Ко́вентри
**Crete** [kriːt] *о-в* Крит
**Crimea, the** [kraɪˈmɪə] Крым
**Cuba** [ˈkjuːbə] Ку́ба
**Cumberland** [ˈkʌmbələnd] Ка́мберленд
**Curaçao** [ˌkjuərəˈsəu] *о-в* Кюраса́о
**Cyprus** [ˈsaɪprəs] Кипр
**Czechoslovakia** [ˈtʃekəusləuˈvækɪə] Чехослова́кия; **Czechoslovak Socialist Republic** Чехослова́цкая Социалисти́ческая Респу́блика, ЧССР

**Dacca** [ˈdækə] *г.* Да́кка
**Dakar** [ˈdækə, ˈdækɑː] *г.* Дака́р
**Dallas** [ˈdæləs] *г.* Да́ллас
**Damascus** [dəˈmɑːskəs] *г.* Дама́ск
**Danube** [ˈdænjuːb] *р.* Дуна́й
**Dardanelles** [ˌdɑːdəˈnelz] проли́в Дардане́ллы
**Dar es Salaam** [ˈdɑːressəˈlɑːm] *г.* Да́р-эс-Сала́м
**Dartmouth** [ˈdɑːtməθ] *г.* Да́ртмут
**Daugava** [ˈdɑːugɑːvɑ] *р.* Да́угава
**Dead Sea** [ˈdedˈsiː] Мёртвое мо́ре
**Delaware** [ˈdeləwɛə] Де́лавэр
**Delhi** [ˈdelɪ] *г.* Де́ли
**Denbigh(shire)** [ˈdenbɪ(ʃɪə)] Де́нби(шир)
**Denmark** [ˈdenmɑːk] Да́ния
**Denver** [ˈdenvə] *г.* Де́нвер
**Derby(shire)** [ˈdɑːbɪ(ʃɪə)] Де́рби(шир)
**Des Moines** [dɪˈmɔɪn] *г.* Де-Мо́йн
**Detroit** [dəˈtrɔɪt] *г.* Детро́йт
**Devon(shire)** [ˈdevn(ʃɪə)] Де́вон(шир)
**Dieppe** [di(ː)ˈep] *г.* Дьепп
**Dili** [ˈdɪlɪ] *г.* Ди́ли
**District of Columbia** [ˈdɪstrɪktəvkəˈlʌmbɪə] о́круг Колу́мбия
**Djakarta** [dʒəˈkɑːtə] = Jakarta
**Djibouti** [dʒɪˈbuːtɪ] = Jibuti
**Dnieper** [ˈdniːpə] *р.* Днепр
**Dniester** [ˈdniːstə] *р.* Днестр
**Dodecanese Isls** [ˌdəudɪkəˈniːzˈaɪləndz] *о-ва* Додекане́с
**Doha** [ˈdəuhə] *г.* До́ха
**Dominica** [ˌdɔməˈniːkə] Домини́ка
**Dominican Republic** [dəˈmɪnɪkənrɪˈpʌblɪk] Доминика́нская Респу́блика
**Don** [dɔn] *р.* Дон
**Donegal** [ˈdɔnɪgɔːl] До́негол
**Dorset(shire)** [ˈdɔːsɪt(ʃɪə)] До́рсет(шир)
**Dover** [ˈdəuvə] *г.* Дувр
**Dover, Strait of** [ˈstreɪtəvˈdəuvə] Па-де-Кале́
**Down** [daun] Да́ун
**Drake Strait** [ˈdreɪkˈstreɪt] проли́в Дре́йка
**Dublin** [ˈdʌblɪn] *г.* Ду́блин
**Dudley** [ˈdʌdlɪ] *г.* Да́дли
**Dumbarton** [dʌmˈbɑːtn] 1) *г.* Ду́мбартон 2) = Dumbartonshire
**Dumbartonshire** [dʌmˈbɑːtnʃɪə] Ду́мбартоншир
**Dumfries(shire)** [dʌmˈfriːs(ʃɪə)] Да́мфрис(шир)
**Dundee** [dʌnˈdiː] *г.* Да́нди
**Dunkirk** [dʌnˈkəːk] *г.* Дюнке́рк
**Durban** [ˈdəːbən] *г.* Ду́рбан
**Durham** [ˈdʌrəm] Да́рем
**Dushanbe** [djuːˈʃɑːmbə] *г.* Душанбе́

**East China Sea** [ˈiːstˌtʃaɪnəˈsiː] Восто́чно-Кита́йское мо́ре
**Easter Isl** [ˈiːstərˈaɪlənd] о́стров Па́схи
**East Indies** [ˈiːstˈɪndjəz] *ист.* Ост-Индия
**East Lothian** [ˈiːstˈləuðjən] Ист-Ло́тиан
**Ecuador** [ˌekwəˈdɔː] Экуадо́р, Эквадо́р
**Edinburgh** [ˈedɪnbərə] *г.* Эдинбург
**Egypt** [ˈiːdʒɪpt] Еги́пет; **Arab Republic of Egypt** Ара́бская Респу́блика Еги́пет, АРЕ
**Eire** [ˈɛərə] Э́йре; *см.* Ireland
**Elba** [ˈelbə] *о-в* Э́льба
**Elbe** [elb] *р.* Э́льба
**Elbrus, Elbruz** [elˈbruːz] Эльбру́с
**Elgin(shire)** [ˈelgɪn(ʃɪə)] Элгин(шир) [*см. тж.* Moray]
**El Salvador** [elˈsælvədɔː] Сальвадо́р
**Ely, Isle of** [ˈaɪləvˈiːlɪ] Айл-оф-И́ли
**England** [ˈɪŋglənd] А́нглия
**English Channel** [ˈɪŋglɪʃˈtʃænl] Ла-Ма́нш
**Enisei** [ˌjenɪˈseɪ] = Yenisei
**Entebbe** [enˈtebə] *г.* Энте́ббе
**Epsom** [ˈepsəm] *г.* Эпсом
**Equatorial Guinea** [ˌekwəˈtɔːrɪəlˈgɪnɪ] Экваториа́льная Гвине́я
**Erevan** [ˌerəˈvɑːn] = Yerevan
**Erie, Lake** [ˈleɪkˈɪərɪ] о́зеро Э́ри
**Erivan** [ˌerɪˈvɑːn] = Yerevan
**Essex** [ˈesɪks] Эссекс
**Estonia** [esˈtəunjə] Эсто́ния; **Estonian Soviet Socialist Republic** Эсто́нская Сове́тская Социалисти́ческая Респу́блика
**Ethiopia** [ˌiːθɪˈəupjə] Эфио́пия
**Etna** [ˈetnə] Э́тна
**Eton** [ˈiːtn] *г.* И́тон
**Euphrates** [juːˈfreɪtiːz] *р.* Евфра́т
**Europe** [ˈjuərəp] Евро́па
**Everest** [ˈevərest] Эвере́ст

**Fairbanks** [ˈfɛəbæŋks] *г.* Фэ́рбенкс
**Falkland Isls** [ˈfɔːkləndˈaɪləndz] Фолкле́ндские острова́
**Faroe Isls, Faroes** [ˈfɛərəuˈaɪləndz, ˈfɛərəuz] Фаре́рские острова́
**Fermanagh** [fə(ː)ˈmænə] Ферма́на
**Fès, Fez** [fes, fez] *г.* Фес
**Fife** [faɪf] Файф
**Fiji** [fiːˈdʒiː] Фи́джи
**Finland** [ˈfɪnlənd] Финля́ндия
**Firth of Forth** [ˈfəːθəvˈfɔːθ] *залив* Ферт-оф-Фо́рт
**Flint(shire)** [ˈflɪnt(ʃɪə)] Фли́нт(шир)
**Florence** [ˈflɔrəns] *г.* Флоре́нция
**Florida** [ˈflɔrɪdə] *г.* Флори́да
**Folkestone** [ˈfəukstən] *г.* Фо́лкстон
**Formosa** [fɔːˈməusə] Формо́за; *см.* Taiwan
**Forth** [fɔːθ] *р.* Форт
**France** [frɑːns] Фра́нция
**Franz Josef Land** [ˈfræntsˈdʒəuzɪflænd] Земля́ Фра́нца Ио́сифа
**Freetown** [ˈfriːtaun] *г.* Фри́таун
**Frunze** [ˈfruːnzə] *г.* Фру́нзе
**Fujiyama** [ˌfuːdʒɪˈjɑːmə] Фудзия́ма
**Funafuti** [fuːnəˈfuːtiː] *г.* Фунафу́ти

**Gabon, Gaboon** [gəˈbɔːŋ, gəˈbuːn] Габо́н
**Gaborone** [ˈgæbərɔn] *г.* Габоро́не
**Galápagos Isls** [gəˈlæpəgəsˈaɪləndz] Галапаго́сские острова́
**Gambia** [ˈgæmbɪə] Га́мбия
**Ganges** [ˈgændʒiːz] *р.* Ганг
**Gary** [ˈgɛərɪ] *г.* Гэ́ри
**Gdansk** [ˈgdɑːnjsk] *г.* Гданьск
**Gdynia** [gəˈdɪnjə] *г.* Гды́ня
**Geneva** [dʒɪˈniːvə] *г.* Жене́ва
**Genoa** [ˈdʒenəuə] *г.* Ге́нуя
**Georgetown** [ˈdʒɔːdʒtaun] *г.* Джо́рджтаун
**Georgia** I [ˈdʒɔːdʒjə] Джо́рджия (*штат США*)
**Georgia** II [ˈdʒɔːdʒjə] Гру́зия; **Georgian Soviet Socialist Republic** Грузи́нская Сове́тская Социалисти́ческая Респу́блика
**German Democratic Republic** [ˈdʒəːmənˌdeməˈkrætɪkrɪˈpʌblɪk] Герма́нская Демократи́ческая Респу́блика, ГДР
**German Federal Republic** [ˈdʒəːmənˈfedərəlrɪˈpʌblɪk] Федерати́вная Респу́блика Герма́нии, ФРГ
**Germany** [ˈdʒəːmənɪ] *ист.* Герма́ния
**Gettysburg** [ˈgetɪzbəːg] *г.* Ге́ттисберг
**Ghana** [ˈgɑːnə] Га́на
**Ghent** [gent] *г.* Гент
**Gibraltar** [dʒɪˈbrɔːltə] Гибралта́р
**Glamorgan(shire)** [gləˈmɔːgən(ʃɪə)] Гламо́рган(шир)
**Glasgow** [ˈglɑːsgəu] *г.* Гла́зго
**Gloucester(shire)** [ˈglɔstə(ʃɪə)] Гло́стер(шир)
**Gobi, the** [ˈgəubɪ] Го́би
**Gorki** [ˈgɔːrjkɪ] *г.* Го́рький
**Got(h)land** [ˈgɔtlənd (ˈgɔθlənd)] *о-в* Го́тланд
**Grampian Hills, the Grampians** [ˈgræmpjənˈhɪlz, ˈgræmpjənz] Грампиа́нские го́ры
**Great Bear Lake** [ˈgreɪtbɛəˈleɪk] Большо́е Медве́жье о́зеро
**Great Britain** [ˈgreɪtˈbrɪtn] Великобрита́ния
**Great Slave Lake** [ˈgreɪtsleɪvˈleɪk] Большо́е Нево́льничье о́зеро
**Great Yarmouth** [ˈgreɪtˈjɑːməθ] = Yarmouth
**Greece** [griːs] Гре́ция
**Greenland** [ˈgriːnlənd] Гренла́ндия
**Greenwich** [ˈgrɪnɪdʒ] *г.* Гри́н(в)ич
**Grenada** [grəˈneɪdə] Грена́да
**Guadalcanal** [ˌgwɑːdəlkəˈnæl] *о-в* Гуадалкана́л
**Guadeloupe** [ˌgwɑːdəˈluːp] Гваделу́па

**Guam** [gwɔm] *о-в* Гуа́м
**Guatemala** [ˌgwætɪˈmɑːlə] Гватема́ла
**Guatemala (City)** [ˌgwætɪˈmɑːlə(ˈsɪtɪ)] *г.* Гватема́ла
**Guayaquil** [ˌgwaɪəˈkiːl] *г.* Гуаяки́ль
**Guernsey** [ˈgəːnzɪ] *о-в* Ге́рнси
**Guinea** [ˈgɪnɪ] Гвине́я
**Guinea-Bissau** [ˈgɪnɪbɪˈsau] Гвине́я-Биса́у
**Guyana** [gaɪˈɑːnə] Гайа́на

**Hague, the** [heɪg] *г.* Гаа́га
**Haifa** [ˈhaɪfə] *г.* Ха́йфа
**Hainan** [haɪˈnæn] *о-в* Хайна́нь
**Haiti** [ˈheɪtɪ] Гаи́ти
**Hakodate** [ˌhækəuˈdɑːtɪ] *г.* Хакода́те
**Halifax** [ˈhælɪfæks] *г.* Га́лифакс
**Hamburg** [ˈhæmbəːg] *г.* Га́мбург
**Hamilton** [ˈhæmɪltən] *г.* Га́мильтон
**Hampshire** [ˈhæmpʃɪə] Ге́мпшир
**Hanoi** [hæˈnɔɪ] *г.* Хано́й
**Hants** [hænts] *см.* Hampshire
**Harare** [ˈhɑːrəre] *г.* Хара́ре
**Harrow** [ˈhærəu] *г.* Ха́рроу
**Harwell** [ˈhɑːwel] *г.* Ха́руэлл
**Harwich** [ˈhærɪdʒ] *г.* Ха́ридж
**Hastings** [ˈheɪstɪŋz] *г.* Га́стингс
**Havana** [həˈvænə] *г.* Гава́на
**Havre** [ˈhɑːvrə] *г.* Гавр
**Hawaii** [hɑːˈwaiiː] Гава́йи (*острова и штат*)
**Hawaiian Isls** [hɑːˈwaɪɪənˈaɪləndz] Гава́йские острова́
**Hebrides** [ˈhebrɪdiːz] Гебри́дские острова́
**Hel(i)goland** [ˈhelɪgəulænd] *о-в* Ге́льголанд
**Hellas** [ˈhelæs] *ист.* Элла́да
**Hellespont** [ˈhelɪspɔnt] *ист.* Геллеспо́нт
**Helsinki** [ˈhelsɪŋkɪ] *г.* Хе́льсинки
**Henley(-on-Thames)** [ˈhenlɪ(ɔnˈtemz)] *г.* Хе́нлей (-на-Те́мзе)
**Hereford(shire)** [ˈherɪfəd(ʃɪə)] Хе́рефорд(шир)
**Hertford(shire)** [ˈhɑːfəd(ʃɪə)] Ха́ртфорд(шир)
**Herts** [hɑːts] *см.* Hertford (shire)
**Himalaya(s), the** [ˌhɪməˈleɪə(z)] Гимала́и, Гимала́йские го́ры
**Hindu Kush** [ˈhɪnduːˈkuːʃ] *горы* Гиндуку́ш
**Hindustan** [ˌhɪnduˈstɑːn] *п-ов* Индоста́н
**Hiroshima** [hɪˈrɔʃɪmə] *г.* Хиро́сима
**Ho Chi Minh** [ˌhəuˌtʃiːˈmɪn] *г.* Хошими́н
**Holland** [ˈhɔlənd] Голла́ндия; *см.* Netherlands
**Hollywood** [ˈhɔlɪwud] *г.* Го́лливуд
**Honduras** [hɔnˈdjuərəs] Гондура́с
**Hong Kong** [hɔŋˈkɔŋ] Гонко́нг; *см.* Siangan
**Honiara** [ˌhəunɪˈɑːrə] *г.* Хониа́ра
**Honolulu** [ˌhɔnəˈluːluː] *г.* Гонолу́лу
**Honshu** [ˈhɔnʃuː] *о-в* Хо́нсю
**Horn, Cape** [ˈkeɪpˈhɔːn] мыс Горн
**Houston** [ˈhjuːstən] *г.* Хью́стон
**Hudson** [ˈhʌdsn] *р.* Гудзо́н
**Hudson Bay** [ˈhʌdsnˈbeɪ] Гудзо́нов зали́в
**Hudson Strait** [ˈhʌdsnˈstreɪt] Гудзо́нов проли́в
**Hull** [hʌl] *г.* Гулль, Халл
**Hungary** [ˈhʌŋgərɪ] Ве́нгрия; **Hungarian People's Republic** Венге́рская Наро́дная Респу́блика, ВНР
**Huntingdon(shire)** [ˈhʌntɪŋdən(ʃɪə)] Ха́нтингдон(шир)
**Hunts** [hʌnts] *см.* Huntingdon(shire)
**Huron, Lake** [ˈleɪkˈhjuərən] о́зеро Гуро́н
**Hwang Ho** [hwæŋˈhəu] *р.* Хуанхэ́
**Hyderabad** [ˈhaɪdərəbæd] *г.* Хайдараба́д

**Iceland** [ˈaɪslənd] Исла́ндия
**Idaho** [ˈaɪdəhəu] Айда́хо
**Illinois** [ˌɪlɪˈnɔɪ] Иллино́йс
**India** [ˈɪndjə] И́ндия
**Indiana** [ˌɪndɪˈænə] Индиа́на
**Indian Ocean** [ˈɪndjənˈəuʃən] Инди́йский океа́н
**Indonesia** [ˌɪndəuˈniːzjə] Индоне́зия
**Indus** [ˈɪndəs] *р.* Инд
**Inverness** [ˌɪnvəˈnes] Инверне́сс
**Ionian Sea** [aɪˈəunjənˈsiː] Иони́ческое мо́ре
**Iowa** [ˈaɪəuə] А́йова
**Irak** [ɪˈrɑːk] = Iraq
**Iran** [ɪˈrɑːn] Ира́н
**Iraq** [ɪˈrɑːk] Ира́к
**Ireland** [ˈaɪələnd] Ирла́ндия
**Irtish** [ɪrˈtɪʃ] *р.* Ирты́ш
**Isfahan** [ˈɪsfəhæn] *г.* Исфаха́н
**Islamabad** [ɪzˌlɑːməˈbɑːd] *г.* Исламаба́д
**Islington** [ˈɪzlɪŋtən] *г.* Ислингтон
**Ispahan** [ˌɪspəˈhɑːn] = Isfahan
**Israel** [ˈɪzreɪəl] Изра́иль
**Istanbul** [ˌɪstænˈbuːl] *г.* Стамбу́л
**Italy** [ˈɪtəlɪ] Ита́лия
**Ivory Coast** [ˈaɪvərɪˈkəust] Бе́рег Слоно́вой Ко́сти
**Izmir** [ɪzˈmɪr] *г.* Изми́р

**Jacksonville** [ˈdʒæksnvɪl] *г.* Джэ́ксонвилл
**Jaffa** [ˈdʒæfə] *г.* Я́ффа
**Jaipur** [dʒaɪˈpuə] *г.* Джайпу́р
**Jakarta** [dʒəˈkɑːtə] *г.* Джака́рта
**Jamaica** [dʒəˈmeɪkə] Яма́йка
**Japan** [dʒəˈpæn] Япо́ния
**Java** [ˈdʒɑːvə] *о-в* Я́ва
**Jersey** [ˈdʒəːzɪ] *о-в* Дже́рси
**Jersey City** [ˈdʒəːzɪˈsɪtɪ] *г.* Дже́рси-Си́ти
**Jerusalem** [dʒəˈruːsələm] *г.* Иерусали́м
**Jibuti** [dʒɪˈbuːtɪ] *г.* Джибу́ти
**Jidda** [ˈdʒɪdə] *г.* Джи́дда
**Jogjakarta** [ˌdʒəugjəˈkɑːtə] *г.* Джокьяка́рта
**Johannesburg** [dʒəuˈhænɪsbəːg] *г.* Йоха́ннесбург
**Jordan** [ˈdʒɔːdn] 1) Иорда́ния 2) *р.* Иорда́н
**Jugoslavia** [ˈjuːgəuˈslɑːvjə] = Yugoslavia
**Jutland** [ˈdʒʌtlənd] *п-ов* Ютла́ндия

**Kabul** [ˈkɔːbl] *г.* Кабу́л
**Kalahari Desert** [ˌkɑːlɑːˈhɑːrɪˈdezət] пусты́ня Калаха́ри
**Kalimantan** [ˌkɑːlɪˈmɑːntɑːn] *о-в* Калиманта́н
**Kaliningrad** [kəˈliːnɪngrɑːd] *г.* Калинингра́д
**Kama** [ˈkɑːmə] *р.* Ка́ма
**Kamchatka** [kəmˈtʃætkə] *п-ов* Камча́тка
**Kampala** [kɑːmˈpɑːlə] *г.* Кампа́ла
**Kansas** [ˈkænzəs] Канза́с
**Kansas City** [ˈkænzəsˈsɪtɪ] *г.* Канза́с-Си́ти
**Karachi** [kəˈrɑːtʃɪ] *г.* Кара́чи
**Kara Sea** [ˈkɑːrɑːˈsiː] Ка́рское мо́ре
**Karlovy Vary** [ˈkɑːləuvɪˈvɑːrɪ] *г.* Ка́рлови-Ва́ри
**Kashmir** [kæʃˈmɪə] Кашми́р
**Katmandu** [ˈkɑːtmɑːnˈduː] *г.* Катманду́
**Kattegat** [ˌkætɪˈgæt] *пролив* Каттега́т
**Kaunas** [ˈkaunɑːs] *г.* Ка́унас
**Kazakhstan** [ˌkɑːzɑːhˈstɑːn] Казахста́н; **Kazakh Soviet Socialist Republic** Каза́хская Сове́тская Социалисти́ческая Респу́блика
**Kent** [kent] Кент
**Kentucky** [kenˈtʌkɪ] Кенту́кки
**Kenya** [ˈkenjə] Ке́ния
**Kerch** [kertʃ] *г.* Керчь
**Kerry** [ˈkerɪ] Ке́рри
**Kharkov** [ˈkɑːrjkəf] *г.* Ха́рьков
**Khart(o)um** [kɑːˈtuːm] *г.*Harту́м
**Kiel** [kiːl] *г.* Киль
**Kiev** [ˈkiːjef] *г.* Ки́ев
**Kigali** [kɪˈgɑːlɪ] *г.* Кига́ли
**Kilimanjaro** [ˌkɪlɪmənˈdʒɑːrəu] Килиманджа́ро (*гора*)
**Kilkenny** [kɪlˈkenɪ] Килке́нни
**Kincardine** [kɪnˈkɑːdɪn] Кинка́рдин
**Kingston** [ˈkɪŋstən] *г.* Ки́нгстон
**Kingstown** [ˈkɪŋztaun] *г.* Ки́нгстаун
**Kinross** [kɪnˈrɔs] Кинро́сс
**Kinshasa** [kɪnˈʃɑːsə] *г.* Кинша́са
**Kioto** [kɪˈəutəu] = Kyoto
**Kirg(h)izia** [kəːˈgiːzjə] Кирги́зия; **Kirg(h)iz Soviet Socialist Republic** Кирги́зская Сове́тская Социалисти́ческая Респу́блика
**Kiribati** [kɪrɪˈbɑːtɪ] Кириба́ти
**Kirkcudbright(shire)** [kəːˈkuːbrɪ(ʃɪə)] Керку́бри(шир)
**Kishinev** [ˌkɪʃɪˈnjɔːf] *г.* Кишинёв
**Klaipeda** [ˈklaɪpɪdə] *г.* Кла́йпеда
**Klondike** [ˈklɔndaɪk] Клонда́йк
**Kobe** [ˈkəubɪ] *г.* Ко́бе
**Kongo** [ˈkɔŋgəu] = Congo
**Korea** [kəˈrɪə] Коре́я; **the Democratic People's Republic of Korea** Коре́йская Наро́дно-Демократи́ческая Респу́блика, КНДР
**Kuala Lumpur** [ˈkwɑːləˈlumpuə] *г.* Куа́ла-Лу́мпур
**Kuibyshev** [ˈkuːɪbɪʃef] *г.* Ку́йбышев
**Kuril(e) Isls** [kuˈriːlˈaɪləndz] Кури́льские острова́
**Kuwait** [kuˈweɪt] Куве́йт
**Kyoto** [kɪˈəutəu] *г.* Кио́то

**Labrador** [ˈlæbrədɔː] *п-ов* Лабрадо́р
**Ladoga** [ˈlædəugə] Ла́дожское о́зеро
**Lagos** [ˈleɪgɔs] *г.* Ла́гос; *см.* Abudja
**Lahore** [ləˈhɔː] *г.* Лахо́р
**Lake District** [ˈleɪkˌdɪstrɪkt] Озёрная о́бласть
**Lanark(shire)** [ˈlænək(ʃɪə)] Ла́нарк(шир)
**Lancashire** [ˈlæŋkəʃɪə] Ла́нкашир

**Lancaster** [ˈlæŋkəstə] 1) = Lancashire 2) *г.* Ла́нкастер

**Laos** [lauz] Лао́с

**La Paz** [lɑːˈpæz] *г.* Ла-Па́с

**La Plata** [ləˈplɑːtə] *г.* Ла-Пла́та

**Laptev Sea** [ˈlɑːptjəfˈsiː] мо́ре Ла́птевых

**Latvia** [ˈlætvɪə] Ла́твия; **Latvian Soviet Socialist Republic** Латви́йская Сове́тская Социалисти́ческая Респу́блика

**Lebanon** [ˈlebənən] Лива́н

**Leeds** [liːdz] *г.* Лидс

**Leghorn** [ˈlegˈhɔːn] *г.* Ливо́рно

**Leicester(shire)** [ˈlestə(ʃɪə)] Ле́стер(шир)

**Leipzig** [ˈlaɪpzɪg] *г.* Ле́йпциг

**Lena** [ˈleɪnə] *р.* Ле́на

**Leningrad** [ˈlenɪngræd] *г.* Ленингра́д

**Lenin Peak** [ˈlenɪnˈpiːk] пик Ле́нина

**Lesotho** [ləˈsəutəu] Лесо́то

**Lhasa** [ˈlɑːsə] *г.* Лха́са

**Liberia** [laɪˈbɪərɪə] Либе́рия

**Libia** [ˈlɪbɪə] = Libya

**Libreville** [ˌliːbrəˈviːl] *г.* Либреви́ль

**Libya** [ˈlɪbɪə] Ли́вия

**Liechtenstein** [ˈlɪktənstaɪn] Ли́хтенште́йн

**Liége** [lɪˈeɪʒ] *г.* Льеж

**Lilongwe** [lɪˈlɔŋwə] *г.* Лило́нгве

**Lima** [ˈliːmə] *г.* Ли́ма

**Lincoln(shire)** [ˈlɪŋkən(ʃɪə)] Ли́нкольн(шир)

**Lisbon** [ˈlɪzbən] *г.* Лис(с)або́н

**Lithuania** [ˌlɪθu(ː)ˈeɪnjə] Литва́; **Lithuanian Soviet Socialist Republic** Лито́вская Сове́тская Социалисти́ческая Респу́блика

**Little Rock** [ˈlɪtlˈrɔk] *г.* Литл-Рок

**Liverpool** [ˈlɪvəpuːl] *г.* Ли́верпул(ь)

**Lofoten Isls** [ləuˈfəutənˈaɪləndz] Лофоте́нские острова́

**Loire** [lwɑː] *р.* Луа́ра

**Lome** [lɔːˈmeɪ] *г.* Ломе́

**London** [ˈlʌndən] *г.* Ло́ндон

**Londonderry** [ˌlʌndənˈderɪ] Лондонде́рри (*город и графство*)

**Los Angeles** [lɔsˈænʤɪliːz] *г.* Лос-А́нджелес

**Louisiana** [lu(ː)ˌiːzɪˈænə] Луизиа́на

**Luanda** [lu(ː)ˈændə] *г.* Луа́нда

**Lusaka** [lu(ː)ˈsɑːkə] *г.* Луса́ка

**Luxemburg** [ˈlʌksəmbəːg] Люксембу́рг

**Luzon** [luːˈzɔn] *о-в* Лусо́н

**Lyons** [ˈlaɪənz] *г.* Лио́н

**Mackenzie** [məˈkenzɪ] *р.* Макке́нзи

**Madagascar** [ˌmædəˈgæskə] Мадагаска́р

**Madeira** [məˈdɪərə] *о-в* Маде́йра

**Madras** [məˈdrɑːs] *г.* Мадра́с

**Madrid** [məˈdrɪd] *г.* Мадри́д

**Magellan, Strait of** [ˈstreɪtəvməˈgelən] Магелла́нов проли́в

**Maine** [meɪn] Мэн (*штат США*)

**Majorca** [məˈʤɔːkə] *о-в* Мальо́рка, Майо́рка

**Makassar Strait** [məˈkæsəˈstreɪt] Макаса́рский проли́в

**Malabo** [məˈlɑːbəu] *г.* Мала́бо

**Malawi** [məˈlɑːwɪ] Мала́ви

**Malay Archipelago** [məˈleɪˌɑːkɪˈpelɪgəu] Мала́йский архипела́г

**Malaysia** [məˈleɪzɪə] Мала́йзия

**Maldives** [ˈmɔːldɪvz] Мальди́вы, Мальди́вские острова́

**Male** [ˈmɑːleɪ] *г.* Ма́ле

**Mali** [ˈmɑːlɪ] Мали́

**Malta** [ˈmɔːltə] Ма́льта

**Man** [mæn] *о-в* Мэн

**Managua** [məˈnɑːgwə] *г.* Мана́гуа

**Manama** [məˈnæmə] *г.* Мана́ма

**Manchester** [ˈmænʧɪstə] *г.* Ма́нчестер

**Manhattan** [mænˈhætən] Манха́ттан

**Manila** [məˈnɪlə] *г.* Мани́ла

**Manitoba** [ˌmænɪˈtəubə] Манито́ба

**Mannar, Gulf of** [ˈgʌlfəvməˈnɑː] Мана́рский зали́в

**Maputo** [məˈpuːtəu] *г.* Мапу́ту

**Margate** [ˈmɑːgɪt] *г.* Ма́ргит

**Mariana Isls, Marianas** [ˌmɑːrɪˈɑːnəˈaɪləndz, ˌmɑːrɪˈɑːnəz] Мариа́нские острова́

**Marmara (Marmora), Sea of** [ˈsiːəvˈmɑːmərə] Мра́морное мо́ре

**Marquesas Isls** [mɑːˈkeɪsæsˈaɪləndz] Марки́зские острова́

**Marseilles** [mɑːˈseɪlz] *г.* Марсе́ль

**Marshall Isls** [ˈmɑːʃəlˈaɪləndz] Ма́ршалловы острова́

**Martinique** [ˌmɑːtɪˈniːk] Мартини́ка

**Maryborough** [ˈmɛərɪbərə] *г.* Мэ́риборо

**Maryland** [ˈmɛərɪlænd] Мэ́риленд

**Maseru** [ˈmæzəruː] *г.* Ма́серу

**Masqat** [ˈmʌskət] = Muscat

**Massachusetts** [ˌmæsəˈʧuːsɪts] Массачу́сетс

**Mauritania** [ˌmɔːrɪˈteɪnjə] Маврита́ния

**Mauritius** [məˈrɪʃəs] Маври́кий

**Mbabane** [əmˌbɑːˈbɑːnɪ] *г.* Мбаба́не

**Mecca** [ˈmekə] *г.* Ме́кка

**Medina** [meˈdiːnə] *г.* Меди́на

**Mediterranean Sea** [ˌmedɪtəˈreɪnjənˈsiː] Средизе́мное мо́ре

**Mekong** [meɪˈkɔːŋ] *р.* Меко́нг

**Melanesia** [ˌmeləˈniːzjə] Мелане́зия

**Melbourne** [ˈmelbən] *г.* Ме́льбурн

**Memphis** [ˈmemfɪs] *г.* Ме́мфис

**Merioneth(shire)** [ˌmerɪˈɔnɪθ(ʃɪə)] Мерио́нет(шир)

**Mersey** [ˈməːzɪ] *р.* Мерсе́й (Ме́рси)

**Mesopotamia** [ˌmesəpəˈteɪmjə] *ист.* Месопота́мия

**Mexico** [ˈmeksɪkəu] Ме́ксика

**Mexico (City)** [ˈmeksɪkəu(sɪtɪ)] *г.* Ме́хико

**Mexico, Gulf of** [ˈgʌlfəvˈmeksɪkəu] Мексика́нский зали́в

**Miami** [maɪˈæmɪ] *г.* Майа́ми

**Michigan** [ˈmɪʃɪgən] Ми́чиган

**Michigan, Lake** [ˈleɪkˈmɪʃɪgən] о́зеро Ми́чиган

**Middlesex** [ˈmɪdlseks] Ми́длсекс

**Midlothian** [mɪdˈləuðjən] Мидло́тиан

**Midway** [ˈmɪdweɪ] *о-в* Ми́дуэй

**Milan** [mɪˈlæn] *г.* Мила́н

**Miletus** [mɪˈliːtəs] *ист. г.* Миле́т

**Milwaukee** [mɪlˈwɔːki(ː)] *г.* Милуо́ки

**Mindanao** [ˌmɪndəˈnɑːəu] *о-в* Минданао

**Minneapolis** [ˌmɪnɪˈæpəlɪs] *г.* Миннеа́полис

**Minnesota** [ˌmɪnɪˈsəutə] Миннесо́та

**Minorca** [mɪˈnɔːkə] *о-в* Мено́рка

**Minsk** [mɪnsk] *г.* Минск

**Mississippi** [ˈmɪsɪˈsɪpɪ] Миссиси́пи (*река и штат*)

**Missouri** [mɪˈzuərɪ] Миссу́ри (*река и штат*)

**Mogadiscio, Mogadishu** [ˌmɔgəˈdɪʃəu, ˌmɔgəˈdɪʃu(ː)] *г.* Могади́шо

**Moldavia** [mɔlˈdeɪvjə] Молда́вия; **Moldavian Soviet Socialist Republic** Молда́вская Сове́тская Социалисти́ческая Респу́блика

**Molucca Isls, Moluccas** [məuˈlʌkəˈaɪləndz, məuˈlʌkəz] Молу́ккские острова́

**Monaco** [ˈmɔnəkəu] Мона́ко

**Mongolia** [mɔŋˈgəuljə] Монго́лия; **Mongolian People's Republic** Монго́льская Наро́дная Респу́блика, МНР

**Monmouth(shire)** [ˈmɔnməθ(ʃɪə)] Мо́нмут(шир)

**Monrovia** [mənˈrəuvɪə] *г.* Монро́вия

**Montana** [mɔnˈtænə] Монта́на

**Mont Blanc** [mɔːnˈblɑːŋ] Монбла́н

**Monte Carlo** [ˈmɔntɪˈkɑːləu] *г.* Мо́нте-Ка́рло

**Montevideo** [ˌmɔntɪvɪˈdeɪəu] *г.* Монтевиде́о

**Montgomery(shire)** [məntˈgʌmərɪ(ʃɪə)] Монтго́мери(шир)

**Montreal** [ˌmɔntrɪˈɔːl] *г.* Монреа́ль

**Moray** [ˈmʌrɪ] Мо́ри, Ма́ри [*см. тж.* Elgin(shire)]

**Morocco** [məˈrɔkəu] Маро́кко

**Moscow** [ˈmɔskəu] *г.* Москва́

**Mosul** [məuˈsuːl] *г.* Мосу́л

**Mozambique** [ˌməuzəmˈbiːk] Мозамби́к

**Munich** [ˈmjuːnɪk] *г.* Мю́нхен

**Murmansk** [muəˈmɑːnsk] *г.* Му́рманск

**Murray** [ˈmʌrɪ] *р.* Му́ррей (Ма́рри)

**Muscat** [ˈmʌskət] *г.* Маска́т

**Mysore** [maɪˈsɔː] Майсу́р

**Nagasaki** [ˌnægəˈsɑːkɪ] *г.* Нагаса́ки

**Nairn** [nɛən] Нэрн

**Nairobi** [ˌnaɪəˈrəubɪ] *г.* Найро́би

**Namibia** [nəˈmɪbjə] Нами́бия

**Nanking** [nænˈkɪŋ] *г.* Нанки́н

**Naples** [ˈneɪplz] *г.* Неа́поль

**Narvik** [ˈnɑːvɪk] *г.* На́рвик

**Nassau** [ˈnɑːsɔː] *г.* На́ссо

**Nauru** [nɑ(ː)ˈuːru] Нау́ру

**N'Djamena** [nʤɑːˈmenə] *г.* Нджаме́на

**Nebraska** [nɪˈbræskə] Небра́ска

**Neman** [ˈnemən] *р.* Не́ман

**Nepal** [nɪˈpɔːl] Непа́л

**Netherlands** [ˈneðələndz] Нидерла́нды

**Neva** [ˈneɪvə] *р.* Нева́

**Nevada** [neˈvɑːdə] Нева́да

**Newark** [ˈnju(ː)ək] *г.* Нью́арк

**New Caledonia** [ˈnjuːˌkælɪˈdəunjə] *о-в* Но́вая Каледо́ния

**Newcastle** [ˈnjuːˌkɑːsl] *г.* Нью́касл

**Newfoundland** [ˌnjuːfəndˈlænd] *о-в* Ньюфаундле́нд

**New Guinea** [ˈnjuːˈgɪnɪ] Но́вая Гвине́я

**New Hampshire** [ˈnjuːˈhæmpʃɪə] Нью-Ге́мпшир

**New Hebrides** [ˈnjuːˈhebrɪdiːz] *о-ва* Но́вые Гебри́ды

**New Jersey** [ˈnjuːˈʤəːzɪ] Нью-Дже́рси

**New Mexico** [ˈnju:ˈmeksɪkəu] Нью-Ме́ксико (*штат США*)
**New Orleans** [nju:ˈɔ:lɪənz] *г.* Но́вый Орлеа́н
**Newport** [ˈnju:pɔ:t] *г.* Нью́порт
**New South Wales** [ˈnju:sauθˈweɪlz] Но́вый Ю́жный Уэ́льс (*Австралия*)
**New York** [ˈnju:ˈjɔ:k] Нью-Йо́рк (*город и штат*)
**New Zealand** [nju:ˈzi:lənd] Но́вая Зела́ндия
**Niagara** [naɪˈægərə] *р.* Ниага́ра
**Niagara Falls** [naɪˈægərəˈfɔ:lz] Ниага́рский водопа́д
**Niamey** [njɑ:ˈmeɪ] *г.* Ниаме́й
**Nicaragua** [ˌnɪkəˈrægjuə] Никара́гуа
**Nice** [ni:s] *г.* Ни́цца
**Nicosia** [ˌnɪkəuˈsi(:)ə] *г.* Никоси́я
**Niger** [ˈnaɪdʒə] Ни́гер
**Nigeria** [naɪˈdʒɪərɪə] Ниге́рия
**Nile** [naɪl] *р.* Нил
**Nome** [nəum] *г.* Ном
**Norfolk** [ˈnɔ:fək] Но́рфолк
**Normandy** [ˈnɔ:məndɪ] *ист.* Норма́ндия
**North America** [ˈnɔ:θəˈmerɪkə] Се́верная Аме́рика
**Northampton(shire)** [nɔ:ˈθæmptən(ʃɪə)] Нортге́мптон(шир)
**North Cape** [ˈnɔ:θˈkeɪp] *мыс* Но́рдкап
**North Carolina** [ˈnɔ:θˌkærəˈlaɪnə] Се́верная Кароли́на
**North Dakota** [ˈnɔ:θdəˈkəutə] Се́верная Дако́та
**North Pole** [ˈnɔ:θˈpəul] Се́верный по́люс
**North Sea** [ˈnɔ:θˈsi:] Се́верное мо́ре
**Northumberland** [nɔ:ˈθʌmbələnd] Норту́мберленд
**North-West Territories** [ˈnɔ:θˈwestˈterɪtərɪz] Се́веро-За́падные террито́рии (*в Канаде*)
**Norway** [ˈnɔ:weɪ] Норве́гия
**Norwich I** [ˈnɔ:rɪdʒ] *г.* Но́ридж (*в Англии*)
**Norwich II** [ˈnɔ:wɪtʃ] *г.* Но́рвич (*в США*)
**Nottingham(shire)** [ˈnɔtɪŋəm(ʃɪə)] Но́ттингем(шир)
**Notts** [nɔts] *см.* Nottingham(shire)
**Nouakchott** [nwɑ:kˈʃɔ:t] *г.* Нуакшо́т
**Noumea** [nu:ˈmeɪə] *г.* Нуме́а
**Novosibirsk** [ˌnɔvəsjɪˈbji:rsk] *г.* Новосиби́рск
**Nukualofa** [ˌnu:kuəˈlɔ:fə] *г.* Ну́куало́фа
**Nuremberg, Nürnberg** [ˈnjuərəmbə:g, ˈnju:rnberh] *г.* Ню́рнберг

**Oakland** [ˈəuklənd] *г.* О́кленд
**Ob** [ɔb] *р.* Обь
**Oceania** [ˌəuʃɪˈeɪnjə] Океа́ния
**Oder** [ˈəudə] *р.* О́дер
**Odessa** [əuˈdesə] *г.* Оде́сса
**Ohio** [əuˈhaɪəu] Ога́йо
**Oka** [əuˈkɑ:] *р.* Ока́
**Okhotsk, Sea of** [ˈsi:əvəuˈkɔtsk] Охо́тское мо́ре
**Okinawa** [ˌɔkɪˈnɑ:wə] *о-в* Окина́ва
**Oklahoma** [ˌəukləˈhəumə] Оклахо́ма
**Olympus** [əuˈlɪmpəs] Оли́мп (*гора*)
**Oman** [əuˈmɑ:n] Ома́н
**Onega** [ɔˈnjegə] Оне́жское о́зеро
**Ontario** [ɔnˈtɛərɪəu] Онта́рио
**Ontario, Lake** [ˈleɪkɔnˈtɛərɪəu] о́зеро Онта́рио
**Orange River** [ˈɔrɪndʒˈrɪvə] река́ Ора́нжевая
**Oregon** [ˈɔrɪgən] Орего́н
**Öresund** [ˈə:rəsʌn] *пролив* Эресунн
**Orinoco** [ˌɔrɪˈnəukəu] *р.* Орино́ко
**Orkney Isls, Orkneys** [ˈɔ:knɪˈaɪləndz, ˈɔ:knɪz] Оркне́йские острова́
**Osaka** [ˈɔ:səkə] *г.* О́сака
**Oslo** [ˈɔzləu] *г.* О́сло
**Ottawa** [ˈɔtəwə] *г.* Отта́ва
**Ouagadougou** [ˌwɑ:gəˈdu:gəu] *г.* Уагаду́гу
**Oxford** [ˈɔksfəd] *г.* О́ксфорд
**Oxfordshire** [ˈɔksfədʃɪə] О́ксфордшир

**Pacific Ocean** [pəˈsɪfɪkˈəuʃən] Ти́хий океа́н
**Pago Pago** [ˈpɑ:gəuˈpɑ:gəu] *г.* Па́го-Па́го
**Pakistan** [ˌpɑ:kɪsˈtɑ:n] Пакиста́н
**Palawan** [pəˈlɑ:wɑ:n] *о-в* Пала́ван
**Palermo** [pəˈlə:məu] *г.* Пале́рмо
**Palestine** [ˈpælɪstaɪn] Палести́на
**Pamirs, the** [pəˈmɪəz] Пами́р
**Panama** [ˌpænəˈmɑ:] Пана́ма
**Panama Canal** [ˌpænəˈmɑ:kəˈnæl] Пана́мский кана́л
**Papeete** [pɑ:pi:ˈeɪti:] *г.* Папеэ́те
**Papua New Guinea** [ˈpæpjuəˈnju:ˈgɪnɪ] Па́пуа — Но́вая Гвине́я
**Paraguay** [ˈpærəgwaɪ] Парагва́й
**Paramaribo** [ˌpærəˈmærɪbəu] *г.* Парамари́бо
**Parana** [ˌpɑ:rɑ:ˈnɑ:] *р.* Парана́
**Paris** [ˈpærɪs] *г.* Пари́ж
**Pearl Harbo(u)r** [ˈpə:lˈhɑ:bə] Пирл-Ха́рбор
**Peebles** [ˈpi:blz] Пиблс
**Peking** [pi:ˈkɪŋ] *г.* Пеки́н
**Pembroke(shire)** [ˈpembruk(ʃɪə)] Пе́мбрук(шир)
**Pennine Chain** [ˈpenaɪnˈtʃeɪn] Пенни́нские го́ры
**Pennsylvania** [ˌpensɪlˈveɪnjə] Пенсильва́ния
**People's Republic of Congo** [ˈpi:plzrɪˈpʌblɪkəvˈkɔŋgəu] Наро́дная Респу́блика Ко́нго
**Persia** [ˈpə:ʃə] Пе́рсия; *см.* Iran
**Persian Gulf** [ˈpə:ʃənˈgʌlf] Перси́дский зали́в
**Perth** [pə:θ] *г.* Перт
**Perth(shire)** [ˈpə:θ(ʃɪə)] Пе́рт(шир)
**Peru** [pəˈru:] Перу́
**Pescadores** [ˌpeskəˈdɔ:rɪz] Пескадо́рские острова́
**Peterborough** [ˈpi:təbrə] *г.* Пи́тербо́ро
**Philadelphia** [ˌfɪləˈdelfjə] *г.* Филаде́льфия
**Philippines** [ˈfɪlɪpi:nz] Филиппи́ны
**Phoenicia** [fɪˈnɪʃɪə] *ист.* Финики́я
**Piraeus** [paɪˈri(:)əs] *г.* Пире́й
**Pittsburgh** [ˈpɪtsbə:g] *г.* Пи́тсбург
**Plata, Plate** [ˈplɑ:tə, pleɪt] = La Plata
**Plymouth** [ˈplɪməθ] *г.* Пли́мут
**Pnompenh** [nɔmˈpen] *г.* Пномпе́нь
**Poland** [ˈpəulənd] По́льша; **Polish People's Republic** По́льская Наро́дная Респу́блика, ПНР
**Polynesia** [ˌpɔlɪˈni:zjə] Полине́зия
**Popocatepetl** [ˈpɔpəuˌkætɪˈpetl] Попокатепе́тль
**Port-au-Prince** [ˌpɔ:təuˈprɪns] *г.* Порт-о-Пре́нс
**Portland** [ˈpɔ:tlənd] *г.* По́ртленд
**Port Louis** [ˈpɔ:tˈlu(:)ɪs] *г.* Порт-Луи́
**Port Moresby** [ˈpɔ:tˈmɔ:zbɪ] *г.* Порт-Мо́рсби
**Port of Spain** [ˈpɔ:təvˈspeɪn] *г.* Порт-оф-Спе́йн
**Porto-Novo** [ˌpɔ:təuˈnəuvəu] *г.* По́рто-Но́во
**Port Said** [pɔ:tˈsaɪd] *г.* Порт-Саи́д
**Portsmouth** [ˈpɔ:tsməθ] *г.* По́ртсмут
**Portugal** [ˈpɔ:tjugəl] Португа́лия
**Prague** [prɑ:g] *г.* Пра́га
**Praia** [ˈpraɪə] *г.* Пра́я
**Pretoria** [prɪˈtɔ:rɪə] *г.* Прето́рия
**Prussia** [ˈprʌʃə] *ист.* Пру́ссия
**Puerto Rico** [ˈpwə:təuˈri:kəu] Пуэ́рто-Ри́ко
**Punjab** [pʌnˈdʒɑ:b] Пенджа́б
**Pyongyang** [ˈpjə:ŋjɑ:ŋ] *г.* Пхенья́н
**Pyrenees** [ˌpɪrəˈni:z] Пирене́и

**Qatar** [kæˈtɑ:] Ка́тар
**Quebec** [kwɪˈbek] Квебе́к
**Queensland** [ˈkwi:nzlənd] Кви́нсленд
**Quezon, City of** [ˈsɪtɪɔvˈkeɪsɔn] *г.* Ке́сон-Си́ти
**Quito** [ˈki:təu] *г.* Ки́то

**Rabat** [rəˈbɑ:t] *г.* Раба́т
**Radnor(shire)** [ˈrædnə(ʃɪə)] Ра́днор(шир)
**Rangoon** [ræŋˈgu:n] *г.* Рангу́н
**Rawalpindi** [ˌrɑ:wəlˈpɪndi:] *г.* Равалпи́нди
**Reading** [ˈredɪŋ] *г.* Ре́динг
**Recife** [rəˈsi:fə] *г.* Ресифи
**Red Sea** [ˈredˈsi:] Кра́сное мо́ре
**Reims** [ri:mz] *г.* Реймс
**Renfrew(shire)** [ˈrenfru:(ʃɪə)] Ре́нфру(шир)
**Republic of South Africa** [rɪˈpʌblɪkəvˈsauθˈæfrɪkə] Ю́жно-Африка́нская Респу́блика, ЮАР
**Réunion** [ri(:)ˈju:njən] Реюньо́н
**Reykjavik** [ˈreɪkjəvi:k] *г.* Ре́йкьявик
**Rhine** [raɪn] *р.* Рейн
**Rhode Island** [rəudˈaɪlənd] Род-А́йленд
**Rhodes** [rəudz] *о-в* Ро́дос
**Rhone** [rəun] *р.* Ро́на
**Richmond** [ˈrɪtʃmənd] *г.* Ри́чмонд
**Riga** [ˈri:gə] *г.* Ри́га
**Rio de Janeiro** [ˈri:əudədʒəˈnɪərəu] *г.* Ри́о-де-Жане́йро
**Rio-de-Oro** [ˌri:əudi:ˈəurəu] Ри́о-де-О́ро
**Rio Grande** [ˈri:əuˈgrændɪ] *р.* Ри́о-Гра́нде
**Riyadh** [rɪˈjɑ:d] *г.* Эр-Рия́д
**Rochester** [ˈrɔtʃɪstə] *г.* Ро́честер
**Rockies, the** [ˈrɔkɪz] = Rocky Mts
**Rocky Mts** [ˈrɔkɪˈmauntɪnz] Скали́стые го́ры
**Rome** [rəum] *г.* Рим
**Roseau** [rɔˈzəu] *г.* Розо́
**Ross and Cromarty** [ˈrɔsəndˈkrɔmətɪ] Росс-энд-Кро́марти
**Rotterdam** [ˈrɔtədæm] *г.* Ро́ттердам
**R(o)umania** [ru(:)ˈmeɪnjə] Румы́ния; **Socialist Republic of R(o)uma-**

nia Социалистическая Республика Румыния, СРР
Roxburgh(shire) [ˈrɔksbərə(ʃɪə)] Рóксбро(шир)
Ruhr [rur] р. Рур
Russia [ˈrʌʃə] Россия
Russian Soviet Federative Socialist Republic, RSFSR [ˈrʌʃənˈsəuvɪətˈfedərətɪvˈsəuʃəlɪstrɪˈpʌblɪk] Российская Советская Федеративная Социалистическая Республика, РСФСР
Rutland(shire) [ˈrʌtlənd(ʃɪə)] Рáтленд(шир)
Rwanda [ru(:)ˈændə] Руáнда

Sahara [səˈhɑːrə] Сахáра
Saint Christopher and Nevis [seɪntˈkrɪstəfəənˈniːvɪs] Сент-Крúстофер и Нéвис
Saint George's [seɪntˈdʒɔːdʒɪz] г. Сент-Джóрджес
Saint Helena [ˌseɪnthəˈliːnə] óстров Св. Елéны
Saint John's [seɪntˈdʒɔnz] г. Сент-Джóнс
Saint Lawrence [seɪntˈlɔrəns] рекá Св. Лаврéнтия
Saint Louis [seɪntˈluɪs] г. Сент-Лýис (в США)
Saint Lucia [seɪntˈljuːʃə] Сент-Люсúя
Saint Vincent and Grenadines [seɪntˈvɪnsəntəngrenəˈdiːnz] Сент-Вúнсент и Гренадúны
Sakhalin [ˌsækəˈliːn] о-в Сахалúн
Salisbury [ˈsɔːlzbərɪ] г. Сóлсбери
Salonika [səˈlɔnɪkə] г. Салóники
Salop [ˈsæləp] см. Shropshire
Salt Lake City [ˈsɔːltleɪkˈsɪtɪ] г. Сóлт-Лейк-Сúти
Salvador [ˈsælvədɔː] = El Salvador
Samoa [səˈməuə] о-ва Самóа
Sana, Sanaa [ˈsænə, sɑːˈnɑː] г. Санá
San Antonio [ˌsænənˈtəunɪəu] г. Сан-Антóнио
Sandhurst [ˈsændhəːst] г. Сáндхерст
San Francisco [ˌsænfrənˈsɪskəu] г. Сан-Францúско
San José [ˌsænhəuˈzeɪ] г. Сан-Хосé
San Juan [sænˈhwɑːn] г. Сан-Хуáн
San Marino [ˌsænməˈriːnəu] Сан-Марúно
San Salvador [sænˈsælvədɔː] г. Сан-Сальвадóр
Santiago [ˌsæntɪˈɑːgəu] г. Сантьяго
Santo Domingo [ˌsæntədəuˈmɪŋgəu] г. Сáнто-Домúнго
São Paulo [sauŋ(m)ˈpauluː] г. Сан-Пáулу
São Tomé [sauŋtəˈmeɪ] г. Сан-Томé
São Tomé and Principe [sauŋtəˈmeɪənˈpriːnsɪpɪ] Сан-Томé и Прúнсипи
Sardinia [sɑːˈdɪnjə] о-в Сардúния
Saskatchewan [səsˈkætʃəwən] р. Саскáчеван
Saudi Arabia [ˈsaudɪəˈreɪbjə] Саýдовская Арáвия
Scarborough [ˈskɑːbrə] г. Скáрборо
Scheldt [skelt] р. Шéльда
Scotland [ˈskɔtlənd] Шотлáндия
Seattle [sɪˈætl] г. Сиэ́тл
Seine [seɪn] р. Сéна
Selkirk(shire) [ˈselkəːk(ʃɪə)] Сéлкерк(шир)
Senegal [ˌsenɪˈgɔːl] Сенегáл
Seoul [səul] г. Сеýл
Sevastopol [ˌsɪvʌsˈtɔpəlj] г. Севастóполь
Severn [ˈsevə(:)n] р. Сéверн
Seychelles [seɪˈʃelz] Сейшéльские Островá
Shanghai [ʃæŋˈhaɪ] г. Шанхáй
Sheffield [ˈʃefiːld] г. Шéффилд
Shetland Isls [ˈʃetləndˈaɪləndz] Шетлáндские островá
Shrewsbury [ˈʃrəuzbərɪ] г. Шрýсбери
Shropshire [ˈʃrɔpʃɪə] Шрóпшир
Siangan [ˈsjɑːŋˈgɑːn] Сянгáн
Siberia [saɪˈbɪərɪə] Сибúрь
Sicily [ˈsɪsɪlɪ] о-в Сицúлия
Sierra Leone [sɪˈerəlɪˈəun] Сьéрра-Леóне
Sierra Nevada [sɪˈerənɪˈvɑːdə] Сьéрра-Невáда
Simla [ˈsɪmlə] г. Сúмла
Singapore [ˌsɪŋgəˈpɔː] Сингапýр
Skagerrack [ˈskægəræk] пролив Скагеррáк
Sofia [ˈsəufjə] г. Софúя
Solomon Isls [ˈsɔləmənˈaɪləndz] Соломóновы Островá
Somalia [səuˈmɑːlɪə] Сомалú
Somerset(shire) [ˈsʌməsɪt(ʃɪə)] Сóмерсет(шир)
Sound, the [saund] пролив Зунд; см. Öresund
South America [ˈsauθəˈmerɪkə] Ю́жная Амéрика
Southampton [sauθˈæmptən] г. Саутгéмптон
South Australia [ˈsauθɔːsˈtreɪljə] Ю́жная Австрáлия
South Carolina [ˈsauθˌkærəˈlaɪnə] Ю́жная Каролúна
South China Sea [ˈsauθˈtʃaɪnəˈsiː] Ю́жно-Китáйское мóре
South Dakota [ˈsauθdəˈkəutə] Ю́жная Дакóта
South Korea [ˈsauθkəˈrɪə] Ю́жная Корéя
South Pole [ˈsauθˈpəul] Ю́жный пóлюс
Spain [speɪn] Испáния
Spitsbergen [ˈspɪtsˌbəːgən] о-ва Шпицбéрген
Sri Lanka [ˈsrɪˈlæŋkə] Шри-Лáнкá
Stafford(shire) [ˈstæfəd(ʃɪə)] Стáффорд(шир)
Stirling(shire) [ˈstəːlɪŋ(ʃɪə)] Стéрлинг(шир)
Stockholm [ˈstɔkhəum] г. Стокгóльм
Strasbourg [ˈstræzbəːg] г. Стрáсбург
Stratford-on-Avon [ˈstrætfədənˈeɪvən] г. Стрáтфорд-он-Эйвон, Стрáтфорд-на-Эйвоне
Sucre [ˈsuːkreɪ] г. Сýкре
Sudan, the [su(:)ˈdɑːn] Судáн
Suez [ˈsu(:)ɪz] г. Суэ́ц
Suez Canal [ˈsu(:)ɪzkəˈnæl] Суэ́цкий канáл
Suffolk [ˈsʌfək] Сýффолк
Sulawesi [ˌsuːləˈweɪsɪ] о-в Сулавéси
Sumatra [su(:)ˈmɑːtrə] о-в Сумáтра
Superior, Lake [ˈleɪksju(:)ˈpɪərɪə] óзеро Вéрхнее
Surinam [ˌsuərɪˈnæm] Суринáм
Surrey [ˈsʌrɪ] Сýррей
Sussex [ˈsʌsɪks] Сýссекс
Sutherland [ˈsʌðələnd] Сáтерленд
Suva [ˈsuːvə] г. Сýва
Swansea [ˈswɔnzɪ] г. Суóнси
Swaziland [ˈswɑːzɪlænd] Свáзиленд
Sweden [ˈswiːdn] Швéция
Switzerland [ˈswɪtsələnd] Швейцáрия
Sydney [ˈsɪdnɪ] г. Сúдней
Syracuse [ˈsaɪərəkjuːz] г. Сиракýзы
Syr Darya [ˈsɪrdɑːrˈjɑː] р. Сырдарья́
Syria [ˈsɪrɪə] Сúрия

Tabriz [təˈbriːz] г. Тебрúз
Ta(d)jikistan [tɑːˌdʒɪkɪˈstɑːn] Таджикистáн; Ta(d)jik Soviet Socialist Republic Таджúкская Совéтская Социалистúческая Респýблика
Tahiti [tɑːˈhiːtɪ] о-в Таúти
Taiwan [taɪˈwæn] о-в Тайвáнь
Tallin(n) [ˈtɑːlɪn] г. Тáллин
Tananarive [təˌnænəˈriːvəu] = Antananarivo
Tanganyika, Lake [ˈleɪkˌtæŋgəˈnjiːkə] óзеро Танганьúка
Tangier [tænˈdʒɪə] г. Танжéр
Tanzania [ˌtænzəˈnɪə] Танзáния
Tarawa [təˈrɑːwə] г. Тарáва
Tashkent [tæʃˈkent] г. Ташкéнт
Tasmania [tæzˈmeɪnjə] о-в Тасмáния
Tbilisi [tbɪˈli(:)sɪ] г. Тбилúси
Tchad [tʃæd] = Chad
Tegucigalpa [təˌguːsɪˈgɑːlpə] г. Тегусигáльпа
Teh(e)ran [tɪəˈrɑːn] г. Тегерáн
Tel Aviv [ˈteləˈviːv] г. Тель-Авúв
Tennessee [ˌtenəˈsiː] Теннессú
Texas [ˈteksəs] Техáс
Thailand [ˈtaɪlænd] Таилáнд
Thames [temz] р. Тéмза
Thebes [θiːbz] ист. г. Фúвы
Thermopylae [θəːˈmɔpɪliː] Фермопúлы
Thibet [tɪˈbet] = Tibet
Thimbu, Thimphu [ˈθɪmbu, ˈθɪmfu] г. Тхимпху
Thrace [θreɪs] ист. Фрáкия
Tiber [ˈtaɪbə] р. Тибр
Tibet [tɪˈbet] Тибéт
Tien Shan [tɪˈenˈʃɑːn] Тянь-Шáнь
Tientsin [tjenˈtsɪn] г. Тяньцзúнь
Tierra del Fuego [tɪˈerəˌdelfu(:)ˈeɪgəu] о-в Óгненная Земля́
Tigris [ˈtaɪgrɪs] р. Тигр
Timbuktu [ˌtɪmbʌkˈtuː] г. Тимбýктý
Timor [ˈtiːmɔː] Тимóр
Tirana [tɪˈrɑːnə] г. Тирáна
Tirol [tɪˈrəul] = Tyrol
Tobruch [ˈtəubruk] г. Тóбрук
Togo [ˈtəugəu] Тóго
Tokyo [ˈtəukjəu] г. Тóкио
Toledo I [təˈleɪdəu] г. Толéдо (в Испании)
Toledo II [təˈliːdəu] г. Толúдо (в США)
Tonga [ˈtɔŋgə] Тóнга
Torino [təuˈriːnəu] = Turin
Toronto [təˈrɔntəu] г. Торóнто
Torquay [ˈtɔːˈkiː] г. Тóрки
Torres Strait [ˈtɔrɪsˈstreɪt] Торрéсов пролúв
Tottenham [ˈtɔtnəm] г. Тóтнем
Trafalgar, Cape [ˈkeɪptrəˈfælgə] мыс Трафальгáр
Trent [trent] р. Трент
Trinidad and Tobago [ˈtrɪnɪdædəntəˈbeɪgəu] Тринидáд и Тобáго

**Tripoli** [ˈtrɪpəlɪ] *г.* Три́поли
**Troy** [trɔɪ] *ист. г.* Тро́я
**Tsushima** [ˈtsu:ʃɪmə] *о-в* Цуси́ма
**Tunis** [ˈtju:nɪs] *г.* Туни́с
**Tunisia** [tju(:)ˈnɪzɪə] Туни́с
**Turin** [tjuˈrɪn] *г.* Тури́н
**Turkey** [ˈtə:kɪ] Ту́рция
**Turkmenistan** [ˌtə:kmenɪˈstɑ:n] Туркмениста́н; **Turkmen Soviet Socialist Republic** Туркме́нская Сове́тская Социалисти́ческая Респу́блика
**Tuvalu** [tuˈvɑ:lu:] Тува́лу
**Tweed** [twi:d] *р.* Твид
**Twickenham** [ˈtwɪknəm] *г.* Туи́кнем
**Tyrol** [ˈtɪrəl] Тиро́ль
**Tyrone** [tɪˈrəun] Тиро́н
**Tyrrhenian Sea** [tɪˈri:njənˈsi:] Тирре́нское мо́ре

**Uganda** [ju(:)ˈgændə] Уга́нда
**Ukraine, the** [ju(:)ˈkreɪn] Украи́на; **Ukrainian Soviet Socialist Republic** Украи́нская Сове́тская Социалисти́ческая Респу́блика, УССР
**Ulan Bator** [ˈu:lɑ:nˈbɑ:tə] *г.* Ула́н-Ба́тор
**Ulianovsk** [ulˈjɑ:nəfsk] = Ulyanovsk
**Ulster** [ˈʌlstə] О́льстер
**Ulyanovsk** [ulˈjɑ:nəfsk] *г.* Улья́новск
**Union of Soviet Socialist Republics, USSR** [ˈju:njənəvˈsəuvɪəlˈsəuʃəlɪstrɪˈpʌblɪks, ˈju:ˈesˈesˈɑ:] Сою́з Сове́тских Социалисти́ческих Респу́блик, СССР
**United Arab Emirates** [ju:ˈnaɪtɪdˈærəbeˈmɪərɪts] Объединённые Ара́бские Эмира́ты
**United Kingdom of Great Britain and Northern Ireland** [ju:ˈnaɪtɪdˈkɪŋdəməvˈgreɪtˈbrɪtnənˈnɔ:ðənˈaɪələnd] Соединённое Короле́вство Великобрита́нии и Се́верной Ирла́ндии
**United States of America, USA** [ju:ˈnaɪtɪdˈsteɪtsəvəˈmerɪkə, ˈju:ˈesˈeɪ] Соединённые Шта́ты Аме́рики, США
**Urals, the** [ˈjuərəlz] Ура́л
**Uruguay** [ˈurugwaɪ] Уругва́й
**Ustinov** [u:sˈtɪnəf] *г.* Усти́нов
**Utah** [ˈju:tɑ:] Юта
**Uzbekistan** [ˌuzbekɪˈstɑ:n] Узбекиста́н; **Uzbek Soviet Socialist Republic** Узбе́кская Сове́тская Социалисти́ческая Респу́блика

**Vadus** [fɑ:ˈdu:ts] *г.* Ваду́ц
**Valencia** [vəˈlenʃɪə] *г.* Вале́нсия
**Valletta** [vəˈletə] *г.* Валле́тта
**Valparaiso** [ˌvælpəˈraɪzəu] *г.* Вальпараи́со
**Vancouver** [vænˈku:və] *г.* Ванку́вер
**Vanuatu** [vɑ:nu:ˈɑ:tu:] Вануа́ту
**Vatican** [ˈvætɪkən] Ватика́н
**Venezuela** [ˌveneˈzweɪlə] Венесуэ́ла
**Venice** [ˈvenɪs] *г.* Вене́ция
**Vermont** [və:ˈmɔnt] Вермо́нт
**Versailles** [vɛəˈsaɪ] *г.* Верса́ль
**Vesuvius** [vɪˈsu:vjəs] Везу́вий
**Victoria** [vɪkˈtɔ:rɪə] Викто́рия (*Австралия*)
**Victoria** [vɪkˈtɔ:rɪə] *г.* Викто́рия
**Victoria, Lake** [ˈleɪkvɪkˈtɔ:rɪə] о́зеро Викто́рия
**Vienna** [vɪˈenə] *г.* Ве́на
**Vientiane** [ˈvjæŋˈtjɑ:n] *г.* Вьентья́н
**Vietnam** [ˈvjetˈnæm] Вьетна́м; **Socialist Republic of Vietnam** Социалисти́ческая Респу́блика Вьетна́м, СРВ
**Vila** [ˈvi:lə] *г.* (Порт) Ви́ла
**Vilnius** [ˈvɪlnɪəs] *г.* Ви́льнюс
**Virginia** [vəˈdʒɪnjə] Вирги́ния
**Vistula** [ˈvɪstjulə] *р.* Ви́сла
**Vladivostok** [ˌvlædɪˈvɔstɔk] *г.* Владивосто́к
**Volga** [ˈvɔlgə] *р.* Во́лга
**Volgograd** [ˌvɔlgəˈgrɑ:d] *г.* Волгогра́д

**Wales** [weɪlz] Уэ́льс
**Warsaw** [ˈwɔ:sɔ:] *г.* Варша́ва
**Warwick(shire)** [ˈwɔrɪk(ʃɪə)] Уо́рик(шир)
**Washington** [ˈwɔʃɪŋtən] Вашингто́н (*город и штат*)
**Waterloo** [ˌwɔtəˈlu:] Ватерло́о
**Wellington** [ˈwelɪŋtən] *г.* Ве́ллингтон
**West-Berlin** [ˈwestbə:ˈlɪn] За́падный Берли́н
**Western Australia** [ˈwestənɔ:sˈtreɪljə] За́падная Австра́лия
**Western Isls** [ˈwestənˈaɪləndz] *см.* Hebrides
**Western Sahara** [ˈwestənsəˈhɑ:rə] За́падная Саха́ра
**Western Samoa** [ˈwestənsəˈməuə] За́падное Само́а
**West Indies** [ˈwestˈɪndjəz] *ист. о-ва* Вест-Индия
**West Lothian** [ˈwestˈləuðjən] Уэ́ст-Ло́тиан
**Westmorland** [ˈwestmələnd] Уэ́стморленд
**West Virginia** [ˈwestvəˈdʒɪnjə] За́падная Вирги́ния
**White Sea** [ˈwaɪtˈsi:] Бе́лое мо́ре
**Wight** [waɪt] *о-в* Уайт
**Wigtown(shire)** [ˈwɪgtən(ʃɪə)] Уи́гтон(шир)
**Wilts** [wɪlts] *см.* Wiltshire
**Wiltshire** [ˈwɪltʃɪə] Уи́лтшир
**Windhoek** [ˈvɪnthuk] *г.* Ви́ндхук
**Windsor** [ˈwɪnzə] *г.* Ви́ндзор
**Winnipeg** [ˈwɪnɪpeg] *г.* Ви́ннипег
**Wisconsin** [wɪsˈkɔnsɪn] Виско́нсин
**Worcester(shire)** [ˈwustə(ʃɪə)] Ву́стер(шир)
**Wroclaw** [ˈvrɔ:tslɑ:f] *г.* Вро́цлав
**Wyoming** [waɪˈəumɪŋ] Вайо́минг

**Yalta** [ˈjæltə] *г.* Ялта
**Yamoussoukro** [ˌjɑ:mu:ˈsu:krə] *г.* Ямуссу́кро
**Yangtze (Kiang)** [ˈjæŋtsɪ(ˈkjæŋ)] *р.* Янцзы́(цзя́н)
**Yaounde, Yaunde** [ˌjɑ:u:nˈdeɪ] *г.* Яунде
**Yarmouth** [ˈjɑ:məθ] *г.* Ярмут
**Yellow Sea** [ˈjeləuˈsi:] Жёлтое мо́ре
**Yemen** [ˈjemən] Йе́мен; **Yemen Arab Republic** Йе́менская Ара́бская Респу́блика; **People's Democratic Republic of Yemen** Наро́дная Демократи́ческая Респу́блика Йе́мен
**Yenisei** [ˌjenɪˈseɪ] *р.* Енисе́й
**Yerevan** [ˌjereˈvɑ:n] *г.* Ерева́н
**Yokohama** [ˌjəukəuˈhɑ:mə] *г.* Йокоха́ма
**York(shire)** [ˈjɔ:k(ʃɪə)] Йо́рк(шир)
**Yugoslavia** [ˈju:gəuˈslɑ:vjə] Югосла́вия; **Socialist Federal Republic of Yugoslavia** Социалисти́ческая Федерати́вная Респу́блика Югосла́вия; СФРЮ
**Yukon** [ˈju:kɔn] *р.* Юкон

**Zaire** [zɑ:ˈɪə(r)] Заи́р
**Zambezi** [zæmˈbi:zɪ] *р.* Замбе́зи
**Zambia** [ˈzæmbɪə] За́мбия
**Zanzibar** [ˌzænzɪˈbɑ:] *о-в* Занзиба́р
**Zetland** [ˈzetlənd] Ше́тланд
**Zimbabwe** [zɪmˈbɑ:bwɪ] Зимба́бве
**Zurich** [ˈzjuərɪk] *г.* Цю́рих

## СПИСОК НАИБОЛЕЕ УПОТРЕБИТЕЛЬНЫХ СОКРАЩЕНИЙ

**a.** about приме́рно, о́коло, приблизи́тельно

**a** acre акр (*4047 м²*)

**a** afternoon по́сле полу́дня, пополу́дни; днём

**a** age во́зраст

**a.** annual ежего́дный, годи́чный

**AA** Alcoholics Anonymous Анони́мные алкого́лики (*организация по борьбе с алкоголизмом*)

**AA** anti-aircraft зени́тный; противовозду́шный

**AA** Automobile Association Автомоби́льная ассоциа́ция

**A.A.A.** Amateur Athletic Association Ассоциа́ция спортсме́нов-люби́телей

**AAAL** American Academy of Arts and Letters Америка́нская акаде́мия иску́сств и литерату́ры

**AAAS** American Association for the Advancement of Science Америка́нская ассоциа́ция соде́йствия разви́тию нау́ки

**AACS** Airways and Air Communications Service слу́жба возду́шных сообще́ний

**AAS** associate in applied science нау́чный рабо́тник в о́бласти прикладны́х нау́к

**AAUN** American Association for the United Nations Америка́нская ассоциа́ция соде́йствия ООН

**AAUP** American Association of University Professors Америка́нская ассоциа́ция преподава́телей университе́тов

**AB** Bachelor of Arts бакала́вр гуманита́рных нау́к (*США*)

**ABC** American Broadcasting Company Америка́нская радиовеща́тельная компа́ния, Эй-би-си

**ABM** anti-ballistic missile system систе́ма противоракéтной оборо́ны

**abn** airborne возду́шно-деса́нтный

**ABS** American Broadcasting System радиовеща́тельная компа́ния «Аме́рикэн бро́дкастинг си́стем»

**abt** about приме́рно, о́коло, приблизи́тельно

**a/c** account счёт

**AC** aircraft carrier авиано́сец

**AC, ac** alternating current переме́нный ток

**AC** ante Christum *лат.* до на́шей э́ры

**acct** account счёт

**ACE** Allied Command, Europe Европе́йское кома́ндование НАТО

**ACE** American Council on Education Федера́льный сове́т по наро́дному образова́нию (*США*)

**acft** aircraft самолёт

**ack, ackn** acknowledge(d) подтвержда́ю получе́ние (*расписка*)

**A.C.L.S.** American Council of Learned Societies Америка́нский сове́т нау́чных о́бществ

**acpt** acceptance *ком.* акце́пт (ова́ние)

**A.D.** anno Domini *лат.* на́шей э́ры

**ADC** aide-de-camp адъюта́нт

**addl** additional дополни́тельный, доба́вочный

**adds** address а́дрес

**ADIZ** air defence identification zone зо́на опознава́ния противовозду́шной оборо́ны

**a.d.s.** autograph document signed *юр.* собственнору́чно напи́санный и подпи́санный докуме́нт

**adt, advt** advertisement объявле́ние; рекла́ма

**AEC** Atomic Energy Commission Коми́ссия по а́томной эне́ргии

**AEF** American Expeditionary Force америка́нские экспедицио́нные войска́

**A.E.U.** Amalgamated Engineering Union Объединённый (*профессиональный*) сою́з машинострои́телей

**Afft** affidavit *лат. юр.* пи́сьменное показа́ние под прися́гой

**AFL/CIO** American Federation of Labor/Congress of Industrial Organizations Америка́нская федера́ция труда́ и Конгре́сс произво́дственных профсою́зов, АФТ/КПП

**Afr** Africa А́фрика; African африка́нский

**Agcy** agency аге́нтство; представи́тельство

**A.G.M.** annual general meeting о́бщее ежего́дное собра́ние

**Ah, ah** ampere-hour ампе́р-ча́с

**AHA** American Historical Association Америка́нская истори́ческая ассоциа́ция

**a.i.** ad interim *лат.* вре́менный; вре́менно

**AK** Alaska Аля́ска (*штат США*)

**Al.** Alaska Аля́ска (*штат США*)

**AL** American Legion Америка́нский легио́н

**a.l.** attacking line *спорт.* ли́ния нападе́ния

**a.l.** autograph letter собственнору́чное письмо́

**Al, Ala** Alabama Алаба́ма (*штат США*)

**ald.** alderman ольдерме́н (*в Англии — член совета графства или муниципалитета; в США — член городского совета*)

**alky** alkalinity *хим.* щёлочность

**ALS** autograph letter signed· оригина́л докуме́нта подпи́сан

**Alta** Alberta Альбе́рта (*провинция Канады*)

**a.m.** above-mentioned вышеука́занный, вышеупомя́нутый

**AM** air mail возду́шная по́чта

**AM** amplitude modulation амплиту́дная модуля́ция

**a.m.** ante meridiem *лат.* до полу́дня, в у́тренние часы́

**A.M.** Associate Member член-корреспонде́нт (*в отличие от действительного члена*)

**AMA** American Medical Association Америка́нская медици́нская ассоциа́ция

**amt** amount коли́чество

**amu** atomic mass unit а́томная едини́ца ма́ссы

**AMVETS** American Veterans of World War II Сою́з америка́нских ветера́нов второ́й мирово́й войны́

**an, a/n** above-named вышеука́занный, вышеупомя́нутый

**ANA** American Nurses Association Америка́нская ассоциа́ция медсестёр

**anon** anonymous анони́мный, неизве́стный

**ans** answer отве́т

**a.n.wt.** actual net weight реа́льный вес не́тто

**ANZUS** Australia, New Zealand, United States Тихоокеа́нский пакт безопа́сности, АНЗЮС

**a.o.** account of за счёт (*кого-л.*)

**AP** airplane самолёт

**AP** American Patent америка́нский пате́нт

**AP** Associated Press информацио́нное аге́нтство «Ассоши́эйтед Пресс»

**APA** American Philological Association Америка́нская филологи́ческая ассоциа́ция

**APB** All Points Bulletin (полицейский) словесный портрет (*разыскиваемого человека*)

**A.P.N.** Atlantic Pact Nations страны-участницы Атлантического пакта

**app** appendix приложение, дополнение

**appl** applied прикладной, практический

**appro** approval одобрение, утверждение

**approx** approximately приблизительно

**apps** appendixes приложения, дополнения

**appt** appointed назначенный

**Apr** April апрель

**aptd** appointed назначенный

**AR** acknowledgment receipt расписка в получении

**AR** annual return годовой отчёт

**AR** Arkansas Арканзас (*штат США*)

**AR** army regulation устав воинской службы

**ARC** American Red Cross Американский Красный Крест

**ARE** Arab Republic of Egypt Арабская Республика Египет, АРЕ

**Arg** Argyllshire Аргайллшир (*графство в Шотландии*)

**Ariz.** Arizona Аризона (*штат США*)

**Ark.** Arkansas Арканзас (*штат США*)

**ARP** air-raid precautions меры противовоздушной обороны

**arr** arrival прибытие

**ARS** American Rocket Society Американское ракетное общество

**art** article статья

**art** artificial искусственный

**art, arty** artillery артиллерия

**ARX** American Red Cross Американский Красный Крест

**AS** Anglo-Saxon англосаксонский

**ASA** American Standards Association Американская ассоциация стандартов

**ASCAP, Ascap** American Society of Composers, Authors and Publishers Американское общество по охране авторских прав композиторов, писателей и издателей

**ASEAN** Association of South-East Asia Nations Ассоциация государств Юго-Восточной Азии, АСЕАН

**asf** and so forth и так далее

**asgd** assigned назначенный; предназначенный

**asgmt** assignment 1) назначение 2) *юр.* цессия

**ASME** American Society of Mechanical Engineers Американское общество инженеров-механиков

**A.S.P.** American Society of Parasitologists Американское общество паразитологов

**asp** as soon as possible по возможности скорее; при первой возможности

**Aspt** aspirant кандидат (на должность)

**assn** association общество; ассоциация

**assoc** associate помощник; association ассоциация

**Assr.** assignor *юр.* цедент

**asst.** assistant ассистент; помощник

**asstd** assorted 1) сортированный 2) классифицированный

**AST** Atlantic Standard Time атлантическое (нью-йоркское) поясное время

**ASV** American Standard Version в соответствии с американским эталоном

**A.T., A/T** American Terms *ком.* американские технические условия

**at** airtight герметический

**AT, a.t.** apparent time *астр.* истинное время

**at** atomic атомный

**atm** atmosphere атмосфера

**at.no.** atomic number атомное число, атомный номер

**ats** at the suit *юр.* по иску

**attn** attention 1) внимание 2) вниманию *такого-то* 3) обратить внимание!

**atty** attorney атторней, поверенный, адвокат

**at.wt** atomic weight атомный вес

**A.U.** astronomical unit астрономическая единица

**Aug.** August август

**AUS** Army of the United States армия США

**Austral** Australian австралийский

**auth** authentic подлинный

**auth** author автор

**auth** authorized пользующийся правом

**AV** ad valorem *лат.* по стоимости

**AV** audiovisual звукозрительный

**av** average средний

**AVC** American Veterans Committee Комитет американских ветеранов войны

**avdp** avoirdupois «эвердьюпойс» (*английская система мер веса для всех товаров, кроме благородных металлов, драгоценных камней и лекарств*)

**Ave.** avenue авеню, проспект, улица

**avg** average среднее число; в среднем

**av.l.** average length средняя длина

**av.w.** average width средняя ширина

**AW** actual weight фактический вес, истинный вес

**a.w.** atomic weight атомный вес

**AWOL** absent without leave *воен.* (находящийся) в самовольной отлучке

**awu** atomic weight unit единица атомного веса

**Ayr** Ayrshire Эршир (*графство в Шотландии*)

**AZ** Arizona (*штат США*)

**B** bar бар (*единица давления*)

**b** born родившийся; рождённый; уроженец

**BA** Bachelor of Arts бакалавр гуманитарных наук

**B.A.** British Academy Британская академия

**BAEC** British Atomic Energy Corporation Британская корпорация по атомной энергии

**b&b** bed and breakfast ночлег и завтрак (*для постояльца*)

**B.B.** Blue Book Синяя книга (*сборник официальных документов, парламентские стенограммы и т. п.*)

**BBC** British Broadcasting Corporation Британская вещательная корпорация, «Би-Би-Си»

**bbl** barrel 1) бочонок, бочка 2) баррель (*мера*)

**B.C.** before Christ до нашей эры

**BC** birth certificate свидетельство о рождении

**BC** British Columbia Британская Колумбия (*провинция Канады*)

**BC** British Council Британский Совет

**B.C., b/c** bulk cargo насыпной, навалочный *или* наливной груз; бестарный груз

**B.C.N.** British Commonwealth of Nations Британское Содружество Наций

**BCP** British Communist Party Коммунистическая партия Великобритании

**BD** barrels per day (*столько-то*) баррелей в день

**BD** bills discounted дисконтированные *или* учтённые векселя

**bd** bond 1) облигация; бона 2) долговое обязательство 3) закладная

**bd** bound for... направляющийся в... (*о судне*)

**bd** bundle 1) связка, пачка, тюк 2) вязка пряжи (*54840 м*)

**bdg** building здание, строение

**B.E.** Bank of England Английский банк

**BE** bill of exchange переводный вексель, тратта

**BEA, BEAC** British European Airways Corporation Британская европейская авиатранспортная компания, БЕАК

**Beds.** Bedfordshire Бедфордшир (*графство в Англии*)

**Berks.** Berkshire Беркшир (*графство в Англии*)

**Berw.** Berwickshire Берикшир (*графство в Шотландии*)

**betn** between между, в промежутке

**b.f.** bona fide *лат.* добросовестно

**BG** British Government английское правительство

**B.H.P.** brake horsepower эффективная мощность в лошадиных силах

**BID** bis in die *лат.* два раза в день (*о приёме лекарства*)

**B.I.S.** British Interplanetary Society Британское общество межпланетных полётов

**bk** back назад, обратно

**bk** book книга

**Bkg** banking 1) производство банковских операций 2) банковое дело

**bkt** bracket скобка

**B.L.** Bachelor of Law бакалавр права

**bl** bale кипа, тюк

**bl** barrel 1) бочóнок, бóчка, 2) бáррель (*мера*)
**bl** bilateral двусторóнний
**B/L** bill of lading трáнспортная накладнáя, коносамéнт
**bldg** building здáние, строéние
**BLS** Bureau of Labor Statistics Бюрó трудовóй зáнятости (*США*)
**Blvd** boulevard бульвáр
**BM** basal metabolism *мед.* основнóй обмéн
**BM** bowel movement *мед.* стул
**BM** British Museum Британский музéй
**B.M.A.** British Medical Association Британская медици́нская ассоциáция
**BMD** ballistic missile defence противоракéтная оборóна
**B.M.T.** British Mean Time британское срéднее врéмя
**BMus** Bachelor of Music бакалáвр мýзыки
**bn** battalion батальóн
**b.o.** back order обрáтный порядок; в обрáтном порядке
**BO** Branch Office мéстное отделéние, филиáл
**B.O., b.o.** buyer's option по вы́бору (*или* усмотрéнию) покупáтеля
**bo** body odour зáпах пóта
**bo** box office кáсса
**B.O.A.** British Olympic Association *спорт.* Британская олимпи́йская ассоциáция
**B.O.A., B.O.A.C.** British Overseas Airways Corporation Британская компáния трансокеáнских воздýшных сообщéний, БОАК
**BOQ** bachelor officers' quarters размещéние (на квартирах) неженáтых офицéров
**BOR** British other ranks рядовóй и сержáнтский состáв английской áрмии
**B.o.T. unit** Board of Trade unit киловáтт-чáс
**BOU** British Ornithologists' Union Британский сою́з орнитóлогов
**BP** barometric pressure барометри́ческое давлéние
**BP** bills payable векселя́ к платежý
**bp** bishop 1) епи́скоп 2) *шахм.* слон
**B.P.** blood pressure артериáльное давлéние
**b.p.** boiling point тóчка кипéния, температýра кипéния
**BP** British Patent британский патéнт
**B.P.** British Pharmacopoeia Британская фармакопéя
**bpl** birth place мéсто рождéния
**BR** bills receivable векселя́ к получéнию
**BR** bedroom спáльня
**B.R.** book of reference спрáвочник, спрáвочное издáние
**Br.** British английский, британский
**BRCS** British Red Cross Society Английское óбщество Крáсного Крестá
**Breck, Brecon** Brecknockshire Брéкнокшир (*графство в Уэльсе*)
**Brig** brigade бригáда
**Brig.-Gen.** Brigadier-General бригáдный генерáл
**Brit.** Britain Великобритáния; British английский, британский
**Bros** brothers брáтья (*в названиях фирм*)
**BS** Bachelor of Science бакалáвр (естéственных) наýк (*США*)
**BS** balance sheet *бухг.* балáнс
**B.S.** bill of sale закладнáя
**BSA** Boy Scouts of America Организáция американских бойскáутов
**BSc** Bachelor of Science бакалáвр (естéственных) наýк
**BST** British Summer Time английское лéтнее врéмя
**BT** berth terms *мор.* линéйные услóвия (*о погрузке и выгрузке*)
**BThU** British Thermal Unit британская тепловáя едини́ца (*0,252 большой калории*), БТЕ
**btto** brutto (вес) брýтто
**BTUC** British Trade Union Congress Конгрéсс британских тред-юниóнов
**bu.** bushel бýшель (≅*36,3 л*)
**Bucks.** Buckinghamshire Бáкингемшир (*графство в Англии*)
**BUP** British United Press информациóнное агéнтство «Бри́тиш Юнáйтед Пресс»
**BWT** British Winter Time английское зи́мнее врéмя

**C** calorie большáя калóрия, килогрáмм-калóрия
**c** calorie мáлая калóрия, грамм-калóрия
**c.** carat карáт (*200 миллиграммов*)
**C.** centigrade по стогрáдусной шкалé (*о температуре*)
**c** centimetre сантимéтр
**c** century век
**c** circa *лат.* приблизи́тельно, óколо
**c.** curie кюри́ (*единица радиоактивности*)
**Ca.** Cavan Кáван (*графство в Ирландии*)
**C.A.** Central America Центрáльная Амéрика
**CA** Chartered Accountant бухгáлтер-экспéрт
**C.A.** Court of Appeal апелляциóнный суд
**CA** current account текýщий счёт
**CAD** cash against documents платёж наличными прóтив грузовы́х докумéнтов
**CAF** cost and freight стóимость и фрахт
**CAI** cost and insurance стóимость и страховáние
**Caith** Caithness Кéйтнесс (*графство в Шотландии*)
**Cal, Calif.** California Калифóрния (*штат США*)
**C&LC** capitals and lower case прописны́е и строчны́е бýквы
**Cambs.** Cambridgeshire Кéмбриджшир (*графство в Англии*)
**Can.** Canada Канáда
**Canad.** Canadian канáдский
**Cantab.** Cantabrigian выпускни́к Кéмбриджского университéта
**Capt.** Captain капитáн
**Car.** Carlow Кáрлоу (*графство в Ирландии*)
**Cards.** Cardiganshire Кáрдиганшир (*графство в Уэльсе*)
**Carm., Carmaths.** Carmarthenshire Кармáртеншир (*графство в Уэльсе*)
**Carn.** Ca(e)rnarvonshire Карнáрвоншир (*графство в Уэльсе*)
**Cath.** Catholic католи́ческий
**cb** centibar центибáр (*единица атмосферного давления*)
**CBC** Canadian Broadcasting Corporation Канáдская радиовещáтельная и телевизиóнная корпорáция, Си-би-си
**cbcm** cubic centimetre куби́ческий сантимéтр
**CBD** cash before delivery платёж нали́чными до сдáчи товáра
**cbft** cubic foot куби́ческий фут
**cbm** cubic metre куби́ческий метр
**CBS** Columbia Broadcasting System (Американская) радиовещáтельная и телевизиóнная компáния «Колáмбиа брóдкастинг си́стем», Си-би-эс
**C.C.** cash credit (бáнковский) креди́т нали́чными деньгáми
**CC** common carrier 1) посы́льный 2) бюрó трáнспортных и ины́х услýг
**cc** cubic centimetre куби́ческий сантимéтр
**cca** circa *лат.* приблизи́тельно, óколо
**ccm.** cubic centimetre куби́ческий сантимéтр
**CD** Civil Defence граждáнская оборóна
**CD** Corps Diplomatique *фр.* дипломати́ческий кóрпус
**cdm** cubic decimetre куби́ческий дециметр
**Cdr** commander 1) команди́р 2) *мор.* капитáн 3 рáнга
**CE** Civil Engineer инженéр-строи́тель
**CEA** Council of Economic Advisors грýппа экономи́ческих совéтников (*при президенте США*)
**CEC** Central Executive Committee центрáльный исполни́тельный комитéт
**cen** central центрáльный
**cert** certificate свидéтельство; certified засвидéтельствовано
**CET** Central European Time центральноевропéйское врéмя
**cf.** confer сравни́
**C.F.L.** Canadian Federation of Labour Канáдская федерáция трудá
**cfs** cubic feet per second (*столько-то*) куби́ческих фýтов в секýнду
**cg** centigram(me) сантигрáмм
**c.g.** centre of gravity центр тя́жести
**CG** Consul General генерáльный кóнсул
**CGS** centimetre-gram(me)-second систéма сантимéтр-грамм-секýнда, систéма СГС
**ch** central heating центрáльное отоплéние
**CH** Clearing-House расчётная палáта
**CH** Custom-House тамóжня

**ch., chap.** chapter глава́

**Ch B** Bachelor of Surgery бакала́вр хирурги́и

**Ches.** Cheshire Че́шир (*графство в Англии*)

**chm, chmn** chairman председа́тель

**CHU** centigrade heat unit фунт-кало́рия

**C/I, c./i.** certificate of insurance страхово́й по́лис, страхово́е свиде́тельство

**CIA** Central Intelligence Agency Центра́льное разве́дывательное управле́ние, ЦРУ (*США*)

**CID** Criminal Investigation Department Отде́л уголо́вного ро́зыска

**CIF** cost, insurance, freight сто́имость, страхова́ние и фрахт, сиф

**C-in-C** Commander-in-Chief, главнокома́ндующий

**C.I.O.** Congress of Industrial Organizations Конгре́сс произво́дственных профсою́зов США, КПП; *см. тж.* **AFL/CIO**

**ckw** clockwise по часово́й стре́лке

**cm.** centimetre сантиме́тр

**CM** court martial вое́нный суд

**CMEA** = COMECON

**cmm** cubic millimetre куби́ческий миллиме́тр

**cmps** centimetre per second (*сто́лько-то*) сантиме́тров в секу́нду

**c.o., c/o.** care of для переда́чи (*такому-то*; *надпись на письмах*)

**CO** cash-order *фин.* тра́тта, сро́чная по предъявле́нии

**CO** commanding officer 1) нача́льник 2) команди́р

**Co** company компа́ния (*промышленная, торговая и т. п.*)

**C.O.** Conscientious Objector лицо́, отка́зывающееся нести́ вое́нную слу́жбу по религио́зным *или* ины́м моти́вам

**Co.** county гра́фство (*административная единица*)

**C.O.D.** cash on delivery упла́та при доста́вке; нало́женный платёж

**C of C** Chamber of Commerce торго́вая пала́та

**COI** Central Office of Information Центра́льное управле́ние информа́ции

**Col.** colonel полко́вник

**Col.** Colorado Колора́до (*штат США*)

**Coll, coll.** College колле́дж

**Colo.** Colorado Колора́до (*штат США*)

**COMECON** Council for Mutual Economic Aid Сове́т Экономи́ческой Взаимопо́мощи (*социалистических стран Европы*), СЭВ

**Conn.** Connecticut Конне́ктикут (*штат США*)

**Co-op.** Co-operative Society Коопера́тивное о́бщество

**Corp, Corpn** corporation корпора́ция

**Coy** Company *воен.* ро́та

**CP** calorific power теплотво́рная спосо́бность; теплопроизводи́тельность

**cp** candle-power си́ла све́та (в свеча́х)

**CP** charter-party *мор.* ча́ртер-па́ртия

**CP** Communist Party коммунисти́ческая па́ртия

**cp.** compare сравни́

**CPA** Communist Party of Australia Коммунисти́ческая па́ртия Австра́лии

**C.P.G.B.** Communist Party of Great Britain Коммунисти́ческая па́ртия Великобрита́нии

**Cpl.** Corporal капра́л

**cps** cycles per second (*сто́лько-то*) герц

**CPSU** Communist Party of the Soviet Union Коммунисти́ческая па́ртия Сове́тского Сою́за, КПСС

**C.P.U.S.A.** Communist Party of the United States of America Коммунисти́ческая па́ртия США

**Cr.** creditor кредито́р

**C.R.C.** Canadian Red Cross Кана́дский Кра́сный Крест

**CS** Chief of Staff нача́льник шта́ба

**CS** Civil Service госуда́рственная гражда́нская слу́жба

**CSE** Certificate of Secondary Education аттеста́т зре́лости

**CST** Central Standard Time центра́льное поясно́е вре́мя (*от 90° до 105° западной долготы*)

**CTU** centigrade thermal unit фунт-кало́рия

**CW** chemical warfare хими́ческая война́

**CWO** cash with order нали́чный расчёт при вы́даче зака́за

**CWT** Central Winter Time центра́льное зи́мнее поясно́е вре́мя (*от 90° до 105° западной долготы*)

**cwt** hundredweight це́нтнер (*в Англии — 50,8 кг; в США — 45,3 кг*)

**cy.** currency валю́та

**CZ** Canal Zone зо́на Пана́мского кана́ла

**d.** date да́та

**d.** day день

**d.** denarius *лат.* пе́нни, оди́н пенс (*0,01 фунта стерлингов*)

**d** daughter дочь

**D** Democrat демокра́т, член демократи́ческой па́ртии; Democratic демократи́ческий, относя́щийся к демократи́ческой па́ртии

**d.** diameter диа́метр

**d.** died сконча́лся

**d.** dollar до́ллар

**d.** dose *мед.* до́за

**DA** days after acceptance *банк.* (*через сто́лько-то*) дней по́сле акце́пта

**DA** District Attorney окружно́й прокуро́р (*США*)

**DAR** Daughters of the American Revolution «До́чери америка́нской револю́ции» (*женская организация*)

**das** decastere де́сять кубоме́тров

**DB, d.b.** day-book дневни́к; журна́л

**db** decibel *физ.* децибе́л

**dbl.** double двойно́й; сдво́енный

**D.C.** direct current постоя́нный ток

**D.C.** District of Columbia федера́льный о́круг Колу́мбия (*США*)

**dct** document докуме́нт

**DD** days after date (*через сто́лько-то*) дней от сего́ числа́

**DD** demand draft тра́тта, сро́чная по предъявле́нии

**D.D.** Doctor of Divinity до́ктор богосло́вия

**D.E.** degree of elasticity сте́пень упру́гости

**dec., decd** deceased сконча́вшийся, поко́йный

**Dec.** December дека́брь

**def.** defendant отве́тчик

**def.** deffered отсро́ченный

**deg.** degree гра́дус

**Del.** Delaware Де́лавэр (*штат США*)

**Dem.** Democrat демокра́т, член демократи́ческой па́ртии; Democratic демократи́ческий, относя́щийся к демократи́ческой па́ртии

**demo** demonstration демонстра́ция, ше́ствие

**Den.** Denbighshire Де́нбишир (*графство в Уэльсе*)

**dep.** departure отправле́ние; отхо́д

**dep.** deposit вклад

**Dept.** department 1) управле́ние; отде́л; департа́мент 2) министе́рство; ве́домство

**Derby** Derbyshire Де́рбишир (*графство в Англии*)

**DEW** distant early warning да́льнее радиолокацио́нное обнару́же́ние

**DF** direction finder (радио)пеленга́тор

**dft** defendant обвиня́емый, подсуди́мый; отве́тчик

**dft** draft 1) набро́сок; схе́ма, чертёж 2) прое́кт (*документа*) 3) чек, тра́тта 4) *воен.* набо́р, призы́в 5) *мор.* оса́дка

**dg** decigram(me) децигра́мм

**DG** Director General генера́льный дире́ктор

**DIA** Defense Intelligence Agency Разве́дывательное управле́ние министе́рства оборо́ны США

**dia., diam.** diameter диа́метр

**dkg** dekagram(me) декагра́мм

**dkl.** dekalitre декали́тр

**D.Lit.** Doctor of Literature до́ктор литерату́ры

**dm.** decimetre дециме́тр

**D.M.** Doctor of Medicine до́ктор медици́ны

**do** ditto то же са́мое

**DOB** date of birth да́та рожде́ния

**dol.** dollar до́ллар

**dom.** dominion доминио́н

**Dors.** Dorset(shire) До́рсет(шир) (*графство в Англии*)

**doz.** dozen дю́жина

**DPh, DPhil** Doctor of Philosophy до́ктор филосо́фии

**Dr** debtor должни́к, дебито́р

**Dr** Doctor до́ктор (*учёная степень*)

**dr** drachm дра́хма

**D.S.** document signed докуме́нт, подпи́санный (*таким-то*)

**DSc** Doctor of Science до́ктор (есте́ственных) нау́к

**D.T., d.t.'s** delirium tremens *лат.* бе́лая горя́чка

**Dumb.** Dumbartonshire Дамба́ртоншир (*графство в Шотландии*)

**Dumf.** Dumfriesshire Дамфри́сшир (*графство в Шотландии*)

**dupl** duplicate дублика́т

**dw** dead weight *тех.* 1) вес констру́кции, мёртвый вес 2) по́лная грузоподъёмность (*судна*)

**dwt** pennyweight пе́ннивейт (*мера веса = 1,555 г*)

**dz.** dozen дю́жина

**E.** East восто́к; eastern восто́чный

**E.** English англи́йский

**E.** engineer инжене́р

**e** erg *физ.* эрг

**E.A.** East Africa Восто́чная А́фрика

**EAEC** European Atomic Energy Community Европе́йское соо́бщество по а́томной эне́ргии, Евра́том

**E.&O.E.** errors and omissions excepted исключа́я оши́бки и про́пуски

**EAON** except as otherwise noted исключа́я те слу́чаи, когда́ ука́зано ина́че

**E.B.** Encyclopaedia Britannica *лат.* Брита́нская энциклопе́дия

**EBB** extra best best са́мого вы́сшего ка́чества

**E.C.** Executive Committee исполни́тельный комите́т

**e.c.** exempli causa *лат.* наприме́р

**ECA** Economic Commission for Africa Экономи́ческая коми́ссия ООН для А́фрики, ЭКА

**ECAFE** Economic Commission for Asia and the Far East Экономи́ческая коми́ссия ООН для А́зии и Да́льнего Восто́ка, ЭКАДВ

**ECE** Economic Commission for Europe Европе́йская экономи́ческая коми́ссия ООН, ЭЭК

**ECG** electrocardiogram электрокардиогра́мма

**ECLA** Economic Commission for Latin America Экономи́ческая коми́ссия ООН для стран Лати́нской Аме́рики, ЭКЛА

**ECME** Economic Commission for the Middle East Коми́ссия ООН для стран Бли́жнего Восто́ка

**ecol** ecology эколо́гия; ecological экологи́ческий

**econ** economic экономи́ческий; economics эконо́мика; economy эконо́мия

**ECOSOC** Economic and Social Council (of the United Nations) Экономи́ческий и социа́льный сове́т ООН

**ECSC** European Coal and Steel Community Европе́йское объедине́ние у́гля́ и ста́ли, ЕОУС

**ed.** edited by и́зданный (*кем-л.*); editor реда́ктор; edition изда́ние

**EdM** Master of Education маги́стр педагоги́ческих нау́к

**E.D.S.** English Dialect Society Англи́йское диалектологи́ческое о́бщество

**EDT** Eastern daylight time восто́чное поясно́е вре́мя

**educ** education образова́ние, воспита́ние; educational общеобразова́тельный

**EE** Early English раннеангли́йский язы́к

**EE** Envoy Extraordinary чрезвыча́йный посла́нник

**EEC** European Economic Community (the Common Market) Европе́йское экономи́ческое соо́бщество (О́бщий ры́нок)

**EET** East European Time восточноевропе́йское поясно́е вре́мя

**EFTA** European Free Trade Association Европе́йская ассоциа́ция свобо́дной торго́вли, ЕАСТ

**e.g.** exempli gratia *лат.* наприме́р

**EHP** effective horsepower эффекти́вная мо́щность в лошади́ных си́лах

**EHT** extra high tension *эл.* сверхвысо́кое напряже́ние

**EKG** electrocardiogram электрокардиогра́мма, ЭКГ

**EL** east longitude *геогр.* восто́чная долгота́

**EL** East Lothian Ист-Ло́тиан (*графство в Шотландии*)

**elec, elect.** electric электри́ческий; electricity электри́чество

**elem.** elementary элемента́рный

**EM** electromagnetic электромагни́тный

**EM** enlisted man рядово́й (*армии США*)

**EM** Engineer of Mines го́рный инжене́р

**EMF** electromotive force электродви́жущая си́ла

**EMT** European Mean Time среднеевропе́йское поясно́е вре́мя

**emu** electromagnetic unit электромагни́тная едини́ца

**e.o.m.** end of the month (following) в конце́ (сле́дующего) ме́сяца

**EP** estimated position предполага́емое положе́ние

**EPT** Excess Profits Tax нало́г на сверхпри́быль

**eq.** equivalent эквивале́нтный

**esp.** especially гла́вным о́бразом, осо́бенно

**Esq., Esqr.** Esquire эсква́йр

**Ess.** Essex Э́ссекс (*графство в Англии*)

**esu** electrostatic unit электростати́ческая едини́ца

**ETA** estimated time of arrival расчётное вре́мя прибы́тия

**et al.** et alii *лат.* и други́е

**ETD** estimated time of departure расчётное вре́мя отправле́ния

**et seq.** et sequence *лат.* после́дующий; et sequentia все после́дующие

**Eurovision** Europe — Television Объединённая западноевропе́йская телевизио́нная програ́мма «Еврови́дение»

**eV** electron volt электро́н-во́льт

**EW** enlisted woman же́нщина-рядово́й (*в армии США*)

**exps** expenses расхо́ды, изде́ржки

**exx** examples приме́ры

**F** Fahrenheit по шкале́ Фаренге́йта

**f** fathom морска́я са́же́нь (*182,5 см*)

**f.** feminine же́нский

**f.** foot фут

**f.a.c.** fast as can как мо́жно скоре́е

**FAI** Fédération Aéronautique Internationale *фр.* Междунаро́дная авиацио́нная федера́ция, ФАИ

**FAO** Food and Agricultural Organization of the United Nations Организа́ция ООН по вопро́сам продово́льствия и се́льского хозя́йства, ФАО

**FAQ** fair average quality *ком.* справедли́вое сре́днее ка́чество

**FAS** free alongside ship фра́нко вдоль бо́рта су́дна

**F.B.A.** Fellow of the British Academy член Брита́нской акаде́мии

**FBI** Federal Bureau of Investigation Федера́льное бюро́ рассле́дований, ФБР (*США*)

**F.B.I.** Federation of British Industries Федера́ция брита́нских промы́шленников

**Feb.** February февра́ль

**Fed., fed.** federal федера́льный; federation федера́ция

**fem** feminine же́нский

**Ferm** Fermanagh Ферма́на (*графство в Северной Ирландии*)

**ff.** following (pages) и сле́дующие (страни́цы)

**FGA** free of general average *мор. страх.* свобо́дно от о́бщей ава́рии

**F.H.R.** Federal House of Representatives Федера́льная пала́та представи́телей (*в Австралии*)

**FIDE** Fédération Internationale des Échecs *фр.* Междунаро́дная ша́хматная федера́ция, ФИДЕ

**FIFA** Fédération Internationale de Football Associations *фр.* Междунаро́дная федера́ция футбо́льных ассоциа́ций, ФИФА

**FIO** free in and out *мор.* погру́зка и вы́грузка опла́чиваются фрахтова́телем, ФИО

**FL** falsa lectio *лат.* разночте́ние

**Fla.** Florida Флори́да (*штат США*)

**fm.** fathom морска́я са́же́нь (*182,5 см*)

**FM** frequency modulation часто́тная модуля́ция

**fn** foot-note сно́ска, примеча́ние

**F.O.** Foreign Office Министе́рство иностра́нных дел (*Англия*)

**F.O.B.** free on board фра́нко-борт, ФОБ

**FOC** free of charge беспла́тно, безвозме́здно

**fol., foll.** following сле́дующий

**for.** foreign иностра́нный

**fp** freezing point то́чка замерза́ния

**FPC** Federal Power Commission Федера́льная коми́ссия по энерге́тике (*США*)

**Fr.** father оте́ц

**fr.** franc франк

**Fr.** French францу́зский

**fr.** from из

**Fri.** Friday пя́тница

**FRS** Federal Reserve System Федера́льная резе́рвная систе́ма (*США*)

**frt.** freight груз; фрахт

**F.S.** Faraday Society Фараде́евское о́бщество (*в Англии*)

**ft** foot фут; feet фу́ты

**FTC** Federal Trade Commission Федера́льная торго́вая коми́ссия (*США*)

**fur.** furlong фарло́нг (*мера длины*)

**f.v.** folio verso *лат.* на оборо́те (*листа, страницы*)

**FYI** for your information для ва́шего све́дения

**g.** acceleration of gravity ускоре́ние си́лы тя́жести

**G** gauss га́усс (*единица магнитной индукции*)

**G., g.** gram(me) грамм

**g** specific gravity уде́льный вес

**ga.** gauge 1) кали́бр; шабло́н; масшта́б; станда́рт 2) *ж.-д.* ширина́ коле́й

**GA** General Assembly Генера́льная Ассамбле́я (*ООН*)

**G.A., G/A** general average *мор. страх.* о́бщая ава́рия

**Ga.** Georgia Джо́рджия (*штат США*)

**gal.** gallon галло́н

**GATT** General Agreement on Tariffs and Trade Генера́льное соглаше́ние по тамо́женным тари́фам и торго́вле (*стран Атлантического союза*)

**G.B.** Great Britain Великобрита́ния

**GCA** ground-controlled approach управля́емое с земли́ сближе́ние (*в космосе*)

**g.-cal.** gram(me) caloric грамм-кало́рия

**gcc** ground control centre назе́мный центр управле́ния полётом

**G.C.D.** greatest common divisor о́бщий наибо́льший дели́тель

**GCE** General Certificate of Education аттеста́т зре́лости

**Gdn(s)** Garden(s) парк *или* сад (*в названиях*)

**GDR** German Democratic Republic Герма́нская Демократи́ческая Респу́блика, ГДР

**gds.** goods това́ры

**Gen.** General генера́л

**genl** general о́бщий

**Ger.** German неме́цкий; герма́нский

**G.F.T.U.** General Federation of Trade Unions Всео́бщая федера́ция тред-юнио́нов

**G.H.Q.** General Headquarters ста́вка гла́вного кома́ндования; штаб-кварти́ра; общевойсково́й штаб

**GI** Government Issue *амер.* 1) *разг.* солда́т 2) солда́тский; вое́нного образца́

**Gk.** Greek гре́ческий

**Glam.** Glamorganshire Гламо́рганшир (*графство в Уэльсе*)

**Glos.** Gloucestershire Гло́стершир (*графство в Англии*)

**G.M.** General Manager Генера́льный дире́ктор

**gm.** gramme(s) гра́мм(ы)

**GM** guided missile управля́емая раке́та

**G.M.T.** Greenwich mean time сре́днее вре́мя по гри́н(в)ичскому меридиа́ну

**GNP** Gross National Product валово́й национа́льный проду́кт

**GOP** Grand Old Party «Вели́кая ста́рая па́ртия» (*неофициальное название Республиканской партии США*)

**Gov, gov** governor губерна́тор; прави́тель

**Gov, govt** government прави́тельство

**GP** general practitioner врач о́бщей пра́ктики

**g.p.h.** gallons per hour (*столько-то*) галло́нов в час

**g.p.m.** gallons per minute (*столько-то*) галло́нов в мину́ту

**G.P.O.** General Post Office гла́вное почто́вое управле́ние

**gr.** grade 1) гра́дус 2) сорт

**gr.** grain гран (*аптекарская мера веса = 0,0648 г*)

**gr.** gram(me) грамм

**gr** gross (*12 дюжин, 144 штуки*)

**grad.** graduate диплоли́рованный специали́ст

**gr. wt.** gross weight вес бру́тто

**G.S.** General Staff о́бщий штаб

**GSA** General Services Administration Администра́ция о́бщих служб (*США*)

**gt** great большо́й; вели́кий

**GT** gross ton длинная *или* англи́йская то́нна (*1016 кг*)

**G.T.C.** good till cancelled действи́телен до погаше́ния

**gtd.** guaranteed гаранти́рованный

**H., h.** harbour га́вань, порт

**H., h.** hardness твёрдость

**H., h.** height высота́

**H** henry *эл.* ге́нри

**h** heroin герои́н

**h.** hour час

**h.** hundred сто

**ha.** hectare гекта́р

**h.a.** hoc anno *лат.* в э́том году́

**h.&.c.** hot and cold горя́чая и холо́дная (вода́)

**handbk** handbook спра́вочник

**Hants** Hampshire Ге́мпшир (*графство в Англии*)

**Haw.** Hawaii Гава́йи (*острова и штат США*)

**h.c.** honoris causa *лат.* за заслу́ги; ра́ди почёта

**H.C.** House of Commons пала́та о́бщин (*в Англии*)

**HD** heavy-duty (предназна́ченный) для тяжёлого режи́ма рабо́ты

**hdbk** handbook спра́вочник

**h. e.** hic est *лат.* то́ есть

**HE** high explosive взры́вчатое вещество́

**Heref** Herefordshire Хе́рефордшир (*графство в Англии*)

**Herts.** Hertfordshire Ха́ртфордшир (*графство в Англии*)

**hf.** half полови́на

**HF** high frequency высо́кая частота́

**H.G.** High German верхненеме́цкий язы́к

**hgt.** height высота́

**hhd.** hogshead хогсхе́д (*мера жидкости: в Англии — 286,4 л; в США — 238 л*)

**HHFA** Housing and Home Finance Agency Аге́нтство по финанси́рованию жили́щного строи́тельства (*США*)

**H.I.** Hawaiian Islands Гава́йи (*острова и штат США*)

**hist.** history исто́рия

**hl.** hectolitre гектоли́тр

**H.L.** House of Lords пала́та ло́рдов

**hm.** hectometre гектоме́тр

**H.M.S.** His (Her) Majesty's Ship англи́йский вое́нный кора́бль

**HofC** House of Commons пала́та о́бщин

**HofL** House of Lords пала́та ло́рдов

**Hon.** Honorary почётный; Honourable достопочте́нный

**hosp.** hospital больни́ца, го́спиталь

**H.P.** high pressure высо́кое давле́ние

**H.P.** hire purchase поку́пка *или* прода́жа в рассро́чку

**hp** horsepower лошади́ная си́ла (*единица мощности*)

**H.Q.** Headquarters штаб

**hr** hour час

**HR** House of Representatives пала́та представи́телей (*американского конгресса*)

**HS** high school сре́дняя шко́ла

**HT** high tension высо́кое напряже́ние

**H.V.** high voltage *эл.* высо́кое напряже́ние

**hwt** hundredweight це́нтнер (*в Англии — 50,8 кг; в США — 45,36 кг*)

**Hz** hertz герц

**I.** Idaho Айда́хо (*штат США*)

**i.** inch дюйм

**i** island, isle о́стров

**Ia.** Iowa А́йова (*штат США*)

**IAAF** International Amateur Athletic Federation Междунаро́дная люби́тельская легкоатлети́ческая федера́ция, ИААФ

**IAC** International Air Convention Междунаро́дная авиацио́нная конве́нция

**IADL** International Association of Democratic Lawyers Междунаро́дная ассоциа́ция юри́стов-демокра́тов, МАЮД

**IAEA** International Atomic Energy Agency Междунаро́дное аге́нтство по а́томной эне́ргии, МАГАТЭ

**IAF** International Aeronautical Federation Междунаро́дная авиацио́нная федера́ция, ФАИ

**ib., ibid** ibidem *лат.* там же

**IBRD** International Bank for Reconstruction and Development Междунаро́дный банк реконстру́кции и разви́тия, МБРР

**i/c** in charge ве́дает (*этим отделом и т. п.*); отвеча́ет (*за этот отдел и т. п.*)

**ICA** International Co-operative Alliance Междунаро́дный кооперати́вный алья́нс, МКА

**ICA** International Co-operation Administration Междунаро́дная коопера́тивная администра́ция

**ICAAAA, IC4A** Intercollegiate Association of Amateur Athletes of America Всеамерика́нская студе́нческая ассоциа́ция спортсме́нов-люби́телей

**ICAO** International Civil Aviation Organization Междунаро́дная организа́ция гражда́нской авиа́ции, ИКАО

**ICBM** intercontinental ballistic missile межконтинента́льная баллисти́ческая раке́та, МБР

**ICC** International Chamber of Commerce Междунаро́дная торго́вая пала́та, МТП

**ICFTU** International Confederation of Free Trade Unions Междунаро́дная конфедера́ция свобо́дных профсою́зов, МКСП

**ICJ** International Court of Justice Междунаро́дный суд (*ООН*)

**ICW** International Council of Women Междунаро́дный сове́т же́нщин, МСЖ

**Id.** Idaho Айдахо (*штат США*)

**id.** idem *лат.* тот же

**ID** identification идентифика́ция

**ID** inside dimensions вну́тренние разме́ры

**ID** Intelligence Department разве́дывательный отде́л

**IDA** International Development Association Междунаро́дная ассоциа́ция разви́тия, МАР

**i.e.** id est *лат.* то́ есть

**IGO** Intergovernmental Organization Межправи́тельственная организа́ция (*ООН*)

**i.h.p.** indicated horsepower индика́торная мо́щность

**ILCOP** International Liaison Committee of Organizations for Peace Междунаро́дный комите́т свя́зи организа́ций борьбы́ за мир

**Ill.** Illinois Иллино́йс (*штат США*)

**ill., illus.** illustration иллюстра́ция; illustrated иллюстри́рованный

**ILO** International Labour Organization Междунаро́дная организа́ция труда́, МОТ (*ООН*)

**ILS** instrument landing system *ав.* поса́дка по прибо́рам, слепа́я поса́дка

**IMCO** Intergovernmental Maritime Consultative Organization Межправи́тельственная морска́я консультати́вная организа́ция, ИМКО

**IMF** International Monetary Fund Междунаро́дный валю́тный фонд (*ООН*), МВФ

**imp.** imperative настоя́тельный

**imp** imperial устано́вленный, соотве́тствующий брита́нскому станда́рту

**imp** imprimatur *лат.* разреше́ние цензу́ры (*на печатание*)

**in.** inch дюйм

**Inc., inc.** Incorporated зарегистри́рованный как корпора́ция

**incl.** including включи́тельно

**incr.** increase увеличе́ние; рост

**ind.** independent незави́симый

**ind.** index и́ндекс

**Ind.** Indiana Индиа́на (*штат США*)

**ind.** industrial промы́шленный

**I'ness** Inverness-shire Инверне́ссшир (*графство в Шотландии*)

**ins.** inches дю́ймы

**inst.** instant теку́щего ме́сяца (*в официальном письме*)

**Inst.** institute институ́т

**int, intl** international междунаро́дный

**intro., introd.** introduction введе́ние

**Inv** Inverness-shire Инверне́ссшир (*графство в Шотландии*)

**inv** invoice *ком.* факту́ра, счёт

**IOC** International Olympic Committee Междунаро́дный олимпи́йский комите́т, МОК

**IOJ** International Organization of Journalists Междунаро́дная организа́ция журнали́стов, МОЖ

**IOU** I owe you я вам до́лжен (*форма долговой расписки*)

**IPA** International Phonetic Alphabet междунаро́дный фонети́ческий алфави́т; междунаро́дная фонети́ческая транскри́пция

**IPU** Interparliamentary Union межпарла́ментский союз

**i.q.** idem quod *лат.* так же как

**I.Q.** intelligence quotient коэффицие́нт у́мственного разви́тия

**IR** infra-red инфракра́сный

**IRA** Irish Republican Army Ирла́ндская республика́нская а́рмия, ИРА

**IRBM** intermediate range ballistic missile баллисти́ческая раке́та сре́дней да́льности

**IRC** International Red Cross Междунаро́дное о́бщество Кра́сного Креста́

**ISO** International Organization for Standardization Междунаро́дная организа́ция по стандартиза́ции

**It., Ital.** Italian италья́нский

**it., ital.** italics курси́в

**ITO** International Trade Organization Междунаро́дная организа́ция торго́вли (*ООН*)

**ITT** International Telephone and Telegraph Corporation конце́рн «Междунаро́дная телефо́нная и телегра́фная корпора́ция», ИТТ (*США*)

**I.U.** international unit междунаро́дная едини́ца

**IUS** International Union of Students Междунаро́дный сою́з студе́нтов, МСС

**I.W.** Isle of Wight Айл-оф-Уа́йт (*графство в Англии*)

**J** joul джо́уль

**J.** judge судья́

**J.** justice 1) правосу́дие 2) судья́

**J.A.** Judge Advocate вое́нный прокуро́р

**Jan.** January янва́рь

**Jap.** Japan Япо́ния

**JCS** Joint Chiefs of Staffs Объединённый комите́т нача́льников штабо́в (*США*)

**jct., jctn** junction железнодоро́жный у́зел; стык шоссе́йных *или* желе́зных доро́г

**J.D.** Jurum Doctor *лат.* до́ктор пра́ва

**jnt** joint объединённый, соединённый; совме́стный, еди́ный

**JP** jet propulsion 1) реакти́вное движе́ние 2) реакти́вный дви́гатель

**J.P.** Justice of the Peace мирово́й судья́

**Jr, jr** junior мла́дший

**jt** joint объединённый, соединённый; совме́стный, еди́ный

**Ju.** June ию́нь

**Jul.** July ию́ль

**jun.** junior мла́дший

**junc** junction железнодоро́жный у́зел; стык шоссе́йных *или* желе́зных доро́г

**juv** juvenile малоле́тний

**k.** karat кара́т (*мера веса драгоценных камней*)

**K., k.** kilogram(me) килогра́мм

**k** knot у́зел (*единица скорости хода морских судов*)

**Kan., Kans., Kas.** Kansas Ка́нзас (*штат США*)

**kc.** kilocycle килоци́кл

**KC** King's Counsel короле́вский адвока́т

**kcal** kilocalorie килокало́рия, больша́я кало́рия

**Kc/s** kilocycles per second (*столько-то*) килоге́рц

**Ken.** Kentucky Кенту́кки (*штат США*)

**Ker** Kerry Ке́рри (*графство в Ирландии*)

**kev** kilo-electron-volt килоэлектронво́льт

**kg** kilogram(me) килогра́мм

**KGPS** kilograms per second (*столько-то*) килогра́ммов в секу́нду

**kHz** kilohertz килоге́рц

**KIA** killed in action поги́б в бою́

**Kild** Kildare Килдэ́р (*графство в Ирландии*)

**Kilk.** Kilkenny Килке́нни (*графство в Ирландии*)

**Kin.** Kinross-shire Кинро́ссшир (*графство в Шотландии*)

**Kinc.** Kincardineshire Кинка́рдиншир (*графство в Шотландии*)

**Kirk.** Kirkcudbrightshire Керку́бришир (*графство в Шотландии*)

**KKK** Ku Klux Klan ку-клукс-кла́н

**kl.** kilolitre килоли́тр

**km.** kilometre киломе́тр

**km/s** kilometres per second (*столько-то*) киломе́тров в секу́нду

**K.O.** knock out *спорт.* нока́ут

**kph** kilometres per hour (*столько-то*) киломе́тров в час

**KV, kv** kilovolt килово́льт

**KVA** kilovolt-ampere (*столько-то*) килово́льт-ампе́р

**kw.** kilowatt килова́тт

**kwh, kw-hr** kilowatt-hour килова́тт-ча́с

**Ky** Kentucky Кенту́кки (*штат США*)

**L.** lake о́зеро

**l.** left ле́вый

**L.** length длина́

**L** Liberal член па́ртии либера́лов, либера́л (*особ. в Великобритании*)

**L; £** libra *лат.* фунт (сте́рлингов)

**l.** litre литр

**L.** longitude долгота́; меридиа́н

**l** lumen лю́мен (*единица светового потока*)

**L.A.** Legislative Assembly законода́тельное собра́ние

**L.A.** Los Angeles *г.* Лос-Анджелес

**La.** Louisiana Луизиа́на (*штат США*)
**Lab.** Labour Party лейбори́стская па́ртия (*в Англии*)
**Lab.** Labrador *п-ов* Лабрадо́р
**Lancs.** Lancashire Ла́нкашир (*графство в Англии*)
**Lat.** Latin лати́нский язы́к
**lat.** latitude *геогр.* широта́
**lb.** libra *лат.* фунт
**lb. ap.** pound apothecary фунт апте́карского ве́са (*373,24 г*)
**lb. av** pound avoirdupois англи́йский торго́вый фунт (*453,6 г*)
**l.b.s.** lectori benevolo salutem! *лат.* приве́т благоскло́нному чита́телю!
**L.C.** Law Court суд
**LC, L/C** letter of credit аккредити́в
**L.C.** Library of Congress Библиоте́ка конгре́сса США
**l.c.** loco citato *лат.* в приведённом (*или* цити́рованном) ме́сте
**LD** lethal dose смерте́льная до́за
**ldg** lodging жили́ще; кварти́ра
**Ldn** London *г.* Ло́ндон
**Leics.** Leicestershire Ле́стершир (*графство в Англии*)
**Leit** Leitrim Ли́трим (*графство в Ирландии*)
**LF** low frequency ни́зкая частота́
**Lfd** Longford Ло́нгфорд (*графство в Ирландии*)
**L.G.** Low German нижненеме́цкий язы́к
**lgth** length длина́
**lg tn** long ton дли́нная *или* англи́йская то́нна (*1016 кг*)
**lh** left hand ле́вая рука́
**L.H.D.** Doctor of the Humanities до́ктор гуманита́рных нау́к
**Lim.** Limerick Ли́мерик (*графство в Ирландии*)
**Lincs.** Lincolnshire Ли́нкольншир (*графство в Англии*) •
**ll.** lines ли́нии
**l.l.** loco laudato *лат.* в упомя́нутом ме́сте
**LL.B.** Bachelor of Laws бакала́вр пра́ва
**LL.D.** Doctor of Laws до́ктор пра́ва
**lm** lumen *физ.* лю́мен
**LMT** local mean time ме́стное сре́днее вре́мя
**Lnrk** Lanarkshire Ла́наркшир (*графство в Шотландии*)
**Lon., Lond.** London *г.* Ло́ндон
**Lond.** Londonderry Лондонде́рри (*графство в Ирландии*)
**Long** Longford Ло́нгфорд (*графство в Ирландии*)
**Lou** Louth Ла́ут (*графство в Ирландии*)
**LP** Labour Party лейбори́стская па́ртия (*в Англии*)
**LP** long-playing (record) долгоигра́ющая (пласти́нка)
**LP** low pressure ни́зкое давле́ние
**LPA** Labor Press Association Ассоциа́ция рабо́чей (*профсоюзной*) печа́ти США
**L.R.** Lloyd's Register судово́й реги́стр Ло́йда
**LR** living room жила́я ко́мната
**LS** left side ле́вая сторона́
**LSA** Linguistic Society of America Америка́нское лингвисти́ческое о́бщество
**L.S.D, L.s.d.** librae, solidi, denarii *лат.* фу́нты сте́рлингов, ши́ллинги, пе́нсы
**LSD** lysergic acid diethylamide ЛСД (*наркотик, вызывающий галлюцинации*)
**LSS** life-saving service слу́жба безопа́сности на воде́
**LST** local standard time ме́стное станда́ртное вре́мя (*США*)
**Lt.** Lieutenant лейтена́нт
**LT** long ton дли́нная *или* англи́йская то́нна (*1016 кг*)
**LT** low tension *эл.* ни́зкое напряже́ние
**LT.-Col.** Lieutenant-Colonel подполко́вник
**Ltd, ltd** limited (*компания*) с ограни́ченной отве́тственностью
**LW** low water *мор.* ма́лая вода́
**lx** lux люкс (*единица измерения освещённости*)
**LZ** landing zone зо́на приземле́ния *или* приводне́ния

**m.** married жена́тый; заму́жняя
**M** mass ма́сса
**M.** meridian *геогр.* меридиа́н
**m.** metre метр
**m.** mile ми́ля
**m.** million миллио́н
**m.** minute мину́та
**M** molecular weight молекуля́рный вес
**M** moment моме́нт
**m.** month ме́сяц
**M.A.** Master of Arts маги́стр гуманита́рных нау́к
**MA** mental age у́мственное разви́тие, соотноси́мое с во́зрастом
**ma** milliampere миллиампе́р
**Ma.** Minnesota Миннесо́та (*штат США*)
**mag.** magazine журна́л
**mag.** magnetic магни́тный
**Maj.** Major майо́р
**Maj.-Gen.** Major-General генера́л-майо́р
**Man.** Manitoba Манито́ба (*провинция Канады*)
**man.** manual ручно́й, без примене́ния механи́змов
**Mar.** March март
**Mass.** Massachusetts Массачу́сетс (*штат США*)
**MAT** Master of Arts in Teaching маги́стр педаго́гики
**math** *амер. см.* maths
**maths** mathematics матема́тика
**MATS** Military Air Transport Service вое́нная авиатра́нспортная слу́жба
**max.** maximum ма́ксимум
**mb** millibar миллиба́р (*единица атмосферного давления*)
**M.B.A.** Master of Business Administration маги́стр эконо́мики управле́ния
**MBS** Mutual Broadcasting System ра́дио- и телевеща́ние компа́нии Эм-Би-Эс (*США*)
**M.C.** Master of Ceremonies веду́щий, конферансье́
**mc** megacycle магаге́рц
**M.C.** Member of Congress член конгре́сса
**M.D.** Doctor of Medicine до́ктор медици́ны
**Md.** Maryland Мэ́риленд (*штат США*)
**M.D.** medical department 1) вое́нно-санита́рный отде́л 2) ме́дико-санита́рная слу́жба (*на корабле*)
**MD, md** months after date (*через столько-то*) ме́сяцев от сего́ числа́
**Mddx.** Middlesex Ми́длсекс (*графство в Англии*)
**mdnt** midnight по́лночь
**M.D.S.** Master of Dental Surgery маги́стр стоматоло́гии
**mdse.** merchandise това́ры
**Me.** Maine Мэн (*штат США*)
**M.E.** Mechanical Engineer инжене́р-меха́ник
**ME** medical examiner патологоана́том
**ME** Middle East *обыкн.* Бли́жний Восто́к
**M.E.** Middle English среднеагли́йский язы́к
**Mea.** Meath Мит (*графство в Ирландии*)
**M.Ed.** Master of Education маги́стр педаго́гики
**med.** medicine медици́на
**Medit.** Mediterranean средиземномо́рский
**mem.** member член
**memo.** memorandum мемора́ндум; па́мятная запи́ска
**mep** mean effective pressure сре́днее эффекти́вное давле́ние
**Meri.** Merionethshire Мерио́нетшир (*графство в Уэльсе*)
**Messrs** messieurs *фр.* господа́
**met.** meteorological метеорологи́ческий
**met.** metropolitan столи́чный
**MeV** megaelectron-volt мегаэлектро́н-во́льт
**Mex.** Mexico Ме́ксика
**MF** medium frequency сре́дняя частота́
**mf.** microfarad микрофара́да; millifarad миллифара́да
**M.F.A.** Master of Fine Arts маги́стр изя́щных иску́сств
**MFN** most favoured nation наибо́лее благоприя́тствуемая на́ция
**mfr.** manufacturer изготови́тель
**mg.** milligram(me) миллигра́мм
**Mgr.** Manager управля́ющий, заве́дующий
**mgt** management управле́ние; дире́кция
**mh** millihenry *эл.* миллиге́нри
**mi.** mile ми́ля
**MI** Military Intelligence вое́нная разве́дка
**MIA** missing in action пропа́л бе́з вести
**Mich.** Michigan Мичига́н (*штат США*)
**MidL** Midlothian Мидло́тиан (*графство в Шотландии*)

**MIF** Miners' International Federation Междунаро́дная (*профсоюзная*) федера́ция горняко́в

**MI 5** National Security Division of Military Intelligence отде́л госуда́рственной безопа́сности вое́нной разве́дки

**mil.** military вое́нный

**min.** minimum ми́нимум

**min.** minister мини́стр

**min.** minute мину́та

**Minn.** Minnesota Миннесо́та (*штат США*)

**misc.** miscellaneous разнообра́зный, ра́зный

**Miss.** Mississippi Миссиси́пи (*штат США*)

**mk.** mark 1) знак 2) тип маши́ны; ма́рка, сери́йный но́мер

**MKS** metre-kilogram(me)-second систе́ма МКС, метр-килогра́мм-секу́нда

**ml.** millilitre миллили́тр

**mm.** millimetre миллиме́тр

**m.m.f.** magnetomotive force магнитодви́жущая си́ла

**MN** magnetic north магни́тный се́вер

**M.N.** Merchant Navy торго́вый (*или* гражда́нский) флот

**M.O.** mail order зака́з (това́ров) по по́чте

**M.O.** Medical Officer офице́р медици́нской слу́жбы

**Mo.** Missouri Миссу́ри (*штат США*)

**MO** money order де́нежный перево́д по по́чте

**mo.** month ме́сяц

**mod.** moderate уме́ренный

**mod.** modern совреме́нный; моде́рн

**mod cons** modern conveniences 1) совреме́нные удо́бства 2) со всеми удо́бствами (*в объявлении*)

**mol.** molecule моле́кула

**mol. wt.** molecular weight молекуля́рный вес

**Mon** Monaghan Мо́наган (*графство в Ирландии*)

**Mon.** Monday понеде́льник

**Mon.** Monmouthshire Мо́нмутшир (*графство в Англии*)

**Mont.** Montana Монта́на (*штат США*)

**Montgom.** Montgomeryshire Монтго́меришир (*графство в Уэльсе*)

**mos.** months ме́сяцы

**m.p.** melting point то́чка плавле́ния

**M.P.** Member of Parliament член парла́мента

**M.P.** Metropolitan Police Ло́ндонская поли́ция

**M.P., MP** Military Police вое́нная поли́ция

**mpg** miles per gallon (*столько-то*) миль на галло́н (*горючего*)

**mph** miles per hour (*столько-то*) миль в час

**mps** metres per second (*столько-то*) ме́тров в секу́нду

**Mr** Mister ми́стер, господи́н

**Mrs** Mistress ми́ссис, госпожа́

**MS** manuscript ру́копись

**M.S.** Master of Science маги́стр (есте́ственных) нау́к

**MS** motor ship теплохо́д

**M.Sc.** Master of Science маги́стр (есте́ственных) нау́к

**m.s.l.** mean sea level сре́дний у́ровень мо́ря

**msl** missile управля́емая раке́та

**MSTS** Military Sea Transport(ation) Service вое́нно-морска́я тра́нспортная слу́жба (*США*)

**mt** megaton мегато́нна

**M.T.** metric ton метри́ческая то́нна

**Mt** mountain гора́

**mun.** municipal муниципа́льный

**m.v.** market value ры́ночная сто́имость

**mv** millivolt милливо́льт

**M.V.** motor vessel теплохо́д

**MVA** Missouri Valley Authority Администра́ция доли́ны Миссу́ри (*США*)

**mw** milliwatt миллива́тт

**Mx.** Middlesex Ми́длсекс (*графство в Англии*)

**myth., mythol.** mythology мифоло́гия

**N.** navy вое́нно-морски́е си́лы

**n.** net (вес) не́тто

**n.** noon по́лдень

**N.** North се́вер

**n.** note 1) заме́тка 2) запи́ска 3) примеча́ние

**n.** number число́

**N.A.** North America Се́верная Аме́рика

**NAACP** National Association for the Advancement of Colored People Национа́льная ассоциа́ция соде́йствия прогре́ссу цветно́го населе́ния (*США*)

**N.A.A.F.I, Naafi** Navy, Army and Air Force Institute вое́нно-торго́вая слу́жба ВМС, ВВС и сухопу́тных войск (*в Англии*)

**NAC** North Atlantic Council Сове́т Североатланти́ческого сою́за, Сове́т НАТО

**NAD** no appreciable disease практи́чески здоро́в

**NAM** National Association of Manufacturers Национа́льная ассоциа́ция промы́шленников, НАП (*США*)

**NAS** National Academy of Science Национа́льная акаде́мия нау́к (*США*)

**NAS** naval air station ба́за морско́й авиа́ции

**NASA** National Aeronautics and Space Administration Национа́льное управле́ние по аэрона́втике и иссле́дованию косми́ческого простра́нства, НАСА (*США*)

**nat.** national национа́льный

**nat** native тузе́мный

**nat.** natural есте́ственный

**NATO** North Atlantic Treaty Organization Североатланти́ческий сою́з, НАТО

**naut** nautical морехо́дный

**nav.** naval вое́нно-морско́й

**nav.** navigation навига́ция

**N.B.** New Brunswick Нью-Бра́нсуик (*провинция Канады*)

**NB** northbound в се́верном направле́нии

**N.B.** nota bene *лат.* нотабе́не, обрати́ осо́бое внима́ние

**NBC** National Broadcasting Company ра́дио- и телевеща́ние компа́нии Эн-Би-Си (*США*)

**NBS** National Bureau of Standards Национа́льное бюро́ станда́ртов

**NC** nitrocellulose нитроцеллюло́за

**NC** no charge без взима́ния сбо́ра, без опла́ты

**N.C.** North Carolina Се́верная Кароли́на (*штат США*)

**NC** Nurse Corps *воен.* Слу́жба меди́цинских сестёр

**NCAA** National Collegiate Athletic Association Национа́льная студе́нческая спорти́вная ассоциа́ция (*США*)

**NCO** Non-Commissioned Officer военнослу́жащий сержа́нтского соста́ва

**ncv** no commercial value комме́рческой це́нности не име́ет

**ND, n.d.** no date без обозначе́ния да́ты

**N.D., N.Dak.** North Dakota Се́верная Дако́та (*штат США*)

**N.E.** New England Но́вая А́нглия (*штаты Мэн, Нью-Гемпшир, Вермонт, Массачусетс, Род-Айленд, Коннектикут*)

**NE** north-east се́веро-восто́к

**Neb., Nebr.** Nebraska Небра́ска (*штат США*)

**NEDC** National Economic Development Council Национа́льный сове́т по экономи́ческому разви́тию

**neg.** negative отрица́тельный

**NEI** not elsewhere included нигде́ не ука́зано; нигде́ не упомя́нуто

**N.E.S., n.e.s.** not elsewhere specified не ука́занный где-л. в друго́м ме́сте

**Neth.** Netherlands Нидерла́нды

**Nev.** Nevada Нева́да (*штат США*)

**NF, nfd.** Newfoundland Ньюфаундле́нд (*провинция Канады*)

**N.G.** National Guard Национа́льная гва́рдия (*США*)

**NGS** National Geographic Society Национа́льное географи́ческое о́бщество (*США*)

**N.H.** New Hampshire Нью-Ге́мпшир (*штат США*)

**NHL** National Hockey League Национа́льная хокке́йная ли́га

**nhp** nominal horsepower номина́льная мо́щность (*в лошадиных силах*)

**N.I.** Northern Ireland Се́верная Ирла́ндия

**N.J.** New Jersey Нью-Дже́рси (*штат США*)

**NL** night letter почто́вый текст, отправля́емый телегра́фом но́чью по льго́тному тари́фу

**nl** non licet *лат.* не разреша́ется

**NL** north latitude *геогр.* се́верная широта́

**NLRB** National Labor Relations Board Национа́льное управле́ние трудовы́х отноше́ний (*США*)

**NLT** night letter почто́вый текст, отправля́емый телегра́фом но́чью по льго́тному тари́фу

**NM** National Museum Национа́льный музе́й (*США*)

**NM** nautical mile морска́я ми́ля

**NM** night message почто́вый текст, отправля́емый телегра́фом но́чью по льго́тному тари́фу

**N.M., N. Mex.** New Mexico Нью-Мексико (*штат США*)
**NNE** North-north-east северо-северо-восток
**NNW** North-north-west северо-северо-запад
**No.** north север
**No., no.** number 1) номер 2) число
**non-U** not upper class невысокого достоинства *или* качества; not in vogue немодный; vulgar вульгарный
**NORAD** North American Air Defense Command Объединённое командование ПВО североамериканского континента (*США и Канады*)
**Norf.** Norfolk Норфолк (*графство в Англии*)
**Northants.** Northamptonshire Нортгемптоншир (*графство в Англии*)
**Northumb.** Northumberland Нортумберленд (*графство в Англии*)
**Norw.** Norwegian норвежский
**NOS** not otherwise specified только, как предусмотрено
**nos** numbers числа; номера
**Notts.** Nottinghamshire Ноттингемшир (*графство в Англии*)
**Nov.** November ноябрь
**NPF** not provided for не предусмотрено
**nr** near близко, около, недалеко
**NRC** National Research Council Национальный научно-исследовательский совет (*США*)
**N.S.** new series новая серия
**n.s.** not signed не подписано
**n.s.** not specified не уточнено
**NS** «not sufficient (funds)» «нет достаточного покрытия» (*отметка банка на неоплаченном чеке или векселе*)
**N.S.** Nova Scotia Новая Шотландия (*провинция Канады*)
**NS** nuclear ship атомоход
**NS** nuclear submarine атомная подводная лодка
**NSC** National Security Council Совет национальной безопасности (*США*)
**NSF** National Science Foundation Национальный научный фонд (*США*)
**NSF** «not sufficient funds» «нет достаточного покрытия» (*отметка банка на неоплаченном чеке или векселе*)
**N.S.W.** New South Wales Новый Южный Уэльс (*штат Австралии*)
**N.T., NT** New Testament Новый завет (*евангелие*)
**N.T.** Northern Territory Северная территория (*Австралия*)
**ntp** normal temperature and pressure нормальная температура и давление
**nt. wt.** net weight вес нетто, чистый вес
**NU** name unknown имя неизвестно
**N.U.M.** National Union of Mineworkers Национальный (*профессиональный*) союз горняков (*в Англии*)
**N.U.R.** National Union of Railwaymen Национальный (*профессиональный*) союз железнодорожников (*в Англии*)
**NV** nonvoting не голосующий
**NW** North-west северо-запад
**NWS** North-Western States Северо-Западные штаты (*США*)
**NWT** Northwest Territories Северо-Западные территории (*Канада*)
**nx** non-expendable многократного применения
**N.Y.** New York Нью-Йорк (*город и штат США*)
**N.Y.C.** New York City *г.* Нью-Йорк
**NYSE** New York Stock Exchange Нью-Йоркская биржа
**N.Z.** New Zealand Новая Зеландия

**O.** observer наблюдатель
**O** Ocean океан
**O.** officer 1) офицер 2) чиновник
**O.** Ohio Огайо (*штат США*)
**O** ohm ом
**O.** Ontario Онтарио (*провинция Канады*)
**o/a** on account в счёт (*причитающейся суммы*)
**OAAPS** Organization for Afro-Asian Peoples' Solidarity Организация солидарности народов стран Азии и Африки, ОСНАА
**OAP** old age pensioner пенсионер по старости
**OAS** Organization of American States Организация американских государств, ОАГ
**OAU** Organization for African Unity Организация Африканского Единства, ОАЕ
**obj.** objective цель; объект
**obl.** oblong продолговатый
**obs.** observation наблюдение
**obs.** observatory обсерватория
**obs.** obsolete устарелый, выходящий из употребления
**oc** ocean океан
**O.C.** Officer Commanding командир; начальник
**occas.** occasionally нерегулярно
**OCD** Office of Civil Defense Управление гражданской обороны (*США*)
**Oct.** October октябрь
**O.D.** Officer of the Day дежурный офицер
**OD** olive drab 1) защитный (цвет) 2) обмундирование оливково-серого цвета (*в армии США*)
**O/D** on demand по требованию
**O.D., o.d.** outside diameter внешний (*или* наружный) диаметр
**OECD** Organization for Economic Co-operation and Development Организация экономического сотрудничества и развития
**O.E.D.** Oxford English Dictionary Оксфордский словарь английского языка
**OEEC** Organization for European Economic Cooperation Организация Европейского экономического сотрудничества, ОЭС
**O.H.M.S.** on His (Her) Majesty's Service состоящий на королевской (*государственной или военной*) службе
**OIF** Office of International Trade Управление по внешнеторговым связям (*США*)
**O.K.** okay 1) всё в порядке, хорошо 2) утверждено, согласовано 3) правильно, в исправности
**Okla.** Oklahoma Оклахома (*штат США*)
**O-level** ordinary level средняя успеваемость (*экзаменационная оценка*)
**OMB** Office of Management and Budget Административное и бюджетное управление (*США*)
**ON** octane number *хим.* октановое число
**ONI** Office of Naval Intelligence Управление военно-морской разведки
**ONR** Office of Naval Research Управление морских исследований
**Ont.** Ontario Онтарио (*провинция Канады*)
**O.P.** observation post наблюдательный пункт
**op.** operation операция
**op.** opus *лат.* произведение, сочинение
**o.p.** out of print распродано (*об издании*)
**op.cit.** opus citatum *лат.* цитируемое произведение
**OPEC** Oil Producing and Exporting Countries Организация стран-экспортёров нефти, ОПЕК
**opp.** opposite 1) противоположный 2) против; напротив
**opt.** optician оптик
**opt.** optional необязательный допускающий выбор
**O/R** on request по желанию, по запросу
**OR** owner's risk *страх.* на риск владельца
**ord.** order 1) заказ 2) приказ
**ord.** ordnance артиллерия
**Ore., Oreg.** Oregon Орегон (*штат США*)
**org.** organization организация; organized организованный
**orig.** original 1) оригинальный 2) первоначальный 3) подлинный
**Ork** Orkney Оркни (*графство в Шотландии*)
**O/S** on sale продаётся, поступило в продажу
**O.S.** ordinary seaman младший матрос
**OSRD** Office of Scientific Research and Development Управление научных исследований и усовершенствований (*США*)
**O.T., OT** Old Testament Ветхий завет
**OTS** officers' training school военное училище
**O.U.** Oxford University Оксфордский университет
**Oxon.** Oxfordshire Оксфордшир (*графство в Англии*)
**Oxon.** Oxoniensis *лат.* выпускник Оксфордского университета
**oz** ounce унция

**p.** page страница
**p.** part часть
**P.** pawn пешка
**p.** penny пенни, пенс
**p.** pole полюс
**P., p.** post почта

**P., p.** power сила

**P., p.** pressure давление

**Pa.** Pennsylvania Пенсильвания (*штат США*)

**p.a.** per annum *лат.* ежегодно, в год

**P.A.** power of attorney доверенность

**P.A.** Press Agency агентство печати

**PA** private account *амер.* личный счёт

**Pac.** Pacific тихоокеанский

**PAC** Political Action Committee Комитет политических действий

**pam.** pamphlet брошюра

**Pan.** Panama Панама

**P.&L.** profit and loss прибыль и убыток

**par.** пункт, раздел; параграф

**Parl.** Parliament парламент; Parliamentary парламентский

**part.** particular особый, особенный

**PA system** public address system установка (*микрофона, громкоговорителя и т. п.*) для организации передачи в эфир (важного) выступления

**pat.** patent патент

**PAU** Pan-American Union Панамериканский союз

**PAYE** pay as you earn выплачивать (*кредит*) в получку

**payt.** payment платёж

**p.c.** per cent процент

**P.C.** police constable полицейский, констебль

**p.c.** post card почтовая открытка

**P.C.** Privy Councillor член Тайного совета (*королевы*)

**pct.** per cent процент

**pd.** paid уплачено; оплаченный

**P.D.** per diem каждый день; (*столько-то*) в день

**P.D.** Police Department полицейское управление

**P.D.** postal district отделение связи

**PD** potential difference *эл.* разность потенциалов

**PE** physical education физическое воспитание

**P.E.** probable error возможная ошибка

**Peeb** Peeblesshire Пиблсшир (*графство в Шотландии*)

**P.E.I.** Prince Edward Island остров Принца Эдуарда (*провинция Канады*)

**Pemb.** Pembrokeshire Пембрукшир (*графство в Уэльсе*)

**pen.** peninsula полуостров

**Penn., Penna.** Pennsylvania Пенсильвания (*штат США*)

**per.** period период

**per., pers.** person человек, особа

**pert.** pertaining (to) относящийся (к)

**pet** petroleum нефть

**PF** power factor коэффициент мощности

**Pfc** private first class рядовой 1-го класса (*США*)

**P.G.** paying guest постоялец; жилец; квартирант

**P.G.** post-graduate аспирант

**Phar., Pharm.** pharmaceutical фармацевтический

**Ph.B.** Bachelor of Philosophy бакалавр философии

**Ph.D.** Doctor of Philosophy доктор философии

**Phila.** Philadelphia *г.* Филадельфия

**PHS** Public Health Service служба здравоохранения

**pk** park парк

**pkg, pkge** package посылка, упаковка

**pkt** packet 1) пакет 2) пакетбот

**PL and R** postal laws and regulations почтовые правила и инструкции

**plat.** platoon взвод

**plf** plaintiff истец

**PLO** Palestine Liberation Organization Организация освобождения Палестины, ООП

**P.M.** paymaster кассир; казначей

**P.M.** Police Magistrate судья полицейского суда (*США*)

**P.M.** Postmaster начальник почты

**p.m.** post meridiem *лат.* (*во столько-то часов*) пополудни

**p.m.** post-mortem *лат.* врачебное заключение о смерти

**P.M.** Prime Minister премьер-министр

**PM** Provost Marshal начальник военной полиции

**p.m.h.** production per man-hour производительность труда в человеко-часах

**P/N** promissory note долговое обязательство

**PO** Personnel Officer офицер по вопросам личного состава

**P.O.** Petty Officer старшина (*во флоте*)

**P.O.** postal order денежный перевод (*по почте*)

**P.O.** Post Office отделение связи, почтовое отделение

**POB** Post-Office Box почтовый абонементный ящик

**POC** port of call порт захода (*по расписанию*)

**P.O.D.** pay on delivery уплата при доставке; наложенный платёж

**POD** port of destination порт назначения

**POE** port of embarkation порт погрузки

**POE** port of entry порт захода (*судов*)

**pol., polit.** political политический

**pop.** popular 1) популярный 2) народный; population население

**POR** pay on return оплата по возвращении

**Port.** Portugal Португалия

**pos.** positive положительный

**poss** possible возможный; вероятный

**pot.** potential потенциал

**P.O.W.** prisoner of war военнопленный

**pp.** pages страницы

**P.P.** parcel post почтовая посылка

**pp** per procurationem *лат.* по доверенности

**PP** postpaid с оплаченными почтовыми расходами

**ppa** per power of attorney через поверенного

**ppd** prepaid оплачено вперёд

**pr** pair пара

**pr.** price цена

**PR** public relations общественная информация и реклама; массовые связи

**PR** Puerto Rico Пуэрто-Рико

**prec.** preceding предшествующий

**pref.** preface предисловие

**pref.** preference 1) предпочтение 2) преференция

**prep.** preparatory подготовительный

**Pres.** President 1) президент 2) председатель

**p.r.n.** pro re nata *лат.* сообразно возникающим обстоятельствам

**pro** professional профессионал

**P.R.O.** Public Records Office Лондонский архив

**P.R.O.** Public Relations Officer ответственный сотрудник (*учреждения*) по внешним связям, рекламе *и т. п.*

**proc.** proceedings 1) процедура 2) протокол 3) процесс

**Prof.** Professor профессор

**pro tem** pro tempore *лат.* временно; в данный момент

**prox.** proximo *лат.* следующего месяца

**P.S.** post scriptum *лат.* постскриптум, приписка

**PS** Public School 1) привилегированное частное закрытое среднее учебное заведение для мальчиков (*в Англии*) 2) (бесплатная) средняя школа (*в США и Шотландии*)

**P.S.T.** Pacific Standard Time тихоокеанское поясное время (*США*)

**pt** part часть, доля

**pt.** payment платёж

**P.T.** physical training физическая подготовка

**pt** pint пинта (*в Англии — 0,568 л; в США — 0,473 л*)

**pt.** point точка

**P.T.A.** Parent-Teacher Association Учительско-родительская ассоциация

**Pte** Private рядовой, солдат (*в Великобритании*)

**P.T.O.** please turn over переверните, пожалуйста; смотрите на обороте

**pty** proprietary частный, принадлежащий частному лицу

**pub.** public общественный

**pub.** publication издание

**pub., publ.** published изданный

**PUD** pick-up and delivery с погрузкой и доставкой на место

**Pvt** private рядовой, солдат (*США*)

**pw** per week в неделю

**PW** prisoner of war военнопленный

**PWA** Public Works Administration Ведомство общественных работ

**pwt** pennyweight пеннивейт (*мера веса = 1,555 г*)

**PX** post exchange гарнизонная лавка, кафе *и т. п.*

**q** quart ква́рта (*мера объёма для жидких и сыпучих тел: в Англии — 1,136 л; в США — 0,946 л для жидких и 1,101 л для сыпучих тел*)

**q** quarto ква́рто (*полиграфическая мера*)

**q** question вопро́с

**q** quintal квинта́л (*в метрической системе мер — 100 кг; в Англии — 50,8 кг; в США — 45,36 кг*)

**Q.C.** Queen's Counsel короле́вский адвока́т

**Q.E.D.** quod erat demonstrandum *лат.* что и тре́бовалось доказа́ть

**Q.E.F.** quod erat faciendum *лат.* что и тре́бовалось сде́лать

**Q.E.I.** quod erat inveniendum *лат.* что и тре́бовалось найти́

**Qld** Queensland Кви́нсленд (*штат в Австралии*)

**Q.M.** Quartermaster квартирме́йстер

**q.p., q.pl.** quantum placet *лат.* ско́лько найдёте ну́жным *или* поле́зным

**qq** questions запро́сы; вопро́сы

**qr** quarter 1) че́тверть 2) кварта́л

**qt, qty** quantity коли́чество

**Qu** Queen короле́ва

**qu.** question вопро́с

**Que.** Quebec Квебе́к (*провинция Канады*)

**q.v.** quod vide *лат.* смотри́ (*там-то*)

**R.r.** radius ра́диус

**R.** Réaumur по шкале́ Реомю́ра

**R.** Republican член Республика́нской па́ртии (*США*)

**R.,r.** right пра́вый

**R.,r.** river река́

**R.A.** Rear-Admiral контр-адмира́л

**R.A.** Royal Academy Короле́вская акаде́мия

**R.A.A.** Royal Academy of Arts Короле́вская акаде́мия изобрази́тельных иску́сств

**RAAF** Royal Australian Air Force вое́нно-возду́шные си́лы Австра́лии

**rad.** radical радика́л

**rad** radio ра́дио

**rad.** radius ра́диус

**Rad.** Radnorshire Ра́дноршир (*графство в Уэльсе*)

**R.A.D.A.** Royal Academy of Dramatic Arts Короле́вская акаде́мия драмати́ческого иску́сства

**RAdm** Rear-Admiral контр-адмира́л

**R.A.F.** Royal Air Force вое́нно-возду́шные си́лы Великобрита́нии

**R.A.M.** Royal Academy of Music Короле́вская акаде́мия му́зыки

**R&D** research and development нау́чно-иссле́довательские и о́пытно-констру́кторские рабо́ты

**R.A.S.** Royal Academy of Science Короле́вская акаде́мия нау́к

**R.B.A.** Royal Society of British Artists Короле́вское о́бщество анли́йских худо́жников

**R.C.** Red Cross Кра́сный Крест

**R.C.A.F.** Royal Canadian Air Force кана́дские вое́нно-возду́шные си́лы

**R.C.M.** Royal College of Music Короле́вский музыка́льный колле́дж

**R.C.M.P.** Royal Canadian Mounted Police кана́дская ко́нная поли́ция

**rd** road доро́га, путь

**RD** Rural Delivery беспла́тная доста́вка корреспонде́нции в се́льской ме́стности

**REA** Rural Electrification Administration Ве́домство электрифика́ции се́льского хозя́йства (*США*)

**rec** receipt распи́ска (*в получении*); квита́нция

**rec.** record 1) за́пись; протоко́л 2) реко́рд

**rec.** recording звукоза́пись

**recd** received полу́чено, при́нято

**rec. sec.** recording secretary протоколи́ст

**rect** receipt распи́ска (*в получении*); квита́нция

**ref.** referee ре́фери́, судья́ (*в спортивных играх*)

**ref.** reference ссы́лка, спра́вка

**reg.** region 1) райо́н, о́бласть 2) регио́н

**reg** registered заказно́й (*о почтовых отправлениях*)

**reg.** regular регуля́рный

**regd** registered заказно́й (*о почтовых отправлениях*)

**rel** released 1) вы́пущенный 2) разрешённый (*к изданию и т. п.*)

**Renf** Renfrewshire Ре́нфрушир (*графство в Шотландии*)

**rep** repair ремо́нт

**Rep** Repertory «репертуа́рный» теа́тр (*с постоянной труппой и определённым репертуаром*)

**Rep.** Representative конгрессме́н (*США*)

**Rep** Republican член республика́нской па́ртии (*США*)

**rept** report 1) отчёт 2) докла́д

**res** reserved 1) резе́рвный 2) зарезерви́рованный

**res.** residence резиде́нция; местожи́тельство

**res** resigned в отста́вке, отставно́й

**resp.** respectively соотве́тственно

**ret, retd** retired (находя́щийся) в отста́вке

**ret, retd** returned 1) возвра́тный; возвращённый 2) и́збранный (*в парламент*)

**RF** radio frequency радиочастота́

**rgt** regiment полк

**rh** right hand пра́вая рука́

**R.I.** Rhode Island Род-А́йленд (*штат США*)

**riv.** river река

**RJ** road junction стык доро́г

**rly** railway желе́зная доро́га

**rm** room ко́мната, помеще́ние

**R.M.** Royal Marines морска́я пехо́та Великобрита́нии

**RN** registered nurse дипломи́рованная медсестра́

**R.N.** Royal Navy вое́нно-морско́й флот Великобрита́нии

**RNR** Royal Naval Reserve вое́нно-морско́й резе́рв Великобрита́нии

**Ros, Rosc** Roscommon Роско́ммон (*графство в Ирландии*)

**Ross** Ross and Cromarty Ро́сс-энд-Кро́марти (*графство в Шотландии*)

**ROTC** Reserve Officers' Training Corps слу́жба подгото́вки офице́ров резе́рва

**Rox** Roxburghshire Ро́ксброшир (*графство в Шотландии*)

**R/P** by return of post обра́тной по́чтой

**R.P.** reply paid отве́т опла́чен

**RP** reprint стереоти́пное изда́ние; перепеча́тка

**rpm** revolutions per minute (*столько-то*) оборо́тов в мину́ту

**rps** revolutions per second (*столько-то*) оборо́тов в секу́нду

**R.S.** Recording Secretary протоколи́ст

**RS** right side пра́вая сторона́

**R.S.M.** Regimental Sergeant-Major старшина́ полка́

**RSM** Royal School of Music Короле́вское музыка́льное учи́лище

**R.S.P.C.A.** Royal Society for the Prevention of Cruelty to Animals Короле́вское о́бщество защи́ты живо́тных

**R.S.V.P.** répondez s'il vous plait *фр.* отве́тьте, пожа́луйста

**RT** radio-telephony радиотелефони́я

**rt.** right пра́вый

**rte** route путь, доро́га

**RT Hon** Right Honourable достопочте́нный (*форма обращения к высшей знати, членам тайного совета и т. п.*)

**Rt Rev** Right Reverend (его́) преосвяще́нство (*о епископе*)

**R.U.** Rugby Union (Брита́нская) ли́га регби́стов

**Rum.** Rumania Румы́ния

**Rut.** Rutlandshire Ра́тлендшир (*графство в Англии*)

**RW** radiological warfare радиологи́ческая война́

**Rwy, Ry** railway желе́зная доро́га

**S.** saint свято́й

**s.** second секу́нда

**s.** shilling ши́ллинг

**s** snow снег

**s.** son сын

**S.** South юг

**S.A.** Salvation Army «А́рмия спасе́ния» (*религиозная организация*)

**S.A.** sex appeal физи́ческая привлека́тельность

**S.A.** South Africa Ю́жная А́фрика

**S.A.** South America Ю́жная Аме́рика

**SA** subject to approval на утвержде́ние; подлежи́т утвержде́нию

**SAC** Strategic Air Command стратеги́ческое авиацио́нное кома́ндование

**s.a.e.l.** sine anno et loco *лат.* без указа́ния го́да и ме́ста (изда́ния)

**Salop** Shropshire Шро́пшир (*графство в Англии*)

**SALT** Strategic Arms Limitation Talks (сове́тско-америка́нские) перегово́ры об ограниче́нии стратеги́ческих вооруже́ний

**S.Am.** South America Ю́жная Аме́рика

**SAR** Syrian Arab Republic Сири́йская Ара́бская Респу́блика

**Sask.** Saskatchewan Саска́чеван (*провинция Канады*)
**Sat.** Saturday суббо́та
**S.Aus., S. Austr.** South Australia Южная Австра́лия
**SB** Bachelor of Science бакала́вр (есте́ственных) нау́к
**SB** simultaneous broadcast одновреме́нное радиовеща́ние по не́скольким ста́нциям
**SB** southbound в ю́жном направле́нии
**SBA** Small Business Administration ве́домство по дела́м ме́лких предпринима́телей (*США*)
**sc.** scale шкала́
**Sc.** Scots шотла́ндцы
**sc.** scruple скру́пул (*1,24 г*)
**SC** Security Council of the United Nations Сове́т Безопа́сности ООН
**s/c** self-contained автоно́мный; отде́льный
**S.C.** South Carolina Южная Кароли́на (*штат США*)
**S.C.** Supreme Court Верхо́вный суд
**SCAP** Supreme Commander Allied Powers Верхо́вный главнокома́ндующий объединёнными вооружёнными си́лами НАТО
**ScD** Doctor of Science до́ктор (есте́ственных) нау́к
**sch** school шко́ла
**sci** science нау́ка; scientific нау́чный
**Scot.** Scotland Шотла́ндия
**Scrpt.** Scripture би́блия
**SD, S/D** sight draft *фин.* тра́тта, сро́чная по предъявле́нии
**s.d.** sine die *лат.* без указа́ния сро́ка *или* да́ты; на неопределённый срок
**S.D.** South Dakota Южная Дако́та (*штат США*)
**SD** special delivery сро́чная доста́вка (корреспонде́нции)
**S.Dak.** South Dakota Южная Дако́та (*штат США*)
**SE** South-east ю́го-восто́к
**S.E.** Stock Exchange фо́ндовая би́ржа
**SEATO** South-East Asia Treaty Organization *ист.* Организа́ция догово́ра Юго-Восто́чной Азии, СЕАТО
**sec.** second секу́нда
**sec** secretary 1) секрета́рь 2) мини́стр
**Sec Nav** Secretary of the Navy Вое́нно-морско́й мини́стр (*США*)
**secy** secretary 1) секрета́рь 2) мини́стр
**sel.** selection отбо́р
**Selk** Selkirkshire Се́лкеркшир (*графство в Шотландии*)
**Sen.** Senate сена́т; Senator сена́тор
**Sen.** Senior ста́рший
**Sep., Sept.** September сентя́брь
**seq.** sequentes *лат.* сле́дующий
**ser** serial сериа́л, многосери́йный телевизио́нный фильм; series ряд; се́рия
**Sergt** Sergeant сержа́нт
**serv** service обслу́живание, се́рвис
**SF** Science Fiction нау́чная фанта́стика
**SFC** Space Flight Center центр косми́ческих полётов
**SG, sg** senior grade вы́сшего разря́да
**s.g.** specific gravity уде́льный вес
**SG** Surgeon General нача́льник медици́нской слу́жбы а́рмии (*США*)
**sgd.** signed подпи́сано
**Sgt.** Sergeant сержа́нт
**sh.** shilling ши́ллинг
**Shak.** Shakespeare Шекспи́р
**SHAPE** Supreme Headquarters Allied Powers in Europe штаб верхо́вного главнокома́ндующего объединёнными вооружёнными си́лами НАТО в Евро́пе
**shf** superhigh frequency сверхвысо́кая частота́
**shpt** shipment 1) отпра́вка; погру́зка 2) груз (*судна*)
**sh tn** short ton коро́ткая то́нна (*907,2 кг*)
**SJD** Doctor of Juridical Science до́ктор юриспруде́нции
**Skt.** Sanskrit санскри́т
**SL** sea level у́ровень мо́ря
**SL** south latitude *геогр.* ю́жная широта́
**SLAN** sine loco, anno, (vel) nomine *лат.* без указа́ния ме́ста, го́да, и́мени
**Slo** Sligo Сла́йго (*графство в Ирландии*)
**S.M.** Master of Science маги́стр (есте́ственных) нау́к
**SM** strategic missile стратеги́ческая раке́та
**Sn** Senior ста́рший
**s.n.** sine nomine *лат.* без (указа́ния) и́мени *или* назва́ния
**Snr** Senior ста́рший
**Soc.** Society о́бщество
**Sol.** Solicitor соли́ситор, адвока́т (*дающий советы клиентам*)
**sol, soln** solution раство́р
**Som., Soms.** Somerset(shire) Со́мерсет(шир) (*графство в Англии*)
**soph** sophomore *амер.* второку́рсник
**SP** self-propelled самохо́дный
**SP** Shore Patrol берегово́й патру́ль
**Sp.** Spain Испа́ния
**sp.** special специа́льный
**sp.** species вид; поро́да; specimen образе́ц, обра́зчик
**sp.** spelling правописа́ние
**S.P.C.A.** Society for the Prevention of Cruelty to Animals О́бщество защи́ты живо́тных от жесто́кого обраще́ния
**S.P.C.C.** Society for the Prevention of Cruelty to Children О́бщество защи́ты дете́й от жесто́кого обраще́ния
**spec.** special специа́льный
**spec, specif** specific 1) определённый, специфи́ческий 2) уде́льный
**sp.gr.** specific gravity уде́льный вес
**sp.ht.** specific heat уде́льная теплоёмкость
**S.P.R.** Society for Psychical Research О́бщество психи́ческих иссле́дований
**sp.vol.** specific volume уде́льный объём
**sq.** sequence после́довательность
**Sq.** Squadron ро́та; эска́дра; эскадри́лья
**Sq.** Square пло́щадь (*в названиях*)
**sq.** square квадра́тный
**Sr.** Senior ста́рший
**Sr** Sister сестра́
**S.R.O.** standing room only (*осталось*) то́лько стоя́чие места́
**ss** scilicet *лат.* а и́менно
**SS, S/S** steamship парохо́д
**SSA** Social Security Administration Администра́ция социа́льного обеспе́чения (*США*)
**SSRC** Social Science Research Council Сове́т социологи́ческих иссле́дований (*США*)
**St** saint свято́й
**ST** Standard Time поясно́е вре́мя
**st** state госуда́рство
**St.** Street у́лица
**Sta** Station ста́нция
**Staffs.** Staffordshire Ста́ффордшир (*графство в Англии*)
**Stir** Stirlingshire Сте́рлингшир (*графство в Шотландии*)
**stk** stock нали́чный запа́с
**str.** steamer парохо́д
**Str** strait проли́в
**Str** Street у́лица
**SU** Soviet Union Сове́тский Сою́з
**sub, subs** subscription поже́ртвование; подпи́ска
**sub. subs** substitute 1) заме́на 2) замести́тель
**Suff.** Suffolk Су́ффолк (*графство в Англии*)
**Sun.** Sunday воскресе́нье
**sup.** superior вы́сшего ка́чества
**sup.** supplement приложе́ние
**svc.** service 1) обслу́живание, се́рвис 2) слу́жба
**SW** short waves коро́ткие во́лны
**S.W.** South Wales Ю́жный Уэ́льс
**SW** south-west ю́го-за́пад; south-western ю́го-за́падный
**Sw.** Sweden Шве́ция
**Switz.** Switzerland Швейца́рия
**Sx.** Sussex Су́ссекс (*графство в Англии*)
**Sy.** Surrey Су́ррей (*графство в Англии*)
**S. Yd.** Scotland Yard Ско́тленд-Ярд
**sym.** symmetric(al) симметри́чный
**syst.** system систе́ма

**T** temperature температу́ра
**t.** temporary вре́менный
**T** tension напряже́ние; натяже́ние
**t.** time вре́мя, срок
**t.** ton то́нна
**T., t.** township *амер.* месте́чко; райо́н (*часть округа*)
**t** true и́стинный
**TA** (United Nations) Technical Assistance Техни́ческая по́мощь ООН развива́ющимся стра́нам
**T.A.A.** Trade Agreement Act зако́н о торго́вых соглаше́ниях (*США*)
**TAC** Technical Assistance Committee Комите́т техни́ческой по́мощи ООН
**TAP** Technical Assistance Program Програ́мма техни́ческой по́мощи ООН развива́ющимся стра́нам

**Tas.** Tasmania Тасма́ния (*штат Австралии*)
**TAS** true airspeed и́стинная ско́рость полёта (*самолёта*)
**T.B.** tuberculosis туберкулёз
**TBM** tactical ballistic missile такти́ческая баллисти́ческая ракéта
**TC** teachers college учи́тельская семина́рия
**Tc, tc** tierce бо́чка (= *190,83 л*)
**TC** Trusteeship Council Сове́т по опе́ке (*ООН*)
**TCC** (United Nations') Transport and Communication Commission Коми́ссия ООН по тра́нспорту и свя́зи
**TD** telemetry data телеметри́ческие да́нные
**TD** touchdown *ав.* поса́дка, приземле́ние
**TDY** temporary duty вре́менное исполне́ние обя́занностей
**Tech** Technical (College) Вы́сшее техни́ческое учи́лище
**tech., technol.** technology те́хника; техноло́гия
**tel.** telegram телегра́мма
**tel.** telegraph телегра́ф
**tel.** telephone телефо́н
**temp.** temperature температу́ра
**temp.** temporary вре́менный
**Tenn.** Tennessee Теннесси́ (*штат США*)
**Ter, Terr** Terrace 1) у́лица по скло́ну холма́ 2) терра́са
**Ter, Terr** territory террито́рия
**Tex.** Texas Теха́с (*штат США*)
**Th. D.** Doctor of Theology до́ктор богосло́вия
**t.h.i.** time handed in вре́мя вруче́ния
**ths** thousand ты́сяча
**Thur., Thurs.** Thursday четве́рг
**TI** technical information техни́ческая информа́ция; техни́ческие да́нные
**Tip.** Tipperary Типпер́эри (*графство в Ирландии*)
**tit.** title 1) ти́тул 2) заголо́вок
**tk** truck грузови́к
**TKO** technical knock-out *спорт.* техни́ческий нока́ут
**tkt** ticket биле́т
**TL** total loss 1) о́бщая су́мма убы́тков 2) *страх.* по́лная ги́бель (*судна*)
**TM** technical manual техни́ческий спра́вочник
**TM** ton-miles (*столько-то*) тонно-ми́ль
**TM** trade mark торго́вый знак, фабри́чная ма́рка
**TMO** telegraph money order де́нежный перево́д по телегра́фу
**TN** thermonuclear термоя́дерный
**tn** ton то́нна
**TN** true north и́стинный се́вер
**tng** training обуче́ние; трениро́вка
**TNT** trinitrotoluene тринитротолуо́л, троти́л, тол
**TO** telegraph office телегра́фное отделе́ние, телегра́фная конто́ра
**t.o.** turn over переверни́(те); смотри́(те) на оборо́те
**t.p.** title page ти́тульный лист
**tp.** township *амер.* месте́чко; райо́н (*часть округа*)
**TPH** tons per hour (*столько-то*) тонн в час
**TR** transmit-receive переда́ча — приём (*по радио*)
**trans.** transaction де́ло, сде́лка, опера́ция (*торговая*)
**trans, transp** transportation транспортиро́вка; тра́нспорт
**treas.** treasurer казначе́й; treasury казначе́йство; казна́
**trop.** tropical тропи́ческий
**TS, ts** tensile strength про́чность на разры́в *или* на растяже́ние
**ts** this э́тот
**TS** top secret соверше́нно секре́тно
**tsp.** tea-spoon ча́йная ло́жка
**T.U.** thermal unit теплова́я едини́ца, кало́рия
**TU** trade union тред-юнио́н; профессиона́льный сою́з
**Tu.** Tuesday вто́рник
**T.U.C.** Trades Union Congress Конгре́сс (брита́нских) тред-юнио́нов
**Tues.** Tuesday вто́рник
**Turk.** Turkey Ту́рция
**TV** television телеви́дение
**TVA** Tennessee Valley Authority Администра́ция доли́ны Теннесси́ (*США*)
**T.W.** total weight о́бщий вес
**twp.** township *амер.* месте́чко; райо́н (*часть округа*)
**TX** Texas Теха́с (*штат США*)
**Tyr.** Tyrone Тиро́н (*графство в Северной Ирландии*)

**U, u** uncle дя́дя
**U.** Union сою́з
**U.** University университе́т
**U.** upper ве́рхний
**u.c.** upper case прописны́е бу́квы
**U.D.C.** Universal Decimal Classification универса́льная десяти́чная классифика́ция, УДК
**UFO** unidentified flying object неопо́знанный лета́ющий объе́кт, «лета́ющая таре́лка»
**UHF** ultrahigh frequency ультравысо́кая частота́, УВЧ
**U.K.** United Kingdom (of Great Britain and Northern Ireland) Соединённое Короле́вство (Великобрита́нии и Се́верной Ирла́ндии)
**UMT** Universal Military Training всео́бщее вое́нное обуче́ние
**UMW(A)** United Mine Workers of America Объедине́ние горнорабо́чих Аме́рики (*профсоюз*)
**UNA** United Nations Association Ассоциа́ция соде́йствия ООН
**UNESCO** United Nations Educational, Scientific and Cultural Organization Организа́ция ООН по вопро́сам образова́ния, нау́ки и культу́ры, ЮНЕСКО
**UNGA** United Nations General Assembly Генера́льная Ассамбле́я ООН
**UNICEF** United Nations International Children's Emergency Fund Фонд ООН по́мощи де́тям, ЮНИСЕФ
**Univ.** University университе́т
**UNO** United Nations Organization Организа́ция Объединённых На́ций, ООН
**UNSC** United Nations Security Council Сове́т Безопа́сности ООН
**UPI** United Press International информацио́нное аге́нтство Юна́йтед пресс Интерн́эшнл, ЮПИ
**UPU** Universal Postal Union Всеми́рный почто́вый сою́з
**US** United States (of America) Соединённые Шта́ты (Аме́рики)
**USA** United States Army сухопу́тные войска́ США
**USA** United States of America Соединённые Шта́ты Аме́рики
**USAEC** United States Atomic Energy Commission Коми́ссия по а́томной эне́ргии США
**USAF** United States Air Force вое́нно-возду́шные си́лы США
**USBS** United States Bureau of Standards Бюро́ станда́ртов США
**USIA** United States Information Agency Информацио́нное Аге́нтство США, ЮСИА
**USMC** United States Marine Corps морска́я пехо́та США
**USN** United States Navy вое́нно-морски́е си́лы США
**U.S.P.** United States Pharmacopoeia Фармакопе́я США
**USS** United States Ship вое́нный кора́бль США
**U.S.S.R.** Union of Soviet Socialist Republics Сою́з Сове́тских Социалисти́ческих Респу́блик, СССР
**usu** usual обы́чный
**Ut.** Utah Юта (*штат США*)
**UV** ultra-violet ультрафиоле́товый

**V** velocity ско́рость
**v.** verse стих; стихотво́рная строка́
**V** Victory побе́да
**v.** vide *лат.* смотри́, см.
**V, v** volt вольт
**V, v** volume 1) объём 2) том 3) гро́мкость
**V.A.** Vice-Admiral вице-адмира́л
**Va.** Virginia Вирги́ния (*штат США*)
**VA** volt-ampere вольт-ампе́р
**val** value це́нность, сто́имость
**var.** various разли́чный, разнообра́зный
**VAR** visual-aural range преде́л ви́димости и слы́шимости
**V.C.** Veterinary Corps ветерина́рная слу́жба а́рмии
**V.C.** Vice-Chairman замести́тель председа́теля
**V.C.** Vice-Chancellor вице-ка́нцлер
**V.C.** Vice-Consul вице-ко́нсул
**v.d.** various dates разли́чные (календа́рные) да́ты
**V.D.** venereal disease венери́ческая боле́знь
**V-E Day** Victory in Europe Day день побе́ды в Евро́пе (*во второй мировой войне*)
**Ven.** Venerable 1) преподо́бный 2) достопочте́нный
**vet.** veteran уча́стник войны́; ветера́н
**vet.** veterinary ветерина́рный
**VHF** very high frequency о́чень высо́кая частота́
**V.I.P.** very important person *разг.*

начáльство; высокопостáвленное лицó

**viz.** videlicet *лат.* тó есть; а имéнно

**VLF** very low frequency óчень ни́зкая частотá

**VOA** Voice of America прави́тельственное радиовещáние США «Гóлос Амéрики»

**vol.** volume 1) объём 2) том 3) грóмкость

**vou.** voucher 1) распи́ска; оправдáтельный докумéнт 2) поручи́тель

**VP, VPres** Vice-President вице-президéнт

**vs.** versus *лат.* прóтив

**V.S.** Veterinary Surgeon (воéнно-) ветеринáрный врач

**v.s.** vide supra *лат.* смотри́ вы́ше

**V.T.** vacuum-tube электрóнная лáмпа

**Vt.** Vermont Вермóнт (*штат США*)

**VTOL** vertical take off and landing *ав.* вертикáльный взлёт и посáдка

**v.v.** vice versa *лат.* наоборóт

**W.** Wales Уэ́льс

**W., w.** warden 1) смотри́тель 2) дирéктор (*школы*); рéктор (*колледжа*) 3) декáн

**W, w** watt ватт

**W.** Wednesday средá

**w.** week недéля

**W., w.** weight вес

**W.** Welsh валли́йский, уэ́льский

**W** West зáпад

**W., w.** width ширинá

**w.** wife женá

**w.** with с

**W.A.** West Africa Зáпадная Áфрика

**W.A.** Western Australia Зáпадная Австрáлия

**WAC, Wac** Women's Army Corps жéнская вспомогáтельная слýжба сухопýтных войск США

**War.** Warwickshire Уóрикшир (*графство в Англии*)

**Wash.** Washington Вашингтóн (*город и штат США*)

**WAT** Waterford Уóтерфорд (*графство в Ирландии*)

**W.Aus., W.Austr.** Western Australia Зáпадная Австрáлия

**WAY** World Assembly of Youth Всеми́рная ассамблéя молодёжи, ВАМ

**W/B, W.B.** way-bill трáнспортная накладнáя

**WB** Weather Bureau бюрó погóды

**w.c.** water closet убóрная

**w.c.** without charge без оплáты

**WCC** World Council of Churches Всеми́рный совéт церквéй

**wd.** word слóво

**Wed.** Wednesday средá

**w.e.f.** with effect from... вступáющий в си́лу с (*такого-то числа*)

**Westm** Westmeath Уэ́стмит (*графство в Ирландии*)

**Westm.** Westminster Вéстминстер

**Westm** Westmorland Уэ́стморленд (*графство в Англии*)

**Wex** Wexford Уэ́ксфорд (*графство в Ирландии*)

**W/F** weather forecast прогнóз погóды

**WFDY** World Federation of Democratic Youth Всеми́рная федерáция демократи́ческой молодёжи, ВФДМ

**WFEA** World Federation of Educational Associations Всеми́рная федерáция просвети́тельских ассоциáций, ВФПА

**WFSW** World Federation of Scientific Workers Всеми́рная федерáция наýчных рабóтников

**WFTU** World Federation of Trade Unions Всеми́рная федерáция профсою́зов, ВФП

**WFUNA** World Federation of United Nations Associations Всеми́рная федерáция ассоциáций содéйствия ООН

**w.g.** weight guaranteed вес гаранти́рован

**wh** watt-hour ватт-чáс

**WH** White House Бéлый дом

**WHO** World Health Organization Всеми́рная организáция здравоохранéния (*ООН*), ВОЗ

**whs, whse** warehouse товáрный склад

**whsle** wholesale оптóвая торгóвля

**WI** Wisconsin Вискóнсин (*штат США*)

**Wick.** Wicklow Уи́клоу (*графство в Ирландии*)

**WIDF** Women's International Democratic Federation Междунарóдная демократи́ческая федерáция жéнщин, МДФЖ

**Wig.** Wigtownshire Уи́гтауншир (*графство в Шотландии*)

**WILPF** Women's International League for Peace and Freedom Междунарóдная жéнская ли́га борьбы́ за мир и свобóду, МЖЛМС

**Wilts.** Wiltshire Уи́лтшир (*графство в Англии*)

**WIMC, w.i.m.c.** whom it may concern всем, к комý э́то отнóсится, комý э́то касáется

**Wis., Wisc.** Wisconsin Вискóнсин (*штат США*)

**wk** week недéля

**wk.** work рабóта

**WMO** World Meteorological Organization Всеми́рная метеорологи́ческая организáция, ВМО

**WO** Warrant Officer 1) уóррент-офицéр 2) *мор.* ми́чман

**w/o** without без

**WOMAN** World Organization of Mothers of All Nations Всеми́рная организáция матерéй

**Worcs.** Worcestershire Вýстершир (*графство в Англии*)

**WP** weather permitting при благоприя́тной погóде

**wpb** waste-paper basket в корзи́ну для (*ненужной*) бумáги (*помета о непригодности рукописи*)

**WPC** World Peace Council Всеми́рный Совéт Ми́ра, ВСМ

**wpm** words per minute (*столько-то*) слов в минýту

**WR** weather report свóдка погóды

**wrnt** warrant 1) гарáнтия 2) полномóчие 3) óрдер

**WS** water supply водоснабжéние

**WS** wireless station радиостáнция

**wt** weight вес

**WT** wireless telegraphy радиотелегрáфная связь

**WTO** World Trade Organization Организáция по междунарóдной торгóвле (*ООН*)

**W. Va.** West Virginia Зáпадная Вирги́ния (*штат США*)

**WW I** World War I пéрвая мировáя войнá

**WW II** World War II вторáя мировáя войнá

**Wy., Wyo.** Wyoming Вайóминг (*штат США*)

**X** a kiss поцелýй (*в конце письма*)

**X** experimental экспериментáльный

**xc, xcp** without coupon без купóна на ближáйшее получéние процéнтов (*о продаваемой облигации*)

**xd, xdiv.** without dividend без прáва получéния ближáйшего дивидéнда (*о продаваемой акции*)

**Xmas** Christmas рождествó

**Xnty** Christianity христиáнство

**xpr** without privileges без привилéгий

**xr** without rights без (приобретéния) прав

**xw** without warrants без гарáнтий

**Y, y** yard ярд (*91,44 см*)

**Y, y** year год

**YB** year-book ежегóдник

**yd** yard ярд (*91,44 см*)

**Y.M.C.A.** Young Men's Christian Association Христиáнский сою́з молоды́х людéй (*международная организация*)

**Yorks.** Yorkshire Йóркшир (*графство в Англии*)

**yr** year год

**yr.** younger млáдший

**yr** your ваш

**yrbk** year-book ежегóдник

**YS** young soldier новобрáнец, молодóй солдáт

**YT** Yukon Territory Юкон (*территория в Канаде*)

**Y.W.C.A.** Young Women's Christian Association Христиáнский сою́з жéнской молодёжи (*международная организация*)

**Z, z** zero нуль

**Z, z** zone зóна

**ZST** Zone Standard Time пояснóе стандáртное врéмя

# МЕТРИЧЕСКАЯ СИСТЕМА ИЗМЕРЕНИЙ

## TABLES OF METRIC SYSTEM OF MEASUREMENT

### Линейные меры

### Linear Measure

1 kilometre (km) километр = 10 hectometres = 1,000 metres
1 hectometre (hm) гектометр = 10 dekametres = 100 metres
1 dekametre (dam) декаметр = 10 metres
1 metre (m) метр = 10 decimetres = 1,000 millimetres
1 decimetre (dm) дециметр = 10 centimetres = 100 millimetres
1 centimetre (cm) сантиметр = 10 millimetres
1 millimetre (mm) миллиметр = 0,1 centimetre

### Меры площади

### Square Measure

1 square kilometre (km$^2$) = 100 hectares = 1,000,000 square metres
1 hectare (ha) = 100 ares = 10,000 square metres
1 are (a) = 100 square metres
1 square metre (m$^2$) = 10,000 square centimetres
1 square centimetre (cm$^2$) = 100 square millimetres
1 square millimetre (mm$^2$) = 0,01 square centimetre

### Меры объема

### Cubic Measure

1 cubic metre (m$^3$) = 1,000 cubic decimetres = 1,000,000 cubic centimetres
1 cubic decimetre (dm$^3$) = 1,000 cubic centimetres = = 1,000,000 cubic millimetres
1 cubic centimetre (cm$^3$) = 1,000 millimetres
1 cubic millimetre (mm$^3$) = 0,001 cubic centimetre

### Меры жидкостей

### Liquid Measure

1 kilolitre (kl) килолитр = 10 hectolitres = 1,000 litres
1 hectolitre (hl) гектолитр = 10 decalitres = 100 litres
1 dekalitre (dal) декалитр = 10 litres
1 litre (l) литр = 10 decilitres
1 decilitre (dl) децилитр = 10 centilitres = 100 millilitres
1 centilitre (cl) сантилитр = 10 millilitres
1 millilitre (ml) миллилитр = 0,1 centilitre

### Меры массы (веса)

### Weight Measure

1 metric ton(ne) (t) метрическая тонна = 1,000 kilogram(me)s
1 kilogram(me) (kg) килограмм = 10 hectogram(me)s = = 1,000 gram(me)s
1 hectogram(me) (hg) гектограмм = 10 dekagram(me)s = = 100 gram(me)s
1 dekagram(me) (dag) декаграмм = 10 gram(me)s
1 gram(me) (g) грамм = 10 decigram(me)s = = 1,000 milligram(me)s
1 decigram(me) (dg) дециграмм = 10 centigram(me)s = = 100 milligram(mes)
1 centigram(me) (cg) сантиграмм = 10 milligram(me)s
1 milligram(me) (mg) миллиграмм = 0,1 centigram(me)

# ТАБЛИЦЫ ПЕРЕВОДА АНГЛО-АМЕРИКАНСКИХ ЕДИНИЦ ИЗМЕРЕНИЙ В МЕТРИЧЕСКУЮ СИСТЕМУ

## TABLES OF EQUIVALENTS BRITISH-AMERICAN UNITS OF MEASUREMENT TO METRIC SYSTEM

### Линейные меры

### Linear Measure

1 league (nautical, sea) лига морская = 3 nautical miles = = 5.56 kilometres
1 league (land, statute) лига (уставная, статутная) = 3 (land, statute) miles = 4.83 kilometres
1 International Nautical Mile (INM) морская миля = 10 cable's lengths = 6,076 feet = 1.852 kilometres
1 mile (land, statute) (ml) миля (уставная, статутная) = = 8 furlongs = 1,760 yards = 5,280 feet = 1.609 kilometres
1 cable's length кабельтов { British = 100 fathoms = 680 feet = = 183 metres; U. S. = 120 fathoms = 720 feet = = 219.5 metres }
1 furlong (fur) фарлонг = 10 chains (surveyor's) = 40 rods = = 660 feet = 220 yards = 201.17 metres
1 chain (Gunter's surveyor's) (ch) чейн (геодезический) = = 4 rods = 66 feet = 20.12 metres
1 chain (engineer's) (ch) чейн (строительный) = 100 feet = = 30.48 metres
1 rod (pole, perch) (rd) род (поль, перч) = 16.5 feet = 5.5 yards = = 5.03 metres
1 fathom (f) фатом, морская сажень = 6 feet = 2 yards = = 8 spans = 1,83 metres
1 ell эль *ист.* = 45 inches = 1,14 metres
1 yard (yd) ярд = 3 feet = 16 nails = 91.44 centimetres
1 foot (ft) фут = 3 hands = 12 inches = 30.48 centimetres
1 pace пейс = 0.5—0.7 rod = 2.5 feet = 76.2 centimetres
1 cubit кубит *ист.* = 18—22 inches = 0.5 metre
1 span спен = 4 nails = 9 inches = 22.86 centimetres
1 link (Gunter's, surveyor's) линк (геодезический) = 7,92 inches = = 20 centimetres
1 linc (engineer's) линк (строительный) = 1 foot = 30 centimetres
1 finger фингер = 4.5 inches = 11.4 centimetres
1 hand хенд = 4 inches = 10.16 centimetres
1 nail нейл = 2$^1/_4$ inches = 5.7 centimetres
1 inch (in.) дюйм = 12 lines = 2.54 centimetres
1 barleycorn барликорн = 4 lines = $^1/_3$ inch = 8.5 millimetres
1 line линия = 6 points = 2.1 millimetres
1 point точка = $^1/_{12}$ inch = 0.351 millimetre
1 mil мил = 0.001 inch = 0.025 millimetre

### Меры площади

### Square Measure

1 township тауншип U. S. = 36 square miles = 36 sections = = 93.24 square kilometres
1 square mile (ml$^2$) (land, statute) кв. миля (уставная, статутная) = 640 acres = 259 hectares = 2.59 square kilometres

1 hide хайда British *уст.* = 80—120 acres = 32.4—48.6 hectares
1 acre (a.) акр=4 roods=43.6 square feet = 4.8 square yards = = 0.405 hectare
1 rood руд = 40 square rods = 2.5 square chains = 0.101 hectare
1 square chain кв. чейн = 16 square rods = 404.7 square metres
1 are (a.) ар U. S. = 119.6 square yards = 100 square metres
1 square fathom ($f^2$) кв. фатом = 4 square yadrs = 3.34 square metres
1 square rod ($rd^2$) (pole, perch) кв. род (поль, перч) = = $30^1/_4$ square yards = 25.29 square metres
1 square yard ($yd^2$) кв. ярд = 9 square feet = 0.836 square metre
1 square foot ($ft^2$) кв. фут = 144 square inches = 929 square centimetres
1 square inch ($in.^2$) кв. дюйм = 6.45 square centimetres
1 square line кв. линия = 4.4 square millimetres

## Меры объема

## Cubic Measure

1 rod род = 10 register ton(ne) = 1,000 cubic feet = 28.3 cubic metres
1 register ton(ne) тонна регистровая = 100 cubic feet = = 238 cubic metres
1 freight ton(ne) тонна фрахтовая (корабельная) = 40 cubic feet = 1.13 cubic metres
1 cubic fathom куб. фатом (для круглого леса) = 216 cubic feet = 6.116 cubic metres
1 standard стандарт (для пиломатериалов) = 165 cubic feet = =4.672 cubic metres
1 cord (gross) корд (большой) (для дров) = 128 cubic feet = = 3.624 cubic metres
1 cord (short) корд (малый) (для круглого леса) = 126 cubic feet = 3.568 cubic metres
1 stack стек = 108 cubic feet = 4 cubic yards = 3.04 cubic metres
1 load лоуд (для круглого леса) = 40 cubic feet = 1.12 cubic metres
1 load лоуд (для пиломатериалов) = 50 cubic feet = 1.416 cubic metres
1 cubic yard ($yd^3$) куб. ярд = 27 cubic feet = 0.76 cubic metre
1 barrel, bulk баррель, балк *уст.* = 5—8 cubic feet = 0.14—0.224 cubic metre
1 cubic foot ($ft^3$) куб. фут = 0.028 cubic metre
1 board foot борт фут = $^1/_{12}$ cubic foot = 0.00236 cubic metre
1 cubic inch ($in.^3$) куб. дюйм = 16.39 cubic centimetres

## Меры веса

## Weight Measure

### Avoirdupois Measure

1 ton(ne) (tn) (gross, long) тонна (большая длинная) = = 20 hundredweights (long) = 2,240 pounds = 1,016 kilogram(me)s
1 ton(ne) (sh. tn) (net, short) тонна (малая, короткая) = = 20 hundredweights (short) = 2,000 pounds = 907.18 kilogram(me)s
1 ton(ne) (t) (metric, millier) тонна (метрическая, мильер) = = 2,204.6 pounds = 0.984 gross ton(ne) = 1,000 kilogram(me)s
1 quintal квинтал { British=112 pounds ↘ / U. S.=100 pounds ↗ } 1 hundredweight
1 wey вей = 2—3 hundredweights = 101.6—152.4 kilogram(me)s
1 hundredweight (cwt) (gross, long) хандредвейт (большой длинный) = 112 pounds = 50.8 kilogram(me)s
1 hundredweight (cwt) (net, short) хандредвейт (малый, короткий) = 100 pounds = 45.36 kilogram(me)s
1 cental центал = 1 hundredweight (short) = 100 pounds = = 45.36 kilogram(me)s
1 quarter (gross) квартер (длинный) = $^1/_4$ hundredweight = = 28 pounds = 2 stones = 12.7 kilogram(me)s
1 quarter (short) квартер (короткий) = 25 pounds = 11.34 kilogram(me)s
1 tod тод British *уст.* = 28 pounds = 2 stones = 12.7 kilogram(me)s
1 stone стоун, стон = 14 pounds = 6.35 kilogram(me)s
1 clove клов British *уст.* = 8 pounds = 3.175 kilogram(me)s
1 quartern квартерн British *уст.* = $^1/_4$ stone = 3.5 pounds = = 1.58 kilogram(me)s
1 pound (lb) фунт = 16 ounces = 7,000 grains = 453.59 gram(me)s
1 ounce (oz) унция = 16 drams = 437.5 grains = 28.35 gram(me)s
1 drachm, dram (dr) драхма = 27.344 grains = 1.772 gram(me)s
1 grain гран = 64.8 milligram(me)s

### Troy Measure

1 pound (lb) фунт = 12 ounces = 5.760 grains = 373.2 gram(me)s
1 ounce (oz) унция = 8 drams = 480 grains = 31.1 gram(me)s
1 pennyweight (dwt) пеннивейт = 24 grains = 1.555 gram(me)s
1 carat (c) карат = 3.086 grains =200 milligram(me)s
1 grain гран = 64.8 milligram(me)s
1 mite майт = 24 doits = 3.24 milligram(me)s
1 doit дойт = 24 periots = 0.135 milligram(me)
1 periot пириот = 24 blanks = 0.00675 milligram(me)
1 blank блэнк = 0.00028 milligram(me)

### Apothecaries' Measure

1 pound (lb) фунт = 12 ounces = 5,760 grains = 373.2 gram(me)s
1 ounce (oz) унция = 8 drams = 480 grains = 31.1 gram(me)s
1 drachm, dram (dr) драхма = 3 scruples = 3.89 gram(me)s
1 scruple скрупул = 20 grains = 1.3 gram(me)s
1 grain гран = 64.8 milligram(me)s

## Меры жидкостей

## Liquid Measure

1 butt бат = 108—140 gallons = 490.97—636.44 litres
1 pipe пайп = 105 gallons = 477.33 litres
1 hogshead (hhd) хогзхед = 52.5 Imperial gallons = 238.67 litres
1 barrel (bbl) баррель = 31—42 gallons = 140.6—190.9 litres
1 barrel (for liquids) { British=36 Imperial gallons=163.6 litres / U. S.=31.5 gallons=119.2 litres
1 barrel (for crude oil) { British=34.97 gallons=158.988 litres / U. S.=42.2 gallons=138.97 litres
1 kilderkin килдеркин = 2 firkins = 16—18 gallons = 72.7—81.8 litres
1 firkin фиркин = 8—9 gallons = 36.3—40.9 litres
1 gallon (gal) галлон { British Imperial=4 Imperial quarts = =8 pints=4.546 litres / U. S.=0.833 British gallon=3.785 litres
1 pottle потл *уст.* = $^1/_2$ gallon = 2 quarts = 2.27 litres
1 quart (qt) кварта { British Imperial=$^1/_4$ gallon=2 pints = =1.14 litres / U. S.=0.833 British quart=0.946 litre
1 pint (pt) пинта { British=$^1/_8$ gallon=4 gills=0.57 litre / U. S.=$^1/_8$ U. S. gallon=0.47 litre
1 gill джилл, гилл=$^1/_4$ pint { British=0.142 litre / U. S.=0.118 litre
1 fluid drachm, dram (fl dr) драхма жидкая = $^1/_8$ British liquid ounce = 3.55 millilitres
1 fluid drachm, dram (fl dr) драхма жидкая = $^1/_8$ U. S. liquid ounce = 2.96 millilitres
1 fluid ounce (fl oz) унция жидкая { British=8 fluid drams = =28.4 millilitres / U. S.=1.041 British fluid ounce=29.57 millilitres
1 wineglass рюмка = 16 fluid drams = 2 ounces = 56.8 millilitres
1 table-spoon столовая ложка = 3 tea-spoons = 4 fluid drams = = $^1/_2$ fluid ounce = 14.2 millilitres
1 tea-spoon чайная ложка = $^1/_3$ table-spoon = $1^1/_3$ fluid drams = = 4.4 millilitres
1 minim миним = $^1/_{60}$ fluid dram = 0.06 millilitre

### Меры сыпучих тел

### Dry Measure

1 chaldron челдрон British *ист.* = 32—36 bushels = 1,268—1,309 litres
1 quarter квартер = 2 coombs = 8 bushels = 291 litres
1 coomb коум British *ист.* = 4 bushels = 1.45 British gallons = = 145.5 litres
1 coomb коум British *ист.* = 4 bushels = 1.41 U. S. gallons = = 141 litres
1 sac сак British *ист.* = 3 bushels = 109.1 litres
1 strike страйк British *ист.* = 2 bushels = 72.73 litres
1 bushel (bu) бушель British Imperial = 4 pecks = 8 gallons = = 1.032 U. S. bushels = 36.35 litres
1 bushel (bu) бушель U. S. = 0.9689 Imperial bushel = 35.2 litres
1 peck (pk) пек British Imperial = 2 gallons = 1.032 U. S. peck = 8.81 litres
1 peck (pk) пек U. S. = 0.9689 Imperial peck = 7.7 litres
1 gallon (gal) галлон { British Imperial = 4.546 litres; U. S. = 0.83267 Imperial gallon = = 3.785 litres }
1 quart (qt) кварта { British Imperial = 2 pints = 1.032 U. S. quarts = 1.14 litres; U. S. = 1.101 litres }
1 pint пинта { British Imperial = 0.568 litre; U. S. = 0.551 litre }
1 barrel (bbl) баррель { British Imperial = 163.6—181.7 litres; U. S. = 117.3—158.98 litres }

## СООТНОШЕНИЕ ТЕМПЕРАТУРНОЙ ШКАЛЫ ФАРЕНГЕЙТА И ЦЕЛЬСИЯ

| | шкала Фаренгейта | шкала Цельсия |
|---|---|---|
| Точка кипения | 212° | 100° |
| | 194° | 90° |
| | 176° | 80° |
| | 158° | 70° |
| | 140° | 60° |
| | 122° | 50° |
| | 104° | 40° |
| | 86° | 30° |
| | 68° | 20° |
| | 50° | 10° |
| Точка замерзания | 32° | 0° |
| | 14° | −10° |
| | 0° | −17,8° |
| Температура абсолютного нуля | −459,67° | −273,15° |

При переводе из шкалы Фаренгейта в шкалу Цельсия из исходной цифры вычитают 32 и умножают на $^5/_9$

При переводе из шкалы Цельсия в шкалу Фаренгейта исходную цифру умножают на $^9/_5$ и прибавляют 32

Владимир Карлович
**МЮЛЛЕР**

**АНГЛО-РУССКИЙ СЛОВАРЬ**

Зав. редакцией
МУЖЖЕВЛЕВ Е. А.
Редакторы
ЕСИПОВА В. Я.,
ПОПОВА Л. П.
Художественный редактор
ВАЛЛАС Г. П.
Технический редактор
СПУТНОВА С. Ю.
Корректоры
КУЗЬМИНА Г. Н.,
НАБАТОВА Л. А.

ИБ № 4020